海上絲綢之路文獻集成

總主編　陳支平　陳春聲

科技與文化編

76

主編　王揚宗　葉　農

海峽出版發行集團
THE STRAITS PUBLISHING & DISTRIBUTING GROUP
福建人民出版社

国家出版基金项目
NATIONAL PUBLICATION FOUNDATION

辣丁中華合字典

（*Lexicon Manuale Latino-Sinicum*）

〔葡〕江沙維（Joaquim Afonso Gonçalves）編

《辣丁中華合字典》，葡萄牙江沙維編。江沙維（Joaquim Afonso Gonçalves，一七八一—一八四一），葡萄牙遣使會傳教士。生於葡萄牙多若，一八一三年抵澳門，於聖若瑟修院教授中文、英文、法文、意大利文及音樂等。編纂有《中國青年實用拉丁文方法》、《漢字文法》、《拉丁語法》、《葡華字典》等。此爲第一部於澳門印製之拉漢字典，收詞逾五萬，以拉丁字母順序編排。正文分兩欄，左爲拉丁語，右爲漢語，以文言解釋。據一八三九年澳門版影印。

辣丁中華
合字典
中華辣丁

LEXICON MANUALE

LATINO—SINICUM, &

SINICO—LATINUM.

辣丁中華合字典

辣丁中華合字典

LEXICON MANUALE

LATINO SINICUM

CONTINENS OMNIA VOCABULA LATINA

UTILIA, ET PRIMITIVA, ETIAM

SCRIPTURÆ SACRÆ.

AUCTORE

JOACHIMO ALPHONSO GONSALVES

PRESBYTERO

VOLUMEN PRIMUM.

MACAI.

IN COLLEGIO S. JOSEPH.

AB EMMANUELE ROSA TYPIS MANDATUM.

ANNO MDCCCXXXIX.

Notæ. 記號

& (et) 同下
v. vide. 見
supra. 上
pro. 替
vivu' *pro* vivus.
v. g. 比方說
p. b. [*penultima brevis.*]
末第二音低
c. comparativum.
s. superlativum.

1. prima declinatio.
2. secunda declin.
3. tertia —
4. qnarta —

l. [vel.] 或
comp. 只合湊用
(ejus. 管二座
(ei. 〱三〱
* 俗言
græc. Græca vox.

Regulæ Accentus. 高低規

一低音。一高音。二音之句第一高如 cālor. 。竝音高如 obcœco, exaudi.

末第二音若字典上點低第三音高如 ēvŏco. 。有音字下

若逢他有音之字即低如 vēnĭo. 。u字 q g 後不算音如 alĭqua.

惟厄肋西亞言由入讀高低如 sophia. 。合湊之句高低

照其根是也

III.

查話根之法

假如字典中缺一句話找其根可也惟是話根有二樣合湊詞之根一。相近話之根二。其一找字典中其二找下文字中彷彿此句之末態即可知何根而找之于字典中則了然矣

TERMINATIONES SUBSTANTIVORUM.

諸自立名之末態

Ale,	Ventrale, is, n. (*venter.*	包肚帶
Amen,	Juvamen, ĭnis, n. (*juvo.*	帮助
	Levamen, ĭnis, n. (*levo.*	安慰
Aria,	Argentaria, æ, f. (*argentum.*	放銀鋪
Arium,	Vivarium, ii, n. (*vivo.*	養獸圈
	Diarium, ii, n. *dies.*	日記
Arius,	Furnarius, ii, m. (*furnus.*	燒窰者
	Consiliarius, ii, m. *consilium.*	給主意者
Aster,	Surdaster, tri, m. (*surdus.*	畧聾者
Atus,	Consulatus, us, m. (*consul.*	總官職
	Pontificatus, us, m. *pontifex.*	司教職
Culum,	Umbracŭlum, i, n. (*umbra.*	遮物
	Opercŭlum, i, n. (*operio.*	盖物

IV.

Terminationes Substantivorum.

Edo,	Dulcedo, ĭnis, f. (*dulcis*.	甜味
Ellum,	Scalpellum, i, n. (*scalprum*.	小刻刀
Ellus,	Libellus, i, m. *liber*.	小書
	Agellus, i, m. (*ager*.	小田
Ennium,	Biennium, ii, n. (*annus*.	二年
Erium,	Monasterium, ii, n. [*monachus*.	隱修堂
Essio,	Cessio, onis, f. [*cedo*.	讓
Etum,	Arboretum, i, n. [*arbor*.	樹林
Fex,	Aurĭfex, ĭcis, m. [*facio*.	打金匠
Ido,	Cupido, ĭnis, f. *cupidus*.	貪心
	Libido, inis, f. *libet*.	願。貪，淫
Ile,	Bovile, is, n. [*bos*.	牛圈
	Ovile, is, n. *ovis*.	綿羊圈
Ismus,	Græcismus, i, m. [*Græcia*.	厄肋西様
Mentum,	Alimentum, i, n. [*alo*.	養之物
	Adjumentum, i, n. [*adjuvo*.	帮助
Ola,	Areŏla, æ, f. [*area*.	小塊
Orium,	Dormitorium, ii, n. [*dormio*.	卧房
	Adjutorium, ii, n. [*adjuvo*.	帮助
Sor,	Cæsor, oris, m. [*cædo*.	砍者
	Sessor, oris, m. [*sedeo*.	坐者
Tas,	Brevĭtas, atis, f. [*brevis*.	簡短
	Piĕtas, atis, f. [*pius*.	孝德

V.

Terminationes Adjectivorum.

Tio,	Laudatio, onis, f. [*laudo.*	讚美
	Monitio, onis, f. [*moneo.*	告訴
	Lectio, onis, f.	讀究之書
Tor,	Laudator, oris, m. [*laudo.*	讚美者
	Lector, oris, m. [*lego.*	讀者
	Auditor, oris, m. [*audio.*	聽者
Tudo,	Plenitudo, ĭnis, f. [*plenus.*	滿
	Ægritudo ĭnis, f. [*æger.*	病
Trix,	Laudatrix, icis, f. [*laudo.*	讚美之女
Ugo,	Ferrugo, ĭnis, f. [*ferrum.*	鐵銹
Ula,	Ancillŭla, æ, f. [*ancilla.*	小奴婢
Ulum,	Acetabŭlum, i, n. [*acetum.*	醋壺
Ulus,	Servŭlus, i. m. [*servus.*	小奴才
Umen,	Albumen, ĭnis, n. [*albus.*	蛋白
Ura,	Præfectura, æ, f [*præfectus*	監督職
Uvium,	Diluvium, ii, n. [*diluo.*	洪水

[*Nota*] *Reliquas terminationes ut* cola, gena, &c. *quære in Lexicon.*

其餘找字典

TERMIÑATIONES ADJECTIVORUM.

諸倚賴名之末態

Aceus,	Testaceus, a, (*testa.*	瓦者
Alis,	Manualis, e, [*manus.*	易弄之

VI.

Terminationes Adjectivorum.

Anus,	Montanus, (*mons.*	山者
Aris,	Ancillaris, e, (*ancilla.*	婢者
Arius,	Onerarius, a, (*onus.*	馱者
Atus,	Barbatus, a, (*barba.*	有鬚者
	Laudatus, a, (*laudo.*	被讚者
Ax,	Loquax, acis, (*abl.* loquaci. *loquor.*	多言者
Bilis,	Laudabilis, e, (*laudo.*	可讚之
	Credibilis, e, (*credo.*	可信之
Bundus,	Cogitabundus, a, (*cogito.*	多思者
Ellus,	Tenellus, a, (*tener.*	甚嫩者
Ensis,	Amnensis, e, (*amnis.*	河邊者
Entus,	Turbulentus, a, (*turbo.*	多乱者
Enus,	Alienus, a, (*alius.*	他人者
Ernus,	Paternus, a, (*pater.*	父者
Estris,	Terrestris, e, (*terra.*	地上者
Eus,	Argenteus, a, (*argentum.*	銀者
Ficus,	Beneficus, a: *facio.*	行善者
Icus,	Hispanicus, a: *Hispania.*	大呂宋者
Idus,	Morbidus, a: *morbus.*	病者
	Turbidus, a: *turbo.*	混者
Iebris,	Muliēbris, e: *mulier.*	婦者
Ilis,	Servilis, e: *servus.*	奴者
Imus,	Bimus, a: *annus.*	二年歲者

VII.

Græcismi Declinationum.

Inus,	Porcinus, a : *porcus.*	猪者
Itius,	Factitius, a : *facio.*	人造之
Ivus,	Collectivus, a : *collige.*	聚積之
Orius,	Sutorius, a : *sutor.*	鞋匠者
Osus,	Pluviosus, a : *pluvia.*	雨多者
Ticus,	Lunaticus, a : *luna.*	[illegible]月瘋者
Ulus,	Parvŭlus, a : *parvus.*	甚小
	Altiuscŭlus, a : *altior*	畧更高
Undus,	Potiundus, *pro* potiendus.	
Urnus,	Diurnus, a : *dies.*	日間者

(*Nota.*) *Reliquas terminationes ut* fer, ger, &a. *quære in Lexicon;*

其餘找字典

GRÆCISMI DECLINATIONUM.

厄肋西亞變樣

Epitŏme, es f. e, en, e, e.	撮要
Aer, ĕris, m. ĕri, rem, *l.* ra, er, ere.	氣
Poesis, is, *l.* **seos, f. i,** im, *l.* in, is, si.	詩

LEXICON MANUALE

Latino-Sinicum

A

A, AB, ABS, *præp. abl.*	從。後。因。被。經
servus a pedibus.	跟班。站班
ab eo stare.	隨彼。向彼
ab re est.	不關此事
A *græc. comp.*	無
ABACTUS, a, v. abigo.	被赶出
ABACŬLI, orum, m.	碼字。小片
ABĂCUS, i, m.	桌子。賬。棋板
ABALIENO, as, (*alienus.*	賣去。出手。挑唆
ABAVIA, æ, f. [*avia.*	高祖母
ABĂVUS, i, m. (*avus.*	高祖父
*ABBAS, atis, m.	大會長。方丈
ABDĬCO, as, [*dico, as.*	辭。出族。棄予
ABDICO, ixi, ictum, 3.	忌諱。不給
ABDO, didi, ditum, 3. [*do.*	隱藏。壓事
ABDOMEN, inis, n.	孕。肚腹
ABDUCO, uxi, uctum, 3.	引開。拉去

ABELLINÆ, arum, f. 榛子

ABEO, is, ivi, l. ii. itũ (eo. 別。走。違

ABERRO, as, (erro. 差錯。失路

ABESSE, v. absum, et abedo.

ABHORREO, ui, 2. (horreo. 厭惡。不相同

ABIEGNUS, a. 白楊樹者

ABIES, ĕtis, f. 〃〃〃

ABIETARIUS, i, m. (abies 木匠

ABĬGA, æ, f. 墮胎草

ABIGEATOR, oris, m. 打刦牲口的人

ABĬGO, egi, actum, 3. (ago. 趕出。拒

— pecus. 行刦獸

ABII, l. abivi, v. abeo.

ABJECTUS, a, c. s. 卑賤。鄙陋者

ABJĬCIO, jeci, jectum, 3. 擲棄。輕慢

ABJUDĬCO, as. 斷去人之物。辭

ABJŬGO, as, (jugum. 卸軛。分開

ABJUNGO, unxi. unctum, 3. 分開。推開

ABJURO, as, (juro. 誓棄。誓無此事

— creditum. 誓無托之物

ABLACTO, as, (lac. 斷妳

ABLAQUEO, as. 空樹池子

ABLATUS, a, (aufero 人拿去的

ABLIGURIO, ivi, itum, 4. 以美味敗產

ABLŎCO, as, (loco. 出佃。賃去

ABRUPTUS, a, c. s.	斷。折。破。裂開。坡
ABLUO, ui, utum, 3. [*luo.*	洗淨
ABLUVIUM, ii, n.	洪水。淹地水
ABNĂTO, as.	浮水而避
ABNĔGO, as, (*nego.*	固執不允。辭
ANĔPOS, otis, m. (*nepos*	玄孫
ABNEPTIS, is, f. (*neptis*	玄孫女
ABNOCTO, as, (*nox.*	外宿夜
ABNODO, as, [*nodus.*	解結。切節
ABNORMIS, e, [*norma.*	古怪的。無法的
ABNUO, ui, utum, 3. [*nuo.*	搖首不允。禁止
ABŎLEO, evi, ĭtum, 2.	廢弛。刮去
ABOLESCO, evi, 3.	消滅。減
ABOMĬNOR, aris.	嫉惡。忌
ABORĬOR, ĕris, tus, oriri.	未滿時而生。亡
ABORSUS, a., —venter	打下之胎
ABORTO, as. [*orior.*	小產。墮胎
***ABRA**, æ, f.	小奴婢
ABRADO, rasi, ras-, 3.	刮去騙去
***ABRENUNTIO**, as,	棄絕。推開
ABRĬPIO, ui, eptum, 3. [*rapio.*	搶去。强奪以往
ABRŎGO, as, [*rogo.*	廢弛。反命
ABROTONITES, æ, m.	茵蔯酒
ABROTŎNUM, i, n. & **ABROTŎNUS**, i, m.	茵蔯蒿

abrupta loca.	嶺坡之處
ABSCEDO, essi, essum, 3. [cedo.	走。離開。生癰
ABSCIDO, īdi, īsum, 3. [cædo.	斷割
ABSCINDO, idi, issū, *l.* isū, 3.	裂開。撕
ABSCONDO, di, *l.* didi, ditum, *l.* sum [condo.	隱藏。匿
ABSENS. tis, v. absum.	不在。違背
ABSINTHIUM, ii, n. &	
ABSINTHIUS, ii, m.	艾草。石艾
ABSIS, īdis, f.	長圈之两極。棬
ABSOLVO, vi, olutum, 3.	解開。饒恕。完
ABSŎNUS, a, (ei.	難聽之聲。不對
absonum fidei, (*dat.*	不可信者
ABSQUE, *præp. abl.*	無。除
ABSTEMIUS, a,	戒酒的。節用的
ABSTERGO, si, sum, 3.	拭淨。除去
ABSTĬNEO, ui, entū, (*teneo.*	不行。減。戒。自守
ABSTRĂHO, axi, ctum, 3.	强去。抽出。不論
ABSTRUDO, udi, usum, 3.	隱藏
ABSTŬLI, v. aufero.	
ABSUM, es, abfui, esse,	不在。離。無
parum abfuit, quin caderet.	幾乎吊下
partic. absens.	
ABSUMO, psi, ptum, 3.	費。敗。殺
ABSURDUS, a, *c. s.*	怪。反理
ABUNDO, as, (*unda.*	豐盛。富。水溢

villa abundat porco.	此村多猪
ABUTOR, usus, 3. (*eo.*	侈用。妄用。被妄用
ABYSSUS, i, f.	深淵
AC, *conj.*	及。比。如同
æque ac tu.	同你一樣
AC *pro* **AD** (*in comp.*	
ACACIA, æ, f.	皂角
ACADEMIA, æ, f. *pen. l.*	學舘。翰林院
ACATIUM, i, n.	渡船
ACCEDO, essi, essum, 3.	來。到。近。附意加
ACCELĔRO, as, (*celer.*	催。速
ACCENDO, di, sum, 3.	點火。燒。催。招惹
ACCENSUS, i, m.	衙役。額外兵
ACCEPTIO, onis, f.	受
— personarum.	勢利。偏情。不公
ACCEPTUS, a, *c. s.* (*ei.*	受。恰人意
ACCERSO, v. arcesso.	召來
ACCESSORIUS, a, um.	爲從。爲末
ACCESSUS, a, v. accedo.	
ACCIDENTALIS, e.	另外之情。態。爲從
***ACCIDENTIA**, um, n.	不順之事。另外
ACCĪDO, idi, isum, 3.	切。刮小。耗
ACCĬDO, idi, 3.	吊下。適。遇見

ACCINGO, xi, ctum, 3. 束腰。挽袖。預備

—se rei *l.* ad rem. 預備作事

ACCIO, ivi, itum, 4. 呌來

ACCĬPIO, cepi, ptum, 3. [*capio.* 受。聽。待人。承當

ACCIPĬTER, tris, m. 鷹

ACCLAMO, as. 大聲言。呌好

ACCLINIS, ne. 偏着。靠着

ACCLIVIS, e. 山畧坡者

ACCŎLA, æ, m. f. 隣家。居者

ACCOMMŎDUS, a, [ei. 便宜者。相當者

ACCŬBO, ui, itum, are. 挨坐。坐席。近

ACCUMBO, ubui, ubitū, 3. 附肱。挨席而坐

—epŭlis, *l.* mensæ. 坐席

ACCURO, as, (*curo.* 勉力。細作。仔細

ACCURRO, urri, ursū, 3. 跑來救。往一處

ACCUSO, as. 告狀。責備

*ACEDIA, æ, . 懶惰

ACER, cris, cre, crior, cerrimus. 酸者。火性。利。甚

ACERBUS, a. 酸者

ACERRA, æ, f. 乳香盒。香臺

ACERVUS, i, m. 堆子

ACETABŬLUM, i, n. 醋壺。骨窩

ACETARIA, orum, n. 醬菜。鞍菜

ACETUM, i, n. 醋

ACIA, æ, f. 針線

ACIDŬLUS, a.	畧酸者
ACIDUS, a.	酸者
ACIES, ēi, f.	刀刃。兵陣
ACINĂCES, is, m.	腰刀
ACINUS, i, m.	一珠葡萄
•**ACOLYTHUS**, i, m. *pen. b.*	副祭。四品生
ACONITUM, i, n.	射罔草
ACŎRUS, i, m.	灕草
ACQUIESCO, evi, etū, 3.	從人。歇。死
ACQUIRO, sivi, situm, 3. [*quæro*	得。獲
ACREDŬLA, æ, f.	夜猫
ACRITÈR, [*acer.*	甚。緊
ACROTERIA, orum, n.	項。房頂
ACTA, æ, f.	岸。深灣
ACTA, orum, n.	人行實。案卷
ACTIO, onis, f.	行爲。訟
ACTOR, oris, m.	作者。原告。戲子
ACTUARIUS, a.	快。速者
ACTUS, us, m.	行爲。一出戲。田岸
ACULEUS, i, m.	虫螫。尖。蜂刺。茨
ACUMEN, ĭnis, n.	尖。敏慧
ACUO, ui, utum, 3. (*acus.*	磨尖。磨利
ACUS, us, f.	針

— nautica. 指南針

ACUTUS, a, *c. s.* 尖者。快利。聰

— morbus. 疴病

AD *præp. acc.* 到。于。挨

— hoc. 再者

ADÆQUO, as. 作均。平之。齊之

ADAGIUM, i. n. 俗語

ADĂMAS, antis, m. 金剛石

ADĂMO, as. 親愛。溺愛

*ADAPTO, as. 作合式

ADĂQUO, as. 澆水

ADAUGEO, auxi, ctum, 2. 加增

ADDECŬMO, as. [*decem.* 取十分一

ADDICO, xi, ctum, 3. 定斷。付。斷與

ADDICTUS, a, tibi — 向爾。與汝相好

ADDITAMENTUM, i. n. 增。補遺

ADDO, ĭdi, ĭtum, 3. 加增。添上

ADDUCO, xi, ctum, 3. 引來

ADEGI, v. adigo.

ADEMI, v. adimo.

ADEO, is, ivi, ĭtum, ire, [*eo.* 到。往見人。詣

— eum. 往見人

ADEÒ. 甚

ADEPS, ĭpis, f. m. 肥。脂膏

ADEPTUS, v. adipiscor.

ADESPŎTUS, a, 無名着。無根

ADFĂTIM, v. affatim &c. &c. &c.

ADFRINGO, egi, actum, 3. [frango. 相破

ADHÆREO, esi, esum, 2. [ei. 挨住。靠。附。淺住

ADHĬBEO, ui, ĭtū, 2. (habeo. 加。待。放。用

ADHŬC, adv. 尙

ADIANTUM, i, n. 鷄脚草

ADIENS, euntis, v. adeo.

ADĬGO, egi, actum, 3. (ago. 逼。阻。趕。强入之

ADĬMO, emi, emptū, 3 (emo. 奪。除。去

ADINCRESCO, evi, etū, 3. 甚長大

ADINVENTIO, onis, f. 計謀

ADIPATUS, a, [adeps. 肥。油多

ADIPISCOR, deptus, 3. 得。獲

ADĬTUS, us, m. [adeo. 門。入之所

ADJĬCIO, eci, ectū, 3. [jacio. 加增。棄

ADJUDĬCO, as. 断給人。定。歸於

ADJUMENTUM, i, n. 助。法。何從

ADJUNGO, xi, ctum, 3. 挨之。加

ADJURO, as. [juro. 多發誓

ADJŬVO, as, ūvi, ūtum, 1. 幫助。匡扶。順。救

ADMINICŬLUM, i, n. 靠之物。助。釘住

ADMINISTRO, as. 代管。服侍。管

ADMIRATIO, onis, f. &

ADMIROR, aris. 驚訝。謹望

ADMISCEO cui, ixtum, *l.* stum 2. 相雜。配合

ADMISSARIUS equus. 兒馬。成馬

ADMISSUM, i, n. 罪。愆

ADMITTO, isi, issum, 3. 受。准見。留。犯

ADMŎDŬM, *adv.* (*modus.* 甚

ADMŎNEO, ui, ĭtum, 2. 告訴。勸人。提及

ADMŎVEO, ōvi, ōtum, 2. 以其挨。加。敷藥

ADNASCOR, natus, 3. 多餘生。挨生

ADNAVĬGO, as, 行船往

ADŎLEO, ui, *l.* evi, ultum 2. 上香。燒。加。聞

ADOLESCENS, tis, *c.* 幼年人

ADOLESCO, levi, ultum, 3. 長大。至幼年

*ADONAI, *pen. l.* 萬物之主

ADOPTO, as, 立義子。借用

ADOR, n. 硬麥類

ADORIOR, iris,, *l.* ĕris, ortus, *l.* orsus, oriri. 攻。謀。下手

— eum. 覓彼。往見人

ADORO, as. 朝拜。懇求。願。仰

ADRUO, ui, ŭtum, 3. 堆土

ADSCISCO, ivi, itum, 4. 受。留。聚

ADSCITUS, a. 非原者。異方

ADSCRIBO, ipsi, iptum, 3. 列入。歸於

ADSCRIPTITIUS, a. 入營名者

ADSTO, ĭti, ĭtum, are, [*ei.* 在旁

ADSTRINGO, inxi, ictū, 3. 拉緊
— se. 具結。負責任
ADSTRUO, uxi, ctum, 3. [*struo.* 挨造。以爲然。加
ADSUM, es, fui, esse. [*ei.* 在面前。助。于
ADULOR, aris, [*ei l. eum.* 奉承。獻笑。被諂
ADULTER, ĕra. &
ADULTĔRO, as. 奸汚。僞之
ADULTUS, a, v. adolesco.
ADUMBRO, as, [*umbra.* 作影。打稿。彷彿
ADUNATUS, a, [*unus.* 結合。聚者
ADURO, ussi, ustum, 3 燒。冷焦
ADVĔNA, æ, m. f. [*venio.* 外路者。異方者
ADVENTITIUS, a. 外來者
ADVENTUS, us, m. (*venio.* 來到。聖誕前
ADVERSARIA, orum, n. 草稿卷。記錄部
ADVERSĬTAS, atis, f. 不順之事。患難
ADVERSO, as. (*verso.* 熟想
ADVERSOR, aris. 逆
ADVERSUM &
ADVERSUS, *præp. acc.* 逆。敵。對
ADVERSUS, a. 逆者。不順。對
ADVERTO, ti, sum, 3. 慮會。省悟
ADVESPERASCIT, ebat, 3. 漸晚
ADVIVO, ixi, ctum, 3. 尙活。同度日
ADVOCATUS, i, m. 保人。保官司

ADVOLVO, vi, olutum, 3. 轉之以來
ADYTUM, i, n. *pen. b.* 廟蔫。密處
ÆDĔPOL! *adv.* 眞是
ÆDES, is, f. 廟。屋
ÆDIFICIUM, i, n. 工程
ÆDIFĬCO, as, [*facio.* 造房。建屋
ÆDILIS, is, m. 羣廳
ÆDITUUS, i, m. 管堂者
AEDON, ŏnis, f. *pen. l.* 紅馬鶺
ÆGER, gra. 病者。悶。耎。難。欠
ÆGRÈ, *adv.* 難。僅
ÆGRITUDO, ĭnis, f. 病。發煩
ÆGROTO, as. 得病
ÆMŬLUS, i, m. 對手。嫉妒者
ÆNEUS, v. æreus.
ÆNIGMA, ătis, n. 謎語。背語
ÆQUALIS, e, [*ejus l. ei.* 相等。相並。同時
*ÆQUATOR, oris, m. 赤道
æqui bonique dicere. 言之有理
æqui bonique facere. 歸善。心服
ÆQUIPĂRO, as. 同等。比較
*ÆQUIPOLLENTIA, æ, f. 同義之言
ÆQUĬTAS, atis, f. 公道。公平
ÆQUIVŎCUS, a, (*vox.* 二義之字。遮掩
ÆQUO, as. 作平。齊之

ÆQUOR, ŏris, n. 海。平處。地球。空中

ÆQUUS, a. *l.* æ(v. æquator. 平者。同等者

AER, ĕris, ri, rem, *l.* ra, m. *plur.* aeres, *l.* aera. 氣。天氣。空中

ÆRAMENTUM, i, n. 銅器

ÆRARIUM, i, n. 銀庫。國帑

ÆREUS, a, [*as.* 銅者

ÆRO, onis, m. 大簃簍

ÆRUCA, æ, f. 銅綠。黃丹穀病

ÆRUGO, ĭnis, f. 鉄銹。稻黃丹

ÆRUMNA, æ, f. 苦難。艱難

ÆRUSCO, as, (*as.* 騙人錢

ÆS, æris, n. 銅。銅器。錢。號

— alienum. 債。欠人之

*ÆSOPHĂGUS, i, m. 胸膈

ÆSTAS, atis, f. 夏天。暑

ÆSTĬMO, as. 估量。看重

ÆSTIVUS, a. 夏天者。暑天

ÆSTUO, as. 天熱。不定。起浪

ÆSTUS, us, m. 大熱。海潮。浪

ÆTAS, atis, f. 歲、年紀、一世。時

ÆTERNUS, a. 永遠。無始無終

ÆTHER, ĕris, ri, em, *l.* ra, m. *plur.* eres, *l.* era. 空中。空氣。光

ÆVUM, i, n. *l.* ævus, i, m. 壽。時。永

AF *pro* ad *comp.*

AFFABĬLIS, e. [*affaris*. 好相與。温和者

AFFĂBRÈ, *adv*. [*faber*. 奇巧然。合式

AFFARIS, atus, ari. [*faris*. 相談

AFFĂTIM, *adv*. 盛然

AFFECTIO, onis, f. [*afficio* 情。愛。内覺。外覺

AFFECTO, as, [*afficio*. 謀。貪

AFFECTUS, us, m. 七情。愛。親戚。病

AFFĔRO, ers, attuli, allatū erre. 帶來。使。推。報。引

AFFĬCIO, eci, ectum, 3. (*facio*. 加。係。干。使

— honore. 貴重

AFFIGO, xi, xum, 3. 釘。定。印

AFFINGO, inxi, ictum, 3. 加。僞。裝。作合式

AFFINIS, e, [*ejus l. ei*. 外親。夥計。相近

AFFIRMO, as. [*firmo*. 說是。証見。决言

AFFIXA, orum, n. 屬屋之物

AFFLIGO, xi, ctum, 3. 难。煩。打倒。壓服

AFFLUO, uxi, uctum, 3. 聚集。豐盛

— divitiis. 大富

AFFUNDO, udi, usum, 3. 倒其上

AFFUTURUS, *pro* adfuturus.

AG *pro* ad *comp*.

AGĂPE, es, f. 愛。賀席

AGARĬCUM, i, n. 草菇

AGASO, onis, m. 騾夫。赶車者

AGĔ, agĭte, *adv.*	來罷。爲幸
AGELLŬLUS, i, m. &	
AGELLUS, i, m. (*ager.*	小田
ĂGER, gri, m.	田。城外
AGĔSIS, *adv.* (*age.*	汝欲卽來矣
AGGER, ĕris, m. (*gero.*	甬路。堆。栅寨。堤
AGGĔRO, as, (*agger.*	堆起。言太過
AGGĔRO, essi, estum, 3.	積聚。塡
AGGRĂVO, as, [*gravis.*	加重。壓
AGGRĔDIOR, essus, 3. [*gradior.*	攻。下手。始
AGĬLIS, e, *c.*	伶便者。敏捷者
AGINATOR, oris, m.	見小利
*AGIOS.	聖
AGITATOR, oris, m.	練馬師。騾夫
AGĬTO, as.	搖動。常行。难
AGMEN, ĭnis, n.	一夥人。一羣兵。營
AGNATUS, a, (*nascor.*	同姓。餘生者
AGNELLUS, agninus, v. agnus.	
AGNĬTUS, v. agnosco.	
AGNOMEN, ĭnis, n.	姓。字
AGNOSCO, ovi, ĭtum. 3.	認識。知
AGNUS, i, m.	羊羔
AGNUS castus.	蔓荊子
ĂGO, egi, actum, 3.	作。行。辦。舉動。趕
— medicum.	行醫

— amicum.	裝朋友。伴友
AGON, onis, m.	擺脚。爭。比武
*AGONIA, æ, f. *pen. l.*	臨終之难
AGRESTIS, e, *e.* (*ager.*	鄉者。野。陋者
AGRICŎLA, æ, m. f. [*colo.*	農夫
AGRICULTURA, æ, f.	種地
AGRIMONIA, æ, f.	枝蒿草
AHENUM, i, n.	鍋。銅
AIO, is, it, iunt, isti.	曰。言
aiens, tis, *part.*	
AIZOUM, ŏi, n. *pen. l.*	南大戟
AL *pro* ad *comp.*	
ALA, æ, f.	翅。羽。翼。腋下
ALABARCHES, æ, m.	關口爺。稅課
ALABASTER, tri, m. &	
ALABASTRUM, i, n.	白玉。油瓶
ALĂCER, cris, cre, *c.*	喜者。疾快
ALĂPA, æ, f.	掌面。嘴把
alapam ducere.	〻〻
ALAPĂTHUS, i, m.	牛舌草
ALATUS, a, [*ala.*	有羽者
ALAZON, ontis, m.	自大。自誇
*ALBA, æ, f. *albus.*	大白衣
ALBARIUS, a.	抹〻之事
ALBATUS, a.	〻〻者。白者

ALBEO, ui, 2. &

ALBESCO, ui, 3. 發光。發亮。發白

ALBOR, oris, m. 白色

ALBUCUS, i, m. 茵蔯蒿

ALBUGO, ĭnis, f. 眼雲。皺皮

ALBUM, i, n. 粉牌。單。白

mittere in album. 列入單

albo eradere. 勾去牌

ALBUMEN, ĭnis, n. 蛋白

ALBUS, a, *c. s.* 白。雪白者

ALCĔA, *l.* alcæa, æ, f. 野葵菜。貝母

ALCEDO, ĭnis, f. v. alcyon.

ALCES, is, f. 騾類

ALCHYMIA, æ, f. *p. l.* v. chimica.

ALCIBION, ii, n. 解蛇毒草

*ALCORANUM, i, n. 回門之經書

ALCYON, ŏnis, f. 魚狗鳥

ALEA, æ, f. 骰子。賭博

ALES, ĭtis, *adj.* 快者。有羽者

ALES, ĭtis, f. m. 鳥

ALEX, *l.* alec, ecis, n. 塩汁。鹹魚

*ALGĔBRA, æ, f. 虛算法

ALGEO, si, 2. 甚冷。凍

ALIĀS, *adv.* [*alius.* 不然。他時

ALĬBI, *adv.* 在他處

ALĬCA, æ, f. 鈴鐺麥

ALIENIGĔNA, æ, m. 外路人

ALIENO, as. 出手。間格。使離

ALIENUS, a, c. s. 他人者

ALĬFER, ĕra, ĕrum, (fero. &

ALĬGER, ĕra, ĕrum. (gero. 帶翼。有翅者。快

ALIMENTUM, i, n. &

ALIMONIA, æ, f. 飲食。糧食

ALIÒ, adv. 往他處

ALIOQUIN, adv. 不然

ALIQUANDIŬ, adv. 些須時候

ALIQUANDÒ, adv. 有時。必有日

ALIQUANTŬLÙM, adv. 些須

ALIQUANTÙM, adv. 若干。有些

ALĬQUIS, a, od, l. id. 必有人。或人

heus heus, aperite — actutum ostium. 嘍爾中一人快開門矣

ALĬQUÒ, adv. 往一處

ALIQUOTIÈS, adv. 有幾次

ALĬTÈR, adv. 不然。別樣

ALIUS, a, ud. 他。不同。別

—alio nequior. 彼此益惡

ALLATUS, a, v. affero.

ALLECTO, as, (allicio. 諂媚。引誘

ALLEGO, as. 遣。引書。引理

ALLEGORIA, æ, f. *p.l.* 譬喻

ALLELUIA! *adv.* 請讚吾主

ALLEVIO, as, &

ALLĔVO, as, [*levis.* 輕之。扶起。慰

ALLĬCIO, exi, ectū, 3. [*lacio.* 勾引。引誘。捕拉

ALLIDO, isi, isum, 3. [*lædo.* 相破

ALLĬGO, as, (*ligo.* 綁。拴。羈

— ad palum, *l.* palo. 綁于橛

ALLIUM, ii, n. 蒜頭

ALLUCĬNOR, aris, (*lux.* 自迷。自欺。騙人

ALLUDO, si, sum, 3. 諂。言笑。指一事

ALLUO, ui, 3. (*luo.* 洗。沿地流

ALLUVIO, onis, f. 發水。淹地

ALMUS, a. 養者。潔。順者。美

ALNUS, i, f. 榆樹

ĂLO, ui, ĭtum, *l.* altum, 3. 養活。育

— de suo. 出本錢以養之

ALOE, es, f. 象膽。沉香木

ALOPECIÆ, arum, f. 禿瘡

ALPHA, n. 厄肋西初字。始

ALSI, v. algeo.

ALSIUS, a. 冷者

ALTARE, is, n. 祭臺。壇

— portatile. 〻〻聖土之石

ALTÈ, *c. s. adv.* v. altus.

ALTER, ĕra, ĕrum.	別。他。不同
— alterum obstrepit.	彼此攪亂
ALTERCOR, aris.	爭論
ALTERNATIM, *adv.*	輪流然。彼此
ALTERNUS, a.	輪流者。隔一
ALTERŬTER, ŭtra, ŭtrum.	二中不問誰
ALTHÆA, æ, f.	野葵菜。茴貫
ALTĬLIS, e, [*alo.*	餧之禽獸。肥者
ALTIUSCŬLUS, a, [*altus.*	畧更高者
ALTRINSĔCŬS, *adv.*	自他處
ALTUM, i, n.	海。天
ALTUS, a, *c. s.*	高。深者。喬。巍者
ALTUS, a, v. alo.	
ALUMEN, ĭnis, n.	白礬
ALUMNUS, i, m. [*alo.*	所養者。徒弟
ALUTA, æ, f.	薄皮。白皮
ALVEARIUM, ii, n.	蜜蜂桶
ALVEUS, i, m.	河漕。水派。蜂窩。棋板。船肚。舟
ALVUS, i, f.	肚腹。蜜蜂筒。屎
alvi ductio.	泄肚
AM, *pro* ambi *comp.*	
AMANDO, as, [*mando.*	推遠。使之遠住
AMANUENSIS, is, m. [*manus.*	寫字者
AMARANTHUS, i, m.	百日紅。鷄冠花

AMARUS, a, *c. s.* 苦者。難受者
AMASIUS, ii, m. 私男
AMB, *l.* ambi *comp.* 周圍
AMBAGES, um, f. 繞彎。謎言
AMBARVALIS hostia. 遊神于田。報賽
AMBĬGO, is, ĕre, [*ago.* 遊神。疑
AMBIO, īvi, ītum, 4. 圍。圖位。謀
AMBO, æ, o. 兩个一齊
AMBO, onis, m. 講論所
AMBRĬCES, um, f. 椽板
AMBROSIA, æ, f. 仙丹。藥材名
AMBŬLO, as. 散步。走。行路
AMELLA, æ, f. v. anthĕmis.
*AMĖN, *adv.* 即如是耳。定然
AMENS, tis, *adj. c. s.* 瘋者。痴
AMENTUM, i, n. 皮帶。鞋帶
AMERĬCA, æ, f. 亞默利加大州
AMES, ĭtis, m. 網橛
AMETHYSTUS, i, m. 紫石英寶石
AMICĖ, *s. adv.* 相好然
AMĬCIO, xi, *l.* cui, ctum, 4. 穿衣。披衣。蓋
AMICITIA, æ, f. 交朋友。相好
AMICTUS, us, m. 衣。被。肩巾
AMICUS, i, m. &
AMICUS, a, *c. s.* (*ei.* 朋友。知已

AMĬTA, æ, f.	姑母
— magna.	祖姑母
— major.	曾祖姑母
— maxima.	高〻〻〻
AMITĬNUS, i, m.	姑表兄弟
AMITTO, si, issum, 3.	失落。放
AMNICŎLA, æ, m. [colo.	河邊之人
AMNIS, is, m.	河。溪。川
ĂMO, as.	愛。好
*AMŎDÒ, *adv.*	自今以後
AMŒNUS, a, *c. s.*	温和之處。美境
AMOLĬOR, itus, 4.	推離。辯駁
AMOR, oris, m.	愛情
AMŎVEO, ōvi, ōtum, 2.	挪去。充發。流徙
AMPHI, *græc. comp.*	周。近
AMPHIBIUM, ii, n.	上岸之魚。不定者
AMPHIMALLUM, i, n.	絨衣
AMPHITHEATRUM, i, n.	戲臺
AMPHŎRA, æ, f.	水罐
AMPLÈ, *c. s. adv.*	寬大。豐然
AMPLECTOR, xus, 3.	抱。受。受事業
AMPLIO, as.	廣之。緩之
AMPLUS, a, *c. s.*	廣者。寬。宏。華麗
AMPULLA, æ, f.	小瓶。大話

AMPŬTO, as, [puto. 割斷。砍。斫
AMURCA, æ, f. 白汁
AMUSSIS, is, f. 取平。準。衡
ad amussim. 毫無差錯
AMYGDĂLA, æ, f. 杏樹。胡桃
AN, *adv.* 是否。焉。安
AN, *pro* ambi, *et* ad.
*ANACHORETA, æ, m. 隱修者
*ANAGOGE, es, f. 抽去。借意
ANAGLYPHA, orum, n. 起花盆
ANAGRAMMA, ătis, n. 盤頭詩
ANALECTA, orum, n. 剩飯
ANALOGIA, æ, f. *p. l.* 相近。相宜。可比
ANALYSIS, is, f. *p. b.* 細看。散爲萬事
*ANARCHIA, æ, f. *p. l.* (*a.* 無王。逆上司。乱
ANAS, ătis, f. 鴨
ANATHĔMA, ătis, n. 棄絕。獻神之物
ANATOMĬA, æ, f. 外科砍肢之方
ANCEPS, ipĭtis, *adj.* [caput 可疑。不定者
ANCHŎRA, æ, f. v. ancora.
ANCILLA, æ, f. 奴婢。侍役女
ANCON, onis, m. 曲尺。矩
ANCŎRA. æ, f. 船錨。碇。所靠者
ancoram jacere. 下く。泊舟
ANCORALE, is, n. 錨繩

ANDROGyNUS, a.	半男半女者
ANETHUM, i, n.	小茴香類
ANFRACTUS, us, m.	繞。一圍
ANGARIO, as.	逼使人。派官差
*ANGĔLUS, i, m.	天神
ANGINA, æ, f.	噎膈病。緊瘇氣
ANGIPORTUS, us, m.	衚衕
ANGO, xi, 3.	扼人項。心抑鬱
ANGUILLA, æ, f.	鱔魚
ANGUIS, is, m. f.	蛇
ANGŬLUS, i, m.	几角。隅
*ANGURIA, æ, f.	西瓜
ANGUSTUS, a, c. s.	窄。緊着。窮。短
ANHELUS, a.	忙。仰望。疾喘氣
ANICETUM, i, n.	大茴香
ANILIS, e, (ànus.	老婦之
ANĬMA, æ, f.	靈魂。性命。氣息
ANIMADVERTO, ti, sum, 3. [*animus*.	理會。醒悟。責備
*ANIMÆQUUS, a, c.	心安。心足着
ANĬMAL, alis, n. *abl.* ali, *plur.* alia. &	
ANIMANS, tis, n. *pl.* tia, tiū.	畜牲。生活者
ANIMOSĬTAS, atis, f.	大膽。怒急
ANĬMUS, i, m.	靈。心。胆。意思
animum nudare.	說開。開懷。暢志
ANISUM, i, v. anicetum.	

ANNALES, ium, m. 綱鑑。年記事部

ANNALIS, e. 每年者。年知部

*__ANNATÆ__, arum, f. 死主教之俸祿歸教皇

ANNICŬLUS, a. 一年歲者

ANNIVERSARIUS, a, (*verto.* 每年者。週年

ANNONA, æ, f. 每年之糧。糧食

ANNŎTO, as, (*noto.* 慮會。定。寫小字

ANNŬLUS, i, m. 環子。戒指

*__ANNULLO__, as, (*nullus.* 廢弛。爲不算

ANNUO, ui, utum, 3. (*nuo.* 點頭。允。諾。唯

ANNUS, i, m. 年。歲

ANNUUS, a. 一年者。每年者

ANONYMUS, a, *p. b.* [*a.* 無名者

ANQUIRO, v. inquiro.

ANSA, æ, f. 盆耳。便時。鞋帶

ansam quærere. 找便時。借端

ANSER, ĕris, m. 鵝。草鵝

ANSŬLA, æ, f. 鞋扣

*__ANTAGONISTA__, æ, m. 敵人。對手

ANTE, *præp. acc.* 前。當面。先。更

ANTEA, [*is.* 先前。向日

ANTEACTUS, a, [*ago.* 已過。昔者

ANTECELLO, ui, 3. [ei. 越。超

海上絲綢之路文獻集成　科技與文化編

ANTECESSOR, oris, m. [cedo. 探子。先任官
ANTEFĔRO, tuli, latum, erre, (ei. 先攜。寧願
ANTELUCANUS, a, [lux. 天未明之時
*ANTEMURALE, is, n. 次墻
ANTENNA, æ, f. 舟上横竿
ANTEPENDIUM, ii, n. 祭台帷
ANTEPONO, sui, situm, 3. 以此爲先。寧願
ANTĔQUAM, adv. (quàm. 先于
ANTESIGNANUS, i, m. 外委
ANTHĔMIS, is, f. 甘菊花
ANTI, græc. comp. 反。逆
*ANTICHRISTUS, i, m. 假契利斯督
ANTICIPO, as, (ante. 先之。先來
ANTIDŎTUM, i, n. 解毒藥
ANTIPATHIA, æ, f. p. l. 相忌。淬鉄方
*ANTIPHŎNA, æ, f. 互相唱
ANTIPŎDES, um, m. (pes. 地球下面之人
ANTIQUARIUS, i, m. 察古跡之士
ANTIQUĬTAS, tatis, f. 古時。古人。愛
ANTIQUŎ, as. 不行。不承。廢弛
ANTIQUUS, a, c. s. 古。舊。久。誠。可愛
ANTISTES, itis, m. 上司。主教。方丈
ANTITHESIS, is, f. 對句。反句
ANTRUM, i, n. 山洞

ANŬLUS, v. annulus.

ANUS, i, m. 糞門。肛門。魄門

ANUS, us, f. 老婦人

ANXIUS, a. 忙。急。心中難

AP, *pro* ad *comp.*

APĂGÈ, *adv.* 叱。去矣

APATHIA, æ, f. *p. l.* (*a.* 無情。懶。意怠

APER, pri, m. 野猪

APĔRIO, ui, ertum, 4. 開。打開

—se. 出來。説開。開心

APES, is, f. &

APIS, is, f. 窩蜂

APEX, ĭcis, m. 頂。尖末

•APISCOR, aptus, 3. 得

APHORISMUS, i, m. 雜箴言

APIUM, i, n. 獨活菜。芹菜

APLUDA, v. applūda.

•APOCALYPSIS, is, f. 默啓

APOCHRYPHUS, a, *p. l.* 私自者。無憑者

APOGRAPHUM, i, n. 抄之書

•APOLOGIA, æ, f. *p. l.* 訴冤。辯駁

APOLŎGUS, i, m. 扮獸喻言。譭説

APOPLEXIA, æ, f. 黑痰。風痰

•APORIOR, aris. 躊躇不定。受窮

*APOSTASIA, æ, f. *p. l.* 背教

APOSTEMA, ātis, n.	內癰
*APOSTŎLUS, i, m.	宗徒
APOTHECA, æ, f.	庫房。酒房
APPARATUS, us, m.	排塲。預備
APPAREO, ui, ĭtnm, 2.	顯露。顯出來
APPARĬTOR, oris, m.	衙役。差人
APPELLO, ŭli, ulsum, 3.	泊舟。上岸。行船到
navis appellit *l.* appellitur ad civitatem.	泊舟于府
APPELLO, as.	呌。問候。往上告
— eum de pecunia.	向其索債
APPENDIX, ĭcis, f.	補遺。增
APPENDO, dĭ, sum, 3.	過秤。細想
APPĔTO, ivi, itum, 3.	欲食。嗜。攻。近來
APPLĬCO, as, *l*, cui, citũ, 1.	加。放。挨之。附。務
APPLUDA, æ, f. *p. l.*	麩皮。粃糠
APPONO, osui, ĭtum, 3.	送來。加。供
APPORTO, as.	帶。攜
APPOSĬTÈ, *adv.*	合式。合時
APPREHENDO, di, sũ, 3.	拏。攀
APPRETIO, as, (*pretium.*	估價
APPRIMÈ, *adv.*	最善
APPROBATUS, a.	考中
APPRŎBO, as.	准。悅。以爲然。徵
APPROPINQUO, as, (ei.	漸近

*APPROPIO, as, &

APPROXĬMO, as. 近。將就

APPULSUS, v. appello.

APRI, v. aper.

APRICOR, aris. *p. l.* 避風雨。自晒暖

APRICUS, a, *c. s.* 〃〃〃處。好煖

APRILIS, is, m. *abl.* ili. 洋四月

APSIS, ĭdis, v. absis.

APTO, as. 作合式。配。安置

APTUS, a, *c. s.* [*apiscor.* 合式者。相宜。足

APUD, *præp. acc.* 在人處。當面

— Virgilium. 微日畧書上

AQUA, æ, f. 水

aquæ. 温水。湯池

AQUÆDUCTUS, us, m. 水溝

AQUÆLICIUM, ii, n. 祭祀求雨

AQUATIO, onis, f. 取水。汲水處

AQUĬLA, æ, f. 鳳凰。兵標。織女星

AQUĬLEX, ĕgis, m. 諳開井。督水溝

AQUĬLO, onis, m. 北方

AR, *pro* ad *comp.*

ARA, æ, f. 祭臺。避難所

aræ. 海中之石

ARANEA, æ, f. 蜘蛛。蚕

tela araneæ. 蜘蛛網

ARANEUM, i, n. 蜘蛛網
ARATRUM, i, n. 犁頭。耒
ARBITER, tri, m. 中人。見證。自主
ARBITRIUM, i, n. くく斷。自主。擅
ARBOR, ŏris, f. 樹。木
ARBUSTUM, i, n. 樹林
ARBŬTUS, i, f. 洋梅
ARCA, æ, f. 大箱。銀櫃。柩。房頂板
ARCANUM, i, n. 密事
ARCARIUS, i, m. 管庫者。掌匱
ARCE, v. arx.
ARCEO, ui, 2. 推開。管束。戒
ARCESSO, ivi, itum, 3. 叫來。告狀
*ARCEUTHINUS, a. 刺松樹者
ARCHE, l. archi, *comp.* 首人
ARCHETYPUS, i, m. *p. b.* 式樣。原稿
*ARCHIDIACŎNUS, i, m. 六品之長
ARCHITECTUS, i, m. 建屋師
ARCHITRICLINUS, i, m. 提壺。主席者
ARCHIVUM, i, n. 古書庫。存案
ARCIO, ivi, itum, 4. 召來
ARCIS, v. arx.
ARCITĔNENS, tis, *adj.* (*arcus.* 握弓。神名。寅宮宿
ARCTO, as, (*arceo.* 拉緊

ARCTURUS, i, m.	大角宿。棟星
ARCTUS, i, f.	北斗星
ARCTUS, a, c. s. (*arceo*.	緊。窄着
ARCUO, as.	彎過來
ARCUS, us, m.	弓。天虹。棬
ARDEA, æ, f.	練鴿
ARDEO, si, sum, 2.	火燒之
domus ardet.	燒房
ARDOR, oris, m.	炎熱。皮腌。急切
ARDUUS, a, c. s.	高者。難得者
AREA, æ, f.	房地。大街。場。市
ARENA, æ, f.	砂子。爭塲。岸
ARENATUM, n.	砂灰。杇墁
AREO, ui, 2.	漸乾。焦
AREŎLA, æ, f. (*area*.	小地。畦
AREOPAGUS, i, m.	某大衙門
ARGENTARIA, æ, f.	放銀舖。銀礦
ARGENTARIUS, i, m.	〻〻〻
ARGENTEUS, i, m.	四十銀錢
ARGENTUM, i, n.	銀。銀錢。銀器
ARGILLA, æ, f.	膠泥
ARGUMENTUM, i, n.	辯論。題目。憑
ARGUO, ui, utum, 3.	辯論。責罰。告
ARGUTUS, a, c. s. (*arguo*.	多口。聰明。和音。斯文。快

*ARGYRION, ii, n. 銀

ARĬDUS, a, *c. s.* 乾。高燥之地

ARIES, ĕtis, m. 牡綿羊。千斤架。攻墻具。戌宮宿

ARIŎLUS, i, m. v. hariolus.

ARISTA, æ, f. 麥鬚、豎髮。麥。年

ARISTOCRATIA, æ, f. *p. l.* 貴者握權

ARISTOLOCHIA, æ, f. 川芎。清木香

ARITHMETĬCA, æ, f. 算法。筭學

ARMA, orum, n. 兵器

ARMAMENTA, orum, n. 傢伙、物件。器具

ARMAMENTARIUM, i, n. 兵甲庫。棧房

ARMARIUM, i, n. 櫃子。廚

ARMATURA, æ, f. 兵甲

ARMENIUM, i, n. 杏兒

ARMENTUM, i, n. 牛馬羣

ARMĬGER, ĕri, m. 兵役。跟武者

ARMILLA, æ, f. 手鐲。頸環圍膊

ARMO, as, [*arma.* 備兵。排民器械。預備

ARMUS, i, m. 肩膀

ARO, as. 耕地。耒田

AROMA, ătis, n. 香料

ARRHA, æ, f. 定銀。憑據。聘礼

ARRHABO, onis, m. *p. l.* 定銀。當頭。質

ARRIDEO, si, sum, 2.	向人笑。中人意
ARRĬGO, exi, ectū, 3. [erigo.	竪起。擢
ARRĬPIO, ui, eptū, 3. [rapio.	拏。搶去。奪
ARRŎGANS, tis, c. s. adj.	驕矜。豪强。自高
ARRŎGO, as.	歸己。擅取。立義子
ARS, tis, f.	法。手藝。計策
ingenuæ l. liberales artes.	六藝
ARSENĬCUM, i, n.	砒霜。信石。砒黄
ARTĂBA, æ, f.	大酒桶
ARTEMISIA, æ, f.	益母艾。菊花
ARTĔMON, ŏnis, m.	大帆旁帆。滑車
ARTERIA, æ, f.	脉絡
ARTHRĬCUS, a.	骨節痛者
ARTICŬLUS, i, m. (artus.	骨節。木節。書節
ARTĬFEX, ĭcis, m. [ars.	匠人
ARTIFICIUM, ii, n. (facio	巧工。法。詭。巧計
ARTIO, ivi, itum, 4.	强進之
ARTUS, uum, m.	肢體節
ARŬLA, æ, f.	爐小祭臺
ARUNDINETUM, i, n.	葦林
ARUNDO, ĭnis, f.	葦子。竹子
ARUSPEX, ĭcis, v. haruspex.	
ARVINA, æ, f.	脂膏
ARVUM, i, n.	田。域

ARX, cis, f.	礮臺
AS, assis, m.	四銅錢。少
hæres ex asse.	全受家產者
AS, *pro* ad *comp.*	
ASAFŒTIDA, æ, f. v. laser.	
*ASCELLA, æ, f.	胛。腋下
ASCENDENTES, ium, m.	諸先人。祖宗
ASCENDO, di, sū, 3. [*scando.*	上升。上。乘。登高
— navem.	上船。登舟
*ASCETERIUM, i, n.	隱修院
*ASCETICUS, a.	默想者
ASCIA, æ, f.	錛板斧
ASCISCO, v. adscisco.	
ASCOPERA, æ, f. *p. l.*	皮袋
ASCRIBO, *pro* adscribo.	
ASELLUS, i, m. [*asinus.*	小驢
ASĬNUS, i, m.	驢
ASPALĂTHUS, i, m.	防風子草
ASPARĂGUS, i, m.	龍鬚菜
ASPECTUS, us, m. [*aspicio.*	看。光景。高徽
ASPELLO, ŭli, ulsum, 3.	推開。拒。棄
ASPER, ĕra, *c. s.*	粗。濇。不光。嚴
ASPERGILLUM, i, n.	洒水具
ASPERGO, si, sum, 3. [*spargo.*	〃〃

ASPERNOR, aris, 看輕。却。被輕
ASPĬCIO, exi, ectum, 3. 望。視
ASPIRO, as, (spiro. 吹。助。出喉音
— ad curiam. [curia 仰作理事官
ASPIS, ĭdis, f. 七寸蛇
ASPLENIUM, i, n. 尖葉草
ASPORTO, as, (porto. 搬運。搬移。攜
ASSA, orum, n. 溫水房
ASSAMENTA, orum, n. 鋪板
ASSĔCLA, æ, m. 跟班。從者。背着
ASSECTOR, aris, (sequor. 陪送。被送
ASSENTIOR, ensus, 4. (ni. 依。應承。允
ASSENTOR, aris, [ei. 諂媚。奉承
ASSĔQUOR, cutus, 3. 追及。得。曉。被得
ASSER, ĕris, m. 小梁。轎杠。撐柱
ASSĔRO, ui, ertum, 3. 決言。保。占。証
ASSESSOR, oris, m. [assideo. 左右官員左堂
ASSESTRIX, icis, f. 收生婆。穩婆
ASSEVERO, as, *p. l.* [*severus*. 決言。實言
ASSĬDEO, edi, essum, 2. [*sedeo* 同坐。挨
ASSIDUUS, a, *c. s.* (*sido*. 不斷。勤謹
— scholæ [*dat*. 常勤上學者
— in præliis. 勤戰者

ASSIGNO, as.	定。歸于。打印。分給。寫名
ASSILIO, livi, sultū, 4. (*salio*	跳。攻。勤起工
ASSIMILO, as.	相似。比
*ASSIS, is, m.	板
ASSISTO, stiti, stitum, are	在旁。助。陪。護
ASSO, as	鋪板。炙
— igni *l.* ad ignem	以火炙
ASSUEFACIO, eci, actū, 3	使之習慣
ASSUETUS, a, *c.*	習慣者
ASSŬLA, æ, f.	屑。片
ASSULTO, as, (-*ei l. eum.*	跳。攻
ASSUMENTUM, i, n.	補布。補釘
ASSUMO, psi, ptum, 3.	取。占
ASSURA, æ, f.	勤養。燒肉一塊
ASSURGO, rrexi, rrectū, 3.	起來。長大
— venienti.	爲來者起立
ASSUS, a.	燒。炙者
lapides assi.	淨石之墻
caro assa igni *l.* ad ignem.	火燒之肉
AST, *pro* at.	
ASTER, ĕris, m.	星花草
ASTERICUM, i, n.	霧水葛
ASTHMATICUS, a.	得暇喘者

ASTIPŬLOR, aris, [ei	依人。同意
ASTO, &c. *pro* adsto.	
ASTRINGO, inxi, ictum, 3. (*adstringo*.	綁緊。逼迫。發澀
ASTROLABIUM, ii, n.	天平儀
ASTROLOGĬA, æ, f. &	
ASTRONOMĬA, æ, f.	看星兆法。天文
ASTRUM, i, n.	星宿
ASTUS, us, m. &	
ASTUTĬA, æ, f.	聰明。詭弊
ASYLUM, i, n.	避難所。不可犯之處
ASYMBŎLUS, i, m. (*a*.	未出錢而食飡
AT, *conj*.	但。然
AT, *pro* ad *comp*.	
ATĂVUS, i, m. (*avus*.	太高祖父
ATER, tra, *e*.	暗黑者。兇
ATHĂCUS, i, m.	四脚鳥
ATHĔOS, i, m. [*a*.	不認天主者
ATHLETA, æ, m.	打把勢。善拳。舞刀
•**ATHMOSPHÆRA**, æ, f.	天氣。空中之氣
ATŎMUS, i, m.	微埃
ATQUE, *conj*.	及。與
ATQUI, *conj*.	果然。但
ATRAMENTUM, i, n. [*ater*	墨

ATRIUM, ii, n. 門院。丹墀

ATROR, oris, m. v. ater.

ATROX, ocis, c. s. adj. 兇。不仁。野。剛遣

ATTACUS, i, m. v. athacus.

ATTALICUS, a. 地名。錦緞者

ATTAMEN, conj. 到底

ATTENDO, di, tum, 3. (ei, li eupa 理會。留神

ATTENTO, as. 試探。謀攻

ATTENTUS, a, a, si 小心。謀攻者

ATTENUO, as. 削。減。作薄。壓

ATTESTOR, aris. 請人證。証。被証

ATTICE, adv. 斯文。文然

ATTINET, nuit, 2. (teneo. 關係。歸于

nihil ad me attinet. 毫無關我

ATTINGO, igi, actum, 3. (tango. 輕摩。動。至

ATTONITUS, a. 驚迷者。訝。怔忪

ATTRAHO, axi, actum, 3. 拉。引近。吸

ATTRECTO, as, (tracto. 摩。及。謀。戲

ATTRIBUO, ui, utum, 3. 歸于。分與。定供銀

ATTRIBUTUM, i, n. 光景。爲從。定之供銀

ATTRITIO, onis, f. (tero. 相碎。下等痛悔

ATTULI, v. affero.

AU, pro ad comp.

AUCEPS, cŭpis, adj. 打鳥者。弋者

AUCTARIUM, ii, n. [augeo. 饒頭。加益

AUCTIO, onis, f. 奉官賣

auctionem facere. 奉官賣

AUCTOR, oris, m. 領首。領袖。作者。制造者

AUCTORO, as. 雇人。買。准

AUCTORAMENTUM, i, n. 賞。工錢。賄

AUCTORITAS, atis, f. 權柄。威風。威儀。服人之言

AUCTUS, a, c. v. augeo.

AUCŬPOR, aris. 打鳥。弋。掠。謀

AUDAX, acis, c. 3. adj. [audeo. 大胆者。霸道者。巨霸

AUDEO, sus, 2. 敢

ausim, is, &c. pro audeam, as, at.

AUDIO, ivi, itum, 4. 聽。聽見。聽命。趕學。人吽

audit pater. 人吽彼爲父

dicto audiens tibi sum. 吾聽汝命

AUFĔRO, abstŭli, ablatum, ferre, [ab, fero. 拏去奪停。迷

AUGEO, xi, ctum, 2. 加。增。添上。長大

AUGMENTUM, i, n. [augeo. 增益。長大

AUGUR, ŭris, m. 以鳥看先兆者。卜卦者

AUGURIUM, ii, n. 所看之兆。卜法

AUGUSTUS, i, m. 洋八月

AUGUSTUS, a. c. s. 威風。皇赫。巍壯

AULA, æ, f. 客廳。朝廷。宮殿

AULÆUM, i, n. 鋪氈。戲台帳幔

AULAR, aris, n. 盖子。鍋盖

AURA, æ, f. 清風。微風。風。氣

*AURANTIUM, ii, n. 橘子。柑子。橙子

AURATA, æ, f. 金魚

AURATUS, a. 鍍金者

AUREŎLUS, a. 金色者

AUREUS, a. 金者。鍍金。貴。美

AUREUS, i, m. 金錢。一个銀錢

AURICHALCUM, i, n. 貴銅片。白銅

AURICŬLA, æ, f. [auris. 耳

*AURICULARIUS, ii, m. 書記。治中

AURĬFEX, ĭcis, m. [facio. 銀匠。金匠

AURIGA, æ, m. 趕車。艄公。宿名

AURIPIGMENTUM, i, n. 薑黃

AURIS, is, f. 耳。盆耳

AURISCALPIUM, ii, n. 耳挖

AURORA, æ, f. 黎明。昧爽。東方

AURUGO, inis, f. 黃症。黃丹
AURUM, i, n. 金子。財。光
AUSCULTO, as. 聽。附耳聽。聽命
AUSPEX, icis, m. 卜卦者。保人
AUSPICIUM, ii, n. 預兆。領。自主。始
AUSPICOR, aris. 卜卦。算兆。始
AUSTER, tri, m. 南方。南風
AUSTERUS, a, c. s. 嚴。酸。兇
AUSTRALIS, e. 南方者
AUSUS, a, v. audeo.
AUT, *conj.* 或
AUTEM, *conj. postp.* 倒。反。然
aliqui sunt boni, alii — mali. 有善者。亦有惡者
AUTHENTICUS, a. 有憑據者。正經
AUTHOGRAPHUM, i, n. 原稿
AUTHOR, v. auctor.
AUTOMATON, ti, n. 自行器具
AUTUMNUS, i, m. 秋天秋時
AUTUMO, as. 說。思。過秤
AUXILIARIS, e, &
AUXILIARIUS, a. 助者。救兵
AUXILIUM, ii, n. 助。救
AVARUS, a, c. s. (ejus. 慳吝者。吝嗇
AVE, *pro* salve.
AVEHO, exi, ectum, 3. 帶來。攜。移

AVELLANA, æ, f. 榛子

AVELLO, velli, *l.* vulsi, vulsum, 3. 拔。奪。拉開

AVENA, æ, f. 鈴鐺麥。籥。虛穗

AVEO, es, ēre. 願。想之

AVERNUS, i, m. 湖名。地獄

AVERRUNCO, as, (*runco*. 修樹。除免。去之

AVERSOR, aris. 轉面。厭。看輕

AVERSUS, a, [ei, *l.* ab eo. 背着。相仇

AVERTO, ti, sum, 3. (*a*. 推開。轉身。騸去

AVIA, æ, f. [v. avius.] 祖母

AVĬDUS, a, [c. 3. ejus. 貪心者。嗜。餓

AVIS, is, f. em, *l.* im, e, *l.* i. 鳥

AVITUS, a, (*avus*. 祖宗者。古者

AVIUS, a, [*a, via*. 無路之。失路者

AVŎCO, as, [ab eo. 拉開。散人心。儆

AVULSI, avulsum, v. avello.

AVUNCŬLUS, i, m. 舅父

AVUS, i, m. 祖父。外爺

AXILLA, æ, f. 腋下。胛

AXIOMA, ătis, n. 定論。格言

AXIS, is, m. 車軸。南北極。樞

AZYMUS, a, *p. b*. 素麪餅

B

BACCA, æ, f.	小殼。珠。果
*BACCALAURUS, i, m.	秀才。狀元
BACHOR, aris.	乱跑。乱跳。樂瘋
BACHUS, i, m.	酒神。杜康
BACŬLUM, i, n. &	
BACŬLUS, i, m.	棍。枴杖
BADIUS, a.	豹花者。雜色
BAJŬLO, as.	背之以往負
BAJŬLUS, i, m.	挑夫
BALBUS, a.	結舌者
BALÆNA, æ, f.	鯨魚。鰲魚
BALINEUM, v. balneum	
BALISTA, l. ballista, æ, f.	拋石砲。弓
BALNEARIUM, ii, n.	澡塘。洗身處
BALNEUN, i, n.	〻〻。洗身
balneo uti.	洗身。沐浴
BALO, as.	羊咩喊。咩
BALSĂMUM, i, n.	水安息油
BALTEUS, i, m.	佩刀帶
*BANCA, æ, f.	放銀鋪
*BANNA, orum, n.	稱新郎。婚配示
*BANNUM, i, n.	曉衆告示。充發
*BAPTISMA, ătis, n. &	
*BAPTISMUS, i, m.	聖洗。洗

BAPTISTERIUM, ii, n. 洗身所。領洗池

BAR, *comp.* 皃

BARATHRUM, i, n. 深淵。深坑。地獄

BARBA, æ, f. 鬚。樹末。果毹毛

BARBARISMUS, i, m. 野狀。惡俗無稽之談

BARBARUS, a. 野者

BARBATUS, a. 有鬚者

BARDUS, a. 痴。蒙。怵者

BASILICA, æ, f. 高大堂。皇殿

BASILICUS, a. 似王者。華麗

BASILISCUS, i, m. 蛟蛇

BASIO, as. 口親。淫口親

BASIS, is, f. *acc.* im, *abl.* i. 柱磝。脚。基。礎

BAT! *interj.* 慢矣。放心

BATILLUM, i, n. &

BATILLUS, i, m. 銕鐎。花鏊。爐。鐮

BATUS, i, m. 四十八斤之桶

BDELLIUM, ii, n. 唵叭香

BEATUS, a, *c. s.* 有福者。富貴。肥

BELLICUM, i, n. 交戰之號令

BELLUA, æ, f. 野獸。兇人

BELLUM, i, n. 打仗。對陣。干戈

BELLUS, a. *c. s.* 美。有趣。善。合式

BENE, melius, optime, *adv.* 好。善。甚

BENEDICO, xi, etum, 3. (ei, *l.* eum.	囑慰。降福。祝聖
BENEFICIUM, ii, n.	恩典。恩惠
BENEFICUS, a, centior, centissimus, (ei.	好施恩者
BENEMERITUS, a.	有功于人
est — de te.	汝承其情
BENEPLACITUM, i, n.	准。情愿。旨意
BENEVŎLENS, tis, *c. s. adj.* &	
BENEVŎLUS, a.	親愛。友。款待者
BENIGNUS, a, *s. s.*	良善。仁慈。寬恕
BEO, as.	成福。加福
BERYLLUS, i, m.	藍寶石名
BES, essis, m.	八寸。八兩之秤
BESTIA, æ, f.	野獸。畜牲
BESTIŎLA, æ, f.	小虫
BETUM, i, n.	烟。鼻烟
BI, *pro* bis *comp.*	
BIBLIA, orum, n.	書。聖經
BIBLIOPOLA, æ, m. *p. l.*	書舖
BIBLIOTHECA, æ, f.	書房
BĬBO, bibi, bibitum, 3.	飲。泡。吸水。浸
BIBŬLUS, a.	貪飲者。麼吸水
BICEPS, ipitis, *adj.* (*caput.*	二首者
BIDENS, tis, *adj.* (*dens.*	二牙者。二年牲
BIDENS, tis, m.	大鋤頭

BIDENTAL, alis, n. 雷擊之處
BIDUUM, i, n. [dies. 二日之久
BIENNIUM, i, n. [annus. 〱年
BIFARIAM, adv. 〱樣。二分
BIFER, l. biferus, a, [fero. 一年二實者
BIFŎRUS, a, [fores. 二扇門者
BIGA, æ, f. 〱馬車
*BIGĂMUS, i, m. 有二妻者
BIJŬGI, orum, m. (jugum. 一對馬
BILIS, is, f. 黃痰。怒
BILIX, icis, adj. [licium. 二股線
BIMATUS, us, m. 〱歲
BIMESTRIS, e, (mensis. 二月者
BIMUS, a. 〱歲者
BINI, æ. 二者一齊。一双
*BIOS, græc. 性命
BIS, adv. 二次。双
BISELLIUM, ii, n. [sella. 双位之椅
BISON, ontis, m. 獨角之牛
BISEXTUS annus. 閏年多一日
BISULCUS, a. 裂蹄。分杈者
BITUMEN, inis, n. 黏油。灌漿。油灰
BIVĪRA, æ, f. 二夫之婦
BIVIUM, ii, n. [via. 〱岔路。卡口

BLACTĔRO, as. 羊鳴。咩

BLÆSUS, a. 結舌者

BLANDIMENTUM, i, n. 諂媚。巧言。香料

BLANDIOR, itus, 4. {ei. 諂媚。溜餂。減

BLANDUS, a, *č. s.* 温和。諂媚。柔爽

*BLASPHEMIA, æ, f. &

*BLASPHEMO, as. &

—in Deum *l.* de Deo. 以言辱天主

*BLASTO, onis, m. 店主

BLATĔRO, as. 說閒話。多言

BLATTA, æ, f. 偷油婆

BLATTEUS, a. 紫色者

BLENNUS, a. 蒙童。痴。吊鼻汀

BLITUM, i, n. 莧菜。無味之菜

BOA, æ, f. 大水蛇。孩病

BOARIUS, a, (*bos.* 係牛者

BOLÆ, arum, f. 頸鎖。桁楊

BOLBĬTON, ti, n. 牛糞

BOLIS, idis, f. 探水砣。飛星。飄鎗

BOLUS, i, m. 一布網。利。搶之物。一口

*BOMBARDA, æ, f. 砲

BOMBUS, i, m. 蜂鳴。號筒聲。誇

BOMBYX, ycis, m. 蠶虫

BONA, orum, n. 家產。田宅

BONUM, i, n.	好事。善。美好
boni consulere.	不怪。當好意
BONUS, a, melior, optimus.	好。善。佳妙
BOO, as.	牛鳴。大响
BORAGO, inis, f.	解毒菜。紫草
BOREAS, æ, m.	北風
*BORITH, n. [herba.	紫蘇草
BOS, bovis, m. f. *plur.* boves, boum, bobus.	牛。黄牛
BOTANISMUS, i, m.	耨。諳百草名
BOTRUS, i, m.	葡萄果毬
BOTULUS, i, m.	血腸。肉實腸
BOVEA, æ, f.	守宮
BOVILE, is, n. [bos.	牛圈
BOVILLUS, *l.* bovinus, a.	牛者
BRABEUM, ěi, n. *p. l.*	花紅。賞格
BRACCÆ, arum, f.	冬長衣
BRACHIUM, ii, n.	骻膊。臂。水派
BRACTEA, æ, f.	銅片
BRANCHIA, æ, f.	魚腮
BRASSICA, æ, f.	洋白菜
BRAVIUM, *p. l.* v. brabēum.	
BREVI, *adv.* (*brevis.*	過不多時。未幾
BREVIA, orum, n.	水灘
BREVIARIUM, ii, n.	撮要。會編。經本

BREVIO, as.	作短。簡
BRĔVIS, e, *c. s.*	短者。小
BREVĬTAS, atis, f.	短。簡短
BROCHUS, i, m.	大牙。伸出牙者
*BRUCHUS, i, m.	棉虫
BRUMA, æ, f.	冬至
BRUTUS, a.	体者。痴。無靈
BU, *pro* bos *comp.*	
BUBĂLUS, i, m.	水牛
BUBO, onis, m.	梟鳥
BUBŬLA, æ, f.	牛肉
BUBULCUS, i, m.	牧牛者。農夫
BUCCA, æ, f.	口。腮。號筒手
BUCCELLA, æ, f.	一口食物
BUCCĬNA, æ, f.	號筒
BUCCĬNUM, i, n.	海螺
BUCCO, onis, m.	好誇口者
BUCĔRUS, a.	牛者。大角者
BUCOLĬCUS, a.	係牧牛者
BUCŬLUS, i, m.	小牡牛
BUFO, onis, m.	蝦蟆
BUGLOSSUS, i, m. v. borago.	
BULBĬTUM, i, n.	孩屎
BULBUS, i, m.	菜圓根。招淫草

BULE, es, f. 議事廳

BULGA, æ, f. 皮褔口袋

BULLA, æ, f. 水泡。解人妒藥盒。頸環。教皇諭

BULLIO, livi, litum, 4. 滾。起水泡

BULLŬLA, æ, f. 小水泡

BURA, æ, f. &

BURIS, is, f. i, im. 犁弯

BURDO, onis, m. 驢騾

BUSTUM, i, n. 燒屍之所。墓

BUTYRUM, i, n. 嬭油

BUXUM, i, n. &

BUXUS, i, m. 黃木

BYSSĬNUS, a. 細麻布者

BYSSUS, i, m. 細〻之類

C

CABALLUS, i, m. 廢馬

*CABUS, i, m. 斗。桶

CACĂBUS, i, m. 盌。鍋。釜

CACATŬRIO, is, ire, [*caco.* 欲出恭

CACHECTĬCUS, i, m. 癆病者。漸瘦者

CACHINNUS, i, m. 善笑者。大聲誚

CĂCO, as. 出恭。拉屎。出糞

CACO, *pro* cacon

CACOETHES, is, n. [*cacos-* 毛病。毒瘡

*CACOS, i, m. *græc. comp.* 醜。不善

CACOTECHNIA, æ, f. 不善技。害人之法

CACOZELUS, i, m. 不善效者

CACUMEN, ĭnis, n. 頂。尖

CADAVER, ĕris, n. 屍

CADIVUS, a, [*cado.* 自落。將滅

cadiva mala. 自落之果

CADMIA, æ, f. *p. l.* 金落。雄黃

CĂDO, cecĭdi, casum, 3. 吊落。跌倒。陷。遇

—in terram. 頹于地

non cadit hoc in virum bonum. 好人不能有此

bene cadit. 合式。遇之巧

CADUCEATOR, oris, m. 持旗求平和者

CADUCUS, a. 不長久。垂。幻化

CADUS, i, m. 酒桶

CÆCUS, a, *c.* 瞎子。瞽

CÆCUTIO, is, ire. 近視。畧瞎

CÆDES, is, f. 殺戮

CÆDO, cecīdi, cæsum, 3. 打傷

CÆLEBS, ĕbis, *adj.* 鰥。不娶嫁。守貞

CÆLESTIS, e, v. cælum.

CÆLO, as. 刻。雕

*CÆLTES, is, f. &

CÆLUM, i, n. 刻刀。鑿

CÆLUM, i, n. *plur.* li, lorum, m.	天。天氣。空中
CÆMENTUM, i, n.	房其材料
CÆPA, æ, f.	葱頭
CÆREMONIA, æ, f. &	
CÆREMONIÆ, arum, f.	礼貌。礼節
CÆRULEUS, a.	藍色者
CÆSAR, ăris, m.	人名。皇上
CÆSARIES, ēi, f.	長髮。假髮
CÆSIM, *adv.* [*cædo.*	屢砍。間斷。分節
CÆSIUS, a.	天藍色者
CÆSOR, oris, m. (*cædo.*	砍者。匠
— lapidum.	石匠
CÆSPES, ĭtis, m.	土塊
CÆTĔRÙM, *adv. conj.*	但。另外
CÆTĔRUS, a.	餘者。等人
CALAMISTER, tri, m.	捲髮之具
CALAMĬTAS, atis, f.	災難
CALĂMUS, i, m.	葦子。筆。笛。籥。管
— odoratus.	石菖蒲
CALĂTHUS, i, m.	筐。匣子
CALCANEUM, i, n.	脚跟。足踵
CALCAR, aris, n.	馬策。鷄距
CALCARIA, æ, f. (*calx.*	燒石灰窰
CALCEDONIUS, ii, m.	火色寶石

CALCEO, as.	穿鞋襪
CALCEUS, i, m.	鞋。履。舄
CALCĬTRO, as.	踢。逆
CALCO, as.	蹀。踐。踏。輕之
CALCULARIUS, a.	算盤者
CALCŬLUS, i, m.	小石。棋子。算子。砂淋。主意
CALDARIUM, ii, n.	溫水浴
CALDUS, v. calidus.	
CALEFĂCIO, feci, factū, 3.	炖暖。呴溫
CALENDÆ, arum, f.	初一日。朔日
CALENDARIUM, ii, n.	皇曆
CĂLEO, ui, 2.	熱。有精神
CALĬDUS, a, c. s. [calor.	熱者
CALĬGA, æ, f.	兵鞋
CALĬGO, as.	漸暗。目瞎
CALĬGO, ĭnis, f.	暗。霧
CALIX, ĭcis, m.	爵。杯。盟
CALLEO, ui, 2. [callus.	生趼。有見識
—jura.	明律例
CALLĬDUS, a, [callus.	聰明。詭者
CALLIS, is, f.	窄路。狹徑
CALLUS, i, m.	手趼子。足胝
CALO, as.	叫來。呼號

CALOPHANTA, æ, m. 言行不符者

CALOPODIUM, ii, n. 鞋楦頭

CALOR, oris, m. 熱。怒。攻

CALTHA, æ, f. 野菊花

CALUMNIA, æ, f. &

CALUMNIOR, aris. 妄証。誣告

CALVARIA, æ, f. 骷髏

CALVITIUM, ii, n. 禿。光頭

CALVUS, i, m. 禿

CALX, cis, f. 石灰

CALX, cis, m. 後跟。踢。底

CALYX, ўcis, m. 花衣。蕊殼。海蛤

CAMBIO, psi, ptum, 3. 替換。易。找錢

CAMELLA, æ, f. 猪槽

CAMELOPARDALIS, is, m. 豹色之駱駝

CAMELUS, i, m. 駱駝

CAMĔRA, æ, f. 發圈之墻。臥房

CAMINUS, i, m. 窰。灶

CAMMĂRUS, i, m. 蝦米。毒草根

CAMPE, es, f. 肥蛛

*CAMPANA, æ, f. 鐘。鈴

CAMPESTER, tris, tre. 平地者。鄉下

*CAMPSOR, oris, m. (*cambio.*) 找錢舖

CAMPUS, i, m.	平地。場。郭外。業
CAMUS, i, m.	轆頭。繩套
CANALICŎLA, æ, f.	市井人
CANALIS, is, m. f.	溝。渠
CANARIUS, a, [canis.	犬之
*CANCELLARIUS, ii, m.	給事中。對磨官
CANCELLI, orum, m.	柵欄
CANCER, cri, m.	螃蟹。癰瘡
CANDELA, æ, f.	蠟燭
CANDELABRUM, i, n.	蠟臺
CANDEO, ui, 2.	發白。燒紅
CANDIDATUS, a.	穿白衣。候缺官
CANDĬDUS, a, c. s.	白者。老實。福者
CANDŎR, oris, m.	白色。老實。光。美
CANEO, ui, 2.	漸白。髮白
CANI, orum, m.	白髮
CANIS, is, m. f.	狗。犬
CANITIES, ēi, f.	白髮
CANISTRUM, i, n.	籃。筐子。篋
CANNA, æ, f.	葦。笛子
CANNĂBIS, is, f.	麻
CĂNO, cecĭni, cantum, 3.	唱。吹號筒。先說
CANON, ŏnis, m.	規。度尺。上稅
*CANONĬCUS, i, m.	主教堂神父

*CANONIZO, as.	列入聖品
CANOR, oris, m.	聲。好聽之聲
CANTAMEN, ĭnis, n.	念咒。誘迷神魂
CANTHARĬDA, æ, f.	班蝥虫
CANTHĂRUS, i, m.	酒皿。虫名
CANTHERIUS, ii, m.	騸馬架撐。椽子
CANTHUS, i, m.	包車輪鉄瓦
CANTĬCUM, i, n.	歌曲
CANTILENA, æ, f.	俗歌
CANTO, as.	唱。念咒舉揚
CANTUS, us, m.	唱。嘯。鳴
CANUS, a.	白髮者。白
CAPAX, acis, *c. s. adj.*	可容。可承受能幹
—injuriæ.	能害人者
CAPELLA, æ, f. [*capra.*	小牝羊
CĂPER, pri, m.	牡山羊。腋下氣
CAPESSO, ivi, itum, 3. (*capio.*	取。成。行
CAPILLUS, i, m.	髮
— veneris.	鷄脚草
CĂPIO, cepi, captum, 3.	取。拏。得。容。捉。知
CAPISTERIUM, ii, n.	篩子
CAPISTRUM, i, n.	籠頭。繩索。絡頭
CAPITALIS, e.	該殺。大害者
CAPITATIO, onis, f.	丁銀

CAPITELLUM, i, n. 小頭。柱頭

CAPITIUM, ii, n. 蓋乳巾

CAPITO, onis, m. 大首者。寄食者。土鯪魚

CAPITULUM, i, n. 小首。章。柱頭

CAPO, onis, m. 騸鷄

CAPPARIS, is, f. 果名

CAPRA, æ, f. 牝山羊。星名

CAPRARIUS, ii, m. 放羊者。牧童

CAPREA, æ, f. 獐子

CAPSA, æ, f. 盒。匣

CAPTIOSUS, a. 瞞騙者。損者

CAPTIVUS, a. 被擄者

CAPTO, as, [illegible] 拏。取。拉人心

CAPULUS, i, m. 棺。刀欛。犂耙子

CAPUT, itis, n. 頭。首人。章。性命

— aperire. 除帽

—, et usuræ. 本利

causa capitis. 干命之訟

CARABUS, i, m. 螃蟹類

CARBASINUS, a. &

CARBASUS, i, m. 細麻。舟帆。幔

CARBO, onis, m. 黑炭。煤

CARBUNCULUS, i, m. 小炭。紅石。夜明珠。冷焦。疔瘡

CARCER, ĕris, m. 監牢。馬起跑所

homo — 匪類人

a calce ad carcerem. 再起

CARCHESIUM, ii, n. 船桅樓。杯。滑車

CARCINOMA, ătis, n. 疔瘡

CARDAMOMUM, i, n. 白荳蔻

CARDIACI, orum, m. 脾胃病者

CARDINALIS, e. 門樞者。紅衣主教

CARDO, ĭnis, m. 門樞。綱領

CARDUELIS, is, m. 紅頭雀

CARDUUS, i, m. 茨萊

*CARECTUM, i, n. 湖葦林

CAREO, ui, 2. (eo, 1. eum.) 緊要。缺少。匱

CAREUM, i, n. 紅蘿菔

CARICA, æ, f. 無花果乾

CARIES, ei, f. 木虫。朽

CARINA, æ, f. 舟脊。舟。核桃殼

CARMEN, ĭnis, n. 鉄刷子。一首詩。念呪。俗例。先知言

CARMINO, as. 刷毛。爬毛

CARNIFEX, ĭcis, m. 劊子手。皂班

CARNIS, v. caro.

CARO, arnis, f. 肉。身。魚肉。果肉

— porcina. 猪肉

*CARPENTARIUS, i, m. 木匠
CARPENTUM, i, n. 古車名
CARPO, psi, ptum, 3. 摘。取。責。謗。刷
CARPTIM, *adv.* 畧。揀然
CARRUCA, æ, f. 小車
CARRUS, i, m. 牛車
*CARTALLUS, i, m. 筐。柩
CARTHAMUS, i, f. 紅花樹名
CARTILAGO, inis, f. 嫩骨
CARUS, a, *c. s.* lei. 可愛者。價貴者
CARYOPHILLUM, i, n. 丁香。石竹花
CASA, æ, f. 草房
CASCUS, a. 古者
CASEUS, i, m. 孄餅
CASIA, æ, f. 肉桂
CASSIS, idis, f. 盔
CASSITA, æ, f. 吽鷚欄
CASSUS, a. 徒然。虛
CASTANEA, æ, f. 栗子
CASTE, *c. s. adv.* v. castus.
CASTELLUM, i, n. 城堡。砲臺。存水池。村
*CASTIFICANS, tis, *adj.* &
CASTIFICUS, a, *v. castus.* 戒淫者。使潔淨

CASTIGO, as. 責罰。改好
CASTITAS, atis, f. v. castus.
CASTOR, oris, m. 海螺。神名
CASTRA, orum, n. 營寨
CASTRAMETOR, aris. 插營
CASTRO, as. 騸。閹
CASTRUM, i, n. v. castra.
CASTUS, a, e. s. 潔凈者。無淫者
CASULA, æ, f. (casa. 小草房。祭衣
CASUS, us, m. 倒。艱難。偶事
—dedit. 撞見。遇有
*CATA, græc. 照。每
CATABULUM, i, n. 獸圈
CATACLYSMUS, i, m. 發水淹地
CATADROMUS, i, m. 跳繩者
CATALOGUS, i, m. 單子。册
CATAPHRACTA, æ, f. 皮甲
CATAPLASMA, atis, n. 藥膏
CATAPOTIA, orum, n. 藥丸
CATAPULTA, æ, f. 古砲。飄之箭
CATARACTA, æ, f. 直倒之水。閘門。扳榕門
CATHARRUS, i, m. 傷風。流鼻汀
CATASCOPUS, i, m. 探子

CATASTA, æ, f. 賣奴之市。禁奴之處。刑具

CATASTRŎPHE, es, f. 大改變。倒塌

CATÈ, *adv.* 愼然。巧。伶。妥

*CATECHESIS, is, f. 教訓

*CATECHISMUS, i, m. 聖教要理

*CATECHUMĔNUS, i, m. 學教規者

CATEGORIA, æ, f. 責。等。類

CATELLUS, i, m: [canis. 小犬。鏈。小駒

CATENA, æ, f. 鏈。鐐鏈

CATERVA, æ, f. 跟之衆人。一夥人

CATHĔDRA, æ, f. 椅。几

CATHOLICUS, a. 公者。統。正

CATILLUS, i, m. 小碟

CATINUM, i, n. &

CATINUS, i, m. 碟

CATTA æ, f. 牝猫。架

CATŬLUS, i, m. 小狗。小駒

CATUS, a, v. cate.

CAUDA, æ, f. 尾巴

CAUDEX, ĭcis, m. 案。樹身。体。板縫

CAULA, æ, f. 羊圈。毛孔

CAULIS, is, f. 菜莖。茄藍菜。芽

*CAUMA, ătis, n. 熱。燒

CAUPO, onis, m.	店主
CAUSA, æ, f.	緣故。官司。原。事
causam dicere.	訴冤
CAUSIDICUS, i, m. [causa.	保官司
CAUSOR, aris.	卸罪。推辭
— morbum.	推病
CAUSSA, v. causa.	
CAUSTICUM, i, n.	去腐膏藥
CAUTÈ, c. s. adv. [caveo.	小心然
CAUTERIUM, ii, n.	燒瘡之具
CAUTES, is, f.	大石
CAUTIO, onis, f.	防備。約單。當頭
CAVEA, æ, f.	穴。籠。蜂桶。圍所
CAVEO, cavi, cautum, 2.	小心。防備。避
cave tibi ab eo. & cave eum.	小心此人
CAVERNA, æ, f.	山洞。穴。凹
CAVILLA, æ, f.	誚。詐解人言
CAVO, as.	空土。凹木
CAVUS, a.	凹者。虛者
CE, comp.	前
hicce.	此
hiccine?	係是否
CECINI, v. cano.	
CECIDI, v. cado, et cædo.	

CEDO, essi, essum, 3. 讓。走開。下

—tempori, 隨時就便

CEDÒ, *adv.* 給余爲幸。言可也

CEDRUS, i, f. 柏樹

CELĔBRIS, e, *c. s.* 出名者。人往來之處

CELĔBRO, as. 慶賀。多往來。舉

CELER, ĕris, ĕre, *c. s.* 輕。快。下急。亟

CELEUSMA, ătis, n. 水手歌

CELLA, æ, f. &

CELLARIUM, ii, n. 庫房。酒房

*CELLO, lui, elsum, 3. 動。推

CELO, as. 隱瞞

CELSUS, a, *c. s.* 狠高者。卓

CELTIS, is, f. [v. celtes.] 蓮花。藕

CENOTAPHIUM, ii, n. 貴墓

CENSEO, ui, 2. 估量。上單。怒

CENSIO, onis, f. 田宅單。罰

CENSOR, oris, m. 御史。監察。褒貶

CENSUS, us, m. 烟戶册子。租。稅

CENTE, *l.* centi, *pro.* centum.

CENTENUS, a. 一百者

CENTIÈS, *adv.* 一百次

CENTIPĔDA, æ, f. 蜈蚣

CENTO, onis, m.	百補釘衣
CENTRUM, i, n.	中心。本向。木節
CENTUM, *adj.*	一百
CENTURIA, æ, f.	百兵。百畝。一鄉人
CENTURIO, onis, m.	把總
CENTUSSIS, is, m.	半銀錢
CEPA, v. cæpa.	
*CEPHA, *l.* cephas, *comp.*	首
CEPI, v. capio.	
CEPS, *comp.* [*caput, et capio.*	
CEPTO, as, [*capio.*	取。拏
CERA, æ, f.	蠟。灰油。書
ceræ.	蜜蜂窩
*CĚRAS, *græc. comp.*	角
CERASTES, æ, m.	無花果虫。角蛇
CERĂSUM, i, n.	櫻桃
CERDO, onis, m.	俗鞋匠。卑工
CEREALIS, e.	係五穀者
CERĔBRŬM, i, n.	腦子
CERES, is, f.	禾女神禾稻
CEREUS, i, m.	大蠟燭
CERNO, crevi, cretum, 3.	爭。辨。分。定。見。篩
— vitam.	〱為性命
— de variis rebus.	辯數樣事

CERNUUS, a. 叩首。往前偏

CERO, as, [cera. 抹蠟

*CEROFERARIUS, ii, m. 帶く燭

*CERPO, pro carpo comp.

CERTAMEN, inis, n. 爭。勉。賞。賭。危

CERTATIM, adv. [certo. く先。爭來

CERTÈ, l. certo, ä. adv. 必定

CERTO, as, tam eo. 爭鬥。打仗。戰

— de imperio 〈競王位

CERTUS, a, e. a. 定者。不疑。妥。忠

CERUSSA, æ, f. 鉛粉

CERVI, orum, m. [cervus. 杈釘。杈條

CERVICAL, alis, n. 枕頭。坐褥

*CERVICATUS, a. 自大。固執己見

*CERVISIA, æ, f. 大麥水

CERVIX, icis, f. 膊子。頸

CERVUS, i, m. 鹿

CESPES, itis, m. v. cæspes.

CESSO, as. 停止。閒

— in, l. de opere. 罷工。止工

CETE, n. v. cetus.

CETĖRUS, a, v. cæterus.

CETRA, æ, f. 皮牌

CETUS, i, m. 鯨魚

CEŬ, *adv.* 如同。當作

CHĂLO, as. 鬆。減

CHALYBS, ўbis, m. 鉄鋼

*CHAMÆ, *græc.* 在地上。矮

CHAMÆLEON, onis, *l.* ontis, m. 石龍子

*CHAMÆUNIA, æ, f. 卧于地

CHAOS, n. *abl.* chao. 混沌

CHARACTER, ĕris, m. 刻之號。文法。印

*CHARADRIUS, ii, m. 醫目病之鳥

CHARIS, ĭtis, f. 美好。寵。恩

CHARISMA, ătis, n. 禮物。恩惠

CHARISTIA, orum, n. 親人之席

CHARTA, æ, f. 紙。書

CHARUS, v. carus.

CHASMA, ătis, n. 淵。鬼火。飛星名

*CHEN, nos, m. *græc.* 鴉

*CHERUB, *l.* cherŭbim, m. 天神其八品

CHILĬAS, ădis, f. 一千

CHIMÆRA, æ, f. 怪獸類

*CHIMĬCA, æ, f. 煉丹法

*CHIR, *græc.* 手

CHIRĂGRA, æ, f. 手骨節疼

CHIROGRĂPHUM, i, n. 原稿。文契。券

CHIROMANTIA, æ, f. 卜卦法。相手紋

CHIRONOMĬA, æ, f.	舉動規
*CHIROTHECA, æ, f.	手套。手衣
CHIRURGUS, i, m.	外科
CHLAMYS, ўdis, f.	兵外套。童衣。女衣
CHOLĔRA, æ, f.	黑痰
CHOMA, ătis, n.	閘。堤塘。河堤
CHŒROGRYLLUS, i, m.	刺蝟
CHORAGIUM, ii, n.	備戲之所。戲之物件
CHORDA, æ, f.	一條絃。銅絲。繩
CHOREA, ĕæ, f. & ducere choreas.	跳舞而唱歌
CHORUS, i, m. & choros ducere.	衆歌會
CHRIA, æ, f.	述事
CHRISMA, ătis, n.	堅振油。傅油
CHRISTIANUS, i, m.	教友
CHRISTUS, i, m.	耶穌
CHRONĬCA, orum, n.	史書
CHRŎNOS, *græc. comp.*	時
CHRYSOCOLLA, æ, f. (*chrysos.*	硼砂
CHRYSOLĬTHUS, i, m.	黃玉名
CHRYSOPRĂSUS, i, m.	金紋寶石
CHRYSOS, i, m. *p. l.*	金。金魚

CHYMIA, v. chimica.

*CHYTRŎPUS, ŏdis, m. 有脚之鍋

CIBARIA, orum, n. 糧食。食物

CĬBO, as. 養。育。與食

CIBUS, i, m. 食物

CICADA, æ, f. 蚱蟬

CICATRIX, icis, f. 瘡痕

CICCUM, i, n. 隔之皮。細事

CICER, ĕris, m. 尾荳

CICĔRA, æ, f. v. ervilia.

CICHOREA, æ, f. 苦蕒菜

CICI, n. 萞麻子

CICINDELA, æ, f. 螢火虫。放光虫

CICONIA, æ, f. 仙鶴。農具。欺人

CICŬMA, æ, f. 夜貓

CICUR, ŭris, *adj.* 養熟之獸

CICUTA, æ, f. 釘子草。葷子

*CIDA, æ, m. [*cædo comp.* 打死人者

CIDĂRIS, is, f. 司教高帽

*CĬDO, cecīdi, 3. *pro* cado.

*CIDO, cīdi, cisum, 3. *pro* cædo.

CIEO, īvi, ītum, 2. 招惹。吽。動。唆聳

CILICĬNUS pannus. 粗毛布。羽布

CILICIUM, ii, n. 粗毛〻衣。苦帶

CILIUM, ii, n. 眼眉

CILO, onis, m.	尖額者。扁頭
CIMEX, icis, m.	臭虫
CINÆDUS, i, m.	淫戲者。受男色
CINCINNUS, i, m.	圈髮。虛文
CINCTORIUM, ii, n. (cingo.	腰帶
CINCTURA, æ, f.	〃〃
CINERICEUS, a, (cinis.	灰色者。灰中者
CINGO, xi, ctum, 3.	束帶。圍
CINGŬLA, æ, f.	馬肚帶。帶
CINGŬLUM, i, n.	腰帶。佩〃
CINĬPHES, um, m. f.	蚊孑
CINIS, ĕris, m.	火灰。墓。屍骸
CINNĂBĂRIS, is, f.	黃丹
CINAMOMUM, i, n.	桂樹
CINNUS, i, m.	中等文。糙雜
*CINO, *pro* cano *comp.*	
CINYRA, æ, f. p. b.	絃。箏
CĬPIO, epi, eptum, 3. *pro* capio.	
CIPPUS, i, m.	桁楊。碑石
CIRCA, *præp. acc.*	臨近。圍。論
CIRCĬNUS, i, m.	木匠規矩
CIRCĬTĔR, *adv.*	畧。上下
— meridiem.	畧晌午時
CIRCITORES, um, m.	負販。巡夜者

CIRCU, *pro* circum *comp.*
CIRCŬEO is, ivi, ĭtum, īre, v. circumeo.
CIRCŬLOR, aris. 周。轉。閒遊騙人
CIRCŬLUS, us, m. 周圍。一轉
CIRCŬLUS, i, m. 圈。一環人。周圍
CIRCUM, *præp. acc.* 一圍。四方
CIRCUMCIDO, idi, isum, 3. (*cædo.* 周切。割身
CIRCUMDO, ĕdi, ătum, ăre. 周圍。繞之
CIRCUMEO, is, ivi, itũ, ire. 繞之。騙。轉
CIRCUMFĔRO, tŭli, latum, erre. 遊街擺。傳開
CIRCUMFORANEUS, a, [*forum.* 〱〱負販
CIRCUMGLŎBO, as. 纏毬
CIRCUMJĬCIO, eci, ectũ, 3. 抛于四方。以物圍之
CIRCUMLOCUTIO, onis, f. 繞言
CIRCUMPĔDES, um, m. 站班
CIRCUMRETIO, ivi, itũ, 4. 纏繞。連累。刁難
CIRCUMSCRIBO, psi, ptũ, 3. 定限。騙。束。拉開
CIRCUMSPECTUS, a, *c. s.* 人所看。謹慎者
CIRCUMSTANTIA, æ, f. 光景。始末。外情
CIRCUMSTO, tĕti, tătum, are, [eum.] 在左右。陪人
CIRCUMVADO, di, sum, 3. 自四方攻
CIRCUMVĔNIO, ēni, entũ, 4. 圍。壓。謀。騙

CIRCUN, *pro* circum.
CIRCUNDO &c. v. circumdo.
CIRCUNSTANTIA, v. circumstantia.

CIRCUS, i, m.	匝。轉。圈。戲院
CIRIS, is, f.	山麻鵲
CIRRUS, i, m.	長髮。鳥毛冠。纓
CIS, *præp. acc.*	此邊
CISIUM, ii, n.	馬車
CISMONTANUS, a.	山前者
CISTA, æ, f.	跨籃。箱。名帖匣
*CISTARCIUM, ii, n.	麪餅箱
CISTERNA, æ, f.	旱坑。雨水井
CISTHUS, i, m.	香樹名
CITATUS, a, *c. s.* [*cito.*	呌來之。人催。快
CITER, ĕra, terior, timus.	此邊。近者
CITHĂRA, æ, f.	琴。琵琶
pulsare cithăram.	彈〻〻
CITĬMUS, a, v. citer.	
CITŎ, *c. s. adv.*	立刻。速
CITO, as.	召。引書。速。呌名
*CĬTO *pro* facio *comp.*	
Infelicito, infelicitas.	招其禍
CITRA. *præp. acc.*	此邊。過。無。先
—quam debuit.	未滿本分
CITREUM, i, n.	佛手果

CITRÒ, *adv.* 此邊
—ultroque 彼此。兩邊
CITUS, a, *c. s.* [*cieo.* 被動。疾快
CIVILIS, e, *c.* 公事。知礼。温和
CIVIS, is, m. 同國。都中人。搢紳
CIVĬTAS, atis, f. 府。郡。州
CLADES, is, f. *plur.* clades, dium, *l.* dum. 大壞。殺戮
CLAM, *præp. abl. adv.* 暗然
—præceptore, *l.* præceptorē. 瞞師傅
CLAMO, as. 大呼。揚聲。訬鬧
CLAN, *pro* clam *comp.*
CLANCŬLÙM, *præp. acc. adv.* & 暗然
CLANDESTINUS, a. 暗着。瞞諱
CLANGOR, oris, m. 鳥叫。號筒聲。大响
CLARÈ, *c. s. adv.* 明然。明亮。貴
*CLARI, *pro* clarus *comp.*
CLARĬGO, as. 下戰書。搶人者以補已
CLARUS, a, *c. s.* 清亮者。貴
CLASSIARIUS, ii, m. 戰船之兵。水師
CLASSĬCUM, i, n. 號筒。交戰之號令
CLASSĬCUS, a. 兵船者。水手
—scriptor. 大書。經書

CLASSIS, is, f. 等。幫船。一鄉民 一班。一軍

CLATHRI, orum, m. 柵欄。窗櫺。欄杆

CLAUDĬCO, as, (*claudus*. 跛走。枴行。失錯

CLAUDO, si, sum, 3. 鎖。閉。圍。封。告竣

CLAUDUS, a. 跛。蹶者。不穩

CLAUSTRUM, i, n. 天井。圍處。鎖。門

CLAUSŬLA, æ, f. [*claudo*. 煞言。股末句。完

*CLAUSURA, æ, f. 圍處。禁處

CLAVA, æ, f. 蒜頭棍。飛鎚

CLAVICŬLA, æ, f. 環子。鈎藤

CLAVIS, is, i, em, *l.* im, f. 鑰匙。門閂

CLAVUS, i, m. 釘。手上魚釘。胝

— navis. 船舵

CLEMENS, tis, *c. s. adj.* 仁慈者。善者

CLEPO, psi, ptum, 3. 偷。竊。隱藏

*CLERĬCUS, i, m. 修道人

*CLEROS. 分

CLERUS, i, m. 害蜜蜂之虫

*CLERUS, i, m. 諸修道者

CLIBĂNUM, i, n. 護心甲

CLIBĂNUS, i, m. 小火窰。窄口窩

CLIDUCHUS, i, m. 門班。門公

CLIENS, tis, m. 門下。靠人。傍門

CLIMA, ătis, n.	水土。六丈之地
CLIMĂCIS, ĭdis, f.	小梯
CLIMACTER, ēris, m.	凶歲數。凶年
CLIMAX, ācis, f.	進步言
CLINĬCUS, i, m.	熟醫。危病者
*CLINO, as.	垂下。偏過來
CLITELLÆ, arum, f.	鞍子。刑類
CLIVUS, i, m.	坡子。崗
CLOACA, æ, f.	陰溝。糞坑
CLUDO, si, sum, 3. *pro* claudo.	
CLUDUS, a, *pro* claudus.	
CLUNIS, is, m. f.	臀尖。殿
CLUEO, ui, 2. &	
CLUO, is, ĕre.	出名。打乾淨
CLUSUS, *pro* clausus.	
CLYPEUS, i, m.	銅牌。牌坊。保障
CLISTERIUM, ii, n.	激桶藥。激桶
CNASON, onis, m.	分頭簪
CO, *pro* cum *comp.*	
COACERVO, as.	堆起
COACTUS, a, v. cogo.	
COAGMENTO, as.	結合。合弄
COAGŬLO, as.	定住。凝滯。成酪
COALESCO, lui, lĭtum, 3.	相結。長大。集。活
COASSO, as.	鋪板
COAXO, as.	田鷄哇哇叫喊

COCCĬNUM, i, n. 大紅衣

COCCUM, i, n. 大紅色之果

COCCYGIA, æ, f. 山芋樹類

COCCYS, ygis, m. v. cuculus.

COCHLEA, æ, f. 螺螄。螺螄釘

COCHLEARE, is, n. 杓子。調羹。匙

COCLES, ĭtis, m. 單眼者

COCTUS, a, (*coquo.* 煮之。成熟者

COCUS, i, m. v. coquus.

COCYTUS, i, m. 哭者。地獄之河

CODEX, ĭcis, m. 樹幹。卷。賬簿

CODICILLUS, i, m. 小遺書。帖字。印票

COEGI, v. cogo.

CŒLEBS, cœlum &c. v. cælebs, cælum.

CŒLIĂCA, orum, n. 治泄肚藥

*CŒMETERIUM, ii, n. 臥房。墳地

CŒNA, æ, f. 晚飯。筵席。飯廳

— Domini. 建立聖體

CŒNACŬLUM, i, n. 飯廳。房樓

CŒNATUS, a, [*cœno.* 已食晚飯者

CŒNO, as. 食晚飯

*CŒNOBIUM, ii, n. 修道院

*CŒNODOCHIUM, v. xenodochium.

*CŒNOMYIA, iæ, f. 各等蒼蠅

CŒNUM, i, n. 泥。贓。醜。淫

COEO, is, ivi, itum, ire, [eo. 相合。荅配。結黨
  —societatem cum eo. 與其合夥
  —in fœdera. 皆結約
  —cum fœmina. 行女色
CŒPI, isti, œptum, isse. 起頭。始
  tanto magis ille orare cœpit. 彼愈求
  cœperunt convivium. 始享筵
CŒPTUM, i, n. &
CŒPTUS, a, [cœpi. 起初。始辦之事
COERCEO, cui, citum, 2. (arceo. 趕出。管束。壓。滅
CŒTUS, us, m. 會。夥
COG, *pro* cum *comp.*
COGGYGRIA, æ, f. v. coccygia.
COGITABUNDUS, a. 憶慮。多想者
COGITO, as. 思想。念
COGNATUS, a, [nascor. 親戚。同姓。表親
COGNITUS, a, v. cognosco.
COGNOMEN, inis, n. &
COGNOMENTUM, i, n. 姓。字號。表揚
COGNOSCO, ovi, itum, 3. 認。察。知道。合房
  cognita stupro mulier. 已辱之婦
COGO, egi, actum, 3. [ago. 逼迫。聚集。收。斂
COHÆREO, si, sum, 2. 相挨。相對。存
COHÆRES, edis, m. 同承受家產者
COHIBEO, ui, itũ, 2. [habeo. 克。管束。戒

COHORS, ortis, f.	鷄圈。一隊步兵。一會人
famula —	衆奴僕
COHORTOR, aris.	勸。勉勵
COĬTUS, us, m. [*coeo*.	相交。交構。答配
COL, *pro* cum *comp*.	
*CŎLA, æ, m. (*colo comp*.	居者。敬者
COLĂPHUS, i, m.	拳頭
colaphum ei ducere, *l*. incutere.	打彼拳頭
COLAX, ăcis, m.	諂媚者。佞
COLEUS, i, m.	卵子。腎
COLĬCUS, a, (*colon*	大腸之。絞腸疼者
COLLABEFACTO, as.	搖動。壞。倒
COLLĂBUS, i, m.	琴抽子。準。餅
COLLACTANEUS, a, [*lac*	同嬭母者。同時者
COLLARE, is, n.	圍膊
COLLARIA, æ, f.	頸鎖。枷
COLLATIO, onis, f. [*confero*	出分。比較。譬喻
COLLECTA, æ, f.	撮要。出分
COLLECTIO, onis, f.	會編。聚積。推論
— humorum.	癰。多濕熱
COLLĒCTIVUS, a.	聚積者
COLLEGA, æ, m.	同僚。同伴之奴
COLLEGIUM, i, n.	學館。翰林院

COLLICIÆ, arum, f. 疏通溝渠。漏槽
COLLIDO, i-i, sum, 3. [lado. 相碎。打碎。相逆
COLLĬGO, egi, ectū, 3. [lego. 收。聚積。摘。推論
— se. く斂自己。自悟
COLLINEO, as. 比準。睄定
COLLIS, is, m. 小山。崗。丘
COLLŎCO, as. 排列。安置。給嫁
— pecuniam. 放銀
COLLOQUIUM, ii, n. &
COLLŎQŪOR, cutus, 3. 相談。問答
COLLUCO, as, (lucus. 剗枝透光
COLLUM, i, n. 膊子。頸。項
COLLUSIO, onis, f. 約同。朋比爲奸
COLLUSOR, oris, m. 同玩者。串通
COLLYBUS, i, m. p. b. 銀票之利錢
*COLLYRĪDA, æ, f. 細麵餅
COLLYRIUM, ii, n. 眼藥。膏藥
CŎLO, olui, ultum, 3. 種地。恭敬。居。裝
COLO, as. 濾。過水。過羅
COLOCYNTHIS, idis, f. 細腰葫蘆。草名
COLON, li, n. 大腸。絞腸痧。股中一句
COLONIA, æ, f. 新民。田。住處
COLONUS, i, m. 農夫。租者。新民

COLOR, oris, m. 顏色。飾。筆法。有其名

COLOSSUS, i, m. 大無比之像

COLOSTRA, æ, f. 濃嬭。初妳

COLŬBER, ŭbri, m. &

COLŬBRA, æ, f. 蛇。長虫

COLUM, i, n. 過水之布

COLUMBA, æ, f. 鴿子。白鴿。飛奴

COLUMBAR, aris, n. 犯人之頸環

COLUMBARIUM, ii, n. 鴿樓。梁孔

COLUMELLA, æ, f. 小鴿

COLŬMEN, ĭnis, n. 棟梁。柱。屋脊

COLŬMIS, e. 無害者。安者

COLUMNA, æ, f. 柱。靠物。旁人

COLUS, i, *l.* us, f. 撚線竿

COLYMBUS, i, m. 魚池。澡塘

COM, *pro* cum *comp.*

CŎMA, æ, f. 長髮。參。諸葉

comam nutrire. 留頭髮

COMANS, tis, *adj.* (coma. 有髮。有葉者

COMARCHUS, i, m. 知縣

COMĂRON, ri, n. 山芋兒

COMATUS, a, v. comans.

COMBENONES, um, m. 同坐車者

COMBURO, ussi, ustum, 3. 全燒

COME, es, f. 山老鴉嘴。小村

COMĔDO, ēdi, esum, 3. &

COMĔDO, comes, medi, estum, esse. 食。耗。壞

COMES, itis, m. 夥計。配着。保孩

COMESSATIO, *l.* comissatio, onis, f. 不合時之飡

COMETA, æ, m. 掃星。彗星。孛

COMÌCUS, i, m. 作戲詩人。戲子

COMĬNÙS, *adv.* 近。突然。立即

COMIS, e, *c. s.* 知礼。溫和。大方

COMISSOR, aris. 乱食

COMĬTAS, atis, f. [*comis.* 礼貌

COMITATUS, us, m. [*comitor.* 執事。送之人。一夥人

COMITIA, orum, n. 各省官會

COMITIALIS morbus. 抽搐風

—dies. 庶民聚會議之日

COMĬTOR, aris. 陪送。被送

COMMEATUS, us, m. 路票。過。兵餉

COMMEMORATIO, onis, f. 記念。思表

*COMMENDA, æ, f. 食聖教糧

COMMENDATIO, onis, f. 託付。攻。貝緣

COMMENDO, as, (*mando.* 〱〱。保舉。薦。讚

COMMENSUS, us, m. 相稱

COMMENTARIUM, ii, n. &

COMMENTARIUS, ii, m. 註。投詞。記事。切要。日記。札。檄文

COMMENTOR, aris, (*comminiscor.* 細想。辯。造言。註

COMMENTUM, i, n. 僞之事。假言

COMMENTUS, a. 詐僞者。被裝者

COMMEO, as. 暫往。往來

COMMERCIUM, ii, n. 買賣。相熟來往。兵餉

COMMILĬTO, onis, m. 同兵

COMMINISCOR, mentus, 3. (*mens.* 假裝。計謀

COMMINUO, ui, utum, 3. 打碎。減少

COMMIS, is, f. 樹香。黏油。漆

COMMISSUM, i, n. 罪。犯人之遺書。密事

COMMISSURA, æ, f. 縫。合。節

COMMITO, isi, issum, 3. (ei- 托付。犯罪

— se periculo, *l.* in periculum. 冒險

non committam, ut te offendam. 不敢得罪汝

COMMODATARIUS, a. 借來之

COMMODATOR, oris, m. 借去物者

COMMŎDO, as. 帮人。借給

COMMŎDUM, i, n. 自在。益處。方便

COMMŎROR, aris. 遲緩。宿。寄居

COMMŎVEO, ŏvi, ŏtum, 2. 摇。亂。惹。釁事。驚動。怒

COMMUNĪCO, as. 相通。往來。有分

— omnia cum eo. 各事使其知

— sua pericula cum alienis. 甘心與人同險

mensa sua — eum. 許彼同席

COMMUNIO, onis, f. 相通。領聖體

COMMUNIS, e, *c. s.* (ei. 公者。凡。周。衆人

COMMUTO, as. 換。改變

— vitam cum morte. 亡。死

COMO, psi, ptum, 3. 梳頭。打扮

— se ei. 爲人〻〻

COMŒDIA, æ, f. 戲

agere comœdiam. 唱戲

spectare comœdias. 看戲

COMPACTUM, i, n. (*compingo.* 相約

COMPAGES, is, f. &

COMPAGO, īnis, f. 縫。原窩。配

COMPAR, ăris, m. 丈夫。伴侶。婦

COMPAR, ăris, *adj.* 相等。彷彿

COMPAREO, ui, ĭtum, 2. 見。顯

COMPĂRO, as. 比較。預備

comparati ita sumus a natura. 吾等本性概如是

COMPĂTIOR, assus, 3. (ei. 可憐

COMPĔDA, æ, f. &
COMPĔDES, um, f. 足桎。桎梏。絆

COMPĔDIO, ivi, itum, 4. &
COMPEDITUS, a. 上足桎。鐐脚

COMPEGI, v. compingo.

COMPELLO, as. 吽。問好。責。告狀

— de stupro. 引誘犯邪淫

blande — eum. 言善迎接彼

COMPELLO, ŭli, ulsum, 3. 逼迫。勉强。合

COMPENDIARIA, æ, f. 短路。徑

COMPENDIUM, ii, n. 切要。省用。捷徑

COMPENSO, as. 補。償。報答。相稱

COMPERENDĬNO, as. 延日。寬限

COMPĔRIO, eri, ertum, 4. [pario. 察出來。明。知悉

COMPERNIS, is, m. 齊腿者。㧊

COMPESCO, ui, 3. (pasco. 同牧羊。管束。禁

COMPĔTO, ivi, itum, 3. 相宜。對手。遇

COMPILO, as. 强盜。偷

COMPINGO, ēgi, actum, 3. 合弄。作稠密。迫

COMPĬTUM, i, n. 岔路

COMPLĂCEO, cui, cĭtum, 2. (ei. 悅。中人意

COMPLANO, as. 作平

COMPLECTOR, exus, 3. 抱人。含。受。保。待

COMPLEMENTUM, i, n. 補貼

COMPLEO, evi, etum, 2. 滿實。完全。成功

ne complerentur. 防彼等受孕

COMPLEX, ĭcis, *adj.* 同犯。串通

COMPLEXIO, onis, f. 抱。合湊。推之理

COMPLEXUS, a. [*complector.* 抱。被抱

COMPLUTUS, a. 雨濕者

COMPLUVIUM, ii, n. 房簷

COMPONO, sui, ĭtum, 3. 收拾。安排。造。造言。作文。比較

COMPOS, ŏtis, *adj.* 有分者。享受

— mentis. 省人事。悟

— voti. 如意。得意

COMPREHENDO, di, sū, 3. 包含。拏。明。待。得

— ejus flagitium. 遇其犯罪

fœmina comprehendit. 女受孕

planta comprehendit. 草木活

COMPRĬMO, essi, essum, 3. (*premo.* 壓。束緊。隱瞞

COMPRŎBO, as. 准。試探。驗

COMPROMISSUM, i, n. (*promitto.* 托中人

COMPTUS, a, c. [*como.* 齊整者。斯文

COMPŬLI, compulsum, v. compello.

COMPUNCTIO, onis, f. 多刺。動心

COMPŬTO, as. 估。筭。想

COMTUS, *pro* comptus.

CON, *pro cum comp.*

CONAMEN, ĭnis, n. 勉力

CONATUS, us, m. (*conor.* 勉力。謀。本性向

conatum habere ad aliquid. 本性向此

CONCĂVUS, a, [*cavus.* 凹入者

CONCEDO, essi, essum, 3. 准。走。避。赦

—vitâ, *l.* naturæ. 死

CONCENTUS, us. m. (*concino.* 和音。同心合意

CONCEPTUS, concepi, v. concipio.

CONCEPTUS, us, m. 孕。胚

CONCESSI, v. concedo.

CONCHA, æ, f. 海蛤。魚皮。螺

CONCHYLIUM, ii, n. 海螺花。大紅衣

CONCĬDO, ĭdi, 3. [*cado.* 垄倒。死。滅

—animo, *l.* mente. 死心

CONCIDO, idi, isum, 3. (*cædo.* 打。砍。切碎

CONCIEO, ivi, ĭtum, 2. 動。召。催

CONCILIABŬLUM, i, n. [*concilium.* 僞會議。市。娼窩

CONCILIO, as. 勸和。引。招。作媒

CONCILIUM, ii, n. 會議

CONCINNO, as. 打齊整。飾。合湊

CONCĬNO, ui, centum, 3. 合唱。合意

CONCIO, ivi, itum, 4. v. concieo.

CONCIO, onis, f. 會。講論。講論臺

CONCIONOR, aris. 講與衆勸庶民

CONCĬPIO, epi, eptum, 3. [*capio*. 受孕。明白。得。定

CONCISÈ, *adv*. [*cædo*. 簡然

CONCĬTO, as. 勉勵。惹。速之

CONCITUS, a, v. concio, et concieo.

CONCLAMO, as. 喧噪。齊聲稱好

CONCLAVE, is, n. 内室。飯廳

CONCLUDO, si, sum, 3. 鎖。完。推論。收言。圍。含

CONCOCTIO, onis, f. &

CONCŎQUO, oxi, octum, 3. 胃銷化。細想。忍

CONCORDO, as. 相對。和睦。符合

— cum uxore, *l*. uxori. 與妻くく

CONCORS, dis, *c. s. adj*. [*cor*. 相和。同意

CONCRESCO, evi, etum, 3. 同長大。密。酪

CONCRETUS, a, *c*. 酪者。相合。稠

CONCUBINA, æ, f. 妾。私女

CONCUBĬTUS, us, m. 同卧。交構

CONCUPISCO, is, ĕre. 貪。慾。嗜

CONCURRO, urri, ursū, 3. 四歸。交仗。遇

CONCURSO, as. 乱跑。往來

CONCŬTIO, ussi, ussum, 3. 搖動。揮

CONDENSO, as. 稠之

CONDICO, xi, ictum, 3. 相約。言明。定訟日

— inducias ei. 相約暫停戰
CONDIMENTUM, i, n. 香料
CONDIO, ivi, itum, 4. 調。減少。入殮
CONDISCIPŬLUS, i, m. 同學。同窗
CONDITANEUS, a, [condo. 可放者。可貯
CONDITIO, onis, f. 約定。地位。事業
CONDĬTOR, oris, m. &
CONDO, ĭdi, ĭtum, 3. 收。藏。造。創
CONDONO, as. 與人。寬免
CONDUCIT, uxit, 3. 有益。相宜
CONDUCO, uxi, uctum, 3. 引。聚集。雇。賃
— mercede. 雇人
CONDUCTUM, i, n. 賃之房。賃之物
*CONDULCO, as. 作甜。輕減
CONDUS, i, m. 管庫者
CONDYLOMA, ătis, n. 痔瘡
CONFABŬLOR, aris. 相談論
CONFARREO, as. 婚筵中分麪餅
CONFECTIO, onis, f. [confĭcio. 成。配藥
CONFERCIO, si, tum, 4. [farcio. 滿。稠之
CONFĔRO, ers, contŭli, collatum, erre. 帶去。比較。出分
— hoc cum illo. 以此比彼
— se in hortum. 往園

— pecuniam ad opus. 出錢作公費

CONFERT, tŭlit, erre. 有益。相宜

CONFERTIM, *adv.* [confercio. 稠密然

*CONFESSARIUS, ii, m. 本神父

CONFESSIO, onis, f. v. confiteor.

audire confessiones. 聽神工

CONFESSUS, v. confiteor.

CONFESTIM, *adv.* 立卽

CONFIBŬLA, æ, f. 包木之環

CONFĬCIO, eci, ectum, 3. 作成功。耗盡

— se. 自刎

inde conficitur. 自此可見

CONFIDO, di, *l.* isus, 3. 倚賴。信

— ei, *l.* in eo. 倚賴彼

CONFIGO, ixi, ictum, 3. 刺。釘

— sagittis. 以箭刺之

CONFIGURATUS, a. 彷彿者

CONFINIS, e. 交界者。近

CONFIRMATIO, onis, f. 証見。堅振聖事

CONFIRMO, as. 証。堅。加胆。復準

CONFISCO, as. 抄家。入官

CONFISUS, a, v. confido.

CONFITEOR. essus, 2. 承認。告解

CONFIXUS, a, v. configo.

CONFLICTATIO, onis, f. 難爲。爭鬥

CONFLIGO, xi, ictum, 3. 相觸。爭

CONFLO, as. く吹。鎔造。成

CONFLUO, uxi, uxum, 3. 四集。聚

CONFŎDIO, ōdi, ossum, 3. 刺。穵

*CONFORMIS, e. 相似。相宜者

CONFORMO, as. 整。造。照樣

— mores. 化風俗

— se ad voluntatem ejus. 隨和彼

*CONFORTO, as, (*fortis*. 加胆。慰之。堅之

*CONFRATERNITAS, atis, f. 一个會

CONFRINGO, egi, actum, 3. (*frango*. 打破。打開

CONFŬGIO, ūgi, ĭtum, 3. 投奔。避

— ad eum. 投奔其門

CONFUNDO, udi, usum, 3. 混雜。紊乱。羞之

— confundi mœrore. 憂悶不自得

CONFUTO, as. 辯駁。逆。滅。管束

CONGĔLO, as. 凍冰。成酪

CONGERIES, ēi, f. 一堆。塡滿之材

CONGĔRO, essi, estum, 3. 積聚。堆起。屯厶

CONGIARIUM, ii, n. 官賞。一桶九斤

CONGLŎBO, as, &

CONGLOMĔRO, as, 纏毬

CONGRĔDIOR, essus, 3. (*gradior*. 聚。往見。交仗。爭

CONGRĔGO, as. く集。聚會。積聚

CONGRUO, ui, 3. 同來。對

CONIA, æ, f. v. ciconia.

CONISTERIUM, ii, n. 貯灰之所

CONJECTO, as, (*conjicio.* 抛。猜。估量

CONJECTOR, oris, m. 解夢者。術士

CONJICIO, eci, ectum, 3. [*jacio.* 抛。猜。估

— se in fugam. 忙逃

CONJUGIUM, ii, n. (*jugum.* 結合。婚配。構精

CONJUNCTIO, onis, f. 接句。結合

CONJUNGO, xi, ctum, 3. 積聚。〻〻

CONJURATIO, onis, f. 結黨。串通。發誓

CONJUX, ŭgis, m. f. 夫婦。妻

CONLUCO, &c. v. colluco.

CONNIVEO, ivi, *l*, ixi, 2. 眨眼。作不知

CONNUBIUM, ii, n. 婚配

CONOPEUM, ēi, n. 蚊帳

CONOR, aris. 勉力。謀。努力

— aliquid fallaciæ. 必謀詭

CONQUASSO, as. 搖。撞。破壞

CONQUINISCO, quexi, 3. 屯着。蹲

CONSANGUINEUS, a, (*sanguis.* 同姓者。親戚。表親。相近者

CONSCENDO, di, sum 3. [*scando.* 上升

— montem. 登山

CONSCIENTIA, æ, f. 良心自覺

CONSCISCO, civi, citum 3. 定下。行

— sibi fugam. 定逃

CONSCIUS, a. 自覺。串通者

— criminis, *l.* crimini. 同犯者

sibi — facinŏris. 有虧心事

CONSCRIBO, psi, ptum, 3. 上名。列入。作文

— milites. 調兵

CONSĔCRO, as, [*sacro.* 祝聖。入孔廟。供

CONSECTOR, aris, [*consequor.* 追趕。謀。被趕

CONSECTARIUM, ii, n. 相關之事

CONSENTANEUS, a. く宜者。符者

CONSENTIO, si, sum, 4. 依諾。同意。從。隨

— sibi, *l.* secum. 恒心不改

CONSEPTUM, i, n. 圍處。圈

CONSEQUENTIA, æ, f. 相關。遂。繼

CONSĔQUOR, cutus, 3. 趕上。得。明。被赶

CONSĔRO, ui, ertum, 3. 交。織

CONSĔRO, ēvi, *l.* erui, ĭtū, 3. 種。栽

CONSERVO, as. 保存。藏。守

CONSESSUS, us, m. (*sedeo.* 會。一環客

CONSIDĔRO, as. 思想。思慮

CONSIGNO, as. 畫押。打印。封

CONSILIOR, aris. 給主意。勸

—amicos. 給主意與朋友

CONSILIUM, ii, n. 主意。意見。見識

de consilio ejus. 照其主意

CONSISTO, titi, titum, 3. 在。站住。停止

*CONSISTORIUM, ii, n. 公館。吏房

CONSITUS, a, v. consero.

—cæca caligine. 甚愚蒙者

CONSOBRINUS, i, m. 堂兄弟

CONSOCIO, as, [cum eo. 相夥。合同

CONSOLIDA, æ, f. 地黃。牛嬭草

CONSOLIDO, as. 堅固。進入存物

CONSOLOR, aris. 安慰。被安慰

CONSONANS, tis, e. adj. 和音。相對

CONSORS, tis, adj. [sors. 同伴。甘苦同分

—thalămi. 〃牀之妻

CONSPECTUS, us, m. 當面。境。形勢

CONSPICILLUM, i, n. 平臺。望臺

CONSPICIO, exi, ectum, 3. 看。想

CONSPICOR, aris. 見。慮。悟。被看

CONSPICUUS, a. 顯出。出等。超等

CONSPIRO, as. 同謀。結黨

—in eum. 〃〃害彼

CONSPONSI, orum, m. 結約者。串通

CONSTANS, tis, *c. s. adj.* 恒心。亙古。相對

CONSTAT, itit, are. 風聞。是定理。合

CONSTERNATIO, onis, f 悲悼。惶。乱

CONSTERNO, stravi, stratum, 3. 鋪

—viam lapidibus. 鋪石板路

CONSTIPATUS, a. 堵者。滿實

CONSTITUO, ui, utum, 3. [*statuo.* 安置。定。排。約定

CONSTITUTUM, i, n. 赴案之日

CONSTO, stiti, stitum 1. [*sto.* 恒在。值。足。有

constat numerus. 殼數

homo constat corpore, et animo. 人有身魂二樣

CONSTRATUS, a, (*consterno.* 鋪蓋者

CONSTRUCTIO, onis, f. [*construo.* 式。規模。手工

CONSUETUDO, inis, f. 風俗。綢繆。私情

CONSUL, ulis, m. 總官。握國權者

CONSULO, ului, ultum, 3. 商量。照顧。酌。溶

—sibi. 自顧

—in crastinum. 備明日之需

—eum. 問其意

boni— 歸好意

CONSUMMO, as. 共計。完。成功

CONSUMO, psi, ptum, 3. 耗。費。盡。竭盡

consumi dolore. 將疼死

CONTACTUS, us, m. [*contingo.*	挨。瘟病
CONTAGIUM, ii, n.	瘟病。相交。挨
CONTAMĬNO, as.	汚。染
CONTECHNOR, aris.	謀。騙人。設穽
CONTEMPLOR, aris.	默想。謀
CONTENDO. di, sum, *l.* tum, 3. [ei] [*tendo.*	拉緊。往。爭論。勉
CONTENĔBRAT, avit, 1.	漸暗。將暮
CONTENTIO, onis, f.	緊。爭鬥。爭論。競
CONTENTUS, a c. [*teneo.*	得意者。心足
— sua sorte.	安分。心足
CONTENTUS, a, *s.* (*contendo.*	緊者。絣平
•CONTERNANS, tis, [*adj.*	二年歲者
CONTERRANEUS, a.	鄉親。同鄉
CONTESTOR, aris.	呼人以證。求助
CONTEXO, ui, xtum, 3 [*texo.*	相辮連之。做
CONTEXTUS, us, m. &	
— orationis.	上下文理
CONTĬCEO, cui, 2. (*taceo.*	不言。停止
CONTICINIUM, ii, n.	深夜。清靜之時
CONTIGNO, as, (*tignus.*	打梁板。鋪板
CONTIGUUS, a.	相挨。相近
CONTĬNENS, tis, c. s. *adj.*	容。相連。節。無淫
ex continenti.	立卽

辣丁中華合字典

CONTĬNENS, tis, f. 陸地

CONTĬNENS, tis, n. 事之要。訟之機

CONTINENTIA, æ, f. 節德

CONTĬNEO, ui, entum, 2. 容。包含。管束

—se. 自守。克己

CONTINGENS, tis, *adj.* &

CONTINGIT, ebat, ĭgit, 3. 遇。可無

CONTINGO, ĭgi, actum, 3. (*tango*. 挨着。關係

CONTINUÒ, *adv.* 立刻。連。遂

CONTINUO, as. 繼緒。相連

CONTOR, v. cunctor.

CONTRA, *præp. acc.* 逆。對面。相反

CONTRACTUS, us, (*contraho*. 結約。曲

CONTRADICO, ixi, ictum, 3. (ei. 頂嘴。逆人言

CONTRADICTIO, onis, f. 駁口。自相矛盾

CONTRĂHO, ăxi, actum, 3 曲殮。聚集。退縮

—morbum. 得病

CONTRARIUS, a. 逆者。相忌者

*CONTRIBŬLO, as. 難爲

CONTRIBUO, ui, utum. 3. 出分。助

CONTRISTO, as [*tristis*. 傷心

*CONTRITIO, onis, f. 疼痛。上等痛悔

CONTRITUS, a, [*contero*. 打破之。心灰

CONTROVERSIA, æ, f. 爭論。疑。訟

CONTUBERNIUM, ii, n. 帳房。同居

CONTŬMACIA, æ, f. 牛心。忤逆

CONTUMELIA, æ, f. 凌辱

CONTUNDO, ŭdi, ūsum, 3. 打碎。壓

CONTUS, i, m. 長條。竹篙。鎗

CONTUSIO, onis, f. [*tundo*. 青痕。紫血

CONUS, i, m. 尖圓體。松塔

CONVĂDOR, aris. 召歸案

CONVALESCO, lui, 3. 復元。養病。加倍

CONVALLIS, is, f. 圍山谷

CONVASO, as. 暗束裝以逃

CONVĔNÆ, arum, m. 同寄居之客

CONVĔNIO, ēni, entum, 4. (eum. 相會。同來。相宜

conditiones non convenerunt. 此合款兩家不約

CONVĔNIT, ēnit, 4, [ei. 理當。宜

CONVENTICŬLUM, i, n. 私會。小會

CONVENTIO, onis, f. 相約。會

CONVENTUS, us, m. 會約。府

CONVERSATIO, onis, f. 相與。同住。變

CONVERSIO, onis, f. 轉。化

*CONVESCOR, ĕris, ci. 同食

CONVEXUS, a. 當中高。凸者。棬

CONVICIUM, ii, n. 欺負之言。喧鬧

CONVICTUS, us, m. (*vivo, et convinco*. 同居

CONVINCO, ici, ictum, 3.	駁明。無言對
CONVIVA, æ, m.	赴席者
CONVIVIUM, ii, n.	酒席。筵席。賓筵
CONVIVOR, aris.	同飡
CONVŎCO, as.	聚眾。召衆入來
CONVOLVO, vi, olutum, 3.	包起來。捲
CONVOLVŬLUS, i, m.	肥蛛。蔓草
CONVOTI, orum, m.	同發愿者
CONVULSIO, onis, f.	顫病。瘋癎
CONVULSUS, a, v. vello.	
COOPERATIO, onis, f.	助。同作。協同
COOPTO, as.	揀之爲侶。列入
COPA, æ, m.	店主母
COPHĬNUS, i, m.	筐。篋。笼
COPIA, æ, f.	豐。貯。糧。准
non est — aquæ.	無水飲
COPIÆ, arum, f.	兵馬。兵。軍
COPIATA, æ, m.	土工。仵作
*COPIOR, aris.	發財
COPIOSUS, a, *c. s.*	豐盛。富者
COPIS, ĭdis, f.	劍。脅刀。斫刀
COPO, onis, m. v. caupo.	
COPREUS, i, m.	挑糞者。卑人
COPTA, æ, f.	乾糧
COPŬLA, æ, f.	構。構精

COPULO, as. 結合
COQUA, æ, f. 廚女
COQUINARIUS, a. 係廚房
COQUO, xi, ctum, 3. 煮。治庖。銷化
COQUUS, i, m. 廚子
COR, *pro* cum *comp.*
COR, dis, n. 心
mihi cordi es. 我親愛你
CORACINUS, a. 黑如烏鴉
CORACINUS, i, m. (*corax.* 鱺魚
CORALIUM, ii, n. 珊瑚
CORAM, *prep. abl.* 當面
CORAX, ăcis, m. 烏鴉。滑車架
CORBIS, is, f. m. 筐子。桅上之樓
CORBITA, æ, f. 貨船。商船
*CORBONA, æ, f. 公箱。公廚
CORCHŎRUS, i, m. 旋覆花
*CORCULUS, i, m. 見識之人。智人
CORDATUS, a, [*cor.* 大量之人。見識者。大膽者
CORDIS, v. cor.
CORDOLIUM, ii, n. 傷心
*COREPISCŎPUS, i, m. 副主教
CORIANDRUM, i, n. 芫荽菜。胡荽
CORINTHIA, orum, n. 好銅之器

CORIUM, ii, n. 牛皮。灰皮。靴
CORNEUS, a. 角者。硬。櫻桃之
CORNICOR, aris, [cornix. 妄言之。難聽
CORNICŬLA, æ, f. 小翁鷄
CORNICULARIUS, ii, m. 貴兵
CORNIX, icis, f. 翁鷄
CORNU, n. *plur.* cornua. 角。邊
CORNUPETA, æ, m. 觝之牲
CORNUS, i, f. 野櫻桃樹。弓
CORNUTUS, a. 有角者
COROLLARIUM, ii, n. 饒頭。相近之理
CORONA, æ, f. 花冠。圍城。環坐
*CORPORALE, is, n. 聖布
CORPORALIS, e, [corpus. 身者。形像者
CORPULENTUS, a, c. 身量大者
CORPUS, ŏris, n. 身。體。肉身。形像
— reipublicæ. 舉國家
CORRECTUS, v. corrigo.
*CORRELATIVA, orū, n. 相應。相近者
CORREPTUS, a, v. corripio.
CORRIDEO, si, sum, 2. 同笑。同喜
CORRIGIA, æ, f. 皮條
CORRĬGO, exi, ectum, 3. [rego. 改好。勸人
CORRĬPIO, ipui, eptum, 3. [rapio. 奪。責。約束。捉。滅
CORRIVO, as, (rivus. 引聚水

*CORROGATIO, onis, f.	衆請之律。行乞
CORROSIVUM medicamentum.	發散之藥。解表
CORRUGUS, a.	溢金礦之溝
CORRUMPO, upi, uptum, 3.	壞。僞。賄之。浪費
CORRUO, ui, ŭtum, 3.	崩。堆起。拆
CORRUPTELA, æ, f.	壞。惡風俗。辱女
CORSA, æ, f.	門框之走水
CORTEX, ĭcis, f.	樹皮。肉身
CORTINA, æ, f.	水甕
*CORTINA, æ, f.	簾。帳子。彩
*CORTUMIO, onis, f.	定看者。注目
CORUSCUS, a.	發光者。搖。齊者
CORUS, *l.* coros, i, m.	子。幼。三十斗
CORVUS, i, m.	烏鴉
CORYBANTIO, as.	發瘋。跳神
CORYCĬDES, um, f.	學文之神女
CORYLUS, i, f. *p. b.*	榛樹
CORYMBUS, i, m.	爬壁草花毬
CORYPHÆUS, i, m.	首人
CORYTHIA, orum n.	出大紅色之蛤
CORYTUS, i, m.	箭壺
COS, tis, f.	磨刀石
COSMETA, æ, m.	跟班
COSMUS, *l.* cosmos, i, m.	世界
COSSIM, *adv.*	蹲坐

COSSUS, i, m. 木虫。蛀虫

COSTA, æ, f. 肋骨。脅

COSTUS, i, m. 木香

COTHURNUS, i, m. 貴鞋。苦戲。高文

COTICŬLA, æ, f. 試金石。石臼

COTONEA, æ, f. 牛旁草。老青花

COTONEUM, i, n. 木瓜

COTTĂBUS, i, m. 鞭响聲

COTŬLA, æ, f. 十一兩

COTURNIX, icis, f. 鵪鶉

COTYLEDON, onis, f. 金絲合葉

*COUTOR, p. l. usus, 3.(eo. 相談。有來往

COVINUS, i, m. 彎刀車。戰乘車

COVUM, i, n. 軛穹

COXA, æ, f. 大腿

CRABRO, onis, m. 毒蒼蠅

CRACCA, æ, f. 野荳角子

CRAPŬLA, æ, f. 醉。煮之樹香

CRĀS, *adv.* 明日。次日

CRASSUS, a, *c. s.* 粗大者。肥。鄙陋

CRASTĬNUS, a. 次日者

CRATER, ĕris, m. erem, *l.* er, &

CRATERA, æ, f. 大杯。泉池。地坑

CRATERRA, æ, f. 桶。鍋

CRATES, is, f. 欄杆。簾。耙子

CRATICŬLA, æ, f. 鉄床。簾
CRATIO, ivi, itum, 4. 耙地。耖
*CREA, æ, f. 腿皮。糞
CREĂGRA, æ, f. 鉄釵。鉄鈎
CREATUS, a, v. creo.
CREBER, bra, c. s. 稠密者
CREBESCO, brui, l. bui, 3. 漸漸。起。傳新聞
CBEBRÒ, c. s. adv. 屡次
CREDĬTOR, oris, m. 債主
CREDĬTUM, i, n. 借之物。欠之銀
CREDO, ĭdi, ĭtum, 3. 信。托付。借賒
— se ei. 信服其。不防其
CREDŬLUS, a. 輕信者
CREMENTUM, i, n. 所增。長大若干
CREMIUM, ii, n. 細柴。引火柴
CRĔMO, as. 燒。焚
CREMOR, oris, m. 孏。穀汁。米漿
CRENÆ, arum, f. 牙。鋸狀邊。花邊
CREO, as. 造。生。定。揀。陞官
CREPĔRUS, a. 可疑者。不定
CREPĬDA, æ, f. 靸鞋
CREPIDO, ĭnis, f. 堤。高山。基。頂
CREPITACŬLUM, i, n. 單面鼓。出聲具
CRĔPO, ui, ĭtum, are. 响。响斷。誇口
CREPUNDIA, orum, n. 孩飾

CREPUSCULUM, i, n.	天將黑。將光
CRESCO, evi, etum, 3.	長大。漸甚
CRETA, æ, f.	白垙
CRETHMOS, i, f.	馬齒菜
CRETICE, es, f.	齒貫草
CRETIO, onis, f. (*cerno.*	接產之禮
CRETUS, a, [*cerno, cresco.*	生之。定之。篩之
CREVI, v. cresco.	
CRIBRUM, i, n.	疎篩子
CRIMEN, inis, n.	罪愆告狀
CRIMINOR, aris.	罪之。告。被告。怪
CRIMNUM, i, n.	拌麵
CRINALE, is, n.	綁髮帶
CRINIS, is, m. f.	髮毛繩
CRINON, ni, n.	荊蘇類
CRISIS, is, f.	病變時。險隙
CRISPUS, a, *d. s.*	皺者。圈起者
CRISTA, æ, f.	鷄冠。蛇冠。盔綳
*CRITERIUM, ii, n.	憑據。公堂
CRITICUS, i, m.	褒貶人書者
criticus dies.	病變之日
CROCEUS, a, [*crocus.*	番紅花者
CROCIO, ivi, itum, 4.	烏鴉鳴
CROCODILUS, i, m.	癩鼉龍。娃娃魚
CROCOTA, æ, f.	女紅衣

CRŎCUS, i, m.	番紅花。花紅蕊
CROTALIA, orum, n.	响之珍珠串
CROTĂLUM, i, n.	緊皮鼓。單鼓
CROTON, onis, f.	天麻草。蓖麻
CRUCIATUS, us, m. [*crux.*	刑罰。甚疼
CRUCIFIGO, xi, xum, 3.	釘于十字
*CRUCIFIXUS, i, m.	苦像
CRUCIO, as.	加刑。苦難之
CRUDARIA, æ, f.	銀派。銀礦之初
CRUDELĬTAS, atis, f.	兇心。暴虐。暴厲
CRUDUS, a.	生者。未煮者。未銷化。兇
CRUENTO, as.	染血。滿血
CRUMENA, æ, f.	錢褡子。橐袋
CRUOR, oris, m.	流之血
CRUPELLARII, orum, m.	穿鉄衣之僕
CRUS, uris, n.	小腿。脛
CRUSMA, ătis, n.	單面鼓之類
CRUSTA, æ, f.	殼。鱗。瘡痂。鑲塊
CRUSTŬLUM, i, n.	甜餅
CRUSTUM, i, n.	一片。一塊
CRUX, ucis, f.	十字架
CRYPTA, æ, f.	山洞。土坑
CRYSTALLUM, i, n.	水晶
CUBICULARIUS, ii, m.	內閣侍讀

CUBICŬLUM, i, n. 卧房。貴樓
CUBILE, is, n. 牀。宅。窩
CUBITUS, i. 肐膊。肘
CUBĬTUS, us, m. 尺子
CŬBO, ui, ĭtum, are. 躺。卧。守牀。坐席
CUBUS, i, m. 立方。結方
CUCŬBO, as. 夜猫鳴
CUCULLUS, i, m. 雨帽。包紙
CUCULUS, i, m. 寒鳥。奸夫
CUCŬMA, æ, f. 煮水鍋。草房
CUCŬMIS, is, l. ĕnis, m. 黃瓜。魚名
CUCURBĬTA, æ, f. 東瓜。葫蘆。火罐
CUCURIO, ivi, itum, 4. 母鷄鳴
CUCUS, i, m, v. cuculus.
CUCUS, i. f. 芷蘭類
CUDO, di, sum, 3, 打薄。打金銀
CUJAS, atis, *adj.* 何處者。何等者
CUJUS, a. 誰之
CUJUSMŎDI, *adv.* 何如者
CULCĬTA, *l.* culcĭtra, æ, f. 褥子
CULCO, as, *pro* calco *comp.*
CULCUS, i, m. 大桶。皮袋
CULEX, ĭcis, m. 蚊子
*CULIGNA, æ, f. 杯
CULIÑA, æ, f. 廚房。煮之食物

CULMEN, inis, n. 房頂。頂。莖。草

CULMUS, i, m. 禾草。茅。禾稈

CULPA, æ, f. 罪過。愆。不及

CULTE, c. adv. (colo. 文然。斯文

— dicere. 文言

CULTELLUS, i, m. 砍刀。小刀

CULTER, tri, m. 〻〻

— tonsorius. 剃刀

CULTUS, us, m. (colo. 使用。裝飾。敬。修

CULULLUS, i, m. 瓦爵。祭獻之盃

CUM, præp. abl. 同。帶。攜。偕

CUM, conj. 既然。幾時

CUMANUM, i, n. 白菜類

*CUMBO, ubui, ubĭtum, 3. 臥。靠

CUMĔRA, æ, f. 簍子

CUMINUM, i, n. 塞辣

CUMPRIMIS, adv. 至極

CUMQUE, conj. 既然。不問何時

CUMŬLUS, i, m. 盈餘。堆。煞言

CUNABŬLA, orum, n. 嬰榻。本鄉

CUNÆ, arum, f. 〻〻。巢窩

CUNCTOR, aris. 遲緩。躭擱

CUNCTUS, a. 俱。各。總

CUNEO, as. 作楔狀。以楔裂。楔之

CUNEUS, i, m.	楔。尖勢。戲臺階
CUNICŬLUS, i, m.	兔。埋道
*CUNQUE, *comp.*	不拘誰。不問何
CUPA, æ, f.	大酒桶。店主母
CUPEDIA, æ, f.	貪美味。嗜
CUPEDIÆ, arum, f.	可口。菜食。美味
CUPIDO, ĭnis, f.	貪心。慾
CUPĬDUS, a, *c. s.* (*ejus.*	貪。嗜。私愛。偏情
CŬPIO, ivi, itum, 3, (id.	愿欲。圖。私愛
— ei.	親愛彼
CUPPEDO, ĭnis, v. cupido.	
CUPRESSUS, i, f.	柏樹
CUPREUM, i, n.	銅
CÙR? *adv.*	何故
CURA, æ, f.	用心。照顧。罣心
CURATOR, oris, m, (*curo.*	管事者
CURCULIO, onis, m.	米虫。猴
CURIA, æ, f.	京都。衙門。一保家
CURIO, onis, m.	和尙。傳命者
CURIOSUS, a, *c. s.*	勤。好學。多事者
— medicinæ, (*gen.*	好學醫
CURMI, n.	大麥水之類
CURO, as, ſeum, *l.* ei.	照顧。料理。治病
CURRICŬLUM, i, n.	小車。跑之處
CURRILIS, v. curulis.	

海上絲綢之路文獻集成 科技與文化編

CURRO, cucurri, cursum, 8. 跑。轉。流
CURRUCA, æ, f. 抱寒鳥蛋鳥名。付妻之人
CURRUS, us, ui, l. u, m. 馬車。奏凱。車馬
CURSO, as, [curro. 往來跑
CURSOR, oris, m. 跑路者。差之人
CURSUS, us, m. 〈。走遠路。渡海
— vitæ. 活之時
cursum ten. — 直渡。不繞水路
CURTUS, a. 短者。斷者。不全
CURULIS, e. 拉車者
CURULIS, is, f. 寶椅
CURVUS, a. 彎曲者
•CUSOR, oris, m. 鑄錢者
CUSPIS, idis, f. 尖子。鉄杈。瓦筒
CUSTODIA, æ, f. 看守。監牢。司獄
CUSTOS, odis, m. 看守者
custodes corporis. 護衛兵
•CŬTIO, ussi, ussum, comp. 打
CŬTIS, is, f. 皮。革。殼。樹皮
CYĂMUS, i, m. 芋頭
CYANEUS, a. 藍色者
CYĂTHUS, i, m. 杯。二两酒。斗
CYBĔA, æ, f. 大貨船
CYBIUM, ii, n. 鹹黃澤魚一塊

CYCLAMINUS, a. 芊頭類
CYCLAS, ădis, f. 羣子
CYCLĬCUS, a, v. encyclicus.
*CYCLUS, i, m. 圈
—60 annorum. 甲子
CYDONEUM, i, n. 木瓜
CYGNUS, i, m. 黃鵠
CYLINDRUS, i, m. 滾石。長圓石
CYMA, ătis, n. 白菜心
CYMATIUM, ii, n. 走水花
CYMBA, æ, f. 沙船。平底船
CYMBĂLUM, i, n. 單面鼓
CYMBIUM, ii, n. 舟狀之盃
CYMINUM, v. cuminum.
CYNOCEPHALĬUM, ii, n. 解百毒草
CYNOGLŎSSUS, i, m. 鋪榜葉。鞋底魚
CYNORŎDON, di, n. &
CLYNORRHŎDOS, i, m. 塗櫻子花
CYNOSBĂTOS, i, n. 茨玫瑰類
CYNOSURA ova. 寡蛋
CYPARISSUS, v. cupressus.
CYPERUS, i, m. 香付子根。薛莎
CYPĪRUS, i, m. 菖蒲
CYPRESSUS, v. cupressus.
CYPRĬNUS, a. 臭李樹之

海上絲綢之路文獻集成 科技與文化编

CYPRIUM, ii, n.	銅
CYPRUS, i, f.	臭李樹
CYPSĔLUS, i, m.	沙燕
*CYRĂGRA, v. chiragra!	
CYTHĬNUS, i, m.	石榴花

D

D	五百
DABŬLA, æ, f.	疋蘭樹類
DÆMON, ŏnis, m, &	
DÆMONIUM, ii, n.	魔鬼
*DALMATĬCA, æ, f.	副祭衣
DAMA, æ, f.	牝鹿
DAMASCENA bombyx.	大花緞
DAMASSONIUM, ii, n.	車前子類
DAMNAS esto resarcire.	罰其補還矣
DAMNO, as,	定斷犯人。責
damnari capite.	被問死罪
damnari votorum.	該還願
DAMNUM, i, n.	害。損。虧。罰錢
— facere.	受害。見虧
— inferre.	加害。損
DANISTA, æ, m.	苛取利錢者
DĂPES, um, f.	菜肉。餚。祭之餚
DAPHNITIS, ĭdis, f.	夾竹桃

辣丁中華合字典

DAPHNOIDES, idis, f.	九信菜
DAPSĬLIS, e.	華麗。豐
EARDANARIUS, ii, m.	霸占行市者
DASȳPUS, ŏdis, m.	兔。野兔
DATARIUS, a.	可給人之
*DATARIUS, ii, m.	教皇之書辦
DĂTUS, a, v. do.	
data operâ.	故意
DAUCUS, i, m.	打灯僕。蛇麻草
DAVUS, i, m.	某國人。僕。傻子
DE, *præp. abl.*	從。自。因
— eo audivi.	吾聽論此
— meo vivo.	吾食自己者
— more.	照舊
DE, *comp.*	拆
DEA, æ, f.	女神
DEACĬNO, as, (*acinus.*	去渣滓
DEALBO, as.	抹白
DEAMBULACRUM, i, n.	散步之處
DEAMBŬLO, as.	散步。逛
DEĂMO, as.	溺愛
*DEARGENTATUS, a.	鍍銀之。去銀
DEARMATUS, a.	奪其兵器
DEAURO, as, [*aurum.*	鍍金
DEBATUO, is, ĕre.	打鞭。傷

DEBELLO, as. 勝。搶。戰畢
DEBEO, ui, ĭtum, 2. 該。有本分。負債
DEBĬLIS, e, c. 耎弱。劣。孱
DEBĬTOR, oris, m. 該人者。負債者
DEBĬTUM, i, n. 債。本分
reddere — naturæ [dat. 死亡
DECA, comp. 十
DECACHORDUS, a. 〻絃之琴
DECALŎGUS, i, m. 〻誡
DECALVO, as, [calvus. 去髮。剃頭
DECANI, orum, m. 十總
DECAPROTI, orum, m. 税課。糧道
DECAS, ădis, f. 一十
DECEDO, essi, essum, 3. [eo, l. de eo. 走。離開。死。讓
DĔCEM, adj. 十。拾
DECEMBER, bris, m. [abl. bri. 洋十二月
DECEMPEDATOR, oris, m. [pes. 丈量田者。官中
DECEMVĬRI, orum, m. 十官部
DECEN, pro decem, comp.
DECENNIUM, ii, n. [annus. 〻年之久
DĔCENS, tis, adj. 相宜者。美者
DECEPI, deceptus, v. decipio
DECERNO, crevi, cretum, 3. 决定。裁。斷勘。處

DECERPO, psi, ptum, 3. [*carpo*. 摘。減

DECESSOR, oris, m. [*decedo*. 前官。先任

DĔCET, euit, 2. (ei, *l*. eum. 相宜。當

DECĬDO, idi, 3. [*cado*. 倒。隕。亡

—spe. 失望

DECIDO, idi, isum, 3. [*cado*. 割。定。處和

DECIDUUS, a, [*cado*. 不長久着

DECĬMUS, a, (*decem*. 第十个

DECĬPIO, epi, eptum, 3. (*capio*. 哄騙

DECIPŬLA, æ, f. &

DECIPŬLUM, i, n. 套。陷阱。穽

DECISUS, a, v. decido.

DECLAMO, as. 演習講論

DECLARO, as. 顯。發明解言

DECLINO, as, [eum. 避。偏。改。變

DECLIVIS, e. 下坡着

DECOCTOR, oris, m. (*decoquo*. 蕩子。浪費者

DECOLLO, as. 殺頭

DECŎLOR, oris, *adj*. 敗色者

DECŎQUO, oxi, octum, 3. 煮而減。修好。浪費

DECOR, oris, m. 好看。美。趣。廉恥

DECŎRO, as, (*decus*. 光榮。飾之

DECORTĬCO, as, [*cortex*. 去皮

DECREPĬTUS, a. 衰敗者。潦倒

DECRESCO, evi, etum, 3. 減下。減少。退
DECRETUM, i, n, [decerno. 聖諭。諭
DECREVI, v. decerno.
DECŬMA, v. decimus.
*DECŬPLUS, a, (plus. 十倍者
DECURIA, æ, f. く兵。十保家。夥
DECURIO, onis, m. 十總保長。省外議事廳人
DECURSIO, onis, f. 兵演。侵犯地方
DECURSUS, us, m. 下流。演。過。跑止
DĔCUS, ŏris, n. 光榮。裝飾
DECUSSO, as. 倒。放横。交
DECŬTIO, ussi, ussum, 3. 揮。拂。拚
DEDĔCUS, ŏris, n. [decus. 玷辱。忝辱。失顏
DEDĬCO, as. 奉獻。供像
DEDIGNOR, aris. 嫌卑。以爲不足
DEDISCO, ĭci, 3. 忘。手漸生
DEDITIO, onis, f. 付。投降
DĔDO, dedĭdi, dedĭtum, 3. 投降。交付
DEDŎLO, as. 鏟平。鏟削
DEDUCO, xi, ctum, 3. 扣除。運過。引別。伸開
DEFÆCO, as, [fæx. 去渣滓。清之
DEFECTIO, onis, f. 乏。歉。叛。日月蝕
DEFECTUS, us, m. (deficio. 缺少。不着。虧

DEFENDO, di, sum, 3.	保護。護守。護衛
— eum ab hoste.	護之于仇
DEFĔRO, ers, tŭli, latū, erre.	帶來。告官。交付
— primas ei.	讓其首位
DEFERVEO, bui, *l.* vi, 2.	已不滾。凉
DEFESSUS, a.	困乏
DEFĬCIO, eci, ectum, 3.	〈〈。缺。不及
— ab eo.	反叛彼。背其
defectus dentibus.	爛牙者
DEFINIO, ivi, itū, 4. [*finis.*	限日期。定限。解說。含
DEFLECTO, xi, xum, 3.	彎。繞。離
— a virtute.	背德行
— sententiam.	改主意
DEFLORO, as, (*flos.*	去其花。玷辱。損
DEFLUO, uxi, uctum, 3.	流。滲乾。減。不流
DEFŎRE, v. desum.	
DEFŎRIS, *adv.*	自外
DEFORMIS, e, *c. s.*	醜看。敗色
DEFORMO, as, [*forma.*	變醜。壞。玷辱
DEFRAUDO, as, (*fraus.*	騙人之。虧人
— se fructu victoriæ.	自丟得勝之便益
DEFRUGO, as.	多種廢田地
DEFRŬTUM, i, n.	濃酒
DEFUNCTUS, a, [*fungor.*	死人。滿本分。缺

— laboribus. 免前苦者

DEGĔNER, ĕris, *adj.* 不肖。變壞者。卑

DEGENĔRO, as, (*genus.* 不肖。くく

— a patre. 不肖子

DEGLUBO, is, ĕre. 去皮。剥皮

DEGLUTĬNO, as. 解黏。揭開

DEGLUTIO, ivi, itum, 4. 食下。吞。嚥下

DĔGO, egi, 3. [*ago.* 過。度日。在。寄寓

DEGRĂDO, as. 革官。革聖品

DEGŬLO, as, [*gula.* 貪饕而盡費貲

DEGUSTO. as. 嘗。試。盤問。畧講

DEHISCO, is, ĕre. 自裂

DEHONESTO, as. 革官。忝辱。凌辱

DEHORTOR, aris. 反勸。儆戒

DEIN, *l.* deinde, *adv.* &

DEINCÈPS, *adv.* 後來。日後。再者

DEINTÙS, *adv.* 自內

*DEIPĂRA, æ, f, 2. *l.* 天主母

*DEĬTAS, atis, f. 天主性

DEJĔRO. as, (*juro.* 屢誓曰

DEJĬCIO, eci, ectum, 3. (*jacio.* 拆倒。推下廼

DĔJURO, as, v. dejero.

DELABOR, apsus, 3. [in id. 滑下。倒

DELASSO, as. 乏。使人困憊

*DELATURA, æ, f 䝼告告賞

DELATUS, v. defero.

DELECTO, as, [*licio.* 樂人心。悦

DELECTUS, a, v. deligo.

DELEGO, as. 委。托。歸

DELEO, evi, etum, 2. 滅。勾去。刮去

—de, *l.* ex libro. 勾去于書

DELIBĚRO, as. 商量。定意。定規

DELIBO, as. 稍嘗。畧弄。壞。揀

DELIBUTUS, a. 抹油。泡之

DELICATUS, a, (*deliciæ.* 斯文。嬌嫩。細。皐

DELICIÆ, arum, f. 快樂。舒暢

DELICTUM, i, n. 罪。愆

DELĬCUS, a, *c. s.* 断妳之

DELĬGO, as. 綁。繫

DELĬGO, egi, ectũ, 3. (*lego.* 揀選。分開。除

DELIMIS, e. 斜。不正

DELINEO, as. 描畫。圖。起草

DELINIO, ivi, itum, 4. 勸開。迷心。諂騙

DELINQUO, iqui, ictum, 3. 犯罪。悞分。錯

DELIQUIUM, ii, n. 缺少。日蝕。昏迷

DELIRO, as. 瘋乱言

DELITESCO, itui, 3. 隱藏

DELPHINUS, i, m. 海猪。星名。砣

DELUBRUM, i, n. 廟

DELUDO, si, sum, 3. 欺笑。騙。止耍

DELUMBO, as. 打曲。打廢背
DELŬTO, as. 抹泥
DEMANDO, as. 托付。寄
DEMARCHUS, i, m. 保長。民首
DEMEACŬLUM, i, n. 入地內之道
DEMENS, tis, *c. s. adj.* 傻。呆。憨痴
DEMENSIO, v. dimensio.
DEMENTO, as. 痴。使痴
*DEMETATUS, a, 已量之
DEMISSUS, a, *c.* 垂。無精神。矮。卑
DEMITTO, isi, issum, 3. 倒。放。垂。壓。卑之
DEMNO, *pro* damno, *comp.*
DEMO, psi, ptum, 3. 除去
*DEMOCRATICUS, a, (*demos.* 庶民之。無王者
DEMOLIOR, itus, 4. 拆。打倒。被拆
DEMONSTRO, as. 發明。辯明。指示
DEMŎROR, aris. 延滯。等候。居
DEMORSICO, as. 咬碎
*DEMOS, i, m. 庶民
DEMPTUS, a, v. demo.
DEMULCEO, sí, sum, 2. 撫手。諂媚
*DEMULCTUS, a. 被撫手者
DEMÙM, *adv.* 末。竟
*DEMUSSATUS, a. 含忍之
DENARIUM, ii, n. &

DENARIUS, ii, m. 一錢。四十錢
DENARIUS, a. 十之一
DENASO, as, [*nasus*. 去鼻
DENI, æ, a. 十爲羣
DENICALES feriæ. 喪衣取潔日
DENIGRO, as. 抹黑。染黑
DENIQUÈ, *adv.* 末。總說
DENORMO, as, (*norma*. 乱。變壞
DENŎTO, as. 打記號。指。壞名
DENS, tis, m. 牙。錨牙。鋸齒。匙
DENSUS, a, *c. s.* 稠密者。叢雜
DENTATUS, a. 有牙者。大牙者
DENTALE, is, n. 耒耜
DENTHARPĂGA, æ, f. 拔牙鉗
DENTIFRICIUM, ii, n. 刷く散
DENTIO, is, ire. 生く。扣齒
DENTISCALPIUM, ii, n. 牙杖
DENUBO, psi, ptum, 3. 嫁。合
DENUNTIO, as. 言明。報。嚇。先兆
DENUO, *adv.* [*novus*. 從新。再
DEONĔRO, as. 卸馱。下馱。卸任
DEORSUM, *adv.* 往下
DEPACTUS, a. 栽者。插于地
DEPALATIO, onis, f. 日晷顯日長短
DEPECTO, as. 梳。篦下來

DEPENDEO, v. pendeo.

DEPĬLIS, e, (pilus. 無毛者

DEPLEO, evi, etum, 2. 倒空

DEPLORO, as. 大哀哭。報怨。捨

DEPONO, sui, sĭtum, 3. 留下。放下。革官。匽。寄托

DEPONTANUS, a, (pons. 老。不可保舉者

DEPORTO, as. 搬運。充軍

DEPOSITARIUS, a. 受寄托者

DEPOSĬTOR, oris, m. 寄托者

DEPOSĬTUM, i, n. 寄之物

DEPRÆSENTIARÙM, adv. 現在

DEPRAVO, as. 僞之。壞。廢

DEPRECABUNDUS, a. 懇求者

DEPRĔCOR, aris. 懇求。求恕

—mortem. 求容生

DEPREHENDO, di, sum, 3. 破事。遇犯。察出

DEPRĬMO, essi, essum 3. premo. 壓。降之。低

DEPROMO, psi, ptum, 3. 除去。取

DEPSITICIUS, a, &

DEPSITĬCUS panis. 合之麪頭

DEPSO, ui, ĭtum, 3. 合石灰。拌。練泥。摩軟

DEPŬDET, ebat, uduit, l. udĭtum, 2. 無廉恥。駭羞

DEPULSUS, a, [*pello.*	己棄之。拒之
DEPURO, as.	糠清純。擠膿
DEPŬTO, as.	劃。想。以爲
DEPYGIS, e.	臀小者。細嫩者
DERELINQUO, iqui, ictum, 3.	捨棄蔑棄。委之
DERIDEO, si, sum, 2.	欺負。欺笑。侮慢
DERĬPIO, ui, eptū, 3. [*rapio.*	奪。拔。快去之
— leoni pellem.	剝獅之皮
DERIVATIO, onis, f, [*rivus.*	&
DERIVO, as.	引出。引別
DERŎGO, as.	廢。改命。滅
— legem, *l.* legi.	〻律例
— fidem ei.	信不及彼
DERUPTUS, a, e.	險處
DESÆVIO, ivi, itum, 4.	發怒。息怒
DESCENDO, di, sum, 3. [*scando.*	下來。降臨
— de monte.	〻山
— in prælium.	〻較場
DESCISCO, ivi, itum, 3.	離。反叛。背伴侶
— a consuetudine.	反常規
DESCOBINATUS, a.	裂爛
DESCRIBŌ, psi, ptum, 3.	抄書。細講。描寫
— populum.	數烟戶。籍民
DESĒRO, erui, ertum, 3.	捨棄。置之于不問
DESERTOR, oris, m,	背鄉。離羣。逃兵

DESERTUM, i, n. 曠野。荒郊

DESERVIO, ivi, itum, 4. 伏侍人。奉事

DESES, ĭdis, *adj.* [*desideo.* 閒。懶惰。怠

DESIDERIUM, ii, n. 願。想人。戀。悵望

DESIDĔRO, as. 〈。仰望。缺少

DESIDIA, æ, f. (*deses.* 懶閒。無所事事

DESIDO, edi, 3. 清降。降下。沉下

DESIGNATOR, oris, m. 喝禮者。讚善

DESIGNO, as. 指定。揀。打號

DESĬLIO, livi, sultum, 4. (*salio.* 跳下

DESĬNO, ivi, ĭtum, 3. 停止。斷之

— querelarum, *l.* querelas. 停止怨

— in hydrōpem. 竟變蠱脹

DESĬPIO, ui, 3. [*sapiens.* 痴了。亂言

DESISTO, tĭti, tĭtum, 3. 停止。間斷。丟手

— ab hoc. 捨絕此事

DESOLATUS, a, (*solus.* 孑身。孤獨

DESOLO, as. 勦滅。打敗。賊寇

DESOMNIS, e. 寤不寐者

DESPERO, as, (*spes.* 失望

— armis [*dat. l.* ab armis. 不復盼望兵器

DESPICATUS, a. 人看輕者

DESPĬCIO, exi, ectum, 3. 垂看。不理。不當事

DESPONDEO, di, sum, 2. 許下。約定奪

— animum. 死心。失望

DESPONSO, as. 定親

*DESTERNO, travi, tratũ, 3. 卸鞍

DESTĬCO, as. 鼠吽

DESTĬNA, æ, f. 首柱

DESTĬNO, as. 結。定一人。買。扭準

DESTITUO, ui, utum, 3. 安。捨。失信

DESTRICTUS, v. stringo.

DESTRUO, uxi, uctum, 3. 拆壞。打倒

DESULTOR, oris, m. 跳過馬。不恒心

DESUM, es, fui, esse. 缺少

nihil dest mihi. 吾無所缺

DESŬPÈR, *adv.* 自上

DESURGO, urrexi, urrectum, 3. 起。別往出恭

DESURSÙM, *adv.* 自上

DETĔGO, xi, ectum, 3. 察出。露。傳開

DETENTATIO, *l.* detentio, onis, f. 留。存。收

DETENTUS, a, v. detineo.

DETERIOR, ius, *compar.* 更不美者

DETERMĬNO, as. 限之。定規

DETĔRO, trivi, tritum, 3. 弄壞。損。爛。減

DETERREO, ui, ĭtum, 2. 警戒

—a, *l.* de sententia. 戒之勿如此

DETERRĬMUS, a, *superl.* 至不美者

DETESTOR, aris. 呼證人。恨。咒。棄

DETĬNEO, ui, entũ, 2.(*teneo.* 遲緩。留。攔

海上絲綢之路文獻集成 科技與文化編

DETORQUEO, torsi, tortum, 2.	偏之。彎過。轉
— eum a virtute.	勾引之背道
DETRĂHO, āxi, āctum, 3.	去之。減。謗。奪
DETRACTOR, oris, m.	毀謗者。壞人名
DETRECTO, as.	辞。謗。別。忌
DETRIMENMUM, i, n.	損。虧
— facere.	受害
DETRITUS, a, v. detero.	
DETRUDO, si, sum, 3.	推下。緩。棄。去。倒
DEUNX, cis, m.	十一兩。十一杯
DEUS, i, m. o Deus, *plur.* dii, eorum.	天主。神
*DEUTERONOMIUM, ii, n.	其二律例
DEUTERIA, æ, f.	水酒
DEŪTOR, usus, 3. (*utor.*	冒用
DEVĔNIO, ēni, entum, 4.	降。到
DEVERGENTIA, æ, f.	下坡
DEVIRGĬNO, as.	辱童貞
DEVIUS, a, [*via.*	無路者。失路者
DEVOLVO, olvi, olutum, 3.	滾下之。倒
DEVŎRO, as.	吞。浪費
DEVOTATIO, onis, f. v. devotio.	
DEVOTUS, a, *s.*	熱心。發願。奉者
DEVOVEO, ovi, otum, 2.	奉獻。呪。反誓
DEXTANS, tis, m.	十兩。十杯
DEXTER, tra, *l.* tĕra, *c.*	右者。順。恰便

*DEXTRALE, is, n.	手鐲
DEXTRORSŬS, *adv.*	向右邊
DI, *pro* dis.	
DIABATHRUM, i, n.	女鞋類
DIABITÈS, is, m.	水溝
*DIABŎLUS, i, m.	魔鬼
DIACHETON, ti, n.	防風草
DIACHYTON, ti, n.	甜酒
*DIACŎNUS, i, m.	六品礼生。副祭
DIACORDION, dii, n.	玉美人花菜
DIACŎPI, orum, m.	水渠
DIADEMA, ătis, n.	首白布帶。王冠
DIADUMĔNUS, a.	戴首帶者
DIÆTA, æ, f.	戒口。飯廳。內室
DIAGONIOS, ii, m.	斜線。隅出之線
DIAGRAMMA, ătis, n.	圖。式樣
DIALECTĬCE, es, f.	推論方。辯論凡例
DIALECTUS, i, m.	土談。鄉談。方言
DIALEUCON, ci, n.	紅花類
DIALIS, e.	雷神。一日者
DIALŎGUS, i, m. (*dis.*	問答
DIAMĔTROS, i, m.	圈中橫線。緯
DIANŎME, es f.	分給。分排
DIAPASMA, ătis, n.	藥散以乾汗
DIAPHĂNUM, i, n.	透光者

DIAPHORESIS, is, f. 大出汗
DIAPONTIUS, a. 海外。過海者
DIARIUM, ii, n. 日工錢。日記
DIARRHÆA, æ, f. 痢疾。泄肚
*DIATHECA, orum, n. 遺下之屋
DIATHĔSIS, is, l. eos, f. 屋之相稱
DIATHȳRON, ri, n. 屏風。小天井
DIATŎRUS later. 横墻瓶
DIATRETUM, i, n. 鏇之器
DIATRĬBA, æ, f. 辯理之館
DIBĀLO, as. 浪費。耗
DICA, æ, f. 召歸案。訟
dicam scribere. 〃〃〃
DICAX, acis, *c. s. adj.* 利口。譏誚者
DĬCO, as. 供獻。祝聖
DICO, xi, ctum, 3. 說。言。吟念。定。立
— jus. 聽訟
dicis gratiâ. 惟于口言。外彼
DICRŎTUM, i, n. 二層槳之舟
DICTAMEN, ĭnis, n. 意見。主意
— rationis. 於理所合
DICTAMNUS, i, m. 威靈草
DICTATA, orum, n. 師傅所講
DICTATOR, oris, m. 暫時握王權者
DICTERIUM, ii, n. 刺人之言。巧言

DICTIO, onis, f.	字。言。一片文
*DICTIONARIUM, ii, n.	字典。字彙
DICTO, as.	提人寫。提起
DICTUM, i, n.	一句書。一說。諳言
regi dicto audiens.	從王命
DIDASCĂLUS, i, m.	師傅
DIDĬCI, v. disco.	
DIDORON, ri, n.	長二扎之磚
DIDRACHMA, æ, f. [*drachma.*	八十錢
DIDUCO, xi, ctum, 3.	排。分開
DIECŬLA, æ, f.	日短。不足一日
DIES, ēi, m. f.	一日。晝
in dies crescit.	〱〱比一日大
— solis, — lunæ.	主日。禮拜二
— Martis, — Mercurii.	禮拜三。禮拜四
— Jovis, — Venĕris.	禮拜五。礼拜六
— Saturni.	禮拜七
DIFFAMO, as, (*fama.*	壞名。傳開
DIFFĔRO, istŭli, ilatum, erre.	緩。散。移栽。不同
—ab eo.	與彼不同
DIFFERTUS, a, (*farcio.*	滿實
DIFFICĬLIS, e, *c. s.* (*facilis.*	難者
DIFFICULTAS, atis, f.	難。費事。不便
DIFFIDO, di, *l.* sus, 3. [ei.	不信。死心
DIFFISSIO, onis, f. [*findo.*	裂開。緩

DIFFUNDO, udi, usum, 3. 散。溢外

DIFFUSÈ, c. *adv.* 多。盛。贅。闊

DIGERIES, ēi, f. 分排。次序

DIGĔRO, essi, estum, 3. 分排。銷化

DIGĬTUS, i, m. 指頭

DIGNĬTAS, atis, f. 爵位。功名

DIGNOR, aris. 不嫌卑。以爲足辱臨

— venire. くく。不嫌卑處

DIGNUS, a, *c. s.* [eo. 該當。有功。足。堪

es —, quem omnes diligant. 汝堪衆人愛

DIGRĔDIOR, essus, 3. (*gradior.* 別走。轉說

DII, v. deus.

DIJUDĬCO, as. 决言。定。辯明

DILANIO, as. 拉碎。咬碎。撕爛

DILAPĬDO, as. 去石。浪費。損壞

DILATO, as. 伸開。遲

DILATUS, a, v. differo.

DILECTUS, a, v. diligo.

DILEMMA, ătis, n. 非此即彼之論

DILĬGENS, tis, [*diligo.* 勤謹。愛者

— veritatis. 愛眞事者

DILIGENTIA, æ, f. 勤謹。殷勤。仔細。節用。檢點

DILĬGO, exi, ectū, 3. [*lego.* 愛。正愛。揀

DILOGIA, æ, f.	二義之言。飾言
DILUCĬDO, as, (lux.	明。詳
DILUCŬLÒ, *adv.*	清早時
DILUO, ui, utum, 3.	洗。配。化開。減。解
DILUVIES, ēi, f. &	
DILUVIUM, ii, n.	洪水
DIMĂCHÆ, arum, m.	步馬戰之兵。銳馬兵
DIMANO, as.	流。泄。分派流
DIMENSIO, onis, f.	量。尺寸
DIMĬCO, as.	爭鬥。打仗
DIMIDIUM, ii, n. (*medius.*	一半
DIMIDIUS, a.	一半之
DIMINUO, ui, utum, 3.	減少
diminui capite.	革其官
DIMITTO, isi, issum, 3.	放下。放手。貰赦。放兵
DIMŎVEO, ōvi, ōtum, 2.	拉開。移
DINTRIO, as.	黃鼠狼吽
DIŒCESIS, is, f.	小縣。主教之轄
DIOPTRA, æ, f.	量水之具。日晷
DIORYX, ÿgis, f.	引河水溝
DIOTA, æ, f.	二耳之甕
DIPHRIX, ĭgis, f.	銅落
DIPLO, æ.	記號

DIPLOIS, oidis, f.	裌衣類。粗衣
DIPLOMA, ătis, n.	劄符。印票。勅書。勅封。執照
DIPONDIUM, ii, n.	二斤。二尺。八錢之塊
DIPSĂCOS, i, m.	防風草
DIPSAS, ădis, f.	蛇類
DIPTĔRUS, a.	二翼者
DIRÆ, arum, f.	詈言。地獄之女鬼
DIRECTARIUS, ii, m.	入家之賊
DIRECTÈ, *adv.* [*rectus.*	直然
DIRECTUS, a, *c.*	見引者。直。正
DIRĬBEO, ui, ĭtum, 2.	分排。分給
DIRĬGO, exi, ectū, 3. (*rego.*	引導。領。撕開
DIRĬMO, emi, emptum, 3.	斷開。間。斷訟。和睦
DIRĬPIO, ui, eptū, 3. (*rapio.*	乱搶。奪。破。抽出
DIRUMPO, upi, uptum, 3.	間斷。破
DIRŬO, ui, ŭtum, 3.	拆壞。打倒
DIRUPTUS, a, *c.*	斷之。陡坡者
DIRUS, a, *c. s.*	兇惡者。可怕之
*DIS, *l.* dí, *comp.*	分。拆
DIS, ĭte, *c. s.*	富者
DIS, itis, m.	閻王。財神
DISCALCEO, as, (*calceo.*	脫鞋

DISCEDO, essi, essum, 3. 別。分手
DISCEPTO, as. 爭論。中人定斷
DISCERNO, crevi, cretum, 3. 分開。辯明。勘審
DISCERPO, psi, ptum, 3. 破分。拉碎
DISCIDIUM, v. dissidium.
DISCIPLINA, æ, f. 訓。書黨。學文
DISCIPŬLUS, i, m. 徒弟。門生
DISCLUDO, si, sum, 3. 分開。分貯
DISCO, didĭci, 3. 學。學習。扮戲
— hoc ab, *l.* de eo. 趕其學此。師之
DISCOBŬLUS, i, m. 善擲石者
DISCŎLOR, oris, *adj.* 不同色。雜色者
DISCONDUCIT, uxit, 3. 不相宜。有碍
DISCORDIA, æ, f. 不和睦。女鬼
DISCORDO, as, [ei, *l.* cum eo. 〻〻〻。不對
DISCRĔPO, as. 不同。異
DISCRETÈ, *adv.* [*discerno.* 分明。有見識然
DISCRIMEN, inis, n. 〻別。危險。爭
DISCRIMINALE, is, n. 〻頭針。釵
DISCUMBO, ui, ĭtum, 3. 靠桌食。坐席。卧
DISCURRO, urri, ursum, 3. 乱跑。遊行。散講
DISCUS, i, m. 擲石。盆。日晷板
DISCUTIO, ussi, ussum, 3. 抖下。拆散。細看。揀。打壞。拆。剖辨
DISERTITUDO, *l.* disertudo, inis, f. 口才

DISERTUS, a, e. a.	有見識者。伶。巧
DISJĬCIO, eci, ectum, 3.	散。打倒
*DISPALESCO, is, ĕre.	自傳開。露
DISPALOR, aris.	散。無所歸
DISPAR, ăris, *adj.* [ejus.	不同等。不可敵人
*DISPAREO, ui, ĭtum, 2.	已不見
DISPECTUS, us, m.	慎。細看。揀
DISPENDIUM, ii, n.	費。損
—viæ.	彎路
DISPENSATOR, oris, m.	管庫者。監督
DISPENSO, as.	分給。管
DISPĔREO, is, ui, ĭtum, ire.	亡。盡。敗
DISPERGO, si, sum, 3.	散。洒
DISPERTIO, ivi, itum, 4. [*pars.*	分給
DISPERTIOR, itus, 4.	〱〱。被分
DISPESCO, cui, 3. (*pasco.*	斷草料。〱開
DISPĬCIO, exi, ectum, 3.	始見。看四方。究
DISPLĬCEO, cui, cĭtum, 2. [*placeo.*	不中心。討人嫌
DISPLODO, si, sum, 3.	轟响。發。放
DISPONO, osui, osĭtum, 3.	安排。排列。安置
DISPUNGO, xi, ctum, 3.	點。算出入賬
DISPŬTO, as.	爭論。辯論。講論
DISSEMĬNO, as, [*semino.*	撒種。傳開。散
DISSENTIO, ensi, ensum, 4.	不同意。不對
—ab eo.	與其不同意

DISSEPTUM, i, n.	圍墻。圍處
DISSĔRO, ui, ertum, 3.	辯論。講論
DISSĬDEO, edi, essum, 2.	不和。離。不對
— ab eo.	與其不和。相離
DISSIDIUM, ii, n.	不和。離。休婦
DISSIMŬLO, as.	詐。掩飾。陽不知
— iram.	遮く其怒
DISSĬPO, as.	打散。浪費
DISSĬTUS, a.	散者。遠
DISSOLUTUS, a, *c. s.*	鬆之。放肆者
DISSOLVO, vi, olutum, 3.	く。解
DISSŎNUS, a.	不和音。不對音
DISSUADEO, si, sum, 2.	勸尥下。警戒
DISSUO, ui, ūtum, 3.	解縫。漸解
DISTANTIA, æ, f.	遠近。離
DISTENTO, as.	滿之而伸開
DISTENTUS, a, *s.* [*distineo.*	拉開。拉之緊
DISTĬCHON, chi, n.	對字。大麥類
DISTĬNEO, ui, entum, 2. (*teneo.*	拉開。散心。阻。忙
DISTINGUO, xi, ctum, 3.	分別。分排
— unum ab alio.	く彼此
— pocula gemmis.	以寶石鑲杯
DISTO, as.	離。相隔。相距
— tria milliaria ab eo, *l.* ei.	離彼十二里
DISTORTUS, a, *c. s* (*torqueo.*	歪。彎曲者

DISTRĂHO, axi, actum, 3. 拉開。散心。出手。賣。遲。安排

DISTRIBUO, ui, utum, 3. 分散。分給

DISTRINGO, inxi, ictum, 3. 拉緊。忙。拭。抹。結

DISTŬLI, v. differo.

DITESCO, is, ĕre. 發財

*DITHALASSUS, i, m. 二海間之地。徑渚

DITIO, onis, f. 轄之地方。權

DITIOR, v. dis, ite.

DITO, as. 加富。利之

DIU, utius, utissime, *adv.* 日久。日間

DIUM, ii, n. 氣。露天

DIURNA, orum, n. 日記。日報

DIURNUS, a. 一日〻間。每日者

DIUS, a. 神之

DIUTĬNÈ, *adv.* 時長。久

DIUTURNUS, a, *c.* 時長者。久者

DIVA, æ, f. 女神。聖女

DIVARĬCO, as. 伸。張開

DIVERBIUM, ii, n. 數人扮戲之時

DIVERSOR, aris. 宿店。寄居。寄寓

DIVERSORIUM, ii, n. 客店。飯店。旅店

DIVERSUS, a, *c.* *s.* 不同者。相異。離于路

— animi 不同意

DIVERTO, ti, sum, 3. &
DIVERTOR, eris, 3. 繞走。宿夜。寄店
DIVES, itis, c. s, adj. (ejus, l. eo. 富貴者。豐盛
DIVIDIA, æ, f. 不和。傷心。釁
DIVIDO, isi, sum, 3. 分開。分給。剖断
DIVIDUUS, a. 〻二〻。可分
DIVINITÙS, adv. 神然。神祐
DIVINO, as. 先知。猜得
DIVINUS, a, c. v. 天主之。神者。妙
res divina. 祭獻
DIVINUS, i, m. 卜卦者。術士
DIVISUS, a, v. divido.
DIVITIÆ, arum, f. 財帛。貝
DIVORTIUM, ii, n. 分別路旁。休婦
DIVULGO, as. 傳開。傳言。報信
DIVULSUS, a, (vello. 拔之。拉開之
DIVUS, i, m. 神。入孔廟者。聖人
DO, dĕdi, dătum, ăre. 與。畀。准。歸于。定
— se literis. 專務讀書
DŎCEO, cui, ctum, 2. 教訓
— eum musicam. 教其音樂
DOCIBĬLIS, e. 易孝習之事
DOCĬLIS, e, c. 好受教者
DOCISMUS, i, m. 明憑。明徵
DOCTOR, oris, m. 舉人。科考。師

DOCTRINA, æ, f. 道理。訓。學問

DOCTUS, a, c. s. 博學。已受教者

DOCUMENTUM, i, n. 箴規。表樣。證

DŎCUS, i, m. 一條鬼火

DODRANS, tis, m. 九兩。四分之三

DOGMA, ătis, n. 道理。箴規。綱領

DOLABELLA, æ, f. &

DOLABRA, æ, f. 鏟。拆墻之具

DŎLEO, ui, 2. 疼痛。傷心。傷悶

DOLIUM, ii, n. 大酒桶

DŎLO, as. 打木。鏟平

DOLON, onis, m. 小帆。巧鎗。螫

DŎLOR, oris, m. 疼。苦楚

proh dolor! 可惜。哀哉

DŎLUS, i, m. 詭弊。詐

DOMESTĬCUS, a, [domus. 家內者。熟。善者

DOMICILIUM, ii, n. 宅。居處

DOMINATIO, onis, f. 覇占。主之。所屬

*DOMINATIONES, um, f. 天神品

DOMINIUM, ii, n. 所有。主。所轄

DOMĬNOR, aris. 管。人主之。作王

—in eum. 管彼

DOMĬNUS, i, m. 主人。家主。王。丈夫。天主

DOMIPORTA, æ, f. 背房者。螺螄

*DOMNUS, i, m., *pro* dominus.

DŎMO, ui, itum, 1. 調養。養熟。管束

DOMUS, i, *l.* us, f. 房。家。域。國。獸圈

tu es in domo mea. 汝在吾家

ego sum domi. 吾在家

revertor domum. 吾回く

DONARIUM, ii, n. 獻之物。貯禮所

DONATIVUM, i, n. 賞兵之物

DONAX, ăcis, m. 湖葦魚名

DONĔC, *adv.* 至到

expecta — veniat. 候其來

DONO, as. 送。賞賜饋贈

— eum equo (*abl.* 送彼一馬

DONUM, i, n. 禮物。恩典。饋。贈

DORCAS, ădis, f. 獐

DORIS, idis, f. v. Græcia. 海。紫草

DORMIO, ivi, itum, 4. 睡。寐。寢。失顧

DORMITO, as. 假く。失顧

DORON, ni, n. 手掌。禮物

DORSUARIA jumenta. 馱担之牲口

DORSUM, i, n. 背後。脊

DORYPHŎRUS, i, m. 弓手。衛兵

DOS, dotis, f. 妝奩。才。才藝。德

DOSSUARIUS, v. dorsuaria.

DOTO, as. 給妝奩

*DOXA, æ, f. 榮。意見

DRACHMA, æ, f. 銀錢名。四十錢

DRĂCO, onis, m. 龍。老蛇。廢枝。龍旗。星宿名

DRENSO, as. 黃鵲鳴

DREPĂNIS, ĭdis, f. 海燕子

DROMAS, ădis, f. &

*DROMEDARIUS, ii, m. 快小駱駝類

DRUPA, æ, f. 熟厄里瓦果

DUALIS, e. 雙者

DUBĬTO, as, [de eo. 疑惑。猶豫

—an, *l.* utrum sit bonus. 善否未定

DUBIUS, a, [ejus. 可疑惑。疑惑者

DUCATUS, us, m. 領兵。半員銀錢。公爵

DUCENI, æ, &.

DUCENTI, æ. 二百

DUCO, xi, ctum, 3. 引。領。率。估。以爲

benevolentiâ duci. 動仁慈之心

DUCTARIUS, a. 可拉。引者

DUCTĬLIS, e. 可引。可打伸

DUCTIM, *adv.* 漸然

DUCTUS, us, m. (*duco.* 領。水溝。筆畫

DUDÙM, *adv.* 未幾。日久

DUELLUM, i, n. 两人爭鬥

DULCEDO, inis, f.	甜味。美味
DULCIA, orum, n.	糖果、片糖。甜餅
DULCIARIUS, ii, m.	糖糕舖
DULCIS, e, *c. s.*	甜者。甘。合意。美
•**DULCO**, as.	作甜
•**DULCOR**, oris, m.	甜味
•**DULICE**, *adv.*	奴才樣。卑然
DŬM, *adv. et conj.*	至到。此時。只要
expectabo — veniat.	吾將候其來到
DUMETUM, i, n. [*dumus*.	荆棘林
DUMMŎDŎ, *adv.*	只要。惟要。爲要
— tu velis.	〱〱汝自願
DUMTAXAT, *adv.*	惟。只
DUMUS, i, m.	荆棘
DUO, æ, o.	二。貳。两个
DUODĔCIM, *adj.* [*decem*.	十二
DUODENI, æ, a.	十二
DUODETRICIĒS, *adv.*	二十八次
DUODETRIGINTA, *adv.*	三十除二。二十八
DUODEVIGINTI, *adj.*	十八个
DUPLEX, icis, *adj.* [*plico*.	雙者。两樣
DŬPLUS, a.	加一倍者
hic est — illius.	此大于彼一倍
DURETA, æ, f.	浴身之盆
DURO, as.	作硬。耐。堅之。存

DURUS, a, c. s.	硬。粗。兇。壯。体
DUUMVIRI, orum, m.	二相之部
DUX, ŭcis, m. [duco.	将軍。首。領頭
DUXI, v. duco.	
*DYNĂMIS, is, f.	豐。能力
DYNASTA, æ, m.	諸侯
*DYNASTIA, iæ, f.	王封。勢力。朝代
*DYSCŎLUS, i, m.	粗鹵者
DYSENTERĬA, æ, f.	宿泄肚
DYSPNŒA, æ, f.	難喘氣

E

E, *præp. abl.*	從。于。由
— regione.	對面
EBĔNUM, i, n.	烏木
EBĬBO, ibi, itum, 3.	飲盡
EBRIUS, a.	醉者。豐。迷
EBUR, ŏris, n.	象牙
EBURNEUS, a.	〱〱者
*EC, *pro* ecce, *comp.*	
ecquando? (*quando.*	豈有時乎
ECBŎLAS, ădis, f.	葡萄類
ECCA, (*ecce ea.*	看之可也
ECCĔ, *adv.*	你看。忽有
ECCLESIA, æ, f.	會。堂

*ECCLESIASTES, is, m.	論理者
ECDĬCI, orum, m.	吏目。代民理事
ECHEA, [p. l.] orum, n.	使加聲之盆
ECHIDNA, æ, f.	大蛇。毒蛇。母蛇
ECHINUS, i, m.	刺蜱。洗杯盆
ECHIS, is, f.	紫草。七寸蛇
ECHO, us, f.	應聲音
ECLIGMA, ātis, n.	蜜水。口銜之藥
ECLIPSIS, is, f.	日月蝕。日月虧
ECLIPTĬCA, æ, f.	黃道。日道
ECLOGARIUS, a.	揀句者。旁談者
ECNEPHĬAS, æ, m.	颶風
ECPHŎRA, æ, f.	走水花
ECQUÒ? adv.	匪何往
ECSTĂSIS, v. extasis.	
ECTRŎPA, æ, f.	繞路
ECTȳPUS, a.	鐫凸者。起花者
EDAX, acis, s. adj. (edo.	饕者。浪費者
EDENTO, as, (dens.	去牙。拔牙
EDICO, xi, ctum, 3.	傳諭。出命
EDICTUM, i, n.	聖諭。告示
EDISCO, idici, 3.	學記上。暗記
EDISSĔRO, erui, ertum, 3.	細講。發明
EDO, dĭdi, dĭtum, 3.	分娩。發。著書。傳
ĔDO, is, l. es, ēdi, ēsū, edĕre, l. esse.	食。費盡

EDŎCEO, cui, ctū, 2. [eum id. 教訓。啓廸。報信
EDUCO, xi, ctum, 3. 引出。抽出。立起
EDŬCO, as. 教養。養活。養育
EDULIS, e. 可食之
EDULIUM, ii, n. 菜肉。餚。食物
EF, *pro* ex *comp.*
•EFFABĬLIS, e. 可言者
EFFARIS, effatus, ari. 闊講
EFFARTUS, a, *s.* [*farcio.* 裝實之
EFFATUM, i, n. 箴規。定論。先言
EFFECTUS, us, m. 效驗。成。果
EFFEMINATUS, a, v. effœminatus.
EFFĔRO, ers, extŭli, elatum, erre. 舁出。舉揚。出殯
elatus est a filiis. 其子等擡其棺
EFFĔRO, as, (*fera.* 漸兇。使野。惹之
EFFERTUS, a, v. effartus.
EFFĬCAX, acis, *c. s. adj.* 必效者。壯者。勤
EFFĬCIO, eci, ctū, 3. [*facio.* 作成。完。使。徵
EFFIGIES, ēi, f. 像。畫容。影
EFFLIGO, xi, ctum, 3. 大難之。斃之
EFFLOREO, ui, 2. 芬芳。成。發旺盛
EFFLUO, uxi, uxum, 3. 溢。泄漏。傳。散
—desideriis ejus. 甚渴懷。悵望
EFFŎDIO, ōdi, ossum, 3. 挖出。開坑
EFFŒMINATUS, a, *c. s.* (*fœmina.* 嬌嫩者。淫者

EFFŒTUS, a.	分娩。生者。乏。弱
EFFRACTOR, oris, m.	強開者。強盜
EFFRÆNATUS, &	
EFFRENATUS, a, *c. s.* [*frenum.*	無勒。放肆。無度
EFFRONS, tis, *adj.*	不顧臉者
EFFŬGIO, ūgi, ugĭtum, 3.	脫。躲避。逃
EFFUGIUM, ii, n.	逃。避難處
EFFUNDO, ūdi, ūsum, 3.	倒水。散，抛。浪費
effundi in jocos.	耍無度
EFFUTITIUS, a.	冒失者
EFFUTIO, ivi, itum, 4.	妄談，隨口言
EFFUTUO, ui, utum, 3.	嫖而浪費
EGELĬDUS, a.	温者
EGENUS, a.	貧窮
ĔGEO, ui, 2. (eo, *l.* ejus.	缺少。需。貧
EGĔRO, essi, estum, 3.	出。除
EGESTAS, atis, f.	貧，困乏
EGI, v. ago.	
EGO, mei.	我。吾。予
EGRĔDIOR, essus, 3. [*gradior.*	出去。起程。上岸
—ab, *l.* ex, *l.* de urbe.	〻城
EGREGIUS, a, *c. s.*	〻等者。罕見
EGŬLA, æ, f.	硫磺類
EGURGITO, as.	盡。汲尽。倒空
EHEM! *interj.*	噫。噯呀。吁

EHO! *interj.* 噫
EJA! *interj.* 來矣。勿怕
EJECTAMENTUM, i, n. 海邊渣糞
EJĔRO, as, v. ejuro.
EJĬCIO, eci, ectum, 3. (*jacio*. 赶出。其有小產
EJŬLO, as. 哀哭
EJURO, as. 誓脫罷，誓辭。却
EJUSMŎDI, *adv.* 如此者
reliqua sunt — 其餘類此
ELABOR, apsus, 3. 遁，散。暗逃。滑下
— memoriâ. 忘記
ELABORO, as. 勤。勉力。營。勞
— orationem. 勤修文
ELACĂTA, æ, f. 黃澤魚類
ELASTĬCUS, a. 法條者。反縮者
ELATIO, onis, f. 高位。驕傲。陟
ELATUS, a, *c.* v. effero.
ELATORIÈ, *adv.* 言太過然
ELECTA, orum, n. [*eligo.* 記錄部。撮要
ELECTRUM, i, n. 琥珀。雜之金銀
ELECTUS, v. eligo.
ELEEMOSȳNA, æ, f. 哀矜捨施
dare eleemosynam. 行哀矜。哀矜人
ELĔGANS, tis, *c. s.* 高文。雅致。華美
ELEGI, v. eligo.

ELEGIA, iæ, f. 哀詩

ELELISPHĂCOS, i, f. 藥草名

ELEMENTUM, i, n. 元行。字頭。綱領

ELENCHUS, i, m. 目錄

ELEO, evi, etum, 2. 污。洗

ELEPHANTIA, æ, f. 痲瘋

ELĔPHAS, antis, m. 象、象牙、癩病之類、蝦類

ELĔVO, as. 擧、言人不及。減

ELĬCES, um, f. 空水溝

ELĬCIO, ui, ĭtum, 3. [*lacio*. 撈。抽出、輕拉

— ignem. 打火

ELIDO, si, sum, 3. [*lædo*. 壓爛、破碎。拉緊

ELĬGO, egi, ctum, 3. [*lego*. 揀選。挑。簡、擇

ELIMĬNO, as. 除家、擯之出家

ELINGUIS, e. 無舌。默。不啓口

ELIQUAMEN, ĭnis, n. 鹽汁。擠汁。餘水

ELĬQUO, as, (*liquor*. 化、過布。細聲言

ELIXUS, a. 煮着。濕着

ELLYCHNIUM, ii, n. 灯撚子。燈草

ELŎCO, as, (*loco*. 租與人。賃出

ELOCUTIO, onis, f. 作文之法

ELOGĬUM, ii, n. 墓文。讚。貶、牌扁

ELONGO, as. 拉長。別遠。緩

ELOQUENTIA, æ, f. &

ELOQUIUM, ii, n. 高文。言

ELUCEO, xi, 2. 發光。照。顯出

ELUCTOR, aris. 努力。撞出。難進

•ELUCĬDO, as. 發明。發く

ELUCŬBROR, aris. 夜修。學足三餘

ELUCUS, i, m. 昏迷者

ELUDO, si, sum, 3. 賭贏。止耍。騙。誚。躲。滅

ELUMBIS, e, (lumbis) 破脊。無腰。嬌嫩

ELUO, ui, 3. 洗去。蕩。浪費

ELUSCO, as. 乜一目

ELUTIA, orum, n. 金礦

ELUTRIO, as. 洗而倒過

ELUVIES, ei, f. 大淹。水坍之坑。滌缸水。臭腐。瘦

•ELUXATUS, a. 離散之節。失位

ELUXURIOR, aris. 太茂盛

•EMACEO, cui, 2. 漸瘦

EMACIO, as. 使瘦。致衰弱

EMANCĬPO, as. 任析居。任自主。出手

— se ei. 認其爲主

EMARGINO, as. 去瘡殼

EMAX, acis, adj. 好買者

EMBÆNETĬCA, æ, f. 水手業

EMBAMMA, ătis, n. 調食之香料

EMBĂTES, is, m. 砲孔。造屋之模

EMBLEMA, ătis, n. 嵌器。另雕之花。指無形之像

EMBOLARIUS, a. 戲臺者

EMBOLISMUS, i, m. 閏日

EMBOLIUM, ii, n. 吟咏題旨

EMBŎLUS, i, m. 激桶內之毬

*EMBRYON, onis, m. &

*EMBRYON, bryi, n. 胚胎

EMENDO, as, {menda. 改過。改好。遷善

EMENSUS, a, [metior. 度量者。被度

*EMENTUM, i, n. 計謀

EMEREOR, ritus, 2. 滿効力之時。得功。堪

EMERGO, si, sum, 3. 出上來。浮上

EMĬGRO, as. 搬家。移宅。遷居

EMĬNENS, tis, c. s. v. emineo.

EMINENTÈR, adv. 更美然

EMĬNEO ui, 2. [ei. 高。顯出。臨近

EMĬNÙS, adv. 于遠

EMISSARIUM, ii, n. 泄水之溝

EMISSARIUS, ii, m. 私首。探子。樹頂枝

EMITTO, isi, issum, 3. 發。放。傳開。抛

ĒMO, ēmi, emptum, 3. 買。買糴

EMOLUMENTUM, i, n. 利息。加本

EMORTUALIS dies. 亡日。忌日

*EMORTUUS, a. 已亡者

EMPENETĬCA, æ, f. 齋戒

EMPETROS, tri, f. 尖葉者

EMPIRĬCE, es, f. 俗醫。無文之醫

EMPLASTRUM, i, n. 藥膏

EMPORETĬCA charta. 草紙

EMPORIUM, ii, n. 市鎮

EMPTOR, oris, m. (*emo*. 買之人

*EMPYREUM, i, n. 天堂

EMUNCTORIUM, ii, n. [*mungo*. 剪燈斗

EMUNGO, xi, ctum, 3. 拭鼻涕。騙錢

*EMUTIO, ivi, itum, 4. 打手勢如啞吧

EN, *adv*. [eum. 看之。在此

ENARRO, as. 講述。註解

ENĂTO, as. 浮水出。浮上

ENAVATUS, a. 勤造者

*ENCÆNIA, orum, n. 修堂而賀

ENCARPUS, i, m. 刻之花。櫺瓏。山水圖

ENCAUSTUM, i, n. 翡翠材

ENCHIRIDION, ii, n. 便卷。袖珍

ENCLIMA, ătis, n. 偏。水土

•ENCOMIUM, ii, n.	讚。褒
ENCYCLIUS, a.	周。至。通傳著
ENCYCLOPÆDIA, læ, f.	雜文書。同學。銓衡一書
ENDO, *pro* in.	
ENDROMIS, ĭdis, f.	大紅衣
ENERGIA, Iæ, f.	力量。勁。精神
•ENERGUMĔNUS, i, m.	魔附者。負魔者
ENERVO, as, (*nervus*..	割筋。敗精神
ENGONĂTON, ti, n.	日晷類
ENIGMA, ătis, n.	謎言
ENIM, *conj. postp.*	因爲
sum — solus.	〱無人助我故也
ENIXÈ, *c. s. adv.*	勤然。使勁。再三
ENIXUS, us, m.	生。娩。分娩
ENIXUS, a.	被生。〱娩
•ENNEA.	九
ENO, as.	浮出。浮上
ENODO, as, [*nodus*.	去節。解結。解難
ENORMIS, e.	古怪。大之極
•ENS, tis, n.	物。所有
ENSIS, is, m. enses, ium.	腰刀。劍
ENTĂSIS, is, f.	柱之粗身
ENTEROCELA, æ, f.	小腸疝氣
ENTHĔUS, a.	神默啓着

*ENTHUSIASMUS, i, m. 神啓。心雄。高興
ENTHYMEMA, atis, n. 簡推論
*ENTITAS, atis, f. (ens. 有。質
ENUBO, psi, ptum, 3. 嫁卑夫
ENUCLEO, as, (nucleus. 解。詳。去核。去皮
ENUDO, as. 裸之。註解
ENUMERATIO, onis, f. 計。逐一數。細言
ENUNTIATIO, onis, f. 言。傳言。一句
EO, is, it, imus, itis, eunt, ivi, itum, ire. 去。往
— ei auxilio (dat. 往助其
EO, adv. 往彼。至彼。越。因此。甚
— quod. 因爲
EODEM, adv. [idem. 亦往該處
EOS, ois, f. 清明。東
EOUS, oa. 東邊者
*EPACTA, æ, f. 筭月方。年加十二日
EPASTUS, a. 已食之草
EPHEBUS, i, m. 幼年者
EPHEDRA, æ, f. 木賊草
EPHELIS, idis, f. 晒之皮斑
EPHEMERIS, idis, f. 日記
*EPHI, n. 六斗
EPHIPPIUM, ii, n. 騎之馬鞍

*EPHOD, n.	肩上祭衣
EPHORI, orum, m.	護民官。大官員部
EPIBATÆ, arum, m.	師船兵。水師
•EPICHEIA, æ, f.	公道。用權。從軟行律例
EPICHEREMA, ătis, n.	徵每句辯論之方
EPICHISIS, is, f.	漏子
*EPICŎPUS phaselus.	備槳之小舟
EPICUS, a,	豪傑之事。驚人之事
*EPIDEMIA, æ, f.	瘟疫
EPIDICTICUS, a.	係褒貶者
EPIDIPNIDES, um, f.	上席之果碟
EPIDRŎMUS, i, m.	網綱
EPIGLOSSIS, idis, f.	吸門中之葉
EPIGRAMMA, ătis, n.	詩碑。對字
EPIGRAPHE, es, f.	碑文。碑記。戶册
EPILEPSIA, æ, f.	抽風病。羊吊風
EPILŎGUS, i, m.	煞語。總言
EPINICIUM, ii, n.	奏凱歌。吟勝詩
EPINYCTIS, idis, f.	瘸類。目瀆
•EPIPHANIA, iæ, f.	顯。三王來朝
EPIPHŎRA, æ, f.	目瘇而痛。癰瘡
EPISCŎPUS, i, m.	監督。主教。牧
EPISTATES, æ, m.	監工者。首人

EPISTŎLA, æ, f.	書札。書信。華函
EPISTOLIUM, ii, n.	柬帖。單帖。便札
EPISTONIUM, ii, n.	河閘門
EPYSTYLIUM, ii, n.	柱頭
EPITAPHIUM, ii, n.	碑文
EPITHALAMIUM, ii, n.	吟婚筵之詩
EPITHECA, æ, f.	另增之、補貼
EPITHĔSIS, is, f.	貼牌文
EPITHĔTON, ti, n.	稱呼、字號
EPITITHĬDES, um, f.	房頂花
EPITOGIUM, ii, n.	官外套。蟒袍
EPITŎME, es, f. e, en, e, e.	切要。會編、纂要
EPITOXIS, ĭdis, f.	安箭之孔
EPITYRUM, i, n.	雜餅
*EPŎCHA, æ, f.	初時。年號
EPOPS, ŏpis, m.	臭鳥
EPOS, eos, n.	頌人詩。讚
EPOTO, as.	飲盡
EPŬLÆ, arum, f.	筵席、一次之饌
EQUA, æ, f.	母馬
EQUES, ĭtis, m.	馬兵、馬、搢紳
EQUĬDEM, *conj.*	果然
EQUILE, is, n.	馬圈
EQUISETUM, i, n.	木賊草
EQUISO, onis, m.	訓驥之師。調馬師

EQUITATUS, us, m. 諸馬兵

EQUĬTO, as. 騎〻跑。馬走

EQUULEUS, i, m. 馬駒。加形之木馬

ĔQUUS, i, m. 〻。壞墻之梁

ERADICO, as, [*radix*. 從根拔。滅

ERADO, si, sum, 3. 刮去。勾之

ERĂNOS, i, m. 濟貧出之錢

ERANTHĔMON, mi, n. 甘菊花

ERCISCENDUS, a. 可分之家業

ERCTUM, i, n. 家業

ERĔBUS, i, m. 地獄。神名

*EREMUS, i, f. 曠野

EREPTUS, a, v. eripio.

EREXI, v. erigo.

ERGA, *præp. acc.* 向。對

ERGASTŬLUM, i, n. 奴行。奴栅欄。奴

ERGĂTA, æ, f. 滑車架

ERGO, *conj.* 所以。立即。因

virtutis — donari. 因有德而賞之

ERICE, es, f. 桱子

ERICIUS, ii, m. 刺蝟。砲類

ERIDĂNUS, i, m. 河名。星名

ERIGĬDUS, a. 甚硬着

ERĬGO, exi, ectum, 3. [*rego*. 擡起來。竪。舉。提把

ERIGŎNE, es, f. 巳宮宿。神名

ERINACEUS, i, m. v. ericius.

ERIOXўLON, li, n. 綿花

ERÍPIO, ui, eptum, 3. [*rapio.* 挐去。奪。搶

ERISMA, æ, f. 墻架撑

ERŎGO, as. 分濟。施官錢

ERRO, as, &

ERRONEUS, a. 錯。妄跑。謬。差

或。食草于山

ERUBESCO, bui, 3. 臉紅。駭羞。愧心

— eo, *l.* id. 羞此事

ERUCA, æ. f. 肥蛛

ERUCTO, as. 出噎氣。吐出。打

嗝。呃。噴

ERŬDIO, ivi, itū, 4. (*rudis.* 教訓。啓迪。指示

ERUDITUS, a, *c. s.* 人敎者。有學問

ERUGO, v. ærugo.

ERUMPO, upi, uptum, 3. 强出。擅出

ERUO, erui, ŭtum, 3. (*ruo.* 拔。發。露。拿出

ERUPI, v. erumpo.

ERVILIA, æ, f. 荷蘭荳

ERVUM, i, n. 菉荳

ERYNGE, es, f. 降香草

ERYSÍMUM, i, n. 芝蔴

ERYSIPĔLAS, atis, n. 腿瘇

ESCA, æ, f. 食物。餌

ESCENDO, di, sum, 3. [*scando.* 上。上升

ESCULENTUS, a. 可食之

ESĬTO, as. 常食

ESSĔDUM, i, n. 馬車。兵車

ESSENTIA, æ, f. 元質。本質。本

ESTRIX, icis, f. 貪饕女

ESURIALIS, e. 齋戒者

ESŬRIO, ivi, itum, 4. 饑餓

ESUS, us, m. (*edo.* 食。食物。神名

ET, *conj.* 及。而。且。尙。又

ETĔNIM, *conj.* 因爲。然。亦

ETESIAS, æ, m. 暑時風

***ETHECÆ**, arum, *f.* 院門內諸間房

ETHĬCUS, a. 俗規者。善俗之論。風化

ETHNĬCUS, a. 教外者

ETHOLOGIA, īæ, f. [*ethos* 效人。扮人之俗

***ETHOS**, i, m. 風俗

ETIAM, *conj.* 且。又。亦。尙。是

ETSI, *conj.* 雖然。雖然如此

ETYMOLOGIA, æ, f. 言根

EU! *interj.* 美哉。哀哉

EUCHĂRIS, itos, f. 〻好

EUCHARISTIA, īæ, f. 謝。聖體

EUGE! *interj.* 善哉。前進爲幸
EUMĔNIDES, um, f. 鬼女
EUNUCHUS, i, m. 老公。太監
EUPATORIA, æ, f. 枝蒿草
EUPHONIA, īæ, f. 和音
EUPLOCĂMUS, a. 圈髮者
*EURĔTRUM, i, n. 喜賞。酬勞
EURIPUS, i, m. 海岔。閘門
EUROAUSTER, tri, m. 東南風
EURUS, i, m. 東風
EUSCHEMÈ, *adv.* 相宜。廉恥然
EUZOMUM, i, n. 山蘿蔔
EVACUO, as. 空之。倒空
EVADO, si, sum, 3. 躲身。逃。脫。出
— amnem, *l.* ab amne. 自河浮上
EVAGINATUS, a, (*vagina.* 去鞘。拔鞘。掣刀
EVALĬDUS, a. 軟弱
EVALLO, as. 投出。棄之
EVALLO, ui, ĭtum, 3. 打塌。去包皮
EVANESCO, nui, 3. (*vanus.* 漸散。消解。無踪
EVANGELIUM, ii, n. 喜賞。新經
EVANGĔLUS, i, m. 報喜信者
EVANĬDUS, a. 散沒者。盡
EVANS, tis, *adj.* 賀酒。酬酒。神者
EVAPORO, as. 散氣。噴氣

EVAX! *interj.*	美哉。妙哉
EVĔHO, exi, ectum, 3.	載出。運移。舉起
EVĔNIO, ēni, entum, 4.	遇。來。到。分
EVENTĬLO, as.	簸颺。篩。颺塲
EVENTUS, us, m.	完結。了局。成敗
EVERGO, is, ĕre.	發出
EVERRICŬLUM, i, n.	掃網。拉之網
EVERRO, erri, ersum, 3.	掃淨。偷盜。搶。察
EVERTO, erti, ersum, 3.	倒，拆。翻覆。顛倒
EVICTIO, onis, f.	挽回所賣之物
EVICTUS, a, [*evinco.*	無言對。所挽回
EVĬDENS, tis, *c. s. adj.*	分明者。顯明者
EVINCO, ixi, ictum, 3.	勉而得。訟而得。辯駁
EVIRO, as, [*vir.*	騸人。敗精神
EVĬTO, as.	躲避。免。省
EVOCATI, orum, m.	再調之老兵
EVŎCO, as, (ab eo.	呼出。復調老兵。招人以密言
EVOLVO, vi, olutum, 3.	張開。披放。翻覆
EX, *præp. abl.*	從。由。于。照。後
poculum ex auro.	金杯
(*a*) EX, *comp.*	甚。盡

(*a*) in compositis sæpe post Ex ommittitur S secundi verbi, *v. g.* Exurgo *pro* Exsurgo.

EXACERBO, as. 作酸。惹怒
EXĂCON, ci, n. 野葫蘿蔔
EXACTÈ, *c. adv.* 勤。正合。毫無差
EXACTUS, a, *c. s.* [*exigo.* 趕出之。索之。乱。過。合式
EXAGGĔRO, as. 堆。雄詞。言太殷
EXAGOGA, æ, f. 搬運木之事
EXALTO, as, (*altus.* 舉揚。究深
EXAMEN, ĭnis, n. 考。窮究。一窩蜂
EXAMĬNO, as. く。察。過秤。盤查
EXANGUIS, v. exsanguis.
EXANĬMIS, e, (*animus.* 無氣力。惶無所措。心迷
EXANĬMO, as. 斃。死心。驚悚
EXANTLO, as. 尽。受。經過。成功
EXĂRO, as. 耕出。稼穡。寫
EXASCIATUS, a, (*ascia.* 已錛平。粗畧者
EXASPĔRO, as. 作粗。惹。磨光。刻
EXAUCTORO, as. 放兵。革武職
EXAUDIO, ivi, itum, 4. 全聽。准求
EXBALISTO, as. 砲轟。詭騙
EXCÆCO, as. 瞎之。去樹芽
EXCALCEO, as, &
EXCALCEOR, aris. 脱鞋
EXCALFĂCIO, eci, actum, 3. 炎熱之

EXCANDESCO, dui, 3. 起炎。燒紅。大怒

EXCARNIFĬCO, as, [*caro.* 撕肉。凌遲。窘難

EXCEDO, essi, essum, 3. 離別。越。亡。逢

EXCELLENS, tis, *c. s. adj.* 出等者。高。美好

EXCELLO, lui, elsum 3. [eum, *l.* ei. 超。勝

EXCELSUS, a, *c. s.* 高者。佳美。貴

EXCEPTIO, onis, f. 除外。犯人駁原告

EXCEPTOR, oris, m. (*excipio.* 寫人之言。書手

*EXCEPTORIUM, ii, n. 陷坑。套

*EXCERĔBRO, as, (*cerebrum.* 空腦子

EXCERPTA, orum, n. 撮要。會編

EXCESSUS, us, m. [*excedo.* 過分。離別。死。罷

EXCETRA, æ, f. 有名之蛇。惡娼

EXCIDIUM, ii, n. 壞。敗

EXCĬDO, ĭdi, 3. [*cado.* 倒塌。躲。忘

EXCIDO, idi, isũ, 3. [*cædo.* 砍。賊寇

EXCIEO, ivi, ĭtum, 2. &

EXCIO, ivi, itum, 4. 呼出。叫醒。勉勵

EXCĬPIO, epi, eptum, 3. [*capio.* 迎接待。除。忽逢。寫人言。騙。窺。繼

EXCIPŬLA, æ, f. &

EXCIPŬLUS, i, m. 小盆。魚筌。鳥套

EXCISUS, v. excido.

EXCĬTO, as. 呼醒。催。起立之

EXCLAMO, as. 喧鬧。揚声。頻號

EXCLUDO, si, sum, 3.	拒。阻。除。不准
— eum mœnibus [*abl.*	擯之出城
EXCOGITO, as.	想法。謀。制造
•**EXCORIO**, as, [*corium.*	剥皮。去皮
EXCORS, dis, *adj.*	心迷糊、痴
EXCREMEMTUM, i, n.	糞。污。粃糠
EXCREO, as.	吐痰
EXCRETUM, i, n.	粃糠
EXCUBIÆ, arum, f.	守夜者。探子
excubias agere.	看守
EXCURRO, urri, ursum, 3.	跑過。乱搶
EXCUSO, as.	推辞。脱罪
— valetudinem.	推病
EXCUTIA, æ, f.	刷子
EXCŬTIO, ussi, ussum, 3.	揮去。察。訪問
EXEBĔNUS, i, m.	抹金石
EXĔCROR, aris.	咒。恨之。忌
EXECUTUS, v. exequor.	
EXĔDRA, æ, f.	滿凳。廳八仙桌
•**EXEGESIS**, is, f.	解言。述
EXEGI, v. exigo.	
EXEMPLAR, aris, n.	式樣。法帖。規模
EXEMPLUM, i, n.	表樣。比方。古典。抄本格。草稿
EXEMPTUS, v. eximo.	

EXENTĔRO, as. 除腸子。窘迫

EXEO, is, ivi, itum, ire. 出去。拈鬮得。長

— vitâ. 死

EXEQUIÆ, arum, f. 出殯

ire exequias. 赴送殯

EXĔQUOR, cutus, 3. 承行。被行。成。陪

— verbis id. 述。誹此事

EXERCEO, cui, citum, 2. 操練。學習。作。難

EXERCITATIO, onis, f. 演習

EXERCITATUS, a, *c. s.* 〻〻者。手熟

EXERCITIUM, ii, n. 活動。演習

EXERCITUS, us, m. 兵馬。兵營。三軍

EXERCITUS, v. exerceo.

EXĔRO, rui, rtum, 3. (*sero.* 抽出。露發。伸

•**EXFORNICATUS**, a. 淫無度者

EXHÆRES, edis, m. 見出族之子

EXHALO, as. 噴氣。喘氣

— animam. 死亡

EXHAURIO, si, stum, 4. 汲盡。浪費。受苦

EXHĬBEO, ui, itum, 2. [*habeo.* 顯出。進于前

EXHILĂRO, as. 快人心

•**EXHONORO**, as. 敗其貴。降其貴

EXICCO, as, v. exsieco, (*sicco.*

EXĬGO, egi, actum, 3. 討索。責。拒。發。考

EXIGUUS, a, *c. s.* 少。微小者

animi — 胆小

EXILIS, e, i. 細微者。瘦地。薄

res — 不順之事

EXILIUM, ii, n. 充發。流徒，發配

in — pellĕre. 充軍

EXIMIUS, a. 佳美。奇巧。出等

EXĬMO, emi, emptū, 3. (*emo.* 除免。寬免

— servitute, *l.* servituti. 贖虜

EXIN, *l.* exinde, *adv.* 後來。以後。遂

EXINANIO, ivi, itum, 4. 倒空。盡。消散

— eum. 奪盡其物

EXISTIMATIO, onis, f. 估。名聲

EXISTĬMO, as, [*æstimo.* 估。想

— eum avarum. 以其爲慳吝

— male de omnibus bonis. 擬諸善人爲不善

EXISTO, ĭti, ĭtum, 3. [*sisto.* 在。有。忽顯

EXITIUM, ii, n. 害。損。敗。死

EXĬTUS, us, m. [*exeo.* 出之門。完結。事末。了局

EXLEX, egis, *adj.* 無法之徒

EXODIUM, ii, n. 終。出。戲之末出

*EXŎDUS, i, m. 出。聖經卷名

EXOLESCO, levi, letum, 3. (*soleo.* 不復長大。廢。非時樣

EXOLVO, v. exsolvo.

EXONĔRO, as. 卸担。卸任。慰

EXORABĬLIS, e. 可求准。耳耎

EXORCĬZO, as. 驅魔。叱退

EXORDIUM, ii, n. [*ordior*. 起初。發端。破題

EXORS, v. exsors.

EXOSTRA, æ, f. 看戲鏡

EXOSUS, a, [*odi*. 恨者，被恨者

— est mihi. 我惱之

EXOTĬCUS, a. 外邦者。番

EXPANDO, di, sum, 3. 張開。發明

EXPECTO, as. 等候。盼望。見。怕

EXPĔDIO, ivi, itum, 4. 解。備。抽。放。簡言

EXPĔDIT, ivit, 4. (ei. 該當。宜。應

EXPEDITIO, onis, f. 發兵。快。易。伶便

EXPEDITUS, a, *c. s.* [*ex-pedio*. 伶便者。爽快者

— ad proficiscendum. 預備起程

EXPELLO, ŭli, ulsum, 3. 趕。拒。棄

— civitate, *l.* ex civitate. 趕之出城

EXPENDO, di, sum, 3. 過秤。細想。支用

EXPENSA, æ, f. 支用。費用

EXPENSILATIO, onis, f. 清數

EXPERGISCOR, errectus, 3. 自醒。寤

EXPERGO, errexi, errectum, 3. 叫醒

EXPERGO, si, sum, 3. [*spargo*. 洒。散

EXPERIENTIA, æ, f. 經過。見識。驗

EXPERIOR, ertus, 4. 試採。經過。驗。認

EXPERS, tis, *adj.* 無者。缺者。無分

— humanitatis. 〈仁者

EXPERTIO, onis, f. 試。經過

EXPETESSO, is, ĕre, &

EXPĔTO, ivi, itum, 3. 欲。嗜。遇見。懇求

EXPILO, as, (*pilo.* 奪。盜。搶

EXPIO, as. 贖罪。祭以滌罪

— locum sceleribus. 潔犯罪之處

EXPIRO, v. exspiro.

EXPISCOR, aris. 勤漁。盤問。訪問

— ab eo. 盤問彼

EXPLANO, as. 平之。明言。註解

EXPLEO, evi, etum, 2. 滿全。尽本分。飽

EXPLICITUS, a c, (*explico.* 解明。完

EXPLĬCO, as. 解開。解說。註解

EXPLODO, si, sum, 3. 誚拒。發。放。轟

EXPLORATOR, oris, m. 探子。伺

EXPLORATUS, a, *c. s.* v. exploro.

exploratum habere. 知妥

EXPLORO, as. 哀哭。試探窺伺

EXPOLIO, as, (*spolium.* 奪。搶去

— eum vestitu. 奪其衣

— fana. 搶廟物

EXPŎLIO, ivi, itum, 4. 磨光。修精

辣丁中華合字典

— eum. 解蒙。修人

EXPONO, sui, situm, 3. 排列。擧出。發明。棄兒女。付于險

— in sole, *l.* ad solem. 晒之

EXPOSTŬLO, as. 懇求。當面訴冤

— cum eo injuriam, *l.* de injuria. 面訴其辱之冤

EXPRÆFECTUS, i, m. 離任之總督

EXPRESSIO, onis, f. 起花。浮花。高處

EXPRESSUS, us, m. 發起。水湧。水發

EXPRIMO, essi, essum, 3. (*premo.* 說明。擠。描。扮

EXPRŎBRO, as, (ei. 面斥。當面言

EXPROMITTO, isi, issum, 3. 保人債。相約

EXPROMO, ompsi, mptū, 3. 抽出。解明。備

EXPUGNO, as. 戰搶。强取。勝。盜

EXPULSUS, v. expello.

EXPUNGO, xi, ctum, 3. 勾去。滅

EXPUO, v. exspuo.

EXQUIRO, sivi, itum, 3. (*quæro.* 細察。訪問

EXQUISITUS, a, *c. s.* 非常。奇巧者

EXSANGUIS, e, (*sanguis.* 無血。失色者。耎

EXSANIO, as, (*sanies.* 出膿。擠膿

EXSCENDO, di, sum, 3. (*scando.* 往下。上岸。捨舟

EXSCRIBO, psi, ptum, 3. 抄。相似

EXSENSUS, a. 痴者。不醒人事

EXSĬLIO, ivi, ultum, 4. [*salio*. 跳出。踴躍

EXSORS, tis, *adj*. (ejus. 無分。格外者

EXSPES, *adj*. [ejus. 無望者

EXSPIRO, as. 呼出。斷氣。出氣

EXSPOLIO, as, v. expolio, as.

EXSTERNO, travi, tratum, 3. 驚迷之。嚇。悚惶

EXSTIRPO, as, (*stirps*. 拔。滅。掃除

EXSTO, ĭti, ĭtum, *l*. atum, 1. 現出。耐。尙有

— eum. 勝彼

EXSTRUO, uxi, uctum, 3. 堆。造。備。整齊

EXSULTO, as, (*salto*. 踴躍。兇然而跳

EXSURGO, urrexi, urrectum, 3. 起。始。興

EXTA, orum, n. 五臟六腑

*****EXTALES**, ium, f. 糞門。くく

EXTĂSIS, is, f. 想迷。入定。神迷

EXTEMPLŎ, *adv*. 立卽。霎時

EXTEMPORALIS, e. 未預備。意外者

EXTENDO, di, sum, *l*. tū, 3. 張開。伸開。專衍

EXTENUO, as, [*tenuis*. 削細。減

EXTERGO, si, sum, 3. 拭乾

EXTERIOR, ius, (*exterus*. 外面者。表

*****EXTERMINIUM**, ii, n. 充發。打敗壞

EXTERMĬNO, as, [*terminus.* 除出鄉。發流徒
EXTERNUS, a. 外面者。路外者
EXTĔRO, trivi, tritum, 3. 踐碎。抖去。打塲
EXTERSI, v. extergo.
EXTĔRUS, a, terior, tĭmus, (*extra.* 外邦。夷人。外面
EXTINGUO, xi, ctum, 3. 消滅。斷根。斃
EXTIRPO, v. exstirpo.
*__EXTISPEX__, ĭcis, m. 看先兆者
EXTO, v. exsto.
*__EXTOLLENTIA__, æ, f. 舉揚。言太過
EXTOLLO, tŭli, elatum, 3. 舉揚。起。讚美。養
EXTORQUEO, si, tortum, 2. 勒索。抽出。扭出
EXTORRIS, e. 行旅者。流徙者
EXTRA, *præp. acc.* 外面。從外。除
EXTRĂHO, axi, ctum, 3. 抽出來
EXTRANEUS, a. 外路者
EXTRAORDINARIUS, a, [*ordo.* 非常者。異者
EXTREMUS, a, [*extĕrus.* 末者。至極
EXTRICO, as. 解開。放。分排
EXTRINSĔCÙS, *adv.* 從外
EXTRIVI, v. extero.
EXTRUDO, si, sum, 3. 赶出。逐
EXTRUO, v. exstruo.
EXTUBĔRO, as. 腫起。不平。凸出
EXTURBO, as. 強之出。趕出。奪

EXUBĔRO, as.	溢外。餘。盛
EXUL, ŭlis, *adj.* &	
— patriæ [*gen.*	流徒。離鄉避難
EXŬLO, as.	發配。行旅
EXULTO, v. exsulto.	
EXUNDO, as.	溢。淹地
EXUO, ui, utum, 3.	脫衣服
— se veste, *l.* — vestem.	〃〃〃
EXURGO. v. exsurgo.	
EXURO, ussi, ustum, 3.	焚尽
EXUVIÆ, arum, f.	搶之物。遺物。贓
— serpentis	蛇蛻
EXVERTO, ti, sum, 3.	先之。預備

F

FABA, æ, f.	蚕荳
FĂBER, bri, m.	匠人。魚名
— lignarius	木匠
FABIUS, ii, m.	人姓名
Fabii, *plur.*	姓法比諸人
FĂBRĒ, *adv.*	巧。善然。伎倆然
FABRĬCA, æ, f.	作房。舖。手工。詭騙技
FABRĬCO, as.	造。巧做
FABRĬCOR, aris	造。建。被作
FABŬLA, æ, f. [*faris.*	喻言。謏書。謊言

fabulæ sumus. 吾等爲衆人所誚

FABŬLOR, aris. 說笑。閒談

FACESSO, ivi, itum, 3. 承行。離別

FACETUS, a, *c. s.* 有趣着。悅心者

FACIES, ēi, f. 臉面。樣。狀。外皮

de facie noscere. 己見其面

FACĬLIS, e, *c. s.* 容易。溫和。伶便

FACĬNUS, ŏris, n. 大罪。驚人事

FĂCIO, feci, factū, 3. *pass.* fio. 做。行。以爲。使。當

fac, ut veniat. 令其來

fac, eum venire. 假如其來

FACIS, v. facio, et fax.

FACTIO, onis, f. 行。會。結黨。貴。能

FACTITIUS, a. 人造之非自然

FACTUM, i, n. [*fio.* 事。行爲。工。醡油

FACŬLA, æ, f. [*fax.* 小火把。火炬

FACULTAS, ātis, f. 能。准。便。盛

FACULTATES, um, f. 財帛

FACUNDUS, a, *c. s.* 有口才。豐文者

FÆCATUS, a. 已去渣之

FÆX, cis, f. 渣。底。下等

FAGUS, i, f. 蜈蚣樹

FALÆ, v. phalæ.

FALARĬCA, v. phalarica.

FALCATUS, a, (*falx.* 彎刀狀者。出刀

FALCO, onis, m. 角鷹。拇指弯者

FALĔRE, is f. 井衛障

FALLAX, acis, *c. s. adj.* 詐者。可錯

***FALLIBĬLIS**, e. 可錯。未必。可悮

FALLO, fefelli, falsum, 3. 詐言。騙。錯規矩

FALSUS, a, *c. s.* [*fallo.* 人騙者。假。僞。騙

— ei. 失信于彼

FALX, lcis, f. 弯刀。鐮刀

FAMA, æ, f. 出名。名聲。信文

FAMELĬCUS, a, [*fames.* 饑餓者

FĂMES, is, f. 饑餓。嗜。貪。歉年

FAMILIA, æ, f. 家。家人。九族。黨

FAMILIARIS, e, *c. s.* (ei. 家內者。熟朋友

FAMOSUS, a, *s.* (*fama.* 出名者。臭名

FAMŬLUS, i, m. 家人。門下。小介

FANATĬCUS, a, [*fanum.* 跳神。巫覡。詐善

FANDUS, a, [*faris.* 人可言者。正。善

FANUM, i, n. 殿。廟

FAR, arris, n. 麥麪。壯麥。五穀

FARCIMEN, ĭnis, n. 肉貫腸

FARCIO, arsi, artum, 4. 餧肥。滿實

FARFUGIUM, ii, n. 欵冬花

***FARIĂM**, *adv. comp.* 樣。類

FARINA, æ, f. 麥麪

FARIS, *l.* fare, fatus, ari. 說話。言語

*FARIUS, a, *comp.*	樣。類
FARRAGO, inis, f.	青草。雜物
FARRIS, v. far.	
FARTIM, *adv.*	盛然。稠
FARTURA, æ, f. [*farcio.*	餧時。墻中之材
FAS, *adj.*	可以。可行。合理
FASCES, ium, f.	棍綑。轎前行具
FASCIA, æ, f.	寬帶。襪。柱花線。王首帶
FASCICŬLUS, i, m.	小綑。花把。花毬
FASCĬNO, as.	巫視。使迷
FASCIS, is, m.	一綑
FASELUS, i, m.	小舟。荳
FASEŎLUS, i, m.	荳子
FASTI, orum, m.	皇曆。誌。年知錄
FASTIDIO, ivi, itum, 4.	饜食。厭惡。嫌卑
FASTIGIO, *l.* fastigo, as.	尖之。做尖
FASTIGIUM, ii, n.	尖頂。房頂。正面。高位。深
FASTUS, us, m.	傲勢。排塲。豪强
FATALIS, e, (*fatum.*	有天命者。凶
FATEOR, assus. 2.	承認。應承
fateatur.	人宜承認
FATIDĬCUS, a	占者。卜卦者
FATĬFER, ĕra.	斃人者

FATIGO, as.	使人困憊。煩。擾
***FĂTIM**, *adv.*	豐盛
FATISCOR, ĕris, isci.	裂開。乏。敗力
FATUM, i, n.	天命。亡。先知書
FATUS, v. faris.	
FATUUS, a.	瘋。痴。淡無鹽者
FAUCES, ium, f.	喉嚨。山咽喉
FAUNI, orum, m.	田中之鬼。山神
FAUSTUS, a.	吉利者。順
FAUTOR, oris, m.	主保。舞弊者
FĂVEO, āvi, autum, 2. [ei.	向人。帮助。護
FAVILLA, æ, f.	火星。火灰。烟灰
FAVONIUS, ii, m.	西風
FĂVOR, oris, m.	恩寵愛。向人。讚
FĂVUS, i, m.	蜜蜂窩。多眼之瘡
FAX, acis, f.	火把。火炬
FAXO, *pro* faciam.	
FEBRIS, is, f. em, *l.* im.	發熱。發瘧
FEBRUARIUS, ii, m.	洋二月
FEBRUO, as.	以祭滌罪
FECIALIS, is, m.	傳戰與和之和倘
FEFELLI, v. fallo.	
FEL, elis, n.	胆
FELES, is, m.	猫。賊
FELIX, īcis, *c. s. adj.*	納福者。生子。順

FELLO, as.	吸。嘲。啜。餂汚
*__FELTRUM__, i, n.	毛布。氈
FEMEN, inis, *pro* femur.	
FEMINA, æ, f. v. fœmina.	
FEMINALIA, ium, n. &	
FEMORALIA, ium, n.	袴子。脛衣
FEMUR, ŏris, n.	大腿。胯
*__FENDO__, di, sum, 3.	惹人怒
FENESTELLA, æ, f.	小窗。門縫
FENESTRA, æ, f.	窗戶。牖。便時
FENUM, v. fœnum.	
*__FER__, ĕra, *comp.* (*fero.*	帶着
FĔRA, æ, f.	野獸。獸
FERALIA, ium, n.	打醮。超幽施食
FERALIS, e.	凶。喪。要命。殃
FERAX, acis, *c. s. adj.* [ejus.	盛生者。甤。膏腴
*__FERCIO__, si, tum, 4, *pro* farcio.	
FERCŬLUM, i, n.	食桌。神座。棺車
FĔRĖ, *adv.*	差不多。上下。素
FERENTARII, orum, m.	輕器兵。輔兵之人
FERĔTRUM, i. n.	棺車。棺柩
FERIA, æ, f.	罷工。封印
* — secunda, — tertia.	禮拜二。禮拜三
FERINUS, a, *fera.*	野獸者。兇
FĔRIO, is, ire.	打傷。損

FERMÈ, *adv.*	幾乎。差不多。易
FERMENTUM, i, n.	麪酵。酵頭。酶。糵
FĔRO, fers, tŭli, latum, ferre.	帶去。受。結果。述
FEROX, ocis, *c. s. adj.* (*fera.*	兇惡。豪强。好勝
FERRAMENTUM, i, n.	鐵具。傢伙
FERRARIA, æ, f.	〻礦
FERRARIUS faber.	〻匠
FERRATI, orum, m.	穿鐵甲之兵
FERRATUS, a.	有〻什件者
FERRITERIUM, ii, n.	監牢。奴帶鐐之處
FERRUGO, ĭnis, f. (*ferrum.*	鐵鏽。銹鐵之色
FERRUM, i, n.	鐵。刀。鐵器
FERRUMEN, ĭnis, n.	銲藥
FERTĬLIS, e, *c. s.*	好生長。肥。膏腴
FERTUM, i, n.	祭之甘餅
FERŬLA, æ, f.	樹名。棍。手板
FĔRUS, a, (*fera.*	野獸者。兇
FERVEO, bui, *l.* vi, 2.	滾。勤。疾快。不平
FERVOR, oris, m.	滾。熱
FESSUS, a.	困乏者。乏倦
FESTINO, as.	快走。忽忙
FESTIVUS, a, *c. s.*	喜容。有趣。瞻禮
***FESTRA**, æ, f. (*fenestra.*	小窗。門縫。光眼
FESTUCA, æ, f.	微草。小棍。官權
FESTUM, i, n.	慶賀。作會。禮拜

*FEUDUM, i, n. 進貢之邦
FIBER, bri, m. 海螺
FIBRA, æ, f. 肉絲。絲。心。脉末
FIBRÆ, arum, 微根。微葉
FIBŬLA, æ, f. 帶扣。摣。環。瘡帶
FICARIUS, a, [ficus. 無花果者
FICEDŬLA, æ, f. 小鳥名
FICETUM, i, n. 無花果樹林
*FĬCIO, eci, ectum, 3. &
*FĬCO, as, *comp. pro* facio.
pacifico, as. 使平和
FICTĬLIS, e, [fingo. 瓦作者。坭者
FICTOR, oris, m. 陶匠。捏塑匠
FICTUS, v. fingo.
FICULNEA, æ, f. 無花果樹
FICUS, i, *l.* us, f. 無花果
FICUS, i, m. 痔瘡。餘肉。無花果
FIDEICOMMISSUM, i, n. 托之遺物
FIDEJŬBEO, ussi, ussum 2. &
FIDEJUSSOR, oris, m. 作保人
FIDELIS, e, elior, elissimus. 忠信者。敦厚
FIDES, ĕi, f. 信德。人信之
fidem facĕre. 給憑據。徵
FIDES, *l.* fidis, is, f. 牛郎星
FIDES, is, f. &
FIDES, ium, f. 琵琶。絃

FIDI, v. fido, findo.

FIDĬCEN, ĭnis, m. 彈絃者

FIDICŬLÆ, arum, f. 刑繩

FIDIS, is, v. fides, is.

FIDIUS, v. mediusfidius. 神名

FIDO, di, *l.* sus, 3. (ei, *l.* eo. 信人。倚靠。倚仗

FIDUCIA, æ, f. 膽子。望。詐買

FIDUCIÆ, arum, f. 假買之物

FIDUS, a, *c. s.* [ei, *l.* ejus. 忠信者

FIGMENTUM, i, n. 坭像

FIGO, xi, ixum, *l.* ctum, 3. 插下。定妥。釘

FIGULINA, æ, f. 瓦匠舖

FIGŬLUS, i, m. 瓦匠。揑匠

FIGURA, æ, f. 像影。筆法

FIGURATÈ, *adv.* 以文法。借意然

FILATIM, *adv.* 逐線。分線

FILIUS, ii, m. o fili. 兒子。崽子。小駒

filiusfamilias, filiifamilias. 未作主之兒

FILIX, ĭcis, f. 鳳尾草。管仲

FILUM, i, n. 線。絃。面紋。文之頭緒。墨斗線

FIMBRIA, æ, f. 衣邊。邊

FIMETUM, i, n. 糞堆。糞草坑

FĬMUS, i, m. 糞

FINDO, idi, issum, 3. 裂開

FINES, ium, m. (*finis*	邊界。彊
FINGO, inxi, ictum, 3.	揑捉。裝。假裝
FINIO, ivi, itum, 4.	作完。畢。盡。定限解言。論定
FINIS, is, m.	末。終。志向。終向。邊界
FINITIMUS, a.	交界者。相近者
FINITUS, a, (*finio*.	完。定限。有限者
FIO, *p. l.* factus, fiĕri.	成。變。遇見。祭獻
FIRMAMENTUM, i, n.	靠之物。根基。定星天
FIRMO, as.	徵。定穩。堅固。决
FISCELLA, æ, f.	小籃。牛籠嘴
FISCINA, æ, f.	綸囊。馬包
FISCUS, i, m.	〱〱。簍國帑。稅
FISSĬLIS, e.	可裂者。已裂之
FISSURA, æ, f.	裂縫。隙
FISSUS, a, v. findo.	
FISTUCA, æ, f.	木槌。舂地槌
FISTŬLA, æ, f.	笛。溝。潰瘡。漏瘡
FISUS, v. fido.	
FIXI, fixus, v. figo.	
FLABELLUM, i, n.	扇子
FLABRA, orum, n.	風吹。風
FLACCEO, cui 2.	發拈。敗。卸

FLACCESCO, flaccui, 3.	花卸。漸軟。敗。殘
FLAGELLUM, i, n. (*fla-grum.*	鞭子。小棍。高枝。螃蟹腿
FLAGITIUM, ii, n.	罪惡。懇求。辱。錯
FLAGITO, as.	喧討。索。告狀。誘行邪淫
FLAGRO, as.	大燒
— amore.	熱愛
FLAGRUM, i, n.	鞭子
FLAMEN, inis, n.	風。吹
FLAMEN, inis, m.	各神之和尙
FLAMMA, æ, f.	火炎。險。邪愛
FLAMMEUM, i, n.	新婦首帕
FLAMMEUS, a.	有火炎者亮者
FLATURA, æ, f.	鎔化
FLATUS, us, m. (*flo.*	吹。吹之氣。自高
FLAVUS, i, m.	金錢
FLAVUS, a.	紅黃。金色者
FLECTO, exi, exum, 3.	彎過來。偏歪
genu —, *l.* genua —	跪下。屈膝
FLEMINA, um, n.	踝骨之瘡
FLEO, vi, tum, 2. (eum.	哭。流淚。泣涕
FLEXANIMUS, a.	動人心者
FLEXIBILIS, e, (*flecto.*	可彎者。易變者
FLEXURA, æ, f.	彎曲。繞

FLEXUS, us, m. (*flecto.*	彎曲。繞。變行言
FLIGO, xi, ctum, 3.	打。撻。傷
FLO, as.	吹。風吹
FLOCCUS, i, m.	疋頭。布落之絨
flocci non facere.	不當事
FLOCES, um, f.	酒渣。酒底
FLORALIA, ium, n.	花園。花神女之戲
*FLORENUS, i, m.	三百錢
FLOREO, ui, 2. [*flos.*	花開。興旺。祥瑞。光天化日。銳氣大
FLORIDUS, a.	盛花者。芬芳。韶華。美境。得時
FLOS, oris, m.	花卉。花。上等
FLOSCULUS, i, m.	小花。果餘花。交錦繡
FLUCTUO, as.	起浪。漂。猶豫
FLUCTUS, us, m. [*fluo.*	波浪。海浪。摇
FLUENTUM, i, n.	川。小溪
FLUIDUS, a.	可流者。摇動
FLUITO, as.	漂在水上。心乱
FLUMEN, inis, n.	河。川。豐盛
FLUO, xi, xum, 3.	流。增。益
FLUVIUS, ii, m.	河。江。淮
FLUXÈ, *adv.*	盛然。豐裕
FLUXUS, us, m. [*fluo.*	流。川

FLUXUS, a, (*fluo.* 流。不長久。寬。淫
FOCALE, is, n. 脖帶
FOCANEUS palmes. 餘枝
FOCARIA, æ, f. [*focus.* 廚女。同居之私女
FOCILLOR, aris. 止疼。抹油。溫。熨
FOCŬLA, orum, n. 飲食。引火
FOCUS, i, m. 火灶。爐。烟戶。家
FODĬCO, as. 空。刺。難爲
FODINA, æ, f. 坑。礦
FŎDIO, ōdi, ossum, 3. 空土。刺。錐窩
— latus. 掣膀提醒
FŒCUNDUS, a, *c. s.* 盛生者。豱。壯腴
FŒDUS, ĕris, n. 盟。結約。律例
FŒDUS, a, *c. s.* 醜。兇。贓。辱。可恨
FŒMĬNA, æ, f. 母。牝。雌
canis — 母狗
FŒNĔBRIS, e, [*fænus.* 利錢者。放銀者
FŒNICŬLUM, i, n. 小茴香
FŒNUM, i, n. 乾草
FŒNUS, ĕris, n. 利錢。找錢之利。利息。倍本。騙
FŒTEO, es, ere. 臭
*FŒTOSUS, *l.* fœtuosus, a. 子多者。豱
FŒTOR, oris. m. 臭氣
FŒTUS, us, m 胚。子。崽。果。生子

FŒTUS, a.	孕者。已娩者。滿
FOLIUM, ii, n.	葉。篇。片
FOLLICŬLUS, i. m	皮袋。荳殼。果皮
FOLLIS, is, m.	皮袋。皮彈。皮錢褡。風箱。詐保訟
FOMENTUM, i. n.	止痛物。輕熨
FOMES, ĭtis, fm.	火煤。引水。引誘
FONS, tis, m	水泉。源。原由
***FOR**, v. faris.	
FORAMEN, ĭnis, n.	窟窿。眼。孔
FORĀS, *adv.*	往外
FORCEPS, ĭpis, f.	鉗子。鑷子
FORDA, æ, f.	孕牛
FOREM, es, et, ent, *pro* essem, es, et, ent.	
FORENSIS, e, (*forum.*	衙門者。大街者
FŎRES, ium, f.	大門。門
FORFEX, fĭcis, f.	剪刀。鉗子。營勢
FORI, orum, m.	舟面。戲凳。園路
FORĪCA, æ, f.	公茅房。廁所
FORINSĔCŪS, *adv.*	自外
FŎRIS, *adv.*	自外。在外
FORMA, æ, f.	貌。影像。美。姿。模子。屋圖。鞋楦頭
***FORMALĪTĔR**, *adv.*	照樣。照規
FORMELLA, æ, f.	稍美。小式。小餅

FORMICA, æ, f. 螞蟻
FORMICO, as. 皮刺撓
FORMIDO, inis, f. &
FORMIDO, as. 惶、怕、悚惶
FORMIDOLOSUS, a. 大惶。甚嚇人者
FORMO, as, (*forma.* 修成。教訓。預
FORMOSUS, a, c. s. (*forma.* 美者。華美。俏麗
FORMŬLA, æ, f. 畧美。式。稿。規例。
箴。格式
FORMULARIUS, ii, m. 保認。諳規例之師
FORNAX, acis, f. 窰。窰女神
FORNĬCO, as, (*fornix.* 作棬
*FORNĬCOR, aris. 行女色。女受辱
FORNIX, icis, f. 發懸。發棬
FŎRO, as. 鑽
FORS, *pro* sors.
FORSAN, *l.* forsitan, *adv.* &
FORTASSE, *adv.* 大槩
FORTE, *adv.* 保不定。偶然
ne — 恐怕。防備。虞
si — 庶幾。望
FORTIS, e, c. s. 壯健。剛强。勇敢
FORTUITUS, a. 偶然者
FORTUNA, æ, f. 造化。福吉。災
fortunæ plur. 財帛。家貲

辣丁中華合字典

FORŬLI, orum, m. 書架之隔。地名
FORUM, i, n. 大街。市。大衙門
— piscatorium. 魚市
FOSSA, æ, f. 穴。溝。坑。城池
FOSSUS, a, v. fodio.
FOTUS, a, v. foveo.
FOVEA, æ, f. 坑。穴。窩。陷坑
FŎVEO, ōvi, ōtum, 2. 温之。助。護。存
FRACĔS, ium, f. 油渣
FRACĬDUS, a. 腐。爛。陳
FRACTUS, a, v. frango.
FRÆNUM, i, n. 嚼子。轡。拘束
FRAGA, orum, n. 覆盆子草
FRAGĬLIS, e, [*frango.* 細脆。幻。受男色
FRAGMEN, inis, n. &
FRAGMENTUM, i, n. 塊。零碎。零頭
FRĂGOR, oris, m. 轟響。鼓掌稱善
FRAGOSUS, a. 倒響。高低不平
FRAGRANTIA, æ, f. 臭。香味。氣味
*FRĂGUS, a, *comp.* [*frango.* 破者
FRAMEA, æ, f. 鎗類
FRANGO, fregi, fractum, 3. 打破。弄壞。毀。厭
FRATER, tris, m. 昆弟。骨肉兄弟
— natu major. 哥。兄
fratres patrueles. 叔伯兄弟

FRATRICIDA, æ, m. (*cædo.* 殺兄弟者
FRAUDO, as, {*fraus.* 漏多。騙人者
FRAUS, dis, f. 偷。弊。損人。險。罪
FRAXĬNUS, i, f. 槐樹
FRĔMO, ui, ĭtum, 3. 喊。怒鬧
FRENDEO, dui, essum, 2. &
FRENDO, dui, fressum, 3. 切齒。咬斷
FRENUM, v. frænum.
FREQUENS, tis, *c. s.* 常有。不斷。熟
frequentes veniunt. 人衆來
FREQUENTIA, æ, f. 常。一夥人。會
FREQUENTO, as. 常往不斷
FRESUS, *l.* fressus, a, v. frendo.
FRĔTUM, i, n. 海峽。海
FRETUS, a, [eo. 倚着。倚仗。倚賴
FRĬCO, icui, ictum, 1. 擦抹。柔搓。抓
FRIGEO, ui, 2, v. frigesco.
FRIGĔRANS, tis, *part.* 解熱
FRIGESCO, gui, 3. 冷凍。慢。懶
FRIGĬDUS, a, *c. s.* 冷着。凉
FRIGO, xi, ctum, 3. 煎炒。焙
FRIGUS, ŏris, n. 冷。寒冷
— amœnum. 凉快。清凉
FRINGILLA, æ, f 囮鳥
*FRINGO, egi, actum, *pro* frango *comp*

FRIO, as.	指拈碎。磨成麵
FRITILLUS, i, m.	擲骰斗
FRITINNIO, ivi, itum, 4.	尖聲鳴，秋蟬叫
FRIVOLA, orum, n.	小事。零碎之物
FRONDATIO, onis, f.	剝除樹。去葉
FRONDEO, ui, 2. &	
FRONDESCO, dui, 3.	發葉。茂盛
FRONS, dis, f.	滿く之枝
FRONS, tis, m.	額。正面。陣前
FRONTALE, is, n.	馬額飾帶
***FRONTISPICIUM**, ii, n.	房正面
FRONTO, onis, m.	大額者
FRUCTUS, us, *l.* uis, *l.* i, m.	穀果。利益
FRUGALIS, e, *c. s.* [*frux.*	節用。廉儉。德者
FRUGI, *adj.*	善。益者。温。德者
FRUMENTUM, i, n.	五穀，糧
FRUOR, itus, *l.* uctus, 3.	享受，得意。樂
—agro *l.* agrum.	く用田
FRUSTRA, *adv.*	徒然，妄
—habere alium.	騙人
FRUSTROR, aris.	負望，騙。破其謀
FRUSTUM, i, n.	塊。片
secare in frusta.	切碎。剁碎
FRUTETUM, *l.* fructetū, i, n.	小株叢林
FRUTEX, icis, m.	小樹林。愚蠢

FRUTĬCOR, aris.	林發芽
FRUX, ugis, f.	穀荳。善日規
FUCÆ, arum, f.	臉黑點。面黑斑
FUCUS, i, m.	胡蜜蜂。面粉。假
FŬGA, æ, f.	逃跑。發配。恨
FŬGAX, acis, *c. s. adj.*	善逃者。快。幻着
FŬGIO, ūgi, gĭtum, 3.	逃竄。脫免。躲避
— eum, *l.* ab eo.	躲避彼
non me fugit.	我早知道
FŬGO, as.	赶逃。驚逃。擋散
FULCIMENTUM, i, n. &	
FULCIO, si, tum, 4.	扶起來。釘住
FULCRUM, i, n.	牀脚。靠之物
FULGEO, fulsi, 2.	射光。炫耀。閃。傷
FULGĔTRUM, i, n.	閃
FULGOR, oris, m.	〻。光
FULGUR, ŭris, n.	閃
FULGURITUS, a.	雷擊之
FULĬCA, æ, f.	水鴨
FULIGO, ĭnis, f.	鍋烟。青烟子
FULLO, onis, m.	捍毛布者
FULMEN, ĭnis, n.	雷。電。災難
FULMENTUM, i, n.	床脚。撑住。基
FULTUS, v. fulcio.	
FULVIANA, æ, f.	茨見草

FULVUS, a. 紅黃者

FUMARIA, æ, f. 苜蓿草類

FUMARIUM, ii, n. 燻酒處

FUMO, as. 出烟

FUMUS, i, m. 烟

FUNALE, is, n. 蠟燭。手燈繩

FUNAMBŬLUS, i, m. 跳繩子。踹繩子

FUNCTIO, onis, f. [*fungor*. 責任。分內之事

FUNDA, æ, f. 抛石套。斗網

FUNDAMENTUM, i, n. 根基。憑據。來由

***FUNDIBŬLUM**, i, n. 石套。砲

FUNDĬTOR, oris, m. 以く抛石者

FUNDĬTŬS, *adv.* 自底。盡。全

FUNDO, as. 立。造。創。築基。堅

FUNDO, udi, usum, 3. 鎔鑄。倒。佈開。洒

FUNDŬLA, æ, f. 死衚衕

FUNDUS, i, m. 庄。田宅。根基

FUNĔBRIS, e. 喪事。凶。無福者

FUNESTUS, a, *c*. (*funus*. 不吉利。害。殯

FUNGOR, ctus, 3. 當。作。享納

—munere, *l*. munus. 盡本分

—laboribus. 己受辛苦

FUNGUS, i, m. 蘑菇草。菌。燈花。愚人

FUNICŬLUS, i, m. [*funis*. 細繩

FUNIS, is, m. 繩。車紂

FUNUS, erîs, n. 喪事。送殯。死。屍

FUR, ūris, m. 賊。奴。蜜蜂奴

FURCA, æ, f. 杈子。枷

FURFUR, ŭris, m. 麪麩子。頭麩皮

FURIA, æ, f. 瘋狂

FURIÆ, arum, f. 罰罪八之鬼女。心愧

FURIALIS, e, &
FURIBUNDUS, a. 怒着。怒急着

FŬRIO, as. 使瘋。惹怒

FURNARIUS, ii, m. 燒窰者

FURNUS, i, m. 燒麪頭之窰

FŬRO, is, ĕre. 發瘋

FŬROR, oris, m. 大怒。瘋。高興

FURCR, aris, (ei *l.* ab eo. 偷。姦宄

FURTIM, *adv.* &
FURTIVUS, a, (*furium.* 偷來着。暗着

FURTUM, i, n. く。贓。暗弊

FURUNCŬLUS, i, m. 小賊。獵鼠狼。癤

FURVUS, a. 暗黑着

FUSCĬNA, æ, f. &
*FUSCINŬLA, æ, f. 簽子。三股杈

FUSCUS, a, *c*. 椶色者。晒黑者

FUSE, *c. adv.* 盛然

辣丁中華合字典

FUSĬLIS, e, [*fundo*.	可鎔者
FUSIO, onis, f. v. fundo.	
FUSTERNA, æ, f.	多節之杉松
FUSTIS, is, m.	棍。枴杖。笞
FUSURA, æ, f. [*fundo*.	鎔化
FUSUS, i, m.	托落。紡車
FUSUS, a, v. fundo.	
*****FUTATIM**, *adv*.	浪費然
FUTĬLIS, æ.	空幻者。嘴不穩多裂
*****FUTO**, as.	辯論
FUTUM, i, n.	水具名
FUTURUS, a, [*sum*.	將來者

G

GABĂLUS, i, m.	十字架刑。犯人
GABĂLA, æ, f.	盌。木盌
*****GABELLA**, æ, f.	稅
GÆA, v. ge.	
GÆSA, æ, f.	短鎗
GAGATES, æ, m.	避風石
GALAXIAS, æ, m.	天河。畫石
GALBA, æ, f.	橡樹虫
GALBĂNUM, i, n.	香名。藥材。細布
GALBEUM, i, n.	藥名。首飾類
GALBŬLA, æ, f.	鶺鴒

海上絲綢之路文獻集成 科技與文化編

GALEA, æ, f. 盔。胄。兜
GALENA, æ, f. 鉛銀脉派
GALERICŬLUM, i, n. 假髮
GALERITA, æ, f. 山麻鵲
GALERUS, i, m. 大帽。弁。假髮
GALGŬLUS, v. galbula.
GALLA. æ, f. 老鸛肚。酸酒糊
GALLĬCÆ, arum, f. 兩鞋名
GALLINA, æ, f. 雌鷄。雉鷄
GALLINARIUM, ii, n. 鷄圈
GALLŎ, as, are. 發瘋跳神
GALLULASCO, is, ĕre. 有鷄聲。童發身
GALLUS, i, m. 雄鷄
— cantat. 鷄鳴
GAMBA, æ, f. 驢腿
GAMELION. onis, m. 正月。婚月
GANEA, æ, f. 酒館
GANEO, onis, m. 酒色之徒
GANGILION, lii, n. &
GANGLION, glii, n. 瘤。轉筋
GANGRÆNA, æ, f. 爛瘍
GANNIO, ivi, itum, 4. 犬哀。謗。責罰
GANTA, æ, f. 鴨
GARGARIZO, as. 漱口
GARRIO, ivi, itum, 4. 鳴。嘯。説閒話

GARRŬLUS, a.	多嘴。多口者
GĂRUM, i, n.	龍蝦醬
GĂRUS, i, m.	龍〈
GAUDEO, avisus, 2.	喜歡。兌悅
GAUDIUM, ii, n.	〈〈。欣喜。樂
GAULUS, i, m.	短舟類。船杯
GAUNĂCUM, i, n. & GAUSĂPA, æ, f.	大絨被
GAUSĂPE, is, n.	〈〈衣。長鬚
GAVIA, æ, f.	水鴨
GAZA, æ, f.	財帛。圖帑。貴物
*GAZOPHYLACIUM, ii, n.	銀庫
*GE, es, *græc. comp.*	土。地
*GEHENNA, æ, f.	山谷名。地獄
GELĬDUS, a.	冷。凍
GELO, as.	凍冰。下霜。惶冷
GELU, n.	〈〈
GEMELLUS, a.	双子。孿子。孖。似
GEMĬNO, as.	倍。配。耦之。重複
GEMĬNUS, a.	双者。倍者
GEMMA, æ. f.	芽。寶石
GEMMO, as.	發芽。萌。發光
GĔMO, ui, ĭtum, 3.	嘆氣。响。車响
GEMONIÆ, arum, f.	沉犯人之井
GEMURSA, æ, f.	脚指間之疣

*GĔNA, æ, [gigno, comp. 所生者

GĔNÆ, arum, f. 腮。顴。頰。眼蓋

*GENAVIUS, ii, m. 貪饕者

GENEOLOGIA, iæ, f. 族譜

GENER, ĕri, m. 女婿。姐夫。孫女婿

GENERALIS, e, (genus. 公者。素常

GENERATIO, onis, f. 一代。生。後裔

GENĔRO, as. 父生。始孕。草生。始創

GENEROSUS, a, c. s. 大方。貴志。勇。紓

GENĔSIS, is, l. eos, f. 生。誕。 躔生星

GENITHLIOLOGIA, iæ, f. 相躔生星。筭命方

GENIALIS, e. 快暢者。悅心者

GENIATUS, a. 照本性者

GENICŬLUM, i, n. 草節

GENIMEN, inis, n. 子孫。果

GENISTA, æ, f. 小樹類

GENITALE, is, n. 小便。下身

GENITALIS, e. 生者。自母胎

GENĬTOR, oris, m. 父

GENĬTUS, a, v. gigno.

GENIUS, ii, m. 主生神。神仙。本性。趣。美

GENS, tis, f. 人。國。家。代。教外

GENTIANA, æ, f. 洋苦參

辣丁中華合字典

GENTILIS, e.	一民之。野人。同姓。教外
— domini servus.	與主人同姓之奴
GENU, n. *plur.* genua, um.	膝頭
*GENUFLECTO, exi, ex?, 3.	跪下
GENUI, v. giguo.	
GENUINUS, a.	本來者。自然
GĔNUS, ĕris, n.	祖宗。類。原。代。國
— vitæ.	事業
GEOGRAPHIA, ĭæ, f. [*ge.*	地圖說
GEOMETRIA, ĭæ, f.	丈量方
GEORGĬCUS, a.	種地者
*GER, ĕra, [*gero comp.*	帶着
GERANIUM, ii, n.	家老鸛肋草
GERMANUS, a.	眞。彷彿
— frater.	親昆弟
GERMEN, ĭnis, n.	新萌。芽
GERMĬNO, as.	發芽。萌。生出
GĔRO, essi. estum, 3.	帶來。作爲。辦。作
GERRÆ, arum, f.	籬笆。兒戲之事。妄談
*GERŬLA, æ, f.	帶之女。㚷母
GERŬLUS, i, m.	挑夫。傭人
GESEORETA, æ, f.	巡船
GESSI, v. gero.	

GESTA, orum, n. 行實。諸事情

GESTICŬLOR, aris. 裝模作樣。裝扮

GESTIO, ivi, itum, 4. 踴躍。仰望。大胆

GESTO, as, (*gero*. 帶。攜

GESTUS, us, m. 舉動。裝扮。模樣

GESTUS, a, v. gero.

GIBBUS, a. 背駝。痀僂。身曲

GIGAS, antis, m. 身高大者。軀軁

GIGNO, genui, genitum, 3. 父生。分娩。造

GILVUS, a. 蜜色者

GINGIDIUM, ii, n. 葶藶

GINGIVA, æ, f. 牙花。齦

GITH, n. 調麪頭之草名

GLABER, bra. 無毛者。禿

GLACIES, ēi, f. 冰

GLADIATOR, oris, m. [*gladius*. 舞刀者

GLADIŎLUS, i, m. 滿草。小腰刀

GLADIUS, ii, m. 腰刀。劍

GLANDŬLA, æ, f. 陽核。橡子

GLANS, dis, f. 橡子。屌頭。鉛彈

GLAREA, æ, f. 砂土。石碎

GLASTUM, i, n. 染布草名

GLAUCUS, a. 淺綠者

GLEBA, æ, f. 土塊

GLECHON, ohi, n. 小薄荷

GLIS, iris, m.	松鼠
GLISCO, is, ĕre.	加倍。長。漸肥。貪
GLŎBUS, i, m.	毬。地球。一夥人
GLOMĔRO, as.	纏線毬。堆起。積
GLŎMUS, ĕris, n. & GLOMUS, i, m.	線毬
GLORIA, æ, f.	光榮。榮華。自誇
GLORIOR, aris, (de eo.	自誇。矜。以為榮
GLOS, ōris, f.	嫂子。大姑。大姨
GLOSSA, æ, f.	白字。註解
GLOTHA, æ, f. græc.	舌。文字
GLUBO, bi, bĭtum, 3.	剝皮。去皮
GLUMA, æ, f.	荳包衣。套股朶
GLUTEN, ĭnis, n. & GLUTĬNUM, i, n.	黏糊。漿。魚膠
GLUTIO, ivi, itum, 4.	吞下。咽下
GLUTTUS, i, m.	咽喉。氣管
GLYCYRRHIZA, æ, f.	甘草
*GLYPHO, is, ĕre.	刻。剞
GNARUS, a, (ejus.	知。博學。被知者
GNATA, æ, f. v. nata.	
GNATHO, onis, m.	寄食之人名
GNAVUS, a.	勤。不偷安。伶便
GNOMON, ōnis, m.	日晷。晷針
GOMPHUS, i, m.	楔。釘

GORGONIA, æ, f. 珊瑚
GOSSIPIUM, ii, n. 棉花樹
GRABATUS, i, m. 小床
GRACĬLIS, e, *c. s.* 瘦。細者。薄
GRACILLO, as. 毋鷄吽
GRACŬLUS, i, m. 練雀
GRADATIM, *adv.* (*gradus.* 挨次序。漸然
GRADATIO, onis, f. 等級。進步之說
GRADIOR, gressus, 3. 走。進。往
*GRADUALE, n. 分等唱
GRĂDUS, us, m. 一度。等級。地步
GRÆCIA, æ, f. 厄肋西亞國
*GRÆCISMUS, i, m. 〈〈〈〈〈様
GRALÆ, arum, f. 高蹻
GRAMEN, ĭnis, n. 茅草。青草
GRAMIA, æ, f. 目垢。粗痲糊
GRAMMA, æ, f. *græc.* 字
GRAMMATĬCA, æ, f. 文法
GRAMMATOPHYLACIUM, ii, n. 藏古庫。陳案
GRANARIUM, ii, n. 倉廩
GRANATUM, i, n. 石榴果
GRANATUS, a, (*granum.* 有粒者
GRANDĬNAT, abat, avit, 1. 雨雹
GRANDIS, e, *c. s.* 高大

GRANDO, ĭnis, f.	雹
GRANUM, i, n.	一粒。穀子
*GRĂPHE, es, f.	寫字
GRAPHĬCÈ, adv.	善。巧。文然
GRAPHIUM, ii, n.	刀筆
GRASSOR, aris.	行大步。打劫。圖
GRATÈ, c. s. adv. v gratus.	
GRATES, plur. f.	感謝之詞
GRATIA, æ, f.	恩惠。寵愛。趣。恕。謝恩。威儀
GRATIFĬCOR, aris, [ei.	報答。賞。中人意。施恩
GRATIS, adv. &	
GRATUĬTUS, a.	白給人。徒然
GRATŬLOR, aris.	慶賀。感謝
— ei de victoria, l. victoriam	恭喜其勝
GRATUS, a, c. s. (ei.	知恩者。中人意
GRAVATÈ, adv. &	
GRAVATIM, adv.	莫奈何。難。嫌然
GRAVEDO, ĭnis, f.	傷風。咳嗽
GRAVĬDO, as.	使受孕
GRAVĬDUS, a.	負馱。孕者。懷胎
GRĂVIS, e, c. s.	重。穩重。難受。甚
GRĂVO, as.	上馱。難爲加重
GRAVOR, aris.	我嫌難。辱臨

*GRĔDIOR, essus, 3. comp. pro gradior.

*GRĔGO, as, [grex.	聚爲羣
GREMIUM, ii, n.	懷、懷抱。中心
GRESSUS, us, m. [gradior.	步。走
GREX, ĕgis, m.	羣黨
GRIPHUS, i, m.	網。謎語
*GROSSUS, a, pro crassus.	
GROSSUS, i, m.	未熟之無花果
GRUMUS, i, m.	堆。崗
GRUNNIO, ivi, itum, 4.	猪喊
GRUO, ui, 3.	天鵝鳴。相宜
GRUS, is, m. f.	天鵝。滑車架
GRYLLUS, i, m.	蜛虫
GRYPHS, is, m. &	
GRYPHUS, i, m.	獅身之鳳凰
GUBERNACŬLUM, i, n.	船舵
GUBERNATOR, oris, m.	老班。監督。馬師
GUBERNO, as.	掌舵。管。掌事。主
GŬLA, æ, f.	咽喉。貪饕。嗜
GUMMI, n. &	
GUMMIS, is, i, im, f.	樹香。麪漿。漆
GURDUS, i, m.	体。傻子
GURGES, ĭtis, m.	淵。海
GURGULIO, onis, m.	喉骨。屌
GURGUSTIUM, ii, n.	窄黑屋
GUSTO, as.	嘗味。畧言

GUSTUS, us, m. 滋味。味官。初嚐

GUTTA, æ, f. 一滴身黑點

GUTTUR, uris, n. 嗓子。咽喉

GUTTUS, i, m. 瓶。廟中之盆

GYMNAS, adis, f. 較場。比武

GYMNASIUM, ii, n. 爭場。學館。壙地

GYNÆCONITIS, idis, f. 閨門。閫中

GYPSUM, i, n. 畫石

GYRUS, i, m. 周圍轉

H

HA! *interj.* 不可

HA, ha! *interj.* 哈哈大笑

HABENA, æ, f. 韁繩。拉扯。轡

HABEO, ui, itum, 2. 有。占。待人。以爲

HABILIS, e, *c. s.* (ei, *l.* ad id. 有能幹。合式者

HABITO, as. 居住

—domum, *l.* in domo. 居屋中

HABITUDO, inis, f. 身態。身狀。身格

HABITUS, us, m. 習。身狀。衣冠

HAC, *adv.* 從此邊

HADROBOLUM, i, n. 香膏。片香類

HÆDUS, i, m. 牡山羊

HÆMORRAGIA, æ, f. 血漏

HÆMORRHOIS, idis, f. 痔瘡。蛇類

HÆREDITARIUS, a. 傳下來。歷代者
HÆREDĬTAS, atis, f. 遺之家業
HÆREO, hæsi, hæsum, 2. 粘住。淺住。疑。合
HÆRES, edis. m. 接後。繼後。嗣子
HÆRĔSIS, is, f. 異端。左道
HÆSĬTO, as, [hæreo. 淺住。束手無策
HALCYON, v. alcyon.
HALĬTUS, us, m. 呼之氣。噴。氣
HALLUCĬNOR, v. allucinor.
HALOPHANTA, æ, m. 欺誑。受賄以行詐
HALOSIS, is, f. 搶城
HALUS, i, f. 老青花
HAMA, æ, f. 激桶
HAMAXA, æ, f. 北斗星宿
HAMUS, i, m. 釣鈎。合鏈圈
HAPSUS, i, m. 泡藥之綿
HARA, æ, f. 豬圈。鴨欄
HARIŎLUS, i, m. 占者。卜卦者
HARMONIA, īæ, f. 和音。相合
HARPĂGA, æ, f. 撞城之具
HARPĂGO, onis, m. 鉄手。盜
HARPAX, ăgis, f. 紡車頭
HARPE, es, f. 劍。惡鳥名
HARUSPEX, icis, m. 占八。算命。相面
HASTA, æ, f. 鎗。短槍

— ad hastam locare. 明投賣

HASTILE, is, n. 木條。槍柄

HAŬD, *adv.* 不

HAURIO, si, stum, 4. 汲水。舀。倒盡。飲

HEBDOMĂDA, æ, f. &

HEBDOMAS, ădis, f. 七日。一旬

HEBĔNUM, *l.* hebĕnus, i, m. 烏木

HEBES, ĕtis, *c. s. adj.* 鈍者。体。鄙陋

HEDĔRA, æ, f. 爬山葫

HEDRYCHUM, i, n. 香膏

*HEGIRA, æ, f. 回門之年號

HEI! *interj.* [mihi. 哀哉

HELCYSMA, ătis, n. 銀落

HELĬCE, es, f. 北斗星

*HELIO, *græc. comp.* 日頭

HELIOCHRYSUM, i, n. 甘菊

HELIOSCOPIUM, ii, n. &

HELIOTROPIUM, ii, n. 向日葵。螃子草

HELLEBŎRUS, i, m. 吳茱萸草

HELLUO, onis, m. 酒囊飯袋。多食

HELVELA, æ, f. 各微菜

HELVUS, a. 椶色者。面黔

HELXINE, es, f. 霧水葛

HEM! *interj.* 噯

HEMEROBION, ii, n. 活一日之虫

*HEMI, *græc comp.*	半
HEMICYCLUS, i, m.	〻圈
HEMISPHÆRIUM, ii, n.	〻地球
HEPAR, ătis, n.	龍蝦。肝
*HEPTA, *comp.*	七
HERA, æ, f.	主母
HERACLION, ii, n.	浮萍草
HERBA, æ, f.	草。靑草。芻
HERCISCUNDUS, a.	可分之家
HERCLÈ, *adv.* (*Hercules.*	實然
HERCTUM, i, n.	家產
HERCŬLES, is, m.	神名。星名
HERI, *adv.* [v. herus]	昨日
HERINACEUS, i, m.	刺蝟
HERMAPHRODITUS, a.	二類一人
HERMATHENA, æ, f.	男女二神之像並立
HERMENEUMA, ătis, n.	詮法。詳方
HERNIA, æ, f.	小腸疝氣
HEROS, ōis, m.	豪傑之士。英雄
HERPES, ētis, m.	皮痒而腫病
HĔRUS, i, m.	主人
HESPĔRUS, i, m.	晚星
HESTERNUS, a, [*heri.*	昨日者
HETÆRIA, æ, f.	夥伴。會。學館

HEU! *interj.* (mihi, *l.* me. 哀哉。猗嗟

HEURĔTES, æ, m. 制造者

HEUS! *interj.* 阿。嗳

*HEX, *comp.* 六

HEXAGONUS, ŏna. 六角之圖

HIATUS, us, m. [*hio.* 開口。地裂。裂開

*HĬBEO, ui, ĭtum, 3. *pro* habeo, *comp.*

HIBERNO, as. 過冬。發兇

HIBISCUM, i, n. 茵貫。芙蓉

HIC, hæc, hoc. 此。厥。其

HIC, *adv.* 于此。此時

HICCE, *pro* hic.

HICCĬNE, hæccine? 豈此乎

HIĔMS, mis, f. 冬天。冬季

*HIERARCHIA, īæ, f. 修道等級

HIĔRAX, ăcis, m. 角鷹

HIEROGLYPHUS, i, m. 刻物像以指事情

HIEROPHANTA, æ, m. 廟禮科。管廟者

HILA, *l.* hilla, æ, *l.* arum, f. 大腸。肉貫腸

HILĂRIS, e, *c. s.* 喜容者。中人意

HILUM, i, n. 蚕豆眼。小事

*HIN, n. 三斤酒。二斤八两

HINC, *adv.* 從此

HINNIO, ivi, itum, 4. 馬嘶

*HINNŬLUS, i, m. 小山羊。小馬騾

HINNUS, i, m. 馬騾
HIO, as. 打呵氣。貪。裂。吐
HIPPAGUS, i, f. (*hippos*. 運馬舟
HIPPOCAMPUS, i, m. 海馬
HIPPOCENTAURUS, i, m. 半馬半人者
HIPPODRŎMUS, i, m. 調熟馬場
*HIPPOS, i, m. *græc.* 馬
HIPPURIS, ĭdis, f. 木賊。木澤
HIR, n. 手心
HIRCUS, i, m. 公山羊。淫人
HIRTUS, *l.* hirsutus, a, c. 盛毛者。粗鹵者
HIRUDO, ĭnis, f. 螞蟥
HIRUNDO, ĭnis, f. 燕子
HISCO, is, ĕre. 啓口言。裂。疑。諱
HISPĬDUS, v. hirtus.
HISTORIA, æ, f. 綱鑑。史書。古典
HISTRIO, oins, m. 戲子
HISTRIX, v. hystrix.
HIULCUS, a, (*hio*. 裂開者
HODIÈ, *adv.* (*hoc die*. 今日。今天
*HOLOCAUSTUM, i, n. &
*HOLOCAUTOMA, ătis, n. 全祭
*HOLOS, *græc. comp.* 全
HOLOSERĬCUS, a, (*sericus*. 全係紬者
HOMICIDA, æ, m. (*cædo*. 兇手。殺人者

HOMILIA, iæ, f. 講道理
HOMO, inis, m. f. 人。大胆
*HOMOGĔNUS, a, (homos. 同類者
*HOMOLŎGUS, a. 相同。相對者
*HOMOS, græc. comp. 彷彿者。相同
HOMUNCŬLUS, i, m. 矮人。無干之人
HONESTO, as. 看重。光榮。裝飾
HONESTUS, a, c. s. 端方。善。貴。廉恥
HONOR, oris, m. 光榮。善。威儀。賞
— est præmium virtutis. 榮即德之賞是也
HONORARIUM, ii, n. 與總督禮物。新官納稅。酬勞
HONORO, as. 貴重。恭敬。寵之
HORA, æ, f. 時辰。日時
HORDA, æ, v. forda.
HORDEUM, i, n. 大麥子
HORIZON, ontis, m. 天周涯
HORNUS, a. 一歲者。今年者
HOROLOGIUM, ii, n. 日晷。鐘表
HOROSCŎPUS, a. 看生時之星
HORREO, ui, 2. 冷顫。驚。訝。恨
HORREUM, i, n. 倉廩。囤。倉廒
HORRĬDUS, a. 豎毛者。可惶。粗
*HORRIPĬLO, as, are. 生粗毛
HORROR, oris, m. 戰慄。悚。瘧冷。敬

海上絲綢之路文獻集成 科技與文化編

HORSÙM, *adv.* 往此。向此邊
HORTENSIS, e, v. hortus.
HORTOR, aris. 勸勉。被勸
*HORTULANUS, i, m. 種園者。老圃
HORTUS, i, m. 園。花園。樊圃
*HOSANNA! 救爲幸，光榮矣
HOSPES, ĭtis, m. f. 客人。家主
HOSPITALE, is, n. 留客之舘。養病院
HOSPITALIS, e. 留ㄑ者。柔遠人者
HOSPITIUM, ii, n. 宿夜舘。留人
HOSTIA, æ, f. 犧牲。麪餅
HOSTIO, ivi, itum, 4. 平報答。得罪
HOSTIS, is, m. f. 讎敵。客人
*HOSTORIUM, ii, n. 斗檔。斗刮。槩
HUBER, v. uber.
HÙC, *adv.* (*hic.* 往此
HUCUSQUÈ, *adv.* 至此
HUI! *interj.* 訝。噫
HUJUSMŎDI, *adv.* 如此者
HUMANĬTAS, atis, f. 良善。寬仁
HUMANUS, a. 人者。愛人。人事
HUMECTO, as. 潤濕。潤澤之。泡
HUMEO, ui, 2. 濕之
HUMERALE, is, n. 肩衣
HUMĔRUS, i, m. ㄑ膀

HUMĬDUS, a. 署濕者。潮氣

HUMĬLIS, e, *c. 3.* 矮。低。卑賤。謙遜

HUMO, as, (*humus.* 埋瘞

HUMOR, oris, m. 濕。液。汁

HUMUS, i, f. 地

HYACINTHUS, i, m. 夜香蘭

HYACINTHUS, i, f. 寶石名

HYĂDES, um, f. 七星

HYÆNA, æ, f. 山狗

HYĂLUS, i, m. 玻璃

HYBERNALIS, v. hiberno.

HYBRĬDA, æ, f. 雜種。半番人

HYDRA, æ, f. 水蛇。水

HYDRARGYRUS, ўri, m. く銀

HYDRĬA, æ, f. 罈。甕

HYDROPĬSIS, is, f. 蠱脹

HYEROGLYPHUS, i, m. 刻密事者

HYMEN, ĭnis, m. 姻神。婚筵。姻詩

***HYMNUS**, i, m. 讚詩

HYPELĂTE, es, f. 夾竹桃

HYPERBŎLE, ēs, f. 大言。言太殷

HYPO, *græc. comp*, 屬。少。假

HYPOCAUSTUM, ĭ, n. 温水。煖坑

HYPOCHONDRĬA, orum, n. 肺肝所。憂悶

HYPOCHYSIS, is, f. 雲翳

HYPOCRĬTA, æ, m. 假聖人
HYPODIDASCŬLUS, i, m. 學長
HYPOMNEMA, ătis, n. 註解
HYPOMACHLIUM, ii, n. 撅棍
*HYPOSTĂSIS, is, f. 一位人
HYPOTHECA, æ, f. 當。當物
HYPOTHECARIUS, ii, m. 受當
HYPOTHĔSIS, is, f. 徵。假如之說
HYSSOPUS, i, m. 草名。洒水具
HYSTERĬCUS, a. 胎閉氣者
HYSTRIX, ĭcis, f. 箭猪

I

*I, *pro* in, *comp.*
IANTHĬNUS, a. 大紅色。紫色者
IASPIS, ĭdis, m. 玉石
IBEX, ĭcis, m. 獐子山羊類也
IBI, *adv.* 那裡。于彼
IBIDEM, *adv.* 亦在彼
IBRĬDA, æ, v. hybrida.
ICAS, ădis, m. 每月二十日
ICHOR, oris, m. 膿水
ICO, ici, ictum, 3. 打。傷
ICON, ōnis, f. 像
ICTERĬCUS, a. 黃瘴者

辣丁中華合字典

ICTIS, ĭdis, f. 貂鼠

ICTUS, us, m. (*ico.* 打一下。一擊

ID, v. is.

IDCIRCÒ, *adv.* 因此

IDEA, æ, f. 所想。式

IDEM, eădem, idem. 同。亦然

IDENTĬDEM, *adv.* 數次。或時。隨時

IDEÒ, *conj.* 因此

IDEOMA, ătis, n. 話。字文

IDIOTA, æ, m. 俗人。不識字者

IDIOTISMUS, i, m. 土談

IDOLĂTRA, æ, m. 拜神像者

IDOLUM, i, n. 神像。怪像

IDONEUS, a. 合式者。相宜者

IDUS, uum, f. 三五七十月十五日。其餘月十三日

IENS, euntis, v. eo.

*IG, *pro* in, *comp.*

IGĬTÙR, *conj.* 末。竟。終

IGNARUS, a, *s.* [ejus, *l.* de eo. 不知者，未識

IGNAVUS, a, *c. s.* 膽小。懶。怵

IGNIARIUM, ii, n. (*ignis.* 火鐮。火刀。鳥鎗

IGNICŬLUS, i, m. 小火

IGNIS, is, m. *abl.* igne, *l.* igni. 火

IGNOBĬLIS, e, *c. s.* 卑者。無名

IGNOMINIA, æ, f. 凌辱。失顔

IGNORO, as. 不知。弗識。不曉

IGNOSCO, ovi, otum, 3. (ei. 寬恕。寬免

—peccato, *l.* peccatum. 寬恕罪

IGNOTUS, a, *c. s.* [ei, *notus.* 面生者。人未識者

IL, *pro* in, *comp.*

ILEUS, i, m. 腰疼。大腸反出

ILEX, ĭcis, f. 波蘿樹

ILIA, um, n. 腰窩

ILLAC, *adv.* 從彼

ILLÆSUS, a. 無損者

ILLATUS, a, v. infero.

ILLE, a, ud. 彼。其。伊

ILLECĔBRÆ, arum, f. 諂媚。牽連。引誘

ILLEX, ĭcis, m. [*licio.* 囮子

ILLEX, ĭcis, *adj.* 諂媚者。引誘者

ILLEX, ēgis, *adj.* (*lex.* 無律之民無法之徒

ILLIBATUS, a. 無損。未動之

ILLIC, *adv.* 于彼處

ILLĬCIO, exi, ectu, 3. [*lacio.* 誘引。拉人心

ILLICĬTUS, a, (*licet.* 非理者。私。禁之

ILLĬCÒ, *adv.* 立刻。立即

ILLIDO, isi, isum, 3. [*lædo.* 壓爛。相觸

—caput parieti, *l.* in parietem. 以首觸墻

ILLINC, *adv.*	自彼處
ILLÒ, *adv.* &	
ILLŪC; *adv.*	往彼處
ILLŪDO, si, sum, 3.	欺負。哄騙。狐迷
ILLUMĬNO, as, (*lumen.*	光照。舉揚
ILLUSTRIS, e, *c. s.*	出名者。明者
ILLUVIES, ēi, f.	汚。淹地
IM, *pro* in, *comp.*	
IMAGĬNOR, aris.	思想。糊思。作夢
IMAGO, ĭnis, f.	像。影。形。夢
IMBECILLIS, e, *c. s.* &	
IMBECILLUS, a.	耎弱。膽小
IMBELLIS, e, *c.* (*bellum.*	胆小者。耎
IMBER, bris, m.	大雨。落之水多
IMBERBIS, e, (*barba.*	無鬚者
IMBĬBO, ĭbi, ibĭtum, 3.	吸。浸透。打算
IMBREX, ĭcis, m. f.	仰瓦。豬耳
IMBUO, ui, ūtum, 3.	浸。泡。灌滿人心。
	提醒。引道
— errore.	以謬聳人耳
IMĬTOR, aris.	效法。師之。扮。僞
IMMANIS, e, *c. s.* (*manus.*	兇。異大。難堪。汚
IMMATURUS, a.	未熟者。不對時
__IMMEDIATE__, *adv.*	挨着。不間
IMMĔMOR, ŏris, *adj.* (ejus.	不記者。忘者

IMMENSUS, a. 無限者。闊之極

IMMERĬTÒ, *adv.* ㄑ故。無功然

non — 當然

IMMĬNEO, ui, 2. [ei, *maneo.* 臨。在上。將來。謀

IMMITTO, -si, issum, 3. 推進。抛。使攻。賄

— corpus in undas. 自投水中

IMMODĬCUS, a. 越分。無度

IMMŎLO, as, [*mola.* 祭獻。殺

IMMORTUUS, a. 死于其中

— hostibus (*dat.* 于仇敵屍中

IMMUNIS, e, (ejus, *l.* eo. 事外者。無稅。無辜者

ĬMÒ, *l.* immò, *adv.* 倘是。且。相反

*ĬMO, emi, emptum, 3. *pro* emo.

IMPACTUS, v. impingo.

IMPAGES, um, f. 木釘

IMPANCRO, as. 攻

IMPAR, ăris, *adj.* [ei. 不双。不及。敵不過

IMPATIENS, tis, c. s. *adj.* ㄑ容。不耐者

— vetustatis. 耐之不久

IMPATIENTIA, æ, f. 不忍

IMPEDIMENTUM, i, n. 阻擋。碍。塞蹇

impedimenta *plur.* 軍裝。輜重

IMPĔDIO, ivi, itum, 4. [*pes.* 阻擋。攔住。防

IMPĔDO, as, (*pes.* 綁扶樹枝

INPEGI, v. impingo.

IMPELLO, ŭli, ulsum, 3. 推。衝撞。催。逼

— in spem. 使人望

IMPENDENS, tis, *adj.* [ei, [*pendeo.* 臨近。將來者

IMPENDIÒ, *adv.* 過分。甚

IMPENDIUM, ii, n. 支用。利錢

IMPENDO, di, sum, 3. 費用。供用

— curam huic rei. 照顧此事

— pecuniam in eas res. 費錢買此物

IMPENSA, æ, f. 支用。值之錢

IMPENSÈ, *c. s. adv.* 甚。大支用

IMPERATOR, oris, m. 出命。元帥。皇上

*IMPERCO, si, sum, 3. [*parco.* 赦

IMPERFECTUS, a. *c.* 不全者。廢者

IMPERIUM, ii, n. 命。權柄。國土

IMPĔRO, as. 命。管。作王。領

— tributum. 派錢糧

— sibi. 自守。謹身節慾

IMPERTIO, ivi, itum, 4. [*partio.* 分與人

IMPERVIUS, a. 無路者。不可到

IMPETIGO, ĭnis, f. 乾癬

IMPĔTO, ivi, itum, 3. 攻擊。追捕

IMPĔTRO, as, [ab eo. 求得。得。得意。成

IMPĔTUS, us, m. 攻。疾來。强。重

IMPEXUS, a. 未梳頭。鄙陋

IMPĬCO, as, (*pix*. 抹瀝清

IMPĬGER, ĭgra. 勤誊。毅。伶便

IMPINGO, egi, actum, 3. (*pango*. 抛。相觸。掽。碍住

—fustem ei. 以棍擊之

✱IMPINGUO, as, (*pinguis*. 肥之。抹油

IMPIUS, a, *s*. 不孝。冒犯上人

—erga, *l*. in parentes. 不孝敬父母者

IMPLACĬDUS, a, *s*. 不安。兇

IMPLANO, as. 騙

IMPLEO, evi, etum, 2. 滿。裝滿。裝倒。充

—eum spei, *l*. spe. 使之大望

IMPLEXUS, a. 紊乱者。纏繞之

IMPLICĬTÈ, *adv*. 含言。畧

IMPLĬCO, cui, cĭtum, 1. 乱頭緒。混。累。含

IMPLORO, as. 呼號。懇求

IMPLUO, ui, 3. (eum, *l*. ei, *pluo*. 雨其上

IMPLUVIUM, ii, n. 屋内天井

IMPONO, sui, sĭtum, 3. (ei. 加上。哄騙。欺

IMPORTO, as. 運入。招。引

IMPORTUNUS, a, *c*. *s*. (ei. 不合時。勒索者

IMPOS, ŏtis, *adj*. 無能者。無力

—animi. 迷者

IMPOSĬTUS, v. impono.

IMPOSSIBĬLIS, e. 不能有之事

IMPOSTOR, oris, m. 騙人。假冒名色

IMPRÆSENTIARÙM, *adv.* 現在。目前

IMPRĔCOR, aris. 呪罵、祝

IMPRIMIS, *adv.* 在先。其一

IMPRĬMO, essi, essum, 3. (*premo.* 印。刋書

IMPRŎBO, as. 不准、不悅、駁、貶

*IMPRŎBRO, as, (ei. 面斥。欺負

IMPRŎBUS, a, *c. s.* 不悅。惡、奸詐。醜

*IMPROPERIUM, ii, n. 面斥。凌辱

IMPROPĔRO, as, (ei. 〻〻。速進

IMPROPRIUS, a. 不對。不相宜

IMPROSPĔRUS, a. 不順者。凶

IMPROVISUS, a, *c.* 忽然者。不虞之

IMPRUDENS, tis, *adj.* 冒失者。未想

IMPŬDENS, tis, *c. s. adj.* 無廉恥者。不顧臉

IMPUDICUS, a, *c. s.* 好淫者。喪耻者

IMPUGNO, as. 攻。逆。辯駁。敵

IMPULSUS, a, v. impello.

IMPUNE, *c. s. adv.* 無論。不罰。無損

IMPŬTO, as, (ei. 歸于。上單。面斥無情

IMUS, a. 在低者。親友。末

IN, *præp. acc.* 往。向。到。逆

IN, *præp abl.* 內。于。在

*IN, *comp.* 不。內。逆

INACCESSUS, a. &

*INACCESSIBĬLIS, e. 不可到者。深密

INÆSTIMABĬLIS, e. 無價者。善之極

*INALTO, as, [altus. 舉揚。舉起。舉昇

INANIO, ivi, itum, 4. 空之

INANIS, e, *c. s.* 空虛。閒着

INAUDITUS, a, (*audio.* 未聽之。非常。異

inauditum condemnare. 定斷未訴冤者

INAUGŬRO, as. 等兆。供獻。拜王

INAURIS, is, f. 耳環

INAURO, as. 鍍金。加富

INAUSPICATUS, a. 未卜卦而行之。凶

INCĂLEO, ui, 2. 漸熱

INCANEO, ui, 2. 發白。漸老

INCANTO, as. 掐訣。念呪

INCASSÙM, *adv.* 白白。徒然。妄

INCAUTÈ, *c. adv.* 不小心失誤

INCEDO, essi, essum, 3. 行。走。來到

INCENDIUM, ii, n. 着火。失火

fuit — 燒房

INCENDO, di, sum, 3. 放火。燒。惹。催。增

INCENTIVA tibia. 領笛手

*INCENTOR, oris, m. 催者。誘

INCEPTUS, v. incipio.

INCERNO, crevi, cretum, 3. 篩之

INCERO, as, (*cera*. 抹蠟

INCERTUS, a, *c. s.* 不定者。疑惑

INCESSABĬLIS, e. 不斷者。不停止

INCESSO, essi, *l.* sivi, sitũ, 3. 惹人。攻。忽來。煩

INCESSUS, us, m. 走。步

—fractus. 行步過美

INCESTUM, i, n. &

INCESTUS, us, m. 奸親。淫

INCHOO, as. 始。起工。起初

INCĬDO, ĭdi, casum, 3. [ei, *cado*. 遇見。逢。墮其上

—in eum. 遇彼

INCIDO, idi, isum, 3. [*cædo*. 砍。刻。間。切瘡

—in æs, *l.* ære. 刻銅

INCIENS, tis, f. 將娩之女

INCILE, is, n. 引河水溝

*****INCILO**, as. 責罰。貶

INCĬPIO, epi, eptũ, 3. [*capio*. 起工。始

INCISUS, v. incīdo.

INCĬTO, as. 招惹。挑唆。催。加

INCĬTUS, a, [*cieo*. 人催。速。不能動

INCLAREO, ui, 2. [*clarus*. 出名。爲貴

INCLINO, as. 偏之。退。減。近。垂

INCLUDO, si, sum, 3. [*clau-do*. 包在內。封于內

INCLȳTUS, *l.* inclūtus, a. 出名。聞人者。榮

INCOGNĬTUS, a. 面生者。未識之

INCŎLA, æ, m. 寄居。本地人
INCOLŬMIS, e. 無損者。安
*INCOMITIO, as, [comitia. 公堂告人
*INCOMMA, æ, f. 入伍之身度
INCOMMŎDUM, i, n. 難受。不自在
INCOMMŎDUS, a, (ei. 難爲。煩不方便
INCOMPARABĬLIS, e, (ei. 大無比。く可比
INCOMPOSĬTUS, a. 不端方。く齊整
INCOMPTUS, a. 粗魯。無裝飾
INCONDĬTUS, a, [condo. 粗魯。紊亂。未收
*INCONFUSIBĬLIS, e. 不可乱者
INCONSULTUS, a. 未商量者。冒失
*INCONSUTĬLIS, e. 未縫而成者
INCONTĬNENS, tis, adj. 不容。無節。淫者
INCORPŎRO, as, [corpus. 合爲羣。相合
*INCRASSATUS, a. 成粗。濃者
INCREBESCO, bui, 3. &
INCREBRESCO, brui, 3. 傳揚。漸稠密
INCREDIBĬLIS, e, [auditu. 難信者
INCREMENTUM, i, n. 長大。增。種子
INCRĔPO, pui, pĭtum, l. avi, atum, 1. 响。責罰
INCRUENTUS, a. 未染血者
INCRUSTO, as. 上灰皮。杇墁
INCŬBO, ui, ĭtum, are, [ei. 卧其上。覆蛋

INCŬBO, onis, m. 兇夢

INCULCO, as, (*calco*. 踐入。裝袋。强付。叮嚀言

INCUMBA, æ, f. 扶棬脚之石

INCUMBO, ubui, ubĭtum, 3. (ei, *l*. in id. 靠。專務。俯身

INCUNABŬLA, orum, n. 搖車。孩床

INCURIA, æ, f. &

INCURIOSUS, a. 疏忽。不虞

INCURRO, urri, ursum, 3. 往內，攻，四聚。乱搶。逢。遭

INCURSO, as, (ei, *l*. in eum. 常攛。賊寇

INCURVO, as. 彎。偏過來

INCUS, ūdis, f. *cudo*. 鉄砧。鉄鏨

INCUSO, as. 告。怨責

— eum probri. 怨其辱

INCŬTIO, ussi, ussum, 3. 擊。推進

— ei pudorem. 使人羞

INDAGO, as, (*inde*. 察。訪問。追踪跡

INDAGO, ĭnis, f. 追踪。以網圍。周圍保障

INDÈ, *adv*. 從彼。後來

INDĔCENS, tis, *c. adj*. 醜看。不相宜者

INDEMNATUS, a. 未斷其罪

INDEMNĬTAS, atis, f. 無損

INDEPTUS, a. 得者。被得者

INDESINENTER, *adv.* 不間斷
INDEX, icis, m. f. 原告。目錄。食指。界桂。書名號。牌
INDICIUM, ii, n. 憑據。人告。原告之賞。踪跡
INDICO, as. 指。露。指名。告官。定價
INDICO, xi, ctum, 3. 示。出命。出告示
INDICTIO, onis, f. 十五年之週。稅
INDIDEM, *adv.* 自該處
INDEFFERENS, tis. *adj.* 隨便。不拘。相同
INDIGENA, æ, m. 本地人
INDIGEO, ui, 2. (eo, *l* ejus, *egeo.* 緊要。缺少。需
*INDIGESTIO, onis, f. 存食。不尅化
INDIGESTUS, a, (*digēro.* 無次第。未尅化
INDIGNOR, aris, (eum, *l.* ei. 怒。怨。不忍。嫌
INDIGNUM, ! *interj.* 不堪哉是事
INDIGNUS, a, *c. s.* (eo. 不該當。不足。辱
INDIGUS, a. 貧者
INDIRECTUS, a. 不直。歪。繞
INDIVIDUUM, i, n. 不可分之埃。定物
INDO, idi, itum, 3. (ei, *l.* in id. 安其上。入之。印
INDOLENTIA, æ, f. 無疼
INDOLES, is, f. 本性情。能幹

INDUCIÆ, arum, f. 暫停戰

INDUCO, xi, ctum, 3. [in id. 勸。引。引入言。廢

INDUCŬLA, æ, f. 小衫。汗衫

INDULGENS, tis, *c. s. adj.* [ei. 寬鬆。順。從爽

INDUMENTUM, i, n. 衣服

INDUO, ui, ūtum, 3. 穿衣服。着衣

—se veste, *l.* — sibi vestem. く く く

—judicem. 懷判官之心

INDUPEDITUS, *pro* impeditus.

INDUSIUM, ii, n. 汗衫

INDUSTRIA, æ, f. 勤謹。巧工。奇巧。能幹

de industria. 故意。特

INDUVIÆ, arum, f. 衣裳。樹皮

INEBRIO, as, [*ebrius.* 醉人

INEDIA, æ. f. 饑。戒口。不食

INEFFABĬLIS, e, [*faris.* 不可言者

INELUCTABĬLIS, e. く く 勝。不得已

INEO, is, ivi, ĭtum, ire, (eo. 起頭。始。進。媾精

—societatem. 與人合夥

INEPTĒ, *adv.* [*aptus.* &

INEPTUS, a, *c. s.* 不成材。体。不便。妄

INERMIS, e, (*arma.* 無兵器者。空身

INERRANS, tis, *adj.* 妄跑。不動

INERS, tis, *c. s. adj.* (*ars.* 無才。拙人。懶者。閒。不動

INESCO, as, (esca. 給餌。謟騙。餧

INEXPERTUS, a. 人未經過。生手者。不洞局

INEXPLEBILIS, e. 不可滿。不饜者

INFĂBRE, adv. 粗魯。不巧。樸素

*INFALLIBĬLIS, e. 不能錯者。一定

INFAMIA, æ, f. 忝辱。敗名

INFANDUS, a. 不中聽。可恨。醜

INFANS, tis, m. f. 乳孩。嬰孩。稚子

INFATUO, as, 迷人心。成痴。哄

INFAUSTUS, a. 無福。禍患。禍殃

INFELIX, ĭcis, c. s. 無福者。不吉利

INFENSUS, a, c. [ei. 害人。埋怨。有害

INFĔRI, orum, m. 地獄諸鬼。死人

INFERIÆ, arum, f. 超幽施食。祭死人

INFERNA, orum, n. 地獄。地下之處

INFERNE, adv. 底下。下面。于氏

INFĔRO, ers, tŭli, illatum, erre. 拏進。加。楚。推論

INFĔRUS, a, erior, fĭmus. 下等者。卑

INFĔRUS, i, v. inféri.

INFESTUS, a, c. s. [ef. 常害人者。冤孽。受害

INFĬCIAS, adv. — ire. 不承認。諱

INFĬCIO, eci, ectŭ, 3. (facio. 染布。加。毒之

— bonis artibus. 教六藝

INFICIOR, aris. 說不是。諱

INFIDELIS, e, lior, lissimus, [ei. 不忠信者，教外

INFIDUS, a. くく信者。不隱

INFIMUS, a. *inferus.* 至下者。卑

INFINITUS, a, c, 無數者。無限

INFIRMUS, a, c. s. 軟弱者。病者。癈

INFLAMMO, as, 燒。惹。勉。催。使起炎

INFLATUS, a, c. *inflo.* 腫起自滿，自高

INFLEXUS, a. 彎者。偏

INFLIGO, xi, xum, 3. 擊。加

INFLO, as. 吹滿。起。使自滿

INFLUO, xi, ctum, 3. [in id. 流入。漸近

INFORMIS, e, *forma.* 無形無樣。怪異

INFORMO, as. 修。訓描寫。謀

INFORTUNIUM, ii, n. 無福之事。禍患

INFRÀ, *præp. acc.* 底下。下面

INFRACTIO, onis, f. 膽小。敗。斷。犯

INFRÆNO, as. &
INFRENO, as, *frenum.* 拘束。塞口

INFRIO, as. 磨碎。洒末麪

INFRUNITUS, a. 傻。呆痴

INFŬLA, æ, f. 首纓帶。犧牲飾

INFUNDIBŬLUM, i, n. 漏子

INFUNDO, udi, usum, 3. (ei, in eum. 倒入。倒上。賦畀

INFUSCO, as. 晒黑。作黑。混。汚

INGENIUM, ii, n. 本性。本事。聰明。巧工

INGENS, tis, *c. s. adj.* 大。異大

INGENUUS, a. 自然。貴。自主。恥

INGĔRO, essi, estum, 3. 推進。再行

— se negotio, [*dat*] *l.* in negotium. 多事。入事內。謀入事

INGLORIUS, a. 無光榮者，無顏

INGLUVIES, ēi, f. 鳥嗉肚。饕食

INGRATUS, a, *c. s.* [ei, *l.* in eum. 不中意。忘恩。不欲者

INGRĂVO, as. 加重。壓。難爲

INGRĔDIOR, essus, 3. [id. *l.* in id, *gradior.* 進。入

INGRUO, ui, 3. 攻。撞進。臨

INGUEN, ĭnis, n. 腰窩，腰癧。葦節。小便

INHĬBEO, ui, ĭtum, 2. *habeo.* 阻。禁。拘束

INĬBI, *adv. ibi.* 在彼。近

INIENS, euntis, v. ineo.

INIMICUS, a, *c. s.* (ei. 讎人。有害。相逆

INIQUUS, a, *c. s. æquus.* 惡。不公平。不便

INITIO, as. 始教。傳與聖事

INITIUM, ii, n. 起初。來歷

INĬTUS. us m. 答配。進。到

INITUS, a, v. ineo.

INJICIO, eci, ectum, 3. [jacio. 放,抛,倒上。投内

INJUNGO, xi, ctum, 3. 加上。托付

INJURIA, æ, f. 凌辱。詬,冤枉,害

injuriâ. 無故。不公道然

injuriam facere ei. 損彼

INJUSTITIA, æ, f. 委曲。冤枉

INNATUS, a, nascor. 自然者。原來者

INNOCENS, tis, c. s. adj. 無罪。無害人

INNOCUUS, a. 〃〃。〃〃〃。不受害者

INNOTESCO, tui, 3. 露出來。出名

INNOVO, as. 再修。更舊規

INNOXIUS, a, e. 不害。不受害者

INNUBILUS, a. 無雲。晴天

INNUBO, psi, ptum, 3. 出嫁,過門,于歸

INNUBUS, a. 未娶親,未嫁

INNUO, ui, utum, 3. ei. 點頭,允。提起

INNOCCIDUUS, a. 不落山者

INOCULO, as. 接芽

INOLESCO, lui, levi, l. olitum, 3. 長大。加之

INOPINATUS, a, &

INOPINUS, a. 意外。偶然。不虞

INOPS, opis, adj. lejus. 貧。餓殍。孤獨,缺

INQUAM, v. inquio.

INQUIETUS, a, *c. s.* 不安分。多事。乱
INQUILINUS, i, m. 客房。債我屋者
INQUINO, as. 污之。壞之。染
INQUIO, *l.* inquam, is, it. 日。語
INQUIRO, sivi, situm, 3. (*quæro.* 訪問。察考。勘驗
INSANUS, a, *c. s.* 瘋子。昏迷。怪大
INSCIUS, a, (ejus. 未識者。愚蠢
INSCRIBO, psi, ptum, 3. 寫上。上單。寫其名號。告。寫書面
INSCRIPTIO, onis, f. 書面。碑記。字號
— officinæ. 招牌。扁額
INSCULPO, psi, ptum, 3. [in eo. 刻字。雕。鑿。刊
INSECTA, orum, n. 諸小虫
INSECTOR, oris, m. 窘難。追赶者
INSECTUS, a, [*seco.* 切碎之
*INSENSATUS, a. 痴者
INSENSIBILIS, e. 不可覺。人所不見
INSĔRO, rui, ertum, 3. 入之。嵌。雜
INSĔRO, evi, itum. 3. (ei, *l.* in id. 接之。種。列入
INSERVIO, ivi, itum, 4. [ei. 侍。用心。殉人
INSESSUS, a. 人占之。有汛兵
INSIDEO, edi, essum, 2. [*sedeo.* 坐其上。占地。居
— montes. 占諸山
— equo [*abl.* 騎馬

INSIDIÆ, arum, *f.*	陷坑。暗騙。伏兵。侵害。圈套。設局
INSIDO, edi, essum, 3. (ei.	落。棲
INSIGNE, is, n.	號。牌坊。表。號令
INSIGNIA, orum, n.	頂戴。圭玉。官衣
INSIGNIO, ivi, itum, 4.	打號。舉揚
INSIGNIS, e, *c.*	出等者。非凡
INSIGNITA, orum, n.	面點。面垢
INSĬLE, is, n.	織布之車。卷軸
INSIMŬLO, as, (criminis.	告罪。妄告
INSINUO, as.	入懷，引。悅人
INSIPĬDUS, a.	無味者。無見識
INSIPIENS, tis, *c. s. adj. sapiens.*	不明之人。痴。呆
INSISTO, stĭti, stĭtum, 3.	倚。固執。赶。緩。始
INSITIO, onis, f. *insero.*	接枝
INSĬTUM, i, n.	接之枝
INSŎLENS, tis, *c. s. adj.*	未慣者。少有。兇橫者。霸道
INSOLO, as, (*sol.*	晒乾
INSOMNIS, e.	遨夜着
INSONS, tis, *adj.*	無辜。無害人者
INSPECTOR, oris, m.	監督。看天文者
INSPĬCIO, exi, ectum, 3.	看內。細看。監督
INSTABĬLIS, e, *stabilis.*	不穩。不恆。改變

INSTAR, n. 樣。表。式。
ad — fluvii. 彷彿河
meriti — habet. 相似有功
INSTAURO, as. 復修。造屋
INSTIGO, as. 惹。勉。催
INSTILLO, as, (ei, *stilla*. 滴于內。引。柔進
INSTINCTUS, us, m. 惹。本性之向
INSTINGUO, xi, ctum, 3. v. instigo.
INSTITA, æ, f. 女鞋帶。帶子
INSTITOR, oris, m. 掌匱。客商。排市
INSTITUO, ui, utum, 3. [*statuo*. 立。安排。始創。教
INSTITUS, a, [*insto*. 挨。離不開者
INSTO, stiti, stitum, 1. [ei. 近。催。追。逼。再三
INSTRUMENTUM, i, n. 傢伙。器具
INSTRUO, xi, ctum, 3. 預備。排。裝起。造
INSUBIDUS, a. 不明知。不斯文
INSUETUS, a. 不慣。非常。慣
INSULA, æ, f. 海島。州。隔之殿
INSULSUS, a, a. 少鹽者。淡
INSULTO, as. 跳其上。欺負
INSUM, ines, infui, inesse, (ei, *l.* in eo. *sum*. 在其上。倚上
INSUMO, psi, ptum, 3. 費。取
INSUPER, *adv.* 再者。另有。上
INTACTUS, a, (*tango*. 未見動。無損者
INTEGER, tegra, e. a. 全者。整。囫圇。淨。

無罪。無壞

de integro. 從新。再起

INTELLECTUS, us, m. 明悟。曉。識

INTELLĬGO, exi, ectum, 3. [lego. 明白。洞悉。認

INTEMERATUS, a. 無損。無玷。未瀆

INTEMPESTIVUS, a, *c.* &

INTEMPESTUS, a. 不便。不合時者。瘟。兇者

INTENDO, di, sum, *l.* tum, 3. 加。更甚。專務。謀。幽平。走

*INTENTATOR, oris, m. 不誘者

INTENTIO, onis, f. 緊。勸。志。告罪

INTENTO, as. 驚。嚇

INTER, *præp. acc.* 裡。內。隔

INTERALBĬCANS, tis, *adj.* 雜白者。畧白

*INTERAMENTUM, i, n. 船物件

INTERANEA, orum, n. 腸。六腑

INTERBĬBO, ibi, ibitum, 3. 飲盡

INTERCALARIS, e. 閏月

INTERCĂLO, as. 入其間。延日

INTERCAPEDO, inis, f. 間之時

INTERCEDO, essi, essum, 3. (pro eo. 隔轉求。逆。阻

INTERCIDENS, tis, *part.* 割斷

INTERCIPIO, epi, eptum, 3. 奪過來。阻斷

INTERCLUDO, si, sum, 3. [claudo. 塞住。堵住。夾住。不通。鎖上。禁

INTERCOLUMNIUM, ii, n. 二柱間

INTERCUS, ŭtis, adj. 皮肉間

INTERDICO, xi, ictum. 3. 截人之言。阻。禁。降禁諭

INTERDIŪ, adv. 日中

INTERDUCTUS, us, m. 點書

INTERDŪM, adv. 或有。有時

INTERDUO, is, ĕre, [do. 給。與

INTEREĀ, adv. [is. 此時間

INTEREMPTUS, v. interĭmo.

INTĔREO, is, ivi, ĭtum, īre, [eo. 死。亡。失落

INTEREST, ĕrat, fuit, esse, (ejus. 相干。關。涉。與

INTERFĬCIO, eci, ectum, 3. (facio. 打死。殺

INTERGERINUS paries. 隔壁

INTĔRIM, adv. 此時。暫且

ad — 暫時

INTERĬMO, emi, emptum, 3. (emo. 打死。滅

INTERIOR, us, (internus. 內裡者

INTERITIO, onis, f. (intereo. 死

INTERĬTUS, us, m. (intereo. 死。亡。壞。敗

INTERJĬCIO, eci, ectum, 3. 入其間。間之

*INTERLINEARIS, e, [*linea*. 二行字之間。小字

INTERMITTO, isi, issum, 3. 隔斷。入內。相離

INTERNECIO, onis, f. 斃。殺戮。滅

INTERNUNTIUS, ii, m. 中人。通事。傳話者

INTERNUS, a, rior, timus, [*intra*. 內者

INTERPELLO, as. 搶着說。攔遲之。告訴。求

INTERPŎLO, as. 修新。補。安于內

INTERPONO, osui, osĭtum, 3. [ei. 放于內。隔開。隔断

INTERPRES, ĕtis, m. 通事。註解者

INTERPRĔTOR, aris. 解言。註解。以爲

INTERRASĬLIS, e, &

INTERRASUS, a. 刻花之

INTERREX, egis, m. 代理國政。執政

INTERRŎGO, as. 問。告狀

INTERRUMPO, upi, uptum, 3. 隔断。阻。紊乱

INTERSTITIUM, ii, n. 離之地。間之時

INTERSUM, ĕres, fui, resse, [ei. 在旁。分別。在內

v. interest.

INTERTRIGO, ĭnis, f. 走撕爛腿。磨爛

INTERTRIMENTUM, i, n. 彼此損。音耗散

INTERVALLUM, i, n. 隔之地。間之時

INTERVĔNIO, ēni, tum, 4. 于是他人來。意外至。湊中處事。說情。遇

海上絲綢之路文獻集成 科技與文化編

INTERVERTO, ti, sum, a. 騙收。浪費。減。倒。分給

INTESTABILIS, e. 不可寫遺書。可假者。不可作証

INTESTATO, *adv testor.* 無遺書

INTESTINA, orum, n. 腸。六腑

INTESTINUS, a. 內者。內地之

INTIMUS, a, [*internus.* 深內。腹心之友

INTOLERABILIS, e. 不可耐。不可敵

INTONO, nui, nitum, *l.* natum, 1. 雷鳴。轟。怒鬧

INTONSUS, a, [*tonsus.* 未剪髮者

INTORTUS, a. 撚之。胥之

INTRA, *præp. acc.* 內。不及

INTRICO, as. 擾亂。纏撓

INTRITA, æ, f. 餖飩舂灰。雜坭

INTRO, *adv.* 往內

INTRO, as, [id. & in id. 進。入。引。透達

INTRODUCO, xi, ctum, 3. 引見入。引入

INTROEO, is, ivi, itum, ire, (ad eum, 進。入

domus vi introita 入強進之屋

INTROITUS, us, m. 門。入。初

INTRORSUM, *adv.* 向內

INTROSPICIO, exi, ectum, 3. (in id. 往く看。細察

INTRUDO, di, sum, 3. 強入之

— se.	自入事內。强進
INTŬBUM, i, n.	苦蕒菜
INTUEOR, itus, 2.	近看。思。察。朝向
INTÙS, *adv.*	內裡
INULTUS, a.	未報仇。未罰之
INUNDO, as, *unda.*	發水。淹地。長衍
INURO, ussi, ustum, 3. (*uro.*	燒。烙印。繪翡翠
INUTĬLIS, e, *c. s.* [ei.	無用。無益者
INVADO, si, sum, 3.	攻擊。占。起工
INVĂLEO, ui, 2.	大行。養力。漸壯
INVALĬDUS, a, *c. s.*	軟者。病。廢。不算
INVĔHOR, ectus, 3.	怒之。辱之。排斥
— in eum.	重辱彼
INVĔNIO, ēni, entum, 3.	找得。制造
INVENTARIUM, ii, n.	田宅單。遺物單
INVERGO, is, ĕre.	偏杯以倒酒
INVERTO, ti, sum, 3.	倒。顛倒。紊乱
INVETERASCO, is, ĕre, &	
INVETĔRO, as.	漸老。漸壯。久居
INVĬCEM, *adv.*	彼此。互相。輪流
INVĬDEO, idi, isum, 2. &	
INVIDIA, æ, f.	嫉妒。妒忌。嫌恨
absit verbo —	不見怪讚美之言
INVISO, si, sum, 3.	拜望。往見。謁
INVISUS, a, [ei.	人恨之。未見之

INVITO, as. 請。延。邀
INVITUS, a, a. 莫奈何者
INVIUS, a, (via. 無路。不可走者
INVŎCO, as. 呼人。呼號
INVOLUCRUM, i, n. 一包。包袱
INVOLVO, olvi, olutum, 3. 包起來
*IPISCOR, eptus, 3. pro apiscor comp.
IPSE, a. 自己。本身。躬
IR, pro in comp.
IRA, æ, f. 忿怒
IRACUNDIA, æ, f. 〻〻。火性
IRASCOR, atus, 3. [ei. 發忿怒。生氣
IRENARCHA, æ, m. 和民之臣
IRIS, is, l. idis, f. 天虹。蘋花
IRONIA, iæ, f. 反譏之說
IRPEX, icis, m. 鐵鍤。爬子
IRRATIONALIS, e, (ratio. 不知理。無靈者
*IRREGULARIS, e. 無規矩者。乱。妄
*IRRETIO, ivi, itu, 4. [retis. 連累。牽混
IRREVOCABILIS, e, c. 不可挽回之
IRRIDEO, si, sum, 2. [id. 欺笑。譏誚
IRRIGUUS, a. 水田。可灌水者
IRRITO, as. 招惹人怒。催
IRRITUS, a, (ratus. 妄。不筭。虛。妄望
— spei. 妄望

IRRŎGO, as, ſei. 罰。加

IRRUMPO, upi, uptum, 3. 破。强進

IRRUO, ui, ŭtum, 3. ſin eum. 攻。撞進

IS, ea, id. 此。其。之

ISAGOGE, es, f. 綱領

ICHIAS, ădis, f. 腰疼疼

ISELASTĬCUM, i, n. 贏賞

ISICIUM, ii, n. 切之肉。肉貫腸

ISTĀC, l. isthāc, adv. 從此邊

ISTE, a, ud, gen. istīus. 此。玆

ISTHMUS, i, m. 海間窄地徑渚

ISTHIC, adv. 于爾處

ISTINC, adv. 從爾處

ISTŪC, adv. 往爾處

ITĀ, adv. 如此。然

ITĂQUĒ, conj. 後來。竟

ITĔM, adv. 亦然。又有

ITER, itinĕris, n. 行之路程。途

ITERATŎ, adv. &

ITĔRO, as. 復來。再言

ITĔRUM, adv. 再。兩次。又

*ITINERARIUM, ii, n. (iter. 路引。路程日記

ITIO, onis, f. ſeo. 往。路

IVI, itum, v. eo.

*IXION, xii, n. 鴨虎。黏油

J

JACEO, ui, itum, 2.	踢下。在。病臥。埋。閒。敗位
jacent pretia prædiorum.	田宅皆賤
JACIO, jēci, jactum, 3.	抛。拋。傳言。投
JACTANTIA, æ, f.	自誇。誇口。自矜
JACTĪTO, as, & **JACTO**, as, (*jacio*.	常抛。自誇。搖。亂
JACTURA, æ, f.	拋貨。失。損。賄
facere jacturam.	失落。虧本
JACTUS, us, m.	抛。擲。射
JACŬLUM, i, n.	飄鏢
JAM, *adv.*	已經。業經。今
JAMDIŬ, *adv.*	已日久
JAMDUDŬM, *adv.*	不久
JAMPRIDEM, *adv.*	久
JANA, æ, f.	月。太陰
JANĬTOR, oris, m.	看門者。門公
JANUA, æ, f.	門。戶。幾會
JANUARIUS, ii, m.	洋正月。二十二日即大寒
JANUS, i, m.	門神。遊廊
JASPIS, v. iaspis.	
JECUR, ŏris, n.	肝。肺肝
JEJUNIUM, ii, n.	齋。齋日。餓。戒口
*****JEJUNO**, as.	守齋。不食

JENTO, as. 食早點心

*JĔRO, *pro* juro, *comp.*

*JESUS, u, u, um, u, u, m. 耶穌

*JĬCIO, eci, ectum, 3. *pro* jacio *comp.*

JŎCOR, aris. 說笑。玩言

JOCULARIS, e. 玩者

JŎCUS, i, m. 玩意。玩言。小事

JOTA, æ, f. 字名。一點

JOVIS, v. Jupiter.

JUBA, æ, f. 馬騣。蛇冠

JUBAR, āris, n. 曉星。光

JUBEO, ussi, ussum, 2. (eum, *l.* ei. 命。吩咐。諭

JUBĬLO, as. 喜喧。呼號

JUCUNDUS, a, *c.* *s.* (ei. 中意者。樂心

*JUDAIZO, izas. 守古教

JUDEX, icis, m. f. 判官。按察使

JUDICIALIS, e. 訟者。公堂者

JUDICIUM, ii, n. 審訟。公堂。意見

JUDĬCO, as. 審。定案。估。想

JUGALIS, e, (*jugum.* 與上軛者。婚配

JUGĔRUM, i. n. 一畝地

JUGIS, e. 陸續不斷

JUGLANS, dis, f. 核桃。核桃樹

JŬGO, as. 上軛

JUGOSUS, a, (*ju gum.* 山多者

JUGŬLA, æ, f. 三參星

JUGŬLO, as.	殺頭
JUGŬLUM, i, n.	咽喉
JUGUM, i, n.	軛。杠。山脊。三鎗門。一双，壓，當奴
sub — missus.	使之過三鎗門以辱之
JULI, orum, m.	毳，果毛
JULIUS, ii, m.	人名。洋七月。二十三日即大暑
JUMENTUM, i, n.	牲口。畜牲。車
JUNCTURA, æ, f. (jungo.	合縫。一對
JUNCUS, i, m.	灯草
JUNGO, xi, ctum, 3.	結合挨之
— amnem ponte.	河上造橋
JUNIOR, ius, v. juvĕnis.	
JUNIPERUS, i, f.	刺松樹
JUNIUS, ii, m.	洋六月二十一日即夏至
JUPITER, jovis, m.	宗神，雷神，木星
JURAMENTUM, i, n.	誓
JURE, v. jus.	
JURGIUM, ii, n.	爭論
JURIDICIALIS, e.	訟者，律例者
JURISCONSULTUS, i, m.	諳例者，保官司
JURISDICTIO, onis, f.	權。理事，聽訟，衙

JURISPRUDENTIA, æ, f. 學習律例

JURO, as. 發誓

— per deos. 呼諸神以誓

JUS, uris, n. 律例。理肉湯。羹

sui juris esse. 自主。作主

jure. 當然

JUSCULUM, i, n. 肉湯。米粥

JUSJURANDUM, jurisjurandi, n. Juro. 誓言

JUSSUM, v. jubeo.

JUSTA, orum, n. 出殯。合理者

*JUSTIFICO, as. 成義德。爲人脫罪

JUSTITIA, æ, f. 公道。義德。仁慈

JUSTITIUM, ii, n. 因國服而封印

JUSTUS, a, e. &. 公道者。秉彝。合理。全

JUVAT, abat, juvit, f. 欲。喜歡。中意

JUVENCA, æ, f. 小牝牛。幼女

JUVENIS, e, junior, l. juvenior. 幼年者。男及冠女及笄

JUVENTUS, utis, f. 幼年之時。夭色

JUVO, avi, atum, a. 幫助協力。悅人

JUXTA, prep. acc. 挨。照。同。次

K

KALENDÆ, v. calendæ.

*KYRIE eleison. 吾主可憐我等

L

L, XL, LX. 五十。四十。六十
LABARUM, i, n. 御旗
LABEFACIO, eci, actum, 3. 搖倒。破其力。壞
LABENS, tis, v. labor.
LABES, is, f. 地裂。大壞。汚。害人之物。敗名
LABIUM, ii, n. 脣。嘴
LABO, as, are. 滑。疑。改變。將倒
LABOR, oris, m. 辛苦。艱。勞。困乏。險。難。病。疼
LABOR, psus, 3. 滑下。漸倒。壞。錯
LABORO, as. 費力。忙。病。罣心
—a frigore. 甚冷
—re, *l.* de re. 難受此事
—ex pedibus. 脚疼
LABRUM, i, n. 嘴。脣。邊。沐盆
LABRUSCA, æ, f. 野葡萄
LABYRINTHUS, i, m. 迷人心之多路之屋
LAC, atis, n. m. 孄白汁
LACER, *l.* lacĕrus, a. 破爛者。撕開
LACERNA, æ, f. 冬外套
LACERTA, æ, f. 蟆蛇。壁虎

LACERTUS, i, m. 蛟龍。臂肚。力量

LACESSO, ivi, itum, 3. 招惹。爭鬥。煩。捞

LACINIA, æ, f. 衣邊。塊。山羊胡

*__LĂCIO__, cui, cĭtum, *l.* exi, ectum, 3. 連累。籠絡。諂媚

LACONĬCUM, i, n. 温房

LACONISMUS, i, m. 簡言

LACRўMA, æ, f. 淚。下淚。流淚

LACTANTIA, orum, n. (*lac.* 嬭食物

LACTEO, es, ere, (*lac.* 食嬭。有白汁

LACTEUS, a, (*lac.* 妳者。似妳

LACTICINIA, orum, v. lactantia.

LACTO, as. 與哺乳。諂騙

LACTUCA, æ, f. 生菜

LACUNA, æ, f. 水坑。水池。缺少

LACUNAR, aris, n. 望板。天花板

LĂCUS, i, m. 湖。五湖。淵。鉄匠池。梁隔之地

LÆDO, si, sum, 3. 傷。害。損

LÆNA, æ, f. 貴外套。絨衣

LÆSÙS, v. lædo.

LÆTAMEN, ĭnis, n. 糞草

LÆTIFĬCO, as, (*facio.* 使喜。舒暢。灌糞

LÆTUS, a, *c. s.* 忻喜。帶喜色者。豐。悦心。順。福者

LÆVO, v. levo.

LÆVUS, a.	左手者。不順痴
—ei incedere.	于其左邊同行
LAGĂNUM, i, n.	油煎子餅
LAGENA, æ, f.	缾。罇
LAGONOPŎNOS, i, m.	絞腸疼
LAGUNCŬLA, æ, f.	小酒罐
LAĬCUS, i, m.	世俗人。俗人
***LALAX**, ăgis, *adj.*	多口者
LALLO, as.	哄孩以睡
LAMA, æ, f.	泥水地
LAMBO, bi, 3.	餂。舐。輕挨。輕洗
LAMELLA, æ, f.	薄銅片
LAMENTOR, aris.	哀哭
LAMIA, æ, f.	巫女。惡獸名
LAMĬNA, æ, f.	銅片。薄板。烙字片
LAMPAS, ădis, f.	火把。火炬。燈
***LAMPĔTRA**, æ, f.	七星魚
LAMPYRIS, ĭdis, f.	火虫。螢。蠲
LANA, æ, f.	羊毛
LANCEA, æ, f.	鎗。槍。殳矛
LANCEATUS, a.	以鎗刺之
LANCEŎLA, æ, f.	小槍。小刀
LANCĬNO, as.	切碎。傷。散盡
LANCŬLA, æ, f.	天平盤
LANEUS, a, v. lana.	

LANGUEO, ui, 2.	發軟。病。膽小。減
LANGUĬDUS, a, *c*.	耎弱。病。疎忽
LANIA, æ, f. &	
LANIENA, æ, f.	牛鍋房。屠牲肆
LANIFICIUM, ii, n. (*lana*.	製羊毛。作羊毛布
LĂNIO, as.	撕爛。破爛
LANIO, onis, m.	屠戶
LANIPENDIA, æ, f.	分給羊毛之女
LANISTA, æ, m.	舞刀師。養鬥鷄
LANUGO, ĭnis, f.	寒毛。毳。草毛。鋸末
LANX, ancis, f.	大碟天平盤
LAPĂTHUM, i, n.	牛舌草
LAPICIDA, æ, m. [*cædo*.	石匠
LAPICIDINA, æ, f.	〻礦
LAPIDARIUS, ii, m.	〻匠。玉匠
LAPĬDO, as.	以石擊
LAPILLUS, i, m.	小石。寶石
LAPIS, ĭdis, m.	石。沙麻。奴街。界石。四里。墓碑
LAPPA, æ, f.	牛旁子草。鼠黏子
LAPSUS, v. labor.	
LAQUEARE, is, n.	望板。天花板
LAQUEATUS, a.	鋪望板，有望板
LAQUEUS, i, m.	套子。籠絡。纏繞

LAR, aris, m. 內閣。竈。灶神
LARDUM, i, n. 肥猪肉
LARGE, *c. s.* v. largus.
LARGIOR, itus, 4. 大方與人。准
LARGIUNDUS, *pro* largiendus.
LARGUS, a, *c. s.* 豐盛者。大方
*LARUS, i, m. 水鴨子。痴
LARVA, æ, f. 鬼臉。痴。夜鬼
LASĂNUM, i, n. 尿壺。夜壺
LASCIVUS, a, *c. s.* 玩跳。淫者。無恥
LASER, ĕris, n. 阿魏草
LASSUS, a. 困乏者
— via, *l.* de via. 走乏
LATĖ, *c. s. adv.* v. latus.
LATĔBRA, æ, f. 暗處。推之故
LĂTEO, ui, 2. v. latet.
LATER, ĕris, m. 甎頭。磚頭
LATERALIS, e, v. latus.
LATERNA, æ, f. 手燈。燈籠
LĂTET, ebat, uit, 2. [eum. 隱藏。不露。匿
LATEX, ĭcis, m. 汁。水。泉
LATIBŬLUM, i, n. 暗地方。靜密處
LATICLAVIUS, a. 官員者
LATIFOLIUM, ii, n. 有寬葉者
LATIFUNDIUM, ii, n. 大庄

LATINUS, a.	辣丁國者
LATIO, onis, f. v. fero.	
LATIUM, ii, n.	辣丁地
LATOMIÆ, v. latumiæ.	
LATŎMUS, i, m. (*latumiæ*.	開石。石匠
⁎**LATRIA**, īæ, f.	至恭敬之禮
LATRINA, æ, f.	洗所。茅房。暗所
LATRO, onis, m.	強盜
LĂTRO, as.	狗吠。喧鬧。謗。求
LATROCINIUM, ii, n.	強盜。騙奸
LATRUNCŬLI, orum, m.	小賊。棋子
LATUMIÆ, arum, f.	石礦。監牢
LĂTUS, ĕris, n.	膀。旁邊。旁側。腰
LATUS, a, v. fero.	
LATUS. a, *c. s.*	寬闊者
LAUDICŒNUS, i, m. [*cœna.*	讚美以圖飧者
LAŬDO, as, [*laus.*	くく。嘉獎。引書
LAUREA, æ, f. [*laurus.*	花紅。賞。武榮
LAURUS, i, *l.* us, f.	丁香葉
LAUS, ūdis, f. [*laudo.*	讚美。美。功。尊
LAUTIA, orum, n.	與欽差之筵席
LAUTUS, a, *c. s.* [*lavo.*	盛。華麗者。佳美
LAVACRUM, i, n.	沐浴之所
LĂVO, āvi, otum, *l.* autum, 1.	洗淨。盥手
— peccatum.	滌罪

LAXO, as.	鬆。寬。散心。離。減
LEA, æ, f. &	
LEÆNA, æ, f.	牝獅子
LEBES, ētis, m.	鍋。平底鍋
LECTICA, æ, f.	轎一座
lectica ferri.	坐轎以往
LECTE, c. s. &	
LECTIO, onis, f. v. lego.	
LECTO, as, (lego.	常讀。常摘
*LECTO, as, [lacio, comp.	
LECTUM, i, n. &	
LECTUS, i, l. us, m.	牀。榻饗宴之床
LECTUS, us, m. &	
LECTUS, a, v. lego.	
LECўTHUS, i, f.	小缾
LEGALIS, e, (lex.	照律例者
LEGATARIUS, ii, m.	該受遺物者
LEGATUM, i, n.	遺與之物
LEGATUS, i, m. (lego, as.	欽差。委員。撫院
LEGĬFER, ĕra.	定律例者
LEGIO, onis, f.	兵營。一標。一旗兵
LEGISLATOR, oris, m.	定律例者
LEGITĬMUS, a, (lex.	按理。依例者
LEGO, as.	派委。遣。差人。托付。遺與人

LĔGO, ēgi, ectum, 3.	讀書。摘。挑。揀
LEGUMEN, inis, n.	荳。菽
LEMA, æ, f.	目垢
LEMBUS, i, m.	快艇
LEMMA, atis, n.	牌扁題目。他書之句
LEMNISCUS, i, m.	冠摇帶。細帶
LEMŬRES, ûm, m.	夜妖怪
LENA, æ, f.	開娼窩之女
LENIMENTUM, i, n.	抹油。止疼物
LENIO, ivi, itum, 4.	輕。止疼息。安慰
LENIS, e, *c. s.*	綿爽。温和。平光
LENO, ōnis, m.	惡媒人。惡中人
LENOC.NIUM, ii, n.	作惡媒。諂誘
LENS, dis, f.	蝨蟣
LENS, tis, f. m.	扁荳
LENTESCO, tui, 3. [*lentus.*	漸慢漸爽
LENTICŬLA, æ, f.	小扁荳。油餅。臉紅點
LENTIGO, inis, f.	面紅點
LENTUS, a, *c. s.*	緩。徐。可彎。冷。長
LEO, onis, m.	獅子。星名
LEONINUS, a.	〻者。不公道
LEPĬDUS, a, *c. s.*	有趣。斯文。巧
LĔPOR, oris, m.	趣。巧言。温和

LEPRA, æ, f. 癩病

LEPUS, ŏris, m. 野兎。魚名。星名

LESSUS, us, m. 女哭喪。弔喪

LETALIS, *l.* lethalis, e. 要命者。致死者

LETHARGUS, i, m. 病貪睡昏迷。瘋

LETHUM, i, n. 死亡

letho (*dat.* dare. 斃

*LEUCA, æ, f. 八里地。十二里

LEUCOPHÆUS, a. 灰色者

LEUCOTHĔA, æ, f. 清早。黎明

*LEUCOS, *comp.* 白

LEVAMEN, ĭnis, n. [*levo.* 輕減。安慰

*LEVIATHăN, m. 大龍名。鬼

LEVIFĬDUS, a, [*fides.* 不可信者。改變

LEVĬGO, as. 刨平

LEVIR, ĭri, m. 妻舅。大伯

LĔVIS, e, *c. s.* 輕飄。淺者。伶便

LEVIS, *l.* lævis, e, *c.* 刨平。嬌嫩。無毛

*LEVITA, *l.* levites, æ, m. 副祭者

LĔVO, as. 擎起來。減。鬆。刨

— eum metu. 解其怕

LEVO, *l.* lævo, as. 刨平。磨光

LEX, egis, f. 律例。法度。規約

*LEXĬCON, ci, n. 字典

LIACŬLUM, i, n. 刡刀

LIBAMEN, ĭnis, n. v. libo.

LIBĂNUS, i, m. 西里亞國山名

LIBARIUS, ii, m. 麪食舖

LIBELLA, æ, f. 取平。準繩。天平

＊LIBELLATĬCI, orum, m. 付名帖佯背教

LIBELLIO, onis, m. 小書舖。報子。主稿書吏

LIBELLUS, i, m. (*liber*. 小〻。書舖

—supplex. 稟帖。奏本

LIBENTĔR, *c. s. adv.* (*libet*. 甘心。情願。悦然

LIBER, bri, m. 書一卷。樹內皮

LIBER, ĕri, m. 酒。兒子

LIBER, ĕra, *c. s.* [eo, *l.* ab eo. 自主。無阻。空

LIBERALIA, ium, *l.* iorū, n. 三月酒神戲

LIBERALIS, e, *c. s.* [in eum. 自主。大方。寬裕。尊。美。有禮

LIBĔRI, orum, m. 兒女

LIBĔRO, as, [*liber*. 救出來。除免人之難。放奴。赦罪

—a, *l.* de periculo. 拯拔于險

LIBERTAS, atis, f. 自主。直言。放肆

LIBERTUS, i, m. 放之奴

LIBET, ebat, uit, 2. 中人意。愛。欲

LIBIDO, ĭnis, f. 願欲。貪。慾。邪淫

海上絲綢之路文獻集成 科技與文化編

LIBITUM, i, n.	意
ad —	如意。隨便
LIBO, as.	先嘗後奠酒。嘗一口
LIBRA, æ, f.	一斤。大秤。卯宮宿
LIBRARIA, æ, f.	書房。派工夫之女
LIBRARIUS, ii, m. (*liber*.	抄書者。抄手
LIBRILE, is, n.	天平幹。石砮
LIBRO, as, [*libra*.	過秤。作平等。比兌。舞刀。平分。抛。細想
LIBUM, i, n.	甜餅。獻之物
LICENTIA, æ, f.	寬免。告假。放肆
LICEO, cui, citum, 2.	當衆被估量
LICEOR, citus, 2.	當衆獻價
LICET, cuit, *l.* icitum, 2. (ei *l.* eum.	可以。可作
LICET, *conj.*	雖然
LICHEN, ēnis, n.	乾癬
LICIA, orum, n.	機上之綰線
LICIATORIUM, ii, n.	〃〃卷布之車
LICIO, exi, ectum, 3. *pro* lacio *comp.*	
LICITOR, aris.	獻大價。爭
LICITUS, a.	合理者。可行
LICIUM, ii, n. v. licia.	機上之綰。藥名

辣丁中華合字典

LICTOR, oris, m.	送官之皂班
LIDO, isi, isum, 3. *pro* lædo *comp.*	
*****LIDUNA**, æ, f.	退潮
LIEN, ēnis, m.	膁貼
LIGAMEN, inis, n.	綁帶。綁繩
LIGATUS, a, v. ligo.	
LIGNA, orum, n.	柴火。薪。蕘
LIGNARIUS, ii, m.	樵夫
faber —	木匠
LIGNUM, i, n.	木。地板。果核。殼
LIGO, onis, m.	大鑿
LIGO, as.	綁。結。纏纍
LIGO, *pro* lingo.	
*****LIGO**, egi, ectum, 3. *[lego, comp.*	
LIGURIO, ivi, itum, 4.	找美味。慢食嘗味，嗜。饕敗家
LIGURIUS, ii, m.	饕敗家者。嗜者
LIGUSTRUM, i, n.	臭李樹果
LILIUM, ii, n.	玉蕤花。砲臺
LIMA, æ, f.	銼刀。勤修文
LIMATURA, æ, f.	〻末
LIMAX, acis, m.	田螺。蝸牛
LIMBUS, i, m.	衣邊。書邊。衣纓
LIMEN, inis, n.	門限。門
LIMENARCHAS, æ, m.	邊界關部大人

LIMES, itis, m. 捷徑。限止。路

LIMNE, es, f. 池。湖

LIMO, as, (*lima*. 剉。磋光。修削

LIMPIDUS, a, *e. s.* 清。淨〻者

LIMUS, i, m. 污泥。腰帶類

LIMUS, a. 斜着。乜

LINAMENTUM, i, n. 麻布衣。治瘡線

LINEA, æ, f. 線。一行。釣絲。墨斗線。鷩帘

— consanguinitatis. 親戚脉派

— margaritarum. 珍珠串

ducere lineam. 畫一行

LINEAMENTUM, i, n. 線。皮紋。模樣

LINEO, as. 畫圖。描寫

LINEUS, a, (*linum*. 麻布者

linea nebula. 麻紗

LINGO, xi, ctum, 3. 餂。嘲

LINGUA, æ, f. 舌。話。入海地

LINGŬLA, æ, f. 入海山尖子

LINGULACA, æ, f. 鞋底魚。草名

LINGUOSUS, a. 多口者。多言者

LĬNIO, nivi, itum, 4. 抹油

LĬNO, līvi, *l.* lēvi, lĭtum, 3. 擦〻。抹灰。裝飾

*LINOSTŎMA, ătis, n. &

— palla. 手帶

LINQUO, iqui, ictum, 3. 捨。棄。置于不問
*LINTEAMEN, ĭnis, n. 麻布
LINTEARIUS, ii, m. 〱〱之舖
LINTEO, onis, m. 織麻布者
LINTER, tris, m. 空木之舟
LINTEUM, i, n. &
LINTEUS, i, m. 麻布。手巾。桌布
LINUM, i, n. 胡麻。麻布。繩扎
LIPPUS, a. 目垢者
LIQUAMEN, ĭnis, n. 猪油。猪膏。脂膏
LIQUESCO, qui, 3. 化開。流
LIQUET, ebat, ēre. 流。清。可見。分明
LIQUĬDUS, a, c. s. 流者。化開。清。爽
LĬQUO, as. 鎔化。過布。濾
LIQUOR, oris, m. 流之物。水
LIRA, æ, f. 田池。田畔。畦
LIRĬNON, ni, n. (*lilium*. 玉蕻油
LIS, itis, f. 官司。訟。爭論。訟之事
LITANIA, ĭæ, f. 禱文
LITĔRA, *l.* littĕra, æ, f. 字
LITHARGўRUM, i, n. 金銀落。銀渣
LITHOCOLLA, æ, f. 油灰。黏石材
*LITHOS, i, m. 石
LITHOSTROTUM, ti, n. 鋄鑲之石

LITHOTOMIA, v. latumiæ.

LITIGIUM, ii, n. &

LITĬGO, as, [lis. 打官司。訟

LĬTO, as. 以祭息神怒

LITTĔRA, æ, f. 字。學

litteræ *plur.* 書信。華函

LITTUS, v. litus.

LITURA, æ, f. [lino. 抹油。勾去

*LITURGIA, æ, f. 修道業。禮節

LITUS, ŏris, n. 岸。涯。濱

LITUUS, i, m. 巫棍。號筒。鴛業

LIVĬDUS, a, *s. z.* &

LIVOR, oris, m. 皮青。血迹。嫉妒

LIX, icis, f. 火灰

LIXA, æ, m. 挑水兵。軍奴

LIXIVIA, æ, f. 鹼砂。鹼水

LOCA, orum, n. v. locus.

LOCATIO, onis, f. [loco. 租錢。次序

LŎCO, as. 安置。租給人。費

LOCULAMENTUM, i, n. 隔子。空。間之處

LOCŬLUS, i, m. 棺材。小處。隔子

loculi *plur.* 諸隔子。錢褡子

LOCŬPLES, etis, *c. s. adj.* [pleo. 富。忠。可信者

LOCUS, i, m. *plur.* loca, *l.* loci, orum. 地方。地位。空所

loci *plur.* 處情俗例。列間隔子

辣丁中華合字典

loci l. loca feminae:	婦胎
LOCUSTA, æ, f.	螞蚱。龍蝦
LOCUTUS, a, v. loquor.	
LODIX, icis, f.	被臥。被襌
LOGICA, æ, f.	推論法。辯論規
*LŎGOS, i, m.	話。言
LOLIUM, ii, n.	稗草。草莠。璽麥
LONGANIMIS, e, [longus.	大忍耐者
LONGĂBO, onis, m. &	
LONGĂNON, onis, m.	肉實腸。大腸
LONGĒ, c. s. adv.	遠。狠。甚
— aliter.	大有分別
— melior.	好不可比
LONGINQUUS, a, c.	遠。久。外路。遲。長
*LONGITURNUS, a.	長久者
LONGURIUS, ii, m.	長棍。木條。篙
LONGUS, a, c. s.	長。伸者。久。累贅
homo —	怵。呆
LOQUAX, acis, c. s. adj.	多口者。言煩贅
LOQUELA, æ, f.	言語。口風。口音
LOQUOR, cutus, l. quutus, 3.	說。言。談論。啓口
LORA, æ, f.	水酒。紂。皮袋口
LORAMENTUM, i, n.	皮帶。皮條
LORICA, æ, f.	甲。護心甲。灰皮。衛障。墻之走水

LORUM, i, n.	皮條。皮鞭。轡頭
LOTIUM, ii, n.	尿
LOTUS, a, v. lavo.	
LOTUS, i, f.	蓮花。藕
LUBENS, lubet, v. libet, &c.	
LUBRĬCUS, a.	滑者。不定。虛幻。平光。不穩。不久
LUCA, *l.* lucas, æ, m. f. &	
— bos.	象
LUCANĬCA, æ, f.	細肉貫腸
LUCAR, ăris, n.	戲子之錢
LUCEO, xi, 2. (*lux.*	發光。光照。昭光
LUCERNA, æ, f.	燈。魚名
LUCESCIT, ebat, ĕre.	天始光
LUCI, *adv.* (*lux.*	日間
LUCĬDUS, a, *c. s.*	明光者。射光
LUCĬFER, ĕri, m.	曉星。早星。魔首
LUCRIPĔTA, æ, m. (*lucrum, peto.*	找利息者
LUCROR, aris.	得利。得。倍本
— hoc malum.	免此罪之罰
LUCRUM, i, n.	利息。倍本。便益
esse lucri, *l.* lucro.	有益
LUCTOR, aris.	擗脚。逼欲。爭。比武。勉作
— cum janua.	勉開門不得

辣丁中華合字典

LUCTUS, us, m. (*lugeo.*	哀哭。哭泣。涕泣。孝衣。泣血。服
LUCUBRO, as.	夜間用功。夜成
LUCULENTUS, a, e.	光亮。佳美。華麗。富
LUCUS, i, m.	廟林
LUDIBRIUM, ii, n.	譏誚。被譏笑之人
LUDICRUS, a.	玩耍。譏笑。賭戲
LUDIFICOR, aris, (*ludus.*	騙。譏誚。設罔機。暗謀。被騙
LUDIUS, ii, m.	弄戲笑者。裝像聲
LUDO, si, sum, 3.	玩耍。賭博。譏笑。騙。行邪淫
— suo corio.	以己物冒險
LUDUS, i, m.	玩耍。賭錢。博弈。譏。騙學舘
ludi *plur.*	戲
LUES, is, f.	瘟疫。雪冰水
LUGEO, xi, ctum, 2.	哭。哀哭。流淚
LUGUBRIS, e.	喪事。哭着。憂悶
LUITUS, v. luo.	
LUMA, æ, f.	茨類
***LUMBARE**, is, n.	小便布
LUMBRICUS, i, m.	地龍。屎虫
LUMBUS, i, m.	腰子。腎

LUMEN, inis, n. (*luceo.* 光。目。見。日。空白生命。飾。窗。解說

LUMINARE, is, n. 光物。飾。透光眼

LUNA, æ, f. 月。太陰。女神名

— secunda, — tertia. 月初二。初三日

LUNATĬCUS, a. 隨月發瘋者

LUNŬLA, æ, f. 小月。月狀

LUO, ui, ĭtum, 3. 洗。贖罪。還債

— pœnas. 受罰

LŬPA, æ, f. 牝狼娼婦

LUPANAR, aris, n. 娼窯。花林。青樓

LUPATA, orum, n. 狼牙貌之轡

LUPERCALIA, um, n. 二月牧童戲

LUPINUS, i, m. 野荳。野荳假錢

LŬPOR, aris, (*lupa.* 行嫖

LŬPUS, i, m. 狼。鉄轡。鉄手

LURCO, onis, m. &

LURCOR, aris. 吞食者。貪饕

LUROR, oris, m. 發黃。紅黃。敗色

LUSCINIA, æ, f. 紅馬鶇。畫。鶥

LUSCISTIO, onis, f. 近視眼。忌大光

LUSCUS, a. 獨目者。單目

LUSI, v. ludo.

LUSOR, oris, m. 耍者。賭博。騙者

LUSTRO, as. 奠酒滌罪。四望。閱兵。遊行。加榮

LUSTRUM, i, n.	祭名。五年。獸窩。泥水地
LUSUS, us, m. [*ludo*.	賭。玩
LUTEA, æ, f.	釬藥。硼砂。黃花
*__LUTER__, ĕris, n.	杯。盆
*__LUTEUM__, v. lutum.	
LUTRA, æ, v. lytra.	
LŬTUM, i, n.	泥水。黃花。蛋黃
LUTUM, i, n.	黃花。く
LUX, ucis, f. m.	白日。光亮。黎明
edere in lucem.	生。娩
LUXO, as.	拆。鬆。降級
LUXURIA, æ, f. v. luxus.	
LUXURIO, as, &	
LUXURIOR, aris.	大費用。玩跳。茂盛。漁色
LUXUS, us, m.	茂盛。豐華。奢華。奢侈。邪淫
LUXUS, a, v. luxo.	
LYCEUM, ēi, n.	大學館
LYCHNIS, idis, f.	虞美人草。寶石名
LYCHNUCHUS, i, m.	提燈奴。蠟臺
LYCHNUS, i, m.	燈。宮灯
LYMPHA, æ, f.	水。水女神
LYMPHO, as.	令發瘋。迷心

LYNX, cis, m. f. 目利之獸
LYRA, æ, f. 七絃琴。牛郎星
LYRON, ri, n. 河車前子草
LYTRA, æ, f. 水獺。海虎
LYTTA, æ, f. 狗舌虫

M

M, [mille. 一千
MACELLUM, i, n. 糧食市
MĂCER, cra, c. s. 瘦者。無實色者
MACERIA, æ, f. 無灰之墻。石墻
MACĔRO, as. 使漸瘦。克。漚。泡
MACHÆRA, æ, f. 短腰刀
*MACHE, es, l. machia, æ, f. 打仗。戰
MACHĬNA, æ, f. 架子。機策妙機
MACIES, ēi, f. &
MACOR, oris, m. [macer. &
MACRITUDO, inis, f. 瘦。敗色
MACTO, as. 殺祭。弊。加。傷
MACTRA, æ, f. 合麪之盆
MACTUS, a. 加上
macte virtute. 前進不怕
MACŬLA, æ, f. 贓。玷。忝。黑斑
MACŬLO, as. 〻〻。〻辱
MADEFĂCIO, fēci, factū, 3. 濕之。醉之
MĂDEO, ui, 2. 自濕

MÆANDER, dri, m. 多繞彎之河名

meandri *plur.* 詭弊。計謀

MAGALIA, orum, n. 草房

MAGIA, iæ, *l.* magice, es, f. 巫法。卜卦學

MAGIS, *adv.* 更。更甚。兪。愈

MAGISTER, tri, m. 師傅。監督。掌事

MAGISTRATUS, us, m. 功名。官位。官宦。官員

MAGMA, ătis, n. 雜香炷

*MAGNALIA, um, n. 大事。大功

MAGNANIMUS, a. 大方者。高志意

MAGNATES, um, m. 諸大臣

MAGNES, etis, m. 吸鐵石

MAGNIFICENTIA, æ, f. 華麗。紛華。奢華

MAGNIFĬCO, as, [*magnus.* 舉揚。讚

MAGNIFĬCUS, a, centior, centissimus. 絶好。華麗。大榮

MAGNITUDO, ĭnis, f. 大。高

MAGNOPĔRĔ, *adv.* 狠。甚

MAGNUS, a, major, maximus. 大。丕孟。弘大

— homo. 超卓之人。俊偉

MAGUS, i, m. 博學。術士

MAGUS, a. 巫者。邪法者

MAJALIS, is, m. 閹猪

MAJESTAS, atis, f. 大威。威風。威儀

MAJOR, us, v. magnus.

majores, um, *plur.* 先人。祖宗。古人

MAJUS, i, m. 洋五月。二十一日即小滿

MALA, æ, f. 腮顴骨。頰

MALĂCHE, es, f. 大葉之葵菜

MALACIA, æ, f. 海中無風懶。靨

MALĂCUS, a. 綿軟嬌嫩者

MALAGMA, ătis, n. 膏藥

MALASSO, *l.* malaxo, as. 作耎。揉之

MĂLÈ, pejus, pessīme, *adv.* 不善。歹。難然

MALEDICO, ixi, ictū, 3. (ei. 以言犯人。罵。降禍

MALEDĪCUS, a, centior, centissĭmus. 善謗人者。壞人名

MALEFĪCUS, a, centissimus. 害人者。念呪者

MALEVŎLUS, a. 惡意恨者

*MALIGNO, as. 謀害

— venena. 染毒

MALIGNUS, a, *c. s.* 惡心腸者。嫉妒

MALITIA, æ, f. 狡猾。歪心。詭獘。乖戾。奸

MALLEŎLUS, i, m. 小鎚。火把。小枝

MALLEUS, i, m. 鎚子。宰牲之斧

MALLUVIUM, ii, n. 盥手盆

MALO, mavis, malui, malle. 寧欲。更願

MALOGRANATUM, i, n. 石榴

MALTHA, æ, f. 猪油灰。不可滅之泥

MALUM, i, n. 惡事。災。頻果。果

MALUS, a, pejor, pessimus. 〻。損人。不公道

MALUS, i, f. 頻果樹

MALUS, i, m. 桅竿

MALVA, æ, f. 葵菜。冬葵子

MAMMA, æ, f. &
MAMMILLA, æ, f. 嬭頭。乳。山羊胡

MAMMONA, æ, f. 財神。財

*MAN, *pro* manus, et manna.

MANCEPS, ĭpis, *adj.* 包工者。稅課。獨買者。保人

MANCĬPI, *pro* mancipii.

MANCIPIUM, ii, n. 被虜之奴。作主。賣約

res mancipi. 所有之物

mancipio dare. 賣而可收還

MANCĬPO, as. 出手。拏。虜

MANCUS, a, (*manus.* 缺一隻手者。廢人。殘疾人。缺

MANDATARIUS, ii, m. [*mando.* 差之人。承命者

MANDATUM, i, n. 命。委托之事

MANDIBŬLA, æ, f. 下巴骼。下頦

MANDO, as. 托付。命。交付

ḾANDO, di, sum, 3. 食。嚼。咬

MANDRA, æ, f. 牛圈

MANDRAGŎRA, æ, f. 發汗草名

MANDUCO, as. 食。嚼

MANĖ, *adv.* 早上。夙。朝。晨旦

totum — dormire. 全朝寐耳

MĂNEO, si, sum, 2. 在。不別。仍在。緩。耐。將遇

— promissis [*dat.* 守約

gloria te manet. 爾榮已備

MANES, ium, m. 死人鬼。地獄

MANGO, onis, m. 買奴之客。賣假貨

MANGONIZO, as. 飾僞貨

MANIA, æ, f. 心迷。狂。妖影

MANĬCA, æ, f. 袖。鐐。纜

MANĬCO, as. 提。流。早來

MANĬCON, ci, n. 白花草

MANIFESTO, as. 顯明。露

MANIPŬLUS, i, m. 握。綑。一紥。手帶

*MANNA, n. 奇餉。天降之餚

MANNA, æ, f. 香枚。藥香

MANNUS, i, m. 快小馬

MANO, ás. 流出來

manat crurore gladius. 腰刀滴血

MANSI, v. maneo.

MANSIO, onis, f. 在。留人。宅。程

MANSUETUDO, ĭnis, f. &

MANSUETUS, a, *c. s.* 良善。温和。仁。慈

MANSUM, v. maneo, et mando.

MANTELLUM, i, n. 桌布。手巾。帨巾飯布

MANTEUM, ĕi, n. 筭兆之處

MANTICA, æ, f. 褡褳。行囊

MANTILE, is, n. v. mantillum.

MANTIS, is, m. 算命者。先知

MANUALIS, e, [*manus*. 手者。袖者。便

MANUBIÆ, arum, f. 搶之物。遺之物

MANUBRIUM, ii, n. 欛柄。柯

MANUFACTUS, a, [*manus* 人造者。非自然

MANUMITTO, isi, issū, 3. 釋放奴

MANUS, us, f. 手。蹟。鐵手。手工。一下刀。勢力

— militum 一隊兵

— elephantis. 象鼻

MAPALIA, ium, n. 草房

MAPPA, æ, f. 飯手巾。地里圖

MARCEO, ui, 2. 卸葉敗力。憂悶

MARCIDUS, a. 發拈。奐弱

MARE, is, n. *abl.* mari, *l.* mare, *plur.* maria, ium. 海。洋。危險。疾流

MARGĂRIS, ĭdis, f. 果名

MARGARITA, æ, f. &

MARGARITUM, i, n. 珍珠

MARGO, ĭnis, f. m. 邊。畔。堤。畦

MARINUS, a, (mare. 海者

MARITALIS, e. 夫婦者

MARITĬMUS, v. marinus.

MARITUS, i, m. 丈夫。男人

MARMOR, ŏris, n. 花石。玉

MARRA, æ, f. 拔草鋤

MARRUBIUM, ii, n. 鏨草

MARS, tis, m. 關帝。戰。火星。能

MARSUPIUM, ii, n. 錢褡。荷包

MARTES, is, f. 貂鼠

MARTIALIS, e, v. Mars.

MARTIUS, ii, m. 洋三月。二十一日卽春分

*MARTYR, ўris, m. 致命

MAS, aris, m. &

MASCŬLUS, i, m. 公。牡。雄

MASSA, æ, f. 漿糊．生麪

MASTICHE, es, f. 芸香。樹香

MASTRUCA, æ, f. 皮衣

MASTRUPATOR, oris, m. 行手色者

MATELLA, æ, f. 尿壺

MATER, tris, f. 母親。嬭母
— familias, matris familias. 家主母
MATERIA, æ, f. 木。材料。題目
MATĔRIS, is, f. 鎗類
*****MATERIALĬTER**, *adv.* 論字体。外皮
MATERNUS, a. [*mater.* 母者。外親者
MATERTĔRA, æ, f. 姨母者。姨表
— magna. 祖姨母
MATHEMATĬCA, æ, f. &
MATHESIS, is, *l.* eos, f. 天文。筭法
*****MATRICARIA**, æ, f. 茶花
MATRIMONIUM, ii, n. 婚配。娶嫁
*****MATRISYLVA**, æ, f. 金銀花
MATRIX, icis, f. 母胎。乳牲。宗枝
MATRONA, æ, f. 貴婦。家母
*****MATTA**, æ, f. 燈草蓆
MATŬLA, æ, f. 尿壺
MATURÈ, *c. s. adv.* 早。合時。速。遲
MATURO, as. 漸熟。速行。合時來
MATURUS, a, *c.* 成熟。合時。速。智
— armis, *l.* ad arma. 可當兵之時
MATUTINUS, a. 早上者
MAUSOLEUM, ēi, n. 王墓。御陵。皇陵
MAVORTIUS, a, [*Mars.* 善戰者
MAXILLA, æ, f. 骨子。下頦。牙牀

MAXĬME, *adv.*	至極。在先
MAXĬMUS, a, v. magnus.	
ME, v. ego.	
MEATUS, us, m. (*meo.*	小眼。走。過之處
MECHANĬCUS, a.	匠人之。妙機者
MECON, onis, f.	玉美人花
MEDELA, æ, f.	藥
MEDEOR, eris, eri, (ei.	治病。醫病。傅藥
MEDIASTĬNUS, i, m.	卑業之奴
*MEDIATOR, oris, m.	中人。勸和者
MEDICAMEN, ĭnis, n. &	
MEDICAMENTUM, i, n.	藥。紅顏料。毒
MEDICINA, æ, f.	〻。藥舘
MEDĬCUS, i, m.	醫生。大夫。外科
*MEDIO. as. (*medius.*	在其間。作中人
MEDIOCRĬTÈR, *adv.* (*medius.*	中等。可以
MEDITERRANEUS, a.	地當中者
MEDĬTOR, aris.	思慮。默想。演習
MEDIUM, ii, n.	中間。中央。心
de medio tollere.	殺。打死
MEDIUS, a.	中間者。中等。疑
MEDIUSFIDIŬS, *adv.*	爲神誓無詐
MEDULLA, æ, f.	木心。骨髓。物肉
*MEDULLATUS, a.	肥者。美味者
MEGISTANES, um, m.	大臣。秉朝綱

MEHERCLĔ, *adv.* [*Hercules.*	爲某神誓無詐
MEJO, minxi, ictum, 3.	撒尿。小解
MEL, ellis, n.	蜂蜜
MELAMPODION, dii, n.	吳茱萸
MELANCHOLĬCUS, a.	憂悶、寂寞。黑痰
MELANIA, æ, f.	身黑點
MELANTHIUM, ii, n.	草名
MELI, *pro* mel.	
MELICERIA, æ, f.	蜂窩瘡
MELĬCHROS, ōtos, m.	蜜色之寶石
MELICHYSUS, i, m.	寶石名
MELĬNUM, i, n.	紫蘇、櫍花油
MELIOR, us, v. bonus.	更好者。愈美
MELIORO, as.	使善。致好
MELIS, is, f.	豪猪
*MELIUM, ii, n.	狗圍膊
MELIŬS, *adv.* [*bene.*	愈美、勝
MELLA, æ, f.	洗蠟之水
MELLARIUS, ii, m. (*mel.*	養蜜蜂者
MELLATIO, onis, f.	割く〱窩
MELLIFLUUS, a.	流〱者。甜
MELO, onis, m.	甜瓜
MELODĬA, æ, f. &	
MELOS, n.	和音。中聽
*MELOTA, æ, f.	綿羊皮

MEMBRANA, æ, f.	油皮。脂膜。皮衣。羊皮紙。書物面
MEMBRATIM, *adv.*	各肢體。分股
MEMBRUM, i, n.	肢體。一讀
* — virile.	男小便。屌
MEMENTO, mementote, *imperat.* [*memini.*	汝記。汝等記可也
MEMĬNI, isti, isse, (ejus, *l.* de eo.	記得。憶。提醒
MEMOR, ŏris, *adj.* [ejus.	〻者。人記之
MEMORABĬLIS, e.	可記。可記載
MEMORIA, æ, f.	記性。記念
memoriâ tenere.	〻得。默記
memoriæ mandare.	學背書。〻上
MEMORĬTÈR, *adv.*	記吟。記誦。諷誦
MENDA, æ, f.	不及。污瑕。錯處
MENDACIUM, ii, n.	謊。詐言。謊言
MENDAX, acis, *c. s. adj.*	〻者。假僞者
MENDICO, as, &	
MENDICUS, a, *s.*	討飯。乞丐。招
MENDUM, i, n.	差錯。書錯處
MENIANA, orum, n.	欄杆。平臺。伸出之窗
*MENOLOGIUM, ii, n.	月計
MENS, tis, f.	明悟。靈意。記念
mentis alienatio.	轉向

MENSA, æ, f.	桌。几。飯桌。臺
secunda mensa.	另排席
mensam sterněre.	舖桌
MENSIS, is, m. (*metior*.	一月
menses, sium, *plur*.	婦月經
mense Julio pervenit.	七月間已至
30 dies habent November,	四六九十一月
Aprilis, Junius, et Septem-	有三十日。二月
ber ; 28 dies Februarius;	二十八日。其餘
reliqui vero 31.	月三十一日
MENSTRUUM, i, n.	一月之糧。月經
MENSURA, æ, f.	度量。斗。尺。職
MENSUS, a, [*metior*.	量者。被度量者
MENTA, *l*. mentha, æ, f.	薄荷
MENTAGRA, æ, f.	面癬
MENTASTRUM, i, n.	草名
MENTIO, onis, f.	提起。記念
mentionem facere de eo.	〻起彼
MENTIOR, itus, 4.	說謊。詐口。假裝
— virum.	扮男人。佯爲男
MENTUM, i, n.	下巴骼。頷頦
MEO, as.	走過。移。遊
MEPHITIS, is, f.	腥。臭
MERACUM, i, n.	純酒
MERCATOR, oris, m.	商賈。客商

MERCATURA, æ. 貨物。買賣
MERCATUS, us, m. 買。市口。市鎮
MERCENARIUS, a. 有工錢。短工。傭
MERCES, edis, f. 工錢。租錢。利錢
MERCIMONIUM, ii, n. v. mercatura.
MERCOR, aris. 買。買賣
MERCURIALES, ium, m. 客商會
— viri. 諸學文之人
MERCURIUS, ii, m. 文神。財神。火星
MERDA, æ, f. 屎
MERENDA, æ, f. 晩點心
MEREO, ui, itum, 2. &
MEREOR, itus, 2. 有功。立功。該當
bene mereor de te. 汝受吾恩
MERĔTRIX, icis, f. 娼婦。妓女
MERGES, itis, f. 一綑穗。刈器
MERGO, si, sum, 3. 沉。泡。淹。累。壓
*MERGŬLUS, i, m. 燈撚子
MERGUS, i, m. 鸕鷀。壓之枝
MERIDIANUS, a. 午線。南方者
MERIDIES, ēi, f. 晌午。〻
MERIDIOR, aris. 午時寐
MERĬTÒ, *c. s. adv.* 有功。當然
MERITORIUS, a. 可雇者。有功。傭
MERĬTUM, i, n. [*mereor.* 功勞。恩惠。工錢

MEROPS, ŏpis, f. 啄蜜蜂鳥
MERSUS, a, v. mergo.
MERŬLA, æ, f. 白舌鳥。水箏
MERUM, i, n. 純酒
MERUS, a. 〻精者
MERX, cis, f. 貨物
MESA, æ, f. 細麻
MESAULÆ, arum, f. 通樓。通橋。甬路
MESES, is, m. 東北風
MESPĬLUS, i, f. 枸杞樹
*MESSIAS, Iæ, m. 將降來者
MESSUS, a, v. meto.
MESSIS, is, f. (*meto.* 收割。莊稼。穡時
*MESTRIS, *pro* mensis, *comp.*
MET, egomet &
memet. 我自己
semet. 其〻〻
META, æ, f. 限地。界址。草堆
METALLUM, i, n. 五金。銅。礦
METAMORPHOSIS, eos, f. 變化
METAPHŎRA, æ, f. 借意
METAPHYSĬCA, æ, f. 越萬物之學
METAXA, æ, f. 胡絲。細衣。麻繩。細
*METEMPSYCHOSIS, is, f. 托生。輪廻

METEORA, teōrum, n. 空中之物。流星

METHŎDUS, i, f. 法。次序

METIOR, ensus, 4. 量。度量

METICULOSUS, a, (*metus*. 胆小者

METO, essui, essum, 3. 收割。刈割。砍

METOCOSPŎCOS, i, m. 相面者

METOR, aris. 丈量。限插營地

METRETA, æ, f. 四十五斤之桶。油壺

METRIA, īæ, *pro* metrum.

METROPŎLIS, is, f. 省城

METRUM, i, n. 詩字之規。量

METUO, ui, 3. &

— eum. 怕彼

— ei, *l.* pro eo. 爲彼怖

METUS, us, m. 怕。惶。懼

MEUS, a, (*voc.*) o mi, *l.* meus. 我者。吾友

MICA, æ, f. 麵頭渣。光砂。絲毫

MĬCO, cui, 1. 發光。昍光。跳

*MICRO, *l.* micros, *comp.* 微小

*MICROSCOPIUM, ii, n. 顯微鏡

*MIGMA, ătis, n. 雜物

MĬGRO, as. 搬家。挪移

— nidum. 移窩

MILES, ĭtis, m. 兵丁。兵卒。軍兵

MILITARIS, e, v. miles.	
MILITIA, æ, f.	當兵。入隊伍
domi, militiæque.	于家及于隊伍
MILIUM, ii, n.	包米。粟米。黍稷
MILLE, *l.* mile, *plur.* millia, ium.	一千
— homines, *l.* hominum.	〃〃人
— passus, v. milliarium.	
MILLENI, æ, a.	〃〃爲齊
MILLEPĔDA, æ. f. [*pes.*	肥蛛
MILLIARIUM, ii, n.	四里路。煮水鍋
MILLUS, i, m.	狗圍脖
MILTON, ti, n.	黃丹
MILVAGO, ĭnis, f.	飛魚
MILVUS, i, m.	野籠鷹
MIMUS, i, m.	扮戲子。裝像聲者。淫戲
MINA, æ, f.	四兩銀
MINÆ, arum, f.	嚇呼。恐嚇
*MĬNEO, ui, 2. *pro* maneo.	
*MINĔRA, æ, f.	礦。一派金銀
MINERVA, æ, f.	學女神。文昌
invitâ —	强習學
MINGO, inxi, ictum, 3.	撒尿。小解
MINIARIA, æ, f. (*minium.*	黃丹礦
MINÌMÈ, *l.* minĭmum, *adv.* (*parum.*	甚少。不。罔有斯

— feceris.	切勿行此
MINIMUS, a, v. parvus.	至小者。微小
ad minimum.	至少
MINISTER, tri, m.	侍者。僕。侍衛。師尹。輔助
— regius.	中堂。閣老。宰相
MINISTERIUM, ii, n.	工夫。使。侍之工
MINISTRO, as.	服事。送來。進。供
MINITOR, aris, v. minor, aris.	
MINIUM, ii, n.	黃丹。銀硃
MINO, as, &	
MINOR, aris.	嚇呼。恐嚇
— mortem ei.	〱打死彼
MINOR, us, v. parvus.	小于彼。下。次
MINORATUS, a.	作小之。減小
MINUO, ui, utum, 3.	減少。衰減
MINUS, *adv.* v. parum.	更〱。愈少。不
MINUTATIM, *adv.*	分碎然。漸然
MINUTIA, æ, f.	小事。零碎。屑。渣
MINUTIO, onis, f. v. minuo.	
— capitis.	降級。發落爲奴
MINUTUS, a, *c. s.* ſ*minuo.*	減。微小。卑。胆小
MIRACULUM, i, n.	聖跡。怪異
MIRIFICUS, a, ficissimus.	奇異者。奇妙
MIRO, as, &	

MIROR, aris, (eum, *l.* de eo. 驚訝。納罕。怪詫。異。依戀

MIRUS, a, *c.* 奇妙者。噩訝。性異。非凡

MISANTHROPUS, i, m. 善恨人者

MISCELLANEA, orum, n. 雜戲。雜物

— literaria. 會編。撮要

MISCELLUS, a. 雜種者。數類

MISCEO, cui, ixtum, *l.* is tum, 2. 攙。混雜。糅雜。鬧事。攪翻。搖洸

MISER, ĕra, *c. s.* &

MISERABĬLIS, e, *c.* 不中用。難堪。吝

MISERATIO, onis, f. v. miseror.

MISĔREO, ui, erĭtum, 2. &

MISEREOR, ertus, *l.* erĭtus, 2. (ejus. 可憐。矜惜

MISĔRET, ebat, eruit, 2. くく

— me tui. 吾く憫汝

MISERIA, æ, f. 難堪。貧窮。困厄

MISERICORDIA, æ, f. &

MISERĬCORS, ordis, *adj.* 憐心。仁慈。慈悲

MISĔROR, aris, (ejus, *l.* eum, v. misereor.

MISI, v. mitto.

*MISSA, æ, f. 弥撒

*MISSALE, is, n. くく經本

MISSILIA, ium, n. 散與衆之禮物。飄之兵器

MISSIO, onis, f. 遣。留命。俘。放兵。傳教

MISSUS, a, v. mitto.

missum facere. 誤。捨

MISTUS, a, v. misceo.

MITĬGO, as, (*mitis*. 止疼。息怒。歇。鬆。退。輕些

MITIS, e, *c. s.* 良善。温和。仁慈

MITRA, æ, f. 高帽

MITTO, isi, issum, 3. 打發。發。放。遣。捨。悞

MITŬLUS, i, v. mitȳlus.

MIXTUS, a, v. misceo.

MNA, æ, v. mina.

MOBĬLIS, e, *c. s.* [*moveo*. 可動。活潑。不定

MODERATOR, oris, m. 掌事。師傅

MODERATUS, a, *c. s.* (*modus*. 謹愼。有度。温柔

MODĔROR, aris, [ei. 用節。減。管束

MODESTUS, a, *c. s*, 廉恥。肅斂。自賤

MODĬCUS, a, [*modus*. 小。中等。少。有限

MODIŎLUS, i, m. 水桶。輪心。翳錐

MODIUS, ii, m. 斗。四斗爲洋斗

MODÒ, *adv*. 方纔。新近。只要

— ait, modo negat. 一時言是一時言非

emam, equum, — sit bonus. 吾必買此馬只要其係善者

non — est utile, sed etiam necesse. 不惟利尙緊要

MODŬLOR, aris. 以字而唱。吟詩

MŎDUS, i, m. 樣。式。樂板。規矩。般。節。德限。詩規

*MŒCHIA, ïæ, f. 犯奸

MŒCHOR, aris. 奸人之婦

MŒCHUS, i, m, 〻〻婦者

MŒNIA, um, n. 城墻。圍墻

MŒNIANUM, i, v. meniana.

MŒREO, ui, 2. (id, *l*. eo &

MŒROR, oris, m. 憂悶。憂愁。寂寞

MŒSTUS, a, *c*. *s*. 〻〻者。莫耐煩

MOLA, æ, f. &

MOLARIS, e. 磨石。旁牙

MOLENDINUM, i, n. 〻房

MOLES, is, f. *plur*. oles, iū. 大物。大事。大工程

MOLESTIA, æ, f. &

MOLESTUS, a, *c*. *s*. [ei. 難爲。煩。勒索。罣念

MOLETRINA, æ, f. 手磨。研子。研船磨房

MOLIOR, itus, 4. 勉力。大謀。造。裝

MOLLIO, ivi, itum, 4. 作耎。柔〻。泡開

MOLLIS, e, *c*. *s*. 耎。嫩。知禮。忍淫

MOLLITIES, ēi, f. 柔爽。自手色。男色
MŎLO, ui, ĭtum, 3. 磨
MOLŎCHE, es, v. malva.
MOLOSSUS, i, m. 豺狗詩步名
*MOMENTANEUS, a. 片刻者。不長久
MOMENTUM, i, n. 〻〻。動。重力塊
*MONĂCHUS, i, m. [*monos*. 隱修。獨修道
MONARCHA, æ, m. 獨王。皇帝
*MONASTĬCUS, a. 隱修首
MŎNEO, ui, ĭtum, 2. 告訴稟官。使知
id, *l.* de eo — illum. 以此使其知
MONETA, æ, f. 錢。錢印。鑄錢廠
MONILE, is, n. 頸環。馬護胸
MONĬTUS, a. v. moneo.
MONOCĔROS, otis, m. (*monos*. 獨角者。犀牛
MONOPOLIUM, ii, n. 〻買賣
*MONOS, *græc, comp.* 〻。單一
MONS, tis, m. *plur.* tes, tium. 一座山。崗。五嶽
MONSTRO, as. 顯。指。指名。教。告。公室徵
MONSTROSUS, a, *c. s.* &
MONSTRUOSUS, a, &
MONSTRUM, i, n. 古怪怪異物
MONTANUS, a. 山中者
MONUMENTUM, i, n. 古跡。墓。思表。誌
MŎRA, æ, f. 遲緩。等。延日。留

MORALIS, e, [*mos*. 行爲。風俗。大約

MORATUS, a. bene — 好行爲者

v. moror.

MORBUS, i, m. 病。恙

MORDEO, momordi, morsū 2. 咬。噬。齕。嗽。毀謗

MORDĬCŬS, *l.* mordicitùs, *adv.* 〱然

— tenere. 固執。堅執

MORE, v. mos, et morus, a.

MORETUM, i, n. 雜餅。餛飩

MORIBUNDUS, a. 臨終者。將死

MORIGĔRUS, a, [*mos*. 隨和。順從。將就

MORIO, onis, m. 獻笑者。則劇

MŎRIOR, tuus, 3. 死。亡。過。故卒。崩

MŎROR, aris. 居住。遲綫。推月

MOROSUS, a, *e*. 難足心。勒索

MOROSUS, a, (*mora*. 慢性者

MORS, tis, f. 死。死候。老人

simplex — 凡死

MORTALIS, e, *c*. 會〱。人類。暫時

MORTARIUM, ii, n. 臼。合石灰坑

MORTICINUS, a, (*mors*. 自死者。似屍者

***MORTIFĬCO**, as, (*facio*. 克己。難爲。壓服

MORTUUS, a, v. morior.

MORUS, i, f. 桑樹

MORUS, a. 痴人。傻子。呆

MOS, oris, m.	風俗。規矩。舉動
gerere morem ei.	隨和彼。從。殉人
MOTACILLA, æ, f.	點顛鳥
MŎVEO, ōvi, otum, 2.	動。惹。奪。減格神
terra movet, *l.* movetur.	地動
MÒX, *adv.*	就。未幾。立即
MUCEO, cui, 2.	生霉。黴
MUCRO, onis, m.	腰刀尖。劍。力
MUCUS, i, m.	鼻汀。鼻涕
MUGIO, ivi, itum, 4.	牛吽喊。牟。鳴。吼
MULA, æ, f.	牝騾
MULCEO, si, sum, 2.	減。息。柔之。諂媚
MULCO, as.	罰。打
MULCTO, as, v. multo.	
MULCTRA, æ, f.	擠之嬭盛嬭具
MULGEO, si, sum, 2.	く嬭
MULIĔBRIS, e, &	
MULIER, ĕris, f.	婦人。嬌嫩者
MULIO, onis, m.	赶車者。騾夫
MULLO, as.	以針縫
MULSUM, i, n. [*mulceo.*	蜜水。蜜酒。甜
MULTA, æ, f. (v. multus.	罰之錢
MULTICOLORUS, a, [*multus.*	雜色者
MULTIFARIĀM, *adv.*	數狀。數樣
MULTIFŎRIS, e, &	

MULTIFŎRUS, a. 孔多者
MULTIGĔNUS, a. 數類者
MULTĬPLEX, ĭcis, *adj.* 有數疊。幾樣。豐。紊亂
MULTIPLĬCO, as. 加倍。用乘法算
MULTO, as. 罰錢。罰。斷罪
— eum pecuniâ. 〻彼錢若干
MULTÒ, *l.* multùm, *adv.* 多。大。甚
— magis. 越。愈
— minus. 越不。愈不
MULTUS, a, plus, plurĭmus. 多。幾樣。眾多。大
— in opere. 大用功
MULUS, i, m. 騾
MUNDITIA, æ, f. &
MUNDITIES, ēi, f. v. mundus, a.
MUNDO, as. 打乾淨。潔。洗
— a limo. 拭其泥
MUNDUS, a, *c. s.* 淨者。斯文者
— a peccatis. 潔無罪
MUNDUS, i, m. 世界。宇宙。首飾
MUNĔRIS, v. munus.
***MUNGO**, xi, ctum, 3. 拭鼻涕
MUNI, *pro* munis.
MUNIA, um, n. 差事。職分。各任
MUNĬFEX, ĭcis, *adj.* 施恩。盡本分者
MUNĬCEPS, cĭpis, *adj.* &

MUNICIPIUM, ii, n. 私例之籍民

MUNIFĬCUS, a, centior, centissimus. 大方者。盛

MUNIMEN, ĭnis, n. &

MUNIMENTUM, i, n. &

MUNIO, ivi, itum, 4. 堅固。護守。保障

*MUNIS, e. 知恩者

MUNUS, ĕris, n. 本分。事業。禮物。戲。恩

*MURENŬLA, *l.* murænūla, æ, f. 鱔魚類。項環

MUREX, ĭcis, m. 紅色螺。大石頂。埋釘

MURIA, æ, f. &

MURIES, ēi, f. 鹹水。黃澤魚汁

MURINUS, a, [*mus.* 鼠者

MURMŬRO, as. 輕响。清冷。毀謗。呢喃

MURRA, *l.* murrha, æ, f. 香之花石。貴杯

MURTA, æ, f. v. myrtus.

MURUS, i, m. 圍墻。圍垣。城墻

MUS, ūris, m. 老鼠

mures *plur.* 各類鼠

MUSA, æ, f. 詩樂女神。詩書

MUSCA, æ, f. 蒼蠅。勤累人

MUSCIPŬLA, æ, f. 木猫。鼠籠

MUSCŬLUS, i, m. 小鼠。筋節。護兵架

MUSCUS, i, m. 青苔

MUSEUM, ēi, n. 文人之館。人空之洞

MUSĬCA, æ, f. 音樂。唱歌。奏樂

MUSSO, as. 呢喃。不出聲。含忍。碍口

MUSTELA, æ, f. 黃鼠狼。七星魚

MUSTUM, i, n. 葡萄汁。生酒

MUTABĬLIS, e, c. s. v. muto.

*MUTATORIA, orum, n. 首飾。貴衣。店

MUTĬLO, as. 去一肢。斷一塊

MUTĬLUS, a. 無一肢。無角者

MUTIO, ivi, itum, 4. 呢喃。碍口

MUTO, onis, m. 男小使。屌

MUTO, as. 改變。換更移

—quadrata rotundis. 以方物換圓者

MUTŬLUS, l. mutȳlus, i, m. v. mutĭlus. 出墻石。梁斗拱石

MUTUÒ, *adv.* 彼此。互相

MUTUOR, aris, [ab eo. 借來。借貸。借用

MUTUS, a. 啞巴。瘖者

MUTUUS, a. 借來。互相。相對

mutuum ei dare. 〱給彼

mutuum ab eo sumere. 向彼借貸

MYA, æ, f. 珠母螺

MYĂCES, um, m. 蛤蚧。蜆

*MYGĂLE, es, f. 毒鼠

MYLÆCUS, i, m. 偷油婆虫

MYOCTŎNUS, i, m. 殺鼠者。磇霜

MYOPĂRO, onis, m. 巡舟。賊舟

MYOPS, ōpis, m. 近視眼者

*MYRĬAS, ădis, f. 一萬

MYRICA, æ, f. 矮樹類

MYRMECIUM, ii, n. 手上之瘊。蜘類

MYROBALĂNUM, i, n. 柯米。柯米膏

MYROPOLA, æ, m. 香料舖

MYRRHA, æ, f. 沒藥香。戒酒藥

MYRTETUM, i, n. 香樹林

MYRTUS, i, f. m. 〻矮樹名

*MYRUM, i, n. 寶膏

MYSTAGOGUS, i, m. 管廟寢者。管廟庫

MYSTERIUM, ii, n. 奧妙。密事

MYSTĬCUS, a. 〻意者。指密事。借意

MYTĬLUS, i, m. 蜆。蛤蚧

MYXUS, i, m. 燈嘴

N

N' *pro* ne.

NABLIUM, ii, n. 箏

NACTUS, a, v. nanciscor.

NÆ, *adv.* 實在。甚

– hercle. 誓無詐言

tu – 汝卽是

NÆVUS, i, m. 黑斑。面垢

NAM, *l.* namque, *conj.* 因爲。實

*NAM, *comp.* 乎

quonàm? 往何乎

NANCISCOR, nactus, 3. 得。獲。遇

NANUS, i, m. 矮人。矮盆。小馬

NAPHTHA, æ, f. 純瀝青

NAPUS, i, m. 蘿菔

NAPY, n. 芥菜

NARCISSUS, i, m. 水仙花

NARDUM, i, n. &

NARDUS, i, m. 甘松。甘松香

NARIS, is, f. 鼻孔、爐竈眼。溝眼

NARRO, as. 講事情述。記載

NASCOR, atus, 3. 子生下、始有。顯出

NASSA, æ, f. 魚筌。魚笱

NASTURTIUM, ii, n. 葶藶

NASUS, i, m. 鼻準。譏誚。盆耳

NASUTUS a, *c. s.* 大鼻。好誚、巧言

NATA, æ, f. 女

NATALES, ium, m. 祖宗。家。何出身

NATALIS, e, [*nascor.* 生者。生日。原來
agere diem natalem. 過生日
*NATATORIUM, ii, n. [*nato.* 浮水池
NĂTES, ium, f. 臀。股。臀尖
NATIO, onis, f. 國。黨。原。種。教外
NATIVĬTAS Domini. 聖誕
NATIVUS, a. 自然者。原者
NĂTO, as, (*no.* 浮水。漂。滿水。疑惑
NATURA, æ, f. 萬物。本性。造化。運動。秉性。小便
NATURALIS, e. 自然者。原來者
NATUS, i, m. [*nascor.* 皃。駒
NATUS, us, m. major natu. 更老
magno natu. 高壽者
NATUS, a, v. nascor.
—ei, *l.* ad id. 生世緣為此
annos — triginta. 三十歲之時
*NAU, *pro* navis, *comp.*
NAUCI, co, cum, m. 殼。核
— non est. 不中用
NAUCLERUS, i, m. [*navis.* 老班。船主
NAUCUS, v. nauci.
NAUFRĂGO, as, [*frango.* &
NAUFRĂGUS, a. 破船。翻船者

NAULUM, i, n. 船錢

NAUMACHIA, īæ, f. 海戰

NAUSEA, æ, f. &

NAUSEO, as. 厭。嫌發嘔心

NAŬTA, æ, m. [*navis*. 水手。舟人。艕人

NAUTĬCUS, a. &

NAVALIS, e. くく者。舟者

NAVALIA, um, n. 造舟廠

NAVARCHUS, i, m. 老班。梢工。掌舵

NAVICŬLA, æ, f. 小艇

NAVIGIUM, ii, n. 船。渡海

NAVĬGO, as. 行船。渡海。漂海

— navem. 弄く行。駛舟

NAVIS, is, f. em, *l.* im, i, *l.* e, *plur* es, ium. 船。艇。舟

NAVĬTÈR, *adv.* v. navus.

NAVO, as. 勤行。給。辦

— operam suam ei. 爲其出力

NAVUS, a. 伶便。敏捷勤者

NAXIUM, ii, n. 磨光石。海金砂

NÈ, *adv.* 不要。恐怕。勿。毋

— cede, *l.* cedas malis. 汝勿敗於難爲幸

estne ? 是不是。是否

nunquam illum ne minima quidem re offendi. 從來毫未得罪彼

NE, v. neo, et næ.

NEBŬLA, æ, f. 霧氣。小事。虛高文

— linea.	麻漏紗
NEBŬLO, onis, m.	光棍。狡猾。刁乖
NEC, *conj.*	亦不。尚不
NECDÙM, *adv.*	〱〱。未嘗
NECESSARIUS, a.	緊要者。親戚。不可免
NECESSE, *adj.* (ei.	必定。需莫奈何
NECESSITUDO, inis, f.	親友。不可免
NECNÒN, *adv.*	亦然。並。且
NĔCO, cui, ctum, *l.* cavi, atum 1.	打死。斃
NECROMANTIA, iæ, f.	問鬼法
NECTAR, ăris, n.	仙丹。常生藥。蜜。美香
NECTO, exi, *l.* xui, exum, 3.	結連。繫。辮
necti, *pass.*	效力補賬
NECUI, v. neco.	
NEDÙM, *adv.*	不但。愈。何況
se servare nequit, — amicos.	其不能護己何況于其友
NEFANDUS, a, *s.* [*fas.*	惡事。大逆。可恨
NEFAS, n. (*fas.*	不可。不中聽。非理
NEFASTUS, a.	凶者。惡
NEGLĬGENS, tis, *c.* &	
NEGLĬGO, exi, ectum, 3.	疎忽。不虞者。懶
NĔGO, as, (*nec, ago.*	說不是。不許

— se.	免見。不迎接。辭
NEGOTIOR, aris.	作買賣。辦
NEGOTIUM, ii, n.	事。貿易。事業。煩
— dare ei.	托付彼
— exhibere ei.	設難與人。告狀
NEMO, ĭnis, m.	無一人
— hoc nescit.	〻人不知此
NEMOROSUS, a, (*nemus.*	林多者
NEMPE, *adv.*	實在。即是
NEMUS, ŏris, n.	樹林
NENIA, æ, f.	輓歌。說書
NEO, evi, etum, 2.	撚線。紡線
*NEOMENIA, æ, f.	新月。月朔
*NEOPHYTUS, i, m.	新栽者。新奉教者
NEPA, æ, m.	蝎。螃蟹。星名
NEPENTHIS, is, f.	忘憂草
NEPĔTA, æ, f.	荆芥穗。灩腸草
NEPOS, ōtis, m.	孫
ex filia —	外孫
NEPOTOR, aris.	浪費。浪蕩。耗消
NEPTIS, is, f.	孫女
NEPTUNUS, i, m.	海神。海龍
NEQUAM, *adj.* ior, issimus.	惡者。無用。蕩。淫
NEQUANDO, *adv.*	防有一日
NEQUAQUAM, *adv.*	萬不要。切勿

NEQUÈ, *conj.* 亦不

NEQUEO, is, ivi, itum, 4. (*queo.* 不能

NEQUICQUĂM, *l.* nequidquam, *adv.* 妄。毫無

NEQUĬDÈM, v. ne.

NEQUIOR, v. nequam.

NEQUIS, a. 防有人

— me videat. 防有人見我

NEQUĬTÈR, *c. s. adv.* &

NEQUITIA, æ, f. 奸然。弊。歪心。淫

NERVUS, i, m. 筋節。骨筋。絃。屌。鏃。力壯

NESCIO, ivi, itum, 4. [*scio.* 不知。不會。不覺不認

nescio quid dulcedinis. 似甜不可言之味

NESCIUS, a, [ejus. 不知者。痴。人未識者

NEÙ, *pro* neve

NEŬRAS, ădis, f. 小薄荷

NEUROSPASTA, orum, n. 自行像

NEUTER, tra, [*uter.* 二者皆不

neutri possunt probari. 两等人皆不可褒

in neutris partibus esse. 两下皆不助

NEUTĬQUĂM, *adv.* 必不然

NEUTRALIS, e. 二黨皆不結

NEUTRŬBI, *adv.* 二處〻〻在

NEVE, *conj.* 或不。亦不。防

NEVI, v. neo.

NEX, ĕcis, f. 斃。殺。兇死

NEXUS, i, m. [*necto.* 約効力補欠

NEXUS, us, m. 結。交。荷責。具結

NI, *l.* nisi, *conj.* 除。若不。防

NICTO, as, &

NICTOR, aris. 擠眼。使眼色

NIDOR, oris, m. 燎毛氣。臭。香

NIDUS, i, m. 鳥窩。巢。宅

nidi *plur.* 小雛。各貨之倉

NĬGER, gra, *c. s.* 黑。烏色。皂。陰。惡

NIGRITIES, ēi, f. v. supra.

NIHIL, *l.* nil, n. 毫無。无。不

non — 不無。有些須

NIHILDÙM, *adv.* 尙無

NIHILOMĬNÙS, *adv.* [*minus.* 雖然。仍。不少于前

NIHĬLUM, i, n. 無。絲毫

nihilo secius. 毫不減。照舊

NILUS, i, m. 入屋之溝。河名

NIMBUS, i, m. 風雨。偶災。酒壺。雲

— arenæ. 一雲砂

NIMIRÙM, *adv.* 寔。卽是。不可怪

NIMIS, *adv.* &

NIMIUM, *adv.* 太甚。越分。踰節

NIMIUS, a. 過分。太大。多餘

— animi. 膽太大

NINGO, *l.* ninguo, xi, 3. 下雪

ningit. ㄑㄑ

NISI, *adv.* 若不。除此外

— in bonis amicitia esse non potest. 友情除善人未有也

non aliud, — te volo. 吾欲卽彼耳

quid me curas? — tu mihi es tutor. 汝何顧我為抑汝為吾保人焉

NISUS, v. nitor.

NITELA, æ, f. 小山鼠

NITELLA, æ, f. 平光。金末

NITEO, ui, 2. &

NITESCO, tui, 3. 發光。乾淨。肥壯。出名

NITIDUS, a, *c. s.* 乾淨。光者。斯文。華麗。皮毛光明

NITOR, oris, m. v. supra.

NITOR, isus, *l.* ixus, 3. (eo, *l.* in eo. 靠。賴。勉。倚賴。托賴。聊賴

NITRUM, i, n. 硝。朴硝。牙硝

NIVALIS, e, (*hiz.* 雪者。雪白者。冷

*NIVEO, es, ēre. 下雪

NIX, ivis, f.	雪。白髮
NIXUS, v. nitor.	
NO, as.	浮水。飛
NOBILIS, e, c. z.	貴，尊貴者。諸侯。出名。俊傑。精英
NŎCENS, tis, [noceo.	害人者。有罪
NŎCEO, cui, itum, 2. (ei.	害，損
NOCIVUS, a.	〻人者。損
NOCTILUCA, æ, f. [lux.	月。燈
NOCTŪ, *adv*. (*nox*.	夜時
hoc. —	于本夜
NOCTUA, æ, f.	夜猫
NOCTURNUS, a.	〻間者
⁎**NOCUUS**, a, v. noxius.	
NODUS, i, m.	結頭。骨節，木節
NOLO, ui, olle.	不要，不肯。不願
nolo hoc pulveret.	不願此起灰土
quod (*ase.*) nolim.	幸而免此。庶免之
NOMEN, inis, n.	名字。名聲
dare, *l.* profiteri —	上名。入隊伍
NOMENCLATIO, onis, f. &	
NOMENCLATURA, æ, f.	指列名
NOMINATIM, *adv*.	提列名。逐名
NOMINO, as. [*nomen*.	起名。指名。告狀
NON, *adv*.	不。弗。非。未。蔑。靡

— potui non dare. 不得不給

NONÆ, arum, f. 三五七十月初七。餘月初五日

tertio (*ante*) nonas Martii. 三月初五日

NONAGINTA, *adj.* [*novem*. 九十

NONDÙM, *adv.* 尙未。未曾

NONGENTI, æ, a. 九百

NONNÈ, *adv.* (*ne*. 焉道不。豈不

NONNIHIL, n. 有些須。少

NONNISI, *adv.* v. nisi.

NONNULLUS, a. 有人。或有人

NONUS, a, (*novem*. 其九

NORMA, æ, f. 曲尺。式樣。矩

NOS, [*ego*. 我等。吾輩。吾儕。吾曹

NOSCO, ōvi, ōtum, 3. 認識。知。曉

✱NOSOCOMIUM, ii, n. &

✱NOSODOCHIUM, ii, n. 養病院。濟院

NOSTER, tra. 咱們的。我等者

— est. 其爲吾等同人

NOSTRAS, atis, *adj.* 吾等同鄉者

NOTA, æ, f. 記號。小字。輯字。臭名。刺之字。批

NOTABĬLIS, e, *c.* 出等。可記。可貶

NOTARIUS, ii, m. 書吏。通判。同知

NOTHUS, i, m.	私孩子。孽子。雜種駒
NOTIO, onis, f.	察明。意。識。字義。刺字
NOTITIA, æ, f.	識。想
NŎTO, as.	打號。批貶。理會。簡筆
NOTORIUS, a.	人所共知者
NOTUS, i, m.	南風。風
NOTUS, a, *c. s.* (*nosco.*	認識之。面熟。認者
NOVACŬLA, æ, f.	剃刀。刀
NOVALE, is, n. & **NOVALIS**, is, f.	新開之地。隔年種之田
NOVATUS, a, v. novo.	
NOVELLUS, a.	小嫩者。新近
NOVEM, *adj.*	九。玖
NOVEMBER, bris, m. *abl.* novembri.	洋十一月。二十二日卽小雪也
NOVEMDĔCIM, *adj.*	十九
NOVENI, æ, a.	以九爲夥
NOVERCA, æ, f.	後母。後娘
NOVI, v. nosco.	
*NOVILUNIUM, ii, n.	初一。新月。月朔
NOVISSĬMUS, a, [*novus.*	至新。末者。後

NOVĬTAS, atis, f. 改變。新貴家
NOVITIUS, a. 新人。初學。無知識
NŎVO, as. 再修。改變。覺事
NOVUS, a, *c. s.* 新者。新近。新鮮
NOX, ctis, f. 夜。暗。睡。嫖
NOXA, æ, f. 害。虧。罪。罰
NOXIA, æ, f. &
NOXIUS, a, *c. s.* (ei. 害人者。有罪
NUBES, is, f. *plur.* bes, biū. 雲彩
— locustarum. 一雲螞蚱
NUBĬLUS, a. 陰天。暗。憂悶
NUBO, upsi, ptum, 3. [*nubes.* 嫁。娶。盖
— ei, *l.* cum eo. く彼
NUCEUS, a, [*nux.* 核桃者
NUCLEUS, i, m. くく肉。果仁。核兒
— allii. 蒜一斂
NUDĬTAS, atis, f. v. nudus.
NŬDIUS, *pro* nunc est dies.
— tertius: — quartus. 前日。前三日
NUDO, as. 脫衣
NUDUS, a. 裸體。赤身。光
— pedem. 赤足者
NUGÆ, arum, f. 小事。虛事
NUGAX, acis, *adj.* 説笑。小人。虛者
NUGIVENDUS, i, m. 零碎舖。玩物之販

NUGOR, aris, [cum eo. 戲笑

NULLĬBI, *adv.* 無所在

*NULLĬTAS, atis, f. 不筭。廢

NULLUS, a, ullius, ulli, [ullus. 無人。虛。無名。卑

— non probavit. 人人不悅。無不服

non — 不無人。有人

NŬM? *adv.* 豈。焉。耶。乎

— expectabis? 汝焉等候耶

numne vis me? 〻〻願吾〻

NUMELLA, æ, f. 夾棍。圜牓。狗鐐

NUMEN, ĭnis, n. 點頭。神能。威。意

NUMĔRO, as. 計。數。籌筭。給錢

NUMĔRUS, i, m. 數目。多。好文。詩。曲歌。單。隊兵。等級

— eburnus. 骰子

adscribere ad amicorum numerum. 作朋友論。當友數

NUMISMA, ătis, n. 錢。銀牌

NUMMULARIUS, ii, m. 兌銀舖。放銀者

NUMMUS, *l.* numus, i, m. 錢。銀錢

NUMQUAM, v. nunquam.

*NUN, *pro* num *comp.*

NŬNC, *adv.* 如今。現在。甫今

— huc, — illuc. 一時往此。一時往彼

NUNCIO, nuncius. v. nuntio. &c.

NUNCŬPO, as. 呼名。起名。言明
NUNDĬNÆ, arum, f. 每九日之市。市
NUNDĬNOR, aris. 上市買賣
NUNQUAM, *adv.* 從無。未曾。未嘗
NUNQUID? *adv.* 豈。乎。焉有
NUNTIUM, ii, n. 新聞。信文。風信
NUNTIUS, ii, m. 報信者。差之人
信文
uxori nuntium remittere. 休婦人。出妻
*NUO, ui utum, 3. 點頭
NUPÈR, *adv.* 方纔。新近。先未幾
NUPTIÆ, arum, f. 婚筵。婚配
NUPTUS, us, m. (*nubo.* 嫁。婚配。盖
NŬRUS, us, f. 皃媳婦。幼婦
*NUSQUAM, *adv.* [*usquam.* &
NUSPIAM, *adv.* 無一處
NUTO, as. 點頭。搖動。打手
勢。躊躇
NUTRIMENTUM, i, n. 飲食。養
NŬTRIO, ivi, itum, 4. 撫養。育。存
NUTRIX, īcis, f. 嬭母。乳母
NUTUS, us, m. [*nuo.* 點頭。使眼色
NUX, ucis, f. 核桃。小事
*NYCTICŎRAX, ăcis, m. 夜鳥鴉
NYMPHÆ, arum, f. 仙女。新婦。蜂胚
NYMPHÆA, æ, f. 蓮花。蓮藕

O

O! 呼。兮。哀哉。善哉

— qualis facies! 美面哉

— me miserum! 哀可憐我

O mega. 厄肋西亞尾字

OB, *præp. acc.* 因。因爲

*OB, *comp.* 遊。當面。逆。緊。去

OBÆRATUS, a, [*æs.* 負債者

OBATER, tra, [*ater.* 畧黑者

*OBAUDIO, ivi, itum, 4. 從。從命

OBCÆCO, as, [*cæcus.* 迷心。昏迷。遮掩

OBDO, ĭdi, ĭtum, 3. 以物阻之。關。鎖

OBDORMIO, ivi, itum, 4. 睡。亡

OBDUCO, uxi, uctum, 3. 以物阻之。掩塞

— vela. 以帳掩

OBEDIENS, tis, *c. s.* (ei &

OBEDIO, ivi, itum, 4. (ei. 聽命。從命。承命。奉命。順

OBELISCUS, i, m. 脚方頂尖之塔。石碑

*OBĔLUS, i, m. 刪去之勾

OBEO, is, ivi, ĭtum, ire, (*eo.* 周匝。成行。進。見人。備。死

OBERRO, as. 繞遊。周旋。差舛

OBESUS, a, *s.* 肥者。痴

OBEX, ĭcis, m. f. 阻。門閂

OBFIRMO, as. 固之。固執。穩。使固執

OBFUSCO, as. 暗。騙

OBIENS, euntis, v. obeo.

OBĬTÈR, *adv.* (*iter.* 順便。周圍

OBĬTUS, us, m. [*obeo.* 亡。落山。偶到

OBJECTA, orum, n. 難人之言。或曰

OBJECTACŬLUM, i, n. 阻物。屛風。河閘

*OBJECTUM, i, n. 所看。所想之物

OBJĬCIO, eci, ectum, 3. (*jacio*, ei. 投於前。斥。冒。逆

OBJURGO, as, [de eo. 面斥。罰

OBLATIO, onis, f. 獻。獻之物

OBLATUS, a, [*offère.* 所〻。所遇。所加

OBLECTO, as, [*lacio.* 快意。使悅。安慰

OBLĬGO, as. 繞綁。逼。使感動。念呪

OBLIQUUS, a, *c.* [ei. 偏。歪者。乜。逆者

OBLITĂRO, as, (*litera.* 勾去。滅

OBLITESCO, tui, 3. [*lateo.* 自藏。避跡

OBLITUS, a, &

OBLIVISCOR, oblitus, 3. (ejus, *l.* id. 忘記。被忘

OBLŎQUOR, cutus, 3. [ei. 截言。謗。唱。頂嘴

OBMOLIOR, itus, 4. 疊。以大石堵之

OBNOXIUS, a, [ei. 有罪者。服。可受

OBNUNTIO, as.	報凶信
OBŎLEO, lui, 2.	聞。臭
— allium.	聞味似蒜
oboluit huic marsupium.	此人聞得錢褡
OBŎLUS, i, m.	七錢
OBREPO, psi, ptum, 3. [ei, *l.* ad id.	爬進。漸入。瞞騙
OBRIZUM, i, n.	純金
OBRUO, ui, ŭtum, 3.	埋。壓住。塡
OBRUSSA, æ, f.	估成色。估銀色水
OBRYZUM, v. obrizum.	
OBSCENUS, a, (*scena.* &	
OBSCŒNUS, a.	凶兆者。邪淫。醜
OBSCŪRUS, a, *e. s.*	暗黑。昏。不清。卑
OBSĔCRO, as, [eum, *l.* ab eo·	懇求。請問
OBSEQUIUM, ii, n.	情分。服事
OBSĔQUOR, cutus, 3. (ei.	隨和。從人。服事
OBSĔRO, as.	鎖上。關。塞
OBSERVANTIA, æ, f.	敬。小字
OBSERVO, as.	遵守。細看。偷看。恭敬。理會
OBSES, ĭdis, m.	作當頭之人
OBSĬDEO, ēdi, essum, 2.	坐。圍城。暗等候
OBSIDIO, onis, f. v. supra.	
OBSIGNO, as.	打印。封。畫押。寫名

OBSISTO, stiti, stitum, 3. 抵擋。逆。敵。抗拒

OBSŎLEO, lui, *l.* levi, letum, 2. &

OBSŎLESCO, levi, letum, 3. 廢。敗。漸不行

OBSONIUM, ii, n. 餚。菜肉

OBSONO, as. 備餚

—cœnæ, *l.* cœnam. 備晚餚

OBSTACŬLUM, i, n. 防碍。阻碍

OBSTETRIX, icis, f. 收生婆

OBSTINATUS, a, *c. s.* [*stino.* 牛性者

—ad silentium. 固執不言語

OBSTINUS, a. 偏。歪

OBSTO, stiti, stitum, *l.* statū, 1. [ei. 在前。阻擋。抗拒

—quominus eat. 阻其往彼

OBSTRĔPO, ui, itum, 3. (ei. 鼓掌笑人。碍。响

OBSTRINGO, inxi, ictū, 3. 綁緊。逼迫

*OBSTRUDO, usi, usū, 3. 隱。使密。護食

OBSTRUO, uxi, uctum, 3. 閉。塡堵。阻

OBSUM, obes, obfui, obesse, (ei. 阻。有碍。害

OBTEMPĔRO, as, (ei. 從命

OBTENDO, di, tum, 3. 張于前。托故。遮掩

OBTENTUS, v. obtineo, et obtendo.

OBTESTOR, aris. 呼號。懇求爲神

OBTĬNEO, ui, entum, 2. *teneo.* 得。獲。蒙。占有。存

OBTINGIT, igit, ĕre. 遇。偶有

OBTRECTO, as. 謗。貶。誹。罪之

辣丁中華合字典

OBTRUDO, usi, usum, 3. 推。撞。强人以受
OBTULI, v. offero.
OBTUNDO, udi, usum, l. unsum, 3. 弄鈍。聒耳。煩
OBTURO, as. 塞，堙住。塡塞
OBTUSUS, a, c. [obtundo. 鈍，粗魯
OBUMBRO, as, [ei. 陰之。遮日。護。蔭
OBVĔNIO, éni, entum, 4. (ei 遇見。遇有。逢。來
OBVIAM, adv. (via. 順便。對面。逆
— ire cupiditatibus. 克慾
ire — ei. 迎接彼
OBVIUS, a, (ei. 順便者。當面者
OBVOLVO, olvi, olutum, 3. 包起來。遮掩
obvolutus pedibus (dat.) ejus· 向其叩首。稽首
*OC, pro ob comp.
*OCCA, æ, f. 耙子
OCCASIO, onis, f. [occido. 機會。便時。隙
buxi est rara — 少遇有黃木
OCCASUS, us, m. 西邊。日落。死
OCCATIO, onis, f. v. occo.
OCCIDENS, tis, m. 〱〱。西方者
OCCĬDO, idi, asum, 3. [cado. 落山。死
OCCIDO, idi, sum, 3. (cædo. 殺。傷死。斃人
OCCIDUUS, a, (occido. 西邊者。將落
OCCĬPIO, epi, eptum, 3. [capio. 起。始
OCCIPUT, itis, n. [caput. 枕骨。腦後

OCCISUS, a, v. occido.
OCCLUDO, usi, usũ, 3. [*claudo.* 鎖于內。圍之
OCCO, as, [*occa.* 耙碎土塊
OCCŒPI *pro* occepi, v. occipio.
OCCŬBO, bui, bĭtum, 1. v. occumbo.
OCCŬLO, lui, ultum, 3. 埋。隱瞞。諱。遮
OCCULTUS, a, *c. s.* [*occulo.* 暗密者。奄留
OCCUMBO, ubui, bitum, 3. 死。亡。成故
— morti, *l.* mortem. 〃。〃
— ferro (*abl.* 死於刀
OCCUPATIO, onis, f. 事。事業。先解疑
OCCUPATUS, a, *c. s.* 有事。冗忙
OCCŬPO, as. 使喚人。先彼。占。僭
OCCURRO, urri, ursũ, 3. [ei 遇迎接。抵擋。逢。來極。阻碍。想起
OCCURSO, as, (*occurro.* 趨迎人。巧言令色
OCEĂNUS, i, m. 西海。西洋
OCELLUS, i, m. 小目。至美
OCHRA, æ, f. 代赭石。黄顏料
OCĬMUM, i, n. 香花草。青草
OCĬTĔR, *c. s. adv.* v. ocyter.
OCREA, æ, f. 靴子
OCTAVUS, a, [*octo.* 其八
OCTINGENTI, æ, a. 八百
OCTO, *adj.* 〃。捌

OCTOBER, bris, m. (abl.) octobri. 洋十月。二十三日卽霜降

OCTOGENARIUS, a. 八十歲者

OCTOGESĬMUS, a. 其八十

OCTOGINTA, adj. 八十

OCTOGONUS, a. く角之圖

OCTOPHŎRUM, i, n. く夫之轎

OCULATIO, onis, f. 去餘芽

OCŬLUS, i, m. 眼睛。眼目。見。芽

ocule mi. 汝可愛者

OCYOR, yus, compar. &

OCYSSĬMUS, a, &

OCўTÈR, c. s. adv. 速然。伶便然

ODI, l. osus, disse. 恨。惱恨。先恨

ODIUM, ii, n. 惱恨。記仇。宿恨

eum odio [dat.] habere. 恨彼

ODOR, oris, m. 聞。臭。香味。香氣

ODORES, um, m. 香料

ODORO, as. 加香料。熏之

ODOROR, aris. 聞。自覺。嗅。細察

ŒCONOMIA, æ, f. 文之次。治家。節儉。檢點

ŒCOS, i, m. 大客廳

ŒNOPHŎRUM, i, n. 大酒瓶

*ŒSOPHĂGUS, i, m. 膈

ŒSTRUS, i, m.	高興野土蜂
*OF *pro* ob, *comp.*	
OFFA, æ, f.	食塊。肉鬻。餅
OFFECI, v. officio.	
OFFENDICŬLUM, i, n.	碍。躓物
OFFENDO, di, sum, 3.	撞見。得罪人。返病。錯。煩。討人嫌
— ad lapĭdem:	撞石。躓蹶
OFFENSIO, onis, f.	撞脚。損
— ex morbis.	返病
OFFĔRO, obtŭli, oblatū, erre.	獻。進。奉獻。賞給
— se sceleri.	阻犯罪
— se ei.	來遇人
OFFICINA, æ, f.	作房。匠舖
OFFĬCIO, eci, ectum, 3. [ei, *facio*.	阻。害
OFFICIUM, ii, n.	本分。務藝。情分。禮恩。官。行淫
*— defunctorum.	爲亡人之經
— supremum.	出賓
OH! *interj.*	哀哉。於呼。吁
— iniquus es!	嘻汝非公也
— perii!	哀死矣
OLEA, æ, v. oliva.	
OLEASTER, tri, m.	野厄里瓦樹
ŎLEO, ui, ĭtum, 2.	噴香。嗅。聞

—hircum.	臭似山羊
olet huic aurum meum.	此人聞得吾金
OLEUM, i, n.	厄利瓦油。油
OLFĂCIO, eci, actum, 3.	聞。先覺
OLFACTORIUM, ii, n.	香荷包。花毬
OLFACTUS, us, m.	聞。嗅。聞官
OLĬDUS, a, s.	香者。有氣味
OLIM, *adv.*	當日。有一時。纔
OLĬTOR, oris, m.	種園者。老圃
OLIVA, æ, f.	阿里瓦果。洋油果
OLLA, æ, f.	瓦鍋
OLLAR, āris, n.	鍋盖
OLOR, oris, m.	天鵝
OLUS, ĕris, n.	菜。茄蘭菜。粗飯
—atrum v. olusatrum.	
OLUSATRUM, i, n.	香白芷
OLYMPIAS, ĭădis, f.	四年。婦名
OLYMPUS, i, m.	至高山名。天
OLYSSIPPO, onis, f.	大西洋都城名
OMEN, ĭnis, n.	先兆。忌
OMĬNOR, aris.	等兆。卜卦。先猜
OMITTO, isi, issum, 3.	慢。捨。閒斷。緩
omisso animo esse.	疎忽。無謹
paulo omissior ab re.	不甚謹慎
OMNIMŎDĔ, *adv.* &	

OMNINÒ, *adv.* 全然。絕然

OMNIPŎTENS, tis, *adj.* 全能者

OMNIS, e. 總。各。衆。皆。咸

omnes milites. 一總兵。兵皆

omne cælum. 舉天

ONĂGER, gri, m. 野驢

*ONCO, as, are. 驢喊

ONERARIUS, a, [*onus.* 托馱者。馱物者 載物者

ONĚRO, as. 上馱載。裝貨

ONOCENTAURUS, i, m. 半驢半人

ONOCROTĂLUS, i, m. 驢聲之海天鵝

ONUS, ĕris, n. 擔。馱。任。支用。煩

— suscipere. 承當。仔肩。負肩。當此任

ONUSTUS, a. 托馱者。載貨者

ONYCHĬNUS, i, m. 似指甲者

ŎNYX, ȳchis, m. f. 瑪瑙石。雲翳

*OP *pro* ob, *comp.*

OPA, æ, f. 安梁所

OPACUS, a. 不透光。暗。陰者

OPE, v. ops.

OPĔRA, æ, f. 工夫。手工。日工。相幫。短工者

operam dare. 專務

operæ pretium est. 相宜。緊要

OPERARII, orum, m. 短工

OPERCŬLUM, i, n. 蓋子。蓋物

OPERIMENTUM, i, n. 〻布

OPĔRIO, ui, ertum, 4. 〻。遮蓋、匱。關。披

OPĔROR, aris, [ci. 作工。行。用功。祭

OPEROSUS, a. 費事。不辞勞苦

OPERTORIUM, ii, n. 蓋之物

OPES, um, f. 財帛。能。勢力

OPHIOMĂCHUS, i, m. 蛟龍

*OPHIS, ios, m. 蛇

OPĬCUS, a. 銷化。汚者。鄙陋

OPĬFEX, ĭcis, m. 卑匠人。匠

OPILIO, onis, m. 放綿羊者

OPIMUS, a. 肥。富盛者。厚

OPINATÒ, *adv.* 故意

OPINATUS, a, *s.* [*opinor.* 己想之。想者。出名

OPINIO, onis, f. 意見。想。說

OPINOR, aris. 據我說。想。估

OPIPĂRUS, a. 華麗者。豐盛

OPITŬLOR, aris. 幫救。提拔拯

OPIUM, ii, n. 鴉片

OPOBALSĂMUM, i, v. balsamum.

OPORTET, ebat, tuit, 2. 該當。宜。須

accedat huc suavitas oportet. 另宜有溫和然

hunc hominem malùm esse oportet.	此人必不善
OPPEDO, edi, 3.	與放屁。誚。迸
OPPERIOR, erītus, *l.* ertus, 4.	等候
OPPĔTO, ivi, itum, 3.	找。招。死
OPPĬDÒ, *adv.*	至極
OPPIDANUS, a, &	
OPPĬDUM, i, n.	縣。邑
OPPILO, as.	塞。塡。積滯
OPPLEO, evi, etum, 2.	滿實。甚滿
OPPONO, sui, situm, 3.	逆。拒。敵。當物。目
OPPORTUNUS, a, *c. s.* [ei.	順便者。合時
OPPOSĬTUS, a, [*oppono.*	對面。相忌。相反
OPPRĬMO, essi, essum, 3. (*premo.*	壓服。苛責。委曲。鬱。抑。隱。忽遇人
OPPRŎBRIUM, ii, n.	辱。失顏。忝辱
OPPUGNO, as.	逆。敵。攻
OPS, is, f.	帮助。救拔。勢力
non opis est nostræ.	非吾所能。不由我
OPTATUS, a, v. opto.	
OPTĬCE, es, f.	眼看之說
OPTIMATES, um, m.	諸顯宦。諸大臣
OPTĬMUS, a, (*bonus.*	至好。最好。徽美
OPTIO, onis, f.	揀選
optionem dare.	聽人選
OPTIO, onis, m.	帮手。副官。都統

OPTO, as.	願意。願欲。揀
—ab, l. de éo id.	問彼此事
OPULENTUS, a, e, a	富。大財主。華麗
OPUS, adj.	要緊。需
nobis — est dux, l. duce.	我等緊要一領首
OPUS, ĕris, n.	工夫。工程 手工
ORA, æ, f.	河邊。濵。邊界。域
ORACŬLUM, i, n.	神言。顯兆 所
ORATIO, onis, f. (oro.	一篇文章。祝文
habere orationem de eo.	講論此事
ORATOR, oris, m. [oro.	講論之人。差之人。委員
ORBATUS, a, v. orbus.	
ORBIS, is, m. plur. bes, ium.	圈。球。圓桌。一環人。一年。轉
ORBĬTA, æ, f.	車軌。輪
ORBUS, a.	無父母者。無怙恃
—patre.	無怙。父已亡
ORCA, æ, f.	酒缸。面粉盒。魚名
ORCHESTRA, æ, f.	戲台。聽音樂所
ORCUS, i, m.	閻王。地獄
ORDINARIUS, a.	照常規。凡。平常
ORDĬNO, as.	安排。調官。上品
ORDIOR, orsus, 4.	牽線。始
ORDO, inis, m.	次序。次第。品列

ordine, *l.* ex ordine. 按次序

in ordinem cogere. 安排。列

ORGĂNUM, i, n. 風琴。工器。量器

ORIENS, tis, m. [*orior.* 東方

ORIFICIUM, ii, n. 口。眼

ORIGĂNUM, i, n. 茴芹

ORIGINALIS, e. &

ORIGO, ĭnis, f. 根原。講究。來歷

originem ducere ab eo. 爲其後代。出此來

ORION, ŏnis, m. 三參宿人名

ŎRIOR, rĕris. ortus, ĭri. oriebar: orirer: oriturus. 生出。興起。日倝

ortus est sol. 日己出

ORIUNDUS, a, [*orior.* 生者。原來者

a Roma — 羅瑪城爲其原籍

ORMINIUM, ii, n. 野龍鬚菜

ORNAMENTUM, i, n. 裝飾。高位

ORNO, as. 裝飾。齊整。幽文。加外彩扮。裝钜。備

ŎRO, as. 祈求。講論

ORPHĂNUS, i, m. 孤子。無怙恃子

ORPHANOTROPHIUM ii, n. 養孤子院

ORIS, v. os, et ora.

*ORSUM, *comp.* 向

quorsum? く何

ORSUS, v. ordior.

*ORTHIOS, *l.* orthos, (*græc. comp.* 正

*ORTHODOXUS, a. 〱教

ORTHOGRAPHIA, æ, f. 眞寫法

ORTUS, us, m. (*orior.* 東方。生。日出

ORTYGOMETRA, ētræ, f. 鶴鶉王鳥名

ORTYX, ȳgis, m. 車前子草

ORYX, ȳgis, f. 獨角之羊

ORYZA, æ, f. 米。稻。飯

OS, oris, n. 口。臉。話

— habere. 顧〱

OS, ossis, n. (v. ossa. 骨頭

OSCILLO, as. 搖動。打鞦韆

OSCĬTO, as, &

OSCĬTOR, aris. 打呵氣。懶惰

OSCŬLOR, aris, &

OSCŬLUM, i, n (*os.* 以口親

OSOR, oris, m. (*odi.* 記仇者

OSSA, ium, n. (*os.* &

OSSEUS, a. 果核皃。枯骨

OSTENDO, di, sum, 3. 發顯。給人看。露

*OSTENSIO, onis, f. 顯。覺。驗

OSTENTO, as. 〱。誇。現本事。粧腔。逞

OSTENTUM, i, n. 怪異。先兆

OSTENTUS, us, m. 誠詐。自誇

OSTIARIUS, ii, m. 門公。一品逸生
OSTIATIM, *adv.* [ostium. 逐戶。于各門
OSTIGO, inis, f. 綿羊癩
OSTIUM, ii, n. 門戶。海口
OSTRACISMUS, i, m. 發流徒以防霸臣
OSTREA, æ, f. 蠔殼。牡蠣
OSTRUM, i, n. 海贏花
OSUS, a, v. odi.
OTIOSUS, a, [otium. 安。閒。空。無用。懶
OTIS, idis, f. 鴻雁
OTIUM, ii, n. 閒。安寧。坐視。出工時
OVATIO, onis, f. 小奏凱。
OVATUS, a, [ovum. 圓扁者。長圓者
OVILE, is, n. 綿羊圈。調官之房
OVIPĂRUS, a, [pario. 卵生者
OVIS, is, f. em, *l.* im, e, *l.* i. *plur.* oves, ium. 牝綿羊
OVO, as, v. ovatio.
OVUM, i, n. 蛋。卵蛋。魚子
*OXY, *græc. comp.* 酸。尖
OXYMĔLI, n. 蜜醋

P

PABŬLUM, i, n. 草料。育物
PACATUS, a, v. pace.

PACIFICO, as, (pax. 講和。和睦。息怒

PACISCOR, pactus, 3. dei. 結約。約定

PACO, as. 平之。息怒。滅

PACTUM, i, n. (paciscor, et pango. 約。結約。合同。法

PÆDAGOGUS, i, m. (pæs. 保孩者

PÆDOR, oris, m. 汚。臭。腥

PÆONIA, æ, f. 芍藥

*PÆS, ædos, m. comp. 孩

PÆTUS, a. 斜眼者。乜目

PAGANUS, a, (pagus. 鄉下人。不當兵。外教

*PAGES, is, f. (pango. 縫骨窩

PAGINA, æ, f. 半篇書

PAGMENTUM, i, n. 相縫之板

PAGUS, i, m. 村。鄉里。屯落

PALA, æ, f. 木名。杴。鉄鏟。戒指凸

PALACRA, æ, f. 一錠金

PALÆSTRA, æ, f. 比武。爭場。學館。體統

PALAM, adv. et præp. abl. 明然

PALANGA, æ, f. 滾木條。杠

PALANS, tis, part. (palor. 妄跑者。打散者。

*PALATHA, æ, f. 無花果席袋

PALATIO, onis, f. 列橛。一流插條
PALATIUM, ii, n. 王府。朝。宮殿
PALATUM, i, n. &
PALATUS, i, m. 咢。上緊。味
PALEA, æ, f. 禾草。禾稈。銅落
PALEARIUM, ii, n. 廠房。貯草之房
PALILICIUM, ii, n. 七星
PALINODIA, æ, f. 認錯。重複之歌
palinodiam canere. 〱〱
PALIURUS, i, m. 凍青樹
PALLA, æ, f. 長女衣。戲衣。短衣。布蓋
PALLĂCA, æ, f. 妾。私女
PALLACĂNA, æ, f. 深根之葱頭
PALLEO, ui, 2. 面黃
— fraudes. 惶人詭
PALLIDUS, a, e. s. 黃者、驚謊。失色
PALLIŎLUM, i, n. 小外套、敝衣
PALLIUM, ii, n. 表衣。蟒袍
PALLOR, oris, m. 黃色、閻王
PALMA, æ, f. 疋蘭。花紅。手掌。賞。大枝、槳掌
Dominica palmarum. 聖枝禮主日
PALMES, itis, m. 葡萄枝。疋蘭枝
PALMO, as. 綁枝。印手掌。諂

PALMŬLA, æ, f. 疋蘭果。槳掌

PALMUS, i, m. 一扎子。六寸

PALO, as. 綁葡萄枝

PALOR, aris. 妄跑離羣。離散

PALPĔBRA, æ, f. 眼皮。眼盖。眉毛

PALPĬTO, as. 肉跳

PALPO, as. 摩、諂媚

PALPO, onis, m. 好諂媚者

PALPOR, aris. 奉承

PALUDAMENTUM, i, n. 武官戎衣

*PALUMBA, æ, f. v. columba.

PALUMBUS, i, m. 野鴿

PALUS, i, m. 橛、木頭杆。插條

ad palum alligare. 拴于橛

PALUS, ūdis, f. 大湖。水滇

PALUSTRIS, e. 湖者

PAMPĬNO, as. 剟葡萄。去餘芽

PAMPĬNUS, i, m. 芽。秧、鈎藤

*PAN, *græc comp.* 眾。全

PANACEA, ēæ, f. 藥萬病草

PANARIUM, ii, n. 麪餅筐

PANCHESTRUS, a. 藥萬病者

PANCHRATIAS, æ, m. &

PANCHRATIASTES, æ, f. 耍拳人

PANCRATIUM, ii, n. 苦蕒菜類。習爭拳

海上絲綢之路文獻集成 科技與文化編

PANDATUS, *l.* pandus, a. 彎下。垂着
PANDECTÆ, arum, f. 雜學全書
PANDICULOR, aris. 伸懶
PANDO, di, sum, *l.* passum, 3. 開，解
PANDO, as, &.
PANDUS, a. 自垂，彎
PANEGYRICUS, a. 讚美人者
*PANETA, æ, m. 燒麪餅舖
PANGO, xi, *l.* pepigi, pactum, 3. 釘，插栽。作文
PANICULA, æ, f. 栗等樹之花
PANICUM, i, n. 黃米，小米
PANIS, is, m. *plur.* es, um. 麪頭
PANNUS, i, m. 布。一塊爛布
PANTHERA, æ, f. 豹，程，一舉網
PANTOMIMUS, i, m. 扮戲子
PANUS, i, m. 機梭黃。杼。梭心
PAPA, æ, f. 孩食。麪拌
PAPA, æ, m. 父。老人。教皇
PAPÆ! *interj.* 訝。噫美哉
PAPAVER, eris, n. 玉美人花
PAPILIO, onis, m. 蝴蝶。帳房
PAPILLA, æ, f. 嬭房。嬭頭。泉塞
PAPPAS, æ, m. 保孩
PAPPUS, i, m. 祖父。花中綿
PAPULA, æ, f. 火癍。水泡

*PAPYRIO, onis, m. 收紙處。紙

PAPYRUS, i, f. 某樹膜皮。紙。書

PAR, āris, n. 一双。一對物

PAR, āris, *adj.* (ei. く樣大。相宜

— muneri. 可當此任

par pari refferre. 一還一報。平報

*PARA *græc. comp.* 向。越。假。除

PARABŎLA, æ, f. 譬喻

*PARACLETUS, *l.* paraclītus, i, m. 救者。慰者

*PARADISUS, i, m. 地堂

PARADOXUM, i, n. 不近人情之說

*PARALIPOMĔNON, ni, n. 補遺之書

PARALLELUS, a. 平行線。平排者

PARALOGISMUS, i, m. 騙人之論

PARALȳSIS, is, f. &

PARALYTĬCUS, a. 半身不遂。瘋癱

*PARANYMPHUS, i, m. 陪新郎者

PARAPEGMA, ătis, n. 看星出落之器

PARAPHERNA, orum, n. 陪嫁。妻之私產

PARAPHRĂSIS, is, f. 廣講。活講書

PARARIUS, ii, m. 經紀。承辦者

PARASANGA, æ, f. 十二里之地

*PARASCEVE, es, f. 預備慶賀

PARASITĬCUS, a, &

PARASITUS, i, m.	寄生。走人門
PARASTADA, æ, f.	入墻之柱
*PARATURA, æ, f. (paro.	預備，所備之物
PARATUS, a, c. s. (ad id, l. ei.	〻〻者
PARCO, pepe ci, parcitum, l. parsi, parsum, 3.	寬免，省事。免儉
— subjectis (dat.	寬恕已服之人
— pecuniam.	省錢。惜財
PARCUS, a, c. s. (ejus, l. eo.	節用者。用稱等。省約
PARDALIS, is, f.	豹
PARDUS, i, m.	公豹
PARENS, tis, m. f.	父母。祖宗。創業
PARENTALIA, orum, n.	喪席
*PARENTELA, æ, f.	家族。九族
PARENTO, as.	食喪。報殺人之仇
PAREO, ui, itum, 2. (ei.	聽命。顯
PARERGUM, i, n.	補遺。外彩
PARIES, ĕtis, m.	一堵墻。房墻。壁
PARIETINÆ, arum, f.	爛墻
PARĬLIS, e, (ei.	平等。相似。同埒
PĂRIO, pepĕri, partū, l. aritū, 3. pariebam: parĕrem.	生。分娩。下崽子。招。致
PARĬTER, adv.	併。同時。亦然。相宜

海上絲綢之路文獻集成　科技與文化編

PARIUS, ii, m.	花石。玉石名
PARMA, æ, f.	小銅牌。國名
PĂRO, as.	預備。設具。安排
PARŎCHUS, i, m.	排席者。本堂神父
PARONICHIA, orum, n.	指甲疽瘡
PAROPSIS, ĭdis, f.	大碟。托盤
PAROTĪDA, æ, *l.* parōtis, ĭdis, f.	耳後之癰。鬢
PARRICIDA, æ, m. (*pater.*	殺父。斃親。弑者
PARS, tis, f.	地方。邊。分子。股分。半截。原告
PARSIMONIA, æ, f.	節儉。節用
PARTHĔNIS, ĭdis, f.	菊花。益母艾
***PARTIALIS**, e, (*pars.*	不全者。有偏情者
PARTIARIUS, ii, m.	夥計。同班
PARTĪCEPS, cĭpis, *adj.*	有分者。同班
ejus consilii ei — sum.	吾與彼相串此意
PARTICĬPO, as.	得分。分給
— hoc cum eo.	與彼分此物
PARTICŬLA, æ, f [*pars.*	小分。虛字
PARTIM, *adv.*	若干。有幾分
PARTIO, ivi, itum, 4, & **PARTIOR**, itus, 4.	分給。剖。被分開
PARTŬRIO, ivi, itum, 4. [*pario.*	欲生兒。發出
PARTUS, us, m.	生產。兒
PARÙM, *l.* parumper, minus, minime *adv.*	些須。少。稍。未幾

PARVUS, a, minor, minimus. 小。微。矮。短。少。卑

*PASCHA, æ, f. l. ătis, n. 過海禮之羊羔。復活禮

Pascha erit in Dominica occurrente in plenilunio post ver, vel sequente ipsum plenilunium. 春分後之望日卽復活禮倘此日非主日挨次之主日卽是也

PASCO, pavi, pastum, 3. [eo. 食草。放牲口。餧。養

PASCOR, pastus, 3. (eo. 食草。被養。食

PASCUA, orum, n. 草料。草地

PASSER, ĕris, m. 家雀。麻雀。家賓

*PASSIBĬLIS, e, (patior. 可受苦者

PASSIM, *adv.* (*passus.* 到處。處。亂然

*PASSIO, onis, f. 苦難

PASSUS, a, v. patior, et pando.

uva passa. 葡萄乾

crinis passus (*pando.* 散髮

PASSUS, us, m. [*pando.* 步

PASTILLUS, i, m. 香片。乾藥

PASTINACA, æ, f. 紅蘿蔔

PASTĬNO, as. 空葡萄園。鋤果林

*PASTOPHORIUM, ii, n. 東牀。卧房。院。櫃

PASTOR, oris, m. [*pasco.* 牧童。司教

PASTUS, us, m. 牲草。食草。柴火

PASTUS, a, v. pascor.

PATEFĂCIO, eci, actum, 3. 張開。顯露

PATENA, æ, f. 大觜之盆。聖盤

PATENS, tis, *c. s. part.* &

PĂTEO, ui, 2. [ei. 大開。明然

verbum hoc latissime patet. 此字之義甚多

patet ei fuga. 其可逃

PATER, tris, m. 父親。爹。祖宗。主

— patratus. 掌戰之和尚

PATĔRA, æ, f. 大杯。卮

PATERFAMILIAS, patris-familias, m. 家主。東家

PATERNUS, v. patrius.

*PATHOS, i, *græc. comp.* 七情

PATIBŬLUM, i, n. 十字架。三木架。門閂。插條。梯類

PATIENTIA, æ, f. &

PATIENS, tis, *c. s.* [*patior.* 忍耐。受

— navium. 船可渡之

PATĬNA, æ, f. 送菜飯盤

PATIOR, assus, 3. 受苦。受。徇縱。容

natura non patitur hoc. 此反性也

PATRIA, æ, f. 本鄉

PATRICIUS, a. 世家者。尊貴人

PATRIMONIUM, ii, n. 家產。家業。土產

*PATRINUS, i, m. 代父

PATRIUS, a. 父者。同姓。本鄉者
PATRO, as. 行。作成。報竣
PATROCINIUM, ii, n. 保護。廕
PATRONUS, i, m. 主保。放奴之主。恩主
PATRUELIS, e. 叔伯者
PATRUELIS, is, m. & —frater. くく兄弟
PATRUUS, i, m. (*pater*. くく
PATŬLUS, a, (*pateo*, 張開。寬者
PAUCUS, a, *c. s.* 少。㲜狹，未幾。鮮
PAULATIM, *adv.* 慢然。漸，漸冉。少
PAULISPER, *adv.* 些須。微。絲毫
PAULOMINUS, *adv.* 畧少
PAULÒ, *adv.* &
PAULŬLÙM, *adv.* 不多。些須
PAUPER, ĕris, *c. s. adj.* [r-]jus, &
PAUPERIES, ĕi, f. &
PUAPERTAS, atis, f. 貧窮。缺
PAUSA, æ, f. 暫停止
PAUXILLÙM, *adv.* 些須。須臾
PĂVEO, āvi, 2. 惶。觳觫。悚
PAVI, v. pasco, et paveo,
PAVICŬLA, æ, f. 夯頭，舂槌。石杵
PAVIDUS, a, *c. s.* 惶。驚駭。嚇人者
PAVIMENTUM, i, n. 房地

PAVIO, vivi, vitum, 4. 舂地

PAVO, onis, m. &

PAVUS, i, m. 孔雀

PAVOR, oris, m. (paveo. 驚惶。觳觫

PAX, acis, f. 平安。太平。康泰

PAXILLUS, i, m. 小棍

PECCATUM, i, n. 罪過。愆咎

PECCO, as, (in eum, l. ei. 犯罪。犯法。誤分。錯

PECŎRIS, v. pecus.

PECTEN, ĕnis, m. 梳。篦。鐵鍤。木紋

PECTO, xui, xum, 3. 〱頭。過鐵刷

PECTORALE, is, n. 護心。攀胸

PECTUS, ŏris, n. 胸口。心

PECUARIA, æ, f. 餧羊。牧之事。牲

PECUARIUS, a. 畜牲者

PECULIARIS, e. 私自錢者。私自。格外者

PECULIUM, ii, n. 私自之錢

PECŬLOR, aris. 虧空官錢。偷公物

PECUNIA, æ, f. 錢。銀。富

PECUS, ŭdis, f. 綿羊。畜牲。傻。呆

PECUS, ŏris, n. 畜牲。六畜

***PEDAGIUM**, ii, n. 過關之稅

PEDALIS, e, (pes. 足之。一尺長者

PEDARIUS, ii, m. 隨人意見之官
PEDARIA sententia. 〱〱〱〱之說
PEDATUS, a. 有脚者。已扶之
PEDES, dum, m. (*pes*, et *pedo*. 虱子
PEDES, ĭtis, m. 步行者。步兵
PEDESTER, tris, tre. 〱行者。旱路。淺
PEDETENTIM, *adv.* 輕步走
PEDĬCA, æ, f. 脚鐐。脚絆
PEDICĬNUS, i, m. 一尺
PEDICŬLUS, i, m. 小脚。蝨子。果蔕
PEDISĔQUUS, i, m. 跟班。站班
PEDITATUS, us, m. 諸步兵
PEDĬTUM, i, n. 屁。濁氣
PEDO, pepēdi, 3. 放屁
PEDUM, i, n. 牧童棍。杖
PEGMA, ătis, n. 巧架。門花。書架
PEJĔRO, as. 發虛誓。反誓
PEJOR, us, [*malus*. 益不好。愈不美
PEJUS, [*male*. 〱〱〱
*PEL, *pro* per *comp*.
PELAGIA, æ, f. 海嬴花殼
PELĂGUS, i, m. 大海
PELECINUS, i, f. 野荳
*PELICANUS, i, m. 塘鵝

PELLACIA, æ, f. 騙。諂媚
PELLECTUS, a, &
PELLEXI, v. pellicio.
PELLICATUS, us, m. 作丈夫之私女
PELLICŬLA, æ, f. [*pellis*. 小皮。薄皮
PELLICIO, exi, ectum, 3. pelliciebam ; pellicērem. 諂騙。勾引
PELLIO, onis, m. 熟皮舖
PELLIS, is, f. *plur.* les, ium. 皮。革。韋
pellem detrahēre ei. 剥其皮。透達其心
PELLO, pepŭli, pulsum, 3. 赶出。推。拒。撞。敲
*__PELLO__, as. 說
PELLUCIDUS, a, *c. s.* 透光者。照光
PELLUVIUM, ii, n. 洗脚盆
PELTA, æ, f. 半月貌之籐牌
PELVIS, is, f. em, *l.* im, e, *l.* i. 洗脚盆
PENARIUS, a, v. penuarius.
PENATES, um, m. 土地神。屋
PENDEO, pependi, pensū, 2. 掛。垂下。由。靠。疑
— ab, *l.* in arbore. 〱於樹上
— ab, *l.* in, *l.* de eo. 倚賴其。由彼
PENDO, pependi, pensū, 3. 過秤。細想。還錢
parvi — 看輕
PENDŬLUS, a. 掛。垂者。懸
PENĒ, *adv.* 差不多。幾乎
PENES, *præp. acc.* 在其處。論。向

—te est culpa.	此即汝之非也
PENETRALE, is, n.	內室。深密處
PENĔTRO, as, [*penitus intro.*	透達。穿過。進。動
PENICILLUS, i, m.	筆。翰。畫筆
PENICŬLUS, i, m.	馬尾拂。刷。筆
PENINSŬLA, æ, f.	通旱地島。有徑洲
PENIS, is, m. e, *l.* i, *plur.* es, ium.	尾。屌
PENĬTÙS, *c. adv.*	深內。全。盡
PENNA, æ, f.	鳥毛。羽毛。鵝翎筆
PENSĬLIS, e.	掛，垂者。懸
PENSIO, onis, f.	給工錢。租錢。租祿
PENSITATIO, onis, f.	雇錢。補還。給工錢，過秤
PENSO, as.	過稱。細想。補。賞。給錢
PENSUM, i, n.	限之紡工。課。本分
*PENTA, *l.* pente, *græc.*	五
*PENTACONTARCHUS, i, m.	〻十兵總
PENTATHLI, orum, m.	〻才之戲子
*PENTECOSTE, es, f.	〻十日。聖神降臨
PENTORŎBUS, us, m.	芍藥
PENUARIUS, a, [*penum.* & penuaria cella f.	庫房

PENŬLA, æ, f.	雨帽之外套。雨帽
*__PENULTĬMUS__, a, [*pene.*	自末第二
PENURIA, æ, f.	貧。缺。日需不給
PENUM, i, n. &	
PENUS, i, m.	貯之糧食
PEPERCI. v. parco.	
PEPĔRI, v. pario.	
PEPĬGI, v. paciscor, et pango.	
PEPLUM, i, n.	貴婦袍
PEPO, onis, m.	甜瓜
PEPŬLI, v. pello.	
PER, *præp. acc.*	從過。因。自中。間
— somnium.	夢間
— occultum.	暗然
*__PER__, *comp.*	甚。至
PERA, æ, f.	褔袋。褡褳
PERABSURDUS, a.	甚不合理者
PERĂGO, egi, actum, 3.	做完。告竣。承行
PERĂGRO, as.	遊行。行路
PERBLANDUS, a.	甚溫和者。甚爽
PERCELLO, cŭli, culsŭ, 3.	搖動。打倒。乱
PERCEPTIO, onis, f. &	
PERCIEO, ivi, ĭtum, 2. &	
PERCIO, ivi, itum, 4.	大搖動。大乱。大催
PERCĬPIO, epi, eptum, 3. [*capio.*	收。取。悟。受。曉。覺
— fructus.	割收穀

PERCONTOR, aris. 訪問。細問
— eum de hoc, *l.* ex eo hoc. 〱問其此事
PERCULSUS, a, v. percello.
PERCUNCTOR, v. percontor.
PERCURRO, urri, ursū, 3. 甚跑。全看。畧言完
PERCŬTIO, ussi, ussum, 3. 打。擊。敲。打 鞭。毙
PERDĬTUS, a, *c. s.* [*perdo.* 放肆。失。壞。無 法
PERDIX, icis, m. f. 鷓鴣
PERDO, dĭdi, dĭtum, 3. 丢。失 落。壞。虧 本。折 本。輸。敗
PERDUCO, uxi, ctum, 3. 引。成。强之以往
PERDUELLIO, onis, f. 誑 上。反 叛。大 逆
*PEREFFLUO, v. perfluo.
PERĔGRĒ, *adv.* 走遠路。行旅時
PEREGRINUS, a, & 旅客。外方。羇旅。
PEREGRINUS, i, m. 跋涉者。不識
PEREMPTUS, a, (*perimo.* 被殺者。廢。敗者
PERENDIE, *adv.* (*dies.* 後日
PERENNIS, e, *c.* 不斷。常流者。恒存
PEREO, ivi, ĭtum, ire, [*eo.* 亡。失路。離羣。敗
PERFECTUS, a, *c. s.* (*perficio.* 完 全。精 修。無 瑕
PERFĔRO, ers, tŭli, latum, erre. 帶來受。報 信
PERFĬCIO, eci, ectum, 3. [*facio.* 成。終 之。果。承 行
PERFIDIA, æ, f. &
PERFĬDUS, a, (*fides.* 失信者。背人。奸人

PERFLO, as, [flo. 大吹。風大作
PERFLUO, uxi, uxum, 3. 流過。控水。泄漏
PERFOGO, as. 㨨死。㨨斃。蔽壓
PERFRIO, as. 拈碎。捏碎
PERFŬGA, æ, m. 逃跑者
PERFUGIUM, ii, n. 避難處。妥地
PERFUNCTORIE, adv. 疎忽。苟且。外皮
PERFUNGOR, functus, 3. (eo. 作成。當任。遭
PERGAMENA charta. 羊皮紙
PERGO, errexi, errectum 3. (rego. 走。繼。緒。往前
perge reliqua. 講完可也
PERGŬLA, æ, f. 廿夕欄杆。葡萄棚
PERHIBEO, ui, itum 2. [habeo. 講。述。顯。給
*PERI, græc comp. 周。過
*PERIBŎLUS, i, m. 圍墻 堂外墻
PERICLITOR, aris. 臨險。試探
PERICŬLUM, i, n. 危險
— facere. 試探
PERIMĔTRUS, i, f. 圍周線
PERIMO, emi, emptum, 3. (emo. 殺。毀。阻
PERINDE, adv. 亦然
— ac tu. 如同你
*PERIO, ĕri, ertum, 4. pro pario.
PERIŎCHA, æ, f. 切要。題目

PERIŎDUS, i, f. 往返之時。一轉
PERIPATETĬCI, orum, m. 儒名。散步用功者
PERIPETASMA, ătum, n. 地毯。氈條子
PERIPHRĂSIS, is, f. im, i. 繞言。廣講
*PERIPSEMA, ătis, n. 鐵末。糞洒圍城
PERISCĔLIS, ĭdis, f. 套袴子。腿帶。手鐲子
PERISTȳLUM, i, n. 環柱廡
PERITUS, a, c. s. 老手。熟。見識者
—juris, *l.* jure. 諳律例
*PERIZOMA, ătis, n. 袴子。帶子
PERJURO, as, &
PERJURUS, a. 發虛誓。反誓
PERLĔGO, egi, ectum, 3. 全讀。愼對。細想
PERMĂNEO, ansi, ansum 2. 恒在。留于此
PERMEO, as. 穿過。透
PERMITTO, isi, issum, 3. (ei. 許。准。遣至遠。托付。推下
PERMŎVEO, ōvi, ōtum, 2. 混乱。大摇動
—eum. 動其心。傷其心
PERMUTO, as. 換。替換。找錢。買
—pecuniam. 找錢。出銀票
PERNA, æ, f. 火腿。小腿。甲魚名
PERNICIES, ēi, f. 敗。亡。倒。壞
PERNIO, onis, m. 凍裂皮。冷痹

PERNIX, icis, *o. s. adj.* 疾速。捷足。固執

PERNOCTO, as, (*nox.* 過夜。宿夜

PERNOX, etis, *adj.* 終く醒者

PERO, onis, m. 冬鞋類。生皮

PERORATIO, onis, f. 總說。收言。煞語。訴冤。辯論

***PERPĔDIO**, ivi, itum, 4. 阻碍

PERPENDICULARIS, e. 正直者

PERPENDICŬLUM, i, n. 吊蛇，準繩

PERPENDO, di, sum, 3. 過秤。細想

PERPĔRAM, *adv.* 不善。不悟。舛錯

PERPES, ĕtis, *adj.* &

PERPĔTIM, *adv.* 不斷。常

PERPĔTIOR, essus, 3. [*patior.* perpetiebar: perpetĕrer 受難

PERPĔTRO, as. 做成

PERPETUUS, a, *c*, a 常在。永遠。不息

PERPLEXUS, a, *c*. 疑。縻者。纏繞之

PERQUĂM, *adv.* 甚。至極

PERQUIRO, sivi, situm, 3. (*quæro.* 察考。找。勤訪

PERREXI, v. pergo.

PERSCRIBO, psi, ptum, 3. 寫完。登部。過號部

PERSCRIPTIO, onis, f. 登部。銀票

PERSCRIPTOR, oris, m. 同知。筆帖式。通判

PERSENTIO, si, sum, 4. 覺。悟

PERSĔQUOR, cutus, *l.* quutus, 3. 繼窘難。催訟

PERSEVERO, as, (*severus.* 仍在。長久。恒心
PERSĬCUM, i, n. 桃果
PERSIDO, edi, essum, 3. 水降清。浸
PERSISTO, stiti, stitum, 3. 恒，不止，如一日
—in eo. 不捨此。不改
PERSOLVO, lvi, lutum, 3. 解。還清。全定
PERSONA, æ, f. 鬼臉。位。躬。身。戲子。外皮。事業
PERSŎNO, as. 大响，有應聲
PERSPECTÈ, *adv.* 見識然
PERSPĬCAX, acis, *c. adj.* 聰明，智慧
PERSPĬCIO, exi, ctum, 3. 明知。透看。悉曉
PERSPICUUS, a. 透看者。顯明者
PERSTĬTI, v. persisto.
PERSTRINGO, inxi, ictū, 3. 打緊，簡言
PERSUADEO, si, sum. 2. [ei id. 勸化。勸動。勸信
PERTÆSUS, a, [*tæ let.* 發煩。厭惡
—ignaviam, *l.* ignaviæ. 恨其胆小
PERTĬCA, æ, f. 長棍。一大。木條
PERTĬNAX, acis, *c. s. adj.* 牛性者。固執。吝
—justitiæ. 固執義者
PERTĬNEO, nui, entum, 2. 到。關。及。通。逮
PERTĬNET, ebat, inuit, [*lenea.* 歸于。相關。有益
pertinet ad rem. 關此事。對

辣丁中華合字典

pertinet ad eum. 爲其分内之事

PERTINGO, tigi, tactum, 3. [ad id. 到。得。及。至

PERTURBO, as. 紊亂。混亂。謞惑

PERTUSUS, a, (tundo. 甚打之。打穿。打壞

PERVADO, si, sum, 3. 透過前進

PERVĔNIO, eni, entum, 4. 來到至

PERVERSUS, a, c. s. 顛倒。惡心者。匪類。犯常規

PERVERTO, ti, sum, 3. 顛倒，壞紊乱

PERVESTIGO, as. 細察考，追尋

PERVĬCAX, acis, s. adj. 固執者，恒心

— recti. 堅耿道理

PERVIUS, a. 有路。顯明者

PES, ĕdis, m. 脚。足。一尺。七寸三分。屋地，帆繩

pedem conferre cum eo. 與彼爭鬥

PESSĬMÈ, adv. [male. 最不好不像樣

*PESSĬMO, as. 變壞之。害，難爲

PESSĬMUS, a, [malus. 至惡者。至不美者

PESSŬLUS, i, m. 插閂。門閂

PESSÙM, adv. &

— ire. 往下。沉下。敗

PESSUNDO, dedi, dătū, ăre. 壞。敗人事

PESTILENTIA, æ, f. &

PESTIS, is, f. 瘟疫。死。敗。倒。失火

— reipublicæ. 大害本國之人

PETĂSO, onis, m. 火腿

PETĂSUS, i, m. 大帽。雨帽

PETAURUM, i, n. 跳繩。戲樓

PETESCO, is, ĕre. 再三求

*PETIGO, ĭnis, f. 乾癬

*PETILUS, a. 甚小者

PETIŎLUS, i, m. 小足。果蒂

*PĔTIOR, essus, 3. *pro* patior *comp.*

PETISCO, v. petesco.

PETITIO, onis, f. 稟帖。稟爲作官。告狀。攻一刀

PĔTO, ivi, itum, 3. 求。往。找。願。攻。訟

— eum lapidibus. 抛石擊彼

peto a te opem. 求汝助我

ille petivit Romam: ab illo Roma petita est. 彼往羅瑪城

PETORĬTUM, i, n. 四輪快車

PETRA, æ, f. 一塊石。大石。城名

PETREUS, a, (*petra.* 石中生者。某城者

PETROSELINUM, i, n. 獨活。芹菜

PETŬLANS, tis, s. *adj.* 行兇。豪强。强橫

PETULCUS, a. 玩跳者。觝者。淫

PEUCE, es, f. 松類

PEXATUS, a, | *pexus.* 穿新鮮衣者

PEXĬTAS, atis, f. 布絨毛

PEXUS, a, v. pecto.

vestis pexa. 新鮮衣

PHÆNOMĔNA, orum, n. 空中之異事。曆象

PHAGEDÆNA, æ, f. 蠶瘡

*PHĂGO, onis, m. 多食者

PHALÆ, arum, f. 活木塔

PHALANGA, æ, f. 滾木條。鎗類

PHALANX, angis, f. 八千兵之隊

PHALARĬCA, æ, f. 放火箭

PHALĔRÆ, arum, f. 鞍轡。韁。騎馬者之飾

*PHANIA, *l.* phanta *græc. comp.* 自誇。告

PHANTASIA, æ, f. 想如在眼前

PHANTASMA, ătis, n. 怪像。怪幻。夜鬼。妖怪

PHARĔTRA, æ, f. 箭壺

PHARMACOPOLA, æ, m. 藥館。藥舖

PHARMĂCUM, i, n. 〃。毒藥

PHASE, v. Pascha.

PHASELUS, i, m. 小舟。荳

PHASEŎLUS, *l.* faseŏlus, i, m. 荳

PHASGANION, anii, n. 石菖蒲

PHASIANUS, i, m. 山鷄

PHENGITES, æ, m. 玉石名
PHENION, enii, n. 牡丹。鹿韭
*PHERĔTRUM, v. feretrum.
PHIĂLA, æ, f. 貴酒壷
PHIDITIA, orum, n. 節席。節飡
PHILANTROPIA, æ, f. (*philos.* 善款待人。柔人
PHILOCHĂRES, is, m. 鬈草類
PHILOLOGIA, æ, f. 好文字。註解
PHILOMELA, æ, f. 紅馬鵜。女名
*PHILOS, i, *græc. comp.* 愛者。友
PHILOSŎPHUS, i, m. 賢人。好窮理
PHIMUS, i, m. 拈鬮匣
PHLEGMA, ătis, n. 痰
PHLEGMŎNE, es, f. 癰瘡
PHLOMUS, i, m. 大風艾草
PHOCA, æ, f. 海牛
PHŒNIX, ĭcis, m. 長生鳥。人名
PHONOS, i, m. 野紅花
PHORMIO, onis, m. 燈草席
*PHŎROS, *græc. comp.* 帶以往
PHOSPHŎRUS, i, m. 曉星
PHRĂSIS, is f. 成語
PHRENESIS, is, f. im, i. 瘋狂。瘋癎
PHRYGIA, æ, f. 國名
PHRYGIO, onis, m. 綉花匠。鞴者

PHRYNION, ynii, v. poterion.

PHRYNUS, i, m. 旱田鷄類

PHTHIRIĂSIS, is, f. im, i. 大痳瘋。多蝨之病

PHTHORIUS, a. 墮胎者

PHTISIS, is, f. im, i. 癆病。癆傷

PHU, n. 狗脊草類

PHYLĂCA, æ, f. 監牢。獄

*PHYLACIUM, ii, n. 護兵

*PHYLACTERIUM, ii, n. 解毒藥盒。十誡帶

PHYLARCHUS, i, m. 族長。首人

PHYSES, um, m. 人造之僞寶石

PHYSĬCA, æ, f. (physis. 格物之學

PHYSĬCUS, a. 實有者。形像者

*PHYSIOGNOMIA, æ, f. 相面法。容貌

PHYSIOGNOMON, onis, m. 相面者

*PHYSIS, eos, f. 萬物。本性

PIACŬLO, as, v. pio.

PICA, æ, f. 喜鵲

PICEUS, a, (pix. 瀝清者

PICO, as. 抹瀝清

PICTOR, oris, m. (pingo. 畫匠

PICUS, i, m. 啄木鳥。惡獸類

PIERĬDES, um, f. 學文女神

PIĔTAS, atis, f. (pius. 畏神孝敬。仁慈

PIGER, gra, *e. e.* 懶惰者。疎忽

—militiæ [*gen.* 〻當兵

PIGET, guit, *l.* gitum, 2. 〻惰。難。悔

hoc me piget. 吾难行此。無心

me piget ejus rei. 吾悔辦此事

PIGMENTUM, i, n. 面粉。顏色。筆法

PIGMÆUS, v. Pygmæus.

PIGNĔRO, as, &

PIGNŎRO, as, (*pignus.* 當物。付物作押賬

PIGNŎROR, aris. 憑官定質。拿當頭

PIGNUS, ŏris, n. 當頭。押賬。憑據。親人

PIGRITIA, æ, f. [*piget.* 懈。懶遲

PILA, æ, f. 碓臼。舂臼。海口堘耍彈。草人。柱。槍

PILATUS, a, v. pilum, et pilo.

PILENTUM, i, n. 二輪婦人車

PILEUS, i, m. 帽。冠

PILO, as. 竊。偷。生毛。拔毛

PILOSUS, a, (*pilus.* 毛多者

PILŬLA. æ, f. 藥丸。小丸。彈。枚

PILUM, i, n. 臼槌。短鎗

PILUS, i, m. 一根毛。絲毫之事

PINASTER, tri, m. 假松。野松

PINCERNA, æ, f. 供酒者。提壺

PINEA, æ, f.	松。松塔
PINGO, inxi, ictum, 3.	畫。描寫
**PINGO*, *pro* pango *comp.*	
PINGUIS, e, *c. s.*	胖肥膔。富胎背 加肥。豐。粗。体
PINNA, æ, f.	翎魚翅。垜口。蚌。水琴板。水磨車齒
*PINNACŬLUM, i, n.	房頂
PINNŬLA, æ, f.	小翎。垜口
PINSO, si, *l.* sui, insum, *l.* pistum, 3.	擣碎成麪。舂
PINUS, i, *l.* us, f.	松樹。船。花類
PIO, as, [*pius.*	以祭滌罪。敬。
PIPER, ĕris, n.	椈椒菜
PIPIO, as.	鳥咋。小雞鳴
PIRATA, æ, m.	海賊
PIRUS, i, f.	梨樹
PISCINA, æ, f.	魚池。塘。大水桶
PISCIS, is, m. *plur.* es, ium.	魚。亥宮宿
PISCOR, aris.	打魚。釣魚。漁
*PISTĬCUS, a.	可徵。純者
PISTILLUS, i, m.	臼槌
PISTOR, oris, m. [*pinso.*	燒麪頭者。舂穀
—dulciarius.	糖糕舖。糕餅舖
PISTRINUM, i, n.	硏房。碓之工
PISTRIX, icis, *l.* pistris, is, f.	〈之女。星名。舟

PITHECIUM, ii, n. 小猴

PITHIÆ, arum, f. 大飛星。大鬼火

PITTACIUM, ii, n. 藥布。標字號

PITUÏTA, æ, f, 痰。傷風。樹香

PITȳIS, ĭdos, f. 野松塔

PIUS, a, *s.* 孝敬者。仁慈。畏神

PIX, ĭcis, f. 瀝清

PLACATUS, a, *c. s.* [ei, *placo.* 怒息者。心安

PLACENTA, æ, f. 甜餅。麵食。餡子

PLĂCEO, cui, cĭtum, 2 [ei. 中人意，人喜歡我

PLACET, cuit, *l.* cĭtum, 2. 合意准

placuit. 會議定

PLACĬDUS, a, *c. s.* 安者。良善，溫和

PLACITIS, ĭdis, f. 金銀炱煤

PLACĬTUM, i, n. 上旨意。諭。意見

PLACO, as. 息人怒。平服。減

PLAGA, æ, f. 一刀傷。災。天一方。水土。患難。白被襌

PLAGIARIUS, a. 賣人為奴。偷人文

PLAGŬLA, æ, f. 一張紙。帳。一塊布。轎帷

*PLANCA, æ, f. 木板

PLANCTUS, us, m. [*plango* 拊胸。哀哭。涕泣

PLANE, *c. s. adv.* 明。定然。全

PLANETA, æ, m.	政星。遊星
*PLANETA, æ, f.	祭衣
PLANGO, xi, ctum, 3.	打。拊心哀哭
PLANITIES, ēi, f. [*planus*.	平地
PLANTA, æ, f.	草木。萬卉。秧子。足底接之枝
PLANTAGO, inis, f.	車前子草
PLANTARIUM, ii, n.	秧子。秧池
PLANTO, as, (*planta*.	栽。栽く子。種植
*PLANŬLA, æ, f.	鉋。扣門
PLANUS, a, *c. s*.	平。光。明。扁
PLANUS, i, m.	欺誑之徒
*PLASMO, as.	揑像。假裝
PLASTES, is, m.	くく者。塑坭像
PLATĂNUS, i, *l.* us, f.	白楊樹
PLATEA, ēæ, f.	大街
PLAUDO, si, sum, 3.	出聲。誇獎。稱揚
— manibus.	拍手呌妙。詐妙
PLAUSTRUM, i, n.	牛車。北斗星宿
PLEBEJUS, a, [*plebs*.	庶民者。卑。俗者
PLEBISCITUM, i, n.	庶く之諭
PLEBS, bis, f.	百姓。下民。庸民
PLECTA, æ, f.	棍纜。双耳之杯。字號

PLECTO, xi, xum, 3. 治罪。罰。綁。結合

PLECTRUM, i, n. 竹片敲。彈絃觚。絃。陪絃之詩。舵

PLEIĂDES, um, f. 七星。七女名

PLENE, *c. s. adv.* v. plenus.

PLENILUNIUM, ii, n. (*luna.* 月盈。月望。望日

PLENITUDO, ĭnis, f. &

PLENUS, a, *c. s.* [ejus, *l.* eo. 滿。全。盈。豐盛。厚

*PLEO, evi, etum, 2. *comp* 滿

PLERIQUE, æque, ăque. 過半。大約

PLERUMQUÈ, *adv.* 大槩。大抵

PLEURITIS, ĭdis, f. 脅疼

*PLEX, ĭcis, *adj.* (*plico, comp.* 双者

PLEXUS, a, v. plecto.

PLĬCO, cavi, catum; *l.* cui, cĭtum, 1. 疊。摺。皺

PLINTHIS, ĭdis, f. 柱脚。柱礎。小甎

PLISTOLOCHIA, æ, f. 茵貫。川芎

PLODO, *pro* plaudo *comp.*

PLORO, as. 哀哭。怨哭

PLOSTRUM, v. plaustrum.

PLUIT, ebat, it, *l.* uvit, 3. 下雨。雨

PLUMA, æ, f. 鳥毛。寒毛。鱗甲

*PLUMACIUM, ii, n. &

*PLUMARIUM, ii, n. 枕。羽毛褥

PLUMARIUS, ii, m. 綉羽毛匠

辣丁中華合字典

PLUMBAGO, inis, f.	銀錫配合。寶石瑕。草名
PLUMBUM, i, n.	黑鉛。鉛器。目疾
PLURĬMŬM, *adv.* (*multum*	甚。屢次
ut —	常規。素常
PLURĬMUS, a, (*multus*	甚多者
sunt plurimi quinque.	至多有五名
* ad plurimum.	至多
PLUS, uris, *adj.* (*multus.*	更く。愈甚
— minus.	上下。約
— æquo.	過分。太過
—quam pollicitus est, dedit, *l.*	
— dedit, quam pollicitus est.	其所給過其所許
PLUTEUS, i, m.	書架。文案。保障
PLUTONIA, orum, n.	烟瘴之處
PLUVIA, æ, f.	雨
*PLUVIALE, is, n.	洒聖水之衣
PNEUMATĬCUS, a.	風氣所動者
PNIGITIS, ĭdis, f.	藥材之土
*POCILLATOR, oris, m.	司酒者。提壷
POCILLUM, i, n.	小杯。爵
POCŬLUM, i, n.	酒盃。巵。飲之物
PODĂGRA, æ, f,	骨節痛
*PODERIS, is, f.	長白衣

PODEX, ĭcis, m, 屁股。糞門

PODIUM, ii, n. (pes. 王看戲之臺

POEMA, ătis, n. 一首詩。詩書

PŒNA, æ, f. 罰。刑罰。災咎。冤孽。災

pœnas dare ei. 被其罰

pœnas repetere ab eo. 圖治其罪

PŒNITENTIA, æ, f. 悔。有虧心事

pœnitentiam agere. 作補贖

PŒNĬTET, ebat, uit, 2. 後く。回頭

— me peccati. 吾悔吾罪

PŒNITURUS, a. 將悔者

POETA, æ, m. 詩人。吟詩者

POGONIA, æ, f. 鬚之彗星

POL, *adv.* 誓實。實言

*POLA, *græc. comp.* 賣者

*POLEMĬCUS, a. 爭論者

POLENTA, æ, f. 大麥所拌之麪

POLIO, ivi, itum, 4. 磨光。琢磨。研作麪。練。修

POLION, ii, v. poterion.

*PŎLIS, is, f. *græc.* 城。府

POLITĒ, *c. s. adv.* v. polio.

POLITĬCUS, a. 係國政。治國方

POLLEN, inis, n. 細麪。精乳香

POLLEO, es, ēre. 能。有精神。壯
— scientiā. 有大學問
POLLEX, ĭcis, m. 大指。巨擘。脚拇指
POLLICEOR, ĭtus, 2. (ei. 許下。决言。約
POLLINCTOR, oris, m. 收殮尸者。土工
POLLINGO, xi, ctum, 3. 以油傅屍
POLLUBRUM, i, n. 洗盆。盥器
POLLUCTUM, i, n. 廟大席
POLLUCTUS, a. 任衆用之。公用
POLLUO, ui, ūtum, 3. 汚。犯。染。忝辱
POLLUTIO, onis, f. 贜汚。出精
POLUS, i, m. 北極。南極。天
*POLY, *græc. comp.* 多
*POLYBUTES, æ, m. 有牛羣多者
*POLYGAMIA, æ, f. 有婦多
POLYGŎLA, æ, f. 莽牛胆草
POLYGŎNUS, i, m. 小猪牙草
POLYGONUS, gōna. 多隅者。多棱者
POLYMĬTUS, a. 雜色線之布
POLȳPUS, i, *l.* ŏdis, m. (*pes.* 明腹魚。鼻瘜菌
POMARIUM, ii, n. 果木園。果房
POMERIDIANUS, a, [*post.* 下午者。晚者
POMERIUM, ii, n. 挨城墻脚之地

POMPA, æ, f. 紛然。大威風。排塲。執事。榮華

POMUM, i, n. 果、楨果

PONDĔRO, as, [pondus. 稱、過秤。細想。謀。

PONDO, n. 斤兩、法碼。秤砣

PONDUS, ĕris, n. 幾重。力量、斤

PONE, *præp. acc.* et *adv.* 後。于後

PONO, sui, osĭtum, 3. 安置。放下。假如

PONS, tis, m. *plur.* ontes, tiū. 橋梁

PONTĬFEX, ĭcis, m. 主教。司教。牧

PONTIFICATUS, us, m. 〻〻之職

PONTO, onis, m. 擺渡。筏子

PONTUS, i, m. 海

PONTUS, i, f. 域名。地名

POPA, æ, m. 宰犧牲。不饜者

POPĂNUM, i, n. 拜廟之圓餅

POPINA, æ, f. 茶舘。酒舘。店

POPLES, ĭtis, m. 腿彎。膝背

POPLUS, *pro* popŭlus.

POPOSCI, v. posco.

POPPYSMUS, i, m. 輕拍手之聲

POPULARES, ium, m. 偏民之官

POPULARIS, e, c. 民者。百姓所愛

POPŬLOR, aris. 乱搶。征勦。賊寇

POPŬLUS, i, m. 四民。黎民

POPŬLUS, i, f. 白楊樹

PORCA, æ, f. 母猪。田池。控溝

PORCINUS, a. 猪者

PORCUS, i, m. 公猪。異胖之人

PORPHYRITIS, ĭdis, f. 紅無花果

PORPHYRIO, onis, m. 塘鵝。紅黃鳥

PORRĬGO, exi, ectum, 3. [rego. 伸。延日。給。殺。倒

PORRIGO, ĭnis, f. 禿瘡。垢滯

PORRÒ, *adv.* 遠。果然。但。八後

PORRUM, i, n. 韭菜

PORTA, æ, f. 大門城門

PORTENDO, di, tum, 3. 爲先兆。指。先言

PORTENTUM, i, n. 奇怪事。先兆

PORTĬCUS, us, f. 遊廊。廡。帳房

PORTIO, onis, f. 分。各人之分。比例

PORTĬTOR, oris, m. 渡主。帶來之人

PORTIUNCŬLA, æ, f. [portio. 小分

PORTO, as. 帶去。挑。背。載來

PORTORIUM, ii, n. 船錢。納之稅

PORTULACA, æ, f. 馬齒莧

PORTUS, us, m. 海口。房。埠。避難所

PORUS, i, m. 尿道。皮孔。眼

POS, *pro* potis *comp.*

POSCA, æ, f. 水酒。醋水

POSCO, poposci, 3. (eum, *l.* ab eo id. 求，乞。問人。須

POSITIO, onis, f. [*pono.* 勢。態。次序。凡例

POSĬTUS, a, (*pono.* 置之。假如。埋。栽

POSSESIO, onis, f. [*possideo.* 有。在手。田宅

POSSIBĬLIS, e, (*possum.* 能有之。可行之

POSSĬDEO, ēdi, essum. 2. (*sedeo.* 有。在手內

POSSUM, otes, otui, osse, [*potis sum.* 能。可以

POST, *præp. acc.* et *adv.* 其後

*POSTÆ, arum, f. 驛站。換馹馬舘

POSTEA, *adv.* [*is.* 此後

POSTEĀQUAM, *adv.* 〃〃

POSTĔRI, orum, m. &

POSTERĬTAS, atis, f. 後人。子孫。後裔

POSTĔRUS, a, terior, tremus, *l.* tūmus. 〃者。次者。卑

POSTHĂBEO, ui, itum, 2. 置于後。視輕

POSTHĀC, *adv.* 此以〃

POSTHŬMUS, a, (*humo.* 父亡而生之子

POSTICUM, i, n. 後門。茅房。糞門

POSTILENA, æ, f. 〃鞦，鞦。緧

POSTIS, is, m. *plur.* es, ium· 門框。掩手石門

POSTLIMINIUM, ii, n. 流徙滿復回家貲之例

POSTMŎDŬM, *adv.* 後來。後未幾

POSTPONO, osui, ositum, 3. 以為〃。看輕

POSTQUAM, *conj.* 此後

POSTREMUS, a, [*posterus.* 末、終。在尾。甚弱

POSTRIDIE, *adv.* [*dies.* 明日。次日

— pugnæ, *l.* pugnam. 戰後次日

POSTŬLO, as, [ab eo id. 問要。再三求。告罪、問、怨、訟。定言

— pro fratre. 爲弟求施恩

POSTŬMUS, a, v. postremus.

POSUI, v. pono.

PŎTENS, tis, *c. s.* [ejus, *possum.* &

POTENTIA, æ, f. 能者。大勢力者

POTERIOR, rii, n. 小薄荷

POTERIUM, *pro* potorium.

POTESTAS, atis, f. 能力、權。准。官員。威義。六品天神

POTIO, onis, f. [*poto.* 飲、飲物。泡之藥

POTIOR, ius, (*potis* 愈好。爲首

potiorem habere eum. 以彼爲先

PŎTIOR, itus, 4. (ejus, *l.* eo. 得意、享受。有。得

PŎTIS, e, *c. s. adj.* 能者。有力

POTISSĬMUS, a, [*potis.* 在先者。至好

nescio, quid expediam potissimum. 不知先辦何事

POTITUS, a, v. potior.

POTO, avi, atum, *l.* potum, *l.* potus 1. 飲、浸。給飲

— eum aceto. 給醋彼く

POTUS, us, m. 飲物

POTUS, a, [poto. 已飲者。被飲者

PRACTICUS, a. 係行爲者。習者

PRÆ, *præp abl.* 先。當。因。除。比。甚

speciem boni viri — se ferre. 顯善人

PRÆALTUS, a. 甚高。甚深者

*PRÆBENDA, orum, n. 餞禮。餞行。養廉

PRÆBEO, ui, itum, 2. [ei. 付。發顯。供獻。准

— se æquum. 當公道

PRÆBIA, orum, n. 避巫術物

PRÆCAUTUS, a, [*caveo.* 預防。防備隄防

PRÆCEDO, essi, essum, 3. [ei, *cedo.* 在前。超過

— eum virtute. 遇其勇

PRÆCELLO, ui, elsi, 3. [ei. 越人。主之。管

— genti illi. 爲此國之王

PRÆCENTIO, onis, f. [*cano.* 排演唱。定言以唱

PRÆCEPI, v. præcipio.

PRÆCEPS, cipitis. *adj.* 陡坡。倒。冒失。急

PRÆCEPTIO, onis, f. [*præcipio.* 先取。命。箴言。定準。凡例

PRÆCEPTOR, oris, m. 師傅

PRÆCEPTUM, i, n. 命令。箴規。格言

PRÆCIDANEUS, a. 先祭者

PRÆCIDO, di, sum, 3. 砍斷。定言。簡言

PRÆCINGO, inxi, inctum, 3. 束帶。裝扮。預備

PRÆCIPIO, cepi, ceptum, 3. [*capio.* 先取。吩咐。教訓

— et illud. 命其行此

PRÆCIPĬTO, as. (*præceps*. 推下冒失

PRÆCIPUUS, a. 爲要。爲首。在先者

PRÆCISÈ, *adv*. (*cædo*. 切然。必然。簡。特

PRÆCLARUS, a. 大出名。英傑。巧

PRÆCLAVIUM, ii, n. 官袍之大襟

PRÆCLUDO, usi, usum, 3. 閉門以拒人

PRÆCO, onis, m. 傳命者。唱道。讚

PRÆCŎQUUS, a, v. præcox.

PRÆCORDIA, orum, n. 隔膜。六腑。心腸

PRÆCOX, ŏcis, *adj*. 先成熟者

PRÆCURRENTIA, um, n. 講究。來歷

PRÆCURSOR, oris, m. 開路者。先驅者

PRÆDA, æ, f. 搶之物。贓

PRÆDESTĬNO, as. 預定

PRÆDIATOR, oris, m. 諳田宅之例

PRÆDĬCO, as, [*dico, as*. 傳開嘉獎。吆喝

PRÆDICO, ixi, ictum, 3. 先說。先知。使知

PRÆDĬTUS, a, (eo, *do*. 本性有。自有

PRÆDIUM, ii, n. 田地。房屋。田宅

PRÆDO, onis, m. 强盜

PRÆFARIS, atus, ari. 先始言。先呼。先請容諒。誦序文

PRÆFATIO, onis, f. 序文。小引

PRÆFATUS, a, (*præfaris*. 先言之。預定。該

PRÆFECTUS, i, m. (præficio. 監督。拿權。行者
PRÆFĔRO, ers, tŭli, latum, erre. 顯。寧欲。看重
— se aliis (dat. 以己爲勝人
PRÆFĪCA, æ, f. 弔喪之女。號喪
PRÆFĪCIO, feci, fectum, 3. (facio. 定人管。派人管
— eum exercitui. 升其總兵。令之統兵馬
PRÆFINIO, ivi, itum, 4. 定。定限
PRÆFISCĪNE, dixĕrim. 幸無以爲誇
PRÆFRACTUS, a, c. 先破。硬。不順之文
PRÆFURNIUM, ii, n. 窰口
PRÆGNANS, tis, adj. 懷孕者
PRÆJUDICIUM, ii, n. 先案。表。預必。損
*PRÆLATURA, æ, f. 司教位
PRÆLECTIO, onis, f. 定之書。上之書
PRÆLIUM, ii, n. 打一次仗。戰
PRÆLUDIUM, ii, n. 排演。陣勢。預備
PRÆLUM, i, n. 壓梁。夾板
PRÆMIUM, ii, n. 賞。犒賞。犒勞。納采。花紅。贓罰
PRÆNOMEN, inis, n. 人名前之字號
PRÆPĀRO, as. 預備。便
PRÆPĔDIO, ivi, itū, 4. (pes. 阻擋。碍之
PRÆPES, ĕtis, adj. 甚速者。疾快

PRÆPILATUS, a. 鈍之槍
PRÆPOSITIO, onis, f. 置于前。前句
PRÆPOSITUS, i, m. (pono. 上司。監督。首人
PRÆPOSTÉRUS, a. 顛倒。乱。相反
præpostera libido. 男色
PRÆPUTIUM, ii, n. 屌頭皮
PRÆRÏPIO, ui, eptum, 3. (rapio. 先奪。占先。遇之未備
PRÆROGATIVA, æ, f. 在先。憑據。私恩
PRÆRUPTA, orum, n. 懸巖峻嶺。險峻
PRÆS, ædis, m. 保銀之人
PRÆSAGIUM, ii, n. 先知。先兆
*PRÆSBÿTER, v. presbyter.
PRÆSCRIBO, psi, ptum, 3. 寫于前。先報。命。限。起書名
PRÆSCRIPTIO, onis, f. 日久而挽不及
PRÆSEGMEN, Inis, n. 切之塊。木屑
PRÆSENS, tis, adj. 現在。備。大膽。順
PRÆSENTANEÈ, adv. 立刻。便
PRÆSENTIA, æ, f. 面。當面
PRÆSENTIO, ivi, itum, 4. 悟。預覺。猜
*PRÆSENTO, as, (præsens. 顯于前。明扮一事
PRÆSEPE, is, n. &
PRÆSEPIS, is, f. im, i. 馬圈。牛槽。娼窩
PRÆSERTIM, adv. 第一。在先。非凡

PRÆSES, idis, m. 首人。監督。主保
PRÆSIDIUM, ii, n. 把守兵。汎地。護
PRÆSTABILIS, e. 美。利人者
PRÆSTAT, itit, tare. 更好。愈宜。勝
PRÆSTATIO, onis, f. 還工錢。徵所逋者
*PRÆSTIGIA, orum, n. &
PRÆSTIGIÆ, arum, f. 變戲法。詭騙
*PRÆSTIMONIUM, ii, n. 好學之養廉
PRÆSTÒ sum. 吾備于此
— esse ei. 便救之
PRÆSTO, iti, itum, are. [ei, (sto. 承行。超。保。給。作
PRÆSTOLOR, aris. 等候
PRÆSTRINGO, inxi, ictm, 3. 拉緊。簡言。畧提
PRÆSUL, ŭlis, m. 領和尚。司教
PRÆSUM, æes, fui, esse. 監督。管。領。掌事
— operi. 管工夫。監工程
PRÆSUMO, psi, ptum, 3. 先取。佔。自擅
PRÆSUMPTIO, onis, f. 預必。預縣。自矜
PRÆTENDO, di, tum, l. sum, 3. 張開。推辭。遮掩
PRÆTER, *præp. acc.* et *adv.* 另外。除。當面。越
PRÆTEREA, *adv.* (is. 除此外。此後
PRÆTĔREO, is, ivi, itum, 3. [eum. 逝。悞。超。勝
PRÆTERMITTO, isi, issum, 3. 誤。不言。不提起
PRÆTERQUAM, *adv.* 除。另。除此外

PRÆTEXTA, æ, f. 幼人貴衣。官衣
PRÆTEXO, exui, extum, 3. &
PRÆTEXTUM, i, n. 借故。借端。榮華
PRÆTOR, oris, m. 總官。元帥。臬司
PRÆTORIUM, ii, n. 大衙門。王府
PRÆVĂLEO, ui, 2. (ei. *l.* eo, *l.* contra eum. 敵過。勝。大行
PRÆVARICOR, aris. 殉。失信。背本人
PRÆVĔNIO, ēni, entum, 4. (eum. 先到。防備。閑禦く于人。先期
PRÆVERTO, ti, sum, 3. 亂次。預防。越。散人心。看重。歸
PRÆVĬDEO, idi, sum, 2. 先知。早估。逆知く者。預先看
PRÆVIUS a, (ei.
PRAGMATĬCUS, a. 公事者。國政變
PRANDEO, di, sum, 2. &
PRANDIUM, ii, n. 早飯
PRASIUS, ii, m. 綠寶石名
PRATUM, i, n. 青草塲。草地
PRAVUS, a, c. s. 彎曲。廢。奸詐。惡
PRAXIS, is, f. im, i. 行爲。常規。習
PRECARIUS, a. 求得者。暫時所有
PRĔCES, um, f. (*prex.* 祈禱。經。求。呪罵
PRĔCOR, aris, (eum, *l.* ab eo. 祈求。懇く
PREHENDO, di, sum, 3. 拏人。捕捉

PREHENSO, v. prenso.

PRĔMO, essi, essum, 3. 壓。擠。打緊。催。隱

PRENDO, v. prehendo.

PRENSO, as. 常拏。多禮求恩

*PRESBȳTER, ĕri, m. 耆老。神父。鐸德

PRESSI, v. premo.

PRESTER, ĕris, m. 毒蛇名。颶風

PRETIOSUS, a, c. s. 寶貝者。貴者

PRETIUM, ii, n. 價錢。賞。貴。工錢

operæ — est. 值之辛苦。有益

PREX, ĕcis, f. v. preces.

PRIDĔM, *adv.* 前不久。從前

PRIDIE, *adv.* [*dies.* く一日

PRIMÆVUS, a. 元年者。始初者

PRIMANI, orum, m. 前營兵

PRIMARIUS, a. 根原之。上等。宗

*PRIMAS, ătis, m. 首人

PRIMIGENĬTUS, a. 原者。善傳類者

PRIMITIÆ, arum, f. 初熟之穀

PRIMITIVUS, a. 先者。原來。初者

PRIMÒ, *adv.* 起初。先。第一

*PRĬMO, essi, essum, 3. *pro* premo *comp.*

PRIMOGENĬTUS, a. 長子

PRIMORDIUS, a. 首者。原者

PRIMORES, um, m. 諸先人。爲主

PRIMUS, a. 第一。不亞於人者
PRINCEPS, ipis, m. 太子。王爺。爲首
PRINCIPALIS, e. 初等。爲首。爲主
PRINCIPATUS, us, m. 首位。王位。王封
PRINCIPIA, orum, n. 原由。將幕府綱領
PRINCIPIUM, ii, n. 起初。始肇。太乙
*PRINUS, i, f. 出大紅色樹
PRIOR, us, *compar. plur.* ores, orum. 在先者
PRISCUS, a. 古者。舊。廢
PRISTA, æ, f. 鋸裂木匠
PRISTĪNUS, a. 向日者，古
PRIŬS, *adv.* [*prior.* 先前。于人快
PRIUSQUAM, *adv.* く于
— abeam. 吾別之先
PRIVANTIA, um, n. [*privans.* 相反之句。對句
PRIVATUS, a, v. privo.
PRIVATUS, a. 私自者。無功名
PRIVIGNUS, i, m. 隨再醮之子。螟蛉之子
PRIVILEGIUM, ii, n. 私恩，格外之恩。八議
PRIVO, as. 缺。奪去之
— eum dignitate. 革其官
PRIVUS, a. 單者。私者。格外
PRO, *præp. abl.* 當。爲。替。因。照。代

PROAGŎRUS, i, m.	首官。總官
PROAMĬTA, æ, f.	祖姑母
PROĂVUS, i, m.	曾祖父
PROBABĬLIS, e, c.	十分有八分。大概者。似是近眞
*PROBATĬCUS, a.	綿羊者
PROBLEMA, ătis, n.	未決之事
PRŎBO, as.	准。悅。徵明。辯明。試探。以爲然
PROBOSCIS, ĭdis, f.	象鼻。獸嘴
PROBRUM, i, n.	奸人妻。惡事。忝辱。喪廉恥
PRŎBUS, a, c. s.	正經。學道。誠慤
PROCAX, ācis, adj.	無廉恥者。强橫
PROCEDO, essi, essum, 3.	進步。繼緒。從此
PROCELLA, æ, f.	風雨。暴風
PROCĔRES, um, m.	諸大臣
PROCERUS, a, c. s.	高者。長
PROCESSIO, onis, f. [procedo.	往前。遊街。來由
PROCI, orum, m. (procus.	爭娶一女。諸大人
PROCIDENTIA, um, n.	前倒。伸出之肢體
PROCĬDO, idi, 3. [cado.	爬倒。稽首。伏臥
ad pedes ejus —	向其叩首
PROCIDUUS, a.	失本位。往前垂

PROCINCTUS, a, [*cingo*. 預備。伶便

PROCLAMO, as. 喧嘩。揚聲。傳言

PROCLIVIS, e, *c*. (ad id, *clivus*. 偏向。歪。垂。方便

***PRŎCO**, as, &

PROCOR, aris. 贅乞

***PROCŒTON**, onis, m. 正室。內廳

PROCONSUL, ŭlis, m. [*consul*. 副總官。總官委員

PROCRASTĪNO, as, (*cras*. 緩。延日推月

PROCREO, as, (*creo*. 生

PROCUL, *adv*. 從遠。遠

— a me culpa est. 此罪離我遠

— vero, *l*. a vero. 不近眞。差之甚

— dubio [*dubium*. 毫無疑

PROCURO, as, (*curo*. 代管。料理。贖罪

PROCUS, i, m. 覓親者。尋新婦

PROCYON, onis, m. 天狼前星

PRODEO, is, ivi, ĭtum, ire. 出來。前進。會衆

PRODIGIUM, ii, n. 異事。先兆。奇異

PRODĬGUS, a, (ejus. 浪費者。蕩子

PRODO, dĭdi, dĭtum, 3. 賣友。露。付犯人

— id posteris. 紀此事于後世

PRODRŎMUS, i, m. 開路者。先驅

PRODUCO, xi, ctum, 3. 牽出。伸開。緩。生

***PRODUCTĬLIS**, e. 可打長之

PROFANO, as, (*fanum*. 失敬。變俗。供神

PROFANUS, a. 非聖。俗者。外教

PROFECTIO, onis, f. v. proficiscor.

PROFECTÒ, *adv*. 果然。無疑矣

PROFECTITIUS, a. 係妻供妝

PROFECTUS, v. proficiscor, et proficio.

PROFĔRO, ers, tŭli, latum, erre. 攜出。說。伸。緩

PROFESSIO, onis, f. [*profiteor*. 口供。事業。上單

PROFESSOR, oris, m. 師傅。訓導。學院

PROFESSUS, a, v. profiteor.

PROFESTUS, a, (*festum*. 不罷工之日

PROFĬCIO, ēci, ectum, 3. (*facio*. 前進。有益

— in virtute. 〱〱立德行

— ad id. 有用于此。利此

PROFICISCOR, ectus, 3. 起身。起程。由此

PROFICUUS, a. 有益者

PROFITEOR, essus, 2. 承認。當。報名。獻。受業

PROFLIGO, as. 打倒。浪費。畧成

PROFLO, as. 噴出之。吹開

PROFLUENS, tis, f. 流之水。川

PROFLUENS, tis, *part*. [*fluo*. 豐盛

PROFLUVIUM, ii, n. 流。泄肚。月經

PROFUGIUM, ii, n. 避難所

PROFŬGUS, a, (*fugio*. 逃跑。無常宅者

PROFUNDO, udi, usum, 3. 倒水。溢外。浪費

PROFUNDUS, a, c. s. 深者。高。至大

PROFUTURUS, a, v. prosum.

PROGENIEIS, ěi, f. 祖宗。子孫。枝派

PROGENĬTOR, oris, m. 〱父

PROGNOSTĬCUM, i, n. 先兆

PROGRĒDIOR, essus, 3. 往前。進步。前進

PRŎH dolor! 可憐。哀哉

PROHĬBEO, ui, ĭtum, 2. 禁止。阻。推去

— eum a furto, l.

— ei furtum. 〱之不許偷

PROINDE, *adv.* 因此

— ac, *l.* si. 如同

PROJECTIO, onis, f. &

PROJECTURA, æ, f. 伸出之塊。房簷

PROJĬCIO, eci, ectum, 3. (*jacio.* 抛。伸出。自誇

PROLATIO, onis, f. [*profero* 緩。延日。引書

PROLEGOMĔNON, ni, n. 序文

PROLES, is, f. 子孫。兒女。類

PROLETARII, orum, m. 生兒作兵之民

PROLIXUS, a, *c.* 長。方便。大方

PROLOCUTOR, oris, m. 辯護人者。保認

PROLŎGUS, i, m. 序文。誦序文者

PROLONGO, as, [*longus.* 延日。遲

PROLUDIUM, v. præludium.

*PROLUVIUM, i n. 浪費

PROMATERTĔRA, æ, f. 曾祖姑姨
PROMERCALIS, e. 可賣之。買賣之
PROMĬNEO, ui, 2. 顯出。出首。傳下
PROMISCUUS, a. 混雜。不分。互相
PROMITTO, isi, issum, 3. 抛。放。許下。約
PROMO, psi, ptum, 3. 抽出。張于前。顯
PROMONTORIUM, ii, n. 入海山。高山
PROMŎVEO, ōvi, ōtum, 2. 推進陞官。前進
PROMPTUARIUM, ii, n. 庫房
PROMPTUS, a, c. s. [in il, *promo*. 攜出。預備者。便
PROMTUS, *pro* promptus.
PROMULGO, as. 傳開。傳言。曉衆
PROMULSIS, idis, f. 蜜酒。席前酒
PROMUS, i, m. 管庫房。分施者
PRONĔPOS, otis, m. 曾孫
PRONEPTIS, is, f. 〻〻女
PRONŒA, æ, f. 天監臨。天主照顧
PRONŬBUS, a, [*nubo*. 新婦者
PRONŬBA, æ, f. 陪新婦之婆
*PRONŬBUS, i, m. 陪新郎之友
PRONUNTIO, as. 分各音。誦。定案。指名。當衆許
PRONUS, a, e. 偏向。垂。俯身。易
— virtuti, *l.* ad, *l.* in virtutē. 本性向德
PROŒMIUM, ii, n. 排演。序文

PROPAGO, inis, f. 類。種、後裔

PROPAGO, as. 傳類。壓枝。承胤

PROPALAM, adv. l. palam. 明然、當衆

*PROPALATUS, a. 已發之。明着

PROPATULUS, a, &
in propatulo, l. propatulo. 明然、于露天

PROPE, prap. acc. 臨近

PROPÈ, opius, oxime, adv. 〱〱。近、幾

PROPEDIÈM, adv. 不日。不久

PROPELLO, pŭl., pulsum, 3. 擋出。拒。推、擯

PROPEMŎDÙM, adv. 差不多。僅。幾

PROPENDEO, di, sum, 2. &
PROPENDO, di, sum, 3. ſad id. 偏。歪

PROPĔRO, as. 忙備、快走。頻急

— iter. 〱行路

PROPHETA, æ, m. 先知聖人。言未來

PROPHETIS, idis, f. &
*PROPHETISSA, æ, f. 女先知

PROPINO, as, ſei. 請酒

— eum. 付之以請

PROPINQUUS, a, c. 隣舍。親戚。親屬

PROPIOR, us, ſei, l. eum, prope. 益近者。新近

PROPITIUS, a. 垂憐。向吾。順

PROPLASMA, ătis, n. 坭模。坭規模

PROPOLA, æ, m. 負販。販夫。現躉

PROPONO, osui, ositum, 3. 排於人前。商量。定心。傳言。顯明

mihi propositum est. 我定主意

PROPORTIO, onis, f. 相稱。比例。配額

PROPOSITIO, onis, f. 排于前。一說。題目。商量之事

PROPOSITUM, i, n. 主意。題目。日規

PROPRIĔTAS, atis, f. 自有。本質。本性

PROPRIUS, a, (ejus, *l.* ei. 〱〱之。私自。長久。相宜

PROPTER, *præp. acc.* 因爲。爲。近

PROPTEREÀ, *adv.* (is. 〱此。是以

PROPUDIUM, ii, n. 醜陋。喪節。無耻

PROPUGNACŬLUM, i, n. 砲台。保障。妥處

PROPUGNO, as. 爭保。助

PROPULSO, as. 屢拒。擯。推出

PROPYLÆUM, i, n. 廟廡

PRORA, æ, f. 船頭

PRORĬPIO, ui, eptum, 3. (*rapio.* 暗攜去。躲。逃。投

PRORITO, as. 招惹。催。引誘

PROPŎGO, as. 延日。寬限

PRORSÙM, *adv.* &

PRORSÙS, *adv.* 全。直。定。順

PRORUMPO, upi, uptū, 3. 撞出。發。棄

PRORUPTUS, a. 冒失者。陡坡者

PROSA, æ, f. 文。無詩之文

PROSAPIA, æ, f. 古風。世家

PROSCENIUM, ii, n. 戲臺前廡

PROSCINDO, idi, issum, 3. 裂。劈。初耕。謗人

PROSCRIBO, psi, ptum, 3. 曉衆。標貨帖

— eum. 示彼爲亡命

— bona ejus. 估變其家私

PROSĔDA, æ, f. [*sedeo.* 妓。娼

PROSĔQUOR, cutus, 3. 跟人。陪。繼緒

PROSEUCHA, æ, f. 古教之堂

PROSĬLIO, ivi, ultum, 4. [*salio.* 跳出來

PROSODIA, æ, f. 分字聲規

PROSPECTUS, us, m. 遠境。影像。觀瞻

PROSPĔR, *l.* prospĕrus, a, c. s. 順者。亨通。助

PROSPĬCIO, exi, ectum, 3. (ei, *l.* eum. 遠望。預備。顧。虞

PROSTAS, ădis, f. 凉亭。廡

PROSTERNO, stravi, stratum, 3. 打倒。頹壞。壓。黜

PROSTĬBŬLUM, i, n. 卑娼。娼窩

PROSTITUO, ui, utum, 3. [*statuo.* 付之以辱。女致身

— vocem. 以口才爲利

PROSTO, iti, itum, 1. 當衆。可賣。致身

PROSTRATUS, a, [*prosterno.* 致身者。打倒之。被壓

PROSUM, des, fui, desse, [ei. 有益。利。助
PROSUMIA, æ, f. 巡舟
PROTECTUM, i, n. &
PROTECTUS, us, m. 簷。伸出之窗
PROTEGO, exi, ectum, 3. 保護。庇佑。遮掩
PROTELO, as, [telum. 拒。緩
PROTENDO, di, sum, l. tum, 3. 伸開。緩
PROTERVUS, a, c. 自滿。無耻。豪强
PROTESTOR, aris. 言明。不服
PROTHYMIA, æ, f. 樂。伶便。欣喜
PROTINUS, adv. 立即。直
PROTOPRAXIA, æ, f. 宜先于人索債
*PROTOS, græc. comp. 首人
PROTRAHO, axi, actum, 3. 拉出。延日。增
*PROTYPUM, i, n. 格式。模樣
PROUT, adv. 如。照
PROVECTUS, a, c. 前進。着老手。繼
PROVEHO, exi, ectum, 3. 往前推。攜去。墜
PROVENIO, êni, entum, 4. 由此。長大。租
PROVENTUS, us, m. 利息。所遇。加倍
PROVERBIUM, ii, n. 俗語。諺
PROVIDENTIA, æ, f. 照管。預備所需
PROVIDEO, isi, isum, 2. 防備。照顧。供需
PROVINCIA, æ, f. 一省。新疆。權任
provinciam deponere. 辞任

PROVISIO, onis, f.	愼慮。備需。現成
PROVŎCO, as.	招以爭鬥。往上告
PROVOLVO, vi, olutum, 3.	推滾。打倒。稽首
PROXENETA, æ, m.	經紀。承辦者
PROXĬMUS, a, (ei.	臨近者。挨親友
PRUDENS, tis, c. a	有智德。見識。睿智。慧明智。自悟
PRUINA, æ, f.	霜
PRUNA, æ, f.	火炭。紅炭。火團
PRUNUM, i, n.	梅果
PRURIGO, ĭnis, f.	痒
PRURIO, ivi, itum, 3.	皮痒。招淫熱氣
PSALLO, psalli, 3	彈唱。彈樂器。誦聖詠
✱**PSALMUS**, i, m.	讚誦聖詠
PSALTES, is, m.	彈箏者。撾箏
PSARONIUS, ii, m.	雜色之花石
PSECAS, ădis, f.	一滴水。梳頭婢
PSEPHISMA, ătis, n.	民之諭
✱**PSEUDO**, *græc. comp.*	假。僞
PSEUDOTHȳRUM, i, n.	後門
PSITTA, æ, f.	魚名
PSITTĂCUS, i, m.	鸚鵡
PSORA, æ, f.	疥瘡類
PSYCHE, es, f.	靈魂。生活。女名

PTARMICA, æ, f. 夾竹桃

*PTE, comp. 本來

meâpte natura. 據吾本性

suopte ingenio. 按本性情

tuâpte, nostropte, vestrâpte.

PTISANA, æ, f. 草水。麪汁。粥漿

PUBES, l. puber, ĕris, adj. &

PUBESCO, ubui, 3. 幼年。已發身者。男及冠。女及笄。生早毛。鬚

PUBLICANUS, i, m. 糧道。索稅者。關上者。徵稅

PUBLICO, as. 頒行。傳。露。抄家

PUBLICUS, a. 公官。衆人知。當衆

*PUDENDA, orum, n. 小便

PUDET, uit, l. uditum, 2. (me ejus. 羞。自愧。慚

PUDICUS, a, c. s. 潔者。有廉恥者

PUDOR, oris, m. 恥。潔。無顏。靦罷

PUELLA, æ, f. 女孩。幼婦

PUER, ĕri, m. 嬰孩。稚

PUERILIS, e, a. 〻〻者。孩氣者

PUERITIA, æ, f. 少時。潔德。小駒

PUERPĔRA, æ, f. 產婦。坐月子者

PUGIL, ilis, m. 耍拳者

PUGILLARE, is, n. &

PUGILLARIS, is, m. 粉牌。蠟板
PUGILLUS, i, m. 一匊。撮
PUGIO, onis, m. 短刀
PUGNA, æ, f. v. pugno.
PUGNACŬLUM, i, n. 戰塲。堡。砲臺
PUGNO, as, (*pugnus*. 爭鬥。戰。勉。辯論。相反
PUGNUS, i, m. 手拳。打一拳
PULCHER, chra, c.:s. 美者。華美。姿。順。可喜。榮
PULEGIUM, ii, n. 小薄荷
PULEX, ĭcis, m. 跳蚤。萊虫
PULLARIUS, ii, m. 以小雞看兆者
PULLASTRA, æ, f. 幼雌雞。笋雞
PULLATUS, a, [*pullus*. 穿孝。穿黑衣者
PULLIGO, ĭnis, f. 灰黑色
PULLITIES, ēi, f. 養雞鴨
PULLŬLO, as. 自根發芽萌
PULLUS, i, m. 小駒。棟。孩。淫孩
— gallinaceus. 小公雞
*****PULLUS**, a. 椶色。灰色者
PULMENTUM, i, n. 菜肉。可口餚
PULMO, onis, m. 肺。甲魚類
PULPA, æ, f. 木心。純肉
PULPITUM, i, n. 戲樓。勸衆臺

PULS, ultis, f. 麪拌。小鷄食

PULSO, as, [pello. 打。擊。敲。彈。難爲

PULSUS, a, v. pello.

PULVĔRO, as, [pulvis. 洒灰土。破土塊

PULVILLUS, i, m. 小褥子

PULVINAR, aris, n. 枕。〻子。神床

PULVINUS, i, m. 〻。〻〻。埠頭。池。河堤

PULVIS, ĕris, m. 塵土。灰土。戰場

* — nitratus. 火藥

PUMEX, ĭcis, m. f. 浮石

PUMĬLUS, i, m. 矮人。三寸丁

PUNCTUM, i, n. 水溝眼。一點。一分。刺一刀。瑕

PUNGO, pupugi punctum, 3. 刺。難爲。煩

PUNĬCA, orum, n. 石榴果

PUNIO, ivi, itum, 4. 罰。治罪。報仇

— eum morte. 問死罪。處死

PUPA, æ, f. 女。女玩

PUPILLA, æ, f. 孤獨女。眼珠

PUPILLUS, i, m. 孤子。人保之孩

PUPPIS, is, f. em, l. im, e, l, i. 船尾

*PURGATORIUM, ii, n. 洗之所。煉獄

PURGO, as. 打乾淨。拭。推故

辣丁中華合字典

— se. 脫罪
*PURIFICATORIUM, ii, n. 聖爵巾
PURIFICO, as, [purus. 潔清。拭淨。練純
PURPŬRA, æ, f. 海嬴花。絳色。官衣
PURULENTUS, a, (pus. 滿膿
PURUS, a, c. s. 清乾淨者。純
PUS, uris, n. 血膿。腐
*PUSA, æ, f. 女孩
*PUSILLANIMIS, e. 膽小者
PUSILLUS, a. 微末。小。少
PUSTŬLA, æ, f. [pus. 火癤。疱。痘
PŬTĀ, adv. &
ut — 假如
PUTAMEN, inis, n. 果皮。殼。渣滓
PUTEAL, ālis, n. 井蓋。市
PUTEO, ui, 2. 臭
PUTEUS, i, m. 水井
PUTĬDUS, a, c. s. 臭。裝腔作調。過美
PUTILLUS, i, m. 小孩
PŬTO, as. 修樹。剗。想。當
PUTRESCO, trui, 3. 自壞。爛。朽
PUTUS purus, adj. 純者。實在者
*PYCTATIUM, ii, n. 名單。豎榜
PYGA, æ, f. 股。臀尖

PYGARGUS, i, m. 獐子。矯嫩
PYGMÆUS, i, m. 矮人。三寸丁
PYLA, æ, f. 通肖之咽喉。山岔
PYRA, æ, f. 柴堆。焚尸之火堆
PYRAMĬDA, æ, f. &
PYRĂMIS, ĭdis, f. 尖鋒石。尖銳塔
PYRGUS, i, m. 塔。骰斗
PYRITES, æ, f. 青礞石
PYRUS, i, v. pirus.
PYTHON, onis, n. 龍名。負魔者
*PYTHONISSA, æ, f. 巫女
PYXIS, ĭdis, f. 盒。匣

Q

QUĀ, *adv.* 從彼。何從
QUADRA, æ. f. (*quatuor.* 四方大碟。四方餅
QUADRAGESĬMA, æ, f. 〻十日嚴齋
QUADRAGINTA, *adj.* 〻〻
QUADRANS, tis, m. 〻分一
QUADRATUM, i, n. 〻方地
QUADRI, *pro* quatuor.
QUADRIENNIUM, ii, n. (*annus.* 四年之久
QUADRIFĬDUS, a, (*findo.* 〻裂者
QUADRĬGÆ, arum, f. 〻馬車
QUADRUM, i, n. 〻方之地
QUADRŬPES, ĕdis, m. 〻足者。畜牲

QUADRUPLATOR, oris, m.	分四分一之原告。圖多者
QUÆRO, sivi, situm, 3.	找尋。訪問。覓。得
QUÆSO, sûmus.	祈求。請
QUÆSTIO, onis, f.	問。辯論
QUÆSTOR, oris, m.	臬司。布政使
QUÆSTUS, us, m.	利錢。倍本。利息
QUALIS, e.	何如者。如是者。如同
QUALĬTAS, atis, f.	本質。色。等。品
QUAM, *conj.*	比。愈。甚。後。何
—bene!	何美哉。何善
QUAMOBRÈM, *adv.*	因此。何故
QUAMVIS, *conj.*	雖然
QUANDÒ, *adv.*	幾時。時
QUANQUAM, *conj.*	雖然
QUANTĬTAS, atis, f.	多少。幾何
QUANTÒ, *l.* quantum, *adv.*	〱〱。若干
QUANTOPĔRE, *adv.*	何大。〱〱
QUANTUMVIS, *adv.*	雖然。旣然
QUANTUS, a.	多少。何大
QUANTUSCUNQUE, tacunque.	不問〱〱
QUAPROPTÈR, *adv.*	故此。是以
QUARÈ, *adv.* (res,	何故。因此

QUARTANA febris.	四日之瘧
QUARTUS, a.	其四者
QUASI, *adv.*	如同。上下。佯。裝
— cancer.	似螃蟹然
QUASILLUM, i, n.	笭箵。小筐
QUASSO, as, [*quatio.*	搖動。擂
QUATEFACIO, eci, act˜, 3. (*quatio.*	打倒。拒
QUATĔNUS, *adv.* (*tenus.*	至到。論。既然
QUATÈR, *adv.*	四次
✶QUATERNIO, onis, m.	〻兵總
QUATIO, assi, assum, 3.	搖動。衝擂
QUATUOR, *adj.*	四。肆
QUE, *conj postp.*	亦。及
pater, filiusque.	父子二人
✶QUE, *comp.*	不拘
ubique.	〻〻何所
QUEMADMŎDŬM, *adv.*	如同。〻如
QUEO, is, ivi, itum, ire.	能。可
QUERCUS, i, f.	橡樹
QUERELA, æ, f. & QUERIMONIA, æ, f.	報怨。尤
QUERNUS, a, [*quercus.*	橡樹者
QUĔROR, estus, 3.	報怨。尤
— id, *l.* de eo mihi, *l.* apud me.	于我前怨此事
QUERŬLUS, a.	報怨者。响者

QUI, quæ, quod: 其。所。攸

QUI? *adv.* (*quis.* 何如。何從。庶幾

QUIA, *conj.* 因爲

QUIĀNAM, *adv.* 何故

QUICQUID, *pro* quidquid.

QUICUNQUE, quæcunque. 不論誰。任何。凡

QUID? n. 何事。何故

quidni? く不如是

QUIDAM, quædam. 或有人。有人。某人

in his quiddam divinum esse dicebat. 曰此等物內畧有神力

QUIDĚM, *adv. postp.* 是。果然

QUIES, etis, f. 安靜。夢。不動

per quietem. 睡時。夢中

QUIESCO, evi, etum, 3. 安逸。息肩。歇。停

QUIETUS, a, *c. s.* 安分。不動尼定

QUIN, *adv.* 何不。何況。即不

— etiam. 又有。尚況且

— continetis vocem? 何不緘口乎

parum abfuit, — caděrem. 吾幾乎吊下

non dubito, — veniat. 彼必來無疑矣

QUINDĚCIM, *adj.* 十五

QUINI, æ, a, (*quinque.* 五一齊

QUINIMÒ, *conj.* 且。況且

QUINQUAGINTA, *adj.* 五十

QUINQUAGESIMA, æ, f 五十分一之稅
*QUINQUAGESIMA, æ, f. 封齋前一主日
QUINQUE, *adj.* 五。伍
QUINQUIÈS, *adv.* 〱次
QUINTANA, æ, f. 兵糧食。營中之市
QUINTUS, a. 其五
QUIPPE, *adv.* 因。既。果然
QUIRITO, as. 呼號。呼救命
*QUIRO, *pro* quæro *comp.*
QUIS, *l.* qui, quæ *l.* qua. 誰。何
quid faciam? 奈〱
QUISQUE, quæque. 各。不拘誰。每
QUISQUILIÆ, arum, f. 果皮。渣。小物。卑人。兒戲之事
QUISQUIS, quæquæ. 不問誰。任誰
QUIVI, v. queo.
QUÒ? *adv.* 何方向。往彼。幾多。爲
QUOAD ejus fieri poterit. 盡力而已
— est spes. 尙有望之時
QUOADUSQUÈ, *adv.* 至到
QUOCUNQUÈ, *adv.* 不問何往
QUOD, *conj.* 因爲。就是
est — gaudeas. 爾有欣喜之故
tertius dies est, — audivi. 已越三日吾聽此

QUOMĬNŪS, *adv.*	不要。防
per te stat, — hoc fiat.	由爾阻此事
QUOMŎDŎ ? *adv.*	何如。何從
QUONAM ? *adv.*	〈往
QUONDAM, *adv.*	當日。昔。將來
QUONIAM, *conj.*	既然。因為
QUOQUAM, *adv.*	到一處
QUOQUE, *conj. postp.*	亦。亦然
QUORSŬM ? *adv.*	向何。何意
QUOT ? *adj.*	幾多。若干
— homines, tot sententiæ.	各人。各見
QUOTANNIS, *adv.*	每年
QUOTENI, æ, a.	幾多乎
QUOTIDIANUS, a, [*dies.*	每日者。素常。俗
QUOTIDIĒ, *adv.*	日有。每日
QUOTIĒS, *adv.* (*quot.*	每次
QUOTQUOT, *adj.*	各。共總
*QUOTŬPLEX, Icis, *adj.*	幾樣者
QUOTUS, a.	第幾个。何等
QUOTUSQUISQUE, quotaquæque.	誰。何少
QUOUSQUĒ, *adv.*	至到何處。何時

R

*RABBI, m.	師傅
RABIES, ēi, f.	瘋。急。怒

RABŬLA, æ, m. 多口之訟師

*RACA, v. racha.

RACEMUS, i, m. 葡萄毬

*RACHA, m f. 傻人。痴

RADICITŬS, *adv.* [*radix.* 從根。盡。全

RADICOR, aris. 插く

RADIUS, ii, m. 一道光。輪輻條

RADIX, icis, f. 根。水蘿菔。山麓

RADO, si, sum, 3. 剃。刮去

RADŬLA, æ, f. 刮具

RAIA, æ, f. 沙陽魚

RALLUS, a, [*rarus.* 疎稀者

ralla tunica. 漏紗衫

RAMENTUM, i, 刮之渣。磋末

RAMEX, icis, m. 枝，木條。小腸疝氣

RAMUS, i, m. 樹枝

RANA, æ, f. 田鷄。舌下之病

RANCIDUS, a, *ú.* 哈臘了的。味敗

RANCOR, oris, m. 敗味。宿恨

RANUNCŬLUS, i, m. 小田鷄。湖邊人。抓地花

RAPA, æ, f. v. rapum.

RAPACIA, orum, n. 蘿菔心

RAPAX, ăcis, *c. s. adj.* 善搶者

RAPHANUS, i, m. 小蘿蔔

RAPIDUS, a, *c. s.* 疾快者

RAPINA, æ, f. 强盜

RAPIO, ui, ptum, 3. く去。奪下。劫去

RAPTIM, *adv.* 疾快。偷然

RAPTO, as, (*rapio.* 奪。拉。拖

RAPTUS, us, *m.* 强盜。拐騙淫女

RAPUM, i, n. 蘿菔

RARUS, a, *c. s.* 少有。疎稀。稀罕

RASI, v. rado.

RASTRUM, i, n. 耙子。耖。鋤

RASUS, a, v. rado.

*RATA, orum, n. 憑據

RATARIA, æ, f. 舟類

RATIHABITIO, onis, f. 准。以爲實

RATIO, onis, f. 理。顧。緣故。法

rationem habere. く會。顧

rationem ducere. 算賬。揆

RATIOCINIUM, ii, n. &

RATIOCINOR, aris. 推論。算盤

RATIONARIUM, ii, n. 賬簿

RATIS, is, f. 筏。舟

RATUS, a, (*reor.* 估。擬。決定。妥

—id, quod erat. 想之不錯

ratum habere. 准。以爲實

pro rata (parte. 分派。攤派

RAUCA, æ, f. 橡根虫
RAUCUS, a. 聲啞者
RAUDUS, ĕris, n. 粗銅
RAVĪDUS, a, &
RAVUS, a. 椶色者
RAVIS, is, f. im, 啞聲。瘖啞
*RE, comp. v. res. 再，復
REA, æ, f. 犯女
*REACTIO, onis, f. (ago. 應。觸。反撞
REÆDIFĪCO, as. 再修屋
*REALIS, e. 果有者
REAPSE, adv. 實在
REATUS, us, m. [reus. 犯態。罪罰。冤孽
REBELLIO, onis, f. 反叛。忤逆
REBELLO, as, [bellum. くく。再發。逆
REBĪTO, as. 回來
REBOO, as. 响。應响。出名
RECALCĪTRO, as, [calx. 踢忤逆。頂嘴
RECALVASTER, tri, m. &
RECALVUS, a, (calvus. 畧禿者。前頭禿
RECEDO, essi, essum, 3. 離開。走別
RECELLO, ui, 3. 退回。落
RECENS, tis, c. s. adj. 新近。新鮮者
RECÈNS, adv. くく
— natus 纔生下者

辣丁中華合字典

RECENSEO, sui, sum, *l.* situm, 2. 數。閱兵。述。驗究

RECEPTACŬLUM, i, n. 空所。收之所

RECEPTO, as, (*recipio.* 留逃人。窩賊

RECEPTUS, us, m. [*recipio.* 避難所。收。退。歸

receptui canere. 出號令收兵

RECESSUS, us, m. [*recedo.* 退回。靜密之處

RECHĂMUS, i, m. 滑車

RECIDĪVUS, a, *cado.* 復犯者。復萌

RECĬDO, idi, casum, 3 [*cado.* 〻倒。仰倒。歸于

RECĬPIO, ēpi, eptum, 3 (*capio* 接受。挽回。承當

RECIPRŎCUS, a. 退回者。輪流

RECISAMENTUM, i, n. (*cædo.* 切之塊

RECĬTO, as. 咏書。誦經

—preces. 念經〻〻

RECLAMO, as. 言不服。大聲逆

RECLINIS, e, (in eo, *l.* eum. 靠着。臥

RECOGNOSCO, ovi, itum 3. 認。憶。查對。閱兵

RECŎLO, ui, ultum, 3. 復耕。修。憶。追思

RECONCILIO, as. 勸和。引

RECONDĬTUS, a, c. [*condo* 收藏。暗。深者

RECORDOR, aris, (ejus, *l.* de eo, *l.* id. 記念。追思。慮後

RECREMENTUM, i, n. 渣滓。糞屎

RECREO, as. 安慰。養力。放學

RECTĒ, c. s. adv. 無錯。直然。善

RECTUS, a, e. v. 人管之。正直。公平
RECŬBO, ui, ĭtŭ, are, (in eo. 再卧。卧。靠
RECŬLA, æ, f. 小物。小事
RECUPĔRO, as, (recipio. 挽回。復修
RECURRO, urri, ursum, 3. 跑去。投奔。跑回
RECUSO, as, (causa. 辞。却。反告。脫罪
*RED, pro re comp.
REDACTUS, a, v. redigo.
REDĂMO, as. 以愛還愛
REDARGUO, ui, utum, 3. 告。辯。責。駁告
REDDĬTUS, v. reditus, &
REDDO, dĭdi, dĭtum, 3. 還。給。作。繙譯
REDEMPTUS, a, v. redimo.
REDEO, is, ivi, itum, ire: redīmus: redibam. (eo. 回。出利息
REDHĬBEO, ui, itum, 2. (habeo. 發還原物
REDĬGO, egi, actum, 3. [ago. 變成。逼變。積。減
REDĬMIO, ivi, itum, 4. 裝飾。加首帶。圍
REDĬMO, emi, emptum, 3. (emo. 贖出。買。包攬工
REDĬTUS, us, m. 回來。利息
REDIVIUS, ii, m. 狗蝨
REDIVIVA, orum, n. 可用之舊材料
REDŎLEO, ui, itum, 2. (oleo. 噴香。嗅
— vinum. 聞味似酒
REDUCO, xi, ctum, 3. 引回。更新。拘束
REDUNDO, as, (unda. 溢外。冒出。多餘

REDUVIA, æ, *f.* 指甲疽。渣。零

REDUX, ūcis, *adj.* 歸者。安回來者

*REFECTORIUM, ii, n. 飯廳

REFECTUS, a, v. reficio.

REFELLO, elli, 3. (*fallo.* 辯駁。駁原告

REFĔRO, ers, tŭli, latū, erre. 拏回。講。上數。述。歸于。報信

— ei, *l.* ad eum. 歸其。指彼

REFERT, tŭlit, erre. 相關。有益。須

— ejus, mea. 爲其分內。歸于我

REFERTUS, a, [*farcio.* 滿實者

REFĬCIO, eci, ectum, 3. [*facio.* 復修。補力。飲食

REFLEXUS, a, [*flecto.* 彎過。照之光

REFOCILLO, as. 輕。慰。補力

REFORMO, as. 更改。修。改正

REFRACTARIUS, a. 忤逆者。固執

REFRACTIO, onis, f. [*frango.* 照光。反照

REFRIGĔRO, as, [*frigus.* 解熱。凉。滅疼

REFŬGIO, ūgi, itum, 3. (id, *l.* ab eo. 閃避。避難。辭

REFUGIUM, ii, n. 安身之所。避難所

REFŬGUS, a. 逃退者。退回者

REFUTO, as. 辯駁。拘束。不准

REGALIŎLUS, i, m. 啄木鳥

REGALIS, e, c. (rex. 御者。王之。宜王

REGENĔRO, as.	復生。付洗
REGĔRO, essi, estum, 3.	攜回。面斥
REGESTUM, i, n.	耕一槽。空出之土
REGIA, æ, f.	王府。朝廷
REGĬMEN, ĭnis, n.	治規。法。管。命
REGINA, æ, f.	國后。貴婦。富婦
REGIO, onis, f.	一帶地方。域。界
e regione.	對面
REGIONATIM, *adv.*	一府各城。各方
REGIUS, a, [*rex.*	御。王者
REGNUM, i, n.	國土。把持之地方
RĔGO, exi, ectum, 3.	管。領。調。治家
arte — ratem.	諳練行船
REGRĔDIOR, essus, 3.	退回。回
REGŬLA, æ, f.	矩規。矩。規範。鑑
REGŬLUS, i, m.	小王
REJĬCIO, eci, ectum, 3. [*jacio.*	抛。推回。辭。吐。緩
RELATIO, onis, f. (*refero.*	述。境。態。涉。大小
RELEGO, as.	趕遠去。發流徒
RELĔVO, as.	提把。輕。慰
RELICTUS, v. relinquo.	
RELIGIO, onis, f.	教門。教規。畏神
religioni habere id.	當教規。謹慎此。忌此
RELIGIOSUS, a, ø. s.	熱心。過忌。在會

RELINQUO, iqui, ictum, 3. 留下。捨棄。遺

RELIQUATIO, onis, f. 剩之債

*RELIQUIARIUM, ii, n. 聖土盒

RELIQUIÆ, arum, f. 餘渣。剩。遺屍骸

RELIQUUS, a. 餘者。多餘

reliquum est, ut moriamur. 吾等惟有死耳

REMANDO, di, sum, 3. 反草

REMĂNEO, si, sum, 2. 仍在。在不別

REMEDIUM, ii, n. 藥。法

REMEX, igis, m. [remus. 搖槳。掉槳。水手

REMIGO, as, (remus. 〻〻。〻〻

REMINISCOR, ĕris, ci, [ejus, l. id. 追思。記。憶

REMISSUS, a, c. s. 鬆。疎鬆。輕忽者

REMITTO, isi, issum, 3. 發回。赦。赦罪。遣

REMORDEO, di, orsum, 2. 再咬。有愧心事

REMŎROR, aris, (mora. 遲緩。阻碍

REMOTUS, a, c. s. 推開。拒。離遠者

REMŎVEO, ŏvi, otum, 2. 〻〻。拒

REMULCUS, i, m. 牽繩

REMUNĔRO, as, [munus. &

REMUNĔROR, aris. 報答。賞。犒勞

REMUS, i, m. 一條槳。棹。人名

REN, enis, m. &

RENES, um, m. 腰。命門

RENIDEO, es, ere 發光。微笑。悦

RENŎVO, as. 重修。更新

*RENUNCŬLUS, i, m. (ren 小腰

RENUNTIO, as, (ei. 捨。謝。復命。使知。派官。辞。却

RENUO, ui, ūtum, 3. 搖頭不允。不肯

REOR, ratus, 2. 想。估。逆知

REPAGŬLUM, i, n. 門閂。阻碍

REPANDUS, a. 彎曲者

REPĂRO, as, paro. 重修。從新。買回

REPĔDO, as, [pes. 往後

REPELLO, pŭli, ulsum, 3. 拒。駁。敵。推

REPENDO, di, sum, 3. 報答。賞。給錢

REPENTE, adv. 忽然。突。乍。立即

REPĔRIO, ĕri, ertum, 4. (pario. 找得

REPERTORIUM, ii, n. 家產單

REPĔTO, ivi, itum, 3. 再求。再說。復修。〻攻

REPETUNDÆ, arum, f. 索民錢。受賄

REPLEO, evi, etum, 2. (eo. 滿實。補上。填補

REPLĬCO, as. 張開。復言。復疊

REPO, epsi, eptum, 3. 爬進。潛走。蔓莚

REPONO, osui, ositum, 3. 另放。補。華官。復

REPORTO, as. 帶回。得。報信

REPOSITORIUM, ii, n. 托盤

REPOTIA, orum, n.	次日婚筵
REPREHENDO, di, sum, 3.	拉退。責罰。面斥
REPRESSALIA, æ, f.	搶人之以補己
REPROBATUS, a.	見棄。考不中
REPRŎBO, as.	不准。不悅。棄
REPRŎBUS, a.	見棄者。僞者
REPTĬLIS, e, et Repto, v. repo.	
REPUDIUM, ii, n. *pudor.*	休婦。却
REPUGNANTIA, æ, f.	相逆。相忌。不悅
REPULSA, æ, f. (*repello.*	推回。不准
REPŪTO, as.	思慮。補。算。歸于
REQUIESCO, evi, etum, 3.	歇。安息。停功
REQUIRO, sivi, situm, 3. (*quæro.*	訪。找尋。爲要。察
REQUISITUM, i, n.	緊要之事
RES, ei, f.	物。事。家產。益
ab re est.	不關此事。無益
RESCINDO, idi, issum, 3.	廢弛。復撕。再砍
RESCIO, ivi, itum, 4.	風聞。察出
RESCRIBO, psi, ptum, 3.	寫回音。改正文
RESCRIPTUM, i, n.	王准。降諭。赦書
RESĔCRO, as.	反所先求。復求
RESĔRO, as.	開鎖。察出。露
RESERVO, as.	放置。收。存
RESES, idis, *adj.*	閒。懶

RESIDUUS, a. 剩者。餘
RESIGNO, as. 拆封。言明。廢弛
RESĬLIO, ui, *l.* ii, ultum, 4. 退回。跳退。廢約
RESIMUS, a. 起尖鼻之人
RESINA, æ, f. 樹香。樹膠
RESĬPIO, ui, *l.* ii, 3. 自悟。悔。有滋味
RESIPISCO, pui, 3. 自悟。悔
RESISTO. stiti, stitum, 3. [ei 站住。敵。逆。頂嘴
RESOLVO, olvi, olutum, 3. 解。放。敗。還債
RESŎNO, as. 响應。打响。回音
RESPECTUS, us, m. 復看。護。比。故
RESPERGO, si, sum, 3. 洒
RESPĬCIO, exi, ectum, 3. 往後盼。顧。細想
RESPIRO, as. 喘氣。呼吸。暢懷
RESPONDEO, di, sum, 2, (ei. 答應。滿照應。助
*RESPONSORIUM, ii, n. 互相唱之經
RESPUBLĬCA, reipublicæ, f. 公事。國家
RESPUO, ui, utum, 3. 辭。輕慢
RESTAURO, as. 復修。挽回
RESTIBĬLIS, e. 每年修者
RESTICŬLUM, i, n. 小串。小繩
RESTIS, is, f em, *l.* im. 繩。一串。辮
RESTĬTI, v. resisto.
RESTITUO, ui, utum, 3. (*statuo.* 復元。補還。逢大赦

RESTO, stiti, stitum, are. 剩下。停止。留。逆

RESTRICTUS, a, c. (*stringo*. 緊。吝。節用。嚴

RESURGO, urrexi, ectum, 3. 復起。復活。復萌

RESUSCITO, as. 復壯之。復活之

RETÆ, arum, f. 滯河之樹

RETALIO, as. 罰之以抵償

RETANDUS, v. reto.

RETARDO, as. 緩之。阻。留彼

RETAXO, as. 反責

RETE, is, n. (*abl.* te, *l.* ti. *plur.* retia, ium. 網。罟。羅

RETĔGO, exi, ectum, 3. 開。查出。露

RETENDO, di, sum. *l.* tentum, 3. 鬆

RETENTIO, onis, f. &

RETENTUS, v. retineo.

RETIACŬLUM, i, n. (*rete*. 斗網

RETICENTIA, æ, f. 默。含言。撤

RETICŬLUM, i, n. (*rete*. & 小網。首網。褡縺。

RETICŬLUS, i, m. 木簾。檽櫳。欄杆

RETĬNEO, ui, entum, 2. (*teneo*. 留。緩。阻。收存

RETO, as, (*retæ*. 打通河。疏河

retanda flumina locare. 召八包攬去河中樹之工

RETORQUEO, si, tum, 2. 捩。彎曲反擊

RETORRĬDUS, a. 燎之。焦。老邁

RETRACTO, as, (*retraho.*	復辦。改正。認錯
RETRAHO, axi, actum, 3. (ab eo.	拉開。拉回
RETRIBUO, ui, utum, 3.[ei.	還工錢。報答
RETRÒ, *adv.*	往後。後。向日
RETRUDO, si, sum, 3.	推。推回
RETŬLI, v. refĕro.	
RETUNDO, ŭdi, ūsum, 3.	鈍。壓。拘束
RETURO, as.	開塞。打開。打通
REUS, i; m. (ejus.	犯。被告。有本分
REVELO, as, (*velum.*	開帳。露。顯。默啓
REVERĀ, *l.* re vera.	果然
REVEREOR, eritus, 2.	怕。畏。敬
REVERTO, ti, sum, 3. &	
REVERTOR, sus, 3.	回來。再來。返歸
REVINCO, īci, ictum, 3.	辯駁。無言對
REVIVISCO, *l.* revivo, ixi, ictum, 3.	復活。復元。復壯
REVOCABĬLIS, e.	可呌回。可挽回
REVŎCO, as.	呌回。反命。廢。改
REVOLVO, vi, olutum, 3.	反覆。再想。顛倒
REX, ēgis, m.	國君。國王。上
RHABARBĂRUM, i, n. &	
RHACŎMA, æ, f.	大黃
RHAGADIA, orum, n.	裂皮。凍裂皮
RHAMNUS, i, m.	紫荆樹類
RHAPSODIA, æ,	偷之各書詩

RHEDA, æ, f.	快車
*RHEDO, onis, m.	女皮襖
RHETORĬCA, æ, f.	文法。文章
RHEUMATISMUS, i, m.	骨節痛
RHINOCĔROS, otis, m.	犀牛。麃
RHODĬNUS, a.	玫瑰者
RHŒA, æ, f.	罌粟花
RHOMBUS, i, m.	紡車。巫棍。魚名
RHOMPHÆA, æ, f.	鋒杷同長之鎗
RHONCHUS, i, m.	鼻雷。鼾齁。誚聲
RHOPĂLON, li, n.	浮萍草
RHYTHMUS, i, m.	對韻
RICA, æ, f.	祭首巾。首帕
RICĬNUS, i, m.	狗荳子。蓖麻
RICTUS, us, m. *l.* rictum, i, n.	口。開口。嘴
RIDEO, si, sum, 2.	笑。哂。悅人。茂盛
– eum, *l.* de eo.	譏誚之
– ei, *l.* ad eum.	向彼笑
RIDĬCA, æ, f.	扶枝之木片。橛
RIDICŬLUS, a.	可笑者。戲弄者
RĬGEO, ui, 2.	凍僵。發硬。不動
RIGĬDUS, a, *c.* (*rigeo.*	〈硬。嚴。兇。牛性
RĬGO, as.	澆水。潤澤。灌溉
*RĬGO, exi, ectum, 3. *pro* rego *comp.*	
RIGOR, oris, m.	發硬。嚴。甚冷

RIGUUS, a.	水田。可溉者
RIMA, æ, f.	裂口。裂紋。縫隙
RIMOR, aris.	細察
RINGOR, ĕris, gi.	露牙怒。發威
RIPA, æ, f.	濱。河邊
RISCUS, i, m.	盖皮箱。櫃
RITÈ, *adv.*	照常規。善然。大體
✱RITUALE, is, n.	禮節書
RITUS, us, m.	〻〻。風俗。樣
RIVALIS, is, m. (*rivus.*	對手。爭愛一女者
RIVUS, i, m.	小河。小溪
RIXA, æ, f.	爭鬥。爭論
rixam sedare.	拉開。勸和。解紛
ROBIGO, v. rubigo.	
ROBUR, ŏris, n.	橡。棍。壯。推下犯人所
ROBUSTUS, a, *c. s.* (*robur.*	壯健者。勇
RODO, osi, osum, 3.	咬壞。謗。耗。漸盡
ROGATIO, onis, f.	求問民准律
RŎGO, as.	請。求。懇求。問
te rogo, ut eum juves.	吾求汝帮彼一臂
ROGUS, i, m.	焚尸之火堆
ROMA, æ, f.	羅瑪京城
RORARII, orum, m. (*ros.*	前營兵
RORO, as.	下露。露濕。滴漏

ROS, oris, m.	露水。滴
ROSA, æ, f.	玫瑰。玫瑰油
*ROSARIUM, ii, n.	一串念珠。玫瑰林
ROSCĬDUS, a, (ros.	露濕之
ROSMARINUS, i, m.	矮香樹名
ROSTRA, orum, n.	勸民之座
pro rostris.	坐公堂
ROSTRUM, i, n.	鳥嘴。觜。船尖頭
ROTA, æ, f.	車輪。車。刑類。獄
RŎTO, as.	轉。推轉。滾
ROTUNDUS, a, c. s.	圓。全者
RŬBER, bra, c. s. & RUBEUS, a.	紅者。丹朱。赤
RUBETA, æ, f.	毒田鷄
RUBIA, æ, f.	茜草
RUBICUNDUS, a, c.	甚紅
RUBIGO, inis, f.	鉄銹。禾黃丹
RŬBOR, oris, m.	紅色。羞
RUBRICA, æ, f.	點紅。經小字。題目
RŬBUS, i, m. f.	莰玫。荊棘
RUCTO, as.	出噎氣。打嗜鬼。呃逆
RUDENS, tis, m. f.	錨繩。纜
RŬDEO, es, ēre, v. rudo.	
RUDĔRA, v. rudus.	

RUDIMENTUM, i, n. 各學之綱領

RŬDIS, e. 愚蠢。心体蒙

RŬDIS, is, f. 粗棍。私恩。杓

RŬDO, ūdi, 3. 喊。吼

RUDUS, ĕris, n. 甎瓦渣

RUFUS, a, c. 金黃者

RUGA, æ, f. 皺紋。穩重。嚴

RUGIO, ivi, itum, 4. 出吼聲。吽喊

RUĬDUS, a. 粗魯。粗糲。未修

RUINA, æ, f. 塌倒。敗壞。山崩

RULLA, æ, f. 鉄鏟子

RUMA, æ, f. &

RUMEN, ĭnis, n. 嫺頭。牛羊小肚

*RUMBUS, i, m. 水道路

RUMEX, ĭcis, m. 牛舌草。鎗類

RUMĬNO, as. 反草。反復想

RUMOR, oris, m. 響聲。風聞。水响

RUMPO, upi, uptum, 3. 打壞。弄壞。破断

RUMPOTĬNUS, a. 矮楊者

RUMPUS, i, m. 橫過他樹之枝

RUMUSCŬLUS, i, m. [ru-mor. 小風声

RUNCINA, æ, f. 鉋刀

RUNCO, as. 拔草。耨。疏樹

RUO, ui, uitum, 3. 倒。散。墮。崩。錯。急

RUPES, is, f. 大石。巖巖

辣丁中華合字典

RUPI, ruptus, v. rumpo.

RURICŎLA, æ, m. (*rus.* 農夫

RURSŬM, *adv.* &

RURSŬS, *adv.* 再。又。復

RUS, uris, n. *abl.* rure, *l.* ruri. 田地、莊、鄉下

RUSSUS, a. 紅。絳。薰之紅號

RUSTĬCOR, aris. 居鄉下

RUSTĬCUS, a, *c.* 粗魯、鄙陋。樸素

RUTA, æ, f. 臭草

RUTA cæsa, n. *plur.* 可運田宅中之物

RUTABRUS, i, m. *p. l.* 耙子

RUTELLUM, i, n. 斗刮

RUTILO, as. 染金黃色。磨光。發光、炫耀、輝

RUTRUM, i, n. 鍬、剗草鋤、杵

S

*__SA__, *l.* cha, *l.* te, n. 茶葉。綠茶。熙春

***SABAIA**, æ, f. 破大麥水

***SABAOTH**, *plur.* 諸兵陣。大能

***SABBATIZO**, as. 守瞻禮七。守古教

SABBĂTUM, i, n. 禮拜七

SABINA, æ, f. 圓柏

SABŬLO, onis, m. &

SABŬLUM, i, n. *l.* saburra, æ, f. 砂土

海上絲綢之路文獻集成 科技與文化編

SACCARIUS, ii, m. 夫子。挑夫
SACCELLUS, i, m. 小口袋。荷包
SACCHĂRUM, i, n. 白糖
SACCĬNUS, a. 絨毛者
SACCUS, i, m. 口袋。囊。過布
SACELLUM, i, n. (*sacer.* 小堂
SACER, cra, *s.* 聖者。可敬。可恨
SACERDOS, otis, m. 鐸德。司教。和尚
SACERDOTIUM, ii, n. 〻〻位。術士職
SACRA, v. sacer, et sacrum.
SACRAMENTUM, i, n. 聖事。密事。兵誓
SACRARIUM, ii, n. 小廟。聖衣所。密處
SACRIFICIUM, ii, n. &
— facere. 祭獻。祭祀
SACRILEGIUM, ii, n. &
SACRILĔGUS, a, 偷聖物。失敬
*SACRISTA, æ, m. 管堂
SĂCRŌ, as. 祝聖。詈。示某人為亡命
SACRUM, i, n. 祭物。祭獻。弥撒
sacra *plur.* 密傳。〻
SÆCŬLUM, i, n. v. seculum.
SÆPE, *c. s. adv.* 數次。屢次
SÆVIO, ivi, itum, 4. 虐。怒。急

— in eum. 甚怒之

SÆVUS, a, *c. s.* 兇惡。火急。勇者

SAGA, æ, f. (v. sagum. 巫女。惡媒婦

SĂGAX, acis, *c. s. adj.* 鼻尖者。聰明

SAGENA, æ, f. 拉之網。掃網

SAGIMEN, ĭnis, n. &

SAGINA, æ, f. 餧畜牲。肥。豐盛

SAGIO, ivi, itum, 4. 伶俐之耳目

SAGITTA, æ, f. 箭。芽尖。草名

✱**SAGMA**, ătis, n. 兵袋。鞍。馱

SAGMEN, ĭnis, n. 馬鞭草

SAGUM, i, n. &

SĂGUS, i, m. 粗毛戎衣。粗罩袍

SAGUS, a. 善覺。先知。見識

SAL, alis, m. n. 鹽。趣。巧。刺人言

SALACĬTAS, atis, f. 淫情。醜事

SALAMANDRA, æ, f. 守宮虫

SALARIUM, ii, n. 工錢

SALARIUS, a, v. sal.

SALĔBRA, æ, f. 不平之處。碍

SALGĂMA, orum, n. 貯之食物。醬菜

SALICTARIUS, a, &

SALIGNUS, a, (*salix.* 柳樹者

SALINA, æ, f. (*sal.* 鹽池。巧言

SALINUM, i, n. く罐

SALIO, ivi, itum, *l.* alsum, 4. 放塩

SĂLIO, livi, altum, 4. (*eam.* 跳出來。答配

SALIUNCA, æ, f. 矮香草名

SALIVA, æ, f. 口涎。唾沫。味。汁

SALIX, ĭcis, f. 柳樹

SALMO, onis, m. 馬鮫魚

SALSAMENTUM, i, n. 鹹物

SALSUGO, ĭnis, f. く水

SALSURA, æ, f. 撒塩

SALSUS, a, *c. s.* (*salio.* 鹹者。有趣者

SALTEM, *conj.* 至少

SALTO, as, (*salio.* 跳舞。跳舞唱

SALTUS, us, m. 跳。躍

SALTUS, us, *l.* i, m. 林。一塊田。山峽

SALUBER, bris, bre, *c. s.* (*salus.* 養人。保養。利益

SALUM, i, n. (*sal.* 海

SĂLUS, ūtis, f. 平安。無病

SALUTO, as. 問好。問候

SALVATOR, oris, m. 救贖者

SALVE, *adv.* 平安然

SALVE, *l.* salveto: salvete, *l.* salvetote. 願汝好。請安。納福

SALVIA, æ, f. 牛耳艾。番艾

SALVUS, a, (*salus.* 平安。無危。無損

SAMBUCA, æ, f. 箏

SAMBUCUS, i, f.	栁樹
SAMIA, orum, n.	某處之瓦器
SAMPSA, æ, f.	某果核皃。壓之肉
SANCIO, ivi, itum, *l.* xi, ctum, 4.	立。准。諭定
⁎SANCTA sanctorum, n.	堂深菁
⁎SANCTIFICIUM, ii, n.	聖所
SANCTIMONIA, æ, f.	〻德
SANCTIMONIALES, ium, f.	女修道
SANCTIO, onis, f. (*sancio.*	諭。准。律例
SANCTUARIUM, ii, n.	聖所。聖物
SANCTUS, a, *c. s.* (v. sancio.	〻。謹慎之。不可動
SANDALIUM, ii, n.	草鞋。屐。舄
SANDAPĬLA, æ, f.	卑棺
SANDARĂCA, æ, f.	楓香蒜。芸香
SANÈ, *adv.* (*sanus.*	果然。明白。智然
SANGUINARIUS, a.	血者。兇
SANGUĬNO, as.	放血。流血
SANGUIS, ĭnis, m.	血。代。同姓
SANGUISUGA, æ, f.	螞蟥。水蛭
SANIES, ēi, f.	血腐。膿。染毛布之色
SANĬTAS, atis, f. v. sanus.	
SANNA, æ, m. &	
SANNIO, onis, m.	變臉譎人者
SANO, as.	治病。痊。醫。使悟

SANTERNA, æ, f. 硼砂
SANUS, a, *c. s.* 無恙者。悟者
SAPA, æ, f. 濃酒
*SAPERDA, æ, f. 博學人
*SAPHON, onis, f. 舟纜
*SAPĬDUS, a. 有味者
SAPIENS, tis, *c. s.* [*sapio.* 博學人。賢。君子。俊彥
SAPINUS, i, f. 杉木
SAPIO, ivi, *l.* ui, 3. sapiebam : sapěrem. 有味。明白。知
caseus mihi sapit. 孄餅有美味
hoc sapit mare. 此有海之味
sapit rem suam. 其明己事
SAPO, onis, m. 胰子。番鹼
SAPOR, oris, m. 味。美味之物。巧言
SAPPHIRUS, i, m. 碧玉
*SARCASMUS, i, m. 說誚皮話
SARCĬNA, æ, f. 馱子。載擔。行囊
SARCIO, ivi, itum, 4. 補衣。復修。補貼
SARCOCOLLA, æ, f. 生石膏
SARCOPHĂGUS, i, m. 速化屍之石。墓
SARCŬLUS, i, m. 小鋤。各農器
SARDA, æ, f. & SARDINIA, æ, f. 黃澤魚
*SARDIUS, ii, *l.* ĭnis, m. 紅寶石名

SARDONYCHS, ўchis, m. &

SARDONўCHUS, i, m. 白紅寶石名

SARISSA, æ, f. 鎗類

SARMENTUM, i, n. 餘葡萄枝。葡果渣。荚棍

SARRIO, ivi, itum, 4. 鋤草、耨

SARSURA, æ, f. 補之處

SARTAGO, ĭnis f. 平底鍋

SARTATECTA, orum, n. [*tectum*. 全工、應修之房

SARTOR, oris, m. [*sarcio*. 裁縫

SARTUS, a, v. sarcio.

SĂT, *adv*. 彀。足

SATA, orum, n. 種之地、莊稼

SATĂGO, is, ĕre, [ejus. *l*. de eo. 迫欲。勉

*SATAN, ānis, m. &

*SATANAS, *l*. satănas, æ, m. 魔鬼。仇

SATELLES, ĭtis, m. f. 跟班。衙役。吏

SATIO, as, [*satis*. 食飽。止饑

SĂTIS, *adv*. 足用

—bene. 可以

SATISACCĬPIO, epi, eptū, 3. 收當。受保人

SATISDO, dĕdi, dătum, āre. 給〻。送〻〻

SATISFĂCIO, eci, actum, 3. 盡分。滿意。賠補。還錢

SATIŬS, *adv. compar.* 更好。愈。勝

— mihi esset mori.	我此時不如死爲美
SATIVUS, a, [*satus*.	可種者
SATOR, oris, m.	種者。父。創業者
SATRĂPES, æ, m.	總督。大臣
SATUM, i, n.	三十斤
SATUR, ŭra.	飽者。肥腴。饜。豐
ire, quo saturi solent.	登厠。往出恭
SATURNUS, i, m.	神名。土星
SATŬRO, as.	飽之。濊。滿意
SATUS, a, v. sero.	
SATўRA, æ, f.	譏笑人之比詩
SAUCIO, as.	傷。難爲
SAURION, ii, n.	芥菜
SAXUM, i, n.	石。山崗。白紋石
SCABELLUM, i, n.	脚凳。等級
SCĂBER, bra, *c*.	粗糲癩者。汚
SCABIES, ēi, f.	疥瘡。癩。淫樂
SCĂBO, ābi, 3.	抓痒。刮
SCABRUM, i, n. [*scaber*.	粗不平
SCÆVA, æ, m.	左手者
SCÆVA, æ, f.	兆。凶兆
SCALA, æ, f.	梯。臺階。階級
SCALMUS, i, m.	槳脚

SCALPELLUM, i, n. [*scalprum.* 小刀。銀刀。箴子

SCALPO, psi, ptum, 3. 刻。嵌。鑲。抓痒

SCALPRUM, i, n. 砍刀。銀刀。鞋刀

SCAMBUS, a. 彎腿着。扡着

SCAMMONIA, æ, f. 顛茄

SCAMNUM, i, n. 板凳。桌。椅。溝邊

SCANDĂLUM, i, n. 躓物。不善之表

SCANDO, di, sum, 3. [*id.* 上升。上

SCAPHA, æ, f. 沙船。平底船

SCAPHIUM, ii, n. 銅盆。舟狀之杯。尿壺

SCAPŬLÆ, arum, f. 脖楞骨子。背膀

SCAPUS, i, m. 菜心。柱身。門樞。一套紙。天平幹

SCARABEUS, ēi, m. 屎坷蜋。蜣屎虫

*SCARIFĬCO, as, [*facio.* 以刀切肉。刮肉

SCATĔBRA, æ, f. 湧水之處

SCĂTEO, ui, 2. &

SCATŬRIO, ivi itum, 4. 冒出來。騰湧。豐

ulcus scatet vermĭbus. 瘡滿是虫滾

SCELERATUS, *l.* scelestus, a, *c. s.* 匪類人。可恨。兇

SCELUS, ĕris, n. 過惡。大罪。冤孽

SCENA, æ, f. 樹枝屋。戲。出戲

*SCENDO, di, sum, 3. *pro* scando *comp.*

*SCENOFACTOR, oris, m. 傘帳鋪
SCENOPEGIA, æ, f. 記念帳房之賀
SCEPTRUM, i, n. 王權。杖。奠鼎
SCHEDA, æ, f. &
SCHEDŬLA, æ, f. 小帖。柬帖
SCHEMA, æ, f. &
SCHEMA, ătis, n. 式樣。貌
*SCHINUS, i, f. 雲香樹。水葱子
SCHISMA, ătis, n. 不和。失和。黨羣。結黨
SCHISTUM, i, n. 孏餅。白礬類
SCHŒNUS, i, m. 香附子草
SCHOLA, æ, f. 學舘。學房。上學
SCHOLIUM, ii, n. 註解。廣講。小字
SCIAGRAPHIA, æ, f. 房式。房圖
SCIATHERĬCUM, i, n. 日晷
SCIATĬCA, æ, f. 大腿節痛
SCIENTIA, æ, f. 學文。雜學
SCILĬCET, *adv.* [scire licet. 卽是。意謂。果然
SCILLA, æ, f. 水葱
SCIMPODIUM, ii, n. 睡椅。小床
SCINCUS, i, m. 魚名
SCINDO, ĭdi, issum, 3. 撕開。裂開。劈
SCINĬPHES, v. ciniphes.
SCINTILLA, æ, f. 火星

SCIO, ivi, itum, 4. 知。會。曉
SCIPIO, onis, m. 人名。棍。葡萄毬
SCIRPIA, æ, f. 燈草籃
SCIRPUS, i, m. く く。謎語。僞論
SCIRRHUS, i, m. 硬腫。痼
SCISCITOR, aris. 訪問。察究
—id eum, *l.* ab eo. 向彼訪問此事
SCISCO, ivi, itum, 3. 知。諭命
SCITAMENTA, orum, n. 可口物。巧言
SCITE, *c. s. adv.* 明然。斯文然。巧
SCITUM, i, n. 諭命。格言。定言
SCITURUS, i, m. 黃鼠狼類
SCIUS, a. 明白。自覺。悟者
SCLOPPUS, i, m. 口响聲。鳥鎗
SCOBINA, æ, f. 銼子
SCOBIS, is, f. く 末。鋸屑
*SCOLAX, ăcis, m. 繩。數線蠟燭
SCOLOPENDRA, æ, f. 蜈蚣
SCOLOPENDRIUM, ii, n. 尖葉草
SCOMMA, ătis, n. 刺人言
SCOPÆ, arum, f. 掃箒。刷帚
*SCOPEO, es, ēre. 看
SCOPO, as. 刷去
SCOPŬLUS, i, m. 海中石。沙灘

SCŎPUS, i, m.	把子。正鵠。正的。志向
SCORDIUM, ii, n.	澤蘭草
SCORIA, æ, f.	銀渣。鉄落
SCORPIO, onis, m.	蝎子。戰具
SCORTUM, i, n.	革皮。娼婦。淫孩
SCOTŎMA, æ, f.	頭迷
*SCREO, as.	吐痰
SCRIBA, æ, m.	主書。筆手
*SCRIBILLO, as, (*scribo.*	妄寫。玩寫
SCRIBO, psi, ptum, 3.	寫字。書。記載
SCRINIUM, ii, n.	櫃。書箱。文几。案
SCRIPTUM, i, n.	書。一卷。札。文契
SCRIPTURA, æ, f.	ㄑ。字。牌文。聖經
SCROBIS, is, f. m.	坑。穴
SCROFA, æ, f.	産猪
SCROTUM, i, n.	卵包
SCRUPULOSUS, a, *c. s.*	太細者。多疑
SCRUPŬLUM, i, n.	十三錢。百尺
SCRUPŬLUS, i, m.	入鞋之小石。疑。忌。虧心事
SCRUTA, orum, n.	賣之故物
*SCRUTINIUM, ii, n.	査考
SCRUTOR, aris.	察考。探。驗。訪問
SCULPO, psi, ptum, 3.	刻。雕。刊

SCURRA, æ, m.	不出郭者。好說笑
SCUTALE, is, n.	石套中皮
SCUTELLA, æ, f.	木盌
SCUTĬCA, æ, f.	皮鞭
SCUTRA, æ, f.	煮水鍋
SCUTULATUS, a.	有花紋。洋印花者
SCUTUM, i, n.	銅牌。籐牌
SCYLLA, æ, f.	魚名。山麻鷸
SCYPHUS, i, m.	杯
SCYTĂLA, æ, f.	棍上寫之謎信
SE, v. sui.	
*SE, *comp.*	分開
*SE, *pro* sex.	
SEBUM, i, n.	羊膏。油
SECALE, is, n.	菽麥。燕麥
SECEDO, essi, essum, 3.	離開。避。別。反目
SECERNO, crevi, cretum, 3. (ab eo.	分開。揀選
SECESPĬTA, æ, f.	祭刀
SECIÙS, *adv.* nihilo —	毫不改。仍然
SECLUDO, si, sum, 3. (*claudo.*	另鎖上。分開
SĔCO, ui, ctum, 1.	砍。割。斷。斬。剁
*SECRETARIUM, ii, n.	靜所。公堂。廂房
*SECRETARIUS, ii, m.	主事。治中
SECRETUM, i, n. (*secerno.*	密々。靜地方
*SĔCRO, as, *pro sacro comp.*	

SECTA, æ, f.	黨。左道。同意人
SECTILIS, e, [seco.	可砍者。所砍之
SECTIO, onis, f.	斷。砍。一節。抄家
SECTIUS, *pro* secius.	
SECTOR, aris.	隨。從。追趕。被隨
SECTUS, a, v. seco.	
SECŬLUM, i, n.	一世。一代。百年
SECUNDÆ, *l.* secundinæ, arum, f.	胎衣。胞衣。仙人衣
SECUNDARIUS, a.	次等。其二等
SECUNDUM, *præp. acc.*	按。照。據。依。後
SECUNDUS, a, *c. s.*	其二。二等者。順者
SECURIS, is, f. im, i.	斧子。治罪斧。文官
SECURĬTAS, atis, f. &	
SECURUS, a, *c.* (ejus.	妥。心安。疎忽。勇
SECÙS, secius, *adv.*	不然。不善。相反
SĚCUS, *præp. acc.*	近。挨
*SĚCUS, *comp.*	從
intrinsĕcus.	く面
SED, *conj.*	到底。然。反
non modo est bonus, — etiam diligens.	不但善尚勤者
SEDĔCIM, *pro* sexdecim.	
SEDENTARIUS, a.	常坐者。坐造之
SĔDEO, ēdi, essum, 2.	坐。着落。棲。耐。悅
SEDES, is, f.	椅。几。座。居處。凳
SEDILE, is, n.	座。宅。居處

SEDIMENTUM, i, n. 垩。不穩
SEDITIO, onis, f. 作乱。滋事。結黨
SEDO, as. 平服。息怒。減
SEDUCO, xi, ctum, 3. 拉開。勾引。分開
SEDŬLUS, a. 勤者。伶便
SEDUM, i, n. 南大戟草
SEGES, ĕtis f. 莊稼。田。由眾多
SEGESTRIUM, ii, n. 草褥。被。氈條。袱
SEGMEN, ĭnis, n. 屑。切之塊。零碎
SEGNIS, e, c. s. 慢。懶者。拙。体
SEGRĔGO, as, (ab eo. 分開。剖。揀
SEGULLUM, i, n. 金礦之土
SEJUNGO, xi, cum, 3. 分開。隔間
*SELAS, ătis, n. 鬼火。閃
SELECTUS, a, v. seligo.
SELIBRA, æ, f. 半斤
SELĬGO, egi, ectum, 3. (lego. 揀。挑。分開
SELLA, æ, f. 椅。座。轎。茅房
*SEM, pro semis comp.
SEMĔL, adv. 一次。其一。不改
SEMEN, ĭnis, n. 種子。秧。人精。由
SEMENTIS, is, f. (semen. 〱時。莊稼
SEMESTRIS, e, (sex. 六月之久
SEMI, pro semis, comp.
SEMICINCTIUM, ii, n. 窄腰帶。袴子
SEMICIRCŬLUS, i, m. 半圈

SEMĬFER, ĕra, (fera. 頗爲野者。半野
SEMĬGRO, as, (se. 移家。離別
SEMINARIUM, ii, n. 秧池。原由。學館
*SEMINIVERBIUS, a. 多口者
SEMĬNO, as. 撒種。種。生。發
SEMIS, n. 一半
SEMISSIS, is, m. (assis. 六分。六两。半。度類
SEMĬTA, æ, f. 捷路。徑。規。遺跡
SEMNION, ii, n. 孔雀毛草
SEMŎVEO, ōvi, otum, 2. (ab eo. 推開。分開。隔之
SEMPER, adv. 常時。不斷
SEMPITERNUS, a. 〻生。永
SENARIUS, a. 有六个
SENATOR, oris, m. (senex. 議事廳人。卿相
SENATUS, us, l. i, m. 〻〻〻
senatum dare ei. 聚議事廳聽彼
SENECTA, æ, l. senectus, utis f. &
SENEX, nis, nior. 老。耆老。𦒿。耎。悶
SENI, æ, a. 六一齊
SENIUM, ii, n. 老。悶。難。朽。悶。嚴
SENSA, orum, n. 說。意思。意見
*SENSATUS, a. 有見識者
SENSIBĬLIS, e. 有知覺。有形像
SENSIM, adv. a. 不覺然。漸。輕。温

辣丁中華合字典

SENSUS, us, m. 五官。意。覺。字義

SENTENTIA, æ, f. 意見。定案。格言

SENTINA, æ, f. 舟底。卑位。惡黨

SENTIO, si, sum, 4. 覺。悟。想。擬。定。受

SENTIS, is, f. em, *l.* im. 茨。荊棘。茨玫

SENTUS, a. 焦。粗着。難看之

SEORSŬM, *adv.* 分開。另。隔

SEPAR, ăris, *adj.* 另。隔着

SEPĀRO, as. 分別。推開

SEPĔLIO, livi, ultum, 4. 埋葬隱藏。拆。滅

SEPES, is, f. 籬笆。圍處

SEPIA, æ, f. 閉口魚。墨魚

SEPIO, psi, *l.* pivi, ptum, 4. 打圍墻。圍。護。阻

SEPONO, osui, ositum, 3. 擱在邊。分開。革

SEPS, pis, m. 吸虎子

SEPTEM, *adj.* 七。柒

SEPTEMBER, bris, m. (*abl.* septembri. 洋九月

SEPTEMBŎNUS, a, (*bonus.* 至善

SEPTEMDĔCIM, *adj.* 十七

SEPTENTRIO, onis, m. 北方。北斗

SEPTĬCUS, a. 可銷化着

SEPTIMANA, æ, f. 七日之旬

SEPTĬMUS, a. 第七

SEPTINGENTI, æ. 七百

SEPTUAGENUS, a. 有七十

*SEPTUAGESIMA, æ, f. 封齋前三主日

SEPTUAGIÈS, ~~adv.~~ 七十次

SEPTUAGINTA, adj. 〃〃

SEPTUM, i, n. (sepio. 圍處。河堤。河閘

SEPULCRUM, i, m. 墳墓。棺材。鬼

SEPULTURA, æ, f. 埋瘞。~~出殯~~。墳墓

SEPULTUS, v. sepelio.

SEQUAX, acis, c. *adj.* 陪送者。可彎。黏

SEQUELA, æ, f. 相關。爲從。爲末

SEQUESTER, tri, *l.* tris, m. 受寄物者。中人。賄者。催訟

SEQUESTRATIO, onis, f. 壓寄人之物件

SEQUIOR, ius, *compar.* 次等者

— sexus. 婦女

SÈQUOR, quutus, *l.* cutus, 3. 追趕。尾趕。隨。從。遂有。謀

SÈRA, æ, f. 鎖。鍵。門閂

*SERAPHIM, m. 一品天神

SERENUS, a, *c.* 晴天。乾。安。喜順

SERIA, æ, f. 水缸。長水罈

SERICUS, a. 某國者。絲。紬緞

serica gluma. 蠶繭

SERIES, ēi, f. 品。一列。串。後嗣

SERIÒ, *adv.* &

SERIUS, a.	認眞。眞實然
SERMO, onis, m.	話。講論。字文
SERMOCĬNOR, aris.	談論。言語
SERÒ, *c. s. adv.*	晚。遲
SĒRO, sēvi, sătum, 3.	種地。撒種
SĔRO, rui, rtum, 3.	結。接。織。辮
SEROTĬNUS, a.	晚者。晚成熟者
SERPENS, tis, m. (*serpo*.	長虫。蛇。豸。龍。虱
SERPILLUM, i, n.	鷄鳴草
SERPO, psi, ptum, 3.	爬走。蔓。蹉。漸進
SERRA, æ, f.	鋸刀。魚名
SERTUM, i, n.	花冠
SERUS, a, *c. s.*	晚者。遲。晚熟
SERVA, æ, f.	奴婢
SERVATOR, oris, m.	守者。救贖。存者
SERVILIS, e, [*servus*.	奴者。卑者
SERVIO, ivi, itum, 4. (ei.	當奴。服事。有用
SERVĬTUS, utis, f.	く く。通行之路
SERVO, as.	收。存。守。防。延日
SERVUS, i, m.	奴。家人。小价。屬
SESĂMA, æ, f.	芝麻
SESC, *pro* sesqui.	
SESE, *pro* se, v. sui.	
SESQUI, *adj. comp.*	一个半
SESQUIHORA, æ, f.	一時辰半

SESQUIQUARTUS, a.	第四个半
SESSĬLIS, e.	坐貌。可坐其上
SESSIO, onis, f.	坐。座。懶。坐公堂
SESTERTIUS, ii, m.	二十銅錢
SETA, æ, f.	粗硬毛。筆。釣絲
SETANIA, æ, f. & SETANIUM, ii, n.	小葱類。枸杞樹類
*SETHIM, *l.* setim, n.	不可燒之木類
SEŬ, *conj.*	或。或是
SEVERÈ, *c. s. adv.* & SEVERUS, a, *c. s.*	嚴者。粗。悶。耿。辣
SEVI, v. sero, is.	
SEVŎCO, as.	請密言。分開。去
SEX, *adj.*	六。陸
SEXAGENARIUS, a.	〻十歲者
*SEXAGESĬMA, æ, f.	封齋前二主日
SEXAGIES, *adv.*	六十次
SEXAGINTA, *adj.*	〻〻
SEXDĔCIM, *adj.*	十六
SEXTANS, tis, m.	六分一。二两
SEXTARIUS, ii, m.	一斤半。六分有一
SEXTILIS, is, m.	洋八月
SEXTUS, a.	其六
SEXUS, us, m.	人類。男女
omnes fœminini sexus.	諸婦女

SI, *conj.* 若使。倘若

— est boni consulis ferre opem patriæ, succurre saluti· 總官所應護本國今汝便拯拔之可也

fuge, — potes. 你若能逃即逃

expectationem vinces, si hoc statueris. 汝定此即越人望

SIBĬLO, as. 打嘯子。哨一声

SIBYLLA, æ, f. 女先知

SIC, *adv.* 如此。甚

SICA, æ, f. 短刀。暗殺

SICCARIUS, ii, m. 暗殺者

SICCANUS, a. 可晾乾者

SICCO, as. 晾乾。汲水盡。揩

SICCUS, a, *c. s.* 乾。渴。節用者。日需不給。無涙。無餚

SICĔRA, æ, f. 麥酒。米酒

SICĬLIO, ivi, itum, 4. 復刈草

SICINIUM, ii, n. 送殯之跳舞

*SICLUS, i, m. 一两，二十四錢

SICŬBI, *adv.* 若有處在

SICUNDE, *adv.* (*unde.* 〻〻從來之處

SICÙT, *l.* sicŭti, *adv.* (*ut.* 如同。宛如

*SĪDEO, edi, essum, 2. *pro* sedeo, *comp.*

SIDĔRIS, v. sidus.

SIDERITES, æ, m. 吸鐵石。金鋼石

SIDO, ſidi, 3. 着落。棲。沉。淺住。降清

SIDUS, ĕris, n. 星。政。水土。星災

SIEM, *pro* sim.

SIGILLARIA, orum, n. 奴戲。此日送之小像

SIGILLATIM, *adv.* 逐一。每一。指名

SIGILLUM, i, n. &

SIGNACŬLUM, i, n. 小像。圖書。印

SIGNĬFER, ĕri, m. 外委。首領

SIGNIFĬCO, as, &

SIGNIFĬCOR, aris. 使知。解說。指

SIGNO, as. 打號。打印。指。刻

SIGNUM, i, n. 號筒。跡。記號。印子。旗。招牌。怪異

conferre signa. 交戰

SIL, lis, n. 黃顏料類

SILENTIUM, ii, n. 默。靜。安逸。閒

*SILENUS, i, m. 水眼。溝

SĬLEO, ui, 2. 不言。停止。閒。安

SILER, ĕris, n. 河柳樹。河名

*SILEUS, i, m. 野芹菜

SILEX, ĭcis, m. f. 火石。大石。花石

SILICERNIUM, ii, n. 喪席

SILICIA, æ, f. 草決明

SILIGO, inis, f. 麥類

SĬLIO, ilui, ultum, 4. *pro* salio *comp.*

SILĬQUA, æ, f. 荳衣。荳。果名

SILIQUASTRUM, i, n. 辣茄。秦椒

SILO, onis, m. 鈍鼻者

SILPHIUM, ii, n. 阿魏香

SILUS, a. 齊鼻者。鼻亂

SILVA, æ, f. &

SILVATĬCUS, a. &

SĬLVESTER, tris, tre. 叢林。樹林。柴。火

SIMIA, æ, f. v. simius.

SIMĬLA, æ, f. &

SIMILAGO, inis, f. 細麥麪

SIMĬLIS, e, *c. s.* (ejus, *l.* ei. &

SIMĬLO, as, (eum. 彷彿。相似。肖。近

SIMIUS, ii, m. 猴。猿。好效人者

*SIMONIA, iæ, f. 賣聖物。買聖事

SIMPLEX, icis, *c. s. adj.* 單。純。素。淨。丹心

— moribus (*abl.* 本性老實。樸素

SIMPLICITÈR, *a. s. adv.* 老實然。單。素。直

*SIMPULATOR, oris, m. 陪新郎者

SIMPŬLUM, i, n. 入廟進酒之杯

SIMÙL, *adv.* 同。立即。亦。同時

SIMULACRUM, i, n. 木石像。表。妖怪

SIMŬLO, as. 假裝。做。佯。效。描

SIMULTAS, atis, f. 記讎。嫌隙。宿怨

SIMUS, a. 矮鼻者

SIN, *conj.* 若不。倘若

SINAPI, n. &

SINAPIS, is, f. im, i. 芥末。芥菜

SINCERUS, a, *c. s.* 純。誠。全者。清

SINCIPUT, ĭtis, n. 囟門。頭

SINDON, ŏnis, f. 白襌漏紗帳

SINE, *præp. abl.* 無。非

non — dolore. 莫非慘。不免疼

SINGULARIS, e, (*singulus.* 單一。私自。非常

SINGULTIO, ivi itum, 4. &

SINGULTO, as. 打膈氣。打咽。噯腐

SINGŬLUS, a. 每。單。各自。寂寞

SINISTER, tra, erior, ĭmus. 左邊。不順。順。詭

SĬNO, sīvi, sĭtum, 3. 許。讓。聽其。任。憑

SINOPIS, ĭdis, f. 寶紅顏料

SINUS, us, m. 兜。胸。懷。襟。帆滿。窖。繞。暗所

SIPARIUM, ii, n. 戲帳簾

SIPHO, onis, m. 泉嘴。激桶

SIPIENS, *pro* sapiens *comp.*

SIQUĬDĔM, *conj.* 既然。若果然

SIQUIS, a. 若有人

SIRÆUM, i, n. 濃酒

SIREMPSĔ, *adv.* 全彷彿

SIRENES, um, f. 胡蜜蜂。海女

SIRIĂSIS, is, f. 暑日頭病

SIRIM, *pro* sivĕrim, (*sino*.

SIRIUS, ii, m. 天狼

SIRPE, es, n. 安息香樹

SIRPUS, v. scirpus.

SIRUS, i, m. 貯物之坑

SIS, *pro* si vis.

SISĂRA, æ, f. 樫子樹

SISER, ĕris, n. m. 草名

SISTO, stiti, statum, 3. 停止。息。罷。有。固

— eum. 安其在前

— sanguinem. 止血

SISTRUM, i, n. 單面鼓

SISYRINCHIUM, ii, n. 葱類

*SITARCHIA, æ, f. &

*SITARCIA, æ, f. 水路之盤費

SITELLA, æ, f. (*situla*. 汲水桶。拈鬮匣

SĬTIO, ivi, itum, 4. (*sitis*. &

SĬTIS, is, f. im, i. 口渴。乾。焦。仰望

SITTĂCE, es, f. 鸚鵡

SITŬLA, æ, f. v. sitella.

SITUS, us, m. 地勢。霉。污。域

SITUS, a, (*sino*. 在。交界。枕。埋。亡

SIUM, ii, n. 野芹菜

SIVE, *conj*. 或是

SIVI, v. sino.

SMARAGDUS, i, m. 寶石名。綠色

SMEGMA, ătis, n. 番鹼。可淨之藥

SMETICUS, a. 可潔者。可清

SOBŎLES, is, f. 子孫後裔。根芽

SOBRINUS, i, m. 堂弟兄。表弟兄

SOBRIUS, a. 節用儉。慎。未醉

SOCCUS, i, m. 戲鞋。戲

SŎCER, ĕri, m. 丈人。岳父。外父

SOCIALIS, e. 結盟者。朋友者

SOCIĔTAS, atis, f. 夥計。結盟。會

SOCIUS, a. 夥計。夥伴。匹配。匹耦。結盟。同會

SOCORS, dis, s. adj. 無精神。疎忽。爽

SOCRUS, us, f. 丈母娘。岳母

SODALIS, e. 同玩。同學。伴侶

SODĒS, adv. (si audes. 煩勞。多煩汝

*SODOMIA, iæ, f. 行男色

SOL, lis, m. 日。太陽

— oritur. 〻出山

SOLAGO, ĭnis, f. 向日葵

SŎLAMEN, ĭnis, v. solatium.

SOLARIUM, ii, n. 日晷。平台。臺榭。房地錢

SOLATIUM, ii, n. (solor. 安慰。救急。價錢

SOLEA, æ, f. 草鞋。鞋底。鞋底魚

soleæ *plur.*	馬掌子。蹄
SOLEMNIS, e.	用大禮者。常規。慶賀
SŎLEO, ui, *l.* ĭtus, 2.	習慣。
SOLERS, tis, *c. s. adj.*	勤謹。聰明。狡猾
SOLICĬTO, as.	挑唆。催。難之。誘
SOLICĬTUS, a, *c. s.*	罣心者。心乱。惶
SOLĬDUS, a, *c. s.*	結實者。堅固。全
solvere solidum ei.	全還債
SOLĬDUS, i, m.	一兩六分之一。四錢銀
SOLISTĬMUM, i, n.	小鷄之吉光
SOLITARIUS, a.	無配。無八。幽寂
SOLITUDO, ĭnis, f.	單。曠野。寂靜
SOLĬTUS, a, v. soleo.	
SOLIUM, ii, n.	王位。寶座棺
SOLLERS, v. solers.	
SOLO, as.	拆平。消滅。賊寇
SOLOR, aris.	安慰。解悶。快暢
SOLSTITIUM, ii, n.	冬至。夏至
SOLUM, i, n.	地。田。底。基。足心
SOLŬM, *adv.*	單。只。惟
SOLUS, a, olīus, oli.	我自己。孑立
SOLVO, vi, lutum, 3.	解。散。釋。還。開船
SOMNIUM, ii, n.	夢。謬。外放。蒙

SOMNUS, i, m. 睡覺。寐。懶。安。夜

somno correptus. 不覺而寐

SOMPHUS, i, m. 匏瓜

SONCHUS, i, m. 紅背草。孏漿菜

SONĬPES, ĕdis, m. (*sonus*. 馬

SONĬTUS, us, *l.* i, m. &

SŎNO, ui, ĭtum, 1. 響。有聲音

hoc male sonat. 此不中聽。難聽

nec vox hominem sonat. 此字並無人之義

SONORUS, a. 有聲者。好聽

SONS, tis, *adj.* 有罪者。害人

SŎNUS, i, *l.* us, m. 聲音。响聲。四声規

SOPHIA, ïæ, f. &

SŎPHOS, i, m. 明智。賢

SOPHISMA, ătis, n. 假論

SOPIO, ivi, itum, 4. 令人睡。停。息。斃

SOPOR, oris, m. 昏迷。寐。引睡藥。懶。死

SOPORO, as. 使人睡。昏迷人

SORBEO, ui, ĭtum, *l.* psi, ptum, 2. 吸。吞。流。浸

SORBILLO, as. 〻而飲

SORBUM, i, n. 杜梨。柿子

SORDES, dis, f. 污。市井人。悶。吝

SOREX, ĭcis, m. 田鼠。老鼠

SORITES, æ, m. 漸進之論

SOROR, oris, f.	姐妹。女友。相似
sororis filius.	外甥
SORS, tis, f.	鬮。造化。本錢。出之分。地位。家產
SORTILEGIUM, ii, n.	以鬮猜。拈鬮揀
SORTIOR, itus, 4.	拈〻。分得。替。揀
SOSPES, ĭtis, *adj.*	安。無損。順。援拔
SOTER, ēris, m.	解難者。救于險
SPADIX, īcis, m.	雜色。豹花馬。疋蘭
SPADO, onis, m.	老公。太監。荒枝。不可生兒者
SPARGO, si, sum, 3.	散開。洒。分排。澤
SPARTUM, i, n.	椶草類。棕繩
SPARUS, i, m.	水虎魚。海豹。短鎗
SPASMUS, i, m.	黑痰。瘋癱
SPATHA, æ, f.	杓。漏子。寬刀
*****SPATHARIUS**, ii, m.	作匙者。護衛者
SPATHŬLA, æ, f.	小漏杓
SPATIOR, aris.	步行。遠遊。伸開
SPATIOSUS, a.	廣大
SPATIUM, ii, n.	跑之塲。空地。隔之時。學院。緩
SPECIALIS, e.	一類。私自者。格外
SPECIES, ēi f.	類。形。香料。外皮

SPECILLUM, i, n. 眼鏡。探針。點目具

SPECIMEN, inis, n. 式 憑 據。像。記 號

*SPECIO, *pro* spicio *comp.*

SPECIOSUS, a, *c. s.* (*species.* 美。巧 貴。華 麗。偽

SPECTABILIS, e, &

SPECTABILITAS, atis, f. 可 看。妙。威 儀。憲

* in officio spectabilitatis tuæ. 在 大 人 職 分 內

SPECTACULUM, i, n. 可 觀 之 事。戲。景

SPECTO, as, (*spicio.* 細 看。向。想。歸 于

SPECTRUM, i, n. 夜 鬼。妖 影。醜 形

SPECULA, æ, f. 小 望。看 遠 塔。頂

SPECULARIA, orum, n. 雲 母 石 之 窗。玻 璃 窗。眼 鏡

SPECULOR, aris. 防 範。打 探。伺 探

SPECULUM, i, n. 鏡。像

SPECUS, us, m. f. 坑。山 洞。水 溝

SPEGMA, atis, n. 剉 銅 末

SPELUNCA, æ, f. 坑。穴

SPERMA, atis, n. 種 子。人 精

SPERNO, sprevi, spretum, 3. 輕 慢。看 輕。藐 視

SPERO, as, (eum, *l.* in eo, &

SPES, ei, f. 仰 望。盼 望。冀。企

SPHÆRA, æ, f. 球。地 球

SPHAGNOS, i, m. 樹 白 苔

SPHINGIUS, ii, m. 猴 類

SPICA, æ, f.	穗
SPICILEGIUM, ii, n.	拾遺穗子
*SPĬCIO, exi, ectum, 3.	看。瞧。見
SPICULATOR, oris, m.	侍衛兵。皂隸
SPICŬLO, as.	作尖。磨尖
SPICŬLUM, i, n.	鎗鋒。箭鏃
SPINA, æ, f.	茨。魚骨。尖嘴
*SPINACHIUM, ii, n. *l.* spinacia, æ, f.	菠菜。赤根菜
SPINTER, ēris, n.	臂鐲
SPINUS, i, f.	野李樹
SPIONIA, æ, f.	葡萄類
SPIRA, æ, f.	柱脚。麵圈。帽帶。蛇繞。首飾
SPIRACŬLUM, i, n.	出氣之眼
SPIRAMENTUM, i, n.	くくく孔。呼吸
SPIRITUALIS, e.	風所使者。神靈
SPIRĬTUS, us, m.	神。風。氣。高志意
SPIRO, as.	喘氣。呼吸。噴。活
SPISSUS, a, *c. s.*	稠。實。徐者。遲
SPITĂMA, ătis, n.	一扎。一寸
SPLEN, enis, m.	臁貼
SPLENDOR, oris, m.	光亮。耀輝。華麗
SPOLIO, as.	强去。奪。偷
— eum vestibus (*abl.*	搶其衣
SPOLIUM, ii, n.	遺物。搶之物。贓

SPONDA, æ, f. 床。床邊

SPONDEO, spopondi, sponsum, 2. (ei. 許下。應承。定規

— magnum virum. 使人大仰望彼

*SPONDIUM, ii, n. 祭爵

SPONGIA, æ, f. 海絨。河青苔

SPONSA, æ, f. 定親之女。新婦

SPONSALIA, ium, n. 〻〻。聯定

SPONSOR, oris, m. 保人。約人。代父

SPONSUS, i, m. 定親者。覓親者。新郎

SPONTANEUS, a, v. spontis.

SPONTIS, *gen.* sponte, *abl.* f. 自然。情願

sponte suâ venit. 其自來

SPORTA, æ, f. 綸囊。筐。籃

SPORTŬLA, æ, f. 小席袋。小禮物

SPREVI, spretus, v. sperno.

SPUMA, æ, f. 水沫。胰子

SPUO, ui, utum, 3. (in eum. 吐唾沫。音

SPURCUS, a, *c. s.* 贜汚者。喪廉恥

SPURIUS, a. 私孩。雜種

SPUTUM, i, n. 唾沫。口涎。口水

SQUALEO, ui, 2. &

SQUALĬDUS, a, *c. s.* 汚者。粗。多鱗。霉

SQUĂLUS, i, m. 鯊魚

SQUAMA, æ, f. 魚鱗。渣。網眼

SQUATĬNA, æ, f. v. squalus, i.

SQUILLA, æ, f. 水葱。蚌魚

*SQUINANTIA, æ, f. 噎膈病

STABĬLIO, ivi, itum, 4. 建，立。創。定。安穩

STABĬLIS, e, *c. s.* 長久。恒在。耐

STABŬLUM, i, n. 店。娼窩。宅。馬圈

STACTA, æ, f. &

STACTE, es, f. 沒藥之香汁

STADIUM, ii, n. 半里。比武之場

STAGNO, as. 水聚。溢外。凝結

STAGNUM, i, n. 塘，湖，海

STALAGMIA, orum, n. 長耳環

STAMEN, ĭnis, n. 經線。草絲。高帽

*STAMNUM, i, n. &

STANNUM, i, n. 錫拉。鉛

STAPHYLINUS, i, m. 紅蘿蔔

STAT, abat, atum, are. 定矣

STATARIUS, a. 穩者。不搖動

*STATER, ĕris, m. 一百六十錢

STATERA, æ, f. 大秤。車轅。天平盤

STATĬCE, es, f. 過秤方

STATICŬLUM, i, n. 車上之飾像

STATIM, *adv.* 立刻。就。遂。便

STATIO, onis, f. 宿處。泊湾。兵房。兵汎。地勢。緩。境

STATIVA, orum, n. 兵房。兵營。緩

STATOR, oris, m. 定妥。站班。走堂

STATUA, æ, f. 石像。木像

STATUMEN, inis, n. 架撐、靠頭。桁楊

STATUO, ui, ŭtum, 3. 安置、定奪、立起

STATURA, æ, f. 身量。形體

STATUS, us, m. 地位、訟機、身態

*STAURO, as. 造。插。定

STEGA, æ, f. 舟面

STEGNÆ febres. 停汗之瘧

STELA, æ, f. 竪碑文。石柱

STELEPHUROS, i, f. 車前子草

STELLA, æ, f. 星宿。星貌。火虫

STELLIO, onis, m. 毒蜘。奸人

STEMMA, ătis, n. 祖宗之像。牌坊。族譜

STERCUS, ŏris, n. 糞草。屎。鐵渣

STERILIS, e, c. 荒胎。荒地。空鈌

STERNO, stravi, stratum, 3. 張開、作平。鋪排

STERNUO, ui, ŭtum, 3. &

STERNUTO, as. 打嚏噴

STERQUILINIUM, ii, n. (*stercus.* 糞堆、糞坑。卑人

STERTO, ui, 3. 打喊睡打呼嚧

STIBADIUM, ii, n. 圓几。圓椅

*STIBINUS, a, &

STIBIUM, ii, n. 窩宅藥材
STIGMA, ătis, n. 烙之字。忝辱。痕
*STIGO, as. 刺。擢
STILLA, æ, f. 一滴水。滴漏。些須
STILLICIDIUM, ii, n. 滴流漏。簷滴
STILUS, v. stylus.
STIMŬLUS, i, m. 尖子。策，招惹。埋釘，心悲傷。囮。血氣
STINGUO, inxi, inctum, 3. 消滅
*STINO, as, *comp.* 定
STIPATUS, a. 人所衛。緊。稠。濃
STIPENDIUM, ii, n. 錢糧。餉，稅。罰之錢，當兵。帮助
STIPES, ĭtis, m. 橛。樹幹。拙人
STIPS, is, f. 小錢。工錢，錢，利息。簽題之く。饋
STIPTICUS, a. 縮收者。傷風者
STIPŬLA, æ, f. 乾草。遺之穗
STIPŬLOR, aris. 結約。索人之約
STIRIA, æ, f. 凍滴
STIRPS, is, m. f. 根。樹身。太祖。代。子孫。枝。根萌
STIVA, æ, f. 犁把子
STO, steti, statum, 1. 站住。耐。定。顯。關
— ei. 彼有

— conventis. 如約
STŒBE, es, f. 六月菊
STŒCHAS, ădis, f. 香草類
STOĬCUS, i, m. 儒等。嚴規。惟我
STOLA, æ, f. 女長衣。領帶
STOLĬDUS, a, *c. s.* 俊。癡者。呆。目失
STOLO, onis, m. 根上之芽。人名
STOMACĂCE, es, f. 倒牙病
STOMĂCHOR, aris. 發煩。忿怒。不忍
STOMĂCHUS, i, m. 脾胃。緊。胃脘
STOMATĬCUS, a. 口病者
STOMOMA, ătis, n. 紅銅薄片
STORAX, ăcis, m. 黏香類
STOREA, æ, f. 席。凉席
STRABO, onis, m. 斜眼者
STRAGES, is, f. 大敗。兵殺戮
STRAGŬLUM, i, n. 鋪盖。帳。氈。被
STRAMEN, ĭnis, n. &
STRAMENTUM, i, n. 鋪草。窩草
STRANGŬLO, as. 捫死。夾膊鬆。難之
STRANGURIA, æ, f. 小便滯。莖閉
STRATAGEMA, ătis, n. 戰策。詭。妙法。軍機。韜畧。計策
STRATEGUS, i, m. 將軍。元帥。主帥

STRATOR, oris, m. (sterno. 上鞍者。馬夫。太僕寺

*STRATORIUM, ii, n. 牀

STRATUM, i, n. 〻。鞍。鋪板

STRATUS, a, v. sterno.

strata via. 石板路

STRENA, æ, f. 賀節之饋贈。兆

STRENUUS, a, c. s. 健壯。勇。毅。勤。伶

STREPITUS, us, m. 响聲。美聲。排場

STRĔPO, ui, itum, 3. 響。响應。出名。謗

STRIA, æ, f. 柱凸線

STRICTURA, æ, f. 鐵火星。摘果

STRICTUS, a, c. s. v. stringo.

STRIDEO, ui, 2. &

STRIDO, i, 3. 尖响。切齒

STRIGA, æ, f. 細。把。巫女

STRIGĬLIS, is, f. 馬刨。小管。金牌

STRIGMENTUM, i, n. 刨下遯皮。渣。末

STRĬGO, as. 獸止以出糞

STRIGOSUS, a, c. s. 瘦者。敗色者。焦

STRINGO, inxi, ictum, 3. 拉緊。畧說。摘。刮

STRIX, igis, f. 柱凹線。夜貓。巫

STROBUS, i, m. 香木名。香名

STROMBUS, i, m. 螺螄。戒指螺

STROPHA, æ, f. 計策。騙。檠環

STROPHIUM, ii, n. 小帶。花冠
STROPHUS, i, m. 絞腸疼
STRUCTURA, æ, f. 規模。工勢。手工
STRUES, is, f. 一堆。綑。祭之餅
STRUMA, æ, f. 瘰癧。老鼠瘡
STRUO, uxi, uctum, 3. 堆起。排。造。謀
STRUTHIO, onis, m. &
STRUTHIOCAMELUS, i, m. 鴕虎
STRUTHIUM, ii, n. 紫蘇草。小鳥
STŬDEO, ui, 2. (ei. 結黨。專務。攻書
STUDIUM, ii, n. 學習。願。向人
STULTUS, a, c. s. 糊塗。癡。冒失。愚
STUPA, æ, f. 粗麻
STŬPEO, ui, 2. 發楞。驚訝。漸癱
STUPEFACTUS, a. 驚惶。驚訝。驚愕
STUPĬDUS, a. 傻子。朦朧人。体
STUPOR, oris, m. v. stupeo.
STUPPA, v. stupa.
STUPRO, as. &
STUPRUM, i, n. 辱童女。染。僞
STURNUS, i, m. 沙鷄
STYGIUS, a. 冥湖者。地獄者
STYLUS, i, m. 小棍。刀筆。文法
STYMMA, ătis, n. 濃香油
STYPTERIA, æ, f. 白礬

STYRAX, *pro storax.*

SUADA, æ, f. 口才女神

SUADEO, si, sum, 2. 勸人。勸勉。使信

id tibi suadeo. 吾勸爾行此

SUARIUS, a. 豬者

SUAVIOR, aris. 親愛。淫心親嘴

SUAVIS, *e, c. s.* 温和。甘。飴。娉婷

SUB, *prep. abl. et acc.* 底下。屬下。在位。近

— sole ambulare. 日頭底走路

— noctem pervenit. 天將黑之時方到

SUBACIDUS, a. 有些酸。帶酸味

SUBACTUS, a, v. subigo.

*SUBARRHO, as. 定親

SUBAUDIO, ivi, itum, 4. 含意

SUBCINERICEUS panis. 火灰中燒之餅

SUBCUSTOS, odis, m. (*custos.* 副看守者

*SUBDIACŎNUS, i, m. 五品生

SUBDIALIS, e. 露天者

SUBDISTINGUO, xi, ctum, 3. 再分别

SUBDĬTUS, a. 于下。屬下。服。偏

SUBDO, idi, itum, 3. (id illi. 安其下。替。張。偏

SUBDŎLUS, a. 詭者。奸詐者

SUBDUCO, xi, ctum, 3. 抽出。偷陡舉。去

SUBEO, is, ivi, itum, ire. 上。近。來。負。繼。攻

—periculum. 冒險。蹈險

SUBER, ĕris, f. 煖木。槐樹

SUBHASTO, as. 估變。奉官賣

SUBĬGO, egi, actum, 3. 壓服。慣。習。合麪

SUBINDE, *adv.* 後未幾。隨時

SUBITANEUS, a, &

SUBĬTUS, a. 忽然間。突。倏。新

SUBJECTOR, oris, m. 詐僞者騙人者

SUBJĬCIO, eci, ectum, 3. (ei. 擱底下。平服。換。
僞。進供。賄。提醒

*SUBJUGALIS, e, &

SUBJŬGIS, e. 己上軛之。善者

SUBJŬGO, as. 上軛。平服

SUBJUNGO, xi, ctum, 3. く く。聚。合。替換

SUBLATUS, a, v. tollo, et suffero.

*SUBLEGO, as. 復委。復托他人

SUBLĔGO, egi, ctum, 3. 拾起。偷聽。揀。讀

SUBLĔVO, as. 提拔。助。慰。擧。減

SUBLICIUM, ii, n. 橋之撑條

SUBLICIUS pons. 木橋活橋。吊橋

SUBLĬGAR, aris, n. 小便。袴子

SUBLIMIS, e, c. s. 高。峻。出等。大方

SUBLUCANUS, a. 清早者。天將光

SUBMERGO, si, sum, 3. 沉于水

SUBMINISTRO, as. 供需。補足

SUBMISSUS, a, c. 服者。小声。謙。息

SUBMITTO, isi, issum, 3. 暗遣。入下。壓。任之。補。替。使答配

SUBMŎVEO, ōvi, ōtum, 2. 拉開。分開。賣

*SUBNERVO, as. 割筋。刖足。敗力

SUBORNO, as. 略飾。買情。使賄

SUBREPO, psi, ptum, 3. 爬進。潛進。暗入

SUBREPTIO, onis, f. 佞口得。瞞騙。私

SUBRĬGO, exi, ectum, 3. 立起。豎起

SUBRŎGO, as. 頂。替換。更易

SUBROSTANI, orum, m. &

SUBROSTRARII, orum, m. 多事之徒。閒人

SUBRUMUS, a. 哺乳之

SUBRŬTUS, a, (ruo. 壞跟基之

SUBSANNATIO, onis, f. 譏誚

SUBSCRIBO, psi, ptum, 3. 寫于下。作次原告。應承畫押

SUBSCUS, ŭdis, f. 木釘。榫

SUBSECIVUS, a. 餘着。偷空者

SUBSELLIUM, ii, n. 椅。座。几。公堂

SUBSĔQUOR, cutus, 3. 趕。隨。效。同意。讚

SUBSESSOR, oris, m. 設坑。設穽。謀害

SUBSIDENTIA, æ, f. 水淹之草渣

SUBSĪDEO, edi, essum, 2. 暗坐。降清。等仇人

SUBSIDIUM, ii, n. 救兵。海口。汎兵

SUBSIDO, idi, 3. 俯身。沉。降清。減

SUBSISTO, titi, titum, 3. 停。等候。敵。向人

SUBSTANTIA, æ, f. 本質。體。題目。財

SUBSTITUO, ui, utum, 3. (ei. 替換。頂。當。更易

— alium in ejus locum, l.

— alium pro se. 用他人頂彼

SUBSTRUCTIO, onis, f. 基。大工程。廂房

SUBSUM, bes, bfui, besse, (ei. 在下。藏。近

SUBTER, præp. acc. abl. 其く

SUBTERFŬGIO, ūgi, ugitum, 3. 暗逃。躲避

SUBTILIS, e, c. s. 尖。細。聰明。巧

SUBTRĂHO, axi, actum, 3. 抽出。偷

SUBTÙS, adv. et præp. acc. 其下

SUBUCŬLA, æ, f. 汗衫

SUBŬLA, æ, f. 錐子

SUBULCUS, i, m. 放猪者

SUBURBANUS, a, &

SUBURBIUM, ii, n. 郭外者。郊

SUBVĔNIO, ēni, entum, 4. (ei. 救難。他人來。順

SURVERTO, ti, sum, 3. 顛倒。翻復。拆。壞

✱SUC, pro sub comp.

SUCCEDANEUS, a. 繼後者。接位

SUCCEDO, essi, essum, 3. 即位。成功繼近。服下。事順。遇

SUCCENDO, di, sum, 3. 放火。招惹。催

SUCCENSEO, ui, 2. 生氣。怒

*SUCCESSIVÈ, *adv.* (*succedo.* 相連。先後

SUCCIDIA, æ, f. 腥猪肉

SUCCIDO, idi, isum, 3. (*cædo.* 就根割。就根砍

SUCCIDUUS, a, (*cado.* 將倒者。搖動

SUCCINUM, i, n. 琥珀。臘蜜頂

*SUCCUBA, æ, f. 私女

SUCCUMBO, ubui, ubitum, 3. (ei. 敗。服。失望受辱

SUCCURRO, urri, ursum, 3. (ei. 來救。服。想起

SUCCUS, i, m. 水汁。味。壯。旺氣

SUCCUSSATOR, *l.* succussor, oris, m. 揮者。抖。顛之馬

SUCTUS, us, m. (*sugo.* 吸。嗍。啜

SUCULA, æ, f. 小牝猪。滑車

SUDARIUM, ii, n. 一條手巾。手帕

SUDES, is, f. 木條。椕

SUDOR, oris, m. 汗。勞苦。汁

SUDUM, i, n. &

SUDUS, a. 旱時。晴天

SUEO, evi, etum, 2. &

SUESCO, evi, etum, 3. 習慣。常如此

SUF, *pro sub comp.*

SUFFERTUS, a, (*farcio.* 滿實之

SUFFICIO, eci, ectum, 3. (ei, *l.* ad id. 給。能。頂。補。毀。染

SUFFIMENTUM, i, n. &

SUFFIMEN, inis, n. 燒之香。香熏

SUFFLAMEN, inis, n. 輪軔。阻碍

SUFFLO, as, (*flo.*	吹滿。怒、不忍
SUFFOCO, as.	揶死。壓。鬱、滯
SUFFRAGIUM, ii, n.	保舉。說人情
SUFFRAGO, inis, f.	膝背。腿彎
SUFFRAGOR, aris, (ei.	保舉人。舉薦。助
✳**SUG**, *pro* sub *comp.*	
SUGGĔRO, essi, estum, 3.	提醒供需。替。聚
SUGGESTUM, i, n. &	
SUGGESTUS, us, m.	勸民臺、補貼
SUGGILLO, as.	忝辱。凌辱
SUGGRUNDA, æ, f.	伸出之房簷
SUGO, uxi, uctum, 3.	吸。啜。欶吸。嗍吮
SUI, sibi, se, *sing.* et *plur. pronom.*	自己之。躬
se vulneravit.	自傷
inter se pugnant.	彼此爭。互相鬥
SUILLUS, a, (*sus.*	猪者
SUIS, v. sus, et suus.	
SULCO, as.	耕。窓。航海
SULCUS, i, m.	〱之槽、耕。栽坑。溝。皺。波浪
SULFUR, *l.* sulphur, ŭris, n.	硫黃
SULPHURATA, orum, n.	〱〱線
✳**SULSUS**, *pro* salsus, *comp.*	
SULTIS, *pro* si vultis.	
SULTO, *pro* salto *comp.*	
SUM, es, fui, esse: ĕram, eras: essem, es.	是。在。有。乃。係

辣丁中華合字典

tanti non sum.	吾尊不及此
est prudentis.	係智人之事
est meum, tuum.	是吾分。是汝分
est mihi nomen.	吾有名字
est, quod te laudem.	吾有讚汝之故
*SUM, *pro* versum, *et sub comp.*	
SUMEN, inis, n.	猪乳房。猪膏
SUMMA, æ, f.	共計。共總。爲要
— rerum.	王權。國政。朝政
SUMMITAS, atis, f.	頂
SUMMITTO, v. submitto.	
SUMMOPERÈ, *adv.*	甚。在先
SUMMUS, a, (*supremus.*	至大者。最高。末
ad summum.	く多
SUMO, psi, ptum, 3.	拿。取。霸占。受。揀。始。買。費。假如
SUMPTUS, us, m.	費用。支用
SUO, ui, ūtum, 3. [ei.	縫。合。紩
SUP, *pro sub comp.*	
*SUPELLECTILE, is, n. &	
SUPELLEX, lectilis, f. *abl.* ectile, *l.* ectili.	物件。傢什。器皿。器具
SUPER, *præp. acc. et abl.*	上。過。論。除。另
SUPERBUS, a, *c. s.*	驕傲。自高。豪强
*SUPERCERTOR, aris, (*certo.*	爭貴。出等。齊整
SUPERCILIUM, ii, n.	眉毛。傲。頂。威儀

SUPERERŎGO, as. 多給。多還。

SUPERFICIES, ēi, f. 面。房地。皮。房頂

SUPERFLUUS, a. 流其上者。餘剩

*SUPERHUMERALE, is, n. 披肩

SUPĔRI, orum, m. 諸神。世上之人

SUPERIMPENDENS, tis, adj. (ei, pendeo. 垂其上。臨近

*SUPERIMPENDO, di, sum, 3. 另支用

SUPERINDUCTUS, a. 安其上。抹其上

SUPERIOR, us, (superus. 再高。先前。上司

SUPERIŬS, adv. 再上。益高

SUPERLIMINARE, is, n. 門〻限

SUPERNUS, a. 上面者。天上者

SUPĔRO, as. 勝。越。過。餘。剩。在

*SUPERORDĬNO, as. 另排

*SUPERSCRIPTIO, onis, f. 字號。名目。書面

SUPERSĔDEO, ēdi, essum, 2. (ei. 坐上。止工。改意

SUPERSTES, ĭtis, adj. (ei. 剩者。尙在。安者

SUPERSTITIO, onis, f. 異端忌諱。長聖物

SUPERSUM, ĕres, fui, esse. 剩。尙有

SUPĔRUS, a, perior, premus. 上面者。天上者

SUPERVACANEUS, a, &

SUPERVACUUS, a. 多餘者。無用

SUPERVĔNIO, ēni, entum, 4. (ei. 他人來。上。先期

SUPERVIVO, xi, ctum, 3. 彼亡此活

supervixit pater filio [*dat.* 子死父尚在

SUPINUS, a, *c.* 仰卧。坡。退。懶。嫩

SUPPAR, ăris, *adj.* 次些。幾平等

*SUPPEDANEUM, i, n. 脚凳

SUPPEDĪTO, as. 供需。足用。餘。備

SUPPETIÆ, arum, f. 救難。助。補貼

SUPPĔTIT, ĕtunt: ebat, ebant: ĕre. 備。想起。足。餘。耐

SUPPLANTO, as. 陷坑人。栽于下

SUPPLEMENTUM, i, n. 補遺。續卷。補貼

SUPPLEO, evi, etum, 2. く上。補缺。加。滿

SUPPLEX, ĭcis, *adj.* 懇求者。叩乞

— dei. 拜神者

libellus — 稟帖。奏本

SUPPLICIUM, ii, n. 祈禱。罰。問罪

SUPPLĪCO, as, (ei. 譴求。哀乞。拜

SŬPPONO, osui, osĭtum, 3. 置其下。替換。僞。假如。平服。看輕

SUPPRĪMO, essi, essum, 3. 晉束。壓。瞞。阻。藏

SUPPROMUS, i, m. 副司酒者

SUPPURO, as, [*pus.* 生膿

SUPPŪTO, as. 修樹。筭

SUPRĀ, *præp. acc.* et *adv.* 上面。超。先。除

SUPREMUS, a, [*superus.* 最高者。末

*SUR, *pro* sub, *comp.*

SURA, æ, f. 腿肚。小腿。腿骨

SURCŬLUS, i, m. 芽。新枝。小樹林

SURDASTER, tri, m. 畧聾。重聽

SURDUS, a, c. 聾。瞶

SURGO, urrexi, urrectum, 3. 起來。漸高。興。立。復元。生。出

SURREPO &c. v. subrepo &c.

SURRĬPIO, ipui, eptum, 3. [rapio. 偷。做賊。竊。抽出

SURSÙM, adv. 向上。往高

SUS, uis, m. f. 猪

SUS, pro sursum.

susque deque ferre. 隨其便。任之耳

*SUS, pro sub comp.

*SUS, pro versus comp.

SUSCĬPIO, epi, eptum, 3. (capio. 受。收。承。承當。扶

— liberos ex libertini filia. 以奴女生兒女

SUSCĬTO, as. 吽醒。復修。舉。催

SUSPECTUS, a, c. s. [suspicio. 可疑之。疑者

SUSPENDIUM, ii, n. 絞。三木架

SUSPENDO, di, sum, 3. 掛。絞死。停。收權

SUSPĬCAX, acis, adj. 善疑者。多疑心

SUSPĬCIO, onis, f. 疑。猜忌。風聲。估

SUSPICIO, exi, ectum, 3. 仰望。翹。訝。猜。估

SUSPĬCOR, aris. 疑惑。猜忌。望。估

SUSPIRO, as. 歎氣。仰望。瘕喘

— eum, l. in eum. 渴望。悵望。向慕

SUSTENTACŬLUM, i, n. 撐條。靠處

SUSTENTO, as, [*sustineo*. 扶、養、慰、忍、護。緩

SUSTĬNEO, ui, entum, 2. [*teneo*. く。宜。養。管。緩。敢

SUSURRO, as. 稍响。暗謗。囁嚅

SUTELA, æ, f. 詭。鞋錐子

SUTĬLIS, e, [*sus*. 縫之

SUTOR, oris, m. 鞋匠

SUTRINA, æ, f. く舖

SUUS, a. 其自己。其等者

SYCAMĬNUS, i, f. 桑樹

***SYCOMŎRUS**, i, f. くく類。無花果類

SYCOPHANTA, æ, m. 妄証。諂媚。稱能

SYLLĂBA, æ, f. 一音

SYLLOGISMUS, i, m. 推論一段

SYLVA, v. silva.

SYM, *pro* syn, *comp.*

SYMBŎLA, æ, f. 簽題錢排之席

SYMBŎLUM, i, n. 暗號。表。定錢

SYMMETRIA, æ, f. 上下相稱

SYMPATHIA, īæ, f. 對脾氣。因緣

SYMPHONIA, æ, f. 手琴。和音

SYMPLEGMA, ătis, n. 聚積。雜乱。紛繁

SYMPOSIUM, ii, n. 筵席

***SYMPTOMA**, ătis, n. 病勢。病容

***SYN**, *græc. comp.* 同

*SYNAGOGA, æ, f. 堂。會

SYNALEPHE, es, f. 簡一音

SYNANCHE, es, f. 喉緊脹氣。孚鵝

SYNDERESIS, esis, f. 引善之意

SYNDICUS, i, m. 保民訟。會長

SYNEDRIUM, ii, n. 議事廳

SYNĔDRUS, i, m. 左右之員。佐貳

SYNGRĂPHA, æ, f. 具之結。文契

SYNGRĂPHUS, i, m. 〱〱〱。路票

SYNODIA, æ, f. 相談論

SYNODUS, i, f. 司教會議

*SYNONĬMUS, a. 同義之字

SYNOPSIS, is, f. 家物單。單

SYNTAXIS, is, f. 文法。作文規

SYNTEXIS, is, f. 瘦。軟。特昏迷

SYNTHEMA, ătis, n. 暗號。路票。深言

SYNTHĔSIS, is, f. 器堆。逆衣。復合
為一理。文相關

*SYRINGIOS, ii, m. 作簫之葦

SYRIUM, ii, n. 荊蘿汁

SYRTIS, is, f. 遊之沙灘。砂土

— naufrāga. 破船沙灘

syrtis *pro* syrtes.

*SYRUPUM, i, n. 果汁。露水

T

TABĀNUS, i, m.	野土蜂。虻蠅
TABELLA, æ, f.	小板。粉牌。書。圖
TABELLARIUS, ii m.	跑驛馬。報子
TABELLIO, onis, m.	筆帖式。通判
TABEO, ui, 2. &	
TABESCO, bui, 3.	化開。腐。漸瘦
TABERNA, æ, f.	雜貨舖。卑房。娼窩。做房。廛肆
TABERNACŬLUM, i, n.	帳房
TABES, is, f.	鎔。腐。毒。痨病
TABLINUM, i, n.	文卷房。板平臺
TABŬLA, æ, f.	板。粉牌。棋盤。圖
pedariæ tabulæ.	機走
dare tabulam naufrāgo.	救人急事
TABULARIUM, ii, n.	稿房。給事中
TABULARIUS, ii, m.	筭手。通判。同知
TABULATUM, i, n.	一層樓。矮枝
TABULATUS, a.	鋪板之
***TABUS**, i, m.	腐。瘟疫。染毛色
TACEO, ui, itum, 2.	默不言。隱諱
TACITURNUS, a.	少言者。無聲
TACTĬCE, es, f.	軍法。戰策。韜畧
TACTUS, us, m. (*tango*.	摩。覺官

TÆDA, æ, f. 火把。婚筵。舟板

TÆDET, sum, 2. 厭惡。嫌

— me vitæ. 吾嫌生命

TÆNIA, æ, f. 花串。走水。屎虫

*TAGAX, acis, *adj.* 偷者

TALARIA, ium, n. 翼鞋。踝骨瘇。衣裳邊

TALARIS, e. 係踝骨。骰者

TALEA, æ, f. 栽之插條。埋釘

TALENTUM, i, n. 元寶。五百两銀

TALIO, onis, f. 抵償。反坐。罰

— esto. くく可也

TALIS, e. 如是者。同等。埒

TALITRUM, i, n. 以指彈。挵一下

TALLA, æ, f. 葱皮

*TALMUD, n. 古教傳

TALPA, æ, f. 犁鼠。鼢鼠

TALUS, i, m. 踝骨。骰子。脚

TAM, *adv.* 如是

— sum amicus patriæ, quam qui maxime. 愛本鄉吾不亞于人

TAMDIU, *adv.* v. tandiu.

TAMEN, *conj.* 到底。然。至少。竟

etsi est bonus, tamen est idiota. 雖係好人然係愚蠢

TAMETSI, *conj.*	雖然
*TAMĬNO, as.	染。汚
TANDÈM, *adv.*	末。竟
TANDIÙ, *adv.*	至到。如是久
TANGO, tetigi, tactum, 3.	摩。動。挨。偷。嘗。傷
TANQUAM, *adv.*	如同。以爲
TANTĬDÈM, *adv.*	一樣多
TANTILLUS, a.	微小省。少
TANTISPĔR, *adv.*	絲毫。暫且。至到
TANTÒ, *adv.* — melior.	善哉。有功
TANTOPĔRÈ, *adv.*	如此甚。切然
TANTÙM, *adv.*	單。如此大。甚
— abest, ut mentiar.	可見我毫無謊
TANTUMMŎDÒ, *adv.*	只。惟
TANTUS, a.	如是大。一樣多
in tantum, ut periret.	甚至死
TAPETUM, i, n.	氈條。鋪毯。彩帳
TARDO, as.	緩彼。遲緩
TARDUS, a, *c. s.*	性体。遲鈍。緩着
TARMES, itis, m.	木虫。蛀虫
TARTĂRA, orum, n. &	
TARTĂRUS, i, m.	地獄。匈奴。蒙古
TASCONIUM, ii, n.	白坭
TATÆ! *interj.*	嗳呀。噫。可笑
TAUREA, æ, f.	牛皮

TAURUS, i, m. 㸮牛。牡牛

TAXA, æ, f. 丁香葉類

TAXATIO, onis, f. 定價。價。賤

TAXILLUS, i, m. (*talus.* 骰子。小指

TAXIM, *pro* tetigĕrim, v. tango.

TAXUS, i, f. 扁柏。檜

TE, v. tu, et sa.

TECHNA, æ, f. 方法。藝。詭。技

TECTOR, oris, m. 盖者。抹灰皮者

TECTUM, i, n. (*tego.* 房頂。屋脊。房屋

TEDA, æ, f. v. tæda.

TEGES, ĕtis, f. 燈草席。粗席

TEGMEN, inis, n. &

TEGMENTUM, i, n. 盖物。遮。屋

TĔGO, xi, ctum, 3. 盖。遮。蓋。蒙。蔽。護

TEGŬLA, æ, f. 一片瓦。人姓

TELA, æ, f. 一疋布。牽線。梭

*TELE, v. telos.

*TELESCOPIUM, ii, n. 千里眼。千里鏡

*TELLINA, æ, f. 海蛤

TELLUS, ūris, f. 地球。房地。域

*TELONIUM, ii, n. 海關。稅關

TELONARIUS, ii, m. 關口太爺。關部大人

*TELOS, *græc. comp.* 遠

TELUM, i, n. 飄鏢。箭。傷。血氣

TEMERARIUS, a, &

TEMĔRE, *adv.* 冒失。輕。無緣。偶

TEMĔRO, as. 汚辱。褻瀆。辱女

*__TEMETUM__, i, n. 酒

TEMNO, psi, ptum, 3. 輕慢。藐視

TEMO, onis, m. 犂轅。車轅

TEMPÈ, n. *plur.* 列花園。美景之所

TEMPERATUS, a, *c. s.* 調和者。温和。備

— aer. 温和之天氣

TEMPERIES, ei, f. 調く。温水土。時節。克己

TEMPĔRO, as. 調和。減。管束。鬆

— linguæ (*dat.* 止言。緘口

TEMPESTAS, atis, f. 時候。暴風。風波

TEMPESTIVUS, a, *c.* 合時者。成熟者

TEMPESTUOSUS, a. 暴風多者

TEMPLUM, i, n. 堂。廟。宇。庵。寺。觀院

TEMPŎRA, um, n. (v. tempus. 鬢角。太陽。面。首

TEMPORALIS, e, &

TEMPORARIUS, a. 暫且。暫時者

*__TEMPORANEUS__, a. 合時。先熟之果

TEMPŎRI, *c. adv.* 照時。合時。應際

TEMPSI, temptum, v. temno.

TEMPUS, ŏris, n.	時候。機。水土。災
ad —	暫時。隨時
TEMULENTUS, a.	飲醉酒
TENAX, acis, *o. s. adj.*	黏着。固執。硬。古板。慳吝。吝嗇。恆
— consilii.	壯意着。堅耿意
TENDICŬLA, æ, f.	晾衣竹。套。陷坑
TENDO, tetendi, tensum, *l.* tentum, 3.	張。往。向。謀。爭。逆
— ad urbem.	往京都
TENĔBRÆ, arum, f.	暗黑。杳冥。幽冥。不識。盲。忘。卑
TENEBRIO, onis, m.	托暗行惡
TENELLUS, a, (*tener.*	小嫩者
TĔNEO, ui, tentum, 2.	拿。持。記。固想。留
TENER, ĕra, *c. s.*	嫩着。綿耎。嬌嫩
TENESMUS, i, m.	痢疾之難
TENOR, oris, m.	中等声。文之次序
TENSA, æ, f.	神像車。車
TENTO, as.	摩。誘。試探。謀。煩
TENTORIUM, ii, n.	帳房
TENUIS, *e, c. s.*	薄。細。瘦。卑。節。貧
TENUS, *praep. abl. postp.*	到。至。至口
labrorum; *l.* labris	口裡
TENUS, ŏris, n.	弋鳥套

TEPEFĂCIO, eci, actum, 3. 作温
TĔPEO, ui, 2. 温。冷。煖。始愛
TEPHRIA, æ, m. 灰色花石
TEPĬDUS, a, &
TEPOR, oris, m. 温。减熱。懶。怵
TĔR, *adv.* (*tres.* 三次。甚
TERDECIĒS, *adv.* 十三次
TEREBELLUM, i, n. &
TERĔBRA, æ, f. 鑽子
TEREBINTHUS, i, f. 香樹名
TEREDO, ĭnis, f. 木虫。蛀虫。蠹虫
TERES, ĕtis, *adj.* 圓。可轆。恒者
TERGEMĬNI, orum, m. 一胎三子
TERGEO, si, sum, 2. v. tergo.
TERGINUM, i, n. 皮鞭。皮帶
TERGIVERSOR, aris. 轉背。退告。推故
TERGO, si, sum, 3. 拭。洗。滌罪。改
TERGŎRANS, tis, *adj.* 生新皮者
TERGUM, i, n. 背後。脊骨。皮。肥
*TERMENTUM, i, n. 害。損
TERMES, ĭtis, m. 有葉枝
TERMĬNUS, i, m. 限。界石。界址。終
TERNIDENI, æ. 十三一齊
TERNUS, a. 三一齊
TĔRO, trivi, tritum, 3. 踐。打碎。舂。推。爛

TERRA, æ, f. &

TERRENUS, a. 土。地。域。地球 陸

TERREO, ui, itum, 2. 嚇 呼。驚駭。驚覺

TERRIBILIS, e, c. 可怕。要 命。大 威

TERRICŬLUM, i, n. 驚 帝。妖 怪

TERRIGĔNA, æ, m. f. 地 生 之

TERRITORIUM, ii, n. 一 帶 地。域。縣

TERSUS, a, v. tergo.

TERTIANÆ, arum, f. 三 日 之 瘧

TERTIUS, a, (*tres.* 其 三

TERTULLA, æ, f. 第 く 女

TERVENEFĬCUS, i, m. 甚 毒。巧 術。大巫

TESCA, orum, n. 等兆 之 寂 處

TESSELLA, æ, f. 可嵌 之 四 方 片

TESSĔRA, æ, f. 骰 子。暗 號。方 塊

TESTA, æ, f. 瓦器。魚 甲。鑼 類

TESTAMENTUM, i, n. [*tes-tor.* 遺 書

TESTICŬLUS, i, m. (*testis.* 小 便 卵 子。睪 丸

TESTIMONIALES, ium, f. 恩免當兵之執照

TESTIMONIUM, ii, n. 証見。憑 據。徵

TESTIS, is, m. f. 見證。質 証。卵 子

TESTOR, aris. 傍 人。言明。証 見。寫 遺 書。呼 証 見

TESTU, a. 鍋 蓋。瓦 盆

TESTUDO, inis, f. 鱉。龜。發棬。避丏。稠隊箏

— marina. 鼂。玳瑁

— lutaria. 鱉。魠八

TESTŬLA, æ, f. 小瓦。保舉帖

TETĂNUS, i, m. 半身不遂。癱病

TETARTEMORION, rii, n. 四分一。三宮宿

TETER, tra, c. s. 醜。黑。汚。可恨。凶

TETHYS, yos, f. 海女神。海

TETĬGI, v. tango.

***TETRA**, *græc. comp.* 四

TETRARCHA, æ, m. 〻分一之王

TETRĬCUS, a. 嚴者。悶。穩

TETTIGOMETRA, ĕtræ, f. 蚱蟬殼。蟬蛻

TEUCHITES, æ, m. 香燈草

TEXO, ui, xtum, 3. 織。辮。造。作文。盖

TEXTRINUS, a. 〻布者。織藝者

TEXTUS, us, m. 〻工。一句書

THALĂMUS, i, m. 東牀。婚筵。臥房

THALASSĬNUS, a. 海綠色者

THALLUS, i, m. 葱莖

THEATRUM, i, n. 戲臺。看戲人。塲

THECA, æ, f. 荷包。靴掖子。套。箱。筆墨盤。鞘

THEMA, ătis, n. 題目。生時之天象

THEOLŎGUS, i, m. (*theos*. 論天主之士

THEOREMA, ătis, n. 可辯說。迂闊之句

THEORETĬCE, es, f. 學未習。書上言

⁎THEOS, *græc. comp.* 天主。上帝。神

⁎THERAPEUTA, æ, m. 醫生。侍者。修道

THERIĂCA, æ, f. 解毒藥。酒類

⁎THERISTRUM, i, n. 夏衣

THERMÆ, arum, f. 温水泉

THESAURUS, i, m. 銀庫。寶藏。珍寶

THESIS, is, f. 題目。空虛句

THOLUS, i, m. 天臺。合樣石

THORAX, acis, m. 胸。甲。背心衣

THORUS, i, m. v. torus.

THRASCIAS, æ, m. 東北風

THRENUS, i, m. 哀哭。喪歌

THRIPS, is, m. 打木虫。蛀虫

THRONUS, i, m. 寶座。御位。三品天神

THURIBŬLUM, i, n. 吊爐。香爐

⁎THURIFERARIUS, ii, m. 拏吊爐者

THUS, uris, n. 乳香

THYA, æ, f. 香南木

THYMIAMA, ătis, n. 〻炷

THYMIATERIUM, ii, n. 香爐
THYMUM, i, n. 茴芹
THYNNUS, i, m. f. 角鯱
THYROMA, ătis, n. 門
THYRSUS, i, m. 莖。花飾鎗。高興
TIARA, æ, f. 王冠
TIBIA, æ, f. 小腿。骨脛。笛
TIBIALE, is, n. &
TIBIALIA, um, n. 襪子。靴
TIBĬCEN, ĭnis, m. 吹笛者。撐條
TIBŬLUS, i, f. 野松
*TĬCEO, icui, 2. (*taceo, comp.*
TIGILLUM, i, n. 小梁。木條
sub — mittere. 逼過梁以辱之
TIGNUM, i, n. &
TIGNUS, i, m. 梁。椽板
TIGRIS, is, *l.* ĭdis, m. f. 老虎
TĬMEO, ui, 2. 駭怕。忌。畏。嫌
— eum. 懼彼
— ei, *l.* pro eo. 爲其懼
TIMOR, oris, m. v. timeo.
*TIMORATUS, a. 胆小。畏天主者
TIMIDUS, a, *c. s.* 〱〱者。善惶者
TINA, æ, f. 酒壺
TINCTUS, v. tingo
TINEA, æ, f. 蠹虫。蛀虫。損。虱

*TĬNEO, inui, entum, 2. *pro* teneo.

TINGO, xi, ctum, 3. 染。濕。洗。沉

TINNIO, ivi, itum, 4. 作尖聲。耳响

TINTINABŬLUM, i, n. 小鐘。鈴鐺

TIPPŬLA, æ, f. 水面虫。游漢虫

TIRO, onis, m. 手生者。新兵。初學。新受業

TIROCINIUM, ii, n. 初學之時

TITAN, ānis, m. 神名。太陽

TITILLATUS, us, m. 肉跳。怕擱指

TITILLO, as. 拷其一指。摘搦。諂媚

TITIO, onis, m. 火頭。柴頭

TITŬBO, as. 搖。疑。碍口。結吧

TITŬLUS, i, m. 字號。牌扁。賣房帖。假名。跡。稱呼

TOCULIO, onis, m. 苟取利錢者。貪

TOFUS, i, m. 砂石

TOGA, æ, f. 蟒袍。衮服。泰平

TOLĔRO, as. 忍耐之。養活

TOLLENO, onis, m. &

TOLLO, onis, m. 流鑪。汲水具

TOLLO, sustŭli, sublatum, 3. 拏起。去之。養。殺

TOLUTIM, *adv.* 碎顛步然

TOMENTUM, i, n. 織絨。褥毛草

TOMEX, *l.* tomix, ĭcis, f. 粗麻繩

TOMUS, i, m. 一本書。一卷書

TONDEO, totondi, tonsum, 2. 剪頭髮。翦毛。刈

TONITRUUM, i, n. 雷。雷霆。霹靂

TŎNO, nui, nĭtum, 1. (*tonus.* 鳴。回音。應聲

— laudes ejus. 大舉揚人

tonat. 打雷。雷鳴

TONSA, æ, f. &

TONSÆ, arum, f. 槳掌

TONSILLÆ, arum, f. 頸垂皮條。胡條

TONSOR, oris, m. (*tondeo.* 剃頭者

TONSTRINA, æ, f. 〱〱鋪

TONSURA, æ, f. (*tondeo.* 剪髮。剉樹

TŎNUS, i, m. 一音。畫中亮地

TOPARCHIA, æ, f. 管一省

TOPAZIUS, ii, m. 紅寶石名

TOPIA, orum, n. 山水畫。地理圖

TOPIARIA, æ, f. 修樹景之方

TOPIARIUM opus. 〱〱〱

TOPĬCA, orum, n. 虛情俗例之書

*TOPUS, i, m. 地方

TORAL, *l.* torale, is, n. 被窩。牀氈

TORCŬLAR, aris, n. 酒油池。踐葡萄池

TOREŬMA, ătis, n. 鐫凹之工

TORMENTUM, i, n. 轟石砲。刑罰。疼

TORMĬNA, num, n. 痢疾。切疼

TORNATĬLIS, e. 鏇成者

TORNO, as. くく。作圓。轉

TORNUS, i, m. く子

TOROSUS, a. 厚肉者

TORPEO, ui, 2. 難走、癱。發麻痹

TORQUEO, osi, ortum, *l.* orsum, 2. 撚、捩。扶。加刑。難為、彎。治。抱。拆壞

TORQUES, is, m. 頸環。環子

TORRENS, tis, m. 水川。水流、疾水

TORREO, ui, stum, 2. 晾乾。燒。熱焦。燎

TORRĬDUS, a. 熱。乾、熱焦、冷焦

TORRIS, is, m. 紅火頭。滅之柴頭

TORSI, v. torqueo.

*TORTA, æ, f. 素麪環子

TORTÈ, *adv.* (*torqueo.* 斜然

TORTOR, oris, m. 劊子手。皂隸

TORTUŎSUS, a. 彎曲者。不直

TORUS, i, m. 東牀。厚肉。繩股

TORVUS, a, *c.* 憎容者。兇、嚴。勇

TOSTUS, a, v. torreo.

TOT, *adj.* 多少。甚多

— homines, quot causæ. 各人各官司

TOTĬDÈM, *adv.* 亦若干。一樣多

TOTIÈS, *adv.* 每次。幾次

海上絲綢之路文獻集成 科技與文化编

TOTUS, a, otius, oti. 全。舉。普。如是大

TOXICUM, i, n. 染箭之毒

*TRA, *pro* trans.

TRABEA, æ, f. 貴衣。蟒袍。衮服

TRABS, is, f. 梁。房。大鎗。鬼火

TRACTA, orum, n. 線毬。攤之紮

TRACTIM, *adv.* 連。陸續

TRACTO, as, (*traho.* 講。弄。管。摩。待人

TRACTUS, us, m. (*traho.* 拖。時。運。域。蛇繞。隔之路。承行

*TRADITOR, oris, m. 失心者。交付

TRADO, idi, itum, 3. (ei. 交付。傳說。諂朋友。教。述。講。傳開

TRADUCO, xi, ctum, 3. 運過。移徙。降之

TRADUX, ŭcis, *adj.* 壓之枝。長久者

TRAGICUS, a. 苦戲者。兇。穩文

TRAGŒDIA, æ, f. 〈〈。高文

TRAGŬLA, æ, f. 長鎗名。網斗

TRAHA, æ, f. 拖車

TRAHO, āxi, actum, 3. 拔。緩。拉。拖。牽累。歸。離。爲。拙

— spirĭtum. 喘氣。吸

TRAJĬCIO, eci, ectum, 3. (*jacio.* 倒過。運過。刺過

TRAMA, æ, f. 橫線。疎布衣

TRAMES, itis, m. (*meo.* 徑路。林小路

TRAMITTO, v. transmitto.

TRANQUILLUS, a, *c. s.* 平安。安息者。恬

TRANS, *præp. acc.* 彼邊。過

TRANSACTOR, oris, m. (*transigo.* 勸和者。作中人

TRANSĂGO, v. transigo.

TRANSCENDO, di, sum, 3. 過。越。犯

TRANSCRIBO, ipsi, iptum, 3. 抄。入數。出手。付

TRANSENNA, æ, f. 柵欄。套。詐。緊繩

TRANSEO, is, ivi, itum, ire. 過。越。变。簡言。誤

TRANSFĔRO, ers, tŭli, latum, erre. 運。接枝抄。繙譯

TRANSFIGURATIO, onis, f. 變容。改

TRANSFŌDIO, ōdi, ossum, 3. 刺過。刺透

TRANSFORMO, as. 變貌

TRANSFRĒTO, as, (*fretum.* 過海岔。過海峽

TRANSFŬGA, æ, m. 逃兵。投降者

TRANSGRĔDIOR, essus, 3. 過。犯命。勝。誤

TRANSĬGO, egi, actum, 3. 令過。透。完。相約

TRANSĬTUS, us, m. (*transeo.* 過。く之處。轉股

TRANSLATUS, a, v. transfĕro.

TRANSMARINUS, a. 海外者

TRANSMĬGRO, as. 搬家。移宅。輪回

TRANSTILLA, orum, n. 椽子。横梁

TRANSTRA, orum, n. 水手横板。横杆

TRANSVERSUS, a. 横者。斜。相逆者

ex transverso. く然

TRAPETUS, i, m. 碾石。油池

TRAPEZOPHŎRUM, i, n. 杯桌脚，环桌

TRAVŎLO, as, v. transvolo.

TRAXI, v. traho.

*TRE, *pro* tres, *comp.*

TRECHEDIPNA, orum, n. 便衣。輕衣裳

*TRECTO, as, *pro* tracto *comp.*

TRĔMO, ui, 3. &

TREPĬDUS, a. 打顫。戰慄。震。悚

TRES, ia, *plur.* 三。叁

TRI, *pro* tres *comp.*

TRIANGŬLUS, i, m. く隅之圖

TRIARII, orum, m. 老銳兵。其三營兵

*TRIAS, ădis, f. 三。亼。三位一體

*TRĬBO, *græc. comp.* 打碎

TRIBŬLA, æ, f. 打塲之轆子

TRIBULATIO, onis, f. くく。艱難

TRIBULIS, e. 同族者。同黨

TRIBŬLO, as. 打塲。打散。磨

TRIBŬLUS, i, m. 茨菜。荊棘

TRIBUNAL, alis, n. 公堂。衙門。部署

pro tribunali. 坐公堂

TRIBUNUS, i, m. 支派長保民。都司。布政使

TRIBUO, ui, ūtum, 3. (id ei. 分給。准。恕。歸于
TRIBUS, ūs, f. (v. tres. 支派。一鄉民
TRIBUTUM, i, n. 稅。錢糧。徵
TRICÆ, arum, f. 小事。阻碍。刁難
TRICENI, æ, a. 三十一齊
TRICHITIS, ĭdis, f. 白礬類
TRICIÈS, adv. 三十次
TRICLINIUM, ii, n. 飯廳。三凳之飯桌
TRICO, onis, m. 善訟。刁难。攪乱
TRICOCCUM, i, n. 向日葵
TRICOR, aris, (tricæ. 詭言。說笑
TRIDENS, tis, m. (dens. 三齒杈
TRIDUUM, i, n. 〻日之久
TRIENS, tis, adj. 四两。三分一
TRIERARCHUS, i, m. 艇老班。船主
TRIĔRIS, is, f. (remus. 三層槳舟
TRIETERĬCUS, a. 〻年一次者
TRIFER, ĕra. 一年三收者
TRIFOLIUM, ii, n. 及已草
TRIFŪR, ūris, m. (fur. 大賊。惡過于賊
TRIGA, æ, f. 三馬車
TRIGEMĬNI, v. tergemĭni.
TRIGESIÈS, adv. 〻十次
TRIGESĬMUS, a. 其三十
TRIGINTA, adj. (tres. 三十。卅

TRIGONUS, ōna. 三角者。三隅者

TRIMESTRIS, e. 〻月之久者

TRIMUS, a. 〻年歲者

TRINUNDĬNUM, i, n. [*nun-dinæ.* 二十七日之久

TRINUS, a. 三。三爲齊

TRIONES, um, m. 耕地牛。北斗宿

TRIONўMUS, a. 三名者

TRIARCHES, is, m. 鷹類。草名

TRIPARCUS, a, (*tres.* 至節用者

TRIPETIA, æ, f. 三足桌。鼎

TRIPLEX, ĭcis, *adj.* &

TRIPLUS, a. 〻倍者。三樣

TRIPUDIUM, ii, n. 跳舞。小雞兆

TRIPUS, ŏdis, m. 三脚之器具。鼎

TRIQUETRUM, i, n. 〻角圖。三限者

TRIREMIS, is, f. (*remus.* 〻層槳之舟

TRISCHÆNUS, a. 九十里地者

TRISSAGO, ĭnis, f. 澤蘭草

⁎**TRISSO**, as. 燕鳴尖聲

⁎**TRISTĔGUM**, i, n. 三層樓屋

TRISTIS, e, *c. s.* & 發悶。鬱積。愁。酸。

TRISTOR, aris. 憂悶。兇。凶。难。强

— ob scelera. 有罪而憂悶

TRITĬCUM, i, n. 麥

TRITURA, æ, f. &

TRITURO, as, [*tero*.	打塲。舂碎
TRITUS, a, *c. s.* v. tero.	
trita vestis.	破爛衣
TRIUMPHO, as.	奏凱。凱旋
TRIVI, v. tero.	
TRIVIALIS, e.	素常者。凡。俗者
TRIVIUM, ii, n. [*via*.	三岔路。閒人處
TROCHILUS, i, m.	啄木鳥
TROCHLEA, æ, f.	滑車
TROPÆI, orum, m.	自海回之風
TROPÆUM, *l.* trophæum, i, n.	勝表。勝碑。花紅
TROPICA, orum, n.	改變。運動
TROPICI, orum, m.	冬夏至之二道
TROPIS, is, f.	舟底
TROPUS, i, m.	比方。借意法
TRUA, æ, f.	屛斗
TRUCIDO, as, [*cædo*.	兇殺。砍殺。憤索
TRUCULENTUS, a.	〃。兇貌者。粗魯
TRUDES, is, f.	竹篙
TRUDO, si, sum, 3.	推。撞去。棄
TRULLA, æ, f.	杯。大杓。尿壺
TRULLEUS, i, m.	盥手盆
TRULLISSO, as.	抹灰。坧塡。坧墁
TRUNCATUS, a, & **TRUNCUS**, a.	不全。損奪之

TRUNCUS, i, m.	樹幹、砍之枝。無肢之身。体、拙人
TRUSO, as, (*trudo*.	屢推。撞
TRUTĬNA, æ, f.	天平。秤。察。驗
TRUX, ŭcis, *adj*.	兇。兇貌。愴容。粗
TRYBLIUM, ii, n.	碟
TRYGĬNON, ni, n.	酒渣之墨
TRYXĂLIS, is, f.	無翅之螞蚱
TU, tui, tibi, te.	你。爾。汝
TUATIM, *adv*.	照汝規。汝所好
TUBA, æ, f.	號筒。戰號令。戰
tubam inflare.	吹號筒
TUBER, ĕris, n.	白薯。番薯。山藥。趼子
TUBERCŬLUM, i, n.	疱肉。内癰
*****TUBERNALIS**, *pro* tabernalis *comp*.	
TUBĬCEN, v. tibicen.	
TUBURCĬNOR, aris.	吞食
TUBUS, i, m.	筒。管。溝
TUDES, itis, m.	錘槌子
TUDICŬLA, æ, f.	石碾。碾轢
TUDICŬLO, as.	攪翻
TUEOR, uĭtus, 2.	看。保護。存。養。助
TUGURIUM, ii, n.	草房。籬門。宅
TUĬTUS, v. tueor.	

TULI, v. fero.	
TŬM, *adv.*	彼時。又。後
— ibo, cum venĕris.	你來我纔去。爾至吾方往
*TUMBA, æ, f. *græc.*	墓
TŬMEO, ui, 2. & TUMESCO, mui, 3.	腫。蠱。怒。腳瘇。傲
TUMOR, oris, m.	く瘡。怒。傲。滋事。憂悶。高文
TUMULTUS, us, *l.* i, m.	民作乱。鬨鬧。滋事。暴風。心急
TUMŬLUS, i, m.	崗丘。墓
TŬNC, *adv.*	此時。于是
TUNDO, tutŭdi, tusum, *l.* tunsum, 3.	打鞭。擊。傷。踐。蹵
TUNĬCA, æ, f.	大衫。脂膜。薄皮
TUOR, *pro tueor.*	
TURBA, æ, f.	乱。衆多。繁多
TURBĬDUS, a, *c. s.*	混着。乱。豪强。怒
TURBO, as.	糂雜。攪亂。衅事。倒。浪費。封舖。殺
— alium.	攪亂
TURBO, inis, m.	旋風。耍輪。尖柱。く水。紡車。蛇。繞
TURBULENTUS, a, *c. s.*	好乱。混。難堪。怒
*TURCÆ, arum, m.	國名。回國

TURDUS, i, m.	好食之鳥名
TURGEO, es, ēre.	腫。蠱。長大。怒
✳**TŬRIO**, is, ire, *comp.*	欲。想
v. g. cacatŭrio (*caco.*	想出恭
TURIO, onis, m.	芽。嫩枝
TURMA, æ, f.	三十三馬兵隊。夥
TURPIS, e, *c. s.*	醜。淫。無恥。忝體
TURRIS, is, f. em, *l.* im.	一座塔。門樓。堡
TURSIO, onis, f.	豬魚。海豬
TURTUR, ŭris, m.	班鳩
TUSSIO, ivi, itum, 4. &	
TUSSIS, is, f. im, i.	咳嗽
TUSUS, a, v. tundo.	
TUTAMEN, ĭnis, n.	保守。保護。保障
TUTELA, æ, f.	〻。舟護神。土地神。養廉。孤之產
TUTOR, oris, m.	教養。保〻子者
TUTŬDI, v. tundo.	
TUTULATUS, a.	有髻者。高帽者
TUTUS, a, *c. s.*	妥。穩。有保障。慎
— ab insidiis.	〻于暗計
TUUS, a, (*tu.*	爾之
tuum est.	係汝分者
TYMPĂNUM, i, n.	鼓。單面鼓
TYPHON, onis, m.	旋風。暴風。颶風

TYPOGRAPHIA, æ, f. 印書房

TYPUS, i, m. 式樣。模。像。印

TYRANNIS, ĭdis, f. 虐政。兇心。國

TYRANNUS, i, m. 王。主。暴厲。苛責者。僭王。霸王

TYRO, v. tiro.

TYROTARĬCHUS, i, m. 雜孄肉餅

U

UBER, ĕris, n. 孄尖。乳房。地肥

UBER, ĕris, c. s. adj 豐盛。肥腴。多生

ŬBI, adv. 在此。何所。立卽

— vidit, timuit. 一看就怕。未見卽惶

ibi ero, — volueris. 汝欲我在何吾卽在此

UBĬNAM? adv. 何所

UBIQUÈ, adv. 各處。到處。幾時

UBIŬBI, adv. 任何處

UDO, onis, m. 羊皮鞋

UDUS, a. 濕着。淫

ULCISCOR, ultus, 3. 罰。報讎。算計人

ULCUS, ĕris, n. 瘡。腫疱。癰瘡

ULEX, icis, f. 桱子

ULIGO, inis, f. 土潤澤

ULLUS, a.	或有人。必有人
ULMITRĬBA, æ, m.	常被打棍
ULMUS, i, f.	榆樹
ULNA, æ, f.	一抱。尺。丈。手臂
ULTERIOR, us, *compar.*	更遠。愈後。向日
ULTĬMUS, a, *superl.*	尾。末、至卑。至高
ULTRA, *præp. acc.* et *adv.*	彼邊。再。多。除
ULTRŌ, *adv.* (v. citro.	自來、過其一。再
ULTRONEUS, a.	情願、自來者
ULTUS, v. ulciscor.	
ULŬLA, æ, f.	夜猫
ULŬLO, as.	狗號。出哀聲。哀哭
ULVA, æ, f.	浮萍草
UMBELLA, æ, f.	一欛傘。雨傘
UMBILICUS, i, m.	肚臍天樞
UMBO, onis. m.	銅牌凸戒指凸。山頂、入海山
UMBRA, æ, f.	陰凉、影。護。陪赴席者。死
facere umbram ei.	壓人之榮
UMBRACŬLUM, i, n.	篷。傘。學舘
UMQUAM, v. unquam.	
*UN, *l.* uui, *pro* unus.	
UNA, *adv.*	同。一齊
UNANIMIS, e.	同心合意者

UNCIA, æ, f. 一两。十二分之一。小零

*UNCĬNUS, i, m. 鈎子。釣鈎

UNCTUS, a. v. ungo.

UNCUS, i, m. 鈎子。鉄手。舟錨

UNCUS, a. く者。彎者。棬

UNDA, æ, f. 海浪。波浪。水。多

UNDÈ, *adv.* 從該處。何從

UNDECENI, *l.* undeni, æ, a. 十一爲齊

UNDECENTUM, *adj.* 一百除一。九十九

UNDĔCIM, *adj.* 十一

UNDECĬMUS, a. 其十一

UNDEQUAQUÈ, *adv.* 自四方。全

UNDEVIGINTI, *adj.* 二十除一。十九

UNDĬQUÈ, *adv.* 自四方

UNDO, as, (*unda.* 起浪。淹。澆。濵。豐

UNDULATUS, a. 有波浪紋者

UNĔDO, inis, f. 洋梅。山芋果

UNGO, xi, ctum, 3. 傅油。抹油。洒。泡

UNGUEN, inis, n. &

UNGUENTUM, i, n. 膏藥。脂膏。香油。面粉

UNGUIS, is, m. 指甲。獸爪。馬蹄

—latus. 一點地方。一毫

UNGŬLA, æ, f. 爪。牛蹄

辣丁中華合字典

UNICORNIS, e. 犀牛。獨角者

UNICUS, a. 單一。獨。上等

UNIFORMIS, e. 均勻。平。一般

*UNIGENITUS, i, m. 獨子

UNIO, ivi, itum, 4. 結合。挨。聚

UNIO, onis, f. 珍珠。蔥韭。合。體

UNITAS, atis, f. 一。合。相近。和睦

UNIVERSALIS, e. 統。公者。總。遍

UNIVERSUS, a. 普天下者。共總

UNQUAM, *adv.* 任何時

UNUS, a. 一。壹。同。或有人

UNUSQUISQUE, unaquæque. 每。各。逐一

UPŬPA, æ, f. 臭鳥。揭石鑄鑿

URBANITAS, atis, f. 禮貌。京內樣。斯文。巧言。言騙

URBS, is, f. 城。京都。羅瑪都

URCEUS, i, m. 水罐

UREDO, ĭnis, f. (*uro.* 焦草木之病。痒

URETERES, um, f. &

URETHRA, æ, f. 內尿道

URGEO, si, 2. 逼。催。再三。難爲

URICA, æ, f. (*uro.* 焦壞莊稼之病

URINA, æ, f. 尿。身水。溲

URNA, æ, f. 水甑。罐。箱。竈匣

URO, ussi, ustum, 3. 燒。焚。難爲。晾乾。甚私愛

URPEX, ĭcis, v. Irpex.

URSA, æ, f. &

URSUS, i, m. 人熊

URTICA, æ, f. 紫荆芥。蝦蟆草

URUS, i, m. 水牛

URVUM, i, n. 耒之彎

USITATUS, a, (utor. 常用者。素。俗

USPIÀM, adv &

USQUÀM, adv. 或有處。或有事

USQUÈ, adv. &

—dum. 到。至到

a Roma — ad Olyssipponem. 從羅至利斯波

USQUEQUAQUÈ, adv. 各處。各時。全

USQUĔQUÈ? adv. 至何耶。此時

USSI, v. uro.

USTA, æ, f. 金黃色

USTRINA, æ, f. 焚屍處。鐵匠爐

USUCĂPIO, cepi, captum, 3. 漸占得不必還

USURA, æ, f. 用。享用。利錢

USURPO, as. 常用。霸占。起名

USUS, us, m. 用處。風俗。熟。益

habere usum. 手熟。已慣。諳

USUSFRUCTUS, us, m. 受用人物。享用

USUVĔNIT, usuvēnet, 4. (ei. 經過。遇見

UT, *conj. et adv.*	雖。如。爲。立即
—quid?	何故。何爲
UTCUNQUÈ, *adv.*	不問何如
UTENSILIA, um, n.	物件。傢伙
ŬTER, tra, trius, tri	两中孰。二皆。何
UTER, tris, m.	皮袋。皮囊
UTERQUE, utrâque.	两皆
— insanit, *l.* insaniunt.	二人皆瘋
UTĔRUS, i, m.	胎肚。船肚。胚胎
uterum ferre, *l.* gerere.	懷胎。懷孕
UTI, *pro* ut.	
UTĬLIS, e, ilior, ilissĭmus, (ei *l.* ad hoc.	有益者。利。可用
UTĬNAM, *adv.*	恨不能。庶幾
— veniat.	庶其來
UTĬQUÈ, *adv.*	是然。唯。必定
UTOR, usus, 3. (eo.	用。使用。被用
UTPŎTÈ, *l.* utpŭtá, *adv.*	如同。旣然。因
UTRINQUÈ, *adv.*	自左右。從四方
UTRÒ, *adv.*	二邊任何
UTRÙM, *adv.*	是否。焉。安有
UTÙT, *adv.*	任何如
UVA, æ, f.	葡萄果。酒。縣骨
UVĬDUS, v. udus.	
UXOR, oris, f.	妻。婦。嫡
uxorem ducĕre.	娶妻。成家

V

VACANTER, *adv.* (*vaco.*	多餘。徒然
VACAT, abat, avit, 1.	空。閒。暇。罣心。悅
VACATIO, onis, f.	罷工。封印。放學
VACCA, æ, f.	牝牛。乳牛
VACCINIUM, ii, n.	地丁花。葤蘋花
VACERRA, æ, f.	欄。栅欄
VACERROSUS, a.	瘋顛。痴者
VACILLO, as.	含糊。搖恍。不恒
VACIVUS, pro vacuus.	
VĂCO, as.	空。閒。盡。缺
— rei, *l.* ad rem.	用心行此
— culpâ (*abl.*	無罪。無辜
VACUO, as.	打空。倒空
VACUUS, a, *s.*	空虛。閒者。廣大
— curis.	無所罣心
— animi.	胆小者
VADIMONIUM, ii, n. [*vas.*	約自投堂
VADIS, v. vas, vado, et vadum.	
VADO, si, sum, 3.	走。往。跑。過
VĂDOR, aris.	限日赴堂
VĂDUM, i, n. &	
VADUS, i, m.	淺水處。沙灘底
VÆ! *interj.*	可憐。禍哉
— misero mihi.	哀哉吾無福

VÆNEO, v. veneo.	
VĂFER, fra, *s.*	聰明。詭者
VAGINA, æ, f.	刀鞘。荳皮。荳衣
VAGIO, ivi, itum, 4.	孩哭。似孩哭
VĂGOR, aris.	乱跑。妄跑。遊行
VĂGUS, a.	閒遊。公。不定。寬
VAH! *interj.*	噯訝好。叱。噫
VALDÈ, *c. adv.*	甚。切定然
— bonus.	甚善
VALEDICO, xi, ctum, 3. (ei.	辞别。告行
VALENS, tis, *c. s.* (*valeo.*	無恙。健壯。有效
VALENTER, *adv.*	勁然。硬然。猛毅
VALEO, ui, 2.	能。無病。值幾何。
	有威儀。人看重
vale, valete.	請。請安
vale supremum tibi dico.	〈永遠辞别
valete in crastinum.	〈汝等明日再見
VALETUDINARIUM, ii, n.	養病院
VALETUDO, ĭnis, f.	平安。無恙。病
VALGUS, a, *c.*	彎腿者
VALĬDUS, a, *c. s.*	壯堅。悟。能。養人
VALLICŬLA, æ, f. (*vallis.*	小山谷
VALLIS, is, f.	山谷
VALLUM, i, n.	寨柵。砂整。保障
***VALOR**, oris, m.	價錢

VALVÆ, arum, f.	两扇門。飛擔。門閭
VALVŬLUS, i, m.	荳衣
VANNUS, i, m.	粗篩
VANUS, a.	虛假。空幻。詐。痴
VAPĬDUS, a.	無味。無力着。敗
VAPOR, oris, m.	飛之氣。烟。熱
VAPORARIUM, ii, n.	煖閣。温房
VAPORO, as.	出氣。熏。濕。晾乾
VAPPA, æ, f.	濆酒。拙人
VAPŬLO, as.	受鞭。被打板
VARA, æ, f.	横木條
VARICATOR, oris, m.	犯。失信之訟師
VARĬCO, as.	㼜，交脛行
VARĬCUS, a.	彎腿者。長腿者
VARIEGATUS, a. &	
VARIĔGO, as.	加五彩
VARIUS, a.	幾樣。雜色。不恆
VARUS, a, (v. varicus.	彎曲。不齊
VAS, asis, n.	盆瓦器。托盤
VAS, ădis, m.	保人
VASARIUM, ii, n.	銀器。行李。案房
VASCŬLUM, i, n. [vas.	小盆
VASTO, as.	剿滅。亂搶。征剿
VASTUS, a, c. s.	廣。野。滅之。拙。淡

VATES, is, m. f.	先知。筭命。詩人
VATICĬNOR, aris.	先說。瘋。言
VE, *conj. postp.* tu, illeve.	你或是他
VECORS, dis, *c. s. adj.*	傻子。瘋。惡。乖戾
VECTIGAL, alis, n.	稅。租錢
VECTIS, is, m.	門閂。鐵鑿。挑杠
VECTO, as, (*veho.*	担去。載以往
VECTOR, oris, m.	挑夫。船客
VEGEO, ui, 2.	勉勵。催。伶便。壯
VEGĔTO, as.	養。加精。壯之
VEGĔTUS, a, *c. s.*	壯者。伶利。辣
VEHA, æ, f.	路。車
VEHĔMENS, tis, *c. s. adj.*	甚。切。緊急。兇。怒
VEHICŬLUM, i, n.	車。馬車
VĔHO, exi, ectum, 3.	載運。馱以往
vehi navi.	登舟往
VEL, *conj.*	或是。卽。眞。爲先
VELABRUM, i, n.	帳房。酒館
VELAMEN, ĭnis, n. & **VELAMENTUM**, i, n.	蓋布。帳。衣
VELES, ĭtis, m.	營前之輕兵
VELIFĬCOR, aris, (*velum.*	起帆。勉力
VELĬTOR, aris.	爭論
VELLATURA. æ, f.	載運之事
VELLĬCO, as.	摔皮。貶。謗。摘減

VELLO, lli, *l.* vulsi, vulsū, 3.	拔。搴。滅。騷。煩
VELLUS, ĕris, n.	一團羊毛。綿羊皮
VELO, as, (*velum.*	遮蓋。遮掩。穿。圍
VELOX, ocis, *c. s. adj.*	疾快。速。伶。便捷
VELUM, i, n.	篷。帆。帳。蓋布。簾
VELŬT, *l.* velūtī, *adv.*	宛如。當。僅
VENA, æ, f.	脉絡。脉派。草絲。本事。高興
VENABŬLUM, i, n.	獵飄鎗
VENALIS, e, (*veneo.*	可賣之。受賄
— magistratus.	贓官。貪婪任賂
VENATĬCUS, a.	打獵者
VENATUS, us, m.	圍く。行狩。野獸
VENDITATIO, onis, f.	好誇。矜逞才能
VENDO, ĭdi, ĭtum, 3.	賣去。糶。鬻。賣售
VENEFĬCUS, a.	邪術。六壬。害者
VENENUM, i, n.	毒。顏料
VENEO, is, ivī, ire, (*eo, venum.*	人賣我。被賣
VENĔROR, aris.	恭敬。拜。寅
VENIA, æ, f.	寬免。赦罪。准假
⚹**VENIALIS**, e.	可恕之。小
VĔNIO, ēni, entum, 4.	來。就。到。回。遇有
VENOR, aris.	打獵。打圍。弋。漁。漁讚

VENTER, tris, m. 肚。胚胎

VENTILABRUM, i, n. [ventus. 颺穀箕。颺穀篩

VENTĬLO, as. 扇凉。颺。徒舞。當風。訪問

VENTOSUS, a, c. s. 風多者。輕佻者

VENTRALE, is, n. 包肚帶。兜肚

VENTRICŬLUS, i, m. 脾胃。小肚。心空

VENTUS, i, m. 風。新聞。災。順事

VENUM, i, n. 賣

—ire. 被人賣

*VENUN, *pro* venum *comp.*

VENUNDO, dĕdi, dătū, āre. 賣去

VENUS, ĕris, f. 曉星。淫女神。妖孽。狐妖。美人。私女

frigidus in Venerem senior. 無慾火之老人

VENUSTUS, a, c. s. 美。姿。有趣。雅緻

VEPALLĬDUS, a. 甚黃者

VEPRES, is, m. f. &

VEPRES, ium, f. 荊棘。荄樹

VER, eris, n. 春分。春季。花

VERAX, acis, c. *adj.* 眞言者

VERBASCUM, i, n. 大風艾

VERBENA, æ, f. 馬鞭草

VERBER, ĕris, n. 小棍。鞭。一擊。爭

VERBĔRO, as. 打鞭。打棍。笞。辱

VERBUM, i, n.	言。行言。一句書
ad — reddĕre.	逐句繙譯
verba dare ei.	騙彼
VERÈ, *c. s. adv.* (v. ver.	眞。實。巧。明然
VERECUNDIA, æ, f.	駭羞。愧。恥。赧。愼
VEREDARIUS, ii, m.	差之人。趕車。官員
VEREDUS, i, m.	速馬。驛馬。快馬
VERENDA, orum, n.	小便。不便之處
VEREOR, erĭtus, 2.	恭敬。怕。傷心。疑
VERĔTRUM, i, n.	屌。男小便
VERGO, is, ĕre.	弯過。偏向。倒
VERIDĬCUS, a.	眞言者。可信者
VERISIMILIS, e, *c. s.*	近眞者。大約者
VERĬTAS, atis, f.	眞事。道理。素心
VERMICULATUS, a.	嵌之。細畫之
VERMICŬLUS, a.	大紅色者
VERMĬNA, um, n.	肚跳疼
VERMIS, is, m.	蟲。蛆。豸虫
VERNA, æ, m. f. &	
VERNACŬLUS, a.	家生之奴。本地之
VERNILIS, e.	奴者。自卑。諂者
VERNO, as, (*ver.*	發芽。脫殼。秀茂
VERNUS, a, (*ver.*	春天者
VERÒ, *conj. postp.*	但。反。一定。果然
VERO, onis, m.	鎗類

VEROSIMĬLIS. v. verisimilis.

VERRES, is, m. 牙猪。雄猪。人名

VERRICŬLUM, i, n. 拉之網。掃網

VERRO, erri, ersum, 3. 掃。拖。翻復。盖。奪

VERRUCA, æ, f. 瘊子。山高處

VERRUNCO, as. 拉開。棄。轉

VERSATILIS, e. 可動者。輕飄者

VERSATUS, a, (*versor.* 熟手者。幹練。轉

VERSICŎLOR, oris, *adj.* 敗色者。閃光者

VERSICŬLUS, i, m. 小詩。一行字

VERSIPELLIS, e. 換皮者。狡猾者

VERSO, as. 轉。反復。改。謀。騙

VERSOR, aris. 寄居。居。在。度日。被弄。專務。行爲

— in ore omnium. 爲眾人所議論

VERSURA, æ, f. 轉。借·貸以還賬

VERSÙS, *l.* versùm, *præp. acc.* 向。對面。到

VERSUS, us, m. 一行字。詩。歌。槽

VERSUS, a, v. verro, et verto.

VERSUTUS, a, *c. s.* 巧者。詭。奸狡者

VERTĂGUS, i, m. 來投獸之獵狗

VERTĔBRÆ, arum, f. 脊梁骨

VERTEX, icis, m. 極。頂。旋風。頭暈

VERTICILLUS, i, m. 紡車之旋鈎

VERTICOSUS, a. 旋者。纏紊者

VERTICŬLÆ, arum, f. 脊節。樞。合葉
VERTIGO, inis, f. 轉旋。頭暈。昏迷
vertigine correptus. 忽然昏迷
VERTO, ti, sum, 3. 翻。轉。拆壞。歸于。變。在。賴。繙譯。想
— solum. 搬家
VERU, n, &
VERUM, i, n. 鐵杈
VERÙM, *conj.* &
VERUMTĂMEN, *conj.* 到底。但。然。惟是
VERUS, a, *c. s.* 眞着。實在。純
VERUTUM, i, n. 飄鎗
VERVACTUM, i, n. 新開之地
VERVEX, ēcis, m. 騸綿羊。拙人
VERVINA, æ, f. 小鎗類
VESANUS, a. 痴。瘋。使瘋者
VESCOR, ĕris, ci. 食。享受。同居
— oryzâ. 賴米度日
VESCUS, a. 厭食。可食。浪費
VESICA, æ, f. 尿胞。錢囊。肉疱
VESPA, æ, f. 土蜂。夜擡棺夫
VESPER, ĕris, m. 晚星。晚。西方
vespere, *l.* vesperi. 〱上。晚時
*VESPERTILIO, onis, m. 蝙蝴。托黑走着
VESPERUGO, inis, f. 晚星

VESPERTINUS, a.	晚時。暮者。西方
VESPILLO, onis, m.	ㄑ埋窮人者
VESTIBŬLUM, i, n.	門亭。遊廊。門犀
VESTĬCEPS, cĭpis, *adj*.	幼年者。已冠者
VESTIGIUM, ii, n.	踪跡。脚。餘跡
VESTIGO, as.	追跟脚。勘找。訪
VESTIMENTUM, i, n.	衣裳
VESTIO, ivi, itum, 4.	穿衣。裝飾。盖
— eum villis [*abl*.	給彼穿羊毛布衣
VESTIPLĬCA, æ, f.	叠衣之婢
VESTIS, is, f.	一件衣裳。布。阜毛
VETER, ĕris, *c. s. adj*.	舊者。古。故。腥。老
plur. vetĕres, a, [*gen*. um.	古人。先人。故物
veter panicum.	陳黃米
VETERANUS, a.	老。老手者
VETERASCO, avi, ĕre.	漸ㄑ。漸故。將廢
VETERATŎR, oris, m.	老手。大見識。詭
VETERATORIUS, a.	詭者詭狡
VETERINARĬUS, ii, m.	驢夫。獸醫
VETERINUS, a.	可上馱者
VETERNUS, i, m.	迷。貪睡。懶。贓。古
VETĔRO, as, v. veterasco.	
VETO, avi, *l*. ui, ĭtum, 1.	禁止
— eum dicere.	ㄑ之不許言
VETŬLUS, i, m.	卑老人。罯老

VETUS, ĕris, v. veter.

— vestimentum. 故衣

VETUSTUS, a, *c. s.* 老。古。故。舊

VEXI, v. veho.

VEXILLUM, i, n. 旗。一標兵

VEXO, as. 搖。磨難。窘難

VIA, æ, f. 路。方法。街。溝。序

VIATĬCUM, i, n. 盤纏。行李。行囊

VIATOR, oris, m. 行旅，行路。報信

VIBEX, īcis, *f.* 鞭印子。青皮

VIBRO, as. 舞。搖。拋。顫。閃光

VIBŬRNUM, i, n. 楊柳。綿柳條

VICARIUS, ii, m. [*vicis.* 代管。接手。署印

VICENI, æ, a, [*viginti.* 二十爲羣

VICESĬMUS, v. vigesimus.

VICIA, æ, f. 荷蘭荳。度類

VICIĖS, *adv.* 二十次

VICINUS, a, *c.* [ejus, *l.* ei. 隣居。隣舍。隔壁隣家

VICIS, (*gen.*) f. i, em, ce: ces, ium. 次。輪流。態。危。任

vicem reddĕre. 滿照應。還復。報

vice versa. 反是也。相反

VICISSIM, *adv.* (*vicis.* 輪流。該我。互相

VICISSITUDO, ĭnis, f. 改變。不順。報答

VICTĬMA, æ, f. 犧牲。祭牲

VICTĬTO, as, [*vivo.* &	
VICTO, as.	養命。度日。生活
VICTOR, oris, m. [*vinco.* &	
VICTORIA, æ, f.	得勝。超卓。勝一陣
*VICTUALIA, um, n.	食物。糧食
VICTUS, us, m. (*vinco.*	糊口。衣食。日需。家規
VICTUS, a, [*vinco.*	敗。負着。服
— ejus precibus.	不得已而准其求
VICŬLUS, i, m.	村。屯落。彈丸
VICUS, i, m.	鄉。里巷。各方城
VIDELĬCET, *adv.* (*videre licet.*	定然。卽是
VIDENS, tis, m.	見者。先知
VIDEO, di, sum, 2.	往見。覺。顧。見。看覩。晤
ipsi videant.	其等自顧可也
VIDEOR, isus, 2.	想。想好。相似
mihi videtur, te esse mœstum, *l.*	
mihi videris esse mœstus.	吾看汝憂悶
VIDUA, æ, f.	寡婦。未嫁。離男
VIDUATUS, a, (eo.	缺。失落
VIDUERTAS, atis, f.	艱難。難堪
VIDŬLUS, i, m.	皮荷包
VIEO, evi, etum, 2.	以楊柳綁
VIETOR, oris, m.	造酒桶

VIETUS, a, (*vieo.*	萎弱者
VIGEO, -ui, 2. &	
VIGESCO, gui, 3.	健壯。恒在。茂盛
⁎VIGESIÈS, *adv.*	二十次
VIGESĬMUS, a, (*viginti.*	其二十
VIGIL, ĭlis, *adj.*	醒着。使醒者
vigiles *plur.*	守夜兵
VIGILIA, æ, f.	熬夜。更。更夫
de tertia vigiliâ.	三更之時
VIGĬLO, as.	寤。守夜。防守。慎
VIGINTI, *adj.*	二十。廿。廿
VIGOR, oris, m. (*vigeo.*	壯。氣力。精銳
VILIPENDO, is, ĕre.	看輕。不當事
VILIS, e, lior, lissĭmus.	卑賤者。鄙陋
vile pretium,	賤價
VILLA, æ, f.	莊子。庄房
VILLĬCO, as.	居鄉下。作庄頭
VILLĬCUS, i, m.	莊首。老圃。管事
VILLUM, i, n.	滴酒
VILLUS, i, m.	絨毛。羊毛
VIMEN, ĭnis, n.	弱棍。棍
* — Indĭcum.	籐。葛
VINACIÆ, arum, f.	葡渣。葡萄子
VINCIO, xi, ctum, 4.	綁。拴。繫。縛。羈絆
VINCO, ĭci, ĭctum, 3.	得勝。贏。超。上。獲

victus ejus precibus.	不得已而准其求
VINCŬLUM, i, n. [vincio.	套。兜。包索。繩索
VINDEMIA, æ, f. &	
VINDEMIO, as.	收葡萄果
VINDEX, icis, m. f.	報仇。護者。看守
VINDICIÆ, arum, f.	斷給人之案
VINDĬCO, as.	報仇。治罪。取。免
VINDICTA, æ, f.	報仇。罰。護
VINEA, æ, f.	葡萄園。保障。丏
VINETUM, i, n.	＜＜林
VINĬTOR, oris, m.	治葡萄林者
*VINNUS, i, m.	卷之髮
VINOLENTUS, a.	飲醉者
VINUM, i, n.	葡萄酒。酒
* – distillatum.	燒酒。餾爨之酒
VIŎLA, æ, f.	地丁草。紫花
VIOLACEUS, a.	紫色者
VIOLENTUS, a, c. s.	强者。兇霸。衝撞
VIŎLO, as.	犯法。傷。冒犯人
VIPĔRA, æ, f.	七寸蛇。蝮蛇
VIPIO, onis, m.	天鵝。地鵏
VIR, iri, m.	壯年。丈夫。男。勇
VIRAGO, inis, f.	烈婦
*VIRATUS, a.	勇。健壯
VIRECTUM, i, v. viretum.	

VIRES, ium, f. (*vis.*	力。兵馬。勢力
omnibus viribus.	使勁。竭力
VIREO, ui, 2. &	
VIRESCO, rui, 3.	發青。發芽。壯力
VIRETUM, i, n. [*viridis.*	青林。花園。莊子
VIRGA, æ, f.	細棍。刑棍。五彩帶
VIRGILIÆ, arum, f.	七星
VIRGINALIS, e, &	
VIRGINEUS, a. [*virgo.*	童身者
VIRGO, ĭnis, f.	〱貞。童身
VIRGULTUM, i, n.	小棍處
VIRĬCA, æ, f.	鵻類
VIRICŬLUM, i, n.	小鑿。鈒剪。雕刀
VIRIDARIUM, ii, n.	花園
VIRĬDIS, e, *c. s.*	青。綠。壯身
VIRILIA, um, n. (*vir.*	小便。陽物
VIRILIS, e.	勇敢。壯大方
VIRITIM, *adv.* (*vir.*	各人。每人。分開
*VIROR, oris, m.	青色。生
VIRTUS, utis, f.	德行。力。勇。異事
*VIRTUTES, um, m.	五品天神
VIRŪS, i, n.	身液。人精。毒。臭
VIS, is, f. im, i. *plur.* vires, ium.	力。强。多。效。威儀。冒犯。本質。字義
magna —aquæ.	豐盛之水

vim inferre.	逼迫。下手。强之
*VIS, *comp.*	不拘
v. g. quivis.	〱〱誰
VISCĔRA, um, n.	五臟六腑。皃女
VISCUM, i, n. &	
VISCUS, i, m.	寄生樹。膠黏。網。愛情
VISIO, onis, f. (*video.*	見。默啓。妖影
VISĬTO, as, (*video.* &	
VISO, si, um, 3.	拜望。往見。往謁
VISUM, i, n.	妖影。默啓
VITA, æ, f.	性命。生活。行實
VITALIA, um, n.	六腑。𦅸布。衾單
VITELLUS, i, m.	小牛。蛋黃
VITIGINEUS, a, &	
VITIGĔNUS, a.	葡萄生之
VITILENA, æ, f.	至惡媒婦
VITILIA, um, n.	綁葡之棍。筐
VITILIGO, inis, f.	皮斑。癩
VITĬLIS, e.	可彎者。小棍成之
VITILITĬGO, as, (*litis.*	詭訟。苟訟
VITIO, as, (*vitium.*	壞之。僞之。損
VITIS, is, f. *plur.* tes, tum.	葡萄樹。避丏
VITIUM, ii, n. [v. vitis.	毛病。弊。疵。黑斑。不善。恙。凶兆。罪

VITO, as, [eum. 躲避。免

VITREA, orum, n. 玻璃器

VITRĬCUS, i, m. 後父。繼父

VITRUM, i, n. 草名。玻璃

VITTA, æ, f. 髮帶。冠帶

*VITULAMEN, ĭnis, n. 根上之芽

VITŬLUS, i, m. 牛駒。犢

VITUPERIUM, ii, n. &

VITUPĔRO, as. 貶。責。罪之。不悅

*VIUM, *pro* via *comp.*

v. g. trivium, ii, n. 三岔路

VIVARIUM, ii, n. 野獸圈

VIVAX, acis, *c. s. adj.* 活之久。壯者

VIVERRA, æ, f. 打獵之黄鼠狼類

VIVĬDUS, a, *c. s.* 生活者。壯者

*VIVIPĂRUS, a, (*pario.* v. oviparus. 〱子者。胎生者

VIVO, ixi, ictum, 3. 〱活。度生。耐樂

— de hoc. 賴此度日

VIVUS, a 活者。生活

— lapis 火石

vivum saxum. 生〱。未動之石

VIX, *adv.* 僅。難

VIXI, v. vivo.

VOCABILIOR, us, (*compar.* 愈响者

VOCABŬLUM, i, n. 一句話。一言

VOCALIS, e. 中耳者。可言者
VOCANTES, *pro* jocantes.
VOCATIO, onis, f. 請。召。業。天主意
VOCIFĔROR, aris. 訬鬧。喧呶
VOCO, as. 吽來。呼。起名。稱
— in jus. 召歸案
VOLA, æ, f. 手心。手掌。足心
VOLATĬLIS, e. 飛者。速、鳥、幻化
*VOLITIO, onis, f. (*volo*. 欲
VOLĬTO, as. 乱飛。頡頏。自高
VŎLO, as. 飛。く 跑。騰飛
VOLO, vis, olui, elle : velim : vellem. 願意、欲
VOLONES, um, m. 自當兵之奴
VOLSELLA, æ, v. vulsella.
VOLUBĬLIS, e. 易輥。輕飄便言
VOLŬCER, cris, cre. 飛者。速者
VOLŬCRIS, is, f. cres, crum, *l.* crium. く禽。鳥
VOLUMEN, inis, n. 繞、轉、旋。一卷書
VOLUNTAS, atis, f. 愛欲。願意。主意
VOLUPTAS, atis, f. 快樂。暢樂。舒懷
VOLUTA, æ, f. 柱旋花線
VOLUTABRUM, i, n. 豬輥之泥
VOLUTO, as, [*volvo*. 翻復。轉
— id in animo. 輾轉此念
volutari in luto. 輾于泥

VOLVA, v. vulva.	
VOLVO, olvi, olutum, 3.	反復。轉。玩弄
VOMER, ĕris, m.	耒耜
VOMĬCA, æ, f.	內癰。水銀派。災
VŎMO, ui, ĭtum, 3.	吐。噴出
VOPISCUS, i, m.	孖中一存者
VORAGO, ĭnis, f.	淵。深坑。旋水
VŎRO, as.	吞下。忙食
VORTEX, v. vertex.	
VOSTER, *pro* vester.	
VOTIVUS, a.	發願獻之
VOTUM, i, n.	〻〻。願意。所望
— facere.	〻〻。矢志
— reddere.	還〻。滿願
VOVEO, vi, tum, 2.	發〻。仰望
— templum Deo.	〻〻與天主造堂
VOX, ocis, f.	声音。言。字
VULCANUS, i, m.	火神。火
VULGA, æ, f. v. bulga.	
VULGÒ, *adv*.	素常。時有。到處
VULGO, as.	傳開。露。致女
VULGUS, i, m. n.	百姓。庶民。羊羣
VULNUS, ĕris, n.	一刀傷。裂。損。悶
VULPES, is, f.	狐狸
VULPINOR, aris.	狡猾。用詭
VULSELLA, æ, f.	拔毛箝。醫箝

VULTUOSUS, a, [*vultus*. 嚴容者

VULTUR, ŭris, m. 鴨虎。強盜

VULTUS, us, m. 臉面。顏。像。外貌

VULVA, æ, f. 母胎

X

XENIA, orum, n. 席後贈。饋

XENODOCHIUM, ii, n. 留旅館。養病院

XIPHIAS, æ, m. 水虎魚。彗星類

XYLON, li, n. 棉樹

XYRIS, is, f. 野菊蘋花

***XYSTIS**, ĭdis, f. 輕長衣

XYSTUS, i, m. 凉停。遊廊

Z

ZABŬLUS, i, *pro* diabŭlus.

ZAMIA, æ, f. 損。松塔

ZEA, æ, f. 鈴鐺麥

***ZELATOR**, oris, m. &

ZELOTES, is, m. 不忍朋友愛他人。謹慎。勤謹

ZELOLYPIA, æ, f. 嫉妒。猜忌閨中

ZELUS, i, m. 爭先愛。勤顧

***ZENITH**, n. 天頂

ZEPHÿRUS, i, m. 西南風

*ZIBETHUM, i, n. 香鼠。香
ZINGIBER, ĕri, n. 生薑
ZINZILŬLO, as. 鳥尖聲鳴
ZIZANIA, æ, f. 莠稗。稊稗
ZIZȳPHUM, i, n. 棗果。黴棗
ZODIĂCUS, i, m. 黃道。日道
ZOĬLUS, i, m. 人名。善褒貶者
ZONA, æ, f. 腰帶。地球道
*ZOON, *græc.* 牲
ZOOPHŎRUS, i, m. 柱走水花
ZOOPHTHALMOS, i, m. 莧菜
ZOTHECA, æ, f. 內室。內房
ZYGIA, æ, f. 風牙樹。婚女神
ZYTHUM, i, n. 大麥水

(*Nota.*) Continet volumĕn circiter 10500 vocabula Latina.

FINIS. 終

国家出版基金项目
NATIONAL PUBLICATION FOUNDATION

海上絲綢之路文獻集成

總主编　陳支平　陳春聲

科技與文化編

77

主编　王揚宗　葉　農

海峽出版發行集團
THE STRAITS PUBLISHING & DISTRIBUTING GROUP
福建人民出版社

本册目次

字聲綱目

（*Systema Phoneticum Scripturæ Sinicæ*）

〔法〕加略利（Joseph Marie Callery）編

《字聲綱目》，法國加略利編。加略利（Joseph Marie Callery，一八一〇—一八六二），法國巴黎外方傳教會會士。生於意大利都靈，一八三四年被派往東南亞，後至澳門，師從江沙維（Joaquim Affonso Gonçalves）。著有《漢文總書》（僅第一卷），亦曾翻譯《禮記》。是書分上下兩卷，上卷十二章，涉及文字概論、漢字聲符研究及漢字相關知識；下卷爲漢、拉丁、法語字典，據漢字聲符編次，以聲符爲字頭，同聲符之字歸爲一類。此書將漢字定義爲意音文字，確定一千零四十聲符，歸納十八聲母。本編收録下卷，據一八四一年澳門版影印。

字聲綱目

SYSTEMA PHONETICUM

SCRIPTURÆ SINICÆ.

AUCTORE

J. M. CALLERY,

MISSIONARIO APOSTOLICO IN SINIS.

PARS SECUNDA.

MACAO.

MDCCCXLI.

TABULA SYNOPTICA

沓 九 宣客宎恆帝音斿施度彥亭㚅軍首前咨奏春医脊威咸頁面
皋昏念金肴侖舍彔甾叔肯卓虎罔岡具㝵果明易昆昌固畀囷典尚
坙采爭非拜卷知制垂委网肥朋服戾啓周匋忽臽欣咎兒與隹帚阜
卦奎夌亞東事亟畫臤或兩林析松其昔戔帚門隶居屈叕函孟阿受
夜育享京罙羌炎奉長忝武妻疌肩奇來厓直豖奄奈到幸取表毒青
里助別邑呈肙呂足困吳岑肖 八 宗定宛空宜官沾妾音卒庚於府
告秀利我角免夆位延攸狄狂坒余舍希兌夋矣壯癸步早星見貝粤
弄孝却走豆車更甫柬酉求折甬曼君局忌忍那奇孚妥坐谷邦每廷
因同曲回 七 完沙辛言㐬亨良弟辰戒夾巫吾尨否克巠邪孛志耴
朶旬多名危后𠂢行夅各舟兆旨伏伐休伊向血任州全合年如光曳
夸至耳圭寺考𢦏吉老亘吏西臣東巩共聿艮羽丞㓞耒缶朱先幵舌
字宅安亦衣交充亥巟羊关米次刑匡戎式夷灰亙列百有而成存戌
谷弁台母奴幼占此且且号甲申另兄只央田由冉冊四同出以 六
尼司民召加乎失生乏乍禾包句皮斥瓜冬氐卯代丘付白市半令㐱
玄永必平未末左犮丕右石布正去巨可丙皿朮本札甘世古戊弗弘
化氏卬比凶今兮分介父交公允爿止日內中少 五 宁它穴氾立主
支丏木予引丑夬叉巴乏毛午牛夭攴丹勻月勿及欠斤升戶爪殳屯
四 斗方亢文卞宂火心元井夫云王厄仄反尤厷不犬互切戈牙市
下工土寸才弓已己刃也子孑乞乇千勺夕彡久凡丸叉儿丮女口山
乙丂十丁刀力卩乃几九匕人八乂又丩卜 三 亡亏干于兀大丈弋

豐雚瞿 十九 䜌靡麗難贊顛邊羅黨獻矍嚴 二十一 霸屬 二十二等 囊贛靈
穌盧銼頻縣嶲 十七 蹇襄義霜聯關鐵毚鮮龠辥嬰 十八 鼠雜聶爵歸
賣節質魯徵樂鄭巤處蔑暴數畾罷 十六 憲親龍褱巂霍歷噩覽賴燕
翟㥯耤熏疑與獄鹽睿蒦夢貝㬎遺對 十五 審寫廚廣廡廛養厲憂頡
臬過農豊睪睘蜀業 十四 寧賓辡齊豪需爾臧厭疐聚壽截赫臺監盡
肅殹辟𤼷愛詹解微雋舁毀敫奐禽遂僉會鄉當豦虘虜粲歲敬萬黽
敝 十三 意鳶雁廉雍嬴稟亶義雷垂遣感達聖賁戴毄畺賈禁楚嗇幹
無喬然須象復焦集衆侖尊會幾虛掌肖華莽黑景最路貴單買業敞
彭喜惡惠楙覃斯黃散朝項喬尋閔閏閒孱巽隆筑答舜爲番登發毳
異累國患崔 十二 渠湯戠童敢敦就善粦勞悤貳絜厥尞奢晉壹敢堯
悉造易祭扈斛從御徙逢鳥既兒殺貪參貫巢將虖虘堂卤莫叀曼畢
戚爽焉敖執殸埶匿連斬專區欶曹票罨柰帶𦰩堇𦱖強尉扇習翏陰
宿章竟啇商旋族庶麻庸康鹿產离牽率郭孰豢羞雩春彗規責孛毆
蚤倉兼益翁桑能甚茸茶草時易晃骨畏國員昷眔豈貨 十一 密寇寅
脅系孫舀奚氣乘朕芻䍃桀般扇虒留眞叟息臭臬皋鳥射追師鬼皀
脊秦素冓辱原夏致晉索馬嗀耆盍貢袁尃鬲哥栗莆軌退弱屖展屑
十 宰宲家害窄窊容幽旁疾唐衮兹畜衰高冢郎冡隺冥羔差朔迷
酓叕飛彖甾貞若英苗昱則易是眇星昌冒禺咠思畏胃咢廻咼耑
眉爰冉癸重酉秋香匋怱盈盾扁契衍律皆風段便皇即侯禹保弇俞
臾奔參封者柬匽畐刺垔要相查甚某業南胡柔敄建屋叚韋員奐胥

ORDINES

PHONETICO-ALPHABETICI

QUIBUS

SINENSIUM LITTERÆ

CIRCUMSCRIBUNTUR.

乙 ǔ

I̊ *Littera cyclica quæ 2æ seriei præsidet.* Unum. Primum principium. Inflexum, curvum. Litteras omissas in scripto annotare. *Cognomen.*=*Lettre caractéristique de la 2e. série du cycle chinois.* Un. Premier principe. Courbé. Noter des lettres omises. *Surnom.*

飢 ˊ Oryza cocta putrescens.=Riz cuit qui se corrompt.

肌 ˇ Pectus.=Poitrine.

舤 ˇ Navis progrediens.=Vaisseau en marche.

鳦 ˇ Hirundo=Hirondelle.

骪 ˇ Ossiculum.=Petit os.

乢 ˇ Mons præruptus.= Montagne escarpée.

空 Ia̐ Fodere. Rimari. = Creuser. Regarder par les fentes.

軋 ˇ Rotæ strepitus. Currus. Perenne. = Bruit d'une roue. Char. Continuel.

圠 ˇ Atomi orbem constituentes. Obscurum.=Molécules de la terre. Obscur.

扎 ˊ Evellere.=Arracher.

力 ˇ Reprimere, violentum cohibere.=Réprimer, arrêter un impetueux.

魛 ˇ Piscis carens squamis.=Poisson sans écailles.

鼿 Iaó Nasus sursùm retortus.=Nez retroussé.

釓 Kieu̓ Balistæ dentes.=Dents de baliste.

跙 ˊ Incedere.=Marcher.

虬 ^ Draco cornutus. *Cognomen.*= Dragon avec des cornes. *Nom propre.*

† Phonetica hæc est quoque classifica, et in hoc casu etiam dexterum litterarum latus occupat, sicut in 亂 Luán *Perturbare, tumultuari; confusio rebellio.*=*Troubler, faire du tumulte; rébellion, confusion.*

†† Hanc phoneticam sæpè usurpant Sinenses loco phoneticæ alterius intricatæ vel multiplicis : sic v. g. sument 礼 pro 禮 &c. Verùm hæc substitutio in manuscriptis solùm occurit, et quandò sensus facilè percipi potest ex contextu.

N. 2. 丂 丂

丶 Kao Aer compressus.=Air comprimé.

攷 丶 Examinare, expendere.=Examiner.

巧 丶 Kiao Habilitas, ingenium, industria, solertia.=Habileté, genie, savoir faire, adresse.

疞 丶 Hieu Ventris tormina, dolor in ventre.=Mal de ventre, coliques.

殀 丶 Putrefactum; mortuum. = Pourri; mort.

朽 丶 Putrescere; deficere; finire: lignum putre.=Pourri; manquer; finir: bois pourri.

† Ex hâc procedunt N. 194 et 241.

N. 3. 十

ˇ Xe Decem, *numerus denarius.*= Dix, *nombre de dixaine.*

什 ˇ Decem. Dux quinquaginta militum. Utensile.=Dix. Chef de cinquante soldats Ustensile.

汁 ˇ Che Succus, jusculum. Humor, humidum, = Jus des viandes. Humide.

針 ˉ Chēn Acus.=Aiguille.

計 ˊ Ki Supputare, numerare, perpendere. Molini, stratagema, insidiæ.=Supputer, compter, calculer, examiner. Stratagême, embûches.

汁 ˇ Hié Fulcire, regere. = Soutenir, supporter.

旪 ˇ Concordes, convenire, pacificari.=Bons amis, être d'accord, faire la paix.

叶 ˇ

† Præest etiam classi valdè exiguæ cujus litteræ inusitatæ sunt, præter 協 Hiĕ *Concordes, convenire, pacificari.=Bons amis, être d'accord, faire la paix.*

N. 4. 丁 一

ˉ Tim Homo, miles, populus. *Cognomen.*=Homme, soldat, peuple. *Surnom.*

仃 ˊ Odio proseqni.=Haïr.

汀 ˉ Isthmus. Plaga arenaria. Littus planum.=Isthme. Terrain plat près des rivières. Banc de sable.

訂 ˊ Expurgare. Librum recognoscere, examinare. = Purger. Corriger un ouvrage, examiner.

疔 ˉ Ulcus syphiliticum. = Ulcere vénérien.

汀 ˉ Gelu concretum.=Gelé, endurci par le froid.

玎 ˉ Gemmarum tinnitus.=Son des pierres précieuses.

矴 ˊ Anchora lapidea. Glarea.=Ancre en pierre. Gravier.

耵 ˉ Aurium extrementa.=Ordure des oreilles.

酊 丶 Temulentus, valdè ebrius. = Ivre-mort.

朾 丶 Cuneus; clavus ligneus. Postis.=Coin; clou de bois. Jambage d'une porte.

靪 丶 Pannum reficere. = Raccommoder de l'etoffe.

圢 ˉ Terra inculta.=Terrein inculte.

頂 ˇ Capitis vertex. Cacumen, apex. Substituere.=Le haut de la tête. Sommet. Substituer.

頂 丶

釘 丶 Clavus: clavo infigere.=Clou: clouer.

飣 ˉ Coquinari: cibus præparare. =Faire la cuisine. Preparer la nourriture.

行 ˉ Spoliatus, omnibus destitutus. =Dépouillé, dénué de tout,

仃 ‒ Solus ire: orphanus.=Aller seul: orphelin.

奵 ` Æquum, justum.=Juste, équitable.

芋 ` Arbutus unedo. *Lam.* Temulentus, valdè ebrius.=Arbousier. Ivre-mort.

叮 ‒ Iteratis vicibus: inculcare.=A plusieurs reprises: inculquer.

骬 ‒ Tibia, cruris os anterius.=Tibia, l'os antérieur de la jambe.

趶 ‒ Solitarius, solus. = Solitaire, seul.

町 ` Semita in mediis agris. Terra inculta.=Sentier au milieu des champs. Terrein inculte.

罒 ‒ Parvum rete.=Petit filet.

穵 Chem Parva fenestra.=Petite fenêtre.

赤丁 ‒ Rubeus color, ruber.=Rouge.

趶 ‒ Lento gressu incedere.=Marcher à pas lents.

打 Ta Percutere. *Verbum auxiliare vim addens.*=Frapper. *Verbe auxiliaire d'énergie.*

† Hinc proculdubio fluit phonetica 亭 N. 513.

N. 5. 刀

Tao Cultrum, ensis. = Couteau épée.

忉 ‒ Inquietus, curis turbatus; tristis.=Inquiet, rongé de soucis; triste.

杒 ‒ Arboris pars intima. Centrum. =Le cœur de l'arbre. Centre.

飦 ‒ Appetere, concupiscere, optare. Consequi.=Désirer fort. Obtenir.

舠 ‒ Navicula angusta et longissima.=Canot très effilé.

魛 ‒ *Species piscis qui ensi dicitur similis = Poisson ayant la forme d'une épée.*

叨 ‒ Appetere, concupiscere, optare. Consequi.=Désirer fort. Obtenir.

初 Chu Principium: Prima mensis decados.=Principe: la 1e décade du mois.

† Est quoque classsifica, et occupat modò dexteram, modo infimam litterarum partem: quandò in dexterâ, scribitur 刂, ut in 刷 Xuà *Strigillum, scopa. Mundare, verrere, abstergere. Imprimere.=Brosse, balai. Nettoyer, balayer, essuyer. Imprimer:* quandò in infimâ, servatur forma phoneticæ, ut in 絕 Tsiuè *Præcidere, secare, frangere, dividere, separare, extinguere.=Couper, rompre, diviser, séparer, éteindre.*

N. 6. 力 ㄌ

Li Vis, vires, potentia, robur, conatus.=Force, puissance, efforts.

赵 ˇ Incedere, ambulare. = Marcher.

朸 ˇ Ligni venæ, seu lineæ discolores.=Les veines du bois.

仂 ˇ Diligentia, assiduitas.=Diligence, assiduité.

屶 ˇ Mons altus. Montes continui. =Haute montagne. Chaîne de montagnes.

扐 Lee Præclarus meritis.=Qui est d'un grand merite.

Vexare, extorquere. Continere. Sculpere. Habenæ. = Ve[illegible], extorquer. Contenir. Sc[illegible] Les rênes.

勒 ˇ

扐 ˇ Sortes mittere [illegible] Vincire.=[illegible]

阞 ᴗ Fluminis alveus. Venæ metallicæ.=Le lit d'un fleuve. Veines minérales.

竻 ᴗ Bambusarum spinæ.=Epines des bambous.

肋 ᴗ Costæ.=Les côtes.

仂 ᴗ Residuum; *quod ex integro numero superest.*=Reste; fraction.

艻 ᴗ *Quædam herba.*= *Espèce d' herbe.*

劣 ᴗ Debilis, infirmus. Vilis. Perversus.=Faible, faiblesse. Vil. Méchant.

† Est quoquè classifica, et occupat nunc dexterum litterarum latus, nunc infima: in priori casu facilè dignoscitur, ut in 勩 I *Labores, cruciatus, difficultates.* = *Souffrances, peines, difficultés;* at in 2°. casu vix distinguitur à 刀; imò ex earum similitudine invaluit usus ut absque mutatione significationi, utrnque classifica indiscriminatìm adhibeatur.

N. 7. 㔾 卩

Fan ^ Continere, moderari.=Contenir, régler.

氾 ╱ Innatare.=Nager, surnager.

軏 ╲ Lignum transversum in parte anteriori currûs. = Traverse sur le devant d'un char.

犯 ╱ Peccare; transgredī, violare.=Pécher; transgresser, violer.

砭 Piēn Lapide ægrum pungere in medicinam.=Piquer un malade avec une pierre pour le guérir.

怨 Iüên ╱ Obmurmurare; detrectare.=Murmurer contre; décrier, médire.

† Est etiam classifica, variumque sonum et formam habet pro vario situ quem in litteris occupat: quandò infimam litteræ partem tenet, tunc scribitur et pronuntiatur ut suprà; quandò autem dexterum litteræ latus occupat, tunc legitur *Tsiĕ*, et scribitur sicut in 印 In *Sigillum; diploma. Typis mandare.*=*Sceau; patente. Imprimer.*

†† Accuratè distinguenda à classificis 阝 quæ infrà N. 372 et N. 474.

N. 8. 乃

Nai ╲ Ideircò, ergò, idest. Anteà. Tu: tuum.=C'est pourquoi, donc, c'est-à-dire. Auparavant. Toi: tien.

疓 ╲ Morbus.=Maladie.

鼐 ╱ Magnus tripus.=Grand trépied.

奶 ╲ Lac: mamillæ. = Lait: mamelles.

礽 Jem ╱ Felicitas. Statìm.=Bonheur. Aussitôt.

扔 ^ Attrahere, per vim trahere.=Traîner, tirer à soi, tirer par force.

迺 ‾ Aliquò contendere. Pervenire ad ...=Aller à ... Arriver dans un lieu.

仍 ^ Continuare; sequi; semper; sicut anteà. Quia.=Continuer; suivre; toujours; comme auparavant. Parce que.

艿 ^ Herba post secatam repullulans. = Herbe qui repousse après avoir été coupée.

孕 In ╱ Fœtus: mulier gravida: prægnantia.=Fœtus: femme enceinte: grossesse.

N. 9. 几

Ki ˋ Sella, sedile, scamnum, mensa. Tranquillus.=Chaise, banc, fauteuil, table. Tranquille.

汎 ˋ Littus, ora.=Rivage, bord.

麂 ˋ } *Cervi aut damæ species quædam.= Espèce de daim.*

麂几 ˋ

机 ˋ Scamnum. Sylva adusta. Arbor ex cujus cineribus agri stercorantur. Quomodo ?= Banc. forêt brulée. Comment ? bois dont les cendres servent à fumer les champs.

閄 ˋ Janua, porta.= Porte.

飢 — Fames; esurire. *Cognomen.*= Faim; avoir faim. *Nom propre.*

肌 — Corpus, caro et ossa.=Corps, chair et os.

犱 ˋ *Quoddam animal.=Sorte d'animal.*

骪 — Corpus. Caro et ossa in corpus compacta. =Le corps. Chair et os.

虮 ˋ *Insectum quoddam.=Espèce d'insecte.*

帆 ˋ *Nomen antiquissimi Imperatoris Iao.=Nom de l'empereur Iao.*

屼 ˋ *Mons quem Beatos incolere dicunt.= Montagne habitée par les bienheureux.*

鳧 Fu ˆ Anas.=Canard.

髡 Kuen ˉ Caput rasum. Calvus.=Tête rasée. Chauve.

† Hæc phonetica inter classificas a Sinensibus numeratur sed immeritó, vix enim decem litteris præest, iisdemque obsoletis.

Vide 幾

N. 10. 九

Kieu ˋ Novem, omne, universum, multi. Congregare. *Cognomen.*=Neuf, tout, beaucoup. Assembler. *Surnom.*

究 ˊ Investigare, inquirere. Tandem, uno verbo Perficere, finis.= Examiner. Enfin, en un mot. Achever, fin.

訅 — Irridere, vexare.=Railler, vexer.

杌 ˆ *Species pruni armeniaci.* Conqueri.=*Sorte d'abricot.* Se plaindre.

扏 ˆ Moram facere, differre. Différer.

閄 — Contendere, disceptare.=Disputer.

釚 ˆ Balistæ dentes.= Dents de baliste.

肍 ˆ Carnis jusculum.= Jus de viande.

㔀 ˆ Sequi. Irridere.=Suivre. Railler.

頄 ˆ Rotula. Plurium viarum conjunctio.= Rotule. Jonction de plusieurs routes.

戉 ˆ Lancea.=Lance.

鳩 — } Turtur. Congregare, colligere.—Tourterelle. Ramasser, recueillir.

雉 —

厹 ˆ Hasta tricuspis. Animalium vestigia.= Pique à trois pointes, traces d'animaux.

叴 ˆ Lancea. *Nomen loci.*=Pique. *Nom de pays.*

鼽 ˆ Nares obstructæ.=Nez bouché.

II.

N. 10.

仇 ˇ Inimicus: odium: vindictam sumere. Par: conjungere.=Ennemi: haine: se venger. Couple: unir.

紈 ˇ Piger, remissus.=Paresseux, négligent.

艽 ˇ Animalium substramen. Desertum.=Lit de bestiaux. Désert.

叴 ˇ Lancea, *nomen loci.*=Pique. *Nom de pays.*

尻 Kāo Nates, uropygium, posteriora.=Fesses, croupion, cul.

宄 Kuèi Furari, damnum inferre, nocere.=Voler, causer du dommage, nuire.

氿 丶 Rivulus ex speluncâ vel ex fluvio egrediens.=Ruisseau sortant d'une caverne ou d'un fleuve.

軌 丶 Axis. Rotæ vestigium, orbita. Lex, regula. Furari, nocere.=Essieu, ornière, trace d'une roue. Règle, loi. Voler, nuire.

㔳 丿 Inflexum, tortum.=Tordu, fléchi.

衏 丶 } Axis. Rotæ vestigium, orbita. Leges, regula. Furari, nocere.=Essieu, ornière, trace d'une roue. Règle, loi. Voler, nuire.
边 丶 }

馗 丶 Rotula. Plurium viarum conjunctio.=Rotule. Jonction de plusieurs chemins.

旭 Siù Aurora. Clarum, splendens. Contentus.=Soleil levant. Clair, brillant. Content.

† Sonûs et formæ similitudo efficit ut litteræ hujus ordinis quæ leguntur *Kuèi* admittant phoneticam 丩 tamquam synonymam.

N. 11. 匕 丿

Pì Cochleare. Comparare. Disponere=Cueillère. Comparer. Disposer.

疕 丶 Capitis dolor. Scabies in capite.=Mal de tête. Gale à la tête.

庀 丶 Disponere, ordinare.=Disposer, mettre en ordre.

朼 丶 *Vas ligneum in sacrificiis adhibitum.=Vase en bois pour les sacrifices.*

鈚 丶 Fruges quae non maturescunt.=Grain qui ne mûrit pas.

秕 ˉ *Quædam species sagittæ.=Espèce de flèche.*

妣 丶 Mater defuncta.=Mère défunte.

帔 丶 Scissura.=Déchirure.

牝 Pìn Animalium fœmina.=La femelle chez les animaux.

齔 Chén Dentes mutare=Changer de dents dans l'enfance.

† Inter classificas recensita a dictionariis sinicis, perpaucas litteras continet, et omnes obsoletas præter 北 Pŏ *Septentrio. Profligare: recedere.=Le Nord. Etre mis en déroute: se retirer.*

†† Ex hac procedit 比 cum quâ interdum confunditur.

字聲綱目

N. 12. 人 𠆢

人 Jén — Homo, persona. = Homme, personne.

杁 人 — Tecti asserulae quibus tegulae superimponuntur. = Lattes du toit sur lesquelles reposent les tuiles.

魜 人 — Sirenes, piscis capite humano. =Sirènes, poisson à tête d' homme.

仁 人 — Misericordia, lenitas, pietas. Fructuum semina, nucleus.= Miséricorde, bonté, douceur, piété. Les graines des fruits, noyaux.

閃 Xèn — Fulgetrum ; fulgur. Fugere. *Cognomen*=Eclair. Fuir. *Surnom.*

囚 Sieu — Reus. In carcere detentus, vinculis captus. =Coupable. Emprisonné, chargé de chaines.

臥 Wó — Jacère ; dormire.=Etre couché ; dormir.

† Litterae aliquid significantes relativè ad *hominem* divisae fuerunt in duas classes, quibus proprie loquendo praesidet una hæc phonetica varie efformata et sita. in 1a classe scribitur 亻 et occupat sinistrum litterarum latus, ut in 佞 Ním *eloquens, habilis, adulator, callidus.=éloquent, habile, flatteur, rusé.* in 2a scribitur 儿 et infima litterarum occupat ut in 兕 Sè *bos sylvestris ex cujus cornibus cyathi fiunt. Rhinoceros.=bœuf sauvage dont les cornes servent á faire des tasses. Rhinocéros,*

†† Adnotavi superiùs quod quotiescumque sonus cujusdam litterae omnino recedit a sono propriae phoneticae, fere certum indicium est quod haec ipsa littera phonetica evadit. Hujus regulæ exempla præbent 泅 Siêu *Natare :=Nager et* 潤 Xèn *Aquarum motus.=Le mouvement des eaux.*

††† Accuratè distingui debet a classificâ 入 Jŏ *ingredi=entrer.*

N. 13. 八 丿

八 Pa — Octo, numerus octonarius. Separare.=Huit. Séparer.

⿰石八 — Lapidum sonitus.=Tintement des pierres.

⿰馬八 — Equus octo annorum.=Cheval de huit ans.

朳 — Rastrum, rastellum.=Râteau.

叭 — Buccina. Os apertum.=Trompette. Bouche ouverte.

趴 — Puer manibus pedibusq, innixus progrediens.=Enfant qui marche à quatre pattes.

扒 Pai — Extendere ; dividere, evellere. =Etendre, diviser. Arracher.

† Præest etiam exiguæ classi in qua litterarum infima plerumque occupat ut in 冀 Kí *sperare, spes. desiderare. locus ubi degebat Imperator Iao=espérer, espoir, lieu où demeurait l'Empereur Iao,*

N. 14. 乂

乂 Í — Præcidere, sarculare ; regere, componere, ordinare. Præclari ingenii vir.=Couper, sarcler : gouverner, mettre en ordre. Homme d'esprit.

汉 — *Quoddam flumen. = Certain fleuve.*

⿱乂心 — Corripere ; punire.=Reprendre ; punir.

刈 — Secare, praecidere ; demetere, =Couper, cueillir ; moissonner.

艾 Ngai — Artemisia. Pulchrum. Exstirpare. *Cognomen* = Armoise. Beau. Détruire. *Surnom,*

† Multi perperám confundunt hanc phoneticam cum 乂 ù *Quinque.=Cinq.*

N. 15. 又

Ieu — Iterum, amplius, magis magisque, adhuc, et.=De nouveau, de plus en plus, encore, et.

疚 — Capite tremulare =Trembler de la tête.

馭 Iü — Equus jugatorius. Equum domare; regere, gubernare; ascendere. = Cheval de trait. Dompter un cheval;gouverner; monter.

飲 — Populo cibaria praebere; cibaria dona.=Donner des comestibles au peuple; présents en vivres.

図 Nié — Abscondite aliquid surripere. Manu accipere.=Prendre en cachette.Prendreavec la main

† Praest etiam exiguae classi in cujus litteris interdum sita est contra regulas structurae communis: sic v. g. 叢 Ts'ûm *Spissum, densum. Coacervare, congregare.=épais, touffu. Amonceler, réunir,* naturaliter dividitur in duas partes quarum superior est classifica (eadem cum 丵) et inferior phonetica.

†† Haec phonetica usurpari solet brevitatis gratia loco alterius difficilioris quae facile supponi potest ex contextu: usus hic tamen est merè arbitrarius et acceptus solum in scriptis parvi momenti: Ex. 对 难 pro 對 難

N. 16. 丩 𠃋丩

Kieu — Connectere, circumligare, obvolvere. Conviciari. = Unir, lier, envelopper. Injurier.

疝 — Subitus dolor in ventre.=Douleur subite au ventre.

赳 — Impavidus, strenuus, ingenium et animum præseferens.=Intrépide, air spirituel et martial.

II. 乙

朻 — Rami inflexi.=Branches inclinées.

釓 — Balistae dontes.=Dents de baliste.

糾 — Tordere. Colligare, jungere, concludere. Funis ex tribus funiculis contextus.=Tordre, assembler, corde à trois brins.

赳 — Progredi, ambulare.=S'avancer, marcher.

虯 — *Lacertæ species quædam.=Espèce de lézard.*

Kiao

刂 — Cultrum majus.=Grand couteau.

訆 — Contenta voce advocare. Inepti sermones.=Appeler à haute voix. Langage incohérent.

疒 — Ventris tormina; extorum distortio. —Colique; contorsion de boyeaux.

鼻 — Nasus sursum retortus.=Nez retroussé.

叫 — Vocare: clamare ad aliquem.= Appeler.Crier après quelqu'un.

苛 — *Planta quædam medicinalis. =Certaine plante médicinale.*

收 Xeu — Accipere, recipere. Colligere: servare.—Recevoir. Recueillir: mettre en réserve, conserver.

† Vide N. 10 in annotatione.

N. 17. 卜 𠂭卜

Pu — In testudinis cortice augurari: sortes mittere: divinare. Scire, statuere.=Jetter les sorts avec l'écaille d'une tortue augurer. Savoir, statuer.

玐 — Gemma, lapillus.=Pierre précieuse.

N. 17.

朴 ˘ Arborum cortex. Truncus = Tronc d'arbre. Ecorce d'arbre.

圤 ˘ Terræ acervus; gleba. = Monceau de terre; motte.

扑 ˘ Percutere. Baculus. = Frapper. Bâton.

鳪 ˘ Gallina sylvestris. = Poule sauvage.

䞯 ˘ Divitias appetere. Capere. = Desirer les richesses. Prendre.

訃 Fu ´ Nuncium mortis parentum. Pervenire. Ire. = La nouvelle de la mort des parents. Arriver. Aller.

赴 ´ Pervenire. Ire. Superiorem petere. Exsequi. = Aller. Aller vers un supérieur. Executer.

仆 ´ Pronus in ventrem: inclinatus. Cadere. = Couché sur le ventre. Tomber.

趴 ´ Velociter præterire. = Passer rapidement.

外 Wai ´ Extùs, extrà; exterior. = Dehors; exterieur.

† Inter classificas recenseatur, sed vix in usu: plerumquè literas eminet ut in 卣 yeù *Amphora: vas pro vino. = Vase pour le vin.*

N. 18. 亡 亾

Wam ˆ Defunctus: mori. Perdere; destruere. Fugere. Oblivisci. = Mourir, les morts. Perdre, détruire. Fuir. Oublier.

忘 ˆ Oblivisci: negligere. = Oublier: négliger.

㝖 ´ Trabs: domûs culmen. = Poutre: faîte de la maison.

妄 ˆ Falsum, vanum: dissolutus, demens. = Faux, vain: désordonné, extravagant.

鋩 ˆ Acutum: acies gladii. = Aigu: le fil de l'épée.

忙 Mam ˆ Festinatio; negotiis distentus. Timere = Etre pressé; préoccupé. Craindre.

汒 ˆ Amplum, extensum. = Vaste, étendu.

邙 ˆ *Mons quidam in Ho-nan. = Montagne dans le Ho-nan.*

㝑 ˆ Delirans senex. Interroganti non respondens. Vieux radoteur. Qui ne répond pas.

甿 ˘ Imperio subditi. Simplex, imprudens. = Sujets. Simple, imprudent.

硭 ˆ Mons saxosus. *Nitri species quædam.* = Montagne rocailleuse. *Espece de salpêtre.*

麰 — Tritici aristæ. = Les barbes du bled.

盳 ˆ Cæcus. Oculi sine pupillâ. Obscurum. = Aveugle. Yeux sans pupille. Obscur.

芒 ˆ Spinæ: aristæ. Plantarum gemmæ. Radius, gloria. Multùm. Lassus. = Epine: les barbes des épis. Bourgeons. Rayon, gloire. Beaucoup. Las.

𡶓 ˆ Mons altus rupestris. = Montagne élevée et pleine de rochers.

氓 Mum ˆ Subditus, cliens. Simplex, fatuus. = Sujet, client. Simple, sot.

盲 ˆ Cæcus. Obscuritas. Præceps in agendo. = Aveugle. Obscurité. Précipité dans ses actions.

† Etsi 亡 et 亾 per se differant sensu et sono, ut suprà conferri potest; in compositis tamen promiscuè usurpantur, et unam eamdemque phoneticam efficiunt.

†† Hinc originem trahunt 巟 罔 N. 217, 488.

N, 19. 亐 亏

Iû ˆ *Nota casûs dativi.* In, per, ad. = *Marque du datif.* Dans, par, vers.

污 Û ˆ Aqua stagnans. Sordidum, impurum, libidinosum. = Eau stagnante. Sale impur, lubrique.

N. 19.

杇 — Trulla cæmentariorum. Trullissare. = Truelle pour plâtrer. Crépir.

圬 — Gypso parietem illinire. = Enduire de plâtre.

弙 — Retrò, pars posterior. Signum ad quod jaciunt r sagittæ. = Derrière. Cible.

釪 ^ Trulla cæmentariorum. Trullissare. = Truelle pour platrer. Crépir.

† Etsi antiquitùs 亏 distingueretur à 于 N. 21, nunc pro synonymis habentur, et indistinctè usurpari possunt: quia tamen invaluit usus adhibendi priorem formam in litteris compositis quae pronuntiantur U, et posteriorem in iis quae pronuntiantur *iu*, vel *Hiü*, hanc seriem retinendam duxi claritatis gratiâ.

N. 20. 干

干 Kān Scutum. Resistere. Crimen. = Bouclier. Résister. Crime.

忓 — Inquirere, investigare. Perturbare. = Chercher. Troubler.

衦 ˊ Extendere. = Etendre.

迁 ^ Progredi, procedere. = Avancer, marcher en avant.

攼 — Quærere. Procedere. = Chercher. Avancer.

盂 — Discus, pelvis. = Plat, bassin.

刊 ˆ Sculpere, cælare, incidere. = Sculpter, graver, ciseler.

玕 — *Gemmæ species. Quædam arbor. = Sorte de pierre précieuse. Sorte d'arbre.*

赶 ˋ Insequi, persequi; sequi. = Poursuivre, suivre.

杆 — Malus *navis aut vexilli*. Scutum. Lignum pretiosum. = Mât *de navire ou de pavillon*. Bouclier. Bois précieux.

玕 ˆ Canna saccharifera; saccharum officinale. *Linn.* = Canne à sucre.

竿 — Virga, baculus. Bambusa. *Schreb.* = Verge, bâton. Le bambou.

秆 — Culmus: segetum stipulae. = Chaume: paille.

犴 ˊ *Palus ad quem alligantur vaccæ.* Bovem detinere. = *Pieu auquel on attache les bœufs.* Arrêter une vache.

肝 ^ Jecur. = Le foie.

衎 ˊ Hilàris, laetus. = Joyeux.

犴 ˊ *Species a canis feri septentrionales Sinarum parte incolens. = Espèce de chien sauvage du nord de la Chine.*

紆 ˋ Extendere. = Etendre.

芉 ˊ Hordeum album, *cortice detracto.* = Orge mondé.

皯 ˊ Nigrum: maculae nigrae in facie. = Noir: taches noires au visage.

骭 ˋ Cruris ossa. Os. = Os de la jambe. Os.

虷 ^ Vermes qui rerum interiora corrodunt. = Vers qui rongent le dedans des objets.

帄 ˆ Procedere. Saccus. = S'avancer. Sac.

汗 Hán Sudor, sudare. Aqua. = Sueur, suer. Eau.

罕 ˋ Rarò: rarum, insolitum. = Rarement: rare, insolite.

頇 ˊ Facies ampla. = Visage large.

邗 ^ *Nomen cujusdam regionis. = Nom de pays.*

N. 20.

駻 ˊ Equus sex cubitis altus. *Cognomen.* = Cheval haut de six coudées. *Surnom.*

扞 ˊ Praesidio munire, defendere; resistere; opponere. = Fortifier, défendre; résister; opposer.

閈 ˊ Janua exterior. Meatus. Claudere. = Porte extérieure. Issue. Fermer.

䥘 ˊ Ferro resistere; armatâ manu se opponere = Résister avec des armes; s'opposer à main armée.

釬 ˊ Annulus quo scutum brachio inseritur. = Manche du bouclier pour y passer le bras.

厈 ˋ Littus abruptum. Ora. = Rivage escarpé. Bord.

仠 ˊ Sistere. Auferre: radere. = S'arrêter. Enlever: rayer.

䳚 ˊ *Avis quædam quæ futurorum præscia dicitur.* = *Oiseau qui connait l'avenir.*

鼾 ‾ Ronchos edere. Resonare = Ronfler en dormant. Résonner.

齗 ˊ Dentes brochi, vel irregulares. = Dents saillantes, ou irrégulières.

旰 ˊ Serò: vespere. = Tard: le soir.

岸 ^ Arenae agger aquis obsistens. *Nomen cujusdam montis.* Littus. = Digue de sable. *Nom de montagne.* Rivage.

研 Ñgan ˊ Lapides expoliti. Polire, complanare. = Pierres polies. Polir, aplanir.

犴 ˊ *Vulpis species.* Carcer, custodia publica. = *Espèce de renard.* Prison, les prisons publiques.

軒 Hiēn Currûs lorica: currus. Contentus. Academia. = Gardefou d'un char: char. Content. Académie.

奸 Kiēn Fornicari, impudicitia, malitia: falsum. Offendere, abuti. = Forniquer, impureté, malice. Faux. Offenser, abuser.

訐 Kiě Secretum revelare. = Dévoiler un secret.

† A Sinensibus inter classificas etiam numeratur, sed perperàm: litteræ enim perpaucæ quibus præsidere dicitur primariæ sunt atque indivisibiles: exemplum sit 年 Niên *Annus, ætas.* = *Année, âge.*

†† Hinc originem ducit 乎 N. 364 cujus annotationem vide.

N. 21. 于

Iû ^ *Nota casûs dativi.* In. Per, ad. Dicere. Ire. = *Marque du datif.* Dans. Par. Dire. Aller.

宇 ˋ 穻 ˋ Spatium, vacuum: firmamentum. Orbis terrarum. Tectum; obtegere. = Espace, vide: firmament. Le monde. Toit; couvrir.

汙 ˋ Curvum sinuosum; profundum. = Courbé, sinueux. Profond.

序 ˋ Spatium; firmamentum. Obtegere. = Espace; firmament. Couvrir.

雩 ˊ Iris, arcus cœlestis. = Iris, arc-en-ciel.

迂 ‾ Remotum, extensum. Incertum. ambiguum. = Eloigné, étendu. Incertain, douteux.

盂 ^ Scutella, *vas ligneum rotundum.* = Ecuelle, *vase rond en bois.*

杅 ‾ Hydria, *vas in quo bibitur aqua.* = *Vase pour boire de l'eau.*

圩 ^ Littus ora. Agger. Arenaria. = Rivage, bord. Digue. Banc de sable.

扜 ‾ Capere, arripere. = Prendre, saisir.

竽 ^ Fistula pastoralis. Organa musica. = Flûte champêtre. Orgues.

奸 ^ Urbanitas: comiter tractare. = Urbanité. Traiter honnêtement.

N. 21.

紆 ¯ Crispare. Involvere, vincire. Supplicia: injustitia.=Friser. Envelopper, attacher. Supplice: injustice.

芋 ^ Dioscoreæ sativæ tubera. = Inhame, *espèce de tubercule.*

骬 ´ Pectus: pectoris ossa.=Poitrine: os de la poitrine.

忓 Hiū Tristis, mœrens.=Triste, affligé.

訏 ¯ Decipere, fallere, falsum: Hypocrita. Gloriari. = Tromper, faux: hypocrite. Se glorifier.

疨 ¯ Morbus, incommoda valetudo. =Maladie, mauvaise santé.

盱 ¯ Oculos elevare. Sperare, expectare. Oculos intendere. Tristis.=Elever les yeux. Attendre. Triste.

旴 ¯ Mane. Spatiosum, magnum, extensum. = Le matin. Spacieux, grand, étendu.

吁 ¯ Proh! *Interjectio dolorem significans.*=Oh! *Interjection qui marque la douleur.*

† Vide N. 19 in annotatione.

軏 Iüè Vehiculi manualis brachia. Currûs jugum.=Les bras d'une brouette. Le joug d'un char.

N. 22. 兀

Ǔ Altum. Locus planus et altus. Pedes in punitionem præcidere.=Elevé. Lieu plat et élevé. Couper les pieds par punition.

砉 ˇ Montis latera. Latus.=Flancs d'une montagne. Côte.

杌 ˇ Arbor sine ramis. Turbatus, inquietus.=Arbre sans branches. Trouble, inquiet.

扤 ˇ Movere, agitare. Inconstantia: inquietus. = Mouvoir, agiter. Inconstance: inquiet.

阢 ˇ Periculosum. Mons saxosus vertice terreo. = Dangereux. Montagne rocailleuse ayant de la terre au haut.

仡 ˇ Timor, trepidatio, turbatus.=Crainte, tremblement, troublé.

屼 ˇ Mons aridus.=Montagne aride.

N. 23. 大

Tá Magnum; magnopere, immodicum. = Grand; Beaucoup, sans mesure.

怢 Tô´ Prodigus, delirus.=Prodigue, extravagant.

奤 Taī Facie pinguis; Sinenses septentrionales.=Gras de figure: Chinois du nord.

杕 ´ Orphanus, solus; ab omnibus derelictus. = Orphelin, seul; délaissé de tout le monde.

汏 ` *Nomen loci cujusdam in medio mari.*=*Nom d'une île.*

㱏 Tí Nimiùm, valdè, immoderatum. =Trop, beaucoup, immodéré.

鈦 ´ Crepitacula. Catenula.=Cymbale. Petite chaîne.

馱 ´ Jumenti onus. Gestare, ferre. =Faix d'une bête de somme. Porter.

† Præest etiam tanquàm classifica centum circiter litteris parvi momenti, in quarum vertice communiter sita est, ut in 套 Táo *Longum. Laqueus. Involucrum: epistolarum sacculus* = *Long. Lacets. Enveloppe: petits sachets pour les lettres.*

†† Hæc phonetica sæpè scripta reperitur 大: verùm hæc forma eò magis erronea dici debet quò confunditur cum N. 72 quæ nullam cum hâc affinitatem habet.

††† *Magnitudinis* idea plùs minùsve observari potest in omnibus litteris hujus seriei.

N. 24.

丈 𠀋

ˊ Chaṃ *Decem cubitorum mensura.* Baculus. Senex.=*Mesure de dix coudées.* Bâton. Vieux.

疢 ˊ Ægra valetudo; infirmitas.=Mauvaise santé; infirmité.

杖 ˊ Baculus. Baculi ictus. Inniti. Sustinere. Pendere ab...=Bâton. Coup de bâton. S'appuyer. Soutenir. Dépendre de.

扙 ˊ Ferire; in aliquid offendere.=Frapper; heurter contre quelque chose.

仗 ˊ Inniti, confidere in aliquo. Munire. Opem ferre.=S'appuyer, se fier en quelqu'un. Munir. Porter secours.

† Unusquisque observare potest phoneticæ sensum, sive *baculi* ideam extendi ad omnes compositos.

N. 25.

弋

ˇ I Aves venari. Jacere sagittas. Ambire.=Chasser. Lancer des flèches. Parcourir.

𪌾 ˇ Excretum; immunditiæ a cribro separatæ.=Criblure; ce que le crible sépare du bon grain.

杙 ˇ Fulcrum. Palus cui naves aut animalia alligantur.=Appui. Pieu pour attacher des navires ou des animaux.

找 ˇ Mundare.=Purifier.

鉽 ˇ Tripodis ansa.=Poignée d'un trépied.

妭 ˇ Mulier magistratum gerens.=Femme qui a une charge dans la magistrature.

黓 ˇ Niger, nigrum.=Noir.

鳶 ˆ Iûên Milvus. Psittacus.=Le milan. Le perroquet.

忒 ˇ Tee Errare. Dubitare. Mutare.=Errer. Douter. Changer.

† Constituit etiam classem valde exiguam et ferè inutilem in quâ litterarum latus dexterum occupat, ut in 弍 Ell *duo, numerus binarius, dividere.*=*Deux, nombre binaire, diviser.*

N. 26.

下

ˊ Hia Infrà, inferior, vilis, descendere.=Dessous, inférieur, vil, descendre.

疜 ˊ Dysenteria. Cubiculum remotum, aut laterale.=Dyssenterie. Chambre retirée, ou latérale.

苄 ˊ Juncus. Planta aquatica.=Jonc. Plante aquatique.

庌 ˊ Xa Domus.=Maison.

忑 ˇ Tee Pusillanimis; timore perturbatus. Palpitatio.=Pusillanime: saisi de crainte. Palpitation.

N. 27.

工

¯ Kum Artifex; opus. Reip... Ministri.=Artisan; ouvrage. Employés du Gouvernement.

空 ¯ Vacuum, extensum.=Vide, étendu.

忹 ¯ Naturâ impatiens, morosus.=Impatient, bizarre.

疘 ˆ Morbus. Extrema corporis membra infirma.=Maladie. Extrémités malades.

功 ¯ Meritum. Præclarum gestum. Facinus.=Mérite. Haut fait.

一

海上絲綢之路文獻集成 科技與文化编

N. 27.

攻 — Aggredi, invadere. Percutere. Ordinare.=Attaquer, envahir. Frapper. Mettre en ordre.

貢 ╱ Offerre, donaria : tributum.=Offrir, présents : tribut.

䲨 ╱ Volatus, volare.=Le vol des oiseaux, voler.

炡 ╱ Hum Flamma, magnus ignis : ad ignem desiccare. = Flamme, grand feu ; sécher au feu.

訌 ㅅ Dissidia domestica, odia civilia ; invicem accusare ; perturbare. = Querelles domestiques, haines civiles ; s'accuser mutuellement ; troubler, confondre.

粠 ╲ Segetes corruptæ. Oryza putris. Spoliatum.=Grains corrompus. Riz gaté. Dépouillé.

汞 ╲ Hydrargyrum, argentum vivum.=Mercure, vif argent.

谾 — Vallis spatiosa.=Vallée étendue.

魟 — *Q. Piscis marinus carens squamis.=Poisson de mer sans écailles.*

仜 ㅅ Magnus venter.=Gros ventre.

紅 ㅅ Rubrum. Color in diebus festis adhibitus.=Rouge. Couleur en usage les jours de fête.

肛 — Ovini oculi. Injuriam facere.=Yeux de brebis. Faire injure à quelqu'un.

叿 ㅅ Fori nundinarii strepitus. = Brouhaha, le bruit d'un marché.

虹 ㅅ Arcus cœlestis. Profundum.=Arc-en-ciel. Profond.

屸 ㅅ *Quidam mons.=Certaine montagne.*

豇 — Kam Vas rubrum.=Vase rouge.

扛 ㅅ Duo aliquid gestare. Vehere, ferre.=Porter à deux. Charrier, porter.

釭 — Axis ferreus. Candelabrum. Sagittæ cuspis.=Essieu en fer. Pointe de flèche. Chandelier.

缸 — Vas fictile. = Vase en terre cuite.

肛 — Anus. Amplum.=Anus. Large.

江 — Kiam *Sinarum maximum flumen.* Fluvius.=*Le plus grand fleuve de Chine.* Fleuve.

衦 — Cingulum, zona quâ vestes præcinguntur.=Ceinture pour attacher les habits.

矼 ㅅ Sincerus, fidelis. Pons.=Sincère, fidèle. Pont.

軖 — Axis ferreus. Candelabrum, lucerna.=Essieu. Chandelier, lampe.

杠 — Pons ligneus. Vexilli hastile. Gestatorium.=Pont de bois. Mât de pavillon. Palanquin.

釭 — Axis ferreus. Candelabrum, lucerna.=Essieu. Chandelier, lampe.

虹 ㅅ Arcus cœlestis. Profundum.=Arc-en-ciel. Profond.

邛 ㅅ Kium Molestia, dolor, labor. *Nomen districtus in Se-chuan.*=Souffrance, douleur, travail. *Nom de district au Se-chuan.*

† Prœest etiam tamquam classifica octo vel decem litteris quarum pleræque inter phoneticas numeratur.

†† Ex hâc procedit 巩 N. 250 a quâ cautè distingui debet 邛

N. 28. 土

Tu ╲ Terra, tellus ; regio : regnum.=Terre ; pays : royaume.

杜 ╲ *Pruni species.* Impedire, obstruere, obturare.=*Espèce de prunier.* Empêcher, boucher, remplir.

瓨 ╲ *Species quædam amphoræ.=Espèce de jarre en terre.*

肚 ╲ Venter.=Ventre.

吐 ╲ Evomere, loqui ; prodere.=Vomir, dire.

N. 28.

扗	ˋ Mu	Manuum digiti.= Doigts des mains.
牡	ˋ	Mas. masculus, *dicitur de jumentis = Le mâle chez les quadrupèdes.*
社	ˋ Xce	*Genius quidam regni patronus = Génie patron du royaume.*

† Est etiam classifica usu frequens, et occupat modò sinistrum litterarum latus ut in 墈 Kán *Ora, latus, littus = Bord, côté, rivage*, modò infima ut in 壑 Hŏ *Vallis, fossa, mare. Canalis.= Vallée, fossé, la mer. Canal.*

†† Sinenses ipsi hanc litteram sæpé confundunt cum classificâ 士 Xè *Doctor, litteratus, miles = Docteur, lettré, soldat,* cujus compositæ utiles inter phoneticas numerantur.

N. 29. 寸

	ˋ Tsuen	*Decima pars cubiti sinici:* uncia.= *Dixième du pied chinois:* pouce.
忖	ˋ	Secum meditari, considerare, conjectare.=Calculer, considérer, conjecturer.
村	ˋ	Pagus. Forum nundinarium. Rusticus. — Village. Marché. Paysan.
刌	ˉ	Praecidere. Dividere; abbreviare; distinguere =Couper; diviser; raccourcir: distinguer.
疛	ˊ Cheu	Dolor in abdomine.=Mal de ventre.
酎	ˊ	Vinum distillatum. Vinum generosum.=Eau de vie. Vin généreux.
肘	ˋ	Lacertus. Armis aliquem protegere.=Avant bras. Défendre quelqu'un à main armée.
紂	ˊ	Postilena, cingula. Capere.= Croupière, sangle. Prendre.
蚪	ˊ	*Monstrum q. marinum homini simile dictum.= Monstre marin ressemblant á l'homme.*

守	ˋ Xeu	Servare, custodire.=Conserver, garder.
討	ˋ Tao	Rogare, petere: exigere: explicare: punire. Rebellis.= Prier, demander: éxiger: expliquer: punir. Rebelle.

† Est etiam classifica et occupat nunc dexterum latus litterarum, sicut suprà; nunc infima, sicut in 導 Táo *Dirigere: in rectam viam ducere =Diriger conduire.*

†† Vide 壽 in annotatione.

N. 30. 才 扌

	ˆ Tsai	Ingenium, solertia; potentia, vires.=Talent, habileté; pouvoir, forces.
材	ˆ	Materia *rei cujuscumque.* Ingenium. = Matière dont une chose quelconque se compose. Talent.
豺	ˆ	*Lupi species quædam.=Espèce de loup.*
財	ˆ	Divitiæ; res pretiosæ. Dona, munera = Richesses: choses qui ont du prix. Présents.
閉	ˊ Pí	Claudere: obstruere. Vetare. Abscondere. = Fermer une porte: boucher. Defendre. Cacher.

N. 31 弓

	ˉ Kum	Arcus. *Mensura 5 cubitorum.* Metiri.=Arc. *Mesure de 5 coudées.* Mesurer.
躬	ˉ	Per se ipsum, ego ipse, ipsemet. Corpus. Parentes.= Soi-même. Corps. Parents.
穹	ˆ Kium	Firmamentum. Altum, vacuum.=Firmament. Haut, vide.
窮	ˆ	(same as above)
芎	ˆ Hium	Dorstenia contrayerva. *Q. herba fragrans.*=Herbe contre.

N. 31

† Inter eas classificas quoque recensetur quæ bis in eâdem litterâ scribuntur sicut in 弻 Pi *Protegere ; auxiliari.* = *Protéger ; aider.* Plerumquè tamen se nel tantum modò scribitur sicut in 弭 Mì *Cessare, sistere, extinguere : quiescere, pacificare.*=*Cesser, s' arrêter, éteindre: se reposer, pacifier.*

N. 32. 己 壬

Ki ˋ Ipsemet, Seipsum. Se.=Soi, soi-même.

記 ˊ Recordari, memoria. Signum, commentarium, Annotare.= Se souvenir, mémoire. Signe, commentaire, Noter.

玘 ˋ In cingulo deferre.=Porter à la ceinture.

起 ˋ Surgere, elevare : incipere : movere. = Se lever, élever : commencer : mouvoir.

杞 ˇ Mespilus.=Néflier.

忌 ˊ Vereri ; venerari. Evitare, aversari.=Craindre ; vénérer. Eviter,avoir du dégout pour..

戺 ˋ Cubiculi angulus.=Angle d' une salle.

紀 ˋ Scriptis mandare. Explicare. Disponere. Fundamentum. Ætas.=Mettre une chose par écrit.Expliquer. Disposer,Fondement. Age.

芑 ˇ *Species q. frumenti.*=*Espèce de grain blanc.*

跽 ˋ Pertransire. Fruticeta permeare. = Traverser, passer à travers les broussailles.

屺 ˇ Mons aridus.=Montagne aride.

圮 ˇ Pi Frangere, destruere.=Briser. détruire.

配 ˊ Péi Unire, conjugare, socium se adjungere.=Unir, joindre, s' associer quelqu'un.

III. 刁

妃 ˋ Consors, uxor. Concubinae imperiales primi ordinis.= Compagne, épouse. Concubines imperiales du Ier ordre.

改 ˇ Kai Mutare, emendare, corrigere. =Changer : corriger, réformer.

† Praesidet etiam exiguae et obsoletae classi.

†† Secundum regulas distingui deberet a phonetica sequenti sicut et a 已 ì *Jam, praeteritum, finire.*=*Déjà, passé, finir ;* sed quum vix reperiatur liber aut scriptum in quo tres hæ litterae non confundantur, ex contextu dijudicandum est quaenam adhiberi debeat.

N. 33. 巳 巳

Se ˋ *Hora decima matutina. Festivitas quædam.*=*Dix heures du matin. Certaine fête.*

汜 ˋ Aqua stagnans. Locus ubi sol oritur. = Eau stagnante. Lieu où le soleil se lève.

祀 ˋ Sacrificium. Diis sacrificium offerre. Orare.=Sacrifice. Sacrifier aux esprits. Prier.

杞 ˋ Occa. *Instrumentum rurale ad terram complanandum antequam seratur.*=Herse. *Instrument aratoire pour niveler la terre.*

鈪 ˋ Aurum.=Or.

耜 ˋ Occa. *Instrumentum rurale ad terram complanandam antequam seratur.*=Herse. *Instrument aratoire pour niveler la terre.*

N. 34 刃 刄

Jèn ˊ Gladii acies, acutum. = Fil de l' épée, aigu, tranchant.

訒 ˊ Tardus linguâ. Balbutire.= Balbutier. Bégayer.

軔 ˊ Retinaculum : impedire. Implere, altum. = Mécanisme pour arrêter un char : arrêter. Remplir, haut.

N. 34.

杒	╱	*Compedes Q. ligni species.*= Ceps. *Espèce de bois.*
忍	╲	Patientia ; sufferre.= Patience ; supporter.
韌	╱	Flexibile, elasticum : non fragile.=Flexible, élastique : qui ne casse pas.
牣	╱	Plenum, supereffluens. Solidum.=Plein, qui verse. Solide.
肕	╱	Flexibile, elasticum ; non fragile.=Flexible, élastique ; qui ne casse pas.
鼦	╱	*Muris species quædam.*=*Espèce de rat.*
仞	╱	Mensura octo cubitorum. Altum : profundum. Implere.= Mesure de 8 coudées. Haut : profond. Remplir.
紉	—	Filum trajicere. Funis.=Enfiler. Corde.
苆	╱	*Planta quædam venenata.*= *Certaine plante nuisible.*
眲	╱	Stupefactim aspicere.=Regarder avec étonnement.
帇	╱	Vestis. Pulvilli saccus.= Habit. Couverture d'oreiller.

† Similitudo hujus litteræ cum 刅 Chuâm *Vulnerare. Invenire.=Blesser. Inventer.* efficit ut vulgus aliam pro alia saepè usurpet : verùm haec substitutio ab accuratis auctoribus reprobatur, et admittitur solùm pro litterâ 忍 quam vide infra, N. 332.

N. 35. 也 世

	╲ Ié	Quoque, etiam : et. Nunc *Particula finalis.*=Aussi : et. Maintenant. *Particule finale.*
訑	^ Î	Contentus suî ipsius.—Content de soi.
庖	^	*Porticus sub quo convivantur.* =*Portique où l'on mange.*
匜	^	Pelvis.=Bassin.
酏	^	Vinum. Pulmentum. = Vin. Ragoût.
迆	╲	Reptare : lateraliter se protrahere.=Ramper : se traîner sur le côté.
肔	^	Scindere : praecordia extrahere. = Déchirer : arracher les entrailles.
扆	^	*Lignum quo janua intùs occluditur.*=*Barre pour fermer la porte.*
眲	╱	Series rerum. Superponere. De loco in locum mutare. Procedere.=Série de choses Objets les uns sur les autres. Superposer. Changer de place. S'avancer.
貤	╱	(same as above)
髢	Tî	Coma adventitia. — Cheveux postiches.
地	╱	Terra, tellus, mundus. Regio—Terre, monde. Pays.
訑	Tô	Decipere : illudere, insultare. =Tromper : insulter.
拖	—	Trahere ; pellere. Auferre. Dirigere. Augere.=Traîner ; pousser. Enlever. Conduire. Augmenter.
陁	^	Extrahordinarium, rarum. Irregulare. Periculosum. =Extraordinarire, rare. Irrégulier. Dangereux.
他	^	Ille, illa, illud. Alius, alter, aliud.=Lui, elle. Autre. *Legitur sæpiùs* Tâ.
池	Chê	Puteus, cisterna ; stagnum. Cor. Pluvia.=Puits, citerne ; étang. Cœur, centre. Pluie.
馳	^	Equi cursus : currere.=Course du cheval. Courir.
阤	╲	Ruere : terra in præceps ruens. Rumpere. = S'écrouler. Rompre.
弛	╲ Xe	Arcus detensus. Dissolutus.= Arc débandé. Libertin.
舓	╲	Lambere ; sugere.= Lécher, lapper ; sucer.

N. 35.

炧 Sié ` Candelæ ellychnium. Candelæ reliquiæ. = Mèche d'une chandelle. Le reste d'une chandelle.

† Maxima inest affinitas inter phoneticas 也 它 㐌 㫃, et admodùm difficile foret enumerare casus in quibus liceat vel non liceat aliam pro aliâ usurpare. Sub unaquâque serie conatus sum sequi formam primariam et magis authenticam; nunc notandum superest, eas litteras quæ leguntur Tô eumdem fere sensum obtinere, quæcumque harumce phoneticarum adhibeatur.

N. 36. 子

Tze ` Filius, hæres, progenies; germen. *Vox honorifica. Vox euphonica multis substantivis addita.* = Fils, héritier, race; germe. *Mot honorifique. Mot que l'on joint aux substantifs.*

字 ` Littera, character, vox. *Cognomen.* = Lettre, caractère, mot. *Surnom.*

孖 ´ Gemelli: fratres gemini. = Frères jumeaux.

孜 ¯ Conari, eniti. = S'efforcer.

耔 ` Plantas stercorare. Sarculare. Noxias herbas avellere. = Fumer des plantes. Sarcler. Arracher les mauvaises herbes.

秄 ` Seminum hilus; *locus quo semina plantæ adhærent.* = Le hile; *le point d'attache des graines.*

芓 ` Plantas stercorare. Sarculare. Nocivas herbas avellere. = Fumer des plantes. Sarcler. Arracher les mauvaises herbes.

吇 ` Infantium vox, vel ploratus. = Voix, ou pleurs d'enfant.

仔 Tsai ˇ Infantulus, puer. *Vox contumeliosa.* = Petit enfant, enfant. *Mot injurieux.*

† Est etiam classifica, et scribitur modò infra phoneticam, modò ad ejus latus sinistrum. In 1°. casu non recedit à formâ superiùs traditâ; sed in 2°. casu sequitur formam phoneticae N. 37, ut in 孔 Kù'm *Foramen. Spelunca. Magnum. Confucii nomen.* = *Trou. Grotte. Grand. Le nom de Confucius.*

N. 37. 孑

Kié ˆ Orphanus: solus. Breve. Ultimum. = Orphelin: seul. Court. Dernier.

孟 ˆ *Pateræ species.* = *Sorte de plat.*

釨 ˆ *Lanceæ species quædam.* = *Espece de lance.*

秄 ˆ Frumenti manipulus. = Gerbe de blé.

紓 ˆ Filorum sericeorum manipulus. = Echeveaux de soie.

N. 38. 乞

Ki ˆ Petere, rogare: stipem rogitare. = Demander, prier: Demander l'aumône.

訖 ˇ Finitum, completum: exhaurire. = Fini, complet; épuiser.

馲 ˇ Equus velox. = Cheval léger.

耗 ˇ Fruges in mensurâ adæquare. = Niveler les grains dans la mesure.

刉 ¯ Praecidere. Victimas. occidere. = Couper. Egorger les victimes.

魟 ˇ *Q. piscis.* Piscem in frusta concidere. = *Certain poisson.* Couper un poisson en morceaux.

N. 38.

芞	ˇ	Planta fragrans.=Plante odoriférante.
吃	ˇ	Balbus. Comedere.=Bègue. Manger.
汔	Hĭ	Aqua desiccata. Aliquantisper; tantillùm.=Eau desséchée. Quelque peu; un peu.
釳	ˇ	Crista e pennis equorum caput adornans.=Ornement de tête du cheval fait en plumes de faisan.
迄	ˇ	Usque, pervenire ad...protrahere usque ad... Tandem.=Etendre jusqu'à, arriver a... Finalement.
疙	Ĭ	Ulcera in capite.=Ulcères à la tête.
仡	ˇ	Succidere, abradere.=Couper ras.
仡	ˇ	Robustus, valens. Repentè. confestim.=Robuste, fort. Tout-à-coup.
屹	ˇ	Mons præ cæteris eminens.=Montagne plus haute que les autres.
麧	Hŏ	Tritici grana.=Grains de blé.
紇	ˇ	Sericum vilioris speciei.=Soie de qualité inférieure.
齕	ˇ	Rodere, corrodere.=Ronger.
劾	Kŏ	Lassitudo.=Lassitude.
犵	ˇ	*Barbari quidam meridionales.*=*Certains barbares du midi.*
骩	ˇ	Cubitus.=Coude.
矻	Kŭ	Labor, operari; indefessus: operi intentus.=Travail, travailler; infatigable: appliqué au travail.
扢	ˇ	Palpare, attrectare. Fricare.=Toucher, manier. Frotter.

† Haic phoneticæ saepè substituitur exigua classifica 气 Ki *Aer: vapor. Halitus.*=*L'air: vapeur. La respiration.*

N. 39. 乇 丿

	Tŏ	Folium. Planta.=Feuille. Plante.
託	ˇ	Aliquid commendare: de re mandata dare. Rei curam delegare.=Charger quelqu'un d'une commission. Confier le soin d'une chose.
袥	ˇ	Vestem solvere.=Se déboutonner.
托	ˇ	Manu accipere. Sublevare. Ad aliquid suadere.=Prendre avec la main. Soulever. Engager.
飥	ˇ	Offa ex carnibus: placenta=Pâté de viande: gâteau.
黫	Tù	Nigrum saturatius.=Noir très foncé.
宅	Tsĕ	Habitaculum, ædificium, palatium.=Demeure, édifice, palais.
厇	ˇ	Explicare, expandere.=Déplier, développer.
矺	ˇ	Findere, aperire: extendere: trahere.=Fendre, ouvrir: étendre: tirer.
馲	ˇ	*Muli species quædam.* Camelus.=*Espèce de mulet.* Chameau.
犵	ˇ	*Muli species ex asino et vaccâ procreatus.*=*Espèce de mulet venant de l'âne et de la vache.*
炨	Chă	Ignis crepitatio.=Pétillement du feu.
奼	ˊ	Puella.=Jeune fille.
吒	ˊ	Irasci.=Etre en colère.

† Originem praebet phoneticæ 宅 N. 210 quam synonymam habet in litteris quae leguntur *Cha* minimè verò in aliis.

N. 40. 千

	Tsiēn	Mille, *millenarius numerus.*=Mille.
扦	ˉ	Arbores fructiferas inserere.=Greffer.

N. 40.

阡 ¯ } Linea à meridie ad septentrionem. Semita inter agros. =Le méridien. Sentier dans
衎 ¯ } un champ.

迁 ¯ Mutare, corrigere. Reformare se.=Changer, corriger. Se réformer.

扗 ¯ *Agrorum mensura complectens tres ly.=Trois lys de terrain.*

刋 ˊ Incidere. Cælare. Præcidere. =Couper. Graver. Ciseler.

仟 ¯ Mille militum dux. Mille asses simul trajecti. Herbae luxuriantes. = Commandant de mille hommes. Mille sapèques. Herbes florissantes.

芊 ¯ Virens, floridum, frondosum. Regionis amœnitas. = Verdoyant, fleuri, feuillu. La beauté d'un pays.

N. 41. 勺 勹

˘ Cho Cochlear. Haurire. *Militum in armis exercitatio quædam.* = Cuillère. Puiser. *Certain exercice militaire.*

汋 ˘ Aquarum confluentium strepitus.=Bruit des eaux qui se choquent.

灼 ˘ Calefacere. Comburere. Illuminare. Clarum, fulgens. Florens.=Chauffer. Brûler. Eclairer. Clair, brillant. Fleuri.

⿰衤勺 ˘ Vestis nova. Unicus vestitus. =Habit neuf. Habit unique.

酌 ˘ Vinum infundere. Invitare. Consulere, deliberare.=Verser du vin. Inviter. Consulter, délibérer.

杓 ˘ Cochleare.=Cuillère.

彴 ˘ Pons ligneus, tabula pontis vices gerens.=Pont de bois. planche qui sert de pont.

⿺鬼勺 ˘ *Ursæ minoris secunda stella.= La seconde étoile de la petite ourse.*

仢 ˘ Exhalationes, vapores. Volantia sidera. = Exhalaisons, vapeurs. Etoiles filantes.

犳 ˘ *Animal quoddam tigridi simile. = Certain animal semblable au tigre.*

妁 ˘ Pronubus. *Vir sive fæmina matrimoniorum mediatorem agens.*= Entremetteur de mariages.

⿰黑勺 ˘ Nigrum. Signum vel macula in facie. Macula quam menstruatæ in fronte gerunt.=Noir. Tache au visage.

芍 ˘ Pæonia. *Q. medicina.*=Pivoine. *Certaine médecine.*

肑 ˘ Po Ventris inferior pars. Costæ. Digitorum concrepantium strepitus.=Bas ventre. Côtes. Claquement des doigts.

瓝 ˘ Parva cucurbita.=Petite courge.

趵 ˘ Pedibus impetere. Calcium strepitus.= Frapper avec les pieds. Bruit de coups de pied.

礿 ˘ Io Sacrificium quod fit in vere. Leve. = Sacrifice du printemps. Léger.

約 ˘ Pactum, fœdus. Continere, reprimere, alligare. Parcimonia.=Contrat, alliance, traiter. Contenir, réprimer, lier. Economie.

玓 ˘ Ti Gemmarum fulgor. Splendens, clarum. = Eclat des pierres précieuses. Brillant, clair.

馰 ˘ Equus capite albo.=Cheval à tête blanche.

靮 ˘ Belluam in capite arripere.= Saisir un animal par la tête.

⿰勺刂 ˘ Præcidere, abradere. Interrumpere.=Couper ras. Interrompre.

的 ˘ *Nota casûs genitivi.* Splendens, clarum. = *Marque du génitif.* Brillant, clair.

⿱罒勺 ˘ Ligare, vincire.=Lier, attacher.

⿰忄勺 ˇ Tiao Dolere, pati.=Souffrir.

扚 ˘ Dirigere, trahere. Manu ostendere. Percutere. = Diriger, traîner. Montrer avec la main. Frapper.

字聲綱目

III. 丿

N. 41.

釣 ˊ Hamus. Piscari. — Hameçon. Pêcher.

豹 ˊ Segetes inflexæ. Spicae recurvæ. — Moissons inclinées. Epis recourbés.

尥 ˊ Lèao Jacĕre, projicere. — Lancer, jetter.

N. 42. 夕

ˇ Si Nox. Serò. Vespere. — Nuit, Tard. Soir.

穸 ˇ Spelunca, vel domus obscura. — Caverne, ou maison sombre.

汐 ˇ Maris aestus nocturnus. — Marée de la nuit.

† Est etiam classifica et plerumquè bis scribitur ad litterarum latus ut in 夥 夥 Hò *Socius, collega. Multùm.* — *Camarade, collègue, Beaucoup.*

N. 43. 彡

ˉ Xan Plumae, pili. Pulchrum. — Plumes, poils. Beau.

訕 ˊ Murmurare, calumniari. — Murmurer, calomnier.

衫 ˉ Vestes non duplices. Subucula. — Habits simples. Chemise.

霎 ˉ Pluvia minuta. — Pluie fine.

睒 ˆ Ictus oculi. Obiter videre. — Un coup d'œil. Une entrevue, voir en passant.

杉 ˉ Pinus. — Pin.

釤 ˊ Falx messorum. — Faucille de moissonneur.

帴 ˉ Pannis obsitus : vestes obsoletæ. — Couvert de haillons : habits déchirés.

† Litteræ hujus seriei indistinctè leguntur *Xan* et *San*.

†† Primo intuitu litterarum quibus haec phonetica accedit, difficilè dici potest utrùm phonetica utrùm classifica sit, quia ferè semper earum latus dextrum occupat.

N. 44. 久 夂

ˋ Kieu Diù. Multùm temporis. — Long-temps.

灸 ˊ Pauper et dolens. Medicinalis cucurbita. Urere. — Pauvre et infirme. Ventouse. Bruler.

疚 ˊ Ulcus antiquum. Morbus. Pauper et dolens. — Plaie ancienne. Maladie. Pauvre et misérable.

疚 ˊ (see above)

玖 ˋ Marmor. Lapis niger gemmæ similis. — Marbre. Pierre précieuse noire.

匛 ˋ Loculus cum cadavere. — Bière dans laquelle est le cadavre.

灸 ˋ Caustica adustio. Artemisiae pulvere admoto plagam adurere. — Ventouse. Cautériser.

畂 ˊ Lieu Colere terram, agros arare. — Cultiver la terre. Labourer les champs.

N. 45. 凡 几

ˊ Fan Omnes. Plerumquè ; quisque, communiter. — Tous. Ordinairement ; chacun.

汎 ˊ Innatare. Leve. A fluctibus auferri. — Surnager. Léger. Etre emporté par les flots.

III.

N. 45.

訊 ˊ Immoderatè loqui.=Parler outre mesure.

馴 ˊ Equus gradarius. Equus lentè incedens.=Cheval qui a le pas doux. Cheval qui va lentement.

杋 ˊ *Species quædam ligni levis.=Sorte de bois léger.*

侃 ˆ Contemnere; contemptim tractare.=Mépriser; traiter avec mépris.

䀏 ˆ Oculi ampli.=Grands yeux.

帆 ˆ Navium vela. Navis cum vento procedens.=Voile de navire. Navire qui suit le vent.

芃 Pûm Luxurians vegetatio. Abundans.=Végétation riche. Abondant.

N. 46. 丸

Huân Globulus; sphaerula. Pilula.=Globule; petite boule. Pilule.

汍 ˆ Lacrymari, flere.=Pleurer.

疣 ˆ Levis vulneris dolor.=Douleur causée par une petite blessure.

䟝 – Tumor, intumescentia.=Tumeur, enflure.

頑 ˆ Capitis vertex. Pilula.=Le haut de la tête. Pilule.

鳩 ˆ *Quædam avis.=Espèce d'oiseau.*

紈 ˆ Album, purum. Tenue. Pannus sericeus albus tenuis. Splendens.=Blanc, pur. Fin. Etoffe de soie blanche. Brillant.

芄 ˆ *Quidam flos.=Nom d'une fleur.*

䀏 ˆ Oculus vertere. Oculi ampli.=Tourner les yeux.=Grands yeux.

† Secutus sum Dictionarium 五方元音 in pronuntiatione *Huân*; non desunt tamen qui legunt *Wân*.

N. 47. 叉 㕚 丿

Cha Fuscina, furca. Digitos inserere.=Fourchette, fourche. Doigts entrelacés.

汊 ˆ Rivorum confluentia. Fluvii ramus.=Jonction de rivières. Bras d'un fleuve.

訍 ˆ Corripere. Verba insulsa.=Reprendre. Langage inepte.

衩 ˆ Femoralia. Vestem solvere.=Pantalons. Se déboutonner.

杈 – Ramus. Furca.=Rameau. Fourche.

扠 – Arripere. Percutere. Sub brachio deferre. Hasta piscatoria.=Saisir. Frapper. Porter sous le bras. Harpon de pêcheur.

靫 ˆ *Fibulæ species quædam.=Espèce de boucle.*

䟕 ˆ Vestium sinicarum laciniæ solutæ.=Pans détachés des robes chinoises.

跤 ˆ Transversus trames.=Chemin de traverse.

芆 – Arborum gemmæ. *Q. planta.*=Bourgeons des plantes. *Certaine plante.*

靫 Chai Pharetra; sagittarum theca.=Carquois; trousse à mettre des flèches.

釵 – Discerniculum. *Acus crinalis quem in capite gestant mulieres.*=Aiguille de tête pour les femmes.

䪍 – Genæ, maxillæ.=Joues, côtés du visage.

† Seriò ponderanti probabile videbitur sicut et nobis, sensum hujus phoneticæ extendi ad plerasque litteras hujus seriei.

N. 48. 川 巛 川

Chuan Torrens, rivus, fluvius.=Torrent, rivière, fleuve.

圳 – Aquæ in rivulos decurrentes.=Eau qui se répand en ruisseaux.

釧 – Armilla. Armilla ex auro vel ex gemmâ.=Bracelet. Bracelet en or ou en pierre précieuse.

III.

N. 48.

瞓 ― Fixis oculis aspicere. = Regarder fixement.

訓 ´ Hiün Educere, explicare, educare. Vetus doctrina. = Instruire, expliquer, élever. Ancienne doctrine.

馴 ^ Siün Docilis, pacificus. Subdere se. Animal obediens. = Docile. Se soumettre. Animal docile.

巡 ^ Circumire, invigilare, investigare. Excubias agere. = Faire la ronde, veiller, faire des recherches. Faire sentinelle.

紃 ^ Filum detrahere. Funiculus sericeus. Exemplar, forma. = Défiler. Cordon de soie. Exemplaire, forme.

㣧 ^ Xuen Bovis gressus lentus. = Pas lent du bœuf.

順 ´ Obedire, obsecundare, sequi. Secundum, propitium. = Obéir, seconder. Propice, favorable.

災 ― Tsai Calamitas, infortunium. Damnum. = Calamité, malheur. Dommage.

† Præest etiam exiguæ classi cujus litteris sal irregulariter cougmentatur.

N. 49. 凡 卂

´ Sin Leve. Velox. Volatus rapidus. = Léger. Prompt. Vol rapide.

汛 ´ Irrigare. Militare praesidium. = Arroser. Garde militaire.

訊 ´ Interrogare. inquirere. examinare, judicare. = Interroger, chercher, examiner, juger.

迅 ´ Leve. Velox. Velociter ire. = Léger. Prompt. Aller vite.

茕 ´ *Q. Planta medicinalis. = Certaine plante médicinale.*

骫 ` Wéi Ossa rotunda. Duplicare. Connexum. Subjicere. Curvare. Injustè agere. = Os ronds. Doubler. Adjoint. Soumettre. Courber. Agir injustement.

N. 50. 女 尼 乙

` Niü Mulier, fœmina, puella. = Femme, jeune fille.

忚 ` Ju Conjectare, metiri, supputare. = Conjecturer, mesurer, supputer.

汝 ` To, *dicitur honoris sensu. = Vous, toi, se dit aux personnes que l'on respecte.*

肗 ` Piscis putridus. = Poisson pourri.

郍 ` *Quoddam regnum antiquum. = Nom d'un ancien royaume.*

† Est etiam classifica et occupat aliquandò infimam litterarum partem ut in 婆 Pô *Vetula ; mulier senex. Uxor. = Vieille femme. Epouse.* = Plerumque verò sinistrum ut in quasi-phoneticâ 好 Haò *Bonum pulchrum, benè, amare. = Bon, beau, bien, aimer.*

†† Ex hâc originem trahit 如 N. 287

N. 51. 口

` Keu Os, bucca. Loquela. Ingressus. = Bouche. Parole. Entrée.

扣 ` Percutere. Collidere. = Frapper. Choquer l'un contre l'autre.

釦 ` Inauratum. Vasis os inaurare vel ornare. = Doré. Dorer ou orner la bouche d'un vase.

㸹 ` Animal, quadrupes. = Animal, quadrupède.

絗 ` Funiculus, ligula. = Ganse, cordonnet.

叩 ` Interrogare. Profunda salutatio. Percutere. = Interroger. Profond salut. Frapper.

吽 ` Bovis mugitus. = Mugissement d'une bête à cornes.

† Est etiam classifica valdè in usu involveus sensum relativè ad *os, verba, comestionem &* et affinem habet classificam 言

N. 51.

N. 207 cum quâ saepè promiscuè usurpatur in eodem sensu. Plerumquè occupat sinistrum litterarum latus et primo intuitu dignosci potest ut in 咱 Tsâ *Ego, nos.*— *Moi, nous.*

†† Distingui debet a classificâ 囗 quae amplior scribitur quia phoneticas circumdat ut in 圖 Tû *Mappa geographica; pictura Concupiscere quaerere.*—*Carte géographique : peinture. Convoiter, chercher.*

††† Originem hinc ducunt 句 后 區 quae infra.

N. 52. 山

Xān — Mons. Collis.— Montagne. Colline.

汕 ˋ Piscis super aquas insiliens ; jocari.—Poisson qui saute sur l'eau : s'amuser.

訕 ˊ Calumniari. aliorum famam lacerare.—Calomnier, déchirer la réputation d'autrui.

疝 ˊ Dolor acutus in iufimo ventre.—Douleur au bas ventre ou dans les parties naturelles.

秈 Siēn *Sp. oryzæ præcocis.* Præmaturum.—*Espèce de riz.* Précoce.

仙 ¯ Homines immortales. *Beati sectæ Tao qui immortalitate potiuntur. Genii 3æ. classis.*—Les immortels. *Les Genies de la 3e. classe.*

仚 Hiēn Paulatim elevare, in altum tollere.—Elever peu à peu, élever en haut.

† Est etiam classifica et occupat modò litterarum verticem ut in 岸 Ngán *Littus.*—*Rivage ;* modò basim ut in 岊 Tsié *Mons altus : montis latus.*—*Montagne élevée : le flanc d'une montagne ;* modò sinistrum ut in 嶸 Hûm *Altum.*—*Haut.*

†† Distinguenda a 屮 Chĕe *Germinare, erumpere.* = *Germer,* quae inter classificas exiguas et penè inutiles recensetur.

N. 53. 斗 斗 㪷 ˋ

Teu ˋ *Modius sinensis,* mensura. Ursa major.. Illicò.— *Boisseau chinois,* mesure. La grande ourse. Tout-à-coup.

𧦝 ˊ Inducere ad aliquid, tentare, hortari.—Induire à. . . tenter, exhorter.

枓 ˋ Manica. Vestium manulea.—Manche d' habit.

料 ˋ Fulchrum. Pontis lorica. Cochleare. Superadditum.— Appui. Garde-fou. Cueillère. Ajouté.

麫 ˋ *Tritici species quædam.*—*Espèce de froment.*

蚪 ˋ Sericum flavi coloris. Depraedari. Accusare.— Soie jaune. Saccager. Accuser.

抖 ˋ Animum excitare : concutere, —Encourager : ébranler.

阧 ˋ Surgere, erigere se. Praeruptum. = Se lever, se dresser. Escarpé.

斜 ˋ Sericum flavi coloris. Depraedari. Accusare.— Soie jaune. Saccager. Accuser.

蚪 ˋ Obstinatus, pertinax. *Quoddam insectum.*—Obstiné, têtu. *Nom d' insecte.*

† Præest etiam exiguae classi in quâ dexterum litterarum latus occupat ut in 料 Leào *Materia ad quidquid faciendum. Conjicere, supputare, considerare. Tractare.*—*La matière dont une chose est faite. Conjecturer, calculer, considérer. Traiter.*

N. 54. 方

Fām ¯ Quadratum. Locus. Remedium, regula. Ideo.— Carré. Lieu. Remède, règle. C'est pourquoi.

𢘻 ¯ Odisse. Contumeliis afficere.— Haïr. Injurier.

字聲綱目

N. 54.

訪 ˋ Inquirere de aliquo. Consulere, statuere. Ad notitiam pervenire. = S'enquérir de... Consulter, déterminer. Parvenir à connaissance.

迒 — Celeriter ire. = Aller vite.

旊 — Quidam architectus celebris apud antiquos = Célèbre architecte de l'antiquité.

放 ˊ Abjicere, auferre. Dimittere. Imitari. = Rejeter, ôter. Renvoyer. Imiter.

𩲡 — *Quoddam sidus. = Nom d' étoile.*

髣 ˋ Simile, similitudo. = Semblable, ressemblance.

祊 — Parentibus nuper mortuis domi sacrificare. = Sacrifice offert à la maison aux parents récemment morts.

枋 — Nauclerus. Circulus. Lignum Campecinum. = Pilote. Cercle. Bois de campêche.

坊 — Vicinia. Habitatio. Taberna. Vicus. = Voisinage. Demeure. Boutique. Rue.

房 ˆ Domus. Cubiculum. = Maison. Cabinet.

閍 — Domûs janua media. = Porte centrale d'une maison.

防 ˆ Agger; propugnaculum. Obstare, impedimentum; prohibere. Munire. = Digue; rempart. S'opposer, empêcher; défendre. Fortifier.

䇅 — *Q. utensile arundineum. = Certain ustensile en bambou.*

鈁 — Vas æneum. = Vase d' airain.

秎 — *Segetis species quædam. = Espèce de grain.*

牥 — *Q. animal camelo simile. = Quadrupède semblable au chameau.*

肪 ˆ Pingue, pinguedo. = Gras, graisse.

舫 ˊ Nauta: navarchus. Navicula 50-remis. = Matelot: pilote. Barque à 50 rames.

魴 — Piscis masculus. = Poisson mâle.

鴋 — *Q. avis.* Palustre. = *Nom d' oiseau.* Marais, marécageux.

彷 ˋ Simile, consimilis, similitudo. = Semblable, ressemblance.

仿 ˋ Similis. Non clarè videre. = Semblable. Entrevoir.

鼢 — *Talpæ species. = Espèce de taupe.*

妨 — Nocere, damnum inferre. Obstaculum, impedimentum. = Nuire, causer du dommage. Obstacle, empêchement.

紡 ˋ Nere. Tordere. = Filer. Tordre.

芳 ˆ Virtus; fama; fragrantia. Planta fragrans. = Vertu; renommée; bonne odeur. Plante odoriférante.

眆 — Confusè videre. = Voir confusément.

昉 ˋ Clarum, fulgens. Initium. = Clair, brillant. Commencement.

𠯗 — Quærere. = Chercher.

𩨋 — Pingue; unguinosum. = Gras; onctueux.

蚄 — *Insectum quoddam. = Certain insecte.*

雱 ˆ Pam Nix, ningere. Abundans. = Neige, neiger. Abondant.

祊 ˆ Januæ vacuum. = Le vide de la porte.

彷 ˆ
仿 ˆ } Dubitans, hæsitans. Similis. Agitare. = Qui doute, qui hésite. Semblable. Agiter.

† Est etiam classifica, et maximè interest animadvertere quòd in litteris quibus hæc classifica præsidet, reperitur exiguus quidam

N. 54.

appendix à phoneticis prorsùm alienus et ipsi classificæ tribuendus. Sic v. g. in 旗 旛 旟, phoneticæ sunt 其 番 與 et classifica est ubiquè 㫃. Sinenses ipsi non attenderunt ad genuinam hanc formam, et pro classificâ habuerunt simpliciter 方: evidens tamen est quòd appendix 𠂉 pertinet ad classificam, minimè verò ad phoneticas; alioquin admittendæ forent pro hâc unicâ classe sexaginta circiter novæ phoneticae quæ in aliis classibus numquam reperirentur, ut 㫧 旛 旟. Cæterùm vix necesse est addere supradictis, quòd forma et positio hujus litterae clarè semper indicant quandonam phonetica sit, et quandò classifica.

N. 55. 亢

Ham ˆ Cervix. Collum. Forte. Adigere. Æmulus. — Cou. Fort. Forcer. Rival.

忼 ˋ Inquietus. Sincerus. Magnanimus. = Inquiet. Sincère. Magnanime.

沆 ˊ Vapores sub nocte ad septentrionem apparentes =Vapeurs qui s'élèvent la nuit vers le Nord.

迒 ˆ Vestigium.=Vestige.

頏 ˆ } Avium volatus: desursùm et deorsùm volitare: circumvolitare. Avium guttur. =Vol des oiseaux: Voler haut et bas: voler autour. Gorge des oiseaux.

翃 ˆ } (idem)

欿 ˆ Avarus, cupidus pecuniæ. = Avare, cupide.

鴧 ˆ Avium volatus: circumvolitare. Avium guttur.=Vol des oiseaux: voltiger. Gorge des oiseaux.

魧 ˆ *Quidam dæmon.=Certain démon.*

IV.

ˋ

杭 ˆ Navicula. *Nomen loci in Chee-kiam.*=Barque. *Nom d' endroit au Chee-kiam.*

笐 ˊ Asserculum cui vestes suspenduntur.=Porte-manteau.

肮 ˆ Collum, guttur.=Cou, gosier.

航 ˆ Navicula voluptaria. Navigare. *Nautarum Dea quædam*=Bateau de plaisance. Naviguer. *Certaine Déesse des marins.*

衎 ˆ Nebulo.=Malfaiteur, vaurien.

骯 ˋ Fortis. Rectus. Victimæ pars. Lætitia.=Fort. Droit. Partie d'une victime. Joie.

跅 ˆ Tibias diducere. Percutere. Ouvrir les jambes. Frapper.

蚢 ˆ *Bombycis species quædam.*= *Espèce de ver à soie.*

沆 Kam ˋ Latitudo et profunditas aquarum. Sequi.=Etendue et profondeur des eaux. Suivre.

炕 ˊ Siccitas. Ad ignem desiccare. Calor = Sécheresse. Sécher au feu. Chaleur.

匟 ˊ Bisellium. Abscondere.=Canapé. Cacher.

砊 ˉ Glarea. Lapidum confusa moles.=Gravier. Monceau de pierres.

軌 ˉ Rotae vestigium.=Ornière.

酐 ˉ Salinæ. *Stagnum ex cujus desiccatione concrescit sal.*=Saline. Marais salant.

黇 ˊ Color flavus.=Couleur jaune.

抗 ˊ Resistere, obstare. Manu elevare. Deferre.=Résister, s'opposer. Elever avec la main. Porter.

閌 ˊ Janua peralta.=Porte élevée.

犺 ˊ Bubalus.=Buffle.

IV.

ˋ

N. 55.

伉 入 Copulare, par. conjuges. Resistere; odisse. = Accoupler, couple, mari et femme. Résister; haïr.

犺 入 Perversus, pertinax. *Quædam fera.*=Pervers, obstiné. *Espèce de bête fauve.*

䀾 ˉ Salinæ. *Stagnum ex cujus desiccatione, concrescit sal.* = Saline. *Marais salant.*

囥 入 Recondere, reservare. = Cacher, mettre en réserve.

吭 入 Avium guttur. = Gorge des oiseaux.

䟘 ˋ Limites, confinia. = Limites, confins.

坑 Kēn ˉ Fovea, vallis. Nocere, pessumdare.=Fosse, vallée. Nuire, ruiner.

阬 ˉ Fovea, fossa.=Fosse. Canal.

秔 — *Oryzæ species quædam.* Fruges.=*Espèce de riz.* Céréales.

妔 — Mulier formosa. Pravæ indoles.=Jolie femme, Mauvaises inclinations.

N. 56.

文

Wên Elegantia. Stylus. Oratio. Compositio litteraria; scriptura. Scientia, doctrina.=Elégance. Style. Discours. Composition littéraire; écriture. Science, doctrine.

汶 ˊ Ignominiâ afficere. *Q. fluvius in Xan tum.* = Couvrir de honte. *Certaine rivière du Xan-tum.*

紊 入 Intricare, confundere: confusio. Sericum vile. — Embrouiller, confondre: confusion. Soie inférieure.

蚉 入 Culex.=Moustique.

雯 入 Nubes coloribus variegatae: variegatum. Apum vel alorum insectorum examen. = Nuages bigarrés: bigarré. Essaim d'insectes.

抆 ˋ Abstergere; manu componere = Essuyer: arranger avec la main.

鰵 入 *Piscis quidam dictus elegans.* = *Certain poisson qu'ôn dit élégant.*

紋 ˊ Marmoris venae. Texere, acupingere. Sericum.=Veines du marbre. Tisser, broder. Soie.

蚊 入 Culex.=Moustique.

忟 Mîn 入 } Conari, vires exerere. Perturbatio. = S'efforcer. Désordre.

忞 入 }

玟 入 Marmor. Marbre.

砇 入 Lapis pretiosus; gemma 2æ. qualitatis. = Pierre précieuse de 2e. qualité.

閔 ˋ Incommoda valetudo. Commisereri. Animos addere.= Mauvaise santé. Avoir compassion. Encourager.

旻 入 } Commiseratio. Autumnus. Docilis: bonus.=Commisération. Automne. Docile: bon.

旼 入 }

吝 Lín ˊ Avaritia, avarus. Rusticus.= Avarice, avare. Paysan.

† Præest etiam exiguæ classi in quâ varium pro variis litteris locum tenet.

†† Ex hâc procedit phonetica 閔.

N. 57.

卞

Pièn ˊ Ars, methodus, lex. Celer, festinus. Turbatus.=Art, méthode, loi. Prompt, agile. Troublé.

忭 ˊ Gaudium, lætitia. — Plaisir, joie.

汴 ˊ *Q. rivus in Xan-si. Aula dynastiæ Sum.*=*Certain ruisseau au Xan-si. La cour de la dynastie Sum.*

N. 57.

抃 ˊ Manibus plaudere.=Battre des mains.

† Cavendum ne confundatur cum N. 26.

N. 58. 冘 冗

沈 ˆ In / ˇ Chên Incertus, dubius. Valdè.=Incertain, douteux. Beaucoup. Submergi. Madefieri. Condemnari. Valdè.=Etre submergé. S'imbiber. Etre condamné. Beaucoup.

頄 ˋ Os in capitis posticâ parte. Capitis vertex.=Nuque, chignon. Le haut du crâne.

劥 ˇ Conatus edere. = Faire des efforts.

殳 ˋ Suprà se percutere.=Frapper plus haut que soi.

雉 ˊ / 鴆 ˊ *Avis quam venenatam dicunt quia colubres comedit.* Venenosum.=*Oiseau qu'on dit vénéneux parce qu'il se nourrit de serpents.* Vénéneux.

酖 ˊ Vinum venenatum.=Vin empoisonné.

枕 ˋ Cervical. Palus cui boves alligantur. = Traversin. Pieu pour attacher les bœufs.

瓞 ˊ *Peponis species quædam.=Espèce de melon.*

魫 ˋ Piscis caput.=Tête de poisson.

忱 ˆ Xên Sincerus, fidelis, verax: reverà.=Sincère, fidèle, véridique: en effet.

沈 ˋ *Cognomen. Quoddam regnum antiquum. = Surnom. Nom d'un ancien royaume.*

訦 ˆ Sincerus, fidelis, verax: reverà. = Sincère, fidèle, véridique: en effet.

疣 ˆ Ventre ægrotans.=Maladie au ventre.

髧 ˋ Tan Capilli soluti. = Cheveux épars.

耽 ˆ Laetari de aliquo, gaudium. Iratus, furens. Aures pendulæ. =Se réjouir, joie. Irrité, furieux. Oreilles pendantes.

躭 ˆ Vino deditus. = Adonné au vin.

扰 ˋ Reficere, sarcire. = Raccommoder.

优 ˋ Sistere. Capilli pendentes.= Arrêter. Cheveux flottants.

躭 ˆ Furtìm aspicere. Magna laetitia, voluptas. = Regard furtif. Grande joie, jouissance.

妉 ˋ Laetitia, gaudium. Furtìm aspicere. = Joie, plaisir. Regard furtif.

紞 ˋ Obstruere, occludere. Capitis ornatus sericei.=Obstruer, fermer. Ornements de soie pour la tête.

茺 ˋ *Q. planta medicinalis. = Certaine plante médicinale.*

眈 ˆ Furtìm aspicere. Magna laetitia, voluptas. = Regard furtif. Grande joie, jouissance.

† Haec littera, si sola usurpetur, differt à 冗 (var. 宂) Jùm *Negotiis distentus, festinus. Miscere. = Occupé, pressé. Mêler;* sed in compositis omninò confunditur et in usu vulgari unicam cum illis phoneticam efficit.

N. 59. 火 火

Hò Ignis: calor.=Feu: chaleur.

邩 ˋ *Nomen loci.=Nom de lieu.*

夙 ˋ Ignis splendens. Ignis per meatum egrediens. = Feu ardent. Feu qui prend issue.

伙 ˋ Socius, collega. Opificis instrumenta.=Compagnon, collègue. Outils.

吙 ˋ Halitus urens. Respirationis strepitus.=Respiration brûlante. Bruit de la respiration.

N. 59.

疢 Chên ˆ Rubentes pusulæ.=Rougeole, petite vérole.

† Est etiam classifica sat in usu, et variè scribitur: quandò tenet sinistrum latus litterarum, scribitur ut in 燗 Xèn *Scintillare.*= *Scintiller*: quandò autem occùpat basim, tunc scribitur potissimè 灬 sicut in 熙 Hi *Splendens, florens, abundans. Concordia.* = *Brillant, florissant, abondant. Union.*

N. 60. 心

Sin ‾ Cor. Affectus. Intentio. Centrum = Cœur. Affection. Intention. Centre.

軕 ‾ Currûs rotæ, rota. = Roues d'un char.

杺 ‾ *Arbor quædam interiùs flava.* = *Arbre dont l' intérieur du bois est jaune.*

伈 ˋ Timidus, reformidare.=Timide, avoir peur.

沁 Tsin ˆ Vadum tentare. Penetrare. Explorare.=Sonder. Pénétrer. Explorer.

沁 ˆ Aer frigidum.=Air froid.

㖕 ˆ } Multùm evomere; magnus vomitus. = Vomir abondamment; grand vomissement.
吣 ˆ }

恥 Che ˇ Verecundia, confusio, erubescere.=Honte, confusion, rougir.

† Præest etiam numerosæ classi in cujus litteris duplicem formam admittit. Saepiùs scribitur 忄, et ponitur in sinistro litterarum latere ut in 懰 Liêu *Tristitia, mæror. Conqueri.* = *Tristesse, chagrin. Se plaindre*: aliquandò autem ponitur infrà, et scribitur, vel ut suprà sicut in 恖 Kiao *Humiliter se prosternere.* — *Se prosterner humblement*, vel 㣺 sicut in 忝 quem infrà, N. 403.

†† Littera 恥 pro spuriâ habetur ab auctoribus accuratis,et à vulgu tantùm introducta fuit, procùl dubio quia sensus ipsius refertur ad quemdam cordis affectum. Classicè scribi debet 耻 et tunc evanescit irregularitas pronuntiationis, quia naturaliter refertur ad phoneticam 止 N. 119.

N. 61. 元

Iûen ˆ Origo, principium, primus, Magnum.=Origine, principe. premier. Grand.

沅 ˆ *Urbs 3ii ordinis in Hu-nan. Fluvius in Hu-kuam.*= *Ville du Hu-nan. Fleuve du Hu-kuam.*

黿 ˆ *Testudo magna de quâ mira feruntur.*=*Grande tortue dont on dit beaucoup de choses fabuleuses.*

杬 ˆ *Arbor quædam cortice tinctorio.* = *Arbre dont l'écorce sert dans la teinture.*

阮 ˋ Origo. *Cognomen. Nomen loci.* = Origine. *Surnom. Nom de lieu.*

衏 ˊ Nebulo. = Vaurien, mauvais sujet.

芫 ˆ Verbascum. *Tourn.*=Le bouillon-blanc.

完 Wan ˊ Concupiscere, appetere. =Convoiter, désirer.

忨 ˆ Complere, finire, perficere.= Compléter, finir, achever.

頑 ˆ Rudis, fatuus, simplex. Pertinax.=Grossier, insensé, simple. Obstiné.

玩 ˊ Delectari. Pulchrum. Familiariter uti. =Se délecter. Beau. Avoir de la familiarité.

刓 ˆ Adaequare, rotundare, praecidere.=Egaliser, arrondir, couper.

抏 ˊ Dissipare; minuere. = Dissiper; diminuer.

N. 61.

䡝	╲	Rotundatum ; adaequatum.=Arrondi ; égalisé.	祓	人	*Sacrificium quoddam.=Sorte de sacrifice.*
妧	╱	Pulchra, venusta.=Jolie, gentille.	邦	人	*Nomen loci.=Nom de lieu.*
园	人	Rotundare, rotundum. = Arrondir, rond.	颫	人	Ventus vehemens : Turbo.=Grand vent : Tourbillon.
蚖	人	Vipera.=Vipère.	玞	一	Marmor rubrus. *Lapis quidam pretiosus.*=Marbre rouge. *Espèce de pierre précieuse.*
岏	人	Mons acutus. = Montagne pointue.	肤	人	Valetudine frui. = Se porter bien.

† Ex hâc fluit phonetica 完 N. 204.

麩	一	Farinae furfur : frumenti cortex.=Son : écorce du froment.
枎	人	Flores rari. *Quædam ligni species.*=Fleurs rares. *Espèce de bois.*
扶	人	Sustinere, regere. Inniti.=Soutenir, supporter. S'appuyer.
鈇	人	Securis.=Hache.
秩	一	*Frugis nigræ species quædam.=Espèce de grain noir.*
肤	一	Summa cutis. Tenue. Pulchrum. Caro porcina.=Epiderme. Mince. Beau. Chair de porc.
鈇	人	*Quidam piscis.=Certain poisson.*
颫	人	Ventus vehemens : Turbo.=Grand vent : Tourbillon.
妋	人	Cupidus, avidus. Mulier.=Cupide, avide. Femme.
紩	一	Vestis lacinia anterior.=Pan antérieur d'un habit.
芙	人	Hibiscus mutabilis. *Wild.=Nom d'une fleur qui change de couleur 3 fois dans la journée.*
昳	人	Sol : lux diei.=Soleil : la lumière du jour.
趺	一	Crura decussare.=Croiser les jambes.

N. 62. 井

Tsìm — Puteus. Fons. Agrorum pars ad Regem spectans. *Quædam Constellatio.*=Puits. Fontaine. Portion des champs réservée au Roi. *Constellation formée des* $\gamma, \varepsilon, \zeta, \lambda, \eta, \nu$ *des Gémeaux.*

穽	╱	Fovea : in foveam cadere. Spelunca. = Fosse : tomber dans une fosse. Grotte.
汫	╱	Rivulus. Murmur aquarum.=Petit ruisseau. Murmure des eaux.
阱	╱	Fovea : in foveam cadere. Spelunca. = Fosse : tomber dans une fosse. Grotte.
姘	╱	Solitudo, recessus. Purum.=Solitude, retraite. Pur.
耕	Kēm	Agros colere ; culturam adhibere. = Cultiver les champs.
畊	一	(idem)

N. 63. 夫

Fū — Vir. Maritus. Operarius. = Homme. Mari. Ouvrier.

袂	一	Vestis lacinia anterior.=Pan antérieur d'un habit.

N. 56.

蚨 ^ Papilio. Pecunia. *Insectum q. aquatile.*=Papillon. Argent. *Insecte aquatique.*

帙 - Vestes exteriores.=Les habits de dessus.

N. 64

云

^ Iûn Dicere, loqui. Nubes; vapores. = Dire, parler. Nuages; vapeurs.

沄 ^ Fluctuum refluxus. Aqua fluere.=Reflux des flots. Eau qui coule.

訟 ^ Sermonis inconstantia.=Langage inconstant.

雲 ^ Nubes: vapores. Tabernaculum.=Nuages; vapeurs. Tente.

邧 ˎ *Quoddam regnum antiquum.* =*Nom d'un ancien royaume.*

耺 ^ Aurium tinnitus. = Tintement d'oreilles.

抎 ˎ Perdere: cadere; vincere. Fragor. = Perdre; tomber; vaincre. Bruit.

耘 ^ Sarculare; *instrumentum ad noxias herbas avellendas.* Ligone uti.=Sarcler; herse. Bêcher.

紜 ^ Perturbare, miscere, confundere. = Troubler, mêler, confondre.

忶 ^ Huen Tristis, mœrens: mœstitia.= Triste, chagrin: tristesse.

沄 ^ Turbidum; confusum.=Trouble; confus.

魂 ^ Anima. Spiritus. Manes. Obscurum. Multitudo.=Ame. Esprit. Mânes. Obscur. Multitude.

N. 65.

王

^ Wam Rex: regnare: regnum.=Roi: régner: royaume.

汪 - Aquæ extensæ. Amplum. Profundum. Capax.=Etendue d'eau. Vaste. Profond. Capable.

迋 ˏ Illudere; decipere. Abire. Timere, obstupefieri. = Railler; tromper. S'en aller. Craindre, être stupéfait.

尪 - } Gibbus, debilis. Contractum. = Bossu, faible. Ramassé, raccorni.
尫 - }

枉 ˎ Opprimere. Defraudare. Falsum. = Opprimer. Frustrer. Faux.

徃 ^ Piscis galeatus. — Poisson à casque.

魟 ˎ Ire, incedere. Festinare. Ad. Versùs = Aller, marcher. Se presser. A. Vers.

旺 ˏ Splendens; florens. Sol lucens. = Brillant; florissant. Soleil éclatant.

+ Ex hâc oriuntur phoneticæ 匡 狂 N. 223 et 353 quas aliquandò synonymas habet in litterarum compositione.

N. 66.

厄 㔾

ᴗ Ñgo Infortunium, calamitas. Egere. =Malheur, calamité. Etre dans le besoin.

顧 ᴗ Contemplare, aspicere. Reformidare. = Contempler, regarder. Redouter.

豟 ᴗ *Ingentis porci species quædam.*=*Porc de grande espèce.*

軛 ᴗ } Jugum. *Tabula gravis quam reorum collo inserunt.* = Joug. La cangue.
枙 ᴗ }

扼 ᴗ Capere. Metum incutere. Jugum. = Prendre. Effrayer. Joug.

阨 ᴗ Infortunium: Egestas: calamitas. = Disette: calamité: malheur.

餓 ᴗ Fames: fame emaciatus. = Faim, extenué par la faim.

N. 66.

伲	ˇ	Fixum consilium habens: propositum, statutum. = Résolu, déterminé : résolution, propos.	疺	ˊ	Evomere. Dissolutus.=Vomir, débauché.
狔	ˇ	*Ingentis porci species quædam. = Porc de grande espèce.*	返	ˋ	Reverti: restituere.=S'en retourner: restituer.
呃	ˇ	Singultire. Vox inæqualis.— Sangloter. Voix inégale.	軓	ˋ	Currûs operimentum. Currûs lorica.=Couverture, ou garde-fou d'un char.
蚅	ˇ	*Magnæ erucæ species.=Espèce de grande chenille.*	坂	^	Montis declivitas. Collis. = Pente d' une montagne. Colline.
阨	ˊ Iai	Angustum. Periculosum. Urgens. Vile. = Etroit. Dangereux. Urgent. Vil.	阪	ˋ	Agger. Praeruptum. Arenaria in medio lacu.=Digue. Précipice. Banc dans un lac.
伲	ˊ	Defatigatus. Afflictus. = Fatigué. Affligé.	飯	^	Oryza cocta. Cibus: alimenta.=Riz cuit. Nourriture: vivres.
呃	ˊ	Singultus : vox inaequalis. Avium garritus.=Sanglot: voix entrecoupée. Gazouillement des oiseaux.	魬	ˋ	*Quidam piscis.= Certain poisson.*

N. 67.

仄

	ˇ Tsee	Inclinatum ; curvum. *Verborum Sinicorum tonus non planus.* = Penché ; Courbé. *Ton des mots Chinois, autre que le plain.*	仮	ˋ	Rebellis : contrarius.=Rebelle : contraire.
			販	ˋ	Vili emere et carò vendere. In viis venditare.=Acheter à bon marché et vendre cher. Vendre dans les rues.
			畈	ˊ	Ager: planities culturae tradita.=Champ: pièce de terre cultivée.
汄	ˇ	Maris status, seu conditio. Aqua decurrens. = L'état de la mer. Eau courante.	岅	^	Montis declivitas. Collis.=Le penchant d' une montagne. Colline.
昃	ˇ	Sol in occasum vergens: occasus: serò: occidens. = Soleil vers son coucher: le coucher du soleil: le soir; l' Ouest.	瓪	ˋ Pan	Stillicidiorum tegulae.=Tuiles des gouttières.

N. 68.

反

	ˋ Fan	Contrarium, è contrà: oppositum. Reverti.=Le contraire: opposé. S'en retourner.	板	ˋ	Tabula, assula. *Regula quâ satellites percutiunt reos.*= Planche. *Lattes avec lesquelles on frappe les accusés.*
			扳	—	Attrahere; invitare. Summam rem capere. = Tirer à soi; inviter. Prendre par le haut.
			鈑	ˋ	Lamina: lamella aurea vel argentea.=Lame: feuille d'or ou d'argent.
仮	ˊ	Prava indoles: violentus. Pœnitere. = Mauvais caractère: violent. Se repentir.	㧳	ˋ	Terga.=Le dos.
汳	ˋ	*Quidam Sinarum fluvius celebris. = Fameuse rivière de Chine.*	版	ˊ	Tabula geographica. Clima. Tabula. Sceptrum ministrorum. = Carte. Climat. Planche. Sceptre des ministres.
訮	ˋ	Moderatus sermo. Strepitum facere. = Langage modéré. Faire du bruit.	眅	^	Oculus albugine laborans.= Œil qui a une taie.

IV.

一

N. 68.

吸 ╱ Rusticus, immodestus.=Rustique, grossier.

† Confundi non debet cum 友 Ieù *Amicus, amicitia.=Ami, amitié.*

N. 69. 尤

Ieu ^ Insolitum: singulare. Valdè, admodùm. Conqueri, ampliùs.=Etrange: singulier. Beaucoup. Se plaindre. Davantage.

忧 ╱ Animi commotio.=Emotion.

訧 ^ Crimen, culpa, peccatum.=Crime, faute, péché.

疣 ^ Excrescens caro; polypo laborans: verruca.=Excroissance de chair; verrue; polype.

駀 ^ Equus progrediens.=Cheval qui marche.

肬 ^ Verruca; tumor; excrescens caro.=Verrue; tumeur; excroissance de chair.

吙 ^ Latratus.=Aboiement d'un chien.

蚘 ^ Intestinorum vermes. *Vexillum quoddam cui sacrificant antè prælium.*=Vers intestinaux. *Drapeau auquel les Chinois sacrifient avant le combat.*

† Est etiam clas. ifica et plerumquè scribitur 尢 vel 尣 in litterarum parte sinistrâ, sicut in 尷 Sē *Per manum deduci. Solus incedere non posse.=Etre conduit par la main. Ne pouvoir pas marcher seul.*

N. 70. 厷

Kum ^ 肱 ^ Brachium; lacertus.=Bras; avant-bras.

Hum ^ 宏 Amplum, spatiosum. Vacuum. Echo.=Vaste, spacieux. Vide. Echo.

宖 ^ Cubiculum amplum. Magna domus.=Salon. Maison spacieuse.

竑 ^ Extendere; metiri=Etendre; mesurer.

翃 ^ Alarum plausus; volatûs strepitus.=Battement des ailes; bruit du vol des oiseaux.

耾 ^ Surdus. Aurium tinnitus.=Sourd. Tintement d'oreilles.

軚 ^ Corrigia quâ viatores in curru nituntur.=Courroie pour s'appuyer dans un char.

閎 ^ Viarum janua: magna janua. Litteratus.=Porte d'une route: grande porte. Lettré.

弦 ^ Arcûs strepitus. Magnum.=Bruit d'un arc. Grand.

鋐 ^ Campanarum sonitus.=Son des cloches.

紘 ^ Pileus flocco sericeo ornatus. Cooperire, contegere. Funis sonorus. Nodus.=Chapeau avec une houppe de soie. Couvrir. Corde sonore. Nœud.

吰 ^ Campanarum sonus.=Le son des cloches.

雄 ^ Hium Avium mas. Gallus. Fortis, strenuus. Extensum.=Le mâle chez les oiseaux. Coq. Fort courageux. Etendu.

N. 71. 不

Pu ᵕ Non, minimè.=Non, point du tout.

抔 Peu ⁻ Pugillum: manu accipere, capere.=Poignée. Prendre avec la main, saisir.

呸 ⁻ Sugere, ore attrahere.=Aspirer: sucer.

怀 Feu ⁻ Irasci; ira.=Se fâcher; colère.

汖 ╲ Aqua decurrens.=Eau qui coule.

IV.

一

N. 71

鳾 ` *Columbæ species quædam.= Espèce de tourterelle.*

否 ` An? nec-ne? nonne? — Est-ce-que? oui ou non? n'est-ce-pas?

看 ^ Videre.—Voir.

紑 ¯ Sericum album. Novum. Nitidum. Vestis nova et munda. =Soie blanche. Neuf. Propre. Habit neuf et propre.

芣 ^ Plantago. *Tourn.* — Le plantain.

盃 Pēi Vas ad vinum bibendum: cyathus.=Vase pour boire du vin; coupe.

鬃 ¯ Capilli longi soluti. Barba promissa. — Cheveux longs et épars. Longue barbe.

杯 ¯ Scyphus. — Coupe.

坏 ¯ Prima rei adumbratio. Implere; addere. Fictilia. — Ebauche. Remplir; ajouter. Poteries.

肧 ¯ Fœtus, embryo: graviditas recens.—Fœtus. Embrion: grossesse récente.

衃 ^ Sanguis conculcatus. — Sang foulé aux pieds.

† Ex hâc oriuntur 丕 否 N. 138, 308: Tres hæ phoneticæ arctissimâ affinitate conjunctæ sunt et sæpè promiscuè usurpantur à vulgo, etsi contra regulas aliquandò.

N. 72. 犬

Kiüèn ` Canis. — Chien.

汱 ` Aquarum lapsus. — Chute d'eau, cascade.

畎 ` Rivulus in medio agrorum. Locus incultus.—Ruisseau ou canal au milieu des champs. Endroit inculte.

吠 Féi Latrare.—Aboyer.

† Est etiam classifica, et scribitur tùm in dextero tùm in sinistro phoneticarum latere. In 1o. casu non recedit à formâ superiùs relatâ, sicut in 獸 Xéu *Quadrupes: animal brutum. — Quadrupède; bête brute.* In 2o. casu formam mutat, et scribitur 犭 sicut in 狩 Xéu *Venatio Imperialis. Exercitûs perlustratio ab Imperatore. — Chasse Impériale. Revue Impériale.*

†† Vide annotationem N. 23.

N. 73. 互

Hú Mutuò. Simul. Reciprocè. Superpositum. — Mutuellement. Ensemble. Réciproquement. Superposé.

沍 ´ Clausum: obstructum. Frigus. —Fermé: bouché. Froid.

訏 ´ Cognoscere. Memoria. Recordari.—Connaître. Mémoire. Se souvenir.

袙 ´ Vestes breviores. — Habits courts.

冱 ´ Frigus. Gelidum. — Froid. Gelé.

酤 ^ *Vini generosi species quædam. =Espèce de vin généreux.*

麫 ´ Farina. — Farine.

桓 ´ Equus ligneus. Equitare. — Cheval de bois. Aller à cheval.

笠 ´ Girgillus, rhombus. *Bambusæ species q.* =Dévidoir, rouet à filer. *Espèce de bambou.*

苴 ´ *Quædam planta. — Certaine plante.*

跓 ´ Genuflectere. — Fléchir le genou, s'agenouiller.

N. 74. 切 切切

Tsié ˇ Præcidere: abbreviare. Serium: magni momenti. Summatim. = Couper: raccourcir. Sérieux: important. En somme.

窃 ˇ Privatum, clandestinum; particulare. Investigare.—Privé, clandestin; particulier. Faire des recherches.

沏 ˇ Aqua cum strepitu et velocitate fluens.—Eau qui coule avec bruit et rapidité.

砌 Tsi ^ Scala, gradus. Hortus. Ædificare; congerere. — Echelle, degrés en pierre. Jardin. Construire; amonceler.

眑 ˊ Aspicere, contemplare. Oculi infirmi. — Regarder, contempler. Yeux débiles.

† Oritur à 七 Tsĭ *Septem.—Sept.*

†† Littera 窃 est abbreviatio alterius litteræ sat intricatæ, scilicet 竊

N. 75. 戈

Kō ¯ Lancea: hasta. Arma bellica. Bellum. — Lance, pique. Armes de guerre. Guerre.

鈛 ¯ Aheaum, cacabus.—Chaudière, marmite.

茙 ¯ *Nomen cujusdam plantæ.—Nom de plante.*

划 Hua ^ Remus: navicula. — Rame: petit bateau.

戊 Huan ^ Tegulæ quarum concava pars cœlum respicit.—Tuiles dont la concavité regarde le ciel.

找 Chao ˋ Quærere, inquirere; supplere. Remigare. — Chercher. Suppléer. Ramer.

† Hæc phonetica litteris præest adeò irregularibus formâ et sono ut meritò expungi posset, nisi esset classifica. quandò autem est classifica, tunc sinè ullâ exceptione occupat dexterum phoneticarum latus, sicut in 戴 Tái *Gestare, deferre.—Porter.*

N. 76. 牙 二 IV.

Ia ^ Dentes. Germen. Ducis vexillum.—Les dents. Germe. Drapeau de Général.

訝 ˊ Aliquem excipere. Obviàm ire. Pallescere. Mirari.—Recevoir quelqu'un. Aller au devant. Pâlir. Admirer.

痳 ^ Morbus gravis.—Maladie sérieuse.

庌 ˊ Habitatio in areâ domûs.—Habitation dans la cour d'une maison.

厊 ˋ Non concordare.—Ne pas s' accorder.

砑 ˊ Mola trusatilis. Moletrina manualis.—Moulin à la main.

迓 ˊ Aliquem urbanè excipere: obviàm ire.—Recevoir honnêtement quelqu'un: aller au devant.

雅 ˋ Corvus. Venustas; elegans. Rectum, rectum facere; corrigere. Semper. — Corbeau. Beauté; élégant. Droit, rectifier; corriger. Toujours.

鴉 ¯

玡 ˊ Mola trusatilis. Moletina manualis.—Moulin à la main.

枒 ^ Arbor desiccata.—Arbre sec.

釾 ^ *Pugionis species quædam.—Espèce de poignard.*

齖 ˊ Dentes contorti, irregularitas dentium. Simul.—Dents irrégulières. Ensemble.

芽 ^ Regerminare; germen. Incipere. — Repousser; rejeton. Commencer.

閕 Hia ¯ Januam claudere. Non concordare. — Fermer la porte. Ne pas s'accorder.

谺 ¯ Spelunca, antrum.—Caverne, antre.

颬 ¯ Eructatio. Vomitus. Ventus. = Rot. Vomissement. Vent.

呀 ¯ Os latè aperire. *Oscitantis vox.* Proh !—Ouvrir une large bouche. *Bruit que l'on fait en baillant.* Ah!

N. 76.

蚜 — Bufo. *Quidam vermis.* = Crapaud. *Certain vers.*

犽 — Kia Inclinatus, curvus. = Incliné, courbé.

抒 — Capere, sumere. = Saisir, prendre.

穿 — Chuan Vestes induere. Perforare. — S'habiller. Trouer.

† Numeratur etiam inter classificas minimas, et penè inutiles.

N. 77. 市

Féi Vestis brevis. Contegere. = Habit court. Couvrir.

𦍑 ˊ Vervex. *Cognomen.* Violenter impellere. — Mouton. *Surnom.* Pousser violemment.

柿 ˊ Arboris folia praecidere. Rami approximati. — Couper les feuilles d'un arbre. Branches rapprochées.

肺 ˊ Pulmones. — Poumons.

芾 ˊ Umbrosum, densum, frondosum. — Ombragé, épais, touffu.

䟛 ˊ Currere. Festinare. — Courir. Se hâter.

怫 Péi Iracundia. — Colère.

沛 ʌ Fluere abundanter. — Couler abondamment.

斾 ˊ Vexilli fimbriae. — Franges d' un pavillon.

䮁 ʌ Equus. — Cheval.

覗 ʌ Tse Aspicere. Sinè invitatione apud aliquem ire. — Regarder. Aller quelque part sans avoir été invité.

IV. 一

† Probabile nobis videtur hinc originem ducere 佩 (Var. 珮) Péi *In cingulo deferre. Lapilli cingulo pendentes. Secum ferre* — *Porter à la ceinture. Porter sur soi.*

†† Cavendum ne confundatur cum 市 Xè *Forum nundinarium ; emere et vendere.* — *Marché, foire ; acheter et vendre.*

N. 78. 支

Che Ramus, divisio. Auxiliari, fulcire. — Rameau, division. Secourir, fortifier.

忮 ˊ Violentia. Repugnare. Odisse. Crudelis. Pertinax. Coutumelius afficere. — Violence. Avoir de la répugnance, haïr. Cruel. Obstiné. Injurier.

汥 — Rivuli ramus seu divisio. = Ramification d' un ruisseau.

疧 ʌ Ægrotus. Invaletudo. — Malade. Mauvaise santé.

𧘧 ʌ *Bonziarum vestis.* — *Habit des bonzesses.*

豉 — Ramus. Arborum ramusculi. — Rameau. Petites branches des arbres.

翅 ˊ Avium alæ. Piscium pinnæ. Solummodò. — Ailes des oiseaux. Nageoires de poisson. Seulement.

𣬛 ʌ Horrorem incutere. Capillorum horrorem causare. — Faire frissonner. Faire dresser les cheveux.

鳷 — Passer. *Quædam avis fabulosa.* — Passereau. *Certain oiseau fabuleux.*

枝 — Ramus. Arborum ramusculi. — Rameau. Petites branches des arbres.

翄 ˊ Avium alæ. Piscium pinnæ. Solummodò. — Ailes des oiseaux. Nageoires de poisson. Seulement.

秓 ʌ Segetum culmi. — Tiges des grains.

肢 — Membrum. Corporis extrema. — Membre. Les extrémités du corps.

N. 78.

觥 ˊ Cynthus. Scyphus ad vinum bibendum. = Tasse. Sorte de coupe pour boire du vin.

骸 ˉ Corporis membra. = Les membres du corps.

吱 ˉ Anhelitum ducere. Sonus obscurus. = Haleter. Son obscur.

庋 ˋ Ki Cella promptuaria, armarium in quo cibi asservantur. = Garde-manger, buffet pour conserver les viandes.

趌 ˊ Deambulare. = Se promener.

軝 ˇ Axis extremitas. = Bout de l'essieu.

迱 ˇ Se abscondere. Aufugere. = Se cacher. Fuir.

郊 ˊ *Quædam civitas antiqua. = Certaine ville ancienne.*

刳 ˉ Scalprum, cœlum. = Burin.

技 ˋ Ars, artificium. Peritia, industria. Vilis. = Art, métier. Adresse, industrie. Vil.

伎 ˊ Calliditas, malitia, industria, machinatio. Ingenium. = Ruse, malice, fraude. Talent.

魅 ˇ Pueri defuncti anima. Scriptum januæ affixum ad calamitates avertendas. = L'âme d'un enfant mort. Inscription pour détourner les calamités.

妓 ˊ Meretrix. = Femme publique.

跂 ˋ Deflectens; in ramos divisum. = Divergent; ramifié.

敁 ˇ
跂 ˇ
{ Sextus digitus in pede. Stare: summis pedibus se erigere. Ambulare; reptare. = 6e. doigt au pied. Se tenir debout: se lever sur le haut des pieds. Marcher; ramper.

蚑 ˇ *Insectum quoddam = Nom d'insecte.*

岐 ˇ Compitum. Trivium: in plura divisio. Florens. = Carrefour. Ramification de chemins. Florissant.

攱 ˋ Kuéi Onus imponere. Elevare. = Mettre un fardeau. Elever.

頍 ˋ Caput attollere. Acumen. = Lever la tête. Pointe.

勊 ˊ Deficere vires. Animo linqui. Exhauriri. = Manquer de forces. défaillir. N'en pouvoir plus.

† Est etiam classifica, sed exigua, et parùm utilis, accuratè distinguenda à 攴 N. 92.

N. 79. 丏

ˊ Mièn Obscurum. Contra sagittas propugnaculum. = Obscur. Parapet pour garantir contre les flèches.

沔 ˋ Plenum, redundans; aquarum copia. = Plein, qui déborde: grande quantité d'eau.

麪 ˊ Farina = Farine.

絤 ˋ Sericum tenue. Absens; remotum. = Soie fine. Absent; eloigné.

眄 ˋ Defixis oculis intueri. = Regarder fixement.

† Confundi non debet cum 丐 Kái (var. 匃) *Stipem rogitare; petere. = Demander l'aumône.*

N. 80. 木

ˇ Mu Lignum. Arbor. = Bois. Arbre.

沐 ˇ Lavare se. Balneo uti. Accipere. Experiri = Se laver. Se baigner. Recevoir. Eprouver.

N. 80. 刀 IV.

髹 Hieu Nigrum: rubrum fuscum. Vernix.=Noir: rouge foncé: vernis.

休 ― Sistere. Quiescere; tranquillus. Præcellens.=S'arrêter. Se reposer. Excellent.

梟 Hiao *Avis quædam crudelis quæ parentes occidere dicitur.* Suspendere. Strenuus. Profundum.=*Oiseau parricide.* Suspendre. Brave. Profond.

宋 ˊ Sum Morari. Habitare. *Dynastiæ duo Imperiales antiquæ.*=Demeurer. Habiter. *Nom de deux dynasties Impériales anciennes.*

† Præest etiam tamquam classifica ingenti litterarum numero quarum pleræque sunt nomina arborum ipsis Sinensibus incognitorum, quantò magis Europæis!

芧 ˊ Castanea.=Châtaigne.

抒 ˋ Xu Tundere. Aliquem manu prehendere. Dirigere. Explicare. Transfundere.=Piler: Prendre quelqu'un par la main. Diriger. Expliquer. Transvaser.

舒 ˆ Extendere. Spargere.=Etendre. Répandre.

紓 ˋ Differens, diversum. Lentus. Infelix.=Différent, dissemblable. Lent. Malheureux.

杼 ˋ Chu Radius textorius. Telae texendae fila disponere. Leve, tenue. Quercus.=Navette de tisserand. Ourdir la chaîne d'une étoffe à faire. Léger, mince. Chêne.

野 ˋ Iè Desertum; campus; sylvestre. Impolitus. Tugurium.=Désert; la campagne; sauvage. Grossier. Cabane.

N. 81. 予 予

予 ˊ Iü Dare. Concedere. Ego.=Donner. Accorder. Je.

忬 ˊ Rem prævid perpendere.=Examiner une chose avant de la faire.

預 ˊ Elephans. Præparare, prævenire, impedire, Contentus, lætitia=Eléphant. Préparer, prévenir, empêcher. Content, joie.

豫 ˊ Prædisponere; praevidere.=Disposer d'avance; prévoir.

伃 ˋ *Magistratus quem olim mulieres iniebant.*=*Charge remplie anciennement par des femmes.*

好 ˆ Rituum seu cæremoniarum magistra. Bonum, excellens; bonitas.=Maîtresse de cérémonies. Bon, exellent; bonté.

序 ˋ Siü Vallis aut domus directionem habens ab Oriente ad Occidentem. Collegium. Ordo, dispositio. Librorum praefatio seu proëmium.=Vallée ou maison orientée de l'Est à l'Ouest. Collège. Ordre, disposition. Préface d'un livre.

抒 ˋ

阡 ˋ

† Quum littera 豫 in usu communi sæpè veniat, et loco litterarum complurium ejusdem pronuntationis usurpetur, expedit pauca annotare de ipsius formâ. Primo intuitu perspicuum videtur hanc litteram referri ad phoneticam 象; et 康熙字典 huic sententiae adhaesit quandò collocavit 豫 (quae est varietas ejusdem litterae) sub classificâ 矛. Probatur tamen referri debere ad hanc phoneticam: 1o. ex convenientiâ sonûs cum ipsâ: 2o. ex convenientiâ sensûs cum phoneticâ 象 quae in hoc casu tamquam classifica adhibetur, et sequitur mos omnium classificarum quæ sensum indicant, minimè verò pronuntiationem: 3o. ex eodem *Kam-hi* qui oblitus classificæ sub quâ varietatem collocaverat, retulit 豫 (quæ est originalis forma) ad classificam 豕 et sic agnovit 予 tamquam phoneticam.

Cœterùm nemo negare potest hanc litteram à regulis communibus recedere.

N. 82. 引

In ＼ Dirigere, ducere. Introducere. =Diriger, conduire. Introduire.

靷 ／ Antilena. Corrigiâ ante equorum pectus quâ currus trahitur.=Poitrail du cheval. Courroie qu'on met au poitrail d'un cheval de trait.

鈏 ＼ Stannum.=Etain.

肕 ／ Cicatrix.=Cicatrice.

蚓 ＼ Lumbricus.=Vers de terre.

訠 Xên ＼ Ridere. Quantò magis.=Rire. Combien plus.

矧 ＼ Quantò magis. = Combien plus.

吲 ＼ Irridere, ridere.=Railler, rire.

紖 Chên ＼ Funiculus quo animal ducitur. Ducere.=Lesse qui sert à conduire un animal. Conduire.

N. 83. 丑 丒

Cheu ＼ Hora 2a. matutina. Spiculum. =Deux heures du matin. Javelot.

杻 ＼ Manicæ, compedes. Clava.=Menottes. Entraves. Massue.

扭 ＼ *Instrumentum quoddam quo rei torquentur.=Certain instrument de torture.*

肚 ＼ Cubitûs junctura. Destruere, nocere.=Jointure du coude. Détruire, nuire.

吜 ＼ Vox, sonus. Strepitus.=Voix, son. Bruit.

忸 Nieu ＼ Assuetus. Pertinax. Erubescere. = Accoutumé. Obstiné. Rougir.

炄 ＼ Semi-siccum.=A moitié sec.

誀 ＼ Erubescere.=Rougir.

粈 ／ *Oryzæ species quædam.=Espèce de riz.*

扭 ＼ Sigilli manubrium. Vestium globuli. = Poignée d'un cachet. Boutons d'habit.

杻 ＼ *Amygdali species q.* Baculus, clava. = *Espèce d'amandier.* Bâton, massue.

扭 ＼ Volvere. In orbem movere. Tordere.=Rouler. Faire tourner. Tordre.

鈕 ＼ Rotæ motus. Tordere. Manicæ. Vestium globuli.=Mouvement d'une roue. Tordre. Menottes. Boutons d'habit.

衄 ＼ Sanguis è naribus fluens.= Sang qui coule par le nez.

狃 ＼ Dissolutus. Pravæ indolis. Assuetus. Familiaris. Statim.= Dissolu. Méchant. Accoutumé. Familier. Aussitôt.

紐 ＼ Nodo adstringere. Ligare. Pactum, contractus. Funis=Nouer. Lier. Corde. Pacte, contrat.

N. 84. 夬 叏

Kuai ／ Fluere. Certè. Chorda.=Couler. Certainement. Corde de violon.

快 ／ } Celeriter, alacritas, expeditè, festinus. Hilaris, lætus. =Promptement, lestement, vite, prompt. Gai, joyeux.

駃 ／

狭 ＼ Callidus. Turbator. = Rusé. Pertubateur.

訣 Kiüè ˇ Consilio firmus. Ars. Eloquentia. Renuntiare. Morientis ultima verba=Determiné, ferme. Art. Eloquence. Renoncer. Dernières paroles d'un mourant.

N. 48.

疦 ˇ Ulceris profunditas. = Creux d'un ulcère.

玦 ˇ Annulus. Cinguli ornatus ex lapide pretioso.= Anneau. Ornement de ceinture en pierres précieuses.

駃 ˇ Mulus. Celeriter. Hilaris, contentus.=Mulet. Vite. Joyeux, content.

抉 ˇ Fodere. Evellere. Pellere.= Creuser. Arracher. Pousser.

弽 ˇ Annulus eburneus quo utuntur Sagittarii ne arcûs funis digitos feriat.=Anneau d'ivoire pour tirer de l'arc.

鴂 ˇ } *Avis q. in æquinoctio cantans. Avis q. quæ parentes vorat.* Vox acuta. *Avis flava quædam. = Certain oiseau qui chante aux équinoxes. Oiseau parricide.* Voix aigue. *Certain oiseau jaune.*

鴂 ˇ

刔 ˇ Fodere. Evellere. Pellere.= Creuser. Arracher. Pousser.

缺 ˇ Vas fractum. Defectus, vitium.=Vase brisé. Défaut, vice.

觖 ˇ Avidè expectare. Absentia alicujus personae. Discooperire. Annulus. Fibula.=Attendre avec impatience. Absence de quelqu'un. Découvrir. Anneau. Agrafe.

鴃 ˇ *Avis q. in æquinoctio cantans. &c. (Vide supra)*

紻 ˇ Filorum sericeorum manipulus.=Echeveau de soie.

英 ˇ *Q. planta medicinalis.=Certaine plante médicinale.*

殃 ˇ Hiuè Mori, finire. Luna senescens. =Mourir, finir. Lune en décours.

颵 ˇ Ventus.=Vent.

吷 ˇ Vox exigua. Sonus exilis. Bibere.= Voix faible. Son léger. Boire.

鈌 ˇ Iuè Pungere. Sumere. = Percer. Prendre.

妜 ˇ Fastidire. Spatium inter nares et oculos.=Se dégouter. Espace entre le nez et les yeux.

袂 ˊ Méi Manica. Expandere. = Manche. Déployer.

N. 85. 殳

ˇ Mu Ab aquis extrahere. Undâ se immergere ad aliquid extrahendum. = Retirer de l'eau. Plonger dans l'eau pour en tirer quelque chose.

沒 ˇ Aquis se immergere. Sepelire, extinguere. Finire. extraneus. Non, nec.=Plonger. Ensevelir. Eteindre. Finir. Etranger. Non, ne pas.

歿 ˇ In senectute mori. Finire.= Mourir vieux. Finir.

† Distinguenda a No. 101 cum quâ Sinenses ipsi saepe eam confundunt, sed perperàm.

† Vide No. 461 in annotatione.

N. 86. 巴

ˉ Pa Utinàm. Adhaerere. *Q. serpens.* Cauda.=Plût à Dieu. Adhérer. *Espèce de serpent.* Queue.

怕 ˊ Timere. Hypothesis.=Craindre. Supposition.

疤 ˆ Cicatrix, pustula. Nervorum morbus. = Cicatrice, pustule. Maladie des nerfs.

䎬 ˆ Caro desiccata. = Viande sèche.

豝 ˉ Sus biennis. Aper. Caro sicca.=Porc de deux ans. Sanglier. Viande sèche.

髱 ˆ Capilli implexi. Cirrus.=Cheveux en désordre. Boucle de cheveux.

杷 ˆ *Mespilus Japonica.* Manubrium =*Néflier du Japon.* Manche, poignée.

N. 86.

靶 ╱ Habenae. Corrigia.—Rênes. Courroie.

把 ╲ Pugillum. Sustinere, protegere. Capere. *Numerale rerum quæ capiuntur.*—Poing. Soutenir, protéger. Saisir *Numéral des choses que l'on saisit.*

弝 ╱ Arcûs medium. — Le milieu de l'arc.

笆 ╲ Bambusa spinosa. Sepes.— Bambou épineux. Haie.

鈀 ╱ }Occa. Currus bellicus. Cuprum, æs.=Herse. Char militaire. Cuivre, airain.

耙 ╱ (same as above)

皅 ^ Cicatrix, vulnerare: summam cutem ferire.—Cicatrice, blesser: percer l'épiderme.

舥 ^ Rates. Pons ex naviculis confectus.=Radeau. Pont de bateaux.

觰 ^ Cornua ampla.=Grandes cornes.

爬 ^ Terram fodere. Se scabere. Scandere. = Bêcher. Se gratter. Grimper.

皅 ^ Florum nitor. Albedo. Inflorescentia. — Eclat des fleurs. Blancheur. Inflorescence.

妑 ^ Cirri quos ad frontis latera gestant puellæ. — Boucles de cheveux que portent les jeunes filles aux côtés du front.

齙 ╱ Dentes contorti seu irregulares.—Dents irrégulières.

芭 — Musa coccinea. Florum expansio. — Bananier à fleurs. Epanouissement des fleurs.

豝 — Concha pretiosa.—Coquillage précieux.

吧 — Infantium clamores. Vox rauca. Os amplum.—Cris des enfants. Voix rauque. Large bouche.

欛 ╱ Cultelli capulus.—Manche d'un couteau.

跁 ╱ Breve. Reptare. Modò *istud,* modò *illud.*— Court. Ramper. Tantôt *ceci*, tantôt *cela*.

蚆 ^ Testudinis cortex. Conchylia pretiosa. — Ecaille de tortue. Coquillage précieux.

帊 ╱ Sudariolum. Velum ductile. Fasciculus. — Mouchoir. Rideau. Paquet.

N. 87. 乏

乏 ˘ Fa Defatigari : deficere. Lassus. Restituere.—Se fatiguer: manquer. Las. Rétablir.

疺 ˘ Defatigatio : debilitas.—Fatigue ; faiblesse.

姂 ˘ Mulier venusta.—Femme jolie, ou gentille.

泛 ╱ Fan Innatare. Parvum ; delicatum.=Surnager. Petit ; délicat.

諚 — Inconsideratè loqui.— Parler sans réflexion.

柉 ╱ *Cortex quidam ex quo funes fieri possunt.—Certaine écorce dont on peut faire des cordes.*

犯 ╲ Contra aliquem insurgere. Offendere: jus alienum lædere. —S'élever contre. Offenser : blesser les droits d'autrui.

芝 ╱ Plantæ aquis supernatantes.— Plantes qui surnagent.

岎 ╱ *Quidam mons.—Nom de montagne.*

窆 ╱ Pièn Sepelire. Loculum mutare.— Enterrer. Changer la bière.

砭 ^ Lapis ad chirurgicas operationes agendas.—Pierre pour faire des opérations de chirurgie.

貶 ╲ Vituperare : reprehendere, deprimere.— Blâmer : censurer, déprimer.

† 康熙字典 locat hanc litteram inter eas quæ quinque ductibus constant ; attamen communis eam scribendi modus admittit solummodò quatuor ductus.

N. 80.

†† Confundi non debet cum 之 Chē *Nota genitivi aut participii. Ille, iste.*=*Marque du génitif ou du participe présent.*=*Lui, celui-ci.*

Tié *Pannus laneus.* = *Drap de laine* 氈 Jum *Pilorum abundantia.* = *Abondance de poils.* 毶 Tsin *Coma composita.*=*Cheveux arrangés.*

N. 88. 毛

Mâo — Pili, lana, lanugo, barba. Herba. = Poils, laine, duvet, barbe. Herbe.

旄 ^ Equina cauda in auctoritatis signum delata. = Queue de cheval quel'on porte en signe d' autorité.

髦 ^ Capilli hinc et indè è puerorum fronte penduli. = Cheveux pendants aux côtés du front des enfants.

耄 ´ Nonagenarius. Præ senectute hebescere. = Nonagénaire. Tomber dans l' enfance.

酕 ^ Temulentus.=Ivre-mort.

覒 ´ Seligere. Torvè aspicere.= Choisir. Regarder de travers.

秏 ´ Minui; usu atteri. Spoliare, injuriam inferre.=Diminuer; s'user. Dépouiller, injurier.

牦 ^ Pilei ornatus ex vaccæ pilis confectus.=Ornements de chapeau faits de poils de vache.

芼 ´ Olera. Fœnum, pabula. Cibos coquere et apponere.=Herbes potagères. Foin, pâture. Cuire et servir des mets.

眊 ´ Oculi obscuri; quasi cæcus.= Yeux obscurcis; presqu' aveugle.

託 Háo Nuntium, notitia; annuntiare. =Nouvelle; annoncer.

毣 Mǔ Excellens, perfectus. Diversus; mutans. = Excellent, parfait. Différent; changeant.

耗 ´ Orbatus; sinè. Finire. Pravus. Confusum. = Privé de; sans. Finir. Mauvais. Confus.

\+ Est etiam classifica et collocatur nunc in dexterâ, nunc in sinistrâ litterarum parte, rarò in infimâ, nunquàm in supremâ: ex. gr. 氎

N. 89. 午

Ù — Meridies. Transversim. Non obedire.=Midi. En travers. Désobéir.

忤 ´ Resistere, mandatis non obtemperare, rebellare.—Résister, ne pas obéir, se révolter.

迕 ´ Obviàm ire. Resistere, rebellare.=Aller au devant. Résister, se révolter.

仵 ´ Concordia; consonans. Æquale. Par, duplex. Qui defuncti curam gerit.=Union; qui s'accorde Egal. Double. Qui a soin d'un mort.

杵 Chù Pilum, *instrum. ad tundendum.* =Pilon, *instrument pour piler.*

許 Hiù Annuere, permittere. Ità, hoc modò. Valdè, multi.=Consentir, permettre. Ainsi, de cette manière. Beaucoup, nombreux.

† Postrema hæc littera tanquàm phonetica usurpatur in 滸 Hù *Aquæ ora; ripa.* = *Bord de l'eau; rivage.*

N. 90. 牛

Nieû — Bos. Vacca. Lyra *signum cæleste.*=Bœuf vache. La constellation la Lyre.

魠 ^ *Quidam piscis.*= *Certain poisson.*

芊 ^ *Medicina quædam.* = *Nom d' une médecine.*

牢 Lâo Stabulum, carcer. Forte, durum.=Etable, prison. Fort, dur.

件 Kièn *Numerale rerum et negotiorum.* =*Numéral des choses et des affaires.*

N. 90. IV. 丿

† Est etiam classifica et aliquandò infima litterarum. tenet ut in 犨 Chêu *Strepitus quem vacca respirando edit. Strenuus. Exire.* =*Bruit de la respiration des vaches. Courageux. Sortir:* pleruinquè autem sinistrum latus occupat, et scribitur 牜 ut in 物 Kiēu *Bos strenuus.*=*Bœuf courageux.*

N. 91. 夭

Iāo Novum. Pulchrum. Breve. Debile. = Nouveau. Beau. Court. Faible.

宎 ` Recessus, solitudo. Hyems. Ventus per rimas flans.= Lieu retiré, solitude. Hiver. Vent qui souffle à travers les fentes.

祆 ‒ Monstruosum. Infelicitas.= Monstrueux. Infortune.

殀 ` Mors præmatura: in juventute mori.=Mort prématurée: mourir dans la jeunesse.

仸 ` Membris contortus. Debilis. Senio confectus = Contrefait. Faible. Accablé de vieillesse.

妖 ‒ Pulchritudo. Extraordinarium. Phantasma. Genii immutatio. = Beauté. Extraordinaire. Fantôme. Génie métamorphosé

怾 ´Ngao Timor, formido.=Crainte, frayeur.

髮 ` Altum, elevatum.=Haut, élevé.

扷 ´ Metiri.=Mesurer.

芺 ´ *Q. planta medicinalis.*=*Certaine plante médicinale.*

吷 ‒Hiao Vox inhonesta. Clamores = Parole deshonnête. Clameurs.

笑 ´Siao Ridere, irridere, ludere jocari.=Rire, se railler, jouer, s'amuser.

飫 ´Iü Satur, saturitas: immoderatè comedere.=Rassasié, satiété: manger immodérément. Ingluvies. Satisfacere, explere.=Gloutonnerie. Satisfaire, remplir.

沃 Ŭ Terra pinguis. Luxurians vegetatio: abundans. Aquâ emollire, lavare.=Terre grasse. Végétation riche: abondant. Amollir dans l'eau, laver.

† Cavendum ne confundatur cum 天 Tiēn *Cælum; Cæli ratio suprema. Dominus.* =*Le ciel; la Raison suprême du ciel. Seigneur.*

N. 92. 攵 攴

Pŭ Percutere. Gubernare. Ordinare. = Frapper. Gouverner. Mettre en ordre.

牧 Mŭ Pascere: pastor. Magistratus. Præfectus.=Paître: pasteur. Magistrat.

玫 Mêi *Quædam gemma.* Rosa. = *Certaine pierre précieuse.* La rose.

枚 ^ Virga. Truncus. Globulus. Lignum ori insitum ad loquelam impediendam.=Baguette. Tronc. Petite boule. Baillon.

† Præest etiam tanquàm classifica non paucis litteris valdè usitatis quarum dexterum quoque latus occupat.

†† Distinguenda à N. 78 cum quo varietas hujus similitudinem habet.

N. 93. 丹 冊

Tân Color rubrus, rubrum.=Couleur rouge, rouge.

聃 ^ *Quidam senex. Cognomen.*= *Certain vieillard. Surnom.*

坍 ‒ Ruina, lapsus.=Ruine, chute.

刐 ` Radere. Ense animadvertere. Scalpellum.=Racler. Tuer à coups d'épée. Ciseau.

旃 ‒Chan Vexillum. Obsequium. Conatus. = Etendard. Respect. Efforts.

N. 93.

柟 Nan Quædam arbor fructu acido. —Certain arbre qui donne un fruit acide.

蚺 Quidam serpens magnus edulis. — Certain serpent bon à manger.

彤 Tum Color carneus. Ornamenta rubra.—Couleur de chair. Ornements rouges.

N. 94. 勻 匀

Iün Planum, æquale, uniforme. Pauci.—Uni, égal, uniforme. Peu nombreux.

韵 Concordia musica. Voces consonæ.—Harmonie musicale. Voix qui s'accordent.

畇 Terram colere. Campus spatiosus. — Cultiver la terre. Champ spacieux.

均 Kiün Planum, aequale. Justum.—Plane, égal. Juste.

鈞 Magnum. Vox honorifica, ut Da. Va. Pondus 30 librarum. Planum, Cœlum. — Grand. Mot honorifique. Poids de 30 livres. Uni, juste. Le ciel.

呁 Evomere.—Vomir.

杓 Tsia Pecten dentibus raris.—Peigne à dents claires, démêloir.

N. 95. 月

Iüe Luna. Mensis. = La Lune. Mois

抈 Movere, excitare. Radicitùs frangere. — Mouvoir, exciter. Briser à la racine.

鈅 Hasta ferro semicirculari. = Pique armée d' un fer en demilune.

刖 Pedes in supplicium amputare.— Supplice de couper les pieds.

† Præest etiam exiguae classi in quâ plerumquè litterarum sinistrum latus tenet, sicut in 朒 ü Luna oriens.—Lune qui se lève.

†† Confundi non debet cum magnâ classificâ 肉 Jü Caro.—Chair, quæ in compositis scribitur 月. Ea inest distinctio inter utramque quod in priori (月), littera 二 Ell Duo, partiri,—Deux, diviser, non occupat omninò vacuum interiorem; dum è contrà in posteriori extenditur à sinistro ductu usquè ad dexterum, eosque connectit. Huic parvo discrimini quùm rarò vel nunquàm attendatur, Cl. Gonçalves ambas classificas in unam compegit; sed vulgus maluit clariores limites inter utramque statuere, et admisit formam 月 pro classificâ Caro: quam formam in hoc opere secuti sumus.

N. 96. 勿

U Non, minimè. Prohibere. Ardenter desiderare.—Non. Prohiber. Désirer ardemment.

沕 Distans, profundum. Absconditum. Intricatum.—Eloigné, profond. Caché. Embrouillé.

物 Res. Merces. Genus.—Chose. Marchandise. Genre.

迿 Remotum. Metiri.—Eloigné. Mesurer.

芴 Absconditum. Intricatum.—Caché. Embrouillé.

惚 Hu Subitò, repentè. Sensum amittere, oblivisci; negligentia, contemnere. — Soudain. Perdre connaissance, oublier; négligence, mépriser.

雺 Tonitru.—Le tonnerre.

麫 Offa ex puriore farinâ.—Gâteau fait avec de la meilleure farine.

N. 96.

笏 ˇ *Sceptrum quoddam apud Ministros Regem invisentes usitatum. = Sceptre que portent les Ministres lorqu'ils visitent le Roi.*

忽 ˇ *Est phonetica: vide N. 466.*

鶻 ˇ *Quædam avis rapax. = Nom d'un oiseau de proie.*

眒 ˇ Oculorum infirmitas. = Faiblesse d'yeux.

昒 ˇ Crepusculum. Parva lux.= Le crépuscule. Lumière faible.

囫 ˇ Rotundum; integrum. Completum.=Rond; entier. Complet.

歾 ˇ Mu } Sepelire, abscondere. Mori, finire. = Ensevelir, cacher. Mourir, finir.

圽 ˇ

肳 Wèn Oris anguli.=Les coins de la bouche.

刎 ˋ Trucidare: Caput obtruncare. =Massacrer: couper la tête.

伆 ˋ Disjungere, separare. Frangere. Abradere. = Désunir, séparer. Casser. Raser.

吻 ˋ Verba, labia, lingua. Ementito corde loqui =Paroles, lèvres, langue. Parler contre sa pensée.

† Ex hâc originem ducit phonetica 忽 N. 466.

N. 97. 及

Kǐ Pervenire ad ... usque ad ... Et.=Parvenir à.. jusqu'à. Et.

汲 ˇ Aquam haurire. Quiescere.= Puiser de l'eau. Se reposer.

疲 ˇ Debilitatus à morbo. Lassitudo.=Affaibli par la maladie. Lassitude.

衱 ˇ Vestium latera. Vestium posteriora. = Les côtés d'un habit. Le derrière d'un habit.

极 ˇ Canistrum. Clitellae.=Panier. Bât.

圾 ˇ Periculum, periculosum. = Danger, périlleux.

阪 ˇ Gradus, dignitas, ordo, ordinatum. In gradus partitio. = Grade, dignité, ordre, mis en ordre. Division par degrés.

笈 ˇ Loculamenta pro libris.=Cases pour mettre des livres.

急 ˇ Urgens, inevitabile. Inquietus, implicatus. = Urgent, inévitable. Inquiet, impliqué.

鵖 ˇ *Quædam avis parva.=Certain petit oiseau.*

扊 ˇ Januae pessulus. = Verrou, ou tranque de la porte.

彶 ˇ Velociter; festinare.= Promptement; se hâter.

伋 ˇ Fraudulenter. Accuratè. Instare, urgere. = Frauduleusement. Avec soin. Presser, pousser.

級 ˇ Gradus, dignitas, ordo, ordinatum. In gradus partitio.= Grade, dignité, ordre, mis en ordre. Division par degrés.

芨 ˇ *Planta quædam ex quâ fit papyrus. = Certaine plante dont on fait du papier.*

岋 ˇ } Altum; praeruptum. Mons altus. Periculum. Mutans, inconstans. =Haut; escarpé. Montagne élevée. Danger. Changeant, inconstant.

岌 ˇ

鼚 Hǐ Sonus per nares emissus.=Son émis par les narines.

吸 ˇ Sorbere, bibere. Respiratio; halitum ducere.=Aspirer, boire. Respiration; respirer.

扱 Chǎ Arripere, colligere. Ducere. Commendare! Lucrum Plantare Vestes colligere=Ramasser. Conduire. Confier. Gain. Planter. Retrousser ses habits.

狋 ˇ Vorare. = Dévorer.

N. 97.

訯 Sa ˘ Verba violenta. Forte, durum. = Paroles violentes. Fort, dur.

馺 ˘ Leve. Equus velox. = Léger. Cheval rapide.

靸 ˘ Calceamenta. = Souliers.

鈒 ˘ *Cultrum in tabernis scamno affixum.* Lancea. = *Couteau fixé sur pivôt à un banc dans les boutiques.* Lance.

趿 ˘ Pedem protendere. Capere. Incedere. = Etendre le pied. Prendre. Marcher.

N. 98. 欠

欠 ˊ Kièn Deficere ; debitum ; egestas. = Manquer ; dette ; pauvreté.

⿰亻欠 ˊ Deficere, egestas. *Cognomen.* = Manquer, indigence. *Surnom.*

芡 ˋ Nymphæa. *Lin.* Verax. = Le nénuphar. Véritable.

忺 ˉ Hiēn Desiderium, appetere. = Désirer, désirer ardemment.

杴 ˉ Vectis. = Levier, barre.

砍 ˋ Kan Præcidere, amputare, cædere. = Trancher, couper, tailler.

坎 ˋ Fossa. In foveam cadere. Periculosum. = Fosse. Tomber dans une fosse. Dangereux.

扻 ˋ Percutere. = Frapper.

炊 ˉ Chuēi Coquinare. Cibos præparare. = Faire la cuisine. Préparer les aliments.

龡 ˉ Tibia. = Instrument à vent.

吹 ˉ Sufflare. = Souffler.

飲 ˋ In Bibere = Boire.

† Est etiam classifica et occupat dexterum phoneticarum latus, ut in 款 (var. 款 歀) Kuàn *Sincerus, integer. Diligere, benefacere. Formula.* = *Sincère, intègre. Aimer, faire du bien. Formule.*

N. 99. 斤

斤 Kīn Libra Sinica, *pondus decem unciarum.* Perpendere. Benevolus. = Livre *Chinoise, poids de dix onces.* Peser. Bienveillant.

靳 ˊ Firmum. Sumptibus parcere ; avarus. Ruborem alicui suffundere. = Ferme. Epargner ; avare. Faire rougir quelqu'un.

釿 ˊ Libræ pondera. Libra *Sinica.* = Poids de balance. Livre *Chinoise.*

近 ˊ Accedere, proximus, vicinus ; nunc. Commune. = Avancer, proche, voisin ; maintenant. Commun.

劤 ˊ Fortis, robustus. = Fort, robuste.

芹 ˆ Samolus Valerandi *Lin.* Allium. Baccalaureus. = Mouron d'eau. Ail. Bachelier.

忻 Hīn Lætari : gaudium. = Se réjouir : joie.

炘 ˉ Calor ; magnus ignis ; comburere. = Chaleur ; grand feu ; brûler.

訢 ˉ Lætitia, gaudens, jucundari. Præ gaudio ridere. = Joie, joyeux, se réjouir. Rire de joie.

⿸疒斤 ˉ Intumescere. Calor in cute, fervor cutaneus. = Enfler. Chaleur à la peau.

欣 ˉ Lætitia, gaudens, jucundari. Præ gaudio ridere. = Joie, joyeux, se réjouir. Rire de joie.

妡 ˉ *Cognomen muliebre.* = *Surnom de femme.*

N. 99.

昕 一 Gaudens. Lætitia. = Qui se réjouit. Joie.

昕 一 Diluculum, auroræ initium. = Le point du jour, le commencement de l'aurore.

沂 ˆ În Gladii acies. *Nomen fluvii et urbis.* = Fil de l'epée. *Nom de fleuve et de ville.*

圻 ˆ Limites, confinia. = Limites, confins.

釿 ˋ Gladii acies. Cædere. Bipartiri. Runcina. = Tranchant d'un glaive. Couper. Partager en deux. Rabot.

齗 ˆ Gingiva. Contendere, irâ exardescere. = Gencive. Se disputer, être enflammé de colère.

听 ˋ Os amplum ; ridere. Oscitari. Respondere. = Large bouche ; rire. Bâiller. Répondre.

旂 ˆ Kî Proregum vexillum. = Drapeau de Vice-roi.

祈 ˆ Orare, petere, supplicatio, preces. = Prier, demander, supplication, prière.

圻 ˆ Mille stadia, seu *li*. = Mille *lis*.

頎 ˆ Longum ; altum ; magnum. Elegans. = Long; élevé; grand. Elégant.

蚚 ˆ *Muscæ species quædam.* = *Espèce de mouche.*

匠 ˊ Tsiam Opifex, artifex, operarius. = Artisan, artiste, ouvrier.

所 ˊ Sò Locus. Quod *relativum*, illud quod. = Lieu, endroit. Que *relatif*, ce qui.

† Est etiam classifica, in phoneticarum latere dextero plerumquè sita, ut in 斮 Chǒ *Præcidere, in frusta concidere.* = *Couper, couper en morceaux,*

N. 100. 升 丿 IV.

Xēm Ascendere, surgere. Congere re. *Modii decima pars.* = Monter, s'elever. Accumuler. *La dixième partie du boisseau.*

阩 ˆ Ascendere, progredi, promoveri. = Monter, avancer, être promu.

昇 ˆ Sol oriens. Ascendere. Tranquillus. = Soleil levant. Monter. Tranquille.

跰 ˆ Procedere, promoveri, pedetentim ire. Ascendere. = S'avancer, être promu, aller pas à pas. Monter.

抍 ˋ Chêm Levare, erigere, auxiliari, salvare. = Lever, dresser, secourir, sauver.

† Aliquandò in compositis scribitur 垩 ut litteræ pleniores et elegantiores appareant.

N. 101. 戶 户 户

Hú Janua, porticus. Pater-familias. Protegere. = Porte, portique. Père de famille. Protéger.

戽 ˊ Situla. Manu accipere. = Seau à puiser. Prendre avec la main.

鳸 ˋ }
鳸 ˋ } *Avis quædam in Moro arbore frequens.* = *Certain oiseau qui fréquente les mûriers.*

帍 ˊ Vestis collare. = Le collet d'un habit.

魱 ˊ *Quidam piscis.* = *Nom d'un poisson.*

昈 ˊ }
昈 ˊ } Lucidum, clarum ; illuminare. = Brillant, clair ; illuminer.

N. 101.

丿

芦 ′ *Quædam medicina ex herbis confecta.—Certain remède fait avec des herbes.*

岃 ′ Parvus mons.—Petite montague.

雇 ′ Ku Conducere.—Prendre à louage.

妒 ′ Tu Invidia, zelotypia ; invidiari. Odium.—Jalousie ; porter envie. Haine.

† Est etiam classifica et occupat phoneticarum suprema, sicut in 㕞 Só *Strepitus dolabræ lignum æquantis.—Bruit qu'on fait en verlopant.*

N. 102. 爪

\ Chao Unguis, ungula. Arripere.—Ongle, corne du pied des animaux. Saisir.

朳 – Lignum acuminatum, clavus. —Bois pointu, clou, cheville.

抓 ′ Leviter scabere. Blandiri.—Gratter légèrement. Flatter, caresser.

笊 ′ Cribrum ; colum. — Crible ; couloir, passoire.

帎 \ Caput obnubere.—S'envelopper ou voiler la tête.

† Est etiam classifica exigua, et quandò litterarum caput occupat, tunc scribitur ⺤, sicut in 爰 Luán *Gubernare, regere.—Gouverner.*

N. 103. 殳

^ Xu Lancea. Baculus. Exemplar. —Lance. Bâton. Exemplaire.

設 ˘ Xee Statuere. Ponere, collocare. Disponere, præparare. —Déterminer. Mettre, placer. Arranger, préparer.

刕 ′ Xan Resecare, præcidere. — Retrancher, couper.

芟 – Sarrire. Desecare. — Sarcler. Faucher.

酘 ′ Teu Vino inebriari: temulentus.— S'enivrer: ivre-mort.

投 ^ Dejicere, prostrare. Assistere. —Jetter en bas, renverser. Assister.

吺 – Loquacitas. Galea.—Loquacité. Casque.

骰 ^ Nates: crura. Tessera.—Les fesses: les jambes. Dé à jouer.

羖 \ Ku Hircus. Hædus.—Bouc. Bélier.

股 \ Nates: crura. — Les fesses: les jambes, les cuisses.

疫 ˘ I Pestis.—La peste.

垼 ˘ Præfurnium, clibani os.—La bouche d'un four.

役 ˘ Satelles; miles. Servus. Præfectorum ministri.—Satellite; soldat. Valet. Les gens du Mandarin.

† Est etiam classifica, et in phoneticarum dextero latere collocatur, ut in 殷 In *Abundanter : valdè, multi. Quodlibet.—Abondamment : beaucoup. Quoi-que-ce-soit.*

N. 104. 屯 乇

^ Tuen Congregare, congerere, conjungere. — Rassembler, amasser, joindre.

沌 ′ Confusio, chaos. Purum ; sinè mixtione.—Confusion, chaos. Pur ; sans mélange.

炖 ^ Ardens, valdè urens.—Ardent, très brûlant.

粍 Placentæ quædam rotundæ.— Certains gâteaux ronds.

黗 Color flavus.—Couleur jaune.

坉 Agger. Puteus: stagnum.— Monceau. Puits: étang.

扽 Quatere, concutere.—Secouer, ébranler.

笹 Arca. Canistrum. Vas in quo reponuntur fruges.—Cassette. Panier. Vase où l'on met des grains en réserve.

鈍 Stupidus, hebes, rudis: surdus, sine affectu.—Stupide, hébété, grossier: sourd, sans sentiments.

飩 Placentæ quædam rotundæ.— Certains gâteaux ronds.

魨 Piscis quidam venenosus. — Nom d'un poisson vénéneux.

頓 Pronus adorare: caput ad terram demittere. Fractum. Statim.—Adorer en se prosternant: baisser la tête jusqu'à terre. Brisé. Aussitôt.

伅 Stolidus, rudis. Frondosum, densum, impervium.—Stupide, grossier. Touffu, épais, impénétrable.

芚 Plantae germinantes.—Plantes qui germent.

盹 Somno urgeri.—Etre accablé de sommeil.

吨 Obscurè loqui; verba ambigua. Loquax. Suggerere.—Parler obscurément; paroles ambigues. Babillard. Suggérer.

囤 Horreum parvum. Bambusa vacua in quâ servatur oryza. —Petit grenier. Bambou où l'on conserve du riz.

窀 Chuen Autrum: obscurum. Cadaver in loculo positum. — Antre: obscur. Cadavre dans le cercueil.

忳 Sincerus. Docere. Adhùc. Tristis.—Sincère. Enseigner. Encore. Triste.

訰 Turbatus. Sincerus. Perfectum. Obscurè loqui.—Troublé. Sincère. Parfait. Parler d'une manière obscure.

酏 Vinum optimæ notæ.—Vin de qualité supérieure.

杶 Lignum cui chordæ alligantur. —Bois auquel on attache les cordes d'un violon.

肫 Sincerus. Perfectum. Urbanus. Diligens. — Sincère. Parfait. Poli, honnête. Soigneux.

迍 Difficilè incedere. In vanum laborare.—Marcher avec difficulté. Travailler en vain.

旾 Ver; vernum tempus. — Le printemps.

芚 Stupidus, ignarus, hebes.— Stupide, ignorant, sot.

盹 Oculi profundi. Stupidus. — Yeux enfoncés. Stupide.

吨 Loquax. Obscurè loqui. — Grand parleur. Langage obscur.

邨 Tsuen Forum nundinarium. Desertum. Spatiosum. — Marché, foire. Désert. Spacieux.

純 Xuen Purum, sine mixtione. Simplex, sincerus. Animo intentus. Fimbriæ.—Pur, sans mélange. Simple, sincère. Appliqué. Franges.

N. 105. 化

Hua Ad nihilum redigere, transformare, immutare. Falsum. — Anéantir, transformer. Faux.

桦 Arbor ex cujus cortice funes fiunt.—Arbre dont l'écorce sert à faire des cordes.

魤 Dæmonis transfiguratio. Metamorphosis.—Transfiguration du Démon. Métamorphose.

花 Flos. Pulcritudo. Lætitia. Frustrà.—Fleur. Beauté. Joie. En vain.

吪 Oscitari. Os amplum.—Bâiller. Large bouche.

貨 Hô Merces, vendere, mercatura. Pecuniâ corrumpere. — Marchandises, négoce. Corrompre quelqu'un avec de l'argent.

訛 Wo Error, falsitas, falsa loqui. Turbatus. — Erreur, fausseté, dire des faussetés. Troublé.

N. 105.

鈋 — Rem angulosam rotundare. Rei formam mutare. = Arrondir une chose inégale. Changer la forme d'une chose.

觤 — Cornu. = Corne.

魤 — *Quidam piscis.* = *Certain poisson.*

吪 — Movere se. Evulgare. Expergefacere. Falsum, erroneum. = Se mouvoir. Divulguer. Eveiller. Faux, erroné.

訛 — Membris captus. Incompositum. = Perclu de ses membres. Qui est en désordre.

囮 — Transformari, converti. Interpretari. Seducere : illecebræ. = Se transformer, tourner. Traduire. Séduire : appas.

靴 Hiüè — Ocreæ. Calceamenta ex corio. = Bottes. Chaussure de cuir.

扎 — Manu repellere. Findere. Transferre, locum mutare. = Repousser avec la main. Fendre. Transporter, changer de place.

吪 — Palpebrarum motus ; nictare. = Mouvement des paupières ; cligner de l'œil.

N. 106. 氏

Xé ˊ Familia : mulier. Familiæ nomen ex parte mulieris. = Famille : femme. Nom de famille du côté des femmes.

忯 ˊ Lætus. Obsequium. = Joyeux. Respect.

䑛 ˋ Lambere, lingere. Exteriùs. = Lécher, lapper. Extérieurement.

眂 ˊ Aspicere, intueri. = Regarder voir.

疷 Che ˋ Alvus adstricta, ventris contractio. = Resserrement du ventre, constipation.

抵 ˋ Manu percutere. = Frapper avec la main.

秖 — Maturum. Segetes maturæ. Solummodò. = Mûr. Moissons mûres. Seulement.

帋 — } Papyrus. Epistola. = Papier. Lettre.

紙 — }

袛 Ki ˆ Bonziarum vestis. = Habit de bonzesse.

祇 ˆ Spiritus rerum omnium productor. Magnum, amplum. = L'Esprit qui a produit toutes choses. Grand, vaste.

軝 ˆ Currûs rotæ, rota. = Les roues d'un char, roue.

鴟 ˆ Gallina. = Poule.

芪 ˆ Pulmonaria. *Tourn. Quædam planta medicinalis* = La pulmonaire. *Nom d'une plante médicinale.*

† Præest etiam classi inter omnes minimæ et planè inutili.

†† Auctores classici hanc phoneticam distinguunt à 氐 N. 174, et statuunt inter utramque certos limites quos non ausi sumus prætergredi ; at in usu communi omninò confunduntur, et pro unicâ phoneticâ permixtim in compositis usurpantur.

N. 107. 卬

Ñgam ˆ Suspicere. Altum. Ego. Inniti. = Regarder en haut. Haut. Je. S'appuyer.

駉 ˆ Equus furens. = Cheval furieux.

枊 ˆ Palus cui alligantur equi. = Pieu auquel on attache les chevaux.

鞚 ˆ Sandalia. = Sandales.

頏 ˆ Capite erecto incedere. = Marcher la tête droite.

鴚 ˆ *Quædam avis.* = *Nom d'un oiseau.*

茚 ˆ *Acori species quædam ; planta palustris.* = *Nom d'une plante de marais.*

字聲綱目

N. 107.

昂 ∧ Oculos attollere,* suspicere.— Lever les yeux, regarder en haut.

昂 ∧ Solis ortus. Surgere.—Le lever du soleil. Se lever.

岇 \ *Quidam mons.—Certaine montagne.*

/ Iam 䇦 Consistere, sistere.—S'arrêter.

仰 / Suspicere. Expectare. Inniti. Ad inferiorem ire.—Regarder en haut. Attendre. S'appuyer. Aller vers un inférieur.

迎 Îm Aliquem urbanè excipere. Recipere. Approbare.—Bien recevoir quelqu'un. Approuver.

柳 Ĭ Vel. Palus cui equi vel rei alligantur.—Ou bien. Pieu auquel on attache les chevaux ou les coupables.

抑 ∪ Affligere, opprimere: impedire. Vel.—Affliger, opprimer: empêcher. Ou bien.

† Accuratè distinguenda à N. 175, ipsiusque varietatibus.

†† In omnibus litteris hujus seriei, plùs minùsve dominatur phoneticae sensus, *erectionis* sempè et *altitudinis.*

N. 108. 比

Pì Comparare; perpendere. — Comparer; examiner.

— Frigedo. Humiditas.—Froid. Humidité.

疪 / Protegere, protectio.—Protéger, protection.

庇 / Frumenti cortex; furfur: sordes. Rudis. Segetes quæ non maturescunt. — Son: ordure. Grossier. Moissons qui ne mûrissent pas.

粃 \ Causticum ulceri admotum. Arsenicum. — Cautériser une plaie. Arsenic.

砒 — Farina.—Farine.

麰 ∧

枇 ∧ Mespilus Japonica, *Thun.* Pecten dentibus raris.—Nèflier du Japon. Démêloir.

批 — Manu percutere. Abstergere. De re decidere. Expedire.—Frapper. Essuyer. Décider. Dépêcher.

屁 / Ventris crepitus; pedere.—Pet; peter.

阰 ∧ *Quidam mons.—Certaine montagne.*

貔 ∧ *Quædam fera.—Certaine bête fauve.*

篦 ∧ Pecten arundineum. Trahere, ducere.—Peigne en bambou. Trainer, conduire.

鈚 — Acumen: sagitta. Æs. Dentalis manubrium.—Pointe: flèche. Cuivre. Manche de coutre.

秕 \ Furfur: sordes. Rudis. Segetes non maturescentes. Son: ordure. Grossier. Moissons qui ne mûrissent pas.

肶 ∧ Exta: vaccae intestina. Magni momenti.—Tripes: ventricules de vache. Important.

魮 ∧ Piscis in aëra volans.—Poisson volant.

躿 ∧ Corporis infirmitas. Servile.—Faiblesse du corps. Servile.

仳 ∧ Deformis, fœdum. Dividere. Abscedere.—Laid, vilain. Diviser. Se retirer.

𢻯 \ Fissura: vasis rimula.—Fêlure: fente dans un vase.

粊 / Oryza mala. Impendere: deterere.—Mauvais riz. Employer: gaspiller.

毗 ∪ Adjuvare.—Aider.

坡 — Fissura: vasis rimula.—Fêlure: fente dans un vase.

妣 \ Mater defuncta. *Appellativum matris vel aviæ defunctæ.*—Mère défunte: aïeule défunte.

紕 ∧ Sericum fraccidum. Vexillorum fimbriae. Ornare. Errare.—Soie pourrie. Franges des bannières. Orner. Se tromper.

N. 108.

庇 ´ Domuscula. Protegere.=Petite maison. Protéger.

吡 ` Considerare.=Considérer, réfléchir.

蚍 ^ Formica maxima. *Quædam medicina.* = Grande fourmi. *Certaine drogue.*

† Procedit à N. 11 et originem præbet 坒 毘 cum quibus sæpè in compositis promiscuè usurpaiur: Vide annotationes N. 354 et 685.

N. 109. 凶 㐫 凶 兇

Hium ¯ Crudelis. Malum. Infortunium; infelix.=Cruel. Mauvais. Infortune; malheureux.

恟 ¯ Timor, pavor.=Crainte, frayeur.

汹 ¯ Aquae strepitus. Tympani fragor. Clamores.=Bruit des eaux. Son du tambour. Clameurs.

訩 ¯ Contendere, clamare, murmurare.=Se disputer, crier, murmurer.

胸 Hiü ` }
匈 ¯ } Pectus. Cor. Cogitatio. Thorax. = La poitrine. Le cœur. La pensée. Le thorax.
胷 ¯ }

哅 ¯ Contendere, clamare, murmurare.=Se disputer, crier, murmurer.

𧿒 ¯ Strepitus exsilientium gaudio. =Bruit de gens qui sautent.

酗 ¯ Temulentus, ebrius. Ebrius iratus; vinolentum bacchari. =Ivre-mort. Ivrogne. Colère d'ivrogne; actions d'ivrogne.

† Propter formæ similitudinem, hæc phonetica sæpè in compositis synonimos habet 匈 囟 肉 qui tamen individuè sumpti ab eâ differunt, nec reciprocè usurpari possunt.

N. 110. 今 亽 丿

Kin ¯ Nunc, præsens tempus, hodiè. =Maintenant, aujourdhui.

怜 ^ Animi dolor, cordis oppressio. =Douleur de l'âme, oppression du cœur.

庈 ¯ *Nomen cujusdem viri antiqui.* =*Nom d'un ancien personnage.*

衿 ^ Nodo adstringere. Zona. Collare. Fissura cui globulus inseritur. = Nouer. Ceinture. Collet. Boutonnière.

琴 ^ Instrumentum musicum.=Instrument de musique.

玪 ` Fossa, fovea. Puteus.=Fosse, citerne. Puits.

拎 ^ Arripere, tenere. Captivum facere. Subtùs.=Saisir, tenir. Rendre captif. Dessous.

衾 ^ Culcitra. Stragulum.=Matelas. Couverture de lit.

⿰今支 ^ Arripere, capere, tenere. = Saisir, prendre, tenir.

妗 ´ Avunculi uxor. Matertera. Fratris uxor.=Epouse de l'oncle. Sœur de la mère. Epouse du frère.

紟 ^ Nodo adstringere. Zona, collare. Fissura cui globulus inseritur. = Nouer. Ceinture, collet. Boutonnière.

芩 ^ Q. *planta medicinalis.*=*Certaine plante médicinale.*

蛉 ^ Insecta unum post aliud incedentia. Cancri forcipes.=Insectes qui marchent l'un après l'autre. Les pinces du crabe.

吟 În Legendo cantare. Carmina recitare. = Chanter en lisant. Réciter des vers.

矜 Kim ¯ Commisereri. Se magnificè jactare.=Compatir. Se vanter beaucoup.

伶 ¯ Magnus. Diligens, attentus.= Grand. Diligent, attentif.

鈐 ^ Sera. Pessulus ferreus. Firmare, obsignare. Magnum aratrum.=Serrure. Verrou. Consolider, cacheter. Gr. charrue.

欽 ^ Risum tenere. Ingenio et sapientiâ polleus.=Rire comprimé. Talents et sagesse.

N. 110.

雒 ˆ, 鳹 ˆ — *Nomen genii cujusdam et loci.—Nom de génie et d'endroit.*

黔 ˆ — Nigrum. Capilli nigri. Barbari. — Noir. Cheveux noirs. Barbares.

岒 ˆ — *Nomen cujusdam montis. — Nom d' une montagne.*

N. 111. 兮 兮

Hi ˆ — Ah! *Interjectio lœtitiæ et admirationis.*—Ah! *Interjection qui marque le plaisir et l' admiration.*

肹 ˇ — Fragor. Turmatim surgere. Immensum —Fracas. Se lever en foule. Immense.

𥁕 ˆ — Pelvis. *Interjectio lætitiæ et admirationis.*— Bassin. *Interjection qui marque la joie et l'admiration.*

盻 ˊ — Torvè aspicere, despicere. — Regarder de travers, mépriser.

㑶 **Î** — Dissimulare, fingere.—Dissimuler, feindre.

N. 112. 分

Fen ˉ — Dividere: diversum. Partiri. Distinguere. Componere. Unciæ pars centesima —Diviser: différent. Fendre. Distinguer. La 100e partie d'un taël.

汾 ˆ — Exundare, extra ripas diffluere. *Quidam fluvius in Xan-si.* —Déborder. *Certain fleuve du Xan-si.*

訜 ˉ — Versatilis sermo. Inconstans. Obscurè loqui. Stolidus, ignarus.— Langage inconstant. Langage obscur. Ignorant.

衯 ˉ — Vestes amplæ. Toga.—Habits larges. Robe.

羒 ˆ — Hœdus: ovis.—Bélier: brebis.

粉 ˋ — Farina *oryzæ*. Fucum. Pigmentum. Faciem fucare. Puella.—Farine *de riz*. Fard. Se farder. Jeune fille.

雰 ˉ — Nivis albedo. Pruina, nivosum. Vapores hyemales. — Blancheur de la neige. Gelée blanche. Brume de l'hiver.

𩰠 ˉ — Se mutuò impellere: decertare.—Se pousser l'un l'autre: se battre.

𩢿 ˉ — Equi velocitas.—La rapidité du cheval.

枌 ˉ — Domûs columna lignea. *Quædam arbor.*—Pilier en bois. *Nom d'un arbre.*

翂 ˆ — Volitare: volitans. — Voltiger: qui voltige.

鈖 ˉ — *Quidam lapis pretiosus. = Certaine pierre précieuse.*

𧮛 ˉ — *Nomen cujusdam vallis.—Nom d'une vallée.*

氛 ˉ — Aër. Pestis. Vapores, fumus. Pyrata.—Air. Peste. Vapeurs, fumée. Pirate.

秎 ˆ — Messem colligere. Manipulos facere.—Moissonner. Mettre en gerbes.

馚 ˆ — Fragrantia, suavis odor.—Bonne odeur.

𤘺 ˆ — Bos.—Bœuf.

魵 ˆ — Pisciculus.—Petit poisson.

鼢 ˋ — Talpa: mus montanus.—Taupe: rat montagnard.

炃 ˉ — Comburere, cremare. — Bruler.

忿 ˊ — Iracundia.—Colère.

坋 ˋ — Pulvis.—Poussière.

N. 112.

翁 ^ Volitare; volitans.=Voltiger; qui voltige.

毵 - Passi capilli.=Cheveux épars.

牟 - Lambere.=Lapper.

鴋 - *Quædam avis.* Avium turma. =*Nom d' oiseau.* Bande d' oiseaux.

蚉 - *Mus quem in avem transmutari dicunt.=Rat qui, dit-on, se transforme en oiseau.*

芬 - Extendere, emittere. Germinationis odor.= Etendre, émettre. Odeur de la végétation.

紛 - Implexum. Turbare: Turmatim. Abundanter. Lætari. = Embrouillé. Troubler. En foule. Beaucoup. Se réjouir.

芬 - Fragrantia. Florum copia. Confusio. Erumpere.=Bonne odeur. Abondance de fleurs. Confusion. Sortir.

盼 - Solis radii sese diffundentes.= Rayons du soleil qui se répandent.

吩 - Aliquid alicui commendare. Mandare. = Recommander. Donner ordre.

盼 - *Nomen loci.=Nom d'endroit.*

跘 - Cadere.=Tomber.

蚡 - *Mus quem in avem transmutari dicunt.=Rat qu' on dit se changer en oiseau.*

帉 - Peniculum, manutergium. = Torchon, serviette, essuye-mains.

黺 - Variegatum, ornatum. = Bigarré, orné.

坋 ^ Pen Pulvis: pulvis aëra obscurans. Turmatim.=Poussière: poussière qui obscurcit l'air. En foule, en masse.

肦 - Magnum caput.=Grosse tête.

坌 / Pulvis: pulvis aëra obscurans. Turmatim, catervatim.=Poussière: poussière qui obscurcit l' air. En foule, en masse.

盆 ^ Pelvis. Hydria. Vas.=Bassin. Cruche. Vase.

扮 / Pan Ornare se. Primas vestes induere. Manu accipere. = S' orner: mettre ses plus beaux habits. Prendre avec la main.

頒 - } Extendere, promulgare, distribuere. Minuere. Numerosum.= Etendre, promulguer. Distribuer. Diminuer. Nombreux.

攽 - }

瓠 - Parva cucurbita.=Petite courge.

鴋 - Volare. Turtur.=Voler. Tourterelle.

玢 - Pin Gemmarum venæ.=Les veines des pierres précieuses.

邠 - *Q. civitas in Xan-si. Q. regnum antiquum.=Nom d' une ville du Xan-si et d' un ancien royaume.*

攽 ^ Expandere, spargere, dividere, separare. = Répandre, éparpiller, étendre, diviser, séparer.

貧 ^ Pauper; egens: carens... Vilis.=Pauvre; nécessiteux: Privé de... Vil.

别 \ Dividere, separare.=Diviser, séparer.

岔 ^ Cha } Trivium: trium viarum concursus; viæ majoris ramulus.=Jonction de trois chemins. Ramification de grande route.

岎 ^ }

† Idea *extensionis, expansionis* aut *divisionis* sæpè occurrit in litteris hujus seriei.

N. 113. 介

介 / Kiai Magnum, firmum, stabile. Auxiliari. Confinia, limites.= Grand, ferme, stable. Secourir. Confins, limites.

夼 / Solitarius, solus. = Solitaire, seul.

N. 113.

怜	ˊ	Tristitia, mœror. — Tristesse, chagrin.
炌	ˊ	Ignis ardens.=Feu ardent.
疥	ˊ	Plaga. Scabies. Febris intermittens.=Plaie. Gale. Fièvre intermittente.
庎	ˊ	Solitarius, solus. — Solitaire, seul.
玠	ˊ	*Sceptrum lapideum apud veteres ministros in usu.=Sceptre que portaient les anciens ministres d' état.*
桧	ˊ	Non rectè incedens.= Qui ne marche pas droit.
髤	ˊ	Acu capillos nectere. Caput. =Fixer les cheveux avec une aiguille. Tête.
騎	ˊ	Equi cauda sursùm retorta et colligata. = Queue de cheval retroussée et liée.
坅	ˊ	Terræ cumulus, acervus. = Monceau de terre.
毤	ˊ	Avium pluma mollior; lanugo.=Duvet des oiseaux: poils follets.
犳	ˊ	Vitulus triennis. = Veau de trois ans.
魪	ˊ	Solea.—La sole.
价	ˊ	Magnus. Bonus. Servus, famulus.=Grand. Bon. Domestique.
紒	ˊ	Nodus. Nodo adstringere. = Nœud. Nouer.
芥	ˊ	Capsicum. Piper. Sinapis.= Piment. Poivre. Moutarde.
吤	ˊ	Vox, sonus, strepitus.=Voix, son, bruit.
骱	ˊ	Ossiculum. Firmum, solidum. Strenuus. = Osselet. Ferme, solide. Courageux.
界	ˊ	Limites, confinia, = Limites, confins,
畍	ˊ	Limites, confinia. — Limites confins.
蚧	ˊ	Lacerta. *Quidam vermis.*= Lézard. *Espèce de vers.*
帢	ˊ	Pannus ad caput involvendum.=Linge pour envelopper la tête.
岕	ˊ	*Mons in quo adustus fuit minister quidam regi fidelis.= Montagne sur laquelle un ministre très fidèle a été brûlé.*
訡	Hiái	Recta et justa loqui. *Cognomen.*=Parler selon la vérité et la justice. *Surnom.*
衸	ˊ	Tibialia. —Les bas.
祄	ˊ	Geniorum protectio. Auxilium.=Protection des Génies. Secourir.
砎	ˊ	Duritiès, constantia.=Dureté, constance.
閉	ˊ	Januæ foris.—Battant d'une porte.
悆	ˊ	Subitò. Cum lætitia.=Tout-à-coup. Avec joie.
齘	ˊ	Dentibus stridere. — Grincer des dents.
孩	Hái	Infans, puer. Infantium risus. =Enfant. Ris d'enfant.
妎	ˊ	Alicujus bonis invidiari. Invidia.=Envier le bien d'autrui. Jalousie.

N. 114. 父

父	Fú	Pater. Tutor. *Dominatio Vestra.* Senex. = Père. Tuteur. *Votre Seigneurie.* Vieillard.
駁	ˋ	Equus admissarius. = Un étalon.
釜	ˋ	Cacabus æneus. *Quædam mensura.* = Chaudière en cuivre. *Certaine mesure.*

N. 114.

斧 ╲ Securis. Securi arbores præcidere.=Hache. Couper des arbres avec la hache.

鳰 ╲ *Quædam avis. = Certain oiseau.*

䶵 ╲ Loquacitas. Mandere, ruminare. Deliberare.=Bavardage. Mâcher, ruminer. Délibérer.

蚁 ╲ *Quoddam insectum, = Certain insecte.*

岥 ╲ *Quidam mons.=Certaine montagne.*

† Praeest etiam exiguæ admodum classi in quâ litterarum suprema tenet.

†† 釜 est littera irregularis evidenter adscribenda huic phoneticæ compactæ cum classificâ 金 ex quâ dempti sunt duo supremi ductus ad litteræ elegantiam.

N. 115. 交

Hiao ^ Imitari, conjungere. Mercede dignum. = Imiter, unir. Digne de récompense.

恔 ^ Alacritas, gaudium. = Gaîté, joie.

詨 ^ Durus sermo.=Langage sévère.

礅 ^ *Quidam lapis. = Certaine pierre.*

校 ^ Trabs.=Poutre.

斈 ^ Imitari, concordes esse.=Imiter, s'accorder.

茭 ^ *Quædam planta siti sedandæ apta. = Plante bonne pour étancher la soif.*

駮 Po ˇ Equus permixti coloris. Supplicatio. Confutare. = Cheval bigarré. Supplication. Réfuter.

† Præest etiam classi exiguae et nobis ferè niutili.

N. 116. 公 丿 IV.

Kum ‾ Æquum, justum, rectum. Mas Universim.= Equitable, juste droit. Mâle. Universel.

蚣 ‾ Centipeda.=Centpieds.

忪 Chum ‾ Timere, animi commotio.= Craindre, émotion.

彸 ‾ Festinare, timere.=Se presser, craindre.

伀 ‾ Mentis turbatio; turbare. Se conformare.=Trouble de l'âme; troubler. Se conformer.

公刂 ‾ Praecidere; rem aequare. = Couper.: égaliser un objet.

妐 ‾ Mariti frater major. = Frère aîné du mari.

訟 Sum ╱ Litem agere, contendere, conviciari=Litiger en justice, disputer, se chicaner.

鬆 ^ Passis capillis . . . Confusum. =Cheveux épars. Confus.

松 ‾ Abies.=Sapin.

頌 ╱ Laudare: alicujus praeclara gesta efferre Cantare.=Louger: célébrer les hauts faits de quelqu'un.

蚣 ^ Planta sempervirens.—Plante qui n'hiverne pas.

† Saepè, ut littera plenior seu rotondior appareat, usurpatur 松 tanquàm syronymus hujus phoneticae.

N. 117 允 㐱

Iün ╲ Annuere, permittere, velle. Fidelis, credere. — Consentir, permettre, vouloir. Fidèle, croire.

玧 ╲ Inaurium gemmae. — Pierres précieuses des pendants d'oreilles.

鈗 ╲ *Gladius a Regis assistentibus delata. — Glaive que portent les satellites de l'Empereur.*

N. 117.

犹 ˋ *Antiqua Tartarorum ridicula appellatio.* = *Ancien sobriquet donné aux Tartares.*

畹 ˋ Consentire, permittere. Fidelis. = Consentir, permettre. Fidèle.

沇 ˋ Ièn Fluere. *Quidam fluvius in Ho nan.* = Couler. *Fleuve du Ho-nan.*

抁 ˊ Iuèn Agitare, movere. = Agiter, mouvoir.

欿 ˋ Tsüèn } Sugere; lambere. Plagas sugere. = Sucer; lapper, lécher des plaies.
吮 ˋ

N. 118. 爿 丬

ˇ Tsiam Tabula. Lectus. Fulcrum. = Planche. Lit, bois de lit. Appui.

戕 ˇ Destruere, nocere, ferire; crudelis. = Détruire, nuire, blesser; cruel.

牂 ˆ Accipere, sumere. = Recevoir, prendre.

斨 ¯ Securis manubrio longo. Secori caedere. = Hache à long manche. Couper avec une hache.

牀 ˆ Aqua sordida. Lotura. Syrupus. = Eau sale. Lavure. Sirop.

狀 ˊ Chuam Accusare. Litigare. Forma, figura. Merita. Circumstantiae. = Accuser. Faire un procès. Forme extérieure, apparence. Mérites. Circonstances.

壯 ˊ Forte, firmum. Magnum, abundans. = Fort, ferme. Grand, abondant.

牀 ˆ Lectus, cubile. = Lit, couche.

妝 ¯ Ornare se. Os fucare. Se pectere. Dominatio Va. = Se parer. Se farder. Se peigner. Ve. Seigneurie.

牂 ¯ Tsam Ovis, hircus. Abundans, copiosum. = Brebis, bouc. Abondant, copieux.

IV. 乙

戕 ˇ Palus cui alligantur naves. = Pieu pour attacher les bateaux.

† Est etiam classifica, et nisi cautio adhibeatur, facilè confundi potest cum classificâ 片 Pién *Tabula. Folium, numerate foliorum.* = *Planche. Feuille, numéral des feuilles.*

N. 119. 止

ˋ Che Consistere, sistere; detinere, impedire, interruptum. = S'arrêter; retenir, empêcher, interrompre.

沚 ˋ Parva insula. Rivulus. = Petite île. Ruisseau.

訨 ˋ Accusare. = Accuser.

祉 ˋ Felicitas, fortuna. = Félicité, bonheur.

砋 ˋ Lapis latus super quo tunditur sericum. = Large pierre pour battre la soie dessus.

耻 ˋ Erubescere. Ruborem incutere. = Rougir. Faire honte.

址 ˋ Fundamenta; fundatio. = Fondements; fondation.

扯 ˋ Scindere. = Déchirer.

咫 ˋ *Octo unciarum mensura.* Proximum. = *Mesure de huit onces.* Proche.

阯 ˋ Fundamenta. Collis. = Fondements. Colline.

紕 ˋ Funis ex herbarum filis contextus. = Corde faite de filaments végétaux.

趾 ˋ Ire. Gressus. Pedum digiti. = Aller. Pas. Doigts des pieds.

† Est etiam classifica, et brevitatis gratiâ scribitur 止 plerumquè in litterarum latere sinistro: v. g. 歧 Pí *Stragulum.* = *Couverture.*

IV.

N. 120. 日

Je ˘ Sol, dies. Tempus. = Soleil, jour. Temps.

䶊 ˘ Vestes quotidiani usûs. Mulierum vestes interiores. = Habits de tous les jours. Habits intérieurs des femmes.

馹 ˘ Veredus. Veredorum stabulum. = Cheval de poste. Poste aux chevaux.

舶 ˘ Navis ornamenta. = Ornements d'un bateau.

Hu 汨 ˘ Aliquid rotatile trahere. = Faire rouler quelque chose.

Ku 汩 ˘ Deturare. Confundere, occultare. Aqua velociter fluens. = Déboucher. Confondre, cacher. Eau qui coule rapidement.

† Classifica est quoque sat usitata, et distinguitur à 曰 lüè *Dicere, respondere.* = *Dire, répondre,* quæ perperàm à Sinensibus inter classificas collocata fuit. Cl. Gonçalvez exiguam formæ differentiam parvipendens, utramque in unicâ classe eò rectiùs conjunxit, quo Sinenses ipsi unicum ferè scribendi modum pro ambabus sequuntur, præsertìm in compositis.

N. 121. 内 內

Néi ´ Intùs; intrare. Domus. Abscondere. = Dedans; entrer. Maison. Cacher.

汭 Juéi ´ Aqua penetrans. Portus, sinus. = Eau qui pénètre. Port, rade.

枘 ´ Clavus ligneus. = Clou de bois, cheville.

坈 ´ Profundum. Silentiosum. = Profond. Silencieux.

𨳝 ´ Ingredi. = Entrer.

芮 ´ Germinare: plantæ erumpentes. Plantæ rupestres. Finis. = Germer: plantes qui poussent. Plantes des rochers. Fin.

蚋 ´ Musca; culex. Coluber venenatus. = Mouche; moustique. Serpent vénéneux.

衲 Na ˘ Bonziarum vestis. Duplex vestis. Reficere. = Habits de bonzesses. Doublé. Raccommoder.

軜 ˘ Currûs bijugi temo. = Timon d'une voiture à deux chevaux.

抐 ˘ Immergere; in aquâ mergere. = Immerger; tremper dans l'eau.

靹 ˘ Molle, tenellum, delicatum. Bonum. Latera. = Mou, tendre, délicat. Bon. Côtés.

豽 ˘ *Vulpis species quædam.* = *Espèce de renard.*

妠 ˘ Colligere; in unum cogere. Infantulus pinguis. = Recueillir; réunir. Enfant gras.

納 ˘ Colligere; accipere; offerre, dare, donum. Felicitas. = Recueillir; recevoir; offrir, donner, don. Félicité.

No 吶 ˘ Mœstitia, melancholicus. = Tristesse, mélancolique.

訥 ˘ Balbutire. Loquela rudis. Impedire. Submissè loqui. = Bégayer. Langage grossier. Empêcher. Parler à voix basse.

鈉 ˘ Ferrum percutere; ad laminam redigere. = Battre le fer; laminer.

肭 ˘ Tremulatio carnis pinguis. Festinus. = Le tremblottement de la chair grasse. Pressé.

魶 ˘ Piscis amphibius qui arbores ascendit. = Poisson amphibie qui monte sur les arbres.

芮 ˘ Successivè. = Successivement.

吶 ˘ } Balbutire, balbus. Loquela rudis. Impedire. Submissâ voce loqui. = Balbutier, bègue. Langage grossier. Empêcher. Parler à voix basse.

肉 ˘ }

N. 122. 中

中 — Chum — Medium, medius locus, intrà Rem attingere, consequi.—Milieu, dedans. Atteindre un objet, obtenir.

窋 — In medio perforare.—Percer au milieu.

忡 — Mentis turbatio ; mœror, melancholicus.—Emotion ; chagrin, mélancolique.

沖 — Profundum. Attingere. Se extollere. Puer. Agitare. Impetus. = Profond. Atteindre. S'élever. Enfant. Agiter. Choc.

衷 — Cor, pectus ; affectus interni. Æquitas. Vestes interiores.= Cœur, poitrine ; affections. Equité. Habits de dessous.

衶 — Femoralia.—Caleçons.

沖 — Concordia. Adolescens. Agitare. Impetus. — Concorde. Adolescent. Agiter. Impétuosité.

翀 —, 䍋 — } In altum volare.—Voler en haut.

笷 — *Quædam Bambusæ species.— Espèce de Bambou.*

种 ˆ Oryza germinans. Parvulus, infans.=Riz qui pousse. Petit, enfant.

仲 ˊ Medium. Patruus. Frater minor. Inferior.—Milieu. Oncle paternel. Frère cadet. Inférieur.

茽 — *Quædam planta.— Certaine plante.*

妕 — *Cognomen muliebre.—Nom de femme.*

忠 — Fidelis, devotio. Urbanitas.= Fidele, dévouement. Urbanité.

鴤 — *Quædam avis.—Certain oiseau.*

蚛 — Insecta quæ in aliquâ re vivunt. — Insectes qui vivent dans un objet.

盅 ˆ Scyphus, scutella. = Coupe, écuelle.

N. 123. 少 IV. 丿

少 ˋ Xao — Parùm. Breve. Juvenis.= Peu. Court. Jeune.

訬 — Chao — Leve ; sine onere. Velox. Tumultuari.—Léger ; qui ne pèse pas. Rapide. Faire du tumulte.

炒 ˋ Frigere : frigendo miscere.= Frire : remuer en faisant frire.

麨 ˋ Tritici massam componere. *Placenta q.*—Faire de la pâte. *Certain gâteau.*

抄 — Transcribere. Furari ; capere. Pugillum. = Transcrire. Dérober ; prendre. Poignée.

鈔 ˊ Arripere. Transcribere. Telonium. Vectigalia colligere.= Saisir. Transcrire. Douane. Recueillir les impôts.

麨 ˋ Triticum desiccatum. — Blé sec.

耖 — Instrumentum rurale. Terram colere.—Instrument agricole. Cultiver la terre.

觘 ˊ Navis ab undis exagitata.= Vaisseau agité par les flots.

觘 — Cochleare corneum.—Cueillère en corne.

颵 — Ventus exurgens.—Vent qui s'élève.

仯 ˊ Trepidatio ; subitus pavor.— Tremblement ; sursaut.

吵 ˊ Victum mendicare ; mendicus. —Mendier ; mendiant.

畃 ˊ Terram fodere. = Bêcher la terre.

玅 ˊ Miao — Parvum, tenue, minutum. = Petit, faible, mince.

杪 ˋ Arborum summitas. Rami. Finis, terminus. = Cime des arbres. Rameaux. Fin, terme.

秒 ˋ Segitum gemmæ. Parvum. = Bourgeons des céréales. Petit

仯 ˋ Parvum. Timere. = Petit. Craindre.

N. 123.

妙 ˊ Mirabile, excellens, spiritale. Scopus, terminus.=Admirable, excellent, spirituel. But, terme.

眇 ˋ Luscus; unoculus. Mysteriosum.=Louche; borgne. Mystérieux.

吵 ˋ Tumultuari. Gallinæ montanæ cantus.=Faire du tumulte. Chant de poule sauvage.

蚪 ˆ Parvi bombyces.=Petits vers à soie.

沙 Xa Arena: glarea.=Sable: gravier.

粆 ˉ Saccharum liquidum.=Sucre exprimé des cannes, melasse.

砂 ˉ Glarea, arena. Minium.=Gravier, sable. Vermillon.

魦 ˉ Squalus.=Requin.

紗 ˉ Textum subtilissimum. Sericum tenue.=Gaze. Soie fine.

竗 ˊ Acûs foramen.=Trou d'une aiguille.

+ Hæc littera sæpè adhibetur pro classificâ 小 Siào *Parvum.=Petit*; sed ex orthographiæ regulis classificam distinctam constituere deberet ad vitandas consequentias insulsas quas in simili casu notavimus sub N. 54. Sit in meditationis materiam 尠 Lân *Parvum, parùm.=Petit, peu.*

N. 124. 宁

ˋ Chu Tabulatum coram januâ erectum. *Locus intrà portam et ei obversum tabulatum.* Congregare.=Paravent. Ecran. Antichambre. Assembler.

盅 ˋ *Quoddam vas.=Certain vase.*

忬 ˋ Sapientia cum ingenio.=Talents et sagesse.

泞 ˋ Clarum, purum, limpidum.=Clair, pur, limpide.

竚 ˋ Diù stare.=Etre long temps debout.

詝 ˋ Sapientia; ingenium.=Sagesse; talents.

衿 ˋ *Lini species quædam.* Textum sericeum crassum.=*Espèce de lin.* Damas.

羜 ˋ Agnus.=Agneau.

柠 ˋ *Arbor q. ex cujus cortice fit papyrus.=Arbre dont l'écorce sert à faire du papier.*

坾 ˋ Super re inniti et comprimere.=Appuyer sur une chose et presser.

笁 ˋ Machinæ textoriæ trabes transversæ.=Traverse d'un métier de tisserand.

鋅 ˋ Vas pro oryzâ.=Vase pour le riz.

佇 ˋ Stans: diù stare. Expectare.=Setenir debout: être longtemps debout. Attendre.

紵 ˋ *Lini species quædam.* Textum sericeum crassum.=*Espèce de lin.* Damas.

苧 ˋ *Quidam cannabis altus et optimus.=Espèce de chanvre haut et de bonne qualité.*

眝 ˋ Oculos aperire. Rem fixis oculis aspicere.=Ouvrir les yeux. Regarder fixement.

貯 ˋ Servare, necessaria comparare et reponere. Congerere.=Conserver, faire des provisions. Amonceler.

帾 ˋ Sindon; pannus funebris.=Drap mortuaire; couverture de cercueil.

V. ˎ

N. 125. 它

Tŏ ˉ Portare; humeris gestare. Onus deferre.=Porter; porter sur le dos. Porter un fardeau.

迱 ˆ Incedere. Pedetentim pregredi.=Marcher. Aller à pied.

沱 ˎ Aquae multae. Magna pluvia. Fluminis ramus.=Eaux abondantes. Grande pluie. Branche de fleuve.

詑 ˉ Decipere, insultare. Leviter.=Tromper, insulter. Légèrement.

痽 ˆ Morbus.=Maladie.

砣 ˆ Lapis rotatilis ab agricolis adhibitus. Librae pondera. = Pierre roulante usitée dans l'agriculture. Poids de balance.

駝 ˆ Camelus. Onus. = Chameau. Fardeau.

麧 — Placenta.=Gâteau.

酡 ˆ Rubicundus. Facies prae vino rubicunda.=Rubicond. Rougeur du visage causée par le vin.

柁 ˎ Navis gubernaculum, = Gouvernail.

鞑 ˉ Postilena.=Croupière.

拕 ˉ Trahere, dirigere, ducere. Auferre.=Traîner, diriger, conduire. Enlever.

陀 ˆ Inaequale, periculosum. Montis declivitas.=Inégal, dangereux. Penchant d'une montagne.

舵 ˎ Navis gubernaculum. = Gouvernail.

鮀 ˆ Squalus. *Quædam piscis species*.=Chien de mer. *Certaine espèce de poisson.*

佗 ˆ Humeris gestare. Incedere. Ille. Quis? Tranquillitas.=Porter sur les épaules. Marcher. Lui. Qui? Tranquillité.

紽 ˆ Filorum sericorum manipulus. =Echeveau de soie.

跎 ˆ Impediri. Intentum non consequi. Opportunitatem amittere.=Etre empêché Manquer son but. Perdre l'occasion.

岮 ˆ Debile.=Débile.

拕 — Aperire.=Ouvrir.

蛇 Xêe Vipera, coluber, serpens.=Vipère, couleuvre, serpent.

閪 Î Foramina in quibus versantur januae cardines.=Trous des gonds d'une porte.

† Vide N. 35 in annotatione.

N. 126. 穴 宂

Hiüĕ ˘ Spelunca, antrum, foramen, domus.=Caverne, antre, trou, maison.

泬 ˘ Aqua ex fissurâ erumpens.=Eau qui jaillit par une fente.

袕 ˘ Vestes æstivæ.=Habits d'été.

坹 ˘ Caverna. Profundum.=Grotte. Profond.

抭 ˘ Percutere.=Frapper.

紋 ˘ Filorum sericorum manipulus. =Echeveau de soie.

眈 ˘ Oculi profundi. Pavidus. = Yeux enfoncés. Tremblant de peur.

蚗 ˘ *Quoddam insectum.=Certain insecte.*

峃 ˘ Antrum in monte. = Anrte dans une montagne.

鴥 Ĭü Festinus volatus.=Vol rapide.

屄 Pi ˉ Vulva, genitalia mulieris. = Vulve, parties naturelles de la femme.

N. 129.

†† Est etiam classifica et occupat semper litterarum verticem, sicut in 帘 Liên *Vexillum ante vini tabernam : ramus vini venalis index.—Enseigne du cabaret ; bouchon.*

† Præcipua hujus seriei pronuntiatio est *Hiuè* : frequens tamen est audire Sinenses legentes easdem litteras *Kiuè* adeò difficile pro ipsis est distiuguere *K* ab aspiratione *H*.

N. 127. 氾

Fan ˊ Maris æstus crescens. Inundare. Mobile. Exagitatum.= Marée montante. Inonder. Mobile. Agité.

盌 ˊ Scyphus pro vino.=Sorte de coupe pour le vin.

笵 ˊ Lex, regula. Consuetudo.= Loi, règle. Coutume.

范 ˊ *Q: herba.* Cespititium. Vespa. *Cognomen.* Lex. Regula. = *Certaine herbe.* Gazon. Guèpe. *Surnom.* Loi, règle.

† Ultima hæc littera æquiùs scribi deberet 蠭 quandò significat *Vespa*, sed hæc distinctio à vulgu omninò contemnitur.

†† Vide N. 7.

V.

笠 ˇ Pileus amplus et stramineus contrà pluviam, umbella.= Large chapeau de paille pour la pluie : parasol. parapluie.

苙 ˇ Cista venatoria. Canistrum in quo deferuntur porci.=Panier pour la chasse. Panier pour porter les cochons.

岦 ˇ Mons altus. = Montagne élevée.

翌 Ĭ Cras : seqnenti die.=Demain le jour suivant.

泣 Kĭ Silenter flere. Lamentari. = Pleurer en silence. Se lamenter.

肔 ˇ Ferculum ex carne. Carnis jusculum. = Plat de viande. Bouillon de viande.

拉 Lă Vestis attrita et sordida.=Habits déchirés et sales.

砬 ˇ Lapidum sonitus. Lapidum copia.=Bruit des pierres. Abondance de pierres.

拉 ˇ Trahere, attrahere.=Trainer, tirer à soie, tirer.

颯 Să Venti sibilus. Ruere.=Le sifflement du vent. Tomber en ruine.

† Est etiam classifica et plerumquè tenet sinistrum latus, aliquandò infima.

N. 128. 立

Lĭ Stare, stans. Stabile. Statuere, fundare. Ordinare. Perficere. =Se tenir debout. Stable. Etablir, fonder. Mettre en ordre. Achever.

颯 ˇ *Quidam vir antiquus. = Certain personnage de l'antiquité.*

蛉 ˇ }
粒 ˇ } Granum. Mica. Oryza.= Grain, Miette. Riz.

砬 ˇ *Quidam lapis in medicinis adhibitus.=Certaine pierre médicinale.*

N. 129. 主

Chù ˋ Dominus. Rex. Gubernator. Dux.=Seigneur. Roi. Gouverneur. Chef.

宔 ˋ Armarium lapideum in quo avorum tabellæ asservantur.= Armoire où l'on garde les tablettes des ancêtres.

注 ˋ Aquâ implere. Irrigare. Recordari. Ducere.=Remplir d'eau. Arroser. Se souvenir.

炷 ˊ Tæda, fax. Ellychinium. Virgæ odoriferæ quæ coram Idolis comburuntur. = Torche, flambeau. Mèche. Batonnets odoriférants des Pagodes.

跓 ˊ Sistere. Detinere. Expectare. =S'arrêter. Retenir. Attendre.

N. 129.

註 ˊ Exponere, commentariis illustrare. Componere, definire. Glossa.=Expliquer, commenter. Composer, définir. Glose.

䵵 ˋ *Testudinis species quædam.=Espèce de tortue.*

疰 ˋ Morbus.=Maladie.

麈 ˋ Cervus gigas. Dux. Militari=Grand cerf. Chef. Servir dans la milice.

袿 ˋ Arca lapidea in quâ servantur avorum tabellæ. = Armoire pour les tablettes des ancêtres.

祩 ˊ Geniorum tabellæ, seu nomina.= Tablettes des esprits.

砫 ˋ Domûs columna. Arca in quâ servantur. avorum nomina = Colonne de maison. Armoire pour les noms des ancêtres.

駐 ˊ Sistere, consistere. Morari, in diversorio hospitari.—S'arrêter, demeurer. Loger dans un hotellerie.

軴 ˋ Currus consistens.=Char qui s'arrête.

柱 ˋ Columna, fulcrum.—Colonne, support.

拄 ˋ Fulcrum, baculus.= Support. bâton.

鞋 ˋ Ocreæ coriaceæ. = Bottes de cuir.

笙 ˋ Diapason.—Diapason.

鉒 ˋ Pretiosa cum defuncto sepelire.—Ensevelir des choses précieuses avec un mort.

餒 ˋ Sacrificium offerre.—Offrir un sacrifice.

胜 ˋ Stans. Stare. = Personne debout. Se tenir debout.

住 ˊ Habitare. Sistere. Diversorium.—Habiter. S'arrêter, hotellerie.

䝬 ˋ Stans. Stare.=Personne debout. Se tenir debout.

狂 ˋ Canis flavus capite nigro.= Chien jaune à tête noire.

黈 ˋ Signum. Punctum. = Signe. Point.

哇 ˋ Os contortum. Loquax. Gallinas advocare. = Bouche de travers. Babillard. Appeller des poules.

賍 ˋ Divitiæ.—Richesses.

跓 ˋ Unico pede inniti. Stare.—Se tenir sur un pied. Etre debout.

蛀 ˊ Tinea. Vermiculus lignum corrodens. = Vers qui ronge le bois, vermoulure.

罜 ˋ Parvum rete piscatorium. = Petit filet de pêcheur.

往 Wàm Ire. Aliquò intendere. Ad. Frequentare. Commercium.= Aller. Se diriger vers. Vers. A. Fréquenter. Commerce.

† Forte procedit a N. 35 cum quo cavendum ne confundatur.

N. 130. 玄

Hiûên ˆ Cœlum. Profundum. Magnum Mysteriosum. Silentium. Pronepos. = Ciel. Profond. Grand. Mystérieux. Silence.

怰 ˊ Vendere. Splendens. = Vendre. Splendide.

泫 ˆ Aqua profunda. Aqua fluens. Flere. Pruina.=Eaux profondes. Eau qui coule. Pleurer. Gelée blanche.

炫 ˊ Splendor, lucens fulgens.=Eclat, luisant, brillant.

袨 ˊ Vestis pretiosa. Elegantiâ vestium, adstantium oculos ad se attrahere. = Habit précieux. Attirer les regards par sa mise.

頍 ˆ Genarum pars posterior.=Partie postérieure des joues.

鴳 ˆ *Quædam avis. = Certain oiseau.*

玹 ˆ Gemmae inferioris pretii = Pierres précieuses de 2e qualité.

N. 130.

駭	¯		Equus annuus. Equus niger. =Cheval d'un an. Cheval noir.
陔	^		Fovea.=Fosse.
鉉	^		Tripodis ansa. Ansâ aliquid accipere.= Anses d'un trépied. Prendre par l'anse.
衒	ˊ		Se jactare, jactantia.=Se vanter, pédantisme.
伭	^		Odium: implacabilis ira. = Haine: colère implacable.
狺	^		Festinatio; praeproperus. = Empressement; précipité.
眩	ˊ		Oculos obscurare; visum impedire. Confundere. Dissolutus, inordinatum. = Eblouir; offusquer la vue. Confondre. Dissolu, désordonné.
昡	ˊ		Solis lux. Splendens. = Lumière du soleil. Brillant.
痃	^	Hièn	Cruditas. Cibos non digerere. =Indigestion. Ne pas digérer la nourriture.
刻	^		Digitum sibi amputare.=Se couper un doigt.
趆	^		Ire, incedere. = Aller, marcher.
弦	^		Arcûs funis. Chorda. Diameter. Luna dimidia.=Corde d'un arc ou d'un violon. Diamètre. Croissant de la Lune.
胘	^		Vaccæ vel bovis exta.=Entrailles de vache ou de bœuf.
舷	^		Rudentes; nauticæ funes= Cordages de navire.
妶	^		*Cognomen muliebre.=Nom de femme.*
絃	^		Funis. Chorda. Filum, funiculus. = Cordes d'un violon. Fil, ficelle.
賅	^		Venditioni exponere=Mettre en vente.
蚿	^		*Centipedæ species quædam.= Espèce de centpieds.*

† Insulsè præsidet tanquàm classifica tribus aut quatuor inutilibus litteris.

N. 131 永 汞

	ˋ	Ium	Æternum, durabile, remotum. = Eternel, durable, éloigné.
泳	ˊ		In naviculâ spatiari. Immersio. Perenne. = Se promener en barque. Immersion. Durable.
詠	ˊ		Vox producta. Cantare, recitare.=Voix prolongée. Chanter, réciter.
咏	ˊ		Cantare, recitare.= Chanter, réciter.
昶	ˇ	Cham	Sensum penetare, intelligere. Gaudium.=Découvrir le sens, comprendre. Joie.

† Distingui debet à 氺 (var. 氷) Pim *Glacies, gelu, congelari.= Glace, gelée, geler,* cum quo perperam aliquandò confunditur: item à N. 269.

†† In Sinarum occidentalibus provinciis, loco *ium* pronuntiatur *iün*, vel *iüin*.

N. 132. 必

	ˇ	Pi	Certè, necessariò, probabiliter. = Certainement, nécessairement, probablement.
怭	ˇ		Implere, plenum. Majestuosum. Perdere. = Remplir, plein. Majestueux. Perdre.
泌	ˊ		Aqua sine intermissione fluens. Torrens. Fons. Aqua in angusto fluens.=Eau qui coule toujours. Torrent. Fontaine.
邲	ˇ		*Nomen loci. Cognomen* Pulchrum. Potestatem tradere.= *Nom de lieu. Surnom.* Beau. Donner autorité.
祕	ˊ		Secretum, mysteriosum, divinum. Occultare. = Secret, mystérieux, divin. Cacher.
珌	ˇ		Baculi pila inferior. = Pommeau de canne d'en bas.
駜	ˇ		Equus pinguis. Satur. Robustus. = Cheval gras. Rassasié. Robuste.

字聲綱目

N. 132.

⿰耳必	ˊ	Erubescere.=Rougir.
柲	ˊ	Hastile. Par. Fortuitò. Occurrere.=Bois de lance. Une paire. Par hasard. Rencontrer.
閟	ˊ	Secretum, absconditum, mysteriosum. Janua clausa. Attentus. = Secret, caché, mystérieux. Porte fermée. Attentif.
⿰韋必	˘	Annulus in medio arcu ad sagittas rectè jaciendas. = Anneau au milieu d'un arc qui aide à tirer juste.
鉍	ˊ	Hastile. Par. Fortuitò. Occurrere.=Bois de lance. Paire. Par hasard. Rencontrer.
飶	˘	Ferculorum sapor. Fragrantia. —Goût des mets. Odeur agréable.
秘	ˊ	Secretum, absconditum, mysteriosum, divinum. Occultare. —Secret, caché, mystérieux, divin. Cacher.
馝	ˊ	Se abscondere, occultare.=Se cacher, cacher.
毖	ˊ	Attentus. Diligens.=Attentif. Diligent.
佖	˘	Implere, plenum. Majestuosum. Perdere.=Remplir, plein. Majestueux. Perdre.
苾	˘	*Quædam herba fragrans.* Fragrantia.—*Certaine herbe odoriférante.* Odeur suave.
咇	˘	Oris odor suavis. Fragrantia. —Bonne odeur de la bouche. Odeur agréable.
⿰虫必	˘	Vespa nigra. *Q. vermis.*—Guêpe noire. *Certain ver.*
⿰扌必	Pĭé	Tordere. Ligare, percutere.=Tordre. Lier, frapper.
宓	Mĭ	Pax, tranquillitas, silentium. Absconditum. Inclinatum. Attentus, sedulus. = Paix, tranquillité, silence. Incliné. Attentif, soigneux.
⿰言必	˘	(same as above)

† Duo hæ litterae quae leguntur *mi* expungi fortè potuissent ab hâc serie quia prior est varietas phoneticae 密, et posterior est varietas 謐 : sed inutile non duxi ostendere originem illius phoneticae, et tradere sensum hujus litterae.

N. 133. 平 V. 一

平	ˆ Pim	Planum, æquatum. Pax, tranquillitas.=Plane, égal. Paix, tranquillité.
評	ˆ	Approbatio librorum. Censura ; librum publicandum recognoscere. Disponere.=Approbation d'un livre. Censure ; revoir ou corriger un livre avant de le publier. Disposer.
枰	ˆ	Tabula plana. Lanx. Latruncularia tabula. Domus ludo consecrata.=Table unie. Plat. Echiquier. Maison de jeu.
坪	ˆ	Locus planus.=Terrain plane.
苹	ˆ	Nelumbium. Plantæ stagnis innatantes.=Nélumbo. Plantes qui surnagent.
怦	ˆ Pum	Inquietus. Tristis. Fidelis.=Inquiet. Triste. Fidèle.
泙	ˉ	Aquarum in præceps labentium strepitus. = Bruit des eaux qui se précipitent.
砰	ˉ	Lapidum ruentium vel se collidentium strepitus. = Bruit des pierres qui tombent ou qui s'entre choquent.
閛	ˉ	Januæ strepitus.=Bruit d'une porte.
⿹勹平	ˉ	Magnus strepitus. = Grand bruit.
秤	ˆ Chêm	Statera.=Balance.

N. 134. 未

未	ˊ Wéi	Non, nequè. Nondum.=Non, ni. Pas encore.
沬	ˊ	*Nomen loci.* Parvum sidus. Faciem lavare. Non omninò obscurum.=*Nom de lieu.* Petite étoile. Se laver le visage. Pas tout à fait obscur.
鮇	ˊ	Piscis exquisitus. = Poisson exquis.
味	ˊ	Sapor ; gustus. Pulchrum.=Saveur ; goût. Beau.]

N. 134.

沬 Méi ́ Turbidum. Obscurum.=Trouble. Obscur.

韎 ́ *Herba quædam ex quâ rubrus color elicitur.=Herbe dont on se sert pour teindre en rouge.*

魅 ́ Dæmon. *Monstrum quoddam vultu humano, corpore belluino.*=Démon. *Certain monstre à tête humaine et à corps d'animal.*

妹 ́ Soror natu minor.= Sœur cadette.

眛 ́ Oculi obscuri. Semi-cœcus.=Yeux troubles. A moitié aveugle.

昧 ́ Obscurum, confusum.=Obscur, confus.

† Vix ullus reperitur liber aut scriptum in quo hæc phonetica distinguatur à sequenti, servatâ uniuscujusque formâ genuinâ. Pronuntiatio quidem certa esset regula, quâ error iste devitari posset; sed illis qui pronuntiationem ignorant, restat ut memoriâ teneant classificas cum quibus unaquaeque phonetica jungitur.

N. 135. 末

Mǒ Finis. Tandem. Extremitas. Rami. Parvum.=Fin. Enfin. Extrémité. Rameaux. Petit.

沫 ̆ Saliva, sudor. Madefacere. Macula. Sistere. Obscurum.=Salive, sueur. Mouiller. Tache. S'arrêter. Obscur.

袜 ̆ Pars vestium quâ mulieres ubera contegunt. = Partie des habits qui couvre le sein des femmes.

麩 ̆ Orizae furfur. Farina.=Ordures du riz. Farine.

靺 ̆ *Quoddam regnum. = Certain royaume.*

抹 ̆ Radere, delere, extirpare. Abstergere. Resistere.=Gratter, effacer, détruire. Essuyer. Résister.

秣 ̆ Diarium, Equorum annona quotidiana. Pergere.=Ration. Ration journalière des chevaux. Continuer.

妺 ̆ *Nomen concubinæ Imperatoris. Xuen.* Parvum.=*Nom d'une concubine de l'empereur Xuen.* Petit.

茉 ̆ Jasminum grandiflorum.=*Espèce de jasmin à grandes fleurs.*

眜 ̆ Torvè aspicere.=Regarder de travers.

帓 ̆ Pileus militaris. Pannus quo caput obvolvitur. = Bonnet militaire. Turbant.

† Vide annotationem phoneticae praecedentis.

N. 136. 左

Tsò ̀ Læva manus, sinistrum latus. = La main gauche, le côté gauche.

尪 ̀ Non rectè agere. = Ne pas agir droit.

𢓧 ́ } Auxiliari, assistere. Minister. Consequi, attingere.=

佐 ́ } Sécourir, assister. Ministre. Obtenir. Attendre.

† Hinc originem ducit 着 N. 522, et fortassè etiam 差 N. 628.

N. 137. 犮 犮犮

Pǎ Auferre, evellere. = Enlever, arracher.

軷 ̆ Viarum diis ante iter sacrificare. = Sacrifier à l'esprit des chemins avant de partir.

坺 ̆ Terræ infigere. Regulare. = Ficher en terre. Régler.

V. 一

N. 137.

拔 Evellere, extinguere. = Arracher, éteindre.

魃 Siccitatis Genius. = Génie de la sécheresse.

妭 Mulier venusta. = Jolie femme.

沷 **Fa** Frigus. Irrigare. Aquam projicere. = Froid. Arroser. Jetter de l'eau.

髮 Coma. Capilli. Herba. Enarrare. = Chevelure. Cheveux. Herbe. Raconter.

拔 **Po** Festinatio. = Hâte.

鈸 Tympanum æneum. = Tam-tam.

馛 Florum fragrantia. = Odeur des fleurs.

胈 Tibiarum pili. = Poils des jambes.

鮁 Piscium multitudo. = Multitude de poissons.

茇 Radix. Plantarum radices. Stramen. Tugurium. = Racines des herbes et des plantes. Paille. Chaumière.

䯋 Humerus, scapula. Cervix. = Epaule. Le cou.

跋 Reptare. Sicco pede iterfacere. Calcaneus. = Ramper. Aller à pied sec. Talon.

袚 **Fu** Vestium rugæ; plicæ. Pulvilli quos ad genu deferunt. Barbarorum vestes. = Plis des habits; coussinet pour les genoux. Habits des barbares.

冹 Ventus frigidus. Frigus. = Vent froid. Froid.

祓 Mulierum purificatio lunâ 3a. Expiatio. Sacrificium ad avertenda mala. = Purification des femmes à la 3e. lune. Expiation.

翇 Baculus ornatus. = Baguette de luxe.

颰 Venti rapiditas. = Rapidité du vent.

紱 Fimbriæ. Flocci sericei præfectorum sigillis appensi. = Franges. Glands aux seaux des Mandarins.

帗 Vexillum quinquecolor. Telae volumen. Pompae baculus. = Pavillon à 5 couleurs. Pièce de toile. Baguette de parade.

黻 Acupingere. Variegatum. Linteum. = Broder. Chamarré. Espèce de tablier.

+ Tam exigua distinctio inest inter *Pa* brevem et *Po* brevem ut ambo soni promiscuè tradantur ab optimis quoque Dictionariis; quia tamen doctos semper audivi distinctionem affirmantes, eorum sententiam ibi sum secutus.

N. 138. 丕

Pêi Magnum: meritorium, offerre. = Grand: méritoire, offrir.

怌 Timere: timens. = Craindre: qui craint.

痞 Obstructio; viscera obstructa. = Obstruction; intestins obstrués.

顊 Facies ampla. = Visage large.

邳 *Nomen urbis. Cognomen. = Nom de ville. Nom propre.*

髬 Crines erecti: ferox bellua crines erigens, prae furore. = Poil ou cheveux dressés: bête féroce qui redresse son poil.

駓 Equus rufus: equus velox. Valdè. = Cheval alézan: cheval qui va vîte. Beaucoup.

䣍 Ebrius, satur, fartus. = Ivre, rassasié.

坯 Fictilia non cocta. = Poteries non cuites.

柸 Ardenter exoptare; dolere quod obtineri quid nequeat. = Désirer ardemment; être fâché de ce qu'on ne peut pas obtenir ce qu'on désire.

秠 *Tritici species grano fissili = Espèce de froment dont le grain se divise en deux.*

V. 一

N· 139.

貊 ˉ Parva vulpes.=Renardeau.

胚 ˉ Fœtus : praegnantia recens : in utero gestare. = Fétus : grossesse récente.

伾 ˉ Strenuus. Fortis, robustus.= Courageux. Fort, robuste.

娝 ˉ Fœtus : praegnantia recens : in utero gestare. = Fétus : grossesse récente : être enceinte.

呸 ˉ Spuendi strepitus. Disceptatio; jurgium.=Bruit que l'on fait en crachant. Dispute; querelle.

歪 Wai ˉ Tortum, curvum, obliquum.= Tordu, courbé, oblique.

† Vide annotationem N. 71.

N. 139. 右

Iéu ˊ Dextera manus. Dextrum latus. Fortitudo, magnitudo.= Main droite. Côté droit. Bravoure. Grandeur d'âme.

祐 ˊ Caeli auxilium. Geniorum protectio.=Secours du ciel. Aide des esprits.

佑 ˊ Auxiliari, opem ferre.=Aider; porter secours.

† Huic, formâ et sono affinis videtur phonetica N. 231.

N. 140. 石

Xe ˇ Lapis. *Decem modiorum mensura. Pondus centum viginti librarum.*=*Pierre. Mesure de 10 boissaux. Picle.*

祏 ˇ Arca lapidea in quâ avorum nomina in tabellis conscripta reconduntur.=Cassette en pierre où l'on met les tablettes des ancêtres.

碩 ˇ Virtute praeditus. Magnum. Plenum. = Vertueux. Grand. Plein.

秳 ˇ Pondus librarum centum et viginti.=Picle.

鼫 ˇ Mus agrestis.=Rat champêtre

妬 Che ˇ Mulier sine liberis, sterilis= Femme sans enfants, stérile.

拓 ˇ Colligere, capere, sumere. = Recueillir, prendre, saisir.

跖 Chee ˉ Pedum planta. = Plante des pieds.

柘 Cho ˉ Morus. Canna. Maechari.= Mûrier. Roseau. Commettre l'adultère.

斫 To ˉ Amputare, praecidere. Percutere. = Couper, retrancher. Frapper.

沰 ˇ Pluvia cadens. Guttatim stillare.=Tomber goutte à goutte. Pluie qui tombe.

袥 ˇ Vestium apertura. Aperire.= Overture des habits. Ouvrir.

拓 Sustinere, manu sublevare. Latè aperire. = Soutenir. Soulever avec la main. Ouvrir entièrement.

† Praesidet etiam classi sat conspicuae spectanti ad regnum minerale, in quâ multa reperiuntur nomina lapidum ipsis Sinensibus incognitorum et adaequatâ descriptione carentium. = Plerumquè tenet sinistrum litterarum latus. Raró infima : sint exempla 礮 Páo *Tormentum bellicum. Balista.* = *Canon, machine pour lancer des pierres* : 碧 Pĭ *Caeruleum : lapis caeruleus.* = *Bleu de ciel clair. Pierre bleue.* 磊 Lèi *Lapides congesti : voluntates oppositae.*=*Pierres amoncelées. Opposés de volonté.*

N. 141. 布

Pu ˊ Tela, pannus; extendere, spargere. = Toile, étoffe ; étendre, répandre.

抪 ˊ Extendere ; aperire, diffundi, dispergi. Percutere. Sentire.= Etendre, ouvrir ; se répandre. Frapper. Sentir.

N. 141.

怖 ˊ Timere, attonitus.—Craindre, étonné.

佈 ˊ Extendere. Extensum. Ubiquè.—Etendre. Etendu. Partout.

婄 ˊ Mulier formosa.=Jolie femme.

飾 Xê Ornare. Ornatus. Mundare. Componere. Cooperire, occultare.—Orner. Ornement. Nétoyer. Mettre en ordre. Couvrir, cacher.

† Ultima hæc littera profectò non deberet collocari in hâc serie cujus phoneticam non complectitur; sed quia non datur phonetica 布, utile duxi eam referre sub consimili, ut os plerosque studentes, illam ibidem quæsitur sese.

N. 142. 正

Ghêm ˊ Rectum. Justum, verum. Rectificare, emendare. Anni initium.—Droit. Juste, vrai. Rectifier, corriger. Commencement de l'année.

怔 – Timore incuti: formido. = Saisi de crainte: peur.

炡 – Flammæ motus rapidus. = Mouvement rapide de la flamme.

証 ˊ Superiores commoncre. Reprehendere. Testificari. Probare.—Avertir les supérieurs. Reprendre. Témoigner. Prouver.

症 ˊ Inordinatus. Mentis et corporis infirmitas. = Désordonné. Maladie d'esprit et de corps.

延 – Ordinatè incedere.=Marcher avec ordre et régularité.

延 – Deambulare: ire.—Marcher: aller.

政 ˊ Regere, gubernare. Tributum solvere. In servitute esse.= Conduire, gouverner. Payer tribut, être en servitude.

鴊 – *Quædam avis rapax.*=*Certain oiseau de proie.*

鉦 – Magnum tympanum. *Campanæ genus quoddam in exercitibus adhibitæ.* — Grand tambour. *Espèce de tam-tam qui sert de signal dans les armées.*

飣 – *Offæ species quædam.* Placenta. = *Espèce de gâteau.* Pâte.

胚 – Coquinare.=Faire la cuisine.

征 – Contra subditos bellare. Subjugare. Tributi solutionem cogere. Ire.=Combattre contre ses sujets. Subjuguer. Faire payer le tribut. Aller.

佂 – Festinatò ire. Pavens, commotus.—Aller vite. Effrayé, ému.

姃 – *Cognomen muliebre.* — *Nom de femme.*

紅 – Equi ornatus pomposus. = Harnais d'un cheval de parade.

怔 – Sagittarum scopus.—Cible.

† Procedit à N. 120.

N. 143. 去

Kiü ˆ Ire, abire. Extrahere, trahere. = Aller, s'en aller. Tirer, traîner.

詓 – Dormientis ronchus. = Bruit que l'on fait en dormant.

袪 – Vestium manicæ. Manicæ margo. Manicæ mentus. = Manches d'habit. Bord de la manche. Ouverture de la manche.

祛 – Expellere, dispergere. Fortis, robustus.=Chasser, disperser. Fort, robuste.

弆 ˋ Abscondere. Reponere. =Cacher. Renfermer.

敁 – Os latè aperire. = Ouvrir une large bouche.

鴶 – *Quædam avis.* — *Certain oiseau.*

N. 143.

麧 ˊ Frumentum in aquâ decoctum, tritici decoctio. — Froment cuit dans l'éau décoction, de froment.

袪 ˉ Muli clitellæ. — Bât de mulet.

阹 ˉ Septum in quo animalia includuntur. —Parc pour contenir les animaux.

筶 ˉ *Utensile quoddam in quo reponitur oryza.—Ustensile pour mettre le riz.*

胠 ˉ Latus, ilia. Capsam aperire. =Le côté, le flanc. Ouvrir une caisse.

鮭 ˉ *Q. piscis monstruosus de quo mira enarrantur. — Poisson monstrueux et probablement fabuleux.*

佉 ˉ *Scripturæ inventor. Nomen loci.* Vestium manicæ.—*Celui qui a inventé l'écriture. Nom de lieu.* Manches d'habit.

紶 ˉ Connectere, colligare. Continuare. — Réunir, lier ensemble. Continuer.

荳 ˉ *Quædam planta. — Certaine plante.*

呿 ˉ Dormientis ronchus. — Bruit que l' on fait en dormant.

怯 ˘ Kié Animum despondere, timere. Pavidus, ignavus. — Perdre courage, craindre. Timide, lâche.

痃 ˘ Ex morbo debilitas; languens. — Faiblesse causée par une maladie; languissant.

劫 ˘ Festinatio, festinare. Diligentia.=Empressement, se hâter. Diligence.

刦 ˘ Furari; violenter auferre; furtum, calamitas.—Ravir; voler; vol, calamité.

鉣 ˘ Zonæ fibula. — Agrafe d'une ceinture.

狯 ˘ Animum despondere, timere. Pavidus, ignavus. — Perdre courage, craindre. Timide, lâche.

蛣 ˘ *Quoddam insectum.=Certain insecte..*

呿 ˘ Kia Os latè aperire, oscitari. Os amplum. — Ouvrir une large bouche, bailler. Grande bouche.

V.

一

法 ˘ Fa Lex, regula. Forma, exemplar Præceptum, Medium. Imitari. — Loi, règle. Forme, modèle. Précepte. Moyen. Imiter.

鈇 ˘ Sagitta.—Fléche.

N. 144

巨 巨

ˊ Kiü Magnum. Valdè. Strenuus. Regula.—Grand. Courageux. Règle. Beaucoup.

怇 ˊ Negligens; inattentus. — Négligent; inattentif.

炬 ˋ Tœda. Fax arundinea. Cavillatio.—Flambeau. Torche en roseaux. Chicane.

詎 ˊ Siccine? Anne? Quis? Quomodo? Usque. — Vraiment? Serait-ce-bien? Qui? Comment? Jusqu'à.

邭 ˊ *Tabernaculi forma quædam. —Espèce de tente.*

鴡 ˊ *Quædam avis. — Certain oiseau.*

駏 ˋ *Muli species quædam.=Espèce de mulet.*

酟 ˊ Collectam agere ad vinum in festivitate bibendum. — Faire une collecte pour boire dans une fête.

麮 ˊ *Placentæ species quædam. — Espèce de gâteau.*

柜 ˋ Salix. *Quædam arbor foliis latis.*—Saule. *Espèce d'arbre à larges feuilles.*

鞬 ˊ Currûs accessoria coriacea.—Certain harnais de chariot.

拒 ˋ Resistere; repellere; ejicere. —Résister; repousser; chasser.

笸 ˋ Tœda. Fax arundinea. Cavillatio.—Flambeau. Torche en roseaux. Chicane.

鉅 ˋ Magnum. Durum. Arrogans. Imperator. Pertinax.—Grand. Dur. Arrogant. Qui commande. Tenace.

N. 144.

矩 ╲ Norma lignea. Regula.=Équerre. Règle.

秬 ╲ Milium nigrum.=Millet noir.

犯 ╲ *Muli species quædam.=Espèce de mulet.*

歫 ╲ Sistere. Resistere. Ire ad...=S'arrêter. Résister. Aller à...

苣 ╱ Tæda. Fax arundinea. Cannabis. Cavillatio.=Flambeau. Torche de roseaux. Chanvre. Chicane.

眶 ╲ Attonitè aspicere.=Regarder avec étonnement.

晅 ╲ Solis lux. Fulgens.=Lumière du soleil. Eclatant.

距 ╲ Calcar. Galli calcar. Resistere. Obstruere. Contemnere. Perlustrare. Magnum.=Eperon. Ergot du coq. Résister. Boucher. Mépriser. Parcourir. Grand.

岠 ╲ Magnus mons. Irè ad...=Grande montagne. Aller à...

† Similitudinem habet cum classificâ 臣 Chên *Minister. Præfectus. Subditus.=Ministre. Mandarin. Sujet*, cujus composita perpauca inter phoneticas numerantur præter 臨 Lin *Ad inferiorem ire, descendere.=Aller vers un inférieur, descendre.*

N. 145. 可

Ko Posse. Licere. Expedit, debet. Dignum. Congruens.=Pouvoir. Etre licite. il convient, il faut. Digne. Convenable.

珂 ─ } *Quidam lapis valdè pretiosus.* Purissimum.=*Certaine pierre précieuse.* Très pur.

砢 ─ }

軻 ─ Currus. Axis rotis instructus.=Chariot. Essieu avec les roues aux deux bouts.

鳾 ╱ Anser.=Oie.

柯 ─ Ramus. Manubrium. Pronubus.=Rameau. Manche. Entremetteur de mariages.

坷 ╲ Claudicans. Inæquale. Infelix, calamitas. Tectum sine muris.=Boiteux. Inégal, malheureux, calamité. Hangar.

舸 ╲ Navis sinica major.=Somme chinoise.

駉 ╱ Anser.=Oie.

牁 ─ Palus cui navis alligatur.=Pieu pour attacher les navires.

齣 ╱ Dentibus præcidere, mordere.=Couper avec les dents, mordre.

骬 ╱ Genuum rotula. Tibiæ os.=Rotule du genou. Os de la jambe.

岢 ╲ *Nomen cujusdam urbis.=Nom d'une ville.*

河 Hô Flumen, fluvius. *Maximum Sinarum flumen.*=Rivirère. *Le plus grand fleuve de Chine.*

訶 ─ Corripere, objurgare. Subditos opprimere.=Corriger, réprimander. Opprimer.

祠 ╱ Sacrificium offere.=Offrir un sacrifice.

頋 ╱ Contemptim aspicere. Faciem aliò vertere.=Regarder avec dédain. Détourner le visage.

歌 ╲ Cachinnum tollere. Risus immoderatus.=Eclater de rire. Rire immodérément.

柯 ╱ Conari. manu arripere. Concutere. Humeris gestare.=S efforcer. Prendre avec la main. Frapper. Porter sur le dos.

何 ╱ Quid ? Quomodo ? Quare? Vel. Humeris gestare.=Quoi? Comment? Pourquoi ? Ou bien. Porter sur les épaules.

苛 ─ Plantæ minutæ. Parvum.=Petites plantes. Menu.

呵 ─ Clamare. Corripere objurgare! *Interjectio.*=Crier. Reprendre, réprimander. *Interjection.*

N. 145.

蚵 ^ *Lacerti venenosi species.*—*Espèce de lezard venimeux.*

哀 — Ngo Vestitus. Vestiendi ratio.—Vêtement. Manière de s'habiller, la mise.

痾 — Morbus mortalis. — Maladie mortelle.

阿 — Fluminis ripa. Collis. Ah! *Interjectio. Vox euphonica redundans, sæpè in usu.*—Rivage d' une riviere. Colline. Ah! *Interjection. Particule euphonique souvent usitée.*

婀 ` Anceps, dubius, irresolutus.—Indéterminé, incertain, irrésolu.

†. Ex hâc originum ducunt phoneticæ 阿 & 哥 quæ infrà.

N. 146. 丙

Pim ` Caelum. *Cycli littera tertia. Littera horaria.* Cauda.—Ciel. 3e lettre du cycle. Lettre hore. Queue.

窉 ` Luna 3a. Somnus. Morbus ex subitâ formidine proveniens. —La 3e. lune. Sommeil. Maladie causée par la peur.

怲 ` Afflictus. Tristis. — Affligé, triste.

炳 ´ Elegans. Splendens. Probatio, argumentum.—Elégant. Brillant. Preuve, argument.

病 ` Morbus; defectus. Injuriis afficere.—Maladie; défaut. Injurier.

邴 ` Vultus hilaris; hilaritas. Concordia. *Cognomen.* — Visage joyeux; gaité. Concorde. *Surnom.*

柄 ´ Auctoritas. Lanceae hastile.—Autorité. Bois d'une lance.

鈵 ` Forte, solidum; densum. = Fort, solide; épais.

昺 ` Solis lux.—Lumière de soleil.

N. 147. 覀 币 一

Tsa ˇ Circum. Circumligare. Cingere.—Autour. Lier autour. Ceindre.

洒 ˇ Madefacere. Humidum. — Mouiller. Humide.

鉔 ˇ Vas oscillatorium pro incenso.—Encenseoir.

咂 ˇ Degustare; sugere. Ori immittere. = Goûter; sucer. Mettre dans la bouche.

N. 148. 术 朮

Xu ˇ Paeoniae radix. *Q. medicina. Oryzae species.*—Racine de la pivoine. *Certaine médecine. Espèce de riz.*

怵 ˇ Timidus, timere, pavens. Seducere; inducere, invitare.—Timide, craindre, épouvanté. Seduire; engager, inviter.

沭 ˇ *Quaedam urbs.*—*Certaine ville.*

述 ˇ Opus aliquod conscribere. Historiam scribere, scriptis mandare. Enarrare. — Ecrire un ouvrage ou une histoire, mettre par écrit. Raconter.

怷 ˇ Timidus, timere, pavens. Seducere; inducere, invitare.—Timide, craindre, épouvanté. Séduire; engager, inviter.

鉥 ˇ Acus.—Aiguille.

秫 ˇ Oryza rubra. Gluten ex farinâ.—Riz rouge. Glue de farine.

術 ˇ Ars, artificium. Semita; medium. —Art, métier. Sentier.

怵 Chu ˇ Timidus, pavens. Timere; seducere, inducere, invitare.—Timide épouvanté. Craindre, séduire, engager, inviter.

炢 ˇ Fumus egrediens.—Fumée q sort.

跊 ˇ Deambulare; incedere. — promener; marcher.

怷 ˇ Timidus, pavens, timere. ducere, inducere, invitar Timide épouvanté, craindr Séduire, engager, inviter.

N. 148. 一

猍 ˇ *Quædam fera.*=*Certaine bête sauvage.*

跊 ˇ *Quoddam animal biceps.*=*Certain animal à deux têtes.*

訹 ˇ Siü Inducere, seducere ; invitare. =Engager, séduire ; inviter.

蚻 ˇ Cicada. *Quoddam insectum.*= Cigale. *Nom d'insecte.*

N. 149. 本 本

ˇ Pen Radix, radicitùs, origo, principium. Natura, indoles ; naturale. Essentiale. = Racine, origine, principe. Nature, caractère ; naturel. Essentiel.

㤓 ˋ Rudis, stupidus, lentus, = Grossier, stupide, lent.

桳 ˊ Manu dispergere. = Eparpiller avec la main.

笨 ˋ Lentus, rudis, stupidus, ignarus. = Lent, grossier, stupide, ignorant.

餑 ˋ Multùm comedere. Comestor. = Manger beaucoup. Grand mangeur.

体 ˄ Rudis, ignarus. Pulvis aëra obtenebrans.=Grossier, ignorant. Poussière qui obscurcit l'air.

鉢 ˇ Po Cacabus. Vas in quo calefit aqua. Vas cum quo Bonzii stipem erogant. = Marmite. Vase pour faire chauffer l'eau. Vase avec lequel les Bonzes quêtent.

N. 150. 札

ˇ Cha Epistola ; tabella in quâ scribitur. Documentum. Pestis.= Lettre ; tablette pour écrire. Document. Peste.

鳦 ˇ *Q. avis aquatilis.* Plumæ variegatæ.=*Certain oiseau aquatique.* Plumes de diverses couleurs.

紮 ˇ Ligare, vincire. = Lier, attacher.

N. 151. 甘

ˉ Kan Dulce. Sapor. Libenter. Contentus.= Doux. Saveur. Volontiers. Content.

㤌 ˉ Libenter se subjicere.=Se soumettre de bon cœur.

泔 ˉ Plenum. Oryza liquida. Aqua in aquâ oryza lota fuit. Aqua. =Plein. Bouillie de riz. Lavure de riz. Eau.

詌 ˊ Os occludere.=Fermer la bouche.

疳 ˉ Ulcera syphilitica. Puerorum morbi. = Ulcères vénériens. Maladie d'enfants.

㽏 ˉ Concordia ; unio.=Concorde; union.

粓 ˉ Plenum. Oryza liquida. Aqua in aquâ oryza lota fuit. Aqua. =Plein. Bouillie de riz. Lavure de riz. Eau.

柑 ˉ Citrus nobilis. Forcipes. Frænum equorum ori immittere.= Orange mandarine. Ciseaux. Mettre le mors à un cheval.

甂 ˋ Vas fictile.=Vase en terre.

坩 ˉ Vas testaceum. Testa. = Pot de terre. Brique.

餡 ˉ Fercula. Dulciaria.=Confitures. Douceurs.

姏 ˉ Vetula sermone jucundo.= Vieille femme qui a un langage agréable.

紺 ˊ Sericum violaceum. Purpureum. Rubrum.=Soie violette. Ecarlate. Rouge.

苷 ˉ Glycirrhyza.=Réglisse.

岴 ˉ *Quidam mons.*=*Certaine montagne.*

N. 151.

酣 Hān Præ vino lætus. Semi-ebrius. Vini amator. — Gai de vin. Moitié ivre. Qui aime à boire.
邯 ˉ Abundans. Copia. Multi. *Nomen loci.* — Copieux. Abondance. Beaucoup. *Nom de lieu.*
欿 ˉ Fortassè. Incertum. — Peut-être incertain.
蚶 ˉ Concha. *Quoddam insectum.* — Coquille. *Certain insecte.*
髯 ˆ Kièn Capillos in pœnam radere. Comam abradere. Color purpureus. — Raser les cheveux en punition. Couper les cheveux. Couleur de pourpre.
拑 ˆ Claudere. Rem sub brachio tenere. Ab utroque latere rem accipere. = Fermer. Porter. Prendre un objet par les deux bouts.
鉗 ˆ Reprimere. Forcipes. Laterna. Collare ferreum. — Réprimer. Tenailles. Fanal. Collier en fer.
黚 ˆ Niger. Color flavicans. = Noir. Couleur jaunâtre.

† Præest etiam tanquàm classifica litteris perpaucis, iisque obsoletis.

N. 152. 世

ˊ Xe Mundus, sæculum, vita. Tempus. Triginta anni. = Monde, siècle, vie. Temps. Trente ans.
貰 ˊ Rem commodare. Absente pecuniâ vendere. Parcere. — Prêter. Vendre à crédit. Epargner.
齛 ˆ Ruminare. Pascere. — Ruminer. Paître.
泄 ˇ Sié Exsudare; exhalare. Fundere; abjicere. = Suer; transpirer. Répandre; jetter.
疶 ˇ Diarrhœa. Alvi profluvium. = Diarrhée. Cours de ventre.
鞢 ˇ Habenæ. Hastæ vagina. — Rênes. Fourreau de hallebarde.

V. 一

伳 ˇ Pompa. Luxus. = Pompe. Luxe.
紲 ˇ Ligare. Vincire. Habenae. — Lier. Attacher. Rêne.
洩 Ĭ Multitudo. Valdè. Effundere. Spargere. Indulgens. — Multitude. Beaucoup. Répandre. Disperser. Indulgent.
詍 ˇ Multùm loqui. Jucunditas. Conversari. — Parler beaucoup. Amabilité. Converser.
袣 ˇ Stragulum acupictum. Manicae. Vestis longa. = Couverture brodée. Manches. Habit long.
玴 ˇ *Quædam gemma.* — *Certaine pierre précieuse.*
枻 ˊ Remus quo instar gubernaculi utuntur. — Rame de la pouppe.
靾 ˊ Ephippium dono offerre. — Faire présent d'une selle.
䎅 ˊ Volatus. Volare. — Vol. Voler.
呭 ˊ Jucunditas. Multùm loqui. Conversari. — Amabilité. Parler beaucoup. Converser.
跇 ˊ Praeterire, transire, pertransire. — Traverser, passer, dépasser.

† Hæc phonetica saepè synonymam habet 曳; et id notabiliùs nobis videtur quod formâ satis differunt.

N. 153. 古

ˋ Kù Antiquum. Vetus. Antiquitas. Senescere. — Antique, vieux. Antiquité. Devenir vieux.
沽 ˉ Pactionem facere. Contractus. Emere. Vendere. Contrahere. = Contracter, faire un pacte. Contrat. Acheter, vendre.
詁 ˋ Antiquorum dicta. Commentaria. Explanatio. — Paroles des anciens. Commentaires Explication.
痁 ˊ Morbus insanabilis. — Maladie incurable.

N. 153.

羖 ヽ Ovis albo et nigro variegata. =Brebis mélangée de blanc et de noir.

軲 ∸ *Currûs species quædam.=Espèce de char.*

酤 − Vinum novum. Contrahere, pacisci.=Vin nouveau. Contracter, faire un pacte.

枯 − Arbor desiccata; desiccari.= Arbre sec; sécher.

辜 − Culpa, crimen; reus.=Faute, crime; coupable.

故 − Causa, ratio. Defunctus. Ex proposito. = Cause, raison. Défunt. A dessein.

鴣 − Perdix.=Perdrix.

笘 ヽ *Bambusæ species.=Espèce de bambou.*

鈷 ╱ Succidere. Vas pro frumento. =Couper. Vase pour le froment.

秙 ╱ Segetum spicae vacuae. = Epis vides.

牯 ヽ Taurus. Mas. Vacca.=Taureau. Vache. Mâle.

胋 ╱ Ad solem desiccare. Nates. Posteriora.= Sécher au soleil. Fesses. Derrière.

估 ヽ Pretium æstimare. Vectigal.= Evaluer. Impôt.

姑 − Matertera. Cognata Indulgere; annuere. Tolerare. Mariti mater.=Tante Parente. Consentir. Tolérer. Belle merè.

苦 ヽ Amarum, laboriosum. Dolor, tormenta. Urgens. = Amer pénible. Douleur, tourment. Urgent.

骷 − Scapulae os. Tibiarum ossa, Calvaria.=Omoplates. Os des jambes. Crâne.

跍 − Subsidere; humi adsidens.= S'accroupir. S'asseoir par terre.

固 ╱ Firmum; constans; forte; Certè. =Ferme; constant; fort; certainement.

蛄 ∸ Vespertilio.=Chauve souris.

罟 ヽ Rete piscatorium. = Filet de pêcheur.

怙 ヽ Hu Initi alicui. In aliquâ re niti. Usque.=S'appuyer sur quelqu'un, ou sur quelque chose. Jusque.

祜 ヽ Cœli protectio. Felicitas. Fortuna. Prava vita.=Secours du ciel. Félicité. Fortune. Vie déréglée.

餬 ^ 麫 ^ Gluten. Oryzam coquere ad gluten conficiendum.= Colle. Faire cuire du riz pour en obtenir de la colle.

胡 ^ Quomodo? Fortuna. Tartari. =Comment? Fortune. Tartares.

岵 ヽ Mons sylvis consitus.=Montagne couverte de forêts.

† Huic phoneticae connectuntur 固 胡 N. 497, 514; item 做 tsó *Facere, agere, surgere.=Faire, agir, se lever:* quae est corruptio litterae 作 sub N. 167 relatae.

N. 154. 戉

Iüe ◡ Securis. Quoddam sidus. = Hache. Nom d'étoile.

越 ◡ Praetergredi, excedere. Transire. Sequi.= Aller au delà, Dépasser. Passer outre. Suivre.

鉞 ◡ Parva securis. Praefectorum insignia.=Petite hache. Insignes des magistrats.

絨 ◡ Variis coloribus pictum. Textum subtile.=Peint de diverses couleurs. Tissu fin.

泧 Hiüè ◡ Aquarum copia. Aquae in unum confluentes. = Grande quantité d'eau. Confluent des eaux.

颭 ◡ Ventus.=Vent.

N· 154. フ

狨 ˇ Animal timore correptum. Animal incedens.=Animal épouvanté. Animal qui marche.

+ Cavendum ne confundatur cum 戊 Méu *Faustus dies. Littera horaria, littera cyclica præsidens* 5æ. *seriei.=Jour heureux. Lettre horaire, lettre cyclique.*

N. 155.

弗

ˇ Fu Non, minimè. Contrarium. Offensus.=Non. Point du tout. Le contraire. Offensé.

怫 ˇ Corde oppressus, inquietus. Tristitia. Irasci. Contra naturam.=Cœur ulcéré. Chagrin. Se fâcher. Contre nature.

沸 ˇ Aqua ex fonte saliens; erumpere. Irrigare. = Eau jaillissante; bouillonnement. Arroser.

誹 ˇ Musici concentus abruptè cessantes.=Concerts qui s'arrêtent soudain.

霈 ˇ Cœlum nebulosum. Obscurum; tristis. = Ciel nébuleux. Obscur; triste.

祓 ˇ Mala deprecari et bona precari. Excellere. Lustralis ritus. =Conjurer les maux. Chasser. Lustration religieuse.

砩 ˇ *Quidam lapis.=Certaine pierre.*

奔 ˇ Magnum.=Grand.

髴 ˇ Simile; similitudinem habens. =Semblable; ressemblant.

趩 ˇ Incedere, ambulare. Saltare.=S'avancer, marcher. Danser.

梻 ˇ Malleus. Perticis flagellare, *ut frumentum.* Prelum ligneum.= Marteau. Battre avec un fléau. Pres soir en bois.

鞴 ˇ Corium currûs meatum posteriùs claudens. = Porte en cuir sur l'arrière d'un char.

坲 ˇ Pulvis à vento sublatus. = Poussière soulevée par le vent.

拂 ˇ Projicere. Abstergere. Scopa plumacea. Adversùm. Oscillare.=Jeter. Essuyer. Plumail. Contre. Se balancer.

悲 ˇ Corde oppressus, inquietus. Tristitia. Irasci. Contra naturam.=Oppressé, inquiet. Chagrin. Colère. Contre nature.

犮 ˇ Canis.=Chien.

郝 ˇ *Cognomen. Nomen loci.=Surnom. Nom d'endroit.*

勃 ˇ Strenuus. Militaris. Appendix arcum corroborans.=Courageux. Guerrier. Pièce pour renforcer un arc.

艴 ˇ Irati facies.=Visage fâché.

費 ˇ Oculi infirmi vel obscuri.=Faiblessse de la vue.

刜 ˇ Secare; percutere. = Couper frapper.

𣵸 ˇ Aqua saliens; erumpere. Irrigare.=Eau jaillissante; bouillonnement. Arroser.

紼 ˇ Funis ad feretrum deferendum.=Corde pour porter un cercueil.

第 ˇ Janua in currûs posticâ parte. =Porte sur le derrière d'un char.

鉘 ˇ Ornare. Ornatus.=Orner. Ornement.

艴 ˇ Magna cymba.=Grande barque.

鮄 ˇ *Quædam piscis marini species. =Certain poisson de mer.*

彿 ˇ Simile, ad instar. Repraesentare. Obscurè videre.=Semblable, de même. Représenter. Voir confusément.

颰 ˇ Ventus tenuis.=Petite brise.

佛 ˇ *Buddha sectarius.* Improbus. Adversarius. Perpendere. Imitari.=*Buddha.* Méchant. Adversaire. Examiner. Imiter.

紼 ˇ Sericum implexum. Funis quo feretrum defertur.=Soie embrouillée. Corde pour porter le cercueil.

N. 155.

茀 ˘ Herbarum copia, cespititium. Mundare. Currus clausus pro uxoribus Imperatoris.=Abondance d'herbes, gazon. Char des concubines Impériales.

⿰目弗 ˘ Oculi infirmi, vel obscuri.= Faiblesse de la vue, yeux troubles.

咈 ˘ Resistere; opponere se. Contradicere. Non. = Résister; s'opposer. Contredire. Non.

⿰足弗 ˘ Saltare. Currere. = Danser. Courir.

⿰巾弗 ^ *Pilei species quædam.=Espèce de bonnet.*

岪 ^ | ⿱山弗 ^ — Via in montis latere. Via montana difficilis.=Sentier sur le penchant d'une montagne. Passage difficile dans les montagnes.

沸 ´ Féi Exundare: salire. Exurgere. Rerum copia fastidiens. Turbatus. = Bouillonner: jaillir. S'élever. Trop grande quantité d'une chose. Trouble.

誹 ´ Loquax. Præpropera festinatio.=Babiller. Précipitation.

疿 ´ Pustulæ in cute præ calore exurgentes. = Pustules sur la peau causées par la chaleur.

⿰衤弗 ´ Vestium pars quæ tibias obtegit.=Partie des habits qui couvre les jambes.

砩 ´ Aquarum fluxui lapides opponere.=Arrêter un courant d'eau avec des pierres.

髴 ´ Passi capilli. Mulierum capitis ornatus. Cheveux épars. Ornement de tête pour les femmes.

費 ´ Sumptus facere: impensæ. Terere, profundere, prodigere.= Faire des dépenses. Répandre avec profusion, prodiguer.

狒 ´ *Simii genus quoddam.=Espèce de singe.*

昲 ´ Ad solem desiccare.=Sécher au soleil.

佛 ˘ Po Illicò, statìm. Auxiliari, assistere.=Sur le champ, aussitôt. Secourir, aider.

† Quamdam formæ similitudinem habet cum 弔 Tiào *Condolere, consolari, compati. Numerale monetarum filo insertarum.=Faire des condoléances; consoler, compatir. Numéral des enfilades de sapèques.*

N. 156. 弘

^ Hum Magnum; extendere. Evulgare.=Grand; agrandir. Divulguer.

宖 ^ | ⿱穴弘 ^ — Echo. Obscuri recessus. Quiescere. Rivulus.=Echo. Réduits sombres. Se reposer. Petit ruisseau.

泓 ^ Aqua clara et profunda. Extensum.=Eaux claires et profondes. Etendu.

⿰車弘 ^ | 鞃 ^ — Corrigia quâ currus trahitur. Corrigia in quâ sedentes in curru niti possunt.=Courroies pour traîner un char, ou pour servir d'appui aux voyageurs.

紘 ^ Pilei ligamina. Rete.=Attaches d'un bonnet. Filet.

苰 ^ *Cannabis species.=Espèce de chanvre.*

† Pleræque litteræ hujus seriei leguntur etiam *Huam* in eodem sensu.
†† Originem ducit à N. 31.

N. 157. 尼

^ Ni Pax. Concordia. Proximè. Bonzia. = Paix. Concorde. Près. Bonzesse.

怩 ^ Erubescere; pudore affici.= Rougir; couvert de honte.

泥 ^ Lutum. Arenatum cœmentariorum Calce parietes linire. Debile. Adhærescere.=Boue. Mortier, enduit. Blanchir les murailles. Faible. S'accrocher

V.

N. 157.

ㄋ

⿰言尼 ˊ Aliquem advocare. Sermo obscurus. = Appeler quelqu'un. Langage obscur.

旎 ˋ Vexillum præ vento fluitans. Vexillum. Fluctitare.=Pavillon flottant. Pavillon. Flotter.

⿰衤尼 ˆ Pileus.=Bonnet.

柅 ˊ *Pyri species q.* Investigare, Machinæ organum præcipuum.=*Espèce de poire.* Rechercher. Ressort principal.

坭 ˋ Lutum. *Nomen loci.* = Boue. *Nom de lieu.*

⿱尼心 ˆ Erubescere; pudore affici.= Rougir; couvert de honte.

秜 ˆ Segetum grana delapsa sequenti anno germinantia.= Grains tombés qui poussent l'an d'après.

⿰香尼 ˋ Gratum odorem emittere.=Répandre une odeur agréable.

妮 ˆ Famula. Serva. Filia. =Servante. Fille.

苨 ˋ *Species Panacis, vulgò Ginseng.=Le ginseng.*

眤 ˇ Oculi parvi.=Petits yeux.

呢 ˆ Mussitare. Obscurè loqui. Si. Quandò.= Chuchoter. Parler obscurément. Si. Quand.

⿰山尼 ˆ Montis acumen. *Mons in quo natus est Confucius.* = Pied d'une montagne. *Montagne où est né Confucius.*

N. 158. 司

Se ˉ Gubernare, regere, præesse. Præfectus. Superior. Prætorium. = Gouverner, conduire, présider. Préfet. Supérieur.

詞 ˆ Dicta; verba, phrasis. Adagium. Loqui.= Expressions; paroles. Phrase proverbe. Parler.

祠 ˉ Fanum. Templum Idolorum. Majoribus sacrificare offerre. =Pagode. Sacrifier aux aïeux.

覗 ˆ Explorare; rimari: speculari. =Epier: espionner: guetter.

笥 ˊ Cista in quâ ad vaporem aliquid coquitur. Capsa in quâ reponuntur vestes. = Panier pour faire cuire quelque chose à la vapeur. Garderobe.

飼 ˊ Cibum præbere. Nutrire. Victualia. = Donner à manger. Nourrir. Vivres.

伺 ˊ Explorator. Speculari, investigare.=Espion. Guetter, examiner.

⿰女司 ˉ *Cognomen muliebre.=Nom de femme.*

⿰目司 ˉ Explorare: rimari: speculari. =Epier: espionner: guetter.

† Hùc evidenter est revocanda littera irregularis 嗣 Sé *Posteri; progenies, successio. continuatio. Posted.=Les descendants; la progéniture, succession, continuation. Après.*

N. 159. 民

Min ˆ Populus. Vulgus.=Peuple. Le vulguaire.

怋 ˆ Turbatus, confusus.=Troublé, ideés confuses.

泯 ˋ Exhaurire, finire. Remotum. Obscurum, confusum. Aquæ extensæ.=Epuiser, finir. Eloigné. Obscur, confus. Grande étendue d'eau.

珉 ˆ Lapis gemmæ similis. = Pierre semblable au rubis.

抿 ˋ Sumere. Manus imponere.= Prendre. Imposer les mains.

敃 ˋ Fortis. Vires addere. Conari. Limes. Terminus.=Fort. S'efforcer. Limite. Terme.

刡 ˋ Radere, lævigare, deformare. Trulla =Racler, polir, dégrossir. Truelle. Pelle de maçon.

⿰糸民 ˆ Rete venatorium.=Filet pour la chasse.

岷 ˆ *Quidam mons in Se-chuan.= Montagne du Se-chuan.*

V

N. 159.

眠 ^ Mièn Dormire; cubare. Oculi turbidi.=Dormir. Vue trouble.

† Aliquam affinitatem habet cum 昏, cujus vice aliquandò usurpatur.

†† Hinc procedit 愍 Min: *Dolere; tristari. Compati, misereri.=Eprouver de la douleur. Chagrin. Avoir pitié.*

N. 160. 召

Chao ` Vocare. Aliquem advocare. Convocare.=Appeller, Convoquer.

怊 - Irresolutus, anceps.=Irrésolu, incertain.

沼 ` Stagnum, lacuna.=Etang, lac, mare.

炤 - Ignis claritas. Illuminare.=Eclat du feu. Eclairer.

詔 / Decretum Imperiale. Edictum. Promulgare; declarare. Edocere.=Décret Impérial. Edit. Promulguer; déclarer. Instruire.

袑 ` *Cognomen.=Surnom.*

駋 - *Nomen cujusdam equi.=Nom d'un cheval.*

超 - Præterire; antecedere. Praecellere.=Passer; dépasser. Exceller.

柖 - Arbor à vento agitata. Labrum; balneus.=Arbre agité par le vent. Cuve; baignoire.

招 - Manu advocare. Pedes alligare.=Appeler avec la main. Lier les pieds.

弨 - } Arcus remissus. Seipsum vocare.=Arc débandé. S'appeler soi-même.
弨 - }

皱 - Pellicula quae sub cute immediatè reperitur.=Membrane fine sous l'épiderme, derme.

卲 / Sortes mittere: augurari.=Jetter les sorte.

盄 / *Quædam vasis species.=Espèce de vase.*

鉊 / Falx. Falcula major.=Faux. Grande faucille.

颾 / Ventus laetè frigidus.=Brise fraiche.

牊 - Lectus, cubile.=Lit, couche.

妱 / *Cognomen muliebre.=Nom de femme.*

眧 ` Signo admonere: oculi motu signum dare.=Faire signe; faire signe de l'œil.

昭 - Lux. Fulgens. Ostendere se. Sinistra.=Lumière. Brillant. Se montrer. La gauche.

咰 / Cum voce gutturali advocare.=Appeler d'une voix guttarale.

韶 Xao - Suaves musicae concentus. Concordia. Elegans. Jucundum.=Concerts agréables. Concorde. Elégant. Agréable.

劭 / Conatus. Animum erigere. Pulchrum, celebre.=Efforts. Prendre courage. Beau, célèbre.

卲 / } Eminens, sublime. Animos addere. Suadere. *Nomen loci. Cognomen.*=Eminent, sublime. Encourager. Persuader. *Nom de lieu. Surnom.*
邵 / }

佋 / Rectum facinus. Aliquem advocare. Populum componere.=Belle action. Appeler quelqu'un. Apaiser le peuple.

紹 ^ Colligare. Unire. Renovare.=Assembler. Unir. Renouveler.

䎄 ^ Tiao Lectus castrensis.=Lit de camp.

髫 - Puerorum capilli.=Cheveux des enfans.

N. 160. 刁

軺 ˊ Parvus currus.=Petit char.

迢 — Distans; segregatum. Amicus.=Distant; séparé. Ami.

刟 — Secare.=Couper.

貂 ˊ Martes zibelina. *Quædam puella in historiis famosa.*=Espèce de zibeline. *Jeune fille célèbre dans l'histoire.*

苕 — Scopa. Verrere.=Balai. Balayer.

鼦 ˊ Martes zibelina. *Quædam puella in historiis famosa.*=Espèce de zibeline. *Jeune fille célèbre dans l'histoire.*

齠 ˊ Dentes puerorum decidui; dentium mutatio.=Dents des enfans qui changent; mue des dents.

岧 ˊ Altum, eminens.=Haut, élevé.

苕 ˊ Herba aquatilis cum quâ tingunt capillos. Eminere, praecellere. = Plante aquatique qui sert à teindre les cheveux. Dominer, l'emporter sur...

† In litteris hujus seriei quae leguntur *Tiao* Saepè usurpatur 刁 Tiao *Homo nequam, nebulo. Falsum, malum. Moveri.*= *Mauvais sujet, vaurien. Faux, mauvais. Se mouvoir,* tanquàm synonymus hujus phoneticæ.

N. 161. 加

— Kia Augere. Cumulare. Crescere. Imputare. = Augmenter. Amonceler. Accroitre. Imputer.

詌 — Falsa accusatio. Quaestionem excitare.=Accusation fausse. Agiter une question.

痂 — Pustula. Ulcera scabiosa.=Pustule. Gale qui vient sur les plaies.

麚 — Cervus. Mas.=Cerf. Mâle.

珈 — Mulierum capitis ornamentum. Mulier nupta. = Coiffure de femme. Femme mariée.

駕 ˊ Currum ascendere. Excellens. Sapientia. *Dominatio Va.*= Monter en voiture. Excellent. Sagesse. *Ve. Seigneurie.*

枷 ˊ Tabula reorum collo inserta. Compedes. Malleus. = Cangue. Ceps. Marteau.

迦 — *Secta idololatrica Fu, seu Buddha; hujus Sectarii nomen.*=*Secte et nom de Fo,*

袈 — Bonziorum toga. Vestis. = Chappe des bonzes. Habit.

砎 — *Quidam lapis.*=*Certaine pierre.*

駕 ˊ Ascendere. Excellens. Sapientia. *Dominatio Va.*=Monter. Excellent. Sagesse. *Ve. Seigneurie.*

架 ˊ Machina. Pluteus, armarium, cancelli Superimponere. Loculamenta pro libris.=Machine. Pupitre, treillis. Superposer. Rayons de bibliothèque.

毠 — Pannus laneus. Bonziorum toga.=Toile de laine. Chappe des bonzes.

鴐 — *Species anseris agrestis.*=*Espèce d'oie sauvage.*

蛪 — *Vermis quidam in oryzâ nascens.*=*Insecte qui nuit dans le riz.*

瘸 — Sanies in vulnere coacervata. Scabies.=Amas de pus dans une plaie. Gale.

笳 ˋ Sibilum, sibilare; fistula.=Sifflet, siffler: instrument de musique à vent.

耞 — Flagellum rurale.=Un fléau.

稼 — Segetes. Fruges. = Céréales. Grains.

鴐 — *Species anseris agrestis.*=*Espèce d'oie sauvage.*

伽 ˊ *Idolum sectæ Fu. Hujus sectarii cognomen.*=*L'idole Fo. Autre nom de ce sectaire.*

猳 — *Quidam quadrupes.*=*Certain quadrupède.*

V. 丿

N. 161.

茄 ^ Culmus. Caulis. Hastile. = Chaume. Tige. Bois de lance.

跏 ^ Tibiis decussatis sedere. = Croiser les jambes étant assis.

迦 ^ Montes sylvis consiti. = Montagnes couvertes de forêts.

枷 ^ Kiê Sumere. Commisereri. = Prendre. Avoir compassion.

伽 ^ *Quidam genius.* Idolum Fu. = *Certain génie. L'idole Fo.*

茄 ^ Solanum melongena. *Q. planta medicinalis.* = Aubergine. *Nom d'une plante médicinale.*

齣 — Cha Mandere. Dentium mandentium strepitus. = Mâcher. Bruit qu'on fait en mâchant.

賀 ˊ Ho Feliciter. Congratulari, urbanè alloqui. Festum. = Heureusement. Féliciter, complimenter. Fête.

N. 162. 乎

— Hu *Particula interrogativa:* pecne? *Interjectio.* Ah! In. = *Particule interrogative : ou non? Interjection.* Ah! Dans.

浮 — *Nomen fluvii.* = *Nom de fleuve.*

評 — Vocare, clamare. Advocare. = Appeler, crier. Faire venir.

垺 — Parvus agger contra aquas. = Petite digue pour retenir les eaux.

鮃 — *Quidam piscis.* = *Certain poisson.*

姇 — *Nomen cujusdam mulieris.* = *Nom de femme.*

虖 — Clamando advocare. Proh! Eheu! flebilis vox. = Appeler en criant. Oh! hélas! Ton lamentable.

苸 — *Quædam planta.* = *Certaine plante.*

呼 — Clamare; magno ejulatu advocare. Expirare. Anhelitus. = Crier; appeler à grands cris. Respirer. Essoufflé.

† Hinc oritur phonetica 虖, quae infra.

N. 163. 失

ˇ Xe Perdere. Omittere. Culpa, error. = Perdre. Omettre. Faute, erreur.

袠 ˇ Che Assuere. Decas, decem anni. = Coudre, mettre une pièce. Décade, dix ans.

袟 ˇ Libri operimentum. Liber. Libri capita. Perforare. Perula. = Couverture de livre. Livre. Paragraphes d'un livre. Percer. Poche.

祑 ˇ Montibus et fluviis sacrificium offerre. = Sacrifier aux montagnes et aux fleuves.

抶 ˇ Virgis percutere; punire. = Frapper de verges; punir.

秩 ˇ Ordo, ordinare, disponere. Decas. = Ordre, arranger, disposer. Décade.

紩 ˇ Assuere. = Coudre, mettre une pièce.

妷 ˇ Consobrina. = Cousine.

紩 ˇ Assuere. = Coudre.

帙 ˇ Libri operimentum mobile. Liber. Libri capita. Perforare. Perula. = Couverturre de livre. Livre. Paragraphes. Percer. Poche.

詄 ˇ Tiĕ Loquelà impeditus. = qui parle avec difficulte.

鉄 ˇ Ferrum. = Fer.

迭 ˇ Vicem mutare. Alternare. Successivè. Reciprocè. Loco alterius. — Réciprocité. Alterner. Successivement. En place de.

丿

N. 163.

飈	ˇ	Parva cucurbita. Pueri.=Petite courge. Enfants.
眣	ˇ	Luscus. Oculis signum dare.=Louche. Faire signe des yeux.
昳	ˇ	Sol occidens.=Soleil couchant.
跌	ˇ	Cadere. In aliquid offendere. Supergredi. Moribus relaxatus.=Tomber. Broncher. Passer par dessus. Relâché de mœurs.
泆	ˇ / Ĭ	Exundare. Superefluere. Redundantia. Libidinosus, lascivus.=Déborder. Regorger. Surabondance. Licencieux.
駃		Equus velox. Citato equo currere.=Cheval agile. Aller au galop.
軼	ˇ	Currus simul exeuntes. Invadere. Dispergere. Simul.=Chars qui se précipitent dehors à la fois. Envahir, disperser. Ensemble.
劮	ˇ	Dissolutus.=Licencieux.
佚	ˇ	Quiescere. Pax. Derelinquere. Aufugere. Crimen. Libido. Mutabile, sine regulâ=Se reposer. Paix. Abandonner. S'enfuir. Crime. Passion. Variable, déréglé.
妷	ˇ	Libidinosus, lascivus.=Libertin, lascif.
䶲	‾	Mustela. *Animal quoddam fabulosum corpore canino capite humano. Quædam simii species* = Belette. *Animal semblable au chien qui a une tête d'homme et peut parler. Espèce de singe.*
狌	‾	
貹	ˋ	Dives: divitiæ.=Riche: richesses.
性	ˊ Sim	Natura, Indoles, Cupiditates, Naturale. Ingenium unicuscujusque.=Nature, caractère, passions, le naturel de chacun.
胜	^	Caro cruda. Caro semicocta. Fœtidum.=Chair crue. Chair à moitié cuite. Puant.
鮏	‾	Piscis fœtor.=Puanteur du poisson.
姓	ˊ	Cognomen. Familiæ nomen proprium.=Nom. Nom de famille.
星	‾	Sidus, stella. Constellatio. Dissolvi. Solus. Dies nuptialis.=Astre, étoile. Constellation. Se dissoudre. Seul. Jour des noces.
晆	ˊ	Cognomen. Familiæ nomen proprium.=Nom. Nom de famille.
旌	ˉ Tsim	Vexillum. Insignia gentilitia. Ostendere: manifestare.=Etendard. Montrer: manifester. Marques de noblesse.

† Ex hâc procedit 星 N. 595 .cum quâ sæpè promiscuè usurpatur in litteris præsertim quæ leguntur *Sim*.

†† Est etiam classifica, sed nullius momenti.

N. 164. 生

	ˉ Xem	Nasci, vita. Gignere, producere, germinare.=Naître, vie. Engendrer, produire, germer.
痒	‾	Macilentus.=Maigre.
笙	‾	Fistula pastoralis. Avena.=Flûte. Chalumeau.
甡	‾	Pilorum horror. Pili erecti.=Cheveux hérissés. Poils qui se dressent.
眚	ˋ	Cataracta: caligo in oculis. Culpa. Vitium.=Cataracte: maladie des yeux. Faute, vice.
牲	‾	Animal. Brutus animans. Quadrupes.=Animal. Brute. Quadrupède.

N. 165 㐌

	Î	Barbari quidam in montibus *Kuam-tum* et *Kuam-si* degentes. Monticola.=Certains barbares des provinces de Kuam-tum et de Kuam-si. Montagnard.
施	^	Posteri, posteritas.=Les descendants, la postérité.
袘	^	Vestis medium ubi est sutura.=Le milieu de l'habit où il y a la couture.

N. 165.

柂 ^ *Siceræ species.* = *Espèce de bière.*

迤 ^ A viâ declinare. Extra viam incedere. = S'écarter de la route. Marcher hors de la route.

⿰片㐌 ^ Tabulatum coram lecto positum. = Paravent que l'on met devant le lit.

沲 ^ To Rivulus à fluvio procedens. Fluminis ramus. = Ruisseau qui découle d'un fleuve. Ramification d'un fleuve.

炧 \ Ellychnium. Candelæ residuum. = Mèche. Reste de chandelle.

⿸疒㐌 ^ Morbus. = Maladie.

⿰石㐌 ^ Lapis rotatilis ad frumentum decorticandum. = Pierre roulante pour battre le grain.

⿰酉㐌 ^ Facies præ vino rubicunda = Rougeur du visage causée par le vin.

拖 ^ Docere, dirigere. Trahere. Gubernaculum. = Conduire, diriger. Traîner. Gouvernail.

陁 ^ *Quidam mons in medio mari.* Periculosum; extraordinarium. = *Certaine montagne au milieu de la mer.* Dangereux; extraordinaire.

⿰舟㐌 \ Navis gubernaculum. = Gouvernail d'un navire.

⿰魚㐌 ^ *Quidam piscis.* = *Certain poisson.*

⿰足㐌 ^ In lubricum ire. Cadere. Occasionem amittere. = Glisser du pied. Tomber. Perdre l'occasion.

† Vide N. 35 in annotatione.

N. 166.　　乍

/ Cha Repentè. Statim. Vix. Initium. = Soudain. Aussitôt. A peine. Commencement.

怍 / Astutus, dolosus. Erubescere. = Fin, rusé. Rougir.

炸 / In oleo aliquid coquere. = Faire cuire à l'huile.

詐 / Fingere, simulare. Decipere. Falsum. = Feindre, simuler. Tromper. Faux.

痄 ^ Morbus gravis. Tumor in facie. Vulnus quod non sanatur. = Maladie grave. Tumeur au visage. Plaie incurable.

⿸广乍 / Domus imperfecta. = Maison non terminée.

厏 \ Non concordare. = Ne pas s'accorder.

砟 / Tabella lapidea. = Tablette en pierre.

⿱大乍 / Magnum. Crassum. Gloriator sui ipsius. = Grand. Epais. Qui se vante.

⿰車乍 / Currus fractus. = Char brisé.

柞 / Instrumentum ad oleum exprimendum. Transversè praecidere. = Instrument pour extraire l'huile. Couper de travers.

鮓 \ Piscis desiccatus. Piscis aceto et aromatibus conditus. Servare. = Poisson sec ou mariné. Conserver.

⿰糸乍 / Sericò exornare. = Orner avec de la soie.

苲 / *Qualis planta aquatilis.* = *Certaine plante aquatique.*

咋 / Repentè, illicò. Attamen. = Soudainement, aussitôt. Cependant.

窄 Tsee Arctum, angustum, strictum. Urgens. = Etroit, serré. Urgent.

笮 ˘ Familiaritas. Arctum; compressum. Pharetra. Evertere. = Familiarité. Etroit; comprimé. Carquois. Renverser.

迮 ˘ Valdè proximum; arctum, adpressum. Surgere. = Très proche; serré, pressé. Se lever.

舴 ˘ Navicula. = Bateau.

咋 ˘ Magnus strepitus. Clamores; clamare. Comedere = Grand bruit. Clameurs; crier. Manger.

蚱 ˘ Locusta. *Cicada flava 7ª. lunâ apparens.* = Sauterelle. *Cigale jaune qui paraît à la 7e. lune.*

N. 166.

怍 ˇ Tso Verecundia, erubescere. = Honte, rougir.

酢 ˇ Hospitem ad bibendum invitare. Remunerare. = Inviter à boire. Récompenser.

柞 ˇ *Arbor quædam semper virens, ligno durissimo.* Septum pro animalibus. = *Certain arbre au bois très dur qui n'hiverne pas.* Enclos pour les animaux.

阼 ˇ Scala, gradus. = Echelle, degrés.

作 ˇ Facere, agere. Incipere. Surgere. = Faire, agir. Commencer. Se lever.

昨 ˇ Heri. Proximé elapsum; recens. Anteà. = Hier. Ecoulé depuis peu; récemment Avant.

祚 ´ Tsu Fortuna, felicitas. Divitiae. Dignitas regnum. Stipendium, messis. = Fortune. Riche. Dignité, royaume. Paie. Moisson

酢 ´ Amarum. Acetum. = Amer. Aigre.

阼 ´ Scala versa ad orientem. Hospitum locus in sacrificiis. = Escalier tourné vers l'orient. Place des hôtes aux sacrifices.

胙 ´ Carnes Idolis oblatae. Remunerare. Fortuna. = Viandes offertes en sacrifice. Récompenser. Fortune, prospérité.

怎 ˇ Tsen Quomodo? Quid? Interrogare. = Comment? Quoi? Interroger.

† Hinc originem trahit 窄 N. 610.

N. 167. 禾

^ Hô Segetes, fruges, cercalia. = Moissons, grains, céréales.

訸 ^ Tranquillus, aequale. = Tranquille. Egal.

秌 ^ Feretri pars anterior. = La tête d'un cercueil.

鉌 ^ Laminæ metallicæ sonorae. = Lames de métal sonores.

龢 ^ Concordia, pax tranquillitas, felicitas. Secundum. Comitari = Concorde, paix, tranquillité, bonheur. Favorable. Accompagner.

和 ^ (same as above)

盉 ´ Temperare saporem rei. Miscere. = Tempérer le goût d'une chose. Méler.

脉 ^ Feretri pars ad cadaveri caput. = La tête d'un cercueil.

姀 ^ Venustas in corporis habitu. = Beau maintien.

茉 ^ *Quædam herba* Ligo; *instrumentum ad fodiendum.* = *Certaine herbe.* Bêche, houe

杲 ^ Puer plorans. = Enfant qui pleure.

咊 ^ Concordia, pax, felicitas. = Concorde, paix, bonheur.

酥 ‾ Su Coagulare. Lac coagulatum. = Cailler. Lait caillé.

穌 ‾ Resurgere. Lætari. = Ressusciter. Se réjouir.

† Est etiam classifica et præest trecentis litteris quarum sinistrum latus tenet, sicut in 科 Kô *Articulus. Gradus, ordo, series. Ars. Tributum. Examen. Fovea.* = *Article. Degré, ordre, série. Art. Tribut. Examen: Fosse*: et 私 Sō *Privatim; absconditè.* = *Privément en cachette.*

N. 168. 包 色

‾ Pao Amplecti, comprehendere, involvere, continere. Abscondere. = Embrasser, comprendre, envelopper, contenir. Cacher.

泡 ^ Aquae bulla. Madefacere. = Bulle d'eau. Humecter.

炮 ^ Assare; torrere. Decoctionem facere v. g. *Thei.* Tormentum bellicum. = Côtoyer, faire griller. Faire une infusion. Canon.

V. 丿

N. 168.

疱 ˊ Tumor. Papula. = Tumeur. Enflure au visage.

庖 ˆ Culina ; coquinare.=Cuisine ; faire la cuisine.

袍 ˆ Toga, pallium, tunica. Vestis duplex. Saccus : involucrum. = Robe, manteau, tunique. Habit doublé. Sac: enveloppe.

胞 ˆ Tibiae in incessu se colliden tes. = Rencontre des jambes en marchant.

砲 ˊ Bellicum tormentum. Balista. =Canon. Machine pour lancer des pierres.

麭 ˊ Cœnula hospiti præparata.= Collation préparée pour un hôte.

抱 ˋ Amplexari: inter brachia constringere. Cogitare. Incubare. =Embrasser : serrer dans ses bras. Penser. Couver.

笣 ˉ Bambusa hyemalis.=Bambou d'hiver.

鉋 ˆ Runcina, dolabra. Æquare, complanare.=Rabot pour égaliser le bois. Aplanir.

飽 ˋ Saturari. Satur, fartus, plenus.=Rassasier. Rempli, bourré, plein.

胞 ˆ Tumor ; intumescere. Pustulae. Venter. Secundinae. Fratres.=Tumeur ; enfler. Pustule. Ventre. Frères.

炰 ˆ Assare ; torrere. Decoctionem facere *v. g. Thei*. Tormentum bellicum.=Rôtir. Faire une infusion. Canon.

匏 ˊ Incubare.=Couver.

皰 ˊ Tumor in facie. Papula—Enflure au visage. Bulles.

刨 ˆ Coæquare, complanare, abradere.=Egaliser, aplanir, ratisser.

皰 ˊ Pustula in manibus pedibusve.=Ampoule sur la peau des mains ou des pieds.

鮑 ˋ Piscis sale conditus. Piscis saliti fœtor.=Poisson salé. Poisson puant la saumure.

爮 ˆ Scabere. Radere. = Gratter. Racler.

齙 ˇ Dentes contorti.= Dents chevauchées.

苞 ˉ Stramen. *Herba ex quâ funt storeæ*. Luxurians, florens. = Paille. *Herbe dont on fait des nattes*. Abondant, florissant.

咆 ˇ Tigridis rugitus. Rugire. Productus clamor.=Rugissements du tigre. Rugir. Cri prolongé.

跑 ˇ Currere, fugere. Pedis vestigium.=Courir, fuir. Trace des pieds.

雹 Pŏ Grando.=Grêle.

瓟 ˘ Parva cucurbita, cucurbitula quæ sicut laguncula adhiberi potest.=Petite courge, gourde.

骲 ˘ Sagitta ossea.=Flèche en os.

枹 Fu ˘ Bacillum ; tympani virga.= Bâtonnet, baguette de tambour.

† Propter formæ similitudinem, perperàm aliquandò usurpatur pro sequenti.

N. 169. 句

Kiü ˊ Verbum, vocabulum ; phrasis, periodus.=Parole, mot; phrase, période.

洵 ˉ Aquæ murmur. *Quidam fluvius*. = Murmure des eaux. *Nom de rivière*.

痀 ˉ Gibbus, curvatus. = Bossu, vouté.

岣 ˉ *Quidam mons.*=*Nom de montagne*.

駒 ˉ Equi pullus. Equus optimus.= Poulain. Bon cheval.

趜 ˉ Incedere circumspiciendo. = Marcher en regardant soigneusement autour de soi.

軥 ˇ Jugi uncinus. Temo. Jugum. =Crochet d'un joug. Timon. Joug.

V. ノ

N. 169.

枸 – *Quœdam arbor. = Nom d'arbre.*

拘 – Retinere. Adhaerere. Sustinere. Capere. Constrigere. Animo intentus. Phrasis=Retenir. S'attacher à .. Prendre. Resserrer. Appliqué. Phrase.

⿰阝句 – *Nomen loci.=Nom de lieu.*

朐 – Caro. Lardi segmenta desiccata. Sacrificare.=Chair. Morceaux de lard sec. Sacrifier.

邭 – *Nomen loci.=Nom d'endroit.*

劬 ˆ Labor; dolor; pæna.=Travail; douleur; peine.

鴝 ˆ Acridotheres gracula. Psittacus.=Le martin. Perroquet.

⿰句黽 – *Testudinis Tartaricæ species. =Espèce de tortue de Tartarie.*

鮈 – *Quidam piscis. = Nom d'un poisson,*

⿱句龜 – *Testudinis Tartaricæ species. =Espèce de tortue de Tartarie.*

⿰彳句 – Manus pedesve a frigore adusti.=Engelures aux mains ou aux pieds.

鼩 ˆ Mus minimus.=Petit rat.

絇 ˆ Calceamentorum funiculi. = Cordons de soulier.

眗 – Circumspicere. Ridendo aspicere, = Regarder autour. Regarder en riant.

跔 – Manus aut pedes præ frigore adusti.=Engelures aux mains ou aux pieds.

蚼 – Formica.=Fourmi.

⿰田句 – *Cognomen cujusdam Regis. Occidentalis. = Nom d'un roi de l'ouest.*

⿰巾句 – Annulus quo sagittarii utuntur =Anneau pour tirer de l'arc.

欨 – Hiü Sufflare. Ridere. = Souffler. Rire.

姁 – Pulchrum. Jucundum.=Beau. Agréable.

昫 – Sol oriens calidus. Calidum.= Soleil levant chaud. Chaud.

呴 – Halitus, spiritus, respiratio. Sufflare. Sufflando calefacere. =Souffle, haleine, respiration. Souffler. Echauffer de son haleine.

怐 ˆ Keu Stupidus.=Stupide.

詬 – Insultare: verbis lacessere. Pudore suffundere.=Insulter: injurier. Couvrir de honte.

耇 ˋ Vultus præ senectute rugosus. =Visage ridé par la vieillesse.

軥 – Jugum. Bovis aut equi collare. =Joug. Collier des bœufs ou des chevaux.

枸 – Mespilus. *Species quædam persici amari. = Néflier. Espèce de pêcher amer.*

拘 – Aliquid trahere ut extendatur. Sumere. = Tirer une chose pour l'étendre. Prendre.

笱 ˋ *Instrumentum piscatorium. = Instrument pour la pêche.*

鉤 – Hamus. Uncinus. Fibula. Uncino tenere. Inducere. Extorquere. = Hameçon. Crochet. Crampon. Accrocher. Induire. Extorquer.

⿰句瓜 – Cucumis.=Concombre.

雊 ˋ Aves colla implectentes.=Oiseaux qui s'entrelacent le cou.

敂 ˆ Percutere; impingere. Ducere, dirigere. =Frapper; choquer. Mener, conduire.

⿰句刂 – Falcula. Occidens.=Faucille. Ouest.

鮈 – *Quidam piscis.=Nom de poisson.*

狗 ˋ Canis. Servus. Furari.= Chien. Esclave. Dérober.

N. 169.

苟 ˋ Illicitum; per fas et nefas. Incertum. Cogere. Herba.=Illicite; à tort et à travers. Incertain. Si. Forcer. Herbe.

畇 ˉ Semita in medio agrorum. Hortus olitorius. = Sentier à travers les champs. Jardin potager.

蚼 ˋ Canis maximus. = Chien de grande taille.

岣 ˋ Cacumen. Summitas. *Quidam mons.*=Faite. Sommet. *Nom de montagne.*

齁 Hēu Respirationis sonitus. Resonare.=Bruit de la respiration. Résonner.

佝 ˊ Rusticitas. Rudis. Sumere. Extendere. = Rusticité. Grossier. Prendre. Etendre.

† 康熙字典 tradit 勾 tanquàm simplicem varietatem phoneticæ 句: in cæteris Dictionariis, et in usu vulgari agnoscitur quidem aliquandò synonymia inter utramq... sed multò frequentiùs distinguuntur, et 勾 definitur " Kéu *Aduncum, curvum. Attrahere: inducere. Excludere*=*Crochu, courbé. Attirer: induire. Exclure.* " Ex peculiari pronuntiatione hujus litterae sequitur, ut in compositis quæ leguntur *Keu* vel *Heu* sæpiùs adhibeatur 勾, etsi prior forma procùl dubio magis classicá sit.

N. 170.

皮

Pî Pellis, cutis. Exterior. Ultimum.=La peau. Extérieur. Dernier.

怶 ^ Tristis, mærens.=Triste, chagrin.

詖 ˊ Adulari. Insidiosi clamores. Fictè disceptare. = Flatter. Clameurs insidieuses. Disputes simulées.

疲 ^ Defatigatus; exhaustus. Senex. Lassitudo.=Fatigué; épuisé. Vieillard. Lassitude.

㱟 ˋ Ramus fractus.=Rameau brisé.

髲 ˊ Vestis interior. = Habit de dessous.

披 ˉ Vestem induere. Se contegere. Revolvere. Extendere, spargere. Simùl, cum. = S'habiller. Se couvrir. Dérouler. Etendre répandre. Avec.

翍 ˉ Defatigatus: lassitudo.=Fatigué: lassitude.

鈹 ˉ Acus magna.=Grande aiguille.

秛 ^ Prædiorum mercedem frugibus persolvere.=Rente payée en grains.

皮刂 ˉ Corticem detrahere. Secare.=Oter la peau. Couper.

彼 ˋ Ille, illa. *Nota passivi.* Illùc; illinc. Excludere. Repellere.=Lui, elle. *Marque du passif.* Là; de là. Exclure.

佊 ˋ Error, falsitas.=Erreur, fausseté.

貱 ˊ Ad alium remittere. Consulere. Augere. Priora debita novis extinguere.=Renvoyer à un autre. Consulter. Payer ses dettes en en faisant d'autres.

骳 ˊ Genuum rotula. Uncinatum, contortum.=Rotule. Crochu.

跛 ˋ Inclinatio, propensio; partium studium. = Inclination, propension; partialité.

被 Péi Indui. Tegere. Stragulum. *Nota passivi.* Illuminare. Accidere. = Se revêtir. Couvrir. Couverture. *Marque du passif.* Eclairer. Arriver.

鞁 ˊ Equi vel currùs stratum. = Harnais.

陂 ˉ Puteus: aquæ congeries. Lacùs vel viæ ora. Arenaria = Puits: masse d'eau. Bord. Banc de sable.

帔 ˊ Pallium. Toga cæremonialis.=Manteau. Robe de cérémonie.

波 Pō Fluctus, undæ. Movere. Pervenire. Oculi. Beneficium.=Flots. Vagues. Mouvoir. Parvenir. Yeux. Bienfait.

玻 ˉ Vitrum.=Verre.

破 ˊ Frangere; rumpere. Destruere; dirutum. = Briser; rompre Detruire; ruiné.

坡 ˉ Collis; ascensus.=Colline.

丿

N. 170.

陂 ‐ Vitrum. Inæquale. = Verre. Inégal.

頗 ˋ Vix; modicùm, parùm. Inæquale. Inclinatum. = A peine; peu. Inégal. Incliné.

鼊 ˋ *Ranæ species quædam. = Espèce de grenouille.*

跛 ˋ Claudus, claudicare. Unico pede stare. = Boiteux. Boiter. Se tenir sur un pied.

蚾 ˋ *Locustæ species quædam. = Espèce de sauterelle.*

† Præest etiam tanquàm classifica octoginta fère litteris parùm usitatis.

†† Pleræque litteræ hujus seriei tam obscurè pronuntiantur à Sinensibus, ut auctores promiscuè eas legerint *Pi & Péi*: nos, ne easdem litteras bis referremus, phoneticae sonum pro plerisquè secuti sumus, et eas tantummodò secrevimus quae in omnium confesso distinctum sonum obtinent.

N. 171. 斥

Che ̆ Expellere. Corripere, reprehendere. = Chasser. Reprendre, réprimander.

坼 Chee ̆ Findere; aperire, dividere. Germinare. = Fendre; ouvrir, diviser. Germer.

拆 ̆ Evertere; destruere; percutere. Partiri. Divinare. = Renverser; détruire; frapper. Partager. Diviner.

𣂚 ̆ Findere; dividere. = Fendre; diviser.

趚 Tsié ̂ Resistere. Opposito stare. = Résister. S'opposer.

綀 ˊ Fune colligare. = Attacher avec une corde.

泝 Su ˊ Contra aquae cursum ascendere. = Remonter contre le courant.

訴 ˊ Monere. Exponere. Consolari. Accusare, diffamare. = Avertir. Exposer. Consoler. Accuser, diffamer.

柝 To ̆ Excubiarum tympanum. = Tambour pour les veilles.

跅 ̆ Relaxatum, retensum. Dissolutus. A regulis benè dicendi recedere. = Relâché, détendu. Désordonné. Violer les règles du bon langage.

† Valdè discrepant auctores circa modum legendi quinque priores litteras hujus seriei nos secuti sumus auctoritatem dictionarii: 五方元音

N. 172. 瓜 𤓯

Kuā Cucurbita. = Courge.

抓 ‐ Percutere. Tundere. Ducere = Frapper. Battre. Conduire

刮 ‐ Secare. Praecidere. = Couper Retrancher.

㧓 ‐ Contortum. Malum. = De travers. Mauvais.

軱 Kū Ossa magna, magnum os. = Gros os.

柧 ‐ Octogonum. = Octogone.

孤 ‐ Orphanus; derelictus. Ingratitudo. Spem fallere. Principi magister. = Orphelin; abandonné. Ingratitude. Tromper l'espoir. Governeur d'un prince

胍 ‐ Venter magnus. = Gros ventre

觚 ‐ Cyathus; scyphus. Angulus. = Tasse, coupe. Coin.

苽 ‐ *Species milii aquatilis. = Espèce de millet aquatique.*

呱 ‐ Infantium ploratus. = Pleurs des enfants.

蛌 ‐ Cicada. = Cigale.

罛 ‐ Rete piscatorium. = Filet de pêcheur.

N. 172.

麶 ˊ Cochleare.=Cueillère.

弧 Hû Arcus ligneus. Vexillum. = Arc en bois. Pavillon.

狐 ˆ Vulpes. Daemones succubi. Illecebrosa. Decipere. Suspicari =Renard. Démons succubes. Enchanteresse. Soupçonner.

¹ Est etiam classifica et præest octoginta è litteris ad *cucurbitas* spectantibus.

N. 173. 冬

Tum ˉ Hiems. Luna undecima. Finis.=Hiver. La 11 e lune. La fin.

烔 ˆ Ignis color. Rubrum. = La couleur du feu. Rouge.

㡘 ˆ Domus valdè profunda.=Maison très profonde.

佟 ˆ *Cognomen. Nomen loci in Leao-tum*.= *Surnom. Nom d' un endroit au Leao-tum.*

苳 ˆ Plantae hiemales. = Plantes d'hiver.

疼 Tem ˆ } Dolor, cruciatus. Affectus, amor, sensus. = Douleur, tourment. Affection, amour, sentiment.

胗 ˆ }

柊 Chum ˉ *Quoddam ligni genus.* = *Espèce de bois.*

螽 ˉ Locusta.=Sauterelle.

鼨 ˉ *Species quædam muris.* = *Espèce de rat.*

鵅 ˉ *Quædam avis aquatilis anati similis, sed minor.* = *Sorte d' oiseau aquatique semblable au canard, mais plus petit.*

終 ˉ Finis, finire. Mori, mortuus.= Fin, finir. Mourir, mort.

N. 174. 氐 ˊ V.

Ti ˋ Imum, fundus. Fundamentum. Subtùs. Humile. Pervenire. Diversorium.=Le fond. Fondement. Dessous. Humble. Arriver. Hôtellerie.

怟 ˊ Animo prostratus: mœrens. =Esprit abattu: chagrin.

詆 ˋ Calumniari; diffamare. Murmurare. Dolosus.=Calomnier. Murmurer. Trompeur.

疷 ˋ Intestinorum obstructio.=Obstruction d'intestins.

底 ˋ Fundus; subtùs; humile. Diversorium. Pervenire.=Le fond; dessous; humble. Hôtellerie.

袛 ˉ Vestes breves.=Habits courts.

羝 ˉ Hircus triennis. Cornibus mutuò impetere.=Bouc de 3 ans. Se battre à coups de cornes.

柢 ˋ Truncorum basis. Arboris radix. = Origine du tronc. Racines des arbres.

鞮 ˉ Calceamenta ex corio confecta.=Souliers en cuir.

坻 ˋ Agger. Parva insula.=Digue Petite île.

抵 ˋ In se assumere. Resistere. Talionis pœna. Substituere. Pars. =Prendre sur soi... Résister. Substituer. Portion. Le talion.

弤 ˋ Arcus ornatus.=Arc orné.

牴 ˋ Cornibus impetere. Percutere. Hircus.=Attaquer à coups de cornes. Frapper. Bélier.

舩 ˋ Navis bellica. = Espèce de jonque de guerre.

觝 ˋ Cornibus impetere. Percutere. Hircus =Attaquer à coups de cornes. Frapper. Bélier.

邸 ˋ Plebeia domus. Diversorium. Fundamenta domûs.=Maison du peuple. Hôtellerie.

低 ˉ Demissè: humile: subtùs: demittere = Humblement: bas dessous: baisser.

N. 174. 丿

紙 ˉ Serici rejectanea. = Rebuts de la soie.

眡 ˋ Despicere. Intueri. = Regarder en bas. Regarder.

呧 ˋ Calumniari ; diffamare, murmurare. Dolosus. = Calomnier; diffamer, murmurer. Trompeur.

泜 ˆ Che *Nomen cujusdam fluvii. = Nom de fleuve.*

祇 ˉ Obsequium ; veneratio. = Respect ; vénération.

厎 ˉ Cos aquaria. Lapis ad cultros acuendos. = Pierre à aiguiser.

砥 ˋ Lapis politorius. Cos aquaria. Planum, æquale, expolitum. = Pierre à polir. Pierre à aiguiser. Plane, égal, poli.

坻 ˆ Puteus. Stagnum. Clivus. Parva insula. Sistere. = Puits. Etang. Petite île. Arrêter.

抵 ˋ Plaudere manibus. Percutere. = Battre des mains. Frapper.

翄 ˋ Ala. = Aile.

秖 ˉ Maturum. Segetes maturescentes. Transplantare. = Mûr. Blé qui mûrit. Transplanter.

胝 ˉ Callosum. Indurescere, induratum. = Calleux. Durcir, dur.

鮕 ˉ *Quidam piscis. = Nom de poisson.*

彽 ˆ Irresolutus, anceps., dubius. = Irrésolu, incertain, douteux.

鴟 ˉ *Avis quædam rapax.* Violentia. = *Certain oiseau de proie.* Violence.

紙 ˋ Papyrus. Planum, levigatum. = Papier. Plane, poli.

貾 ˋ *Species conchæ margaritiferæ. = Espèce de coquille à perles.*

跜 ˆ Pedibus terere : conculcare. = Fouler aux pieds.

蚳 ˆ Formicæ ova. Parva formica. Cancrus. = Œufs de fourmi. Petite fourmi. Crabe.

† Vide annotationem phoneticæ N. 106 ex quâ hæc originem ducit.

†† In litteris quæ leguntur *Che* sæpè synonymum habet 至 N. 237.

N. 175. 卯

ˋ Mao Hora 6a. Matutina. Florens, abundans. Via in ramos divisa. = 6 heures du matin. Florissant, abondant. Ramifications d'une route.

茆 ˋ Q. *olus aquatile.* Stramen. Plantæ cum vi crescentes. = *Certain légume aquatique.* Paille. Plantes vigoureuses.

眲 ˋ Torvè aspicere. = Regarder de travers.

昴 ˋ Pleiades. = Les Pléïades.

貿 ˊ Meu Negotiari : mercaturam facere. Permutationes agere. Cæcitas. *Cognomen.* = Trafiquer; commercer. Faire des échanges. Aveuglement. *Surnom.*

聊 ˆ Lèao Confidere. Optare. Negligenter. Parùm. Sed. Quantò magis. = Se fier. Désirer. Négligemment. Peu. Mais.

泖 ˋ Lieu Aqua fluens. = Eau qui coule.

駵 ˋ Equus rufus caudâ nigrâ. = Cheval roux à queue noire.

轕 ˋ Currus funebris. = Char funèbre.

柳 ˋ Salix. Salix babylonica. = Saule. Saule pleureur.

抑 ˋ Attrectare ; tangere. = Manier; toucher.

留 ˋ Sistere : retinere : hospitari. Servare. = Arrêter ; retenir ; donner l' hospitalité. Garder.

† Ex hâc originem trahit 留 quam vide.

†† Hùc etiam procul dubio referri debet 卵 Luàn *Ovum. = Œuf.*

N. 176. 代

Tai ˊ Generatio. Regum series. Ætas. Vice alterius; vices impplere; vicarius.=Génération. Dynastie. Age. A la place d' un autre; remplacer.

玳 ˊ Testudinis cortex elaboratus. =Ecaille de tortue travaillée.

袋 ˊ Saccus. Sacculus. Librorum operimentum.= Sac. Sachet. Couverture de livre.

黛 ˊ Nigrum. Fucus.=Noir. Fard.

貸 ˆ Rem mutuo sumere vel dare. Parcere. Consulere =Emprunter. Prêter. Pardonner. Conférer sur une chose.

帒 ˊ Saccus, sacculus. Librorum operimentum. = Sac, sachet. Couverture de livre.

岱 ˊ *Quidam mons in Xan-tum inter altissimos secundus.=Montagne du Xan-tum une des plus hautes de Chine.*

N. 177. 丘

Kieu ˉ Collis; mons. Excelsitas.= Colline; montagne. Hauteur.

坵 ˉ Magnum. Congregare, conjungere.=Grand. Assembler, unir.

邱 ˉ *Nomen loci. Cognomen.=Nom de lieu. Nom propre.*

䶈 ˆ Nasus retortus. = Nez retroussé.

蚯 ˉ Lumbricus, vermis terrenus.= Lombris, vers de terre.

岳 Io ˇ Socer. Mons præ aliis eminens.=Beau père. Montagne plus haute que les autres.

兵 Pim ˉ Miles; militaris. Arma. Vulnerare. = Soldat; militaire. Armes. Blesser.

N. 178. 付 丿

Fu ˊ Tradere, dare. Mittere. Commendare. = Livrer. Donner. Envoyer. Recommander.

怤 ˊ Studium alicujus rei: affectus. =Affection pour une chose.

泭 ˆ Bullæ in aquarum superficie. Rates.=Bulles d'eau. Radeau.

諔 ˊ Adhærere. Sermo in veritate fundatus. = S'accrocher; tenir fort. Discours bien fondé.

疛 ˊ Prae infirmitate curvatus. = Courbé de vieillesse.

府 ˋ Urbs; civitas. Palatium. Armamentarium. Bibliotheca.= Ville; cité. Palais. Magasin. Bibliothéque.

袝 ˊ Pannus ad involvendum. Vestitus elegans. = Mouchoir. Habit élégant.

祔 ˊ Domi defuncto sacrificare. Parentes simul sepelire.=Sacrifier au mort à la maison.

硑 ˊ *Quidam lapis albus.= Certaine pierre blanche.*

駙 ˊ Regis gener. Auxiliari.=Gendre du roi. Sécourir.

柎 ˉ Cancelli. Rates. Florum pedunculus.= Treillis. Radeau. Tige des fleurs.

坿 ˉ Rates.=Radeau.

拊 ˋ Manu percutere. Pectus tundere. Blandiri. = Frapper. Se frapper la poitrine Caresser

弣 ˋ Arcûs medium.= Le milieu de l'arc.

附 ˊ Proximus. Adhaerere. Fœdus. Commendare. Iuniti. Augere. =Proche. S' attacher à. Alliance. S' appuyer. Augmenter.

符 ˆ Congruere, referri. Sigillum. Diploma. Latrunculi. = Correspondre, se rapporter. Diplôme. Sceau. Les échecs.

稃 ˉ Frugum cortex. = L'écorce des céréales.

腑 ˆ Exta: praecordia. = Les entrailles: les intestins.

N. 178. V. 丿

艑 ˉ Navicula.=Bateau, canot.

鮒 ˊ Pisciculi in aquâ dulci turmatim viventes. Turmatim.=Petits poissons vivant par bandes dans l'eau douce. En foule.

怤 ˉ Cogitare. Gaudere de... = Penser. Se réjouir de...

鴀 ˊ *Avis, quædam fabulosa cujus caro à somno liberare dicitur.=Oiseau fabuleux dont la chair, dit-on, délivre du sommeil.*

鳺 ˊ (same as above)

坿 ˊ Vestes induere. Se contegere. S'habiller. Se couvrir.

狛 ˊ *Ovis species quædam.=Espèce de brebis.*

紨 ˊ Pannus ex gossypio confectus. =Toile de coton.

苻 ˉ *Herba crispa quædam.* Capsula.=*Certaine herbe frisée.* Capsule.

咐 ˆ Sufflare. Commendare aliquid alicui =Souffler. Recommander une chose à quelqu'un.

趺 ˉ Pedis pars superior.=Le dessus du pied.

† Cavendum ne confundatur cum phoneticis 代 伐 伏 N. 176,276,277.

N. 179. 白

Po ˘ Album. Clarum. Purum. Inutile. Erroneum.=Blanc. Clair. Pur. Inutile. Erroné.

泊 ˘ Anchoram jacere. Vagari. Sistere. = Jetter l'ancre. Errer. S'arrêter.

粕 ˘ Vini fœces. = Lie du vin. Marc.

珀 ˘ Succinum: electrum. = Ambre: succin.

柏 ˘ Cupressus. Cedrus. Præfecti domus. Magnum. = Cyprès. Cèdre. Prétoire. Grand.

拍 ˘ Alapas impingere. Tangere. Blandir. Manibus plaudere.= Souffleter. Toucher. Caresser. Battre des mains.

鉑 ˘ Auri lamina.=Feuille d'or.

舶 ˘ Blandiri; sistere; percutere.= Caresser; arrêter; frapper.

舶 ˘ Navis magna quæ in mare navigare potest.=Grand navire pour la mer.

鮊 ˘ *Quidam piscis.=Nom de poisson.*

迫 ˘ Cogere; urgere. Necessarium; festinans. = Forcer; presser. Nécessaire; qui se hâte.

魄 ˘ Corpus; figura.=Corps; figure.

帛 ˘ Sericeus pannus simplex.= Taffetas.

伯 ˘ Avunculus. Patris frater major. Minister. Usurpare.=Oncle. Frère du père. Ministre. Usurper.

怕 Pâ Timere, reformidare.=Craindre, redouter.

袙 ˊ Linteolus. Pannus. = Mouchoir. Linge.

帕 ˊ Pannus ad caput obvolvendu. Pileus turcicus. = Mouchoir de tête. Turban.

† Est etiam classifica, et occupat aliquandò litterarum verticem, ut in 皂 (var. 皁) Tsào *Color niger. Præsepe equorum.=Couleur noire. Mangeoire*: Plerumquè verò sinistrum latus, ut in 蘤 Wéi *Flos.=Fleur.*

N. 180. 朿 丿

Tze Pervenire. Sistere.=Parvenir. S'arrêter.

第 、 Thalamus: lectus nuptialis.—Lit nuptial.

秭 、 Mille millia. Numerus. Supputare.—Un million. Nombre. Supputer.

胏 、 Caro concisa. Prandii reliquiæ.—Viande coupée. Restes du dîner.

覭 、 Aspicere. Non invitatus venire.—Regarder. Venir sans invitation.

姊 、 Soror natu major. Magistra.—Sœur aînée. Maitresse.

刺 Che Præcidere. Secare, findere.—Retrancher. Couper, fendre.

頖 ノ Palatium. Liquefacere. Mandatum explicare.—Palais. Liquéfier. Signifier un ordre.

判 ノ Dijudicare; decidere. Dividere. Consortes. = Juger; décider. Diviser. Mari et femme.

姅 ノ Menstrua.=Les menstrues.

絆 ノ Pedes illaqueare. Laquei in pedibus equorum.—Empêtrer. Entraves des chevaux.

畔 ノ Limes; terminus. Agri ora: semita agros dividens. Rebellare..=Limite; borne. Le bord d'un champ: sentier de division. Se révolter.

† In plerisque litteris hujus seriei occurrit phoneticae sensus, idea scilicet *medietatis* aut *divisionis*.

N. 181. 半 半

Pan Dimidium; dimidia pars.—Le milieu; la moitié.

泮 ノ Dissolvere; liquare. Parum aquæ; aqua non profunda.—Dissoudre; liquéfier. Un peu d'eau; eau basse.

泮 ノ Liquefactum: glacies quae liquescit.—Liquéfié: glace qui fond.

靽 ノ Corrigia. Pingue. Victimae dimidia pars. Magnum. — Courroie. Gras. Moitié d'une victime. Grand.

坢 、 Locus planus. Terram aequare.—Terrain plane. Aplanir.

拌 ㇀ Jacĕre; projicere; separare. Exponere. — Jetter; lancer; séparer. Exposer.

胖 ノ Victimae dimidia pars. Pingue Crassum.=Moiti é d'une victime. Gras. Epais.

牉 ノ Dimidium; medietas.—Le milieu; la moitié.

伴 ノ Socius; collega. Primogenitus. Inniti. Confidere in aliquo.—Compagnon; collègue. Premier-né. S'appuyer. Se fier en quelqu'un.

料 ノ In duas partes dividere.—Diviser en deux.

N. 182. 令 令

Lim Jubere: efficere ut.. Dirigere. Lex. Bonum. *Vox honorifica.* Servus.—Ordonner: faire en sorte. Diriger. Loi. Bon. *Terme honorifique.* Serviteur.

泠 ㇀ Rivuli murmur. = Murmure d'un ruisseau.

跉 ㇀ Non rectè incedere.—Ne pas marcher droit.

詅 、 Vendere. Negotiari.=Vendre. Négocier.

羚 ㇀ Capra montana cornibus medicinalibus.—Chevreuil aux cornes médicinales.

零 、 Pluvia minuta. Numeri reliquiae; residuum numerorum decimalium. Etiamsi.—Petite pluie. Fractions. Fractions décimales. Quand même.

玲 ㇀ Lapillorum sonitus. — Bruit des pierres précieuses.

豿 ㇀ Sus parva; Sucula. — Jeune r uie.
t

聆 ㇀ Audire: aurem praebere. — Entendre: prêter l'oreille.

N. 182.

軨 ˆ Currûs axis. = Essieu d'un char.

酃 ˋ *Quoddam vinum optimum.= Espèce de vin de bonne qualité.*

拎 ˆ Manu attollere.=Elever avec la main.

閝 ˆ Vexillum. Foramen in januâ per quod exploratur. = Drapeau. Guichet de porte.

阾 ˋ Montis latus transitorium. = Côté d'une montagne où l'on peut pratiquer un chemin.

笭 ˆ Parvum foramen. Capsula.= Petit trou. Petite boîte.

鈴 ˆ Tintinnabulum. Verba inutilia. =Clochette. Paroles inutiles.

瓴 ˆ Amphora. Tegula. = Jarre. Tuile.

領 ˋ Collum; collare. Dux; superior, caput. Imperare, gubernare. Accipere.=Cou; collier. Général; supérieur, chef. Ordonner, gouverner. Recevoir.

翎 ˆ Alæ. Pennæ. Sagittæ plumæ. =Ailes. Plumes. Plumes d'une flèche.

毻 ˆ Capilli vel pili implexi.=Cheveux ou poils mêlés.

鴒 ˆ Philomena.=Rossignol.

刢 ˆ Præcidere. Peritia, industria. =Couper. Adresse, habileté.

昤 ˆ Claritas, clarum. = Clarté, clair.

舲 ˆ Navis fenestris instructa.=Navire qui a des fenêtres.

伶 ˆ Musicorum turma: musices. Solus. Peritus. Famulus. = Troupe de musiciens: musique. Seul. Habile. Serviteur.

齡 ˆ Ætas.=Age.

苓 ˆ *Radicis Sinicæ species quædam.=Certaine racine Chinoise.*

跉 ˆ Vagari. Pedes oblongi et delicati.=Courir partout. Pieds longs et délicats.

蛉 ˆ Vespa nigra. Filius adoptivus. =Guêpe noire. Fils adoptif.

囹 ˆ Carcer.=Prison.

泠 ˋ Lem Frigus; frigere. Purum. Clarum.=Froid; avoir froid. Pur. Clair.

† Propter sonûs similitudinem, hæc phonetica sæpè in usu venit tanquàm varietas seu abbreviatio phoneticæ 靈

†† Hùc procul-dubio revocari debet 命 Mím *Præceptum, jubere. Vita.=Précepte, ordre, ordonner. La vie,* in quo littera classifica ita phoneticæ coagmentatur, ut litteram indivisam constituere videatur.

N. 183. 㐱

ˋ Chên Coma densa, spissum.=Chevelure, touffue.

診 ˋ Aspicere, examinare. Rei veritatem perpendere. = Regarder, examiner. Vérifier.

疹 ˋ Labiorum fissuræ morbidæ. Morbus cutaneus. Pustulæ.= Fentes aux lèvres. Maladie de la peau. Pustules.

袗 ˋ Vestis simplex. Vestes nigræ, vel pictæ =Habit simple. Habits noirs, ou de couleur.

珍 ˉ Pretiosum; magni momenti. Uniones. Dulciaria. Valdè.= Précieux. Important. Perles. Friandises. Beaucoup.

鬒 ˋ Modestus: attentus.=Modeste: attentif.

砛 ˋ Saxa aspera. Inaccessum: abruptum.=Rochers raboteux. Inaccessible: escarpé.

鬖 ˋ Coma prolixa.=Longue chevelure.

V.

N. 183.

駗、 Equus valdè onustus; equus præ onere gradiri non valens. = Cheval très chargé; cheval succombant sous le faix.

聄、 Audire, percipere. Monere. = Entendre, comprendre. Avertir.

趁、 Sequi à retro. Accedere. Occasione uti. = Suivre. S'approcher. Saisir l' occasion.

軫、 Lignum in curru cui viatores nituntur. Reverti. Movere. Dolere. Citharæ claves. = Dossier dans un char. S'en retourner. Mouvoir. Clefs de guitare.

袗、 Ad malum hortari. = Exciter au mal.

抮、 Arripere; manu prehendere. Trahere cum violentia. = Saisir; prendre d'une main. Tirer avec violence.

鈴 ˉ Pretiosum. Magni momenti. Unio. = Précieux. De grande importance. Perle.

胗、 Rubentes pusulæ. Labiorum morbus. Variolæ. = Rougeole. Mal aux lèvres. Petite vérolle.

覙、 Explorare; observare; examinare. = Explorer; observer: examiner.

紾、 Contortum: rotatum. Perversum. Capere. Funes tordere. = Tordu: roulé. Pervers. Prendre. Tordre des cordes.

黪、 Nigrum. Dirutum, destructum. = Noir. Renversé, détruit.

眕、 Obstaculum visu. Oculos avertere. = Obstacle pour la vue. Détourner les yeux.

賑、 Dives: fortunatus. = Riche: fortuné.

昣、 Fulgere; clarum. = Briller; clair.

畛、 Agri ora. Semita. In conspectum ire. = Bord d'un champ. Sentier. Se présenter devant...

沴 (丶) Aëris inclementia. Inordinatè. Inversè. = Mauvais air. Sans ordre. A rebours.

殄 (ˇ Tièn) Extendere. Evertere, destruere; abuti, profundere, dissipare. = Etendre. Renverser. Détruire; abuser, prodiguer.

† Huic phoneticæ affinis est phonetica 參

N. 184. 㕣 台 丿

沿 ˋ Ièn Palustre: terra paludosa. Ruinæ. = Marais: terrain marécageux. Ruiner.

ˆ Cum aquae defluxu ire. Circuire. Propagari. = Descendre avec le courant. Aller çà et là. Se répandre.

鉛 ˆ Plumbum. = Plomb.

匧 ˊ Siüèn Canistrum arundineum in quo coquitur oryza ad vaporem aquae. = Panier de bambou pour cuire le riz à la vapeur.

船 ˆ Chuan Navis: navicula. = Vaisseau: bateau.

N. 185. 幷

ˊ Pièn Galea. Pileus. = Casque. Chapeau.

洴 ˊ Aquarum superficies plana. = Surface des eaux unie.

匥 ˊ Capsa in quâ pileolus Praefectorum reconditur. = Boîte pour enfermer les bonnets des Mandarins.

拼 ˊ Manibus plaudere. Manu prehendere. Rejicere. Volitare. = Battre des mains. Saisir avec la main. Rejetter. Voltiger.

頩 ˊ *Species quædam pilei. = Espèce de bonnet.*

鵧 ˇ *Accipitris species quædam. = Espèce de faucon.*

絣 ˊ Pileus. Galea. = Chapeau. Casque.

箳 ˊ Fan Canistrum vimineum pro fructibus. = Panier d'osier pour les fruits.

餅 ˊ Oryza cocta. Comestio. = Riz cuit. Repas.

輂 ˋ Currûs lorica. = Gardefou d'un char.

醑 ˊ Vini fermentatio. = Fermentation du vin.

蛢 ˊ *Insectum quoddam. = Nom d' insecte.*

185.

V. 乙

† Tanquàm varietas hujus phoneticae aliquandò in compositis usurpatur 弃 Ki *Projicere. Contemnere Negligere.*=*Rejetter. Mépriser. Négliger.*

痎 ˉ Hai Ægrotus ; morbo laborans.—Malade.

盇 ˇ Magnum vas pro vino. — Grand vase pour le vin.

咍 ˉ Ah ! Heu !=Ah ! Hélas !

怡 ˆ Î Hilaritas ; lætitia. Concordia : convenire.=Gaîté ; joie. Concorde : être d'accord.

詒 ˆ Dare. Traditio. Decipere, insultare. Lassus. Laudes. = Donner. Tradition. Insulter Las. Louange.

粭 ˆ Dulce. Saccharum ex oryzâ. Enutrire. Cibaria asservata.= Doux. Sucre de riz. Nourrir. Vivres conservés.

珆 ˆ *Quidam lapis pretiosus.—Certaine pierre précieuse.*

枱 ˆ *Occæ species quædam.* Manubrium. — *Espèce de herse.* Manche.

鈶 ˆ Instrumentum aratorium apice ferreo.=Instrumentum aratoire dont la pointe est en fer.

飴 ˆ Dulce. Saccharum ex oryzâ. Enutrire. Cibaria asservata.= Doux. Sucre de riz. Nourrir. Vivres conservés.

佁 ˆ Agendi incapax ; implicare se. Obstaculum. Obstinatus.=Incapable ; s'embarrasser. Obstacle. Obstiné.

瓵 ˆ *Quoddam vas fictile.—Certain vase d'argile.*

眙 ˆ Oculos elevare. — Lever les yeux.

貽 ˆ Ad absentem aliquid mittere. Offerre. Posteritati tradere.= Envoyer quelque chose. Offrir. Envoyer à la postérité.

枲 ˋ Si Linum. *Quædam herba.*=Lin. *Certaine herbe.*

冶 ˋ Ié Metalla liquare. Pulchrum. Venustum. Mulier illecebrosa. —Fondre des métaux. Beau. Joli. Femme pleine d'attraits.

治 ˊ Che Rectè gubernare. Gubernium. Curare. = Bien gouverner. Gouvernement. Avoir soin.

笞 ˉ Percutere. Virgis aut corrigiis percutere.—Frapper. Frapper avec des verges ou avec des courroies.

N. 186. 台

ˆ Tai Altare, turris. Altum. Dignitas. *Vox honorifica, Da. Va.* Laetari.=Autel, tour. Haut. Dignité. *Terme honorifique. Votre. Seigneurie.* Se réjouir.

殆 ˋ Periclitari : periculum. Approximare ; quasi, penè. Incipere.=Etre en danger. Approcher ; presque. Commencer.

鬐 ˉ Coma muliebris. — Chevelure de femme.

駘 ˆ Equus infraenatus. Caballus. Lentè. Liberè. Pedibus terere. =Cheval qui n'est pas bridé. Rosse. Lentement. Librement. Fouler aux pieds.

抬 ˆ Elevare ; movere. — Elever ; remuer.

胎 ˉ Venter. Uterus. Praegnantia. Gravida. = Ventre. Matrice. Grossese.

鮐 ˉ Piscis gigas. Senum pellis rugosa. = Poisson géant. Peau ridée des vieillards.

迨 ˊ Pervenire ad...accedere. Posteà.=Parvenir à...approcher. Ensuite.

炱 ˆ Esca igniaria. Fuligo.—Amadou. Noir de fumée, suie.

怠 ˋ Pigritia, desidia. Negligens, remissus, defatigatus.—Paresse, lâcheté. Négligent, fatigué.

邰 ˉ *Nomen cujusdam regni.—Nom d'un royaume.*

紿 ˋ Decipere : Illudere. — Tromper : attraper.

苔 ˆ Muscus. Arborum muscositas.—Mousse. La mousse des arbres.

咍 ˉ *Cognomen.* Derisio. Illudere. =*Surnom.* Dérision. Se moquer.

V.

N. 186.

乙

笞 ˉ Percutere. Virgis aut corrigiis percutere.=Frapper. Frapper avec des verges ou avec des courroies.

齝 ˉ Ruminare.=Ruminer.

眙 ˉ Fixis oculis intueri.=Regarder fixement.

始 ˋ Xe Origo, initium. Circumstantia. Ergò: propterea.=Origine, commencement. Circonstance. Donc; par conséquent: pour cela.

† Apud vulgum invaluit usus adhibendi hanc phoneticam tanquàm varietatem seu abbreviationem phoneticæ 臺: Reverà inter eas inest affinitas, et aliquandò alia pro aliâ usurpari potest; sed perfecta et generalis synonymia in utrisque non datur; et posito quod admitti debeat ad intelligenda scripta eorum qui de accuratione non cogitant, cautè tamen et non promiscuè admitti debet ab iis qui classicas litteras scribere intendunt.

侮 ˋ Contemnere: cum despectu tractare. — Mépriser: traiter avec mépris.

鵡 ˋ Psittacus.=Perroquet.

拇 ˋ Meu
胟 ˋ
Manûs vel pedis pollex.=Pouce de la main ou du pied.

† Haec phonetica saepè immeritò confunditur cum exiguâ et pro nobis inutili classificâ 毋 U *Adverbium prohibitivum noli, ne: non.= Adverbe qui marque la prohibition; gardez vous de...ne..non*; item cum ejus consimili 毌 Kuan *Res colligatæ*; *pileus.= Choses liées ensemble*; *bonnet*. Ex hâc confusione introductum puto sonum *U* qui reperitur in hâc serie.

†† Hinc originem ducit 每 N. 340.

N. 187.

母

ˋ Mu Mater. Fæmina.=Mère. Femme.

砪 ˋ *Quædam medicina.= Certaine médecine.*

坶 ˋ *Nomen loci.=Nom d'endroit.*

牳 ˋ Vacca. Fœmina.=Vache. Femelle.

狇 ˋ *Species simii.=Espèce de singe.*

姆 ˋ Magistra, educatrix. Obstetrix. Virgo quinquagenaria.=Maitresse, gouvernante. Sage-femme. Fille de 50 ans.

踇 ˋ Pedis pollex.=L' orteil.

悔 ˋ U Injuriis afficere: ludibrio habere.= Couvrir d'injures: se jouer de ...

N. 188.

奴

ˆ Nu Mancipium; servus. — Esclave; serviteur.

詉 ˊ Verba obscura quae explicari nequeunt. Mala verba.=Paroles inexplicables. Mauvaises paroles.

砮 ˆ Lapis ex quo sagittarum acumina fiunt.=Pierre dont on fait la pointe des flèches.

伮 ˆ Impetus; impetuosè.=Impétuosité.

怒 ˊ Ira, indignatio; irasci, iratus. =Colère, indignation; se fâcher, irrité.

砮 ˆ Lapis ex quo fiunt acumina sagittarum. = Pierre dont on fait la pointe des flèches.

駑 ˆ Caballus. Equus viribus exhaustus.=Rosse. Cheval épuisé de forces.

弩 ˋ Arcûs extrema eburnea. Arcus tenax. = Extrémités d'un arc en ivoire. Arc très solide.

努 ˋ Conari. Vires exercere.=Faire ses efforts.

N. 188.

孥 ^ Meus. a. *loquendo de liberis vel de uxore*; sponsa; filii. Cauda.=Mon, ma, *en parlant des enfants ou de l'épouse*. Queue.

䀑 \ Tumor circa oculos.=Tumeur autour des yeux.

䘫 ^ Na Vestis attrita.=Habit déchiré. Capere, sumere, accipere.

拏 ^ Deferre. Haerere.= Saisir, prendre, recevoir. Porter. S'accrocher.

怓 ^ Nao Mentis turbatio: inquietus.= Trouble d'esprit: inquiet.

詉 ^ Tumultus. Multitudinis clamores.=Tumulte. Clameurs de la multitude.

呶 ^ Clamores. Voces confusae. Tumultus.= Clameurs. Cris confus. Tumulte.

帑 ˂ Tam Publicum aerarium. Armamentarium. Pecuniae vel mercium repositio.=Trésor public. Magasin. Dépôt d'argent ou de marchandises.

N. 189. 幼

/ Ieu Juvenis; puer. Parvus: tenue.=Jeune; enfant. Petit, faible: mince.

怮 – Tristitia: mœstus. Ira.=Tristesse: chagrin. Colère.

泑 / Fictilium vernix. Vernice fictilia illinire.=Vernis. Vernisser des poteries.

𪸕 \ Exsiccare; semi-siccum.=Sécher; à demi-sec.

靿 / Curvum. *Quædam species navis*.=Courbé. *Espèce de bateau.*

黝 \ Nigrum. Color niger cæruleo mixtus. Præcellere.= Noir. Noir tirant sur le bleu. Surpasser.

𣅦 \ Desiccari. Semi-siccum.=Sécher. A demi-sec.

呦 – Cervi clamor.=Le bramer du cerf.

蚴 \ Draconis incessus tortuosus. Vespa nigra.=Marche ondulatoire du dragon. Guèpe noire

窈 \ Iao Recessus: solitudo. Tranquillus. Obcurum. Delicatum, pulchrum.=Lieu retiré. Tranquille. Obscur. Délicat, beau.

詏 / Alicui contradicere; resistere. =Contredire quelqu'un; résister.

袎 \ Tibialia. Tibialium pars superior.=Chaussettes. Partie supérieure des bas.

䂚 / Cavitas in lapide. Lapis inæqualis. = Cavité d'une pierre. Pierre inégale.

坳 – Parva fovea. Cavitas. Inæquale.=Petite fosse. Cavité. Inégal.

拗 ^ Rumpere. Cum vi arripere. Contradicere. Inflexibile.= Rompre. Saisir avec force Contredire. Inflexible.

𠈥 / Crudele facinus; criminosus. =Action criminelle.

𦁜 \ Tibialia. Tibialium pars superior.=Les bas. Le haut des bas.

眑 – Oculi concavi seu profundi. Propè intueri.= Yeux enfoncés. Regarder de près.

𢂑 \ Tibialia. Tibialium pars superior.=Chausses. Partie supérieure des chausses.

岰 \ Mons inæqualis. Tortuosum. =Montagne inégale. Tortueux

+ Quædam litteræ hujus seriei leguntur indistinctè *iao* et *ngao*; hœc soni concurrentia exurgit ab obscuritate soni nasalis *ng* qui facilè confunditur cum *W*.. *et Y*...

N. 190. 占

– Chan Sortes mittere. Divinari. Usurpare. Furari. Occupare. = Jetter les sorts. Deviner. Usurper. Dérober. S'emparer de..

怗 – Impedimentum: interruptio. Stupidus.=Empêchement: interruption. Stupide.

N. 190.

沾 — Madefacere. Participare. Accipere.=Mouiller. Participer. Recevoir.

站 ˊ Stare, stans.=Se tenir debout, qui est debout.

詀 — Mussitare. Jocari. Verba seductoria.=Chuchoter. Plaisanter. Langage séduisant.

袩 — Vestes a vento agitatae. Vestis superior.=Habits flottants. Habit de dessus.

趈 ˊ Stare, stans.=Se tenir debout, qui est debout.

閪 — Januam paulùm aperire.=Ouvrir tant soit peu la porte.

毡 — Tapes in pavimento stratus.=Tapis que l'on étend sur le plancher.

颭 ˋ Fluctus à vento commoti.=Vagues soulevées par le vent.

迠 — Deambulare; incedere.=Se promener; marcher.

覘 ^ } Explorare; rimari. Aspicere. Furtìm aspicere.=Epier; regarder furtivement. Regarder.

貼 ^

眡 ^

蛅 — *Quoddam insecti genus.=Sorte d'insecte.*

炶 ˋ Xan Fulgur. Flammæ motus. Ignis progrediens.=Eclair. Mouvement de la flamme. Feu qui s'avance.

痁 ˋ Febris intermittens. Morbus insanabilis.=Fièvre intermittente. Maladie incurable.

苫 — Storea pro tempore luctûs. Stramineum. Gladioli culmus.=Natte de deuil. Chaume. Tige du glaïeul.

砧 — Chên Incus. Petra super quâ lavantur vestes. Maritus.=Enclume. Pierre pour laver les habits. Mari.

粘 — Nièn Gluten, glutinosum. Agglutinare.=Gomme, gluant. Coller.

拈 ^ Digitis accipere.=Prendre avec les doigts.

黏 ^ Gluten, glutinosum. Agglutinare.=Gomme, gluant. Coller.

秥 ^ *Quoddam segetis genus.=Espèce de grain.*

鮎 ^ Piscis magnus ex cujus pelle fiunt pilei.=Grand poisson dont la peau sert à faire des chapeaux.

店 ˊ Tièn Caupona; diversorium. Taberna.=Auberge; hôtellerie. Boutique.

玷 ˊ Macula; defectus. Inhonorare.=Tache; défaut. Deshonorer.

顚 ˊ Inclinare; flectere. Parabolicè loqui.=Incliner; fléchir. Parler par paraboles.

耇 ˋ Maculæ nigræ in senum vultu.=Taches noires sur le visage des vieillards.

坫 ˊ Armarium, abacus. Poculum. Tabulatum portatile.=Armoire, buffet. Tasse. Paravant.

阽 ˊ In periculo versari, periclitari.=Se trouver en danger.

扂 ˋ Lignum transversum quo janua bivalvis occluditur.=Traverse pour fermer une porte.

佔 — Leve. Mussitare. Cum despectu tractare. Explorare.=Léger. Murmurer. Mépris. Epier

点 ˋ Punctum; interpunctis scriptum notare. Signum apponere. Macula. Parvum.=Point, ponctuer. Marquer. Peu.

頕 ˊ Inclinare, flectere; demittere. Parabolicè loqui.=Incliner; fléchir; abaisser; descendre Parler par paraboles.

敁 — Manu aliquid ponderare. Metiri.=Soupeser. Mesurer.

刮 ˊ Corticem aut pellem detrahere.=Oter l'écorce ou la peau.

點 ˊ Punctum. Interpunctis scriptum notare. Signare. Maculare. Parùm. Sibi dedecus inurere.=Point. Ponctuer. Marquer. Peu. Se deshonorer.

怗 ˇ Tiĕ Subdere; pacificare.=Soumettre; pacifier.

V.

丨

190.

怗	ˇ	Subdere; pacificare. Subditus. = Soumettre; pacifier. Soumis.
貼	ˇ	Agglutinare. Adjungere. Corroborare. Praesidium. =Coller. Joindre. Renforcer.
呫	ˇ	Lambere. Pregustare. Bibere. Garrire.=Lapper. Goûter. Boire. Babiller.
跕	ˇ	Lentè incedere. Cadere. In lubricum ire.=Aller lentement. Tomber. Glisser du pied.
帖	ˇ	Schedula : epistolium visitatorium. Supplicatio. Annuere. Carmen. = Billet: billet de visite. Supplique. Consentir.

† Ex hàc immediatè fluit phonetica 沾 N. 387.

N. 191. 此 此

	ˇ Tse	Iste, ista, istud. Hic, hæc, hoc.=Celui là, celle là, cela. Celui-ci, celle ci, ceci.
疵	^	Vulnus. Valetudinis vitium naturale.= Blessure. Défaut, naturel de santé.
庛	ˊ	Aratri pars cui cultrum inseritur.=Endroit de la charrue ou s'emmanche le coutre.
砒	ˉ	Arsenicum flavum. = Arsenic jaune.
趑	ˇ	Vadus parùm profundus. = Gué peu profond.
枇	^	*Lignum quoddam ebori simile. =Espèce de bois semblable à l'ivoire.*
佌	ˇ	Parvus. Ingenio destitutus. Angustum.=Petit. Dénué de talents. Etroit.
雌	ˉ	Avium fœmina. = Femelle des oiseaux.
鴜	ˉ	(idem)
飺	ˋ	A cibo fastidire.=Etre dégouté de la nourriture.
姕	ˉ	Pulchritudo; venustas. Formosum, delicatum. = Beauté; grâce. Beau, délicat.
胔	ˊ	Caro et ossa putrefacta. Putridum. Animalium ossa.= Chair et os putréfiés. Pourri. Os d'animaux.
茈	^	Zingiber. Castanea.=Gingembre. Châtaigne d'eau.
骴	ˊ	Caro et ossa putrefacta. Putridum. Animalium ossa.= Chair et os putréfiés. Pourri. Os d'animaux.
呲	ˋ	A cibo fastidire.=Etre dégouté de la nourriture.
跐	ˇ	Pedibus conculcare.=Fouler aux pieds.
訿	ˉ Tze	Diffamare. Odisse. Fastidium. Considerare. Ingenium. Suprema dignitas. Quid ?=Diffamer. Haïr. Considérer. Talent. Autorité supérieure. Quoi ?
髭	ˉ	Labii superioris barba.= Les moustaches.
批	ˋ	Capere. Manu arripere. = Prendre. Saisir avec la main.
訾	ˉ	Diffamare. Odisse. Fastidium. Considerare. Ingenium. Suprema dignitas. Quid ?=Diffamer. Haïr. Considérer. Talent. Autorité supérieure. Quoi ?
掌	ˊ	Congregare : congerere.=Assembler : amonceler.
觜	^	*Nomen cujusdam sideris. = Le λ d' Orion.*
皉	ˊ	Rugæ : rugosum.=Rides : ridé.
紫	ˋ	Color violaceus. Color rubeus fuscus. = Couleur violette. Rouge foncé.
齜	ˉ	Dentibus stridere. = Grincer des dents.
貲	ˉ	Divitiæ : pecunia. Patrimonium.=Richesses ; argent. Patrimoine.
呰	ˉ	Diffamare ; conviciis lacessere.=Diffamer ; accabler d'injures.
泚	ˋ Tsi	Sudare : sudor. Pulchrum. Abundans.=Suer ; sueur. Beau. Abondant.

N. 191.

玭 ˇ Gemmarum fulgor. Pulchrum. Abundans.=Eclat des pierres précieuses. Beau. Abondant.

紕 ˇ Sericum variegatum. Pannus sericeus elegans. = Etoffe de soie de plusieurs couleurs. Belle étoffe de soie.

鮆 ˇ *Piscis quidam ensiformis.* Breve.=*Poisson à forme d'épée.* Court.

眥 ˊ 眦 ˊ Torvè aut lateraliter aspicere. Cum irâ aspicere. Oculorum orbita.=Regarder de côté. Regarder avec indignation. Orbite des yeux.

祡 Chai ˆ Cœli geniis sacrificare.=Sacrifier aux esprits.

砦 ˊ Pagus in monte. Acervus.= Village sur une montagne. Hauteur.

柴 ˆ Ligna ad cremandum. Claudere. Cancelli. Rude.=Bois à brûler. Fermer. Grille. Grossier.

跐 ˇ Pedibus conculcare. = Fouler aux pieds.

† Quædam litteræ hujus seriei aliæ pro aliis magno cum neglectu usurpantur: sic v. g. pro 疵 complures aliæ adhibentur, nullâ habitâ ratione classificæ quæ in unaquâque litterâ reperitur.

N. 192. 旦

Tan ˊ Aurora: mane. Dies. momentum.=L'aurore: Le matin. Jour. Moment.

怛 ˊ Compati; commiseratio. Mœreri. *V. infrà.* = Compatir; commisération. Etre chagrin.

疸 ˋ Morbus icteritius.=La jaunisse.

袒 ˋ Nudus; nudare se. Vestis globulos solvere = Nu: se mettre à nu. Se déboutonner.

坦 ˋ Planities: planum; æquale. Tranquillus. = Surface unie: plane; égal. Tranquille.

担 ˊ Onus. Pondus centum viginti librarum. Humeris gestare. Mundare. = Fardeau. Poids de 120 livres. Porter sur les épaules. Nettoyer.

閶 ˇ Januæ pessulus.=Verrou d'une porte.

笪 ˋ Canistrum. Percutere. = Panier. Frapper.

胆 ˆ Fel. Pinguis. Carnosum. = Fiel. Gras. Charnu.

但 ˊ Solummodò; tantùm. Sed Decipere. Inattentus.=Seulement. Mais. Tromper. Inattentif.

妲 ˊ *Concubina quædam pessima regis Cheu.*=*La concubine du Roi Cheu.*

皽 ˇ Facies complanata. = Visage plat.

鴠 ˊ *Gallinæ species.* = *Espèce de poule.*

怛 Ta ˘ Timidus: pavere. Tristitia. Commiseratio. *V. supra.*=Timide: craindre. Tristesse. Commisération.

靼 ˘ Corium molle. Pellis tenuis.= Cuir mou. Peau fine.

笪 ˋ Storea. Cortina arundinea.= Natte. Voile en roseaux.

萛 ˘ Fungi in arboribus siccis nascentes. = Champignons des vieux troncs.

呾 ˘ Injuriis mutuò se afficere. Recriminatio. Corripere. Verba vitiosè proferre.=Se dire des injures. Récrimination. Réprimander. Prononcer mal.

† Hœc phonetica in compositis aliquandò adhibetur pro 詹 : hujusmodi synonymia procul dubio introducta fuit à sonûs similitudine.

N. 193. 且

Tsié — Cæterùm. Sed ; quoquè. Intereà. Quantò magis. Quoàd, quod attinet ad... = Au reste. Mais ; aussi. Pendant ce temps là. Combien plus. Quand à...

姐 ˋ Soror. Soror natu major. = Sœur. Sœur ainée.

罝 ‐ Rete venatorium. = Filet pour la chasse.

沮 Tsiü — Aquæ fluxus. Callidæ fraudes. Sistere. Calumniari. Evulgare. = Courant de l'eau. Supercheries. S'arrêter. Calomnier. Divulguer.

疽 ‐ Tumor ; ulcus, plaga. = Tumeur ; plaie, ulcère.

砠 ‐ Locus saxosus. = Endroit pierreux.

趄 ‐ Reptare. Difficilè progredi. = Ramper. Marcher difficilement.

坥 ˆ Locus lumbricis abundans. = Lieu abondant en vers.

胆 ˆ Vermes à carnis corruptione producti = Vers engendrés par la viande pourrie.

伹 ‐ Rudis, ineptus. = Grossier, maladroit.

狙 ˊ Canis. Servire. Attentè explorare. Rimari. = Chien. Servir. Examiner attentivement. Epier.

齟 ˋ Dentes irregulares. = Dents irrégulières.

苴 ‐ Cannabis fœmina. = Chanvre femelle.

雎 ‐ *Species quædam turturis.* = *Espèce de tourterelle.*

剘 ˊ Ligone terram fodere. = Bêcher.

咀 ˋ Rei saporem diù gustare. Mandere. = Savourer long temps une chose. Mâcher.

蛆 ˆ Vermes à carnis corruptione producti. = Vers engendrés par la corruption des viandes.

岨 ‐ Rupes. Scopula. Mons saxosus. = Rochers. Ecueils. Montagne rocailleuse.

怚 Tsu ˆ Suspiciosus. Æmulator, invidus. = Méfiant. Jaloux, envieux.

粗 ˆ Rude. Vile, vulgare. Amplum. = Grossier. Vil, vulgaire. Ample.

祖 ˋ Avus ; majores. = Aïeul : ancêtres.

殂 ˄ Mori. Morti approximare. = Mourir. Approcher de la mort.

租 ˆ Redditus. Locationis pretium ; locare. Tributum. Vectigal. = Revenu : prix d'un loyer : louer. Tribut. Impôt.

徂 ˄ Ire : iterfacere. Perseverare. = Aller : voyager. Persévérer.

俎 ˋ Vas sacrum. Cyathus. = Vase sacré. Coupe.

組 ˋ Flocci sericei sigillo appensi. Fimbriæ. Funiculi. = Franges d'un sceau. Franges. Cordons.

䟕 ‐ Pellis rudis, seu crassa. = Peau rude, peau épaisse.

詛 Chu ˊ Maledicere ; conviciis insectari. Deos imprecari : Blasphemia. = Maudire ; accabler d'injures. Imprécations contre les Dieux ; blasphèmes.

殂 ˄ Mori ; morti approximare. = Mourir. Approcher de la mort

阻 ˋ Obstaculum ; impedimentum ; difficultas. Dubitare. Confidere. Utilitas. = Obstacle ; difficulté. Douter. Se confier.

鉏 ˋ Discordans : quæ coaptari nequeunt. = Discordant : qui ne peuvent s'unir.

齟 ˋ Dentes irregulares. = Dents irrégulières.

助 ˊ Auxiliari, adjuvare. Animos addere. = Secourir, aider. Encourager.

跙 ˋ Obstaculum, Impedimentum. = Obstacle. Empêchement.

柤 Cha ‐ Potio medicinalis. Involutum. = Potion médicinale. Embrouillé.

字聲綱目

丨

N. 193.

祖 — Sumere; capere. Palâ aliquid sumere. = Prendre; saisir. Prendre avec une pelle.

苴 丶 Plantæ aquis innatantes. Rejectanea. = Plantes qui surnagent. Rebuts.

駔 丶 Tsam Equus magnus. Arbiter. Proxeneta. = Grand cheval. Arbitre. Courtier.

† Hinc oritur phonetica N. 370.

N. 194. 号 号

Haó Signum. Nomen. = Signe, marque. Nom.

顥 ˊ Canus = Qui a les cheveux blancs.

號 ˊ Signum; nomen. Tabernæ denominatio. Invocare. Tigridis rugitus. Ploratus. = Signe; nom. Nom de boutique. Invoquer. Rugissement. Pleurs. Altè contra aliquem clamare. Murmur. V. infrà. = Crier contre... Bourdonnement.

呺 ˊ

嵔 ˊ Nomen cujusdam montis. = Nom de montagne.

枵 Hiāo Truncus vacuus. Vacuum: cavum. = Creux d'un tronc. Vide: creux.

鴞 — Quædam avis rapax. = Certain oiseau de proie.

呺 — Amplum et vacuum. V. suprà. = Vaste et vide.

† Affinis phoneticæ N. 2.

N. 195. 甲

Kiǎ Lorica, thorax. Primum. Incipere. Caput. Decem familiæ. = Cuirasse, cotte de maille. Premier. Commencer. Tête. Dix familles.

䘥 ˇ Vestis brevis. Cervicale. = Habit court. Oreiller.

庘 ˇ Amplum, magnum. = Vaste, grand.

岬 ˇ Montis latus: montis declivitas. = Flanc d'une montagne: penchant d'une montagne.

餌 ˇ Quædam species placentæ. = Espèce de gâteau.

胛 ˇ Pars pectoris anterior. Pectus. = Le devant de la poitrine. Poitrine.

迎 ˇ Cognomen = Surnom.

魑 ˇ Spiritus maleficus: genii adversi. = Mauvais esprits: génies malfaisants.

岬 ˇ Montis latus. Montis declivitas. = Flanc d'une montagne. Penchant d'une montagne.

押 Hiǎ Gaudium, lætitia. = Joie, plaisir.

炠 ˇ Ad ignem desiccare. Ignis. = Sécher au feu. Feu.

諙 ˇ Loquacitas. Nimis loqui. = Bavardage. Parler avec excès.

匣 ˇ Capsa; pixis; arcula. = Boîte. Coffre; cassette.

柙 ˇ Cavea lignea in quâ recluduntur feræ. = Cage en bois pour les animaux féroces.

鞥 ˇ Flores simul rectè compositi. = Fleurs arrangées en bouquet.

鉀 ˇ Piscium squamæ. Nomen cujusdam piscis. = Ecailles de poisson. Nom de poisson.

狎 ˇ Assuetus: nimia familiaritas. Approximare. Mutare. Despicere = Accoutumé; grande familiarité. Approcher. Changer. Mépriser.

欱 ˇ Per nares halitum ducere. = Respirer par le nez.

呷 ˇ Sorbere; bibere; deglutire. Voces plurium simul. = Boire; avaler. Voix réunies.

圔 ˇ Cavea lignea in quâ servantur feræ. = Cage en bois pour les animaux féroces.

195.

押 Ià 鴨 ǎ 閘 Chà

Nomen suum subscribere. Litteras efformare. Gubernare. Protegere. Rem sequestro dare. = Signer un écrit. Tracer des lettres. Gouverner ; Protéger. Anas sylvestris. Anas. = Canard sauvage. Canard. Janua occludens viam aut aquae rivum. Agger ; obstaculum. Custodire. Occludere. = Porte d' une route ou d'un canal. Obstacle. Fermer.

N. 196. 申

Xēn Extendere. Evolvere ; explicare. Evulgare. Tranquillus = Etendre. Développer. Expliquer. Publier. Tranquille.

伸 ˉ Tristitia. = Tristesse.

訷 ˉ Loqui. Dicere. = Parler. Dire.

神 ^ Spiritus ; Genius. Idolum. Mysterium. = Esprit ; Génie. Idole. Mystère.

柛 ˉ Arbor moriens : arbor sponte suâ exsiccata. = Arbre qui s'est desséché.

抻 ˊ Producere ; longum facere. = Allonger ; étendre.

伸 ˉ Extendere ; spargere : explicare. Egredi. Defatigatus. = Etendre ; répandre : expliquer. Sortir. Fatigué.

紳 ˉ Cingulum. Cinctus. Doctoris diploma. = Ceinture. Ceint. Diplôme de docteur.

呻 ˉ Legere modo cantatorio. Recitare. = Lire en chantant. Réciter.

坤 Kuēn Orbis terrarum. Terræ virtus seu Ratio. Inferior ; obediens. Mulier. Minister. = La terre. La puissance ou la Raison de la terre. Inférieur ; obéissant. Femme. Ministre.

† Dominatur in hâc serie significatio extensionis, seu latitudinis.

N. 197. 另 丨 V.

Kuā Carnem ab ossibus separare. = Désosser de la viande.

柺 Kuài Senum baculus. = Bâton de vieillard.

拐 ˋ Manuum vel pedum ossa Decipere. = Os des mains ou des pieds. Tromper.

鎺 Pǎ *Quædam species metalli. = Espèce de métal.*

† Grammaticè hæc phonetica confundi non debet cum 另 Lím *Diversum ; disjunctum : alter : prætereà = Différent ; séparé : autre : en outre* ; sed iidem dictionarii qui ab hoc errore praecavendum praedicant, in eo labuntur ; quanto magis libri communes !

N. 198. 兄

Hiūm Frater natu major. Frater. = Frère aîné. Frère.

怳 Huàm Irresolutus Amens, desipiens. Turbatus, Spe delusus. = Irrésolu. Extravagant, fou. Troublé. Déçu de ses espérances.

況 ˋ, 况 ˊ Glacies; aqua gelida. Quantò magis. Sed ; nunc. Pervenire ad... = Glace ; eau gelée. Conbien plus. Mais ; maintenant. Parvenir à...

貺 ˊ Beneficia impertiri. Dare. Epistolam tradere. = Accorder des bienfaits. Donner. Livrer une lettre.

詋 Chéu, 呪 ˊ Maledicere : conviciis insectare. injuriis afficere. = Maudire : couvrir d'injures.

祝 Chǔ Orare : oratio, preces. Recitare ; murmurare. = Prier : prière. Réciter ; murmurer.

柷 ǔ, 柷 ǔ Magnum tympanum. *Quoddam musicum instrumentum.* = Grand tambour. *Certain instrument de musique.*

N. 198.

Aliquandò haec phonetica per errorem introducitur in 侃 Kan *Firmus: sincerus: fidelis. Non affectatus.*=*Ferme: sincère: fidèle. Qui n'est pas affecté.*

N. 199. 只

Che 丶 Solummodò duntaxat. Sed. Istud, hoc. Quasi. Laetificare. *Particula finalis.*=Seulement. Mais. Ceci, cela. Comme si. Réjouir. *Particule finale.*

洔 丶 *Nomen cujusdam rivuli.*=*Nom de ruisseau.*

疻 丶 Livor. Tumor ex ictu proveniens. Ferire.=Meurtrissure. Tumeur causée par un coup. Blesser.

軹 丶 Rotae vestigium; orbita. Via.=Trace des roues; ornière. Chemin.

枳 丶 Ziziphus. *Quædam medicina.*=Jujubier. *Certaine drogue.*

抧 丶 Aperire.=Ouvrir.

咫 丶 *Vetus mensura octo unciarum longitudine.* Parvum spatium.=*Ancienne mesure de 8 pouces de longueur.* Petit espace.

† Hujus seriei littera postrema, tanquàm classificam habet litteram 尺 Che *Cubitus seu pes sinicus.*=*Coudée ou pied chinois,* quæ propriè neque classifica neque phonetica dici potest.

N. 200. 央

Iam 一 Medium; centrum. Pulchritudo. Ignis.=Milieu; centre. Beauté. Feu.

怏 ノ Fastidium. Avaritia. Complacere sibi.=Dégoût. Avarice. Se complaire.

泱 一 Profundum. Extensum. vapores ascendentes. Turbidum.=Profond. Etendu. Vapeurs qui montent. Trouble; obscur.

詇 丶 Sapientia. Futura nosse. Inquirere.=Sagesse. Connaître l'avenir. Chercher.

炴 一 Ignis claritas.=Clarté du feu.

袂 一 / 殃 一 Infortunium, calamitas, infelicitas. Culpa; pœna. Punire.=Infortune, calamité. Malheur. Faute. Peine; punir.

醠 丶 Vinum turbidum.=Vin trouble.

柍 ノ Virga pastoralis; baculus. Malleus. Congerere. Coacervatum.=Houlette; bâton. Assembler. Monceau. Marteau.

鞅 丶 Capistrum. Corrigia. Onerare. Fastidium.=Licou. Courroie. Charger. Dégoût.

坱 丶 Pulvis.=Poussière.

貏 丶 Vulpes.=Renard.

鉠 一 Tintinnabulorum sonus.=Son de grelots.

飫 一 Cibis obrutus: prœ ciborum nimiâ ingurgitatione evomere.=Gorgé de nourriture: vomir pour avoir trop mangé.

秧 一 Oryzæ planta. Segetum germina.=Plante du riz. Germes des céréales.

胦 一 Umbilicus. Perversus. Contumax.=Nombril. Pervers. Contumace.

鉠 一 Piscis carens squamis.=Poisson sans écailles.

佒 一 Corpore non extenso jacere.=Etre couché, le corps non étendu.

狭 一 Latrare.=Aboyer.

姎 一 *Nomen quo mulieres se appellant; ego mulier.*=*Nom par lequel les femmes se désignent; moi femme.*

映 一 Obscurum. Lux fusca.=Obscur. Lumière sombre.

鴦 ノ Vas. Sapientia. Futura prænoscere.=Vase. Sagesse. Connaître l'avenir.

N. 200.

鴦 ˉ Anas mandarina. = Canard mandarin.

盎 ˊ Hydria in capite gestabilis. Hydria. Initium. Pelvis. = Cruche. Urne. Commencement. Bassin.

咉 ˋ Suffocare. Murmur fontis decurrentis. Responsum. = Suffoquer. Murmure d'une fontaine. Voix de celui qui répond.

英 ˉ Im *Est phonetica : vide N.* 588.

眏 ˋ Aspicere. Oculorum infirmitas. = Regarder. Maladie des yeux.

映 ˊ Splendor; illuminare. Fulgens. Reflexum. Ornare. = Eclat; éclairer. Brillant. Réfléchi. Orner.

㓷 ˊ Prœcidere, secare. Perforare. = Raccourcir, couper. Trouer.

† Omnes ferè litterœ hujus seriei quae leguntur *iam* legi possunt etiam *ngam*, adeò incerta et nasalis est vulgaris prounntiatio.

†† Ex hâc procedit 英 N. 588, cujus annotationem vide.

N. 201. 田

Tiên ˆ Ager; hortus. Campus. Defatigatus. = Champ; jardin. La campagne. Fatigue.

鈿 ˆ Flores aurei quos mulieres in capite gestant. = Fleurs d'or que les femmes portent.

甸 ˋ Suburbia. 500 Stadia circa urbem regiam. Venari. ordinare. Excubiæ. Colere. = La banlieue de la Cour. Chasser. Arranger. Cultiver. La ronde.

佃 ˊ Agricola; colere. Venator; piscator. = Cultivateur; cultiver. Chasseur; pêcheur.

⿰犭田 ˆ }

畋 ˆ } Venari. Ager excultus; colere. = Chasser. Champ cultivé; cultiver.

細 ˊ Si Tenue, subtile; delicatum: minutum. = Fin, mince; délicat: petit.

† Est etiam classifica et scribitur aliquandò in litterarum vertice, aliquandò in infimo, plerumquè in sinistro latere: Ex 男 Nân *Homo mas. = Homme; mâle.* 畝 (*var.* 畆 畒 畮) Meù *jugerum sinicum, seu mensura agraria pedum Sinicorum* 600. = *Arpent chinois, ou mesure agraire de* 600 *pieds Chinois.*

N. 202. 由

Ieu ˆ Causa, quia, origo. Ab. ex. Per. Prœterire. Ire. Libertate frui. = Cause, parceque, origine. De. Par. Passer outre. Aller. Jouir de sa liberté.

怞 ˆ Tristis; timens, pavidus. = Triste; craintif, timide.

油 ˆ Oleum. Pinguedo. Vernix. Humidum. = Huile. Graisse. Vernis. Humide.

柚 ˊ Citrus decumana. Currum axis. Radius textorum. = Pamplemousse. Essieu de voiture. Navette de tisserand.

釉 ˊ Rerum vernice linitarum nitor. = Eclat d'objets vernissés.

秞 ˆ Frugum abundantia. Res nascere incipientes. Principium rerum. = Abondance de grains. Choses qui naissent. Le commencement des choses.

鮋 ˆ Pisciculi in aquâ dulci viventes. = Petits poissons d'eau douce.

鼬 ˊ *Muris species.* Habenæ laxæ. = *Espèce de rat.* Reines flottantes.

蚰 ˆ Centipeda nigra. Limax. = Centpied noir. Limaçon.

⿱穴由 ˊ Siü Caverna. Vallis profunda. Declivitas. = Caverne. Vallée profonde. Ravin.

袖 ˊ Vestium manicæ; manica. Summitas. Superior. = Manches d'habit; manche. Sommité. Supérieur.

䄂 ˊ }

岫 ˊ } Caverna; mons cavernosus. Vallis profunda. Declivum. = Grotte; montagne où il y a des cavernes. Vallée profonde. Ravin.

N. 202.

宙 ˋ Cheu Mundus: Orbis terrarum: natura. Tempus. Producere.= Le monde: l'univers: la nature. Le temps. Produire.

紬 ˊ Orare; preces. Benedicere. Respondere.=Prier; prières. Bénir. Répondre.

粙 ˊ Oryzæ spicæ. — Les épis du riz.

抽 ˉ Attrahere; avellere; proferre. Expedire. Aquam haurire.= Attirer; arracher; mettre dehors. Expédier. Puiser.

伷 ˊ *Species galeæ. = Espèce de casque*

妯 ˉ Anxietas; mentis turdatio. Timere. Misereri.=Anxiété; trouble. Craindre. Avoir pitié.

紬 ˆ Sericum. Tela sericea nitens. Extrahere; tangere.=Soie. Satin. Extraire; toucher.

胄 ˊ Progenies. Primogenitus. Lorica. Thorax. Galea: Posteritas.=Cuirasse. Cotte de maille. Casque. La postérité. Premier-né.

軸 ˇ Chu Currûs axis. Radius textorius. Lætitia. Membris captus. Contortum.=Essieu d'une voiture. Navette. Joie. Perclus.

舳 ˇ Navium puppis.=La pouppe des vaisseaux.

妯 ˇ Fratris majoris uxor: fratria. =L'épouse du frère ainé; belle-sœur.

笛 ˇ Ti Tibia; fistula.=Flûte; chalumeau.

迪 ˇ, 廸 ˇ Felix. Edocere. Explicare. Progredi. Extensum. In viam dirigere. Rectum facere.=Heureux. Instruire. Expliquer. Conduire dans le bon chemin. Rectifier. Avancer. Etendu.

庙 ˊ Miao Fanum: templum idolorum. =Pagode: temple d'idoles.

† Adeò exigua interest differentia inter phoneticam hanc et præcedentem, ut saepè alia pro aliâ per errorem usurpetur, etiam in dictionariis.

N. 203 冉 冄 丨

ˋ Jèn Sensim, gradatim. Invadere; ingredi. Incedere. Debile. Infirmitas=Peu à peu, par dégrés. Envahir: entrer. Marcher. Faible. Infirmité.

詽 ˆ Ampla loquendi materia. = Matière abondante pour parler.

袡 ˆ Mulierum vestis exterior. = Habit de dessus pour les femmes.

髯 ˆ Capilli circa tempora. Genarum barba.=Cheveux voisins des tempes. Les favoris.

鉮 ˋ Ferrum.=Fer.

詽 ˋ Linguam proferre. = Tirer la langue.

姌 ˋ Venustas. Pulchrum, delicatum. = Taille élégante. Joli, délicat.

納 ˆ Mulierum vestis exterior. = Habit de dessus pour les femmes.

苒 ˋ Frondosum. Tenellum, debile. Alter alteri succedere.=Feuillu. Tendre, faible. Alterner. Se succéder l'un à l'autre.

頶 ˆ Genarum barba.=Les favoris.

呥 ˆ Lentè mandere. Silenter ruminare. Quies. = Mâcher lentement. Ruminer en silence.

蚺 ˆ *Magnus quidam serpens edulis. = Grand serpent bon à manger.*

† Huic phoneticae forsan adscribendum est 再 Tsái *Iterum; denuò. — De nouveau; une seconde fois.*

N. 204. 冊 册

ˇ Tsee Catalogus; rationum codex. Statuere.=Liste; registre. Etablir.

柵 ˇ Septum. Cancelli. Pali simul colligati.=Palissade. Treillis Pieux liés ensemble.

204.

嗍 ˇ Sa Raucus. Vox confusa. = Rauque. Voix confuse.

珊 ¯ Xan Coralium. Tinnire. = Corail. Tinter.

姍 ¯ Deridere ; illudere. Pulchrum. Gravitas incessûs. = Railler ; tourner en ridicule. Beau. Gravité dans la démarche.

跚 ¯ Claudicare : incedere. = Botter ; marcher.

刪 ¯ Abradere ; delere. Corrigere. = Raser ; effacer. Corriger.

N. 205. 四 𦉭

´ Se Quatuor : *Numerus quaternarius.* = Quatre.

泗 ´ *Nomen fluvii et urbis in Kiam-nan.* = *Nom de fleuve et de ville au Kiam-nan.*

駟 ´ Duo equorum juga. *Quædam constellatio.* = Deux paires de chevaux. *Certaine constellation.*

柶 ´ *Cochleare quoddam in funeribus adhibitum.* = *Cueillère usitée dans les cérémonies funéraires.*

恓 (¯) Consistere, quiescere, cessare. Lucrum. = S'arrêter ; se reposer, cesser. Gain.

佪 ˇ Hi Tranquillus ; quietus : tacitus. = Tranquille ; paisible : silencieux.

呬 ¯ Consistere ; quiescere, cessare. Lucrum. = S'arrêter ; se reposer, cesser. Gain.

詗 ¯ Che Furtim investigare. Explorare. = Espionner. Epier.

† Distingui debet à 匹 Pï *Equus. Unire : per paria conjungere. Pannus.* = *Cheval. Unir : joindre par paires. Draps.*

N. 206. 冋 V. 丨

` Kium Desertum : campus. Suburbia. = Desert : campagne. Banlieue, faubourgs.

洞 ` Extensum. Profundum. Limes. Aqua progressum impediens. = Etendu, vaste. Profond. Limite. Eau qui ferme le passage.

扃 ` Rectè examinare. Pessulus januæ ligneus. = Bien examiner. Verrou en bois.

炯 ` Ignis lux. Clarè. Cum lumine aliquid quaeritare. = Lumière du feu. Clairement. Chercher avec une lumière.

泂 ` Frigus. Latum, extensum. Glacies progressum impediens. = Froid. Large, étendu. Glace qui ferme le passage.

駉 ¯ Equus robustus et pulcher. = Cheval fort et joli.

坰 ` Desertum. Campus. Suburbia. = Désert. La campagne. Banlieue, faubourgs.

餇 ` Satur, plenus. = Rassasié, plein.

扁 ` Januae pessulus ligneus. Accuratè perpendere. = Verrou en bois aux portes. Examiner

絅 ` Toga simplex. Sincerus ; sine fuco. Violenter trahere. = Robe simple. Sincère ; sans fard. Traîner de force.

迥 ` Valdè remotum, distans. Antiquum. = Très éloigné, distant. Ancien.

詗 ` Hium Hùc illùc explorare. Sagax, perspicax. = Fureter de tous côtés. Adroit, fin, intelligent.

† Cavendum ne confundatur cum 回 cum 同 N. 292 et 294.

N. 207. 出

ˇ Chu Exire; foràs. Producere. Contribuere. = Sortir; dehors. Produire. Contribuer.

怞 ˇ Tristis, cogitabundus. Perterritus. = Triste, pensif. Epouvanté.

油 ˇ Aqua saliens. = Eau jaillissante.

字聲綱目

N. 207.

㑁 ˘ Parùm, parvum; breve, curtum. = Peu, petit; court.

絀 ˘ E gradu deponere: ejicere. Auferre. Reficere. Curvare, demittere. = Dégrader: chasser. Enlever. Raccommoder. Courber, baisser.

黜 ˘ E gradu deponere: expellere; evertere. = Dégrader: chasser; renverser.

欪 ˘ Impudens, protervus. = Impudent, insolent.

窋 ˘ Cho Vacuum, cavum. E speluncâ egredi. = Vide, creux. Sortir d'une grotte.

拙 ˘ Inexpertus. Rudis. Vile. = Sans expérience. Grossier. Vil.

𤝞 ˘ Breve; curtum. = Court.

茁 ˘ Repullulare, germinare. Robustus. *Quædam planta.* = Repousser, germer. Robuste. *Certaine plante.*

蚰 ˘ Tinea, insecta lignum corrodentia. = Teigne, insecte qui ronge le bois.

頔 ˘ Genarum ossa. = Les pommettes.

詘 ˘ Kiü Ambiguè loqui. Curvare: flexum; uncinatum. Carere. = Parler avec ambiguité. Courber: plié; crochu. Manquer.

𣧑 ˘ Cadaver quod non corrumpitur. = Cadavre qui ne se corrompt pas.

屈 ˘ Curvare se: se colligere; genuflectere. = Se courber: se raccornir; se contracter; fléchir le genou.

颫 ˘ Ventus. *Nomen cujusdam venti.* = Vent. *Certain vent.*

岀 ˘ Montis cacumen. Apex. = Sommité d'une montagne. Faîte.

柮 ˘ Ligni elaborati reliquiæ. Cornua. Columnæ pars superior. = Copeaux ou rognures de bois. Cornes. Le haut d'un pilier.

鈯 ˘ Tu Obtusum, sine acie, *v. g. ensis.* = Obtus, émoussé.

咄 ˘ Deridere: exprobare. Furiosè. Staturre. = Railler: reprocher. Avec fureur. Etablir.

祟 ˊ Suéi Calamitas à Diis proveniens Infelicitas. Pœna. = Calamité envoyée par les Dieux. Peine. Malheur.

† Dictionarii Sinici tot referunt pronuntiationes seu sonos discrepantes pro litteris hujus seriei, ut difficillimum sit certos limites constituere: nos communem loquendi modum secuti sumus tanquàm utiliorem, spretis iis varietatibus soni quæ ad eruditionem sat vanam solummodò conferunt.

†† Pronuntiatio *Kiü* introducta fuit in hanc seriem ab erroneo usu phoneticæ hujus, loco ipsius affinis 屈: vetus error nunc regula evasit et ambo phoneticæ tanquàm synonymæ habentur in litteris quæ leguntur *Kiü*.

N. 208. 以

以 ˋ Ì Ut: causâ; pro: propter. Cum. Initium. Uti, adhibere. = Afin que: pour: à cause. Avec. Commencement. Se servir.

飤 ˆ Oryza liquida. = Riz en bouillie.

苡 ˋ Hordeum cortice emundatum. Plantago. = Orge mondé. Plantain.

耜 ˋ Se Aratrum, occa. = Charrue, herse.

似 ˋ Similis. Similitudinem habere. Videtur. Successivè. = Semblable. Ressembler. Il paraît. Successivement.

姒 ˋ Uxor legitima. Fratria. *Cognomen.* = Femme légitime. Femme du frère aîné. *Surnom.*

N. 209. 字

字 ˊ Tze Littera: vocabulum: verbum Cognomen. = Lettre: mot: parole. Surnom.

𧧻 ˊ Al quem suo nomine vocare. Evulgare. = Appeler quelqu'un par son nom. Divulguer.

𦍩 ˊ Ovis. = Brebis.

N. 209.

牸 Vacca.=Vache.

† Immediatè procedit à N. 36.

N. 210. 宅

Tsee Domus, habitatio. Palatium. Ædes. Regere, gubernare. Conformare se.=Maison, demeure. Palais. Edifice. Régir, gouverner. Se conformer.

詫 Cha Decipere ; illudere. Gloriari : ostentatio : magnificè de se loqui.=Tromper ; se jouer de. Se glorifier : se vanter.

垞 Domus, habitatio. = Maison, demeure.

侘 Superbia ; jactare se. = Orgueil ; se vanter.

姹 Puella formosa. = Jeune fille jolie.

咤 Irati verba. Irasci. = Paroles de colère. Se fâcher.

蛇 *Quoddam insectum* : medusa. =*Nom d'insecte* : méduse.

† Vide N. 39 in annotatione.

N. 211. 安

Ngan Pax ; quies ; tranquillitas. Fortassè. Statuere = Paix ; repos ; tranquillité. Peut-être. Fixer.

案 Mensa in quâ scribitur. Tribunal. Sententia. Perpendere ; examinare. Cyathus. =Table pour écrire. Tribunal. Sentence. Examiner. Tasse, coupe.

鞌 Ephyppium. *Nomen loci.* = Selle d'un cheval. *Nom de lieu.*

[安+阝] *Nomen cujusdam civitatis.*= *Nom de ville.*

䅁 Currus ex agro rediens frugibus onustus. = Char qui revient des champs chargé,

盫 *Quædam cyathi species.*=Espèce de coupe.

洝 *Nomen cujusdam rivuli.*=*Nom de ruisseau.*

桉 Mensa in quâ scribitur. Tribunal. Sententia. Examinare. Cyathus.=Table pour écrire. Tribunal. Sentence. Vérifier, examiner. Tasse.

鞍 Ephyppium. *Nomen loci.* = Selle d'un cheval. *Nom de lieu.*

按 Detinere ; refrænare. Manus imponere. Conformare. Examinare. = Retenir ; comprimer. Imposer les mains. Se conformer. Examiner.

荌 *Quædam planta.* = *Nom de plante.*

峖 *Nomen cujusdam montis.* = *Nom de montagne.*

晏 Iên Clarum ; dies clarus ; purum. Pacificum. Lassus, fessus. Serò.=Clair ; ciel pur : pur. Pacifique. Las, fatigué. Tard.

頞 Ngo Nasi dorsum. Supercilia. Ephippium.=Le haut du nez. Sourcils. Selle d'un cheval.

胺 Carnis putridæ fætor.=Puanteur de viande pourrie.

† Ad hanc seriem pertinere nobis videtur 宴 Iên *Simul bibere : convivari, lætari. Otiari.=Boire ensemble : faire un repas ; se réjouir. Se donner du bon temps.*

N. 212. 亦

Ï Etiam, quoquè, amplius, et.= Aussi, de plus, et.

弈 Latrunculorum ludus. Cortina. Subtile. = Jeu d'échecs. Rideau fin.

奕 Amplum ; extensum. Elegans. Ludus.=Ample; étendu. Elégant. Jeu.

帟 Tabernaculum: tentorium.= Tabernacle: tente.

N. 212.

𠊎 ˇ 迹 ˇ 跡 ˇ Tsi

𠊎 Ex comestione morbus. Pulsus debilis et intermittens. — Maladie provenant de la nourriture. Pouls faible et entrecoupé.

迹 跡 Vestigium. Signum. Visibile. Memoriale. Insignia. = Vestige. Signe. Visible. Marque, souvenir. Enseigner.

† Hæc phonetica arbitrariò quandoquè usurpatur tanquàm abbreviatio alterius difficilioris ex contextu facilè dignoscendæ.

N. 213. 衣

Ī Vestis; vestitus. Insignia. Exterior. = Habit; vêtement. Enseigues. Extérieur.

㤅 — Lamentatio. Vox commiserantis aut opem implorantis. = Lamentation. Accent de pitié ou de détresse.

浓 — *Nomen cujusdam fluvii. = Nom de fleuve.*

㡊 — Incertus, anceps. = Incertain; irrésolu.

㐆 — Tabulatum portatile picturis ornatum. Abscondere; contegere. = Paravent orné de peintures. Cacher; couvrir.

㕈 丶 Agger ab ipsâ naturâ positus. = Digue faite par la nature.

依 — Inniti. Confidere in aliquo. Sequi. Conformare se. Similis. Suspirare ad aliquid. = S'appuyer. Se confier. Suivre. Se conformer. Semblable. Soupirer après quelque chose.

㛄 — *Cognomen muliebre. = Nom de femme.*

† Est etiam classifica et præest quingentis ferè litteris ad *vestes* relationem habentibus: plerumquè occupat phoneticarum latus sinistrum, et tunc scribitur 衤 sicut in 裷 lüèn *Tibialia. — Les bas*: non rarò autem in duo partes dividitur, et singulari modo phoneticam in centro suo complectitur, sicut in 裒 Peû, ***Congregare. Minuere, demere. = Rassembler. Diminuer, ôter***: 表 Meù *pars vestis supra cingulum; longum. Septentrio et Auster. = La partie de l'habit qui est au dessus de la ceinture. Long. Le Nord et le Sud.*

Hujuscemodi litterarum genuina analysis imperitos omninò fugit, quia phonetica litteram compactam cum classificâ constituère videtur, neque apparent elementa cognita distincta: sufficiet tamen in hoc casu centro attendere et statim phonetica cujuscumque litteræ dignoscetur.

†† Cavendum quoque, ne 衤 confundatur cum 礻 quae est abbreviatio classificæ 示 Xè *Ostendere, significare. Monere. Edicere, edictum. = Montrer, signifier, avertir. Publier édit.*

N. 214 交

— Kiao Unire; conjungere; communicare. Amicitia. Simul. = Unir se réunir; communiquer. Amitié. ensemble.

恔 丶 Præsagire. alacritas. *V. infrà.* = Pressentir. Promptitude: joie.

詨 — Semetipsum fallere. Clamare. advocare. = Se tromper soi-même. Crier appeler.

袎 — Parva femoralia. = Petits caleçons.

頝 — Fœdus. Deformis corporis habitus. = Laid. Mauvaise tournure.

郊 — Suburbium. Desertum. Cœlum et terra. = Faubourg. Désert. Le ciel et la terre.

鵁 — *Anatis species quædam. = Espèce de canard.*

䉰 — Gluten: massa ex farinâ. — Gomme: pâte de farine.

珓 ˊ Cyathi lapidei duo quibus ad divinandum utuntur. = Deux gobelets en pierre pour les divinations.

䢒 — *Nomen cujusdam urbis antiquæ. = Nom d'une ancienne ville.*

較 ˊ Comparare: examinare. Corrigere. Decertare. = Comparer; examiner. Corriger. Combattre.

214.

校 ˊ Summatim. Comparare, conferre.= En résumé; comparer, mettre en regard.

⿰革交 ˉ Pera coriacea. = Espèce de bourse en cuir.

挍 ˊ Decertare. Perpendere; seligere. = Disputer. Examiner ; choisir.

筊 ˋ Vimina. Funis arundineus. = Osier. Corde de roseaux.

鉸 ˊ Cardo. Forfices. Uncus. Pessulus ferreus. Barbam radere. = Pivôt. Ciseaux. Crampon. Verrou. Faire la barbe.

餃 ˊ Esca ad piscandum. Dulciaria. = Amorce pour la pêche. Douceurs.

鮫 ˉ Crocodilus. Squalus. = Crocodile. Requin.

佼 ˋ Pulchrum: bonum. Præcellens. = Beau; bon. Excellent.

皎 ˋ Lunæ splendor. Clarum, purum, mundum. Clarté de la lune. Clair, pur, net.

狡 ˋ Pallidus: artificiosus. Astutia. Pulchritudo. *Species canis Tartarici*:=Rusé, artificieux, Astuce. Beauté *Espèce de chien de Tartarie.*

姣 ˋ Venustum, pulchrum, Bonum. Libidinosus. =Joli, beau. Bon. Licencieux.

絞 ˋ Strangulare laqueo interimere. Vincire. Variegatum.=Etrangler; pendre. Lier. Bigarré.

茭 ˉ Fœnum Pascua. Paleæ. = Foin Pâturage. Paille.

⿰目交 ˉ Torvis oculis aspicere.=Regarder de travers.

咬 ˉ Avium cantus. Garrire. = Chant des oiseaux. Gazouiller.

骹 ^ Ossium junctura. Pedum ossa. Tibiæ inferior pars.=Jointure des os. Os des pieds. Partie inférieure de la jambe.

跤 ˉ Tibiae ossa.=Os des jambes.

蛟 ˉ Draco. Crocodilus.=Dragon Crocodile.

恔 Hiaó Laetari ; gaudium. *V. suprà.* = Se réjouir ; joie.

洨 ^ *Quidam fluvius in Chee-kiam.* = *Certain fleuve au Chee-kiam*

効 ˊ Effectus. Imitari. Militem agere. Conari.=Effet S'efforcer. Imiter. Etre soldat.

效 ˊ Imitari. Effectus. Opus. Agere. Desiderare.=Imiter. Effet. Ouvrage. Faire. Désirer.

校 ˊ Gymnasium publicum. Praeceptor. Comparare. Vasis pes. =Collège public. Précepteur. Comparer. Pied d'un vase.

窔 Iaò Hiems. Ventus per rimas flans. =Hiver. Vent qui souffle par quelque fente.

齩 ˊ Ossa rodere ; corrodere. = Ronger les os ; ronger.

咬 ˋ Mordere. Lamentatio ; patientis clamor. = Mordre. Lamentation ; cris de quelqu'un qui souffre.

N. 215. 充 克

Chūm Implere. Plenum. Altum. Cooperire. = Remplir. Plein. Haut. Couvrir.

⿰忄充 ^ Cordis commotio : turbatus.= Emotion : troublé.

⿰氵充 ^ Aquae strepitus. = Bruit des eaux.

⿰衤充 ^ Vestes simplices. = Habits simples.

⿰充頁 ^ Implere : occupare.=Remplir: occuper.

珫 ^ Inaurium lapides pretiosi.= Pierres précieuses des pendants d'oreilles.

⿰扌充 ˊ Saltare ; choreas ducere. = Sauter ; danser.

⿱竹充 ^ Arundo acuminata. = Roseau pointu.

N. 215.

銃 ˊ Tormentum bellicum : arma igne explodentia. = Canon ; mousqueton : arme à feu.

茺 ˉ Pulmonaria. *Lin.*=La pulmonaire.

𥿄 ˋ Tum Omninò : universim : universitas. Origo. Regis aula.=Entièrement: sans exception : l'universalité. Origine. La Cour.

N. 216. 亥 亥

ˊ Hai Hora decima noctis. = Dix heures du soir.

垓 ˆ Surgere. *Quidam genius.*= Se lever. *Certain génie.*

遀 ˆ Ire ; ambulare.=Aller : marcher.

頦 ˆ Maxilla. Mentum. Humeris gestare.=Mâchoire. Menton. Porter sur les épaules.

餀 ˆ Oryza cocta in grumulos compacta. Frumentum. = Grumeaux de riz bouilli. Froment.

核 ˊ Movere ; agitare.=Mouvoir ; agiter.

閡 ˊ Obturare. Impedire ; detinere. Januam claudere. Separare. Nocere. = Boucher. Empêcher ; retenir. Fermer une porte. Séparer. Nuire.

孩 ˆ Puer, infans. = Enfant, petit enfant.

咳 ˆ Infantium risus. *V. infrà.*= Ris des enfants.

趩 ˊ Ire festinanter. = Aller avec hâte.

該 Kai Oportet : debet : expedit. Illud. =Il faut: on doit : il convient. Cela.

欬 ˊ Tussis ; tussire. Raucitas. = Toux ; tousser. Enrouement.

䘏 ˉ Lapis quem superstiosè cingulo appendunt.=Pierre que l'on porte par superstition à la ceinture.

賌 ˉ Mysteriosum. Secretum. = Mystérieux. Secret.

垓 ˉ Limes, terminus ; agger. Circuitus. Centum millia millium. *V. infrà.*=Limite, terme ; digue. Circuit. Cent millions.

陔 ˉ (same as above)

餩 ˉ Post prandium eructare. *Quoddam ferculum.* = Roter après le repas. *Sorte de met.*

胲 ˉ Pedis pollex. Magnum. Praeparare.=Gros orteil. Grand. Préparer.

侅 ˉ Dives. Abundans. Extraordinarium. Suspicere. = Riche. Abondant. Extraordinaire. Regarder en haut.

姟 ˉ Centum millia millium.=Cent millions.

荄 ˉ Plantarum radices.=Racines des plantes.

眩 ˉ Omnium in conspectu positum. Amplum. Oculi latè aperti.=Exposé à la vue de tout le monde. Vaste. Yeux grands ouverts.

賅 ˉ Dives, abundans ; extraordinarium. Suspicere. = Riche, abondant ; extraordinaire. Regarder en haut.

晐 ˉ Solis lux latè se diffundens.= Lumière du soleil qui se répand.

畡 ˉ Limites. Circuitus. Agger.= Limites. Circuit. Digue.

蛟 ˉ *Quoddam insecti genus.*=*Nom d'insecte.*

峐 ˉ Mons aridus.=Montagne aride.

駭 ˋ Hiai Perterritus : terrorem incutere. Erubescere. Inopinatum ; mirum.=Epouvanté: jetter la terreur. Rougir. Inopiné ; surprenant.

㞼 ˆ Corpus. Ossa. Tibiæ ; tibiarum ossa. Ossium juncturæ.=Corps. Os. Jambes ; os des jambes. Jointures des os.

骸 ˆ (same as above)

絯 ˆ Vincire ; circumligare. Suspendere. = Attacher ; lier autour. Suspendre.

N. 216.

骸 ˆ Corpus. Ossa. Tibiæ : tibiarum ossa. Ossium juucturæ.= Corps. Os. Jambes : os des jambes. Jointures des os.

痎 Kiai Febris intermittens. = Fièvre intermittente.

烗 ˉ Ignis splendens.=Feu brillant.

垓 ˉ Scala : gradus scalæ. Mundus. =Echelle : degrés. Monde.

劾 Ho ˘ Attentè investigare. Reum judicare. Punire.=Chercher avec soin. Juger. Punir.

核 ˘ Fructuum nucleus. Rei justitiam ponderare. Opprimere.= Noyau de fruit. Examiner la justice d'une chose. Opprimer.

刻 Ko ˘ Incidere, cælare, sculpere. Horæ 4a. pars. Contemnere.= Graver, sculpter. Un quart d' heure. Mépriser.

咳 ˘ Tussis, tussire. Raucitas. *V. suprà.* = Toux, tousser. Enrouement.

N. 217. 㠩 巟

Huam ˉ Amplum, extensum. Lacus. Attingere.=Etendu. Lac. Atteindre.

宺 ˉ Domus spatiosa. = Maison spacieuse.

慌 ˆ Turbatus, confusus ; commotus. = Troublé, confus; ému.

謊 ˉ Mentiri ; mendacium : somniando loqui. = Mentir ; mensonge : parler en rêve.

䮾 ˉ
駹 ˉ } Equus velociter currens. = Cheval courant avec rapidité.

穅 ˉ Annus sterilis. Fames. Annonæ caritas.= Année stérile. Famine. Cherté de vivres.

絖 ˉ Bombycis casula.=Cocon,

荒 ˉ Desertum : sterilitas : terra inculta. Libido. Fabulosum. Decipere : deludere.= Désert: stérilité ; terre inculte. Débauche. Fabuleux. Tromper.

晃 ˉ Oculi infirmi. = Yeux malades.

晄 ˉ Sitiens. Siccitas et calor. = Qui a soif. Sécheresse et chaleur.

幌 ˉ Velum : cortina quâ aliquid absconditur. = Voile ; rideau pour cacher quelque chose.

† Quæ diximus sub N. 18, eamdem ibi applicationem habent ; hæc phonetica *per se* sensu differt à 荒, sed in compositis hanc habet synonymam, et promiscuè omninò usurpantur.

N. 218. 羊

Iam ˆ Ovis ; capra. Delectari, jocari.=Brebis ; chèvre, s'amuser.

洋 ˆ Mare. Vastum. Exundare. Sæpè ; frequentare. = Mer. Vaste. Déborder. Souvent; fréquenter.

痒 ˋ Prurigo : scabendi pruritus.= Démangeaison : envie de se gratter.

恙 ˊ Morbus. Tristitia.=Maladie. Tristesse.

勜 ˆ Admonere : suadere : consiliari.=Avertir ; persuader : conseiller.

養 ˊ Enutrire, alere : educare. = Nourrir, sustenter : elever.

烊 ˆ Frigere: assare. Liquefacere. = Frire: griller. Fondre.

垟 ˆ Monstrum. *Ovis quædam monstruosa.* = Monstre. *Brebis monstrueuse.*

餎 ˆ Esca ; illecebræ. Placenta.= Amorce, appas. Gâteau.

徉 ˆ Dubius, anceps ; incertus. Tempus terere. =Qui doute; irrésolu ; incertain. Perdre son temps.

N. 218.

丶

佯 ㆍ Fingere ; simulare. Apparens. = Feindre : faire semblant. Apparent.
眻 、 Oculi pulchri. Palpebra superior. = Beaux yeux. Paupière supérieure.
詳 ㆍ Siam Examinare; perpendere. Explicare. Minutatim. Circumstantiæ alicujus facti. = Examiner ; peser les raisons. Expliquer. Minutieusement. Les circonstances d'un fait.
庠 ㆍ Sapiens. Baccalaureus. Collegium. = Sage. Bachelier. Collège.
翔 ㆍ Avolare. Recedere. = S' envoler. Se retirer.
祥 ㆍ Felicitas, felix ; fortuna = Bonheur, heureux.
跭 ㆍ Velociter abire. = S'en aller avec hâte.
羊 — Tsan Capra. Abundans : copiosum. = Chèvre. Abondant: Copieux.
咩 Miè Ovis balatus. Bèlement des brebis.

† Est etiam classifica, et scribitur aliquandò in litterarum vertice, ut in 羨 Kièn *Concupiscentia: appetere. Laudare. Residuum.* = *Convoitise: désirer fort. Louer. Le surplus*; sæpiùs verò in latere sinistro, sicut in 羢 Chân *Ovis cauda longa.* = *Longue queue de brebis.*

桊 / Arcus utroque apice eburneus. = Arc en ivoire aux deux bouts.
券 / Documentum, memoriale. = Document, mémorial.
勌 、 Lassitudo ; defatigatio. = Lassitude ; fatigue.
鞶 / Corium quodam modo elaboratum. = Cuir préparé d'une certaine manière.
卷 / Volumen, tomus: liber. = Volume, tome : livre.
拳 ㆍ Pugnus. Capere. = Poing. Prendre.
觠 ㆍ Contortum ;curvum. = Tordu, courbé.
豢 / *Quoddam sacrificii genus.* = *Certain sacrifice.*
絭 / *Funis quodam modo contortus.* = *Corde tordue d'une certaine manière.*
眷 / Cum amore aspicere: Mentis sollicitudo. Absentis desiderium. Tristis. = Regarder amoureusement. Inquiétude. Regret d'un absent. Triste.
蠸 / Aranea. = Araignée.
帣 / Saccus. = Sac.

N. 219. 𠔉

、 Kiüen *Littera mere phonetica sensu carens.* = *Lettre purement phonétique, dépourvue de sens.*

豢 、 Phaseoli flavi. = Haricots jaunes.
桊 / } Circulus qui animalium naribus immittitur. = Anneau que l'on met au nez des animaux.
桊 、 }

† In antiquo Dictionario 篆字彙 hæc phonetica traditur tanquàm classifica, et complectitur omnes ferè litteras hujus seriei ; sed in Dictionariis recentioribus à classificarum catalogo expuncta fuit, et habetur merè tanquàm phonetica sensu carens.

† † Ex hâc originem ducit phonetica 朕 quæ maximam cum istâ affinitatem habet, aliquandò synonymiam.

N. 220. 米

Mi Oryza *nondum cocta, sed ad granos redacta.* = Riz cru.

咪 — Mente turbatus.= Esprit troublé.

糜 ˆ Oryzae pulmentum. = Bouillie de riz.

麋 ˆ Cervus procer. *Bubali agrestis species.* Ripa. Ora.=Grand cerf. *Espèce de buffle sauvage.* Rivage. bord.

罙 ˆ Profundum. Vagari. = Profond. Errer çà et là,

迷 — Obcœcare : hallucinare. Seductus, illusus. Stupidus. = Aveugler : tromper. Séduit, dans l'illusion. Stupide.

敉 ˋ Pax, quies. consolari: sustinere.=Paix, repos. Consoler; soutenir.

鮇 ˋ Piscium ova. *Nomen cujusdam piscis.*=Œufs de poisson. *Nom de poisson.*

侎 ˋ Consolari; blandiri.=Consoler; caresser.

眯 ˋ Obcœcare. Festuca oculum obcœcans. Odisse. = Aveugler. Poussière ou fétus qui aveugle. Haïr.

屎 Xè Stercus; hominis exerementa. =Excréments humains.

† Est etiam classifica et varium in compositis locum obtinet, sicut in sequentibus exemplis videre est: 粥 Chŭ *Oryza liquida. Enutrire. Vendere.=Bouilli de riz.Nourrir. Vendre.* 糧 Leâm *Ciburia, alimenta, fruges.=Des provisions de bouche, des vivres, des grains:* 粟 Sŭ *Milium.=Millet.*

N. 221. 次

Tsé Vices; ordo. Successivè; tempus. Locus. Mansio.=Fois; ordre. Successivement; temps. Lieu. Demeure.

瓷 ˆ Porcellana. Vasa lapidea. = Porcelaine. Vaisselle en pierre.

粢 ˆ / 餈 ˆ Panis. Placenta. Oryza cocta pro sacrificiis. Fruges.=Pain. Gâteau. Riz cuit pour les sacrifices. Grains.

佽 ˆ Auxiliari. Levis; velox; industriosus. Vices. Ordo.=Secourir. Léger; agile; industrieux. Fois. Ordre.

絘 ˆ Tela in tributum oblata. *Quidam pannus.*=Toile apportée en tribut. *Nom d'étoffe.*

茨 ˆ Spinæ. Domum paleis contegere. = Epines. Couvrir en chaume une maison.

粢 Tze — Oryza optimæ qualitatis. Sacrificiorum oryza.=Riz de 1e. qualité. Riz pour les sacrifices.

恣 ˊ Pravae cupiditates. Libido.= Passions. Libertinage.

姿 — Pulchrum; amabile. Venustas in corporis habitu et tractandi modo.=Beau; aimable. Grace dans les manières.

絫 ˊ Fila sericea in ordinem disposita ad texendum.=Soie arrangée pour le tissage.

資 — Divitiae. Redditus. Expensae. Incipere. *V. sequentem.* = Richesses. Rentes. Dépenses. Commencer.

咨 — Consilium petere; consulere. Suspirari. Eheu !=Demander conseil; consulter. Soupirer. Hélas !

† Hinc oritur 咨 N. 518.

N. 222. 刑 刑

Him ˆ Pœna, supplicium. Punire. Occidere. Constans.=Peine, supplice. Punir. Tuer. Constant.

型 ˆ Forma, exemplar. — Moule, modèle. Creuset.

硎 ˆ Lapis ad acuendum aptus.= Pierre à aiguiser.

㭠 ˆ *Quoddam lignum. — Sorte de bois.*

N. 222.

銒 ^ Olla. Vas in sacrificiis adhibitum. = Marmite. Vase usité dans les sacrifices.

侀 ^ Forma, figura. Formare, Constituere. = Forme, figure. Former. Constituer.

娙 ^ Mulier staturâ ingens. = Femme de haute taille.

荊 ¯ Kim Spinæ. Inutile. Lapidum pretiosorum montes. = Epines. Inutile. Montagnes de pierres précieuses.

† Haec phonetica originem ducere videtur à 井 N. 62, tùm quoad formam, tùm quoad sonum; et reipsâ, 康熙字典 ait, *antiquitus* phoneticam N. 62 adhibitam fuisse loco istius: nunc temporis haec synonymia admittitur solummodò in 型 Him *Forma terrea.=Moule en terre. Creuset.*

N. 223. 匡

¯ Kuam Adjuvare. Reformare, rectum facere. = Aider. Réformer, redresser.

恇 ¯ Timere; animos despondere; pavor. = Craindre; perdre courage; peur.

誆 ^ Decipere: falsum. = Tromper: faux.

頄 ¯ Oculi orbita, seu cavitas ossea. = Orbite ou cavité osseuse de l'œil.

劻 ¯ Urgere aliquem. Properare. Urgens. = Presser quelqu'un. Se hâter. Urgent.

駏 ¯ Equus auribus demissis. = Cheval qui a les oreilles baissées.

框 ¯ Feretrum. Utensilia imperfecta. = Cercueil. Ustensiles inachevés.

闛 ¯ Cancelli. Januæ postes. = Treilles. Jambage de porte.

筐 ¯ Canistrum arundineum. = Panier d'osier.

眶 ¯ Oculorum cavitas ossea. = Cavité osseuse des yeux.

跓 ¯ Celeriter: festinatò ire. = Promptement; aller vite.

† Vide annotationem N. 65.

N. 224. 戎

^ Jum Arma. Miles. Res militares. Amplum. Magnum. Tu. = Armes. Soldat. Ample. Grand. Toi.

羢 ^ Lana tenuis ex quâ fit pannus. = Laine fine pour faire du drap.

硴 ^ Lapis; saxosum. = Pierre; pierreux.

駥 ^ Equus staturâ octo cubitorum. Strenuus. = Cheval haut de 8 pieds. Courageux.

搣 ^ Mutuam sibi opem ferre. = Se prêter un mutuel secours.

筏 ^ *Species bambusæ parvæ ex quâ fiunt sagittæ. = Espèce de petit bambou dont on fait des flèches.*

毧 ^ Pili tenues; lanugo. = Poils fins, duvet.

俄 ^ *Nomen cujusdam regni fabulosi. = Nom d'un royaume fabuleux.*

狨 ^ Ferox: violentus. *Simii species quædam ex cujus lanâ fit pannus. =* Féroce: violent. *Espèce de singe dont le poil sert à faire du drap.*

絨 ^ Pannus laneus, pannus piosus. Tela subtilis. = Etoffe de laine. Toile fine.

茙 ^ Herbae spissae. Rude. = Herbes épaisses. Grossier.

髮 ^ Sum Lana. Pili. Lanugo. = Laine. Poils. Duvet.

N. 224.

鵔 - *Species quædam accipitris parvi.* — *Espèce de petit vautour.*

娀 - *Nomen cujusdam Reginæ antiquæ.* = *Nom d'une ancienne Reine.*

賊 ˇ Tsee Latro. Rebellis. Praedo; furari. Nocere. — Brigand. Rebelle. Voleur; voler. Nuire.

† Saepè occurrit in hâc serie significatio *lana*, vel *pannus laneus.*

†† Cautè distingui debet à N. 155 226 234 236.

††† Ultima littera hujus seriei à multis legitur *Tséi* et erroneò scribitur 賊. Insuper aliquandò usurpatur ut phonetica in 鰂 蠈 Tsëe *Q. piscis. Q. insectum.* — *Noms de poisson et d'insecte.*

N. 225. 式

ˇ Xe Regula, lex; forma, mensura. Exemplar. = Règle, loi. Forme, mesure. Modèle.

試 ˊ Comparare; examinare, inquirere; experiri. — Comparer; examiner, chercher; éprouver.

軾 - Lignum transversum in currûs anteriori parte. = Traverse antérieure d'un char.

栻 ˇ Arbor in veneficiis adhibita. Sortes. = Arbre des sorcières. Sorts.

拭 ˇ Mundare, abstergere. — Nettoyer, essuyer.

弒 ˊ Inferior Superiorem occidens. = Inférieur qui tue son supérieur.

帓 ˇ Mundare: abstergere. = Nettoyer, essuyer.

恜 ˇ Che
伏 ˇ
} Mente turbatus. Timidus; pavor. — Inquiet. Craintif; peur.

N. 226. 夷 夷 ー

ˆ I Barbari occidentales: alienigena. Homo. Destruere. Contentus pacificus. Ordinare. — Barbares de l'occident; étranger. Homme Détruire. Content, pacifique. Mettre en ordre.

恞 ˆ Laetitia. Jungere. — Joie. Joindre.

洟 ˆ Immunditiae. Mucus. — Ordures. Morve.

痍 ˆ Vulnus, plaga. Ulcus. — Blessu re, plaie. Ulcère.

羠 ˆ Vervex: ovis. = Mouton: brebis.

騠 ˆ *Nomen cujusdam equi.* — *Nom de cheval.*

桋 ˋ *Quaedam arbor.* — *Nom d'arbre.*

屖 ˆ Tibiis decussatis sedere. = S'asseoir les jambes croisées.

胰 ˆ Lumbi, renes. Vertebræ ossoa. = Reins. Colonne vertebrale.

徯 ˆ In commodo loco deambulare. Via ampla. — Marcher dans un lieu commode. Route large.

侇 ˆ Ordo; classis; species. *Nota numeri pluralis.* Cadaver. — Ordre; classe; espèce. *Marque du pluriel.* Cadavre.

狭 ˆ Brutum animal. — Une brute.

姨 ˆ Matertera: matris soror. Fratria. Soror. — Tante maternelle: belle sœur. Sœur.

荑 ˆ Sarrire; herbas secare *quædam parasitica.* = S... couper des herbes. C... *plante parasite.*

咦 ˆ Altâ voce aliquem voca... Appeler à haute voix.

跠 ˆ Inurbanè sedere. Superb... S'asseoir d'une manière honnête. Orgueilleux.

N. 226. 一

帹 ˇ Vestes.—Habits.

崉 ˇ *Nomen cujusdam montis ad orientem.* = *Nom d'une montagne vers l'orient.*

† Quòm hæc phonetica magnam habeat similitudinem cum 弟, aliquandò usurpatur tanquàm ipsius synonyma; hinc sequitur, quod pleræque litterae illius seriei sub hâc etiam referri possent, nisi diversitas pronuntiationis admoneret, hanc vulgùs consuetudinem esse irregularem, et phonetico systemati adversam.

盔 ˇ Galea. Scutella, vas pro oryzâ. — Casque. Ecuelle, vase pour le riz.

炭 Tán Carbo : carbones. Carbo fossilis.—Charbon. Houille.

† Dictionarius 說文 asserit litteram 炭 originem ducere à 岸 et à 火 : hujusmodi profectò erat adducenda origo ad justificandam insertionem illius litteræ sub classificâ 火 : sed quis non videt, classificam naturalem *carbonis fossilis* esse 山 *montem* et phoneticam 灰 *cineres* ? Sinenses recentiores saepè coacti sunt etymologias ridiculas excogitare quia veris antiquorum phoneticis non attenderunt, et multas litteras sub falsis classificis collocarunt.

N. 227. 灰 灰

Huēi Cinis. Calx. Pulvis. Afflictus. = Cendre. Chaux. Poussière. Affligé.

浹 — Farinam aquâ immiscere. — Mêler de l'eau avec de la farine.

頦 — Caput amplum.—Large tête.

豗 — Percutere. Naribus terram fodere.—Frapper. Fouiller dans la terre avec le nez.

灰 — Mutuò se percutere : confligere.—Se frapper mutuellement: en venir aux mains.

[illegible] — *Nomen cujusdam plantæ.* — *Nom de plante.*

[illegible] — Color cinereus.—Couleur cendrée.

[illegible] — Sonus. Strepitus.—Son. Bruit.

[illegible] Kuéi Extensum : magnum : amplificare. — Etendu : grand : agrandir.

Facetiae acerbae. Deridere. Cachinnus. Seducere.—Railleries piquantes. Plaisanter. Eclat de rire. Séduire.

Extensum ; magnum ; amplificare. — Etendu ; grand ; agrandir.

[illegible]
are
=
.
voca
.
pert
ière
ux.

N. 228. 亙 亙

Kem Penetrare. Constans. Terminus. = Pénétrer. Constant. Terme.

揯 ˊ Cum vi attrahere.—Tirer avec force.

脜 ˊ Tandem : deauò. — Enfin : finalement.

鮔 ˊ *Nomen cujusdam piscis.*—*Nom de poisson.*

緪 ˊ Arcûs funem tendere vel trahere.—Tendre ou tirer la corde d'un arc.

恆 Hêm Constans : perpetuum : perseverantia ; semper : sicut de more = Constant : perpétuel : persévérance ; toujours : comme de coutume.

姮 ˆ *Q. mulier quæ in lunam conversa dicitur.*—*Certaine femme changée en lune.*

† 康熙字典 prolixè disserens de origine et de valore hujus phoneticae, asserit locam procedere juxtà quosdam à 二 et 舟 ; et juxtà alios à 二 et 月 ; quæ ul-

N. 228.

tima opinio multò aequior videtur :

2o. vulgarem usum confundendi 亙 cum 亘 erroneum esse, atque devitandum. Sed invito hoc philologico decreto, non solum vulgus, verum etiam ipsi Dictionarii promiscuè in compositis usurpant 亙 et 亘 : idcircò magna cautela adhibenda est ne sensûs confusio fiat, et post hanc semper consulenda est phonetica N. 246, quae infrà.

N. 229. 列

Lié ˇ Ordo ; ordinare, disponere. Lex. *Vox honorifica.*—Ordre ; disposer, mettre en ordre. Loi. *Terme honorifique.*

洌 ˇ Aqua limpida. Frigidum. — Eau limpide. Froid.

冽 ˇ Frigus ; frigidum. Purum. Venerandum.—Froid ; Pur. Vénérable.

烈 ˇ Magnus ignis. Majestas. Ardor ; fortitudo : terribilis. — Grand feu. Majesté. Ardeur ; terrible; courage.

迾 ˇ Cooperire ; obumbrare.—Couvrir ; voiler, ombrager.

裂 ˇ Scindere. Findere. = Déchirer. Fendre.

䳲 ˇ Equus currens : currere. = Cheval qui court : courir.

鴷 ˇ Picus.—Pivert.

栵 ˇ Arbor germinare incipiens. Castenea sylvestris. — Arbre qui commence à pousser. Chataignier sauvage.

茢 ˇ Planta tinctoria ; tingere. *Planta ex quâ fiunt scopae. Quædam medicina.* — Plante pour la teinture ; teindre.

咧 ˇ Garrire. Loquitari.—Babiller. Gazouiller.

蛚 ˇ Gryllus.—Grillon.

例 ´ Li Lex. Ordo. Disponere, ordinare.—Loi. Ordre. Arranger, mettre en ordre.

峢 ` Mons altus.—Montagne élevée.

N. 230. 百

Po ˇ Centum ; *numerus centenarius.* Omne.—Cent. Tout.

栢 ˇ *Cedri vel abietis species quaedam.—Espèce de cèdre ou de sapin.*

佰 ˇ Centum sapecae. Centum homines.—Centurio. Cent sapèques. 100 hommes. Centurion.

駋 ˇ Mo Mulus. Camelus. *Animal quod ex tigride et equâ genitum dicunt !*—Mulet. Chameau. *Mulet de tigre et de jument.*

陌 ˇ Vicus mercatorius. Transitus. Semita. — Rue marchande. Passage. Sentier.

貊 ˇ *Asinus quidam quem ferrum comedere dicunt.* Barbari septentrionales. Tranquillus.—*Ane qui mange le fer.* Barbares du Nord. Tranquille.

狛 ˇ Mulus. Camelus. *Animal quod ex equâ et tigride genitum dicunt* —Mulet. Chameau. *Hybride que l'on dit provenir du tigre et de la jument*

† Hæc phonetica in quibusdam provinciis legitur *Pè* : in Pekinensi civitate legitur *Pài* et in compositis *Mài.*

N. 231 有

Ieu ` Habere. Esse.—Avoir. Etre.

宥 ´ Parcere. Peccata dimittere,—Pardonner. Remettre les péchés.

酭 ´ Remunerare.— Récompenser.

侑 ´ Comitari ; ministrare : servire. Parcere.= Accompagner. Servir. Pardonner.

N. 231.

𤸷	ˊ	Par ; duo. Jugum.=Une paire ; deux. Joug.
囿	ˊ	Hortus. Septum. Angustum. Coarctatum.=Jardin. Enclos. Etroit. Resserré.
郁	ˇ Iü	Amœnum, pulchrum. Pompa. Suavis odor. Abundantia. =Joli, beau. Pompe. Odeur agréable. Abondance.
栯	ˇ	*Pruni species quædam.=Espèce de prunier.*
哊	ˇ	Evomere.=Vomir.
洧	ˋ Wéi	*Quidam fluvius in Ho-nan.=Certain fleuve du Ho nan.*
痏	ˋ	Contusio: vulnus. Livor.=Contusion. Meurtrissure. Blessure.
鮪	ˋ	Abyssus. *Nomen piscis et fluvii.*=Abîme. *Nom de poisson et de fleuve.*
誀	ˊ Huéi	Aliquem vocare. Vocantis strepitus.=Appeler quelqu'un. Bruit de quelqu'un qui appelle.
焥	ˋ	Ignis. Ignis color.=Feu. La couleur du feu.
賄	ˋ	Divitiæ: opulentia. Aliquem pretio corrumpere; dona ad fidem alterius labefactandam. =Richesses; opulence. Corrompre avec de l'argent; présents pour suborner.
蛕	ˆ	Lumbrici; intestinorum vermes.=Lombris; vers intestinaux.

N. 232. 而

	ˆ Êll	Et, etiam. *Particula conjunctiva vel finalis.* Tu.=Et, aussi. *Particule finale et de conjonction.* Toi.
洏	ˊ	Lacrimae fluentes. Aqua in ramos se dividens. = Larmes qui coulent. Eau qui se ramifie.
烦	ˊ	Coquere. Nimis coctum. Res elixa usque ad dissolutionem. = Cuire. Trop cuit. Bouilli jusqu' à se défaire.
髵	ˆ	Et; etiam.=Et; aussi.
輀	ˆ	Currus funebris. = Char funèbre.
鬴	ˊ	Coquere. Nimis coctum. Res elixa usque ad dissolutionem. = Cuire. Trop cuit. Bouilli jusqu'à se défaire.
栭	ˊ	Lignum super columnâ transversum.=Traverse au dessus d'un pillier.
胹	ˊ	Nimis coctum. Coquere usque ad dissolutionem.=Trop cuit. Cuire une chose jusqu'à ce qu'elle se défasse.
鮞	ˊ	Piscium ova. Pisciculi. = Œufs de poisson. Petits poissons.
侕	ˆ	Multitudo : numerosè; valdè ; universitas.=Multitude; beaucoup, la généralité, tous.
婼	ˆ	Mulier ; *cognomen muliebre.*= Femme; *nom propre féminin.*
咡	ˆ	Oris latera, seu anguli.=Les coins de la bouche.
㾍	ˉ Nai	Dolor ; morbus. — Douleur, maladie.
耐	ˊ	Patientia ; patienter tolerare ; sufferre.=Patience: supporter avec patience, tolérer.
耏	ˊ	Patientia: sufferre. Genarum barba. Pilosum. = Patience ; patienter. Les favoris. Poilu.
恧	ˇ No	Verecundia, pudor, erubescere.=Honte, pudeur, rougir.

† Phoneticae 而 耎 需 需 arctissimâ affinitate conjunctae sunt, et saepissimè usurpari possunt promiscuè, sine ulla mutatione sensûs aut pronuntiationis: impossibile tamen est ex iis earumque compositis unicam phoneticam unamque seriem efformare, quia synonymia generalis non est et rarò classica. Vide N. 327.

N. 233. 成 成

Chêm　Fieri ; perfici ; perficere. Integrum. = Devenir, se faire, être achevé ; achever. Entier.

宬　Armamentarium, horreum, Continere.=Magasin : grenier. Contenir.

誠　Sinceritas, fidelitas : veracitas, =Sincérité, fidelité : véracité.

珹　*Quidam lapis pretiosus.=Nom de pierre précieuse.*

瓬　Tegulae columnis domûs coagmentatæ. = Tuiles fixées sur les colonnes des maisons.

頳　Collum.=Le cou.

郕　*Nomen cujusdam regionis. = Nom de pays.*

鷀　*Nomen cujusdam avis.*=Nom *d'oiseau.*

盛　In capsâ recondere. Eleganter. *V. infrà.*= Cacher dans un coffre. Elégamment.

城　Provinciae urbs primaria : metropolis, urbs. Mœnia.=Chef lieu de province : la capitale, ville. Murailles.

陿　Regio montibus consita. = Pays montagneux.

筬　Utensile textorium.= Ustensile de tisserand.

絾　Texere.=Tisser.

荿　Plantae, vegetabilia.=Plantes végétaux.

峸　Mons, collis.=Montagne, colline.

盛　Xem　Florens. Abundans ; multum; copiosum.=Florissant. Abondant ; copieux ; beaucoup.

晟　Sol splendens. Lux; claritas. Limpidum. Armarium pro oryzâ. = Soleil brillant. Lumière ; clarté. Limpide. Armoire pour le riz.

N. 234. 存 一

Tsuen　Servare ; conservare. = Garder ; conserver.

袸　Cingulum. Praecincta vestis. =Ceinture. Robe fixée par une ceinture.

郁　*Nomen cujusdam urbis.—Nom de ville.*

拵　Manu arripere. Superbè se erigere. Morari. = Saisir. Se dresser avec fierté. Demeurer.

哊　Os amplum.=Grande bouche.

踌　Inurbanè sidere.=S'asseoir d'une manière malhonnête.

洊　Tsièn　Aqua saliens. Iterare ; continuare. Sibi mutuò succedere. =Eau jaillissante. Répéter; continuer. Se succéder les uns aux autres.

孨　Duplex, binum, bis, duo.= Double, deux à deux, deux fois, deux.

侟　Aliquem commendare. Sacrificare. = Recommander quelqu'un. Sacrifier.

荐　Pascua : pratum. Reverti. Iterare. Continuare.=Pâturages : pré. S'en retourner. Répéter Continuer.

栫　Sepes spinosa. Cancelli. = Haie d'épines. Grillage, treillis.

N. 235. 戌

Siü　Hora noctis octava. = Huit heures du soir.

鉞　Serræ strepitus. Seræ pensilis annulus. = Bruit que fait la scie. Anneau de cadenas.

哦　Strepitus qui sufflando fit.= Bruit que l'on fait en soufflant.

翐　Hiü　Avolare. Avis avolans.=S'envoler. Oiseau qui s'envole.

颭　Ventus tenuis.=Vent léger.

N. 235.

† Vulgus sæpè confundit hanc phoneticam cum 戍 Xŭ *Custodia militaris : præsidium.* =*Garde militaire : garnison ;* qui error cautè devitari debet.

N. 236. 夸 夸

Kua ˉ Magnificè se jactare ; superbia. Prodigus. = Se vanter; orgueilleux. Prodigue.

恗 ˉ In se confidens : superbus. = Confiant en soi même: orgueilleux.

誇 ˉ Se jactare ; gloriari. Audacia. Fallere.=Se vanter. Audace. Tromper.

胯 ˊ Tibiæ. Crura divaricata.=Les jambes. Jambes écartées.

侉 ˉ Adulator. = Flatteur.

䠸 ˉ Gloriari ; se jactare. Prodigere.=Se vanter. Prodiguer.

姱 ˉ Pulchrum, formosum. Honestum.=Beau, joli. Honnête.

咵 ˋ Verba fallacia. Jactantia. = Paroles trompeuses. Jactance.

髂 ˊ Femur. Spinæ dorsalis pars infima.=La cuisse. Le bas de l'épine dorsale.

跨 ˊ Præterire : saltare. Spatium inter crura. = Passer outre : sauter. Espace entre les jambes.

㡁 ˊ Tunica. Subucula.=Chemise, tunique.

Ku ˊ 袴 Femoralia. Femora. Vestes. = Caleçons. Habits. Cuisses.

刳 ˉ Lignum excavare. Secare. Partiri. = Creuser du bois. Couper. Fendre.

絝 ˊ Femoralia. Femora. Vestes. =Caleçons. Cuisses. Habits.

跨 ˊ Supersedere ; ascendere, *ut equum &.*=S'asseoir dessus : monter *sur un cheval &.*

Hu ˉ 㚅 Contentus : hilaris =Content : gai.

瓠 ˊ *Species curcubitæ edulis ex cujus cortice cochlearia fiunt.* = *Espèce de courge dont on fait des cueillères.*

姱 ˋ Asperum.=Apre, rude.

† Phoneticæ significatio sæpè occurrit in compositis hujus seriei.

N. 237. 至

Che ˊ Valdè; maximò. Pervenire ad. Usque ad. Summitas, apex.= Beaucoup ; souverainement. Parvenir à. Jusqu'à. Sommet, cime.

窒 ˇ Obturare, obstruere ; implere. Obstaculum. Gynæceum. = Boucher, obstruer ; remplir. Obstacle. Sérail, appartement des femmes.

浖 ˇ *Nomen cujusdam fluvii.*=*Nom de fleuve.*

庢 ˇ Sinuosi fluxus fluminis. Impedire. = Détours d'une rivière. Empêcher.

厔 ˇ Obstaculum ; impedire. Montium anfractus. = Obstacle ; empêcher. Anfractuosités des montagnes.

頚 ˋ Facies ampla. = Visage large.

郅 ˇ Maximè, valdè. Ascendere.= Très, souverainement, beaucoup. Monter.

致 ˊ Efficere ut. Tradere. Finis, scopus. Illud.=Faire en sorte. Livrer. Fin, but. Cela.

輊 ˊ Currus humilis.=Char bas.

桎 ˇ Compedes lignei. Perforare. Detinere.=Entraves de bois pour les pieds. Percer. Retenir.

挃 ˇ Pellere : percutere. Inpingere in... Metere.=Pousser : frapper. Heurter. Moissonner.

N. 237.

筌 ˇ *Bambusæ species quædam.—Espèce de bambou.*

銍 ˉ Falcula messorum.—Faucille des moissonneurs.

矬 ˇ Pusillus : brevis.—Petit : court.

稄 ˇ Strepitus qui demetendo fit.—Bruit que l'on fait en fauchant.

脛 ˉ Animalis exta.—Instestins d'animal.

侄 ˇ Firmum, durum ; solidum. Mentis obtenebratio, vel error. —Ferme, dur ; solide. Illusion.

姪 ˇ Consobrini ; fratrum filii : nepotes.—Cousins ; fils de frères ; neveux.

晊 ˇ Fulgere : lucidum. — Briller : luisant.

咥 ˊ Subridere. Irridere. Retinere. —Sourire. Railler. Retenir.

跮 ˊ Pedum vestigia.—Traces des pieds.

蛭 ˇ Hirudo, sanguisuga.—Sangsue.

耊 Tiĕ / 耋 ˇ } Octogenarius. Sol occidens. —Octogénaire. Soleil couchant.

垤 ˇ Collis. Terræ acervus. Caverna.—Colline. Tertre. Caverne.

絰 ˇ Defuncti caput lino involvere. Vestis funebris. — Envelopper d'un linge la tête d'un mort. Habit de deuil.

眰 ˇ Oculis signum facere. Lateraliter aspicere. — Faire signe des yeux. Regarder de côté.

咥 ˇ Rodere ; mordere.—Ronger ; mordre.

† Ex hâc oritur 致 N. 639.

N. 238. 耳 耳 一

Èll Auris ; auditus ; audire. — Oreille ; ouïe ; entendre.

洱 ˊ Theus medicinalis.—Thé poulor.

珥 ˊ Inaures.—Pendants d'oreille.

毦 ˊ Pannus laneus. — Etoffe de laine.

刵 ˊ Aures præcidere. Cultrum ad aures amputandas. — Couper les oreilles. Couteau pour couper les oreilles.

殂 ˊ Sacrificium vernum contra pestem. — Sacrifice du printemps pour détourner la peste.

駬 ˋ Equus pretiosus. — Cheval de prix.

栮 ˊ Trabs super columnis transversa. Auricularia. *Lin.*—Poutre transversale sur des piliers. Auriculaire.

鉺 ˊ Uncus. — Crochet.

餌 ˋ Esca piscatoria. Illecebræ. Offa. — Amorce pour la pêche. Attraits. Gâteau.

佴 ˋ Adjuvare ; alicui adjumento esse.—Aider ; seconder.

衈 ˊ Sacrificium sanguinis. Aves immolare. Sanguis.—Sacrifice de sang. Immoler des oiseaux. Sang.

咡 ˊ Oris anguli. Os. — Les coins de la bouche. La bouche.

† Est etiam classifica et plerumquè sinistrum tenet phoneticarum latus, ut in 聽 (var. 聼) T'îm *Audire, auditum præbere ; obsequi.—Entendre, écouter ; obéir.* Cavendum autem ne confundatur cum classificâ 目 Mû *Oculus, aspicere. Catalogus. Epitome.* =*Œil, regarder. Table de matières. Abregé,* quæ in compositis sæpè scribitur 目 .

N. 239. 圭 圭

圭 ‾ Kuéi Sceptrum ex lapide pretioso quod praefecti in signum auctoritatis gestabant. Dignitatis insignia. = *Sorte de sceptre.* Marques de dignité.

窐 ‾ Furnus terreus profundus. = Fourneau en terre profond.

袿 ‾ Vestis superior. Tunicæ muliebris thorax. =Corset. Habit de dessus.

珪 ‾ Sceptrum ex lapide pretioso. =Sceptre en pierre précieuse.

奎 ^ Ursæ majoris constellatio. = La grande Ourse.

邽 ‾ *Nomen cujusdam loci.* = *Nom de lieu.*

刲 ^ Occidere: secare. Animalia in cibum occidere.=Tuer: couper. Tuer des animaux pour les manger.

趌 ˋ Dimidius passus. Unico pede progredi. = Demi pas. Aller sur un seul pied.

桂 ˊ Olea fragrans. Laurus cassia &. = *Nom de certains arbres odoriférants.*

閨 ‾ Gynæceum; ædium recessus ubi degunt mulieres. Fœmineum. Puella.=Gynécée; compartiment des femmes. Féminin. Jeune fille.

秸 ‾ Instrumentum rurale.=Instrument aratoire.

鮭 ‾ *Nomen cujusdam piscis. Cognomen.*=*Le souffleur. Surnom.*

跬 ˋ Dimidius passus. Unico pede progredi.=Demi pas. Avancer d'une jambe seulement.

恚 ˊ Huéi Odium; ira. Pœnitere.=Haine; colère. Se repentir.

詿 ˊ Kua Decipere; fallere. Turbare. Errare.=Tromper; induire en erreur. Troubler. Errer.

卦 ˊ Lineolarum circulus in quo divinantur. = Lignes divinatoires.

挂 ˊ Suspendere; appendere. = Suspendre; pendre en l'air.

絓 ‾ Sericum vile. Alligare. Suspendere. = Soie grossière. Lier. Suspendre.

罣 ˊ Obstaculum. Illaqueari. Mentis sollicitudo. Appendere.= Obstacle. Tomber dans un piège. Sollicitude. Suspendre.

洼 (‾) Aquæ profundæ. Profundum. =Eaux profondes. Profond.

鼃 Wa Rana. Coaxare. Libidinosus. =Grenouille. Coassement de grenouille. Voluptueux.

娃 ‾ Puella formosa. Venustas. Gynæceum.=Jolie fille. Beauté. Gynécée.

哇 ‾ Evomere: expuere. Adulatio. Cantus lascivus. = Vomir: cracher. Flatterie. Chansons lascives.

蛙 ‾ Rana. Coaxare. Libidinosus.= Grenouille. Coassement. Voluptueux.

街 ‾ Kiai Vicus; via; platea. Transitus. =Rue; place. Passage.

佳 ‾ Bonus. Optimus. Pulchrum. Felix.=Bon. Excellent. Beau. Heureux.

鞵 ^ Hiai Calceamenta.=Souliers.

鮭 ^ Fercula. Cibi exquisitiores.= Mets. Viandes exquises.

畦 ^ Hi Ager 50 jugerum. Hortus.= Champ de 50 arpents. Jardin.

† Ex hâc immediatè procedit N. 421.

N. 240. 寺

寺 ˊ Se Gubernare. Praefectorum ædes. Fanum. Bonziorum domus. Concilium.=Gouverner. Maison des Mandarins. Pagode. Maison des Bonzes. Assemblée.

恃 ˋ Xe Protectio Munimen. Confidere. Adhibere. = Protection. Appui. Se fier. Employer.

詩 ‾ Carmina; poëtice. = Vers; poësie.

N. 240.

閽 ˊ Ostiarius.=Portier.

鰣 ˉ *Quidam piscis marinus in flumina ascendens.*=*Poisson marin qui remonte les fleuves.*

鼭 ˆ *Muris species quædam.*= *Espèce de rat.*

侍 ˊ Assistere; servire; comitari. *Quædam dignitas.*=Assister; servir; accompagner. *Certaine dignité.*

時 ˆ Tempus: tempestas. Hora. Explorare. = Temps: saison. Heure. Explorer.

洔 ˋ Che Locus siccus in medio aquarum. Parva insula.=Terrain au milieu des eaux. Ilôt.

痔 ˋ Hemorroides; tumores in viis naturalibus.=Hémorroïdes.

庤 ˋ Reponere. Fruges asservare.=Mettre en réserve. Garder les recoltes.

持 ˆ Capere; prae manu tenere. Firmitas. Durare.=Prendre; tenir dans la main. Fermeté. Durer.

歭 ˉ Consistere; moram facere.=S'arrêter; faire halte, tarder.

跱 ˋ Sistere, consistere; moram facere. Praeparatum. = Demeurer, s'arrêter; faire halte. Préparer.

畤 ˋ Altare majoribus dicatum. Avorum templum.=Autel des ancêtres. Temple des ancêtres.

峙 ˋ Mons eminens. Congregare. Addere. Convenire.= Haute montagne. Assembler. Ajouter. S'assembler.

特 ˇ Tee Solummodò; duntaxat. Solus. Vacca. Vitulus. Ex proposito. = Seulement. Seul. Vache. Veau. A dessein.

等 ˋ Tem Ordo: *particula ordinalis.* Æquale. Expectare. *Nota numeri pluralis.*=Ordre: *particule ordinale.* Egal. Attendre. *Marque du pluriel.*

待 ˊ Tai Expectare. Tractare *urbanè vel inurbanè.*=Attendre. Traiter quelqu'un *bien ou mal.*

† Hinc originem ducit phonetica 時 quæ infrà.

N. 241. 考 一

ˋ Kao Examinare, perpendere. Senex. Defunctus, *dicitur de patre vel de avo.* Majores.= Examiner. Vieillard. Mort *en parlant du père ou de l'aïeul.* Ancêtres.

洘 ˋ Aqua desiccata. = Eau desséchée.

栲 ˋ *Quædam arbor vernicíflua.*= *Sorte d'arbre à vernis.*

拷 ˋ In tormentis veritatem fateri. Rem tormentis exquirere. Percutere.=Confesser la vérité dans les tortures. Mettre à la question. Frapper.

[竹/考] ˋ *Species bambusae ex quâ utensilia fiunt.*—*Sorte de bambou pour faire des ustensiles.*

† Sonum trahit à phoneticâ N. 2.

N. 242. 𢦏

ˆ Tsai Ferire; vulnerare.=Frapper; blesser.

裁 ˆ Pannum pro vestibus secare. Sartor. Vestiarius. Minuere; auferre.=Tailler de l'étoffe. Tailleur. Diminuer. Enlever.

烖 ˉ Calamitas. Flagellum a Diis immissum. = Calamité. Châtiment des Dieux.

栽 ˉ Plantare: replantare; restituere. = Planter: replanter: rétablir.

載 ˊ Onerare: implere. Continere. Annus. Iterum. *Particula auxiliaris.* Inscribere.= Charger: remplir. Année De nouveau. *Pléonasme* Inscrire.

栽 ˉ Plantare: replantare; restituere.=Planter: replanter; rétablir.

哉 ˉ *Admirantis interjectio.* Oh! = Oh! *interjection d'admiration.*

胾 ˊ Tze Caro in frustula concisa. Caro minutatim concisa. = Viande hachée. Viande coupée par petits morceaux.

N. 243. 吉

吉 ˇ Ki Felicitas, fortuna. Lucrum. = Bonheur, fortune. Gain.

詰 ˇ Indicare, interrogare ; examinare. Corripere, comprimere : Causam informare.=Juger, interroger ; examiner. Reprendre. Instruire un procès.

髻 ˊ Capilli in capitis vertice cum vittis innodati. = Petit toupet avec des rubans.

郜 ˇ *Nomen loci. = Nom d'endroit.*

袺 ˇ Pellis nigrescens. Vexillum : signum. = Peau noire. Drapeau : signal.

鵠 ˇ Aves verno tempore apparentes.=Oiseaux de printemps.

鞊 ˇ Equi habenæ. = Rênes d'un cheval.

佶 ˇ Robustus ; fortis ; pinguis. Erectum.=Robuste; fort; gras. Droit.

狤 ˇ Ferus : furiosus.=Féroce : furieux.

姞 ˇ *Cognomen.=Surnom.*

蛣 ˇ *Quoddam insectum. Pilulæ quædam fœtidæ. = Nom d'insecte. Certaines pilules.*

袺 ˇ Kié Vestes colligere ; tunicam elevare.=Retrousser ses habits : relever sa robe.

迼 ˇ Saltare. = Sauter.

桔 ˇ Trochlæa ; putei rota Aurantium medicinale. = Poulie ; roue de puits. Orange médicinale.

拮 ˇ Exhaustus ; fessus. Angustia, miseria.=Epuisé;las.Détresse.

結 ˇ Nodus, unio, fœdus, contractus. Ligare. Forte, durabile. =Nœud, union, alliance,contrat. Lier. Fort, durable.

咭 ˇ Hi *Exclamatio*, ah! Ridentis strepitus.=*Exclamation*, ah! Bruit du ri.

頡 ˇ Hié In altum revolare. Currûs strepitus vel quassationes. = Voler en l'air. Bruit d'un char.

翓 ˇ In altum volare. = Voler en l'air.

乩 ˇ *Nomen cujusdam regni.=Nom de royaume.*

痞 ˇ Kia Debilitas à conatu proveniens. = Faiblesse causée par un effort.

硈 ˇ Saxosum, petreum. = Rocailleux, pierreux.

刮 ˇ Faciei cutem in pœnam detrahere. Punire.=Punir. Ecorcher le visage par punition.

秸 ˇ Stramen ex quo sacrificiorum storeæ fiunt.= Paille dont on fait les nattes des sacrifices.

劼 ˇ Hia Cautela : cavere, circumspectio. Conari. Firmus.=Prudence, circumspection, prendre garde. S'efforcer. Ferme.

齸 ˇ Dentium stridor.=Grincement des dents.

黠 ˇ Nigrum. Callidus, sagax. = Noir. Rusé, fin, adroit.

† Vox *Kié* saepè habet litteram *é* adeò brevem, ut difficilè distingui possit à *Ki*: haec est ratio propter quam plerique Dictionarii easdem litteras sub duabus pronuntiationibus referunt. Nos in praesenti serie inutilem hanc repetitionem devitare studuimus, et conati sumus eas tantùm distinguere litteras, quae clarè ab omnibus leguntur *Kié*.

N. 244. 老 耂

老 ˋ Lao Senex : septuagenarius. Venerabilis.=Vieillard : septuagénaire. Vénérable.

恅 ˋ Corde turbatus.=Troublé, ému.

栳 ˋ Vas ad aquam hauriendam.= Vase pour puiser de l'eau.

狫 ˋ Barbari meridionales.=Barbares du Midi.

N. 244.

荖 ˋ Piperis folia quae cum areca mandunt.=Feuilles de poivrier que l'on mâche avec les noix d'arèque.

佬 ^Leao Senex; decrepitus.=Vieillard; décrépit.

姥 ˋMu Vetula. Magistra. Mater.=Vieille femme. Maitresse d'école. Mère.

† A Sinensibus inter classificas quoquè numeratur, sed perperàm; nam in paucis litteris quibus praesidet, plerumquè scribitur 耂, quae forma inter classificas potiùs recenseri deberet, saltem ut abbreviatio.

狟 ˋ Canis currens. = Chien qui court.

緪 ˋ Differre: immorari. Negligentia.=Différer: tarder. Négligence.

荁 ˋ Spathularia. *Pers.*=*Nom de plante.*

咺 ˋ Incessanter flere. = Pleurer sans cesse.

† Cl. Gonçalves praebet 宣 tanquàm varietatem hujus phoneticae, et fieri quidem potest ut apud vulgum alia pro aliâ promiscuè aliquandò usurpetur, sicut occurrit pro N. 228, cujus annotationem vide. Attamen, maturo examine adhibito, pro certo nobis constat hanc synonymiam nullo pacto existere, et singulas litteras consimiles in utrâque serie à se invicem differre, unicâ fortassè exceptâ.

N. 245. 亘

ˉHiüen Publicare; evulgare. Extendere. Examinare; quaerere.=Publier; divulguer. Etendre. Examiner; chercher.

烜 ˋ Tepidum: calidum.=Tiède: chaud.

觛 ˉ Cochleare corneum.=Cueillère en corne.

暅 ˉ Temperatum; calidum. = Tempéré; chaud.

洹 ^Iüen *Nomen cujusdam fluvii.*=*Nom de rivière.*

垣 ^ Murus humilis. *Quædam constellatio.*=Mur bas. *Nom de constellation.*

亶 ^Huan Murus humilis.=Mur bas.

烜 ˋ Fulgere: splendor.=Briller: éclat.

桓 ^ Strenuus: jucundum. Calceamentorum forma lignea. = Vaillant. Agréable. Forme de cordonnier.

貆 ^ Canis. Servus. Furari. = Chien. Domestique. Voler.

N. 246. 吏

ˊLi Præfectus; Magistratus. Judex. Scriba.=Mandarin; Magistrat. Juge. Ecrivain.

駛 ˋXe Currere. Velociter ire.=Courir. Aller vite.

使 ˊ Mittere: delegare. Efficere ut .. Uti, adhibere. Posito quod...permittere.=Envoyer: déléguer. Faire en sorte que.. Se servir. Supposé que...permettre.

† Genuina phonetica exiguae hujus seriei primitùs fuit 史 Xè *Historicus; historia. Aulicus.*=*Historien; histoire. Courtisan*, ex quâ deducitur compositorum pronuntiatio. Paulatim irrepsit usus adhibendi 吏 cujus pronuntiatio cum compositis dissonat, et erroneus ille usus adeò invaluit, ut nunc classicus sit.

N. 247. 西 覀

ˉ Si — Occidens ; pars occidentalis.— L'occident ; côté occidental.

恓 — Commiseratio. Tristitia. Saltitare. =Pitié. Tristesse. Sautiller.

粞 — Oryza emundata.—Riz mondé.

栖 — Septum pro gallinis. Sistere. Quiescere. Festinatio. = Enclos pour les poules. Arrêter. Se reposer. Hâte.

洒 ˋ Xa — Leviter irrigare ; aspergere. Lavare. Minutim. = Arroser légèrement. Laver. A menu.

晒 ˊ In sole exsiccare.—Sécher au soleil.

茜 ˋ Tsièn — Herba ex quâ rubra tinctura elicitur.—Herbe avec laquelle on teint en rouge.

哂 ˋ Xên — Subridere : laetari. Obstupescere.—Sourire: se réjouir. S'étonner.

Litterae hujus ordinis quae leguntur *Xa* saepè quoque leguntur Xai, et usurpari videntur tanquàm abbreviationes litterarum 灑 曬

N. 248. 𦣝

ˉ I — Maxilla: mentum.—Mâchoire: menton.

宧 ˆ Enutrire, alere.—Nourrir.

熙 ˆ Decoquere. Incendere.—Cuire. Enflammer, brûler.

頤 ˆ Mentum ; barba. Alere. Mandere.—Le menton : la barbe. Nourrir. Mâcher.

[illegible] ˆ
姬 ˆ } Imperatoris, vel principum concubinæ. Mulier formosa. —Les concubines de l'empereur ou des princes. Jolie femme.

[illegible] ˉ Ki — Pecten. — Peigne.

姬 — *Cognomen.* Mulher formosa. — *Nom propre.* Jolie femme.

N. 249. 朿

ˆ Tse — Spinae : spinosum.— Epines ; épineux.

洓 ˊ Macula : iuficiari. Sensim, paulatim.—Tache; tacher. Peu à peu, insensiblement.

誎 ˊ Mordax objurgatio : satyra.— Reproche piquant ; satyre.

刺 ˆ Spinæ; pungere : ferire.—Epines ; piquer: blesser.

[illegible] ˇ Tsee — Conqueri ; de re queri.—Se plaindre.

[illegible] ˇ Sustinere; manu fulcire.— Soutenir ; soutenir avec la main.

策 ˇ Liber : folium libri. Scutica : stimulare. Media, stratagema. =Livre : feillet : cravache : aiguillonner. Moyens, stratagème.

茦 ˇ Spinæ ; pungere : ferire.—Epines ; piquer : blesser.

洓 ˇ Xee — Pluvia minuta. Pruina.—Pluie fine. Bruine.

[illegible] ˇ Febricitantis horrores.—Frissons de fièvre.

[illegible] ˇ *Nomen cujusdam arboris.* — *Nom d'arbre.*

[illegible] ˇ Seligere, eligere.—Choisir.

† Hæc phonetica, tùm sola tùm in compositis, sæpissimè scribitur 束, quæ forma erronea est, et confusionem inducit cum N. 323

† † Ad præhendam litteris compositis elegantiam, seu formæ rotunditatem, saepe adhibentur 刺 vel 策 tanquàm varietates hujus phoneticæ; sensus tamen et sonus iidem remanent, et Dictionarii semper hanc revocant tanquàm basim.

N. 249.

††† Pronuntiationes hujus ordinis magnam inter se affinitatem habent et licet communiorem legendi modum admiserim, quæcumque tamen ex illis unica pro omni serie usurpari potest.

N. 250. 巩

Kum

巩 ˇ In medio ; inter.=Au milieu ; entre.

恐 ˋ Timere. Dubitare : fortassè. Considerare. Venerari : obsequio habere.=Craindre. Douter : peut-être, réfléchir. Respecter ; vénérer.

巩 ˋ Manu capere. Amplecti. Alligare. = Saisir avec la main. Embrasser. Lier.

鞏 ˋ Firmum, forte ; solidum, durum. Tenaciter alligare. Ad ignem desiccare.=Fort, solide, dur. Attacher fortement. Sécher au feu.

拲 ˋ Manu capere. Amplecti. Alligare. = Saisir avec la main. Embrasser. Lier.

蛩 ˆ Equus marinus : equus velox. Tristitia : locusta. = Cheval marin : cheval agile. Tristesse. Sauterelle.

Kium

銎 ˆ Foramen cui manutrium immittitur. = Trou d'un outil pour y mettre le manche.

跫 ˆ Vestigia. Gressuum sonitus. =Traces. Bruit que l'on fait en marchant.

N. 251. 共

Kum

共 ˊ Summatim ; omnia ; totaliter. =En somme ; tout ; en totalité.

愩 ˋ Reformidare.=Redouter.

龔 ˉ Præbere. Offerre. Obsequiosus. =Donner. Offrir. Obséquieux.

珙 ˋ Nummisma orbiculare dignitatis signum. *Quidam lapis pretiosus.*=Médaille portée par les dignitaires. *Certaine pierre précieuse.*

髸 ˉ Capilli implexi : coma confusa.=Cheveux embrouillés : échevelé.

栱 ˋ Fulchrum : palus. Magnum.=Etai : appui ; pieu. Grand.

恭 ˉ Venerari, revereri. Obedire. Sincerus.=Vénérer, respecter. Obéir. Sincère.

拲 ˋ Manicis ferreis vincire.=Mettre des menottes en fer.

蛬 ˋ Gryllus.=Grillon.

拱 ˋ Junctis manibus salutare. Urbanè tractare. Circulus : circumdare.=Saluer les mains jointes. Traiter avec urbanite. Cercle : environner.

供 ˉ Offerre. Aliquid superiori præsentare. Adjuvare : sustentare.=Offrir. Aider : soutenir.

Hum

洪 ˆ Inundatio : diluvium. Magnum. = Inondation : déluge. Grand.

谼 ˉ Alta vox.=Haute voix.

烘 ˉ Ad ignem calefacere vel desiccare.=Chauffer ou sécher au feu.

鬨 ˊ Disceptare. Decertare. Impetus. Decertantium strepitus.=Disputer. Se battre. Impétuosité. Bruit de combattants.

谼 ˆ Vallis ampla. Magnus aquæ canalis.=Vallée large. Grand cours d'eau.

哄 ˊ Clamores. Fori strepitus. Decipere.=Clameurs. Bruit d'un marché. Tromper.

Kium

冲 ˆ Glacies. Congelare. = Glace. Geler.

N. 252. 聿

Iü

聿 ˇ Obedire ; sequi. Proficisci. Initium loquendi.—Obéir ; suivre, Partir. Exorde.

逮 ˇ Ire. Incedere. Telam scindere.—Aller. Marcher. Déchirer de la toile.

N. 252.

銉 ˘ Acus.=Aiguille.

硉 ˘ Lu Littus; ripa.—Bord; rivage.

侓 ˘ Magnus; maximus.=Grand; très grand.

嗶 ˘ Voces. Clamores.—Voix. Cris.

䢖 ˘ Incedere et non progredi. — Marcher sans avancer.

崞 ˘ Littus, ora.=Bord, rivage.

津 ¯ Tsin Locus in quo congregantur aquæ. Portus. Meatus; via. Pons. Angustum.=Lieu où s'assemblent les eaux. Port. Passage; route. Port. Etroit.

筆 ˘ Pi Penicillus cum quo scribunt. Calamus. Scribere. Penicilli ductus. Compositio litteraria. = Pinceau. Plume. Ecrire. Trait de pinceau. Composition littéraire.

† Præest etiam exiguæ admodùm classi ex quâ ferè sufficit decerpere 肆 Sé *dissolutus; moribus solutus. Forum nundinarium. Particula auxiliaris.* — *Dissolu: relâché de mœurs. Marché. Particule auxiliare.*

N. 253. 艮

ˊ Ken Forte, solidum. Sistere. = Fort, solide. S'arrêter.

裉 ˊ Vestis lacinia.=Pans d'habit.

垠 ˊ Macula: sordes. — Tache: souillure.

硍 ˊ Incisio; crena.—Entaille; Coche.

豤 ˋ Minuere: rodere; mordere.—Diminuer: ronger; mordre.

根 ¯ Radix; origo. *Quoddam sidus.*—Racine; origine. *Nom d'étoile.*

䩕 ¯ Ligare; vincire.—Lier; attacher.

豤 ˋ Minuere; rodere; mordere.—Diminuer; ronger; mordre.

跟 ¯ Talus. Pes. Fundamenta; origo, sequi=Le talon. Le pied. Fondements; origine, suivre.

茛 ¯ *Planta quædam venenata.*—*Certaine plante vénéneuse.*

跟 ¯ Talus. Pes. Fundamenta; origo, sequi.—Le talon. Le pied. Fondements; origine, suivre.

齦 ˋ Dentibus stridere. Rodere.= Grincer des dents. Ronger.

恨 ˊ Hen Odisse; odium. Pœnitere; tristitia.—Haïr; haine. Se repentir; tristesse.

詪 ˋ Indocilis; contradicere; mandatis non obsequi. Balbutire; difficilè loqui.—Indocile; contredire; désobéir. Balbutier; parler difficilement.

痕 ˆ Cicatrix; Vestigium. = Cicatrice; vestige.

拫 ˆ Trahere cum festinatione. Trahere. — Traîner précipitamment. Tirer.

很 ˋ Indocilis; inobediens. Crudelis. Rixari. — Indocile; désobéissant. Cruel. Quereller.

狠 ˋ Canum rixa. Concupiscere. Multùm, valdè. Crudelis.—Rixe de chiens. Désirer. Beaucoup, fort. Cruel.

哏 ¯ Vox irati. *Interjectio*; proh! —Parole de colère. *Interjection*; ahi!

垠 ˆ În Limites, confinia. Littus.—Limites, confins. Rivage.

銀 ˆ Argentum; pecunia.=Argent; de l'argent.

齦 ˆ Gingiva.—Gencive.

眼 ˋ Ièn Oculus.—Œil.

N. 253.

宦 Hièn ˋ
梟 ˊ
閬 ˋ
限 ˊ

Januae limen.—Le seuil de la porte.

Limites ; terminus. Statutum ; mensurâ restrictum.—Limites; terme. Déterminé ; réduit à une certaine mesure.

‡ Hinc naturaliter procedunt 懇 Ken *Vehementer. Ex animo.—Très fort. Du fond du cœur*, et 墾 Ken *Terram incultam colere. Ferire offendere.—Défricher un champs. Blesser.*

N. 254. 羽 羽

ˋ Iü Alae, avium plumae.—Ailes, plumes.

詡 ˋ Hiü Laudibus efferre; elogium. Pacificus, moderatus. — Louer quelqu'un ; éloge. Pacifique. Modéré.

珝 ˋ *Quidam lapis pretiosus.—Certaine pierre précieuse.*

栩 ˋ *Nomen cujusdam ligni.* Blandum. Exsilire. = *Nom d'un certain bois.* Mou. Bondir.

翊 ˇ I Alae, latera, opitulator, consiliarius. = Ailes, côtés, aide, conseiller.

‡ Est etiam classifica non minimi momenti, in compositis facilè dignoscenda.

N. 255. 丞

ˊ Chêm Offerre, adjuvare. Rei curam in se assumere. Moderator. Inspector.—Aider, offrir. Se charger d'une chose. Inspecteur.

洆 ˊ Immergere.—Plonger.

烝 ˊ Vapor calidus.—Vapeur chaude.

黆 ˊ Color flavus.—Couleur jaune.

拯 ˋ Elevare: liberare, salvare. Auxiliari.—Elever: délivrer, sauver. Secourir.

脀 — Valdè decoctum. Vas sacrificii carne implere. = Tres cuit remplir de viande un vase pour les sacrifices.

丞 ˋ Posteriora currûs ascendere. —Monter sur l'arrière d'un char.

𦐄 ˊ In altum conscendere. Volare. —S'élever en l'air. Voler.

𨁎 ˋ Pedes. — Pieds.

† Littera 承 Chêm *Accipere. Offerre.—Recevoir. Offrir* sæpè adhibetur tanquàm varietas hujus phoneticæ; sed hæc substitutio nobis erronea videtur.

† † Hinc originem ducit 烝 no. 660.

N. 256. 丯刀 㓞

ˊ Kié Scriptura : contractus. Separare. Celare.—Ecriture : contrat. Séparer. Cacher.

洯 ˇ Purum, mundum. Rectum. Castum. — Pur, net. Droit. Chaste.

契 ˇ Scriptura, contractus : separare, celare.—Ecriture, contrat; séparer, cacher.

栔 ˇ Sculpere, incidere.—Sculpter, graver.

挈 ˇ Manu erigere ; protegere. Avellere. Scriptura. Separare. —Dresser avec la main; protéger. Arracher. Ecriture. Séparer.

絜 ˇ Silentium.—Silence.

㓞 ˇ Limpidum ; purum ; rectum, castum.—Limpide; pur; droit, chaste.

字聲綱目

N. 256.

缶 缶 丿

齧 Ié Mandere; rodere; comedere. — Mâcher; ronger: manger.

恝 Kia A curis liber. *Quidam mons.* — Exempt de soucis. *Nom de montagne.*

† Haec phonetica inter eas eminet quarum difficilè admodùm est veros limites definire. Hæc difficultas ex eo potissimùm oritur quòd ipsius composita quandoquè usurpantur simpliciter tanquàm ipsius varietates, sine mutatione significationis : et quandoquè usurpantur tanquàm novæ phoneticæ distinctam significationem inducentes. Ad extricandum istud chaos, inter phoneticas numeravimus 契 絜 : quamvis autem duo hæ litteræ aliquandò distinctas phoneticas efficiant, è memoriâ tamen decidere non debet, aliquandò etiam meras varietates ipsius esse ; ideoque, quotiescumque occurrit aliqua ex illis, attentè comparari debet cum affinibus.

缶 Feu Vas fictile; amphora, urna, hydria. — Vase d'argile ; cruche, jarre.

缻 Vas fictile quod canendo percutiunt. — Vase d'argile que l'on frappe en chantant.

缻 Ensis vel cultri capula. — La garde d'une épée ou d'un poignard.

皓 Album. — Blanc.

㛂 Venustas, pulchritudo. Mulier formosa. — Grâce, beauté. Jolie femme.

蛨 Bombyx dormiens. — Ver à soie endormi.

卸 Sié Exonerare ; eximere. Exuere. Abjicere. Cadere. — Décharger ; ôter. Dépouiller Rejeter.

† Præest etiam exiguæ classi ad *Vasa fictilia* spectanti.

N. 257.

耒

Léi Ligo. Aratrum. — Hoyau, bêche. Charrue.

洡 Mutuò se maculare. — Se salir l'un l'autre.

誄 Elogium funebre : defuncti gesta enarrare. Epytaphium. — Eloge funèbre : raconter les actions d'un mort. Epitaphe.

瓃 Cucurbitæ sarcocarpium, seu pars edulis. — La chair de la courge.

㖷 Aliquid loquendo reticere. — Réticence.

踈 In lubricum ire Pede offendere. — Glisser. Faire un faux pas.

† Est etiam classifica, et plerumquè sinistrum litterarum latus occupat, sicut in 耜 Sè *Aratri cultrum.* — *Coutre.*

N. 259.

朱

Chu Rubrum. Color rubens. *Cognomen.* — Rouge. Couleur rouge. *Surnom.*

誅 Trucidare ; occidere : punire. — Massacrer ; tuer : punir.

袾 Vestes breves. Vestes rubræ. Vestis regia. Bonum, pulchrum. — Habits courts, ou rouges. Habit royal. Bon, beau.

祩 Imprecatio. Mala precari. — Imprécation. Souhaiter du mal.

珠 Margarita. Oculi globulus. — Pierre précieuse. Le globe de l'œil.

硃 Minium : cinnabaris. — Vermillon : cinabre.

駯 Equus ore albo. — Cheval à bouche blanche.

趎 *Cognomen.* — *Surnom.*

丿

N. 259.

酥 ‐ Vinum propinare. Ebrius. = Verser du vin. Ivre.

株 ‐ Arbor : truncus. *Arborum particula numeralis.* = Arbre : tronc. *Particule numérale des arbres.*

筞 ‐ Velum arundineum. = Voile en roseaux.

戕 ‐ Occidere : destruere. *Lanceæ species quædam.* = Tuer : détruire. *Espèce de lance.*

邾 ‐ *Nomen regni cujusdam. Cognomen.* = *Nom d'un royaume. Surnom.*

雉 ‐
鴸 ‐ } *Quædam avis rapax.* = *Certain oiseau de proie.*

鮢 ‐ *Nomen cujusdam piscis.* = *Nom de poisson.*

猋 ‐ *Animal quoddam fabulosum.* = *certain animal fabuleux.*

侏 ‐ Pumilus : pygmæus. Parvus. = Nain : pigmée. Petit.

姝 ^ Pulchritudo : pulchrum : delicatum. Ornare. = Beauté; beau: délicat. Orner.

絑 ^ *Species panni sericei rubri.* = *Espèce d'étoffe de soie rouge.*

咮 ˊ Loquacitas. Avium garritus. = Loquacité. Gazouillement des oiseaux.

跦 ‐ Saltitare. Aves quæ progrediendo saltant. = Sautiller. Oiseaux qui sautent en marchant.

蛛 ‐ Aranea. = Araignée.

洙 Xû *Quidam fluvius celebris in Xan-tum.* = *Fleuve célèbre au Xan-tum.*

殊 ^ Differens; distinctum. Dividere; occidere. = Différent : distinct. Diviser; tuer.

銖 ^ Unciæ argenteæ 24a pars. Pondus decem granorum. Obtusum: sine acie. = La 24e partie d'une once d'argent. Poids de 10 grains. Obtus, émoussé.

茱 ^ *Planta quædam medicinalis acerba.* Elleborum. = *Certaine plante médicinale âpre.* Ellébore.

N. 260. 先

‐ Siēn Anteà; olim; antiquitùs. = Auparavant; autrefois; anciennement.

拕 ˋ Arripere : capere. = Saisir : prendre.

筅 ˋ Scopa. = Balai.

銑 ˋ Auri fulgor : nitor. Inauratio. = Eclat de l'or : brillant. Dorure.

毨 ˋ Pili decidentes. = Poils qui tombent.

姺 ‐ *Nomen cujusdam regni.* = *Nom d'un certain royaume.*

跣 ˋ Excalceatus : nudis pedibus. = déchaussé : pieds nuds.

詵 ‐ Xen Inquirere. Per alium investigare. Multitudo, multi. Strepitus. = Chercher. Faire des recherches par un autre. Multitude, beaucoup. Bruit.

駪 ‐ Equorum multitudo. Equus velox. = Multitude de chevaux. Cheval rapide.

侁 ‐ Multorum cœtus. Euntium et redeuntium longa series. Strepitus. *Cognomen.* = Assemblée. Longue suite d'allants et de venants. Bruit. *Surnom.*

洗 ˋ Xem Frigidè: placidè. Sine ardore = Froidement : paisiblement. Sans ardeur.

兟 ‐ Mortalis. = Mortel.

洗 ˋ Si Lavare; mundare. Balneo uti. = Laver; purifier. Prendre un bain.

N. 261. 幵 开

Kiēn Æqualiter. Manus jungere.— Egalement. Joindre les mains.

汧 ─ Agger quo aquae congregantur. *Nomen fluvii in Hu-kuam.* —Ecluse. *Nom d'un fleuve au Hu-kuam.*

豜 ─ Porcus triennis. — Porc de trois ans.

秄 ─ Frumenti manipulus. = Gerbe de froment.

荓 ─ *Quædam planta medicinalis.— Certaine plante médicinale.*

岍 ─ *Quidam mons in Xèn-si. — Montagne du Xen-si.*

訮 Hièn Disceptatio : convicium. Iratè. severè. = Dispute : vacarme. Avec colère. Sévèrement.

研 Iên Mola ; molere. Dissolvere. Investigare. — Meule ; moudre. Dissoudre. Rechercher.

妍 ^ Elegans : pulcher : bonus.— Elégant : beau : bon.

齗 ^ Dentes ostendere. = Montrer les dents.

趼 ´ Animalium ungulæ. Animal recto corpore sidens.—Sabot des animaux, ongles. Animal assis le corps droit.

鈃 Hîm, 銒 ^, 瓶 ^ Vas pro vino. *Quoddam vas campanæ simile collo producto instructum.* — Vase pour le vin. *Sorte de vase à long col.*

郉 ^ *Cognomen. Nomen loci.—Surnom. Nom de lieu.*

形 ^ Figura ; forma ; corpus. Apparere.—Figure ; forme ; corps. Apparaître.

刑 ^ Pœna, punitio. Supplicium.— Peine, punition. Supplice.

枅 Kī Lignum super columnis transversum. Commissura. = Bois posé en travers sur des colonnes. Emboîture.

笄 ^ Acus crinalis. Puella nubilis. *Species quædam bambusæ.*— Epingle pour les cheveux. Fille nubile. *Espèce de bambou.*

† Classicam formam hujus phoneticæ secuti sumus, sed communissimè usurpatur ejus varietas 开 . Cavendum autem ne hæc varietas confundatur cum 亓 N. 435 : ex erroneo usu istius pro aliâ in hanc seriem introductum puto sonum *Ki* ab hâc phoneticâ sat alienum.

N. 262. 舌

Xĕe Lingua : loquela. Os. = Langue : langage. Bouche.

髺 ˇ Coma pexa sine artificio ; imperfectum.—Chevelure arrangée sans art : imparfait.

趏 Kua Ire, ambulare. — Aller, marcher.

栝 ˇ Compositum. — Composé, arrangé.

括 ˇ Intelligere ; comprehendere : amplecti. Continere. Investigare. — Entendre ; comprendre ; embrasser. Contenir. Rechercher.

筈 ˇ Hasta. Lancea.—Javelot. Lance.

适 ˇ Festinare ; festinus ; urgens.— Se hâter ; pressé ; urgent.

鴰 ˇ *Quædam avis. — Certain oiseau.*

刮 ˇ Radere ; expolire ; abstergere.—Racler ; polir ; essuyer.

颳 ˇ Turbo ; tempestas.—Tourbillon ; tempête.

聒 ˇ Aspicere.—Regarder.

話 Hua Verbum ; loquela ; loqui ; conversari.—Mot ; parole ; langage ; parler ; converser.

N. 262.

聒 ˘ Ko — Strepitu aures obtundere. Tumultus. Molestare. — Casser les oreilles. Tumulte. Molester.

頢 ˘ — Facies parva. Caput parvum. — Petite figure. Petite tête.

姡 ˘ — Deforme, fœdum. Falsum. Dolosum. — Difforme, hideux. Faux. Trompeur.

⿰足舌 ˘ — Pedibus conculcare. — Fouler aux pieds.

蛞 ˘ — Limax. *Quoddam insectum.* — Limaçon. *Certain insecte.*

活 ˘ Ho — Mobile ; vivens. Vita, vivere ; vivificare. Laetitia. — Mobile ; vivant ; vie, vivre ; vivifier. Joie.

⿰冫舌 ˘ — Glacies. — Glace.

⿰面舌 ˘ — Vultus parvus et brevis. — Visage petit et court.

趏 ˘ — Praetergredi. Herba. — Dépasser. Herbe.

⿰酉舌 ˘ — *Dulci liquoris species quædam. — Espèce de liqueur douce.*

⿰舌斗 ˘ — Aquam haurire. — Puiser de l'eau.

秳 ˘ — Segetes germinantes. — Moissons qui poussent.

⿰舟舌 ˘ — Navicula progrediens. — Bateau qui avance.

佸 ˘ — In unum congregari ; unire. Includere. Pellere. — Se rassembler ; unir. Renfermer. Repousser.

恬 ˆ Tiên — Pax, tranquillitas ; quiescere ; pacari. — Paix, tranquillité ; se reposer ; s'apaiser.

栝 ˆ — Palus ad ignem excitandum. Baculus. *Coniferæ genus quoddam.* — Bois pour remuer le feu bâton. *Arbre de la famille des conifères.*

甛 ˆ, 餂 ˆ — Dulce. Optimum. Fallax. Insidias parare. Experiri. Liberè. — Doux. Excellent. Trompeur. Dresser des embûches. Eprouver. Librement.

甜 ˆ — Dulce. Fallax. Insidiæ. Experire. Liberè. — Doux. Trompeur. Embuches. Eprouver. Librement.

銛 ˉ Siên — Acutum ; acuminatum. Callidus. Peritus. — Aigu ; pointu. Rusé. Habile.

† Præest etiam exiguæ litterarum classi parùm in usu, in quâ aliquando scribitur 舌. 康熙字典 ait hanc phoneticam saepè in compositis varietatem habere 㕦.

†† Pronuntiatio *Kua* est omninò vulgaris, omnesque litterae quae sub hoc sono referuntur, classicè legi deberent *Kô*.

N. 263. 朶 朵

朶 ˋ Tô — Florum pedunculus. Rami penduli. — Pédoncule des fleurs. Rameaux pendants.

⿰衤朵 ˉ — Manica. Vestis lacinia dextra. — Manche. Pan d'habit à droite.

趓 ˊ — Excedere. Differre ab.. Cadere. — Surpasser. Différer de .... Tomber.

桗 ˉ — *Quædam ligni species. — Espèce de bois.*

垜 ˋ — Sagittarum scopus. Murus ad quem sagittae jaciuntur. — But pour les flèches. Mur vers lequel on tire des flèches.

挆 ˋ — Manu movere. Metiri ; conjectare. — Remuer avec la main. Mesurer ; conjecturer.

⿰禾朵 ˊ — Palearum acervus. — Barge de paille.

刴 ˊ — In frusta comminuere : præcidere. — Mettre en morceaux : couper.

躱 ˋ — Corpus. Persona. Effugere. Abscondere. — Corps. Personne. Fuir. Cacher.

⿰糸朵 ˋ — Diadematis antiqui ornamenta. — Ornements d'ancien diadème.

跺 ˋ — Incedere, ambulare. — Avancer, marcher.

N. 264. 旬

Siün ˄ Decades, hebdomada decem dierum. Complere, completum.=Décade, semaine de dix jours. Compléter, complet.

恂 ˄ Sincerus, fidelis. = Sincère, fidèle.

洵 ˄ Credere, fidelis. Remotum. Lacrymari. = Croire, fidèle. Eloigné. Pleurer.

詢 ˄ Quaerere: investigare. Interrogare. Credere. = Chercher: éxaminer. Interroger. Croire.

珣 ˊ *Jaspidis species quædam.* = *Espèce de jaspe.*

殉 ˄ Sequi: Obedire. Cupiditatibus parere. Servus cum domino sepultus.=Suivre. Obéir. Satisfaire ses passions. Serviteur enseveli avec son maître.

栒 ˄ Trabes quibus appenditur campana=Poutres pour suspendre les cloches.

筍 ˊ Bambusae germina edulia.= Bourgeons de bambou bons à manger.

迿 ˄ Manifestare, exhibere. Coram aliquo apparere.=Manifester, présenter. Paraître devant. . .

郇 ˄ *Nomen cujusdam regionis.* = *Nom de pays.*

敂 ˄ Credere. Anhelans. Contentus. =Croire. Haletant. Content.

徇 ˄, 侚 ˊ, 狥 ˄ } Sequi. Prosequi. Obtemperare. Cupiditatibus indulgere: appetere. Visitare. Evulgare. Circuitus. Vivum sepelire.=Suivre. Accompagner. Obéir. Satisfaire ses passions. Désirer. Visiter. Divulguer. Circuit.

荀 ˄ *Amaranthi species oleracea.*= *Espèce d'amaranthe que l'on mange.*

峋 ˄ Mons inæqualis. Delirus; singulare. = Montagne inégale. Extravagant; singulier.

裀 Hiüèn Vestes sat bonae. = Habits passables.

抅 ˊ Percutere.=Frapper.

絢 ˊ Ornatum; elegans. Pulchrum. Leve.=Orné; élégant. Beau Léger.

眴 ˊ Oculi turbidi. Oculorum motus. Furtìm aspicere. = Yeux troubles. Mouvement des yeux. Regarder furtivement.

† Littera 孚 *Kièn orphanus.*= *Orphelin* sæpè usurpatur in compositis tanquàm synonyma hujus phoneticæ: non potest tamen ejus varietas rectè pronuntiari, quia sensum et sonum mutat in 㥯 Kiûm. *Mœstus.*=*Derelictus.*=*Affligé.*=*Sans appui.*

†† Præ sonús similitudine, loco hujus phoneticæ quandoquè adhibentur 夋 et 盾 N. 359 et 565.

N. 265. 多

Tō̄ Multùm; multi. Meritum. = Beaucoup; nombreux. Mérite.

痑 ˊ Equorum morbus. = Maladie des chevaux.

陊 ˗ Inaequale; montuosum; periculosum. = Inégal; montueux; dangereux.

剟 ˊ Manu percutere.=Frapper avec la main.

跢 ˊ Puer incedere tentans. = Enfant qui essaie de marcher.

誃 Chè Dispersum; sparsum. = Dispersé; épars.

庱 ˎ Extendere; amplum, spatiosum.=Etendre; ample; spacieux.

趍 ˄ Festinare; festinatò ire. = Se presser; aller avec empressement.

垑 ˄ In aliquâ re niti. = S'appuyer sur quelque chose.

拸 ˎ Leviter percutere; jacère. Dividere.=Frapper légèrement: jeter. Diviser.

N. 265.

厚 ˆ *Cognomen.=Surnom.*

脄 ˋ Pinguis ; obesus.=Gras ; replet.

郲 ˇ Extensum ; spatiosum ; amplum. = Etendu ; spacieux ; vaste.

侈 ˋ Prodigere ; dissipare : sumptus inutiles. Luxus ; sumptuositas. = Prodiguer ; dissiper ; dépenses inutiles. Luxe; somptuosité.

姼 ˆ Pulcher : elegans. Meretrix. =Beau : élégant. Femme publique.

眵 ˉ Oculorum lippitudo.=Chassie des yeux.

哆 ˋ Os latè aperire. Populi aliquid optantis vox.=Ouvrir une large bouche. Cris du peuple qui désire quelque chose.

㴉 Î Locus in quo glacies asservatur.=Glacière.

栘 ˆ *Quædam arbor*. Prunus. Salix.=*Nom d'arbre*. Prunier. Saule.
Animal quoddam cani simile. =*Certain animal ressemblant au chien.*

貖 ˆ

鉹 ˆ *Tripodis species.=Espèce de trépied.*

移 ˆ Transplantare. Transferre. Alterum rei participem facere.= Transplanter. Transporter. Faire participer à une chose.

迻 ˆ Locum mutare : ire aliò. Immutare. = Changer de lieu : aller ailleurs. Changer.

鷑 ˆ *Avium nomen genericum.* = *Nom générique des oiseaux.*

扅 ˆ Janua clausa. Lignum transversum quo janua occluditur. =Porte fermée. Barre transversale pour fermer la porte.

狢 ˆ *Animal quoddam cani simile.* =*Certain animal semblable au chien.*

黟 ˉ Niger. *Quoddam lignum nigrum.* = Noir. *Certain bois noir.*

N. 266.　　名 ノ

Mîm Nomen : appellatio. Fama. Meritum.=Nom. Renommée. Mérite.

洺 ˆ *Nomen cujusdam fluvii.=Nom de fleuve.*

詺 ˊ Discernere. Res proprio nomine distinguere.=Discerner. Appeler chaque chose par son nom.

酩 ˋ Ebrius ; inebriari.=Ivre; s'enivrer.

銘 ˆ Cælare, sculpere. Scribere. Alicujus merita posteris tradere. = Graver : sculpter. Ecrire. Ecrire de hauts faits.

茗 ˋ Folia juniora thei. Theum. Minutum ; penè invisibile. = Les jeunes feuilles du thé. Le thé. Petit ; presqu'invisible.

N. 267.　　危

Wêi Periculum : periculosum. = Danger : dangereux.

硊 ˋ Saxosum : abruptum. = Pierreux : escarpé.

酡 ˆ Semi-ebrius.=A demi-ivre.

桅 ˆ Navis malus.=mât de navire.

䃬 ˆ Lancea brevis.=Lance courte

頠 ˋ Caput inclinare. Silentium.= Pencher la tête : silence.

峗 ˆ Montuosum ; altum. Periculosum. = Montagneux ; haut. Dangereux.

恑 ˋ Immutare. Iterare. Differentia. = Changer. Répéter. Différence.

詭 ˋ Kuèi Decipere : calliditas ; astutia. Simulatio. Vituperare. Insultare.=Tromper. Ruse, finesse. Feint. Blâmer. Insulter.

N. 267.

祪 丶		Tabella avis dicata.—Tablette dédiée aux ancêtres.
殑 丶	}	Lassus, defatigatus. Defatigari. — Las, fatigué. Se lasser.
𤸎 丶		
𤺌 丶		Defatigari; lassus; — Se fatiguer: las.
垝 丶	}	Maceries: murus ruinæ proximus — Masure: mur en ruine.
陒 丶		
佹 丶		Initi. Graviter implicare. Apparens. = S'appuyer. Impliquer gravement quelqu'un. Apparent.
姽 丶		Effœminatus: mollities.—Efféminé: mollesse.
跪 丶		Genuflectere.— S'agenouiller.
峞 丶		Excelsum; sublime. — Haut; très élevé.

N. 268. 后

后 ⸍	Heu	Regina; Imperatrix. Rex. Princeps. Sequi. Post.—Reine; Impératrice. Roi. Prince. Suivre. Après.
恄 ^		Reconciliari: sinceritas affectûs.—Se réconcilier: sincérité de sentiments.
洉 ^		Madefacere.=Mouiller.
詬 ^		Illudere, insultare. — Railler, insulter.
逅 ⸍		Fortuitò occurrere. Accidere, evenire.—Rencontrer par hasard. Survenir, arriver.
郈 丶		*Cognomen.=Nom propre.*
鮜 ⸍		*Nomen cujusdam piscis.—Nom d'un certain poisson.*
眴 ⸍		Iratè aspicere.—Regarder avec colère.
咰 丶		Irati vox. Ira furor. Injuriis afficere. Infortunium. — Voix de colère. Fureur. Charger d' injures. Malheur.
骺 ^		Ossis jnctura.=Jointure d'un os.
詬 ⸍	Keu	Pudore suffundere. Contumelia. Erubescere.=Couvrir de honte. Affront. Rougir.
垢 ⸍		Pulvis; sordes. Cœnum. — Poussière; ordures. Cloaque.
姤 ⸍		Concordia; conjunctio. Obviàm habere. Occurrere.—Bonne harmonie. Union. Rencontrer.
茩 丶		Castanea aquatilis. — Châtaigne d'eau.

N. 269. 𠂢

⸍	Pai	Aqua in ramulos divisa. Rivulos. — Ramification d'un cours d'eau. Ruisseau.
派 ⸍		Aquarum ramificatio: in ramulos dividi: rivulus.—Ramification d'un cours d'eau. Ruisseau.
㭛 ⸍		Cortex ex quo tela fieri potest. = Ecorce dont en peut faire de la toile.
蛢 ⸍		Parva musca. Culex.—moustique, cousin.
脈 ˇ	Mo }	Venae pulsus. Pulsatio. Venae. Sanguis. — Le pouls. Pulsation. Les veines. Le sang.
衇 ˇ		
眽 ˇ		Obiter aspicere. — Regarder en passant; jetter un coups d'œil.
覛 ˇ	Mi	Torvè aspicere. Visere. = Regarder de travers. Regarder-

N. 269.

† Rarò Sinenses observant rectam ortographiam hujus phoneticæ: sic aliquandò eam confundunt cum 永 n. 131, aliquandò autem cum 水 Xuèi *Aqua.* = *Eau.*

N. 270. 行

Him ́ Ire, incedere, ambulare. Agere. Elementum. = Aller, marcher, se promener. Agir. Élément.

愆	Hém ́	Lætari. — Se réjouir.
烆	^	Tæda, fax. = Torche, flambeau.
珩	^	Gemmam in ornamentum gestare. = Porter un bijou comme ornement.
桁	^	Compedes. Canterii. Tabula super quâ torrens trajicitur. = Ceps. Chevrons. Planche pour passer un torrent.
笐	^	*Species storeæ super quâ dorminnt. = Natte pour dormir dessus.*
航	^	*Navicula species quædam. = Espèce de bateau.*
衡	^	Metiri, ponderare. Stateræ scapus seu virga. — Mesurer, peser. Le bras d'une romaine.
魁	́	*Centauri sidera quædam. = Les étoiles μ, ν, φ du Sagittaire.*
荇	̀	*Olus quoddam aquatile foliis rotundis. = Certaine plante aquatique bonne à manger.*
䀪	^	Volitare. - Voltiger.

† Est etiam classifica, et tunc phoneticas in sinu suo recipit sicut in 銜 Hièn *Frænum. In ore gestare. Recordari. = Le mors. Avoir dans la bouche. Se rappeler.*

† † Hæc littera phonetico-classifica componitur ex classificâ 彳 Chĕ *Dimidius gressus à sinistro pede protensus. = Demi pas fait avec le pied gauche,* compactâ cum 亍 Chŭ *Dimidius gressus à dextero pede protensus.— Demi pas fait avec le pied droit.*

† † † Sonus litteræ 衡 probat eam huic phoneticae adscribendam esse. 康熙字典 asserit eam procedere à 行 et 角; sed hoc rejici debet, quia datur aliundè littera 衡 Chém *Cornua contorta. = Cornes tordues,* sensu et sono distincta.

N. 271. 夅

Kiam ́ Descendre. Subdere se. = Descercendre. Se soumettre.

怿	́	Odisse; detestari. = Haïr; détester.
洚	́	Inundatio: diluvium. Descendere. — Inondation; déluge. Descendre.
降	́	Descendere; demittere, deprimere. Humile. *V. infrà.* = Descendre; abaisser. Déprimer. Bas, humble.
秤	́	Spicae pendulae: messis incurva. = Epis pendants: moissons courbées.
絳	́	Rubrum intensum = Rouge vif.
䜶	Hiam ́	*Quoddam olus. = Certaine plante potagère.*
輅	́	Percutere: impingere. = Frapper: heurter contre.
栙	́	Navium vela arundinea. = Voiles de navires faites de roseaux.
降	́	Subdere; subjugare. Subjici. *V. suprà.* = Soumettre; subjuguer. Etre assujetti.
倅	́	Indocilis; contumax. Resistere. = Indocile; rebelle. Résister.
狰	́	Canis per vim attractus. Exacerbatus: ad iram concitatus. = Chien traîné par force. Exaspéré: poussé à la colère.

N. 271.

跭 ˊ Stare; non progredi. = Etre arrêté; ne pas avancer.

韸 Pâm Tympani sonitus. = Bruit du tambour.

𤵸 ^ Hydropicus, hydropisis. = Hydropique, hydropisie.

鼜 ˉ Tympani sonitus. = Bruit du tambour.

胮 ^ Hydropicus, hydropisis. = Hydropique, hydropisie.

逄 ^ *Cognomen.* = *Nom propre.*

䂶 Hūm Lapidum ruentium strepitus. Pavimentare. = Bruit de pierres qui se précipitent. Paver.

† In hâc phoneticâ Dictionarii numerant modò sex, modò septem ductus: dubium hoc ex eo provenit, quòd saepè ipsa scribitur 夆; quae forma erronea est, aut saltem non classica.

† ; In litteris hujus ordinis quae leguntur **Pam** haec phonetica saepè confunditur cum 夆 N. 348; sine dubio quia sonus in utrâque idem est, et forma valdè consimilis.

N. 272. 各

Kŏ Quisque, unusquisque. = Chaque, chacun.

客 ˘ Hospes, advena. Extraneus. = Hôte. Etranger.

㣎 ˘ Venerari, obsequium. Obedire, servare. = Respecter, vénération. Obéir, garder.

袼 ˘ Sutura. = Couture.

格 ˘ Inquirere, scrutari. Forma, regula. Mutuò. Obstinatus. = Faire des recherches. Moule. Règle. Mutuellement. Obstiné.

閣 ˘ Specula, turris. Palatium. Domûs altae scala. *Vox honorifica.* = Belvéder, tour. Palais. Escalier d'une maison. *Terme honorifique.*

胳 ˘ Axilla. = L'aisselle.

觡 ˘ Cornua intus vacua. Uncus. *Q. lignum.* = Cornes creuses. Crochet. *Certain bois.*

𢘡 ˘ Venerari, obsequium, obedire, servare. = Respecter, vénération, obéir, garder.

衉 ˘ Sanguinem evomere. = Vomir du sang.

咯 ˘ Spuere. Gallinae cantus. = Cracher. Le chant des poules.

骼 ˘ Macies, macilentus. Ossa sine carne. = Maigreur. Os décharnés.

蛒 ˘ Centipeda. *Vespertilionis species quædam.* = Centpied. *Sorte de chauve-souris.*

垎 Hŏ Terra sicca. Desiccari. Forte, firmum. = Terre sèche. Sécher. Fort, stable.

貉 ˘ *Vulpes quædam pilis longissimis.* = *Certain renard au poil fort long.*

𥞊 ˘ Milium. = Millet.

佫 ˘ *Cognomen.* = *Nom propre.*

狢 ˘ *Vulpes quædam pilis longissimis.* = *Certain renard au poil très long.*

洛 Lŏ Fulgoris reflexio in aquis. *Regio in Ho-nan floribus abundans.* = Eclat réfléchi dans l'eau. *Nom d'un pays.*

烙 ˘ Torrere: comburere. Incendere. = Torréfier: brûler. Mettre le feu.

𠗟 ˘ Glacies refulgens. = Glace brillante.

珞 ˘ *Quidam lapis pretiosus.* = *Nom d'une pierre précieuse.*

𣧩 ˘ Subitò mori: cadere. Reliquum; residua. = Mourir subitement: tomber. Résidu; restes.

駱 ˘ Camelus. *Equi species.* Currus. *Cognomen.* = Chameau. *Certain cheval.* Char. *Nom propre.*

N. 272.

酪 ˘ Premere. Lactis pinguedo. Vinum à Tartaris ex lacte confectum. — Presser. Crême. Vin fait avec du lait.

挌 ˘ Alapa: percussio. — Soufflet, giffle: coup.

簬 ˘ Canistrum.—Panier.

雒 ˘ 鵅 ˘ Parvus anser. Camelus. Equus juba alba.—Petite oie. Chameau. Cheval à crinière blanche.

剳 ˘ Ramos cædere.—Couper des rameaux.

絡 ˘ Filum. Continuum: non interruptum. Insidiæ. Corporis venæ. — Fil. Continu. Embûches. Les veines du corps.

略 ˘ Aspectus obscœni.—Regards impurs.

峈 ˘ Montium catena, seu series.—Chaine de montagnes.

略 Lio̗ 畧 ˘ Compendium; summa: substantia, breviter. Artificium, astutia.—Résumé; abrégé. Substance. Brièvement. Ruse, artifice.

輅 Lú Currus. Rhæda pro iterfacientibus.—Char. Voiture pour les voyageurs.

賂 ´ Argento aliquem corrumpere: fidem labefactare. Divitiæ.—Corrompre quelqu'un au moyen de l'argent. Richesses.

路 ´ Iter, via; transitus. Currus.—Chemin; route. Passage. Char.

Hinc procedit 客 N.604, cujus vice aliquandò hæc phonetica usurpatur tanquàm synonyma.

N. 273. 舟 丿

Cheū Navis, navicula. — Navire, bateau.

洀 — Aquarum superficies crispa. Pelvis.—Surface des eaux frisée. Bassin.

詶 — Loquacitas; garritus.—Loquacité; babil.

烐 — Flammæ motus. — Le mouvement de la flamme.

騆 — *Species equi magni.—Sorte de cheval de haute taille.*

趙 — Impeditus: progredi non valens. Reptans. — Empêché; qui ne peut pas avancer. Qui se traîne.

輈 — Currûs temo. Pertinacia. — Le timon d'un char. Obstination.

矪 — Sagittæ ad aves capiendas.—Flèches pour attraper des oiseaux.

匊 — Circuire; ubique vagari.—Aller çà et là.

翢 — *Nomen cujusdam piscis.—Nom d'un certain poisson.*

鵃 — Plumæ molliores. — Plumes fines, duvet.

侜 — Velum ad aliquid abscondendum.—Voile qui sert à cacher quelque chose.

綢 — Sericum ad stragulum faciendum dispositum. — Soie mise en ordre pour faire une couverture.

荈 — *Nomen cujusdam plantæ.—Nom d'une certaine plante.*

Est etiam classifica, et tunc immutabiliter occupat sinistrum litterarum latus, ut in 艞 Tiáo *Tabula littori innixa, quâ in navim ingressus fit.—Planche appuyée sur le rivage pour aller et venir d'un navire.*

N. 274.　兆 北　丿

字聲綱目

Chao Prognosticum; augurium. Mille millium.=Pronostique; augure. Un million.

旐 Vexillum in quo serpens et testudo sunt depicta. = Drapeau sur lequel un serpent et une tortue sont dessinés.

䍬 Ovis annua.=Brebis d'un an.

垗 Agger: limites. Sacrificii locus.=Digue: limites. Lieu du sacrifice.

䄻 Fruges spontè nascentes. = Moissons qui viennent spontanément.

姚 *Cognomen.=Surnom.*

鮡 *Nomen cujusdam piscis. = Nom d'un poisson.*

兆卜 Futura præsagire. Præsagium, augurium. = Prédire l'avenir. Présage, augure.

狣 Canis valdè robustus.=Chien très fort.

絩 Subtemen: sericum variegatum.=La trame d'une étoffe: soie bigarrée.

晁 Summo mane. Coram Imperatore admitti.=De grand matin. Etre admis en présence de l'Empereur.

珧 **Iao** Concha marina ex quâ fiunt ornamenta.= Coquillage dont on fait des ornements.

餆 Alimenta, cibaria. = Vivres, mets, nourriture.

佻 Differre, procrastinare. Deambulare. Longum. Debile. Vile. V. *infrà*.=Différer. Se promener. Long. Faible. Vil.

姚 Pulcher; elegans. Remotum. =Joli; élégant. Eloigné.

洮 **Tao** Lavare. Torrentis strepitus. Excitare. Q. *fluvius in Xen-si.* =Laver. Bruit d'un torrent. Exciter. *Certain fleuve.*

駣 Equi pullus. Equus juvenis.= Poulain. Jeune cheval.

桃 Persica: persici. Averrhoa carambola. Inscriptio contra dæmones januæ affixa.=Pêche: pêcher. Carambolier. Inscription mise à la porte.

鞉 Tympanum manuale quod volvendo à globulis hinc et indè appensis pulsatur.=Espèce de petit tambour manuel.

逃 Fugere: evadere. Abscondere se.=Fuir: Se cacher.

鼗 Species tympani manualis quod à globulis hinc et indè appensis, illud volvendo pulsant.=Espèce de petit tambour garni d'un manche.

咷 Ploratus, singultus. = Pleurs, sanglots.

[田兆] Fovea in agro. Limites. Agger.=Fosse au milieu d'un champ. Limites. Digue.

窕 **Tiao** Effraenatio morum: procax licentia.=Débordement de mœurs: licence effrénée.

窕 Delicatus, venustus, pulcher, amabilis. Tranquillum. Profundum.=Délicat, gentil, joli, aimable. Tranquille. Profond.

恌 Tristitia: non amare: despicere.=Tristesse: avoir en aversion: mépriser.

誂 Tentare; seducere: jocari. Fornicari. Ad amorem excitare. Repentè.=Tenter; séduire: s'amuser. Forniquer.

庣 Locus vacuus.=Lieu vide.

䨂 Obscurum: invisibile. = Obscur: invisible.

祧 Fanum. Locus avorum cultui dicatus.=Pagode. Lieu consacré aux ancêtres.

聎 Aurium infirmitas; aurium tinnitus.=Maladie d'oreilles; tintement dans les oreilles.

趒 Pedibus junctis saltare. Saltitare.=Sauter, les pieds joints. Sautiller.

挑 Pondus portare (*duo homines simul*). Eligere. Miscere. Seducere.=Porter à deux. Choisir. Mêler. Séduire.

銚 Craticula. Radere: expolire.= Grille. Râcler: polir.

朓 Luna 30 dierum, mox in occidente apparitura. Sacrificium. =Lune nouvelle qui commence à paraître. Sacrifice.

頫 Aspicere. Fugere. Salutare. V. *infrà*.=Regarder. Fuir. Saluer.

N. 274.

覶 ˊ Aspicere, invesere. Visitare. Explorare.=Regarder. Epier.

𠜗 ˉ Resecare; praecidere; radere: tollere.=Retrancher; couper; raser; enlever.

䠷 ˇ Vir staturâ ingens.=Géant.

佻 ˉ Ire vacillando. Impatiens, inconsultus. Usurpare. V. *Suprà* = Vaciller en marchant. Impatient, inconsidéré. Usurper.

㸠 ˋ Lectus castrensis. Lectus parvus.=Lit de camp. Petit lit.

眺 ˊ A longè aspicere. Explorare. = Regarder de loin. Epier.

跳 ˆ Saltare: choreas ducere. Praeterire. Repentè.=Sauter: danser. Passer outre. Soudain.

頫 ˋ Fu Caput demittere. Despicere. Inclinatus. V. *Suprà*.=Baisser la tête. Regarder en bas. Courbé.

N. 275. 旨 旨

ˋ Che Velle, voluntas; decretum. Gustus; sapor; sensus. Optimum.=Vouloir, volonté. Décret. Goût; saveur. Excellent.

指 ˋ Digiti: digito ostendere. Indicare. Signum. Reprehendere. Affectare.=Les doigts: montrer au doigt. Signe, marque, Reprendre. Affecter.

脂 ˉ Pinguedo: pingue. Ungere. Trullissare. Linire; fucus. = Graisse: gras, oindre. Badigeonner: recrépir. Fard.

詣 ˊ I Personaliter ire: pervenire ad. =Aller en personne; arriver à.

栺 ˋ *Cujusdam ligni nomen.=Nom d'une certaine espèce de bois.*

N. 276. 伏 ノ

ˇ Fu Prosternere se. Inclinatum: curvum. Subdere se. Abscondere.=Se prosterner. Incliné: courbé. Se soumettre. Cacher.

洑 ˇ Fluxus aquae retrogradus. = Cours rétrograde des eaux.

袱 ˇ Pannus ad involvendum. = Linge pour envelopper.

栿 ˇ Trabis fulcrum. Pontis tabulae.=Etai d'une poutre, Les planches d'un pont.

鞴 ˇ Currûs corrigia cui viatores niti possunt.=Courroie sur laquelle les voyageurs en char s'appuyent.

垘 ˇ Agger terreus in medio aquarum. Torrentem detinere.=Monceau de terre au milieu des eaux. Contenir un torrent.

韍 ˇ Currûs corrigia cui viatores niti possunt. = Courroie pour s'appuyer dans un char.

貀 ˇ *Vulpis species quaedam.=Espèce de renard.*

紱 ˇ Currûs corrigia cui viatores niti possunt.=Courroie pour s'appuyer dans un char.

茯 ˇ *Radix quaedam rubra medicinalis.=Certaine racine rouge employée dans la pharmacopée.*

† Cavendum ne confundatur cum N, 176 178, 277, 278, 282,

N. 277. 伐

ˇ Fa Bellare; bellum. Subjicere. Praecidere. Jactare se.=Faire la guerre. Guerre. Soumettre. Couper. Se vanter.

㘺 ˇ Stare.=Se tenir debout.

栰 ˇ Rates. Navis pro mare.=Radeau. Navire pour la mer.

閥 ˇ Janua lateralis. Vitam suam describere. Merita militaria.=Porte latérale. Décrire sa vie Décrire. Mérites militaires.

筏 ˇ Rates arundinea. Navis pro mare. = Radeau en bambou. Navire pour la mer

N. 277.

㷄 ᵕ Ignis.=Feu.

垈 ᵕ Terram fodere ; arare.=Creuser la terre ; labourer.

N. 278. 休

— Hieu Desistere : finire. Quiescere. Bonum, optimum. Laudare. Parcere. Urbanus. = Cesser : finir. Se reposer. Bon, excellent. Louer. Pardonner. Poli.

溛 — Aqua decurrens. = Eau qui coule.

訞 — Fragrantiam odorari. = Jouir d'une odeur agréable.

庥 — Diarrhœa.=Cours de ventre.

庥 — Protegere ; obumbrare, contegere.=Protéger ; ombrager, couvrir.

烋 — Carbo ex ligno confectus.=Charbon de bois.

髹 — Nigro vernice linire.=Vernisser de noir.

貅 — Equus optimæ speciei.=Cheval de bonne race.

貅 — *Fera quædam strenua.* Ferox. =*Certaine bête fauve courageuse.* Féroce.

鏂 — Acus longa.=Longue aiguille.

颵 — Venti stridor.=Le sifflement du vent.

烋 — Calefacere. Felicitas : concordia. Pulchrum. Gratulari. Superbiens.=Chauffer. Bonheur. Joli, bon. Féliciter. Arrogant.

鵂 — Noctua : avis mali ominis. *Q. avis rapax.* = Hibou : oiseau de mauvais augure.

猇 — *Fera quædam strenua.* Ferox. =*Certaine bête fauve.* Féroce.

咻 — Cachinnus. Clamores confusi. Suspiria. = Rire aux éclats. Clameurs confuses. Soupirs.

拺 — Hao Evellere ; eradicare. Agrum à noxiis herbis purgare.—Arracher ; déraciner. Nettoyer un champ des mauvaises herbes.

† In compositis aliquandò usurpatur 烋 tanquàm varietas hujus phoneticæ.

N. 279. 伊

— I Ille, illa. Et. Curæ : sollicitudines.=Lui, celui-là, elle. Et. Soins : soucis.

洢 — *Quidam fluvius.* = *Nom de fleuve.*

咿 — Cachinnari : excessivè ridere Cantando legere. = Rire aux éclats. Lire en chantant.

蛜 — Vermis.=Vers.

† Oritur à 尹 Iün *Gubernare, regere. Ingredi.=Gouverner. Entrer,* quem aliquandò synonymum in compositis habet.

N. 280. 向 向

ˏ Hiam Versùs, ad .. aspirare ad.. spectare ad..usquè.. Scopus, intentus. = Vers..à. Aspirer à..regarder vers. Jusqu' à. Fin, but.

珦 ˏ *Quidam lapis pretiosus.* = *Nom d' une pierre précieuse.*

牖 ˏ Fenestra Septentrionem aspiciens.=Fenêtre tournée vers le Nord.

絢 ˏ *Species serici tenuis.* = *Sorte d' étoffe de soie fort légère.*

蚼 ˏ *Bombycis species.*=*Espèce de vers à soie.*

N. 280.

粡 Xam̀ } Stipendium. Annona militaris. Tributum. Victum deferre.=Appointement. Paye des soldats. Tribut. Porter de la nourriture.
餉 、

扃 、 Lateralis janua. Pessulus.=Porte latérale. Verrou.

姁 、 *Cognomen muliebre.= Nom propre féminin.*

晌 、 Meridies.=Midi.

† Distinguenda à N. 206, 291, cum quibus aliquam similitudinem habet.

† Jam diximus suprà tam exiguum inesse discrimen inter *H* sibilantem et *S*, ut etiam inter doctos Sinenses pauci illud percipiant: hujus facti exemplum præbet hæc series, cujus litterae indiscriminatim à vulgo leguntur *Hiu Siŭ, Hiüè, Siüè, Hi, Si*, quamvis classicæ leges constituant eos limites quos secuti sumus.

† † Est etiam classifica, facilè distinguenda ab ejus consimili 皿 Min *Vas.* = *Vase*, quæ semper infima occupat (Ex. gr. 盥 Kuán *Lavare manus=Se laver les mains*), dùm è contrà ipsa collocatur in litterarum sinistrâ parte, et unum ductum ampliùs continet.

Cl. Gonçalves ex duabus his classificis unam compegit, quod fortassè non omnibus arridet.

N. 281. 血

Hiüĕ Sanguis. Cognatio. = Sang. Parenté.

洫 ◡ Rivuli in medio agrorum. Vacuum. Minuere.=Ruisseaux au milieu des champs. Vide. Diminuer.

殈 ◡ Avium ova sterilia: ova fracta=Œufs stériles: œux brisés.

桖 ◡ *Quoddam lignum rubrum.= Certain bois rouge.*

侐 ◡ Solitarius, quietus, pacificus. Silentium. = Solitaire, tranquille, pacifique. Silence.

苬 ◡ *Nomen cujusdam plantæ. = Nom d'une certaine plante.*

䀏 ◡ Oculi pravitatem referentes.=Regard méchant.

恤 Siŭ } Commiseratio: misereri. Stipem erogare. Eleemosyna.=Pitié, commisération : avoir pitié. Aumône. Donner l'aumône.
訹 ◡
卹 ◡

賉 Sĭ Eleemosyna: stipem largiri. Misereri.= Aumône: donner l'aumône. Avoir pitié.

N. 282. 任

Jén Officium, munus. Onus. Portare. Ad libitum.=Office, devoir. Charge. Porter. A son gré.

恁 ´ Cogitare, considerare. Sic, ità, hoc modo. Guttur. Vox. = Penser, réfléchir. Ainsi, de cette manière.

諶 ^ Credere. Cogitare, considerare.=Croire. Penser, réfléchir.

衽 ´ Vestis lacinia quæ sub axillâ inseritur. Storea. Tapes.=Pan d'habit qui croise sous l'aisselle. Natte. Tapis.

銋 、 Sonus productus: resonantia. Madefacere.= Son prolongé: résonner. Mouiller.

飪 、 Nimis coctum: nimis maturum.=Trop cuit: trop mûr.

袵 ´ Vestis lacinia quae sub brachio nectitur. Storea. Tapes. =Pan d'habit qui se boutonne sous l'aisselle. Natte. Tapis.

餁 、 Nimis coctum; nimis maturum.=Trop cuit; trop mûr.

恁 ´ Cogitare. Sic, ità. Guttur. Vox.=Penser. Ainsi. Gosier. Voix.

鵀 ^ Caput ornatum.=Tête ornée.

字聲綱目

N. 282.

賃 ╱ Locare ; pretium locationis persolvere. Pro statuto pretio operari.=Louer ; payer le loyer. Travailler à prix fait.

姙 ╱ Mulier gravida. Praegnantia. =Femme enceinte. Grossesse.

絍 ╱ Acupingere ; ornare : operari. = Broder ; orner : travailler.

荏 ╲ Phaseolus legumine longissimo. Molle, flexibile.=Haricot à très longue gousse. Mou, flexible.

凭 ⅄ Pim Inniti ; in aliquo confidere. Assercula cui suspenduntur vestes.=S'appuyer ; se confier en quelqu'un. Porte-manteau.

† Hæc phonetica originem ducit à 壬 Jên Littera cyclica. Principium productioum rerum omnium. Adulari.=Lettre du cycle. Le principe producteur des choses. Flatter, quem in omnibus compositis synonymum, seu varietatem habere potest.

†† Vide anuotationem N. 373.

N. 283. 州

— Cheu Parva insula. Civitas 2i ordinis.=Petite île. Ville de 2d ordre.

洲 — Parva insula. Terra habitabilis in medio aquarum. = Ilôt. Terrein habitable au milieu des eaux.

詶 ⅄ Gratias agere ; respondere ; conviciari. = Remercier ; répondre. Outrager.

酬 ⅄ Propinatio hospiti exhibita. Interrogare. Remunerare. Fœdum ; turpe ; erubescendum. =Toast. Interroger. Récompenser. Honteux.

桝 ⅄ *Quædam ligni species. = Espèce de bois.*

挆 ╲ Manu ad aliquid haerere ; se detinere. = Se cramponner à quelque chose ; se retenir.

釽 — Cultrum aureum vel aeneum. =Couteau en or, ou en cuivre.

彸 — Deambulare ; ire.=Se promener ; aller.

絒 — Tenue. Expolitum ; planum. =Mince. Poli ; uni.

菷 — *Nomen cujusdam plantæ. = Nom d'une plante.*

喌 — Gallinas advocare. = Appeler les poules.

N. 284. 全

⅄ Tsüèn Omninò ; summè ; totaliter. Perfectè. Complere, finire.= Tout à fait ; souverainement ; en entier. Parfaitement. Achever.

泉 ⅄ Fons ; scaturigo.=Fontaine ; source.

詮 ⅄ Explicare ; commentarius ; explicatio analytica. Oratio praeparata. Ordinare.=Expliquer ; commentaire ; analyse. Discours préparé. Arranger.

痊 ⅄ Convalescere ; in melius ire.= Etre en convalescence.

匲 ⅄ Ventilabrum.=Van.

輇 ⅄ Rota ampla ; ponderare ; metiri. = Grande roue ; peser ; mesurer.

拴 ⅄ Seligere. Ponderare, metiri. Explicare. = Choisir. Peser, mesurer. Expliquer.

筌 ⅄ Instrumentum piscatorium arundineum.=Instrument en roseaux pour la pêche.

銓 ⅄ Ponderare ; metiri. Æstimare. Seligere. = Peser ; mesurer. Estimer. Choisir.

刽 ⅄ Radere ; aequare. =Racler ; égaliser.

牷 ⅄ Vacca vel bos unicolor.=Vache ou bœuf d'une seule couleur.

佺 ⅄ *Nomen cujusdam genii.=Nom d'un génie.*

N. 284.

荃 ˉ *Quædam planta fragrans.* Instrumentum piscatorium arundineum.—*Certaine plante odoriférante.* Panier pour la pêche.

跧 ˆ Decrepitus: attritum corpus; curvatus. = Décrépit; corps usé ;courbé.

栓 Xuan ˉ Clavus ligneus. Fulcrum. Pessulus.—Cheville. Etai. Verrou.

N. 285.

合

Ho ˇ Unire, conjungere. Prosperum, secundum. Concordare, concordia.—Unir joindre. S' accorder; bonne harmonie. Prospère, favorable.

詥 ˇ Concordia. Summatìm perstringere. = Bonne harmonie. Faire le résumé.

頜 ˇ Barba; oris circumferentia.= La barbe; le tour de la bouche,

郃 ˇ *Quædam urbs in Xen-si.—Ville au Xen-si.*

欱 ˇ Bibere, potare. Madefacere. —Boire. Mouiller.

盒 ˇ Theca; capsa. Patera.—Boîte; caisse. Bassin, plat.

哈 ˇ Motus oris piscium. Bibere. Abundantia.—Le mouvement de la bouche des poissons. Boire. Abondance.

閤 Ko ˇ Januae domûs interiores. Prora.—Les portes intérieures d' une maison. La proue.

鴿 ˇ Columba.—Colombe.

匌 ˇ Circuitus; circumdare. Societatem inire. = Le tour; entourer. Faire société.

鮯 ˇ Piscis sex cubitis longus caudâ latiore.—Poisson long de six coudées et à large queue.

佮 ˇ Societatem inire.— Faire société.

蛤 ˇ Rana. Ostrea.— Grenouille. Huître.

洽 Hia ˇ Unire; reconciliare. Magnum. —Réunir; réconcilier. Grand.

瘔 ˇ Pinguis; morbus febrim adducens.—Gras; maladie qui cause la fièvre.

焓 ˇ Ignis.—Feu.

霅 ˇ Madefactum; aquâ imbutum. —Mouillé; trempé.

祫 ˇ Sacrificium avis oblatum. Magnum.—Sacrifice offert aux ancêtres. Grand.

珨 ˇ Vas ornatui inserviens.—Vase d'ornement.

柗 ˇ Ensis vagina.=Fourreau d'épée.

哈 ˇ Turcarum Imperium. — La Turquie.

恰 Kia ˇ Accuratè; tùm maximè. Scrupulosus. Haerere.— Soigneusement; d'autant plus. Scrupuleux. Etre attaché.

袷 ˇ Vestis duplex. Collare.—Doublure, habit doublé. Col d'habit.

鞈 ˇ Ochreae coriaceae. Pileus militaris. Pulvinares qui ad genua gestantur.— Bottes en cuir. Shako. Genouillères.

餄 ˇ Placenta, offa.—Gâteau.

斜 ˇ Ingredi: penetrare.— Entrer; pénétrer.

剳 ˇ Confodere; occidere, pungere. Cadere. Immergere.—Transpercer; tuer, piquer. Tomber. Immerger.

愘 ˇ Concordare; convenire. Unire.—Etre d'accord; se réunir. Unir.

眙 ˇ Cæcus. Oculi parvi.— Aveugle. Petits yeux.

跲 ˇ Recedere; reverti. Cadere. In aliquid offendere. Obtenebratus.— Se retirer; s'en retourner. Chopper. Aveugle.

帢 ˇ Militum aut studentium vestes.— Habit de soldat, ou d'etudiant.

字聲綱目

N. 285.

拾 Xĕ — Manu elevare; colligere. Sumere. Congregare. Decem. *Numerus denarius.* — Elever avec la main. Recueillir: ramasser. prendre. Dix.

拿 Nâ — Capere; sumere: deferre; tollere.—Prendre, saisir: porter; enlever.

給 Kĭ — Dare; præbere. Necessaria tribuere.—Donner: fournir le nécessaire.

† Pronuntiatio *Na*, à cæteris sat dissona, in hanc seriem introducta fuit ab erroneâ consuetudine scribendi 拿 pro 拏: vid. N. 188.

N. 286. 牟

Meû — Mugire, mugitus. Furari. Præterire. — Mugir, mugissement. Voler. Passer outre.

恈 ^ Desiderare; concupiscere. — Désirer; convoiter.

洠 ^ Ripa: littus altum.=Rivage: rivage élevé.

麰 ^ Hordeum. Triticum majus præcox. — Orge. Gros froment printanier.

侔 ^ Socius; collega; æqualis: æqualiter. Concordare. — Camarade; collègue: égal; également. S'accorder.

劺 ^ Animos addere, excitare. Conatus: diligentia. = Encourager, exciter. Effort: soin.

鴾 ^ Coturnix — Caille.

眸 ^ Oculorum pupilla.—La pupille des yeux.

蛑 ^ Magnus carabus.—Homard.

N. 287. 如

Jû — Sicut; eodem modo. Si. Simile; conforme.—Comme; de même. Si. Semblable; conforme.

洳 / Humectare: aquâ gradatim imbuere. = Humecter: tremper graduellement.

袽 ‒ Vestis attrita. Bambusæ præsegmina.—Habit usé. Rognures de bambou.

筎 ^ Bambusae præsegmina.=Rognures de bambou.

侞 ^ Æquale; aequare. Pacare. Obsecundare.—Egal; égaliser. Pacifier. Seconder.

⿰如阝 ^ *Nomen loci.*—*Nom d'endroit.*

鴽 ^ Coturnix.—Caille.

⿱如虫 ^ *Quoddam insectum.*—*Certain insecte.*

帤 ^ Mantile; manutergium.=Serviette; essuie-main.

茹 \ Radix. Sugere; sorbere. Voraciter comedere; esuries. Putre.—Racine. Sucer. Manger avec gloutonnerie: appétit. Pourri.

恕 Xú — Parcere. Misericors. Benignitas.—Pardonner. Miséricordieux. Bonté, douceur.

絮 Siü — Sericum vile: folliculorum sericeorum rejectanea. Vimen. =Soie de mauvaise qualité; déchet des cocons de soie.

† Cavendum nè confundatur cum N. 188.

N. 288. 光

Kuām — Lux, splendor: honor. Gloria fulgere.—Lumière, splendeur; honneur. Gloire, briller. Strenuus; martialis, militaris.

⿰亻光 / Turbatus; animo linqui.=Courageux; martial, militaire. Troublé; défaillir.

洸 ‒ Aquarum splendor. Aquæ excrescentes. Forte. Profundum. Jucundum.—L'éclat de l'eau. Eaux croissantes. Fort. Profond. Agréable.

桄 、 *Species arecæ proceræ.* Plenum. Liciatorium textile. = *Sorte d'aréquier très haut.* Plein. Rouleau de métier.

胱 − Vesica. = La vessie.

侊 − Convivium splendidum. Abundanter; copiosè; magnum. = Festin splendide. Abondamment; copieusement; grand.

絖 ⁄ Funiculus sericeus. Fila sericea. = Cordonnet en soie. Fils de soie.

觥 Kūm Scyphus corneus. Vas ad vinum bibendum. = Coupe en corne. Vase pour boire du vin.

† Hinc procedit 晃 N. 699 ex cujus annotatione inferri debet, quòd si aliquandò hæc phonetica admittit in compositis pronuntiationem *Huam*, illud fit quia tunc adhibetur tanquàm mera varietas alterius ipsi congeneris.

N. 289. 曳

Ī Trahere, ducere. Negligens incessus. = Traîner, conduire. Démarche négligée.

⿰忄曳 − Assuetus. Clarum. = Habitué. Clair.

洩 ⁄ Expandere; spargere. Detegere. Magnum. = Répandre. Découvrir. Grand.

⿰言曳 − *Cognomen. = Nom propre.*

⿸广曳 − Armamentarium. = Magasin.

袣 ⁄ Toga ad terram fluens. Syrma. Vestis sutura. Vexillum parvum. = Robe qui traîne. Couture. Petit pavillon.

⿰米曳 − *Frumentum quoddam. = Espèce de froment.*

⿰王曳 − *Quidam lapis pretiosus. = Certaine pierre précieuse.*

⿰車曳 − }
⿰革曳 − } Currum aut equos alteri commodare. = Prêter un char ou des chevaux.

⿰羽曳 − Volare; volitare. = Voler; voltiger.

⿱竹曳 − Longum; extensum. = Long; étendu.

⿰禾曳 − *Frumenti species quædam. = Espèce de grain.*

⿰曳鳥 − *Nomen cujusdam avis. = Nom d'un certain oiseau.*

⿰口曳 − Vox risum comprimentis. Loquax. = Rire comprimé. Babillard.

⿰虫曳 − *Quoddam insectum. = Nom d'insecte.*

拽 Iĕ Vestigium productum imprimere. Orbita. Trahere. = Faire une trace prolongée. Orbite. Traîner.

⿰亻曳 ˘ Facies; figura. Color. = Visage; figure. Couleur.

洩 Siĕ Fluere; stillare. Placari. = Couler; dégoutter. S'apaiser.

絏 ˘ Vincula; vinctus, colligatus. Frænum. Capere. = Lien; attaché, lié. Frein. Saisir.

† Mirum nobis videtur, hanc phoneticam sæpè in compositis synonymum admittere 世 N. 152 cum quâ nullam formæ similitudinem habet.

N. 290. 因 囙

Īn Quia, propter; causa. = Parce-que; à cause.

洇 − In aquis amittere; cadere. = Perdre dans l'eau; tomber.

麕 − Dama; cerva. = Daim, biche.

裀 − Vestes corpori immediatæ. Culcitra. = Habits qui touchent à la peau. Matelas.

⿰冫因 − Frigus, frigidè. = Froid, froidement.

VI.

N. 290.

䨜 ˊ	Nubes celeriter euntes.—Nuages qui vont rapidement.	
禋 ˉ	Perfectum, completum.—Parfait, achevé.	
駰 ˉ	Equus rufus: equus maculatus. — Cheval roux: cheval tacheté.	
鞇 ˉ / 筃 ˉ	Storea vel pellis quâ sedile currûs operitur.—Natte ou peau dont on couvre le siège d'un char.	
氤 ˉ	Aër vitae productor. Spiritus rerum creator.—Air vital. L'Esprit créateur de tout.	
婣 ˉ	Nuptias contrahere (*dicitur de muliere*), matrimonium; sponsa. Conjuges. — Se marier; mariage; épouse. Epoux.	
絪 ˉ	Cannabis fœmina. Aër productor rerum. Mundi elementa.—Chanvre femelle. L'air vital. Les éléments du monde.	
茵 ˉ	Storea quâ sedile currûs operitur. Asphodelus.—Couverture du siège d'un char. Asphodèle.	
甠 ˉ	Nuptias inire: matrimonium. Sponsi.—Se marier. Epoux.	
烟 Iēn	Fumus; vapores. Tabacum. Nebula. — Fumée; vapeurs. Tabac. Brouillard.	
胭 ˉ	Guttur; deglutire. Minium.—Gosier; avaler. Vermillon.	
刵 ˉ	Praecidere; auferre. Implere. —Couper; enlever. Remplir.	
咽 ˉ	Guttur: deglutire. — Gosier avaler.	

† Ex sonûs similitudine irrepsit consuetudo adhibendi aliquandò 垔 N. 563 tanquàm synonymum hujus phoneticae.

N. 291.

同 ǀ

同 Tûm	Simul, cum; idem: simile. Synonimum. — Ensemble, avec; le même: semblable. Synonyme.	
恫 ˆ	Ærumnis affligi. Pati. Fluctuans, incertus. — Etre accablé de revers. Souffrir. Irrésolu.	
洞 ˊ	Torrens rapidus. Spelunca. Thalamus. Fluctuans. Proclive. — Torrent rapide. Grotte. Lit nuptial. Irrésolu. Pente.	
痌 ˉ	Dolor in pectore: ægrotare; pati. — Douleur à la poitrine: être malade; souffrir.	
裥 ˋ	Pallium. — Manteau.	
烔 ˆ	Calor ascendens: in altum ferri.—Chaleur qui monte: s'élever en haut.	
鼕 ˊ	Tympanorum strepitus. — Bruit des tambours.	
桐 ˆ	Baculus quem gestant in luctu matris. Dryandra cordifolia, *R. Br.* — Bâton de deuil. *Nom d'une plante.*	
挏 ˆ	Movere; agitare. Arcus. — Mouvoir: agiter. Arc.	
筒 ˆ	Bambusa vacua. Tubus. — Bambou creux. Tube.	
銅 ˆ	Æs. Cuprum.—Cuivre. Bronze.	
秱 ˆ	Orizæ culmi.—Paille de riz.	
狪 ˆ	Vitulus. Vacca cornibus carens. —Veau. Vache sans cornes.	
胴 ˊ	Intestinum rectum.—Le grand intestin.	
舸 ˆ	Navicula. — Bateau.	
鮦 ˆ	*Nomen cujusdam piscis.* = *Nom de poisson.*	
衕 ˆ	Vicus: transitus. Descendere. —Rue: passage. Descendre.	
侗 ˆ	Rudis; ignarus. Embryo. — Grossier; ignorant. Embryon.	

N. 291.

娴 ˊ Collum erectum. — Le cou droit.

㼧 ^ Stillicidii tegulæ. Hydria. — Tuiles de gouttière. Jarre.

䑣 ˊ Navis tabula : funis quo navis alligatur. = Planche de navire. Câble avec lequel on amarre un navire.

跼 ^ Deambulare. — Se promener.

哃 ^ Jactantia ; narratio mendax, Irregulare. — Jactance : récit mensonger. Irrégulier.

峒 ^ *Quidam mons in Se-chuan.* Spelunca in monte. — *Certaine montagne au Se-chuan.* Grotte dans une montagne.

峝 ˊ Barbari. *Montium incolæ in Kuam-si à Sinensibus alieni.* — Les barbares. Les sauvages du Kuam-si.

㓊 ^ Palus ; septum. = Pieu : palissade.

† Cavendum nè confundatur cum N. 206, vel cum 293.

N. 292. 曲

ˇ Kiü Injustum ; non rectum. Curvum. Obsequi. — Injuste ; qui n'est pas droit. Courbé. Obéir.

麯 ˇ Fermentum ad vinum faciendum. — Levain pour faire du vin.

蛐 ˇ Lumbricus. — Vers de terre.

佡 ^ Kium In solitudine commorari. Parvum. Frigus. — Demeurer en solitude. Petit. Froid.

N. 293. 回 囬 囘

^ Huéi Reverti ; redire. Volvere. Vices. — S'en retourner. Tourner. Fois.

恛 ^ Anceps ; fluctuans. — Incertain ; irrésolu.

洄 — Fluxus aquae retrogradus. Contrà fluxum ire. = Cours rétrograde des eaux. Aller contre le courant.

詗 ^ A mercaturâ cessare. Praefectos ad meliorem frugem revocare. = Cesser de commercer. Faire prendre de meilleurs sentiments aux mandarins.

痐 ^ Taenia solium *Lin.* — Vers solitaire.

徊 ^ } Anceps, dubius. Incertè vagari. = Irrésolu, incertain. Aller çà et là sans savoir où.

佪 ^ }

茴 ^ Mentha piperita. = Menthe poivrée.

蛔 ^ Taenia solium. — Vers solitaire.

迴 ^ } Volvere caput. Circumire. Curvare. Fugere. Abscondere se. — Tourner la tête. Faire le tour. Courber. Fuir. Se cacher.

廻 ^ }

鴄 ^ *Species columbæ.* — *Espèce de pigeon.*

N. 294. 完

^ Wan Finire, complere. Perficere. — Finir, conclure.

輐 ˋ Rotundum ; rotundatum. = Rond. Arrondi.

椀 ˋ Scutella. = Ecuelle.

綄 ^ Circumligare. Bractea versatilis. — Lier autour. Girouette

浣 ˋ Huan Confricando lavare. = Laver en frottant.

粖 ˋ Placenta ex farinâ. — Gâteau de farine.

垸 ^ Modius. — Boisseau.

N. 294.

捖 、 Percutere.=Frapper.

鯇 、 Tinca.=Tanche d'eau douce.

皖 、 Valdè clarum. Album.=Très clair. Blanc.

莞 、 Ridere. Coriandrum.=Rire. Coriandre.

晥 、 Fructus maturescere. Stella fulgens; lucidum. pulchrum.=Mûrir; étoile brillante. Lumineux, beau.

睆 、 Clarum; splendens; illustre.=Brillant. Illustre.

髋 、 Tibiarum os.=Os de la jambe.

筦 、 Kuan Chorda. Tubus. Præesse.=Cordes d'instrument de musique. Tube. Surveiller.

脘 ^ Stomachus.=Estomac.

莞 、 Arundo ex quâ storeæ fiunt. *Nomen loci.* Roseau dont on fait des nattes. *Nom de lieu.*

院 ´ Iüen Collegium: Academia. Præfectorum ædes. Fanum. Xenodochium. *Cognomen.*=Collège. Académie. Demeure des Magistrats. Pagode. Hôpital. Dignitaires. *Nom propre.*

† Omnes ferè litteræ hujus ordinis classicè leguntur *Huan* à 康熙字典, sed apud vulgum adeò invaluerunt pronuntiationes *Wan* et *Kuan* pro quibusdam litteris, ut eas servandas duxerim.

N. 295. 沙

— Xa Arena. *Vexilli species quædam.*=Sable. *Espèce de pavillon.*

裟 — Bonziorum pallium, seu pluviale.=Chape de bonze.

桬 — Pirus. *Species mespili japonicæ.*=Poirier. *Espèce de néflier.*

毟 — Pili longi. Lana longa.=Longs poils, longue laine.

鯊 — Squalus.=Reqnin.

髿 — Crinibus passis..Cheveux épars.

魦 — Squalus. = Requin.

逤 — So Choreas ducere. Saltator. Vestium undulationes. Tonorum musicorum variatio.=Danser. Flottement des habits. Changements des tons musicaux.

挲 —

娑 — Manu abstergere; manum admovere= Frotter avec la main; mettre la main.

渻 — Explorare, rimari. = Espionner.

桫 — *Quædam arbor fructifera.*=*Espèce d'arbre fruitier.*

挱 — Manu abstergere; manum admovere: = Frotter avec la main; mettre la main.

仯 — Choreis valdè indulgere. Ire=Danser beaucoup. Aller.

莎 — Cyperus. Gryllus.= Souchet Grillon.

† Oritur à N. 123.

N. 296. 辛

Sin Acre: sapore pungens. Amarum. Laboriosum.=Piquant, âcre. Amer. Pénible.

莘 — Asarum. Numerosum.=Asaret. Nombreux.

騂 — Sim Equus rufus; equus pinguis.=Cheval rouge, ou gras.

觪 — Rectum cornu. Arcus flexibilis.=Corne droite. Arc flexible.

梓 、 Tze *Quædam arbor ligno optimo.* Pagus. Filius. Litteras in ligno cælare.=*Certain bois fort estimé.* Village. Fils. Graver sur bois.

N. 296.

† Præest etiam exiguæ classi pessimè ordinatæ in quâ plures reperiuntur litterae ad aliam classificam evidenter referendæ : sic, v. g. in 辯 classifica est 言 et phonetica 辡: idem dicendum de omnibus litteris in quibus 辛 bis scribitur.

N. 297. 言

Ièn ^ Verbum ; loqui.—Parole ; parler.

唁 ´ Infelicem consolari. — Consoler un malheureux.

誾 In ^ Blandè loqui : cum obsequio alloqui.—Parler avec douceur ou avec respect.

狺 ^ Canum rixantium grunnitus.—Grognement de chiens qui veulent se mordre.

信 Sin ´ Credere : fides, fidelitas. Epistola. Notitia. — Croire : foi. Lettre. Nouvelle.

訇 Cha ˇ Fulgures iterati. Clamores.—Eclairs réitérés. Clameurs.

† Tanquàm classifica multis litteris præest ad *loquelam* spectantibus, quarum plerumquè sinistrum latus tenet, ut in 諡 Xe *Nomen quod defuncto imponitur.—Nom que l'on donne à un mort ;* rarò autem infima, ut in 詈 Li *Conviciari : probrum.—Injurier : outrage.*

†† Vide annotationem N. 51.

N. 298. 㐬 𠫓

Lieu ^ Pilei floccus. Vexilli vitta sericea.—Houppe. Flamme de bannière.

流 ^ Fluere. Aqua fluens. Se extendere. Exilium.—Eau qui coule. Couler. Exil.

旒 ^ Floccus sericeus. Navium vexilla.—Houppe de soie. Banderoles de navire.

琉 ^ Margarita : vitrum : gemma fulgens.—Perle : verre.

硫 ^ Sulphur.—Soufre.

梳 Xu ¯ Pecten ; pectinare. Vestes induere.—Peigne ; peigner. S'habiller.

疏 ¯ }
疎 ¯ } Returare ; separare. Remotum. Apertum. Amplum. Negligens : resolutus.—Déboucher ; séparer. Eloigné. Ouvert. Large. Négligent : relâché ; grossier.

† Penultima littera hujus ordinis phonetica evadit in 蔬 Xu *Olera.—Plantes potagères.*

N. 299. 亨 亨

Hem ¯ Penetrare.—Pénétrer.

殍 ¯ Pinguis ; obesus.—Gras ; replet.

脝 ¯ Obstructio. Pinguis : venter magnus.—Obstruction. Gras : gros ventre.

哼 ¯ Mutus : hebes. Hydropisis.—Muet : stupide. Hydropisie.

烹 Pum ¯ Coquere. Nocere. — Cuire. Nuire.

N. 300. 良 良

Leam ^ Mitis, benignus : bonus. Valdè. Maritus. — Doux, benin : bon. Beaucoup. Mari.

悢 ´ Mœrore affligi. — Avoir du chagrin.

㾗 ` Oculorum morbus. — Maladie des yeux.

粮 ^ Militum annona. *Cibaria diurna.* — Ration des soldats. Nourriture journalière.

字聲綱目

俍 ^ Bonis operibus vacare. Bonus. Sincerus.=Faire le bien. Bon. Sincère.

䀶 \ Oculorum morbus. — Maladie des yeux.

哴 / Silenter flere. — Pleurer sans faire du bruit.

踉 ^ Saltare ; velox. Velociter ire. —Sauter ; léger. Aller rapidement.

㝗 ^ Lam Domus vacua.—Maison vide.

浪 / Fluctus : undæ. Inconstantia. Volubilitas. — Flots : vagues. Inconstance.

㢃 \ Altum, elevatum.—Haut, élevé.

㼚 ^ *Quoddam vas.* — *Espèce de vase.*

郎 ^ Homo : maritus. *Dominatio vestra.*—Homme : mari. *Votre seigneurie.*

朗 \ Clarum, claritas, fulgens. = Clair, clarté, brillant.

烺 \ Flamma : ignis splendor. Claritas magna.=Flamme. Clarté du feu.

琅 / Unio. Catena.—Perle. Chaîne.

硠 ^ Ruinae ; rudera.—Débris de mur.

桹 / Persica. Areca.—Pêcher. Aréquier.

埌 / Tumulus.—Tombeau.

閬 / Porta maxima : porta alta. Amplum, vacuum. Beatorum mansio.—Grand portail. Vaste, vide. Elysée des payens.

鋃 ^ Pessulus versatilis. Grave. Defatigatus.—Loquet. Pesant. Fatigué.

稂 ^ *Quædam zizania herba messibus noxia.*=*Espèce d'ivraie.*

朖 \ Clarum, claritas, fulgens. — Clair, clarté.

俍 ^ }
躴 ^ } Staturâ procer. Longus.= Haute taille. Long.

狼 ^ Lupus. Valdè.—Loup. Beaucoup.

莨 / Herba contrà amentiam adhibita.—Herbe employée contre la folie.

㫰 / Desiccare.—Sécher.

哴 / Infantium ploratus continui.—Pleurs continuels des enfants.

蜋 ^ *Quoddam insectum.* Conatus inutiles.=*Nom d'insecte.* Efforts inutiles.

崀 ^ Mons eminens.=Haute montagne.

娘 ^ Niam Puella. Mater. Domina. Concubina. = Jeune fille. Mère. Maitresse. Concubine.

† Hinc originem ducit 郎 N. 481. cujus vice aliquandò usurpatur, sed rarò.

N. 301. 弟

Tí Frater minor. Discipulus. Amicus. Ordo ; gradus. *Littera ordinalis.*—Frère cadet. Disciple. Ami. Degré. *Signe des nombres ordinaux.*

悌 / Amor fraternus. Fratrem majorem obsequiosè tractare. Mitis. Bonus.—Amour fraternel. Doux. Bon.

涕 / Flere. Lacrymæ. Stiria. — Pleurer. Pleurs qui coulent. Roupie du nez.

遞 / Mutare : vice alterius ponere. Transmittere.—Changer. Mettre à la place de... Transmettre.

鵜 x Avis piscatrix. = Oiseau pêcheur.

N. 301.

鼻+畀 ˊ Stiria.=Roupie du nez.

剃 ˊ Radere barbam vel capillos.= Raser.

珶 ˊ Quædam tabella antiqua ex jaspide. — Tablette en jaspe usitée chez les anciens.

鬀 ˊ Capillos radere. Eradere. Exstirpare. — Raser les cheveux. Extirper.

梯 ˉ Scala manualis. Initi alicui rei. Medium, initium.=Echelle. S'appuyer. Moyen occasion, commencement.

銻 ˘ Ignem ad solem excitare. — Faire du feu au soleil.

稊 ˘ Zizania.—Herbe nuisible.

娣 ˊ Soror minor.=Soeur cadette.

綈 ˘ Pallium rude. Sericum vile.— Manteau grossier. Soie grossière.

苐 ˉ *Quædam planta. Cognomen. Nom d'homme et de plante.*

睇 ˊ Cum contemptu aspicere. Regarder avec mépris.

啼 ˆ Gemere. Flere. — Gémir. Pleurer.

† Devitanda est erronea consuetudo usurpandi 夷 loco hujus phoneticæ: vide annot. N. 226.

桭 ˆ Columnae domûs.=Piliers.

振 ˊ Animos addere. Excitare. Vires exerere.=Encourager. Exciter. S'efforcer.

侲 ˊ Adolescens. Pedissequus. Bonus. Bonum.=Jeune homme. Laquais. Bon. Bien.

晨 ˆ Mane. Maturè. Splendens.— Le matin. De bonne heure. Brillant.

賑 ˊ Eleemosyna. Auxiliari. Dives. Ditescere.—Aumône. Secourir. Riche. Enrichir.

帳 ˉ Saccus in quo equi annona reponitur.—Sac où l'on met la nourriture d'un cheval.

蜃 ˋ Xen Ostrea. Rana. Monstrum quoddam fabulosum.=Huître. Grenouille. Certain monstre fabuleux.

祳 ˋ Caro. Diis oblata. — Viande. Offerte aux génies.

鋠 ˋ Globulus ferreus.—Boule en fer.

脤 ˋ Caro diis oblata.—Viande offerte aux génies.

娠 ˉ Mulier gravida.—Femme enceinte.

脣 ˆ Xuen Labia.—Les lévres.

唇 ˆ Perterritus; timere. Timorem incutere.—Effrayé. Intimider.

† Cavendum ne confundatur cum 長 N. 402.

N. 302. 辰 㫳

ˆ Chên Hora octava matutina. Dies. Annus.—8 heures du matin. Jour. Année.

宸 ˆ Palatium; domus. Cubicula remota. Domûs penetralia.— Palais; maison. Appartements retirés. Le fond de la maison.

震 ˊ Quatere. Movere. Tremorem incutere. Clamare. — Faire trembler. Agiter. Crier.

N. 303. 戒

ˊ Kiai Abstinere se: prohibere. Vigilare.—Præceptum. S'abstenir, défendre. Précepte. Limites. Veiller. Donner des avis.

悈 ˊ Rem injungere. Imperare. — Enjoindre. Donner des ordres

N. 303.

減 ╱ *Nomen cujusdam fluvii. = Nom de fleuve.*

誡 ╱ Regulae morum ; praecepta, leges. Edocere. = Préceptes, lois. Enseigner.

駴 ˋ Hiai Paventis conclamatio : magnum clamorem edere.=Pousser un cri d'alarme.

械 ╱ Arma. Lanceae. Vincula. Compedes.=Armes. Lances. Menottes. Ceps.

㮇 ╱ Occupare, prehendere.=S'emparer, saisir.

㖕 ╱ Verba confusa ; voces obscurae. = Sons confus ; articulations indistinctes.

N. 304. 夾 夹

ˇ Kia Comprimere, constringere. Interserere. Ex utroque latere adjuvare.=Serrer. Mettre au milieu. Aider des deux côtés.

詼 ˇ Loquitari, garrire. Emphaticè loqui. =Babiller. Parler avec emphase.

庡 ˇ Murus.=Un mur.

頬 ˇ Genæ ; maxilla. Custodes. = Joues ; mâchoire. Gardes. *V. infrà.*

郟 ˇ Hia Servorum taberna potatoria. *Cognomen.*—Guinguette où les domestiques vont boire. *Nom propre.*

梜 ˇ Paxilli cum quibus sumitur cibus. Tormenta.= Bâtonnets avec lesquels on mange. Torture.

埉 ˇ Agger arenaceus in littore maris.=Dune.

挾 ˇ Adjuvare. Aliquem brachio sustinere. Muniri. = Soutenir par le bras. Secourir.

鞅 ˇ Ochreæ coriaceæ.=Bottes en cuir.

陜 ˇ Angustum. Strictum.=Etroit.

鋏 ˇ Ensis. Lancea.=Epée. Lance.

餗 ˇ Placentæ species quædam. = Sorte de gâteau.

莢 ˇ Kiĕ Acacia. Fructuum cortex.=L Acacia. Ecorce des fruits.

唊 ˇ Loquacitas, garrire. = Babil,' babiller.

蛺 ˇ Papilio.=Papillon.

帢 ˇ Pileus militaris. Vestes militares. = Bonnet ou habits de soldat.

敥 ˇ Anhelans ; anhelare. Exoptare.=Haletant. Désirer.

庡 ˇ In speluncâ se occultare.=Se tapir dans un antre.

硤 ˇ *Nomen loci.=Nom d'endroit.*

鵊 ˇ Per nares spiritum ducere. = Respirer par le nez.

狹 ˇ Angustum : locus coarctatus. Parvum. = Etroit : passage resserré. Petit.

綊 ˇ Capitis ornamenta antiqua.= Ornements de tête usités chez les anciens.

齤 ˇ Dentes irregulares. Aduncum curvum. = Dents irrégulières. Courbé, crochu.

峽 ˇ Fretum ; montes approximati. Montium rivuli. = Détroit, montagnes qui se joignent.

悏 ˇ Cogitabundus ; meditatio.= Pensif; réflexion.

瘱 ˇ Respirandi difficultas.= Respiration gênée.

匧 ˇ Capsa pro vestibus. Armarium.=Coffre pour les habits. Cassette.

愸 ˇ Cogitabundus ; meditatio. = Pensif ; réflexion.

頬 ˇ Gena. Maxilla. Custodes. = Joue. Mâchoire. Gardes. *V Suprà.*

N. 304.

筴 ˇ Fax, tæda. = Torche, flambeau.

秧 ˇ Segetum manipulus. Paxilli cum quibus cibos sumunt.= Gerbe. Bâtonnets.

胦 ˇ Axillæ cavitas. Venter. = Creux de l'aisselle. Ventre.

婖 ˇ Consequi intentum. = Parvenir à ses fins.

浹 ˇ Tsiě Decades. Meridies. Circulus; revolutio. Aquâ imbuere. Penetrare. Concordes esse.=Dix jours. Midi. Révolution. Humecter. Etre d'accord.

睞 ˇ Supercilia.=Les sourcils.

浹 Hiě ˇ Frigus penetrabile. Glacies.= Froid piquant. Glace.

俠 ˇ Auxiliari. Negotiis publicis vacare. Strenuus. Intrepidus. =Aider. Gérer les affaires publiques. Braev. Désintéressé.

陜 Xèn Nomen provinciæ Xen-si. Telonium.=Nom de la province du Xens-si. Douane.

† Hùc revocandum duximus postremam litteram hujus ordinis post auctoritatem Dictionarii 篆字彙 qui asserit ipsam ab hâc phoneticâ originem ducere, et post usum sat acceptum eam scribendi cum hâc phoneticâ.

†† Aliquandò haec phonetica in compositis synonymos habet 合 et 陜 N. 285 et 521.

N. 305. 巫

Û Divinator. Incantator.=Sorcier. Devin.

誣 ^ Calumniari. Falsa accusatio.= Calomnier. Calomnie.

莁 ^ Sarrire. = Sarcler. Oter les mauvaises herbes.

覡 Hǐ Divinatrix: augurari. = Sorcière.

筮 Xé Divinari: augurium. Obtinere. =Consulter les sorts: divination. Obtenir.

† Ultima hæc littera phonetica etiam dici debet, et constituit parvum subordinem ibi convenientiùs describendum quam infrà:

澨 Xe ˊ Sinus maris; littus.=Baie; rivage.

噬 ˊ Mordere; mandere: comedere. =Mordre; mâcher: manger.

N. 306. 吾

Û Quinque, numerus quinarius. Ego: nostrum. Servare.=Cinq. Moi: notre. Conserver.

悟 ˊ Intelligere. Intellectus: percipere. Interjectio. = Comprendre. Intelligence: s'apercevoir. Interjection.

浯 ^ Nomen cujusdam fluvii.=Nom de fleuve.

珸 ^ Lapis pretiosus. = Pierre précieuse.

梧 ^ Dryandra cordifolia. R. Br.= Sorte d'arbre.

捂 ˊ Rebellio, violentia. Fulcrum, fulcire.=Révolte, violence. Etai, appuyer.

鋙 ^ Ensis quidam famosus.=Certaine épée fameuse.

牾 ˊ Rebellare.=Se révolter.

鼯 ^ Vespertilio.=Chauve-souris.

俉 ^ Occurrere, obviàm.=Se rencontrer.

唔 ˊ Cantilena.=Chanson.

峿 ^ Mons.=Montagne.

晤 ^ Invisere se. Obviàm habere. Explicare. Clarum.=Se voir. Se rencontrer. Expliquer. Clair.

N. 306.

語 ˋ Iü Verbum ; phrasis. Eloquium. Conversari.=Parole ; phrase. Discours. Converser.

敔 ˋ Impedire; detinere; prohibere.=Empêcher; arrêter; prohiber.

敔 ˋ *Quoddam musicum instrumentum.=Certain instrument de musique.*

圄 ˋ Carcer. Detinere. = Prison. Détenir.

唔 ˋ Inquietus. Commotus. = Inquiet. Agité.

衙 ˆ Îa Prætorium. Tribunal. Præfectorum ædes. Satellites.=Tribunal. Prétoire. Résidence des magistrats. Agents de police.

† Originem ducit ab 五 ù *Quinque.* = Cinq.

N. 307. 尨

ˆ Mam Canis valdè pilosus. Canum multitudo. Miscere. = Chien au poil épais. Mélanger.

庬 ˆ, 厖 ˆ Amplum. Abundans. Magna rupes. = Large. Abondant. Grand rocher.

䫉 ˆ Caput.=La tête.

僂 ˋ Fœdus, deformis.=Laid, vilain.

狵 ˉ Canis valdè pilosus. Miscere. =Chien au poil épais. Mélanger.

哤 ˆ Dialectos diversos loquendo miscere. = Mêler différents idiomes en parlant

N. 308. 否

ˋ Feu Anne? Nonne? Aliter. Sin minus. Obstruere. = N'est-ce pas? Est-ce ainsi?...ou non? Autrement. Boucher.

㤳 Pèi Protectio, confidere.=Protection, se confier.

桮 ˉ Scyphus ad bibendum. *Cognomen.*=Coupe pour boire. *Nom propre.*

俖 ˋ Non posse. Absit! Duplum. =Ne pas pouvoir. A Dieu ne plaise! Le double.

涪 ˋ Pi *Nomen cujusdam fluvii.* = *Nom de rivière.*

痞 ˋ Oppilatio, obstructio. = Obstruction.

嚭 ˋ Magnum.=Grand.

† Vide annotationem N. 71.

N. 309. 克

˘ Ko Refrænare, domare, vincere. Continere se. Posse.=Dompter, vaincre. Se contenir; pouvoir.

尅 ˘ Nocere, detrimento esse. Destruere, extinguere.=Faire tort, causer du dommage. Détruire, éteindre.

勊 ˘ Animos sumere. Conari. = Prendre courage. Faire des efforts.

剋 ˘ Nocere, detrimento esse. Destruere, extinguere. = Faire tort, causer du dommage. Détruire, éteindre.

涜 ˋ Kim Frigus, frigidè.=Froid, froidement.

殑 ˉ Morientis angustiæ.=Agonie.

N. 310. 巠 坙

¯ Kim — Fluvii ramus. — Bras de rivière.

涇 ¯ Aqua penetrans. Aqua rectè fluens. Permeabilis.=Eau qui pénètre.

痙 ˋ Phrenesis. Violenter ; impetuosè. = Frènesie. Violemment. Avec impétuosité.

⿰冫巠 ˋ Frigus. Frigidè.=Froid. Froidement.

逕 ˊ Via inter montes Semita pedestris. Approximare.=Sentier de piéton à travers les montagnes. Approcher de...

頸 ˋ Collum. = Le cou.

勁 ˊ Forte, durum. Violens: violenter.= Fort, dur. Avec force, violent.

剄 ˋ Guttur præcidere.=Couper la gorge.

輕 ¯ Tenue, delicatum. Leve. Contemnere.=Léger, fin, délicat. Mépriser.

桱 ˊ Lignum ferro simile. Ingenium emicans. = Bois de fer. Génie transcendant.

脛 ˊ Tibiæ ossa.=Os de la jambe.

徑 ˊ Iter, via. Semita pedestris. = Chemin. Sentier de piéton.

俓 ˊ Fortis. Rectus. Velox. Festinus. Alacriter. = Fort droit ; agile ; pressé. Vite.

經 ¯ Fila serica evolvere : telæ fila recta. Subtemen. Leges. *Nota præteriti.* Præterire. Transire. Probare. Experire. Libri classici.=Dévider. Chaine d'étoffe. Passer. Traverser. Essayer. Les livres classiques.

㼛 ˆ Him — Vas pro vino. Vas collo longo =Vase à vin. Vase à long col.

陘 ˆ Mons invius. Culmen insuperabile. Obex.=Montagne inabordable. Obstacle.

脛 ˊ Cruris os.=Os de la jambe.

娙 ˆ Mulier formosa. Mulier staturâ procera.=Femme jolie ou de haute taille.

踁 ˊ Cruris os.=Os de la jambe.

⿰口巠 ˆ Montium fauces. = Anfractuosités ou gorges des montagnes.

⿰鬼巠 ˋ Im — Maga. Divinatrix.= Sorcière.

誙 ˆ Kem — Rudis, pertinax. Urgens ; facti alicujus materia.=Grossier, opiniâtre. Urgent, pressé. La matière d'un fait.

硜 ˆ Lapidum tinnitus. Lapis. Fama.= Son des pierres. Caillou. Renommée.

挳 ˆ In capite ferire. Irruere in aliquem.=Frapper à la tête. Se lancer contre.

牼 ˆ Os infrà tibiam vaccæ ; vaccæ genu.=Os au bas de la jambe d'une vache.

⿰目巠 ˆ Confusè videre.=Voir indistinctement.

⿰豆巠 ˆ Caulis. Pedunculus. = Tige. Pédoncule.

鋞 ˆ Vas pro vino. Vas collo producto.=Vase pour le vin. Vase à long col.

莖 ˆ Hem — Caulis. Pedunculus. = Tige. Pédoncule.

N. 311. 邪 耶

ˆ Sié — Illicitum, libidinosum. Contortum. = Illicite, lubrique ; tordu.

琊 ˆ *Nomen loci.—Nom de lieu.*

⿱耶土 ˆ Ié — Lutum; limus.=Fange ; boue.

椰 ˆ Cocos. *Lin.*=Cocotier.

揶 ˆ Manibus in derisionem plaudere. = Battre des mains par dérision.

N. 311.

鎁 ˆ *Mirus quidam ensis quem præcidisse ferrum dictitant.—Epée merveilleuse qui coupe le fer.*
爺 ˆ Avus. Pater. *Dominatio Vestra.*—Aïeul. Père. *Votre Seigneurie.*
鋣 ˋ *Ensis mirus qui ferrum præcidisse dicitur. =Epée merveilleuse qui coupe le fer.*

† Probatissimi auctores affirmant genuinam phoneticam hujus seriei esse 耶 Ié *Particula finalis interrogans*, et erroneum esse morem adhibendi 邪 velut ejus synonymum. Haec opinio eò probabilior videtur, quò ambo litteræ *per se* differunt, et pronuntiatio seriei cum priori magis convenit. Sed adeò invaluit apud vulgum usus scribendi 邪 pro 耶, ut ipsi Dictionarii eum secuti sint. Nos utilitati potius quàm inani eruditioni consulentes, communiorem formam admisimus.

N. 312. 孛

Po

孛 ˘ Cometa. Prae irâ vultum immutare.—Comète. Changer de couleur par l'effet de la colère.
浡 ˘ Rapidè. Confestim. Ascendere. Abundans. Turbatus.—Rapidement. Monter. Pousser. Abondant, copieux. Troublé.
馞 ˘ Soni concordes.—Sons qui s'accordent.
誖 ˘ Rebellio; contradicere. Perturbare. Nugae.—Rébellion; contredire. Troubler. Inepties.
勃 ˘ Ira. Repentè irasci. Prae irâ vultum immutare. = Colère. Changer de couleur.
毴 ˘ Pili breves.—Poil court.
桲 ˘ Avellere. —Arracher.
餑 ˘ Placenta.—Gâteau.
馞 ˘ Fragrans.—Odoriférant

葧 ˘ Eleocharis tuberosa. *R. Br.*—*Nom de plante.*

Pu
悖 ˘ Rebellare. Perturbare. In errorem inducere.—Se révolter. Faire de la confusion. Induire en erreur.
粰 ˘ Farina. Placentae. = Farine. Pâtisseries.

焞 ˘ Fumus egrediens. — Fumée qui sort.
悳 ˘ Rebellare. Perturbare. In errorem inducere.—Se révolter. Faire de la confusion. Induire en erreur.
鵓 ˘ Columba.—Pigeon.
桲 ˘ *Mespili Japonicæ species quædam.*—*Espèce de néflier.*
埻 ˘ Pulvis.—Poussière.
脖 ˘ Umbilicus.—Le nombril.
哱 ˘ Sonus sufflantis. Buccina. — = Bruit que l'on fait en soufflant. Trompette.

Péi
悖 ˊ
誖 ˋ
哱 ˋ
Rebelle, opponere se, non obedisse. Furor. Illicò. Abundans, copiosum. — Agir contre l'autorité, s'opposer. Fureur. Soudain. Abondant, copieux.

† Dictionarii phonici Sinici, et apud illos Dictionarii Europæo-Sinici, litteras hujus ordinis bis referunt, modò sub sono *Po*, modò sub *Pu*. Hoc ex eo provenit, quod inter duas breves has voces quam-minima inest distinctio, delicatissimis auribus tantummodò percipienda. Nos ad inutilem repetitionem devitandam, eas duntaxat distinximus litteras sub *Pu*, quæ in omnium confesso, ità *clarè* leguntur.

N. 313. 志

ˊ Che Voluntas, consilium, propositum, intentum.=Volonté, détermination, projet.

誌 ˊ Annales: monumenta historica. Inscriptiones. Memoriae mandare.=Annales; mémoires. Prendre note. Rappeler.

痣 ˊ Macula in facie. Signum.=Tache sur le visage. Marque.

覫 ˊ Ictus oculi.=Un coup d'œil.

鋕 ˊ Epitaphium.=Epitaphe.

莣 ˊ *Herba quædam excitans.=Certaine plante stimulante.*

N. 314. 耴

ˇ Chee Aures pendulae.=Oreilles pendantes.

輒 ˇ Currûs latera. Subitò, illicò. Membris captus. Torpens.=Côtés d'un char. Subitement. Perclus. Engourdi.

掫 ˇ Digitis aliquid sumere.=Prendre avec les doigts.

鈱 ˇ Volsella ad pilos evellendos.=Pincettes pour arracher les poils.

鮿 ˇ Piscis sine sale desiccatus.=Poisson séché sans sel.

佂 ˇ Homo vilis; malus. Amenter.=Homme de rien. Follement.

婜 ˇ Mulier inhonesta.=Femme vicieuse.

帪 ˇ Collare. Vestes aures attingens.=Collet. Habit qui monte jusqu'aux oreilles.

鵿 Nié Avis volans.=Oiseau qui vole.

† Vulgus sæpè usurpat 取 N. 417 vice hujus phoneticæ; hanc tamen consuetudinem ab accuratis Dictionariis sancitam non vidi.

N. 315. 弄 美

ˊ Lum Gerere, tractare, administrare. Nimia familiaritas.=Gérer, manier. Traiter avec trop de liberté, indécences.

悷 ˊ Rudis, stupidus.=Grossier, stupide.

埲 ˊ In speluncâ se recipere.=Se retirer dans une grotte.

挵 ˊ Familiariter tractare.=Traiter avec familiarité.

倴 ˊ Rudis, ignarus.=Ignorant, grossier.

哢 ˊ Avium garritus. Cantare.=Ramage des oiseaux. Gazouiller. Chanter.

N. 316. 孝 孝

ˊ Hiao Pietas filialis. Obsequium erga parentes vel erga superiores. Venerari.=Piété filiale. Respect envers les supérieurs.

穿 ¯ Vapor. Fumus ascendens.=Vapeur. Fumée qui s'élève.

痚 ¯ Morbus in gutture. Respirandi difficultas.=Mal de gorge Respiration gênée.

麡 ¯ *Quoddam animal fausti ominis.=Espèce d'animal de bon augure.*

硣 ¯ Montuosum: regio montana.=Montagneux.

豥 ¯ Porcus prae timore fugiens.=Cochon qui fuit épouvanté.

侾 ¯ Amplum. Magnum.=Large. Grand.

N. 316.

狰 ˉ Canis aut porcus pavens. = Chien ou cochon effrayé.

哮 ˉ Rugitus, rugire. Irae aestus. = Rugissement. Emportement.

酵 ˊ Kiao Fermentum. Fermentum ad vinum conficiendum. = Ferment. Levain pour faire fermenter le vin.

N. 317. 却 卻 郄

ˇ Kio Recusare ; remittere. = Refuser ; renvoyer.

㓞 ˇ }

恝 ˇ } Labor, difficultas. Meritori i conatus. = Peine, fatigue. Efforts méritoires.

脚 ˇ Pes, pedes. = Les pieds.

㗅 ˇ Labor, difficultas. Conatus meritorii. = Fatigue, peine; efforts méritoires.

㗗 ˇ Cachinnus: risus immoderatus. = Ris prolongés : rire immodérément.

蜐 ˇ *Quoddam insectum.* = *Espèce d'insecte.*

N. 318. 走

ˋ Tseu Ire, incedere, iterfacere. Abire. = Aller, marcher, voyager. S'en aller.

陡 ˋ Teu Subitò, repentè, statim. Eminens, altum. = Subitement, tout d'un coup, aussitôt. Elevé, escarpé.

徒 ˆ Tu Disciplulus. Solummodò. Frustrà. In exilium mittere. Multitudo. = Disciple, apprenti. Seulement. En vain. Exiler. Multitude.

跿 ˆ Unico pede stare. = Se tenir sur un pied seulement.

† Est etiam classifica, et tunc valdè affinis classificæ 足 N. 376, cujus vice sæpè usurpatur.

N. 319. 豆

ˊ Teu Phaseolus. Legumen ; olera. Vas sacrum. = Haricot. Légumes. Vase sacré.

痘 ˊ Rubentes pustulae. = La rougeole ; la petite vérole.

逗 ˊ Morari. Sistere. = S'arrêter. Demeurer.

頭 ˆ Caput ; vertex. = La tête ; le haut.

歍 ˋ Alleviare. = Soulager, donner du relâche.

梪 ˊ Scutella. = Ecuelle.

箮 ˊ Comestibilia à mercatoribus in viis gestata. *Quoddam vas antiquum.* = Boutique ambulante de comestibles. *Espèce de vase ancien.*

餖 ˊ Prandium apponere. Fructus aut fercula in ornamentum apposita. = Servir le dîner. Fruits ou mets d'ornement.

脰 ˊ Collum. = Le cou.

荳 ˊ Olera. Phaseoli. Pisa. = Légumes. Haricots. Pois.

哣 ˊ Aliquid prae fastidio conspuere. = Cracher une chose qui déplait.

短 ˋ Tuan Breve, contractum. Deficere. = Court. Manquer.

裋 ˊ Ju Vestis attrita. = Habit fort usé.

侸 ˊ Xu Stare. Pedibus stare. = Se tenir debout.

† Est etiam classifica, et occupat aliquand litterarum infima, plerumquè sinistrum latus.ò

N. 320. 車 一

Chee ˉ Currus, plaustrum. *Cognomen.* =Char, voiture. *Nom propre.*

痺 ˊ Diarrhaea.=Dyssenterie.

庳 ˆ *Cognomen.* Publicum aerarium.=*Nom propre.* Trésor public.

碑 ˉ Jaspis albus ex quo pileorum globuli fiunt. = Jaspe blanc dont on fait des globules.

顐 ˉ Genarum ossa.=Les pommettes.

蓽 ˉ Plantago.—Plantain.

蜱 ˉ *Quoddam insectum.=Nom d' insecte.*

陣 Chên ˊ Acies. Exercitus ordinatus. Pugnare.=Champ de bataille. Armée rangée; se battre.

庫 Ku ˆ Ærarium publicum, thesaurus. =Trésor public.

† Præest etiam non parvæ classi in cujus litteris plerumquè occupat sinistrum latus, aliquandò infima, rarò centrum Ex: 輶 Iêu *Currus levis.=Char léger* 輦 Liên *Qui currum trahunt, currum trahere. — Ceux qui trainent un char, trainer un char.* 轡 Péi *Habenæ. Frænum.=Les rênes. Le mors.* 轟 Hum *Curruum strepitus.=Bruit de chars.*

N. 321. 更 叓

Kem ˉ Mutare: corrigere. Ampliùs. =Changer: corriger, réparer. Davantage.

㥷 ˉ Odisse, abominari. — Haïr, détester.

浭 ˉ *Nomen cujusdam fluvii.=Nom de rivière.*

粳 ˉ *Oryzæ non glutinosæ species quædam.=Espèce de riz qui n'est pas glutineux.*

霙 ˊ Nebulosum.—Nuageux.

郠 ˉ *Nomen loci.=Nom d'endroit*

梗 ˋ Rectum. Ramus.= Droit. Rameau.

埂 ˆ Fovea. Agger. = Fossé, trou dans la terre. Jetée; digue.

挭 ˉ Perturbare, movere. — Causer du trouble. Remuer.

稉 ˉ Oryza.—Riz.

鯁 ˊ Piscium spinae. Piscis spina gutturi haerens. — Arêtes de poisson.

狿 ˉ Canis. *Quidam quadrupes.*= Chien. *Nom de quadrupède.*

綆 ˋ Putei funis.—Corde du puits.

莄 ˉ Plantarum caulis. — Tige des plantes.

暅 ˉ Solis lux.—Lumière du soleil

哽 ˋ Balbutire: linguâ impeditus. —Balbutier: bégayer. Avoir la langue embarrassée.

骾 ˋ Guttur. Piscium spinae.=Gosier. Arêtes de poisson.

蝊 ˉ *Quoddam insectum.=Nom d' insecte.*

峺 ˋ Obstaculum, impedimentum. =Empêchement, obstacle.

硬 Im ˊ Durum rigidum, inflexibile.= Dur, roide, inflexible.

鞕 ˊ Corium inflexibile. Durum, rigidum. = Cuir qui ne plie pas, Dur, roide.

† Hinc procedere videtur 便 N. 673.

N. 322. 甫 一

	ˋ Fu	Magnum. Bonum. Pulchrum. Ergò. = Grand. Bon. Beau. Donc.	髍	ˋ	Renum ossa.= Os des reins.
庯	ˋ	Domus irregularis. = Maison irrégulièrement bâtie.	蜅	ˋ	*Parvi carabi species quædam. = Espèce de petit crabe.*
麱	ˆ	Triticum parvum emundatum. = Petite espèce de froment mondé.	黼	ˋ	Variegatum, ornatum, acupictum.= Bigarré, orné, brodé.
硧	ˋ	Mortarium. = Mortier.	悑	ˊ	Perterritus : pavens = Alarmé : effrayé.
酺	ˆ	Genæ. Genarum ossa. = Les joues. Les pommettes.	浦	ˋ	Fluminis ora. Fluvii ramulus. = Rivage de fleuve. Ruisseau secondaire.
豧	ˆ	Porci grunnitus. = Grognement du cochon.	埔	ˆ	Initium rerum.= Le commencement de toutes choses.
輔	ˋ	Fulcire ; sustinere. Auxiliari. Currûs latera. Genæ.= Soutenir ; étayer. Aider. Les côtés d'un char. Les joues.	誧	ˉ	Deliberare de aliquo. Magnum, amplum. = Delibérer. Grand, large.
頫	ˆ	Genæ. Genarum ossa. = Les joues. Les pommettes.	痡	ˉ	Morbus. Destruere; dissipare. = Maladie. Détruire.
郙	ˆ	*Quoddam vexillum. = Espèce de pavillon.*	補	ˋ	Reficere ; restaurare ; supplere.= Raccommoder ; réparer ; suppléer.
簠	ˋ	Canistrum pro frugibus.= Panier rond pour mettre des grains.	糒	ˊ Pu	Oryza dulcis.= Riz doux.
鬴	ˋ	Cacabus : olla.= Marmite.	逋	ˉ	Fugere ; evadere. Debita.= Fuir ; s'évader. Dettes.
桶	ˋ	Cancelli lignei. Corona lignea. Hastile. = Barrière en bois. Gardefou. Bois de lance.	鵏	ˉ	Avis nocturna. = Oiseau de nuit.
輔	ˋ	Currûs appendices inferiores. = Certains harnais au bas d' un char.	酺	ˆ	Convivium publicum. Sacrificium vernum.= Repas public. Sacrifice du printemps.
䎔	ˋ	Capilli tenues.= Chevelure fine.	捕	ˊ	Aliquem prehendere. Capere. Occupare. Latrocinari.= Saisir quelqu'un. S'emparer de. Piller.
秿	ˋ	Metere : in manipulos redigere.= Moissonner : mettre en gerbes.	鋪	ˉ	Extendere ; spargere. Disponere. Taberna.= Etendre ; éparpiller. Arranger. Boutique.
脯	ˋ	Caro sicca. Vervex. Cervus. = Viande sèche. Mouton. Cerf.	餔	ˉ	Merenda. Cœna. Comedere. Alere.= Le goûter. Le souper. Manger. Nourrir.
俌	ˋ	Adjuvare, sustinere.= Aider, soutenir.	匍	ˆ	Celeriter. In orbem volvi.= Promptement. Faire la roue.
䮒	ˋ	Stella polaris; 6a. stella Ursae minoris.= L'étoile polaire.	鯆	ˆ	*Quidam piscis pluviæ præscius.= Poisson qui prévoit la pluie : le Souffleur.*

N. 322.

蒱 ^ Acorus. *Lin.*=*Sorte de plante.*

賻 ˊ Remuneratio.=Gratificatio.

晡 – Dies in vesperum declinans. Sol occidens.=Le déclin du jour. Soleil couchant.

哺 ˊ Avi buccellam præbere. Buccella. Mandere. = Donner la becquée à un oiseau. Bouchée. Mâcher.

踊 – Equi vestigia. = Traces d'un cheval.

圃 ˋ Hortus, viridarium.=Jardin.

† Hinc originem ducit 専 N. 648.

† †Huic phoneticæ aliquomodò accedit 蒲 Pû *Planta aquatilis ex quâ storeæ fiunt. Idolum.* = *Plante aquatique dont on fait des nattes. Idole.*

† † † Littera 鋪 sæpè in usu apud vulgum, est mera corruptio litteræ 鏰 à Dictionariis haud admissa.

N. 323. 束

ˇ Xu Ligare, vincire. Continere. Reprimere. = Lier, attacher. Contenir. Réprimer.

踈 – Returare. Separare. Remotum. Apertum. Negligens.= Déboucher. Séparer. Eloigné. Ouvert. Négligent.

練 – Tela ex lino confecta. = Toile de lin.

哰 ˇ Sugere; sorbere.=Sucer; aspirer.

涑 ˇ Su *Quidam fluvius.*=*Nom de rivière.*

凍 ˇ Frigus hyemale.=Le froid de l'hiver.

殐 ˇ Morientis angustiæ. Ossa sine carne.=Agonie. Os décharnés.

速 ˇ Urgere. Festinare. Celeriter. Sollicitare: invitare. = Etre pressé. Se hâter. Vîte. Solliciter: inviter.

餗 ˇ Cibi in ollâ positi.=Nourriture dans la marmite.

觫 ˇ Præ timore contremiscere.= Trembler de peur.

倲 ˇ Caput movere. = Branler la tête.

敕 ˇ Xo Jubere, mandare, mandatum. Perficere; expolire.=Commander, ordonner, ordre. Perfectionner.

欶 ˇ Sorbere. Respirare.=Humer. Respirer.

悚 ˊ Sum Timere.=Craindre.

竦 ˋ Elevare, erigere, exaltare. Capillorum horror, timere.=Elever, dresser, exalter. Cheveux qui se dressent, craindre.

捒 ˋ Obsequium. Elevare. Movere. Eligere.=Respect. Elever. Mouvoir. Choisir.

† Adeò grassatur prava consuetudo scribendi 東 pro 束 et vicissim, ut impossibile esset uniuscujusque limites constituere, nisi classicæ leges extarent: vide annot. N. 249.

† † Quas ibi litteras legimus *Xo* sæpius etiam à vulgo leguntur *Xeu* et *Seu*.

N. 324. 酉 酉

ˋ Ieu Maturum. Hora sexta vespertina. = Mûr. Six heures du soir.

廼 ^ Tecti trabes putridæ. = Chevrons pourris.

庮 ^ Tigna; trabes.=Solives.

栖 ^ Magnus rogus ad sacrificandum Cœlo. = Grand bûcher pour sacrifier au Ciel.

莤 ^ Herba aquatilis.=Herbe aquatique.

酒 ˋ Tsieu Vinum. Convivium.=Vin, liqueur. Repas.

迺 ˆ Urgens; subitò. Finire.=Pressé; subit. Finir.

+ Præest etiam tanquàm classifica ducentis et amplius litteris ad *vinum* et *liquores* spectantibus, quarum constanter sinistrum latus occupat, sicut in 醑 In *Vino os lavare.* = *Se laver la bouche avec du vin.*

N. 325. 求

Kieu Rogare, petere, postulare, orare.=Prier, demander supplier.

宷 Petere, postulare.=Demander

悇 Conqueri.=Se plaindre.

洓 Frigore confectus.=Transi de froid.

球 Gemma sonora. Globus.=Pierre précieuse sonore. Globe.

逑 Vestis pellicea.=Habit en peaux.

裘 Conjungere; copulare, consortium. Urgens, festinans.=Unir, accoupler. Mariage. Urgent, pressé.

救 ˊ Salvare. Salus. Adjuvare; in auxilium advolare. Sistere. Prohibere. = Sauver. Salut. Secourir; accourir. Arrêter.

捄 Pila lusoria.=Paume à jouer.

捄 ˊ Curvum. Longum. Liberare. = Courbé, long. Délivrer.

屎 Membrum virile. = Membre viril.

銶 *Securis species quædam.*=*Espèce de hache.*

毬 Pila lusoria. = Paume à joue

觩
觓
觓 Cornu. Recurvum.=Corne Contourné, qui n'est pas droit.

俅 Vir gravis. Pileus in pompà adhibitus. = Homme grave. Bonnet de parade.

絿 Festinare. Urgens.=Se presser. Urgent.

賕 Aliquem donis corrumpere. Pecuniâ fidem labefactare.=Corrompre au moyen de presents. Suborner; recevoir ces sortes de présents.

N. 326. 折

Chee ˇ Rumpere. Frangere. Curvare. Delere.=Rompre. Plier; effacer.

浙 Oryzam lavare. *Nomen provinciæ Chee-kiam.*=Laver du riz. *Nom de province.*

硩 Jacĕre lapides. = Lancer des pierres.

聜 Audire.=Entendre.

鞂 Ensis vagina. Summa cutis.=Fourreau d'épée. L'épiderme.

悊 Sapiens. Scire.=Sage. Savoir.

䂣 Jacĕre lapides. = Lancer des pierres.

餐 Fœtor; fœtidum.=Puanteur; puant.

晢 Oculorum fulgor. Oculi pulchri.=Le brillant des yeux. Beaux yeux.

晢 Scintillare: fulgens. Clarum. Parva claritas. = Scintiller. Brillant. Lueur.

N. 326.

𧻓	ˊ	Unico pede incedere.=Marcher d'un seul pied.	恿	ˋ	Strenuus; fortis intrepidus. =Vaillant, courageux.
蜇	ˇ	Insectorum aculeus. Pungere. =Dard des insectes. Piquer.	勇	ˋ	
哲	ˇ	Sapiens, intelligens. Mentis perspicacia. = Sage, intelligent. Pénétration d'esprit.	銿	ˆ	Magna campana. = Grande cloche.
𥍝	ˇ	*Quoddam lanceæ genus.=Espèce de lance.*	衕	ˋ	Vicus.=Rue.
𧎨	ˇ	*Quoddam insectum. = Sorte d'insecte.*	俑	ˋ	Statua lignea quam cum de defuncto sepeliunt. = Statue en bois que l'on enterre avec le défunt.
𦛗	ˇ	Pinguedo. Lardum.=Graisse. Lard.	㖯	ˋ	Evomendi pruritus. = Envie de vomir.
𧗽	ˇ	Commissura; junctura.=Jointure; jonction.	踊	ˋ	Saltare, exultare. = Sauter de joie.
菥	ˇ	Herbas secare. Storeae arundineae. = Couper de l'herbe. Nattes en roseaux.	蛹	ˊ	Bombycis chrysalida.=Chrysalide du vers à soie.
𥇒	ˇ	Oculorum fulgor. Oculi pulchri.=Le brillant des yeux. Beaux yeux.	痛	ˊ Tum	Dolere; dolor; pati. Pœna. Affectus.=Souffrir; douleur, peine, affections.
晣	ˇ	Scintillare, fulgens. Clarum. Parva claritas. = Scintiller. Brillant. Lueur.	鼕	ˆ	Tympani strepitus. = Roulement de tambour, ou de tamtam.
哳	ˇ	Avium cantus. = Chant des oiseaux.	桶	ˋ	Dolium. Situla. = Tonneau. Seau.
逝	ˊ Xe	Praeterire; transire. Mori. = Passer outre; passer. Mourir.	捅	ˋ	Progredi; procedere.=Avancer. Aller de l'avant.
誓	ˊ	Juramentum, jusjurandum, jurare.=Serment, jurer.	通	‾	Penetrare; pertransire, intelligere. Pervenire ad..mediator. =Pénétrer; passer à travers. Comprendre. Médiateur.
			甋	ˆ	Hydria fictilis. = Jarre en terre.

N. 327. 甬

			筩	ˆ	Tubus.=Tube.
	ˋ Ium	In vicis deambulare. Aqua crescens. = Se promener dans les rues. Eau croissante.	誦	ˊ Sum	Legere cantando. Studere. = Lire d'un ton chantant. Etudier.
悀	ˋ	Hilaris, contentus.=Gai, content.	𢿟	ˋ	Percutere. = Frapper.
涌	ˋ	Aquarum fervor.=Bouillonnement des eaux.			

† Raró quidem, sed aliquandò hæc phonetica synonymos habet 勇 et 庸

N. 328. 𠬶

Tsin

- 浸 Madefacere, humectare. Saturare. Macerare. Penetrare. = Mouiller, humecter. Saturer. Macérer. Pénétrer.
- 𧩯 Contumeliis afficere. Murmurari. = Accabler d'injures. Médire.
- 㓎 Frigus. = Froid.
- 祲 Movere, agitare. = Mouvoir.
- 駸 Equus velox. = Cheval léger.
- 埐 *Nomen loci. = Nom d'endroit.*
- 𠝏 Vincere, subdere. = Vaincre, subjuguer.
- 鋟 Caelare; litteras incidere. Acutum. = Graver; faire des types. Pointu.
- 侵 Usurpare. Radere. Progredi. Sterile. = Usurper. Gratter. Avancer. Stérile.
- 綅 Lorica hamis conserta. = Cotte de maille : attaches qui en fixent les écailles.
- 鬖 Siēn Capilli. = Les cheveux.

N. 329. 君

Kiūn Sapiens. Rex. Imperator. Dominus. = Sage. Roi. Seigneur. Empereur. Monsieur.

- 窘 Persecutio : molestiam inferre, gravare. Debilis. Pauper. = Persécution : molester. Affaibli. Pauvre.
- 麏 *Cervi species quædam. = Espèce de cerf.*
- 裙 Pallium : toga : tunica. = Manteau : longue robe : jupe.
- 捃 Sumere, congregare. = Prendre, ramasser.
- 裠 Pallium : toga, tunica. = Manteau : longue robe, jupe.
- 羣, 群 Grex; turma. Concursus. Societas. Concordare. = Troupeau; foule. Concours. Société. S'accorder.
- 頵 Caput amplum. = Grosse tête.
- 郡 Civitas, regio. = Ville, district.
- 帬 Pallium, tunica. = Manteau, jupe.
- 箘 Bambusa ex quâ sagittae fiunt. Espèce de bambou dont on fait des flèches.
- 莙 Beta. = Poirée, bette.
- 峮 Montium series. = Chaîne de montagnes.
- 焄 Hiūn Igni calor fovens. = L'air du feu.

N. 330. 局

Kiü Ordo, gradus; conditio. Domus luxoria. = Ordre; rang; situation. Maison de jeu.

- 㝒 Curvatum, inclinatum. Ordo = Courbé, incliné. Ordre.
- 𩬈 Capilli crispi. = Cheveux crêpus.
- 鋦 Circulus. Circulo circumdare. = Cercle, cerceau. Mettre un cercle.

N. 330.

鰗 ˇ *Quidam piscis.=Nom de poisson.*

㑷 ˇ Brevis. Parvus.=Petit. Court.

踻 ˇ Opprimere, oppressus. Caput demittere.=Opprimer. Baisser la tête.

† Originem ducere videtur à 句 N.169.

†† Hæc series fortassè deberet expungi quia ipsius litterae nunquam aut rarissimè in usu veniunt.

N. 331. 忌

Ki ˊ Timere. Obsequium. Aversari; odisse. Fugere ab.=Craindre. Respect. Avoir de l'aversion; détester. Fuir de..

惎 ˊ Veneratio; obsequium.=Respect; révérence.

誋 ˊ Tacere. Docere. Admonere. Sinceritas.=Se taire. Instruire. Avertir. Sincérité.

梞 ˊ Clavus ligneus cui aliquid appenditur.=Cheville en bois pour y suspendre quelque chose.

娸 ˊ Contra aliquem irasci.=Etre en colère contre quelqu'un.

綨 ˊ Libra; statera: libræ funiculi. Acus.=Balance; cordes de balance. Aiguille.

唭 ˊ Comedere.=Manger.

跽 ˋ Diù genibus flexis manere.=Etre longtemps a genoux.

† Originem ducit à 己 N. 32.

N. 332 忍 刁

Jén ˋ Patientia. Tolerare, patienter ferre.=Patience. Supporter. tolérer.

認 ˊ Cognoscere. Aliquem noscere.=Connaître quelqu'un. Reconnaître.

涊 Niên ˋ Macula. Sordidum. Sudare.—Tache. Sale. Suer.

涊 ˋ In ebrietate malus: ebrii agendi ratio.—Qui a le vin mauvais: manières d'ivrogne.

䀉 No ˇ Odisse; irasci.—Haïr; se mettre en colère.

† Originem trahit à 刃 cujus est synonyma in plerisque litteris relatis N. 34: sed quum eadem synonymia non existat pro quatuor litteris quæ hic referuntur, æquum non videtur hanc alteri adjungere, et ex duabus, unicam phoneticam efformare.

†† Cavendum nè confundatur cum N. 465.

N. 333. 那

No ˆ Ille, illa, illud. Quis? quomodò? ubi? valdè; magnum.=Celui, celle, cela. Qui? comment? où? très; grand.

挪 ˆ Locum mutare. Manibus torquere. Attrectare.=Changer d'endroit. Tordre avec les mains. Palper.

娜 ˋ Venustas morum. Piger, lentus.=Jolies manières. Paresseux, lent.

哪 ˆ Clamores. *Littera finalis sensu carens.*=Clameurs. *Caractère final.*

踋 ˆ In aliquid pedem offendere.=Broncher, heurter contre quelque chose.

† Etsi classica pronuntiatio hujus phoneticæ sit *no*, in vulgari tamen loquelâ sæpiùs pronuntiatur *na*.

字聲綱目

N. 334. 寽

寽 ˇ Lee Pugillum: manum implere. Accipere. = Poignée, prendre à poignée. Recevoir.

[illegible] ˇ Debilis; infirmus. Vulgaris. = Faible; infirme. Vulgaire.

埒 ˇ Æquale; planum. Agri limites. Agrum metiri. = Egal. Bornes. Arpenter.

捋 ˇ Folia detrahere. Sumere, digitis avellere. Damnum inferre. = Effeuiller. Prendre, enlever avec les doigts. Nuire.

鋝 ˇ Pondus 24 unciarum. = Poids de 24 taëls.

[illegible] ˇ Terram fodere. = Bêcher la terre.

[illegible] ´ Lai Morbus, aegra valetudo. = Maladie, malaise.

酹 ˋ Libare. Sacrificare. = Faire des libations. Faire des sacrifices.

† Cavendum nè cum duabus sequentibus phoneticis confundatur.

[illegible] ¯ Lateres non cocti. = Briques non cuites.

稃 ¯ Segetum cortex. Excretum. Florum calyx. = Ecorce des grains. Criblure. Calyce des fleurs.

[illegible] ¯ *Nomen cujusdam piscis.* = *Nom de poisson.*

俘 ¯ Praeda. Manubiae, spolia. Captivus. = Butin, dépouilles. Prisonnier.

娐 ¯ *Cognomen muliebre.* = *Nom de femme.*

綒 ¯ Rete crassum. = Filet grossier.

莩 ¯ Arboris intima pars. Consanguinitas. *Cannabis species.* = Le cœur de l'arbre. Parenté. *Espèce de chanvre.*

浮 ˆ Feu Natare, innatare. Vanum. Leve. = Nager, surnager. Léger. Vain.

[illegible] ˆ Tumor cum inflammatione. = Tumeur enflammée.

粰 ˆ Oryza liquida. = Bouillie de riz.

烰 ˆ Vapores ascendentes. = Vapeur qui s'élève par l'effet de la chaleur.

[illegible] ˆ Pluvia cum nive permixta. = Pluie et neige à la fois.

琈 ˆ *Quidam lapis pretiosus.* = *Nom de pierre précieuse.*

[illegible] ˆ Strepitus quod fit scindendo vel findendo aliquid. = Bruit que l'on fait en fendant ou en déchirant une chose.

[illegible] ˆ Currere, deambulare. = Courir, se promener.

桴 ˆ Trabs praecipua. = Poutre majeure.

垺 ˆ Abundans. Magnum. = Abondant. Grand.

[illegible] ˆ Turtur. = Tourterelle.

N. 335. 孚

孚 ¯ Fu Fidelis. Concordare. = Fidèle. Etre d'accord.

麱 ¯ Frumenti cortex. = Ecorce du froment.

桴 ¯ Rates. = Radeau.

垺 ¯ Suburbia. Effugere. Mons in cujus vertice aqua reperitur. = Faubourgs. Fuir. Montagne qui a de l'eau au sommet.

郛 ¯ Planities extra muros. Mœnia urbis. = Plaine hors des murs. Murailles d'une ville.

[illegible] ¯ Avis plumas immutans. = Oiseau qui mue.

筟 ¯ Parva arundo. Bambusae pellicula interior. = Petit roseau. Peau intérieure des bambous.

N. 335.

覩	^	Aspicere, Videre.=Regarder. Voir.
犋	^	Vacca labiis nigris. = Vaches aux lèvres noires.
䌹	^	Valdè, multum.=Beaucoup
艀	^	Navicula. Parva rates. = Bateau. Petit radeau.
魁	^	*Nomen cujusdam sideris. = Nom d'étoile.*
蜉	^	Magna formica. = Espèce de grande fourmi.
罦	—	Rete ad aves captandas.=Filet pour attraper des oiseaux.
㟊	^	*Nomen cujusdam montis. = Nom de montagne.*
乳	Jù	Mamillae; ubera. Lac.=Les mamelles: les seins. Lait.
殍	Piao	Fame emori. Fame pressus.= Mourir de faim. Affamé.

† Tam exigua inest distinctio inter *Fu* et *Feu*, ut ex duabus sonis unicus fortè effici deberet.

N. 336. 妥

	Tô	Certum. Quiescere: curis carere.=Sûr, être en repos; n'avoir pas de soucis.
㛊	`	Certum, in tuto esse. Quiescere.=Sûr, être en sûreté. Etre en repos.
挼	Nô	Manus confricare; fricare. = Se frotter les mains; frotter.
餒	Néi	Fames. Putridum. = Faim. Pourri.
㼎	`	*Species quædam cucurbitæ.= Espèce de courge.*
鮾	`	Piscis putridus. = Poisson pourri
浽	Suēi	Pluvia minuta.=Pluie fine.
綏	—	Habenæ, frænum. Pax. Tranquillus. Consolari. = Brides, Frein. Paix. Tranquille. Consoler.
荽	—	*Coriandri species quædam. = Espèce de coriandre.*

† Hæc phonetica numerari potest inter difficiles, tùm quia varios sonos habet, tùm quia sæpè ipsi substituuntur tanquàm synonymæ aliæ phoneticæ ejusdem pronuntiationis: has inter potissimùm occurrit 委 N. 457.

337. 坐

	Tsô	Sedere.=S'asseoir.
謺	´	Sedile præbere. Ad sedendum invitare. = Donner un siège: faire asseoir.
座	´	Sedile; sedes. Thronum.=Siège. Trône.
硰	`	Muri ruinæ.=Débris de mur.
挫	^	Pellere: asperè tractare. Lædere. Rumpere. = Pousser, maltraiter. Rompre.
銼	^	Lima.=Une lime.
銼	^	Inurbanus. Obiter genuflectere.=Malhonnête, impoli. Faire une demi génuflexion.
剉	^	Secare, abbreviare.=Couper, écourter.
矬	^	Rusticus, rudis, vile. Cum strepitu sedere. = Grossier, bas. Faire du bruit en s'asseyant.
脞	`	Minutum: caro minutatim concisa.=Menu. Viande coupée en petits morceaux.

N. 337.

侳 Contumeliis lacessere. Quies. =Injurier. Repos.

娷 Quies. Juvenis.=Repos. Jeune.

莝 Praecidere, metere.=Faucher, moissonner.

蹉 Pedem offendere: in aliquid impingere. = Broncher, faire un faux pas.

脞 Ruinae.=Ruines.

† Regit etiam classem exiguam et parùm in usu.

†† Hinc secundariò trahit originem 慾 Iü *Ardenter appetere, concupiscere: cupiditates.* = *Désirer ardemment: concupiscence, les passions.*

N. 338. 谷

Ku Vallis. Aquaeductus. Alere. =Vallée. Aqueduc. Nourrir.

嗀 Glocitare: gallinarum singultus.=Glousser: cris des gallinacées.

俗 Su Mos, consuetudo, mores. Communiter. Assuescere. = Coutume, usage, mœurs. S' habituer. Vulgairement

隙 Ki
郤
Fissura, rima. Interruptio: meatus. Occasio. = Fente, crevasse. Ouverture. Occasion.

綌 Cannabis rudis. = Chanvre grossier.

浴 Iü Irrigare; madefacere; lavare. =Arroser; mouiller; laver.

裕 Superabundans. Clarum: illuminare. = Surabondant, Clair; éclairer.

欲 Velle, voluntas; exoptare. Cupiditates.=Vouloir, désirer; volonté. Les passions.

鵒 Acridotheres gracula. *Vieill.* =Le martin.

峪 Stagnum in vallis imo. = Etang au fond d'un vallon.

N. 339. 邦

Pam Regnum.=Royaume.

梆 Excubiarum tympanum. = Tambour pour les gardes de nuit.

捓 Percutere; ponderare. Abscondere. = Frapper; peser. Cacher.

綁 Ligare; vincire: fune circumdare. = Lier; attacher: lier avec une corde.

† Cavendum ne confundatur cum 邦 N. 256.

N. 340. 毎

Méi Quisque, unusquisque. Semper. Exoptare. =Chacun, chaque. Toujours. Désirer.

痗 Animi angor. Morbus à curis proveniens.=Anxiété. Maladie causée par les soucis.

粺 Fermentum ad vinum conficiendum. = Levain pour faire fermenter le vin.

霉 Mucor. Æstus et humiditas. Pluviæ æstivales. = Moisissure. Chaleur humide. Les pluies de l'automne.

梅 Pruna.=Des prunes.

鋂 Pessulus duplex. Magna sera. =Double loquet. Grande serrure.

脢 Dorsi caro. Pectus. = Chairs du dos. Poitrine.

N. 340.

莓 ˆ Mucor. Luxurians. Virens.= Moisissure. Verdoyant. Florissant.

黣 ˋ Aspectus tristis.=Air de mélancholie.

罨 ˆ Rete venatorium.=Filet pour la chasse.

悔 ˋ Huéi Pœnitere, emendare se. = Se repentir, se corriger.

誨 ˊ Docere, instruere.=Instruire.

酶 ˊ Facies pinguis.=Figure pleine; gras.

𠦬 ˊ Lineolas divinatorias cooptare.=Combiner les lignes divinatoires.

晦 ˊ Obscurum. Fuscum. Luna senescens. = Obscur, sombre. Dernier quartier de la lune.

海 ˋ Hai Mare. Oceanus.=La mer. L'océan.

烸 ˋ Assare. Torrere.=Rôtir. Griller.

侮 ˋ U Contemnere, despicere.=Mépriser.

† Huic affinis est quasi-phonetica 敏 Mìn *Solers, perspicax. Festinus. Pedum pollex.=Adroit, intelligent. Agile, qui se hâte. Le gros doigt de pied*, ex quâ oriuntur.

憫 Mìn *Perspicax. Misereri.=Intelligent, habile. Avoir pitié*: et

繁 Fân *Multi; plurima permixta. Confusio.=Beaucoup; mélange de choses. Confusion.*

N. 341. 廷 廷

Tim ˇ Palatium Imperiale. Aula.= Palais de l'Empereur. La Cour.

麈廷 ˋ Cervus currens. = Cerf qui court.

庭 ˇ Remotum. Differens. Magnum cubiculum. Servorum domus majori contigua. = Eloigné. Différent. Grande salle. Maison des domestiques.

霆 ˇ Magnum tonitru. Tonitru genius. = Grand tonnerre. Génie du tonnerre.

珽 ˋ Magnum numisma ab Imperatore gestatum. = Médaillon que porte l'Empereur.

梃 ˋ Virga. Ramus unicus.=Branche unique. Verge

挺 ˋ Evellere. In se assumere. Se erigere.=Déraciner. Prendre sur soi. Se redresser.

筳 ˇ Frustula arundinea in quibus divinantur.Tubus.=Morceaux de bambou avec lesquels on tire les sorts. Tube.

鋌 ˋ Aurum impolitum. Opus aeneum. Velox, levis.=Or brut. Pièce de métal travaillée. Agile, léger.

脡 ˋ Erectum. Caro sicca.=Droit. Viande sèche.

艇 ˋ Navicula velox. = Bateau léger.

侹 ˋ Planum, aequale, rectum, bonum. Venerari.=Egal, droit, bon. Respecter.

娗 ˆ Elegans. Mulier formosa. = Elégant. Jolie femme.

莛 ˇ Pedunculus, caulis. = Tige, hampe.

骽 ˇ Ossa longiora. Coxendicum ossa.=Les os longs. Les os de la cuisse.

蜓 ˉ *Quoddam insectum volans.= Certain insecte volant.*

‡ Cautè distinguenda à N. 350.

‡‡ Originem ducit à 壬 Tim *Virtute præditus.=Vertueux*, cum quo confundi non debet 壬 Sub N. 282 reperienda.

N. 342. 告 告

Kao ˋ Accusare ; admonere, docere = Accuser ; avertir, enseigner.

誥 ˊ Jubere; imperare. Inferiores alloqui, diploma.=Commander, donner ordre. Parler à des inférieurs. Patente, diplôme.

箬 ˊ Vas in superstitionibus adhibitum.=Vase en usage pour les superstitions.

郜 ˊ *Nomen loci et personæ.=Nom de lieu et de personne.*

覞 ˆ Diù aspicere.=Regarder pendant long temps.

靠 ˆ } Inniti ; confidere. Mutuò se fulcire. Ab aliquo dependere. = S'appuyer, se confier. Se soutenir mutuellement. Dépendre d'un autre.

靠 ˆ }

蛞 ˊ *Quoddam insectum.=Sorte d' insecte.*

Hao 悎 ˋ Mente turbatus. Angor. Pavor.=Trouble d'esprit. Inquiétude. Alarme.

浩 ˋ Extensum, immensum. = Etendu, vaste, immense.

聕 ˋ Auris, audire.=Oreille, entendre.

劼 ˆ Invisere, salutare. = Visiter, saluer.

皓 ˋ Album; fulgens.=Blanc, brillant.

姢 ˋ *Cognomen muliebre.=Nom de femme.*

晧 ˋ Splendens, fulgens. Sol oriens. =Brillant. Soleil levant.

咭 ˋ Loquacitas, garritus.=Loquacité, babil.

Kiao 窖 ˋ Magnum foramen. Aliquid in terrâ recondere.=Grand trou. Cacher des objets dans la terre.

Ku 焅 ˇ Vapor calidus et siccus. Calidum.=Vapeur sèche et chaude. Chaud.

祰 ˇ Deos orare.=Prier les génies.

酷 ˇ Vinum generosum. Crudelis-severus.=Vin généreux. Cruel, sévère.

梏 ˇ Manicæ ferreæ aut ligneæ.= Menottes ; cangue.

牿 ˇ Caula ; ovile. Stabulum. Septum pro vaccis et equibus.= Bergerie. Etable. Parc pour les vaches et les chevaux.

嚳 ˇ Sollicitè aliquid significare. *Nomen cujusdam Imperatoris antiquissimi.*=Signifier en toute hâte. *Nom d'un Empereur très ancien.*

Hu 顝 ˇ Nasus magnus.=Grand nez.

鵠 ˇ Ardea alba *Lin.* Album.Sagittarum scopus. Obsequenter.= Héron blanc. Cible. Blanc. Avec soumission.

‡ Littera 嚳 cedit à regulis communibus quæ litterarum formationi præsident, nec continet classificam à phoneticâ distinctam; evidens tamen nobis videtur quòd in hâc serie debet recenseri potiusquam sub N. 505.

N. 343. 秀

Sieu ˊ Pulchrum. Bacalaureus. Reficere. Crescere. Bonitas.= Joli. Bachelier. Raccomoder. Croître. Bonté.

琇 ˊ *Quidam lapis, sat pretiosus.= Certaine pierre assez précieuse*

銹 ˊ Ærugo, rubigo. = Rouille, oxidation.

綉 ˊ Gossypium in tenue stratum redactum. = Couche mince de coton.

Ieu 誘 ˋ Tentare ; incitare ; hortari : consiliare ; seducere.=Tenter, exciter, consciller, exhorter à..séduire.

莠 ˋ Zizania. Fetidum. = Ivraie. Fétide.

唀 ˋ Tentare, seducere. = Tenter, séduire.

N. 335.

蜏 、 Vermis mane nascens vespere moriens. = Vers qui nait le matin et meurt le soir.

透 Teu Penetrare; percipere: explicare.=Pénétrer. Conprendre. Expliquer.

† Accuratè distingui debet à phoneticà 秃 quæ aptiùs in hoc loco referenda nobis videtur unà cum ipsius progenie, quàm in ordine distincto.

秃 Tu *Calvities, calvus. = Chauve; tête sans cheveux.*

瘯 *Vulnus in capite.=Blessure à la tête.*

頹 Tuêi *Cadere, ruere. Turbo.= Tomber, tomber en ruine. Ouragan.*

癩 *Morbus in genitalibus.=Maladie des parties naturelles.*

N. 344. 利 㓱

Li Lucrum, questus, felicitas, fortuna. Acutum.=Profit, gain, lucre, bonheur. Aigur.

痢 Diarrhæa, dyssenteria.=Diarrhée, dyssenterie.

悡 Odium; odisse.=Haine; haïr.

梨 Pyrus, pyra. = Poirier, des poires.

剓 Pellem detrahere.=Ecorcher.

犁 Terram colere. Instrumentum aratorium. *Cognomen.* = Cultiver la terre. Instrument aratoire. *Nom propre.*

黧 Nigrum. = Noir.

俐 Sagax, expertus, intelligens. =Adroit, expert, spirituel.

莉 Jasminum grandiflorum.=*Lin Jasmin.*

唎 Vox. Verba mordacia.=La voix. Paroles mordantes.

蜊 Ostrea. Concha. = Huître. Coquillage.

† Varietas 㓱 potissimum. et quasi sola usurpatur in litteris hujus ordinis in quibus phonetica verticem occupat.

N° 345 我 㚔

Ñgo Ego, me.=Je, moi.

涐 *Nomen cujusdam fluvii.=Nom de rivière.*

誐 Verba jucunda. Legere cantando. = Paroles agréables. Lire d'un ton chantant.

裫 Vestitus elegans. = Costume élégant.

禊 *Quoddam sacrificium.=Sorte de sacrifice.*

峩 } Montes saxosi.=Montagnes rocailleuses.
硪 }

騀 *Equi species quædam. = Certaine espèce de cheval.*

珴 Sceptrum ex lapide pretioso. =Sceptre en pierre précieuse.

挓 Fricare. Abstergere.=Frotter.

餓 Fames, esurire. Concupiscere.=Faim, avoir faim. Convoiter.

頠 Aequale. Regulare. = Egal. Régulier.

鵝 Anas regia. Grus.=Canard Mandarin. Grue.

字聲綱目

N. 345.

鵝 ^ Anas regia. Grus.=Canard mandarin. Grue.

皒 ^ Color albus. = Coleur blanche.

俄 ^ Urgens. Repentè, subitò ; subitaneum.=Pressant. Subitement ; soudain.

娥 ^ Mulier formosa.=Jolie femme.

莪 ^ Absinthium. Herbæ tenellæ. Olera.=Absinthe. Herbes tendres. Légumes.

哦 ^ Legere cantando. = Lire en chantant.

蛾 ^ Papiliones lucernae circumvolantes. Bombyx. = Papillon qui vole autour de la chandelle. Ver à soie.

峨 ^ ⎫ Mons altus. Majestate plenum. = Haute montagne. Majestueux.

峩 ^ ⎭

N. 346. 角 角

ˇ Kio Cornua. Angulus. Disceptare =Les cornes. Coin, angle. Se disputer.

确 ˇ Durum, forte. Terra glareosa. Rectum. = Dur. fort. Droit. Terrein pierreux.

桷 ˇ Tecti tabulae. = Planches du toit,

埆 ˇ Montuosum ; saxosum. Aridum. = Montagneux ; pierreux. Aride.

捔 ˇ Fune animal capere. =Attraper un animal avec une corde.

筩 ˇ *Bambusæ species quædam.= Espèce de bambou.*

觕 ˇ Per ansas sumere. = Prendre par les anses.

睕 ˇ Oculorum motus. = Mouvement des yeux.

† Numeratur etiam inter eas classificas quae litterarum sinistram partem tenent.

N. 347. 免 免

ˋ Miên Sumptibus parcere. parcimoniam adhibere. = Epargner, économiser.

浼 ˋ Aquae planities. Corrumpere, depravare.=Surface unie des eaux. Dépraver.

娩 ˋ Parere, prolem edere. = Enfanter, accoucher.

鮸 ˋ *Quidam piscis.=Nom de poisson.*

勉 ˋ Conari, animum sumere ; vires addere, excitare.=S'efforcer, prendre courage ; encourager.

俛 ˋ Caput inclinare.=Pencher la tête.

娩 ˋ Parere, eniti. Annuere.=Enfanter, accoucher. Consentir.

絻 ˋ Corona, pileus. Pilei floccus.= Couronne. Houppe de bonnet.

冕 ˋ Wen Caeremonia lugubris in avorum memoriam. Vestimentum funebre.=Cérémonie lugubre. Habits de deuil.

輓 ˊ Wan Currum trahere, aut pellere à retrò. Sepultura. Defunctorum tabella.=Traîner un char Enterrement. Tablette du défunt.

梚 ˋ *Quædam ligni species. = Espèce de bois.*

挽 ˋ Capere, arripere. Trahere. Recuperare. = Saisir, prendre. Tirer, traîner. Recouvrer.

鞔 ˋ Trahere, ducere.=Tirer traîner, conduire.

晩 ˋ Vesperè : serò, tardè; nox. Senectus. Ego *adolescens.* = Le soir, tard, la fin du jour ou de la vie. Moi *jeune homme.*

N. 347.

娓 ˊ Adulari, adulatio, blandiri.= Flatter, adulation.
晚 ˊ Vesperè, serò, tardè, nox. Senectus. Ego (*adolescens.*)= Le soir, tard, la fin du jour ou de la vie. Moi (*jeune homme.*)
浼 浼 Méi ˋ Aqua fluens. Corrumpere, depravare. Taedium afferre: incommodo esse. = Eau qui coule. Dépraver. Ennuyer; incommoder.

† Cautè distingui debet à 兔 (Var. 兎) Tù *Cuniculus.*=*Lapin.*

N. 348. 夆

Fum ‾ Opponere se: mutuò sibi adversari. Occurrere.—S'opposer: se contrarier mutuellement. Rencontrer.
烽 ‾ Fumus in signum productus à longè. =Fumée que l'on fait pour donner l'alarme au loin.
桻 ^ Arboris culmen. Clava lignea =Le haut d'un arbre. Massue en bois.
捀 ‾ Prae manibus tenere. Offerre. Accipere.= Tenir dans les mains. Offrir. Recevoir.
鋒 ‾ Acutum; acumen: apex. Militum linea. Primum agmen. Competitor.= Pointu; pointe. Ligne de soldats. Avant-garde. Compétiteur: concourir.
熢 ‾ Fumus in signum belli à longè prolatus.—Fumée produite au loin en signe d'alarme.
逢 ^ Occurrere: obviàm habere. accidere.—Rencontrer. survenir.
蜂 ‾ Apes: vespa. Abeille: guêpe.
峯 峰 ‾ Montis cacumen, vertex.—Sommet de montagne, le faite.
韸 Pum ^ Tympani sonus.—Son du tambour.

鬔 ^ Passis capillis: coma confusa. —Echevelé.
埄 ^ Pulvis.—Poussière.
篷 ^ Navis vela ex storeis confecta: storeæ quibus navis operitur. —Voiles faites avec des nattes: nattes pour couvrir un bateau.

† Procedit à 丰 Fum *Luxurians, abundans.*= *Florissant, abondant*, quem aliquando in compositis synonymum habet,et præbet originem phoneticae 逢 N. 774. cujus annotatio seriò perpendenda est.

†† Devitanda est erronea, etsi vulgaris consuetudo scribendi hanc phoneticam 夅, quia tunc omninò confunditur cum N. 271.

N. 349. 位

Wéi ˊ Persona. Dignitas. Thronum. Sedes. — Personne. Dignité. Trône. Siège.
涖 Lí ˊ Aqua cum fragore descendens. Invigilare. Approximare. — Eau qui descend avec bruit. Surveiller. S'approcher de.
莅 ˊ Gubernare, regere. Magistratum gerere. Munus, officium. —Gouverner. Exercer la magistrature. Office.

N. 350. 延 延

Ièn ^ Differre: immorari. Prolixum. Diù. Invitare: introducere. — Différer: temporiser. Long. Longtemps. Inviter: introduire.
涎 ^ Inundatio. Aqua pereanniter fluens. Saliva. — Inondation. Eau qui coule sans interruption. La salive.
埏 ^ Limites. Horizontis divisiones. Ora.—Limites. Les points de l'horizon. Rivage.
筵 ^ Mensa arundinea. Storea arundinea. Convivium.—Table en roseaux. Natte en roseaux. Repas.
狿 ^ *Animal quoddam vulpi simile.* —*Animal semblable au renard.*

綖 ^ Ornatus diadematis regii. Pilei floccus.—Ornement du diadème royal. Pompon de chapeau.

莚 \ Plantæ scandentes. Implere.—Plantes grimpantes. Remplir.

㢟 ^ Adulari. Avidè.—Flatter. Avidement.

蜒 ^ Centipeda. Limax. Vulpes. Longissimum.=Centpied. Limaçon. Renard. Très long.

涎 ^ Siên Saliva fluens. Inundare.=Bave, salive qui coule. Inonder.

埏 — Xên Terram subigere ad conficienda fictilia.—Pétrir de la terre pour faire de la poterie.

梴 — Violenter auferre. Ducere. Fugere.=Enlever avec violence. Conduire. Fuir.

誕 ' Tan Nativitas, nasci. Mentiri. Jactare se. Spatiosum.—Naissance, naître. Mentir. Se vanter. Spacieux.

蜑 \ Barbari insularum australium. —Les barbares des iles du sud.

㣧 ' Magnus. Sex.—Grand. Six.

㢟 ' Nativitas, nasci. Mentiri. Jactare se. Spatiosum.—Naissance, naître. Mentir. Se vanter, Spacieux.

† Cavendum ne confundatur cum N. 341.

N. 351. 攸 攸

^ Ieu Qui, quæ, quod. Hilaris, contentus. Illicò, repentè.—Que, qui, lequel. Joyeux. Soudain.

滺 ^ Aqua fluens. Motus præproperus.—Eau qui coule. Mouvement précipité.

悠 — Tristis; cogitabundus. Remotum.—Triste, chagrin; pensif. Eloigné.

跾 ^ Pedibus infirmus. Festinus. —Malade des pieds. Pressé.

脩 — Sieu Ornare, componere: restaurare. Sapiens.—Orner, arranger: réparer. Sage.

修 — Ornare, componere: restaurare Sapiens.—Orner, arranger: réparer. Sage.

筱 \ Siao Species parvæ bambusæ.—Espèce de petit bambou.

𠤰 ^ Tiao *Quoddam rurale instrumentum. — Sorte d'instrument d'agriculture. Panier en roseaux.*

鯈 ^ *Quidam piscis longus et parvus.—Certain poisson petit et long.*

條 ^ Longus. Ramus. Articulus, divisio, libri capita. Lex. — Long. Branche. Article, division, chapitre. Loi.

鞗 ^ Habenæ, frænum. — Rênes, frein.

鰷 ^ *Quidam piscis longus et parvus.—Sorte de poisson long et petit.*

鋚 ^ Habenæ, frænum. — Rênes, frein.

莜 ' Cista ad terram aut stercus asportanda. — Panier pour transporter de la terre, ou de l'ordure.

† Littera 滌 quæ hinc originem ducit, quondàm à nobis annumerata fuit inter phoneticas post auctoritatem doctissimi et dilectissimi Gonçalves; sed, maturiori examine adhibito, compertum habuimus ipsam usurpari solummodò tanquàm synonymam hujus phoneticae, nunc ex Dictionariorum approbatione, nunc ipsis dissentientibus: unicum exemplum utile in quo reverà phonetica sit, praebetur à

滌 Ti *Lavare. Abjicere.=Laver. Jeter.*

N. 352. 狄

ˇ Ti Barbari septentrionales. Remotum. — Les barbares du Nord. Eloigné.

逖 ˇ Remotum; distans.—Eloigné; Lointain.

悐 ˇ Veneratio; obsequium; timor. —Vénération; réspect; crainte.

荻 ˇ *Bambusæ species quædam ex quâ tubi fumigatorii fiunt.—Bambou dont on fait des tuyaux de pipe.*

N. 352.

† Usurpatur etiam pro 易 in litteris quæ sub hâc phoneticâ leguntur *Ti.*

N. 353. 狂

ˇ Kuam Amens; insensatus. Imprudens. Ambitiosus.=Fou; insensé. Imprudent. Ambitieux.

汪 ^ Fluctus, undae. = Flots, vagues.

誑 ^ Decipere, illudere. Mentiri. Inconsideratè loqui.=Tromper; mentir. Parler à la légère.

軖 ^ *Species currûs quadrati.=Sorte de char carré.*

徍 ˋ Turbatus.=Troublé.

逛 ˊ Deambulare.=Se promener.

† Aliquandò usurpatur tanquàm synonyma phoneticarum 匡 et 王 cum quibus originis affinitatem habet.

N. 354. 坒

ˋ Pi Vices. Simul: conjungi; copulatum.=Fois. Avec: être; accouplé.

諀 ˉ Mentiri.=Mentir.

梐 ˊ Equus ligneus. = Cheval de bois.

陛 ˊ Scala. Gradus. Palatium. = Echelle, échelons. Degrés. Palais.

狴 ˋ Carcer. *Quoddam animal.*= Prison. *Sorte d'animal.*

† Procedit à N. 108 cum quo nescio an aliquandò synonymiam admittat.

N. 355. 余 ˊ

ˇ Iü Ego, me. *Nomen lunæ quartæ.* Superabundans; reliquum.= Je, moi. *Nom de la 4e. lune.* Surabondant; le surplus.

除 ˇ *Nomen lunæ quartae.=Nom de la 4e. lune de l'année. V. infrà.*

餘 ^ Superabundans; quod superest. Reliquum. = Surabondant; le surplus. Le résidu.

畬 ^ } Ager nuper excultus. Esca ignaria. = Champ nouvellement cultivé. Amadou.

畭 ^ }

蜍 ^ *Quidam bufo.=Sorte de crapaud.*

敘 ˊ } Praefatio. Libri proëmium. Ordo. Ordinare.=Préface. Ordre. Mettre en ordre.

敍 ˊ }

徐 ˇ Siü Lentè, tardè. Gravitas.=Lentement. Gravité.

俆 ^ Bellè. Sine festinatione.=A loisir. Sans presse.

賒 ^ Xee Absente pecuniâ vendere.= Vendre à crédit.

除 ˇ Chu Excludere; excipere: exceptò. Removere. Praeter. Jacere.= Exclure, excepter. Eloigner. Hormis. Lancer.

蜍 ^ Bufo.=Crapaud.

涂 ˇ Tu Lutum, cœnum. Via.=Boue, fange. Chemin.

瑹 ^ *Quidam lapis pretiosus.=Sorte de pierre précieuse.*

趓 ^ In manibus et pedibus reptare; =Ramper sur pieds et mains.

酴 ^ Vinum nondùm decapulatum, vinum fermentatum: vini fæces.=Vin non soutiré, vin fermenté: lie de vin.

梌 ^ Lignum commune bonæ speciei.=Bois commun de bonne qualité.

字聲綱目

N. 355.

荼 ˄ Arundo bambusæ similis. = Certain roseau semblable au bambou.

稌 ˄ Fruges in paludosis nascentes. =Grains qui poussent dans les marécages.

駼 ˄ Avicula fabulosa = Certain petit oiseau fabuleux.

途 ˄ Via, semita. Luto oblinire, inquinare. = Chemin, sentier. Couvrir de boue, salir.

塗 ˉ *Mons in quo antiquus imperator Iû regulos congregabat.= Montagne où l' empereur Iû réunissait les courtisans.*

峹 ˄ *Quidam mons in Xan-si. = Montagne au Xan-si.*

荼 ˄ *Quædam planta amara.* Pulchrum. Genii januæ custodes· *Certaine plante amère.* Joli· Les génies gardiens de la porte·

嵞 ˄ Evomere. = Vomir.

† Juxta 康熙字典, littera 佘 Xeê *Cognomen.=Nom de famille*, est mera corruptio hujus phoneticæ, et promiscuè in compositis usurpari potest: hæc opinio nobis videtur improbabilis, quia sonus *xee* indicat originem ejus litterae à 示 : in compositis autem usurpatur solummodò in 賒 cui suum sonum præbet.

†† Huic ordini subjungere juvat parvum subordinem, cui 除 præest velut phonetica.

瘵 ˊ Chu *Cicatrices. Stupidus. = Des cicatrices. Stupide.*

篨 ˄ *Storea arundinea. Rude. Corpore deformis.=Natte en bambous. Grossier. Contrefait.*

N. 356. 含

˄ Han Complecti ; continere. Recondere. In ore habere. Sustinere. = Embrasser ; contenir, cacher. Garder dans la bouche. Supporter.

悋 ˄ Negligens. Sine curâ.=Négligeut. Sans soin.

淦 ˊ Lutum, aqua lutosa. Submergi.=Boue, eau boueuse. Etre submergé.

琀 ˊ Gemma defuncti ori immissa. = Pierre précieuse que l'on met dans la bouche du défunt.

頷 ˋ Mentum. Genæ. Continere.= Le menton. Les joues. Contenir.

欲 ˄ Risum tenere. Desiderare.= Comprimer le rire. Désirer.

馠 ˄ Fragrans ; odor suavis.=Odoriférant ; bonne odeur.

脗 ˄ Caro infumata. Mentum.= Viande fumée. Menton.

娢 ˄ *Cognomen muliebre.=Nom de femme.*

荅 ˊ Florum gemmæ. Plantarum oculi erumpentes =Boutons des fleurs. Bourgeons qui s'épanouissent.

哈 ˊ In ore tenere. In ore ponere. Mandere. = Mettre ou tenir dans la bouche. Mâcher.

蛤 ˄ *Quoddam insectum venenatum. =Sorte d'insecte venimeux.*

峆 ˄ Vallis profunda inter montes. =Vallée profonde au milieu des montagnes.

† Cavendum ne confundatur cum varietate 令 N. 182.

N. 357. 希

ˉ Hi Rogare. Sperare. Excogitare. Tenue. Subtile.=Prier. Espérer. Imaginer. Fin. Rare.

悕 ˉ Animi dolor. Considerare. Desiderare. = Peine. Réfléchir. Désirer.

誃 ˉ Increpare, Irasci. = Gronder. Se fâcher.

豨 ˋ Magnus porcus. Porci grunnitus.=Grand porc. Grognement du cochon.

N·. 357.

⿰扌希 — Sumere, accipere. = Prendre, recevoir.

稀 — Rarum. Sparsè satum. Parùm. =Clair-semé. Rare. Peu.

⿰鼻希 ˋ Per nares respirare. Ronchos edere.—Respirer par le nez. Ronfler.

俙 — Obscurum. Simile. Decipere. Prodere. Dissimulare.—Obscur. Semblable. Tromper. Trahir. Se contrefaire.

郗 — *Cognomen.=Nom propre.*

欷 — Singultire; suspirare. Timidus, pavens.=Sangloter; soupirer. Craintif, timide.

莃 — *Quædam planta.—Espèce de plante.*

睎 — A longè aspicere.=Regarder de loin.

晞 — Exsiccare; siccum. Aurora.— Sécher; sec. L'aurore.

唏 ^ Proh! Ah! Singultire; suspirium. Risus.—Ah! Sangloter; soupir. Le rire.

⿸疒希 — Calor cutaneus. Dolor; cruciatus. = Chaleur de la peau. Douleur; souffrances.

脪 ˊ Caro viva in ulcere apparens. Calor cutaneus. — Chairs vives. Chaleur de la peau.

⿰希鼻 ˋ Hin Stiria. Lacrymæ per nares fluentes.=Goutte qui pend au nez. Larmes qui coulent par le nez.

⿰希瓦 ^ Che Amphora; vas pro vino.— Jarre, cruche; vase pour le vin.

絺 — Cannabis tenuis.—Chanvre fin.

—●●●●●●●●●●—

N. 358. 兌 兊 ˊ

ˊ Tuéi Lætari. Permutare. Congregare; consuetudo.=Se réjouir. Échanger. Réunir: communication.

駾 ˊ Equus solutis habenis currens. —Cheval qui va bride abattue.

⿰土兌 ˊ Murus decidens. = Mur qui tombe.

脫 ˊ Ad sui beneplacitum. Lente. —A son loisir. Lentement.

毻 ˊ Plumas immutare. — Changer de plumes.

⿰兌刂 ˊ Radere; abradere. — Rogner; couper ras.

蛻 ^ Serpentium pellis. Pellem immutare. — Peau de serpent. Changer de peau.

裞 ˊ Xuéi Vestes cadaveri induendo præbere. — Donner des habits pour couvrir un mort.

祱 ^ } Parvum sacrificium.—Petit sacrifice.

⿰飠兌 ˊ }

稅 ˊ Tributum, vectigalia. Lugere. =Taxes, impositions, tribut. Porter le deuil.

帨 ˊ Linteus, sudariolum.—Mouchoir.

銳 ˊ Juéi Acuminatum, acutum. Lancea.=Pointu, aigu. Lance.

說 ˇ Xŏ Loqui; conversari, dicere. Opinio. Hortari, suadere.=Parler, converser, dire. Opinion. Exhorter, persuader; exciter.

悅 ˇ Iuĕ } Laetari. Hilaris, gaudere.= Se réjouir. Content. Etre gai.

說 ˇ }

閱 ˇ Revisere, revisio. Examinare, comparare.=Revoir, révision. Examiner, comparer.

棁 ˇ Baculus. Columnae domûs.= Bâton. Piliers de la maison.

字聲綱目

N. 358.

挩 ◡ Tŏ Removere, excludere, derelinquere.—Oter, exclure, quitter.

脫 ◡ Aufugere, evadere. Removere. Vestes exuere. — S'échapper, s'enfuir. Oter. Se deshabiller.

侻 ◡ Dissimulator, fictus. — Dissimulé.

N. 359. 夋

^ Tsiün Hilaris, lætus. Rectus. — Joyeux, content. Droit.

竣 — Complere, finire.—Finir, terminer.

䘒 — Femoralia, braccae.—Les culottes.

逡 — Consistere. Retrocedre. Recedere. Recusare. — S'arrêter. Reculer. Se retirer. Refuser.

皴 — A frigore adustio.—Engelure.

㕙 — *Quidam lepus astutus.— La pin que l'on dit fort rusé.*

踆 — Retrocedere. Sistere. Se subdere.—Reculer. S'arrêter. Se soumettre.

浚 ` Si ün Profundum. Venerari. Decet. —Profond. Respecter. Il convient.

鵔 ´ Phasianus variegatus. — Faisan de diverses couleurs.

峻 ´ Abruptum ; eminens. Praecipitium.—Escarpé ; élevé. Précipice.

駿 ´ Tsuen Equus staturâ altus. Heroës. Vir praeclarus. Persona. Patefacere.—Cheval haut. Héros Personne. Faire connaître.

餕 ´ Ciborum reliquiae. Post ciborum geniis oblationem comedere.—Manger après l'offrande des mets. Restes du dîner.

俊 ´ Praecellens, egregius. Raro ingenio praeditus.—Excellent. Talent rare.

唆 ´ Respondere. Puerorum colloquium.—Répondre. Discours d'enfants entre eux.

畯 ´ Agrorum inspector. Rei agricolae praeses.—Inspecteur des champs. Juge d'agriculture.

悛 — Tsüen Emendare se. Consistere. Imbellis. In aliquo confidere.—Se corriger. S'arrêter. Se fier à.

朘 — Siüen Contrahere se. Caro in coctione se colligens. — Se contracter. Viande qui en cuisant diminue de volume.

痠 — Suan Dolere. Debilitas, debilis.—Souffrir. Faiblesse, faible.

𪊨 — Leo. Canis strenuus. Equus sylvestris.—Lion. Cheval sauvage. Chien courageux.

酸 — Acidum. Acetum. Labores. Cruciatus.— Aigre. Vinaigre. Souffrances. Peines.

𧳜 — } Leo. Canis strenuus. Equus sylvestris. — Lion. Cheval sauvage. Chien courageux.

狻 — }

𪘏 — Dentes hebetati.—Dents agacées.

焌 ◡ Tsiü Comburere. Ignis splendor Ignem extinguere. — Brûler. L'éclat du feu. Eteindre le feu.

黢 ◡ Nigrum. Aqua sordida.—Noir. Eau sale.

𧼯 ` Tseu Ire, incedere, progredi.—Aller, marcher, avancer.

梭 ` Sò Textorum radius. Saltare. Vagari.—Navette de tisserand. Sauter. Aller çà et là.

葰 — Utensile textorium.— Ustensile de tisserand.

唆 — Ad malum excitare. Hortari. Sermones pueriles. — Exciter au mal. Exhorter. Discours d'enfants.

† Hic ordo accuratè distinguendus à sequenti, difficilis et laboriosus est propter sonuum multiplicitatem, atque similitudinem : speramus tamen gradationem quam in ipsis posuimus, magno memoriæ adjumento futuram.

N. 360. 矣

I ` *Particula finalis sermonis expletiva.=Particule finale qui termine le discours.*

逘 ´ Ingredi, procedere. = Entrer, avancer.

莪 ´ *Nomen cujusdam plantæ. — Nom de plante.*

誒 Ñgai ´ Interjectio : oh ! ah !=Exclamation : oh ! ah !

焕 — Magnus ignis. Calidissimum. Grand feu. Trés chaud.

騃 ` Stupidus, hebes. Amentia.= Stupide, sot. Folie.

埃 — Pulvis. = Poussière.

挨 — Innixus, conjunctus. Pellere. Percutere.=Appuyé, uni, proche. Pousser. Frapper.

欸 — Echo. Eia ! ah !=L'écho. Oh! Vraiment !

娭 ` Famula. Jocari. = Servante. S'amuser.

唉 — Utiquè, equidem. Ita., Affirmatio.=Oui. Affirmation.

涘 Se ´ Littus, ora. Locus ad quem naves appellunt. = Quai, rivage. Débarcadère.

屎 ´ Expectare. Magnum.—Attendre. Grand.

† In quibusdam Sinarum provinciis occidentalibus, litterae quas legimus *n̄gai* leguntur *iai*: idem occurrit in Pekino pro littera 挨.

N· 361. 壯

Chuam ´ Fortis, robustus ; viribus præditus. Abundans, magnum. = Fort, robuste. Abondant ; grand.

悱 — Ægrè ferre. Res molesta.—Supporter avec peine. Chose pénible.

渋 — Coquere ad vaporem.= Cuire à la vapeur.

痱 — Morbus febrilis.=Maladie accompagnée de fièvre.

裵 — Componere. Circumligare. Onerare.=Arranger. Lier au tour. Charger.

梉 — *Quædam arbor. — Nom d'arbre.*

緋 — Tomento aut gossypio refercire.=Ouater.

裝 — Componere. Circumligare. Onerare.—Arranger. Lier au tour. Charger.

奘 — Ignis. Coquere ad vaporem.= Feu. Cuire à la vapeur.

奘 ` Robustus. Valens, fortis. = Fort. Robuste.

妝 — Ornatus. Fucata facies. = Ornements. Visage fardé.

莊 — Modestia. Gravitas. Majestas. =Modestie. Gravité. Majesté.

† Originem ducit à N. 118.

N. 362. 㕡 㕡 肖

I ˘ Aqua fluens.—Eau qui coule.

澇 Tsa ˘ Aquæ fluxus rapidus. Aspergere.=Courant rapide. Asperger.

櫢 ˘ Angustum, strictum. Frusta lignea inter digitos in supplicium constricta.=Etroit. Morceaux de bois que l'on serre entre les doigts pour torturer.

擻 ˘ Cogere. Impellere. — Forcer, pousser.

† Huic phoneticæ sæpè substituitur 㕡 quæ varietas erronea est ac facilè confunditur cum N. 483.

N. 363. 步

Pu ╱ Gressus, passus. Procedere.=Les pas. Marcher, avancer.

捗 ╱ Colligere, congregare.=Cueillir, ramasser.

荹 ▲ *Quædam herba.* = *Nom d'une certaine herbe.*

踄 ╱ Ambulare, pedibus terere.=Marcher, fouler aux pieds.

陟 Che ᴗ Ascendere. Promovere.=Monter. Promovoir.

涉 Xee ᴗ Amnem trajicere. Relativè ad ..=Passer un ruisseau. Par rapport à..

N. 364. 旱

Han ╲ Siccitas. Siccum.=Sécheresse. Sec.

悍 ╱ Strenuus; fortis. Crudelis.=Courageux; fort. Cruel.

涆 ╱ Siccum. Siccari flumen. Celeriter.=Sec. Dessèchement de fleuve. Rapidement.

焊 ╲ Ad ignem exsiccare.=Sécher au feu.

駻 ╱ Equus vehemens. = Cheval fougueux.

桿 ╱ Lorica lignea.=Balustrade.

捍 ╱ Manu arripere. Diffundere. Resistere.=Saisir avec la main. Répandre. Résister.

弜 ╱ Cum arcu et sagittis resistere.=S'opposer à main armée.

猂 ╱ Crudelis; ferox, Strenuus.=Cruel; féroce. Courageux.

銲 ╱ Ferruminare. Lorica cui brachia immittuntur. = Souder. Manches en cote de maille,

鄿 ╱ *Quædam vexilli species.*=*Sorte de pavillon.*

䩐 ╱ Pellis quâ sagittarii brachia protegunt.=Peau dont les archers se garantissent les bras.

睅 ╱ Oculi magni. Lucidum. Pulchrum.= Grands yeux. Brillant. Joli.

晘 ╱ Vesperum. = Le soir.

琀 Kan — *Quidam lapis pretiosus.*=*Sorte de pierre précieuse.*

赶 — Sequi, insequi. Aliquid aggredi. = Suivre, poursuivre. Entreprendre une chose.

稈 ╲ Culmus; frugum caulis. = Chaume; tige des céréales.

鶾 ╲ *Gallinæ species quædam.*=*Espèce de poule.*

† Originem ducit ex 干 à quâ *individuè* quidem differt sensu et sono; sed *tanquàm phonetica* vix distinguitur. Auctores accurati stantuunt inter utramque eos limites, quos non ausi sumus praetergredi; vulgus verò de illis non curat et quamcumque ex duabus promiscuè usurpat.

†† Cavendum ne confundatur cum 早 Tsaò *Mane, summo mane: maturè.*=*Matin, de grand matin: de bonne heure.*

N. 365. 星 㞷

Nié ᴗ Obturare, occludere. = Boucher, fermer.

涅 ᴗ Inficere: depravare. Terra nigra. Nigro colore quid tingere.=Souiller; dépraver. Terre noire. Teindre en noir.

諲 ᴗ Irasci, clamare.=Se fâcher, crier.

埕 ᴗ Obturare, occludere. = Boucher, fermer.

捏 ᴗ Digitis premere. Digitis aliquid accipere. Congregare.=Presser ou prendre avec les doigts. Réunir.

N. 365.

陧 ˇ Inquietum ; tumultus in regno. Periculosum. = Troubles dans le royaume. Dangereux.

啰 ˇ Irasci ; clamare.=Se fâcher ; crier.

N. 366. 見 见

Kién Videre. Percipere.=Voir, apercevoir. Comprendre.

悓 ˋ Comparatio, aliquid cum alio conferre.=Comparaison, comparer.

涀 ˋ *Quidam rivus.=Nom de rivière.*

梘 ˋ Aquæductus ligneus. Stillicidium, deliquiæ. = Canal en bois. Gouttière.

筧 ˋ Aquæductus arundneus. Incile, stillicidium, Canaliculus. =Bambou qui conduit l'eau. Gouttière. Tuyau.

稛 ˋ Parvus manipulus tritici.=Petite gerbe de blé.

俔 ˋ Ventorum bractea. Sicut, æquè ac ; comparatio. =Girouette. Comme, de même.

絸 ˋ Bombycis folliculus. = Cocon du vers à soie.

Hién 誢 Reprehendere. Loqui demissè, vel murmurando.=Reprendre. Chuchoter, murmurer.

粯 ˋ Hordeum in aquâ coctum.= Bouillie d'orge.

現 ˊ Apparere. Prodire ; manifestare. = Apparaitre. Montrer; manifester.

垷 ˋ Lutum.=De la boue.

峴 ˆ Quidam limes seu terminus.= Espèce de borne pour les terreins.

鋧 ˋ Pugio ad instar lanceæ confectus. = Poignard en forme de lauce.

俔 ˋ Explorare, explorator. Sicut ; comparare. = Epier, espion. Comme ; comparer.

娊 ˋ Fœmina corpore subtili = Femme à taille svelte.

莧 ˋ Chenopodium edulis.=*Espèce de légume.*

睍 ˊ Furtim aspicere. Oculos elevare. Clarum. Apparere.=Regarder furtivement. Lever les yeux. Clair. Paraitre.

晛 ˊ Clarum. Solem apparere post pluviam. = Clair. Soleil qui parait après la pluie ou la neige.

哯 ˋ Spuere.=Cracher.

蜆 ˋ Ostrea parva.=Petite huître.

峴 ˋ Mons parvus sed abruptus. = Montagne petite, mais escarpée.

硯 Ién Atramentarium.=Encrier.

靦 Tiěn Verecundia ; pudet. Cogitatione depingere : sibi repræsentare.=Honte ; il est honteux. Se figurer : se représenter.

† Est etiam classifica, et occupat aliquandò infima litterarum, sicut in 覓 (var 覔) Mi *Rogare. Quærere, investigare.=Prier. Chercher, faire des recherches* ; plerumquè vero dexterum latus, sicut in 視 Xé *Aspicere, videre.=Regarder, voir.*

N. 367. 貝

Péi Divitiæ. Res pretiosæ. = Richesses. Choses précieuses.

狽 ˊ Ornamenta ex testudinis cortice confecta.=Ornements en écaille.

棋 ˊ Arbor ex cujus cortice libri fiunt.=Arbre dont l'écorce sert à faire des livres.

垻 ˊ Agger.=Digue, jettée.

N. 367.

賔 ^ *Quidam genius aquarum.* = *Certain genie qui préside aux eaux.*

颶 / Turbo vehementissimus.=Typhon.

狽 / Lupus.=Loup.

萯 / Althæa. *Cav.* = De la guimauve.

敗 ⁄ Pai Vincere.Evertere, destruere.= Vaincre. Détruire, renverser.

唄 / Laudes ; elogia. Bonziorum preces. = Louanges ; eloges. Prières des bonzes.

† Est etiam classifica, et scribitur modò ad phoneticarum basim, ut in 貫 Kuán *Filo inserere. Connectere. Negotium. Assuescere.* = *Enfiler. Joindre. Affaire. S'habituer*, modò in latere sinistro, sicut in 賜 I *Concedere. Ampliùs.*=*Accorder. Davantage.*

N. 368. 甹

^ Pim Festinanter. Properus. = Promptement. Pressé.

聘 ⁄ Invitare. Inquirere. Arrhæ nuptiales. = Inviter. Rechercher. Cadeau des fiançailles.

俜 ¯ Effrænatus. Mittere. Adhibere. Confidere in aliquo.=Sans frein. Envoyer. Se servir. Se confier.

娉 ¯ Pulchra. Inquirere. Arrhae nuptiales.=Jolie. Rechercher. Arrhes de mariage.

騁 ˋ Chêm Equitare. Rectâ viâ currere.= Aller à cheval. Courir tout droit.

N. 369. 里 I

ˇ Li Stadium sinicum. *Quædam itineris mensura.* Locus. Habitatio.=Stade chinoise. *Mesure de chemin.* Lieu. Demeure.

廛 ^ Subdere, subjugare. Gubernare. = Soumettre, subjuguer. Gouverner.

裏 ˋ Intùs, intrà. Pars vestis interior.=Dedans. Doublure.

理 ˋ Ratio, lumen naturae. Gubernare; moderari. Tractare de.. Stylus orationis.=La raison, la lumière naturelle. Gouverner; règler. Traiter de..Style du langage.

梩 ^ Cista ad terram asportandam. =Panier pour transporter de la terre.

貍 ^ Vulpes.=Renard.

鯉 ˋ Piscis Rex. Cyprinus. = Le poisson Roi. *Sorte de poisson.*

俚 ˋ Rudis. Vilis. Malum. Protectio.=Grossier. Vil. Mauvais. Protection.

狸 ^ Vulpes.=Renard.

娌 ˋ Uxor fratris natu majoris. Fratrum uxores. = La femme du frère aîné. Le belles sœurs.

逦 ˋ Lento gradu incedere.—Marcher lentement.

哩 / *Particula finalis.— Particule finale.*

帪 ˋ Navigii vela. = Voiles de navire.

悝 ¯ Kuéi Misereri. Tristitia. Magnum. = Avoir pitié de..Tristesse. Grand.

埋 ^ Mâi Sepelire. Abscondere. Recedere.=Ensevelir. Cacher. Se retirer.

† Præest etiam classi inter omnes minimæ ex quâ decerpere sufficit 量 Leám *Metiri, mensura. Perpendere.* = *Mesurer. mesure, Examiner, calculer.*

N. 370. 助 助 丨

Chu ˊ Auxiliari, adjuvare. = Aider, porter du secours.

筯 ˊ Paxilli cum quibus comednnt. = Batonnets avec lesquels on mange en Chine.

鋤 ˆ Ligo, sarculum. Ligone uti. Excavare. = Bêche. Bêcher. Creuser.

耡 ˊ Ligo, sarculum. Ligone uti. Tributum ; decimae. = Bêche. Bêcher. Tribut ; les dîmes.

† Originem ducit à N. 193.

N. 371. 别

Pié ˇ Differens ; alius. Distinguere. Dividere. Discedere. = Différent ; autre. Distinguer ; diviser. Partir.

諯 ˇ Explicare ; evolvere. = Expliquer.

梛 ˇ *Nomen cujusdam ligni.* = *Espèce de bois.*

捌 ˇ Dissimile. = Dissemblable.

捌 Pa ˇ Octo. Findere, dividere. = Huit. Fendre, partager.

哵 ˇ Acridotheres gracula. *Vieill.* = Le martin.

N. 372. 邑

I ˇ Civitas, urbs. Territorium. Pagus. = Ville, cité. Territoire. Canton.

悒 ˇ Mærore affici. Tristis. Inquietus. = Etre accablé de tristesse. Inquiet.

浥 ˇ Humidum, madidum ; madefacere. = Humide, humecté ; mouiller.

裛 ˇ Vestium fragrantia. Librorum sacculus. = Bonne odeur des habits. Couverture dont on enveloppe les livres.

挹 ˇ Extrahere ; transfundere. Evertere. = Puiser ; transvaser. Abattre.

餲 ˇ Humidum. = Humide.

俋 ˇ Strenuus. Fortis, robustus. = Courageux. Fort, robuste.

萈 ˇ Herba putrida. Fetidum. = Herbe pourrie. Puant.

唈 ˇ Anhelus. Singultus. Cordis palpitatio. = Haletant. Hoquet. Palpitation de cœur.

腌 Ié ˇ }
鯆 ˇ } Sale conditum, salitum. = Salé.

† Est etiam classifica sat in usu ; sed quando tanquam classifica adhibetur, tunc scribitur 阝 in phoneticarum latere dextro: ex. gr. 鄙 Pi *Desertum. Rusticus, abjectus, vilis. Contemnere. = Désert. Grossier : bas, vil. Mépriser.* Cavendum autem ne confundatur cum N. 474, cujus annotationem vide.

N. 373. 呈 呈

Chêm ˆ Petitionem facere. Offerre. Manifestare. = Faire une pétition. Offrir. Manifester.

悜 ˆ Cordis intentio abscondita. Tristis. = Intention cachée. Triste.

裎 ˆ Nudus ; nudare se. Vestis simplex. = Nu ; se mettre nu. Habit simple.

珵 ˆ *Quidam lapis pretiosus.* = *Sorte de pierre précieuse.*

酲 ˆ Ebrietas. Morbus ex nimiâ potatione proveniens. = Ivresse. Maladie causée par l'excès du vin.

埕 ˆ Amphora, vas vini. = Jarre de vin.

筽 ˆ *Calami species quædam.* = *Espèce de jonc, ou de canne.*

N. 373.

鋥 ˊ Fulgens, lucidum. = Brillant, éclatant.

餟 ˊ Annona, cibaria, victualia. = Ration, vivres, comestibles.

程 ˊ Exemplare. Regula. Methodus. Terminus. Opera diurna. Congruere. = Modèle. Règle. Méthode. Terme. Ouvrage journalier. Convenir.

𡊣 ˊ Callis siccus post pluviam. = Chemin sec après la pluie.

𠊊 ˋ Expertus. = Expert, habile.

睈 ˆ Aspicere. Examinare. Mente anxius. = Regarder. Examiner. Inquiet.

逞 ˋ Velociter incedere. Lætus. Nimia sui confidentia. = Courir. Joyeux. Trop de confiance en soi même.

𨀀 ˆ Limes, terminus. *Quædam parva mensura.* = Limite, terme. *Certaine mesure.*

浧 ˋ Im Aquis mergere vel mergi. = Submerger.

郢 ˋ *Nomen loci.* Agger terreus. = *Nom d'endroit.* Digue en terre.

† Hinc originem ducit phonetica 聖

N. 374. 肙 肙

ˊ Iüèn Excitare. Vacuum. Parvum insectum. = Exciter. Vacant. Petit insecte.

痟 — Dolor in ossibus. Anxietas. = Douleur dans les os Inquiétude.

捐 ˆ Abjicere. Jacere, derelinquere. Morbus mortalis. In causâ esse cur... = Jeter. Abandonner. Contribuer à... Maladie mortelle.

餇 ˊ Saturare. = Rassasier.

剈 — Lignum excavare. E medio tollere. = Creuser dans le bois. Enlever du milieu de...

蜎 — *Quoddam insectum.* Solus. Suscitare. = *Espèce d'insecte.* Seul. Susciter,

駽 — Hiüèn Equus niger. = Cheval noir.

悁 — Kiüèn Ira, irasci. Tristis, commotus. = Colère, se fâcher. Triste, agité.

涓 ˆ Purum; purificare. Seligere. Rivulus. = Pur; purifier. Choisir. Petit ruisseau.

焆 — Valdè clarum. Fumus ascendens. = Très clair. Fumée qui monte.

鞙 ˆ Quidam currûs appendix. Vagina. = Certain harnais. Fourreau d'épée.

埍 ˊ Carcer pro mulieribus. Diversorii cubicula inferiora. = Prison pour les femmes. Rez-de-chaussée d'une auberge.

捐 ˆ Abjicere. Derelinquere. Jacère. Officium vel dignitatem pecuniâ consequi. = Jeter. Abandonner. Obtenir une charge au moyen de l'argent.

狷 ˋ Modestus, compositus. = Modeste, retenu.

娟 ˆ Pulcher; elegans; jucundus. Delicatus. = Joli; élégant; agréable. Délicat.

絹 ˋ Sericeus pannus tenuis. Rete. = Gaze, taffetas. Filet. Soie fine pour faire des couvertures.

睊 ˆ Iratè aspicere. Mutuò stupefacti. Mutuò se aspicere. = Regarder en colère. Etonnement réciproque. Se regarder mutuellement.

鵑 ˆ *Cuculi species quædam.* = *Espèce de coucou.*

罥 ˋ Magnum rete ad quadrupedes captandos. = Grand filet pour la chasse des quadrupèdes.

† Probabile videtur phoneticam 員 originem ducere ex istâ, cum quâ formæ et pronuntiationis similitudo aliquandò synonymiam inducit in compositis.

N. 375. 呂

Liü Minister, auxiliari. Vertebræ dorsales.=Ministre, assistant. Aider. Les vertèbres.

梠 Superliminare. = Linteau de porte.

閭 Portæ civitatis. Domus, mansio. In viarum custodiam habitare. Viculus. = Portes de ville. Maison, demeure. Cul de sac.

稆 Oryza spontè nata.=Riz qui vient de lui-même.

侶 Collega, socius. = Collègue, camarade.

娖 Fœditas: deformis.=Laideur: laid.

筥 Kiü Canistrum pro oryzâ.=Panier pour mettre le riz.

莒 *Quædam herba. Cognomen.=Nom de plante. Nom propre.*

宮 Kum Palatium. Gynecæum. Templum.=Palais. Appartements des femmes, sérail. Temple.

N. 376. 足 𧾷

Tsu Pes. Gressus. Sufficere. Plenum. Dignus. Fingere.=Pied. Pas. Suffire. Plein. Digne. Feindre.

促 Urgere, festinare. Angustum. Proximum, propè.=Presser; urgent. Etroit. Proche, près.

哫 Adulari, officiosè loqui. = Flatter, parler avec courtoisie.

娖 Tso Diligentia, cura; sedulus. Cautus. Prehendere. = Diligence, soin; soigneux. Prudent. Saisir.

浞 Cho Sordidum. Fæces. Madefactum. = Sale. Ordures. Lie. Mouillé.

珿 Ordo, series; classificare. = Ordre, rang: classifier.

碇 Lapillus.=Pierre précieuse.

捉 Apprehendre, capere. Aliquem tenere. = Saisir, prendre. Arrêter.

鋜 Pedes ferro obstringere.=Serrer les pieds avec un fer.

齪 Stridor dentium. Difficultas. Cogere. = Grincement de dents. Difficulté. Forcer...

盞 Poculum. = Tasse.

† Est etiam classifica, et præest quingentis litteris quarum aliquandò infima tenet, plerumque verò sinistrum latus: in 1. casu scribitur ut suprà; sed in 2 casu per abbreviationem scribitur 𧾷 𧾷 𧾷: Ex 蹩 Chêm *Galli calcar. Rectum facere.* = *Ergot. Redresser.* 躏 Lin *Conculcare. Inordinatè.* = *Fouler aux pieds. En désordre...*

N. 377. 困

Kuen Defatigatus. Lassus. Paupertas.=Fatigué. Las. Pauvreté.

悃 Sincerus; simplex; sine fuco. =Sincère; simple; sans fard.

梱 Liminaria januæ. = Le seuil de la porte.

捆 Ligare. Firmum facere. Texere. Capere. Transfundere. = Lier. Fixer. Tisser. Prendre. Transvaser.

閫 Januæ postes. Cubicula mulierum; gynecæum.=Les jambages de la porte. Chambres des femmes; sérail.

稇 Messis matura. Vincire.= Moisson mûre. Lier.

綑 Vincire. Fasciis ligare. Fasciculum. Texere.=Lier. Bander. Paquet. Tisser.

䐊 Calvus, calvities.=Chauve.

+ Hæc phonetica facillimè confundi potest cum 囷 et Sinenses ipsi in hunc errorem non rarò incidunt: vide annot. N. 499.

N. 378. 吳 吴呉

Û ˆ Alta vox. Vociferare. Loquax. *Cognomen*.=Haute voix. Crier. Grand parleur. *Nom propre*.

悞 ˋ Errare. Mentiri. Seducere.=Se tromper. Mentir. Séduire.

誤 ˋ Errare, omittere. Seducere.=Se tromper, oublier. Séduire.

捂 ˋ Fulcire. Opponere. Contradicere.=Etayer. Opposer. Contredire.

蜈 ˆ Centipeda.=Le centpieds.

麌 ˋ Iü Cervi multi. Multæ res. Bellua mas.=Beaucoup de cerfs. Beaucoup de choses. Le mâle des quadrupèdes.

俣 ˋ Magnum. Excelsum.=Grand. Elevé.

娛 ˆ Lætari; gaudere. Lætitia.=Se réjouir. Joie.

虞 ˆ *Species tigridis innocui*. Præcavere. Cura. Considerare.=*Espèce de tigre inoffensif*. Prendre garde. Soin. Réfléchir.

⿰口吳 ˋ Ridere cupiens.=Qui a envie de rire.

N. 379. 岑

ˆ Chen Altum. Mons parvus sed altus. *Quædam radix edulis*.=Haut. Montagne petite mais élevée. *Certaine racine bonne à manger*.

涔 ˆ Puteus. Aqua in animalium vestigiis stagnans. Vestigium.=Puits. Eau stagnante dans les traces des animaux. Traces.

⿰岑頁 ˋ Fœdum, deforme.=Laid, vilain.

⿰亻岑 ˊ Tsin Aliquò tendere. Caput anteriùs productum.=Se diriger vers un endroit. Avancer la tête.

N. 380. 肖 ˇ

ˊ Siao Similis, simile. Imitari.=Semblable. Imiter.

宵 ˉ Nox. Obscurum.=Nuit. Obscur.

消 ˉ Desiccari. Liquescere. Extinguere. Consumere.=Sécher. Se fondre. Eteindre. Epuiser.

痟 ˉ Capitis dolor. Morbi sedes præcipua.=Mal de tête. Siège principal de la maladie.

焇 ˉ Scintillatio. Siccum. Perficere. Finire.=Scintillation. Sec. Achever. Finir.

霄 ˉ Nubes. Suprema aëris regio. Cœlum.=Nuages. La règion de l'air la plus élevée. Le ciel.

⿺尢肖 ˉ Capitis dolor.=Mal de tête.

硝 ˉ Nitrum.=Salpêtre.

鞘 ˊ Vagina. Scuticæ apex.=Fourreau. Le bout d'un fouet.

銷 ˉ Liquare. Fondere metalla. Dissipare, delere, extinguere.=Fondre des métaux. Anéantir, extirper, effacer.

⿰彳肖 ˉ Tardè incedens.=Qui marche lentement.

魈 ˉ Daemon montanus unipes.=Diable des montagnes qui n'a qu'un pied.

綃 ˉ Pannus vesti interiùs assutus. Tela serica.=Doublure. Taffetas.

蛸 ˉ Sepiarum ossa. Bombycum ova.=Os de sèche. Œufs de vers à soie.

逍 ˉ A curis liber, quietus; otiosus. Fallere tempus. Deambulare.=Exempt de soins, sans soucis; oisif. Tuer le temps. Se promener.

⿰肖皮 ˉ Vagina. Radere.=Fourreau. Couper ras.

削 ˇ Radere. Scalprum. Vagina.=Raser, couper ras. Ciseau. Fourreau.

悄 ˋ Tsiao Tristitia. Secretò.=Tristesse. Secrètement.

N. 380.

誚 ˊ Corripere, reprehendere. Pudore afficere. Irridere.=Gronder. Reprendre. Faire honte. Se moquer de..

陗 ˊ Praeruptum. Eminens. Festinus.=Escarpé. Elevé. Pressé.

俏 ˊ Simile: sicut. Pulchrum. = Semblable: de même. Joli.

黦 ˊ Vultûs maculae.=Taches du visage.

峭 ˊ Mons altus. Altissimum. = Montagne élevée. Très haut.

旓 Xao Vexilli summa pars: flammula.=Flamme de pavillon.

稍 ‒ Vestis lacinia quae in dexterâ parte superponitur. = Pan de robe qui croise à droite.

髾 ‒ Capillorum extrema.=Le bout des cheveux.

梢 ‒ Ramus Arboris extremitas. Nauta. Gubernaculum.=Branche. Le sommet d'un arbre. Matelot. Gouvernail.

捎 ‒ Afferre. Abripere. Avellere.= Apporter. Enlever. Déraciner.

弰 ‒ Arcûs extrema. = Les bouts d'un arc.

筲 ‒ Cista arundinea pro oryzâ.= Panier en osier où l'on met le riz.

稍 丶 Aliquantulùm. Paulatim. Adhùc. Excubitores.=Un peu. Peu à peu. Encore. Gardes de nuit.

艄 ‒ Puppis.=La pouppe d'un navire.

鮹 ‒ *Piscis quidam longus sed tenuis. = Sorte de poisson long et mince.*

颵 ‒ Ad ventum desiccare. =Faire sécher au vent.

綃 ‒ Tela ex serico crudo confecta. =Toile en soie écrue.

睄 ˊ Aspicere.—Regarder.

哨 ‒ Os distortum. Verbosus. Militum specula. Circuire.=Bouche contournée. Parleur. Vedette militaire. Faire la ronde.

蛸 ˊ Parvæ araneæ pedibus longioribus.=Petites araigneés aux pattes longues.

趙 Cháo Festinatò ire. Ire. *Nomen regni. Cognomen.* =Aller avec hâte. Aller. *Nom de pays. Nom propre.*

† Confundi non debet cum 省 Xèm *Provincia. Urbs metropolis. Sumptibus parcere. Avertere.* = *Province. Métropole. Epargner. Détourner.*

N. 381. 宗

‒ Tsum Avus. Majores. Origo. Honorabile.=Aïeul. Ancètres. Origine. Honorable.

賨 ˆ Tela in tributum oblata.=Toile offerte en tribut.

悰 ˆ Lætus. Diligentia; cura. Cogitare. = Joyeux. Diligence; soin. Penser.

淙 ˆ Rivuli murmur.=Murmure d'un ruisseau.

粽 ˊ Oryzæ placenta cocta. = Gâteau de riz cuit.

琮 ˆ *Terræ genius cui sacrificant. =Génie de la terre auquel ils offrent des sacrifices.*

豵 ˆ Porcus sex menses natus. Sus. =Cochon de six mois. Truie.

鬃 ‒ Capilli implexi. = Cheveux embrouillés.

鬉 ‒ Equi juba. Capillorum nodus in capitis vertice.=Crinière de cheval. Petit toupet.

騌 ‒ Equi juba.=Crinière de cheval.

棕 ‒ *Quoddam lignum.=Espèce de bois.*

N. 381.

悰 ˊ *Genius quidam antiquus.* = *Certain génie connu dans l' antiquité.*

猔 ˊ Sus.=Truie.

綜 ˊ Subtemen. Telæ fila in longum disposita. = La chaîne d'une étoffe.

賨 ˇ Tela in tributum oblata.=Tribut payé avec de la toile.

踪 ˉ Semita. Vestigium.=Sentier. Vestiges, traces.

崇 ˇ Chum Altum. Eminens. Magnum. Honorare. Extollere. Magni facere. = Haut. Eminent. Grand. Honorer. Louer. Apprécier.

N. 382.

定

ˊ Tim Statuere, determinare. Certum. Fixum. Solidum. = Déterminer, arrêter. Certain. Fixe. Solide.

顁 ˊ Frontem elevare. Litteræ majusculæ, vel caeteris eminentiores.=Lever le front. Lettres majuscules ou écrites plus haut que les autres.

碇 ˊ Saburra ; navigii onus inferius.=Le lest d'un navire.

錠 ˊ Argentum in panes fusum. Candelabrum. = Argent en pains. Chandelier.

淀 ˊ Tièn Locus depressus. Profundum. =Endroit bas. Profond.

靛 (Chan) Indiae tinctura caerulea.=Indigo.

綻 ˊ Vestes quae dissuuntur.=Habits qui se décousent.

綻 ˊ Scissura. Fissura. Extendere. =Déchirure. Fente. Etendre.

—o—◆●●◆—o—

N. 383

宛 ˋ

ˋ Iüèn Idem. Circumdare. Flectere. Curvare. Sicut. Ubinam ? = Environner. Plier. Courber. De même. Où donc ?

惌 ˋ Simultas. Conqueri. Odium. Inimicitiae; abhorrere.=Haine, rancune. Aversion. Inimitié; haïr. Se plaindre.

鵷 ˉ *Aquilæ species.* Anas regia. Nobilitatis insignia.= *Espèce d'aigle.* Canard mandarin. Enseignes de la noblesse.

惋 ˋ Mirari : suspirare.=Etre dans l'admiration: soupirer.

涴 ˋ Aqua in circulum se movens. Lutum.=Eau qui fait des moulinets. De la boue.

琬 ˋ Sceptrum ex lapide pretioso. =Sorte de sceptre en pierre précieuse.

殈 ˋ Mori. = Mourir.

●

篼 ˋ Canistrum = Panier.

俒 ˉ Hilarem reddere. Lætitia. Movere.=Réjouir. Joie. Avertir.

婉 ˋ Obedire. Aliorum voluntati indulgere. Docilis. Pulcher. Parùm. = Obéir. Condescendre. Docile. Joli. Peu.

菀 ˊ Florens, Luxurians. = Florissant. Riche en végétation.

晼 ˋ Dies clarus. Splendens.=Jour clair. Brillant.

睕 ˋ Oculi aperti.=Yeux ouverts.

畹 ˋ Mensura 20 jugerum.=Mesure de 20 arpents de terre.

掔 ˉ Wan Vexare. Opponere se. Manûs junctura.=Vexer. S'opposer. Jointure de la main.

盌 ˋ Paropsis. Patera, scutella.= Plat. Ecuelle.

剜 ˉ Excavare ; incidere, sculpere. Secare, amputare. = Creuser ; graver, sculpter. Couper.

惋 ˋ Subitus timor : timorem incutere.=Crainte soudaine: faire peur.

N. 383.

碗 ` Discus. Patera, scutella.= Plat. Ecuelle.

豌 ˉ Faba. Cineres.=Fève. Cendres.

椀 ` Poculum ligneum.= Coupe en bois.

埦 ` Poculum, patera.=Tasse, écuelle.

捥 ˉ Extrahere. Effodere. = Tirer dehors. Arracher.

腕 ˊ Manûs junctura. Vola.=Jointure de la main. La paume de la main.

踠 ˉ Corpus curvare. Crura flectere.=Courber le corps. Plier les jambes.

蜿 ` Serpentis motus undulans. Serpentando ire.=Marche ondulatoire des serpents. Aller en serpentant.

帵 ˉ Panni recisamenta.=Les coupons d'étoffe chez les tailleurs.

† Originem ducit à 夗 iüên *Volvere se in lecto. = Se tourner dans son lit,* qui tanquàm varietas hujus phoneticæ semper in compositis adhiberi potest, sive ex dictionariorum approbatione, sive ex consuetudine vulgari ubique acceptâ: notandum est tamen quòd quandò usurpatur 夗 tunc scribitur potissimùm in classificarum vertice ut litteræ rotundiores fiant ex: gr. 㚈 盌

N. 384. 穵 空

Kum ˉ Vacuum. Spelunca. Pauperrimus. = Vide. Antre. Très pauvre.

悾 ˉ Sincerus.=Sincère.

涳 ˉ Cursus rectus aquarum. Pluvia. =Eau qui coule droit. La pluie.

硿 ˉ Tinnire. = Résonner, retentir.

鞚 ˊ Equi frænum.=Le mors d'un cheval.

控 ˊ Arcum tendere. Monere, inducere, dirigere, gubernare. Sistere.=Tendre un arc. Avertir, diriger, gouverner. Arrêter.

箜 ˉ Instrumentum musicum arundineum.=Instrument de musique en bambou.

倥 ` Negotiis distentus: lassus. Defatigatus. Rudis, ignarus. = Occupé: fatigué. Grossier, ignorant.

崆 ˉ Altum, elevatum.=Haut, élevé.

誇 ˉ Kiam Cantilena. Vacuum. Ostentator. = Chanson. Fanfaron. Vide.

瘥 ˉ Angina, seu gutturis inflammatio.=Esquinancie.

崆 ˉ Vallis spatiosa et vacua.=Vallée spacieuse et nue.

羫 ˉ Vacuum, vanum. Cantilenarum toni. Ostentator.=Vide, vain. Air de chanson. Fanfaron.

騂 ˉ Equus incedens. =Cheval qui marche.

椌 ˉ *Species tympani lignei.=Espèce de tambour ou de timbale en bois.*

控 ˉ Percutere.=Frapper.

腔 ˉ Guttur. Vacuum intùs. Bajulus.=La gorge. Creux en dedans. Portefaix.

狌 ˉ Vacuum, vanum. Cantilenarum toni. Ostentator. = Vide, vain. Airs des chansons. Fanfaron.

啌 ˉ Tussis absque salivâ. Irati vox. = Toux sèche. Ton de colère.

髂 ˉ Coxendicum ossa.=Les os des cuisses.

† Originem ducit à 工 N. 27.

字聲綱目

N. 385. 宜 㝛

宜 ˆ I Conveniens. Quod justum est. Expedit. Rationabile. Decet. = Convenable. Il convient. Il est juste. Raisonnable.

𩔗 ˆ Oculi et supercilia. = Les yeux et les sourcils.

郼 ˆ *Nomen cujusdam urbis. = Nom de ville.*

𧯷 ˆ
誼 ˆ Conveniens; justum. Virtus. Ordo. Decet. = Convenable. Juste. Vertu. Ordre. Il convient.

𩈘 ˆ Facies; vultus; corporis habitus. Le visage; l'aspect; la tournure.

輗 ˆ Lignum transversum in currûs anteriori parte. = Traverse sur le devant d'un char.

觺 ˆ Animalium cornua. = Cornes des animaux.

齸 ˋ Dentes apparentes. = Dents qui paraissent hors de la bouche.

萓 ˆ *Quædam herba. = Nom de plante.*

† Litterae hujus ordinis tam rarò in usum veniunt, ut sine ullo detrimento possit omnis ordo deleri.

N. 386. 官

官 ˉ Kuan Præfectus, magistratus. Gubernare. Officium publicum gerens. = Magistrat. Mandarin. Employé public. Gouverner.

逭 ˋ Ire; circuire. = Aller; aller çà et là.

悹 ˋ Tristis. Mæror. = Chagrin. Tristesse.

涫 ˉ Ebullire, fervere. Confusio. = Bouillir. Confusion.

痯 ˋ Mœstitia. Dolor. Debilis. Impotens. = Tristesse. Douleur. Faible. Impotent.

裷 ˉ Femoralia. = Caleçons.

琯 ˋ Canalis, tubus. = Canal, tube.

輨 ˋ Currûs temo. Rotarum axis. = Timon d'un char. Essieu de roue.

棺 ˉ Feretrum, loculus. = Cercueil bière.

捾 ˋ Sumere, capere. = Prendre, saisir.

筦 ˋ Gubernare, regere. Tubus, fistula. = Gouverner, régir. Tube, tuyau.

管 ˋ Gubernare, regere. Tubus. Adhærere = Gouverner, gérer Tube. S'attacher.

錧 ˋ Currûs temo. Rotæ axis ferreus. = Le timon d'un char. Essieu en fer d'une roue.

館 ˋ
舘 ˋ Taberna; diversorium. Hospitium. Veredorum stabulum. = Auberge. Hospice. Boutique. Poste aux chevaux.

倌 ˉ Auriga, rhedarius. Imperatoris auriga. = Cocher. Cocher de l'empereur.

啠 ˉ Avium cantus. = Le chant des oiseaux.

帵 ˉ Pileus, petasus. = Bonnet, chapeau.

逭 ˉ Kuan
踠 ˉ Fugere. Evadere. = Fuir. S'échapper.

綰 ˊ Wan Connectere. Capillos colligare = Nouer, lier ensemble. Nouer les cheveux.

菅 ˉ Kiēn *Cannabis seu lini species.* Exhaustus. = *Espèce de chanvre ou de lin.* Epuisé.

N. 387. 沾

	Chān	Madefacere. Addere. Recipere.=Mouiller. Ajouter. Recevoir.
惉	˗	Dissonum. Voces vel toni discordes.=Discordant. Voix ou tons en désaccord.
姿	ˆ	Uxor patrui materni.=La femme de l'oncle maternel.
霑	ˉ	Madefacere. Imbuere. Pluvia minuta.= Mouiller. Tremper. Pluie fine.

† Originem ducit à N. 191. cui fortè jungenda esset tanquàm appendix.

N. 388. 妾

	Tsiě	Concubina. Uxor.=Concubine. Epouse.
椄	ˇ	Arbores inserere. Lignum in lignum in additamentum jungere.=Greffer les arbres. Mettre une allonge.
接	ˇ	Recipere. Accipere. Connectre, unire.=Recevoir. Joindre, unir.
鯜	ˇ	Piscis tres satellites habens.=Poisson qui a trois satellites.
緁	ˇ	Ligare ; nectere.=Lier, nouer ; attacher.
霎	Xǎ	Parum pluviae.=Un peu de pluie.
翣	ˇ	Feretri picturae ; feretri operculum.=Les peintures ou le couvercle d'un cercueil.
箑	ˇ	Flabellum vilis pretii.=Eventail à bon marché.
唼	ˇ	Se implicare in aliquo. Strepitus anatum comedentium.=S' impliquer dans une affaire. Bruit de canards qui mangent.

N. 389. 咅 丶

	Teù	Spuere.=Cracher.
敨	ˋ	Aperire.=Ouvrir.
唁	ˋ	Spuere. Ministri publicae securitatis.=Cracher. Agents de police.
涪	Feū	Aquae bulla.=Bulle d'eau.
殕	ˋ	Putridum, corruptum.=Pourri, gâté.
瓿	Peù	Vas testaceum.=Vase en terre cuite.
剖	ˋ	Partiri ; dividere. = Diviser ; ouvrir.
掊	ˉ	Minuere. Connectere. Colligere. Exigere. Vectigal salis.= Diminuer. Attacher. Recueillir. Exiger. La rente du sel.
錇	ˉ	Clavus.=Clou.
部	Pú	Gubernare. Magistratus. Jurisdictio. Ordo. Classis. Numerale librorum. = Gouverner. Magistrat. Jurisdiction. Ordre. Classe. Mot ordinal des livres. *Idola sectae Fu*. Herba. Pascua.= *Les idoles des Bouddistes*. Herbages. Pâturages.
菩	ˊ	
踣	ˊ	Praeruptè cadere. Projicere.=Faire une forte chute. Jeter.
焙	Péi	Ad ignem desiccare. Igni admovere.= Sécher au feu. Présenter au feu.
醅	ˉ	Ebrius. Mustum. = Ivre. Le moût.
培	ˆ	Agrus stercorare. Terram addere, colere. Assistere, beneficiis prosequi. = Fumer les terres, cultiver. Combler de bienfaits.
陪	ˆ	Comitare ; assistere, sustinere. = Accompagner ; assister, soutenir.
毰	ˆ	Volatus lentus.=Vol peu rapide.
倍	ˊ	Duplum. Multiplicare. Recedere. Derelinquere.=Le double. Multiplier. Se retirer. Abandonner.
賠	ˆ	Damnum resarcire. Reficere.=Réparer les dommages, Raccomoder.

N. 390. **卒** N. 383 丶

卒 Tsu ˘ Miles. Exercitus. Mori. Finire.=Soldat. Armée. Mourir. Finir.

殌 ˘ Mortuus.=Un mort.

椊 ˘ Obturamentum.=Bouchon.

捽 ˘ Arripere, capillis aliquem arripere. Movere. Obturare,=Saisir, saisir par les cheveux. Agiter. Boucher.

倅 ˘ Centuria, centum homines.=Cent hommes.

猝 ˘ Repentè, illicò. Impetuosus.=Soudain, tout d'un coup. Impétueux.

踤 ˘ Obstruere. Luto occludere. Repentè.=Obstruer. Boucher avec de la boue. Subitement.

崒 ˘ Mons eminens. Abruptum. Montis vertex inaccessus.=Montagne élevée. Escarpé. Sommet inaccessible d'une montagne.

崪 ˘ (idem)

窣 Su ˘ Salire; erumpere.=Jaillir, sortir avec force.

⿰卒毛 ˘ Capilli breves. = Cheveux courts.

悴 Tsuéi ˇ Tristis, mœstus.=Triste, chagrin.

淬 ˊ Ferrum temperare. Frigidum. Desiderare. Violare.=Tremper du fer. Froid. Désirer. Violer.

顇 ˊ Præ mœrore macilentus. Seniles morbi.=Maigre de chagrin. Les infirmités de la vieillesse.

瘁 ˊ Senil s morbi. Dolores, cruciatus.=Les infirmités de la vieillesse. Douleurs, souffrances.

䘹 ˊ Vestis simplex.= Habit simple.

焠 ˊ Ferrum temperare. Comburere. Desiderare. Violare. = Tremper du fer. Brûler. Désirer. Violer.

淬 ˊ Frigus; valdè frigidum.=Très froid.

祽 ˊ Sacrificium lunæ oblatum.= Sacrifice que l'on fait à la lune.

醉 ˊ Ebrius; inebriari. = Ivre; s'enivrer.

翠 ˊ Cæruleum. Pulchrum. *Quædam avis plumis cæruleis.* = Bleu. Joli. *Certain oiseau au plumage bleu.*

脺 ˊ Pinguis. Avium uropygium.= Gras. Le croupion des oiseaux.

倅 ˊ Vices gerere, vicarius. Assistere. Adjuvare. = Remplir les fonctions d'un autre, suppléant. Assister. Secourir.

綷 ˋ Variegatum, diversi colores simul. = Bariolé, de couleurs différentes.

萃 ˊ Coadunare; colligere. Spissum. = Rassembler, réunir; recueillir. Touffu.

啐 ˊ Sorbere. Aliquem conspuere. Timorem incutere. Admirari. =Humer. Cracher sur quelqu'un. Faire peur. Admirer.

誶 Suéi ˊ Increpare, accusare. Aliquem irridere. Injuriis afficere. = Gronder, reprendre. Accuser. Railler. Injurier.

粹 ˊ Purum, sine mixtione. = Pur, sans mélange.

碎 ˊ Frustulum. In frusta comminuere. Minutum.= Petit morceau. Réduire en petits morceaux. Menu.

晬 ˊ Anniculus.= Agé d'un an.

睟 ˊ Recte aspicere. Oculus lucidus. Purum. 5um cœlum secundum Sinenses.=Regarder droit. Œil brillant. Pur. Le 5e ciel suivant les Chinois.

N. 391. **庚** 𢈎

庚 Kem — Ætas. Veneris planeta vespere apparens. Amplius. Mutare. =Age. Davantage. Changer. La planète Vénus quand elle parait le soir.

鶊 — Psittacus.= Perroquet.

N. 391.

賡 – Iterùm. adhùc. Incepta prosequi.=De nouveau, encore. Continuer une chose commencée.

⿰犭庚 – *Species quædam canis.=Espece de chien.*

⿱艹庚 – *Nomen cujusdam plantæ. = Nom de plante.*

N. 392. 於 扵

Iū

Notas casûs dativi. Ille. Habitare. = *Marque du datif* à. Lui. Habiter.

淤 ˊ Turbidum, maculatum.Lutum. Limum. Obstruere, occludere. =Trouble, taché. Boue, fange. Boucher, obstruer.

瘀 ˊ Lividum, nigrum. = Meurtri, noir.

⿰土於 – Limum ; lutum sub aqua. = Fange ; boue sous l'eau.

飫 – Immoderatè comedere. Gulosus = Manger avec excès. Gou'u and.

菸 – Flos deciduus. Marcescere. Contusio. = Fleur caduque. Décadence des fleurs. Contusion.

唹 – Ridere. = Rire.

閼 Ñgo ˘ Obumbrare. Suffocare ; obstruere, impedire.=Ombrager. Suffoquer; obstruer, empêcher.

N. 393. 府

Fu ˋ

Urbs primi ordinis. Civitas. Palatium.=Ville de 1er ordre. Palais.

⿸府火 ˋ In frusta redactum. Putre. Corruptum.=Haché en petits morceaux. Pourri.

腐 ˋ Putrefactum, corruptum. = Pourri, corrompu.

⿰扌府 ˋ Tangere. Manum admovere.= Toucher. Y mettre la main.

腑 ˋ Viscera, intestina. = Les viscères, les intestins.

俯 ˋ Inclinare se. Curvum. Examinare.=Se pencher. Se courber. Examiner.

† Oritur à 付 N. 178 cujus raro synonyma est.

N. 394. 夜 亱

Ié ˊ

Nox.=La nuit.

⿰口夜 ˊ Luscinia. Aves quæ noctu cantant =Rossignol. Oiseaux qui chantent de nuit.

液 Ĭ Corporis humores. Saliva.= Les humeurs du corps. La salive.

⿰衤夜 ˘ Lumbi. Pars corporis ubi non sunt costæ. Axilla. = Les reins. Les flancs. L'aisselle.

⿰女夜 ˘ Flamma. Ignis splendor.=La flamme. La clarté du feu.

掖 ˘ Sustentare. Manu aliquem adjuvare. Sub brachio asportare. Auxiliari.= Soutenir. Donner la main. Porter sous le bras. Aider.

腋 ˘ Axilla. Lumbi. Vulpina pellis. = L'aisselle. Les reins. Peau de renard.

N. 395. 育

Iū ˘

Alere, nutrire, educare. = Nourrir, élever.

⿺辶育 ˘ Incedere. Gressus.=Marcher. Les pas.

⿰育欠 ˘ Paventis exclamatio.=Exclamation de quelqu'un qui a peur.

焴 ˘ Ignis splendor. Fama. = La clarté du feu. Renommée.

堉 ˘ Fertile. Pingue. = Fertile. Gras.

N. 395.

䱒 ˇ Alere, educare. Fovere. = Nourrir, élever. Chauffer, protéger.

啍 ˇ Vocis sonus. = Le son de la voix.

弴 — Arcus picturis ornatus. = Arc enjolivé de peintures.

啍 — Flatus. Loquela. Sapientia. Lentus. = L'haleine. Le langage. Sagesse. Lent.

N. 396. 享

† Hinc præcipuè procedunt 郭 et 孰 N. 727 et 728.

ˋ Hiam Lætari. Convivium. Sacrificium offerre, offerre. = Se rejouir. Repas. Sacrifier, offrir.

惇 — Chuen Cordis sinceritas. Honestas. = Sincérité de cœur. Honnêteté.

諄 — Inculcare, iterùm atque iterùm docere. Assiduitas. = Inculquer. Enseigner à maintes reprises. Assiduité.

鶉 ˆ Coturnix. = Caille.

埻 ˋ Sagittarum scopus, alvus. = Cible pour les flèches.

稕 ˊ Fasciis obvolvere. = Envelopper avec des bandes.

淳 ˆ Xuen Purum, mundum, clarum. Sincerus. Humus. = Pur, net, clair. Sincère. Terre.

醇 ˆ Vinum generosum. Purum. Reverens, attentus. = Vin généreux. Pur. Respectueux, attentif.

錞 ˆ *Quoddam instrum. musicum æneum.* Campanam pulsare. = *Sorte d'instrum. de musique en bronze.* Sonner une cloche.

犉 ˆ Vacca flava et alta. = Vache de couleur jaune et de haute taille.

瓺 — Tuen Lagena = Bouteille.

黗 — Color flavus. = Couleur jaune.

敦 — Sincerus, fidelis. Multùm. Conari. Impellere. Prodigus. Quid? = Sincère, fidèle. Beaucoup. Forcer. Pousser. Prodigue. Quoi?

焞 — Obscuritas. Testudinis corticem igni admovere divinationis causâ. = Obscurité. Mettre de l'écaille au feu pour connaître l'avenir.

N. 397. 京

— Kim Aula regia: civitas regia. Magnum. = La cour: la ville Impériale. Grand.

麖 ˆ *Cervi species quædam.* = *Espèce de cerf.*

勍 ˆ Repellere. Vim inferre. Strenuus, valens. = Repousser. Faire violence. Courageux.

剠 ˆ Indelebilibus maculis reum in facie signare. = Marquer le visage d'un criminel de taches ineffaçables.

鯨 ˆ Piscium maximus. Defraudare. Deglutire. = Le plus grand des poissons. Frauder. Avaler.

倞 ˊ Violentia. Fortis. Exigere. = Violence. Fort. Exiger.

黥 ˆ Indelebilibus maculis reum in facie notare. = Marquer de taches ineffaçables le visage d'un criminel.

景 ˋ Circumstantiæ. Aspectus rerum. Splendidum. Magnum. = Les circonstances. Aspect, vue. Brillant. Grand.

弶 ˆ Kiam Arcus ad aves captandas. Rete expandere. = Arc pour la chasse des oiseaux. Tendre un filet.

悢 ˆ Leam Mœror, dolor. = Chagrin, douleur.

涼 ˆ Jucundum frigus. = La fraîcheur.

諒 ˊ Credere; confidere. Auxiliari. = Croire; se confier en.. Aider.

涼 ˆ Jucundum frigus: suaviter frigidum. = De la fraîcheur. Fraîcheur agréable.

海上絲綢之路文獻集成　科技與文化編

N. 397.

輬 ^ Currus pro feretro. — Char pour le cercueil.

醇 ^ Gluten ex oryzâ.=Colle faite avec du riz.

颹 ^ Frigus. — Froid.

倞 ` Remotus ; longinquus.— Eloigné, lointain.

綡 ^ Pilei apex sericeus. — Flocon en soie au haut du bonnet.

晾 ′ Oculorum morbus. — Maladie des yeux.

晾 ′ In sole desiccare, exsiccare. — Faire sécher au soleil, sécher.

剠 Lio ˇ } Rapere ; prædari ; extorquere. =Ravir ; piller ; extorquer.
掠 ˇ

† Hinc oritur phonetica 景 quæ infrà.

N. 399. 羌 羗羌 `

— Kiam Fortis, robustus. Elegans. — Fort, robuste. Elégant.

洸 — Rivus : fluvius. — Ruisseau : rivière.

硄 — Quidam lapis.— Sorte de pierre.

鵟 — Quædam avis. — Nom d'oiseau.

娧 — Confusio, inordinatum.=Confusion, en désordre.

虓 — Tigridis species quædam. = Espèce de tigre.

晄 ^ Infantium ploratus. — Pleurs des enfants.

唴 — Oculorum infirmitas. = Maladie des yeux.

蜣 — Scarabæus.— L'escarbot.

† Hic ordo fortè aboleri debuisset quia ipsius litteræ fere omnes absoletæ sunt, nulliusque momenti.

N. 398. 罙

— Xen *Littera merè phonetica sensu carens.=Lettre purement phonétique vide de sens.*

深 — Profundum, profunditas. Mysteriosum. Valdè. — Profond, profondeur. Mystérieux. Beaucoup.

琛 — Gemma pretiosissima. = La plus précieuse des perles.

棎 — *Nomen cujusdam fructùs.=Espèce de fruit.*

探 ˇ Tan Manum extendere ad aliquid capiendum. Interrogare ; inquirere. Explorare. Experiri. =Etendre la main pour prendre une chose. S'informer ; interroger. Epier. Eprouver.

N. 400. 炎

^ Ièn Flamma : calidum. Mobile. Elegans.=La flamme : chaud. Mobile. Superbe.

剡 ` Acuminare, acutum. Præcidere. Lux. Lucrum. Festinè. =Rendre pointu, aigu. Couper. Lumière. Lucre. En toute hâte.

琰 ` Fulgor ; splendere. = Eclat ; Briller.

餤 ^ *Quædam placentæ species. = Espèce de gâteau.*

扊 ` Janua clausa. Pessulus externus. — Porte fermée. Loquet extérieur.

惔 ^ Tan Valdè tristis. Incendium ; ardere.=Fort triste. Incendie ; brûler.

淡 ′ Insipidum : sine sapore. Tepidum. Leve, modicum, subtile : macilentus. = Insipide : sans goût. Tiède. Léger, peu, mince : maigre.

N. 400.

談 ˇ Conversari, colloqui, alloqui. =Converser, causer, parler à quelqu'un.
痰 ˇ Pituita, flegma.=Du flegme, de la pituite.
郯 ˆ *Quædam urbs.=Nom de ville.*
毯 ˋ } *Tapetis species quædam.= Espèce de tapis.*
毯 ˋ
倓 ˇ Quietus, tranquillus. = Tranquille.
緂 ˆ Vestis nova nitida. = Habit neuf propre.
醆 ˊ Insipidum: sine sapore.=Insipide: sans saveur.
菼 ˋ *Gemmæ cujusdam plantæ aquatilis.=Les bourgeons d'une certaine plante aquatique.*
啖 ˊ Mandere ; comedere. Degustare.=Mâcher ; manger. Goûter.
覢 ˋ Xan Obiter aspicere, ictus oculi. Explorare. Fulgetrum.=Donner un coup d'œil, un coup d'œil. Epier L'éclair.
掞 ˊ Extendere ; aperire : spargere. =Etendre; ouvrir : répandre.
睒 ˋ Obiter aspicere, ictus oculi. Explorare. Fulgetrum.=Donner un coup d'œil, un coup d'œil. Epier. L'éclair.
欻 ˘ Hu Illicò, confestim. Movere se. Quiescere. Anceps.=Soudain, tout d'un coup. Se mouvoir. Se reposer. Irrésolu.
颷 — Piao Ventus furens.=Vent terrible.

N. 401. 奉

ˋ Fum Offerre, præsentare. Recipere. =Offrir, présenter. Recevoir.

溙 ˋ Aqua. = De l'eau.
殑 ˋ Mori, mors. = Mourir, la mort.
鞛 ˋ *Quoddam utensile militare. = Certain ustensile dont se servent les soldats.*
埲 ˋ Pulvis exurgens. = Poussière qui s'élève.
捧 ˋ Ambabus manibus offerre. Sumere ; in manibus recipere.= Offrir des deux mains. Prendre ; recevoir dans les mains.
䒠 ˋ Triticum ventilare. = Vanner du blé.
俸 ˊ Salarium. Stipendium ministrorum publicorum. = Salaire. La paye des officiers du gouvernement.
琫 ˋ Pum Vaginæ ornatus ex lapide pretioso.=Ornement de fourreau en pierre prétieuse.
菶 ˋ Luxurians ; florens ; abundans. = Florissant ; riche ; abondant.
唪 ˋ Cachinnum attollere, in risus erumpere.=Eclater de rire.
棒 ˋ Pam Baculum : pedum pastorale. =Bâton ; houlette de berger.

† Inattentus facilè confundere potest hanc phoneticam cum 夅 N. 348 quæ aliquam formæ et soni similitudinem habet cum istâ.

N. 402. 長

ˇ Cham Longum, prolixum. Magnum valdè. Extendere. Crescere. Excedere, superesse. = Long. Grand ; beaucoup. Etendre. Croître, dépasser.

悵 ˊ Tristitia.=Tristesse.
漲 ˊ Inundatio.=Inondation.
鋹 — Barbarum. Irregulare. = Barbare. Irrégulier.

N. 402.

瘬 ˊ Venter tumidus.=Ventre gonflé.

粻 ˉ Annona militaris.=La ration des soldats. L'étape.

碾 ˊ Molere. Fricare. Obstruere.=Moudre. Frotter. Boucher.

棖 ˇ Januæ limen; superliminare. Columna. Fulcrum, fulcire. Baculus. = Seuil de la porte linteau. Pilier. Etai, étayer. Bâton.

韔 ˋ Theca coriacea pro arcu.=Poche en cuir pour mettre l'arc.

張 ˉ Arcum vel chordas tendere.=Tendre la corde d'un arc ou ceiles d'un violon.

韔 ˊ Arcûs theca.=Boîte ou poche dans laquelle on met l'arc.

鋹 ˋ Acutum, mucronatum.=Aigu, armé d'une pointe.

餦 ˊ Esca, illicium.=Appât.

脹 ˋ Viscera, intestina. Obstructio: venter tumidus.=Les instestins. Le ventre gonflé.

萇 ˇ Averrhoa carambolifera. = Le carambolier.

䁤 ˉ Oculos latè aperire. = Ouvrir de grands yeux.

賬 ˋ Sumptuariæ rationes. Debitæ pecuniæ supputatio. Debitum. Mercatorum libri.=Les comptes. Faire le compte des dettes. Dette. Livre de comptes.

蛝 ˇ *Quoddam insectum*. = *Nom d'insecte*.

帳 ˋ Velum, tentorium; obvelare. =Voile, rideau, tente; couvrir d'un voile.

† Cavendum ne confundatur cum 辰 N. 302.

†† Est etiam classifica, sed tunc per abbreviationem scribitur 镸 in litterarum latere sinistro. Ex. Gr. 䯀 Nào *Longum: altum.*= *Long: haut.*

††† Hinc originem ducere videtur classifica 髟 Pieu *Capilli prolixi*=*Longs cheveux*, quæ constanter phoneticarum verticem occupat: ex. gr. 髯 Jèu *Genarum pili: barba.*=*Les favoris; la barbe.*

N. 403. 忝

Tièn ˋ Dedecore afficere; famam detrahere. = Couvrir de honte; ôter la réputation.

悿 ˋ Pavidus, debilis. = Craintif, faible.

添 ˉ Augere, addere: numero aut quantitati superaddere.=Augmenter, accroître; ajouter.

舔 ˋ In defensionem venire, auxiliari.=Venir au secours, secourir.

㮇 ˊ Palus vel baculus ad ignem excitandum.=Bâton pour attiser le feu.

掭 ˊ Lucernam emungere vel componere.=Moucher ou arranger une lampe.

舔 ˋ Lambere. Degustare. = Lécher. Goûter.

菾 ˇ *Quoddam legumen*. = *Espèce de légume*.

† Dictionarii Sinici unâ voce asserunt, hanc phoneticam differre à 忝 Tièu *Augere*=*Augmenter*: quod verum est si hæ litteræ per se solas accipiantur; sed in compositis haberi debent tanquàm meræ varietates, et generali consuetudine approbante, quæcumque indifferenter adhiberi potest.

N. 404. 武 武

Ù Miles ; militaire. trenuus. = Soldat ; militare : ourageux.

鵡 ` Psittacus.=Le perroquet.

珷 `
碔 `
俄 `
Quidam lapis pretiosus. = Sorte de pierre précieuse.

Cognomen.= Nom propre.

娬 ` Blandiri, blanditiis permulcere.=Caresser, flatter par des caresses.

賦 ` Solvere tributum. Dare, tradere. Messim colligere.=Payer le tribut. Donner. Recueilir la moisson.

N. 405. 妻

Tsi Uxor, sponsa, mulier. Filiam nuptui tradere.= Femme, épouse. Donner sa fille en mariage.

悽 Afflictio, mœror. Commisereri. = Affliction, chagrin. Avoir pitié.

淒 Ventus frigidus cum pluviâ. Frigus.=Vent froid avec la pluie. Froid.

凄 Frigus.=Froid.

霋 Pluvia cessans : cœlum serenum.= Pluie qui cesse : ciel qui s' éclaircit.

萋 Herbaceum, spissum , luxurians.=Plein d'herbe, touffu, florissant.

棲 Si Morari. Quiescere. Gallinarium. Collocare. = Demeurer, habiter. Se reposer. Poulailler. Placer.

N. 406. 疌 疌 一

Nié Gradus machinæ textoriæ qui pede premuntur. = Les marches d'un métier de tisserand.

疌 Tsié Celerrimè, festinare. = Très vite, se presser, se hâter.

捷 Leve, levis. Festinare. Celerimè. Vincere, superare.=Léger. Se hâter. Très vite Vaincre, surmonter.

倢 婕 Muliebris magistratura sub dynastiâ Han. Debitâ observantiâ invisere superiores. Celeriter, festinare.= Dignité occupée par les femmes sous la dynastie des Han. Se présenter avec respect devant les supérieurs. Se hâter, vite.

緁 Vestes suere.=Coudre les habits.

睫 Palpebræ ; ciliorum pili.=Les paupières ; les cils.

踕 Leve, velox.=Léger, agile.

蜨 Tié Papilio.=Papillon.

萐 Xe e Herba quædam optimi regis prognostica = Certaine plante qui pronostique un bon Roi.

箑 Xa Flabellum. Litteræ semi-cursivæ. = Eventail. Lettres un peu cursives.

啑 Comedere. (Dicitur de avibus aut de piscibus.) = Manger. (Se dit des poissons et des oiseaux.

N. 407. 肩 肩

Kiēn Humeri. Super humeris gestare. Claviculœ ossa. = Les épaules. Porter sur les épaules. Les clavicules.

鶬 Accipitris species quædam. = Espèce de faucon.

靦 Cognomen.=Nom propre.

榍 Columnæ domûs.=Les colonnes ou les piliers d'une maison.

N. 407.

⿰豕肙 / } Porcus aut aper triennis. = Cochon ou sanglier de trois ans.
狷 — }

⿱艹肙 / *Nomen cujusdam plantae.* = *Nom de plante.*

+ Ordo fortè supprimendus, quia ejus litteræ rarò admodùm sunt in usu.

N. 408. 奇 奇

ʌ
Ki

Extraordinarium mirabile. Supramodum. = Extraordinaire, admirable. Souverainement. Aliquid custodiendum præbere ; aliquid alicui commendare. Hospes ; parasita = Donner quelque chose à garder ; confier une chose à quelqu' un. Hôte ; parasite

寄 / Parcus, parcimonia. = Econome, économie.

⿰忄奇 ʌ Se mutuò irridere = Se railler mutuellement.

⿰言奇 — Curvum. Bacillis aliquid accipere. Hydria in fanis posita. = Courbé. Prendre avec les bâtonnets. Cruche usiteé dans les pagodes.

攲 — Falx. Scalprum ad litterras cœlandas. = Faux. Burin pour graver des caractères.

剞 — Res pretiosae. = Objets précieux.

琦 ʌ Abjicere ; remittere. Mori. Rejetter; renvoyer. Mourir.

⿰歹奇 ʌ Claudus, unicum pedem habens. Solus. = Boiteux, qui n' a qu' un pied. Seul.

⿺尢奇 — Tortuosum. Littus flexuosum, littus. = Tortueux. Rivage avec de sinuosités, rivage.

碕 ^ Tigridis dentes contorti. = Dents contournées du tigre.

猗 — Equum ascendere, equitare. = Monter à cheval, aller à cheval.

騎 ʌ

⿰耳奇 — Aurem praebere. = Prêter l' oreille.

⿺走奇 — Deambulare. Simius in arbore oscillans. = Se promener. Singe qui se balance sur un arbre.

琦 ^ Littus flexuosum ; tortuosum. Littus. = Rivage qui a des sinuosités : tortueux Rivage.

掎 — Trahere. Fune deducere. Pedibus suspendere. = Traîner. Traîner par une corde. Suspendre par les pieds.

錡 ʌ Cacabus tribus pedibus instructus. = Marmite à trois pieds. *V. infrà.*

觭 — Bos cornua habens inæqualia. Obtinere. = Bœuf aux cornes inégales. Obtenir.

徛 — Lapides in rivulo positi ad illum pertranseundum. = Pierres mises dans un ruisseau a fin de pouvoir passer dessus.

⿰身奇 — Solus, unicus. = Seul, *unique.*

魌 ʌ Papyri fragmenta inaurata quæ in dœmonum honorem comburunt. = Papier doré qu'on brûle en l'honneur des génies.

綺 ^ Sericeus pannus bonæ speciei. Variegatum. = Etoffe en soie de bonne qualité. Bariolé.

⿰目奇 — Monoculus, unum oculum habens. = Borgne, qui n'a qu'un œil.

踦 — Claudus, unicum pedem habens. Solus. = Boiteux, qui n'a qu'un pied. Seul.

畸 — Ager à tributo liber. Agger culturæ ineptus. = Champ exempt de contributions. Champ qui ne vaut rien pour la culture.

⿰虫奇 / *Quoddam insectum.* = *Espèce d'insecte.*

崎 — Abruptum. Viæ inæquales in montibus. = Escarpé. Chemins irréguliers par les montagnes.

旖 (ˋ Vexilli motus undulatorius. Tremulo motu quati, tremere. = Le flottement d'un pavillon. Trémulation, trembler.

⿸疒奇 ˉ) Debilis. Ægrotus; in mortis periculo positus. = Faible. Malade; qui est en danger de mort.

裿 — Vestes splendidè compositæ. = Habits magnifiquement arrangès.

字聲綱目

N. 408.

䫏 ¯ Bonum ; bonus.=Bien ; bon.

欹 ¯ *Admirantis interjectio. Laudis interjectio. = Exclamation d'admiration et de louange.*

輢 ˋ Currûs latera. = Les côtés d' un char.

椅 ˋ Sedes, sedile.=Chaise, siège.

陭 ¯ Præsidium urbis à naturâ ipsâ formatum. = Fortifications ou remparts naturels d'une ville.

䝤 ˋ Canis ferus et robustus. = Chien fort et féroce.

錡 ˋ Ahenum tripes. Mentis turbatio. Loculamenta gradatim ordinata. = Chaudière à trois pieds. Inquiétude. Etagères.

[歹奇] ¯ Breve, contractum. = Court, raccorni.

[艹奇] ˋ Fragrans, odoriferum.=Odoriférant, suave.

[禾奇] ¯ Messis densè florens.=Moisson qui se charge de fleurs.

犄 ¯ Robustus, strenuus. *Species bovis.* = Courageux, robuste. *Espèce de bœuf.*

倚 ˋ Inniti super aliquo, confidere in aliquo. = S'appuyer ou se confier sur quelqu'un.

猗 ¯ *Vox suspirantis*, Proh ! Luxurians, floridum. Extensum, longum. Curvare. = Soupir · Ah! Florissant. Etendu. Long· Courber.

齮 ˋ Corrodere, mordere, mandere.=Ronger, mordre, mâcher.

勑 ˊ Edictum, mandatum. Blandiri. Accersere. Remunerare.= Edit, ordre. Caresser. Faire venir. Récompenser.

郲 ˆ *Cognomen.=Nom propre.*

麳 ˆ Triticum.=Blé.

賚 ˊ Dare, largiri. Præmiare. = Donner. Récompenser.

騋 ˆ Equus septem cubitis altus. Equus mas. = Cheval haut de sept pieds. Cheval entier.

[禾來] ˆ Triticum.=Le blé.

徠 ˊ Urbanè peregrinos recipere.= Recevoir les étrangers avec honnêteté.

鯠 ˆ Serpens aquatilis.=Serpent d' eau.

倈 ˆ Pronepos.=Petit fils.

萊 ˆ Cardnus. Terra inculta. = Chardon. Terrein inculte.

睞 ˊ Obliquè aspicere. Oculos distortos habere. = Regarder de travers. Avoir les yeux de travers.

[貝來] ˊ Donare, largiri. Remunerare. =Donner, faire cadeau. Récompenser.

唻 ˋ Magnum os.=Grande bouche.

崍 ˆ *Quidam mons.=Nom de certaine montagne.*

N 409. 來 来

ˆ Lai Venire. Recipere.=Venir, Recevoir.

淶 ˆ *Quædam civitas. = Nom de ville.*

N. 410. 厓

ˆ Iai Littus : ora. Montis radices. Abruptum. = Rivage : bord· Les pieds d'une montagne. Escarpé.

[忄厓] ˊ Odisse, odium. = Hair, haine.

N. 410.

涯 ^ Littus; fluminum aut maris ripae. Limites.=Rivage; bord des fleuves ou de la mer. Limites.

捱 ^ Pati, sustinere. Comprimere, cohibere. Conari. =Souffrir, supporter. Comprimer, retenir. S'efforcer.

娾 ˋ Laetari. Puella deformis.=Se réjouir. Jeune fille laide.

睚 ˊ Oculos elevare. Cum irâ respicere. Oculorum extrema.=Lever les yeux. Regarder en colère. Les coins des yeux.

啀 ^ Canis mordere minitans. Irâ accensus.=Chien qui menace de mordre. Emporté de colère.

N. 411. 直 直

Che ˇ Rectum; verum; rectitudo; veritas.=Droit; vrai; droiture; vérité.

植 ˊ Plantare, infigere. Statuere.=Planter, enfoncer. Etablir.

殖 ˊ *Arcûs species quædam.=Sorte d'arc.*

稙 ˇ Praecociter seminare.=Semer de bonne heure.

膱 ˇ Adipe obductum. Capillorum sordes adipales. = Couvert de graisse. La graisse des cheveux.

值 ˊ Accidere, evenire. Pretium, valere.=Survenir par hasard. Prix, valoir.

踶 ˇ Stare.=Se tenir debout.

置 ˊ Ponere, collocare. Providere. Ædificare. = Mettre, placer. Fournir. Bâtir.

Xe ˇ 憄 Mentis applicatio. = Application d'esprit.

殖 ˇ Nasci. Crescere. Florere. = Naître. Croître. Fleurir.

植 ˇ Plantae, vegetabilia: omne quod gerit radices.=Les plantes: tout ce qui a des racines.

埴 ˇ Argilla.=De l'argile.

† Huic affinis videtur 眞 N. 674.

N. 412. 豖

Chu ˇ Compedes. In compedibus positus.=Les ceps. Mis dans les ceps.

瘃 ˇ Ustiones à frigore provenientes.=Engelures aux mains ou aux pieds.

塚 ˇ Pedum vestigia. Conculcare. =Traces des pas. Fouler aux pieds.

Chô ˇ 涿 Stillatim fundere. Percutere.=Verser goutte à goutte. Frapper.

諑 ˇ Calumniari. Vituperare, verbis impetere, reprehendere.=Calomnier. Accabler de sottises, reprendre.

琢 ˇ Polire lapides. Praecidere. Seligere.=Polir des pierres. Couper. Choisir.

硺 ˇ Percutere, tundere.=Frapper, piler.

豥 ˇ Percutere, pellere.=Frapper, pousser.

斲 ˇ Incidere.=Graver.

椓 ˇ Lignum percutere. Genitalia in punitionem praecidere.=Frapper du bois. Couper les parties naturelles pour châtiment.

拯 ˇ Percutere. Pellere.=Frapper. Pousser.

閿 ˇ *Quidam rivus.=Nom de rivière.*

豚 ˇ Nates.=Les fesses.

N. 412.

啄 ˘ Rostro percutere aut aliquid sumere. Aves comedentes.= Frapper ou prendre avec le bec. Oiseaux qui mangent.

⿰𧾷豖 ˘ Saltare.=Sauter.

剢 ˘ Fu In securi praecidere.=Couper avec la hache.

† Haec phonetica rarissimè scribitur accuratè, et plerumquè confunditur cum classificâ 豕 Xè *Porcus, sus.=Cochon.*

N. 413. 奄 奄

ˋ Ièn Abscondere; contegere. Invertere. Illicò, statim.= Cacher; couvrir. Renverser sans dessus dessous. Aussitôt, soudain.

淹 ¯ Inundare. Demergi. In aquâ aliquid macerare. Diù detinere.=Inonder. Etre submergé. Macérer dans l'eau. Retenir long-temps.

⿰言奄 ˊ Abscondere. Inconsideratè loqui. Murmurare. = Cacher. Parler à tors et à travers. Médire. Se plaindre.

⿰方奄 ˊ Rerum longitudinem metiri.= Mesurer la longueur d'une chose.

裺 ˋ Vestem marginare. Saccus.= Ourler un habit. Un sac.

醃 ¯ Salire: sale condire.=Saler.

埯 ˋ Terrâ aliquid operire. = Couvrir quelque chose avec de la terre.

掩 ˋ Cooperire, contegere; recondere.=Couvrir, cacher; serrer.

閹 ¯ Ostiarius. Eunuchus. In pœnam castrare.=Portier. Eunuque. Châtrer en punition.

⿱竹奄 ˋ Canistrum.=Panier.

⿰片奄 ˋ Tabulæ quibus tecti trabes intùs conteguntur. = Planches qui cachent les poutres du toit dans l'intérieur de la maison.

俺 ˊ Ego. Magnum. = Je, moi. Grand.

黤 ˊ Maculæ quibus reorum vultus notatur. = Taches dont on marque le visage des coupables.

崦 ¯ *Mons in quo sol occumbit. = Montagne où le soleil se couche.*

庵 ¯ Ñgan Bonziarum fanum. Tugurium. Domus rotunda. Demissum.= Couvent de bonzesses. Chaumière. Maison ronde. Bas.

⿱雨奄 ¯ Nebulosum.=Nuageux.

⿺尢奄 ˋ Membris captus, mutilatus.= Perclus, mutilé.

鵪 ¯ Coturnix.=Caille.

馣 ^ Fragrantia: suaveolens.=Bonne odeur; qui sent bon.

菴 ¯ Abrotanum. Bonziarum domus. Tugurium, domuscula paleis tecta.=L'auronne. Couvent de bonzesses. Chaumière.

晻 ˋ Obscurum, sol obscuratus; obumbrare. Ignarus.=Obscur, soleil obscurci; ombrager. Ignorant.

唵 ˋ Ore cibum tenere: manibus ori cibum deferre. = Avoir de la nourriture dans la bouche, ou l' y porter avec la main.

⿰巾奄 ¯ Canistrum viatici. = Panier dans lequel on met les vivres pour le voyage.

痷 ˘ Ié Membris captus, mutilatus. Parva infirmitas. Excessus, excessivè. Inundanter. = Perclus, mutilé. Petite maladie. Excès, excessivement. Qui se répand partout.

殗 ˘ (same as above)

腌 ˘ In sale macerare, sale condire. Sordidum.=Macérer dans le sel, saler. Sale.

⿰巾奄 ˘ Vitta quâ nectuntur capilli.= Ruban avec lequel on attache les cheveux.

⿰火奄 ˘ Ñgo Ignem supponere. Ligna incendere.=Mettre le feu. Allumer du bois.

⿰黍奄 ˘ Variegatum, variis coloribus pictum. Delineare.=Bigarré, bariolé. Dessiner.

N. 413.

罨 ˘ Rete ad pisces vel ad aves captandos. Cooperire. = Filet pour la pêche ou pour la chasse. Couvrir.

N. 414. 奈 柰

ˊ Nai Quomodò? quid remedii? = Comment? qu' y faire?

萘 ˊ *Quædam herba. = Nom de plante.*

捺 ˘ Na Manu premere: graviter comprimere. = Presser avec la main: presser fortement.

㮏 ˊ No Dolor, labores. = Douleur, souffrances.

嗱 ˊ *Particula finalis. = Particule usitée à la fin des phrases.*

N. 415. 到

ˊ Tao Pervenire; usque ad... attingere. = Arriver à...jusqu' à.. atteindre.

捯 ˋ Manu tundere. Tunsionibus indurare. = Piler avec la main. Rendre dur à force de frapper.

倒 ˋ Invertere, evertere. Cadere. Adhùc. Cæterùm. = Mettre sans dessus dessous, renverser. Tomber. Au reste.

啅 ˋ *Quidam comediæ cantus. = Chant usité dans les comédies.*

N. 416. 幸 夲

ˋ Hìn Fortuna, felicitas. Gaudium. Favor, aliquid consequi præter meritum. = Fortune, bonheur. Joie. Faveur, obtenir une chose sans la mériter.

悻 ˋ Irà commotus. Odisse. = En colère. Haïr.

涬 ˋ Aquarum copia. Materia prima, seu aër vivificans. Trahere. = Grandes eaux. La matière première ou le principe qui donne la vie. Tirer.

誶 ˋ Irati verba. = Paroles d'un homme en colère.

滓 ˊ Frigus, frigidum. = Froid.

倖 ˋ Fortuna, casus felix et inopinatus. Aliquid consequi praeter merita. = Bonheur, cas fortuit et heureux. Obtenir une chose sans la mériter.

婞 ˋ Ira. Odisse. = Colère. Haïr.

緈 ˋ Directè, rectum. = Droit, en droite ligne.

啈 ˋ Irati verba. = Langage de colère.

圉 ˋ Iù Domui praefectus. Æditutus. Æquarius. Famulus. — Majordome. Sacristain. Palefrenier. Domestique.

† Cautè distinguenda à 幸 N. 296.

N. 417. 取

ˇ Tsiù Capere, sumere. Congregare colligere. = Prendre, saisir. Réunir, ramasser.

諏 ˉ Deliberare; consilium accipere. Eligere. = Délibérer; prendre conseil. Choisir.

冣 ˊ Congregare, cumulare. — Réunir, entasser.

諏 ˉ Deliberare; consilium accipere. Eligere. = Délibérer; consulter. Choisir.

堅 ˊ Terrae cumulus. Terram percutiendo condensare. = Monceau de terre. Faire de la terre dure à force de coups.

娶 ˊ Uxorem ducere, nubere. = Prendre femme, se marier.

趣 ˊ Currere: celeriter. Venustas. Eleganter se habere. = Courir: vite. Démarche ou taille élégante.

㑄 ˊ Proximum, juxtà. Angustum. Urgens. = Rapproché, près de ... Etroit. Pressant.

N. 417.

娵 ˊ Uxorem ducere : nubere. = Prendre femme : se marier.

掫 ˊ Extorquere : rapina. = Faire des extorsions : vol.

陬 ˉ Littus elevatum. = Rivage élevé.

諏 ˉ Tseu Deliberare ; consilium sumere. Eligere. In animo statuere. = Délibérer ; consulter. Choisir. Arrêter.

郰 ˉ Locus in quo degebat Confucius. = Lieu qu'habitait Confucius.

棷 ˉ Ligna ad ignem nutriendum. Lignea campana. = Bois pour nourrir le feu. Cloche en bois.

掫 ˉ Percutere. Manu accipere. Urbium custodes nocturni. = Frapper. Prendre avec la main. Sentinelles de nuit.

陬 ˉ Angulus. Perturbatus. Prima luna. = Angle, coin. Troublé. La 1ère lune.

菆 ˉ Bambusa flava. = *Espèce de bambou jaune.*

鯫 ˉ Pisciculi. Pisciculus albus. = Petits poissons. Petit poisson blanc.

緅 ˉ Cheu Color niger in cœruleum inclinans. = Couleur noire qui tire sur le bleu.

齱 ˉ Dentes curvi aut inflexi. = Dents courbées ou tournées en dedans.

菆 ˉ Herbaceum : confusio plantarum. Congregare. = Plein d'herbes : touffu. Rassembler.

† Vide annotationem N. 314.

N. 418. 表

Piao Vestis exterior : exterior. Signum. = Habit de dessus : extérieur. Signal.

褾 ˊ Sudariolum muliebre. Vestis duplicis pars exterior. Papyro munire. = Mouchoir de tête pour les femmes. Le dehors d'un habit doublé. Doubler en papier.

摽 ˊ, 俵 ˊ Dispergere ; distribuere, dividere. = Répandre ; distribuer, diviser.

婊 ˋ Meretrix. = Prostituée.

419. 毒 毒

Tu Venenum. = Poison.

碡 Cylindrus ad res complanandas. = Cylindre dont on se sert pour aplanir quelque chose.

毒 Movere. Percutere. = Mouvoir, agiter. Frapper.

† Hæc littera quandoquè falsò scribitur 毒

N. 420. 青 青

Tsim Color cærules, cæruleum. = Couleur bleue, bleu.

情 ˊ Affectus, animi motus, sensus, cupiditates. = Les affections de l'âme, les passions, les sentiments.

清 ˉ Purum, limpidum : purificare. = Pur, limpide : purifier.

靖 ˊ Pax, concordia, tranquillitas. = Paix, harmonie, tranquillité.

請 ˋ Invitare ; rogare : requirere. = Inviter ; prier : demander.

精 ˉ Purum, sine mixtione. Perfectum. Delicatum. Peritus. = Pur, sans mélange. Parfait. Délicat. Habile.

凊 ˊ Frigus jucundum : refrigerare. = Fraîcheur : rafraîchir.

靘 ˊ Color valdè niger. = Couleur très noire.

鶄 ˉ *Anatis species. = Espèce de canard.*

N. 420.

靚	´	Ornatum; pictum. — Orné; peint.
埥	ˆ	Terra densa : densum.—Terre compacte : dense.
掅	ˆ	Sumere, manu prehendere.—Prendre, saisir avec la main.
箐	ˉ	Parvum foramen.—Petit trou.
腈	ˉ	Caro macilenta.—Viande maigre.
鯖	ˆ	Frigere pisces. *Quidam piscis cœruleus.*—Faire frire du poisson. *Certain poisson bleu.*
鼱	ˆ	*Muris species quædam.—Espèce de rat.*
倩	´	Bonum, excellens. Gener. Vice alterius.—Bon, excellent. Gendre. A la place d'un autre.
婧	´	Virginitas : mulier honesta. Decor. — Virginité : femme honnête. Honnêteté.
菁	ˆ	Flos allii. Luxurians : pulchrum, ornatum.—Fleur de l'ail. Florissant ; joli, orné.
睛	ˉ	Oculi pupilla : oculus. = La prunelle des yeux ; œil.
⿰貝青	ˆ	Accipere.—Prendre.
晴	ˆ	Cœlum sine nubibus : clarum, clarescere. Locare. Pulchrum. —Ciel serein : clair, s'éclaircir. Louer. Joli.
啨	ˆ	Submissâ voce loqui. —Parler à voix basse.
圊	ˆ	Latrina ; impurum. Mixtum ; —Les latrines ; sale. Mélangé.
蜻	ˉ	Gryllus. Pediculus aquatilis.—Grillon. Pou aquatique.
猜	Tsâi	Dubitare. Prævidere, divinari. Vereri ne... — Douter. Prévoir, deviner. Avoir peur que....

† Dictionarii Sinici collocant eam inter classificas et sub ipsâ ordinant decem et octo litteras in quibus plerumquè phoneticæ locum tenet, sicut ex earum sono et significatione evidenter patet.

N. 421. 卦

卦	Kuá	Lineæ divinatoriæ. Augurium, prognosticum, divinatio.—Lignes d'après lesquelles on tire les sorts. Pronostic, divination.
褂	´	Vestis duplex.—Habit doublé.
掛	´	Suspendere, appendere. Reponere.— Suspendre, pendre. Mettre en réserve.
絓	Huá	Impedire : ligare : in rete involvere. Suspendere. = Embarrasser : lier : envelopper dans un filet. Suspendre.
罣	´	(idem)

† Originem ducit à N. 239.

N. 422. 坴

坴	Lŭ	Via terrestris. Continens terra. Terra elevata et sicca.— Chemin par terre. Le continent. Terrein sec et élevé.
淕	˘	Pluvia gelu concreta. — Pluie gelée.
鵱	˘	Anas regius.—Canard royal.
⿰車坴	˘	Currûs capsa. Axis.—La caisse d'un char. Essieu.
陸	˘	Via terrestris, iter siccum. — Chemin par terre, chemin sec.
稑	˘	Triticum quod tribus mensibus maturescit.—Blé qui mûrit dans trois mois.
睦	Mŭ	Reconciliare se ; concordia.— Se réconcilier ; bonne harmonie.
逵	Kuêi	Via meatum habens. Platea. — Chemin qui a une issue. Place.

N. 423. 夌 陵

^ Lim — Acervus terreus, collis. Eminens ; superexcedens. = Monceau de terre, colline. Elevé ; qui surpasse le reste.

凌 ^ Currere ; gradi. Experimentum sumere. Conviciari=Courir ; marcher. Essayer. Injurier.

淩 ^ Contumeliis afficere: injuriam irrogare. Ascendere. Elevare. Gelu, glacies. = Charger de sottises : injurier. Monter: élever. Gelée, glace.

輘 ^ Currus cum strepitu subsiliens.

捘 ^ Conculcare.=Char qui sautille avec fracas. Fouler aux pieds.

Equum cohibere.=Arrêter un cheval.

陵 ^ Collis. Membra in supplicium divellere.=Colline. Ecarteler.

鯪 ^ *Piscis maximus navium vorator.=Poisson immense que l'on dit dévorer les navires.*

綾 ^ Tela sericea subtilissima.=De la gaze.

菱 ^ Castanea aquatilis. Trapa bicornis. = Châtaigne d'eau. Mâcre à 2 cornes.

殑 ´ Lem Mortale.—Mortel.

騬 ´ Equus infirmus.=Cheval malade.

棱 ˉ Angulus, cornu. Dolum. = Angle, coin, pointe. Fraude, tromperie.

稜 ˉ Angulus, cornu. Majestas. = L'angle, le coin. Majesté.

倰 ˉ Insultare, illudere.=Insulter, railler.

睖 ˉ Defixis oculis intueri. — Regarder fixement.

踜 ´ Pedetentim incedere. Cadere. Errare à viâ. — Aller pas à pas. Tomber. Se tromper de chemin.

崚 ˉ Mons.=Montagne.

N. 424. 亞 亜 一

´ Ia — Duo ; secundus. Parvus. Inniti. Inclinare se. = Deux ; second. Petit. S'appuyer. S'incliner.

窒 ˉ Inordinatum, inhonestum, irregulare.=Désordonné, déshonnête, irrégulier.

瘂 ˋ Mutus, qui loqui nequit.=Muet, qui ne peut pas parler.

鴉 ˉ Corvus.=Corbeau.

剄 ˉ Caput abscindere; secare ; abradere.=Couper la tête ; scier ; raser : enlever.

椏 ˉ Arbor.=Arbre.

稏 ´ *Oryzæ species quædam.* Ventilare.=*Espèce de riz.* Vanner.

俹 ˋ Inniti, confidere. Superbus, arrogans.=S'appuyer, se confier. Orgueilleux, arrogant.

婭 ´ Duarum sororum mariti.=Les maris de deux sœurs.

啞 ˉ Mutus : tacere. = Muet : se taire.

惡 ˘ Ñgo — Vitium, malum, pravum, crudele.=Le vice, le mal, mauvais, pervers, cruel.

堊 ˘ *Quidam lapis pretiosus albus. =Sorte de pierre précieuse blanche.*

垩 ˘ Terra porcellana.=Terre de porcelaine.

鰪 ˘ *Quidam piscis serpenti similis. = Certain poisson semblable au serpent.*

蝁 ˘ *Quoddam insectum.=Nom d'insecte.*

啞 ˘ Ridere, cachinnus, ridentis voces puerorum studentium voces. = Rire, éclats de rire, bruit d'enfants qui étudient.

c † Hùc revocari debent 壼 Kuen. *Parvi alles intra domos. Habitare.=Les corridors d'une maison. Habiter* : et 壺 Hu *Vas pro vino ; urna, amphora.=Vase pour le vin : jarre, cruche.*

N. 425. 東

Tūm — Orients : regiones orientales. =L'Orient : les pays du coté de l' Est.

悚 — Ignarus, stupidus.—Ignorant, stupide.

涷 — Pluviæ impetus, magna pluvia. Ros. Rore aut pluvia imbutus. =Grande pluie. Rosée. Trempé de pluie ou de rosée.

瘷 — Pestis, contagium. — Peste, maladie contagieuse.

凍 ′ Gelu, glacies : frigore corripi. — La gelée, la glace : être transi de froid.

鬞 — Canities, capilli cani. — Les cheveux blancs.

棟 ′ Domûs culmen ; trabs præcipua.=Le faîte de la maison ; la poutre majeure.

埬 — *Nomen loci.—Nom d'endroit.*

倲 ′ Rudis, ignarus. Debilis ; lassus.= Grossier, ignorant. Faible ; fatigué.

啸 ` Nimiùm loqui. = Parler trop.

蝀 ′ Iris ; arcus cælestis. — L'arc en ciel.

陳 Chên Res vetusta. Explicare, expônere. Ordinare. *Cognomen.* = Chose vieille. Expliquer. Mettre en ordre. *Nom propre.*

N. 426. 事

Xe ′ Negotium, res. Officium. = Affaire, chose. Charge: magistrature.

錚 ′ Præcidere, secare.=Couper.

動 Tze ′ In alicujus servitio conatus edere.=Faire des efforts pour servir quelqu'un.

剚 ′ Aliquid acutum infigere. — Planter une chose aigue.

傳 ′ In terrâ figere. — Ficher ou planter dans la terre.

N. 427. 亟

Kì ˇ Festinatio ; urgens. — Hâte ; précipitation ; urgent.

慛 ˇ Animo vehemens.—Emporté.

諔 ˇ Balbutire, difficultas loquendi. =Balbutier, parler avec difficulté.

瘂 ˇ Anhelans.—Haletant.

殛 ˇ Capite plectere, morti addicere, punire. Rejicere.= Punir de mort, condamner à mort. Rejetter.

極 ˇ Valdè, omninò : exhaurire : extremum. Polus, cœli cardines.=Beaucoup : entièrement: épuiser. Les pôles.

鞕 ˇ } Corium crassum. Flagellum. Festinus.—Cuir épais. Fouet. Pressé.
鞆 ˇ

崿 ˇ *Quidam mons.—Nom de montagne.*

N. 428. 画 畵畫畫

Hua ′ Pingere. Lineam ducere. Fines ponere.—Peindre. Tracer une ligne. Etablir des limites

愐 Hô ˇ Stupidus, ignarus : malus. — Stupide, ignorant ; méchant.

画 ˇ Stylus, acus ad cœlandum.— Burin, poinçon pour graver.

掴 ˇ Findere ; discindere. — Fendre : déchirer.

閶 ˇ Rumpere ; findere. — Briser; fendre.

N. 428.

媐 ˇ Modestus, tranquillus. Dulce, jucundum. Leve. = Modeste, tranquille. Doux, agréable. Léger.

緪 ˇ Resistere, inobediens.=S'opposer, désobéissant.

† Accuratiùs forsan esset adoptare 畫 tanquàm phoneticam primariam, quia hæc forma est magis classica, et sola traditur à Dictionariis pro litteris compositis ; sed quùm 画 communiùs apud vulgum usurpetur, quia brevior, hanc formam servandam duxi tanquàm primariam, et radicalem.

N. 429. 臤 堅

ˉ Kièn Fortis, robustus : solidum, durum. Statuere.=Fort, robuste : solide, dur. Fixer, établir.

鋻 ˉ Immobile, fixum.=Immobile, fixe.

慳 ˉ Avaritia.=Avarice.

𤋮 ˉ Metallum temperare.=Tremper un métal quelconque.

鞏 ˉ Forte, firmum. Rem tenacem cum strepitu rumpere.= Fort, ferme. Rompre avec bruit quelque chose de tenace.

犫 ˊ Vacca rebellis.=Vache qui ne veut pas se laisser conduire.

掔 ˉ Attrahere. Firmum.=Tirer à soi. Ferme.

䵖 ˊ Placenta ex phaseolis confecta.=Gâteau de haricots.

齦 ˉ Dentes extra os apparentes.= Dents qui sortent de la bouche.

蜸 ˉ *Insectum quoddam bombyci simile.=Certain insecte semblable au vers à soie.*

賢 ˆ Hièn Heroës, vir præclarus, sapiens. =Héros, homme célèbre, sage.

腎 ˊ Xen Testiculi. Renes.= Les testicules. Les reins.

緊 ˋ Kin Necessarium, oportet ; urgere. =Nécessaire, il faut ; presser.

菣 ˊ *Quædam plantæ fragrans. = Nom de certain plante odoriférante.*

豎 ˊ Xu ⎫ Attollere, erigere. Famulus. = Elever, dresser, mettre debout. Serviteur.

竪 ˊ ⎭

摼 ˉ Kem ⎫ Percutere. Attrahere. Forte, firmum = Frapper. Tirer à soi, fort. Ferme.

鏗 ⎭

† Hinc oriri videtur 監 quæ infrà.

N. 430. 或 或

ˇ Hô Vel, sive. Forsan : fortasse.= Ou bien, ou. Peut-être.

窢 ˇ Sonus venti flantis in ore speluncæ.=Bruit que fait le vent à l'entrée d'une caverne.

惑 ˇ Dubitare : dubium. Errare.= Douter : doute. Errer.

䳼 ˇ *Quædam avis.= Nom d'oiseau.*

䁥 ˇ Oculi somno clausi.=Yeux fermés par le sommeil.

𧍧 ˇ Inflatum à vento : tumefactum.=Enflé par le vent : gonflé.

㨚 ˇ Dubitare. Errare. = Douter. Errer.

睮 ˇ Oculi somno clausi. = Yeux fermés par le sommeil.

咸 ˇ Voces. Sonitus. Risus prolixus. = Voix. Bruit, Ris prolonges.

N. 430.

㨔	ᵕ	Inflatum à vento. Tumefactum.=Enflé par le vent. Gonflé.
馘	Kô	Aures victis amputare post aciem.=Couper les oreilles aux vaincus après la bataille.
聝	ᵕ	
國	ᵕ	Regnum.=Royaume.
惐	Iŭ	Afflictus, mœrens. = Affligé, tristé.
淢	ᵕ	Aquæ rapidus decursus. = Cours rapide des eaux.
蜮	ᵕ	*Quidam dæmon homini noxius degens in littore maris.* Maga. Occultè nocere.=*Nom d'un génie malfaisant.* Fée. Nuire, en cachette.
棫	ᵕ	Frutices densi. = Buissons épais.
域	ᵕ	Regio. Locus. Habitare. = Pays. Lieu. Habiter.
閾	ᵕ	Liminare januæ. Domus. Limites.=Le seuil de la porte. Maison. Confins.
篋	ᵕ	Arundines duo simul ortæ.= Deux bambous qui poussent ensemble.
稶	ᵕ	Messis abundans. = Moisson abondante.
魊	ᵕ	Anima pueri defuncti.=L'âme d'un enfant mort.
緎	ᵕ	Suere, sutura. Vestis pellicea. =Coudre, couture. Habit de peau.
蜮	ᵕ	*Quidam dæmon homini noxius degens in littore maris.* Maga. Occultè nocere. = *Nom d'un génie malfaisant.* Fée. Nuire en cachette.

† Ex hâc procedit phonetica 國 N, 794.

N. 431. 兩 兩两兩 一

Leam	ˋ	Duo, par. Uncia argenti. = Deux, une paire. Une once d'argent, ou taël.
裲	ˋ	Vestis collare.=Le col d'un habit.
輛	ˊ	Currus. Par rotarum. = Un char. Une paire de roues.
掚	ˋ	Ornare ; componere.=Orner ; arranger.
倆	ˋ	Fluminum genius. Pythonissa. =Génie des fleuves. Magicienne.
魎	ˊ	Calliditas, astutus. = Ruse, rusé.
緉	ˊ	Par calceamentorum. Calceorum corrigia.=Une paire de souliers. L'attache de la chaussure.
蜽	ˊ	Fluminum genius seu dæmon. Pythonissa.=Génie des fleuves. Magicienne, fée.

† Ne dubium aliquod subrepat in transactionibus pecuniariis, adhibetur specialiter varietas 両 ad significandam *unciam argenti*; hic usus tamen vulgaris prorsum est, et à classicis legibus omninò alienus.

N. 432. 林

Lin	ˆ	Sylva, nemus.=Forêt, bois.
啉	ˆ	Frigus ; frigidum.=Froid.
淋	ˆ	Irrigare: stillare: densissimus imber. = Arroser: dégoutter: rosée très copieuse.
痳	ˆ	Calculi morbus. Morbus quo sperma emittitur cum urinâ.= Maladie de la pierre. Gonorrhée.
霖	ˆ	Pluvia diuturna ; pluviosum. Pluvia opportuna. = Pluies prolongées ; pluvieux. Pluie qui tombe à propos.
琳	ˆ	*Quædam gemma.* = *Sorte de pierre précieuse.*

N. 432.

惏 Lân	^	Ardenter desiderare, concupiscere, appetere.=Désirer ardemment, convoiter.
惏	^	
婪	^	
僋	^	Debilis ; infirmus. = Faible ; malade.
啉	^	Concupiscere. Vinum exhaurire.= Convoiter. Achever de boire tout le vin.
彬 Pīn	¯	Ornatus simplex : modestia in ornatu. = Ornement simple : modestie dans la parure.
罧 Xèn	´	Rete piscatorium.=Filet pour la pêche.

N. 433. 析

Sì	ˇ	Separare, dividere ; findere.= Séparer, diviser ; fendre.
淅	ˇ	Oryzam lavare : oryzæ lotura.=Laver le riz : la lavure du riz.
𣂑	ˇ	
悊	ˇ	Venerari.=Respecter.
晳	ˇ	Album : pellis alba ; facies pallida. = Blanc: peau blanche ; visage pâle.
晢	ˇ	Clarè percipere. = Comprendre clairement.
蜇	ˇ	Lacerta. *Quoddam insectum.* =Lézard. *Sorte d'insecte.*
晰	ˇ	Splendor.=Clarté, splendeur.
蜥	ˇ	Lacerta. *Quoddam insectum.* =Lézard. *Nom d'insecte.*

N. 434. 松 一

Sūm	¯	Pinus ; abies.=Pin ; sapin.
淞	¯	Irrigare. *Quidam rivus.*=Arroser. *Nom de rivière.*
凇	\	Frigus. = Froid.
鬆	¯	Laxare, solvere : remittere.= Lâcher, délier: laisser aller: débander.
倯	¯	Injuriis afficere.=Accabler d'injures.
崧	¯	Altum, elevatum. Mons magnus. = Haut, élevé. Grande montagne.

† Procedit à 公 N. 116. cujus aliquandò in compositis synonyma est.

N. 435. 其 亓

Kî	^	Ille, illa, illud. Suus, sua, suum. Hoc. = Lui, elle, cela. Son, sa. Cela.
惎	´	Nocere : veneno inficere. = Nuire : empoisonner.
淇	^	Sepes : septum. *Fluvius in Xan-tum.*= Haie : palissade. *Nom d'un fleuve du Xan-tum.*
諆	^	Decipere. Contumeliis afficere. = Tromper. Accabler de sottises.
旗	^	Vexillum.=Pavillon, drapeau.
麒	^	*Cervus quidam fabulosus fausta pronosticans.*=*Cerf fabuleux de bon augure.*
粸	^	Placentam in frusta dividere. =Couper un gâteau par morceaux.
祺	^	Felicitas, felix : pax, placidus. = Bonheur, heureux : paix, tranquille.
琪	^	*Quædam gemma.* = *Sorte de pierre précieuse.*

N. 435.

[illegible] Species placentæ.—Espèce de gâteau.

騏 Equus cæruleus. = Cheval bleu très estimé.

[illegible] Leguminum germina. — Les pousses des légumes.

棋 Latrunculorum ludus.—Le jeu d'échecs.

惎 Nocere: veneno inficere. — Nuire: empoisonner.

碁 Latrunculorum ludus.—Le jeu d'échecs.

䫏 Fœdum, difforme. *Quidam genius infausta repellens.* — Laid, difforme. *Nom d'un génie qui chasse les adversités.*

基 Domûs fundamenta. Principium. Officium.—Les fondations d'une maison. Origine. Office.

棊 Latrunculorum ludus.—Le jeu d'échecs.

[illegible] Strenuus, fortis. — Vaillant, courageux.

朞 Anniversarium.—Anniversaire.

期 Statuere: condicere, præfigere: condictum. Judicare. Sperare.—Etablir: fixer: rendez-vous. Juger. Espérer.

欺 Injuriam irrogare; contemnere, illudere. Decipere. Imperio abuti. — Faire injure; mépriser, railler. Tromper. Abuser de l'autorité.

綦 Calceamentorum corrigia. Color cæruleus albo mixtus.—La courroie des souliers. Bleu mélangé de blanc.

蜝 *Species cancri: carabus*—*Espèce de crabe.*

掑 Strenuus, fortis. = Vaillant, courageux.

[illegible] Diù genuflectere. — Se tenir long-temps à genoux.

箕 Cribrum. Manubrium. Stellæ polares australes. — Crible. Manche. Les étoiles qui sont près du pôle austral.

錤 Instrumenta aratoria.—Instruments aratoires.

稘 Anni interstitium; temporis spatium à messe ad messim.—L'espace d'une année; l'intervalle d'une moisson à l'autre.

䑴 *Naviculæ species.* — *Espèce de bateau.*

鶀 Parvus anser sylvestris.—Petite oie sauvage.

倛 Coopertum. Fœda facies, deforme.—Couvert. Laid.

魌 Fœdum, deforme. *Quidam genius in fausta repellens.* — Laid, vilain. *Nom d'un génie qui chasse les adversités.*

猉 Catulus.—Petit chien.

娸 Fœdum, deforme. = Laid, vilain.

䶞 Mordere; rodere. — Mordre; ronger.

萁 Culmus, caulis. — Chaume, tige.

[illegible] Cribum.— Un crible.

踑 Pedum vestigia; vestigium.= Empreintes des pieds; vestige.

蜞 *Species cancri.* Carabus.—*Espèce de crabe.*

† In locum hujus phoneticæ aliquandò sufficitur 其 tanquàm ipsius varietas, etsi ambo litteræ per se sensu differant, ut videre est superiùs.

† † Hinc originem ducit 斯 N. 824.

字聲綱目

N. 436.

昔

昔 Si ˇ Antiquitùs, olim, aliàs: præteritum. = Anciennement, autrefois: temps passé.

惜 ˇ Angi, dolere; suspirari: commisereri. Concupiscere; amare: avaritia. = Souffrir, être peiné; soupirer: avoir pitié. Convoiter; aimer: avarice.

腊 ˇ Piscium. graveolentia. Caro sicca. Vetustum. = Puanteur de poisson. Vieux, usé. Viande sèche.

耤 ˇ Agrum colere. = Cultiver un champ.

踖 Tsi ˇ Præ reverentiâ tardè incedere. = Aller lentement par respect.

借 Tsié ́ Commodare: in commodatum accipere. Auxiliari. = Emprunter. Secourir.

唶 ́ Suspirari: proh! = Soupirer: ah! *V. infra.*

碏 Tsio ˇ Lapis variegatus. Gravis, reverens. = Pierre de différentes couleurs. Grave, respectueux.

雔 ˇ
鵲 ˇ } Pica: avis bonorum nuntia. = La pie: oiseau qui annonce le bonheur.

皵 ˇ Contractum; contrahi. = Racorni, retiré; se contracter, se resserrer.

諎 Tso ́ Loquendo errare. = Se tromper en parlant.

厝 ́ Ponere; collocare. Magnus lapis. = Mettre; placer. Grosse pierre.

䣞 ˇ Cornu elaborare. = Travailler de la corne.

猎 ˇ Confodere; occidere. Perforare. = Passer d'outre en outre; tuer. Percer.

錯 ˇ Errare, peccare; culpa. Confusio, mixtum. Polire. = Errer, pécher; une faute. Confusion, mélangé. Polir.

瘄 Tsu ^ Infirmitas. = Maladie.

醋 ^ Acetum. = Vinaigre.

措 ^ Aliquò confugere: abscondere. Ponere, collocare. Projicere. Persequi. = Se réfugier: cacher. Mettre, placer. Rejetter. Poursuivre.

褡 Cha ́
蜡 ́ } *Sacrificium quod fit in fine anni. = Certain sacrifice qui se fait à la fin de l'année.*

唶 ́ Perturbare: voces confusæ. = Troubler: confusion de voix.

N. 437.

戔 戋

戔 Tsiēn ‾ Parvum, leve. = Petit, léger.

淺 ˋ Vadum, aqua non profunda. Ignarus; vile. Superficiale. = Gué, eau peu profonde. Ignorant; vil. Superficiel.

諓 ˋ Adulari: inaniter loqui. = Flatter: parler en vain.

㾏 ˋ Modica prurigo: plagarum prurigo. = Petite démangeaison: démangeaison des plaies.

賤 ˋ Vile, sine pretio. = Vil, qui n'a pas de prix.

棧 ́ Pons. *Quædam arbor.* = Pont. *Nom d'un certain arbre. V. infrà.*

箋 ‾ Papyrus; papyrus picta. Epistola. = Papier; papier peint. Lettre.

錢 ^ Monetæ cupreæ. Unciæ decima pars. Pecunia, divitiæ. = Monnaies en cuivre. La 10e partie du taël. Argent, richesses.

餞 ́ Munera dare iterfacienti; discedentem comitari. = Offrir des présents à quelqu'un qui part; ou bien l'accompagner.

殘 ‾ Reliquiæ ciborum ab animalibus derelictæ. Papyrus. Epistola. = Reste du manger des animaux Papier. Lettre.

牋 ‾ Epistola. Tabula scripta. = Lettre. Planche écrite.

N. 437.

俴 ˋ Superficies : superficiale. Ignarus.= Surface : superficiel. Ignorant.

賤 ˊ Vile, contemptibile : sine pretio. = Vil, méprisable : sans aucun prix.

踐 ˊ Conculcare, pedibus terere. Promissa implere. = Fouler aux pieds. Remplir sa promesse.

帴 ˋ Angustum, arctum.=Etroit.

⿸广戔 ˊ Chan Tabulæ in domûs tecto. = Planches du toit d'une maison.

⿰羊戔 ˊ Capra. Ovile, stabulum.=Chèvre. Bercail, étable.

⿱麥戔 ˋ *Tritici species quædam.=Espèce de froment.*

⿰石戔 ˋ Agger contra aquas erectus.= Digue élevée contre les eaux.

醆 ˋ Vinum turbidum. Scyphus ex lapide pretioso.=Vin trouble. Coupe en pierre précieuse.

盞 ˋ Poculum ; scutella. = Tasse ; écuelle.

剗 ˆ Polire, abradere, complanare : radula.=Polir, égaliser, aplanir : rabot.

棧 ˊ Apotheca, armamentarium : in depositum ponere. Sepire, intercludere.=Boutique, magasin : mettre en dépôt. La cour d'une maison. Environner.

⿰羽戔 ˊ Volatus rapidus. Accipiter praedam aggrediens.=Vol rapide. Faucon qui tombe sur sa proie.

⿰谷戔 ˊ *Quædam vallis. = Nom d'un vallon.*

⿰犭戔 ˋ Dentes canis.=Les dents d'un chien.

⿰爿戔 ˊ Ovile, stabulum pro ovibus.= Bercail, étable pour les brebis.

⿰齒戔 ˋ Dentes contorti.=Dents contournées.

⿱艹戔 ˊ *Quædam planta. = Nom de plante.*

⿱戔山 ˊ Altum, magnum. = Haut, grand.

琖 ˊ (Tsan) Scyphus ex lapide pretioso.= Coupe en pierre précieuse.

殘 ˆ (Tsan) Praedari, spoliare, nocere. Crudelis.= Piller, dépouiller, nuire. Cruel.

輚 ˊ Currus in quo dormiri potest. =Char dans lequel on peut dormir.

⿰金戔 ˊ, ⿰角戔 ˊ Calix, scyphus. Vas pro vino vel pro oleo. = Tasse, coupe. calice. Vase pour mettre du vin ou de l'huile.

N. 438.

帚

Cheu ˋ

箒 ˋ Scopæ, verrere, mundare.= Balai ; balayer, nettoyer.

埽 ˊ Sao Verrere : ejicere. Aggerem construere. = Balayer : rejetter. Construire une digue.

掃 ˊ Verrere, scopis mundare. = Balayer.

⿰口帚 ˊ Avium concentus. = Le chant des oiseaux.

婦 ˋ Fu Mulier : uxor.=Femme : épouse.

N. 439.

門

Mên ˆ Janua, ostium, ingressus. *Complurium magistratuum nomen.* Porte, entrée. *Nom donné à plusieurs dignités.*

⿰忄門 ˊ Tristitia, mœror.=Tristesse.

捫 ˆ Contegere ; manu cooperire. Tangere. Sustinere.=Couvrir. Toucher. Soutenir.

N. 439.

悶 ˊ Mœstitia, tristitia.=Mélancolie, tristesse.

們 ˆ *Vox quæ nominibus addita facit pluralia.=Marque du pluriel pour les substantifs.*

聞 Wên ˆ Audire, auditus. Fama. Auscultare.=Entendre, ouïe. Renommée. Ecouter.

問 ˊ Interrogare, inquirere.=Interroger, s'enquérir.

† Est etiam classifica, et phoneticas in sinu suo recipit, ex: 闊 Kŏ *Amplum, extensum, magnum: longè, distans.=Vaste, étendu, grand: loin, éloigné.*

†† Dictionarii communiter numerant octo ductus in hâc litterâ quia scribunt 5um ductum 𠃌; sed forma in manuscriptis ubiquè accepta, admittit solummodò septem ductus quia 5us ductus scribitur 乚.

440. 隶

Tai ˋ Pervenire usque ad... Attingere, à retro appropinquare.=Arriver jusqu' à... Atteindre, approcher de par derrière.

靆 ˊ Nubes spissæ: nebulosum, obscurum. Tubi visorii.=Nuages épais: nébuleux, obscur. Longue vue.

棣 ˊ *Pruni species quædam.* Assuetus, peritus. *Espèce de prunier.* Habitué, expert.

埭 ˊ Agger. Vectis in flumine transversus ad naves detinendas.=Digue. Barre en travers d'un fleuve pour arrêter les navires.

曃 ˊ Obscurum. Remotum.=Obscur. Eloigné.

† Præsidet etiam exiguæ admodùm classi in cujus litteris dexterum latus occupat, sicut in 隸 (Var. 隷) Li *Commendare, tradere. Pertinere. Servus: satelles. Vilis.=Recommander, livrer. Appartenir. Domestique: satellite, Vil.*

441. 居 ㄱ

Kiü ˆ Morari: habitare. Expectare.=Demeurer; habiter. Attendre.

倨 ˆ Domui providere: munire. Vendere.=Fournir aux besoins de la maison. Vendre.

涺 ˆ *Quidam rivus.=Nom de rivière.*

語 ˆ Oratio composita secundùm regulas.=Discours composé suivant les règles.

裾 ˉ Vestis latera. Vestis pars posterior.=Les côtés d'un habit. Le derrière d'un habit.

琚 ˉ Cinguli fibula.=Boucle de ceinture.

椐 ˆ *Arbor ex quâ baculi fiunt.=Arbre dont on fait des bâtons.*

据 ˆ Indesinenter operi incumbere. Morari. Erigere se.=Travailler sans relâche. Demeurer. Se redresser.

鶋 ˉ Avis maritima.=Oiseau de mer.

鋸 ˊ Serra; serrare.=Scie; scier.

䅓 ˉ *Milii species quædam.=Espèce de millet.*

腒 ˆ Pinguedo: anseris aut gallinæ pinguedo. Gallinæ desiccatæ. Diuturnum.=De la graisse: graisse d'oie ou de poule. Poules sèches. Qui dure longtemps.

鮔 ˉ

倨 ˊ Superbus, arrogans. Stare.=Orgueilleux, arrogant. Se tenir debout.

娵 ˊ *Cognomen.=Nom propre.*

莒 ˉ *Quædam planta.=Nom de plante.*

賭 ˆ Divitias cumulare: recondere.=Amonceler des richesses: cacher.

踞 ˊ Humi sedere cruribus decussatis.=S'asseoir par terre les jambes croisées.

N. 441.

蜛 - *Quoddam insectum multas habens caudas.* = *Nom d'un insecte qui a beaucoup de queues.*

崌 - *Quidam mons.*=*Nom de montagne.*

踞 ˘ Majestate plenum. = Majestueux.

淈 Hŭ Turbidum : confusum, inordinatum. Exhaurire. Componere. Miscere. = Trouble : confus, desordonné. Epuiser. Mélanger. Composer.

啒 ˘ Tristis, mœstus.=Triste, mélancholique.

N. 442. 屈

† Originem ducit à 出 N. 207 cujus saepè in compositis synonyma est.

Kiŭ Curvare se : flectere : plicare. Gubernare. Congregare. = Se courber : pencher : plier. Gouverner. Réunir.

詘 ˘ }
䖦 ˘ } Curvum. Inexplicabile. = Courbé. Que l'on ne peut expliquer.

䅦 ˘ Strigillum.=Brosse.

鈯 ˘ Pessuli pars exterior. = La partie extérieure d'un loquet.

掘 Kiŭè Excavare : terram effodere.= Faire des excavations : creuser la terre.

鶌 ˘ Turtur.=Tourterelle.

倔 ˘ Pertinax.=Obstiné, entêté.

縔 ˘ Vestis propria uxoribus regulorum. Connectere. = Habit particulier aux femmes des grands. Attacher ensemble.

崛 ˘ }
崫 ˘ } Mons altus ; eminere : erigere se : surgere, elevare.= Montagne élevée ; être élevé : se redresser : se lever, élever.

窟 Kŭ }
堀 ˘ } Foramen ; antrum, caverna. =Trou ; caverne, antre.

胐 ˘ Coxa, femoris pars superior. Terga. = La hanche, le haut de la cuisse. Le dos.

N. 443. 叕

Chŏ Continuum : connectere, onire.=Continuel : attacher ensemble, unir.

窡 ˘ Transfigere.=Transpercer.

竅 ˘ E speluncâ exire.=Sortir d'une caverne.

惙 ˘ Tristitia, mœstitia, afflictus.= Tristesse, chagrin, affligé.

涰 ˘ Flere.=Pleurer.

諁 ˘ Loquax ; plura verba minùs recta effutire.=Grand parleur; parler à tort et à travers.

敠 ˘ Stimulus ; baculus longus acuminatus.=Aiguillon ; bâton long pointu.

騣 ˘ Equus fronte albo. = Cheval au front blanc.

趓 ˘ Currere. Saltare. = Courir. Sauter.

輟 ˘ Sistere consistere. Currus fractus. Rem fractam reficere. = Arrêter, s'arrêter. Chariot brisé. Raccommoder.

醊 ˘ Nimiùm potare, magnos vini poculos exhauriro. = Boire trop, vider de grands verres de vin.

䮕 ˘ *Quædam currûs apendix.* = *Certain harnais de chariot.*

N. 443.

鵽	ˇ	Parvus turtur. = Petite tourterelle.
欼	ˇ	Mordere ; rodere. = Mordre ; ronger.
剟	ˇ	Resecare. Perforare : occidere. = Couper. Percer : tuer.
錣	ˇ	Stimulus : baculi acumen ferreum. = Aiguillon ; pointe en fer d'un bâton.
餟	ˇ	Cibos aut vinum in sacrificium offerre. = Offrir des mets ou du vin en sacrifice.
娺	ˇ	Breve ; contractum. = Court ; retiré, contracté.
腏	ˇ	Ossium medulla. Vinum libare in sacrificiis. = La moëlle des os. Faire des libations.
啜	ˇ	Flere. Nimis loquax. Degustare : bibere. = Pleurer. Trop grand parleur. Goûter : boire.
畷	ˇ	Parva semita in agris. = Petit sentier au milieu des champs.
䯵	ˇ	Os fractum componere : jungere. = Remettre un os brisé : joindre.
踙	ˇ	Saltare, insilire. = Sauter, sautiller.
罬	ˇ	Laqueus ad capiendas aves. = Lacet pour attraper des oiseaux.
裰	Chuéi	Reficere. = Raccommoder.
醊	´	Iterùm sacrificare. = Sacrifier de nouveau.
䄌	´	Segetes. Sacrificii libationes. = Les moissons. Les libations d'un sacrifice.
綴	´	Connectere, unire : sine interruptione. Reficere. Lætitia = Joindre, unir : continuellement. Raccommoder. Joie.
裰	ˇ Tô	Vestes tritas reficere. = Raccommoder des habits déchirés.
掇	ˇ	Capere, arripere. Colligere. = Prendre, saisir. Recueillir.
敠	ˇ	Levis, inconsideratus. = Léger, irréfléchi.
剟	ˇ	Secare, abradere. = Couper, enlever.
啜	ˇ	Nimis loquax. Degustare : bibere. = Qui parle sans cesse. Goûter : boire.
蝃	Tí	Iris, arcus cœlestis. = L'arc-en-ciel.

† Sonus *Chô* in hàc serie aliquandò confunditur cum *Chee*.

N. 444. 函 凾

	^ Hân	Continere ; complecti : involucrum. Lingua. = Contenir ; embrasser : enveloppe. La langue.
涵	^	Aquarum abundantia : extensum. Comprehendere. = Grande quantité d'eau : étendu. Embrasser.
涵	^	Magnum frigus. = Froid intense.
椷	^	Canaliculus ligneus. Vas ligneum. = Petit conduit en bois. Vase en bois.
頷	^	Mentum. Rivi cursus flexuosus. = Le menton. Sinuosités d'un cours d'eau.
鋡	^	Lorica. = Cotte de maille.
肣	^	Mentum. Lingua. = Le menton. La langue.
㴠	^	Aqua in navim ingrediens. = Eau qui entre dans un navire.
菡	ˋ	Absinthium. Florum gemmæ nondùm eruptæ. = Absinthe. Boutons de fleurs non épanouis.
唅	^	Irati vox : confusè loqui. Mentum. Lingua. = Ton de colère : parler confusément. Le menton. La langue,

N. 445. 孟

Mum ́ Magnus. Primus. = Grand. Premier.

艋 \ Navicula.=Bateau.

猛 \ Strenuus, valens; ferox. = Courageux, vaillant ; féroce.

蜢 \ Locusta.=Sauterelle.

N. 446. 阿

Ñgo ¯ Fluminis ora, littus. Injustitia. *Littera euphonica finalis* = Bord d'un fleuve, rivage. Injustice. *Son final.*

痾 ¯ Morbus gravis. = Maladie grave.

屙 ¯ Cacare.=Vaquer aux besoins naturels.

婀 ¯ }
娿 ¯ } Anceps, dubius. Pulcher.= Irrésolu, incertain. Joli.

蒟 ¯ *Nomen cujusdam plantæ.* = *Nom de plante.*

† Originem ducit à 可 N. 145.

N. 447. 受

Xeu ́ Accipere, recipere, acceptare. Sustinere. =Recevoir, accepter. Soutenir.

授 ́ Dare : participem facere. = Docere. Donner: faire part de... Enseigner.

綬 \ Funiculus. Pannus sericus cui appenduntur publica sigilla.= Cordonnet. Morceau de soie auquel on suspend les sceaux.

哽 ́ De aliquâ re inquirere. Tessera, signum verbale. Docere. = S'informer d'une chose. Mot du guet. Enseigner.

閿 Wên ^ Despicere, infrà intueri.=Regarder en bas.

† Si hæc phonetica esset etiam classifica, littera 閿 collocari deberet sub 門 N. 439 quæ mihi videtur genuina phonetica hujus litteræ.

N. 448. 垩

În ^ Accedere ad petendum. Appetere.=S'approcher pour demander. Convoiter.

淫 ^ Aquæ inundantes. Excedere, excessivè. Impudicitia.=Eau qui déborde. Y avoir excès. Impureté.

婬 ^ Luxuria, libido, fornicari: jocari. Vagari.=Luxure, libertinage, forniquer: plaisanter. Aller çà et là.

† Varii auctores tradunt 淫 tanquàm varietatem hujus phoneticæ, quod omninò erroneum est, et rejiciendum ; quamvis enim hæc littera, tanquàm phonetica usurpetur in 霪 In *Pluvia diuturna.=Pluie qui dure longtemps*, ne in hoc uno exemplo quidem est varietas alterius, et ambo litteræ nunquàm reciprocè adhiberi queunt.

N. 449. 采

Tsai \ Pulchrum, ornatum, eligere. =Joli, orné, choisir.

寀 \ Collega, æqualis.=Un collègue, un égal.

埰 \ Agri ministris regni traditi. = champs accordés aux ministres de l'état.

採 \ Colligere. Seligere. Sumere. Pulchrum, ornatum. =Recueillir. Choisir, prendre. Joli, orné.

彩 \ Nubes. Ornamenta domûs; ornatum, pulchrum=Les nuages. Les ornements de la maison ; joli, orné.

綵 \ Sericum variegatum.=Soie de différentes couleurs.

N. 449.

菜 ˊ Olera, olus.=Les herbes potagères en général.

哶 ˋ Confusi clamores. Magnum. Inquietus. = Voix confuses. Grand. Inquiet.

踩 ˇ Kuéi Saltare : transilire. = Sauter. Sauter par dessus, dépasser en sautant.

N. 450. 爭 争

Chem ˉ Altercari, litigare, dissentire. = Se disputer, se quereller, n'être pas d'accord.

諍 ˊ A malo dissuadere ; corripere, admonere.=Dissuader du mal: reprendre, admonester.

凈 ˊ Frigus. Purum.=Froid. Pur.

琤 ˉ Tinnire : sonorum.=Retentir : sonore.

鬇 ˉ Capilli erecti.=Cheveux dressés.

梣 ˉ Cometa.=Une comète.

埩 ˊ Efformare.=Former.

掙 ˉ Pungere, confodere, occidere. Vincere, conari, attrahere. = Piquer, percer, tuer. Vaincre. Faire des efforts. Tirer à soi.

箏 ˉ Instrumentum musicum : milvus chartaceus. = Piano forte. Cerf-volant.

錚 ˉ Tinnire : metallorum sonus.= Retentir : son des métaux.

狰 ˉ *Tigridis species quædam.=Espèce de tigre.*

綁 ˉ Sonus chordarum musicarum. =Son des cordes d'un instrument.

崢 ˉ Altissimum : mons. Pulchrum. Très haut : montagne. Joli.

淨 ˊ Tsim Purum, limpidum. In aquâ purificare. = Pur, limpide. Nettoyer dans l'eau.

竫 ˊ Aliquod factum scriptis mandare. Silere, quies. = Mettre un fait par écrit. Se taire, repos.

靜 ˊ Solitudo: silere silentium: pax, quies.=Solitude : se taire, silence : paix, repos.

睜 ˉ Oculi pupilla. Torvè aspicere.=La prunelle de l'œil. Regarder de travers.

† In litteris quæ leguntur *Tsim* usurpatur aliquandô 青 tanquàm synonyma hujus phoneticæ : sine dubio quia utriusque pronuntiatio est eadem in illis casibus.

N. 451. 非

Féi ˉ Non, minimè. Falsum, erroneum : malum. Improbare.= Non, ne pas. Faux, erroné : mauvais. Désapprouver.

悱 ˋ Balbutire ; loqui velle et non posse. = Balbutier ; vouloir parler et ne pouvoir pas.

誹 ˋ Murmurare, obtrectare.=Murmurer.

痱 ˊ Tumor, intumescentia. Pinguedo saluti non conferens. Pustulæ, lepra. = Tumeur, enflure Embonpoint non salutaire. Pustules, lèpre.

裶 ˉ Vestium undulatio.=Le flottement des habits.

霏 ˉ Nivis, ningere. = Neige, neiger.

匪 ˋ Non. Latro : crudelis ; inhumanus. Incessus compositus.= Non. Voleur : cruel ; inhumain. Marche composée.

屝 ˊ Obscurum ; absconditum, occultare se. = Obscur ; caché, se cacher.

騑 ˉ Currus quatuor equis instructus. Equi cursus.=Char à 4 chevaux. La course du cheval.

闢 ˉ Porta bivalvis. Fumus per januam egrediens. = Porte à deux battants. Fumée qui sort par la porte.

扉 ˊ Sandalia straminea.=Sandales en paille.

N. 451.

斐	ˋ	Ornatus, ornamentum.=Orné, ornement.	棑	ˊ	Cerealium spicæ. = Les épis des céréales.
蜚	ˉ	Pulvis ; pulvere aspersus. = Poussière ; couvert de poussière.	犕	ˉ	*Vaccæ species quædam.* = *Espèce de vache.*
斐	ˋ	Magnum. Extensum. Ornatum, compositum. *Cognomen.* Grand. Etendu. Orné, arrangé. *Nom propre.*	腓	ˆ	Carnis illecebra. Pedis sura. Fugere. Obtegere. Mutare.= Les désirs de la chair. Le coude-pied. Fuir. Couvrir. Changer.
裴	ˋ		鯡	ˉ	Piscium ova. = œufs de poisson.
坒	ˉ	Pulvis ; pulvere aspersus. = Poussière ; couvert de poussière.	鯡	ˉ	*Nomen cujusdam avis.* = *Nom d'oiseau.*
棐	ˋ	Auxiliari. *Clypei species quædam.*=Secourir. *Sorte de bouclier.*	猅	ˉ	Canis capite brevi. = Chien à tête courte.
翡	ˊ	Color.=Couleur.	緋	ˉ	Sericum rubrum.=Soie rouge.
䨽	ˆ	*Avis fabulosa cujus plumæ a tonitru protegere dicuntur.*= *Certain oiseau fabuleux dont les plumes, dit-on, garantissent du tonnerre.*	菲	ˉ	Rapa. *Quædam herba fragrans.* Leve, tenue.=Navet. *Certaine herbe odoriférante.* Léger. Mince.
犨	ˉ	Leve, parùm ponderis. = Léger, peu pesant.	䨽	ˉ	Separare.=Separer.
毴	ˉ	Capilli tenues.=Cheveux fins.	琲	ˆ Péi	Gemmæ in rosarium trajectæ. =Perles enfilées en forme de chapelet.
𢪏	ˉ	Manu aliquid obtegere.=Couvrir quelque chose avec la main.	裴	ˆ	Vestes longæ. *Cognomen.*= Habits longs. *Nom propre.*
餥	ˉ	Farina in placentam composita.=Farine réduite en gâteau.	悲	ˉ	Commiseratio : misericordia.= Pitié, commisération : miséricorde.
婓	ˆ	Ire et redire : sine intermissione incedere. *Quidam genius.*=Aller et venir : marcher sans cesse. *Nom d'un génie.*	輩	ˊ	*Signum numeri pluralis.* = *Marque du pluriel pour les noms.*
䀯	ˉ	Magni oculi =Grands yeux.	徘	ˆ	Hæsitare ; resistere : elongare a se.=Hésiter ; résister : éloigner de soi.
蜚	ˊ	Locusta.=Sauterelle.	排	ˆ Pai	Disponere. componere, ordinare.=Arranger, disposer, mettre en ordre.
帍	ˊ	Solitarius, abditus.=Solitaire, caché.	韛	ˊ	Tubus ex corio ad ignem excitandum.=Tube en cuir pour souffler le feu.
剕	ˋ	In frusta concidere : membratim aliquem discindere.=Couper en morceaux : écarteler.	俳	ˆ	Ludi publici; comœdia, comœdus. Hæsitare, resistere, elongare a se =Jeux publics ; comédie, comédien. Hésiter, éloigner de soi.
馡	ˉ	Magna fragrantia. Odor. = Odeur très suave. Odeur.	啡	ˋ	Spuendi strepitus.=Bruit que l'on fait en crachant.

字聲綱目

N. 451.

† Præest etiam exiguæ et indigestæ classi in quâ sæpè phoneticæ locum tenet minimè vero classificæ.

N. 452. 幷 并

— Pim — Simul : unire. Omnes.=Conjointement, ensemble : unir. Tous.

恲 ˊ Unire : concordia.=Unir : accord.

麱 ˋ Offa, placenta ; res pistoriæ.=Gâteau, pâté ; pâtisseries.

栟 — *Arbor quædam foliis villosis.=Certain arbre aux feuill s velues.*

屏 ^ Abscondere : tabulatum erectum ad aliquid abscondendum. Abjicere, expellere, remittere.=Cacher : paravent. Chasser, renvoyer.

鉼 ˋ Auri massa : metalli cujuscumque frustum.=Barre d'or, lingot : morceau de métal.

餅 ˋ Offa, placenta ; cibi pistorio opere confecti.=Gâteau, pâté ; pâtisseries.

逬 — Expellere, remittere, rejicere.=Chasser, renvoyer, rejetter. *V. infrà.*

頩 — Faciei color : aspectus ; corporis habitus.=Le teint du visage : la mine ; la contenance.

甁 ʌ Lagena, vas ; vas lateraliter compressum.=Bouteille, vase ; vase aplati sur le côté.

缾 — Hydria, urna.=Cruche.

併 ˊ Omnes, simul. Æqualiter. Competere.=Tous, ensemble. Egalement. Etre en concurrence.

姘 — Privati amores, luxuriosa familiaritas, adulteria.=Amourettes, familiarité deshonnête, adultères.

𧙎 ˊ Pum Festinatio.=Empressement.

輧 — Currum strepitus.=Bruit de chariots. *V. infrà.*

拼 ^ Organis ludere. Expellere, remittere.=Toucher du piano. Chasser, renvoyer.

𢏳 — Bellicos globulos jacĕre. Organis ludere.=Lancer des balles. Toucher du piano.

逬 ˊ Dispergere, dispergi, spargere.=Disperser, être dispersé, répandre.

𢻻 — Tabulæ sonitus.=Le son que rend une planche quand on frappe dessus.

絣 — Gossypium. Tendere, tensum. Serici fila unire.=Coton. Bander, tendu. Unir des fils de soie.

荓 ˋ *Quædam planta.=Nom de plante.*

跰 ˊ Sejunctim incedere.=Marcher séparés.

帡 — Tentorium. Septum. Cooperire.=Tente. Enceinte. Couvrir.

駢 ˋ Pièn Par equorum eidem currui colligati.=Deux chevaux attelés ensemble.

軿 ʌ Currus levis. Currûs cortina. Currus pro mulieribus.=Char léger. Char entouré d'un rideau. Char pour les femmes.

胼 ʌ } Manuum vel pedum pellis callosa : clavus, callositas.

跰 ʌ } =Peau calleuse des mains ou des pieds : callosité, cor.

骿 ^ Costæ coagmentatæ : costa aliis superposita. Pellis callosa.=Côtes soudées. Côte placée sur les autres. Peau durcie.

N. 453. 卷 卷

ˊ Kiuèn Volumen : liber, involucrum.=Un volume : un livre. Enveloppe.

惓 ʌ Conatus ; diligens.=Efforts ; diligent.

淃 ˊ Lux in aquis reflexa, aquarum reflexio.=Le reflet des eaux, lumière reflétée par l'eau.

N· 453.

瘺 ˇ Manibus pedibusque contractus = Perclus des mains et des pieds.

鬈 ˇ Capilli in cincinnos compositi. = Cheveux bouclés.

棬 ˉ Scutella. In circulum curvare. = Ecuelle. Courber en forme de cercle.

埢 ˋ Sepulturae circulus. = Cercle qu'ils font sur les tombeaux.

捲 ˋ Volvere; convolvere. Conatus exerere. = Rouler. Faire des efforts.

勬 ˇ Fortiter, cum omni conatu. = Fortement, de toutes ses forces.

錈 ˋ Cylindrum ferreum. = Cylindre en fer.

餋 ˊ Ferculum. Placenta cirrhatim convoluta. = Met. Gâteau roulé en spirale.

倦 ˊ Defatigatus, lassus. = Fatigué, las.

婘 ˇ Cognatus. Pulchrum; bonum. = Parent. Joli; bon.

綣 ˇ Tela sericea subtilis. Amicitia; adhœsio. = Etoffe de soie très fine. Amitié, attachement; adhésion.

蕟 ˋ *Quædam herba. = Sorte d'herbes.*

睠 ˊ Sollicitam alicujus curam gerere. = Prendre beaucoup de soin pour...

踡 ˇ Oppressus; corpore contractus, humeris curvus. = Opprimé perclus, vouté.

蜷 ˇ Implexum, circumvolutum. = Entortillé, roulé autour.

圈 ˊ Circulus. Caula. = Cercle. Bergerie.

† Sinenses aliquandò decepti à similitudine quæ inest inter 卷 et 劵, hanc litteram pro illâ in compositis adhibent, etsi Dictionarii in hoc non consentiant.

N. 454. 知 ˊ

Chē Scire, nosse, cognoscere; percipere: sapiens. Amicitiam habere. Recordari. = Savoir, connaitre, sentir. Etre lié d'amitié. Se rappeler. Sage.

痴 ˋ Amens, stultus, mente captus. = Fou, aliéné, imbécille.

毠 ˋ Pilosus. Spissi belluae pili. = Velu. Poils touffus des animaux.

賀 ˉ Transferre dominium alicujus rei. = Transférer le domaine d'une chose.

智 ˊ Prudentia, sapientia, sapiens. Prudence, sagesse, sage.

御 ˉ Deambulare: ire aut venire. = Se promener: aller ou venir.

颫 ˇ *Quidam dœmon. = Nom d'un certain diable.*

䰴 ˉ Anima defuncti malefica. = Ame malfaisante d'un défunt.

倁 ˉ Deambulare: ire aut venire. = Se promener: aller ou venir.

茹 ˉ *Nomen cujusdam plantæ. = Nom de plante.*

䵹 ˊ Litteræ currente calamo performatæ. = Lettres cursives.

踟 ˆ Fluctuans, hesitare, immorari. = Hésiter, s'arrêter, irrésolu.

蜘 ˉ Aranea. = Araignée.

† Oritur à 矢 Chè *Sagitta. Manifestare. = Flèche. Manifester.*

N. 455. 制

ˊ Che Regula, lex. Gubernare. Facere. Invenire. Limites ponere. = Règle, loi. Gouverner. Faire. Inventer. Mettre des limites.

淛 ˊ *Quidam rivus. = Nom de rivière.*

字聲綱目

N. 455.

諭 ˊ Sermo perversus. = Langage pervers.
褁 ˊ Componere; efformare. Invenire. Imitari. Pannum secare ad conficiendas vestes.=Composer: former. Inventer. Imiter Couper du draps pour habits.
掣 ˇ Trahere. Obstruere. Eligere.=Tirer, trainer. Boucher, empêcher.Choisir.
製 ˊ Componere; efformare. Invenire. Pannum secare ad vestes conficiendas. = Composer; former. Inventer. Imiter. Tailler des habits.
鰶 ˊ / 觢 ˇ Piscium muria: aqua salita in quâ ponuntur pisces. = Saumure dans laquelle on met du poisson.
掣 ˊ Trahere, pertrahere. Obsruere, impedire. Eligere =Tirer, trainer. Boucher, empêcher. Choisir.
鯯 ˊ Tinca Q. piscis capite exquisito.=Tanche. Certain poisson dont la tête est excellente.
鑿 ˊ Instrumentum ad herbas evellendas= Instrument agricole pour arracher les herbes.
睭 ˊ Oculi clari et lucentes.=Yeux clairs et brillants.

N. 456. 垂 埀

Chuêi Pendere, pendens, pendulum; inclinatum.=Pendre, pendant; incliné.
諈 ˊ Alios in aliquâ re implicare; efficere ut aliquod in alios recidat. = Impliquer les autres dans une affaire; faire retomber sur les autres.
硾 ˊ Pondus: sub pondere premere. Percutere.=Poids: mettre sous presse. Frapper.
騒 ˇ Parvus equus.=Petit cheval.
棰 ˋ Baculus: percutere; rem tormentis inquirere. = Bâton: frapper; donner la question.
捶 ˋ Malleo aut baculo percutere. =Frapper avec un marteau ou avec un bâton.
陲 ˇ Limites, confinia. Margo, latus. Periculosum, abruptum.= Limites, . Bord. Dangereux.
箠 ˋ Arundo ad percutiendum reos: equorum scutica; percutere.= Canne pour frapper les coupables; cravache; frapper.
錘 ˇ Staterae pondus; horologii pondera. Malleus. Pendens.= Le poids d'une romaine; poids d'horloge. Marteau. Pendant.
甀 ˇ Vas testaceum ore angusto.= Vase en terre à petite ouverture.
鶏 ˇ *Gallinæ species quædam.* = *Espèce de poule.*
腄 ˇ Cicatricis caro excrescens. Anus; posteriora. = Cicatrice charnue. L'anus.
颻 ˇ Ventus arbores aut messes evertens.= Vent qui abat les arbres ou les moissons.
𣪿 ˇ In mortario tundere. = Piler dans un mortier.
倕 ˇ Grave, ponderosum. Iteratò, iterare. = Lourd, pesant. De nouveau, renouveller.
娷 ˇ Alios in aliquo implicare. Involvere =Impliquer les autres dans une affaire. Envelopper.
睡 Xuéi Dormire.=Dormir.
郵 Iêu Cursorum publicorum stationes. Singulare, extraordinarium.=Les relais des courriers; les postes. Rare, extraordinaire.
腄 Tò Perspicacia.=Finesse d'esprit.
埵 ˋ Terræ acervus.=Monceau de terre.
唾 ˇ Spuere, sputum. = Cracher, crachat.

N. 457. 委

Wéi ˋ Injustitia. Legatus; delegare. = Injustice. Envoyé; Déléguer.
痿 ˉ Claudus, debilis; podagra.= Boiteux, faible; la goutte.

N. 457.

𣨙 ˋ Putrefieri ; mórtuum et corruptum. Ignarus, stupidus.=Tomber en putréfaction ; mort et pourri. Ignorant, stupide.

桵 ˉ *Quoddam rurale instrumentum.=Sorte d'instrument agricole.*

餧 ˊ Alere animalia.=Nourrir des animaux.

逶 ˉ Longissimum. Tortuosè incedere ebriorum modo. = Très-long. Marcher comme les ivrognes.

魏 ˊ Janua cui affiguntur edicta. Altum, elevatum. Vile, infimum. *Cognomen.* = Lieu des affiches. Haut. Vil. *Surnom.*

覣 ˉ Irasci. Acutis oculis aspicere. =Se mettre en colère. Regard aigu.

倭 ˉ Vitio indulgere. Longè. Curvum. Diligens.=S'adonner au vice. Loin. Courbé. Diligent.

萎 ˉ Folia decidere. Ægrum. Contractum.=Le tomber des feuilles. Malade. Contracté.

蜲 ˉ *Quoddam insectum.=Nom d'insecte.*

諉 ˊ Néi Aliquid alicui commendare. Alios implicare in aliquo. = Recommander. Compromettre.

𥟇 ˉ Impellere : manu aliquid pellere.=Pousser quelque chose avec la main.

𥟇 ˉ Juéi Segetum manipulus. = Une poignée de grains.

緌 ˉ Flocci pileum ornantes : ornatus capitis mulierum.=Glands d'un bonnet : ornement de tête des femmes.

𥧲 ˋ Wo Spelunca, recessus.=Caverne, réduit.

涹 ˆ Aqua turbida.= Eau trouble.

倭 ˆ Japonia.=Le Japon. *V. suprà.*

㹻 ˆ *Species canis. = Espèce de chien.*

婑 ˆ Mulier venusta.=Femme gentille.

唩 ˆ Puerorum ploratus. = Pleurs des enfants.

踒 ˆ Contrahere ; minuere.=Rapetisser ; diminuer.

矮 ˋ Ngai } Humile, demissum, non altum.= Bas ; humble, peu élevé.

躷 ˋ }

† Ex magnâ similitudine hujus phoneticæ cum 委 N. 336 saepè fit, ut alia pro aliâ promiscuè usurpetur, et eædem pronuntiationes sub utrâque serie reperiantur.

N. 458. 匊

˘ Kiü Pugnus; pugillus.=Le poing; une poignée.

淗 ˘ Aquae superficies crispa.=Le frisement de la surface des eaux.

諊 ˘ Inquirere. Reum examinare. =Faire des recherches. Examiner un coupable.

麴 ˘ Vini fermentum. = Levain pour faire fermenter le vin.

趜 ˘ Crura contracta.=Jambes perclues.

椈 ˘ Lignum durum ex quo mortaria fiunt.=Bois dur dont on fait des mortiers.

鞠 ˘ Nutrire, alere. Implere. Investigare. Cogitare. = Nourrir. Remplir. Faire des recherches. Penser.

掬 ˘ Pugillus ; pugnus; manipulus. Ambabus manibus sumere.= Une poignée ; le poing. Prendre à deux mains.

毱 ˘ Globulus lusorius ex pilis contextus.=Balle à jouer en crin.

鵴 ˘ Perdix.=La perdrix.

菊 ˘ Artemisia.=L'armoise.

N. 458.

踘 ˇ Conculcare. Globulus lusorius. =Fouler aux pieds. Balle à jouer: boule.

† Rarò quidem, sed aliquandò, hæc phonetica synonymum habet 匋 N. 562.

N. 459. 肥

Féi ^ Pinguis; pinguedo. = Gras; graisse.

淝 ^ *Nomen cujusdam fluvii.=Nom de fleuve.*

⿸疒肥 ^ Pinguedo valetudini noxia. Species lepræ. = Embonpoint nuisible à la santé. Espèce de lepre.

⿱⺮肥 ^ *Bambusæ species quædam. = Espèce de bambou.*

蜰 ^ *Insectum quoddam fœtidum. Quoddam reptile.=Nom d'un insecte puant, ainsi que d'un reptile.*

⿰亻肥 ˊ Injuriam irrogare. Destruere. Derelinquere.=Insulter, faire injure. Détruire. Abandonner.

萉 ^ Devitare. *Quædam planta.*= Eviter. *Nom de plante.*

N. 460. 朋 朋

Pum ^ Amicus; collega; socius. = Ami, collègue; associé, camarade.

淜 ^ Aquæ murmur.=Le murmure des eaux.

痭 ^ Sanguinis fluxus. Tumidus.= Flux de sang. Enflé.

⿰歹朋 — Cadaver tumidum.=Cadavre enflé.

硼 ^ Borax. = Du borax.

鬅 ^ Capilli confusi: passis capillis. =Echevelé: cheveux épars.

輣 — Currus militaris.=Char militaire.

棚 ^ Tabernaculum, tentorium. Septum. Theatrum. Tugurium.= Une tente. Théatre. Enceinte. Chaumière.

堋 ^ Terrâ implere. Sepelire. Pulvis ascendens. Sagittarum scopus. =Remplir de terre. Ensevelir. Poussière qui s'élève. Cible.

弸 — Arcus tenax; forte, solidum. Plenum.=Arc très fort; fort, solide. Plein.

鵬 ^ *Avis fabulosa quædam miræ magnitudinis dicta.=Certain oiseau fabuleux d'une taille démesurée.*

⿰魚朋 ˊ *Piscis quidam carens squamis. =Espèce de poisson sans écailles.*

倗 ^ Societatem inire. Commendare. = Entrer en société. Recommander.

綳 — Vestes ligare: vincire. Retinere. Solidum. Reddere.=Lier; attacher ses habits. Retenir, solide. Rendre.

崩 ^ In ruinam decidere. Cadere. Imperatorem mori. = Tomber en ruine, s'écrouler. Mourir (*se dit de l'empereur.*)

掤 — Pim Operculum pharetrae. = Le couvercle du carquois.

† Littera 崩 aliquandò usurpatur tanquàm synonyma hujus phoneticæ, aliquandò autem ipsa evadit phonetica, et sola adhibetur in:

漰 Pūm *Aquarum collisio: aquarum ruentium strepitus.=Choc des eaux: bruit que fait une chute d'eau.*

塴 ˏ *Parva platea.=Petite place.*

N. 461. 服

Fŭ ˇ Subjicere se: servire. Vestis, vestitus.=Se soumettre; servir. Habits.

⿰土服 ˇ Capsa in quâ reconduntur arcus et sagittæ.=Boîte où l'on enferme l'arc et les flèches.

鵩 ˇ Avis mali ominis. *Quædam avis gigas.* = Oiseau de mauvais augure. *Certain oiseau géant.*

/

N. 461.

蝁 ˇ *Serpens quidam quem venerantur. = Nom d'un serpent que l'on adore.*

菔 ˇ Po Rapæ; raphani.=Des navets; des radis.

† Procedit à 𠬝 Fù *Regere, ordinare.* — *Gouverner, arranger*, qui forté deberet inter phoneticas annumerari, et sequentibus litteris præsidere :

赧 (Páo) *Erubescere, pudor.* = *Rougir, honte.*

報 (Nào) *Retribuere, præmium: vindicta* = *Rendre la pareille, récompense; vengeance.*

N. 462. 戾 戻

Lí Crimen, delictum; malum. Curvum: transversum. Pervenire.=Crime, délit; mauvais. Courbé: mis en travers. Arriver à...

棙 ˊ Instrumentum ad intendendas citharæ chordas. = Machine pour tendre les cordes d'une guitare.

捩 ˊ Vexare. Rumpere. = Vexer. Rompre.

悷 ˊ Irasci, iratus. = Se fâcher, se mettre en colère.

唳 ˊ Ciconiæ cantus.=Le chant de la cigogne.

淚 ˊ Léi Lacrimæ: flere. Aqua velociter fluens.=Larmes: pleurer. Eau qui coule rapidement.

N. 463. 攸 啓

ˋ Ki Aperire; evolvere. = Ouvrir, développer.

綮 ˋ Litteræ legato traditæ in fidem legationis ejus. *Lancea quaedam à præcursoribus in signum auctoritatis delata.* = Lettres de créance d'un envoyé. *Lance que l'on porte devant les Mandarins en signe d'autorité. Vexillum quod in auctoritatis signum præfertur.* Lanceæ vagina.=*Drapeau de dignité qu'on port devant les Mandarins.* Fourreau de lance.

棨 ˋ Caelum serenum post pluviam. = Ciel serein après la pluie.

啓 ˋ Fundare, instituere; incipere; origo. principium. = Fonder, instituer; commencer; commencement, origine.

肇 ˊ Chao

N. 464. 周

— Cheu Circumcingere; circum. Secretum. Omne, universale: completum. = Environner, ceindre; autour. Secret. Tout, universel: complet.

惆 — Votis fraudatus. Tristitia.= Frustré dans ses désirs; désappointé. Tristesse.

淍 — Aqua in circulum currens cum strepitu.= Eau qui court en tournoyant et avec bruit.

調 — Summo mane. Severus, gravis.=De grand matin. Sévère, grave.

裯 ˆ Lecti cortina contra culices. Culcitra.= Moustiquaire: rideaux de lit. Matelas.

糊 — Placenta ex similâ confecta.= Gâteau de semoule.

霌 — Tempus pluviosum. = Temps pluvieux.

鬍 — Capilli spissi, coma densa= Cheveux touffus.

騆 — *Equus quidam Divinus.=Sorte de cheval Divin.*

輖 — Currus undiquè onustus. Grave, ponderosum. = Char surchargé. Lourd, pesant.

醐 — *Vini species.=Espèce de vin.*

椆 ˆ *Arbor quædam sempervirens.= Certain arbre toujours vert.*

字聲綱目

N. 464.

啁	—	Nundinæ ad quas affluit magna multitudo.=Foire à laquelle il accourt beaucoup de monde.
騆	`	Asina.=Anesse.
䧓	—	*Quædam vallis.* — *Nom d'une vallée.*
稠	ˆ	Messis densè crescens. =Moisson qui croît très serrée.
週	—	Circuire ; circumdare.=Faire le tour, entourer, environner.
鄅	—	*Regnum quoddam antiquum.*= *Nom d'un ancien royaume.*
敞	—	Protégere.=Proteger.
觴	—	Cornua draconis.=Les cornes du dragon.
徟	—	Gressus irregulares. Fluctus, undæ.=Démarche irregulière. Flots, vagues.
颩	—	Ventus flans.=Vent qui souffle.
皗	—	Sericum album. Clarum. — Soie blanche. Clair.
婤	—	*Cognomen.*= *Nom propre.*
綢	ˇ	Amicissimi ; concordia. Spissum. — Très liés ; amitié. Touffu, épais.
蒟	—	*Quædam planta.* — *Nom de plante.*
睭	—	Profundum.=Profond.
賙	—	Eleemosyna : auxiliari, consolari.=Aumône : secourir, consoler.
晭	—	Solis claritas ubiquè diffulgens.=Clarté du soleil qui se répand partout.
啁	—	Avium concentus. Jocari : cavillari.= Gazouiller. Plaisanter ; chicaner.
幬	—	Operire, cortina. — Couvrir, rideau.
調	ˆ Tiao	Seligere. Permutare. Præfectos mutare. Moderari ; temperare. Constituere. Canere. = Choisir. Echanger. Changer les officiers publics. Régler ; modérer. Etablir. Chanter.
凋	—	Folia ex arboribus decidentia. Deficere.=Feuilles qui tombent. Manquer.
琱	—	Lapillos polire. Cælare, sculpere.=Polir des pierres précieuses. Graver, sculpter.
碉	—	Lapideum.=Qui est en pierre.
鵰	—	Lapillos polire. Cælare, sculpere. = Polir des pierres précieuses. Graver, ciseler, sculpter.
彫	—	Decidere, cadere ; folia decidentia. Sculpere. = Tomber ; feuilles qui tombent. Sculpter.
雕	ˆ	Accipiter. Sculpere. incidere. Per ordinem.= Faucon. Graver, sculpter. Par ordre.
鵰	—	(idem)
刟	—	Incidere, cælare, sculpere. Gemmas polire.=Graver, ciseler, sculpter. Polir des pierres précieuses.
蜩	ˆ	*Species cicadæ.* — *Espèce de cigale.*
倜	ˇ Ti	Simul ; amicè, concorditer.= Ensemble ; amicalement, en bon accord.

N. 465. 匋 匋

	ˆ Tao	Furnus ad fictilia coquendo. Vas fictile : figulus. Lætè. = Four pour cuire les poteries. Vase en terre : potier. Gaîment.
淘	ˆ	Lavare, mundare. Ventilare. =Laver, nettoyer. Vanner.
裪	ˆ	Manica.=Manche d'habit.
祹	ˆ	Felix.=Heureux.

N. 465.

麴 ˊ *Quædam placenta. = Espèce de gâteau.*

醄 ˊ Valdè ebrius.=Ivre-mort.

鞠 ˊ Tympanum.=Tambour.

掬 ˆ Manu extergere. Onus cum manibus imponere. = Essuyer avec la main. Charger d'un poids avec les mains.

綯 ˊ Funis, vincire. Funes contorquere.=Corde, lier. Tordre des cordes.

萄 ˊ Uva ; vitis.=La vigne ; raisin.

啕 ˊ Preces recitare. Multùm loqui. =Réciter des prières. Parler beaucoup.

N. 466. 忽

Hŭ Repentè ; confestim. Contemnere negligentia. Oblivisci. Extinguere.=Tout d'un coup; soudain. Mépriser ; négligence. Oublier. Eteindre.

惚 ˘ Obscurum. Haesitans. Illusio.=Obscur. Qui hésite. Illusion.

唿 ˘ *Nomen idoli Bouddha.=Nom de Bouddha.*

㱉 ˘ Percutere, impingere.=Frapper, choquer, frapper contre.

颮 ˘ Stridor venti.=Le sifflement du vent.

昒 ˘ Dies decedens. Non omninò clarum. = Le déclin du jour. Sombre.

惣 ˘ Tristis, mœrens.=Triste, mélancolique.

淴 Ŭ Aqua rapidè fluens. Sonus aquae scaturientis vel rapidè fluentis.—Eau qui coule rapidement. Bruit d'eau qui jaillit ou qui coule avec rapidité.

† Procedit à 勿 N. 96.

† † Hujus phoneticae aliquandò synonymus est 臽

N. 467. 臽

Hièn ˊ Cadere, in praeceps ruere. Fovea. Laqueus. Damnum inferre. =Tomber. Fosse. Piège. Causer du dommage.

錎 ˊ Circulus rotae ferreus. Species thuribuli. = Cercle en fer d'une roue. Espèce d'encensoir.

餡 ˊ Carnes concisae et caetera quae in offâ includuntur.= L'intérieur d'un pâté.

胎 ˊ Carnes gulosè comedere. = Manger de la viande avec avidité.

鮨 ˊ *Piscis quem vulgo dicunt matrem cæterorum piscium. = Poisson que l'on regarde comme la mère de tous les autres.*

猲 ˊ Canis latratus. Strepitus.=Aboiement. Bruit.

齨 ˊ Iram dentibus manifestare.= Montrer les dents de colère.

䐄 ˊ Oculi profundi,=Yeux enfoncés.

焰 Iên Flamma : clarum. Comburere.=La flamme : clair. Brûler.

閻 ˆ Janua vici publici. Domus.Stimulare.=La porte d'une rue. Maison. Stimuler.

燄 ˆ Flamma : clarum. Comburere =La flamme : clair. Brûler.

窞 Kàn Spelunca.=Une grotte.

惂 ˋ Tristis, languens. = Triste, languissant.

碯 ˊ Rupes per montem pronae devolventes.=Rochers qui roulent au bas d'une montagne.

欿 ˋ Humilis. Deficere aliquid.= Humble. Y manquer quelque chose.

N. 467.

䘍 ˊ Ovis sanguis concretus. Jusculum ex sanguine. = Sang de brebis caillé. Sausse faite avec du sang.

啗 ˊ Comedere, deglutire, vorare. = Manger, avaler, dévorer.

ˉ

㟏 ˋ Vallis. = Vallée.

ˋ

蜭 Han Tinea. = Vermoulure, teigne.

ˋ

萏 Tan Absinthium. Florum gemmae. Pæoniae gemmae. = Absinthe. Boutons de fleurs. Boutons de pivoine.

ˇ

諂 Chan Blandis verbis decipere. Adulari. = Tromper par de belles paroles. Flatter.

˘

掐 Kia Unguibus dilaniare. = Déchirer avec les ongles.

𠜂 ˘ Ingredi. = Entrer.

† Oritur ex classificâ 臼 Kieu *Mortarium.* = *Mortier.*

N. 468. 欣

ˉ

Hin Laetari, gaudium : in aliquo complacere. = Se réjouir, joie : se plaire en quelque chose.

忻 ˉ Laetitia, hilaritas ; ridere. = Joie, hilarité ; rire.

焮 ˉ Illuminare. = Eclairer.

脪 ˊ Tremere. Frigus in vulnus penetrans = Trembler. Froid qui pénètre dans une blessure.

俽 ˉ Laetitia, hilaritas ; ridere. = Joie, hilarité ; rire.

掀 ˉ Hiên Manu aliquid levare. Dirigere. = Lever quelque chose avec la main. Diriger.

‡ Directè fluit à 斤 N. 99.

N. 469. 咎 咎

ˊ

Kieu Culpa, crimen, reatus. Calamitas. = Faute, crime, culpabilité. Calamité.

ˋ

綹 Lieu Filorum manipulus. Pecunia vesti assuta. = Echeveau : dix fils de soie. Argent cousu dans les habits.

鼛 Kao Tympanum pulsare. Magnum tympanum. = Frapper du tambour. Grand tambour.

ˋ

晷 Kuèi Horologium solare : solis umbra : sol. = Cadran solaire : l'ombre du soleil : le soleil.

† Oritur à phoneticâ 各 N. 272 compactâ cum 人 N. 12.

†‡ Secernenda à quasi-phoneticâ 昝 Tsàn *Cognomen.* = *Surnom* ex quâ fluit 揝 Tsàn *Manus movere. Sumere.* = *Agiter les mains. Prendre.*

N. 470. 兒 兒

ˆ

Ell Puer, parvulus ; filius. *Vox euphonica finalis.* = Enfant, petit ; fils *Son ajouté à la fin des phrases ou à la suite de certains mots.*

唲 ˆ Coactè, per vim. = Par force.

淣 ˆ Ora, fluminis margines, littus. = Rivage, bords d'un fleuve.

痆 ˋ Indignatio, ira. = Indignation, colère.

麑 ˆ Leo. Cervus juvenis. = Lion. Jeune cerf.

䙌 ˆ *Quoddam corporis ornamentum.* = *Espèce d'ornement pour le corps.*

䍵 ˋ *Ovis species quædam.* = *Espèce de brebis.*

霓 ˆ Iris, arcus cœlestis. = L'arc-en-ciel.

䮘 ˆ Parvus equus. = Petit cheval.

N. 470.

輗 ^
棿 ^ } Lignum transversum in parte anteriore currûs ad eum trahendum. = Traverses au devant d'un char par lesquelles on le traine.

堄 ´ Humile. Mœnium corona.= Bas. Le parapet des murailles d'une ville.

掜 ` Statuere. Sumere; colligere.= Déterminer. Prendre; recueillir.

貎 ^ *Quoddam animal quadrupes.* = *Nom de quadrupède.*

觬 ^ Cornua contorta; contortum. = Cornes contournées, tordu, contourné.

鯢 ^ Cete fœmina. Gentium domitor.= Baleine femelle. Conquérant.

鶂 ˘ Anser: avis aquatilis.=Oie: oiseau aquatique.

䚘 ^ A latere respicere.=Regarder de côté.

倪 ^ Tener, parvum, debile. *Appellativum infantium.* Distinguere. Limites.= Tendre, petit. *Nom générique des enfants.* Distinguer. Limites.

猊 ^ Leo.=Lion.

婗 ^ Infans nasci incipiens aut recens natus. Pulchritudo.= Enfant qui commence à naitre ou qui vient de naitre. Beauté.

齯 ^ Dentes qui in senectute renovantur.= Dents qui se renouvellent dans la vieillesse.

睨 ´ Ad latus aspicere; torvè aspicere.=Regarder de côté; regarder de travers.

晲 ^ Sol occidens; vesperum.=Soleil couchant; le soir.

⿰骨兒 ^ Ossa; osseum.=Les os; osseux.

蜺 ^ Cervorum pediculi. Iris.=Les pous des cerfs. L'arc-en-ciel.

鬩 ^ Odium, inimicitiæ. Mittere.= Haine, inimitiés. Envoyer.

† Hæc phonetica sæpè falsò confunditur cum 皃 (var. 貌) Máo *Figura : facies, aspectus.*=*Forme : l'apparence, l'aspect.*

N. 471. 臾 臾

^ Iü　Temporis momentum. = Un moment, un instant.

⿰忄臾 ^ Tristitia.=Tristesse.

諛 ^ Adulari, decipere. Sibi ipsi blandiri, vanam spem alere.= Flatter, tromper. Se flatter soi même: se nourrir d'un vain espoir.

瘐 ` Emaciari: fame et frigore in carcere mori.=Maigrir: mourir de faim et de froid en prison.

庾 ^ Sub dio reservare ea quæ domi contineri nequeunt.=Garder au bel air ce que la maison ne peut plus contenir.

⿷匚臾 ` Horreum; reconditorium.= Grenier; crédence.

楰 ^ *Lignum quoddam tenax.*=*Sorte de bois tenace.*

腴 ^ Pinguis; ventris pinguedo. Fertilitas.=Gras; graisse du ventre. Fertilité.

萸 ^ Helleborus.=Hellébore.

N. 472. 隹

¯ Chuēi　Avium alæ: plumæ. Avis.= Les ailes, ou les plumes des oiseaux. Oiseau.

騅 ¯ Optima equorum progenies. Equus cæruleus albo et nigro variegatus.=La race des meilleurs chevaux. Cheval bleu tacheté de blanc et de noir.

椎 ^ Malleus: tundere, percutere.=Marteau: frapper.

推 ¯ Laudare. Cedere. Colloqui. Investigare: conjectare. Spargere. Eligere. =Louer. Céder. Converser. Faire des recherches ou des conjectures. Répandre. Choisir.

N. 472.

錐 — Subula.=Alène.

犨 — *Vaccæ species quædam.=Espèce de vache.*

頧 ^ Caput altum.=Tête levée.

鵻 — *Species coturnicis.* Aves quarum cauda brevis est.=*Espèce de caille.* Les oiseaux à queue courte.

騅 —

誰 ^ Xuéi Quis? Quisnam?=Qui? Lequel?

脽 ^ Culus.=Le derrière, le cul.

趡 — Suéi Agitare, movere. = Agiter, mouvoir.

睢 — Suspicere.=Regarder en haut.

雁 — Tuéi Terram in acervum congregare.=Amonceler de la terre.

碓 ˊ Pilum ad fruges tundendas.=Pilon pour piler des grains.

堆 — Terræ cumulus, mons.=Monceau de terre, montagne.

推 ^ Promovere, impellere. Cogere.=Mouvoir, pousser. Forcer.

魋 ^ *Ursus quidam fabulosus. = Certain ours fabuleux.*

倠 — Huéi Fœdum, deforme. = Laid, vilain.

婎 —

惟 ^ Wêi Solummodò. Sed. / Cogitare. Circumstantia. = Seulement. Mais. Penser. Circonstance.

維 ^ Ligare, vincire. Pretio habere. Valdè. Solummodò.=Lier, attacher. Apprécier. Beaucoup. Seulement.

唯 ˋ Assentiri, affirmare, utiquè equidem. Solummodò.=Dire que oui, affirmer, oui... Seulement.

帷 ^ Velum. Peristromata; cortinæ.=Voile. Rideaux; tapisseries.

淮 ˇ Chuen Concedere. Sincerus, fidelis.=Accorder. Sincère, fidèle.

† Praesidet etiam classi centum litterarum, et saepè synonyma est classificae 鳥 N. 775

N. 473. 帛

Po ˘ Tela serica sine floribus. Sericum.=Taffetas uni. Soie.

棉 ^ Miên Gossypium.=Du coton.

綿 ^ Gossypium. Sericum tenue. Connexum, continuum.=Coton. Soie fine. Continuel, adjoint.

錦 ˋ Kin Tela serica floribus variegatis contexta. Varietas: miscellanea.=Du brocart, étoffe avec des fleurs de couleurs différentes. Variété: mélanges.

† Procedit à N. 179.

N. 474. 阜

Feu ˋ Terræ acervus. Regio, abundans, numerosum.=Monceau de terre. Pays. Abondant, nombreux.

焷 ˋ Comburere. Ignis ingens.=Brûler. Grand feu.

騲 ˋ Equorum copia. Lucrosum.=Quantité de chevaux. Lucratif.

𨸏 ˋ Abundans, copiosum.=Abondant, copieux.

草 ˋ *Quædam planta fragrans. = Nom d'une plante odoriférante.*

N. 474.

蜱 、 *Quoddam insectum.=Nom d' un certain insecte.*

埠 Pu ˊ Portus; littus maris: locus mercatorius: armamentarium. Telonium.=Port de mer; rivage de la mer: lieu de trafic: magasin. Douane.

‡ Est etiam classifica, et tunc scribitur 阝: in hoc autem distinguitur à classificâ N. 372 quòd scribitur in litterarum latere sinistro, dùm illa è contrà scribitur in latere dextro: Ex: 隙 Kǐ *Fovea, foramen, fissura.=Fosse, trou, fente.*

N. 475. 卑 畀卑

Pēi Vile, infimum.=Vil; infime.

庳 、 Tugurium. Vile, infimum.=Chaumière. Vil, infime.

裨 — Duplicare; consolidare. Auxiliari. Dare. Lucrum.=Doubler; fortifier. Secourir. Donner. Lucre.

碑 — Inscriptio lapidea.=Inscription en pierre.

䡵 、 Mercator.=Marchand.

椑 — *Quoddam ligni genus.=Espèce de bois.*

鞞 — Tympanum quo musica regulatur. Vagina.=Petit tambour qui sert à battre la mesure. Fourreau.

埤 ˊ Humile, infimum.=Bas, infime.

俾 、 Dare. Efficere ut. Servus. Lucrum.=Donner. Faire en sorte que.... Serviteur. Gain.

髀 、 Nates.=Les fesses.

渒 Pî ˆ *Nomen cujusdam fluvii.—Nom de fleuve.*

諀 ˊ Detractiones. Murmurare, conviciari.=Médisances. Murmurer, se disputer.

痺 ˊ Morbus ex humiditate proveniens.=Maladie causée par l'humidité.

焷 ˆ Calidum, igneum.=Chaud.

麴 ˆ Fermentum.=Levain.

鼙 ˆ Tympanum militare.=Tambour militaire.

埤 ˆ Addere, adjungere.=Augmenter, ajouter.

陴 ˆ Mœnia. Mœnium corona. Mœnium fissurae.=Murailles. Parapet des murailles. Créneaux.

箄 ˆ Canistrum.=Panier.

錍 ˆ Aratri cultrum. Ferrum.=Le coutre d'une charrue. Du fer.

脾 ˆ Stomachus. Coxendix.=L' estomac. La cuisse.

俾 、 Efficere ut.=Faire en sorte que...

郫 ˆ *Quædam urbs.=Nom de ville.*

剆 — Radere, abradere. Carnes concidere.=Raser, enlever. Hacher de la viande.

婢 、 Famula, ancilla, mancipium. Rea.=Servante, esclave. Coupable.

綼 ˆ Vestes ornare.=Orner des habits.

萆 ˇ Pallium stremineum.=Manteau en chaume.

睥 ˊ Ad dexteram et ad sinistram aspicere.=Regarder à droite et à gauche.

崥 、 Angustum.=Etroit.

字聲綱目

N. 475.

粺 ˊ Pai Oryza sat alba.=Riz passablement blanc.

捭 ˋ Aperire. Ad januam pulsare. Percutere.=Ouvrir frapper à la porte. Frapper.

稗 ˊ Zizania. Parvi momenti. Hypocrisis. = Ivraie. De peu d' importance. Hypocrisie.

䅚 ˊ *Milii species quædam.* =*Espèce de millet.*

牌 ˆ Edictum. Tabula litteris conscripta. Scutum. Clypeus.= Edit. Planche écrite. Bouclier.

† Dictionarii quidam Sinico-Europæi tradunt hanc phoneticam ut synonymam phoneticæ 畀 N. 498 : verùm haec affinitas nullo-modò à Sinensibus admittitur.

黬 ˉ Niger, nigrum.=Noir.

睧 ˉ Oculi infirmi vel obscuri.= Yeux malades ou troubles.

涽 ˉ Min Turbidum. obscurum.=Trouble, obscur.

輡 ˉ Corrigia coriacea ad currum pertinens.=Courroie de char.

緍 ˉ Sapecarum ligula ; funiculus: conjunctio. Abundans. Contegere.=Ficelle pour enfiler des sapèques; ficelle: conjonction. Abondant. Couvrir.

† 康熙字典 huic phoneticæ varietatem generaliter assignat 昏 ; animadvertimus tamen, hanc varietatem rarò usurpari in litteris quæ pronuntiantur *Huen*, sæpissimè veró in iis quæ leguntur *Min*.

N. 476. 昏

ˉ Huen Obscurum. Obscurare. Ignarus, stupidus.=Obscur. Obscurcir. Ignorant, stupide.

惛 ˉ Mente obtenebratus: perturbatus, sui non compos. Cæcitas. =Aveugle d'esprit : troublé : qui est hors de lui. Aveuglement.

涽 ˉ Mobile, inconstans. Leve. = Mobile, inconstant. Léger.

痻 ˉ Infirmitas, morbus.=Maladie.

殙 ˉ In ultimo agone positus.=Qui est à la dernière agonie.

棔 ˉ *Quoddam lignum.*=*Espèce de bois.*

閽 ˉ Palatii ostiarius, janitor. Noctu januam occludere.=Portier du palais, portier. Fermer la porte pendant la nuit.

惽 ˉ Obscuritas : ignarus, stupidus. Nuptiæ.=Obscurité: ignorant, stupide. Mariage.

婚 ˉ Inire conjugium : matrimonium.=Se marier : mariage.

N. 477. 念

ˊ Niên Cogitare, considerare. Recordari.=Penser, considérer. Se rappeler.

淰 ˋ Limosum, turbidum. Lutum sub aquâ sumere. Currere .= Bourbeux, trouble. Prendre de la vase sous l'eau. Courir.

錜 ˊ Clavus.=Clou. *V. infrà.*

艌 ˊ Navigii juncturas stuppâ implere. Reficere.=Calfater un navire. Raccommoder.

綿 ˊ Funis ex arundinum corticibus quo navis trahitur vel in littore alligatur. = Cable en écorces de bambou.

騐 ˊ Iên Examinare, verificare. *Quidam equus.*=Examiner, vérifier. *Certain cheval.*

餘 ˊ Jên Valdè coctum.=Très cuit.

稔 ˇ Segetes maturæ. Messis. Abundans, valdè.=Moisson mûre. Abondant, beaucoup.

腍 ˇ Satur. Maturum. Carnes crudæ quæ offeruntur.=Rassasié. Mûr. Viandes crues que l'on offre en sacrifice.

N. 477.

菳 ˋ *Quædam planta. = Nom de plante.*

淦 Xen Timere. Fugere. = Craindre. Fuir.

諗 ˋ Admonere. Considerare.=Avertir. Considérer.

趁 Tiēn Pedes inæquales. Celeriter incedere.=Pieds inegaux. Marcher vîte.

唸 ˊ Suspirari, gemere.=Soupirer, gémir.

惗 Ňié Amare, diligere. = Aimer, chérir.

譣 ˇ Silentium. Strepitûs cessatio. =Silence. Cessation du bruit.

碒 ˇ *Quidam lapis.=Nom d'une espèce de pierre.*

埝 ˇ Augere, coacervare, cooperire. Evertere.=Augmenter, entasser, couvri. Renverser.

捻 ˇ Tordere, digitis tenere. Digitis elaborare.=Tordre; tenir dans les doigts. Façonner avec les doigts.

鍂 ˇ Parvum pecten.=Petit peigne.

歛 ˇ Occludere. Obturare. = Fermer. Boucher.

N. 478. 金

Kīn Aurum. Metallum. Pretiosum. =Or. Métal. Préc'eux.

瘽 ˉ Præ frigore tremere.=Grelotter.

欽 ˉ Reverentia, vene ratio, revereri. Delegatus.=Respect, vénération. Respecter. Délégué.

唫 ˋ Linguâ expeditus, velox loquelà.= Qui a la langue très déliée, p rler vîte.

硷 ˆ In Mons abruptus. = Montagne escarpée.

唫 ˆ Expeditè loqui. Opertum, absconditum.=Parler facilement. Couvert, caché.

崟 ˆ Mons abruptus. = Montagne escarpée.

釗 ˉ Chao Cogere. Visitare. Longè. = Forcer. Visiter. Loin.

† Classifica ingens, *metallis* rebusque *metallicis* præsidens, occupat plerumquè sinistrum litterarum latus, raro infima. Ex 鑸 Lài *Piscari*: *linea piscatoria.* = *Pêcher*: *ligne pour la pêche* 鑿 Tsŏ *Scalprum*: *perforare*: *terebrare.*=*Ciseau*: *percer.*

N. 479. 肴

Hiao ˊ Victualia. Victuariis providere pro itinere.=Des vivres. Préparer les vivres pour le voyage.

慉 ˆ Timere.=Craindre.

淆 ˆ Miscere; confundere. Mixtum. Confusum.=Mélanger; confondre. Mêlé. Confus.

誵 ˆ Inurbanè loqui. = Parler d'une manière impolie.

餚 ˆ Victualia. Comparare necessaria ad victum præter oryzam. =Des vivres. Se fournir des vivres nécessaires outre le riz.

倄 ˆ Proh! ah!=Ah!

郩 ˆ *Quædam civitas.=Nom d'une ville.*

殽 ˆ Caro et ossa. Confusio. Victualia.=Chair et os. Confusion. Des vivres.

唷 ˆ Strepitus, confusio. = Bruit, confusion.

崤 ˆ *Quidam mons in Se-chuan.= Nom d' une montagne dans le Se-chuan.*

† Originem ducit à 爻 N. 115.

N. 480. 侖

ˆ Luen Multùm. Supremum. Summè. Ordo. Unire. = Beaucoup. Suprême. Souverainement. Ordre. Unir, joindre.

淪 ˆ Mergi: sub aquis descendere. Parvae undæ = Etre submergé. Aller sous l'eau. Petites vagues.

論 ˆ Examinare. Argumentari, de aliquo tractare. Loqui, discursus. Libri. = Examiner. Discourir. traiter d'une chose. Parler. Les livres.

碖 ˋ Præcipitem se dare. = Se précipiter.

輪 ˆ Rota, orbis. Discus. Locorum latitudo geographica. = Roue; disque. Globe. La latitude géographique d'un lieu.

堎 ˋ Agrorum altior pars. = La partie la plus haute d'un champ.

掄 ˆ Eligere. = Choisir.

稐 ˋ In fasces aut manipulos redigere. = Mettre en gerbes, ou en faisceaux.

稐 ˋ Segetum manipulus aut fascis. = Gerbe ou faisceau de grains.

倫 ˆ Ordo naturalis. Relationes rerum aut personarum. Species. Distinguere. = L'ordre naturel ou les rapports des choses et des personnes entre elles. Espèce. Distinguer.

逾 ˆ Eligere. = Choisir.

綸 ˆ Serici fila crassiora. Bombycum fila deglomerare. = Fils de soie grossiers. Dévider les cocons.

蜦 ˆ *Serpentis species quædam. = Espèce de serpent.*

圇 ˆ Rotundum. Integrum. = Rond. Entier.

崙 ˆ
崘 ˆ } *Mons altissimus in Sinarum septentrionali regione. = Montagne des plus élevées dans le nord de la Chine.*

† Cl. Gonçalves post auctoritatem 五方元音 quasdam hujus ordinis litteras legit *Lun* alias verò *Lon*: nos etsi magnam adhibuimus curam, quò ex ore Sinensium perciperemus differentiam duarum harumce vocum, numquam potuimus aliquid distinctum decerpere: distinctio ergo hæc, si verè inest, eò magis exigua debet esse, quò plerique Dictionarii sinici inter quos eminent 五車韻瑞 et 韻府約編 unicam pronuntiationem admittunt.

N. 481. 舍

ˊ Xee Habitatio, mansio: hospitium: taberna: apotheca. Laxare, dimittere; desinere. Dare. = Demeure, séjour: auberge: boutique. Lâcher, laisser aller, se désister. Donner.

騇 ˊ Equa. = Jument.

捨 ˋ Desistere, desinere, derelinquere: laxare, abjicere: recedere. Eleemosynam largiri. = Se désister, cesser, abandonner, lâcher, rejeter: s'éloigner Faire l'aumône.

† Hæc phonetica aliquandò perperàm adhibetur à vulgo tanquàm varietas classificarum 食 et 金 ex. gr. 舘 舖 &c.

† † Vide annot. N. 262.

N. 482. 彔 录

ˇ Lu In ligno sculpere; lignum cœlare. = Graver sur bois; ciseler du bois.

淥 ˆ Purum, limpidum. = Pur, limpide.

裬 ˇ Vestium crepitus. = Espèce de craquement que font les habits neufs.

祿 ˇ Fortuna, felicitas. Dignitas. Stipendium praefectorum. = Bonheur, félicité. Dignité. Salaire des Mandarins.

琭 ˇ Gemmae color pulcher. = Jolie couleur d'une pierre précieuse.

碌 ˇ Lapis brutus: homo vulgaris. Labor. = Pierre brute: homme vulgaire. Travail.

N. 482.

騄 ˘ Equus mansuetus. — Cheval doux.

騄 ˘ *Species lacertæ.* — *Espèce de lézard.*

醁 ˘ Vinum optimum. — Vin de première qualité.

錄 ˘ Historias conscribere. Transcribere. Notare. Librorum index. — Ecrire des histoires. Transcrire. Noter l'index des livres ou table des matières.

逯 ˘ Cautè : cautela. = Avec précaution : prévoyance.

盝 ˘ Exhaurire.=Epuiser.

娽 ˘ Famulus.=Serviteur.

綠 ˘ Color viridis. Litteratus. Latro.= Couleur verte. Lettré. Voleur.

菉 ˘ *Species quædam phaseoli.* = *Espèce de haricot.*

剝 ˘ Po Pellem aut corticem detrahere. Nocere ; extorquere, furari. Findere. Cooperire. = Ecorcher. Nuire ; extorquer, voler. Fendre. Couvrir.

† Cautè distinguenda à 彔 N. 584.

N. 483. 甾 畨

— Che Terra inculta. = Terrein inculte.

淄 — Nigrum. *Nomen cujusdam fluvii.* =Noir. *Nom de rivière.*

輜 — Currus sarcinarius. Thesaurum.=Char de bagage. Provisions, trésor.

椔 — Arbor sicca adhùc stans. = Arbre sec qui est encore debout.

錙 — Moneta antiqua octo uncias argenteas volens. — Monnaie ancienne de la valeur de 8 onces d'argent.

鯔 — Raia piscis.=La raie.

緇 — Sericum nigrum. Niger.=Soie noire. Noir.

鶅 — *Species gallinæ.* — *Espèce de poule.*

菑 — Ager derelictus. Terram sylvestrem extricare. — Champ abandonné. Défricher un terrein sauvage.

† Vide annotat. N. 362

N. 484. 叔 尗

˘ Xu Patruus. Cognatus. Congregare.=Oncle. Beau-frère. Rassembler.

淑 ˘ Mitis, bonus, bonae indolis.= Doux, paisible, bon, qui a un bon caractère.

俶 ˘ Incipere. Magnus. Simul, conjunctim. — Commencer. Grand. Ensemble.

婌 ˘ Imperatricis ministra. = Dames de la suite de l'Impératrice.

菽 ˘ Olus, olera. — Légumes, herbes potagères.

踧 ˘ Tsu Cautè ambulare, lentè incedere.=Marcher avec précaution, ou lentement.

督 ˘ Tu Jubere. Præfectus. Corripere. =Commander. Préfet, grand mandarin. Réprimander.

寂 ˘ Tsi
諔 ˘
啾 ˘
} Solitudo ; solitarius : silentium, silenter ; quies. Pauper. = Solitude ; solitaire : silence ; repos. Pauvre.

椒 — Tsiao Capsicum indicum. Vertex.= Piment. Sommet.

N. 485. 肯

Kem Velle, voluntas.= Vouloir, volonté.

揹 Opprimere, vexare; extorquere.=Opprimer, vexer; extorquer.

啃 Si Strepitus qui cum ore comedendo fit.=Bruit que l'on fait avec la bouche en mangeant.

† In provinciis occidentalibus hæc phonetica sæpiùs legitur *Ken.*

N. 486. 卓

Chô Excellens. Solidum.= Excellent. Solide.

淖 Luteum, iter lutulentum. Cui res prosperè fluunt.= Boueux, chemin plein de boue. A qui tout réussit à souhait.

逴 Mensa. Erigere. Firmum.= Table. Dresser. Ferme.

焯 In aquâ tepidum aut calidum facere. = Attiédir ou chauffer dans l'eau.

髽 Coma prolixa. = Cheveux longs.

騲 Equus parùm progrediens.= Cheval qui avance peu.

趠 Currere; excedere, prætergredi. Longè, longinquum, remotum.=Courir; passer outre. Loin, lointain, éloigné.

逴 (same)

倬 Extendere. Manifestare. Magnus. Distans.=Etendre. Manifester. Grand. Eloigné.

獐 Canis fortis ac ferox. Venatio regia in hyeme. = Chien fort et féroce. Chasse royale d'hiver.

婥 Pulchra, pulchrum et tenellum.=Jolie, joli et délicat.

逴 Currere; excedere, prætergredi. Longè, longinquum, remotum.= Courir; passer outre. Loin, lointain.

睢 Oculorum acies. = Le perçant des yeux.

晫 Luminosum, splendidum.= Lumineux, brillant.

啅 Plurium voces. = Plusieurs voix réunies.

踔 Chao Claudicare.= Boiter.

䓴 *Quædam currûs appendix.= Certain harnais de chariot.*

棹 Remi longiores.=Longues rames.

罩 Canistrum piscatorium. Rete. Cooperire.= Panier pour la pêche. Filet. Couvrir.

貂 *Quoddam animal.=Nom d'un animal.*

犉 Super cornibus aliquid bovi gestandum imponere.= Mettre quelque chose à porter sur les cornes d'un bœuf.

艁 Remi. Naviculam impellere.= Rames. Pousser un bateau.

踔 Pede claudicare. Saltare. Ambulare, ire.= Boiter d'un pied. Sauter. Marcher, aller.

罩 Rete piscatorium. Cooperire.= Filet pour la pêche. Couvrir.

悼 Tao Commiseratio; commoveri: suspirari.=Pitié, commisération; être ému: soupirer.

悹 (same)

掉 Tiao In puppi remigare. Movere, agitare. Abjicere. Collineare, seu telum dirigere. = Ramer en poupe. Agiter. Rejeter. Ajuster, ou viser avec une flèche.

† Suspicor aliquam esse affinitatem inter hanc phoneticam et 卓 eò magis quò ibi etiam reperitur sonus *Chao* sicut sub N. 826.

N. 487. 虎 虍

\ Hu — Tigris. Strenuus; crudelis.=Tigre. Vaillant; cruel.

諕 \ Simulare, fingere. Timere: timorem, incutere. — Feindre. Craindre: épouvanter.

琥 \ Succinum, electrum. Praefecti diploma. *Quoddam vas.*=Succin. Diplôme de mandarin. *Sorte de vase.*

[竹+虎] \ *Species bambusæ altissimæ.*= *Espèce de bambou excessivement haut.*

萀 \ *Quoddam olus.* = *Espèce de plante potagère.*

唬 \ Tigridis rugitus. Vocare, clamare: lamentari. = Rugissement du tigre. Appeler, crier: se plaindre.

[虫+虎] \ *Nomen cujusdam insecti.*=*Espèce d'insecte.*

† Est etiam classifica, sed tunc sæpiùs scribitur 虍 in phoneticarum vertice: ex. 處 Chù *Morari; habitare; locus.* = *Demeurer; habiter; endroit.*

N. 488. 罔 罔

\ Wam — Nihil: non. Rete. Erubescere. =Rien: non. Filet. Rougir.

惘 \ Mente turbatus. Spe delusus. =Qui a l'esprit troublé, ou abattu. Trompé dans son attente.

誷 \ Calumniari. Adulteratum, falsum.=Calomnier. Falsifié.

輞 \ Currûs lorica. Rete in curru adhibitum. = Gardefou d'un char. Filet usité dans les chars.

魍 \ Maga, pythonissa. Aquarum genius. = Fée, magicienne. Génie des eaux.

網 \ Rete; laquei.=Filet; lacets.

蝄 \ Aquarum genius seu dœmon. =Génie ou démon qui préside aux eaux.

† Valdè cavendum ne confundatur cum sequenti.

N. 489. 岡 |

— Kam — Montis vertex. = Sommet de montagne.

焵 / Arma obtusa reficere addito chalybde.=Arranger des armes émoussées en y ajoutant de l'acier.

棡 / Trabs alta.—Poutre élevée.

堈 — Vas testaceum ad servandam aquam.=Vase en terre pour conserver de l'eau.

掆 — Elevare: cum ligno transverso aliquid grave tollere. =Soulever: porter quelque chose de lourd avec un barre.

[阝+岡] — Montium juga.=Les hauteurs des montagnes.

鋼 — Chalybs; durum. = Acier; dur.

[缶+岡] — Hydria, urna.=Cruche, jarre.

犅 / Taurus=Taureau.

綱 — Funis quo rete munitur. Ordinare. Caput, superior; praecipuum.=Corde dont un filet est garni. Mettre en ordre. Chef, supérieur; principal.

[艹+岡] — *Quædam planta.* = *Nom de plante.*

[岡+瓦] — Magna hydria ad aquam servandam.=Grande jarre pour conserver l'eau.

剛 — Durum, tenax, firmum, solidum. Tensum.=Dur, tenace, solide. Tendu.

† Incautus facilè confundere potest hanc phoneticam cum praecedenti.

N. 490. 具 具

/ Kiü — Præparare: providere. Componere. Utensile.=Préparer: prendre ses mesures. Arranger. Ustensile.

埧 / Agger ad aquas continendas. Acervus.=Jettée pour retenir les eaux. Monceau.

字聲綱目

N. 490.

餖 ˊ *Species placentæ.* — *Espèce de gâteau.*

颶 ˊ *Procella maxima Sinico mari propria.* — Typhon.

俱 ˉ Omne; simul, conjunctim. Bini et bini. — Tout; ensemble, conjointement. Deux à deux.

䳘 ˉ *Quædam avis.* — *Nom d'oiseau.*

† Hæc phonetica sæpè falsò scribitur 具.

N. 491. 㝵

ˊ Ñgai Obstaculum, Impedimentum. = Obstacle, empêchement.

𢈈 ˊ Cortinam extendere. — Tirer le rideau.

碍 ˊ Obstaculum, obex, impedimentum. — Obstacle, empêchement.

閡 ˊ Januam ligneis vectibus occludere. = Fermer une porte avec des barres en bois.

㝵 Tee Hilaris, lætus. Obtinere. — Joyeux, content, obtenir.

㝵 ˘ Pugno percutere. = Frapper avec le poing.

㝵 ˘ Solummodò, unicè. — Seulement, uniquement.

得 ˘ Obtinere, consequi; possidere. Agere. — Obtenir, venir à bout; posséder. Agir.

† Hæc phonetica aliquam cum 寺 relationem habere videtur.

N. 492. 果

ˋ Kò Fructus. Strenuus. Revera. Effectus. — Fruit. Courageux. En effet. Effet.

窠 ˉ Nidus in arboris foramine; nidus. — Nid dans le creux d'un arbre; nid.

惈 ˋ Strenuus, audax: animo tenax. = Courageux, audacieux; esprit tenace.

課 ˊ Examinare; experiri. Docere. Pensum diurnum — Examiner; essayer. Enseigner. Tâche journalière.

裹 ˋ Involvere, involucrum. = Envelopper, enveloppe.

粿 ˋ Placenta, offa. — Gâteau, pâté.

騍 ˊ Equa. — Jument.

堁 ˊ Pulvis ascendens. = Poussière qui s'élève.

錁 ˋ Cinguli ornatus. Fragmentum. = Ornements de la ceinture. Fragment.

餜 ˋ Placenta, offa. — Gâteau, pâté.

稞 ˉ Triticum emundatum. Segetes puræ. — Blé mondé. Grains sans mélange.

猓 ˋ *Species simii.* = *Espèce de singe.*

倮 ˋ Fatuitas. — Stupidité.

綶 ˋ Fila serica extricare. = Débrouiller de la soie.

菓 ˋ Fructus: arbor fructifera. — Fruit: arbre fruitier.

顆 ˋ *Numerale rerum rotundarum.* Globulus. = *Particule numérale des choses rondes.* Globule, boule.

剽 ˋ Secare, amputare. = Couper, amputer.

蜾 ˋ Vespa, vermis nudus. — Guêpe. Vers nu.

髁 ˊ Tibiæ ossa: coxendix. — Les os de la jambe: la cuisse.

夥 ˋ Hò Collega, socius; amicus. — Collègue, associé, camarade; ami.

N. 492.

捰 ˋ Wo — Manu aliquid sumere = Prendre quelque chose avec la main.

婐 ˋ — Ancilla Mulier venusta: delicatum.=Servante. Jolie femme: délicat.

裸 ˋ Lo
躶 ˋ
倮 ˋ — Nudus, nudare se. = Nu, se deshabiller.

輠 ˋ Hua — Rotæ volventes vas continens rotarum pinguedinem.=Roues qui tournent. Vase pour la graisse à mettre aux roues.

⿰魚果 ˋ — *Quidam piscis. = Nom d'un poisson.*

踝 ˋ — Pedum latera, Calcaneus. Solus.=Les côtés des pieds: le talon. Seul.

祼 ˊ Kuan — Vinum in sacrificiis libare. = Faire des libations de vin.

N. 493. 明 明

ˆ Mim — Clarum; lux; dies; intelligere, percipere.=Clair; lumière: jour: comprendre.

⿰明鳥 ˆ — Avis domestica aquilæ similis. = Oiseau apprivoisé semblable à un aigle.

盟 ˆ — Fœdus; jusjurandum fœderis servandi; contractus, pactum. =Alliance; serment d'alliance; contract, pacte.

萌 ˆ Mum — Repullulare; renovare.=Repousser; renouveler.

N. 494. 易

ˊ I — Permutare, immutare. Facile. Agros colere. = Echanger, changer. Facile. Cultiver des champs.

煬 ˘ — Flamma.=La flamme.

⿰歹易 ˊ — Eradicare, arbores aut plantas evertere.=Déraciner, abattre des arbres.

埸 ˘ — Agrorum ora; limites, terminus.=Le bord des champs; les limites, le terme.

偒 ˊ — Leve. Vilipendere, contemnere.=Léger. Faire peu de cas, mépriser.

敡 ˊ — Despicere, contemnere.=Mépriser.

蜴 ˘ — Vipera, serpens veneficus.=Vipère, serpent venimeux.

惕 ˘ Ti — Pavor, pavidus, timidus. Cautela. Mœstitia.=Crainte, craintif, timide. Précaution. Tristesse.

鬄 ˘ — Comam abradere. Tollere, excludere. = Raser les cheveux. Enlever; exclure.

掦 ˘ — Cum baculo aliquid gestare. =Porter quelque chose avec un bâton.

逷 ˘ — Removere: procul, longè, distans.=Eloigner: loin, éloigné.

惖 ˘ — Pavere: revereri. = Craindre: respecter.

剔 ˘ — Pellem detrahere, ossa denudare, præcidere. = Ecorcher, mettre les os à nu. Couper.

踢 ˘ — Calcibus impetere; calcis ictus =Assaillir à coup de pieds; un coup de pied.

裼 ˘ — Vestes ante pectus aperire vestis globulos laxare; seminudus.=Ouvrir les habits devant la poitrine: se déboutonner; à moitié nu.

焬 ˘ — Siccum. = Sec.

錫 ˘ Si — Stannum Dare, concedere. Felicitas.=Etain. Donner, accorder. Bonheur.
Nomen cujusdam mulieris antiquæ. = Nom d'une femme de l'antiquité.

婸 ˘ — Dulciaria; cibi delicati. *Species sacchari.*=Des douceurs; mets délicats. *Espèce de sucre.*

餳 ˆ Sim

賜 ˊ Se — Dare, aliquid inferiori concedere: gratia, favor.=Donner, accorder quelque chose à un inférieur: grace, faveur.

N. 494.

† Seriò præcavendum est ne hæc phonetica confundatur cum 易 N. 592 quæ ipsi simillima est.

N. 495. 昆

Kuen ¯ Frater natu major. Posteri. Similis: simul: uno icto. = Frère aîné. Les descendants. Semblable: ensemble: d'un coup.

裩 ¯ Femoralia. = Caleçons, culottes.

琨 ¯ Margarita, unio. = Perle.

輥 ˋ Volvi; rotas currere. = Rouler; roues qui tournent.

棍 ˊ Nebulo, homo nequam. Baculus, pedum. Magnus funis. = Un vaurien, un polisson. Bâton, houlette. Grande corde.

錕 ¯ Currûs axis. *Quidam ensis famosus.* = Essieu. *Nom d'une épée fameuse.*

鯤 ¯ Piscium maximus. = Le plus grand des poissons.

緄 ˋ Cingulum. Funis. = Ceinture. Corde.

鶤 ¯ *Species gallinæ magnæ.* = *Espèce de grande poule.*

蜫 ¯ Vermis. = Ver.

崑 ¯ *Quidam mons altissimus.* = *Nom d'une montagne très élevée.*

崐 ¯ (idem)

混 ˋ Huen Turbidum, confusum: aqua sordida. Fluere. = Trouble, confus: eau sale. Couler.

諢 ˋ Verba obscura. = Paroles obscures.

餛 ^ Offa carnibus referta. = Pâté de viande.

焜 ˋ Ignis lux; clarum; splendens. = La clarté du feu; clair, resplendissant.

掍 ˊ Alios perturbare. = Troubler les autres.

餛 ^ Rem integram deglutire. Offa carnibus referta. = Avaler entier. Pâté de viande.

稛 ˋ Herbarum manipulus. = Une botte d'herbe.

倱 ˋ Stupidus, ignarus. = Stupide, ignorant.

睔 ˋ Oculi in incertum spectantes. = Yeux qui ne regardent pas un objet fixe.

† Aliquam similitudinem habet cum 昆 N. 685 à quà cautè distingui debet.

N. 496. 昌

Cham Abundans: felicitas, prosperum. Clarum, splendens. = Abondant: bonheur, heureux. Clair, resplendissant.

淐 ¯ *Nomen cujusdam amnis.* = *Nom d'un ruisseau.*

誯 ˊ Cantare; cantilena. = Chanter; chanson.

裮 ^ Vestem laxare. = Se déboutonner, ou se mettre à l'aise.

琩 ^ Lapilli pretiosi auribus appensi. = Pendants d'oreille en pierres précieuses.

娼 ^ *Quidam equus.* = *Nom d'un cheval.*

閶 ^ Janua cœli inferioris. *Porta urbis Su-cheu in Kiam-nan.* = La porte du ciel intérieur. *La porte de Su-cheu au Kiam-nan.*

鯧 ^ Cantare. = Chanter.

稖 ^ Oryzæ gluma seu cortex. = L'écorce des grains de riz.

N. 496.

鯧 ˉ *Piscis quidam valdè sapidus. — Certain poisson exquis.*

倡 ˉ Invenire. Ad ma um ind. ere. Inconsideratus, amens. Musicus. Meretrix. — Inventer. Induire au mal, Irréfléchi, fou. Musicien. Femme publique.

猖 ˉ Audax; effrænatus. Tumultuosè incedere. — Audacieux; sans frein. Marcher en foule.

娼 ˉ Meretrix; cantatrix. — Prostituée; chanteuse.

鹵昌 ˉ Salis fœces. — Les ordures du sel.

菖 ˉ Acorus calamus. *Lin.* = *Nom de plante.*

鶬 ˉ *Quædam avis. — Nom d'oiseau.*

唱 ˊ Cantare: cantilena. = Chanter: chanson.

蜼 ˉ Parva ostrea. — Petite huître.

倡 ˉ Vestes non colligatæ: negligenter vestitus. — Habits non attachés: habillé négligemment.

† Cavendum ne confundatur cum 冒 N. 587.

N. 497. 固

Kú Firmum, durum, solidum. Certè: naturaliter. Olim. — Ferme, solide. dur. Certainement: naturellement. Autrefois.

痼 ˊ Morbus insanabilis. — Maladie incurable.

涸 ˊ Congelari, gelu concretum. — Gelu, gelée dure.

棝 ˊ Cavea ad mures capiendos. = Souricière.

堌 ˊ *Nomen cujusdam urbis. — Nom de une ville.*

錮 ˊ Obturare; obstruere rimas ferro aut ære. Impedire. Domare: opprimere. — Boucher; boucher les fentes avec du fer ou du cuivre. Empêcher. Dompter: opprimer.

鯝 ˊ *Piscis quidam gracilis.* Intestina. — *Certain poisson effilé.* Les intestins.

婟 ˊ Alicui maximè adhærere, dilectio: post aliquem suspirari. — Etre fortement attaché à quelqu'un, ou soupirer après lui: affection.

涸 Hǔ Aquas desiccari: sitis. = Eaux qui se dessèchent: soif.

箇 Kó } *Particula numeralis nominibus addita, valdè in usu. — Particule que l'on joint aux nombres lorsqu'on énumere ou que l'on désigne des objets.*

個 ˊ

† Procedit à N. 153.

N. 498. 畀

Pí Dare: distribuere. — Donner; distribuer.

淠 ˊ Navis progrediens. — Navire qui marche.

痹 ˊ Rheumatismus. — Rhumatisme.

箄 ˊ Craticula ad assandum. — Gril pour faire rôtir dessus.

萆 ˊ Vestis contra pluviam. — Habit contre la pluie.

睤 ˊ Torvè intueri, obliquè aspicere. — Regarder de travers.

† Vide annotationem N. 475.

† † Hinc proculdubio fluit classifica 鼻 Pí *Nasus. — Le nez*, quæ plerumquè in phoneticarum sinistro latere scribitur.

字聲綱目

N. 499. 囷

Kiün Horreum.—Grenier.

悃 Purum, sine mixtione. Sinceritas. — Pur, sans mélange. Sincérité.

麕 *Cervi species valdè timidi.* In manipulos redigere. — *Espèce de cerf très timide.* Mettre en gerbes.

箘 Bambusa apta ad sagittas conficiendas.—Bambou bon pour faire des flèches.

菌 Fungus.—Champignon.

稛 Kuen Ligna in fasces colligare: segetes in manipulos redigere.—Faire des fagots, ou des gerbes.

† Adeò similis est phoneticæ 困 N. 377, ut facillimè cum illâ confundi queat: ex hujusce modi errore introductam putamus in hoc ordine pronuntiationem *Kuen* illi ordini omninò propriam.

N. 500. 典

Tièn Lex; regula: doctrina immutabilis. — Loi; règle: doctrine immuable.

㥏 Pudor; erubescere. — Honte; rougir.

淟 Sordidum, impurum. = Sale, impur.

痶 Morbus ex musculorum contractione. = Maladie de contraction de nerfs.

𣸈 In ebrietate malus.—Qui a le vin mauvais.

琠 *Quidam lapis pretiosus.—Nom de pierre précieuse.*

捵 Manu aliquid extendere. — Etendre quelque chose avec la main.

腆 Diù; diuturnum. Multitudo. —Long temps; qui dure beaucoup. Multitude.

倎 Abundantia, multùm.—Abondance, beaucoup.

䠄 Pudor; erubescere. = Honte; rougir.

䩄 Præ verecundiâ erubescere. —Rougir de honte.

跈 Vestigia. Incedere.—Empreinte, vestiges. Marcher.

㙉 Pellem alicui rei detrahere. = Oter la peau à quelque chose.

覥 Præ verecundiâ erubescere: ruborem alicui suffundere. = Rougir de honte: faire honte.

諓 Tuen Ferox, ferus. = Féroce, qui a des mœurs dures.

N. 501. 尚

Xam Adhùc, etiam. Auxiliari. Æstimare. Augere. Altum.=Encore, aussi. Secourir. Estimer. Augmenter. Elevé.

餉 Diarium; annona quotidiana. —La ration de chaque jour; la nourriture.

裳 Vestis inferior.—Habit de dessous.

賞 Præmium, retribuere. Meritum. = Récompense, recompenser. Mérite.

常 Semper.—Toujours.

惝 Cham Animum despondere.—Perdre courage.

鞝 Talus.=Le talon.

鋿 Terreus circulus quo rota munitur.=Cercle en fer dont les roues sont garnies.

徜 Tempus fallere. Puerilia. Fluctuans, hæsitans. = Perdre son temps. Des bagatelles. Irrésolu, qui hésite.

N. 501.

倘 Subitò sistere.=S'arrêter soudainement. Vid. infrà.

掌 Manûs palma. Jurisdictio : regere, administrare.=La paume de la main. Jurisdiction : gouverner, administrer.

敞 Locus elevatus, altum. Solarium. Clarum. = Lieu élevé, haut. Terrasse. Clair.

踹 Cruribus decussatis sedere.= S'asseoir les jambes croisées.

棠 Tam Quædam arbor. Vectis transversa in curru.=Nom d'arbre. Traverse d'un char.

倘 Si ; sed ; quod si.=Si ; mais ; mais si.

瓽 Magnum vas.=Grand vase.

堂 Palatium. Domus interior.= Palais. Maison de derrière.

棠 Quædam arbor. Vectis in curru transversa.=Nom d'arbre. Traverse d'un char.

[尚阝] Vetus. Amici, socii. Factiosorum societas.=Ancien. Amis, camarades. Société de factieux.

党 Cognomen.=Nom propre.

黨 Vetus. Amici, socii. Factiosorum societas.=Ancien. Amis, camarades. Société de factieux.

當 Oportet. convenit. Curam gerere ; vices gerere. Sustinere. = Il faut, il convient. Gérer ; avoir soin. Remplir les fonctions de. . Supporter.

† Ex attentâ inspectione litterarum hujus ordinis unusquisque percipiet, hanc phoneticam variè modè scribi, pro vario situ quem in litteris occupat relativè ad classificas : hæc formæ immutatio efficit, ut imperiti sæpè nesciant ad quam phoneticam quaedam litterae hujus ordinis referantur.

†† Hinc evidenter originem ducunt phoneticæ 牚 敞 當 堂 黨 quæ infrà.

††† Huic etiam phoneticæ, adscribendam puto litteram anomalam 嘗 Châm *Degustare, experiri ; explorare. Semper ; nota præ teriti.= Goûter, essayer ; explorer. Toujours ; marque du passé* ; eò magis, quòd juxta 康熙字典, est mera varietas litterae regularis 甞.

N. 502. 沓

Ta Grave, ponderosum. Conjungere, concordare. Audax. Sonitus aquae fluentis.=Pesant. Unir, s'accorder. Audacieux. Bruit de l'eau qui coule.

涾 Supereffluere. =Déborder, se répandre.

誻 Loquax. Colloqui. = Grand parleur. Converser.

[髟沓] Infantium capilli. = Cheveux des enfants.

[馬沓] Invitâ pluviâ et pulvere equitare.=Aller à cheval malgré la pluie et la poussière.

榙 Columnae capitellum. = Chapiteau de colonne.

鞜 Calceamenta coriacea.=Souliers en cuir.

[土沓] Cadere. Sonitus rei decidentis. =Tomber. Bruit d'une chose qui tombe.

[扌沓] Chirothecae. Vestiariorum digitale. Operire, abscondere.=Gants. Dé de tailleur. Couvrir, cacher.

[谷沓]

錔 Ære aliquid contegere.=Couvrir quelque chose avec du cuivre.

[亻沓] Otio deditus.=Adonné à l'oisiveté.

踏 Conculcare pedibus terere.= Fouler aux pieds.

[巾沓] Umbella ampla.=Large parapluie.

N. 503. 宣 亶

— Siüen Publicare, edicere. Apparere. Ire coram superiore = Publier. Paraître. Se présenter devant un supérieur.

渲 ` Rivulus. = Ruisseau.

瑄 — Præfectorum diploma lapideum. = Patente de mandarin en pierre.

揎 — Recolligere. = Retrousser.

煊 Hiüen Tepidum ; calidum. = Tiède ; chaud.

諠 — Clamare. Falsum, fallax. = Crier. Faux, trompeur.

楦 ′ Calceorum forma lignea. = Forme de cordonnier.

萱 — Bambusæ flores. = Fleurs de bambou.

觛 — Cochleare corneum. = Cuillère en corne.

萱 — *Nomen cujusdam plantae. = Nom de plante.*

暄 — Oculi ampli. = Grands yeux.

暄 — Temperatum ; calidum. = Tempéré ; chaud.

喧 — Clamores, plorare. = Criaillerie, pleurer.

蝖 — *Nomen cujusdam insecti. = Nom d'insecte.*

† Oritur à 亘 N. 245 cujus annotationem vide.

†† Sæpè in compositis synonymum habet 爰 N. 555.

N. 504. 客 `

ˇ Ko Hospes, advena. Mercator. = Hôte, étranger. Marchand.

揢 ˇ Manu aliquid accipere, sumere. Tangere. = Prendre quelque chose avec la main. Toucher.

喀 ˇ Tussis, tussire; evomentis vox. = La toux, tousser ; bruit que l'on fait en vomissant.

欲 Kia Flatus, halitus. = Le souffle, la respiration, l' haleine.

愘 ′ Astutia. = Ruse, finesse.

髂 ′ Renum ossa. = Les os des reins.

齾 ′ Dentes extra os exeuntes. = Dents qui sortent de la bouche.

髂 ′
路 ′ } Renum ossa = Les os des reins.

† Procedit à 各 N. 272 cum quâ promiscuè aliquandò à vulgo usurpatur, etsi contra orthographiæ leges.

N. 505. 突

ˇ Tu Repentè, subitò, confestim. Impetus. = Tout d'un coup, soudainement. Impétuosité.

湥 ˇ Aqua turbida. = Eau trouble.

楔 ˇ Plantare. = Planter.

堗 ˇ Caminus. = Cheminée.

揬 ˇ Inurbanè tractare : arrogantia, superbus. = Traiter impoliment : arrogance, orgueilleux.

鋉 ˇ Lancea. = Lance.

N. 505.

俟 Subitò, confestim. Arrogans, superbus. = Subitement, tout d'un coup. Arrogant, orgueilleux.

N. 506. 恆 恒

Hem Perpetuum, constans, sine fine.=Perpétuel, durable, constant, sans fin.

痘 Kem Stupidus, hebes. = Stupide, imbécille.

栖 Tandem, deniquè, finaliter.=Enfin, finalement.

埂 Via, iter.=Chemin.

縆 Cum vi attrahere. = Tirer à soi avec force.

搄 Chordam tendere. Tandem.= Tendre une corde d'instrument. Enfin.

暅 Validi solis radii.=Les rayons d'un soleil ardent.

† Originem trahit à N. 228 cujus annotationem videre interest.

N. 507. 帝 帝

Ti Imperator; Rex. Cœli genius. Cœlum.=Empereur; Roi. Le Genie du ciel. Le ciel.

渧 Stillare, aqua guttatim fluens. Flere. = Dégoutter, eau qui coule goutte à goutte. Pleurer.

諦 Seriò attendere. Judicare. Examinare, scrutari. = Prêter une attention sérieuse. Juger. Examiner, scruter.

禘 Sacrificium imperiale.=Sacrifice offert par l'empereur.

騠 Equus mansuetus. = Cheval paisible.

楴 Pecten.=Peigne.

揥 Colligere, sumere.=Recueillir, prendre.

偙 Sapientissimus.=Très sage.

締 Nodus indissolubilis; amicitia; conjungi.=Nœud indissoluble; amitié: s'unir.

蒂 Plantarum caulis. = La tige des plantes.

啼 Flere.=Pleurer.

蹄 Animalium pedes.=Les pieds des bêtes.

啻 Xe Minùs. Solummodò.=Moins. Seulement.

N: 508. 音

In Instrumenti musici sonus. Vox. Pronuntiatio; accentus. Notitia.=Son d'un instrument. La voix. Prononciation; accent. Nouvelle.

窨 Domus subterranea.=Maison souterraine.

愔 Pacificus, tranquillus.=Paisible, tranquille.

瘖 Mutus: ex morbo loqui non posse.=Muet: ne pouvoir parler par la force de la maladie.

喑 Ex nimio ploratu vocem amittere.=Perdre la voix à force de pleurer.

歆 Hin Sacrificium Diis acceptum.= Sacrifice agréable aux Dieux.

僭 Iēn Purum, immaculatum. = Pur, sans tache.

黯 Obscurum; nigrum, atrum.= Obscur; noir.

N. 508.

㾝	ー Ñgan		Silentium: pax. = Silence: paix.
鵪	ー		Coturnix. = Caille.
諳	ー		Peritus, doctus, ingenio praeditus. Recordari. = Instruit, savant, qui a du talent. Se rappeler.
醅	ー		Tristitia in vultu. = Visage triste.
堷	ー		Cœmeterium, spelunca: sepelire. = Cimetière, grotte: ensevelir.
揞	╲		Manu aliquid contegere, occultare. = Couvrir quelque chose avec la main, cacher.
闇	╱		Claudere, januam occludere. Obscurum. Recessus. Ignarus. = Fermer, fermer la porte. Obscur. Réduit. Ignorant.
腤	ー		Sordidum. In aquâ coquere. = Sale. Cuire dans l'eau.
颮	ー		Ventus vehemens, procella. = Vent très fort, tempête.
媕	ー		Impurum, sordidum. Malitia. = Impur, sale. Malice, déshonnêteté.
黯	╲		Nigrum intensum. = Noir très foncé.
暗	╱		Obscurum, tenebrosum, nigrum. Occultè. Cæcitas, stupiditas. = Obscur, ténébreux; noir. En cachette. Aveuglement; stupidité.
罯	╲		Cooperire. = Couvrir.

† Est etiam classifica, quadraginta circiter litteris parùm communibus præsidens.

N. 509. 斿 㳺

	^ Ieu	Vexillum in aëre volitans. Vexilli bractea. = Drapeau qui flotte dans les airs. Flamme de pavillon.
游	^	Fluere. Supernatare, Deambulare: iterfacere: hùc illùc discurrere. = Couler. Surnager. Se promener: voyager: aller çà et là.
遊	^	Vagari, circuire: hàc illàc discurrere. Deambulare, interfacere. = Errer, roder: se promener; aller çà et là: voyager.
篰	^	*Species bambusæ. = Espèce de bambou.*
蝣	^	*Species formicæ praegrandis. = Espèce de fourmi très grande.*

N. 510. 施

	ー Xe	Concedere, dare. Extendere ad.. Spargere. Transferre. = Accorder, donner. Etendre à.. Repandre. Transporter. *Legitur etiam* ì.
椸	^ Î	Lignum cui appenduntur vestes. = Portemanteau; bois auquel on suspend les habits.
酏	^	Vinum ex oryzâ confectum. = Vin fait avec du riz; arac.
箷	^	Lignum cui appenduntur vestes. = Bois auquel on suspend les habits; portemanteau.
暆	^	Sol radios diffundens. = Soleil répandant ses rayons.

‡ Vide N. 35 in annotatione.

N. 511. 度

	╱ Tu	Mensura; regula: metiri. Gradus latitudinis vel longitudinis geographicæ. = Mesure d'étendue; règle: mesurer. Degrés de latitude ou de longitude.
渡	╱	Navigare: flumen trajicere. = Naviguer: passer un fleuve.
敷	╲	Occludere, implere. = Boucher, remplir.
剫	◡	Lignum findere. Obstruere, implere. Metiri = Fendre du bois. Boucher, remplir. Mesurer.
塓	╱	Obstruere, occludere, implere. = Obstruer, boucher, remplir.
鍍	╱	Auro vel argento aliquid obducere. = Dorer ou argenter.

N. 511.

䫞 ˊ Sponsionem facere: aleis ludere.—Parier : jouer aux cartes.

㥩 To ˇ Conjecturam facere. = Faire une conjecture.

詑 ˇ Decipere, fallere.=Tromper.

𦄂 ˇ Pannus sericeus simplex.=Du taffetas.

㖼 ˇ Garrire, loquitari. = Babiller, jaser.

𨂨 ˇ Conculcare: nudis pedibus terram calcare=Fouler aux pieds: aller nus pieds.

† Cautè distingui debet à 席 (Var. 蓆) Si Storca. Convivium. Magnum: multi.=Natte. Festin. Grand : beaucoup.

N. 512. 彥 彦

ˊ Ièn Sapiens, doctus. Bonus. Magistratus.=Sage, instruit. Bon. Magistrat.

諺 ˊ Proverbium, adagium. = Proverbe, adage.

顏 ˆ Vultus; facies.Color.=Visage; aspect. Couleur.

偐 ˊ Fictitium, falsum. = Fictif, faux.

喭 ˊ Ngan Inurbanè loqui ; inurbanus, rudis : audax. = Parler impoliment ; impoli, grossier ; audacieux.

N. 513. 亭 亭

ˇ Tim Porticus ; atrium publicum Æquale, planum. Quiescere. = Portique ; porche public. Egal, plane. Se reposer.

渟 ˆ Aqua stagnans. Submergere, inundare, quiescere.=Eau stagnante. Submerger, inonder. Se reposer.

諪 ˆ Componere ; discordes reconciliare. Ad pristinum statum revocare. = Arranger ; réconcilier des ennemis. Remettre dans l'état primitif.

聤 ˆ Aurium lympha. = Les humeurs des oreilles.

停 ˆ Sistere, quiescere.=S'arrêter, se reposer.

婷 ˆ Mulier pulchra.=Jolie femme.

葶 ˆ Lepidium, species plantæ edulis.=Espèce de plante potagère.

蝏 ˆ Vermis ; bombyx.=Ver; ver à soie.

† Sonus hujus phoneticæ sat clarè indicat eam procedere ab ipsius componente 丁 N. 4.

N. 514. 复 复

ˇ Fu Iterùm. Reverti, per eamdem viam retrocedere. = De nouveau. S'en retourner, rebrousser chemin.

寶 ˇ Spelunca, antrum. Abscondere. Avis ova fovens. Prosternere se. = Grotte. Cacher. Oiseau qui couve les œufs. Se prosterner.

複 ˇ Vestis duplex. Iteratò, secundò.=Habit double. De nouveau, pour la seconde fois.

瘦 ˇ Reincidentia in morbum, = Rechute dans la maladie.

輹 ˇ Rotarum axis.=L'essieu.

韇 ˇ Theca ex corio pro arcu et sagittis. = Boîte en cuir pour l'arc et les flèches.

N. 514.

堎 ◡ Domus subterranea: antrum duplex.=Maison souterraine: grottes l'une dans l'autre.

韇 ◡ Theca coriacea pro arcu et sagittis. = Boîte en cuir pour renfermer l'arc et les flèches.

鍑 ◡ Vas æneum ore amplo. =Vase en bronze à large ouverture.

馥 ◡ Fragrantia, odor suavis latè se diffundens.=Bonne, odeur qui se répand au loin.

腹 ◡ Venter.=Le ventre.

艘 ◡ Navicula.=Petit bateau.

復 ◡ Iterùm, denuò, adhùc, ampliùs. Reverti. Retribuere. = De nouveau, encore, davantage. Retourner. Rendre la pareille.

鰒 ◡ *Species conchæ seu ostreæ. = Espèce d'huître.*

蝮 ◡ Coluber. *Species locustæ.* = Couleuvre. *Sauterelle.*

愎 Pi ◡ Perversus, malus: pertinax.= Pervers, mauvais: obstiné.

† Hinc immediatè procedit 復 N. 849. cujus annotationem legere interest.

N. 515. 軍

Kiün — Exercitus; cohors, legio. = Armée; bataillon, légion.

庫 ╲ Colligere, reponere.=Recueillir, mettre en réserve.

皸 — A frigore ustio.= Engelure.

煇 Hiün ╱ Cremare, comburere. Splendidum, gloriosum.=Brûler. Brillant, glorieux.

葷 — *Cibi in jejunio prohibiti, ut caro, cepæ, allium, piscis. &c. = Mets défendus dans le jeûne des Chinois, comme la viande, les ognons, l'ail, le poisson &c.*

惲 Iün ╲ Moribus gravis. Fidelis, sincerus. Deliberare; consulere.= Qui a des mœurs graves. Fidèle, sincère. Délibérer.

運 ╱ Movere, in circulum movere, agitare. Transferre. Fortuna. = Mouvoir en cercle, agiter, transporter. Fortune.

鄆 ╱ *Nomen loci et personæ.* = *Nom de lieu et de personne.*

暈 ╱ Vapores solem aut lunam ambientes.=Vapeurs qui entourent le soleil ou la lune.

喗 ╲ Os magnum dentesque difformes.=Grande bouche et dents difformes.

渾 Huen ╲ Turbidum, sordidum, confusum. Totum. Rotundum. = Trouble, sale, confus. Tout. Parfaitement rond.

諢 ╱ Scurrilitas; verba irrisoria. Obscenè loqui. Stultus.=Bouffonnerie; plaisanterie. Parole obscène. Nigaud.

癉 ╱ Simplex, stupidus. = Simple, stupide.

輥 ╱ Currus in viâ à se invicem declinantes.=Chars qui s'évitent dans un chemin.

餫 ∧ *Offæ species quædam.=Espèce de gâteau.*

鯶 ╱ *Quidam piscis. = Nom d'un poisson.*

俥 ∧ Ignarus.=Ignorant.

婫 ∧ Mea uxor. *Cognomen.* = Ma femme. *Nom propre.*

緷 — Ligare: manipulum.= Lier: faisceau.

齳 — Dentibus carens.=Qui n' a pas de dents.

葷 — *Cibi in jejunio Sinico prohibiti, ut carnes, pisces, cepæ, allium &c.=Mets défendus dans le jeûne Chinois, tel que la viande, le poisson, l'ail &c.*

踙 — Ambulare, incedere. = Marcher, se promener.

褌 Kuen — Indusium, vestes interiores minores. Femoralia.=La chemise, les habits de dessous. Les caleçons.

N. 515.

鷤 ^ *Species quædam gallinæ. = Espèce de poule.*

齳 — Rodere. Dentes apparentes.= Ronger. Dents qui paraissent.

煇 — Huéi Lux, lumen, fulgidum. =Lumière, éclatant.

楎 — Arbor. Clavus ligneus pro appendendis vestibus. = Arbre. Cheville pendre les habits.

揮 -- Conatus. Extergere. Agitare, movere. Animos sumere.= Efforts. Essuyer. Agiter. Prendre courage.

翬 — Ornatum, variegatum. Phasianus. Velociter avolare.=Orné, bariolé. Faisan. S' envoler rapidement.

皠 — Album.=Blanc.

獋 — Canis fabulosus capite humano. Antiquæ tribus septentrionales. Chien fabuleux qui a la tête d' homme. Anciennes tribus du Nord.

輝 — Splendens, fulgens.=Brillant, resplendissant.

暉 — Lux, lumen. fulgidum, splendens, gloriosum. = Lumière, brillant, éclatant, glorieux.

N. 516. 首

丶 Xeu Caput; superior; primus : origo.=La tête ; supérieur ; premier : origine.

䭫 丶 Primogenitus. = Enfant premier-né.

艏 丶 Navis.=Navire.

道 丶 Tao Via. Virtus. Doctrina. Secta. Dirigere, in viam ducere. = Voie, chemin. Vertu. Doctrine. Secte. Conduire. Diriger dans le vrai chemin.

衜 丶 Vicus ; via.=Rue ; chemin.

† Regit etiam classem exiguam et vix usitatam in cujus litteris varié collocatur.

†† Vide N, 19 in annotatione.

N. 517. 前

ᴺ Tsiên Antè, anteà ; coram. Præire, procedere.= Auparavant, devant ; en présence. Aller.

湔 — Lavare.=Laver.

煎 — Frigere, assare. Vexare. Calamitas.=Faire frire, faire rôtir. Vexer. Calamité.

譾 丶 Parva habilitas : rudis. =Peu d' habilité : maladroit.

煎 — Frigere, assare. Vexare. Calamitas.=Faire frire, faire rôtir. Vexer. Calamité.

翦 丶 Forfices : forficibus præcidere : abradere. Perversus.

剪 丶 =Des ciseaux: couper avec des ciseaux : couper ras. Pervers.

鬋 — Capilli soluti. Coma spissa.= Cheveux épars. Chevelure touffue.

榆 — Tabella conscripta.=Planche sur laquelle est quelque chose d' écrit.

揃 丶 Occidere, destruere. = Tuer, détruire.

箭 ╱ Sagitta : sagittarius. =Flèche: archer.

偂 — Progredi.=Aller en avant.

媊 ᴺ Pestis genius.=Le génie de la peste.

葥 ᴺ Plantago *Linn*.=Le plantain.

† Raró quidem, sed aliquandò, hujus phoneticæ synonymus evadit 翦 vel 剪.

N. 518. 咨

— Tze Suspirari, suspirium. Per litteras consulere. = Soupirer, soupir. Consulter par écrit.

諮 — Suspirari. Machinari; perpendere. = Soupirer. Faire des projets; pondérer.

粢 — Pontis columnæ breves.=Les soutiens d'un pont.

趦 — Trepidare, non procedere.= Trémousser, ne pas avancer.

† Immedintè procedit à N. 221 cui fortè hic ordo subjungendus esset velut sectio secundaria.

N. 519. 奏

Tseu Aliquid imperatori aut superiori exponere. Musices. = Faire part d'une chose à l'empereur ou au supérieur. De la musique.

湊 ˊ }Congregare, in unum cogere. Concurrere. Supplere.= Réunir, ramasser. Concourir. Suppléer.
凑 ˊ

輳 ˊ Congregare, colligere; convenire. Rotarum axis.=Réunir; se rassembler. Essieu.

揍 ˊ Sua negotia benè gerere. = Bien gérer ses propres affaires.

腠 ˊ Summa cutis. Cutis pori. = L'épiderme. Les pores de la peau.

† Cavendum ne confundatur cum 秦 N. 633.

N. 520. 春 旹

— Chuen Ver, anni initium. Lætitia. *Quidam Confucii liber.*=Le printemps, le commencement de l'année. Joie. *Un des ouvrages de Confucius.*

惷 ˋ Rudis, stupidus. Mentis agitatio.=Ignorant, stupide. Agitation d'esprit.

鶞 — *Quædam avis. = Nom d'oiseau.*

蠢 ˋ }Stupidus, ignarus, rudis.= Stupide, ignorant, grossier.
截 ˋ

瑃 ˋ *Quidam lapis pretiosus.=Sorte de pierre précieuse.*

䮞 ˋ Equus lentus. Equus maculatus.=Cheval lent. Cheval tacheté.

椿 — *Sterculiæ species.* Pater. Negotium. = *Sorte d'arbre.* Père Affaire.

闖 — Porta centralis. = La porte centrale.

箺 — Magnum bambusæ fragmentum. = Grand morceau de bambou.

腃 ˋ Pinguis.=Gras.

鰆 — *Quidam piscis. = Nom d'un certain poisson.*

偆 ˋ Locuples, abundans. Spissum. =Riche, abondant. Epais.

皗 — Color albus.=Blanc.

萶 — Erumpere, germinare. Mixtum. = S'épanouir, germer, pousser. Mélangé.

瞦 — Oculi longiores. = De longs yeux.

賰 — Divitiis affluens.=Qui abonde en richesses.

唇 — Sufflare.=Souffler.

踳 ˋ Erroneum, falsum. Mixtum. = Erroné, faux Mélangé.

† Cavendum est ne hæc phonetica confundatur cum 舂 N. 732, cujus annotationem vide.

N. 521. 匧

Kié ˋˊ Arca, arcula.=Coffre, armoire, cassette.

愜 ˋ Lætitia, contentus. Sine obstaculo.=Joie, content. Qui n' éprouve pas d' obstacle.

㾜 ˋ Halitûs infirmitas.=Faiblesse de respiration.

㥦 ˋ Lætitia, contentus. Sine obstaculo.=Joie, content. Qui ne rencontre pas d' obstacle.

㰼 ˋ Anhelans, sufflare.=Haletant, souffler.

篋 ˋ Canistrum; arca. = Panier; armoire.

㛍 ˋ Ex felici rerum eventu lætabundus.= Réjoui par le bon succès des affaires.

† Originem trahit à 夾 N. 304 cujus aliquandò in compositis synonyma est.

N. 522. 𡐦 隋隓

Tô ˋ Piger, pigritia. Cadere, ruere. =Paresse, paresseux. Tomber, s'écrouler.

惰 ˊ Pigritia, piger, negligens. = Paresse, paresseux, négligent.

諳 ˊ De absente loqui; obmurmurare. Sagax, peritus.= Parler par derrière; murmurer. Habile, intelligent.

襜 ˊ Vestis carens manicis.=Habit sans manches.

𥕥 ˆ Petra rotunda in frugibus mundandis adhibita. = Pierre ronde avec laquelle on nettoie les grains.

鬌 ˋ Capilli circa frontem. Puero tres menses nato comam praecidere. = Cheveux autour du front. Couper les cheveux d' un enfant de trois mois.

墮 ˆ Quidam puerorum ludus. = Certain jeu d' enfant.

撱 ˋ Abjicere. Cadere. = Rejeter. Tomber.

婧 ˊ Pulchrum. Piger, negligens.= Joli. Paresseux, négligent.

† Hinc tanquàm ex fonte dimanant phoneticæ 隋 遀 隨 quæ veluti familiam constituunt valdè intricatam, et classificationi reluctantem. Earum difficultas ex eo potissimùm oritur, quòd aliquandò in compositis omnes invicem synonymæ sunt; aliquandò solummodò quædam; aliquandò autem omninò inter se differunt.

Generaliter loquendo, littera originalis 𡐦 usurpari posset in compositis tanquàm synonyma litterarum 隋 遀 隨, quæ ideò velut ipsius varietates haberi, et unicum ordinem cum illâ constituere possent: attamen, habitâ ratione systematis phonetici secundum quod litteræ Sinicæ efformatae sunt, multò accuratius memoriæque accomodatius duxi, litteras hujus familiæ in duos ordines dividere, secundum ipsarum pronuntiationem.

In 1° ordine collocantur litterae quae leguntur *To*, iisque præsidet phonetica originalis 𡐦 cum varietate 隋; in 2° autem recensentur litteræ quæ leguntur *Suéi*, ipsisque præficitur phonetica 遀 cum varietate 隨; vid. n. 883.

Inter exceptiones quæ binariae huic divisioni obstare possent, unica mentionem meretur, littera scilicet 墮 To *Ruere, cadere: dejicere, destruere.*= *Tomber en ruine, s'écrouler: renverser, détruire*, quae scribi non potest 𡐦 nec 堶 quin sensus mutetur, ut suprà conferri potest.

†† Quum littera 𡐦 merè phonetica sit, nullumque sensum *per se* habeat, utilius quondàm putavi, huic ordini praeficere varietatem 隋 ad quam solummodò refertur significatio superiùs tradita: quoniam verò 𡐦 originis prioritate pollet, frequentiùsque in compositis adhibetur, priorem locum ipsi assignavi, et subjunxi significationes quae ad varietatem unicè spectant.

N. 523. 威

Wêi — Majestas. Majestuosum; terribile.=Majesté, majestueux; terrible.

墛 — Stagni aggerem rumpere.=Rompre la digue d' un étang.

媙 — Puella venusta et majestuosa.=Jeune fille belle et majestueuse.

葳 — Uliginosum. Arbores florentes. *Quædam medicina.*=Herbacé. Arbres qui fleurissent. *Certai ne drogue.*

蝛 — *Quoddam insectum multipes in humidis vivens.=Espèce de sylvie.*

N. 524. 咸

Hiên ^ Simul; omnes, totaliter. Semper. Claudere.=Ensemble; tous, en totalité. Toujours. Fermer.

諴 ^ Concordia, uniri; ex animo concordare. Sincerus.=Bonne harmonie; être unis. Sincère.

齒咸 ^ Dentibus tenere.=Prendre avec les dents.

鹹 ^ Salitum, sal. Ærumnis afflictus. Haurire.=Sel, salé. Qui est dans les tribulations. Puiser.

喊 \ Clamare, ejulare; conqueri.=Crier; se plaindre.

蜮 — *Insectum marinum ostreæ simile.=Espèce d' huître.*

減 Kièn \ Minuere; adimere.=Diminuer; ôter, retrancher.

慽 ^ Inquietus. Odium, odio habere.=Inquiet. Haïr, haine.

减 \ Imminuere, adimere.=Diminuer, ôter, retrancher.

瑊 — Jaspis.=Du jaspe.

椷 \ Capsa.=Coffre, boîte.

㺂 \ Non contentus. Turbare.=Mécontent. Troubler.

緘 — Sigillo munire; claudere. Funibus ligare. Suere. Epistola.=Sceller; fermer. Lier avec des cordes. Coudre. Lettre.

箴 Chēn — Acus: pungere. Admonitio, correptio.=Aiguille: piquer. Admonition, réprimande.

鍼 — (same)

感 Kan ` Affectus movere, commovere cor. Tentare.=Mouvoir les affections, mouvoir le cœur. Tenter.

顑 \ Voltus præ fame macilentus: non satur.=Visage amaigri par la faim: qui n'est pas rassasié.

䎋 Han \ Volare.=Voler.

䳑 \ *Nomen cujusdam avis.=Nom d' oseau.*

轗 \ Currûs strepitus.=Bruit d' un char.

揻 \ Agitare, movere. Perturbare.=Agiter, mouvoir. Troubler.

餡 \ Nondùm satur.=Qui n' est pas encore rassasié.

鰔 \ *Quidam piscis.=Nom de certain poisson.*

† Hinc originem ducit 感 N. 884 quam aliquandò synonymam habet in litteris quæ leguntur *Kan* vel *Han*.

N. 525. 頁

Hié ˘ Caput. Librorum folia.=La tête. Les feuillets d'un livre.

纈 ˘ *Serici species quædam.=Certaine qualité de soie.*

蝢 ˘ *Quoddam regnum.=Nom de royaume.*

N. 525.

頊 Siǔ Afflictus, mœrens : pœna. — Affligé : chagrin.

須 ǔ Expedit : opportet. — Il convient : il faut.

幁 ǔ Capitis velum. = Voile pour la tête.

煩 Fân Insolens, importunus. Multitudo, copia. = Insolent, importun. Multitude, grand nombre.

Numeratur etiam inter classificas, trecentisque et ampliùs litteris coagmentatur ad earum latus dexterum : ex. 穎 Im *Segetum spicæ. Penicillus. Perspicax, ingenio acutus.— Epi de froment. Pinceau. Esprit pénétrant, homme de talent.*

† † Hinc immediatè fluit N. 847.

N. 526. 面 靣

Mièn Vultus, facies, conspectus. Superficies. Decor, honor. = Visage, présence. Surface. Décorum, honneur.

湎 \ Submergi : imbui. = Etre submergé : être imbibé.

恼 \ Verecundia, erubescere. Considerare. Reminisci. Conari. — Honte, rougir. Réfléchir: Se rappeler. Faire des efforts.

麵 \ Tritici farina. = Farine de froment.

勔 \ Conari. Ad bonum excitare. — Faire des efforts. Exciter au bien.

麪 \ Tritici farina. = Farine de froment.

偭 \ A retrò : terga vertere. — Par derrière : tourner le dos.

緬 \ Suspirari apud aliquem. Absens, remotum. Obscurum. Leve. Filum sericum subtile. — Soupirer après quelqu'un. Absent, éloigné. Obscur. Léger. Fil de soie délié.

幔 \ Tapetes, peristromata. — Tapis, tapisseries.

† Regit etiam tanquàm classifica septuaginta circiter litteras parùm usitatas, quarum plerumquè sinistrum latus occupat.

Aliquatenùs affinis est phoneticæ 貰 N. 887.

N. 527. 耎

Juan Molle, blandum, debile, delicatum. = Mou, tendre, faible, délicat.

渜 \ Fæces. Residuum aquæ post lotionem alicujus rei. — La lie. Résidu de l'eau avec laquelle on a lavé quelque chose.

愞 \ Lenis, debilis ; timidus. — Doux, faible ; timide.

褄 — Laxè assuere. — Coudre à grands points.

瑌 \ } *Lapis pretiosus secundæ classis. — Pierre précieuse de seconde qualité.*

碝 \ }

剌 ˗ Confodere, occidere. — Percer, tuer.

輭 \ Debilis, mollis, debile, delicatum. Cedere, indulgentia— Faible, mou, délicat. Céder, indulgence.

樉 \ *Ziziphi species. — Espèce de jujubier.*

堧 — Fanorum muri. Pomœrium, agri suburbani. — Les murs des pagodes. Les jardins près de la ville.

撄 — Pellere. Conturbare. — Pousser. Troubler.

篍 — *Bambusæ species. — Espèce de bambou.*

鍈 ╱ Argentum ductile. — Argent malléable.

腝 \ Maturum : valdè coctum. Debilitas pedum. = Mûr : très cuit. Faiblesse dans les pieds.

腝 — Parvo patrimonio præditus. — Qui à un petit patrimoine.

N. 527.

㼝	一	Pomærium, agri suburbani.=Champs ou jardins près des murs de la ville.
鶢	Juen	*Avis quædam noctu nascens.=Certain oiseau qui nait pendant la nuit.*
㼝	丶	Sugere, lambere.=Sucer, lécher, lapper.
蝡	′	Vermium motus. Movere se. =Le mouvement des vers. Se mouvoir.
渜	丶 Nuan	Aqua calida.=De l'eau chaude.
餪	丶	Convivium aut munera filiæ oblata tertio die ab ejus matrimonio.=Repas ou présents que les parents portent à leur fille le 3e. jour de son mariage.
偄	′	Debilis; timidus.=Faible; timide.
媆	Nuen	Debilis, blandus, delicatus, tenellum.=Faible, mou, délicat, tendre.
愞	No	Debilis, infirmus.=Faible.
稬	′	*Species oryzae glutinosæ quâ vinum fit.=Espèce de riz gluant dont on fait du vin.*

† Oritur à 而 N. 232 cujus anotationem consulere interest.

N. 528. 奔 𢍜

	Pen	Currere : fugere. Persequi.=Courir : fuir. Poursuivre.
逩	′	Currere, festinare.=Courir, se dépêcher.
捹	一	Gesticulari: brachia agitare. Manu miscere.=Gesticuler: remuer les bras. Mêler avec la main.
錛	一	Dolabra, runcina.=Rabot de charpentier.
倴	丶	Dives.=Riche.
餴	Fen	In oryzâ semicoctâ aquam infundere.=Mettre de l'eau dans le riz à moitié cuit.

Auctores quidam asserunt hanc phoneticam originem ducere à 卉 (var 芔) Huéi *Omnes. Herba*; *planta.=Tous. Herbe, végétal*; sed habitâ ratione sonûs sicut et formæ, valdè probabilius nobis videtur eam procedere à 夲 *Pen* N. 149 additâ classificâ 廾 Kum *Manus junctas in salutationem movere.=Faire un salut avec les mains jointes.*

N. 529. 㐱

	Cha	Jactantia. Aperire, extendere. Magnum.=Jactance. Ouvrir, étendre. Grand.
硶	丶	Lapides in praeceps ruentes. =Pierres qui se précipitent.
黐	一	Viscosum, glutinosum, adhaerens.=Gluant, glutineux, qui s'attache.
膠	′	(idem)
㑖	一	Extendere, expandere.=Etendre.
鬖	Na	Coma incompta, capilli confusi.=Chevelure en désordre.

N. 530. 封

	Fum	Sigillare, obsignare. *Numerale epistolarum*, epistola. Acervus.=Sceller, cacheter. *Numéral des lettres*, lettre, Monceau.
㑂	一	Lutum profundum.=Boue profonde.
鞼	丶	Appendix coriaceus in currûs latere.=Harnais en cuir sur les côtés d'un char.

N. 530.

篘 – *Species bambusæ.=Espèce de bambou.*

緖 – Puerorum calceamenta coriacea.=Souliers en cuir pour les enfants.

葑 – *Quoddam olus sinapi simile.=Herbe potagère semblable à la moutarde.*

崶 – *Mons in quo piscis conversus fuit in draconem.=Montagne où un poisson s' est changé en dragon.*

鞼 – Pam Calceamenta ex corio.=Souliers en cuir.

幫 – Adjuvare. Calceamentorum ornamenta.=Aider. Les broderies des souliers.

挷 – } Auxiliari, adjuvare; defendere, protegere.=Aider, secourir; défendre, protéger.
幇 –

† Sæpè scribitur cum octo ductibus tantummodò, quia 圭 scribitur 圭 brevitatis gratiâ.

N. 531. 者

` Chee *Signum participii pro verbis, et adjectivi pro nominibus.* Ille qui. *Littera finalis.=Signe du participe, ou de l'adjectif.* Celui qui. *Mot qui se met à la fin des phrases.*

䰩 ` Deforme, fœdum. Crudelis.=Laid, honteux. Cruel.

赭 ` Rubeus color. Minium.=Couleur rouge. Vermillon.

捨 ` Percutere.=Frapper.

奢 ` *Epithetum patris. = Epithète de père.*

偖 ` Findere; disrumpi.=Fendre; éclater.

渚 ` Chu Parva insula. Rivulus.=Petite île. Ruisseau.

諸 – Omnes. *Nota numeri pluralis.* =Tous. *Marque du pluriel.*

褚 ` Vestes duplices gossypio munire. Vestes custodire. Saccus. =Ouater des habits. Conserver les habits. Sac.

禇 – *Cognomen.=Nom propre.*

豬 – Porcus, sus. Fluere.=Cochon, truie. Couler.

煑 ` } Coquere; in aquâ elixare. =Cuire; cuire dans l'eau, faire bouillir.
煮 ´

翥 ´ } In altum volare, avolare; volitum incipere saltando. =Voler en haut, s'envoler; prendre son vol en sautant.
䨸 ´

楮 ` *Arbor ex cujus cortice fit papyrus. = Arbre dont l'écorce sert à faire du papier.*

箸 ´ *Paxilli quibus utuntur ad cibum sumendum. = Batonnets dont les Chinois se servent pour manger.*

腤 – Porcus, sus. Venter.=Cochon, truie. Ventre.

鯺 – *Nomen cujusdam piscis.=Nom de poisson.*

猪 – Porcus, sus.=Cochon, truie.

著 ´ Publicare, in lucem edere, evulgare, edictum: ostendere.=Publier, mettre au jour, divulguer, édit: moutrer.

蝫 – *Quoddam insectum.= Nom d' un insecte.*

瘏 ^ Tu Infirmus, aeger; morbus. = Malade; maladie.

都 – Aula regia: regnum. Omnis, omne. Congregare.=La cour: le royaume. Tout, tous. Rassembler.

N. 531.

覷 ˋ Videre: respicere. Apparere. = Voir: regarder en arrière. Apparaître.

堵 ˋ Praecludere. Murus; paries humilis. Pax. = Fermer la communication. Mur; petit mur. Paix.

闍 ˉ Urbis janua: specula super urbis portâ vel super mœnibus. = Porte de la ville: guérite sur la porte de la ville.

屠 ˆ Macellum, carnarium: occidere animalia. Excavare. = Boucherie: tuer des animaux. Creuser.

睹 ˋ Aspicere, respicere; videre. = Regarder; voir.

賭 ˋ Spondere, expositâ pecuniâ ludere: ludus. = Parier, jouer de l'argent: jeu.

曙 ˋ Aurora, summo mane. = L'aurore, grand matin.

緒 ˋ Siü Successio, continuatio, convexio. = Succession, continuation, connection.

† Hœc phon. sæpè à vulgu scribitur 者; quæ consuetudo erronea est atque devitanda.

†† Plures ex hâc phoneticâ derivantur phoneticae secundariæ, quæ sensu meo sub hoc ordine collocari debent unâ cum ipsarum compositis in usu communiter acceptis:

§ 1. 著 Chu (*Ut suprà.*)

鍺 ˇ Amputare; squamas detrahere. = Couper, trancher: enlever les écailles.

躇 ˆ Animo fluctuans, anceps. = Irrésolu, qui hésite.

§ 2. 署 ˊ Xu Curia, tribunal. Praefectus ad interim. Scriptura, scribere. Disponere. = Prétoire, tribunal. Magistrat intérimaire. Ecrit, écrire. Mettre en ordre.

薯 ˊ Convolvuus Batatas: tuberculi edules. = Patates douces: pommes de terre.

曙 ˊ Aurora, solis radii egredi incipientes. — L' aurore, rayons du soleil qui commencent à paraître.

§ 3. 諸 ˉ Chu (*Ut suprà.*)

瀦 ˆ *Quidam fluvius. — Nom de rivière.*

儲 ˆ Haeres regni; princeps. Augere. Auxiliari. Reponere. — L'héritier du royaume; prince. Augmenter. Aider. Mettre en réserve.

藷 ˊ Xu Tuberculi edules. — Pommes de terre, patales.

N. 532. 柬

ˋ Kièn Visitationis schædula. Seligere, distinguere. = Billet de visite, choisir. Distinguer.

諫 ˊ Superiorem reprehendere. Consiliari. = Reprendre un supérieur. Donner un conseil.

揀 ˋ Seligere. = Choisir.

湅 ˊ Liên I avare. Sericum coctum et expurgatum. = Laver. Soie cuite et nettoyée.

煉 ˊ Igne purificare: mundare. = Purifier dans le feu: nettoyer.

瓞 ˊ Cucurbitæ pars interior semina continens. = La partie intérieure d'une courge qui contient les graines.

敕 ˊ Conculcando percutere. = Frapper en marchant dessus.

楝 ˊ *Cerasi species. Q. fructus quo mundatur sericum. = Espece de cerisier. Arbre dont les fruits servent à nettoyer la soie.*

鍊 ˊ In igne purificare: aurum purgare. Assuetus, peritus. = Purifier dans le feu: purger l'or. Accoutumé, exercé.

練 ˊ Coquere se icum ut mollior fiat. Experiri. Exercere se, assuescere. Eligere. Nubes, telæ volumen. = Cuire de la soie pour l' amollir, essayer. S'exercer, s'accoutumer. Choisir. Nuages. Pièce de toile.

† Hinc originem ducit phonetica 闌 quæ infrà.

N. 533. 匽

	Ièn	Abscondere.—Cacher.
褗	ˋ	Pulvillum.—Coussin.
郾	ˊ	*Nomen urbis.* = *Nom de ville.*
堰	ˊ	Agger; terræ cumulus.=Digue; monceau de terre.
𤜶	ˊ	Lancea tri-cuspidata.—Lance à trois pointes; *espèce de hallebarde.*
鰋	ˊ	(same)
鰋	ˋ	*Quidam piscis fronte albo.*—*Poisson qui a le front blanc.*
鼴	ˋ	Talpa.—Taupe.
躽	ˋ	Procedere. Erigere se.—Aller en avant. Se dresser.
偃	ˋ	Cubare, prosternere se. Cadere; dejicere. Abjicere.—Se coucher, se prosterner. Tomber; renverser. Rejeter.
匽	ˊ	Res se mutuò fulcientes.—Objets qui se supportent l'un l'autre.
蝘	ˋ	Lacerta.—Lézard.
揠	Iǎ	Evellere, eradicare. — Arracher, déraciner.

† Suspicor inter hanc phoneticam et 晏 宴 aliquam adesse affinitatem quam investigare superest.

N. 534. 畐

	Fù	Fortuna. Altum. — Fortune. Haut.
富	ˊ	Dives. Multùm. Providere.—Riche. Beaucoup. Fournir.
諨	ˇ	Sermo præparatus et clarus.—Discours préparé et clair.
福	ˇ	Vestis.—Habit.
富	ˇ	Felicitas, fortuna, felix. Commiseratio.—Bonheur, fortune, heureux. Pitié.
福	ˇ	Dives, multùm.—Riche, beaucoup.
髷	ˇ	Capilli adsciti, cirrhus fictitius.—Cheveux postiches.
輻	ˇ	Rota: rotae radii, aut axis.—Roue: rais, essieu.
鶝	ˇ	*Quædam avis.* = *Nom d'oiseau.*
副	ˊ	Vicesgerens; substitutus. Auxiliari.—Remplaçant; qui fait les fonctions d'un autre. Aider
鞴	ˇ	Corrigia ex corio.=Courroie en cuir.
簠	ˇ	*Quoddam utensile textorium.*=*Certain utensile de tisserand.*
匐	ˇ	Reptare, manibus et pedibus incedere. = Ramper, marcher à quatre pattes.
艒	ˇ	*Species navis magnæ.* = *Sorte de grand navire.*
楅	ˇ	Tabulas findere: in duas partes dividere. = Fendre des planches: diviser en deux.
緆	ˇ	Magnum telae volumen.—Grande pièce de soie.
葍	ˇ	*Quædam planta radice alba, sapore ingrato.* — *Certaine plante ayant la racine blanche et un goût désagréable.*
蝠	ˇ	Vespertilio. Coluber.—Chauve-souris. Couleuvre.
幅	ˇ	Telæ volumen: *numerale telarum et imaginum.* Vestium ora. Plenum.—Une pièce de toile: *Numéral des toiles et des images.* Plein.
湢	Pǐ	Mare fervens: aquam agitare. Cubiculum pro balneis.—Mer qui bouillonne: agiter l'eau. Chambre pour les bains.

N. 534.

愊 ◡ Sincerus, simplex. Oppressus. =Sincère. Opprimé.

煏 ◡ Nimis coctum.=Trop cuit.

逼 ◡ Cogere, adigere. = Forcer, obliger à . . . .

楅 ◡ Lignum in cornibus transversum. Subjugare. = Bois que l'on met en travers sur les cornes d'un animal. Subjuguer.

堛 ◡ Terra, humus. = De la terre, le sol.

偪 ◡ Urgere ; vexare, opprimere.= Presser ; vexer, opprimer.

N. 535. 剌

◡ La Crudelis, inhumanus ; asper. Inimicitiæ.=Cruel, inhumain; intraitable. Inimitiés.

瘌 ◡ Ægrotare.=Etre malade.

瑓 ◡ Lapis pretiosus.=Pierre précieuse.

揧 ◡ Molere, tundere. = Moudre, piler.

瞓 ◡ Oculi obliqui.=Yeux de travers.

喇 ◡ Loquela velox. = La parole déliée.

蝲 ◡ *Quidam vermis. = Certain vers.*

† Sæpè ab amanuensibus confunditur cum 刺 Vide annot. N. 249.

N. 536. 垔

‾ In Obstruere, occludere. Munire. =Boucher, fermer. Fortifier.

湮 ‾ In aquis mergere. Obstruere.= Immerger dans l'eau. Boucher.

諲 ‾ Reverentia, obsequium.=Respect.

湮 ‾ Frigus: frigidum.=Froid.

禋 ‾ Cœlo sacrificium offerre ; purâ mente sacrificare. = Sacrifier au ciel avec un esprit pur.

堙 ‾ Præcludere : terram coacervare. Mons terreus. = Boucher l'avenue : amonceler de la terre, monceau de terre.

闉 ‾ Ostiolum. Obstruere. Oppressus. Mœnia in defensionem portæ urbis. = Petite porte. Boucher. Opprimé. Fortifications des portes de ville.

陻 ‾ Aditum præcludere ; obstruere, impedire. = Fermer les avenues ; boucher, empêcher.

煙 Iēn Fumus. Tabacum.=De la fumée. Du tabac.

咽 ‾ Guttur.=La gorge.

甄 Kiēn Statuas ex luto facere. Aliquid conficere. Investigare.=Faire des statues en terre. Façonner quelque chose. Faire des recherches.

† Vice hujus phoneticæ aliquandò usurpatur 因 N. 290 fortassè quia eumdem sonum habet : haec tamen consuetudo non adeò generalis est, ut ambo phoneticae unicum ordinem constituere queant.

N. 537. 要

‾ Iao Velle, exigere ; petere. Quidquid urget, necessarium, oportet. Sententiam ferre. = Vouloir, exiger ; demander. Tout ce qui presse, nécessaire, il faut. Porter une sentence.

褄 ‾ Pallii summitas.=Le haut d'un manteau.

騕 ˋ Equus velox. = Cheval très léger.

䙅 ‾ } Renes, lumbi. = Les reins, les lombes.

腰 ‾ }

N. 537.

僄 — Parùm vestitus.=Peu habillé.

嫖 、 Tenellum, delicatum.= Tendre, délicat.

縹 ╱ Vestis superiùs angusta, inferiùs ampla. = Habits étroits vers la taille et larges en bas.

薸 — Herbarum copia.=Beaucoup d'herbes.

嘌 — Vermium murmur. Strepitum facere. = Murmure des vers. Faire du bruit.

螵 — Serpens venenosus. = Serpent venimeux.

† Cavendum ne confundatur cum 耍 Xuà *Ludere; jocari; delectari. = Jouer; plaisanter; s'amuser.*

N. 538. 相

Siam — Mutuò, invicem. Communicare. Auxiliari, sustinere.=Mutuellement. Communiquer. Aider, soutenir.

湘 — *Nomen fluminis in Hu kuam.* Cortina.=*Nom d'un fleuve du Hu-kuam.* Rideau.

廂 — Domus contiguæ. Cubiculi aulæ laterales. Area.= Maisons contigues. Chambres latérales du salon. Cour, aire.

想 、 Cogitare, considerare. Judicare.=Penser, réfléchir. Juger.

箱 — Capsa, arca.=Coffre, malle, armoire.

緗 — Sericea fila flava. Color flavus remissus.= Fils de soie jaune pâle.

葙 — *Quædam planta medicinalis. =Nom d'une plante médicinale.*

N. 539. 查

Chă Scrutari, examinare, inquirere. Lignum aquis innatans. = Scruter, examiner, faire des recherches, fouiller. Bois qui surnage.

渣 — Fæces.=La lie, les ordures.

楂 — Lignum aquis supernatans.= Bois qui surnage.

揸 — Pungere.=Piquer.

踏 ╱ Pedibus conculcare.=Fouler aux pieds.

薝 — Plantae aquis supernatantes.= Plantes qui surnagent.

† Identitas sonûs hujus phoneticæ cum 虘 N. 785. indicare videtur litteram 且 esse elementum phoneticum radicale in utrâque.

N. 540. 甚

Xén ╱ Multùm, nimis: magnum: excessivè: excedere. = Beaucoup, trop: grand: excessivement: dépasser.

愖 ⺈ Sincerus, verax.=Sincère, véridique.

諶 ∧ Credere. Fidelitas; sincerus. =Croire. Fidélité; sincère.

瘎 ╱ Reincidentia in eumdem morbum. Morbus in ventre.=Rechute dans la même maladie. Maladie dans le ventre.

葚 ╱ Mori fructus.=Les fruits du mûrier.

碪 Chēn Lapis planus super quo aliquid complanatur aut tunditur.=Pierre plane sur laquelle on aplatit, ou l'on frappe.

椹 — Securis. Morus. Tabula super quâ conciduntur carnes.=Hache. Mûrier. Table sur laquelle on coupe la viande.

斟 — Infundere; transfundere. = Verser dedans; transvaser.

N. 540.

䫖 Debilis, infirmus.—Faible, malade.

戡 Amputare, præcidere. = Amputer, couper.

㪁 Inopinatò percutere. Vestes percutere.—Frapper en surprise. Frapper les habits.

椹 Percutere, ictu ferire.—Frapper, blesser.

𥱌 Fibula ad capillos coercerdos.—Poinçon pour arrêter les cheveux.

鍖 Sonûs productio; resonantia. Subula. — Prolongement du son; retentissement. Alène.

湛 Chan Immergere Profundum. Aqua limpida.—Enfoncer dans l'eau. Profond. Eau claire.

偡 Æquale : ordinatum. — Egal : arrangé.

糂 San Fermentare. Mixtura. — Fermenter. Mélange.

戡 Kān Occidere, confodere. Superare, vincere. Continere. Posse. —Tuer, percer. Vaincre. Contenir. Pouvoir.

勘 Diligens; attentus. Examinare.—Diligent; attentif. Examiner.

歁 Non satur; non contentus.—Qui n'est pas rassasié; qui n'est pas content.

堪 Posse : capax. Tolerare, pati. =Pouvoir : capable. Supporter, souffrir.

嵁 Inæquale; saxosum; abruptum.—Inégal; pierreux; escarpé.

媅 Tan Voluptati deditus. Magna lætitia. = Adonné au plaisir. Grande joie.

黮 Nigrum, obscurum. Morus; mori fructus. — Noir, obscur. Mûrier; les fruits du mûrier.

啿 Copia, abundantia, multitudo, multùm. — Abondance, multitude, beaucoup.

N. 541.

某 一

Meu Quidam, quædam, quoddam. —Un tel, une telle, un certain. . .

謀 𠸄 Artificium, stratagema: machinari, considerare, rem perpendere. Appetere.—Artifice, stratagème : faire des plans, réfléchir, peser. Désirer.

𣸣 Mêi Præ vetustate putridum. = pourri de vieillesse.

煤 Carbo fossilis. Fuligo. Igniarium.—Charbon de terre. Suie. Amadou, mèche.

禖 Majorum Imperatoris fanus. Sacrificium quo imperator prolem precatur. = Temple des ancêtres de l' Empereur. Sacrifice Impérial pour demander de la progéniture.

𣨼 Præ vetustate putridum. = pourri de vétusté.

䳘 Aves laqueo captare.—Prendre des oiseaux au lacet.

媒 Pronubus, pronuba, connubiorum mediator. — Courtier pour les mariages, celui ou celle qui sert de médiateur pour les mariages à contracter.

N. 542.

枼

Iĕ Tenue, subtile. Folium.—Mince, fin. Une feuille.

殜 Morbus insanabilis. = Maladie incurable.

楪 Folium : *quidquid est subtile.* — Feuille: *tout ce qui est mince.*

鍱 Folium seu lamina metallica, =Feuille en métal.

偞 Pulchrum. Clarum. Leve. = Beau. Clair. Léger.

葉 Arborum, herbarum, imò et librorum folia.—Les feuilles des arbres, des herbes ou des livres.

渫 Siĕ Effundere, dispergere. Contemnere. Mundare.— Répandre, verser. Mépriser. Nettoyer.

N. 542.

屧 ̆ Sandalia.=Des sandales.

媟 ̆ Nimia et inhonesta familiaritas. Contumeliam irrogare; despicere.=Familiarité criminelle. Faire injure; mépriser.

緤 ̆ Vincere, ligare: funis.=Attacher, lier: corde.

惵 ̆ Tié Timere, contremiscere. Considerare. = Craindre, trembler. Considérer.

諜 ̆ Explorator, explorare. Scriptura, memoriale. Loquax.=Espion, explorer. Un écrit, un mémoire. Babillard.

渫 ̆ Frigore correptus.=Saisi par le froid.

碟 ̆ Patera, discus.=Bassin, plat.

堞 ̆ Mœnium corona.=Corniche des murailles.

揲 ̆ Trahere. Plicare.=Tirer. Plier. *V. infrà.*

牒 ̆ Legati documenta. Diploma publicum. Sententia, edictum, axioma. Tabella. = Les instructions d' un envoyé, acte public, édit, sentence. Axiome. Planchette pour écrire.

牃 ̆ Lecti tabula.=Planche de lit.

喋 ̆ Loquax. Sanguinis fluxus.=Grand parleur. Sang qui coule.

蹀 ̆ Pedes movere. Pedetentim.=Bouger les pieds. Pas à pas.

蝶 ̆ Papilio.=Papillon.

剿 ̆ Chee Falcula. Radere, æqualem reddere. = Faucille. Raboter, égaliser.

牒 ̆ Carnem in frusta minuta concidere.=Couper de la viande en petits morceaux.

揲 ̆ Xee Manum admovere. Conjectare. Sortes mittere.=Y mettre la main. Conjecturer. Jeter les sorts.

韘 ̆ Annulus eburneus quo sagittarii utuntur.=Anneau en ivoire pour tirer de l'arc.

韘 ̆ Annulus eburneus quo sagittarii utuntur.=Anneau en ivoire pour tirer de l' arc.

N. 543. 南

Nan ^ Auster; plaga meridionalis.=Le sud; les régions méridionales.

諵 ^ Loquacitas. = Loquacité, babil.

楠 ^ *Species ligni Nankinensis.* = *Sorte de bois de Nan kin.*

揇 ˊ Succum exprimere. Tangere. =Exprimer le jus. Toucher.

䈒 ˋ Bambusa flexibilis et tenuis. =Bambou mince et flexible.

喃 ^ Iteratò loqui, loquax. Hirundinum aut Bonziorum cantus. =Parler à plusieurs reprises, babillard. Chant des hirondelles ou des Bonzes.

N. 544 胡

Hû ^ Quomodò? Quid? Quis? Tartari.= Comment? Quoi? Qui? les Tartares.

湖 ^ Lacus.=Lac.

瑚 ^ Gutturis obstructio, seu aliquid quod trajici nequit. = Obstruction de gorge, gorge bouchée par quelque chose qu' on ne peut avaler.

廟 ^ Æquale, planum.=Egal, plane, uni.

衚 ^ Pars vestis sub brachiis.=La partie de l' habit qui est sous les bras.

糊 ^ Gluten, glutinare. Amens, stolidus. = De la colle, coller. Fou, imbécille.

瑚 ^ Vasa in avorum templis. Coralium.=Les vases du temple des ancètres. Du corail.

鬍 ˄ Barba. Continuum.—La barbe. Continu.

醐 ˄ Pinguedo. Vinum ex lacte confectum.—Graisse. Vin que les Tartares font avec du lait.

粘 ˄ Gluten, glutinare.—De la colle, coller.

楜 ˄ Piper.=Le poivre.

鞠 ˄ Theca ; bursa.— Boîte ; poche, bourse.

鶘 ˄ *Avis aquatilis quædam.—Espèce de héron.*

箶 ˄ Pharetra.—Carquois.

餬 ˄ Oryza cocta. Gluten.—Du riz cuit. De la colle.

衚 ˄ Viculus, parvus callis.—Petite rue, cul-de-sac.

猢 ˄ *Species simiii. — Espèce de singe.*

葫 ˄ *Species cucurbitæ.* Allium magnum. — *Espèce de courge.* Grands aulx.

蝴 ˄ Papilio.—Papillon.

† Originem ducit à N. 153.

N. 545 柔 枈 秫

˄ Jeu Blandum, molle: obediens; benignus.=Mou, souple: obéissant; benin. Courtoisie.

渘 ˄ *Quidam rivus. — Nom de rivière.*

煣 ˋ Ad ignem aliquid curvare.= Courber quelque chose en la présentant au feu.

鞣 ˋ Corium molle.—Cuir mou.

糅 ˋ Miscere.—Mêler, mélanger.

騥 ˄ Equus crine leni et venusto.—Cheval à crinière souple et jolie.

輮 ˊ Rotarum limbus; rotæ circulus ligneus.—Le bord d'une roue; le cercle en bois d'une roue.

鞣 ˄ Corium præparatum. — Cuir préparé.

揉 ˋ Curvare; reprimere. Fricare. —Courber; réprimer. Frotter.

韖 ˋ Elasticum, flexibile.—Elastique, flexible.

鍒 ˄ Ferrum molle fabrefactu facile.—Fer doux facile à travailler.

餗 ˋ Oryza liquida. — Bouillie de riz.

腬 ˄ Caro recens. Abundans. Optimum.—De la viande fraiche. Abondant. Excellent.

鰇 ˄ Sepia.=La sèche.

媃 ˄ Mulier venustate insidiosa. *Cognom n.*—Femme dont les charmes captivent. *Nom propre.*

葇 ˄ Olera tenella.=Légumes tendres.

蹂 ˄ Conculcare. Fruges tundendo mundare; fruges ventilare.—Fouler aux pieds. Oter l'écorce des grains en les pilant; vanner des grains.

睬 ˄ Terra blanda culturæ apta.= Terrein mou bon à être cultivé.

蝚 ˄ *Quoddam animal.* = *Nom d' un animal.*

怽 ˄ Nao Debile, delicatum. = Faible, délicat.

猱 ˄ *Simiæ species.* — *Espèce de singe.*

† Unica quæ legatur *jeu*, hæc phonetica videtur unicè habere affinitatem phonicam cum classificâ 矛 Meû *Lancea.—Lance* ex quâ originem ducit.

N. 546.　敄

Ŭ Fortis. Limites : confinia. = Fort. Les limites : les confins.

霚 ˊ Nebula : Vapores à terrâ ascendentes. — Brouillard : vapeurs qui s' élèvent de terre.

鶩 ˋ Præcipitosè currere, irruere, violentus. — Courir précipitamment, se précipiter. Violent.

堥 ˊ Vas testaceum, pelvis. Collis. Septentrio et auster. — Vase en terre, bassin. Colline. le Nord et le midi.

務 ˊ Animum intendere, applicare se ad aliquid. — S'occuper d' une chose, s' appliquer à une chose.

婺 ˊ Mulier formosa. Vidua non ampliùs nubens. *Herculis constellatio.* = Jolie femme. Veuve qui ne se marie plus. *La constellation d' Hercule.*

䅄 ˊ Genuflectere. — Se mettre à genoux.

楘 Mŭ Rotam ligare, aut impedire. — Enrayer une roue, l' empêcher de tourner.

鶩 ŭ *Species anatis sylvestris.* — *Espèce de canard sauvage.*

㦬 ˊ Meu

愗 ˊ

} Stupidus, ignarus, mente tardus. Obscurus. Confundere. = Stupide, ignorant, lent d' esprit. Obscur. Confondre.

鍪 ^ Galea. = Casque.

瞀 ˊ Oculi obscuri. Oculi demissi, despicere. Obscurum, confusum: ignarus, stupidus. — Yeux troubles. Yeux baissés, regarder en bas. Confus, obscur : ignorant, stupide.

㺳 ˊ Rusticitas : vilis. Avarus, sordidus. — Grossièreté : vil. Avare, sordide.

蝥 ^ Curculio. — Charançon.

† Vice hujus phoneticae quandoquè usurpatur 務; sed vulgaris hæc consuetudo ad perpaucas litteras solummodò extenditur, easque non sancitas à Dictionariis accuratis.

†† Evidentius est pro hâc phoneticâ quam pro praecedenti, ipsius elementum phonicum primarium deduci ex classificâ 矛 *meu.*

N. 547.　建　丁

ˊ Kièn Ædificare. Statuere, stabilire. Formare. — Edifier. Etablir, fixer. Former.

湕 ˊ *Nomen cujusdam fluvii.* — *Nom de fleuve.*

㨴 — Expeditè, festinanter. — Avec hâte.

𥞵 — Oryza liquida. = Bouillie de riz.

騝 — Equus obscurè flavus. — Cheval jaunâtre.

楗 ˊ Pessulus ligneus. = Verrou en bois.

鞬 — Arcûs theca, pharetra. — Boîte pour mettre l'arc, carquois.

揵 ^ Elevare, erigere. Obstruere, occludere. = Elever, dresser. Boucher, fermer.

鍵 ˋ Clavis. Pessulus. — Clef, Verrou.

䭈 ^ Oryza liquida. — Bouillie de riz.

犍 — Bos ferus et fortis. Animal castratum. — Bœuf féroce et fort. Animal coupé.

腱 — Musculorum extrema. — L'extrémité des muscles.

健 ˊ Fortis, robustus, durum. — Fort, robuste, dur.

睷 — Oculis enumerare : aspicere ad numerum determinandum. — Compter des yeux : regarder pour déterminer le nombre de....

踺 ˊ Gressus infantium. — Démarche des enfants.

N. 548. 屋

	Ŭ	Domus, ædes, cubiculum.= Maison, édifice, chambre.
渥	ŭ Io	Madefacere : madidum. Opimum, pingue, abundans. = Tremper : mouillé. Gras, riche, abondant.
握	ŭ	Manu accipere : capere. = Prendre avec la main.
剭	ŭ	Injustè occidere. Reum secretò morte plectere. = Tuer injustement. Mettre à mort un coupable secrètement.
腛	ŭ	Pinguis, obesus.=Gras, d du.
偓	ŭ	Refrænare : limites ponere. Pertinax. = Mettre un frein : mettre des bornes. Obstiné.
媉	ŭ	Pulchrum, elegans.=Joli, élégant.
齷	ŭ	Dentes nimis adpressi : fremitus dentium.=Dents trop serrées : frémissement des dents.
喔	ŭ	Gallinæ cantus ; gallina. = Chant d'une poule ; poule.
齷	ŭ	Dentes nimis adpressi : fremitus dentium.=Dents trop serrées : frémissement des dents.
幄	ŭ	Tapetes, peristromata. Imperatoris cubiculum.=Tapis, tapisseries. La chambre de l' empereur.

† Dictionarii Sinico—Europæi communiter legunt *U* litteras hujus ordinis : pronuntiatio tamen classica tradita à 康熙字典 sicut et pronunt. vulgaris exhibita ab 五方元音 non recedit à *Io*.

N. 549. 叚 段

	´ Kia	Falsum. Superbia. Allusionem facere. Aliquid mutuo accipere.=Faux. Orgueil. Faire allusion. Emprunter.
瘕	^	Indigestio : cruditas stomachi. Ventris infirmitas gravis.=Indigestion : crudités dans l'estomac. Maladie grave du ventre.
麚	¯	Cervus cornua mutans.=Cerf qui change de cornes.
豭	¯	Aper ; porcus masculus.= Sanglier ; vérat.
椵	`	Vectis ad aliquid tollendum. Lignum ad lectos conficiendos. =Barre pour porter quelque chose. Bois pour faire des lits.
嘏	`	Felicitas. Verba prosperitatem ominantia. Stabile. Magnum. Longè.=Bonheur. Bon augure. Stable. Grand. Loin.
髲	^	*Species telæ laneæ.* Bonziorum toga.=*Espèce de toile de laine.* Toge des bonzes.
貑	¯	Aper. *Species simii.*= Sanglier. *Espèce de singe.*
葭	¯	*Calami aquatilis species.* = *Sorte de roseau aquatique.*
犌	¯	Bos fortissimus.=Bœuf excessivement fort.
䪗	¯	*Cognomen.=Nom propre.*
假	`	Falsum. Suppositio ; v. gr. Permissio. Sublime, gloriosum Pervenire, attingere. = Faux. Supposer ; p. ex. Permission. Sublime, glorieux. Arriver, atteindre.
猳	¯	Aper ; porcus masculus.=Sanglier ; vérat.
葭	¯	Calami vacui ex quibus fistulæ fiunt. Calamus nascens.=Roseaux creux dont on fait des flageolets. Roseau qui pousse.
骰	¯	Renum ossa. = Les os des reins.
㗇	^ Hia	Balbutire, loquendi difficultas. =Bégayer, avoir de la difficulté à parler.
煆	¯	Siccum ; ad ignem exsiccare. Calidum. Fulgens.=Sec ; sécher au feu. Chaud. Brillant.
瘕	^	Cicatrix.= Cicatrice.
霞	^	Nubes rubræ. Rubrum.=Nuages rouges. Rouge.
瑕	^	Macula in gemmis ; defectus : error ; crimen. Disjungi. =Tache dans un joyau ; défaut : erreur ; crime. Se séparer,

N. 549.

碬 ^ *Species lapidis vilis.* — *Sorte de pierre de vil prix.*

騢 ^ Equus albo et rubro colore permixtus. = Cheval mélangé de blanc et de roux.

赮 ^ Color carneus. = Couleur de chair.

鞎 ^ Calceamenta ex corio. = Souliers en cuir.

遐 ^ Distans, remotum. = Eloigné, lointain.

瘕 ^ Balbutire, loquendi difficultas. = Bégayer.

瑕 ^ Loquacitas, prætermodum loqui. = Loquacité, parler outre mesure.

鍜 ^ Circulus argenteus quem collo infantium superstitiosè imponunt. = Cercle en argent qu'ils mettent par superstition au cou des enfants.

鞎 ^ Calceamenta ex corio. = Souliers en cuir.

鰕 — Cammari parvi. Lacerta. Colligere se. = Chevrettes. Lézard. Se raccornir, s'accroupir.

徦 ^ Remotum, distans. = Lointain, éloigné.

躴 ^ Inclinare se. = Se pencher.

睱 ^ Diù aspicere; ad libitum aspicere. = Regarder longtemps; regarder à loisir.

暇 ╱ Otium, vacare; quiescere. = Loisir, n'avoir rien à faire; se reposer, oisiveté.

嘏 — Guttur, deglutire. = Gosier, avaler.

蹳 — Sub pedibus: quod pede teritur. = Sous les pieds: ce qu'on foule aux pieds.

蝦 ^ Bufo. = Crapaud.

† Maxima similitudo quæ inest inter hanc phoneticam et 段 (var. N. 572), efficit ut sæpissimè alia pro aliâ à Sinensibus ipsis usurpetur: attendi ergo debet ad ductus コ quibus ambo litteræ essentialiter distinguuntur, et sic devitabitur communis error.

N. 550. 韋 帝

韋 ^ Wêi Corium, pellis præparata. — Cuir, peau tannée.

愇 ╲ Indignatio, ira. = Indignation, colère.

煒 ╲ Claritas, splendens; ignis. = Clarté, brillant; feu.

褘 ╲ Odorum bursa quâ feminæ utuntur. — Bourse de senteur dont les femmes se servent.

瑋 ╲ Pretiosum, excellens. = Precieux, excellent.

闈 ^ Janua interior. Doctoratûs examen. = Porte intérieure. Examen pour le doctorat

違 ^ Resistere, contradicere; contrarium agere, inobediens. Longè. Absens. — Résister; dire ou faire le contraire, désobéissant. Loin. Absent.

衛 ╱ Custodire, protegere, defendere. = Garder, protéger, défendre.

偉 ╲ Magnus. Mirabile. — Grand Extraordinaire.

緯 ╱ Fila telæ transversa. Mappa. = La trame d'une étoffe. Carte géographique.

葦 ╱ Vimina, calamus. = Des osiers, roseau.

暐 ╱ Sol valdè splendens. — Soleil éclatant de splendeur.

嘩 ╱ Sonus vocantis. Puer clamans. = Bruit de quelqu'un qui appelle. Enfant qui crie.

圍 ^ Circuitus, circumdare. — Circuit, entourer, environner, faire le tour.

幃 ^ Saccus, sacculus. Velum, lecti cortina contra culices. = Sac, sachet. Rideau, moustiquaire.

N. 550.

諱 Huéi Silere, silentium obsequiosum. Occultare : non dicere. = Se taire, silence respectueux. Cacher : ne pas dire.

褘 Imperatricis vestes. = Habits d'impératrice.

禕 Ī Pulchrum. Margarita, gemma. = Beau. Joli, perle.

† Præsidet etiam tanquàm classifica centum circiter litteris aliquid *coriaceum* significantibus, quarum plerumquè sinistrum latus tenet.

N. 551. 負 負

Fu Super humeris gestare : onus. Fulcire se, fulcrum. = Porter sur les épaules ; charge. S'appuyer, appui.

偩 Imitari, simile, confidere. = Imiter, semblable, se confier.

媍 Mulier nupta ; uxor. = Femme mariée ; épouse.

萯 *Nomen cujusdam plantæ regalis dictæ. = Nom d'une plante.*

† Litteræ hujus ordinis indifferenter legi possunt *Fu* vel *Feu.*

N. 552. 奐 奐 奐

Huan Pulchrum. Splendens. Magnum. = Joli. Resplendissant. Grand.

渙 *Rivus quidam in Ho-nan.* Relaxare. Spargere. Dispergere. = *Nom d'une rivière du Ho-nan.* Relâcher. Répandre. Disperser.

愌 Inobediens, rebellis. = Désobéissant, rebelle.

煥 Fulgens, speciosum. Lux, splendor. = Brillant, beau. Lumière, splendeur.

⿰文奐 Variegatum. = De différentes couleurs.

換 Permutare. = Faire des échanges, échanger.

⿰月奐 Pinguis. = Gras.

⿰目奐 *Nomen loci. = Nom d'endroit.*

喚 Clamare, vocare. = Crier, appeler.

瘓 Tuan Ægrotans ; macilentus. Membris correptus. = Malade ; maigre. Qui est perclus de ses membres.

N. 553. 胥

Siü Omnes, simul, convenire. Mutuò. Adjuvare. = Tous, ensemble, se réunir. Mutuellement. Secourir.

湑 Ros abundans. Vinum purificare. = Rosée abondante. Purifier du vin.

諝 Prudens ; ingenio pollens. Omnes, simul, convenire. Adjuvare. = Prudent ; plein. Tous, ensemble, se réunir. Secourir.

糈 Oryzæ oblatio in sacrificium. Victualia. = Offrande de riz. Des vivres.

⿰礻胥 Vasa sacrificiorum. = Les vases pour les sacrifices.

醑 Vinum optimum. Vinum stillare = Vin de première qualité. Filtrer du vin.

稰 Oryzam serotinam metere, = Couper le riz tardif.

偦 Prudens ; ingenio pollens. Omnes, simul. Mutuò. Adjuvare. = Prudent ; homme de génie. Tous, ensemble, Mutuellement. Secourir.

壻 Si
婿 } Filiæ maritus, gener. = Gendre, le mari de la fille.

† Ducit originem ab exiguâ et vix utili classificâ 疋 Pi *Telæ volumen. = Une pièce de toile.*

N. 554. 眉 睂

ˆ Méi — Supercilia. Pulchritudo.=Les sourcils. La beauté.

湄 ˆ — Littus, ora. Herbæ aquatiles plurimæ.=Rivage, bord. Abondance d'herbes aquatiques.

煝 ´ — Calor, æstus.=La chaleur.

楣 ˆ — Superliminare. Vectes. Trabes. =Linteau d'une porte. Barres. Poutres.

堳 ˆ — Acervus. Altare terreum. Septum.=Monceau. Autel en terre. Un parc.

郿 ˆ — *Nomen urbis in Xen si.=Nom d'une ville du Xen-si.*

鶥 ˆ — *Species lusciniæ domesticæ.=Espèce de rossignol domestique.*

媚 ´ — Adulari; attrahere; blanditiæ. Mulier pulchra.=Flatter; attirer; caresses. Jolie femme.

嵋 ˆ — *Quidam mons in Se-chuan.=Nom d'une montagne au Se-chuan.*

N. 555. 爰

´ Iüên — Usque ad.. dirigere, introducere.=Jusqu'à.. diriger, introduire.

瑗 ´ — Circulus ex lapide pretioso in ornamentum.=Anneau en pierre précieuse qui sert d'ornement.

援 ˆ — Manu elevare; manum præbere, opitulari. Dirigere. = Elever avec la main; donner la main, secourir. Diriger.

鶢 ˆ — *Quædam avis maritima.=Certain oiseau de mer.*

猨 ˆ — Simia.=Singe.

媛 ´ — Mulier virtutibus aut pulchritudine prædita.=Femme vertueuse. Femme jolie.

蝯 ˆ — *Species simii.=Espèce de singe.*

諼 ˉ Hiüên — Decipere: falsum. Oblivisci. =Tromper: faux. Oublier.

湲 ˆ Huan — Aqua decurrens. = Eau qui coule.

鍰 ˋ Nuan — Argenti massula sex unciarum ponderis. = Lingot d'argent pesant six taëls.

䚈 ˆ — Oculi ampli circumspicientes, = Regarder avec de grands yeux autour de soi.

鰀 ˆ — *Quidam piscis. = Nom d'un certain poisson.*

𢓍 ˆ, 緩 ˋ — Differre, immorari: lentè; negligentia. = Différer, attendre: lentement; négligence.

睖 ˋ — Oculis amplis circumspicere. = Regarder avec de grands yeux autour de soi.

喛 ˆ — Clamare, vocare. = Crier, appeler.

煖 ´, 暖 ˋ — Tepidum, temperatum. Blandum. Ignis calor moderatus. = Tiède, tempéré. Doux. Chaleur douce.

† Hæc phonetica easdem ferè in compositis sonos habet ac 睘 N. 928: indè fit ut non rarò tanquàm ipsius synonyma usurpetur, approbantibus Dictionariis.

N. 556 爯

´ Chêm — Elevare, erigere. = Elever, dresser.

偁 ´ — Rudis; ignarus. = Grossier; ignorant.

稱 ˉ — Vocari: dicere. Laudare. Elevare. Metiri. Convenire; congruere. = S'appeler: dire. Louer. Elever. Mesurer. S'accorder; correspondre.

N. 556.

偁 - Vocari : dicere. Laudare. Elevare. Metiri. Convenire ; congruere. = S'appeler : dire. Louer. Elever. Mesurer. S'accorder ; correspondre.

媜 - *Cognomen muliebre.* = *Nom propre féminin.*

N. 557. 癸

Kuéi *Littera cyclica.* Redire, ire. Examinare. = *Lettre du cycle.* Revenir, aller. Examiner.

悇 、 Timere.=Craindre.

騤 ^ Equus majestuosè incedens : incessus gravis. = Cheval qui marche majestueusement : démarche grave.

揆 、 Conjectare ; supputare. Examinare, considerare. Ærarii præfectus = Faire des conjectures ; calculer. Examiner, réfléchir. Préfet du trésor.

戣 ^ Lancea.=Lance.

猤 / Fortis, fortiter, strenuus. = Fort, courageux.

葵 ^ Heliantus. *Species sinapis.* Malva.=Girasol. *Espèce de moutarde.* Guimauve.

睽 ^ Cum odio vel torvè aspicere. Explorare. = Regarder avec haine ou de travers. Explorer. Sol et luna sibi opposita : contradicere. Absens, separatum, disjunctum.=Opposition du soleil et de la lune : s'opposer, contredire. Absent, séparé.

睽 ^

闋 Kiüè Sistere, cessare, finire. Parva fenestra. = S'arrêter, cesser, finir. Fente, petite fenêtre.

M. 558. 重

Chûm Ponderosum, grave ; pondus. Iterùm, iteratò. Duplex = Pesant, lourd ; poids. De nouveau, répété. Double.

慟 — Lentus, gravis.=Lent, grave.

熏 、 Ignis sub cinere. Ignis assurgens. = Feu sous la cendre. Feu qui s'élève.

瘇 、 Pedes tumidi.=Pieds enflés.

褈 — Vestes duplices. Spissum. Acupingere. = Habits doublés. Epais. Broder.

尰 — Tumor, intumescere.=Enflure, enfler.

揰 — Percutiendo pellere.=Pousser en frappant.

陾 — *Nomen loci.* = *Nom d'endroit.*

鍾 — Scyphus. Meta, centrum : tendere. Addere. Colligere. = Coupe, tasse. But, centre ; aboutir. Ajouter. Recueillir.

種 / Terram colere. Plantare, serere. = Préparer la terre à la semaille. Planter, semer.

翻 — Avium alæ. = Les ailes des oiseaux.

雞 — Passer, parvo avis.=Moineau, petit oiseau.

鶇 — *Quædam avis.* = *Nom d'oiseau.*

剸 — Confodere, perforare.=Percer, enfiler.

種 、 Semen, seminare. Species, genus.=Semence, semer. Espèce, genre.

犝 — Vacca prægnans. = Vache pleine.

腫 、 Intumescere : humor intercutaneus : inflammatio. = Enfler : humeur soucutanée : inflammation.

鍾 — *Quidam piscis.* = *Nom d'un poisson.*

種 、 Vestigia. Vestigia sequi : per viam ab aliis tritam incedere. = Vestiges. Suivre les traces : marcher sur les traces d'autrui.

衝 — Via, vicus. Aggredi : expellere.=Rue, carrefour. Attaquer ; chasser.

N. 558.

軅 ˊ Mulier prægnans. = Femme enceinte.

偅 ˊ Saltus. Ruere. Fluctuans : imbecillis. = Un saut. Tomber. Irrésolu : faible

婝 ‾ *Cognomen muliebre. = Nom propre féminin.*

踵 ˋ Calcaneus. Eadem vestigia premere. = Talon. Marcher sur les traces d'autrui.

喠 ‾ Loqui non valens. Anxius, turbatus. = Qui ne peut pas parler. Agité, troublé.

踵 ˋ Calcaneus. Sequi, eadem vestigia premere. Prevenire ad... usque ad.. = Le talon. Suivre, marcher sur les traces. Arriver à...jusqu'à.

湩 ˊ Tum Lac. Lutum, turbidum. Sonitus. = Du lait. De la boue, trouble. Bruit.

動 ˊ Movere, agitare. Tangere. Superare. = Mouvoir, bouger. Agiter. Toucher. Dépasser.

董 ˋ Servare, continere. cohibere. Recedere. Nymphææ radices. = Conserver, mettre en réserve. Contenir, réprimer. Se retirer. Racines de nénuphar.

† Huic ordini arctè connectitur exiguus sub-ordo cui littera 動 præsidet tanquàm phonetica :

慟 ˊ Tum *Magna miseratione affici. = Etre vivement touché de pitié.*

㖦 ˊ *Cantare. Multùm loqui. = Chanter. Parler beaucoup.*

N. 559. 臿 臿

Cha ˇ Tundere. Oryzæ aut tritici corticem tundendo detrahere. = Piler. Oter l'écorce du riz ou du froment en le pilant.

涌 ˇ Guttatim fluere. Humidum. Humile. = Couler goutte à goutte. Humide. Bas.

謟 ˇ Loquacitas. Murmurare. = Loquacité. Murmurer.

褔 ˇ *Collaris speci s. = Espèce de collet postiche.*

庯 ˇ Cooperire, abscondere. = Couvrir, cacher.

霅 ˇ Magna pluvia. = Grande pluie.

碴 ˇ Lapides : loca saxosa. = Pierres : endroits rocailleux.

騒 ˇ Equus incedens aut currens. = Cheval qui marche ou qui court.

趏 ˇ Celeriter incedere. = Marcher vite.

楯 ˇ Lignum æquare. Lignum innatans. = Egaliser du bois. Bois qui surnage.

插 ˇ Infigere *v. g. clavum, acum. &c. = Planter comme p. ex. un clou, une aiguille &c.*

鍤 ˇ Infingere, transfigere. Excavare. Instrumentum rurale. = Planter, ficher. Percer. Creuser. Instrument agricole.

餂 ˇ Grana in farinam contusa. = Grains réduits en farine.

皶 ˇ Plicatum ; rugosum, *sicut senum pellis.* = Plissé ; ridé, *comme la peau des vieillards.*

剷 ˇ Sonitus cultri aliquid præcidentis. = Bruit d'un couteau qui coupe quelque chose.

稲 ˇ Transplantare. = Transplanter.

牐 ˇ Cibos in aquâ coquere. = Cuire dans l'eau.

牐 ˇ Tabulâ occludere: fores claudere. = Fermer avec une planche: fermer les portes.

偛 ˇ Necessariò. Homo malus. = Nécessairement. Un méchant.

婚 ˇ Multùm loqui. = Parler beaucoup.

緢 ˇ Suere. = Coudre.

字聲綱目

N. 559.

齲 ˇ Dentium motus. = Le mouvement des dents.

䞭 ˇ Utensilia lusoria. — Pièces de jeu.

啮 ˇ Loquax, verbosus. = Grand parleur, babillard.

踽 ˇ Movere pedes. — Remuer les pieds.

歃 Xa ˇ Labia sanguine linire in jusjurandum. — Teindre de sang les lèvres dans un serment.

䀹 ˇ Ictus oculi. = Un coup d'œil, un clin d'œil.

N. 560. 秋

Tsieu ˉ Autumnus; tempus messis. Annus. Tentatio. Purum. — L'automne; le temps de la moisson. Année. Tentation. Pur, limpide.

湫 ˉ Stagnum, piscina. Purum. Tristis. = Etang, vivier. Pur. Triste.

瘷 ˊ Vulnus occludere. — Fermer une plaie.

鞦 ˉ Rota. — Roue.

楸 ˉ *Quædam arbor ad Coniferas pertinens.* Latrunculorum tabula. — *Arbre de la famille des Conifères.* Echiquier.

啾 ˉ Aurium tinnitus. — Tintement dans les oreilles.

鞦 ˉ In fune suspenso sedens oscillare: hujusmodi funis. — Escarpolette: se balancer.

揪 ˉ Arripere, capere. Colligere. Elevare. — Saisir, prendre. Cueillir. Elever.

䲡 ˉ Gallina: phasianus. — Poule: faisan.

鶖 ˉ *Quædam avis aquatilis. — Sorte d' oiseau aquatique.*

鰍 ˉ Pisciculi in limo viventes. — Petits poissons qui vivent dans la vase.

偢 ˉ Curare, attendere. Malevolus, crudelis, inhumanus. — Soigner, faire attention. Méchant, cruel.

啾 ˉ Infantium ploratus. = Pleurs des enfants.

愀 Tsiao ˇ Erubescere, colore immutari. Tristis, mœrens. = Rougir, changer de couleur. Triste, chagrin.

鍬 ˉ
鍫 ˉ
Instrumentum rurale: ligo ad fodiendam terram. — Instrument agricole: houe, bêche.

帣 ˉ Suere. Capillos neotere. — Coudre. Nouer les cheveux.

愁 Cheu ˊ Tristitia, tristis: mœrens, cogitabundus. = Tristesse, chagrin; triste, pensif.

甃 ˊ Lateres muro insitæ ad terram continendam; acervare. = Briques qui soutiennent la terre d'une muraille; amonceler.

N. 561. 香

Hiam ˉ Fragrantia, odor suavis = Bonne odeur.

瘖 ˉ Halitûs infirmitas, respirationis morbus. — Maladie de la respiration.

麝 ˆ Cervus moschatus; moschus. — Cerf musqué: musc.

蓍 ˊ Herbæ radices. — Les racines de l'herbe.

† Regit etiam exiguam classem triginta circiter litterarum parùm in usu quarum plerumquè sinistrum latus occupat.

N. 562. 訇

Hum̄ Strepitus, fragor. = Bruit, fracas.

硡 ‾ Lapidum ruentium strepitus.= Bruit de pierres qui s'écroulent.

鍧 ‾ Campanæ, vel ærei tympani sonitus.= Bruit d'une cloche ou d'un *tam-tam*.

鞫 Kiŭ Reum interrogare: investigatio.= Interroger un coupable: recherche.

† Suspicor pronuntiationem *Kiŭ* in hanc seriem fosse introductam ab usu erroneo hujus phoneticæ loco phoneticæ 匊 N. 458.

N. 563. 忽 匆忩囪悤

Tsūm Festinus, festinanter: sollicitè, præpropere.=Pressé, se presser: en toute hâte.

惚 ‾ Inquietus: tristitia.=Inquiet: tristesse.

璁 ‾ Lapis quasi pretiosus.=Pierre qui approche des pierres précieuses.

鬆 ˋ Capilli in unum collecti.= Cheveux réunis en une seule touffe.

驄 ‾ Equus albus variegatus. = Cheval blanc melangé.

聰 ‾ Perspicax, expertus, ingenio præditus.=Adroit, inteligent, doué de genie.

揔 ˋ Summa, universim. Introducere.=Somme, tout ensemble. Introduire.

穗 ˋ Manipulus.=Gerbe.

㧐 ˋ Summa rerum. Colligere. Introducere.=Somme, l'ensemble des choses. Ramasser. Introduire.

慫 ‾ Alienum animum erigere: stimulare.=Relever le courage d'autrui; stimuler.

偬 ˋ Occupatus, negotiis distentus. Miseria.=Qui est occupé, qui a beaucoup d'affaires. Misère.

總 ‾ Summatim; omnia in unum sumere, universim. Præfectus primarius. Cœruleum. = En somme; faire la somme, en général. Grand mandarin. Bleu.

葱 ‾ Cepæ. Diffundi. Acutus, perspicax.=Des oignons. Se répandre. Pénétrant, spirituel.

窻 Chuām } Fenestra, aditus, apertura.= Fenêtre, passage, ouverture, débouché.

牕 ‾

† Maxima attentio tribuenda est varietatibus hujus phoneticæ quia 1. à formâ primaria satis differunt: 2. in usum communem sæpè veniunt: 3. ad eumdem ordinem rediguut litteras synonymas, primo intuitu valdè dissimiles.

N. 564. 盈 盁

Im̂ Plenum, completum. Pulchrum.=Plein, complet. Joli.

楹 ˆ Columna.=Colonne.

籯 ˆ Cista arundinea.= Panier en bambou.

膡 Chem̌ Pinguis, obesus. Incolumis.= Gras, replet. qui se porte bien: sain et sauf.

N. 565. 盾

Tueǹ Scutum. Galea. Remus. = Bouclier. Casque. Rame.

楯 ˋ Lorica, muri corona. Scutum. =Parapet, gardefou. Bouclier.

遁 ˊ Fugere: abscondere se.=Fuir: se cacher.

㡒 ˊ Saccus pro oryzâ. Unire, coaptare.=Sac pour le riz. Joindre, mettre ensemble.

揗 Siûn Tordere. Blandiri, consolari. =Tordre. Caresser, consoler.

N. 565.

循 ^ Sequi, imitari. Visitare. Blandiri. = Suivre, imiter. Visiter. Caresser.

㥯 ^ Enarrare, referre : traditiones. = Raconter, rapporter : les histoires.

𦁤 ^ Suere. Circumligare. = Coudre. Lier autour.

𨗨 Chuēn Incedere. = Marcher.

輴 — Currus cadaver portans. = Corbillard.

鶞 — *Quædam avis. = Nom d'oiseau.*

腯 Tǔ Pinguis. = Gras.

N. 566. 扁 㔙

Pièn ˋ Titulus, inscriptio. Res ampla et subtilis, *ut papyri folium.* = Titre, inscription. Chose large et mince, *comme p. ex. une feuille de papier.*

惼 ˋ Naturâ violentus. = Violent de caractère.

諞 ˋ Decipere, fallere. Se jactare. = Tromper. Se vanter.

㾫 — Membris correptus. = Perclus des membres.

褊 ˋ Vestis brevis et angusta. Parvum. Locus = Habit court et étroit. Petit. Lieu.

糄 ˋ Grana messis combustæ. = Les grains d'une moisson incendiée.

匾 ˋ Tenue, delicatum : res ampla et subtilis. Res ovalis. = Mince, fin, délicat : ample et mince. Chose ovale.

騙 ˋ Decipere, illudere : dolosè agere. Abscondere. Equum saltu conscendere. = Tromper : agir avec fraude. Cacher. Monter à cheval d'un saut.

揙 ˊ Percutere. = Frapper.

篇 — Libri folium, vel pagina. Liber. Libri capita. = Une feuille ou une page d'un livre. Un livre. Les chapitres d'un livre.

萹 — Phaseolus. = Haricot.

遍 ˊ Omne ; universale. Circumire. = Tout ; universel. Faire le tour.

騗 ˊ Decipere, illudere : dolosè agere. Abscondere. Equum saltu conscendere. = Tromper : agir avec fraude. Cacher. Monter à cheval d'un saut.

翩 — Volitare : circumvolitare. = Voltiger : voler autour.

㓲 ˋ Æquare, radere. Cælare. = Egaliser, rogner. Graver.

鯿 — *Quidam piscis corpore amplo et compresso. = Nom d'un certain poisson.*

徧 ˊ Omne, universale. Circumire. = Tout, universel faire le tour, aller autour.

偏 — Curvum, inclinatum. Propensio, affectus. = Courbé, incliné. Penchant, affection.

媥 ˊ Levitas in agendo. = Légèreté dans les manières.

編 — Ordo : disponere : per ordinem connectere. Connectere. = Ordre : arranger : attacher par ordre. Mettre ensemble.

𦿒 — *Quædam herba. = Nom de certaine herbe.*

蹁 ^ Claudus, pedes contorti. Deambulare. Pedis rotula. = Boiteux, pieds tordus. Se promener. La rotule du pied.

蝙 — Vespertilio. = Chauve souris.

瑸 Pīn Lapillis pretiosis, ebore, aliisq. rebus variegatis ornatum. = Objet orné de pierres précieuses, d'ivoire, et d'autres choses de differentes couleurs.

斒 Pān Variegatum, pulchrum. = Bigarré, joli.

艑 ˋ Navicula depressa. = Bateau très plat.

N. 567. 契 契

契 Kí Contractus, pactum: contractûs scriptura.—Contrat, pacte: l'écrit d'un contrat.

挈 Præcidere, secare.—Couper.

喫 Comedere. Bibere. — Manger. Boire.

禊 Hí Sacrificium propitiatorium.—Sacrifice pour se rendre les Dieux propices.

鍥 Kiě Incidere, sculpere. Herbas minutatim considere. Separare. Uncus. — Graver, ciseler. Hacher des herbes. Séparer. Crochet.

褉 Hiě Vestes breves.—Habits courts.

楔 Siě Cerasa. Cuneus; lignea fragmenta.-Januæ portes. — Cerises. Coin; morceaux de bois. Les jambages d'une porte.

揳 Perfricare. Manu comprimere. Obstruere. Pondus vel quantitatem determinare.—Frotter. Presser avec la main. Boucher. Determiner le poids ou la quantité.

挈

偰 *Frater imperatoris Iao.—Nom du frère de l'empereur Iao.*

† Vide annotationem N. 265 et 809.

†† Dictionarii Sinici præbent 丰 tanquàm elementum primarium phoneticæ 韧 N. 256: huic verò phoneticæ quæ, ipsis fatentibus, ex illâ procedit, præbent 丰 Hái *Noxia obrumbratio.—Ombrage nuisible*: reverà hic scribendi modus nunc prævalet, et illum ibi secuti sumus; sed si ad antiquorum litteras, quæ reperiuntur in calce hujus operis, attendatur, planè patebit elementum primarium duabus phoneticis commune, originariò fuitsse 丰 minimè autem 丰.

N. 568. 衍 ノ

衍 Ièn Inundare: extendi; ampliari. Magnum, spatiosum; abundans. Pulchrum.—Inonder: s'étendre; s' agrandir. grand, spacieux, abondant. Joli,

揅 Extendere.—Etendre.

荇 Herbæ repentes: repens.—Plantes rampantes: rampant.

蜒 Centipeda.—Centpieds.

愆 Kiēn Peccatum, culpa; defectus.—Péché, faute; défaut.

N. 569. 律

律 Liŭ Lex; regula. Codex pœnalis. Statuere.—Loi; règle. Le code pénal. Déterminer.

捋 Succum exprimere. — Exprimer le jus.

嵂 Avium cantus: cantare. Sonare, sonus.—Chant des oiseaux: chanter. Résonner, bruit.

蟀 *Vermis species quædam.—Espèce de ver.*

嵂 Mons altus et abruptus.—Montagne haute et escarpée.

† Originem ducit à N. 252.

N. 570. 皆

皆 Kiai Omnes, omnia. Et. — Tous, tout. Et.

湝 Aquæ murmur: aqua fluens. Frigus. Ventus et pluvia.—Murmure des eaux: eau qui coule. Froid. Vent et pluie.

稭 Oryza.—Du riz.

N. 570.

楷 ˎ Forma, exemplum, regula; rectum. Arbor prope Confucii tumulum.=Moule, exemplaire, règle; droit. Arbre près du tombeau de Confucius.

揩 ˉ Fricare, abstergere.=Frotter, essuyer.

揩 ˉ Abstergere, ficare. *Tympani species quædam.* Scala.=Essuyer, frotter. *Espèce de tambour.* Echelle.

階 ˉ Scala lapidea: gradus. =Echelle en pierre: degrés.

鍇 ˎ Ferrum bonæ speciei. =Fer de bonne qualité.

稭 ˎ Paleæ, culmi.=De la paille, du chaume.

偕 ˉ Pravus incedendi modus. = Mauvaise démarche.

𢻁 ˉ Fricare, abstergere.=Frotter, essuyer.

偕 ˉ Simul, conjunctim, comitanter, unà. Fortis.= Ensemble, conjointement. Fort.

緒 ˉ Sericum rude.=Soie grossière.

喈 ˉ Avium concentus. Vehementia.=Chant des oiseaux. Véhémence.

諧 Hîai Concordia, unio, convenire. Lætari. = Concorde, union, bonne harmonie: se réunir. Se réjouir.

騝 ˆ Equus mansuetus. = Cheval doux.

輶 ˆ Currum ascendere. = Monter dans un char.

鞜 ˆ Calceamenta.=Souliers.

N. 571. 風 丿

Fūm Ventus. Mos; consuetudo. = Le vent. Usage: mœurs.

渢 ˆ Aquæ murmur.=Le murmure des eaux.

燢 ˆ Comburere, igni addicere.= Brûler, jetter au feu.

諷 ˊ Irridere. Corrigere. Cantando legere. Memoriter recitare.= Railler. Corriger. Lire en chantant. Réciter de mémoire.

瘋 ˉ Lepra. Scabies.=La lèpre. La gale.

䕘 ˉ Ventus in arborum vertice flans.=Vent qui souffle sur le bout des arbres.

楓 ˉ *Quædam arbor resinosa medicinalis.=Certain arbre résineux, médicinal.*

堸 ˉ Insecti domus.=La maison d' un insecte.

鄷 ˉ *Nomen loci.=Nom d' endroit.*

偑 ˉ *Nomen loci.=Nom d' endroit.*

猦 ˉ *Species simii.=Espèce de singe.*

蝒 ˉ Insecti domus, seu mansiuncula.=La maison d' un insecte.

颿 Fân Equus velociter currens. = Cheval qui court au galop.

嵐 Lân Montium vapores. = Les vapeurs qui s'élèvent des montagnes.

† Est quoque classifica, in phoneticarum latere sinistro plerumquè sita: Ex. 颼 Xeū *Venti sibilus=Le sifflement du vent.*

N. 572. 段 段

Tuan ˊ Fragmentum, articulus. *Cognomen.* = Morceaux, divisions. *Nom propre.*

煅 ˊ Ad extremum decoquere: metalla calefacere aut liquare. Punire. — Calciner: chauffer ou fondre des métaux. Punir.

殺 ˊ Ovum infœcundum. — Œuf stérile.

碫 ˊ Lapis molaris._Meule.

鞍 ˊ Sericum lucidum. Calceamentorum corrigia. = Soie lustrée, satin. La courroie des souliers.

韣 ˊ (idem)

鍛 ˊ Ferrum calefacere: metalla liquare: ad extremum decoquere. Punire. — Chauffer du fer: fondre: calciner. Punir.

腶 ˊ Caro sicca zingibere et cinnamomo condita.—Viande sèche condie avec du gingembre et de la cannelle.

緞 ˊ Sericus pannus lucidus. Calceorum corrigia. = Du satin. La courroie des souliers.

葮 ˊ *Quædam arbor. — Nom d'un certain arbre.*

† Varietas hujus phoneticae facillimè confundi potest cum N. 549, cujus annotatio consulenda est.

N. 573 便

Pièn ˊ Opportunum, commodum. Proficuum. Collocare. = Opportun, commode. Profitable. Placer.

湈 ˊ Urina.=De l'urine.

楩 ˆ *Lignum quoddam Nankinense. =Espèce de bois de Nan-kin.*

鞭 ˉ Scutica, flagellum: scuticâ percutere — Fouet, cravache: fouetter.

鯾 ˉ *Quidam piscis corpore amplo et compresso — Sorte de poisson large et aplati.*

媥 ˆ Mulier formosa. — Jolie femme.

緶 ˉ Suere; connectere.—Coudre; attacher ensemble.

㛹 ˆ Verba fallacia.—Paroles trompeuses.

† Originem trahit à N. 321.

N. 574. 皇

Huâm Imperator.—Empereur.

湟 ˆ Aqua frigida.=De l' eau froide.

惶 ˆ Timere. Tristis. Error. — Craindre. Triste. Erreur.

煌 ˆ Ignis splendor, splendens. Ignis magnus.—Clarté du feu, resplendissant. Grand feu.

韹 ˆ Sonus instrumenti musici, vel campanæ vel tympani. = Son d'un instrument, d'une cloche ou d' un tambour.

諻 ˆ Loquendi modus. — Ton du langage.

瘽 ˆ Morbus. Icteritia. — Maladie. Jaunisse.

粇 ˆ Oryza in sacrificiis adhibita. Riz employé dans les sacrifices.

騜 ˆ Equus sub-flavicans.=Cheval tirant sur le jaune.

堭 ˆ Ruinæ, domus vetusta.=Des ruines, vieilles maison.

隍 ˆ Fossæ sub mœniis desiccatæ; stagnum desiccatum. Inferorum judices.—Fossés de la ville desséchés; étang desséché. Les juges des enfers.

篁 ˆ Ager in quo plantantur arundines.=Champs dans lequel on plante des bambous.

鍠 ˆ Tympani vel campanae sonitus.=Bruit d'un tamtam ou d' une cloche.

N. 574.

餭 ^ Victualia sicca. *Quædam offa*. =Des vivres secs. *Espèce de gâteau.*

艎 ^ *Navis species quædam.=Espèce de navire.*

鰉 ^ *Quidam piscis.=Nom d' un certain poisson.*

徨 ^ Timidus. Errare : ineptè incedere.=Timide. Errer : flaner, aller comme un imbécille.

凰 ^ Aquila. *Avis quædam fabulosa.* = Aigle. *Certain oiseau fabuleux.*

遑 ^ Otium, vacare. Festinatio = Loisir, oisiveté, ne rien faire. Presse, être pressé.

郒 ^ *Nomen loci.=Nom d' endroit.*

鷬 ^ Aquila. *Avis quædam fabulosa.*=Aigle. *Certain oiseau fabuleux.*

偟 ^ Otiosus, vacare. Sine consilio. Timere.=Oisif, ne rien faire. Craindre. Ne savoir quel parti prendre.

媓 ^ Mater. Concubina imperatoris *Iao.*=Mère. Concubine de l' empereur *Iao.*

喤 ^ Pueri ploratus ; amarè flere. Instrum. musicorum concordia.=Pleurs des enfants; pleurer amèrement. Harmonie.

蝗 ^ Locusta ; messium vermis.= Sauterelle ; ver qui ronge les moissons.

† Formâ et sono affinis videtur 㿟 N. 65.

N. 575. 㔾 郎 即

Tsi ᵕ Statim. Etiamsi : dato quòd, posito quòd. Ergo. Proximus. Ille, illud.= Aussitôt. Quoique: supposé que.. Donc. Prochain. Lui, cela.

㮏 ᵕ *Quoddam lignum.=Espèce de bois.*

㮏 ᵕ Rei agricolæ præsidere. Festinus, sollicitus. = Présider à l' agriculture. Pressé, empressé.

鯽 ᵕ Pisciculi. =Petits poissons.

堲 ᵕ Odio habere. Candelæ ellychnium. = Haïr. Mouchon de chandelle.

喞 ᵕ Sonus demissus. Pedetentim. =Bruit sourd. Pas à pas.

蝍 ᵕ Centipeda.=Centpied.

† Cavendum ne hæc phonetica ipsiuve varietates confundantur cum 郎 aut cum 既 N. 776.

†† Hinc origem ducit 節 N. 974.

N. 576. 侯 矦

Heu ^ Vir genere nobilis. Præfectus. Quomodò? = Gentilhomme. Mandarin. Comment. ?

帿 ˊ Iratus. Celeriter.= Fâché. Vite.

謑 ^ Conversari, colloqui.=Converser.

瘊 ^ Pustulæ ; lepra : cutis maculæ. =Des pustules ; la lèpre : taches de la peau.

褑 ^ Vestis exigua.=Petit habit.

糇 ^ Victualia desiccata : panis biscoctus.=Vivres desséchés : du biscuit.

䂉 ^ Sacrificio felicitatem petere.= Offrir un sacrifice pour demander du bonheur.

㕁 ^ *Quædam arbor.=Nom d' un certain arbre.*

堠 ˊ Turres in quibus signa fiunt.= Tours sur lesquelles on fait des signaux de 5 en 5 lis.

翭 ^ Plumarum costa. = La côte moyenne des plumes.

篌 ^ Instrumentum musicum arundineum =Instrument de musique en bambous.

N. 576.

鍭 ^ Sagittae cuspis.—La pointe d'une flèche.

餱 ^ Alimenta sicca. = Des aliments secs.

鯸 ^ *Quidam piscis.—Nom de poisson.*

候 ^ Expectare.—Attendre.

猴 ^ Simia.—Singe.

婑 ^ *Cognomen muliebre. — Nom propre féminin.*

睺 ^ Cœcus; oculi obscuri. Oculi profundi. — Aveugle; yeux obscurcis. Yeux enfoncés.

賝 ^ *Species conchæ pretiosæ.—Sorte de coquillage précieux venant du Sud.*

睺 ^ *Quoddam sidus. — Nom d'étoile.*

喉 ^ Faux; aspera arteria. = La gorge; la trachée-artère.

骺 ^ Ossium junctura. — Jointure des os.

蟋 ^ *Lacertæ species quædam. = Espèce de lézard.*

帿 ^ Sagittarum scopus. = Cible pour tirer à la flèche.

嵊 ^ *Quidam mons. — Nom d'une montagne.*

緱 — Keu Funiculus quo ensis accingitur. = Cordon auquel on attache l'épée au flanc.

† Evidens est, ad hunc ordinem referri debere litteram 候 Heú *Expectare. Salutare. Tempus. — Attendre. Complimenter, saluer. Temps* quam huic phoneticæ synonymam præbent Dictionarii manuscripti quos præ manibus habeo; nescio quânam auctoritate fulti.

IX.

N. 577. 禹 丿

禹 ` Iû Vermis. *Nomen imperatoris antiquissimi.*—Ver. *Nom d'un empereur très ancien.*

庽 ` Cooperire; protegere. — Couvrir; protéger.

瑀 ` *Species gemmæ parùm pretiosæ. — Sorte de bijou peu précieux.*

偊 ` Corpus curvare; inclinatus. Solus. Initium. *Species simii.* Courber le corps; incliné. Seul. Commencement. *Espèce de singe.*

萬 ` Fœnum.—Du foin.

楀 ` Kiù *Quædam arbor. Cognomen.* = *Nom d'arbre. Nom propre.*

鄅 ` *Cognomen.—Nom propre.*

齲 ` Dentes putres; tineâ corrosum.—Dents gâtées; vermoulu.

踽 ` Ire sine comite, solus: insociabilis. — Aller sans compagnie, seul; insociable.

† Aliqua inest formæ et sonûs affinitas inter hanc phoneticam et 禺 N. 598.

N. 578. 保 呆

保 ` Pao Protegere, custodire, conservare: tutor, custos. = Protéger, garder, conserver: tuteur, gardien.

褒 — Laudare bonum: laudibus efferre, laus. = Faire l'éloge du bien: louer, louanges.

褓 ` Panni ad pueros in humeris gestandos.—Langes pour porter les enfants sur le dos.

堢 ` }
堡 ` } Arx. Mœnia. Agger contra aquarum impetum. = Citadelle. Murailles. Digue opposée à l'impétuosité des eaux.

N. 578.

綵 丶 Panni quibus pueri in humeris gestantur. = Langes avec lesquelles on porte les enfants derrière le dos.

葆 丶 Olera luxuriantia ; herbæ spissæ. Abscondere. = Légumes florissants ; herbes touffues. Cacher.

N. 579. 弇

丿 丶 Ièn Cooperire, abscondere. = Couvrir, cacher.

渰 丶 Vegetationem fovere : humiditas = Favoriser la végétation : humidité.

揜 丶 Abscondere, cooperire. = Cacher, couvrir.

剦 一 Castrare. = Châtrer.

諳 一 Ñgan Recordari. Recitare. Cognoscere. = Se rappeler. Réciter. Connaître.

媕 一 Dubius, incertus. Pulchrum. = Irrésolu. Joli.

菴 一 Tugurium, casa ex fœno. = Chaumière, maisonnette en paille.

黭 丶 Nigrum. Illicò, repentè. = Noir. Aussitôt, tout d'un coup.

唵 一 Silere, silentium. = Se taire, silence.

N. 580. 俞 俞

人 Iû Annuere, ità, utiquè. Ampliùs. = Consentir, dire que oui, oui. Davantage.

窬 人 Parva porta ad latus majoris. Foramen : foramina quae latrones faciunt ad ingrediendas domos. Aquaeductus. = Petite porte à côté d'une grande. Trou : trous que les voleurs font pour entrer dans les maisons. Aqueduc.

渝 人 Mutare ; mutari. Sordidum. = Changer ; être changé. Sale.

愉 人 Hilaris ; gaudere. = Gai ; se réjouir.

諭 丿 Superioris admonitio. Significare, edicere. = Avis donné par un supérieur. Signifier, publier.

瘉 丶 Convalescere, sanitatem recuperare. Meliùs. = Recouvrer la santé, aller mieux : Mieux.

廠 人 Excedere, praetergredi. Remotum, antiquum. = Dépasser, passer outre. Eloigné, ancien.

褕 人 Vestis pars dextera ; vestis : reginae vestes. Plumis variegatis vestes ornare. = Le pan droit d'un habit ; habit : habits de reine. Orner un habit.

羭 人 Hircus, aries. Pulchrum. *Genii quidam.* = Bouc, bélier. Joli. *Nom de certains génies.*

瑜 人 Jaspis pulcher. Gemmarum splendor. = Joli jaspe. L'éclat des pierres précieuses.

匬 人 Mensura 16 modiorum. Vas ex porcellanâ. = Mesure de 16 boisseaux. Vase en porcelaine.

榆 人 Ulmus. Senex. = Ormeau. Vieillard.

堬 人 Tumulus. = Tombeau.

揄 人 Laudare. Manus fricando irridere. Transfundere. Trahere, ducere. = Louer. Railler en se frottant les mains. Transvaser. Traîner, conduire.

闟 人 Furtim aspicere, explorare. = Regard furtif, épier.

隃 人 Excedere, praetergredi. Remotum, antiquum. = Dépasser, passer outre. Eloigné, ancien.

貐 丶 *Nomen cujusdam feræ.* = *Nom d'une bête fauve.*

逾 人 Praeterire, excedere ; transire. = Dépasser, passer outre ; passer.

愈 人 Hilaris, gaudere. = Gai, content, se réjouir.

覦 人 Desiderare, concupiscere ; avidus. = Désirer, convoiter ; avide.

N. 580.

媮 ˆ Laetari. Exlex. Irrationabiliter agere. Contemnere. Se réjouir. Sans frein. Agir sans raison. Mépriser.

⿱艹⿰氵俞 ˋ Fungi in arboribus nascentes. =Champignons qui naissent sur les arbres.

⿱⿱日共俞 ˆ Frontis ornamentum.=Ornement pour le front.

喻 ´ Docere, monere, hortari. Comparationem facere.=Instruire, avertir, exhorter. Faire comparaison.

髃 ˆ Humerus.=L'épaule.

踰 ˆ Transire, praetergredi, excedere.= Passer, passer outre, dépasser.

蝓 ˆ Limax. = Limaçon.

鍮 Teu Lapis ferro similis. = Pierre qui ressemble à du fer.

偷 ¯ Furari, latro. Piger ; remissus. = Voler. voleur. Paresseux ; négligent.

⿰俞刂 ˆ Fodere, excavare, amputare.= Creuser, couper.

婾 ˆ Calliditas =Ruse, malice.

輸 X̄u Subjicere se. Tributum solvere. exhauriri. in ludo perdere. =Se soumettre. Payer tribut. être épuisé : perder au jeu.

腧 Locus in tergo ubi cauteria apponuntur.= Endroit sur le dos où l' on applique les cautères.

毹 ¯ Tapetes ; stromata lanea. = Tapis ; tapis en laine.

煪 ¯ Calefacerè.=Chauffer.

⿱髟酋 ¯ Coma, capilli. = Chevelure, les cheveux.

鞧 ˆ Rota lusoria in quâ sedentes circumvehuntur.=Jeu du tournoi ou des chevaux tournants.

⿰豸酋 ˆ Canis naturâ mitis. = Chien naturellement doux.

鰌 ˆ *Quidam piscis fabulosus maria producens.=Poisson fabuleux qui produit la mer.*

緧 ˆ Funis ad trahendum.=Corde pour tirer.

崷 ¯ Mons altus.=Montagne élevée.

遒 Sîeu Junctum, connexum : congregare. Cogere, urgere, Subitò. =Joint, attaché : recueillir. Forcer, presser. Subitement.

蝤 ˆ Debilis. Vermis.=Faible. Ver.

⿰礻酋 Ìeu Summo cœlo sacrificare.=Offrir un sacrifice au ciel.

輶 ˆ Currus levis : leve. = Char léger.

楢 ˆ Lignum molle.=Bois tendre.

⿰亻酋 ˆ Alicui assistere. = Assister quelqu' un, ou se tenir à ses côtés.

猶 ˆ Dubius : anceps, Suspiciosus. Simile, sicut Adhùc. Delineare, pingere. Catulus.=Douteux, irrèsolu. Soupçonneux. Semblable, comme. Encore. Dessiner, peindre. Petit chien.

猷 ˆ Cogitatum ; machinari. Habilitas. Magna virtus. Doctrina. —Projet ; faire son plan. Habilité, Vertu. Doctrine.

† Cavendum ne confundatur cum 前 N. 517.

N. 581. 酋 酋

Tsʻîu Caput ; dux. Expertus, assuetus. Durabile. Vinum.=Chef ; Général. Expert, accoutumé. Durable. Vin.

酒 ˆ Vinum, liquor fermentatus. Natare.= Vin, liqueur fermentée. Nager.

† Procedit à 酉 N. 324 quem rarò quidam sed al quandò in compositis synonymum habet

字聲綱目

N. 582. 犮

Tsum — Hilaris, lætus. Colligere. Avis. =Gai, content. Recueillir. Oiseau.

糉 / Oryza serico involuta quam nautæ in flumen projiciunt ad malos spiritus avertendos. = Riz que les bateliers jettent dans le fleuve pour éloigner les mauvais esprits.

豵 — Porcus; aper.=Cochon; sanglier.

鬉 — Coma soluta. Juba.=Cheveux épars. Crinière.

騣 — Equi crines, juba.= Crinière d' un cheval.

鬷 — *Quidam tripes imperialis.* Numerare: summa.=*Certain trépied impérial.* Compter: somme.

椶 — *Arbor ex cujus cortice fiunt vestes contra pluviam.*=*Arbre dont l' écorce sert à faire des habits contre la pluie.*

堫 — Plantare. =Planter.

猣 — Avis quæ volando pedes colligit.=Oiseau qui en volant plie ses pattes.

鍐 — Equorum capitis ornamentum =Ornement pour la tête d' un cheval.

稯 — Segetum manipuli. Ligare, vincire. = Gerbes. Lier, attacher.

艐 — Navis non incedens. Navem in littus trahere. = Navire arrêté. Traîner un bateau sur la plage.

猣 — Canis tres catulos pariens.= Chienne qui met bas trois petits.

緵 — Rete ad piscandum. = Filet pour la pêche.

葼 — Ramulus.=Petit rameau.

N. 583. 飛

Fēi — Volare, volatus. = Le vol des oiseaux, voler.

霏 — Pluvia et nix. Nubium cursus rapidus.=Pluie et neige. Marche rapide des nuages.

犕 — *Animal monoculum bovi simile.* = *Animal semblable au bœuf qui n'a qu'un œil.*

鯡 — Pisces volantes.=Poissons volants.

† Præficitur etiam minimæ classi decem litterarum vix in usu, in quibus aliquandò phoneticæ potiùs quam classificæ locum tenet.

N. 584. 彖 彖

Tu an ˊ Statuere. Lineas divinatorias explanare. = Etablir. Expliquer les lignes divinatoires.

禒 ˊ Vestis nigra. Imperatricis vestes.=Habit noir. Les habits de l'impératrice.

Chuan 篆 ˋ Litteræ antiquæ in sigillis aut ornamentis adhibitæ.=Caractères anciens usités dans les ornements.

瑑 / Draco in gemmâ sculptus.= Dragon sculpté dans une pierre précieuse.

椽 ˆ Parvæ tabulæ quibus tegulæ innituntur. = Planchettes sur lesquelles les tuiles reposent.

塚 ˆ Terra aratro inversa. = Terrein ouvert par la charrue.

隊 ＼ Murus humilis.=Mur bas.

篆 ˋ Litteræ antiquæ in sigillis aut ornatibus adhibitæ.=Caractères anciens usités dans les sceaux ou dans les ornements.

腞 ˆ Talo terram excavare. Litteras sculpere.=Creuser dans la terre avec le talon. Graver des caractères.

豫 / In herbâ scrutari. Equus incedens.=Chercher dans l'herbe. Cheval qui marche.

鵽 , *Quædam avis stupida.*=*Certain oiseau stupide.*

N. 584.

躈	^	Ambulare, incedere. = Marcher.
掾	´ Iüên	Satellites. Præfectorum scribæ. = Les satellites. Les écrivains des mandarins.
緣	^	Causa, ratio. Origo. Amicitia, sympathia. Opportunitas. = Cause, raison. Origine. Amitié, sympathie. Opportunité.
蝝	^	Lacerta. = Lézard.
瘃	´ Huéi	Defatigatus, lassus. Valdè afflictus. = Fatigué, las. Très affligé.
像	´	
喙	´	Os: avium rostrum. Defatigatio. = Bouche: le bec des oiseaux. Fatigue.

† Cautè distingui debet à 彔 N. 482 cum quo non rarò confunditur propter utriusque similitudinem.

N. 585. 甾 𡿺

	` Nao	*Littera merè phonetica sensu carens. = Caractère purement phonique dénué de sens.*
惱	`	Odio habere, odium. Irasci. Afflictus. = Haïr, haine. Se mettre en colère. Affligé.
謟	`	Lacessere, verbis impetere. = Injurier, charger de sottises.
瑙	`	Lapis agathes: cornalina. = Pierre d'agathe: cornaline.
碯	´	Veneno inficere. = Empoisonner.
碯	^	*Medecina quædam. = Sorte de médecine.*
鞱	´	Pellis imbuta oleo vel cerâ. = Peau imprégnée d'huile ou de cire.
腦	`	Cerebrum: mens. Imprudentia, stultitia. = Le cerveau: l'esprit. Imprudence, bêtise.
㚵	`	
嫍	`	Odio habere; odium. Irasci. = Haïr; haine. Se fâcher.

N. 586. 貞

	¯ Chêm	Rectum; rectitudo. Firmitas. Virginitas: modestia: continere se. = Droit: rectitude. Fermeté. Virginité: modestie: se contenir.
貭	−	*Cognomen antiquum. = Nom propre ancien.*
湞	−	*Nomen cujusdam fluvii. = Nom de fleuve.*
禎	−	Omen faustum. Felicitas. = Bon augure. Bonheur.
赬	˗	Rubrum, coccineum; minium. = Rouge, couleur d'écarlate; vermillon.
楨	−	Arbor sempervirens. = Arbre qui ne perd jamais son feuillage, toujours verd.
揁	−	Ducere, trahere. = Conduire, traîner.
隫	−	*Quidam mons. = Nom de montagne.*
偵	˗	Inquirere, investigare. = S'informer, faire des recherches.
媜	−	*Cognomen muliebre. = Nom propre féminin.*
遉	˗	Explorare. = Explorer
郥	−	*Nomen loci. = Nom d'endroit.*
賵	´	Quod vendi nequit. = Qu'on ne peut pas vendre.

字聲綱目

N. 587. 若 𠰇

^ Jo Si. Sicut, simile. Quomodò?=Si. De même, comme, semblable. Comment?

楉 ^ *Species mali punici.=Espèce de pomme grenade.*

閣 ^ Trahere, pellere. = Traîner, pousser.

箬 ^ Arundinis cortex. Pileus.=Ecorce de roseau. Bonnet.

偌 \ Jee Magnum. *Cognomen.*=Grand. *Nom propre.*

惹 \ Provocare, iram excitare. Sollicitare. Subvertere. Causare. =Provoquer, exciter à la colère. Solliciter. Soulever. Etre cause de.

喏 \ Verba urbana et obsequiosa.=Paroles honnêtes et respectueuses.

婼 Cho Indocilis, inobediens, contrarium. *Cognomen.*=Indocile, désobéissant, contraire. *Nom propre.*

諾 Nô Annuere, assentiri. Promittere. Respondere. = Dire que oui, consentir. Promettre. Répondre.

踳 Pedibus terere, calcare. = Fouler aux pieds, marcher dessus.

N. 588. 英 𦬁

— Im Florens: præcellens; ingenio et pulchritudine præclarus: pulchrum. Celebre. = Florissant: excellent; qui excelle en esprit et en beauté: beau. Célèbre, renommé.

霙 — Nix et pluvia simul cadentia. Nix gelu concreta grandini similis.=Pluie et neige à la fois. Neige semblable à la grêle.

瑛 — Gemmarum splendor: fulgor. =L'éclat des pierres précieuses: éclat.

鍈 — Tinnire. Campanæ sonus. = Retentir, tinter. Son d'une cloche.

† Libenter tribuerem hanc phoneticam velut varietatem phoneticæ 央 N. 200 cujus mera synonyma est in plerisque litteris hujus ordinis, nisi exceptio daretur pro 瑛, et nisi hæc phonetica multò communiùs usurparetur quam illa in tribus litteris suprà relatis.

N. 589. 苗

^ Miao Segetes crescere incipientes.=Moissons qui commencent à pousser.

描 ^ Pingere, describere, transcribere. Corrigere. = Peindre, décrire, transcrire. Corriger.

貓 ^ }
猫 ^ } Felis. *Species quædam zibelinæ.*=Chat. *Espèce de zibeline.*

緢 ^ Vexilli fimbria.=Frange d'un drapeau.

錨 Mao Anchora.=Ancre.

偛 / Bonum. Pulchrum. = Bon. Joli.

媌 ^ Pulcher; mulier venusta. = Joli; jolie femme.

N. 590. 昱

Iü Lux, splendor, splendere. = Lumière, éclat, briller.

煜 Ignis splendor; splendere. Abundans.=La clarté du feu; briller. Abondant.

喅 Voces; strepitus; multitudinis voces.=Des voix; du bruit; brouhaha.

N. 591. 則

Tsee ˘ Regula; lex. Forma. Statim. Ideò, ergò. Istud: hoc.=Règle, loi. Moule. Aussitôt. Pour cela, donc. Ceci: ce.

測 ˘ Aquarum vel negotiorum profunda metiri. Considerare. Conjectare.=Mesurer la profondeur des eaux ou des affaires. Considérer. Faire des conjectures.

惻 ˘ Commiseratio. Dolor.=Pitié, commisération. Douleur.

廁 ˊ Mundare. Sordidum. Latrinæ. Confusum. Inclinatum, recurvum.=Nettoyer. Sale. Les latrines. Confus. Courbé, crochu.

厠 ˊ Inclinatum; recurvum.=Incliné; recourbé.

捌 ˘ Percutere.=Frapper.

鰂 ˘ Sepia. Piscis.=La sèche. Poisson.

側 ˘ Latus: inclinatum, recurvum.=Côté; penché, courbé.

惻 ˘ Commiseratio, compassio. Dolor.=Pitié, compassion. Douleur.

崱 Tsî Altum. Montium catena.=Haut. Chaine de montagnes.

N. 592. 昜

Iâm Mas. Cœlum: firmamentum. Clarum.=Mâle. Ciel: firmament. Clair.

煬 ˊ Torrere, assare. Liquare metalla. Desiccare.=Griller, rôtir. Fondre des métaux. Dessécher.

諹 ˊ Revereri: laudare.=Respecter: louer.

瘍 ˆ Plaga in capite. Vulnus. Nativitas.=Plaie à la tête. Blessure. Naissance.

禓 — Viarum geniis sacrificium offerre.=Offrir des sacrifices aux génies des chemins.

楊 ˆ Buxus. Salix. Populus. Arbustum.=Bois. Saule. Peuplier. Arbuste.

揚 ˆ Evulgare. Publicè apparere. Elevare, laudare=Divulguer: manifester. Paraître. Louer.

陽 ˆ Mas. Praecellens, maximum. *Materia prima rerum omnium.*=Mâle. Excellent, très grand. *La matière Ie. quic onstitue le monde.*

鍚 ˆ Funis ad animal trahendum. Equorum capitis ornamentum.=Licol. Ornement de cheval.

颺 ˆ Avolare; abire. Ventus oriens.=S'envoler; s'en aller. Vent qui s'élève.

暘 ˆ Oculi pulchri.=Beaux yeux.

暘 ˆ Solis ortus, clarum.=Le lever du soleil, clair.

敭 ˆ Evulgare. Laudare, extollere.=Publier. Donner des louanges, exalter.

崵 ˆ *Quidam mons in provinciâ Ho nan.*=*Montagne dans le province du Ho nan.*

湯 Xâm Vehemens: vehementia. *V. infrà.*=Véhémence: violent.

禓 — Dæmones expellere.=Chasser les démons.

瑒 Châm *Quoddam sceptrum ex lapide pretioso.*=*Sorte de sceptre en pierre précieuse.*

場 ˆ Area, platea. Locus planus in quo sacrificatur. Solemnitas.=Aire, place. Plateau sur lequel se fait un sacrifice. Solemnité.

腸 ˆ Ventris intestina. Viscera. Affectus: cordis motus.=Les intestins. Les viscères: les affections du cœur.

暢 ˊ Laetitia; plenitudo. Pacificus. Extendere.=Joie; plénitude. Pacifique. Etendre.

暘 ˋ Terra lata sed inculta.=Pays vaste et inculte.

湯 Tam Aqua fervens; aqua calida. Calidum.=Eau bouillante; eau chaude. Chaud.

愓 ˋ Libertas; liber.=Liberté; libre.

N. 592.

糃 ˉ Saccharum. Fructus sacchàro conditi.=Sucre. Fruits confits dans le sucre.

碭 ˊ Excedere ; supereffluere : suprà. Lapis venenatus.=Dépasser ; répandre par dessus. Pierre vénéneuse.

⿺走昜 ˉ Flumen trajicere.=Passer un fleuve.

餳 ʌ Dulciaria : pulmentum dulce. = Des confitures : boullie douce.

偒 ˋ Rectum. Longum. Præ lassitudine dormire.=Droit. Long. Dormir de fatigue.

婸 ˊ Luxuria.=Impudicité.

逿 ˊ Experiri. Accidere.=Essayer. Survenir.

踼 ˋ Cadere. Homi procumbere. Furari.=Tomber. Se coucher par terre. Voler.

+ Hinc immediatè procedunt 舃 湯 N. 767 et 798, quarum annotationes consulendæ sunt

†† In hoc ordine collocavi litteram 暢 (in quâ, primo intuitu, duo phoneticæ sine classificâ conjunctae videntur) quia 申 considerari debet tanquàm mera varietas classificæ 田. In hanc sententiam propendere videntur Sinenses ipsi, nam etsi eam litteram insulsè collocaverunt sub classificâ 曰, asserunt tamen formam genuinam ipsius esse 暢.

††† Omnis cautio adhibenda est ne hæc phonetica confundatur cum 易 N. 494 quæ ipsi valdè similis est.

N. 593. 是

是 ˋ Xe Esse, est. Etiam. Hoc, istud. =Etre, cela est. Oui. Ce, ceci.

寔 ˋ Revera, est. Rectum, verum. =Vraiment, cela est. Droit, vrai.

湜 ˘ Aqua limpida.=Eau limpide.

諟 ˋ Examinare, perpendere, judicare.=Examiner, peser, juger.

褆 ˊ Vestis perfecta.=Habit complet.

⿰木是 ʌ Cochleare.=Cuillère.

鍉 ʌ Clavis.=Clef. *V. infrà.*

⿰匕是 ʌ Cochleare.=Cuillère.

⿱艹是 ʌ *Planta quædam medicinalis.*= *Nom d' une plante médicinale.*

匙 ʌ Cochleare. *Ligonis species quædam.*=Cuillère. *Espèce de bêche.*

騠 ʌ Ti Equus mansuetus. = Cheval paisible.

醍 ˉ Vinum rubrum. Vinum ex lacte confectum. Pinguedo.=Vin rouge. Vin fait avec du lait. De la graisse.

鞮 ˉ Calceamenta ex corio.=Souliers en cuir.

堤 ʌ Terræ cumulus. Agger contra aquas.= Monceau de terre. Digue contre les eaux.

提 ˉ Manu elevare, extollere. Regere. In unum colligere. *Præfecturæ quædam.* = Lever en donnant la main. Ramasser. *Nom de certaines dignités.*

隄 ˉ Cavere. Disponere.=Prendre garde. Arranger, disposer.

鍉 ʌ Acumen, mucro, acutum. = Aiguillon, pointe, poignard, aigu.

鶗 ʌ *Falco qui in turturem transformari dicitur.*= *Faucon qui se transforme en tourterelle.*

偍 ʌ Difficile obtentu. = Qui est difficile à obtenir.

媞 ʌ Pax. Venustas : pulcher. = Paix. Gentillesse ; joli.

N. 593.

緹 ^ Coccineum. Tela serica ex filis contortis texta.=Ecarlate. Tissu de soie torse.

題 ^ Frons. Libri titulus. Inscriptio, inscribere. Textus. Sensus alicujus scripti.=Le front. Le titre d'un livre. Inscription. Le texte. Le sens d'un écrit.

鶗 ^ *Falco qui in turturem transmutari dicitur.* =*Faucon qui se change en tourterelle.*

覞 ^ Explorare. Furtim aspicere.= Epier. Regarder furtivement.

剅 ^ Findere, findi. = Fendre, se fendre.

踶 / \ Currere. Conculcare. Calcibus impetere. Quadrupedum pedes.=Courir. Fouler aux pieds. Donner des coups de pied. Les pieds des quadrupèdes.

蝭 ^ *Cicadæ species quædam.*=*Espèce de cigale.*

N. 594. 眇

\ Miao Luscus. Monoculus. Mysteriosum. Parvum, delicatum. = Louche. Borgne. Mystérieux. Petit, délicat.

渺 \ Mare : aquæ extensae. Res intricatae.=La mer. Etendue d'eau. Choses embrouillées.

篎 \ Parva fistula. Culmus, plantarum caulis. = Petit tuyau. Chaume, tige des plantes.

緲 \ Delicatum. Stylus elegans.= Délicat. Style élégant.

藐 \ Plantæ delicatae. Plantarum caulis. =Plantes délicates. La tige des plantes.

† Ducit originem à N. 123.

†† Devitanda est prava, etsi communissima consuetudo scribendi hanc phoneticam 眇.

N. 595. 星 |

— Sim Sidus, stella : constellatio : planeta. = Etoile : constellation : planète.

惺 — Percipere, advertere. Expergefacere. Quietus.=Comprendre, s' apercevoir. Réveiller. Tranquille.

煋 — Ignis. Fulgor.=Feu. Eclat.

醒 — Expergefieri, ex ebrietate in se redire. Percipere.=Se réveiller, revenir de l' état d' ivresse. Comprendre, s' apercevoir.

鍟 — Ferreum. Vestis ferrea. =En fer. Habit en fer.

腥 — Carnes minutatim concisae. Caro cruda.=Viande hachée fin. Viande crue.

鯹 — Offa ex piscibus. = Pâté de poisson.

猩 — *Simii species quædam.*=*Espèce de singe.*

戥 — Statera parva quâ ponderatur argentum. Petit poids avec lequel on pèse l' argent.

† Directè fluit à N. 164 quem aliquandò in compositis synonymum admittit.

N. 596. 曷

ᵕ Ho Quare ? Quid ? Quomodo ? Quidni ? = Pourquoi ? Quoi ? Comment ? Pourquoi pas ?

褐 ᵕ Vestis lanea. Vestis brevis.= Habit de laine. Habit court.

糑 ᵕ Oryza alba.=Riz blanc.

犗 ᵕ *Vaccæ species quædam.* = *Espèce de vache.*

皬 ᵕ Color albus.= Couleur blanche.

齃 ᵕ Potitantium strepitus. = Bruit de gens qui trinquent.

N. 596.

毼	˘	Tela lanea.=Draps de laine. *(Vide sequentem.)*
鶡	˘	*Species gallinæ montanæ fortitudinis symbolum.* = *Espèce de faisan symbole du courage.*
䯧	˘	Pectoris ossa: omoplatae. = Les os de la poitrine: les omoplates.
蝎	˘	Tinea. *Insectum quoddam venenosum.* Scorpio.=Vermoulure. *Insecte venimeux.* Scorpion.
喝	˘	Clamores. Ehem! objurgare. Sitire, sitis. = Des cris. Eh! reprocher. Avoir soif, soif.
⿸广曷	Ñgo ˘	Domuscula.=Cabane.
堨	˘	Foramen in muro aperire. Hostium clades magna. Agger.=Percer un mur. Grand massacre d'ennemis. Digue.
遏	˘	Obstruere, impedire, sistere, continere. = Boucher, empêcher, arrêter, contenir.
渴	Ko ˘	Sitis, sitire: desiderare; suspirare. Desiccare.=Soif, avoir soif: désirer; soupirer après.. Se dessécher.
⿰歹曷	˘	Mori, vitâ fungi.=Mourir.
輵	˘	Festinus, urgens; velox.= Qui se dépêche, pressé, urgent; vite.
葛	˘	*Cannabis species quædam.*—*Espèce de chanvre.*
⿰舟曷	Hié ˘	Navis magna.—Grand navire.
猲	˘	Canis venator Timorem incutere. = Chien de chasse. Inspirer de la crainte.
歇	˘	Quiescere; cessare; sistere; pacari. Canis rostro brevi.= Se reposer; cesser; se calmer. Chien au museau court.
謁	Iè ˘	Ire salutatum, visitare, Significare.=Aller faire visite. Signifier.
⿸疒曷	˘	Morbus æstuosus. = Maladie ardente.
餲	´	Sapor infatuatus. Mucidum, mucor.: edulia putrida.=Mauvais goût, affadi. Moisi, moisissure: comestibles gâtés.
⿰月曷	˘	Pectoris cavitas exterior.=La bouche de l'estomac.
⿰糹曷	˘	Cum festinatione destruere.= Détruite avec hâte.
愒	Kié ˘	Quiescere, immorari. Festinare. Ardenter desiderare. Objurgare.=Se reposer, s'arrêter. Se hâter. Désirer ardemment. Reprocher.
竭	˘	Exhaurire: exsiccare. Deficere.=Epuiser: dessécher. Manquer.
羯	˘	Hircus castratus; aries. Castrare. = Bouc coupé; bélier. Châtrer.
碣	˘	Inscriptio lapidea. Petra aliis supereminens.=Inscription en pierre. Rocher élevé.
⿺走曷	˘	Abscedere. Ire et venire. = Se retirer. Aller et venir.
楬	˘	Publica commentaria; petra vel tabula inscriptionem publicam gerens.=Registres publics; inscription publique sur pierre ou sur bois.
揭	˘	In altum tollere: publicare. Usura. Disjungere.=Lever en haut: publier. Usure. Désunir.
⿰金曷	˘	Tympani ornamenta ærea.= Ornements en cuivre d' un tambour, ou d'un tam-tam.
偈	˘	Fortitudo, strenuus: conari. Diligens. = Valeur, vaillant; s'efforcer. Diligent.
⿴囗曷	˘	Cameli mugitus. = Mugissement du chameau.
嵑	˘	Mons solitarius, mensa lapidea =Montagne isolée, table en pierre.
⿱髟曷	Hia ˘	Calvus, calvities.=Chauve.
⿰目曷	˘	Cæcus, caecitas. — Aveugle, cécité.
⿰曷力	˘	Diligentia: conari.=Diligence; faire des efforts.
⿱雨曷	Iai `	Nebula, vapores, nubes. = Brouillard, des vapeurs, des nuages.
餲	´	Victualia putrida; Sapor infatuatus: mucidum.=Comestibles pourris; saveur affadie; moisi, moisissure.

N. 596.

䭹	ˋ	Plantarum fragrantia.=Bonne odeur des plantes.
鼸	ˋ	*Species muris parvi.= Sorte de ras petit.*

† Etsi 歃 per se differat sensu et sono à præsenti phonetica, in compositis tamen adeò frequenter hujus vice usurpatur, ut meritò tanquàm ipsius varietas haberi possit.

†† Ab hoc ordine separandus non videtur parvus subordo in quò littera 謁 velut phonetica adhibetur, nunc velut synonyma phoneticæ originalis, nunc in sensu distincto : sint ergo.

靄	ˊ	Ñgai	*Nubes, nebula, vapores.— Nuages, brouillard, vapeurs.*
藹	ˊ		*Multùm, valdè, abundans : frondosum. Placidus, mansuetus. = Beaucoup, abondant : feuillu. Pacifique, doux.*

N. 597.　冒 冐冃

	ˊ	Mao	Exponere se. Contra fas, illicitum ; sacrilegum. Temerè.= S'exposer. Défendu, illicite ; sacrilège. Imprudemment.
渢	ˊ		Aquarum inundatio. = Inondation.
㥌	ˊ		Concupiscere. = Convoiter, désirer ardemment.
瑁	ˊ		Regulorum aut præfectorum diploma.= Diplôme de viceroi ou de mandarin. *V. infrà.*
楣	ˊ		Trabs transversa in januâ.= Poutre en travers d'une porte.
媢	ˊ		Zelotypia ; invidia. = Jalousie ; envie.
睸	ˊ		Attentè conspicere ; oculis demissis subtiliter intueri.=Regarder attentivement ; épier les yeux baissés.
䒵	ˊ		Se percutere.=Se frapper.
帽	ˊ		Pileus, biretum. — Chapeau, bonnet.
瑁	ˊ	Méi	Testudinis cortex elaboratus. =Ecaille travaillée.
賵	ˊ	Fum	Ante sepulturam defuncto dona offerre. — Offrir des présents à un mort avant qu'on l'enterre.
勖	ˇ	Siü	Rem significare. — Donner à entendre ; insinuer.

N. 598.　禺

	ˆ	Iü	Simius. *Littera horaria.* No*men loci.* Solus.=Singe. *Caractère horaire. Nom d'endroit.* Seul.
寓	ˊ		Hospitari, domi recipere. Metaphora.=Donner l'hospitalité, recevoir chez soi. Métaphore.
庽	ˊ		(idem)
堣	ˆ		*Nomen loci ad orientem.— Nom d' un endroit du côté de l' orient.*
隅	ˆ		Angulus. Sedere. — Angle, coin. Etre assis.
鍝	ˆ		Serra. Inaures. — Scie. Pendants d' oreille.
遇	ˊ		Accidere, evenire : occurrere, obviàm habere. Expectare.= Arriver, survenir : rencontrer. Attendre.
愚	ˆ		Rudis, stupidus. = Grossier, stupide.
嵎	ˆ		Montium declivitas. Mons ubi sol oritur.=Le penchant des montagnes. Montagne où le soleil se lève.
髃	ˆ	Ieu	Homeri.=Les épaules.
耦	ˋ	Ñgeu	Par, bini. Socius ; comitari.= Une paire, deux. Camarade ; accompagner.

N. 598.

偶 、 Fortuitò. Conjungere se : par, duplex. Statua.=Par hasard. Se réunir : une paire, double. Statue.

齵 ^ Dentes inæquales. = Dents inégales.

甌 ^ Cyathus testaceus.=Tasse en terre cuite.

髃 ^ Humerorum pars anterior.= Le devant des épaules.

顒 Ium — Gravitas, gravis. Rectus. Venerari. Magnum caput. Suspicere=Gravité. Droit. Respect. Grosse tête. Regarder en haut.

喁 — Multitudo assistentium ore aperto. Pisces extra aquam os aperientes. Mussitare.=Multitude de spectateurs la bouche béante. Poissons qui ouvrent la bouche hors de l' eau. Chuchoter.

† Aliqua inest sonûs et formæ affinitas inter hanc phoneticam et N. 577.

N. 599. 咠

Tsi ˇ In auribus loqui. Vocis sonus. Blandiri, adulari.=Parler à l' oreille. Son de la voix. Flatter.

輯 ˇ Concordia ; jungere, pacificare. Compendium. = Union ; joindre, pacifier. Résumé.

稓 ˇ Spissum, densum. = Epais, touffu.

觬 ˇ Multicornis.=Qui a beaucoup de cornes.

偮 ˇ Turba, multitudo. = Foule, multitude.

緝 ˇ Funem tordere. Continuare ; succedere. Unire, connectere. Insequi ; inquirere. =Tordre. Continuer, succéder. Unir, joindre. Poursuivre;rechercher.

葺 ˇ Reficere, sarcire ; corrigere.= Raccommoder ; corriger.

戢 ˇ Custodire, servare ; recondere. Congregare. Cessare. Minuere.=Garder ; cacher. Ramasser. Cesser. Diminuer.

楫 Tsié ˇ Remus : regere. Densum=Aviron : gouverner. Epais, touffu.

揖 I ˇ Manibus junctis salutare. Urbanè recipere. = Saluer les mains jointes à la chinoise. Recevoir poliment.

† Peculiaris attentio præbenda est litteræ 戢 aliquandò enim adhibetur ut varietas phoneticæ originalis, aliquandò autem in recentioribus litteris ipsamet evadit phonetica, sicut in sub-ordine sequenti videre est:

濈 Tsi ˇ *Fons scaturiens. Concordia ; pacificè cum aliis vivere.= Fontaine jaillissante. Bonne harmonie ; vivre en paix avec tout le monde.*

㦸 ˇ *Declarare, notum facere. Allegoricè loqui.=Déclarer, faire connaître. Parler par allégorie.*

N. 600. 思

Se ˊ Cogitare, cogitatio ; idea. Meditari.=Penser, pensée ; idée. Réfléchir.

楒 — Arbor ligno tenaci pro loculis adhibito.=Arbre dont le bois fort dur sert à faire les cercueils.

篤 — *Bambusæ species.=Espèce de bambou.*

颸 — Ventus suaviter frigidus : ventus blandus. = Brise fraiche : vent doux.

偲 — Diligens ; conari. Sese mutuò excitare. Corrigere, sine timore admonere.=Diligent ; s' efforcer. S'exciter mutuellement. Corriger, avertir. *V. infrà.*

緦 — Vestis per tres menses in luctu adhibita.=Habit grossier pour les premiers 3 mois du deuil.

罳 — Tabulatum erectum ad aliquid occultandum. = Paravent, écran.

諰 Si ˇ Cogitare. Timere. = Penser, réfléchir. Craindre.

鰓 、 Contremiscere.=Trembler.

N. 600.

葸	`	Timere, pavens, timidus. — Craindre, tremblant, timide.
愢	Saī	Molestum, injucundum. = Ennuyeux, désagréable.
毸	—	Capilli longi et soluti. Barba densa. = Cheveux longs et épars. Barbe touffue.
揌	—	Agitare. Obstruere. Eligere. = Agiter. Boucher. Choisir.
腮	—	Genæ, maxillæ; facies. = Les joues; le visage.
角思	—	Cornû medulla, seu pars interior = La moëlle des cornes.
鰓	—	Piscium branchiæ: piscis caput. = Ouïes de poisson: Tête de poisson.
偲	—	Valdè barbatus. = Qui a beaucoup de barbe.
顋	—	Genæ, maxillæ; facies. = Les joues, les mâchoires; le visage.
崽	Tsaì	Filius, puer, fœtus. = Fils, enfant, fœtus, progéniture.

N. 601. 畏

	Wéi	Timere, timor. Reverentia. = Craindre, crainte. Respect.
渨	—	Fluctus alti. Submergi. = Flots élevés. Etre submergé.
煨	—	Cineres calidæ. — Cendres chaudes.
椳	—	Liminare; januæ cardines. — Le seuil ou les gonds de la porte.
隈	—	Portus flexuosus. — Port de mer qui fait des sinuosités.
餵	—	Victum animalibus præbere. = Donner à manger aux animaux.
偎	—	Amare. Proximus. — Aimer. Le prochain.
猥	`	Latratus. Multitudo; valdè. Avarus. Fastidiosus. = Aboiement. Multitude; beaucoup. Avare. Ennuyeux.
葨	—	Herba aquatilis. — Herbe aquatique.
喂	—	Timere. Pascere animalia. = Craindre. Nourrir des animaux, les paître.
螝	—	*Insectum aquatile.* — *Nom d'insecte aquatique.*
嵔	—	Montium inaequalia. — Les inégalités des montagnes: les casse-cous.

† Formâ et sono haec phonetica sequenti affinis videtur.

N. 602. 胃 胃

	Wéi	Stomachus. — L'estomac.
渭	´	*Quidam rivus in Ho-nan.* Aqua commota: fluctuum strepitus. = *Rivière au Ho-nan.* Eau agitée: bruit des flots.
惘	´	Turbatus; inquietus. — Troublé; inquiet.
謂	´	Dicere: exponere: loqui. Appellare. = Dire: exposer: raconter: parler. Appeler.
䮹	´	Asinus gigas. = Ane géant.
蝟	´	Ericius, hystrix, mus erinaceus. — Hérisson, porc épic.
膶	´	Stomachus. — L'estomac.
猬	´	Ericius, hystrix, mus erinaceus. — Hérisson, porc épic.
蜻	´	(same as above)

N. 562.

喟 Kuéi — Suspirium, suspirare ; proh = Soupir, soupirer ; ah ! !

N. 603. 咢 㖾

Ñgo — Timorem incutere. Tympanum pulsare. Affirmare.=Faire peur. Frapper du tambour. Affirmer.

溾 — *Nomen cujusdam fluvii.=Nom de fleuve.*

愕 — Mirari. Subito timore corripi. Adversari.=S'étonner. Crainte soudaine. Etre opposé.

諤 — Assentiri. Affirmare ; utiquè, ità. Sincerus. Planum.=Etre du même avis. Affirmer ; dire que oui ; oui. Sincère. Plane.

碍 — *Quædam urbs.=Nom de ville.*

楞 — Fossa ad feras capiendas. = Fosse pour attraper des animaux féroces.

鍔 — Acies gladii.= Le tranchant ou le fil d'une épée.

腭 — Palatum. Dentes confracti.= Le palais de la bouche. Dents brisées.

鰐 — Crocodilus.=Le crocodile.

偔 — Multùm, valdè=Beaucoup.

齶 — Dentes confracti. Palatum.= Dents brisées. Le palais de la bouche.

萼 — Florum gemmæ. Florum organa sexualia. = Boutons de fleurs. Les organes sexuels des fleurs.

遌 — Occurrere, obviàm habere.= Rencontrer.

顎 — Venerari, majestas, aspectus gravis. = Respecter, majesté, aspect grave.

鄂 — Metum incutere. Terminus. Affirmare, utiquè. = Faire peur. Limite, terme. Affirmer, oui.

㓵 — Palatum. = Le palais de la bouche.

鶚 — *Avis magna de genere accipitris.=Grand oiseau de proie.*

鶚 — *Aquilæ species.* Avis rapax magna.=*Sorte d'aigle.* Grand oiseau de proie.

剻 — Acies gladii. = Le fil ou le tranchant d'une épée.

咢 — Dentes in ore confracti. = Dents brisées.

崿 — Littus : plaga elevata.=Rivage : rivage élevé.

† Ad devitandam confusionem quæ ex varietatum multitudine posset exurgere, ab hâc phoneticâ disjunxi 噩, eique proprium ordinem tradidi N. 994 : in compositis tamen frequens et quasi absoluta synonymia utramque conjungit.

N. 604. 廻 迴

Huéi — Curvare, curvum. In spiram colligere. Reverti. = Courber. Plier en spiral. S'en retourner.

硘 — Petrosum, saxosum. = Pierreux, rocailleux.

縄 — Vestium collare : vestis ora.= Le col des habits ; le bord des habits.

峒 — Mons aridus, seu sine arboribus.=Montagne aride, ou sans arbres.

† Ducit originem à N. 293 cujus varietates si adhibeantur, octo vel decem ductus huic phoneticæ præbebunt.

N. 605. 咼 呙

Kuāi Os contortum. — Bouche de travers.

騧 Kuā Equus flavus rostro nigro. — Cheval jaune au museau noir.

媧 — *Mulier quæ cœlum labentem sustinuisse fertur. Genius creator antiquissimus. — Nom de deux génies.*

剮 ˋ Carnem in supplicium detrahere: in frusta concidere; separare; præcidere. — Supplice d'arracher les chairs: couper en morceaux; séparer.

蝸 — Limax. — Limaçon.

瘑 Kō Tumor. — Tumeur.

堝 — Vas ad liquanda metalla. — Creuset.

鍋 — Lebes; olla. — Chaudière; marmite.

過 — Transire, præterire, præteritum. Transgredi; culpa. — Passer, le passé, dépasser. Transgresser: faute.

禍 Hò Infelicitas, calamitas, infortunium, miseria. Destruere. — Malheur, calamité, misère. Détruire.

輠 ´ Cornu plenum pinguedine ad currûs axim liniendum. — Corne qui contient la graisse dont on enduit l'essieu d'un char.

夥 ˋ Multi: turba. Socii, amici. — Beaucoup de monde. Camarades, amis.

旤 ˋ Infelicitas,† calamitas. — Malheur, calamité.

窩 Wō Nidus. Spelunca. Hospitio recipere. — Nid. Grotte. Donner l'hospitalité.

渦 ^ Puteus. — Un puit.

猧 ^ *Canis species quædam. — Espèce de chien.*

緺 ^ Sericum viride et purpureum. — Soie verte et rouge.

萵 ^ Lactuca. — La laitue.

† Hinc procedit N. 954.

N. 606. 耑

Tuān Solus, unicum. Initium, incipere. Rectum. — Seul, unique. Commencement, commencer. droit.

湍 ^ Rapidè fluere. *Quidam fluvius.* — Couler rapidement. *Nom de fleuve.*

煓 ^ Ignis ingens. — Grand feu.

端 — Rectum. Ordo. Principium. Modestia. Articulus. Examinare. Palpitare. Anhelitus. — Droit. Ordre. Principe. Modestie. Article. Examiner. Haleter.

餰 ^ Offæ globosæ ex oryzâ confectæ. — Gâteaux de riz faits en forme de boule.

偳 — Venustas, pulcher. Parvum, tenue. — Beauté, grace, joli. Petit, fin.

剬 — Radere, æqualem reddere, reficere, sarcire. Incessus gravis. — Raboter, égaliser. Raccommoder. Démarche grave.

諯 Chuan Numerare; numerus. Complacentia. — Compter; nombre. Complaisance.

腨 ˋ Sura: tibiarum caro. — Les mollets: le gras de la jambe.

喘 ˋ Halitus difficilis: respirare. Evomere. — Respiration difficile: respirer. Vomir.

蝙 — Insecta; reptilia. — Les insectes; les reptiles.

甎 — *Pateræ species quædam. — Sorte de plat.*

顓 — Solitarius. Dirigere, regulare. Attentio. Reverentia. — Solitaire. Diriger, règler, gouverner. Attention. Respect.

歂 ˋ Anhelare. — Haleter.

鷒 — *Quædam avis. — Nom d'oiseau.*

踹 Xuan Calcaneus. Terere. — Le talon. Fouler aux pieds.

遄 — Festinatio; ire et redire celeriter. — Presse, hâte; aller et venir avec hâte.

N. 606.

惴 Chuéi ˊ Tristis, afflictus. Timens, timere.=Triste, affligé. Craintif, craindre.

揣 ˋ Conjicere, considerare, argumentari, investigare.=Conjecturer, tirer des conséquences, réfléchir, rechercher.

篅 ˉ Magna cista arundinea ad fruges continendas.=Grand panier en bambous pour mettre des grains.

敾 ˊ Metiri, ponderare.=Mesurer, peser.

瑞 Xuéi ˊ Diploma ex lapide pretioso. Donum. Florens, floridum. Omen.=Diplôme en pierre précieuse. Don. Florissant. Augure, présage.

N. 607. 宰

Tsai ˊ Gubernare, regere. Dominus.=Gouverner, régir. Seigneur.

敹 ˋ Lanius: occidere.=Un boucher: tuer.

䏁 ˋ Semi-surdus.=A moitié sourd, dur d'oreille.

縡 ˊ Negotia; occupatio.=Affaires; occupation.

滓 Tze ˊ Fæces.=La lie, les ordures.

梓 ˋ Litteras sculpere. *Species ligni valdè pretiosi.*=Graver des caractères. *Bois fort précieux.*

胾 ˋ Carnis frusta: prandii reliquiae.=Morceaux de viande: les restes du repas.

諄 Hia ˊ Decipere.=Tromper.

† Elementum præcipuum depromit à N. 296.

N. 608. 寒 ˋ

Kièn ˊ *Littera merè phonica sensu carens.=Lettre purement phonique dénuée de sens.*

謇 ˋ Rectè loqui: fidelis.=Parler avec droiture: fidèle.

褰 ˉ Vestem colligere et elevare.=Retrousser son habit.

騫 ˉ Equus ventre ægrotans. Macula. Deficere. Contemni.=Cheval malade du ventre. Tache. Manquer. Etre méprisé.

搴 ˋ Tympanum aut campana inutilis.=Tambour, tam-tam, ou cloche inutile.

搴 ˋ Evellere, detrahere.=Arracher, enlever.

蹇 ˋ Difficile. Contortum. Claudicare. Inhabilis. Obstaculum. Pronubus.=Difficile. De travers. Boiter. Inhabile. Obstacle. Médiateur des mariages.

鶱 Hiēn Volare.=Voler.

塞 Sai ˊ Sincerus. Pacificus; quies. pax.=Sincère, vrai. Pacifique; paix, repos. †

塞 ˊ Limites, confinia. Obstruere, occludere.=Limites, confins. Boucher, fermer.

賽 ˊ Præcellere, excedere. Sacrificando ludere.=Exceller, dépasser. S'amuser pendant le sacrifice.

寨 Chai Pagus tuguriis constans; tugurium.=Petit village composé de cabanes; chaumière, cabane.

† Hæc phonetica, quibusdam classificis connexa, novis phoneticis originem præbet, scilicet 搴搴蹇: harum posterior seriem litterarum satis utilium sibi vindicat, eique locum tribui N. 1003: aliæ duo posteriores considerari debent tanquàm meræ varietates præsentis phoneticæ, saltem pro compositis, per se enim sensu differunt.

N. 609. 家

Kiā Familia; domus. — Famille; maison.

稼 ˊ Serere, seminare. Ager.=Semer. Champ.

嫁 ˊ Filiam nuptui tradere: mulier nubens; nubere.=Donner sa fille en mariage: femme qui se marie; se marier.

幏 ˊ Tela ex cannabi confecta. Tributum. — Toile en chanvre. Tribut.

N. 610. 害 㝬

Haí Nocere, damnum inferre; damnum. Malum, calamitas. Quid? Quomodo? — Nuire, causer du dommage; dommage. Malheur. Quoi? Comment?

㤩 ˊ Celeriter, citò; hilariter.=Vite, avec hâte; avec joie.

馤 ˊ Fragrantia: odor intensus. — Bonne odeur: odeur forte.

� ˊ Damnum; injuria. Non contentus.=Dommage, préjudice; injure. Mécontent.

㔠 Hiǎ Conari.=S'efforcer.

鶷 ˇ Sturnus.=Etourneau.

碿 ˇ Irâ exardescere: cum irâ aliquem tractare.=Se mettre en colère: traiter quelqu'un avec colère.

轄 ˇ Jurisdictio. Ferrum extremum in rotarum axi.=Jurisdiction. Fer qui est au bout de l'essieu pour retenir les roues.

楮 ˇ Fulcrum.=Etai, appui.

搳 ˇ Scalpere, erodere. — Gratter, rogner.

鎋 ˇ Jurisdictio, potestas. Ferrum in rotarum axis extremo.=Jurisdiction, puissance. Fer qui est au bout de l' essieu pour retenir les roues.

餲 ˇ Plenus, satur. — Plein, rassasié.

縖 ˇ Circumligare.=Lier autour.

瞎 ˇ Monoculus, cæcus.=Borgne, aveugle.

嗐 ˇ Oscitari; os latè aperire. Vox, sonus. — Bâiller; ouvrir une grande bouche. Voix, bruit.

割 Kǒ Præcidere, amputare; separare, disjungere.=Couper, trancher; séparer, disjoindre.

豁 Hǒ Locus patens, apertum; liber, sine obstaculo.= Endroit ouvert; libre, sans obstacle.

N. 611. 窄

Chǎi Strictum, angustum. — Serré, étroit.

醡 Chǎ Torcular vini.—Pressoir pour le vin.

榨 ˊ Olei torcular.=Pressoir pour exprimer l' huile.

搾 ˊ Manu comprimere. = Presser avec la main.

† Oritur à N. 166 cui fortè adjungi posset nisi obstaret communis consuetudo.

†† Etsi classica pronuntiatio hujus phoneticae sit *Chee*, malui vulgarem admittere, velut utiliorem.

N. 612. 窊

Wā Profunditas, profundum. Cupiditas.—Profondeur, profond. Ambition.

搲 ˋ Manu aliquid accipere. — Prendre quelque chose avec la main.

㖿 ˋ Infantis vagitus.—Cris des enfants au berceau.

N. 612.

蹤 \ Pedibus conculcare.— Fouler aux pieds.

† Procedit à N. 172.

N. 613. 容

^ Ium Capere, continere, admittere. Patienter ferre. — Contenir, admettre. Supporter patiemment.

溶 ^ Quietè fluere. Abundanter valdè.—Couler tranquillement Abondamment, beaucoup.

輵 ^ Currus simul tranquillè incedentes.—Chars qui marchent tranquillement ensemble.

榕 ^ Ficus indica.—Figuier d'inde.

搈 ^ Inquietus.—Inquiet, troublé.

鎔 ^ Metalla liquare. Vas ad liquanda metalla.—Fondre des métaux. Creuset.

傛 ^ Infirmus ; sine quiete. Velociter. *Praefectura muliebris sub dynastiâ Han.*—Malade; sans repos. Vite. *Dignité remplie par des femmes sous les Han.*

蓉 ^ Hibiscus mutabilis.— *Nom d' une fleur qui change de couleur trois fois dans le jour.*

嵱 ^ Evomendi pruritus.—Envie de vomir.

嵱 ^ Mons irregularis.— Montagne irrégulière.

† Tùm phonetica, tùm ipsius composita, sine discrimine legi possunt *ium* et *jum*.

N. 61.4 𤇾

^ Im *Littera merè phonica sensu carens.—Lettre purement phonique dénuée de sens.*

甇 ^ Vas : vasa quae ad ignem apponi possunt. — Vase : vases qui peuvent aller au feu.

巆 ^ Sonus.—Son.

塋 ^ Tumulus, sepultura. — Tombeau, sépulchre, cimetière.

罃 ^ Vas : vasa quae ad ignem apponi queunt.—Vase : les vases qui peuvent aller au feu.

鶯 — Galbula. Alae variegatae. — Loriot. Ailes de différentes couleurs.

嫈 — Diligentissimè.— Avec beaucoup de soin.

瞢 — Oculi. Dubium. — Les yeux. Doute.

營 ^ Operari ; ars. Militum castra ; munire.— Travailler ; métier. Encampement : fortifier.

熒 ^ Ium Parva lux ; lux lucernae. — Petite lumière ; la lumière d' une lampe.

謍 ^ Demissè loqui.—Parler à voix basse.

褮 ^ Vestis perforata.—Habit troué.

禜 ^ Sacrificium deprecatorium ad mala avertenda. — Sacrifice déprécatoire pour éloigner les maux.

瑩 ^ Splendor ; gemmae nitor. — Eclat : le brillant d'une pierre précieuse.

醟 / Vino deditus. — Adonné au vin.

榮 ^ Gloria, honor. Florens ; Dives.—Gloire, honneur ; florissant ; riche.

縈 ^ In orbem complicare. Vincire; circumvolvi.—Mettre en boule. Lier ; S'entortiller.

螢 ^ Noctiluca, vermis noctu lucens.—Vers luisant.

帶 ^ Cooperire, contegere, abscondere.—Couvrir, cacher.

滎 ^ Rivulus.—Ruisseau.

N. 614.

檾 Kim — Linum : *cannabis species quædam*.=Lin : *espèce de chanvre.*

煢 Kium — Solus ; derelictus ; tristis. = Seul ; abandonné ; triste.

犖 Lo — Bos diversicolor. Claritas, clarè. Supereminere, excedere.= Bœuf de couleurs différentes. Clarté, clairement. Dépasser,

膋 Leao — Pinguedo intestinorum : pinguedo. Substantia. = Graisse des intestins : graisse. Substance.

† Litterae hujus ordinis quae leguntor *ium* legi quoquè possunt *jum*.

†† Hinc oritur 勞 N. 806.

††† Plures dantur litterae in hoc ordine quae revera sat anomalae sunt, etsi tamen ad hanc phoneticam evidenter debeant referri, sic :

1. In 營, littera 呂 classificae locum tenet, quamvis per se classifica non sit.

2. In 檾 abbreviata fuit classifica 麻 ut littera fieret elegantior.

3. In 煢 pro classificâ usurpatur 凡 quae inter classificas non recensetur, et cujus vice regularius esset scribere 几 (煢) ex dictionariorum approbatione.

4. Littera 膋 quoad sonum evidenter connectitur phoneticae 勞 N. 806 ; imò, nisi obstaret usus vulgaris, ab hoc ordine expungi deberet, et sub N. 806 collocari, quia, asserente 康熙字典 haec littera classicè scribi deberet 膫.

N. 615. 旁 㫄 丶

Pam — Latus ; ad latus. Accedere ; vicinus. Festinare ; urgens.= Côté ; à côté. S'approcher ; voisin. Faire vite ; qui presse.

㥬 — Turbari, timere.=Se troubler, craindre.

滂 — Magna pluvia. Valdè lacrymari. Extensum. Aquâ imbutus. = Grande pluie. Verser beaucoup. Etendu. Imbibé d'eau.

謗 — Murmurari.=Murmurer.

雱 — Pluvia multa.=Beaucoup de pluie.

磅 — Strepitus lapidis in praeceps ruentis. = Bruit d'une pierre qui se précipite.

騯 — Equorum multitudo. Currere. = Grande quantité de chevaux. Courir.

[illegible] — Curruum sonitus. = Bruit de chariots.

[illegible] — Vinum iteratô opponere. = Servir de nouveau du vin.

榜 — Laudare. Ordo : catalogus. Nautae cum arundinibus navem impellentes.=Louer. Ordre. Matelots qui poussent le navire avec des bambous.

搒 — Percutere, flagris caedere. Navim impellere.=Frapper, charger de coups. Pousser le navire.

鎊 — Attenuare. Runcina fabrilis.= Amincir. Rabot de charpentier.

膀 — Costæ. Urinæ vesica. = Les côtes. La vessie.

艕 — Nauta.=Marinier, matelot.

徬 — Perturbatus, timens. = Troublé, qui craint.

傍 — Latus. Approximare. Inniti. Urgere.=Côté. Approcher. S'appuyer. Presser.

縍 — Tenue, delicatum. = Mince, fin.

蒡 — *Quoddam olus.* = *Sorte de plante potagère.*

字聲綱目

N. 615.

髈 Costæ. Nates. = Les côtes. Les fesses.

螃 Cancrus. Harpya. = Cancre, crabe. Harpie.

† Graphicum et phonicum elementum hujus phoneticæ reperitur in 方, N. 54.

N. 616. 疾

Tsi 疾 Festinatio; urgens. Morbus: dolor. Invidia.=Hâte: pressé, qui presse. Maladie: douleur. Envie, jalousie.

嫉 Invidia. Venenosum.=Envie. Vénéneux.

嫉 Invidia, invidiari, zelus, æmulatio.=Envie, envier, jalousie, émulation.

蒺 *Junci species quædam. = Espèce de jonc.*

嗾 Strepitus; vox.=Bruit; voix.

N. 617. 唐

Tam 唐 Magnum: exaggerare. *Nomen regni et antiquæ dynastiæ* = Grand: exagerer. *Nom d'un royaume, ainsi que d'une ancienne dynastie.*

溏 Lutum.=De la boue.

煻 Cinis calida. Carbones minuti. = Cendres chaudes. Petits charbons.

糖 Saccharum.=Sucre.

塘 Stagnum, piscina. Agger. = Etang, vivier. Digue.

搪 Impellere. Obstruere, præcludere.=Pousser. Boucher, fermer.

餹 Dulciaria.=Confitures.

傏 Inurbanus, arrogans, superbus. Illicò.=Impoli, grossier, arrogant, orgueilleux. Aussitôt, tout d'un coup.

嗐 Jactantia; loquax; insulsus.= Jactance; grand parleur; sot.

螗 *Cicadæ species quædam.= Espèce de cigale.*

嵣 *Nomen cujusdam montis. = Nom de montagne.*

† Cavendum ne confundatur cum 庸 N. 720.

N. 618. 衮 衮衮

Kuen 衮 Vestis regia. Vestis acupicta. = Habit impérial. Habit brodé.

滚 Ebullire, fervere.=Bouillir.

剢 Radere, scalpere. = Gratter, rogner.

壊 Terra.=La terre.

搸 Manibus aliquid contorquere. =Tordre quelque chose avec les mains.

蓘 Segetes terrâ fulcire.=Chausser les moissons avec de la terre.

N. 619. 兹 茲玆

Tze 兹 Hoc, istud; ille. Nigrum. Arborum et herbarum copia.= Ce, ceci; celui-là. Noir. Abondance d'arbres et d' herbes.

滋 Madefacere. Condire. Dulce. Lucrum. = Mouiller. Condir, assaisonner. Doux. Profit.

孳 Parĕre, in lucem edere.=Enfanter, mettre au jour.

N. 619.

鰦 — *Quidam piscis.* = *Nom de poisson.*

黰 — Nigris maculis inficiari. = Etre souillé de taches noires.

嗞 — Irati vox. — La voix d'un homme en colère.

慈 Tse — Misericordia, benignitas, commiseratio. = Miséricorde, bonté, commisération, pitié.

鷀 鶿 — *Avis aquatilis quâ Sinenses utuntur ad piscandum.* = *Oiseau aquatique dont les Chinois se servent pour la pêche.*

磁 — Lapis magnes. Porcellana sinica. = Pierre d'aimant. Porcelaine chinoise.

鎡 — Ligo, sarculum. = Houe, bêche.

嵫 — *Quidam mons in occidente.* = *Nom d'une montagne du côté de l' ouest.*

† Raró quidem, ast aliquandò huic phoneticæ, in compositis substituitur littera 慈 tanquàm synonyma.

N. 620. 畜

Chu — Animal, brutum. Alere. Servare, congregare; concervare. = Animal, brute. Nourrir. Garder, ramasser; amonceler.

慉 — Alere. Colligere. Odisse. Movere non posse sine dolore. = Nourrir. Cueillir. Haïr. Ne pouvoir bouger sans souffrir.

滀 — Aquæ multæ in unum coadunari. Immutare. = Grande quantité d'eau qui se réunit dans un même lieu. Changer.

稸 — Saccus ad vestes reponendas. = Sac pour mettre les habits en reserve.

稸 — Alere. Colligere. Odisse. = Nourrir. Cueillir. Haïr.

搐 — Cohibere. comprimere. Pellere, trahere. = Retenir, comprimer. Pousser, tirer.

蓄 — Colligere, congregare; recondere. = Cueillir, ramasser; mettre en réserve.

傗 — Plicare; curvare. = Plier; courber.

嫡 — Mulieris elegantia. = L'élégance d'une femme.

蓄 — Colligere, congregare; recondere. = Cueillir, ramasser; mettre en réserve.

† Propter sonûs similitudinem fieri potest ut aliquam originis affinitatem habeat cum N. 202.

N 621. 衰 表

Xuai — Vetustum, destructum, dirutum: debilitatum. Luctus. = Vieux, usé, détruit, en ruine: affaibli. Deuil.

毸 — Coma prolixa et blanda. = Chevelure longue et souple.

獈 — *Canis species quædam.* = *Espèce de chien.*

瘊 Tsuéi — Infirmus. = Malade.

榱 — Tecti trabes. = Les poutres du toit.

縗 — Vestis in luctum marginata: luctus, tristitia. = Habit bordé pour le deuil: deuil, tristesse.

蓑 So — Vestis straminea: stramen. = Habit de paille: chaume, paille.

† Cavendum nè confundatur cum 哀 Ngai *Compati; commiseratio: dolor; tristari.* = *Compatir; pitié: douleur; s'affliger.*

N. 622.

高 髙

高 ˉ Kao — Altum, elevatum : ascendere. =Haut, élevé : monter.

熇 ˊ — Ad ignem apponere. Caloris reflexio, seu repercussio. = Présenter au feu. Réflexion de la chaleur.

⿸疒高 ˋ — Scabies.=La gale.

槀 ˋ — Arbor aut res dessicata ; siccum.=Arbre ou chose desséchée, sec.

稾 ˋ — Paleæ : oryzæ culmi. Palimpsestus, adumbratio. =Paille : paille de riz. Ebauche, essai.

膏 ˉ — Pinguedo ; fertilitas.=Graisse; fertilité.

禞 ˋ — Rogare.=Prier.

⿰歹高 ˋ — A radiis solaribus exustus.=Brûlé par le soleil.

槁 ˋ — Arbor desiccata ; res desiccata, siccum.=Arbre desséché ; chose desséchée, sec.

篙 ˉ — Arundo quâ naves impelluntur.=Bambou avec lequel on fait marcher les navires en poussant dessus.

餻 ˋ — *Quædam offa.=Espèce de gâteau.*

稿 ˋ — Paleæ, oryzæ culmi. Palimpsestus. Adumbratio.=Paille, paille de riz. Ebauche, essai.

犒 ˊ, ⿰月高 ˊ — Victualia, vel comestibilium munera militibus oblata ; milites remunerare ; præmium. Fragrantia.=Vivres ou présens de vivres faits aux soldats ; récompenser les soldats ; récompense. Bonne odeur.

皜 ˋ — Album, nitidum, clarum. = Blanc, luisant, clair, propre.

縞 ˋ — Sericum album. = Soie blanche.

暠 ˋ — Sol paulatim ascendens. Album.=Soleil qui monte peu à peu. Blanc.

⿰⻊高 ˋ — Crurum ossa. = Les os des cuisses.

⿰山高 ˋ — Mons altus. = Montagne élevée.

滈 ˋ Hao — Pluvia diuturna. = Pluie qui dure long-temps.

豪 ˋ — Præcellens, præ aliis eminens virtute et scientiâ.=Transcendant, homme supérieur en science et en vertu.

鄗 ˋ — *Nomen loci.= Nom d'endroit.*

搞 ˋ — Percutere.=Frapper.

鎬 ˋ — Parva olla. Claritas ; nitor.= Petite marmite. Clarté ; propreté.

鰝 ˋ — *Species piscis magni. = Sorte de grand poisson.*

傐 ˋ — *Nomen loci.=Nom d'endroit.*

蒿 ˉ — Abrotanum. Asphodelus. Herbæ inter cæteras eminentes.= L'aurone. L'asphodèle. Les herbes qui dépassent les autres en hauteur.

⿰高几 ˉ Kiao — Altum, elevatum. = Haut, élevé.

敲 ˉ — Percutere. Approbare.=Frapper. Approuver.

熇 ˉ Hiao — Æstus, calor.=Chaleur.

歊 ˉ — Aër calidus.=Air chaud.

⿰犭高 ˉ — Canis altus et strenuus.=Chien grand et courageux.

髇 ˉ — Sagitta. Sibilatus alicujus rei celeriter transeuntis.=Flèche. Sifflement d'une chose qui passe avec rapidité.

翯 ˘ Ho — Avium plumæ albæ et nitidæ. =Plumage blanc et luisant

謞 ˘, 嗃 ˘ — Clamare, alta vox ; strepitus. Majestas, gravitas. = Crier, haute voix ; bruit. Majesté, gravité.

N. 622.

嵩 Sum ー Altum, elevatum. *Mons quem fingunt in inferorum medio. Mons eminens in Hu-kuam.*=Haut, élevé. *Montagne qui est au milieu des enfers. Montagne élevée du Hu-kuam.*

† Est etiam classifica, regitque triginta circiter litteras penè obsoletas quibus variè coagmentatur.

†† Huic phoneticæ sine dubio adscribi debet phonetica 豪 N. 953, et littera 毫 Hâo *Capillus; pilus: tantillùm: 10,000a pars unciæ.*=*Un cheveu; un poil: un rien, tant-soi-peu: la dix-millième partie d'un taël,* ex quibus demptum est 口 ad elegantiam formae.

N. 623. 冡 蒙 蒙

冡 Mum ^ Obscuritas: rudis, ignarus. Decipere. Contegere. Obtinere. Exponere se.=Obscurité: ignorant, grossier. Tromper. Couvrir. Obtenir. S'exposer.

懞 ^ Rudis, ignarus.=Grossier, ignorant.

濛 / Pluvia minuta.=Pluie fine.

鸏 丶 Parva avis plumis carens. Avis aquatilis.=Petit oiseau sans plumes. Oiseau aquatique.

霥 ^ Tempus pluviosum.=Temps à la pluie.

鬔 ^ Capilli confusi.= Cheveux en désordre.

驝 ^ *Muli species quædam.*=*Espèce de mulet.*

檬 ^ Fraxinus. Mangifera indica. *Limonii species.* = Frêne. Le manguier. *Espèce de citron.*

掾 ^ Manu aliquid obtegere.=Couvrir quelque chose avec la main.

饛 ^ Escis vasa implere. Discus cibis plenus.—Remplir des vases de comestibles. Plat rempli.

朦 ^ Facies ampla. Abundans. = Visage large. Abondant.

朦 ^ Luna obscura.=Lune qui ne brille pas.

艨 ^ Naves bellicae. Navis. = Navire de guerre. Vaisseau.

獴 ^ Mustela.=La belette.

縢 ^ Sericum contortum. = Soie torse.

矇 ^ Caecus; oculis infirmus. Dormitare.= Aveugle; qui a mal aux yeux. Sommeiller.

曚 ^ Obscurum; sol obscurus.= Obscur; soleil obscurci.

噱 ^ Sermo obscurus, obscurè loqui.=Langage obscur, parler obscurément.

蠓 丶 *Species culicis minimi.* = *Espèce de cousin fort petit.*

幪 ^ Cooperire. Velum; tentorium. Luxurians.= Couvrir. Voile; tente. Florissant.

塳 Pum ˇ Pulvis in aëra dispersus à vento.= Poussière élevée par le vent.

† Nisi ratio dictaret à simplicioribus litteris ad compositas esse procedendum, mallem huic ordini praeficere varietatem 蒙 tanquàm formam primariam, quia multò frequentiùs prae aliâ in usu venit, ne dicam semper.

†† Accuratè distinguenda à N. 625 cui validè similis est.

N. 624. 郎 郞

郎 Lam ^ Homo (sic honorificè appellatur à mulier maritus); maritus.= Homme; mari.

廊 ^ Porticus. Altior domus. Cubiculi laterales.= Portique. Maison élevée. Chambres latérales.

N. 624. 丶

鄉 入 *Quædam gemma.*=*Nom d'une pierre précieuse.*

榔 入 Areca. = Aréquier ; noix d' arèque.

薌 ／ *Species zizaniæ.* = *Espèce d' ivraie.*

螂 入 *Locustæ species quædam*=*Espèce de sauter l e.*

† Oritur à 良 N. 300 cui fortè adjungi deberet tanquàm mera varietas, nisi quidam casus occurrerent in quibus sola usurpari potest, ad exclusionem alterius.

N. 625. 冢

Chum 丶 Magnus. Superior. Montis vertex. Tumulus.=Grand, supérieur. Le faîte d'une montagne. Tombeau, sépulture.

潆 丶 Amnem in alium cursum detorquere.=Changer le cours d'un ruisseau.

塚 丶 Tumulus, sepultura. = Tombeau, sépultu e.

嵸 丶 *Quidam mons.*=*Nom de montagne.*

† Vice hujus phoneticæ sæpisssimè usurpatur N. 623, aut scribitur simpliciter 冢 sine 丶 qui elegantiae hujus litterae necessario debetur : ambo hæ consuetudines erroneæ, et ab accuratis auctoribus omninò reprobantur.

626. 寉 隺

Ho ◡ Avis in altum volans. Ad alta negotia suspicere. Altum, eminens.=Oiseau qui vole haut. Viser à de grandes choses. Haut, élevé.

鶴 ◡ *Avis quædam altè volans.* Ciconia : cygnus.=*Certain oiseau qui vole très haut.* Cigogne : cygne.

臛 ◡ Carnis jusculum. = Jus de viande.

灌 Kio ◡ Humectare.=Humecter.

確 ◡ Firmum : stabile. Certum, sine dubio.=Fixe : stable. Certain, hors de doute.

蘿 ◡ *Nomen cujusdam plantæ.* = *Nom de plante.*

榷 ◡ Pons ligneus.=Pont en bois.

搉 ◡ Percutere. Rem paucis exponere. Auctorem citare.=Frapper. Exposer brièvement un fait. Citer un auteur.

傕 ◡ *Cognomen.*=*Nom propre.*

髍 ◡ Ossis extremitas.=Le bout d' un os.

† Sub hoc ordine propter similitudinem referre juvat sequentem rarì usûs phoneticam.

雀 Tsio ◡ *Passer : avicula.* = *Moineau : petit oiseau,*

ex quâ fluunt.

爝 *Tæda ardens.* = *Torche ardente.*

嚼 ◡ *Mandere : rodere.* = *Mâcher : ronger.*

N 627. 冥 冝

Mi ∧ Obscuritas, obscurum. Nox.=Obscurité, obscur. La nuit.

溟 ∧ Pluvia minuta : nebula. Mare. = Pluie fine : brouillard. La mer.

䁾 ／ Oculos claudere.=Fermer le yeux.

僶 丶 Temulentus. Bonus. = Ivre. Bon.

N. 627.

嫇 ﹅ Æquum, justum. Purum, clarum =Equitable, juste. Pur, clair.
蓂 ˆ *Herba in novilunio folium emittens.=Plante qui produit une feuille à toutes les nouvelles lunes.*
瞑 ˆ Oculi obscuri. Oculos claudere.=Yeux obscurcis. Fermer les yeux.
暝 ˆ Obscurum. = Obscurité, obscur.
螟 ˆ Vermiculus segetibus noxius. Culex. Vespa =Petit vers nuisible aux moissons. Cousin. Guêpe.
嗅 ﹅ Locus montuosus.=Lieu montagneux.
塓 Mi ˇ Parietes calce linire : parietes pingere.=Crépir ou peindre un mur.
黮 ˇ Obscurum, umbrosum.=Obscur, ombragé.
幎 ˇ Cortina ; contegere.=Rideau ; cacher, couvrir.
聙 Mièn ﹅ Audire, annuere.=Entendre, accorder.
瞑 ˊ Deliquio captus : perturbatus.=Tombé en pâmoison : troublé.

† Litteræ hujus ordinis sæpè involvunt *obscuritatis* ideam, à phoneticæ sensu verisimiliter deductam.

N. 628. 羔

Kao ˉ Agnus.=Agneau.
糕 ˉ Placenta, offa. = Pâté, gateau.
餻 ˉ Placenta, offa. = Pâté, gateau.
溔 Iao ﹅ Lacus : aquae extensae : stagnum. = Lac : grande étendue d'eau : étang.

窯 ˊ Furnus ad lateres coquendos.=Four à briques.

N. 629. 差 㢀

Cha ˙ Errare : falsum. Deferre. Mittere, delegare. Labi, cadere.=Se tromper : faux. Différer. Envoyer, déléguer. Tomber.
謎 ˆ Obstupescere.=S'étonner.
褨 ˊ Vestes exteriores aperire ut interiores appareant.=Ouvrir les habits de dessus pour faire paraître ceux de dessous.
剳 ˉ Confodere, occidere. Pugio.=Percer, tuer. Poignard.
蹉 ˉ Pes magnus.=Grand pied.
槎 ˆ Rates. Arbores præcidere.=Radeau. Couper des arbres.
鎈 ˉ Nummi cuprei.=Monnaies de cuivre.
艖 ˉ *Navis genus quoddam.*=*Sorte de navire.*
齹 Che ˉ Dentium inæqualitas.=Dents inégales.
謎 Tsié ˉ Suspirari. Proh ! Ah ! dolore. *Interjectio doloris.* Odisse.=Soupirer. Ah ! *Cri de douleur.* Haïr
嗟 ˉ Suspirari. Proh ! Ah ! dolore. *Interjectio doloris.* Odisse.=Soupirer. Ah ! *Cri de douleur.* Haïr
瘥 Tsô ˆ Morbus, contagium mite. A morbo convalescere.= Maladie, petite peste. Guérir de maladie.
瑳 ﹅ Claritas aut splendor alicujus rei.=La clarté ou l'éclat d'une chose.
嵯 ˉ Mons saxosus et abruptus.=Montagne rocailleuse et escarpée.

N. 629.

磋 ˗ Expolire, polire.=Polir, lisser.
醝 ˄ Vinum album.—Vin blanc.
䵵 ˄ Molere, tundere. = Moudre, piler.
搓 ˗ Repellere, impellere. Miscere. Oscillare.= Repousser, pousser. Mêlanger. Balancer.
鹺 ˄ Salitum.=Salé.
蹉 ˗ Transgredi; præterire. Cadere. Tardare. = Transgresser; passer outre. Tomber. Retarder.
嵯 ˄ } Mons saxosus et abruptus. =Montagne rocailleuse et escarpée.
嵳 ˄ }
傞 So ˗ Titubare, vacillare. Ebrius.= Chanceler, vaciller. Ivre, chancelant d'ivresse.

† Ex pronuntiatione *Tso* quæ in hoc ordine prævalet clarè deducitur hanc phoneticam oriri à 左 N. 136.

N. 630. 朔

Xô ˘ Novilunium: renovare. Incipere.=Nouvelle lune: renouveller. Commencer.
槊 ˘ Lancea. Falx.=Lance. Faux.
搠 ˘ Murum linire. Maculare. = Recrépir un mur. Tacher.
鎙 ˘ Hasta longissima.=Lance très longue.
嗍 ˘ Sorbere, sugere, lambere.= Sucer, lécher, lapper.
溯 Su ˊ Aquæ fluxus retrogradus: aquam trahere contra ejus cursum.=Cours rétrograde de l'eau: faire remonter l'eau contre son cours.
訴 ˊ Accusare; detrahere; calumniari. = Accuser; médire; calomnier.
遡 ˊ Ire contra cursum aquæ. Accusare.=Aller contre le courant. Accuser.
愬 ˊ Narrare. Accusare; detrahere, calumniari.=Raconter. Accuser; médire, calomnier.
塑 ˊ Forma fictilis. In formâ aliquid fundere. Statua fictilis.= Moule en terre. Jeter quelque chose au moule. Statue en terre cuite.

† Vide annotationem N. 810.

N. 631. 迷

Mi ˘ Obcæcare, obtenebrare, perturbare; obscurum: stupidus. Deceptus.=Aveugler, obscurcir, troubler; obscur: stupide. Trompé.
㥧 ˄ Cæcitas moralis. Considerare; perpendere. = Aveuglement moral. Réfléchir; examiner.
謎 ˊ Enigma, verba divinatoria. Decipere. = Enigme, mots à deviner. Tromper.
醚 ˄ Valdè ebrius.=Ivre-mort.
瞇 ˋ Oculi obscurati; visio infirma. =Yeux obscurcis; vue faible.

† Oritur à N. 220 cui velut subordo adjungi posset.
†† *Obcæcationis* vel *obscuritatis* idea dominatur in omnibus compositis hujus phoneticæ.

N. 632. 脊 脊

Tsi ˘ Spina dorsalis, vertebræ; dorsum. Vertex.=L'épine dorsale, les vertèbres; le dos. La cime.
瘠 ˘ Macilentus: pauper.=Maigre: pauvre.
鶺 ˘ *Avis quædam ante auroram cantans.=Oiseau qui chante avant l'aurore.*

N. 632.

稭 Tecti vertex; domûs culmen. = Le faîte du toit; le sommet de la maison.

瑎 Terra sterilis. = Terrein stérile.

揩 Percutere. = Frapper.

腤 Macilentus: pauper. = Maigre: pauvre.

蹐 Minuto gressu incedere. Inquietus. = Marcher à petits pas. Inquiet.

N. 633. 秦

Tsin Nomen imperatoris antiquissimi. Nomen regni. Cognomen. = Nom d'un empereur tres ancien. Nom d'un royaume. Nom propre.

篸 Fistula musica. = Flageolet, chalumeau.

螓 Species muscæ cæruleæ. Species cicadæ. = Sorte de mouche bleue. Espèce de cigale.

溱 Chen Affluentia; abundantia Facilè. = Affluence; abondance. Facilement.

臻 Advenire, pervenire; apicem attingere. Simul = Arriver, atteindre; parvenir au sommet. Ensemble.

榛 Frutices. Spissum: umbrosum. = Buissons, broussailles. Touffu: ombragé.

搸 Multi, valdè. = Beaucoup.

𦗴 Æquale, planum. = Egalisé, plane, uni.

蓁 Abundans, floridum. Herbæ luxuriantes. Colligare. = Abondant, florissant. Herbes touffues. Lier ensemble.

† Cautè distinguendi à 泰 Tái Pax, quies; concordia. Abundantia = Paix, tranquillité; union. Abondance.

N. 634. 素

Su Commune, simplex, ordinarium. Mos; de more. Album. = Commun, simple, ordinaire. De coutume; coutume. Blanc.

愫 Amor purus. Sincerus. = Amour désintéressé. Sincère.

溸 Fluviali itinere aliquò pergere. = Aller quelque part par la voie du fleuve.

諫 Admonere. = Avertir.

塐 Fictiles figuras efformare. = Faire des figures en terre.

搸 Furtim surripere. = Dérober furtivement.

餗 Jejunium, jejunare. = Jeûne, jeûner.

傃 Reverti. Inclinare. Secundum statum suum vivere. = S'en retourner. Pencher. Vivre selon sa condition.

嗉 Avium ventriculus: avium guttur. = Gésier des oiseaux; gosier des oiseaux.

† Cavendum ne confundatur cum N. 641.

N. 635. 冓

Keu Domûs penetralia. Connectere; fœdus. Centum millia milliùm. = L'intérieur ou le fond de la maison. Attacher ensemble; alliance. Cent millions.

篝 Nox; obscuritas. = La nuit; l'obscurité.

溝 Canalis; aquaeductus. = Canal; aqueduc.

褠 Manicae. Vestis simplex. = Les manches d'un habit. Habit simple.

遘 覯 Obviàm habere; occurrere. Videre. Colloqui. Perficere. = Rencontrer; aller au devant. Voir. Parler ensemble. Achever.

N. 635.

構 ˊ Conjungi ; nectere. Colligere. Ædificare. Inducere.=S'unir ; nouer. Rassembler. Edifier. Induire.

韝 ˉ Manicæ pelliceæ. = Manches en peau.

搆 ˊ Confundere. Pellere, excitare. =Confondre. Pousser, exciter.

鞲 ˉ Manicæ pelliceæ.=Des manches en peau.

篝 ˉ Canistrum. Laterna. Foculus ad lectum calefaciendum. Profundum. = Panier. Lanterne. Chauffe-lit. Profond.

媾 ˊ Cum affine nubere ; nubere : coitus : amor conjugalis.=Se marier avec un paren ; se marier : le coït : amour conjugal.

購 ˊ Emere ; rem re permutare. Quærere.=Acheter ; faire des échanges. Chercher.

嶹 ˊ Semita inter montes.=Sentier à travers les montagnes.

講 ˋ Kiam Dicere, narrare, explicare : conversari. = Dire, raconter, expliquer : converser.

顜 ˋ Clarum. Rectum. = Clair. Droit.

耩 ˋ Serere. Terram colere, arare ; fodere. = Semer. Cultiver la terre, labourer ; creuser.

傋 ˋ Sincerus, verax.=Sincère, véridique.

N 636. 辱 辱

Ju ˇ Dedecore afficere : injuriam irrogare. Contumelia, ignominia. Contemnere.=Couvrir de honte : faire injure. Flétrir. Affront. Déshonneur, injure. Mépriser.

慱 ˇ Pudorem aut ignominiam inurere.=Faire honte : flétrir.

溽 ˇ Humiditas. Æstas humida. Conditum. = Humidité. Eté humide. Assaisonné.

褥 ˇ Culcitra. Stratum. Tapes. = Matelas. Lit, couche. Tapis.

慁 ˇ Pudorem suffundere : ignominiam irrogare.=Faire honte : faire affront, flétrir.

戚 ˇ *Lanceæ species quædam.=Sorte de lance.*

鄏 ˇ *Nomen urbis.=Nom de ville.*

蓐 ˇ Culcitra, stratum. = Matelas, ce sur quoi on couche.

槈 ˇ Agrum purgare.=Nettoyer un champ.

媷 ˇ Piger, tardus. = Paresseux, lambin.

縟 ˇ Ornare ; ornatus. Res diversicolor. Subtile. Pulchrum. = Orner ; ornement. Chose bigarrée. Mince. Joli.

蓐 ˇ Erumpere. Herbæ ex antiquis radicibus pullulantes. Stratum. =Pousser. Herbes qui repoussent des vieilles racines. Lit,

黟 ˇ Nigrum et sordidum.=Noir et sale.

嗕 ˇ Commiseratio. *Antiqua Tartarorum tribus.*=Pitié, commisération. *Ancienne tribu de Tartares.*

搙 ˇ No Attrectare, contrectare. = Manier, toucher.

耨 ˊ Neu Agros purgare, noxias herbas avellere, sarrire : aratro terram invertere. = Sarcler, ôter les mauvaises herbes : renverser la terre avec la charrue.

† Habitâ duntaxat ratione pronuntiationum, hæc phonetica omninò consimilis est phoneticæ 需 N. 936.

海上絲綢之路文獻集成 科技與文化編

N. 637. 原

Iuên ^ Origo. Naturale. Planities. Parcere. = Origine. Naturel. Une plaine. Pardonner.

源 ^ Aquæ fons, scaturigo. Origo. Sine interruptione.=Source d' eau, fontaine. Origine. Sans interruption.

謜 ^ Blanda et benigna verba. = Paroles de douceur et de bonté.

愿 ˊ Sincerus ; fidelis. Bonitas. Venerari.=Sincère ; fidèle. Bonté. Respecter.

願 ˊ Desiderare, optare ; velle. = Désirer ; vouloir.

騵 ^ Equus rufus jubâ nigrâ ventre albo.=Cheval roux avec crinière noire et ventre blanc.

傆 ˊ Expertus, peritus. = Expert, habile.

獂 ^ *Animal montanum simile bovi tres tantùm pedes habens.* Porcus cicuratus.=*Sorte d'animal à trois pattes semblable au bœuf.* Cochon domestique.

嫄 ^ *Regina quædam antiqua virtute celebris.* = *Ancienne reine célèbre par sa vertu.*

蒝 ^ Apium.=Du persil.

縓 Tsüên Rubrum. Color flavus remissus.=Rouge. Jaune pâle.

N. 638. 夏 夏 㚆

Hia ˊ Ver. Magna domus. *Musicæ genus quoddam.* = Le printemps. Maison vaste. *Certain genre de musique.*

廈 ˊ 厦 ˊ Ædificium, magna domus, palatium. Cubiculum laterale.=Edifice, grande maison, palais. Chambre latérale dans un salon.

嗄 ˊ *Quidam mons.*=*Nom de montagne.*

嗄 Xa ˊ Vox rauca.=Voix rauque.

† Hunc phoneticæ graphicè affinis est 憂 N. 971.

N. 639. 致 致

Che ˊ Efficere ut. Proptereà. Tradere. Pertingere, pervenire. Ire ad... Visitare.=Faire en sorte que... Pour cela. Livrer. Atteindre, arriver à. Aller à... Visiter.

澂 ˊ Humidum, madidum.=Humide, mouillé.

譈 ˋ Colloquium. Irridere.=Conversation. Railler.

癥 ˊ Morbus in membris inferioribus.=Maladie dans les membres inférieurs.

襒 ˊ Vestes assuere vel reficere.=Coudre ou raccommoder des habits.

韄 ˋ Calceorum solea.=La semelle des souliers.

擻 ˋ Pungere, confodere. Pervenire.=Piquer, percer. Arriver.

闋 ˋ *Materia obscura obtenebrans materiam lucidam seu materia 2a, juxta philosophos Sinicos.* = *La matière secondaire selon les philosophes Chinois.*

鰴 ˋ *Quidam piscis.*=*Certain poisson.*

儆 ˋ Res simul connexæ.=Objets joints ensemble.

緻 ˋ Res valdè subtilis. Spissum.=Chose très mince. Epais.

蔌 ˋ Herba luxurians. = Gazon touffu.

賥 ˋ Lucrari. = Gagner, faire du profit.

† Originem trahit à N. 237.

N. 640. 晉 晋 晉

晉 Tsin ˊ Crescere. Ingredi. Præsentare. Domare. *Nomen familiæ imperatoriæ* = Croître. Entrer. Présenter. Dompter. *Nom d'une dynastie impériale.*

瑨 ˊ *Quædam gemma.* = *Sorte de pierre précieuse.*

搢 ˊ Confodere. Introducere. Ad cingulum alligare : nectere. = Percer. Introduire. Attacher à la ceinture : nouer.

縉 ˊ Sericum album. Ad cingulum appendere. *Nomen præfecturæ.* = Soie blanche. Suspendre à la ceinture. *Nom de dignité.*

戩 Tsièn ˋ Exhaurire : finis : omninò, integrè. Exterminare : præcidere. = Epuiser : la fin : tout à-fait, entièrement. Exterminer.

藎 ˊ *Planta quædam tinctoria.* = *Nom d'une plante dont on se sert dans la teinture.*

† Cavendum ne prima varietas hujus phoneticæ confundatur cum 普 Pù *Undequaquè ; universum, totum.* = *De toute part ; universel, tout.*

N. 641. 索 索

索 So ˇ Funis. Lex. Petere, inquirere. = Corde. Loi. Chercher, demander.

瘯 ˇ Pulsus commotus ; pulsûs agitatio. = Agitation du poulx ; poulx agité.

摉 ˇ De aliquo inquirere. Secretò aliquid accipere. Seligere. = S'informer de quelque chose. Prendre en cachette. Choisir.

鎍 ˇ Catena ferrea. = Chaine en fer.

颾 ˇ Flare. Ventus perflans. = Souffler. Vent qui souffle avec violence.

繠 ˇ Funis. = Corde.

鬖 Xee ˇ Perversus ; dissolutus. Sine animo. = Pervers ; dissolu. Sans courage.

傃 ˇ Subrigi ; capillis horrescere. = Frissonner ; les cheveux se dresser,

† Hæc phonetica et ejus consimilis 索 N. 634, velut præcipuum elementum habent litteram 糸 Mĭ *Sericum.* = *La soie*, quæ prout classifica præsidet sexcentis litteris ad *sericum* vel ad *libros* vel ad *scripturam* relationem habentibus, earumque saepiùs sinistrum latus occupat, aliquandò infima. Ex. 絕 Tsiüè *Praecidere ; abrumpere ; dilere.* = *Couper ; interrompre ; extirper.*

N. 642. 馬 馬

馬 Ma ˋ Equus. = Cheval.

謕 ˊ Loquacitas. = Loquacité.

禡 ˊ Ante bellum vel ante iter sacrificare. = Offrir un sacrifice avant le combat ou avant le voyage.

瑪 ˋ }
碼 ˋ } Lapis cornelia. = Cornaline.

榪 ˊ Uncus ligneus aut ferreus. = Crochet en bois ou en fer.

鷌 ˊ Addere, augere. Ingenio alacris. = Ajouter, augmenter. Qui à l'esprit prompt.

鰢 ˋ Parvi cancri. = Chevrettes.

傌 ˊ Contumeliis afficere, maledicere, lacessere, conviciari. = Accabler d'injures, charger de sottises, maudire, outrager.

媽 ˋ Avia ; mater vetula. = Grand-mère ; mère avancée en âge.

嗎 ˊ Contumeliis afficere, lacessere, conviciari, maledicere. = Outrager, accabler d' injures, maudire.

螞 ˋ Formica. = Fourmi.

N. 642.

罵 ˊ Conviciari, lacessere, contumeliis afficere, maledicere.=Injurier, outrager, maudire.

闖 Chen Per vim ingredi.=Entrer par force.

† Est etiam classifica, regitque 400 et amplius litteras, ad *equos* vel ad *velocitatem* relationem habentes.

N. 643. 㱿 殸

Keu *Littera merè phonica sensu destituta.* = *Lettre purement phonique vide de sens.*

㝅 ˊ Capram mulgere.=Traire une chèvre.

彀 ˊ Arcum intendere. Sufficere, sufficit.=Tendre un arc. Suffire, il suffit.

[illegible] ˊ Vaccam mulgere.=Traire une vache.

鷇 ˊ Pullus gallinae adhùc in ovo. =Poussin qui est encore dans l'œuf.

瞉 ˊ Ignorans, nesciens.=Ignorant, qui ne sait pas.

穀 Ku Segetes, fruges. Divitiae, substantia. Successivè. = Les grains, les moissons. Richesse. Successivement.

轂 Ku Rota: rotae centrum. Currus. =Roue: le moyeu d'une roue. Char.

榖 *Arbor ex quâ fit papyrus.*= *Arbre qui sert pour faire le papier.*

穀 Segetes, fruges. Divitiae, substantia. Successivè. = Les grains, les céréales, les moissons. Richesse. Successivement.

[illegible] Hu Pedum digiti.=Les doigts du pied.

豰 Hu Vulpis parva. *Tigridis species.*=Petit renard. *Espèce de tigre.*

觳 Vas corneum. Macilentus, debilis. Pedis extremitas. *Quaedam mensura.*=Vase en corne. Maigre, faible. Pointe du pied. *Certaine mesure.*

縠 Tela serica subtilis crispa. Pannus undulatus. Nubes. = Crêpe de Chine. Etoffe ondulée. Nuages.

愨 Kio Bonus, sincerus, fidelis.=Bon, sincère, fidèle.

殼 Arborum aut fructuum aut ovorum cortex. = Ecorce des arbres ou des fruits. Coque d'œuf

嗀 Hio Evomere; evomendi strepitus. =Vomir; bruit que l'on fait en vomissant.

† Haec phonetica saepè fugit eos qui serió non attenderunt ad ipsius structuram, necnon ad modum quo classificis adjungitur: plerique primo intuitu litterarum hujus ordinis perperam putant classificam esse 殳; et clarus ipse praeceptor amicusque noster Gonçalves hunc in errorem incidit in Dictionario suo *China-Portuguez* pag. 505 et seq.

†† Forma regularis hujus phoneticae originaliter fuit 㱿 vel 殸 ad cujus basim classifica collocabatur: sed lapsu temporis mutata fuit ad praebendum litteris elegantiam seu rotunditatem: propter eamdem rationem aliquandò usurpatur 殼 tanquàm varietas, saltem monente 康熙字典.

N. 644. 耆

Ki Sexagenarius; aetas provecta. Magister. = Vieillard de 60 ans; âge avancé. Maître.

鬐 Crines, juba. Piscium pinnae. =Crins, crinière. Nageoires.

鰭 Piscium pinnae. = Nageoires de poisson.

[illegible] Xe
[illegible]
[illegible]
Concupiscere, vehementer appetere. Voluptatibus indulgere. = Convoiter, désirer ardemment. S'adonner aux plaisirs.

字聲綱目

N. 644.

蓍 ˉ Herba divinatoria. — Herbe divinatoire.

嗜 ˊ Concupiscere, vehementer appetere. Voluptatibus indulgere.—Convoiter, désirer ardemment. Se livrer aux plaisirs.

N. 645. 盍 盇 盖 葢 盖

Ho ˇ Quidni? Cur non? Porro. Cooperire, operculum.—Pourquoi pas? Or.... Couvrir, couvercle.

歃 ˇ Bibere; sorbere. Tussire, tussis.—Boire; humer. Tousser, toux.

闔 ˇ Januam claudere. Valvæ ligneæ. In unum colligere.—Fermer la porte. Battants en bois. Ramasser ensemble.

嗑 ˇ Verbosus, loquax. — Grand parleur.

溘 Ko ˇ Repente, illicò.—Soudain, tout d'un coup.

褐 ˇ Pallium. Vestis superior. — Manteau. Habit de dessus.

顄 ˇ Capitis ossa. Lignum transversum in anteriori parte currûs.—Les os du crâne. Traverse sur le devant d'un char.

醘 ˇ Vas pro vino. — Vase pour le vin.

榼 ˇ Hydria, urna.—Cruche, jarre.

搕 ˇ Percutere. Accipere, sumere. —Frapper. Prendre. *V. infrà.*

瞌 ˇ Præ lassitudine dormire. — Dormir de lassitude.

瞌 ˇ Dormiendi pruritus. Caput movere: caput movendo admonere. = Envie de dormir. Remuer la tête: avertir par un signe de tête.

瘟 Ngo ˇ Claudus. Respirandi difficultas.—Boiteux. Respiration gênée.

讃 ˇ Pictura.—Peinture.

搕 ˇ Currus stercore onustus. = Char qui porte de l'ordure.

匌 ˇ Mulierum capitis ornamenta. —Ornements que les femmes se mettent sur la tête.

磕 Kai ˊ Sonitus lapidum sese collidentium. Tinnitus. — Bruit de pierres qui s'entre-choquent. Tintement.

礚 ˊ Vestis superior. — Habit de dessus.

轞 ˊ Currus. Curruum strepitus.— Char. Bruit des chars.

殟 Ngai ˊ Emori, vitâ fungi.= Mourir, trépasser.

墖 ˊ Pulvis; sordes. — Poussière; saleté.

瞌 ˊ Solis color.—La couleur du soleil.

鎑 Ié ˇ Ferreum utensile. = Ustensile en fer.

饁 ˇ Prandium pro agricolis in agrum deferre: in agro prandere.— Porter aux champs le diner des laboureurs: diner à la campagne.

† Sinenses communiter non admittunt, litteram 葢 per se sumptam, adhiberi posse tanquàm varietatem hujus phoneticæ, eamque legunt *Kái* et explicant *Cooperire*; *adumbrare*. —*Couvrir*; *ombrager*. 康熙字典, è contrà ambas litteras synonymas dicit et sensu et sono.

Quidquid sit, certum est, et ab omnibus agnitum, omnes varietates quas huic phoneticæ subjunximus, in compositis synonimas esse, et unicum ordinem phoneticum constituere.

N. 646. 貢

Kum ˊ Donum, tributum. Munus offerre.=Don, tribut. Faire un présent.

鵓 ˆ Avis cibum suum alteri relinquens.=Oiseau qui cède sa nourriture à un autre oiseau.

剻 ˋ Murum destruere ; evertere.=Démolir une muraille ; abattre.

蟦 ˋ *Insectum quoddam terram induens.=Insecte qui se fait une enveloppe de terre.*

嗊 Hum ˋ Tentare, inducere, hortari. Cantilenas cantare. Vox canentis.=Tenter, induire, exhorter. Chanter des chansons. Voix de quelqu'un qui chante.

† Oritur à N. 27.

†† 剻 est vulgaris abbreviatio litterae 竇 ab accuratis auctoribus reprobata.

N. 647. 袁 衣

Iûên ˆ Toga, vestis prolixa. *Cognomen.* = Toge, grande robe. *Nom propre.*

遠 ˋ Longe, remotum ; distare. Secedere.=Loin, éloigné ; être loin. Se retirer.

轅 ˆ Temo. Militare contubernium. *Quædam dignitas.* = Timon. Caserne. *Nom de dignité.*

榬 ˆ Girgillus.=Dévidoir.

猿 ˆ *Simiæ species quædam. = Espèce de singe.*

園 ˆ Viridarium, hortus : locus muro cinctus. = Jardin, enclos : enceinte : cour.

† Hinc originem ducit 睘 N. 928, sicut ex ejus varietatibus claré constat.

N. 648. 尃

Fu ¯ Publicare, evulgare. Tela.=Publier, divulguer. De la toile.

𦍒 ¯ Ovis indomita. = Brebis indomptable.

榑 ˆ Lignum divinum.=Bois divin.

耩 ¯ Instrumentum rurale. = Instrument agricole.

傅 ˊ Magister. Superinducere. Annectere. = Maître, professeur. Enduire. Annexer.

縛 ˇ Ligare. Capere, sumere. = Lier. Prendre.

賻 ˊ Auxiliari, assistere. In funebres sumptus contribuere. = Aider, secourir, assister. Concourir aux frais des funérailles.

圃 ¯ Pomarium.=Verger.

愽 Po ˇ Amplum, extensum.=Ample, étendu.

煿 ˇ In sartagine frixare : assare. Urgere.=Frire dans la graisse : rôtir. Presser.

襮 ˇ Vestes manicis brevibus.=Habits à courtes manches.

鬌 ˇ Puerorum capilli. = Les cheveux des enfants.

博 ˇ Extensum, amplum. Ludere. Permutare. Scire, sapiens. = Etendu, ample. Jouer. Changer. Savoir, savant.

搏 ˇ Manu percutere. Capere.=Frapper avec la main. Saisir.

鎛 ˇ Musicum instrumentum magnum campanæ simile. =Instrument de musique semblable à une cloche.

餺 ˇ Placenta, offa.=Gâteau, pâté.

膊 ˇ Humeri. In frusta secare. Percussionis sonitus.=Les épaules. Couper en morceaux. Bruit que l'on fait en frappant.

牔 ˇ Sepis, septum : dissepimentum.=Haie, enclos : division, mur de séparation.

N. 648.

蒪 ˇ *Herba quædam fragrans. = Nom d'une herbe odoriférante.*

髆 ˇ Humeri.=Les épaules.

蟳 ˇ Bombycis ova.=Les œufs du ver à soie.

溥 Pu Magnum; amplum. Inclinatum. =Grand; vaste. Courbé.

† Oritur à N. 322 cui formâ et sono maximè affinis est, rarò autem vel nunquàm synonyma.

†† Littera 溥 idem exemplum præbet ac 浦 sub N. 322; idest, quod ipsa quoquè subphonetica evadit in sequentibus litteris:

薄 ˇ Po *Tenue, subtile, leve. Malum. Contemnere. Velum. = Fin, mince, léger. Mauvais. Mépriser. Rideau.*

簿 ´ Pu *Codex rationarius: liber memoriæ. Archivum. Velum. Bombycis fovea. = Livre de comptes. régistre: livre de notes. Archives. Rideau. Creux où se met le vers à soie pour filer.*

Ratio hujus compositionis secundariæ repetenda est ex peculiari formâ prædictarum litterarum, quæ multò elegantiores rotundioresque apparent, additâ classificâ 氵

††† Cum omni studio præcavendum est ne hæc phonetica confundatur cum 專 N. 748.

N. 649. 鬲

ˇ Ko Separare, dividere. *Cognomen.* =Séparer, diviser. *Nom propre.*

槅 ˇ Fenestra in tecto. = Lucarne; fenêtre ouverte dans le toit.

搹 ˇ Capere, manu accipere.=Saisir, prendre avec la main.

隔 ˇ Partiri, dividere. = Diviser, fendre.

膈 ˇ Pectus. Stomachus. Gula. = La poitrine. L'estomac. L'Œsophage.

嗝 ˇ Vox gallinacea.=La voix d' un gallinacé.

滆 ˇ Ho *Quidam rivus.=Nom de rivière.*

翮 ˇ Plumarum tubus.=Le tuyau des plumes.

鞨 ˇ Calceorum extremitas. = La pointe des souliers.

† Sensus et sonus quæ huic phoneticæ tribuimus, in vulgari consuetudine fundata sunt; clas sicè enim definienda esset Lĭ *Tripes.=Trépied,* et in hoc sensu præsidet tanquàm classifica quinquaginta ferè litteris parum usitatis.

N. 650. 哥 哥

¯ Ko Frater natu major.=Frère aîné.

滒 ¯ Lutum.=De la boue.

謌 ¯ Cantilena; canticum vulgare: cantare. = Chanson; chant vulgaire: chanter.

戨 ¯ Lapis cui naves alligantur.= Pierre à laquelle on attache les navires.

歌 ¯ Cantilena: cantare. = Chanson: chanter.

鴚 ¯ Anas regius. = Canard mandarin.

† Originem ducit à N. 145.

N. 651. 栗

Lǐ Castanea.—Châtaigne.

慄 ˇ Tremere, contremiscere. — Trembler.

溧 ˇ *Quidam rivus in Kiam-nan.—Nom d'une rivière du Kiam-nan.*

凓 ˇ Frigidum, frigus.—Froid.

鷅 ˇ *Quædam avis quæ parentes occidit.—Certain oiseau qui tue ses père et mère.*

塛 ˇ Obstruere. Confinia. — Boucher. Les confins.

摽 ˇ Componere.—Arranger.

篥 ˇ *Bambusæ species quædam.—Espèce de bambou.*

飃 ˇ Ventus et pluvia. = Vent et pluie.

慄 ˇ Tabellae in domo defunctos repraesentantes.—Tablettes ou inscriptions qui représentent les défunts dans les maisons.

蹀 ˇ Supplodere.—Frapper du pied par terre.

N. 652. 葡 蒱 葡

Péi Praeparare. Completum. = Préparer, arranger. Complet.

備 ´ Praeparare, disponere. Habere. Dux exercitûs.—Préparer, arranger. Avoir. Général d'armée.

憊 Pài Debilis, languens; fessus.—Faible, languissant; fatigué.

韛 ^ Theca coriacea. Tubus ad ignem excitandum.—Boîte en cuir. Tube pour souffler le feu.

糒 Pí Oryza pro itinere. Victualia sicca.—Riz pour le voyage. Vivres secs.

鞴 ´ Currûs corrigia cui viatores nituntur. Sagittarum theca.—Courroie dans un char sur laquelle les voyageurs peuvent s'appuyer. Carquois.

牖 ´ Forma.—Moule.

N. 653. 倝

Kán Aurora.—L'aurore, le point du jour.

幹 ´ Peritia, solertia. Negotium. Tractare.—Habileté. Affaire. Traiter, prendre soin.

榦 ´ Tabulae inter quas muri terrei ædificantur. Lorica. Manubrium.—Planches au milieu des quelles on fait les murs en pisé. Parapet. Manche.

乾 — Mundum. Siccum. Magnum. Orbis.—Propre. Sec. Grand. Le monde.

鶾 Hân Equus magnificus. — Cheval superbe.

韓 ^ Lorica circa puteum.—Parapet autour d'un puit.

翰 ´ Imperialis doctorum academia. Plumae. Penicillus, calamus.—L'académie impériale des docteurs. Plumes. Pinceau.

斡 Wǎ Volvere, rotare. Ansa. Ala.—Tourner. Anse. Aile.

† Auctores Sinici affirmant, elementum phonicum quod litteris hujus ordinis sonum præbet esse ubiquè 倝. Hæc opinio aliquid speciosi praesefert, quia revera 干 ecum trahit sonos Kan et *Han*; quùm tamen littera 干 semper omittatur quoties-cumque aliqua classifica presenti phoneticae adjungitur, et aliundè phonetica 倝 aliter omninò cooptetur cum classificis, sicut ex ejus ordine videre est N. 895, multò probabilius nobis videtur, elementum phonicum primarium esse 卓; et huic sententiae adhaesisse videtur cl. Gonçalves *Arte China pag.* 28 *col.* 1, quandò exhibuit 卓 velut elementum merè phonicum cum sono Kan.

字聲綱目

N. 654. 退

Tuéi — Retrocedere ; reverti. Recusare. Cedere. = Reculer ; s'en retourner. Refuser. Céder.

煺 — In aquâ calidâ gallinam immergere ut plumæ faciliùs evellantur. = Plonger une poule dans l'eau bouillante afin de la plumer plus facilement.

腿 、 / 蹆 、 — Tibiæ ; sura, crurum et coxendicum pars carnosa. = Les jambes ; les mollets, la partie charnue des jambes ou des cuisses.

褪 Tuen — Vestes exuere ; deponere. Demittere. Cadere. = Mettre bas ses habits ; quitter. Abaisser. Tomber.

† Vide annotationem N. 682.

N. 655. 弱

Jo — Debile, molle, flaccidum. = Faible, mou, flasque.

鶸 — *Quædam avis. = Nom d'oiseau.*

膃 — Cutis tenuis interior exteriori immediata. = Le derme ; peau fine qui est sous l'épiderme.

艒 — *Navis species quædam. = Sorte de navire.*

觮 — Arcus ex parte debilis. = Arc qui a une partie faible.

蒻 — Olus. Acorus. = Herbe potagère. L'acorus.

搦 No / 踙 — Manu contegere : manu suffocare ; incitare, provocare. = Couvrir avec la main : suffoquer avec la main : agacer, provoquer.

溺 Ni — Mergi. Absorberi ; vehementer diligere. Mingere. = Etre submergé. Etre absorbé ; aimer à l'excès. Pisser.

榒 — *Quoddam ligni genus. = Espèce de bois.*

𡏧 — Lutum : terra et aqua simul permixta. = De la boue : de l'eau et de la terre mèlangées.

嫋 Nao — Mulier delicata : delicatum, flexibile, molle. Sonus non interruptus = Femme délicate : délicat, flexible, mou. Bruit non interrompu.

N. 656. 犀 犀犀

Si — Tardè, lentè, quies. Temporis spatium. Animal tricorne. = Tard, lentement, repos. Espace de temps. Animal qui a 3 cornes.

樨 — *Quoddam lignum. = Espèce de bois.*

謘 Che — Verba seria et commoventia. = Langage sérieux et touchant.

墀 — Porticus, vestibulum. = Portique, vestibule.

遲 — Serò, tardare. Lentè ; immorari. = Tard, retarder. Lentement ; s'arrèter.

劀 — Præcidere, amputare. Squamas tollere. = Couper. Enlever les écailles.

稺 — Messis serotina. = Moisson tardive.

偍 — Pejorare, ire in pejus. = Empirer, de pis en pis.

† Si vulgaris consuetudo classicis legibus esset anteponenda, varietates hujus phoneticæ primum locum tenere deberent, quia multò communiùs usurpantur quam ipsa.

N. 657. 展

Chan Extendere, aperire, evolvere. =Etendre, ouvrir, dérouler.

驏 ˊ Volutari, humi se volvere.= Se vautrer, se rouler par terre.

輾 ˋ Volvi, se revolvere : rotæ revolutio. Molere.=Tourner, rouler, se retourner : un tour de roue. Moudre.

搌 ˋ Fricare. Ligare. = Frotter. Lier.

鱣 ˋ *Piscis quidam spinis carens. =Certain poisson sans arêtes.*

嫸 ˋ Pulchrum, elegans. = Joli, élégant.

㞡 ˋ Stultus.=Sot, imbécile.

蹍 ˋ Conculcare. Vestigium. Incedere.=Fouler aux pieds. Vestige, empreinte. Marcher.

碾 Nièn Molendina manualis : molere. =Moulin à la main : moudre.

N. 658. 屑

Sié Dedignari, despicere. Fragmenta, minutiae ; parvum. = Dédaigner, mépriser. Des fragments, des copeaux ; petit.

糏 ˇ Oryza minutatim confracta.= Du riz brisé menu ; le rebut du riz tamisé.

榍 ˇ Limites, mensura, restrictum. =Limites, mesure, restreint, borné.

麧 ˇ Tritici fragmenta seu minutiæ. =Froment brisé menu ; le rebut du blé tamisé.

搰 ˇ Erumpere ; res egrediens. = Sortir ; chose qui sort, ou qui se fait jour.

褙 ˇ Vestis undans ; undulare. = Habits qui flottent en marchant ; flotter.

† Originem trahit à N. 380.

N. 659. 脅 脇 㧗 丁

Hié ˇ Costae, latera, latus. Inniti. Cohibere.=Les côtes, les côtés. S'appuyer. Réprimer.

愶 ˇ Pavidus, timens.=Tremblant, qui a peur.

瀁 ˇ Aqua decurrens. = Eau qui coule.

熁 ˇ Ad ignem desiccare.= Sécher au feu.

塉 ˇ Agger aquas cohibens.=Digue qui arrête les eaux.

歙 ˇ Halitum ducere. Pellis ossibus adhaerens. = Respirer. Peau collée aux os.

嗋 ˇ Ore aliquem deterrere. = Epouvanter quelqu'un par des paroles.

N. 660. 烝

Chēm Ad vaporem coquere : distillare. Ignem cum folle excitare. Creare.=Cuire à la vapeur : distiller. Souffler le feu. Créer. Verba tædiosa præ eorum repetitione. = Rabâcherie, du rabâchage.

謠 ˉ In ossibus dolor. = Douleur dans les os.

(first entry above)

癥 ˉ

敟 ˉ Percutere.=Frapper.

篜 ˉ *Bambusæ species quædam.= Espèce de bambou.*

脀 ˉ Decoctum, lixatum. = Cuit, bouilli.

蒸 ˉ Tæda, fax. Ligna. Succum rei distillare. Cibi meliores. = Torche, flambeau. Petits bois à brûler. Distiller le suc d'une chose. Mets, fricot.

† Immediatè fluit à N. 255.

N. 661. 孫

ー Suen Nepos : posteri.=Petit-fils : les descendants.

遜 ╱ 愻 ╱ Modestia, docilitas, obedientia ; humilitas : cedere, obtemperare. = Modestie, docilité, obéissance ; humilité : céder, condescendre, obéir.

猻 ー Simia parva.=Petit singe.

蓀 ー *Quædam herba fragrans. = Nom d'une plante odoriférante.*

噀 ╱ Ore leviter irrigare. = Arroser légèrement avec la bouche.

† Sub hâc phoneticâ propter formæ similitudinem referre juvat 係 Hí *Circumstantiæ. Conjungere. Pertinere ad..=Les circonstances. Unir. Appartenir à..*

N. 662. 舀 舀

╲ Iao Haurire, transfundere. = Puiser, transvaser.

慆 ㅗ Tao Dubium, dubitare. Lætari. Despicere. = Doute, douter. Se réjouir. Mépriser.

滔 ㅗ Aqua rapidè fluens. Exundatio.= Eau qui coule rapidement. Débordement.

謟 ㅗ Dubium, dubitare, dubius, incertus.=Doute, douter, incertain, qui doute.

韜 ╲ Arcûs theca : Vagina. Schemata militaria.= Boîte d'un arc : fourreau. Plans militaires.

搯 ㅗ Gladium arripere. = Saisir l'epée.

韜 ㅗ Arcûs theca ; vagina. Schemata militaria.=Boîte de l'arc; fourreau. Plans militaires.

謟 ㅗ Continere. complecti.=Contenir, embrasser.

稻 ╲ Oryzæ messis.= La moisson du riz.

黏 ╲ Milium.=Millet.

蹈 ╱ Calcare ; incedere. = Fouler aux pieds ; marcher.

帽 ㅗ Antiquus doctorum pileus.= Bonnet de docteur usité chez les anciens.

N. 663. 奚

^ Hî Quomodò? Quarè? Quid? Servus, famulus.=Comment? Pourquoi? Quoi? Domestique.

嵠 ^ Expectare.=Attendre.

謑 ^ Pudore afficere. = Couvrir de honte.

褑 ^ Cingulum, zona.=Ceinture.

傒 ^ Tollere ; transferre.= Enlever; transporter.

篌 ^ Aliquid cui navis alligatur. = Ce à quoi on amarre un bateau sur le rivage.

徯 ^ Expectare. Posteà. Periculum. = Attendre. Ensuite. Danger.

鼷 ^ *Species muris venenosi.=Espece de rat venimeux.*

傒 ^ Consequentia, consequentiae alicujus facti.=Conséquence, les conséquences d'un fait.

嫨 ^ Nobilium famula. = Servante de nobles.

蹊 ^ 蹊 ^ Semita, trames. Expectare. =Sentier. Attendre.

溪 Kī Rivulus ; torrens inter montes. =Ruisseau ; torrent au milieu des montagnes.

N. 663.

雞 ˉ 鷄 ˉ } Gallina; gallus. Grillus. Auricularia. = Poule; coq. Grillon. Champignon qui vient aux troncs des arbres.

谿 ˆ Torrens inter montes. *Nomen loci in Chee-kiam.* = Torrent au milieu des montagnes. *Nom de pays au Chee-kiam.*

傒 ˊ Hiai Mentis turbatio. Cum irâ et festinatione incedere.=Trouble d'esprit. Marcher avec hâte et en colère.

鞵 ˆ Calceamenta ex corio.=Souliers en cuir.

膎 ˆ 鮭 ˆ } Fercula; cibi diligenter praeparati, cibi exquisiti.= Mets; mets préparés avec soin, mets exquis.

N. 664. 氣

Ki ˆ Aër: halitus. Spiritus. Aspectus: apparentia. = L'air: la respiration. Les esprits. L'aspect: l'apparence.

愾 ˊ Hi Proh! suspirari. Ira, furor. Ronchos edere. Plenum.=Ah! soupirer. Colère, fureur. Ronfler. Plein.

熂 ˊ Herbas in montibus comburere. Mundare.=Brûler l'herbe des montagnes. Approprier.

譺 ˊ Flatus qui inter loquendum emittitur. = Souffle que l'on émet en parlant.

靆 ˋ Nubes densae; nubilum, obscurum.=Nuages épais; nébuleux, obscur.

騎 ˊ Equus incedens. = Cheval qui marche.

戲 ˊ Dimicare: bellum.=Combattre: guerre.

餼 ˊ Hospiti cibaria offerre pro itinere. Sacrificii fercula.=Donner à un hôte des vivres pour le voyage. Mets du sacrifice.

犔 ˊ Pecudum morbus. = Maladie des bestiaux.

僟 ˊ Irasci.=Se mettre en colère.

‡ Vice hujus phoneticae brevitatis gratiâ saepè usurpatur classifica 气 ex quâ originem ducit. Vide N. 38.

N. 665. 乘 乗乗

Chêm ˆ Quadriga: currus. Regere. Ascendere.=Char à 4 chevaux: char. Gouverner. Monter.

㤙 ˆ Stupidus, simplex. = *Stupide, simple.*

䄇 ˆ Celeriter loqui.=Parler avec volubilité.

輮 ˆ Currus.=Char.

塖 ˆ
塍 ˆ
艂 ˆ
畻 ˆ } Semita inter agros: agger terreus inter agros super quo pertranseuntes incedere possunt.—Sentier au milieu des champs: chaussée au milieu des champs sur laquelle on peut passer.

剩 ˊ Xem Residuum, reliquiae, quod superest.=Le résidu, le reste.

嵊 ˊ *Nomen cujusdam regionis.= Nom d'un certain district.*

† Cavendum ne confundatur cum 垂 垂 N. 456.

†† Litterae hujus ordinis tam insitatae sunt, ut fortè omnis ordo expungi posset tanquàm inutilis.

N. 666. 朕 𦩎

Tem Littera merè phonica sensu carens.=Lettre purement phonique dénuée de sens.

謄 Librum transcribere. Scriptis mandare. = Transcrire un livre, copier. Mettre par écrit.

騰 Ascendere : alta petere ; volare ; volare.=Monter : s'élever haut ; voler.

縢 Vincire. Reficere. Regni memoranda scriptis mandare. = Lier. Raccommoder. Ecrire les faits remarquables du règne.

螣 Genius volans serpenti similis. Lacerta.=Génie semblable au serpent volant. Lézard.

滕 Eruptiones in cute. Loquax; inconsideratè loqui. = Eruptions de la peau. Grand parleur. Parler sans réflexion.

塍 Chem Ager.=Un champ.

勝 Xem Vincere, consequi. Posse. Excedere.=Vaincre, obtenir. Pouvoir. Excéder.

賸 Multi, valdè. Augere. Residuum. Honorificè comitari.= Beaucoup. Augmenter. Le résidu. Faire cortège.

媵 In Concubina ; famula. Offerre.= Concubine ; servante. Offrir.

𦩍 Pulchrum, venustum. Augere.=Joli, gentil. Augmenter.

† Litteræ classificæ huic phoneticæ tali modo cooptantur, ut primo intuitu non facilè dignosci queant. Imperitis communiter videtur litteras hujus ordinis adscribendas esse classificae 月 ; et valdè mirum est clarissimum amicum nostrum Gonçalves huic errori subscripsisse in Dictionario suo *China Portuguez*, postquam ipse agnovit praesentem phoneticam in suo *Alphabeto China*. Sinenses admiserunt quidem litteras hujus ordinis phoneticam habere 𦩎, et classificam habere in earum imo latere dextero sub litterâ 关 ; sed pro litteris quarum classificae collocari non debent in infimo, benè autem in vertice, admiserunt 滕 tanquam phoneticam, ut litterae elegantiores seu rotundiores fierent, et constituerunt sub-ordinem qui nullomodò ab hâc phoneticâ separari potest, scilicet:

癈 Tem *Dolor, dolere.=Douleur, souffrir.*

籐 *Musicum instrumentum.=Instrument de musique.*

藤 *Calamus indicus* Lin. *Plantæ scandentes.=Le rotin. Lianne, les plantes grimpantes.*

Superest mentionem facere de phoneticâ 𤕌 cujus pronuntiatio intimam cum hâc affinitatem denuntiat, vel saltem probat elementum phonicum primarium harumece phoneticarum reperiri in 关 N. 219.

†† Cavendum ne confundatur cum 朕 Chên Ego *rex, vel imperator.* = Moi *roi, ou empereur.*

N. 667. 芻

Chu Fænum pro animalibus, herba. Secare, præcidere.=Foin pour les animaux, de l'herbe. Couper.

雛 鶵 Avium pulli. Passer. Puer. =Les petits des oiseaux. Passeraux. Enfant.

㛀 Vidua. Prægnans. Mulier formosa. = Veuve. Femme enceinte. Jolie femme.

蒭 Verba extranea in precibus à bonziis adhibita. = Mots d' une langue étrangère usités dans les prières des bonzes.

謅 Cheu Clamores ; strepitus. Loquacitas.=Des clameurs ; du bruit. Loquacité ; bavarder.

縐 Vestium rugæ ; rugosum. Flaccidum. Arescere. = Les plis des habits ; plissé, ridé. Flasque. Se dessecher.

海上絲綢之路文獻集成 科技與文化編

N. 667.

駋 ― Equus fabulosus qui herbam non comedit sed carnem suam. = Cheval fabuleux que l'on dit manger sa propre chair.

桸 ― Annulus in pecudum naribus. = Anneau que l'on met dans les narines des animaux.

鞨 ヽ Rugæ, rugosum. Sumere, capere. = ..., ridé. Prendre.

搊 ― Organis ludere. Reprimere. Sumere. = Jouer des orgues. Réprimer. Prendre.

篘 ― Canistrum ad cribrandum. = Panier qui sert à cribler.

郰 ― Cognomen: nomen cujusdam regni. = Nom propre: nom de royaume.

皺 ノ Vestium rugæ; rugosum: corrugare. = Les plis des habits; ridé: plisser.

㑳 ヽ Sincerus. Herbæ siccæ. = Sincère. Herbes sèches; du foin.

縐 ノ Vestium rugæ; crispum: corrugare. Rete sericeum. = Les plis des habits; crêpu: plisser. Filet en soie.

齺 ― Dentes decidui. Mandere. = Dents qui tombent. Mâcher.

矚 ヽ Retrò vel torvè aspicere. = Regarder derrière soi, ou de travers.

趨 Tsiü Festinare, currere. Ire, ambulare. = Se presser, courir. Aller, marcher.

㗙 ― Irati vox. = Voix d'un homme en colère.

蹴 ― Festinare, currere. Ire, ambulare. = Se hâter, courir. Aller, marcher.

N. 668. 䍃 䍃

^ Iao Fictilia. Vasa. Movere, agitare. = Poteries. Vases. Mouvoir, agiter.

窯 ^ Furnus. = Four,

愮 ^ Tristis, mœrens, tristitia. = Triste, chagrin, tristesse.

謠 ^ Cantilena: historias cantare: solus cantitare. = Chanson: chanter des traits d'histoire: chanter seul.

瑤 ^ Jaspis pretiosus. Splendens = Jaspe précieux. Resplendissant.

䌛 ヽ Incedere, ire. = Marcher, aller.

軺 ^ Currus parvus. = Petit char.

搖 ^ Agitare, movere; commovere. Ventilare. = Agiter, mouvoir; émouvoir. Vanner.

遙 ^ Remotum, distans, longè, distare. = Eloigné, lointain, loin, être éloigné.

颻 ^ A vento agitari. Ventus aliquid rumpens. = Etre agité par le vent. Vent qui brise quelque chose.

鷂 ^ Species gallinæ, item et accipitris. = Espèce de poule: espèce de faucon.

繇 ^ Sequi: concordare. Servire. Florens. = Suivre: s'accorder. Servir. Florissant.

鰩 ^ Piscis ventum prognosticans. = Poisson qui pronostique le vent.

傜 ^ Operarius. Servus. Satelles. = Ouvrier. Domestique. Satellite.

飖 ^ A vento agitari. Ventus aliquid agitans vel rumpens. = Etre agité par le vent. Vent qui agite ou brise quelque chose.

徭 ^ Servus; servitus. Operarius. Præfectorum ministri à plebe assumpti. = Domestique; servitude. Ouvrier. Satellite.

猺 ^ Barbari. Quædam canis species. = Les barbares. Espèce de chien.

嗂 ^ Lætari, gaudere. = Se réjouir.

䠛 ^ Saltare. = Sauter.

† Graphicè procedit à N. 258.

N. 669. 桀

Kiě Scelestus. Humeris gestare. Valens. Præclaris dotibus ornatus. = Scélérat. Porter sur les épaules. Courageux. Doué de qualités excellentes.

窠 ǔ Obumbrare; operire. = Ombrager; couvrir.

榤 ǔ Sedile. = Un siège.

䅶 ǔ Fruges crescere incipientes. = Céréales qui commencent à croitre.

傑 ǔ Heroës, vir præcellens, præclaris dotibus ornatus. Superbus. = Héros, homme extraordinaire, doué de grandes qualités. Orgueilleux.

嵥 ǔ Mons eminens. = Montagne élevée.

磔 Tsĕe Findere. Dispergere. = Fendre. Disperser.

搩 ǔ Manu aliquid metiri. = Mesurer quelque chose avec la main.

† In hâc phoneticâ eminet littera 舛 Chuàm *Errare: turbare. = Se tromper: troubler*, quam Sinenses eò irrationabiliùs inter classificas collocarunt, quòd octo tantùm litteris præsidet, iisque obsoletis, præter 舜 N. 838, et 舞 sub N. 844.

N. 670. 般

Pān Modus, ratio. Experiri. = Manière, mode. Essayer.

瘢 ^ Cicatrix. = Cicatrice.

鬆 ^ Capilli in cincinnum compositi. = Cheveux en papillottes.

搬 — Mutare. Tranferre: ire de loco in locum. = Changer, transporter: aller d'un lieu à un autre.

磐 ^ Rupes. Basis lapidea. = Rocher. Base en pierre.

槃 ^ Discus, patera. Rotare, volvi. Lætitia. = Plat. Rouler, tourner. Joie.

鞶 ^ Cingulum coriaceum. = Ceinture en cuir.

搫 — Mutare. Transferre: ire de loco in locum. = Changer, transporter: aller d'un lieu à un autre.

媻 ^ Concubina: prodigere. = Concubine: prodiguer.

縏 ^ Sacculus. = Petit sac.

督 ˍ Oculus avertere. = Détourner les yeux.

蹩 ^ Tibias decussare: se colligere. = Croiser les jambes: s'accroupir.

螌 — *Vermis quidam venenosus in medicinis adhibitus. = Certain ver venimeux employé dans les médecines.*

盤 ^ Vas: pelvis, discus. Rotare. Circumvagari. Obsistere. = Vase: bassin, plat. Tourner. Rôder autour. S'opposer.

† Hæc phonetica ejusque litteræ compositae in Sinarum provinciis occidentalibus leguntur *Puan.*

N. 671. 扇 𢃎

Xén Flabellum. = Eventail.

煽 ˏ Magnus ignis. Flammam agitari. In errorem inducere. = Grand feu. La flamme s'agiter. Induire en erreur.

謆 ˏ Decipere, verbis fallacibus hortari. = Tromper, exhorter par des paroles trompeuses.

磆 ˏ *Quidam lapillus. = Sorte de pierre précieuse.*

騸 ˏ Equum castrare. Arborem inserere. = Châtrer un cheval. Greffer.

搧 — Manibus plaudere. Flabello se refrigerare: agitare. Evulgare. = Battre des mains. S éventer; agiter. Divulguer.

N. 671.

熵 丿 Ignis ardens.—Feu ardent.

N. 672. 虒 帍

Ti Nomen loci.—Nom d'endroit.

謕 丿 Examinare; judicare.—Examiner; juger.

匲 ㇀ Tenue, delicatum. Res exilis ad planitiem compressa. — Mince, fin, délicat. Chose mince qu'on a rendu unie en la pressant.

鐫 ㇏ Urna: vas vini. = Cruche: vase à vin.

遞 丿 Traditio: de manu in manum: distribuere. Mutare. Loco alterius. — Tradition: de main en main; distribuer. Changer. A la place d'un autre.

睼 ㇏ Aspicere, videre. — Regarder, voir.

嗁 ㇏ Clamare. Avium cantus. — Crier. Le chant des oiseaux.

蹏 ㇏ Bestiarum pedes: equi calceus.—Les pieds des animaux: le sabot d'un cheval.

瘧 Si Dolor, dolore. — Douleur, souffrir.

螔 Î Limax.—Limaçon.

褫 Che Dignitatis insignia detrahere, honore spoliare.—Priver des marques de dignité, dégrader.

篪 ㇏ Tibiae in harmonicum concentum convenientes. Concordia inter fratres.— Flûtes qui font accord. Bonne harmonie entre frères.

傂 ㇏ Inaequale.— Inégal.

† Similitudo pronuntiationis efficit ut vice hujus phoneticae aliquandò usurpetur 帝 N. 507.

N 673. 留 畱 畄 㽞

Lieu ㇏ Hospitari. Detinere. Relinquere. Diù.—Loger. Retenir. Laisser. Long temps.

窗 丿 Antrum, spelunca.—Grotte.

溜 丿 Guttatim effundere; fluere. Aquae velociter fluentes—Verser goutte à goutte; couler. Eaux qui coulent rapidement.

瘤 ㇏ Polypus; tumores; fluxiones. =Polype; tumeurs; fluxions.

廇 丿 Aula in domûs medio, — Salon du milieu.

霤 丿 Tecti stillicidium, locus ubi fluunt aquæ domûs.—Gouttière du toit, lieu où affluent les eaux de la maison.

瑠 ㇏ Vitrum. Vas pro oryzâ.— Du verre. Vase pour le riz.

硫 ㇏ Sulphur.—Soufre.

騮 ㇏ Equus croceus crinibus nigris. — Cheval alézan à crinière noire.

輜 ㇏ Feretri currus.—Char funèbre.

榴 ㇏ Malum punicum. Rubrum.— Pomme grenade. Rouge.

餾 丿 Coquere; cibos parare. Vapor. fumus.—Cuire; faire la cuisine. Vapeur, fumée.

膪 丿 Polypus, tumor.—Polype, tumeur.

遛 ㇏ In via moram facere, manere, non progredi. Parumper.— S'arrêter en chemin, demeurer, ne pas avancer. Tant-soit-peu.

駵 ㇏ Equus croceus juba nigra.= Cheval alézan à crinière noire.

鶹 ㇏ *Avis quædam crudelis quæ parentes occidere dicitur.—Certain oiseau cruel qui tue ses père et mère.*

劉 ㇏ Occidere jugulare. Cognomen. =Tuer; égorger. *Nom propre.*

飀 ㇏ Ventus flans.—Vent qui souffle.

N. 673.

菑 ˄ *Quædam planta.* = *Nom de plante.*

罶 ╲ Canistrum piscatorium.=Panier pour prendre des poissons.

† Oritur à N. 175.

†† Littera 劉 in hoc ordine relata, classica non est, et apud quosdam solùm accepta. Regulariter scribi debet 劉, et sub hàc formâ usurpatur ut phoneticа in 瀏 Lieû *Aqua limpida decurrens : purum. Venti sibilus.* = *Eau courante limpide : pur. Le sifflement du vent.*

N. 674. 眞 眞真

Chēn Verum, rectum, veritas.=Vrai, droit, vérité.

謓 — Ridere. Irasci.=Rire. Se mettre en colère.

禛 — Felix, fortunatus.=Heureux.

瑱 ╱ Inaures; gemmæ auribus appensæ. = Pendants d'oreille; joyaux pendus aux oreilles.

鬒 ╲ Coma spissa et nigra. = Cheveux noirs, et touffus.

轃 ╱ Lignum in curru transversum =Bois en travers dans un char.

縝 — Stringere.=Serrer.

箮 — Sagittæ lignum. = Le bois d'une flèche.

鎮 ╱ Vigilias agere, custodiæ vacare. Reprimere, continere, *Præfectura quædam.*=Monter la garde, faire sentinelle. Réprimer, contenir. *Nom de dignité.*

稹 — Spissum. Acervus : manipulus. Colligere.=Touffu. Monceau : gerbe. Cueillir.

瞋 ˄ Pinguis.=Gras.

嫃 — *Nomen mulieris.* = *Nom de femme.*

縝 ╲ Nigrum. Occultum. Res subtilis et perfecta.=Noir. Caché. Chose mince et parfaite.

蒖 — *Quædam planta.* = *Nom de plante.*

黰 — Coma nigra et formosa.=Cheveux noirs et jolis.

瞋 ˄ Oculi iram spirantes ; iratus.= Yeux pleins de colère ; en colère.

嗔 ˄ Ira : convicium : irati species. =Colère : dispute : aspect d'un homme en colère.

慎 Xên ╱ Cavere, cautela : curam habere. Diligentia, diligenter. = Prendre garde, prendre soin ; précaution. Diligence, diligemment.

㥲 ╱ (same as above)

窴 Tiên Implere ; superaddere. Obstruere. Satisfacere.=Remplir ; surajouter. Obstruer. Satisfaire.

滇 ˄ Aquarum immensitas.=Etendue immense d'eau.

瘨 — Phreneticus, insanus. = Fou, frénétique ; frénésie.

磌 ˄ Fragor : sonitus petræ decidentis.= Roulement : bruit d'un rocher qui tombe.

瑱 ˄ Inaures.=Pendants d'oreille.

趚 ˄ Incedere, ire.=Marcher, aller.

塡 ˄ Implere, obstruere. Superaddere, satisfacere. = Remplir, boucher. Surajouter, satisfaire.

搷 ˄ Pulsare. Percutere. Evulgare. Deducere. = Frapper. Divulguer. Conduire.

闐 ˄ Replere, obstruere. Abundantia, multi simul. = Remplir, boucher. Abondance, beaucoup de personnes ensemble.

N. 674.

顛 ^ Cadere. Vertex, culmen. = Tomber. La cime, le faite.

嵮 ^ Montis vertex. = La cime d' une montagne.

寘 Ché Servare : reponere. Ponere. = Garder : mettre de côté. Placer.

† Valdè consimilis N. 411, undè originem ducere videtur.

N. 675. 叟

Sèu Senex. *Dominatio vestræ.* = Vieillard. *Votre seigneurie.*

謏 ˊ Irati verba. = Paroles de colère.

鎪 ˉ Florum effigies sculpere : cælare. = Graver des fleurs : ciseler.

傁 ˋ *Senum nomen genericum.* = *Nom générique des vieillards.*

瞍 ˋ Cæcus : oculi sine pupillâ. = Aveugle : yeux sans prunelle.

溲 Xēu Aquâ perfundere : aquam farinæ infundere ut fiat massa. Mingere, urina. = Saturer d' eau. Faire de la pâte. Pisser, urine.

瘦 ˊ Macilentus, gracilis. = Maigre, grêle.

廋 ˉ Inquirere, petere. Abscondere. = Faire des recherches, demander. Cacher.

搜 ˉ Investigare, inquirere, petere, rogare. = Faire des recherches, demander, prier.

餿 ˉ Cibi corrupti. = De la nourriture gâtée.

颼 ˉ Venti sonitus ; flare. = Bruit du vent ; souffler.

嗖 ˉ Strepitus ad aves deducendas. Ridere. = Bruit que l'on fait pour éloigner les oiseaux. Rire.

艘 Sāo *Navium nomen genericum.* = *Nom générique des navires.*

嫂 ˋ Uxor fratris natu majoris ; cognata. = La femme du frère aîné ; belle-sœur.

謏 Siāo Ad bonum hortari : inducere. Virtutem affectare, hypocrisis. Nuntius. Historiæ. = Exhorter au bien : induire à.. Affecter la vertu, hypocrisie. Messager. Les histoires.

N. 676. 息

Sǐ Lucrum ; usura. Respiratio : halitum ducere et emittere. Suspirium. Sistere, desistere. = Gain ; usure. La respiration ; aspirer et respirer. Soupir. Arrêter, cesser.

熄 ˘ Ignem cinere cooperire ut servetur. = Couvrir le feu avec des cendres pour le conserver.

謥 ˘ Sistere ; consistere, cessare. = Arrêter ; s'arrêter, cesser.

瘜 ˘ Ulcus vel tumor fetidus. = Plaie ou tumeur puante.

饄 ˘ Ciborum vapor seu odor. = La vapeur, ou l'odeur des mets.

媳 ˘ Nurus ; filii uxor. = Bru ; belle-fille.

† Huic phoneticæ et duabus sequentibus eminet littera 自 Tzé *Ipsemet. Ex, de, à, ab ; origo ; naturaliter.* = *Soi-même. De ; origine ; naturellement,* quam Sineuses eò ineptiùs inter classificas collocarunt, quò litterae perpaucae ac obsoletae quibus praesidet, aliis classificis plerumquè adscribendae sunt.

N. 677. 臭

Chéu Fetor, fetere. = Puanteur, puer.

殠 ˊ Fetor, fetere ; putre. = Puanteur, puer ; pourri.

N. 677.

糗 Kieu ˋ Victualia sicca. — Des vivres secs.

醜 ˋ Vultu deformis, fœdus.—Laid de visage.

搝 ˋ Aliquem retinere vestes ejus tenendo. — Retenir quelqu'un par ses habits.

饃 ˋ Odor mucidus : mucidum, mucescere. — Odeur de moisi : moisi, se moisir.

踈 ˊ Ire, incedere.—Aller, marcher.

鼻臭 Hieu ˊ
嗅 ˊ
Odorari. Fetor. — Sentir, flairer. Puanteur.

N. 678.

臬

Iĕ ˘ Supremus provinciæ judex criminalis. Leges, regulae. Sagittarum scopus. = Grand juge criminel de la province. Loix, règles. Cible pour les flèches.

涅 ˘ Aqua.=Eau.

闑 ˘ Parva columna in medio portae erecta. Pessulus. Tabulatum intra januam =Petite colonne au milieu d'une porte. Tranque. Paravent en dedans de la porte.

嵲 ˘ Mons altus.=Montagne élevée.

嘄 Iao ˊ Clamare, vocare.=Crier, appeler.

† Accuratè distinguenda à præcedenti phoneticâ sicut et à sequenti.

N. 679. 皋 皐皐皐 ノ

Kao ˉ Littus, ora. Altum, eminens. Vox producta. Cantare.=Rivage. Elevé. Voix prolongee. Chanter.

滜 ˉ Locus palustris, palus.=Marais, marécageux.

轈 ˉ Remotum. Permixtum; confusum. = Eloigné. Mélangé; confus.

槔 ˉ Machina ad aquam aliò asportandum. = Machine pour transporter l'eau.

韟 ˉ Arcûs vel sagittarum theca.= Boîte de l'arc ou des flèches.

稁 ˉ *Frugis species quædam.=Espèce de grain.*

顥 ˉ Magnum caput.=Grosse tête.

翶 ˆ Volitare.=Voltiger.

鷎 ˉ *Quædam avis.=Nom de certain oiseau.*

䓘 ˉ *Quædam planta. — Sorte de plante.*

諪 Hao ˉ Vox producta; ejulare. Ferarum rugitus.=Voix prolongee; crier. Rugissement.

皞 ˋ Album; clarum; cœli claritas. Felix. Extensum.=Blanc; clair; la clarté du ciel. Heureux. Etendu.

嗥 ˉ Vox producta; ejulare. Ferarum rugitus.=Voix prolongee; crier. Rugissement des bêtes féroces.

N. 680.

烏

Ū ˉ Nigrum. Corvus. *Avis symbolum filialis amoris.* Quomodò? =Noir, corbeau. *Oiseau symbole de l'amour filial.* Comment?

鴪 ˋ Inquietus, tristis. = Inquiet, triste.

N. 680.

鴆 ˋ Coquere.=Cuire.

碼 ˋ 塢 ˋ Ambitus; paries; locus muris clausus. Pagus: civitas. Agger. = Enceinte; mur; lieu enclos de murs. Village: cité. Digue.

搗 ˋ Manibus cooperire.=Couvrir avec les mains.

隖 ˋ Locus muris clausus, ambitus. Pagus: urbs. Agger. Paries.=Lieu enclos de murs, enceinte. Village: ville. Digue. Mur.

鄔 ˋ *Nomen cujusdam urbis.=Nom de ville.*

歍 ‒ Fastidire, nauseare. Osculari. =Avoir du dégoût, avoir des nausées. Baiser.

鎢 ‒ Falx, falcula.=Faulx, faucille.

嗚 ‒ Ah! proh! suspirari. = Ah! soupirer.

幰 ˋ Sudariolum.=Mouchoir.

† Nisi cautio adhibeatur, haec phonetica facile confundi potest cum 鳥 N. 775.

N. 681. 射

Xée ˊ Jacere sagittas; emittere; jacnlari. = Tirer des flèches; lancer; jeter.

麝 ˊ Cervus moschatus; moschus. =Cerf qui produit le musc; musc

謝 Sié Gratias agere. Recedere; renunciare. Valedicere. = Remercier. Se retirer; renoncer. Dire adieu.

榭 ˊ Solarium; specula. = Terrasse; belvéder.

† Littera 身 Xên *Corpus*; *ipsemet.=Le corps*; *soi même*, quæ in hac phonetica dominatur, inter classificas recensetur regitque sexaginta circiter litteras non valdè usitatas, quarum sinistrum latus occupat.

N. 682. 追

Chuéi ‒ Expellere. Insequi, sequi. Abeuntem revocare. Recordari. =Chasser. Poursuivre, suivre. Rappeler quelqu'un qui s'en va. Se rappeller.

痘 ‒ Pedes tumidi.=Pieds enflés.

䊟 ‒ Esca ex farinâ oryzae confecta. = Amorce ou nourriture faite avec de la farine de riz.

靁 ‒ Obscurum. Tonitru.=Obscur. Tonnerre.

槌 ˆ Malleus: tundere.=Marteau: frapper avec le marteau.

搥 ˆ Percutere, pulsare.=Frapper.

鎚 ˆ Malleus. Horologii pondera. =Marteau. Les poids d'une horloge.

膇 ˊ Pedes tumidi: membra inferiora tumentia.=Pieds enflés: enflure dans les membres inférieurs.

縋 ˊ Per funem demittere. Suspendere. Funis. = Descendre ou mettre en bas au moyen d'une corde. Suspendre. Corde.

嗺 ‒ Os plenum.=Bouche pleine.

䏼 ˆ Vertebrae, spinae dorsalis ossa.=Les vertèbres, les os de l'épine dorsale.

煺 Tuéi ˆ Aves in aquâ ferventi immergere ad plumas evellendas.= Plonger des volailles dans l'eau bouillante afin de les plumer.

磓 ‒ 塠 ‒ Lapidum acervus: lapides congregare. = Monceau de pierres: amonceler des pierres.

N. 682.

† In litteris quae leguntur *Tuéi* Sinenses aliquandò usurpant 退 : nescio utrùm haec consuetudo in aliâ ratione nitatur quam in similitudine formae et sonûs, quae naturaliter ambas phoneticas simul ad memoriam revocat.

N. 683. 師

Xē — Magister, praeceptor. Dux; caput. Exercitus; cohors. = Maître, professeur. Général; chef. Armée; régiment de 2500 hommes.

篩 — *Bambusæ species quædam. — Espèce de bambou. V. infrà.*

獅 — Leo.=Le lion.

螄 — Limax.=Limaçon, escargot.

篩 Xaì — Cribrum.; cribrare. = Crible; cribler; tamiser.

N. 684. 鬼 㡳 㤕

Kuèi — Genii: defunctorum animae. Daemones. = Génies: âmes des défunts, mânes. Les démons.

愧 ˊ Pudore affici; verecundia. Conscientiæ stimuli.=Rougir; honte. Remords.

瑰 — *Species jaspidis.* Pretiosum. Rosa.=*Espèce de jaspe.* Précieux. La rose.

饋 ˇ Offerre: munus: comestibilium dona.=Offrir: faire cadeau: présent de vivres.

魁 ˆ Stella prae aliis fulgens. Praecipuus, magnus. Dux, caput. =Etoile plus brillante que les autres. Premier, grand. Commandant, chef.

傀 ˋ Mirabile; prodigiosum. Gigas. Statua.=Admirable; prodigieux. Géant. Statue.

媿 ˊ Pudor, verecundia.= Pudeur, honte.

磈 Wèi — Inæquale. Lapis excavatus ab aquis.=Inégal. Pierre creusée par les eaux.

隗 ˋ Præruptum; altum, elevatum. —Escarpé; haut, élevé.

顝 ˋ Caput contortum.= Tête de travers.

嵬 ˆ Locus montuosus: præruptum. Mons eminens. — Endroit montagneux: escarpé. Montagne élevée.

塊 Kuai — Frustulum, fragmentum. = Morceau, fragment.

槐 Huâi — Fraxinus. Principis præceptores.=Le frêne. Les précepteurs du prince.

蒐 Xēu — Venatio verna. *Quoddam olus.* La chasse du printemps. *Certaine herbe potagère.*

醜 Cheù — Fœdum, malum, inhonestum, pudere. Vile. Genus, qualitas.=Laid; mauvais, déshonnête; honteux, avoir honte. Vil, indécent. Espèce, qualité.

† Est etiam classifica, et scribitur plerumquè in phoneticarum latere sinistro.

N. 685. 皀 昆

Pî — Clarum, lucidum. Auxiliari. Spissum.=Clair, brillant. Secourir. Epais.

砒 — *Minerale quoddam venenosum.* —Réalgar.

捭 — Percutere.=Frapper.

貔 ˆ *Leonis genus quoddam. — Espèce de lion.*

篦 ˆ Pecten spissus. = Peigne à dents serrées.

錍 — Pecten spissus. Aratri cultrum. Ferrum.=Peigne à dents épaisses. Le coutre d'une charrue. Fer.

膍 ˆ Abundans, copiosum. Ruminantium ventriculus = Abondant, copieux. Le ventricule des ruminants.

貔 ˆ *Animal quoddam ferum. — Nom d'une certaine bête féroce.*

N. 685.

媲 ˊ Bini. Æquales.= Deux à deux. Accouplés, égaux.

蓖 ˉ *Planta quædam oleifera.* = *Nom d'une plante dont on extrait de l'huile.*

螕 ˉ Formica maxima. Ricinus.= Fourmi très grande; la tique. Ricin.

† Phonetica 比 N. 108 tam arctam affinitatem habet cum istâ, et adeò frequenter ejus vice usurpatur tanquàm abbreviatio, ut ambo ordines ferè possent in unum coaptari, nisi ex nimiâ phoneticarum imminutione confusio exurgeret.

N. 686. 蚤 蚤

Tsao ˋ Tinea. Pulx. Summo mane: maturè. = Vermoulure. Puce. Grand matin: de bonne heure.

慅 Sao Rebellis. Tristis. Lassus. = Rebelle. Triste. Fatigué.

溞 ˉ Oryzam lavare. = Laver du riz.

瘙 ˊ Scabies, lepra. Ulcus, plaga. = La gale, la lèpre. Ulcère, plaie.

騷 ˉ Turbare; vexare. Tristitia. Frigidum.= Troubler; inquiéter. Tristesse. Froid.

搔 ˉ Unguibus se scabere. Turba. = Se gratter avec les ongles. Foule.

鰠 ˉ *Anguilla bellum prognosticans.* = *Espèce d'anguille qui pronostique la guerre.*

䗋 ˉ Tardè incedere. = Marcher lentement.

慅 ˉ Superbia, superbire. Pulcher; venustè. = Orgueil, s'enorgueillir. Joli; élégamment.

獀 ˉ *Quoddam animal.*= *Nom d'une certaine bête.*

嗂 ˊ Confusi clamores.= Cris confus.

N. 687. 倉 ˊ

Tsam ˉ Horreum: recondere.= Grenier: mettre en réserve.

滄 ˉ Mare orientale. Aquarum immensitas, frigidum. *Q. fluvius in Xan tum.*= La mer orientale. L'immensité des eaux. Froid. *Fleuve au Xan tum.*

鎗 ˉ Hasta, lancea. Campanæ sonus; tinnire.= Lance, pique. Son d'une cloche; tinter, retentir.

艙 ˉ Navium partitiones. = Les emménagements d'un navire, ses divisions.

傖 ˉ Rudis; pauper. Perturbari.= Grossier; pauvre. Etre troublé.

鶬 ˉ Psittacus. *Avis quædam aquatilis.* = Perroquet. *Nom d'un oiseau aquatique.*

蒼 ˉ Color cæruleus. Festinans.= Bleu. Pressé.

蹌 ˉ Musca.= Mouche.

謒 Tsiam Repellere. = Repousser.

瑲 ˉ Sonitus lapillorum, campanulæ aut crepitaculi.= Son des pierres précieuses, ou d'une clochette, ou d'un grelot.

槍 ˉ Lancea, hasta, telum: confodere. = Lance, pique, dard: percer.

搶 ˋ Per vim auferre. Resistere. Maledicere.= Enlever par force. Résister. Maudire.

牄 ˉ Avium et ferarum simul comedentium strepitus.= Bruit que font des oiseaux et des bêtes fauves réunis pour manger.

嗆 ˉ Avium guttur. Avis comedens. = Gosier des oiseaux. Oiseau qui mange.

蹌 ˉ Festinare. Hilaris incessus.= Se hâter. Démarche joyeuse.

愴 Chuam ˊ Dolor, mœror; commisereri. = Douleur, chagrin; avoir pitié.

瘡 ˉ Ulcus, vulnus, plaga: cicatrix.= Ulcère, blessure, plaie: cicatrice.

N. 687.

滄 ㇀ Frigidè : ventus frigidus. = Froidement : vent froid.

戧 ㇀ 創 ㇀ Ferire, præcidere, Incipere. Invenire. Ædificare. = Blesser, couper. Commencer. Inventer. Bâtir.

N. 688.

兼 兼兼兼 兼兼兼

— Kiēn Simul, unà, cum : connectere, unire. = Ensemble, avec : joindre, attacher ensemble.

慊 — Ira : odisse, abhorrere. Dentibus stridere. Suspicari : zelotypia. = Colère : haïr, détester. Grincer des dents. Soupçonner : jalousie.

謙 — Humilitas, humiliare se. Obtemperare, cedere. Venerari. = Humilité, s'humilier. Obéir, céder. Respecter.

㾾 — Gutturis morbus. = Mal de gorge.

糠 — Oryza sicca pro itinere. = Riz sec pour le voyage.

䥷 — Non rectè operari. Incertum. = N'agir pas avec droiture. Incertain.

搛 ^ Tympanum pulsare. Cibum sumere cum paxillis. = Frapper du tambour. Prendre la nourriture avec les bâtonnets.

鎌 ˋ Non satur. Offa ex farinâ sapidis ferculis plena. = Qui n'est pas rassasié. Pâté plein de bonnes choses.

膁 ˋ Lumbi ; renes. = Les reins ; les lombes.

艒 — *Navis species quædam.* = *Sorte de navire.*

鰜 — Pisces per paria viventes. = Poissons qui vivent par paires.

鼸 — *Muris species quædam.* = *Espèce de rat.*

傔 ˊ Pedissequus ; famulus. Socius : sequi. = Valet de pied ; domestique. Compagnon : suivre.

歉 ノ Deficere, deficit ; non sufficit. Concupiscere. = Manquer, il manque ; cela ne suffit pas. Convoiter.

鶼 — Aves per paria volantes. = Oiseaux qui volent par paires.

㪠 ㇀ Concupiscere. Valdè opportunum. Res invicem convenientes. = Désirer fort. Fort à propos. Choses qui se conviennent.

縑 — Tela serica ex filis crispis contexta. = Crêpe de Chine.

鹻 ˋ Salitum. Aqua maris. Lixivia. = Salé. De l'eau de mer. De la lessive.

蒹 — Canna. *Quædam herba palustris.* = Roseau. *Nom d'une plante de marais.*

嗛 ˋ Ruminantium ventriculus. Simiorum faciei foveæ. Odisse, abhorrere. = Le ventricule des ruminants. Abajoue de singe. Haïr, détester.

䭑 — Macilentus. = Maigre.

羄 — Rete. = Filet.

嵰 — Mons abruptus. = Montagne escarpée.

㾾 Hiên Suffocari : guttur obstructum. = Etre étouffé, s'étouffer : gosier obstrué.

獫 ノ Canis. = Chien.

嫌 ^ Odisse, fastidire : despicere. Suspicari ; dubitare. = Haïr, avoir à dégoût : mépriser. Soupçonner ; douter.

溓 Liên *Nomen cujusdam rivi.* = *Nom d'une rivière.*

熑 ^ Ad ignem calefacere. = Chauffer au feu.

廉 ^ Angulus. Purus, incorruptus. Parcimonia. Brevitas. = Angle, coin. Pur, incorruptible. Economie. Brièveté.

凁 ˋ Glacies subtilis. = Glace mince.

磏 ^ Lapis impolitus. Petra ad acuendum. = Pierre brute. Pierre à aiguiser.

N. 688.

鎌 ∧ Falcula messorum. = Faucille de moissonneur.

鐮 ∧ Merenda. Parcitas. Falcula. = Le goûter. Economie. Faucille.

幨 ∧ Cortina, velum. = Rideau, voile.

賺 ˇ Chan Vendere caro pretio. Decipere. = Vendre cher. Tromper.

† Præbet originem phoneticæ 廉 N. 875 cui arctissimâ affinitate conjuncta est. Si usûs vulgaris ratio solummodò habeatur, ex duabus phoneticis unica tantum retineri posset, quia Sinenses quamcumque indiscriminatim in compositis usurpant. Si autem attendatur ad leges classicas, reperiuntur quidem plures litteræ in quibus an bo phoneticæ synonymæ sunt, sicut ex utrorumque ordinum collatione patet; verùm, exceptiones etiam dantur magni momenti, nec poteat unicus ordo rationabiliter efformari.

†† Cavendum nè confundatur cum 秉 Pìm *Capere, accipere. Mensura 160 modiorum.* = *Saisir, prendre. Mesure de 160 boisseaux.*

N. 689. 嗌 益

ˇ Ì Lucrum, utilitas: prodesse. Addere, augere. = Lucre, gain, utilité: profiter. Augmenter, ajouter.

溢 ˇ Exundare, inundare. Evulgare. = Déborder, inonder. Publier.

謚 ˇ Ridere. = Rire.

殪 ˇ Mori: arescere; decidere. = Mourir; se dessécher: tomber.

鎰 ˇ 24 unciae argenti vel auri. = Lingot d'or ou d'argent de 24 taëls.

艗 ˇ *Navis genus quoddam. = Sorte de navire.*

鷁 ˇ *Avis quædam aquatilis formosa. = Certain oiseau aquatique fort joli.*

縊 ˊ Laqueo suspendere. = Pendre, attacher à une potence.

齸 ˇ Ruminare. mandere. = Ruminer, mâcher.

嗌 ˇ Guttur. Singultus. = Gosier. Sanglot.

隘 ˊ Iai Locus angustus; angustiæ: paupertas. Impedimentum. Periculosum. Obscurum. = Lieu étroit; angoisses: pauvreté. Empêchement. Dangereux. Obscur.

搤 ˇ Ñgo Sumere, capere. Componere, disponere. = Prendre. Arranger.

N. 690. 翁

ˉ Wum Senex. *Senum appellatio honorifica.* Pater. = Vieillard. *Nom honorifique donné aux vieillards.* Père.

滃 ˋ Nubes multae. Exurgere, oriri. = Beaucoup de nuages, se lever.

鞥 ˉ Calceamentorum pars superior. = Empeigne.

塕 ˋ Pulvis. = Poussière.

膉 ˊ Fetor. = Puanteur.

鰯 ˉ *Quidam piscis cujus stercus adhibetur ad fugandas muscas. = Poisson dont la fiente fait fuir les mouches.*

䈵 ˉ Pili qui super collo nascuntur. = Poils qui naissent sur le cou.

勜 ˊ Vires, robur. = Force.

蓊 ˉ Herbarum copia; spissum, frondosum. = Abondance d'herbe; touffu, feuillu.

暡 ˋ Sol obscuratus; nebulosum. = Soleil obscurci; nuageux.

N. 690.

嗡 ˉ Mugire.=Mugir.

螉 ˉ Vespa.=Guêpe.

N. 691. 桑

Sam ˆ Morus.=Le mûrier.

𤺥 ˋ Equorum morbus. = Maladie des chevaux.

磉 ˋ Columnæ basis.=Piédestal d'une colonne.

搡 ˋ Repellere.=Repousser.

顙 ˋ Frons. Morus.=Le front. Le mûrier.

嗓 ˋ Fauces, guttur.=La gorge, le gosier.

N. 692. 能 䏻

Nem ˆ Posse, potentia. Ingenium, peritia. = Pouvoir, puissance. Talent, habileté.

褦 Nai ˊ Stupidus, ignarus. = Stupide, ignorant.

熊 ˉ Calidum; calor. Ursus. = Chaud; chaleur. Ours.

鼐 ˊ Testudo quæ tres tantùm pedes habere dicitur. = Tortue qui n'a que trois pieds.

態 Tai ˆ / 態 ˊ Circumstantiæ. Exterior figura. Symbolum. = Les circonstances. La prestance, le dehors, la forme. Symbole.

羆 Hium ˆ / 熊 ˆ Ursus.=Ours.

† Hinc efformatur 罷 N. 986.

N. 693. 蚩 𧉈 蚩

Che ˆ Stupidus; simplex. *Vermis species quædam.*=Stupide; ignorant; simple. *Espèce de ver.*

猺 ˆ *Canis species quædam.* = *Espèce de chien.*

媸 ˆ Fœdus, deformis. = Laid, vilain.

嗤 ˆ Irridere.=Railler, se moquer.

傞 Cheu ˋ Statura. Homo altus. = La taille d'un homme. Homme de haute taille.

搓 Chao ˆ Aggredi, percutere. *Quædam planta.* = Assaillir, frapper. *Nom de plante.*

鑑 ˊ Longum: extendere. Producere.=Long: allonger, étendre.

N. 694. 茸

Jum ˆ Cervi cornua nascentia: plantæ nascentes. = Cornes de cerf qui commencent à pousser: plantes naissantes.

髶 ˆ Capilli confusi.=Cheveux en désordre.

醋 ˆ Vinum generosum.=Vin généreux.

構 ˆ *Quædam arbor.*=*Nom d'un certain arbre.*

N. 694.

鞾 ^ Ornamentum ex capillis aut plumis confectum = Ornement en cheveux ou en plumes.

撦 ˋ Repellere. Tundere. = Repousser. Piler, frapper.

䂣 ^ *Lanceæ species quædam.* — *Sorte de lance.*

㛸 ^ Elegans, venustus. = Qui a bonne grace, charmant.

緝 ^ Fimbriæ. Ornatus sericeus. = Franges. Ornements en soie.

毴 ^ Ornatus ex capillis aut plumis confectus. = Ornement en cheveux ou en plumes.

蝞 ^ Vermes incedentes. = Vers qui marchent.

† Litterae hujus ordinis rarò admodùm in usu veniunt.

N. 695. 茶

^ Cha Theum: *Planta ex cujus foliis decoctio fit.* — *Le Thé: la plante dont les feuilles servent à faire de l'infusion.*

搽 ^ Ungere, linire. Fricare. — Oindre. Frotter.

嗏 ¯ Verba. *Vox auxiliaris.* — Paroles. *Mot auxiliaire.*

蹅 ^ Vix incedere posse. — Pouvoir à peine marcher.

N. 696. 草 艸

ˋ Tsao Herba, planta. Fœnum, pascua. Rude. Præcipitanter. = Herbe, plante. Foin, pâturage. Grossier. Précipitamment.

慅 ˋ Corde turbatus. — Troublé intérieurement.

騲 ˋ Equa. = Jument.

噑 ˋ Silentium; solitudo. = Silence; solitude.

† Varietas hujus phoneticæ classi quoquè præsidet inter omnes maximæ, regitque mille et quingentas litteras spectantes ad *herbas*, et *plantas trunco ligneo destitutas* quas in Ià classe sui systematis collocavit Tournefort. Exoptandum quidem foret ut plantæ quarum nomina Sinica in prædictà classe referuntur, designari possent juxtà botanicam nomenclationem; sed ulli nunquàm id fieri poterit, quia Sinenses omninò ignorant characteres naturales vel diagnosticos quibus vegetabilia invicem distinguuntur, nec aliter saepiùs explicant litteras prædictæ classis, quam *Nomen herbæ*; *Nomen herbae medicinalis &c.*

Hæc classifica immutabiliter occupat litterarum verticem, scribiturque per abbreviationem 艹 vel 卄, vel 丱. Ex. 繭 Kièn *Bombycis folliculus.* — *Cocon de vers à soie.* 葬 Tsàm *Sepelire.* — *Ensevelir* 蒙

N. 623 &.

N. 697. 時 时

^ Xe Tempus; tempestas: hora. = Temps; saison: heure.

溡 ^ *Nomen cujusdam rivi.* = *Nom de rivière.*

榯 ^ Infigere. Planta nasci incipiens. = Friche, planter. Plante qui commence à naître.

塒 ^ Lignum muro infixum super quo gallinae dormire possunt. = Juchoir planté dans un mur.

鰣 ^ Scomber. = Le maquereau.

蒔 ˊ Plantare; serere. = Planter; semer.

† Originem ducit à N, 240.

N. 698. 昜

Ta ̆

昜	̆	In altum volare.=Voler : s'élever dans les airs.
愓	̆	Contumelias facilè tolerare.=Supporter facilement les mépris.
禓	̆	Tunica.=Tunique, robe.
騔	̆	Caballus. = Rosse, mauvais cheval.
榻	̆	Cubile : lectus angustus et longus. Sedile.=Lit ; lit étroit et long. Chaise.
塌	̆	Ruere, ruina. Ab alto cadere. Collocare.=Tomber en ruine. Tomber d'en haut. Placer.
搨	̆	Percutere. Simulare. = Frapper. Faire semblant.
闒	̆	Contignatio. Ineptus, incapax. = Etage. Inepte, incapable.
䎓	̆	Calor.=Chaleur.
篛	̆	Fenestra.=Fenêtre.
䬾	̆	Canum vel porcorum cibi. = La nourriture des chiens ou des cochons.
鰨	̆	*Piscis quidam compressus sexpedalis.=Certain poisson comprimé long de six pieds.*
傝	̆	Ineptus. Rusticus. = Inepte. Grossier.
緆	̆	Fune suspendere. = Pendre à une corde.
遢	̆	Cavere, cautè procedere. Valdè sordidum.=Prendre garde, aller avec précaution. Très sale.
毾	̆	Pili longi.=Poils longs.
剔	̆	Hamus, uncus. = Hameçon, crochet.
蹋	̆	Conculcare, pedibus terere aut impetere. Incedere. = Fouler aux pieds, frapper à coups de pieds. Marcher.

† Vide annotationem N. 853.

N. 699. 晃

Huam ̀

晃	̀	Lux, lucidum, fulgens.=Lumière, brillant, éclatant.
愰	̀	Fluctuans, incertus. Turbatus, Mentis acies. = Irrésolu, qui hésite, incertain. Troublé, Clarté, pénétration d'esprit.
滉	́	Aquæ extensæ et profundæ. Aquæ fulgor. = Eaux vastes et profondes. Eclat de l'eau.
熀	́	Claritas, fulgor=Clarté, éclat.
旚	̀	Signum vini vendibilis.=Bouchon, enseigne de cabaret.
榥	̀	Mensa ad quam studetur. = Table à laquelle on étudie.
鎤	́	Campanæ sonitus.=Le son d'une cloche.
葟	̀	*Quædam planta. = Nom de plante.*
睆	̀	Oculi ampli et vividi.=Yeux grands et vifs.
幌	̀	Cortina. Magnatorum umbella. Agitari.=Rideau. Parasol des dignitaires. Etre agité, flotter.

† Phonetica 光 N. 288 ex quâ hæc originem ducit, tam promiscuè vice istius usurpatur, ut aliquandò duxerim ex duobus ordinibus unicum efformari debere : re autem maturè perpensâ, collegi, litteras quae leguntur *Kuam* classicam phoneticam habere 光 et nunquàm admittere 晃 tanquàm varietatem ; litteras verò quae leguntur *Huam* classicam phoneticam habere 晃 et saepè admittere 光 tanquàm varietatem, seu abbreviationem à vulgu introductam ; cognitâ ergo pronuntiatione alicujus litterae utrius ordinis, eo ipso scitur cum quâ phoneticâ scribi debeat.

N. 700. 骨 骨

	Ku	Os, ossa. *Cognomen.*—Os, les os. *Nom propre.*
滑		*Quoddam venenum minerale.* Lubricum. Perturbare. = Du réalgar. Troubler. Glissant.
榾		Truncus : arboris surculus.—Tronc : chicot.
縎		Captus, vinctus, ligatum. Globus serici.—Arrêté, lié, attaché. Pelote de soie.
㪙		Conari. Diligens.=Faire des efforts. Diligent.
鶻		Turtur.—Tourterelle.
搰	Hu	Miscere, confundere ; turbare. —Mêler, confondre ; troubler.
滑	Hua	Labi : lubricum. Lucidum. — Tomber, glisser : glissant. Luisant.
磆		*Lapis quidam in medicinis adhibitus.* = *Nom d' une pierre usitée dans la pharmacie.*
鰖		*Serpens quidam quadrupes.*—*Certain serpent à quatre pates* : iguane.
猾		Callidus, calliditas; decipere. —Fourbe, rusé, ruse ; tromper.
螖		*Cancri specis quædam.*—*Sorte de cancre.*

† Est etiam classifica, tenetque communiter sinistrum litterarum latus, rarissimè infima.

†† Devitanda est prava, etsi communissimè accepta consuetudo scribendi hanc litteram 骨

N. 701. 叜 叜

	Tsee	Incrementum: progressus. Instrumentum aratorium. — Progrès : accroissement. Instrument aratoire.
稷	Tsi	Fruges, segetes. Non. Citò.= Les grains, les moissons, les céréales. Non. Vite.
傻		Tenue, subtile.—Mince, fin.
謖	Su	Erigere se, surgere : stare, rectus consistere.—Se lever, se dresser : se tenir debout.

N. 702. 圂

	Huen	Porcus, porci volutabrum. Latrinae.=Cochon, bauge à cochons. Les latrines.
慁		Inhonorare, dedecore afficere. Molestare. Infortunium. Mœrens. Turbatus. — Déshonorer incommoder. Malheur. Chagrin. Troublé.
溷		Turbatus. Confusio. Sordidum. Latrinae. — Troublé. Confusion. Sale. Latrines.
棞		Lignum absque defectibus.—Bois sans défauts.
掍		Manu pellere.—Pousser avec la main.
腏		Pinguis.—Gras.
薥		*Plantæ species quædam.*—*Espèce de plante.*
恩		Dedecore afficero. Molestare. Infortunium. Mœrens. Turbatus.=Déshonorer. Incommoder. Malheur. Triste. Troublé.

N. 703. 員

	Iüèn	Magistratus, praefectus. *Numerale praefectorum, rerumque praetiosarum.* Nummus argenteus.—Magistrat, officier public. *Numéral des Mandarins et des choses précieuses.* Monnaie d'argent.
愪		Mens turbata, poena, moeror. —Esprit troublé, peine, chagrin.
鶰		*Nomen cujusdam avis.*—*Nom d'oiseau.*

N. 703.

圓 ^ Iün Rotundum. Circumdare. = Rond. Environner, entourer.

韻 ˊ Consonus, sonans : harmonia. Litterae bene efformatae. Aditu facile. = En accord : harmonie. Caractères bien formé. Accessible.

瘨 ˊ Morbus, infirmitas. = Maladie.

殞 ˋ Mori ; cadere. = Mourir ; tomber.

磒 ˋ Cadere ; ruere. = Tomber ; s' en aller en ruine.

隕 ˋ Cadere ; ex alto decidere. Descendere. Mori. = Tomber ; tomber d'en haut. Descendre. Mourir.

篔 ^ *Species bambusæ proceræ.* = *Espèce de bambou géant.*

鄖 ^ Æquale. *Nomen cujusdam urbis.* = Egal. *Nom de ville.*

損 ˋ Suen Frangere. Minuere. Nocere, damnum inferre. = Rompre. Diminuer. Nuire, causer du dommage.

† Affinis phoneticæ 肙 N. 374 cujus annotationem vide.

N. 704. 昷 𥁕

— Wen Tepidum. Benevolus. = Tiède. Bienveillant.

慍 ˊ Ira : odium. Tristis. Tepidus. Comis, benevolus. = Colère : haine. Triste. Tiède. Affable, bienveillant.

溫 — Tepidum, temperatum. Lenis, benevolus, mansuetus. = Tiède, Tempéré. Doux, bienveillant, bon.

瘟 ˇ Pestis. Tristis. cogitabundus. = La peste. Triste, pensif.

褞 — Vestis communis. = Habit. V. *infrà.*

轀 — Currus clausus in quo dormiri potest. = Char fermé dans lequel on peut dormir.

搵 ˊ Manu regere. Vas in aquâ immersum. = Soutenir avec la main. Vase plongé dans l'eau.

馧 — Incensum : fragrantia. = Encens : bonne odeur.

縕 — Spirituum influentia in rebus naturæ. Occultum, mysteriosum. Scindere. = L'influence des Esprits sur la nature. Caché, mystérieux. Déchirer.

蒀 — Fragrantia : incensus. = Bonne odeur : encens.

昷 — Sol temperatè calidus. = Soleil modérément chaud.

熅 — Iün Nebula. Vapor calidus. Ad ignem aliquid extendere. = Brouillard. Vapeur chaude. Etendre quelque chose au feu.

褞 — Pallium. = Manteau.

醞 ˊ Vinum conficere, vinum fermentare. = Faire du vin, faire fermenter du vin.

韞 ˋ Servare ; recondere. Obvolvere. Connectere. = Garder. Envelopper. Joindre.

氳 — Chaos. Naturæ virtus ; influentia generans, vapor fovens vegetationem. = Le chaos. Le pouvoir caché de la nature ; l'influence génératrice.

殟 ˇ Ü Tristitia. In utero mori. = Tristesse. Mourir dans le ventre de la mère.

榲 ˇ Columna, fulcrum. = Colonne, étai.

膃 ˇ Caro pinguis ; obesus, turgidus. = Graisse ; gras, bouffi.

嗢 ˇ Evomere ; spuere. = Vomir ; cracher.

媼 ˊ Ñgao Vetula, mulier senex. = Vieille femme.

N. 705. 眔 𥃦眔

ˇ Ta Ictus oculi. = Un coup d'œil.

誻 ˇ Loquitari. = Babiller.

N. 705.

遝	ˇ		Mixtum. Multitudo ; multùm. = Mêlangé. Multitude ; beaucoup.
瘝	ˉ	Kuan	Morbus. Ægritudine pressus. — Maladie. Accablé par la maladie.
鰥	ˉ		Cælebs ; innuptus. *Quidam piscis magnus.* — Célibataire ; qui n'est pas marié. *Certain grand poisson.*

† Multò utilius, et naturali classificationi accomodatius puto huic ordini subjungere parvum subordinem, qui ex eâdem phoneticâ fluit, nempè :

誻	ˇ	Ta	*Falsa loqui, mendacium.* = *Dire des faussetés, mensonge.*
噿	ˇ		*Integrum cibum deglutire ; vorare.* — *Avaler entier ; dévorer.*

†† Cavendum ne varietates hujus phoneticæ confundantur cum varietatibus N. 852.

N. 706. 豈 岂

	ˋ	Ki	Anne ? Quomodò ? Lætari. — Est-ce-que ? Est ce par hasard que ?.. Comment ? Se réjouir.
榿	ˉ		*Quoddam lignum.* = *Espèce de bois.*
覬	ˊ		Sperare ; expectare. Desiderare, concupiscere. — Espérer ; attendre. Désirer, convoiter.
愷	ˇ	Kai	Hilaris, contentus. — Gai, content.
磑	ˉ		Forte, solidum. Acuere, acutum. — Fort, solide, dur. Aiguiser, aigu.
塏	ˋ		Locus eminens et amœnus. — Lieu élevé et délicieux.
闓	ˋ		Aperire, extendere. = Ouvrir, étendre.
鎧	ˊ		Lorica. Galea. — Cuirasse, cotte de maille. Casque.
颽	ˋ		Ventus temperatus : ventus australis. — Vent tempéré : vent du sud.
凱	ˋ		Bonum, præcellens. Lætitia. — Bon, excellent. Joie.
剴	ˉ		Vehemens. Animos commovere. — Véhément. Remuer les esprits ; toucher les cœurs.
溰	ˉ	Ngai	Albidum. Albedo nivis et pruinæ = Blanc. La blancheur de la neige et de la gelée blanche.
癡	ˊ		Amentia. Morbus stultitiam inducens. — Démence. Maladie qui cause la folie.
霭	ˉ		{ Albidum. Nivis et pruinæ albedo. — Blanc. La blancheur de la neige et de la gelée blanche.
皚	ˉ		}
敳	ˆ		Stupidus, rudis, ignarus. = Stupide, ignorant, grossier.
敱	ˆ		Componere. Gubernare. Ordo. = Arranger. Gouverner. Ordre.
鎧	ˆ	Hai	Carabus masculus. — Crabe mâle.
軆	ˆ		Homo staturâ procer. — Homme de haute taille.
噯	ˆ		Infantium risus : ridere. = Le ris des enfants : rire.

N. 707. 貨 貨 貨

	ˋ	So	Parva conchylia. — Petits coquillages.
瑣	ˋ		{ Minutiæ : res nullius momenti. Gemmarum fragmenta. — Des parcelles, des bagatelles : des choses sans importance. Des fragments de pierres précieuses.
磧	ˋ		}
麩	ˋ		Tritici moliti residua ; furfur. = Le résidu du froment moulu ; du son.
攢	ˋ		Molere, ponderare. — Moudre, peser.

N. 707.

隫 ˋ *Nomen loci.—Nom d'endroit.*

鎖 ˋ Sera pensilis. Clavis. Clandere, obserare.=Cadenas. Clef. Fermer, fermer à clef.

鰿 ˋ *Quidam piscis.—Nom d' un certain poisson.*

蟦 ˋ *Species parvi cancri.—Espèce de petit crabe.*

劕 ˋ Partiri, dividere, praecidere.—Fendre, diviser, couper.

† Vide annotationem N. 782.

N. 708. 密 宻

Mi ˇ Occultum, secretum Spissum.—Occulte, caché, secret. Epais.

滵 ˇ Aqua decurrens. = Eau qui coule.

樒 ˇ Aloës.—L'aloès.

搈 ˇ Percutere : tundere.—Frapper: piler.

㥁 ˇ Forte, durum, solidum.—Fort, dur, solide.

䋬 ˇ Vox extranea in bonziorum libris adhibita.—Mot étranger usité dans les livres des bonzes.

† Originem ducit à litterâ 宓 quam sub N. 132 retulimus, et quæ accuratiùs forsan inter phoneticas recenseri deberet, quia evidenter usurpatur velut elementum phonicum, non solùm in hoc casu, verùm etiam in litteris sequentibus valdè usitatis :

䁇 Mi ˇ *Ictus oculi ; obiter videre.—Un coup d'œil ; voir en passant.*

蜜 ˇ *Mel.—Le miel.*

N. 709. 寇 寇 冦 ˋ

Keu ˆ Prædo, latro. Hostis. Tyrannus. Abundans : copia. = Brigand, voleur. Ennemi. Tyran. Abondant : abondance.

㓂 ˆ Vires exerere : conari. = Déployer ses forces : faire ses efforts.

簆 ˆ Pecten textorius cui fila inseruntur. — Peigne de tisserand.

鷇 ˆ Æquare, levigare, radere. = Egaliser, rendre uni, rogner.

蔻 ˆ Cardamomum. Nuces myristicæ.=Cardamome. Noix muscades.

† Cavendum ne 2a. varietas confundatur cum 冠 Kuān *Pileus.—Bonnet, chapeau.*

N. 710. 寅

In ˆ Venerari, colere. Obsequium. Collega, socius. Hora 4a matutina. = Respecter. Vénération. Collègue. Quatre heures du matin.

戭 ˋ Lancea.—Lance.

夤 ˆ Reverentia, obsequium. Remotum.=Respect, vénération. Eloigné.

縯 ˋ Longum, extensum. — Long, étendu.

螾 ˋ Vermis.—Ver.

演 Ièn ˋ Exercere se ; experiri, publicare ; longum. Amplum.=S' exercer ; pratiquer ; essayer. Promulguer. Long. Etendu.

嗼 ˋ Altâ voce ridere. — Rire aux éclats.

N. 711. 宿

Su ˇ Hospitari, habitare. In domum se recipere. Antiquum. Cessare. Constellatio : stellæ. = Prendre hospitalité. Habiter : se loger. Ancien. Cesser. Constellation : les étoiles.

蓿 ˇ Fœnum. *Quædam herba.*—Du foin ; de l'herbe. *Nom d'une plante.*

N. 711.

揂	Xŭ	Ducere, dirigere. — Conduire, diriger.
縮	ŭ	Contrahere ; abbreviare ; reprimere. Continere se. Rectitudo.=Rappetisser ; raccourcir ; réprimer. Se contenir. Droiture.
蹜	ŭ	Gressus breves. Ex metu fugere. Jacturam pati.=Petits pas. Fuir de peur. Souffrir du dommage.
鏥	Sieu	Rubigo.—La rouille.

N. 712.

章

章	Cham	Pulchrum, ornatum. Manifestare, clarescere. Capitulum, divisiones. Dispositio. —Joli, orné. Manifester, s'éclaircir. Chapitre, divisions. Arrangement.
慞	—	Timere, perterritus. — Craindre, épouvanté.
漳	—	*Quidam fluvius in Hu-Kuam. Quædam urbs in Fu-Kien.= Nom d'un fleuve du Hu-Kuam, et d'une ville du Fu-Kien.*
遧	—	Spatiosum. Distans.— Spacieux. Eloigné.
鄣	—	*Nomen loci.* Terminus. Obstaculum. Obstruere = *Nom d'endroit.* Limite. Obstacle. Boucher.
彰	—	Elucere, apparere, patefacere, manifestare. Pulchrum, ornatum.— Briller, paraître, manifester. Joli, orné.
鷾	—	*Avis quædam aquatilis.— Nom d'un oiseau aquatique.*
瘴	ˊ	Pestis : aër pestifer.— Peste : air pestiféré.
㢓	ˊ	Obstruere, impedire.—Obstruer, empêcher.
麞	—	Cervus juvenis. Dama.=Jeune cerf. Daim.
璋	—	Regulorum sceptrum ex lapide pretioso. Semicirculus lapideus. = Sceptre en pierre précieuse que portent les grands. Demi cercle en jade.
騿	—	*Equi species quædam.= Espèce de cheval.*
𨀉	—	Ire, incedere. — Aller, marcher.
樟	—	Camphora. Arbor camphorifera. = Le camphre. Arbre dont on extrait le camphre.
韓	—	Ephippium ornatum. — Selle avec des ornements.
墇	ˊ	Obstruere, obturare. Intercludere, obstaculum. Terminus, limes. Peristromata. = Boucher, obstruer. Couper la communication, obstacle. Limites, terme. Tapisserie.
障	ˊ	(same as above)
𢓊	—	Tortuosè incedere.—Marcher de travers.
鱆	—	Piscis in maris æstu adveniens. = Poisson qui monte avec la marée.
傽	—	Expavescere : pavidus. Socer. Mariti parentes. — S'effrayer : épouvanté. Beau père. Le père et la mère du mari.
獐	—	Dama, cervus juvenis.—Daim, jeune cerf.
嫜	—	Socer : mariti parentes.—Beau père. : les père et mère du mari.
蔁	—	*Quædam planta.—Nom d'une plante.*
瞕	ˊ	Oculorum suffusio, seu caligo. —La cataracte.
暲	—	Clarum, lucidum.—Clair, brillant.
嶂	—	Mons abruptus. = Montagne escarpée.

† Praesens phonetica maximâ cum libertate usurpatur tanquàm synonyma plurium litterarum hujus ordinis, sequentium praesertim: 慞 樟 障 獐 嫜 暲.

字聲綱目

N. 713. 竟

´ **Kim** Limites, confinia. Tandem: in fine. Reipsâ.=Les limites, les confins. Enfin. Dans le fond.

竸 ´ Fortis, violentus. Celer, festinus. Altus. = Fort, violent. Prompt, pressé. Haut.

⿰言竟 ´ Altercari: violenter disceptare.=Se disputer avec violence: se quereller.

境 ˋ Territorium: limites, confinia. = Le territoire: les limites, les confins.

鏡 ´ Speculum.=Miroir.

獍 ´ Animal quod patrem suum devorat.=Animal qui dévore son père.

⿰米竟 ´ **Kiam** *Saponis species quo vestes lavantur.=Espèce de savon avec lequel on blanchit les habits.*

N. 714. 啇

ˇ **Ti** Radix, origo: fundamenta.=La racine, l'origine: les fondements.

滴 ˇ Aquæ gutta: guttatim fluere. = Une goutte d'eau: couler goutte à goutte.

適 ˇ Immutabile. = Immuable. *V. infrà.*

甋 ˋ Lateres. Magna hydria.=Des briques. Grande cruche.

⿰啇力 ˇ Æmulator, rivalis Inimicus. Opponere se, resistere.= Emule, rival, jaloux. Ennemi. S'opposer, résister.

敵 ˇ (same as above)

樀 ˇ Margo; ripa: limbus. = Le bord; le rivage; la lisière.

墑 ˇ Scala: gradus. = Echelle: échelons.

摘 ˇ Digito attingere. Proferre. Avellere. Colligere. = Atteindre avec le doigt. Tirer dehors. Arracher. Recueillir.

鏑 ˇ Mucro, acumen, cuspis.=Pointe, le bout aigu d'une chose.

嫡 ˇ Uxor legitima, sponsa.=Femme légitime, épouse.

蹢 ˋ Quadrupedum pedes. Equi ungula. = Les pieds des animaux quadrupèdes. Le sabot du cheval.

謫 ˇ **Tsee** Reprehendere, corripere. Præfectos punire. Ira. Crimen. = Reprendre. Punir les mandarins. Colère. Crime.

⿰馬啇 ˇ Mulus: asini et equæ pullus. =Mulet: hybride d'un âne et d'une jument.

摘 ˇ Capere, decerpere.=Prendre, cueillir.

⿰黍啇 ˇ Glutinosum.=Glutineux.

⿰亻啇 ˇ Timor; ignavus. Crudelis.= Crainte; poltron. Cruel.

蹢 ˇ Post saltum sistere. Angustiis pressus: fluctuans animo.= S'arrêter après un saut. Plein d'angoisses. Irrésolu.

適 ˇ **Xe** Ire: sequi. Secundùm. Statim, repentè. Accidere.=Aller: suivre. Suivant. Aussitôt, tout d'un coup. Survenir.

† In quibusdam compositis aliquandò adhibetur 適 vice hujus phoneticæ; inutile tamen puto minimam ipsi attentionem præbere.

N. 715. 商 㐆

¯ **Xam** Consulere, consiliari. Mercator. Nota musica.= Consulter, se conseiller. Marchand. Note musicale.

⿰商鳥 ¯ Luteola.=Le verdier.

謪 ¯ Consulere, consiliari, machinari. Metiri, ponderare.= Consulter, se conseiller, projeter. Mesurer. Peser.

蔏 ¯ *Medecina quædam.=Certaine médecine.*

N. 715.

† Cautè cavendum ne confundatur cum N. præcedenti cui valdè similis est.

N. 716. 旋

Siüen ^ Volvere, vertere, rotare. Reverti. Circuire : circumdare. Mingere.—Tourner, rouler, s'en retourner. Faire le tour : entourer. Pisser.

漩 ^ Aquæ refluxus. = Reflux de l'eau.

璇 ^ Gemma quâ cælantur margaritæ. *Q. stella.* Instrumentum astronomicum.—Pierre qui sert à tailler les perles. *Le β de la grande Ourse.* Quart de cercle.

檈 ^ Funis. Vincire.—Corde. Lier.

鏇 ´ Lignum in vasa tornare. Tornus. Rotare. Trochlæa.—Tourner de la vaisselle de bois. Tour, tourner. Rouler. Poulie.

縼 ` Equum aut vaccam longo fune alligare Funis longus.=Attacher un animal à une longue corde afin qu'il puisse se promener. Longue corde.

N. 717. 族

Tsu ˇ Genealogia : progenies : consanguinei in lineâ rectâ.—Généalogie : lignée : parenté : les parents en ligne droite.

㩦 ˇ Confodere. =Percer.

𥓻 ˇ Inæquale. Montium inæqualia. —Inégal. Les inegalités des montagnes.

擨 ˇ Colligere. Urgere. Confodere. =Recueillir. Presser. Percer.

簇 ˇ Germinare. Plantæ erumpentes. Parvæ arundines.=Germer. Plantes qui poussent. Petits roseaux.

鏃 ˇ Sagittæ acumen. Cuspis, acutum.—La pointe d'une flèche. Pointe, aigu.

蔟 ˇ Bombycis chrysalida. Connectere, jungere.—La chrysalide du cocon. Réunir, joindre.

Xo 鷟 ˇ *Aquilæ species quædam.*—*Espèce d'aigle.*

N. 718. 庶 庻 庻

Xu ´ Multi, valdè. *Nota numeri pluralis.* Utinàm. *Interjectio vulgaris*=Beaucoup, plusieurs. *Marque du pluriel.* Plût à Dieu. *Interjection populaire.*

Chee ¯ 謶 Loquacitas, reprehendere. = Loquacité, reprendre.

遮 ¯ Cooperire, obumbrare.—Couvrir, ombrager.

鷓 ´ Perdix.—La perdrix.

樜 ¯ *Species mori.*—*Espèce de mûrier.*

鏣 ¯ *Utensile quoddam militare.* = *Certain ustensile militaire.*

儦 ¯ Robustus, rudis. — Robuste, grossier.

蔗 ´ Canna saccharifera : sacchari planta.—La canne à sucre : la plante qui produit le sucre.

嗻 ¯ Clamores, vociferatio. Cooperire, abscondere. — Des clameurs, des vociférations. Couvrir, cacher.

蟅 ´ *Locustæ species quædam.* Serpens. = *Espèce de sauterelle.* Serpent.

Che ˇ 墌 Domûs fundamenta.—Les fondements de la maison.

摭 ˇ Sumere : accipere. Trahere. Colligere, congregare. —Prendre. Tirer, Recueillir, ramasser.

蹠 ˇ Saltare, ire. Planta pedis. = Sauter, aller. La plante des pieds.

† In quibusdam casibus sat raris hæc phonetica in compositis admittit litteram 遮 velut varietatem ; non interest tamen de illâ ullo modo curare.

N. 719. 麻 麻

	Mâ	Canabis. Linum.—Du chanvre. Le lin.
𪎭	^	Balbutire. = Balbutier, bégayer.
𪊨	^	Bos cæteris major.— Espèce *de bœuf plus grand que les autres.*
𪾣	^	Oculorum infirmitas.— Maladie des yeux.
蔴	^	Sesamum.=Le sésame; plante dont on extrait de l'huile.
蟆	^	Bufo.—Crapaud.
䴲	Mô	Offa ex farinâ.=Gâteau de farine.
磨	^	Molere, mola. Lapides polire. Fricare, dissipare.= Moudre, meule. Polir des pierres. Frotter, dissiper.
摩	^	Palpare; tangere. Extinguere. Diluere.—Palper, manier, toucher. Eteindre. Délayer.
魔	^	Daemon, diabolus. —Démon, diable.
饝	^	Comedere, enutrire. Dilutum. Extinguere.—Manger, nourrir. Délayé. Eteindre.
麼	^	An? Necne? *particula finalis interrogativa.* — Est-ce? Est-ce-que? Particule *interrogative finalo.*
糜	Mī	Oriza liquida. Dilutum, dissipare, extinguere. — Bouillie de riz. Délayé. Dissiper, éteindre.
靡	ˋ	Ornamenta aurium equorum. =Ornements pour les oreilles des chevaux.
縻	—	Ligare, vincire, amici.=Lier, attacher, liés d'amitié.

† Numeratur etiam à Sinensibus inter classificas, sed immeritò, ut nobis videtur; in plerisque enim litteris illius classis evidenter usurpatur ut phonetica, sicut unicuique patebit ex comparatione ordinis nostri cum sinicâ classe.

†† Hinc oritur phonetica 靡 N. 1025.

N. 720. 庸 庁 ˋ

	Ium ^	Commune, ordinarium, vulgare, rude. Opus. Uti aliquâ re.—Commun, ordinaire, vulgaire, grossier. Ouvrage. Se servir d'une chose.
鄘	^	*Nomen loci et personæ.—Nom de lieu et nom propre.*
墉	^	Muri; mœnia. Gynecæum. —Les murs d'une ville; murailles; bastions. Appartement habité par les femmes.
𨼆	^	(same as above)
鏞	^	Magna campana. Tympanum aeneum. = Grande cloche. Tam-tam.
傭	^	Operarius; operarium conducere. Justum: rectum.=Ouvrier; engager un ouvrier. Juste: droit.
𤮝	Jum ^	Vas vitiatum aut fractum. — Vase qui a un vice ou une fêlure.
慵	^	Pigritia; negligentia.=Paresse; négligence.
鏞	^	*Cognomen.—Nom propre.*

† Vide annotationem N. 327.

N. 721. 康

	Kam ˆ	Pax, quies.—Paix, tranquillité, repos.
㝩	ˆ	Vacuum: domus vacua.—Vide; maison vide.
慷	ˋ	Magnanimus. Tenax. Commiserans.—Magnanime. Constant. Tenace. Qui prend pitié de..
漮	—	Desiccatum. Vacuum. *Quidam fluvius.* — Desséché. Vide. *Nom de fleuve.*
鄺	—	*Nomen loci.—Nom d'endroit.*
糠	ˆ	Segetum cortex. Prae voluptate munus negligere. = L'écorce des grains. Négliger son devoir pour s'adonner aux plaisirs.

N. 721.

𥖄 Lapidum strepitus.—Bruit des pierres.

槺 Vacuum. Trabs vacua.—Vide. Poutre creuse.

穅 Segetum cortex, gluma. Voluptati deditus.—La glume, l'écorce des grains. Adonné aux plaisirs.

躿 Staturâ procer: gigas. — De haute taille: géant.

嫝 Pax, quies. — Paix, repos, tranquillité.

𥊴 Oculi.—Les yeux.

𡃤 Strepitus.—Bruit.

𧐕 *Insectum quoddam magnum.—Sorte de grand insecte.*

嵻 *Quidam mons.—Nom de montagne.*

† Cavendum ne confundatur cum 庚 N. 391, cui formâ et sono sat affinis est.

N. 722. 鹿

Lǔ Cervus.—Le cerf.

𢤷 Corde tranquillus: sine curâ. —Qui a le cœur en repos: qui n'a aucun souci.

漉 Stillare: guttatim fluere. Exhaurire. Excavare.—Dégoutter: épuiser. Creuser.

轆 Orbita; rotae vestigium.—Ornière; trace d'une roue.

樚 Trochlæa. *Quædam arbor nodosa.*—Poulie. *Certain arbre qui a beaucoup de nœuds.*

麓 Montium pes; montis radices. —Les pieds d'une montagne.

摝 Quatere; concutere; agitare. —Secouer; ébranler; agiter.

簏 Cista piscatoria. Pharetra.—Panier pour la pêche. Carquois.

蔍 *Herba quædam spathulata.—Nom d'une plante dont les feuilles sont spatulées.*

塵 Chên Pulvis; impurum. Mundus.—Poussière: impur. Le monde.

† Est etiam classifica, regitque octoginta ferè litteras ad *cervos* relationem habentes, quarum paucae in usu communi reperiuntur.

N. 723. 產 产

Chan Parere; in lucem edere. Producere. Patrimonium: bona domestica. Domus, familia. — Enfanter; mettre au jour. Produire. Patrimoine: les biens de la maison. Maison, famille.

㦃 Virtute praeditus. Multùm. Superare. Resistere. — Vertueux. Beaucoup. Surmonter. Résister.

滻 Lacrymari. Multùm. *Quidam fluvius.*—Verser des larmes. Beaucoup. *Nom de rivière.*

剷 } Scalprum. Dolabra. Levigare, complanare. — Ciseau. Rabot. Rendre lisse, aplanir.
𩯔 }

摌 Evellere, seligere.—Arracher, choisir.

鏟 Scalprum. Dolabra. Levigare, complanare. Cochleare planum.—Ciseau. Rabot. Rendre lisse, aplanir. Cuillière plate.

𤛓 Animal, bellua. Animalia domestica.—Un animal, une brute. Les animaux domestiques.

䐮 Tumor cutis. Dolabra: complanare.—Enflure de la peau. Rabot de charpentier: aplanir.

𪘏 Primi infantium dentes. | Les premières dents des enfants.

N. 723.

䟤 Nudis pedibus ire. = Aller nus pieds.

𡾋 Callis intricatus inter montes. = Sentier difficile à travers les montagnes.

N. 724. 离 離

Li Aurora : clarum, fulgens. Separare ; dividere. Disjungi. Distare. Praeterire, abire. = L'aurore : clair, brillant. Séparer ; diviser. Etre séparés. Eloigné. Passer, dépasser, s'en aller.

㒧 Profundè cogitare. = Penser profondément.

漓 Madidum. Aquae autumnales. Instillare. = Mouillé. Les eaux de l'automne. Verser goutte à goutte.

褵 Cingulum. Zona muliebris. = Ceinturon. Ceinture de femme.

璃 Vitrum. = Le verre.

醨 Vinum debile. Vini fæces. = Vin faible. La lie du vin.

樆 Pyrus agrestis. = Poirier sauvage.

篱 Sepes, septum. Pagus. = Haie, enclos. Village.

穲 Spicæ inclinatæ. Oryzæ pugilli duo. = Epis inclinés, ou couchés. Deux poignées de riz.

㒿 Sponsi. Connubium. = Epoux. Mariage.

𦝚 Septum ligneum. Lignum findere. = Enceinte en bois. Fendre du bois.

縭 Funis, cingulum, zona Flocci sericei. = Corde, ceinture. Glands en soie.

蘺 *Zizaniæ et milii species quædam. = Espèce d'ivraie et de millet.*

黐 Color viridis fuscus. = Vert foncé.

䁻 Aspicere, oculis percurrere. = Regarder, parcourir des yeux.

嚟 Loquitari ; loquax. = Babiller ; grand parleur.

罹 Petasus stramineus. Mulierum capitis ornamentum. = Chapeau de paille. Voile que les femmes portent sur la tête.

Che 摛 Ordinare, extendere. Erumpere. = Mettre en ordre, étendre. Sortir, pousser.

黐 Viscus, gluten. = De la glue, de la colle.

魑 Genius præsidens montibus. = Génie qui préside aux montagnes.

瞝 Oculis percurrere, aspicere. = Parcourir des yeux, regarder.

螭 Draco juvenis. Draconis effigies quam super tectis ponunt. = Jeune dragon. Effigie du dragon que l'on met sur les toits.

+ Varietas 離 usurpari quidem potest in primario sensu litteræ originalis, scilicet *Clarum ;* verùm, multò communiùs usurpatur in secundo sensu, scilicet *Separare, distare.*

N. 725. 牽

Kiēn Per funem trahere ; ducere : introducere. Implicare. = Mener en lesse, traîner par une corde ; conduire : introduire. Compromettre.

棬 Curvum. = Courbé.

㩃 Navium funis anchorarius. = Le câble de l'ancre d'un navire.

縴 Funis quo navis trahitur. = Corde avec laquelle on tire un navire.

+ Forma hujus phoneticæ à Sinensibus habetur velut irregularis atque vitiosa ; proptereà sæpiùs eam scribunt 牽.

N. 726. 率

Xŏ Dux ; imperare : præire. Imitari. Exemplar. Lex, regula. Sese conformare. Summatim. Repentè. = Chef, général ; commander : marcher le premier. Imiter. Exemplaire. Loi, règle. Se conformer. En gros. Tout d'un coup.

摔 ̆ Ad terram dejicere. = Jeter par terre.

⿰口率 ̆ Sorbillare : parva pocula vini iterare. = Buvotter.

蟀 ̆ Gryllus ; locusta. = Grillon ; sauterelle.

⿰忄率 Liŭ Tristis ; tristari. = Triste ; se chagriner.

膟 ̆ Pinguedo. Carnem crudam in sacrificiis offere. = Graisse. Offrir de la viande crue en sacrifice.

繂 ̆ Funis arundinea quâ naves alligantur. Demittere. = Câble en rotin auquel on attache les navires. Descendre : baisser.

N. 727. 郭

Kŏ Suburbia : extra muros. Urbium muri exteriores. = Les faubourgs : hors des murs. Les murs extérieurs d'une ville.

廓 ̆ Spatiosum, vacuum. Extendere, aperire. = Spacieux, vaste, vide. Etendre, ouvrir.

霩 ̆ Dispergi, dissipari. Liquescere. Spatiosum. Vallis profunda. = Se dissiper. Se fondre. Vaste. Vallée profonde.

槨 ̆ Loculus major in quo minor includitur. = Bière faite pour en contenir une autre.

鞹 ̆ Corium ; animalium pelles pilis abrasis. = Cuir ; peau des animaux dont on a ôté le poil.

⿰扌郭 ̆ Extendere, amplificare. = Etendre, élargir.

⿱山郭 ̆ Vallis profunda. = Vallée profonde.

† Cautè distinguenda ab immediatè sequenti.

N. 728. 孰

Xŭ Quis ? Quare ? Uter ? Assuetus, exercitatus. = Qui ? Pourquoi ? Lequel ? Accoutumé, exercé.

熟 ̆ Maturum ; coctum. Assuetus ; exercere se, solere. = Mûr ; cuit. Accoutumé, s' exercer, être dans l'habitude de. . .

塾 ̆ } Collegium, Gymnasium. Cubicula ad januae latera. = Collége. Chambres sur les côtés de la porte.

⿵門孰 ̆ }

† Unà cum præcedenti procedit à 享 N. 396.

N. 729. 羕 羕

Iām Magnum. Flumen. = Grand. Fleuve.

漾 ˊ Undulationes ; fluctuum motus, undulare. Extensum, profundum. = Les ondulations de l'eau, onduler. Etendu. profond.

樣 ˊ Modus, ratio. Forma : exemplar. Imitari. = Mode, manière. Forme : modèle. Imiter.

㨾 ˊ Exemplar, forma. = Modèle, exemplaire.

⿰亻羕 ˊ Movere se. = Se mouvoir.

⿰犭羕 ˊ *Quædam fera quæ tigrides vorat* = *Certaine bête féroce qui dévore le tigre.*

† 康熙字典 (et post ipsum vulgus) certam non sequitur regulam in numerandis ductibus hujus phoneticæ : in indice generali litterarum difficilium, et sub classificâ 亻 numerat duodecim ductus ; sub aliis vero classificis numerat duntaxat undecim. Porrò,

字聲綱目

N. 729.

si attendatur ad formationem hujus litteræ, clare patebit undecim ductus in ipsâ numerandos esse, quùm partes componentes sint 羊 N. 218, et 永 N. 131.

N. 730. 羞

Sieu ˉ Erubescere; verecundia, pudor. Fercula, alere, comestibilia. Offerre. Ingredi. = Rougir, honte. Mets, comestibles, nourrir. Offrir. Entrer.

轊 ˉ Currus funebris.=Corbillard.

饈 ˉ Cibi exquisiti. Alere. =Mets choisis. Nourrir.

饈 ˉ Cibos offerre : convivium parare. Cibi exquisiti. = Offrir de la nourriture : préparer un repas. Mets exquis.

† Cavendum ne confundatur cum 差 N. 629.

N. 731. 雩

Iû ^ Sacrificium ad petendam pluviam. Iris. = Sacrifice pour demander de la pluie. Arc-en-ciel.

謣 ^ Mentiri, mendacium. Loquitari. *Equariorum clamor.*=Mentir, mensonge. Babiller. *Cris dont se servent les charretiers pour faire aller les chevaux.*

樗 Chu ˉ Lignum inutile ad cremandum duntaxat aptum.=Bois inutile qui n'est bon qu'à brûler.

摴 ˉ Extendere, exporrigere. =Etendre, allonger.

鄠 Hu ˊ *Nomen cujusdam districtùs in Xen-si.=Nom d'un district du Xen-si.*

嫮 ˊ Pulcher aspectus.=Jolie prestance.

† Originem ducit à 亏 N. 19.

N. 732. 舂 一

Xum ˉ Tundere ; mortarium.=Piler ; mortier.

惷 ˊ Stupidus, rudis. = Stupide, ignorant, grossier.

摏 ˉ Tundere, percutere. = Piler ; frapper.

鷸 ˉ Phasianus. Gallina plumis variegatis. = Faisan. Poule au plumage bariolé.

蹖 ˉ Calcare.=Fouler aux pieds.

澢 Chuam ˉ Palus in aquis infixus.= Pieu enfoncé au milieu des eaux.

褈 ˉ Vestis brevis.=Habit court.

戴 ˋ Palus terrae infixus. Sudes quibus alligantur naves.=Pieu planté en terre. Pieu auquel on amarre les navires.

覩 ˋ Obscurum.=Obscur.

樁 ˉ Palus terrae infixus. Sudes quibus alligantur naves = Pieu fiché en terre. Pieux auxquels on attache les bateaux.

穜 ^ Metere.=Moissonner.

傭 ˉ Stare ; stans : erectum. = Se tenir debout ; droit : dressé.

† Circa hanc phoneticam Sinenses saepè spernunt orthographiae leges, eamque plerumquè scribunt 春 brevitatis gratiâ, praesertim in typis, quia sculpi faciliùs potest : sed hic scribendi modus erroneus est et devitandus, quia vix differt à 春 N. 520, et confusionem facilè inducere potest.

N. 733. 彗 彗

Suéi ˊ Scopa : herba ex quâ scopae fiunt. Calor. Cometa.=Balai. Plante dont on fait les balais. Chaleur. Comète.

槥 ˊ Feretrum. Capsa.—Cercueil, bière. Caisse.

篲 ˊ Scopa ex arundinibus. — Balai en bambou.

鏏 ˊ Vas aeneum tripes.—Vase en cuivre qui a trois pieds.

繐 ˊ Tela filis subtilibus et raris contexta.—De la gaze.

蔧 ˊ *Quædam planta. = Nom de plante.*

譿 **Huéi** ˊ Examinare, investigare. Perspicax.—Examiner, rechercher. Clairvoyant.

慧 ˊ Sagax, intelligens. Prudens, prudentia.=Clairvoyant, rusé, intelligent. Prudent, prudence.

轊 ˊ Axis currûs extrema. Currûs strepitus.—Le bout de l'essieu. Le bruit d'un char.

翽 ˊ Alarum seu plumarum extremitas.—Le bout des ailes ou des plumes.

暳 ˊ Stellae minores. Stellarum coadunatio. = Les étoiles de de petite grandeur. Groupe d' étoiles.

嘒 ˊ Parvum, modicum. Clarum. Vocum concordia. Vox submissa.—Petit, peu. Clair. Accord des voix. Voix basse.

䨮 **Siüè** ˇ Nix : mundare: dedecus purgare.=Neige : approprier : laver sa honte.

㩗 ˇ Miscere. Manu removere.—Mélanger. Enlever avec la main.

† Littera 慧 per se sumpta differt à praesenti phoneticâ, tùm quoad sensum, tùm quoad sonum ; at in compositis adhibetur tanquàm mera ipsius varietas sine ullâ mutatione significationis aut pronuntiationis. Quandoquè insuper usurpatur vice phoneticae 惠 sicut videre est in annotatione N. 820.

†† Littera 䨮, quae sonum exhibet in linguâ sinicâ rarum, communiùs scribitur 雪 et usurpatur tanquàm phonetica in 㩗 Siüé *Radere: praecidere; æquare.—Couper ras : retrancher ; égaliser.*

N. 734. 規

Kuēi ˉ Circinus. Regula. Forma, mensura. Exemplar. Corrigere, admonere.—Compas. Regle. Forme, mesure. Modèle. Corriger, reprendre.

窺 ˆ Explorare. Furtìm aspicere. — Epier. Regarder furtivement.

槼 ˉ Rotundum.—Rond.

嫢 ˉ Pulchrum : mulier venusta.— Joli : jolie femme.

摫 ˉ Pannum discindere ad vestes conficiendas. = Déchirer de la toile pour faire des habits.

瞡 ˉ Contemptìm aspicere. Sine affectione. = Regarder avec mépris. Sans affection.

闚 **Huéi** ˉ Per januae rimas explorare. =Regarder à travers les fentes de la porte.

N. 735. 責

Tsee ˇ Reprehendere, objurgare. Punire. Pœna. Exigere. Onus.= Reprendre, réprimander. Punir. Châtiment. Exiger. Charge.

𢿥 ˇ Urbanitas.=Urbanité.

賾 ˇ Fundus,imus. Obscurum. Perturbare. Gustare.— Le fond, le plus bas. Obscur. Troubler. Goûter.

簀 ˇ Lectus, cubile : storeae arundineæ.—Lit, couche : nattes en bambou.

字聲綱目

N. 735.

腈	˘		Piscium ova.=Œufs de poisson.
嘖	˘		Cantare, clamare: rixantium voces. Occultum, secretum.=Chanter, crier: cris de gens en dispute. Caché, secret.
幘	˘		Tela quâ caput obvolvitur. Vitta quâ caput cingitur.=Turban. Ruban dont on se ceint la tête.
漬	ˊ	Tze	Macula. Aquâ irrigare. Paulatim.=Tache. Arroser avec de l'eau. Peu à peu.
殰	ˊ		Mortuorum ossa.=Ossements de morts.
襀	˘	Tsi	Vestium rugæ: corrugare, plicare.=Les plis des habits: chiffonner, froisser.
遺	˘		Exempla à majoribus relicta.=Les exemples des ancêtres.
勣	˘		Merita: præclara gesta.=Mérites: hauts faits.
磧	˘		Petrosum: saxa in aquis.=Rocailleux: rochers au milieu des eaux.
積	˘		Congregare, concervare, congerere.=Ramasser, amonceler, accumuler.
績	˘		Linum nere. Merita: facinus. Negotium. Connectere.=Filer du lin. Mérites: haut fait: action. Affaire. Attacher, joindre.
黷	˘		Nigrum.=Noir.
蹟	˘		Exempla à majoribus relicta.=Les exemples des ancêtres.
醴	ˊ	Chai	Vini torcular.=Pressoir pour le vin.
債	ˊ		Debitum: debitor.=Dette: débiteur.

N. 736. 𠦝 一

	ˆ	Li	Findere, aperire, dissuere. Percutere.=Fendre, ouvrir, découdre. Frapper.
嫠	ˆ		Lineas ducere.=Tracer des lignes.
𢡱	ˆ		Tristitia.=Tristesse.
𣡌	ˆ		*Planta cujus rami instar funium adhiberi possunt.=Plante dont les rameaux peuvent servir en guise de corde.*
剺	ˆ		Præcidere.=Couper; retrancher.
氂	ˆ		Coma spissa. Equi aut bovis cauda.=Chevelure touffue. Queue de cheval ou de bœuf.
嫠	ˆ		Vidua.=Veuve.
釐	ˆ		Unciæ pars 1,000a; minimum quid. Dare. Disponere. Gubernare.=Le millième d'un taël; un atome. Donner. Arranger. Gouverner: soumettre.
漦	ˆ	Xe	Saliva: sputum. Draconis saliva. *Quidam fluvius.*=De la salive. Salive du dragon.

N. 737. 殹

	ˊ	I	Echo: sonûs repercussio. Cortina.=L'écho: réflexion du son. Rideau.
警	–		Respondere, annuere.=Répondre, consentir.
褩	–		Puerorum vestes exteriores.=Les habits extérieurs des enfants.
瑿	–		Lapis pretiosus niger.=Pierre précieuse noire.
碧	–		(idem)
鷖	–		Equus niger.=Cheval noir.
堅	–		Pulvis.=De la poussière.

N. 737.

醫 ˉ Medicus: medicina ; ars medica; medicinis curare. Coma nigra =Médecin: remède: la médecine: guérir. Cheveux noirs.

檕 ˆ *Species ligni nigri venis notati.=Espèce de bois noir veiné.*

翳 ˉ Umbraculum, obumbrare. Cooperire. Delere =Ombrage, parasol. Couvrir. Effacer.

鷖 ˉ Anser procellas prognosticans. Aves aquatiles turmatim volantes.=Oie pronostique d'orage. Ois. qui vont par bandes

嫛 ˉ Infans nuper natus : nasci incipere. = Enfant noveau-né : commencer à naître.

緊 ˉ Proh ! Ah ! Nigrum. Variegatum.=Ah ! Noir. Bigarré.

黳 ˉ Maculæ nigræ. Maculatum, pictum.=Taches noires. Taché, peint.

瞖 ˊ Oculorum suffusio seu caligo. =La cataracte aux yeux.

鬄 ˉ Coma nigra.=Chevelure noire.

蠮 ˉ *Quidam insectum.=Nom d' un insecte.*

† Hæc phonetica sæpè in compositis involvit *nigritudinis* ideam sibi omninò alienam, aut saltem in *cortinâ* sat indirectè significatam.

N. 738.

戚

ˇ Tsi Consanguinei ; cognati. Mœror: pœna.=Parents : proches. Affliction : peine.

慼 ˇ
感 ˇ
} Tristis, mœrens : tristitia.= Triste, chagrin ; tristesse.

蹙 ˇ Gibbus. Parvus.=Bossu. Petit. *V. infrà.*

墄 ˊ Scala lapidea.= Escalier en pierre.

顣 ˇ Tsu Frontem corrugare. Crispare. =Froncer les sourcils, se refrogner. Plisser, rider.

蹙 ˇ Festinans. Contrahere. Coarctare. Proximum, vicinus. Labor.= Pressé, qui se dépêche. Resserrer. Froncer. Proche, voisin. Fatigue.

傶 ˇ *Cognomen.=Nom propre.*

嘁 ˇ Tristitia, tristis. = Tristesse, triste.

N. 739.

爽 𡙁 爽

ˋ Xuam Clarum, apertum, amœnum. Splendere. Liber. Hilaris. Errare. Defectus. = Clair, aéré, ouvert, agréable. Briller. Libre. Gai. Se tromper. Défaut. Sagax; ingenio acutus =Clairvoyant; qui a l'esprit pénétrant.

慡 ˋ Frigus amœnum. Purum ; clarum, mundum. = Fraîcheur. Pur ; clair, net.

漺 ˋ
滶 ˋ Frigus.=Froid, fraîcheur.

鷞 ˉ *Gallina quædam ex cujus pennis vestes fiunt.= Espèce de poule dont les plumes servent à faire des habits.*

磢 ˋ Chuam Cum arenâ fricare : adhibito lapide lavare. = Frotter avec du sable. Laver en frottant avec une pierre.

剩 ˋ Vulnus.=Blessure.

傸 ˋ Scelestus, immanis.=Scélérat, cruel.

N. 740. 焉

Ièn

Quomodò? *Particula interrogativa finalis. Vox emphatica.* =Comment? *Point d'interrogation. Mot qui donne de l'emphase.*

鄢 ˋ *Quædam terra.*=*Nom de pays.*

傿 ˉ Proxeneta, arbiter.=Courtier, entremetteur, arbitre.

嫣 ˉ Formosum. Vultûs venustas. Venustè ridere. = Joli. Visage gracieux. Rire avec grâce.

蔫 ˉ Color quæ omninò vel partim evanuit. Piscis vetus. = Couleur passée entièrement ou en partie. Du vieux poisson.

嘕 ˉ Lætari, ridere: ridens aspectus Pulcher.=Se réjouir, rire: aspect riant. Joli.

N. 741. 敖 敖

Ngáo

Superbus. Vagari. Longum, prolixum. = Orgueilleux. Aller çà et là. Long.

慠 ˉ Superbus, arrogans.=Orgueilleux, arrogant.

滶 ˉ *Quidam rivus.*=*Nom de ruisseau.*

廒 ˆ Horreum; granarium.= Grenier; magasin.

璈 ˆ Lapis sonorus. *Quoddam musicum instrumentum.* = Pierre sonore. *Certain instrument de musique.*

厫 ˆ Horreum; granarium. = Grenier; magasin.

磝 ˉ Mons parvis lapidibus plenus. Montium cacumina.=Montagne pierreuse. Pics.

熬 ˆ Ad ignem fovere. Medicinam coquere. Conturbatum. = Chauffer au feu. Faire cuire un remède. Troublé.

遨 ˆ Deambulare; vagari, tempus fallere. Oblectare se.=Se promener; flaner. Se divertir.

謷 ˊ Arroganter loqui. Flere. Magnum.=Parler avec arrogance. Pleurer. Grand.

慠 ˉ Superbus, arrogans.=Orgueilleux, impertinent.

獒 ˉ Canis magnus.=Gros chien.

𢧴 ˉ *Lanceæ species quædam.*=*Sorte de lance.*

驁 ˊ Equus indomitus. Superbia. Contemnere.=Cheval indomptable. Orgueil. Mépriser.

聱 ˉ Auditum non præbere. Assensum non obtinere. Stylus sublimis. = Ne pas prêter l'oreille. Ne pas obtenir le consentement. Style sublime.

㯂 ˉ Naves simul colligatæ.=Bateaux attachés ensemble.

𠢕 ˉ }
𠢕 ˉ } Violentus, fortis, robustus. =Violent, fort, robuste.

摮 ˉ Percutere, aggredi, agitare.= Frapper, assaillir, agiter.

鰲 ˆ *Piscis quidam maximus.*=*Nom d'un poisson très grand.*

𩗬 ˉ Venti sonitus.=Le bruit du vent.

鷔 ˊ Aves infausti ominis. = Les oiseaux de mauvais augure.

鏊 ˊ Olla ferrea cui ignis supponitur et superimponitur.=Marmite en fer dans laquelle on fait cuire à l'étuvée.

嫯 ˉ Spernere. Arroganter tractare. =Mépriser. Traiter avec arrogance.

𣊫 ˉ Solis splendor.= L'éclat du soleil.

鼇 ˆ Magna testudo maritima. = Grande tortue de mer.

𦞂 ˆ }
𨄮 ˆ } Grandiores cancrorum pedes. *Species cancri* =Les grandes pates, ou pinces des écrevisses. *Espèce de crabe.*

N. 741.

螯 ^ Grandiores cancrorum pedes. *Species canri.*=Les grandes pates, ou pinces des écrevisses. Espèce de crabe.

擻 ^ Percutere, aggredi. Agitare.= Frapper, assaillir. Agiter.

傲 ˊ Superbia, arrogantia, superbus, indomitus. Spernere. = Orgueil, arrogance, orgueilleux, indomptable. Mépriser.

獒 ˉ *Quædam planta. = Nom de plante.*

嗷 ^ Plurium simul lamentantium voces. Strepitus continuus. = Cris de plusieurs qui se lamentent à la fois. Bruit continuel.

嶅 ˉ 嶅 ˉ Mons parvis lapidibus plenus. Montium juga.=Montagne jonchée de petites pierres. Les pics des montagnes.

贅 ˊ Chuéi Gener. Caro supercrescens. Pignori dare. Loquacitas. = Gendre. Excroissance de chair. Mettre en gage. Babil.

N. 742. 執 执

^ Che Capere, sumere, servare. Firmè tenere. = Prendre, saisir, garder. Tenir ferme.

慹 ˇ Timere. Animo despondere. =Craindre. Perdre courage.

輊 ˇ Currus anticè valdè onustus.= Char très chargé sur l'avant.

摯 ˊ Manu accipere, sumere capere. Donum.= Prendre avec la main, saisir. Cadeau.

鷙 ˊ Avis rapax. Violentus. Dubium, dubitare. = Oiseau de proie. Violent. Doute, douter.

縶 ˇ Vincire, illaqueare: detinere. Pedum laquei. Se recipere.= Lier, mettre dans les liens arrêter. Ceps. Se retirer.

贄 ˊ Donum; munera.=Don, présent, cadeau.

蟄 ˇ Vermium recessus hiemalis. Se recipere, se colligere. Veris initium.=Retraite des vers pendant le froid. Se retirer.

𥦗 ˊ Tièn Domus inclinata mox ruitura. = Maison penchée proche de sa ruine.

墊 ˊ Cadere. Projicere.= Tomber, s'écrouler. Jeter en bas.

† Vide annotationem N. 744.

N. 743. 殸

ˊ Kim Lapis sonorus.=Pierre sonore.

謦 ˋ Tussis, tussire. Exscreare. = La toux, tousser. Expectorer.

磬 ˊ 罄 ˊ Petra sonora, seu tabula lapidea suspensa quâ utuntur vice campanæ. Exhaurire, consumere. = Pierre sonore: plaque en pierre dont on se sert en guise de cloche. Epuiser, consommer.

漀 ˊ Aqua lateraliter exiens.=Eau qui sort par les côtés.

馨 ˉ Him Fragrantia latè se diffundens. —Bonne odeur qui se répand au loin.

聲 ˉ Xem Vox, sonus. Fama. Rumor.= Voix, son. Renommée. Bruit.

† Postrema littera hujus ordinis per abbreviationem scribitur 声, quod est elementum radicale hujus phoneticæ.

N. 744. 埶 藝 蓺 蓻

ˊ Í Officium: munus. Aptitudo, peritia. Artes liberales. Seminare, plantare.=Office: devoir, charge. Aptitude, habileté Les arts libéraux. Semer: planter.

囈 ˊ Somniando loqui.=Parler en rêve.

槸 ˊ Res mutuò se confricantes.= Objets qui frottent l'un contre l'autre.

嗽 ˊ Plurium voces. = Plusieurs voix réunies.

字聲綱目

N. 744.

熱 Jee — Calor, calidum, calefacere.= Chaleur, chaud, chauffer.

褻 Sié — Actus inhonesti. Contemptùm tractare. Vestis domi tantùm adhibita.=Actions déshonnêtes. Traiter avec mépris. Robe de chambre.

勢 Xe — Auctoritas, potentia. Dignitas. Apparatus. Figura; forma exterior. Circumstantiæ.=Autorité, puissance. Dignité. Appareil. Figure; forme extérieure. Les circonstances.

† Maximè cavendum est ne hæc phonetica confundatur cum 埶 N. 742: Sinenses sæpè decipiuntur à similitudine quæ inest inter utramque, et aliam pro aliâ usurpant; idcircò, quotiescumque occurrit littera ad utrum ordinem pertinens, ambas series expedit consulere, ne falsa significatio admittatur. Oportet etiam accuratè varietates addiscere, quia intricatæ et communissimae sunt.

N. 745. 匿

Ni — Occultum; occultare. Abscondere.= Occulte. Cacher.

慝 — Pudor, verecundia. Interior erubescentia.=Honte, confusion. Rougir intérieurement.

䘌, 𧒀 — Intestinorum vermes. Morbus ex vermibus proveniens.=Les vers intestinaux. Maladie provenant des vers.

㮨 — *Nomen fluvii.=Nom de rivière.*

嫟 — Amore captus. — Epris d'amour.

𥈝 — Oculi parvi.=Petits yeux.

暱 — Familiaritas: amor. Quotidiè aliquem invisere. Proximus. — Familiarité: amour. Voir quelqu' un tous les jours. Voisin.

慝 Tee — Vitia dissimulare. Vitium absconditum defectus.=Dissimuler ses vices. Vice caché, défaut.

† Originem ducit à N. 587.

N. 746. 連

Liên — Simùl, continuum, connexum, sine interruptione. Implicare.= Ensemble, continuel, uni, sans interruption. Compromettre.

漣 — Lacrymari. Fluere. *Quidam fluvius.*= Verser des larmes. Couler. *Nom de rivière.*

謰 — Arrogans in loquendo.=Arrogant dans son langage.

褳 — Pera. Saccus duplex, mantica.=Poche. Sac, besace.

璉 — Vas sacrum: templorum vasa. =Vase sacré: vase de pagode.

磏 — Plumbi fodinæ: plumbum impurum. Catenæ.= Mines de plomb: plomb brut. Chaînes.

槤 — *Species mespili.* Pessulus januæ.=*Espèce de néflier.* La tranque d'une porte.

𪍴 — Placenta.=Gâteau, pâtisserie.

摙 — Denuò aliquid transferrre: in dorso gestare. = Reporter une chose: porter sur le dos.

鏈 — Plumbi fodinæ: plumbum impurum. Catenæ — Mines de plomb. plomb brut. Chaînes.

鰱 — *Quidam piscis. = Nom de poisson.*

僆 — Gallinæ pullus. — Poussin.

縺 — Colligatum. Panni quibus membra obvolvuntur in frigore.— Lié ensemble. Linges pour se garantir du froid.

蓮 — Nenuphari flores: nymphæa. Puella. Mulierum pedes minimi.=Fleur de nénuphar. Jeune fille. Petits pieds de femme.

N. 746.

嗹 Multùm vel insulsè loqui.=Parler beaucoup ou sottement.

⿰虫連 Coluber qui domos ingreditur. = Couleuvre qui entre dans les maisons.

N. 747. 斬

Tsan Caput obtruncare. Praecidere. =Trancher la tête. Couper.

慚 Erubescere, pudor, verecundia. Conscientiae stimuli. = Rougir, honte. Remords de conscience.

漸 Paulatim, sensim; modicum. Vadum transire. Ingredi=Peu à peu, insensiblement; peu. Passer un gué. Entrer.

慙 Erubescere, pudor, verecundia. Conscientiae stimuli. = Rougir, honte. Remords.

磛 Abruptum. Mons altus et abruptus.=Escarpé. Montagne haute et escarpée.

⿰豸斬 *Simii species quædam.=Espèce de singe.*

⿰彳斬 Stans.=Debout.

獑 *Simii species quædam.=Espèce de singe.*

蔪 Plantas confusas evellere. = Arracher des broussailles.

嶄 Mons altus et abruptus. Abruptum.=Montagne haute et escarpée. Escarpé.

⿱斬手 Elevare.=Elever.

鏨 Scalprum; scalpellum. = Ciseau; burin.

⿱斬食 Insipidum: sine sapore.=Insipide: sans goût.

暫 Illicò: breve: non diuturnum. Interim, interinarius.= Tout d'un coup: court: qui ne dure pas long-temps. Par intérim; intérimaire.

蹔 Illicò: breve: non diuturnum. Interim; interinarium.=Tout d'un coup: court: qui ne dure pas long-temps. Par intérim: intérimaire.

⿰火斬 Tsiên Ignis furens. Consumere. = Feu furibond. Consumer.

塹 Vallum, fovea. Aqua mœnia circumdans.=Fossé. Eau qui entoure les murs d'une ville.

槧 Tabellæ in quibus antiquitùs scribebant. Tabellæ in quibus excidendæ sunt litteræ.=Tablettes sur lesquelles on doit graver des caractères.

† Aliquandò usurpatur 漸 tanquàm varietas hujus phoneticæ, quin sensus aut sonus litterarum immutetur.

†† Quùm voces *T'san* et *Chan* similes admodùm sint, et à delicatis solummodò auribus distinguantur, Dictionarii Phonici Sinensium plerasque litteras hujus ordinis sub utrisque pronuntiationibus referunt. Hæc repetitio sat inutilis pro auribus Europæis, ex hoc ordine rejicienda nobis visa est, unicamque admisimus pronuntiationem vulgari loquelæ magis accomodatam.

N. 748. 專

Chuan Animum intendere: toto animo incumbere. Attentio. Mentis conatus. Solummodò. Tantùm.=S'appliquer: s'adonner à une chose. Attention. Efforts de l'esprit. Seulement.

竱 Ordinare, componere. = Mettre en ordre, arranger.

瑼 *Quædam gemma. = Certaine pierre précieuse.*

磚 Lateres cocti.=Briques cuites.

轉 Rotarum revolutio. Vertere, volvere. Reverti. Locum mutare.=Un tour de roue. Tourner, rouler. S'en retourner. Changer de lieu.

甎 Lateres cocti.=Briques cuites.

N. 748.

鄟 — *Nomen loci.—Nom d'endroit.*

剸 ˋ In frusta concidere ; mutilare. Velle. Animi conatus.=Couper en morceaux ; mutiler. Vouloir. Efforts d'esprit.

膞 ˋ Carnem in frusta concidere.—Couper de la viande en petits morceaux.

鱄 — *Piscis quidam siccitatis prognosticum. — Poisson qui pronostique la sécheresse.*

傳 ˆ Historia ; traditiones. Sapientum libri =L'histoire ; les traditions. Les livres des sages.

嫥 — Solus. Concordia.—Seul. Bonne harmonie.

蹲 — Talus.=Le talon.

慱 ˆ Tuan Mæstus, afflictus. — Affligé, mélancolique.

漙 ˆ Grandinis copia. — Beaucoup de grêle.

糰 ˆ Oryza conglutinata. Saccharum compactum.=Riz en grumeaux. Sucre en pains.

槫 ˆ Rotundum·=Rond.

塼 ˆ Rotundum. Accumulatum. Lateres cocti.=Rond. Accumulé. Briques cuites.

摶 ˆ Manu aliquid rotundare. In circulum movere. Percutere.—Arrondir quelque chose dans la main. Tourner en rond. Frapper.

篿 ˆ Augurium sumere ex arundinis fracturâ.=Tirer un présage en brisant un bambou.

團 ˆ Rotundum. Integrum. In globum compingere. Glomus : in glomum fila extricare.=Rond. Entier. Mettre en boule. Pelote : dévider du fil en pelote.

† Accuratè distingui debet à 専 N. 648.

N. 749.

區 一

區 ˆ Kiū Habitatio. Locus. Platea. Recondere. Capsa. Regula. = Demeure. Lieu. Place. Cacher. Caisse. Regle.

驅 ˆ Praeire. Expellere, antepellere : primum agmen. Currus currentes. = Marcher le 1er. Chasser devant soi. Avant-garde. Chars à la course.

毆 — Percutere. Expellere.=Frapper. Chasser. *Idem quoque cum praecedenti.*

嶇 ˆ Abruptum. Iter periculosum in montibus.=Escarpé. Chemin dangereux à travers les montagnes.

鰸 ˆ Parva ostrea.—Petite huître.

軀 ˆ
髑 ˆ Corpus, caro. Persona.—Le corps, la chair. La personne.

踞 ˆ Claudicare.=Boiter.

嶇 ˆ Semita : trames. Iter inaequale in montibus.=Sentier. Cassecou à travers les montagnes.

竄 ˋ Iü Spelunca : antrum.—Grotte : antre.

醧 ˊ Convivium inter cognatos. Particulare, privatum=Dîner de famille. Privé, en particulier.

貙 ˆ *Vulpis et simii species.=Espèce de renard et de singe.*

饇 ˆ Praedari. Satur, fartus. *Cognomen.* = Piller. Rassasié, plein. *Nom propre.*

傴 ˋ Inclinatio ; inclinare se in obsequium. Gibbus.=Révérence, inclination ; s'incliner en signe de respect. Bossu.

嫗 ˊ Vetula. Mater ; matris blanditiae. Enutrire.=Vieille femme. Mère ; caresses de mère. Nourrir.

摳 ˆ Keu Vestes colligere. Elevare. = Retrousser ses habits. Elever.

剾 ˆ Praecidere, excavare. = Couper, creuser.

N. 749.

⿰弓區 ˉ Arcûs extrema ubi funis immittitur.—Les bouts de l'arc où l'on attache la corde.

⿱宀區 Ngeū Hospitum habitatio.=Appartement des étrangers.

漚 ˊ In aquâ macerare. Aquae bulla.—Macérer dans l'eau. Bulle d'eau.

謳 ˉ Cantare. Carmina. — Chanter. Des vers, de la poésie.

熰 ˊ Calidissimum. Sub cinere calidâ. = Très chaud. Sous les cendres chaudes.

⿰衤區 ˉ Pectorale infantibus positum ne vestes inficiantur salivâ. — Plastron des enfants.

甌 ˉ Tectorum lateres alati seu fimbriati. Scutella pro theo. — Tuiles ailées pour les toits des pagodes. Ecuelle pour le thé.

⿰區力 ˉ Pedum nervi. — Les tendons des pieds.

歐 ˉ Sibilare; canere. Galli cantus. Evomere.=Siffler; chanter. Le chant du coq. Vomir.

毆 ˋ Percutere; ferire, vulnerare. —Frapper; blesser.

鷗 ˉ *Avis aquatilis quædam coturnici similis.—Oiseau aquatique semblable à la caille.*

⿰革區 ˉ Lanceae vagina coriacea. — Fourreau de lance en cuir.

塸 ˉ Arenae cumulus. Sepultura.—Monceau de sable. Tombeau.

⿱竹區 ˉ *Instrumentum arundineum in bombycum curâ adhibitum. — Instrument en bambou usité dans l'éducation des vers à soie.*

鏂 ˉ Clavus.—Clou.

⿰牛區 ˉ Bubalus.—Buffle.

膒 ˉ Pinguedo vetus.—De la vieille graisse.

蓲 ˉ *Quædam planta. — Nom de plante.*

瞘 ˉ Oculi profundi.=Yeux enfoncés.

⿰日區 ˊ Valdè calidum.—Très chaud. Evomere. Sufflare. Cantare.

嘔 ˋ Laetari. Amanter. Benignus. =Vomir. Souffler. Chanter. Se réjouir. Amoureusement. Bienveillant.

⿰虫區 ˉ *Species parvi bombycis. — Espèce de ver à soie petit.*

樞 Chū Januae; cardines; cardo. Polus. Elaterium. = Les gonds de la porte; gond, pivot. Pôle. Ressort.

N. 750. 欶 敕

Xǒ Sorbere, lambere.=Sucer, aspirer, humer, lécher.

樕 Sǔ Arbusculae; virgulta. — Arbrisseaux; broussailles.

遬 ˘ Contrahere; restringere. Festinanter, diligenter. Revereri. = Resserrer; raccornir. Avec hâte, avec diligence.

籔 ˘ Cribrum, cribrare. Luxuriosum; florens. = Crible, cribler, tamiser. Florissant.

蔌 ˘ Olera. — Les plantes potagères, les légumes.

潄 Séu Lavare, purificare. Os aquâ purgare.=Laver, purifier. Se laver la bouche avec de l'eau.

瘶 ˊ Tussis, tussire. = La toux, tousser.

⿱髟欶 ˉ Canities; cani capilli.—Cheveux blancs; vieillesse.

⿰扌欶 ˉ Accuratim seligere. — Choisir avec soin.

嗽 ˊ Tussis, tussire. Sugere. — La toux, tousser. Sucer.

嫩 Nuén Tenerum, delicatum. — Tendre, délicat.

† Dictionarii tùm Sinici, tùm Europaei Sinici saepè scribunt hanc phoneticam 敕 quae forma erronea est, et ab accuratis auctoribus non sancita.

N. 751. 曹 𣍘

Tsao ˇ Ordo : dignitas. Socius. *Nota numeri pluralis.*=Ordre : dignité. Camarade. *Marque du pluriel.*

漕 ˇ Vorago, gurges. Canus.=Gouffre, abîme. Canal.

譜 ˇ Tumultus : tumultuari.=Tumulte : faire du bruit.

熷 — Ad flammam applicare ; cremare.=Flamber ; brûler.

褿 — Vestium rugæ.=Les plis des habits.

糟 — Vini fæces.=La lie du vin, le marc.

醩 — (same as above)

遭 — Obviàm habere : occurrere, accidere. Vices.=Rencontrer : survenir, arriver. Fois.

䴧 ˇ Crassum : rude. = Grossier : rude.

槽 ˇ Præsepe. Lignum excavare. Dolium. Diospyri fructus.=Crèche. Creuser du bois. Tonneau. Fruit de diospyros.

擓 ˊ Renovare. Manu permiscere.=Renouveler. Brasser avec la main.

艚 ˇ Vestis sordida.=Habit sale.

艚 ˇ Magnæ naves sinicæ.=Sommes chinoises.

傮 — Finis, finire.=Fin, finir, achever.

嘈 ˇ Tumultus, clamores. Avium cantus. = Tumulte, des clameurs. Chant des oiseaux.

螬 ˇ Vermis stercorarius. = Vers qui vit dans la fiante.

N. 752. 票 䙲 —

Piao — Leve. Fragile. Mandatum in scriptis. Præfectura antiqua.=Léger. Fragile. Ordre par écrit. Dignité ancienne.

慓 — Celeriter, sollicitè, festinus.=Vite, avec hâte, pressé, qui se dépêche.

漂 — Super aquis telas extendere ut albescant.=Etendre de la toile sur l'eau pour la blanchir.

熛 — Ignis crepitatio : ignis splendor. Janua rubri coloris.=Pétillement du feu. Clarté du feu. Porte de couleur jaune.

驃 ˊ Equus strenuus. Velox, velociter.=Cheval courageux. Agile, rapidement, vite.

醥 ˋ Vinum purum.=Vin pur.

勡 ˊ Furari ; per vim auferre. Pungere : ferire.=Voler ; enlever par force. Piquer : blesser.

彯 ˊ Ornare, pingere. Meretrix. Serici flocculus.=Orner, peindre. Prostituée. Flocon de soie.

瓢 ˇ Magnum cochleare ex cucurbitâ confectum.=Grande cuillère en écorce de courge.

飄 — A ventis agitari : à vento ferri.=Etre agité ou porté par le vent.

覹 — Oculis investigare.=Bien examiner des yeux.

剽 — Furari ; per vim auferre. Pungere, ferire. Scutella mediocris. — Voler. Piquer, blesser. Ecuelle de moyenne grandeur.

標 — Vexillum, signum. Cohors, legio. Memoriale. Ascendere.=Drapeau. Régiment, légion. Marque, souvenir. Monter.

摽 — Cadere ; ictus decidentis. Percutere. Per alium admonere.=Tomber ; le coup d'une chute. Frapper. Avertir par un autre.

鏢 — Vaginæ os metallo ornatum.=Ornement en cuivre de la bouche d'un fourreau.

膘 ˋ Costæ.=Les côtes.

鰾 ˋ Ictyocholla : *piscis pellicula ex quâ gluten fit.*= Colle de poisson : *la membrane dont on retire cette colle.*

N. 752.

僄 ˊ Festinans; celer. = Pressé; qui se hâte; agile.

魒 ˉ Tum. sidus ursae minoris. = Le ζ de la petite ourse.

嫖 ˆ Meretrix, scortum. Luxuriari. Ad vitia declinare. = Prostituée. Se livrer à la débauche. S'adonner au vice.

縹 ˋ Sericum caeruleum. = Soie bleue.

瞟 ˋ Torvè aspicere. Oculorum morbus. = Regarder de travers. Maladie des yeux.

暩 ˊ Soli exponere. = Exposer au soleil.

嘌 ˉ Immoderatè. Celeriter. = Avec excès. Vite.

螵 ˆ Aranea: bombycis ova. = Araignée: œufs de vers à soie.

幖 ˉ Vexillum. = Drapeau, pavillon.

攃 ˆ Plantare, figere. = Planter, ficher.

N. 753. 䙴 㦒

Siēn Ascendere: in altum ferri. = Monter: s'élever.

褼 ˉ Vestium motus undulatorius. = Le flottement des habits.

僊 ˉ Genii; Spiritus. = Les génies; les esprits.

蹮 ˉ Circuire; saltare. = Rôder, aller çà et là; sauter.

濫 Tsiēn Aqua decurrens. Vadum: aqua non profunda. = Eau qui coule. Gué: eau peu profonde.

遷 ˉ Mutare; emendare, corrigere. Ab inferiori gradu ad superiorem conscendere. = Changer; réformer, corriger. Monter à un grade supérieur.

韆 ˉ Instrumentum figulorum. = Instrument de potier.

N. 754. 桼

Tsi̯ Vernix: linimen quo splendor rebus datur. = Vernis.

漆 ˬ Vernix. Quoddam flumen. = Vernis. Nom de fleuve.

榛 ˬ Vernix: vernice linire. Arbor ex quâ vernix elicitur. = Vernis: vernisser. Arbre à vernis.

嗓 ˬ Objurgare, increpare. = Réprimander, gronder.

褋 Si̯ Tunica. = Jupe.

郲 ˬ }
膝 ˬ } Genua. = Les genoux.

† Cavendum nè confundatur cum exiguis classificis 麥 Mŏ Triticum. = Blé, et 黍 Xù Milium. = Millet, quarum composita perpauca rarò in usu communi reperiuntur.

N. 755. 帶 帯 带

Tai ˊ Cingulum, zona. Ferre, deferre. = Ceinture. Porter.

癉 ˊ Menstrua: sanguinis fluxus mulierum. Dysenteria diuturna cum tenesmo. = Menstrues: purgations naturelles des femmes. Diarrhée prolongée accompagnée de ténesme.

懘 ˊ Irasci. = Se fâcher.

蔕 ˊ Plantarum radices. Florum pedunculus. = Les racines des plantes. Le pédoncule des fleurs.

N. 755.

慸	Tí	ˊ	Altum : summum. — Haut : très haut.
遰		ˊ	Ire ; effugere. Longè. Difficile.=Aller : fuir. Loin. Difficile.
蔕		ˊ	Altum ; summum.=Haut ; le plus élevé.
摕		ˆ	Colligere ; sumere.=Cueillir ; prendre.
僀		ˊ	Aliis præcellens ; ditior. Formosus.=Qui surpasse les autres ; qui est plus riche. Joli.
嚔		ˊ	Sternutare. Interrumpere: obstaculum. — Eternuer. Interrompre : obstacle.
螮		ˊ	Iris, arcus cœlestis.=Arc-en-ciel.
滯	Chê	ˆ	Immorari : detinere. Obstaculum, impedimentum. = S'arrêter : retenir. Obstacle, empêchement.
猘		ˋ	Canis rabidus.=Chien enragé.
蹛		ˆ	Conservare ; reponere.=Garder ; mettre en réserve.

N. 756. 𦰩

	Hán	ˊ	*Littera merè phonica sensu carens.= Signe phonique dépourvu de sens.*
漢		ˊ	*Antiquissima imperialis dynastia.* Sinensis. Strenuus. Via lactea.=*Nom d'une dynastie fort ancienne.* Chinois. Courageux. La voie lactée.
熯		ˊ	Ad ignem exsiccare. Siccum. Retrocedere.=Sécher au feu. Sec. Reculer.
翰		ˊ	Volare.=Voler.
𦔳		ˊ	Terram colere in tempore verno.=Cultiver la terre au printemps.
僕		ˊ	*Cognomen.=Nom propre.*
嫨		ˊ	Vetula. Irasci.=Vieille femme. Se mettre en colère.
暵		ˊ	Ad solem exsiccare. Calor; ignis odor.=Sécher au soleil. Chaleur ; l'air du feu.
𩋊		ˊ	Pallium pelliceum.=Manteau en peaux.
歎	Tán	ˊ	Suspirari, suspirium. Irasci.=Soupirer, soupir. Se mettre en colère.
嘆		ˊ	(idem)

N. 757. 堇 堇

	Kīn	ˉ	Tempus: aër. Parùm. Tenax : durum.=Le temps : l'air. Peu. Tenace : dur.
慬		ˆ	Afflictus. Fortitudo. Cautela. =Affligé. Courage. Précaution.
謹		ˋ	Reverentia : obsequium : obedire. Circumspectio. Diligentia, attentio. Curare de aliquo. =Vénération : respect. Obéir. Circonspection. Diligence.
瘽		ˆ	Ex nimio labore infirmitas.=Maladie provenant de l'excès de travail.
廑		ˆ	Tugurium; casa. Debilis. Vix. = Chaumière ; cabane. Faible. A peine.
瑾		ˊ	Jaspis pretiosissimus.=Jaspe très fin.
厪		ˊ	Mansiuncula : parvum tugurium. — Cabane : petite chaumière.
殣		ˊ	Fame enectus. Tumulus. Aulam petere.=Mort de faim. Tombeau. Aller à la cour.
槿		ˋ	Flos unius diei.=Fleur qui ne dure qu'un jour.
勤		ˆ	Diligens ; sedulus. Diligenter. Totis viribus.=Diligent ; soigneux. Avec soin. De toutes ses forces.
靳		ˊ	Durum, tenax. Avarus. *Quoddam olus.*=Dur, tenace. Avare. *Certaine plante potagere.*

N. 757.

覲	ˊ	Regem invisere ; aulam petere in autumno. Introduci apud aliquem.=Se présenter au roi; aller à la cour en automne. Etre introduit auprès de. . .
墐	ˊ	Argilla alba. Luto linire.=De la craie. Enduire de boue.
饉	ˊ	Annus sterilitatis. Olerum penuria. = Année de stérilité. Disette de légumes.
僅	ˊ	Vix : aliquid, parùm.=A peine : quelque chose, un peu.
縉	ˋ	Textura spissa.=Tissu épais.
鄞	ˆ In	*Nomen cujusdam urbis.=Nom de ville.*

N. 758. 㒼 蒲𦱊

	ˉ Man	Planum, æquale. Pacificum. Convenientia. = Plane, égal. Pacifique. Convenance.
懣	ˆ	Oblivisci.=Oublier.
滿	ˋ	Plenum ; implere. = Plein ; remplir.
顢	ˆ	Facies ampla.=Visage large.
墁	ˆ	Terrâ cooperire. = Couvrir de terre.
瞞	ˆ	Oculi obscuri. Abscondere, celare. Decipere.=Yeux troubles. Cacher. Tromper.
蹣	ˆ	Transilire parietes. Claudus. =Sauter par dessus les murs. Boiteux.
糒	ˆ Men	Oryza coalita. = Riz en grumeaux.
璊	ˆ	*Lapis pretiosus rubri coloris. =Sorte de pierre précieuse rouge.*
樠	ˆ	Abietis pars interior. Succus, jusculum. = L'intérieur d'un sapin. Suc, jus.

N. 759. 強 强 ㇆

	ˆ Kiam	Fortis, robustus. Violentus : vim inferre. = Fort, robuste. Violent : faire violence.
漒	ˆ	*Nomen cujusdam fluvii. = Nom de fleuve.*
襁	ˋ	Panni ad infantes in humeris gestandos. = Linges ou courroies pour porter les enfants sur le dos.
橿	ˋ	Rete extensum in viâ ad animalia captanda. = Filet tendu sur le chemin pour prendre des animaux.
搶	ˋ	(same as above)
謽	ˆ	Arroganter loqui. = Parler avec arrogance.
勥	ˋ	Vires adhibere. Insequi : urgere.=Faire ses efforts. Poursuivre : presser.
魖	ˆ	*Quidam dæmon. = Nom d'un certain diable.*
鏹	ˋ	Argentum. Metallum. Tinnire, tinnitus.=Argent, métal. Tinter, retentissement.
膙	ˆ	Nervis robustus.=Qui est fort des nerfs.
繈	ˋ	Sapecarum ligula. Mille monetæ cupreæ simul.=Corde pour enfiler des sapèques. Enfilade de 1000 sapèques.
薔	ˋ	Radix. Arundo japonica. Limites. = Racines. Roseau du japon. Les confins.

N. 760. 尉 叞

	ˊ Wéi	Consolari. Quies ; pax, quiescere.=Consoler. Repos; paix; être en repos.
霨	ˊ	Vapores, nebula. = Des vapeurs, du brouillard.
㷉	ˊ	Iterùm, iterare.=De nouveau, répéter.
熨	ˊ	Foculus æreus quo vestes complanantur Malagma.=Réchaud pour repasser les habits. Emplâtre.

N. 760.

慰 ╱ Consolari. Quies; pax; quiescere. — Consoler. Repos; paix; se reposer.

螱 ╱ Formicæ alatæ.=Fourmis ailées.

蔚 ╱ Herbarum ubertas: luxurians; spissum. Florere. Compositio litteraria elegans—Abondance d'herbes: florissant; touffu. Fleurir. Composition littéraire élégante.

罻 ╱ Parvum rete.—Petit filet.

N. 761. 屚

Leu ╱ Fluere; guttatim defluere. Aqua per tecti rimas defluens.—Couler; couler goutte à goutte. Eau qui dégoutte par les fentes du toit.

漏 ╱ Fluere. Penetrare. Aqua per tecti rimas defluens. Secreta revelare. Invertere. Perdere.—Couler. Pénétrer. Eau qui pénètre le toit. Révéler les secrets. Renverser. Perdre.

謥 ╱ Repentè irasci. — Se mettre soudain en colère.

瘺 ╱ Dysenteria sanguinea. Ex veneno intumescentia.—Diarrhée avec flux de sang. Enflure causée par le venin.

鏤 ╱ Ferri rubigo.—Rouille de fer.

N. 762. 習 習

Si ◡ Assuescere; assuetus: in aliquo diù se exercere. — S'habituer; accoutumé; s'exercer.

褶 ◡ Femoralia.—Caleçons, pantalons.

熠 ◡ Fulgens; lucidum.—Eclatant; brillant.

聕 ◡ Aurium tinnitus. — Tintement dans les oreilles.

隰 ◡ Humiditas; humidum. = Humidité; humide.

嗯 ◡ *Frigore trementium interjectiones.* Resonare.—*Cris d'une personne qui tremble de froid.* Résonner, retentir.

嶍 ◡ *Quædam civitas.* — *Nom de ville.*

慴 ◡ Chee Timor; timere. Ignavia. Subdere se. — Crainte; craindre. Lâcheté. Se soumettre.

謵 ◡ Obscurè loqui. Præcipitanter pronuntiare. — Parler d'une manière obscure. Prononcer avec précipitation.

摺 ◡ Inclinare; curvare. Vestes plicare.—Incliner; courber. Plier des habits.

腒 ◡ Caro concisa. — Viande hachée.

N. 763. 翏 翏 翏

Lieu ╱ In altum volare.— Voler haut.

熮 ^ Super flammâ aliquid ponere.—Mettre quelque chose sur la flamme.

漻 ^ Manus et pedes à frigore correpta.—Mains et pieds engourdis par le froid.

闂 ^ Occidere.—Tuer.

鷚 ^ Alauda. Gallina montana.—Alouette. Poule sauvage.

鏐 ^ Aurum purum.=Or pur.

飂 ^ Ventus vehemens. — Grand vent.

畱 ^ Igne agros purgare et posteà seminare. — Ensemencer les champs après y avoir mis le feu.

蟉 ╲ Incedendo corpus detorquere.—Faire des contorsions de corps en marchant.

N. 763.

謬 ˊ Nieu Falsum, mendax ; fabulosum. Errare, error.— Faux, mensonger ; fabuleux. Errer.

繆 ˊ Intimè connexum, amicitia. Perversum. Mentiri, errare.— Amitié. Pervers. Mentir, errer.

樛 ˉ Kieu Ramus pendulus. Iterfacere, circuire. Ligare, nectere.— Rameaux pendants. Voyager. Aller çà et là. Lier, nouer.

摎 ˉ Patibulo suspendere. Ligare. Petere.— Pendre à une potence. Attacher, lier. Demander.

瘳 ˉ Cheu Ex morbo convalescere, in meliùs ire. — Guérir d' une maladie, aller mieux.

醪 ^ Lao Vinum turbidum.— Vin trouble.

嫪 ˊ Ardenter amare. Concupiscere. —Aimer ardemment. Désirer avec ardeur.

寥 ^ Leao } Solitudo : altum silentium. Vacuum. Otium. Imminutum. = Solitude : silence profond. Vide. Oisiveté. Négligent. Diminué.

寥 ^

憀 ^ Sollicitudo ; cura : angor. In doloribus impatiens.—Sollicitude ; inquiétude : soins. Impatient dans les souffrances.

漻 ^ Purum. Profundum. Altum. Solitarium. — Pur. Profond. Haut. Solitaire.

廖 ˊ Cognomen.—Nom propre.

顟 ˊ Longum caput.—Longue tête.

豂 ^ Vallis profunda : profundum. —Vallée profonde : profond.

蓼 ˋ Persicaria. Absinthium. Polygonum. — *Nom de plusieurs plantes.*

蹘 ^ Ire, incedere. Tibias decussare. —Aller, marcher. Croiser les jambes.

轇 ˉ Kiao Quadrigæ confusè incedentes. Longum.—Voitures qui marchent en confusion. Long.

膠 ˉ Gluten ex pellibus confectum. Amicitia. Gelatina dulcis.= Colle forte. Amitié. Gelée de confitures.

瞜 ˉ Oculi profundi. Facies fæda. — Yeux enfoncés. Visage laid.

嘐 ˉ Vociferare, garrire. Galli cantus. — Vociférer, gazouiller. Chant du coq.

磟 ^ Lu Molctrina propè torrentem. =Moulin auprès d'un torrent.

戮 ^ Occidere, necare ; caput amputare.—Tuer ; couper la tête.

勠 ˇ Jungere vires. Consequi. — Réunir ses forces : se joindre. Obtenir, venir à bout de...

剹 ^ Occidere, necare, caput obtruncare. = Tuer, couper la tête.

僇 ˇ Convicium, probrum, lacessere. Dedecus.= Outrage, opprobre, injurier. Déshonneur.

† Vulgus aliquandò usurpat 寥 velut varietatem hujus phoneticæ ; hæc tamen consuetudo reprobatur à 康熙字典.

N. 764.　　陰 隂

陰 ˉ In *Materia 2a. seu inferior juxta Sinensem philosophiam ; materia in quiete.* Fœmina, fœmineum. Obscurum ; nebulosum. = *La matière secondaire ou inerte de la philosophie Chinoise.* Femelle. Obscur ; nébuleux.

滛 ˊ *Quidam fluvius.=Nom de rivière.*

癊 ˊ Cordis aut mentis infirmitas. = Maladie de cœur ou d'esprit.

廕 ˊ Obumbrare ; umbraculum.— Ombrager, ombrage ; parasol.

膾 ˊ Cordis aut mentis infirmitas. =Maladie de cœur ou d'esprit.

蔭 ˊ Obumbrare, umbraculum. Protegere. — Ombrager, ombrage. Couvrir, protéger.

N. 764.

† Originalis forma hujus phoneticæ est 会; non puto tamen de illâ curandum esse, quia nunquàm aut rarissimè usurpatur.

N. 765. 悉

Si ˇ Subtiliter investigare. Totaliter cognoscere. Minutatìm, omninò. = Examiner en détail. Connaître tout à fait. Minutieusement, sans rien laisser.

僁 ˇ Ah! Proh! *Patientis interjectio.*—Ah! Mon dieu! *Cri de douleur.*

蟋 ˇ Gryllus.—Grillon.

N. 766. 造

Tsao ˊ Creare. Exordiri: invenire. Ædificare. Facere; perficere. Ire. —Créer. Commencer: inventer. Edifier. Faire; perfectionner. Aller.

慥 ˊ Sincerus. Reverà; certè.—Sincère. Vraiment; certainement.

糙 ˊ Oryza cum cortice; oryza vilis. Crassum, rude.—Riz avec l'écorce; riz de basse qualité. Grossier.

⿰虫造 ˊ Pulx.—Puce.

† Originem ducit à 吿 N. 842.

N. 767. 昜

Xam ˉ *Littera merè phonica sensu carens.—Lettre purement phonique dénuée de sens.*

慯 ˊ Mœrere, tristis.—Avoir du chagrin, triste.

湯 ˉ Fluere: decurrere.—Couler.

禓 ˉ Viarum geniis sacrificare.—Offrir des sacrifices aux génies des chemins.

殤 ˉ In adolescentiâ mori. Exul, extorris; proscriptus.—Mourir adolescent. Exilé, proscrit.

鬺 ˉ Coctum; coquere.—Cuit; cuire.

⿰酉昜 ˉ }
觴 ˉ } Cyathus: vas ad bibendum vinum.—Coupe: vase pour boire du vin.

傷 ˉ Vulnerare, ferire. Affligere. Nocere. = Blesser. Affliger. Nuire.

畼 ˉ Hortus; viridarium.—Jardin; verger.

⿰爿昜 Tsiam ˉ Fractum.—Brisé.

揚 Tam ˊ Ordinare; disponere, componere.—Arranger; mettre en ordre.

† Hæc phonetica tam arctâ affinitate conjuncta est cum 易 N. 592 ex quâ oritur, ut sæpè pro illâ usurpari possit, et vicissim: neutra tamen esse potest omninò mera varietas alterius, quia multi dantur casus (quos maximè interest memoriâ tenere) in quibus unica tantùm adhiberi potest et non alia.

N. 768. 祭

Tsi ˊ Sacrificium offerre; oblatio. Deos orare.—Offrir des sacrifices; sacrifice, oblation. Prier.

漈 ˊ Aquæ ora.—Le bord de l'eau.

際 ˊ Terminus, limes. Intervallum. Occasio. Conjungi. = Terme, limite. Intervalle. Occasion. Se réunir, se joindre.

穄 ˊ Milium.—Millet.

⿰目祭 ˊ Explorare, examinare, aspicere.—Explorer, examiner, regarder.

N. 768.

傺 Che ˋ Sistere; consistere. Detinere. Anceps, dubius. = S'arrêter; arrêter. Indécis.

察 Cha ˇ Examinare, investigare, scrutari. Quàm nitidè.—Examiner, faire des recherches, scruter. Très proprement.

瘵 Chai ˊ Hectica; hecticus. Consumere se.—Etisie; étique. S'épuiser.

蔡 Tsai ˋ Herba. *Cognomen. Species testudinis magnæ.* = Gazon. *Nom propre. Espèce de grande tortue.*

幓 Siüè ˋ Panni recisamentum irregulare. — Coupon d'étoffe irrégulier.

† Hinc immediatè fluit parvus sub-ordo ab hoc perperàm disjungendus, cui littera 察 praeficitur tanquàm phonetica, scilicet.

擦 Cha ˋ *Fricare; fricando abstergere. —Frotter; nettoyer en frottant.*

䕓 ˇ *Nomen cujusdam genii.—Nom d'un certain génie.*

N. 769. 扈

Hu ˊ Famulus; pediseequus. Sequi. *Cognomen.*—Serviteur; valet de pied. Suivre. *Nom propre.*

滬 ˊ *Nomen cujusdam rivi. = Nom de rivière.*

𢮏 ˊ Nullius timorem habens: effraenatus.—Qui ne craint personne: qui n'a pas de frein.

簄 ˊ Canistrum piscatorium.—Panier ou bire pour prendre des poissons.

† Originem ducit à N. 101.

N. 770. 斛

Hu ˇ Decem modiorum mensura.—Mensure de dix doisseaux.

槲 ˇ *Quoddam lignum. — Nom de certain bois.*

𥻸 ˇ Vas oryzà plenum. *Quædam planta.* = Vase plein de riz. *Nom de plante.*

蔛 ˇ *Planta quædam medicinalis. —Nom d'une plante médicinale.*

N. 771. 從 从

Tsum ˋ Sequi, obsequi; obedire. Ex; ab.—Suivre, obéir. De. . .

瘲 ˊ Membris tremulus. Infirmus ex timore.—Qui a un tremblement dans les membres. Maladie causée par la peur.

豵 — Sus tres filios pariens.—Truie qui met bas trois petits.

樅 — Lignum cui campana appenditur, vel quo pulsatur. Arbor pino similis. = Potence ou marteau de cloche. Arbre semblable au pin.

𡑾 — Fungus.—Champignon.

慫 ˋ Perterreri. Excitare: hortari. =Etre saisi d'une frayeur subite. Exciter: exhorter.

縱 — Laxare, permittere. Rectum. Licet, quamvis. V. gr. supponere. Inordinatè. — Lâcher, permettre. Droit. Quoique. P. ex. supposer. En désordre. *Medicina quædam.* Multitudo. —*Certaine médecine.* Multitude.

蓯 — Oculi album.—Le blanc de l'œil.

瞛 —

蹤 — Vestigium, vestigia. Virtutum exempla. — Vestige, traces. Exemples de vertu.

鬆 Sum ˋ Capilli confusi. Laxum, remissum.=Cheveux en desordre. Relâché, lâche.

慫 ˋ Perterreri. Excitare, hortari. =Etre saisi d'une frayeur soudaine. Exciter, exhorter.

字聲綱目

N. 771.

聳 丶 Surdus à nativitate. Obstupefacere. Extollere. Exhortari. = Sourd de naissance. Etonner. Elever. Exhorter.

㘇 丶 Celeriter: festinatio. = Vite, promptement: hâte.

嵸 丶 Abruptum. = Escarpé.

摐 Chuam Tympanum pulsare. = Frapper du tambour, ou du tamtam.

† Cavendum nè confundatur cum N. 773.

N. 772.

御 御

Iü Epithetum eorum quæ ad imperatorem spectant : imperiale. Ingredi. Regere, gubernare. Blandiri. = *Epithète des choses qui concernent l'empereur* : impérial. Entrer. Gouverner. Caresser.

篽 ╱ *Hortus regius in quem populus ingredi prohibetur.* Septum sepe cinctum. = *Jardin impérial fermé au peuple.* Entouré d'une haie.

鋤 ╱ Ligo. = Bèche, houe.

禦 ╱ Munire ; defendere. Cohibere; resistere. = Munir ; protéger, défendre. Réprimer ; résister.

N. 773.

徙

Si Transferre, mutare. Fugere, evitare. = Transporter, changer. Fuir, éviter.

漇 丶 Fluere. = Couler.

鞋 丶 *Calceamentorum species quædam = Sorte de chaussure.*

屣 丶 Calceamenta. = Souliers, chaussure.

縰 丶 Capillos circa pecten volvere. = Rouler les cheveux autour du peigne.

蓰 丶 *Quædam herba.* Quintuplum : in quintuplum augeri. = *Nom de certaine herbe.* Le quintuple : augmenter du quintuple.

蹝 丶 Sandalia : calceamenta straminea. Celerrimè. = Des sandales : des souliers en paille. Très vite.

癬 Sièn Impetigines : cutis morbus. = Dartres : maladie de la peau.

N. 774.

逢

Fum Obviàm habere ; occurrere. Accidere, evenire. Magnum, amplum. = Rencontrer. Survenir. Grand, vaste.

漨 ∧ Aqua cum strepitu ruens. Tristis, mœrens. = Eau qui se précipite avec fracas. Triste, chagrin.

烽 ∧ Fumus in signum belli à longè productus. = Fumée qui sert de signal de combat au loin.

䃡 ∧ *Quoddam idolum.* = *Nom de certaine idole.*

韼 ∧ Tympani sonus. = Son du tambour.

摓 ∧ Suere, connectere. Sartor. = Coudre, attacher ensemble. Tailleur.

鋒 ∧ Cuspis ; apex ; rerum acutarum extremitas. Acies gladii. = Pointe ; le bout des choses aigues. Le fil d'une épée.

縫 ∧ Suere ; connectere. Sartor. = Coudre ; attacher ensemble. Tailleur.

㷭 ∧ Fumus in signum belli à longè productus. = Fumée qui sert de signal de combat au loin.

髼 ╱ Ossium junctura. = Jointure des os.

蜂 ∧ Vespa. Apes. = Guêpe. Abeille.

悑 Pum Hilaris : contentus. = Gai : content.

N. 774.

鬔 Capilli implexi. — Cheveux embrouillés.

塳 Pulvis à vento excitatus. — Poussière soulevée par le vent.

樥 Herbarum arborumque copia. Abondance d'arbres et de plantes.

篷 Navium vela. Storeæ arundineæ. Storea. — Les voiles d'un navire. Natte en roseaux.

蓬 Gladiolus. Spissum. Caupona, popina. — Glaïeul. Touffe. Taverne.

韸 Tympani sonitus. — Le bruit du tambour.

† Litteræ 丰 夆 逢 maximè inter se affines, adeò frequenter in compositis synonymae sunt, ut unicam seriem efformare possent, nisi plures occurrerent casus in quibus mutua synonymia non existit. 丰 potest quidem haberi tamquàm varietas phoneticae 夆 N. 348 vice cujus usurpari potest; propterea ipsi distinctum ordinem non assignavimus. 夆 est etiam saepissimè, varietas phoneticae 逢 et pro hâc usurpari potest in omnibus ferè litteris hujus seriei: sed quùm litteræ quas retulimus sub 夆 non admittant 逢 tanquàm synonymum, et constituant casus illos exceptionales à quibus excluditur praesens phonetica, prohibetur ne ex duabus unica series fiat.

N. 775. 鳥

Niao Avis. — Oiseau.

蔦 Plantæ parasiticæ. — Les plantes parasites.

窵 Tiao Longè, distans. Profundum. — Loin, éloigné. Profond.

[illegible] Vestis brevis. — Habit court.

鳴 Mim Garrire: avium cantus. — Gazouiller: le chant des oiseaux.

† Proùt phonetica, hæc littera sat anomala est, parvique momenti; sed proùt classifica inter proceras numeratur; regit enim sexcentas et ampliùs litteras quibus variè coaptatur, etsi frequentiùs dexterum latus occupet, sicut in 鴻 Hûm *Anseres majores qui tempore hiemali ad australes plagas migrant. Magnus; fortis. Inundare.* — *Grandes oies qui émigrent vers le sud pendant l'hiver. Grand; fort. Inonder.*

Pleræquæ litteræ prædictæ classis sunt nomina antiqua avium ipsis Sinensibus nunc incognitarum, vel quia fabulosæ sunt, vel quia in antiquis operibus descriptæ non sunt.

N. 776. 旣 既既𣅀

Ki Quoniam. Quandŏ. Olim. Jam. Hoc posito. Finire. Modica cæna. — Puisque. Lorsque. Autrefois. Déjà. Cela posé. Finir. Petit souper.

穊 Spissum. Terram profondè fodere et seminare. — Epais. Creuser et ensemencer.

塈 Luto domum linire. Colligere. Sumere. Parùm. — Enduire la maison de boue. Cueillir. Prendre. Peu.

鱀 *Quidam pisces maritimi vento occurrentes.* Suspicio. — *Poissons de mer qui vont au devant du vent.* Soupçon.

慨 Kai Compati, commisereri. Magnanimus. — Avoir pitié, s'apitoyer. Magnanime.

漑 Irrigare; lavare. Fundere. — Arroser; laver. Laisser couler.

槪 Summatìm. Plerumquè. Fortassè. — En gros, en somme. Le plus souvent. Peut-être.

摡 Mundare, abstergere. — Nettoyer.

槩 Radula. Æquare. Stabile, firmum. — Racloir. Egaliser. Stable, ferme.

N. 776.

嘅 ˊ Suspirare : suspirium.—Soupirer : soupir.

廐 Kieu ˊ
厩 ˊ } Equile, stabulum.=Ecurie, étable.

餼 ˊ Plenus : satur. Orationes in sacrificiis prolatæ.—Plein : rassasié. Les prières des sacrifices.

† Cautè præcavendum nè hæc phonetica confundatur cum 卽 N. 575.

N. 777. 兜

Teu ˉ Galea : pileus. Provocare. Suspicari, dubitare. — Casque. Provoquer. Soupçonner, douter.

鬡 ˉ Capilli albi implexi. — Cheveux blancs en désordre.

撓 ˉ Impedire ; obstaculum.—Embarrasser ; obstacle.

篼 ˉ Canistrum arundineum in quo cibus equo apponitur.—Panier en roseaux dans lequel on donne à manger aux bestiaux.

N. 778. 殺 䊛

Xa ˇ Occidere ; necare. Innocentem damnare.—Tuer ; massacrer. Condamner un innocent.

褣 ˇ Sutura.—Couture.

襏 ˇ Panni recisamenta.—Coupons d'étoffe.

鎩 ˇ Lancea. Forfice alarum plumas præcidere.—Lance. Couper les plumes des ailes avec des ciseaux.

溆 Sa ˇ Aqua ; frigus.—Eau ; froid.

摋 ˇ Delere, extirpare. — Effacer, extirper.

† Varietas hujus phoneticæ pro erroneâ habetur ab auctoribus accuratis, etsi communiùs adhibita in usu vulgari.

†† Evidens nobis est radicem phonicam hujus phoneticæ reperiri in litterâ 杀 Cha *Percutere ; occidere.*—*Frapper ; tuer*, quæ sonum consimilem habet, et quæ in litterâ 刹 Cha *Vexilli hastile. Fanum.* — *Mât de pavillon. Pagode*, usurpatur velut phonicum elementum, sicut in præsenti phoneticâ.

N. 779. 貪

Tan ˉ Concupiscere, ardenter optare, ambitio.—Convoiter, désirer avec ardeur, ambition.

儋 ˊ Stupidus ; hebes. — Stupide ; imbécile.

噡 ˋ Potatorum voces confusae.—Brouhaha de buveurs.

N. 780. 參 参 曑

Tsan ˉ Consiliarius. Confusum. Addere. Salutare. Interrogare.=Conseiller. Confus. Ajouter. Saluer. Interroger.

慘 ˋ Dolor, pœna : tristis ; afflictus. Crudelitas.—Douleur, peine : triste ; affligé. Cruauté.

謲 ˊ Minari.—Menacer.

驂 ˉ Currilis equus. Currus. Tres equi unum trahentes currum.=Cheval de carrosse. Char. Trois chevaux attelés.

篸 ˉ Arundo longissima. Paxilli divinatorii. Capillorum acus.—Perche. Morceaux de bambou qui servent à jeter les sorts. Aiguille de tête.

傪 ˉ Bonus. *Cognomen.* = Bon. *Nom propre.*

黲 ˋ Turbidum. Color dilutus. — Trouble. Couleur pâle.

N. 780.

嵾 — } Inaequalitas montium. Asperum.=Inégalité des montagnes. Apre, difficile.
嵾 —
糝 、 San Offa ex oryzâ aliisque rebus simul comminutis. — Gâteau de riz avec du hachis.
鬖 — Capilli decidui. Coma incompta. — Cheveux qui tombent. Chevelure en désordre.
餕 、 Offa ex oryzâ aliisque rebus simul comminutis. = Gâteau de riz avec du hachis.
㺑 — Raptim furari. Canis per foramen se intromittens = Voler en cachette. Chien qui s'introduit par un trou.
毵 ^ Capilli longi.—Longs cheveux.
蔘 — *Ginseng.* Suspensum. — *Le ginseng.* Suspendu.
槮 、 Xan Capere, sumere. Palus prolixus. Sudes aquis infixae ad piscandum. Foliis carens. = Prendre. Longue perche. Pieux des pêcheurs. Effeuillé.
摻 、 Tenue, delicatum. Munusculum. Sumere.= Fin, délicat. Petit cadeau. Prendre.
縿 — Vexilli ligula. — Flamme de pavillon.
嘇 、 Aliquid in ore gestare. = Avoir quelque chose dans la bouche.
滲 ′ Xen Lentè diffluere. Sensim exhaurire. Paulatim inundari. =Couler lentement. Èpuiser, ou être inondé peu à peu.
瘮 、 Membrorum tremor.=Tremblement des membres.
襂 — Vestis pellicea vetusta. Fimbria. Ornatus ex plumis. — Vieil habit en peau. Frange. Vêtement fait en plumes.
磣 — Chen Ruinae : lapidum et laterum fragmenta. Lapilli in oryzâ.— Des ruines : décombres. Graviers dans le riz.
醦 、 Acidum.=Aigre, acide.
墋 、 Turbidum. Aqua sordida.— Trouble. Eau sale.

† Clarus Gonçalves in *Alphabeto China* p. 56, huic phoneticae subdidit 晉 tanquàm simplicem varietatem ejus, et revera, docente 康熙字典 duo hae litterae antiquitùs pro synonymis habitae fuerunt ; quùm autem ex hodiernâ consuetudine non ampliùs confundantur, et quùm aliunde, valdè differant quoad formam, rectius nobis visum est distinctas ex eis phoneticas efformare ; vide N. 813.

N. 781. 貫

Kuan ′ Filo trajicere, colligare. Pertransire. Consuetudo, assuetus.=Enfiler, lier ensemble. Traverser. Habitude, accoutumé.
慣 ′ Assuescere, assuetus ; consuetudo : mos.=S'accoutumer, habitué, exercé ; coutume: habitude.
謴 ′ Jocosè loqui : jocari. = Plaisanter : badiner.
摜 ′ Deferre, secum gestare. In terram projicere. Assuescere, assuetus ; consuetudo.=Porter, porter avec soi. Jeter par terre. S'accoutumer, habitude.
鑵 ′ Armilla. Perforare.=Bracelet. Percer.
實 ˇ Xe Verum, revera. Sincerus. Solidum. Plenum.=Vrai, en vérité. Sincère. Solide. Plein.

N. 782. 巢 巣

Chao ^ Avium nidus ; parva casa. Hospitari. — Nid des oiseaux. Petite cabane. Se loger.
譟 、 Loqui vice alterius. Conversari.=Parler à la place d'un autre. Converser.
磼 、 Domus ex lapidibus sine calce confecta. — Maison faite de pierres sans chaux.
轈 、 Prior incedere. — Marcher le premier.

N. 782.

轢 ╲ Currus speculam gerens. Currûs pars superior.=Char qui porte une vedette. Le haut d'un char.

攥 ╲ Capere ; tenere. = Prendre ; tenir.

纀 ╲ Circumligare ; restringere. = Lier tout autour ; serrer.

簺 ╲ Musicum instrumentum arundinibus multis constans.=Instrument de musique composé de beaucoup de tuyaux.

僳 ╲ Longum : elevatum. = Long : élevé.

鷍 ╲ Altum.=Haut, élevé.

噪 ╲ Multitudinis voces.=Brouhaha, cris de la multitude.

罺 ╲ Rete piscatorium.=Filet pour la pêche.

巢 ╲ Montium series continua. Mons eminens.=Chaîne de montagnes. Montagne plus haute que les autres.

勦 ╲ Tsiao Labor, molestia ; molestiam inferre, vexare. Velociter, festinanter.=Fatigue, ennui ; ennuyer, vexer. Rapidement, vite.

勦 ╲ } Vastare, desolari. Extirpare: exterminium. Subjugare. = Dévaster, ravager. Extirper: exterminer. Subjuguer, conquérir.

剿 ╲ (same as above)

繰 — Sao Bombycum folliculos deglomerare.=Dévider les cocons des vers à soie.

† Sub hoc ordine referendas non duxi litteras quasdam quæ leguntur *So*, quia genuina earum phonetica est 貨 N. 707, et apud vulgum solummodò prævalet consuetudo usurpandi hanc pro illâ, propter earum similitudinem.

†† Inter litteras hujus ordinis, paucæ in usu communi reperiuntur.

N. 783. 將 爿 乙

— Tsiam *Nota futuri.* Propè, proximum. Sequi. Auxiliari. Ire. Dux exercitûs. Forte. Magnum. Diuturnum.=*Marque du futur.* Près, proche. Suivre. Secourir. Aller. Général d'armée. Fort. Grand. Qui dure long temps.

麫 ╱ Mucidum, mucor. = Moisi, moisissure.

摪 ∧ Manu aliquid regere.=Soutenir quelque chose avec la main.

篣 — Capsa. Arundines partiri. = Caisse, boîte. Fendre des bambous.

鏘 — Tinnire ; sonorum : metallorum sonus. Altum.=Tinter ; sonore : le son des métaux. Elevé.

槳 ╲ Remi ; remigare. = Rames ; ramer.

奬 ╲ } Exhortari, suadere ; animos excitare. Laudare, adulari. Remunerare. = Exhorter, persuader ; encourager. Louer, flatter. Récompenser.

獎 ╲ (same as above)

奨 ╲ (same as above)

墏 — Fundamenta domûs. = Les fondements d'une maison.

醬 ╱ Fructus in aceto macerati. = Des achars.

槳 ╲ Remi ; remigare. = Rames ; ramer.

螿 — Cicada.=Cigale.

漿 — Succus rerum : comestibilium sapor. Gluten. Vinum.=Le suc des choses, la sauce : la saveur des mets. De la colle. Vin.

蔣 ╲ Paleæ, culmi. Oryza autumnalis. Herba aquatilis. *Cognomen.*=Paille. Riz d'automne. Herbe aquatique. *Nom propre.*

蹡 ∧ Titubare, vacillare.=Chanceler, vaciller.

嶈 — Mons altus. Montis ruentis strepitus.= Haute montagne. Bruit d'une montagne qui s'écroule.

N. 784. 虖

— Hu Proh mi! Clamare: flebilis vox. Rugitus. = Ah! Crier: ton lamentable. Rugissement.

滹 — *Quidam fluvius.* = *Nom de rivière.*

謼 — Magnus clamor.=Grand cri.

嫭 — Pulchritudo; pulchrum, elegans, venustum.=Beauté; joli, élégant, qui a bonne grâce.

戲 — Clamare, rugire. Bellare; bellum. = Crier, rugir. Faire la guerre; guerre.

嘑 — Magnus clamor, rugitus. = Grand cri, rugissement.

磆 Hía ⎫
墲 ′ ⎬ Fissura, in vase, rimula; fissum.=Fêlure à un vase; fêlé.
罅 ′ ⎪
鏬 ′ ⎭

† Originem ducit à N. 162.

N. 785. 盧 盧

ʌ Tsô Tigris ferox et callidus.=Tigre féroce et rusé.

蹠 — Titubare. Gressuum sonitus.=Chanceler. Le bruit des pas.

滬 — Cha *Nomen cujusdam fluvii.*=*Nom de fleuve.*

謯 ﹨ Calumniari.=Calomnier.

瘧 — Ulcerum crusta.=La croûte d'un ulcère.

廬 — Domus prope ruinam.=Maison qui est près de sa ruine.

樝 — *Quidam fructus noxius.*=*Certain fruit nuisible.*

摣 — Sumere, capere. = Prendre, saisir.

穮 — *Oryzæ species quædam.*=*Espèce de riz.*

膧 — Pustula super naso.=Pustule sur le nez.

皻 — ⎫ Nasus ruber ex nimiâ vini potatione.=Nez de buveur rouge trogne.
戲 — ⎭

䜊 — ⎫ Sumere, capere.=Prendre, saisir.
戲 — ⎭

齇 — Dentes irregulares. = Dents irrégulières ou chevauchées.

覷 Tsiü ⎫ Explorare, observare: vigilare.=Epier, explorer, observer: veiller.
䁦 ⎭

† Littera 覷 quotidiè apud vulgum scribitur 覻 vel 覰, quæ consuetudo à classicis auctoribus velut erronea reprobatur.

N. 786. 堂

ʌ Tam Palatium; templum, aula. Tribunal. Ministri regis. = Palais; temple, salle. Tribunal. Les ministres du roi.

糖 ʌ Saccharum: dulce. = Sucre: doux.

撐 ʌ Resistere, obstare. = Résister, s'opposer.

N. 786.

鏜 ⊥ Tympani æreï sonitus. — Le bruit du tam-tam.

餹 ∧ Saccharum : dulce. — Sucre : doux.

膛 ∧ Pectus. Pinguis. — La poitrine. Gras.

螳 ∧ *Locustæ species quædam. — Espèce de sauterelle.*

橖 — Chem Fulcrum. Navem impellere. — Appui, étai. Pousser un navire.

瞠 — Aspicere, oculos intendere. Oculos aperire. — Regarder, fixer les yeux. Ouvrir les yeux.

† Procedit à N. 501, cujus annotationes vide.

N. 787. 鹵

、 Lu Sal ; aqua salita ; terra salita : terra sterilis. Tributum. = Sel ; eau ou terre salée : terrein stérile. Tribut.

滷 、 Sal in aquam redactus. Afflictio. — Du sel fondu. Affliction.

讟 、 Verba incerta. — Paroles incertaines.

磠 、 *Medicina quædam. — Nom d' un certain remède.*

樐 、 Magnus remus ; gubernaculum. Tabula in navis ingressum posita. — Grande rame ; gouvernail. Planche pour entrer dans un navire.

擄 、 Agitare, movere. — Agiter, mouvoir.

鑥 、 Cultri vel ensis manubrium : hastile. — Manche d'un couteau ou d'une épée : le bois d'une lance.

† Præsidet etiam exiguæ classi cujus litteris varium in modum connectitur.

N. 788. 莫

∪ Mo Non ; nolle. Statuere, præfinire. Conari. Herbae silvestres. Silentium : pax. — Non ; ne pas vouloir. Déterminer. S'efforcer. Herbes sauvages. Silence : paix.

寞 ∪ Solitudo : silentium. Profundum. — Solitude ; silence. Profond.

漠 ∪ Arenae desertum amplissimum. Solitarium. Pacificus. — Mer de sable. Solitaire. Pacifique.

謨 ∪ Lex, regula ; modus. Systema. Medium. Molimina, consultationes ; machinari. = Loi, règle ; mode. Système. Moyen. Projet, plans; projeter; tramer.

瘼 ∪ Morbus ; infirmus. — Maladie ; malade.

模 ∧ Forma ; typus. = Moule ; forme, type.

塻 ∪ Pulvis. = Poussière.

摸 ∪ Manibus obtegere ; palpando investigare. = Couvrir avec les mains ; chercher en touchant.

貘 ∪ *Ursus quidam fabulosus ferrum comedens. — Ours fabuleux qui mange le fer.*

鏌 ∪ *Ensis quidam celebris. — Nom d'une épée fort célebre.*

氁 ∪ Pannus laneus. — Etoffe en laine.

膜 ∪ Derma, pellicula inter cutem et carnem. — Le derme, peau fine entre cuir et chair.

獏 ∧ *Quidam canis. = Nom d'un certain chien.*

暮 ∧ Lex, regula ; modus. Systema. Medium. Molimina, consultationes ; machinari. — Loi, règle ; mode. Système. Moyen. Projet, plans; projeter; tramer.

驀 ∪ Equum conscendere. Transilire. Confestim — Monter à cheval. Sauter au delà. Soudain.

摹 ∧ Exemplar imitari. In aliam linguam vertere. = Imiter l'original. Traduire.

募 ∪ Altum silentium. — Silence profond.

N. 788.

幕 ◡ Cortina, velum. Locus in quo scribitur.—Rideau, voile. Endroit où l'on écrit, bureau.

瞙 ◡ Oculorum suffusio seu caligo. —La cataracte des yeux.

瞙 ◡ Stupidus, hebes. — Stupide, imbécile.

嗼 ◡ Silentium. Solitarius: quietus. Mœstus.—Silence. Solitaire: tranquille. Mélancolique.

幙 ◡ Cortina, velum. Locus in quo scribitur.—Rideau, voile. Endroit où l'on écrit, bureau.

嫫 ^ Mu Imperatoris uxor. Mulier fœda. —Femme de l'empereur. Femme laide.

墓 ╱ Tumulus, sepultura. Domus.—Tombeau, sépulture. Maison.

募 ╱ Operarium conducere, vel vocare.—Appeler ou prendre à gage un ouvrier.

嫫 ^ Imperatoris uxor. Mulier fœda.—Femme de l' empereur. Femme laide.

暮 ╱ Serò: solis occasus. Tardare. —Tard: le coucher du soleil. Retarder.

慕 ╱ Apud absentem suspirari; cum amore recordari: ardenter amare.—Soupirer après un absent; aimer ardemment.

蟆 ^ Ma Bufo. Culex. — Crapaud. Moustique.

† Propter consuetudinem communiter in Dictionariis acceptam duo pronuntiationes præcipuas in hoc ordine admisi, *Mo* scilicet et *Mu*; dubito tamen quin ullus umquàm hanc distinctionem ex Sinensium loquelâ percipere possit.

—o◇o◇o◇o—

N. 789. 婁 娄

^ Leu *Constellatio quædam.* Vacuum. Pauper. Stupidus. Numerus. Cadere. — *Constellation formée de l' α, β, γ, et l du Bélier.* Vide. Pauvre. Ignorant. Nombre. Tomber.

窶 ^ Inurbanus, rudis. Pauper. — Impoli, grossier. Pauvre.

瘻 ╱ Ulcus: tumor.—Ulcère: tumeur.

豭 ^ Sus filios quaerens. — Truie qui cherche ses petits.

驢 ^ Magnus mulus.—Grand mulet.

樓 ^ Contignatio; domûs pars superior. Turris. — Etage; le haut de la maison. Tour.

塿 ╲ Collis.—Colline.

摟 ^ Manu ducere. Amplecti. Detinere.—Conduire par la main. Embrasser. Retenir.

簍 ^ Canistrum arundineum, cista. —Panier en bambous.

鏤 ╱ Ferrum incidere, in ferro sculpere. Chalybs.—Graver sur le fer, sculpter du fer. Acier.

耬 ^ *Aratri genus quoddam.*—*Sorte de charrue.*

膢 ^ Frugum primitias montibus in sacrificium offerre.—Offrir en sacrifice aux montagnes les prémices des moissons.

艛 ^ Navis fori seu platea: cubiculum superius in navi.—Le tillac d'un navire: la dunette.

軁 ^ Gibbus.—Bossu.

貗 ^ Sus femina.—Une truie.

蔞 ^ Piperis folia quae cum arcâ mandunt.—Feuilles de bétel.

數 ╲ Depraedari, vastare. — Piller, dévaster.

N. 789.

甌 \ Cyathus, parvum vas ad bibendum.=Coupe, petit vase pour boire.

䫫 ^ Calvaria ; capitis ossa. = Le crâne ; les os de la tête.

氀 \ Tela lanea.—Etoffe de laine.

㼴 / Cucumis.—Concombre.

鷜 ^ Anas regalis.—Canard royal.

⿰婁刂 / In frusta concidere. — Couper en morceaux.

髏 ^ Calvaria ; capitis ossa. — Le crâne ; les os de la tête.

嘍 ^ Valdè loqui : garrire. Protervia. — Parler beaucoup : gazouiller. Effronterie.

螻 ^ Formica. Vespa. Vespertilio. Capra. — Fourmi. Guêpe. Chauve souris. Chèvre.

寠 / Liü Fractum ; lacerum.—Rompu ; déchiré.

慺 ^ Diligens, attentus. Hilaris. = Diligent, attentif, soigneux. Joyeux.

謱 ^ Arrogans. Obstaculum. Circumspectio.—Arrogant. Obstacle. Circonspection.

褸 \ Vestis lacera.=Habit déchiré.

屢 / Multotiès : sæpè. — Bien des fois : souvent.

僂 \ Inclinatum, curvum ; gibbus. Colligere se.—Incliné, courbé ; bossu. S'accroupir, se concentrer.

縷 \ Filum lineum. Sericum nondùm contortum.=Fil de lin. Soie qui n'est pas encore torse.

嶁 \ *Mons quidam regionis Meridionalis. = Montagne qui se trouve dans le Midi.*

† Hinc originem ducit 數 N. 984.

†† Varietas hujus phoneticæ vel phonetica ipsa aliquandò usurpantur pro 类 in 類 Léi *Species, genus ; proprietates essentiales alicujus rei.=Espèce, genre ; les propriétés essentielles d'une chose* : vel in 纇 Léi *Vitium, macula. Violentus. — Défaut, tache. Homme violent*, qui usus erroneus est et accuratè devitandus.

N. 790. 曼

^ Man Longum ; longinquum : longè. Terminus : extrema. Leve. Pulchrum.— Long ; lointain : loin. Terme : les bouts. Léger. Joli.

慢 / Otium ; pigritia, negligentia. Contemnere. Superbus.—Oisiveté ; paresse, négligence. Mépriser. Orgueilleux.

漫 / Aquarum extensio. Aquæ excrescentes : crescere. — Etendue des eaux. Eaux croissantes : croître : marée montante.

謾 ^ Illudere, contemnere. Decipere : calliditas. Pigritia. Pudor. Exaggerare.—Mépriser. Tromper. Paresse. Honte. Exagérer.

⿰衤曼 ^ Vestis muliebris. — Robe de femme.

熳 / Flores quæ plures simul aperiuntur.—Fleurs qui s'épanouissent plusieurs ensemble.

⿰米曼 ^ Panis.—Du pain.

鬘 ^ Floccus in pileo. Capitis sertum. Curvum.— Houppe sur le bonnet. Bouquet de fleurs mis aux cheveux. Courbé.

⿺走曼 / Tardè incedere. — Marcher lentement.

⿰車曼 / Currus tectus.=Char couvert.

⿺麥曼 ^ Panis.— Du pain.

槾 — Putrescere : finire.—Se pourrir : finir.

N. 790.

墁 ˊ Parietes pingere. Pavimentum sternere. Rubigo metallorum. = Peindre les murs. Paver. La rouille.

鏝 ˆ Ferri ramentum. Cæmentariorum trulla. Nummorum altera facies. = Limaille de fer. Truelle. Le revers d'une monnaie.

饅 ˆ Panis; massa ad aquæ vaporem cocta. = Pain; pâte cuite à la vapeur de l'eau.

䅼 ˊ Spontè crescere. = Croître spontanément.

鰻 ˆ Anguillæ fluviales. = Anguilles fluviatiles.

慢 ˊ Lentè, tardè. = Lentement.

嫚 ˊ Inurbanè tractare; spernere: lacessere. Familiaritas. = Traiter avec grossièreté; mépriser: insulter. Familiarité.

縵 ˊ Pannus sericeus simplex. Cithara. = Etoffe de soie simple. Guitare.

蔓 ˆ Repens: herbæ latè repentes. = Rampant: plantes qui rampent ou se traînent au loin.

鄤 ˆ *Quædam terra. = Nom de pays.*

幔 ˊ Velum, cortina. Parietum peristromata. = Voile, rideau. Tapisserie des murs.

N. 791. 畢 畢

Pi ˘ Complere, finire. Litterae in ligno sculptae. = Achever, finir. Caractères gravés sur bois.

滭 ˘ Aquarum eruptio. = Eruption des eaux.

熚 ˘ Ignis. = Feu.

滭 ˘ Frigus. = Froid.

彃 ˘ Sagittas emittere. = Lancer des flèches.

韠 ˘ Genuum tegmen ex corio: pulvillus. = Genouillère en cuir: petit coussin.

篳 ˘ Storea. Porta arundinea. = Natte. Porte en bambous.

饆 ˘ *Placentæ genus quoddam. = Espèce de gâteau.*

魓 ˘ *Quintum sidus ursæ minoris. = Le 5 de la petite ourse.*

縪 ˘ Pilei rugae. Sistere, detinere. = Les plis du bonnet. Retenir, arrêter.

蓽 ˘ *Quædam herba. = Nom d'une certaine herbe.*

蹕 ˘ Impedire; incedentem sistere. Comitatus. = Empêcher; arrêter quelqu'un qui marche. Suite, compagnie.

罼 ˘ Rete ad lepores capiendos. = Filet pour prendre des lièvres.

† Sinenses non conveniunt circa numerum ductuum qui hanc phoneticam constituunt, quianon omnes sequuntur eumdem modum eam scribendi: nos aequum duximus classicam formam admittere sancitam à 康熙字典.

N. 792. 異 異

Í Mirabile; extraordinarium: monstruosum. Diversum, differentia. Elevare. = Admirable; extraordinaire: monstrueux. Différent, différence. Elever.

廙 ˘ Reverentia, obsequium. = Vénération, respect.

⿷匚異 ˘ Instrumentum rurale. = Instrument d'agriculture.

翼 ˘ Alae. Auxiliari: protegere. Consiliarius. Venerari; obsequium. = Les ailes. Secourir: protéger. Conseiller. Respecter; vénération.

穓 ˘ Terram colere. = Cultiver la terre.

N. 792.

龔	ˇ	Alae. Auxiliari : protegere. Consiliarius. Venerari ; obsequium. = Les ailes. Secourir. Conseiller. Respecter.
趩	Chě	Ire, incedere. Gressuum strepitus. = Aller, marcher. Le bruit des pas.
糞	Fén	Stercus animalium ; sordes. Tollere, abjicere. = La fiante des animaux ; ordures. Enlever, rejeter.

N. 793. 累

	Léî	Implicare alios in aliquâ re. Impedimentum. Superponere, addere.=Compromettre quelqu'un. Empêchement. Superposer, ajouter.
磥	´	Molere.=Moudre.
樏	`	Pelvis.=Bassin, cuvette.
膘	^	Pinguedo in fœditatem vergens.=Embonpoint difforme.
儽	`	Infirmus, ægrotans. Piger.= Malade. Paresseux.
縲	^	Funis niger quo rei constringuntur.=Corde noire dont on lie les coupables.
瞜	^	Aspicere ; videre.=Regarder ; voir.
瘰	Lò	Scrophulæ.=Les écrouelles.
騾	^	Mulus.=Mulet.
塁	^	Cista ad terram asportandam. =Panier pour transporter de la terre.
摞	^	Pileus turcicus. Arcus, fornix. =Turban. Arcade, voûte.
鏍	ˇ	Ahenum.=Chaudière.
稞	´	Acervus ; coacervare.=Monceau ; amonceler.
螺	^	Limax, cochlea. = Limaçon, escargot.
漯	Tà	Mare inflatum : fluctus excrescentes, augeri fluctus.= Mer enflée : flots qui augmentent.

† Aliqua formæ et sonûs similitudo hanc phoneticam sine dubio connectit cum phoneticis 畾 晶 et 纍 quæ infrà, N. 881, 985.

N. 794. 國 国 國

	Kŏ	Regnum, imperium.=Royaume, empire.
蟈	ˇ	Velum quod in funeribus mulieres gestant in capite.=Voile de funérailles pour les femmes.
摑	ˇ	Manu percutere. Ad aures percutere.= Frapper avec la main. Frapper aux oreilles.
膕	ˇ	Pedes contracti. Pedis sura. =Pieds perclus. Le coude-pied.
髑	ˇ	(same as above)
嘓	ˇ	Loquacitas, molesta verbacitas. = Loquacité, babil ennuyeux.
蟈	ˇ	Bufo pumilus.=Crapaud nain.
幗	ˇ	Lugubris mulierum vitta, seu mitra.=Coiffure que les femmes portent dans les funérailles.

† Originem ducit à N. 430.

N. 795. 患

Huan ´ Ærumna; tristitia. Infortunium. = Tribulation; tristesse, chagrin. Malheur.

漶 ´ Idem, simile. Profundum, difficile intellectu.—Même, semblable. Profond, difficile à comprendre.

槵 ´ *Lignum dæmones fugans ex quo fiunt rosaria. — Bois qui fait fuire les démons, et dont on fait des chapelets.*

⿰金患 ˆ Annulus; armilla.—Anneau; bracelet.

⿰女患 ˆ In judicio contendere; disceptare.=Se débattre en justice; se disputer.

⿰貝患 **Wan** ´ Lucrum dividere.—Répartir le gain.

† Hæc phonetica aliquandò usurpatur velut synonyma phoneticarum 睘 et 爰, sine dubio propter sonûs similitudinem; quoad formam enim nullam cum eis affinitatem præsefert.

N. 796. 崔

Tsuéi ˉ Mons altus. Abruptum.—Montagne élevée. Précipice, escarpement.

漼 ˆ, 漼 ˆ } Aqua profunda. Nivis et pruina simul.= Eau profonde. Neige et gelée blanche réunies.

璀 ˋ Gemmae fulgor: nitor.=L'éclat d'une pierre précieuse; le brillant.

墔 ˉ Cumulus; coacervare.—Monceau; amonceler.

摧 ˉ Repellere, pellere. Impedire. Frangere. Delere. Exigere.—Repousser, pousser. Empêcher. Briser. Effacer. Exiger.

催 ˉ Urgere, sollicitare; exstimulare. Exigere.=Presser, solliciter; exciter; exiger.

嗺 ˉ Os comprimere. Vini pocula iterare.=Se pincer les lèvres. Boire à maintes reprises.

趡 ˆ Urgens, instans.=Qui presse, urgent.

⿰糸崔 **Suéi** ´ Machina textoria: texere.—Métier de tisserand: tisser.

膗 **Tai** ˉ Pinguedo in deformitatem vergens.=Embonpoint qui tourne en difformité.

† Cavendum nè confundatur cum 雀 Tsiŏ *Passer: avicula.—Moineau: petit oiseau*, quam è phoneticarum catalogo expungendam duxi, quia ejus composita perpauca sunt et praeter usum communem.

N. 797. 渠

Kiû ˆ Canalis, aquaeductus. Ille. Magnum. Fortassè?=Canal, aqueduc. Lui. Grand. Par hasard?

鸈 ˆ *Passeris species quedam.—Espèce de moineau.*

磲 ˆ *Quoddam jaspidis genus.—Espèce de jaspe.*

⿰亻渠 ˆ Ille, illa, illi.—Lui, elle, eux.

蕖 ˆ Hibiscus.—*Espèce de malvacée.*

† Elementum phonicum radicale praesentis phoneticae evidenter est 巨 N. 144.

N. 798. 湯

Tam ˉ Aqua calida: calidum. Violentum.=Eau chaude: chaud. Furieux.

燙 ´ Calefacere. Foculus ad complanandas vestes.—Chauffer. Réchaud pour repasser les habits.

⿱湯手 ˉ A progressu arcere: aliquem impellendo detinere.—Empêcher d'avancer: retenir quelqu'un en le poussant.

N. 798.

盪 Pelvis, bacile. Agitare, movere.=Bassin. Agiter, mouvoir.

簜 Bambusa procera. = Bambou géant.

鐋 Lima.=Une lime.

蕩 Effrænatus, dissolutus; prodigus. Quietus. Planum. = Sans retenue, dissolu; prodigue. Tranquille. Plane.

† Originem ducit à N. 592 cum quo tamen in compositis nullam affinitatem habere videtur.

N. 799.

戠 戢

Che

Incendium; magnus ignis. Argilla.=Incendie; grand feu. De l'argile.

Recordari In silentio meditari.=Se rappeler. Méditer en silence. V. infrà.

識 Vexillum. Fimbria. Conjungere, annectere. Floccus sericeus.= Drapeau. Frange. Joindre, attacher. Houppe de soie.

熾 Magnus ignis: incendium: comburere. Abundans.=Grand feu: brûler. Abondant.

職 Officium, munus, dignitas; jurisdictio. Abundantia.=Office, charge, dignité; juridiction. Abondance.

熾 Magnus ignis: incendium: comburere. Abundans.=Grand feu: incendie: brûler. Abondant.

樴 Aliquid æquare. = Egaliser.

膱 Pinguedo putrescens. Fragmentum carnis siccæ.=Graisse qui se corrompt. Morceau de viande sèche.

軄 Officium, munus, dignitas; jurisdictio. = Office, charge, dignité; juridiction.

織 Texere. Vexilli species quædam=Tisser. Certain pavillon. Fimbria. Floccus sericeus. Vexillum. Annectere, conjungere. = Frange. Houppe de soie. Drapeau. Attacher, joindre.

幟

識 Xe Scire; nosse; discernere: scientia. Experientia. Commentaria; inscriptiones; traditiones. =Savoir; connaître; discerner: science. Expérience. Mémoires: traditions: inscriptions.

N. 800.

童

Tum Puer; virgo; pueritia. Solus. Servus.=Enfant; vierge; enfance. Seul. Serviteur.

潼 *Quidam fluvius in Tartariâ. = Nom d'un fleuve de Tartarie.*

動 Virilem ætatem attingere. Agere. = Atteindre l'âge viril. Agir.

橦 *Arbor ex cujus cortice fieri potest tela.= Arbre dont l'écorce peut servir à faire de la toile.*

墥 Mons terreus; acervus.=Tertre; monceau.

穜 Segetes serotinæ. = Moissons tardives.

犝 Vitulus adhùc sine cornibus.= Veau qui n'a pas encore de cornes.

朣 Lunæ nascentis crepusculum. =Crépuscule, ou lueur de la lune à son lever.

艟 Navis bellica. = Navire de guerre.

僮 Puer, famulus: concubina. Stolidus; rudis. Obsequiosè tractare. = Enfant, serviteur: concubine. Imbécile; ignorant. Faire des politesses.

董 *Quoddam olus. = Certaine plante potagère.*

瞳 Oculi pupilla. Stolida facies.= La prunelle de l'œil. Air sot.

曈 Sol mox splendorem emissurus.=Soleil qui va jeter son éclat.

罿 Rete ad aves capiendas.=Filet pour prendre des oiseaux.

N. 800.

𥨯	Chūm	Vacuum.—Vide.
憧	̄	Fluctuans, incertus, dubius. Crudelis. = Indécis, irrésolu. Cruel.
㠉	̄	Confodere; occidere.—Percer; tuer.
豵	̄	Talpa.—Taupe.
穜	̄	*Lanceæ species quædam.—Espèce de lance.*
鐘	̄	Campana: discus æneus. Scutella: crater vini. = Cloche: tam tam. Ecuelle: coupe à vin.
徸	̄	Ire, incedere.—Aller, marcher.
衝	̄	Aggredi. Excitare; movere. Locus ubi plures viæ conveniunt. =Assaillir. Exciter; agiter. Lieu où viennent aboutir plusieurs routes.
蹱	́	Reptare.—Ramper.
螽	̄	Locusta.—Sauterelle.
覩	Chuam ́	Occurrere, obviàm habere. Obscurè videre.=Rencontrer. Voir confusément.
磴	̂	Locus saxosus.—Endroit rocailleux.
幢	́	Currus bellicus.—Chariot de guerre.
橦	̂	Columna. Vexilli hastile. = Colonne. Bois, ou mât de pavillon.
撞	́	Impingere, offendere in.. occurrere. Impellere: percutere. Corripere. Subitaneum. — Heurter, rencontrer. Pousser, frapper. Réprimander. Soudain.
饞	̂	Fartus, valdè plenus. Gulosus. = Rassasié, farci, qui s'est gorgé. Gourmand, glouton.
穜	̀	Plantare; serere. — Planter; semer.
獞	́	Sylvestre.—Sauvage.
噇	̂	Gulosè manducare; comedere.=Manger avec gloutonnerie; manger.
髗	̂	Spinæ dorsalis extremitas inferior.=L'extrémité inférieure de l'épine dorsale.
幢	̂	Magnatorum umbella. Velare, cooperire.—Parasol de distinction. Voiler, couvrir.

† Cavendum ne propter formæ et soni similitudinem aliquandò confundatur cum 重 N. 558.

N. 801. 敢

	Chee ̆	*Littera merè phonica sensu carens.=Lettre purement phonique dénuée de sens.*
澈	̆	Purum: aqua limpida.—Pur: eau limpide.
轍	̆	Rotæ vestigium. Iter.=Trace d'une roue. Chemin.
橵	̆	*Pruni species. — Espèce de prunier.*
撤	̆	Detrahere, auferre, extrahere, excludere, furari. — Retrancher, enlever, extraire, exclure, dérober.
徹	̆	Penetrare; intelligere.—Pénétrer; comprendre.
繖	̆	Vestis lacera.—Habit déchiré.
蹾	̆	Gressuum vestigia, vestigium. =Les traces des pas, vestige.

N. 802. 敦 敦

Tuen ‾ Sincerus ; fidelis. Liberalis. Valdè, magnum, abundans. Conari. Magnificare ; benè tractare.=Sincère ; fidèle. Libéral. Beaucoup, grand, abondant. S'efforcer. Exalter ; traiter bien.

襏 ‾ Femoralia.=Caleçons, pantalons.

墪 ‾ Parva turris. Collis ; acervus. Pulvinar.=Petite tour. Monticule ; monceau. Oreiller.

㩿 ‾ Pugnis impetere. = Assaillir à coups de poings.

燉 ‾ Ignis crepitus. Ignis splendor : flamma. = Le pétillement du feu : la flamme.

驐 ‾ Equus castratus. = Cheval coupé.

橔 ‾ Fulcrum ligneum. = Etai en bois.

墩 ‾ Parva turris. Collis : acervus. Pulvinar.=Petite tour. Monticule : monceau. Oreiller.

暾 ‾ Solis ortus.=Le lever du soleil.

噋 ‾ Halitus, respiratio. Mentiri.=L'haleine, la respiration. Mentir.

憞 Tuéi
譈 ˊ
憝 ˊ
}Superiores odisse : detestari, adversari. Conqueri, irasci. =Haïr ses supérieurs : détester, avoir en horreur. Se plaindre, se fâcher.

燉 ˊ Multùm, abundans, magna copia. = Beaucoup, abondant, grande quantité.

鐓 ˊ Armorum manubrium seu capulum.=Le manche ou la poignée d'une arme.

† Originem ducit à N. 396, et cavendum ne confundatur cum phoneticis quæ eamdem originem habeat, scilicet 郭 et 孰 N° 727 et 728.

N. 803. 就

Tsieu ˊ Statìm, illicò. Sequi, comitari, Accedere. = Aussitôt, au même instant. Suivre, accompagner. S'approcher : proche.

鷲 ˊ *Avis fortitudinis symbolum ex cujus pennis sagittæ fiunt.* Latrones. = *Oiseau symbole du courage dont les plumes servent à faire des flèches.* Les voleurs.

僦 ˊ Pro pretio conducere. In locationem accipere.=Prendre à louage.

噈 Tsu ˇ Osculari. Primis labiis degustare.=Baiser. Goûter du bout des lèvres.

蹴 ˇ Conculcare, pedibus terere.= Fouler aux pieds.

N. 804. 善 善

Xèn ˋ Bonum : bonus ; bonitas ; benignus. Excellens. Peritus. Perficere.= Le bien : ce qui est bon ; bonté ; douceur. Excellent. Habile. Perfectionner.

鄯 ˊ *Regnum quoddam occidentale.* =*Nom d'un royaume de l'occident.*

䵧 ˋ Hordeum.=De l'orge.

墡 ˋ Argilla alba.=Argile blanche.

饍 ˊ
膳 ˊ
}Fercula, cibi exquisiti. Prandium. Cæna. = Des mets exquis. Le dîner. Le souper.

鱓 ˋ Anguillæ minores. = Petites anguilles.

僐 ˋ Agendi ratio : mores. = Manière de faire : mœurs, coutumes.

繕 ˊ Componere, ordinare ; sarcire. Curam gerere. Scribere ; scriba.=Arranger, mettre en ordre; raccommoder. Soigner. Ecrire ; écrivain.

蟮 ˋ Anguilla.=Anguille.

N. 805. **粦**

粦 ˆ Lin — Exhalationes ; vapores. = Exhalaisons ; vapeurs.

潾 ˆ — Lumen ab aquâ reflexum. *Quidam fluvius.* — Lumière réfléchie par l'eau. *Nom de rivière.*

麟 ˆ — *Quidam cervus fabulosus unicornis, fausti ominis.* = *Certain cerf fabuleux de bon augure.*

遴 ˆ — Difficilè progredi. Labores. Concupiscere. Seligere. = Marcher avec difficulté. Peine. Désirer ardemment. Choisir.

甐 ˆ — Atterere ; consumere. = User ; consumer.

鄰 ˆ — Proximus, vicinus ; propè habitans ; vicinium. = Proche, voisin, qui demeure près ; le voisinage.

[illegible] ˋ — Tristis, mœrens. = Triste.

粼 ˆ — Aquæ decurrentis strepitus. Lapides in claro fundo apparentes. In supplicium castrare. = Bruit d'un torrent. Pierres qui paraissent au fond de l'eau.

[illegible] ˆ — Lignum elaborare ; corticem detrahere ; radere. = Travailler le bois ; ôter l'écorce ; rogner.

燐 ˊ — Exhalationes ; ignis fatuus in sepulcretis apparens. = Exhalaisons ; feu follet qui parait sur les cimetières.

磷 ˆ — Frangere. Attenuare. Aqua inter saxa decurrens. = Rompre. Amincir. Eau qui coule au milieu des roches.

璘 ˆ — Lapillorum venæ. = Les veines des pierres précieuses.

驎 ˆ — Equus rufus. = Cheval alezan.

轔 ˆ — Multorum curruum strepitus. = Bruit d'une multitude de chariots.

橉 ˊ — *Arbor cujus cineres in vino conficiendo inseruntur.* Cortex. = *Arbre dont les cendres servent dans la confection du vin.* Ecorce.

鱗 ˆ — Piscium squamae. = Ecailles de poisson.

僯 ˊ — Pudore affici. = Avoir honte ; rougir.

蹸 ˊ — A rotâ pertranseunte conteri. = Etre écrasé par une roue.

疄 ˆ — Area. — Aire, cour.

[illegible] ˊ — Noctiluca. — Ver-luisant.

嶙 ˆ — Mons altissimus. — Montagne très élevée.

憐 ˆ Liên — Misereri, compati ; commiseratio. = Avoir pitié, compatir ; commisération.

N. 806. **勞** 劳

勞 ˆ Lao — Labor ; molestia ; afflictio. Praemium. Consolari ; auxiliari. = Fatigue ; travaux ; ennui, affliction. Récompense. Consoler ; secourir.

澇 ˋ — Torrens ex imbribus copiosis proveniens. Viae inundatae. = Torrent qui provient de grandes pluies. Chemins inondés.

癆 ˆ — Hecthica. Morbus à nimio labore proveniens. = Etisie. Maladie causée par l'excès du travail.

[illegible] ˆ — Afflictus. Debilis. = Affligé. Faible.

[illegible] ˆ — Res impolita, rude. = Objet raboteux, grossier.

撈 ˆ — Ab aquis extrahere. Aquâ miscere. = Extraire hors de l'eau. Mélanger avec de l'eau.

[illegible] ˆ — Bambusa venenosa. = Bambou vénéneux.

[illegible] ˊ — Homo staturâ procer. = Homme de haute taille.

[illegible] ˆ — Comitari. Praefectorum servi. = Accompagner. Les serviteurs des mandarins.

[illegible] ˊ — Staturâ procer. = De haute taille.

[illegible] ˊ — A noxiis herbis purgare ; mundare. = Arracher les mauvaises herbes ; nettoyer.

N. 806.

嘮 ^ Clamores, tumultus, strepitus. = Des clameurs, des cris, du tumulte, du bruit.

螃 ^ Parva cicada. = Petite cigale.

† Oritur à N. 614 cujus annotationes consulere interest.

N. 807. 惢 歨

\ Juéi Suspicari : dubitare. Impedire: obstaculum. = Soupçonner : douter. Empêcher : obstacle.

橤 \ Florum stamina et stylus, seu organa sexualia. = Les organes sexuels des fleurs.

繠 \ Pendulum ; inclinatum. Spissum, densum. = Qui pend ; incliné. Epais, touffu.

蕊 \ Prima bambusæ germina edulia. = Premieres pousses de bambou, bonnes à manger.

蕋 \ Herbæ et arbores densè et luxuriosè crescentes. Fiorum gemma. = Herbes et arbres touffus et qui poussent avec force. Bouton de fleurs.

† Litteræ hujus ordinis omnes indistinctè usurpantur in sensu primæ litteræ, scilicet *florum stamina*.

N. 808. 貳 貮

/ Ell Duo, numerus binarius. = Deux, nombre binaire.

樲 / Ziziphus. = Jujubier.

膩 / Vices gerere. Convenit, oportet. = Remplir les fonctions d'un autre. Il convient, il faut.

儥 / Duo, numerus binarius. = Deux, nombre binaire.

樲 Ni Naturâ hilaris. = Naturellement gai.

膩 / Pinguis : pinguedo intestinorum. = Gras : graisse des intestins.

† Originem ducit ab 弍 sub N. 25, quem plerumquè synonymum habet.

N. 809. 絜 㓞

∪ Kié Purum, mundum ; munditia : castitas. Metiri. Restringere, limites ponere. = Pur, net ; pureté : chasteté. Mesurer. Restreindre, mettre des limites.

潔 ∪ Purum, nitidum : munditiies tùm cordis tùm corporis. = Pur, net ; pureté soit du cœur soit du corps.

潔 ∪

檕 ∪ Instrumentum movens per circulum ad aquam hauriendam. = Roue hydraulique.

挈 ∪ Colligare. = Lier ensemble. *Idem etiam cum præcedenti.*

鍥 ∪ Falcula ad segetes metendas. Incidere ; sculpere. Destruere. = Faucille de moissonneur. Graver ; sculpter. Détruire.

喫 ∪ Comedere, manducare. = Manger.

† Sicut dictum est sub N. 256, phoneticæ 㓞 契 絜 arctissimâ affinitate conjunctæ sunt, et constituunt veluti familiam inter cujus membra plerumquè mutua synonymia existit : porrò, admissâ hujusmodi affinitate, et communi harumce phoneticarum origine, nonne mirum, imò et insulsum apparebit, elementum primarium in prædictis phoneticis non scribi ubiquè eodem modo, et admittere triplicem formam 丰 丰 丰 !

†† Vide annotationem N. 567.

N. 810. 厥

厥 Kiüě — Ille, illa : ipse. Suus, sua, suum. — Lui, celui-là, elle : lui-même. Son, sa.

⿰衤厥 — Vestes attollere ad fluvium vado transeundum.—Relever ses habits pour passer une rivière au gué.

憠 — Conari. Fortis. Perfectus. — S'efforcer. Fort. Parfait.

橜 — Fulchrum.=Etai, appui.

⿸厥力 — Conatus.—Effort.

鷢 — *Nomen cujusdam avis.=Nom d'oiseau.*

⿸厥金 — Acuere.—Aiguiser.

劂 — Scalprum ad cælandum. Culter curvus.—Ciseau pour graver ; burin. Couteau courbé.

⿺走厥 — In aliquid pedem offendere.—Chopper ; heurter contre quelque chose.

橛 — Fulcrum.—Etai, appui.

撅 — Percutere. Punire. Jacere. — Frapper. Punir. Lancer. *V. infrà.*

⿰角厥 — Cornibus impetere.—Assaillir à coups de cornes.

獗 — Impudens, arrogans, ferarum. Grex. Latronum turba.—Insolent, effronté. Troupe de bêtes féroces. Bande de voleurs.

蕨 — *Planta quædam altum stipitem sine foliis emittens.— Plante qui consiste en une longue tige sans feuilles.*

⿰骨厥 — Posteriora, culus.—Le derrière, le cul.

蹶 — Cadere, in aliquid offendere. Eradicare.— Tomber, heurter contre une chose. Déraciner. *V. infrà.*

蟩 — *Quoddam insectum.—Nom d' insecte.*

撅 Kuéi — Vestes succingere.— Retrousser ses habits.

鱖 — *Piscis quidam ore magno squamis minutis.= Poisson à large bouche et écailles petites.*

蹶 — Movere. Repentè. Festinanter incedere. Conari. — Mouvoir. Soudain. Marcher avec hâte. S'efforcer.

† Elementum phonicum hujus phoneticæ est littera 欮 quæ velut phonetica etiam adhibetur in duabus aliis litteris meliùs in parvo subordine ibi referendis, quàm in ordine distincto, ne confusio fiat cum phoneticâ 朔 030 :

欮 Kiüě — *Excavare. Mittere. Respirare non posse.=Creuser. Envoyer. Ne pouvoir pas respirer.*

瘚 — *Respirandi difficultas.=Respiration gênée.*

闕 — *Palatii vel urbis janua. Deficere ; defectus. Crimen.=Porte de palais ou de ville. Manquer, défaut. Crime.*

†† Quùm hæc phonetica indifferenter scribatur in classificarum vertice, vel ad earum dexterum latus, sicut ex ordinis inspectione patebit, inutile duxi quasdam litteras rari usûs bis referre.

N. 811. 尞

尞 Leao — Incendere. Ignis in signum à longè accensus. — Mettre le feu. Signaux faits au loin avec du feu.

寮, 竂 — Tugurium, casa ex storeis confecta. Parva fenestra. Collega : simul præfecturam gerentes. — Cabane, barraque faite avec des nattes, chaumière. Petite fenêtre. Collègue : qui remplissent la même charge.

憭 — Perspicacitas, ingenium.=Esprit, génie, perspicacité.

療 — Sanare, morbos curare.—Guérir, faire la cure des malades.

燎 — Incendere : magnum incendium, ignem accendendo signa facere. Splendere.—Mettre le feu : grand incendie, faire des feux pour signaux. Briller.

N. 811.

𥜌 ˊ Ligna cremare in sacrificiis.—Brûler du bois dans les sacrifices.

遼 ˆ Longè ; remotum. Amplum.—Loin ; éloigné. Ample.

鷯 ˆ Parvula avis ; sylvia.—Petit oiseau ; bec-fin.

敹 ˋ Parvum, tenue.—Petit, mince.

蹽 ˋ Homo staturâ procer. Longum.—Homme de haute taille. Long.

𡐦 ˊ Circulus.=Cercle.

撩 ˆ Manu abscondere, perturbationes sedare. Provocare.—Cacher avec la main, apaiser les troubles. Provoquer.

屪 ˆ Viri genitalia.= Les parties naturelles de l'homme.

簝 ˆ Vas pro victimis in templis avorum. = Vase des victimes dans le temple des ancêtres.

鐐 ˆ Argentum purius. Coquus.—Argent fin. Cuisinier.

飉 ˆ Ventus.—Le vent.

僚 ˆ Collega, socius ; amicus.—Collègue, camarade ; ami.

獠 ˆ Noctu venari.—Chasser pendant la nuit.

繚 ˋ Alligare ; in orbem vincire. Curam gerere.—Attacher ; lier tout autour. Prendre soin.

瞭 ˋ Clarè videre : à longè aspicere. Cœcum ducere.—Voir clair : voir de loin. Conduire un aveugle.

暸 ˆ Lux ; clarum. Sine impedimento.—Lumière ; clair. Sans obstacle.

嘹 ˆ Vox sonora. Vox tenuis. = Voix sonore. Petite voix.

蟟 ˆ *Cicadæ species quædam.=Espèce de cigale.*

嶚 ˆ Altum.—Haut, élevé.

潦 ˋ Lao Inundatio : æstus maris ascendens. = Inondation : marée montante.

轑 ˋ Rotæ canthus. Theca.—Jante de roue. Boîte.

橑 ˋ Ligna. Tecti trabes.—Bois à brûler. Solives du toit.

𧳜 ˋ *Barbari quidam meridionales.—Nom de certains barbares du midi.*

𧯤 ˆ Phaseolus sylvestris.—Haricot sauvage.

N. 812. 奢

ˉ Xee Prodigalitas ; magnos sumptus facere : luxus. Spargere. = Prodigalité ; faire de grandes dépenses : luxe. Répandre.

𤁨 ˇ Chee Sordidum, turbidum.—Sale, trouble.

騇 ˋ *Nomen cujusdam equi.—Nom d'un certain cheval.*

𥉮 ˋ Canna saccharifera.—Canne à sucre.

撦 ˋ Cum fune trahere, extendere.—Tirer avec une corde, étendre.

㑣 ˊ Retrocedere.—Reculer.

黪 ˋ Nigrum, atrum.—Noir.

㥲 ˉ Cha Ostentator ; jactantia.=Fanfaron ; vanterie.

譇 ˉ Verbis contendere, altercari.—Se battre à coups de langue, se disputer.

䐷 ˉ Cicatrix fœda.—Cicatrice difforme.

N. 812.

觡 ^ Magna cornua.=Grandes cornes.

† Originem trahit à N. 531.

N. 813. 朁 替

Tsan

一 Impius : qui lucem non timet. =Impie : qui ne craint pas la lumière.

憯 、 Odisse, abhorrere : iratus. Afflictus, tristis.=Haïr, détester : fâché. Affligé, triste.

瘩 、 Morbus dolores afferens. = Maladie accompagnée de douleurs.

劗 ╱ Abbreviare, attenuare. = Âmincir, raccourcir.

蠶 ╱ Bombyx : bombycis folliculus. =Ver à soie : cocon du ver à soie.

鐕 一 Pungere.=Piquer.

膪 一 Sordidum ; spurcitia.=Sale ; ordure.

僭 、 Calumniari.- Calomnier.

噆 一 In ore gestare. Mordere. = Garder dans la bouche. Mordre.

Tsièn

潛 ╱ Abscondere se. Sese aquis immergere.=Se cacher. S'enfoncer dans l'eau.

熸 一 Extinguere.=Eteindre.

撍 、 Sortes ducere per festucas inæquales.=Tirer les sorts à la courte-paille.

僭 一 Usurpare. Effrænatum imperium. Errare, falsum. Calumniari.=Usurper. Despotisme. Errer, faux. Calomnier.

Chén

譖 ╱ Calumniari : crimen exaggerare, murmurare. Errare. Usurpare.=Calomnier : exagérer une faute, murmurer. Errer. Usurper.

顬 、 Inclinare se.=Se pencher.

彁 、 Arcus remissus.=Arc débandé ou lâchement tendu.

簪 一 Acus quo capilli coercentur. Congregare.=Aiguille de tête. Réunir.

† Vide N. 780 in annotatione.

† Sinenses tam frequenter hanc phoneticam confundunt cum consimilibus 替 et 贊, ut in quibusdam casibus, consuetudo vulgaris evaserit classica. Duarum harumce litterarum posterior inter phoneticas reperitur N. 1028 Prior autem ordinem sibi proprium non meretur quia in unico casu phonetica evadit, aptiùsque ibi in exiguo appendice referetur quam alibi :

替 Tí *Vice alterius, permutare. Destruere, delere.=A la place d'un autre, au lieu de.. échanger. Détruire, éteindre.*

僣 Tiĕ *Fraudulentus* ; nebulo. = *Un homme frauduleux* : un vaurien.

N. 814. 壹

Ĭ

Unum, simplex, verum. Purum. Perfectum. Unire.=Un, simple, vrai. Pur. Parfait. Unir.

懿 ╱ Optimum, excellens. Virtute præditus. Mitis. = Excellent. Vertueux. Doux.

譩 ╱ Aliquid secundum regulas judicare.=Juger une chose selon les règles.

殪 ╱ Mori : occidere. Dejicere. Currere.=Mourir : tuer. Renverser. Courir.

歖 ╱ Optimum. excellens. Virtute præditus. Mitis.= Excellent, vertueux. Benin. Doux.

亄 ╱ Concupiscere, avidus, avarus. Tenax. Ornatus.=Convoiter, avide, avare. Tenace. Orné.

撎 一 Manus junctas demittendo salutare.=Saluer en baissant les mains jointes.

N. 814.

饐 ′ Mucidum. Cibi corrupti. — Moisi. Viandes gâtées.

曀 ′ Nebulosum : sol obtectus. Frigus jucundum. = Nébuleux : soleil couvert. Fraîcheur.

噎 Iĕ Faucibus impeditus : cibus faucibus haerens. Angustiis oppressus. = Qui a la gorge embarrassée: nourriture qui s' arrête à la gorge. Accablé d' angoisses.

N. 815. 敢

Kan ` Audere ; audax ; strenuus.— Oser ; qui ose ; audace ; courageux.

澉 ` Res insipida.=Chose insipide.

[illegible] ` Spelunca : antrum.=Grotte : antre.

橄 ` *Pruni species quædam.=Espèce de prunier.*

闞 ′ Aspicere : explorare, rimari. Sperare. Visitare.=Regarder: épier, regarder à travers les fentes d'une porte. Espérer. Visiter. V. *infrà.*

[illegible] ` Valdè salitum. Soda. —Très salé. De la soude.

瞰 ′ Despicere ; infrà apiscere. = Regarder en bas.

[illegible] ` Solis ortus.=Le lever du soleil.

譀 Hán Exagerare. Irridere.—Exagérer. Railler.

憨 — Stupidus, insipiens, amens.= Stupide, imbécile, sot, fou.

[illegible] Hiên Irasci. Lædere.=Se fâcher. Nuire, blesser.

闞 ` }
闞 ` } Tigridis rugitus. Terribile. =Le rugissement du tigre. Terrible.

徼 ′ Periculosum.—Dangereux.

儌 ′ Progredi. Eminens, abruptum. =Avancer. Haut, escarpé.

獥 ` Latrare. Catulus. = Aboyer. Petit chien.

N. 816. 堯 尭 尧

Îao Præcellens ; illustris. Virtus. Bonitas. *Antiquissimus Sinarum imperator.* = Excellent. Illustre. Vertu. Bonté. *Nom d'un empereur de Chine des plus anciens*

墝 ^ Abruptum ; valdè periculosum. —Escarpé ; fort dangereux.

[illegible] ^ Præcidere, secare. — Couper, trancher.

僥 ^ *Barbari quidam occidentales.* Falsum. = *Certains barbares de l'occident.* Faux.

嶢 ^ }
嶤 ^ } Altum ; elevatum, eminens. =Haut ; élevé, eminent.

襓 — Jao Vagina : gladii sacculus. — Fourreau d'épée.

遶 ` Circumdare ; in orbem ligare. =Entourer ; lier autour.

橈 — Remi breviores. Perturbare. =Rames courtes. Troubler.

饒 — Locuples ; divitiæ, abundantia. Cedere, ignoscere. Occultare.=Riche; richesses. Céder. Pardonner. Cacher.

嬈 — Jucundum. Tenellum. Blanditiæ. Irridere. Tumultuari. = Gentil. Tendre. Caresses. Railler. Faire du tumulte.

繞 ` Ligare, rotare. Sinuosum. = Lier, rouler. Sinueux.

蕘 — Herbæ aptæ ad cremandum loco lignorum.=Herbes bonnes à brûler en guise de bois.

N. 816.

蟯	―	Lumbrices. Intestinorum vermes.=Lombris. Vers intestinaux.
憢	Hiaŏ	Ignavia : timor. Falsitas. = Lâcheté ; crainte. Fausseté.
澆	―	Parvum, tenue.=Petit, mince, fin. *V. infrà.*
驍	―	Equus mansuetus. Strenuus, fortis, ferox. Velox. = Cheval doux. Courageux, vaillant, fort, féroce. Agile.
顤	―	Caput oblongum.=Tête alongée.
膮	―	Carnis jusculum. = Du bouillon.
皢	ˋ	Album, clarum, lucidum. = Blanc, clair, brillant.
曉	ˋ	Intelligere, percipere. Clarum. Mane. = Comprendre. Clair. Le matin.
嘵	―	Timere. Vox commiserantis. =Craindre. Parole de commisération.
澆	Kiao	Irrigare ; aspergere. Perversus, malus. = Arroser ; asperger. Pervers, mauvais.
磽	―	Terra sterilis.=Terrein stérile.
翹	^	Ascendere, elevare, erigere. Suspicere. = Monter, élever, dresser. Regarder en haut.
趬	―	Summis pedibus inniti ad aspiciendum.=Se lever sur la pointe des pieds pour voir.
轎	―	Axis curruum extrema. = Les bouts d'un essieu.
墝	―	Terra sterilis. Terra inæqualis. =Terrein stérile. Terrein inégal.
僥	―	Falsum, adulteratum.=Faux, falsifié.
獟	ˊ	Canis ferus.=Chien féroce.
蹺	―	Summis pedibus inniti ad aspiciendum. = Se lever sur la pointe des pieds pour regarder.
譊	Nâo	Clamores, clamare. Strepitus. Contendere.=Des cris, crier. Du bruit. Se disputer.
橈	ˊ	Curvum ; flexuosum. Injustum. Turbare. Remus. = Courbé ; tortueux. Injuste. Troubler. Rame de bateau.
撓	ˊ	Confundere, perturbare. Curvum. Falsum. Frangere. = Confondre, troublé. Courbé. Faux. Rompre.
鐃	^	Tympanum æneum. Anchora. =Tam-tam. Ancre.
燒	Xao	Comburere, incendere : assare : exustum. = Brûler, mettre le feu : rôtir ; brûlé.

N. 817. 彭

	Pûm	Tympani sonitus. Multi, abundantia.=Bruit du tambour. Beaucoup, abondance.
澎	―	Aquæ sonitus. = Bruit des eaux.
殍	^	Cadaver tumidum.= Cadavre enflé.
磞	ˊ	Rerum impingentium sonitus. Tinnitus. Borax. = Bruit que font des objets en se choquant. Tintement, retentissement. Du borax.
髼	ˊ	(same as above)
蟚	^	*Species parvi cancri = Espèce de petit crabe, ou chevrette.*
膨	^	Intumescere : ventre tumidus. = Enfler : avoir le ventre enflé.
蟛	^	*Species parvi cancri.=Espèce de petit crabe, ou chevrette.*

N. 818. 喜 喜

Hi ˋ Lætari, gaudere : lætitia. ; hilaris.=Se réjouir : joie ; content.

憘 — Delectari : lætitia interior. Rectitudo. = Se réjouir : se complaire : joie intérieure. Rectitude.

譆 — Verba ex dolore clamantium. =Paroles ou cris de douleur.

熺 — In igne purificare. Stellarum splendor.=Purifier dans le feu. L'éclat des étoiles.

禧 — Felicitas, fortuna. = Félicité, bonheur.

熹 — Lux, splendor. Calor, aestus. Assare.=Lumière, clarté. Chaleur. Griller.

憙 — Delectari : lætitia interior. Rectitudo. = Se complaire : joie intérieure. Rectitude.

歖 — Laetari ; laetitia : hilaris.=Se réjouir ; joie : gai.

僖 — Voluptas, gaudium : laetari.=Plaisir, joie : se réjouir.

嬉 — Jocari ; oblectare se. Laetitia. =S'amuser ; badiner. Joie.

黯 — Nigrum, atrum.=Noir, foncé.

瞦 — Oculi scintillantes. = Yeux qui scintillent.

暿 — Calor nimius. Urere. = Chaleur excessive. Brûler.

噫 — Proh ! Eheu ! Suspiria.—Ah ! Ahi ! Soupirs.

蟢 ˋ Aranea parva. = Petite araignée.

Ché ´ 糦 饎 ´ } Cibos praeparare. Victualia. Pastum sumere. = Faire la cuisine. Des vivres. Prendre son repas.

N. 819: 惡 惡 一

Ñgo ˇ Malum ; malus, perversus. Crudelis. Odisse, abhorrere.= Le mal ; mauvais, pervers ; cruel. Haïr, avoir en horreur.

僫 ˇ Vitium, delictum. Perversus ; crudelis.=Vice, faute. Pervers ; cruel.

Ū 誣 ¯ Destruere, calumniari. Erubescere. = Détruire, diffamer. Rougir.

噁 ´ Irasci, ira.=Se mettre en colère.

N. 820. 惠 惠

Huéi ´ Beneficium impertiri ; beneficium, favor, gratia. Lucrum, utilitas.=Accorder un bienfait ; faveur, grâce. Gain, utilité.

𢡊 ´ Intùs investigare.=Examiner dedans.

憓 ´ Beneficium, benefacere ; gratia. Utilitas. =Bienfait ; accorder un bienfait ; grâce. Utilité.

譓 ´ Valdè sagax. Aptus ad disputandum. = Très pénétrant. Habile à la dispute.

轊 ´ Axis curruum extrema. =Les bouts d'un essieu.

㥣 ´ Findere.=Fendre.

韢 ´ Funiculus ad constringendum os sacci.=Ficelle pour fermer la bouche d'un sac.

䎚 ´ Alarum extrema. = Le bout des ailes.

僡 ´ Beneficium ; benefacere ; gratia. Utilitas.=Bienfait ; accorder des bienfaits ; grâce, faveur. Utilité, lucre.

蕙 ´ *Epidendri species quædam.* Flos odorus.=*Espèce d'orchidée.* Fleur odoriférante.

嘒 ´ Tenue, parvum, clarum, lucidum.=Mince, fin, petit, clair, brillant.

蟪 ´ *Species vespertilionis qui sex menses vivere dicitur.=Espèce de chauve-souris.*

N. 820.

穗 Suéi ́ Segetum spicæ, spica. Messis. = Les épis des moissons. épi. Moisson. *Legitur etiam huéi.*

繐 ́ Tela tenuissima, textura rara. =Tissu très clair, gaze.

+ Non pauci dantur casus in quibus littera 慧 adhibetur velut synonyma hujus phoneticæ; quùm tamen multò frequentiùs usurpetur velut synonyma phoneticæ 彗 N. 733, habenda est potiùs tanquàm varietas in illo ordine quàm in isto.

N. 821. 棥 樊

Fan ^ Sepe, septum : sepe circumdare. = Haie, enclos : entourer d'une haie.

礬 ^ Alumen.=Alun.

𨚵 ^ *Nomen loci= Nom d'endroit.*

𧡊 ^ Fœdum, difforme. Obiter videre. Laid. Voir en passant.

蠜 ^ *Insectum quoddam noctu exiens.=Nom d'un insecte qui ne sort que la nuit.*

N. 822. 覃

Tan ^ Amplum, spatiosum, extensum ; extendere se.= Vaste, spacieux, étendu ; s'étendre.

憛 ^ Pavor, formido, tristitia. Meditari, cogitare ; perpendere. =Crainte, frayeur, tristesse. Réfléchir, penser ; peser.

潭 ^ Aqua profunda : profundum. Magnum. Madefacere.=Eau profonde : profond. Grand. Mouiller.

譚 ^ Publicare. Magnum. Continuare. Conversari = Publier. Grand. Continuer. Converser.

燂 ^ Calefacere, fovere.=Chauffer, tenir chaud.

禫 ^ Luctûs finis. Sacrificium 7o. mense post mortem oblatum. =La fin du deuil. Sacrifice au défunt 7 mois après sa mort.

驔 ^ Equus niger dorso flavo cruribus albis.=Cheval noir avec le dos jaune et les jambes blanches.

壜 ^ Vas ad vinum continendum. Vase pour le vin.

撢 ‾ Examinare, observare ; manu explorare.=Examiner, observer : explorer au toucher.

賧 ` Solvere pretium rei nunc emptae. = Payer le prix d'une chose que l'on vient d'acheter.

磹 Tièn ́ Fulgur.=Eclair.

簟 ́ Storea arundinea.=Natte en bambous.

鐔 Sîn ^ Gladii capulus. Gladii acies. =La garde d'une épée. Le tranchant d'une épée.

鱏 ^ *Quidam piscis magnus.=Certain grand poisson.*

蕈 ` Fungus. *Cannabis species.*= Champignon. *Espèce de chanvre.*

N. 823. 斯

Se ‾ Hoc ; iste; illud. Scindere. Distare. Statim. Album.=Ceci; cela. Déchirer. Etre éloigné. Aussitôt. Blanc.

澌 ‾ Exhaurire. Aqua fluens. Glacies liquescens. = Epuiser. Eau qui coule. Glace qui fond.

廝 ‾ Servus, famulus. = Serviteur, domestique.

𩟄 ‾ Oryzae offa.=Gâteau de riz.

N. 823.

澌	-	Liquescere; glacies liquescens.=Se liquéfier; glace qui fond.
厮	-	Servus, famulus.= Serviteur, domestique.
撕	-	Radere; æquare.= Rogner; égaliser. *Vide infrà.*
傂	-	Servus, famulus.= Serviteur, domestique.
㒋	Si -	Timidus, pavens. = Timide, craintif.
嘶	-	Raucus; raucedo.=Rauque; voix enrouée.
撕	-	Manu dirigere. Scindere. = Conduire par la main, diriger. Déchirer.
嘶		Hinnire: equorum hinnitus.= Hennir: le hennissement des chevaux.

† Est ferè necessum omnes significationes suprà relatas memoriæ mandare, quia grassatur consuetudo permixtim usurpandi plerasque litteras hujus ordinis in eodem sensu, nullâ habitâ ratione classificæ cui phonetica conjungitur.

N. 824. 黃 黄

	Huam ^	Color flavus, flavum. = Couleur jaune, jaune.
潢	^	Agger: stagnum ad aquas congregandas. Extensum. Tingere.=Digue: écluse. Etendu. Teindre.
癀	^	Pestis. Flavæ bilis effusio.= La peste. La jaunisse.
璜	^	Sceptrum ex lapide pretioso apud regulos in usu.=Sceptre en pierre précieuse dont se servaient les grands.
騜	^	Equus flavi et albi coloris.= Cheval mélangé de blanc et de jaune.
趪	^	Vires exerere.=Faire ses efforts.
穬	^	Messis adusta.=Moisson brûlée.
鄺	-	*Cognomen.=Nom propre.*
鷬	^	Luteola.=Le verdier.
簧	^	Fistularum lingula sonora. = Anche de flageolot.
犤	^	*Species bovis. = Espèce de bœuf.*
鰉	^	*Nomen cujusdam piscis.=Nom de poisson.*
纊	´	Funis: alligare.=Corde: attacher, lier.
蟥	^	Sanguisuga.=Sangsue.
橫	Hem ^	Transversè: pertransire. Injustum, contra leges. = En travers: traverser. Injuste, illégal.
鐄	`	Campanæ sonitus.=Le bruit d'une cloche.

† Præsidet etiam exiguæ classi ad *flavum colorem* relationem habenti, in quâ phoneticarum latus sinistrum occupat.

†† Hinc originem ducit 廣 N. 996.

N. 825. 散

	San ´	Spargere, dispergere; extendere: dividere: separari.=Répandre, disperser; étendre: distribuer: se séparer.
饊	`	Farinæ massa in fila aut vittas producta. Farina non glutinosa.=Vermicelles. Farine qui n'est pas gluante.
繖	`	Umbella.=Parasol.
幱	`	Umbella.=Parasol.

N. 825.

霰 Siēn ´ Nix minuta. Minutum.=Neige fine. Menu.

鐵 ´ Gallos castrare.=Chaponner.

撒 Sǎ Spargere, dispergere; extendere: separare. Laxare. = Répandre, disperser; étendre: séparer. Lâcher.

N. 826. 朝

Chāo Mane. Palatium imperiale: aula: civitas regia.=Le matin. Le palais de l'empereur: la Cour: la ville royale.

潮 ^ Maris æstus matutinus; maris æstus. Mare. = Le flux de mer du matin; la marée. La mer.

謿 ‐ Irridere; reprehendere.=Railler; reprendre.

蓢 ‐ *Cognomen.=Nom propre.*

嘲 ‐ Scurrilitas, verba irrisoria. Avium cantus; canere.=Bouffonnerie, paroles plaisantes. Chant des oiseaux; chanter.

廟 Miáo Templum idolorum, fanum.=Temple des idoles, pagode.

† Vide annotationem N. 586.

N. 827. 項

Hiám Collum; cervicis pars posterior. Genus; species diversæ. Particula. Magnum. *Cognomen.* = Le cou; la nuque. Genre; espèces différentes d'objets. Parcelle. Grand. *Nom propre.*

憤 ´ Magnæ vires.=Grande force.

擯 ´ Onus gestare: magna onera gestandi capax. = Porter un fardeau: qui peut porter de grands fardeaux.

蕒 ´ *Planta quædam medicinalis.=Nom de plante médicinale.*

† Cautè distingui debet ab ejus consimili 頃 (var. 頃) Kium *Centum jugera. Temporis momentum. Quandò?=Cent arpents de terre. Un instant. Quand?*, quae velut phonetica usurpatur in 傾 Kiūm *Inclinatum. Prosternere; destruere. Omninò. = Penché. Renverser; détruire. Tout à fait.*

N. 828. 矞

Iŭ Perforare. Fulgere. Falsum: decipere; impostor. = Percer, Briller. Faux: tromper; imposteur.

驈 ˇ Equus cruribus albis.=Cheval qui a les jambes blanches.

遹 ˇ Sequi; continuare. Observare. Narrare.=Suivre; continuer. Observer. Raconter.

翿 ˇ Volare: volatus.=Voler: vol des oiseaux.

鷸 ˇ Milvus. Avis pluviae praescia. =Le milan. Oiseau qui prévoit la pluie.

繘 ˇ Funis ad aquam hauriendam. =La corde du puits, corde qui sert à puiser de l'eau.

噊 ˇ Periculosum. Avium cantus.=Dangereux. Le chant des oiseaux.

獝 Hiŭ Insanus, furens, rabidus. Timere.=Fou, furibond, enragé. Craindre.

橘 Kiŭ Aurantium dulce. = Orange douce.

憰 Kiuĕ Deceptor, falsarius; malitiosus: falsum.=Trompeur, faussaire; malicieux: faux.

潏 ˇ Scaturire. Insula. = Sourdre, jaillir. Ile.

譎 ˇ Callidus, sagax, deceptor, nebulo. Decipere: fingere.=Rusé, adroit, trompeur, vaurien. Tromper: feindre.

禬 ˇ Omen sinistrum. = Présage sinistre.

N. 828.

鐍 ˇ Sera pensilis : pessulus.—Cadenas : verrou.

鷸 ˇ Rana.=Grenouille.

僪 ˇ Amens, furens ; violentus.—Fou, furibond ; violent.

† Si ad pronuntiationem potiùs quàm ad formam attendatur, haec phonetica videtur deducere elementum phonicum primarium ex phoneticâ 子 N. 81, potiùs quàm ex classificâ 矛 de quâ sub N. 545 et 546.

N. 829. 尋 㝷

Sîn — Quærere, investigare. Continuare. Ordinarium, commune. =Chercher. Continuer. Ordinaire.

潯 ˆ Littus, ora. *Nomen fluvii et urbis in Kuam-si.* = Rivage, bord. *Nom d'un fleuve et d'une ville du Kuam-si.*

燖 ˆ Igne aliquid calefacere. — Chauffer une chose au feu.

樳 ˆ *Arbor quædam cujus rami latissimè patent.—Arbre dont les branches s'étendent fort loin.*

撏 ˆ Capere, sumere ; colligere, decerpere. Attrahere.=Prendre ; cueillir. Tirer à soi.

鱘 ˆ Acipenser, silurus. — L'esturgeon.

[忄尋] Tàn Inquietus.—Inquiet.

蕁 ˆ *Porri species quædam.=Espèce de porreaux.*

N. 830. 閔 ˇ

Mìn — Corporis invaletudo ; æger. Tristari ; compati, commiseratio. Dolor. *Cognomen.*=Indisposition du corps ; malade. S'attrister ; compatir, pitié. Douleur. *Nom propre.*

憫 ˋ Alienis calamitatibus moveri ; silenter commisereri. = Etre touché des maux d'autrui ; avoir pitié sans le faire paraître.

潣 ˋ Aqua decurrens. — Eau qui coule.

簢 ˋ *Species quædam bambusæ. — Espèce de bambou.*

† Originem ducit à N. 56.

N. 831. 閏

Juán — *Luna seu mensis intercalaris —Lune ou mois intercalaire que l'on ajoute tous les quatre ans à la 4e lune.*

潤 ˊ Humectare ; mollire, fœcundare. Succus. Nitor, decor.—Humecter ; amollir, fertiliser. Suc. Eclat, relief, lustre.

橍 ˊ *Quædam arbor. — Nom d'un certain arbre.*

撋 ˉ Pellere. Manibus aliquid perfricare.—Pousser. Frotter quelque chose avec les mains.

瞤 ˆ Oculos movere.=Mouvoir les yeux.

[山閏] ˊ *Nomen loci.—Nom d'endroit.*

N. 832. 閒 間

Hiên Otium ; otiari. Quiescere. * Spatium : locus vacuus. Separare. Intrà ; in medio. *Numerale cubiculorum.*—Loisir ; oisiveté, ne rien faire. Se reposer. * Espace ; lieu vide. Séparer. Dedans ; au milieu. *Numéral des chambres.*

憪 ^ Hilaris, contentus. Inquietus. Iratus. Superbus. Extensum. =Gai, content. Inquiet. En colère. Orgueilleux. Etendu.

癇 ^ Ex pavore infirmus. Insanus. Epilepsya. — Maladie causée par la peur. Fou. Epileptique.

殲 ^ Puerorum convulsiones. — Convulsions des enfants.

騆 ^ Equus oculo albo. — Cheval qui a un œil blanc.

𢯷 ^ Strenuus, ardens : magnanimus. — Courageux, ardent : magnanime.

鷳 ^ Phasianus nycthemerus. *Lin.* —Le faisan argenté.

嫺 ^ Assuescere, assuetus ; exercere se. Excellens. Conveniens.= S'accoutumer, habitué : s'exercer. Excellent. Convenable.

僩 ` Strenuus ; formidandus. Iratus. Liberalitas.=Courageux ; redoutable. Fâché. Liberalité.

獮 ` Ferus, crudelis. — Féroce, cruel.

瞯 ^ Rimari. In oculis macula. Oculi prae convulsione albi apparentes. = Epier. Taie aux yeux. Montrer le blanc des yeux dans des convulsions.

澗 ´ Kiên Torrens ; rivulus inter montes. =Torrent ; ruisseau au milieu des montagnes.

襇 — Vestis brevis.—Habit court.

醎 — Sal.—Du sel.

橌 ´ Arbor magna.— Grand arbre.

覵 Explorare ; furtim et attentè aspicere. Mixtum, confusum.— Epier ; regarder fertivement et avec attention. Mêlé, confus.

簡 ` Abbreviare ; summarium, epitomae. Liber. Contemnere. Eligere.—Abréger; sommaire, un abrégé. Un livre. Mépriser. Choisir.

鐧 ´ Currus ferratus ; currus bellicus. = Chariot garni en fer. Chariot de guerre.

鰯 ´ *Quidam piscis.— Nom de poisson.*

繝 ´ Flores in serico acupicti.— Fleurs brodées à l'aiguille sur de l'étoffe de soie.

蕳 — *Epidendrum Cognomen.* — *Espèce de fleur. Nom propre.*

㵎 Torrens ; aqua fluens inter montes. — Torrent ; eau qui coule au milieu des montagnes.

† Hæc phonetica *per se sumpta differt* tùm quoad sensum, tùm quoad *sonum à* varietate quam ipsi subjecimus, et à doctis communiter distinguitur. 閒 legitur *Hiên*, *Otium &* ; et 間 legitur *Kièn*, *Spatium &*. In compositis autem duae istæ litteræ adeò permixtim usurpantur, ut impossibile fiat distinctum ordinem unicuique concedere. Amanuenses pleromquè malunt adhibere 間 quia regularius oculis apparet ; dùm è contrà Dictionarii accuratiores quos hâc de re amplè et perattentè lustravi anteponunt 閒.

Si hanc orthographiæ fluctuationem dirimere interesset, et certos limites statuere intra quos hæc et non illa phonetica deberet adhiberi, juxta leges systematis phonetici nobis definiendum videretur, compositos qui legitur *Hièn* adscribendos esse phoneticæ 閒 ex quâ sonum trahunt ; eos autem qui sonant *Kièn* subjiciendos esse consonae phoneticae 間. Quoniam verò distinctio haec ad theoricen omninò pertinet, nec de ipsâ Sinenses curant, satius et utilius est unicum ordinem exhibere.

Caeterùm, aliquandò sub sono *Hièn* phonetica haec velut varietatem compositionis admitti 閑 Hièn *Impedire, obstaculum. Septum. Intercludere. Exercere se: assuescere.—Embarrasser. Obstacle. Enclos. Fermer. S'exercer: s'habituer* : id tamen rarissimè occurrit.

N. 833. 孱

ˉ **Chuan** Debilis, infirmus: timidus. Inutilis=Faible: timide. Inutile.

潺 ˉ Aquae fluxus. Torrens. =Le courant de l'eau. Torrent.

僝 ˉ Crudelis. Manifestare.=Cruel. Rendre manifeste.

⿰王孱 ˊ **Chan** *Species jaspidis. — Sorte de jaspe.*

驏 ˋ Sine sellâ equitare.=Aller à cheval sans selle.

轏 ˉ Currus bellicus.=Chariot de guerre.

⿰孱刂 ˉ Praecidere. — Couper, trancher.

⿰金孱 ˉ Fabrorum lignariorum scalprum.= Ciseau de charpentier.

N. 834. 巽 巺

ˊ **Suen** Obsecundare, complacere, cedere. Humilitas. Blandum. Ingredi.= Condescendre, complaire, céder. Humilité. Mou, souple. Entrer.

簨 ˋ Trabs cui appenditur campana.— Poutre à laquelle on suspend une cloche.

⿰月巽 ˋ Carnem denuò coquere.= Faire cuire de la viande de nouveau.

噀 ˊ Ore aliquid irrigare seu irrorare.= Arroser avec la bouche.

僎 ˉ **Tsuen** Convivio excipere: convivium. Servi qui domino assistunt.= Recevoir à un festin: repas. Domestiques qui se tiennent près du maître.

譔 ˋ **Siüen** Antiquorum gesta praeclarè scribere. = Eloge historique des anciens. *V. infrà.*

⿷匚巽 ˊ Vas. Receptaculum.= Vase. Réceptacle.

選 ˊ Eligere. Enumerare. In summam restringere. Decem millia.=Choisir. Compter. Résumer. Dix mille.

⿱罒巽 ˉ **Tsüèn** Rete. Capere.— Filet. Attraper.

譔 ˋ **Chuan** Historiam describere. Componere. Invenire. Sententiæ; traditiones. Vestigium.= Ecrire l'histoire. Composer. Sentences, traditions. Vestige.

襈 ˋ Vestis collare.= Le col de l'habit.

⿰王巽 ˊ Pretiosum.=Précieux.

撰 ˋ Libros componere vel in lucem edere, vel emendare, vel transcribere. Compendium.= Composer, ou corriger, ou transcrire des livres. Abrégé.

饌 ˊ Prandium appositum. Comedere et bibere.=Le dîner servi. Manger et boire.

⿰魚巽 ˊ *Piscis quidam sine spinis. — Certain poisson sans arêtes.*

N. 835. 隆 隆

ˉ **Lum** Magnum: abundans, florens. Opulentum.= Grand: abondant, florissant. Riche.

窿 ˉ Cæli fornices. Firmamentum. =La voûte du ciel. Le firmament.

癃 ˉ Senum infirmitates. Defectus virium. = Les infirmités des vieillards. Manque de force.

霳 ˉ Tonitruum genius.=Le génie du tonnerre.

⿱山隆 ˉ Montuosum.=Montagneux.

N. 836. 筑

ˇ **Chu** Cithara.=Guitare.

⿰氵筑 ˇ *Nomen cujusdam rivi.=Nom de rivière.*

築 ˇ Ædificare: statuere. Tundere. Terram in murum elevare. Murus.=Bâtir: établir. Piler. Muraille. Faire un mur en terre.

N. 836.

簗	ǔ	Manu aliquid percutere. — Frapper quelque chose avec la main.
篸	ǔ	Tundere, comprimere.—Piler, comprimer.

† Doctores sinici qui Dictionario 康熙字典 operam dederunt, plerasque litteras hujus ordinis collocarunt sub classificâ 𥫗, etsi evidens cuique sit, praesentem phoneticam constare ex phoneticâ 丸 N. 250 compositâ cum 𥫗, et classificas esse nunc 木, nunc 手 vel 殳.

嗒	ǔ	Oblivisci.—Oublier.
踏	ǔ	Claudicare. — Boiter en marchant.
誻	Chǎ	Verba incohærentia.—Langage incohérent.
劄	ǔ	Conari ; vires adhibere.—S'efforcer ; faire ses efforts.
劄	ǔ	Acupingere. Scriptura : papyrus.—Broder à l'aiguille. Ecriture : papier.
傝	ǔ	Alios molestare. — Causer de l'ennui.

N. 837. 荅 荅

	Tǎ	Respondere : retribuere ; par pari referre. Crassum.—Répondre : rendre la pareille; récompenser. Epais.
溚	ǔ	Humidum.—Humide.
褡	ǔ	Pera: pera duplex. Se involvere. Se cooperire.—Poche: besace. S'envelopper. Se couvrir.
楁	ǔ	Prunus sylvaticus. — Prunier sauvage.
鞳	ǔ	Ærei tympani sonitus.—Bruit du tam-tam.
墖	ǔ	Turris. Ruere : sonus rerum cadentium. — Tour. S'écrouler : bruit de choses qui s'écroulent.
搭	ǔ	Suspendere. Ducere *fac-simile*.—Suspendre. Tirer un *facsimile*.
劄	ǔ	Longum. Hamus longus. — Long. Long hameçou ; long crochet.
匒	ǔ	Bis ; duplum : iterare.— Deux fois ; le double : réitérer.
瞌	ǔ	Dormitator ; somniculosus.—Dormeur ; qui ne fait que sommeiller.

N. 838. 舜

	Xuén	*Nomen imperatoris antiqui.—Nom d'un ancien empereur de Chine.*
橓	ˊ	Flos unius diei. Flores delicati vel citò decidui. — Fleur qui ne dure qu'un jour. Fleurs délicates, ou qui se fanent promptement.
蕣	ˊ	(idem)
瞬	ˊ	Ictus oculi. Oculos avertere. —Un coup d'œil. Détourner les yeux.
僢	Chuàn	Plures simul dormire. Tribus barbarorum qui promiscuè dormiunt. — Dormir plusieurs ensemble. Barbares qui dorment pêle-mêle.

N. 839. 爲 为

	Wéi	Esse. Agere, facere. Propter, causâ. Pro.—Etre. Agir, faire. A cause de..Pour.
闖	ˋ	Janua non omninò patens.—Porte à demi ouverte.
僞	ˊ	Falsificare ; adulteratum, fictum, falsum ; mendax.—Falsifier ; contrefait, feint, faux; mensonger.

N. 839.

蔿 ヽ Herba. *Quædam terra.*—De l' herbe. *Nom de pays.*

⿰日爲 ヽ Sol fulgens. — Soleil resplendissant.

蟡 ^ *Quoddam reptile.* — *Nom de certain reptile.*

撝 Huēi Findere : dilaniare.— Fendre: mettre en lambeaux.

噅 — Absurdè loqui.—Langage absurde.

溈 Kuèi *Quidam fluvius in Ho-nan.*— *Nom d'une rivière du Ho nan.*

嬀 — *Cognomen. Quidam fluvius.*— *Nom propre. Nom de rivière.*

譌 Wō Fabula ; fictitium. Movere. Fascinare. = Fable ; fiction. Mouvoir. Fasciner, enchanter.

N. 840. 番 畨

Fān Extraneus, advena. *Numerale vicium.* Mutare. Vestigium. = Etranger. *Numéral des fois.* Changer. Vestige.

憣 — Consilium mutare. = Changer d'avis.

潘 — Aqua sordida ex oryzæ lotione. —Lavure du riz.

旛 — Vexillum : vexilla oblonga et ornata. Insolens. = Drapeau : drapeaux longs et ornés. Insolent.

⿸广番 ^ Coacervare.—Amonceler.

襎 — Pannus quo caput involvitur. —Linge dont on s'enveloppe la tête.

羳 — Ovis ventre albo. — Brebis au ventre blanc.

⿰米番 — Aqua sordida ex oryzæ lotione.—La lavure du riz.

燔 ^ Torrere, assare. Calefacere.— Torréfier, griller. Chauffer.

⿰礻番 — Carnes coctas in sacrificiis offerre.—Offrir des viandes cuites en sacrifice.

璠 ^ Lapis pretiosus. — Pierre précieuse.

轓 — Currûs tectum, seu operimentum.=Le dais d'un char.

橎 — *Ligni species quædam.*—*Espèce de bois.*

墦 ^ Cœmeterium ; sepulchrum, tumulus.—Cimetière ; sépulchre, tombeau.

鐇 — Magna securis.=Grande hache.

⿰番瓦 — Magnum vas testaceum. — Grand vase en terre cuite.

勫 — Forte, solidum.—Fort, solide.

翻 — Vertere se, volvere et revolvere. Mutare. Volare.—Se tourner, se rouler en tous sens. Changer. Voler.

鷭 — *Quædam avis.*—*Nom d'oiseau.*

飜 — Volando discurrere. Volvere et revolvere.—Aller çà et là en volant. Se tourner ou se rouler en tous sens.

⿰禾番 — *Graminis species quædam.*— *Sorte de graminée.*

膰 — Carnes coctæ in sacrificiis oblatæ. Magnus venter. = Viandes cuites offertes en sacrifice. Gros ventre.

⿰鼠番 — Mus albus.=Rat blanc.

⿰犭番 — Canes decertantes. — Chiens qui se battent.

蕃 ^ Herbæ luxuriantes. Luxurians ; abundans, multùm. = Herbes touffues. Florissant ; abondant, beaucoup.

N. 840.

嚋 ─ Clamor; strepitus. — Cri; bruit.

蹯 ^ Quadrupedum plantae. — Les pieds ou pates des quadrupèdes.

蟠 ^ Vermes qui in imo vasorum nascuntur. *Muris species quædam.* — Vers qui naissent au fond des vases. *Espèce de rat.*

幡 ^ Vexillum praefectorum. Folia moventia. Periclitari. — Drapeau de mandarin. Feuilles qui se remuent. Courir du danger.

潘 ─ Pan Aquis circumdatus. *Cognomen.* — Environné d'eau. *Nom propre.*

磻 ^ *Quoddam flumen.* = *Nom de fleuve.*

繙 ^ Seligere. Libros commentari vel in aliam linguam vertere. — Choisir. Commenter ou traduire des livres.

蟠 ^ Sese in spiram colligere, se circumvolvere. Circuire. — S'entortiller. Faire le tour.

播 ˊ Po Spargere; manu expandere, disseminare. — Répandre; éparpiller avec la main.

鄱 ^ } *Quidam locus in Kiam-si.* — *Nom d'un endroit au Kiam-si.*

僠 ^ }

皤 ─ Canities: album. — Cheveux blancs: blanc.

嶓 ─ *Quidam mons in quo sepeliunt.* — *Certaine montagne où l'on ensevelit.*

† Hinc originem ducit N. 963.

N. 841.

登

Tem ─ Accendere. Addere, augere. — Allumer. Ajouter.

燈 ─ Candelabrum; candela. Lucerna; laterna. — Chandelier; chandelle. Lampe; lanterne.

霯 ˊ Magna pluvia. — Grande pluie.

殰 ˊ Moribundus. — Moribond.

磴 ˊ Pons lapideus. Scala, gradus. = Pont de pierres. Escalier, degrés.

騰 ˊ Equus infirmus. — Cheval malade.

鼟 ─ Tympani sonitus. — Bruit du tam-tam.

橙 ˊ Scamnum. — Un banc.

墱 ˊ Pons lapideus. Scala, gradus. — Pont en pierre. Escalier, degrés.

簦 ─ Umbella; umbraculum ex foliis. — Parasol; ombrage fait avec des feuilles.

鐙 ─ Candelabrum. Stapedes ad equitandum. — Chandelier. Etriers.

鄧 ˊ *Cognomen.* — *Nom propre.*

凳 ˊ Scamnum. — Un banc.

覴 ─ Fixis oculis intueri; aspicere. — Regarder fixement; regarder.

劉 ˊ *Uncini species quædam.* — *Sorte de crochet.*

僜 ˊ Lassus, defatigatus. = Las, fatigué.

蘣 ─ *Quædam herba.* — *Espèce d'herbe.*

蹬 ˊ A via deerrare. — Se tromper de chemin.

䕻 ─ Chem Aperire. — Ouvrir.

橙 ^ Citrus seu aurantium cortice crasso. — Orange à écorce épaisse.

撜 ˊ Extendere. — Etendre.

字聲綱目

N. 841.

韸 ˊ Extendere.—Etendre.

憕 Chêm ˆ Mens tranquilla.—Esprit tranquille.

澄 ˆ Clarum. Aqua clara ; purum. =Clair. Eau claire ; pur.

證 ˊ Testimonium ; testis ; testari. Probatio. Signum. = Témoignage ; témoin ; rendreté moignage. Preuve. Signe.

黴 ˊ Mucidum ; mucescere.=Moisi ; moisir.

瞪 ˆ Fixis oculis aspicere.—Regarder fixement.

† Cavendum ne confundatur cum 登 Têm *Vas sacrum fictile ; vasa in fanis adhibita.=Vase sacré en terre ; vases usités dans les pagodes.*

N. 842. 發 彂

Fa ˘ Emittere, producere, publicare. Erumpere, germinare. Fermentescere.—Emettre, mettre dehors, publier. Sortir, germer. Fermenter.

譤 ˘ Loqui.—Parler.

墢 ˘ Aratro terram aperire.=Labourer la terre avec la charrue.

鏺 ˘ Falcula ; cultrum ad secandas herbas. = Faucille ; couteau pour couper de l' herbe.

蕟 ˘ Navium vela arundinea. = Voiles en roseaux pour les navires.

癈 Féi ˊ Morbus gravis insanabilis. = Maladie grave et incurable.

廢 ˊ Abolescere, destruere. Abjicere : deserere. Domus vetusta. —Abolir, détruire.Rejeter : abandonner. Vieille maison.

簽 ˊ Storea.—Natte.

潑 Po ˘ Aspergere, irrigare. Delere Crassè scribere. Pingere. = Arroser, asperger. Effacer. Ecrire grossièrement. Peindre.

襏 ˘ Pallium stramineum contra pluviam.—Manteau en paille pour la pluie

驋 ˘ Equus iratus, equus furens.—Cheval en colère, cheval furieux.

橃 ˘ Magnum ligni fragmentum.—Grosse pièce de bois.

醱 ˘ Vinum novum.—Vin nouveau.

撥 ˘ Spargere, publicare : aperire : extricare. Abolescere. = Répandre, publier : ouvrir : débrouiller. Abolir.

鏺 ˘ Gladius anceps.—Epée à deux tranchants.

剟 ˘ Falcula ; cultrum ad herbas secandas.=Faucille ; couteau pour couper de l'herbe.

䥽 ˘ Magna navis quæ in mari navigare potest.=Grand navire qui peut tenir à la mer.

鱍 ˘ Piscium cauda. = Queue de poisson.

嚄 ˘ Inconsideratè loqui.= Parler sans réflexion.

N. 843. 毳

Chuéi ˆ Avium tenues plumæ. Stratum. Pannus. Stragulum laneum. = Duvet des oiseaux. Couche. Couverture en laine. Drap.

竁 ˆ Fovea pro cadaveribus.—Grande fosse pour enterrer.

篧 ˆ Tundère, percutere. = Piler, frapper.

毳 ˆ Graviter percutere. Gratias agere.=Frapper dur. Remercier.

臎 ˆ Cibi exquisiti qui facilè franguntur. — Mets délicats croquants.

N. 843.

㲸	Chuan	Antrum, fovea.=Grotte, fosse.
橇	Kiao	Baculus. Navicula quâ in paludosis utuntur ad incedendum. =Bâton. Petite barque dont on se sert pour marcher dans les endroits marécageux.
撬	〃	Cum vecte humi innixo aliquid elevare.=Soulever quelque chose au moyen d'un levier.

N. 844. 無

	Û	Non: nihil. Sine.=Non, ne pas: rien. Sans.
憮	丶	Amare: blandiri. Protegere. Animum despondere.=Aimer: caresser. Protéger. Perdre courage.
廡	丶	Porticus. Abundare. Florere. =Portique. Etre en abondance. Etre florissant.
甒	丶	*Urnæ species quædam.= Sorte d'urne.*
膴	丶	Caro sicca, pingue, optimum, fertile, bonum. Officium. = Viande sèche, gras, excellent, fertile, bon. Charge, emploi.
儛	丶	Blandiri: amare.=Caresser: aimer.
嫵	丶	Pulcher. Blandiri: adulari.= Beau, joli. Caresser: flatter.
蕪	㇇	Cespitosum: incultum: sordidum. Luxurians.=Plein d'herbes: inculte; sale. Florissant.
燺	Hū	Coquere.=Cuire.
幠	一	Cooperire. Longum. Magnum. =Couvrir. Long. Grand.
撫	丶 Fu	Consolari. protegere. Blandiri. Provinciæ vice præfectus. = Consoler. protéger. Caresser. Vice-roi de province.
嘸	丶	Obscuritas, obscurum. Contra mentem loqui. = Obscurité. Parler contre sa pensée.

† Evidens est ad hanc phoneticam pertinere litteram 舞 U *Saltare; choreas ducere: tripudiari. Excitare.=Sauter; danser: faire du tapage. Exciter*, in quâ ad litteræ elegantiam, et ad confusionem devitandam semi-littera 𠃋 dempta fuit, ut locum præberet classificæ 舛.

N. 845. 喬

	Kiao	Altum, elevatum; magnum.= Haut, élevé; grand.
僑	一	Remissus, luxuriosus. = De mœurs relâchées, voluptueux.
譑	丶	Crimen punire vel objicere. Seducere.=Punir ou reprocher un crime. Séduire.
燆	㇇	Ignis motus.=Le mouvement du feu.
憍	㇇	Indocilis, reluctans, inflexibile. Aliorum delicta propalare. =Indocile, rénitent: inflexible. Publier les crimes d'autrui.
驕	一	Superbia; superbire: audacia, vana sui fiducia.= Orgueil; s'enorgueillir: présomption.
趫	㇇	Summis pedibus inniti. Ascendere. Expedite incedere. Durum.=Se dresser. Monter. Aller vite. Dur.
轎	㇇	Sella gestatoria. = Chaise à porteur.
橋	㇇	Pons. Machina ad aquam aliò asportandam.= Pont. Machine pour transporter l'eau.
蹻	㇇	Calcei straminei. = Sandales en paille.
撟	丶	Manus attollere. Usurpare. Superbus.= Lever les mains. Usurper. Orgueilleux.
鷮	一	Instrumentum musicum.=Instrument de musique.
矯	丶	Fingere, simulare. Cogere. Usurpare. = Feindre, faire semblant. Forcer. Usurper.

N. 845.

[illegible] / Navicula quâ utuntur ad incedendum in paludosis. = Petit bateau pour marcher dans les terreins marécageux.

[illegible] / Mobile. Inquietus. — Mobile. Inquiet.

鷮 — *Quædam avis.=Nom d'oiseau.*

敽 \ Involvere. Circumvincire. = Envelopper. Entourer de cordes, lier tout autour.

[illegible] — *Quidam piscis. — Nom de poisson.*

[illegible] ^ Altum. In diversorium se recipere.—Haut. Se loger dans une hôtellerie.

[illegible] — Canis rostro brevi.=Chien à court museau.

[illegible] — Mulier pulchra. Venustus, delicatus.—Jolie femme. Gentil, délicat.

[illegible] — Femoralia longa.=Pantalons.

[illegible] ^ *Tritici species quædam. Medicina quædam.=Sorte de froment. Certaine médecine.*

[illegible] — Nescio quis sit : incognitum. =J' ignore qui c'est: inconnu.

[illegible] — Uno pede stans ; summis pedibus inniti. Pedes elevare. Strenuus. = Se tenir sur un pied ou sur la pointe des pieds. Lever le pied. Courageux.

[illegible] — Femoralia longa.—Pantalons.

[illegible] / Mons altus conicus. *Quidam mons in quo habitant genii.* — Haute montagne conique. *Montagne où habitent les génies.*

[illegible] /

[illegible] io Inflexibile, durum.—Inflexible, qui ne plie pas.

[illegible] Incedendo multùm evare pedes. Superbia. arrogantia. Calcei straminei.=Orgueil, fierté. Sandales en paille. Lever beaucoup les pieds en marchant.

† Nemo non videt hanc phoneticam formâ et sono valdè affinem esse phoneticæ 高 N. 622, et sæpè in compositis inducere ideam *altitudinis* physicæ vel moralis.

N. 846. 然 㸐

^ Iên — Certè. Attamen : sed. Et. Cremare.=Certainement. Cependant ; mais. Et. Brûler.

憐 \ Arduum, difficile.=Difficile.

燃 ^ Ardere.=Brûler.

僯 \ Molle, flexible, tenerum. = Mou, flexible, tendre.

獂 ^ *Species simii.=Espèce de singe.*

繎 ^ Sericum rubrum. Sericum implexum. = Soie rouge. Soie embrouillée.

撚 ˋ Niên — Tordere. Confricare. Capere. =Tordre. Frotter. Prendre.

嬿 / *Cognomen.* Venustas, pulchritudo.=*Nom propre.* Beauté, bonne grâce.

蹨 \ Conculcare. Capere. Continuum.—Fouler aux pieds. Prendre, saisir. Continu.

N. 847. 須 湏

— Siū — Expedit ; convenientia : oportet, necesse est. Expectare, Parùm. Barba.=Il convient ; convenance : il faut, il est nécessaire. Attendre. Peu. La barbe.

鬚 — Barba.=La barbe.

䇓 — Stando expectare.= Attendre debout.

N. 847.

嫈 – *Nomen cujusdam mulieris.* = *Nom d'une certaine femme.*

𢄙 – Pannus ad caput involvendum. =Linge pour s'envelopper la tête.

† Originem ducit à N. 525.

N. 848. 象 𧰼

Siam ˊ Elephas.=Eléphant.

潒 ˊ Aqua rapidè fluens.=Eau qui coule avec rapidité.

橡 ˊ Quercus : glandes. = Le chêne : les glands du chêne.

勨 ˊ Negligens, remissus. = Négligent, relâché.

像 ˊ Imago, figura, simulacrum; similitudo. Idea. Scientia. = Image, figure, simulacre ; ressemblance. Idée. Science.

饟 Xam ˋ Cœna.=Le souper.

† Pro litteris 豫 豫 vide phoneticam N. 81 ejusque annotationes.

N. 849. 復

Fu ˇ Iterùm,denuò,adhùc, ampliùs: repetere, reverti. Retribuere.= De nouveau, encore : répéter, s'en retourner. Rétribuer.

寝 ˇ Avis ova fovens. Prostrare se. Abscondere. Spelunca,antrum. =Oiseau qui couve. Se coucher. Cacher. Grotte, antre.

瘦 ˇ In morbum relapsus.=Malade qui fait une rechute.

覆 ˇ Hinc et indè. Evertere. Examinare. Cooperire. Calcitra.= Des deux côtés. Renverser. Examiner. Couvrir. Matelas.

墣 ˇ Domus subterranea ; antrum duplex. = Demeure souterraine ; grotte dans une autre.

篗 ˇ Bambusæ semina. = Graines de bambou.

複 ˇ Iterùm, denuò, adhùc, ampliùs : repetere, reverti. = De nouveau, encore, de plus : réitérer, s'en retourner.

履 Li ˋ Calceamenta. Pedibus terere. Incedere.=Les souliers. Fouler aux pieds. Marcher.

† Hæc phonetica adeò affinis est phoneticæ 夏 N. 514, ut à Cl. Gonçalves tradatur simpliciter tanquàm ipsius varietas : quamvis autem synonymia perfecta in quibusdam compositis ordinis utriusque reperiatur, plures dantur exceptiones magni momenti, quæ prohibent ne ex duabus phoneticis unica fiat. Satis erit memoriæ mandare litteras in quibus utraque indistinctè potest usurpari.

N. 850. 焦

Tsiao ˉ Adurere.Exsiccare : exhaurire. Regiones internæ corporis, capitis nempè, stomachi et ventris. = Brûler. Dessécher : épuiser. Les trois régions du corps, c. a. d. la cavité de la tête, celle de l'estomac et celle du ventre.

憔 ˆ Afflictus, mœstus : vultus mœrens. Macilentus. = Affligé : visage triste. Maigre.

潐 ˊ Aqua exsiccata. Aliquod exhaustum. = Eau desséchée. Chose épuisée.

譙 ˆ Specula militaris ; turris ad bellum contemplandum. Increpare. = Guérite ; tour pour observer le combat. Gronder. Mœstus. Infirmitas. Defectus minimus.=Chagrin. Maladie. Très petit défaut.

瘯 ˆ

燋 ˊ Torrere, assare. Per testudinem augurari.=Griller, rôtir. Tirer les sorts en grillant une tortue.

醮 – Denigratum, nigro colore illitum.=Noirci.

趭 ˊ Currere. Ire.=Courir. Aller.

N. 850.

醮 / Festivitas: convivium nuptiale. Nubere. Sacrificare. Exhaustum.—Festin : repas nuptial. Se marier. Sacrifier. Epuisé.

樵 ∧ Ligna. Lignarius. — Bois à brûler. Bûcheron.

撨 ∧ Seligere. Sumere. — Choisir. Prendre.

鐎 — Lebes, ahenum.—Chaudière, marmite.

膲 — Cavitas abdominalis, regio ventris.—Le creux de l'abdomen, la région du ventre.

顦 ∧ Afflictus, cogitabundus. —Affligé, pensif.

鷦 — Sylvia cantatrix.—Bec-fin au chant mélodieux.

劁 ∧ Præcidere : metere.—Couper : faucher.

僬 — Pygmæus. Investigare, attentè examinare. Perspicax. Obsequium. — Pigmée. Rechercher, examiner avec soin. Intelligent. Respect.

嫶 ∧ Tristis, afflictus.—Triste, affligé.

蕉 — Musa paradisiaca *Linn.*—Le bananier, la banane.

瞧 ∧ Explorare : aspicere ; videre. —Epier : regarder ; voir.

噍 — Mandere. Vox demissa. Loquela præceps.—Mâcher. Voix basse. Langage précipité.

蟭 — Bombycum ova. — Les œufs du ver à soie.

嶕 — Mons altus.— Montagne élevée.

N. 851. 集

Tsi ∪ Jungere, congregare : convenire.—Joindre, réunir : s'assembler.

潗 ∪ Fons scaturiens. — Fontaine jaillissante.

⿰亻集 ∪ Hominum congregatio, cœtum, concilium.—Assemblée, réunion de personnes.

⿰口集 ∪ Mandere. Vox demissa. Garrice. — Mâcher. Voix basse. Gazouiller.

N. 852. 衆 眾 ⿱血乑

Chum / Omnes. Multi : multitudo ; plebs.— Tous. Beaucoup : la multitude ; le peuple.

潨 / Rivus in flumen se recipiens : fluviorum congregatio in unum. — Rivière qui se jette dans un fleuve : confluent.

⿱雨衆 / Pluvia minuta ; tempus pluviosum. — Pluie fine ; temps pluvieux.

⿰豸衆 / *Tigridis genus quoddam. — Sorte de tigre.*

⿺辶衆 / Otium ; vacatio.—Loisir ; vacance, n'avoir rien à faire.

⿰亻衆 / Omnes. Multi : multitudo ; plebs. Unusquisque. — Tous. Beaucoup : la multitude ; le peuple. Chacun.

⿰虫衆 / Locusta.—Sauterelle.

N. 853. 翕

Hi ∪ Unire, congregare : convenire. Concordia.—Unir, réunir : s'assembler. Vivre en bonne harmonie, union.

⿰忄翕 ∪ Corde fervidus : fervidè. — Qui est chaud d'affections : avec ferveur.

潝 ∪ Sonitus aquae rapidè fluentis. Concordes.—Bruit d'un cours d'eau rapide. Unis.

⿰言翕 ∪ Velociter loqui. — Parler avec volubilité.

熻 ∪ Ignis calor.— La chaleur du feu.

N. 853.

擒 ˇ Trahere ; attrahere.—Traîner; tirer à soi.

闟 ˇ Fixum : immobile. Lanceae in curruum lateribus : lancea. — Fixe : immobile. Lances sur les côtés d'un char : lance.

㒆 ˇ Concordes esse. Congregare.—Etre d'accord. Réunir.

歙 ˇ Per nares respirare. Concordia. Unire. — Respirer par le nez. Concorde. Unir.

䎐 ˇ Trahere ; attrahere.—Traîner ; tirer à soi.

翕刂 ˇ Secare, praecidere. =Couper, trancher.

嬆 ˇ Mulier pacifica.—Femme paisible.

翕日 ˇ Ad solem exsiccare. — Faire sécher au soleil.

噏 ˇ Bibere.—Boire.

† Sinenses non rarò usurpant hanc phoneticam vicæ phoneticæ 㒸 N. 698, cum quâ similitudinem habet : hinc fit ut in Dictionariis tonicis quibusdam, reperiantur sub sono *Ta* plures litteræ ex hâc phoneticâ compositæ. Accuratius tamen est, et classicis regulis accommodatius adhibere 翕 præsentem phoneticam in litteris tantùm quæ leguntur *Hi*, et adhibere 㒸 in iis quæ leguntur *Ta*.

N. 854. 尊 尊

Tsuen ˉ Nobilis : illustris. Venerari ; pretio habere. Elevatum : elevare se.=Noble : illustre. Respecter ; estimer. Elevé : s'élever.

譐 ˋ Amicè colloqui. Plures simul loquentes.—Converser amicalement. Plusieurs personnes qui conversent.

墫 ˉ Laetari, exultare.=Se réjouir, être transporté de joie.

樽 ˉ, 壿 ˉ Vas pro vino. — Vase pour le vin.

撙 ˋ Moderari.—Régler.

鐏 ˊ Acumen aereum. — Pointe en cuivre.

罇 ˉ Lagena, vas vini. Sistere. = Bouteille, vase pour le vin. Arrêter.

鱒 ˋ *Quidam piscis teres in luto vivens. = Certain poisson cylindrique qui vit dans la vase.*

僔 ˉ Venerari ; aestimare. Magnificare, laudare. Addere, congregare. Multitudo.=Respecter. Louer. Ajouter. Multitude.

遵 ˉ Obedire, obsequi ; observare. =Obéir ; observer.

甎 ˉ Vini poculum.—Tasse pour le vin.

鷷 ˉ Gallina montana.—Poule sauvage.

劗 ˋ Praecidere. Frangere. — Couper. Briser.

繜 ˊ Tibialia. Ordinare, componere. Multitudo.—Les bas. Arranger, mettre en ordre. Multitude.

噂 ˊ Amicè colloqui. Plures simul loquentes.—Converser amicalement. Plusieurs personnes qui parlent ensemble.

蹲 ˆ Inurbanè sedere. Congregare. = S'asseoir d'une manière malhonnête. Réunir.

嶟 ˉ Altum ; altitudo, elevatio.—Haut ; hauteur, élévation.

† Elementum phonicum primarium hujus phoneticæ videtur esse 寸 N. 29.

N. 855. 曾 曽

Tsem ‒ Jàm ; olim. Sed. Adhùc. *Cognomen*. = Déjà ; autrefois. Mais. Encore. *Nom propre*.

竲 ^ Domus. = Maison.

憎 ‒ Odisse, abhorrere : abominandum. Invidia. = Haïr, détester: abominable. Jalousie, envie.

譄 ‒ Addere, augere. = Ajouter, augmenter.

鬸 / Olla. = Marmite.

橧 ‒ Tugurium ; casa in montibus. = Chaumière ; cabane sur les montagnes.

增 ‒ Augere ; multiplicare. Residuum. = Augmenter ; multiplier. Le reste.

層 ^ Ædium contignationes : *numerale rerum superpositarum* : stratum : ordo : gradus. = Etage: ordre: degré : couche.

鏳 ‒ Metallorum sonitus. = Le son des métaux.

矰 ‒ Funiculus cui alligatur sagitta ut recuperari queat. = Ficelle que l'on attache à une flèche afin de la retrouver.

甑 / Hydria. Olla. Vas ad distillandum vinum. = Cruche. Marmite. Alambic.

䎖 ‒ } Parva sagitta. = Petite flèche.
䰝 ‒ }

劊 ^ Cultro praecidere. = Couper avec un couteau.

嶒 ‒ *Cognomen muliebre*. = *Nom propre de femme*.

繒 ‒ Pannus sericeus simplex. *Nomen genericum telarum sericearum*. = Taffetas. *Nom générique des étoffes de soie*.

黵 / Faciei maculae. = Les taches du visage.

贈 / Dona offerre ; munera. Dare. = Offrir des présents ; cadeau. Donner.

瞺 ‒ Semicæcus. Oculos in aliquid infigere. = A moitié aveugle. Fixer les yeux sur quelque chose.

噌 ‒ Clamare ; clamores. Campanarum sonus. = Crier ; des cris. Le bruit des cloches.

蹭 / Stupidus. Rudis. = Stupide. Grossier.

罾 ‒ Rete piscatorium. = Filet pour la pêche.

嶒 ^ Mons abruptus. Praeceps. = Montagne escarpée. Précipice.

鬙 Sem ‒ Capilli implexi. = Cheveux embrouillés.

僧 ‒ Idolorum sacrificulus ; bonzius sectae *Fo*. = Prêtre des idoles ; bonze, prêtre bouddhiste.

† Cautè distinguenda à 會 N. 912.

N. 856. 幾

Ki ` Quot ? Quasi; parùm. Res fieri incipiens. Observare. Periculum. Organum motûs. = Combien ? Presque; peu. Commencement d'une chose. Observer. Danger. Premier moteur, ressort.

譏 ‒ Verba irrisoria ; ludibrium. Pudore afficere. Contemnere. Objurgare. Investigare. = Railleries. Faire honte. Mépriser. Réprimander. Recherche.

饑 ‒ Modica refectio. = Petit repas.

禨 ‒ Felicitas ; fortuna. = Bonheur ; félicité.

璣 ‒ Lapilli pretiosi. Sphaera coelestis. = Pierres précieuses. Sphère céleste.

磯 ‒ Lapidum acervus. Fluctus in saxa impingentes. = Monceau de pierres. Flots qui frappent contre les roches.

N. 856.

機 — Principium totius motûs in machinâ ; organum occultum. Secretum, stratagema : machinatio. Astutia. Occasio. Fatum.=Le 1er moteur d'une machine ; ressort. Secret, stratagème. Ruse. Occasion. Le destin.

鞿 — Fraenum equorum ori immissum.=Le mors, le frein d'un cheval.

畿 ˊ Confinia ; limites. Territorium regium. = Confins ; limites. Territoire royal.

鐖 — Hami esca.=Amorce que l'on met au hameçon.

饑 — Fames. Annonae caritas. = Faim. Cherté de vivres.

臡 — Maxillae, genae. = Les joues, les mâchoires.

魕 — Daemones ; mali spiritus. = Les diables ; les mauvais génies.

僟 — Tenue, subtile.=Fin, mince.

䥈 ˋ Victimas occidere. Sanguine tingere. = Egorger les victimes. Teindre de sang.

畿 ˊ Regia : territorium in quo manet imperator.=La Cour : le territoire imperial ; la banlieue du séjour impérial.

齮 — Dentes decidui. = Dents qui tombent.

嘰 — Suspirari. Comedere ; mandere.=Soupirer. Manger ; mâcher.

蟣 ˋ Pediculorum ova.=Des lentes.

† Quùm littera hæc aliquomodò intricata sit, et scripturæ celeritati obstet, ipsius vice frequenter subrogatur phonetica 几 utpote quæ eumdem sonum habet.

†† Nemo negabit litteras 畿 et 鐖 huic phoneticæ adscribendas esse, etsi ex eis demptos sint duo ductus, ut classifica faciliùs coaptaretur in loco quem occupat.

N. 857. 虛 虗 虚 ˉ

Hiū Vacuum, vanum. Mendax : falsum.= Vide, creux. Vain. Mensonger : faux.

謔 — Jocari ; facetiæ. Ineptè loqui. =Badiner ; plaisanteries. Parler sottement.

禠 — Noxius dæmon.=Génie malfaisant.

礚 — Rupestre, saxosum.=Rocailleux, plein de pierres.

驉 — *Muli species quædam.=Espèce de mulet.*

魖 — Noxius dæmon.=Démon malfaisant.

歔 — Proh ! Eia ! Suspirari ; singultire ; plorare. Timidus.= Ah ! Soupirer : sangloter ; pleurer. Timide.

嘘 — Sufflando calefacere. Halitûs emissio.= Chauffer en soufflant dessus. Emission de l'haleine.

Kiū 懅 Timere.=Craindre.

墟 ˉ Nundinarum forum. = Le marché : place où se tient la foire.

攎 ˉ Percutere, pulsare, tundere.= Frapper.

簴 ˋ 虡 ˋ } Lignum transversum cui appenduntur campanæ vel tympanum. — Potence de cloche ou de tam-tam.

† Postrema hujus ordinis littera quandoquè ut phonetica usurpatur in litterâ immediatè præcedenti, quæ tunc id. ò scribitur 簴 : nescio an idem occurrat in aliis casibus.

†† Vide annotationem N. 785.

N. 858. 牚

Chēm Fulcrum.—Appui, soutien.

橕 ˉ Fulcrum; fulcire. Obliquum. — Etai; appuyer. Oblique.

撐 ˉ Manu sustinere, regere: fulcire. Pertica ad impellendam navem. — Soutenir avec la main; appuyer. Perche pour pousser un navire.

饏 ˉ Satur, fartus. — Rassasié, plein.

† Originem ducit à N. 501.

N. 859. 觜

Tsuèi Cornuum apex. Avis rostrum. Labia; os. = La pointe des cornes. Le bec d'un oiseau. Les lèvres; la bouche.

槜 ˉ *Fructus quidam edulis.—Nom d'un fruit bon à manger.*

嘴 ˋ Labia; os. Verba. Avium rostrum.—Les lèvres; la bouche. Les paroles. Le bec des oiseaux.

N. 860. 華 華

Huâ Pulchrum, elegans: florens; ornatum: dives: splendens. *Imperii sinici nomen.* — Joli, élégant: florissant; orné: riche: brillant. *Nom de l'empire de Chine.*

㦊 ˊ Prodigus, Hilaris.—Prodigue. Gai.

譁 ˆ Clamores, vociferationes. = Cris, clameurs, vociférations.

驊 ˆ Equus optimi generis: equus velox.—Cheval de bonne race: cheval léger.

樺 ˊ *Lignum ex quo tædæ fiunt.* Fax. = *Bois dont on fait des torches.* Torche, flambeau.

搳 ˆ Remi; remigare. = Rames; ramer.

闀 ˆ Januam aperire. — Ouvrir la porte.

鏵 ˆ Aratri cultrum. Ligo; instrumentum ad fodiendum. — Le coutre de la charrue. Bèche; instrument pour creuser.

稞 ˆ Segetes luxuriantes. = Moissons florissantes.

鷨 ˆ *Species gallinæ. = Espèce de poule.*

嘩 ˆ Clamores, vociferationes. = Des clameurs, du vacarme.

燁 Iĕ Splendor, gloria. Ignis claritas. =Eclat, gloire. La clarté du feu.

韡 ˇ Clarum, nitidum.—Clair, net.

曄 ˇ Fulgens.—Brillant.

韡 Wéi Splendens; nitidum; pomposum. Abundans. — Brillant; propre; pompeux; luxe. Abondant.

† Sinenses valdè dissentiunt circa numerum ductuum quibus hæc phonetica constat: alii numerant decem ductus, alii undecim, et alii duodecim: postremam sententiam velut magis classicam secuti sumus.

†† In litterâ 韡 inversum omninò est systema juxta quod sinicæ litteræ efformatæ fuerunt; pronuntiatio enim desumitur ex classificâ 韋 quæ idcircò phoneticæ vices gerit, et sensus desumitur ex phoneticâ 華 quæ idcircò classificæ locum tenet, etsi nunquàm inter classificas adscripta fuerit.

N. 861. 莽 𦱳 𦲷

Mam ˋ Herbæ luxuriantes : loca cespitosa. Inconsideratus = Herbes épaisses : endroits pleins de broussailles. Etourdi.

漭 ˋ Corde turbatus. = Troublé intérieurement.

漭 ˋ Aquæ exuberantes. Desertum. Magnum. = Eaux qui débordent. Désert. Grand.

䁔 ˋ Obscurum. = Obscur, sombre.

蟒 ˋ Serpentum maximus. Draco. = Le plus grand de tous les serpents, Dragon.

† Pauci inter Sinenses genuinam hujus phoneticæ formam agnoscunt, et plerumquè vel aliquem ductum omittunt, vel ex binis ductibus unicum efficiunt: ipse 康熙字典 certam sibi legem non habuit; quandò enim phoneticam solam exhibet sub classificâ 艹 duodecim ductus in ipsâ agnoscit, octo nempè in 莽 et quatuor in 艹: quandò autem phoneticam in compositis exhibet cum aliis classificis compactam, tunc numerat solummodò undecim ductus!

N. 862. 黑 黒

Ho ˇ Nigrum ; obscurum. = Noir ; obscur.

𢚾 ˇ Stupor, mentis turbatio. = Stupeur, trouble d'esprit.

纆 Mo ˇ Fabrorum lignariorum amussis. = La ligne du charpentier.

默 ˇ Silentium ; solitudo. Antrum obscurum ; tenebrosum. = Silence ; solitude. Réduit obscur ; ténébreux.

墨 ˇ Atramentum. = Encre.

嘿 ˇ Silentium ; quies. = Silence ; repos.

黴 Mêi ˊ Mucor ; mucescere = Moisissure ; se moisir.

† Est etiam classifica, et occupat plerumquè sinistrum phoneticarum latus, rarò infima.

†† Littera 墨 (var. 𡎓) quæ in hoc ordine reperitur, sæpè adhibetur à vulgo tanquàm synonyma præsentis phoneticæ ; auctores tamen accurati exceptionem synonymiæ faciunt pro litterâ 嚜 quae legitur quidem *Mo*, sed quæ significat *Inquietus, turbatus.* = *Inquiet, troublé.* Caeterùm Dictionarii antiqui hanc sub-phoneticam non tradunt.

N. 863. 景

Kim ˋ Fulgens : solis claritas. Situs, prospectus amœnus. Circumstantia. = Brillant : l'éclat du soleil. Paysage, jolie vue. Circonstance.

𢒕 Im ˋ
影 ˋ Umbra. Figura. = Ombre. Figure.

憬 Kim ˋ Percipere, advertere. Videre. Longè. = Concevoir, comprendre ; remarquer. Voir. Loin.

暻 ˋ Splendor ; splendere. = Eclat ; briller.

澋 Hum ˋ Aqua in circulum se movens. = Eau qui fait des mouvements.

摬 ˋ Implere. Vices gerere. = Remplir. Faire les fonctions d'un autre.

顥 Hao ˋ Cœlum serenum. = Ciel serein.

† Originem ducit à N. 397.

N. 864. 最

Tsuéi Maximè, summè. *Nota gradûs superlativi.* Nimis: excedere; pars excedens. = Souverainement, le plus. *Marque du superlatif.* Trop: dépasser; l'excédent.

蕞 Vile, infimum. Tenue, subtile. Addere. = Vil, infime. Fin, mince. Ajouter.

䙅 Tso Pannus niger. = Draps noir.

撮 Resumere, summatim perstringere. Digitis prehendere. Eligere. = Résumer, faire un résumé. Prendre. Choisir.

纂 Ligare, vincire. = Lier, attacher.

嘬 Chai Avidè comedere, vorare; integros cibos deglutire. Lambere. = Manger avec avidité, dévorer; avaler tout entier. Lécher.

† Originem ducit à N. 417.

N. 865. 路 路

Lu Via, iter. Vicus. = Chemin, voyage. Rue.

潞 *Quidam fluvius propre Nan-kin. = Nom d'une rivière près de Nan-kin.*

璐 *Lapis quidam pretiosissimus. = Pierre précieuse d'une grande valeur.*

露 Ros. Prodere; manifestare, revelare. = La rosée. Révéler, manifester; trahir.

簬 *Bambusa ex quâ fiunt sagittæ. = Bambou dont on fait des flèches.*

鏴 Ferrum reficere, ferruminare; ferruminatio. = Raccommoder du fer, souder; soudure.

鷺 Anser albus. *Avis quædam aquatilis.* = Oie blanche. *Nom d'un oiseau aquatique.*

† Originem trahit à N. 272.

N. 866. 貴

Kuéi Nobilis, illustris: pretiosum, carum. Æstimare. = Noble, illustre précieux, cher. Estimer.

憒 Confusio, inordinatio; confusè, inquietus, turbatus. = Confusion, desordre: inquiet troublé.

襀 Cingulum. Subtile. = Ceinture. Mince.

鬢 Capilli in unum vittis connexi. = Cheveux attachés ensemble par des rubans.

匱 Armarium. Deficere. Exhaustum. Area. = Armoire. Manquer. Epuisé. Aire, cour.

簣 Canistrum: cista ad terram asportandum. = Panier: panier pour transporter de la terre.

饋 Comestibilia in manus offerre. = Présent de vivres.

獖 Mustela. = La belette.

繢 Pingere. = Peindre.

蕢 Cista. Blitum. = Panier. Blette

嘳 Suspirari. = Soupirer.

圚 Armarium, scrinium. Deficere. = Armoire. Manquer.

潰 Huéi Putrescere; mucescere. Dispergi: profligari; dispergere. Stillare. = Pourrir. Etre dispersé: disperser. Couler.

讉 Advertere; expergisci. Convocare. Insultare. = S'apercevoir. Convoquer. Insulter.

殨 Intumescere. Putrescere, putredo. Sanies in carne latens. = S'enfler. Pourrir. Pus caché.

靧 Faciem lavare. = Se laver le visage.

闠 Januae tabernarum forum nundinarium spectantes. Apotheca. = Portes des boutiques qui donnent sur le marché. Boutique.

N. 866.

- ⿰血貴 — Faciem lavare. = Se laver le visage.
- 瞶 — Oculi turbidi seu obscuri.= Yeux troubles.
- 尵 **Tuĉi** — Ex infirmitate progredi non valens.=Malade qui ne peut pas marcher.
- 墤, 隤 — Ruere, cadere ; destrui.= S' écrouler, tomber; tomber en destruction.
- 僓 — Pacificus, tranquillus.=Paisible, tranquille.
- 聵 **Wai** — Surdus. Jocari, ludere. = Sourd. Plaisanter, jouer, se divertir.
- 遺 **Î** — Omittere, oblivisci ; derelinquere. Id quod reliquum est. Donare, munerari.=Omettre, oublier ; laisser, abandonner. Le résidu. Faire cadeau.

† Haec phonetica saepè in compositis admittit 匱 tanquàm synonymum, seu varietatem, exceptâ litterâ 櫃 Kuéi *Armarium ; magna capsa.= Armoire ; grand coffre,* quae scribi non potest 樻 in eodem sensu.

N. 867. 單 单

- **Tan** — Solummodò ; solus, unicus. Catalogus.=Seulement ; seul, unique. Liste.
- 憚 — Timere. Difficultatibus terreri. =Craindre. Se laisser effrayer par les difficultés.
- 潬 — Parva insula.=Petite île.
- 癉 — Ex nimio labore infirmus. Ictericia. Ulcus ; furunculi pessimi. = Malade par excès de travail. La jaunisse. Ulcère ; mauvais furoncles.
- 襌 — Indusium : vestis simplex. = Chemise : habit simple.
- 殫 — Exhaurire ; destruere. Considerare. = Epuiser ; détruire. Considérer.
- 匰 — Arca quâ includuntur avorum tabellæ.=Armoire où l'on met les tablettes des ancêtres.
- 撣 — Manu arripere. Movere. Obstare.= Saisir avec la main, Mouvoir. S'opposer.
- 彈 — Globulus ; pila balistaria ; pila lusoria. Instrumentum musicum pulsare.Sagittare.=Boule ; boulet de canon ; balle. Lancer des flèches.
- 簞 — Canistrum. Ventilabrum.=Panier. Van.
- 僤 — Valdè, multùm. Citò. Moveri. =Beaucoup. Vite. Etre ému.
- 鄲 — Exhauriri. = S'épuiser ; être épuisé.
- 嘽 — Anhelare. Laetitia. Abundantia.=Haleter. Joie. Abondance.
- 譂 **Chan** — Longum, prolixum. Fabulosum : carens fundamento. = Long. Fabuleux : gratuit.
- 燀 — Ad ignem coquere. Ignem sufflando excitare. Splendor; flamma. Ardens.=Cuire devant le feu. Souffler le feu. Eclat ; flamme. ardent.
- ⿰黃單 — Color flavus.=Couleur jaune.
- 闡 — Exponere ; explicare : aperire. Promulgare, manifestare. = Exposer ; expliquer : ouvrir. Promulguer, manifester.
- ⿰阝單 — *Nomen loci.=Nom d'endroit.*
- ⿰犭單 — Mordere.=Mordre.
- 戰 — Bellum ; bellare, pugnare : contendere. Contremiscere.= Guerre ; faire la guerre, se battre : se disputer. Trembler.
- 幝 — Currus cortinâ cinctus. = Char entouré d'un rideau.
- 禪 **Xén** — Collis in quo sacrificant. *Idolum Fo.* Cedere : abdicare.= Lieu élevé où l'on sacrifie. *L'idole Budha.*Céder: abdiquer.
- 墠 — Locus in monte ubi avis sacrificatur.= Lieu sur une montagne où l'on sacrifie aux ancêtres

N. 867.

嬋 ^ Mulier formosa.=Jolie femme.

蟬 ^ Cicada nigra.=Cigale noire.

蕈 Tō̄ Demittere.=Abaisser, descendre.

驒 ^ Equus silvestris. = Cheval sauvage.

鱓 ^ Crocodilus. *Quoddam monstrum marinum.* = Crocodile. *Certain monstre marin.*

䠤 ` Profundum.=Profond.

鼉 ^ Crocodilus. *Quoddam monstrum marinum.* = Crocodile. *Certain monstre marin.*

磾 Tī *Lapis ex quo atramentum et nigra tinctura eliciuntur.* Terræ acervus. = *Pierre dont on fait de l'encre et de la teinture noire.* Monceau de terre.

† Si attendatur ad formam originalem litteræ anomalæ 蕈 evanescit ipsius irregularitas, antiquitùs enim scribebatur 䆄, et sic naturaliter pertinebat ad classificam 高 præsenti phoneticæ connexam.

N. 868. 買

Mài Emere; sibi comparare. = Acheter; se procurer.

憒 ‾ Cor inquietum, seu turbatum. =Cœur inquiet.

潰 ` *Fluvius quidam in Kiam-si.= Nom d'une rivière du Kiamsi.*

賣 ′ Vendere; alienare.=Vendre; aliéner.

蕒 ` Cichorium.=Chicorée.

瞶 ‾ Furtìm aspicere: ictus oculi = Regarder furtivement: un coup d'œil.

嘪 ` Ovium balatus. Sonare.=Le bêlement des brebis. Résonner.

N. 869. 菐 业

Pǔ Arbores; plantæ. Locus cespitosus. = Arbres; plantes. Lieu plein de broussailles.

濮 ˇ *Nomen fluvii et urbis in Xantum.=Nom d'une rivière et d'une ville au Xan-tum.*

襆 ˇ Pannus quo caput involvitur. *Species pilei militaris.*=Linge dont on s'enveloppe la tête. *Espèce de bonnet militaire.*

醭 ˇ Vini mucor. = Moisissure, ou fleur du vin.

鏷 ˇ Ferrum brutum.=Fer brut.

僕 ˇ Famulus, servus: subditus. Discipulus.=Serviteur, domestique: sujet. Disciple.

蹼 ˇ Avium aquatilium pedes palmati.=Les pates palmées des oiseaux aquatiques.

幞 ˇ Pannus quo caput involvitur. *Quidam militum pileus.*=Linge dont on s'enveloppe la tête. *Sorte de bonnet militaire.*

鷃 ˇ *Quædam avis.=Nom d'oiseau.*

璞 Pǒ Gemma impolita: aliquid non elaboratum.=Pierre précieuse brute: objet non travaillé.

樸 ˇ Lignum nondùm elaboratum: brutum, asperum, rude; simplex. Arbores spissæ.= Bois non travaillé: brut, grossier, rustique; simple. Arbres epais. Fragmentum.=Morceau.

墣 ˇ

撲 ˇ Percutere. Quatere, quassare: alas quatere. Dejicere: cadere. =Frapper. Secouer: secouer les ailes. Renverser: tomber.

纀 ˇ Fuscum, adustum.=Brun, basané.

N. 869.

† Seriò præcavendum ne confundatur cum 業 N. 930 cui valdè similis est.

N. 870. 敞 敞

Cham ˋ Altum, elevatum. Spatiosum. Locus editus prospectu amœno.=Haut. Spacieux. Belvéder.

惝 ˋ Timore corripi: pavens.=Etre saisi de crainte: effrayé.

廠 ˋ Porticus, tectum sine parietibus. Tentorium. Tugurium. Telonium.=Portique, abri ouvert de tous côtés. Tente. Chaumière. Douane.

僘 ˋ Amplum, extensum.=Vaste, étendu.

氅 ˋ 鶬 ˋ Avium plumæ. Plumæ albæ. Vestis plumacea. *Avis aquatilis cujus plumæ albae ornamento inserviunt.*=Plumes d'oiseau. Plumes blanches. Habit de plumes. *Oiseau aquatique blanc dont les plumes servent comme ornement.*

† Immediatè fluit à N. 501.

N. 871. 敝 敝

Pi ˊ Attritum, fractum, lacerum; vile. Debellatus. Virtus.=Usé, brisé, déchiré; vil. Défait. Vertu.

獙 ˊ *Animal montanum vulpi simile alis instructum.*=*Certaine bête sauvage semblable au renard et ayant des ailes.*

蔽 ˊ Cooperire. Obscurare. Obstruere. Tollere. Herbæ minutæ.=Couvrir. Obscurcir. Boucher. Enlever. Herbes menues.

斃 ˊ Violenta mors.=Mort violente.

弊 ˊ Membris captus. Defatigatus aut mutilatus. Devictus. Vilis.=Fatigué. Perclus ou mutilé. Vaincu. Vil.

獘 ˊ *Idem cum præcedenti.*=*Synonyme du précédent.*

幣 ˊ Munera offerre. Divitiæ. Sericum. Pretiosum.=Faire des présents. Richesses. Soie. Précieux.

Pié ˇ 憋 ˇ Festinus: diligens: animo vehemens.=Empressé: diligent: caractère ardent.

潎 ˇ Fluctuum conflictus.=Flots qui s'entrechoquent.

瘢 ˇ Tumoris eruptio.=Eruption d'une tumeur.

襒 ˇ Extergere, verrere: pulverem quatere.=Essuyer, nettoyer, balayer: secouer la poussière.

撇 ˇ Leviter percutere. Breviter, modicum. Dirigere. Abjicere. Vibrare.=Frapper légèrement. En abrégé, un peu. Diriger. Rejeter. Vibrer.

㳮 ˇ Vestis globulos solvere. Vestes nimiùm compositae.=Se déboutonner. Habits recherchés.

憋 ˇ Festinus, diligens. Animo vehemens.=Empressé, diligent. Qui a le caractère ardent.

甓 ˇ Cyathus.=Tasse, coupe.

壂 ˇ Collis: terrae cumulus.=Colline: monceau de terre.

彆 ˇ Curvatum, flexum.=Courbé, fléchi.

㢼 ˇ Attenuare. Findere. Componere. Reficere.=Amincir. Fendre. Arranger. Raccommoder.

擎 ˇ Leviter percutere. Breviter, modicum. Dirigere. Abjicere. Vibrare.=Frapper légèrement. En abrégé, peu. Conduire. Rejeter. Vibrer.

鱉 ˇ Testudo fluviatilis.=Tortue d'eau douce.

鷩 ˇ *Species gallinæ montanæ.*=*Espèce de poule sauvage.*

鐅 ˇ Ligo ligneus limbo ferreo aptè munitus.=Houe en bois garnie d'un bord en fer.

嫳 ˇ Inconstantia; mobilitas. Leve. Irasci.=Inconstance; mobilité. Léger. Se mettre en colère.

N. 871.

瞥 ◡ Raptìm intueri.—Voir en passant.

鼈 ◡ Testudo.—Tortue.

蹩 ◡ Valdè claudicans.—Qui boite beaucoup.

蟞 ◡ Formica.—Fourmi.

† Quùm hæc phonetica indifferenter scribatur in classificarum vertice, vel ad earum dexterum latus, sine sensûs mutatione, inutile duxi easdem litteras sub duplici formâ referre, et unicum plerumquè scribendi modum servavi qui communior mihi visus est.

N. 872. 意

/ Í Intentio: voluntas. Sensus, opinio. Significatio. Propensio.—Intention: volonté. Sentiment, idée, opinion. Sens, signification. Penchant.

憶 ◡ Recordari. Cogitare. Rei pretium æstimare. — Se rappeler. Penser. Estimer une chose.

[illegible] / Lamentari. — Se plaindre, se lamenter.

[illegible] / *Quædam avis.—Nom d'oiseau.*

鷾 / Passer.—Moineau.

譩 — Irasci. Vox dolentis.—Se mettre en colère. Cri de douleur.

醷 \ *Juseulum quoddam acidum.—Espèce de sauce acide.*

檍 ◡ *Arbor quædam ligno pretioso.—Nom d'un arbre dont le bois est assez précieux.*

億 ◡ Centum millia. Cogitare. Desiderium. Quies.—Cent mille. Penser. Désir. Repos.

臆 ◡ Pectus. Indoles: cogitandi ratio; opinio.—Poitrine. Caractère de chacun: façon de penser

嬑 / *Cognomen.—Nom propre.*

繶 ◡ Funiculus. — Petite corde: ficelle.

薏 / Hordeum cortice mundatum.—Orge mondé.

噫 — Ah! Suspirium. Præ irâ murmurare. — Ah! Soupir. Murmurer de colère.

N. 873. 廌

\ Chai *Animal quoddam fabulosum unicorne.* Reptile. — *Certain animal fabuleux qui n'a qu'une corne.* Reptile.

[illegible] \ Arrogans; vehemens. — Insolent; fougueux.

瀳 — Tsiēn Aqua adveniens. Aqua saliens. —Eau qui atteint un endroit. Eau jaillissante.

韉 — Equi stragulum. — Housse de cheval.

薦 / Stratum ex paleis. Aliquem commendare. In sacrificium offerre. Iterùm: reverti; repetere.—Lit de paille. Recommander quelqu'un. Sacrifier. De nouveau: retourner.

N. 874. 𤸰

\ Im Avis rapax: falco; accipiter. — Oiseau de proie: faucon; épervier.

譍 — Verbaliter respondere.—Donner une réponse verbale.

應 / Respondere: correspondere. Satisfacere. Convenientia; convenit; oportet.—Répondre. Satisfaire. Il convient; on doit.

N. 874.

膺 — Pectus. Ferre. Ad honores promoveri. Attentè intueri.= Poitrine. Porter. Etre promu aux charges. Regarder.

鷹 — Falco; vultur. Sagax, peritus, ingenio præditus. = Faucon; vautour. Habile, doué d'esprit.

譍 — Verbaliter respondere.=Faire une réponse verbalement.

𤄶 — Par accipitrum ad venandum adhibiti.=Une paire d'éperviers usitée pour la chasse.

賺 ╲ Vendere caro pretio. Decipere. Falsum. — Vendre cher. Tromper. Faux.

† Originem ducit à 兼 cum quâ tàm arctam habet affinitatem, ut ex duobus ordinibus unicum efformare seriò cogitaverim: obstant tamen exceptiones non paucae in quibus synonymia inter utramque phoneticam non existit, sicut dictum est sub N. 688 cujus annotatio consulenda est.

N. 875. 廉 廉廉

^ Liên — Parcimonia: parcus; moderatus. Rectus. Angulus: res angulosæ.—Economie: parcimonieux; modéré. Probe. Angle: choses anguleuses.

濂 ^ Aqua ex alto loco decidens. Parùm.=Cascade. Peu.

𪔵 ^ Tympanum pulsare. Tympanum novum. = Frapper du tambour. Tambour neuf.

㡘 ^ Leviter pungere.=Piquer légèrement.

熑 ^ Ad ignem calefacere.—Chauffer au feu.

磏 ^ Petra rudis super quâ aliquid politur vel acuitur.=Pierre à polir ou à aiguiser.

簾 ^ Vela arundinea quæ ante januam vel fenestras ponuntur: cortina, velum.—Persiennes: rideau, voile.

鐮 ^ Falx curva ad segetes metendas. = Faucille de moissonneur.

臁 ^ Tibiarum ossa.=Les os des jambes.

鰱 — *Piscis quidam qui mures vorare dicitur.=Poisson que l'on dit dévorer les rats.*

薕 ^ Zingiberi.—Le gingembre.

譧 ´ Chan — Seducere. Mussitare.=Séduire. Chuchoter.

N. 876. 雍 邕雝

— Ium — Concordia, pax. Operire; contegere. Insula. — Union, paix. Couvrir; cacher. Ile.

灉 — Amnis e fluvio egrediens.= Cours d'eau qui sort d'un fleuve.

癰 — Apostema, tumor, *furunculus magnus.* = Apostème, tumeur, grand furoncle.

廱 — Stillicidum. Aqua lentè fluens. Concordia, pax; unire.=Gouttière, égout. Eau qui coule lentement. Union, paix; unir.

壅 — Luto obstruere: implere. — Boucher avec de la terre: remplir.

饔 — Cibi cocti. Prandium.—Mets cuits. Repas, dîner.

𤻪 — Apostema, tumor, magnus furunculus. — Apostème, tumeur, grand furoncle.

壅 ╲ Luto obstruere: implere. — Boucher avec de la terre: remplir.

擁 ╲ Protegere, munire. Amplecti. Cooperire. Affluere.—Protéger, munir. Embrasser. Couvrir, affluer.

臃 — Tumefieri; tumor, apostema, furunculus.— Enfler; tumeur, apostème, furoncle, clou.

傭 — Pertinax; inobediens.—Obstiné; désobéissant.

蕹 — Convolvulus reptans. — Liseron rampant.

噰 — Suffocare. Voces consonæ. Avium concentus.=Suffoquer. Voix qui s'accordent. Chant des oiseaux.

N. 876.

甕 Wóm
罋 、
} Urna, hydria. = Cruche, jarre.

齆 、
齈 、
} Nares obstructae. = Nez bouché.

† Quamvis 雍 邕 雝 sint omninò synonymae, et classicè loquendo possint indistinctè adhiberi in plerisque litteris hujus ordinis, voluit tamen usus et litterarum elegantia, ut cum quibusdam classificis alia potiùs quàm alia varietas adhibeatur : hinc utile nobis visum est paulò recedere à consuetudine in caeteris ordinibus acceptâ, et litteras conscribere nunc cum phoneticâ primariâ, nunc cum ipsius varietatibus, proùt requirit usus communis.

N. 877. 嬴

、 Lò — *Animal quoddam elephanti simile. = Animal semblable à l'éléphant.*

臝 、
蠃 、
} Nudus, vestibus spoliatus. = Nu, qui a quitté ses habits.

騾 ^ — Mulus ex asino et equâ. = Mulet issu d'un âne et d'une jument.

欏 、 — Lignum ex quo fiunt sagittae. = Bois dont on fait des flèches.

裸 、 — Nudus, sine vestibus. Vespa. = Nu, qui a quitté ses habits. Guêpe.

蠃 、 — Vespa, crabro. = Guêpe, frelon.

羸 ^ Léi — Macilentus, debilis ; debilitas. = Maigre, faible ; faiblesse.

嬴 ^ Im — Implere. Complere ; perficere. Extendere. = Remplir. Finir ; perfectionner. Etendre.

贏 ^ — Lucrari ; lucrum. Valdè ; nimis. = Gagner ; gain. Beaucoup ; trop.

† Attentè considerandus est singularis modus quo classificae huic phoneticae coagmentantur, ne subrepat error circa unicuique litterae proprium.

N. 878. 㐭 稟 禀

、 Lin — Inferiori aliquid praestare. *Vide annot.* = Accorder quelque chose à un inférieur.

懍 、 — Veneratio, obsequium ; obedientia. Timor ; perterritus. Pauper. = Vénération, respect ; obéissance. Crainte ; épouvanté. Pauvre.

廩 、 — Horreum, cellarium. Timere. = Grenier, cellier. Craindre.

凜 、 — Frigus ; frigescere. Venerari. Majestate plenum : formidandum. = Froid ; avoir froid. Respecter. Majestueux : redoutable.

檁 、 — Canterii in tecto transversi. = Chevrons que l'on met en travers.

燣 ^ Lan — Aliquid torrere donec flavescat. = Torréfier quelque chose jusqu'à ce qu'elle jaunisse.

壈 、 — Vicus. Terra inaequalis. = Rue, cul-de-sac. Terrein inégal.

† Relativè ad litteras compositas, sonus *Lin* habendus est tanquàm praecipua hujus phoneticae pronuntiatio : sed si phonetica sola spectetur, multò communiùs legitur Pìn *Superiori aliquid significare : petitionem praesentare. = Faire savoir quelque chose à un supérieur : présenter une pétition.* In hoc autem sensu, paucis abhinc annis haec littera celebris evasit quia in recentibus eorum cum sinico imperio dissidiis, Angli constanter renuerunt eam adhibere velut nimis submissam.

N. 879. **亶** 亶

ˋ Tan — Sincerus, fidelis. Credere. Quomodò? Magnum, amplum. Infirmitas. = Sincère, fidele. Croire. Comment? Grand, vaste. Faiblesse.

勯 — Exhaustus, viribus carens. = Epuisé, qui n'a plus de forces.

[石亶] ˆ Lapides in cumulum congesti = Pierres amoncelées.

檀 ˆ Santalum lignum. = Bois de sandale.

壇 ˆ Altare; locus in quo sacrificatur. Spatiosè. = Autel; lieu où l'on sacrifie. Spacieusement.

膻 ˋ Nudus. Pectus. = Nu. Poitrine.

繵 ˆ Funis. = Corde.

譠 ˋ Chan Negligens, incuriosus. = Négligent, nonchalant.

旜 — Vexillum unicolor. = Drapeau d'une seule couleur.

襢 ˋ Vestis simplex. = Habit simple.

邅 — Difficile progredi. Negotium laboriosum. = Marcher avec difficulté. Affaire difficile.

顫 ˊ Capite tremere. Præ frigore contremiscere. = Trembler de la tête. Trembler de froid.

氈 — Pili in pannum coacti. Pannus laneus. Tapetes. = Feutre. Drap de laine. Tapis.

皽 ˋ Derma, pellis tenuissima sub extimâ cute. = Le derme, peau très fine qui se trouve sous l'épiderme.

[亶隹] —
鸇 — } *Milvus quidam flavi coloris.* Strenuus. = *Certain milan jaune.* Courageux.

驙 ˋ Equus valdè onustus. = Cheval très chargé.

[酉亶] — Vinum commune seu vilis pretii. = Vin ordinaire ou à bon marché.

饘 — Oryza liquida. = Bouillie de riz.

氊 — Pili in pannum coacti. Pannus laneus. Tapetes. = Feutre. Drap de laine. Tapis.

[禾亶] ˊ Manipulus. = Une gerbe, en faisceau.

膻 ˋ Nudus. = Nu; sans habits.

儃 — Difficilè progredi. Negotium laboriosum. = Avancer avec difficulté. Affaire difficile.

鱣 — *Piscis quidam ingens. = Certain poisson énormément grand.*

[身亶] ˋ Nudus. = Nu; dépouillé de ses habits.

[目亶] ˋ Aspiciendo stupore corripi; obstupefieri. = Etre étonné en regardant; être stupéfié.

澶 Xên Abyssus, vorago. = Abime, gouffre.

羶 — Hircus. Hircorum fœtor. = Bouc. La puanteur du bouc.

[礻亶] ˊ Regnum abdicare: cedere. *Idolum Fo.* = Abdiquer: céder. *L'idole Bouddha.*

擅 ˊ Suo arbitrio agere. Sibi injustè assumere, usurpare. = Agir à sa fantaisie. Usurper.

儃 ˆ Figura, species. Fluctuans: vagus, otiosus: libertas. Renuntiare. = Figure, aspect. Irrésolu: oisif. Renoncer.

嬗 ˊ Mulier formosa. Elegantia. Abdicare: cedere. Negligens, tardus. = Jolie femme. Elégance. Abdiquer. Négligent.

[口亶] ˋ Voltûs colore immutari. = Changer de couleur au visage.

蟺 ˋ Lumbricus. Gryllus. = Ver de terre. Grillon.

† In litteris hujus ordinis quæ leguntur Xen, plerumquè adhiberi potest 單 tanquàm synonymus hujus phoneticæ.

N. 880. 義 𦏶

Í Justitia, aequitas; humanitas. Virtus. Verborum significatio. Æque ac. = Justice, équité; humanité. Vertu. Le sens d' un mot. Aussi bien.

議 Í Consultare: deliberare; disceptare: concilium, colloquium. Seligere. Affirmare. = Consulter; délibérer; discuter; conseil, conférence. Choisir. Affirmer.

䉝 Î Vertex, apex. = La cime, le faîte.

䡞 Í Frenum ad equos regendos. = Frein pour gouverner un cheval.

檥 Î Arboris truncus. = Le tronc d'un arbre.

艤 Í Appellere; littus ascendere. = Aborder; débarquer.

䉊 Î *Utensile quoddam arundineum. = Certain ustensile en bambou.*

艤 Í Navim littori applicare. = Approcher un navire du rivage.

鱶 Í Piscium ova. Pisciculi. = Œufs de poisson. Petits poissons.

儀 Î Figura. Majestas. Leges, regulae. Ritus, cæremoniae. = Figure, majesté. Loix, règlements. Rites, cérémonies.

鸃 Í *Quædam gallinæ variegatæ species. = Espèce de poule de différentes couleurs.*

齮 Í Rodere; mordere. = Ronger; mordre.

蟻 Í Formica. Ego, nos *humiliter supplicantes.* = Fourmi. Moi, nous *humbles suppliants.*

巇 Î Cacumen, montis vertex inaequalis. = Sommet, cime inégale d'une montagne.

N. 881. 雷 一

Léi Tonitru: fulgur. = Le tonnerre: la foudre.

瘤 Í Parva ulcera in cute proritum excitantia. = Petits ulceres cutanés qui démangent.

櫑 Î Ligna super manibus ante bellum congesta. = Bois que l' on amoncèle sur les murs d' une ville avant la bataille.

擂 Î Molere: dissolvere. Tympanum pulsare. Praecipitare, dejicere. = Moudre. Frapper du tambour. Précipiter.

蕾 Í Florum gemmae. Flos se aperiens; florum anthesis. = Boutons de fleurs. Fleur qui s'épanouit; épanouissement.

† Vide annotationem N. 985.

N. 882. 𦤎 𠂹

Să Malum, Sordidum. = Mauvais. Sale.

𧝓 ǔ Vestis lacera et sordida. = Habit sale et déchiré.

𤻖 ǔ Reducere ad æqualitatem aliquid supponendo. = Mettre de niveau au moyen d'une cale.

𢷇 ǔ Sordidum. Verba impura. = Sale. Langage obscène.

𠐶 ǔ Imperitus. Negligens. = Inhabile. Négligent.

+ In hâc phoneticâ dominatur 韭 Kièu *Allium; porrus. = Ail; poireau,* quæ inter classificas numeratur, præsidetque litteris perpaucis iisque vix usitatis.

N. 883. 遀 隨

^ Suéi Sequi ; obedire, obsecundare. = Suivre ; obéir, condescendre.

澻 ^ Lubricum ; in lubricum ire. = Glissant ; glisser.

饚 \ Dulciaria. Offa ex dulciariis confecta. = Confitures. Gâteau fait avec des confitures.

膸 ^ } Ossium medulla : pars intérior alicujus rei. = La moelle des os : la partie intérieure d'une chose quelconque.
髓 ^

† Oritur à 育 N. 552 cujus annotatio seriò est perpendenda.

N. 884. 感

\ Kan Excitare ; affectus movere. = Exciter ; émouvoir les affections.

礛 \ Arca lapidea. = Coffre en pierre.

轗 \ Obstaculum. Currus à terrae inaequalitate impeditus. = Obstacle. Char retenu par les inégalités du terrein.

壏 \ Terra inaequalis. Infelicitas. = Terrein inégal. Malheur.

鱤 \ *Piscis quidam maxillis flavis. = Poisson qui a les mâchoires jaunes.*

憾 ′ Han Odisse ; odium. Fastidio affici. = Haïr ; haine. Prendre du dégoût.

顑 \ Caput movere. = Mouvoir la tête.

撼 \ Agitare, movere ; perturbare. Oscillare. = Agiter, mouvoir ; troubler. Balancer.

嚇 \ Animalium voces. = Voix des animaux.

† Affinis phoneticae 咸 N. 524 ex quâ originem ducit, et cujus aliquandò in compositis mera varietas est.

N. 885. 達 达

Ta Penetrare : clarè cognoscere. Ex uno aliud inferre. Publicum officium obtinere. = Pénétrer : connaître clairement. Tirer une conséquence. Obtenir une charge publique.

澾 Lutum lubricum. Molestum, importunum. = Boue glissante. Ennuyeux, importun.

韃 Tartari. = Les Tartares.

撻 Verberibus punire ; percutere. = Punir par des coups ; frapper.

闥 Portae interiores minores : janua. Cubiculum. = Portes intérieures petites : porte. Chambre.

僤 Rebellio. Fugere. = Révolte. Fuir.

獺 *Species lutrae vel castoris. = Espèce de loutre ou de castor.*

繨 Nodus ; innodare. = Nœud ; nouer.

薘 Beta. Olera. = Bette, poirée. Herbes potagères.

躂 In lubricum ire ; pedibus labi : ad latus decidere. = Glisser ; les pieds manquer : tomber de côté.

N. 886. 聖 圣

′ Xem Sanctus, sanctitas. = Saint, sainteté.

檉 Chēm *Species salicis pluviae prognostici quae ter in anno floret. = Saule qui fleurit trois fois l'an et pronostique la pluie.*

蟶 Ostra seu concha maxima. = Huître ou coquille fort grande.

† Oritur à 呈 N. 373 cui fortè subjungi debuisset velut subordinem constituens.

N. 887. 賁 賁

Fen ´ Fortis, strenuus; impetuosus. =Fort, courageux; impétueux.

憤 ˋ Irasci; iracundia. Odium. = Se fâcher; colère. Haine.

濆 ^ Littus, ora =Rivage, bord.

癀 ^ Ulcus ardens: tumor calidus. = Ulcère brûlant: tumeur chaude.

羵 ^ Capra. *Quidam dæmon.*=Chèvre. *Certain démon.*

燌 ^ Æstus febrilis: calor internus. =Chaleur de la fièvre: chaleur intérieure.

豶 ^ Porcus castratus. = Cochon coupé.

鼖 ^ }
鼓 ^ } Tympanum. Tympanum pulsare. = Tambour, tamtam. Frapper du tambour, ou du tam-tam.
鼖 ^ }

轒 ^ Currus bellicus. = Chariot de guerre.

墳 ^ Sepultura, tumulus. Agger terreus. = Tombeau, sepulture. Digue en terre.

攅 ^ Manu abstergere. = Essuyer avec la main.

隫 ^ Tumulus; sepultura in montibus. = Tombeau; sépulture sur les montagnes.

簣 ^ Arcûs funis.=La corde d'un arc.

饙 ― Cibos coquere. Oryza ad vaporem cocta.=Cuire la nourriture. Riz cuit à la vapeur.

馩 ^ Fragrantia.=Bonne odeur.

鱝 ´ *Quidam piscis.=Nom de poisson.*

僨 ´ Perdere, evertere; cadere. = Perdre, renverser; tomber.

膹 ^ }
獖 ^ } Tabulæ ad lectum pertinentes.=Les planches d'un lit.

蕡 ^ Fructuum abundantia. Herbæ diversi odoris permixtæ. Cannabis semen.=Abondance de fruits. Mélange d'herbes odorantes. Semence de chanvre.

蟦 ^ Ostrea.=Huître.

幩 ^ Frenum. Freni ornamenta.= Frein, mors. Les garnitures du frein.

歕 Pen Sufflare. Ore irrigare.=Souffler. Arroser avec la bouche.

噴 ^ Sternutare. Cum vi emittere. A se abjicere.= Eternuer. Emettre avec force. Rejeter loin de soi.

† Aliqualem originis affinitatem habere videtur cum 奔 N. 528

N. 888. 𢦏

Tié Littera merè phonica sensu carens.=Lettre purement phonique.

驖 Equus nigri vel fusci coloris. =Cheval noir ou châtain.

㦸 Ferrum tundere. = Battre le fer.

鐵 Ferrum: ferreum. = Le fer: objet en fer.

† Etsi phonetica hæc per se careat sensu, in compositis tamen *ferri* significationem adducit.

一

N. 889. 毄

Ki ˇ Percutere.=Frapper.

墼 ˇ Hydria, urna. Malleo aliquid percutiendo perficere. = Cruche, jarre. Perfectionner une chose à coups de marteau.

擊 ˇ Percutere ; aggredi ; occidere. =Frapper ; assaillir ; tuer.

繫 ˊ Alligare ; vincire ; in vinculis ponere.=Lier, attacher ; mettre dans les liens.

N. 890. 畺

Kiam ˉ Limites, confinia. Quingenta stadia. Incorruptum. Forte.= Confins, limites. 500 stades. Non corrompu. Fort.

麠 ˉ Cervus gigas.=Cerf géant.

殭 ˉ Cadaver nondùm corruptum. *Quidam bombyx.* = Cadavre qui n'est pas encore corrompu. *Espèce de ver à soie.*

礓 ˉ *Quædam medicina.*=*Sorte de médecine.*

橿 ˉ Lignum ex quo currus fiunt. Ligonis manubrium. Durum, forte.=Bois dont on fait les chars. Manche de houe. Dur.

韁 ˉ Equi habenæ : frenum.=Les rênes du cheval : le frein.

壃 ˉ Limites, confinia. = Confins, limites.

彊 ˉ Limites. Fortis, violentus ; crudelis.=Limites. Fort, violent ; cruel.

僵 ˉ Cadere : prosternere, dejicere. Sensu destitutus. = Tomber ; renverser. Privé des sens.

繮 ˉ Habenæ.=Les rênes du cheval.

薑 ˉ Zingiberi, amomum.=Le gingembre.

疅 ˉ Limites ; agrorum divisiones. =Les limites ; les divisions des champs.

蠿 ˉ Bombycis chrysalida. = La chrysalide du ver à soie.

N. 891. 賈 賈

Kia ˋ *Cognomen.* (Kù) Mercator.= *Nom propre.* (Kù) Marchand.

檟 ˋ *Species Thei amari, seu arbusculæ ex cujus foliis fit infusio.* =*Espèce de thé amer, ou d'arbrisseau dont les feuilles servent à faire de l'infusion.*

價 ˊ Pretium rerum : valere. = Le prix des choses : valoir.

N. 892. 禁

Kin ˊ Prohibere, prohibitio : coercere, continere.=Défendre, prohibition : réprimer, contenir.

憷 ˊ Firmus, constans. = Ferme, inébranlable.

襟 ˉ Vestis pars anterior ad dexteram vergens.=Pan d'habit qui croise à droite sur le devant.

澿 ˊ Frigus. Frigore tremens. = Froid. Qui tremble de froid.

標 ˊ Virga.=Baguette.

僸 ˊ Suspicere : caput erigere. = Regarder en haut : lever la tête.

噤 Silentium : os occludere. = Silence : fermer la bouche.

N. 893. 楚

Chu Spinæ: cruciatus, pœnæ, dolores. Ordo: disponere. Ornatum.=Epines: tourments, peines, douleurs. Ordre: arranger. Orné.

憷 濋 } Dolor, cruciatus, afflictio, pœnæ.=Douleur, souffrances, affliction, tourments.

礎 Columnæ basis lapidea.=Piédestal en pierre.

儊 Asperum, rude. = Apre, grossier.

齼 Dentibus hebetatus. = Qui a les dents agacées.

蹠 Obstaculum, impedire.=Obstacle, empêcher.

嘘 Detestari.=Avoir en horreur.

† Cavendum ne confundatur cum præcedenti.

N. 894. 嗇 啬

Xee Avaritia; avarus, parcus. Messor, agricola.=Avarice; avare, parcimonieux. Moissonneur, agriculteur.

懎 Miseratio; commisereri. = Commisération; avoir pitié.

濇 Rugosum, asperum. = Rugueux, rude.

穡 Messis: messes colligere. Res agricola. Avarus.= Moisson: cuellir les moissons. Agriculture. Avare.

嗇 Avarus, tenax.=Avare, tenace.

檣 Tsiam Navium malus.=Mât de navire.

墻 Murus, paries. Domus.=Muraille, mur. Maison.

艢 Navium mali.=Les mâts des navires.

嬙 Femina in palatio magistratum gerens. Ministra cubicularia. = Femme qui a une charge à la cour. Femme de chambre.

牆 Murus, paries. Domus.=Mur, muraille. Maison.

薔 *Rosarum nomen genericum.= Nom que l'on donne généralement aux roses.*

N. 895. 幹

Kan Ingenium, peritia. Negotium. Negotium gerere. Arboris truncus. = Talent, habileté. Affaire. Traiter une affaire. Tronc d'arbre.

擀 Manu aliquid extendere.=Etendre quelque chose avec la main.

簳 Sagitta.=Flèche.

藓 Herbarum culmi.=Tige des herbes.

澣 Huan Lavare. Decades dierum, seu tertia pars mensis. = Laver. Une décade, c'est à dire la 3e. partie du mois.

† Immediatè precedit à N. 653 cujus annotatio consulenda est.

N. 896. 肅 肃

Su Seriosus, gravis, majestate plenus. Venerandum: venerari, colere.=Sérieux, grave, majestueux. Respectable. Respecter, vénérer.

潚 Aqua profunda et clara. Murmur.=Eau claire et profonde. Bourdonnement.

N. 896.

驌 ˇ Equus benè edoctus.=Cheval bien dressé.

摍 ˇ Percutere.=Frapper.

鷫 ˇ *Pavo quidam ex cujus plumis vestes fiunt.=Espèce de paon dont les plumes servent à faire des habits.*

鱐 ˇ Piscis desiccatus.=Poisson sec.

鏽 Sieu ́ Rubigo, ferri oxides.=Rouille, fer oxidé.

繡 ́ Acupingere, flores diversicoloris acupingere. Vestes marginare.=Broder, faire des fleurs de couleurs différentes. Ourler des habits.

瀟 Siao ̄ Ventus et pluvia vehementes.=Vent et pluie violents.

橚 ̄ Folia decidentia. Frondosum. La chute des feuilles. Touffu.

彇 ̄ Arcûs extrema.=Les bouts d'un arc.

簫 ̄ Fistula musica, tibia.=Flûte, flageolet.

飀 ̄ Boreæ sibilus. Perflare.=Le sifflement du vent du nord. Souffler.

蕭 ̄ Fragrans. Quies; silentium. Sibilare.=Odoriférant. Tranquillité; silence. Siffler.

嘯 ́ Sibilare. Cantare.=Siffler. Chanter.

蠨 ̄ Aranea.=Araignée.

† Huic phoneticæ libenter addixissem 肅 velut varietatem, quia sæpè vice ipsius in compositis adhibetur; quoniam verò ambæ litteræ per se sensu differunt, et ne in compositis quidem synonymia generaliter admittitur, rectiùs nobis visum est phoneticam classicam exhibere solam.

†† Valde dissentiunt Sinenses circa numerum ductuum quibus hæc phonetica constat, et ideò circa modum genuinum eam scribendi: evanescet tamen omnis difficultas et classicus scribendi modus cognoscetur ab imperito unoquoque, si attendatur eam litteram effoumari 1o. ex ⺕: 2o. ex 片: 3o. ex 吕: 4o. denique ex 十.

N. 897. 殿

殿 Tièn ́ Palatium: templum: aula imperialis. Eminens; præcipuum. Retrocedere.=Palais: temple: salle impériale. Eminent; principal. Reculer.

癜 ́ Maculæ in cute.=Taches de la peau.

壂 ́ Aulæ fundamenta. Aula: palatium.=Les fondements d'une salle. Salon: palais.

嚃 ́ Cantando legere.=Lire d'un ton chantant.

臀 Tuen ̂ Nates. Rerum imum, fundus.=Les fesses. Le fond des choses, le bas.

N. 898. 辟

辟 Pi ˇ Rex. Exemplar. Supplicium. Expellere. Curvum. Illicitum.=Roi. Modèle. Supplice. Chasser. Courbe. Illicite.

澼 ˇ Lavare. Aliquid madefacere et soli exponere ut albescat.=Laver. Mouiller une chose et l'exposer au soleil pour la faire blanchir.

癖 ˇ Fames canina. Obstructio ventris. Cruditas. Propensio.=Faim canine. Obstruction d'intestins. Indigestion. Penchant.

擗 ˇ Domus; cubiculum.=Maison; chambre.

霹 ˇ Tonitru; fulmen.=Tonnerre, bruit du tonnerre; foudre.

僻 ˇ Curvum. Illicitum.=Courbé. Illicite.

擗 ˇ Pectus tundere. Aperire. Scindere.=Se frapper la poitrine. Ouvrir. Déchirer.

N. 898.

闢 ˇ Aperire, exordiri, incipere. = Ouvrir, commencer.

避 ˊ Evitare, fugere ; recedere : abscondere se. = Eviter, fuir ; se retirer : se cacher.

譬 ˊ Comparare ; comparatio, exemplum : verbi gratiâ. = Comparer ; comparaison, exemple : par exemple.

襞 ˇ Vestium plicæ. Vestes complicare. = Les plis des habits. Plier des habits.

璧 ˇ Tabella lapidea quam magnates gestant coram rege. Donum. = Tablette que les grands portent à la cour. Don.

甓 ˇ Lateres magni. = Grandes briques.

壁 ˇ Paries terrea : murus. = Mur en terre : muraille.

劈 ˇ Percutere, ferire. Findere, rumpere. = Frapper, blesser. Fendre, rompre.

擘 ˇ Findere, scindere. = Fendre, déchirer.

鷿 ˇ *Quædam anatis species. = Espèce de canard.*

鐾 ˊ Acuere. = Aiguiser, affiler.

嬖 ˊ Imperatoris amasia. Amare. Famula. Vilis. = La maîtresse de l'empereur. Aimer. Servante. Vil.

臂 ˊ Lacertus ; brachium. Manica. = L'avant bras ; le bras. La manche.

躄 ˇ Claudicare ; claudus. = Boiter ; boiteux.

鐴 ˇ Aratri manubrium. = Le manche de la charrue.

僻 ˇ Mala indoles, malitia : malus, execrandus. Rudis, vilis. = Mauvais caractère, malice ; mauvais. Grossier, vil.

薜 ˇ Anethum Sinicum. Cannabis silvestris. = Anis de Chine. Chanvre sauvage.

躃 ˇ Claudicare ; claudus. = Boiter ; boiteux.

檗 Po ˇ *Lignum quoddam tinctorium. = Espèce de bois de teinture.*

擘 ˇ Manûs pollex. = Le pouce, le gros doigt de la main.

罼 ˇ Rete ad aves captandas. = Filet pour la chasse des oiseaux.

幦 Mi ˊ Currûs dorsum coriaceum. = Dossier en cuir dans un char.

N. 899. 歰 澀

Xee ˇ Asperum, rude ; durum. = Apre, rude, grossier ; dur.

㒄 ˇ Parcus, avarus. = Econome. avare.

澀 ˇ Rugosum, asperum. = Rugueux, âpre, raboteux.

㒈 ˇ Non attingere. = Ne pas atteindre. *V. infrà.*

㗊 ˇ Difficultas loquendi. Asperum ; durum. = Difficulté dans la parole. Apre ; dur.

㒈 Sa ˇ Velox loquela : multùm loqui ; verbosus. = Parler vite : parler beaucoup ; grand parleur.

N. 900. 愛 爱

Ñgai ˊ Amare, diligere : amor. Compati, benefacere. = Aimer, chérir : amour. Avoir pitié, bienfaisance.

靉 ˋ Cœlum nubibus obscuratum. Conspicilia. Tubi optici. = Ciel couvert de nuages. Lunettes : longue-vue.

薆 ˊ Aliquid contegere, cooperire. = Cacher ou couvrir une chose.

曖 ˊ Clarum, purum. = Clair, pur.

N. 900. 僾 ˊ Veluti, ac si. Dissimulare. Obscurè videre. = Comme si, de même que. Dissimuler. Voir confusément.

薆 ˊ Luxuriosum. Abscondere, cooperire; obumbrare, obscurare. Protegere. = Florissant. Cacher, couvrir; ombrager, obscurcir, protéger.

瞹 ˋ 曖 ˋ Obscurum, umbra: obscurare; contegere. = Obscur, ombre: obscurcir: couvrir.

噯 ˊ Halitus, respiratio. Calidum; tepidum. *Vox improbantis.* = Le souffle, la respiration. Chaud, tiède. *Marque ou son d'improbation.*

N. 901. 詹 詹

Chēn ˉ Multùm loqui. Offerre, Sufficere. = Parler beaucoup. Offrir. Suffire.

譫 ˉ Verba nimia. Delirare. = Parler à l'excès. Extravaguer.

襜 ˆ Vestis pars anterior. Compositum. = Le pan antérieur d'un habit. Arrangé.

邅 ˋ Festinanter ire. = Aller vite, marcher avec hâte.

韂 ˋ Equi pallium. Hastæ vagina. = Manteau de cheval. Fourreau de hallebarde.

闚 ˊ Explorare, rimari. = Epier, regarder à travers les fentes d'une porte.

鸇 ˆ Avis prænuntians dynastiæ ruinam. = Oiseau qui présage la chute de la dynastie.

㩜 ˉ Manum attollere. = Lever la main.

瞻 ˉ Suspicere. Oculos intendere. = Regarder en haut. Fixer les regards sur quelque chose.

噡 ˉ Loquitari; verba. = Bavarder; bavardage.

蟾 ˉ *Quidam bufo venenosus in lunâ degens.* Luna. = *Crapaud qui vit dans la lune.* La lune.

幨 ˆ Currûs cortina. Vestis lacinia. = Rideau d'un char. Pan d'habit.

Xén 贍 ˊ Auxiliari. Supplere. Sufficere. Quod necessarium est. = Secourir. Suppléer. Suffire. Le nécessaire.

Tán 憺 ˊ Animi firmitas. Judicii rectitudo. Quietus, tranquillus, contentus. = Fermeté. Bon sens. Tranquille, content.

澹 ˋ Undulare: aqua commota. Movere. Insipidum. = Onduler: eau agitée. Mouvoir. Insipide.

礵 ˋ *Medicina quædam.* = *Sorte de médecine.*

聸 ˉ Aures pendulae. = Oreilles pendantes.

擔 ˆ Humeris gestare. Onus; officium. = Porter sur les épaules. Fardeau; charge, emploi.

膽 ˋ Fel. Jecur. Animus: animi fortitudo. = Le fiel. Le foi. Le courage.

甔 ˊ Hydria, amphora. = Cruche, jarre.

儋 ˉ Humeris gestare. Onus; officium. = Porter sur les épaules. Fardeau; charge, emploi.

Iên 檐 ˉ Tecti pars proeminens. Humeris gestare. = Portion du toit qui s'avance en dehors. Porter sur les épaules.

簷 ˆ Tecti ora seu margo. Cubiculum. = Le bord du toit. Chambre.

 ˆ Cubiculum, domus. = Chambre, maison.

N. 902 解 解

Kiai 解 ˊ Alligatum solvere: reum dimittere; laxare. Explicare; aperire: edocere. = Délier. Relâcher un coupable; lâcher. Expliquer; ouvrir: instruire.

瀣 ˊ Scabies. = La gale.

字聲綱目

N. 902.

廨 / Prætorium : ædes præfectorum. Hospitium. = Prétoire, tribunal : maison de mandarin. Hospice.

㑝 / Debilis ; ineptus. — Faible ; bon à rien.

㑝 \ Fortissimus, strenuus. = Très fort, courageux.

繲 / Vestis obsoleta. = Habit usé.

薢 — Castanea aquatilis. = Châtaigne d'eau.

懈 / Hiai Pigritia, negligentia : lentus, remissus = Paresse, négligence : lent, nonchalant.

澥 / Fretum. Fluminis ramus. = Détroit, bras de mer. Branche d'un fleuve.

檞 \ Piperis folia quæ cum arecâ manduntur. = Feuilles de bétel.

韅 / Habenæ. = Les rênes.

邂 / Occurrere : fortuitò aliquem obviàm habere. = Rencontrer : trouver quelqu'un par hasard.

蟹 \ } Cancer, carabus. Insectum marinum lateraliter incedens. = Crabe. Insecte marin qui marche de côté.
鮮 \

獬 \ *Reptile quod præfecti pingunt ante fores. Species capræ. = Certain reptile peint devant les maisons des mandarins. Espèce de chèvre.*

嘊 \ Convicia ; maledicta. Abi ! irati verba. = Des injures ; des sottises. Loin d'ici ! paroles d'un homme en colère.

蠏 \ Cancer ; carabus. = Crabe ; insecte marin qui marche de côté.

嶰 \ Vallis. Separare. Mons parvus. = Vallée. Séparer. Petite montagne.

N. 903. 微 㣲 /

^ Wēi Parvum, tenue, delicatum ; parùm, nihil. Obscurum. = Petit, mince, fin, delicat ; peu, un rien. Obscur.

溦 ^ } Pluvia minuta. = Pluie fine.
霺 ^

薇 ^ Rosa alexandrina. Olera. = La rose d'alexandrie. Herbes potagères.

+ Seriò præcavendum est ne hæc phonetica confundatur cum 徵 N. 977.

N. 904. 雋

\ Tsüèn Caro pinguis ; pinguedo. Forte. Perpetuum. = Gras ; graisse. Fort. Perpétuel.

瘸 — Tumor ; caro excrescens. = Tumeur ; excroissance.

鐫 — Incidere, cælare. Pungere. = Graver, ciseler. Piquer.

熇 \ Tsuan Jusculum sine succo. = Bouillon sans substance.

臇 \ Pinguis ; pinguedo. = Gras ; graisse.

寯 / Tsuen } Peritus, habilis, sagax. Ingenio præditus. Vir præclarus. Pulchrum. Custodire. = Adroit, habile, intelligent. Homme de talent. Personnage. Extraordinaire. Beau. Garder.
㒞 \
携 /
儁 /

槜 — Tsuéi Baculo seu ligno percutere. = Frapper avec un bâton, ou avec un morceau de bois.

+ Hinc graphicè originem ducit 嶲 N. 1003.

N. 905. 𦥯

˘ Hio *Littera merè phonica sensu carens. = Caractère purement phonique dénué de sens.*

⿱𦥯火 ˘ Adustum ; siccum. = Brûlé ; desséché.

壆 ˘ Terra dura. Rima, fissura.= Terre dure. Fente, crevasse.

學 ˘ Discere, studere. Imitari.=Apprendre, étudier. Imiter.

觷 ˘ Opus corneum nondùm perfectum. Cornu elaborare. = Ouvrage en corne inachevé. Travailler la corne.

鷽 ˘ *Turturis species quædam. = Espèce de tourterelle.*

嶨 ˘ Mons saxis abundans.=Montagne pleine de rochers.

澩 ˘ Rivulus desiccatus.=Ruisseau desséché.

礐 Kio Mons magnis lapidibus plenus. = Montagne pleine de grandes roches.

覺 ˘ Percipere, sentire, advertere ; advertentia. Expergisci. =Apercevoir, sentir, remarquer ; advertence. S'éveiller.

⿱𦥯目 ˘ Oculi fulgentes.=Yeux brillants.

⿱𦥯革 ˘ Hó Corium desiccatum. = Cuir sec.

黌 ˆ Hum Collegium, athenaeum : academia. = Collège, athénée : académie.

Duo vel tres occurrunt casus parvi momenti in quibus haec phonetica in compositione synonymum habet 學 (var. 斈 斍)

N. 906. 毀

ˋ Huéi Frangere ; destruere, eruere ; dejicere. = Briser ; détruire, ruiner ; renverser.

譭 ˋ Murmurare, obloqui. = Murmurer, médire, parler mal.

⿰米毀 ˋ *Octo modiorum mensura. = Mesure qui contient huit boisseaux.*

燬 ˋ Comburere : incendium. = Brûler : incendie.

檓 ˋ Piper procera.=Poivrier géant.

⿱毀手 ˋ Ferire.=Blesser, frapper.

⿱毀女 ˋ Abhorrere.=Avoir en horreur.

⿱艹毀 ˋ *Quædam planta. = Nom de plante.*

N. 907. 敫

˘ Ki Venerari ; colere.=Respecter ; vénérer.

激 ˘ Incitare, provocare. Persequi. Animi affectus. Tranquillitas. Aqua insiliens.=Exciter, provoquer. Persécuter. Affection de l'âme. Tranquillite. Eau qui rejaillit.

譤 ˘ Decipere.=Tromper.

⿱敫心 ˘ Festinatio ; praecipitanter. = Hâte, presse ; avec précipitation.

⿰目敫 ˘ Oculi obscuri.=Yeux obscurcis.

檄 ˘ Hi Edictum : scriptum publicum. Bellum incidere. Pacis conditiones. = Edit : écrit public. Déclarer la guerre. Conditions de la paix.

竅 ˆ Kiao Foramen. Profundum. Vacuum.=Trou, cavité. Profond. Vide.

儌 — Felix. Festinus ; præcipitanter.=Heureux. Pressé, qui se hâte ; avec précipitation.

墽 — Terra inæqualis. Terra sterilis.=Terrein inégal. Terrein stérile.

N. 907.

撽 ╱ Percutere, verberare. Agitare. = Frapper, fustiger. Agiter.

鐓 ╲ Forfice secare. Vasis ansæ. = Couper avec des ciseaux. Les anses d'un vase.

徼 ╱ Quærere: circuire. Examinare. Terminus, confinia, parvum. = Chercher: rôder. Examiner. Limites, confins, petit.

擊 ╱ Percutere, verberare. Agitare. = Frapper, fustiger. Agiter.

繫 ╱ Alligare, vincire. In orbem glomerare. Colligere. = Lier, attacher. Pelotonner. Recueillir.

皦 ╲ Splendor. Gemmarum albedo. = Eclat. La blancheur des pierres précieuses.

儌 — Petere, examinare. = Demander, examiner.

獥 ╲ *Lupi species quædam. = Espèce de loup.*

繳 ╱ Alligare. In orbem glomerare. Colligere. Offerre. = Lier. Pelotonner. Cueillir. Offrir.

曒 ╲ Oculi in aliquid infixi. Clarum, fulgens. = Yeux fixés sur quelque chose. Clair, éclatant.

暾 — Clarum, lucidum. = Clair, brillant.

噭 ╱ Clamare, vocare. Vox implorantis. = Crier, appeler. Cris de supplication.

懒 ╲ Pannus quo pedes involvuntur. = Linge dont on, enveloppe les pieds.

邀 Iao — Invitare, accersere. Petere, rogare. Expectare. = Inviter, faire venir. Demander, prier. Attendre.

燩 Kio ˘ Ad ignem desiccare. Assare. = Sécher au feu. Rôtir.

襮 Ho ˘ Collaris costa media. = Côte dure que l'on met au milieu des cols d'habit.

礉 ˘ Accuratè, præcisè. Parcus. = Exactement, précisément. Parcimonieux.

覈 ˘ Veritas. Purum. Rei veritatem investigare. Per tormenta confessionem extorquere = La vérité. Pur. Examiner. Extorquer des aveux par la torture.

N. 908. 奧 奥 ╱

Ngao ╱ Mysteriosum: obscurum. Domûs pars obscurior. Portus; sinus. = Mystérieux: obscur. Chambre retirée. Port; baie.

寞 ╱ Labyrinthus. Domûs recessus. = Labyrinthe. Les derniers réduits de la maison.

懊 ╲ Odium. Pœnitere. Irasci. = Haine. Se repentir. Se mettre en colère.

澳 ╱ Portus; sinus, locus ad quem naves appellunt. Aquarum profundiora = Port: baie, debarcadour. Eaux profondes.

謸 ╲ Secretò colloqui. Nuntiare. = Avoir un entretien en secret. Annoncer.

瘶 ╱ Dolor. = Douleur, souffrance.

襖 ╲ Vestis gossypio munita. Vestis interior. = Habit ouaté. Habit intérieur.

墺 ╱ Portus, sinus. Littus ascensioni commodum. Planities. Littus habitabile. = Port, baie. Débarcadour. Plaine. Rivage habitable.

擙 ╱ Molere. = Moudre.

鏖 ╲ Vas calefactum. = Vase chaud.

腴 ╲ Avium stomachus. = L'estomac des oiseaux, le gésier.

鱮 ╲ *Quidam pisciculus. = Nom d'un certain petit poisson.*

壆 ╲ Portus, sinus, littus ascensioni commodum. Planities. Littus habitabile. = Port, baie, débarcadour. Plaine. Rivage habitable.

鷞 ╲ *Nomen cujusdam avis. = Nom d'oiseau.*

嬶 ╱ Zelotypia; invidia. = Jalousie; envie.

燠 Iü ˘ Tepidum; calidum: calor. = Tiède; chaud: chaleur.

隩 ˘ Littus. Scopulus. = Rivage. Ecueil.

N. 908.

薁 ˘ Prunus dulcis.=Prune douce.

[illegible] ˘ Ad solem calefieri.=Se chauffer au soleil.

噢 ˋ Commiseratio. = Pitié, commisération.

+ Cantè distingui debet à 粵 Iüe *Investigare, examinare. Nomen provinciæ Cantonensis. Faire des recherches, examiner. Nom de la province de Canton.*

N. 909. 禽 禽

Kin ˆ

Aves, volatilia.=Les oiseaux, les volatiles.

檎 ˆ *Pruni species quædam.=Espèce de prunier.*

擒 ˆ Capere, sumere.=Saisir, attraper, prendre.

噙 ˆ In ore tenere.=Avoir quelque chose dans la bouche.

[illegible] ˆ *Nomen cujusdam vermis. = Nom d'une espèce de ver.*

N. 910. 遂 遂

Suéi ˊ

Sequi ; obsequi, obsecundare. Secundùm. Statim, illicò. = Suivre ; obéir, condescendre. Suivant. Aussitôt.

邃 ˊ Profundum. Remotum : recessus.=Profond. Lointain : lieu retiré.

[illegible] ˊ Affectus vehemens.= Passion violente.

澻 ˊ Aquæ canalis. = Un cours d'eau.

譢 ˊ Percontari, interrogare. = Interroger, questionner.

襚 ˊ Cadaver sudario involvere. Vestem offerre quâ defunctus induatur. = Envelopper un mort dans un linceuil. Donner les habits mortuaires.

燧 ˊ Ignem excutere. Vitrea lenticula quâ ignis ad solem obtinetur.=Battre le briquet. Lentille pour faire du feu au soleil.

璲 ˊ Sceptrum magnatorum ex gemmâ.=Sceptre en pierre précieuse porté par les grands.

[illegible] ˊ Funiculus quo lapilli zonæ appenduntur. =Cordonnet de la ceinture auquel sont attachés des bijoux.

[illegible] ˊ Iter ad tumulos.=Le chemin du cimetière.

隧 ˊ Multitudo : omnes. Simul. Ordo, series Sepulturæ via.= Multitude : tous. Ensemble. Série. Chemin du cimetière.

鐩 ˊ Vitrea lenticula qui ignis ad solem obtinetur. = Lentille pour faire du feu au soleil.

穟 ˊ Segetes quæ jam efflouerunt. =Moissons qui ont déjà fleuri.

繸 ˊ Funiculi quibus lapilli zonæ appenduntur. = Cordonnets auxquels pendent des bijoux à la ceinture.

N. 911. 僉 佥

Tsiēn Omnes, universi. Simul.=Tous ensemble.

簽 ˉ Frusta arundinea divinatoria. Epistolæ fascia papyracea. Mandatum in scriptis Schedula visitatoria. = Bambous divinatoires. Bande en papier dont on enveloppe une lettre. Ordre par écrit. Billet de visite.

憸 Siēn ˉ Adulator : blanditor.=Adulateur : flatteur.

譣 ˉ Interrogare, inquirere. Adulari. Loquax.=Interroger, faire des recherches. Flatter. Grand parleur.

[illegible] ˉ Accedendi desiderium.=Desir de s'approcher.

字聲綱目

N. 911.

瘱 ˋ Hièn Gutturis obstructio.=Obstruction de gorge.

燂 ˊ Ignis : calidum.—Feu : chau.

險 ˋ Periculum ; abruptum. Difficile. Mentis turbatio.=Danger; précipice. Difficile. Trouble d'esprit.

獫 ˋ Canis rostro longo.=Chien à long museau.

嶮 ˋ Abruptum : accessu difficile. =Escarpé : d'accès difficile.

驗 ˊ Ièn Verificare, rei veritatem probare. Testificari. Probatio, argumentum. Effectus. Pignus. =Vérifier. Reviser. Preuve, Effet. Gage.

鹼 ˋ *Quidam piscis carens squamis. — Certain poisson sans écailles.*

噞 ˋ Motus oris piscium.=Mouvement de la bouche des poissons.

殮 ˊ Lièn Cadaver vestire aut sudario involvere : sepelire.=Habiller un mort ou l'envelopper dans un linceuil : ensevelir.

匳 ^ Capsa. Colligere. = Boîte, caisse. Recueillir.

斂 ˋ
歛 ˋ Colligere, congregare. Metere. Servare. Parcus. Concupiscere. Petere. = Cueillir, ramasser. Moissonner. Garder. Parcimonieux. Désirer ardemment. Demander.

臉 ˋ Facies, vultus, honor, decus. =Le visage, l'honneur, le décorum.

蘞 ˋ *Medicina quædam desiccans.= Médecine de vertu dessiccative.*

賺 ˊ Ante rem acceptam ejus pretium solvere.—Payer une chose d'avance.

檢 ˋ Kièn Continere. Plicare. Obsignare. Examinare. Frugalitas.=Contenir. Plier. Sceller. Examiner. Frugalité.

撿 ˋ Coërcere. Examinare. Eligere. Capere. = Réprimer. Examiner. Choisir. Saisir.

劍 ˊ Gladius anceps. — Epée à deux tranchants.

儉 ˊ Parcimonia, temperantia. Avarus. Sumptibus parcere. = Economie, tempérance. Epargner. Avare.

鹼 ˊ Lixivia. Sal in aquâ dilutum. — Lessive. Sel délayé dans l'eau.

黶 ˊ Niger, atrum.=Noir, foncé.

瞼 ˋ Obscurè videre.=Voir confusément.

N. 912. 會 会

Huéi Congregare, congregatio, cœtus, societas. Secta. Occurrere.=Réunir, réunion, assemblée, société, secte. Rencontrer.

霱 ˊ Pluvia minuta.=Pluie fine.

澮 ˊ Revolvere.=Retourner.

繪 ˊ Pingere. Diversis uti coloribus.=Peindre. Employer des couleurs différentes.

憎 ˊ Wéi Odisse, abhorrere.—Haïr, avoir en horreur.

薈 ˊ Olera. Exsurgere : vapores in altum ascendere.=Herbes potagères. S'élever : vapeurs qui s'élèvent.

瞺 ˊ Spatium inter supercilia. = L'espace qui est entre les sourcils.

澮 ˊ Kuéi Aquæ canalis inter agros. = Fossé ou canal au milieu des champs.

旝 ˊ Ducis vexillum. Balista ad petras jaciendas. = Drapeau du général. Machine à lancer des pierres.

廥 ˊ Fenile.=Grange à foin.

襘 ˊ Pars vestis quæ cingulo adstringitur. = La partie des habits qui est serrée par la ceinture.

禬 ˊ Sacrificium ad mala avertenda.= Sacrifice pour éloigner les maux.

N. 912.

髻 ╱ Capilli in vertice capitis nodo adstricti. = Cheveux attachés en nœud au haut de la tête.

檜 ╱ Juniperus. Lignum durabile pro loculis. Tumulorum. ornamenta. = Genévrier. Bois des cercueils. Ornements des tombeaux.

膾 ╱ Carnes minutatim concisae. = Viande hachée.

鱠 ╱ Pisces minutatim concisi. = Poissons coupés en petits morceaux.

儈 ╱ Proxeneta; arbiter: mediator inter emptorem et venditorem. = Courtier; arbitre: Médiateur pour les achats.

獪 ╱ Deceptor, fraudulentus. = Trompeur, fourbe.

劊 ╱ Amputare: praecidere. Dirumpi. Carnifex. = Trancher: couper. Eclater. Bourreau.

璯 Kuai ╱ Ornamentum pilei antiqui ex lapidibus pretiosis. = Ornement de bonnet ancien en pierres précieuses.

噲 ╲ Deglutire. Festinare. Acclamationes. = Avaler. Se hâter. Des acclamations.

† Cavendum ne confundatur cum ejus consimili 會 N. 855.

N. 913 鄉 鄉鄉

Hiam — Pagus centum domibus constans. Patria. = Village de 100 maisons. Patrie.

闀 ╲ Januae strepitus. = Le bruit d'une porte.

膷 — Carnis jusculum. Ferculum ex carne. = Bouillon de viande. Un plat de viande.

響 ╲ Sonare, sonitus, fragor. Echo. = Résonner, son, fracas. Echo.

嚮 ╲ Respondere: rudis loquela. Brevi tempore. = Répondre: langage grossier. En peu de temps.

饗 ╲ Convivium: fercula. Comedere. Munera inter Reges. = Banquet: mets. Manger. Cadeaux entre rois.

蠁 ╲ Diffundi, ut vermium multitudo. = Se répandre çà et là, comme une multitude de vers.

蠁 ╲ Respondere. Rudis loquela. Brevi tempore. = Répondre. Langage grossier. Dans peu.

薌 ∧ Messium odor. Fragrantia. = L'odeur des moissons. Bonne odeur.

曏 ╱ Claritas. Antiquitùs. A non multo tempore: breve. = Clarté. Anciennement. Il n'y a pas long-temps; court.

N. 914. 當 当

Tam — Convenit; oportet. Necessarium. Oppignorare, pignus. Coram agere. Vices gerere. = Il convient; il faut. Il est nécessaire. Mettre en gage, gage. Avoir soin de.. Remplir les fonctions de..

讜 ╲ Ad virtutem hortari: recta loqui. = Exhorter à la vertu: parler avec droiture.

襠 — Femoralia. Sudarium. = Caleçons. Mouchoir.

璫 — Innures oblongi. Lapillorum sonitus. = Pendants d'oreille longs. Son des pierres précieuses.

璫 — Auditus. Aurium pars inferior. Longum. = L'ouïe. Le bout inférieur des oreilles. Long.

艡 — Currus. = Chariot.

檔 ╱ Cubile. Utensilia imperfecta. = Lit. Ustensiles inachevés.

擋 ╱ Impedire, resistere, obstare. Obstaculum. = Empêcher, résister, s'opposer. Obstacle.

闣 ╱ Superliminare. = Linteau d'une porte.

簹 — *Species arundinis procerae.* Arundo in curru cui nituntur viatores. = *Espèce de bambou très grand.* Bambou pour s'appuyer dans un char.

字聲綱目

N. 914.

鐺 — Tinnitus metallorum. Catena. Magna sera. Amphora.=Tintement des métaux. Chaine. Grande serrure. Jarre.

膛 — Aurium pars inferior. = Le bout inférieur de l'oreille.

儅 ˊ Præfectorum satellites. Famulus. Inconstans.= Les satellites des mandarins. Domestique. Inconstant.

蟷 — *Vermis species quædam.=Espèce de ver.*

† Ad eam phoneticarum familiam pertinet cujus parens est 尙 N. 501.

N. 915. 豦

Kiū ˊ *Simii species quædam.—Espèce de singe.*

懅 ˊ Pusillanimis. Pudor, verecundia. = Pusillanime : pudeur, honte.

璩 ˆ Circulus. Ingens annulus. = Cercle. Grand anneau.

據 ˊ Probatio, argumentum.probare. Occupare. Conforme. Adjuvare. = Preuve, prouver. Occuper. Conforme. Aider.

鐻 ˊ Campana lignea.—Cloche en bois.

遽 ˊ Festinare, festinatio. Repentè, Significare. Timere.=Se hâter, hâte. Soudainement. Signifier. Craindre.

勮 ˊ Animo incumbere : diligentia. Festinare, festinatio.=S'appliquer. Diligence. Se hâter.

蘧 ˆ Cichorium.=Chicorée.

躆 ˊ Quatere, concutere. Dimicare. Probare.= Secouer, ébranler. Se battre, Prouver.

Kio 爦 Ignis ardens.= Feu ardent.

醵 ˇ Convivium in cujus sumptus omnes conferunt.—Repas auquel tous contribuent par souscription.

臄 ˇ Palatum. — Le palais de la bouche.

噱 ˇ Cachinnatio ; risus immoderatus et prolixus. Maxillæ.— Grande risée. Les mâchoires.

Ki 劇 ˇ Difficile, laboriosum. Multùm. Addere. Jocari : ridere.=Difficile, pénible. Beaucoup. Ajouter. S'amuser : rire.

N. 916. 虘

Hī *Quoddam vas antiquum. — Sorte de vase antique.*

摣 ˊ Percutere.=Frapper.

甗 ˊ Vas testaceum.—Vase en terre cuite.

戲 ˊ Comœdia, theatrum. Irridere. Jocari. = Comédie, théâtre. Railler. S'amuser.

戱 — Se mutuò irridere. Rubore suffundere.—Se railler mutuellement. Faire honte.

甗 ˊ Cucurbitæ cortex dimidiatus. = Ecorce de courge coupée par la moitié.

† Ab hoc ordine separari non potest subordo exiguus, cui littera 戲 præsidet tanquàm phonetica, scilicet.

嚱 Hī *Sibilare. Suspirare. — Siffler. Soupirer.*

巇 — *Abruptum ; periculosum. = Escarpé, précipice ; dangereux.*

†† Vide annotationem N. 785.

N. 917. 虜 虜

Lu
Captivare, rapere. In carcerem deducere.—Faire captif, enlever. Emprisonner.
虜 Porticus. Taberna. Civitas.— Portique. Auberge. Ville.
擄 Rapere; homines vel animalia rapere.—Enlever; enlever des hommes ou des animaux; faire captif.
嚕 Vox porcos advocantis.—Cri par lequel on appelle les cochons.

† Nisi ductuum numerus obstaret, in trifario, sed unico ordine collocari deberent phoneticæ 虜 慮 盧 quæ veluti familiam constituunt invite a nobis divisam.

N. 918. 粲

Tsan
Oryza alba. Optimum. Pulchrum; decorum. Recens.— Riz blanc. Excellent. Beau; décent. Frais, nouveau.

澯 Aqua limpida.—Eau limpide.

燦 Splendescere: splendor, fulgor, claritas.—Briller: splendeur, éclat, clarté.

璨 Gemmarum splendor.—L'éclat des pierres précieuses.

鰶 *Nomen cujusdam piscis,* — *Nom de poisson.*

† Originem ducit à 奴 qui non solùm in hoc casu adhibetur velut phonicum elementum, sed in aliis quoque ordinem secundarium, vel meliùs radicalem constituentibus: sit ergo.

奴 Tsan *Frangere, rumpere.—Rompre, briser.*

粲 *Oryza alba. Optimum. Pulchrum. Recens.— Riz blanc. Excellent. Beau. Frais.*

餐 *Escula, cibi: comedere: satiari. — Repas, mets: manger: se rassasier.*

娶 *Pulchrum. Tres mulieres simul.—Joli. Trois femmes.*

†† Hic autem ordo nullibi rectiùs quam ibi collocari potest, quia ejus litteræ sæpissimè usurpantur vel in sensu hujus phoneticæ, vel ipsius vice in compositione litterarum.

N. 919. 歲 歲

Suéi
Annus: ætas. Planeta Jupiter. — Année: âge. La planète Jupiter.

劌 Kuéi Ferire, percutere, destruere.— Blesser, frapper, détruire.

鱥 Piscis tenuis squamis variegatis.— Petit poisson dont les écailles forment des desseins.

翽 Huéi Avis volantis strepitus.—Bruit que fait un oiseau en volant.

噦 Amplum, spatiosum, producere.—Vaste, spacieux, allonger. *V. infrà.*

濊 Wéi Extensum. Amplum et profundum. Turbidum, sordidum. —Etendu. Vaste et profond. Trouble, sale.

穢 Sordes, sordidum; immundum, inhonestum. — Ordures, sale; impur, déshonnête.

噦 Iüè Evomere, ejicere, exhalare. Producere.— Vomir, rejeter, exhaler. Allonger.

N. 920 敬 敬

Kim
Venerari, colere, adorare. Gravitas, gravis. — Vénérer, adorer, respecter. Gravité, grave.

璥 *Lapis quidam pretiosus.—Nom d'une pierre précieuse.*

檠 Candelabrum, laterna. Regula. Exemplar. = Chandelier, lanterne. Règle. Modèle.

儆 Corripere, reprehendere. Reprimere. Abstinere. = Gourmander, reprendre. Réprimer. S'abstenir.

N. 920.

警 ` A proposito revocare : à malo deterrere. Corripere.=Détourner quelqu'un de ses projets. Détourner du mal. Corriger.

懲 ` Venerari, colere. Suspicere. Corripere. Sincerus.=Vénérer, adorer, respecter. Regarder en haut. Réprimander. Sincère.

擎 ^ Sustentare ; sufferre. Manu elevare.=Soutenir ; supporter. Elever avec la main.

驚 — Timere, pavere ; pavor. Perturbari.=Craindre, s'effrayer; frayeur. Etre troublé.

檠 ^ Candelabrum, laterna. Regula. Exemplar.=Chandelier, lanterne. Règle. Modèle.

Instrumentum ad arcum componendum.=Instrument pour arranger l'arc.

擎 ^ Evellere, eradicare. Elevare. Collabentia sustentare.=Arracher, déraciner. Elever. Soutenir une chose qui tombe.

N. 921. 萬 萬 万

Wan ´ Decem millia. Omnes. Valdè.=Dix-mille. Tous. Beaucoup.

贎 ´ Merces. Vendere.=Marchandises. Vendre.

蔓 Tuen ` Fractum, fragmentum.=Brisé, morceau.

譪 Mai ´ Jactancia ; gloriator sui ipsius. Ostentationis verba.=Jactance ; vanterie. Qui se vante.

邁 ´ Senex. Ire ; praeterire.=Vieillard. Aller ; dépasser.

勱 ´ Conari ; vires exerere.=S'efforcer ; faire ses efforts.

† Hinc graphicè originem ducit 厲 No. 970.

N. 922. 黽 黾 |

Min ` Testudo. Rana. Cogere; coactè. Conari.=Tortue. Grenouille. Forcer ; par force. Faire ses efforts.

鱦 ` Pisciculi.=Petits poissons.

僶 ` Conari ; vires adhibere.=S'efforcer ; faire ses efforts.

黽 In ´ Nigrum : macula.=Noir : tache.

蠅 Im ´ Musca.=Mouche.

憴 Xem ^ Quam attentè. Laudibus attollere.=Très attentivement. Combler d'éloges.

澠 ^ *Fluvius quidam in Xan-tum.=Nom d'un fleuve du Xan-tum.*

譝 ^ Laudibus attollere.=Combler de louanges.

繩 ^ Funis, cohibere. Rectificare: regula.=Corde, retenir. Rectifier: règle.

† Est etiam classifica, regitque triginta et ampliùs litteras vix in usu, quarum vel infima tenet vel dexterum latus.

N. 923. 喿

Sao ´ Avium voces.=Chant des oiseaux.

譟 ´ Vociferatio ; clamores.=Criaillerie ; des clameurs.

髞 ´ Domus alta et spatiosa.=Maison haute et spacieuse.

燥 ´ Siccum : exsiccare. Æstus, calor. Ira furens.=Sec : dessécher. Chaleur. Grande colère.

鐰 ´ Chalybs. Ligo.=Acier. Houe.

臊 — Offa ex carne confecta. Pinguedo carnis et porci.=Pâté de viande. Graisse de viande et de cochon.

N. 923.

繰 — Bombycum fila deglomerare. =Dévider les cocons.

毻 ˊ Lana.=Laine.

噪 ˊ Avium cantus. Plurium clamores. = Le chant des oiseaux. Clameurs.

懆 Tsao ˇ Tristis, inquietus. — Chagrin, triste, inquiet.

澡 ˋ Lavare : madefacere. Balneo uti. — Laver : mouiller. Se baigner.

璪 ˋ Ornamentum ex gemmis.=Ornement en pierres précieuses.

趮 ˊ Festinanter ire. Pronus ad iram. Ferox. Perturbare.=Aller vite. Porté à la colère. Féroce. Faire du désordre.

操 ˗ Capere. Continere se ; observare : castus. Regula, officium. Experiri ; assuetus.= Saisir. Se contenir ; chaste. Règle, voir. Essayer ; accoutumé.

傑 ˊ Longum.=Long.

躁 ˊ Velociter ire. Pronus ad iram. Ferox : amens. Perturbare.= Aller vîte. Porté à la colère. Féroce : écervelé. Troubler.

剿 Tsiao ˋ Destruere. Amputare. = Détruire, trancher. Couper.

幧 ˗ Capillos connectere. Vitta ; fasciola. = Attacher ses cheveux. Ruban ; bandelette.

N. 924. 過 過过

Kô ˊ Transire, præterire. Transgredi : culpa.=Passer, dépasser. Transgresser : faute.

餜 ˊ Cibus: comedere.=Nourriture; manger.

薖 ˗ *Herba quædam.* Valdè amplum. = *Nom d'une certaine herbe.* Très vaste.

蝸 ˊ Cicada.=La cigale.

檛 Chua ˗ Equorum scutica.=Cravache ou fouet pour les chevaux.

撾 — Tympanum pulsare. Percutere. — Frapper du tambour. Frapper.

簻 — Scutica, seu flagellum rude.= Cravache.

† Immediatè procedit à N. 605, cum quo graphicam solummodò affinitatem habere videtur.

N. 925. 農

Num ˆ Agricola : colere. = Agriculteur, cultivateur, laboureur : cultiver.

憹 ˆ Tristis, afflictus.=Triste, affligé.

濃 ˆ Liquidum spissum : liquidum nimis succulentum. Abundans: magnum. Ros nimius.=Liquide trop chargé. Abondant : grand. Rosée abondante.

癑 ˋ Sanies. Dolor ; dolere.=Pus. Douleur ; souffrir.

襛 ˆ Vestium copia, plures vestes induere. Florens. = Avoir beaucoup d'habits. Florissant.

濃 ˊ Frigus intensum. Terra mollis præ glaciei liquescentiâ. = Froid intense. Terre amollie par le dégel.

醲 — Vinum optimum. Acetum forte.= Vin excellent. Vinaigre fort.

穠 ˆ Valdè spissum : abundans.= Trés épais ; abondant.

膿 ˆ Sanies, apostema.=Pus, apostème.

齈 ˊ Stiria : nasi immunditia: naso sordidus.=La roupie du nez : morve : morveux.

儂 ˆ Ego. Ille. Cantare.=Moi. Lui. Chanter.

噥 — Absurdè loqui ; verba inepta. Loquitari. = Parler hors de propos ; dire des bêtises. Babiller. *V. infrà.*

字聲綱目

N. 925.

鬞 ˉ Nam Capilli spissi. Coma implexa. Passis capillis.=Cheveux touffus, ou embrouillés, ou épars.

擃 ˋ Cultri vel ensis ictus: vulnerare; percutere.=Un coup de couteau ou d'épée: blesser; frapper.

饢 ˉ Immoderatè comedere.=Manger avec excès.

𣰶 ˉ Capilli densi, aut implexi. = Cheveux touffus, ou embrouillés.

噥 ˉ Irridere.=Railler, se moquer.

獶 ˆ Nao Pili longi. Canis longos pilos habens.=Longs poils. Chien au long poil.

N. 926. 豊

豊 ˊ Li Vas in quibusdam ritibus adhibitum.=Vase employé dans certains rites.

澧 ˋ Vinum dulce. Nomen cujusdam fluvii.=Vin doux. Nom de rivière.

禮 ˋ Cæremoniæ, ritus: officia. Urbanitas, morum honestas. Oblatio. = Cérémonies, rites: devoirs. Urbanité, bonnes manières. Offrande.

醴 ˋ Vinum dulce; vinum optimum.=Vin doux; vin de bonne qualité.

鱧 ˋ Quidam piscis. = Nom d'un poisson assez commun.

軆 ˇ Ti
體 ˋ
Corpus: corporis membra. Substantia; rerum essentia. Compendium. Cæremoniæ: tractandi ratio. Commiseratio.=Le corps: les membres. Substance; l'essence des choses. Résumé. Cérémonies: traitements. Pitié.

† Si consulantur antiquorum Dictionarii, constat hanc phoneticam originaliter distinctam fuisse ab ejus consimili 豐 N. 1021, et etiam nunc classicè distingui deberet, tùm sola, tùm in compositis: quoniam verò multò faciliùs scriptu est, et quodammodò elegantior, communiter prævaluit usus eam usurpandi velut meram varietatem seu abbreviationem alterius. In hâc harumce phoneticarum confusione, facilè reperientur limites unuscujusque, si attendatur phoneticam 豊 adhibendam esse in litteris quæ leguntur Li, vel Ti, et 豐 in iis quæ leguntur Fum.

N. 927. 睪 睪皋

˘ I Introducere, dirigere. Rimari, explorare. Lætam ducere vitam.= Introduire, diriger. Epier. Vivre gaiement.

懌 ˘ Gaudere, lætari.=Se réjouir, être content.

譯 ˘ Interpretari explicare. In aliud idioma transferre.=Interpréter, expliquer. Traduire.

𤺊 ˘ Morbus contagiosus.=Maladie contagieuse.

燡 ˘ Valdè splendens, fulgens. = Très brillant, éclatant.

𥜃 ˘ Sacrificium die sequenti iteratum.=Sacrifice réitéré le jour d'après.

驛 ˘ Equi veredi: veredorum statio. Cursor. Domus pro præfectis iterfacientibus. = Chevaux de poste: poste. Courrier. Auberges des mandarins.

醳 ˘ Vinum optimum.=Excellent vin.

鞸 ˘ Gladii ornamentum ex corio. =Ornement d'épée en cuir.

繹 ˘ Filum ex bombyce deglomerare. Disponere, ordinare. Continuum.=Dévider des cocons. Arranger. Continuel.

嬕 ˘
斁 ˘
Finis. Destruere. Fastidire. Explicare, explanare.=La fin. Détruire. Avoir du dégoût. Expliquer.

圛 ˘ Reverti.=S'en retourner.

嶧 ˘ Montium series.=Chaîne de montagnes.

N. 927.

糬 Xě Oryzam lavare. — Laver du riz.
釋 ˘ Solvere, liberare, laxare. Explicare; commentari. — Délier, délivrer, relâcher. Expliquer; commenter.
澤 Tsĕe Vegetationis principium, vegetationem fovere. Protectio, beneficentia — Le principe de la végétation: faire végéter. Protection, bienfaisance.
擇 ˘ Eligere; selectio. Præponere, anteferre. — Choisir; choix. Préférer.
澤 Tŏ Congelari, gelu adstringi. — Se geler, être endurci par le froid.
鐸 ˘ Excubiarum tympanum. Campanula. Tintinnabulum ad convocandum plebem. — Tambour sur lequel frappent ceux qui veillent. Clochette pour appeler le peuple.

N. 928. 睘 罭罬

Hiŭên Tenue, delicatum. — Fin, délicat.
懁 ˆ Urgere; festinanter. — Presser; en toute hâte.
譞 ¯ Multiloquus. Sapiens. — Grand parleur. Sage.
趧 ˆ Festinare, velociter ire. — Se hâter, aller vite.
獧 ¯ Citò, velox, levis. — Vite, agile, léger.
嬛 ˆ Leve et splendidum, *ut sericum*. Pulchrum, elegans. — Léger et brillant. Joli, élégant.
繯 ˋ Funiculus. Circumdare. Arcus iris. — Ficelle. Environner. Arc-en-ciel.
䴉 ¯ Citò, velox, levis. — Vite, agile, léger.
蠉 ˋ Vermium incessus. Puteorum vermes. Centipeda. — La marche des vers. Vers de puits. Centpied.

檈 Siŭên Mensa rotunda. Involvere. — Table ronde. Envelopper.
儇 ¯ Sagax, expertus. Leve. Quidam. — Habile, adroit, intelligent. Léger. Un certain.
圜 Iŭên Rotundum; rotare; volvere; — Rond; rouler; retourner.
寰 Huân Domus muris cincta: septum, area. Orbis terrarum. — Maison entourée de murs: enceinte, cour. L'univers.
澴 ˊ Aquæ ebullientes aut tumultuosè fluentes. *Q. fluvius in Kiam si* — Eaux qui bouillonnent. *Fleuve au Kiam-si.*
䍺 ˆ Animal quod ore carere dicitur. — Certain animal que l'on dit n'avoir pas de bouche.
糫 ˆ Offa in adipe frixa. — Gâteau frit dans la graisse.
環 ˆ Annulus, armilla, circulus. Rotare. Continuum. — *Anneau*, bracelet, cercle. *Rouler. Continuel.*
鬟 ˆ Capillos in nodum cogere. — Nouer ses cheveux.
轘 ˊ Hominem curribus alligatum discerpere. — Ecarteler un homme au moyen de chariots.
壜 ˆ Murus. Parietis circuitus. Circuitus; circuire. — Muraille. Enceinte. Faire le tour.
擐 ˊ Loricam induere. Vestes succingere. Assuescere. — Enfiler une cuirasse. Se retrousser. S'habituer.
闤 ˆ Forum nundinarium. — Le marché.
鐶 ˆ Inaures: annulus, circulus, armilla. — Pendants d'oreille. bague, bracelet, anneau.
還 ˆ Reverti, retrocedere. Restituere, damna resarcire. Adhùc. Prætereà: verùm etiam: iterùm. Circuire. — S'en retourner. Restituer, indemniser. Encore mais. Faire le tour.
翾 ¯ Volitare. Densè volare. Leve. — Voltiger. Voler bas. Léger.
䴋 ˆ Volando circuire. — Voltiger, aller çà et là en volant.
䴘 ˆ

N. 928.

圜 ^ Circulus ; circumdare, circuire.—Cercle ; entourer, faire le tour.

扊 ‒ Xuan Janue pessulus.—Verrou, ou bois dont on ferme une porte.

† Propter affinitatem phonicam, saepè in compositis adhibetur 爰 N. 565, tanquàm synonyma hujus phoneticae, et vicissim.

N. 929 蜀

Xu ˘ *Provincia Se-chuan.* Eruca. Vasa sacra. Cæteris praecellens.—*La province du Se chuan.* Chenille. Vases sacrés. Homme supérieur.

欘 ˘ *Arbor quædam salici similis.—Arbre semblable au saule.*

鸀 ˘ *Avis quædam corvo similis sed minor.—Oiseau semblable au corbeau, mais plus petit.*

燭 ˘ Chu Candela. Accendere ; illuminare ; clarescere ; ignis claritas.—Chandelle. Allumer ; éclairer ; briller ; la clarté du feu.

臅 ˘ Pinguedo.—Graisse.

𡳡 ˘ *Cognomen. Vir celebris apud antiquos.—Nom propre. Certain personnage célèbre de l'antiquité.*

觸 ˘ Cornibus mutuò se impetere. In aliquid offendere. Ferire.—Se battre à coups de cornes. Heuter contre. . . Blesser.

𦀗 ˘ Cingulum.—Ceinturon.

躅 ˘ Claudicare. Offendiculum. Gressuum vestigia. Oppressus. = Boiter. Achoppement. Traces des pas. Opprimé.

蠋 ˘ Lacerta.—Lézard.

斣 ˘ Decem librae. Res ejusdem valoris permutare.—Dix livres. Echanger des objets d'égale valeur.

歜 ˘ Magna ira.—Grande colère.

𢥞 ˘ Chô Tristis et inquietus.—Triste et inquiet.

濁 ˘ Sordidum, turbidum. — Sale, trouble.

擉 ˘ Hastâ infigere. Pisces harpagine capere. Harpago. — Percer avec une lance. Pêcher au harpon. Harpon.

鐲 ˘ Parvum tympanum. Campanulae, crepitacula. Armillae. — Petit tam-tam. Clochette, grelots. Bracelets.

𧀏 ˘ *Nomen cujusdam plantæ. — Nom d'une plante.*

斀 ˘ Verenda in supplicium amputare.—Couper les parties naturelles en châtiment.

襡 ˘ Tu Colligere. Recondere. Vestis muliebris.—Recueillir. Cacher. Habit de femme.

韣 ˘ Arcûs theca—La boîte de l'arc.

𩟺 ˘ Oryzâ liquida ; oryzae coctae jusculum. — Bouillie de riz ; bouillon de riz.

㒔 ˘ Caput movere. Fœdus, deformis.—Faire des mouvements de tête. Laid, difforme.

獨 ˘ Solummodò, tantùm. Orphanus, derelictus. Sed ; attamen. Canum rixa. —Seulement, Orphelin. Mais. Rixe de chiens.

髑 ˘ Calvaria. Capitis vertex.—Le crâne. Le haut de la tête.

† Arctè connectitur cum 屬 N. 1037, cujus vice aliquandò usurpatur velut synonyma, seu potiùs velut abbreviatio, etsi classici auctores in hoc non semper consentiant.

N. 930. 業

Ié ˘ Patrimonium. Negotium. Officium : ars. Munus. Principium. Jam.=Patrimoine. Affaire. Charge, office : métier. Principe. Déjà.

僕 ˘ Timere. Periclitari ; periculum.=Craindre. Etre en danger ; danger.

業 ˘ Altitudo ; altum.—Hauteur ; haut.

N. 930.

鄴 ◡ *Quædam terra Cognomen. — Nom d'endroit. Nom propre.*

⿰業乚 ◡ In viam inducere. Introducere. — Conduire dans le bon chemin. Introduire.

⿰衤業 ◡ Nié Vestes reficere. — Raccommoder les habits.

† Cautè præcavendum ne hæc phonetica confundatur cum ejus consimili 菐 N. 869.

儜 ^ Defatigatus, debilis. — Fatigué, faible.

獰 ^ Canis ferox. Canis villaticus. Canis valdè pilosus. — Chien féroce. Chien de basse cour. Chien au long poil.

薴 ^ Cespitosum. Herbæ confusè crescentes. — Touffu, plein de broussailles. Herbes qui croissent confusement.

N. 931.

寧 寕

Ním ^ Malle, anteponere: melius, Potiusquàm. Desiderare. — Préférer, aimer mieux: plutôt que. Désirer.

⿰寧頁 \ Collum. — Le cou.

鸋 ^ *Coturnicis species quædam. — Espèce de caille.*

濘 / Lutum; limosum: lubricum. = Boue; fangeux: glissant.

擰 ^ Confusum. Manu aliquid trahere. = Confus. Tirer quelque chose avec la main.

⿰舟寧 ^ }

矃 ^ } Aspicere. Circuire. — Regarder. Faire des détours.

嚀 ^ Commendare: inculcare. Firmitas. = Recommander: inculquer. Fermeté.

Nem ^ Demissâ voce loqui. — Parler à voix basse.

鬡 — Passis capillis: coma implexa. = Les cheveux épars: cheveux embrouillés.

檸 ^ *Arbor ex cujus corticis maceratione fit medicamen. — Arbre dont l'écorce macérée sert pour remèdes.*

⿰飠寧 ^ Plenus, satur. Solidum, plenum. = Plein, rassasié. Massif, solide.

N. 932.

賓 賔

— Pin Hospes: hospitio recipere. Subdere se. — Hôte: donner l'hospitalité. Se soumettre.

濱 — Littus, fluminis ora. *Plaga.* Propè. — Rivage, bord d'un fleuve. Près.

殯 / Sepelire. Cadaver in loculo collocare. — Ensevelir. *Mettre un* cadavre dans la *bière.*

鬢 / Capilli breviores ad temporum latera. = Cheveux courts que l'on laisse aux deux côtés du front.

檳 — Areca: arecæ nuces. — L'arèque: les noix d'arèque que l'on mâche avec le betel.

擯 / Expellere, ejicere, abjicere. — Chasser, repousser, rejeter.

鑌 — Forte, durum. — Fort, dur.

馪 — Fragrans. — Odoriférant.

臏 / Genu rotula. Tibias amputare. — La rotule du genou. Couper les jambes ou les pieds.

儐 / Urbanè excipere, vel tractare Exponere. Res prosperas habere. = Recevoir ou traiter poliment. Exposer. Prospérer.

嬪 ^ Imperatoris concubina. Uxor defuncta. Nubere. Multitudo. — Concubine royale. Epouse défunte. Se marier. Multitude.

繽 — Colorum permixtio. Confusum. Rerum copia. — Mélange de couleurs. Confus.

蠙 ^ Piên Margarita. Concha margaritifera. = Perle. Mère-perle.

N. 932.

† Ubicumquè reperitur elementum 歺 歹 Sinenses sæpissimè per errorem scribunt 歺 et sic uno ductu litteras augent.

N. 933. 辡

Pièn 辡 ˋ Rei mutuò se accusantes. = Coupables qui s'accusent mutuellement.

辯 ˊ Argumentari, disserere. Inferre. Distinguere. Convincere. = Raisonner. Inférer, conclure. Distinguer. Convaincre.

辨 ˊ 辦 ˊ Secernere, distinguere. Disputare. *Numerale agrorum.* = Distinguer. Disputer. *Numéral des champs.*

辮 ˋ Crines implicare : capillorum matta : capilli texti modo Sinico. Natare. = Tresser : tresse. Nager.

Pan 辦 ˊ Negotia tractare : res agere. Ordinatè disponere, præparare. = Gérer les affaires. Avoir le soin de.. Mettre en ordre.

瓣 ˊ Cucurbitæ partes dissectæ. Melonum divisiones. Florum corolla. = Tranches de courge. Les côtes d'un melon. La corolle des fleurs.

† Hæc phonetica inter eas annumerari debet quæ recentiores lexicographos magis fugit. Sat evidens nobis videtur, in omnibus litteris hujus ordinis elementum phonicum esse 辡, et classificam ex quâ sensus deducitur, in ejusdem elementi medio collocari : porrò Dictionarii hodierni plerique, genuinæ huic analysi non attendentes, litteras suprà relatas collocarunt sub unâ classificâ 辛 N.296 : quod clarè probat, systema phonetico-classificum ab antiquis excogitatum, nec à doctis quidem sequentium sœculorum fuisse rectè perceptum.

N. 934. 齊 斉 亝 ˋ

Tsi 齊 Æquale, planum. Componere. Gubernare. Ornamentum. = Egal, plane. Arranger. Gouverner. Ornement.

懠 ˉ Irasci. Suspicari : dubitare. = Se fâcher. Soupçonner: douter.

濟 ˊ Succurrere, adjuvare. Res votis conformes. Affluenter. Peritus. = Secourir. Abondamment. Habile.

齏 ˉ Herbæ minutim concisæ. Carnes et herbæ aceto conditæ = Herbes hachées fin. Achars.

齎 ˉ Præ manibus tenere. Munus offerre. Viaticum itineris. Cursor imperialis. = Tenir dans ses mains. Cadeau. Viatique pour le voyage. Estafette.

蠀 ˇ Vermis pilosus stercorarius. = Ver qui vit dans l'ordure.

劑 ˊ Æquare, partiri. Medicinas præparare. Remedium. = Egaliser, diviser. Préparer des remèdes. Remède.

癠 ˊ Morbus, infirmitas. = Maladie, infirmité.

麡 ˇ *Quidam cervus. = Espèce de cerf.*

霽 ˊ Pluviæ cessatio. Cœlum purum. Placari. = Pluie qui cesse. Ciel serein. S'apaiser.

璾 ˋ Lapillus defectum habens. = Pierre précieuse qui a un défaut.

擠 ˉ Turba : sese mutuò compellere. Comprimere. = Foule, cohue. Se pousser mutuellement. Presser. Comprimer.

隮 ˉ Ascendere. Summo mane. Sese mutuò comprimere. = Monter. De grand matin. Se presser les uns les autres.

穧 ˊ Segetum manipuli. Oryzam metere. = Gerbes de céréales. Moissonner le riz.

臍 ˇ Umbilicus. = Le nombril.

艩 ˇ Remus in puppi adhibitus. = Rame dont on se sert en guise de gouvernail.

鱭 ˇ *Quidam piscis. = Nom de poisson.*

齌 ˇ Leviter mordere. = Mordre légèrement.

N. 934.

薺 ˊ Thlaspi bursa pastoris.= *Espèce de plante.*

嚌 ˊ Degustare. Mordere. Comedere.=Goûter. Mordre. Manger.

隮 ˉ Ascendere.=Monter.

螬 ˇ Vermis pilosus stercorarius.= Ver velu qui vit dans la fiente.

擠 ˋ Manu succum exprimere. = Exprimer le jus d'une chose avec la main.

齋 ˉ Chai Jejunium, abstinere. Purum: cor mundum. Modestia. Solitudo =Jeûne ;s'abstenir. Pur : cœur pur. Modestie. Solitude.

儕 ˇ *Nota numeri pluralis.* = *Marque du pluriel.*

† Hanc litteram merè phoneticam Sinenses recentiores fecerunt quoque classificam, eique subjunxerunt quindecim ferè litteras ad hunc ordinem phoneticum evidenter pertinentes, posito earum sensu et sono.

N. 935. 豪

ˆ Hao Vir praeclarus, heros. Sapiens. Fortis, strenuus. Aper.=Grand homme, héros. Sage. Fort, courageux. Sanglier.

濠 ˆ Aquaeductus.=Aqueduc.

譹 ˆ Plorantium strepitus. = Bruit que font des gens qui pleurent.

壕 ˆ Fossae circa moenia urbium : vallum extra muros. = Fossés autour des murs d'une ville.

擄 ˆ Numerum vel quantitatem examinare. = Voir combien il y a.

蠔 ˆ Ostrea grandior.= Huître de grande espèce.

† Sat probabile nobis videtur hanc phoneticam originem ducere à 高 N. 622 cujus annotationem legere interest.

N. 936. 需 需 𩾌

ˉ Siū Quod necessarium est. = Le nécessaire.

鑐 ˉ Seræ pensilis organa interna. =Les pièces intérieures d'un cadenas.

嬬 ˉ Debilis, infirmus. = Faible, infirme.

繻 ˉ Fimbria.=Frange : bord.

懦 ˆ Ju Pusillanimis in aggrediendis negotiis ; timidus.=Pusillanime dans l'entreprise ; timide.

濡 ˆ Madefacere, immergere. Inficere. Fæces. Aqua sordida. Patientia.=Mouiller. Tacher. Lie. Eau sale. Patience.

襦 ˆ Indusium : subucula. Vestis brevis.=Chemise: habit court.

燸 ˉ Tepidum. Comburere.=Tiède. Brûler.

顬 ˆ *Aurium motus.*= *Le mouvement des oreilles.*

䰭 ˆ Color dilutus seu evanescens. =Couleur pâle, ou qui s'évanouit.

醹 ˆ Vinum generosum. Vinum spissum.= Vin généreux. Vin épais.

鞮 ˋ Calceamenta. = Souliers, chaussure.

擩 ˋ *Sacrificium quo hepar et pulmones offeruntur.* = *Sacrifice où l'on offre le foie et les poumons.*

孺 ˊ Puer, infans minor decem annis. Amor.=Enfant au dessous de dix ans. Amour.

鱬 ˆ *Quidam piscis.*=*Nom de poisson.*

儒 ˆ Doctor, litteratus, sapiens philosophus. = Docteur, lettré, sage, philosophe.

薷 ˆ *Medicina quædam.*=*Sorte de remède.*

嚅 ˆ Loquax, verbosus. A loquendo se cohibere.=Grand parleur. S'abstenir de parler.

N. 936.

糯 — Neu *Quoddam regnum.—Nom de royaume.*

䨲 — Cuniculus.—Petit de lapin.

檽 ˊ *Arbor ex cujus cortice fit violacea tinctura. Lignum ex quo fiunt loculi.* Fungus.—*Arbre de teinture. Bois dont on fait des bières.* Champignon.

懦 ˊ Stupidus, hebes. — Stupide, sot, imbécile.

臑 — Humerorum caro. Debilis. Mollis, tener.—La chair des épaules. Faible. Mou, tendre.

† Sicut dictum fuit sub N. 232 hæc phonetica maximè affinis est phoneticæ 耎 N. 527; et si omnes casus referri deberent in quibus hanc habet synonymam compositionis, hùc essent revocandae omnes litterae quae leguntur *Juan, nuan, no* sub praedicto N. 527: quoniam tamen mutua synonymia in utrisque ordinibus non datur, et unaquæque phonetica quosdam sonos sibi proprios habet in quibus libentiùs adhibetur prae aliâ, satius duxi in praesenti ordine litteras solummodò collocare quae leguntur *Siü, ju, neu* in quibus communiter adhiberi non potest 耎 velut synonyma: in ordine autem N. 527 eas referre litteras quae leguntur *Juan, nuan, no* in quibus phonetica praecipua et classica est 耎, et secundaria, seu synonyma vulgaris est 需. Idem ferè dicendum circa ejus affinitatem cum phoneticâ originali 而 N. 232, quae praevalere debet in litteris ejus ordinis quae leguntur *Ell*, etsi hanc possit habere synonymam.

N. 937. 爾 尒 尔

Èll Tu. Ita est.—Toi. C'est ainsi.

㒌 ˋ Mente imbecillis.—Sot, faible d'esprit.

邇 ˋ Propè, proximus, vicinus, cognatus. Approximare. Tunc.—Près, proche, voisin, parent. Approcher. Alors.

覼 ˆ Lô Dicendi ratio, stylus: verborum dispositio. — Le style du langage: l'arrangement des mots.

嬭 ˋ Nai Lac, mammae, mamillae. — Lait, mamelle.

禰 ˋ Nì Templa avis dicata. Avorum tabella pro itinere. Majorum appellatio in templis. — Temples des ancêtres. Tablette portative des ancêtres. Noms des ancêtres dans les temples.

儞 ˋ Tu.—Toi, tu.

璽 ˋ Sì } Sigillum imperiale.—Sceau impérial.

壐 ˋ

爾火 ˋ Siên Incendium in deserto: ignis. —Feu allumé dans un désert: feu.

獮 ˋ Venatio autumnalis. Occidere. —Chasse d'automne. Tuer.

† Haec phonetica per se jam sat difficilis propter varios sonos quos in compositis admittit, praebet adhùc originem phoneticae secundariae, cujus ordo exiguus aptissimè ibi subjungendus nobis videtur tanquàm appendix:

彌 — Mî *Plenum, magnum: multùm. Ampliùs; majus. — Plein, grand: beaucoup. Davantage; plus grand.*

瀰 — *Aquæ plurimæ. Extensum. Inundare, replere. — Grande quantité d'eau. Etendu, large. Inonder, remplir.*

獼 — *Simius.—Singe.*

N. 938. 臧 贓

— Tsām Bonum, justum. Colligere. — Bon, juste. Recueillir.

臟 ˊ Praecordia.—Les entrailles.

藏 ˆ Reponere, abscondere, asservare. Reconditorium. Thesaurus.—Mettre de côté, cacher, garder. Cachette. Magasin. Trésor.

N. 938.

贓 ˉ Muneribus corrumpere. Res furto acquisitae. Homo venalis. = Corrompre par des présents, soudoyer. Choses mal acquises. Homme vénal.

N. 939.

厭 猒

ˉ Ièn. Fastidio habere ; abhorrere. Satur, fartus. Abjicere, abdicare. Indesinenter. = Avoir à degoût ; détester. Rassasié. Rejeter, abdiquer. Sans cesse.

懨 ˉ Tristitia, moeror. = Tristesse, chagrin.

⿰礻厭 ˋ Votum : vovere. = Vœu : faire un vœu.

懕 ˉ Quies, tranquillitas. = Repos, tranquillité.

檿 ˋ Morus sylvestris. = Mûrier sauvage.

魘 ˋ Somnium terrificum : oppressio in somno. = Rêve qui épouvante : cauchemar.

饜 ˊ Satur, fartus. Fastidium. = Rassasié. Dégoût.

嬮 ˉ Pax, quies. = Paix, tranquillité.

黶 ˋ Maculae nigrae in facie. Nota. = Taches noires au visage. Marque.

⿸厭巿 ˋ Lorica ferro contexta. = Cotte de maille.

⿸厭帶 ˋ Pectorale. = Plastron,

⿰木厭 ˋ Morus sylvestris. = Mûrier sauvage.

嚈 ˋ Plenus, fartus: satisfactus. Abjicere. = Plein, rassasié : satisfait. Rejeter.

靨 ˇ Iě. Maculæ in facie. Genæ. Pulchrum. = Taches du visage. Les joues. Beau, joli.

擪 ˇ
⿰扌厭 ˇ
Cooperire. Digito foramen occludere ut fistula canendo. = Couvrir. Boucher un trou avec le doigt comme lorsqu'on joue de la flûte.

壓 ˇ Ia. Opprimere : comprimere. Subdere, subjicere. Destruere. Deprimere = Opprimer : comprimer. Subjuguer : soumettre. Détruire. Baisser.

N. 940.

疐

ˊ Che. Obstaculum, impedimentum : à progressu arceri. = Obstacle, empêchement : être empêché d'avancer.

懥 ˊ Ira ; irasci. = Colère ; se fâcher.

躓 ˊ Obstaculum : à progressu arceri. = Obstacle : être empêché d'avancer.

⿰鼻疐 ˊ Ti. Per nares halitum ducere. Sternutare. Stiria. = Respirer par le nez. Eternuer. Roupie au nez.

嚏 ˊ Sternutare, sternutatio. = Eternuer, éternuement.

N. 941.

聚 聚聚

ˋ Siü. Congregare, coacervare ; colligere. Omnes. = Ramasser, réunir, assembler ; cueillir. Tous.

埾 ˊ Coacervare. Parvus mons. = Amonceler. Petite montagne.

鄹 ˉ Cheu. *Locus in Xan-tum ubi Confucii pater magistratum egit* = *Endroit au Xan-tum que le père de Confucius gouvernait.*

驟 ˊ Festinanter, illicò, repentè. Sine morâ. Currere, currens. = Avec hâte, soudain. Sans attendre. Courir, qui court.

⿰聚殳 ˊ Chum. Ire alicubi sine invitatione : aliquò irrepere. = Aller quelque part sans avoir été invité : se faufiler.

N. 941.

⿱竹聚 Tsum Cavea piscatoria.—Cage pour la pêche.

傶 Congregare; addere. Colligere. =Réunir, rassembler; ajouter. Recueillir.

† Originem ducit à N. 417.

N. 942. 壽 壽

Xeu Longævitas, ætas provecta, vita longa. Munus.—Longévité, âge avancé. Cadeau.

懤 Cheu Mœror. Querimonia: corde iratus. Odisse.= Mélancolie. Plainte: colère intérieure. Haïr.

譸 Adulari. Conviciari. Pro libitu suo loqui.=Flatter. Charger d'injures. Parler à sa fantaisie.

⿸疒壽 Morbus in infimâ parte ventris.=Maladie à l'hypogastre.

燽 Illuminare, lucidum.=Eclairer, brillant.

⿱髟壽 Coma spissa.—Cheveux touffus.

⿰壽殳 Rem suspensam et sonoram percutere.—Frapper un objet sonore suspendu.

⿰壽鳥 *Gallinæ species quædam.* — *Sorte de poule.*

魗 Abhorrere. Abjicere. Fœdum, deforme.= Avoir en horreur. Rejeter. Laid, vilain.

⿰壽攴 Abjicere, rejicere.—Rejeter.

醻 Retribuere, correspondere.—Rendre la pareille, correspondre.

籌 Supputare, metiri: machinari. Frusta arundinea ad supputandum. Sagitta.=Calculer, mesurer: faire des projets. Flèche.

⿰月壽 Caro salita. Morbus in inferiori parte ventris.— Viande salée. Maladie à l'hypogastre.

⿰魚壽 Piscis magnus.—Grand poisson.

儔 Comitatus; socius. Omnes. Genus. *Nota numeri pluralis.* Quis? — Suite; compagnon. Tous. Genre. *Marque du pluriel.* Qui?

薵 Cæpæ. *Nomen plantæ.* — Ognons. *Nom de plante.*

矃 Oculos movere.—Mouvoir les yeux.

嚋 Quis ?—Qui ?

躊 Dubius, anceps, fluctuans, incertus.=Irrésolu, qui hésite, incertain.

疇 Ager excultus. Colere. Hæreditas. Quis? Antiquitùs.— Champ cultivé. Cultiver. Héritage. Qui ? Anciennement.

鑄 Chu Metalla liquare. Fundere. — Fondre des métaux. Liquéfier.

濤 Tao Fluctus: magnæ undæ.—Flots: grandes vagues.

禱 Orare; Deos invocare; petere, preces.—Prier; invoquer les Dieux; demander, prières.

燾 Denuò illuminare. Cooperire: umbella. — Eclairer de nouveau. Couvrir: dais.

翿 Vexillum antiquum ex plumis confectum. Cooperire.—Ancien drapeau en plumes. Couvrir.

檮 Lignum forte. Frangere. Lignum secare. Stupidus. Malum. —Bois fort. Rompre. Couper du bois. Stupide. Mauvais.

壔 Agger, cumulus. Terra alta. — Digue, monceau. Terrain élevé.

擣 Vestes in aquâ tundere: percutere. Curis oppressus.—Frapper les habits dans l'eau: frapper. Accablé de soucis.

隯 Insula: mons in medio mari. =Ile: montagne au milieu de la mer.

⿰日壽 Oryza præmatura. —Riz précoce.

⿰身壽 Homo staturâ procer.—Homme de haute taille.

N. 942.

幬 ˊ Cooperire. Cortina.=Couvrir. Rideau.

N. 943. 截 戳 鐵

Tsié ˇ Præcidere ; intercipere.=Couper ; intercepter.

襶 ˇ Indusium ; vestis brevis. Vestis pulchra.=Chemise ; habit court. Joli habit.

𨘱 ˇ Semita prope viam majorem ; diverticulum, viâ brevius. = Sentier à côté du grand chemin ; raccourcil.

攕 ˇ Digitis evellere. Præcidere.=Arracher avec les doigts. Couper.

穛 ˇ Segetum grana colligere. = Cueillir du grain dans une moisson.

† Cavendum ne phonetica hæc vel ipsius varietates confundantur cum N. 1010 vel cum ejus varietate.

N. 944 赫

Ho ˇ Clarum, fulgens : splendor ; fama.=Clair, éclatant : éclat ; renommée.

捇 ˇ Scindere, lacerare.=Déchirer.

䞤 ˇ Oculi rubri.=Yeux rouges.

嚇 Hiá ˊ / 嚇 ˊ Minari ; timorem incutere : formido. Irasci. Decipere ; illudere. = Menacer ; faire peur : épouvante. Se fâcher. Tromper ; faire illusion.

N. 945. 臺 坮

Taî ˆ Turris ; solarium ; locus sublimis. Altare. *Vox honorifica.* = Tour ; terrasse ; lieu élevé. Autel. *Terme honorifique,* Votre seigneurie.

懛 ˉ Spe delusus. Tristis, mœrens. Pavens.=Trompé dans son attente. Triste ; chagrin. Effrayé.

檯 ˉ Mensa. *Quoddam lignum.* = Table. *Espèce de bois.*

擡 ˆ Elevare. Duo simul aliquid attollere. Commendare. Movere.=Elever. Emporter quelque chose à deux. Recommander. Mouvoir.

籉 ˆ Pileus stramineus amplus. = Grand chapeau de paille.

𣵼 ˋ Lignum radere. = Raper du bois.

儓 ˆ Famulus ; assistens. Operarius. Homo vilis.=Domestique ; assistant. Ouvrier. Homme de rien.

薹 ˆ Cyperus. *Stramineum.*=Sou-chet. Objet en paille.

嬯 ˋ Multùm loqui. = Parler beaucoup.

† Non raró adhibetur 台 velut abbreviatio hujus phoneticae, quia eamdem cum ipsâ pronuntiationem habet : attamen perfecta synonymia in utrisque pro compositis non datur, sicut videre est sub N. 186.

N. 946. 監

Kiēn ˉ Examinare ; visitare ; inspectare. Carcer.=Examiner ; visiter ; inspecter. Prison.

𩫖 ˊ *Quoddam vas in templis adhibitum.*=*Sorte de vase employé dans les pagodes.*

㔋 ˉ In frusta concidere.=Couper en petits morceaux.

鑑 ˊ Examinare, inspectare. Videre. Speculum : in speculo se contemplari. Clarum. Sagacitas. = Examiner. Voir. Miroir : se mirer. Clair. Perspicacité.

矙 ˉ Aspicere, videre.=Regarder, voir.

N. 946.

檻 Hièn ˊ Septum ligneum extra fenestras : crates, cancelli, lorica. Tabella lusoria.=Balcon: persiennes. Table à jouer.

轞 ˋ Currus cum cancellis in quo deducuntur rei. Curruum strepitus.=Voiture grillée pour les criminels. Bruit de chariots.

艦 ˊ Offa ex carnibus.= Pâté de viande.

艦 ˊ Navis bellica major.=Grand navire de guerre.

鹽 Iên ˆ Sal, salire: salinæ.=Sel, saler: salines.

懢 Lan ˆ Concupiscere. Avarus, cupidus.=Convoiter. Avare, cupide.

濫 ˊ Inundare, supereffluere, excedere, excessus. Violare, usurpare.=Inonder, déborder, excéder, excès. Violer, usurper.

襤 ˆ Vestis vetusta : vestis attrita. =Habit usé : habit déchiré.

爁 ˋ Super flammâ torrere.=Rôtir sur la flamme.

鬣 ˆ Capilli decidui : capilli implexi. = Cheveux qui tombent. Cheveux embrouillés.

覽 ˋ Observare, aspicere. Ictus oculi. Legere.= Observer, regarder. Un coup d'œil. Lire.

籃 ˆ Canistrum, cista.=Panier.

儖 ˆ Sævitiam præseferre : perversa facies : deformis.=Avoir l'air méchant : air coquin : laid.

藍 ˆ Color cæruleus : *herba ex quâ cæruleo tinctura elicitur*. Viridarium. Fanum. Attritum, fractum.= Bleu. Jardin. Pagode. Usé, brisé, déchiré.

† Hinc procedit 覽 N. 995 quam aliquandò synonymam adm[itti]t in compositis [q]uæ leguntur *Lan*, salte[m apud] vulgum.

†† Suspicor aliquam adesse affinitatem inter hanc phoneticam et 臤. N. 426.

N. 947. 盡 盡 尽 刀

盡 Tsin ˊ Exhaurire, complere, finire, extinguere. Occidere. Quam maximè.=Epuiser ; achever, finir, éteindre. Tuer. Souverainement.

燼 ˊ In cinerem redigere. Cinis. Ignis reliquiae. Comburere. — Réduire en cendres. Cendres. Les restes du feu. Brûler.

儘 ˋ Exhaurire. Penitùs, totaliter. =Epuiser. Entièrement.

藎 ˊ Planta ex quâ flavus color elicitur. Fidelis Superesse. Titio superstes. Cineres. — Plante dont on teint en jaune. Fidèle. Rester. Tison. Cendres.

贐 ˊ Munus discessuris oblatum. Pretiosae merces.=Présent du départ. Choses précieuses.

𧝠 Nai ˉ Filiorum ultimus ; filius in senectute genitus.= Le dernier de la famille : enfant que l'on a dans la vieillesse.

N. 948. 翟

翟 Ti ˇ Phasianus. Barbari septentrionales.=Faisan. Barbares du nord.

趯 ˇ Saltare, exultare. Praeterire. =Sauter, sauter de joie. Dépasser.

鸐 ˇ *Phasiani species quædam.* — *Espèce de faisan.*

籊 ˇ Arundines aliis longiores. = Bambous plus longs que les autres.

糴 ˇ Victualia comparare.=Se procurer des vivres ; faire des provisions.

嚁 ˇ Vox. Celeriter.=La voix. Rapidement.

𥗊 Tiao ˉ Avorum tabellas aliò transferre.=Transporter les tablettes des ancètres.

𠐍 ˉ Solus : solus stare, solus ire. = Seul : aller ou demeurer seul.

N. 948.

羞 ˊ *Milii et oleris species quædam. = Espèce de millet et d'herbe potagère.*

糶 ˊ Victualia vendere. = Vendre des vivres.

燿 ˊ Iao Illuminare ; ostendere. Apparere. Splendor ; fulgens. Scintillare. = Eclairer ; montrer. Paraître. Clarté ; éclatant. Scintiller.

耀 ˊ Videndo errare. Credere se videre quod reverà non videt.= Se tromper en regardant. Croire voir ce qu'on ne voit pas.

曜 ˊ Solis radii. Splendor, fulgor. =Les rayons du soleil. Clarté, éclat.

曜 ˊ Saltare, exultare. Praeterire.= Sauter, sauter de joie. Passer outre.

躍 ˊ

櫂 ˆ Chao Remi ad naviculam propellendam.= Rames pour faire avancer un bateau.

濯 ˇ Cho Lavare. Vitia diluere : ad meliorem redire frugem. Pinguis. =Laver. Se corriger. Gras.

霍 ˇ Magnus imber.=Une averse.

擢 ˇ Sustollere ; erigere. Opem ferre. Promovere. Extinguere.= Tirer en haut ; dresser. Secourir. Promouvoir. Eteindre.

戳 ˇ Lancea.=Lance.

戳 ˇ Dare, tradere. Lanceâ confodere.=Donner, livrer. Percer avec une lance.

玀 ˇ *Animal quoddam simio simile. =Certain animal semblable au singe.*

蠗 ˇ Parva rana.=Petite grenouille.

N. 949. 㥯 隱隐 ˊ

ˋ In Diligens. Diligentia. = Soigneux. Diligence.

㥯 ˋ Compati, commisereri. = Compatir, avoir compassion..

讔 ˋ Enigma : enigmaticè loqui.= Enigme : parler par énigmes.

瘾 ˋ Rubentes pusulae. Bullae minutae in pelle excrescentes.= La rougeole. Eruptions de la peau causées par la chaleur.

轞 ˋ Curruum sonitus.= Bruit de chariots.

檼 ˋ Tecti trabes interiores. Rectum facere. Tranquillus. Quies.= Poutres qui soutiennent le toit. Redresser. Tranquille. Repos.

㩊 ˋ Discurrere, seu perpendere quid expediat.—Calculer, ou réfléchir sur ce qui convient.

隱 ˋ Abscondere, occultum, obscurum. In solitudinem se recipere.= Cacher, caché, obscur. Se retirer dans la solitude.

儩 ˋ Fidere, confidere ; inniti. = Avoir de la confiance, se fier ; s'appuyer.

䌥 ˋ Vestes suere.—Coudre des habits.

㦩 ˋ Altum. Mons eminens.—Haut. Montagne élevée.

穩 ˋ Wen Firmum, tutum. Pacificus. Quies.= Ferme, sûr. Pacifique. Repos.

† Huic phoneticae varietatem tribuimus quia reverà littera haec in compositis promiscuè istius vice usurpatur ; per se tamen sumpta distinctum sensum obtinet, sicut videre est in praecedenti ordine, ubi praedicta varietas cum sensu sibi proprio relata est.

N. 950 耤 ˊ

ˇ Tsi Terram colere. Ager ab ipso Imperatore excultus.= Cultiver la terre. Terrein cultivé par l'Empereur lui-même.

籍 ˊ Liber, codex. Populi recensio. Abundantia.—Livre régistre. Liste de la population. Abondance.

N. 950.

耤 ˇ Inniti : fulchrum. Confidere. Auxiliari. Mutuum dare vel accipere. Alterius personam fingere. Tumultus.=S' appuyer : se confier. Appui. Secourir. Prêter, ou emprunter. Feindre un personnage. Tumulte.

† Hæc phonetica ejusque composita referri fortassè debuissent, velut subordinem valdè naturalem constituens, sub 昔 N. 436 à quâ ducit originem.

N. 951. 熏

Hiün — Ad vaporem coquere. Fumus ascendens. Igne calefacere : calidum. Fragrans. = Cuire à la vapeur. Fumée qui monte. Chauffer au feu : chaud. Odoriférant

燻 — Ad vaporem coquere. Vaporis abundantia. Ad ignem calefacere.=Cuire à la vapeur. Vapeurs abondantes. Chauffer au feu.

醺 — Semi-ebrius. In vapores redigere. Exhalare.=A moitié ivre Evaporer. Exhaler.

鑂 ˋ Aureus color remissus.=Couleur d'or pâle.

勳 — Meritum. Præclara gesta. = Mérite. Hauts-faits.

黧 ˋ Res quæ ignis æstu colorem amittunt : res fumo denigratæ.=Objet qui a perdu sa couleur au feu : objet noirci par la fumée.

鷆 ˋ *Avis quædam infausti ominis.* =*Certain oiseau de mauvais augure.*

臐 — Jusculum ex vervicis carne.= Bouillon de viande de mouton.

獯 — *Quoddam regnum septentrionale. Quidam barbari.=Certain royaume du nord. Certains barbares.*

纁 — Rubrum remissum. Coccineum.=Rouge pâle. Rouge écarlate.

薰 — Fragrans. Ad ignem calefacere. Assare.=Odoriférant. Chauffer au feu. Griller.

矄 ˊ Oculi caligati.=Yeux obscurcis.

曛 — Claritas vespertina post solis occasum. Locus solis ardoribus patens.=Crépuscule. Lieu exposé aux ardeurs du soleil.

蠕 ˊ *Insecta quædam à calore producta.=Certains insectes produits par la chaleur.*

壎 — Hiüen Fistula fictilis.=Sifflet en terre cuite.

† Littera 燻 quæ juxtà 康熙字典 sequitur phoneticæ sonum, legiturque *Hiun*, à multis aliis Dictionariis quos circa ipsam consului legitur *Tum* : dissensio hæc introducta nobis videtur ab usu erroneo hujus phoneticae pro phoneticâ 重 N. 558.

N. 952. 疑

Î — Dubitare ; dubium : suspicio. Simile.=Douter ; doute : soupçon. Semblable.

寲 ˋ Investigare : inspicere.=Examiner : regarder dedans.

譺 ˋ Verba dubia seu equivoca. = Paroles douteuses, ou équivoques.

擬 ˋ Judicium ferre, determinare, statuere, judicare. Considerare. Comparare.= Porter un jugement, délibérer, déterminer. Considérer. Comparer.

薿 ˋ Fruges amœnæ. Herbæ luxuriantes ; florens. = Moissons superbes. Plantes florissantes.

鱃 ˋ *Quidam piscis.=Nom de poisson.*

甈 ˋ Vas testaceum magnum. = Grand vase en terre cuite.

觺 ˋ Cornua acuta.=Cornes aigues.

N. 952.

儗 ˊ Obstaculum, impedimentum. Comparare. Indebita usurpare. Decipere.= Obstacle. Se procurer Usurper. Tromper.

薿 ˋ Luxurians, florens; amœnum. =Florissant; agréable à la vue.

嶷 ˆ Eminens: ingenio præcellens. *Mons in Xan-si.* =Très haut: savant. *Montagne au Xan-si.*

凝 ˆ Im — Frigus intensum: congelari. Abundans. Perficere. Colligere.=Grand froid: se geler. Abondant. Finir. Recueillir.

癡 Chē — Stultitia: stupidus. Affectus; amans.= Ignorance: stupide. Affection; affectionné.

懝 Ngai — Timens: perterritus.=Craintif: épouvanté.

礙 ˊ Impedimentum, obstaculum. Offendere. Continere.= Empêchement, obstacle. Chopper contre.. Retenir.

儗 Hái — Stupidus.=Sot, imbécile.

N. 953. 與 舆 与

Iù ˋ Dare. Promittere. Auxiliari. *Nota casus dativi.* = Donner. Promettre. Aider. *Marque du datif.*

懙 ˋ Obsequiosus: quam diligentissimè.=Officieux: avec beaucoup de soin.

旟 ˆ Vexillum in quo aves depictæ sunt.=Drapeau sur lequel des oiseaux sont peints.

璵 ˆ Lapis pretiosus.=Pierre précieuse.

譽 ˊ Laudare: nimiis laudibus efferre; adulator. Fama. Voluptas. = Louer: flatter; flatteur. Renommée. Plaisir.

⿱與心 ˋ Obsequiosus: quam diligentissimè.=Officieux: avec grand soin.

礜 ˊ *Medicina quædam.=Sorte de drogue.*

轝 ˊ Currus: currûs capsa.=Char: la caisse d'un char.

歟 ˆ *Particula finalis interrogans aut exclamans.* = *Point final d'interrogation ou d'exclamation.*

鸒 ˆ Avis corvo similis sed minor, pectore albo.=Oiseau semblable au corbeau, mais plus petit.

⿰亻與 ˋ Diligens. Inniti. = Diligent. S'appuyer.

⿰口與 ˊ Age! *vox vires simul exercentium.*=Sus! *cris de plusieurs qui font effort ensemble.*

鱮 Siù ˊ *Quidam piscis magnus non edulis.=Certain grand poisson qui n'est pas bon à manger.*

嶼 ˊ Insula. Montium juga. Colles =Ile. La crête des montagnes. Collines.

藇 ˊ Pulchrum: bonum.=Joli: bon.

舉 Kiù ˋ
擧 ˋ
Erigere, elevare, *extollere.* Offerre. Omnes. Incipere.= Dresser, élever, lever en haut. Offrir. Tous, Commencer.

† Inattentus facilè hanc phoneticam confundere potest cum 興 (var. 興 㒷) Hîm *Surgere: erigere. Facere. Parabola: exemplum. Abundans: fortuna.* = *Se lever: dresser. Faire. Parabole; exemple. Abondant: fortune,* quæ velut phonetica adhibetur in litteris perpaucis et obsoletis, inter quas citare sufficit ⿱興月 Hîm *Ulcus tumescens.= Plaie qui enfle.*

N. 954. 獄

Iǒ ˇ Carcer; locus in quo rei detinentur. Querimonia.= Prison. Querelle.

⿱獄隹 ˇ
鸑 ˇ
Aquilæ species quædam.= Espèce d'aigle.

N. 954.

圄 ˇ Carcer. = Prison.
嶽 ˇ Mons magnus. Montes Sinarum altiores. Socer. = Grande montagne. Les plus hautes montagnes de Chine. Beau-père.

+ In Sinarum provinciis occidentalibus hæc phonetica ejusque composita leguntur *Iü*.

N. 955 㡭 迷

Ki ˊ Continuare : succedere. Unum alteri connectere. = Continuer: succéder. Attacher une chose à l'autre.
繼 ˊ Continuare : succedere. Non interruptè. Statim. Posteà. Hæreditare : adoptivus. = Continuer, succéder. Sans interruption. Aussitôt. Après. Hériter: adoptif.
讉 Tuan ˋ Verba incerta. = Paroles douteuses.
斷 ˋ Frangere, præcidere. Statuere. Judicare, sententiam ferre. Certè. = Rompre. Couper. Déterminer. Juger, porter une sentence. Certainement.

N. 956. 睿 眘

Juéi ˊ Sapientia; sagacitas, perspicacia. Clarum. = Sagesse ; sagacité, pénétration d' esprit. Clair.
譮 ˊ Odientis vel irati verba. = Paroles de haine ou de colère.
叡 ˊ Sapientia, perspicacia. Clarum. = Sagesse, perspicacité. Clair.
濬 Siün ˊ Aqua decurrens et profunda. Valdè : multùm. = Eau courante et profonde. Beaucoup.
璿 ˊ Gemma pulchra. Globus seu sphæra cælestis. = Joli bijou. Globe céleste.

—⁂—

N. 957. 蒦 |

Hô ˇ Metiri. = Mesurer.
愯 ˇ Timere ; pavor. = Craindre ; épouvante.
濩 ˇ Magnus imber. Aquarum conflictus. Coquere. = Grande pluie, averse. Le choc des eaux. Cuire.
癯 ˇ Guttur ab aliquâ re obstructum. = Gorge embarrassée par quelque chose.
廈 ˇ Locus spatiosus et vacuus. = Endroit spacieux et vide.
爅 ˇ Calor ; calidum. = Chaleur, chaud.
檴 ˇ Lignum ex quo culinaria utensilia fiunt. = Bois dont on fait des ustensiles de cuisine.
韄 ˇ Ligula quâ ad latus appenditur ensis. = Courroie à laquelle on suspend l'épée au côté. V. *infrà*.
擭 ˇ Capere, sumere. Decipere. = Saisir, prendre. Tromper, attraper.
韄 ˇ Ligula quâ ad latus appenditur ensis. = Courroie qui tient l'épée suspendue au côté.
鑊 ˇ Cacabus, olla. = Marmite. chaudron.
彟 ˇ Metiri : gradus, linea : lignariorum norma. Pes. = Mesurer : degrés, règle : équerre. Pied.
䅰 ˇ Messis, segetes metere. Animum despondere. = Moisson, moissonner. Perdre courage.
穫 ˇ (same)
獲 ˇ Capere, consequi ; obtinere. = Saisir, prendre, obtenir; venir à bout de. . .
劐 ˇ Messis, metere = Moisson, Moissonner.
嚄 ˇ Loquitari. *Vox exclamantis et admirantis*. Metu affici. = Babiller. *Cri d' exclamation et d'admiration*. Prendre peur.
矱 Wo ˇ Fundamenta domûs. = Les fondements d'une maison.

N. 957.

⿰食蒦 ˇ Insipidum : gustus grossus.= insipide : goût grossier.

艧 ˇ Navis in fluminibus navigans. —Barque de fleuve.

鸌 ˇ Avis aquatilis.—Oiseau aquatique.

蠖 ˇ Vermis eundo se colligens. Se colligere.=Ver qui se replie en marchant. Se replier se raccourcir.

頀 Hú ˊ *Quoddam musicum instrumentum antiquum.=Certain instrument de musique ancien.*

護 ˊ Custodire, conservare, protegere; munire; auxiliari.=Garder, conserver, protéger; munir, aider.

雘 ˊ Cæruleum.= Bleu de ciel.

嬳 ˊ Diligere : amore aliquid prosequi.=Aimer : être affectionné pour quelque chose.

擭 Húa ˊ Laquei ad animalia capienda. =Pièges pour prendre des animaux.

鱯 ˊ *Piscis quidam magnus.=Sorte de grand poisson.*

† Nisi forma intrinseca hujus phoneticæ rectè memoriæ mandetur, arduum erit agnoscere genuinam analysim litterarum hujus ordinis : Sinenses enim communiter latissimè scribunt 卄 in harumce litterarum vertice ut rotundiores fiant, et sic in omnibus compositis dominari videtur 艹 tanquàm classifica, quamvis mera sit phoneticæ pars elementaris. Ex : 護 獲 &c.

†† Graphicè originem ducit à 隻 Chĕ *Solus : numerale rerum unicarum, ut navium. &c.=Seul : numéral des choses qui ne vont point par paires,* cujus oppositum est 雙 Xuām *Par : numerale rerum binarum, ut calceorum, avium &c.=Paire : numéral des choses qui vont par paires, comme les souliers &c.*

††† Hinc originem trahit 矍 N. 1033 quam in quibusdam raris casibus synonymam habet.

N. 958. 夢 夣夢瞢瞢 |

Múm ˊ Somnium, somniare. Obscurum : obscuritas.—Rêve, songe, rêver. Obscur.

懜 ˊ
儚 ˊ
} Fatuus, stolidus, hebes. Animi cæcitas. Confusè: obscurum. Tristis, verecundus. — Sot, imbécile, stupide. Aveuglement d'esprit. Confusément ; obscur. Triste, honteux.

⿰目夢 ˊ Obscurè videre : obscurum. = Ne voir pas clair ; obscur.

† Cautè attendendum ad varietates quæ formâ magis differunt, ne circa veram phoneticam error subrepat.

N. 959. 賏

Im ˊ Vestium collare.=Le collet des habits.

譻 ˉ Loquacitas : nimis loqui. =Loquacité : parler trop.

甖 ˉ
罌 ˉ
} Vasorum nomen genericum. Vas ad bibendum.=Nom générique des vases. Vase pour boire.

鸎 ˉ Infantulus. Capere.=Petit enfant, Prendre, saisir.

嬰 ˉ *Avis quædam variegata.=Certain oiseau de différentes couleurs.*

† Ultima hujus ordinis littera, ipsamet evadit phonetica præsidetque ordini sat amplo N. 1015 in cujus litteris aliquandò fortassè præsens phonetica usurpari potest velut synonyma.

字聲綱目

N. 960. 㬎 显

㬎 ˋ Hièn Manifestare, prodere. Clarum, splendens. — Manifester, publier, mettre au jour. Clair, brillant.

韅 ˋ Equi postilena. Equi pectorale. — Croupière. Poitrail.

攝 ˋ Simul, collectivè. — Ensemble, collectivement.

韅 ˋ Equi postilena. Equi pectorale. — Croupière. Poitrail.

顯 ˋ Apparere, manifestare. Ostendere. Patens, evidens. Clarum, magnificum; illustris. — Paraître, manifester. Montrer. Patent, évident. Clair; illustre.

㶓 ˋ Praecidere. — Couper.

蠍 ˋ *Ostreæ species quædam.* — *Espèce d'huître.*

䜢 ˉ Ñgan Verba jocosa. — Plaisanteries.

㒸 ˉ Ignarus, rudis. — Ignorant, grossier.

隰 ˇ Si Paludosum, lacustre. Littus. — Marécageux. Rivage.

濕 ˇ Xe Humidum, madefactum. — Humide, mouillé.

† Semel aut bis haec phonetica synonymum in compositis admittit 顯.

N. 961. 遣

遣 ˋ Kièn Mittere, legare. Expellere. Exilio plectere. — Envoyer, déléguer, chasser. Punir d'exil.

譴 ˊ Reprehendere, corrigere. Inculpare. — Reprendre, corriger. Inculper.

韆 ˊ Cingulum coriaceum fibulâ munitum. — Ceinture en cuir munie d'une boucle.

墤 ˋ Terreus acervus. — Monceau de terre.

饋 ˋ Mandere. Panis siccus. — Mâcher. Pain sec.

䦧 ˋ Aperire. — Ouvrir.

繾 ˋ Amicissimi; indissolubiliter. Indistinctè. — Très liés d'amitié; indissoluble. Sans distinction.

N. 962. 對 对

對 ˊ Tuéi Respondere. Ex adverso. Contrà. Coram. Convenire. — Répondre. Vis à vis. Contre. Par devant. Etre d'accord.

譵 ˊ Odisse, aversari. — Haïr, avoir en aversion.

霨 ˊ Nubes nigræ. — Nuages noirs.

懟 ˊ Permutare. Forum nundinarium. — Faire des échanges. Le marché.

薱 ˊ Arborum et herbarum copia. — Arbres et herbes en abondance.

懟 ˊ Odisse, odium; adversarius. — Haïr, haine; ennemi.

N. 963. 審

審 ˋ Xèn Examinare, scrutari. Judicare. Ferre sententiam. — Examiner, scruter. Juger. Porter une sentence.

瀋 ˋ Succus, jusculum. — Le suc, le jus.

嬸 ˋ Patrui paterni uxor: amita. Fratris minoris uxor. — Tante paternelle. Femme du frère cadet.

藩 ˋ *Nomen cujusdam plantæ.* — *Nom de plante.*

† Haec phonetica *graphicè* valdè affinis est N. 804, etsi phonicè nullam cum eâ cognationem habere videatur.

N. 964. 寫 冩

Sié ヽ Scribere, componere. Exhaurire.=Ecrire, composer, épuiser.

瀉 ╱ Alvi profluvium. Effundere. Evomere.=Cours de ventre, diarrhée. Verser. Vomir.

謁 ヽ Dictare: loqui ut alius scribat. =Dicter: dire ce qu'un autre doit écrire.

蕮 ヽ *Medicina quædam.=Nom d' une certaine drogue.*

N. 965. 廚 厨

Chu Culina, locus ubi coquuntur cibi.=Cuisine, endroit où l' on fait cuire la nourriture.

躕 Animi fluctuatio: anceps. Cogitabundus. Impeditus; ingredi non valens.=Irrésolution: qui hésite. Pensif. Empêché; qui ne peut pas entrer.

幮 Lecti cortina.=Rideau de lit.

† Si phoneticarum originem et affinitatem intrinsecam demonstrare suscepissem, non attentâ uniuscujusque utilitate vel inutilitate, inter phoneticas primarias et radicales annumeravissem 尌, et quam ex ipsâ originem ducit præsentem phoneticam, in parvo subordine ei subjunxissem: quùm verò ex duobus hisce ordinibus posterior utilior sit, et prior magis obsoletus, satiùs videtur hunc ibi in secundariâ sectione referre:

尌 Chú *Firmum, stare: famulus.=Solide, tenir debout: serviteur.*

澍 ╱ *Pluvia opportuna.=Pluie qui tombe à propos.*

樹 Xú *Arbor. Plantare. Statuere.=Arbre. Planter, semer. Etablir, fixer.*

N. 966. 廣 广

Kuam ヽ Amplum, spatiosum: latum: extendere.=Ample, spacieux: vaste: étendre.

懬 ╱ Odio prosequi. Ingenium amplum; extensum.=Hair. Esprit vaste; étendu.

爌 Locus patens.=Endroit ouvert et libre.

壙 Desertum, solitudo. Spelunca ad sepeliendum. Cœli cavitas. =Désert, solitude. Grotte où l'on enterre. La voûte du ciel.

穬 ヽ Novum.=Nouveau, neuf.

儣 Inæquale.=Inégal.

纊 Gossypium.=Coton.

矌 Oculi sine pupillâ.=Yeux sans prunelle.

曠 Clarum. Amplum, extensum; vacuum. Antiquum, remotum. Negligens.=Clair. Vaste, étendu; vide. Ancien, éloigné. Négligent.

懭 Kum ヽ Violentus, arrogans.=Violent, hautain.

礦 ヽ, 鑛 ヽ Metallorum fodinæ. Mineralia metallifera nondùm fusa. =Mines metallifères. Minérais brut.

穬 ヽ Spicae vacuae. Paleæ.=Epis vides. La paille.

獷 ヽ Canis ferox. Asperum.=Chien féroce ou courageux. Apre.

鄺 Kô Findere, scindere, Cognomen. =Fendre, déchirer. Nom propre.

劆 Secare, praecidere.=Couper, trancher.

聵 Auris.=Oreille.

擴 Extendere, amplificare. Longum.=Etendre, élargir. Long.

N. 966.

彍 ◡ Arcum tendere.=Tendre un arc.

† Evidenter originem ducit à N. 824.

N. 967. 麃

Piao ― Saltare. Strenuus. Rhinoceros. Plumae colorem immutates.=Sauter. Courageux. Rhinocéros. Plumes qui changent de couleur.

瀌 ― Nivis copia. Valdè.= Abondance de neige. Beaucoup.

鑣 ― Equorum tintinnabula. Fraeni annuli ferrei. Habenae. Pingue. Multitudo.=Grelots que l'on met aux chevaux. Anneaux du mors. Reines. Gras.

穮 ― Segetes ab herbis noxiis purgare. Mittere. = Purger les moissons des mauvaises herbes. Envoyer.

臕 ― Pinguis; pinguedo. = Gras; graisse.

儦 ― Multi simul incedentes. Multitudo. Turmatim. — Foule, multitude, en foule.

皫 ＼ Album, colorem immutare. Res non benè tincta. — Blanc, changer de couleur. Chose mal teinte.

藨 ／ Herba ex quâ storeae fiunt.= Herbe dont on fait des nattes.

N. 968. 廛 㢆廛

Chên ＾ Officina, apotheca; mercatorum tabernae.=Boutique, atelier; loges des marchands.

瀍 ＾ *Fluvius quidam ex Ho-nan egrediens.=Rivière qui prend sa source dans le Ho-nan.*

鄽 ＾ Forum nundinarium. — Marché, foire.

擅 ＾ In orbem movere.=Faire tourner.

闤 ＾ Fori nundinarii portae.=Les portes d'un marché.

鏖 ＾ Acus magna quâ capilli connectuntur. = Grande aiguille pour les cheveux.

纏 ＾ Alligare: Fasciâ obvolvere. Intricatum. Capere. Sine fine. =Lier: envelopper de bandes. Embrouillé. Prendre. Sans fin.

躔 ／ Defraudare: alienis opibus insidiari.=Frauder: chercher à s'emparer du bien d'autrui.

躔 ＾ In circulum se movere. Rotae vestigium. Siderum orbita. Habitare.=Se mouvoir circulairement. Ornière. L'orbite des étoiles. Habiter.

† In dubium revocari nequit elementum phonicum radicale hujus phoneticae esse 厘 Chân *Forum nundinarium.=Marché, foire, bazar,* quae aliundè velut ejus synonyma haberi potest.

N. 969. 養 养

Iam ＼ Enutrire; educare.=Nourrir; élever.

懩 ＼ Desiderare; appetitus.=Désirer; désir, convoitise.

瀁 ／ Extensum, amplum, sine finibus.=Etendu, vaste, sans limites.

癢 ＼ Scabendi prurigo. — Démangeaison; démanger.

勨 ＼ Admonere. — Avertir, faire une admonition.

攁 ＼ Movere, excitare. Evomendi pruritus, nausea. = Mouvoir, exciter. Envie de vomir, nausée.

† Originem ducit à N. 278.

N. 970. 厲

Li ́ Majestas, gravitas. Severus, crudelis, malus.—Majesté, gravité. Sévère, cruel, mauvais.

㦒 ́ Aliquem terrere.—Faire peur à quelqu'un.

濿 ́ Fluvium transire.—Passer une rivière.

糲 ́ Oryza immunda. Crassum, asperum ; vile.—Riz malpropre. Grossier, âpre ; vil.

禲 ́ Defunctorum animæ vivis noxiæ.—Ames des défunts nuisibles aux vivants.

勵 ́ Diligentia ; vires exerere. Animos excitare.—Diligence ; faire ses efforts. Encourager.

礪 ́ Mola ; petra super quâ aliquid acuitur. Molere, expolire. — Meule à moudre ou à aiguiser. Polir.

櫔 ́ *Arbor cujus fructus similis est castaneæ.—Arbre dont le fruit ressemble à la châtaigne.*

蠣 ́ Ostrea ; conchylia. — Huître ; coquillage.

† Mirum est phoneticam 萬 N. 921 quæ primarium hujus phoneticæ elementum constituit quoàd formam, nullam super ipsâ influentiam habere quoàd sonum.

N. 971 憂 夏

Ieu ¯ Tristitia, mœror, afflictio. — Tristesse, mélancolie, affliction.

懮 ˋ Mœstus, tristis. — Chagrin, triste.

⿰言憂 ¯ Fragrantiam odorari.—Flairer une odeur suave.

櫌 ¯ Malleo percutere. — Frapper avec un marteau.

耰 ¯ Semina sata terrâ cooperire. Ligone terram vertere.—Couvrir de terre la semence jetée. Bêcher.

優 ¯ Superabundans ; superare. Extensum. Dives. Excellens. Lætus. Concordia. — Surabondant ; surmonter. Etendu. Riche ; excellent. Joyeux. Accord.

優 ¯ (idem)

嚘 ¯ Raucere. Suspirari. *Vox admirantis.*—Devenir rauque. Soupirer. *Cri d'admiration.*

擾 Jao ˋ Strepitum facere ; perturbare ; confusio. Cicurare, mansuefacere.—Faire du bruit ; troubler ; confusion. Apprivoiser.

犪 ˋ Vacca mitis. Obediens, subditus.—Vache paisible. Obéissant, sujet.

⿰足憂 ˋ Pedes movere. Perturbare. — Remuer les pieds. Troubler.

N. 972. 頡

Hiĕ ˇ In altum volare.—Voler haut.

襭 ˇ Ad cingulum vestes succingere.—Retrousser ses habits jusqu'à la ceinture.

擷 ˇ Colligere, congregare.—Cueillir, ramasser.

纈 ˇ Nodos facere ; alligare. Cingulum sericeum. — Faire des nœuds ; lier. Ceinture de soie.

⿱艹頡 ˇ *Nomen cujusdam plantæ. — Nom de certaine plante.*

† Ordo hic subjungi fortè debuisset tanquàm sectio secundaria phoneticæ 吉 N. 243 ex quâ ducit originem.

N. 973. 賣 賣

Iŭ ́ Vendere.—Vendre.

儥 ́ Vendere.—Vendre.

續 Su ˇ ¯ Continuum : succedere : sine interruptione. Haereditare ; adoptivus.—Continuel : succéder. Heriter ; adoptif.

N. 973.

蕒 Gramen reptans.— Graminée qui rampe.
贖 Xu Redimere ; redemptio ; à peccati pœnâ se eximere.—Racheter ; rédemption ; se délivrer de la peine due à ses fautes.
瀆 Tu Aquaeductus, canalis. Turbidum, sordidum. Contemnere, inhonorare. Iteratis vicibus.— Aqueduc. Trouble. Mépriser.
讀 Legere ; discere, studère. Loqui. = Lire ; apprendre, étudier. Parler. *V. infrà.*
讟 Conqueri. Ex odio alicui detrahere.—Se plaindre. Parler mal de qnelqu'un par haine.
瀆 Inhonorare.— Déshonorer.
匵 Armarium ; arcula. Conservare ; recondere.=Armoire ; cassette, Conserver ; cacher.
璯 *Vas quoddam ex lapide pretioso.=Certain vase en pierre précieuse.*
殰 Abortiri ; foetus in utero matris emortuus.= Averter ; enfant mort dans le sein de sa mère.
櫝 Arcula. Parvus loculus.—Petit coffre. Petit cercueil.
犢 Vitulus. Solummodò, duntaxat.= Veau. Seulement.
牘 Abortiri, abortus. = Avorter, avortement.
牘 Tabula typographica. Tabula genealogica. Tabula in quâ scribitur.= Planche d'imprimerie. Tableau généalogique. Planchette sur laquelle on écrit.
嬻 Inhonestum ; nimia familiaritas. = Déshonnête ; trop de familiarité.
黷 Sordidum ; nigrum, obscurum. Inficiari, maculare. = Sale ; noir, obscur. Souiller.
竇 Teu Foramen in muro. Antrum, aquaeductus.=Trou dans un mur. Antre. Aqueduc.
讀 Virgula ; phrasis non completa.—Virgule ; phrase qui n'est pas achevée.
覿 Ti Invisere. Respicere. Apparere. Occurrere.—Se voir ; visiter. Voir. Paraître. Rencontrer.

† Quùm phonetica haec parùm differat à 賣 (Sub N. 868) quoàd formam, et nullomodò quoàd sensum, in manuscriptis, imò et in libris saepissimè cum eâ confunditur : erronea tamen haec consuetudo devitanda est ab iis qui classicè scribere intendunt.

N. 974. 節 節節

Tsié Moderatio, temperantia ; castitas ; continere se ; sobrius. Bambusae nodi.=Modération, tempérance ; chasteté ; se contenir ; sobre. Les noeuds du bambou.
瀄 Aqua cum strepitu inter saxa decurrens.= Eau qui coule avec bruit à travers les rochers.
癤 Pustulae super cute innascentes. = Pustules qui viennent sur la peau.
爑 Ad ignem rectum facere. Candelæ residua.= Dresser au feu. Les restes d'une chandelle.
櫛 Pecten : capillos pectere. Comæ artificium. — Peigne : se peigner. Coiffure de femme.
擳 Tergere, mundare.—Essuyer, nettoyer.
蝍 Carabus, cancrus.=Crabe.
㑖 Temperantia, moderatio, sobrietas.—Tempérance, modération, sobriété.
幯 Panno aliquid extergere.—Essuyer quelque chose avec un torchon.

† Immediatè procedit à N. 575.

N. 975. 質 貭

Chè Substantia, essentia. Natura; principium. Examinare, comparare. Diligens. Delicatum. Pignus. = Substance, essence. Principe; nature. Examiner, comparer. Diligent. Délicat. Gage.

懫 ´ Irasci; iracundia. Cupiditas. = Se fâcher; colère. Cupidité.

瀪 ˇ Frigore tremere. = Trembler de froid.

礩 ˇ Columnæ vel statuæ basis. = Piédestal.

櫍 ˇ *Instrumentum ad pedes percutiendos in supplicium. = Instrument avec lequel on frappe les pieds aux coupables.*

鑕 ˇ Securis, ascia. = Hache.

劕 ˇ Contractum, abbreviatum. Partiri. = Retiré, raccourci. Diviser.

偫 ˇ Rectum; rectum facere. = Droit; redresser.

躓 ´ Offendere in aliquid, impingere. Cadere. Columnæ basis lapidea. = Chopper contre quelque chose, heurter. Tomber. Piédestal en pierre.

N. 976. 魯

Lù Rudis, rusticus, ignarus. *Nomen regni.* = Grossier, rustique, ignorant. *Nom de royaume.*

滷 ` Aqua salita; salitum. = Eau salée; salé.

櫓 ` Magnus remus in puppi adhibitus. Specula super mœnibus urbis. = Grande rame qui sert de gouvernail. Belvéder sur les murs d'une ville.

穭 ` Segetes spontè nascentes. = Grains qui poussent spontanément.

氌 ` Pannus laneus à Thibetanis confectus. = Drap de laine que l'on fabrique dans le Thibet.

N. 977. 徵 㣲

Chēm Probare, probatio: testificari. Patefacere. Accipere. = Prouver, preuve: testifier. Faire connaître. Recevoir.

瀓 ^ Aqua limpida: clarum. *Quædam urbs in Iün-nan.* = Eau limpide: clair. *Nom d'une ville du Iün-nan.*

癥 ¯ Dolor in ventre. Humores in ventre coagulati. = Mal de ventre. Humeurs coagulées dans le ventre.

懲 ^ Corripere, reprimere: punire. Vincere. = Réprimander, réprimer: châtier. Vaincre.

鄧 ^ *Gens quædam antiqua.* = *Certain peuple ancien.*

蘵 Chè ` Lagerstrœmia indica. *Wild.* = *Nom de plante.*

† Seriò cavendum ne confundatur cum 微 N. 903 cum quâ, primo intuitu, magnam similitudinem habet.

N. 978. 樂 楽

Iǒ Musices, musica instrumenta; = Musique, instruments de musique. (*Lŏ*) Voluptas, lætitia. = Plaisir, volupté, joie.

藥 ˇ Medicina, remedium; herbæ medicinales. Medicinis curare. = Médecine, remède: les herbes médicinales. Guérir, faire la cure de...

爍 Xǒ Ignis splendor. Fulgere. Calefacere. = La clarté du feu. Eclatant. Chauffer.

躒 ˇ Breviores semitas percurrere: per rectam non ire viam = Prendre des raccourcis.

鑠 ˇ Metalla purificare aut liquare: liquefieri. Aurum purum. Vires. = Raffiner ou fondre des métaux: se fondre. Or pur. Force.

擻 ˇ Anceps, fluctuans. = Irrésolu, incertain.

嬫 ˇ Mulier formosa. = Jolie femme.

瓅 Lǐ Gemmarum fulgor, splendor. = L'éclat des bijoux, brillant.

N. 978.

礫 ˇ Parvi lapides : glarea. Lapidum vel testaceorum fragmenta.=Graviers : petits cailloux. Décombres.

轢 ˇ A rotâ pertranseunte conteri. Curruum progressus. = Etre écrasé par un char. Chars qui marchent.

櫟 ˇ Abripere. *Arbor quædam inutilis.*=Enlever. *Certain arbre inutile.*

擽 ˇ Percutere.=Frapper.

皪 ˇ Splendens, clarum.=Brillant, clair.

躒 ˇ Movere ; currere. Pedibus impetere Conculcare.=Mouvoir; courir. Donner des coups de pied. Fouler aux pieds.

N. 979. 鄭 鄭

Chém ˊ Prudens. Diligens ; accuratè. Totis viribus. *Nomen regni.* =Prudent. Soigneux; soigneusement. De toutes ses forces. *Nom de royaume.*

擲 Che ˇ Jacere ; emittere. Rejicere.= Jeter ; lancer. Rejeter.

蘜 ˇ Florens ; amœnum. *Quædam herba.* = Florissant. *Nom d'une certaine herbe.*

躑 ˇ Unico pede saltare. Itinere defatigatus.=Sauter sur un pied. Fatigué du chemin.

N. 980. 巤 巤

Lié ˇ Pili : capilli prolixi. = Poils : longs cheveux.

鬣 ˇ Equi crines. Barba vel coma prolixa. Sordes. = Crins de cheval. Barbe ou chevelure longue. Ordure, malpropreté.

躐 ˇ Equi incessus.=La démarche d'un cheval.

鱲 ˇ *Nomen cujusdam piscis.*=*Nom d'un certain poisson.*

儠 ˇ Gigas : robustus. = Géant : robuste.

獵 ˇ Venari : venatio. = Aller à la chasse : chasser, chasse.

邋 ˇ Transire.=Passer.

毼 ˇ Equi crines. Barba vel coma prolixa. Sordes.=Crinière de cheval. Barbe ou chevelure longue. Malpropreté.

躐 ˇ Prætergredi. Transilire. Pedibus terere. Ordo, gradus. = Passer outre. Sauter au delà. Fouler au pieds. Ordre, grade.

櫴 La ˇ Arbor ex quâ elicitur cera : Stillingia sebifera. *Garden.* = Arbre à suif.

擸 ˇ Trahere, manu ducere.=Tirer, traîner ; conduire avec la main.

鑞 ˇ Stannum.=Etain.

臘 ˇ Finire, perficere. Mensis ultimus anni. Sacrificium quod fit in anni fine. = Finir, achever. Le dernier mois de l'année. Sacrifice de la fin de l'année.

邋 ˇ Lento gressu ire. Vexilli undulatio. Sordidum.=Aller à pas lents. Le flottement d'un drapeau ; flotter. Sale.

皺 ˇ Rugosum.=Ridé, rugueux.

蠟 ˇ Cera ab apibus confecta. Mori folia.=La cire. Feuilles de mûrier.

N. 981. 慮

Liü ˊ Cogitare ; diligenter considerare. Tristis, mœrens. =Penser; réfléchir sérieusement. Triste, chagrin.

濾 ˊ Liquorem à fæcibus separare : stillare ; fæces projicere.=Séparer un liquide de sa lie : filtrer.

鑢 ˊ Lima : instrumentum, ad poliendum ; polire.=Lime : instrument pour polir ; polir.

憴 ˋ Invitus : amaro animo agere.=Faire quelque chose malgré soi : à contre cœur.

N. 981.

勵 / Auxiliari: animos addere. Laudare.=Aider: encourager. Donner des louanges.

藘 ^ Herba ex quâ elicitur tinctura rubra.=Herbe dont on teint en rouge.

矑 / Obiter aspicere. — Regarder en passant.

攄 Chū Extendere: extendere se. — Etendre: s'étendre.

† Vide annotationem N. 917.

†† Meminet me alicubì legisse hanc phoneticam aliquandò synonymam admittere 盧 N. 999; adhibito tamen serio examine nunquàm id sancitum vidi à Dictionariis, etsi reverà magna detur affinitas inter utramque.

N. 982. 蔑 䓊

ᴗ Mié Extingere, finire, perficere. Parùm. Non. Sine. Funis arundinea.= Etendre, finir, achever. Peu. Non. Sans. Corde de bambou.

瀎 ᴗ Aqua rapidè fluens. Inficiari. Delere.=Eau qui coule rapidement. Tacher. Effacer.

搣 ᴗ Percutere. Deformis, curvus. — Frapper. Contrefait, courbé.

衊 ᴗ Sanguis putridus. Inficiari; macula. Calumniari. — Sang gâté. Salir; tache. Calomnier.

蠛 ᴗ Parvum insectum alis instructum.—Petit insecte qui a des ailes.

幭 ᴗ Stratum. Cooperire. Corium in curru adhibitum. — Tapis. Couche. Couvrir. Cuir pour s'appuyer dans un char.

襪 ᴗ Wa
韈 ᴗ
韤 ᴗ
} Tibialia: caligæ: pedum et tibiarum indumenta.— Les bas: bottines: chaussettes.

N. 983. 暴 ｜

´ Pao Crudelis: nocere. Apparere. Evulgare, publicare. Repentè, subitò.—Cruel: nuire. Paraître. Divulguer, publier. Tout d'un coup, à l'improviste.

懪 / Afflictus, mœrens. — Affligé, mélancolique.

謈 / Irâ exardescere.=Etre emporté de colère.

爆 / Crepitatio ignis. Aliquid crepitans cremare.=Pétillement du feu. Brûler quelque chose qui pétille.

儤 / Prætergredi. Ampliùs facere quam est necesse.=Dépasser. Faire plus qu'il ne faut.

曝 / Oculorum caligo.—La cataracte aux yeux.

曝 / Ardentes solis radii. Calor nimius.—Soleil ardent. Chaleur brûlante.

瀑 ᴗ Po Cataracta. Fluctus magni. Subitus imber: magna pluvia. = Cataracte, cascade. Grandes vagues. Averse soudaine: grande pluie.

襮 ᴗ Collare adscitum. Indicare.— Collet postiche. Indiquer.

爆 ᴗ Calidum. Assare. — Chaud. Rôtir.

檏 ᴗ Percussionum sonitus. = Le bruit des coups.

犦 ᴗ Bos strenuus. = Bœuf courageux.

臕 ᴗ Tumefieri.—Enfler.

㬥 ᴗ Irati vox.=La voix d'un homme en colère.

N. 984. 數 数

Xu ′ Numerus ; numerare, supputare. Arrogans.=Nombre; compter, calculer. Insolent.

嘞 ′ Procella, turbo, impetus venti. =Tempête, tourbillon, impétuosité du vent.

擻 ˋ Seu Animos addere, incitare, excutere. Auxiliari.= Encourager, pousser. Aider.

籔 ˋ Magna cista.=Grand panier.

藪 ˋ Terra sterilis. Lacus, stagnum. Lucrum : divitiæ. Populus frequens.= Terrein stérile. Lac, étang. Richesses. Populeux.

† Originem ducit à N. 789.

N. 985. 畾 㠭 厽

Léi ^ Agrorum amplitudo. Spatium. In medio agrorum.=L'étendue des champs. Espace. Au milieu des champs.

瓃 ^ Vas ex lapide pretioso.=Vase en pierre précieuse.

礧 ′ Pellere; mutuò impingere. Coacervare : lapides in mœnibus contra hostes.=Pousser ; se heurter. Accumuler : pierres pour jeter à l'ennemi.

轠 ^ *Quædam currus species. = Sorte de chariot.*

櫑 ^ Cyathus, scyphus, poculum.= Tasse, coupe, gobelet.

擂 ′ Pellere, projicere. Tympanum pulsare.=Pousser, jeter, Battre le tambour.

鑘 ˋ Ensis capulæ ornamenta. = Les ornements de la garde d'une épée.

儡 ˋ Ruere, destruere : nocere. Statua ; simulacra quibus, in comediis utuntur. = S'écrouler, détruire ; nuire. Statue.

藟 ˋ Calamus indicus. *Lin.* Planta repens seu scandens.=Rotin. Liane.

礨 ′ Pellere; mutuò impingere. Servare. Lapides in mœnibus contra hostes congesti. =Pousser; se heurter, Amonceler.

壘 ˋ Superimponere. Vallum militare. Lapidum maceria.=Superposer.Fossé. Mur en pierre.

櫐 ˋ Baculus. Frutex scandens. = Bâton. Liane ; plante grimpante.

勵 ′ Pellere, impellere. = Pousser, heurter.

罍 ^ Vas in quo lavantur manus. Vas vini in quo fulgura et nubes depicta sunt. = Cuvette. Vase orné de peintures.

鸓 ˋ *Species quædam vespertilionis. =Espèce de chauve souris.*

纍 ^ Alligare, vincire. Alios in proprio reatu implicare : intricatum. Innocens occidi =Lier. Impliquer les autres : embrouillé. Mourir innocent.

罍 ^ Rete multis sacculis instructum.=Filet muni d'un grand nombre de poches.

礨 ˋ Locus montibus obsitus.=Endroit montagneux.

† In dubium revocari nequit phoneticas 雷 畾 畾 veluti familiam constituere in quâ dominatur 田 cum pronuntiatione *Léi.* Graphica hæc et phonica communis origo non modò magnam induxit inter prædictas phoneticas affinitatem ; verùm etiam originem præbuit novæ phoneticæ 纍 quæ ex duabus æqualiter procedere videtur, et quæ, aliquandò, velut earum synonyma usurpatur, aliquandò, velut sub phonetica distincta.

Putavimus olìm ordinem sibi proprium huic phoneticæ tribuendum esse ; sed quoniam multò utilius probatum fuit immediatam progeniem parenti phoneticæ subjungere, ibi in subordine referemus composita pauca in quibus nulla datur synonymia inter præcedentes, phoneticas et phoneticam secundariam :

纍 ′ Léi (*Ut suprà.*)

儽 ^ *Lassus, defatigatus, piger.= Las, fatigué, paresseux.*

虆 ^ *Cista ad terram asportandam. Flores in fenestrarum craticulis.=Panier pour transporter de la terre. Fleurs peintes sur les persiennes.*

N. 986. 罷 罢

Pa' Sistere; cessare, finire; sufficit. *Vox euphonica sensu carens.* = Arrêter; cesser, finir: cela suffit. *Son insignifiant employé à la fin d'une phrase.*

穲 ' Messium motus undulatorius. — Mouvement ondulatoire des moissons.

漒 Pài *Nomen cujusdam rivi.* = *Nom d'une petite rivière.*

擺 \ } Aperire, extendere. Ordinare, disponere. Excutere, agitare. = Ouvrir, étaler. Mettre en ordre, arranger. Secouer, agiter.

擘 \

襬 Pēi Pallium: toga: tunica. = Manteau: longue robe: jupe.

鑼 — Aratri cultrum. Terram colere. = Le coutre de la charrue. Labourer.

羆 — Ursus magnus. = Ours de grande espèce.

† Mirum est phoneticam 能 N. 692 quæ præsentis phoneticæ primarium elementum est, nullam habere influentiam in ejus pronuntiationem.

N. 987. 憲

Hièn Lex; regula. Leges edicere. Gubernare. Præfectus, magistratus. Abundantia. = Loi; règle. Publier des loix. Gouverner. Mandarin, magistrat. Abondance.

憓 ' Odium, odisse. = Haîne, haïr.

瀗 ' Morbus aestum incutiens. — Maladie qui cause de la chaleur.

擾 ' Judicare. Manu aliquid capere. = Juger. Saisir quelque chose avec la main.

幰 \ Currûs cortina. = Rideau d'un char.

蠔 Hìn Lumbricus. = Ver de terre, lombric.

N. 988. 親 `

Tsīn Parentes, consanguinei, proximi. Amare, amor. = Les parents, les proches. Aimer, amour.

襯 ' Chen Vestis interior, indusium. Supplere; succurrere, auxiliari. = Habit intérieur, chemise. Suppléer; secourir, aider.

櫬 ' Loculus in vitæ cursu præparatus. = Bière préparée d'avance pendant la vie.

儭 ' Intùs, intrà = Dedans, intérieurement.

賱 ' Pecunia geniis oblata cum quibusdam ritibus. = Argent offert aux esprits suivant certains rites.

嚫 ' Conferre; pecuniam tradere. Retribuere. = Concourir; donner de l'argent. Rétribuer.

N. 989. 龍 龍

Lūn Draco. *Bellua quædam fabulosa quam Sinenses maximè venerantur.* = *Dragon. Certain animal en grande vénération auprès des Chinois.*

竉 \ Foramen: antrum, spelunca. Vacuum. = Trou: antre, grotte. Vide.

瀧 ^ Madefacere. = Mouiller.

礱 ^ } Molendinum; moletrina manualis; molere: tundere. = Moulin, meule à la main: moudre: piler.

礲 ^

聾 ^ Surdus. = Sourd.

壟 \ Sepultura. Parvus collis in medio agrorum. = Tombeau. Tertre au milieu des champs.

櫳 ^ Fenestrarum craticulæ; velum. = Grillage des fenêtres; voile, treillis.

蠪 ^ *Vulpes fabulosa novem capita et caudas habens.* = *Renard fabuleux à 9 têtes et 9 queues.*

龐 ^ Plenum, solidum. = Plein, massif.

字聲綱目

N. 989.

襱 ^ Pallium.=Manteau.

爖 ^ Comburere.=Brûler.

瓏 ^ Lapillorum tinnitus. Venti crepitus. Gemma.=Tintement des pierres précieuses. Le bruit du vent. Bijou, perle.

櫳 ^ Vivarium ; septum pro belluis. Cavea pro avibus. Januæ crates.=Ménagerie. Cage. Grillage à la porte.

韈 ^ Equi habenæ.=Les rênes du cheval.

攏 ˎ Aggredi: rapere. Colligere: addere. Manu comprimere.=Assaillir: enlever. Cueillir: ajouter. Presser avec la main.

隴 ˎ Rus. Magnus agger.=La campagne. Grande digue.

籠 ^ Cavea. Cista arundinea. Capsa.=Cage. Panier en bambou. Malle.

饟 ^ *Species placentæ.* = *Sorte de gâteau.*

穠 ^ Segetes adustæ. = Moissons brûlées.

朧 ˎ Pinguis, obesus.=Gras.

朧 ^ Luna oriens obscura. Obscurum.=Lune embrouillée à son lever. Obscur.

艨 ˉ Navicula. Navicula longa et augusta.=Canot. Bateau effilé.

徿 ˎ Tortuosè incedere.= Marcher d'une manière tortueuse.

儱 ˎ Vas nondùm completum. Aliquid inceptum non perficere. =Vase inachevé. Ne pas achever une chose commencée.

蘢 ^ *Herba quædam amara.* Frondosum.Congregare.=*Certaine herbe amère.* Feuillu.Ramasser.

曨 ^ Sol oriens obscurus.= Soleil qui se lève embrouillé.

嚨 ^ Guttur, fauces. = Le gosier, la gorge.

躘 ˏ Pueri incessus. =La démarche d'un enfant.

巃 ^ Mons altissimus. Vertex, cacumen.=Montagne très élevée. Cime, sommet.

寵 ˎ Chum Gratia, favor, beneficium. Honor. Amor; pretio habere.= Grâce, faveur, bienfait. Honneur. Amour ; apprécier.

纜 ˎ Verum, rectum.=Vrai, droit.

襲 ˘ Si Vestis duplex, pannus subsutus. Consequi : felix ; secundùm.=Habit doublé, doublure.Obtenir: heureux; favorable.

龐 ^ Pam Magnum, amplum. Qualitas rerum. = Grand, ample. La qualité d'une chose.

讋 ˘ Chee Animum despondere; timere. Subjicere se = Se décourager ; craindre. Se soumettre.

† Ex quo secta *Fo* seu *Buddha* tot mirabilia et mysteriosa arcana de dracone praedicavit, Sinenses cogitarunt hanc phoneticam inter classificas annumerare, eique subjunxerunt viginti circiter litteras parùm in usu ; evidens tamen est habendam non esse velut classificam, nec pro tali habitam fuisse ab antiquis ; in litteris enim praedictae classis adhibetur merè velut phonicum elementum, et sensus deducitur ex classificâ quae ipsi accedit.

N. 990. 褱 褢

^ Huai Vestis manicae. In sinu recondere.= Manches d'habit. Cacher dans son sein.

懷 ^ Considerare, in mente revolvere : cogitatio : cor. In sinu recondere, amplecti. Servare. = Réfléchir ; pensée : cœur. Cacher dans son sein, embrasser. Garder.

瀤 ^ *Quidam fluvius.=Certaine rivière.*

瀤 ˏ Balare, balatus.=Bêler, bêlement.

櫰 ^ *Arbor quædam fructu edulí. =Certain arbre dont le fruit est bon à manger.*

N. 990.

壞 ˊ Corrumpi: frangi; destruere, frangere; nocere. Odisse.=Se corrompre: se briser; détruire; rompre; nuire. Haïr.

孃 ˆ Tranquillus, placidus.=Tranquille, pacifique.

N. 991. 喬 喬

一 Tem ˆ Ascendere.=Monter.

驕 ˆ Ascendere: saltu elevari. Citato cursu ferri.=Monter: sauter en haut. Aller au galop.

驕 ˆ Ascendere. Equi saltus.=Sauter. Le saut d'un cheval.

僑 ˆ Longum, prolixum. Lentus: tardè.=Long, étendu. Lent: lentement.

黷 ˆ Cœlum obscurum: fuscum.=Ciel obscur: sombre.

蹻 ˆ Ascendere; equi saltus.=Sauter; le saut d'un cheval.

† Vide annotationes N. 666.

N. 992 霍

Hô ˇ Festinare, citò. Mons aliis altior. *Cognomen.* = Se hâter, vite. Montagne plus haute que les autres. *Nom propre.*

癨 ˇ Evomere. Ventris infirmitas.=Vomir. Maladie du ventre.

鸐 ˇ Avis altè volans. Genii, spiritus.=Oiseau qui vole haut. Les génies, les esprits.

驩 ˇ Equus collo albo.=Cheval au cou blanc.

擢 ˇ Manu attrectare. Jocari. Agitare=Palper. S'amuser. Agiter.

臛 ˇ Jusculum aut pulmentum ex carne. Fumo carnem desiccare. Obscurare.=Bouillon de viande, Fumer de la viande. Noircir.

皬 ˇ Color albus, albidum.=Blancheur, blanc.

藿 ˇ Phaseolus; phaseoli folia. Herbæ odorae.=Haricot; feuilles de haricot. Herbes odoriférantes.

矐 ˇ Igne oculis admoto excaecare.=Aveugler en mettant du feu aux yeux.

N. 993. 歷 歷

Li ˇ Transire, succedere. Generationes sibi invicem succedentes. Experiri.=Passer, se succéder. Générations qui se succèdent. Essayer, éprouver, goûter.

瀝 ˇ Guttatìm fluere. Ultimae guttae quae in vase supersunt.=Couler goutte à *goutte. Les* dernières gouttes qui restent dans un vase.

癧 ˇ Scrophulae, strumae.=Les écrouelles.

攊 ˇ Ovis nigri coloris.=Brebis noire.

靂 ˇ Tonitru, fulmen.=Le tonnerre, la foudre.

礰 ˇ Lapidum sonitus. Nitidum, splendens.=Bruit des pierres. Luisant, brillant.

轣 ˇ Via pro curribus. Orbita.=Chemin pour les voitures. Ornière.

櫪 ˇ Stabulum, caula, praesepe.=Etable, bergerie, crèche.

飋 ˇ Flare, perflare. Venti sibilus.=Souffler. Le sifflement du vent.

纚 ˇ Confinium linea: terminus, limites.=Ligne qui marque les confins: termes, limites.

藶 ˇ Sisymbrium: cardamine.=Du cresson.

嚦 ˇ Psittaci garritus.=Le babil du perroquet.

N. 993.

躐 ∪ Pede leviter terere. — Fouler légerement aux pieds.

† Vide N. 946 in annotatione primâ.

†† Peculiaris attentio præbenda est varietati hujus phoneticæ, quia saepissimè in usu venit, frequentiùs fortassè quam phonetica ipsa originalis.

N. 994. 噩

∪ Ngo — Perterritus, pavor, gravitas, simplicitas=Epouvanté, frayeur, gravité, simplicité.

讍 ∪ *Cognomen.— Nom propre.*

顎 ∪ Aspectus gravis majestate plenus.= Aspect grave et majestueux.

櫮 ∪ Plantæ luxuriantes.—Plantes vigoureuses.

鱷 ∪ Crocodilus. Crudelis ; tyrannus.=Crocodile. Cruel: tyran.

蘁 ∪ Floris partes intimæ. Rebellare. Resistere.=Le parties intérieures d'une fleur. Se révolter, résister.

崿 ∪ Littus altum.—Rivage élevé.

† Vide annotationem N. 603.

N 995. 覽 覧

\ Lan — Ictus oculi ; aspicere, investigare, observare.—Un coup d'œil, regarder, examiner, observer.

爦 \ Fax, taeda.— Torche, flambeau.

欖 \ *Fructus quidam olivæ simile. —Certain fruit semblable à l'olive produit par un arbre de la famille des Terminaliées.*

攬 \ Cum fune trahere. Aliis solvenda tributa sibi sumere. Congregare.—Tirer avec une corde. Accaparer. Ramasser.

纜 \ Alligare. Funis quo navis littori alligatur: ligamen.—Lier. Câble qui retient un navire: attache.

N. 996. 賴 頼

/ Lai — Confidere, inniti. Bonum, justum — Se confier, s'appuyer. Bon, juste.

瀨 / Aqua super arenâ fluens. Cataracta.= Eau qui coule sur le sable. Cascade.

癩 / Lepra : leprosus. — La lèpre ; lépreux.

禷 / In sacrificando negligens. Ruere, decidere. — Négligent au sacrifice. Tomber, s'écrouler.

籟 / Fistula pastoralis. — Chalumeau.

藾 / Obumbrare, protegere.=Ombrager, protéger.

嚽 / Ventis sibilus.—Sifflement du vent.

攋 ∪ La — Provocare. Manu repellere. Destruere. — Provoquer. Repousser avec la main. Détruire.

纇 ∪ Vestis vetusta.—Habit usé.

懶 Lan — Pigritia, piger, tardus negligens — Paresse, paresseux, lent, négligent.

嬾 \ (same as above)

瀨 ∪ Ta — Aqua per mediam arenam fluens.—Eau qui coule à travers le sable.

獺 ∪ Castor. *Species quædam felis.* Meretrix.—Le castor. *Espèce de chat.* Prostituée.

† In quibusdam compositis hæc phonetica eamdem pronuntiationem admittit ac 剌 N. 635 : anne littera 束 habenda esset velut ipsarum radix phonica ?

N. 997. 燕 燕

´ Ién — Hirundo. Quiescere ; otiari.= Hirondelle. Se reposer ; ne rien faire.

讌 ´ Convivium ; invitatorum cœtus ; societas. Conversari. Lætari.=Repas ; assemblée ; société. Converser. Se réjouir.

驠 ´ Equus niger tergo albo =Cheval noir à croupe blanche.

鷰 ´ Hirundo.=Hirondelle.

臙 ˉ Minium.=Du vermillon.

嬿 ´ Venustas : pulchrum. Mulier. Mollitudo. — Beauté : joli. Femme. Délicatesse, souplesse.

曣 ´ Sol oriens sine nubibus.=Soleil levant sans nuages.

嚥 ´ Deglutire : guttur. — Avaler : gorge.

N. 998. 穌

ˉ Su — Resurgere, à mortuis reviviscere. Lætari. Pax.=Ressusciter. Se réjouir. Paix.

[illegible] ˉ Membrorum imbecillitas : debilitas. = Faiblesse dans les membres : prostration de forces.

[illegible] ˉ Tugurium ; domus ex paleis confecta.=Chaumière ; maison en paille.

[illegible] ˉ Vinum ex lacte confectum. — Vin fait avec du lait.

櫯 ˉ *Lignum quoddam rubrum.* — *Certain bois rouge.*

[illegible] ˉ Destruere, dissipare.=Détruire, dissiper.

蘇 ˉ Scrophularia. Lignum campecinum. Myrrha. Nasci. Resurgere, exurgere, suscitare. Lætabundus. = La scrophulaire. Bois de campêche. Naître. Résusciter, se lever. Joyeux.

N. 999. 盧 盧 一

^ Lu — Arator. Canis venator. Fornax, furnus. Nigrum. *Cognomen* = Laboureur. Chien de chasse. Fournaise, four. Noir. *Nom propre.*

瀘 ^ *Fluvius in Se chuan quem pertranseuntes mori dicuntur.* = *Fleuve du Se-chuan qui cause la mort à ceux qui le passent.*

[illegible] ^ Plagae, vulnera.—Plaies, blessures.

爐 ^ Foculus ; prunarium ; thuribulum.=Réchaud ; petit fourneau ; encensoir.

轤 ^ Trochlea ; rotula in quâ volvitur putei funis. — Poulie, la poulie d'un puit.

櫨 ^ Pedunculus. Mespilus japonica.=Le pédoncule des fleurs. Néflier du japon.

壚 ^ Fornax, foculus. Terra nigra et dura. Popina.=Fournaise, réchaud. Terre noire et compacte. Taverne.

攎 ^ Herbas congerere.=Ramasser des herbes.

鑪 ^ Foculus æreus. Vas vini. = Réchaud en cuivre. Vase pour le vin.

罏 ^ Amphora pro vino. — Jarre pour le vin.

臚 ^ Pellis, cutis. Anteriora ventris. Ordinare, disponere.= La peau. Le devant du ventre. Mettre en ordre, arranger.

艫 ^ Navis prora. Navis.=La proue d'un navire. Navire.

鱸 ^ Tursio albus provinciae Kiamnan. =Marsouin blanc de la province du Kiam-nan.

獹 ^ Canis venaticus. — Chien de chasse.

纑 ^ Cannabis fila purgata telis texendis apta. — Chanvre filé prêt à être tissé.

顱 ^ Calvaria : frons. Caput obtruncatum. — Le crâne : le front. Tête tranchée.

[illegible] ^ Cucurbita : rotundum.—Courge : rond.

字聲綱目

N. 999.

鸕 ^ *Avis quædam aquatilis pisces capiens.= Certain oiseau aquatique qui prend les poissons.*

蘆 ^ Calamus, juncus, canna. Napus.=Roseau, jonc. Navet.

嚧 ^ Vox porcos advocantis. Ridere. = Cris de quelqu'un qui appelle les cochons. Rire.

髗 ^ Calvaria. Frons.=Le crâne. Le front.

廬 Lû Tugurium, domus campestris. Diversorium. Cubiculum. = Chaumière, maison champêtre. Auberge. Chambre.

驢 ^ Asinus.=L'âne.

蘆 ^ Tugurium, domus campestris. Diversorium. = Chaumière, maison champêtre. Auberge.

† Vide annotationem N. 917 et 981.

†† Diligenter memoriâ tenendum est hanc phoneticam saepè adhiberi in sensu compositorum ejus, et ideò ex contextu dijudicandum esse quaenam significatio in unoquoque casu ipsi conveniat.

N. 1000. 𧝎

Hiai ' Fortis, strenuus. Angustum.= Fort, courageux. Etroit.

懈 ' Cogitabundus.=Pensif.

瀣 ' Vapor.=Vapeur.

謑 ' Admonere, hortari.=Avertir, exhorter.

鮭 ' *Nomen cujusdam piscis.=Nom d'un certain poisson.*

僾 ' Fortis, valens: cor nobile.= Fort, vaillant: cœur noble.

薤 ' *Species porri somnum fugantis.= Espèce de porreau qui chasse le sommeil.*

囈 ' Cantus funebris.=Chant funèbre.

N. 1001. 頻

Pin ^ Multotiès; valdè. Semper. Urgens, festinus. Palpebra superior.=Plusieurs fois; beaucoup. Toujours. Urgent, pressé. La paupière de dessus.

瀕 ^ Littus, ora.=Rivage, bord.

櫇 ^ *Pruni species.* Mala opera.= *Espèce de prunier.* Actions mauvaises.

顰 ^ Festinus, urgens. Tristis, mœrens.=Pressé, urgent. Triste, mélancolique.

蘋 ^ *Herba quædam aquatilis simul cum radice innatans: Pistia stratiotes. Lin.=Certaine plante aquatique qui surnage.*

嚬 ^ Ridere, ridens. Frontem corrugare.=Rire, riant. Froncer le front ou les sourcils.

N. 1002. 縣 縣

Hièn ' Civitas tertiæ classis: præfectus ejusmodi civitatis. Districtus, regio. =Ville de 3e ordre: mandarin de cette sorte de ville. District, pays.

懸 Hiuèn ^ Pendere, suspendere. Anxietas.=Pendre, suspendre. Anxiété.

蠉 ^ *Quoddam insectum.=Nom d'insecte.*

䁂 ^ Oculi pupilla. = La prunelle des yeux.

N. 1003. 雟 雟雟雟

Hî
Regula, lex. *Species hirundinis.* Una rotæ revolutio. = Règle, loi. *Espèce d'hirondelle.* Un tour de roue.

攜 ^ Erigere; sustinere. Deferre. Manuducere. Secedere. = Dresser; soutenir. Porter. Conduire par la main. Se retirer.

鑴 ^ Magna campana. Vapor niger circa solem. = Grande cloche. Vapeur noire autour du soleil.

饎 ^ Jentaculum: parva refectio. = Déjeûner: petit repas.

觿 ^ Subula cornea vel eburnea cingulo appensa. Magna testudo. = Poinçon en corne ou en ivoire que l'on porte à la ceinture. Grande tortue.

蠵 ^ Magna rana. = Grosse grenouille.

酅 ^ *Nomen loci.* = *Nom d'endroit.*

嚯 Hŏ Jactantia. = Jactance, se vanter.

劐 — Minuere. Excavare. = Diminuer. Creuser.

† Graphicè originem ducit à N. 904.

N. 1004. 蹇

Kièn
Claudicare; claudus. Impeditus; oppressus. Obstaculum. = Boiter; boiteux. Entravé; opprimé. Obstacle.

謇 ˋ Avidè comedere. = Manger avec avidité.

褰 ˋ Femoralia. Vestes succingere ad vadum transeundum. = Caleçons. Retrousser ses habits pour passer un gué.

驏 ˊ Asinus. = Ane.

攓 ˋ Aquam haurire. = Puiser de l'eau.

儯 ˋ Superbus, elatus. Contemptim tractare. = Orgueilleux, traiter avec mépris.

蹇 ˋ *Quædam planta.* = *Nom d'une certaine plante.*

謇 ˋ Balbutire. = Bégayer, balbutier.

† Si litterae 寋 搴 saepè haberi debent tanquam varietates phoneticae originalis 寒 N. 608, ut ibidem dictum fuit; id à fortiori dicendum est circa phoneticam hanc, quae praedictas litteras reverà ut synonymas in compositis admittit, etsi per se quoad sensum dissimiles sint.

N. 1005. 襄 褱

Siām
Auxiliari: excitare. Extrahere. = Arder: encourager. Tirer dehors.

瓖 — Gemma auro inclusa. Cinguli lapis pretiosus. = Pierre précieuse enchâssée. Pierre précieuse fixée à la ceinture.

驤 — Equus currens. Erigere se, attollere. = Cheval qui court. Se dresser, élever.

欀 — *Arbor quædam.* = *Sorte d'arbre.*

鑲 — Cælare. Gemmas auro inserere. Intermiscere. Arma bellica. = Graver. Enchasser des pierreries dans de l'or. Mélanger.

膷 — Medulla. Pinguedo porcina. = Moëlle. Graisse de porc.

儴 — Hæsitare. = Hésiter.

懹 Jâm Timere, pavere. = Craindre, être effrayé.

瀼 ^ Ros abundans. Fluere. = Rosée abondante. Couler.

讓 ˊ Cedere: se aliis postponere. Non superbire. Tumultus, strepitus. = Céder: se soumettre aux autres. Ne pas s'enorgueillir. Tumulte, bruit.

鄕 ^ *Nomen loci.* = *Nom d'endroit.*

N. 1005.

勷 ^ Alium urgere : festinatio : quàm celerrimè. = Presser quelqu'un : hâte ; très vite.

毴 ^ Capilli incompti. = Cheveux en désordre.

瓤 — Cucurbitarum pars edulis, seu sarcocarpium. — La chair des courges.

攘 ^ Vi attrahere. Tumultuari. Suo libitu relinquere. Succingere. Expellere. = Tirer avec force. Troubler. Laisser quelqu'un à son gré. Retrousser. Chasser.

爙 、 Ignis. = Feu.

霹 ^ Ros abundans. Fluere. = Rosée abondante. Couler.

禳 ^ Mala deprecari ; fausta implorare. Sacrificium deprecatorium. = Conjurer les calamités. Sacrifice déprécatoire.

鬤 ^ Incompti capilli. = Cheveux en désordre.

欀 、 Arbores in viis. = Arbres qui se trouvent sur les chemins.

壤 、 Terra optima : terra culturæ tradita. Affluentia. = Bon terrein ; terrein cultivé. Affluence.

攘 ^ Vi attrahere. Perturbare, tumultuari. Succingere. Expellere. = Tirer avec force. Faire du tumulte. Retrousser. Chasser.

彏 、 Curvum. = Courbé.

籑 ^ Cista orizæ lavandæ idonea. = Panier pour laver le riz.

穰 ^ Abundans. Annus fecundus. Segetum culmi. Sacrificari = Abondant. Année d'abondance. Chaume. Sacrifier.

躟 、 Præcipiti gressu incedere. Perterritus. = Marcher avec précipitation. Effrayé.

儴 ^ Debilis, viribus exhaustus. = Faible, epuisé de forces.

獽 ^ Simii species quædam. = Espèce de singe.

孃 ^ Inquietus, turbatus. Robustus. Inquiet, troublé. Robuste. *V. infrà.*

蘘 ^ *Quædam herba. — Nom d'une certaine herbe.*

嚷 、 Plures magna voce clamantes. = Plusieurs qui crient à haute voix.

躟 、 Præcipiti gressu incedere. Perterritus. = Marcher avec précipitation. Effrayé.

蠰 ^ *Species locustæ. = Sorte de sauterelle.*

Niam

糵 、 Offa ex carnibus, piscibus et herbis minutim concisis. Miscere, mixtim. = Pâté de viande, de poisson et d'herbes hachées. Mêler, mélangé.

釀 ˊ Vinum ; vinum fermentare. = Vin ; faire fermenter le vin.

孃 ^ Mater, femina, puella. — Mère, femme, fille.

Nam

曩 、 Antiquitùs, olim : tunc : præteritum. = Anciennement, autrefois : alors : le passé.

N. 1006. 羲 䥍

Hi

— *Sinarum imperator quidam antiquissimus. = Nom d'un des premiers empereurs de Chine.*

犧 — Victima pro sacrificio. Unicolor : color simplex. = Victime pour un sacrifice. D'une seule couleur : couleur simple.

曦 — Lunæ splendor. = La clarté de la lune.

䀀 — Oculorum motus. — Le mouvement des yeux.

曦 — Solis claritas. Lux splendor. — La clarté du soleil. Lumière, éclat.

巇 — Abruptum ; montium viæ periculosæ. = Escarpé ; précipice. Chemins dangereux à travers les montagnes.

† Videndum ne confundatur cum N. 880.

N. 1007. 霜

Xuam ˉ Pruina ; ros frigore concretus. Gelu.=Gelée blanche ; rosée gelée. Glace.

孀 ˊ Aliquid mortem inferens. = Chose qui donne la mort.

鸘 ˉ Accipiter. Avis quædam anseri sylvestri similis. = Faucon. Certain oiseau semblable à l'oie sauvage.

驦 ˉ Equus optimæ speciei.=Cheval de bonne race.

孀 ˉ Vidua: viduitas = Veuve: veuvage.

† Immediatè procedit à N. 538.

N. 1008. 聯 䏈

Liên ˆ Connexum, continuum, colligatum ; unire ; simul. Inscriptiones ad januæ latera.=Joint, attaché ensemble, continuel ; joindre. Inscriptions aux côtés de la porte.

㶑 ˆ Quidam rivus. =Nom de rivière.

獜 ˆ Cuniculi incessus saltatorius. =Démarche sautillante du lapin.

𡑴 ˆ Lin Terra exculta.=Terrein cultivé.

† Nemo non videt præcipuum et singulare hujus phoneticæ elementum reperiri in 丱 Kuán Filo trajicere.=Enfiler : miror autem non dari pronuntiationis identitatem sicut observatur in aliâ ejusdem originis litterâ, scilicet 關 (var. 関闗関) Kuān Telonium. Portæ in regni confiniis. Claudere. Consequentiæ alicujus rei. = Douane. Portes sur les frontières. Fermer. Les conséquences d'une chose. Cæterùm ipsa littera 䜌 agnoscit 丱 Kuán Puerorum capillos nectere in duorum cornuum formam.=Attacher les cheveux des enfants en deux petites touffes sur les côtés du front velut elementum phoneticum originale.

N. 1009. 闌 阑 丆

Lan ˆ Deficere ; finire : consumi. Obstruere. Cooperire.=Manquer ; finir : se consumer. Obstruer. Couvrir.

瀾 ˆ Fluctus, undæ.=Les flots, les vagues.

讕 ˊ Calumniari, obloqui, murmurare. = Calomnier, dénigrer, murmurer.

襴 ˆ Vestis. Vestis inconsutilis. = Habit. Habit sans coutures.

斕 ˆ Diversis coloribus ornatum ; pulchrum.=Orné de differentes couleurs ; joli.

糷 ˊ Oryza cocta in massam reducta. =Riz cuit réduit en masse.

爛 ˊ Nimis coctum : maturum, fractum : putridum. Splendor. Opprimere.=Trop cuit Mûr : brisé : pourri. Eclat. Opprimer

瓓 ˊ Gemmæ nitor.=Le lustre d'une pierre précieuse.

欄 ˆ Cancelli, septum. Arbor quædam gummifera. = Grillage, palissade. Certain arbre qui produit de la gomme.

攔 ˆ Impedimento esse. Manu aliquid detinere. Dubium.=Empêcher. Retenir. Doute.

鑭 ˊ Æris splendor. = L'eclat du cuivre.

蘭 ˆ Orchidearum et magnoliarum commune nomen. Aglaia. Chlorantus Florens. = Nom des orchidées et magnoliers en général. Florissant.

讕 ˆ Verba quæ explicari nequeunt.=Langage inexplicable.

躝 ˆ Prætergredi. Transilire.=Passer outre. Sauter au delà.

襴 ˆ Vestis inconsutilis. = Habit sans coutures.

† Cavendum ne confundatur cum N. 943.

N. 1010. 韱 𢦏

Tsiēn — Porri sylvestres. Tenue, delicatum : modicum.=Porreaux sauvages. Mince, délicat : peu.

瀸 — Humectare. Extinguere.=Humecter. Eteindre.

殲 — Occidere ; extinguere : delere. Vulnerare. = Tuer ; éteindre: effacer. Blesser.

櫼 — Cuneus. Acuminatum. Ingenio perspicax.=Coin. Pointu. Esprit subtil.

籤 ˆ Festuca ad dentes emundandos. Arundinum frusta divinatoria. Signum. Acutum.=Curedents. Bâtonnets divinatoires. Aigu. Signal.

𦢊 — Carnis jusculum. = Jus de viande, bouillon.

𡅅 / Prodigus.=Prodigue, libéral.

㡨 — Vexillum, signum Inscriptio. =Drapeau. signal. Pavillon.

襳 Siēn — Indusium : vestis interior. Cingulum.= Chemise : habit de dessous. Ceinture.

𥗊 / Fulgetrum.=L'éclair.

孅 — } Tenue, subtile, delicatum, parvum, debile. Acutum. Intelligere.=Mince, fin, délicat, petit, faible. Aigu. Comprendre.

纖 —

讖 Tsán — Prognosticum, augurium.=Pronostique, presage, augure.

懺 Chán — Culpam agnoscere ; veniam petere : pœnitere.=Reconnaitre sa faute; demander pardon: se repentir.

† Originem trahit à N. 532.

N. 1011. 毚 𠒎

Chân — Lepus.=Lièvre.

瀺 — Aquæ superficies. Strepitus aquæ desilientis.=La surface de l'eau. Bruit d'une chute d'eau.

讒 ˆ Murmurare, calumniari. Adulatio.=Murmurer, calomnier. Adulation.

欃 — *Arbor quædam ligno fragranti.* Cometa.=*Arbre au bois odoriférant.* Comete.

韂 ˆ Equi stratum : quod sellæ substernitur.=Housse de cheval.

𡓐 / Circuitus : lines circa tumulum vel altare. = Enceinte, contour. Ligne de démarcation d'un tombeau ou d'un autel.

攙 — Manu sustinere : ad surgendum adjuvare. Pungere.=Soutenir avec la main : aider a se lever. Piquer.

鑱 — Caelare, incidere, pungere, perforare. Acumen.= Graver, ciseler, piquer, percer Pointe.

饞 ˆ Nimia ciborum aviditas. Gulosus. = Gourmandise. Gourmand.

艬 — Magna navis.=Grand navire.

𤮐 ˆ Urna, hydria.=Cruche, jarre.

𩕊 — Caput oblongum. = Tête oblongue.

𣤶 — Ridere.=Rire.

劖 — Scalprum ; sculpere ; præcidere, secare.=Ciseau ; sculpter : couper.

𤗺 — Agger ligneus contra irruptionem aquarum.=Digue en bois pour retenir les eaux

儳 / Confusè, inordinate Crudelis. Turba, = Confusement, sans ordre. Cruel. Foule.

𤢀 — Canis latratus.=Aboiement d'un chien.

𪒵 — Litteras erroneas exculpere. =Graver des caracteres erronés.

𥌗 ˆ Cum irâ respicere. Oculi profundi.=Regarder avec colère. Yeux enfoncés.

嚵 ˆ Gulosus. Primis labiis attingere.=Gourmand. Goûter du bout des lèvres.

N. 1011.

蹝 ˉ Progredi, ire.—Avancer, marcher, aller.

巉 ˆ Mons inaccessus. — Montagne inaccessible.

纔 ˆ Tsai Nuper, modò, statìm, statìm ac, brevi, posteà, deindè, tunc. Color remissus. = Tout à l' heure, aussitôt, en peu de temps, après, ensuite, alors. Couleur pâle.

† Si aliqua inest distinctio inter sonos *Ch'an* et *Ts'an*, adeò exigua est, ut absque ullâ difficultate unicus ex duobus hisce soni[s] servari queat, etsi quidam Dictionarii tonici easdem litteras sub unaquâque pronuntiatione distinctè referant sine mutatione significationis.

N. 1012. 鮮

Siēn Recens v. g. *piscis, caro, herbæ &c.*, novum, splendidum, venustum. Parùm. = Frais, nouveau, brillant, joli. Peu.

灖 ˋ *Quidam fluvius.* — *Nom de rivière.*

癬 ˋ Impetigines. Morbus ex unâ in aliam cutis partem serpens. —Dartres. Maladie qui envahit la peau.

霹 ˊ Nix cadendo liquescens. = Neige qui fond en tombant.

櫯 ˋ *Quædam arbor.* = *Nom d'un certain arbre.*

蘚 ˋ Muscus. Muscus post pluviam in muris nascens. = Mousse. Mousse qui naît sur les murs humides.

蹮 ˊ Circuire. Saltare.—Rôder, aller çà et là. Sauter.

N. 1013. 龠 侖

Iŏ Fistula musica. *Quædam mensura.*— Flageolet, flûte. *Nom d'une certaine mesure.*

瀹 ˘ Carnes et herbæ simul coquere. Aqua decurrens. Lavare. Se movere.—Cuire de la viande avec des herbes. Eau courante. Laver. Bouger.

爚 ˘ Fulgens, splendens. Fulgetrum. Celerrimmè.=Brillant, éclatant. Eclair. Très vite.

禴 ˘ Sacrificium aestivum.—Sacrifice d'été.

闟 ˘ Janua. Sera : clavis.— Porte. Serrure : clef.

籥 ˘ Fistula arundinea brevis tribus foraminibus instructa. = Flageolet ou flûte courte à trois trous.

鑰 ˘ Clavis : sera. Vas pro vino.= Clef : serrure. Vase pour le vin.

躍 ˘ Calceamenta. Ire. *Vasa sacra.* —Souliers. Aller. *Vases sacrés.*

籲 ˊ Iü Enixè rogare, implorare. Clamare.—Prier avec ardeur, implorer. Crier.

† Dictionarii Sinic[i] 萬古𩙪王 et 康熙字典 disserentes de ultimâ hujus ordinis litterâ, affirmant formam ejus classicam eam esse quam tradidimus, et erroneam esse consuetudinem quae latè patet eam scribendi 籲 :

Attento veteri dictionario 說文 in quo posterior haec forma solùm reperitur et non alia, dubito an praedictorum auctorum opinio in vero fundetur : quidquid autem sit, consuetudo scribendi 籲 tàm communis evasit, ut tanquàm lex nunc haberi debeat.

†† Est etiam classifica regitque fermè viginti litteras parùm in usu quarum sinistrum latus occupat.

N. 1014. 薛 辥

Sié ˇ 薛 Juncus : cyperus. Culpa, peccatum. *Cognomen.* = Jonc: souchet. Faute, péché. *Nom propre.*

孽 ˇ Despicere, contemnere.=Mépriser.

𦼮 ˇ Praecidere, amputare.=Couper, trancher.

蘖 ˇ 躠 ˇ Tortuosè incedere ; circuire. Conari. = Marcher d'une manière tortueuse ; faire des détours. Faire des efforts.

Ié ˇ 櫱 Segetes erumpentes. Arborum prima germina. = Moissons qui commencent à pousser. Les premiers germes des arbres.

孼 ˇ Concubinae filius. Valdè ornatum.=Fils de concubine. Très orné.

N. 1015. 嬰

Im ˉ 嬰 Infantulus : puer recens natus. Circumdare, ligare. = Petit enfant. Enfant qui vient de naître. Entourer, lier.

癭 ˋ Tumidum guttur.=Le goître.

㢾 ˋ Pacificè vivere. = Vivre en paix.

瓔 ˉ *Quidam lapis pretiosus.=Nom d'une pierre précieuse.*

櫻 ˆ Cerasa : cerasus. = Cerise : cerisier.

攖 ˉ Provocare, impetere. Turbare, confundere. Digitis sumere.= Provoquer, attaquer. Troubler, confondre. Prendre avec les doigts.

孾 ˉ Puer : infantula recens nata.= Enfant : petite fille qui vient de naître.

纓 ˉ Flocci sericei quibus ornantur pilei. = Flocons ou glands en soie dont on orne les bonnets.

癭 ˋ Tumidum guttur.=Le goître.

鸚 ˉ Psittacus.=Perroquet.

矎 ˉ Oculi sine lumine=Yeux obscurcis.

嚶 ˉ Avium suavis garritus. = Chant agréable des oiseaux.

巊 ˋ Altum, montuosum. = Haut, montagneux.

† Immediatè fluit à N. 959 cujus annotatio consulenda est.

N. 1016. 竄 竄

Tsuan ˊ 竄 Fugere, abscondere se. Mutare, corrigere, reformare. Expellere; in exilium mittere. = Fuir, se cacher. Changer, corriger, réformer. Chasser ; envoyer en exil.

驡 ˊ Equus velox. Levis.=Cheval à course rapide. Léger, agile.

攛 ˊ Projicere, abjicere. Ad malum inducere.=Jeter, rejeter. Induire au mal.

鑹 ˊ Hasta ; breve.=Pique ; court.

† Principium hujus phoneticæ elementum, scilicet 鼠 Xù *Mus = Rat* inter classificas recensetur, tenetque sinistrum phoneticarum latus.

N. 1017. 雜

Tsa ˇ 雜 Miscere ; mixtum : omnigenum ; diversum.=Mêler ; mélangé; de toute espèce ; différent.

磼 ˇ Lapidum copia. Glarea. = Grande quantité de pierres. Gravier.

囃 ˇ Turbæ plaudentis clamores.= Cris d'applaudissement de la multitude.

N. 1018. 聶

聶 ˇ Nié — Ad aures loqui: secretò. — Parler à l' oreille: secrètement.

讘 ˇ Verbositas: nimiùm loqui. = Babil: parler beaucoup. *V. infrà.*

[illegible] ˇ Calefacere; ignis. — Chauffer; feu.

顳 ˇ Menti os. = L'os du menton.

[illegible] ˇ Equus velociter incedens. Currere. = Cheval qui va rapidement. Courir.

攝 ˇ Pacificum; placidum. Manu prehendere. = Pacifique; tranquille. Saisir avec la main.

[illegible] ˇ Parvæ forcipes. — Petites pinces.

鑷 ˇ Parvæ forcipes quibus evelluntur pili. Evellere. Cochleare. = Pincettes avec lesquelles on arrache les poils. Arracher. Cuillère.

[illegible] ˇ Calor tenuis. — Chaleur douce.

囁 ˇ Secretò contumelias proferre: mussitare. Garrire. = Injurier par derrière: chuchoter. Babiller.

躡 ˇ Calcare, conterere. — Fouler aux pieds.

懾 ˇ Chee — Subdere. Vacillare. — Assujettir. Vaciller. *V. infrà.*

讘 ˇ Nimis loqui. — Parler trop.

襵 ˇ Vestium rugæ; plicæ. = Les plis des habits.

[illegible] ˇ Pelvis testacea. — Bassin en terre cuite.

[illegible] ˇ Aliquid à vento agitatum. Herbæ repentes. = Objet agité par le vent. Plantes rampantes.

[illegible] ˇ Segetes à vento agitatæ. — Moissons agitées par le vent.

[illegible] ˇ Anhelare: palpitare. — Haleter: palpiter.

欇 ˇ Aliquid à vento agitatum. Herbæ repentes. — Objet agité par le vent. Plantes rampantes.

[illegible] ˇ Vas fictile pro vino. Urna. — Vase en terre cuite pour le vin. Urne.

[illegible] ˇ Carnes in frusta concidere. = Couper de la viande en morceaux.

㒨 ˇ Libenter se subjicere. Convinci. — Se soumettre volontiers. Etre convaincu.

懾 ˇ Xee — Timere; timidus, pusillanimis. Mœror. — Craindre, timide, pusillanime. Mélancolie.

攝 ˇ Inspectare; vices implere. Peritus in negotiis. Colligere, unire. — Inspecter; faire les fonctions d'un autre. Habile dans les affaires. Recueillir, ramasser.

N. 1019. 爵 爵

爵 ˇ Tsio — Calyx: scyphus, vas. Dignitas; nobilitas. Avicula. — Calyce: coupe, vase. Petit oiseau. Dignité; noblesse.

爝 ˇ Fax, tæda. Foculus in quo se purificant. — Torche. Réchaud pour les purifications.

皭 ˇ Color albus. Clarum; purum. — Couleur blanche. Clair; pur.

嚼 ˇ Mandere; comedere. = Mâcher; manger.

灂 ˇ Xô — Aquarum profundiora. = Les profondeurs des eaux.

灂 ˊ Tsiao — Glacies quæ frangitur. — Glace qui se rompt.

釂 ˋ Poculum vini exhaurire: bibere. Invitare ad bibendum. — Boire un verre de vin: boire. Inviter à boire.

N. 1020. 歸 帰 归

Kuēi Reverti : recipere se. Ingredi. Ire currendo. Centrum, finis, scopus. Ad . . referre ad. Versùs.=S'en retourner. Entrer. Aller en courant. Centre, fin, but. Vers. Se rapporter.

⿰亻歸 ˉ Mittere, delegare. Efficere ut . . =Envoyer, déléguer. Faire en sorte que . .

巋 ˉ Montes parvi et multi sibi invicem contigui. Excelsum. = Chaîne de petites montagnes. Haut.

N. 1021. 豐 豊

Fūm Abundans, copiosum, locuples: plenum.=Abondant, copieux, riche : plein.

寷 ˉ Domus amplissima.= Maison très vaste.

灃 ˉ *Nomen cujusdam fluvii.—Nom d'une rivière.*

靊 ˉ Tonitruum genius.=Le génie du tonnerre.

麷 ˉ Triticum pingue. Fercolum ex lixatâ carne.= Gros froment. Plat de viande bouillie.

僼 ˉ Genii ; spiritus ; viri immortales.—Les génies ; les esprits : les immortels.

酆 ˉ *Quoddam regnum antiquum in Xan si. — Ancien royaume dans le Xan-si.*

⿰山豐 ˉ *Quidam mons.=Nom d'une montagne.*

艷 **Ién** Pulchrum, venustum ; splendens. Abundans; pingue. Laudare. Gaudenter.—Joli, gentil; brillant. Abondant ; gras. Louer. Avec joie.

Maximè interest consulere annotationem phoneticæ N. 926 quam huic subdidimus velut varietatem, quia saepissimè pro ipsâ usurpatur tanquàm abbreviatio.

N. 1022. 雚 萑 丨

Kuán Ciconia : *quædam planta.* = Cigogne : *Nom d'une plante.*

懽 ˊ Tristis.=Triste, chagrin.

灌 ˊ Irrigare : effundere, aquâ implere. Bibere.—Arroser : verser, remplir d'eau. Boire.

爟 ˊ Ignem admovere. Lumen in signum elevare. = Mettre le feu. Lever une lumière pour signal.

瓘 ˊ *Lapis quidam pretiosus. = Certaine pierre précieuse.*

鑵 ˊ Vas ad aquam hauriendam.— Vase pour puiser de l'eau.

罐 ˊ Hydria, amphora. = Cruche, jarre.

鸛 ˊ Corvus. Ingenii acies. =Corbeau. Pénétration d'esprit.

觀 ˉ Aspicere, explorare. Spectaculum. Idolum. Idoli fanum. =Regarder, épier. Spectacle. Idole. Temple d'idoles.

讙 **Hūan** Clamores, clamare, vociferare.=Des cris, des clameurs, crier.

⿰豕雚 ˉ Hystrix.=Porc-épic.

驩 ˉ Equus prae laetitia insiliens. Laetari. Concordia: convenire. —Cheval qui saute de joie. Se réjouir. Concorde : se réunir.

貛 ˉ Aper : sus sylvatica.—Sanglier : cochon sauvage.

⿰矢雚 ˉ Breve, contractum. = Court, retiré.

⿰鬼雚 ˉ Sidus ursae minoris.=L'étoile de la petite ourse.

獾 ˉ Aper : sus sylvatica.=Sanglier : cochon sauvage.

歡 ˉ Gaudere, laetari ; laetitia, voluptas.—Se réjouir; joie, plaisir.

嚾 ˉ Vocare, clamare. = Appeler, crier.

N. 1022.

權 Kiüên ˇ Auctoritas, potestas. Principium : librae pondera. Machinatio. Epikeia.=Autorité, pouvoir. Principe. Poids de balance. Trame. Epikie.

顴 ˆ Maxillae. Genarum ossa. = Les joues. Les pommettes.

勸 ´ Hortari ; suadere. Excitare, animos addere.=Exhorter; persuader. Exciter, encourager.

⿰骨雚 ˆ Genarum ossa. = Les os des joues.

N. 1023. 瞿

Kiü ´ Prae timore faciem immutare. Aspectus perterritus examinare, observare. = Changer de couleur au visage. Regard épouvanté. Examiner, observer.

懼 ´ Timere : ignavia.=Craindre : lâcheté.

癯 ˆ Gracilis, macer.=Maigre, fluet.

欋 ˆ Parvum aratrum. = Petite charrue.

攫 ˆ Aliquid unguibus tenere.=Tenir quelque chose avec les ongles.

臞 ˆ Macilentus.=Maigre.

衢 ˆ Vicus ; urbis via praecipua: iter. Linea aequinoctialis. = Rue ; la rue principale. Chemin. L'equateur.

戵 ˆ *Species quædam lanceæ.=Espèce de lance.*

氍 ˆ Pili in pannum subacti.=Feutre.

鸜 ˆ *Quædam avis. = Nom d'un certain oiseau.*

躣 ˆ Tortuosè incedere. Ire.=Faire des détours en marchant. Aller.

† Quoad formam, huic phoneticae valdè similis est Numerus 1034, cujus annotatio consulenda est.

N. 1024. 䜌 亦 ˋ

Liüên ˆ Regula, ratio. Connectere.= Règle, raison. Lier ensemble.

戀 ´ Recogitare cum amore : suspirare post aliquem : valdè diligere, affectus.=Se rappeler avec amour: soupirer après quelqu'un: chérir, affection.

攣 ˆ Curvus manibus, corvum, arcuatum. Colligere. Concatenare.=Perclus des mains ; courbé arqué. Recueillir. Enchaîner.

孌 ` Obsecundare, obsequi. Amor, affectus. Formosum.=Condescendre, obéir. Amour. Joli.

臠 ` Carnes minutim concisæ : offula.= Viande hachée : tranche de. . .

⿰米䜌 ´ Offas efformare. = Faire des gâteaux.

⿰扌䜌 ˆ Eligere. In unum cogere.= Choisir. Réunir.

⿱艹䜌 ´ *Quædam herba.=Nom d'une certaine herbe.*

欒 Luan ˆ *Lignum quoddam flavum.* Tortuosum. Infirmus, valdè gracilis.=*Certain bois jaune.* Tortueux. Infirme, très grêle.

鸞 ˆ *Aquila quædam cærulea, fabulosa.* Ensis.=*Certain aigle fabuleux.* Epée.

鑾 ˆ Crepitacula. Sella gestatoria imperialis. =Clochette, Chaise à porteur pour le roi.

⿱䜌帶 ˆ Cingulum.=Ceinture.

巒 ˆ Montium apices acuti. Vertex.=Pics. Faîte.

圝 ˆ Integrum. Congregare.=Entier. Rassembler.

彎 Wan ¯ Arcum tendere. Curvare.=Tendre un arc. Courber.

⿱䜌力 ¯ Lignum expolire.=Polir du bois.

蠻 Man ˆ *Barbari quidam meridionales.* Strenuus, injustus, iniquus.=*Certains barbares du sud.* Brave, injuste, déraisonnable.

孿 Xuan ` Gemelli. Mutare.=Jumeaux. Changer.

N. 1024.

變 ˊ Pièn — Mutare, mutatio : transformari. Revolutio. Se conformare. Substituere.=Changer, changement : se transformer. Révolution. Se faire aux circonstances. Substituer.

† Cl. Gonçalves legit *Luan* litteras qua[s] legimus *Liüen*, legit autem *Loan* eas quas legimus *Luan* : nescio an quisquam possit unquàm percipere distinctionem quam inter duas has voces statuere intendit auctor : scio autem pronuntiationem *Liüèn* superiùs traditam in firmissimis auctoritatibus esse fundatam, in Dictionariis scilicet 說文, 康熙字典篆字彙 qui eam deducunt ex copulatione litteræ 力 *Li* cum 卷 *Kiüèn*, aut 呂 *Liü* cum 員 *Iüèn*.

N. 1025 靡

ˋ Mi — Non, sine. Prosternere. Fugare. — Non, sans. Renverser. Mettre en fuite.

糜 ˆ — Extinguere, destruere. Fractum: oppressum. = Eteindre, détruire. Brisé : opprimé.

劘 ˆ — Partiri ; findere. — Fendre ; diviser.

醾 ˆ — Vinum quoddam ex tritico fermentatum.=Vin fait avec du froment.

𪈾 ˆ — Puero lac præbere. — Allaiter un enfant.

蘼 ˆ — *Nomen cujusdam plantæ. — Nom de certaine plante.*

† In compositis hæc phonetica velut simplices varietates admittit litteras 摩 麿 quamvis per se ab ipsis differat quoad sensum, sicut videre est sub N. 719 e quo tùm litteræ illæ, tùm præsens phonetica originem ducunt.

N. 1026. 麗 麗 丽 ˋ

ˊ Li — Corea. Pulchrum, elegans, splendidum.=La Corée. Joli, élégant, brillant.

驪 ˆ — Equus valdè niger. Nigrum. Color niger in cæruleum vergens.=Cheval très noir. Noir-bleu.

邐 ˋ — Non rectè incedere : obliquè in latus ire. Ad alicujus latus incedere.—Marcher de travers. Aller à côté de quelqu'un.

酈 ˆ — *Nomen loci et personæ.—Nom de personne et d'endroit.*

鸝 ˆ — Sylvia luteola.—Le verdier.

劙 ˊ — Secando rumpere.= Briser en sciant.

鱺 ˆ — Anguilla.—Anguille.

儷 ˊ — Par : duo simul: conjuges. Societas.= Une paire : deux ensemble: mari et femme. Société.

孋 ˆ — Pulchrum, elegans. *Concubina quædam antiqui regis.= Joli, élégant. Certaine concubine d'un ancien roi.*

纚 ˆ — Muliebris capitis ornamentum. —Ornement de tête pour les femmes.

蘺 ˆ — Herbæ arboribus haerentes *ut hedera.* — Plantes qui s'attachent aux arbres, *comme le lierre.*

韈 ˋ Si — Caligae coriaceae.=Chaussettes en cuir.

縰 ˋ — Pileus turcicus, pannus ad capillos obvolvendos. Valdè.—Turban, linge pour envelopper les cheveux. Beaucoup.

曬 ˊ — Fulgere, lucem emittere. — Briller, jeter de la clarté.

躧 ˋ — Gressus. Sandalia straminea. —Les pas. Sandales en paille.

襹 ˋ Xe — Vestes pelliceae prae vetustate pilis carentes.=Vieux habits en peaux dépourvus de poils.

釃 ˉ — Vino aspergere. Libare. Vinum à fæcibus separare.=Asperger avec du vin. Faire des libations. Séparer la lie du vin.

灑 ˋ Xai — Aquæ guttis terram aspergere ad verrendum.=Arroser avec de l'eau pour balayer ensuite.

N. 1026.

曬 / In sole desiccare.—Faire sécher au soleil.

† Vide annotationem N. 247.

N. 1027. 𦰩隹 难難

Nân

Difficile, laboriosum; molestia, dolores, cruciatus.—Difficile, laborieux, peine, douleur, souffrances.

戁 \ Venerari; obsequio habere, timere.—Vénérer; respecter, craindre.

攤 / Pannus, tela.=Toile.

灘 Tān Aqua ex alto desiliens. Aquae non profundae. Arenae plaga.—Cascade. Eau peu profonde. Plage de sable.

癱 — Paralyticus: membris captus.—Paralytique: perclus des membres.

攤 — Extendere, aperire. Pro parte distribuere. Prorogare, differre.—Etendre, ouvrir. Partager au prorata. Différer, proroger.

臡 Nî Jusculum ex ossibus cum medullà confectum.—Bouillon fait avec des os et de la moëlle.

儺 Nô Molle, blandum. Moderatio. Incessus gravis. *Quædam superstitio ad pellendam pestem.*—Mou, souple. Modération. Démarche grave. *Certain rite superstitieux contre la peste.*

† In dubium revocari nequit litteram 𦰩 N. 756 esse phonicum elementum ex quo præsens phonetica deducta fuit.

N. 1028. 贊 賛賛

Tsan

Auxiliari. Dirigere. Clarum.—Secourir. Diriger. Clair.

儹 \ Odisse, abhorrere. Irasci. Dolor; dolens. *Nota præteriti.*—Hair, détester. Se fâcher. Douleur; souffrant. *Marque du passé.*

灒 / Locus palustris.—Endroit marécageux. *V. infrà.*

讚 / Laudare: laudes. Auxiliari.—Louange: louer. Aider.

𤺺 \ Morbus dolores afferens.—Maladie qui occasionne des douleurs.

瓚 / Cyathus lapideus cum ansa ad vinum majoribus offerendum.—Coupe en pierre avec anse pour offrir du vin aux ayeux.

趲 \ Deambulare. Iterfacere. Approximare. Lenti gressus.—Se promener. Voyager. S'approcher. Pas lents.

攢 — Sumere, accipere. Congregare.—Prendre. Ramasser.

簪 — Acus ad crines coercendos. Congregare.—Aiguille pour les cheveux. Ramasser.

鑽 — Perforare, terebrare; terebra.—Percer; vrille, tarière. *V. infrà.*

饡 / Oryza liquida.—Riz avec du bouillon.

酇 / Congregare. *Nomen loci.*—Rassembler. *Nom d'endroit.*

臢 — Sordidum.—Sale.

儹 \ Congregare; addere. Summatim.—Réunir; ajouter. En somme.

嬻 / Pulchrum, elegans.—Joli, élégant.

巑 — Montes, montuosum.=Montagnes, montagneux.

灒 Tsuan — Locus paludosus.—Endroit marécageux.

欑 ^ Baculus; malus. Loculi operculum. Arbores spissae.—Bâton; mât. Couvercle de cercueil. Arbres touffus.

穳 / Telum complanatum.=Dard aplati.

鑽 — Perforare, terebrare; terebra.—Percer, vrille; tarière.

N. 1028.

纘 — A viâ declinare; itinere deerrare. = Se tromper de chemin. Continuare, succedere; non interruptè. Summatim perstringere; compendiosè. Actis mandare. = Continuer, succéder. Résumer. Enregistrer.

纘 、

劗 Tsüēn Radere capillos. = Raser les cheveux.

囋 Tsă Clamor, strepitus. Tympani sonus. = Clameur, bruit. Bruit du tambour.

† Si aliquandò vice hujus phoneticæ usurpatur 朁 vel 替, id fit quia tres hæ litteræ magnam inter se similitudinem habent, et incautos decipiunt, sicut dictum fuit sub N. 813.

†† Complures hujus ordinis litteræ indifferenter legi possunt *Tsan* vel *Tsuan*; sed ad repetitionem devitandam unicam pro ipsis selegi pronuntiationem in usu communiori fundatam.

N. 1029. 顚 顛

Tiēn — Vertex, apex, summitas. Cadere. Amens. = Cime, faîte, sommet, le bout. Tomber. Aliéné.

巔 — Exulsum, eminens. = Haut, éminent.

癲 — Amens, furens. = Fou, furieux.

𡽹 — Altum, elevatum. = Haut, élevé.

瘨 — Tumulus, sepultura. = Tombeau, sépulture.

傎 — Cadere, dejicere. Implere. = Tomber, renverser. Remplir.

巓 — Montis cacumen. Principium. = Le faîte d'une montagne. Principe.

† Originem ducit à N. 674 cujus aliquandò synonyma est, et sub quo accuratiùs forsan esset in parvo sub ordine collocare litteras eas perpaucas in quâ præsens phonetica non est varietas phoneticæ originalis illius.

N. 1030. 臱 边

Piēn — Latus, ora. Terminus, confinia. = Côté, bord. Limite, confins.

籩 — Vas in quo ponuntur fructus pro sacrificiis aut pro conviviis. = Vase pour les fruits des sacrifices ou des repas.

穆 、 *Phaseoli species quædam. = Espèce de haricot.*

㴜 — Corpus inclinatum; curvum. = Corps incliné; courbé.

† Duo posteriores hujus ordinis litterae pro spuriis habentur à plerisque auctoribus, et scribuntur solummodò cum varietate 臱. Hæc opinio, si vera est, indicare videtur hanc varietatem esse elementum phonicum originale sub quo totus ordo collocari deberet salvâ litterâ priori quae aliam formam admittere non videtur.

†† Propter sonûs similitudinem saepè in compositis usurpatur vice phoneticae N. 585 et vicissim.

N. 1031. 羅

Lô ^ Rete ad aves capiendas. *Cognomen.* = Filet pour prendre des oiseaux. *Nom propre.*

欏 ^ Septum ligneum. = Palissade en bois.

攞 ^ Eligere. Scindere. Vestes ad se attrahere. = Choisir. Déchirer. Tirer à soi ses habits.

籮 、 Magna cista arundinea. = Grand panier en bambous.

鑼 ^ Pelvis ærea quæ ad instar campanæ percutitur, tympanum æneum. = Le tam-tam.

N. 1031.

饠 ^ Placenta, offa.=Gâteau, pâté.

儸 ^ Vitiosus. Fortis. Crudelis. Peritus. = Vicieux. Fort. Cruel. Habile.

蘿 ^ Rapa, napus. Plantæ scandentes, vel parasiticae. Alios implicare.=Rave, navets. Plantes grimpantes ou parasites.. Compromettre les autres.

曪 ˋ Lux anceps.=Faux-jour.

囉 ^ Cantilena. Concentus. Verba imprecatoria.=Chanson. Harmonie. Imprécations.

躍 ˊ A viâ deerrare: declinare à semita. = Se tromper de chemin: sortir de la route.

邏 ˊ Vigilias circumire: excubiae circumeuntes. Explorare.=Faire la ronde: patrouille. Explorer.

N. 1032.　黨

Tam ˋ Turba: multorum congregatio. Socii, collegae. Comparare.= La foule: assemblée, multitude, cohue. Camarades, collègues. Comparer.

儻 ˋ Terrere, pavorem incutere.= Effrayer, causer de l'épouvante.

讜 ˋ Ad virtutem hortari, recta loqui: virtutis consilia. Vitia corrigere.=Exhorter à la vertu: bons conseils. Corriger.

糖 ^ Saccharum.=Sucre.

爣 ˋ Clarum; apertum, patens.= Clair; ouvert, débarrassé.

欓 ˋ Situla.=Seau.

攩 ˋ Contegere, cooperire, dissimulare. Obstaculum, impedimentum.=Couvrir, cacher, dissimuler, obstacle. *L. e. Huâm.*

曭 ˋ Luna non clara.=Lune qui ne brille pas.

儻 ˋ Excellens: eminens. Accidentale, fortuitum. Si. Dummodò. Inhonestum.=Excellent: éminent. Accidentel. Si. Pourvu-que. „ . Désnonnête,

† Pertinet ad illam phoneticarum familiam quae originem ducit à N. 501.

N. 1033.　獻 献

Hiên ˊ Sacrificium: offerre. Significare. Donare.=Sacrifice: offrir. Signifier. Faire un don.

讞 ˊ Crimen perpendere: judicare: sententiam ferre. = Peser un crime: juger; porter une sentence.

㦥 ˊ Consiliari, deliberare. = Se conseiller, délibérer.

巘 ˋ Montis juga: apex, vertex.= La cime des montagnes: faîte, pic.

瓛 Huan ^ Tabella lapidea quam gestabant aulici regem invisuri.= Tablette en pierre que les courtisans portaient devant eux en visitant le roi.

齾 Ia ˇ Dentibus destitutus.=Qui n'a plus de dents.

N. 1034.　矍

Kŏ ˇ Pavere; pavor: cum timore respicere.= S'effrayer; épouvante: regarder avec frayeur.

躩 ˇ Producto gressu ire.=Aller à grands pas.

欔 ˇ *Quædam arbor.=Nom d'un certain arbre.*

攫 ˇ Unguibus aliquid arripere. Calcibus impetere. = Saisir avec les ongles. Assaillir à coups de pied.

钁 ˇ Magnus ligo. Effodere. Evellere.=Grande houe. Creuser. Arracher.

貜 ˇ }
玃 ˇ } *Species magni simii.=Espèce de singe de grande espèce.*

N. 1034.

鄽 ◡ *Nomen loci = Nom d'endroit.*

覻 ◡ Aspicere : explorare = Regarder : épier.

躩 ◡ Saltare ; festinare. Præ reverentiâ brevi gressu incedere. = Sauter ; se hâter. Marcher à petits pas par respect.

戄 ◡ Hŏ Pavere, pavor : cum timore respicere. = Etre effrayé, épouvante : regarder avec crainte.

† Primus hujus phoneticæ conspectus in memoriam revocat phoneticas 蒦 et 瞿 N. 957 et 1023. Sinenses ipsi in hujus similitudini laqueum deciderunt, et adeò frequenter aliam pro aliâ ex tribus hisce phoneticis usurparunt, ut ipsi Dictionarii vulgarem usum sequi coacti sint, et synonymiam inter eas admiserint pro quibusdam casibus.

†† Pronuntiatio *Kŏ* quam admisimus pro plerisque litteris hujus ordinis prævalet in Sinarum provinciis septentrionalibus : in occidentalibus verò immutatur in *Kio*.

N. 1035. 嚴 㘙

嚴 ^ Ièn Severus, rigidus. Gravis : majestas. = Sévère, rigoureux. Grave : majesté.

瀴 ^ Maximum frigus. = Froid excessif.

釅 ˊ Vinum spissum : liquorum fæces. = Vin épais : la lie des liquides.

壧 ^ Spelunca, antrum. Locus periculosus : mox ruiturum. = Grotte, antre. Endroit dangereux : qui est près de tomber.

儼 ˋ Majestuosus : arrogans. Simile ; tanquàm. Obsequiosè. = Majestueux : fier. Semblable ; comme. Avec respect.

嚴 ˊ Suspirare. = Soupirer.

巖 ^
巗 ^
𩕊 ^ Ñgan
礹 ^
Mons præruptus : difficile : locus periculosus. Spelunca. Mox ruiturum. Gravis, severus : majestas. = Montagne escarpée : difficile : endroit dangereux. Grotte. Qui est près de tomber. Grave, sévère : majesté.
Hircus. = Bouc.
Mons lapidibus abundans. = Montagne qui a beaucoup de pierres.

齴 ^ Dentes longiores. Pulchrum, delicatum. = Dents plus longues que les autres. Joli délicat.

† Expungi forsan deberent litteræ quæ leguntur *Ñgan* quia quùm nunquàm aut rarò admodùm in usu veniant, inutilem exceptionem introducunt in hujus ordinis pronuntiationem.

N. 1036. 霸 覇

ˊ Pa Tyrannus : rex, princeps. Vim inferre : violentia. Lunæ pars obscura. = Tyran : roi, prince. Faire violence. La partie obscure de la lune.

㶚 ˊ Timere, vereri. = Craindre.

灞 ˊ *Fluvius in Xèn-si. = Nom d'un fleuve du Xèn-si.*

䃍 ˊ Petra plana super quâ aliquid tunditur aut complanatur. = Pierre plate sur laquelle on frappe quelque chose.

欛 ˊ Manubrium : ansa. Auctoritas, potestas. = Manche : anse. Autorité, puissance.

壩 ˊ Agger in fluminibus ad aquas aliò divertendas. Pons. = Digue pour détourner les eaux d'une rivière. Pont.

N. 1037. 屬 属

Xù Pertinere ad : subditus. Aliquid iteratò commendare. Jungere. Simile. Affinis : cognatus.=Appartenir à : sujet. Recommander une chose à plusieurs reprises. Joindre. Semblable. Parent.

襡 ù Vestis longa. *Meretricum vestis quædam.*=Habit long. *Certain habit propre aux prostituées.*

钃 ù Ligo : sarculum. =Houe : bêche.

蠋 ù *Vermis quidam bombyci similis.* = *Certain ver semblable au ver à soie.*

灟 Chù Vestigia transeundo non relinquere. Venerari, obsequium=Passer sans laisser de traces. Vénérer, respect.

燭 ù Illuminare ; lumen admovere. =Eclairer ; approcher la lumière.

擉 ù Capere, accipere. = Saisir, prendre.

斸 ù Terram effodere. Cædere, amputare. = Creuser la terre. Trancher, couper.

孎 ù Diligens. Veneratio : obedientia. = Diligent. Vénération : obéissance.

韣 ù Cingulum.=Ceinture.

矚 ù Diligenter aspicere ; observare.=Regarder avec soin ; observer.

曯 ù Illuminare ; lumen præbere.=Eclairer ; donner de la lumière.

囑 ù Commendare ; inculcare.=Recommander ; inculquer.

躅 ù Transeuntis vestigia. Graviter incedere. = Traces de quelqu'un qui passe. Marcher avec gravité.

蠾 ù Aranea.=Araignée.

† Originem ducit à N. 929 cum quâ magnam affinitatem habet, aliquandò etiam synonymiam, sicut ibidem in annotatione dictum fuit.

N. 1038. 囊 㐫 囊 一

Nâm Saccus, pera.=Sac poche.

灢 ´ Sordidum, immundum.=Sale, immonde.

欜 ^ Vas plenum.=Vase rempli.

壤 ´ Pulvis.=Poussière.

攮 ` Impellere ; aliquid pellere ut progrediatur.=Pousser ; faire avancer une chose en la poussant.

儴 ´ Lentè, tardè. Procrastinare.=Lentement. Différer.

齉 ´ Nasiloquus ; nares obstructæ. =Nasillard; narines bouchées.

† Evidens est elementum phonicum ex quo hæc phonetica immediatè deducitur esse 㐫 N. 1005.

N. 1039. 贛 赣

Kúm ´ Dare, donare, munera offerre. = Donner, faire des présents.

匶 ´ Parva scutella ; parvus cyathus.=Petite écuelle ; petite tasse. *V. infrà.*

灨 Kàn ´ *Urbs quædam in Kiam-si.*=*Nom d'une ville du Kiam-si.*

匶 ` Capsa. Vasorum operculum. Caput cooperire.=Boîte. Le couvercle des vases. Se couvrir la tête.

籟 ` Bambusa pilosa. Capsa. = Bambou qui a des poils. Caisse, malle.

戇 Chuam ´ Fatuus, rudis, rusticus, inurbanus.=Sot, grossier, ignorant, malhonnête.

† Singularis et intricata phonetica hæc elementum phonicum originale sibi vindicet 貢 N. 646, ejusque synonyma est sub pronuntiatione *Kum*, minimè autem in aliis.

N. 1040. 靈 𩆜 霝 霛 †

^ Lim 靈 Anima: spiritus, facultas intellectiva. Bonum. Felicitas. =L'âme: l'esprit, la faculté intellectuelle ou pensante. Le bien. Bonheur, félicité.

⿰亻靈 ^ Intelligere.=Comprendre.

⿰衤靈 ^ Vestium nitor: splendor.=L'éclat des habits: splendeur.

⿰羊靈 ^ Ovis magna cornibus subtilibus.=Grande brebis avec des cornes grêles.

酃 ^ *Urbs quædam in Hu-Kuam.=Nom d'une ville du Hu-Kuam.*

醽 ^ Vinum generosum.=Vin généreux.

櫺 ^ Flores in fenestrarum cratibus. Lignum in fenestrâ transversum. Collegii janua minor.=Fleurs peintes sur les persiennes. Traverse des fenêtres. Petite porte du collége.

⿰扌靈 丶 Suspendere.=Suspendre.

⿰舟靈 ^ Navis fenestris instructa. =Navire qui a des fenêtres.

⿰犭靈 ^ Canum venaticorum grex. =Meute.

† Præter varietates non paucas quæ huic phoneticæ subjiciuntur, brevitatis gratiâ, ipsi adhùc substituitur littera ejusdem pronuntiationis scriptu facilior, scilicet 令 N. 182.

字聲綱目

INDEX

VARIETATUM, SYNONYMORUM,

NEC NON

LITTERARUM QUÆ IN NOTIS EXPLICATÆ SUNT.

N. B. Aliis litteris hujus indicis assignatus fuit numerus indicans paginam in quâ reperiuntur; aliis verò quæ in operis hujus decursu non reperiuntur assignatus fuit synonymus in suo loco quærendus.

IV.

无 無
乐 互
办 辦
刃 兩
劝 勸
双 雙
尔 錢
仅 付
仏 佛
仒 乍
仌 氷
㞢 之

V.

VII.

世 丗
孫 西
拇 扗
執 执
歡 欢
無 乞
舉 夆
風 凤
純 丝
堆 𠂤
眾 似
倉 仓
鞭 㚐
婦 妇
弔 吊
史 叓
策 册
嵐 岚
塵 尘

莊 庄
麼 庅
劉 刘
旨 亩
燈 灯
巠 坙
天 兲
丕 平
否 夭
夷 夸
哉 戋

麥事画等所報搶靈陰陽匠臆經商妝倆命友婦時羊叫臥

麦叓西芌所报抢灵阴阳匠肮坐風敞伲侖弃姬时芊叫卧

災窮泰法廬牀棄壽忌遷酉

灾穷怵泫庐床弃寿巠迁丣

卷 225
茲 301
羌 200
娄 372
黍 202
扁 277
鬲 250
夏 310
匣 451
要 264
盍 315
致 310
殷 312
堯 385
毒 209
契 278
耶 160
叟 164
桼 208
荅 394
惡 29
秝 267
勇 168
彖 285
既 366

飛幾時堂嗜嗛啿羅兕巖陜

巽兇凿盅咏咁吟罗光岩峻

IX.

恒 250
彦 252
奇 204
衮 301
庚 197
柤 198
哀 302
畝 106
冠 339
冢 305
冥 305

蠙傑天所壇坻垢丘圯抱據勢焉鞱臂陰陽年鄉坐紕兒法參至

珧杰袄耵坛坼均坵坧拋抛势為發屍氣氤季邹塑跛皃金參垒

實究憐深淚卒葉爐肆創布旨還然氣封袂環

忿 276
參 367
兇 7
尚 247
罔 242
黽 431
岸 24
实究怜沵泪卒亲炉肆拗刅眉还杰炁刼扶环

戳明是暱陽哯響笑衆

战明昰昵昜呀响唉累

X.

珍乃葉梛梅橛乾皂攝拍擴敉臂觀篸逃骬嬭斤從滕歸獨龔常

珎迺栟柳毐栓乹挖揖栢扰弭屏观参迯胴𦕈觔從倂皈独龛尝

家叟吝漆窐原享鄭秋㚔珍

家㚇悋柒洼京享郑秌㚔珎

蠶錯挾砥職桑珍椒勅拌旋熱懇嚴聳筆幫殺稱扛從吾陟雋缺

蚕厝㢭砳戠桒珎朱㔟挢掟热恳厌耸笔帮敉称舡従㐿徙隽缺

宿舉吝懼龍證讟齋養善創莫惡燭

宿挙恪惧竜症痶斋敹善刱莫恙烛

XIII.

....260
....452
.... 35
.... 71
....219
....219
....439
....444
....132
....470
....429
....420
....187
.... 24
....464

闒疹靈撲蚊笛艄膝槳掀

幫賣戴臨隸闊彌隱懇爵戲蕭賂嶸巂潤瘆霧撲區遂箱膝槳薅

駁旬鹹蕪楪嘯鞘飾脅背嘯舞華罵蟻對

駮鞠醎膴撻歉韒餙稍瞭膌僻華罵璫對

XVII.

蔚 314
寫 469
鴻 366
謚 65
糜 473
營 299
霈 479

....311
....219
....461
..... 7
....442
....176
....384
....258
....424
....146
....404
.... 15
....448
....463
....469

憧惦懇誘脹鹿袴欸崔絡

晉隸賴冀戳須替類學盥鐵壑曹縣群慟儆愢誧瘰麗褌欻礶駱

鐵簫遁罥綿愆粗縚綫菱菴剃菔啖

鍍犄遯帷綵僭龕緻線蔆菴薤蔔噉

XVI.

龍 458
諸 261
謚 154
謁 292
塵 451
導 15
羲 465
盧 462

䜌霶顧壓璵贕櫰壛壦攉飂孌鵅巍

率滂頋饜璵賢屨埸壎拳飂法雖䰗

XXII.

競 341
聽 124
䜌 164
飂 279
糴 443
顯 449

竊譎擻鷩鷊籐騰闟

竊誄整粥麴籐黛闔

XXIII.

竊 35
躙 179

麡醼臀鴿籀龝蠭鷊

膺宴臂鶴鞠秋蝰頮

XXIV &c.

鑈 238
顲 468
鱴 118
糶 444
顰 256
氎 42
鑿 238

癵麤壢驠劚臺饢矍豔贓囓髕

攣粗壅鑣钃鏜餉戔艷贓謅臏

APPENDIX

LITTERARUM FREQUENTIORIS USUS

QUÆ

IN OPERIS DECURSU OMISSÆ FUERUNT.

一	Ĭ	Unum; aequale.=Un: égal
用	Iuḿ	Uti, adhibere: usus.=Se servir, employer; usage.
幻	Huań	Fallax; fugax: decipere. Artes diabolicæ. — Trompeur; passager: tromper. Diablerie.
丟	Tiēu	Amittere, Decidere. Derelinquere.=Perdre. Tomber. Abandonner.
尖	Tsiēn	Acutum; acumen.=Pointu; pointe.
凸	Tŭ	Proeminens; altum.=Saillant; élevé.
凹	Wá	Concavum, depressum; humile; profundum.=Creux, déprimé; bas; profond.
死	Sè	Mori. Animum despondere.— Mourir. Perdre courage.
在	Tsái	Esse in.. Morari. Existere.— Etre dans.. Demeurer. Exister.
吞	Tuēn	Vorare, deglutire. — Dévorer, engloutir.
巵	Chē	Poculum, cyathus. — Tasse, coupe.
吼	Hèu	Rugitus, clamor; suspirium.— Rugissement, cri; soupir.
尾	Wèi	Cauda; finis.—Queue; fin.
杏	Hím	Amygdalus; amygdalae. Mala armeniaca. — Amandier; amandes. Abricotier, abricots.
李	Lì	Prunus, prunum. Victualia.= Prunier, prunes. Des vivres.
些	Sié	Parùm; parvum. *Particula numeralis.*=Peu; petit. *Particule numérale.*
怪	Kuái	Extraordinarium; mirabile, monstruosum; stupefieri, admirari.=Extraordinaire; étonnant, monstrueux; s'étonner.
季	Kí	Parvus, infans; postremus: modicùm. Anni tempestas.= Petit, enfant; le dernier: peu. Saison.
虱	Xĕe	Pediculus.=pou.
乖	Kuāi	Perversus, malus; callidus.= Méchant, pervers; rusé.
届	Kiái	Pervenire; usque ad.. Confinia.=Arriver; jusqu' à.. Les confins.
杳	Iào	Obscurum; profundum; mysteriosum. Remotum.=Obscur; profond; mystérieux. Eloigné.
炙	Chĕ	Assare. Accedere.=Frire. S' approcher.
宦	Huán	Praefectus. Regis eunuchi.= Magistrat. Les eunuques du palais.
亮	Leám	Splendens, clarum. Dirigere. —Brillant, clair. Diriger.
幽	Iēu	Obscurum, abditum. profundum. Recessus solitarius. — Obscur, caché, profond. Retraite solitaire.

品 Pin Ordo, gradus. Species, genus: omnigenum. — Ordre, degré. Espèce, genre: de toute espèce.

厚 Heu Crassum, magnum, bonum, pingue. Æstimare.—Epais, grand, bon, gras. Estimer.

舁 Iü Elevare, erigere.—Lever, dresser.

俟 Se Expectare.—Attendre.

虐 Nio Crudelis; tyrannus.— Cruel; tyran.

美 Méi Pulchrum, bonum. Laudibus attollere.—Joli, beau. Donner des louanges.

泉 Tsüèn Fons, aquae scaturigo.—Fontaine, source d'eau.

染 Jén Tingere, maculare. =Teindre, tacher.

急 Ki Festinatio; sollicitus; inquietus.—Hâte; empressé; inquiet.

陋 Leu Rusticus, inurbanus; vilis.—Grossier, impoli: vil.

屍 Xe Cadaver in lecto adhuc jacens. =Cadavre qui n'est pas encore dans le cercueil.

胤 Iü Filiorum et nepotum successio: continuatio.—Succession de descendants: continuation.

拜 Pai Adorare; salutare: visitare. Ad aliquod officium promovere.—Adorer; saluer: visiter. Nommer à une dignité.

看 Kan Aspicere; videre. Regarder; voir.

後 Heu Posteà; posteri: retrò. Successio.—Apres; descendants: derrière. Continuation.

逆 Ï Rebellis; resistere; contrarium; injucundum.—Rebelle; résister: contraire; désagreable.

脃 Tsuéi Fragile, debile; delicatum.—Fragile, faible; délicat.

書 Xu Liber; epistola: scribere.—Livre; lettre: écrire.

班 Pan Ordo, series: disponere. Evulgare.—Ordre, arrangement: mettre en ordre. Publier.

冤 Iüèn Damnum inferre: calumniari. Odium.=Nuire; calomnier. Haine.

赦 Xee Parcere, dimittere, venia.—Pardonner, pardon.

梁 Leam Trabs. Pons ligneus.—Poutre. Pont en bois.

教 Kiao Docere, doctrina; religio. Admonere.—Enseigner, doctrine; religion. Avertir...

逐 Chu Expellere. Insequi.—Chasser. Poursuivre.

陷 Hièn Cadere: evertere. Laqueus: fovea.— Tomber: renverser. Piège: fosse.

蛋 Tan Ovum. Gens navicularia.— oeuf. Batelier.

進 Tsin Progredi, ingredi. Introducere. Offerre.—Aller en avant, entrer. Introduire. Offrir.

寐 Méi Dormire; obdormiscere.— Dormir; s'endormir.

奠 Tièn Statuere; fixum. Offerre: sacrificium.—Déterminer; fixe. Offrir: sacrifice.

盜 Tao Furari, prædari: latro; rebellis.— Voler, piller, voleur; rebelle.

焚 Fen Comburere, cremare.—Brûler, livrer au feu.

港 Kiam Portus. Rivulus è fluvio egrediens.—Port. Bras de rivière.

晶 Tsim Splendere; fulgor. Crystallus. —Briller; éclat. Cristal.

傘 San Umbella, umbraculum.—Parapluie, parasol, abri.

菠 Po Spinacia.—Epinards.

絲 Se Sericum; filum, tenue.—Soie; fil, mince, fin.

喪 Sam — Luctus : funebre : vestis lugubris.—Deuil : habit de deuil : funèbre.

棗 Tsao — Ziziphus.—Le jujubier.

棘 Ki — Vepres ; spinosum ; spinæ.—Epineux ; épines.

飭 Che — Præcipere, jubere : efficere ut. Forte. Ornare ; componere.=Ordonner : faire en sorte que.. Fort. Orner ; arranger.

葩 Pa — Florum gemma.=Bouton de fleur.

新 Sin — Recens, novum : renovari.—Frais, récent, neuf ; se renouveler.

裔 Í — Posteri, descendentes. Pars vestis posterior.=La postérité, les descendants. Le derrière d'un habit.

彘 Chê — Sus femina.—Truie.

暑 Xu — Summus calor : calidissimum. = Chaleur excessive : très chaud.

落 Lô — Descendere ; cadere : mori. Locus.=Descendre ; tomber : mourir. Lieu.

肄 Í — Assuescere : exercere se. Labor —S' habituer : s'exercer. Fatigue.

匯 Huéi — Aquarum congregatio ; lacus : stagnans.=Amas d'eau ; lac : stagnant.

塗 Tu — Lutum ; sordidum : rudis : inquinare, ungere.—Boue ; sale : stupide : salir, oindre.

彙 Wéi — Series, species. Dictionarium. —Série, espèce. Dictionnaire.

罪 Tsuéi — Culpa, crimen, peccatum ; offendere.—Faute, crime, péché; offenser.

奩 Liên — Mundi muliebris capsa.—Boîte ou coffre à toilette.

寡 Kua — Vidua : orphanus, derelictus. Parùm.—Veuve : orphelin, abandonné. Peu, petit.

寢 Tsin — Dormire, quiescere. Abscondere. = Dormir, se reposer. Cacher.

榫 Siün — Fibula lignea: pars instrumenti quæ alii immittitur.—Cheville : partie d'un outil qui s' emmanche dans une autre.

算 Suan — Supputare, numerare : considerare. Decem millia.—Calculer : considérer. Dix mille.

薨 Hum — Mori. Multitudo, multi. = Mourir. Multitude, beaucoup de monde.

漁 Iü — Piscari ; prosequi, quærere.—Pêcher ; aller après une chose.

斲 Chô — Levigare, cælare, sculpere, præcidere. — Polir ; graver, sculpter ; couper.

寬 Kuan — Parcere : pax. Extensum, amplum. Lenis. = Pardonner : Paix. Etendu, large. Douceur.

麾 Huéi — Vexillum quo dux jussa significat. Indicare : participem facere.=Pavillon pour signaux. Indiquer : faire part.

牖 Ieu — Fenestra.—Fenêtre.

德 Tee — Virtus.—Vertu.

稽 Ki — Examinare, scrutari. Prosternere se. Aliquem detinere : morari.—Examiner, se prosterner. Arrêter.

罹 Li — Tristitia : in ærumnas incidere. Occurrere ; accidere. — Tristesse; tomber dans le malheur. Rencontrer ; survenir.

器 Ki — Vas ; supellectilis ; instrumentum —Vase ; meubles ; outil.

篤 Tu — Firmus ; tenax. Valdè, vehementer. = Ferme ; constant. Beaucoup.

薅 Hao — Agros mundare ; expurgare.—Purger un champ des herbes nuisibles : nettoyer.

艱 Kièn — Difficile, laboriosum : calamitas : periculum.=Difficile, pénible : malheur : danger.

懿 I — Optimum, bonum. Lene. = Excellent, bon. Doux, benin.

雖 Suéi — Quamvis, etiamsi.—Quoique.

[illegible] Chuen — Ova, ova salita.— Des œufs, œufs salés.

償 Cham Peccati poenas luere : solvere debita : retribuere.—Recevoir le châtiment dû à ses fautes: payer ses dettes: récompenser.

懋 Meu Animos addere vel sumere; conatus. Florere ; abundantia. —Prendre ou inspirer du courage ; effort. Florissant.

薪 Sin Ligna ad cremandum.—Bois à bruler.

舊 Kieu Vetustum, antiquum, præteritum.—Vieux, usé, ancien, passé.

薩 Sa Idolum. Auxilium præbere.—Idole. Porter du secours.

饕 Tié Gula, ciborum aviditas.—Avidité, gourmandise, gloutonnerie.

瞽 Ku Cæcus ; oculos habens et non videns. —Aveugle ; qui a des yeux et ne voit pas.

藐 Miao Cum comptemptu aspicere : illudere. Remotum. Parvum ; debile.—Regarder avec mépris : insulter. Eloigné. Petit ; faible.

彝 Î Lex ; regula. Vasa sacra.—Loi ; règle. Vases sacrés.

竆 窮 Kium Pauper, miser, derelictus. Exhaurire. Radicitùs inquirere. — Pauvre, misérable, abandonner. Epuiser, fin. Examiner à fond.

壜 Tan Amphora, vas pro vino.—Jarre, vase à vin.

櫞 Iüên Citrus digitatus. *Aurantii species quædam.*—Citron digité. *Espèce d'orange.*

寶 宝 Pao Pretiosum. Magni facere.—Précieux. Estimer beaucoup.

竈 Tsao Focus.—Cheminée, foyer.

饕 Tao Cupiditas, aviditas, gula. — Cupidité, avidité, gourmandise.

龕 Kan Complecti, continere, domusculæ seu tabernacula idolorum. —Contenir. Niche d'idole.

蘸 Chan Madefacere; aquis immergere. —Mouiller ; plonger dans l'eau.

讎 Cheu Inimicus ; odisse. Ulcisci, retribuere. Solvere.— Ennemi ; haïr. Venger. Rendre la pareille. Payer.

贔 Hi Vires exerere, conari.—Faire ses efforts.

廳 Tim Aula. Præfectorum assistens. —Salle, salon. L'assistant du Mandarin.

釁 Hin Victimarum sanguine vasa linire. Maculare. Culpa, crimen, defectus.—Oindre de sang les vases du sacrifice. Tacher. Faute, crime, défaut.

鬮 Kieu Sortes mittere.—Jeter les sorts.

爨 Tsuan Coquere ; cibos præparare.—Cuire ; faire la cuisine.

鬱 Iü Abundans, virens. Suffocatum; obstructum. Vapores.—Abondant, verdoyant .Etouffé ; embarrassé. Vapeurs.

FINIS.

ERRATA.

Pag.	Col.	Lin.			
40.	2.	15.	N. 104.	*Lege*	N. 103.
44.	1.	22.	Da. Va.	”	Do. Va.
46.	2.	7.	decem	”	sexdecim
”	”	10.	dix	”	seize
51.	1.	24.	N. 179.	”	N. 175.
63.	2.	21.	N. 35.	”	N. 65.
66.	2.	29.	N. 628.	”	N. 629.
69.	2.	23.	N. 120.	”	N. 119
75.	2.	24.	N. 167.	”	N. 166.
84.	1.	36.	N. 610.	”	N. 611.
96.	1.	6.	Da. Va.	”	Do. Va.
108.	2.	40.	N. 292 et 294.	”	N. 291 et 293.
111.	1.	9.	enseigner	”	insignes.
118.	1.	12.	155. 226. 234. 236.	”	151. 225. 233. 235.
120.	1.	9.	246.	”	245.
121.	2.	42.	N. 327.	”	N. 527 et 936.
151.	1.	38.	N. 563.	”	N. 536.
155.	2.	21.	N. 481.	”	N. 624.
157.	1.		*Pronuntiatio* Hia *amandari debet ad* 2*am. columnam, ad latus* 6*æ. litterae Sinicae.*		
”	2.		*Et pronuntiatio* Kié *ad latus litterae* 14*æ. ejusdem columnæ.*		
165.	2.		*Pronuntiatio* Pu *scribenda est ad latus 4ae. litterae Sinicae in eadem columna.*		
182.	1.		*Pronuntiatio* Hin *scribenda est prope* 11*am. litteram Sinicam in eadem columna.*		
196.	1.	12.	N. 191.	”	190.
199.	2.	7.	N. 728.	”	728 et 802.
203.	1.		*Praebenda est pronuntiatio* Fú *sextae litterae Sinicae.*		
216.	2.	ult.	N. 824.	”	823.
247.	2.	32.	Terreus	”	Ferreus.
254.	1.	ult.	N. 19.	”	29.
266.	1.	6.	vincere	”	vincire.
272.	2.		*Pronuntiatio* Nuan *transferenda est prope duas ultimas litteras Sinicas ejusdem seriei.*		
304.	1.	11.	N. 953.	”	935.
310.	1.	32.	Ver.	”	Æstas.
	”	32.	Le printemps.	”	L' été.
332.	1.	23.	N. 60.	”	160.
389.	2.	23.	N. 996.	”	966.
390.	1.	25.	N. 586.	”	486.
398.	1.	39	Vice-Roi	”	Sous-viceroi.
407.	2	20.	Manus.	”	Mutus,
449.	2.	35.	N. 804.	”	840.

国家出版基金项目
NATIONAL PUBLICATION FOUNDATION

海上絲綢之路文獻集成

總主編 陳支平 陳春聲

科技與文化編 79

主編 王揚宗 葉農

福建人民出版社
海峽出版發行集團
THE STRAITS PUBLISHING & DISTRIBUTING GROUP

本册目次

華西官話漢法詞典［二］

（*Dictionnaire chinois-français de la langue mandarine parlée dans l'ouest de la Chine: avec un vocabulaire français-chinois*）

〔法〕巴黎外方傳教會（Plusieurs missionnaires du Sé-tch'oūan méridonal）編

不丨甚麼人，不丨甚麼東西，*Poŭ* 丨 *chén mô jên, poŭ* 丨 *chén mô tōng sī*, qui que ce soit, quoi que ce soit.

不丨那个，不丨那裡，不丨好歹，*Poŭ* 丨 *là kó, poŭ* 丨 *là lì, poŭ* 丨 *hào tài*, n'importe qui, n'importe où, n'importe quoi, bon ou mauvais.

丨不得，丨 *poŭ tĕ*, on ne peut rien assurer.

講長丨短，*Kiàng tch'âng* 丨 *touàn*, dire des médisances.

嫩 *Lén*. Tendre, délicat.

丨草，丨秧秧，丨秧子，丨 *ts'ào*, 丨 *iāng iāng*, 丨 *iāng tsè*, herbe tendre, jeunes plants, jeunes plants de riz.

細丨，又細又丨，*Sí* 丨，*ieóu sí ieóu* 丨，fin et tendre, c'est fin et tendre.

蛋煎丨點(*v.*老點)，*Tán tsiēn* 丨 *tièn* (*v. laò tièn*), fricasse les œufs moins durs (ou bien, plus durs).

煎丨蛋，*Tsiēn* 丨 *tán*, fricasser des œufs.

丨蜂兒子，丨猪兒，丨 *fōng eûl tsè*, 丨 *tchōu eûl*, jeunes abeilles, cochons de lait.

菜丨刷得好，*Ts'ái* 丨 *choŭa tĕ hào*, les légumes sont très tendres.

老牛愛喫丨草，*Laò nieôu gái tch'ĕ* 丨 *ts'ào*, les vieux bœufs aiment l'herbe tendre (proverbe appliqué aux beaux-pères incestueux).

丨東東的，丨 *tōng tōng tĭ*, tendrelet (se dit des jeunes enfants bien potelés).

年輕骨丨，*Niēn k'īn kŏu* 丨，il est jeune, sans expérience (ses os sont encore tendres).

LEÔU

樓 *Leôu*. Tour, grenier, galetas, plancher (surtout celui de dessus).

敵丨，瞧(*v.*哨)丨，鐘鼓丨，吹鼓丨，*Tĭ* 丨，*tiāo* (*v. cháo*) 丨，*tchōng kòu* 丨，*tch'oūi kòu* 丨，tour de défense, tour d'observation contre l'ennemi, tour d'observation pour les veilleurs de nuit, estrade pour les musiciens.

一層(*v.*一重)丨，*ĭ ts'ên* (*v. ĭ tch'ông*) 丨，un étage.

丨上，上丨，丨 *cháng, cháng* 丨，au grenier, monter au grenier.

地丨，*Tí* 丨 (*v. tí tchén*), plancher du bas.

天丨，*T'iēn* 丨，plancher du haut, plafond.

修丨，*v.* 做(*v.*面)一个丨，*Sieōu* 丨，*v. tsóu* (*v. mién*) *ĭ kó* 丨，faire un plancher à l'étage.

丨板，丨 *pàn*, planches épaisses pour planchéier.

房子滿丨，*Fâng tsè màn* 丨，toutes les chambres de la maison ont un plancher supérieur.

橋丨子，*K'iâo* 丨 *tsè*, pont couvert et à plancher sur une petite rivière.

丨搴，丨 *k'ién*, 戲丨，*Hí* 丨，虛脚丨，*Hū kiŏ* 丨，丨梯，丨 *t'ī*. Voir *k'ién, hí, hū, t'ī*.

髏 *Leôu. v.* 骷丨，*K'oū* 丨，crâne.

褸 *Leôu*. Habits déchirés.

穿得丨，*Tch'oūan tĕ* 丨，habillé misérablement.

丨垮垮的，丨 *k'oùa k'oùa tĭ*, d'une tournure très misérable.

丨稀稀的，丨 *hī hī tĭ*, indolent, sans vigueur.

摟 *Leôu*. 丨㩼，丨 *seōu*, ennuyeux, importun, importuner.

這个人丨㩼得狠，*Tché kó jên* 丨 *seōu tĕ hèn*, cet homme est fort ennuyeux.

你纔叫丨㩼，*Gnì ts'âi kiáo* 丨 *seōu*, tu m'ennuies passablement.

不要丨㩼人，*Poŭ iáo* 丨 *seōu jên*, il ne faut pas importuner les gens.

做活路丨家夥，*Tsóu hŏ lóu* 丨 *kiā hò*, lambiner en travaillant.

脚都走丨了，*Kiŏ tōu tseòu* 丨 *lò*, j'ai les pieds engourdis par la marche.

LEÒU

簍 *Leòu.* v. | |, | |, panier à bords peu élevés, servant pour le transport des jarres, des sapèques.

編一个 | |, *Piēn ĭ kó* | |, tresser un panier de ce genre.

摟 *Leòu.* Mener, entraîner, enlever.

這件事不怕得有我跟你 |, *Tché kién sé poŭ p'á tĕ, ieòu gò kēn gnì* |, pour cette affaire, n'aie pas peur, je m'en charge.

| **抱**, | *páo*, embrasser, serrer entre ses bras.

| **搶**, | *ts'iàng*, enlever de force.

動用家具一齊 | **起去了**, *Tóng ióng kiā kú ĭ ts'î* | *k'ì k'ú lò*, il a emporté tous les ustensiles du ménage.

拿索子 | **倒**, *Lâ sŏ tsè* | *tào*, tenir (par ex. un panier) au moyen d'une corde passée par-dessous.

LEÓU

鏤 *v.* **剅** *Leóu.* Forer, sculpter.

| **條**, **鐵** (*v.* **銅**) | **子**, | *t'iâo; t'iĕ (v. t'ông)* | *tsè*, mèche à forer; cette mèche en fer (ou en cuivre).

| **通了**, | *t'ōng lò*, c'est foré, c'est percé de part en part.

| **菸竿**, | *iēn kān*, forer le tuyau d'une pipe.

| **明花草**, | *mîn hoūa ts'ào*, fleurs sculptées à jour.

漏 *Leóu.* Couler, laisser passer l'eau ou autre chose.

水鋼 |, *Choùi kāng* |, le réservoir d'eau a une fuite.

| **乾了**, | **完了**, | *kān lò*, | *ouân lò*, il est à sec à force de couler; il a laissé couler tout le liquide.

房子到處 |, *Fâng tsè táo tch'óu* |, la maison est remplie de gouttières.

倉有縫 | **出穀子**, *Ts'āng ieòu fóng* | *tch'ŏu kŏu tsè*, le grenier a des fentes, par lesquelles il laisse échapper le riz.

| **子水**, | *tsè choùi*, mélasse.

| **灰**, | *hoūi*, qui laisse pénétrer la poussière.

這件事 | **不得風**, (*v.* **風聲**), *Tché kién sé* | *poŭ tĕ fōng (v. fōng chēn)*, il ne faut pas que cette affaire s'ébruite.

事 | **出來了**, *Sé* | *tch'ŏu lâi lò*, l'affaire est ébruitée.

魚走 | **了網**, *Iû tseòu* | *lò ouàng*, le poisson s'est échappé du filet.

| **稅**, | *chóui*, frauder la douane.

| **瓢**, | *p'iâo*, écumoire.

陋 *Leóu.* Abject, honteux.

醜 |, *Tch'eòu* |, vilain, honteux.

醜 | **的罪**, *Tch'eòu* | *tĭ tsoúi*, péché honteux.

LÎ

離 *Lî.* Se retirer, être séparé, distant.

你 | **遠我**, *Gnì* | *iuèn gò*, retire-toi de moi.

你 | **開點**, *Gnì* | *k'āi tièn*, écarte-toi un peu.

要 | **開犯罪的機會**, *Iáo* | *k'āi fán tsoúi tĭ kī hoúi*, il faut quitter l'occasion du péché.

早遲要相 |, *Tsào tch'ê iáo siāng* |, tôt ou tard il faudra se séparer.

| **了天主人不得行**, | *lò T'iēn Tchoù jên poŭ tĕ hîn*, sans (séparé de) Dieu, l'homme ne peut rien.

| **不得**, | *poŭ tĕ*, (litt.) ne pouvoir se séparer de; ne pouvoir ou ne vouloir pas se passer d'une chose; il faut absolument.

小嬰孩 | **不得父母**, *Siào īn hiâi* | *poŭ tĕ fóu moù*, les petits enfants ne peuvent se passer de leurs parents.

他 | **不得酒**, *T'a* | *poŭ tĕ tsieòu*, il ne peut se passer de vin.

| **不得要我自己去**, | *poŭ tĕ iáo gò tsé kì k'ú*, il faut absolument que j'y aille moi-même.

我｜吓就出禍, *Gò* ｜ *há, tsieóu tch'ŏu hó*, pour un moment que je m'éloigne, il arrive aussitôt malheur.

｜不多遠,不｜好遠, ｜ *poŭ tō iuèn, v. poŭ* ｜ *hào iuèn*, pas très éloigné.

嘉定｜成都四站路, *Kiā tín* ｜ *Tch'ēn tōu sé tchán lóu*, la distance de *Kiā tín* à *Tch'ēn tōu* est de 4 étapes.

璃 *Lî*. Pierre transparente.

琉｜燈, *Lieôu* ｜ *tēn*, lanternes faites avec de la corne fondue.

玻｜,白玻｜, *Pō* ｜, *pĕ pō* ｜, verre, verre blanc.

玻｜轎子,玻｜窗子,玻｜盃子, *Pō* ｜ *kiáo tsè, pō* ｜ *ts'āng tsè, pō* ｜ *pēi tsè*, palanquin, fenêtre à vitres, verre à boire.

玻｜瓦,玻｜鏡子, *Pō* ｜ *oùa, pō* ｜ *kín tsè*, tuile, miroir (ou lunettes) en verre.

黑玻｜缾子, *Hĕ pō* ｜ *p'în tsè*, bouteille de verre noir.

一塊玻｜, *ĭ k'oùai pō* ｜, une vitre.

劃一塊玻｜, *Hoúa (hoūa) ĭ k'oùai pō* ｜, couper un carreau (au diamant).

犂 *Lî*. 伊｜, *ī* ｜, Turkestan chinois.

籬 *Lî*. Enclos, haie.

鐵｜笆, *T'iĕ* ｜ *pā*, espèce d'aubépine à fortes épines pour faire des haies.

犁 *Lî*. Labourer.

｜田,｜地, ｜ *t'ièn*, ｜ *tí*, labourer une rizière, un champ.

｜得深,淺,泡燥得好, ｜ *tĕ chēn, ts'ièn, p'áo sáo tĕ hào*, labourer profondément, peu profondément, c'est bien labouré.

｜牛,｜二道, ｜ *nieôu*; ｜ *eúl táo*, bœuf de labour; labourer une seconde fois.

｜頭, ｜ 弯 (*v.* 彎), ｜ *t'eôu*, ｜ *iuēn* (*v. ouān*), charrue complète, bois recourbé de la charrue (voir *iuēn*).

｜欂子, ｜ *pŏ tsè*, partie de la charrue qui soutient le soc.

梨 *Lî. v.* ｜子樹, *v.* ｜ *tsè choú*, poirier.

｜子, *v.* ｜兒, ｜ *tsè, v.* ｜ *eûl*, poire.

｜子園,｜子酒,｜子餹,｜ *tsè iuên*, ｜ *tsè tsieòu*, ｜ *tsè t'âng*, verger de poiriers, poiré, confiture de poires ou poires confites au sucre.

｜糕, ｜ *kaō*, gelée de poires.

莿｜子, *Ts'é* ｜ *tsè*, églantier et son fruit.

莉 *Lî*. 茉｜花 (*v.* 香花子), *Mŏ* ｜ *hōua* (*v. hiāng hōua tsè*), jasmin.

釐 *v.* 厘. *Lî*. Mesure de poids (millième partie de l'once); contribution.

十｜爲一分, *Chĕ* ｜ *oûi ĭ fēn*, 10 *lî* font un *fēn* (voir *fēn*).

一両二錢四分五｜, *ĭ leàng eúl ts'iên sé fēn où* ｜, 1 *once* 2 *ts'iên* 4 *fēn* 5 *lî*, c.-à-d. 1 taël 245 *lî*.

不少分｜, *Poŭ chào fēn* ｜, il ne manque rien (ni un *fēn* ni un *lî*). Voir *fēn*.

毫｜不錯, *Hâo* ｜ *poŭ ts'ó*, ne se tromper ni d'un *hâo* ni d'un *lî*, c.-à-d. sans la moindre erreur (voir *hâo*).

｜金, ｜ *kīn*, droits de douane.

收｜金,上｜金, *Cheōu* ｜ *kīn, cháng* ｜ *kīn*, exiger la contribution, la payer.

狸 *Lî*. 狐｜, *Foû* ｜, renard.

狐｜精, *Foû* ｜ *tsīn*, génie malfaisant (malédict.).

LÌ

里 *Lì*. Mesure itinéraire d'environ 360 pas.

走三十｜路, *Tseòu sān chĕ* ｜ *lóu*, faire 30 lis à pied.

萬｜長城, *Ouán* ｜ *tch'âng tch'ên*, la grande muraille (de 10000 lis).

千｜送毫毛,禮輕仁義重, *Ts'iēn* ｜ *sóng hâo mâo, lì k'īn jên gní tchóng*, un cadeau qu'on apporte de 1000 lis, si petit qu'il soit, témoigne d'une grande affection.

鯉 *Lì*. 丨魚, 丨 *iû*, carpe.

娌 *Lì*. Belle-sœur.

妯丨, *Tch'ŏu (v. tchŏu)* 丨, belles-sœurs (femmesdes frères).

两妯丨丨不和, *Leàng tch'ŏu* 丨 *poŭ hô*, les deux belles-sœurs ne s'entendent pas.

理 *Lì*. Droite raison, gouverner, principe immatériel (voir *k'í* 氣).

天丨, *v.* 正丨, *T'iēn* 丨, *v. tchén* 丨, la droite raison.

依正丨良心, *ī tchén* 丨 *leâng sīn*, selon la droite raison et la conscience.

我說這个情丨跟神父聽, *Gò chŏ tché· kó ts'în* 丨 *kēn chên foú t'în*, je vais expliquer au Père les raisons de cette affaire.

有丨, 無丨, *Ieòu* 丨, *oû* 丨, il a raison, il n'a pas raison; c'est raisonnable, c'est déraisonnable.

非丨, *Fēi* 丨, injuste, qui s'écarte de la droite raison.

輸了丨, *Chōu lò* 丨, il a eu (ou, on lui a donné) tort.

持平辦丨, 照丨正辦, *Tch'ê p'în pán* 丨, *tcháo* 丨 *tchén pán*, traiter une affaire selon la stricte justice.

論丨間不着他, *Lén* 丨 *ouén poŭ tchŏ t'ā*, à s'en tenir au droit, on ne peut rien lui réclamer.

總要占倒丨, 不要越丨, *Tsòng iáo tchán tào* 丨, *poŭ iáo iuĕ·* 丨, il faut toujours se tenir dans son droit, et ne pas l'outrepasser.

人只服丨, *Jên tchè (tchĕ) foŭ* 丨, les hommes ne se soumettent (de cœur) qu'à la raison.

他不懂 (*v.* 不通) 丨, *T'ā poŭ tòng (v. poŭ t'ōng)* 丨, il n'entend pas raison.

這個丨不通, *Tché· kó* 丨 *poŭ t'ōng*, ces raisons ne sont pas admissibles.

丨事, *v.* 丨落事情, 丨 *sé, v.* 丨 *loŭ (lŏ) sé ts'în*, s'occuper des affaires.

他不丨事, *T'ā poŭ* 丨 *sé*, il ne s'occupe de rien.

丨不得事, 丨 *poŭ tĕ· sé*, il ne peut gérer les affaires (ou par incapacité, ou par manque d'autorité).

丨不倒頭 (*v.* 路), 丨 *poŭ taò t'eôu (v. lóu)*, ne pouvoir commencer, ne savoir par où commencer.

丨起頭了, 丨 *k'ì t'eôu lò*, il a trouvé sa voie; cela va maintenant.

丨不清, 丨 *poŭ ts'īn*, ne pouvoir mettre au clair.

丨應, *v.* 丨當, 丨 *īn, v.* 丨 *tāng*, il faudrait, il convient.

天文地丨, *T'iēn ouén tí* 丨, astronomie et géographie; astrologie et géomancie.

地丨先生, *Tí* 丨 *siēn sēn*, jongleur qui prétend découvrir les terrains destinés à porter bonheur.

道丨, *Táo* 丨, 講丨, *kiàng* 丨, 合丨, *hŏ* 丨, 經丨, *kīn* 丨, 管丨, *kouàn* 丨, 料丨, *leáo* 丨, 醫丨, *ī* 丨, 脉丨, *mĕ·* 丨, 丨是非, 丨 *ché fēi*, 書丨, *chōu* 丨. Voir *táo, kiàng, hŏ, kīn, kouàn, leáo, ī, etc.*

禮 *Lì*. Rites; politesse.

丨部, 丨房, 丨 *poú;* 丨 *fâng*, tribunal des Rites à Pékin; bureau des rites dans chaque sous-préfecture.

丨節, 丨 *tsiĕ·*, rites, cérémonies.

丨本, *v.* 丨規, *v.* 丨節書, 丨 *pèn, v.* 丨 *kōui, v.* 丨 *tsiĕ· chōu*, rituel.

補丨, *Poù* 丨, suppléer les cérémonies (du baptême).

瞻丨, *Tchān* 丨, (litt.) regarder les cérémonies; en style chrétien, fête, férie.

丨物, 丨 *oŭ*, présents.

手丨, *Cheoù* 丨, petit cadeau de politesse porté à la main, qu'on offre en se présentant chez quelqu'un.

送 (*v.* 趕) 丨, *Sóng (v. kàn)* 丨, offrir des présents dans des circonstances déterminées, soit d'allégresse, soit de deuil.

接 (*v.* 收) 丨, *Tsiĕ· (v. cheōu)* 丨, recevoir, accepter des présents.

退丨, 還 (*v.* 回) 丨, *T'oúi* 丨, *houân (v. hôui)* 丨, refuser les présents, en rendre en retour de ceux qu'on a reçus.

丨信, 丨 *sín*, politesse, cadeau de politesse; discussion publique.

要丨信, *Choūa* 丨 *sín*, faire des politesses, des cérémonies.

這个人丨信大, *Tché· kó jên* 丨 *sín tá*, cet homme est très poli.

官丨, *Koūan* 丨, cérémonial entre mandarins.

會官的丨信, *Hoúi koūan tī* 丨 *sín*, cérémonies pour les visites aux mandarins.

講(*v.* 談)一場丨信, *Kiàng (v. t'án) ī tch'âng* 丨 *sín*, avoir une discussion publique.

斷丨信斷偏了, *Toúan* 丨 *sín toúan p'iēn lò*, il a dirimé de travers la discussion.

我少丨得狠, *Gò chào* 丨 *tĕ· hèn*, je ne vous traite pas avec assez de politesse.

我認錯賠丨, *Gò jén ts'ó p'êi* 丨, je reconnais mes torts, et offre satisfaction.

丨貌, 丨貌不恭, 丨 *máo*, 丨 *máo poŭ kōng*, urbanité, manquer à l'urbanité.

上前施丨, *Cháng ts'iên chē* 丨, s'avancer vers quelqu'un, et le saluer.

俗丨, *Siŏu* 丨, la politesse usuelle, l'étiquette.

失丨, *Chĕ* 丨, manquer à la politesse.

李 *Lì. v.* 丨子樹, 丨 *tsè chóu*, prunier.

丨子, 丨 *tsè*, prunes.

丨子饊, 丨 *tsè t'âng*, pruneaux au sucre ou marmelade de prunes.

桃木丨菓, *T'âo mŏu* 丨 *kò*, en général tous les fruits aqueux.

行丨, *Hîn* 丨, bagages.

裡 *v.* 裏 *Lì*. Doublure; à l'intérieur.

丨子; 扯洋布做丨子, 丨 *tsè; tch'è· iâng poú tsóu* 丨 *tsè*, doublure; acheter de la toile européenne pour faire la doublure.

丨面, 丨子面子, 丨 *mién*, 丨 *tsè mién tsè*, la doublure et l'étoffe de dessus.

要扯點布來丨過, *Iáo tch'è· tièn póu lâi* 丨 *kó*, il faut acheter un peu de toile pour doubler (cette étoffe).

這丨, 那丨, 那丨, *Tché·* 丨, *lá* 丨, *là* 丨, ici, là, où?

在屋丨, *Tsái oŭ* 丨, à la maison, il est à la maison.

心丨沒得死罪, *Sīn* 丨 *mŏ tĕ· sè tsoúi*, n'avoir pas de péché mortel sur la conscience.

裡, *Lì*, signifiant à l'intérieur se prononce souvent *ì* dans le langage usuel, par exemple, on dira:

城丨頭, *Tch'ên ì* (pour *lì*) *t'eôu*, dans l'intérieur de la ville, à la ville.

心丨頭, *Sīn ì* (pour *lì*) *t'eôu*, dans le cœur.

LÍ

利 *Lí*. Gain, intérêt, utilité, avantage, commode; tranchant.

這个生意沒得甚麼丨息, *Tché· kó sēn í mŏ tĕ· chén mô* 丨 *sĭ*, ce commerce n'est pas lucratif.

放賬取丨, *Fáng tcháng ts'ù* 丨, prêter à intérêt.

放大丨, *Fáng tá* 丨, prêter à gros intérêts, à intérêts usuraires.

丨錢, 丨穀, 丨 *ts'iên*, 丨 *koŭ*, intérêts en sapèques, en riz.

取分半, 二分, 三分丨, *Ts'ù fēn pán, eúl fēn, sān fēn* 丨, prendre des intérêts à 15%, 20%, 30%.

對本丨, *Toúi pèn* 丨, intérêts ou bénéfice à 100%.

連本連(*v.* 帶)丨都丟了, *Liên pèn liên (v. tái)* 丨 *toū tieōu lò*, il a tout perdu, capital et intérêts.

貪人家的小丨, *T'ān jên kiā tī siào* 丨, viser aux petits bénéfices (injustes).

丨上加丨, 丨 *cháng kiā* 丨, compter les intérêts des intérêts.

將本求丨, *Tsiāng pèn k'ieôu* 丨, faire produire des intérêts à son capital (soit par le commerce, soit par le prêt).

忠言逆耳丨於行, *Tchōng iên gnĭ eùl* 丨 *iû hîn*, une parole franche n'est pas agréable à entendre, mais elle est utile pour la correction des mœurs.

磨刀恨不丨刀丨傷人指, *Mô taō hén poŭ* 丨, *taō* 丨 *chāng jên tchè*, en aiguisant un couteau on ne le trouve jamais assez tranchant; quand il est tranchant, il vous coupe les doigts.

丨害, 丨益, 丨 *hái*, 丨 *ĭ*. Voir *hái*, *ĭ*.

痢 *Lí*. *v*. 丨症, *v*. 丨症病, *v*. 丨 *tchén*, *v*. 丨 *tchén pín*, dyssenterie.

烟丨, *Iēn* 丨, dyssenterie particulière aux fumeurs d'opium.

紅丨, 白丨, *Hông* 丨, *pĕ·* 丨, dyssenterie avec évacuations rouges (du sang), blanches.

屙丨屙血, *Ō* 丨 *ō hiĕ·*, dyssenterie avec évacuations sanguinolentes.

屙丨爆肚子, *Ō* 丨 *páo toú tsè*, que la dyssenterie te fasse crever le ventre (malédiction)!

一潑丨症, *ĭ p'ŏ* 丨 *tchén*, une épidémie de dyssenterie.

害丨症, *v*. 害丨症病, *Hái* 丨 *tchén*, *v*. *hái* 丨 *tchén pín*, avoir la dyssenterie.

詈 *Lí*. *v*. 丨罵, *v*. 丨 *má*, maudire, injurier.

吏 *Lí*. *v*. 官丨, *v*. *koūan* 丨, magistrat.

丨部, 丨房, 丨 *poú*; 丨 *fâng*, tribunal suprême des magistrats à Pékin; bureau correspondant dans chaque sous-préfecture.

典丨 (vulg. 老典), *Tièn* 丨 (vulg. *laò tièn*), chef de bureau dans un prétoire.

官清司丨瘦, *Koūan ts'īn, sē* 丨 *seóu*, sous un mandarin intègre, les employés de prétoire sont maigres (ils ne peuvent pas gruger).

荔 *Lí*. 丨枝, 丨 *tchē*, fruit rouge à gros noyaux.

隸 *Lí*. Ignoble, vil, dépendant.

皂丨, *Tsáo* 丨, satellites, vile engeance.

直丨州, 直丨廳, *Tchĕ* 丨 *tcheōu*, *tchĕ* 丨 *t'īn*, préfecture de seconde classe, *tcheōu* ou *t'īn*, ayant une ou plusieurs sous-préfectures sous sa juridiction.

直丨省, *Tchĕ* 丨 *sèn*, nom de la province de Pékin.

厲 *Lí*. Cruel, méchant.

丨言聲色說他幾句, 丨 *iên chēn sĕ· chŏ t'a kì kú*, je lui ai dit carrément ses vérités, en prenant ma plus grosse voix.

勵 *Lí*. S'efforcer, leste.

丨朗, *v*. 丨爽, 丨 *làng*, *v*. 丨 *sàng* (*v*. *sáng*), expéditif.

做事要丨朗些, *Tsóu sé iáo* 丨 *làng sī*. il faut être plus expéditif en travaillant.

落雨天走路一點都不丨爽, *Lŏ iù t'iēn, tseòu lóu ĭ tièn tōu poŭ* 丨 *sàng* (*v*. *sáng*), marcher par la pluie n'est pas du tout commode.

勉丨去做, *Mièn* 丨 *k'ú tsóu*, travailler avec ardeur.

鼓丨, *Koù* 丨, encourager, exciter.

例 *Lí*. Loi, règle.

律丨, *Loŭ* 丨, le code.

大清律丨, *Tá Ts'īn loŭ* 丨, le code de la dynastie actuelle.

犯丨; 照丨辦, *Fán* 丨; *tcháo* 丨 *pán*, violer la loi; juger d'après la loi.

丨上沒得這个事, 丨 *cháng mŏ tĕ· tché· kó sé*, dans le code il n'y a pas cela.

LĬ

力 *Lĭ*. Force, puissance.

勤丨; 盡丨, *K'în* 丨; *tsín* 丨, avec diligence; employer toutes ses forces, faire son possible.

盡丨量滿本分, *Tsín* 丨 *leáng màn pèn fén*, remplir de son mieux son devoir.

得丨, *Tĕ·* 丨, qui a de la force, qui est apte.

找一個得丨的人, *Tchào ĭ kó tĕ·* 丨 *tĭ jên*, chercher un homme fort ou capable.

抬轎子不得丨, *T'âi kiáo tsè poŭ tĕ·* 丨, ces porteurs de chaise ne sont pas forts.

求聖神壯我們的胆丨, *K'iêou chén chên tchouáng gò mên tĭ tàn* 丨, prier le St Esprit d'augmenter notre courage et nos forces.

華西官話漢法詞典

不論嘛子事他都還肯出 | (v. 效 |), *Poŭ lén chá tsè sé t'a tōu houân k'èn tch'ŏu* | (*v. hiáo* |), pour n'importe quoi, il est toujours prêt à dépenser ses forces (ou à rendre service).

折 | ;上坡折 | 得狠, *Chĕ·* | ; *cháng p'ō chĕ·* | *tĕ· hèn*, qui fatigue beaucoup, difficile; monter les côtes me fatigue beaucoup, ou bien est très fatigant.

這件事怕要折點 |, *Tché· kién sé p'á iaó chĕ· tièn* |, pour cette affaire il y aura sans doute des difficultés, il faudra beaucoup d'efforts.

有幾百斤的 |, *Ieòu kì pĕ· kīn tĭ* |, il est d'une force à manier un poids de plusieurs centaines de livres.

氣 |, *K'í* |, 使氣 |, *chè k'í* |, 竭 |, *kiĕ·* |, 費 |, *féi* |, 勞 |, *lâo* |, 下 |, *hiá* |, voir ces mots.

瀝 v. 𤄷 *Lĭ*. Eau qui dégoutte.

| 米, | *mì*, faire couler l'eau du riz, après la cuisson, par le petit panier appelé *chāi kī*.

| 乾了, | *kān lò*, c'est complètement égoutté.

曆 *Lĭ*. Ordre du temps, calendrier.

| 法, | *fă*, astronomie.

皇 | (v. 皇書), *Houâng* | (*v. houâng chōu*), calendrier édité au nom de l'Empereur.

西 |, *Sī* |, calendrier européen.

歷 *Lĭ*. Ordre, arrangement.

| 代先知, | *tái siēn tchē*, les Prophètes se succédant dans la suite des temps.

| 代以來, | *tái ì lâi*, depuis les temps les plus reculés.

| 年都是這個規矩, | *niên tōu ché tché· kó kouī kù*, depuis une série d'années, de tout temps il y avait cette règle.

他的來 | 不清, v. 不明, *T'a tĭ lâi* | *poŭ ts'īn*, *v. poŭ mîn*, son origine n'est pas claire.

| 來少聞, | *lâi chào ouên*, jamais on n'entendit pareille chose.

立 *Lĭ*. Ériger, dresser, établir.

吾主耶穌親 | 的, *Oû Tchòu Iê· sōu ts'īn* | *tĭ*, institué par N.-S. Jésus-Christ lui-même.

| 皇帝, | *houâng tí*, établir, instituer un empereur.

| 契, v. 約, v. 紙, | k'í, *v.* iŏ, *v.* tchè, dresser un acte, un contrat.

| 和約, | *hô iŏ*, faire un traité de paix.

| 心 | 志, | *sīn*, | *tché*, former un projet, une résolution.

| 起, | *k'ì*, dresser, se dresser, debout.

| 起頭, | *k'ì t'eôu*, dresser la tête.

毛 (v. 毛根) | 起來了, *Mâo* (*v. mâo kēn*) | *k'ì lâi lò*, les poils se sont hérissés.

| 起念經, | *k'ì nién kīn*, prier debout.

我不好 | 不起, *Gò poŭ hào*, | *poŭ k'ì* je suis malade, je ne puis me tenir debout.

| 起放, | *k'ì fáng*, placer debout.

| 好表樣, | *hào piào iáng*, donner de bons exemples.

| 刻, v. | 時, | *k'ĕ·*, *v.* | *chê*, tout de suite.

| 碑, | *pēi*, | 房子, | *fâng tsè*, | 學堂, | *hiŏ t'âng*, | 規矩, | *kouī kù*, | 春, | *tch'ouēn*, | 夏, | *hiá*, | 秋, | *ts'ieōu*, | 冬, | *tōng*, voir ces mots.

笠 *Lĭ*. v. 斗 | (v. 斗篷), *v. Teòu* | (*v. teòu p'ông*), large chapeau de bambou tressé.

戴斗 |, *Tái teòu* |, porter ce chapeau.

粒 *Lĭ*. Particule numérale des grains.

一 | 米, *ĭ* | *mì*, un grain de riz.

花椒要二十 |, *Houa tsiāo iáo eúl chĕ* |, il faut employer 20 grains de poivre chinois.

栗 *Lĭ*. Châtaignier.

板 |, 水 |, *Pàn* |, *chouì* |, châtaigne, châtaigne d'eau.

絲｜子, *Sē | (v. lî) tsè*, châtaigne et châtaignier sauvages.

LIĔ

列 *Liĕ·*. Ordre, rang.

｜品天神, *| p'ìn t'iēn chên*, hiérarchie des Sts Anges.

登｜聖品, *Tēn | chén p'ìn*, être mis au rang des Saints; être canonisé.

｜位鐸德, *| oúi t'ŏ tĕ·*, les prêtres de tout rang.

｜位先生, *| oúi siēn sēn*, vous tous, Messieurs.

排｜(v. ｜子), *P'âi | (v. | tsè)*, mettre en rang; rangée de colonnes reliées entre elles par des madriers (*tch'oūan fāng*), et qu'on élève toutes ensemble.

九柱五的排｜, *Kieòu tchoú où tĭ p'âi |*, rangée comprenant 9 colonnes et 5 demi-colonnes reliées ensemble.

三間房子四个｜子, *Sān kān fâng tsè sé kó | tsè*, trois *kān* de maison comprenant 4 rangées de colonnes.

蜂｜子, *Fōng | tsè*, rayon de miel des abeilles.

烈 *Liĕ·*. Violent, vaillant.

永被｜火燒, *Iùn pí | hò chāo*, éternellement brûlé par un feu violent.

｜女, *| niù*, femme ou fille d'une chasteté héroïque.

馬｜得狠, *Mà | tĕ· hèn*, ce cheval est très emporté.

裂 *Liĕ·*. Diviser, déchirer.

｜教; ｜教人, *| kiáo; | kiáo jên*, hérésie, schisme; hérétique, schismatique.

｜開, *| k'āi*, s'entr'ouvrir, se crevasser.

田開冰發｜, *T'iên k'āi pīn fá |*, les rizières se crevassent.

LIÊN

連 *Liên*. Unir, contigu, ensemble, avec, même.

相｜的, *Siāng | tĭ*, choses unies ensemble ou contiguës.

他們的地方是｜倒的 (v. 相｜的, v. ｜界的), *T'ā mên tĭ tí fāng ché | tào tĭ (v. siāng | tĭ, v. | kiái tĭ)*, leurs propriétés se touchent.

｜二桷子, *| eúl kŏ tsè*. Voir *kŏ*.

聖人｜魂｜身同主耶穌升天, *Chén jên | houên | chēn t'ông Tchoū Iê sōu chēn t'iēn*, les bons monteront au ciel en corps et en âme, avec N.-S. Jésus-Christ.

一把｜我都要, *ĭ pà | gò toū iáo*, je veux tout.

一把｜都來了, *ĭ pà | toū lâi lò*, ils sont tous venus.

房子｜家具一齊賣, v. 房子家具｜倒子賣, *Fâng tsè | kiā kú ĭ ts'î mái, v. fâng tsè kiā kú | tào tsè mái*, vendre la maison avec le mobilier.

｜年都是這个樣子, *| niên toū ché tché· kó iáng tsè*, toutes ces années-ci c'est comme cela.

｜累 (v. 牽｜) 人家, *| loùi (v. k'iēn |) jên kiā*, compromettre autrui, l'entrainer dans son propre malheur.

他的事｜我都不清楚, *T'ā tĭ sé | gò toū poŭ ts'īn ts'òu*, à ses affaires, moi-même je n'y comprends rien, je ne les connais pas exactement.

你不要娜｜, *Gnì poŭ iáo lò |*, ne sois pas négligent.

這件事娜｜不得, *Tché· kién sé lò | poŭ tĕ·*, en cette affaire pas de négligence!

房子修得娜｜, *Fâng tsè sieōu tĕ· lò |*, la maison est mal bâtie.

娜｜貨, *Lò | hó*, marchandises de pacotille.

事情流｜了, *Sé ts'în lieôu | lò*, l'affaire traine en longueur.

縺 *Liên*. Coudre.

｜一件衣裳, *| ĭ kién ī châng*, coudr (faire) un habit.

｜子, *| tsè*, fausse queue en cheveux.

匳 *Liên*. Boîte à l'usage des femmes.

陪｜, v. 嫁｜, v. 妝｜, *P'êi |, v. kiá |, v. tchoūang |*, dot mobilière donnée aux filles.

打發姑娘要拏陪｜, *Tà fă kōu niâng iáo lâ p'êi* ｜, pour marier une fille il faut lui fournir une dot.

有好多陪｜, *Ieoù hào tō p'êi* ｜, quelle est sa dot?

嫌他沒陪｜, *Hiên t'ā mŏ p'êi* ｜, elle lui déplaît parce qu'elle n'a pas de dot.

憐 *Liên.* Avoir pitié.

你哀｜他造孽, *Gnì gāi* ｜ *t'ā tsáo niĕ*, aie pitié de sa misère (voir *gāi*).

求天主可｜(*v.* 矜｜)我們, *K'iêou T'iēn Tchòu k'ò* ｜ (*v. kīn* ｜) *gò mên*, prier Dieu d'avoir pitié de nous.

又害病又沒錢可｜, *Ieóu hái pín, ieóu mŏ ts'iên, k'ò* ｜, il est malade et sans sapèques, c'est à faire pitié.

可｜罪人下地獄, *K'ò* ｜ *tsoúi jên hiá tí iŏ*, il est bien pénible de voir le pécheur aller en enfer.

望得可｜, *Ouáng tĕ k'ò* ｜, désirer, attendre à faire pitié, c.-à-d. avec une grande impatience ou anxiété.

｜惜病人, ｜ *sĭ pín jên*, compatir aux malades.

憫｜(*v.* ｜憫)窮人, *Gáo* ｜ (*v.* ｜ *mìn*) *k'iông jên*, avoir pitié des pauvres.

廉 *Liên.* Désintéressé, juste, intègre.

養｜, *v.* 養｜錢, *Iàng* ｜, *v. iàng* ｜ *ts'iên*, justes honoraires; (style chrétien) honoraires offerts au prêtre lors de la visite des chrétiens.

｜耻, ｜ *tch'è*, désintéressement et pudeur.

不顧｜耻, *Poŭ koú* ｜ *tch'è*, n'avoir pas de pudeur.

人無｜耻百事可爲, *Jên oû* ｜ *tch'è pĕ sé k'ò oûi*, un homme sans pudeur est capable de tout.

價｜物美, *Kiá* ｜ *oŭ mèi*, le prix est modéré et la marchandise excellente.

簾 *Liên.* Voile, rideau, store en bambou.

門｜(*v.* ｜子), *Mên* ｜ (*v.* ｜ *tsè*), voile ou rideau de porte.

轎｜(*v.* ｜子), 上｜, 下｜*v.* 脚｜, 雨｜, *Kiáo* ｜ (*v.* ｜ *tsè*); *cháng* ｜, *hiá* ｜ *v. kiŏ* ｜; *iù* ｜, voiles du devant de la chaise à porteurs; celui d'en haut, celui d'en bas; celui qui est destiné à préserver de la pluie.

掛｜子, *Koúa* ｜ *tsè*, suspendre un voile.

把｜子捲起來, *Pà* ｜ *tsè kuèn k'ì lâi*, enroule le voile.

告解｜子, *Kaó kiài* ｜ *tsè*, voile de confession.

稿(*v.* 草)｜子, *Kaò* (*v. ts'ào*) ｜ *tsè*, paille tressée servant de paillasse.

穿｜子, *Tch'oūan* ｜ *tsè*, nom donné aux rats par ceux qui veulent éviter le mot *háo tsè*.

鐮 *Liên. v.* ｜刀, ｜ *tāo*, faucille.

火｜, 火｜刀, 敲火｜, *Hò* ｜, *hò* ｜ *tāo, k'āo hò* ｜. Voir *hò*.

褳 *Liên.* 褡｜子, (*v.* 稍馬子), *Tă* ｜ *tsè*, (*v. cháo mà tsè*), besace de voyage.

皮褡｜, *P'î tă* ｜, besace en peau.

挎褡｜子, *Laò tă* ｜ *tsè*, porter la besace sur l'épaule.

金褡｜兒, *Kīn tă* ｜ *eûl* (*liêul*), petite bourse en soie.

蓮 *Liên.* Nénuphar.

｜花, ｜藕; ｜花池, ｜ *hoūa*, ｜ *gueòu*; ｜ *hoūa tch'ê*, fleur, racine de nénuphar; étang.

白｜教, 青｜教, *Pĕ* ｜ *kiáo, ts'īn* ｜ *kiáo*, secte du Nénuphar Blanc, (du Nénuphar) Noir.

｜花白, (*v.* 黃楊白, *v.* 包菜), ｜ *hoūa pĕ*, (*v. houâng iâng pĕ*, *v. pāo ts'ái*), choux pommés.

打｜花兒, *v.* 花落, *v.* 花鬧, *Tà* ｜ *hoūa eûl*, *v.* hoūa lŏ, *v.* hoūa láo, chanter en s'accompagnant des castagnettes: industrie des mendiants.

LIÈN

臉 *Lièn. v.* ｜面, ｜ *mién*, face, visage (au pr. et au fig.).

｜啍 (*v.* 啍兒), ｜ *tĕn (v. tĕul)*, visage, joues.

洗｜, *Sì* ｜, se laver la figure.

洗｜帕, 洗｜盆, 洗｜架, *Sì* ｜ *p'á*, *sì* ｜ *p'ĕn*, *sì* ｜ *kiá*, serviette de toilette, cuvette, support de cuvette.

不要｜, *Poŭ iáo* ｜, (litt.) ne pas vouloir de sa face, c.-à-d. se déshonorer, déshonorant (expression très injurieuse).

體面人做糊塗事, 不要｜, *T'ì mién jĕn tsóu fôu t'ôu sé, poŭ iáo* ｜, des hommes d'un certain rang agissant en insensés, c'est honteux.

說不要｜的話, 做不要｜的事, *Chŏ poŭ iáo* ｜ *tĭ houá, tsóu poŭ iáo* ｜ *tĭ sé*, dire des paroles et faire des actions déshonorantes.

他的｜皮薄 (*v.* 厚), *T'ā tĭ* ｜ *p'î pŏ* (*v. héou*), (litt.) la peau de sa figure est mince (ou bien, épaisse); c.-à-d. il est très susceptible, il rougit pour un rien (ou bien, il est sans vergogne).

｜光生, ｜不光生, ｜ *kouāng sĕn*, ｜ *poŭ kouāng sĕn*, (litt.) avoir la face nette, pas nette, c.-à-d. n'avoir pas à rougir, avoir à rougir.

偷東西逮倒了, 他的｜好不光生, *T'eōu tōng sī tài tào lò, t'ā tĭ* ｜ *hào poŭ kouāng sĕn*, il a été pris en flagrant délit de vol, vraiment il n'était pas fier.

我要傷他的｜, *Gò iáo chāng t'ā tĭ* ｜, je veux lui blesser la face, l'humilier.

丟｜, *Tieōu* ｜, (litt.) abandonner sa face, c.-à-d. déposer toute pudeur.

沒｜, 沒得｜, *Mŏ* ｜, *mŏ tĕ* ｜, qui n'a plus de face, déshonoré.

我掃他的｜, *Gò saò t'ā tĭ* ｜, *litt.* je lui ai balayé la figure, c.-à-d. je lui ai dit ses vérités, je lui ai fait honte.

出門看天色進門看｜色, *Tch'ŏu mĕn k'án t'iĕn sĕ, tsín mĕn k'án* ｜ *sĕ*, en se mettant en route on examine le ciel, en entrant dans une maison on examine la figure que fait l'hôte.

賞｜, *v.* 跟｜, *Chàng* ｜, *v. kĕn* ｜, accorder une faveur.

沒有拏｜嘴待他, *Mŏ ieòu lâ* ｜ *tsoùi tái t'ā*, on lui a fait mauvaise mine, on ne lui a pas accordé sa requête.

虛｜面, 黑｜董嘴, ｜紅, *Hū* ｜ *mién, hĕ* ｜ *tòng tsoùi*, ｜ *hông*. Voir *hū, hĕ, hông*.

殮

殮 *Lièn. v.* ｜葬, ｜ *tsáng*, ensevelir un mort.

入｜, *Joŭ* ｜, mettre le mort dans le cercueil.

閉｜, *Pí* ｜, fermer le cercueil.

LIÉN

練 *Lién.* Exercer.

操｜, *Ts'āo* ｜, s'exercer (surtout au métier des armes).

｜習, ｜ *sĭ*, bien exercé, accoutumé.

團｜, ｜團, *T'oûan* ｜; ｜ *t'oûan*, garde nationale; réunir, exercer la garde nationale.

｜勇, ｜熟, ｜ *iòng*, ｜ *chŏu*. Voir *iòng, chŏu*.

鍊 *Lién.* Chaîne en métal (signifie aussi purifier les métaux par le feu).

｜子, ｜ *tsè*, même sens; ｜｜, ｜｜, chaînette.

鐵｜子, *T'iĕ* ｜ *tsè*, chaîne de fer.

拏｜子來拴, 鎖, *Lâ* ｜ *tsè lâi choūan, sò*, enchaîner, enchaîner avec une chaîne cadenacée.

犯人帶起｜子跑了, *Fán jĕn tái k'ì* ｜ *tsè p'ào lò*, le prisonnier s'est échappé en emportant sa chaîne.

大｜子上的, *Tá* ｜ *tsè cháng tĭ*, qui est attaché à la grande chaîne, à laquelle sont attachés plusieurs ensemble.

豬屎｜子, *Tchōu chè* ｜ *tsè*, grosse chaîne.

煉 *Lién.* Purifier par le feu.

火｜眞金苦｜眞德, *Hò* ｜ *tchēn kīn, k'où* ｜ *tchēn tĕ*, le feu purifie le vrai or, et le malheur la vraie vertu.

丨獄，丨靈，丨靈單，丨 *iŏ*, 丨 *lîn;* 丨 *lîn tān*, (style chrétien) le purgatoire, les âmes du purgatoire; lettre de faire part, demandant des prières pour l'âme d'un chrétien mort récemment.

下丨獄，*Hiá* 丨 *iŏ*, aller en purgatoire.

丨盡，丨 *tsín*, purifier complètement.

戀 *Lién*. Penser avec affection, avec attachement.

不要貪丨世上的福，*Poŭ iáo t'ān* 丨 *ché cháng tĭ foŭ*, il ne faut pas convoiter le bonheur de la terre, ni y attacher son cœur.

蹑 *Lién (v. nién, v. nièn)*. Piétiner.

菜都丨死了，*Ts'ái tōu* 丨 *sè lò*, les légumes ont été tellement piétinés, qu'ils en sont morts.

牛把路丨得稀髱爛，*Nieôu pà loú* 丨 *tĕ· hī p'ā lán*, les bœufs, à force de piétiner la route, l'ont mise en très mauvais état.

LIEŌU

溜 *Lieōu*. (pop.) Glissant; bande étroite; superlatif.

路丨怕栽，*Loú* 丨 *p'á tchoūai (tsāi)*, la route est glissante, il y a danger de tomber.

丨的，走丨路，丨 *tĭ, tseòu* 丨 *loú*, glissant, aller par une route glissante.

路丨離不得釘鞋乾丨要草鞋，*Loú* 丨 *lî poŭ tĕ· tīn hâi, kān* 丨 *iáo ts'ào hâi*, si la route est glissante (à cause de la boue), il faut des souliers ferrés; si elle est glissante à sec (à cause du gravier), il faut des sandales en paille.

小心看丨，*Siào sīn k'án* 丨, prends garde de glisser.

一丨布，地方，ĭ 丨 *póu, tí fāng*, une bande étroite de toile, de terrain.

不多寬一丨丨兒，*Poŭ tō k'oūan ĭ* 丨 丨 *eûl*, une petite bande très étroite.

裁一丨丨下來，*Ts'âi ĭ* 丨 丨 *hiá lâi*, détacher (de la pièce d'étoffe) une petite bande, un ruban.

丨尖的，丨髱的，丨酸的，丨 *tsiēn tĭ*, 丨 *p'ā tĭ*, 丨 *soūan tĭ*, tres pointu, très tendre, très acide.

丨跟，丨 *kēn*, chausse-pied.

丨丨馬，丨 丨 *mà*, chevaux de relai au service des voyageurs, ne se louant que pour de petites distances.

LIEÔU

留 *Lieôu*. Retenir, garder, réserver.

丨客，丨 *k'ĕ·*, retenir des hôtes par politesse.

他紅黑要走丨不得，*v.* 丨不倒，*v.* 丨不住，*T'ā hông hĕ· iáo tseòu*, 丨 *poŭ tĕ·*, *v.* 丨 *poŭ taò*, *v.* 丨 *poŭ tchóu*, il veut partir à toute force, on ne peut le retenir.

你丨他要幾天，*Gnì* 丨 *t'ā choūa kì t'iēn*, presse-le de rester quelques jours.

丨一點菜明天喫，丨 *ĭ tièn ts'ái mîn t'iēn tch'ĕ*, garde un peu de viande pour demain.

天氣大了丨不得，*T'iēn k'í tá lò*, 丨 *poŭ tĕ·*, il fait trop chaud, elle ne peut se conserver.

跟我丨(*v.* 丨倒)幾个柑子，*Kēn gò* 丨 *(v.* 丨 *taò) kì kó kān tsè*, garde-moi quelques oranges.

丨得有，丨 *tĕ· ieòu*, on en a mis en réserve, on en a gardé.

丨來賣，用，丨 *lâi mái, ióng*, garder pour vendre, pour son propre usage.

丨一乘轎子，丨 *ĭ tch'ēn kiáo tsè*, retenir une chaise à porteurs.

丨心，丨 *sīn*, s'appliquer, être attentif.

丨情，丨 *ts'în*, se montrer indulgent.

榴 *Lieôu*. Grenadier (voir 石 *chĕ*).

琉 *Lieôu*. Voir 璃 *lî*.

流 *Lieôu*. Couler.

丨水，丨 *choùi*, eau courante: opposé à *sè choùi* (eau morte), et à *p'in choùi* (eau dormante).

水來得陡就丨得快，*Choùi lâi tĕ· teòu, tsieóu* 丨 *tĕ· k'oúai*, si la pente est forte, l'eau coule vite.

| 水賬, | chouì tcháng, comptes du livre-journal.

| 清鼻子, | ts'īn pí tsè, il y a écoulement de mucosités nasales, avoir le coryza.

屋簷水長 |, Oŭ iên chouì tch'âng |, l'eau des toits coule sans interruption.

打 | ,v. 船放 | 一吓, Tà | ,v. tch'oūan fáng | ĭ hí, abandonner un instant la barque au courant.

趕 | | 場, Kàn | lieōu tch'âng, faire le petit commerce de marché en marché.

這个娃兒沒人管怕 | 了, Tché· kó oûa eûl mŏ jên kouàn, p'á | lò, cet enfant ainsi livré à lui-même risque de devenir vagabond.

事 | 了, 官司 | 了, Sé | lò, kouān sē | lò, l'affaire, le procès est abandonné.

| 血, | hiĕ·, | 眼淚, | iên loúi, 汗水長 |, hán chouì tch'âng |, 和而 |, hô eûl |. Voir hiĕ·, iên, hán, hô.

硫 Lieôu. Soufre (voir 礦 houâng).

LIEÒU

膢 Lieòu. Filet.

猪背 |, v. | 肉, Tchōu péi |, v. | joŭ, filet de porc.

抑 Lieòu. Grimper.

爬竹子要會 |, P'â tchŏu tsè iáo hoúi |, pour monter sur un bambou, il faut être habile à grimper.

柳 Lieòu. Saule.

麻 |, 山麻 |, 楊 |, Mâ |, chān má |, iâng |, différentes espèces de saules ou de peupliers.

花街 | 巷, Hōua kāi | háng, rues mal famées.

LIEÓU

溜 Lieóu. | 子船, | tsè tch'oūan, barque de voleurs.

LÎN

鄰 v. 隣 Lîn. Voisin.

| 近, | kín, voisinage, tout près.

四 |, Sé |, litt. les voisins des quatre côtés, tout le voisinage.

處 | 倒近的人, Tch'òu | tsĕ· kín tī jên, les gens du plus proche voisinage.

難逃四 |, Lân t'âo sé |, il est difficile d'échapper aux investigations de tout le voisinage.

遇倒命案地主地 | 都要花錢, Iú taò mín gán, tí tchòu tí | tōu iáo hoūa ts'iên, dans les procès pour assassinat, le maître du terrain et ses voisins doivent tous débourser de l'argent.

和睦 | 居 (v. 里), Hô mŏu | kū (v. lì), vivre en paix avec ses voisins.

痳 Lîn. Maladie des voies urinaires.

| 症, | tchén, même sens.

擺 (v. 砂) |, Pài (v. chā) |, gravelle.

鱗 Lîn. v. 魚 | 甲, v. Iû | kiă, écailles de poisson.

麟 Lîn. Voir 麒 k'î.

林 Lîn. Forêt.

| |, v. 樹 |, | |, v. chóu |, même sens.

竹 |, 杉木 |, Tchŏu |, chā mŏu |, forêt de bambous, de sapins.

老 |, Laò |, forêt séculaire, fourré épais.

山 | 樹木, Chān | chóu mŏu, les forêts et les arbres.

砍 (v. 開) 樹 |, K'àn (v. k'āi) chóu |, abattre (ou bien, défricher) une forêt.

秧子封了 |, Iāng tsè fōng lò |, le riz a grandi de manière à couvrir le champ.

樹子多成了 |, Chóu tsè tō, tch'ên lò |, les arbres sont nombreux, et forment une véritable forêt.

| 盤，| p'ân, grande forêt de bambous; petit bosquet de bambous encadrant les maisons de campagne.

書 |，Chōu |，litt. forêt de livres, librairie.

淋 Lîn (v. lín). Arroser, mouiller.

| 了雨，| lò iù, j'ai été mouillé par la pluie.

天晴不肯走直等雨 | 頭，T'iēn ts'în poŭ k'èn tseòu, tchĕ tèn iù | t'eôu, tant qu'il fait beau, il ne veut pas partir; il faut qu'il attende juste pour recevoir la pluie sur le dos (sur la tête).

| 得焦濕的，| tĕ· tsiāo chĕ tĭ, être tout mouillé.

| 菜，| (v. în) ts'ái, arroser les légumes.

血 | 漉的，Hiĕ· | lĭ tĭ, couvert de sang.

臨 Lîn. Approcher, près de.

聖神降 | 瞻禮，Chén chên kiáng | tchān lì, fête de la Pentecôte.

將 | 首主日，Tsiāng | cheòu Tchoù jĕ, le 1er dimanche de l'Avent.

| 終，| tchōng, (litt.) approcher de la fin, agonie.

誦 | 終，Sóng | tchōng, réciter les prières des agonisants.

| 死的時候都不回心，| sè tĭ chê heóu tōu pŏu hôui sīn, même à l'article de la mort il ne se convertit pas.

| 走的時候，| tseòu tĭ chê heóu, au moment de partir.

早點安排 | 時攪不贏，Tsào tièn gān p'âi, | chê kaò pŏu în, prends tes mesures d'avance, le moment venu, tu ne pourrais y suffire.

| 時着忙，| chê tchŏ mâng, le moment arrivé, on se sent pressé.

事倒 | 危來了，Sé táo | oûi lâi lò, l'affaire en est arrivée au point le plus dangereux.

| 月，| 盆，| iuĕ·，| p'ên. Voir iuĕ·, p'ên.

寧 v. 甯 Lîn (v. lîn). Plutôt.

| (v. | 願)受天下萬苦 | 死不敢犯罪，| (v. | iuén) cheóu t'iēn hiá ouán k'où, | sè pŏu kàn fán tsóui, plutôt souffrir tous les tourments, plutôt mourir, que de commettre un péché.

| 餓死不去討口，| ó sè pŏu k'ú t'aò k'eòu, plutôt mourir de faim que de mendier.

己 | 喫了飯走，ì | tch'ĕ lò fán tseòu, mieux vaut manger avant de partir.

永 | 道，Iùn | táo, nom du táo qui régit la partie basse du Sutchuen méridional.

| 遠府，| iuèn foù, ville de 1ere classe du Sutchuen (au Kièn tch'âng).

靈 Lîn. Intelligent, spirituel; faveur.

| 性，| sín, nature intelligente.

| 魂三司，| houên sān sē, les 3 facultés de l'âme (voir houên).

天地間人最 |，T'iēn tí kiēn jên tsúi |, rien d'aussi intelligent sur la terre que l'homme.

菩薩 | 驗，P'ôu să | nién, cette idole est propice (accorde promptement et manifestement les faveurs demandées).

這个藥 | 驗; 不 |，Tché· kó iŏ | nién; pŏu |, ce remède est efficace, opère promptement; il n'est pas efficace.

| 柩，| 牌，| 牧，| kieóu, | p'âi, | mŏu. Voir ces mots.

燒 (v. 除) |; | 房，Chāo (v. tch'ôu) |; | fâng, brûler (après 3 ans) la maisonnette, en papier ou en bois, dans laquelle est censée résider l'âme du défunt; cette petite maisonnette.

伶 Lîn. Ingénieux, habile, adroit.

| 俐，| lí, même sens.

精 |，Tsīn |, qui a l'intelligence ouverte.

精 | 完了，Tsīn | ouân lò, il est intelligent au suprême degré.

這个娃娃精 |，Tché· kó oûa oûa tsīn |, cet enfant est éveillé.

也不要精丨狠了 (*v.* 過架), *ì pǒu iáo tsīn* | *hèn lò* (*v. kó kiá*), il ne faut pas non plus être trop malin.

心丨便手面好, *Sīn* | *pién chcòu mién hào*, intelligent et adroit.

鈴 *Lîn. v.* 丨丨, 丨丨, clochette, grelot.

丨丨响, 丨丨 *hiàng*, la clochette sonne.

搖丨丨, *Iâo* 丨丨, agiter la clochette.

串丨, *Tch'oúan* 丨, collier de grelots pour les chevaux.

零 *Lîn.* Reste, fraction, détail.

一百丨五两銀子, *ĭ pě* | *où leàng în tsè*, 100 taëls plus 5 (pour dire 105 taëls).

一千丨幾十, *ĭ ts'iēn* | *kì chě*, mille et quelques dizaines.

一百丨點, *v.* 一百有丨, *ĭ pě* | *tièn*, *v. ĭ pě ieòu* |, cent et un peu plus.

丨的 (*v.* 丨頭) 不上算, | *tĭ* (*v.* | *t'eôu*) *pǒu cháng soúan*, sans compter les fractions.

沒得丨頭盡是耿數, *Mô tě* | *t'eôu tsín ché kèn soú*, il n'y a pas de fractions, ce sont tous des nombres entiers, des sommes rondes.

丨賣柑子, | *mái kān tsè*, vendre des oranges au détail.

賣堆的不賣丨的, *Mái toūi tĭ*, *poŭ mái* | *tĭ*, vendre en gros, non en détail.

丨碎, 丨丨碎碎, | *soúi*, | | *soúi soúi*, choses menues, en détail, petits objets divers.

丨碎賣, 賣丨碎, | *soúi mái*, *mái* | *soúi*, vendre en détail, vendre de menus objets.

喫丨碎 (*v.* 丨碎東西), *Tch'ě* | *soúi* (*v.* | *soúi tōng sī*), manger des hors-d'œuvre.

他的丨碎錢劬實, *T'a tĭ* | *soúi ts'iēn tchă chě*, ses menues dépenses sont fortes.

我要錢丨用, *v.* 我要丨碎錢用, *Gò iáo ts'iēn* | *ióng*, *v. gò iáo* | *soúi ts'iēn ióng*, il me faut des sapèques pour mes menues dépenses.

丨丨碎碎我還爭得有十吊錢賬, | | *soúi soúi gò houân tsēn tĕ ieòu chĕ tiaó ts'iēn tcháng*, en comptant toutes mes petites dettes, je dois encore 10 ligatures.

做活路丨天天, *v.* 做丨工, *Tsóu hǒ loú* | *t'iēn t'iēn*, *v. tsóu* | *kōng*, travailler à la journée.

凌 *Lîn.* Injure.

丨辱, | *joŭ*, insulte, insulter.

綾 *Lîn. v.* 丨子, *v.* 丨羅, *v.* | *tsè*, *v.* | *lô*, tissu de soie fort léger et peu solide, avec ou sans fleurs.

菱 *Lîn. v.* 丨角, *v.* 丨角兒, *v.* | *kŏ*, *v.* | *kŏ eûl* (*keûl*), châtaigne d'eau.

苓 *Lîn.* 茯丨, *Foŭ* |, squine (en médecine, *china*).

翎 *Lîn.* Plume d'oiseau.

丨子, | *tsè*, plume de paon portée en plumet comme insigne de mandarin.

花丨, 藍丨, 野雞丨子, *Hoūa* |, *lân* |, *iè kī* | *tsè*, plumet fleuri de paon, bleu de corbeau, bleu de faisan.

戴丨子, *Tái* | *tsè*, porter le plumet.

丨管, | *kouàn*, tube dans lequel le plumet se fixe au chapeau.

顫丨子, *Tchán* | *tsè*, faquin, freluquet.

LÌN

廩 *Lìn. v.* 倉丨, *v. ts'āng* |, grenier à grains.

丨生, | *sēn*, bacheliers qui ont droit à une subvention du gouvernement.

補丨, *Pòu* |, être admis dans cette catégorie de bacheliers.

丨保, | *pào*, *lìn sēn* qui présente et patronne des aspirants au baccalauréat.

領 *Lìn.* Col; gouverner, recevoir.

丨帶, | *tái*, étole.

丨架子, | *kiá tsè*, monture d'un col, espèce de gilet.

衣｜，ī ｜，col d'un habit.

統｜，*T'òng* ｜，chef d'armée, commandant d'un bataillon de volontaires; être à la tête d'une administration.

｜袖，｜ *siéou*, supérieur (style relevé).

｜洗，｜受聖神，｜ *sì*, ｜ *chéou Chén Chén*, recevoir le baptême, le St. Esprit.

｜事官，｜ *sé koūan*, consul.

｜工食，｜ *kōng chě*, recevoir une paie, un salaire.

我當面交你｜回去，*Gò tāng mién kiāo, gnì* ｜ *hoûi k'ú*, je te livre (l'objet ou la personne) en face, reçois et emporte ou emmène avec toi.

寫｜字，v. 寫｜狀，*Siè* ｜ *tsé*, v. *siè* ｜ *tchoúang*, écrire un reçu.

嶺 *Lìn*. v. 山｜, v. *chān* ｜, colline.

｜｜上，｜｜ *cháng*, sur la colline.

檁 *Lìn*. Chevrons du toit.

一根｜子，*ĭ kēn* ｜ *tsè*, un chevron.

簷｜，挑｜，*Iên* ｜，*t'iāo* ｜，les 2 derniers chevrons à l'extrémité du toit, appuyés, le premier sur la dernière colonne, le second sur un madrier transversal.

脊｜，*Tsĭ* ｜，le chevron qui est au sommet du toit, au-dessus du *leâng*.

LÍN

凝 *Ǐn* (*lìn*). Coaguler, geler.

｜冰，｜ *pīn*, glace, glaçon.

落｜子，*Lŏ* ｜ *tsè*, il tombe du verglas.

水｜了，*Choùi* ｜ *lò*, l'eau s'est gelée.

黃蠟松香｜得快，*Houâng lă sōng hiāng* ｜ *tĕ k'oúai*, la cire, la résine se figent vite.

｜成一餅，一大砣，｜ *tch'ên ĭ pìn, ĭ tá t'ô*, cela s'est figé en un bloc, en une grande masse.

｜緊了；｜不起，｜ *kìn lò;* ｜ *poŭ k'ì*, c'est bien pris, solidement; ne pouvoir se coaguler.

桐油上燈不發亮肯｜口，*T'ông ieôu cháng tēn poŭ fă leáng, k'èn* ｜ *k'eòu*, l'huile de *t'ông tsè* n'éclaire pas bien, et se fige autour de la mèche.

吝 v. 恡 *Lín*. Avare.

爲天主的榮光，爲救靈魂不要慳｜，*Oúi T'iēn Tchòu tī iûn kouāng, oúi kieóu lîn houên poŭ iáo kiēn* ｜，quand il s'agit de la gloire de Dieu, du salut de son âme, il ne faut pas lésiner (voir *kiēn*).

｜嗇之父必產奢男，｜ *sĕ tchē foú pĭ tch'àn chē lân*, un père avare ne peut manquer d'avoir un fils prodigue.

另 *Lín*. Autre, différent, en outre.

｜自 (v. 單｜) 一个，｜ *tsé* (v. *tān* ｜) *ĭ kó*, un autre, différent (se dit des personnes et des choses).

這个不好｜有好的，*Tché kó poŭ haò*, ｜ *ieoù haò tī*, si cela n'est pas bon, il y en a d'autre meilleur.

｜外有甚麼，｜ *oúai ieoù chén mô?* en outre qu'y a-t-il?

這是我｜外拏跟你的，*Tché ché gò* ｜ *oúai lâ kēn gnì tī*, ceci, je te l'ai donné par-dessus le marché.

單｜(v. 脫｜) 做，*Tān* ｜ (v. *t'ŏ* ｜) *tsóu*, refaire un ouvrage; en faire un autre de plus.

單｜付洗，*Tān* ｜ *foú sì*, rebaptiser.

這个東西要不得，脫｜(v. 單｜) 買，*Tché kó tōng sī iaó poŭ tĕ, t'ŏ* ｜ (v. *tān* ｜) *mài*, ceci ne vaut rien, il faut en acheter d'autre.

令 *Lín*. Loi, édit; bon, noble.

號｜，*Haó* ｜，ordre, commandement militaire.

｜旗，v. ｜箭，｜ *k'î*, v. ｜ *tsién*, petit drapeau ou flèche servant à accréditer ceux qui transmettent les ordres militaires.

一朝權在手，便把｜來行，*ĭ tchāo k'uên tsái cheòu, pién pà* ｜ *lâi hîn*, à peine arrivé au pouvoir, il lance ses ordres.

｜尊，｜堂，｜郎，｜ *tsēn*, ｜ *t'âng*, ｜ *lâng*, votre père, votre mère, votre fils (polit.)

我的牛是跟人家丨的，*Gò tĭ nieôu ché kēn jên kiā* 丨 *tĭ*, le buffle dont je me sers ne m'est que prêté.

LIŎ

畧 *v.* 略 *Liŏ.* Un peu.

大丨，*v.* 丨丨，*Tá* 丨，*v.* 丨丨，en général, environ.

大丨有幾回，*Tá* 丨 *ieòu kì hôui?* combien de fois environ?

我大丨跟你說，*Gò tá* 丨 *kēn gnì chŏ*, je te le dis en gros.

大丨曉得，*Tá* 丨 *hiaò tĕ*, je sais à peu près.

大丨都是要不得的人，*Tá* 丨 *toū ché iáo poŭ tĕ tĭ jên*, en général ce sont des vauriens.

LÔ

騾 *Lô.* Mulet, mule.

一匹丨子，*ĭ p'ĭ (p'ĭ)* 丨 *tsè*, un mulet, une mule.

丨子脾氣不好，丨 *tsè p'î k'í poŭ hào*, les mulets sont têtus.

籮 *Lô.* Corbeille.

丨篼，*v.* 丨挑，*v.* 丨筐，丨 *teōu*, *v.* 丨 *t'iāo*, *v.* 丨 *k'iāng (k'ouāng)*, corbeilles sans couvercle, qui servent à porter les céréales.

一丨；一挑零一丨，*ĭ* 丨；*ĭ t'iāo lîn ĭ* 丨，une corbeille, son contenu; une charge (2 corbeilles) plus une corbeille.

一挑丨篼，*ĭ t'iāo* 丨 *teōu*, une paire de corbeilles (pour une charge).

打得好多丨挑，*Tà tĕ hào tō* 丨 *t'iāo?* combien recueille-t-il de charges de céréales? quel est son revenu?

皮丨，*P'î* 丨，corbeilles avec couvercle.

羅 *Lô.* Filet, tissu à mailles peu serrées.

丨網，丨 *ouàng*, filet.

丨紗，丨 *chā*, tissu en soie clair et léger.

丨蚊，丨 *ouên*, tissu en ramie à mailles peu serrées.

丨蚊罩子，丨 *ouên tcháo tsè*, moustiquaire faite avec ce tissu.

丨盤，丨 *p'ân*, boussole.

丨篩，丨漢，丨 *chāi*, 丨 *hán*. Voir *chāi*, *hán*.

蘿 *Lô.* Rave.

丨蔔，丨 *poú*, rave, navet, carotte.

白丨蔔，熱丨蔔，紅丨蔔，*Pĕ* 丨 *poú*, *jĕ* 丨 *poú*, *hông* 丨 *poú*, navet, raifort, carotte.

長丨蔔，*Tch'âng* 丨 *poú*, rave longue.

丨蔔子，丨 *poú tsè*, graine de carotte ou de navet.

丨蔔絲，丨 *poú sē*, navet ou carotte coupé en filets menus.

丨蔔秵 (*v.* 秵子)，丨 *poú īn (v. īn tsè)*, feuilles et tige de la rave.

點，扯丨蔔，*Tièn*, *tch'è* 丨 *poú*, semer des raves, les arracher ou les ramasser.

丨蔔出市太醫背時，丨 *poú tch'ŏu ché t'ái ī péi chê*, quand les raves apparaissent au marché, les médecins sont ruinés (la rave est réputée très saine).

欏 *Lô.* 桫丨樹，*Sō* 丨 *choú*, palmier.

鑼 *Lô.* Tam-tam, gong.

鳴丨傳人議話，*Mîn* 丨 *tch'ouân jên gní houá*, frapper du tam-tam, pour inviter le public à une délibération.

打丨齊團逮强盜，*Tà* 丨 *ts'î t'ouân tái k'iâng taó*, convoquer la garde nationale au son du tam-tam, pour prendre un voleur.

丨鼓响，丨 *koù hiàng*, le tam-tam et la grosse caisse retentissent.

打丨丨，*Tà* 丨丨，se dit des jongleries accompagnées de coups de tam-tam, pratiquées par les sorciers appelés *touān kōng*.

打丨鎚，*Tà* 丨 *tch'ouî*, marteau ou maillet à frapper le tam-tam.

螺 *Lô.* Huître, escargot.

丨螄，大丨螄，田丨螄，山丨螄，丨 *sē*, *tá* 丨 *sē*, *t'iên* 丨 *sē*, *chān* 丨 *sē*, limaçon, escargot, escargot de rizière, escargot de terre.

丨螄釘，丨 *sē tīn*, vis.

上 (*v.* 鑽) 丨螄釘，*Cháng (v. tsoúan)* 丨 *sē tīn*, tourner une vis pour l'enfoncer.

退丨螄釘出來，*T'oúi* 丨 *sē tīn tch'ŏu lái*, tourner une vis pour la retirer.

丨螄鑽 (*v.* 鑽子)，丨 *sē tsouán (v. tsouán tsè)*, vrille, tire-bouchon.

丨螄骨 (*v.* 拐)，丨 *sē koŭ (v. koùai)*, cheville du pied.

囉 *Lô (v. lō)*. 丨唆，丨 *sō*, ennuyeux, ennuyer.

不要來丨唆我們，*Poŭ iáo lâi* 丨 *sō gò mèn*, ne viens pas nous ennuyer.

丨唆 (*v.* 丨咆) 人，丨 *sō (v.* 丨 *tsáo) jên*, importuner, molester les gens.

挪 *Lô*. Mouvoir; emprunter.

拏你的銀子兌 (*v.* 張) 丨幾天，*Lâ gnì tī în tsè toúi (v. tchāng)* 丨 *kì t'iēn*, prête-moi de ton argent pour quelques jours.

我要兌丨你吓，*Gò iáo toúi* 丨 *gnì há*, je veux t'emprunter un peu.

兌丨東西，*Toúi* 丨 *tōng sī*, échanger des objets.

寬處兌丨，*K'oūan tch'óu toúi* 丨，à l'endroit le plus large pour notre avantage réciproque! (Cri des porteurs à d'autres porteurs qui viennent les croiser sur une route étroite.)

LÒ

娜 *Lò*. Parole vague; négligent, lent, mou.

丨連話，丨 *liên houá*, paroles dilatoires, qui ne précisent rien (voir *liên*).

丨隋話，丨 *t'ò (v. lô tō) houá*, flux de paroles incohérentes.

他背書會丨丨，*T'a péi chōu hoúi* 丨丨，en récitant, il est habile à escamoter sa leçon.

談話丨丨，*T'án houá* 丨丨，ne pas parler distinctement.

丨丨，丨丨，Lolos, nom de certaines tribus du *Sutchuen* et du *Yun-nan*.

了 *Lò*. Pour *lèao*, voyez *lèao*.

LÓ

糯 *Ló. v.* 丨米，*v.* 丨 *mì*, riz glutineux, servant à faire du vin et des pâtisseries (vulgairement appelé *tsieòu mì*).

愞 *Ló*. Faible, timide, craintif.

這个人丨弱得狠，*Tché· kó jên* 丨 *jŏ tĕ· hèn*, cet homme est très faible (s'entend surtout au moral).

LŎ

諾 *Lŏ*. Consentir, accorder.

若蒙不棄肯賜金丨，*Jŏ mông poŭ k'í k'èn ts'é kīn* 丨 (style relevé), si, par bienveillance, vous ne voulez pas me rejeter, daignez m'accorder ma demande.

Les Chinois disent à tout propos *ŏ v. ó*, comme nous disons: oui, en français. C'est une corruption de *lŏ*.

駱 *Lŏ. v.* 丨駝，*v.* 丨 *t'ô*, chameau.

落 *Lŏ*. Tomber, perdre.

丨下來，丨 *hiá lâi*, 下丨，*hiá* 丨，丨難，丨 *lán*, 丨雨，丨 *iù*, 失丨，*chĕ* 丨，丨氣，丨 *k'í*, 丨形，丨 *hîn*. Voir ces mots.

丨平，丨 *p'în*, (litt.) fais tomber à plat, déposez la chaise (se dit aux porteurs).

丨嬰孩，丨 *īn hiâi*, (litt.) tomber, perdre un enfant, c.-à-d. avorter.

他丨在我手頭要捱打，*T'a* 丨 *tsái gò cheoù t'eôu iáo gâi tà*, s'il tombe sous ma main, il sera rossé.

一把連丨在我身上，*ĭ pà liên* 丨 *tsái gò chēn cháng*, tout me tombe dessus.

還沒有丨案，*Houân mŏ ieoù* 丨 *gán*, la sentence définitive n'est pas encore portée.

丨盤，丨 *p'ân*, tomber d'accord (par ex. en débattant les prix).

這个生意一吓不得丨盤，*Tché· kó sēn í ĭ há poŭ tĕ·* 丨 *p'ân*, ce marché ne pourra se conclure de sitôt.

做事要做得丨脚, *Tsoú sé iáo tsoú tě* 丨 *kiŏ*, tant qu'à faire une chose, il faut la faire entièrement.

沒得丨脚的地方, *Mŏ tě* 丨 *kiŏ tĭ tí fāng*, n'avoir pas où se loger, ne savoir plus que devenir.

丨地, v. 丨在地下, 丨 *tí*, v. 丨 *tsái tí hiá*, tomber à terre.

丨底, 丨 *tì*, tomber au fond.

在那裡丨店, *Tsái là lì* 丨 *tién?* où loges-tu?

我丨站房, *Gò* 丨 *tchán fáng*, je loge à l'auberge.

這个房子丨塘, *Tché kó fáng tsè* 丨 *t'áng*, cette maison est dans un bas-fond.

你在那裡丨業, *Gnì tsái là lì* 丨 *niě?* où t'es-tu établi?

這回我丨得不好, *Tché hoûi gò* 丨 *tě poŭ hào*, cette fois, je suis mal tombé.

沒得着丨, v. 下丨, *Mŏ tě tchŏ* 丨, v. *hiá* 丨, ne savoir que devenir, que faire.

在隨官發丨, *Tsái soûi koūan fá* 丨, à la volonté du mandarin de disposer.

沒有丨屋, *Mŏ ieòu* 丨 *oŭ*, il n'est pas rentré à la maison.

打丨, 吹丨, 搖丨, *Tà* 丨, *tch'ōui* 丨, *iâo* 丨, faire tomber en frappant, en soufflant (comme fait le vent), en agitant.

穀子打不丨, *Kŏu tsè tà poŭ* 丨, ne pouvoir faire tomber le grain en battant le riz.

菸竿丨了 (v. 攪丨了, v. 吊丨了), *Iēn kān* 丨 *lò* (v. *kào* 丨 *lò*, v. *tiáo* 丨 *lò*), j'ai perdu ma pipe.

寫丨了一个字, *Siè* 丨 *lò ĭ kó tsé*, j'ai passé un caractère en écrivant.

掛丨了一筆賬, *Kouá* 丨 *lò ĭ pĭ tcháng*, j'ai oublié d'inscrire un compte.

樹子丨葉, 皮子丨毛, *Chóu tsè* 丨 *iĕ*, *p'î tsè* 丨 *mâo*, l'arbre perd ses feuilles, la peau son poil.

丨後, 丨 *heóu*, se trouver en arrière, le dernier, dans une bande en marche.

樂 *Lŏ*. Plaisir, joie.

喜丨, v. 歡丨; 安丨, 快丨, *Hì* 丨, v. *houān* 丨; *gān* 丨, *k'oúai* 丨, se réjouir, être content; bien-être, plaisir, volupté.

醜陋的快丨, *Tch'eòu leóu tĭ k'oúai* 丨, voluptés impures.

圖丨, *T'ôu* 丨, rechercher le plaisir sensuel.

福丨壽長, *Foŭ* 丨 *cheóu tch'âng*, bonheur et longue vie (voir *foŭ*).

烙 *Lŏ*. Brûler.

丨鐵, 丨 *t'iĕ*, petit fer triangulaire à l'usage des tailleurs, pour bien aplanir les étoffes, et des cuisiniers pour faire disparaître les poils de la peau de la viande.

LŌNG

弄 *Lōng* (v. *lóng*, voir ce mot). Apprêter; obtenir, faire en sorte.

丨飯, 丨菜, 丨 *fán*, 丨 *ts'ái*, apprêter le riz, les mets.

丨得好, 丨好了, 丨 *tě hào*; 丨 *hào lò*, c'est bien préparé; c'est apprêté à point.

丨得規一, 丨 *tě koūi ĭ*, cela peut se terminer, s'arranger, c'est bien arrangé.

這回他丨得好, *Tché hôui t'ā* 丨 *tě hào*, cette fois il a fait une bonne affaire, il a attrapé une bonne aubaine.

他會丨錢, *T'ā hóui* 丨 *ts'iên*, il est habile à attraper de la sapeque.

丨他來喫酒, 丨 *t'ā lâi tch'ĕ tsieòu*, amène-le au festin, boire le vin.

丨他回來, 丨他出去, 丨 *t'ā hôui lâi*, 丨 *t'ā tch'ŏu k'ú*, fais en sorte de le ramener, de le faire sortir.

LÔNG

聾 *Lông* (v. *lōng*). Sourd.

丨子, 你是丨的, 丨 *tsè*, *gnì ché* 丨 *tĭ?* sourd, tu es donc sourd?

大聲點耳朵丨, *Tá chēn tièn, eùl tŏ* 丨, crie plus fort, il est sourd.

有一點丨, *Ieòu ĭ tièn* 丨, il est un peu sourd.

裝丨不聽見, *Tchoūang* 丨 *poŭ t'in kién*, faire le sourd.

裝丨賣啞, *Tchoūang* 丨 *mái ià*, faire le sourd et le muet.

龍 *Lông*. Dragon.

一條｜, *ī t'iâo* ｜, un dragon.

｜蛇, ｜ *chě*, voyez *chě*.

划｜船, 打滾｜, *Hoûa* ｜ *tch'ouan, tà kouèn* ｜. Voir *hoûa, kouèn*.

｜頭蛇尾, ｜ *t'eôu chě oùi*, (litt.) tête de dragon et queue de serpent, affaire bien commencée et mal finie.

｜脈, ｜ *mě*, (litt.) veine du dragon, se dit de tout objet ou endroit auquel par superstition les Chinois attachent arbitrairement la fortune d'une famille ou d'un pays. (Le dragon est censé y habiter; c'est une source de beaucoup de querelles et de procès.)

敘府的｜脈, *Sú foù tī* ｜ *mě*, la veine de la fortune de la ville de *Sú-foù*.

耍｜燈, *Choùa* ｜ *tēn*, promener avec grande pompe et force tapage d'immenses lanternes à forme de dragon (amusement plus ou moins superstitieux du nouvel an Chinois).

｜門子, ｜ *mên tsè*, grande porte d'entrée, formée d'un bâtiment en avant de la maison.

擺｜門陣, *Pài* ｜ *mên tchén*, faire la causette, raconter des histoires.

怕是一个｜門陣, *P'á ché ī kó* ｜ *mên tchén*, cela m'a l'air d'un conte.

海｜王, *Hài* ｜ *ouâng*, génie des mers (dont les mouvements sont censés causer les inondations).

｜袍御帶, ｜ *p'âo iú tái*, habits et ceinture de l'Empereur.

｜頭枋, ｜ *t'eôu fāng*, pièce de bois de l'avant d'une barque.

籠 *Lông*. Cage en bois ou en bambou.

走｜, 站｜, *Tseòu* ｜; *tchán* ｜, cage sans fond et posée à terre, avec laquelle le patient peut marcher; cage avec fond et très étroite, dans laquelle il lui est impossible de bouger.

裝｜子, *Tchoūang* ｜ *tsè*, mettre en cage (un criminel).

雞｜, *Kī* ｜, cage à poule.

嘴｜子, *Tsoùi* ｜ *tsè*, muselière des bœufs, des chiens.

｜倒狗的嘴, ｜ *tào kèou tī tsoùi*, museler un chien.

狗｜子, 烘｜子, 燈｜, 蒸｜, *Kèou* ｜ *tsè, hōng* ｜ *tsè, tēn* ｜, *tchēn* ｜. Voir ces mots.

鋪｜罩被, *P'ōu* ｜ *tcháo pí*, couvertures de lit et moustiquaire, literie.

一｜罩子, *ī* ｜ *tcháo tsè*, une moustiquaire.

手｜, *Cheòu* ｜, gants.

把他｜倒了, *Pà t'ā* ｜ *tào lò*, il l'a entortillé.

受人家的｜, *Cheóu jên kiā tī* ｜, être dupé par autrui.

｜害 (*v.* ｜算, *v.* ｜哄) 人家, ｜ *hái* (*v.* ｜ *souán, v.* ｜ *hòng*) *jên kiā*, duper autrui.

嚨 *Lông*. Gosier. Voir 喉 *heôu*.

韆 *Lông*. ｜頭, *v.* 馬｜頭, ｜ *t'eôu, v. mà* ｜ *t'eôu*, licou, bride.

農 *Lông*. Agriculture.

｜夫, *v.* ｜家, *v.* 務｜的, ｜ *fōu, v.* ｜ *kiā, v. oú* ｜ *tī*, agriculteur.

｜事, ｜ *sé*, les travaux de l'agriculture.

官要勸｜, *Koūan iáo k'úen* ｜, les mandarins doivent encourager l'agriculture.

士｜工商, *Sé* ｜ *kōng chāng*. Voir *kōng*.

膿 *Lông*. Pus.

瘡出 (*v.* 流) 些｜血, *Tch'oūang tch'ōu* (*v. lieôu*) *sī* ｜ *hiě*, de l'abcès il sort du pus avec du sang.

瘡在貫 (*v.* 調, *v.* 生) ｜, *Tch'oūang tsái kouán* (*v. t'iâo, v. sēn*) ｜, l'abcès est en voie de former du pus.

｜泡瘡, ｜ *p'áo tch'oūang*, gros clou, abcès de nature maligne, qui suppure longtemps.

取 (v. 放, v. 擠, v. 提) | , T'sù (v. fáng, v. tsì, v. t'î) | , faire sortir le pus.

| 頭, | t'eôu, bourbillon de furoncle.

LÒNG

攏 v. 蹤 Lòng. Arriver, approcher.

| 了敘府, | lò Sû fou, on est arrivé à Sû-fou.

| 得早, | tĕ· tsào, je suis arrivé, ou on arrivera de bonne heure.

| 怕要黑, v. 怕要 | 黑, | p'á iáo hĕ·, v. p'á iáo | hĕ·, il fera probablement nuit quand on arrivera.

做成兩天 | , Tsóu tch'ên leàng t'iēn | , mettre deux jours pour arriver.

| 得倒, | 不倒, | tĕ· tào, | poŭ tào, on peut arriver, on ne peut arriver.

趕得 | , Kàn tĕ· | , en se pressant, on peut arriver (voir kàn).

| 得合式不早不遲, | tĕ· hŏ ché poŭ tsào poŭ tch'ê, tu arrives juste, ni trop tôt ni trop tard.

| 來, | 近點, | lâi, | kín tièn, approche, approche un peu plus.

兩个 | 來取和, Leàng kó | lâi ts'ù hô, ils viennent tous deux se réconcilier.

這个事扯 (v. 說, v. 講) 不 | , Tché· kó sé tch'è· (v. chŏ, v. kiàng) poŭ | , on ne peut terminer cette affaire par un accord.

要 | 四點鐘, Iaó | sé tièn tchōng, il va être 4 heures.

你 | 那裡來了, Gnì | là lì lâi lò? où en es-tu arrivé?

讀 | 詩經, Toŭ | chē kīn, il a étudié jusqu'au Livre des Vers.

合 | 來, 靠不 | , 關不 | , Hŏ | lâi, k'áo poŭ | , koūan poŭ | . Voir hŏ, k'áo, koūan.

生 | 來, Sēn | lâi, unir, souder ensemble.

| 不倒邊, | poŭ tào piēn, ne pouvoir aborder, approcher.

板子搭不 | 河那邊, Pàn tsè tă poŭ | hô lá piēn, une planche ne peut atteindre l'autre bord de la rivière.

LÓNG

弄 Lóng (voir lōng). Susciter, faire naître.

刁 | 是非, Tiāo | ché fēi, susciter et répandre des calomnies, des brouilleries.

| 出事來, | tch'ŏu sé lâi, susciter des affaires.

| 訟, | sóng, pousser les gens à faire des procès.

| 船, | tch'oûan, diriger une barque.

LOÛ

爐 v. 鑪 Loû. v. | 子, v. | tsè, fourneau, réchaud.

大 | 子, 小 | 子, Tá | tsè, siaò | tsè, grand fourneau, petit fourneau.

鐵匠 | 子, T'iĕ· tsiáng | tsè, feu de forgeron.

燒 | 子, Chāo | tsè, allumer, entretenir le feu d'un fourneau, d'un réchaud.

倒人家的 | 子, Tào jên kiā tĭ | tsè, (litt.) renverser le fourneau d'autrui, c.-à-d. ruiner la réputation de quelqu'un.

吊 | , Tiáo | , encensoir.

香 | , | 橋, Hiāng | , | k'iâo. Voir hiāng, k'iâo.

奴 Loû. v. | 僕, | 婢, v. | p'oŭ, | péi, esclave.

罏 Loû. v. | 缸, v. | kāng, grand vase en terre cuite, à large ouverture.

蘆 Loû. | 薈, | hoúi, aloës.

| 槀, | kaò, roseau ressemblant un peu au bambou.

| 槀笋, | kaò sèn, jeunes tiges de ce roseau (bonnes à manger).

葫 | , K'oû (foû) | . Voir foû.

瀘 Loû. Nom d'une rivière du Sutchuen.

| 州, | tcheōu, nom d'une préfecture de 2eme classe du Sutchuen.

LÒU

滷 *Lòu*. Sel fondu.

|水, | *choùi*, humidité.

這个塩巴|水重, *Tché· kó iên pā* | *choùi tchóng*, ce sel se fond facilement.

口頭|泡子, *K'eòu t'eôu* | *p'āo tsè*, l'écume lui sort de la bouche.

虜 *v.* **擄** *Lòu*. Captif, réduire en captivité.

聖母立贖|會瞻禮, *Chén moù lĭ chŏu* | *hoüi tchān lì*, fête de N.-D. de la Merci (voir *chŏu*).

努 *Lòu*. S'efforcer.

你帮我|力一吓, *Gnì pāng gò* | *lĭ ĭ há*, donne-moi un bon coup de main.

LÓU

怒 *Lóu*. Colère.

發|, *v.* **發忿|**, *v.* **發起忿|**, *Fă* |, *v. fă fén* |, *v. fă k'ì fén* |, se mettre en colère.

發大|, *Fă tá·* |, se mettre en grande colère.

他發我的|, *T'ā fă gò tĭ* |, il se fâche contre moi.

敢|而不敢言, *Kàn* | *eûl poŭ kàn iên*, tout en se fâchant, il n'ose rien dire.

|氣冲天, | *k'í tch'ōng t'iēn*, les vapeurs de la colère montent jusqu'au ciel; très grande colère.

天主的義|, *T'iēn Tchòu tĭ gní* |, la juste colère de Dieu.

含|, *Hân* |, garder rancune.

請息|, *Ts'ìn sĭ* |, veuillez vous apaiser.

路 *Lóu*. Chemin (au pr. et au fig.).

一條|, *ĭ t'iâo* |, un chemin.

坭巴|, *v.* **土|**, *Gnî pā* |, *v. t'òu* |, route non pavée.

毛狗|, *Mâo keòu* |, (litt.) chemin de renard, chemin très mauvais.

花花|, *Hoūa hoūa* |, route semée de flaques d'eau bourbeuse.

收漿|, *Cheōu tsiāng* |, route boueuse qui commence à sécher.

平|, **切|**, *P'în* |, *ts'iĕ·* |, chemin plat, chemin de traverse.

天堂的直| (*v.* **窄|**), *T'iēn t'âng tĭ tchĕ* | (*v. tsĕ·* |), le chemin droit (ou bien, étroit) du ciel.

指|碑, *Tchè* | *pēi*, inscription sur pierre qui indique la route.

一|上問起走, *ĭ* | *cháng ouén k'ì tseoù*, avancer en demandant le chemin tout le long de la route.

|在口裡一問就知, | *tsái k'eòu lì*, *ĭ ouén tsieóu tchē*, la route se trouve dans la bouche, pour la connaître il n'y a qu'à demander.

十字|口, *Chĕ tsé* | *k'eòu*, endroit où plusieurs chemins se croisent.

合|, *Hŏ* |, point de jonction de deux ou plusieurs routes (voir *hŏ*).

在|邊上, *Tsái* | *piēn cháng*, sur le bord de la route.

一條大|沒得岔|, *ĭ t'iâo tá* | *mŏ tĕ· tch'á* |, une grande route sans bifurcation.

|相因, **|貴**, | *siāng īn*, | *koúi*, (litt.) route à bon marché, route chère, route plus longue, plus courte qu'on ne dit.

斷倒|, *Touán tào* |, couper la route, arrêter quelqu'un.

好狗不擋|, *Hào keòu poŭ tàng* |, un bon chien ne se couche pas au milieu du chemin (n'obstrue pas le chemin).

|不通, | *poŭ t'ōng*, la route ne communique pas, elle n'est pas ouverte.

修|, **補|**, *Sieōu* |, *poù* |, construire des routes, les réparer.

沒得|影子 (*v.* **印印**), *Mŏ tĕ·* | *ìn tsè* (*v. ín ín*), il n'y a pas trace de route.

沒得|影影 (*v.* **印子**), *Mŏ tĕ·* | *ìn ìn* (*v. ín tsè*), il n'y a pas de traces de pas sur la route.

引｜,活｜, ìn｜, hŏ｜. Voir ìn, hŏ.

我跟你開一條｜, Gò kēn gnì k'āi ī t'iâo｜, je t'ouvre un chemin, je t'indique un expédient.

留一條｜, Lieôu ī t'iâo｜, conserver, laisser une issue, une porte pour échapper.

他沒得｜, T'ā mŏ tĕ·｜, il n'a plus de chemin, il ne sait que devenir.

走｜;走長｜,走轉｜,走錯｜, Tseòu｜; tseòu tch'âng｜, tseòu tchouán｜, tseòu ts'ó｜, aller à pied; faire une longue route à pied, faire un détour, faire fausse route.

我跑多｜, Gò p'ào tō｜, j'ai fait beaucoup de courses.

｜程遠,｜tch'ên iuèn, il y a beaucoup de chemin à faire.

｜不行不倒,｜poŭ hîn poŭ taó, si on ne marche pas, on n'arrive pas.

一｜, ī｜, faire route ensemble; du même bord; tout le long de la route; en même temps (quand ī lóu est répété).

他們都是一｜的, T'ā mên toū ché ī｜tī, ils font tous route ensemble, ou ils sont tous du même bord.

一｜走一｜念經, ī｜tseòu ī｜nién kīn, prier en marchant.

一｜平安, ī｜p'în gān, se bien porter tout le temps du voyage.

｜票,｜費,｜p'iáo;｜féi, feuille de route, sauf-conduit; frais de voyage.

紋｜,｜子, Ouên｜;｜tsè, linéaments des veines; trait, ligne.

畫一个｜子, Houá ī kó｜tsè, tirer une ligne.

一天只讀得兩三｜書, ī t'iēn tchè (tchĕ) toŭ tĕ· leàng sān｜chōu, en un jour il ne peut apprendre que deux ou trois lignes.

石板｜, Chĕ pàn｜,田坎｜, t'iên k'àn｜,坡坎｜, p'ō k'àn｜,溜｜, lieōu｜,｜寬大道,｜k'oūan tá táo,上了｜, cháng lò｜,過｜, kó｜,讓｜, jáng｜,走寃枉｜, tseòu iūen ouàng｜,趕｜, kàn｜,倒｜鬼, táo｜koùi. Voir ces mots.

露 Lóu. Rosée; manifester, divulguer.

｜水;挨黑要上｜水,｜choùi; gāi hĕ· iáo cháng｜choùi, rosée; à la nuit, la rosée (monte) descend.

起｜水, K'ì｜choùi, il se forme de la rosée.

打｜水, Tà｜choùi, (litt.) battre la rosée, s'échapper de grand matin, apres avoir fait des dettes ou quelque mauvais coup.

白｜,寒｜, Pĕ·｜, hân｜, divisions de l'année chinoise, du 8 au 23 Septembre, et du 23 Septembre au 8 Octobre.

｜天垻,｜t'iēn pá, place découverte.

出門做客不要｜白, Tch'ŏu mên tsoú k'ĕ· poŭ iaó｜pĕ·, le voyageur ne doit pas laisser voir ce qui est blanc, c.-à-d. son argent.

婦女不要拋頭｜面, Foú niù poŭ iáo p'āo t'eôu｜mién, les femmes et les filles ne doivent pas se produire en public.

赤身｜體, Tch'ĕ chēn｜t'ì, le corps tout nu.

他的事都｜出來了, T'ā tī sé toū｜tch'ŏu lâi lò, son affaire est déjà divulguée.

黃蠟要｜幾天纔得白, Hoûang lă iaó｜kì t'iēn ts'âi tĕ· pĕ·, il faut exposer la cire à la rosée pendant plusieurs jours, pour qu'elle devienne blanche.

LOŬ

六 Loŭ. Six.

｜个,第｜个,｜kó, tí｜kó, six, le sixième.

滿｜十做大生, Màn｜chĕ tsoú tá sēn, quand on accomplit les soixante ans, on célèbre avec plus de solennité l'anniversaire de la naissance.

｜部,｜房,｜poú;｜fâng, les 6 grands tribunaux de Pékin; les 6 bureaux correspondants, dans chaque sous-préfecture.

鹿 Loŭ. v.｜子,｜tsè, cerf.

｜茸,｜jông, corne de cerf.

虎｜不同遊, Foù｜poŭ t'ông ieôu, le tigre et le cerf ne vont pas de compagnie.

逐｜者不顧兎, *Tchŏ* ｜ *tchè· poŭ kóu t'óu* (*t'éul*), celui qui poursuit un cerf, ne s'occupe pas d'un lièvre.

祿 *Loŭ.* v. 俸｜, v. *fóng* ｜, traitement d'un mandarin, dignité.

無功不受｜, *Oû kōng poŭ chéou* ｜, sans mérite on ne reçoit pas de traitement.

高官厚｜, *Kāo kouān heóu* ｜, haute charge, avec un fort traitement.

壽｜, *Cheóu* ｜, longévité et dignités (voir *foŭ* 福).

綠 *Lŏu.* Vert.

｜的, ｜色, ｜ *tĭ*, ｜ *sĕ·*, qui est vert, couleur verte.

｜外套, ｜洋布, ｜ *ouái t'áo*, ｜ *iâng poú*, chasuble verte, toile européenne verte.

銅｜; ｜礬, *T'ông* ｜; ｜ *fân*, vert-de-gris; sulfate de cuivre.

菉 *Lŏu.* ｜荳, ｜ *teóu*, petit pois vert.

｜荳芽, ｜荳湯, ｜荳稀飯, ｜ *teóu iâ*; ｜ *teóu t'āng*, ｜ *teóu hī fán*, ce pois germé; bouillon de pois; voir *hī*.

錄 *Lóu.* Inscrire.

目｜; ｜名, *Mŏu* ｜; ｜ *mîn*, index ou table d'un livre; inscrire un nom.

碌 *Lŏu.* 勞｜, *Lâo* ｜, peiner, travailler péniblement.

｜痴痴的, ｜ *tch'ē tch'ē tĭ*, homme qui a l'air idiot, hébété.

嚇｜了, *Hĕ·* ｜ *lò*, hébété par la peur.

律 *Lŏu.* Loi. ｜例, v. 法｜, ｜ *lí*, v. *fă* ｜, code (voir *lí*).

陸 *Lŏu.* ｜續, v. ｜｜續續, ｜ *siŏu*, v. ｜｜ *siŏu siŏu*, peu à peu, successivement.

LOÙAN

卵 *Loùan.* Œuf de poule (dans le style écrit).

｜子, ｜ *tsè*, testicules (mot grossier).

LOÚAN

亂 *Loúan.* Trouble, confusion, rébellion, à tort et à travers, mal.

念經心｜, *Nién kīn sīn* ｜, prier avec distraction.

老｜, *Laò* ｜, sobriquet donné aux gens brouillons, toqués.

米粮貴怕｜, *Mì leâng koúi, p'á* ｜, quand le riz est cher, on craint des troubles.

｜丟, ｜堆, ｜ *tieōu*, ｜ *toūi*, jeter, accumuler en désordre.

規矩｜了, *Koūi kù* ｜ *lò*, la règle n'est plus observée.

｜規矩, ｜ *koūi kù*, troubler, enfreindre la règle.

這个人沒良心｜來, *Tché· kó jên mŏ leâng sīn* ｜ *lâi*, cet homme est sans conscience et se conduit mal.

菸｜賣得鹽不許｜賣, *Iēn* ｜ *mái tĕ·, iên poŭ hù* ｜ *mái*, le tabac se vend librement (au gré de chacun), mais non le sel (qui est monopolisé).

｜賣都賣得起两吊錢, ｜ *mái tōu mái tĕ· k'ì leàng tiáo ts'iên*, à tout hasard, cela pourra toujours se vendre 2 ligatures.

不要｜說, *Poŭ iáo* ｜ *chŏ*, ne dis pas de sottises; attention à tes paroles.

｜看, ｜想, ｜ *k'án*, ｜ *siàng*, regarder ce qu'il ne faut pas, mal penser.

糊做｜為, *Foû tsoú* ｜ *oûi*, agir en insensé, s'adonner au mal.

｜石頭砌的墻, ｜ *chĕ t'eôu ts'ú tĭ ts'iâng*, mur construit en pierres brutes.

有｜人進來, *Ieòu* ｜ *jên tsín lâi*, il entre des gens qui ne devraient pas entrer.

LOÛI

雷 *Loûi.* Tonnerre.

打｜, 在打｜, *Tà* ｜, *tsái tà* ｜, tonner, il tonne.

打了一个雷 (v. 大) ｜, *Tà lò ĭ kó tchá* (v. *tá*) ｜, il a tonné un fort coup.

｜神，v.｜公，｜ chên, v. ｜ kōng, esprit du tonnerre.

｜公虫，｜ kōng tch'ông, espèce de mille-pieds venimeux.

｜打死你，｜ tà sè gnì, que le tonnerre t'écrase !

｜打火燒的，｜ tà hò chāo tĭ, qui mérite d'être écrasé par la foudre et brûlé vif.

䨻｜，地｜，水｜，óng ｜，tí ｜，choùi ｜，tonnerre sourd, mine de guerre, torpille.

喫｜，Tch'ĕ ｜，faire danser l'anse du panier (*litt.* manger le tonnerre).

擂 *Loûi.* Piler, écraser, broyer.

｜藥，｜顏料，｜ iŏ, ｜ iên leáo, broyer des médicaments, des couleurs.

LOÙI

壘 v. 累 *Loùi.* Entasser.

｜平，｜ p'în, aplanir (un terrain) en comblant les trous.

｜坟，｜ (v. lì) fên, entasser de la terre sur un tombeau.

累 *Loùi.* Entraîner dans une mauvaise affaire.

拖 (v.連) ｜人家，T'ō (v. liên) ｜ jên kiā, envelopper autrui dans son infortune.

命案拖｜多少人，Mín gán t'ō ｜ tō chaò jên, les procès où il s'agit de mort d'homme nuisent à beaucoup de monde.

家務｜贅，Kiā oú ｜ tchóui, les charges de la famille sont accablantes.

屢 *Loùi (v. lù).* Fréquemment.

｜次領聖體，｜ ts'é lìn chén t'ì, communier fréquemment.

｜次招呼他不信，｜ ts'é tchāo foū t'ā poŭ sín, plusieurs fois je l'ai prévenu, il ne veut rien écouter.

LOÚI

礧 *Loúi. v.* ｜子，v. ｜ tsè, espèce de moulin pour préparer le riz à être écossé sous la meule.

｜穀子，｜ koŭ tsè, faire passer le riz par ce moulin.

打｜子，Tà ｜ tsè, fabriquer de ces moulins.

｜房，｜ fâng, établissement où l'on écosse le riz.

擂 *Loúi. v.* ｜鼓，v. ｜ koù, battre le tambour.

儽 (vulg.) 累，*Loúi.* Fatigué.

走｜了，Tseòu ｜ lò, être fatigué de la marche.

上坡｜人，Cháng p'ō ｜ jên, la montée fatigue.

我不曉得｜，Gò poŭ hiào tĕ· ｜，je ne sens pas la fatigue.

這點活路把我｜了，Tché· tièn hŏ loú pà gò ｜ lò, ce peu de travail m'a fatigué.

心頭｜得狠，Sīn t'eôu ｜ tĕ· hèn, j'ai le cœur fatigué (se dit des oppressions ou de la lassitude causées par la maladie).

付｜你，Foû (foú) ｜ gnì, je vous ai causé de la fatigue: merci ! (polit.)

｜傷，｜ chāng, lésion interne causée par un effort ou par une fatigue excessive.

淚 *Loúi.* Larmes.

流 (v.吊)眼｜，v.｜水，Lieôu (v. tiáo) ièn ｜，v. ｜ choùi, les larmes coulent.

眼｜滾出來了，Ièn ｜ kouèn tch'ŏu lâi lò, les larmes coulent avec abondance.

流眼咪｜，v.眼｜汪汪，Lieôu ièn mĭ ｜，v. ièn ｜ ouāng ouāng, avoir les yeux baignés de larmes.

彙 *Loúi.* Touffe, abondant ; espèce.

字｜，v. ｜書，Tsé ｜，v. ｜ chōu, dictionnaire.

康熙字｜ (v.字典)，K'āng hī tsé ｜ (v. tsé tièn), dictionnaire composé par ordre de l'empereur K'āng hī.

一部字｜，ĭ poú tsé ｜，un dictionnaire en plusieurs volumes.

翻不來字｜，Fān poŭ lâi tsé ｜，ne pas savoir se servir d'un dictionnaire.

類 *Loúi.* Race, espèce.

人丨, *Jên* 丨, la race humaine, le genre humain.

相丨, *v.* **同丨**, *Siāng* 丨, *v. t'ông* 丨, de même espèce, semblable.

都是一丨的, *Tōu ché ĭ* 丨 *tĭ*, c'est tout de la même espèce, de la même engeance.

內 *Loúi.* Dedans, intérieur.

天主丨有幾位, *T'iēn Tchòu* 丨 *ieoù kì oúi?* en Dieu combien de Personnes?

丨外都是一樣的, 丨 *ouái toū ché ĭ iáng tĭ*, au dedans et au dehors c'est la même chose.

外君子丨小人, *Ouái kūin tsè* 丨 *siaò jên*, en apparence (au dehors) homme de bien, en réalité (au dedans) homme de rien.

說過一千銀子, 諸事一併在內, *Chŏ kó ĭ ts'iēn în tsè, tchōu sé ĭ pín tsái* 丨, on est convenu de 1000 taëls, tout compris.

心丨, **城丨**, *Sīn* 丨, *tch'ên* 丨, dans le cœur, dans la ville.

丨邊, *v.* **丨頭**, 丨 *piēn*, *v.* 丨 *t'eôu*, l'épouse.

丨工道理, 丨 *kōng taó lì*, exposition des dogmes (*ouái kōng taó lì* est la réfutation des erreurs).

丨兄丨弟, 丨 *hiōng* 丨 *tí*, frères de la femme.

丨科, **丨侄**, **丨親**, 丨 *k'ō*, 丨 *tchĕ*, 丨 *ts'īn*. Voir *k'ō*, *tchĕ*, *ts'īn*.

LÛ

驢 *Lû. v.* 丨**子**, *v.* 丨 *tsè*, âne.

丨兒, *v.* **丨丨兒**, 丨 *eûl*, *v.* 丨 丨 *eûl*, ânon.

叫丨, **草丨**, *Kiáo* 丨, *ts'ào* 丨, âne mâle, ânesse.

丨子性宜重不宜輕, 丨 *tsè sín gnî tchóng poŭ gnî k'īn*, les ânes sont ainsi faits, qu'il faut les charger lourdement pour les rendre dociles.

LÚ

慮 *Lú. v.* **思丨**, *v. sē* 丨, considérer avec soin; inquiet.

憂丨, **掛丨**, *Ieōu* 丨, *koúa* 丨, chagrin, être inquiet (voir *ieōu*, *koúa*).

丨事, **丨得遠** (*v.* **寬**), 丨 *sé*; 丨 *tĕ iuèn* (*v. k'oūan*), réfléchir sur une affaire; savoir prévoir les choses de loin.

濾 *Lú* (*v. loúi*). Filtrer.

丨荳腐, 丨 *teóu foù*, passer par un linge le fromage liquide de petits haricots.

丨黃蠟, 丨 *houâng lă*, purifier la cire en la filtrant.

MĀ

媽 *Mā.* Mère, maman.

喊一聲丨, *v.* **喊丨一聲**, *Hàn ĭ chēn* 丨, *v. hàn* 丨 *ĭ chēn*, crier à sa mère, appeler maman.

叨人家的丨, *T'āo jên kiā tĭ* 丨, injurier salement la mère d'autrui.

丨丨娘娘的叨, 丨 丨 *niâng niâng tĭ t'āo*, injurier en abusant d'une manière obscène du nom de mère.

說話肯帶丨, *Chŏ houá k'èn tái* 丨, en parlant, avoir toujours à la bouche ce mot *mā* (accompagné d'une obscénité).

老丨丨, *v.* **老丨子**, *Lào* 丨 丨, *v. lào* 丨 *tsè*, vieille femme.

MÂ

麻 *v.* **蔴** *Mâ.* Chanvre chinois (ramie); sésame.

種丨得丨, *Tchóng* 丨 *tĕ* 丨, qui sème du chanvre recueille du chanvre: on récolte ce qu'on a semé.

丨子, 丨 *tsè*, graine de chanvre.

原丨, **竹丨**, **火丨**, **蕁丨**, *Iuên* 丨, *tchŏu* 丨, *hò* 丨, *hŏ* 丨, ramie; filasse de bambou employée pour fabriquer des sandales; chanvre grossier dont on fait des cordes; ortie piquante.

丨紗 (v. 線), 丨 *chā* (v. *siến*), fil de chanvre.

績丨, *Tsǐ* 丨, teiller ou tordre le chanvre.

粗丨布, v. 口袋丨布, *Ts'ōu* 丨 *póu*, v. *k'èou tái* 丨 *póu*, grosse toile de chanvre à faire des sacs, des toiles d'emballage.

漂丨布; 丨布衫子, *P'iáo* 丨 *póu*; 丨 *póu chān tsè*, blanchir la toile de ramie; robe en ramie.

蓖丨樹; 蓖丨子, 蓖丨油, *Pīn (pī)* 丨 *chóu*; *pīn* 丨 *tsè*, *pīn* 丨 *ieóu*, ricin; graine, huile de ricin.

芝丨子, 芝丨油, v. 丨油, *Tchē* 丨 *tsè*; *tchē* 丨 *ieóu*, v. 丨 *ieóu*, graine de sésame; huile de sésame.

丨餹, 丨 *t'áng*, sucre grossier de grains (riz, maïs, etc.)

麻雀 *Mâ*. v. 丨雀 (v. 丨雀兒), v. 丨 *ts'iŏ*, v. 丨 *ts'iŏ eûl* (*ts'ĭŭl*), moineau.

丨雀窩, 丨 *ts'iŏ ō*, nid de moineaux; endroit d'un champ de blé mangé par les moineaux.

揉丨雀窩, *Joûa* 丨 *ts'iŏ ō*, voler des grains.

痲 v. 麻 *Mâ*. Crampe; rougeole.

手脚丨, 手脚丨木了, *Cheoù kiŏ* 丨, *cheoù kiŏ* 丨 *môu lò*, éprouver un fourmillement dans les mains et les pieds; avoir les pieds et les mains engourdis.

丨脚瘟, 丨 *kiŏ ouēn*, espèce de choléra épidémique.

丨口的, 丨 *k'eòu tĭ*, saveur amère et brûlante.

他舌頭都丨了, *T'ā chĕ t'eôu tōu* 丨 *lò*, sa langue est déjà paralysée.

出丨子, *Tch'ŏu* 丨 *tsè*, avoir la rougeole.

丨子, 丨 *tsè*, marques laissées par la petite vérole; sobriquet donné aux variolés.

他有丨子沒得, *T'ā ieoù* 丨 *tsè mŏ tĕ*? est-il variolé, grêlé?

十丨九怪, *Chĕ* 丨 *kieoù koúai*, sur dix variolés, il y a neuf finauds.

丨獸頭兒, 丨 *chéou t'eôu eûl* (*t'eûl*), chat à robe mouchetée.

瞞 *Mâ*. Tromper, deviner.

你丨不倒我, *Gnì* 丨 *poŭ tào gò*, tu ne me tromperas pas.

我丨不倒他的事, *Gò* 丨 *poŭ tào t'ā tĭ sé*, je ne puis deviner ses affaires.

丨立點 (v. 些), 丨 *lĭ tièn* (v. *sī*), plus vite donc!

膟 *Mâ*. Yeux troublés.

丨丨糊糊的, 丨丨 *fôu fôu tĭ*, pas net.

看丨了, *K'án* 丨 *lò*, avoir vu de travers, s'être trompé en regardant.

打丨子眼的時候, *Tà* 丨 *tsè ièn tĭ chê hеóu*, à l'entrée de la nuit.

蟆 *Mâ*. Voir *hiâ* 蝦 et *k'î* (*k'ûe*) 蜞.

MÀ

馬 *Mà*. Cheval.

一匹丨, *ĭ p'ĭ* (*p'ĭ*) 丨, un cheval.

騷丨, 騸丨, 騍丨, *Sāo* 丨, *chán* 丨, *k'ó* 丨, cheval entier, hongre, jument.

馱丨, 堂丨, 溜溜丨, *T'ô* 丨, *t'âng* 丨; *lieōu lieōu* 丨, cheval de bât, de poste; (voir *lieōu*).

一丨一夫, *ĭ* 丨 *ĭ fōu*, il faut un palefrenier pour chaque cheval.

丨槽, 丨鐙, 丨 *ts'âo*, 丨 *t'én*, crèche pour chevaux, étriers.

鞁丨, *Péi* 丨 seller un cheval.

放丨, *Fáng* 丨, louer un cheval, le faire paître.

跑丨, *P'ào* 丨, courir à cheval.

丨脚子, 丨 *kiŏ tsè*, conducteur de chevaux.

丨尾, 丨鬃, 丨 *oùi*, 丨 *tsōng*, queue, crinière de cheval.

丨掌; 跟丨釘掌, 丨 *tchàng*; *kēn* 丨 *tín tchàng*, fer de cheval; ferrer un cheval.

跟你幾丨鞭子, *Kēn gnì kì* 丨 *piēn tsè*, j'ai envie de te donner quelques coups de cravache.

丨鞭草, 丨 *piēn ts'ào*, verveine.

丨尾松, 丨 *oùi sōng*, espèce de pin.

騎丨，押丨，*K'î* 丨，*iă* 丨. Voir *k'î, iă*.
脚丨子 (*v.* 丨兒), *Kiŏ* 丨 *tsè* (*v.* 丨 *eûl, mèul*), espèce de fer à cheval que les hommes s'attachent sous les sandales, quand le chemin est glissant.
绑 (*v.* 穿) 脚丨子, *Pàng* (*v. tch'oüan*) *kiŏ* 丨 *tsè*, s'attacher ce fer.
脫脚丨子, *T'ŏ kiŏ* 丨 *tsè*, le quitter.
木丨，*v.* 丨凳, *Moŭ* 丨，*v.* 丨 *tén*, chevalet de menuisier.
丨叉子，丨 *tchā* (*tch'ā*) *tsè*, pliant.
丨門，丨 *mên*, entrée d'une mine, d'une carrière; portes d'une barque.
丨皮包，丨 *p'î pāo*, champignon, vesse-de-loup.
這个丨得狠, *Tché· kó* 丨 *tĕ· hèn*, cela ne vaut rien.
丨不的，丨 *poŭ tĭ*, on ne peut rien dire de certain.
這回他遇倒丨子, *Tché· hoûi t'ā iú taò* 丨 *tsè*, cette fois-ci il a eu affaire à plus fort que lui.

碼 *Mà*. Port, débarcadère; poids d'une balance, mesure de longueur; chiffre.
丨頭; 海丨頭，丨 *t'eôu; hài* 丨 *t'eôu*, port, place de commerce; port de mer.
這个丨頭不好靠, *Tché· kó* 丨 *t'eôu poŭ haò k'áo*, ce port n'est pas d'un abord facile.
丨頭錢，丨 *t'eôu ts'iên*, contribution que chaque ouvrier doit fournir à sa corporation.
你的丨子大了, *Gnì tĭ* 丨 *tsè tá lò*, tes poids sont trop forts.
一尺三的丨子, *ĭ tch'ĕ sān tĭ* 丨 *tsè*, la mesure d'un pied trois pouces (s'entend surtout des chaussures).
有二两重打得有丨子, *Icòu eúl leàng tchóng, tà tĕ· ieòu* 丨 *tsè*, cela pèse 2 onces, c'est marqué en chiffres (sur l'objet).
用暗丨子, *Ióng gán* 丨 *tsè*, employer des chiffres secrets.

螞 *Mà*. Fourmis.
丨蟻子搬家，丨 *ì tsè pān kiā*, les fourmis émigrent; se dit de ceux qui s'embarrassent de peu de chose (voir *ì*).
擠得如丨蟻包一樣, *Tsì tĕ· jôu* 丨 *ì pāo ĭ iáng*, c'est une foule pressée comme une fourmilière.
是死丨蟻的活路, *Ché sè* 丨 *ì tĭ hŏ loú*, c'est un travail de fourmi morte, c.-à-d. un travail de rien du tout.
這是个死丨蟻的生意, *Tché· ché kó sè* 丨 *ì tĭ sēn í*, c'est un commerce qui ne rapporte rien.
丨丨虰，*v.* 虰兒，丨丨 *tīn*, *v.* *tīn eûl* (*teūl*), libellule (insecte).
丨蟥，丨 *houâng*, sangsue.

瑪 *Mà*. Voir *lào* 瑙.

嗎 *Mà*. Particule finale, interrogative (populaire).
說丨，來丨，是丨，*Chŏ* 丨，*lâi* 丨，*ché* 丨，dis donc; viens donc; mais oui.
這个月大丨小, *Tché· kó iuĕ· tá* 丨 *siào?* cette lune est-elle grande (30 jours), ou petite (29 jours)?

MÁ

罵 *v.* 嗎 *Má*. Injurier, maudire, faire des reproches.
隨口亂丨，*Soûi k'eòu louán* 丨，dire toutes sortes d'injures, comme elles viennent à la bouche.
咒丨兒女, *Tcheóu* 丨 *eûl niù*, maudire ses enfants.
指人丨人, *Tchè jên* 丨 *jên*, injurier quelqu'un en le montrant du doigt.
丨人的話，丨 *jên tĭ houá*, paroles injurieuses.
我丨他一頓, *Gò* 丨 *t'ā ĭ tén*, je lui ai dit vertement ses vérités.
喏天丨地, *Kuèn t'iēn* 丨 *tí*, s'emporter en invectives contre le ciel et la terre.

MĂ

抹 *Mă*. Essuyer; égrener.
丨桌帕，丨 *tchŏ p'á*, torchon pour essuyer la table.
丨乾淨，丨 *kān tsín*, essuyer proprement.

| 澡, v. | 汗, | tsaò, v. | hán, s'essuyer le corps avec un linge mouillé.

| 眼淚, | ièn loúi, essuyer ses larmes.

| 包穀, | pāo kǒu, égrener le maïs.

| 一百錢下來, | ĭ pĕ· ts'iēn hiá lâi, tirer 100 sapèques (d'une ligature).

你把頭髮 | 攏來, Gnì pà t'eôu fá | lòng lâi, ramasse tes cheveux avec la main.

MÂI

埋 Mâi. Ensevelir, cacher.

| 葬, | tsáng, ensevelir, enterrer.

| 人, v. | 死人, | jên, v. | sè jên, enterrer un mort.

| 得不好, | tĕ· poŭ haò, il est mal enterré, pas en bon lieu.

你 | 倒一吓, Gnì | taò ĭ há, baisse-toi un peu.

| 腦膢, | 怨, | 伏, | laò k'ŏ, | iuén, | foŭ. Voir k'ŏ, iuén, foŭ.

MÀI

買 Mài. Acheter.

| 賣, | mái, acheter et vendre, commerce.

大 | 賣, 小 | 賣, Tá | mái, siào | mái, grand commerce, petit commerce.

做 | 賣, 講 | 賣, Tsoú | mái, kiàng | mái, faire le commerce, parler de commerce.

| 賣人, | 賣賬, | mái jên, | mái tcháng, commerçant, dettes de commerce.

不成 | 賣, Poŭ tch'ên | mái, commerce misérable, qui n'en mérite pas le nom.

一場有一千銀子的 | 賣, ĭ tch'âng ieòu ĭ ts'iēn în tsè tĭ | mái, en un jour de marché, il se fait pour 1000 taëls de commerce.

這个場不出 | 賣, Tché· kó tch'âng poŭ tch'ŏu | mái, ce marché n'est pas commerçant.

| 來賣, | lâi mái, acheter pour revendre.

你 | 好多錢, v. 是好多錢 | 的, Gnì | haò tō ts'iēn? v. ché haò tō ts'iēn | tĭ? combien as-tu acheté cela?

| 不起, | 不出來, | poŭ k'ì; | poŭ tch'ŏu lâi, je ne suis pas en état d'acheter, pas assez riche; on ne trouve pas à acheter.

人家 | 起去了, Jên kiā | k'ì k'ú lò, un autre l'a acheté.

| 主, | 辦, | tchoù; | pán, acquéreur; domestique chargé des achats courants d'une maison.

| 辦賺一半, | pán tchoúan ĭ pán, le commissionnaire gagne la moitié sur les achats (en faisant danser l'anse du panier).

貨 | 三家不上當, 必是行價, Hó | sān kiā poŭ cháng táng, pĭ ché hâng kiá, en marchandant un objet dans trois boutiques différentes, on ne saurait être trompé, on aura le véritable prix courant.

| 成了, | 不成, | t'chên lò; | poŭ tch'ên, c'est acheté, marché conclu; ne pouvoir conclure l'achat.

| 回, v. | 轉來, | hoûi, v. | tchouàn lâi, racheter.

| 名氣, | 命, | mîn k'í; | mín, acheter de la réputation; racheter sa vie.

官都 | 賄了, v. | 活了, Kouān toū | houi lò, v. | hŏ lò, le mandarin est acheté.

MÁI

賣 Mái. Vendre.

| 主, | tchòu, vendeur.

爭買爭 |, Tsēn mài tsēn |, se faire concurrence dans l'achat ou la vente.

| 不成錢, | poŭ tch'ên ts'iên, cela ne se vendra pas cher.

今天沒有 | 錢, Kīn t'iēn mŏ ieòu | ts'iên, aujourd'hui je n'ai rien vendu.

三百錢我不 |, Sān pĕ· ts'iên gò poŭ |, pour 300 sapèques, je ne vends pas.

| 得, | 不得, | tĕ· | poŭ tĕ·? cela peut-il se vendre? le commerce va-t-il?

| 不出去, v. | 不脫, | poŭ tch'ŏu k'ú, v. | poŭ t'ŏ, ne pouvoir vendre, écouler.

丨工，丨 *kōng*, vendre son travail, aller à la journée.

丨了，丨成了，丨 *tch'ên lò*, c'est vendu, la vente est conclue.

MÂN

蠻 *Mân.* Barbare. (On désigne sous ce nom toutes les peuplades indépendantes de l'intérieur de la Chine, et parfois aussi les peuples étrangers.)

丨子，丨家，丨 *tsè;* 丨 *kiā*, barbare, homme grossier; tribu barbare, les barbares en général.

丨地，丨話，丨 *tí;* 丨 *houá*, pays barbare; langue des barbares.

熟丨子，生丨子，*Chŏu* 丨 *tsè, sēn* 丨 *tsè*, barbares soumis, barbares indépendants.

丨洞，丨 *tóng*, cavernes habitées autrefois par les Barbares.

當丨丨，*Tāng* 丨 丨, être esclave.

瞞 *Mân.* Déguiser, tromper, cacher.

丨昧，丨騙，丨 *méi*, 丨 *p'ién*, tromper adroitement.

丨心昧己，丨 *sīn méi kì*, se fausser la conscience, se mentir à soi-même.

丨上不丨下，丨 *cháng poŭ* 丨 *hiá*, on peut tromper les supérieurs, mais non les inférieurs.

丨不倒天主，丨 *poŭ taò T'iēn Tchòu*, on ne trompe pas Dieu.

丨(*v.*隱丨)自己的罪，丨 (*v. ìn* 丨) *tsé kì tĭ tsoúi*, cacher ses péchés.

我丨倒他來，*Gò* 丨 *taò t'ā lâi*, je suis venu en cachette de lui.

不丨你說，*Poŭ* 丨 *gnì chŏ*, je te dis franchement, je t'avoue.

MÀN

滿 *Màn* (voir *mèn*). Remplir, plein.

丨了，要丨了，丨 *lò, iáo* 丨 *lò*, c'est plein, c'est presque plein.

裝丨一缾酒，*Tchoūang* 丨 *ĭ p'in tsieòu*, remplir une bouteille de vin.

箱子裝不丨，*Siāng tsè tchoūang poŭ* 丨, la malle ne peut être remplie.

倒丨一杯，*Taó* 丨 *ĭ pēi*, verser un plein verre.

丨丨一碗，丨丨 *ĭ ouàn*, une tasse bien pleine.

堆丨一間屋，*Toūi* 丨 *ĭ kān oŭ*, entasser plein une chambre.

還沒有丨月的婦人(*v.*嬰孩)，*Houân mŏ ieòu* 丨 *iuĕ' tĭ foú jên* (*v. īn hiâi*), mère (ou bien enfant) qui n'a pas encore accompli le temps (un mois) d'impureté légale, après les couches (ou après la naissance).

我丨五十了，*v.* 我丨了五十歲，*Gò* 丨 *où chĕ lò, v. gò* 丨 *lò où chĕ soúi*, j'ai accompli 50 ans.

沒有丨師的匠人，*Mŏ ieòu* 丨 *sē tĭ tsiáng jên*, ouvrier inhabile, qui n'a pas encore fini son temps d'apprentissage.

丨心丨意，丨 *sīn* 丨 *í*, de tout cœur, être satisfait.

他這件事沒有丨意，*T'ā tché' kién sé mŏ ieòu* 丨 *í*, il a été déçu en cette affaire.

世福不彀丨人心，*Ché foŭ poŭ keóu* 丨 *jên sīn*, le bonheur du monde ne suffit pas pour remplir le cœur de l'homme.

丨請，丨 *ts'ìn*, inviter tout le monde.

丨口仁義道德，丨腹奸心邪淫，丨 *k'eòu jên gnì taó tè*, 丨 *foŭ kiēn sīn siê' în*, il a plein la bouche de paroles de justice et de vertu, tandis que son cœur est plein d'iniquité et d'impureté.

丨山都是牲口，丨 *chān toū ché sēn k'eòu*, il y a du bétail plein la montagne.

丨招呼，丨 *tchāo foū*, faire grand accueil, ou se charger complètement d'une affaire.

丨算他很，丨 *souán t'ā hèn*, il est absolument (pleinement) le plus fort.

丨田坎的水，丨 *t'iên k'àn tĭ choùi*, eau qui déborde des rizières.

丨洲；丨板兒，丨 *tcheōu*, Mandchourie; 丨 *pàn eûl* (*peūl*), sobriquet donné aux Mandchoux.

MAN

慢 *Mán.* Lentement; mépriser, peu obligeant.

丨了，丨點, *v.* **丨些**，丨*lò;* 丨*tièn, v.* 丨*sī*, c'est trop lentement; un peu plus lentement.

不慌不忙丨丨來，*Poŭ houāng poŭ mâng* 丨 丨 *lâi*, ne pas se troubler, ne pas se presser, mais aller tout bellement.

你丨一步, *Gnì* 丨 *ĭ poú*, retarde d'un pas, attends un peu.

丨丨看，丨丨商量，丨 丨 *k'án*, 丨 丨 *chāng leâng*, on verra peu à peu, on avisera (manière polie de congédier les importuns).

丨丨走，丨 丨 *tseòu*, allez doucement (se dit comme souhait de bon voyage).

我走得丨，*Gò tseòu tĕ·* 丨，je marche lentement (réponse au souhait de bon voyage).

他性子丨 (*v.* 丨 **家夥**), *T'ā sín tsè* 丨 (*v.* 丨 *kiā hò*), il est d'un naturel lent.

也不快也不丨，*ì poŭ k'oúai ì poŭ* 丨，ni trop vite, ni trop lentement.

輕丨，*K'īn* 丨，mépriser (voir *k'īn*).

簡 (*v.* **失**, *v.* **待**) 丨 **了**, *v.* **有丨**，*Kièn* (*v. chĕ, v. tái*) 丨 *lò, v. ieòu* 丨，je vous ai traité peu poliment (réponse à celui qui remercie, par ex. de l'hospitalité reçue).

MĀNG

哤 *Māng.* Mettre la nourriture dans la bouche, comme aux enfants.

喫丨丨，*Tch'ĕ* 丨 丨，manger de cette façon (se dit aux enfants).

一點都耍不得，喫飯要有人丨，*ĭ tièn toū nieóu poŭ tĕ·, tch'ĕ fán iaó ieòu jên* 丨，il ne peut faire un mouvement, pour manger il faut lui pousser le riz dans la bouche.

恾 *Māng.* Bourru, butor.

是一个生丨子，*Ché ĭ kó sēn* 丨 *tsè*, c'est un butor.

丨家夥，丨 *kiā hò*, bourru.

MÂNG

忙 *Mâng.* Empressé, très occupé.

丨嚓子，丨 *chá tsè?* qu'est-ce qui presse?

不丨, *v.* **不要丨**, *v.* **莫丨**，*Poŭ* 丨, *v. poŭ iaó* 丨, *v. mŏ* 丨，pas si pressé!

你丨得很，*Gnì* 丨 *tĕ· hèn*, tu es trop pressé.

丨迫忘記了，丨 *pĕ· ouâng kí lò*, j'ai oublié par précipitation.

事情不丨，*Sé ts'în poŭ* 丨，l'affaire ne presse pas.

丨人做不得好事，丨 *jên tsoú poŭ tĕ· haò sé*, un homme pressé ne fait rien de bon.

你要幫我的丨，*Gnì iáo pāng gò tĭ* 丨，il faut que tu m'aides (voir *pāng*).

丨不得, *v.* **趕不得丨**，丨 *poŭ tĕ·, v. kàn poŭ tĕ·* 丨，on ne peut se presser dans cette affaire (voir *kàn*).

丨裝不曉得，丨 *tchoūang poŭ hiaò tĕ·*, feindre d'oublier (ignorer), par précipitation.

着丨，慌丨，急丨，*Tchŏ* 丨，*houāng* 丨，*kĭ* 丨，pressé, avec trouble et précipitation, très pressé.

芒 *Mâng. v.* 丨 **種**, *v.* 丨 *tchòng*, division de l'année chinoise (du 6 au 22 Juin).

MÀNG

蟒 *Màng. v.* 丨 **蛇**, *v.* 丨 *chê·*, espece de grand serpent.

出丨 (*v.* 丨 **蛇**), *Tch'ŏu* 丨 (*v.* 丨 *chê·*), il paraît un tel serpent (mauvais présage).

哤 *Màng.* Voix forte et peu nette.

說話有點丨，*Chŏ houá ieòu tièn* 丨，en parlant, il a un peu de rudesse dans la voix.

丨聲丨氣的，丨 *chēn* 丨 *k'í tĭ*, qui parle avec une grosse voix de basse.

華西官話漢法詞典

MĀO

猫 v. 貓 *Māo (mâo).* v. 丨兒, v. 丨丨, v. 丨*eûl (meūl)*, v. 丨丨, chat.

女(v. 母) 丨兒, 男丨兒, *Niù* (v. *mòu*) 丨 *eûl, lân* 丨 *eûl*, chatte, chat.

木丨兒, *Moŭ* 丨 *eûl*, (litt.) chat de bois : piége à rats.

丨兒懶不管事, 丨 *eûl làn, poŭ kouàn sé*, le chat est paresseux, et ne s'occupe pas des rats.

餓死不喫丨兒飯, *ó sè poŭ tch'ĕ* 丨 *eûl fán*, plutôt mourir de faim que de manger du riz donné au chat (que de s'avilir).

花脚丨兒不守家, *Hoūa kiŏ* 丨 *eûl poŭ chcòu kiā*, le chat aux pattes mouchetées ne garde pas la maison.

野丨兒(v. 丨子)咬雞, *Iè* 丨 *eûl* (v. 丨 *tsè*) *gào kī*, le chat sauvage mange les poules.

大丨兒, v. 老丨兒, *Tá* 丨 *eûl*, v. *lào* 丨 *eûl*, s'entend souvent du tigre; on l'emploie aussi comme sobriquet.

水丨子, *Choùi māo tsè*, loutre.

MÂO

毛 *Mâo.* Poil; défectueux.

一根丨, *ĭ kēn* 丨, un poil.

起丨丨, *K'ì* 丨丨, il pousse des poils, des moisissures.

還沒有生(v. 長)丨, *Houân mŏ icòu sēn* (v. *tchàng*) 丨, les poils ou les plumes n'ont pas encore poussé.

脫(v. 落)丨, *T'ŏ* (v. *lŏ*) 丨, perdre ses poils.

扯, 刮, 換丨, *Tch'è, koŭa, houán* 丨, arracher les poils, les râcler, muer.

丨貨, 順丨子, 深丨子, 淺丨子, 丨 *hó; chouén* 丨 *tsè, chēn* 丨 *tsè, ts'ièn* 丨 *tsè*, fourrure de commerce; fourrure aux poils pendants, aux poils longs, courts.

丨是捲起的, 丨 *ché kuèn k'ì tĭ*, le poil est bouclé, frisé.

長丨亂的時候, *Tch'âng* 丨 *louán tĭ chê heóu*, du temps des troubles des Rebelles chevelus (aux longs poils; ainsi nommés parce qu'ils ne se rasaient pas la tête).

鵰丨, *Tiāo* 丨, plumes d'aigle qui servent pour les flèches.

丨石頭, 丨 *chĕ t'eôu*, pierre non dégrossie, non taillée, pierre brute.

下丨石, *Hiá* 丨 *chĕ*, mettre de ces pierres dans une fondation.

丨鼓鼓的, 丨 *koù koù tĭ*, colère, hargneux.

丨颼颼的, 丨 *tsū tsū (v. ts'ŭ ts'ŭ, v. ts'ŏu ts'ŏu) tĭ*, bourru.

嘴上無丨做事不牢, *Tsoùi cháng oû* 丨 *tsóu sé poŭ lâo*, qui n'a pas de barbe au menton, ne traite pas les affaires avec maturité.

做得丨, *Tsóu tĕ* 丨, c'est fait grossièrement, sans soin.

毫丨, *Hâo* 丨, un brin, un rien.

鵝丨, *Ô* 丨, 羊丨, *iâng* 丨, 騌丨, *tsōng* 丨, 丨眼, 丨 *ièn*, 眉丨, *mî* 丨, 眼睽丨, *ièn tsŭ* 丨, 丨汗, 丨 *hán*, 丨雨, 丨 *iù*, 丨錢, 丨 *ts'iên*, 丨人, 丨 *jên*, 丨狗, 丨 *keòu*, 丨牛, 丨 *niĉou*, 丨病, 丨 *pín*, 丨坏子, 丨 *p'ēi tsè*. Voir *ô, iâng, tsōng, etc. etc.*

茅 *Mâo.* Herbes, chaume.

絲丨草, *Sē* 丨 *ts'ào*, chiendent.

丨屋, v. 丨草房, 丨 *oŭ*, v. 丨 *ts'ào fâng*, chaumière.

丨房, v. 丨廝, 丨 *fâng*, v. 丨 *sē*, latrines.

丨廝坑, 丨 *sē k'ēn*, fosse d'aisances.

錨 *Mâo.* Ancre.

下丨, *Hiá* 丨, jeter l'ancre.

MÀO

卯 *Mào.* Heure chinoise (de 5 à 7 heures du matin).

點丨, *Tièn* 丨, faire l'appel nominal du matin.

沒吃丨時酒昏昏醉到酉, *Mŏ tch'ĕ* | *chĕ tsieòu, houēn houēn tsóui táo ieòu*, ne bois pas le matin (à l'heure *mào*), pour ne pas être dans l'ivresse toute la journée (jusqu'à l'heure *ieòu*, de 5 à 7 heures du soir).

MÁO

貌 *Máo*. Figure, forme.

容丨, *v.* 面丨, *v.* 像丨, *Iông* |, *v. mién* |, *v. siáng* |, figure, mine de quelqu'un.

人不可丨相, *Jên poŭ k'ò* | *siáng*, il ne faut pas juger les gens sur la mine.

禮丨, *Lì* |, tournure polie, politesse.

冒 *Máo*. Usurper, téméraire, faire mal.

丨名頂姓, | *mîn tìn sín*, usurper le nom d'autrui.

丨充天主敎, | *tch'ōng T'iēn Tchòu kiáo*, usurper le nom de chrétien, se faire passer indûment pour tel.

做事丨失, *Tsóu sé* | *chĕ*, agir témérairement, imprudemment (voir *chĕ*).

丨失了一吓, | *chĕ lò ĭ há*, il a fait une sottise par témérité.

丨死, | *sè*, s'exposer témérairement à la mort.

丨錯了, | *ts'ó lò*, il s'est trompé par imprudence.

我就丨了火, *Gò tsieoú* | *lò hò*, aussitôt je me suis fâché (voir *hò*).

他丨我的火, *T'ā* | *gò tĭ hò*, il s'est fâché contre moi.

打丨詐子, *Tà* | *tchá tsè*, filouter, emprunter avec intention de ne pas rendre.

丨詐人家, | *tchá jên kiā*, soupçonner témérairement quelqu'un.

丨領祕跡, 丨用天主的恩, | *lìn pĭ tsĭ*; | *iòng T'iēn Tchòu tĭ guēn*, recevoir indignement les Sacrements; abuser des bienfaits de Dieu.

丨用錢, | *ióng ts'iên*, gaspiller l'argent.

丨二頭, | *eúl t'eôu*, bol de riz mesuré à tant le bol.

喫丨二頭, *Tch'ĕ* | *eúl t'eôu*, manger à l'auberge à tant le bol.

水丨出來了, *Choùi* | *tch'ŏu lâi lò*, l'eau a jailli, elle s'est mise à sourdre.

帽 *Máo*. Bonnet.

一頂丨子, 小丨子, *ĭ tìn* | *tsè, siào* | *tsè*, un bonnet, une calotte.

頭魁丨子; 丨結子, *T'eôu k'oūi* | *tsè*, | *kiĕ tsè*, bonnet de 1ere grandeur; bouton de calotte.

冬丨, 凉丨, *Tōng* |, *leâng* |, bonnet de cérémonie d'hiver, celui d'été.

毡丨, 草丨子, *Tchān* |, *ts'ào* | *tsè*, chapeau de feutre, chapeau de paille.

頭髮丨子, *T'eôu fá* | *tsè*, calotte de cheveux.

緯丨, *Oùi* |, 方巾丨, *fāng kīn* |, 風丨, 冠丨子, *fōng* |, *k'àng* | *tsè*. Voir *oùi, kīn, fōng, k'àng*.

丨子大了 (*v.* 小了), | *tsè tá lò* (*v. siào lò*), le bonnet est trop grand (ou bien, trop petit).

歪戴丨子, *Ouāi tái* | *tsè*, porter le bonnet sur l'oreille.

拿高丨子跟他戴, *Lâ kāo* | *tsè kēn t'ā tái*, flatter quelqu'un, lui donner de l'importance.

ME·

脉 *Mĕ·*. Pouls.

丨筋都摸不來, | *kīn tōu mō poŭ lâi*, il ne sait pas même trouver l'endroit du pouls.

丨都沒得了, | *tōu mŏ tĕ· lò*, il n'a plus de pouls, le pouls n'est plus sensible.

血丨不和要生病, 地丨不和要生菌, *Hiĕ·* | *poŭ hô iáo sēn pín, tí* | *poŭ hô iáo sēn kiùn*, une circulation (du sang) troublée engendre des maladies, une atmosphère troublée engendre des champignons (*hiĕ· mĕ·* s'entend souvent des règles des femmes).

看 (*v.* 診, *v.* 親, *v.* 憑, *v.* 摸) 丨, *K'án* (*v. tchēn* (*tchèn*), *v. ts'īn, v. p'în, v. mō*) |, tâter le pouls.

他天天有幾手丨, *T'ā t'iēn t'iēn ieòu kì cheòu* |, tous les jours il a quelques malades à visiter (*litt.* quelques pouls à tâter).

他的｜理好, *T'a tĭ* ｜ *lì hào*, il est habile à tâter le pouls; c'est un bon médecin.

｜禮錢, ｜ *lì ts'iên*, honoraires donnés au médecin (pour avoir tâté le pouls).

｜浮, ｜沉了, ｜ *feôu*, ｜ *tch'ên lò*, le pouls est sensible à la surface de la peau; il est profond, c.-à-d. qu'il faut presser fort pour le sentir.

麥 *Mĕ·*. Froment, et autres céréales.

｜子, *v.* 小｜, ｜ *tsè*, *v. siào* ｜, froment.

｜麩子, ｜稈, ｜ *fōu tsè*, ｜ *kàn*. Voir *fōu*, *kàn*.

白｜子, 黃｜子, *Pĕ·* ｜ *tsè*, *houâng* ｜ *tsè*, froment blanc, jaune (variétés).

點, 割, 打, 推｜子, *Tièn*, *kŏ*, *tà*, *t'oūi* ｜ *tsè*, semer (en lignes), couper, égrener, moudre le froment.

大｜, 油｜, 玉｜ (*v.* 包穀), *Tá* ｜, *ieôu* ｜, *iú* ｜ (*v. pāo kŏu*), orge, avoine, maïs.

喫｜子, *Tch'ĕ* ｜ *tsè*, se nourrir de froment.

默 *Mĕ·* Silence.

做｜想, *Tsóu* ｜ *siàng*, faire la méditation (style chrétien).

｜想耶穌的苦難, ｜ *siàng Iê sōu tĭ k'òu lán*, méditer sur la Passion de N.-S.

｜念, ｜ *nién*, lire ou réciter tout bas.

｜｜無言, ｜｜ *oû iên*, ne rien répondre.

｜蚊子, ｜ *ouên tsè*, petit moustique de jour, qui vole sans bruit et pique fort.

｜倒, *v.* ｜著, ｜ *taò*, *v.* ｜ *tchóu*, méditer, guetter; se figurer que.

他｜倒我的錢, *T'ā* ｜ *taò gò tĭ ts'iên*, il guette mes sapèques.

我｜倒是銀子, *Gò* ｜ *taò ché în tsè*, je me figurais que c'était de l'argent.

你｜倒, *Gnì* ｜ *taò*, tu croyais, tu t'imaginais ... à tort.

墨 *Mĕ·*. Encre.

｜盤, ｜盒子, ｜ *p'ân*; ｜ *hŏ tsè*, encrier chinois presque plat, pour broyer l'encre; l'encrier.

磨｜, *v.* 研｜, *Mô* ｜, *v. gâi (iên)* ｜, broyer l'encre.

｜清 (*v.* 釅) 很了, ｜ *ts'īn* (*v. nién*) *hèn lò*, l'encre est trop claire (ou bien, trop épaisse).

蘸一點｜, *Pén (tsán) ĭ tièn* ｜, prendre de l'encre en trempant.

｜不上 (*v.* 不巴); ｜巴巴, ｜ *poŭ châng* (*v. poŭ pā*); ｜ *pā pā*, l'encre ne prend pas; tache d'encre.

｜斗, ｜ *teòu*, instrument des menuisiers pour encrer leur cordeau à tracer des lignes.

掌｜師, *Tchàng* ｜ *sē*, maître ouvrier chargé d'une entreprise, architecte.

｜繩, *v.* ｜線, ｜ *choûen*, *v.* ｜ *sién*, cordeau encré pour tirer les lignes sur le bois ou sur la pierre.

牽｜, *K'iēn* ｜, tirer le cordeau pour tracer les lignes, ou pour aligner.

｜青, ｜ *ts'īn*, couleur noire (au sulfate de fer et à la noix de galle).

拏牛膠烟子做｜, *Lâ nieôu kiāo iēn tsè tsóu* ｜, fabriquer de l'encre avec de la colle et du noir de fumée.

MÊI

梅 *Mêi. v.* ｜子, *v.* 烏｜, *v.* ｜ *tsè*, *v. oū* ｜, prune violette et noire, très acide.

｜花, ｜ *hoūa*, fleurs du prunier.

烏｜糕, *Oū* ｜ *kāo*, sucreries dans lesquelles entre ce fruit.

媒 *Mêi*. Entremetteur de mariage.

｜人, ｜婆, ｜ *jên*, ｜ *p'ô*, entremetteur, entremetteuse de mariage.

無｜不成親, *Oû* ｜ *poŭ tch'ên ts'īn*, sans entremetteur, on ne peut conclure un mariage.

| 人要擔閒，| *jên iáo tān hiên*, l'entremetteur est chargé d'arranger les querelles qui peuvent survenir après le mariage.

做 |，*Tsoú* |，faire l'office d'entremetteur de mariage.

| 人不哄 | 錢不攏，| *jên poŭ hòng*, | *ts'iên poŭ lòng*, si l'entremetteur ne trompe pas, il ne peut attraper d'honoraire (car le mariage ne pourra pas se conclure).

今天起 |，明天的正酒，*Kīn t'iēn k'ì* |，*mîn t'iēn tĭ tchén tsieòu*, aujourd'hui c'est le repas en l'honneur de l'entremetteur, demain c'est le repas de noces.

煤 *Méi. v.* | 炭，| *t'án*, houille (voir *t'án*).

紙 | 子，*Tchè* | *tsè*, papier roulé, dont les Chinois se servent en guise d'amadou pour le briquet.

紙 | 筒，*Tchè* | *t'ông*, tube de bambou pour mettre ce papier.

紙沒得 | |，接不得火，*Tchè mŏ tĕ·* | |，*tsiĕ· poŭ tĕ· hò*, si ce papier n'est déjà charbonné (à un bout), il ne prend pas feu au briquet.

| 油，| *ieôu*, pétrole du commerce (celui du pays se dit *tsìn ieôu*).

| 氣，| *k'í*, gaz d'éclairage. (Celui du pays qui s'échappe spontanément de la terre se dit: *hò k'í*.)

霉 *Méi*. Moisi.

生 |，發 |，起 |，*Sēn* |，*fă* |，*k'ì* |，se moisir, prendre du moisi.

一股 | 氣(*v.* 臭)，*ĭ koù* | *k'í* (*v. tch'eóu*), une odeur de moisi.

| 了，| *lò*, c'est moisi (se dit des personnes, des affaires, des objets qui ont été négligés, et qui ont perdu leurs qualités).

他前頭行家，這吓 | 了，*T'ā ts'iên t'eōu háng kiā, tché· há* | *lò*, autrefois il faisait bonne figure, maintenant le voilà déconfit

你打這場官司不 |，*Gnì tà tché· tch'âng koūan sē poŭ* |，tu as mené ce procès avec vigueur.

鶥 *Méi. v.* | 子，*v.* | *tsè*, appeau (au pr. et au fig.).

留這个野雞做 | 子，*Lieôu tché· kó iè· kī tsoú* | *tsè*, garde ce faisan, pour en attirer d'autres.

做 | 子裝買主，*Tsóu* | *tsè tchoūang mài tchoù*, faire semblant d'acheter, pour achalander un commerce.

枚 *Méi*. Nombre.

猜 |，*Ts'āi* |，jouer à pair et impair.

難以 | 舉，*Lân ì* | *kù*, (style relevé) il est difficile de tout énumérer.

玫 *Méi*. Pierre précieuse (voir *koûi* 瑰).

MÈI

美 *Mèi*. Excellent, beau.

天主是無窮 | 善，*T'iēn Tchòu ché oû k'iông* | *chán*, Dieu est souverainement aimable et bon.

你打一个 | 好主意，*Gnì tà ĭ kó* | *haò tchòu í*, tu prends un excellent parti.

這是 | 好的事，*Tché· ché* | *haò tĭ sé*, c'est une affaire excellente.

做不 | 的事，*Tsóu poŭ* | *tĭ sé*, faire des actions honteuses.

| 不 | 到底是聖像，| *poŭ* | *táo tì ché chén siáng*, belle ou non, c'est toujours une image religieuse.

| 貌，| *maó*, belle figure.

讚 | 耶穌，*Tsán* | *Iê· soū*, loué soit Jésus-Christ.

七天讚 |，*Ts'ĭ t'iēn tsán* |，prières ou louanges (intercalées dans la récitation du Rosaire par les Chrétiens) pour les 7 jours de la semaine.

每 *Mèi*. Chaque.

| 年，| 月，| 天，| *niên*, | *iuĕ·*, | *t'iēn*, chaque année, chaque mois, chaque jour.

丨逢瞻禮主日，丨 *fông tchān lì tchòu jĕ*, chaque fois qu'il se rencontre une fête, un dimanche.

丨人出一百錢，丨 *jên tch'ŏu ĭ pĕ· ts'iên*, chacun donnera 100 sapèques.

辦告解至少丨年一次，*Pán kaó kiài tché chaò* 丨 *niên ĭ ts'é*, se confesser au moins une fois l'an.

丨丨；丨回，*v.* 丨次，丨丨；丨 *hoûi*, *v.* 丨 *ts'é*, souvent; chaque fois.

MÉI

妹 *Méi. v.* 丨子，*v.* 丨丨，*v.* 丨 *tsè*, *v.* 丨丨，sœur cadette.

姊丨，*Tsè* 丨，sœurs, ou frères et sœurs (signifie: sœur aînée et sœur cadette).

你們是幾姊丨，*Gnì mên ché kì tsè* 丨，combien êtes-vous d'enfants (sœurs, ou frères et sœurs)?

丨弟，*v.* 丨夫，丨 *tí*, *v.* 丨 *foū*, le mari d'une sœur cadette.

昧 *Méi.* Obscur, obscurcir (au pr. et au fig.).

丨(*v.* 瞞丨)良心，丨(*v. mân* 丨) *leâng sīn*, aller contre sa conscience.

媚 *Méi.* Flatter.

諂丨人非，*Tch'àn* 丨 *jên fēi*, flatter les défauts d'autrui.

MÊN

門 *Mên.* Porte, ouverture (au propr. et au fig.).

一道丨；一扇丨，*ĭ taó* 丨；*ĭ chán* 丨，une ouverture de porte; une porte simple.

開一道丨，*K'āi ĭ taó* 丨，pratiquer une porte.

單丨，雙扇丨，*Tān* 丨，*choūang chán* 丨，porte simple, porte à deux battants.

鋪丨，*P'ìn* 丨，devanture toute en portes.

山丨，*Chān* 丨，grande porte d'entrée des bonzeries, et des édifices publics.

牐子丨，*Tchá tsè* 丨，barrières aux extrémités des rues (qui sont fermées la nuit).

籤子丨，*Ts'iēn tsè* 丨，porte grillée faite avec des lattes.

籠丨子，槽丨，*v.* 財丨，*Lông* 丨 *tsè*, *ts'âo* 丨，*v. ts'âi* 丨，grande porte d'entrée.

側丨，中丨，*Tsĕ·* 丨，*tchōng* 丨，porte latérale, porte du milieu dans les prétoires.

窗子丨，*Ts'āng tsè* 丨，chassis et volet de fenêtre; porte dont la partie supérieure est à jour.

推丨，*T'oūi* 丨，porte qui glisse dans une rainure.

馬丨，*Mà* 丨. Voir *mà*.

丨斗子，*v.* 丨斗兒，丨 *teoù tsè*, *v.* 丨 *teoù eûl (teùl)*, pivot d'une porte.

丨柱，丨枕，丨 *tchoú*, 丨 *tchèn*, montants (en pierre) d'une porte, pierre sur laquelle reposent les montants.

丨擋，*v.* 丨?，丨 *tàng*, *v.* 丨 *p'àng*, plaque de fer qui sert d'arrêt à une porte.

閉丨，閂丨，鎖丨，*Pí* 丨，*p'iĕ·* 丨，*sò* 丨，fermer la porte, la fermer au verrou, au cadenas.

壓(*v.* 掩)丨，掀丨，*Iă (v. ièn)* 丨，*hiūen* 丨，fermer simplement la porte sans l'assujettir, la pousser.

敲丨，撞丨，*K'āo* 丨；*tchoúang* 丨，frapper à une porte pour faire ouvrir; la heurter pour l'enfoncer.

喊開丨，*Hàn k'āi* 丨，appeler pour faire ouvrir une porte (voir *k'āi*).

踩丨，*Tch'ài* 丨，(litt.) fouler le seuil de la porte, cérémonie de l'inauguration d'une nouvelle maison.

釘丨，封丨，*Tín* 丨，*fōng* 丨，clouer une porte, l'obstruer.

出丨，*Tch'ŏu* 丨，sortir de chez soi, se marier (se dit d'une fille).

這个姑孃不出丨，*Tché· kó koū niâng poŭ tch'ŏu* 丨，cette fille ne veut pas se marier.

放了人戶，還沒有過丨，*Fáng lò jên foú, hoûan mŏ ieòu kó* 丨，cette fille est fiancée, et n'est pas encore mariée.

丨神，丨 *chên*, dieu des portes (représenté par une image grossière affichée partout sur les portes).

釘活 | 神, *Tín hŏ | chên*, crucifier (un criminel) sur une porte.

| 上, *v.* **| 公**, *| cháng*, *v. | kōng*, le premier des employés domestiques d'un mandarin (personnage influent dans les prétoires).

看 | 的, **| 君**, *K'án | tĭ*, *| kūin*, portier, gardien d'une porte de la ville.

在 | 前耍, *Tsái | ts'iēn choùa*, s'amuser dehors, vagabonder.

| 前老人, *| ts'iēn laò jên*, (pop.) le père; par opposition à *oŭ t'eôu laò jên*, qui signifie la mère.

他 | 前的, *T'ā | ts'iēn tĭ*, (pop.) son mari.

在灶 | 前, *Tsái tsaó | ts'iēn*, à la cuisine (pop.).

| 枋, *| fāng*, **| 扛**, *| káng*, **| 癈子**, *| chouán tsè*, **| 扣子**, *| k'eóu tsè*, **| 坎**, *| k'àn*, **衙 |**, *iâ |*, **爺 |**, *iê |*, **轅 |**, *iuên |*, **| 戶**, *| foú*, **| 額子**, *| guĕ tsè*, **上 |**, *cháng |*, **下 |**, *hiá |*, **肛 |**, *kāng |*, **家 |**, *kiā |*, **軍 |**, *kūin |*. Voir *fāng*, *káng*, *chouán*, *etc., etc.*

| 市, *| ché*, réputation de puissance.

| 風, *| fōng*, réputation d'une famille.

敗壞人家的 | 風, *Pái houái jên kiā tĭ | fōng*, ternir la réputation d'une famille.

較 |, *Kiáo |*, ajuster une porte, la monter (expression usitée surtout sur les barques).

教 |, *Kiaó |*, secte; s'entend spécialement des Mahométans.

沙 |, *Chā |*, secte des bonzes.

| 生, *v.* **| 弟**, *v.* **| 人**, *| sēn*, *v. | tí*, *v. | jên*, disciple.

我沒有拜過你的 |, *Gò mŏ ieòu pái kó gnì tĭ |*, (litt.) je n'ai pas salué ta porte, c.-à-d. jamais je ne me suis reconnu pour ton disciple.

| 面, *| mién*, réputation de richesse, d'honnêteté.

他都有點 | 面, *T'ā toū ieoù tièn | mién*, il a assez de réputation, de crédit.

一 |, **| |**, *ĭ |*, *| |*, une espèce, toute espèce.

他有一 | 不好, *T'ā ieòu ĭ | poŭ haò*, il a un point faible, défectueux.

他佔両 | 好, *T'ā tchán leàng | haò*, il a double avantage.

這个人 | | 都來, *Tché kó jên | | toū lâi*, cet homme est propre à tout.

| | 都有, *| | toū ieòu*, il y en a de toutes les façons, il y a de tout.

他的 | 頭多, *T'ā tĭ | t'eôu tō*, il a beaucoup de ruses.

做 | 頭生意, *Tsoú | t'eôu sēn í*, faire un commerce frauduleux.

說一 | 親 (*v.* **親事**), *Chŏ ĭ | ts'īn* (*v. ts'īn sé*), prendre femme.

他的婦人是二 |, *T'ā tĭ foú jên ché eúl |*, sa femme a été prise en secondes noces.

問他的 | 路, *Ouén t'ā tĭ | loú*, interroger quelqu'un sur ses antécédents, sur sa profession.

們 *Mên*. Marque du pluriel.

我 |, **你 |**, **他 |**, *Gò |*, *gnì |*, *t'ā |*, nous, vous, ils.

弟兄 |, *Tí hiōng |*, frères, compagnons.

宗徒 |, *Tsōng t'ôu |*, les Apôtres.

MÉN

滿 *Mén* pour *màn* (voir ce mot).

水 | 出來了, *Choùi | tch'ŏu lâi lò*, l'eau a débordé (du vase trop plein).

悶 *Mén*. Tristesse, chagrin, hébété.

請他來耍散 |, *Ts'ìn t'ā lâi choùa sán |*, invite-le à venir s'amuser, pour dissiper son chagrin.

心頭煩 |, *Sīn t'eôu fân |*, avoir le cœur triste.

犯 | 罪, *Fán | tsóui*, (style chrét.) être fâché intérieurement.

| 瞶瞶的, *| toŭ toŭ tĭ*, morne, stupide; ce qui provoque plus ou moins de répugnance au goût.

肥肉有點 | 人, *Fêi joŭ ieòu tièn | jên*, la viande trop grasse produit un peu de répugnance.

憂丨，丨烟，*Ieōu* 丨，丨 *iēn*. Voir *ieōu*, *iēn*.

烟丨人，*Iēn* 丨 *jên*, le tabac étourdit.

打丨了，*Tà* 丨 *lò*, il est étourdi du coup.

丨了一吓，丨 *lò ĭ há*, il a été étourdi ou décontenancé un moment.

他是一个丨頭性，*T'ā ché ĭ kó* 丨 *t'eôu sín*, il est d'un caractère sournois et méchant.

這个人丨得狠，*Tché· kó jên* 丨 *tĕ· hèn*, c'est un homme très taciturne, hébété.

讀書讀丨了，*Toŭ chōu toŭ* 丨 *lò*, il est hébété à force d'étudier.

打丨頭擺子，*Tà* 丨 *t'eôu pài tsè*, avoir un accès de fièvre pernicieuse.

MÎ

迷 *Mî*. v. 昏丨，v. *houēn* 丨，aveuglé (au moral), troublé.

魔鬼把他丨倒了，*Mô koùi pà t'ā* 丨 *taò lo*, le diable l'a aveuglé.

痰丨心，*T'ân* 丨 *sīn*, glaires qui troublent le cœur (et causent une folie passagère, d'après la médecine chinoise).

算丨了 (v. 泥了)，*Soúan* 丨 *lò* (v. *gnî lò*), il s'est embarrassé, embrouillé dans ses comptes.

東西放丨了，*Tōng sī fáng* 丨 *lò*, ne savoir plus où l'on a placé un objet.

睡得丨沉沉，*Chóui tĕ·* 丨 *tch'ēn tch'ēn*, être à moitié endormi.

彌 *Mî*. Abondant.

一台丨撒，大丨撒，*ĭ t'âi* 丨 *să*; *tá* 丨 *să*, une messe; la grand'messe.

做，副，趕，聽 (v. 望，v. 看)，求丨撒，*Tsóu, fóu, kàn, t'în* (v. *ouáng*, v. *k'án*), *k'ieôu* 丨 *să*, dire la messe, la servir, s'y rendre, y assister, demander une messe.

平安丨撒，*P'în gān* 丨 *să*, messe pour obtenir une grâce temporelle, surtout la santé, ou pour remercier de l'avoir obtenue.

降福丨撒，*Kiáng foŭ* 丨 *să*, messe de mariage, ou pour demander la bénédiction de Dieu pour une entreprise quelconque.

安所 (v. 亡者) 丨撒，*Gān sò* (v. *ouâng tchè·*) 丨 *sa*, messe de mort.

當屍丨撒，*Tāng chē* 丨 *să*, messe de mort en présence du cadavre.

丨撒書，丨撒經，丨撒酒，丨撒錢，丨 *să chōu*, 丨 *să kīn*, 丨 *să tsieòu*, 丨 *să ts'iên*, missel, prières de la messe, vin de messe, honoraires de messe.

眉 *Mî* (v. *mêi*). 丨毛，丨 *mâo*, sourcils.

丨毛都落了，丨 *mâo tōu lŏ lò*, déjà les sourcils sont tombés (ce qui est regardé comme signe de la lèpre).

剪人家的丨毛，*Tsièn jên kiā tĭ* 丨 *mâo*, couper l'herbe sous les pieds de quelqu'un, lui faire un affront qui ruine son crédit; violer sa femme.

丨來眼去，丨 *lâi ièn k'ú*, se lancer des œillades.

燃丨之急，*Jân* 丨 *tchē kĭ*, danger très pressant (comme si le feu prenait déjà aux sourcils).

嵋 *Mî* (v. *mêi*). 峨丨山，*ô* 丨 *chān*, montagne du Sutchuen, célèbre par son pèlerinage bouddhiste.

朝峨丨山，*Tch'âo ô* 丨 *chān*, faire le pèlerinage d'*ô Mî chān*.

MÌ

米 *Mì*. Riz écossé non cuit; noyau ou grains de fruits et de légumes.

一顆丨；飯丨，酒丨；*ĭ k'ò* 丨，*fán* 丨，*tsieòu* 丨，un grain de riz; riz ordinaire, riz dont les Chinois font du vin.

喫白丨飯，*Tch'ĕ pĕ·* 丨 *fán*, manger du bon riz blanc.

火丨，*Hò* 丨，riz décortiqué, soumis à une première cuisson, puis séché au soleil, avant d'être écossé.

鮮丨，*Siēn* 丨，riz qui n'a pas subi cette opération avant d'être écossé.

紅 | , *Hông* | , riz de montagne à teinte rougeâtre; riz blanc rendu rouge au moyen de certaines drogues.

陰 | 子, *In* | *tsè*, grains de riz cuits à l'eau, et séchés pour pâtisseries.

| 湯, 小 |, | *t'āng; siào* |, eau de cuisson du riz; millet.

淘 | 水, *T'âo* | *choùi*, eau de lavage du riz avant la cuisson.

| 糖, | *t'âng*, sucre extrait du riz (vulg. *mâ t'āng*).

| 熟; | 糙, | *chŏu;* | *ts'áo*, le riz est bien écossé, bien blanc; il est écossé grossièrement.

整 | 來賣, *Tchèn* | *lâi mái*, écosser du riz pour vendre.

碎 | 子, *Soúi* | *tsè*, grains de riz écrasés lors de la décortication.

炒 | 糖; 焩 |, *Tch'ào* | *t'âng; fōu* |, pâtisserie au riz grillé; grains de riz torréfiés comme le café.

買升升 |, *Mài chēn chēn* |, acheter le riz à petite mesure, comme les pauvres.

| |, | |, noyaux de fruits, graines de légumes.

烟 | 子, 菜 | 子, *Iēn* | *tsè, ts'ái* | *tsè*, graines de pavots, de légumes.

| 糠, | *k'āng*, balle de riz.

這个穀子不飽 |, *Tché· kó kŏu tsè poŭ paò* |, ce riz n'a pas le grain plein.

| 粮, | 粉子, 醽 |, | *leâng*, | *fèn tsè, lĭ* |. Voir *leâng, fèn, lĭ*.

MÍ

謎 *Mí. v.* 啞 (*v.* 猜) | 子, *Ià* (*v. ts'āi*) | *tsè*, énigme.

猜啞 | 子, *Ts'āi ià* | *tsè*, deviner une énigme.

打猜 | 子, *Tà ts'āi (v. ts'āi)* | *tsè*, proposer des énigmes.

汨 *Mí.* Plonger.

水 | 子, *Choùi* | *tsè*, plongeur.

打 | 斗兒, *Tà* | *(mín) teòu eûl (teùl)*, faire le plongeon.

MǏ

密 *Mĭ.* Secret; dense.

隱 | 之事, *ìn* | *tchē sé*, chose cachée.

悄悄 | | 的, *Tsiāo (ts'iào) tsiāo* | | *tĭ*, en secret, tout doucement, sans faire de bruit.

生得 |, *v.* 來得 |, *Sēn tĕ·* |, *v. lâi tĕ·* |, cela pousse dru.

栽 | 狠了, *Tsāi* | *hèn lò*, c'est planté trop serré.

| | 子的雨, | | *tsè tĭ iù*, pluie qui tombe dru.

| | 磨磨的, | | *mâ mâ tĭ*, très serré et confus.

蜜 *Mĭ.* Miel, abeille.

| 蜂; 蜂 |, | *fōng; fōng* |, abeilles; miel.

取蜂 |, *Ts'ù fōng* |, extraire le miel de la ruche.

| 蛾, | *ô*, papillon qui va pondre ses œufs dans les ruches, et dont les larves dévastent tout.

MIÂO

苗 *Miâo. v.* | | *v.* | 稼, *v.* 禾 |, | |, *v.* | *kiá, v. hô* |, tige et feuillage des plantes.

| 稼長得好, | *kiá tchàng tĕ· hào*, les céréales sont bien venues.

秧 |, *Iāng* |, riz en herbe.

這就是惹禍的根 |, *Tché· tsieóu ché jè· hó tĭ kēn* |, voilà précisément qui est propre à susciter des malheurs.

| 子, | *tsè*, nom donné à certaines peuplades habitant les confins du Sutchuen, du Koúi tcheōu et du Yunnan.

談話有點 |, *T'ân houá ieòu tièn* |, il ne parle pas nettement, il estropie un peu les mots.

描 *Miâo. v.* | 畫, *v.* | *houá*, peindre.

難說難 |, *Lân chŏ lân* |, difficile à dire, à dépeindre.

矛 *Miâo*. Fer de lance.

| **桿子**, | *kàn tsè*, lance.

眇 *Miâo (miào)*. Regarder avec un œil (en beaucoup d'endroits s'emploie dans le sens de regarder, voir, comme *k'án*).

拏跟我 | 一吓, *Lâ kēn gò | ī há*, laisse-moi voir un peu.

我 | 不見, *Gò | poŭ kién*, je n'y vois pas.

MIÀO

藐 *Miào*. Regarder avec mépris.

他 | 視我, *T'ā | ché gò*, il me méprise, il me regarde de son haut.

MIÁO

妙 *Miáo*. Admirable, excellent.

天主奇 | 的安排, *T'iēn Tchòu k'î | tĭ gān p'âi*, la Providence admirable de Dieu (voir *k'î*).

| **法**, *v.* | **方**, | *fă, v.* | *fāng*, excellent moyen.

廟 *Miáo. v.* | **宇**, *v.* | *iù*, temple, pagode.

在 | 子頭講理, *Tsái | tsè t'eôu kiàng lì*, avoir une discussion publique dans la pagode.

文 |, 城隍 |, *Ouên |, tch'ên houâng |*, pagode des lettrés, pagode du génie protecteur de la ville.

MIĚ

滅 *Miĕ*. Éteindre le feu, détruire.

火 | 熄了, *Hò | sĭ lò*, le feu est éteint.

火打不 |, *Hò tà poŭ |*, on ne peut éteindre le feu.

求聖教大行, 異端消 |, *K'ieôu chén kiáo tá hîn, í touān siāo |*, demander (à Dieu) que la religion chrétienne prospère et que les superstitions soient abolies.

消 (*v.* **勦**) | **天主教**, *Siāo (v. tsiào) | T'iēn Tchòu kiáo*, exterminer la religion chrétienne.

打 | 了; 誅 |, *Tà | lò; tchōu |*, il a tout tué, exterminé; exterminer entièrement.

搣 *Miĕ*. Émietter (dit souvent *mī*).

| **饝饝**, | *mô mō*, émietter du pain.

| **碎了**, | **爛了**, | *souí lò*, | *lán lò*, réduit en miettes, gâté pour avoir été émietté.

這个饝饝跟我 | 一半下來, *Tché kó mô mō kēn gò | ī pán hiá lâi*, romps ce pain et donne-m'en la moitié.

篾 *Miĕ (v. mî)*. Bambous divisés en minces lanières.

| **條; 一根 | 條**, | *t'iâo; ī kēn | t'iâo*, lanière de bambou; une lanière de bambou.

𢪃 | 條, *Hoūa (hoúa) | t'iâo*, détacher ces lanières du bambou.

青 |, 黃 |, 屎 |, *Ts'īn |, houâng |, chè |*, lanières détachées de la surface extérieure du bambou (ce sont les meilleures); celles qui viennent immédiatement après; celles qui viennent en troisième et quatrième lieu, et ne valent plus grand'chose.

| **屎**, | *chè*, bouts de lanières de la dernière qualité.

| **絲子**, | *sē tsè*, lanières de bambou divisées en fils très minces, pour chapeaux et autres ouvrages fins.

| **箱, 簕 |**, | *siāng, lĕ |*. Voir *siāng, lĕ*.

| **扁**, *v.* | **板子**, | *p'ièn, v.* | *pàn tsè*, baguettes qui ont toute l'épaisseur du bambou.

| **巴**, | **巴扇**, | *pā*; | *pā chán*, natte tressée en bambou; éventail en bambou tressé.

| **貨**, | **匠**, | *hó*; | *tsiáng*, articles de vannerie; vannier qui tresse le *miĕ t'iâo*.

粗 | 條, 細 | 條, *T'sōu | t'iâo, sí | t'iâo*, lanières épaisses, lanières fines.

拏 | 條來綑，編東西，*Lâ | t'iāo lâi k'ouèn, piēn tōng sī*, se servir de *mièˑ t'iāo* pour lier, pour tresser un objet.

MIÈN

眠 *Mièn.* Assoupi, dormir.

坐 | 了，*Tsó | lò*, être pris de sommeil à force d'être assis.

這个天氣 | 人得狠，*Tchéˑ kó t'iēn k'í | jèn tĕˑ hèn*, cette température est endormante.

睡 | 了，*Choúi | lò*, il est tout engourdi de sommeil.

| | 着着，| | *tch'ŏ tch'ŏ*, à moitié endormi.

不要 | 起，*Poŭ iáo | k'ì*, il ne faut pas s'engourdir, traîner.

蠶子要 | 三回，*v.* 蠶子有三 |，*Ts'ân tsè iáo | sān hôui, v. ts'ân tsè ieòu sān |*, le ver à soie s'engourdit trois fois (et change de peau).

棉 *Mièn. v.* | 花，*v. | houā*, coton.

彈 | 花，*T'ân | houā*, arçonner du coton.

紡，讓 | 花，*Fàng, jáng | houā.* Voir *fàng, jáng.*

| 布，| 線，| *poú*, | *sién*, toile chinoise de coton, fil de coton.

| 花包子，| *houā pāo tsè*, ballot de coton de commerce.

泡 | 花，死 | 花，*P'áo | houā; sè | houā*, coton bien arçonné; coton tassé.

綿 *Mièn.* Mou et tenace, qui dure longtemps.

老雞婆肉是 | 的，*Lào kī p'ô joŭ ché | tĭ*, la chair d'une vieille poule est coriace.

他的脾氣是 | 的，*T'ā tĭ p'î k'í ché | tĭ*, c'est un caractère apathique et tenace.

壽 | 長，*Cheóu | tch'âng*, une longue vie.

\ 事情 | 纏了，*Sé ts'în | tch'ân lò*, faire traîne en longueur.

打落得 | 纏，*Iù lŏ tĕˑ | tch'ân*, la faire le\`ıre longtemps sans être forte.

張 |，*Tchāng |*, ouate faite avec de la bourre de soie.

| 紬，| *tch'eôu*, tissu fait avec la soie des cocons de rebut, ou moitié coton moitié soie.

| 絮，| *sú (v. soúi)*, coton arçonné, renfermé dans un filet, pour ouater les couvertures de lit.

| 絮鋪盖，| *sú p'ōu kái*, couverture garnie de cette ouate.

落 | | 雨，*Lŏ | | iù*, il tombe une pluie fine qui dure longtemps.

他 | 得，*T'ā | tĕˑ*, il est patient, persévérant.

| 虫，| *tch'ông*, mites qui rongent les draps, les fourrures, etc.

生 | 虫，*Sēn | tch'ông*, engendrer des mites.

虫 | 了我的箱子，*Tch'ông | lò gò tĭ siāng tsè*, les vers ont abîmé mes malles.

MIÈN

免 *Mièn.* Dispenser, éviter.

不 | 有錯，*Poŭ | ieòu ts'ó*, il y a certainement une erreur.

| 不得，| *poŭ tĕˑ*, on ne peut éviter, il arrivera certainement.

| 不得要打官司，| *poŭ tĕˑ iáo tà kouān sē*, on ne pourra éviter de faire un procès.

要死是 | 不得的，*Iaó sè ché | poŭ tĕˑ tĭ*, la mort est inévitable.

忍耐些 | 得多少罪，*Jèn lái sī | tĕˑ tō chaò tsoúi*, avec un peu plus de patience, on évite bien des péchés.

難得 | 犯罪，*Lân tĕˑ | fán tsoúi*, il est difficile d'éviter tout péché.

拏來分開以 | 後患，*Lâ lâi fēn k'āi ì | heóu houán*, qu'on les sépare, pour éviter tout malheur dans la suite.

神父 | 你守齋，*Chên fóu | gnì cheòu tchāi*, le Père te dispense du jeûne.

這是 | 不倒 (*v.* 不能彀 |) 的事，*Tchéˑ ché | poŭ taò (v. poŭ lên keóu |) tĭ sé*, c'est une affaire pour laquelle on ne peut donner dispense.

我丨一个差事, *Gò* 丨 *ĭ kó tch'āi sé,* j'ai évité une corvée.

丨(*v.* 寬丨)罪, 丨 (*v. k'ouān* 丨) *tsoúi,* pardonner le péché.

求丨, *K'ieôu* 丨, 丨見, 丨 *kién,* 閒人丨進, *hiên jên* 丨 *tsín,* 丨冠, 丨 *kouān.* Voir *k'ieôu, kién, hiên, kouān.*

勉 *Mièn.* S'efforcer.

强丨, *K'iàng* 丨, à la rigueur; violenter.

丨力做善工, 丨 *lĭ tsóu chán kōng,* s'adonner avec ardeur aux bonnes œuvres.

娩 *Mièn. v.* 分丨, *v. fēn* 丨, enfanter.

還沒有分丨, *Houân mŏ ieòu fēn* 丨, elle n'a pas encore accouché.

自來沒得生丨, *Tsé lâi mŏ tĕ· sēn* 丨, elle n'a jamais eu d'enfant.

MIÉN

面 *Mién.* Visage, face, surface.

丨前, 當丨, 背丨, 丨 *ts'iên, tāng* 丨, *péi* 丨, en présence, en face, en cachette.

在衆人丨前, *Tsái tchóng jên* 丨 *ts'iên,* devant tout le monde.

當丨錯過, *Tāng* 丨 *ts'ó kó,* se rencontrer et passer son chemin sans se reconnaître (au pr. et au fig.): manquer une bonne occasion.

背丨說話不上算, 我們對丨談, *Péi* 丨 *chŏ houá poŭ cháng souán, gò mên toúi* 丨 *t'án,* ce qui se dit par derrière ne compte pas, expliquons-nous en face.

丨善心惡, 丨 *chán sīn gŏ,* hypocrite.

洗心革丨, *Sì sīn kĕ·* 丨, (litt.) laver le cœur et changer la figure: se corriger.

他的丨容都變了, *T'ā tĭ* 丨 *iông toū pién lò,* sa figure est toute changée.

看兄弟的薄丨, 寬恕他, *K'án hiōng tí tĭ pŏ* 丨, *k'ouān chóu t'ā,* veuillez avoir égard à mon humble personne, pour lui pardonner.

善人的丨上, 天主讓三分, *Chán jên tĭ* 丨 *cháng, T'iēn Tchòu jáng sān fēn,* en considération des bons, Dieu relâche trois degrés de sa justice.

丨熟的人, 丨 *choŭ tĭ jên,* homme qu'on est habitué à voir.

不顯丨, *Poŭ hièn* 丨, qui n'apparaît pas, qui ne se montre pas.

顯不得丨, *Hièn poŭ tĕ·* 丨, il ne peut se montrer, il est réduit à se cacher.

體丨, *T'ì* 丨, magnifique, pompe, considération.

體丨人, 體丨事, *T'ì* 丨 *jên, t'ì* 丨 *sé,* personne distinguée, brillante affaire.

愛體丨, *Gái t'ì* 丨, aimer la pompe et l'éclat.

三吊錢辦得體體丨丨的, *Sān tiáo ts'iên pán tĕ· t'ì t'ì* 丨 丨 *tĭ,* pour trois ligatures on peut faire la chose comme il faut.

你們做事硬是體丨, *Gnì mên tsóu sé guén ché t'ì* 丨! c'est joli ce que vous faites!

有何丨目見人, *Ieòu hô* 丨 *moŭ kién jên?* comment se présenter (dans de pareilles conditions) devant le monde?

皮丨上掛了一𠯗, *P'î* 丨 *cháng koúa lò ĭ há,* il a eu l'épiderme égratignée.

皮丨上的痛悔, *P'î* 丨 *cháng tĭ t'óng hoùi,* contrition purement extérieure.

外丨, 裡頭, *Ouái* 丨, *ì (lì) t'eôu,* le dehors et le dedans.

丨子, 丨 *tsè,* la surface, le dessus, l'étoffe extérieure d'un habit.

桌丨子, *Tchŏ* 丨 *tsè,* le dessus d'une table.

田丨子寬, *T'iên* 丨 *tsè k'ouān,* la surface des rizières est étendue.

只聽一丨之詞, *Tchè (tchĕ) t'īn ĭ* 丨 *tchē ts'ê,* n'écouter qu'un parti.

這丨, 那丨, *Tché* 丨, *lá* 丨, ce côté, l'autre côté.

両丨差不多, *Leàng* 丨 *tch'ā poŭ tō,* les deux faces sont à peu près pareilles.

一卜請轎子, 一丨寫船, *ĭ* 丨 *ts'ìn kiáo tsè, ĭ* 丨 *siè· tch'oûan,* louer en même temps chaise et barque.

轎子只喊一丨, 不要來回, *Kiáo tsè tchè (tchĕ) hàn ĭ* 丨, *poŭ iáo lâi hoûi,* ne loue la chaise que pour l'aller, et non pour l'aller et le retour.

丨石板 (*v.* 海墁), 丨 *chĕ pàn* (*v. hài mán*), daller avec des pierres ou des briques.

臉丨, *Lièn* 丨, 虛臉丨, *hū lièn* 丨, 見丨, *kién* 丨, 門丨, *mên* 丨, 盖丨子, *kái* 丨 *tsè*, 舖丨, *p'óu* 丨. Voir *lièn, hū, etc.*

麪 *Mién.* Farine de froment, grains ou autres substances réduits en poudre.

灰 (*v.* 麥) 丨; 丨房, *Hoūi* (*v. mĕ·*) 丨; 丨 *fâng*, farine de froment; meunerie.

丨餅, 丨 *pìn*, pain de froment; (style chrétien) pain d'autel.

打丨餅的鉗子, *Tà* 丨 *pìn tĭ k'iên tsè*, fer (tenailles) à hosties.

掛丨, 丨館子, *Kouá* 丨; 丨 *kouàn tsè*, vermicelle; restaurant où l'on vend du vermicelle.

包穀丨沒得經絲扯不得掛丨, *Pāo koŭ* 丨 *mŏ tĕ· kīn sē, tch'ĕ· poŭ tĕ· kouá* 丨, la farine de maïs ne peut se lier en pâte, ni faire de vermicelle.

喫一碗丨, *Tch'ĕ ĭ ouàn* 丨, manger un bol de vermicelle.

一把丨, *ĭ pà* 丨 un paquet de vermicelle (½ livre).

上丨, 粗糙丨, *Cháng* 丨; *ts'ōu ts'áo* 丨, farine de 1ère qualité; farine grossière, mal blutée.

打, 推, 碾成丨丨, *Tà, t'oūi, nièn tch'ên* 丨丨, réduire en poudre au pilon, au petit moulin, à la meule.

揉灰丨, *Jôua hoūi* 丨, pétrir de la farine.

調灰丨攪糨子, *T'iâo hoūi* 丨 *k'ào (kaò) tsiáng (kiáng) tsè*, délayer de la farine pour faire de la colle.

藥丨子, 丨丨炭, *Iŏ* 丨 *tsè*, 丨丨 *t'án.* Voir *iŏ, t'án.*

MĪN

Mīn. (pop.) 丨甜的, 丨 *t'iên tĭ*, très doux, très sucré.

MÎN

民 *Mîn.* Peuple.

天下萬丨, *T'iēn hiá ouán* 丨, tous les peuples du monde.

黎丨 (*v.* 庶丨) 百姓, *Lî* 丨 (*v. chóu* 丨) *pĕ· sín*, le peuple.

貧丨百姓, *P'în* 丨 *pĕ· sín*, homme du bas peuple.

流丨; 小丨, *Lieôu* 丨; *siào* 丨, vagabonds; petit homme du peuple (voir *siào*).

四丨, *Sé* 丨, les quatre catégories parmi le peuple, ce sont: 1° 士 *sé*, les lettrés, 2° 農 *lông*, les laboureurs, 3° 工 *kōng*, les artisans, 4° 商 *chāng*, les commerçants.

愛丨如子, *Gái* 丨 *jôu tsè*, aimer le peuple comme ses propres enfants.

良丨, *Leâng* 丨, homme libre et honnête (voir *leâng*).

教丨, *Kiáo* 丨, nom sous lequel sont désignés officiellement les Chrétiens.

明 *Mîn.* Clair, évident, pur, splendeur, comprendre; prochain.

天丨亮, *T'iēn* 丨 *leáng*, le ciel est clair, pur (voir *leáng*).

丨悟淺淡, 丨 *oú ts'ièn tán*, avoir l'intelligence peu développée (voir *oú*).

丨丨是他做的, 丨丨 *ché t'ā tsóu tĭ*, manifestement c'est lui qui l'a fait.

丨人不做暗事, 丨 *jên poŭ tsóu gán sé*, un homme à l'esprit clair et net ne va pas faire des actions ténébreuses (voir *gán*).

要問丨白, *v.* 一个丨白, *Iaó ouén* 丨 *pĕ·*, *v.* *ĭ kó* 丨 *pĕ·*, il faut demander bien clairement.

要問一个丨白人, *Iaó ouén ĭ kó* 丨 *pĕ· jên*, il faut demander à un homme bien entendu.

說得丨丨白白, *Chŏ tĕ·* 丨丨 *pĕ· pĕ·*, c'est dit bien clairement.

不丨不白的事, *Poŭ* 丨 *poŭ pĕ· tĭ sé*, affaire louche, pas très nette.

各人丨白, *Kŏ jên* 丨 *pĕ·*, chacun sait à quoi s'en tenir.

海上絲綢之路文獻集成　科技與文化编

心頭｜白談不得話, *Sīn t'eôu* ｜ *pě·, t'án poŭ tě· hoúa,* il a sa connaissance, mais il ne peut plus parler.

這个人好聰｜, *Tché· kó jên haò ts'ōng* ｜, cet homme est fort intelligent.

｜知故犯, ｜ *tchē koú fán,* connaître clairement la loi, et la transgresser de propos délibéré.

高｜先生, *Kaō* ｜ *siēn sēn,* maître très habile.

｜(*v.* 大｜)搶人, ｜ *(v. tá* ｜*) ts'iàng jên,* piller ouvertement.

我｜不倒他的話, *Gò* ｜ *poŭ taò t'a tī hoúa,* je ne comprends pas son langage.

｜天, ｜早晨, ｜下午, ｜晚些, ｜月, ｜年, ｜場, ｜ *t'iēn,* ｜ *tsào chên,* ｜ *hiá où,* ｜ *ouàn sī,* ｜ *iuě·,* ｜ *niên,* ｜ *tch'âng,* demain, demain matin, demain après midi, demain soir, le mois prochain, l'année prochaine, la foire prochaine.

｜火, ｜傷, 稟｜, ｜ *hò,* ｜ *chāng, pìn* ｜. Voir *hò, chāng, pìn.*

鳴 *Mîn.* Voix, faire retentir.

｜鑼, ｜ *lô,* battre le tam-tam.

雞｜了, *Kī* ｜ *lò,* le coq a chanté.

名 *Mîn.* Nom; mérite, renommée.

取一個聖｜, *Ts'ù ī kó chén* ｜, choisir ou imposer un nom de baptême.

小｜, *v.* 乳｜, *Siào* ｜, *v. joù* ｜, nom d'enfance.

他叫啥子｜字, *T'a kiáo chá tsè* ｜ *tsé?* comment s'appelle-t-il?

安不倒｜字, *Gān poŭ taò* ｜ *tsé,* ne savoir quel nom donner (à un objet).

跟人家傳｜, *Kēn jên kia tch'oûan* ｜, rendre célèbre le nom d'autrui.

他｜字响了, *T'a* ｜ *tsé hiàng lò,* son nom fait du bruit.

頂, 借, 偷人家的｜字, *Tìn, tsié·, t'eōu jên kia tī* ｜ *tsé,* se présenter sous le nom d'un autre avec son consentement, emprunter le nom d'autrui avec ou sans autorisation, se servir du nom de quelqu'un à son insu ou malgré lui.

票無｜叫不應, *P'iáo oû* ｜ *kiáo poŭ ín,* si votre nom n'est pas sur le mandat, on ne peut vous arrêter.

官把他的｜字剔(*v.* 勾)了, *Kouān pà t'a tī* ｜ *tsé t'ī (v. keōu) lò,* le mandarin a retiré (ou effacé) son nom de l'accusation.

點｜, 應｜, *Tièn* ｜, *ín* ｜, faire l'appel nominal, répondre à cet appel.

他是頭｜, *T'a ché t'eôu* ｜, il est le premier sur la liste.

報｜字, *Paó* ｜ *tsé,* dire, donner son nom.

無｜帖子, *Oû* ｜ *tiě· (t'iě·) tsè,* placard anonyme.

他的｜氣不好, *T'a tī* ｜ *k'í poŭ haò,* il a mauvaise réputation.

有｜無實, *Ieòu* ｜ *oû chě,* avoir une réputation sans fondement.

壞人的｜節, *Houái jên tī* ｜ *tsiě·,* briser la réputation d'autrui.

不過是一個｜色, *Poŭ kó ché ī kó* ｜ *sě·,* ce n'est qu'un vain titre, un vain nom.

出｜, *Tch'ŏu* ｜, se rendre célèbre.

出｜字, *Tch'ŏu* ｜ *tsé,* s'inscrire pour une œuvre, pour une affaire.

一縣就是他｜望, *ī hién tsieóu ché t'a* ｜ *ouáng,* c'est l'homme le plus célèbre de la sous-préfecture.

各人要顧自己的｜分, *Kŏ jên iaó koú tsé kì tī* ｜ *fén,* chacun doit avoir soin de sa propre dignité.

這个官｜下(*v.* 手頭)沒得搶案, *Tché· kó kouān* ｜ *hiá (v. cheòu t'eôu) mŏ tě· ts'iàng gán,* sous ce mandarin il n'y a pas de vol à main armée.

算我｜下, *Souán gò* ｜ *hiá,* mets à mon compte, ou bien, je prends à mon compte.

一｜夫, 一｜兵, 一｜學, *ī* ｜ *foū, ī* ｜ *pīn, ī* ｜ *hiŏ,* un portefaix, un soldat, un bachelier.

草｜, 樹｜, 葯｜, *Ts'ào* ｜, *choú* ｜, *iŏ* ｜, nom de plante, d'arbre, de médicament.

書 |, Chōu |, 號 |, Haó |, 混 |, houén |, 冒 |, maó |, 掛 | 字, koúa | tsé, | 聲, | chēn, 功 |, kōng |, | 醫, | ī. Voir chōu, haó, etc.

MÌN

憫 *Mìn.* Avoir compassion.

憐 | 窮人, *Lién | k'iông jên*, avoir compassion des pauvres.

皿 *Mìn.* Ustensile.

器 |, *K'í |*, instrument en général.

| 子, *| tsè*, petite brosse en cheveux à l'usage des barbiers, brosse de badigeonneur.

打 | 子, *Tà | tsè*, se servir de cette brosse.

MÍN

命 *Mín.* Vie, destin; ordre.

生 |, *v.* **性 |**; **一條 |**, *Sēn |*, *v. sín |*; *ī t'iâo |*, la vie; une vie.

性 | 錢, *Sín | ts'iên*, sapèques nécessaires pour vivre (s'entend souvent de l'argent livré comme garantie au propriétaire du terrain qu'on exploite).

爲天主致 |, *Oúi T'iēn Tchòu tché |*, exposer, donner sa vie pour Dieu.

致 | 聖人, *Tché | chén jên*, martyr.

抵(*v.* **塡**) **|**, *Tì (v. t'iên) |*, rendre vie pour vie.

這个 | 長 (*v.* **短**), *Tché kó | tch'âng (v. touàn)*, cela a la vie dure (ou bien cela meurt facilement).

將來他 | 不長, *Tsiāng lâi t'ā | poŭ tch'âng*, il ne vivra pas longtemps.

短 | 的, *Touàn | tĭ*, qui doit mourir jeune (malédiction).

| 都不要, *| toū poŭ iáo*, risquer sa vie (plutôt que de renoncer à une chose).

你好像催 | 鬼一樣, *Gnì haò ts'iáng (siáng) ts'oūi | koùi ī iáng*, tu me presses comme ces diables qui poussent les gens à se donner la mort.

我們両个要鬪 |, *Gò mên leàng kó iáo p'īn |*, à nous deux, il s'agit de jouer vie contre vie (provocation à une espèce de duel).

爭點丢了 |, *Tsēn tièn tieōu lò |*, il s'en fallut d'un rien que j'y laissasse la vie.

顧 |, **保 |**, *Koú |*; *paò |*, ménager sa vie; la conserver, la défendre.

吊 |, *Tiáo |*, prolonger un souffle de vie, par ex. à un malade.

我要你這條 |, *Gò iáo gnì tché t'iâo |*, il me faut absolument ta vie.

|, *v.* **天 |**, *|*, *v. t'iēn |*, *litt.* ordre du ciel; destin, fatalité (payen).

大家都是 | 半點不由人, *Tá kiā toū ché |*, *pán tièn poŭ ieôu jên*, tout dépend du destin, et rien de l'homme.

死生有 |, *Sè sēn ieòu |*, la mort et la vie sont réglées par le destin.

| 好不如心好, *| haò poŭ joû sīn haò*, à un bon destin est préférable un cœur bien disposé.

沒得那个 |, *Mŏ tĕ lá kó |*, il n'aura pas cette chance.

算 | 匠, *Souán | tsiáng*, devin qui calcule le destin, diseur de bonne aventure.

天主一 | 造成萬物, *T'iēn Tchòu ī | ts'áo tch'ên ouán oŭ*, d'un acte de volonté Dieu a créé toutes choses.

要聽父母的正 |, *Iaó t'īn foú moù tĭ tchén |*, il faut obéir aux ordres justes des parents.

請 |, **領 |**, *T'sìn |*; *lìn |*, demander des ordres, ou une permission; accepter des ordres, obéir.

天主有 |, *T'iēn Tchòu ieòu |*, Dieu l'ordonne.

奉 |, *Fóng |*, être chargé d'exécuter un ordre.

人 | 案, **救 |**, **傷 |**, *Jên | gán*, *kieóu |*, *chāng |*. Voir *gán, kieóu, chāng.*

MŌ

摩 *Mō (mô).* Manier, toucher, tâter.

不要 |, *Poŭ iáo |*, n'y touche pas.

丨不得，丨 *poŭ tĕ·*, on ne peut y toucher, défense d'y toucher.

丨東西，丨 *tōng sī*, (litt.) toucher des objets, voler, prendre à la dérobée.

手有點丨丨，*Cheòu ieòu tièn louán* 丨, il est un peu voleur.

丨哥（*v.* 哥兒）*v.* 丨地王，丨 *kō*, (*v. kō eûl*), *v.* 丨 *tí ouáng*, voleur adroit.

輕輕丨，*K'īn k'īn* 丨, toucher légèrement.

丨得倒，丨不倒，丨 *tĕ· taò*, 丨 *poŭ taò*, pouvoir atteindre, ne pouvoir atteindre.

亂丨自己，*Louán* 丨 *tsé kì*, se toucher déshonnêtement.

丨不倒頭腦，丨 *poŭ taò t'eôu laò*, ne pas voir clair dans une affaire, ne savoir par où commencer, être embarrassé.

丨魚，丨 *iû*, pêcher à la main.

丨起走，丨 *k'ì tseòu*, marcher à tâtons.

曉得他丨在那裡去了，*Hiaò tĕ· t'a* 丨 *tsái là lì k'ú lò*, qu'en sais-je, où il a passé ?

丨起跑了，丨 *k'ì p'ào lò*, il s'est enfui furtivement.

丨黑（*v.* 髒）了，丨 *hĕ·* (*v. tsāng*) *lò*, noirci, sali par les doigts (le toucher).

打黑丨，*Tà hĕ·* 丨, marcher la nuit en tâtonnant.

MÔ

饝 *Mô*. Pain, galette, pâtisserie.

丨丨，丨丨，le pain.

燒（*v.* 炕，*v.* 烘）丨丨，*Chāo* (*v. k'áng*, *v. hōng*) 丨丨, cuire du pain.

泡一碗丨丨湯，*P'áo ĭ ouàn* 丨丨 *t'āng*, tremper une écuelle de soupe.

蒸丨，*Tchēn* 丨, pains cuits à la vapeur.

揉丨丨，丨丨發得好，*Joûa* 丨丨，丨丨 *fă tĕ· hào*. Voir *joûa*, *fă*.

魔 *Mô*. Démon.

老丨，邪丨，*Laò* 丨, *siê·* 丨, le diable (pop.), le démon impur.

丨鬼，丨 *koùi*, le démon.

攠 *Mô*. Aiguiser, frotter ; tourmenter.

丨穿了，丨尖，丨 *tch'oūan lò*, 丨 *tsiēn*, percé par le frottement, aiguisé en pointe.

肩膀丨痛了，*Kiēn pàng* 丨 *t'óng lò*, l'épaule est endolorie par le frottement de la charge.

一天丨到黑，*ĭ t'iēn* 丨 *táo hĕ·*, peiner toute la journée.

這个人丨得，*Tché· kó jên* 丨 *tĕ·*, cet homme est dur à la peine.

丨王，丨 *ouáng*, homme brutal, avare.

耶穌受的凌辱搓丨，*Iê· soū cheóu tĭ lîn joŭ ts'ō* 丨, les outrages et les mauvais traitements endurés par Jésus.

你把我搓丨彀了，*Gnì pà gò ts'ō* 丨 *keóu lò*, tu m'as fait assez souffrir.

丨刀石，丨 *tāo chĕ*, 丨不快，丨 *poŭ k'oúai*, 丨光生，丨 *kouāng sēn*, 丨鈆了，丨 *iú lò*. Voir *chĕ*, *k'oúai*, *kouāng*, *iú*.

麼 *Mô*. Particule interrogative.

甚丨東西，*Chén* 丨 *tōng sī* ? quel objet ?

怎丨，*v.* 怎丨樣，*v.* 那丨樣，*Tsèn* 丨, *v. tsèn* 丨 *iáng*, *v. là* 丨 *iáng* ? comment ? de quelle manière ?

今天好點丨，*Kīn t'iēn hào tièn* 丨, cela va-t-il un peu mieux aujourd'hui ?

MÒ

抹 *Mò* (*mŏ*). Oindre, enduire.

丨一點顏色就好看，丨 *ĭ tièn iên sĕ· tsieóu hào k'án*, passez-y un peu de couleur, et ce sera beau.

一身都丨得有泥巴，*ĭ chēn tōu* 丨 *tĕ· ieòu gnî pā*, il est couvert de boue par tout le corps.

丨漆，丨礦油，丨喉，丨烟子，丨粉，丨 *ts'ĭ*, 丨 *koúang ieôu*, 丨 *heôu*, 丨 *iēn tsè*, 丨 *fèn*. Voir *ts'ĭ*, *koúang*, etc., etc.

MÓ

磨 *Mó*. Meule, moulin.

水丨，旱丨，*Choùi* 丨, *hán* 丨, moulin à eau, moulin à bras ou à animaux.

一扇丨子, ĭ chán丨tsè, une meule (pas le moulin complet).

推丨;丨房, T'oūi丨; 丨fâng, tourner la meule; meunerie.

修丨房, 修丨子, Sieōu丨fâng, sieōu丨tsè, construire un moulin, repiquer une meule.

看丨子的要拏一點粮食起來, K'án丨tsè tĭ iáo lâ ĭ tièn leâng chĕ k'ì lâi, le meunier prélève un peu de grain sur la pratique.

丨子不轉, 停了, 丨tsè poŭ tchouán, t'în lò, le moulin ne va pas, il est arrêté.

丨子碌了, 丨tsè iú lò, la meule est usée.

MŎ

沒 Mŏ. Particule négative (précédant ordinairement tĕ ou bien ieòu, exprimé ou sous-entendu).

丨人, 丨事, 丨錢, v. 丨得人, 事, 錢, 丨jên, 丨sé, 丨ts'iên, v. 丨tĕ jên, sé, ts'iên, il n'y a pas d'homme, d'affaires, de sapèques.

你有錢丨得...有...丨得, Gnì ieòu ts'iên丨tĕ? as-tu de l'argent? Rép. Ieòu: j'en ai; ou bien丨tĕ, je n'en ai pas.

丨頭丨腦, 丨t'eôu丨lào, sans tête, écervelé, affaire mal lancée.

他造孽丨得, T'a tsáo niĕ丨tĕ, il est misérable, il n'a rien.

丨話說, 丨houá chŏ, il ne trouve rien à dire; il n'y a rien à dire.

他丨有去, T'ā丨ieòu k'ú, il n'est pas allé.

他來了丨有...來了...丨有來, T'a lâi lò丨ieòu, est-il venu? Rép. Lâi lò, il est venu; ou bien丨ieòu lâi, il n'est pas venu.

丨得他發財, 丨tĕ t'a fá ts'âi, il n'est pas aussi riche que lui.

莫 Mŏ. Il ne faut pas, il ne convient pas.

丨忙, 丨mâng, ne nous pressons pas.

惡事丨爲, 閒事丨管, Gŏ sé丨oûi, hiên sé丨kouàn, ne fais pas de mauvaises actions, ne t'occupe pas de ce qui ne te regarde pas.

丨說一百錢就是兩百我都不答應, 丨chŏ ĭ pĕ ts'iên, tsiéou ché leàng pĕ gŏ tōu poŭ tă ín, ne parle pas de 100 sapèques, m'en donnerais-tu 200, que je ne consentirais pas.

丨非, 丨fēi, affirmatif ou interrogatif.

一飲一啄丨非前定, ĭ ìn ĭ tchŏ丨fēi ts'iên tín, jusqu'à la moindre bouchée, tout est réglé d'avance par le destin.

丨非就是他, 丨fēi tsieóu ché t'ā, ne serait-ce pas lui?

丨不是害風寒麼, 丨poŭ ché hái fōng hân mô? ne serait-ce pas d'un coup d'air ou d'un refroidissement que vous souffrez.

漠 Mŏ. Grand, vaste, désert.

沙丨, Cha丨, désert de Gobi.

末 Mŏ. Extrémité, fin.

丨後, 丨heóu, à la fin, finalement.

四丨, Sé丨, (style chrét.) les quatre fins dernières.

世界窮丨, Ché kiái k'iông丨, la fin du monde.

丨丨, 丨丨, arrière-petit-fils.

茉 Mŏ. (Voir 莉 lî).

MÔNG

謀 Môug. Machiner, délibérer secrètement.

丨害人, 丨殺人, 丨hái jên; 丨chă jên, méditer de nuire à quelqu'un, lui nuire à dessein; tramer la mort de quelqu'un, tuer avec préméditation.

丨反, 丨fàn, conspirer pour une révolte, se révolter.

丨人家的財物, 丨jên kiā tĭ ts'âi oŭ, convoiter le bien d'autrui.

丨事在人成事在天, 丨sé tsái jên, tch'ên sé tsái t'iēn, l'homme propose et Dieu dispose.

丨衣食, 丨ī chĕ, chercher les moyens de vivre.

丨道, 丨táo, aspirer à la vraie connaissance, à la vertu.

華西官話漢法詞典

蒙 *Môṅg*, Couvrir, cacher, recevoir; peu instruit.

拏布來丨 (*v.* **幪**) **倒桌子**, *Lâ póu lâi* | (*v. mōng*) *tào tchǒ tsè*, couvrir la table d'une toile.

丨聖像, | (*mōng*) *chén siáṅg*, voiler les saintes Images (comme au temps de la Passion).

把臉丨倒了, *Pà lièn* | *taò lò*, il s'est caché la face.

打丨頭, *Tà* | *t'eôu*, piquer une tête dans l'eau.

丨恩不死, | *guēn poǔ sè*, obtenir le don d'immortalité.

聖母丨召升天, *Chén moù* | *tcháo chēn t'iēn*, (litt.) la Ste Vierge a obtenu d'être appelée au ciel, Assomption de la Ste Vierge.

教丨童；愚丨，發丨, *Kiāo* | *t'ôṅg*; *iû* |, *fǎ* |, enseigner des commençants; voir *iû*, *fǎ*.

丨倒寫的, | *tào siè· tī*, calqué.

矇 *Môṅg*. Pellicule sur l'œil.

我眼睛上生得有丨丨, *Gò ièn tsīn cháng sēn tě· ieòu* | |, il m'a poussé une pellicule sur l'œil.

MÒNG

猛 *Mòṅg*. Violent, méchant.

丨將, | *tsiáṅg*, vaillant général.

丨獸, | *cheóu*, bête féroce.

發丨財, *Fǎ* | *ts'âi*, faire subitement fortune.

蜢 *Mòṅg*. Grande sauterelle à carapace dure.

啄丨子 (*v.* **兒**), *Tchoǔa* | *tsè* (*v. eûl*) (*meûl*), sauterelle de couleur verte.

油啄丨兒, *Ieôu tchoǔa* | *eûl*, sauterelle de couleur noire.

鬼啄丨兒, *Koùi tchoǔa* | *eûl*, sauterelle plus grande.

某 *Mòṅg*. Tel (désignation vague).

掛賬要寫明白丨人，丨年，丨月，丨天, *Koúa tcháṅg iáo siè· mîn pě·* | *jên*, | *niên*, | *iuě·*, | *t'iēn*, dans les comptes, il faut inscrire clairement tel homme, telle année, tel mois, tel jour.

懵 *Mòṅg*. *v.* | **懂**, *v.* | *tòṅg*, stupide, troublé, confus.

這个人是丨的, *Tché· kó jên ché* | *tī*, c'est un homme bouché.

我曉得點丨响, *Gò hiào tě· tièn* | *hiàṅg*, j'en sais quelque petite chose, j'en ai une idée vague.

畝 *v.* **畞** *Mòṅg*. Arpent de 240 pas (chaque pas valant 6 pieds).

一丨有兩挑穀子田, *ĭ* | *ieòu leàṅg t'iāo koǔ tsè t'iên*, un *mòṅg* de rizière rapporte deux charges de riz.

一丨田，一丨地, *ĭ* | *t'iên*, *ĭ* | *tí*, un arpent en rizières, en champs secs.

水丨, *Choùi* |, contribution qu'on paie pour avoir le droit d'user, pour ses rizières, de l'eau des canaux publics.

MÓNG

孟 *Móṅg*. | **子**, | *tsè*, Mencius, célèbre philosophe Chinois.

夢 *Móṅg*. Rêve, songe.

丨中，做丨，說丨話, | *tchōṅg*; *tsóu* |; *chǒ* | *hoúa*, en rêve; rêver; parler comme un homme qui rêve, dire des sottises.

緣 (*v.* **占** *v.* **卜**) |, *Iuên* (*v. tchān v. poǔ*) |, interpréter un songe.

你在做丨罷, *Gnì tsái tsóu* | *pá*, tu rêves! tu m'as l'air de rêver!

我丨見 (*v.* **倒**) **你來**, *Gò* | *kién* (*v. tào*) *gnì lâi*, j'ai rêvé que tu venais.

信丨, *Sín* |, croire aux songes.

做不好的丨, *Tsóu poǔ hào tī* |, faire de mauvais rêves. (Les payens évitent ce mot *móng*; pour rêver ils diront *tch'è· houên*.)

貿 *Móng*. Commerce (voir *í* 易).

茂 *Móng*. Fleuri, végétation vigoureuse.
草 | 盛, *Ts'ào* | *chén*, l'herbe est abondante (voir *chén*).

MÔU

模 *Môu*. Règle, forme, apparence.
歸 | , *Kouï* | , loi générale, formulaire.
| 子, | *tsè*, moule, modèle.
鑄銅,鑄鐵離不得 | 子, *Táo t'ông, táo t'iĕ· lî poŭ tĕ·* | *tsè*, pour couler le cuivre, le fer, il faut des moules.
大 | 大樣, *Tá* | *tá iáng*, air d'importance.
| 樣, | 格, | *iáng*, | *kĕ·*. Voir *iáng, kĕ·*.

MÒU

母 *Mòu*. Mère; femelle.
聖 | 瑪利亞, *Chén* | *Mà lî ià*, la Sainte Mere (de Dieu) Marie.
聖 | 經, 聖 | 瞻禮, *Chén* | *kīn, chén* | *tchān lì*, prières, fêtes en l'honneur de la Ste Vierge.
| 親, 祖 | , 乳 (*v.* 奶) | , | *ts'īn, tsòu* | , *jòu* (*v. lài*) | , mère, aïeule, nourrice.
両娘 | , *v.* | 子, *Leàng* niāng | , *v.* | tsè, les deux: la mère et le fils ou la fille.
| 子, 雞 | , | 狗, 老 | 猪, | *tsè, kī* | , | *keòu, lào* | *tchōu*, femelle, poule, chienne, vieille truie.
紅苕 | 子, *Hông châo* | *tsè*, semence de patates, patates gardées pour semence.
酒 | 子, *Tsieòu* | *tsè*, ferment pour le vin.
在 | 胎, *Tsái* | *t'āi*, dans le sein de sa mère.
借 | 懷胎, *Tsié·* | *houâi t'āi*, on ne fait qu'emprunter le sein de sa mère pour naître (adage paien).
二十四个字 | 子, *Eûl chĕ sé kó tsé* | *tsè*, les 24 lettres de l'alphabet.
父 | , *Fóu* | , 後 | , *heóu* | , 寡 | 子, *kouà* | *tsè*, | 舅, | *kieóu, etc.* Voir *fóu, heóu, etc.*

拇 *Mòu*. Doigts des mains, des pieds.
大指 | 子 (*v.* 兒), *Tá tchè* | *tsè* (*cûl, meûl*), le pouce.
脚指 | 兒, *Kiŏ tchè* | *cûl*, doigts du pied.
么 (*v.* 小) 指 | 兒, *Iāo* (*v. siào*) *tchè* | *cûl*, le petit doigt.
我指 | 兒落了一節, *Gò tchè* | *eûl lŏ lò ĭ tsiĕ·*, j'ai perdu une articulation d'un doigt.

MÓU

慕 *Móu*. Penser avec affection et désir.
仰 | 天主, *Niàng* | *T'iēn Tchòu*, penser avec affection à Dieu.

暮 *Móu*. Soir (style relevé).
| 課, | *k'ó*, vêpres.
朝三 | 四的人, *Tchāo sān* | *sé tĭ jên*, homme très versatile, qui du matin au soir change d'avis plusieurs fois.

墓 *Móu. v.* 坟 | , *v. fên* | , tombeau.
耶穌埋了在新石 | 內, *Iê· sōu mâi lò tsái sīn chĕ* | *louí*, Jésus a été déposé dans un sépulcre neuf taillé dans le roc.
碑 | 的事, *Pēi* | *tĭ sé*, tout ce qui regarde le tombeau et la pierre tombale.

MOŬ

目 *Moŭ*. Œil.
雙 | 不看見, *Choūang* | *poŭ k'án kién*, complètement aveugle.
獨 | 眼兒, *Toŭ* | *ièn cûl* (*ieùl*), borgne.
| 覩眼見, | *tòu ièn kién*, voir de ses propres yeux.
| 今, *v.* | 下, *v.* 眼 | 下, | *kīn, v,* | *hiá, v. ièn* | *hiá*, présentement.
光輝奪 | , *Kouāng hoūi t'ŏ* | , d'une splendeur éblouissante.

綱丨;**條**丨, *v.* 丨**錄**;**題**丨, *Kāng* 丨; *t'iâo* 丨, *v.* 丨 *loŭ; t'î* 丨, les lignes principales d'une science; index ou table d'un livre; sujet de composition.

數丨,**賬**丨, *Sóu* 丨, *tcháng* 丨, nombre, comptes (voir *sóu, tcháng*).

睦 *Moŭ.* Regarder avec complaisance (voir *hô* **和**).

木 *Moŭ.* Arbre, bois.

丨**頭**, 丨 *t'eôu*, bois en général (le bois de chauffage se dit *tch'âi*); cercueil.

丨**料**, 丨 *leáo*, bois employés comme matériaux, bois de construction.

砍,剮,鋸,解,車,雕丨**頭**, *K'àn, p'ièn, kú, kài, tch'ē, tiāo* 丨 *t'eôu*, couper du bois à coups de hache, l'équarrir, le scier en travers, en long, le travailler au tour, le sculpter.

買一个丨**頭**, *v.* **老**丨**頭**, *Mài ĭ kó* 丨 t'eôu, *v.* lào 丨 t'eôu, acheter un cercueil.

丨**人**, 丨**馬**, 丨 *jên*, 丨 *mà*, (litt.) homme de bois, cheval de bois: machine, chevalet de menuisier.

丨**客**, 丨**廠**, 丨 *k'ĕ*; 丨 *tch'àng*, commerçant en bois; chantier, entrepôt de bois.

丨**匠**, 丨 *tsiáng*, charpentier.

丨**墩子**, 丨 *tēn tsè*, gros tronc d'arbre dépouillé de son écorce.

丨**渣子**, *v.***花兒**, 丨 tchā tsè, *v.* hoūa eûl (*hoēul*), copeaux de bois.

敲丨**魚子**, *K'āo* 丨 *iû tsè*, frapper sur le poisson en bois (usité chez les bonzes).

這个人丨**得狠**, *Tchĕ kó jên* 丨 *tĕ hèn*, cet homme est absolument sans énergie.

老丨**虫**, *Lào* 丨 *tch'ông*, gros ver qui naît sur les vieux chênes.

樹丨, *Chóu* 丨, **杉**丨, *chā* 丨, **柏**丨, *pĕ* 丨, **楠**丨, *lân* 丨, **烏**丨, *oū* 丨, **蘇**丨, *soū* 丨, **獨**丨**橋**, *toŭ* 丨 *k'iâo*, 丨**耳**, 丨 *eùl*, **痲**丨**了**, *mâ* 丨 *lò, etc.* Voir *chóu, chā, etc.*

牧 *Moŭ.* Pasteur (au pr. et au fig.).

丨**童**, 丨 *t'ông*, berger.

耶穌善丨**者**, *Iê soū chán* 丨 *tchè*, Jésus le Bon Pasteur.

宗丨,**鑒**丨,**靈**丨, *Tsōng* 丨, *kién* 丨, *lîn* 丨, le Pape, l'évêque, le prêtre.

NIĀ

Niā. (pop.) **放**丨, *fáng* 丨, se dit des enfants qui pleurnichent pour obtenir quelque chose.

NIĀNG

Niāng. (pop.). 丨 *guēul* (expression usitée dans le haut *Tch'oūan lân*, au lieu de *chén mô, chá tsè*): quoi?

丨 *guēul sé*, quoi? quelle affaire?

孃 *v.* **娘** *Niâng.* Fille.

姑丨, *Koū* 丨, fille non mariée (voir *koū*).

王姑丨, *Ouâng koū* 丨 (*v. niâng*), Mademoiselle *Ouâng*.

丨丨, 丨丨, tante paternelle.

婆丨, *P'ô* 丨, expression employée par les gens de basse classe, pour désigner leur propre femme ou celle d'autrui; dans les malédictions, elle a le sens de femme de mauvaise vie.

討婆丨, *T'ào p'ô* 丨, prendre femme (trivial).

私丨**子**, *Sē* 丨 *tsè*, devineresse, sorcière.

NIÂNG

娘 *Niâng.* Mère.

丨**老子**, 丨 *lào tsè*, (pop.) le père et la mère.

丨**屋** (*v.* **後家**), 丨 *oŭ* (*v. heóu kiā*), famille d'origine d'une femme mariée.

走丨**屋,回**丨**屋**, *Tseòu* 丨 *oŭ, hoûi,* 丨 *oŭ*, aller visiter sa famille d'origine, y retourner.

後丨, 丨**母**, *Heóu* 丨, 丨 *mòu.* Voir *heóu, mòu.*

兒子隨丨**下堂**, *Eûl tsè soûi* 丨 *hiá t'âng*, fils suivant sa mère dans une nouvelle famille.

伯 |，嬸 |，*Pĕ·* |，*chèn* |，noms que donnent les neveux aux femmes de leurs oncles (voir *chèn*).

這个娃兒小還離不得 |，*Tché· kó oûa eûl siào, houân lî poŭ tĕ·* |，cet enfant est encore trop jeune pour pouvoir se passer des soins de sa mère.

皇帝 | |，*Houâng tí* | |，l'Impératrice-mère.

陳二 |，*Tch'ên eúl* |，madame (femme du 2 eme) *Tch'ên*. (Une femme est qualifiée de *niâng* quand elle a un certain âge; plus jeune elle est appelée *sào : Tch'ên eúl sào.*)

老師 |，v. 師 |，*Lào sē* |，v. *sē* |，la femme du maître.

這些都是 | | 話，*Tché· sī tōu ché* | *niāng houá*, tout cela c'est du bavardage de bonnes femmes.

(*Niâng niāng*, s'emploie aussi vulgairement pour désigner la mère des animaux).

NIÀNG

仰 *Niàng (iàng)*. Regarder en haut, désirer, attendre.

|望，|慕，| *ouáng;* | *móu*, espérer ardemment; penser avec désir et affection.

久 | 久 |，*Kieòu* | *kieòu* |，voilà longtemps que je soupirais après vous.

NIÁNG

Niáng. (popul.) Extrêmement lambin; fastidieux.

說話 |，做事 |，*Chŏ houá* |，*tsóu sé* |，celui qui est toujours à répétailler la même chose, sans pouvoir finir; qui, en faisant un ouvrage, se perd dans les détails sans arriver à l'essentiel.

NIÀO

鳥 *Niào. v.* 雀 |，*v. ts'iŏ* |，oiseau.

|鎗，| *ts'iāng*, fusil de chasse chinois, pour chasser aux oiseaux.

NIÁO

尿 *v.* 溺 *Niáo. v.* | 水，*v.* | *choùi*, urine.

屙 |，*ō* |，(triv.) uriner.

來 (*v.* 流) |，*Lâi* (*v. lieôu*) |，pisser au lit.

|桶，|缸，| *t'òng*, | *kāng*, seau, grand vase ou bassin qui sert d'urinoir.

猪，牛 | 脬，*Tchōu, nieôu* | *pāo*, vessie de cochon, de bœuf.

NIE·

鑷 *Niĕ·. v.* | 子，*v.* | *tsè*, petites tenailles ou pinces.

| (*v.* 攝) 倒，| *tào*, prendre avec des pinces.

揑 *v.* 捻 *Niĕ·*. Prendre avec ou entre les doigts.

手 | 倒，*Cheòu* | *tào*, serrer entre les doigts ou dans la main.

手 | 緊，*Cheòu* | *kìn*, serrer dur avec la main.

|得痛，| *tĕ· t'óng*, serrer à faire mal.

|造謠言，| *ts'áo iâo iên*, inventer et propager de faux bruits.

業 *Niĕ·*. Héritage, possessions; état de vie.

|主，老 | 主，| *tchòu; lào* | *tchòu*, le maître d'une propriété; l'ancien propriétaire.

家 |，*v.* 產 |，*v.* 基 |，*Kiā* |，*v. tch'àn* |，*v. kī* |，biens de famille, héritage paternel.

天堂的家 |，*T'iēn t'âng tĭ kiā* |，l'héritage du ciel.

他沒得事 | (*v.* 職 |)，*T'ā mŏ tĕ· sé* | (*v. tchĕ* |)，il n'a pas d'emploi, pas d'ouvrage.

各務本 |，*Kŏ oú pèn* |，que chacun travaille dans sa propre condition.

不務正 |，*Poŭ oú tchén* |，n'avoir pas d'occupation régulière et honnête.

安居樂丨, *Gān kū lŏ* 丨, vivre tranquille et heureux dans sa condition.

脫丨錢, *T'ŏ* 丨 *ts'iēn*, sapèques, que donne, par dessus le marché, l'acquéreur au vendeur à qui il ne reste plus rien.

絶丨, *Tsuĕ·* 丨, biens qui n'ont plus d'héritier direct, et passent aux branches collatérales.

孽 *Niĕ·*. Faute, calamité.

自作之丨自應受之, *Tsé tsŏ tchē* 丨, *tsé in cheóu tchē*, (style relevé) il est juste qu'on pâtisse du mal qu'on a fait.

角丨, *Kŏ* 丨, dispute (voir *kŏ*).

造丨人, *Tsáo* 丨 *jên*, gens pauvres, misérables.

痛得造丨, *T'óng tĕ· tsáo* 丨, il souffre à faire pitié.

過造丨日子, *Kó tsáo* 丨 *jĕ tsè*, il passe des jours malheureux.

逆 *Niĕ· (gnĭ)*. Voir *gnĭ*.

溺 *Niĕ·*. Se noyer; aimer déraisonnablement.

火燒水丨, *Hò chāo choùi* 丨, souffrir de l'incendie et de l'inondation.

丨女, 丨 *niù*, noyer les petites filles (pratique trop commune en Chine).

丨愛, 丨 *gái*, aimer déraisonnablement.

NIĒN

拈 *Niēn (niên)*. Prendre avec les doigts ou un instrument, comme avec des pinces.

丨菜, 丨 *ts'ái*, saisir les mets avec les bâtonnets.

丨筆, 丨 *pĭ*, prendre le pinceau en main.

丨鬮, 丨香, 丨 *keōu*, 丨 *hiāng*. Voir *keōu, hiāng*.

丨一股好地方, 丨 *ĭ koù hào tí fāng*, obtenir au sort une bonne terre.

丨得不好, 丨 *tĕ· poŭ hào*, j'ai tiré un mauvais lot.

他怪傢伙丨不倒他, *T'a koúai kia hò* 丨 *poŭ tào t'a*, il est rusé, on ne peut le prendre en défaut.

NIÊN

年 *Niên*. Année.

今丨, 明 (*v.* 來) 丨, 後丨, 昨 (*v.* 去) 丨, 前丨, *Kīn* 丨, *mîn* (*v. lâi*) 丨, *heóu* 丨, *tsŏ* (*v. k'ú*) 丨, *ts'iên* 丨, cette année, l'an prochain, dans deux ans, l'an passé, il y a deux ans.

前兩丨, *Ts'iên leàng* 丨, il y a très peu d'années; avant, après deux ans.

前頭幾丨, *Ts'iên t'eôu kì* 丨, plusieurs années auparavant, il y a plusieurs années.

前頭丨辰, *v.* 先丨, *Ts'iên t'eôu* 丨 *chên*, *v. siēn* 丨, autrefois, les années passées.

丨丨都是這樣, 丨丨 *tōu ché tché· iáng*, chaque année il en est ainsi.

過不得丨, *Kó poŭ tĕ·* 丨, (litt.) ne pouvoir passer l'année: n'avoir pas de quoi passer convenablement le nouvel an.

跟神父辭丨, 拜丨, *Kēn chên foú ts'ê* 丨, *pái* 丨, saluer le Père pour le dernier jour de l'an, lui souhaiter la bonne année.

拜新丨, *Pái sīn* 丨, (litt.) saluer la nouvelle année: se dit des jeunes mariés qui, la première année après leur mariage, vont souhaiter la bonne année aux parents de la femme.

我新丨頭來, *Gò sīn* 丨 *t'eôu lâi*, je viendrai dans les premiers temps de la nouvelle année.

要過了大丨纔開張做生意, *Iáo kó lò tái* 丨, *ts'âi k'āi tchāng tsóu sēn í*, j'attends que le 15 de la 1ere lune soit passé, pour rouvrir boutique.

丨歲, 丨 *sóui*, année, temps, âge.

這宗的丨歲難得過, *Tché· tsōng tĭ* 丨 *sóui lân tĕ· kó*, des années comme celle-ci sont difficiles à passer.

到底丨歲 (*v.* 丨紀) 來了人要萎些, *Táo tì* 丨 *sóui* (*v.* 丨 *kì*) *lâi lò, jên iáo oūi sī*, on a beau dire, une fois l'âge venu, on n'est plus si robuste.

一丨到頭下苦, *ĭ* 丨 *táo t'eôu hiá k'où*, peiner toute l'année.

剛剛一个週｜, *Kiāng kiāng ĭ kó tcheōu* ｜, tout juste une année révolue.

同｜弟兄, *T'ông* ｜ *tí hiōng*, (litt.) frères de la même année: nom que se donnent entre eux les lettrés d'une même promotion.

老｜兄, *Lào* ｜ *hiōng*, vénéré confrère.

帮長｜, v. 帮人當長｜, *Pāng tch'âng* ｜, v. *pāng jên tāng tch'âng* ｜, être au service de quelqu'un comme domestique à l'année.

値｜, *Tchĕ* ｜, espèce de marguilliers élus pour un an, soit chez les chrétiens pour l'oratoire, soit chez les payens pour leurs sociétés.

沒有過五十歲都還｜輕, *Mŏ ieòu kó où chĕ sóui, tōu houân* ｜ *k'īn*, tant qu'on n'a pas dépassé la cinquantaine, on est censé jeune.

老｜人, v. ｜老的人, v. ｜高的人, *Lào* ｜ *jên*, v. ｜ *lào tĭ jên* v. ｜ *kāo tĭ jên*, homme âgé.

今｜是啥子｜號, *Kīn* ｜ *ché chá tsè* ｜ *háo?* quelle est la dénomination de la présente année, soit d'après le cycle, soit d'après l'année de règne?

老帶｜在屋頭沒有, *Lào tái* ｜ *tsái où t'eōu mŏ ieòu?* votre vénéré père est-il chez lui?

不上一｜, *Poŭ cháng ĭ* ｜, moins d'un an.

不過三｜五載, *Poŭ kó sān* ｜ *où tsài*, au plus 3 ou 5 ans.

｜頭, ｜尾 (v. 底), ｜ *t'eôu*, ｜ *oùi* (v. *tì*), commencement, fin de l'année.

每逢｜頭歲節, *Mèi fông* ｜ *t'eôu sóui tsiĕ*, à chaque époque solennelle de l'année.

｜大了, ｜ *tá lò*, c'est une année de cherté.

當｜皇帝, *Tāng* ｜ *houâng tí*, l'empereur qui régnait en cette année-là.

樹子當｜, *Chóu tsè tāng* ｜, c'est l'année où l'arbre doit produire.

｜辰, ｜ *chên*, 過｜, *kó* ｜, ｜紀, ｜ *kì*, ｜庚, ｜ *kēn*, ｜月, ｜ *iuĕ*, 幼｜人, *ieóu* ｜ *jên*, 少｜人, *cháo* ｜ *jên*. Voir *chên, kó, kì, kēn, etc., etc.*

嚴 *Niên.* Sévère.

威｜, *Oūi* ｜, majesté sévère.

｜罰, ｜ *fă*, punir sévèrement.

｜省已過, ｜ *sèn kì kó*, s'examiner sévèrement sur ses défauts.

｜禁, ｜辦, ｜ *kín*, ｜ *pán*, prohiber sévèrement, juger et punir sévèrement.

這位神父｜令得狠, *Tché oúi chên fóu* ｜ *lín tĕ hèn*, ce Père est très sévère.

｜父, v. ｜君, ｜ *fóu*, v. ｜ *kūin*, m. à m. à mon père sévère (adresse de la lettre d'un fils à son père).

閻 *Niên.* v. ｜王菩薩, v. ｜ *ouâng p'ôu să*, le dieu des enfers.

NIÈN

撚 *Nièn (lèn* v. *lièn).* Rouler entre les doigts.

紙｜子, *Tchè* ｜ *tsè*, papier roulé servant d'allumette.

搓紙｜子, *Ts'ō tchè* ｜ *tsè*, rouler du papier pour faire de ces espèces d'allumettes.

碾 v. 輾 *Nièn.* v. ｜子, ｜ *tsè*, cylindre de pierre qui sert à enlever l'écorce des grains.

葯｜子, ｜葯, *Iŏ* ｜ *tsè*, ｜ *iŏ.* Voir *iŏ.*

水｜, 旱｜, *Choùi* ｜, *hán* ｜, cylindre mû par l'eau, par un buffle.

｜砣 (v. 輥砣), ｜ *t'ô (v. kouèn t'ô)*, la pierre cylindrique.

｜底, ｜ *tì*, pierre horizontale sur laquelle roule le cylindre.

｜房, ｜ *fâng*, établissement à décortiquer le riz.

修一个｜子, *Sieōu ĭ kó* ｜ *tsè*, construire une machine à décortiquer.

一｜, 両｜, ĭ ｜, *leàng* ｜, quantité de grains que la machine peut décortiquer en une fois, en deux fois.

｜成細麵子, ｜ *tch'ên sí mién tsè*, réduire en poudre fine avec la machine à cylindre.

米要丨熟點, *Mì iáo* | *chǒu tièn*, il faut décortiquer le riz plus parfaitement.

跟 *Nièn.* Courir après, poursuivre, chasser.

跟倒丨, *Kēn taò* |, courir après quelqu'un.

丨他不上 *v.* 贏, | *t'ā poŭ cháng*, *v.* *în*, je ne puis l'atteindre en le suivant.

他丨起來了, *T'ā* | *k'ì lâi lò*, il l'a atteint.

丨倒了, | *taò lò*, j'ai atteint en poursuivant.

丨山狗, 丨山打獵, | *chān keòu*, | *chān tà liĕ*, chien de chasse, aller à la chasse.

丨他走, 丨他出去, | *t'ā tseòu*, | *t'ā tch'ŏu k'ú*, chasse-le, mets-le dehors.

我把他丨了, *Gò pà t'ā* | *lò*, je l'ai chassé.

丨狗, 丨鬼, | *keòu*, | *kouì*, chasser les chiens, chasser le diable.

NIÉN

硯 *Nién.* Pierre sur laquelle on broie l'encre.

丨台, *v.* 丨池, | *t'âi*, *v.* | *tch'ê*, encrier chinois (on dit aussi *mĕ· p'ân*).

念 *Nién.* Penser, réciter, lire.

長行丨倒那个事, *Tch'âng hîn* | *taò lá kó sé*, penser toujours à cette affaire.

丨頭, 雜丨, | *t'eôu*, *tsâ* |, pensées, pensées diverses, distractions.

心頭起不好的丨頭, *Sīn t'eôu k'ì poŭ haò tĭ* | *t'eôu*, avoir de mauvaises pensées.

丨經心亂, | *kīn sīn louán*, prier avec distraction (voir *kīn*).

隨口亂丨, *Souî k'eòu louán* |, réciter de bouche sans aucune attention.

打糊亂丨, *Tà foû louán* |, prier, réciter à tort et à travers.

大聲丨, *Tá chēn* |, réciter à haute voix.

慌忙丨經只圖丨完, *Houāng mâng* | *kīn tchè (tchĕ) t'ôu* | *ouân*, prier avec précipitation, pour avoir plus tôt fini.

跟倒丨, *Kēn taò* |, réciter à la suite d'un autre.

丨五遍在天, | *où pién tsái t'iēn*, réciter cinq fois le Pater.

丨珠子, | *tchōu tsè*, chapelet, ou rosaire.

丨書, | *chōu*, lire un livre à haute voix.

掛丨, 默丨, 記丨, *Kouá* |, *mĕ·* |, *kí* |. Voir *kouá*, *mĕ·*, *kí*.

驗 *Nién.* Examiner, vérifier, éprouver.

丨屍丨傷, 該刑房仵作, | *chē* | *chāng*, *kāi hîn fâng où tsŏ*, examiner les cadavres et les blessures, est l'affaire du bureau des crimes et des experts.

丨出來了十二傷, | *tch'ŏu lâi lò chĕ eúl chāng*, on a constaté 12 blessures.

他夢見的事後來應丨了, *T'ā móng kién tĭ sé heóu lâi în* | *lò*, ce qu'il a vu en songe s'est ensuite réalisé.

過關查丨貨物, *Kó kouān tch'â* | *hó oŭ*, à la douane, les douaniers examinent les marchandises.

丨印, 丨票, | *ín*, | *p'iáo*, vérifier les sceaux, les pièces.

效丨, *Hiáo* |, efficace.

釅 *Nién.* Épais.

你的湯清狠了要丨點, *Gnì tĭ t'āng ts'īn hèn lò, iáo* | *tièn*, ton bouillon est trop clair, fais-le un peu plus épais.

丨湩湩的墨水, | *tòng tòng tĭ mĕ· choùi*, encre épaisse.

NIÈOU

牛 *Nièou.* Bœuf, buffle.

黄丨, 水丨, 毛丨, 犀丨, *Houâng* |, *choùi* |, *mâo* |, *sī* |, bœuf commun, buffle, yack, rhinocéros.

牯丨, 牸丨, *Koù* |; *chā* |, bœuf ou taureau; vache, bufflonne.

退了一个丨兒, *T'oúi lò ĭ kó* | *eûl*, la vache ou la bufflonne a vêlé.

馱丨, *T'ô* |, bœuf employé à porter des fardeaux.

丨市, | *ché*, marché aux buffles.

使｜, *Chè* ｜, se servir de buffle pour travailler la terre.

牽｜, *K'iēn* ｜, mener un buffle par une corde qui lui traverse le nez; voler un buffle.

｜奶葡萄, ｜ *lài p'ôu t'âo*, gros raisin de la forme de pis de bufflesse.

｜皮菜, 地牯｜, ｜ *p'î ts'ái, tí kòu* ｜, blette, fourmi-lion.

放 (*v.* 看)｜, *Fáng (v. k'án)* ｜, ｜皮膠, ｜ *p'î kiāo*, ｜角, ｜ *kŏ*, ｜角蜂, ｜ *kŏ fōng*, ｜黄, ｜ *houâng*, ｜油, ｜ *ieôu*, ｜圈 (*v.* 欄), ｜ *kuén (v. lân)*, ｜滚宕, ｜ *kouèn t'àng*. Voir *fáng, k'án, etc.*

NIÈOU

鈕 *Nièou*. Bouton.

一付｜子, *ĭ foú* ｜ *tsè*, cinq boutons.

銅｜子, 布｜子, 洋錢｜子, *T'ông* ｜ *tsè, póu* ｜ *tsè, iâng ts'iên* ｜ *tsè*, bouton en cuivre, en toile, boutons européens à fleurs.

｜門子, *v.* 扣 (*v.* 紐) 子, *v.* 襻子, ｜ mên tsè, *v.* k'eóu tsè, *v.* p'án tsè, boutonnière.

把｜子扣起, *Pà* ｜ *tsè k'eóu k'ì*, boutonne ton habit.

釘｜子, 解｜子, *Tín* ｜ *tsè, kài* ｜ *tsè*, attacher un bouton, déboutonner.

扭 *Nièou*. Serrer, empoigner, nouer.

｜得痛, ｜ *tĕ· t'óng*, tu serres à faire mal.

｜送衙門, ｜ *sóng iâ mên*, saisir quelqu'un et le conduire au prétoire.

｜倒人, 把他｜住, ｜ *taò jên; pà t'ā* ｜ *tchóu*, empoigner quelqu'un; arrête-le en l'empoignant.

｜珠子, ｜鍊子, ｜ *tchōu tsè*; ｜ *lién tsè*, monter un chapelet en fil métallique; faire une chaînette.

｜開, ｜ *k'āi*, ouvrir en tordant.

｜轉來, ｜ *tchouàn lâi*, redresser, par ex. avec une pince, un objet qui s'était courbé en sens opposé.

｜起說, ｜ *k'ì chŏ*, parler obstinément en sens contraire.

NIÉOU

皃 *Niéou. v.* ｜動, *v.* ｜ *tóng*, remuer.

不要懶要肯｜, *Pŏu iáo làn, iáo k'èn* ｜, il ne faut pas faire le paresseux, il s'agit de se remuer, de travailler.

累很了不要｜得, *Loúi hèn lò, pŏu gái* ｜ *tĕ·*, il est trop fatigué, il lui en coûte de se remuer.

｜都不｜了怕死了, ｜ *toū pŏu* ｜ *lò, p'á sè lò*, il ne remue même plus, peut-être qu'il est mort.

NIÙ

女 *Niù*. Fille, femme.

是他的｜, *Ché t'ā tĭ* ｜, c'est sa fille.

｜兒, ｜子, ｜ *eûl*, ｜ *tsè*, petite fille; fillette (terme un peu méprisant).

童身 (*v.* 貞)｜, *T'ông chēn (v. tchēn)* ｜, vierge.

｜流之輩, ｜ *lieôu tchē péi*, manière de parler des femmes, pour exprimer leur faiblesse, leur inexpérience.

｜老師, *v.* ｜先生, ｜ *laò sē, v.* ｜ *siēn sēn*, maîtresse d'école.

｜人, ｜ *jên*, 婦｜, *foú* ｜, ｜嬰孩, ｜ *īn hiâi*, 閨｜, *kouī* ｜, ｜工, ｜ *kōng*, ｜壻, ｜ *sí*, 不分男｜, *pŏu fēn lân* ｜. Voir *jên, foú, etc.*

O

窩 *O*. Nid, nichée; creux, concave, repaire.

雀兒做｜, *Ts'iŏ eûl tsoú* ｜, les oiseaux font leur nid.

燕子找｜, *Ién tsè tchào* ｜, l'hirondelle construit son nid.

一｜猪兒, *ĭ* ｜ *tchōu eûl*, une nichée ou portée de petits cochons.

一年一｜, 兩｜, *ĭ niên ĭ* ｜, *leàng* ｜, une portée, deux portées par an.

碓｜, 碓｜棒, *Toúi* ｜; *toúi* ｜ *páng*, mortier à piler; gros pilon en bois.

丨子眼鏡, 丨 **tsè ièn kín**, lunettes concaves (pour myopes); voir **kín**.

燈丨子, *Tēn* 丨 *tsè*, réservoir de la lampe chinoise.

丨起的, 丨 *k'ì tĭ*, concave, creux.

打丨丨, *Tà* 丨 丨, faire les petits trous pour semer en ligne.

一丨,兩丨白菜, *ĭ* 丨, *leàng* 丨 *pĕ· ts'ái*, un chou, deux choux (ce qui a poussé dans un ou deux trous de semis).

賊 (*v.* 强盜) 丨子, *Tsoûi (v. tsĕ·, v. k'iâng taó)* 丨 *tsè*, nid de brigands.

丨家, *v.* 丨戶, *v.* 丨主, 丨 *kiā, v.* 丨 *foú, v.* 丨 *tchòu*, receleur.

丨藏, 丨 *ts'âng*, recéler.

他丨留强盜耖了他的丨子, *T'a* 丨 *lieôu k'iâng taó, tch'áo lò t'a tĭ* 丨 *tsè*, il recélait des voleurs, on a détruit le nid.

私丨子, 丨娼, *Sē* 丨 *tsè*, 丨 *tch'āng*, maison de femmes publiques; donner asile à ces femmes.

燕丨, *Ién* 丨, 秧丨, *iāng* 丨, 心丨子, *sīn* 丨 *tsè*. Voir *ién, iāng, sīn*.

渦 *Ō. v.* 漩兒丨, *v.* 丨纙漩, *v. Suén eûl* 丨, *v.* 丨 *lō suén*, tourbillon dans l'eau.

丨子扯得小船兒, 丨 *tsè tch'è· tĕ· siào tch'oûan eûl*, les tourbillons peuvent engloutir les petits bateaux.

萵 *ō.* 丨笋, 丨苣菜, 丨 *sèn*, 丨 *kū ts'ái*, deux espèces de laitue.

絅 *ō.* 丨緞, 丨絨, 丨 *touán*, 丨 *jông*, velours fin, velours plus grossier.

屙 *ō.* Évacuer par les voies naturelles (trivial).

丨不出來, 丨 *poŭ tch'ŏu lâi*, ne pouvoir évacuer, être constipé.

丨血, *v.* 丨紅的, 丨 *hiĕ·, v.* 丨 *hông tĭ*, rendre du sang par les voies naturelles.

肚皮丨, *Tóu p'î* 丨, avoir la courante.

丨尿, 丨 *niáo*, 丨屎, 丨 *chè*, 丨痢, 丨 *lí*. Voir *niáo, chè, lí*.

阿 *ō.* 丨魏, 丨 *oûi*, assa-fœtida.

丨彌陀佛, 丨膠, 丨 *mî t'ô foŭ*, 丨 *kiāo*. Voir *foŭ, kiāo*.

Ô

鵝 *ô.* Oie.

丨兒子, 丨 *eûl tsè*, oisillon.

丨毛, 丨毛筆, 丨 *mâo*, 丨 *mâo pĭ*, plume d'oie, plume d'oie à écrire.

雁丨, *Gán (v. ién)* 丨, oie sauvage, grue.

丨子石, 丨 *tsè chĕ*, caillou roulé.

峨 *ô.* 朝丨山, *Tch'âo* 丨 *chān*, faire le pèlerinage de la montagne d'*ô Mî*.

蛾 *ô. v.* 丨丨, *v.* 丨丨, papillon.

飛丨兒, *Fēi* 丨 *eûl (ouêul)*, petit papillon.

燈 (*v.* 樸燈) 丨, *Tēn (v. p'oŭ tēn)* 丨, papillons de nuit qui vont se brûler aux lampes.

漲水丨, *Tchàng choùi* 丨, espèce de papillon, qui paraît lors de la crue des eaux.

訛 *ô.* Erreur, altération.

說丨了, 攪丨了, *Chŏ* 丨 *lò, kào* 丨 *lò*, ce mot a reçu, a fini par recevoir une prononciation vicieuse.

Ó

餓 *ó. v.* 饑丨, *v. kī* 丨, avoir faim.

肚皮丨了, *Tóu p'î* 丨 *lò*, (litt.) le ventre a faim, avoir faim.

丨了沒有, 丨 *lò mŏ ieòu?* as-tu faim?

我不曉得丨, *Gò poŭ hiào tĕ·* 丨, je ne sens pas la faim.

捱得丨, 經得丨, *Gâi tĕ·* 丨, *kīn tĕ·* 丨, qui peut supporter la faim; voir *kīn*.

丨彀了, 丨 *keóu lò*, j'ai assez enduré la faim.

丨不倒, 算了, 丨 *poŭ taò, souán lò*, qu'on n'ait pas à souffrir de la faim, c'est tout ce qu'il faut.

| 瘦了，| 死，| *seóu lò;* | *sè*, avoir maigri par insuffisance de nourriture; mourir de faim.

臥 *ó*. Être couché pour dormir.

| 房，| *fâng*, chambre à coucher.

| 床不起，| *tch'ouâng poŭ k'ì*, il est couché malade, sans pouvoir se lever.

| 龍帶，| *lóng tái*, espèce de pardessus un peu plus long que le *mà koúa*, et à manches plus étroites.

Ŏ

齷 *ŏ. v.* | 齪, *v.* | *tch'ŏ*, sale, sordide.

打 | 齪, *Tà* | *tch'ŏ*, salir.

經得 | 齪, *Kīn tĕ·* | *tch'ŏ*, qui n'est pas salissant (par ex. une étoffe).

| 齪事，| 齪話，| *tch'ŏ sé*, | *tch'ŏ houa*, vilaines affaires, paroles sales.

我見不得 | 齪, *Gò kién poŭ tĕ·* | *tch'ŏ*, je ne puis voir les saletés (au pr. et au fig.); je ne puis voir sans indignation une injustice, etc.

ŌNG

翁 *ōng*. Nom qu'on donne par honneur aux vieillards.

尊 |，堂 |，白頭 |，*Tsēn* |, *t'âng* |, *pĕ· t'eôu* |, votre père, le mandarin du lieu, vieillard à cheveux blancs.

ÒNG

壅 *òng (v. iòng.)* Couvrir, cacher; en foule (pop.).

| 頭盖面，| *t'eôu kái mién*, se couvrir la tête et la figure.

你不要 | 頭盖面跟我說話, *Gnì poŭ iáo* | *t'eôu kái mién kēn gò chŏ houá*, parle-moi clairement, et non d'une manière si obscure, si déguisée.

| 倒 (*v.* 起) 看，| *tào (v. k'ì) k'án*, se presser en foule pour voir.

鋪盖 | 起出汗, *P'ōu kái* | *k'ì tch'ŏu hán*, s'enfoncer dans la couverture, pour se faire suer.

| 裙布，| *k'ûin póu*, toile avec laquelle on enroule l'enfant, pour le porter sur le dos.

| 在坭巴頭，| *tsái gnî pā t'eôu*, couvrir de terre.

| 火，| 樹子，| *hò*, | *chóu tsè*, couvrir le feu, couvrir de terre le pied d'un arbre.

坭巴 | 倒了, *Gnî pā* | *taò lò*, c'est recouvert de terre.

打破船 | 死了, *Tà p'ó tch'oûan* | (*óng*) *sè lò*, la barque s'est brisée, et il s'est noyé.

| 毒蛇，| (*óng*) *toŭ chê*, serpent qui cache son venin.

| 菜，| *ts'ái*, espèce de volubilis bon à manger.

ÓNG

鞥 *óng*. 鞋 | 子, *Hâi* | *tsè*, le dessus d'un soulier.

齆 *óng*. Son nasillard; sourd.

| 鼻子說話，| *pí tsè chŏ houá*, parler du nez.

| 雷，| *loûi*, tonnerre sourd.

燴 *óng. v.* | 熱, *v.* | 㷍㷍的熱, *v.* | *jĕ·*, *v.* | *toŭ toŭ tĭ jĕ·*, chaleur lourde et pénible.

OŪ

巫 *Oū*. Magicien.

| 教，| *kiáo*, pratiques des magiciens ou sorciers appelés *touān kōng*.

誣 *Oū*. Calomnier, importuner.

| 賴，| 告，| *lái*, | *káo*. Voir *lái*, *káo*.

| 賴的話，| *lái tĭ houá*, paroles calomnieuses.

不要 | 倒人家, *Poŭ iáo* | *taò jên kiā*, il ne faut pas importuner les gens.

不是他 | 倒我多久,我不要管得他的閒事, *Poŭ ché t'a* | *taò gò tō kieòu, gò poŭ gái kouàn tĕ· t'a tĭ hiên sé*, n'étaient ses importunités continues, je ne me serais pas occupé de ses affaires.

烏 *Oū.* Exclamation (style relevé).

｜呼哀哉, ｜ *foū gāi tsāi*, ô douleur! (il est mort!)

｜魚, ｜ 鱷蛇, ｜ *iû*; ｜ *sāo chê·*, brochet; couleuvre noirâtre.

｜木, ｜ *moŭ*, bois noir, ébène.

｜龜, ｜ *koūi*, ｜ 鴉, ｜ *ia*, ｜ 梅, ｜ *mêi*. Voir *koūi*, *ia*, *mêi*.

汚 *Oū.* Sordide.

靈魂的｜穢, *Lîn houên tĭ* ｜ *oúi*, les souillures de l'âme.

OÛ

無 *Oû.* Négation, sans.

｜用的, ｜ *iòng tĭ*, sans usage, sans utilité.

｜憑據, *v.* ｜憑｜據, ｜ *p'în kú*, *v.* ｜ *p'în* ｜ *kú*, sans preuves.

｜非想你好, ｜ *fēi siàng gnì hào*, je ne désire que ton bien.

你去｜碍, *Gnì k'ú* ｜ *gái*, il n'y a pas d'obstacle à ce que tu ailles.

｜心, ｜ *sīn*, sans intention ou préméditation.

｜所不爲, ｜ *sò poŭ oûi*, être capable de tout, commettre tous les crimes.

天主｜所不在, *T'iēn Tchòu* ｜ *sò poŭ tsái*, Dieu est partout (il n'y a pas d'endroit où il ne soit pas).

毋 *Oû.* Ne pas, défense de.

｜殺人, ｜偷盜, ｜ *chă jên*, ｜ *t'eōu táo*, défense de commettre un homicide, de voler.

｜違, ｜ *oûi*, défense de transgresser (cette expression se trouve souvent à la fin des *káo chĕ*).

吾 *Oû.* Je, moi, mon, notre (employé seulement dans les livres).

｜主耶穌, ｜ *Tchòu Iê· sōu*, Notre-Seigneur Jésus-Christ.

梧 *Oû.* *v.* ｜桐樹, *v.* ｜ *t'ông chóu*, arbre de la famille des euphorbiacées.

蜈 *Oû.* *v.* ｜蚣虫, *v.* ｜ *kōng tch'ông* (*loûi kōng tch'ông*), scolopendre.

OÙ

五 *Où.* Cinq.

｜个, ｜十, ｜百, 第｜个, ｜ *kó*, ｜ *chĕ*, ｜ *pĕ·*, *tí* ｜ *kó*, cinq, cinquante, 500, le cinquième.

耶穌｜傷, *Iê· soū* ｜ *chāng*, les Cinq Plaies de N.-S.

一｜一十, *ĭ* ｜ *ĭ chĕ*, par cinq et par dix : avec ordre et suite.

｜黃六月, ｜ *houâng loŭ iuĕ·*, à la cinquième ou sixième lune.

伍 *Où.* Cinq, rang.

行｜, *Hâng* ｜, rangs militaires.

排隊｜, *P'âi tóui* ｜, se mettre en rang, en ordre de marche.

午 *Où.* Midi.

｜時, ｜ *chê*, heure chinoise, de 11 heures du matin à 1 heure après midi.

上｜, 下｜, 正｜, *Cháng* ｜, *hiá* ｜, *tchén* ｜, avant midi, après-midi, midi juste.

穀怕｜時風, *Koŭ p'á* ｜ *chê fōng*, le riz (en fleur) redoute le vent de midi.

端｜, 晌｜, *Toūan* ｜, *chàng* ｜, le jour du *toūan iâng*, à midi ; voir *chàng*.

過｜沒有, *Kó* ｜ *mŏ ieòu?* avez-vous dîné ? (parole de politesse.)

仵 *Où.* *v.* ｜作, *v.* ｜ *tsŏ*, expert du prétoire chargé de constater les blessures et les causes de mort.

忤 *Où.* Désobéir gravement (voir 逆 *gnĭ*).

武 *Où.* Militaire, vaillant.

｜童生, ｜秀才, ｜舉, ｜翰林, ｜ *t'ông sēn*, ｜ *sieóu ts'âi*, ｜ *kù*, ｜ *hán lîn*, aspirant au baccalauréat ès armes, bachelier, licencié, docteur ès armes.

｜科, ｜ *k'ō*, examen de licence ès armes.

習(v. 操) | , Sĭ (v. ts'āo) | , se livrer aux exercices militaires.

文 | 雙全, v. 文 | 都來得, Ouên | choūang ts'uên, v. ouên | tōu lâi tě·, il possède également la littérature (l'art du gouvernement), et l'art militaire: il est apte à tout.

好 | 士, Hào | sé, quel athlète!

動 | , Tóng | , en venir à la violence, aux coups.

OÚ

務 Oú. S'appliquer à; affaire.

魔鬼專 | 甚麼事, Mô kòui tchoūan | chén mò sé? à quoi s'applique spécialement le diable?

公 | , 鹽 | , 教 | , Kōng | , iên | , kiáo | , affaires publiques, affaires se rapportant au monopole du sel, à la religion.

| 農的, 不 | 正業, | lông tĭ, poŭ | tchén niĕ·. Voir lông, niĕ·.

你 | 必要做, Gnì | pĭ iáo tsóu, il faut absolument le faire.

霧 Oú. Brouillard.

天 | 起了, T'iēn | k'ì lò, il y a un fort brouillard.

下了 | (v. | 子), Hiá lò | (v. | tsè), les brouillards sont descendus.

| 罩厚了, | tcháo heóu lò, les brouillards sont épais.

眼睛 | 得很, Ièn tsīn | tĕ· hèn, il y a un brouillard sur mes yeux, je n'y vois pas.

悟 Oú. Apercevoir, comprendre.

還沒有開明 | , Houân mŏ ièou k'āi mîn | , il n'a pas encore l'usage de la raison.

我醒 | 了, Gò sìn | lò, je suis revenu de mon erreur, j'ai compris maintenant.

他的 | 性好, T'ā tĭ | sín hào, il est fort intelligent.

誤 v. 悮 Oú. Erreur, se tromper.

這个人肯 | 事, Tché· kó jên k'èn | sé, c'est un brouillon, un gâte-tout.

| 人的靈魂, | jên tĭ lîn houên, nuire gravement à l'âme d'autrui.

| 了一點寒, | lò ĭ tièn hân, il a été pris d'un peu de fievre.

錢交某人不 | , Ts'iên kiāo mòng jên poŭ | , livre les sapèques à un tel, il n'y a rien à craindre.

惡 Oú. Haïr.

厭 | , 可 | , Ién | , k'ò | , haïr, détestable.

OŬ

屋 Oŭ. Maison.

| 頭, | t'eôu, à la maison; l'épouse.

爹在 | 頭(v. 在 | 裡)沒有,在 | 頭(v. | 裡); 沒有在 | 頭(v. | 裡), Tī tsái | t'eôu (v. tsái | lì) mŏ ieòu? Tsái | t'eôu (v. | lì); mŏ ieòu tsái | t'eôu (v. | lì), ton père est-il à la maison? il y est; ou bien, il n'y est pas.

你的 | 頭好了沒有, Gnì tĭ | t'eôu hào lò mŏ ieòu? ta femme est-elle guérie?

| 頭人些不和, | t'eôu jên sī poŭ hô, les femmes de la maison ne sont pas d'accord.

一間 | , ĭ kān | , un compartiment de maison.

堂 | , T'âng | , compartiment d'honneur du milieu d'une habitation.

房 | , F'âng | , | 簷, | iên, 家 | , kiā | , 看 | , k'án | . Voir fâng, iên, etc., etc.

勿 Oŭ. Ne pas, défense de (même emploi que 毋 oû; voir ce mot).

物 Oŭ. Chose, ustensile.

天地萬 | , T'iēn tí ouán | , le ciel et la terre et toutes choses.

貨 | , 財 | , Hó | ; ts'âi | , marchandises; biens, richesses.

不圖外 | , Poŭ t'ôu oúai | , ne pas désirer les biens extérieurs.

這是嘥子 | 件, Tché· ché chá tsè | kién? quelle chose est cela?

人丨子, *Jên* 丨 *tsè*, figures d'hommes peintes ou sculptées.

杌 *Oŭ.* v. 丨子, v. 丨凳兒, v. 丨 *tsè*, v. 丨 *tén eûl (teúl)*, tabouret.

OŪA

窊 v. 挖 *Oūa (oŭa).* Creuser, piocher, fouiller avec un instrument.

丨鋤, 丨 *ts'ôu*, grande pioche.

丨土, v. 丨地; 丨筋井, 丨 *t'òu*, v. 丨 *tí*; 丨 *kīn tsìn*, bêcher la terre; creuser une tombe.

丨一个洞, 丨 *ĭ kŏ tóng*, faire un trou, creuser une mine.

這个廠丨空了, *Tché· kó tch'àng* 丨 *k'ŏng lò*, cette mine est épuisée.

丨補一个字, 丨 *poù ĭ kó tsé*, gratter un caractère fautif, et coller un morceau de papier pour le remplacer.

土巴丨出來的, *T'òu pā* 丨 *tch'ŏu lâi tĭ*, extrait de la terre.

丨不動, v. 丨不進, 丨 *poŭ tóng*, v. 丨 *poŭ tsín*, (c'est trop dur) la pioche n'y mord pas.

丨紅苕, 丨 *hông châo*, arracher les patates avec la pioche.

丨瓢, 丨 *p'iâo*, 丨樹子, 丨 *chóu tsè*, 丨耳, 丨 *eùl*. Voir *p'iâo, chóu, eùl*.

OÛA

娃 *Oûa.* Enfant.

男丨丨, 女丨丨, *Lân* 丨 丨 *(oŭa)*, *niù* 丨 丨 *(oŭa)*, garçon, fille.

小丨子 (v. 丨兒), *Siào* 丨 *tsè* (v. 丨 *eûl*), enfant jusqu'à 6 ou 7 ans.

丨兒, v. 丨 丨兒, 丨 *eûl*, v. 丨 丨 *eûl (ouĕul)*, enfant jusqu'à 10 ou 12 ans, et plus.

丨兒子千翻, 丨 *eûl tsè ts'iēn fān*, les enfants sont dissipés, espiègles.

賊丨子; 私丨子 (v. 丨 丨), *Tsoûi (tsĕ·)* 丨 *tsè; sē* 丨 *tsè* (v. 丨 丨), voleur; bâtard.

這个丨丨沒得教詔由在他做, *Tché· kó* 丨 丨 *(oûa) mŏ tĕ· kiāo tchāo, ieôu tsái t'a tsóu*, cet enfant est mal élevé, il agit à sa guise.

呄丨丨, *Tcōu* 丨 丨 *(oŭa)*, amuser les enfants.

丨子, 丨 *tsè*, esclave chez les barbares.

OÙA

瓦 *Oùa.* Tuiles.

一匹丨, *ĭ p'ĭ (p'ĭ)* 丨, une tuile.

丨廠, 丨匋, 丨匠, 丨 *tch'àng*, 丨 *iâo*, 丨 *tsiáng*, tuilerie, four à tuiles, fabricant de tuiles.

要嵌 (v. 安) 幾塊 (v. 匹) 玻璃丨, *Iáo k'ān (v. gān) kì k'oùai (v. p'ĭ) pō lî* 丨, je veux mettre quelques tuiles en verre.

漕 (v. 溝) 丨, 囥丨, *Ts'âo (v. keōu)* 丨, *k'àng* 丨, tuiles placées en sens concave, en sens convexe.

丨渣滓, v. 丨片, v. 丨滓, v. 丨滓滓, 丨 *tchā tsè*, v. 丨 *p'ién*, v. 丨 *tsè*, v. 丨 *tsè tsè*, débris de tuiles.

丨灰, 丨 *hoūi*, poussière de briques ou de tuiles, servant à polir.

抬丨的桷子, *T'ài* 丨 *tĭ kŏ tsè*, latte qui porte les tuiles.

丨溝, 丨 *keōu*, petite rigole formée par chaque rangée de tuiles placées en sens concave.

竹丨, 丨板, *Tchŏu* 丨, 丨 *pàn*, bambous servant de tuiles; planches de sapin servant à couvrir, dans les montagnes.

筒丨, *T'ŏng* 丨, grandes tuiles très bombées.

丨房, 丨 *fâng*, 盖丨, *kái* 丨, 撿丨, *kièn* 丨, 下丨, *hiá* 丨. Voir *fâng, kái, kièn, etc.*

㧚 *Oùa.* Prendre, puiser.

丨両瓢水, 丨 *leàng p'iâo choùi*, puiser deux grandes cuillerées d'eau.

OÚA

襪 *Oŭa.* Bas.

一雙丨子, 一隻丨子, *ĭ choūang* 丨 *tsè*, *ĭ tchĕ (tchĕ)* 丨 *tsè*, une paire de bas, un bas.

單丨子, 袷 (v. 雙) 丨子, 毛丨, *Tān* 丨 *tsè*, *kiă (v. choūang)* 丨 *tsè*, *mâo* 丨, bas simples, bas doubles, bas de laine.

丨底，丨鞤子（v. 船子）；丨桶子，丨 *tì*，丨 *pāng tsè* (*v. tch'oûan tsè*)；丨 *t'òng tsè*, semelle, empeigne du bas; jambe du bas.

丨帶子，丨 *tái tsè*, jarretières.

鴉 *Oūa* (*iā*), *v.* 老丨，*v. laò* 丨，corbeau.

水老丨，*Choùi laò* 丨，cormoran.

花頸子老丨，*Hoūa kìn tsè laò* 丨，corbeau au cou blanc.

老丨叫喚要死人，*Laò* 丨 *kiáo houán iáo sè jên*, quand le corbeau croasse, il doit mourir quelqu'un (idée superstitieuse).

老丨船，*Laò* 丨 *tch'oûan*, petite barque pour pêcher au cormoran.

老丨嘴，*Laò* 丨 *tsoùi*, piton chinois sans vis.

釘老丨嘴，*Tín laò* 丨 *tsoùi*, enfoncer un piton.

OŪAI

歪 *Oūai*. De travers, incliné.

刁丨，*Tiāo* 丨，rusé, fourbe, pervers.

這个人刁丨得很，*Tché· kó jên tiāo* 丨 *tĕ· hèn*, ce gaillard-là est plein de ruses.

丨的，丨起的，丨 *tĭ*，丨 *k'ì tĭ*, de travers, tordu.

痛得該丨，*T'óng tĕ· kāi* 丨，(pop.) souffrir horriblement.

騾子丨得很，*Lô tsè* 丨 *tĕ· hèn*, la mule est indocile, capricieuse.

丨嘴，丨 *tsoùi*, bouche de travers.

丨丨枉枉的事，丨丨 *ouàng ouàng tĭ sé*, calomnie.

OÙAI

崴 *Oùai*. Contourner.

丨脚，丨 *kiŏ*, se donner une entorse au pied.

拿船丨開吓子，*Lâ tch'oûan* 丨 *k'āi há tsè*, écarte un peu la barque.

船丨得很，*Tch'oûan* 丨 *tĕ· hèn*, la barque balance terriblement.

OÚAI

外 *Oúai*. Extérieur, dehors, outre.

內丨都好，*Loúi* 丨 *toū haò*, bien (ou bon) à l'intérieur et à l'extérieur (voir *loúi*).

裡頭，丨頭 (*v.* 廂)，*ì* (*lì*) *t'eôu*，丨 *t'eôu* (*v. siāng*), en dedans, en dehors.

在丨頭耍，*Tsái* 丨 *t'eôu choùa*, s'amuser au dehors (soit auprès, soit au loin).

丨頭耍的人，丨 *t'eôu choùa tĭ jên*, coureurs, vauriens.

丨頭 (*v.* 邊, *v.* 廂, *v.* 前) 人，丨 *t'eôu* (*v. piēn, v. siāng, v. ts'iên*) *jên*, le mari.

丨頭 (*v.* 邊, *v.* 廂, *v.* 前) 老人，丨 *t'eôu* (*v. piēn, v. siāng, v. ts'iên*) *laò jên*, le pere.

工錢丨，還有些丨水，*Kōng ts'iên* 丨，*houân ieòu sī* 丨 *choùi*, en dehors du salaire, il y a encore d'autres bénéfices (pourboire, étrennes, etc.).

這个在丨，*v.* 除丨，*Tché· kó tsái* 丨，*v. tch'ôu* 丨，cela est en dehors, cela n'est pas compté.

丨沒得喋子事，*v.* 沒得丨事，丨 *mŏ tĕ· chá tsè sé*, *v. mŏ tĕ·* 丨 *sé*, outre cela, il n'y a pas d'autre affaire.

沒得丨人，沒得丨姓的人，*Mŏ tĕ·* 丨 *jên, mŏ tĕ·* 丨 *sín tĭ jên*, il n'y a pas d'étrangers, de gens d'un autre nom.

丨省，丨國的人，丨 *sèn*，丨 *koŭĕ· tĭ jên*, gens d'une autre province, d'un royaume étranger.

女生丨向，丨死，丨葬，*Niù sēn* 丨 *hiáng*，丨 *sè*，丨 *tsáng*, la fille naît pour être mariée, pour mourir, pour être enterrée hors de sa famille.

格丨，*Kĕ·* 丨，另丨，*lín* 丨，丨面，丨 *mién*，口丨，*k'eòu* 丨，丨科，丨 *k'ō*，丨工道理，丨 *kōng táo lì*，丨教人，丨 *kiáo jên*，丨孫，丨 *sēn*，丨姪，丨 *tchĕ*，丨親，丨 *ts'īn*，丨城，丨 *tch'ên*，城丨，*tch'ên* 丨，丨套，丨 *t'áo*, *etc.* Voir *kĕ·*, *lín*, *etc.*

OUĀN

彎 *Ouān*. Courbé, ployé, circuit.

丨子，丨弓，丨 *tsè*，丨 *kōng*, arc, tendre un arc.

丨的, v. 丨起的, 丨 *tĭ, v.* 丨 *k'ì tĭ,* pas droit, courbé.

轉丨倒拐, *Tchouàn* 丨 *taò kouài,* faire des circuits et des coudes; au fig. prendre des moyens détournés pour arriver à ses fins.

找丨丨, *Tchào* 丨 丨, chercher des détours (au figuré).

丨丨轉轉, 丨丨 *tchouàn tchouàn,* circuits, détours, prétextes.

一丨, v. 一个丨丨, *ĭ* 丨, *v. ĭ kó* 丨丨, une vallée sinueuse.

在丨裡頭坐, *Tsái* 丨 *ì (lì) t'eôu tsó,* il habite dans le vallon.

背丨子說, *Péi* 丨 *tsè chŏ,* dire en cachette.

衣丨子布, *ĭ* 丨 *tsè póu,* toile qui reste d'un habit taillé.

脚丨子;手丨子, *Kiŏ* 丨 *tsè; cheòu* 丨 *tsè,* pli intérieur du genou. Voir *cheòu.*

丨丨曲曲, 丨丨 *k'ŭ k'ŭ (v. k'iŏ k'iŏ).* Voir *k'ŭ.*

豌 *Ouān. v.* 丨 荳, *teóu,* pois printanier.

丨荳顛, 丨荳粉, 丨 *teóu tiēn,* 丨 *teóu fèn,* jeunes feuilles de pois, vermicelle de pois.

蔴,白,菜丨荳, *Má, pĕ, ts'ái* 丨 *teóu,* variétés de pois.

嫩丨荳, *Lén* 丨 *teóu,* pois verts.

OUÂN

完 *Ouân.* Achever, finir.

喫丨了,喫不丨, *Tch'ĕ* 丨 *lò; tch'ĕ poŭ* 丨, il a tout mangé; il ne peut tout manger.

要不丨,做不丨, *Iáo poŭ* 丨, *tsóu poŭ* 丨, on n'a pas besoin de tout, on ne peut tout faire.

一句話就說丨, *ĭ kú hoúa tsieóu chŏ* 丨, un seul mot explique tout.

丨糧, 丨價, 丨 *leâng;* 丨 *kiá,* payer l'impôt; achever de payer le prix d'une acquisition.

丨了丨了, 丨 *lò* 丨 *lò,* c'est fini, il n'y a plus de ressources.

頑 *Ouân.* S'amuser en se bousculant; sot.

丨耍,不要跟他両个丨, 丨 *choùa; poŭ iáo kēn t'ā leàng kó* 丨, s'amuser; ne joue pas avec lui.

丨皮, 丨 *p'î,* un gamin trop remuant.

先丨後打鎚, *Siēn* 丨 *heóu tà tch'ôui,* on commence par s'amuser, et on finit par des coups de poing.

丨丨笑笑, 丨丨 *siáo siáo,* en se jouant, en riant: sans tenue.

丸 *Ouân.* Pilule (voir *iuên*).

OUÀN

晚 *Ouàn.* Soir, tard.

一丨些,一丨到亮, *ĭ* 丨 *sī; ĭ* 丨 *táo leáng,* une nuit; du soir au matin.

今丨些,明丨些,後丨些, *Kīn* 丨 *sī, mîn* 丨 *sī, heóu* 丨 *sī,* la nuit présente, ou qui va venir; la nuit qui terminera le jour de demain, la nuit d'après demain.

昨丨些 (v. 上), v. 昨兒丨上, *Tsŏ* 丨 *sī (v. cháng), v. tsŏ eûl* 丨 *cháng,* la nuit dernière.

丨丨些, 丨丨 *sī,* chaque soir, chaque nuit.

挽 *Ouàn.* Traîner, entortiller, attirer à soi.

丨他來喫酒, 丨 *t'ā lâi tch'ĕ tsieòu,* amène-le boire un coup.

丨他轉來, 丨 *t'ā tchouàn lâi,* fais en sorte de le ramener.

縴纏絆倒要撿丨, *K'iēn t'ân p'án taò iáo kièn* 丨, la corde de halage se trouvant prise, il faut la dégager (voir *kièn*).

丨線,索索丨倒, 丨 *sién; sŏ sŏ* 丨 *taò,* pelotonner du fil; enroule la corde.

把箱子丨高一點, *Pà siāng tsè* 丨 *kāo ĭ tièn,* attache les caisses de manière à laisser moins de corde (afin qu'elles ne traînent pas jusqu'à terre).

丨子, 丨 *tsè,* ficelle faite avec la feuille du *tsōng chóu.*

丨得緊, 丨 *tĕ kìn,* noué solidement.

| 子錢, | *tsè ts'iēn*, argent donné pour acheter les services de quelqu'un: pot-de-vin.

| 口, | *k'eòu*, circonférence.

這根柱頭有七寸過心,二尺二的 | 口, *Tché· kēn tchóu t'eôu ieòu ts'ĭ ts'én kó sīn, eúl tch'ĕ eúl tĭ* | *k'eòu*, cette colonne a 7 pouces de diamètre, et 2 pieds 2 de circonférence.

碗 v. 盌 *Ouàn*. Tasse, bol, écuelle.

一副 | , *ĭ foŭ (foú)* | , un service de tasses (dix tasses).

斗 | ,品 | , *Teòu* | , *p'ìn* | , bol de 1ere grandeur, de 2ème grandeur.

飯 | ,茶 | ,菜, *Fán* | , *tch'â* | , *ts'ái* | , tasse à manger le riz, à boire le thé, à servir les mets.

細 | , v. 磁器 | ; 粗 | , v. 土 | , *Sí* | , v. *ts'ê k'í* | ; *ts'ōu* | , v. *t'òu* | , bol fin en porcelaine; bol en terre cuite.

紅花 | , 青花 | , *Hông hoūa* | , *ts'īn hoūa* | , bol en porcelaine à fleurs rouges, à fleurs bleues.

一 | 飯, *ĭ* | *fán*, un bol de riz (s'entend souvent des moyens de subsistance en général).

找一 | 飯喫, *Tchào ĭ* | *fán tch'ĕ*, chercher à se procurer un bol de riz: chercher à gagner sa vie.

把那一 | 乾飯打脫了, *Pà lá ĭ* | *kān fán tà t'ŏ lò*, on lui a enlevé son bol de riz sec, c.-à-d. on lui a fait perdre la place qui lui procurait de quoi vivre.

端我 | ,服我管, *Toūan gò* | , *foŭ gò kouàn*, celui qui tient ma tasse (qui mange mon riz), se met à mes ordres (n'a plus sa liberté).

找 | 喫 | 恐怕天乾, *Tchào* | *tch'ĕ* | *k'òng p'á t'iēn kān*, celui qui mange tout ce qu'il gagne, doit craindre l'année de sécheresse.

再添半 | , *Tsái t'iēn pán* | , apporte encore une demi-tasse (de riz).

溜尖一 | , *Lieōu tsiēn ĭ* | , bol plein, dont le contenu s'élève en pyramide.

辦九大 | , *Pán kieòu tá* | , faire un festin aux neuf bols réglementaires.

| 櫃, | *koúi*, armoire, buffet pour la vaisselle.

收 (v. 檢) | , *Cheōu* (v. *kièn*) | , ramasser les bols après le repas.

洗 | , *Sì* | , les laver.

OUÁN

萬 v. 万 *Ouán*. Dix mille, nombre indéterminé, universalité.

一 | 五千; 一 | 幾, *ĭ* | *où ts'iēn; ĭ* | *kì*, 15000; dix et quelques milliers.

那是要 | 數銀子, *Lá ché iáo* | *sóu în tsè*, pour cela il faut de l'argent par dix mille taëls (il faut plusieurs dizaines de mille taëls).

| 國, | 民, | *kouĕ·*, | *mîn*, tous les royaumes, tous les peuples.

| | 回, | | *hoûi*, une infinité de fois.

| 不諳, | *poŭ gān*, jamais je n'aurais soupçonné.

| 不敢犯罪, | *poŭ kàn fán tsoúi*, jamais je n'oserai pécher.

玩 *Ouán (v. ouân)*. Se récréer, se divertir.

| 物, | *oŭ*, jouet.

賞 | 山水, *Chàng* | *chān choùi*, se récréer en considérant de beaux paysages.

| 耍, | *chouà*, s'amuser honnêtement (voir *chouà*).

院 *Ouán*. École, édifice public (prononcé aussi *iuén*: voir ce mot).

修道 | , 病 | , *Sieōu taó* | , *pín* | , (style chrét.) monastère, hôpital.

書 | , *Chōu* | , 學 | , *hiŏ* | , | 考, | *k'aò*, 翰林 | , *hán lîn* | . Voir *chōu*, *etc.*

OUÂNG

王 *Ouâng*. Roi, prince.

萬 | 之 | , *Ouán* | *tchē* | , le Roi des rois.

三 | 來朝, *Sān* | *lâi tch'âo*, les trois Rois qui viennent adorer: Epiphanie.

丨爺, *v.* 親丨, 丨 *iê·, v. ts'īn* 丨, titre des frères et des oncles de l'Empereur.

丨子, 丨 *tsè*, petit roitelet.

丨法, 犯丨法, 丨 *fă; fán* 丨 *fă*, loi du royaume, répression; violer cette loi.

不拿些丨法出來惡人不怕, *Poŭ lá sī* 丨 *fă tch'ŏu lâi, gŏ jên poŭ p'á*, sans punition, les méchants n'ont pas peur.

丨爺廟, 丨 *iê· miáo*, pagode des bateliers (de l'idole *Ouâng iê·*).

亡 *Ouâng*. Mourir.

念丨者經, *Nién* 丨 *tchè· kīn*, réciter les prières pour les morts.

丨人, 新丨, 先丨, 丨 *jên, sīn* 丨; *siēn* 丨, défunt, défunt récent; tous les défunts anciens.

已丨諸信輩, *ì* 丨 *tchōu sín péi*, tous les fidèles défunts.

人爲財死鳥爲食丨, *Jên oúi ts'âi sè, niaò oúi chĕ* 丨, l'homme meurt séduit par l'appât des richesses, l'oiseau par l'appât de la nourriture.

忘 *Ouâng (v. ouáng)*. Oublier.

丨了一件事, 丨 *lò ĭ kién sé*, j'ai oublié une affaire.

小人記仇丨恩, *Siaò jên kí tch'êou* 丨 *guēn*, un petit esprit se souvient des injures, et oublie les bienfaits.

丨八蛋, 丨 *pă tán*, (maléd.) *litt.* œuf (bâtard) qui a oublié les 8 vertus: 孝, *hiáo*, 弟, *tí*, 忠, *tchōng*, 信, *sín*, 禮, *lì*, 義, *gní*, 廉, *liên*, 耻, *tch'è*, (voir chacun de ces mots) c.-à-d. homme sans principes.

丨記了, *v.* 丨却了, *v.* 丨懷了, 丨 *kí lò, v.* 丨 *k'iŏ lò, v.* 丨 *houâi lò*, j'ai oublié (voir *kí, k'iŏ, houâi*).

OUÀNG

往 *Ouàng*. Aller.

丨來, 丨 *lâi*, aller et venir, passé et futur.

來丨, *Lâi* 丨, fréquentation, relations suivies.

他們両家沒得來丨, *T'ā mên leàng kiā mŏ tĕ· lâi* 丨, les deux familles n'ont pas de relations.

丨年, *v.* 年子, *v.* 年家, 丨 niên, *v.* niên tsè, *v.* niên kiā, les années précédentes.

丨回, *v.* 回子, 丨 hoûi, *v.* hoûi tsè, les autres fois.

丨上 (*v.* 前)走, 丨 *cháng (v. ts'iên) tscòu*, aller de l'avant.

勇丨直前, *Iòng* 丨 *tchĕ ts'iên*, avancer avec courage et tout droit.

丨時候, 丨 *chê heóu*, autrefois, au temps passé.

丨常, 丨 *châng*, autrefois, les fois précédentes.

有十來丨吊錢, *Ieòu chĕ lâi* 丨 *tiáo ts'iên*, il y a environ dix ligatures.

你丨那裡去, *Gnì* 丨 *là lì k'ú?* où vas-tu?

枉 *Ouàng*. Pas droit (au pr. et au fig.).

丨然, *v.* 丨自, 丨 *jân, v.* 丨 *tsé*, en vain.

你丨自說他, *Gnì* 丨 *tsé chŏ t'ā*, c'est en vain que tu le prêches.

我費心費力都是丨自, *Gò féi sīn féi lĭ toū ché* 丨 *tsé*, j'ai dépensé en vain des soucis et du travail.

近山不可丨燒柴近河不可丨用水, *Kín chān poŭ k'ò* 丨 *chāo tch'âi, kín hô poŭ k'ò* 丨 *ióng choùi*, quoique près de la montagne, il ne faut pas brûler inutilement du bois: de même, bien qu'à côté du fleuve, il ne faut pas gaspiller l'eau.

冤丨, 丨費, *Iuēn* 丨, 丨 *féi*. Voir *iuēn, féi*.

網 *Ouàng*. Filet.

打丨, *v.* 撒丨, *Tà* 丨, *v. să* 丨, tendre ou jeter le filet.

受人家的羅丨, *Cheóu jên kiā tĭ lô* 丨, se laisser prendre dans les filets d'autrui.

要魚喫大家補丨, *Iáo iû tch'ĕ, tá kiā poù* 丨, voulez-vous manger du poisson aidez à raccommoder le filet.

丨倒了, 丨 *taò lò*, il a été pris au filet.

蜘蛛 (*v.* 皴絲) 丨, *Tchē tchōu (v. pō sē)* 丨, toile d'araignée.

OUÁNG

望 *Ouáng*. Espérer, voir, découvrir.

丨德,失丨, 丨 *tĕ·; chĕ* 丨, la vertu d'espérance; désespérer.

有丨頭, *Ieòu* 丨 *t'eôu*, il y a de l'espoir.

丨升天堂, 丨 *chēn t'iēn t'âng*, espérer et désirer aller au ciel.

靠丨聖母, *K'áo* 丨 *chén moù*, avoir confiance en la Ste Vierge (voir *k'áo*).

切丨, *v.* 懸丨, *v.* 盼丨, *Ts'iĕ·* 丨, *v. hiuēn* 丨, *v. p'án* 丨, désirer ardemment.

絕丨, *Tsuĕ·* 丨, enlever l'espoir.

病人丨神父, *Pín jên* 丨 *chēn foú*, le malade désire le prêtre.

我丨你好, *Gò* 丨 *gnì haò*, je désire (je cherche) ton bien.

我丨你來帮忙, *Gò* 丨 *gnì lâi pāng mâng*, je compte sur toi pour m'aider.

你不要丨我嗏子, *Gnì poŭ iaó* 丨 *gò chá tsè*, n'attends rien de moi.

不要丨我, *Poŭ iaó* 丨 *gò*, ne m'attends pas, ou n'attends pas mon retour.

大名丨先生, *Tá mîn* 丨 *siēn sēn*, personnage qui a grande réputation.

丨板, 丨 *pàn*, plafond en planches très minces.

丨樓, 丨 *leôu*, tour d'observation.

上坡打丨, *Cháng p'ō tà* 丨, monter sur la colline, pour regarder de tous les côtés.

站得高丨得遠, *Tchán tĕ· kaō*, 丨 *tĕ· iuèn*, placé haut, on voit loin.

你丨倒我做嗏子, *Gnì* 丨 *taò gò tsóu chá tsè?* qu'as-tu à me regarder ainsi?

東張西丨, *Tōng tchāng sī* 丨, regarder à la dérobée de tous côtés.

丨山猴兒, 丨 *chān heôu eûl*, singe qui fait le guet pendant que les autres vont à la cueillette (au propre et au fig.).

妄 *Ouáng*. A faux, à tort, mensonge.

丨証, 丨 *tchén*, prêter un faux témoignage.

丨証人, 丨証的話, 丨 *tchén jên*, 丨 *tchén tĭ houá*, calomnier autrui, paroles calomnieuses.

丨思丨想, 丨 *sē* 丨 *siàng*, se laisser aller à de mauvaises pensées.

丨背是非, 丨 *péi ché fēi*, colporter des médisances, des calomnies.

丨告人家, 丨 *kaó jên kiā*, accuser autrui à tort.

丨費時候 (*v.* 銀錢), 丨 *féi chê heóu* (*v. în ts'iên)*, gaspiller le temps (ou bien, l'argent).

旺 *Ouáng*. Clair, beau.

興丨, *Hīn* 丨, prospérité, prospérer.

這家人發丨, *Tché· kiā jên fă* 丨, cette famille se multiplie, elle prospère.

蜂子不發丨, *Fōng tsè poŭ fă* 丨, les abeilles languissent.

丨子, *v.* 血丨子, 丨 *tsè*, *v. hiĕ·* 丨 *tsè*, sang d'un animal égorgé.

猪 (*v.* 雞) 丨子, *Tchoū (v. kī)* 丨 *tsè*, sang de porc (ou bien, de poule).

OUĒN

溫 *Ouēn*. Tempéré, tiède.

丨和, *v.* 丨厚, *v.* 丨柔, *v.* 丨良, 丨 *hô*, *v.* 丨 *heóu*, *v.* 丨 *jeôu*, *v.* 丨 *leâng*, doux (au physique et au moral), affable.

這个人丨丨和和, *Tché· kó jên* 丨 丨 *hô hô*, cet homme est très affable.

丨和的葯, 丨 *hô tĭ iŏ*, médecine tempérée.

丨丨水, 丨水洗, 丨 丨 *choùi*, 丨 *choùi sì*, eau tiède, laver à l'eau tiède.

丨丨獨獨的, 丨 丨 *toŭ toŭ tĭ*, tiède.

要丨火來煮, *Iaó* 丨 *hò lâi tchoù*, il faut cuire cela à petit feu.

丨書, 丨 *choū*, repasser, répéter une leçon par cœur.

瘟 *Ouēn*. Peste.

丨病, *v.* 丨症, *v.* 丨疫, 丨 *pín*, *v.* 丨 *tchén*, *v.* 丨 *iŏ*, maladie pestilentielle.

丨病死的, 丨 *pín sè tĭ*, mort de la peste.

有一侼｜病，*Ieòu ĭ p'ŏ* ｜ *pín*, il règne une maladie pestilentielle.

｜猪，｜ *tchōu*, porc atteint de la peste.

牛害｜，*Nieôu hái* ｜, le buffle est atteint de la peste.

打｜醮，點｜燈，*Tà* ｜ *tsiáo, tièn* ｜ *tēn*, superstitions que les payens font pour éloigner la peste.

OUÊN

文 *Ouên*. Littérature.

做｜章，*Tsoú* ｜ *tchāng*, faire des compositions littéraires.

倒｜不武的樣子，*Taó* ｜ *poŭ où tĭ iáng tsè*, propre à rien, qui n'a ni science ni force musculaire (voir *où*).

｜童生，｜ *t'ông sēn*, aspirant au baccalauréat es lettres.

懂｜墨的人，*Tòng* ｜ *mĕ· tĭ jên*, homme entendu dans les lettres.

｜昌宮，｜ *tch'āng kōng*, pagode du dieu des lettrés.

｜法，｜ *fă*, règle du discours, style.

這本書做得｜法，*Tché· pèn chōu tsoú tĕ·* ｜ *fă*, ce livre est d'un bon style.

放｜，投｜，*Fáng* ｜ ; *t'eôu* ｜, envoyer une pièce officielle *(ouên chōu)*; la présenter.

跑｜書，*P'aò* ｜ *chōu*, porter des dépêches officielles.

一封 (*v.* 一道) ｜書，*ĭ fōng* (*v. ĭ táo*) ｜ *chōu*, une dépêche officielle.

學天｜地理，*Hiŏ t'iēn* ｜ *tí lì*, apprendre l'astronomie et la géographie.

私｜人，*Sē* ｜ *jên*, homme délicat, civil.

假私｜，*Kià sē* ｜, homme qui affecte un genre précieux.

喫東西私｜，*Tch'ĕ tōng sī sē* ｜, manger peu, en homme délicat.

你私｜點，*Gnì sē* ｜ *tièn*, vas-y plus doucement.

一｜錢；去錢三十｜，*ĭ* ｜ *ts'iên; k'ú ts'iên sān chĕ* ｜, une sapèque; dépensé 30 sapèques.

｜房四寶，｜ *fâng sé pào*, les quatre choses précieuses du cabinet d'un lettré (pinceau, encre, encrier, papier).

｜官，｜ *kouān*, 考｜的，*k'ào* ｜ *tĭ*, ｜廟，｜ *miáo*, ｜約，｜ *iŏ*, 移｜，*î* ｜，申｜，*chēn* ｜，詳｜，*siâng* ｜. Voir *kouān, k'ào, etc., etc.*

紋 *v.* 文 *Ouên. v.* ｜理，*v.* ｜路，*v.* ｜ *lì, v.* ｜ *lóu*, linéaments des mains, des bois, des pierres.

看筋｜，*K'án kīn* ｜, examiner les linéaments des veines (du pouce), ce qui se fait pour reconnaître les maladies des enfants.

｜銀，｜ *în*, argent pur de première qualité.

蚊 *Ouên. v.* ｜子 *v.* ｜虫，*v.* ｜ *tsè v.* ｜ *tch'ông*, moustique.

打｜子，熖｜子，*Tà* ｜ *tsè, ts'ieōu* ｜ *tsè*, chasser les moustiques, les chasser par la fumée.

｜子是沙虫子變的，｜ *tsè ché chā tch'ông tsè pién tĭ*, le moustique est la métamorphose du petit ver appelé *chā tch'ông tsè*.

默｜子；羅｜，*Mĕ·* ｜ *tsè, lô* ｜. Voir *mĕ·, lô*.

聞 *Ouên*. Entendre, percevoir par l'odorat.

耳｜不如目見，*Eùl* ｜ *poŭ jôu moŭ kién*, entendre une chose n'est pas aussi sûr que de la voir de ses yeux.

耳不｜心不亂，*Eùl poŭ* ｜ *sīn poŭ louán*, ce dont je n'entends pas parler ne me trouble pas le cœur.

這幾天在街上有甚麼新｜，*Tché· kì t'iēn tsái kāi cháng ieòu chén mô sīn* ｜, qu'y a-t-il de nouveau ces jours-ci au marché?

風｜，*Fōng* ｜, j'ai appris par la rumeur.

上｜，*Cháng* ｜, référer une affaire à un supérieur.

你｜吓，*Gnì* ｜ *há*, sens un peu.

難得 | 這个氣色, *Lân tĕ·* | *tché· kó k'ĭ sĕ·*, cette odeur est insupportable.

臭得難 |, *Tch'éou tĕ· lân* |, c'est d'une puanteur insupportable.

OUÈN

穩 *Ouèn. v.* | 當, *v.* | *táng*, ferme, solide.

| | 當當, | | *táng táng*, très ferme, très sûr.

| 當生意, | *táng sēn í*, commerce sûr.

安,釘,栽,立 | 了, *Gān, tín, tsāi, lĭ* | *lò*, c'est posé, cloué, planté, dressé solidement.

你摸吓看 | 不 |, *Gnì mō há, k'án* | *pŏu* |, touche un peu, pour voir si c'est solide.

你做事不 | 當, *Gnì tsóu sé pŏu* | *táng*, tu agis trop à la légère.

站不 |, *Tchán pŏu* |, ne pouvoir se tenir solidement sur ses jambes.

堅 | 新教友, *Kiēn* | *sīn kiáo ieòu*, affermir des nouveaux chrétiens.

| 心的葯, | *sīn tĭ iŏ*, médecine pour affermir le cœur.

他心不 |, *T'ā sīn pŏu* |, il n'est pas ferme dans sa résolution.

我 | 不住了, *Gò* | *pŏu tchóu lò*, je ne puis plus tenir ferme, supporter.

米價定 | 了, *Mì kiá tín* | *lò*, le prix du riz s'est consolidé, il ne varie plus.

| 拄, | 踩, | *tch'òu*, | *tch'ài*, appuyer solidement sur le bâton, poser le pied solidement en marchant.

| 租 (*v.* | 首) 錢 (*v.* 銀), | *tsōu* (*v.* | *cheòu*) *ts'iĕn* (*v. în*), somme donnée par le fermier ou locataire au propriétaire, comme garantie du payement du revenu annuel.

OUÉN

問 *Ouén.* Demander, examiner, rechercher.

| 答書, | *tă chōu*, livre par demandes et par réponses; catéchisme.

| 他一聲, | *t'ā ĭ chēn*, demande-lui un peu.

我要 | 你一句, *Gò iaó* | *gnì ĭ kú*, je veux te faire une question.

| 不答應, | *pŏu tă ín*, ne pouvoir obtenir une réponse.

| 候, | *heóu*, prendre les ordres d'un supérieur.

| 不得他, *v.* | 不住他, | *pŏu tĕ· t'ā, v.* | *pŏu tchóu t'ā*, on ne peut s'en prendre à lui.

| 道理, | *táo lì*, interroger sur la doctrine.

| 價錢, | *kiá ts'iĕn*, demander le prix d'un objet.

| 他甚麼罪, | *t'ā chén mô tsóui?* de quoi est-il accusé? à quoi est-il condamné?

| 死罪, | *sè tsóui*, instruire un procès capital, condamner à la peine de mort.

把他 | 獨了, *Pà t'ā* | *tŏu lò*, je lui ai fermé la bouche avec une question embarrassante.

| 倒了, | *tào lò*, je l'ai confondu.

| 他要錢, | *t'ā iáo ts'iĕn*, réclame-lui des sapèques.

| 他要人, | *t'ā iáo jĕn*, réclamer la personne en question.

在官三日人 | 我,離官三日我 | 人, *Tsái kouān sān jĕ jĕn* | *gò, lĭ kouān sān jĕ gò* | *jĕn*, je suis dans les charges à peine depuis 3 jours, que déjà on s'empresse autour de moi; à peine sorti de charge, c'est à moi à m'adresser aux autres.

| 不倒信, | *pŏu tào sín*, on ne peut obtenir des nouvelles.

OŪI

煨 *Oūi.* Cuire à petit feu, réchauffer.

葯 | 熱沒有, *Iŏ* | *jĕ· mŏ ieòu?* la potion est-elle convenablement chauffée?

| 一點茶開水, | *ĭ tièn tch'â k'āi chòui*, faire bouillir un peu de thé, de l'eau.

| 薑, | *kiāng*, rôtir du gingembre dans le feu.

萎 *Oūi.* Misérable, faible ; desséché.

那人｜得很, *Lá jên* ｜ *tĕ· hèn*, cet homme est tout affaibli.

冬天太陽｜了, *Tōng t'iēn t'ái iâng* ｜ *lò*, en hiver, le soleil a perdu sa force.

蠻子打｜了, *Mân tsè tà* ｜ *lò*, les Barbares ont été affaiblis par la guerre.

｜｜唆唆的, ｜｜ *sō sō tī*, (pop.) bien faible.

病都害｜了, *Pín tōu hái* ｜ *lò*, j'ai été affaibli par la maladie.

｜樹子,紅苕, ｜ *chóu tsè, hông châo*, accumuler de la terre au pied d'un arbre, au pied des *hông châo*. (Dans ce sens, au lieu de *oūi*, on dit plus communément *ōng*.)

威 *Oūi.* Gravité, sévère, majesté.

當不得天主的｜嚴, *Tāng poŭ tĕ· T'iēn Tchòu tī* ｜ *niēn*, je ne puis soutenir la majesté de Dieu.

｜武的樣子, ｜ *où tī iáng tsè*, air terrible.

耀武揚｜, *Iáo où iâng* ｜, se donner des airs terribles.

虎死不倒｜, *Foù sè poŭ tào* ｜, le tigre mort inspire encore la terreur.

OÛI

爲 *Oûi.* Etre, faire.

只有天主｜高｜大, *Tchè ieòu T'iēn Tchòu* ｜ *kāo* ｜ *tá*, Dieu seul est élevé, est grand.

打牌擲骰｜賭錢, *Tà p'âi tchĕ sĕ·* ｜ *toù ts'iên*, jouer aux cartes, aux dés, cela s'appelle jouer aux sapèques.

不｜多,不｜好, *Poŭ* ｜ *tō; poŭ* ｜ *hào*, ce n'est pas beaucoup précisément, il n'y a rien de trop ; ce n'est pas fameux.

駡人不｜出氣還要打人, *Má jên poŭ* ｜ *tch'ŏu k'í, houân iáo tà jên*, maudire, ce n'est pas assez pour décharger sa colère, il faut encore qu'il donne des coups.

不｜好人, *Poŭ* ｜ *hào jên*, ne pas se conduire en honnête homme.

他沒有把我｜人, *T'ā mŏ ieòu pà gò* ｜ *jên*, il ne me traite pas comme un homme.

這宗事｜不得, *Tché· tsōng sé* ｜ *poŭ tĕ·*, de pareilles choses ne doivent pas se faire.

我不｜了, *Gò poŭ* ｜ *lò*, je ne le ferai plus; je n'en suis plus (je retire ma parole); je ne veux plus conclure cette affaire.

若要不知除非莫｜, *Jŏ iáo poŭ tchē, tch'ôu fēi mŏ* ｜, si tu veux que la chose reste ignorée, il n'y a pas d'autre moyen que de ne pas la faire.

行｜舉動, *Hîn* ｜ *kù tóng*; 難｜, *lân* ｜, ｜然, ｜ *jân*. Voir *hîn, lân, etc.*

違 *Oûi. v.* ｜命, *v.* ｜ *mín*, désobéir.

陽奉陰｜; 毋｜, *Iâng fóng īn* ｜; *oû* ｜. Voir *iâng, oû.*

圍 *Oûi.* Entourer, assiéger.

週｜一轉, *Tcheōu* ｜ *ĭ tchouán*, tout autour.

賊把他｜倒了, *Tsoûi pà t'ā* ｜ *tào lò*, les voleurs l'ont entouré.

｜墻, ｜ *ts'iâng*, entourer d'un mur, mur d'enceinte.

打｜, *Tà* ｜, traquer.

打｜鼓, *Tà* ｜ *koù*, faire de la musique avec tout le bastringue chinois.

｜了城, ｜ *lò tch'ên*, la ville est assiégée.

｜腰, ｜棋, ｜ *iāo*, ｜ *k'î*. Voir *iāo, k'î*.

危 *Oûi.* Danger.

｜險, ｜急, ｜ *hièn*, ｜ *kĭ*, danger extrême, danger pressant.

安居慮｜, *Gān kū lú* ｜, au temps de la tranquillité, songez au danger.

臨｜, *Lîn* ｜, au moment même du danger, à l'agonie.

桅 *Oûi.* Mât.

｜子, ｜ *tsè*, mât de barque.

| 杆, | *kān*, mât d'honneur planté devant la maison ou le tombeau d'un dignitaire, ou devant une pagode.

微 *Oûi*. Modique, petit.

些 | 人情不成恭敬, *Sī | jên ts'în poŭ tch'ên kōng kín*, un si petit cadeau est à peine respectueux (réponse de politesse à des remercîments pour cadeaux).

人 | 言輕, *Jên | iên k'īn*, quand la personne est infime, ses paroles ont peu de poids.

| | 笑, | | *siáo*, sourire légèrement.

帷 v. 幃 *Oûi*. Rideaux, couverture de lit.

房 | 的事, *Fâng | tĭ sé*, rapports conjugaux.

桌 |, 祭 |, v. | 台, *Tchŏ | ; tsí |, v. | t'âi*, devant de table en étoffe rouge; antipendium.

口 | |, *K'eòu | |*, bavette.

惟 *Oûi*. Seulement.

| 有天主能彀做得出來, | *iCòu T'iēn Tchòu lên keóu tsóu tĕ· tch'oŭ lâi*, il n'y a que Dieu qui puisse le faire.

| 有理可以服人, | *icòu lì k'ò ì foŭ jên*, on ne peut persuader les hommes que par la raison.

| 爲吾主耶穌基斯督, | *oúi oû Tchòu Iê· sōu Kī sē toŭ*, uniquement par les mérites de N.-S. J.-C.

我 | 願好, *Gò | iuén haò*, je ne désire qu'un bon succès.

OÙI

尾 *Oùi*. Queue, extrémité, fin.

| 巴, | *pā* (on dit aussi *ì pā*), queue.

| 巴椿椿, | *pā tchoūang tchoūang*, tronçon de queue.

漏 | 了, v. 漏了 |, *Leoú | lò, v. leoú lò |*, la queue est passée, c.-à-d. on est complétement hors de danger.

二月 | 上, *Eúl iuĕ· | cháng*, à la fin de la seconde lune.

不知頭不知 |, *Poŭ tchē t'eôu poŭ tchē |*, ne savoir ni le commencement ni la fin; se dit souvent d'un sot.

首 | 不能相顧, *Cheoù | poŭ lên siāng koú*, la tête et la queue ne peuvent se secourir mutuellement, ou bien, ne pouvoir secourir à la fois la tête et la queue.

在 | 子上, *Tsái | tsè cháng*, à la fin.

| 子酒, | *tsè tsieòu*, dernier alcool qui sort de l'alambic, alcool faible.

這件事沒有煞過, 還有一个 | 子, *Tché· kién sé mŏ icòu chă kó, houân icòu ĭ kó | tsè*, cette affaire n'est pas terminée, il y a encore une queue.

我來都掃了 |, *Gò lâi tōu sào lò |*, quand j'arrivais, tout était fini (voir *sào*).

| 姦, | *kiēn*, sodomie.

委 *Oùi*. Confier une affaire, déléguer.

| 員, v. | 員官, | *iuên, v. | iuên koūan*, mandarin délégué.

| 人去看, | *jên k'ú k'án*, déléguer quelqu'un pour examiner.

| 曲人, | *k'ŭ (k'ioŭ, v. k'iŏ) jên*, opprimer quelqu'un.

| | 曲曲的事, | | *k'ŭ k'ŭ tĭ sé*, affaire très embrouillée.

諉 *Oùi*. Prétexter, s'excuser.

推 |, v. 託 |, *T'oūi |, v. t'ŏ |*, rejeter la faute sur les autres.

两个互相推 |, *Leàng kó foú siāng t'oūi |*, les deux se rejettent la faute l'un sur l'autre.

OÚI

未 *Oúi*. Pas encore.

歲數 | 滿, *Soúi sóu | màn*, il n'a pas l'âge accompli.

來不來都是 | 定, *Lâi poŭ lâi tōu ché | tín*, il est incertain s'il viendra.

| 曾奉教之時, | *ts'ên fóng kiáo tchē chê*, avant qu'il se fit chrétien.

| 必, | *pĭ?* est-ce que? forme interrogative avec un sens négatif.

| 必今天就要走, | *pĭ kīn t'iēn tsieóu iáo tseòu*, faut-il donc absolument partir aujourd'hui? c.-à-d. il n'est pas nécessaire de partir aujourd'hui.

味 *Oúi*. Goût, saveur.

五 | , *Où* | , les cinq saveurs, savoir: *soūan* 酸 l'acide, *hân* 鹹 le salé, *k'òu* 苦 l'amer, *kān* 甘 le doux, *sīn* 辛 l'âcre.

沒得甚麼 | 道, *Mó tĕ· chén mŏ* | *táo*, cela n'a pas de goût.

這是開 (v. 敗) 口 |, *Tché· ché k'āi (v. pái) k'eòu* |, ceci ouvre (ou bien, détruit) l'appétit.

梨子還沒有轉 |, *Lî tsè houân mŏ ieòu tchouàn* |, les poires n'ont pas encore leur saveur, c.-à-d. ne sont pas encore mûres.

| 道不正, | *táo poŭ tchén*, le goût n'est pas franc.

變了 |, *Pién lò* |, la saveur est altérée.

嘗了 |, *Châng lò* |, il en a goûté, il est alléché.

這个菜合 |, *Tché· kó ts'ái hŏ* |; ce mets est à mon goût.

這个菜 | 長 (v. 短), *Tché· kó ts'ái* | *tch'âng (v. touàn)*, ce mets a beaucoup (ou bien, peu) de saveur.

一 | 護短, *ĭ* | *foú touàn*, toujours il prend la défense des défauts.

位 *Oúi*. Personne, dignité, siége.

三 | 一體, *Sān* | *ĭ t'ì*, trois personnes en une seule substance.

一 | 天神, 一 | 聖人, *ĭ* | *t'iēn ch'ên*, *ĭ* | *chén jên*, un Ange, un Saint.

來了兩 | 客, *Lâi lò leàng* | *k'ĕ·*, il est arrivé deux hôtes.

升高 |, *Chēn kāo* |, monter à une haute dignité.

地 |, v. | **分**, *Tí* |, v. | *fén*, condition, dignité.

各人的地 | (v. | 分) 不同, *Kŏ jên tĭ tí* | (*v.* | *fén*) *poŭ t'ông*, la condition d'un chacun n'est pas la même.

爭點 | 分, *Tsēn tièn* | *fén*, il manque quelque petite chose.

座 | 不恭敬, *Tsó* | *poŭ kōng kín*, les siéges pour s'asseoir ne sont pas dignes (paroles de politesse).

不准下 |, *Poŭ tchouèn hiá* |, il est défendu de quitter sa place (dans les écoles).

胃 *Oúi*. Estomac.

| 上的病, | *cháng tĭ pín*, maladie d'estomac.

翻 | 的飲食, *Fān* | *tĭ ìn chĕ*, aliments qui font vomir.

| (v. 味) 口弱得狠, | *k'eòu jŏ tĕ· hèn*, il a l'estomac faible, ou bien, il a très peu d'appétit.

| (v. 味) 口强, | *k'eòu k'iâng*, estomac ou appétit robuste.

脾 |, *P'î* |, estomac; caractère, caprice.

狠有點脾 |, *Hèn ieòu tièn p'î* |, il a un bien mauvais caractère.

謂 *Oúi*. Appeler, signifier.

何 | 全能, *Hô* | *ts'uên lên?* qu'appelle-t-on tout puissant?

魏 *Oúi*. (Voir *ō* 阿).

衛 v. 衞 *Oúi*. Protéger, défendre.

沒得那个 | 護他, *Mŏ tĕ· là kó* | *foú t'ā*, il n'y a personne qui prenne sa défense (voir *foú*).

| 隊, | (*v. oúi*) *toúi*, gardes du corps des mandarins.

緯 *Oúi*. Trame d'une étoffe, franges.

| 帽, | *máo*, chapeau de cérémonie, orné d'une longue houppe en soie rouge, pour l'été.

| 子, | *tsè*, touffe de fil de soie, qui flotte sur le bonnet.

經 | 有理, *Kīn* | *ieòu lì*, disposer parfaitement les choses.

| 線, | *sién*, trame d'une étoffe.

慰 *Oúi*. Consoler.

安 | 人家, *Gān* | *jên kiā*, consoler autrui.

撫丨, *Foù* 丨, calmer et consoler.

爲 *Oûi.* Pour, à cause de.

丨甚麽你這樣做, 丨 *chén mô gnì tché iáng tsóu?* pourquoi agis-tu ainsi?

天主丨何造人, *T'iēn Tchòu* 丨 *hô ts'áo jên?* pourquoi Dieu a-t-il créé l'homme?

丨啥子你不喫, 丨 *chá tsè gnì poŭ tch'ĕ?* pourquoi ne manges-tu pas?

因丨我害病, *īn* 丨 *gò hái pín,* parce que je suis malade (voir *īn*).

丨你方便, 丨 *gnì fāng pién,* pour ta commodité, c'est commode pour toi.

我特丨你來, *Gò t'ĕ* 丨 *gnì lâi,* je viens exprès pour toi.

丨一點小事, 丨 *ĭ tièn siào sé,* pour une bagatelle.

僞 *Oûi.* Faux.

詐丨的人;詐丨做事, *Tchá* 丨 *tĭ jên; tchá* 丨 *tsóu sé,* hypocrite; agir avec hypocrisie.

以丨做眞, *ì* 丨 *tsóu tchēn,* vouloir à toute force faire passer le faux pour le vrai.

畏 *Oûi. v.* 丨怕, *v.* 丨懼, *v.* 丨 *p'á, v.* 丨 *kú,* craindre.

餵 *v.* 喂 *v.* 餧 *Oûi.* Nourrir les animaux (et aussi les enfants, qui ne peuvent pas encore manger seuls).

丨猪, 丨馬, 丨牲牣, 丨 *tchōu,* 丨 *mà,* 丨 *sēn k'eòu,* nourrir un cochon, un cheval, un animal domestique.

我丨得有一匹馬, *Gò* 丨 *tĕ ieòu ĭ p'ĭ (p'ĭ) mà,* j'ai (ou bien, j'entretiens) un cheval.

丨水, 丨粮食,穀草, 丨 *choùi;* 丨 *leâng chĕ, koŭ ts'ào,* abreuver; nourrir avec des céréales, de la paille de riz.

丨不活, 丨 *poŭ hŏ,* qu'on ne peut réussir à nourrir, à faire vivre.

丨大, *v.* 丨長大, 丨 *tá, v.* 丨 *tchàng tá,* élever jusqu'à l'âge adulte.

丨飽, 丨不飽的, 丨 *paò;* 丨 *poŭ paò tĭ,* rassasier; insatiable.

丨家, 丨 *kiā.* 丨朊朊, 丨 *lāi lāi,* 丨虀虀, 丨 *kēn kēn.* Voir *kiā, lāi, kēn.*

穢 *Oûi. v.* 汚丨, *v. oū* 丨, sale, sordide.

丨物, 丨言, 丨 *oŭ,* 丨 *iên,* immondices, paroles sales.

PĀ

巴 *Pā.* Adhérent; collant (employé dans une foule de sens, dans le style vulgaire).

漆乾了不丨手, *Ts'ĭ kān lò poŭ* 丨 *cheòu,* le vernis est sec, il n'adhère plus aux doigts.

丨告示, 丨帖子, 丨 *kaó ché,* 丨 *tiĕ tsè,* afficher un édit, coller une affiche.

丨不丨, 丨 *poŭ* 丨, cela prend-il? colle-t-il?

丨得起, 丨不起, 丨 *tĕ k'ì,* 丨 *poŭ k'ì,* qui peut, qui ne peut pas être collé.

丨倒不丢, 丨 *taò poŭ tieōu,* s'attacher, se coller à vous, sans vouloir lâcher.

病丨我身上, *Pín* 丨 *gò chēn cháng,* la maladie s'est attachée à moi.

兒女要丨倒父母, *Eûl niù iáo* 丨 *taò foú moù,* les enfants doivent s'attacher à leurs parents.

他是一个人沒丨住, *T'ā ché ĭ kó jên, mŏ* 丨 *tchóu,* il est seul, il n'a personne sur qui s'appuyer.

你的話不丨式, *Gnì tĭ houá poŭ* 丨 *ché,* tes paroles ne conviennent pas.

丨式人, 丨 *ché jên,* homme convenable, d'un bon caractère.

這件事你丨不上, *Tché kién sé gnì* 丨 *poŭ cháng,* tu ne peux t'immiscer dans cette affaire.

丨倒山坐, 丨 *taò chān tsó,* habiter près de la montagne.

丨不得, *v.* 丨幸不得, 丨 *poŭ tĕ, v.* 丨 *hín poŭ tĕ,* plaise à Dieu!

丨不得落雨, 丨 *poŭ tĕ lŏ iù,* plaise à Dieu qu'il pleuve!

丨幸不得我病好, 丨 *hín poŭ tĕ gò pín haò,* je voudrais bien être guéri.

下丨, *Hiá* 丨 *(p'â),* menton.

丨豆樹，丨豆子，丨豆油，丨 *teóu chóu*, 丨 *teóu tsè*, 丨 *teóu ieóu*, croton tiglium, son fruit, huile qu'on extrait de ce fruit.

丨灰，丨 *hoūi*, 丨壁燈，丨 *pĭ tēn*, 鍋丨，*kō* 丨，鍋丨鹽，*kō* 丨 *iên*, 鹽丨，*iên* 丨，篾丨，*miĕ* 丨，坭丨，*gnî* 丨，耳丨子，*eùl* 丨 *tsè*, 嘴丨子，*tsoùi* 丨 *tsè*. Voir *hoūi*, *tēn*, *etc*.

粑 *Pā*. *v*. 丨丨，*v*. 丨丨，pains, gâteaux, pâtés faits avec toutes sortes de farines.

米丨，麥丨，包穀丨，糍丨，*Mì* 丨，*mĕ* 丨，*pāo koŭ* 丨，*ts'ĕ* 丨，pains ou pâtisseries préparées de diverses façons, avec du riz, du froment, du maïs, du riz gluant (riz à vin).

發丨，泡丨，*Fă* 丨，*p'áo* 丨，pain levé, pain fortement levé.

丨果子，丨 *kò tsè*, pâtisserie creuse de farine de riz.

芭 *Pā*. 丨蕉樹，丨蕉葉，丨 *tsiāo choú*, 丨 *tsiāo iĕ*, bananier, feuilles de bananier.

琶 *Pā*. 琵丨，*p'î* 丨，espèce de harpe.

杷 *Pā*. 枇丨樹；枇丨子，*v*. 枇丨，*P'î* 丨 *choú*; *p'î* 丨 *tsè*, *v*. *p'î* 丨，bibassier; son fruit.

枇丨色，*P'î* 丨 *sĕ*, couleur jaune du fruit du bibassier.

笆 *Pā*. 籬丨，*v*. 鐵籬丨，*Lî* 丨，*v*. *t'iĕ lî* 丨，arbuste épineux servant à faire des haies.

栽鐵籬丨，*Tsāi t'iĕ lî* 丨. planter une haie vive.

編鐵籬丨，*Piēn t'iĕ lî* 丨，entrelacer ces épines, pour rendre la haie impénétrable.

疤 *Pā*. Cicatrice, marque, tache.

傷丨乾了，*Chāng* 丨 *kān lò*, la blessure est cicatrisée.

瘡丨子都落了，*Tch'oūang* 丨 *tsè toū lŏ lò*, la croûte de la plaie est tombée: la plaie est guérie, cicatrisée.

補丨，補丨衣裳，*Poù* 丨，*poù* 丨 *ī chāng*, mettre une pièce (à un habit); habit rapiécé.

千丨衣，*Ts'iēn* 丨 *ī*, habit des *táo jên* composé de pièces rapportées, de différentes couleurs.

黑丨丨銀子，*Hĕ* 丨丨 *în tsè*, argent noirci, mauvais.

吧 *Pā*. 啞丨，*ià* 丨，muet.

P'Ā

髱 *P'ā*. Cheveux mêlés; mou (au pr. et au fig.).

說得一丨髱，*Chŏ tĕ ī* 丨 *lā*, il m'a dit un tas de choses embrouillées.

煮(*v*. 炖)丨了，*Tchoù (v. tén)* 丨 *lò*, c'est cuit à point.

菜丨得好，*Ts'ái* 丨 *tĕ haò*, les mets sont bien cuits.

泡丨，*P'áo* 丨，ramollir dans l'eau.

丨的，丨了，丨稀稀的，丨 *tī*, 丨 *lò*, 丨 *hī hī tī*, mou, c'est devenu mou, mollasse.

人丨了，腳幹丨了，*Jên* 丨 *lò*; *kiŏ kàn* 丨 *lò*, être sans force, sans énergie; n'avoir pas de force dans les jambes.

這个老師丨皮狠了，*Tché kó laò sē* 丨 *p'î hèn lò*, ce maître d'école est trop mou, trop faible.

丨丨官，丨丨 *koūan*, mandarin sans énergie, peureux.

丨子，丨 *tsè*, homme dont les jambes sont tellement flasques, qu'il ne peut s'en servir.

P'Â

爬 *v*. 趴 *P'â*. Ramper, se traîner, grimper.

丨起走，丨子，丨 *k'ì tseòu*; 丨 *tsè*, ramper, aller à quatre pattes; cul-de-jatte.

丨不起來，丨 *poŭ k'ì lâi*, ne pouvoir se lever en rampant.

睡在地下丨不起來，*Choúi tsái tí hiá* 丨 *poŭ k'ì lâi*, il est couché par terre, sans pouvoir se relever.

丨樹子，丨坡，丨 *chóu tsè*, 丨 *p'ō*, grimper sur un arbre, monter une côte.

| **坡子**, | *p'ō tsè*, voleurs qui volent sur les barques, et qui se réfugient à terre.

| **上坎**, | *cháng k'àn*, grimper sur la berge: se sauver d'un péril (voir *k'àn*).

| **不上去**, | *poŭ cháng k'ú*, ne pouvoir grimper au haut.

鈀 *P'â. v.* | |, *v.* | |, râteau (ordinairement en bambou).

| **梳**, | *soū*, houe à 4 dents.

| **開**, | **攏來**, | *k'āi*, | *lòng lâi*, disperser, ramasser avec le râteau.

| **哥**(*v.* **哥兒**), *v.* | **兒哥**, *v.* | | **客**, | *kō (v. kō eûl), v.* | *eûl kō, v.* | | *k'ĕ'*, filou qui vole adroitement en plein jour.

筏 *P'â. v.* | **子**, *v.* | *tsè*, radeau.

一張 | **子**, *ĭ tchāng* | *tsè*, un radeau.

竹 |, *Tchŏu* |, radeau en bambous, radeau provisoire, pour l'expédition des bambous: ou bien permanent, pour le service des voyageurs et des marchandises.

木 |, *Moŭ* |, radeau en bois de construction, que l'on expédie.

趕 |, **趕** | **子**, *Kàn* |, *kàn* | *tsè*, radeau pour voyageurs, voyager sur un radeau.

| **老板**, | *laò pàn*, maître d'un radeau.

放 | **子**, *Fáng* | *tsè*, diriger un radeau (voir *fáng*).

找 | **子**, *Tchào* | *tsè*, assembler les pièces d'un radeau.

| **子沉不倒水只怕散**, | *tsè tch'ên poŭ taò choùi, tchè (tchĕ) p'á sàn*, un radeau ne peut être submergé, la seule chose à craindre est qu'il ne se disloque.

| **艇兒**, | *t'ìn eûl (t'eûl)*, radeau pour le transport des marchandises.

PÀ

把 *Pà.* Prendre, poignée; marque de l'accusatif; particule numérale des couteaux, des éventails, etc.

你 | **飯擺起**, | **門關倒**, *Gnì* | *fán pài k'ì*, | *mên koūan taò*, sers la table, ferme la porte.

賊 | **房子燒了**, *Tsoûi (tsĕ')* | *fâng tsè chāo lò*, les brigands ont brûlé la maison.

他沒有 | **我爲**(*v.* **當**)**人**, *T'ā mŏ ieòu* | *gò oûi (v. tāng) jên*, il m'a traité indignement.

你 | **我怎麽樣**, *Gnì* | *gò tsèn mŏ iáng?* eh bien! que veux-tu me faire? (je ne te crains pas.)

| **門將軍**, | *mên tsiāng kiūn*, préposé à la garde d'une porte.

一 | **柴**, **一** | **穀草**, *ĭ* | *tch'âi*, *ĭ* | *koŭ ts'ào*, une poignée (petit fagot) de bois, une poignée (petite botte) de paille de riz.

賣 | | **柴**, *Mái* | | *tch'âi*, vendre en détail du menu bois de chauffage.

| **持**, | *tch'ê*, prendre pour soi.

打火 |, *Tà hò* |, s'éclairer avec une torche.

抓一 |, *Tchoūa ĭ* |, prendre une poignée.

你有 | **憑沒得**, *Gnì ieòu* | *p'în mŏ tĕ'?* as-tu des preuves, des pièces de conviction?

你丟一个 | **憑**, *Gnì tieōu ĭ kó* | *p'în*, donne des arrhes, une assurance.

等天 | **両天**, *Tèn t'iēn* | *leàng t'iēn*, attends un jour ou deux.

有一吊 | **錢**, *Ieòu ĭ tiáo* | *ts'iên*, il y a environ une ligature.

| **守**, | *cheòu*, garder solidement.

做事要 | **細**(*v.* **穩**)**點**, *Tsóu sé iaó* | *sí (v. ouèn) tièn*, il faut agir avec plus de précaution, avec plus de soin.

一 | **手**, **両** | **手**, *ĭ* | *cheòu*, *leàng* | *cheòu*, un homme, deux hommes.

一 | **刀**, **一** | **扇子**, **一** | **傘**, *ĭ* | *tāo*, *ĭ* | *chán tsè*, *ĭ* | *sàn*, *etc.* un couteau, un éventail, un parapluie, etc.

| **戲**, **一** | **連**, | *hí*, *ĭ* | *liên*. Voir *hí*, *liên*.

靶 *Pà (pá).* Cible.

射 | **子**, *Ché'* | *tsè*, tirer à la cible.

中 | **子**, *Tchóng* | *tsè*, frapper dans la cible.

PÁ

耙 *Pá. v.* 鈀 \|, *v. tīn* \|, herse.

\|田, \|地, \| *t'iên,* \| *tí,* herser une rizière, un champ sec.

霸 *Pá.* Régner par violence, usurper.

橫行\|道, *Houên hîn* \| *táo,* agir à sa fantaisie, en opprimant tout le monde.

你也不要\|道狠了, *Gnì ì poŭ iáo* \| *táo hèn lò,* et toi, ne te montre pas si violent ni si exigeant.

\|占人家的地方, \| *tchán jên kiā tĭ tí fāng,* usurper violemment le terrain d'autrui.

擺 *Pá.* Etendre.

\|鋪, \| *p'óu,* étendre la literie, faire le lit.

\|在那裡 (*v.* 在那裡\|) 鋪, \| *tsái là lì (v. tsái là lì* \| *) p'óu?* où faut-il étendre la literie?

\|在地下, \| *tsái tí hiá,* il faut l'étendre par terre.

\|地鋪, \| *tí p'óu,* faire son lit par terre, coucher par terre.

杷 *Pá.* Manche.

鬥一个\|\|, *Teóu ĭ kó* \|\|, ajuster un manche.

無\|柄, *Oû* \| *pìn,* litt. sans manche: affaire très embarrassée, qu'on ne sait de quel côté prendre.

帶\|子, *Tái* \| *tsè,* dire des paroles grossières, des injures.

垻 *Pá.* Digue, plaine, aire.

平陽大\|, *P'în iâng tá* \|, grande plaine.

成都\|, *v.* 西\|, *Tch'ên tōu* \|, *v. sī* \|, la grande plaine de *Tch'ên tōu.*

平\|子, *P'în* \| *tsè,* plaine.

出\|進山, *Tch'oŭ* \| *tsín chān,* sortir de la plaine, pour entrer dans les montagnes.

\|上的人, \| *cháng tĭ jên,* habitant de la plaine.

田\|, 地\|, *T'iên* \|, *tí* \|, plaine de rizières, de terres cultivées.

石\|子, 灰\|子, 土\|子, *Chĕ* \| *tsè, hoūi* \| *tsè, t'òu* \| *tsè,* aire dallée, en terre battue avec de la chaux, en terre.

地\|子, *Tí* \| *tsè,* cour devant une maison.

天井\|子, *T'iēn tsìn* \| *tsè,* cour à ciel ouvert.

\|\|頭生意, \|\| *t'eôu sēn í,* faire le commerce sur les places publiques, comme les charlatans, etc.

扯謊\|, *Tch'è houàng* \|, répondre par des mensonges.

沙\|, *Chā* \|, 河\|, *hô* \|, 露天\|, *loú t'iēn* \|. Voir *chā, hô, loú.*

罷 *Pá.* Cesser, finir, finale.

戲\|了, \|市, *Hí* \| *lò;* \| *ché,* la comédie est finie. Voir *ché.*

桃子\|了, *T'âo tsè* \| *lò,* la saison des pêches est finie, il n'y en a plus.

瞻禮主日要\|工, *Tchān lì Tchòu jĕ iáo* \| *kōng,* les fêtes et les dimanches, il faut cesser le travail (servile).

我們回去\|, *Gò mên hoûi k'ú* \|, nous ferions bien de nous en retourner.

\|了, 不做了, \| *lò, poŭ tsóu lò,* c'est fini, je n'en fais pas davantage.

P'Á

帕 *P'á.* Mouchoir, serviette, linge quelconque.

\|\|; 一張 (*v.* 一塊) \|子, \|\|; *ĭ tchāng (v. ĭ k'ouài)* \| *tsè,* petit mouchoir; un mouchoir.

套頭\|子, 洗手\|, 蓋頭\|, *T'áo t'eôu* \| *tsè, sì cheòu* \|, *kái t'eôu* \|, turban, manuterge, amict.

紗\|, *Chā* \|, mouchoir en soie légère et claire.

搭\|子, *Tă* \| *tsè,* se mettre un mouchoir sur la tête, comme les femmes.

\|子包起的, \| *tsè pāo k'ì tĭ,* enveloppé d'un mouchoir.

洗臉 |, Sì lièn |, 手巾 | 子, chcòu kīn | tsè, 汗 | 子, hán | tsè, 帽巾 | 子, kŏ kīn | tsè, 指手 | 子, k'ai cheòu | tsè, 孝 |, hiáo |, 帓桌 |, má tchŏ |. Voir lièn, kīn, etc.

怕 P'á. Craindre.

| 不 |, 有一點 |, | poŭ |, ieòu ĭ tièn |, as-tu peur? j'ai un peu peur.

| 死, | 事, | 事的人, | sè; | sé; | sé tĭ jên, craindre la mort; craindre les affaires, les procès; homme timide.

是可 | 的, Ché k'ò | tĭ, il y a à craindre, c'est dangereux.

不 | 得, Poŭ | tĕ, ne crains pas, il n'y a rien à craindre.

| 啥子, | chá tsè? qu'y a-t-il à craindre? (presque toujours dans le sens de: il n'y a rien à craindre.)

我 | 他就是了, Gò | t'ā tsieóu ché lò, soit! j'ai peur de lui, je l'éviterai (paroles de colère concentrée, contre quelqu'un).

| 犯罪, | 得罪人, | fán tsoúi, | tĕ tsoúi jên, craindre de pécher, d'offenser les gens.

該也不 |, Kāi ì poŭ |, espérons qu'il n'y aura rien à craindre (voir kāi).

不 | 他不喫, Poŭ | t'ā poŭ tch'ĕ, pas de danger qu'il ne mange pas, c.-à-d. il faudra bien qu'il mange.

生 | 害病, Sēn | hái pín, craindre de tomber malade.

不 | 無人請, 只 | 手藝不精, Poŭ | oû jên ts'ìn, tchè (tchĕ) | cheòu gní poŭ tsīn, il n'y a pas à craindre de manquer de commandes, mais bien de ne pas être habile dans son métier.

| (v. 不 |) 你是秀才, 沒得工夫, | (v. poŭ |) gnì ché sieóu ts'âi, mŏ tĕ kōng foū, tu as beau être bachelier, tu n'as pas de savoir-faire.

| (v. 不 |) 你狠, 你攪不贏他, | (v. poŭ |) gnì hèn, gnì kaò poŭ în t'ā, tu as beau être fort, tu ne viendras pas à bout de lui.

| 不穀, | 要來, | poŭ keóu; | iáo lâi, peut-être que cela ne suffira pas; peut-être viendra-t-il.

害 |, 恐 |, | 懼, Hái |, k'òng |, | kú. Voir k'òng, kú.

PĂ

八 v. 捌 Pă. Huit.

| 个; | 百 | 十 | ; 第 | 个, | kó; | pĕ | chĕ |; tí | kó, huit; huit cent quatre-vingt-huit; le huitième.

| 字, | tsé, les 8 caractères tirés du cycle, dont 2 pour l'année, 2 pour le mois, 2 pour le jour, et 2 pour l'heure de la naissance.

算 | 字, 算一張 | 字, Souán | tsé, souán ĭ tchāng | tsé, tirer l'horoscope, un horoscope d'après ces 8 caractères.

我的 | 字不好, Gò tĭ | tsé poŭ haò, mes 8 caractères ne donnent pas un heureux présage: je suis né sous une mauvaise étoile.

| 字不和, | tsé poŭ hô, les 8 caractères ne s'accordent pas (le mariage projeté ne peut se faire, les horoscopes des 2 futurs n'étant pas d'accord).

叭 Pă. | 哥, v. | 哥兒, v. | 兒, | kō, v. | kō eûl, v. | eûl (pēul), nom d'un oiseau noir, auquel on peut apprendre à parler.

P'Ă

拔 P'ă. Extirper, arracher.

| 劍, | kién, dégaîner.

提 |, T'î |, secourir (en parlant d'un supérieur à un inférieur).

那一張字要 | 出來, Lá ĭ tchāng tsé iáo | tch'oŭ lâi, il faut se faire rendre ce papier, ce contrat.

| 釘子, | tīn tsè, arracher des clous.

| 貢, | kóng. Voir kóng.

PĀI

跰 Pāi (pop.) v. | 子, v. | |, v. | tsè, v. ┣ |, boiteux.

丨起走；脚走丨了，丨 *k'ì tseòu; kiŏ tseòu* 丨 *lò*, marcher en boitant; boiter par suite de la fatigue de la marche.

走得丨脚丨爪的，*Tseòu tĕ·* 丨 *kiŏ* 丨 *tchào tī*, marcher en boitant beaucoup.

脚有點丨，*Kiŏ ieòu tièn* 丨，boiter légèrement.

打丨了，*Tà* 丨 *lò*, il a été frappé au point d'en boiter.

P'ÂI

排 *P'âi.* Arranger, disposer.

一丨，两丨；安丨，丨列，*ĭ* 丨，*leàng* 丨；*gān* 丨，丨 *liĕ·*, une rangée, deux rangées; disposer.

丨塲，耍丨塲，丨 *tch'âng, choùa* 丨 *tch'âng*, apparat, viser à l'apparat.

外丨好，*Ouái* 丨 *haò*, l'extérieur est bien.

二丨烟的時候，*Eúl* 丨 *iēn tī chê heóu*, l'heure de fumer la seconde pipe.

鋪丨得好，*P'ōu* 丨 *tĕ· haò*, c'est bien disposé, bien organisé.

丨子，丨 *tsè*, air de chant, mesure de cymbales.

打鑼鑼要依丨子，*Tà lô lō iáo ī* 丨 *tsè*, il faut battre le tam-tam selon le rhythme.

牌 *P'âi.* Bouclier, tablette, enseigne, médaille; cartes à jouer.

藤丨，*T'ên* 丨，bouclier en rotin.

招丨，*Tchāo* 丨，enseigne; au fig. réputation.

掛招丨，*Kouá tchāo* 丨，exposer l'enseigne (au pr. et au fig.).

顧招丨，*Koú tchāo* 丨，avoir soin de sa réputation.

打爛招丨，*Tà lán tchāo* 丨，briser sa réputation.

他的招丨响了，*v.* 出了名，*T'ā tī tchāo* 丨 hiàng lò, *v.* tch'oŭ lò mîn; son enseigne est très connue, elle a de la réputation.

招丨要得緊，*Tchāo* 丨 *iáo tĕ· kìn*, l'enseigne, c.-à-d. la réputation, est absolument nécessaire.

票丨，*v.* 丨票，*P'iáo* 丨，*v.* 丨 *p'iáo*, ordre écrit du mandarin.

丨丨，一塊丨丨，丨丨 (*p'âi*), *ĭ k'oùai* 丨丨，tablette, médaille; une tablette.

高脚丨，*Kāo kiŏ* 丨，tablettes en forme de bannières, sur lesquelles sont écrits les titres de dignité soit des mandarins, soit des idoles, et qu'on porte en procession devant eux.

門丨，*Mên* 丨，feuille officielle avec sceau du mandarin, sur laquelle sont inscrits tous les membres d'une famille. (Cette feuille doit être collée sur une tablette, et suspendue près de la porte.)

五字丨，*v.* 神丨 (*v.* 家神)，*Où tsé* 丨，*v. chên* 丨 (*v. kiā chên*), tablette payenne (voir *chên*).

主丨，*Tchòu* 丨，tablette chrétienne, en l'honneur du vrai Dieu.

靈丨，丨位，*Lîn* 丨，丨 *oúi*, tablette superstitieuse, où est censée résider l'âme des ancêtres, de quelque personnage célèbre.

萬歲丨，*Ouán soúi* 丨，tablette avec inscription en l'honneur de l'Empereur.

紙丨，*Tchè* 丨，cartes à jouer (en carton).

打丨耍沒得輸贏，*Tà* 丨 *choùa, mŏ tĕ· chōu în*, jouer aux cartes pour s'amuser, sans mettre d'enjeu.

骨丨，*Koŭ* 丨，jeu de cartes en os.

界丨，*Kiái* 丨，粉丨，*fèn* 丨，聖丨，*chén* 丨. Voir *kiái, etc.*

PÀI

擺 *Pài.* Etaler en ordre; balancier; fièvre.

丨開，丨起賣，看，丨 *k'āi;* 丨 *k'ì mái, k'án*, étendre, étaler; étaler pour vendre, pour faire voir.

要殺他來丨起，*Iaó chă t'ā lâi* 丨 *k'ì*, je veux le tuer, et étaler son cadavre.

我丨跟你看，*v.* 在你眼前，*Gò* 丨 kēn gnì k'án, *v.* tsái gnì ièn ts'iên, je vais te montrer, étaler devant toi.

我丨跟你聽，*Gò* 丨 *kēn gnì t'ín*, je vais te raconter.

你丨𠯿子，*Gnì* 丨 *chá tsè?* qu'est-ce que tu racontes?

丨人家的過失，丨 *jên kiā tĭ kó chĕ*, étaler les fautes d'autrui: médire.

有丨的鐘，*Ieòu* 丨 *tĭ tchōng*, horloge à balancier.

丨不走，丨停了，丨 *poŭ tseòu*, 丨 *t'în lò*, le balancier ne marche pas, il s'est arrêté.

丨腦膱，丨手不要，丨 *laò k'ŏ*, 丨 *cheòu poŭ iáo*, faire signe de la tête, des mains, qu'on ne veut pas.

打丨子，一場丨子，*Tà* 丨 *tsè; ĭ tch'âng* 丨 *tsè*, avoir la fièvre; un accès de fièvre.

丨子該今天打，丨 *tsè kāi kīn t'iēn tà*, l'accès doit revenir aujourd'hui.

丨子斷倒了 (*v.* 截住了)，丨 *tsè touàn taò lò (v. tsiĕ tchóu lò)*, on a coupé la fièvre.

今年我打過十个丨子，*Kīn niên gò tà kó chĕ kó* 丨 *tsè*, cette année, j'ai eu dix accès de fièvre.

丨攤子，丨 *t'ān tsè*, 丨飯，丨 *fán*, 丨設，丨 *chĕ*, 搖頭丨尾，*iaô t'eôu* 丨 *oùi*, 丨龍門陣，丨 *lông mên tchén*, 丨子葯，丨 *tsè iŏ*. Voir *t'ān, fán, etc.*

P'ÀI

掔 *P'ài.* Brasse.

一丨有五尺長，*ĭ* 丨 *ieòu où tch'ĕ tch'âng*, une brasse est de 5 pieds.

兩丨長，*Leàng* 丨 *tch'âng*, long de 2 brasses.

丨不起，*v.* 丨不倒，丨 *poŭ k'ì*, *v.* 丨 *poŭ taò*, ne pouvoir mesurer des 2 bras étendus, ou bien, plus long ou plus court qu'une brasse.

丨索子，丨 *sŏ tsè*, mesurer une corde à la brasse.

PÁI

拜 *Pái.* Saluer.

丨主，丨 *Tchòu*, adorer Dieu. (Cérémonie d'adoration, pour ceux qui déclarent vouloir se faire chrétiens.)

丨望，*v.* 丨見，丨 *ouáng*, *v.* 丨 *kién*, faire visite.

丨三丨，丨 *sān* 丨, saluer de trois prostrations.

丨喪，丨靈，丨 *sāng*, 丨 *lîn*, se prosterner devant le cercueil, devant la tablette des ancêtres (superst.).

丨別，丨辭，丨 *piĕ*, 丨 *ts'ê*, visite d'adieu, salutation du départ.

丨門，丨 *mên*, se déclarer le disciple de quelqu'un (voir *mên*).

謝丨，*Sié* 丨, remercier d'une visite ou d'une salutation.

丨苦像，丨聖體，丨 *k'où siáng*, 丨 *chén t'ì*, adorer la Croix, l'Eucharistie.

禮丨日，*Lì* 丨 *jĕ*, dénomination du dimanche, chez les protestants.

丨寄人認他爲乾爹，丨 *kí jên jén t'ā oûi kān tī*, saluer quelqu'un en le reconnaissant pour son père (voir *kān*).

丨客，丨 *k'ĕ*, 回丨，*hoûi* 丨，丨會，丨 *houi*, 丨上，丨 *cháng*, 丨年，丨 *niên*, 枯香丨把，*niēn hiāng* 丨 *pà*. Voir ces mots.

敗 *Pái.* Gâter, détruire.

錢也丨人也丨，*Ts'iên ì* 丨, *jên ì* 丨, famille ruinée corps et biens.

樹林砍丨了，*Chóu lîn k'àn* 丨 *lò*, la forêt est détruite pour avoir été trop exploitée.

纔興的不幾年就丨，*Ts'âi hīn tĭ poŭ kì niên, tsieóu* 丨, il n'y a que peu d'années qu'il s'était monté, le voilà déjà allant vers la ruine.

這堂教友只有 (*v.* 是) 丨，*Tché t'âng kiáo ieòu tchĕ (tchĕ) ieòu (v. ché)* 丨, cette station de chrétiens ne fait que décliner.

生意丨了，*Sēn í* 丨 *lò*, le commerce est tombé.

顏色丨了，*Iên sĕ* 丨 *lò*, la couleur est fanée.

丨胃，丨 *oúi*, qui abîme l'estomac, qui enlève l'appétit.

丨壞人家，丨 *houai jên kiā*, gâter, corrompre quelqu'un.

打丨了，打丨仗，*Tà* 丨 *lò; tà* 丨 *tcháng*, il a été vaincu; perdre la bataille.

主張丨弱，丨家，*Tchòu tchāng* 丨 *jŏ*, 丨 *kiā*. Voir *jŏ, kiā*.

稗 *Pái. v.* |**子**, *v.* | *tsè*, ivraie.

今年|**子多**, *Kīn niēn* | *tsè tō*, cette année il y a beaucoup d'ivraie.

粺 *Pái. v.* |**子**, *v.* **毛**|, *v.* | *tsè*, *v. mâo* |, espèce de riz ressemblant à l'ivraie.

P'ÀI

派 *P'ái.* Partager, distribuer.

宗|, *Tsōng* |, branches (dans une famille), dérivant d'une même souche.

|**得不匀靜**, *v.* **不平**, *v.* **不公道**, | *tĕ* poŭ iûn tsín, *v.* poŭ p'în, *v.* poŭ kōng táo, ce n'est pas partagé également, justement.

|**粮**, | *leâng*, répartir les impôts.

|**在粮上**, | *tsái leâng cháng*, répartir une contribution, en proportion avec les impôts.

照人|, *Tcháo jên* |, distribuer d'après le nombre des gens.

|**賬**, | *tcháng*, partager entre plusieurs une dette à payer.

|**活路**, | *hŏ loú*, distribuer le travail, assigner sa part à chacun.

分|**做快些**, *Fēn* | *tsoú k'oúai sī*, un travail divisé va plus vite.

好多人|, *Haò tō jên* |, combien eston à partager?

你|**得少點**, *Gnì* | *tĕ chaò tièn*, tu as eu une plus petite part.

|**夫馬**, | *foū mà*, réquisitionner des porteurs ou des chevaux, pour mandarins.

官|**兩名差去**, *Kouān* | *leàng mîn tch'āi k'ú*, le mandarin a envoyé deux satellites.

神父|**他的會長**, *Chên foú* | *t'ā tī hoúi tchàng*, le Père l'a nommé catéchiste.

勒|, *Lĕ* |, exiger injustement une contribution.

PĀN

班 *Pān.* Disposer, mettre en ordre.

一|**人**, *ĭ* | *jên*, compagnie d'individus travaillant en même temps à un même service.

上|, **下**|, *Cháng* |, *hiá* |, entrer en activité, être relevé du service.

炭廠有兩|**人,這一倖上**|**那一倖下**|**,一天換**|**兩道,十天歇一天**|, *T'án tch'àng ieòu leàng* | *jên, tché' ĭ p'ŏ cháng* | *lá ĭ p'ŏ hiá* |; *ĭ t'iēn hoúan* | *leàng taó, chĕ t'iēn hiĕ' ĭ t'iēn* |, la mine de charbon a deux escouades d'ouvriers; quand l'une se met à l'ouvrage, l'autre le quitte; on se relaie 2 fois par jour, et il y a un jour de repos tous les dix jours.

大|, *v.* **大**|**頭兒**, *Tá* |, *v. tá* | *t'eôu eûl (t'eûl)*, porteurs de chaise.

請兩|**人**, *Ts'ìn leàng* | *jên*, louer deux escouades de porteurs.

加|, *Kiā* |, prendre des porteurs de rechange en route.

老(*v.* **大**)|**子**, **小**|**子**, *Laò (v. tá)* | *tsè, siào* | *tsè*, les vieux, les jeunes, de générations différentes dans une même famille.

平|**的**, *P'în* | *tĭ*, ceux qui sont du même degré de parenté, par rapport à la souche commune.

三|, *Sān* |, les trois escouades de satellites d'un prétoire.

|**上的**, | *cháng tĭ*, satellite.

站|, *Tchán* |, satellites qui se tiennent rangés dans la salle d'audience, pendant le jugement.

皂|, *v.* **小**|, *v.* **吼**|, *v.* **吼**|**兒**, *Tsáo* |, *v. siào* |, *v. heòu* |, *v. heòu* | *eûl (peûl)*, hérauts qui marchent devant la chaise du mandarin, criant pour faire faire place, ou portant les insignes.

戲|**子**, *v.* |**子上的人**, *Hí* | *tsè, v.* | *tsè cháng tĭ jên*, comédien.

|**長**, | *tchàng*, chef d'une troupe, surtout de comédiens, appelé aussi *pèn kiā*.

|**房**, **房**|, |*fâng; fâng* |, prison dans les prétoires; satellite attaché à un bureau de prétoire.

長|, *v.* **跟**|, *Tch'âng* |, *v. kēn* |, valet de pied attaché à la personne du mandarin (voir *kēn*).

排|, *P'âi* |, se mettre en ordre, par ex. pour une cérémonie.

吃加丨茶, *Tch'ĕ kia* | *tch'â*, boire le thé laissé dans une tasse par un autre.

丨鳩, 丨 *kieōu*, 丨竹, 丨 *tchoŭ*, 對丨轎子, *toúi* | *kiáo tsè*. Voir *kieōu, tchoŭ, kiáo*.

斑 *Pān*. Tache; de diverses couleurs.

丨丨雲, 丨丨 *iûn*, ciel pommelé.

這張皮子有丨丨, *Tché· tchāng p'î tsè ieòu* | |, cette peau est tachetée, mouchetée.

麻丨鴿子, *Mâ* | *kŏ tsè*, pigeon à plusieurs couleurs.

丨子狗,汗丨 (v. 瘢), | *tsè keoù; hán* |, chien moucheté; voir *hán*.

般 *Pān*. Manière, espèce.

一丨都是, ĭ | *toū ché*, tout cela en est.

處處老鴉一丨黑, *Tch'óu tch'óu laò ōua ĭ* | *hĕ·*, partout les corbeaux sont noirs (prov.).

想人家的方子就是偷他一丨, *Siàng jên kiā tĭ fāng tsè, tsieóu ché t'eōu t'a ĭ* |, exploiter habilement les gens, n'est pas autre chose que les voler.

百丨搓磨, *Pĕ·* | *ts'ō mô*, tourmenter de cent façons.

魯丨, *Loù* |, ouvrier célèbre pour son habileté, devenu le patron des menuisiers et des tailleurs de pierre.

搬 *Pān*. Emigrer, déménager, emménager.

丨在山裡頭, 丨進貴州, | *tsái chān ì (lì) t'eôu*, | *tsín Koúi tcheōu*, émigrer dans la montagne, au *Koúi tcheōu*.

要催他丨家騰房子, *Iáo ts'oūi t'ā* | *kiā t'ên fâng tsè*, il faut le presser de déménager, et de vider la maison.

丨下鄉去, 丨上街, | *hiá hiāng k'ú*, | *cháng kāi*, émigrer à la campagne, en ville.

丨起走了, v. 丨出去了, | *k'ì tseòu lò*, v. | *tch'oŭ k'ú lò*, il a déménagé, il est parti.

這裡丨, 那裡丨, *Tché· lì* |, *lá lì* |, changer fréquemment de logement.

丨散了, | *sán lò*, ils se sont dispersés, émigrant chacun de son côté.

丨進屋, | *tsín oŭ*, emménager dans une maison.

丨弄是非, | *lóng ché fēi*, semer des calomnies et des médisances.

剃了腦膛要丨打吓, *T'í lò laò k'ā iáo* | *tà há*, après s'être fait raser la tête, on se fait masser.

頒 *Pān*. Promulguer.

丨皇曆丨錯了, | *houâng lĭ* | *ts'ó lò*, il s'est trompé dans le comput du calendrier.

扳 *Pān*. Tourner, plier, attirer à soi; s'agiter, palpiter.

丨樹子, 丨不伸, 丨斷了, | *chóu tsè*, | *poŭ tch'ēn*, | *touán lò*, en ployant l'arbre, on n'a pu le redresser, on l'a brisé.

鐘走慢了,要丨吓子針, *Tchōng tseòu mán lò, iáo* | *há tsè tchēn*, l'horloge retarde, il faut pousser un peu l'aiguille.

丨舵, | *tó*, imprimer un mouvement au gouvernail.

你看這个理怎麽樣丨得轉來, *Gnì k'án tché· kó lì tsèn mô iáng* | *tĕ tchouàn lâi*, dans cette dispute, vois comment on pourrait ramener le droit de notre côté.

丨不動, | *poŭ tóng*, ne pouvoir faire bouger, faire plier.

丨包穀, | *pāo koŭ*. Voir *koŭ*.

蟹 *Pān*. 丨蝥, | *mâ* (*mâo*), cantharide chinoise.

P'ĀN

攀 *P'ān*. Monter (style relevé).

将來你要長大財…不敢高丨, *Tsiāng lâi gnì iáo tchàng tá ts'âi* R. *Poŭ kàn kāo* |, plus tard vous deviendrez très riche. Rép. Je n'ose prétendre si haut.

鞶 *P'ān*. Poitrail.

華西官話漢法詞典

P'ÂN

蟠 *P'ân*. Enrouler.

蛇｜起晒太陽, *Chê* ｜ *k'ì chái t'ái iâng*, le serpent s'enroule pour se chauffer au soleil.

｜起辮子在頭上, ｜ *k'ì pién tsè tsái t'eôu cháng*, enrouler sa queue autour de sa tête.

｜起的, ｜ *k'ì tî*, enroulé.

｜花, **｜樹子**, ｜ *hoūa*, ｜ *chóu tsè*, contourner à la mode chinoise les arbustes à fleurs, les autres arbustes.

打｜脚坐, *Tà* ｜ *kiŏ tsó*, s'asseoir comme les tailleurs.

盤 *P'ân. v.* ｜ **子**, *v.* ｜ *tsè*, assiette (au propr. et au fig.).

｜｜, ｜｜ *(p'ān)*, petit plat, soucoupe.

髮｜, *Fă* ｜, petit plateau des barbiers.

茶｜, *Tch'â* ｜, plateau à porter les tasses à thé.

錢｜子, *Ts'iên* ｜ *tsè*, plateau à canules pour les sapèques.

算｜, *Souán* ｜, abaque.

五寸｜, **七寸｜**, *Où ts'én* ｜, *ts'ĭ ts'én* ｜, assiette de 5, de 7 pouces de diamètre.

磁器｜, **粗｜**, *Ts'ê k'í* ｜, *ts'ōu* ｜, assiette en porcelaine, en terre cuite.

醋｜, *Ts'óu* ｜, petite soucoupe, pour le vinaigre et autres condiments liquides.

平｜子, **戥｜子**, *P'în* ｜ *tsè*, *tèn* ｜ *tsè*, plateaux d'une balance, plateau d'une romaine.

香｜, *Hiāng* ｜, plateau en bambou, sur lequel les payens mettent leurs offrandes aux idoles portées en procession.

送花｜, *Sóng hoūa* ｜, superstition pour apaiser le diable.

你｜算檢他的便宜, 早他的算｜很, *Gnì* ｜ *souán kièn t'ā tî pién gnî? tsào! t'ā tî souán* ｜ *hèn?* tu te figures pouvoir gagner sur lui? doucement! il sait calculer.

｜算人, ｜ *souán jên*, chercher à tromper les gens.

｜察 (*v.* **查**), ｜ *tch'â*, examiner avec grand soin, comme font, par ex., les douaniers.

｜問, ｜ *ouén*, interroger minutieusement, faire subir un interrogatoire.

｜費, *v.* **｜纏**, *v.* **｜纏錢**, ｜ *féi*, *v.* ｜ *tch'ân*, *v.* ｜ *tch'ân ts'iên*, argent pour voyage, viatique.

我賣的東西, 要一｜現, *Gò mái tî tōng sī, iáo ĭ* ｜ *hién*, je ne vends qu'argent comptant.

你｜不倒他, *Gnì* ｜ *poŭ taò t'ā*, tu ne saurais le prendre par tes interrogations.

他把我｜不翻, *T'ā pà gò* ｜ *poŭ fān*, je puis lui répondre, j'en sais autant que lui.

人上十口難｜, *Jên cháng chĕ k'eòu lân* ｜, une famille arrivée à 10 membres est difficile à entretenir.

兒女多了｜不起, *Eûl niù tō lò* ｜ *poŭ k'ì*, il a trop d'enfants, il ne suffit pas à les élever.

生意還沒有講落｜, *Sēn í houân mŏ ieòu kiàng lŏ* ｜, en débattant le prix, on n'est pas arrivé à une conclusion définitive.

丢了｜子, *Tieōu lò* ｜ *tsè*, il a donné sa parole définitive, soit pour vendre, soit pour acheter.

提｜子的人, *T'î* ｜ *tsè tî jên*, celui qui débat les prix, soit pour l'achat, soit pour la vente.

｜古, ｜ *koù*, le premier homme, d'après les Chinois.

棋｜, **墨｜**, **羅｜**, **營｜**, *K'î* ｜, *mĕ* ｜, *lô* ｜, *în* ｜. Voir ces mots.

搬 *P'ân*. Transporter.

｜石頭, ｜ *chĕ t'eôu*, transporter des pierres.

｜不動, ｜ *poŭ tóng*, ne pouvoir remuer, transporter.

｜過去, **｜過來**, ｜ *kó k'ú*, ｜ *kó lâi*, emporter, apporter.

｜空了, ｜ *k'ōng lò*, on a tout emporté, c'est vidé.

朝裡頭 |, *Tch'ào ì (lì) t'eôu* |, emporter du dehors chez soi: rapporter chez soi le fruit de son vol.

朝外頭 |, *Tch'ào oúai t'eôu* |, emporter de chez soi ailleurs: voler sa propre famille au profit d'une autre.

| **糧食**, | *leâng chĕ*, transporter des vivres.

阻 |, *v.* **不准** |, *Tsoù* |, *v. poŭ tchouèn* |, prohiber l'exportation.

| **貴了**, | *koúi lò*, c'est cher à cause du prix de transport.

| **脚貴**, | *kiŏ koúi*, les frais de transport sont chers.

PÀN

板 *Pàn*. Planche.

一團 | **子**, *ĭ t'ouân* | *tsè*, planches d'une surface d'un *tchâng* carré; unité de mesure pour les planches.

清 | **子**, *Ts'īn* | *tsè*, alligner les bords des planches.

鑲 | **子**, *Siāng* | *tsè*, joindre des planches les unes aux autres.

推 | **子**, | **壁**, *T'oūi* | *tsè;* | *pĭ*, raboter des planches; cloison en planches.

裝 |, *Tchoūang* |, ajuster des planches dans un encadrement en bois; cloison ainsi faite.

面 | **子**, *Mién* | *tsè*, planchéier.

石 |, *Chĕ* |, dalles.

花 |, *v.* **建** |, *Hoūa* |, *v. kién* |, gros madriers de bois trouvés dans les terrains d'alluvion, et qui servent à faire des cercueils de prix.

| |, | |, bouts de planches; cercueil mince des pauvres.

地板 |, *Tí tchén* |, planches pour planchéier le rez-de-chaussée.

墻 |, *Ts'iâng* |, planches à modeler les murs en terre.

死 | | **的**, *Sè* | | *tĭ*, qui ne bouge pas plus qu'une planche.

打一千小 | **子**, *Tà ĭ ts'iēn siào* | *tsè*, donner mille coups de baguette (c.-à-d. de lanières de bambou).

捱了五十个大 | **子**, *Gâi lò où chĕ kó tá* | *tsè*, il a reçu cinquante coups de la grande planche.

毛頭 | **子**, *Mâo t'eôu* | *tsè*, grosse planche de bambou, dont on a laissé les nœuds, et qui sert à frapper et souvent à tuer sur place les voleurs, et autres malfaiteurs.

老 |, *Laò* |, (pop.) le patron, le maître d'une maison, d'une boutique, d'une barque.

大老 |, **二老** |, *Tá laò* |, *eúl laò* |, 1er patron, 2eme patron (suivant qu'il tient parmi ses frères le premier rang par ordre de naissance, ou le second).

這本書要下 |, *Tché· pèn choū iáo hiá* |, on va imprimer ce livre (graver les planches pour l'impression).

銅 | **印的**, *T'ông* | *ín tĭ*, imprimé sur planches métalliques, c.-à-d. avec des caractères mobiles en fonte.

套 |, *T'áo* |, planches d'imprimerie, pour imprimer des caractères en différentes couleurs: édition de luxe.

| **得狠**, | *tĕ· hèn*, il remue, il s'agite fort.

| **一吓就死**, | *ĭ há tsieóu sè*, il est mort apres s'être agité un peu.

| **不脫**, | *poŭ t'ŏ*, ne pouvoir se dégager en s'agitant.

跌脚 | **掌**, *T'iĕ· kiŏ* | *tchàng*, trépigner, s'agiter (par ex. un enfant en colère).

魚 | **子**, *Iû* | *tsè*. Voir *iû*.

一 | **洋布**, *ĭ* | *iâng poú*, une piece de toile européenne.

| **枷**, | *kiā*, cangue.

解 | **子**, *Kài* | *tsè*, **分** |, *fēn* |, **望** |, *ouáng* |, **樓** |, *leôu* |, | **箱**, | *siāng*, **五** | **舢**, *où* | *tch'ouân*, **雨** |, *iù* |, **案** |, *gán* |, **踏** (*v.* **跴**) |, *t'ă* (*v. tch'ài*) |; **菜** |, *ts'ái* |, **鐵** |, *t'iĕ·* |; | **凳**, | *tén*, | **栗**, | *lĭ*, **夾** |, *kiă* |. Voir *kài, fēn, etc.*

PÁN

半 *Pán*. Moitié.

一個人一 |, *ĭ kó jên ĭ* |, chacun la moitié.

丨個，一个丨，丨 *kó, ĭ kó* 丨，une demie, un et demi.

大丨，小丨，*Tá* 丨，*siào* 丨，une grande moitié, une petite moitié.

丨節，上丨節，丨 *tsiĕ·*, *cháng* 丨 *tsiĕ·*, une moitié, la moitié supérieure.

丨打丨年，丨 *tà* 丨 *niên*, environ une demi-année.

有一丨多，*Ieòu ĭ* 丨 *tō*, il y a plus d'une moitié.

丨邊人 (*v.* 側邊人)，丨 *piēn jên* (*v. tsĕ· piēn jên*), les gens d'à côté, désintéressés dans l'affaire.

聽丨邊話 (*v.* 詞)，*T'ín* 丨 *piēn hoúa* (*v. ts'ê*), n'écouter qu'une des deux parties.

分两丨邊，*Fēn leàng* 丨 *piēn*, partager par moitié.

丨篇，丨 *p'iēn*, une page, une demi-feuille de livre.

打丨斤，*Tà* 丨 *kīn*, acheter une demi-livre (de vin).

丨天，丨夜，丨 *t'iēn*, 丨 *ié·*, une demi-journée, minuit (voir *ié·*).

丨身不遂，丨 *chēn poŭ sŭ*, paralysie de la moitié du corps.

丨頭船，丨 *t'eôu tch'oûan*, (litt.) moitié de bateau, forme de bateau court, se terminant brusquement.

丨由天子丨由臣，丨 *ieôu t'iēn tsè* 丨 *ieôu tch'ên*, les affaires dépendent moitié de l'empereur, moitié des ministres.

多丨要來，*Tō* 丨 *iaó lâi*, il viendra très probablement.

丨生丨熟，丨新丨舊，丨 *sēn* 丨 *chŏu*, 丨 *sīn* 丨 *kieóu*. Voir *chŏu, kieóu*.

伴 *Pán*. Compagnon.

做丨，*v.* 陪丨，*Tsoú* 丨，*v. p'êi* 丨，tenir compagnie.

你跟他做丨，*v.* 打丨，*Gnì kēn t'ā* tsoú 丨，*v.* tà 丨，tiens-lui compagnie.

两个人一路有丨，*Leàng kó jên ĭ loú ieòu* 丨，en voyageant deux ensemble, on a de la compagnie.

接一个老丨，*Ts'iĕ· ĭ kó laò* 丨，prendre femme (ne se dit que des vieillards).

他沒得丨，*T'ā mŏ tĕ·* 丨，il n'a pas de compagnie, d'aide.

瓣 *Pán*. Quartier d'un fruit.

柑子分丨數，*Kān tsè fēn* 丨 *soú*, l'orange se divise par quartiers.

一丨蒜，*ĭ* 丨 *souán*, une gousse d'ail.

葫荳丨，*Foû teóu* 丨，fèves réduites en morceaux, et confites au sel.

辦 *Pán*. Préparer, opérer.

丨事，丨事的人，丨 *sé*; 丨 *sé tĭ jên*, gérer les affaires; gérant, procureur.

丨席，丨 *sĭ*, préparer un festin.

丨得體面，丨 *tĕ· t'ì mién*, c'est fait grandement.

丨喪事，*v.* 塲，丨 *sōng* sé, *v.* tch'âng, faire des funérailles.

預丨，*Iú* 丨，préparer d'avance (voir *iú*).

二回該你丨，*Eúl hoûi kāi gnì* 丨，la prochaine fois, à toi de faire les frais.

丨瞻禮，丨 *tchān lì*, faire des préparatifs pour une fête, avec dîner, etc.

今年子丨不起，*Kīn niēn tsè* 丨 *poŭ k'ì*, cette année les ressources manquent pour faire la fête.

一樣丨點，*ĭ iáng* 丨 *tièn*, acheter, préparer un peu de tout.

你丨甚麼貨，*Gnì* 丨 *chén mô hó?* quelles marchandises vends-tu?

丨鹽，丨藥材，丨 *iên*, 丨 *iŏ ts'âi*, faire en grand le commerce de sel, de médicaments.

本縣要丨你，*Pèn hién iáo* 丨 *gnì*, moi mandarin, je vais te condamner sévèrement.

丨會，丨 *hoúi*, 丨公事，丨 *kōng sé*, 丨功，丨 *kōng*, 丨告解，丨 *kaó kiài*. Voir *hoúi, kōng, etc.*

蚌 *Pán (páng)*. *v.* 丨蛤兒，*v.* 丨 (*v. p'án v. p'ān*) *kŏ* (*v. k'ŏ*) *eûl*, huître.

扮 *Pán*. Orner, ajuster.

打丨，*Tà* 丨，faire sa toilette; manière de s'habiller.

這是和而流的打丨, *Tché· ché hô eûl lieôu tĭ tà* 丨, c'est le costume et l'apparence extérieure des mauvais sujets.

打丨得齊齊整整, *Tà* 丨 *tĕ· ts'î ts'î tchèn tchèn*, être en grande toilette.

男裝(*v.* 妝)女丨, *Lân tchoūang niù* 丨, homme qui s'habille en femme.

P'ÁN

判 *P'án*. Distinguer, juger; exploiter, donner à exploiter.

丨案, 丨 *gán*, rendre la sentence.

堂丨, *T'âng* 丨, minute de l'interrogatoire et du jugement.

前官斷後官丨, *Ts'iên kouān touán, heóu kouān* 丨, le mandarin précédent et le suivant ont jugé de la même façon.

過不得審丨, *Kó poŭ tĕ· chèn* 丨, ne pouvoir passer au jugement de Dieu (voir *chèn*).

過審丨我要拉扯你, *Kó chèn* 丨 *gò iáo lā tch'è· gnì*, au jugement de Dieu je m'en prendrai à toi.

秧子丨跟人家栽, *Iāng tsè* 丨 *kēn jên kiā tsāi*, louer à autrui, et à prix fait, la plantation du riz.

丨山, 丨柑子林, 丨 *chān*, 丨 *kān tsè lîn*, acheter le droit d'exploitation d'une forêt, d'un verger d'orangers.

丨跟人家, 丨 *kēn jên kiā*, vendre à autrui le droit d'exploitation.

拌 *P'án*. Abandonner.

丨命打, 丨 *mín tà*, risquer sa vie en se battant.

我們兩个要丨命, *Gò mên leàng kó iaó* 丨 *mín*, il faut jouer vie contre vie à nous deux.

絆 *P'án*. Lier.

拿索索來丨倒, *Lâ sŏ sŏ lâi* 丨 *taò*, apporte une corde pour lier.

丨倒馬, 丨 *taò mà*, entraver un cheval.

黑了看丨倒脚, *Hĕ· lò k'án* 丨 *taò kiŏ*, il fait nuit, prends garde de t'embarrasser les pieds, et de tomber.

丨栽了, 丨 *tchoūai (tsāi) lò*, il s'est accroché à un obstacle, et est tombé.

舌頭都丨了, *Chĕ· t'eôu toū* 丨 *lò*, la langue est déjà embarrassée, glacée.

踢脚丨手的, *T'ĭ· kiŏ* 丨 *cheòu tĭ*, 皮丨, *p'î* 丨. Voir *kiŏ*, *p'î*.

盼 *P'án*. Regarder, veiller sur.

顧丨人家, *Koú* 丨 *jên kiā*, s'intéresser à quelqu'un, lui faire du bien.

左顧右丨, 丨望, *Tsò koú ieóu* 丨, 丨 *ouáng*, regarder de tous côtés, veiller à droite et à gauche; désirer ardemment.

攀 *P'án*. *v.* 丨子, *v.* 丨丨, *v.* 鈕丨子, *v.* 鈕丨子, *v.* 丨 *tsè*, *v.* 丨 丨, *v. nieòu* 丨 *tsè*, *v. k'eóu* 丨 *tsè*, boutonnière (voir *nieòu*).

釘一个丨子, *Tín ĭ kó* 丨 *tsè*, coudre une boutonnière.

PĀNG

邦 *Pāng*. Petit royaume, région.

文墨之丨, *Ouên mĕ· tchē* 丨, pays où la littérature est en honneur.

安丨定國, *Gān* 丨 *tín kouĕ·*, pacifier un royaume.

帮 *Pāng*. Aider, contribuer; corporation, caravane.

丨人, 丨 *jên*, aider autrui: servir comme ouvrier, ou comme domestique.

丨人做庄稼, 丨 *jên tsoú tchouāng kiā*, être domestique de ferme.

丨長年, 丨 *tch'âng niên*, être domestique à l'année.

丨人掌櫃, 丨 *jên tchàng kouí*, commis ou intendant.

丨人燒鍋, 丨 *jên chāo kō*, être cuisinier.

相丨, *Siāng* 丨, s'aider mutuellement, ou simplement aider.

請相丨, *Ts'ìn siāng* 丨, inviter du monde pour aider (dans quelque occasion solennelle, avec la convention tacite de rendre la pareille dans un cas semblable).

求天主相丨我們, *K'ieôu T'iēn Tchòu siāng* 丨 *gò mên*, prions Dieu de nous aider.

丨異端事，丨 *í touān sé*, contribuer aux superstitions.

丨我帶書信，丨 *gò tái chouā sín*, rends-moi le service de porter cette lettre.

丨手，丨 *cheòu*, aide, subalterne.

你丨我一个忙，*Gnì* 丨 *gò ĭ kó mâng*, donne-moi un coup de main (voir *mâng*).

大家都是丨忙，*Tá kiā toū ché* 丨 *mâng*, nous sommes tous pour aider.

這回我丨忙不賺你的錢，*Tché· hoûi gò* 丨 *mâng poŭ tchouán gnì tĭ ts'iên*, cette fois-ci, c'est pour te rendre service, je ne veux rien recevoir de toi.

你丨他繳纏，*Gnì* 丨 *t'ā kiào tch'ân*, contribue à son entretien.

你也要丨補點，*Gnì ì iáo* 丨 *poù tièn*, de ton côté, il faut que tu y contribues un peu.

你要丨補點米，*Gnì iaó* 丨 *poù tièn mì*, il faut que tu contribues d'un peu de riz.

丨行，丨 *hâng*, contribuer au capital d'une association.

丨扶，*v.* 丨助，丨 *foû*, *v.* 丨 *tsoú*, secourir.

客有客丨船有船丨，*K'ĕ· ieòu k'ĕ·* 丨，*tch'oûan ieòu tch'oûan* 丨，les commerçants et les bateliers ont leurs corporations respectives.

丨口上的人，丨 *k'eòu cháng tĭ jên*, les hommes d'une corporation.

離了丨口不敢走，*Lî lò* 丨 *k'eòu poŭ kàn tseòu*, à moins qu'ils ne soient en caravane, ils n'osent voyager.

帶丨大爺，*Tái* 丨 *tá iê·*, le chef d'une caravane.

跟倒大丨(煙丨)走，*Kēn taò tá* 丨 *(v. iēn* 丨 *) tseòu*, aller avec une grande caravane (ou bien, avec une caravane à opium).

大丨信，*Tá* 丨 *sín*, compagnie postale.

梆

梆 *Pāng*. Cylindre de bois creux, sur lequel on frappe (pour annoncer les veilles, ou donner un signal quelconque).

敲丨丨，*K'āo* 丨丨，frapper sur cet instrument.

丨臭的，丨硬，硬丨，丨 *tch'eóu tĭ*, 丨 *guén*, *guén* 丨，très puant, très dur, bien portant.

鞤

鞤 *Pāng*. *v.* 鞋丨子，*v. hâi* 丨 *tsè*, empeigne.

P'ÂNG

旁 *P'âng*. A côté, approcher.

丨邊，丨邊人，丨 *piēn;* 丨 *piēn jên*, à côté; les gens d'à côté.

聖母立十字架丨，*Chén moù lĭ chĕ tsé kiá* 丨，la Ste Vierge se tenait debout au pied de la Croix.

兵拿槍穿耶穌的肋丨，*Pīn lâ ts'iāng tch'oūan Iê· soū tĭ lĕ·* 丨，un soldat perça le côté de Jésus-Christ avec une lance.

大路不平丨人剷，*Tá loú poŭ p'în* 丨 *jên tch'ouàn*, quand la grand'route n'est pas unie, les gens d'à côté l'aplanissent (réponse faite par celui à qui l'on reproche de se mêler de ce qui ne le regarde pas).

丨晚的時候，丨 *ouàn tĭ chê heóu*, vers le soir.

字丨，*Tsé* 丨，clef d'un caractère chinois (ainsi nommée parce qu'elle est ordinairement sur le côté de ce caractère).

這个字是嘥子丨，*Tché· kó tsé ché chá tsè* 丨，quelle est la clef de ce caractère?

滂 P'*âng*. Mouillé (style relevé).

丨沱大雨，丨 *t'ô tá iù*, grande pluie.

天降丨沱，*T'iēn kiáng* 丨 *t'ô*, il tombe une très grande pluie.

螃 *P'âng*. Crabe, écrevisse (voir *hài* 蟹).

PÀNG

榜 *Pàng*. Tableau, liste.

發丨，*Fă* 丨，afficher la liste des noms de ceux qui sont reçus aux examens.

發(*v.* 掛)水丨，*v.* 水牌，*Fă* (*v. koúa*) *choùi* 丨，*v. choùi p'âi*, afficher la liste de ceux qui sont admis à continuer l'examen après une première épreuve.

龍虎｜, *Lông foù ｜*, liste de ceux qui sont reçus licenciés.

背｜, *Pēi ｜*, le dernier sur la liste des admis.

｜眼, *｜ièn*, celui qui est reçu académicien avec le nº 2.

要做一个｜樣, *Iáo tsóu ĭ kó ｜ iáng*, il faut faire un exemple.

綁 *Pàng. v.* **捆｜**, *k'ouèn ｜*, lier.

｜强盜, *｜k'iâng taó*, lier un voleur.

拿索索來｜起, *Lâ sŏ sŏ lâi ｜ k'ì*, lie avec une corde.

撕衣上｜, *Sē ī cháng ｜*, arracher (en les déchirant) les habits au condamné sur le point d'être exécuté, et le ligoter.

膀 *v.* **髈** *Pàng (v. p'àng).* Epaule.

送一个｜, *Sóng ĭ kó ｜*, offrir une épaule de cochon.

背｜, *Péi ｜*, partie du dos immédiatement au-dessous de l'épaule.

報｜子, *Páo ｜ tsè*, ceux qui se tiennent à côté des joueurs pour les aider secrètement.

肩｜，手｜, *Kiēn ｜, cheòu ｜.* Voir *kiēn, cheòu.*

P'ÀNG

碰 *P'àng (p'óng).* Heurter, choc.

｜倒人, *｜taò jên*, heurter quelqu'un.

我沒有｜倒你, *Gò mŏ ièou ｜ taò gnì*, je ne t'ai pas touché (qu'as-tu à crier?).

｜壞了, *｜houái lò*, brisé par le choc.

玻璃｜不得, *Pō lî ｜ poŭ tĕ·*, le verre ne peut supporter de choc, ne doit pas être heurté.

這个人｜不得，｜倒就是禍, *Tché· kó jên ｜ poŭ tĕ·, ｜ taò tsiéou ché hó*, il ne faut pas se frotter à cet homme, qui s'y frotte s'y pique.

不信你去｜, *Poŭ sín gnì k'ú ｜*, si tu ne veux pas croire, va t'y frotter!

｜倒了, *｜taò lò*, il a été renversé par un choc.

｜聽風聲, *｜t'în fōng chēn*, envoyer aux écoutes.

PÁNG

謗 *Páng. v.* **毀｜**, *v. hoùi ｜*, dénigrer.

｜帖, *｜tiĕ· (v. t'iĕ·)*, placard injurieux.

棒 *Páng.* Bâton gros et court.

捱｜｜, *Gâi ｜｜*, recevoir des coups de bâton.

｜｜會, *｜｜ hoúi*, convention que font entre eux les habitants d'un même lieu (d'après laquelle chacun doit avoir un bâton à portée de sa main, pour tomber avec ensemble sur tout agresseur).

一｜｜把他打困了（打死了）, *ĭ ｜｜ pà t'a tà k'oüen lò (tà sè lò)*, d'un coup de bâton il l'a jeté par terre (ou bien, il l'a tué).

跟他幾｜｜, *Kēn t'a kì ｜｜*, administre-lui des coups de bâton.

木頭｜｜, *Mŏu t'eôu ｜｜*, gourdin.

打瓠蘆｜, *Tà k'ôu (hôu v. fôu) lôu ｜*, extorquer habilement de l'argent.

䰍 *v.* **戇｜**, *Tchouàng ｜*, imbécile, sot.

P'ÁNG

胖 *P'áng.* Gras, gros (ne se dit que des hommes, pour les animaux on dit *féi*).

｜大一个人, *｜tá ĭ kó jên*, un homme gros et gras, et de haute stature.

這个娃娃長得｜攏攏的, *Tché· kó oûa oûa tchàng tĕ· ｜ tch'òu tch'òu tĭ*, cet enfant, en grandissant, est devenu tout potelé.

PĀO

包 *Pāo.* Envelopper, renfermer, poche, tumeur; louer, répondre de.

｜東西, *｜tōng sī*, envelopper, empaqueter des objets.

｜書, *｜chōu*, cartonner un livre.

｜墳，｜牆, *｜fên; ｜ts'iâng*, entourer de pierres un tumulus; entourer d'un mur d'enceinte.

｜皮，｜*p'î*, enveloppe molle.

皮｜｜，*P'î* ｜｜，petite poche en cuir.

｜渾，*v.* ｜袱，｜*tān, v.* ｜*foŭ*, toile à envelopper (voir *foŭ*).

背一个｜｜(*v.* ｜袱)，*Pēi ĭ kó* ｜｜(*v.* ｜*foŭ*), porter un paquet sur le dos.

在｜｜裡頭，*Tsái* ｜｜*ì* (*lì*) *t'eôu*, dans la poche, dans le sachet.

｜鐵，｜銅，｜銀子，｜*t'iĕ*, ｜*t'ông*, ｜*în tsè*, garnir de fer, de cuivre, d'argent.

一｜棉花，棉花｜子，*ĭ* ｜*miên hoūa; miên hoūa* ｜*tsè*, un ballot de coton; gros ballot de coton.

｜起走了，｜*k'ì tseoù lò*, il l'a empaqueté et emporté.

｜起銀子來，｜*k'ì în tsè lâi*, venir avec un ou plusieurs paquets d'argent.

｜一點菜去，｜*ĭ tièn ts'ái k'ú*, emporter un peu de viande empaquetée.

｜子，｜*tsè*, pâtisserie renfermant ou de la viande: *joŭ* ｜*tsè* 肉｜子，ou du sucre: *t'âng* ｜*tsè* 餹｜子.

｜篼，｜*teōu*, panier de bambou sans couvercle.

｜籮，｜*lô*, panier de bambou avec couvercle.

你去｜四兩餹，*Gnì k'ú* ｜*sé leàng t'âng*, va envelopper (acheter) 4 onces de sucre.

一齊｜在裡頭，*v.* 內，*ĭ ts'î* ｜*tsái* ì (lì) t'eôu, *v.* loúi, tout y est compris.

在腦膉上起(長)了一个｜，*Tsái laò k'ŏ cháng k'ì* (*v. tchàng*) *lò ĭ kó* ｜，il a poussé une tumeur sur la tête.

山｜｜，*Chān* ｜｜，colline.

｜(*v.* 苞)菜，*v.* ｜｜菜，｜*ts'ái*, *v.* ｜｜*ts'ái*, chou pommé: tout légume pommé.

發｜(*v.* 苞)｜，*Fă* ｜｜，bourgeonner.

濫｜田，*Lán* ｜*t'iên*, rizière à fond marécageux.

｜的船，｜*tĭ tch'ouân*, barque louée (voir *tch'ouân*).

｜活路，｜*hŏ loú*, ouvrage entrepris à prix fait: entreprendre un ouvrage à prix fait.

活路｜跟人家，*Hŏ loú* ｜*kēn jên kiā*, donner à prix convenu un ouvrage à faire.

乾｜，*Kān* ｜，prix fait (l'ouvrier se nourrit lui-même).

｜工不｜喫，｜*kōng poŭ* ｜*tch'ĕ*, prix fait, pour le travail, non pour la nourriture.

｜得好，｜*tĕ· haò*, le travail est loué dans de bonnes conditions. (Le sens diffère suivant qu'il s'agit du propriétaire, ou de l'entrepreneur.)

｜搬東西，｜*p'ân tōng sī*, louer le transport d'objets; s'en charger à prix fait.

炭賣両吊錢｜送，*T'án mái leàng tiáo ts'iên* ｜*sóng*, le charbon se vend deux ligatures, livré à domicile.

打｜扶，*Tà* ｜*fôu*, répondre d'une chose.

｜你無事，*v.* ｜管無事，｜*gnì oû sé*, *v.* ｜*kouàn oû sé*, je réponds qu'il n'y aura pas d'affaire.

｜栽樹子，｜*tsāi choú tsè*, répondre d'une plantation d'arbres (qu'ils prendront racine.)

｜一年，｜三場，｜*ĭ niên*, ｜*sān tch'âng*, répondre pour un an, pour le temps de trois marchés.

貨｜用，｜掉，*Hó* ｜*ióng*, ｜*t'iào*, répondre d'une marchandise qu'elle pourra servir, qu'on l'échangera si elle ne convient pas.

｜管字，｜*kouàn tsé*, écrit qu'on exige de celui qui a commis quelque méfait, et dans lequel il reconnaît son tort et promet de ne plus recommencer.

喊不得那樣多｜皮，*Hàn poŭ tĕ· lá iáng* (*láng*) *tō* ｜*p'î*, il ne faut pas surfaire le prix à ce point.

｜脚，｜*kiŏ*, ｜腦膉，｜*laò k'ŏ*, ｜含，｜*hân*, ｜工，｜*kōng*, ｜醫病，｜*ī pín*, ｜席館，｜*sĭ kouàn*, 馬屁｜，*mà p'î* ｜，｜穀，｜*koŭ*. Voir *kiŏ*, *k'ŏ*, *etc.*

胞 *Pāo*. Matrice.

同｜共乳，*T'ông* ｜*kóng joù*, frères utérins.

同｜弟兄, v.｜兄｜弟, *T'ông* ｜ *tí hiōng, v.* ｜ *hiōng* ｜ *tí*, propres frères (par opposition aux cousins, appelés frères aussi).

脬 *Pāo. v.* 尿 ｜, *v. niáo* ｜, vessie.

P'ĀO

抛 *P'āo.* Jeter, disperser.

｜石頭, ｜ *chĕ t'eôu*, jeter des pierres.

｜網, ｜ *ouàng*, jeter le filet.

｜撒銀錢, ｜ *să în ts'iên*, gaspiller l'argent.

這个人｜撒大, *Tché· kó jên* ｜ *să tá*, c'est un dissipateur, qui gaspille tout.

那裡沒得一點｜撒, *Là lì mŏ tĕ· ĭ tièn* ｜ *să?* où ne gaspille-t-on pas un peu?

把父母｜撇 (*v.* 別), *Pà foú moù* ｜ *p'iĕ· (v. piĕ·)*, mettre ses parents de côté, ne pas s'occuper d'eux.

｜棄自己的兒女, ｜ *k'í tsé kì tĭ eûl niù*, abandonner ses propres enfants.

逢人且說三分話,未可全｜一片心, *Fông jên ts'iè· chŏ sān fēn houá, oúi k'ò ts'uên* ｜ *ĭ p'ién sīn*, quand on rencontre quelqu'un, qu'on lui dise quelques paroles, mais qu'on n'aille pas lui ouvrir (jeter) tout son cœur.

｜糧下種, ｜ *leâng hiá tchòng*, répandre les semences.

｜幾吊錢不上算, ｜ *kì tiáo ts'iên poŭ cháng souán*, exposer quelques ligatures, pour une dépense inutile ou hasardeuse.

｜幾寸布, ｜ *kì ts'én poú*, ajouter quelques pouces de toile.

｜頭露面, ｜ *t'eôu loú mién*, aimer à se montrer.

｜兩道河, ｜ *leàng táo hô*, passer deux fois un fleuve.

苞 *P'āo (pāo)*. Enveloppe extérieure des grains.

穀子含｜, *Koŭ tsè hân* ｜. Voir *koŭ*.

｜兒, ｜ *eûl (p'ēul)* fraise, mûre.

桑｜兒,蛇｜兒,栽秧｜兒, *Sāng* ｜ *eûl, chê·* ｜ *eûl, tsāi iāng* ｜ *eûl*, mûre, fraise, framboise.

泡 *P'āo.* Ecume.

打｜子, *Tà* ｜ *tsè*, écumer, enlever l'écume.

起｜子, *K'ì* ｜ *tsè*, se couvrir d'écume.

水｜子,血｜子, *Choùi* ｜ *tsè, hiĕ·* ｜ *tsè*, écume d'eau, de sang (voir *hiĕ·*).

提｜子, *T'î* ｜ *tsè*, litt. écumer une marchandise, c.-à-d. en enlever le meilleur.

｜子貨, ｜ *tsè hó*, marchandises de choix.

P'ÂO

刨 *P'âo.* Gratter, racler.

｜土, ｜ *t'où*, gratter la terre.

兎兒｜洞做窩, *T'oú eûl* ｜ *tóng tsoú ō*, le lapin creuse un terrier pour ses petits.

手｜泥巴, *Cheòu* ｜ *gnî pā*, creuser la terre avec les mains.

手｜來喫, *Cheòu* ｜ *lâi tch'ĕ*, vivre du travail de ses mains.

｜米在撮箕裡頭, ｜ *mì tsái ts'ŏ kī ì (lì) t'eôu*, ramasser du riz dans le *ts'ŏ kī*, en l'y poussant avec les mains.

快點｜兩口飯喫, *K'oúai tièn* ｜ *leàng k'eòu fán tch'ĕ*, avale à la hâte quelques bouchées de riz.

｜樹子, ｜ *chóu tsè*, ｜花生, ｜ *hoūa sēn*. Voir *chóu, hoūa*.

袍 *P'âo.* Habit long.

｜子, ｜ *tsè*, habit long de cérémonie.

穿｜套, *Tch'oūan* ｜ *t'áo*, porter l'habit complet de cérémonie.

皮｜子, *P'î* ｜ *tsè*, robe fourrée.

道｜, *Taó* ｜, robe très longue et à grandes manches des *Taó sé*.

炮 *v.* 炰 *P'âo.* Griller.

這个藥是｜製過的, *Tché· kó iŏ ché* ｜ *tché kó tĭ*, ce médicament a été grillé (pour diminuer sa force, son âcreté).

庖 *P'âo.* Cuisine.

｜丁, ｜ *tīn*, cuisinier.

PÀO

保 *Pào.* Protéger.

| 人，請 | 人，| *jên; ts'ìn* | *jên*, répondant, parrain; chercher un répondant.

沒人 | 官不放他, *Mŏ jên* |, *kouān poŭ fáng t'ā*, comme personne ne répond pour lui, le mandarin ne veut pas le lâcher.

主 | 聖人, *Tchòu* | *chén jên*, le saint Patron.

吾主耶穌是我們的中 |, *Oû Tchòu Iê· soū ché gò mên tĭ tchōng* |, Notre-Seigneur Jésus-Christ est notre Médiateur.

| |, *Pào pào*, nom que les enfants donnent à ceux qui leur ont rendu quelque grand service.

天下萬物都是天主 | 存掌管, *T'iēn hiá ouán oŭ toū ché T'iēn Tchòu* | *ts'ên tchàng kouàn*, c'est Dieu qui conserve et qui gouverne toutes choses en ce monde.

| **守庄稼**, | *cheòu tchoūang kiā*, garder la récolte contre les voleurs.

| **正**, | *tchén*, chef de garde nationale, ayant sous lui dix **甲** *kiă* (voir ce mot), et qui est en même temps chargé de dirimer à l'amiable les petites affaires litigieuses de son district.

投禀 | 甲, *T'eôu p'ìn* | *kiă*, prévenir pour une affaire le *paò tchén* et le *kiă tchàng*, leur déférer une affaire.

性命難 |, *Sín mín lân* |, il sauvera difficilement sa vie.

| **不住**, | *poŭ tchóu*, ne pouvoir protéger.

| **自己的身子**, | *tsé kì tĭ chēn tsè*, défendre son corps, sa vie.

衆人 | 舉的, *Tchóng jên* | *kù tĭ*, élu au suffrage universel.

| **護**, | **佑**, | *foú*, | *ieóu*, protéger.

| **官**, | *kouān*, celui des joueurs qui tient l'enjeu contre tous les autres.

寶 *Pào.* Précieux.

| **貝**, | *péi*, chose précieuse, de grand prix; bijou, perle.

你這个 | 貝, *Gnì tché· kó* | *péi*, le beau trésor que tu me fais!

| **藏**, | *tsáng*, trésor.

書是隨身 |, *Choū ché soûi chēn* |, les livres sont un trésor qui vous suit partout.

| **號**, | **貨**, | **舟**, | *háo*, | *hó*, | *tcheōu*, *etc.*, votre (noble) enseigne, votre marchandise, votre barque (politesse).

狗 |, **馬 |**, *Keòu* |, *mà* |, bezoard de chien, de cheval.

耶穌 | 血, | **死**, *Iê· soū* | *hiĕ·*, | *sè*, le Précieux-Sang, la précieuse mort de Jésus-Christ.

死 | 不如活 |, *Sè* | *poŭ joû hŏ* |, *litt.* un trésor mort ne vaut pas un trésor vivant: c.-à-d. toutes les richesses ne valent pas un homme.

耍 |, *Iá* |, jouer de l'argent.

一个 |, *ĭ kó* |, un sabot de 50 taëls.

飽 *Pào.* Rassasié, plein.

喫 | 了沒有, *Tch'ĕ* | *lò mŏ ieòu?* es-tu rassasié?

人不宜好狗不宜 |, *Jên poŭ gnî haò, keòu poŭ gnî* |, il ne faut pas trop bien traiter les gens, ni trop rassasier les chiens.

他銀錢 | 他貨 |, *T'ā în ts'iên* |, *t'ā hó* |, il est riche en argent, bien monté en marchandises.

不曉得 |, *Poŭ hiào tĕ·* |, il n'est jamais rassasié.

消 | 脹, *Siāo* | *tcháng*, dissiper la gêne d'estomac, provenant d'un manque de digestion.

反 | 想吐, *Fàn* | *siàng t'où*, avoir des nausées.

餵不 | 的狗, *Oúi poŭ* | *tĭ keòu*, chien qu'on ne peut rassasier.

書讀得 |, *Choū toŭ tĕ·* |, il a fait de bonnes études.

| | **兩斤**, | | *leàng kīn*, 2 livres bon poids.

| (*v.* | **足**) **有一百里**, | (*v.* | *tsiŏ*) *ieòu ĭ pĕ· lì*, il y a 100 *lys* bien comptés.

油浸 | 了, *Ieôu ts'ín* | *lò*, c'est imbibé, saturé d'huile.

弄丨了, *Lōng (v. lóng)* 丨 *lò*, il a obtenu ce qu'il voulait, il est rassasié.

P'ÀO

跑 *P'ào.* Courir.

丨得快, 丨 *tě· k'oúai*, il court vite.

快丨, *K'oúai* 丨, cours vite.

放大丨, *Fáng tá* 丨, se mettre à courir de toutes ses forces.

丨脫了, 丨 *t'ǒ lò*, il s'est enfui, il a échappé.

到處丨, *Taó tch'óu* 丨, courir partout.

丨得, 丨不得, 丨 *tě·*, 丨 *poŭ tě·*, il peut, il ne peut pas courir ou marcher.

丨不贏, 丨 *poŭ în*, ne pouvoir suivre à la course.

丨信 (v. 書子), 丨文書, 丨 *sín (v. chōu tsè)*, 丨 *ouên chōu*, porter des lettres, des dépêches.

丨堂, 丨 *t'âng*, garçon d'auberge, servir les gens.

丨道子, 丨 *taó tsè*, courir à cheval dans la piste préparée *ad hoc.*

丨趟子, 丨 *t'áng tsè*, courir, s'exercer à courir.

丨一蹚, 丨 *ĭ t'áng*, faire une course.

丨馬, 丨 *mà*, 丨路, 丨 *loú*, 蝎丨, *kiě·* 丨. Voir *mà, loú, kiě·.*

PÁO

暴 *Páo.* Violent.

起丨風, *K'ì* 丨 *fōng*, il s'est élevé un vent très violent.

丨虐待兒女, 丨 *liǒ tái eûl niù*, traiter durement ses enfants.

性子丨燥, *Sín tsè* 丨 *ts'áo*, caractère violent.

爆 *Páo.* Eclater, crever, craquer, pétiller.

石頭燒丨了, *Chě t'eôu chāo* 丨 *lò*, la pierre a éclaté au feu.

這宗木頭肯丨, *Tché· tsōng moŭ t'eôu k'èn* 丨, ce bois se fendille beaucoup.

新房子熱天丨得响, *Sīn fâng tsè jě· t'iēn* 丨 *tě· hiàng*, les maisons neuves craquent beaucoup en été.

晒丨了, 長丨了, *Chái* 丨 *lò; tchàng* 丨 *lò*, fendu au soleil; crevé à force d'avoir été gonflé.

眼睛丨了, *Ièn tsīn* 丨 *lò*, l'œil a crevé, ou l'œil est sorti de son orbite.

油蠟沾水要丨, *Ieôu, lă tchān choùi iaó* 丨, l'huile et la cire mouillées crépitent au feu.

抱 *Páo.* Embrasser, contenir, adopter.

丨嬰孩, 丨 *īn hiâi*, porter un enfant dans ses bras.

聖母丨耶穌, *Chén moù* 丨 *Iê· soū*, la Ste Vierge portant l'Enfant-Jésus.

懷丨, *Houâi* 丨, serrer sur son sein.

丨一點柴, 丨 *ĭ tièn tch'âi*, prendre une petite brassée de bois à brûler.

一丨柴, *ĭ* 丨 *tch'âi*, une brassée de bois de chauffage.

丨鋪蓋, 丨 *p'ōu kái*, apporter une couverture dans ses bras.

丨不起樹子, 丨 *poŭ k'ì chóu tsè*, ne pouvoir embrasser un arbre.

要兩个人丨, *Iáo leàng kó jên* 丨, il faut deux hommes pour l'embrasser (l'arbre).

一个丨倒一个, *ĭ kó* 丨 *taò ĭ kó*, se tenir tous deux embrassés.

兩个丨頭大哭, *Leàng kó* 丨 *t'eôu tá k'oŭ*, les deux, en s'embrassant, pleurèrent abondamment.

丨病, 丨 *pín*, être malade.

心丨不平, *Sīn* 丨 *poŭ p'în*, se sentir le cœur révolté, par ex. à la vue d'une injustice.

是親生的是丨的, *Ché ts'īn sēn tĭ, ché* 丨 *tĭ?* est-ce un fils engendré par lui, ou adopté?

丨做兒, 女, 媳婦, 丨 *tsoú eûl, niù, sĭ foú*, adopter pour fils, pour fille, pour bru.

丨過去, 過來, 丨 *kó k'ú; kó lâi*, donner à autrui en adoption; prendre en adoption.

三个兒｜出去了一个, *Sān kó eûl, ｜ tch'ŏu k'ú lò ĭ kó*, sur 3 fils que j'ai, j'en ai fait adopter un par autrui.

｜的得一半帶來的得一看, *｜ tĭ tĕ· ĭ pán, tái lâi tĭ tĕ· ĭ k'án*, le fils adoptif partage la succession, celui qui a suivi sa mère en secondes noces se contente de regarder partager.

｜過房的, *｜ kó fâng tĭ*, **｜約**, *｜ iŏ*, **｜告**, *｜ kaó*, **｜怨**, *｜ iuén*. Voir *fâng*, *etc.*

菢 *Páo*. Couver.

｜雞婆, *｜ kī p'ô*, poule couveuse.

革｜, *Kĕ· ｜*, empêcher de couver.

｜蛋, **｜出來了**, *｜ tán; ｜ tch'ŏu lâi lò*, couver des œufs; ils sont éclos.

｜不出雞兒, *｜ poŭ tch'ŏu kī eûl*, ne pouvoir faire éclore les poussins.

一｜總有些寡蛋, *ĭ ｜ tsòng ieòu sī koùa tán*, dans une couvée, il y a toujours des œufs manqués.

齙 *Páo. v.* **｜牙**, *v.* **｜牙齒**, *v. ｜ iâ, v. ｜ iâ tch'è*, dent proéminente.

鉋 *v.* **鏍** *Páo*. Rabot, raboter.

｜子, **｜花兒**, *v.* **｜木花兒**, *｜ tsè; ｜ hoūa eûl (houēul), v. ｜ mŏu hoūa eûl*, rabot; copeaux de rabot.

推｜子, *T'oūi ｜ tsè*, pousser le rabot.

｜光生了, *｜ kouāng sēn lò*, c'est rendu lisse au moyen du rabot.

豹 *Páo*. Panthère ou léopard.

銅錢花｜子, *T'ông ts'iên hoūa ｜ tsè*, panthère.

狗｜子, *Keòu ｜ tsè*, panthère plus petite.

報 *Páo*. Rendre la pareille; annoncer.

以惡｜恩, *ì gŏ ｜ guēn*, rendre le mal pour le bien (voir *guēn*).

知恩｜本, *Tchē guēn ｜ pèn*, se montrer reconnaissant.

善有善｜，惡有惡｜，不是不｜，日子未到, *Chán ieòu chán ｜, gŏ ieòu gŏ ｜, poŭ ché poŭ ｜, jĕ tsè oúi taó*, les bons sont récompensés, et les méchants punis; s'il paraît ne pas y avoir de rétribution, c'est que le jour n'en est pas arrivé.

我要｜他的仇, *Gò iáo ｜ t'ā tĭ tch'eôu*, je veux me venger de lui.

京｜, **日｜**, **月｜**, *Kīn ｜, jĕ ｜, iuĕ· ｜*, journal officiel de Pékin, journal quotidien, mensuel.

到處巴起｜單, *Táo tch'óu pā k'ì ｜ tān*, afficher des annonces partout.

打發人去｜信, *Tà fă jên k'ú ｜ sín*, envoyer quelqu'un porter la nouvelle.

聖母領｜, *Chén moù lìn ｜*, l'Annonciation.

放 (*v.* **送**) **｜**, *Fáng (v. sóng) ｜*, industrie qui consiste à porter le premier la grande nouvelle de la promotion aux grades littéraires ou militaires.

｜子, *｜ tsè*, courriers qui vivent de cette industrie.

｜賬, *｜ tcháng*, énumérer les dépenses et les recettes.

你｜我打, *Gnì ｜ gò tà*, lis ou énonce les chiffres, je ferai le compte à mesure sur l'abaque.

｜他的會長, *｜ t'ā tĭ hoúi tchàng*, nommer quelqu'un catéchiste.

｜官, *｜ koūan*, **｜名字**, *｜ mîn tsé*, **｜喜**, *｜ hì*, **喜｜**, *hì ｜*. Voir *koūan, mîn, hì*.

P'ÁO

泡 *P'áo*. Infuser, macérer; peu dense.

｜兩碗茶, *｜ leàng ouàn tch'â*, infuse (sers) deux tasses de thé.

丟在水頭｜起, *Tieōu tsái choùi t'eôu ｜ k'ì*, macérer dans l'eau.

｜長 (*v.* **脹**) **了**, *｜ tchàng (v. tcháng) lò*, c'est gonflé par l'eau.

拏水來｜起, *v.* **｜倒**, *Lâ choùi lâi ｜ k'ì, v. ｜ taò*, apporte de l'eau pour tremper, pour imbiber.

這个葯拏來｜酒喫, *Tché· kó iŏ lâ lâi ｜ tsieoù tch'ĕ,* prends ce médicament infusé dans du vin.

｜化了, 散了, ｜ *hoúa lò, sán lò,* c'est fondu, dissous dans l'eau.

｜開水, ｜ *k'āi choùi,* infuser dans l'eau bouillante.

｜鹹菜, ｜ *hân ts'ái,* macérer des légumes dans la saumure.

｜土, ｜沙土, ｜ *t'où,* ｜ *chā t'où,* terre meuble, terre sablonneuse.

｜炭, ｜ *t'án,* charbon fait de bois léger, tendre.

｜粑, ｜ *pā,* ｜木頭, ｜ *moŭ t'eôu,* ｜棉花, ｜ *miên hoūa.* Voir *pā, moŭ, miên.*

炮 *v.* 砲 *v.* 礮 *P'áo.* Canon, pétard.

一餅 (*v.* 一圓) 火｜子, *ĭ pìn (v. ĭ iuên) hò ｜ tsè,* un rouleau de pétards (voir *hò*).

｜火响, ｜ *hò hiàng,* le canon gronde.

打｜火, *Tà ｜ hò,* attaquer à main armée et avec des armes à feu, par ex. pour enlever un criminel à la justice.

鎗｜, *Ts'iāng* ｜, fusils et canons.

螺螄｜, 西瓜｜, 冲天｜, *Lô sē* ｜, *sī koūa* ｜, *tch'ōng t'iēn* ｜, canons rayés, bombes, fusée volante.

花｜, 開花｜, *Hoūa* ｜, *k'āi hoūa* ｜, bouquet d'artifice, obusier.

｜臺, ｜ *t'âi,* fort, emplacement de la batterie sur les remparts.

放鐵｜, 放三｜, *Fáng t'iĕ·* ｜; *fáng sān* ｜, tirer les boîtes; tirer les 3 coups de canon ou de boites d'usage.

醒｜, 定更｜, 二｜, *Sìn* ｜, *tín kēn* ｜, *eúl* ｜, le coup de canon du point du jour, celui du commencement des veilles de la nuit, celui de la 2eme veille.

橇 *P'áo.* Ballot de 40 ou de 110 livres.

一｜錢, *ĭ* ｜ *ts'iên,* dix ligatures.

這个活路怕要一｜把錢, *Tché· kó hŏ loú p'á iáo ĭ* ｜ *pà ts'iên,* pour ce travail, il faudra bien une dizaine de ligatures.

｜二, ｜ *eúl,* douze.

皰 *P'áo.* Ampoule.

脚打了一个｜, *Kiŏ tà lò ĭ kó* ｜, je me suis fait une ampoule au pied.

燙起粿子｜了, *T'áng k'ì kò tsè* ｜ *lò,* en se brûlant, il a attrapé une grosse ampoule.

PĔ

北 *Pĕ·.* Nord.

｜方, ｜ *fāng,* région du nord.

｜極, ｜ *kĭ,* pôle arctique.

｜斗星, ｜ *teoù sīn,* étoile polaire.

天上衆星皆拱｜, *T'iēn cháng tchóng sīn kiāi kòng* ｜, au ciel, toutes les étoiles saluent (tournent autour de) l'étoile polaire.

關｜門, *Koūan* ｜ *mên,* fermer la porte du nord (pour faire cesser les pluies).

坐｜向南, *Tsó* ｜, *hiáng lân,* maison située au nord, tournée vers le midi.

拜｜闕, *Pái* ｜ *k'uĕ·,* saluer en se tournant vers la cour du nord (la cour impériale de Pékin).

白 *Pĕ·.* Blanc; vain, sans réalité.

帶｜色, *Tái* ｜ *sĕ·,* couleur tirant sur le blanc.

｜淨; ｜生生的, ｜ *tsín;* ｜ *sēn sēn tĭ,* blanc et propre; d'un beau blanc.

｜卡卡的, ｜ *k'à k'à tĭ,* d'un blanc pâle, sale.

一个｜錠, *ĭ kó* ｜ *tín,* un globule d'argent pur.

｜芥子, ｜ *kiái tsè,* moutarde blanche qui se mange (*kiái moŭ*).

他是一个｜丁, *T'a ché ĭ kó* ｜ *tīn,* c'est un homme du peuple, non globulé.

｜露, ｜ *lóu,* époque du calendrier chinois (du 8 au 23 Septembre).

皂｜不分, *Tsáo* ｜ *poŭ fēn,* ne pas distinguer le blanc du noir, confondre tout.

長｜布, *Tch'âng* ｜ *poú,* nappe d'autel.

｜頭髮, ｜頭翁, ｜ *t'eôu fá;* ｜ *t'eôu ōng,* cheveux blancs; voir *ōng.*

不要你丨帮, *Poŭ iáo gnì* 丨 *pāng*, je ne veux pas que tu m'aides gratis.

盡是丨事; 事丨了, *Tsín ché* 丨 *sé; sé* 丨 *lò*, ce ne sont que des bêtises; l'affaire a échoué.

雨落丨了, *Iù lŏ* 丨 *lò*, la pluie a manqué.

字寫丨了, 寫丨字, *Tsé siè·* 丨 *lò; siè·* 丨 *tsé*, le caractere a été écrit d'une manière fautive; écrire des caractères fautifs.

稿丨, v. 抄丨, *Kào* 丨, v. *tch'āo* 丨, minute, copie d'un écrit.

丨**頭霜**, 丨 *t'eôu choūang*, **唆丨的**, *sún* 丨 *tĭ*, 丨**蠟**, 丨 *lă*, 丨**日間** (v. 丨**天家**), 丨 *jĕ kiēn* (v. 丨 *t'iēn kiā*), **明**丨, *mîn* 丨, **清**丨, *ts'īn* 丨, **告**丨, *káo* 丨, 丨**菜**, 丨 *ts'ái*, 丨**糖**, 丨 *t'âng*, 丨**鉛**, 丨 *iuên*, 丨**銅**, 丨 *t'ông*, 丨**銀**, 丨 *în*, 丨**水**, 丨 *chouì*, 丨**苕**, 丨 *chāo*, 丨**礬**, 丨 *fân*, 丨**楊樹**, 丨 *iâng chóu*. Voir *choūang*, *lă*, *etc.*

百 v. 伯 *Pĕ·*. Cent.

一丨, 一丨二, 一丨零八个, *ĭ* 丨, *ĭ* 丨 *eúl*, *ĭ* 丨 *lîn pă kó*, cent, cent vingt, cent huit.

丨**打丨錢**, 丨 *tà* 丨 *ts'iên*, environ cent sapèques.

丨**發丨中**, 丨 *fá* 丨 *tchóng*, atteindre le but cent fois sur cent.

丨**長**, 丨 *tchàng*, officier qui commande à 100 hommes.

丨**福**, 丨 *foŭ*, chef de *Lolos*.

丨**貨厘金**, 丨 *hó lî kīn*, douane pour toutes les marchandises.

丨**姓**, 丨 *sín*, le peuple.

丨**家姓**, 丨 *kiā sín*. Voir *sín*.

丨**病**, 丨**禍**, 丨 *pín*, 丨 *hó*, les cent malheurs, c.-à-d. toutes les maladies, tous les malheurs.

伯 *Pĕ·*. v. 丨丨, v. 丨丨, oncle (frère aîné du père).

丨**娘**, 丨 *niâng*, femme de cet oncle.

大丨爺, 二丨爺, *Tá* 丨 *iê·*, *eúl* 丨 *iê·*, 1er frère aîné, 2eme frère aîné du père.

親叔丨弟兄, *Ts'īn choŭ* 丨 *tí hiōng*, cousins germains (fils des deux frères); voir *choŭ*.

大丨子, *Tá* 丨 *tsè*, nom que donne la femme au frère aîné de son mari.

柏 *Pĕ·*. v. 丨**樹**, v. 丨 *choú*, cyprès.

丨**木**, 丨**香**, 丨 *moŭ*, 丨 *hiāng*, bois de cyprès; voir *hiāng*.

丨**木板子**, 丨 *moŭ pàn tsè*, planches de cyprès.

刺丨, 扁丨, v. 側丨, *Ts'é* 丨; *pièn* 丨, v. *tsĕ·* 丨, cyprès nain; autre variété de cyprès.

帛 *Pĕ·*. Etoffe de soie.

財丨, *Ts'âi* 丨, richesses.

謹辭香丨, *Kìn ts'ê hiāng* 丨, on ne reçoit pas de présents (encens, étoffe): inscription affichée par les payens, quand ils ne veulent rien recevoir, lors des funérailles.

P'E·

魄 *P'ĕ·*. Partie matérielle de l'âme (suivant les philosophes chinois).

魂丨, *Houên* 丨. Voir *houên*.

迫 *P'ĕ·*. Presser, urger.

你做事忙丨, *Gnì tsóu sé mâng* 丨, tu agis avec trop de précipitation.

拍 *P'ĕ·*. Frapper de la main.

丨**掌**, v. **巴掌**, 丨 tchàng, v. pā tchàng, battre des mains.

丨**他一巴掌**, 丨 *t'ā ĭ pā tchàng*, donne-lui un soufflet.

丨**一**丨, 丨 *ĭ* 丨, donner un coup.

輕輕丨吓, *K'īn k'īn* 丨 *há*, frapper légèrement de la main.

丨**案**, v. **桌子**, 丨 gán, v. tchŏ tsè, frapper sur la table.

丨**一聲**, 丨 *ĭ chēn*, faire du bruit en frappant de la main.

丨**門**, 丨 *mên*, frapper à la porte.

灰丨乾淨, *Houī* 丨 *kān tsín*, faire sortir toute la poussière (d'un habit), en frappant dessus.

PĒI

悲 *Pēi.* Commisération, affliction.

天主的慈 丨, *T'iēn Tchòu tĭ ts'ê* 丨, la miséricorde de Dieu.

丨**傷**, 丨 *chāng*, être très affligé.

杯 *v.* **盃** *Pēi.* Tasse, coupe, verre à boire.

酒丨, *Tsieòu* 丨, petite tasse à boire le vin.

茶丨, *Tch'â* 丨, tasse à thé sans couvercle.

一丨丨**兒,一**丨**酒**, ĭ 丨 丨 *eûl*, ĭ 丨 *tsieòu*, une toute petite tasse, une tasse de vin.

玻璃丨**子,磁器**丨**子**, *Pō lî* 丨 *tsè*, *ts'ê k'í* 丨 *tsè*, verre à boire, tasse en porcelaine.

爵丨 (*v.* **聖爵**), *Tsiŏ* 丨 (*v. chén tsiŏ*), calice pour la messe.

三丨**酒通大道**, *Sān* 丨 *tsieòu t'ōng tá táo*, 3 verres de vin font saisir une doctrine profonde.

吃八丨, *Tch'ĕ pă* 丨, (litt.) boire huit verres (invitation à boire du jour de l'an).

再吃一丨, *Tsái tch'ĕ ĭ* 丨, allons, encore un petit coup!

卑 *Pēi.* Vil, bas, inférieur.

謙丨, *K'iēn* 丨, humble (voir *k'iēn*).

丨**賤的活路**, 丨 *tsién tĭ hŏ lóu*, travail vil, grossier.

尊丨, *Tsēn* 丨, les supérieurs et les inférieurs.

丨**職**, 丨 *tchĕ*, moi, petit employé (un mandarin parlant devant son supérieur).

碑 *Pēi.* Inscription sur pierre.

鏨一个丨, *Tsán ĭ kó* 丨, graver une inscription.

立一个丨, *Lĭ ĭ kó* 丨, ériger une pierre avec inscription.

坟丨, *Fēn* 丨, pierre tombale.

指路丨, **無**丨**價**, *Tchè loú* 丨; *oû* 丨 *kiá*, pierre tombale, voir *loú*, *kiá*.

雙石丨, *Choūang chĕ* 丨, 2 pierres à inscription placées l'une à côté de l'autre, ou bien inscription couvrant 2 pierres.

背 *Pēi.* Porter sur le dos comme une hotte (au pr. et au fig.).

丨**背篼**, 丨 *péi teōu*, porter une hotte.

請人丨, *Ts'ìn jên* 丨, louer quelqu'un pour porter.

丨**人過河**, 丨 *jên kó hô*, porter quelqu'un sur le dos, pour passer la rivière.

丨**重點,挑輕點**, 丨 *tchóng tièn, t'iāo k'īn tièn*, on porte plus lourd sur le dos que sur l'épaule.

丨**不起**, *v.* 丨**不住**, 丨 *poŭ k'ì*, *v.* 丨 *poŭ tchoú*, ne pouvoir porter, supporter.

丨**了賬**, 丨 *lò tcháng*, être grevé de dettes.

丨**一个案**, 丨 *ĭ kó gán*, être sous le coup d'une accusation, d'un procès.

丨**了**, *v.* 丨**起了**, 丨 *lò*, *v.* 丨 *k'ì lò*, il a subi une dépense exagérée.

丨**了幾吊錢**, 丨 *lò kì tiáo ts'iên*, il a subi une perte de quelques ligatures.

丨**工**, 丨 *kōng*. Voir *kōng*.

丨**料**, 丨 *leáo*. Voir *leáo*.

P'ĒI

批 *P'ēi.* Réponse sommaire d'un supérieur; estimer, critiquer.

丨**示**, 丨 *ché*, réponse du mandarin à une requête, ou à un acte d'accusation.

丨**下來了**, 丨 *hiá lâi lò*, la réponse a paru.

丨**爛了**, 丨 *lán lò*, la réponse est défavorable, l'accusation est rejetée.

丨**准了**, 丨 *tchouèn lò*, l'accusation est admise.

候丨, **抄**丨, *Heoú* 丨; *tch'āo* 丨, attendre la réponse; la copier ou la faire copier.

丨**得好**, 丨**得不好**, 丨 *tĕ haò*, 丨 *tĕ poŭ haò*, la réponse est bonne, elle n'est pas bonne.

他是叙府的丨**首**, *T'ā ché Sú foù tĭ* 丨 *cheòu*, c'est le premier notable de *Sú foù*, ou bien, il est le premier à *Sú foù* sur la liste des candidats admis.

街坊｜評他, *Kāi fāng* ｜ *p'în t'a*, les notables de la rue lui dirent ses vérités.

你｜好多錢, *Gnì* ｜ *haò tō ts'iên?* combien estimes-tu cela? combien en offres-tu?

｜少了, ｜ *chào lò*, tu en offres trop peu.

披 *P'ēi.* Eparpiller; porter les vêtements simplement jetés sur les épaules.

｜頭散髮, ｜ *t'eôu sàn fă*, échevelé.

衣裳搭在背上,沒有扣鈕子,沒有穿衣袖爲｜起, *ī châng tă tsái péi cháng, mŏ ieòu k'eóu nieòu tsè, mŏ ieòu tch'oūan ī sieóu oûi* ｜ *k'ì*, jeter sur son dos un habit sans le boutonner, ni en passer les manches, c'est ce qui s'appelle *p'ēi k'ì*.

衣裳｜起出來, *ī cháng* ｜ *k'ì tch'oŭ lâi*, sortir avec les habits simplement jetés sur les épaules.

坏 *P'ēi.* Poterie qui n'est pas encore cuite; ébauche.

毛｜子, *Máo* ｜ *tsè*, ouvrage ébauché, pas encore fini.

砒 *P'ēi.* ｜霜, *v.* 紅｜, ｜ *choūang*, *v. hông* ｜, arsenic (vulg. *jén iēn*).

P'ÊI

賠 *P'êi.* Rendre, réparer un dommage.

不公道的錢要｜還, *Poŭ kōng táo tĭ ts'iên iáo* ｜ *houân*, l'argent acquis injustement doit être restitué.

｜不起, ｜ *poŭ k'ì*, je n'ai pas de quoi rembourser.

不該我｜, *Poŭ kāi gò* ｜, je n'y suis pas tenu.

該那个｜;我｜你, *Kāi là kó* ｜; *gò* ｜ *gnì*, qui doit payer l'indemnité? je t'indemnise.

他認｜, *T'a jén* ｜, il répond de dédommager.

不｜下去不得, *Poŭ* ｜ *hiá k'ú poŭ tĕ*, sans indemnité, l'affaire ne peut s'arranger.

｜了幾吊錢, ｜ *lò kì tiáo ts'iên*, il lui a donné en réparation quelques ligatures.

跟他｜禮, *Kēn t'a* ｜ *lì*, fais-lui réparation d'honneur.

陪 *P'êi. v.* ｜伴, *v.* ｜ *pán*, tenir compagnie.

｜客, ｜ *k'ĕ*, tenir compagnie à un hôte.

我｜他吃酒, *Gò* ｜ *t'a tch'ĕ tsieòu*, je lui tiens compagnie pour boire le vin.

沒得人｜神父, *Mŏ tĕ jên* ｜ *chên foú*, il n'y a personne pour tenir compagnie au Père.

失｜, *v.* 少｜, *Chĕ* ｜, *v. chào* ｜, pardon de ne pas vous tenir compagnie.

我｜你打官司, *Gò* ｜ *gnì tà koūan sē*, si tu veux m'intenter un procès, je te suivrai sur ce terrain.

｜小心, ｜ *siào sīn*, faire des excuses.

培 *P'êi.* Cultiver, arranger.

田地要｜植得好, *T'iên tí iáo* ｜ *tchĕ tĕ hào*, il faut que les champs soient cultivés avec soin.

不修但｜補 (*v.* ｜整) 吓子, *Poŭ sieōu, tán* ｜ *poù* (*v.* ｜ *tchèn*) *há tsè*, on ne bâtira pas, on fera seulement quelques réparations.

望大人栽｜吓, *Ouáng tá jên tsāi* ｜ *há*, je prie le grand homme de se montrer bienveillant envers moi.

P'ÈI

敗 *P'èi.* Arranger (au pr. et au fig.).

房子要｜整吓, *Fâng tsè iáo* ｜ (ou *p'êi*) *tchèn há*, il faut réparer un peu la maison.

我要｜整他吓, *Gò iáo* ｜ *tchèn t'a há*, je veux le mettre à la raison.

你來我要｜整你, *Gnì lâi gò iáo* ｜ *tchèn gnì*, viens que je te rosse.

PÉI

背 *Péi.* Dos, revers.

｜脊, ｜ *tsĭ*, l'épine dorsale.

在｜上, *Tsái* ｜ *cháng*, sur le dos.

在 | 彎子 (v. | 地, v. | 後) 說人, v. | 人說人, *Tsái* | *ouān tsè (v.* | *tí, v.* | *heóu) chŏ jên, v.* | *jên chŏ jên*, médire des gens par derrière.

這个地方 | 靜得好, *Tché· kó tí fāng* | *tsín tĕ· hào*, cet endroit est bien retiré, tranquille.

| 紙, | 布, | *tchè*, | *póu*, doubler avec du papier ou de la toile (garnir ainsi une fenêtre).

| 倒亮, | *taò leáng*, tourner le dos à la lumière.

| 是非, | *ché fēi*, faire des médisances.

書讀 | 得了, *Chōu toŭ* | *tĕ· lò*, je puis réciter mon livre (ma leçon) par cœur (voir *chōu*).

| 不得, v. | 不起, | *poŭ tĕ·, v.* | *poŭ k'ì*, je ne puis réciter par cœur.

| 子, | *tsè*, fardeau qui se porte sur le dos, le porteur de hotte lui-même.

發 | 子, *Fă* | *tsè*, expédier des marchandises en fardeaux, à dos d'homme.

一架 | 子, *ĭ kiá* | *tsè*, machine de bois pour porter (les charges) sur le dos, hotte.

葯, 塩 | 子, *Iŏ, iên* | *tsè*, charge (à porter sur le dos) de médicaments, de sel.

一 | , *ĭ* | , un fardeau à porter sur le dos.

| 篼, | *teōu*, hotte légère en bambou.

馬 | (v. 鞁) 子, *Mà* | *tsè*, harnais, bât d'un cheval.

| (v. 鞁) 馬, | 鞍子, | *mà*, | *gān tsè*, harnacher un cheval, le seller.

| 板, | *pàn*, planches du fond d'une armoire, d'une bibliothèque.

| 街, | *kāi*, | 面, | *mién*, | 風, | *fōng*, | 時, | *chê*, | 後, | *heóu*, 手 | , *cheòu* | , 脚 | , *kiŏ* | , 耳朶 | , *eùl tō* | . Voir *kāi, mién, fōng, etc.*

悖 *Péi*. Se révolter, renier.

| 天主, | 教, | *T'iēn Tchòu*, | *kiáo*, se révolter contre Dieu; renier la religion, apostasier.

忘恩 | (v. 背) 義, *Ouâng guēn* | *gní*, être ingrat.

貝 *Péi*. Perle, précieux, richesses (voir *pào* 寶).

茛 *Péi*. 五 | 子, *Où* | *tsè*, graine employée pour la teinture en noir.

| 母, | *moù*, graine employée en médecine.

倍 *Péi*. Doubler, double.

加 | , *Kiā* | , doubler.

更重千萬 | , *Kén tchóng ts'iēn ouán* | , mille et dix mille fois plus lourd.

葯無三 | 利十代不行醫, *Iŏ oû sān* | *lí, chĕ tái poŭ hîn ĭ*, si la vente des médecines ne rapporte pas 3 pour 1, les descendants jusqu'à dix générations ne se feront pas médecins.

輩 *Péi*. Ordre, rang, génération.

信 | , *Sín* | , les fidèles (style chrét.).

等 | , *Tèn* | , toutes ces sortes de gens (après une énumération).

老 (v. 高) | 子, 小 | 子, *Laò (v. kaō)* | *tsè; siào* | *tsè*, ceux qui sont plus rapprochés de la souche commune; ceux qui en sont plus éloignés.

一 | 的, *ĭ* | *tĭ*, ceux qui sont d'un même rang d'origine.

兩个人都是平班 | , *Leàng kó jên toū ché p'în pān* | , les deux sont sur la même ligne généalogique.

他是上 | 我是下 | , v. 他高我一 | , *T'ā ché cháng* | , *gò ché hiá* | , *v. t'ā kāo gò ĭ* | , lui, est d'une génération au-dessus, moi, d'une génération au-dessous.

下 | 趕不倒上 | , *Hiá* | *kàn poŭ taò cháng* | , les descendants ne valent pas leurs pères.

長 | , *Tchàng* | , ceux qui sont d'une génération supérieure.

我長他一 | , 兩 | , *Gò tchàng t'ā ĭ* | , *leàng* | , je suis d'une, de deux générations au-dessus de lui.

他小我一 | , *T'ā siào gò ĭ* | , il est d'une génération au-dessous de moi.

一丨不管二丨事，ǐ 丨 poŭ kouàn eúl 丨 sé, une génération ne s'occupe pas des affaires de la génération suivante.

那一丨的人，Lá ǐ 丨 tĭ jên, les hommes de cette génération.

前頭那一丨，Ts'iên t'eōu lá ǐ 丨, les hommes de la génération précédente.

婚配是一丨子的事，Houēn p'éi ché ǐ 丨 tsè tĭ sé, le mariage est une affaire de toute la vie.

一丨子我沒有見過，ǐ 丨 tsè gò mŏ ieòu kién kó, de ma vie je n'ai vu (pareille chose).

焙 Péi. Griller, sécher au feu.

丨乾，丨 kān, sécher auprès du feu.

新茶要在鍋裡頭丨，Sīn tch'â iaó tsái kō ì (lì) t'eōu 丨, il faut torréfier le thé nouveau dans la poêle.

火丨紙，冷丨紙，Hò 丨 tchè, lèn 丨 tchè, papier séché au four, papier séché au soleil.

佩 Péi. Porter à la ceinture.

丨刀，丨 taō, porter un couteau à la ceinture.

婢 Péi. v. 奴丨，v. loû 丨, servante, esclave.

主之丨女在玆，Tchòu tchē 丨 niù tsái tsē, voici la servante du Seigneur.

呼奴使丨的，Foū loû chè 丨 tĭ, individu qui a à son service des esclaves et des servantes, richard.

P'ÉI

轡 P'éi. v. 丨頭，v. 丨 t'eôu, bride de cheval.

配 P'éi. Unir, assortir.

婚丨，Houēn 丨, mariage.

蠻子丨他們的娃子一點禮信都沒得，Mân tsè 丨 t'ā mên tĭ oûa tsè, ǐ tièn lì sín toū mŏ tĕ·, les Barbares marient leurs esclaves sans aucune cérémonie.

沒得丨，Mŏ tĕ· 丨, sans époux, sans épouse.

找丨，Tchaò 丨, chercher à se marier; à assortir un couple.

尋不倒丨，Sûn poŭ taò 丨, il ne trouve pas à se marier.

不丨，v. 不相丨，Poŭ 丨, v. poŭ siāng 丨, choses qui ne s'accordent pas.

你鞋子不丨，Gnì hâi tsè poŭ 丨, tes souliers ne sont pas de la même espèce.

刀要丨一个把把，Taō iaó 丨 ǐ kó pá pá, il faut ajuster un manche au couteau.

丨一套傢事，丨 ǐ t'áo kiā sé, réunir tous les instruments nécessaires pour un métier.

丨一對鴿子，丨 ǐ toúi kŏ tsè, assortir un couple de pigeons.

丨一條牛，丨 ǐ t'iâo nieôu, se procurer un bœuf convenable.

丨一把鑰匙，丨 ǐ pà iŏ chê, 顏色不丨，iên sĕ· poŭ 丨，丨藥，丨 iŏ. Voir iŏ, iên, iŏ.

譬 P'éi (v. pí). Comparer.

丨如，v. 丨比，丨 joû, v. 丨 pì, par exemple.

PĒN

錛 Pēn. v. 丨鋤，v. 丨 ts'ôu, doloire.

絣 Pēn. Etirer.

拿索索拿布來丨緊，Lâ sŏ sŏ, lâ póu lâi 丨 kìn, étire, étends bien la corde, la toile.

丨起的，丨 k'ì tĭ, tendu.

丨斷了，丨 touán lò, rompu par la tension.

兩个人是丨起的，Leàng kó jên ché 丨 k'ì tĭ, les deux hommes ont des rapports très tendus.

崩 Pēn. Montagne qui s'écroule; mort de l'Empereur.

山丨地裂，Chān 丨 tí liĕ·, la montagne s'écroule et la terre s'entr'ouvre.

聖駕丨了，Chén kiá 丨 lò, le saint char s'est écroulé: l'Empereur est mort.

道光 | 駕那一年, *Taó kouāng | kiá lá ĭ niên*, l'année de la mort de l'empereur *Taó kouāng*.

P'ĔN

凭 *P'ēn (v. p'ên)*. S'adosser, s'appuyer sur, se coucher.

叙府 | 山, *Sú foù | chān*, la ville de *Sú foù* est adossée à une montagne.

他 | 倒老丈母, *T'ā | taò laò tcháng moù*, il s'appuie sur sa belle-mère.

不要 | 倒我, *Poŭ iaó | taò gò*, ne t'appuie pas sur moi.

你要找一个 | 竿, *Gnì iaó tchaò ĭ kó | kān*, il te faut chercher un bâton d'appui, c.-à-d. tu dois te remarier (en parlant à une veuve pauvre).

你 | 這邊, *Gnì | tché· piēn*, range-toi de ce côté.

| 頭, *| t'eôu*, capital.

沒得 | 頭做生意, *Mŏ tĕ· | t'eôu tsoú sēn í*, il n'a pas de capital pour faire le commerce.

我有點不安逸要去 | 吓, *Gò ieòu tièn poŭ gān ĭ, iaó k'ú | há*, je suis un peu dérangé, je vais me coucher (m'appuyer) un instant.

喫 | | 飯, *Tch'ĕ | | fán*, **| 椅**, *| ì*. Voir *fán*, *ì*.

P'ÊN

盆 *P'ên*. Cuvette, bassin, vase.

銅 |, **木 |**, *T'ông |*, *mŏu |*, cuvette de toilette en cuivre, en bois.

箍脚 |, *K'oū kiŏ |*, cercler un baquet à se laver les pieds (voir *kiŏ*).

| 子, *| tsè*, grand vase de forme cylindrique en bois, en métal ou en terre cuite.

磁器 | 子, *Ts'ê k'í | tsè*, vase en porcelaine.

一 | 水, *ĭ | choùi*, de l'eau plein une cuvette.

一 | 樓, *ĭ | leôu*, un plancher.

臨 |, *Lîn |*, arriver au temps des couches (pour laver le nouveau-né).

洗臉 |, *Sì lièn |*, **火 |**, *hò |*. Voir *lièn*, *hò*.

PÈN

本 *Pèn*. Propre, personnel, naturel, capital; particule numérale des livres.

| 罪是自己 | 人犯的, *| tsoúi ché tsé kì | jên fán tĭ*, le péché personnel (actuel) est celui qu'on a commis soi-même.

你的 | 意是怎麼樣, *Gnì tĭ | í ché tsèn mŏ iáng?* quelle est ta véritable intention?

依不得你的 | 性, *ĭ poŭ tĕ· gnì tĭ | sín*, il ne faut pas suivre ton naturel.

人之初性 | 善, *Jên tchē ts'ōu, sín | chán*, à l'origine, la nature de l'homme était bonne en soi.

你不信去間 | 人, *Gnì poŭ sín, k'ú ouén | jên*, si tu ne veux pas me croire, adresse-toi à l'homme lui-même (qui est en question).

是 | 人親筆寫的, *Ché | jên ts'īn pĭ siè· tĭ*, c'est écrit par lui-même, de sa propre main.

| 省, **| 城**, **| 街的人**, *| sèn*, *| tch'ên*, *| kāi tĭ jên*, homme de cette province, de cette ville, de cette rue même (où l'on se trouve).

回他 | 國去了, *Hoûi t'ā | kouĕ· k'ú lò*, il est retourné dans son pays (royaume).

| 地人, *| tí jên*, aborigène.

| 堂, *v.* **| 堂神父**, *| t'âng*, *v. | t'âng chên foú*, le propre curé.

你們的 | 堂是那一位神父, *Gnì mên tĭ | t'âng ché là ĭ oúi chên foú?* quel Père avez-vous pour curé?

| 色人, *v.* **| 分人**, *| sĕ· jên*, *v. | fén jên*, homme simple, droit (voir *sĕ·* et *fén*).

背(*v.* **悖**) **|**, *Péi |*, ingrat.

報 |, *Paó |*, reconnaissant.

他有點 | 事, *T'ā ieòu tièn | sé*, il a passablement de savoir-faire, d'habileté.

|, *v.* **| 錢**, *v.* **工 |**, *|*, *v. | ts'iên*, *v. kōng |*, capital de commerce.

折 |, *v.* **虧 |** (*v.* **老 |**), *Chĕ· |*, *v. k'oūi | (v. laò |)*, perdre de son capital.

丟了 | , *Tieōu lò* | , il a perdu son capital.

| 少利微, | *chaò lí oûi*, le capital étant petit, le rapport est faible.

| 錢不多, *v.* 不寬, *v.* 窄, | *ts'iēn poŭ tō*, *v.* poŭ k'oūan, *v.* tsĕ·, capital faible.

拿五十吊錢跟你做 | 錢, *Lâ où chĕ tiáo ts'iên kēn gnì tsoú* | *ts'iēn*, je te donne 50 ligatures pour constituer un capital.

還 | 讓利, *Houân* | *jáng lí*, rembourser le capital, avec remise des intérêts.

剛剛殼 | , *Kiāng kiāng keóu* | , cela suffit juste pour rentrer dans mes frais, je n'y gagne rien.

對 | 生意, *Toúi* | *sēn í*, commerce qui rapporte $\frac{100}{100}$.

他賺得有三个對 | , *T'ā tchouán tĕ· ieòu sān kó toúi* | , il a gagné trois fois la valeur de son capital ($\frac{300}{100}$).

一 | 書, 一 | 簿子, *ĭ* | *chōu*, *ĭ* | *poú tsè*, un livre, un registre.

一 | | 兒, *v.* 一个小 | 子, *ĭ* | | *eûl*, *ĭ kó siaò* | *tsè*, un tout petit livre.

| 來, | *lâi*, 根 | , *kēn* | , | 縣, | *hién*, 手 | , *cheòu* | , 經 | , *kīn* | , 禮 | , *lì* | . Voir *lâi*, *etc.*

PÉN

体 *Pén.* Lourd, grossier.

生得 | , | 傢伙, *Sēn tĕ·* | ; | *kiā hò*, obtus; lourdeau.

這个人蠢 | , *v.* 粗 | , *Tché· kó jên tch'ouen* | , *v.* ts'ōu | , cet homme est lourd, grossier, maladroit.

穿釘鞋走路 | 得很, *Tch'oūan tīn hâi tsoù loú* | *tĕ· hèn*, avec des souliers ferrés on est lourd pour la marche.

做活路 | 得很, *Tsoú hŏ loú* | *tĕ· hèn*, il travaille très lentement, gauchement.

這个事怕要出 | , *Tché· kó sé p'á iaó tch'ōu* | , cette affaire menace de nous mettre dans l'embarras.

看出 | , *K'án tch'ŏu* | , prends garde de faire une bêtise, de te faire prendre.

| 活路, | *hŏ loú*, gros travaux, travaux grossiers.

奔 *v.* 逩 *Pén (pēn).* Courir vite.

逃 | 回家, *T'âo* | *hoûi kiā*, s'enfuir chez soi.

一天 | 不攏敘府, *ĭ t'iēn* | *poŭ lòng Sú foù*, même en marchant vite, on ne peut arriver en un jour à *Sú foù*.

這些賬我 | 不開, *Tché· sī tcháng gò* | *poŭ k'āi*, je ne puis me débarrasser de ces dettes.

勞碌 | 波, *v.* | | 波波的, *Lâo lou* | *pō*, *v.* | | *pō pō tĭ*, vivre misérablement.

Pén. Tremper, imbiber.

拿菜來 | 醬油, *Lâ ts'ái lâi* | *tsiáng ieôu*, tremper la viande dans l'assaisonnement.

紙撚子 | 油點得亮, *Tchè niĕn tsè* | *ieôu tièn tĕ· leáng*, l'allumette de papier trempée dans l'huile peut servir à éclairer.

Pour les *Pĭ* qui se prononcent souvent *piĕ·*. Voir *piĕ·*; et vice versa.

P'Ī

屄 *P'ī.* Parties sexuelles de la femme. (Mot d'un usage excessivement fréquent dans les sales malédictions habituelles aux Chinois v. g. *mā lĕ·* | .)

P'Î

皮 *P'î.* *v.* | 子, *v.* | *tsè*, peau, cuir, écorce.

一張 | 子, *ĭ tchāng* | *tsè*, | | , une peau; petite pellicule.

粗 | 子, *Ts'ōu* | *tsè*, peau épaisse, grossière, épiderme calleux.

剝 | , 破 | , *Pŏ* | ; *p'ó* | , enlever, arracher la peau; déchirer la peau.

打破 | , *Tà p'ó* | , frapper jusqu'au sang (jusqu'à déchirer la peau).

打 (*v.* 擵) 一个 (*v.* 一塊) | , *Tà* (*v.* *mô*) *ĭ kó* (*v.* *ĭ k'oùai*) | , se faire une écorchure, par ex. aux pieds, avec les sandales.

| 匠, | *tsiáng*, cordonnier, savetier, tanneur.

三層 | 子, *Sān ts'ên* | *tsè*, 3 peaux ou enveloppes superposées.

我手上脫了一層 |, *Gò cheoù cháng t'ǒ lò ĭ ts'ên* |, un lambeau de peau s'est détaché de ma main.

蛇年年都要脫, *Chê· niên niên toū iáo t'ǒ* |, les serpents se dépouillent de leur peau une fois par an.

換了 | **子**, *Houán lò* | *tsè*, il a changé de peau.

削 | **子**, *Suě·* | *tsè*, peler avec un couteau, par ex. un fruit.

| **貨, 老羊** |, | *hó; lào iâng* |, fourrures; peau de mouton, fourrure de peau de mouton.

野牲 |, *Iè· sēn* |, peau d'animaux sauvages, fourrures qui en proviennent.

千張 |, *Ts'iēn tchāng* |, fourrure faite d'une infinité de petites pièces.

| **衫子**, | **袍子**, | *chān tsè*, | *p'âo tsè*, robe fourrée.

銅 | **子, 鐵** | **子**, *T'ông* | *tsè, t'iě·* | *tsè*, feuille mince de cuivre, de fer.

荳油 |, *Teóu ieôu* |, peau qui se forme sur le lait de haricots.

這一挑油, 除了 |, **有八十斤, 連** | **一吓有八十六斤**, *Tché· ĭ t'iāo ieôu, tch'ôu lò* |, *icòu pă chě kīn; liên* | *ĭ há ieòu pă chě loŭ kīn;* cette charge d'huile est de 80 livres, poids net; le poids brut est de 86 livres.

梜 |, *Hō* |, planche arrondie d'un côté: la première sciée d'un tronc d'arbre.

喫梜 |, *Tch'ě hō* |, s'arranger de manière à manger avec les autres, sans payer.

| **絆, 講** (*v.* **扯**) | **絆**, | *p'án; kiàng* (*v. tch'è·*) | *p'án*, disputes, querelles; se disputer, se quereller.

| **傢伙**, | *kiā hò*, lambin.

嚛子 | **法一個人**, *Chá tsè* | *fă ĭ kó jên*, un homme extrêmement lambin.

米 | **了**, *Mì* | *lò*, le riz baisse de prix.

生意 | **得狠**, *Sēn í* | *tě· hèn*, le commerce est très languissant.

樹 | **子**, *Chóu* | *tsè*, **掛** |, *koúa* |, **剮** |, *koùa* |, **刮** |, *koŭa* |, **硝** | **子**, *siāo* | *tsè*, | **硝**, | *siāo*, **羔子** |, *kāo tsè* |, | **箱**, | *siāng*, **脫鬼** |, *t'ǒ koùi* |, **封** |, *fōng* |, **肚** |, *toú* |, | **紙**, | *tchè*, **嘴** |, *tsoùi* |, **眼** |, *ièn* |, | **面上**, | *mién cháng*, **臉** | **厚**, *lièn* | *heóu*, | **蛋**, | *tán*, **髱** |, *p'a* |, **捱** |, *gâi* |, | **籮**, | *lô*. Voir *chóu, koúa, etc.*

匹 *P'i (p'ĭ)*. Particule numérale des chevaux, des bêtes de somme, des toiles, des montagnes.

一 | **馬, 一** | **牲知, 一** | **山**, *ĭ* | *mà, ĭ* | *sēn k'eòu, ĭ* | *chān*, un cheval, une bête de somme, une montagne.

一 | (*v.* **疋**) **布, 一** | **緞子**, *ĭ* | *póu, ĭ* | *touán tsè*, une pièce de toile de coton, de satin.

脾 *P'î*. Rate, estomac, bile.

| **胃**, | *oúi*. estomac; caractère, naturel.

怪 | **氣**, *Kouái* | *k'í*, caractère singulier.

| **寒**, | *hân*, fièvre lente.

枇 *P'î*. (Voir **杷** *pâ*).

琵 *P'î*. Guitare.

Pì

比 *Pì*. Comparer, mesurer, peser.

| **如**, *v.* **好** |, *v.* | **方**, | *jôu, v. hào* |, *v.* | *fāng*, par exemple.

說一个 | **方**, *Chǒ ĭ kó* | *fāng*, faire une comparaison, donner un exemple.

| **得好**, | **醒了**, | *tě· hào*, | *sìn lò*, la comparaison est bien trouvée, elle a fait comprendre.

| **上不足** | **下有餘**, | *cháng poŭ tsiǒ*, | *hiá ieòu iû*, comparé au parfait, il reste au-dessous; comparé au médiocre, il le dépasse.

不 | **前頭**, *v.* | **不得前頭**, *Poŭ* | *ts'iên t'eôu, v.* | *poŭ tě· ts'iên t'eôu*, ce n'est plus comme autrefois.

不｜他們, *Poŭ ｜ t'a mĕn*, ce n'est pas comme ceux-là.

你｜不得他, *v.* **｜不上他**, *Gnì ｜ poŭ tĕ· t'a, v. ｜ poŭ cháng t'a*, tu ne peux lui être comparé.

他｜你狠, *T'a ｜ gnì hèn*, il est plus fort que toi.

有｜這个好, *Ieòu ｜ tché· kó hào*, il y a mieux que ceci.

神父｜不得別人, *Chĕn foú ｜ poŭ tĕ· piĕ· jĕn*, le Père n'est pas un homme du commun.

你病了｜不得好, *Gnì pín lò, ｜ poŭ tĕ· hào*, tu es malade, ce n'est pas comme si tu étais bien portant.

｜人高, *｜ jĕn kāo*, plus que la hauteur d'un homme.

手｜跟我看, *Cheòu ｜ kēn gò k'án*, explique-moi par des signes de la main.

你去｜吓好高好長好寬, *Gnì k'ú ｜ há hào kāo, hào tch'âng, hào k'oūan*, va mesurer un peu la hauteur, la longueur et la largeur.

｜了一丈五, *｜ lò ĭ tcháng où*, en mesurant j'ai trouvé 1 *tcháng* 5 pieds.

｜少了, *｜ chào lò*, tu en as trouvé trop peu à la mesure.

｜多了, *v.* **｜長了**, *｜ tō lò, v. ｜ tchàng lò*, tu en as trouvé trop.

｜一个則子, *｜ ĭ kó tsĕ· tsè*, prendre une mesure.

｜銀子, *｜ în tsè*, peser de l'argent.

拏來｜一｜, *v.* **一吓**, *Lâ lâi ｜ ĭ ｜, v. ĭ há*, voyons, pesons un peu.

賭錢用｜子, *Toù ts'iĕn iόng ｜ tsè*, les joueurs (quand il faut payer une somme égale à l'enjeu, ne s'amusent pas à compter, mais) se servent d'un plateau à deux canules dans l'une desquelles ils mettent la pile de sapèques de l'enjeu, et dans l'autre une pile de même longueur.

妣 *Pì*. Nom de la mère défunte.

考｜, *K'ào ｜*, nom du père et de la mère défunts (inscription sur la pierre tombale).

彼 *Pì*. Lui, là, de là.

｜此, *｜ ts'è*, celui-ci et celui-là, réciproquement.

不分｜此, *Poŭ fĕn ｜ ts'è*, sans distinction de personne.

時常渴慕…｜此, *Chê châng k'ŏ móu*. Rép. *｜ ts'è*, sans cesse je soupirais après vous. R. C'est réciproque (polit. style relevé).

P'ì

鄙 *P'ì. v.* **｜陋**, *v. ｜ leóu*, vil, abject.

｜夫, *｜ fōu*, homme vulgaire.

痞 *P'ì. v.* **｜子**, *v.* **｜棍**, *v. ｜ tsè, v. ｜ kouén*, mauvais sujet, canaille.

秕 *P'ì*. Grains vides, balle de grains.

穀子風不來盡是｜殼, *Koŭ tsè fōng poŭ lâi tsín ché ｜ k'ŏ*, le rendement du riz au sortir de la tarare est faible, ce n'est que de la balle (voir *k'ŏ*).

Pí

篦 *Pí*. Peigne fin.

賣梳｜, *Mái sōu ｜*, vendre des démêloirs et des peignes fins.

｜腦膸要｜乾淨, *｜ lào k'ŏ, iáo ｜ kān tsín*, quand on se peigne la tête, il faut la peigner proprement.

一張｜子, *ĭ tchāng ｜ tsè*, un peigne.

｜蝨子, *｜ sĕ· tsè*, prendre les poux au peigne.

｜子不入髮, *｜ tsè poŭ joŭ fă*, le peigne ne pénètre pas dans les cheveux.

庇 *Pí. v.* **｜佑**, *v.* **蔭｜**, *v.* **護｜**, *v. ｜ ieóu, v. ín ｜, v. fóu ｜*, protéger, secourir.

陛 *Pí (v. péi)*. Degrés d'escalier (style relevé).

｜下, *｜ hiá*, Votre Majesté.

｜見, *｜ kién*, avoir une audience de l'Empereur.

弊 *Pí.* Maladie; fraude.

丨病，丨 *pín,* maladie.

衙門頭的丨病多，*Iâ mēn t'eôu tĭ* 丨 丨 *pín tō,* il y a beaucoup de fraudes, de roueries dans les prétoires.

這个事定有丨病，*Tché· kó sé tín ieoù* 丨 *pín,* certainement il y a quelque chose de louche dans cette affaire.

丨端百出，丨 *toūan pĕ· tch'ŏu,* toutes sortes de fourberies furent mises en jeu.

避 *Pí.* Eviter, fuir.

躲丨罪惡，*Tò* 丨 *tsoúi gŏ,* éviter le péché.

丨嫌，丨 *hiên,* éviter les occasions de querelle, de soupçon.

防丨，*Fâng* 丨，se prémunir contre.

丨世俗，丨 *ché siŏu,* éviter le monde.

丨惡遷善，丨 *gŏ ts'iēn chán,* éviter le mal et faire le bien.

備 *v.* **俻** *Pí. v.* 預丨，*v. iú* 丨，préparer, pourvoir.

防丨，*Fâng* 丨，prendre garde.

丨價過來，丨 *kiá kó lâi,* tenir prêt le prix d'achat, et l'apporter.

有丨無患，*Ieòu* 丨 *oû houán,* quand on a pris ses mesures, il n'y a pas de malheur à redouter.

責丨，*Tsĕ·* 丨，réprimander.

守丨，*Cheòu* 丨，capitaine.

閉 *Pí.* Fermer.

丨門，丨口，丨眼睛，丨 *mên,* 丨 *k'eòu,* 丨 *ièn tsīn,* fermer la porte, la bouche, les yeux.

丨氣，丨 *k'í,* étouffer, empêcher la communication de l'air.

油丨不得氣，*Ieôu* 丨 *poŭ tĕ· k'í,* l'huile ne doit pas être renfermée (sans communication avec l'air).

要丨那个穢氣，*Iaó* 丨 *lá kó iú k'í,* il faut empêcher ces exhalaisons empestées.

丨了汗，丨 *lò hán,* j'ai une sueur rentrée.

丨死了，丨 *sè lò,* il est mort étouffé.

丨火，丨 *hò,* couvrir le feu, l'éteindre en l'étouffant.

敝 *Pí.* Vil, de peu de valeur. (Très employé, dans les formules de politesse, dans le sens de mon, ma, notre.)

丨國，丨内，丨 *kouĕ·,* 丨 *loúi,* le vil royaume, la vile femme, c.-à-d. mon pays, ma femme.

鼻 *Pí.* Nez.

丨子高，踏丨子，丨子尖，丨 *tsè kaō, t'ă* 丨 *tsè,* 丨 *tsè tsiēn,* nez proéminent, nez écrasé, nez pointu.

流清丨子，*Lieôu ts'īn* 丨 *tsè,* le nez coule (rhume de cerveau).

穿丨子，*Tch'oūan* 丨 *tsè,* percer le nez (comme aux buffles).

丨子不通，丨 *tsè poŭ t'ōng,* avoir le nez bouché.

他們两个是同丨子出氣，*T'a mên leàng kó ché t'ông* 丨 *tsè tch'ŏu k'í,* ces deux-là respirent par le même nez: deux têtes sous le même bonnet.

針丨子，*Tchēn* 丨 *tsè,* chas d'une aiguille.

流丨血，*Lieôu* 丨 *hiĕ·,* 擤丨子，*hìn (v. sìn)* 丨 *tsè,* 丨孔，丨 *k'òng.* Voir *hiĕ·, hìn, k'òng.*

被 *Pí.* Couverture de lit; marque du passif.

丨條，鋪籠罩丨，丨 *t'iâo; p'ōu lông tchāo* 丨，couverture de lit; voir *lông.*

丨禪，*v.* 褌丨，丨 *tān, v. tān* 丨，couverture simple, non ouatée.

丨了盜，丨狗咬了，丨 *lò taó,* 丨 *keoù gaò lò,* il a été volé, il a été mordu par un chien.

丨釘十字架，丨 *tīn chĕ tsé kiá,* il a été crucifié.

丨了點寒，丨 *lò tièn hân,* il a attrapé un refroidissement.

丨告，丨 *kaó,* l'accusé.

P'Í

屁 *P'í.* Pet, vesse.

打丨, *v.* **打一个丨**, *Tà* 丨, *v. tà ĭ kó* 丨, faire un pet.

打丨虫, *v.* **丨彈虫**, *Tà* 丨 *tch'ông, v.* 丨 *t'ân tch'ông*, punaise des bois.

放丨, *Fáng* 丨, **放狗丨**, *fáng keoù* 丨, 丨**股**, 丨 *koù.* Voir *fáng, keoù, koù.*

PǏ

壁 *Pĭ.* Mur, cloison.

一堵丨頭, *ĭ toù* 丨 *t'eôu*, un mur, une cloison.

間丨, *Kán* 丨, cloison qui divise les chambres.

装板丨, *Tchouāng pàn* 丨, faire une cloison en planches.

編丨頭, *Piēn* 丨 *t'eôu*, tresser une cloison en bambou.

糊(*v.* **泥**)丨**頭**, *Foû (v. gnî)* 丨 *t'eôu*, enduire de boue la cloison tressée.

穿(**抖**, *v.* **打**)丨**頭**, *Tch'oūan (t'eòu, v. tà)* 丨 *t'eôu*, percer la cloison (la démolir).

板丨, *Pàn* 丨, **夾泥丨頭**, *kiă gnî* 丨 *t'eôu*, **隔丨**, *kĕ·* 丨. Voir *pàn, gnî, kĕ·.*

逼 *Pĭ.* Presser, opprimer, violenter.

賬不要間這樣丨, *Tcháng poŭ iaó ouén tché· iáng* 丨, il ne faut pas presser à ce point le payement des dettes.

丨**倒他要**, 丨 *taò t'ā iaó*, exiger instamment, en faisant violence, pour ainsi dire.

丨**他走**, **催丨他吓**, 丨 *t'ā tseòu; ts'oūi* 丨 *t'ā há*, presse-le de partir; presse-le un peu.

一両天做不起丨狠了, *ĭ leàng t'iēn tsoú poŭ k'ì*, 丨 *hèn lò*, en un ou deux jours on ne peut pas le faire, c'est trop peu de temps.

不要丨人家緊得狠, *Poŭ iáo* 丨 *jên kiā kìn tĕ· hèn*, il ne faut pas trop presser les gens.

丨**急很了**, 丨 *kĭ hèn lò*, il est pressé, serré de trop près.

丨**死了**, 丨 *sè lò*, il est mort pour avoir été trop opprimé.

丨**他死了**, 丨 *t'ā sè lò*, il l'a réduit à se donner la mort.

威丨人家, *Oūi* 丨 *jên kiā*, opprimer cruellement quelqu'un.

威丨案, *Oūi* 丨 *gán*, cause capitale, dont l'origine est une oppression de ce genre.

勒丨, *Lĕ·* 丨, contraindre.

必 *Pĭ.* Certain.

丨**定是眞的**, 丨 *tín ché tchēn tĭ*, bien sûr c'est vrai.

你不丨憚心, *Gnì poŭ* 丨 *tān sīn*, tu n'as pas à t'inquiéter.

不丨他去, *Poŭ* 丨 *t'ā k'ú*, il n'est pas nécessaire qu'il y aille.

務丨就是他, *Oú* 丨 *tsieóu ché t'ā*, ce serait donc lui (dans le sens affirmatif).

未丨就是他, *Oúi* 丨 *tsieóu ché t'ā*, vraiment ce serait lui (dans le sens négatif).

何丨這樣做, *Hô* 丨 *tché· iáng tsoú?* pourquoi agir ainsi?

務丨早點打主意, *Oú* 丨 *tsaò tièn tà tchòu í*, il s'agit de ne pas tarder à prendre un parti.

筆 *Pĭ.* Pinceau, plume, écriture.

一枝丨, *ĭ tchē* 丨, un pinceau.

丨**尖**, 丨**管**(*v.* **簳子**), 丨**筒**, 丨**架**, 丨 *tsiēn*, 丨 *kouàn (v. kàn tsè)*, 丨 *t'ông*, 丨 *kiá*, pointe, manche du pinceau, tube dans lequel on le met, support sur lequel on le dépose.

鵝毛丨, **鐵**(*v.* **銅**)丨, **鉛丨**, *Ô mâo* 丨, *t'iĕ· (v. t'ông)* 丨, *iuên* 丨, plume d'oie à écrire, plume d'acier, crayon.

丨**調墨**, 丨 *t'iâo mĕ·*, tremper le pinceau dans l'encre.

一丨好字, *ĭ* 丨 *haò tsé*, c'est une belle écriture.

對丨跡, *Toúi* 丨 *tsĭ*, comparer deux écritures.

黑｜師爺，紅｜師爺，*Hĕ· ｜ sē iê·, hông ｜ sē iê·*, secrétaire pour les écritures ordinaires (à l'encre noire), pour les écritures à l'encre rouge (vermillon).

較｜，*Kaó ｜*, essayer un pinceau.

動｜，*Tóng ｜*, se mettre à écrire.

提｜，*T'î ｜*, prendre la plume (ou le pinceau) à la main.

拿不來｜，*Lâ poŭ lâi ｜*, il ne sait pas tenir le pinceau.

代｜人，*Tái ｜ jên*, écrire au nom d'autrui.

依口代｜，*ī k'eòu tái ｜*, écrire sous la dictée d'un autre.

｜墨錢，｜ *mĕ· ts'iên*, frais d'écriture.

｜只是？，｜ *tchè (tchĕ) ché nieóu*, la plume ne fait que courir; écrire vite.

下｜成文，*Hiá ｜ tch'ên ouên*, faire des compositions au courant de la plume.

｜畫，｜ *hoúa (v. hŏ)*，簡｜寫的，*kièn ｜ siè· tĭ*. Voir *hoúa, kièn*.

畢

Pĭ. Cesser, finir.

｜竟(*v.* 究竟)，｜ *kín (v. kieóu kín)*, en fin de compte.

｜了市，*v.* 場｜了，｜ *lò ché, v. tch'âng ｜ lò*, le marché est fini.

又｜了一件事，*Ieóu ｜ lò ĭ kién sé*, encore une affaire terminée.

祕

Pĭ. Secret, caché.

｜跡，｜ *tsĭ*, (style chrét.) Sacrement.

洗滌｜跡，*Sì tĭ ｜ tsĭ*, le Baptême.

善(*v.* 冒)領｜跡，*Chán (v. máo) lìn ｜ tsĭ*, recevoir dignement (ou bien, indignement) les Sacrements.

滗

Pĭ. Séparer un liquide des substances qui s'y trouvent, égoutter.

拿銅瓢來｜湯，*Lâ t'ông p'iâo lâi ｜ t'āng*, retirer le bouillon avec la cuiller de cuivre.

病人喫湯先要｜油，*Pín jên tch'ĕ t'āng, siēn iaó ｜ ieôu*, le bouillon que doit prendre le malade, il faut avoir soin de le dégraisser.

｜米湯，｜ *mì t'āng*, verser l'eau de cuisson du riz.

要｜那个水，*Iaó ｜ lá kó choùi*, il faut verser, faire égoutter cette eau.

｜不乾，｜ *poŭ kān*, on ne peut la faire égoutter entièrement.

燈裡頭｜一點油，*Tēn ì (lì) t'eôu ｜ ĭ tièn ieôu*, verser un peu d'huile dans la lampe.

P'Ĭ

匹

v. 疋 *P'ĭ*, voyez *p'ĭ*, page 416.

闢

P'ĭ. Ouvrir, commencer.

開｜之初，*v.* 開天｜地之時，*K'āi ｜ tchē ts'ōu, v. k'āi t'iēn ｜ tí tchē ché*, au commencement des choses.

｜妄，｜ *ouáng*, dissiper, réfuter les erreurs.

｜異端，｜ *í toūan*, réfuter les superstitions.

一个一个｜，*ĭ kó, ĭ kó ｜*, les réfuter une à une.

霹

P'ĭ. Coup de tonnerre.

｜靂一聲好驚人，｜ *lĭ ĭ chēn, hào kīn jên*, un formidable coup de tonnerre retentit, c'était effrayant.

｜靂就來了，｜ *lĭ tsieóu lâi lò*, tout d'un coup voilà qu'il arriva.

劈

P'ĭ. Fendre (au propr. et au fig.).

｜面無情，｜ *mién oû ts'în*, jeter une affaire à la face de quelqu'un; sans respect humain.

｜他幾刀背，｜ *t'ā kì tāo péi*, il le frappa de plusieurs coups de plat de sabre.

僻

P'ĭ. Retiré, tranquille.

｜靜地方，*v.* 背｜地方，｜ *tsín tí fāng, v. péi ｜ tí fāng*, lieu retiré et tranquille.

P'IÀ

跁

P'ià. De travers, sans vigueur.

鞋子穿｜了，*Hâi tsè tch'oūan ｜ lò*, il a usé ses souliers d'un côté seulement.

茶壺打丨了, *Tch'â fôu tà* 丨 *lò*, la théière a été bosselée.

放丨頭船, *Fáng* 丨 *t'eôu tch'oûan*, laisser aller à la dérive (au pr. et au fig.)

黃丨丨的, *Houâng* 丨 丨 *tĭ*, d'un jaune sale.

軟丨丨的, *Jouàn* 丨 丨 *tĭ*, négligent, sans vigueur.

淡丨丨的, *Tán* 丨 丨 *tĭ*, fade.

PIĀO

膘 *Piāo*. Graisse des animaux.

這个猪提丨, 丨水好; 沒得丨, *Tché kó tchōu t'î* 丨, 丨 *choùi hào; mŏ tĕ* 丨, ce porc commence à engraisser, il est bien gras; il n'a pas de graisse, pas de lard.

好丨猪, 多厚的丨, *Hào* 丨 *tchōu, tō heóu tĭ* 丨, porc bien gras, lard épais.

標 *Piāo*. Élever (style relevé), signal.

丨記, 丨 *kí*, monument.

丨緻, 丨 *tché*, beau, joli.

背上插丨子, *Péi cháng tch'ă* 丨 *tsè*, fixer l'écriteau (de condamnation) au dos de celui qui va être exécuté.

P'IĀO

漂 *P'iāo*. Porté sur les flots, *v.* 飄 poussé par le vent, flottant.

丨洋過海, 丨 *iâng kó hài*, passer la mer.

遞丨, *Tí* 丨 prendre une petite barque pour descendre d'une grande à terre, ou pour aller rejoindre une grande au milieu du fleuve.

船丨過去了, *Tch'oûan* 丨 *kó k'ú lò*, la barque a traversé.

丨河 (*v.* 拋河) 丨 *hô* (*v. p'āo hô*), traverser le fleuve.

雨丨進來, *Iù* 丨 *tsín lâi*, la pluie entre en travers, poussée par le vent.

水丨出來, *Chòui* 丨 (*piāo*) *tch'ŏu lâi*, eau qui sort en jaillissant.

水丨多遠, *Chòui* 丨 (*piāo*) *tō iuèn*, l'eau jaillit très loin.

火丨過來了, *Hò* 丨 (*piāo*) *kó lâi lò*, les flammes, poussées par le vent, arrivent de ce côté.

打丨, *v.* 丨賭, *v.* 丨彩, *Tà* 丨, *v.* 丨 *tòu*, *v.* 丨 *ts'ài*, parier, jouer des sommes dans des paris.

丨流逞蕩, 丨 *licôu houáng* (*houâng*) *táng*, mener une vie dissolue et vagabonde.

一丨, *ĭ* 丨, trait de pinceau semblable à une virgule, comme dans 舟.

丨帶, 丨 *tái*, cordons larges et pendants comme les fanons d'une mitre; se dit aussi pour les cordons inférieurs des jambieres.

薸 *P'iāo*. Plante aquatique à racine flottante, mousse.

生浮丨, *Sēn fôu* 丨, il pousse de cette plante.

浮丨瘦田, *Fôu* 丨 *seóu t'iên*, cette plante amaigrit les rizières.

黃, 青, 紅, 米浮丨, *Houâng, ts'īn, hông, mì fôu* 丨, quatre variétés de cette plante.

P'IÂO

瓢 *P'iâo*. Grande cuiller.

銅丨, 鐵丨, 木丨, *T'ông* 丨, *t'iĕ* 丨 *mŏu* 丨, grande cuiller de cuivre, de fer, de bois.

漏丨, *Leóu* 丨, écumoire.

打 (*v.* 舀) 一丨水, *Tà* (*v. iaò*) *ĭ* 丨 *chòui*, puiser une pleine cuiller d'eau.

挖丨, *Oŭa* 丨, creuser, fabriquer des cuillers en bois.

瓜丨, *Koūa* 丨, 丨羹, 丨 *kēn*. Voir *koūa, kēn*.

嫖 *P'iâo*. Fornication, débauche.

丨客, 丨 *k'ĕ*, pilier de mauvaise maison.

丨賭門門都來, 丨 *toù mên mên tōu lâi*, débauche, jeu, il est de tout.

PIÀO

表 *Piào*. Extérieur, modèle; consanguinité par les femmes; montre.

丨明, 丨 *mîn*, expliquer clairement.

是一个丨意, *Ché ĭ kó* | *í*, c'est un emblème, une figure.

丨意甚麼事, | *í chén mô sé?* qu'est-ce que cela représente, signifie?

要立好丨樣, *Iáo lĭ hào* | *iáng*, il faut donner le bon exemple.

不要學他的丨樣, *Poŭ iáo hiŏ t'a tĭ* | *iáng*, ne l'imite pas.

丨(v. 裱)像, 丨對子, | *siáng*, | *toúi tsè*, cartonner des images, des inscriptions, pour pouvoir les suspendre.

丨匠, | *tsiáng*, ouvrier qui fait ce métier.

丨背舖, | *péi p'óu*, boutique où l'on fait ce cartonnage.

丨親, | *ts'īn*, parenté par les femmes.

江西老丨, *Kiāng sī laò* |, cousins à la mode du *Kiāng sī* (où tout le monde s'appelle cousin).

血丨, *Hiĕ* |, cousins germains (fils du frère et de la sœur).

姨丨 v. 姨娘老丨, *î* |, v. *î niāng laò* |, cousins germains (fils de deux sœurs).

丨妹, | *méi*, cousine plus jeune.

丨姪, | *tchĕ*, neveu par les femmes.

丨, v. 時辰丨, |, v. *chĕ chĕn* |, montre.

我要買一个丨, *Gò iáo mài ĭ kó* |, je veux acheter une montre.

鐘丨舖, *Tchōng* | *p'óu*, 壞丨樣, *houái* | *iáng*. Voir *tchōng*, *houái*.

婊 *Piào*. Prostituée.

丨子婆娘, | *tsè p'ô niāng*, prostituée! (injure.)

P'IÀO

熛 *P'iào (p'iao)*. Flamber.

拿火丨一吓, *Lâ hò* | *ĭ há*, flamber au feu.

火丨毛毛, *Hò* | *māo māo*, flamber les poils.

把房子跟他丨了, *Pà fâng tsè kĕn t'a* | *lò*, on a brûlé sa maison.

縠草不經燒一吓丨過了, *Koŭ ts'ào poŭ kīn chāo, ĭ há* | *kó lò*, la paille de riz ne dure pas au feu, elle ne fait que flamber un instant.

某人穿得火丨丨的, *Mòng jĕn tch'oūan tĕ hò* | | *tĭ*, un tel est vêtu d'une manière flamboyante.

我今天火丨丨的, *Gò kīn t'iēn hò* | | *tĭ*, aujourd'hui je ne suis pas bien à mon aise.

瞟 *P'iào*. Yeux louches.

丨眼, v. 丨眼兒, | *ièn*, v. | *ièn eúl (ieùl)*, individu aux yeux louches.

丨眼 (v. 丨皮, v. 丨切) 看一吓, | *ièn* (v. | *p'î*, v. | *ts'iĕ*) *k'án ĭ há*, jeter un regard en passant.

丨切談一吓, | *ts'iĕ t'án ĭ há*, dire quelques mots brièvement.

P'IÁO

票 *P'iáo*. Billet commercial, certificat, mandat.

錢丨, *Ts'iên* |, créance, valeur au porteur.

扯丨子, *Tch'è* | *tsè*, se faire délivrer un reçu.

當衣服的丨子, *Táng ī foŭ tĭ* | *tsè*, billet de reconnaissance pour habits livrés au mont-de-piété.

十吊錢的丨子, *Chĕ tiáo ts'iên tĭ* | *tsè*, créance de 10 ligatures.

紅丨黑丨, *Hông* |, *hĕ* |, billet avec timbre rouge, billet sans timbre.

憑丨發錢, *P'în* | *fă ts'iên*, à payer sur la présentation du billet.

丨號, | *háo*, banque.

照丨, *Tcháo* |, vérifier un billet.

官還沒有出丨, *Koūan houân mŏ ieòu tch'óu* |, le mandarin n'a pas encore lancé le mandat d'arrêt.

丨一下就要叫人, | *ĭ hiá, tsieóu iáo kiáo jĕn*, dès que le mandat est lancé, on procède à l'arrestation.

只圖繳丨, *Tchè (tchĕ) t'ôu kiào* |, ne songer qu'à se débarrasser d'un ouvrage, en le faisant vaille que vaille.

粮｜, *Leàng* ｜, 路｜, *lóu* ｜, ｜牌, *v.* 牌｜, ｜*p'âi*, *v. p'âi* ｜, ｜銀, ｜*în.* Voir *Leâng*, *lóu*, *etc.*

漂 *P'iáo. v.* ｜白, *v.* ｜*pě·*, blanchir (par lavages, et exposition au soleil).

｜布, ｜黃蠟, ｜*póu*, ｜*houâng lá*, blanchir de la toile, de la cire.

皫 *P'iáo.* Blanc.

｜亮得好, ｜*leáng tě· hào*, c'est bien blanc et propre.

洗得不｜亮, *Sì tě· poŭ* ｜*leáng*, ce n'est pas lavé proprement.

㬓 *P'iáo.* Exposer au soleil et au vent.

｜簷板, ｜(*v. p'iāo*) *iên pàn*, planche placée à l'avant-toit d'une maison, sous les tuiles du bord.

釘｜簷, ｜簷釘, *Tín* ｜*iên*; ｜*iên tīn*, clouer cette planche; clous employés *ad hoc.*

P'IÈ·

敝 *v.* 㧙 *P'iè·.* Rompre.

｜斷, ｜*touán*, rompre en deux morceaux.

｜一根甘蔗, ｜*ĭ kēn kān tché·*, rompre une canne à sucre (pour la manger).

PIE·

別 *Piě·.* Autre, séparer.

就是這个沒得｜的, *Tsieóu ché tché· kó, mŏ tě·* ｜*tĭ*, il n'y a que celui-ci, pas d'autre.

拿跟｜个去了, *Lâ kēn* ｜*kó k'ú lò*, on l'a donné à un autre.

｜處, *v.* ｜方, *v.* ｜邊, ｜*tch'óu*, *v.* ｜*fāng*, *v.* ｜*piēn*, ailleurs.

還有｜樣沒得, *Houân ieòu* ｜*iáng mŏ tě·?* y en a-t-il encore d'autres façons?

作｜, *v.* 辭｜, *v.* 告｜, *Tsŏ* ｜, *v. ts'ê* ｜, *v. káo* ｜, faire ses adieux.

要分｜明白, *Iáo fēn* ｜*mîn pě·*, il faut distinguer clairement.

在那裡就分｜了, *Tsái lá lì tsieóu fēn* ｜*lò*, à cet endroit ils se sont séparés.

他們两弟兄一點分｜都沒得, *T'a mên leàng tí hiōng ĭ tièn fēn* ｜*tōu mŏ tě·*, ces deux frères n'ont rien qui les distingue l'un de l'autre.

P'IE·

鐅 *P'iě·.* Piquer, enfoncer un instrument pointu.

｜一个針, ｜*ĭ kó tchēn*, piquer une aiguille.

針｜在衣服上, *Tchēn* ｜*tsái ī foŭ cháng*, l'aiguille est piquée sur l'habit.

拿針來｜, *Lâ tchēn lâi* ｜, piquer, fixer avec une aiguille, une épingle.

腰䪗上｜刀, *Iāo kàn cháng* ｜*tāo*, porter un couteau fixé à la ceinture.

㽯 *P'iě·.* Piètre, de mauvaise qualité.

｜子, ｜*tsè*, pauvre diable, ou mauvais drôle (suivant les pays).

盡是｜子, *Tsín ché* ｜*tsè*, ce sont tous de pauvres diables.

都算是｜子, *Tōu souán ché* ｜*tsè*, il peut passer pour pauvre.

這些貨不爲 (*v.* 不算) ｜, *Tché· sī hó poŭ oûi* (*v. poŭ souán*) ｜, ces marchandises ne sont pas précisément de qualité inférieure.

他的手藝｜, *T'a tĭ cheòu gní* ｜, il n'est guère habile dans son métier.

這个人生得｜ (*v.* 僻), *Tché· kó jên sēn tě·* ｜, cet homme a mauvais caractere.

閉 *P'iě·.* Verrou, verrouiller.

門｜子, *Mên* ｜*tsè*, verrou de porte.

門要｜倒, *Mên iáo* ｜*tào*, il faut verrouiller la porte.

懸 *P'iě·.* Prompt, vite.

｜奪, ｜*t'ŏ*, commode, pas difficile, qui va rondement.

這个人｜奪他的錢也｜奪, *Tché· kó jên* ｜*t'ŏ*, *t'a tĭ ts'iên ì* ｜*t'ŏ*, (litt.) cet homme est de bonne composition, et ses sapèques de même (il paie ou prête sans se faire prier).

沒得這樣丨奪, *Mŏ tĕ· tché· iáng* 丨 *t'ŏ*, ce n'est pas si facile que cela! cela ne va pas si vite!

丨丨奪奪, 丨 丨 *t'ŏ t'ŏ*, tout bonnement, sans façons.

撇 *P'iĕ·*. Séparer, éloigner, prendre.

我丨不開這个人, *Gò* 丨 *poŭ k'āi tché· kó jĕn*, je ne puis me débarrasser de cet homme.

賬我丨不開, *Tcháng gò* 丨 *poŭ k'āi*, je ne puis me débarrasser de mes dettes.

我丨不過他的情, *Gò* 丨 *poŭ kó t'ā tĭ ts'în*, je ne puis m'empêcher d'avoir égard à lui.

丨開水, 丨 *k'āi choùi*, détourner l'eau.

丨起傘走, 丨 *k'ì sàn tseòu*, emporter un parapluie.

丨一點葯去, 丨 *ĭ tièn iŏ k'ú*, emporter un peu de médecine.

丨一點起來, 丨 *ĭ tièn k'ì lâi*, en prendre, en enlever un peu.

PIĒN

邊 *Piēn*. Côté, bord, limite.

這丨, 那丨, *Tché·* 丨; *lá* 丨, ce côté-ci, ici; ce côté-là, là.

旁丨, *v.* 側丨, *P'âng* 丨, *v. tsĕ·* 丨, à côté.

山這丨, 河那丨, *Chān tché·* 丨, *hô lá* 丨, de ce côté-ci de la montagne, de l'autre côté du fleuve.

身丨(*v.* 手丨上)沒錢, *Chēn* 丨 (*v. cheòu* 丨 *cháng*) *mŏ ts'iên*, je n'ai pas de sapèques sur moi, sous la main.

側丨人喊我管我不敢攏丨, *Tsĕ·* 丨 *jên hàn gò kouàn, gò poŭ kàn lòng* 丨, les gens du voisinage me prient d'intervenir, je n'ose pas m'en mêler.

聽旁丨人的話, *T'în p'âng* 丨 *jên tĭ houá*, écouter les paroles des gens du voisinage (les médisances).

走丨丨上, *v.* 踩丨, *Tseòu* 丨 丨 *cháng*, *v. tch'ài* 丨, marcher sur le bord.

丨界相連, 丨 *kiái siāng liên*, les limites se touchent.

船不好攏丨, *Tch'oûan poŭ hào lòng* 丨, la barque ne peut aborder facilement.

你話說在一丨去了, *Gnì houá chŏ tsái ĭ* 丨 *k'ú lò*, tu parles à côté de la question.

把他的事放(*v.* 丟)在一丨, *Pà t'ā tĭ sé fáng* (*v. tieōu*) *tsái ĭ* 丨, mets son affaire de côté, ne t'en occupe pas.

丨子, 呢丨子, 布丨丨, 丨 *tsè, gnî* 丨 *tsè, póu* 丨丨, bord d'une étoffe, lisière de drap, bord d'une toile.

衣服丨丨; 滾丨, *ī foŭ* 丨 丨; *kouèn* 丨, bord d'un habit; bord d'habit recouvert d'une bande.

丨走丨喫, 丨 *tseòu* 丨 *tch'ĕ*, manger tout en marchant.

分両半丨, *Fēn leàng pán* 丨, 半丨街, *pán* 丨 *kāi*, 內丨, *loúi* 丨. Voir *pán*, *kāi*, etc.

編 *Piēn*. Lier ensemble, tresser, mettre en ordre.

丨布, 丨帶子; 丨篾貨, 丨 *poú*, 丨 *tái tsè*; 丨 *miĕ· hó*, tisser de la toile, des lacets; tresser des objets en bambou.

丨書, 丨 *chōu*, composer un livre.

丨故事, 丨 *kóu sé*, arranger, inventer une histoire.

盡是他丨的, *Tsín ché t'ā* 丨 *tĭ*, toute l'histoire est de son invention.

你會丨, *Gnì hoúi* 丨, tu es habile à inventer, à enjoliver.

鞭 *Piēn*. *v.* 丨子, *v.* 丨 *tsè*, fouet.

皮丨, 馬丨子, *P'î* 丨; *mà* 丨 *tsè*, fouet en lanière de cuir; cravache (en racine de bambou ordinairement).

跟他幾馬丨子, *Kēn t'ā kì mà* 丨 *tsè*, donne-lui quelques coups de cravache.

不使馬丨, *Poŭ chè mà* 丨, ne pas user de la cravache.

君子一言快馬一丨, *Kiūn tsè ĭ iên, k'ouái mà ĭ* 丨, un mot suffit au sage, un seul coup de fouet à un bon cheval.

P'IĒN

篇 *P'iēn.* Feuille ou double page.

那一本書有四五十｜, *Lá ĭ pèn chōu ieòu sé où chĕ* ｜, ce livre a de 40 à 50 feuilles.

一天只讀得半｜, *ĭ t'iēn tchè (tchĕ) toŭ tĕ· pán* ｜, en un jour je ne puis apprendre qu'une page.

一｜文章, *ĭ* ｜ *ouên tchāng*, une feuille ou 2 pages de composition littéraire.

偏 *P'iēn.* Incliné, dépravé.

帽子戴｜了, *Máo tsè tái* ｜ *lò*, il porte la calotte sur l'oreille.

吃醉了打｜｜, *Tch'ĕ tsoúi lò tà* ｜ ｜, il a bu un coup, et ne peut plus marcher droit.

｜頸, *v.* **頸兒**, ｜ *kìn*, *v. kìn eûl (kieùl)*, pencher le cou, cou penché: employé comme sobriquet.

｜起的, *v.* **｜了**; **｜起腦膪**, ｜ *k'ì tĭ*, *v.* ｜ *lò*; ｜ *k'ì lào k'ŏ*, c'est incliné; voir *lào*.

墻有點｜, *Ts'iâng ieòu tièn* ｜, le mur est un peu incliné.

｜｜房, ｜ ｜ *fâng*, appentis.

修 (v. 接) 一个｜｜, *Sieōu (v. tsiĕ·) ĭ kó* ｜ ｜, ajouter (à une maison) une construction de ce genre.

斷｜了, *Touán* ｜ *lò*, c'est jugé avec partialité.

你說要不得我｜要這樣做, *Gnì chŏ iáo poŭ tĕ·, gò* ｜ *iáo tché· iáng tsóu*, tu dis que cela ne vaut rien, j'agirai ainsi quand même, tout exprès.

有｜了, *Ieòu* ｜ *lò*, j'ai manqué (en mangeant sans vous attendre): réponse de politesse à celui qui demande si on a déja dîné.

相｜神父, *Siāng* ｜ *chên fóu*, je manque, ou bien, j'ai manqué de politesse envers le Père (paroles de politesse d'un chrétien prenant congé du Père, pour aller à quelque réunion ou dîner, ou lorsqu'il en revient).

｜向, **｜想**, ｜ *hiáng*, ｜ *siàng*, inclination dépravée, pensée dépravée.

｜房, ｜ *fâng*, **｜愛**, ｜ *gái*, **私欲｜情**, *sē iŏ* ｜ *ts'în*. Voir *fâng, gái, iŏ, etc.*

P'IÊN

便 *P'iên.* Avantageux (voir **益** *ĭ*).

PIÈN

貶 *Pièn.* Réprimander, destituer.

｜官, **｜職分**, ｜ *kouān*, ｜ *tchĕ fén*, destituer un mandarin; dégrader.

官｜小了, *Kouān* ｜ *siào lò*, le mandarin a été déchu de sa dignité.

褊 *Pièn.* Bordure, étroit.

｜帕子, **｜衫子**, ｜ *p'á tsè*, ｜ *chān tsè*, ourler un mouchoir, une robe.

吊｜, *Tiáo* ｜, bande d'étoffe que l'on coud sur le côté intérieur des habits, pour les rendre plus solides.

地頭｜窄 (*v.* **｜小**), *Tí t'eôu* ｜ *tsĕ·* (*v.* ｜ *siao*), l'endroit est petit, de peu d'importance.

藊 *Pièn. v.* **｜荳**, *v.* ｜ *teóu*, espèce de haricots longs.

扁 *Pièn.* Plat, aplati (voir le mot suivant).

一根｜担, *v.* **｜挑**, *ĭ kēn* ｜ *tán*, *v.* ｜ *t'iāo*, bâton plat, servant à porter les fardeaux en balançoire, sur l'épaule.

｜的, ｜ *tĭ*, aplati sur les deux faces.

P'IÈN

扁 *v.* **匾** *P'ièn (pièn).* Tablette horizontale avec inscription; versant.

一塊｜, *ĭ k'oùai* ｜, une tablette horizontale.

送｜, **釘｜**, *Sóng* ｜, *tín* ｜, offrir de ces tablettes, les fixer.

｜額, ｜ *guĕ·*, tablettes horizontales, grandes *(p'ièn)*, et petites *(guĕ·)*.

丨對，丨 *toúi*, tablettes horizontales (*p'ièn*), et verticales (*toúi*).

山丨，*Chān* 丨，versant d'une colline.

一丨，*v.* 一个丨丨，*ī* 丨，*v.* *ī kó* 丨丨，un versant.

走山丨上，*Tseòu chān* 丨 *cháng*, passer sur le versant.

一丨都是我的，*ī* 丨 *toū ché gò tĭ*, tout le versant est à moi.

刷 *P'ièn* (*p'iēn*). Dégrossir du bois.

丨斧，丨樹子，丨 *foù;* 丨 *choú tsè*, hache à équarrir; équarrir un arbre.

丨薄點，丨壞了，丨 *pŏ tièn*, 丨 *houái lò*, dégrossir un peu plus, il a gâté la pièce de bois en l'équarrissant.

PIÉN

辮 *Pién.* *v.* 丨子，*v.* 丨 *tsè*, queue ou tresse chinoise.

粗丨子，*Ts'oū* 丨 *tsè*, tresse bien fournie.

編丨子，*Piēn* 丨 *tsè*, tresser sa queue.

打圍丨，*Tà oûi* 丨，tresser une mince tresse de cheveux tout autour de la tête.

梳丨子，*Soū* 丨 *tsè*, démêler la tresse avec le démêloir.

蟠起(*v.* 挽)丨子在頭上，*P'ân k'ì* (*v.* *ouàn*) 丨 *tsè tsái t'eôu cháng*, enrouler la tresse autour de la tête.

打丨線，*Tà* 丨 *sién*, fabriquer des cordons pour la tresse.

便 *Pién.* Commode, facile, avantageux.

水方丨，*Choùi fāng* 丨，l'eau est à portée (voir *fāng*).

出門不方丨，*Tch'ŏu mén poŭ fāng* 丨，en voyage, on n'est pas à l'aise.

銀子不方丨，*în tsè poŭ fāng* 丨，l'argent n'est pas disponible.

有幾樣(*v.* 幾宗)方丨，*Ieòu kì iáng* (*v.* *kì tsōng*) *fāng* 丨，il y a plusieurs commodités, plusieurs avantages.

一方二丨，*ī fāng eúl* 丨，deux avantages dans une même affaire.

隨丨，*Soûi* 丨，à volonté.

隨丨，*Soûi* 丨 *gnì*, à ta guise, comme tu voudras.

你進城一丨手跟我帶點東西，*Gnì tsín tch'ên, ī* 丨 *cheòu kēn gò tái tièn tōng sī*, puisque tu vas en ville, à cette occasion apporte-moi quelques petits objets.

不丨說，*Poŭ* 丨 *chŏ*, ce n'est pas commode à dire.

順丨，*Choúen* 丨，profiter de l'occasion.

丨宜(*v.* 便益)，丨 *gnî* (*v.* *p'iên ī*: voir *ī*), avantageux.

他得了些丨宜，*T'a tĕ lò sī* 丨 *gnî*, il a eu assez de chance, il a fait des affaires avantageuses.

若遇丨機，*Jŏ iú* 丨 *kī*, s'il se rencontre une occasion favorable.

大丨，小丨，*Tá* 丨，*siào* 丨，anus, voies urinaires.

大小丨不通，*Tá siào* 丨 *poŭ t'ōng*, il y a constipation et rétention d'urine.

伶丨，*Lîn* 丨，habile, industrieux (voir *lîn*).

變 *Pién.* Changer, transformer.

丨了心，*v.* 心丨了，丨 *lò sīn*, *v.* *sīn* 丨 *lò*, il a changé de dispositions, il est moins bien disposé.

話丨了，*Houá* 丨 *lò*, il ne parle plus de même, il se dédit.

求天主丨化他的心，*K'ieôu T'iēn Tchou* 丨 *houá t'a tĭ sīn*, prier Dieu de convertir son cœur.

到死不丨，*Taó sè poŭ* 丨，persévérer jusqu'à la mort.

丨做好人，丨 *tsoú haò jên*, devenir un honnête homme.

心不正善功都丨爲罪，*Sīn poŭ tchén, chán kōng toū* 丨 *oûi tsoúi*, quand l'intention est vicieuse, même les bonnes œuvres deviennent des péchés.

蠶子丨成蛾蛾，*Ts'ân tsè* 丨 *tch'ên ô ô*, les vers à soie se transforment en papillons.

長丨了，*Tchàng* 丨 *lò*, il a changé (de figure) en grandissant.

病人丨得狠，*Pín jên* 丨 *tĕ hèn*, le malade baisse (change) beaucoup.

通權達 |, *T'ōng k'uēn tă* |, habile à profiter des circonstances.

各人的發 |, *Kŏ jên tĭ fă* |, l'habileté d'un chacun (voir *fă*).

這个怕沒得啥子大發 |, *Tché· kó p'á mŏ tĕ· chá tsè tá fă* |, on ne peut guère tirer grand parti de cela.

地方肯拿來賣 | **成銀子**, *Tí fāng k'èn lâ lâi mái*, | *tch'ên în tsè*, il vaudrait mieux vendre les terrains, et les convertir en argent.

事一吓有 |, *Sé ĭ há ieoù* |, et si l'affaire venait subitement à tourner mal...

兵 |, **民** |, *Pīn* |, *mîn* |, mutinerie des soldats, du peuple.

天 | **一時**, *T'iēn* | *ĭ chê*, | **了味**, | *lò oúi*, **改** |, *kài* |. Voir *chê*, *oúi*, *kài*.

辨 *Pién*. Distinguer, discuter, examiner.

他的道理 | **得好**, *T'a tĭ taó lì* | *tĕ· haò*, il explique, il raisonne bien sa doctrine.

| **論天主的道理**, | *lén T'iēn Tchòu tĭ taó lì*, expliquer la doctrine chrétienne.

我跟你 | **明**, *Gò kēn gnì* | *mîn*, je veux t'expliquer clairement.

| **不明的寃枉**, | *poŭ mîn tĭ iuēn ouàng*, calomnie dont on ne peut démontrer la fausseté.

徧 *v.* **遍** *Pién (v. p'ién)*. Tour, faire le tour; tout.

| **山走耍**, | *(p'ién) chān tseòu choùa*, se promener par toute la montagne.

| **坡都是人**, | *(p'ién) p'ō toū ché jên*, toute la colline était couverte de monde.

一 | **手我都要**, *ĭ* | *cheòu gò toū iaó*, je veux absolument tout.

念五 | **在天**, *Nién où* | *Tsái t'iēn*, réciter cinq *Pater*.

P'IÉN

騙 *P'ién*. Tromper, faire tort.

| **人**, | *jên*, chercher à nuire à quelqu'un (en employant dans ce but toutes sortes de moyens).

放 |, *Fáng* |, personne, ou enfant qui fait le malade, le mourant, pour vous embarrasser, ou pour obtenir ce qu'il désire.

他 | **我紅黑要錢**, *T'ā* | *gò, hông hĕ· iaó ts'iên*, il me fait violence (moralement), pour m'arracher des sapèques.

| **人財物**, | *jên ts'âi oŭ*, escroquer le bien d'autrui.

你想 | **我**, | **不倒**, *Gnì siàng* | *gò*, | *poŭ taò*, tu voudrais me faire tort, mais tu ne réussiras pas.

瞞 |, *Mân* |, **哄** |, *hòng* |, **估** |, *koù* |. Voir *mân*, *hòng*, *koù*.

片 *P'ién*. Carte de visite; morceau, tranche.

一張 | **子**, *ĭ tchāng* | *tsè*, une carte de visite.

出(*v.* **飛**) | **子**, *Tch'ŏu (v. fēi)* | *tsè*, donner, envoyer sa carte.

拿 | **子去拜**, *Lâ* | *tsè k'ú pái*, saluer par une carte.

回 |, *Hoûi* |, rendre carte pour carte.

挂 | **子**, *Tch'òu* | *tsè*, imprimer une carte.

一 | **菜**, *ĭ* | *ts'ái*, une tranche mince de viande.

切成 | |, *Ts'iĕ· tch'ên* | | *(v. p'ién p'ién)*, émincer.

一 | **玻璃**, **一** | **寶**, *ĭ* | *pō lì*, *ĭ* | *paò*, un verre à vitre, un bijou.

一 | **好心腸**, *ĭ* | *haò sīn tch'âng*, un bon sentiment.

洗 | **子**(*v.* | |), *Sì* | *tsè* (*v.* | |), laver des langes.

PĪN

賓 *Pīn. v.* | **客**, *v.* | *k'ĕ·*, hôte (celui qui reçoit l'hospitalité).

西 |, *Sī* |, maître d'école dans une famille.

| **主**, | *tchòu*, l'hôte et le maître de la maison.

分 | **主坐下**, *Fēn* | *tchòu tsó hiá*, prendre place d'après l'étiquette à observer entre hôte et maître de maison.

檳 *Pīn.* Noix d'arec: voir **榔**, *lâng.*

鑌 *Pīn. v.* | **鐵**, *v.* | *t'iě*, fer blanc.

| **鐵盒子**, | *t'iě hǒ tsè*, boîte de fer blanc.

| **鐵打的**, | *t'iě tà tī*, fait en fer blanc.

蓖 *Pīn (pī).* Ricin: voir **麻**, *mâ.*

氷 *Pīn.* Glace; crevasse.

屋簷口吊起凝 |, *Oŭ iên k'eòu tiáo k'ì lîn* |, il pend des chandelles de glace au bord des toits.

| **消瓦解**, | *siāo ouà kiài*, la glace est fondue, et les tuiles se trouvent délivrées (prov. pour dire qu'après une bonne explication, les préventions et les haines sont tombées).

| **冷的**, | **人的**, | *lèn tī;* | *jên tī*, d'un froid glacial; d'un froid à vous saisir.

凉水 | **牙齒**, *Leâng choùi* | *iâ tch'è*, l'eau froide vous glace les dents.

在冷水裡頭 |, *Tsái lèn choùi ì (lì) t'eôu* |, refroidir dans l'eau.

| **粉**, *v.* | **粉兒**, | *fèn, v.* | *fen eûl (feùl)*, espèce de gelée qui se vend en été.

| **片**, | *p'ién*, camphre sublimé de Bornéo.

開了多大的 | **口**, *K'āi lò tō tá tī* | *k'eòu*, il s'est ouvert une large crevasse.

田開 |, *T'iên k'āi* |, les rizières se crevassent (par la sécheresse).

板子開 |, *Pàn tsè k'āi* |, les planches se fendent.

玻璃磁器一燙了會 |, *Pō lî ts'ê k'í ī t'áng lò hoúi* |, le verre et la porcelaine sont sujets à se fendre au contact de l'eau chaude.

晒 | **了**, *Chái* | *lò*, crevassé par le soleil.

脚手冷開了 |, *Kiŏ cheòu lèn k'āi lò* |, pieds et mains crevassés par le froid.

| **泮大人**, *v.* | **翁大人**, | *p'án tá jên, v.* | *ōng tá jên*, entremetteur de mariage.

| **糖**, | *t'âng*, sucre candi.

兵 *Pīn.* Soldat.

精 |, *v.* **天** |, *Tsīn* |, *v. t'iēn* |, soldats de l'armée permanente.

官 |, *Kouān* |, soldats relevant des mandarins (par opposition aux rebelles).

馬 |, **步** |, **夷** |, *Mà* |, *poú* |, *î* |, cavaliers, fantassins, barbares auxiliaires.

| **頭** (*v.* **統領**); **帶** |, | *t'eôu (v. t'òng lìn); tái* |, chef militaire; conduire une troupe.

招 |, **點** |, **調**, *Tchāo* |; *tièn* |; *tiáo* |, recruter des soldats; les dénombrer; les diriger sur un point donné.

進 | **來打**, *Tsín* | *lâi tà*, faire avancer des soldats contre....

退 |, *T'oúi* |, rappeler les soldats, battre en retraite.

扎得有 |, *Tchă tĕ ieòu* |, il y a des soldats campés.

| **粮**, | **器**, | *leâng*, | *k'í*, vivres de l'armée, armes.

| **備道**, | *pí táo, táo t'âi* pour le militaire et pour le civil.

好人不當 |, *Hào jên poŭ tāng* |, un honnête homme ne se fait pas soldat (axiome chinois).

養 | **千日用在一朝**, *Iàng* | *ts'iēn jĕ, ióng tsái ī tchāo*, (litt.) on entretient les soldats pendant mille jours pour s'en servir un matin.

操 | **演將**, *Ts'āo* | *ièn tsiáng*, exercer l'armée.

| **不在多**, | *poŭ tsái tō*, la force d'une armée n'est pas dans le nombre.

| **變**, | *pién*, | **房**, | *fâng*, | **部**, | *póu*, | **餉**, | *hiàng*. Voir *pién, etc.*

P'ĪN

分 *P'īn.* Partager, se procurer.

跟你 | **點蜂糖**, *Kēn gnì* | *tièn fōng t'âng*, cède-moi (à prix d'argent) un peu de miel.

我 | **點跟你**, *Gò* | *tièn kēn gnì*, je t'en cède un peu.

到處｜不倒, *Táo tch'óu* ｜ *poŭ tào,* impossible de s'en procurer nulle part.

鬪 *P'īn* (voyez 拚 *p'ān*). Se quereller, se battre.

｜命, ｜ *mín,* se battre à mort.

P'ÎN

平 *P'în.* Plat, plan, uniforme, juste, paix, balance.

｜了, *v.* 沒有｜, ｜ *lò, v. mŏ ieòu* ｜, c'est (ou ce n'est pas) à plat, uni, tranquille.

｜水, ｜ *choùi,* eau dormante, niveau d'eau.

拿｜水來較屋基｜不｜, *Lâ* ｜ *choùi lâi káo oŭ kī* ｜ *poŭ* ｜, voir au niveau d'eau si l'emplacement est bien uni.

｜聲, 上｜, 下｜, ｜ *chēn, cháng* ｜, *hiá* ｜, le 1er et le 2eme tons des mots chinois; le 1er ton, le 2eme.

弟兄分家不｜, *Tí hiōng fēn kiā poŭ* ｜, les frères ne sont pas partagés également.

心不｜, *Sīn poŭ* ｜, n'être pas impartial; être mécontent.

公｜, *Kōng* ｜, juste, selon la justice.

泰｜了, *T'ái* ｜ *lò,* c'est pacifié.

打｜息了, *Tà* ｜ *sī lò,* c'est pacifié par les armes.

一傷 (*v.* 一掌) ｜, *ĭ t'āng* (*v. ĭ tchàng*) ｜, une plaine; c'est tout plat.

｜日, *v.* ｜時, *v.* ｜常, *v.* ｜素間, ｜ *jĕ, v.* ｜ *chê, v.* ｜ *châng, v.* ｜ *sóu kiēn,* en temps ordinaire, ordinairement.

｜常的人, ｜ *châng tĭ jên,* homme du commun.

都是｜｜常常的, *Tōu ché* ｜ ｜ *châng châng tĭ,* ce n'est que du très ordinaire, du très commun.

｜順, ｜ *chouén,* docile, doux, pas raide, chose du commun.

一架｜, *ĭ kiá* ｜, une balance à deux plateaux.

天｜; 天｜秤, *T'iēn* ｜; *t'iēn* ｜ *tch'én,* balance romaine; de 16 onces à la livre.

街市｜, 行｜, *Kāi ché* ｜; *hâng* ｜, balance ordinaire du marché; balance officielle.

整｜, *Tchèn* ｜, réparer la balance.

｜不一, ｜ *poŭ ĭ,* la balance n'est pas juste, ou bien, les balances ne s'accordent pas.

｜大 (*v.* 小), ｜ *tá* (*v. siào*), la balance est forte (ou bien, faible).

｜少了, ｜ *chào lò,* le poids est trouvé trop faible.

｜長了, *v.* 出得有｜, ｜ *tchàng lò, v. tch'ŏu tĕ ieòu* ｜, il est plus fort (on y a gagné).

｜旺了, ｜ *ouáng lò,* il y a bon poids.

你｜好多, *Gnì* ｜ *hào tō?* quel poids trouves-tu?

｜壓, ｜ *iá,* peser sur un des plateaux de la balance (pour tromper).

放 (*v.* 安) ｜, *Fáng* (*v. gān*) ｜, ｜安, ｜ *gān,* ｜和, ｜ *hô,* ｜秧田, ｜ *iāng t'iên,* 落｜, *lŏ* ｜, 挖 (*v.* 剷) ｜, *oūa* (*v. tch'oùan*) ｜, 塡｜, *t'iên* ｜, ｜床, ｜ *tch'oûang,* 較｜, *káo* ｜, ｜銀子, ｜ *în tsè,* ｜陽, ｜ *iâng,* 打｜夥, *tà* ｜ *hò,* ｜班的, ｜ *pān tĭ,* ｜生, ｜ *sēn.* Voir *fáng, gān, hô, etc.*

評 *P'în.* Délibérer, examiner.

｜論, ｜ *lén,* discuter.

｜批, ｜ *p'ēi,* censurer, critiquer.

這个事要品｜吓, *Tché kó sé iáo p'in* ｜ *há,* il faut examiner un peu cette affaire (si elle est juste, ou non).

貧 *P'în. v.* ｜窮, *v.* ｜乏, *v.* ｜寒, *v.* ｜ *kiông, v.* ｜ *fá, v.* ｜ *hân,* pauvre.

家下 (*v.* 裡) ｜寒, *Kiā hiá* (*v. lì*) ｜ *hân,* ma famille (ou sa famille) est pauvre.

｜不與富鬥, ｜ *poŭ iù fóu teóu,* le pauvre ne lutte pas contre le riche.

櫇 *P'în.* Pomme (voir 果 *kò*).

瓶 *v.* 缾 *P'în.* Bouteille, vase ou cruche à vin.

一个｜子; ｜｜, *ĭ kó* ｜ *tsè,* ｜｜, une bouteille; petite bouteille.

玻璃 | 子, 亮 | 子, 山東 | 子, 土 | 子, *Pō li* | *tsè, leáng* | *tsè, Chān tōng* | *tsè, t'òu* | *tsè*, bouteille de verre, de verre blanc, bouteille du *Chān tōng*, cruche en terre.

壺 |, *Fôu* |, vase à bec et à couvercle.

花 |, *Hoūa* |, vase à fleurs.

一 | 酒, *ĭ* | *tsiéòu*, une bouteille de vin.

擺四 | 攤子, *Pài sé* | *t'ān tsè*, étaler quelques flacons de médecines.

敹倒 | 子, *Tscóu tào* | *tsè*, boucher une bouteille.

屏 *P'în*. Paravent, châssis quelconque monté.

| 風, *v.* | 門, *v.* 插 |, | *fōng, v.* | *mên, v. tch'ă* |, espèce de paravent placé devant la porte d'entrée, pour boucher la vue aux passants.

坐 |, *Tsó* |, support d'encadrement d'une image, pour la faire tenir debout.

掛 |, *Koúa* |, cadre à suspendre.

一堂 |, *ĭ t'âng* |, une rangée de tableaux, de paysages suspendus.

憑 *P'în*. Appui moral, preuves, gages, s'en remettre à.

他用甚麼 | 據, *T'ā ióng chén mô* | *kú?* quelles preuves a-t-il employées?

你有甚麼 | 據, *Gnì ieòu chén mô* | *kú?* quelle preuve as-tu?

有 | 有據; 無 | 無據, *Ieòu* | *ieòu kú; oû* | *oû kú*, il y a de bonnes preuves; sans l'ombre de preuve.

你跟我丟一个 | 據 (*v.* 把 |), *Gnì kēn gò tieōu ĭ kó* | *kú (v. pà* | *)*, donne-moi un gage, quelque chose qui puisse me servir de témoignage.

拿倒 (*v.* 揑倒) | 據, *Lâ tào (v. niĕ tào)* | *kú*, tenir une preuve, un gage.

升天堂的 | 據, *Chēn t'iēn t'âng tĭ* | *kú*, signe ou gage de prédestination.

両邊丟了把 |, *Leàng piēn tieōu lò pà* |, des deux côtés on a donné des gages.

口說無 |, *K'èou chŏ oû* |, la simple parole ne laisse pas de preuve.

| 口教, | *k'eòu kiáo*, faire apprendre sans livre, à force de répéter.

| 口記, | *k'eòu kí*, retenir la leçon ainsi donnée.

| 空妄指, | *k'ōng ouáng tchè*, dénoncer faussement, sans le moindre fondement.

| 在你, | *tsái gnì*, comme tu voudras.

| 你的心, 艮心, | *gnì tĭ sīn, leâng sīn*, à ta volonté, à ta conscience.

| 你做嘛子, | *gnì tsóu chá tsè*, fais ce qui te plaira (je ne te crains pas).

| (*v.* 投 |) 鄉約客長, | (*v. t'eôu* | *) hiāng iŏ k'ĕ tchàng*, avertir les autorités municipales, leur déférer une affaire.

要 | 幾个明白人說和, *Iáo* | *kì kó mîn pĕ jên chŏ hô*, il faut s'en rapporter à quelques hommes intelligents, pour arriver à un accord.

有 | 則, *Ieòu* | *tsĕ*, c'est sûr.

沒 | 則, *Mŏ* | *tsĕ*, ce n'est pas sûr.

天晴落雨沒得一定的 | 則, *T'iēn ts'în lŏ iù mŏ tĕ ĭ tín tĭ* | *tsĕ*, il n'y a rien de sûr pour juger s'il pleuvra ou non.

拿不倒 | 則, *Lâ poŭ tào* | *tsĕ*, il ne sait pas trouver la mesure, le moyen de...

做事沒 | 則, *Tsóu sé mŏ* | *tsĕ*, il agit sans discrétion.

我曉得 | 則, *Gò hiào tĕ* | *tsĕ*, je sais le moyen, la juste mesure.

PÌN

稟 *Pìn*. Informer un supérieur, requête à un supérieur, accuser.

| 明, | *mîn*, informer clairement, consulter.

叩 |, *K'eóu* |, exposer humblement.

| 神父, | *chên foú*, accuser un Père, ou accuser quelqu'un auprès du Père; ou prendre les ordres du Père, le consulter.

有一件事要 | 明神父, *Ieòu ĭ kién sé iáo* | *mîn chên foú*, j'ai une affaire pour laquelle j'ai à demander au Père son avis.

| 明聖教會, | *mîn chén kiáo hoúi*, consulter la Ste Eglise.

那个丨了我在神父跟前, *Là kó* 丨 *lò gò tsái chēn foú kēn ts'iēn?* qui m'a accusé auprès du Père?

這件事要丨官, *Tché· kién sé iáo* 丨 *koūan*, il faut déférer cette affaire au mandarin.

打丨帖, *Tà* 丨 *tiě·*, faire une requête par écrit.

打公丨, *Tà kōng* 丨, présenter une requête au nom de tous les notables.

一張丨帖把他丨脫了, *ĭ tchāng* 丨 *tiě· pà t'a* 丨 *t'ŏ lò*, une seule requête a suffi pour le faire destituer.

丨明的多; 丨他的多, 丨 *mîn tī tō;* 丨 *t'a tī tō*, il y a beaucoup de consulteurs; il y a beaucoup de gens qui l'accusent.

催丨, *Ts'oūi* 丨, pièce pour presser le jugement.

紅丨, 白丨, *Hông* 丨, *pě·* 丨, requête faite sur papier rouge, blanc (et non sur papier réglementaire; admise dans certaines circonstances).

紅白丨, *Hông pě·* 丨, rapport d'un mandarin inférieur à ses supérieurs (ainsi appelé, parce que chaque pli de papier écrit est séparé par une feuille de papier rouge).

餅 *Pìn*. Gâteau, pâtisserie.

打丨子, *Tà* 丨 *tsè*, confectionner des pâtisseries.

打麵丨的鉗子, *Tà mién* 丨 *tī k'iên tsè*, fer à hosties.

油丨子, *Ieôu* 丨 *tsè*, gâteau frit à l'huile.

凝起一丨; 丨 丨, *Lîn k'ì ĭ* 丨; 丨 丨, coagulé en une masse (voir *lîn*); masse coagulée.

化成一丨, *Hoúa tch'ên ĭ* 丨, fondre en une masse.

一丨粑, *ĭ* 丨 *pa*, une grande tache.

奶丨, *Lài* 丨, 餻丨鋪, *kaō* 丨 *p'óu*. Voir *lài*, *kaō*.

柄 *Pìn*. Manche; autorité, pouvoir.

權丨, *K'uên* 丨, autorité, pouvoir.

杷丨, *Pá* 丨. Voir *pá*.

秉 *Pìn*. Prendre une poignée, tenir.

丨公斷理, 丨 *kōng touán lì*, (litt.) dirimer en observant la justice: juger d'apres la justice.

丨公訊斷, 丨 *kōng sín touán*, examiner et juger selon la justice.

P'ÌN

品 *P'ìn*. Grade, ordre, modèle.

神丨 (о. 丨級)祕跡, *Chén* 丨 (*v.* 丨 *kì*) *pí tsī*, le sacrement de l'Ordre.

革神丨, *Kě· chén* 丨, frapper d'interdit un prêtre.

聖神丨, *Chén chén* 丨, conférer ou recevoir les Ordres sacrés.

聖四丨, 五丨, 六丨, 七丨, *Chén sé* 丨, *où* 丨, *loŭ* 丨, *ts'ī* 丨, recevoir les Ordres mineurs, le sous-diaconat, le diaconat, la prêtrise.

入聖丨, *Joŭ chén* 丨, être canonisé.

列丨聖人, *Liě·* 丨 *chén jên*, les différentes classes de Saints (voir *liě·*).

官分九丨, *Kouān fēn kieòu* 丨, il y a 9 degrés de mandarins.

頭丨頂戴, *T'eôu* 丨 *tìn tái*, mandarin du 1er degré; bouton de 1ere classe.

四丨官, *Sé* 丨 *kouān*, mandarin du 4eme degré.

官有幾丨, 人有幾等, 丨 *Kouān ieòu kì* 丨, *jên ieòu kì tèn*, il y a des mandarins de divers degrés, comme il y a des hommes de plusieurs conditions.

這个人丨格好, *Tché· kó jên* 丨 *kě· haò*, cet homme a bonne tournure.

丨行, 丨 *hîn*, 丨碗, 丨 *ouàn*, 丨紅, 丨 *hông*, 丨藍, 丨 *lân*, 九丨天神, *kieòu* 丨 *t'iēn chên*. Voir *hîn*, *ouàn*, *etc.*, *etc.*

併 *P'ìn*. De front, dans l'alignement, en travers, vis-à-vis.

三个人丨起走, *Sān kó jên* 丨 *k'ì tseòu*, trois hommes marchant de front.

一丨排, *ĭ* 丨 *p'âi*, rangés sur une même ligne.

丨門, 丨 *mên*. Voir *mên*.

PÍN

並 *Pín.* En même temps, absolument.

| 無銀錢貨物, | *oû în ts'iên hó oŭ,* il n'y a absolument ni argent ni marchandises (inscription sur l'adresse des lettres).

| 不是他, | *poŭ ché t'a,* ce n'est certainement pas lui.

| 沒得這个事, | *mŏ tĕ· tché· kó sé,* il n'y a nullement cette affaire.

| 非定要他來, | *fēi tín iaó t'a lái,* oh! je ne tiens pas absolument qu'il vienne.

併 *Pín.* Ensemble, tout.

一 | 在內, ĭ | *tsái loúi,* tout y est compris.

一 | 收清, ĭ | *cheōu ts'în,* tout a été reçu exactement.

殯 *Pín.* Ensevelir provisoirement; cultiver en pépinière.

| 葬, | *tsáng,* enterrer un mort.

出 |, *v.* | 死人, *Tch'ŏu* |, *v.* | *sè jên,* enterrer provisoirement un mort.

| 秧子, | 樹秧子, | *iāng tsè,* | *chóu iāng tsè,* mettre en pépinière des plants de riz, d'arbres.

病 *Pín. v.* 毛 |, *v.* | 症, *mâo* |, *v.* | *tchén,* maladie physique ou morale.

| 了, 得了 |, | *lò, tĕ· lò* |, il est malade, il est tombé malade.

雜 |, *Tsă* |, maladie encore peu caractérisée.

害一場毛 |, *Hái ĭ tch'âng mâo* |, faire une maladie.

得急 |, *Tĕ· kĭ* |, être pris d'une maladie subite (voir *kĭ*).

| 不服藥, | *poŭ foŭ iŏ,* la maladie ne cède pas aux remèdes (voir *foŭ*).

| 人不對, | *jên poŭ toúi,* le malade tourne mal.

加不得 |, *Kia poŭ tĕ·* |, une aggravation de la maladie serait fatale (voir *kia*).

| 勢實, *v.* 狠了, *v.* 凶, | tchá chĕ, *v.* hèn lò, *v.* hiōng, la maladie est grave, violente.

醫不好的 |, *ī poŭ haò tĭ* |, maladie incurable (voir *ī* et *haò*).

| 沉重, | *tch'ên tchóng,* la maladie est devenue très grave.

| 退了點, | *t'oúi lò tièn,* la maladie a diminué un peu.

| 鬆了, | *sōng lò,* la maladie est moins violente.

治(*v.* 醫) |, *Tché (v. ī)* |, traiter une maladie.

裝 |, *Tchoūang* |, faire le malade.

他的老毛 | 又發了, *T'a tĭ laò mâo* | *ieóu fă lò,* son ancienne maladie s'est déclarée de nouveau (voir *fă*).

看不來 |, 看不倒 |, *K'án poŭ lâi* |, *k'án poŭ taò* |, ne pas savoir, ne pas pouvoir reconnaître cette maladie (se dit des médecins; voir *k'án*).

| 房, | *fâng,* hôpital.

靈魂的毛 |, *Lîn houên tĭ mâo* |, les maladies de l'âme.

他的毛 | 我明白沒得錢使, *T'a tĭ mâo* | *gò mîn pĕ·, mŏ tĕ· ts'iên chè,* je connais bien sa maladie: il est à court d'argent.

久 | 無孝子, *Kieòu* | *oû hiáo tsè,* quand la maladie dure longtemps, le dévouement même d'un bon fils se lasse.

十 | 九痛, *Chĕ* | *kieòu t'óng,* (litt.). dix maladies et neuf douleurs; homme maladif, plein d'infirmités.

世人通 | 知而不行, *Ché jên t'ōng* |, *tchē eûl poŭ hîn,* une maladie commune parmi les hommes, c'est de connaître le bien, et de ne pas le faire.

告 | 回去了, *Kaó* | *hoûi k'ú lò,* il a demandé un congé pour cause de maladie, et s'en est retourné.

寒 |, *Hân* |, 痢症 |, *lí tchén* |, 癆 |, *laô* |, 瘟 |, *ouēn* |, 惹人的 |, *jè jên tĭ* |, 翻 |, *fān* |, 反 |, *fàn* |, | 根, | *kēn,* 弊 |, *pí* |, 養 |, *iàng* |, 趕 |, *kàn* |, 顧 |, *koú* |. Voir *hân, lí, etc.*

華西官話漢法詞典

P'ÍN

聘 *P'în.* Fiançailles, cadeaux de fiançailles.

丨禮, 丨 *lì*, cadeaux de fiançailles aux parents de la fille.

下丨, *Hiá* 丨, envoyer ces cadeaux; contracter des fiançailles.

PŌ

波 *Pō.* *v.* 丨浪, *v.* 丨濤, *v.* 丨 *láng*, *v.* 丨 *t'âo*, vagues, flots.

風丨, *Fōng* 丨, persécutions.

菠 *Pō.* *v.* 丨菜 (*v.* 喫根菜, *v.* 角角菜), 丨 *ts'ái* (*v.* *tch'ĕ kēn ts'ái*, *v.* *kŏ kŏ ts'ái*), épinards.

玻 *Pō.* Verre. Voir *lî* 璃.

P'Ō

坡 *P'ō.* Colline.

上丨, *v.* 爬丨, *Cháng* 丨, *v.* *p'â* 丨, gravir une côte; *cháng* 丨, signifie aussi: d'une barque monter à terre, aller à l'ouvrage sur la terre ferme.

丨上的活路, 丨 *cháng tĭ hŏ loú*, les travaux des champs (de la côte).

上丨去耍, 做活路, *Cháng* 丨 *k'ú choùa*, *tsoú hŏ loú*, sortir dans les champs pour se promener, pour travailler.

下丨, *Hiá* 丨, descendre une côte; en descendant.

太陽落丨, *T'ái iâng lŏ* 丨, le soleil se couche (tombe derrière la montagne).

我們老了都是下丨太陽, *Gò mên laò lò*, *toū ché hiá* 丨 *t'ái iâng*, nous autres, vieillards, nous sommes au soleil couchant.

丨脚, 丨 *kiŏ*, le pied de la côte.

翻丨, *Fān* 丨, franchir la côte.

陡丨, *Teòu* 丨, colline abrupte.

丨坎, 起丨, 丨 *k'àn*, *k'ì* 丨. Voir *k'àn*, *k'ì*.

P'Ô

婆 *P'ô.* Vieille femme, grand'mère, belle-mère.

一个老丨丨, *ĭ kó laò* 丨丨 (*p'ô*), une vieille femme.

媒丨, *Mêi* 丨. Voir *mêi*.

接生丨, *Tsiĕ sēn* 丨, sage-femme.

我們丨, *Gò mên* 丨, notre grand'mère (paternelle).

两丨孫, *Leàng* 丨 *sēn*, la grand'mère et son petit-fils.

丨家, *v.* 丨屋, 丨 *kiā*, *v.* 丨 *oŭ*, la famille du mari.

當丨丨, *Tāng* 丨丨 (*p'ô*), être belle-mère, avoir une bru.

丨丨不好待不得媳婦, 丨丨 (*p'ô*) *poŭ haò*, *tái poŭ tĕ sĭ foú*, la belle-mère est méchante, elle ne peut supporter sa bru.

喫丨丨飯, *Tch'ĕ* 丨丨 (*p'ô*) *fán*, être bru, être mariée.

大丨子, 小丨子, *Tá* 丨 *tsè*, *siào* 丨 *tsè*, la femme légitime, la concubine.

蠻丨子, *Mân* 丨 *tsè*, femme barbare, femme esclave.

觀花丨, *v.* 走陰丨, *Kouān hoūa* 丨, *v.* *tseòu īn* 丨, vieille sorcière, somnambule.

戲丨子, *Hí* 丨 *tsè*, femme qui fait des tours de passe-passe.

家丨, *Kiā* 丨, 公丨, *kōng* 丨, 姑丨, *koū* 丨, 丨娘, 丨 *niâng*, 雞丨, *kī* 丨. Voir *kī*, *kōng*, *etc.*

PÒ

播 *Pò.* Agiter, remuer.

船丨得狠, *Tch'oûan* 丨 *tĕ hèn*, le bateau est très ballotté.

丨過去, 丨過來, 丨 *kó k'ú*, 丨 *kó lâi*, ballotté par-ci, par-là.

簸 *Pò.* Crible.

丨箕, 風丨, 丨 *kī*, *fōng* 丨. Voir *kī*, *fōng*.

跛 *Pò.* Boiter.

丨者, *v.* 丨子, 丨 *tchè*, *v.* 丨 *tsè*, boiteux.

丨脚丨手的，丨 *kiŏ* 丨 *cheòu tĭ*, perclus des pieds et des mains.

P'Ò

叵 *P'ò.* Risquer, sacrifier.

他丨得，*T'ā* 丨 *tĕ*, il n'y regarde pas, dans ses dépenses.

我丨一百銀子來修，*Gò* 丨 *ĭ pĕ in tsè lâi sieōu*, je sacrifie 100 taëls pour bâtir.

丨倒跟他打官司，丨 *tào kēn t'ā tà koūan sē*, risquons un procès contre lui.

捨丨生死，*Chè* 丨 *sēn sè*, risquer sa vie de propos délibéré.

你丨得命你去試吓，*Gnì* 丨 *tĕ min, gnì k'ú ché há*, si tu es prêt à risquer ta vie, va t'y frotter.

一人丨死十人難當，*ĭ jên* 丨 *sè, chĕ jên lân tāng*, pour un homme qui se donne la mort, dix autres pâtiront.

PÓ

播 *Pó. v.* 丨 **種**, *v.* 丨 *tchòng*, semer.

他的事丨得遠，*T'ā tĭ sé* 丨 *tĕ iuèn*, son affaire est colportée au loin.

丨弄是非，丨 *lóng ché fēi*, répandre (semer) des médisances.

P'Ó

破 *P'ó.* Rompre, déchirer; prendre d'assaut.

打丨船，*Tà* 丨 *tch'oūan*, briser la barque, faire naufrage.

打丨傢事，*Tà* 丨 *kiā sé*, briser des ustensiles.

丨衣裳，丨 *ĭ chāng*, habits déchirés.

收丨銅爛鐵，*Cheōu* 丨 *t'ông lán t'iĕ*, ramasser les objets de cuivre hors d'usage, et la vieille ferraille: marchand de bric-à-brac.

丨地獄，丨 *tí iŏ*, briser (les portes de) l'enfer (ce que prétendent faire les bonzes et les *táo sé*, invités pour délivrer les âmes des défunts).

世情我都看丨了，*Ché ts'ìn gò tōu k'án* 丨 *lò*, j'ai vu clair dans les affaires du monde, j'en ai vu la vanité.

識丨一錢不值枉自做好人，*Chĕ* 丨，*ĭ ts'iên poŭ tchĕ, ouàng tsé tsóu hào jên*, une fois connu, il ne vaut pas une sapèque, il cherche en vain à faire l'honnête homme.

他的奸計容易識丨，*T'ā tĭ kiēn kí iông í chĕ* 丨，il est facile de découvrir ses ruses.

打丨城，打丨一个寨子，*Tà* 丨 *tch'ên, tà* 丨 *ĭ kó tchái tsè*, prendre d'assaut une ville, une forteresse.

剖 *P'ó (p'eóu).* Ouvrir avec un couteau.

丨雞，丨 (*v.* 破)魚，丨 *kī*, 丨 *iû*, éventrer, vider une poule, un poisson.

丨開肚皮，丨 *k'āi tóu p'î*, ouvrir le ventre.

我跟你丨開，*Gò kēn gnì* 丨 *k'āi*, je vais t'expliquer.

PŎ

薄 *Pŏ.* Mince, peu (au pr. et au fig.).

要看厚丨，*Iáo k'án heóu* 丨，il faut voir si c'est épais ou mince.

紙丨得狠，*Tchè* 丨 *tĕ hèn*, le papier est trop mince.

又丨又脆，*Ieóu* 丨 *ieóu ts'oúi*, mince et fragile.

丨脆，丨 *ts'oúi*, pâtisserie très mince et croquante.

丨飛飛，丨 *fēi fēi*, tres mince.

秋雲丨人情更丨，*Ts'ieōu iûn* 丨，*jên ts'în kén* 丨，les nuages d'automne sont légers, plus légères encore sont les affections des hommes.

穿得單丨，*Tch'oūan tĕ tān* 丨，il est habillé (trop) légèrement.

他的鋪盖丨葉不熱和，*T'ā tĭ p'ōu kái* 丨 *iĕ, poŭ jĕ hô (v. hō)*, sa couverture est mince comme une feuille, elle ne tient pas chaud.

丨荷，丨 *hô* (vel **蔢蔺** *p'ó hó*, voir *hó*). menthe.

博 *Pŏ.* Ample, grand; jouer.

丨學，賭丨，丨 *hiŏ, tòu* 丨. Voir *hiŏ, tòu*.

撥 *Pŏ.* Répandre, ouvrir, séparer, partager.

丨燈草, 丨 *tēn ts'ào,* allonger la mèche d'une lampe.

挑燈丨火, *T'iāo tēn* 丨 *hò,* exciter des discordes.

刁丨人家, *Tiāo* 丨 *jên kiā,* pousser quelqu'un à une mauvaise action.

丨了一點嘴, 丨 *lò ĭ tièn tsouì,* on s'est un peu querellé.

丨米米, 丨 *mì mì,* écosser, tirer le noyau.

你丨両百錢跟我使, *Gnì* 丨 *leàng pĕ· ts'iên kēn gò chè,* prête-moi 200 sapèques.

要跟你丨一百錢, *Iáo kēn gnì* 丨 *ĭ pĕ· ts'iên,* je veux t'emprunter 100 sapèques.

我不丨跟你, *Gò poŭ* 丨 *kēn gnì,* je ne veux pas te les prêter.

丨不倒錢, 丨 *poŭ tào ts'iên,* ne pas trouver de sapèques à emprunter.

丨載, 丨 *tsái,* décharger une partie des marchandises d'une barque dans une autre.

丨粮, 丨 *leâng.* Voir *leâng.*

剝 *Pŏ.* Écorcher.

人怕傷心樹怕丨皮, *Jên p'á chāng sīn, chóu p'á* 丨 *p'î,* l'homme craint l'affliction du cœur, l'arbre craint d'être dépouillé de son écorce.

鈸 *Pŏ. v.* 鐃丨, *v. Jâo* 丨, petites cymbales.

蘇丨, *Sōu* 丨, autre espèce de cymbales.

鉑 *Pŏ.* Clinquant.

金丨, 銀丨, 錫丨, 銅丨, *Kīn* 丨, *în* 丨, *sĭ* 丨, *t'ông* 丨, clinquant de l'or, de l'argent, de l'étain, du cuivre.

鉢 *v.* **缽** *Pŏ. v.* 丨丨, *v.* 丨丨, terrine.

缸丨, 花丨, *Kāng* 丨, *hoūa* 丨. Voir *kāng, hoūa.*

盂丨, *Iû* 丨, écuelle dont se servent les bonzes pour demander l'aumône.

泊 *Pŏ (pĕ·).* Simple.

淡丨, *Tán* 丨, simple, sans apprêt, sans goût, pauvre.

生意淡丨, *Sēn í tán* 丨, le commerce est misérable, rapporte peu.

喫得,穿得淡丨, *Tch'ĕ tĕ·, tch'oūan tĕ· tán* 丨, manger, se vêtir pauvrement.

P'Ŏ

潑 *P'ŏ.* Répandre un liquide.

丨些水在地下, 丨 *sī choùi tsái tí hiá,* répandre un peu d'eau par terre.

他來丨我, *T'ā lâi* 丨 *gò,* il vint m'insulter en face.

今天我受了丨, *Kīn t'iēn gò cheóu lò* 丨, aujourd'hui j'ai été insulté.

一丨雨, *ĭ* 丨 *iù,* une ondée, une averse.

丨糞, 丨 *fén,* 心頭丨煩, *sīn t'eôu* 丨 *fân,* 丨婦, 丨 *foú.* Voir *fén, fân, foú, etc.*

倖 *P'ŏ.* Fort, violent; troupe, bande.

一丨人, *ĭ* 丨 *jên,* une troupe de gens.

今天有幾丨酒席, *Kīn t'iēn ieòu kì* 丨 *tsieòu sĭ,* aujourd'hui il y a plusieurs noces.

這丨毛病惹得寬, *Tché·* 丨 *mâo pín jè· tĕ· k'oūan,* cette épidémie se répand au loin.

PŌNG

繃 *Pōng.* Arc tendu, étirer; chevalet, instrument de torture.

丨得緊, 丨 *tĕ· kìn,* c'est fortement étiré.

丨起的, 丨 *k'ì tĭ,* étiré.

插花離不得丨子, *Tch'ă hoūa lî poŭ tĕ·* 丨 *tsè,* pour broder on ne peut se passer de chevalet.

還丨子, *Houân* 丨 *tsè,* se venger, rendre le mal pour le mal.

上丨子, *Cháng* 丨 *tsè,* monter une étoffe sur le métier; torturer au chevalet.

血丨心, *Hiĕ·* 丨 *sīn.* Voir *hiĕ·.*

P'ŌNG

烹 *P'ōng.* Cuire.

菜 | 調得好, *Ts'ái | t'iâo tĕ· hào*, les mets sont bien apprêtés.

| 菜, *| ts'ái*, assaisonner des mets.

拿酒來 | 菜, *Lâ tsieòu lâi | ts'ái*, apprêter de la viande avec du vin.

髼 *P'ōng. v.* **頭髮亂 | | 的**, *v. T'eôu fă louán | | tĭ*, cheveux en désordre.

| 頭, *| t'eôu*, arranger les cheveux d'une certaine façon.

砰 *P'ōng.* Fracas, explosion.

| 一聲, *| ĭ chēn*, avec fracas; cela fit explosion.

| 進來, *| tsín lâi*, se précipiter pour entrer; entrer avec fracas.

塳 *P'ōng.* Poussière soulevée par le vent.

灰 | 起來, *Hoūi | k'ì lâi*, la poussière s'élève.

會倒點 | 斗, *Hoúi tào tièn | teòu*, il est habile à verser les grains dans le boisseau, de manière qu'ils se tassent le moins possible, et à faire ainsi du bénéfice.

P'ÔNG

朋 *P'ông.* Ami.

交不好的 | 友, *Kiāo poŭ hào tĭ | ieòu*, fréquenter de mauvais amis.

三 | 兩友, *Sān | leàng ieòu*, plusieurs amis.

一口飯的 | 友, *ĭ k'eòu fán tĭ | ieòu*, ami intéressé.

有錢 | 友多, *Ieòu ts'iên | ieòu tō*, les riches ont beaucoup d'amis.

我們多年的 | 情, *Gò mên tō niên tĭ | ts'în*, il y a bien longtemps que nous sommes amis.

**顧 | **, *Kóu |*, aider ses amis.

硼 *P'ông.* Borax (voir **砂** *chā*).

棚 *P'ông.* Baraque, tente.

搭 (v. 起) 一个草 | | (v. | 子), *Tă (v. k'ì) ĭ kó ts'ào | | (v. | tsè)*, élever une paillotte.

凉 |, *Leâng |*, toile ou tente, pour abriter contre le soleil.

天 |, *T'iēn |*, baldaquin ou tenture suspendue pour ornementation.

頂 |, *Tìn |*, faux plafond, pour arrêter le vent et la poussière.

營 |, *în |*, tente de campagne des soldats.

敞 |, *Tch'àng |*, vaste pavillon ouvert de tous les côtés.

考 |, *K'ào |*, palais des examens.

趕 | 生意, *Kàn | sēn í.* Voir *kàn*.

帳 |, *v.* **| 帳**, *Tcháng |*, *v. | tcháng*, tente.

拿 | | 遮雨, *Lâ | | tchē iù*, s'abriter sous une natte contre la pluie.

篷 *P'ông.* Toit des barques, voiles.

船 |, *Tch'oûan |*, toit de barque.

船沒得 |, *Tch'oûan mŏ tĕ· |*, la barque n'est pas couverte.

下風 |, *Hiá fōng |*, carguer les voiles (voir *fōng*).

斗 |, *Teòu |*, grand chapeau de bambou.

P'ÒNG

捧 *P'òng.* Joindre les mains, prendre avec les deux mains.

手 (v. 雙手) | 起, *Cheòu (v. choūang cheòu) | k'ì*, les mains jointes.

手 | 水吃, *Cheòu | choùi tch'ĕ*, boire en prenant de l'eau avec les deux mains.

手 | 東西, *Cheòu | tōng sī*, prendre des objets avec les deux mains.

P'ÓNG

馩 *P'óng.* Odorant.

| 香的, *| hiāng tĭ*, d'un parfum délicieux.

搒 *P'óng.* Heurter, rencontrer.

不要丨爛, *Poŭ iáo* 丨 *lán*, prends garde de de briser en heurtant.

丨**倒腦膖**, 丨 *tào lào k'ŏ*, heurter de la tête.

船丨石頭, *Tch'oûan* 丨 *chĕ t'eôu*, la barque a heurté un rocher.

丨**倒的**, *v.* 丨**倒子的**, 丨 *tào tĭ*, *v.* 丨 *tào tsè tĭ*, de rencontre.

沒得一定要丨纔有, *Mŏ tĕ· ĭ tín, iáo* 丨 *ts'âi icòu*, il n'y a rien de certain, on n'en trouve que par occasion.

這宗機會難得丨, *Tché· tsōng kī hoúi lân tĕ·* 丨, il est difficile de rencontrer une telle occasion.

丨**倒好**, 丨**倒不好**, 丨 *tào hào*, 丨 *tào poŭ hào*, parfois cela va bien, d'autres fois mal.

丨**倒趕塲**, 丨 *tào kàn tch'âng*, il se trouvait que c'etait jour de marché.

路上丨倒他, *Lóu cháng* 丨 *tào t'ā*, je l'ai rencontré en chemin.

丨**倒鬼**, 丨 *tào koùi*, rencontrer le diable (mauvaise rencontre).

丨**不倒**, *v.* 丨**不着**, 丨 *poŭ tào*, *v.* 丨 *poŭ tchŏ*, ne pouvoir rencontrer.

P'ŌU

鋪 *P'ōu.* Préparer, placer, étendre, couvrir.

諸事要丨排得好, *Tchōu sé iáo* 丨 *p'âi tĕ· hào*, il faut bien disposer, bien ordonner tout.

他的丨排大, *T'ā tĭ* 丨 *p'âi tá*, il fait les choses en grand.

丨**派你出五百錢**, 丨 *p'ái gnì tch'ŏu où pĕ· ts'iên*, on te met à contribution pour 500 sapèques.

丨**毡結彩**, 丨 *tchān kiĕ· ts'ài*, étendre les tapis et suspendre les tentures (pour une fête).

丨**祭**, 丨 *tsí*, préparer les ornements pour la messe.

丨**祭台**, 丨 *tsí t'âi*, préparer l'autel, en y mettant ce qu'il faut.

丨**紅的**, 丨**黑的**, 丨 *hông tĭ*, 丨 *hĕ· tĭ*, préparer les ornements rouges, noirs.

丨**在地下**, 丨 *tsái tí hiá*, étendre à terre.

丨**草**, 丨 *ts'ào*, étendre de la paille.

丨**桌子**, 丨 *tchŏ tsè*, couvrir une table.

丨**陳**, 丨 *tch'ên*, literie.

一床丨盖, *ĭ tch'oûang* 丨 *kái*, une couverture de lit.

丨**堂禮**, *v.* **錢**, *v.* **禮錢**, 丨 *t'âng lì*, *v.* ts'iên, *v.* lì ts'iên, ce qu'il faut payer au mandarin avant l'audience.

丨**一層灰**, 丨 *ĭ ts'ên hoūi*, couvrir d'une couche de poussière, de cendre, ou de chaux.

那个人今天來滿丨, *Lá kó jên kīn t'iēn lâi màn* 丨, aujourd'hui cet individu a fermé la bouche à (a couvert) tout le monde (avec ou sans raison, par ex. dans une dispute publique).

P'ÔU

蒲 *P'ôu. v.* 丨**草**, *v.* 丨 *ts'ào*, espèce de jonc.

丨**草蓆子**, 丨**草扇**, 丨 *ts'ào sĭ tsè*, 丨 *ts'ào chán*, natte, éventail tressés avec ce jonc.

丨**草捆的** (*v.* **編的**), 丨 *ts'ào k'ouèn tĭ (v. piēn tĭ)*, lié (ou bien, tressé) avec ce jonc.

菖丨, *Ts'āng (tch'āng)* 丨, herbe à laquelle les payens attribuent une vertu superstitieuse, et dont ils décorent leurs maisons le 5eme jour de la 5eme lune.

掛菖丨, *Koúa ts'āng* 丨, suspendre de ces herbes à la porte ou aux murs de la maison.

丨**節**, 丨 *tsiĕ·*, autre nom du *toūan iâng* (5 de la 5eme lune).

丨**扇**, 丨 *chán*, éventail en feuille d'une espèce de palmier.

丨**團**, 丨 *t'oûan*, coussin de paille, pour s'agenouiller.

葡 *P'ôu. v.* 丨**萄樹**, 丨**萄子** (*v.* **兒**), 丨**萄酒**, *v.* 丨 *t'âo chóu*, 丨 *t'âo tsè (v. eûl)*, 丨 *t'âo tsieòu*, vigne, raisin, vin de vigne.

| 萄藤藤, | *t'âo t'ên t'ên*, sarment de vigne.

牛奶 | 萄, *Nieôu lài | t'âo*, espèce de raisin au grain allongé.

| 萄架架, | *t'âo kiá kiá*, treillage de la vigne.

菩 *P'ôu. v.* | 薩; | 薩兒, | *sǎ*; | *sǎ eûl*, idole; petite idole.

| 薩是坭塑木雕, | *sǎ ché gnî sóu moǔ tiāo*, les idoles sont pétries de terre, ou sculptées en bois.

敬 | 薩, *Kín | sǎ*, adorer les idoles.

活 | 薩, *Hǒ | sǎ*, idole vivante.

POÙ

補 *Poù*. Raccommoder, réparer, suppléer, restituer.

那裡爛那裡 | , *Lá lì lán lá lì* | , faire les réparations partout où il y a du degât.

壞得狠 | 不起, *Houái tě hèn | poǔ k'ì*, c'est trop gâté pour pouvoir être réparé.

| 襪子,鞋子, | *oǔa tsè, hâi tsè*, raccommoder les bas, les souliers.

打一个 | 巴, *Tà ǐ kó | pā*, mettre une pièce.

挖 | , *Oǔa* | , enlever ce qui est déchiré, et le remplacer par une pièce.

| 鍋, | 碗, | *kō*, | *ouàn*, raccommoder les marmites, les tasses.

| 天主的功義, | *T'iēn Tchòu tǐ kōng gní*, satisfaire à la justice de Dieu.

| 數; | 錢, | *sóu*; | *ts'iên*, compléter un nombre, un compte de sapèques; suppléer en sapèques ce qui reste dû.

| 滿一吊錢, | *màn ǐ tiáo ts'iên*, ajouter ce qu'il faut pour compléter une ligature.

我倒 | 他三百錢, *Gò tào | t'ā sān pě ts'iên*, c'est moi au contraire qui lui ai suppléé 300 sapèques.

| 清楚了, | *ts'īn ts'òu lò*, il ne reste plus rien à payer.

| 底子錢, | *tì tsè ts'iên*, suppléer la sapèque qui manque régulièrement à chaque centaine, dans les ligatures.

| 血, | 氣力, | *hiě*, | *k'í lǐ*, fortifier le sang, augmenter les forces.

狗肉 | 人, *Keòu jǒu | jên*, la viande de chien est fortifiante.

這宗病 | 不得, *v.* 去不得 | 葯, *Tché tsōng pín | poǔ tě, v. k'ú poǔ tě | iǒ*, pour ces sortes de maladies, les toniques ne conviennent pas.

要加 | , *Iáo kiā* | , | 告, | *káo*, | 禮, | *lì*, 帮 | , *pāng* | , | 贖, | *chǒu*, | 廩, | *lìn*, | 還, | *houân*, | 缺, | *k'uě*, 候 | , *heóu* | . Voir *kiā, káo, lì, etc.*

P'ÒU

普 *P'òu*. Grand, immense.

| 天下, | *t'iēn hiá*, le monde entier.

| 世萬民, | *ché ouán mîn*, tous les peuples.

開 | 孝, *K'āi | hiáo*. Voir *hiáo*.

譜 *P'òu*. Approximatif.

我大 | 子曉得, *Gò tá | tsè hiào tě*, je sais à peu près.

打个毛 | | , *Tà kó mâo* | | , calculer en gros.

我曉得一點 | | 兒, *Gò hiào tě ǐ tièn* | | *eûl (p'eûl)*, j'en ai quelque idée.

是兩百銀子的 | | , *Ché leàng pě în tsè tǐ* | | , c'est une affaire d'environ 200 taëls.

說白話總要巴點 | 纔哄得過人, *Chǒ pě houá tsòng iáo pā tièn | ts'âi hòng tě kó jên*, quand on ment, encore faut-il rester dans le vraisemblable, pour pouvoir tromper les gens.

族 | , *Ts'ǒu* | , livre généalogique des descendants d'une même souche.

PÓU

步 *Póu*. Pas, à pied.

一 | 一 | , *ǐ | ǐ* | , pas à pas.

沒得幾 | , *Mǒ tě kì* | , il n'y a que quelques pas.

請你動 | , *Ts'ìn gnì tóng* | , veuillez vous donner la peine de faire ces quelques pas, cette course.

謝 | ,多承動 | , *Sié* | ; *tō tch'ên tóng* | , je vous remercie de votre visite; je vous remercie de la peine que vous avez prise de venir.

請留 | , *Ts'ìn lieōu* | , veuillez vous arrêter (ne pas m'accompagner plus loin).

一 | 都不讓, *ĭ* | *tōu poŭ jáng*, il ne cede pas d'un pas.

你慢一 | ,等我一 | , *Gnì mán ĭ* | ; *tèn gò ĭ* | , retarde d'un pas; attends-moi un peu.

快一 | , *K'ouái ĭ* | , accélère un peu le pas.

不要開大 | 狠了, *Pŏu iáo k'āi tá* | *hèn lò*, il ne faut pas faire les pas trop grands, marcher trop vite.

三 | 作一 | 走, *Sān* | *tsŏ ĭ* | *tsèou*, d'une enjambée faire la longueur de trois pas.

寸 | 難行, *Ts'én* | *lân hîn*, avoir de la peine à faire le moindre pas.

寸 | 不離, *Ts'én* | *poŭ lî*, ne pas quitter d'un pas ni d'un pouce.

百 | 燈, *Pĕ* | *tēn*, lanterne à réflecteur (qui éclaire à cent pas).

到了那个地 | 又看, *Táo lò lá kó tí* | *ieóu k'án*, une fois arrivé là, on verra.

還沒有蹦那个地 | , *Houân mŏ ieòu lòng lá kó tí* | , on n'est pas encore arrivé à ce point.

| 行, | *hîn*, 脚 | , *kiŏ* | , | 兵, | *pīn*. Voir *hîn, kiŏ, pīn*.

布 *Póu*. Toile; publier, disposer.

一个(*v.* 一件, *v.* 一疋) | , *ĭ kó* (*v. ĭ kién, v. ĭ p'ĭ (p'ĭ)*) | , une pièce de toile chinoise.

| 客, | *k'ĕ*, marchand de toile.

| 店, | *tién*, magasin de toile.

家機 | , | 草貨, *Kiā kī* | ; | *ts'ào hó*, toile de ménage; toiles en général.

這个 | 縐(*v.* 形), *Tché kó* | *tsŏ* (*v. hîn*), cette toile est forte(ou bien, faible).

漂 | ,漿 | , *P'iáo* | , *tsiāng* | , blanchir de la toile, l'empeser.

扯一方 | , *Tch'è ĭ fāng* | , acheter (déchirer) un carré de toile.

粗 | 衣裳, *Ts'ōu* | *ī chāng*, habits en grosse toile.

| 置得好, | *tché tĕ hào*, c'est bien disposé, bien ordonné.

| 政司 (*v.* 藩臺), | *tchén sē* (*v. fân t'âi*), trésorier général d'une province.

挖屍 | , *Tcōu chē* | , linceul sur lequel on étend le mort, après l'avoir habillé.

編(*v.* 織) | , *Piēn* (*v. tchĕ*) | , 一捲 | , *ĭ kuèn* | , 棉 | , *miên* | , 蔴 | , *mâ* | , 葛 | , *kŏ* | , 夏 | , *hiá* | , 洋 | , *iâng* | , 白 | , *pĕ* | , 青 | , *ts'īn* | , 染 | , *jàn* | , 廣 | , *Kouàng* | . Voir *piēn, tchĕ, kuèn, etc.*

簿 *Póu*. Registre.

一本 | 子, *ĭ pèn* | *tsè*, un registre.

流水 | , *Lieōu chouì* | , livre-journal.

賬 | , *Tcháng* | , livre de comptes.

買賬 | , *Mài tcháng* | , livre de commerce.

坐賬 | , *Tsó tcháng* | , grand livre.

門 | , *Mên* | , registre sur lequel les aubergistes doivent inscrire les noms de ceux qu'ils logent.

謄上 | 子, *T'ên cháng* | *tsè*, inscrire au propre sur le livre de comptes.

上了 | 子, *Cháng lò* | *tsè*, c'est inscrit sur le registre.

| 子上沒得, | *tsè cháng mŏ tĕ*, il n'y a pas (ce compte) sur le registre.

部 *Póu*. Collection; tribunal.

這一 | 書有四本, *Tché ĭ* | *chōu ieòu sé pèn*, cet ouvrage a 4 volumes (voir *chōu*).

六 | , *Loŭ* | , les 6 grands tribunaux ou ministères, qui sont :

吏 | , *Lí* | , le ministère de l'Intérieur.

禮 | , *Lì* | , le tribunal des Rites.

戶 | , *Foú* | , le ministère des Finances.

刑 | , *Hîn* | , le ministère de la Justice.

工 | , *Kōng* | , le ministère des Travaux publics.

兵 | , *Pīn* | , le ministère de la Guerre.

兵丨尙書，兵丨侍郎，*Pīn* 丨 *cháng chōu, pīn* 丨 *sé (ché) lāng (lâng)*, président, vice-président du ministère de la Guerre.

傳教聖丨，*Tch'oûan kiáo chén* 丨，la Sacrée Congrégation de la Propagande.

聖教禮丨，*Chén kiáo lì* 丨，la Sacrée Congrégation des Rites.

恩赦聖丨，*Guēn ché· chén* 丨，la S. Congrégation des Indulgences.

捕 *Póu*. Prendre, saisir.

丨班，*v.* 丨差，丨 *pān, v.* 丨 *tch'āi*, satellites chargés de prendre les voleurs.

丨廳，丨 *t'īn*, petit mandarin chargé de la police et des prisons.

蔔 *Póu*. (Voir 蘿 *lô*) rave.

P'ÓU

鋪 *P'óu. v.* 丨子，丨 *tsè*, boutique, magasin.

一間丨子，*ĭ kān* 丨 *tsè*, un compartiment de boutique.

雙間丨子，*Choūang kān* 丨 *tsè*, boutique réunissant deux compartiments.

丨口，*v.* 丨面，丨 *k'eòu, v.* 丨 *mién*, boutique sur la rue.

丨板，*v.* 丨門，丨 *pàn, v.* 丨 *mên*, planches qui servent à fermer la devanture de la boutique.

看丨子，*K'án* 丨 *tsè*, garder la boutique.

坐丨子，*Tsó* 丨 *tsè*, tenir une boutique.

丨子擺得鬧熱，丨 *tsè pài tĕ· láo jĕ·*, la boutique est bien montée, elle a un bel étalage.

丨子認招牌，丨 *tsè jén tchāo p'âi*, les boutiques se distinguent par l'enseigne.

丨子倒了 (*v.* 垮了)，丨 *tsè tào lò (v. k'oùa lò)*, la boutique a croulé, elle a fait faillite.

床丨 (鋪)；擺丨，*Tch'oûang* 丨 *(p'ōu); pá* 丨，lit; faire le lit.

一間 (*v.* 一乘) 丨，*ĭ kān (v. ĭ tch'ên)* 丨，un lit.

開丨子，*K'āi* 丨 *tsè*, 關丨子，*koūan* 丨 *tsè*, 錢丨子，*ts'iên* 丨 *tsè*, 茶丨，*tch'â* 丨，藥丨，*iŏ* 丨. Voir *k'āi, koūan, etc.*

PŎU

不 *Pŏu*. Négation adverbiale. Placé entre un verbe répété, ou à la fin d'une phrase, *pŏu* est interrogatif:

你去丨去，你喫丨喫，*Gnì k'ú* 丨 *k'ú, gnì tch'ĕ* 丨 *tch'ĕ*, y vas-tu? en manges-tu? (ou non?)

你今天好丨，*Gnì kīn t'iēn hào* 丨，es-tu bien aujourd'hui?

Pŏu entre un adjectif répété est qqfois disjonctif:

美丨美鄉中水，*Mèi* 丨 *mèi hiāng tchōng choùi*, bonne ou non, c'est de l'eau de mon pays.

Pŏu répété est affirmatif ou disjonctif:

丨得丨去，丨得丨已，丨 *tĕ·* 丨 *k'ú;* 丨 *tĕ·* 丨 *ì*, il faut absolument que j'y aille (je ne puis pas ne pas y aller): c'est bien de force, malgré soi.

丨大丨小，丨明丨白，丨 *tá* 丨 *siào;* 丨 *mîn* 丨 *pĕ·*, ni grand ni petit, ni trop grand ni trop petit; pas clair, louche (ni clair ni net).

丨要，丨 *iáo*, devant un verbe, fait l'impératif prohibitif (voir *iáo*).

丨 *tĕ·*, devant un verbe, indique le futur négatif:

我丨得去，*Gò* 丨 *tĕ· k'ú*, je n'irai pas, ou je ne puis y aller.

丨 *tĕ·*, après un verbe, indique que l'action du verbe ne peut ou ne doit pas se faire:

打丨得，我喫丨得，*Tà* 丨 *tĕ·; gò tch'ĕ* 丨 *tĕ·*, il est défendu de frapper; je ne puis pas manger.

丨得多，丨得大；多丨得，丨 *tĕ· tō,* 丨 *tĕ· tá; tō* 丨 *tĕ·*, il n'y en a pas trop, ce n'est pas trop grand, cela ne peut être trop grand: il n'en faut pas trop.

丨了，丨 *leào*, il y en a davantage.

丨必，丨 *pĭ*, il n'est pas nécessaire.

丨消，丨 *siāo*, ce n'est pas nécessaire.

卜 *Pǒu (v. p'ǒu). v.* 占丨, *v.* 丨卦, *v. tchān* 丨, *v.* 丨 *koúa*, consulter les sorts.

P'ǑU

僕 *P'ǒu*. Serviteur.

奴丨, 丨役, *Lôu* 丨; 丨 *iǒ*, esclave: domestique engagé pour un long temps.

罪丨, *Tsoúi* 丨, moi pécheur esclave (manière de s'appeler devant un supérieur).

主丨, *Tchòu* 丨, le maître et le serviteur.

樸 *v.* 朴 *P'ǒu*. Simple, sans recherche.

穿得丨素, *Tch'oūan tě·* 丨 *sóu*, il est habillé très simplement.

是一个丨實人, *Ché ī kó* 丨 *chě jén*, c'est un brave homme, bien simple.

老丨丨的一个人, *Lào* 丨 丨 *tī ī kó jén*, homme droit et très simple.

這个人都還丨直, *Tché· kó jên tōu houân* 丨 *tchě*, cet homme est encore assez simple et droit.

撲 *P'ǒu*. Frapper, prendre, se jeter dessus.

丨燈蛾; 丨滅, 丨 *tēn ô;* 丨 *miě·*, voir *ô;* éteindre le feu en frappant dessus.

仆 *P'ǒu (foú)*. Tomber la face en avant.

丨起睡, 丨 *k'ì choúi*, être couché sur le ventre.

丨在桌子上, 丨 *tsái tchǒ tsè cháng*, incliner la tête sur la table.

丨倒念經, 丨 *tào nién kīn*, prier en s'accroupissant, et en laissant tomber la tête.

訃 *P'ǒu (foú)*. Donner avis d'un deuil.

下丨書, *Hiá* 丨 *chōu*, envoyer des lettres de faire part, à l'occasion d'un deuil.

丨聞一到, 丨 *ouên ī táo*, dès que la nouvelle de la mort fut arrivée....

SÀ

洒 *Sà*. Asperger.

丨聖水刷子, 丨 *chén choùi choūa tsè*, goupillon (voir *choùi*).

掃地下先丨一點水, *Sào tí hiá siēn* 丨 *ī tièn choùi*, arroser avant de balayer.

丨了幾顆雨, 丨 *lò kì k'ò iù*, il est tombé quelques gouttes de pluie.

丨雨點子, 丨 *iù tièn tsè*, il tombe quelques rares gouttes de pluie.

SǍ

薩 *Sǎ*. Idole (voir 菩 *p'ôu*).

鈒 *Sǎ*. Scie (voir 鋸 *kú*).

𦆭 *Sǎ*. Pauvre (voir 乾 *kān*).

趿 *Sǎ*. Porter les souliers en savates.

丨半節鞋的, 丨 *pán tsiě· hâi tī*, ceux qui portent leurs souliers en savates: genre voyou (voir *hâi*).

撒 *Sǎ (sà)*. Disperser, semer à la volée.

鎗子丨開得狠, *Ts'iāng tsè* 丨 *k'āi tě· hèn*, les plombs du fusil s'éparpillent trop.

丨謊, 丨 *houàng*, mentir.

丨村, 丨 *ts'ēn*, dire des mots grossiers.

到處都丨得有 (*v.* 得是), *Táo tch'óu tōu* 丨 *tě· ieòu (v. tě· ché)*, il y en a de répandu partout.

丨灰麵, 丨 *hoūi mién*, saupoudrer de farine.

丨穀芽, 丨種子, 丨 *kǒu iâ;* 丨 *tchòng tsè*, semer du riz germé à l'avance; répandre la semence.

拋丨, 丨網, *P'āo* 丨, 丨 *ouàng*. Voir *p'āo*, *ouàng*.

SĀI

鰓 *Sāi. v.* 丨魚, *v.* 丨 *iû*, ouïes des poissons.

揌 *Sāi*. Caler, soutenir.

桌子不平要丨吓, *Tchǒ tsè poǔ p'în iáo* 丨 *há*, la table ne tient pas d'aplomb, il faut la caler.

丨滿了, 丨 *màn lò*, le vide est rempli.

丨飽了, 丨 *pào lò*, l'appétit est satisfait.

| 了他兩塊銀子, | *lò t'a leàng k'oùai în tsè*, il lui a passé un pot-de-vin de 2 globules.

| 背手, | *péi cheòu*, glisser la pièce.

SÁI

賽 *Sái (chái)*. Actions de grâces aux esprits; disputer.

迎神 | 會, *în chên | hoúi*, fête publique en l'honneur d'une idole portée en procession.

我 | 不過他, *Gò | poŭ kó t'a*, je ne puis l'emporter sur lui.

SĀN

三 *Sān*. Trois.

聖 |, *Chén |*, la Ste Trinité.

| 个, | 萬 | 千 | 百 | 十 |, | *kó*, | *oúan* | *ts'iēn* | *pĕ* | *chĕ* |, trois, 33333.

第 | 个, *Tí | kó*, le troisième.

| | 九, | | *kieòu*, 3 fois 3 font 9.

不管 | 七二十一, *Poŭ kouàn | ts'ĭ eúl chĕ ĭ*, (litt.) ne pas se soucier que 3 fois 7 fassent 21, c.-à.-d. vouloir faire sa volonté sans faire attention à quoi que ce soit.

| 脚, | 叉, | *kiŏ*, | *tch'ā*, trépied, trident.

| 丁枴, | *tīn kouài*, chaise à trois porteurs.

不要 | 心二意, *Poŭ iáo | sīn eúl í*, ne sois pas si irrésolu, si changeant d'opinion (n'aie pas 3 cœurs et 2 volontés).

| 分利, | *fēn lí*, | 合土, | *hŏ t'òu*, | 合頭, | *hŏ t'eôu*, | 國, | *kouĕ*, | 絃, | *hiên*, 靈魂 | 司, *lîn houên | sē*, | 重堂, | *tch'ông t'âng*, | 鐘經, | *tchōng kīn*. Voir *lí*, *hŏ*, *etc*.

SÀN

傘 *Sàn*. Parapluie, parasol.

一把 |, *ĭ pà |*, un parapluie.

| 衣, *v.* | 套子, *v.* | 籠籠 (*v.* 籠子), | *ī*, *v.* | *t'áo tsè*, *v.* | *lông lōng (v. lông tsè)*, fourreau de parapluie.

洋 |, *Iâng |*, parapluie européen.

紙 |, *Tchè |*, parapluie en papier.

袖 |, *Sieóu |*, parapluie très petit, en papier.

馬 |, *v.* 大馬 |, *Mà |*, *v.* *tá mà |*, grand parapluie pour aller à cheval.

萬名 |, *Ouán mîn |*, ombrelle d'honneur aux 10,000 noms. (Elle est offerte aux bons mandarins par le peuple: les noms des donateurs y sont inscrits.)

打 |, 收 |, *Tà |*, *cheōu |*, se servir du parapluie, le fermer.

打旗 |, *Tà k'î |*, porter l'ombrelle d'honneur et les étendards.

打紅 |, *Tà hông |*, porter (devant quelqu'un) le parasol d'honneur rouge.

晴帶雨 |, 飽帶飢粮, *Ts'în tái iù |*, *pào tái kī leâng*, quoiqu'il fasse beau, emportez le parapluie, quoique rassasié, emportez des vivres.

| 遮不住雨, | *tchē poŭ tchóu iù*, le parapluie ne peut abriter contre la pluie.

散 *Sàn*. Délier, dispersé.

頭髮 | 了, *T'eôu fă | lò*, les cheveux sont déliés, ébouriffés (voir *fă*).

懶 |, *Làn |*, débraillé, négligent.

帶帶 | 了, *Tái tái | lò*, les cordons sont déliés.

綁緊不得 |, *Pàng kìn poŭ tĕ |*, lie bien, que cela ne se défasse pas.

穀子還沒有 | 子, *Koŭ tsè houân mô ieòu | tsè*, le riz n'a pas encore les grains bien formés, bien distincts.

| 教友, | *Kiáo ieòu*, chrétiens dispersés, non groupés, sans famille, non en charge.

| 兵, | *pīn*, soldats dispersés, sans lien: simples soldats.

SÁN

散 *Sán*. Distribuer, disperser, dissiper.

| 錢, | *ts'iên*, distribuer des sapeques.

个个都 | 得有, *Kó kó toū | tĕ ieòu*, on en a distribué à tous.

| 帖子, | *tiĕ· tsè*, distribuer des cartes d'invitation.

東西 | 不開, *v.* | 不敹, *v.* | 不高, *Tōng sī* | poŭ k'āi, *v.* | poŭ kéou, *v.* | poŭ kāo, les objets ne suffisent pas pour distribuer.

分 | 了, *Fēn* | *lò*, c'est divisé et distribué, dispersé.

扯 | 了, *Tch'è* | *lò*, c'est dispersé.

| 兵, | *pīn*, renvoyer les soldats.

學堂 | 了, *Hiŏ t'âng* | *lò*, l'école est licenciée.

| 寒的藥, | *hân tī iŏ*, remède pour dissiper la fièvre.

包 | 了, *Pāo* | *lò*, la tumeur a disparu, s'est dissipée.

| 不在了, | *poŭ tsái lò*, c'est disparu, dispersé.

走要 | 吓心, *Tseòu choùa* | *há sīn*, se promener pour se distraire un peu.

風吹 | 了, *Fōng tch'ōui* | *lò*, le vent a tout dispersé.

這宗的稀 | 得狠, *Tché· tsōng tī hī* | *tĕ· hèn*, il y en a fort peu de cette espèce.

| 悶, | *mén*. Voir *mén*.

SĀNG

喪 *Sāng*. Deuil, funérailles.

居 | , *Kū* | , être en deuil (au moment des funérailles).

發 | , *Fă* | , commencer les funérailles proprement dites.

送 | , *Sóng* | , accompagner à l'enterrement.

抬 | , 埋 | , *T'âi* | , *mâi* | , porter le cercueil, le mettre en terre.

| 罩子, *v.* | 架子, | *tcháo tsè*, *v.* | *kiá tsè*, espèce de grand cadre, qu'on met comme ornement au-dessus du cercueil des riches.

趕 | 場, *Kàn* | *tch'âng*, se rendre à des funérailles.

鬧 | 場, *Láo* | *tch'âng*, faire beaucoup de tapage à l'occasion des funérailles (pétards, musique, comédie).

哭 | , *K'ŏu* | , pleurer un mort.

搬 | , *P'ān* | , transporter un cadavre.

枯 | , *K'ōu* | , cadavre déjà desséché.

哀 | , 喜 | , *Gāi* | , *hì* | , (litt.) deuil lamentable, deuil joyeux (le 1er se dit quand il s'agit de la mort d'un jeune homme, le 2ème quand c'est un vieillard).

窖 | , *v.* 殯 | , *Káo* | , *v.* *pín* | , enterrer provisoirement un mort.

辦 | 事, 拜 | , *Pán* | *sé*, *pái* | . Voir *pán*, *pái*.

桑 *Sāng*. *v.* | 樹, *v.* | *chóu*, mûrier.

| 苞兒, | *p'āo eûl (p'ēul)*, mûres.

討 | 葉餵蠶子, *T'ào* | *iĕ· oúi ts'ân tsè*, cueillir des feuilles de mûrier pour nourrir les vers à soie.

| 白皮, | *pĕ· p'î*, racine de mûrier (médecine).

SÀNG

磉 *Sàng*. *v.* | 等, *v.* | *tèn*, socle de colonne.

連 | , *Liên* | , rangée de pierres qui relie les colonnes entre elles.

爽 *Sàng* (*v.* *choùang*; voyez ce mot). Vif, clair.

快 | , *K'oúai* | , se réjouir, vif, alerte.

| 性點, | *sín tièn*, allons! plus vivement!

窗子亮 | , *Ts'āng tsè leáng* | , la fenêtre éclaire bien.

脈 | , *Lí* | , expéditif.

SÁNG

喪 *Sáng*. Perdre, ruiner.

| 良心, | *leâng sīn*, aller contre sa conscience.

| 德, | *tĕ·*, qui ruine la vertu; exclamation: horreur!

SĀO

騷 *Sāo*. Cheval entier; troubler.

| 馬, | *mà*, cheval entier.

| 擾, | *jaò*, troubler, importuner vexer.

臊 *Sāo. v.* 丨臭, *v.* 丨 *tch'éou*, forte odeur de sauvage, nauséabonde.

SÀO

嫂 *Sào. v.* 丨子, *v.* 丨 *tsè*, femme d'un frere plus âgé; qualificatif donné aux femmes mariées, au-dessous de la trentaine.

我的丨丨(*v.* 大丨), 二丨, *Gò tī* 丨丨 (*v. tá* 丨), *eúl* 丨, la femme de mon frère aîné, de mon second frère (aîné).

両丨子, *Leàng* 丨 *tsè*, deux belles-sœurs.

張大丨, 王二丨, *Tchāng tá* 丨, *Ouâng eúl* 丨, Madame la première des brus *Tchāng*, Madame la seconde bru *Ouâng*.

掃 *Sào.* Balayer.

丨地下, 丨 *tí hiá*, balayer le parquet.

打丨乾淨, *Tà* 丨 *kān tsín*, balayer proprement.

隨風丨雨淋, *Soûi fōng* 丨 *iù lîn*, exposé au vent et à la pluie.

丨臉, 丨 *lièn*, (litt.) balayer la figure à quelqu'un, c.-à-d. lui faire un affront.

丨市買, 丨 *ché mài*, balayer, rafler tout le marché en achetant tout.

丨了倉, 丨 *lò ts'āng*, on a balayé le grenier, c.-à-d. toutes les denrées du grenier sont vendues.

SÁO

掃 *Sáo. v.* 丨把, *v.* 丨 *pà*, balai.

丨把星(*v.* 刷把星), 丨 *pà sīn* (*v. choüa pà sīn*), comète.

雞毛丨, *Kī mâo* 丨, plumeau en plumes de coq.

丨水餵猪, 丨 *choùi-oúi tchōu*, les eaux grasses de lavure servent à nourrir les porcs.

我丨他的皮, *Gò* 丨 *t'ā tī p'î*, je lui fais un affront public.

燥 *Sáo.* Sec.

乾丨地頭, *Kān* 丨 *tí t'eôu*, terrain bien sec.

土泡丨, *T'où p'áo* 丨, la terre est bien meuble.

䭅䭅泡丨, *Mô mō p'áo* 丨, le pain est bien levé.

𩰬 *Sáo.* Elevé et bien éclairé.

房子亮丨, *Fâng tsè leáng* 丨, la maison est haute et bien éclairée.

SĒ

師 *Sē.* Maître, patron.

投丨, *v.* 拜丨, *v.* 認丨傅, *T'eôu* 丨, *v. pái* 丨, *v. jén* 丨 *foú*, se mettre en apprentissage chez un patron.

寫投丨字, *Siè t'eôu* 丨 *tsé*, écrire le contrat d'apprentissage.

出丨, *v.* 滿丨, *Tch'ŏu* 丨, *v. màn* 丨, sortir d'apprentissage.

丨兄丨弟, 丨 *hiōng* 丨 *tí*, (litt.) frères d'un même patron (nom que les apprentis se donnent entre eux).

両丨徒, *Leàng* 丨 *t'ôu*, le patron et son apprenti.

謝丨傅錢, *Sié* 丨 *foú ts'iên*, payer le le prix d'apprentissage.

教丨, 匠丨, 木匠丨, *Kiáo* 丨; *tsiáng* 丨, *moŭ tsiáng* 丨, maître d'armes habile à l'escrime; patron d'ouvriers, de menuisiers.

宗丨(*v.* 學院, *v.* 學臺), *Tsōng* 丨 (*v. hiŏ ouán, v. hiŏ t'âi*), grand examinateur envoyé de Pékin.

聖丨, *Chén* 丨, Docteur de l'Eglise.

從丨, *Ts'ông* 丨, se mettre sous la conduite d'un maître.

道吾惡者是吾丨, *Táo oû gŏ tchè, ché oû* 丨, celui qui me critique est mon maître, mon docteur.

楊丨(*v.* 司), 張丨, *Iâng* 丨, *Tchāng* 丨, maître *Iâng*, maître *Tchāng* (manière d'appeler les ouvriers).

楊大丨, 二丨, *Iâng tá* 丨, *eúl* 丨, maître *Iâng* l'aîné, le deuxième.

老丨, *Laò* 丨, maître d'école; Monsieur.

丨傅，丨*foú*，丨娘，丨*niâng*，丨爺，丨*iê*，學老丨，*hiŏ laò* 丨，軍丨，*kuīn* 丨，掌墨丨，*tchàng mĕ·* 丨. Voir *foú, etc.*

獅 *Sē. v.* 丨子，*v.* 丨 *tsè*, lion.

耍丨子燈，*Choùa* 丨 *tsè tēn*, promener, lors du nouvel an, d'immenses lanternes, qui représentent (soi-disant) la forme d'un lion.

螄 *Sē.* (voir 螺 *lô*) limace.

思 *Sē. v.* 丨想，*v.* 丨念，*v.* 丨 *siàng*, *v.* 丨 *nién*, penser, méditer.

不丨前不想後，*Poŭ* 丨 *ts'iên, poŭ siàng heóu*, inconsidéré, ne penser ni à ce qui précède, ni à ce qui suit.

左丨右想，*Tsò* 丨 *ieóu siàng*, réfléchir mûrement.

慎丨指南，*Tch'én* 丨 *tchè lân*, Boussole pour la méditation (titre d'un livre).

丨量，丨 *leâng*, considérer.

丨慮，丨 *lú*. Voir *lú*.

緦 *Sē.* Tissu de chanvre et de coton.

丨麻，丨 *mâ*, habit de deuil d'une certaine classe (pour un deuil de 3 mois).

披丨麻，*P'ēi* 丨 *mâ*, porter cet habit.

絲 *Sē.* Fil de soie, fibre, quantité minime.

一根丨，*ĭ kēn* 丨，un brin de soie.

丨線，丨 *sién*, fil de soie pour coudre.

丨頭子，丨 *t'eôu tsè*, bourre de soie.

生丨，熟丨，*Sēn* 丨，*choŭ* 丨，soie écrue, soie cuite.

取丨，*Ts'ù* 丨，dévider les cocons de vers à soie.

一丨一線都不穿，*ĭ* 丨 *ĭ sién toū poŭ tch'oūan*, il n'a pas un fil sur le corps, il est tout nu.

銀丨，銅丨，鐵丨，*în* 丨，*t'ông* 丨，*t'iĕ·* 丨，fil d'argent, de cuivre, de fer.

扯銅丨，*Tch'è t'ông* 丨，laminer des fils de cuivre.

鐵丨鈕的，*T'iĕ·* 丨 *nieòu tĭ*, monté en fil de fer.

起篾丨，*K'ì miĕ·* 丨，fendre le bambou en fils très minces (voir *miĕ·*).

起丨(*v.* 丨丨)，*K'ì* 丨 (*v.* 丨丨)，qui s'allonge en fil, comme la colle.

丨羅，丨 *lô*, tissu de soie, pour crible.

一丨(*v.* 一丨丨兒)都沒得，*ĭ* 丨 (*v. ĭ* 丨丨 *eûl*) *toū mŏ tĕ·*, il n'a absolument rien.

丨毫我都不要，丨 *haô gò toū poŭ iáo*, je ne veux absolument rien (voir *haô*).

司 *Sē.* Puissance, supérieur, gouverner.

都丨，*Toū* 丨，major (grade militaire).

土丨，*T'où* 丨，chef de Barbares.

明政丨，*Mîn tchén* 丨，chef de Barbares, là où existe un mandarin chinois.

丨鐸，丨 *tŏ*, (litt. gouverner la clochette) titre officiel du prêtre catholique.

上丨，*Cháng* 丨，mandarin supérieur.

靈魂三丨，*Lîn houên sān* 丨，打官丨，*tà kouān* 丨，告上丨，*kaó cháng* 丨. Voir *lîn, kouān, kaó*.

斯 *Sē.* Ce, lui.

丨文，丨 *ouên*, délicat (voir *ouên*).

撕 *Sē. v.* 丨破，*v.* 丨 *p'ó*, déchirer, lacérer.

丨爛衣裳，丨 *lán ī chāng*, déchirer un habit.

丨開書信，丨 *k'āi choū sín*, ouvrir une lettre en en déchirant l'enveloppe.

丨下來一方布，丨 *hiá lâi ĭ fāng poú*, détacher un carré de toile en déchirant (au lieu de couper).

經得丨，*Kīn tĕ·* 丨，tenace, résistant à la tension ou à la traction.

丨不下來，丨 *poŭ hiá lâi*, ne pouvoir séparer en déchirant.

丨筋，*v.* 丨筋筋，*v.* 丨皮，*v.* 丨皮絆，丨 *kīn*, *v.* 丨 *kīn kīn*, *v.* 丨 *p'î*, *v.* 丨 *p'î p'án*, se battre, se quereller.

私 *Sē.* Particulier, privé.

我丨下想，*Gò* 丨 *hiá siàng*, je pense à part moi.

我｜下(*v.*｜自)去做, *Gò* ｜ *hiá (v.* ｜ *tsé) k'ú tsoú*, je vais le faire en cachette, en particulier.

｜下的錢, ｜ *hiá tī ts'iēn*, argent privé.

｜用, ｜ *ióng*, user d'une chose en son particulier.

打｜繳, *Tà* ｜ *kiaò*, avoir des relations intimes.

｜通, ｜ *t'ōng*, correspondance privée, liaison criminelle.

天主無｜, *T'iēn Tchòu oû* ｜. Dieu n'a pas de préférences injustes.

劈面 (*v.* 鐵面)無｜, *P'iĕ· mién (v. t'iĕ· mién) oû* ｜, n'avoir pas peur de dire la vérité en face.

我們有點｜事, *Gò mên ieòu tièn* ｜ *sé*, nous avons une petite affaire à traiter entre nous.

｜審判, ｜ *chèn p'án*, ｜欲, ｜ *iŏ*, ｜房, ｜ *fâng*, ｜娃娃, ｜ *oûa oûa*, ｜恩, ｜ *guēn*, ｜鹽, ｜ *iên*. Voir *chèn, iŏ, etc.*

SÈ

死 *Sè*. Mourir.

不得｜, *Poŭ tĕ·* ｜, il n'en mourra pas.

｜不得, ｜ *poŭ tĕ·*, il ne devrait pas mourir, ce serait grand dommage s'il mourait.

臨｜的時候, *Lîn* ｜ *tī chê heóu*, aux approches de la mort.

｜後的事, ｜ *heóu tī sé*, ce qui suit la mort, les choses de l'autre vie.

靈魂不｜滅, *Lîn hoûen poŭ* ｜ *miĕ·*, l'âme ne meurt pas.

有｜的凶險, *Ieòu* ｜ *tī hiōng hièn*, il y a danger de mort.

有｜的憑據, *Ieòu* ｜ *tī p'în kú*, il y a des symptômes de mort.

只｜得一回, *Tchè (tchĕ·)* ｜ *tĕ· ī hôui*, on ne meurt qu'une fois.

我｜也 (*v.* 都) 不去, *Gò* ｜ *ì (v. toū) poŭ k'ú*, je n'irai pas, dût-il m'en coûter la vie.

｜得好, ｜得苦 (*v.* 造孽), ｜ *tĕ· hào*; ｜ *tĕ· k'òu (v. tsáo niĕ·)*, il a fait une bonne mort; il est mort misérablement, avec beaucoup de souffrances.

｜得快, ｜ *tĕ· k'oúai*, il est mort rapidement.

大丈夫視｜如歸, *Tá tcháng fōu ché* ｜ *joû Koūi*, l'homme de cœur regarde la mort comme le retour (à la patrie).

銀錢生不帶來, ｜不帶去, *in ts'iên sēn poŭ tái lái*, ｜ *poŭ tái k'ú*, on n'apporte pas d'argent en naissant, et on n'en emporte pas en mourant.

生｜不肯, *Sēn* ｜ *poŭ k'èn*, il refuse absolument (il ne consent, ni vivant ni mort).

｜亡, ｜ *ouàng*, mourir.

｜了人, ｜人, ｜ *lò jên*; ｜ *jên*, il est mort un homme; homme mort.

守｜善道, *Cheòu* ｜ *chán taó*, garder fermement la bonne voie jusqu'à la mort.

打｜人, *Tà* ｜ *jên*, assommer quelqu'un: au secours! on m'assomme!

燒｜, *Chāo* ｜, brûler vif (à l'actif et au neutre).

冷｜, *Lèn* ｜, mourir de froid.

睡｜了, *Chóui* ｜ *lò*, il dort comme un mort.

樹子｜了, *Chóu tsè* ｜ *lò*, l'arbre est mort.

門釘｜了, *Mên tín* ｜ *lò*, (litt.) la porte est morte, c.-à-d. la porte est clouée, ou bien, condamnée.

該｜, *Kāi* ｜, 殺｜, *chă* ｜, 惱 (*v.* 毒)｜, *lào (v. toŭ)* ｜, 餓｜, *ó* ｜, 急｜人, *gueóu* ｜ *jên*, 氣｜了, *k'í* ｜ *lò*, ｜板板的, ｜ *pàn pàn tī*, ｜水, ｜ *chouì*, 鼾｜, *hān* ｜, 寧｜不敢犯罪, *lîn* ｜ *poŭ kàn fán tsóui*, 昏｜了, *hoūen* ｜ *lò*, 嚇｜人, *hĕ·* ｜ *jên*, ｜罪, ｜ *tsóui*, 定｜案, *tín* ｜ *gán*. Voir *kāi, chă, etc.*

SÉ

思 *Sé*. Sens, signification.

他這樣做, 總有些意｜, *T'ā tché iáng tsóu, tsòng ieòu sī í* ｜, pour agir ainsi, il a sans doute ses intentions, son but (voir *í*).

海上絲綢之路文獻集成 科技與文化編

這个姑孃不好意 | , *Tché· kó koū niāng poŭ hào í* | , cette fille est honteuse (devant les gens).

四 *v.* **肆** *Sé.* Quatre.

| **个,第** | **个**, | *kó, tí* | *kó*, quatre, le quatrième.

| **萬** | **千** | **百** | **十** |, | *ouán* | *ts'iēn* | *pĕ·* | *chĕ* |, 44444.

| **川**, | *tch'oūan*, | **方**, | *fāng*, | **季**, | *kí*, | **書**, | *chōu*, | **終**, | *tchōng*, | **肢百體**, | *tchē pĕ· t'ì*, | **人轎**, | *jên kiáo*. Voir *tch'oūan, fāng, etc.*

肆 *Sé.* Suivre son caprice; boutique.

放 | **亂爲**, *Fáng* | *louán oûi*, lâcher la bride à ses passions, et se mal conduire (voir *fáng*).

眼睛放 |, *Lèn tsīn fáng* |, ne pas veiller sur ses regards.

茶坊酒 |, *Tch'â fâng tsieòu* |, boutiques à thé et tavernes.

寺 *Sé. v.* | **廟**, *v.* | *miáo*, pagode, bonzerie.

大佛 |, **萬年** |, **觀音** |, **白塔** |, *Tá foŭ* |, *ouán niên* |, *kouān īn* |, *pĕ· t'ă* |, *etc.*, pagode du grand Bouddha, des dix mille Ans, de la déesse *Koūan īn*, de la Tour blanche, etc. (Beaucoup de ces noms de pagodes sont devenus les noms des villages et des pays environnants.)

似 *Sé.* Semblable, comme.

| **是而非**, | *ché eûl fēi*, vrai ou bon en apparence, faux ou mauvais en réalité.

有點相 |, *Ieòu tièn siāng* |, il y a quelque ressemblance.

| **乎無人見**, | *foū oû jên kién*, comme si personne ne le voyait.

祀 *Sé.* Sacrifices payens.

祭 |, *Tsí* |, sacrifices solennels, présidés par les mandarins civils, à certaines époques de l'année.

伺 *v.* **俟** *Sé.* Attendre (voir *heoú* **候**).

事 *Sé.* Chose, affaire, occupation.

一件 (*v.* **一塲**, *v.* **一樁**, *v.* **一起**) |, *ĭ kién* (*v. ĭ tch'âng*, *v. ĭ tchouāng*, *v. ĭ k'ì*) |, une affaire.

爛 | **情是難** | **情**, *Lán* | *ts'în ché lân* | *ts'în*, les affaires gâtées sont des affaires difficiles.

| **情不好**, | *ts'în poŭ hào*, c'est une mauvaise affaire.

| **情不拉頭**, | *ts'in poŭ téou t'eôu*, les affaires arrivent mal (à contre-temps).

| **不對了**, | *poŭ toúi lò*, l'affaire tourne mal.

| **還在**, | *houân tsái*, l'affaire reste entière, elle n'est pas conclue.

生意好…沒 |, *Sēn í hào? Mŏ* |, le commerce va-t-il bien? R. On ne fait pas d'affaires.

有 |, *Ieòu* |, je suis occupé.

沒 |, *v.* **沒得** |, *Mŏ* |, *v. mŏ tĕ·* |, il n'y a rien à faire, je n'ai rien à faire.

他的 | **不好**, *T'ā tĭ* | *poŭ haò*, ses affaires sont en mauvais état.

| | **有我**, | | *ieòu gò*, n'importe quelle affaire, j'en réponds.

多 | **的人**, *Tō* | *tĭ jên*, homme brouillon, remuant.

當 | **人**, *v.* **當** | **的人**, *Tāng* | *jên*, *v. tāng* | *tĭ jên*, ceux qui sont chargés de la conduite d'une affaire.

小 |, *v.* **不大點** |, *v.* **不要緊的** |, *Siào* |, *v. poŭ tá tièn* |, *v. poŭ iáo kìn tĭ* |, petite affaire, affaire de peu d'importance (voir *kìn*).

看悞大 |, *K'án oú tá* |, prends garde de faire tort à la grande affaire (s'entend de la vie; voir *oú*).

| **情不同**, | *ts'în poŭ t'ông*, l'affaire est différente.

不成 |, *Poŭ tch'ên* |, cela ne vaut rien.

| **不成**, | *poŭ tch'ên*, l'affaire n'est pas conclue, est manquée.

鬧出 | **來了**, *Láo tch'ŏu* | *lâi lò*, il a fait éclater des troubles (voir *láo*).

愛惹 |, *v.* **愛生** |, *Gái jè·* |, *v. gái sēn* |, aimer à exciter des affaires, des malheurs.

两个人有一黜 | , *Leàng kó jên ieòu ī tièn* | , ils ont une petite querelle entre eux deux.

你不懂 | , *Gnì poŭ tòng* | , tu es un sot, un brouillon.

同 | 的人, *T'ông* | *tī jên*, ceux qui travaillent ensemble à la même œuvre.

盡是白 | , *Tsín ché pĕ'* | , tout cela est faux, ce ne sont que des contes.

他不醒 | , *T'ā poŭ sìn* | , il n'a pas connaissance, conscience.

沒得你的 | , *Mŏ tĕ' gnì tī* | , cela ne te regarde pas.

本 | , *Pèn* | , 奉 | , *fóng* | , 服 | , *foŭ* | , 閒 | , *hiên* | , 管 | , *kouàn* | , 理 | , *lì* | , 囍 | , *là* | , 費 | , *féi* | , 辦 | , *pán* | , 壞 | , *houái* | , 經 | , *kīn* | , 不關我的 | , *poŭ koūan gò tī* | , 嘛子 | , *chá tsè* | , 甚麼 | , *chén mô* | , 怕 | , *p'á* | , 首 | , *cheòu* | , | 業, | *niĕ'*, | 發了, | *fă lò*, 急 | , *kĭ* | , 緊急的 | , *kìn kĭ tī* | , 差 | , *tch'āi* | , 喜 | , *hì* | , 憂 | , *ieōu* | , 喪 | , *sāng* | . Voir *pèn, fóng, etc.*

士 *Sé*. Magistrat, lettré.

學 | , *Hiŏ* | , docteur, grand savant.

寒 | , *Hân* | , lettré pauvre.

進 | , 傳教 | , 紳 | , 道 | , 居 | , *Tsín* | , *tch'oûan kiáo* | , *chēn* | , *táo* | , *kū* | . Voir *tsín, kiáo, etc.*

仕 *Sé*. Magistrature.

出 | 做官, *Tch'ŏu* | *tsóu koūan*, être en charge; aller prendre possession d'une magistrature.

辭 | , *Ts'ê* | , se démettre d'une magistrature.

SE'

色 *Sĕ'* Couleur, beauté, volupté.

五 | 布, *Où* | *póu*, toiles des 5 couleurs (blanc, noir, bleu, jaune, rouge), que la famille du futur offre ordinairement à la future, pour les fiançailles.

紫 (*v.* 茄) | , *Tsè* (*v. k'uê' v. k'ĭ'*) | , couleur violette.

深 | , 淡 (*v.* 淺) | , *Chēn* | ; *tán* (*v. ts'ièn*) | , couleur foncée; couleur peu foncée.

一 | 的花, 幾 | 的布, *ī* | *tī hoūa, kì* | *tī póu*, fleurs d'une même couleur, toiles de plusieurs couleurs.

本 | , *Pèn* | , couleur native (voir *pèn*).

臉 | 轉過來了, *v.* 回來了, *Lièn* | *tchouàn kó lâi lò, v.* hoûi lâi lò, il a recouvré sa bonne mine (voir *lièn*).

天 | 好, *T'iēn* | *haò*, le ciel est serein.

天 | 晚了, *T'iēn* | *ouàn lò*, il fait nuit.

上了土 | , *Cháng lò t'òu* | , sa figure a pris une couleur terreuse.

作臉作 | , *Tsŏ lièn tsŏ* | , faire mauvaise mine, par boutade.

不避身 | , *Poŭ pí chēn* | , (style relevé) ne pas s'abstenir, quand il le faudrait, de paraître en personne.

他們幾个都是一 | 的人, *T'ā mên kì kó toū ché ī* | *tī jên*, tous ces individus sont de la même couleur, c.-à-d. se valent.

酒 | 之徒, *Tsieoù* | *tchē t'oû*, individu adonné à l'ivrognerie et à la débauche.

顏 | , *iên* | , 白 | , *pĕ'* | , 黑 | , *hĕ'* | , 藍 | , *lân* | , 黃 | , *houâng* | , 紅 | , *hông* | , 綠 | , *loŭ* | , 青 | , *ts'īn* | , 灰 | , *hoūi* | , 氣 | , *k'í* | , 手 | , *cheoù* | , 男 | , *lân* | , 女 | , *niù* | , 脚 | , *kiŏ* | . Voir *iên, pĕ', hĕ', lân, houâng, etc.*

嗇 *Sĕ'. v.* 吝 | , *v. lín* | , avare.

| 家子, | *kiā tsè*, individu très avare.

這个人 | 得狠, *Tché' kó jên* | *tĕ' hèn*, cet homme est très avare.

瑟 *Sĕ'*. Instrument à cordes.

琴 | 不和, *K'în* | *poŭ hô*, les instruments ne sont pas d'accord: les époux ne s'accordent pas.

若 | , *Jŏ* | , Joseph.

虱 *Sĕ'*. Pou.

追 (*v.* 捉) | 子, *Tái* (*v. tchŏ*) | *tsè*, prendre les poux.

丨子衍得快，丨 *tsè iên tě· k'oúai*, les poux se multiplient vite.

燙丨子，*T'áng* 丨 *tsè*, tremper dans l'eau bouillante les habits infestés de poux.

身上腦膛上的丨子不同，*Chēn cháng laò k'ŏ cháng tī* 丨 *tsè poŭ t'ông*, les poux du corps diffèrent de ceux de la tête.

生丨子，*Sēn* 丨 *tsè*, avoir des poux.

瓦丨子，*Ouà* 丨 *tsè*, chenille qui se produit sous les tuiles, et dont le contact occasionne une vive démangeaison.

丨蛋，丨 *tán*, lentes.

看，篦，掐丨子，*K'án, pí, k'iă* 丨 *tsè*. Voir *k'án, pí, k'iă*.

澀 *Sĕ·*. Apre au goût, astringent, pas lisse.

丨口，丨 *k'eòu*, âpre à la bouche.

夾生夾丨的，*Kiá sēn kiă* 丨 *tī*, crû et âpre au goût.

丨紇繨梨，丨 *kĕ· tá lí*, poire granuleuse et âcre.

紬緞是丨針的，*Tch'eôu touán ché* 丨 *tchēn tī*, les soieries sont dures à l'aiguille.

眼睛丨，*Ièn tsīn* 丨, les yeux picotent, se ferment involontairement.

茶丨得狠，*Tch'â* 丨 *tĕ· hèn*, le thé a un goût très âcre; il est fait trop fort.

塞 *Sĕ·*. Boucher, fermer.

閉丨，阻丨，*Pí* 丨; *tsoù* 丨, obstruer; empêcher par obstruction.

陰溝丨倒了，*Īn keōu* 丨 *taò lò*, le conduit couvert s'est obstrué.

丨倒(*v.* 住)口口(*v.* 眼眼，*v.* 縫縫)，丨 *taò (v. tchóu) k'eòu k'eòu (v. ièn ièn, v. fóng fóng)*, boucher une crevasse (ou un petit trou, ou une fente).

丨滿了，丨 *màn lò*, c'est entièrement bouché.

烟竿丨倒了不通，*Iēn kān* 丨 *taò lò, poŭ t'ōng*, la pipe est bouchée, elle ne tire pas.

骰 *Sĕ· (t'eôu)*. Dés à jouer.

打牌擲丨，*Tà p'âi tchĕ* 丨, jouer aux cartes et aux dés.

丢丨子搖會，*Tieōu* 丨 *tsè iâo hoúi*, tirer au sort avec des dés, à qui recevra cette fois le capital d'une société (voir *hoúi*).

假丨子，*Kià* 丨 *tsè*, dés pipés.

SĒN

生 *Sēn*. Naître, vivre; engendrer, produire: crû.

丨下來，*v.* 下地，丨 hiá lâi, *v.* hiá tí, naître.

新丨的嬰孩，*Sīn* 丨 *tī īn hiâi*, enfant nouveau-né.

我是雲南丨長的，*Gò ché Iûn lân* 丨 *tchàng tī*, je suis né et j'ai grandi au *Yun-nan*.

土丨土長的，*T'où* 丨 *t'où tchàng tī*, né et élevé dans le pays.

一个祖人丨下來的，*I kó tsoù jên* 丨 *hiá lâi tī*, descendants d'un même aïeul.

丨身(*v.* 親丨)父母，丨 *chēn (v. ts'īn* 丨) *fóu moù*, propres parents (par opposition aux parents adoptifs).

是他親丨的，*Ché t'ā ts'īn* 丨 *tī*, c'est son propre fils (et non son fils adoptif).

這个婦人丨了幾个兒，*Tché· kó fóu jên* 丨 *lò kì kó eûl?* combien cette femme a-t-elle eu d'enfants?

先丨，*Siēn* 丨, *litt.* né avant: on donne ce titre à ceux qui exercent quelque profession libérale, et en général à tous ceux auxquels on veut témoigner un certain respect.

這位先丨高姓，*Tché· oúi siēn* 丨 *kaō sín?* comment s'appelle ce Monsieur?

張先丨，*Tchāng siēn* 丨, Monsieur *Tchāng*.

門丨，*v.* 丨徒，*v.* 徒丨，*Mên* 丨, *v.* 丨 *t'ôu, v. t'ôu* 丨, disciple.

丨死有命，丨 *sè ieòu mín*, la vie et la mort dépendent du destin (voir *sè*).

丨死不丢，丨 *sè poŭ tieōu*, tenir mordicus à une chose, ne vouloir absolument pas (ni à la vie ni à la mort) la lâcher.

丨要見人死要見屍，丨 *iáo kién jên, sè iáo kién chē*, qu'il soit vivant ou mort, je veux voir cet homme (manière de réclamer une personne disparue).

這是丨成的，*Tché ché* 丨 *tch'ên tĭ*, c'est de naissance; cela va sans dire.

丨來都是這樣，丨 *lâi toū ché tché-iáng*, il est ainsi de naissance.

丨命難保，丨 *mìn lân paò*, avoir de la peine à sauver, à défendre sa vie (voir *mín*).

在丨有望，*Tsái* 丨 *ieòu ouáng*, pendant la vie on a l'espérance.

丨病；丨火，痰，丨 *pín;* 丨 *hò, t'ân*, engendrer des maladies; produire de l'échauffement, de la bile.

丨瘡，蛆，癩子，霉，丨 *tch'oūang, ts'ū, lái tsè, mêi, etc.* il pousse des furoncles, des vers, de la teigne, de la moisissure, etc.

丨利，丨 *lí*, produire des intérêts.

又丨起肉了，*Ieóu* 丨 *k'ì joŭ lò*, les chairs ont repoussé.

瘡口還沒有丨攏，*Tch'oūang k'eòu houân mŏ ieòu* 丨 *lòng*, les bords de la plaie ne se sont pas encore rejoints.

丨日，*v.* 丨期，丨 *jĕ, v.* 丨 *k'ī*, jour de la naissance, jour anniversaire.

做丨，做大丨，*Tsóu* 丨；*tsóu tá* 丨, célébrer l'anniversaire de la naissance; célébrer un grand anniversaire (comme 50, 60, 70 ans, chaque dizaine d'années).

丨得蠢，醜，丨 *tĕ tch'oùen, tch'eòu*, il est (né) obtus, laid.

丨得好，*v.* 乖，丨 *tĕ* haò, *v.* kouāi, il est bien venu, il est espiègle (bon sens).

草都不丨，*Ts'ào toū poŭ* 丨, l'herbe même n'y pousse pas.

丨起來了，丨 *k'ì lâi lò*, c'est poussé, c'est sorti de terre.

發丨，自己丨的，*Fă* 丨；*tsé kì* 丨 *tĭ*, germer, pousser; né, poussé tout seul, de soi-même.

丨鐵，丨銅，丨 *t'iĕ*；丨 *t'ông*, fer brut, fonte; cuivre brut.

忌丨冷，*Kí* 丨 *lèn*, s'abstenir des crudités et des mets froids.

手藝丨得狠，*Cheòu guí* 丨 *tĕ hèn*, il est fort inexpérimenté dans son métier.

一回丨二回熟，*ĭ houî* 丨 *eúl houî chŏu*, une 1ere fois on est novice, la 2e fois on est plus habile (voir *chŏu*).

見不得丨人，*Kién poŭ tĕ* 丨 *jên*, il n'aime pas voir les gens inconnus.

一平丨，*ĭ p'în* 丨，學丨，*hiŏ* 丨，童丨，*t'ông* 丨，廪丨，*lìn* 丨，監丨，*kién* 丨，丨員，丨 *iuên*，接丨婆，*tsiĕ* 丨 *p'ô*，好丨黙，*haò* 丨 *tièn*，丨活，丨 *hŏ*，丨鬍子，丨 *foû tsè*，丨魂，丨 *houên*，丨根，丨 *kēn*，丨基，丨 *kī*，丨薑，丨 *kiāng*，丨事，丨 *sé*，丨人妻，丨 *jên ts'ī*，丨芽，丨 *iâ*，放丨，*fáng* 丨，殺丨，*chá* 丨，丨意，丨 *í*, *etc.* Voir *ĭ*, *hiŏ*, *etc.*

牲

Sēn. v. 丨牣，*v.* 畜丨，*v.* 丨 *k'eòu*, *v.* *tch'ŏu* 丨, animal domestique (voir *k'eòu*).

犧丨，*Hī* 丨, victime de sacrifice (voir *hī*).

孫

Sēn. Petit-fils (fils du fils).

丨丨末末都有，丨丨 *mŏ mŏ toū ieòu*, il a des petits-fils et des arrière-petits-fils.

丨女壻，丨 *niù sí*, mari d'une petite-fille.

丨媳婦，丨 *sĭ foú*, femme d'un petit-fils.

外丨，外丨女，*Ouái* 丨，*ouái* 丨 *niù*, petit-fils, petite-fille (enfants de la fille).

子丨，*Tsè* 丨, fils et petits-fils: descendants en général.

普天下的人都是亞當的子丨，*P'où t'iēn hiá tĭ jên toū ché Ià tāng tĭ tsè* 丨, tous les hommes descendent d'Adam.

姪丨，*Tchĕ* 丨, petits-fils des frères (dans la lignée masculine).

甥

Sēn. Neveu (fils de la sœur).

是我的外丨，*Ché gò tĭ ouái* 丨, c'est le fils de ma sœur.

僧

Sēn. Bonze.

丨道，丨 *taó*, les bonzes et les *taó sé*.

丨尼 (*v.* 尼姑)，丨 *guî* (*v.* *guî koū*), bonzesse.

佗丨，*T'ô* 丨, litharge.

叅 *Sēn.* Plante médicinale, nom d'une étoile.

人 | , *Jên* | , le *gin-seng:* fameuse plante médicinale des Chinois.

洋 | , **高麗** | , *Iâng* | , *kaō lî* | , succédanés du gin-seng.

他們両个定要 | **商**, *T'ā mên leàng kó tín iáo* | *chāng*, ces deux (hommes) là vont certainement se brouiller.

森 *Sēn. v.* | **嚴**, *v.* | *niên*, sévère.

猻 *Sēn.* Singe (voyez *heôu* **猴**).

SÈN

笋 *v.* **筍** *Sèn. v.* | **子**, *v.* | *tsè*, jeunes pousses de bambou (bonnes à manger).

生 | **子**, *Sēn* | *tsè*, produire des pousses de bambou.

冬 | , *Tōng* | , jeunes pousses, de l'espèce dite *lân tchŏu.*

| **子山**, | *tsè chān*, hautes montagnes où croissent de petits bambous, dont les pousses sont recherchées surtout pour la table.

辦 | **子**, *Pán* | *tsè*, exploiter ces forêts en cueillant les jeunes pousses.

打, **炕** | **子**, *Tà, k'áng* | *tsè*, couper les jeunes pousses, les sécher au feu.

| **子嫩刷得好**, | *tsè lén choŭa tĕ· haò*, ces jeunes pousses sont bien tendres.

| **殼**, | *k'ŏ.* Voir *k'ŏ.*

損 *Sèn.* Corrompre, détruire, blesser.

| **壞房屋**, | *hoúai fâng oŭ*, endommager la maison (voir *hoúai*).

| **人利己**, | *jên lí kì*, se procurer des avantages aux dépens d'autrui.

罎子, **玻璃** | **了**, *T'ân tsè, pō lî* | *lò*, la jarre, la vitre s'est fendue.

省 *Sèn.* Province; examiner, épargner.

上, *v.* **下** | , *Cháng, v. hiá* | , aller à la capitale de la province (y monter ou y descendre, suivant la position).

| **城**, | *tch'ên*, chef-lieu de la province.

成都 | , *Tch'ên toū* | , chef-lieu du *Su-tchuen.*

雲貴二 | , *Iûn Koúi eúl* | , les 2 provinces du *Yûn-nân* et du *Koúi-tcheōu.*

中國十八 | , *Tchōng kouĕ· chĕ pă* | , les 18 provinces de l'Empire Chinois (il y en a davantage maintenant).

| **察自己的罪**, | *tch'â tsé kì tĭ tsoúi*, examiner sa conscience (ses péchés).

| **費**, *v.* | **用**, | *féi, v.* | *ióng*, diminuer ses dépenses.

| **錢**, | **工夫**, | *ts'iên*, | *kōng foū*, économiser les sapèques, le travail.

儉 | , *Kièn* | , épargner (voir *kièn*).

榫 *Sèn.* Tenon, mortaise.

| **頭**, | *t'eôu*, tenon.

| **頭鬆了**, | *t'eôu sōng lò*, le tenon joue dans la mortaise.

公 | , **母** | , *Kōng* | ; *moù* | , tenon; mortaise.

SÉN

滲 *v.* **生** *Sén.* Pondre.

| **蛋**; **雞不** | **了**, | *tán: kī poŭ* | *lò*, pondre des œufs; la poule ne pond plus.

SEŌU

搜 *Seōu.* Fouiller, chercher.

在他身上 | **出來了**, *Tsái t'ā chēn cháng* | *tch'ŏu lâi lò*, on l'a trouvé sur son corps, en le fouillant.

到處 | , | **通了**, *Táo tch'ŏu* | , | *t'ōng lò*, fouiller partout, on a fouillé partout.

耖窩子 | **出來三床鋪盖**, *Tch'áo ō tsè* | *tch'ŏu lâi sān tch'oûang p'ōu kái*, en dénichant des voleurs, on a retrouvé trois couvertures.

我不說, **總不得在我口頭** | , *Gò poŭ chŏ, tsòng poŭ tĕ· tsái gò k'eòu t'eôu* | , si je ne veux pas le dire, on n'arrivera pas à me le tirer de la bouche.

| **尋**, | *sîn*, fouiller et chercher.

餿 *Seōu.* Odeur et goût de ranci des aliments qui commencent à se gâter.

這个湯有點丨, v. 一个丨氣, *Tché kó t'āng ieòu tièn* 丨, *v. ī kó* 丨 *k'í*, ce bouillon commence à aigrir, à tourner.

菜丨了, *Ts'ái* 丨 *lò*, les mets ont pris une odeur de vieux, de ranci.

放得, 不得丨, *Fáng tě*, *poŭ tě* 丨, cela peut se conserver, sans prendre mauvais goût.

茶, 二天 (v. 過一夜)都要丨, *Tch'â, eúl t'iēn (v. kó ī ié) toū iáo* 丨, le thé ne se conserve pas jusqu'au lendemain, ne peut passer la nuit sans se gâter.

擻 *Seōu* (voir *leôu* **摟**), ennuyeux.

SEÓU

嗽 *Seóu. v.* **咳丨**, *K'ě* 丨, Tousser, (voir *k'ě*).

咳丨是瘦人的, *K'ě* 丨 *ché seóu jên tī*, la toux amaigrit les gens (jeu de mots).

瘦 *Seóu.* Maigre, amaigrir.

丨得光骨頭不像一个人, 丨 *tě kouāng koŭ t'eôu poŭ ts'iáng (siáng) ī kó jên*, il est maigre à n'avoir plus que les os, c'est à peine s'il lui reste une forme humaine.

鴉片煙越吃越丨, *Iā p'ién iēn iuě tch'ě iuě* 丨, plus on fume l'opium, plus on maigrit (jeu de mots sur *tch'ě*).

馬丨毛長, *Mà* 丨 *mâo tch'âng*, un cheval maigre a les poils longs.

鴉片煙是丨地, *Iā p'ién iēn ché* 丨 *tí*, l'opium épuise les terres.

丨田的, 丨 *t'iên tī*, qui épuise, amaigrit les rizières.

地, 田丨, *Tí, t'iên* 丨, la terre, la rizière est maigre.

鞋幫丨點不要肥很了, *Hâi pāng* 丨 *tièn, poŭ iáo féi hèn lò*, que l'empeigne des souliers soit plus étroite, moins large.

肌丨, 丨肉, *Kī* 丨, 丨 *joŭ*. Voir *kī, joŭ*.

SĪ

些 *Sī.* Peu; marque le pluriel et le comparatif.

丨微, 一丨兒, 丨 *oūi, ī* 丨 *eûl*, quelque peu, un tant soit peu (voir *oūi*).

丨 (*v.* 丨 **微**) **小事**, 丨 (*v.* 丨 *oūi*) *siào sé*, une affaire de rien.

有丨人, 有丨回數, *Ieòu* 丨 *jên: ieòu* 丨 *houî sóu*, il y a des gens; il y a des fois.

人丨說, *Jên* 丨 *chŏ*, les gens disent.

有丨好, 有丨歹, *Ieòu* 丨 *haò, ieòu* 丨 *tài*, il y a des bons et des mauvais.

賣丨貨, 找丨錢, *Mái* 丨 *hó, tchào* 丨 *ts'iên*, en vendant quelques marchandises, gagner quelques sapèques.

買得有丨, *Mài tě ieòu* 丨, j'en ai acheté une certaine quantité.

那丨, 這丨, *Lá* 丨, *tché* 丨, ceux-ci (pluriel de *lá kó, tché kó*).

你多丨, 我少丨, *Gnì tō* 丨, *gò chào* 丨, tu en a plus, moi moins.

多一丨丨, *Tō ī* 丨 丨, un peu plus.

二里一丨丨, *Eúl lì ī* 丨 丨, un peu plus de 2 *lys*.

西 *Sī.* Occident.

丨方, 丨 *fāng*, région occidentale, à l'occident.

坐東向丨, *Tsó tōng hiáng* 丨, situé à l'est, tourné vers l'ouest.

丨番人, v. 丨番子, 丨 *fān jên, v.* 丨 *fān tsè*, habitants du *Thibet*; tribu sauvage.

丨門, 丨街, 丨 *mên*, 丨 *kāi*, porte de l'Ouest, rue de l'Ouest.

丨道, 丨 *táo; táo t'âi* qui gouverne la partie occidentale de la province: cette partie de la province.

丨藏, 丨 *tsáng*, **江丨**, *Kiāng* 丨, **廣丨**, *Kouàng* 丨, **陜丨**, *Chàn* 丨, **山丨**, *Chān* 丨, **丨洋**, 丨 *iâng*, 丨**國**, 丨 *kouě*. Voir *tsáng, kiāng, kouàng, etc.*

東不成, 丨不就, *Tōng poŭ tch'ên*, 丨 *poŭ tsieóu*, s'adresser de différents côtés, sans réussir nulle part.

東｜；買東｜，*Tōng*｜；*mài tōng*｜，chose, objet; acheter des affaires.

東東｜｜，*Tōng tōng*｜｜，ensemble de différents menus objets.

小東小｜，*Siào tōng siào*｜，petits objets.

你是甚麼東｜，*Gnì ché chén mô tōng*｜，qu'est-ce que tu es, misérable? (litt.) quelle chose es-tu? (expression très blessante.)

這个東｜厭人完了，*Tché kó tōng*｜*ién jên ouân lò*, ce misérable vous fait enrager.

犀 *Sī. v.*｜牛，*v.*｜*nieôu*, rhinocéros.

｜角，｜*kŏ*, corne de rhinocéros.

｜骨帶，｜*koŭ tái*, ceinture précieuse, avec boucle en os de rhinocéros.

｜牛毛，｜*nieôu mâo*, poils de rhinocéros servant à faire la houppe des chapeaux de cérémonie.

棲 *Sī.* Se reposer, s'arrêter.

｜流所，｜*lieôu sò*, maison de refuge pour les mendiants.

SÌ

洗 *Sì.* Laver, baptiser, saigner (tuer).

｜得了，｜*tĕ lò*, c'est (bon) à laver (c'est plus que suffisamment sale).

｜白了，*v.*｜乾淨了，｜*pĕ lò, v.*｜*kān tsín lò*, c'est nettoyé par le lavage, c'est propre.

｜不乾淨 (*v.* 不白，*v.* 不去，*v.* 不脫，*v.* 不下來)，｜*poŭ kān tsín* (*v. poŭ pĕ, v. poŭ k'ú, v. poŭ t'ŏ, v. poŭ hiá lâi*), ne pouvoir nettoyer en lavant, ne pouvoir enlever les taches.

｜(*v.* 下)了一水，｜(*v. hiá*) *lò ĭ choùi*, cela a été lavé une fois.

在河裡頭｜澡，*Tsái hô ì* (*lì*) *t'eôu*｜*tsào*, se baigner dans la rivière.

貧如水｜，*P'în joû choùi*｜，pauvre à n'avoir absolument rien.

｜臉，｜手帕，｜脚，｜*lièn*，｜*cheòu p'á*，｜*kiŏ, etc.* Voir *lièn, p'á, kiŏ*.

｜滌祕跡，*v.* 聖｜，｜*tĭ pĭ tsĭ, v. chén*｜，le sacrement de Baptême.

領過｜，*v.* 得了｜，*v.* 得了領｜，*Lìn kó*｜，*v. tĕ lò*｜，*v. tĕ lò lìn*｜，il a été baptisé.

付｜，代｜，*Fóu*｜；*tái*｜，administrer le baptême; l'administrer en cas de nécessité, à la place du prêtre.

望領｜，求領｜，*Ouáng lìn*｜，*k'iêou lìn*｜，désirer le baptême, demander à être baptisé.

求神父付｜嬰孩，*K'iêou Chên foú foú*｜*īn hiâi*, je prie le Père de baptiser mon enfant.

重｜不得，*Tch'ông*｜*poŭ tĕ*, on ne peut rebaptiser.

｜二道，｜*eúl taó*, relaver; rebaptiser.

｜一个雞，鴨子，｜*ĭ kó kī, iă tsè*, saigner une poule, un canard.

｜猪，｜*tchoū*, saigner un porc.

SÍ

細 *Sí.* Menu, fin, mince; délicat, avec soin.

有粗有｜，*Ieòu ts'ōu ieòu*｜，il y a du gros et du fin.

穿｜的，*Tch'oūan*｜*tī*, se vêtir d'étoffes fines.

｜碗，｜貨，｜*ouàn*;｜*hó*, tasse en porcelaine; marchandises fines, de prix.

｜料子，｜木頭，沙石，｜沙，｜灰，｜*leáo tsè*;｜*moŭ t'eôu, chā chĕ*;｜*chā*,｜*hoūi*, matières fines; bois, pierre au grain fin; sable fin, poussière fine.

｜眼眼，｜篩子，｜*ièn ièn*,｜*chāi tsè*, petit trou, crible serré.

索索｜根得狠，*Sŏ sŏ*｜*kēn tĕ hèn*, la corde est trop mince.

｜嫩得好，｜*lén tĕ haò*, c'est bien tendre, bien délicat.

喫得｜，*Tch'ĕ tĕ*｜，il mange peu.

｜聲說話；輕言｜語，｜*chēn chŏ houá; k'īn iên*｜*iù*, parler à voix basse; paroles dites doucement.

你下｜想吓，*Gnì hiá*｜*siàng há*, réfléchis attentivement (voir *hiá*).

這个人把 | (v. 下 |), *Tché kó jên pà | (v. hiá |)*, cet homme est soigneux, méticuleux (voir *pà*).

詳 | 講, *Siâng | kiàng*, dire, expliquer bien en détail.

壻 v. 婿 *Sí*. 女 | , *niù* | , Gendre.

孫女 | , *Sēn niù* | . Voir *sēn*.

SĬ

昔 *Sĭ*. v. | 日, v. | *jĕ*, autrefois.

惜 *Sĭ*. Epargner, aimer, plaindre, prendre soin.

| 錢,米, | *ts'iên, mì*, économiser les sapèques, le riz.

不 | 酒, *Poŭ | tsieòu*, prodiguer le vin.

| 小費不能成大事, | *siaò féi poŭ lên tch'ên tá sé*, qui regarde trop aux menues dépenses, ne fera jamais rien de grand.

| 錢莫 (v. 休) 教子, | *ts'iên mŏ (v. hieōu) kiāo tsè*, si vous regardez à la sapèque, ne songez pas à faire élever vos enfants (c.-à-d. pour l'éducation de ses enfants il faut savoir y aller largement).

愛 | 父母, *Gái | foú moù*, aimer ses parents.

可 | , v. 可 | 了, *K'ò | , v. k'ò | lò*, c'est dommage, quel dommage! (voir *k'ò*.)

矜孤 | 寡;憐 | 病人, *Kīn koū | kouà; liên | pín jên*, avoir pitié, prendre soin des orphelins et des veuves; voir *liên*.

息 *Sĭ*. Tranquille, apaiser; gain.

水平 | 了, *Choùi p'în | lò*, l'eau est tranquille, calme (voir *p'în*).

前頭發氣得很,如今平 | 了, *Ts'iên t'eôu fă k'í tĕ hèn, joû kīn p'în | lò*, d'abord il était très irrité, maintenant il est calmé.

| 天主的義怒, | *T'iēn Tchòu tĭ gní loú*, apaiser la juste colère de Dieu.

| 止安所, | *tchè gān sò*, qu'il repose en paix.

姑 | 待兒女, *Koū | tái eûl niù*, se montrer trop indulgent, trop faible avec ses enfants.

肯 | 事, *K'èn | sé*, aimer à s'employer.

利 | 大, *Lí | tá*, le gain, le profit est considérable (voir *lí*).

你這个人莫出 | , *Gnì tché kó jên mŏ tch'oŭ* | , tu es un propre à rien.

你纔害了病,要好生將 | , *Gnì ts'âi hái lò pín, iáo haò sēn tsiāng* | , vous venez de faire une maladie, il faut bien vous soigner.

天氣一吓冷,一吓熱,要將 | , *T'iēn k'í ĭ há lèn, ĭ há jĕ, iáo tsiāng* | , la température étant (très variable), tantôt froide, tantôt chaude, il faut prendre des précautions.

媳 *Sĭ*. Bru.

接 | 婦, *Tsiĕ | foú*, recevoir une bru, marier son fils.

開房 | 婦, v. 小抱 | 婦, *Hiên fâng | foú, v. siào páo | foú*, fille placée toute jeune, et longtemps avant le mariage, dans la famille de son futur époux.

两婆 | , 孫 | 婦, *Leàng p'ô | , sēn | foú*. Voir *p'ô, sēn*.

熄 *Sĭ*. Eteindre.

火打 | 了, *Hò tà | lò*, on a éteint l'incendie.

把燈吹 | 了, *Pà tēn tch'oūi | lò*, souffle la lampe.

亮 (v. 燈) 要 | 了, *Leáng (v. tēn) iáo | lò*, la lumière, la lampe va s'éteindre.

燜 (v. 揞) | , *ōng (v. gán)* | , étouffer le feu sous la cendre.

菸 | 了, *Iēn | lò*, mon cigare est éteint.

席 *Sĭ* Festin.

| 口, v. | 面, | *k'eòu, v.* | *mién*, l'ensemble des mets qui composent un festin.

酒 | , v. 筵 | 酒, *Tsieoù* | , v. *iên | tsieoù*, repas de noces.

辦 | , 擺 | , 坐 | , 坐上 | , *Pán* |; *pài* | ; *tsó* | ; *tsó cháng* | , préparer un festin; le servir; s'y asseoir; y avoir la première place, la place d'honneur.

下｜了, *Hiá* ｜ *lò*, on s'est levé de table, le festin est terminé.
送｜, *Sóng* ｜, offrir, envoyer un dîner
包一吊二百錢一｜, *Pāo ī tiáo eúl pě· ts'iēn ī* ｜, commander un dîner à 1200 sapèques la table (composée de 8 personnes).
你辦好幾｜, *Gnì pán haò kì* ｜, combien de tables prépares-tu?
不成｜, *Poŭ tch'ên* ｜, mauvais dîner qui ne mérite pas le nom de *sī*.
我沒有喫他的｜, *Gò mŏ ieòu tch'ě t'ā tī* ｜, je n'ai pas touché à son dîner, je n'ai pas voulu me rendre à son invitation.
流水｜, *Lieôu choùi* ｜, festin où les convives se succèdent par tables de 8 personnes, à mesure qu'il y en a de libres.
包｜館, 海參｜, 設｜, *Pāo* ｜ *kouàn, hài sēn* ｜, *chě·* ｜. Voir *kouàn, hài, chě·*.

蓆 *v.* 席 *Sī. v.* ｜子, *v.* ｜ *tsè*, natte.
一根 (*v.* 一床) ｜子, *ī kēn (v. ī tch'oûang)* ｜ *tsè*, une natte.
燈草, 蒲草｜子, *Tēn ts'ào, p'ôu ts'ào* ｜ *tsè*, nattes de deux espèces de jonc.
編 (*v.* 打) ｜子, *Piēn (v. tà)* ｜ *tsè*, tresser des nattes.
裹起｜子, *Kò k'ì* ｜ *tsè*, rouler une natte.
披起｜子去討口, *P'ēi k'ì* ｜ *tsè k'ú t'ào k'eòu*, se couvrir d'une natte et se faire mendiant.
涼｜子, 籐｜, 蔑｜, *Leâng* ｜ *tsè, t'ên* ｜, *miě·* ｜, natte d'été, natte en rotin, natte en bambou.
墊 (*v.* 鋪) ｜子, *Tién (v. p'ōu)* ｜ *tsè*, étendre une natte par terre.

錫 *Sī.* Etain, don.
｜匠, ｜ *tsiáng*, ouvrier en étain.
花｜, 响 (*v.* 点) ｜, *Houā* ｜; *hiàng (v. tièn)* ｜, étain de qualité inférieure; étain de 1re qualité.
化, 鑄｜, *Houá, táo* ｜, fondre, couler de l'étain.
鍍 (*v.* 上, *v.* 包) ｜, *Toú (cháng, v. pāo)* ｜, étamer.
｜打的酒壺, ｜ *tà tī tsieoù foû*, bidon en étain, pour verser le vin.
壺瓶｜器, *Foû p'în* ｜ *k'í*, en général tous les vases en étain (voir *foû*).
燒｜銲, *Chāo* ｜ *hán*. Voir *hán*.
聖神七｜, *Chén Chên ts'ī* ｜, les 7 dons du St Esprit.

習 *Sī.* S'exercer, s'habituer, cultiver.
｜武, ｜生意, ｜ *où;* ｜ *sēn í*, se livrer aux exercices militaires; s'adonner au commerce.
｜得出來, ｜ *tě· tch'oŭ lâi*, on peut apprendre cela par l'exercice.
我沒有｜那一行, *Gò mŏ ieòu* ｜ *lá ī hâng*, je n'ai pas cultivé cette branche (en parlant d'une science, d'une industrie, etc.)
｜門面, 招牌, ｜ *mên mién, tchāo p'âi*, se faire de la réputation, donner de la réputation à son enseigne.
學｜, 慣｜, ｜甘蔗, ｜ *kān tché·*, ｜樹木, ｜ *choú moŭ*. Voir *hiŏ, kouán, kān, choú*.

膝 *Sī.* Genou.
折｜, 扯一｜, *Tchě·* ｜; *tch'è· ī* ｜, faire la génuflexion; faire une génuflexion.
雙｜跪倒, *Choūang* ｜ *koúi taò*, s'agenouiller des deux genoux.
｜下有五个兒, ｜ *hiá ieòu où kó eûl*, j'ai (autour de mes genoux) cinq fils.
肐｜頭, 跪｜禮, *K'ě·* ｜ *t'eóu, koúi* ｜ *lì*. Voir *K'ě·, koúi*.
護｜, *Foú* ｜, genouillères ouatées (qui se prêtent à prix d'argent à ceux qui doivent s'agenouiller devant le mandarin).

析 *Sī.* Diviser, partager.
｜產分居, ｜ *tch'àn fēn kū*, faire la division des biens et cesser de cohabiter.

晰 *Sī.* Distinguer clairement.
這个道理我跟你分｜明白, *Tché· kó taó lì gò kēn gnì fēn* ｜ *mîn pě·*, je vais t'expliquer clairement cette doctrine.

夕 *Sĭ.* Soir.

朝丨,旦丨之間, *Tchāo* 丨; *tán* 丨 *tchē kiēn*, le matin et le soir; du matin au soir.

命在旦丨, *Mín tsái tán* 丨, sa vie est fort en danger (il peut mourir du matin au soir, c.-à-d. d'un moment à l'autre).

SIĀNG

相 *Siāng.* Réciproque, mutuel, ensemble, d'accord.

互丨和愛, *v.* **丨和丨愛**, *Foú* 丨 *hò gái, v.* 丨 *hô* 丨 *gái*, s'aimer d'un amour réciproque.

丨好的人, 丨 *haò tĭ jên*, homme avec qui on est ami, en bons rapports.

是我一个丨好的, *Ché gò ĭ kó* 丨 *haò tĭ*, c'est quelqu'un de mes amis.

貴嗎丨因, *Koúi mà siāng īn?* est-ce cher, ou bon marché? (voir *īn.*)

丨因貨, 丨 *īn hó*, marchandises à bon marché (s'entend souvent des marchandises volées).

丨因錢, 丨 *īn ts'iên*, sapeques gagnées sans peine, souvent volées.

不得丨因, *Poŭ tĕ* 丨 *īn*, cela n'est pas (ni ne peut devenir) bon marché.

酒油不丨生, *Tsieòu ieôu poŭ* 丨 *sēn*, le vin et l'huile ne se mêlent pas.

他們両个人不丨生, *T'ā mên leàng kó jên poŭ* 丨 *sēn*, entre eux deux ils ne s'accordent pas.

両宗葯是丨反的, *Leàng tsōng iŏ ché* 丨 *fàn tĭ*, les deux remèdes sont opposés l'un à l'autre (voir *fàn*).

両向房子丨連, *Leàng hiáng fâng tsè* 丨 *liên*, les deux maisons sont attenantes.

不要丨欺人, *Poŭ iaó* 丨 *k'ī jên*, il ne faut pas faire tort à autrui, abuser de sa faiblesse.

丨當, *v.* **丨等**, *v.* **丨稱**, 丨 *tāng, v.* 丨 *tèn, v.* 丨 *tch'én*, assorti, accommodé.

不丨同, *v.* **似**, *Poŭ* 丨 t'ông, *v.* sé, ne pas se ressembler.

愛丨與紳士體面人, *Gái* 丨 *iù chēn sé t'ì mién jên*, aimer à avoir des relations avec les lettrés et les gens distingués (voir *iù*).

丨偏, 丨 *p'iēn*, **丨通功**, 丨 *t'ōng kōng*, **丨干**, 丨 *kān*, **丨涉**, 丨 *chĕ*, **丨熟的人**, 丨 *choŭ tĭ jên*, **丨恨**, 丨 *hén*, **丨逢**, 丨 *fông*, **丨勸**, 丨 *k'uén*, **丨顧**, 丨 *koú*, **不丨配**, *poŭ* 丨 *p'éi*. Voir *p'iēn*, *kōng*, *etc.*

襄 *Siāng. v.* **丨帮** (*v.* **相帮**), *v.* 丨 *pāng*, aider, voir *pāng*.

鑲 *Siāng.* Insérer, enchâsser, relier.

不是得耿的是丨的, *Poŭ ché tĕ kèn tĭ, ché* 丨 *tĭ*, ce n'est pas fait d'une seule pièce, mais de plusieurs pieces rapportées.

丨一副枋子, 丨 *ĭ foŭ fāng tsè*, faire un cercueil de plusieurs pièces.

丨不攏, 丨 *poŭ lòng*, cela ne peut s'ajuster.

找丨, *Tchaò* 丨, élever un échafaudage.

我要丨你一塊田, *Gò iaó* 丨 *gnì ĭ k'ouài t'iên*, je veux joindre une riziere aux tiennes, t'arrondir.

一丨地, *ĭ* 丨 *tí*, un carré de terre cultivée.

菜園要分幾丨, *Ts'ái iuên iaó fēn kì* 丨, il faut diviser le jardin en plusieurs carrés.

廂 *Siāng. v.* **丨房**, *v.* 丨 *fâng*, ailes d'une maison (voir *fâng*).

箱 *Siāng. v.* **丨子**, *v.* 丨 *tsè*, caisse, malle.

丨丨, *v.* **丨丨兒**, 丨丨, *v.* 丨丨 *eûl*, petite caisse.

一口丨子, *ĭ k'eòu* 丨 *tsè*, une caisse.

丨子有幾口, 丨 *tsè ieòu kì k'eòu?* combien y a-t-il de caisses?

一挑丨子, *ĭ t'iāo* 丨 *tsè*, une charge de 2 caisses à porter en balançoire; 2 caisses.

篾丨,板丨,皮丨,棕丨, *Miĕ* 丨, *pàn* 丨, *p'î* 丨; *tsōng* 丨, caisses en bambou tressé, en bois, en cuir, ou bien doublées de cuir; en bois, doublées de bourre de palmier.

抽丨,風丨, *Tch'eōu* 丨, *fōng* 丨, tiroir d'armoire, soufflet de forge.

盤丨子, *P'ân* 丨 *tsè*, ficeler les caisses, ajuster les cordes pour porter.

裝在丨子頭, *Tchoūang tsái* 丨 *tsè t'eòu*, mettre dans une caisse ou une malle.

SIÂNG

祥 *Siāng*. Pronostic heureux.

五福非丨, *Où foŭ fēi* 丨, les cinq félicités (voir *foŭ*) ne sont pas de bon augure.

沒丨, *Mŏ* 丨, pas heureux; pas de quoi faire envie, pas fameux; ce n'est pas la peine de....

要飯沒丨, *Iaó fán mŏ* 丨, mendier, ce n'est vraiment pas fameux.

詳 *Siāng*. Examiner, s'informer avec soin, interpréter.

細聽端丨, *Sí t'īn toūan* 丨, écoutez bien, examinez bien.

這句話丨不得, *Tché kú hoúa* 丨 *poŭ tĕ*, il ne faudrait pas trop approfondir le sens de cette parole.

丨在半邊去了, 丨 *tsái pán piēn k'ú lò*, il a cherché une explication à côté de la question.

丨文, 丨 *ouên*, relation envoyée à un supérieur.

SIÀNG

想 *Siàng*. Penser, désirer.

丨不起, *v.* 丨不倒, *v.* 丨不出來, 丨 *poŭ k'ì, v.* 丨 *poŭ taò, v.* 丨 *poŭ tch'ōu lâi*, ne pouvoir se rappeler, s'imaginer, trouver dans son esprit.

你丨吓, *v.* 丨一丨, *Gnì* 丨 *há, v.* 丨 *ī* 丨, réfléchis un peu.

老實丨一吓, *v.* 下細丨一吓, *Laò chĕ* 丨 *ī há, v. hiá sí* 丨 *ī há*, réfléchis sérieusement.

丨不開, 丨 *poŭ k'āi*, ne pouvoir s'expliquer, trouver un expédient.

丨一个主意, 丨 *ī kó tchòu í*, former un dessein.

糊思亂丨, *Foû sē loúan* 丨, avoir des pensées, des désirs désordonnés.

回丨前頭的事, *Hoûi* 丨 *ts'iên t'eòu tĭ sé*, réfléchir sur le passé.

不要丨那些, *Poŭ iáo* 丨 *lá sī*, ne désire pas ces choses, n'y pense pas.

丨錯了, 丨 *ts'ó lò*, je me suis trompé.

貪丨銀錢, *T'ān* 丨 *în ts'iên*, convoiter l'argent.

要丨人家好, *Iaó* 丨 *jên kiā haò*, il faut désirer du bien au prochain.

丨飯喫又丨不到口丨衣裳穿又丨不到身, 丨 *fán tch'ĕ ieóu* 丨 *poŭ taó k'eòu*, 丨 *ī chāng tch'oūan ieóu* 丨 *poŭ taó chēn*, avoir faim et ne pouvoir se procurer de la nourriture, avoir besoin d'habits et ne pouvoir en trouver.

丨方子, 默丨, 丨 *fāng tsè, mĕ* 丨. Voir *fāng, mĕ*.

SIÁNG

相 *Siáng*. Aider, examiner.

臣丨, *v.* 宰丨, *v.* 卿丨, *Tch'ên* 丨, *v. tsài* 丨, *v. k'īn* 丨, ministre de l'Empereur.

拜丨, *Pái* 丨, nommer ministre.

凡人不可貌丨, *Fân jên poŭ k'ò maó* 丨, il ne faut pas juger des gens sur leur mine.

丨公, 看丨, 丨 *kōng, k'án* 丨. Voir *kōng, k'án*.

象 *Siáng*. Eléphant.

丨鼻子, 丨 *pí tsè*, trompe d'éléphant.

丨牙不出鼠口, 丨 *iâ poŭ tch'ōu chòu k'eòu*, l'ivoire ne sort pas du museau d'un rat (voir *iâ*).

白丨, *Pĕ* 丨, éléphant blanc.

像 *Siáng*. Image, figure, semblable, comme (dans ce dernier sens, il se prononce ordinairement *ts'iáng*).

丨子, 一張丨, 一尊丨, 丨 *tsè, ī tchāng* 丨, *ī tsēn* 丨, image, une image, une statue.

聖丨, *Chén* 丨, image religieuse.

巴起丨, *Pā k'ì* 丨, coller une image au mur.

印的丨, 畫的丨, *ín tĭ* 丨, *houá tĭ* 丨, image imprimée, image peinte à la main.

耶穌丨，聖母丨，*Iê soū* 丨，*Chén moù* 丨，image de J.-C., de la Ste-Vierge.

人的靈魂是天主的肖丨，*Jén tĭ lîn houên ché T'iēn Tchòu tĭ siáo* 丨，l'âme de l'homme est à l'image et à la ressemblance de Dieu.

照丨，*Tcháo* 丨，photographier, photographie.

丨架子，丨 *kiá tsè*, cadre pour image.

如丨天堂，*Joû* 丨 *(ts'iáng) t'iēn t'âng*, c'est comme un paradis.

丨告(叫)化子，丨 *(ts'iáng) kaó hoūa tsè*, il ressemble à un mendiant.

我好丨看見過，*Gò haò* 丨 *(ts'iáng) k'án kién kó*, il me semble l'avoir vu.

我丨記得，*Gò* 丨 *(ts'iáng) kí tĕ*, je crois m'en souvenir.

有一點丨，*Ieòu ĭ tièn* 丨 *(ts'iáng)*, cela ressemble un peu, il semble bien que ce soit cela.

你說的不丨話，*Gnì chŏ tĭ poŭ* 丨 *(ts'iáng) hoúa*, ce que tu dis est très inconvenant.

說得不丨，*Chŏ tĕ poŭ* 丨 *(ts'iáng)*, ce qu'il dit ne paraît pas vraisemblable.

你做的事不丨个樣子，*Gnì tsoú tĭ sé poŭ* 丨 *(ts'iáng) kó iáng tsè*, ce que tu fais là est vraiment inqualifiable.

SIĀO

消 *Siāo.* Détruire, dissiper, écouler.

丨腫，一腫一丨，丨 *tchòng; ĭ tchòng ĭ* 丨，dissiper une enflure; cela enfle et désenfle tour à tour.

開丨不清楚，*K'āi* 丨 *poŭ ts'īn ts'òu*, ne pouvoir se tirer d'embarras (voir *k'āi*).

請丨夜，*Ts'ìn* 丨 *ié*, inviter à souper (voir *ié*).

丨了幾尺水，丨 *lò kì tch'ĕ choùi*, l'eau a baissé de plusieurs pieds *(v. choùi)*.

丨散了，丨 *sán lò*, c'est dissipé (par ex. une maladie).

貨丨得，貨丨不得，*Hó* 丨 *tĕ; hó* 丨 *poŭ tĕ*, les marchandises s'écoulent, se vendent bien; elles ne s'écoulent pas.

有甚麼丨息，*Ieòu chén mô* 丨 *sĭ?* quelle nouvelle a-t-on?

打聽丨息，*Tà t'īn* 丨 *sĭ*, aller aux écoutes.

不丨不丨，*Poŭ* 丨 *poŭ* 丨，ce n'est pas nécessaire, ne vous en donnez pas la peine (paroles de politesse).

你不丨去，*Gnì poŭ* 丨 *k'ú*, inutile que tu ailles.

那个自然不丨說，*Lá kó tsé jân. poŭ* 丨 *chŏ*, cela va de soi, inutile d'en parler (voir *chŏ*).

丨(銷)賬，把賬註丨了，丨 *tcháng; pà tcháng tchóu* 丨 *lò*, payer ses dettes; il a effacé les dettes.

該你丨(銷)案，*Kāi gnì* 丨 *gán*, c'est à toi de mettre fin au procès (et de payer les frais): voir *gán*.

(銷)丨差，丨 *tch'āi*, rendre compte d'un ordre exécuté.

丨滅，丨化，丨 *miĕ*, 丨 *hoúa*. Voir *miĕ*, *hoúa*.

宵 *Siāo.* Nuit.

鬧元丨，*Láo iuên* 丨，s'amuser la nuit du 15 de la 1re lune (voir *iuên*).

請在寒舍宿一丨，*Ts'ìn tsái hân ché siŏu ĭ* 丨，je vous invite à loger une nuit dans mon humble demeure.

花丨酒，*Houā* 丨 *tsieòu*, repas du soir, la veille du départ de la fiancée pour la maison du futur.

硝 *Siāo.* Salpêtre, sel chimique.

火丨，熬丨，丨房，*Hò* 丨；*gâo* 丨；丨 *fâng*, salpêtre; lessiver la terre à salpêtre; salpêtrière.

丨磺，丨 *houâng*, salpêtre et soufre.

毛丨，*Mâo* 丨，sel purgatif.

丨皮子，皮丨，丨 *p'î tsè; p'î* 丨，tanner une peau; sel à tanner les peaux.

皮子走了丨，*P'î tsè tseòu lò* 丨，la peau a perdu sa souplesse, son tannin.

這个水丨重，*Tché kó choùi* 丨 *tchóng*, cette eau contient beaucoup de sels étrangers (elle n'est pas potable): voir *choùi*.

簫 *Siāo.* Instrument de musique; traverse qui relie plusieurs planches d'une cloison.

鑲板子打 (*v.* **加起**) | , *Siāng pàn tsè tà* (*v. kiā k'ì*) | , joindre des planches, et les fixer par une traverse.

一皮 | ; | **條脫了**, *ī p'î* | ; | *t'iâo t'ŏ lò*, une traverse; la traverse s'est détachée.

| **釘**, | *tīn*, petites chevilles ordinairement en bambou, pour relier deux planches.

安 | **楔兒捉耗子**, *Gān* | *sié· eûl (sieûl) tchŏ háo tsè*, poser des pièges à détente, pour prendre les rats.

SIÀO

小 *Siào.* Petit, mince.

不分大 | , *Poŭ fēn tá* | , ne pas faire de distinction entre les petits et les grands.

大人不見 | **人過**, *Tá jên poŭ kién* | *jên kó*, les hommes supérieurs pardonnent facilement aux petites gens.

| **的**, *v.* | **民**, | *tĭ*, *v.* | *mîn*, moi petit, du petit peuple (manière de parler des gens du peuple devant le mandarin).

他有兩大 | , *T'a ieòu leàng tá* | , il a 2 femmes (une légitime et une concubine).

接一个 | , *v.* | | , *v.* | **婆子**, *Tsiĕ· ī kó* | , *v.* | | , *v.* | *p'ô tsè*, prendre une concubine.

我 | **的時候**, *Gò* | *tĭ chê heóu*, quand j'étais petit.

你有幾个 | **的**, *Gnì ieòu kì kó* | *tĭ*, combien as-tu d'enfants? (un supérieur s'adressant à son inférieur.)

| **接**, *v.* | **抱閒房媳婦**, | *tsiĕ·*, *v.* | *páo hiên fâng sĭ fóu*, recevoir dans sa maison une petite fille comme future bru.

事不 | , *Sé poŭ* | , l'affaire est importante (voir *sé*).

| **了**, | **狠了**, | *lò*, | *hèn lò*, c'est trop petit, trop mince.

| **夥子**, | *hò tsè*, adolescent, jeune homme.

低頭服 | , *Tī t'eôu fóu* | , présenter humblement ses excuses.

| **心**, **你** | **心點**, | **心看栽**, | *sīn*; *gnì* | *sīn tièn*; | *sīn k'án tchoūai (tsāi)*, attentif, soigneux; sois plus attentif; prends garde de tomber.

要些 | **錢**, *Iáo sī* | *ts'iên*, il faut des sapeques pour les menues dépenses.

走 | **路**, *Tseòu* | *lóu*, passer par la petite route.

| **麥**, | *mĕ·*, | **米**, | *mì*, | **氣**, | *k'í*, **理** | **話子**, *lì* | *hoúa tsè*, **解** | **手**, *v.* | **便**, *kài* | *cheòu*, *v.* | *pién*, **放** | **跑**, *fáng* | *p'ào*, **他** | **我一歲**, *t'ā* | *gò ī soúi*, | **名**, | *mîn*, | **神子**, | *chên tsè*, | **胆**, | *tàn*, | **衣**, | *ī*, | **菜**, | *ts'ái*, | **生意**, | *sēn í*, | **肚子**, | *tóu tsè*, | **娃兒**, | *oûa eûl*, **送看** | **兒**, *sóng k'án* | *eûl*, | **兒科**, | *eûl k'ō*, | **聲點**, | *chēn tièn*. Voir *mĕ·*, *mì*, *k'í*, *etc.*, *etc.*

SIÁO

肖 *Siáo.* Ressembler.

| **像**, | *siáng*. Voir *siáng*.

不 | **子**, *Poŭ* | *tsè*, mon méchant fils (un pere parle ainsi de son fils par politesse).

鞘 *Siáo.* Fourreau en cuir.

刀 | **子**, *Tāo* | *tsè*, fourreau de coutelas.

拔劍出 | , *P'á kién tch'ŏu* | , tirer l'épée du fourreau.

弓上絃刀出 | , *Kōng cháng hiên*, *tāo tch'ŏu* | , les arcs sont bandés, et les sabres dégainés (on est prêt à commencer l'attaque).

銀 | **子**, **一个** | **子**, *în* | *tsè*; *ī kó* | *tsè*, petites caisses pour porter l'argent; une caisse (de ce genre).

把銀子上 | **子**, *Pà în tsè cháng* | *tsè*, mettre l'argent dans ces caisses.

笑 *Siáo.* Rire.

嘻嘻哈哈 | , *Hī hī hā hā* | , rire aux éclats.

吾人 | , *Teōu jên* | , provoquer le rire, faire rire de soi.

| 起來了, | k'ì lâi lò, il s'est mis à rire.

| 人家, | 人的事, | jên kiā; | jên tī sé, se moquer d'autrui; chose ridicule.

| 狗要落雨, | keòu iáo lŏ iù, on obtient la pluie en se moquant du chien.

| 㴝㴝, | 㴝了, | mī mī, | mī lò, souriant; il en rit aux larmes.

| 死人, 哼 |, | sè jên: hìn |, à mourir de rire; plaisanter.

肚皮都 | 痛了, Tóu p'î tōu | t'óng lò, j'en ai mal au ventre de rire.

不要見 |, Poŭ iáo kien |, veuillez ne pas rire (de mon travail, de mon cadeau): paroles de politesse.

他沒得 | 面 (v. 臉), T'ā mŏ tĕ· | mién (v. lièn), il n'a pas une figure riante.

打个失 |, 微微失 | v. 㬕 |, Tà kó chĕ | ; oûi oûi chĕ |, v. mìn |, sourire; sourire légèrement.

| 得古怪, | tĕ· kòu kouái, rire d'un air mystérieux.

取 | v. 受 |, Ts'ù | v. cheóu |, se faire moquer, être moqué.

我怕人 |, Gò p'á jên |, j'ai peur qu'on ne se moque de moi.

說 |, Chŏ |, 說 | 話, chŏ | houá, 欺 |, k'ī |. Voir chŏ, houá, k'ī, etc.

SIÉ·

斜 Sié·. Incliné, pas droit, de travers.

太陽 | 起了, T'ái iâng | k'ì lò, le soleil est au couchant.

| 起哂, | k'ì chái, le soleil arrive de côté, obliquement.

房子 | 了, Fâng tsè | lò, la maison est inclinée.

有一點 |, Ieòu ī tièn |, un peu incliné.

踋 | 踋 | 的, Mò | mò | tĭ, légèrement incliné, à pente douce.

| 起眼䀹看, | k'ì ièn tsīn k'án, regarder de travers.

布剪 | 了, Póu tsièn | lò, la toile n'a pas été coupée en droite ligne.

說 | 了, Chŏ | lò, ses paroles sont tombées à côté de la question.

邪 Sié·. Dépravé, mauvais.

| 念, v. | 淫的念頭, | nién, v. | în tĭ nién t'eôu, pensées déshonnêtes (voir în).

| 情, | 夢, | ts'în; | móng, affection, passion déshonnête; songe impur.

| 道, v. | 教, | táo, v. | kiáo, doctrine, religion perverse.

用 | 法 (v. | 術), Ióng | fă (v. | chŏu), user de sorcellerie.

狗血是撇 | 的, Keòu hiĕ· ché p'iĕ· | tĭ, le sang de chien neutralise les maléfices (superst.).

改 | 歸正, Kài | kouī tchén, renoncer au mal et revenir au bien.

SIÈ·

寫 Siè·. Écrire; louer.

| 本, 刻 |, | pèn, k'ĕ· |, livre écrit à la main, livre imprimé.

我 | 不來, v. | 不來字, v. 不會 |, Gò | poŭ lâi, v. | poŭ lâi tsé, v. poŭ hoúi |, je ne sais pas écrire.

| 得好, | 得正, | tĕ· hào, | tĕ· tchén, c'est bien écrit, en caractères bien formés.

| 得不好, 髒, | tĕ· poŭ hào, tsāng, c'est mal écrit, salement.

| 紙, | tchè, papier à écrire, écrire un papier.

脫手 |, 模起 |, T'ŏ cheòu |; môu k'ì |, écrire à main libre, c.-à.-d. sans transparent; écrire en calquant.

書 |, 帖 |, Chōu |; t'iĕ· |, secrétaire de prétoire; copiste.

| 房子, 地方, 田, 轎子, 船, | fâng tsè, tí fāng, t'iên, kiáo tsè, tch'ouan, louer une maison, une terre, des rizières, un palanquin, une barque.

| 出去, | 不出去, | tch'ŏu k'ú; | poŭ tch'ŏu k'ú, louer à autrui; ne pas trouver de locataire.

| 過來, | 不過來, | kó lâi, | poŭ kó lâi, affermer, ne pouvoir affermer.

要跟你 | 房子, Iáo kēn gnì | fâng tsè, je veux affermer ta maison.

我的房子 | 跟你, Gò tĭ fâng tsè | kēn gnì, je te loue ma maison.

| 牲知, | *sēn k'eòu*, louer un cheval, une bête de somme.
| 活路, | *hŏ lóu*, se charger d'un ouvrage à prix fait.

SIÉ·

謝 *Sié·*. Remercier, rétribuer.
道 | , *Táo* | , présenter ses remercîments.
多 | , 多 | , *Tō* | , *tō* | , merci, merci! (pour un don, même pour une tasse de thé.)
不多 | *v.* 何足言 | *v.* 豈敢勞 | , *Poŭ tō* | *v. hô tsiŏ iên* | *v. k'ì kàn lâo* | , il n'y a pas de quoi remercier. (Réponse à des remercîments; les deux dernières expressions sont d'un style plus relevé.)
再三致 | ; 深 | , *Tsái sān tché* | ; *chēn* | , réitérer ses remercîments; remercier vivement.
多 | 主人家, *Tō* | *tchòu jên kiā*, merci au maître de la maison (se dit en sortant de chez lui).
多 | 你, 多 | 他, *Tō* | *gnì*, *tō* | *t'ā*, merci à toi, à lui.
| 禮, | 中, | 媒, | *lì*; | *tchōng*, | *mêi*, cadeaux de remercîments; remercier (en payant) des entremetteurs, des médiateurs de mariage.
| 賀, | 罪, | *hó*; | *tsoúi*, remercier quelqu'un, qui est venu féliciter; demander pardon.
酬 | 客, *v.* 酬 | , *Tch'eôu* | *k'ĕ·*, *v. tch'eôu* | , remercier les gens par un festin.
| 恩, 感 | , | 步, | *guēn*, *kàn* | , | *póu*. Voir *guēn*, *kàn*, *póu*, *etc.*

卸 *Sié·*. Quitter, déposer.
| 白主日, | *pĕ· tchòu jĕ*, le dimanche de la déposition des habits blancs (dimanche de Quasimodo).
| 任, | 世, 花 | 了, | *jouén*, | *ché*, *houā* | *lò*. Voir *jouén*, *ché*, *houā*, *etc.*

瀉 *Sié·*. Couler.
肚皮 | , *Toú p'î* | , avoir la diarrhée.
止不倒 | , *Tchè poŭ taò* | , ne pouvoir arrêter la diarrhée.
止 | 的葯, *Tchè* | *tī iŏ*, remède contre la diarrhée.
| 葯, | *iŏ*, purgatif.

楔 *Sié·*. *v.* | 子, *v.* | *tsè*, coin pour fendre, cheville.
| 不進去, | *poŭ tsín k'ú*, ne pouvoir enfoncer le coin.
加起 | 子就穩, *Kiā k'ì* | *tsè tsieóu ouèn*, adapte une cheville ou un coin, et ce sera solide.
| 緊, | *kìn*, caler solidement.

SIĒN

先 *Siēn*. Avant, antérieur, premier.
| , *v.* 起 | , *v.* 從 | , *v.* | 前, | , *v. k'ì* | , *v. ts'ông* | , *v.* | *ts'iên*, auparavant, autrefois.
天主三位無 | 無後, *T'iēn Tchòu sān oúi oû* | *oû heóu*, les trois Personnes de la Ste Trinité sont sans distinction d'antériorité (elles sont coéternelles).
我在 | , 搶 | , *Gò tsái* | ; *ts'iàng* | , je suis le premier; se disputer le premier rang.
我 | 攏两天, *Gò* | *lòng leàng t'iēn*, je suis arrivé deux jours avant.
| 開後坐, | *k'āi heóu tsó*, payer d'avance son loyer.
| 講斷後不亂, | *kiàng touán*, *heóu poŭ louán*, faire ses conditions d'avance, pour n'avoir pas à se disputer ensuite.
| 不 | 該問一个明白, | *poŭ* | *kāi ouén ĭ kó mîn pĕ·*, avant tout, il fallait prendre des informations exactes.
| 人, | *jên*, les ancêtres (matière à malédiction pour les Chinois).
羞死你的 | 人, *Sieōu sè gnì tī* | *jên*, c'est à faire mourir de honte tes ancêtres!
| 父, | 母, | *foú*, | *moù*, feu mon père, feu ma mère.
| 知, | 鋒, | 生, | *tchē*, | *fōng*, | *sēn*, *etc.* Voir *tchē*, *fōng*, *sēn*.

鮮 *Siēn (v. suēn).* Frais, récent; brillant.

新丨魚, *Sīn* 丨 *iû*, poisson frais.

新丨, (*v.* 丨丨) 得好, *Sīn* 丨, (*v.* 丨丨) *tĕ· haò*, c'est tout frais, tout récent.

我人不新丨, *Gò jên poŭ sīn* 丨, je ne suis pas dispos.

丨色, 丨米, 丨 *sĕ·*; 丨 *mì*, couleur brillante; voir *mì*.

這个顏色丨得好, *Tché· kó iên sĕ·* 丨 *tĕ· haò*, cette couleur est d'un beau brillant.

丨紅, 丨血, 丨 *hông*, 丨 *hiĕ·*, d'un rouge brillant, sang d'un rouge vif.

仙 *Siēn. v.* 神丨, *v. chên* 丨, immortel, génie.

老神丨, *Laò chên* 丨, se dit qqfois par vénération à des vieillards.

修丨慕道, *Sieōu* 丨 *móu taó*, s'adonner à la retraite et à la vertu, pour devenir immortel (payen).

丨人掌, 丨桃, 丨 *jên tchàng*; 丨 *t'aô*, espèce de cactus; variété de pèche.

暹 *Siēn. v.* 丨羅國, 丨 *lô kouĕ·*, royaume de Siam.

SIÉN

線 *Sién.* Fil composé de plusieurs brins, ligne.

一根丨, *ĭ kēn* 丨, un fil.

絲丨, 棉丨, 麻丨, *Sē* 丨, *miên* 丨, *mâ* 丨, fil de soie, de coton, de chanvre.

單絲不能成丨, *Tān sē poŭ lên tch'ên* 丨, un simple brin de soie ne saurait faire un fil.

丨子, 丨 *tsè*, fil simple pour tisser.

棹丨子, *T'iào* 丨 *tsè*, échanger du coton filé contre une plus grande quantité de coton non filé.

衣丨, *ī* 丨, fil de soie solide, pour coudre les habits.

打, 搓, 挽丨, *Tà, ts'ō, ouàn* 丨, faire du fil, tordre le fil, l'enrouler.

牽, 漿丨子, *K'iēn, tsiāng* 丨 *tsè*, étendre, amidonner le fil pour tisser.

綻, 走了丨, *Tsán, tseòu lò* 丨, c'est décousu, le fil s'est défait; c'est dévié de la ligne tracée par le fil.

做針丨, *Tsoú tchēn* 丨, se livrer à des travaux d'aiguille.

紡丨, 花丨, 打辮丨, *Fàng* 丨, *hoūa* 丨, *tà pién* 丨. Voir *fàng, hoūa, pién.*

丨路, 丨 *loú*, ligne d'un fil sur les habits.

丨架子, 丨扒子, 丨 *kiá tsè*, 丨 *p'à tsè*, instrument à fi'er, dévidoir.

打(*v.* 扯)墨丨, *Tà (v. tch'è·) mĕ·* 丨, tirer une ligne au cordeau encré.

起丨丨, *K'ì* 丨丨, filer, s'allonger en fil, en ligne.

寧受一遍風不受一丨風, *Lîn cheóu ĭ p'ién fōng poŭ cheóu ĭ* 丨 *fōng*, mieux vaut recevoir le vent en plein, que par une petite fissure (que par un fil de vent).

鐓 *Sién.* Châtrer.

丨雞; 丨狗, 猫兒, 丨 *kī*; 丨 *keòu, māo eûl*, chapon ou châtrer un coq; châtrer un chien, un chat.

丨雞尾, 丨 *kī oùi*, espèce de pipe à eau, qui n'a pas de boîte à tabac.

SIEŌU

羞 *Sieōu.* Honte, pudeur.

全無丨恥, *Ts'uên oû* 丨 *tch'è*, absolument sans pudeur.

丨你, 丨死你, 丨 *gnì*, 丨 *sè gnì*, honte à toi! que la honte te fasse crever! (maléd.)

丨死人, 丨 *sè jên*, à faire mourir de honte.

Tchāo 了人來丨他, *Tchāo lò, jên lâi* 丨 *t'ā*, il a été pris, on se moque de lui.

受盡的丨辱, *Cheóu tsín tĭ* 丨 *joŭ*, être accablé de mépris et de honte.

害丨, *v.* 丨怕, *v.* 丨愧, *Hái* 丨, *v.* 丨 *p'á*, *v.* 丨 *k'oúi*, être honteux.

不曉得害丨, *Poŭ hiào tĕ· hái* 丨, il ne sait pas avoir honte, il n'a pas de pudeur.

饈 *Sieōu.* Mets.

珍丨美味, *Tchēn* 丨 *mèi oúi*, mets exquis.

修 *Sieōu.* Orner, ajuster; réparer, bâtir.

丨道院，我去丨道，丨 *taó ouán (v. iuén); gò k'ú* 丨 *taó*, monastère; je me fais religieux ermite.

會丨，隱丨，獨丨，*Hoúi* 丨 *; ìn* 丨 *; toŭ* 丨, religieux, moines; solitaires; ermites.

苦丨苦練，*K'où* 丨 *k'où lién*, se donner beaucoup de peine pour s'exercer à la vertu.

丨貞養性，丨 *tchēn iàng sín*, s'exercer dans la vertu, pour perfectionner sa nature (style relevé).

丨腦膢，順丨，倒起丨(*v.* 打倒刀子)，丨 *laò k'ŏ, chouén* 丨 *; táo k'ì* 丨 *(v. tà táo tāo tsè)*, repasser en rasant la tête dans le sens des cheveux; repasser à rebrousse-poil.

丨光生，丨 *kouāng sēn*, repasser, polir un objet.

丨田坎，丨 *t'iên k'àn*, ratisser le bord d'une rizière.

丨樹子，丨 *chóu tsè*, émonder un arbre.

新丨的房子，*Sīn* 丨 *tī fâng tsè*, maison neuve.

丨得好，丨不起，丨 *tĕ· haò ;* 丨 *poŭ k'ì*, c'est bien bati; ne pouvoir construire.

丨不開，丨 *poŭ k'āi*, manquer de place pour bâtir.

丨山，*v.* 丨坟，丨 *chān, v.* 丨 *fên*, construire un tombeau.

培丨房子，*P'êi* 丨 *fâng tsè*, faire de grandes réparations à une maison.

丨路，丨橋，丨陰功，丨 *loú*, 丨 *k'iâo*, 丨 *īn kōng*. Voir *loú, k'iâo, īn*.

丨邊邊，丨 *piēn piēn*, couper, arranger les bords; voler ce qui se trouve sur les bords d'un étalage.

SIEÔU

囚 *Sieôu.* Emprisonner.

丨犯，丨籠，丨 *fán;* 丨 *lông*, criminel emprisonné strictement; cage pour les criminels.

丨皮得狠，丨 *p'î tĕ· hèn*, se dit d'un individu qui se rend importun par sa présence trop prolongée.

SIEÓU

秀 *Sieóu.* Fleurir; beau, agréable.

丨氣，*v.* 丨雅，丨 *k'í, v.* 丨 *ià*, délicat, délicatement.

文，武丨才，*Ouên, où* 丨 *ts'âi*, bachelier ès lettres, es armes.

眉清目丨，*Mî ts'īn mŏu sieóu*, il a de beaux sourcils et des yeux distingués (style relevé).

銹 *Sieóu. v.* 鐵丨，*v. t'iĕ·* 丨, rouille de fer, rouillé.

丨完了，丨 *ouân lò*, c'est tout rongé par la rouille.

起丨，*v.* 生丨，*v.* 上丨，*K'ì* 丨，*v. sēn* 丨，*v. cháng* 丨, se rouiller, prendre de la rouille.

刀丨了，丨壞了，*Taō* 丨 *lò*, 丨 *houái lò*, le couteau est rouillé, il est gâté par la rouille.

袖 *Sieóu. v.* 丨子，*v.* 衣丨，*v.* 丨 *tsè, v. ī* 丨, manche d'habit.

穿丨子，*Tch'ouān* 丨 *tsè*, passer les bras dans les manches.

大丨子，*Tá* 丨 *tsè*, grandes manches: s'entend souvent des francs-maçons, des freluquets et autres, qui aiment à porter de larges manches.

手長衣丨短，*Cheòu tch'âng ī* 丨 *touàn*, avoir de longs bras et de courtes manches, c.-à-d. ne pouvoir tenir son rang.

統(*v.* 籠)在丨子裡頭，*Tòng(v. lông) tsái* 丨 *tsè ì (lì) t'eôu*, cacher dans ses manches.

繡 *Sieóu. v.* 丨花，*v.* 丨 *hoūa*, broder; fleurs brodées.

丨花雖好不聞香，丨 *hoūa sū haò, poŭ ouên hiāng*, les fleurs brodées ont beau être jolies, elles n'ont pas de parfum.

SĪN

辛 *Sīn.* Acide, amer; travail, fatigue; 8ème lettre du cycle.

丨苦，千丨萬苦，丨*k'où; ts'iēn* 丨*ouán k'où*, travaux, angoisses; mille peines et souffrances.

薪 *Sīn. v.* 柴丨, *v. Tch'âi* 丨, bois et herbes pour chauffage.

一年好多丨水，*ĭ niên haò tō* 丨 *choùi?* combien d'appointements par an?

新 *Sīn.* Nouveau, récent, neuf.

丨人，*v.* 丨婦，*v.* 丨姑孃，丨*jên, v.* 丨*fóu, v.* 丨 *kōu niâng*, nouvelle mariée.

丨神父，丨官，丨*chên fóu*, 丨 *kouān*, nouveau Père, nouveau mandarin.

丨教友，丨聖經，丨*kiáo ieòu;* 丨 *chén kīn*, néophyte; Nouveau Testament.

送丨米，*Sóng* 丨 *mì*, offrir du riz nouveau (à ceux dont on espère une gratification).

買丨貨，*Mài* 丨 *hó*, acheter (à bas prix) des denrées encore en herbe.

丨是香的陳是臭的，丨 *ché hiāng tĭ, tch'ên ché tch'eóu tĭ*, le neuf sent bon, le vieux pue: on aime le neuf et on dédaigne le vieux.

丨衣裳，丨鞋，丨 *ī châng*, 丨 *hâi, etc.* habits neufs, souliers neufs.

穿得丨綠綠的，*Tch'oūan tĕ* 丨 *lōu lōu tĭ*, habillé tout de neuf.

帶丨色，丨燦燦的，*Tái* 丨 *sĕ*, 丨 *tsàn tsàn tĭ*, paraître neuf: tout neuf, tout brillant.

重(*v.* 復)丨犯罪，*Tch'ông (v. fŏu)* 丨 *fán tsoúi*, retomber dans le péché.

丨年，丨 *niên*, 丨郎，丨 *lâng*, 嘗丨，*châng* 丨，丨鮮，丨 *siēn*, 丨亡，丨 *ouâng*, 丨生的，丨 *sēn tĭ*, 舊了換丨，*kieóu lò houán* 丨. Voir *niên, lâng, châng, etc.*

心 *Sīn.* Cœur, conscience, affection; centre.

耶穌聖丨，聖母聖丨，*Iê sōu chén* 丨, *Chén moù chén* 丨, le Sacré-Cœur de Jésus, le Saint-Cœur de Marie.

提一籠丨肺，*T'î ĭ lông* 丨 *féi*, porter à la main un poumon (de cochon, etc.)

有丨，無丨去做，*Ieòu* 丨，*oû* 丨 *k'ú tsóu*, avoir, n'avoir pas l'intention d'aller faire.

他的丨地褊窄，*T'ā tĭ* 丨 *tí pièn tsĕ*, il a le cœur étroit, sans générosité.

口是丨非，*K'eòu ché* 丨 *fēi*, parler d'une façon et penser d'une autre.

這吓我丨寬，*Tché há gò* 丨 *k'oūan*, maintenant je n'ai plus de soucis, j'ai le cœur à l'aise.

人不齊丨，*Jên poŭ ts'î* 丨, les gens ne sont pas d'accord.

同丨合意奉事天主，*T'ông* 丨 *hŏ í fóng sé T'iēn Tchòu*, servir Dieu avec entente et union.

丨不在讀書，丨 *poŭ tsái toŭ chōu*, il n'a pas le cœur à l'étude.

沒得丨，(*v.* 丨腸)讀書，*Mŏ tĕ* 丨, (*v.* 丨 *tch'âng) toŭ chōu*, n'avoir pas de goût pour l'étude.

發好丨(*v.* 丨腸)，*Fă hào* 丨 (*v.* 丨 *tch'âng)*, former une bonne intention.

無丨，無腸(*v.*情)的，*Oû* 丨 *oû tch'âng (v. ts'în) tĭ*, qui est sans affection.

我拿好丨腸待他，*Gò lâ hào* 丨 *tch'âng tái t'ā*, je le traitais avec beaucoup d'affection et de cœur.

我丨痛他，*Gò* 丨 *t'óng t'ā*, je prends grand intérêt à lui.

他的丨不正，*T'ā tĭ* 丨 *poŭ tchén*, son cœur n'est pas droit.

起惡丨惡意，*K'ì gŏ* 丨 *gŏ í*, former des desseins pervers.

丨肝五臟我跟你看透了，丨 *kān où tsáng gò kēn gnì k'án t'eóu lò*, (litt.) j'ai vu à fond ton cœur, ton foie et tous tes viscères: c.-à-d. je te connais à fond.

做虧丨事，*Tsóu k'oūi* 丨 *sé*, blesser sa conscience (voir *k'oūi*).

我有丨拿跟你，*Gò ieòu* 丨 *lâ kēn gnì*, j'ai dessein de te donner …

不要多｜(*v.*｜**多**), *Poŭ iáo tō*｜(*v.*｜*tō*), ne forme pas trop de projets, n'aie pas trop d'ambition.

你｜大了, *Gnì*｜*tá lò*, tu portes tes visées trop haut.

這件事要留｜, *Tché· kién sé iáo lieōu*｜, il faudra t'appliquer à cette affaire, je te recommande cette affaire.

｜**血不甘**,｜*hiĕ· poŭ kān*, ne pouvoir s'apaiser, rester mécontent (voir *kān*).

不要把這个事放在｜頭, *Poŭ iáo pà tché· kó sé fáng tsái*｜*t'eôu*, il ne faut pas prendre cette affaire à cœur.

五｜不作主, *Où*｜*poŭ tsŏ tchòu*, il a 5 projets, sans pouvoir s'arrêter à aucun.

害人之｜不可有防人之｜不可無, *Hái jên tchē*｜*poŭ k'ò ieòu, fáng jên tchē*｜*poŭ k'ò oû*, on ne doit jamais avoir l'intention de nuire au prochain, mais on ne doit pas négliger de prendre ses précautions.

我｜不滿意, *Gò*｜*poŭ màn í*, je n'ai pas le cœur satisfait.

｜**穩不住了要喫點東西**,｜*ouèn poŭ tchóu lò, iáo tch'ĕ tièn tōng sī*, je ne puis plus y tenir, il faut que je mange quelque chose.

空｜齋, *K'ōng*｜*tchāi*, jeûne naturel, complet (style religieux).

我｜裡(*v.*｜**頭**, *v.*｜**裡頭**)**想**, *Gò*｜*lì* (*v.*｜*t'eôu*, *v.*｜*ı* (*lì*) *t'eôu*) *siàng*, je pense en moi-même.

他｜頭明白, *T'ā*｜*t'eôu min pĕ·*, il a l'esprit libre, il a sa connaissance.

清｜寡慾, *Ts'īn*｜*kouà iŏ*, avoir le cœur tranquille, sans grande passion.

不要｜狠(*v.* **盡狠**)**了**, *Poŭ iáo*｜*hèn* (*v. tsín hèn*) *lò*, ne sois pas trop exigeant, cupide.

我｜亂得狠, *Gò*｜*louán tĕ· hèn*, je suis trop distrait, préoccupé.

他｜不服氣, *T'ā*｜*poŭ foŭ k'í*, il est révolté, il ne peut s'apaiser.

點｜舖, **喫點**｜, *v.* **點｜飯**, *Tièn*｜*p'óu; tch'ĕ tièn*｜, *v. tièn*｜*fán*, boutique de pâtissier; prendre une collation, la collation de carême.

他｜不定, *T'ā*｜*poŭ tín*, il n'a pas de dessein arrêté.

樹子｜｜, *Chóu tsè*｜｜, le cœur d'un arbre.

車子(*v.* **輥子**)｜｜, *Tch'ē· tsè* (*v. kouèn tsè*)｜｜, essieu d'une roue.

在地｜內, *Tsái tí*｜*loúi*, dans le centre de la terre.

這根樹子有八寸的過｜, *Tché· kēn chóu tsè ieòu pă ts'én tĭ kó*｜, cet arbre a 8 pouces de diamètre.

｜**口**,｜*k'eòu*,｜**窩子**,｜*ō tsè*, **良**｜, *leâng*｜, **放**｜, *fáng*｜, **小**｜, *siào*｜, **用**｜, *ióng*｜, **憚**｜, *tān*｜, **操**｜, *ts'āo*｜, **回**｜, *hoûi*｜, **費**｜, *féi*｜, **安**｜, *gān*｜,｜**厚**,｜*heóu*,｜**憔**,｜*tsiāo*, **散**｜, *sán*｜, **虛**｜, *hū*｜,｜**虛**,｜*hū*, **傷**｜, *chāng*｜, **丟**｜, *tieōu*｜, **一番好**｜, *ĭ fān haò*｜,｜**意**,｜*í*, **一**｜, *ĭ*｜, **收**｜, *cheōu*｜, **專**｜, *tchoūan*｜,｜**慌**,｜*houāng*,｜**不空**,｜*poŭ k'óng*,｜**頭儽**,｜*t'eóu loúi*, **恒**｜, *hên*｜. Voir *k'eòu*, *ō*, *leâng*, *etc.*

星 *Sīn.* Etoile, astre.

｜**宿**(*v.* **宿子**), **過天**｜,｜*sióu* (*v. siŏu tsè*); *kó t'iēn*｜, étoiles; planètes.

流｜, **刷把**｜, *Lieôu*｜; *choŭa pà*｜, étoiles filantes; comètes.

零｜, *Lîn*｜, en détail (même sens que *lîn soúi*; voir *lîn*).

煋 *Sīn. v.* **火**｜, *v. hò*｜, étincelle.

腥 *Sīn. v.*｜**臭**, *v.*｜*tch'éou*, mauvaise odeur, comme celle de poisson.

猫兒愛喫｜的, *Māo eûl gái tch'ĕ*｜*tĭ*, le chat aime à manger ce qui a cette odeur.

SÌN

醒 *Sìn.* Sortir de l'ivresse, se réveiller.

酒｜了, *Tsieòu*｜*lò*, l'ivresse lui a passé.

｜**鐘一响就起來**,｜*tchōng ĭ hiàng tsieóu k'ì lâi*, se lever au premier coup du réveille-matin.

睡死了不曉得丨, *Choúi sè lò poǔ hiào tě* 丨, il est endormi comme un mort, et ne sait se réveiller.

奓丨, *Tch'á* 丨, être réveillé au milieu du sommeil par une cause quelconque.

你們驚丨點今晚怕有賊, *Gnì mên kīn* 丨 *tièn, kīn ouàn p'á ieòu tsoúi (tsě)*, attention! cette nuit, il y a à craindre les voleurs (voir *kīn*).

嚇丨, 丨炮, *Hě* 丨; 丨 *p'áo*, se réveiller en sursaut, épouvanté; voir *p'áo*.

提丨(*v.* 惺)罪人, 病人, *T'î* 丨 *tsoúi jên, pín jên*, exhorter un pécheur, un malade.

不丨事, 人事不丨(*v.* 惺), *Poǔ* 丨 *sé, jên sé poǔ* 丨, être stupide, avoir perdu connaissance.

我丨(*v.* 惺)不倒他的話, *Gò* 丨 *poǔ taò t'ā tī hoúa*, je ne comprends pas ses paroles, son langage.

丨悟, 丨 *oú*, revenir d'une erreur, arriver à comprendre.

若要斷酒法丨眼看醉人, *Jǒ iáo touán tsieòu fǎ*, 丨 *ièn k'án tsoúi jên*, voulez-vous un moyen de vous corriger de l'abus du vin, regardez à jeun un homme ivre.

蛋丨了, 石灰丨了, *Tán* 丨 *lò; chě hoūi* 丨 *lò*, l'œuf est gâté; la chaux ne tient plus, elle est éventée.

SÍN

信 *Sín.* Sincère, fidèle, croire; lettre, nouvelle.

忠丨, *Tchōng* 丨, fidele.

親丨的人, *Ts'īn* 丨 *tī jên*, homme en qui l'on a toute confiance.

丨德, 反丨德的話, 丨 *tě; fàn* 丨 *tě tī hoúa*, vertu de foi; paroles contre la foi.

丨識天主, 宗徒丨經, 丨 *chě T'iēn Tchòu; tsōng t'ôu* 丨 *kīn*, croire en Dieu; le Symbole des Apôtres.

他的丨根不穩, *T'ā tī* 丨 *kēn poǔ ouèn*, sa foi n'est pas solide.

丨以爲眞, 丨 *ì oûi tchēn*, croire que c'est vrai.

丨不來, 我丨不過, 丨 *poǔ lâi; gò* 丨 *poǔ kó*, ne pouvoir croire; je ne puis croire entièrement.

我肯丨估不住他, *Gò k'èn* 丨 *kòu poǔ tchóu t'ā*, je ne puis pas croire qu'on ne puisse le forcer.

你丨我的話不要丨他的, *Gnì* 丨 *gò tī houá poǔ iáo* 丨 *t'ā tī*, crois-moi plutôt que lui.

丨服人家, 丨 *fǒu jên kiā*, croire autrui, avoir confiance en autrui.

不多(*v.* 不深)丨, *Poǔ tō (v. poǔ chēn)* 丨, ne croire guère.

他肯丨藥, *T'ā k'èn* 丨 *iǒ*, il a beaucoup de confiance dans les remèdes.

丨手寫, 丨 *cheòu siè*, écrire au courant de la plume.

寫一封丨(*v.* 書丨), *Siè ī fōng* 丨 (*v. chōu* 丨), écrire une lettre (voir *chōu*).

丨行, *v.* 大帮丨, 丨 *hâng, v. tá pāng* 丨, compagnie postale chinoise.

交, 帶, 接丨, *Kiāo, tái, tsiě* 丨, livrer une lettre; porter une lettre, une nouvelle; la recevoir.

音丨稀疎, *Īn* 丨 *hī sōu*, il y a rarement des lettres, des nouvelles.

全無丨息, *v.* 音丨眇無, *Ts'uên oû* 丨 *sǐ, v. īn* 丨 *miào oû*, absolument sans nouvelle.

去聽丨, *K'ú t'īn* 丨, aller aux nouvelles.

你帮我丨實倒, *Gnì pāng gò* 丨 *chě tào*, dis un mot pour m'accréditer; réponds pour moi.

放丨, *Fáng* 丨, 跑丨, *p'ào* 丨, 口丨, *k'eòu* 丨, 回丨, *hoûi* 丨, 問丨, *ouén* 丨, 半丨半疑, *pán* 丨 *pán gnî*, 丨異端, 丨 *í touān*, 發丨德, *fǎ* 丨 *tě*, 丨輩, 丨 *péi*, 禮丨, *lì* 丨. Voir *fáng, p'ào, etc.*

性 *Sín.* Nature, caractère.

人丨, 天主丨, *Jên* 丨, *T'iēn Tchòu* 丨, nature humaine, nature divine.

本丨難改, *Pèn* 丨 *lân kài*, on corrige difficilement son naturel (voir *pèn*).

各人的本｜(v. ｜子, v. ｜格)不同, *Kŏ jên tĭ pèn* ｜ (*v.* ｜ *tsè, v.* ｜ *kĕ·*) *poŭ t'ông*, les caractères des hommes ne se ressemblent pas.

不曉得他的｜格, *Poŭ hiào tĕ· t'ā tĭ* ｜ *kĕ·*, je ne connais pas son caractère.

江山易改本｜難移, *Kiāng chān í kài, pèn* ｜ *lân î*, un empire (les fleuves et les montagnes) est facile à modifier, mais le naturel se corrige difficilement.

這个木頭硬｜, *Tchĕ· kó mŏu t'eôu guén* ｜, ce bois est très dur.

這个人｜長, *Tchĕ· kó jên* ｜ *tch'âng*, cet homme a de la longanimité.

｜慈,剛,燥,急,謙,傲,直, ｜ *ts'ê, kāng, ts'áo, kĭ, k'iēn, gaó, tchĕ*, caractère indulgent, raide, vif, emporté, prompt, humble, orgueilleux, droit.

｜子歪,皮,髭皮, ｜ *tsè ouāi, p'î, p'ā p'î*, caractere fourbe, lent, faible.

老馬不死舊｜在, *Laò mà poŭ sè, kieóu* ｜ *tsái*, un vieux cheval ne veut pas mourir, un naturel invétéré ne se change pas.

這匹牲口有點｜格, *Tchĕ· p'ĭ (p'ī) sēn k'eòu ieòu tièn* ｜ *kĕ·*, cet animal a ses défauts, ses caprices.

葯走了｜, v. 約｜走了, v. 約變了｜, *lŏ tseòu lò* ｜, *v. iŏ* ｜ *tseòu lò, v. iŏ pién lò* ｜, le remède s'est éventé, a changé de nature (voir *iŏ*).

記｜,｜命, *Kí* ｜, ｜ *mín*. Voir *kí, mín*.

姓 *Sín*. Nom générique ou patronymique.

百｜, *Pĕ·* ｜, les cent noms ou familles: le peuple.

平民百｜, 好百｜, *P'în mîn pĕ·* ｜; *haò pĕ·* ｜, le simple peuple; bon peuple.

百家｜, *Pĕ· kia* ｜, les Noms des Cent Familles (de fait il y en a plusieurs centaines), titre du livre qui contient ces noms.

両｜人, *Leàng* ｜ *jên*, gens de 2 familles à noms patronymiques différents.

報,問｜名, *Páo, ouén* ｜ *mîn*, décliner ses noms et prénoms, les demander.

貴｜, v. 高｜, v. 尊｜, ...賤｜張, *Koúi* ｜, *v. kaō* ｜, *v. tsēn* ｜, *Tsién* ｜ *Tchāng*, votre noble nom? Mon humble nom est *Tchāng* (politesse).

你｜啥子 (v. 甚麼), *Gnì* ｜ *chá tsè* (*v. chén mô*), comment t'appelles-tu? (peu poli.)

同｜不同宗, *T'ông* ｜ *poŭ t'ông tsōng*, avoir le même nom patronymique, sans descendre de la même souche.

出｜, v. 改｜, v. 移｜, *Tch'ŏu* ｜, *v. kài* ｜, *v. î* ｜, se remarier (en parlant d'une veuve): voir *kài*.

改｜還宗, *Kài* ｜ *houân tsōng*, reprendre son nom primitif (ce que font souvent les descendants de ceux qui ont été adoptés dans une famille étrangère).

改名換｜, *Kài mîn houán* ｜, changer de nom et de prénom (pour dérouter la justice).

這一團都是一｜人, *Tchĕ· ĭ t'ouân toū ché ĭ* ｜ *jên*, tous les gens de ce canton portent le même nom patronymique.

SIŎ

Se prononce suivant les pays: *siŏu, sŏ, soŭ, suĕ·*; voir ces mots.

SIŎU

宿 *Siŏu*. Etoile; demeurer, habiter.

星｜, 借｜, *Sīn* ｜; *tsié·* ｜, étoile (voir *sīn*); demander à être hébergé une nuit.

投｜, *T'eôu* ｜, chercher un logement pour la nuit.

同｜, *T'ông* ｜, cohabitation conjugale.

粟 *Siŏu. v.* ｜米, *v.* ｜子, *v.* ｜ *mì, v.* ｜ *tsè*, millet (appelé aussi 小米, *siào mì*).

罌｜, *īn* ｜, pavot à opium.

續 *Siŏu*. Lier ensemble, continuer.

｜絃, ｜ *hiên*, (litt.) rattacher la corde: se remarier après la mort de sa femme (style relevé).

陸｜賣, *Loŭ* ｜ *mái*, vendre au fur et à mesure.

陸陸｜｜, *Loŭ loŭ*｜｜, peu à peu, sans interruption.

速 *Siŏu.* Vite.

這封信疾｜(*v.* 火｜, *v.*｜｜)帶去, *Tché fōng sín tsĭ*｜(*v. hò*｜, *v.*｜｜) *tái k'ú*, porte vite cette lettre.

俗 *Siŏu.* Coutume, vulgaire, grossier.

風｜不好, *Fōng*｜*poŭ haò*, les mœurs ne sont pas bonnes (voir *fōng*).

敗｜; 風｜敗得狠, *Pái*｜; *fōng*｜*pái tĕ hèn*, mauvaises mœurs, mauvaises coutumes; les mœurs se gâtent fort.

傷風敗｜, *Chāng fōng pái*｜, (actions) qui blessent les mœurs.

我們這裡沒得那个風｜, *Gò mên tché lì mŏ tĕ lá kó fōng*｜, ici nous n'avons pas cette coutume, ce n'est pas l'usage ici.

愛世｜, 圖世｜, *Gái ché*｜, *t'ôu ché*｜, aimer le monde, rechercher les biens de ce monde (voir *ché*).

｜語, *v.*｜話, ｜*iù*, *v.*｜*houá*, proverbes.

還｜, *Houân*｜, rendre à la vie séculière (par ex. un bonze).

SŌ

蓑 *Sō. v.*｜衣, *v.*｜*ī*, espèce de manteau fait avec des herbes ou des feuilles d'arbre, généralement avec de la bourre du *tsōng chóu.* (Il sert à la campagne pour se garantir de la pluie.)

披｜衣, *P'ēi*｜*ī*, se couvrir les épaules de ce manteau.

桫 *Sō.*｜欏樹, ｜*lô chóu*, espece de palmier (œsculus sinensis): appelé aussi *t'iĕ tsōng*, ou bien *t'iĕ tchē*.

娑 *Sō.* Danser, importuner, faire le parasite.

婆｜人, *P'ô*｜*jên*, importuner les gens, faire le parasite.

婆｜你, *P'ô*｜*gnì*, je t'ai été à charge (en mangeant chez toi): paroles de remercîment.

傞 *Sō.* Glisser, ramper.

｜進去, ｜出來, ｜*tsín k'ú*, ｜*tch'ŏu lâi*, se glisser dedans, dehors.

｜下來, ｜*hiá lâi*, descendre en glissant.

｜起走, ｜*k'ì tseòu*, aller en rampant, ramper.

老｜, *v.*｜針子, *Laò*｜, *v.*｜*tchēn tsè*, nom populaire du serpent.

蛇｜出來了, *Chê*｜*tch'ŏu lâi lò*, le serpent est sorti.

坭巴｜了, *Gnî pā*｜*lò*, le terrain s'est affaissé.

｜下河, ｜*hiá hô*, glisser dans la rivière.

梭 *Sō.* Navette de tisserand.

丟｜子, *Tieōu*｜*tsè*, manœuvrer la navette.

唆 *Sō.* Exciter.

刁｜, *Tiāo*｜, semer la discorde, exciter au mal.

讒言刁｜, *Ts'ân iên tiāo*｜, exciter quelqu'un, au moyen de paroles de discorde.

｜慫別人, ｜*sòng piĕ jên*, (style relevé) pousser d'autres individus en avant, pour faire un mauvais coup.

囉｜人, *Lō* (*v. lô*)｜*jên*, importuner les gens.

SÒ

睃 *Sò. v.* 陰倒｜, *v. īn taò*｜, regarder ou inspecter furtivement.

不要｜人家, *Poŭ iaó*｜*jên kiā*, il ne faut pas observer furtivement les gens.

你去｜吓, *Gnì k'ú*｜*há*, va voir un peu (plus ou moins secrètement).

｜頭狗, ｜*t'eôu keòu.* Voir *keòu.*

SÒ

所 *Sò.* Lieu, endroit; pronom relatif.

一个極美的丨在, *ĭ kó kĭ mèi tĭ* 丨 *tsái*, un tres bel endroit.

安丨, *Gān* 丨, (style chrét.) lieu de repos (voir *gān*).

天主無丨不在,無丨不知, *T'iēn Tchòu oû* 丨 *poŭ tsái, oû* 丨 *poŭ tchē*, Dieu est partout et sait tout.

無丨不爲, *Oû* 丨 *poŭ oûi*, il n'y a rien qu'il ne fasse, il est capable de tous les forfaits.

你丨說的話丨做的事, *Gnì* 丨 *chŏ tĭ hoúa*, 丨 *tsoú tĭ sé*, les paroles que tu as dites, les actions que tu as faites.

丨當做的事, 丨 *tāng tsoú tĭ sé*, ce que l'on doit faire.

丨生的兒女, 丨 *sēn tĭ eûl niù*, les enfants qu'elle a mis au monde.

不知其丨以然, *Poŭ tchē k'î* 丨 *ì jân*, ignorer la raison, la cause.

公丨, 一丨攻, 丨以, 故丨以, *Kōng* 丨, *ĭ* 丨 *fēn*, 丨 *ì, koú* 丨 *ì*. Voir *kōng, fēn, ì, koú*.

鎖 *Sò.* Serrure, cadenas, cadenasser.

一把丨, 銅丨, 鐵丨, *ĭ pà* 丨; *t'ông* 丨, *t'iĕ* 丨, un cadenas; cadenas en cuivre, en fer.

暗丨; 廣丨; 洋丨, *Gán* 丨; *kouàng* 丨; *iâng* 丨, cadenas à secret, serrure non apparente; cadenas cantonnais; européen.

丨打不開, 丨 *tà poŭ k'āi*, ne pouvoir ouvrir le cadenas.

拿倒鑰匙開丨, *Lâ taò iŏ ché k'āi* 丨, ouvrir le cadenas avec la clef.

把丨撬開, *Pà* 丨 *tsiaòu k'āi*, ouvrir un cadenas sans clef, en le forçant.

落丨, 丨倒箱子,門,房圈, *Lŏ* 丨; 丨 *taò siāng tsè, mên, fâng k'uēn*, fermer le cadenas; fermer au cadenas une malle, une porte, une chambre.

只丨得倒君子丨不倒小人, *Tchè (tchĕ)* 丨 *tĕ taò kūin tsè*, 丨 *poŭ taò siaò jên*, il n'y a de serrures que pour les honnêtes gens, elles ne sauraient protéger contre les gens sans conscience.

丨在櫃子裡頭, 丨 *tsái koúi tsè ì (lì) t'eôu*, fermé au cadenas dans une armoire.

丨倒一个人, 丨 *taò ĭ kó jên*, enchaîner quelqu'un d'une chaîne cadenassée.

一把丨配(v. 鬥)一把鑰匙, *ĭ pà* 丨 *p'éi (v. teóu) ĭ pà iŏ ché*, ajuster une clef à un cadenas.

SŎ

率 *Sŏ.* Précéder, conduire (style relevé).

這一家人沒得統丨, *Ché ĭ kiā jên mŏ tĕ t'òng* 丨, cette famille est sans gouvernement.

統丨念經, *T'òng* 丨 *nién kīn*, réunir les membres d'une famille, pour prier ensemble.

草丨了事, *Ts'ào* 丨 *leào sé*, finir une affaire d'une manière quelconque, vaille que vaille.

索 *Sŏ.* Corde, ficelle; demander.

丨子, v. 丨丨; 一根丨子, 丨 *tsè, v.* 丨丨; *ĭ kēn* 丨 *tsè*, corde, ficelle; une corde.

麻,棕,草,篾丨, *Mâ, tsōng, ts'ào, miĕ* 丨, corde de chanvre, de filasse de palmier, de paille, de bambou.

草脚丨, *Ts'ào kiŏ* 丨, cordes de paille pour passer sous la semelle des souliers, et empêcher de glisser.

搓草脚丨, *Ts'ō ts'ào kiŏ* 丨, faire de ces cordes.

拏丨丨套倒(v. 拴倒), *Lâ* 丨 丨 *t'áo tào (v. choūan tào)*, lier avec une corde.

拉船有幾根丨, *Lā tch'oûan ieòu kì kēn* 丨, combien la barque a-t-elle de tireurs?

添兩根丨, *T'iēn leàng kēn* 丨, ajouter deux tireurs de corde.

丨子多粗,細根狠了, 丨 *tsè tō ts'ōu, sí kēn hèn lò*, la corde est tres grosse, trop mince.

扯(v.牽)丨子, *Tch'è (v. k'iēn)* 丨 *tsè*, tirer, tendre une corde.

打丨子, *Tà* 丨 *tsè*, fabriquer des cordes.

｜｜斷了，｜｜ *toúan lò*, la corde s'est rompue.

要用三股｜子，*Iáo ióng sān kòu* ｜ *tsè*, il faut employer une triple corde.

｜詐(*v.* 擱｜)銀錢，｜ *tchá (v. k'ŏ* ｜*) în ts'iēn*, exiger injustement des sapèques (voir *k'ŏ*).

｜討債賬，｜ *t'ào tchái tcháng*, réclamer des dettes.

縮 *Sŏ*. Se rétrécir, se retirer.

皮子晒｜了，*P'î tsè chái* ｜ *lò*, le cuir s'est rétréci sous l'action du soleil.

新布洗過要｜，*Sīn póu sì kó iáo* ｜, la toile neuve se rétrécit au premier lavage.

鞋子｜了，*Hâi tsè* ｜ *lò*, les souliers se sont rétrécis.

板壁晒乾了要｜縫，*Pàn pĭ chái kān lò, iáo* ｜ *fóng*, quand une cloison a été chauffée par le soleil, les planches se rétrécissent, et laissent apparaître des fentes.

人都｜了，*Jên tōu* ｜ *lò*, il s'est rabougri.

｜頭，｜ *t'eôu*, retirer sa tête: se garer d'une affaire.

臨難退｜了，*Lîn lán t'óui* ｜ *lò*, il s'est retiré en arrière, au moment du danger.

SŌNG

松 *Sōng*. Espèce de pin.

｜樹，｜ *(v. ts'ông) chóu*, pin.

｜木板子，｜子，*v.* ｜子子，｜ *moŭ pàn tsè;* ｜ *tsè, v.* ｜ *tsè tsè*, planches, graines de pin.

｜香，｜油，｜ *hiāng*, ｜ *ieôu*, résine de pin sèche, résine fraîche.

鬆 *Sōng*. Lâcher, relâcher, peu serré.

鞋子｜狠了，*Hâi tsè* ｜ *hèn lò*, les souliers sont trop grands (voir *hâi*).

病不｜，*Pín poŭ* ｜, la maladie ne diminue pas (voir *pín*).

活路｜，*Hŏ lóu* ｜, l'ouvrage est peu fatigant, peu pressant.

你這个活路嘮嘮｜｜，*Gnì tché kó hŏ lóu lāo lāo* ｜｜, ce travail est très facile pour toi, peu accablant.

｜两天看，｜ *leàng t'iēn k'án*, attendons deux jours, nous verrons.

｜容一步，｜ *iông ĭ póu*, ne nous pressons pas, attendons un peu.

等我｜一口氣，*Tèn gò* ｜ *ĭ k'eòu k'í*, laisse-moi respirer un peu.

他今年子都｜活，*T'ā kīn niên tsè tōu* ｜ *hŏ*, cette année, il s'en tire bien, il est à l'aise.

落在他手頭沒得(*v.* 不得)｜活，*Lŏ tsái t'ā cheòu t'eôu mŏ tĕ (v. poŭ tĕ)* ｜ *hŏ*, sous lui, il n'aura pas de répit, pas de bon temps.

我不｜活你，*Gò poŭ* ｜ *hŏ gnì*, je ne te ferai grâce de rien.

你把他放｜狠了，*Gnì pà t'ā fáng* ｜ *hèn lò*, tu as été trop modéré, trop indulgent envers lui.

索子不要放｜，*Sŏ tsè poŭ iáo fáng* ｜, il ne faut pas trop lâcher la corde, donner trop de liberté.

｜一吓手，｜ *ĭ há cheòu*, lâcher, quitter un objet, un travail, pour un peu de temps (voir *cheòu*).

你｜吓書，*Gnì* ｜ *há chōu*, laisse un peu les livres, l'étude.

規矩｜了，*Koūi kù* ｜ *lò*, la discipline est relâchée, moins sévère.

口緊肚皮｜，*K'eòu kìn tóu p'î* ｜, parler raide pour la forme, sans y attacher d'importance au fond.

說得緊，｜，*Chŏ tĕ kìn*, ｜, parler, commander raide, moins rudement.

編得｜，*Piēn tĕ* ｜, c'est tressé, tissé peu serré.

牙齒｜了，*Iâ tch'è* ｜ *lò*, les dents ne tiennent plus fort, elles sont branlantes.

刀𢬿𢬿是｜的，*Tāo pá pá ché* ｜ *tì*, le manche du couteau est branlant.

案｜了，*Gán* ｜ *lò*, 搖｜了，*iâo* ｜ *lò*. Voir *gán, iâo*.

SÒNG

搓 *Sòng*. Pousser.

不要｜得那一樣兒, *Poŭ iáo* ｜ *tĕ· lá ĭ iáng hiōng*, ne pousse pas si fort (dit souvent le porteur de chaise de devant à celui de derrière).

SÓNG

宋 *Sóng*. Nom d'une dynastie qui a régné de 420 à 479 ap. J.-C.

｜**朝**, *tch'áo*, la dynastie de *Sóng*.

大呂｜, 小呂｜, *Tá lù* ｜, *Siào lù* ｜, l'Espagne, les Philippines.

送 *Sóng*. Offrir (un inférieur à un supérieur); accompagner.

｜**禮**, ｜**節**, ｜ *lì*, ｜ *tsiĕ·*, offrir un présent, l'offrir à l'occasion d'une époque solennelle de l'année.

沒得｜神父的, *Mŏ tĕ·* ｜ *chén fóu tĭ*, je n'ai rien à offrir au Père.

｜**跟你**, ｜**來的**, ｜ *kēn gnì*; ｜ *lâi tĭ*, je t'en fais cadeau; offert en cadeau.

｜**聖體**, ｜ *chén t'ì*, donner, porter la Communion.

｜**看小兒**, ｜ *k'án siào eûl*, traiter gratis les maladies des petits enfants (enseigne des baptiseurs).

我｜你一棒棒, *Gò* ｜ *gnì ĭ páng páng*, je vais te donner un coup de bâton.

｜**他回去**, ｜ *t'ā hoûi k'ú*, reconduis-le chez lui.

有接有｜, *Ieòu tsiĕ· ieòu* ｜, il faudra aller le recevoir et le reconduire.

｜**讀書**, ｜ *tŏu chōu*, présenter un enfant à l'école.

我｜不起讀書, *Gò* ｜ *poŭ k'ì tŏu chōu*, je n'ai pas le moyen d'envoyer (mon enfant) à l'école.

不要｜, 不消｜, *Poŭ iáo* ｜, *poŭ siāo* ｜, n'accompagnez plus, ce n'est pas la peine (polit.).

請留步...容｜, *Ts'ìn lieôu póu*. R. *Iông* ｜, veuillez ne pas vous déranger. Rép. Permettez-moi de vous reconduire (polit. style relevé).

不勞遠｜...再容少｜, *Poŭ lâo iuèn* ｜. R. *Tsái iông chaò* ｜, ne vous donnez pas la peine de me reconduire si loin. R. Permettez de vous accompagner encore quelques pas (polit. style relevé).

｜**官**, ｜ *kouān*, livrer quelqu'un au mandarin.

｜**花盤**, ｜ *hoūa p'ân*, superstition payenne pour apaiser le diable.

｜**案**, ｜ *gán*, ｜**喪**, ｜ *sāng*, ｜**客**, ｜ *k'ĕ·*, ｜**鬼**, ｜ *koùi*, **解｜犯人**, *kài (kiài)* ｜ *fán jên*. Voir *gán*, *sāng*, *etc.*

誦 *Sóng*. Réciter, lire à haute voix.

｜**經**, ｜**詩**, ｜ *kīn*, ｜ *chē*, réciter des prieres, déclamer des vers.

｜**一遍在天**, ｜ *ĭ pién Tsái T'iēn*, réciter une fois le Pater.

明聲朗｜的讀書, *Mîn chēn làng* ｜ *tĭ tŏu chōu*, étudier en prononçant à voix haute et nette.

訟 *Sóng*. Contester, plaider, accuser.

興詞起｜, *Hīn ts'ê k'ì* ｜, en venir aux procès.

詞｜, ｜詞, *Ts'ê* ｜; ｜ *ts'ê*, plaider; acte d'accusation.

自｜自呈, *Tsé* ｜ *tsé tch'ên* s'accuser soi-même en reconnaissant ses torts.

｜**棍**, ｜ *kouén*, souteneur de proces; voir *kouén*.

頌 *Sóng*. Louer.

讚｜, *Tsán* ｜, Laudes (style chrét.).

SŌU

疎 *Sōu*. Rare, étranger.

來得稀｜, *Lâi tĕ· hī* ｜, il vient rarement.

両个人｜了, v. 生｜了, v. 稀｜了, *Leàng kó jên* ｜ *lò*, *v. sēn* ｜ *lò*, *v. hī* ｜ *lò*, les deux hommes (dans leur amitié) se sont refroidis.

攪生｜了, *Kào sēn* ｜ *lò*, ils sont devenus étrangers l'un à l'autre.

親｜, Ts'īn ｜, les parents et les étrangers.

辦這件事不可｜虞, Pán tché· kién sé poŭ k'ò ｜ iû, dans la poursuite de cette affaire il ne faut pas de négligence.

梳 Sōu. v. ｜子, v. ｜ tsè, démêloir.

鬍｜, Foû ｜, petit peigne à barbe.

｜腦膣, ｜ lào k'ŏ, démêler, arranger la chevelure (se dit surtout des femmes).

｜頭, ｜ t'eôu, arranger à une fille sa chevelure à la manière des femmes (ce qui se fait le jour du mariage).

頭髮結了餅｜不伸, T'eôu fă kiĕ· lò pìn ｜ poŭ tch'ēn, les cheveux sont collés ensemble, impossible de les démêler.

｜辮子, ｜ pién tsè, démêler la tresse chinoise (voir pién).

穌 Sōu. (Voir 耶 Iê·) Jésus.

蘇 Sōu. Espèce de thym, bois de campêche, etc.

｜木, ｜木水, ｜ mŏu, ｜ mŏu choùi, bois de campêche, teinture de bois de campêche.

｜州, ｜ tcheōu, ville célèbre du Kiāng sōu. Les marchandises qui en viennent en prennent le nom, comme:

｜緞, ｜ touán, satin de Sōu tcheōu (plus estimé).

｜節半, ｜ tsiĕ· pán, nom d'une société financière à intérêts modérés.

酥 Sōu. v. ｜油, v. ｜ ieôu, beurre.

｜油餅, ｜ ieôu pìn, pain de beurre.

｜餅, ｜ pìn, petit pâté très friable, qui est censé au beurre.

甦 Sōu. v. 復｜, v. fŏu ｜, ressusciter (enseigne de beaucoup de médecins).

惛死半天纔｜醒轉來, Houēn sè pán t'iēn ts'âi ｜ sìn tchouàn lâi, il est resté évanoui une demi-journée (très longtemps), avant de reprendre connaissance.

SÒU

數 Sòu. Compter, dénombrer.

要過｜, Iaó kó ｜, il faut compter.

｜他一百錢, ｜ t'ā ĭ pĕ· ts'iēn, comptelui 100 sapèques.

｜不起, ｜不清, ｜ poŭ k'ì; ｜ poŭ ts'īn, je ne puis ou ne sais pas compter; ne pouvoir compter exactement, ne pouvoir venir à bout d'un compte.

一个一个家｜, ĭ kó ĭ kó kiā ｜, compter un à un.

SÓU

數 Sóu. v. ｜目, v. ｜ moŭ, nombre; chiffre, compte, inventaire.

好多个｜, Haò tō kó ｜, combien y en a-t-il?

錢有少｜, v. 不彀｜, Ts'iên ieòu chaò ｜, v. poŭ keóu ｜, le nombre de sapèques n'est pas complet, il en manque.

補少｜, Poù chaò ｜, suppléer les sapèques qui manquent au nombre complet (voir poù).

無｜回, 無｜的人, Oû ｜ hoûi, oû ｜ tĭ jên, nombre infini de fois, d'hommes (v. hoûi).

這个人不識｜, Tché· kó jên poŭ chĕ ｜, c'est un idiot, il ne sait pas même compter.

不記其｜, Poŭ kí k'î ｜, ne pas se rappeler le nombre, ou n'y pas faire attention.

投不起｜, T'eôu poŭ k'ì ｜, ne pouvoir réunir exactement les différentes parties d'une somme, ne pouvoir trouver le compte voulu.

｜千人, ｜日前, ｜ ts'iēn jên, ｜ jĕ ts'iên, quelques milliers d'hommes, quelques jours auparavant.

裝百｜, Tchouāng pĕ· ｜, parfaire le nombre de 100; réunir par centaines, rendre les centaines complètes.

總｜, v. 共｜, Tsòng ｜, v. kóng ｜, somme totale.

這个不在｜, Tché· kó poŭ tsái ｜, ceci n'est pas compris dans le compte.

定天〡, *Tín t'iēn* 〡, déterminer le nombre de jours.

我還該得有人家的〡, *Gò houân kāi tĕ· icòu jên kiā tī* 〡, je dois encore quelque argent à autrui.

來〡, **去**〡, *Lâi* 〡, *k'ú* 〡, sommes (recettes) rentrées, sommes (dépenses) sorties (termes de comptes).

歲〡, **吓**〡, *Souí* 〡, *há* 〡. Voir *souí, há.*

漱 *Sóu.* Laver.

喫了飯要〡**口**, *Tch'ĕ lò fán iaó* 〡 *k'eòu*, après avoir mangé, on se rince la bouche.

素 *Sóu.* Naturel, simple; maigre (abstinence).

〡**衣裳**; **樸**〡, **平**〡**問**, 〡 *ī chāng; p'ŏu* 〡, *p'în* 〡 *kiēn*, vêtement simple, sans recherche; voir *p'ŏu, p'în.*

喫〡**的**, 〡**菜**, 〡**飯**, *Tch'ĕ* 〡 *tī;* 〡 *ts'ái*, 〡 *fán*, faire maigre; mets préparés au maigre, riz sans viande.

今天是〡**的**, *Kīn t'iēn ché* 〡 *tī*, aujourd'hui c'est jour d'abstinence.

喫點〡**飯**, *Tch'ĕ tièn* 〡 *fán*, faire un simple repas de riz sans viande.

喫齋把〡, *Tch'ĕ tchāi pà* 〡, faire abstinence (se dit des payens qui font abstinence perpétuelle).

鴿子喫〡**的**, *Kŏ tsè tch'ĕ* 〡 *tī*, la colombe ne se nourrit que de végétaux.

嗉 *Sóu.* Gésier, jabot.

雞〡**子**, *Kī* 〡 *tsè*, gésier de poule.

塑 *v.* 塐 *Sóu.* Modeler en terre.

〡**菩薩**, 〡 *p'ôu sá*, modeler une idole (voir *p'ou*).

訴 *Sóu.* Se défendre d'une accusation; raconter.

別人告你要遞〡**呈**, *Piĕ· jên kaó gnì, iaó tí* 〡 *tch'ĕn*, si quelqu'un vous accuse, il faut présenter une pièce pour vous défendre.

〡**呈子**, 〡 *tch'ĕn tsè*, répondre à un acte d'accusation.

〡**不清**, 〡 *poŭ ts'īn*, se défendre mal d'une accusation.

〡**一个由頭**, 〡 *ī kó icôu t'côu*, raconter l'origine, les circonstances.

告〡, *Kaó* 〡, exposer, narrer, avertir (voir *kaó*).

SOŪAN

酸 *Soūan.* Aigre, acide.

〡**了**, 〡**嚌嚌的**, 〡 *lò;* 〡 *tsī tsī tī*, c'est aigri; aigrelet, acidulé.

這个醋〡**得好**, **溜**〡**的**, *Tché· kó ts'óu* 〡 *tĕ· haò, lieōu* 〡 *tī*, ce vinaigre est bon, très fort.

甜〡**甜**〡**的**, *T'iên* 〡 *t'iên* 〡 *tī*, aigre-doux.

有一个〡**氣**, *Icòu ī kó* 〡 *k'í*, il y a une odeur d'aigri.

〡**味**, **變**〡, 〡 *oúi; pién* 〡, saveur acide; qui s'aigrit.

愛喫〡**的**, *Gái tch'ĕ* 〡 *tī*, aimer ce qui est acide.

這个人〡**得狠**, *v.* **迂**〡, *v.* **是一个**〡〡, *Tché· kó jên* 〡 *tĕ· hèn*, *v.* *iū* 〡, *v.* *ché ī kó* 〡 〡, c'est un homme encroûté, d'un caractère fastidieux, ennuyeux.

你說話做事比醋還〡, *Gnì chŏ houá tsoú sé pì ts'óu houân* 〡, tes paroles et tes actes sont fastidieux, désagréables, ils sentent par trop la marotte.

痠 *Soūan.* Douleur sourde.

一身都有些〡**痛**, *ī chēn toū icòu sī* 〡 *t'óng*, je sens un fort malaise par tout le corps.

〡**痛**〡**痛的**, 〡 *t'óng* 〡 *t'óng tī*, douleur sourde, malaise.

SOÚAN

算 *Soúan.* Calculer, compter, considérer.

〡**法**, 〡**學**, 〡 *fă;* 〡 *hiŏ*, art de calculer; arithmétique, mathématiques.

丨盤，丨 *p'ân*, abaque chinoise pour le calcul.

打丨盤，*Tà* 丨 *p'ân*, calculer sur l'abaque.

他丨盤很，*T'a* 丨 *p'ân hèn*, il est fort en calcul, il calcule strictement: au pr. et au fig.

會打丨盤，打不來丨盤，*Hoúi tà* 丨 *p'ân; tà poŭ lâi* 丨 *p'ân*, être habile dans le calcul, habile à faire des combinaisons; ne pas savoir le calcul, ne pas savoir faire ses plans.

這回他們丨賬狠有一丨，*Tché' hoûi t'a mên* 丨 *tcháng hèn ieòu ĭ* 丨, cette fois-ci pour faire leurs comptes, ils en auront de l'ouvrage!

跟他丨賬，*Kēn t'ā* 丨 *tcháng*, regle-lui ses comptes, congédie-le.

我怕天主丨賬，*Gò p'á T'iēn Tchòu* 丨 *tcháng*, (style chrét.) j'ai peur que Dieu ne me demande mes comptes, j'ai peur de mourir.

丨不倒賬，*v.* 賬丨不清，丨 *poŭ taò tcháng, v. tcháng* 丨 *poŭ ts'īn*, ne pouvoir rendre ses comptes en règle.

丨泥了，*v.* 丨迷了，丨 *gnî lò, v.* 丨 *mî lò*, il s'est embrouillé dans le calcul.

多丨，少丨，*Tō* 丨，*chaò* 丨，se tromper en plus, en moins, dans ses calculs.

丨停當的，丨 *t'în táng tĭ*, c'est calculé, arrêté d'avance.

丨錯了，丨 *ts'ó lò*, il y a eu erreur dans le calcul.

錯丨不爲瞞，*Ts'ó* 丨 *poŭ oûi mân*, autre chose est de se tromper dans ses comptes, autre chose de vouloir tromper.

丨來(*v.* 丨下來，*v.* 丨起來，*v.* 丨出來)要折本，丨 *lâi (v.* 丨 *hiá lâi, v.* 丨 *k'ì lâi, v.* 丨 *tch'ŏu lâi) iaó chĕ' pèn*, en comptant bien, il trouvera qu'il entame son capital, qu'il perd.

這吊錢不上丨，*Tché' tiáo ts'iên poŭ cháng* 丨，cette ligature n'entre pas dans le compte, elle est par-dessus le marché.

他的話不上丨，*T'ā tĭ hoúa poŭ cháng* 丨，ses paroles ne comptent pas.

你不肯丨了，*Gnì poŭ k'èn,* 丨 *lò*, tu ne veux pas, eh bien, soit!

不來丨了，*Poŭ lâi* 丨 *lò*, s'il ne vient pas, on se passera de lui.

庄稼要收了上坎纔丨得，*Tchouāng kiā iaó cheōu lò cháng k'àn ts'âi* 丨 *tĕ'*, la récolte n'est assurée qu'une fois rentrée.

丨得好敎友，丨 *tĕ' haò kiaó ieòu*, il peut passer pour un bon chrétien.

丨不得狠人，丨 *poŭ tĕ' hèn jên*, il ne peut compter pour un homme puissant.

茶錢丨我的，*Tch'â ts'iên* 丨 *gò tĭ*, c'est moi qui paie le thé (les sapèques pour le thé sont à mon compte).

賺錢丨你的，*Tchouán ts'iên* 丨 *gnì tĭ*, si tu gagnes, c'est pour toi.

不丨貴都相因，*Poŭ* 丨 *koúi, toū siāng īn*, ce n'est pas réputé cher, mais bon marché.

都丨好，*Toū* 丨 *haò*, c'est encore bien comme cela.

有好多丨好多，*Ieòu haò tō* 丨 *haò tō*, autant il y en a, autant on en comptera; j'accepte ce qu'il y a en à compte.

過一天丨一天，*Kó ĭ t'iēn* 丨 *ĭ t'iēn*, vivre au jour le jour.

我打丨明天起身，*Gò tà* 丨 *mîn t'iēn k'ì chēn*, je compte partir demain.

丨我錯了，丨 *gò ts'ó lò*, admettons que je me suis trompé.

丨就了的，丨 *tsieóu lò tĭ*, affaire entendue, prévue.

滿打滿丨，*Màn tà màn* 丨，compter tout (sur l'abaque).

丨八字，丨命，盤丨，丨 *pă tsé*, 丨 *mín*, *p'ân* 丨. Voir *pă, mín, p'ân*.

蒜

Soúan. Ail, oignon.

一頭(*v.* 一个)丨，*ĭ t'eôu (v. ĭ kó)* 丨，une tête d'ail.

丨瓣，丨頭，丨苗子，*v.* 丨苗兒，*v.* 丨葉子，丨苔子，丨 *pán,* 丨 *t'eôu,* 丨 *miâo tse, v.* 丨 *miâo eûl, v.* 丨 *iĕ' tsè,* 丨 *t'âi tsè*, gousse d'ail, tête d'ail, feuilles d'ail, tige d'ail.

有一股丨臭，*Ieòu ĭ koù* 丨 *tch'eóu*, cela sent l'ail.

泡 |, *P'áo* |, macérer de l'ail dans l'eau salée.

喫長齋的革 |, *Tch'ĕ tch'âng tchāi tĭ kĕ·* |, ceux qui observent l'abstinence perpétuelle s'interdisent l'ail.

SOÛI

隨 *Soûi.* Suivre, obéir.

| 員, | *iuên*, petit mandarin à la suite d'un mandarin supérieur.

| 時, | *chê*, en temps opportun, en tout temps.

| 時都看得, | *chê toū k'án tĕ·*, on peut le voir n'importe quand.

| 後又來了幾回, | *heóu ieóu lâi lò kì hoûi*, ensuite il est encore venu plusieurs fois.

| 便, *v.* | 意, *v.* 在 |, | *pién*, *v.* | *í*, *v. tsái* |, à volonté, comme vous voudrez (voir *pién*).

在 | 他來, *Tsái* | *t'ā lâi*, qu'il vienne s'il veut.

善惡 | 人作, *Chán gŏ* | *jên tsŏ*, le bien et le mal sont à la liberté de chacun.

| 天主的聖意, | *T'iēn Tchòu tĭ chén í*, à la sainte volonté de Dieu.

| 神父的心, | *chên foú tĭ sīn*, comme le Père voudra.

| 他做甚麼, | *t'ā tsóu chén mô*, qu'il fasse ce qu'il voudra.

| 口答應, | *k'òu tă ín*, répondre ce qui vient à la bouche.

跟 | 神父, *Kēn* | *chên foú*, suivre, servir le Père (voir *kēn*).

| 娘的兒子, | *niâng tĭ eûl tsè*, enfant qui suit sa mère se mariant en secondes noces.

我 | 侍你, *Gò* | *ché gnì*, je me mets à ton service.

| 手, | *cheòu*, torchon pour essuyer la table.

SOÙI

髓 *Soùi.* Cervelle, moelle.

腦 | 都打出來了, *Laò* | *toū tà tch'ŏu lâi lò*, la cervelle est sortie du coup.

猪腦 |, 骨 |, *Tchōu laò* |; *koŭ* |, cervelle de cochon; moelle des os.

SOÚI

歲 *Soúi.* Année, âge.

萬 | 爺, 千 | 爺, *Ouán* | *iê·*; *ts'iēn* | *iê·*, l'Empereur; le prince héritier.

年 | 不好, *Niên* | *poŭ hào*, l'année est mauvaise.

守 |, *Cheòu* |, veiller, en s'amusant, la dernière nuit de l'année.

他小 (*v.* 長) 我一 |, *T'ā siào* (*v. tchàng*) *gò ī* |, il est moins (ou plus) âgé que moi d'une année.

幾 | 的娃娃, *Kì* | *tĭ ouâ ouā*, enfant de quelques années.

有幾 |, 十幾 |, 幾十 |, *Ieòu kì* |, *chĕ kì* |, *kì chĕ* |, quel âge as-tu? (combien d'années, combien au-dessus de 10 ans, combien de dizaines d'années? suivant l'âge probable de celui à qui l'on s'adresse.)

我沒有問他的 | 數, *Gò mŏ ieòu ouén t'ā tĭ* | *sóu*, je ne lui ai pas demandé son âge.

滿了 | 數, *Màn lò* | *sóu*, il a accompli l'âge.

| 數來了, | *sóu lâi lò*, l'âge est venu, on se fait vieux.

| 數輕, *v.* 小; 大, *v.* 重, | *sóu k'īn*, *v. siào*; *tá*, *v. tchóng*, il est jeune, il est vieux.

世上難逢百 | 人, *Ché cháng lân fông pĕ·* | *jên*, on rencontre difficilement un centenaire en ce monde.

祟 *Soúi.* *v.* 禍 |, *v. Hó* |, calamité.

碎 *Soúi.* En menus morceaux.

零 |, *Lîn* |, menu, détail (voir *lîn*).

打 |, 切 |, *Tà* |; *ts'iĕ·* |, réduire en menus morceaux, en poussière; couper en petits morceaux.

| 狠了, | 炭, | *hèn lò*; | *t'án*, trop menu; charbon en poussière.

碾 |, | 米子, *Nièn* |; | *mì tsè*, écosser avec la meule; grains de riz écrasés.

丨(v. 散丨)銀子，丨(*v. sàn* 丨) *în tsè*, menus morceaux d'argent.

雜丨，*Tsă* 丨, plusieurs petits morceaux de diverses viandes.

他的話(v. 嘴巴)零丨得狠，*T'ā tĭ houá (v. tsoùi pā) lîn* 丨 *tĕ hèn*, ses paroles sont un vrai bavardage. Il a toujours à redire.

絮 *Soúi (v. sú)*. Ouate.

丨襖，彈棉丨，丨 *gào; t'ân miên* 丨, robe ouatée; carder du coton, pour couverture.

盖棉丨，*Kái miên* 丨, user d'une couverture ouatée (voir *miên*).

破丨被，*P'ó* 丨 *pí*, couverture déchirée, vieille couverture en lambeaux.

SŪ

雖 *Sū*. Quoique.

丨然有病，丨 *jân ieòu pín*, quoique malade (*v. jân*).

我丨然不好，*Gò* 丨 *jân poŭ hào*, quoique je ne sois pas bien portant.

丨他不來，丨 *t'a poŭ lâi*, quoiqu'il ne vienne pas.

須 *Sū*. Certes.

必丨告解；*Pĭ* 丨 *káo kiài*, il faut certainement, nécessairement se confesser.

鬚 v. 須 *Sū*. Barbe, poils, franges.

髯丨，尊丨，*Foû* 丨; *tsēn* 丨, barbe (voir *foû*): votre (noble) barbe (polit.).

葡萄藤有丨丨，*P'ôu t'âo t'ên ieòu* 丨 丨, les sarments de vigne ont des vrilles.

丨丨，v. 丨子，丨丨，v. 丨 *tsè*, franges, pompon.

戴紅丨丨，*Tái hông* 丨 丨, porter un pompon rouge, avec franges tombant tout autour.

耍丨帽，*Choùa* 丨 *máo*, bonnet à pompon.

繻 *Sū*. S'ébarber, s'effiler.

布丨了，*Póu* 丨 *lò*, les bords de la toile s'effilent.

縧了邊邊不得丨，*Iuén lò piēn piēn poŭ tĕ* 丨, en l'ourlant, on évite qu'elle s'effile.

噓 *Sū (v. hū)*. Partir en fusée (voir *hū*).

需 *Sū*. Nécessaire (style relevé).

丨索，丨 *sŏ*, exiger injustement, extorquer.

肉身之丨，*Jŏu chēn tchē* 丨, le nécessaire pour le corps.

兵丨，*Pīn* 丨, frais de l'armée.

某處都還丨人，*Mòng tch'óu tōu houân* 丨 *jên*, à tel endroit, il manque encore du monde, le personnel domestique n'est pas au complet.

SÚ

序 *Sú*. Ordre, disposition; préface.

依次丨，沒得次丨，*ī ts'é* 丨, *mŏ tĕ ts'é* 丨, d'après l'ordre, il n'y a pas d'ordre.

丨頭，v. 小丨，丨 *t'eôu, v. siào* 丨, préface d'un livre.

遂 *Sú (v. soúi)*. Prospère, convenable.

事不順丨，不丨意，*Sé poŭ chouén* 丨, *poŭ* 丨 *í*, les affaires ne prospèrent pas, ne vont pas à mon gré.

敘 *Sú (v. soúi)*. Raconter (style relevé).

丨話，v. 丨談，丨 *houá, v.* 丨 *t'ân*, avoir un entretien, une conversation.

有話相丨，*Ieòu houá siāng* 丨, j'ai à m'entretenir avec vous.

丨州府，丨 *tcheōu foù*, ville de 1re classe du Sutchuen.

緒 *Sú*. Ordre, succession.

光丨，*Kouāng* 丨, nom de regne de l'Empereur actuel (1889).

你說的話一點頭丨都沒得，*Gnì chŏ tĭ houá ĭ tièn t'eôu* 丨 *tōu mŏ tĕ*, tu parles à tort et à travers, ce que tu dis n'a aucune suite.

SUE'

削 *Suĕ' (v. siŏ).* Tailler, râcler.

|梨子,皮子, | *lî tsè, p'î tsè,* peler une poire, en enlever la peau au couteau.

|筷子, | *k'ouái tsè,* fabriquer des bâtonnets (en bambou qu'on râcle).

要|光生, *Iáo* | *kouāng sēn,* il faut rendre lisse en râclant.

用刀|,|薄點, *Iòng tāo* |; '| *pŏ tièn,* peler, tailler au couteau; amincir en taillant.

|指甲子,|髮, | *tchè kiá tsè;* | *fă,* rogner les ongles; couper, raser les cheveux (voir *fá*).

雪 *Suĕ'.* Neige.

落(*v.* 下)|, *Lŏ (v. hiá)* |, il neige.

|柞多厚,|柞白了;|柞不起, | *tchá tō heóu,* | *tchá pĕ' lò;* | *tchá poŭ k'ì,* la couche de neige est épaisse, a blanchi la terre; la neige ne peut s'accumuler (elle fond à mesure qu'elle tombe).

|米子,|水,|彈子, | *mì tsè,* | *choùi,* | *tán tsè,* grésil, eau de neige, grêle.

|化了,|山,|地, | *houá lò;* | *chān,* | *tí,* la neige est fondue: montagne, terre couverte de neige.

|上加霜, | *cháng kiā chouāng,* ajouter la gelée à la neige: accumuler malheur sur malheur.

各人打掃門前|, *Kŏ jên tà sào mên ts'iên* |, que chacun balaie la neige de devant sa porte, c.-à.-d. que chacun s'occupe de ses propres affaires.

跟|一樣白,*v.*|白, *Kēn* | *ĭ iáng pĕ', v.* | *pĕ',* c'est d'un blanc de neige.

小|,大|, *Siào* |, *tá* |, époques de l'année chinoise (du 22 Nov. au 7 Déc., et du 7 au 22 Déc.).

SUĒN

鮮 *Suēn.* Frais, brillant (voir *siēn*).

SUÊN

旋 *Suên.* Revenir, tourner.

我頭|惛, *Gò t'eôu* | *houēn,* la tête me tourne, j'ai le vertige.

周|不倒, *Tcheōu* | *poŭ tào,* (style relevé) ne pouvoir suffire à ses occupations.

涎 *Suên.* Salive.

|水, | *choùi,* bile, salive.

吐|痰,吐|水,流|水, *T'òu* | *t'ân, t'òu* | *choùi; lieôu* | *choùi,* cracher des glaires, cracher; baver.

SUÈN

選 *Suèn. v.* |擇,*v.*|出來, *v.* | *ts'ĕ', v.* | *tch'ŏu lâi,* choisir, trier.

蒙天主招|的, *Mông T'iēn Tchòu tchāo* | *tĭ,* ceux qui ont été choisis de Dieu.

招的多|的少, *Tchāo tĭ tō,* | *tĭ chào,* beaucoup d'appelés, peu d'élus.

在隨你|那个, *Tsái soûi gnì* | *là kó,* choisis celui que tu voudras.

宗徒們是耶穌親自|的, *Tsōng t'ôu mên ché Iê sōu ts'īn' tsé* | *tĭ,* les Apôtres ont été choisis par Jésus lui-même.

癬 *Suèn.* Dartre.

生|,風|, *Sēn* |, *fōng* |, avoir des dartres (voir *fōng*).

銅錢|, *T'ông ts'iên* |, dartre semblable à une sapèque de cuivre.

SUÉN

漩 *Suén (v. suên). v.* |水,*v.*|窩,*v.*|兒窩,*v.*窩羅|, *v.* | *choùi, v.* | *ō, v.* | *eûl ō, v. ō lō (lô)* |, tourbillon d'eau (voir *ō*).

起|, *K'ì* |, former des tourbillons.

|水扯下去了, | *choùi tch'ĕ' hiá k'ú lò,* le tourbillon l'a englouti.

颷 *Suén. v.* | 風, *v.* | 頭風, *v.* | *fōng, v.* | *t'eôu fōng*, tourbillon de vent.

起 | 風, *K'ì* | *fōng*, il s'élève un tourbillon.

| 風吹起走了, | *fōng tch'oūi k'ì tseòu lo*, un tourbillon l'a emporté.

旋 *Suén.* A mesure, à dessein, exprès, à neuf.

沒得現成的 | 做, *Mǒ tě hién tch'ên tï*, | *tsoú*, il n'y en a pas de fait d'avance, il faut en faire tout exprès.

飯要 | 煮 | 喫纔好, *Fán iáo* | *tchòu* | *tch'ě ts'âi hào*, pour que le riz soit bon, il faut le faire cuire à mesure qu'on en a besoin (et non longtemps d'avance).

房子倒了要 | 修, *Fâng tsè tào lò iáo* | *sieōu*, la maison a croulé, il faut la rebâtir à neuf.

沒得飯 | 煮, *Mǒ tě fán* | *tchòu*, s'il n'y a pas de riz tout préparé (cuit), il faut en cuire exprès.

要 | 講, | 說, *Iáo* | *kiàng*, | *chǒ*, il faut commencer à neuf, ou recommencer à expliquer (à prêcher), à dire.

鏇 *Suén.* Trouer, frotter, retourner.

在這塊板子上 | 一个洞, *Tsái tché k'ouài pan tsè cháng* | *ī kó tóng*, fais un trou dans cette planche.

油 | 子, *v.* 餅, *Ieôu* | *tsè, v. pìn*, pâte frite dans l'huile.

SÛN

尋 *Sûn. v.* 找 | , *v.* | 覔, *v. tchào* | , *v.* | *mí*, chercher.

| 倒了, *v.* | 出來了, | *tào lò, v.* | *tch'ǒu lâi lò*, j'ai trouvé.

| 不倒, *v.* | 不着, | *poǔ tào, v.* | *poǔ tchǒ*, je ne puis trouver.

| 獲十字聖架, | *hǒ chě tsé chén kiá*, Invention de la Ste Croix.

旬 *Sûn.* Espace de 10 jours, de 10 ans, etc.

一个月分上中下 | , *ī kó iuě fēn cháng tchōng hiá* | , un mois se divise en 3 dizaines: la première, celle du milieu, et la dernière.

四 | 齋, *Sé* | *tchāi*, jeûne des quarante jours; carême.

巡 *Sûn.* Examiner, inspecter.

| 撫 (*v.* 撫臺), | *foù* (*v. foù t'âi*), gouverneur d'une province, là où plusieurs sont réunies sous le même vice-roi (voir *foù*).

| 街, | 查, | *kāi*, | *tch'â*, inspecter la rue pour en faire la police; faire la ronde, inspecter.

| 丁, *v.* | 捕, | *tīn, v.* | *poù*, soldats, ou autres personnes, chargés de la police, de la surveillance.

SÚN

噀 *Sún.* Vomir (se dit surtout des animaux; pour l'homme on dit plutôt 吐 *t'où*).

嬰孩 | 脫脫, *īn hiâi* | *lāi lāi*, l'enfant vomit le lait.

狗 | 了, *Keòu* | *lò*, le chien a vomi.

遜 *Sún.* Obéissant, humble, céder.

謙 | , *K'iēn* | , humble, humilité (voir *k'iēn*).

| 讓, | *jáng*, céder respectueusement.

汛 *Sún.* | 官, | *kouān* (*v. foú iè*, voir *foú*), petit mandarin militaire.

訊 *Sún.* Informer juridiquement.

| 究, | *kieóu*, faire un interrogatoire sévère.

候 | , *Heóu* | , attendre l'interrogatoire (réponse des mandarins aux accusations).

迅 *Sún. v.* | 速, *v.* 急 | , *v.* | *siǒ* (*siǒu*), *v. kǐ* | , très vite, très promptement.

峻 *Sún.* Haut, extrême.

| 白的, | *pě tï*, extrêmement blanc.

海上絲綢之路文獻集成 科技與文化編

T'Ā

他 *T'ā.* Pronom personnel: lui, eux; autrui.

丨, 丨們, 丨自己, 丨, 丨 *mên*, 丨 *tsé kì*, lui, eux, lui-même.

不要管丨的, 儘丨, *Poŭ iaó kouàn* 丨 *tî, tsìn* 丨, ne t'occupe pas de lui, laisse-le, qu'il fasse comme il voudra.

毋貪丨人妻, *Oû t'ān* 丨 *jên ts'ī*, défense de convoiter la femme d'autrui.

TÀ

打 *Tà.* Battre, frapper de quelque manière que ce soit; se joint à une foule de mots avec les sens les plus variés, comme puiser, acheter, faire, etc.

丨丨, 丨得好, 丨丨; 丨 *tĕ· haò*, frappe, frappe! c'est bien tapé, à propos.

丨得重(v. 輕), 丨 *tĕ· tchóng* (*v. k'īn*), il a été battu grièvement (ou bien, légèrement).

學(v. 操)丨, *Hiŏ* (*v. ts'āo*) 丨, s'exercer à l'escrime.

會丨, *Hoúi* 丨, habile à l'escrime.

丨倒了, v. 丨翻了, 丨 *taò lò*, *v.* 丨 *fān lò*, il l'a renversé d'un coup.

丨賊, 丨蠻子, 丨 *tsoûi (tsĕ·)*, 丨 *mân tsè*, battre les brigands, les Barbares.

丨鐵, 丨銅, 丨 *t'iĕ·*, 丨 *t'ông*, travailler au marteau le fer, le cuivre.

丨稅關, 丨經堂, 丨 *choúi kouān*, 丨 *kīn t'âng*, détruire une douane, un oratoire.

丨石包, 丨 *chĕ paō*, démolir, faire sauter un rocher.

丨板子, 棒棒, 條子, 定子(v. 拳), 丨 *pàn tsè, páng páng, t'iâo tsè, tín tsè* (*v. k'uên*), frapper avec la baguette ou la planche du prétoire, avec le bâton, les verges, donner des coups de poings.

丨飽嗝, 丨 *paò kĕ·*, roter.

丨線, 索子, 丨 *sién, sŏ tsè*, tordre des fils, des cordes.

丨燈籠, 丨 *tēn lông*, porter une lanterne pour s'éclairer.

丨店, v. 丨站房, 丨 *tién*, *v.* 丨 *tchán fâng*, louer, retenir un logement à l'auberge.

丨幹做官, 丨 *kán tsoú kouān*, manœuvrer pour obtenir une place de mandarin.

丨一點, v. 丨一个點點, 丨一个碼子, 丨 *ĭ tièn*, *v.* 丨 *ĭ kó tièn tièn;* 丨 *ĭ kó mà tsè*, faire un point en écrivant: écrire un chiffre cursif.

丨水, 丨油, 丨鹽巴, 丨酒, 丨 *choùi*, 丨 *iêou*, 丨 *iên pā*, 丨 *tsièou*, puiser de l'eau, puiser de l'huile (en acheter), acheter du sel, du vin.

百丨百, 寸丨寸, *Pĕ·* 丨 *pĕ·; ts'én* 丨 *ts'én*, une centaine; environ un pouce.

大丨大意的, *Tá* 丨 *tá í tî*, par inadvertance.

丨糧, 丨 *leâng*, ramasser des vivres.

丨死人, 丨 *sè jên*, 丨爛, 丨 *lán*, 丨壞, 丨 *houái*, 丨傷, 丨 *chāng*, 丨斷, 丨 *touán*, 丨碎, 丨 *soúi*, 丨平息了, 丨 *p'în sĭ lò*, 丨石頭, 丨 *chĕ t'eôu*, 丨破船, 丨 *p'ó tch'ouân*, 丨穀子, 丨 *koŭ tsè*, 丨瞌睡, 丨 *k'ŏ choúi*, 丨架, 丨 *kiá*, 丨瓠蘆棒, 丨 *k'oû loū páng*, 丨下去, 丨 *hiá k'ú*, 丨更, 丨 *kēn*, 丨敗了, 丨 *pái lò*, 丨風波, 丨 *fōng pō*, 丨仗, 丨 *tcháng*, 丨野物, *iè oŭ*, 丨鎗, 丨 *ts'iāng*, 丨墻, 丨 *ts'iâng*, 丨雷, 丨 *loûi*, 丨霜, 丨 *chouāng*, 丨雨點子, 丨 *iù tièn tsè*, 丨掃, 丨 *saò*, 丨扇, 丨 *chán*, 丨開, 丨 *k'āi*, 丨稟帖, 丨 *pìn tiĕ·*, 丨卦, 丨 *kouá*, 丨滾, 丨 *kouèn*, 丨斤斗, 丨 *kīn teòu*, 丨紇縖, 丨 *kĕ· tă*, 丨牌, 丨 *p'âi*, 丨擺子, 丨 *pài tsè*, 丨雜, 丨 *tsá*, 丨旗子, 丨 *k'î tsè*, 丨濕, 丨 *chĕ*, 丨䟃(v. 齣齪), 丨 *tsāng* (*v. ó tch'ŏ*), 丨糊亂說, 丨 *foû louán chŏ*, 丨包袱, 丨 *paō foŭ*, 會丨口案, *hoúi* 丨 *k'eòu gán*, 丨兌, 丨 *toúi*, 丨呵咳, 丨 *hō hâi*, 丨發, 丨 *fă*, 丨官司, 丨 *kouān sē*, 丨聽, 丨 *t'īn*, 丨扮, 丨 *pán*, 丨整乾淨, 丨 *tchèn kān tsín*, 丨拄, 丨 *tch'òu*, 放丨丨錢, *fáng* 丨丨 *ts'iên*, *etc.*, *etc.* Voir *sè*, *lán*, *etc.*, *etc.*

TÁ

大 *Tá.* Grand, gros; surpasser.

丨人懶散莫規矩兒女豈不是一樣, 丨 *jên làn san mŏ kouī kù, eûl niù k'ì poŭ ché ĭ iáng*, quand les parents (*litt.* les grands hommes) sont négligents, sans règle, est-il étonnant que les enfants soient de même?

丨山, 丨水, 丨 *chān*, 丨 *chouì*, haute montagne, grandes eaux.

小寒, 丨寒, *Siào hân*, 丨 *hân*, époques de l'année chinoise (du 5 au 20 Janvier, du 20 Janvier au 4 Février).

命(*v.* 八字) 丨了, *Mín* (*v. pă tsé*) 丨 *lò*, sa destinée est trop grande, plus haute qu'il ne pourra la porter (voir *mín*, *pă*).

秤丨了; 鞋子丨了, *Tch'én* 丨 *lò*: *hâi tsè* 丨 *lò*, la balance (romaine) est trop forte; les souliers sont trop grands.

丨一點, *v.* 一絲, *v.* 一些, 丨 *ĭ tien*, *v.* *ĭ sē*, *v.* *ĭ sī*, un peu plus grand.

丨一半, 丨半天, 丨 *ĭ pán*, 丨 *pán t'iēn*, plus grand de moitié, une grande demi-journée.

両个這樣丨, *Leàng kó tché iáng* 丨, deux fois grand comme cela.

要丨我一歲, *Iaó* 丨 *gò ĭ soúi*, il est plus âgé que moi d'un an.

丨行, 丨 *hîn*, qui est admis partout.

丨通, 丨 *t'ōng*, qui comprend, qui communique largement.

丨不相同, 丨 *poŭ siāng t'ông*, c'est très différent.

丨不喜歡, 丨 *poŭ hì houān*, il est très mécontent, cela lui déplaît fort.

丨哭, 丨笑, 發丨氣, 丨 *k'ŏu*, 丨 *siáo*, *fă* 丨 *k'í*, pleurer, rire, se fâcher fort.

丨衆, *v.* 丨家, 丨 *tchóng*, *v.* 丨 *kiā*, tout le monde, tous.

出丨太陽, 太陽丨, *Tch'ŏu* 丨 *t'ái iâng*, *t'ái iâng* 丨, il fait grand soleil, le soleil est fort.

丨人, 丨 *jên*, 丨堂, 丨 *t'âng*, 丨場, 丨 *tch'âng*, 老丨, *laò* 丨, 丨哥, 丨 *kō*, 長丨了, *tchàng* 丨 *lò*, 丨爺, 丨 *iê*, 天氣丨, *t'iēn k'í* 丨, 丨麥, 丨 *mĕ*, 丨春, 丨 *tch'oūen*, 丨方, 丨 *fāng*, 丨聲念, 丨 *chēn nién*, 鍋飯, 丨 *kō fán*, 丨掛子, 丨 *koúa tsè*, 丨班, 丨 *pān*, 丨便, 丨 *pién*, 解丨手, *kài* 丨 *cheòu*, 丨婆子, 丨 *p'ô tsè*, 丨齋, 丨 *tchāi*, 丨意了, 丨 *í lò*, 不丨要緊, *poŭ* 丨 *iaó kìn*. Voir *jên*, *etc.*, *etc.*

TĂ

答 *Tă.* Répondre; promettre.

丨得好; 丨得不好, 丨 *tĕ haò*; 丨 *tĕ poŭ haò*, c'est bien répondu; ce n'est pas bien répondu.

問丨, *Ouén* 丨, demandes et réponses, dialogue, catéchisme (voir *ouén*).

一問一丨, *ĭ ouén ĭ* 丨, l'un fait la demande, l'autre la réponse.

丨拜, 丨 *pái*, rendre une salutation, une visite.

報丨, *Paó* 丨, reconnaissance.

你丨應一句, *Gnì* 丨 *ín ĭ kú*, réponds un mot (voir *ín*).

丨應一件事, 丨應一筆賬, 丨 *ín ĭ kién sé*; 丨 *ín ĭ pĭ tcháng*, répondre d'une affaire; répondre d'une dette.

丨應做, 丨 *ín tsoú*, promettre de faire.

搭 *v.* 撘 *Tă.* Suspendre, appuyer.

河溝寬了板子丨不過, *v.* 丨不彀, *Hô keōu k'ouān lò, pàn tsè* 丨 *poŭ kó*, *v.* 丨 *poŭ keóu*, le ruisseau est trop large, une planche ne saurait atteindre l'autre bord (pour faire un pont).

丨梯子上樓, 丨 *t'ī tsè cháng leôu*, appliquer une échelle, pour monter au grenier.

丨在膀上, 丨 *tsái pàng cháng*, jeter sur les épaules.

把褡褳子丨起, *Pà tă lién tsè* 丨 *k'ì*, mets la besace sur l'épaule.

丨樓板, 丨 *leôu pàn*, poser des planches pour faire un grenier.

海上絲綢之路文獻集成 科技與文化編

丨在挑子上，丨 *tsái t'iāo tsè cháng*, mettre (des objets) sur le fardeau.

担子重了丨不得東西，*Tán tsè tchóng lò*, 丨 *poŭ tĕ· tōng sī*, le fardeau est lourd, on ne peut rien ajouter par-dessus.

丨鍋喫飯，丨 *kō tch'ĕ fán*, prendre pension dans une famille.

船是包的不丨載也不丨人，*Tch'ouan ché pāo tĭ, poŭ* 丨 *tsái, ì poŭ* 丨 *jên*, la barque est louée toute entière, elle ne peut prendre d'autres marchandises ni d'autres voyageurs.

丨鈎，丨 *keōu*, crochets longs qui s'adaptent au *piĕn tán* (voir *piĕn*), pour porter les seaux.

丨板兒，丨 *pàn eûl*, petite corde avec laquelle les tireurs de barque s'accrochent à la grande corde de halage pour tirer.

縩 *Tă*. Nœud.

死紇丨，*Sè kĕ·* 丨，nœud insoluble (voir *kĕ·*).

木頭紇丨，*Moŭ t'eôu kĕ·* 丨，nœud du bois.

褡 *Tă* (voir 褳 *liên*). Besace.

達 *Tă*. Connaître, intelligent, pénétrer, communiquer.

後來必定發丨，*Heóu lâi pĭ tín fă* 丨，plus tard il deviendra certainement quelque chose, il se fera un nom.

精丨，*Tsīn* 丨，habile dans les affaires.

請上丨某人，*Ts'ìn cháng* 丨 *mòng jên*, veuillez présenter mes respects à un tel.

丨字營，丨 *tsé în*, le camp, qui a pour dénomination le caractère *tă*.

韃 *Tă*. Tartare; queue ou tresse chinoise.

丨子，丨 *tsè*, Tartare (Mandchoux).

丨丨，*v.* 辮丨子，丨丨，*v. pién* 丨 *tsè*, queue chinoise.

編丨丨，*Piēn* 丨丨，tresser la queue.

砝 *Tă*. Heurter, éprouver un choc en tombant.

丨東西，丨 *tōng sī*, faire éprouver un choc à des objets, et les briser.

東西丨下來了，*Tōng sī* 丨 *hiá lâi lò*, les objets sont tombés.

T'Ă

禢 *T'ă*. Chemise (voir 汗，*hán*).

蹋 *v.* 踏 *T'á*. Fouler aux pieds.

丨凳，*v.* 丨板，丨 *tén*, *v.* 丨 *pàn*, marchepied.

祭台跟前要有丨板，*Tsí t'âi kēn ts'iên iaó ieòu* 丨 *pàn*, il faut un marchepied devant l'autel.

踐丨，*v.* 蹧丨，*Tsién* 丨，*v. tsāo* 丨，abîmer en foulant aux pieds, traiter avec mépris.

踐丨庄稼，*Tsién* 丨 *tchoūang kiā*, abîmer les récoltes en herbe, en marchant dessus.

蹧丨人，東西，銀錢，*Tsāo* 丨 *jên, tōng sī, în ts'iên*, traiter les gens avec mépris, en les injuriant gravement; abîmer les objets, dissiper follement l'argent.

遢 *T'ă*. Négligent, sale (voir 邋 *lă*).

塔 *T'ă*. Tour.

修一个(*v.* 一座)丨，*Sieōu ĭ kó (v. ĭ tsó)* 丨，bâtir une tour.

白丨寺，*Pĕ·* 丨 *sé*, pagode en forme de tour, près des villes.

象牙寶丨，*Siáng iâ paò* 丨，tour d'ivoire (Litanies de la Ste Vierge).

亂話丨，*Louán houá* 丨，tour de Babel.

蹋 *T'ă*. Glisser.

這个小夥子滑丨，*Tché· kó siào hò tsè houă* 丨，ce garçon est un roué.

獺 *T'ă*. Loutre.

丨子皮，丨 *tsè p'î*, fourrure de loutre.

瀨 *T'ă.* Îlot, endroit quelconque.

這丨好那丨不好, *Tché* \| *hào, lá* \| *poŭ hào*, ici (dans ce lieu) c'est bien, là-bas (dans cet autre lieu) c'est mal.

你在那丨坐, *Gnì tsái là* \| *tsó?* où demeures-tu?

這个丨丨, *Tché kó* \| \|, cet endroit.

多大一个石丨好晒穀子, *Tō tá ĭ kó chĕ* \|, *hào chái kŏu tsè*, grand rocher à surface unie et à fleur de terre, très commode pour sécher le riz.

TĀI

懛 *Tāi.* Sot, imbécile; tête.

老丨子, *Lào* \| *tsè*, vieux nigaud, vieux sot.

書丨子, *Chōu* \| *tsè*, individu encroûté dans les livres, qui ne comprend rien aux choses de ce monde.

老丨子都要脱了, *Lào* \| *tsè tōu chouă t'ŏ lò*, il y a perdu la tête.

T'ĀI

胎 *T'āi.* Sein, matrice, fœtus.

爾丨子耶穌, *Eùl* \| *tsè Ié sōu*, Jésus, le fruit de votre ventre.

懷丨(v. 有丨)的婦人(v. 孕婦), *Houâi* \| *(v. ieòu* \| *) tĭ fóu jên (v. jouén fóu)*, femme enceinte.

墮(v. 墜)丨, *Tó (v. tchoúi)* \|, avortement.

打丨的葯, *Tà* \| *tĭ iŏ*, remèdes pour faire avorter.

用葯打丨, *Ióng iŏ tà* \|, procurer l'avortement avec des remèdes.

丨落了,取丨, \| *lŏ lò; ts'ù* \|, le fœtus est tombé; extraire le fœtus.

投丨, *T'eôu* \|, retourner dans le sein; aller renaître d'une autre femme (doctrine bouddhiste).

丨生的, \| *sēn tĭ*, qui est de naissance.

包丨來的, *Pāo* \| *lâi tĭ*, enfant introduit, avec sa mère enceinte de lui, dans une nouvelle famille.

燒丨, *Chāo* \|, nom d'une superstition payenne.

抬 *T'āi.* Soutenir, retenir.

手丨倒, *Cheòu* \| *tào*, soutenir par-dessous, avec la main.

你丨倒吓, *Gnì* \| *tào há*, soutiens un peu.

丨玻璃的框框, \| *pō lî tĭ k'iāng k'iāng*, cadre qui porte une vitre.

拿一塊石頭丨倒吓, *Lâ ĭ k'ouài chĕ t'eôu* \| *tào há*, mets une pierre ci-dessous, pour soutenir un peu.

丨衫, \| *chān*, robe en soie, qui se met immédiatement sous la robe de cérémonie *(p'âo tsè)*.

T'ÂI

臺 *v.* **台** *T'âi.* Estrade, tour; titre de grands mandarins; particule numérale.

丨子, \| *tsè*, estrade en général.

戲丨, *v.* **戲丨子**, *Hí* \|, *v. hí* \| *tsè*, estrade sur laquelle on joue la comédie, théâtre (voir *hí*).

下丨了, *Hiá* \| *lò*, la comédie est terminée; affaire faite, terminée (voir *hiá*).

\| \|, \| *(t'âi)*, plateau, plate-forme élevée, tertre.

土丨打坐, *T'òu* \| *tà tsó*, s'asseoir sur un tertre.

粮丨, *Leâng* \|, grand mandarin qui accompagne un général en chef, comme trésorier de l'armée.

老父丨, *Lào fóu (fòu)* \|, nom que les lettrés gradués donnent au mandarin.

天主丨前, *T'iēn Tchòu* \| *ts'iên*, en présence de Dieu.

兄丨, *Hiōng* \|, illustre frère aîné: Monsieur (politesse).

臬丨(v. 按察司), *Niĕ* \| *(v. gán tch'ă sē)*, grand juge criminel d'une province.

一丨彌撒,一丨經, *ĭ* \| *mî să, ĭ* \| *kīn*, une messe, une série de prières formant un tout.

祭 |, Tsí |, 燈 |, tēn |, 蠟 |, lă |, 炮 |, p'áo |, 幃 |, oûi |, 硯 |, nién |, 制 |, tché |, 撫 |, fòu |, 藩 |, fân |, 協 |, hiĕ· |, 學 |, hiŏ |, 道 |, táo |, 提 |, t'î |, 鎮 |, tchén |, | 號, | háo. Voir tsí, tēn, lă, etc., etc.

苔 T'âi. Mousse, tige de plante.

青 |, Ts'īn |, mousse verte, qui pousse sur l'écorce des arbres et dans les lieux humides.

起 | 子, v. 發 | |, K'ì | tsè, v. fá | |, plante qui monte en tige pour fleurir.

蒜 | 子, Souán | tsè, (voir souán).

擡 T'âi. Porter à deux ou à plusieurs, avec une ou plusieurs barres; ériger.

| 石頭, | chĕ t'eôu, porter à plusieurs des pierres de construction.

要三四个人 |, Iáo sān sé kó jĕn |, il faut se mettre à trois ou quatre pour porter cela.

| 不起, | 不來, | poŭ k'ì; | poŭ lâi, n'avoir pas la force de porter; ne pas savoir porter.

| 盒架子, | hŏ kiá tsè, civière.

| 脚錢, | kiŏ ts'iên, prix du transport.

| 頭, | t'eôu, dresser la tête; revenir à la ligne en écrivant.

要 | 一个字, Iáo | ĭ kó tsé, il faut mettre à la ligne, d'un caractère au-dessus de l'alignement (ce qui se fait par respect).

要 | 舉他幾句, Iáo | kù t'ā kì kú, il faut le flatter un peu en lui parlant (voir kù).

| 杠, | káng, | 轎子, | kiáo tsè, | 喪, | sāng, | 起腦膯, | k'ì lào k'ŏ, | 糧, | leâng. Voir káng, kiáo, etc.

T'ÀI

駘 T'ài. Fatiguer en marchant, grand, ample.

平路 | 人, P'în lóu | jĕn, un chemin plat fatigue par son uniformité.

大 | | 的, Tá | | tĭ, qui se donne de grands airs.

TÀI

歹 Tài. Mal, mauvais.

這个好那个 |, Tché· kó hào, lá kó |, ceci est bien, cela est mal (voir hào).

有些說好有些說 |, Ieòu sī chŏ hào, ieòu sī chŏ |, les uns en disent du bien, d'autres du mal.

有好有 |, Ieòu hào ieòu |, il y a du bon et du mauvais.

好 | 我不曉得, Hào | gò poŭ hiào tĕ·, bien ou mal, bon ou mauvais, je n'en sais rien.

好 | 跟我回一句話, Hào | kēn gò hoûi ĭ kú houá, que ce soit bien ou mal, donne-moi toujours une réponse.

逮 Tài. Prendre, saisir.

你 | 倒, Gnì | tào, reçois, prends, saisis.

| 倒了, | 不倒, | tào lò; | poŭ tào, j'ai pris, je tiens; je ne puis saisir.

| 强盜, 魚, 虼蚤, | k'iâng táo, iû, kĕ· tsào, prendre des voleurs, des poissons, des puces.

TÁI

戴 Tái. Porter sur la tête.

| 頂子, | tìn tsè, porter un globule ou un bouton d'honneur (voir tìn).

頭品頂 |, T'eôu p'ìn tìn |, bouton de première classe.

他 | 的甚麼頂子, T'ā | tĭ chén mò tìn tsè? quel bouton porte-t-il?

| 帽子, 花, | máo tsè, hoūa, porter un chapeau ou bonnet, des fleurs (sur la tête, comme ornement).

愛穿 |, Gái tch'oūan |, aimer à être bien habillée, et à porter des ornements sur la tête (se dit des femmes).

熱天 | 的, Jĕ· t'iēn | tĭ, qui se porte en été.

| 不得了, | poŭ tĕ· lò, qui ne peut plus se porter.

| 鏡子, | kín tsè, porter lunettes (v. kín).

帶 *Tái.* Ceinture; porter; conduire.

｜｜, *v.* ｜子, ｜｜, *v.* ｜ *tsè*, lacet, cordon, attache.

一根｜子, 棉｜子, *ĭ kēn* ｜ *tsè, miên* ｜ *tsè*, un lacet, lacet en coton.

釘｜子, *Tín* ｜ *tsè*, coudre une attache.

背｜, *Pēi* ｜, grande bande de toile pour porter les enfants sur le dos.

｜來, ｜去, ｜ *lâi*, ｜ *k'ú*, apporter, emporter.

｜來的兒, ｜ *lâi tĭ eûl*, enfant qui suit sa mère mariée en secondes noces.

｜刀, ｜鍊子, ｜枷, ｜ *tāo*, ｜ *lién tsè*, ｜ *kiā*, porter l'épée, la chaine, la cangue.

｜頭, ｜ *t'eôu*, accessoires, rebuts qu'on fait passer avec les bonnes marchandises.

他賣的是淨肉沒得｜頭, *T'ā mái tĭ ché tsín joŭ, mŏ tĕ* ｜ *t'eôu*, il donne tout le poids en bonne viande, sans os ni ventraille.

｜陷人家, ｜ *hiĕ* (pour *hién*) *jên kiā*, porter malheur à autrui.

惡人｜陷好人, *Gŏ jên* ｜ *hiĕ hào jên*, les méchants portent malheur aux bons.

脉禮｜葯錢有一吊二, *Mĕ lì* ｜ *iŏ ts'iên ieòu ĭ tiáo eûl*, les honoraires du médecin avec les remèdes, c'est une affaire de 1200 sapèques.

｜好多人來, ｜ *hào tō jên lâi?* combien amène-t-il de monde?

｜一點病, ｜一點酒, ｜ *ĭ tièn pín;* ｜ *ĭ tièn tsieòu*, être un peu malade; être un peu pris de vin.

｜愁色, *v.* ｜愁的樣子, ｜ *ts'eôu sĕ*, *v.* ｜ *ts'eôu tĭ iáng tsè*, avoir l'air triste.

｜黑色, ｜甜味, ｜ *hĕ sĕ*, ｜ *t'iên oúi*, qui tire sur le noir, qui est un peu sucré.

｜路的人, ｜ *lóu tĭ jên*, guide de voyage.

做生意要｜賭做庄稼要｜土, *Tsóu sēn í iáo* ｜ *tòu, tsóu tchouāng kiā iáo* ｜ *t'òu*, aux gens de commerce, il faut le du. aux gens de la campagne, il faut une e les rizières) des terres sèches.

連布連裁縫錢一吓去了三吊｜點, *Liên póu, liên ts'âi fōng ts'iên, ĭ há k'ú lò sān tiáo* ｜ *tièn*, tout compté, toile et confection, il a fallu un peu plus de 3 ligatures.

雞腸｜, *Kī tch'âng* ｜, 腰｜, *iāo* ｜, 襪｜, *ouă* ｜, 漂｜, *p'iāo* ｜, ｜｜散了, ｜｜ *sàn lò*, ｜口信, ｜ *k'eòu sín*, ｜信, ｜ *sín*, ｜書信, ｜ *chōu sín*, ｜兵, ｜ *pīn*, ｜把子, ｜ *pá tsè*. Voir *kī, etc.*

待 *Tái.* Traiter; attendre.

｜客｜得好, ｜ *k'ĕ* ｜ *tĕ hào*, il traite bien ses hôtes.

｜神父, *v.* 接｜神父, ｜ *chên fóu*, *v.* *tsiĕ* ｜ *chên fóu*, recevoir, traiter le prêtre.

依禮相｜, *v.* 賓客相｜, *ī lì siāng* ｜, *v.* *pīn k'ĕ siāng* ｜, se traiter selon la politesse, avec égard.

不會｜人, *Poŭ houí* ｜ *jên*, il ne sait pas traiter les gens.

｜人不是這樣｜法, ｜ *jên poŭ ché tché iáng* ｜ *fă*, ce n'est pas ainsi qu'on traite les gens.

｜人的厚薄, ｜ *jên tĭ heóu pŏ*, manière de traiter les gens, libéralement ou avec parcimonie.

｜兒女太輭 (*v.* 嚴) 狠了, ｜ *eûl niù t'ái jouàn (v. niên) hèn lò*, il est trop indulgent (ou bien, trop sévère) pour ses enfants.

｜壞了, ｜慢了, ｜ *houái lò;* ｜ *mán lò*, il l'a gâté (par trop d'indulgence); voir *mán*.

｜詔, ｜ *tcháo*, perruquier.

要｜嗲子時候, *Iáo* ｜ *chá tsè chê heóu?* jusqu'à quand faut-il attendre?

｜緩一吓, ｜ *houàn ĭ há*, attends, patiente un peu.

｜及 (*v.* 齊, *v.* 到) 晌午, ｜ *kĭ (v. ts'î, v. táo) chàng où*, attendre jusqu'à midi.

代 *Tái.* Génération, postérité; à la place de.

一｜人, 幾｜人, *ĭ* ｜ *jên, kì* ｜ *jên*, une génération; plusieurs (ou combien de) générations.

前｜,後｜, *Ts'iên* ｜, *heóu* ｜, les ancêtres, les descendants.

換了 (*v.* **過了**) **幾｜人**, *Houán lò* (*v. kó lò*) *kì* ｜ *jên*, il a passé plusieurs générations.

世世｜｜, *Ché ché* ｜ ｜, de génération en génération.

｜**天主的位**, ｜ *T'iēn Tchòu tī oúi*, tenir la place de Dieu.

｜**管**, ｜**理**, ｜ *kouàn*, ｜ *lì*, gouverner, régir par intérim.

你｜倒一吓, *Gnì* ｜ *tào ī há*, tiens ma place un instant.

｜**父**, ｜**母**, ｜**子**, ｜**女**, ｜ *fóu*, ｜ *moù*, ｜ *tsè*, ｜ *niù*, parrain, marraine, filleul, filleule.

耶穌｜我們受苦, *Iê sōu* ｜ *gò mên cheóu k'òu*, Jésus-Christ a souffert pour nous.

你｜我看吓舖子, *Gnì* ｜ *gò k'án há p'óu tsè*, garde un instant la boutique à ma place.

｜**書**, ｜ *chōu*, ｜**印官**, ｜ *ín kouān*, **交｜**, *kiāo* ｜, ｜**筆**, ｜ *pī*. Voir *chōu*, *etc*.

袋 *Tái*. *v.* **口｜**, *v. k'eòu* ｜, sac.

口｜麻布, *K'eòu* ｜ *mâ póu*, grosse toile de chanvre, pour faire des sacs.

一口｜米, *ī k'eòu* ｜ *mì*, un sac de riz.

烟｜, *iēn* ｜, pipe.

縺口｜, *Liên k'eòu* ｜, coudre (faire) un sac.

裝在口｜, *Tchoūang tsái k'eòu* ｜, mettre dans le sac.

貸 *Tái*. *v.* **借｜**, *v. tsié* ｜, emprunter.

無處借｜, *Oû tch'óu tsié* ｜, ne trouver à emprunter nulle part.

T'ÁI

泰 *T'ái*. Paix, repos; ample, extrême.

｜**平人**, ｜ *p'în jên*, homme pacifique.

｜**平葯**, ｜ *p'în iŏ*, remède inoffensif.

聖教會｜平, *Chén kiáo hoúi* ｜ *p'în*, l'Eglise est en paix.

｜**西**, ｜ *sī*, l'Extrême-Occident.

｜**山**, ｜ *chān*, montagne célèbre au Chān-tōng.

｜**平了**, ｜ *p'în lò*, ｜**平釭**, ｜ *p'în kāng*, **康｜**, *k'āng* ｜. Voir *p'în*, *etc*.

太 *T'ái*. Très grand, excès, superlatif.

｜**陽包**, ｜ *iâng pāo*, le globe du soleil (voir *iâng*).

｜**陽出來了**, ｜ *iâng tch'ŏu lâi lò*, le soleil est levé, s'est montré.

｜**陽高了,當頂,斜起了**, ｜ *iâng kāo lò, tāng tìn, siê k'ì lò*, le soleil est déjà haut, il est au midi, il décline.

幾个 (*v.* **高**) ｜**陽穀子就黃了**, *Kì kó* (*v. kāo*) ｜ *iâng, koŭ tsè tsieóu houâng lò*, en quelques jours de soleil le riz a mûri.

｜**后**, ｜**子**, ｜**師**, ｜**保**, ｜ *heóu*, ｜ *tsè*, ｜ *sē*, ｜ *pào*, la mère de l'Empereur, le prince héritier, son précepteur, son gouverneur.

｜ ｜,**老**｜ ｜, ｜ ｜, *lào* ｜ ｜, femme, mère d'un homme élevé en dignité.

老｜婆, *Lào* ｜ *p'ô*, femme âgée d'un homme considérable.

縣,府｜爺, *Hién, fòu* ｜ *iê*, nom donné par le peuple au sous-préfet, au préfet.

｜**守**, ｜ *cheòu* (*v. foù kouān*), préfet.

｜**祖**, ｜ *tsòu*, premier ancêtre.

｜**公**, ｜ *kōng*, pilote d'une barque.

｜**惡狠了**, ｜**多了**, ｜**少了**, ｜ *gŏ hèn lò*, ｜ *tō lò*, ｜ *chào lò*, il est trop méchant, c'est trop, c'est trop peu.

｜**陰**, ｜ *īn*, **出｜陽**, *tch'ŏu* ｜ *iâng*, ｜**陽落坡** (*v.* **山**, *v.* **土**), ｜ *iâng lŏ p'ō* (*v. chān*, *v. t'òu*), ｜**陽大**, *v.* **辣**, ｜ *iâng ta v. lá*, **晒｜陽**, *chái* ｜ *iâng*, **昏昏｜陽**, *houēn houēn* ｜ *iâng*, ｜**陽晃眼睛**, ｜ *iâng houáng ièn tsīn*, ｜**陽陰了,萎了**, ｜ *iâng īn lò, oūi lò*, ｜**爺**, ｜ *iê*, **老｜爺**, *lào* ｜ *iê*, ｜**醫**, ｜ *ī*, ｜**極**, ｜ *kī*. Voir *īn*, *etc*.

TĀN

丹 *Tān.* Rougeâtre; médecine en poudre.

丨葯,膏丨丸散, 丨 *iŏ, kāo* 丨 *iuên sàn*, médecine en poudre (voir *iuên*).

紅丨, *Hông* 丨, minium.

單 *Tān.* Seul, unique, simple; catalogue; particule numérale.

丨丨我一个人, 丨丨 *gò ĭ kó jên*, moi tout seul.

丨有一个天主, 丨 *iєòu ĭ kó T'iēn Tchòu*, il n'y a qu'un seul Dieu.

丨身漢, 丨 *chēn hán*, homme qui est seul, non marié.

丨線,雙線, 丨 *sién, choūang sién*, fil simple, double.

丨日子, 丨花, 丨 *jĕ tsè,* 丨 *hoūa*, jour impair (dans le mois), fleur simple (non double).

丨洋布, 丨 *iâng póu*, cotonnade très mince.

人丨吊了點, *Jên* 丨 *tiáo lò tièn*, il est un peu trop mince pour sa taille.

書丨子,瞻禮丨, *Chōu* 丨 *tsè; tchān lì* 丨, catalogue de livres; calendrier (style chrét.).

丨條, 丨 *t'iâo*, longue inscription sur une grande feuille, qui se suspend comme les *toúi tsè*.

一丨葯, ĭ 丨 *iŏ*, une formule médicale.

太醫開不來丨子, *T'ái ī k'āi poŭ lâi* 丨 *tsè*, le médecin ne sait pas écrire ses ordonnances.

葯丨子, *iŏ* 丨 *tsè*, 報丨, *páo* 丨, 開丨子送案, *k'āi* 丨 *tsè sóng gán*. Voir *iŏ, etc.*

禪 *v.* **單** *Tān.* Habit non doublé.

臥丨, *ó* 丨, drap de lit (ordinairement brodé sur la partie qui pend par-devant).

挖丨, *Oūa* 丨, carré de toile plus ou moins grand, pour envelopper des objets.

丨衫子, 丨 *chān tsè*, 丨襪子, 丨 *oūa tsè*. 包丨, *pāo* 丨. Voir *chān, oūa, pāo, etc.*

躭 *v.* **耽** *Tān.* Différer, répondre d'une affaire.

丨延, *v.* 丨閣, 丨 *iên, v.* 丨 *kŏ*, différer, retarder (voir *kŏ*).

丨悞人家的事, 丨 *oú jên kiā tĭ sé*, par négligence ou par des retards nuire aux affaires d'autrui.

丨 (*v.* 擔)承, 丨 *tch'ên*, se porter caution.

我找一个丨承人, *Gò tchào ĭ kó* 丨 *tch'ên jên*, je vais chercher quelqu'un pour me cautionner.

憚 *Tān* (*tán*). Craindre, être inquiet.

不必丨心, *Poŭ pĭ* 丨 *sīn*, il n'y a pas à s'inquiéter.

我丨心你, *v.* 我替你丨心, *Gò* 丨 *sīn gnì, v. gò t'í gnì* 丨 *sīn*, je suis inquiet pour toi.

不要丨心我, *Poŭ iáo* 丨 *sīn gò*, ne t'inquiete pas à mon sujet.

我丨心他害病, *Gò* 丨 *sīn t'ā hái pín*, j'ai peur qu'il ne tombe malade.

我丨心落雨, *Gò* 丨 *sīn lŏ iù*, j'ai peur qu'il ne pleuve.

我丨心這件事, *Gò* 丨 *sīn tché kién sé*, je suis inquiet pour cette affaire.

癉 *Tān.* Éruption de boutons par tout le corps, avec malaise général.

發丨, *Fă* 丨, être pris de cette maladie.

擔 *Tān.* Porter.

丨担子, 丨 *tán tsè*, porter un fardeau (au propre et au fig.).

這个担子我丨不起, *Tché kó tán tsè gò* 丨 *poŭ k'ì*, ce fardeau est au-dessus de mes forces.

我不跟你丨這个担子, *Gò poŭ kēn gnì* 丨 *tché kó tán tsè*, cette affaire te regarde, je n'en veux pas prendre la responsabilité.

他要丨一百斤, *T'ā iáo* 丨 *ĭ pĕ kīn*, il peut porter 100 livres.

磨丨鈎, *Mó* 丨 *keōu*, manche du moulin à bras.

丨承,枷丨,丨*tch'ên, kia* 丨. Voir 躭 *tān, kia.*

T'ĀN

貪 *T'ān.* Convoiter, cupide.

毋丨他人財物, *Oû* 丨 *t'ā jên ts'âi oŭ,* défense de convoiter le bien d'autrui.

丨(v. 丨圖)人家的, 丨(*v.* 丨 *t'ôu*) *jên kiā tĭ,* désirer le bien d'autrui.

一概都不丨了, *ĭ k'ái toū poŭ* 丨 *lò,* je n'ambitionne plus rien.

丨想,沒得丨心, 丨 *siàng; mŏ tĕ·* 丨 *sīn,* désirer avidement; n'avoir pas d'ambition.

做生意不要丨狠了, *Tsoú sēn í poŭ iáo* 丨 *hèn lò,* quand on fait le commerce, il ne faut pas être trop cupide.

丨小利, 丨 *siào lí,* rechercher les petits profits illicites.

丨生怕死, 丨 *sēn p'á sè,* désirer vivre, et craindre la mort plus que de raison.

丨餐, *v.* 丨饕, 丨 *ts'ān, v.* 丨 *t'āo,* être gourmand, gourmandise.

好酒丨杯, *Haò tsieòu* 丨 *pēi,* avoir la passion du vin.

他不曉得丨書, *T'a poŭ hiào tĕ·* 丨 *choū,* il n'a pas le cœur à l'étude.

歎 *v.* 嘆 *T'ān* (*t'án*). Pousser un soupir.

丨一口氣, 丨 *ĭ k'eòu k'í,* pousser un soupir, respirer un peu, se reposer un instant.

撣 *T'ān.* Etre en contact (on dit aussi *t'āng*).

柑子丨不得酒氣, *Kān tsè* 丨 *poŭ tĕ· tsieòu k'í,* les oranges craignent l'odeur du vin.

丨了那股氣色就把病惹倒了, 丨 *lò lá koù k'í sĕ·, tsieóu pà pín jè· taò lò,* il a été saisi par cette odeur pestilentielle, et il a gagné la maladie.

灘 *T'ān.* Rapide de fleuve.

有丨沒得, *Ieòu* 丨 *mŏ tĕ·?* y a-t-il des rapides?

一个,兩个丨, *ĭ kó, leàng kó* 丨, un, deux rapides.

放船下丨, *Fáng tch'oûan hiá* 丨, lancer une barque dans un rapide.

拉丨, *Lā* 丨, haler une barque par un rapide (voir *lā*).

過了丨, *v.* 丨過了, *Kó lò* 丨, *v.* 丨 *kó lò,* on a passé le rapide, le rapide est passé.

丨口上, 丨 *k'eòu cháng,* à l'entrée du rapide.

丨兇肯壞船, 丨 *hiōng k'èn houái tch'oûan,* le rapide est dangereux, il s'y brise beaucoup de barques.

走丨, *v.* 起丨, *Tseòu* 丨, *v. k'ì* 丨, monter à terre, pendant que la barque passe le rapide.

清丨, *Ts'īn* 丨, nom du plus fort rapide du Fleuve Bleu, entre *I tch'āng* et *K'oûi foù.*

跑丨兒, *P'ào* 丨 *eûl (t'eûl),* courir le monde en faisant le commerce; faire le vagabond.

癱 *T'ān. v.* 丨病, *v.* 瘋丨病, *v.* 丨 *pín, v. fōng* 丨 *pín,* paralysie.

丨子, 丨 *tsè,* paralytique.

攤 *T'ān.* Etaler, répartir.

丨子, 丨 *tsè,* étalage de marchandises.

雜貨,草葯,布丨子, *Tsă hó, ts'ào iŏ, poú* 丨 *tsè,* étalage de bazar, d'herbes médicinales, de toiles.

擺,收,守丨子, *Pài, cheōu, cheòu* 丨 *tsè,* faire un étalage, le rentrer, le surveiller.

你是擺丨子開舖子, *Gnì ché pài* 丨 *tsè, k'āi p'óu tsè?* n'as-tu qu'un simple étalage, ou bien ouvres-tu boutique?

他的丨子擺得鬧熱, *T'ā tĭ* 丨 *tsè pài tĕ· laó jĕ·,* son étalage est magnifiquement monté.

丨子錢, 丨 *tsè ts'iên,* prix du droit d'étalage dans la rue.

丨開,丨不開, 丨 *k'āi,* 丨 *poŭ k'āi,* étendre, ne pouvoir étendre.

丨膏葯在紙上, 丨 *kaō iŏ tsái tchè cháng,* étendre un onguent sur du papier.

手 | 起, *Cheòu* | *k'ì*, étends, ouvre la main à plat.

| 賬, | *tcháng*, rembourser ses créanciers au rabais (dans une faillite).

| 七, 八, | *ts'ī, pă*, rembourser 70, 80 %.

他的號倒了纔 | 二, *T'ā tī haó taò lò ts'âi* | *eúl*, après sa faillite, il n'a pu rendre que 20 %.

這个東西 | 不得好多錢, *Tché kó tōng sī* | *poŭ tĕ haò tō ts'iên*, cet objet ne peut coûter bien cher.

只 | 得一百多錢, *Tchè* (*tchĕ*) | *tĕ ĭ pĕ tō ts'iên*, cela ne vaut qu'un peu plus de 100 sapèques.

| 子船, | *tsè tch'oûan*, barque-omnibus, pour marchandises et voyageurs.

| 派各家舖子出五十个錢, | *p'ái kŏ kiā p'oú tsè tch'ŏu où chĕ kó ts'iên*, imposer à chaque boutique une contribution de 50 sapèques.

T'ÂN

檀 *T'ân*. Santal ou sandal.

| 木, *v.* | 香木, | *moŭ*, *v.* | *hiāng moŭ*, bois de sandal.

| 香, | *hiāng*, bois de sandal employé comme parfum.

| 香油, | *hiāng ieôu*, essence de sandal.

談 *T'ân*. Langage, locutions (voir *t'án*).

散 | 子, *Sán* | *tsè*, plaisanter, lancer des quolibets.

| 駁人家, | *pŏ jên kiā*, dire ses vérités à quelqu'un.

打鄉 | , 受 | , *Tà hiāng* | ; *cheóu* | , parler le patois du pays; voir *cheóu*.

痰 *T'ân*. Gros crachat, pituite; humeur en général (se dit aussi *ts'ân*).

口 | , | 盒子, *K'eòu* | ; | *hŏ tsè*, gros crachat; crachoir.

水烟生 | , *Choùi iēn sēn* | , la pipe à eau produit des humeurs.

吐 | , *T'où* | , vomir des matières bilieuses.

| 火脚, | *hò kiŏ*, maladie de la goutte.

彈 *T'ân*. Pincer un instrument à cordes; carder le coton; réprimer.

| 花匠, | *hoūa tsiáng*, cardeur de coton.

| 蹦指兒, | *pōng teōu eûl* (*teūl*), donner une chiquenaude.

| 琴, | 三絃, | 棉花, | 壓, | *k'în*, | *sān hiên*, | *miên hoūa*, | *iă*. Voir *k'în, etc.*

罈 *T'ân*. Vase de terre à gros ventre et à orifice étroit.

封, 開 | 子, *Fōng, k'āi* | *tsè*, boucher, déboucher un vase de ce genre.

酒 | 子, 一 | 酒, *Tsieòu* | *tsè*, ĭ | *tsieòu*, jarre à vin, une jarre de vin.

| | 罐罐, | | *kouán kouán*. Voir *kouán*.

燂 *T'ân*. Chauffer au feu.

| 伸, | *tch'ēn*, redresser au feu du bois vert ou un bambou.

壇 *T'ân*. Tertre élevé en plein air, pour sacrifices.

設 | 求雨, *Chĕ* | *k'ieôu iù*, élever un autel de ce genre pour demander la pluie.

晴 | , 雨 | , *Ts'în* | , *iù* | , autel pour demander le beau temps, la pluie.

見風倒雨 | , *Kién fōng taò iù* | , au moindre vent, renverser l'autel érigé pour demander la pluie (locution employée pour se moquer de ceux qui cessent leurs invocations au moindre indice de pluie).

| 神, | *chên*, fétiche domestique (ordinairement en pierre).

繵 *T'ân*. Corde de halage (voir 牽 *k'iēn*).

TÀN

膽 *v.* 胆 *Tàn*. Fiel, courage, ardeur.

苦 | , *K'où* | , fiel, bile.

| 子好, 好 | 子, | *tsè haò; haò* | *tsè*, il est plein de courage; quelle audace!

小 | , 你 | 小, 大, *Siào* | ; *gnì* | *siào, tá*, timide; tu es trop timide, trop audacieux.

你丨小點, *Gnì* 丨 *siào tièn*, sois moins audacieux.

沒得丨子說,去, *Mŏ tĕ* 丨 *tsè chŏ, k'ú*, il n'ose dire, il n'ose aller.

不要跟他長丨子, v. 不要長(v. 壯)他的丨子, *Poŭ iaó kēn t'ā tchàng* 丨 *tsè*, v. *poŭ iaó tchàng* (v. *tchoúang*) *t'ā tĭ* 丨 *tsè*, il ne faut pas encourager son audace.

你好大的狗丨, *Gnì haò tá tĭ keòu* 丨, tu as une audace de chien.

放心大丨去做, *Fáng sīn tá* 丨 *k'ú tsoú*, suivre l'impulsion de son audace, pour aller faire une chose.

鞴起丨子去開門, *Má k'ì* 丨 *tsè k'ú k'āi mên*, se donner du courage pour aller ouvrir la porte.

他的丨量足, *T'ā tĭ* 丨 *leáng tsiŏ*, c'est un homme à poigne.

你丨敢應嘴, *Gnì* 丨 *kàn ín tsoùi*, comment! tu as l'audace de répondre, de riposter!

鹼 *Tàn*. Sel de soude.

丨水, 丨 *choùi*, résidu de la cuisson du sel.

丨粑, 丨 *pā*, ce résidu cristallisé.

點丨水, *Tièn* 丨 *choùi*, mêler quelques gouttes de cette eau à d'autres matières, en guise de présure pour les coaguler.

T'ÀN

毯 *T'àn*. v. 丨子, v. 丨 *tsè*, tapis tissé.

線丨,毛丨, *Sién* 丨, *mâo* 丨, tapis tissé en fils de coton, en fils de laine.

坦 *T'àn*. Plat, uni (v. *t'àng*).

一丨平, *ĭ* 丨 (*t'àng*) *p'în*, plat, uni sur tout le parcours (d'une route).

這个碗深點那个碗丨點, *Tché kó ouàn chēn tièn, lá kó ouàn* 丨 *tièn*, cette tasse est plus profonde, l'autre plus évasée.

TÁN

旦 *Tán*. Matin; nom donné aux comédiens qui jouent les rôles de femmes.

元丨, *Iuên* 丨, le premier jour de l'an.

老丨,正丨, v. 青衣丨,小丨, *Laò* 丨; *tchén* 丨, v. *ts'īn ī* 丨; *siào* 丨, différents rôles de femmes dans les comédies.

但 *Tán*. Seulement, mais.

不丨無益還有害, *Poŭ* 丨 *oû ĭ, houân ieòu hái*, non seulement il n'y a pas d'avantage, mais encore il y a du dommage.

好一个人丨愛吃酒, *Haò ĭ kó jên*, 丨 *gái tch'ĕ tsieòu*, c'est un brave homme, seulement il aime trop le vin.

丨有一點事不好, 丨 *ieòu ĭ tièn sé poŭ haò*, mais il y a un point qui n'est pas bien.

丨凡是人, 丨 *fân ché jên*, quiconque est homme: tout homme.

擔 v. 担 *Tán*. Fardeau, charge (au propre et au fig.).

挑(v. 擔)丨子, *T'iāo* (v. *tān*) 丨 *tsè*, porter un fardeau en balançoire (voir *tān*).

四根丨子一路, *Sé kēn* 丨 *tsè ĭ loú*, 4 fardeaux envoyés ensemble par la même route.

丨子重,輕,不穀挑, 丨 *tsè tchóng, k'īn, poŭ keóu t'iāo*, le fardeau est lourd, léger, insuffisant (trop léger).

丨子不摃頭, 丨 *tsè poŭ t'ên t'eôu*, les deux parties du fardeau ne sont pas de poids égal (ce qui est une difficulté de plus pour porter).

丨子放(v. 漂 v. 撐)跟人家, 丨 *tsè fáng* (v. *p'iāo*, v. *ts'ēn*) *kēn jên kiā*, donner à porter son fardeau à un autre, se relayer (voir *fáng*).

長梢丨子, *Tch'âng chāo* 丨 *tsè*, fardeau à porter au loin, pendant plusieurs jours.

短節丨子, *Touàn tsiĕ* 丨 *tsè*, fardeau qui n'est pas à porter très loin.

一,兩丨水, *ĭ, leàng* 丨 *choùi*, une, deux charges d'eau.

一丨烟,油, *ĭ* 丨 *iēn, ieôu*, une charge de tabac, d'huile (100 livres).

你有丨子,我沒得丨子, *Gnì ieòu* 丨 *tsè, gò mŏ tĕ* 丨 *tsè*, tu as charge (obligation): moi, non.

是你的丨子, *Ché gnì tĭ* | *tsè*, c'est ton devoir.

你脫不倒丨子, *Gnì t'ŏ poŭ taò* | *tsè*, tu ne peux te décharger de ce fardeau, de cette obligation.

扁丨,扛丨,火食丨子,壓丨子, *Pièn* |, *káng* |, *hò chĕ* | *tsè*, *iă* | *tsè*. Voir *pièn, etc.*

檐 *Tán*. poutre transversale.

抬丨,*v.* 過丨;樑丨, *T'âi* |, *v. kó* |; *leàng* |, le madrier sur lequel reposent les demi-colonnes: voir *leâng*.

石 *Tán*. Picul, mesure de capacité.

十斗爲一丨, *Chĕ teòu oûi ĭ* |, dix boisseaux font un picul.

一丨穀子, *ĭ* | *koŭ tsè*, un picul de riz non écossé (voir *koŭ*).

搖一丨八斗米, *v.* 搖米一丨八, *ín ĭ* | *pă teòu mì*, *v. ín mì ĭ* | *pă*, mesurer un picul et 8 boisseaux de riz écossé.

一丨零四升, *ĭ* | *lîn sé chēn*, un picul et 4 *chēn* (voir *chēn*).

誕 *Tán*. Naissance.

丨辰, | *chên*, jour de naissance.

耶穌聖丨,聖母聖丨, *Iê soū chén* |, *Chén moù chén* |, Noël, Nativité de la Ste Vierge.

淡 *Tán*. Modéré, tempéré, fade.

丨紅,顏色丨了, | *hông; iên sĕ* | *lò*, rouge pâle; la couleur n'est plus vive.

丨丨題吓, | | *t'î hâ*, soulever légèrement la question.

冷丨,丨泊, *Lèn* |, | *pŏ* (*v. pĕ*). Voir *lèn, pŏ*.

醆 *Tán*. Fade, insipide, sans goût par manque de sel.

菜,湯丨狠了加鹽, *Ts'ái, t'āng* | *hèn lò, kiā iên*, les mets, le bouillon sont trop fades, ajoute du sel.

丨吧吧的, | *p'ià p'ià tĭ*. Voir *p'ià*.

蛋 *Tán*. Œuf.

雞,鴨,鵝丨, *Kī, iă, ô* |, œuf de poule, de cane, d'oie.

丨黃,丨清, | *houâng*, | *ts'īn*, jaune d'œuf, blanc d'œuf.

湯丨,煎丨,蒸丨, *T'āng* |; *tsiēn* |; *tchēn* |, œufs à la coque; omelette; œufs à la neige.

皮丨, *P'î* |, œufs qui, enveloppés pendant quelque temps dans un mélange de cendre, de sel et de chaux, se sont coagulés, prenant une couleur noirâtre et brillante.

糟丨, *Tsāo* |, œufs macérés dans du vin doux.

硬丨,紅丨, *Guén* |, *hông* |, œufs durs, œufs colorés en rouge.

踩丨, *Tch'ài* |, se dit du mâle qui féconde les œufs.

丨𧎄𧎄, | *mông mōng*, pellicule qui entoure l'œuf sous la coque.

滲丨, *Sén* |, 菢丨, *paó* |, 寡丨, *koùa* |, 丨醒了, | *sìn lò*, 荷包丨, *hô paō* |, 鹽丨, *iên* |, 丨殼殼, | *k'ŏ k'ŏ*. Voir *sén, paó, etc.*

彈 *Tán*. Globule, balle.

雪丨子,落雪丨子, *Suĕ* | *tsè; lŏ suĕ* | *tsè*, grêle, grêlon; il tombe de la grêle.

火丨子, *Hò* | *tsè*, bombe, balle de fusil.

鉛丨火藥, *Iuên* | *hò iŏ*, balles et poudre.

T'ÁN

談 *T'án*. Parler.

你們丨嗏子話, *Gnì mên* | *chá tsè houá?* qu'est-ce que vous dites? (voir *houá*.)

丨人家的過失長短, | *jên kiā tĭ kó chĕ, tch'âng touàn*, médire du prochain.

丨不完;丨不明, | *poŭ ouân;* | *poŭ mîn*, on ne peut tout dire; ne pas parler clairement.

丨笑,丨生意,丨禮信, | *siáo*, | *sēn í*, | *lì sín*, parler pour rire, parler commerce, engager une discussion publique.

華西官話漢法詞典

好好不｜了, *Haò haò, poŭ* ｜ *lò*, suffit, suffit! n'en parlons plus!

｜親事, ｜ *ts'īn sé*, parler, traiter de mariage.

題｜一吓, *T'î* ｜ *ī há*, soulever un peu la question; dire un mot d'une affaire.

｜論, ｜閒話, ｜ *lén*, ｜ *hiĕn houá*. Voir *lén, hiĕn*.

炭 *T'án*. Charbon.

煤｜, 杠｜, 泡｜, v. 呼｜子, *Mĕi* ｜, *kāng* ｜, *p'áo* ｜, v. *foū* ｜ *tsè*, charbon de terre, charbon de chêne, charbon de bois léger.

｜槽子, v. ｜廠, ｜ *ts'âo tsè*, v. ｜ *tch'àng*, mine de charbon.

一股｜, v. 一線｜, *ī koù* ｜, v. *ī sién* ｜, une veine de charbon.

拖｜的船子, *T'ō* ｜ *tĭ tch'ouân tsè*, corbeille en forme de barque, pour tirer le charbon de la mine.

一船｜, ｜船, *ī tch'ouân* ｜; ｜ *tch'ouân*, une pleine corbeille de charbon; barque qui charge du charbon.

麵麵｜, 塊子｜, *Mién mién* ｜; *k'ouài tsè* ｜, charbon menu; charbon en gros morceaux.

｜火貴, ｜ *hò kouí*, le charbon est cher.

要認｜火錢, *Iaó jén* ｜ *hò ts'iĕn*, il faut reconnaître les frais de combustible.

｜巴, ｜ *pā*, poussière de charbon massée au moule.

｜窰, ｜ *iâo*, four à faire le charbon de bois.

吊｜, *Tiáo* ｜, peser, acheter du charbon.

發｜火, *Fā* ｜ *hò*, allumer du charbon de terre.

｜影子, ｜ *ìn tsè*, terre qui indique du charbon.

石｜, 撿煤｜花兒, *Chĕ* ｜, *kièn mĕi* ｜ *hoūa eûl (hoūeul)*. Voir *chĕ, kièn*,

｜(v. 煤)灰, ｜渣滓, ｜ *(v. mĕi) hoūi*, ｜ *tchā tsè*, cendres de charbon de terre, débris de charbon.

打 (v. 挖)煤, *Tà (v. oūa) mĕi* ｜, extraire du charbon.

探 *T'án (v. t'ān)*. Espionner, éprouver.

｜子, ｜ *tsè*, espion.

｜花, ｜ *(t'ān) hoūa*, le 3ème sur la liste des académiciens reçus.

打｜聽信, *Tà* ｜ *t'īn sín*, aller aux nouvelles, aux informations.

要試｜他一吓, *Iaó ché* ｜ *t'ā ī há*, il faut l'éprouver un peu (voir *ché*).

你試｜他的心, *Gnì ché* ｜ *t'ā tĭ sīn*, éprouve un peu ses dispositions.

TĀNG

當 *Tāng*. il faut; gérer, supporter; en présence, actuel.

｜守規矩, ｜ *cheòu kouī kù*, il faut observer les convenances, les règles.

｜用的恩, ｜ *iòng tĭ guēn*, les grâces dont on a besoin.

應｜要顧家, *īn* ｜ *iaó koú kia*, c'est un devoir de soigner sa famille.

｜家, ｜家人, ｜ *kiā*; ｜ *kiā jĕn*, gérer les intérêts d'une famille ou d'une communauté; gérant, chef d'une famille.

我｜這个事, *Gò* ｜ *tché kó sé*, je me charge de cette affaire.

這个事我不敢擔｜, *Tché kó sé gò poŭ kàn tān* ｜, je n'ose pas prendre la responsabilité de cette affaire.

這些苦難｜, ｜不得, *Tché sī k'où lân* ｜, ｜ *poŭ tĕ*, ces peines sont difficiles, impossibles à supporter.

你｜面(v. ｜倒)說, *Gnì* ｜ *mién (v.* ｜ *taò) chŏ*, dis, parle en face (voir *mién*).

｜前(v. 先)的神父, ｜ *ts'iĕn (v. siēn) tĭ chĕn foú*, les Pères d'autrefois.

｜兵, ｜差, ｜鄉約, ｜會首, ｜ *pīn*, ｜ *tch'āi*, ｜ *hiāng iŏ*, ｜ *hoúi cheòu, etc.*, être soldat, satellite (ou être soumis à une corvée), maire, chef d'une société.

在｜中, *Tsái* ｜ *tchōng*, au milieu.

糞｜｜, *Fén* ｜ ｜, espèce de grande cuiller à long manche, pour puiser dans les latrines.

敲｜｜(v. 噹), *K'āo* ｜ ｜, battre le tam-tam.

叮 | (v. 噹)會, *Tīn* | *houí*, se dit pour *taó tch'âng* (voir 道, *taó*), parce qu'on y use de cymbales, etc., qui font le bruit *tīn tāng*.

該 |, *Kāi* |, 不敢 |, *poŭ kàn* |, | 事的人, | *sé tĭ jên*, 太陽 | 頂, *t'ái iâng* | *tìn*, 樹子 | 年, *choú tsè* | *nièn*, | 今皇帝, | *kīn Houâng tí*, | 風, | *fōng*, 相 |, *siāng* |, 老 |, *laò* |. Voir *kāi*, *kàn*, *etc.*

襠 *Tāng*. Le fond de la culotte (voir 袴 *k'oú*).

T'ĀNG

湯 *T'āng*. Bouillon, jus.

肉 |, 蘿蔔 |, *Joŭ* |, *lô poŭ* |, bouillon de viande, bouillon de raves.

| 水, | | 水水, | *choùi*, | | *choùi choùi*, (litt.) bouillon clair, au fig. c'est ennuyeux; très ennuyeux.

清 | 寡水, | 釅得狠, *Ts'īn* | *koùa choùi*: | *nién tĕ· hèn*, brouet clair; le bouillon est trop épais.

煮 |, *Tchòu* |, cuire, faire du bouillon.

| 瓢, | *p'iāo*, grande cuiller à prendre le bouillon dans la marmite.

| 丸子, *v.* | 丸兒, | *iuên tsè*, *v.* | *iuên eûl*, boulettes de pâte de riz cuites dans du bouillon.

帶 |, *Tái* |, s'attirer des misères, injurier, maudire.

說話帶 |, *Chŏ houá tái* |, maudire en parlant.

米 |, *Mì* |, 辣子 |, *lă tsè* |. Voir *mì*, *lă*, *etc.*

T'ÂNG

堂 *T'âng*. Lieu, endroit, boutique, salle, palais, temple; famille.

天 |, 地 |, 經 |, 聖 |, *T'iēn* |, *tí* |, *kīn* |, *chén* |, le ciel, le paradis terrestre, oratoire, lieu saint ou église.

一 | 教友, *ĭ* | *kiáo ieòu*, un groupe de chrétiens formant comme une paroisse.

不成 | 數, *Poŭ tch'ên* | *sóu*, ils ne forment pas de groupes compacts (ils sont trop dispersés).

本 | 神父, *Pèn* | *chên fóu*, curé de l'endroit.

一 | 送一 |, *ĭ* | *sóng ĭ* |, les gens d'un lieu conduisent à l'autre.

天主 |, 永生 |, *T'iēn Tchòu* |, *Iùn sēn* |, la maison de Dieu, la pharmacie de la vie éternelle. (*T'âng* est ainsi employé comme finale de dénomination des oratoires, des pharmacies, etc.)

| 口上, | *k'eòu cháng*, le devant de toute boutique, où l'on débite soit des boissons, soit des comestibles.

跑 | 口的, *v.* | 官, *P'ào* | *k'eòu tĭ*, *v.* | *kouān*, garçon de boutique à thé ou à vin.

| 房, | *fâng*, maison de relai des courriers de la poste.

一 | 路; | 馬, *ĭ* | *lóu*; | *mà*, distance d'un relai à l'autre (15 ou 20 lys); chevaux de relai.

跑一 | 路, *P'ào ĭ* | *lóu*, faire une course d'un *t'âng*.

這 |, 那 |, *Tché·* |, *lá* |, en ce lieu-ci, ici; en ce lieu-là, là.

你在那 | 起身, *Gnì tsái là* | *k'ì chēn*? d'où es-tu parti?

沒得好寬一 | | 兒, *Mŏ tĕ· hào k'ouān ĭ* | | *eûl*, un endroit peu large, de peu d'étendue.

三重 |, *Sān tch'ông* |, maison à 3 corps de bâtiments l'un derrière l'autre, et séparés par 2 cours intérieures.

大, 小 | 屋, *Tá*, *siào* | *oŭ*, compartiment d'honneur, au milieu du principal bâtiment, petits salons sur les ailes.

令 |, *Lín* |, votre mère (polit.: voir *lín*).

婦人下了 |, *Foú jên hiá lò* |, la femme s'est remariée.

隨母下 |, *Soûi moù hiá* |, suivre sa mère dans la nouvelle famille où elle se remarie.

| 兄 | 弟, | *hiōng* | *tí*, fils de frères ou de cousins.

親丨弟兄, *Ts'īn* | *tí hiōng*, cousins germains (fils de 2 frères).

不是得親的，是丨弟兄, *Poŭ ché tĕ· ts'īn tĭ, ché* | *tí hiōng*, ils ne sont pas frères, mais cousins.

祠丨, *Ts'ê* | , pagode des ancêtres d'une même famille.

大丨, *Tá* | , tribunal ouvert dans la partie antérieure du prétoire, où siègent les mandarins qui ne craignent pas les regards du public.

二丨, *Eúl* | , tribunal intérieur, où ne sont admis que les intéressés.

官坐丨，大丨, *Koūan tsó* | , *tá* | , le mandarin siége au tribunal, au tribunal public.

站丨, *Tchán* | , se dit des satellites qui se tiennent rangés debout, pendant l'audience.

正丨, *Tchén* | , titre que se donne le mandarin dans ses proclamations.

丨子, | *tsè*, lieu de débauche, de réunion, de mauvaise société; fond d'une sculpture en relief.

滾丨子, *Kouèn* | *tsè*, aller se perdre dans une maison de prostitution (se dit des femmes).

踩(v. 走)丨子, *Tch'ài (v. tseòu)* | *tsè*, fréquenter les mauvaises maisons.

膛 *T'âng*. Poitrine (voir *hiōng* 胸).

唐 *T'âng*. Nom d'une dynastie célèbre (620 à 907 ap. J.-C.).

丨朝, | *tch'âo*, dynastie des *T'âng*.

塘 *T'âng*. Etang, réservoir.

池丨, v. 水丨, v. 堰丨, *Tch'ĉ* | , *v. choùi* | , *v. ién* | , étang, réservoir d'eau pour les rizières (voir *ién*).

修(v. 挖, v. 洮)堰丨, *Sieōu (v. oūa, v. t'âo) ién* | , creuser un réservoir.

挑(v. 洮)沙丨, *T'iāo (v. t'âo) chā* | , vider (emporter) le sable d'un réservoir.

水丨了不流, *Choùi* | *lò poŭ lieôu*, l'eau croupit, ne coule pas.

房子落丨, *Fâng tsè lŏ* | . Voir *lŏ*.

搪 *T'âng*. Opiniâtre, arrogant.

拿些話來丨塞, *Lâ sī houá lâi* | *sĕ·*, répondre par des subterfuges.

餹 *v.* 糖 Sucre.

白丨, *Pĕ·* | , sucre plus ou moins blanc, cassonade.

黃丨，片丨，碗兒丨, *Houâng* | , *p'ién* | , *ouàn eûl* | , sucre jaune, sucre en forme de briquettes, sucre cristallisé dans de petites soucoupes.

丨房, | *fâng*, sucrerie (fabrique).

放(v. 下)丨, *Fáng (v. hiá)* | , sucrer.

蜂丨，麻丨，梨子丨, *Fōng* | , *mâ* | , *lî tsè* | , 李子丨, *lì tsè* | , 冰丨, *pīn* | , 丨食, | *chĕ*, 熬丨, *gâo* | . Voir *fōng, mâ, etc.*

TÀNG

黨 *Tàng*. Compagnon, bande.

鄉丨, *Hiāng* | , gens du même pays.

惡丨, v. 匪丨, *Gŏ* | , *v. fèi* | , mauvaise engeance.

都是一丨的, *Toū ché ī* | *tĭ*, c'est tout de la même clique.

擋 *v.* 攩 *Tàng, v. táng*. Empêcher, faire obstacle, résister, arrêter.

不要丨我的路, *Poŭ iáo* | *gò tĭ loú*, n'obstrue pas ma route.

你去丨他, *Gnì k'ú* | *t'ā*, va l'arrêter, l'empêcher.

我丨不住他, v. 丨他不住, *Gò* | *poŭ tchóu t'ā, v.* | *t'ā poŭ tchóu*, je ne puis l'arrêter, l'empêcher.

丨風，雨, | *fōng, iù*, abriter contre le vent, contre la pluie.

抵丨魔鬼, *Tì* | *mô koùi*, résister au démon.

你不要阻丨他, *Gnì poŭ iáo tsòu* | *t'ā*, ne l'empêche pas, laisse-le faire.

他們不能成婚有阻丨, *T'ā mên poŭ lên tch'ên houēn ieòu tsòu* | (mieux *tsòu kĕ·* 阻革), ils ne peuvent pas contracter mariage, il y a empêchement.

水丨了不流, *Choùi* | *lò poŭ lieôu*, l'eau est arrêtée, ne coule pas.

TÁNG

當 *Táng*. Tenir place de, passer pour, comme; hypothéquer, donner ou recevoir en gage.

丨不得頓, 丨 *pou̍ tĕ· tén*, cela ne peut pas servir de nourriture.

丨眞的, 丨眞來了, 丨 *tchēn tĭ;* 丨 *tchēn lâi lò*, vraiment, de fait; il est vraiment arrivé.

他要丨你們両个, *T'a iáo* 丨 *gnì mên leàng kó*, à lui seul, il vaut autant que deux d'entre vous, ou que vous deux.

拿黄牛丨水牛用, *Lâ houâng nieôu* 丨 *choùi nieôu iòng*, se servir de bœuf en guise de buffle.

這个丨得喺子, *Tché· kó* 丨 *tĕ· chá tsè?* de quoi cela peut-il tenir lieu?

丨時就去了, 丨 *chê tsieóu k'ú lò*, aussitôt il est parti.

不忙先要商量停丨, *Pou̍ màng siēn iáo chāng leâng t'în* 丨, pas si vite, il faut d'abord délibérer mûrement.

主意打停丨了, *Tchòu í tà t'în* 丨 *lò*, ma résolution est définitivement arrêtée.

一回上了丨, 二回莫照樣, *ĭ hoûi cháng lò* 丨, *eúl hoûi mŏ tcháo iáng*, attrapé une première fois, une autre fois n'allez pas faire la même sottise.

不把我丨人, *Pou̍ pà gò* 丨 *jên*, il ne me traite pas en homme.

丨頭, 丨 *t'eôu*, extrémité, gage.

床丨頭, *Tch'ouâng* 丨 *t'eôu*, l'extrémité ou les extrémités du lit.

做丨頭, *Tsóu* 丨 *t'eôu*, servir de gage.

丨舖, 開丨舖, 丨 *p'óu; k'āi* 丨 *p'óu*, mont-de-piété reconnu; tenir un mont-de-piété.

私丨, 小押丨, *Sē* 丨; *siào iă* 丨, prêt sur gage, fait par des particuliers. Voir *iă*.

丨東西, 丨 *tōng sī*, emprunter ou prêter sur gage, hypothéquer.

這家人不得行, 在丨東西, *Tché· kia jên pou̍ tĕ· hîn, tsái* 丨 *tōng sī*, cette famille est à bout, elle est réduite à engager ses objets au mont-de-piété.

停丨, *T'în* 丨, cesser de prêter sur gage (voir *t'în*).

買票子取丨是好生意, *Mài p'iáo tsè ts'ù* 丨 *ché haò sēn í*, acheter des reconnaissances du mont-de-piété, pour en retirer les objets, est un commerce lucratif.

東西丨死了, 取不出來了, *Tōng sī* 丨 *sè lò, ts'ù pou̍ tch'ŏu lâi lò*, une fois le délai légal expiré, on ne peut plus retirer les objets (le gage est mort).

衣裳丨完了, *v.* 丨盡了, *ī cháng* 丨 *ouân lò, v.* 丨 *tsín lò*, tous ses habits ont passé au mont-de-piété.

丨房子, 田地, 丨 *fâng tsè, t'iên tí*, donner ou recevoir en hypothèque des maisons, des champs.

丨價, 丨 *kiá*, prix de l'hypothèque.

丨主, 丨約, 丨 *tchòu;* 丨 *iŏ*, le créancier qui reçoit en hypothèque; contrat d'hypothèque.

轉丨, *Tchouàn* 丨, sous-hypothéquer; engager un objet déjà reçu en gage.

丨跟人家, 丨 *kēn jên kia*, donner en hypothèque.

恰丨, 穩丨, *K'iă* 丨, *ouèn* 丨. Voir *k'iă, ouèn*.

宕 *Táng*. Cavité, caverne.

丨丨, *v.* 水丨丨, 丨丨, *v. choùi* 丨丨, flaque d'eau, mare.

滿丨丨的水, *Màn* 丨丨 *tĭ choùi*, eau qui déborde.

鍋頂丨, *Kō tìn* 丨, trou dans le lit d'une rivière.

牛滾丨, *Nieôu kouèn* 丨. Voir *kouèn*.

蕩 *Táng*. Effréné.

遑丨, *v.* 慌丨, *Houâng* 丨, *v. houàng* 丨, d'une conduite très légère.

丨子班兒, 丨 *tsè pān eûl (pēul)*, prostituée.

鬧丨子, *Laó* 丨 *tsè*, avoir des rapports avec les prostituées.

T'ÁNG

燙 *T'ăng*. Chauffer, échauder.

丨一壺酒, 丨 *ĭ foŭ tsieòu*, faire chauffer un cruchon de vin.

把手脚丨得起皰, *Pà cheoù kiŏ* 丨 *tĕ· k'ì p'áo*, il s'est échaudé les pieds et les mains, jusqu'à en avoir des boursouflures.

丨手摸不得, 丨 *cheoù, mō poŭ tĕ·*, cela brûle les mains, on ne peut y toucher.

丨猪, 丨 *tchoū*, échauder un porc, pour détacher plus facilement les soies.

拿水來丨, *Lâ choùi lâi* 丨, échauder à l'eau bouillante.

丨衣裳, 丨 *ī châng*, tremper un habit dans l'eau bouillante.

丨蛋, 丨 *tán*, 丨脚, 丨 *kiŏ*, 丨澡, 丨 *tsaò*, 丨雞, 丨 *kī*, 丨虱子, 丨 *sĕ· tsè*. Voir *tán*, *kiŏ*, *etc.*

鎕 *T'ăng*. v. 斗丨子, v. *teoù* 丨 *tsè*, instrument pour niveler les grains dans le boisseau.

趟 *T'ăng*. Particule numérale des courses.

跑一丨, 跑丨子, *P'ào ĭ* 丨; *p'ào* 丨 *tsè*, faire une course; courir, s'exercer à la course.

TĀO

刀 *Tāo*. Couteau; particule numérale.

一把丨, 丨把把, *ĭ pà* 丨; 丨 *pá pá*, un couteau; manche de couteau.

剪丨, 剃頭丨, *Tsièn* 丨, *t'í t'eôu* 丨, ciseaux, rasoir.

菜丨, v. 切丨, *Ts'ái* 丨, v. *ts'iĕ·* 丨, couperet de cuisine.

柴丨, v. 齊丨, *Tch'âi* 丨, v. *ts'î* 丨, cognée de bucheron.

彎丨, 鎌丨, 大丨, *Ouān* 丨, *liên* 丨, *tá* 丨, hachette pour le bois à brûler, faucille, grande hache à long manche.

鍘丨, 洋丨兒, 火鎌丨, *Tchă* 丨; *iâng* 丨 *eûl*; *hò liên* 丨, couteau à hacher l'herbe, les médicaments; couteau européen; briquet.

用丨切, 割, 宰, 砍, *Ióng* 丨 *ts'iĕ·*, *kŏ*, *tsài*, *k'àn*, diviser, couper, trancher, frapper violemment avec un couteau.

提丨割肉, *T'î* 丨 *kŏ joŭ*, prendre le couteau pour couper de la viande.

掌丨的, *Tchàng* 丨 *tī*, celui qui dans les boucheries manie le couteau, soit pour tuer, soit pour débiter la viande.

丨尖子, 丨口 (v. 鋒), 丨背, 丨 *tsiēn tsè*, 丨 *k'eòu* (v. *fōng*), 丨 *péi*, pointe, tranchant, revers du couteau.

丨缺了, 鈍了, 丨 *k'uĕ· lò*, *tén lò*, le couteau est ébréché, émoussé.

磨丨, 起丨, *Mô* 丨, *k'ì* 丨, aiguiser, affiler un couteau (voir *mô*, *k'ì*).

殺 (v. 砍) 一丨, *Chă* (v. *k'àn*) *ĭ* 丨, donner un coup de couteau.

捱丨的, *Gâi* 丨 *tī*: (imprécation) gibier de potence! litt. qui reçoit un coup de couteau, qui doit être décapité.

一丨紙, *ĭ* 丨 *tchè*, une main de papier (100 feuilles).

一个提丨一个端血盆, *ĭ kó t'î* 丨, *ĭ kó touān hiĕ· p'ên*, l'un tient le couteau, l'autre le vase pour recevoir le sang, c.-à-d. se mettre à deux pour tourmenter quelqu'un.

T'ĀO

叨 *T'āo*. Injurier, maudire.

丨人, 丨 *jên*, injurier les gens.

你丨那个, *Gnì* 丨 *là kó?* à qui s'adressent tes malédictions?

丨得髒, 不好聽, 丨 *tĕ· tsāng*, *poŭ haò t'īn*, ses malédictions sont obscènes, vilaines à entendre.

一歇昏丨, *ĭ hiĕ· houēn* 丨, lancer une bordée d'injures furibondes (voir *hiĕ·*).

丨媽, 丨老娘, 丨 *mā*, 丨 *laò niâng*, injurier la mère de quelqu'un.

絛 *T'āo*. v. 丨子, v. 絲丨子, v. 丨 *tsè*, v. *sē* 丨 *tsè*, cordon rond en soie.

一尺丨子, *ĭ tch'ĕ* 丨 *tsè*, un pied de cordon.

洮 *T'ao.* (*v. t'ào*). Curer, nettoyer.

| 耳朶, | *eùl tō*, curer les oreilles.

| 陰溝,井, | *īn keōu, tsìn*, curer un conduit couvert, un puits.

你 | 吓子陽溝的泥巴, *Gnì* | *há tsè iâng keōu tì gnî pā*, cure un peu le conduit (à ciel ouvert), en ôtant la boue (qui s'y trouve).

水把墻脚 | 空 (*v.* 虚) 了, *Choùi pà ts'iâng kiŏ* | *k'ōng (v. hū) lò*, l'eau a miné la base de la muraille.

T'ÂO

淘 *T'âo.* Laver; s'épuiser, se fatiguer.

| 乾淨, | *kān tsín*, laver, curer proprement.

在河裡頭去 | , *Tsái hô ì (lì) t'eôu k'ú* | , va laver dans le fleuve.

| 力得狠, | *lĭ tĕ hèn*, c'est très fatigant.

| 神的事, | *chên tĭ sé*, affaire bien ennuyeuse, tracassante.

又 | 力,又 | 神, *Ieoú* | *lĭ, ieoú* | *chên*, fatiguer du corps et de l'esprit.

| 花生, | *hoūa sēn*, | 米水, | *mì choùi*, | 沙金, | *chā kīn*, | 氣, | *k'í*. Voir *hoūa, mì, kīn, k'í*.

萄 *T'âo.* Raisin (voir *p'oû* 葡).

桃 *T'âo.* Pêche, pêcher.

| 子樹, | 子, | *tsè choú*, | *tsè*, pêcher, pêche.

椄 | , 仙 | , 毛 | , *Tsiĕ* | , *siēn* | , *mâo* | , pêcher greffé, variété de pêche plus grosse, pêcher sauvage.

核 | , 櫻 | , *Hĕ* | , *guēn* | , noix, cerise.

| 子米米, *v.* | 核米米, | *tsè mì mì, v.* | *hŏ (hĕ) mì mì*, amande de pêche.

| 子囫囫, | *tsè hoû hoû, v. foû foû*, noyau de pêche.

| 三李四, | *sān lì sé*, le pêcher produit au bout de 3 ans, le prunier au bout de 4 ans.

| 花水, | *hoūa choùi*, eaux rougeâtres (au moment de la crue des fleuves).

逃 *T'âo.* Fuir.

| 走了, | *tseoù lò*, il s'est enfui.

| 到叙府, | 遠了, | *taó Sú foù*, | *iuèn lò*, se réfugier à *Sú foù*, il s'est enfui au loin.

| 避, | 脱了, | *pí*; | *t'ŏ lò*, éviter; il s'est échappé; il s'est mis hors de danger.

走那裡 | , *Tseoù là lì* | ? où s'enfuir?

| 出去, | 難, | *tch'ŏu k'ú*; | *lán*, sortir, s'évader. Voir *lán*.

| 犯, | 罰, | 學, | *fán*; | *fă*, | *hiŏ*, prisonnier évadé; se dérober à la punition, faire l'école buissonnière.

TAÒ

禱 *Taò. v.* 祈 | , *v. k'î* | , prier, prière.

| 文,公 | , | *ouên, kōng* | , litanies, Rogations.

倒 *Taò.* Tomber, renverser; auxiliaire marquant le passé, l'impératif, souvent simplement euphonique.

一 | 就死, ĭ | *tsieóu sè*, tomber raide mort.

| 床, | *tch'ouâng*, (litt.) tomber sur le lit: s'aliter.

脚踢 | 了, *Kiŏ t'ĭ (v. t'ĭ)* | *lò*, il est tombé pour avoir heurté du pied.

這个房子要 | 得狠, *Tché kó fâng tsè iáo* | *tĕ hèn*, cette maison menace fort de crouler.

吹 | 了,穀子 | 了, *Tch'oūi* | *lò*; *koŭ tsè* | *lò*, renverse par le vent; le riz a versé.

| 在地下, | *tsái tí hiá*, tomber par terre.

撳,搒,打 | 了, *Hiuēn, p'àng, tà* | *lò*, renversé par un choc (voir *p'àng*).

| 號, | 賬, | *haó*, | *tcháng*, banqueroute d'une grande maison, faillite.

| 灶, | *tsáo*, renverser son fourneau (réputé de très mauvais augure).

你站 | , 拿 | , 踩 | , *Gnì tchán* | ; *lâ* | ; *tch'ài* | , arrête, tiens-toi debout; prends cela; foule aux pieds.

丨了, 丨 *lò*, après un verbe, exprime le passé.

得丨, 不丨, *Tĕ* 丨, *poŭ* 丨, après un verbe, a le sens de pouvoir, ne pas pouvoir faire l'action exprimée par ce verbe.

懂丨了, 懂得丨, 懂不丨, *Tòng* 丨 *lò; tòng tĕ* 丨; *tòng poŭ* 丨, j'ai compris; je comprends, ou je puis comprendre; je ne comprends pas, ou je ne puis comprendre.

我聽丨說, 沒有看丨, *Gò t'īn* 丨 *chŏ, mŏ iòu k'án* 丨, j'ai entendu dire, mais je n'ai pas vu.

撐丨房子, 拴丨狗, *Ts'én* 丨 *fâng tsè, choūan* 丨 *keòu*, étayer la maison, attacher le chien.

他一个人喫不丨, *T'ā ī kó jên tch'ĕ poŭ* 丨, à lui tout seul, il ne pourra tout manger.

島 *Taò*. Ile.

海丨, *Hài* 丨, île située dans la mer.

T'AÒ

討 *T'aò*. Demander, chercher, cueillir.

丨口, *v.* 丨飯, 丨口子, 丨 *k'eòu, v.* 丨 *fán;* 丨 *k'eòu tsè*, mendier; mendiant.

丨盤纏, 哀矜, 賞, 丨 *p'ân tch'ân, gāi kīn, chàng*, demander du viatique, l'aumône, une gratification.

丨房子坐, 丨 *fâng tsè tsó*, demander un logement gratis.

丨地; 丨約, *v.* 丨字, 丨 *tí;* 丨 *iŏ, v.* 丨 *tsé*, demander un emplacement gratis, pour enterrer un mort; acte écrit de cette demande.

我跟你丨, 我不丨跟你, *Gò kēn gnì* 丨; *gò poŭ* 丨 *kēn gnì*, je te prie de me donner gratis, ou de me prêter; je ne veux pas te donner cela.

丨親, 丨一个婦人, 丨小, 丨 *ts'īn;* 丨 *ī kó foú jên;* 丨 *siào*, prendre femme; même sens (se dit surtout d'un individu déjà d'un certain âge, qui épouse une veuve); prendre une concubine.

丨菜, 柑子, 梨子, 丨 *ts'ái, kān tsè, lî tsè*, ramasser des légumes, cueillir des oranges, des poires.

丨人嫌, 丨 *jên hiên*, se rendre importun, odieux.

丨賬, 丨 *tcháng*, réclamer des dettes.

丨乖, *v.* 丨巧賣乖, 丨 *koūai, v.* 丨 *k'iào mái koūai*, chercher à se rendre aimable.

TAÓ

倒 *Taó*. Renverser l'ordre naturel, verser.

衣裳穿丨了, *ī chāng tch'oūan* 丨 *lò*, l'habit est mis à l'envers.

丨起說, *v.* 說丨了, 丨 *k'ì chŏ, v. chŏ* 丨 *lò*, construire une phrase à rebours (voir *chŏ*).

放丨了, *Fáng* 丨 *lò*, c'est placé à rebours.

我帮你的忙, 你丨轉來害我, *Gò pāng gnì tĭ mâng, gnì* 丨 *tchouàn lâi hái gò*, je te rends service, et toi au contraire tu viens me nuire.

該我的賬, 他丨問我要錢, *Kāi gò tĭ tcháng, t'ā* 丨 *ouén gò iáo ts'iên*, il me doit de l'argent, et c'est lui qui vient m'en réclamer.

丨問不得, 丨 *ouén poŭ tĕ*, on ne peut l'interroger en changeant les termes du livre (se dit de ceux qui étudient comme des perroquets).

丨箆, 丨起修腦膍, *v.* 打丨刀子, 丨 *pí;* 丨 *k'ì sieōu laò k'ŏ, v. tà* 丨 *tāo tsè*, peigner à rebrousse-poil (voir *sieōu*).

丨轉來, 丨 *tchouàn lâi*, retourner un objet, revenir sur ses pas.

顛丨一吓, *Tiēn* 丨 *ī há*, retourner, renverser, pour voir un peu.

丨茶來, 丨 *tch'â lâi*, (verse et) apporte du thé.

丨在地下, 丨 *tsái tí hiá*, répandre à terre.

打丨班兒, *Tà* 丨 *pān eûl (peūl)*, revenir sur ses pas.

丨不出來, 丨 *poŭ tch'oŭ lâi*, ne pouvoir faire sortir en versant.

丨一杯酒, 丨 *ī pēi tsieoù*, verse un verre de vin.

丨滿一碗, 丨 *màn ī ouàn*, verse une pleine tasse.

丨了不要, 丨 *lò, poŭ iaó*, jette (ce liquide), on n'en veut pas.

丨冷不熱, 丨 *lèn poŭ jĕ*, ni chaud ni froid.

那丨容易, *Lá* 丨 *iông í*, quant à cela, c'est facile.

鑄 *Taó (tchóu)*. Couler du métal.

丨銅, 丨錢, 丨 *t'ông*, 丨 *ts'iên*, couler du cuivre, des sapèques.

銀子丨的, *în tsè* 丨 *tĭ*, coulé en argent.

是丨的不是打的, *Ché* 丨 *tĭ, poŭ ché tà tĭ*, c'est coulé, et non fabriqué au marteau.

是一个模子丨的, *Ché ĭ kó môu tsè* 丨 *tĭ*, c'est tout fabriqué dans le même moule (au pr. et au fig.).

道 *Taó*. Voie; raison, doctrine, dire; particule numérale.

寬 (*v.* 騾) 馬大丨, *K'oūan (v. lô) mà tá* 丨, la grande route.

路丨不遠, *Loú* 丨 *poŭ iuèn*, la route n'est pas longue.

馬丨子, *Mà* 丨 *tsè*, la piste (dans un champ de course).

開丨, *K'āi* 丨, ouvrir la route; s'entend de ceux qui précèdent la chaise du mandarin en criant pour faire faire place.

丨人, *v.* 丨士, 丨 *jên, v.* 丨 *sé*, bonze de la droite raison.

做丨場, *Tsoú* 丨 *tch'âng*, faire des superstitions pour les morts, par le ministère des bonzes.

難丨就是假的, *v.* 假的不成, *Lân* 丨 *tsieóu ché* kià tĭ, *v.* kià tĭ poŭ tch'ên, *litt.* il serait difficile de dire que c'est faux; vraiment est-ce que ce serait faux?

說長丨短, *Chŏ tch'âng* 丨 *touàn*, faire des médisances.

丨吾好者是吾賊, 丨 *oû haò tchè ché oû tsĕ*, celui qui me loue me pille, c.-à-d. me nuit tout comme un voleur.

丨臺, 丨 *t'âi*, mandarin civil (ou civil et militaire, alors il s'appelle *pīn pí* 丨) du 3eme ordre, qui est comme sous-gouverneur pour une partie de la province.

一丨, 兩丨, *ĭ* 丨, *leàng* 丨, une fois, deux fois.

過幾丨河, *Kó kì* 丨 *hô*, passer plusieurs rivières, (ou bien) passer plusieurs fois la rivière.

過三丨門, *Kó sān* 丨 *mên*, passer trois portes successives.

守死善丨, *Cheòu sè chán* 丨, 丨教, 丨 *kiáo*, 丨理, 丨 *lì*, 修丨, *sieōu* 丨, 丨喜, 丨 *hì*, 丨謝, 丨 *sié*, 公丨, *kōng* 丨, 鹽茶丨, *iên tch'â* 丨. Voir *sè, etc.*

導 *Taó*. Conduire, enseigner; exhorter.

你開丨他, *Gnì k'āi* 丨 *t'ā*, exhorte-le un peu.

蹈 *Taó*. Marcher sur, suivre (style relevé).

循規丨矩, *Sûn koūi* 丨 *kù*, observer exactement les règles.

稻 *Taó*. Espèce de riz.

丨場, 丨 *tch'âng*, aire pour sécher le riz.

到 *Taó*. Jusque, arriver, parvenir.

丨如今, 丨這个時候, 丨 *joû kīn*, 丨 *tché kó chê heóu*, jusqu'à maintenant, jusqu'à ce moment.

丨死的時候, 丨 *sè tĭ chê heóu*, jusqu'à la mort; arrivé au moment de la mort.

丨那个時候來看, 丨 *lá kó chê heóu lâi k'án*, alors (arrivé là) je verrai (ce que j'ai à faire).

還沒有丨過成都, *Houân mô ieòu* 丨 *kó Tch'ên toū*, je ne suis jamais allé à Tch'ên toū.

丨那个地頭, *v.* 丨半路上就倒了, 丨 *lá kó tí t'eôu, v.* 丨 *pán loú cháng, tsieóu taò lò*, arrivé à cet endroit, ou bien, à moitié route, il est tombé.

嘉定丨敘府有三百六十里, *Kiā tín* 丨 *Sú foù ieòu sān pĕ loŭ chĕ lì*, de Kiā tín à Sú foù il y a 360 lys.

日子沒有丨, *v.* 日子未丨, *Jĕ tsè mŏ ieòu* 丨, *v. jĕ tsè oúi* 丨, le jour (fixé) n'est pas encore arrivé.

海上絲綢之路文獻集成　科技與文化編

錢沒有｜我的手, *Ts'iên mǒ ieòu* ｜ *gò tǐ cheòu*, les sapèques ne sont pas parvenues jusqu'à ma main, ne m'ont pas été livrées.

｜神父跟前, ｜ *chén foú kēn ts'iēn*, arrivé en présence du Pere.

｜處找; 你｜那裡去, ｜ *tch'óu tchaò; gnì* ｜ *là lì k'ú?* chercher partout; où vas-tu?

齊家都要｜堂, *Ts'î kiā toū iaó* ｜ *t'âng*, il faut que tous se présentent.

｜一年了, ｜ *ǐ niên lò*, voilà un an.

｜底事是怎麼樣, ｜ *tì sé ché tsèn mô iáng?* en fin de compte, comment est l'affaire?

沒有死｜底害過病, *Mǒ ieòu sè*, ｜ *tì hái kó pín*, il n'est pas mort, cependant il a fait une maladie.

盜 *Taó. v.* 偷｜, *v. t'eōu* ｜, voler.

强｜, *v.* ｜賊, ｜ *K'iâng* ｜, *v.* ｜ *tsě*, voleur.

接｜, 窩｜, *Tsiě* ｜; *ō* ｜, recevoir, recéler des objets volés; recéler des voleurs.

夜夜防｜, *Ié ié fâng* ｜, se garer chaque nuit des voleurs.

｜賊出于貧窮, ｜ *tsě tch'ǒu iû p'în k'iông*, la pauvreté pousse les gens à se faire voleurs.

失｜, *Chě* ｜, 被了｜, *pí lò* ｜, 追强｜, *tài k'iâng* ｜, ｜口, ｜ *k'eòu*. Voir *chě, etc.*

T'ÁO

套 *T'áo*. Enveloppe, envelopper, étui; piége; particule numérale.

書｜子, *Chōu* ｜ *tsè*, enveloppe, étui de livre.

一雙｜袴, *ǐ choūang* ｜ *k'óu*, une paire de jambières (voir *k'óu*).

｜子, 袍｜, ｜ *tsè; p'âo* ｜, pardessus de cérémonie; voir *p'âo*.

全｜衣服, *Ts'uên* ｜ *ī foû*, habillement complet (voir *ī*).

外｜, *Ouái* ｜, chasuble.

｜野物, 雀兒, ｜ *iè oǔ, ts'iǒ eûl*, prendre au lacet des animaux sauvages, des oiseaux.

｜不倒他, ｜起的, ｜ *poǔ taò t'ā;* ｜ *k'ì tǐ*, on ne peut l'enlacer; enlacé.

拿索索, 拿鍊子｜倒(*v.* 起), *Lâ sǒ sǒ, lâ lién tsè* ｜ *taò (v. k'ì)*, lier avec une corde, enchaîner.

｜哄人家, ｜ *hòng jên kiā*, tromper les autres.

｜不倒他的口氣, ｜ *(v. t'âo) poǔ taò t'ā tǐ k'eòu k'í*, impossible de le faire parler, de surprendre son secret (voir *k'eòu*).

打一个活｜｜, *Tà ǐ kó hǒ* ｜｜, faire un nœud coulant.

打｜頭, *Tà* ｜ *t'eôu*, mettre, porter un turban.

｜言不叙, ｜ *iên poǔ sú*, pas de paroles de cérémonie.

｜不得空(*v.* 閒), ｜ *poǔ tě k'óng (v. hiên)*, je n'ai pas le temps.

一｜傢事, *ǐ* ｜ *kiā sé*, l'ensemble des outils nécessaires (pour un métier).

｜頭帕, ｜板, ｜話, ｜ *t'eôu p'á*, ｜ *pàn*, ｜ *hoúa*. Voir *p'á, etc.*

TCHĀ

渣 *Tchā. v.* ｜｜, *v.* ｜滓, *v.* ｜｜, *v.* ｜ *tsè*, résidu, lie, restes, débris.

連｜鬧, *Liên* ｜ *laó*, bouillie de *houâng teóu* (voir 豆 *teóu*) moulus, cuite avec les pellicules.

藥｜滓, *Iǒ* ｜ *tsè*, résidu de médicaments.

只剩一點｜滓, *Tchè (tchě) chén ǐ tièn* ｜ *tsè*, il ne reste que des débris.

｜滓都沒得, ｜ *tsè toū mǒ tě*, il ne reste pas même des débris.

荳｜, *Teóu* ｜, 木｜滓, *mǒu* ｜ *tsè*, 瓦｜滓, *ouà* ｜ *tsè*, 油｜滓, *iêou* ｜ *tsè*. Voir *teóu, etc.*

奓 *Tchā*. Ouvrir, s'entr'ouvrir.

｜起口, 口｜起, ｜ *k'ì k'eòu; k'eòu* ｜ *k'ì*, entr'ouvrir la bouche; bouche béante.

｜開 (v. ｜起) 口, ｜ *k'ai* (v. ｜ *k'i*) *k'eòu*, s'entr'ouvrir, se fendre.

墻｜開了多寬, *Ts'iâng* ｜ *k'ai lò tō k'oūan*, une large crevasse s'est ouverte dans le mur.

這兩个字要｜了, *Tché leàng kó tsé iaó* ｜ *lò*, il faut barrer (effacer) ces deux caractères.

TCH'Ā

叉 *Tch'ā*. Fourche, fourchette, fourchu.

一把｜子, v. 一把抓子, *ĭ pà* ｜ *tsè*, v. *ĭ pà tchoūa tsè*, une fourchette.

羊角｜, 三股｜, *Iâng kŏ* ｜; *sān koù* ｜, pique (arme) fourchue; fourche à trois dents.

｜起的, ｜齒, ｜ *k'ì tĭ*; ｜ *tch'è*, fourchu; dents d'une fourche.

｜起, ｜ *k'ì*, piquer avec une fourche.

三｜, *Sān* ｜, trépied, trois perches liées ensemble par une extrémité, pouvant s'écarter par l'autre et tenir debout.

馬｜子, 光｜｜, *Mà* ｜ (*tchā*) *tsè*; *kouāng* ｜ ｜, chaise pliante; voir *kouāng*.

這个姑孃｜(v. 瘋｜)得狠, *Tché kó koū niâng* ｜ (v. *fōng* ｜) *tĕ hèn*, cette fille a une tournure dévergondée.

惡｜｜的, *Gŏ* ｜ ｜ *tĭ*, qui fait le méchant, courroucé.

差 *Tch'ā*. Errer, se tromper, erreur.

不得｜錯, *Poŭ tĕ* ｜ *ts'ó*, ne pouvoir errer, se tromper; infaillible.

無｜無錯, v. 沒得｜錯, *Oû* ｜ *oû ts'ó*, v. *mŏ tĕ* ｜ *ts'ó*, sans erreur ni faute.

｜得(v. 的)遠, v. 多, v. 多遠, ｜ *tĕ* (v. *tĭ*) *iuèn*, v. *tō*, v. *tō iuèn*, se tromper de beaucoup.

一吓有一｜二誤算那个的, *ĭ há ieòu ĭ* ｜ *eúl oú, souán là kó tĭ?* et s'il arrive quelque accident, qui en portera la responsabilité?

｜不多, ｜ *poŭ tō*, l'erreur n'est pas considérable; il s'en faut de peu; à peu près.

｜不多死了, ｜ *poŭ tō sè lò*, il a failli mourir.

活路｜不多, *Hŏ loú* ｜ *poŭ tō*, l'ouvrage est à peu près ce qu'il faut, il est presque fini.

｜不多要黑, ｜ *poŭ tō iaó hĕ*, il va se faire nuit.

出門｜不多要喫酒, *Tch'ŏu mên*, ｜ *poŭ tō iaó tch'ĕ tsieòu*, presque chaque fois qu'il sort, il boit le vin.

他得罪你｜不多些不做聲算了, *T'a tĕ tsoúi gnì*, ｜ *poŭ tō sī poŭ tsoú chēn, souán lò*, s'il arrive qu'il t'offense, en général il vaut mieux ne rien dire, et passer outre.

有一點｜, v. ｜得有點, v. 有｜, *Ieòu ĭ tièn* ｜, v. ｜ *tĕ ieòu tièn*, v. *ieòu* ｜, il y a une petite erreur, il s'en faut d'un peu.

要｜幾分, *Iaó* ｜ *kì fēn*, il s'en faut de quelques *fēn* (lignes).

他算的絲毫不｜, *T'a souán tĭ sē hâo poŭ* ｜, dans ses comptes, il n'y a pas la moindre erreur.

TCH'Â

茶 *Tch'â*. Thé.

｜葉子, 細｜, 粗｜, ｜ *iĕ tsè*; *sí* ｜, *ts'ōu* ｜, feuilles de thé; thé fin, thé grossier.

白｜, 老陰｜, 蟲｜, *Pĕ* ｜, *laò in* ｜, *tch'ông* ｜, variétés de thé.

野｜, 家｜, ｜樹, *Iè* ｜, *kia* ｜; ｜ *choú*, thé sauvage (faux thé), thé commun; arbre à thé.

便｜, v. 隨｜, *Pién* ｜, v. *soûi* ｜, thé préparé dans un grand vase, à la disposition du public.

一園春｜, *ĭ iuên tch'oūen* ｜, un gâteau ou rouleau de thé à feuilles tendres, appelé *tch'oūen tch'â* (thé du printemps).

私｜, 官｜, *Sē* ｜, *koūan* ｜, thé de contrebande, thé du monopole.

｜館, v. ｜舖子, ｜ *kouàn*, v. ｜ *p'oú tsè*, auberge à boire le thé.

｜店, ｜商, ｜ *tién*; ｜ *chāng*, boutique du thé du monopole; commerçant qui a acheté le monopole du thé.

泡｜, 泡一碗｜, *P'áo* ｜, *p'áo ĭ ouàn* ｜, infuser du thé, infusez une tasse de thé.

燒｜，倒｜, *Chāo* ｜ ; *taó* ｜, chauffer, préparer du thé ; verser du thé.

二道｜, *Eúl taó* ｜, thé infusé pour la 2ème fois.

｜釅了，清了，v. 淡了，｜ *nién lò, ts'īn lò, v. tán lò*, le thé (l'infusion) est trop fort, trop faible.

請｜，v. 請喫｜, *Ts'ìn* ｜, *v. ts'ìn tch'ĕ* ｜, inviter à boire le thé.

我要請他喫碗｜, *Gò iáo ts'ìn t'ā tch'ĕ ouàn* ｜, je veux l'inviter à boire une tasse de thé. (S'entend presque toujours dans le sens de : je veux lui demander raison. Cela ne se fait jamais sans boire une tasse de thé.)

開｜錢, *K'āi* ｜ *ts'iĕn*, payer le thé (soit par politesse, soit par punition, pour avoir eu le dessous dans une discussion publique).

賣｜，賣｜葉子, *Mái* ｜, *mái* ｜ *iĕ· tsè*, vendre du thé infusé, du thé en feuilles.

｜菓子，顆子｜, ｜ *kò tsè; k'ò tsè* ｜, graines de thé ; thé commun.

｜船子，｜盒子, ｜ *tch'oūan tsè ;* ｜ *hŏ tsè*, soucoupe de tasse à thé ; plateau à compartiments, pour servir les sucreries.

｜食, ｜ *chĕ*, sucreries, friandises qui se servent avec le thé.

｜䵖, ｜ *kán*, dépôt qui se forme sur les parois des tasses à thé.

一點｜水都喫不得, *ĭ tièn* ｜ *choùi toū tch'ĕ poŭ tĕ·*, il ne peut rien avaler (ni une goutte de thé ni une goutte d'eau).

有｜有酒多兄弟, *Ieòu* ｜ *ieòu tsieòu tō hiōng tí*, ayez du thé et du vin, les amis ne vous manqueront pas.

｜油, ｜ *ieôu*, **｜枯**, ｜ *k'oū*, **｜碗**, ｜ *ouàn*, **｜杯**, ｜ *pēi*, **｜壺**, ｜ *foû*, **｜缸**, ｜ *kāng*, **｜机**, ｜ *kī*, **｜盤**, ｜ *p'ân*, **｜鏡**, ｜ *kín*. Voir *ieôu, k'oū, etc.*

搽

v. **擦** *Tch'â*. Enduire, oindre.

｜點猪油, ｜ *tièn tchōu ieôu*, oindre de saindoux.

｜聖油, ｜ *chén ieôu*, oindre avec les Saintes Huiles.

｜得有葯, ｜ *tĕ· ieòu iŏ*, c'est oint, frotté avec des médicaments.

｜粉, ｜ *fèn*, farder (voir *fèn*).

查

Tch'â, v. **察** *(tch'ă)*. Examiner.

該省｜的是那幾宗, *Kāi sèn* ｜ *tĭ ché là kì tsōng?* quels sont les points sur lesquels il faut s'examiner ?

｜一件事, ｜ *ĭ kién sé*, examiner une affaire.

｜事官, ｜ *sé koūan*, mandarin délégué pour examiner.

清｜，v. ｜清楚，v. ｜明白, *Ts'īn* ｜, *v.* ｜ *ts'īn ts'òu, v.* ｜ *mîn pĕ·*, examiner exactement, minutieusement, clairement.

｜拿强盗, ｜ *lâ k'iâng taó*, rechercher et prendre les voleurs.

你去｜吓, *Gnì k'ú* ｜ *há*, va examiner un peu.

｜考良心, ｜ *k'ào leâng sīn*, examiner sa conscience.

｜倒了，v. ｜出來了, ｜ *taò lò, v.* ｜ *tch'oŭ lâi lò*, on a découvert en recherchant.

｜不出甚麼事, ｜ *poŭ tch'oŭ chén mŏ sé*, on ne peut rien découvrir.

｜兒女的過失, ｜ *eûl niù tĭ kó chĕ*, surveiller les défauts des enfants.

｜問案情，盤｜, ｜ *ouén gán ts'în; p'ân* ｜, examiner un procès ; voir *p'ân*.

｜其眞假, ｜ *k'î tchēn kià*, examiner si c'est vrai ou faux.

｜吓是不是, ｜ *há ché poŭ ché*, voir un peu si c'est vrai.

｜收, ｜ *cheoū*, vérifiez en recevant (se met sur les adresses).

TCHÀ

鮓

Tchà. v. ｜ **肉**, ｜ *joŭ*, ragoût.

｜巴眼, ｜ *pā ièn*, yeux chassieux.

｜眉｜眼, ｜ *mî* ｜ *ièn*, yeux pleins de chassie.

爛｜｜的, *Lán* ｜ ｜ *tĭ*, en désordre.

｜巴兒, ｜ *pā eûl (peūl)*, mets ou pâtisseries rapportés d'un festin à la maison.

TCHÁ

詐 *Tchá.* Faux, tromper.

打冒｜子, *Tà máo | tsè*, escroquer des créances d'autrui; se prétendre volé, pour s'emparer du bien d'autrui.

｜死埋命, *| sè mâi mîn*, faire le mort.

｜僞,奸｜, *| oúi, kiēn |* . Voir *oúi, kiēn.*

醡 *v.* **柞** *Tchá.* Pressoir, comprimer, écraser.

油｜,大｜,小｜, *Ieôu |, tá |, siaò |*, pressoir à huile, grand pressoir, petit pressoir.

一｜油, *ĭ | ieôu*, quantité d'huile exprimée par un pressoir plein.

｜油出來, ｜不出油, *| ieôu tch'oŭ lâi; | poŭ tch'oŭ ieôu*, exprimer l'huile; ne pouvoir tirer de l'huile (d'une substance).

｜爛了, ｜壞了, *| lán lò, | houái lò*, c'est gâté pour avoir été comprimé, pressé.

｜不得, ｜籃, *| poŭ tĕ; | lân*, cela ne peut être pressé. Voir *lân.*

樹子｜斷了, *Choú tsè | touán lò*, l'arbre ou les branches se sont rompues sous le poids (des fruits, etc.).

｜衣裳,書,紙, *| ī châng, choū, tchè*, presser des habits, des livres, du papier (pour les rendre unis).

拿石頭來｜, *Lâ chĕ t'eôu lâi |* , presser sous une pierre.

｜扁了, *| pièn lò*, c'est aplati par pression.

鐵是｜秤的, *T'iĕ ché | tch'én tĭ*, le fer pèse lourd à la balance.

銀担子｜人得狠, *în tán tsè | jên tĕ hèn*, les fardeaux d'argent sont écrasants.

你｜倒我的衣裳,脚, *Gnì | taò gò tĭ ī châng, kiŏ*, tu as le pied sur ma robe, sur mon pied.

｜死嬰孩, *| sè īn hiâi*, étouffer un enfant en pesant dessus, par ex. en dormant.

墻倒｜死一个人, *Ts'iâng taò | sè ĭ kó jên*, le mur en s'écroulant a écrasé un homme.

｜倒人家, *| taò jên kiā*, opprimer les autres.

一｜,就把眞情｜出來了, *ĭ |, tsieóu pà tchēn ts'in | tch'oŭ lâi lò*, en le pressant adroitement, je lui ai soutiré toute la vérité.

｜板｜耗子, *| pàn | haó tsè*, prendre les rats avec une planche, laquelle en tombant sur eux les écrase.

霅 *Tchá (tchă).* Bruit du tonnerre (voir *loûi* **雷**).

牐 *Tchá. v.* **｜子**, *v.* **｜子門**, *v. | tsè. v. | tsè mên*, barrieres établies aux extrémités des rues, pour empêcher la circulation pendant la nuit.

關｜子, *Kouān | tsè*, fermer les barrieres.

｜子喊得開的, *| tsè hàn tĕ k'āi tĭ*, on peut se faire ouvrir les barrières en appelant.

要｜門了, *Iaó | mên lò*, on va fermer la porte en la barrant.

TCH'Á

岔 *v.* **汊** *Tch'á.* Bifurcation de chemin, de fleuve.

好走沒得｜路, *Haò tseoù mŏ tĕ | loú*, cette route est facile, il n'y a pas d'embranchement (voir *loú*).

三｜河, *Sān | hô.* Voir *hô.*

杈 *Tch'á.* Bifurcation des branches d'un arbre.

樹子分両｜, *Choú tsè fēn leàng |* , l'arbre se bifurque en 2 branches.

衩 *Tch'á.* Bande de toile qu'on ajoute au bas des habits pour les élargir.

打｜, *Tà |* , se mêler mal à propos à une conversation.

不該你｜嘴, *Poŭ kāi gnì | tsoùi*, tu n'avais pas le droit d'intervenir dans cette conversation.

詫 v. **諑** *Tch'á.* Faire le hableur, troubler.

我在念經不要來丨我, *Gò tsái nién kīn poŭ iaó lâi* | *gò*, je prie, ne viens pas me troubler.

他把我丨亂了, *T'a pà gò* | *louán lò*, il m'a troublé, dérangé.

丨倒了, | *taò lò*, j'ai été surpris, troublé.

丨亂得很, | *louán tĕ· hèn*, je suis trop troublé, trop distrait.

丨醒了, | *sìn lò*, j'ai été réveillé par le bruit.

丨眼睛, | *ièn tsīn*, qui crève les yeux, apparent.

這个東西都還稀丨, *Tché· kó tōng sī toū houân hī·* | , c'est un objet assez rare, assez curieux.

TCHĂ

扎 *Tchă.* Arrêter, fixer.

你在那裡住丨, *Gnì tsái là lì tchoú* | , où loges-tu? où demeures-tu?

丨賬, | *tcháng*, arrêter un compte.

丨水, 水要丨得深, | *chòui; chòui iaó* | *tĕ· chēn*, arrêter l'eau, par ex. dans une rizière; il faut retenir, garder beaucoup d'eau (dans la rizière).

丨不起水, | *poŭ k'ì choùi*, on ne peut retenir l'eau.

丨堰; 河溝丨斷了, | *ién: hô keōu* | *touán lò*, arrêter l'eau dans un étang ou un canal; on a barré l'eau du ruisseau.

丨營盤. 丨得有兵, 找丨舖, | *în p'ân*, | *tĕ· ieòu pīn, tchào* | *p'óu.* Voir *în, pīn, tchào.*

札 *Tchă.* Ordre écrit d'un supérieur.

丨子, v. **丨文**, | *tsè*, v. | *ouên*, communication officielle d'un mandarin supérieur à son inférieur.

上司有丨下來, *Cháng sē ieòu* | *hiá lâi*, les mandarins supérieurs ont envoyé un ordre.

扠 *Tchă.* Retrousser.

丨起衣裳, | *k'ì ī châng*, retrousser ses vêtements.

衣裳要丨得緊點, *ī châng iaó* | *tĕ· kìn tièn*, il faut mieux adapter, serrer les habits sur le corps.

緊丨得好, *Kìn* | *tĕ· haò*, les habits retroussés sont solidement fixés (pour ne pas retomber).

劄 *Tchă.* Fort.

生意不丨勁, v. **勁丨**, *Sēn í poŭ* | *kín*, v. *kín* | , le commerce ne va pas fort. Voir *kín.*

做得丨實, *Tsóu tĕ·* | *chĕ*, c'est fait solidement.

打得丨實, *Tà tĕ·* | *chĕ*, c'est tapé raide, battu fort.

我丨丨實實打你一頓, *Gò* | | *chĕ chĕ tà gnì ĭ tén*, je vais te donner une rossée.

你丨實狠了, *Gnì* | *chĕ hèn lò*, tu es trop raide, trop tenace, trop exigeant.

鍘 *Tchă.* Couper menu.

丨刀, | *taō*, long couteau fixé par un bout, pour hacher la paille, etc.

丨馬草, 丨穀草, | *mà ts'ào*, | *koŭ ts'ào*, hacher de l'herbe pour les chevaux, de la paille de riz.

用丨刀丨(v. 切)葯, *Ióng* | *taō* | *(v. ts'iĕ·) iŏ*, couper menu les médicaments avec ce couteau.

煠 *Tchă.* Frire à l'huile.

油丨餅子, *Ieôu* | *pìn tsè*, gâteaux frits à la graisse.

洋芋要拏油來丨, *Iâng iú iaó lâ ieôu lâi* | , il faut faire frire les pommes de terre à la graisse.

丨過的肉, | *kó tĭ joŭ*, viande qu'on fait recuire dans la marmite avec de la graisse.

TCH'Ă

插 v. 揷 Tch'ă. Ficher, planter, broder.

丨秧子,樹秧子, 丨 iāng tsè, choú iāng tsè, transplanter des plants de riz, d'arbres.

丨在土巴頭, 丨 tsái t'où pā t'cóu, planter en terre.

丨下去, 丨進去, 丨 hiá k'ú, 丨 tsín k'ú, planter, enfoncer.

丨不下去, 丨 poŭ hiá k'ú, ne pouvoir ficher, enfoncer.

丨不穩, 丨 poŭ ouèn, ne pouvoir planter solidement.

丨棧棧,樁樁, 丨 tchán tchán, tchoūang tchoūang, planter des échalas, des pieux.

樹子 丨 了根根, Choú tsè 丨 lò kēn kēn, l'arbre a pris racine.

丨嘴, 丨 tsoùi, se mêler aux discours d'autrui; placer son mot dans une affaire.

不關你的事不要丨嘴, Poŭ koūan gnì tĭ sé poŭ iaó 丨 tsoùi, garde ta langue, cela ne te regarde pas.

丨針, 丨花匠, 丨花舖, 丨 tchēn, 丨 hoūa tsiáng, 丨 hoūa p'oú, piquer une aiguille, ouvrier brodeur, atelier de broderie.

丨花田, 丨 hoūa t'iēn, rizières disséminées, séparées du reste de la propriété.

丨穿了, 丨 tch'oūan lò, c'est percé (en piquant).

丨耳箭, 丨 eùl tsién, passer une flèche par le bout de l'oreille (usité comme punition chez les soldats).

TCHĀI

齋 Tchāi. Jeûne, abstinence.

喫丨,長丨, Tch'ĕ 丨, tch'âng 丨, faire abstinence perpétuelle, à la payenne.

大丨,小丨,大小丨期, Tá 丨, siaò 丨; tá siaò 丨 k'ĭ, jeûne, abstinence; les jours de jeûne et d'abstinence (style chrétien).

年丨裡頭, Niên 丨 ì (lì) t'eôu, dans le carême.

一年有九个大丨, ĭ niên ieòu kieòu kó tá 丨, il y a 9 jours de jeûne par an (en Chine).

求免大丨, K'ieôu mièn tá 丨, demander dispense du jeûne.

守丨,缺一个大丨, Cheòu 丨; k'uĕ ĭ kó tá 丨, jeûner; manquer à un jeûne.

做丨, Tsoú 丨, faire un ensemble de superstitions durant plus ou moins long temps, avec force tapage d'instruments.

封丨,開丨, Fōng 丨, k'āi 丨, commencer, finir le carême.

TCH'ĀI

差 Tch'āi. Satellites, corvée, imposition; envoyer.

丨人, 丨頭,散丨, 丨 jên, 丨 t'cóu, sàn 丨, satellite, chef de satellites, satellites non officiels, qui se mettent à la disposition d'un chef de satellites.

發(v. 出)丨, Fă (v. tch'oŭ) 丨, envoyer les satellites.

丨房, 丨 fâng, prison préventive.

說(v. 講)丨錢, Chŏ (v. kiàng) 丨 ts'iên, débattre ce qu'il faudra payer aux satellites.

當(v. 承)丨事, Tāng (v. tch'ên, chên) 丨 sé, subir une corvée.

這行生意丨事重, Tché· hâng sēn í 丨 sé tchóng, ce commerce est grevé de fortes contributions.

辦丨事, Pán 丨 sé, diriger, faire une corvée.

銷丨, Siāo 丨, rendre compte de l'exécution d'un mandat.

丨他去辦這个事, 丨 t'a k'ú pán tché kó sé, envoie-le pour traiter cette affaire.

粮丨,欽丨, Leâng 丨, k'īn 丨. Voir leâng, k'īn.

釵 Tch'āi. Aiguille de tête pour les femmes.

金丨玉環, Kīn 丨 iú houân, aiguille de tête en or, et pendants d'oreilles en jade.

TCH'ĀI

柴 *Tch'āi.* Bois à brûler, bois de chauffage.

一挑(*v.* **一担**) **|**, **一捆 |**, **一把 |**, *ĭ t'iāo* (*v. ĭ tán*) **|**, *ĭ k'ouèn* **|**, *ĭ pà* **|**, une charge complète, un fagot, une poignée de bois de chauffage.

椏椏(*v.* **碎**) **|**, **| 塊子, 塊子 |**, **| 劃子**, *Iā iā* (*v. soúi*) **|**; **|** *k'ouài tsè; k'ouài tsè* **|**; **|** *houá tsè*, menu bois de fagot; bûche; gros bois de chauffage; bûche de bois fendu.

一碼 |, *ĭ mà* **|**, un tas de bois d'un volume déterminé.

堆 |, **| 火貴**, *Toūi* **|**; **|** *hò kouí*, entasser du bois; le combustible est cher.

你燒 | 燒煤炭, *Gnì chāo* **|**, *chāo méi t'án?* te sers-tu de bois ou de charbon, comme combustible?

青杠 |, **撿乾 |**, **批 |**, *Ts'īn kāng* **|**, *kièn kān* **|**, *hoūa* **|**. Voir *kāng, kān, hoūa.*

豺 *Tch'âi. v.* **| 狼**, *v.* **| 狗**, *v.* **|** *láng, v.* **|** *keòu*, loup.

TCH'ÀI

踩 *v.* **踹**, *v.* **跳**, *v.* **踊**. *Tch'ài.* Fouler aux pieds (se dit qqfois *tch'ă*).

| 水過去, **|** *choùi kó k'ú*, passer l'eau à gué.

| 不過河, **|** *poŭ kó hô*, on ne peut passer la rivière à gué.

| 路, **| 一个地頭**, **|** *loú;* **|** *ĭ kó tí t'eôu*, fouler, reconnaître une route; reconnaître, choisir un bon endroit.

| 爛了, **| 壞了**, **|** *lán lò*, **|** *houái lò*, c'est gâté, abîmé, pour avoir été foulé aux pieds.

| 布, **|** *poú*, fouler la toile pour la teinture.

| 十字, **|** *chĕ tsé*, fouler aux pieds la croix, apostasier.

樓板 | 斷了, *Leôu pàn* **|** *touán lò*, le plancher s'est rompu sous les pieds.

| 死了, **|** *sè lò*, mort écrasé sous les pieds.

| 泥巴, **|** *gnî pā*, fouler de la boue, pour la rendre liante.

我不 | 你的門坎, *Gò poŭ* **|** *gnì tĭ mên k'àn*, je ne mettrai plus les pieds chez toi.

| 穩, **|** *ouèn*, fixe bien le pied (pour ne pas glisser).

| 水, **|** *choùi*, tirer de l'eau en faisant mouvoir la noria avec les pieds, ou bien, marcher dans l'eau.

| 落了一塊田, **|** *lŏ lò ĭ k'ouài t'iên*, en déterminant les limites, on a oublié une rizière.

| 假水, **|** *kià choùi*, s'avancer dans l'eau sans toucher le fond.

我 | 倒他, *Gò* **|** *taò t'ā*, je l'ai deviné, je suis sur sa trace.

| 一頂轎子, **|** *ĭ tìn kiaó tsè*, fabriquer une chaise à porteurs.

| 界, **|** *kiái;* **| 橋**, **|** *k'iâo*, **| 蛋**, **|** *tán*, **| 緊**, **|** *kìn*, **脚 | 虛了**, *kiŏ* **|** *hū lò*, **| 凳**, **|** *tén.* Voir *kiái, k'iâo, etc.*

TCHÁI

債 *Tchái. v.* **| 賬**, *v.* **|** *tcháng*, dette.

負 |, *Foú* **|**, avoir des dettes.

人死 | 亡, *Jên sè* **|** *ouâng*, les dettes s'éteignent avec la mort.

寨 *v.* **砦** *Tchái.* Forteresse, camp retranché.

修 | 子, **破 | 子**, *Sieōu* **|** *tsè, p'ó* **|** *tsè*, construire, enlever d'assaut une forteresse.

| 子裡頭躲賊, **|** *tsè ì* (*lì*) *t'eôu tò tsoŭi* (*tsĕ*), se garer des brigands dans une forteresse.

| 子緊要, **|** *tsè kìn iaó*, la forteresse est sûre.

TCHĀN

占 *Tchān.* Consulter les sorts (voir *kouá* **卦**).

| 吉凶, **|** *kĭ hiōng*, consulter les sorts, pour connaître s'il y aura bonheur ou malheur.

沾 *Tchān*. Adhérer, imprégner, tacher.

衣裳｜了汗，油；*ī châng* ｜ *lò hán, ieôu*, l'habit s'est imprégné de sueur, d'huile.

他｜得有一點寒，*T'ā* ｜ *tě ieoù ī tièn hān*, il est pris d'un peu de fièvre.

｜世俗，｜ *ché sioŭ*, s'attacher au monde.

｜泥巴，｜染，｜ *gnî pā*; ｜ *jàn*, se salir avec de la boue. Voir *jàn*.

｜光，｜福，｜ *kouāng*, ｜ *foŭ*, participer à la bonne fortune, au bonheur d'autrui (voir *kouāng*).

｜灰，｜ *houī*, prendre, retenir la poussière.

他｜倒我，離不開，*T'ā* ｜ *taò gò, lî poŭ k'āi*, il s'est accroché à moi, je ne puis plus me défaire de lui.

你不要｜絆他，*Gnì poŭ iaó* ｜ *p'án t'ā*, ne te lie pas avec lui, ne te mêle pas de ses affaires.

｜不動要打定(v. 釘)子，｜ *poŭ tóng iaó tà tín tsè*, pour un rien il en vient aux coups de poing.

粘 v. 黏 *Tchān (v. niên)*. Coller.

｜書信，｜信桶子，｜ *choū sín*, ｜ *sín t'òng tsè*, cacheter une lettre, une enveloppe.

｜一張紙在壁頭上，｜ *ī tchāng tchè tsái pĭ t'eôu cháng*, coller une feuille de papier contre un mur.

糨子不｜，｜不起，｜不穩，*Ts'iáng (kiáng) tsè poŭ* ｜，｜ *poŭ k'ì*, ｜ *poŭ ouèn*, la colle de farine ne colle pas, ne peut coller, ne tient pas fort.

是｜起的，｜手的，*Ché* ｜ *k'ì tī*; ｜ *cheoù tī*, c'est collé; qui colle aux doigts.

用牛膠來｜，*Ióng nieoû kiāo lâi* ｜, coller à la colle forte.

｜蓮子，｜ *liên tsè*, feuilles ou petits fruits à poils crochus, s'attachant aux habits.

熬｜｜｜麻雀兒，*Gâo* ｜｜｜ *mâ ts'iŏ eûl*, faire de la glu, pour prendre les moineaux.

氈 v. 毡 *Tchān*. Feutre, tapis.

｜窩子，｜帽，｜ *ō tsè*, ｜ *máo*, calotte, chapeau de feutre (voir *máo*).

紅｜子，洋｜子，*Hông* ｜ *tsè*, *iâng* ｜ *tsè*, tapis rouge, tapis (ou couverture) d'Europe.

毛｜，陝｜，*Mâo* ｜，*Chàn* ｜，tapis de laine, tapis renommé du *Chàn sī*.

擀｜，*Kàn* ｜，feutrer, faire du feutre.

瞻 *Tchān*. Regarder.

觀｜，*Kouān* ｜，beau à voir (voir *kouān*).

四大｜禮，*Sé tá* ｜ *lì*, les 4 grandes fêtes de l'année, Noël, Pâques, la Pentecôte et l'Assomption.

小｜禮，*Siaò* ｜ *lì*, petite fête (non chômée).

守主日｜禮，*Cheoù Tchòu jě* ｜ *lì*, observer les dimanches et les fêtes.

缺一个｜禮，*K'uě ī kó* ｜ *lì*, manquer d'observer une fête.

三角圈 (v. 瓜子圈) ｜禮，*Sān kŏ k'uēn (v. kouā tsè k'uēn)* ｜ *lì*, fêtes marquées d'un triangle (non obligatoires).

｜禮二，｜禮三，｜ *lì eúl*, ｜ *lì sān*, 2ème férie, 3ème férie, etc., c.-à-d. lundi, mardi, etc.

今天｜禮幾，*Kīn t'iēn* ｜ *lì kì*? à quel jour de la semaine sommes-nous?

圓圈｜禮，｜禮單，*Iuên k'uēn* ｜ *lì*. ｜ *lì tān*. Voir *iuên, tān*.

TCH'ÂN

纏 *Tch'ân*. Enrouler, entortiller.

拏麻索｜轎竿子，*Lâ mâ sŏ* ｜ *kiáo kān tsè*, enrouler du fil de chanvre autour des brancards d'une chaise à porteurs.

藤藤把樹子｜倒，*T'ên t'ên pà choú tsè* ｜ *taò*, les lianes ont enlacé l'arbre.

蛇｜在柱頭上，*Chê* ｜ *tsái tchoú t'eôu cháng*, le serpent est enroulé autour de la colonne.

線｜在板板上，*Sién* ｜ *tsái pàn pàn cháng*, enrouler du fil sur une planchette.

事情把我｜倒，*Sé ts'în pà gò* ｜ *taò*, je suis embarrassé, retenu par les affaires.

華西官話漢法詞典

他是丨倒子的不得走, *T'a ché* 丨 *taò tsè tĭ, poŭ tĕ· tseòu*, il est retenu, entortillé, et ne peut s'en aller.

難得跟他丨, *Lân tĕ· kēn t'a* 丨, je ne veux pas avoir affaire avec lui.

不要跟他丨, v. 不要丨惹他, *Poŭ iaó kēn t'a* 丨, v. *poŭ iaó* 丨 *jè· t'a*, ne t'embarrasse pas de lui, ne te frotte pas à lui.

丨不得的人, 丨 *poŭ tĕ· tĭ jên*, homme avec lequel il ne fait pas bon avoir affaire.

裹丨子, 丨脚, 盤丨, *Kò* 丨 *tsè*, 丨 *kiŏ*, *p'ân* 丨. Voir *kò, kiŏ, p'ân.*

TCHÀN

斬 *Tchàn.* v. 丨頭, v. 丨首, v. 丨 *t'eôu*, v. 丨 *cheòu*, couper la tête.

丨罪, 丨 *tsoúi*, crime qui est puni de la décapitation.

丨一个犯人, 丨 *ĭ kó fán jên*, décapiter un criminel.

盞 *Tchàn.* Petite écuelle, tasse.

碗丨, v. 碗碗丨丨, *Ouàn* 丨, v. *ouàn ouàn* 丨 丨, toute la vaisselle en général.

燈丨, *Tēn* 丨, lampe à huile toute montée.

滿滿一丨油, *Màn màn ĭ* 丨 *ieôu*, un plein godet d'huile.

展 *Tchàn.* Ouvrir, étendre.

樹子伸丨得好, *Choú tsè tch'ēn (tchēn)* 丨 *tĕ· haò*, l'arbre est bien droit.

衣裳要熨過纔伸丨, *ī châng iaó iún kó, ts'âi tch'ēn (tchēn)* 丨, il faut repasser les habits pour les rendre lisses.

丨乾, 丨 *kān*, sécher, par ex. une feuille de papier, en y appliquant du papier buvard.

TCH'ÀN

諂 *Tch'àn.* Flatter (voir 媚 *méi*).

攙 *Tch'àn.* Frapper, secouer.

丨條子, 丨你幾條子, 丨 *t'iâo tsè;* 丨 *gnì kì t'iâo tsè*, frapper de verges; j'ai envie de t'administrer quelques coups de verges.

丨衣裳, 丨灰塵, 丨 *ī châng*, 丨 *hoūi tch'ên*, faire sortir la poussière des habits en les battant (voir *hoūi*).

丨蚊子, 丨 *ouên tsè*, chasser les moustiques, en agitant un mouchoir ou un martinet.

火閃一丨, *Hò chàn ĭ* 丨, un éclair jaillissant subitement.

逞 *Tch'àn.* Se vanter, avoir confiance en soi-même.

丨尖行勢, 丨 *tsiēn hâng ché*, se donner des airs d'importance.

產 *Tch'àn.* Héritage, patrimoine; enfanter; produit.

家丨, 傾家破丨, *Kiā* 丨; *k'ūin kiā p'ó* 丨, patrimoine; ruine complète.

丨後病, 丨 *heoú pín*, maladie qui est une suite des couches.

土生土丨的人, *T'où sēn t'où* 丨 *tĭ jên*, homme né et élevé au pays.

土丨, *T'où* 丨, productions du pays.

TCHÁN

站 *Tchán.* Se tenir debout, demeurer.

丨起來, 丨倒, 丨一吓, 丨 *k'ì lâi*, 丨 *taò;* 丨 *ĭ há*, lève-toi; arrête-toi un peu.

丨後頭, 側邊, 丨 *heóu t'eôu, tsĕ· piēn*, se tenir par derrière, par côté.

丨房, 開丨房, 丨 *fâng; k'ai* 丨 *fâng*, auberge, hôtel; tenir auberge.

丨一个人, 丨客, 丨 *ĭ kó jên*, 丨 *k'ĕ·*, héberger un homme, loger des voyageurs.

一丨路, *ĭ* 丨 *loú*, une journée de chemin, une étape.

嘉定上成都有四丨路, *Kiā tín cháng Tch'ên toū ieòu sé* 丨 *loú*, de *Kiā tín* à *Tch'ên toū* il y a 4 journées de marche.

你在那裡丨, *Gnì tsái là lì* 丨, où loges-tu?

歇丨房, 落丨房, *Hiĕ·* 丨 *fâng*, *lŏ* 丨 *fâng*, 丨堂, 丨 *t'âng*, 丨班, 丨 *pān*. Voir *hiĕ·, lŏ, etc.*

豇荳丨丨(v. 棧棧), *Kiāng teóu* 丨 丨, échalas pour les haricots appelés *kiāng teóu*.

占 v. 佔 *Tchán*. Occuper, avoir l'avantage de, usurper.

丨一个房圈,一間鋪, 丨 *ĭ kó fáng k'uēn, ĭ kān p'óu*, occuper une chambre, un lit.

這个枉自丨地頭, *Tché· kó ouàng tsé* 丨 *tí t'cóu*, cela prend de la place inutilement.

插丨的田地, *Tch'ă* 丨 *tĭ t'ién tí*, terres acquises par le premier occupant.

丨倒子的不空, 丨 *taò tsè tĭ, poŭ k'óng*, c'est occupé, ce n'est pas libre.

丨便宜,多大的便宜, 丨 *pién gnî, tō tá tĭ pién gnî*, avoir un avantage, un très grand avantage.

他丨是老輩子, *T'a* 丨 *ché laò péi tsè*, il a l'avantage d'être d'une génération audessus.

他丨一門,有理,這點好, *T'a* 丨 *ĭ mên, ieòu lì, tché· tièn haò*, il a un avantage, il a le droit pour lui, il a cela de bon.

丨(v. 霸丨)人家的, 丨 *(v. pá* 丨*) jên kiā tĭ*, usurper le bien d'autrui.

他丨完了, *T'a* 丨 *ouân lò*, il s'est emparé du tout.

我沒有丨你的, *Gò mŏ ieòu* 丨 *gnì tĭ*, je n'ai pas empiété sur toi.

戰 *Tchán*. Bataille, combattre.

旱丨,水丨, *Hán* 丨, *choùi* 丨, bataille sur terre, combat naval.

丨船,丨馬,丨靴, 丨 *tch'oûan*, 丨 *mà*, 丨 *huē·*, navire de guerre, chevaux de cavalerie, bottes militaires.

丨書, 丨 *choū*, lettre pour provoquer au combat, et signifier le jour de la bataille.

交丨, v. 打丨, *Kiāo* 丨, *v. tà* 丨, combattre.

暫 *Tchán*. Temporaire.

煉獄是丨苦之監, *Lién iŏ ché* 丨 *k'où tchē kiēn*, le Purgatoire est une prison à peines temporaires.

丨時,丨罰, 丨 *chê;* 丨 *fă*, momentanément; punition temporaire.

丨且躲吓, 丨 *ts'iè· tò há*, cache-toi pour quelque temps.

顫 v. 戰 *Tchán*. Trembler.

手丨, *Cheòu* 丨, la main tremble.

冷得丨 (v. 打丨), *Lèn tĕ·* 丨 *(v. tà* 丨*)*, il fait froid à faire trembler.

跳跳丨, v. 嗽嗽子丨, *T'iâo t'iâo* 丨, *v. k'ang k'ang tsè* 丨, trembler de tous ses membres.

丨翎子, 丨 *lîn tsè*, individu qui fait le faquin.

兢兢丨丨,嚇得抖翎子丨, *Kīn kīn* 丨丨, *hĕ· tĕ· t'eòu lîn tsè* 丨. Voir *kīn, hĕ·*.

TCH'ÁN

韂 *Tch'án*. Tapis de la selle.

鞍丨, *Gān* 丨, selle et tapis de selle.

TCHĀNG

張 *Tchāng*. Ouvrir, étendre; se vanter; particule numérale.

丨開,丨網, 丨 *k'āi;* 丨 *ouàng*, ouvrir, étendre; tendre les filets.

丨誇, 丨 *k'oūa*, se vanter (voir *k'oūa*).

這个事丨揚不得, *Tché· kó sé* 丨 *iâng poŭ tĕ·*, cette affaire ne doit pas s'ébruiter, s'afficher (voir *iâng*).

不可在外聲丨, *Poŭ k'ò tsái ouái chēn* 丨, il ne faut pas divulguer cela à l'extérieur.

虛丨聲勢, *Hū* 丨 *chēn ché*, se donner de faux airs de puissance.

打驚打丨的, *Tà kīn tà* 丨 *tĭ*, peureux, impressionnable.

打丨, *Tà* 丨, se dit d'une barque emportée par le courant, quand la corde de halage se rompt.

今天還沒有開丨, *Kīn t'iēn houân mŏ ieòu k'āi* 丨, aujourd'hui je n'ai encore rien vendu (voir *k'āi*).

不丨使他, v. 不丨他, v. 不打他的丨, *Poŭ* 丨 *chè t'ā, v. poŭ* 丨 *t'ā, v. poŭ tà t'ā tĭ* 丨, ne pas s'occuper de lui, le mépriser.

這个老者丨巴得狠, *Tché· kó laò tchè·* 丨 *pā tĕ· hèn*, ce vieux est impotent, imbécile, d'une humeur insupportable.

主｜，｜棉，*Tchòu* ｜；｜ *miên*, le libre arbitre; voir *miên*.

｜爺廟，｜ *iê miaó*, la pagode des bouchers.

一｜紙，像，桌子，片子，ĭ ｜ *tchè, siáng, tchŏ tsè, p'ién tsè, etc.* une feuille de papier, une image, une table, une carte de visite.

章 *Tchāng*. Division de livre, composition littéraire.

文｜，*Ouên* ｜，composition littéraire (voir *ouên*).

此書分成四｜，*Ts'è choū fēn tch'ên sé* ｜，ce livre se divise en 4 parties.

出口成｜，*Tch'ŏu k'eòu tch'ên* ｜，il parle comme un livre.

照｜程辦，*Tcháo* ｜ *tch'ên pán*, arranger une affaire d'après les règles établies.

拄(*v.* 盖)圖｜，*Tch'òu (v. kái) t'òu* ｜，apposer un cachet (voir *t'oû*).

彰 *Tchāng. v.* ｜揚，*v.* ｜ *iâng*, manifester, faire resplendir.

璋 *Tchāng*. Pierre précieuse.

弄｜弄瓦，*Lóng* ｜ *lóng ouà?* (litt.) as-tu obtenu une pierre précieuse ou une tuile, c.-à-d. l'enfant que tu as eu, est-ce un garçon, ou une fille?

樟 *Tchāng. v.* 香｜，*v.* ｜樹，*v. hiāng* ｜，*v.* ｜ *choú*, camphrier.

麞 *v.* 獐 *Tchāng. v.* ｜子，*v.* ｜ *tsè*, daim musqué.

｜子皮，｜ *tsè p'î*, peau de daim.

｜牙，｜ *iâ*, dent de daim (elle est employée en médecine).

TCH'ĀNG

昌 *Tch'āng*. Splendide, riche, prospérer.

文｜，文｜宮，*Ouên* ｜；*ouên* ｜ *kōng*, dieu de la littérature; temple des lettrés.

永不得｜盛，*Iùn poŭ tĕ* ｜ *chén*, (imprécation) que jamais tu ne prospères!

我的兒不｜盛，*Gò tĭ eûl poŭ* ｜ *chén*, mon fils ne se conduit pas bien.

猖 *Tch'āng*. Dévergondé.

｜(*v.* 張)狂，｜ (*v. tchāng*) *k'ouâng*, vantard, d'une légèreté folle.

血｜起｜起的來，*Hiĕ* ｜ *k'ì* ｜ *k'ì tĭ lâi*, le sang vient (sort) avec impétuosité.

｜坟，｜ *fên*, piller un tombeau.

娼 *Tch'āng. v.* ｜婦，*v.* ｜ *foú*, prostituée.

當｜，*v.* 賣｜，*Tāng* ｜，*v. mái* ｜，se prostituer.

窩｜，鬧｜家，*ō* ｜；*láo* ｜ *kiā*, tenir secrètement une mauvaise maison; fréquenter les mauvaises maisons.

女｜兒盜，*v.* 男盜女｜，*Niù* ｜ *eûl táo, v. lân táo niù* ｜，que ta fille devienne prostituée, et ton fils voleur!

TCH'ÂNG

長 *Tch'âng*. Long, de longue durée.

｜短，｜ *touàn*, le long et le court; le bien et le mal; qualités et défauts.

各人有｜短，*Kŏ jên ieòu* ｜ *touàn*, chacun a ses qualités et ses défauts.

說｜說短，*v.* 說人家的｜短，*Chŏ* ｜ *chŏ touàn, v. chŏ jên kiā tĭ* ｜ *touàn*, parler du prochain à tort et à travers, médire.

比｜短，*Pì* ｜ *touàn*, mesurer la longueur.

他幇我不｜久，*T'a pāng gò poŭ* ｜ *kieòu*, il est à mon service pour peu de temps (voir *kieòu*).

請｜年，*Ts'ìn* ｜ *niên*, louer un domestique à l'année.

做｜工，做得｜，*Tsóu* ｜ *kōng; tsóu tĕ* ｜，faire un long ouvrage; il persévère à l'ouvrage.

走｜路，出｜梢，*Tseòu* ｜ *lóu; tch'oŭ* ｜ *chāo*, entreprendre une longue route; porteur qui part pour un long voyage.

有好｜...一丈｜，*Ieòu haò* ｜ ? ĭ *tcháng* ｜，quelle longueur? un *tcháng* (10 pieds) de long.

丨衫子，丨 *chān tsè*, robe longue, toge.

丨起撕布，丨 *k'ì sē poú*, déchirer une toile dans le sens de la longueur.

丨短不一，*v.* 丨的丨，短的短，丨 *touàn poŭ ī, v.* 丨 *tĭ* 丨, *touàn tĭ touàn*, ils ne sont pas de même longueur, il y en a de longs et de courts.

他有些丨處，*T'ā ieòu sī* 丨 *tch'óu*, il a de bonnes qualités.

他丨行害病，*T'ā* 丨 *hîn hái pín*, il est toujours malade.

丨毛，丨 *mâo*, 命丨，*mín* 丨，味丨，*oúi* 丨，性子丨，*sín tsè* 丨，丨白衣，丨 *pĕ ī*, 丨白布，丨 *pĕ poú*. Voir *mâo, mín, etc.*

塲 *v.* 場 *Tch'âng*. Marché, foire, place; particule numérale.

好大一个丨，*v.* 丨分，*Haò tá ī kó* 丨，*v.* 丨 *fén*, c'est un grand marché.

叙府的首丨，*Sú foù tĭ cheoù* 丨，le marché le plus important du ressort de *Sú foù*.

興(*v.* 立)一个丨，*Hīn* (*v. lĭ*) *ī kó* 丨，ériger un marché.

逢丨期，*v.* 日子，*Fông* 丨 *k'ī, v. jĕ tsè*, jour où tombe la foire (voir *fông*).

丨起了，齊了，散了，丨 *k'ì lò, ts'î lò, sán lò*, la foire est commencée, elle est dans son fort, elle est finie.

大丨，小丨，*Tá* 丨，*siaò* 丨，grande foire, petite foire.

百日丨，兩天一丨，三天一丨，*Pĕ jĕ* 丨，*leàng t'iēn ī* 丨，*sān t'iēn ī* 丨，marché (qui se tient) tous les jours, tous les 2 jours, tous les 3 jours.

趕三个丨，*Kàn sān kó* 丨，fréquenter 3 marchés à tour de rôle (voir *kàn*).

昨丨，明丨，*v.* 二丨，*Tsŏ* 丨 ; *mîn* 丨，*v. eúl* 丨，la foire dernière; la foire prochaine.

過三丨開錢，*Kó sān* 丨 *k'āi ts'iên*, payer après 3 foires.

今年八月有科丨十八進丨，*Kīn niên pă iuĕ ieoù k'ō* 丨，*chĕ pă tsín* 丨，cette année, à la 8ème lune, il y a les examens pour la licence, c'est le 18 qu'on entre en lice.

沒嘛子看丨，喫丨，*Mŏ tĕ chá tsè k'án* 丨，*tch'ĕ* 丨，il n'y a pas grand'chose à voir, à manger.

他做我的過丨，*T'ā tsoú gò tĭ kó* 丨，il me joue des tours (voir *kó*).

山丨樹木，*Chān* 丨 *choú moŭ*, tous les arbres d'une propriété.

擺丨火，*Pài* 丨 *hò*, étaler des instruments de jeu, ouvrir un tripot.

法丨，*Fă* 丨，place des exécutions.

一丨事，一丨官司，一丨禮信，一丨毛病，*ī* 丨 *sé, ī* 丨 *lì sín, ī* 丨 *mâo pín*, une affaire, un procès, une discussion publique, une maladie.

他沒有在丨，在丨的人，*T'ā mŏ ieòu tsái* 丨 ; *tsái* 丨 *tĭ jên*, il n'était pas de la partie; les hommes qui étaient présents à l'affaire.

哭一丨，*K'oŭ ī* 丨，賭博丨，*toù pŏ* 丨，教丨垻，*kiáo* 丨 *pá*, 道丨，*táo* 丨，稻丨，*táo* 丨. Voir *k'oŭ, toù, etc.*

腸 *Tch'âng*. Intestins, boyaux.

大丨，小丨，*Tá* 丨 ; *siaò* 丨，gros intestin; intestin grêle, voies urinaires.

血貫丨，讓丨，*Hĭĕ kouán* 丨，*jáng* 丨，boudin, saucisson.

心丨，*Sīn* 丨，intention, désir (voir *sīn*).

TCHÀNG

長 *Tchàng*. Grandir, grossir.

人不丨，丨大了，丨不大，*Jên poŭ* 丨 : 丨 *tá lò;* 丨 *poŭ tá*, il ne grandit pas; il a grandi; il a peu grandi, il ne deviendra pas grand.

丨起人來了，*v.* 丨成人了，丨 *k'ì jên lâi lò, v.* 丨 *tch'ên jên lò*, il est devenu adulte, homme fait.

丨肉，丨氣力，丨 *joŭ*, 丨 *k'í lĭ*, prendre de la corpulence, prendre des forces.

丨胖了，丨 *p'áng lò*, il est devenu gros (se dit des hommes).

丨得好，丨 *tĕ haò*, il pousse, il vient bien.

米丨了，*v.* 米丨了價，*Mì* 丨 *lò, v. mì* 丨 *lò kiá*, le riz a enchéri.

穀子打｜了, *Koŭ tsè tà | lò*, la récolte du riz a dépassé l'ordinaire.

麼麼｜起來了 (*v.* **發｜了**), *Mô mô | k'ì lâi lò (v. fă | lò)*, le pain a levé, s'est gonflé.

你怕,他越｜胆子, *Gnì p'á, t'a iuĕ· | tàn tsè*, plus tu as peur, plus il devient audacieux (voir *tàn*).

做生意｜本錢, *Tsóu sēn í | pèn ts'iên*, augmenter son capital par le commerce.

他是｜的,｜我一歲, *T'a ché | tĭ, | gò ĭ soúi*, il est mon aîné, il est plus âgé d'un an.

｜上,尊｜, *| cháng, tsēn |*, les supérieurs.

｜子,｜兄, *| tsè, | hiōng*, fils aîné, frère aîné.

那个在 (*v.* **佔**) **｜**, *Là kó tsái (v. tchán) |*, qui est l'aîné?

漲 *Tchàng*. Inondation, crue des eaux.

河頭｜一丈多水, *Hô t'eôu | ĭ tcháng tō choui*, le fleuve a monté de plus de 10 pieds (voir *choùi*).

今晚怕要｜水, *Kīn ouàn p'á iáo | choùi*, cette nuit, il va y avoir une crue d'eau, c.-à-d. il va tomber une grande pluie.

｜水,水｜沒有, *| choùi; choùi | mŏ ieòu?* eau bouillante; l'eau bout-elle?

掌 *Tchàng*. Paume de la main; gouverner, diriger, aider, appuyer.

打手｜ (*v.* **｜兒**), *Tà cheoù | (v. | eúl)*, donner sur les doigts.

打嘴｜, *Tà tsoùi |*, souffleter avec une semelle de cuir.

｜馬, *| mà*, ferrer un cheval.

那个｜手做, *Là kó | cheoù tsóu?* qui a la direction de cet ouvrage?

｜班,｜頭, *| pān, | t'eôu*, diriger une bande, aller en tête.

這件事是他｜起的, *Tché· kién sé ché t'a | k'ì tĭ*, c'est lui qui conduit cette affaire.

拿跟你｜, *Là kēn gnì |*, je te donne à gouverner, à diriger.

不是他｜竿竿這場官司打不成, *Poŭ ché t'a | kān kān, tché· tch'âng koūan sē tà poŭ tch'ên*, sans ses instigations et son concours, le procès n'aurait pas eu lieu.

拏撐竿｜ (*v.* **撐**) **倒樹子**, *Lâ ts'én kān | (mieux ts'én) taò choú tsè*, donner un support à un arbre.

｜櫃, *| koúi*, tenir le comptoir; en certains pays, maître d'auberge, de boutique.

你｜倒吓, *Gnì | taò há*, tiens, soutiens un peu.

帮人家打｜子, *Pāng jên kiā tà | tsè*, aider quelqu'un pour quelques jours.

支手不見｜, *Tchē cheòu poŭ kién |*, en portant sa main devant soi, on ne la distingue pas (tellement il fait nuit noire).

泥｜子, *Gnî | tsè*, truelle.

馬｜, *Mà |*, **賣熊｜**, *mái hiông |*, **拍他一巴｜**, *p'ĕ· t'a ĭ pa |*, **｜管**, *| kouàn*, **｜舵**, *| tó*, **｜墨師**, *| mĕ· sē*, **｜印**, *| ín*, **｜刀**, *| taō*. Voir *mà, hiōng, pa, etc.*

鞝 *Tchàng*. Ressemeler (voir *hâi* **鞋**).

TCH'ÂNG

廠 *Tch'àng*. Mine à ciel ouvert, chantier, aire sans clôture.

銀｜,銅｜,鐵｜, *in |, t'ông |, t'iĕ· |*, mine d'argent, de cuivre, de fer.

｜的,｜垻, *| tĭ; | pá*, non clos; cour, aire sans clôture.

｜口廳, *| k'eòu t'īn*, hangar ouvert.

屍｜垻, *Chē | pá*, place où se fait l'examen judiciaire des cadavres.

｜垻寬,有酒席好搭｜棚, *| pá k'oūan, ieòu tsieòu sĭ haò tá | p'ông*, la cour est vaste, s'il y a quelque grand repas à donner, il est facile d'y mettre quelques tentures (pour s'y installer).

開｜子舖, *K'ai | tsè p'óu*, tenir boutique de perruquier.

酒｜子, *Tsieòu | tsè*, entonnoir à vin.

炭｜, *T'án |*, **鍋｜**, *kō |*, **木｜**, *moŭ |*, **窑罐｜**, *iâo kouán |*, **瓦｜**, *ouà |*. Voir *t'án, kō, moŭ, etc.*

敞 *Tch'àng*. Exposé à l'air.

酒 | 不得氣, *Tsieòu* | *poŭ tĕ· k'í*, le vin ne peut rester en contact avec l'air.

| 了一口風, | *lò ĭ k'eòu fōng*, il a attrapé un coup d'air.

| 不得風, | *poŭ tĕ· fōng*, cela ne doit pas être exposé au vent, à l'air; cela ne doit pas être ébruité.

事 | 出去了, *Sé* | *tch'oŭ k'ú lò*, l'affaire est éventée, divulguée.

TCHÁNG

脹 *Tcháng*. Enfler, gonfler d'eau, de vent.

肚皮飽 |, *Toú p'î pào* |, avoir le ventre ballonné (voir *pào*).

| 死的, | *sè tĭ*, mort de gonflement, pour avoir eu le ventre trop plein.

發 |, *Fă* |, gonfler.

肚皮都氣 | 了, *Toú p'î toū k'í* | *lò*, le ventre lui en crève de dépit.

眼睛 |, *Ièn tsīn* |, éprouver une espèce de fatigue (de gonflement) dans les yeux.

蠱 | 病, *Koù* | *pín*, 泡 | 了, *p'áo* | *lò*, 腰鼾 | 了, *iāo kàn* |, | 包殼, | *pāo koŭ*. Voir *koù*, *p'áo*, *etc.*

帳 *Tcháng*. Tente, courtine.

| 棚, | *p'ông*, tente mobile de campagne, tenture.

| 子, v. 蚊 | 子, | *tsè*, v. *ouên* | *tsè*, moustiquaire.

賬 v. 帳 *Tcháng*. Dette, créance, crédit, comptes.

拉 |, v. 背 |, *Lă* |, v. *pēi* |, s'endetter, avoir des dettes.

人窮思老 |, *Jên k'iông sē laò* |, un homme appauvri songe à tirer parti de ses vieilles créances.

生意 |, 買賣 |, *Sēn í* |, *mài mái* |, dettes de commerce.

賭博 |, 零碎 |, *Toù pŏ* |; *lîn soúi* |, dettes de jeu; menus comptes, menues dettes.

開 (v. 還) 不起 |, *K'āi (v. houân) poŭ k'ì* |, n'avoir pas de quoi payer ses dettes.

該 (v. 爭) |, *Kāi (v. tsēn)* |, devoir, être débiteur.

| 主子, 賒 |, | *tchòu tsè; chē* |, créancier; prendre ou donner à crédit.

寫 (v. 掛) |, 謄 |, *Siè· (v. koúa)* |, *t'ên* |, inscrire les comptes, les transcrire.

掛糊 (v. 浮) |, *Kouá foû* |, fabriquer des comptes, inscrire des comptes faux.

掛在我 | 上, *Kouá tsái gò* | *cháng*, mets cela à mon compte.

我不掛 |, *Gò poŭ kouá* |, je n'inscris pas de comptes: je ne fais pas de crédit.

來 |, 去 |, *Lâi* |, *k'ú* |, actif, passif (termes de comptes).

放 | 取利, *Fáng* | *ts'ù lí*, prêter à intérêt.

| 放落了, v. 爛了, | *fáng lŏ lò*, v. *lán lò*, il a prêté son argent à fonds perdu.

包收爛 |, *Paō cheōu lán* |, se charger (à tant pour %) de faire rentrer les créances faibles.

打爛 |, *Tà lán* |, n'avoir pas de profession, vivre d'expédients.

投不起 |, *T'eōu poŭ k'ì* |, ne pouvoir arriver à faire concorder les comptes (les dépenses avec les recettes).

清 |, | 目不清, *Ts'īn* |; | *moŭ poŭ ts'īn*, vérifier les comptes; les comptes ne sont pas en règle.

總 |, 總 (v. 約) 一吓 |, *Tsòng* |; *tsòng (v. iŏ) ĭ há* |, comptes généraux, somme totale; faire les comptes en gros (pour voir à peu près sa situation).

一百銀子的 |, *ĭ pĕ· în tsè tĭ* |, une dette, un compte de 100 taëls.

那一筆 | 我招呼起來了, *Lá ĭ pĭ* | *gò tchāo foū k'ì lâi lò*, quant à cette dette, j'ai déclaré la prendre à mon nom.

過 |, *Kó* |, rapporter les comptes du livre-journal sur le grand-livre; comptes ainsi rapportés.

| 上十串難還, | *cháng chĕ tch'oúan lân houân*, une dette arrivée à 10 ligatures devient difficile à rendre.

躲 |, 兌 |, *Tò* |, *toúi* |, éviter les créanciers, passer une créance à un autre.

對 | 簿, *Toúi* | *poú*, confronter 2 livres de comptes.

債 |, *Tchái* |, 倒 |, *taò* |, 攤 |, *t'ān* |, | 簿, | *poú*, 報 |, *paó* |, 認 |, *jén* |, 算 |, *souán* |, 混 |, *houén* |. Voir *tchái, taò, etc.*

丈 *Tcháng*. Mesure de longueur (10 pieds).

十尺爲一 |, *Chĕ tch'ĕ oûi ĭ* |, 10 pieds font un *tcháng* (un peu plus de 3 mètres).

長二 | 四寬一 | 八高一 | 九, *Tch'âng eúl* | *sé, k'ouān ĭ* | *pă, kaō ĭ* | *kieòu*, long de 24 pieds, large de 18, haut de 19.

順起五 |, 橫起三 | 二尺五, *Choúen k'ì où* |, *houân k'ì sān* | *eúl tch'ĕ où*, long de 5 *tcháng*, large de 3 *tcháng* 2 pieds 5 pouces.

四 | 布, *Sé* | *poú*, 4 *tcháng* de toile.

| 吓地基, | *há tí kī*, mesurer un emplacement.

| 人, *v.* 老 | 人, *v.* 岳 |, | 母, | *jên*, *v. laò* | *jên*, *v. iŏ* |, | *moù*, noms sous lesquels le gendre désigne son beau-père, sa belle-mère.

| 夫, 大 | 夫, 方 |, | *foū*, *tá* | *foū*, *fāng* |. Voir *foū, fāng.*

仗 *Tcháng*. Armes, s'appuyer.

打 |, 開 | 火, *Tà* |; *k'āi* | *hò*, combattre; livrer bataille, commencer la bataille.

打勝 |, 打敗 |, *Tà chén* |, *tà pái* |, être vainqueur, vaincu.

打敗一 |, *Tà pái ĭ* |, perdre une bataille.

出 |, 躲 | 火, *Tch'ŏu* |, *tò* | *hò*, se présenter au combat, éviter le combat.

| 人家的勢, | *jên kiā tĭ ché*, s'appuyer sur le renom d'autrui.

杖 *Tcháng*. Bâton.

孝 |, *Hiaó* |, bâton de deuil sur lequel s'appuie le fils du défunt, lors des funérailles.

頂冠執 |, *Tìn kouān tchĕ* |, conduire le deuil en qualité de fils, d'héritier.

| 一百, | *ĭ pĕ*, recevoir 100 coups de bâton.

枴 |, *Kouài* |. Voir *kouài.*

TCH'ÁNG

唱 *Tch'áng*. Chanter (ne se dit que des hommes).

| 歌, | *kō*, chanter des chansons (voir *kō*).

| 大彌撒, | *tá mî sǎ*, chanter la grand'messe.

| 得不好聽, 不合聲氣, | *tĕ poŭ haò t'īn, poŭ hŏ chēn k'í*, chanter d'une manière désagréable, discordante.

一 | 百和, *ĭ* | *pĕ hó*, il suffit qu'un donne le ton, pour que cent autres fassent chorus.

| 經, | 戲, | *kīn*, | *hí*. Voir *kīn, hí.*

暢 *Tch'áng*. Gai, content.

開懷 | 飲, *K'āi houâi* | *ìn*, boire largement et joyeusement.

寬 |, *K'ouān* |, vaste, ample, à l'aise.

TCHĀO

朝 *Tchāo*. Matin, jour.

| 夕, 今 |, 明 |, | *sĭ; kīn* |, *mîn* |, matin et soir; aujourd'hui, demain.

滿三 |, *Màn sān* |, c'est le troisième jour.

打三 |, 三 | 酒, *Tà sān* |; *sān* | *tsieòu*, préparer un repas le 3eme jour après la naissance d'un fils; nom de ce repas.

過終 |, *Kó tchōng* |, passer le reste de ses jours.

招 *Tchāo*. Avouer; faire signe de venir, louer, avertir.

苦打承 |, *K'où tà tch'ên* |, obtenir des aveux au moyen de cruelles tortures.

不打不丨，丨了，*Poŭ tà poŭ* 丨; 丨 *lò*, sans tortures pas d'aveux; il a fait des aveux, il s'est reconnu coupable.

貨高丨遠客，*Hó kaō* 丨 *iuèn k'ĕ·*, les bonnes marchandises attirent de loin les chalands.

丨他來，丨 *t'ā lâi*, fais-lui signe de venir, appelle-le, fais-le venir.

用手丨，丨魂，*Ióng cheòu* 丨; 丨 *houên*, faire signe de la main; rappeler l'âme (expression payenne).

你自己丨的禍害，*Gnì tsé kì* 丨 *tĭ hó hái*, c'est toi-même qui as provoqué ton malheur.

罪罰所丨，*Tsoúi fă sò* 丨, punition qu'on s'attire pour ses péchés.

丨天主的罰，丨 *T'iēn Tchòu tĭ fă*, s'attirer la punition de Dieu.

丨徒弟，丨兵，丨佃客，丨 *t'oû tí;* 丨 *pīn;* 丨 *tién k'ĕ·*, prendre un apprenti; lever des soldats; prendre un fermier.

天主丨他升天，*T'iēn Tchòu* 丨 *t'ā chēn t'iēn*, Dieu l'a appelé au ciel.

丨蜂子，丨 *fōng tsè*, recueillir un essaim qui s'envole.

丨留强盜，丨 *lieôu k'iâng taó*, recéler des voleurs.

丨呼，丨 *foū*, prévenir, avertir; bien traiter; répondre d'une affaire.

丨呼他來，丨 *foū t'ā lâi*, dis-lui de venir.

你該丨呼我一句，*Gnì kāi* 丨 *foū gò ĭ kú*, tu aurais dû m'en dire un mot.

不聽丨呼，*Poŭ t'īn* 丨 *foū*, il n'écoute rien de ce qu'on lui dit.

我們去會他他滿丨呼，*Gò mên k'ú houí t'ā, t'ā màn* 丨 *foū*, nous sommes allés le voir, il nous a très bien reçus.

不會丨呼客，沒得丨呼，*Poŭ houí* 丨 *foū k'ĕ·; mŏ tĕ·* 丨 *foū*, ne pas savoir accueillir ses hôtes; ne pas s'occuper d'eux du tout, ne rien leur fournir.

這一吊錢我丨呼，問我就是，*Tché ĭ tiaó ts'iên gò* 丨 *foū, ouén gò tsieóu ché*, cette ligature j'en réponds, tu n'as qu'à t'adresser à moi.

衙門頭我丨呼不住，*Iâ mên t'eôu gò* 丨 *foū poŭ tchoú*, au prétoire, je n'ai pas l'influence nécessaire pour négocier les affaires.

事我丨呼起來了，*Sé, gò* 丨 *foū k'ì lâi lò*, l'affaire, je l'ai prise à mon nom.

丨牌，丨 *p'âi*, 丨選，丨 *suèn*, 丨上門，丨 *cháng mên*, 丨呼應酬，丨 *foū ín tch'eôu*. Voir *p'âi, etc.*

TCH'ĀO

超 *Tch'āo. v.* 丨過，*v.* 丨 *kó*, surpasser.

他要丨過衆人，*T'ā iaó* 丨 *kó tchóng jên*, il veut surpasser tout le monde.

你丨不過他，*Gnì* 丨 *poŭ kó t'ā*, tu ne saurais le surpasser.

丨信的德，恩，功，丨 *sín tĭ tĕ·, gnēn, kōng*, vertu, grâce, œuvre surnaturelle.

丨度亡魂，丨 *toú ouâng houên*, conduire en bon lieu les âmes des défunts (superstition).

抄 *v.* 鈔 *Tch'āo.* Enlever; transcrire.

丨家，丨 *kiā*, confisquer tous les biens d'une famille.

丨寫一張契約，丨 *siè ĭ tchāng k'í iŏ*, transcrire, copier un contrat.

你要去丨批，*Gnì iáo k'ú* 丨 *p'ēi*, va copier la réponse du mandarin.

紅契丨下來了，*Hông k'í* 丨 *hiá lâi lò*, le titre (contrat) est transcrit.

丨白，丨 *pĕ·*, copie, minute (voir *pĕ·*).

丨手，丨 *cheòu*, se croiser les mains (dans les manches); petites boulettes de viande hachée, recouvertes d'une mince enveloppe de pâte.

賣丨手兒，*Mái* 丨 *cheoù eûl*, vendre de ces boulettes.

丨起的，丨 *k'ì tĭ*, croisé.

耖 *Tch'āo.* Labourer une seconde fois.

丨田，丨 *t'iên*, donner un second labour aux rizières.

丨頭道，二道，丨 *t'eôu taó, eúl taó*, donner un second, un troisième labour.

華西官話漢法詞典

TCHÂO

潮 *Tchâo.* (caractère arbitraire.) Supporter, souffrir du dommage.

丨不住, 丨 *poŭ tchoú,* ne pouvoir endurer.

丨打, 丨了雨, 丨 *tà;* 丨 *lò iù,* être battu; il a été surpris par la pluie.

丨了幾吊錢, 丨 *lò kì tiáo ts'iên,* il en est pour quelques ligatures.

丨幾百板子, 丨 *kì pĕ· pàn tsè,* recevoir quelques centaines de coups de planchette.

我丨他幾回, *Gò* 丨 *t'ā kì hoûi,* plusieurs fois il m'a fait tort.

我丨他一百銀子, *Gò* 丨 *t'ā ĭ pĕ· în tsè,* il m'a fait perdre 100 taëls.

丨强盗偷, 丨 *k'iáng táo t'eōu,* se laisser voler (par les voleurs).

你要丨了, *Gnì iaó* 丨 *lò,* tu te feras attraper.

白丨了, *Pĕ·* 丨 *lò,* il a souffert du dommage sans rime ni raison.

TCH'ÂO

朝 *Tch'âo.* Dynastie; cour impériale, aller en pèlerinage vers.

大清丨, 明丨, *Tá Ts'în* 丨, *Mîn* 丨, la dynastie actuelle des *Ts'în,* la dynastie des *Mîn.*

本丨, 前丨, *Pèn* 丨, *ts'iên* 丨, la dynastie actuelle, les anciennes dynasties.

换丨, 過了三丨, *Houán* 丨; *kó lò sān* 丨, changer de dynastie; il a passé 3 dynasties.

帽子换得丨了, *Máo tsè houán tĕ·* 丨 *lò,* il est temps de changer ce bonnet (il a fait son temps).

丨庭, 丨 *t'în,* la cour impériale.

闖丨, *Tch'ouàng* 丨, se dit d'un voleur qui entre brusquement dans une maison au crépuscule, attrape ce qu'il peut, et s'en va.

丨靴, 丨鞋, 丨 *huĕ·,* 丨 *hâi,* bottes de cérémonie relevées par devant. Voir *hâi.*

丨拜耶穌, 丨 *pái Iê· sōu,* adorer Jésus-Christ.

丨峨山, 丨 *ô chān.* Voir *ô.*

只許丨前不許退後, *Tchè (tchĕ) hù* 丨 *ts'iên, poŭ hù t'oúi heóu,* il n'est permis que d'avancer, pas de reculer.

那个婦人丨前頭去了, *Lá kó foú jên* 丨 *ts'iên t'eôu k'ú lò,* (litt.) cette femme est allée de l'avant, c.-à-d. elle s'est remariée.

丨東方, 丨山走, 丨 *tōng fāng;* 丨 *chān tseòu,* vers l'Orient; marcher vers la montagne.

脚丨天, *Kiŏ* 丨 *t'iēn,* les pieds en l'air.

丨好的邊想, 丨 *haò tĭ piēn siàng,* penser au bon côté d'une affaire.

丨寬處, 丨 *k'oūan tch'óu,* se garer vers le large (cri des porteurs).

潮 *Tch'âo.* Flux et reflux, humidité.

海水有両丨, *Hài choùi ieòu leàng* 丨, la mer a son flux et son reflux.

海丨上來, 退回去, *Hài* 丨 *cháng lâi, t'oúi hoûi k'ú,* la marée monte, redescend.

丨氣, 回丨, 丨 *k'í; hoûi* 丨, l'humidité de l'air; prendre de l'humidité.

塩回丨, 丨塩, 丨腦, *Iên hoûi* 丨; 丨 *iên;* 丨 *lào,* le sel prend l'humidité; sel marin; camphre.

丨斗, 撿丨, 丨 *teoù; kièn* 丨, instrument à vider la cale; vider la cale.

丨泥, 丨 *gnî,* la vase laissée par le fleuve en se retirant.

TCHÀO

爪 *Tchào.* Griffes, ongles.

佛丨柑, *Foŭ* 丨 *kān,* citron (variété *chirocarpus*).

虎丨丨, *Foù* 丨 丨, griffes de tigre.

一丨抓爛了, *ĭ* 丨 *tchoūa lán lò,* d'un coup de griffe il l'a déchiré.

五丨猪, *Où* 丨 *tchōu,* porc à 5 doigts (que les payens n'osent pas tuer).

你丨丨不要深狠了, *Gnì* 丨 丨 *poŭ iáo chēn hèn lò,* n'aie pas les griffes si longues, c.-à-d. ne sois pas si cupide.

丨子, *v.* 丨丨鞋, *v.* 鞋丨子, 丨 *tsè, v.* 丨 丨 *hâi, v. hâi* 丨 *tsè*, souliers avec deux fers à crampons, pour aller par les mauvaises routes.

丨竿, 丨 *kān*, perche avec crochet, dont se servent les barquiers.

找 *Tchào*. Chercher, suppleer, construire.

丨尋, 你去丨, 丨倒了, 丨 *sûn: gnì k'ú* 丨; 丨 *taò lò*, chercher; va chercher; j'ai trouvé.

你丨那个, 噏子, *Gnì* 丨 *là kó? chá tsè?* tu cherches qui? quoi?

丨錢, 丨不倒錢, 丨 *ts'iēn:* 丨 *poŭ taò ts'iēn*, gagner de l'argent; je ne puis rien gagner.

你丨得好, *Gnì* 丨 *tĕ· haò*, tu gagnes beaucoup.

他要丨我, *T'a iáo* 丨 *gò*, il veut me chercher chicane.

你這个事丨不着 (*v.* 得) 他, *Gnì tché· kó sé*, 丨 *poŭ tchŏ (v. tĕ·) t'a*, pour cette affaire, tu ne peux t'en prendre à lui.

丨些事情來做, 丨 *sī sé ts'în lâi tsoú*, chercher des embarras.

丨喫, 丨穿, 丨 *tch'ĕ*, 丨 *tch'oūan*, chercher de quoi se nourrir, se vêtir.

丨扎, 丨 *tchă*, fabriquer des objets en papier avec carcasse en bambou, comme figures d'hommes, etc., dont les payens font usage dans les enterrements.

丨扎舖, 丨扎匠, 丨 *tchă p'óu:* 丨 *tchă tsiáng*, boutique où l'on fabrique ces objets; ouvrier en ce genre.

丨紙人, 丨紙馬, 丨 *tchè jên*, 丨 *tchè mà*, fabriquer des hommes, des chevaux en papier.

丨一个架架, 丨 *ĭ kó kiá kiá*, construire une machine, un échaffaudage.

丨樓, 丨一个棚棚, 丨 *leôu;* 丨 *ĭ kó p'ông p'ông*, faire un grenier, une tour: construire une cabane.

丨袖子, 丨 *sieoú tsè*, retrousser ses manches.

丨價, 丨 *kiá*, suppléer ce qui reste du d'un payement.

TCH'ÀO

炒 *Tch'ào*. Griller, rôtir, frire.

愛喫煎丨, *Gái tch'ĕ tsiēn* 丨, aimer ce qui est grillé ou rôti.

丨乾了, 丨焩了, 丨 *kān lò*, 丨 *foū lò*. grillé à sec, brûlé à force d'être grillé.

丨菜, 葯, 丨 *ts'ái, iŏ*, griller de la viande, des médicaments.

在鍋裡頭丨吓, 丨米糖, *Tsái kō ì (lì) t'eôu* 丨 *há:* 丨 *mì t'âng*, frire un peu dans la poêle. Voir *mì*.

訬 *Tch'ào*. Quereller, crier, tapager.

愛丨得狠, *Gái* 丨 *tĕ· hèn*, il est toujours à faire du tapage, à grogner.

丨嘴, *v.* 丨口嘴, 丨 *tsoùi, v.* 丨 *k'eòu tsoùi*, se quereller.

跟他丨噏子, *Kēn t'a* 丨 *chá tsè?* qu'as-tu à le quereller?

不要丨, *Poŭ iaó* 丨, pas de tapage, pas de querelle!

辦會丨鬧得狠, *Pán hoúi* 丨 *náo tĕ· hèn*, aux fêtes (payennes) il y a grand tapage.

就丨起來了, *Tsieóu* 丨 *k'ì lâi lò*, voilà qu'il se mit à disputer.

丨雞子, *v.* 丨丨, 丨 *kī tsè, v.* 丨丨, se dit de quelqu'un qui est toujours à crier, à tempêter.

TCHÁO

兆 *Tcháo. v.* 預丨, *v. iú* 丨, présage, pronostic.

吉丨, 凶丨, *Kĭ* 丨, *hiōng* 丨, présage heureux, présage de malheur.

不好的丨頭, 丨頭不好, *Poŭ haò tĭ* 丨 *t'eôu:* 丨 *t'eôu poŭ haò*, mauvais présage: c'est un mauvais présage.

世界窮末的丨頭, *Ché kiái k'iông mŏ tĭ* 丨 *t'eôu*, signes précurseurs de la fin du monde.

一丨, *ĭ* 丨, un million.

召 *Tcháo*. Appeler.

聖母蒙丨升天, *Chén mòu mông* 丨 *chēn t'iēn*, Assomption de la Ste Vierge.

詔 *Tcháo.* Proclamer; ordre impérial.

敕 | , *v.* | **旨**, *Tch'ĕ* | , *v.* | *tchè*, ordre impérial.

待 | , *Tái* | , fonctionnaire de l'Académie; perruquier.

學,做待 | , *Hiŏ, tsóu tái* | , apprendre, exercer le métier de perruquier.

罩 *Tcháo.* Nasse; moustiquaire; brouillard.

麻布 | **子,羅蚊** | **子**, *Má póu* | *tsè; lô ouên* | *tsè*, moustiquaire en fil de ramie. Voir *lô*.

掛 | **子**, | **竿子**, *Kouá* | *tsè*, | *kān tsè*, suspendre une moustiquaire, bâtons pour la suspendre.

| **鉤**, | **頂**, | *keōu;* | *tìn*, crochets pour tenir la moustiquaire ouverte; ciel de moustiquaire.

| **簷子**, | *iên tsè*, tenture devant la partie supérieure du devant de la moustiquaire.

有(*v.* **下**) | **子**, *Ieòu (v. hiá)* | *tsè*, il tombe du brouillard.

山高嶢 | **子**, *Chān kāo tcōu* | *tsè*, les hautes montagnes provoquent les brouillards.

| **子散了**, | *tsè sán lò*, le brouillard s'est dissipé.

燈 | **子**, *Tēn* | *tsè*, abat-jour.

日 | **子** (*v.* **紅傘**), *Jĕ* | *tsè* (*v. hông sàn*), parasol rouge porté devant le mandarin.

| | **囥魚**, | | (*k'âng*) *k'àng iû*, prendre les poissons en les couvrant avec une espèce de nasse.

雞 | , *Kī* | , grand panier à couvrir les poules.

一籠 | **子,鋪籠** | **被**, *ĭ lông* | *tsè; p'ōu lông* | *pí*. Voir *lông*.

堂 | , *v.* **落地** | , *T'âng* | , *v. lŏ tí* | , grande tenture d'ornementation tombant jusqu'à terre.

照 *Tcháo.* Eclairer, réfléchir; d'après.

拿亮來 | **吓**, *Lâ leáng lâi* | *há*, apporte de la lumière, pour éclairer un peu.

你點火把來 | **路**, *Gnì tièn hò pà lâi* | *loú*, allume une torche pour éclairer notre chemin.

你 | **得見不**, *Gnì* | *tĕ kién poŭ?* y vois-tu? es-tu assez éclairé?

燈 | **得遠**, *Tēn* | *tĕ iuèn*, la lampe éclaire au loin.

| **倒太陽**, | *taò t'ái iâng*, exposer au soleil.

太陽 | **不倒他**, *T'ái iâng* | *poŭ taò t'ā*, le soleil ne peut l'atteindre.

拿鏡子來 | **你的臉**, *Lâ kín tsè lâi* | *gnì tĭ lièn*, regarde-toi (ta figure) au miroir (voir *kín*).

| **像**, | **的像**, | *siáng*, | *tĭ siáng*, photographier, photographie.

| **壁**, | *pĭ*, mur devant les portes, pour empêcher de voir à l'intérieur.

| **應不倒,不要見笑**, | *ín poŭ taò, poŭ iáo kién siáo*, si je ne puis suffire à veiller, à répondre à tout, veuillez ne pas vous en moquer (polit.).

| **應舖子; 你看** | **吓**, | *ín p'óu tsè; gnì k'án* | *há*, surveiller la boutique; surveille un peu.

| **管**, | *kouàn*, s'occuper d'une affaire, y veiller.

隨天主的默 | , *Soûi T'iēn Tchòu tĭ mĕ* | , suivre les inspirations de Dieu.

| **吓庄稼**, | *há tchoūang kiā*, veiller sur la récolte.

| **會**, | *hoúi*, communications officielles entre grands mandarins.

| **舊**, | **先**, *v.* | **前**, *v.* | **前頭一樣**, | *kieóu;* | *siēn, v.* | *ts'iên, v.* | *ts'iên t'eôu ĭ iáng*, comme autrefois; comme par le passé.

你 | **這个樣子做**, *Gnì* | *tché kó iáng tsè tsóu*, fais d'après ce modèle.

| **天主的道理**, | *T'iēn Tchòu tĭ táo lì*, d'après la doctrine divine.

| **理辦**, | *lì pán*, juger, régler d'après le droit, la justice.

| **例辦**, | *lí pán*, juger d'après la loi.

| **你說**, | **市價**, | *gnì chŏ;* | *ché kiá*, d'après ce que tu dis; au prix courant.

丨倒書寫下來, 丨 *taò chōu siè· hiá lâi*, transcrire conformément au livre.

拿些話來丨我, *Lâ sī houa lâi* 丨 *gò*, par des allusions tu tombes sur mon dos.

你那話像在丨倒我, *Gnì lá houá ts'iang tsái* 丨 *taò gò*, c'est sur moi que paraissent porter tes allusions.

丨將軍, 丨 *tsiāng kūin*, échec au roi! (au jeu d'échecs.)

光丨, 丨顧, 丨人泒, *Kouāng* 丨, 丨 *koú*, 丨 *jên p'ái*. Voir *kouāng, koú, p'ái*.

我不丨他的銜, *Gò poŭ* 丨 *t'ā tĭ hiên*, (litt.) je ne vérifie pas son titre, je ne m'occupe pas de lui.

TCH'ÁO

耖 *Tch'áo*. Labourer, retourner, détruire (voir *tch'āo*).

丨强盗窩子, *v.* 丨窩子, 丨 *k'iâng taó ō tsè, v.* 丨 *ō tsè*, détruire un repaire de voleurs.

這場事是他丨起的, *v.* 起來的, *Tché· tch'âng sé ché t'ā* 丨 *k'ì tĭ, v. k'ì lai tĭ*, c'est lui qui a suscité cette affaire.

看我跟你摟底底丨出來, *K'án gò kēn gnì leōu tì tì* 丨 *tch'oŭ lâi*, prends garde que je ne te jette à la figure tout le fond de ton sac (au fig.).

沒有乾耍丨吓, *Mŏ ieoù kān, iaó* 丨 *há*, ce n'est pas sec (par ex. des grains), il faut retourner un peu.

TCHĒ

知 *Tchē*. Savoir, connaître.

我先不丨道, *Gò siēn poŭ* 丨 *táo*, auparavant je ne savais pas.

要跟人家通丨, *v.* 要通丨人家, *Iaó kēn jên kiā t'ōng* 丨, *v. iaó t'ōng* 丨 *jên kiā*, il faut faire connaître, dire aux autres.

先丨, 預丨, *Siēn* 丨, *iú* 丨, prophète, qui connait l'avenir (voir *iú*).

怎樣得丨, *Tsèn iáng tĕ·* 丨 ? comment savoir ?

不丨覺, *v.* 不丨不覺, *Poŭ* 丨 *kiŏ, v. poŭ* 丨 *poŭ kiŏ*, sans advertance.

不丨利害, *Poŭ* 丨 *lí hái*, (agir témérairement) sans savoir le danger.

你好不丨事, *Gnì haò poŭ* 丨 *sé*, comme tu es stupide!

人小, 丨識還沒有開, *Jên siào*, 丨 *chĕ houân mŏ ieòu k'āi*, il est trop petit, il n'a pas encore l'usage de la raison.

丨會, 丨 *houi*, annoncer; communications officielles entre mandarins.

相丨, *Siāng* 丨, se connaître mutuellement, avoir des rapports d'amitié.

丨府, 丨州, 丨縣, 丨 *foù*, 丨 *tcheōu*, 丨 *hién*, grade de préfet de 1ere classe, de préfet de 2eme classe, de sous-préfet.

他捐得有一个丨府, *T'ā kuēn tĕ· ieòu ĭ kó* 丨 *foù*, il a acheté un grade de préfet.

蜘 *Tchē. v.* 丨蛛, *v.* 丨蛛子, *v.* 丨 *tchoū, v.* 丨 *tchoū tsè* (se prononce *tchĕ·*), araignée.

迷丨蛛, 丨蛛網, *Mî* 丨 *tchoū*; 丨 *tchoū ouàng*, grosse araignée; toile d'araignée.

支 *Tchē*. Demander, recevoir; branche: exciter.

我要丨兩百錢, *Gò iaó* 丨 *leàng pĕ· ts'iên*, je veux recevoir 200 sapèques sur ce qui m'est dû.

不丨跟你, *Poŭ* 丨 *kēn gnì*, je ne t'en donnerai pas.

你掛我的丨賬, *Gnì kouá gò tĭ* 丨 *tcháng*, marque sur mon compte les sapèques reçues.

我還要用五吊錢丨銷, *Gò houân iaó iόng où tiáo ts'iên* 丨 *siāo*, il me faut encore 5 ligatures pour payer les dépenses.

宗丨, *Tsōng* 丨, descendants d'un même aïeul.

天干地丨, *T'iēn kān tí* 丨, les 10 caractères employés comme premiers dans le cycle, et les 12 caractères horaires employés comme seconds.

丨不住, 丨 *poŭ tchoú*, ne pouvoir tenir, résister.

一丨人馬, *ĭ* 丨 *jên mà*, une troupe de cavaliers.

丨出來, 丨起的, 丨 *tch'oŭ lâi*; 丨 *k'ì tĭ*, sortir de l'alignement; tendu en avant.

丨他去, 丨 *t'ā k'ú*, pousse-le à aller.

是那个的丨使, *Ché là kó tĭ* | *chè?* qui a été l'instigateur?

丨**起人家**, | *k'ì jên kiā*, pousser d'autres en avant, pour un mauvais coup.

枝 *Tchē. v.* | |, *v.* **樹** | |, *v.* **極** |, *v.* | |, *v. choū* | |, *v. iā* |, branches d'arbre; *tchē* est une particule numérale.

—丨**筆**,—丨**花**,—丨**箭**, *ĭ* | *pĭ*, *ĭ* | *hoūa*, *ĭ* | *tsién*, un pinceau, une fleur, une flèche.

聖丨,**聖**丨**主日**, *Chén* |, *chén* | *Tchòu jĕ*, rameaux bénits, dimanche des Rameaux.

肢 *Tchē.* Membre.

四丨**百體**, *Sé* | *pĕ t'ì*, les quatre membres et tout ce qui constitue le corps.

聖會的丨**體**, *Chén hoúi tĭ* | *t'ì*, membre de l'Église.

甾 *Tchē.* Grand panier en bambou, revêtu d'un vernis imperméable.

油丨**子**,**酒**丨**子**,**糖**丨**子**, *Ieôu* | *tsè*, *tsieòu* | *tsè*, *t'âng* | *tsè*, panier de ce genre, pour porter l'huile, le vin, le sucre.

脂 *Tchē.* Graisse, fard (voir *iēn* **𤇢**).

之 *Tchē.* Cela; marque du génitif (employé surtout dans les livres).

天主丨**母**, *T'iēn Tchòu* | *moù*, la Mère de Dieu (dans le langage usuel, pour marquer le génitif, on se sert plus souvent de **的** *tĭ*; voir ce mot).

有丨, 丨**字拐**, *Ieòu* | ; | *tsé kouài*, il y a cela. Voir *kouài*.

芝 *Tchē.* Sésame.

丨**蔴子**, 丨**蔴油**, | *mâ tsè*; | *mâ ieôu*, grains de sésame; huile de sésame.

隻 *Tchē* (*tchĕ*). Particule numérale.

—丨**手**,—丨**脚**,—丨**襪子**,—丨**鞋子**, *ĭ* | *cheòu*, *ĭ* | *kiŏ*, *ĭ* | *ouă tsè*, *ĭ* | *hâi tsè*, *etc.* une main, un pied, un bas, un soulier (en général s'emploie quand il s'agit de l'un des deux objets qui font la paire).

—丨**船**,—丨**雞**,—丨**羊**, *ĭ* | *tch'oûan*, *ĭ* | *kī*, *ĭ* | *iâng*, une barque, une poule, une brebis.

梔 *Tchē* (*v. tché*). Gardenia florida.

丨**子花**, | *tsè hoūa*, fleurs de Gardenia (il y en a de blanches et de jaunes, très odorantes).

黄丨**子**, *Houâng* | *tsè*, graines de Gardenia, qui servent pour la teinture (écarlate).

TCH'Ē

痴 *v.* **癡** *Tch'ē.* Stupide.

憨丨丨**的**, *v.* **𥓸**丨丨**的**, *Hān* | | *tĭ*, *v. loŭ* | | *tĭ*, hébété.

丨**呆**, *v.* | | **癲癲的**, | *tāi*, *v.* | | *tiēn tiēn tĭ*, à l'air hébété.

TCH'Ê

池 *Tch'ê.* Etang, vivier, réservoir d'eau.

丨**子**, *v.* 丨**塘**, | *tsè*, *v.* | *t'âng*, réservoir.

挖一个丨**子**, *Oūa ĭ kó* | *tsè*, creuser un réservoir.

裝水的丨**子**, *Tchouāng choùi tĭ* | *tsè*, réservoir d'eau.

打靛的丨**子**, *Tà tién tĭ* | *tsè*, fosse cimentée, pour macérer les feuilles d'indigo.

天丨,**魚**丨,**硯**丨, *T'iēn* | ; *iû* | ; *nién* |, nom donné à plusieurs étangs célèbres; vivier; encrier.

糞丨, *Fén* |, réservoir pour le purin.

城丨, *Tch'ên* |, fossé autour des remparts d'une ville.

遲 *Tch'ê.* Lent, tard, tarder.

手脚丨**慢**, *Cheoù kiŏ* | *mán*, lent dans le travail.

這个人丨**鈍**, *Tché kó jên* | *tén*, c'est un lambin, à intelligence lente.

宜早不宜丨, *Gnî tsào poŭ gnî* |, mieux vaut plus tôt que plus tard; le plus tôt est le meilleur.

丨了, v. 丨狠了, 丨 *lò, v.* 丨 *hèn lò,* c'est trop tard.

來得丨, 丨點來, 丨吓去, *Lâi tĕ·* 丨; 丨 *tièn lâi;* 丨 *há k'ú,* il vient tard: viens plus tard; vas-y un peu plus tard.

明天來都不丨, v. 都不得丨, v. 不爲丨, *Mîn t'iēn lâi toū poŭ* 丨, *v. toū poŭ tĕ·* 丨, *v. poŭ oûi* 丨, viens demain, il sera assez temps.

丨穀子, 丨 *koŭ tsè,* riz tardif.

今年庄稼丨, *Kīn niēn tchoūang kiā* 丨, cette année la récolte vient tard.

早丨不一, *Tsaò* 丨 *poŭ ĭ,* tantôt plus tôt, tantôt plus tard.

丨不過兩天, 丨 *poŭ kó leàng t'iēn,* cela ne peut tarder plus de deux jours.

丨兩天來, 丨 *leàng t'iēn lâi,* viens dans deux jours.

延丨, 丨緩, *Iên* 丨, 丨 *houàn.* Voir *iên, houàn.*

持 *Tch'ê.* Prendre, recevoir, garder.

丨齋, 丨平辦理, 丨 *tchāi:* 丨 *p'în pán lì,* jeûner. Voir *lì.*

丨刀, 丨 *taō,* tenir un couteau à la main.

把丨不住, *Pà* 丨 *poŭ tchoú,* n'avoir pas la force de tenir, de soutenir plus longtemps.

TCHÈ

止 *Tchè.* Cesser, faire cesser, arrêter.

二月起五月丨, *Eúl iuĕ· k'ì où iuĕ·* 丨, commencer à la 2ème lune, finir à la 5ème.

界址從這裡起齊那裡丨, *Kiái tchè ts'ông tché· lì k'ì ts'î lá lì* 丨, les limites commencent ici et finissent là.

丨渴, 痛, 怒, 瀉, 血, 丨 *k'ŏ, t'óng, loú, sié·, hiĕ·,* calmer la soif, la douleur, la colère, arrêter la diarrhée, le sang.

丨不住咳, 笑, 丨 *poŭ tchoú k'ĕ·, siáo,* ne pouvoir s'empêcher de tousser, de rire.

不丨一百銀子, 一斤, 一丈, *Poŭ* 丨 *ĭ pĕ· în tsè, ĭ kīn, ĭ tcháng,* il y a plus de 100 taëls, plus d'une livre, plus d'un *tcháng.*

有一百銀子沒得…不丨, *Ieòu ĭ pĕ· în tsè mŏ tĕ·? Poŭ* 丨, y a-t-il 100 taëls? Il y a plus que cela.

一斗米就丨, *ĭ teoù mì tsieóu* 丨, un boisseau de riz et pas plus.

停丨百工, 禁丨, *T'în* 丨 *pĕ· kōng, kín* 丨. Voir *kōng, kín.*

只 *Tchè (tchĕ).* Seulement, mais.

丨有一个, 丨 *ieòu ĭ kó,* il n'y en a qu'un.

好都好丨有這一點, *Haò toū haò* 丨 *ieòu tché· ĭ tièn,* c'est bien en effet, seulement il y a ceci.

沒別的法, 丨有 (v. 丨得) 求情, *Mŏ piĕ· tĭ fá,* 丨 *ieòu (v.* 丨 *tĕ·) k'ieóu ts'în,* il n'y a pas d'autre ressource, que d'intercéder, de demander pardon.

丨好拿來賣, 丨 *haò lâ lâi mái,* ce qu'il y a de mieux à en faire, c'est de le vendre.

丨許看不許摸, 丨 *hù k'án, poŭ hù mō,* il n'est permis que de regarder et non de toucher.

丨死得一回, 丨 *sè tĕ· ĭ houî,* on ne meurt qu'une fois.

丨管打, 丨 *kouàn tà,* frappe sans t'inquiéter, (litt.) ne t'occupe qu'à frapper.

丨怕沒得錢, 丨 *p'á mŏ tĕ· ts'iên,* il n'y a à craindre que le manque d'argent.

丨見水, 丨見跑, 丨 *kién choùi;* 丨 *kién p'ào,* on ne voit que de l'eau; il s'enfuit vite (on ne le voit que courir).

紙 *v.* 帋 *Tchè.* Papier, contrat.

一張丨, 一碼丨, 一刀丨, *ĭ tchāng* 丨, *ĭ mà* 丨, *ĭ taō* 丨, une feuille de papier, une main de papier de 360 feuilles, de 100 feuilles.

出一張丨, *Tch'ŏu ĭ tchāng* 丨, donner un écrit.

補丨, *Poù* 丨, présenter une requête par écrit, après l'avoir faite de vive voix.

丨廠, 丨 *tch'àng,* fabrique de papier.

細丨, v. 白丨, v. 水丨, v. 寫字丨, *Sí* 丨, *v. pĕ·* 丨, *v. choùi* 丨, *v. siè· tsé* 丨, papier blanc ordinaire, pour écrire.

川連 | , *Tch'oūan liên* | , papier à écrire de meilleure qualité.

京川 | , **貢川** | , *Kīn tch'oūan* | , *kóng tch'oūan* | , deux espèces de bon papier à écrire.

連四 | , *Liên sé* | , papier très blanc, mais trop mince pour servir à l'écriture.

粗 | , **火** | , *v.* **草** | ; | **筋** , *v.* **表清** | , *Ts'ōu* | ; *hò* | , *v. ts'ào* | ; | *kīn, v. piaò ts'īn* | , papier grossier; papier jaunâtre et grossier, employé à une foule d'usages, entre autres pour faire des allumettes; papier très grossier, employé pour torchis.

紅 | , **單皮** | , **夾皮** | , *Hông* | ; *tān p'î* | , *kiă p'î* | , papier rouge; papier très résistant simple, double (fait avec l'écorce de *keóu choú, Broussonnetia papyrifera*).

錢 | , **燒錢** | , *Ts'iên* | ; *chaō ts'iên* | , soi-disant papier-monnaie, qu'on brûle pour les morts; brûler de ce papier (superst.).

厚 | , **薄** (*v.* **形**) | , *Héou* | , *pŏ* (*v. hîn*) | , papier épais, papier mince.

両層 | , *Leàng ts'ên* | , 2 feuilles de papier superposées.

敬惜字 | , *Kín sĭ tsé* | , prendre soin du papier sur lequel il y a de l'écriture, le ramasser soigneusement pour qu'il ne soit pas profané (superstition).

| **人** , | **馬** , | **轎子** , | *jên,* | *mà,* | *kiaó tsè,* hommes, chevaux, palanquins en papier.

故 | , *Koú* | , | **約** , | *iŏ,* **契** | , *k'í* | , | **飛飛** , | *fēi fēi,* **糊** | , *foû* | , **打** | **殼子** , *tà* | *k'ŏ tsè,* **油** | , *icôu* | . Voir *koú, iŏ, etc.*

旨 *Tchè.* Volonté, ordre.

天主的聖 | , *T'iēn Tchòu tĭ chén* | , la sainte volonté de Dieu.

諭 | , *v.* **聖** | , *Iú* | , *v. chén* | , ordre, décret impérial.

請 | , **奉** | , *Ts'ìn* | ; *fóng* | , solliciter un ordre de l'Empereur; voir *fóng.*

皇上倒 (*v.* **降**) **了** | , *Houâng cháng taò* (*v. kiáng*) *lò* | , l'Empereur a promulgué un décret.

指 *Tchè.* Doigts de la main, indiquer.

| **頭子** , *v.* | **拇子** , *v.* | **拇兒** , | *t'eôu tsè, v.* | *moù tsè, v.* | *moù eûl,* doigts de la main (voir *moù*).

中 | **拇兒** , *Tchōng* | *moù eûl,* doigt du milieu.

| **甲深** , | *kiă chēn,* avoir les ongles longs; être voleur, avare (voir *kiă*).

| **甲花** , | *kiă hoūa,* balsamine.

請 | **教** , *Ts'ìn* | *kiáo,* demander à être instruit.

你 | **跟我看** , **你** | **我做** , *Gnì* | *kēn gō k'án; gnì* | *gò tsóu,* fais-moi voir; apprends-moi comment faire.

求神父 | **示** , *v.* | **點** , *v.* | **破** , *K'icôu Chên foú* | *ché, v.* | *tièn, v.* | *p'ó,* je prie le Père de m'indiquer, de m'expliquer.

你跟我 | **路** , *v.* | **我的路** , *Gnì kēn gò* | *loú, v.* | *gò tĭ loú,* indique-moi la route (voir *loú*).

| **人罵人** , | *jên má jên,* maudire quelqu'un en le montrant du doigt (ce qui aggrave l'injure).

| **住** (*v.* **着**) **人** , | *tchóu* (*v. tchŏ*) *jên,* désigner quelqu'un en le montrant du doigt.

| **東說西** , *v.* | **東瓜罵瓠蘆兒** , | *tōng chŏ sī, v.* | *tōng koūa má k'oû loû eûl,* dire une chose pour en faire entendre une autre; tomber sur le dos de quelqu'un, en faisant semblant de parler d'autre chose.

| **南針** , | **路碑** , | *lân tchēn,* | *loú pēi.* Voir *lân, loú.*

趾 *Tchè.* Doigts des pieds (voir **踇** *mòu*).

址 *Tchè.* Fondement; emplacement.

基 | , **界** | , *Kī* | ; *kiái* | , emplacement; limites.

黹 *Tchè. v.* **針** | , *v. tchēn* | , couture.

學 , **做針** | , *Hiŏ, tsoú tchēn* | , apprendre la couture, faire de la couture.

TCH'È

恥 v. **耻** *Tch'è.* Pudeur, honte (voir **廉** *lièn*).

丨笑他, 丨 *siaó t'ā*, se moquer de quelqu'un et lui faire honte.

齒 *Tch'è.* Dent (voir **牙** *iâ*).

丨子, v. 丨 丨; **鋸丨子**, 丨 *tsè*, v. 丨 丨; *kú* 丨 *tsè*, dents d'un instrument; dents d'une scie.

扳鋸丨子, *Pān kú* 丨 *tsè*, écarter les dents d'une scie.

銼鋸丨子, *Ts'ó kú* 丨 *tsè*, limer, aiguiser les dents d'une scie.

沒口丨的人, *Mǒ k'eòu* 丨 *tī jên*, individu qui ne parle pas.

TCHÉ

至 *Tché.* Superlatif; parvenir, jusqu'à.

丨聖丨潔童身之女, 丨 *chén* 丨 *kiě t'ông chēn tchē niù*, Vierge très sainte et très pure.

丨到如今, 丨 *taó joû kīn*, jusqu'à maintenant.

丨到這裡來了免不得要去, 丨 *taó tché lì lâi lò, mièn poǔ tě iaó k'ú*, puisque j'en suis arrivé là, j'irai jusqu'au bout.

丨死不得變, 丨 *sè poǔ tě pién*, il ne changera pas jusqu'à la mort.

丨二月, 丨 **尾**, 丨 *eúl iuě*; 丨 *oùi*, jusqu'à la 2ème lune; jusqu'à la queue, à la fin.

丨少, 丨 *chaò*, **夏丨**, *hiá* 丨, **冬丨**, *tōng* 丨, **丨於**, 丨 *iû*. Voir *chaò, etc.*

致 *Tché.* Arriver au point de, livrer.

丨命死的, 丨 *min sè tī*, mort martyr.

精丨 (v. **緻**), *Tsīn* 丨, beau, joli.

丨命傷, **丨命聖人**, **景丨** (v. **緻**), 丨 *mín chāng*, 丨 *mín chén jên, kìn* 丨. Voir *chāng, mín, kìn*.

制 *Tché.* Conduire, gouverner.

丨臺, v. **丨軍**, 丨 *t'âi*, v. 丨 *kiūn*, vice-roi, gouverneur d'une ou plusieurs provinces.

丨度; **服丨**, 丨 *toú*; *foǔ* 丨, loi, règle; règlement pour le deuil.

守丨, *Cheòu* 丨, garder le deuil, être dans le temps du deuil.

製 *Tché.* Confectionner, se procurer, préparer.

丨家具, **傢事**, 丨 *kiā kú, kiā sé*, faire faire ou acheter des meubles, des outils.

他丨不起, *T'ā* 丨 *poǔ k'ì*, il n'a pas de quoi s'en procurer.

丨造糖食, 丨 *ts'áo t'âng chě*, fabriquer des sucreries.

衣裳都沒得要旋丨, *ī châng toū mǒ tě, iaó suén* 丨, il n'a pas même d'habits, il faut lui en faire faire.

葯要炮丨過, *Iǒ iaó p'áo* 丨 *kó*, il faut préparer les médicaments.

治 *Tché.* Régir, gouverner, guérir.

管丨百姓, **兒女**, *Kouàn* 丨 *pě sín, eûl niù*, gouverner le peuple, ses enfants.

這个葯丨哪子病, *Tché kó iǒ* 丨 *chá tsè pín?* ce remède guérit de quelles maladies?

丨 (v. **醫丨**) **毛病**, 丨 (v. *ī* 丨) *mâo pín*, traiter une maladie.

病丨不倒, *Pín* 丨 *poǔ taò*, la maladie est inguérissable.

官要處丨他, *Kouān iaó tch'òu* 丨 *t'ā*, le mandarin va le punir sévèrement.

官把他丨死, *Kouān pà t'ā* 丨 *sè*, le mandarin l'a fait mourir.

痔 *Tché.* v. 丨 **瘡**, v. 丨 *tch'ouāng*, hémorrhoïdes.

志 *Tché.* Volonté, intention.

他是有丨 (v. 丨 **氣**) **的人**, *T'ā ché ieòu* 丨 (v. 丨 *k'í*) *tī jên*, c'est un homme d'une volonté forte, qui a un but élevé.

我今立丨, *Gò kīn lǐ* 丨, je prends maintenant la résolution.

丨意, **丨向**, 丨 *í*; 丨 *hiáng*, à dessein, tout exprès; voir *hiáng*.

丨意來會你, 丨 *í lâi hoúi gnì*, je viens tout exprès te trouver.

有丨者事竟成, *Ieòu* 丨 *tchè*, *sé kín tch'ên*, celui qui a de la volonté finit toujours par réussir.

痣 *Tché. v.* 丨子, *v.* 丨 *tsè*, verrue, grain de beauté.

丨鬍, 丨 *foû*, poils qui poussent sur cette verrue.

置 *Tché.* Placer, disposer.

安丨, *Gān* 丨, mettre à sa place.

看怎麽樣安丨法, *K'án tsèn mô iáng gān* 丨 *fă*, voyons comment il faudra disposer.

我丨得有一點地方, *Gò* 丨 *tĕ ieòu ĭ tièn tí fāng*, j'ai acheté quelques terres.

智 *Tché.* Prudence, prudent.

丨德, 丨 *tĕ*, la vertu de prudence.

丨者千慮一失, 丨 *tchè ts'iēn lú ĭ chĕ*, l'homme prudent réfléchit beaucoup, et se trompe rarement.

賢丨, *Hiên* 丨, le don de sagesse.

翅 *Tché. v.* 丨子, *v.* 丨膀, *v.* 丨管, *v.* 丨 *tsè, v.* 丨 *pàng, v.* 丨 *kouàn*, ailes.

開丨子飛了, *K'āi* 丨 *tsè fēi lò*, ouvrant les ailes il s'est envolé.

剪丨子, *Tsièn* 丨 *tsè*, couper les ailes.

不要長他的丨子, *Poŭ iaó tchàng t'ā tĭ* 丨 *tsè*, ne lui fais pas les ailes trop longues: ne lui laisse pas trop de liberté.

TCHĔ

贄 *Tchĕ.* Présents.

丨見禮, 丨 *kién lì*, présents qui se font lors d'une 1ere visite à un supérieur.

執 *Tchĕ.* Tenir, obstiné; administrer.

我丨意要走, 固丨, *Gò* 丨 *í iaó tseòu; koú* 丨, je veux absolument partir; voir *koú*.

丨照, 丨 *tchaó*, passeport.

丨事, 丨 *sé*, ceux qui ont la direction d'une affaire; appareil de voyage des mandarins.

用官的丨事, *Ióng kouān tĭ* 丨 *sé*, se servir de l'appareil mandarinal.

窒 *v.* 滯 *Tchĕ (tché).* Empêcher.

不能阻丨他, *Poŭ lên tsoù* 丨 *t'ā*, ne pouvoir l'empêcher.

姪 *v.* 侄 *Tchĕ.* Neveu.

丨子, *v.* 丨兒, 丨女, 丨 *tsè, v.* 丨 *eûl;* 丨 *niù*, neveu; nièce (enfants d'un frère).

內丨, *Louí* 丨, une femme mariée appelle ainsi le fils de son frère.

外丨, *Ouái* 丨, neveu (fils d'une sœur).

堂丨, *T'âng* 丨, fils d'un cousin germain (de la lignée masculine).

姨丨, 丨孫, 兩叔丨, *î* 丨, 丨 *sēn, leàng choŭ* 丨. Voir *î, sēn, choŭ*.

直 *Tchĕ.* Droit, juste, sincère.

山中有丨樹, 世上無丨人, *Chān tchōng ieòu* 丨 *choú, ché cháng oû* 丨 *jên*, dans les montagnes il y a des arbres droits, en ce monde il n'y a pas d'homme droit.

人正丨, *Jên tchén* 丨, homme juste et droit.

性丨, *v.* 性丨狠了, *Sín* 丨, *v. sín* 丨 *hèn lò*, caractère trop droit, inflexible.

莫信丨中丨, *Mŏ sín* 丨 *tchōng* 丨, ne te fie pas à celui qui paraît trop droit (c'est un hypocrite).

說話丨頭丨腦的, *Chŏ houá* 丨 *t'eôu* 丨 *laò tĭ*, parler trop franchement, sans discrétion.

他是一个丨心人, *v.* 忠丨的人, *T'ā ché ĭ kó* 丨 *sīn jên, v. tchōng* 丨 *tĭ jên*, c'est un homme droit, fidèle.

樸丨, *v.* 丨樸, *P'oŭ* 丨, *v.* 丨 *p'oŭ*, simple (voir *p'oŭ*).

端丨; 對丨走, *Touān* 丨; *touí* 丨 *tseòu*, bien droit; aller droit devant soi.

丨進衙門, 丨 *tsín iâ mên*, aller droit au prétoire.

丨是來, 丨是說, 丨 *ché lâi;* 丨 *ché chŏ*, il vient sans cesse; il parle abondamment, sans s'arrêter.

丨隸州, 丨 *lí tcheōu*. Voir *lí*.

炙 *Tchĕ.* Griller, rôtir.

大黄 | 過,叫酒軍, *Tá houâng | kó, kiáo tsieoù kūin,* la rhubarbe grillée au vin s'appelle *tsieoù kūin.*

| 草, | *ts'aò,* réglisse rôtie avec du miel.

職 *Tchĕ.* Gouverner, charge.

官 | ,本 | , *Kouān | ; pèn |* , mandarinat: propre office de quelqu'un.

| 分, | 業,革 | ,卑 | , | *fén,* | *niĕ·, kĕ· | , pēi |* . Voir *fén, niĕ·, etc.*

織 *Tchĕ.* Tisser.

| 布, | 絨, | *póu;* | *jông,* tisser de la toile. Voir *jông.*

擲 *Tchĕ.* Jeter.

| 骰, | *sĕ·,* jouer aux dés (voir *sĕ·*).

汁 *Tchĕ. v.* | **水**, *v.* | *choùi,* suc, jus (se dit aussi *tché*).

| 子老了點, | *tsè laò lò tièn,* le jus est trop cuit.

質 *Tchĕ.* Eléments constitutifs, substance; témoignage.

熬葯不分 | , *Gâo iŏ poŭ fēn |* , ne pas réussir à opérer au feu le mélange de substances médicales.

不分 | , *Poŭ fēn | (tchĕ),* voir confusément, sans distinguer, sans pouvoir compter.

眉毛鬍子一包糟分不倒 | , *Mî mâo foû tsè ĭ pāo tsāo fēn poŭ taò |* , choses confuses, qu'on ne distingue pas l'une de l'autre.

有 | 証沒得, *Ieoù | tchén mŏ tĕ·?* y a-t-il des témoins?

你 | 得証 (*v.* 紅) 麼, *Gnì | tĕ· tchén (v. hông) mō?* peux-tu soutenir ton témoignage en face?

値 *Tchĕ.* Coûter, valoir, mériter.

| 錢, *v.* | 價,不 | 錢, *v.* 不 | 價, | *ts'iên, v.* | *kiá, poŭ | ts'iên, v. poŭ | kiá,* avoir du prix, ne pas en avoir (au propre et au figuré; voir *kiá*).

| 錢的東西,人, | *ts'iên tĭ tōng sī, jên,* chose, homme de valeur.

| 得好多錢, | *tĕ· haò tō ts'iên?* combien cela vaut-il?

| 得 (*v.* 要 |) 一百錢, | *tĕ· (v. iaó |) ĭ pĕ· ts'iên,* cela coûte ou vaut 100 sapèques.

| 不得那樣多, | *poŭ tĕ· lá iáng tō,* cela ne vaut pas tant.

他倒 | 得,要我纔 | 不得, *T'ā taò | tĕ·, iáo gò ts'âi | poŭ tĕ·,* pour lui il n'y perd pas, il a ce qu'il mérite: c'est moi qui y perds, qui ne méritais pas cela.

他死 | 不得, *T'ā sè | poŭ tĕ·,* il ne méritait pas la mort.

當,報 | 年, *Tāng, páo | niên,* être administrateur temporaire d'une société, être nommé à cette charge (voir *niên*).

TCH'E

喫 *v.* 吃 *Tch'ĕ (k'ĭ).* Manger, boire.

| 飲食, | *ìn chĕ,* prendre de la nourriture.

| 頓飯划(*v.*華)不來,肯 | 冒二頭, | *tén fán hoūa poŭ lâi, k'èn | máo eúl t'eôu,* on perd à manger le riz à tant par repas, mieux vaut manger à tant par bol.

好 | , | 好的, *Haò | ;* | *haò tĭ,* bon à manger, d'un bon goût; faire bonne chère.

| 得, | 不得, | *tĕ·,* | *poŭ tĕ·,* cela peut, cela ne peut se manger; il peut, il ne peut pas manger.

這个菜我 | 得來, | 不來, *Tché· kó ts'ái gò | tĕ· lâi,* | *poŭ lâi,* je puis manger de ce mets (je n'y ai pas répugnance), je ne puis en manger.

要 | 得,纔做得, *Iáo | tĕ·, ts'âi tsóu tĕ·,* il faut pouvoir manger, pour pouvoir travailler.

| 不得會死, | *poŭ tĕ· hoúi sè,* s'il ne peut manger, il finira par mourir.

跟倒 | , *Kēn taò |* , être nourri par le patron.

包 | , *Pāo |* , travail à prix fait, l'ouvrier se nourrit lui-même.

沒得丨;少丨少穿, *Mŏ tĕ* 丨; *chaò* 丨 *chaò tch'oūan*, n'avoir pas de quoi manger; être à l'étroit pour la nourriture et pour le vêtement.

丨繳,丨香香,丨 *kiào;* 丨 *hiāng hiāng*, dépenses de bouche; manger des friandises.

他沒得丨繳, *T'ā mŏ tĕ* 丨 *kiào*, il n'a pas de quoi vivre.

丨人害人, 丨 *jên hái jên*, nuire gravement à autrui.

丨死人, 丨 *sè jên*, (litt.) manger le mort: festiner aux funérailles.

大丨如小賭, *Tá* 丨 *joû siaò toù*, les grandes dépenses de table ne ruinent pas moins que le jeu en petit.

大魚丨小魚, *Tá iû* 丨 *siaò iû*, les grands poissons mangent les petits.

丨過度, *v.* 丨過逾, 丨 *kó toú*, *v.* 丨 *kó iû*, manger avec excès.

丨天主教, 丨 *T'iēn Tchòu kiáo*, (litt.) manger de la religion chrétienne: être chrétien (terme de mépris usité parmi les payens).

丨烟, 葉子烟, 鴉片烟, 丨 *iēn, iĕ tsè iēn, iā p'ién iēn*, fumer soit le tabac, soit l'opium. fumer du tabac, de l'opium (ou avaler de l'opium pour s'empoisonner).

這回打官司他丨不完, *Tché hoûi tà koūan sē t'ā* 丨 *poŭ ouân*, ce procès lui donnera plus de désagréments qu'il n'en pourra digérer (voir *ouân*).

馬要丨料, *Mà iáo* 丨 *leáo*, il faut de l'avoine (ou autres grains) au cheval.

虫丨了, *Tch'ông* 丨 *lò*, c'est mangé des vers.

木不丨釘, *Moŭ poŭ* 丨 *tīn*, les clous (des souliers) ne mordent pas sur la planche, ils glissent dessus.

丨不起力, 丨 *poŭ k'ì lĭ*, ne pouvoir employer les forces (se dit des hommes et des choses).

要丨得緊, *Iáo* 丨 *tĕ kìn*, il faut serrer fort (au propre et au figuré).

官丨倒他, *Koūan* 丨 *taò t'ā*, le mandarin s'en prit à lui.

丨飯, 丨 *fán*, 丨酒, 丨 *tsieòu*, 丨茶, 丨 *tch'â*, 丨葯, 丨 *iŏ*, 丨得過, 丨 *tĕ kó*, 好丨, *haó* 丨, 殼丨, *keóu* 丨, 丨厭了, 丨 *ién lò*, 丨傷了, 丨 *chāng lò*, 丨葷, 丨 *hoūen*, 丨素的, 丨 *sóu tĭ*, 丨糧, 丨 *leâng*, 丨雷, 丨 *loûi*, 丨虧, 丨 *k'oūi*, 丨零供, 丨 *lîn kōng*, 丨嗑兒, 丨 *hŏ eûl, etc.* Voir *fán, tsieòu, etc.*

尺 *Tch'ĕ. v.* 丨子, *v.* 丨 *tsè*, pied (mesure de longueur, variant suivant les lieux et les professions).

十寸爲一丨, *Chĕ ts'én oûi ĭ* 丨, dix pouces font un pied.

匠丨, 裁丨, *Tsiáng* 丨; *ts'âi* 丨, pied des menuisiers, des tailleurs de pierre; pied des tailleurs d'habit.

彎丨, 公議丨子, *Ouān* 丨; *kōng gnî* 丨 *tsè*, pied en équerre. Voir *gnî*.

拿丨子來比 (*v.* 搵, *v.* 靠, *v.* 較), *Lâ* 丨 *tsè lâi pì (v. ín, v. k'áo, v. káo)*, mesurer au pied.

比了四丨, *Pì lò sé* 丨, j'ai mesuré 4 pieds.

丨寸 (*v.* 丨分)不對, 丨 *ts'én (v.* 丨 *fén) poŭ toúi*, la mesure n'est pas juste.

一丈二丨幾, *ĭ tcháng eúl* 丨 *kì*, un *tcháng* 2 pieds et quelques (pouces).

一丨四的碼子, *ĭ* 丨 *sé tĭ mà tsè*, mesure de 1 pied 4 pouces (pour les souliers c'est un pied très court).

我穿一丨七, *Gò tch'oūan ĭ* 丨 *ts'ĭ*, je chausse 1 pied 7 (pouces).

赤 *Tch'ĕ.* Couleur rouge, de chair; nu.

青紅丨白黑, *Ts'īn, hông,* 丨, *pĕ, hĕ*, le vert foncé, le rouge, le rouge de chair, le blanc et le noir.

愛民如丨子, *Gái mîn joû* 丨 *tsè*, aimer le peuple comme un petit enfant.

丨手, 丨脚; 丨身露體, 丨 *cheoù*, 丨 *kiŏ;* 丨 *chēn loú t'ì*, mains, pieds nus. Voir *loú*.

丨心, 丨 *sīn*, cœur à nu, sincère.

丨道, 丨 *táo*, le cercle de l'Equateur, ou la zone tropicale.

TCHĒ·

遮 *Tchē·*. Couvrir, cacher, voiler.

丨**太陽**，丨**亮**，丨 *t'ái iáng*；丨 *leáng*, mettre à l'abri du soleil, cacher le soleil; voiler la lumière, l'empêcher d'arriver.

雲丨**倒**，*Iûn* 丨 *taò*, voilé par les nuages (voir *iûn*).

丨**不倒**（*v.* **住**），丨 *poŭ taò* (*v. tchoú*), ne pouvoir voiler, abriter.

丨**倒風，雨**，丨 *taò fōng, iù*, abriter contre le vent, contre la pluie.

拿布來丨**倒**，*Lâ poú lâi* 丨 *taò*, voiler d'une toile.

丨**瞞**，丨**盖**，丨 *mân*；丨 *kái*, cacher la vérité, mentir, tromper. Voir *kái*.

丨**容**，丨 *iông*, voiler la face.

TCH'Ē·

車 *Tch'ē·*. *v.* 丨**子**，*v.* 丨 *tsè*, char, roue, rouet, pompe, tour.

火丨**路**，*Hò* 丨 *lóu*, chemin de fer.

推丨**子，打**丨**子**，*T'oūi* 丨 *tsè*; *tà* 丨 *tsè*, pousser une brouette; se servir de brouette.

牛丨，**馬**丨，**坐**丨**子**，*Nieôu* 丨，*mà* 丨；*tsó* 丨 *tsè*, char traîné par des bœufs, par des chevaux; aller en brouette ou en char.

丨**子載重了要一个推一个拉**，丨 *tsè tsái tchóng lò, iáo ĭ kó t'oūi ĭ kó lā*, pour une brouette trop chargée, il en faut un qui pousse et un autre qui tire.

丨**心**；丨**輪不轉**，丨 *sīn*；丨 *lên poŭ tchouàn*, essieu d'une roue; la roue ne tourne pas.

紡棉花的丨**子**，*Fàng miên hoūa tĭ* 丨 *tsè*, rouet à filer le coton.

水丨，*v.* **龍骨**丨，**手**丨，**脚踩的**丨**子**，*Choùi* 丨，*v. lông koŭ* 丨；*cheòu* 丨，*kiŏ tch'ài tĭ* 丨 *tsè*, noria; noria allant à la main, avec les pieds.

一架丨**子**，*ĭ kiá* 丨 *tsè*, une noria.

要四道丨**子，水纔**丨**得上去**，*Iáo sé taó* 丨 *tsè, choùi ts'âi* 丨 *tĕ· cháng k'ú*, il faut quatre norias pour monter l'eau assez haut.

丨**水，河水**丨**乾了**，丨 *choùi*; *hô choùi* 丨 *kān lò*, tirer l'eau à la noria; on a pompé toute l'eau du ruisseau.

天丨，*v.* **筒**丨，*T'iēn* 丨，*v. t'òng* 丨，grande roue mue par l'eau, qu'elle élève en tournant.

丨丨**匠**，丨丨 *tsiáng*, tourneur.

丨**木頭盒盒**，丨 *moŭ t'eôu hŏ hŏ*, façonner au tour des petites boites en bois.

丨（*v.* **風**）**穀子**，丨（*v. fōng*）*koŭ tsè*, vanner le riz.

丨**乾淨**，丨 *kān tsín*, vanner proprement.

你那背丨**轉來**，*Gnì lá péi* 丨 *tchouàn lâi*, retourne-toi donc, et ne montre pas le dos.

丨**前草**，丨 *ts'iên ts'ào*, plantain.

TCHÈ·

者 *Tchè·*. (Plus employé dans les livres) auxiliaire marquant l'article, l'adjectif, le participe; souvent il n'a pas de sens bien déterminé.

善丨，**惡**丨，*Chán* 丨，*gŏ* 丨，les bons, les méchants.

老丨，**或**丨，**再**丨，*Laò* 丨，*houĕ·* 丨，*tsái* 丨. Voir *laò, houĕ·, tsái.*

TCH'È·

扯 *Tch'è·*. Déchirer, tirer, arracher.

丨**爛**，*v.* 丨**壞**，丨 *lán*, *v.* 丨 *houái*, déchirer.

丨**布縺衣裳**，丨 *poú liên ī châng*, déchirer (c.-à-d. acheter) de la toile pour faire un habit.

丨**上去**，丨**下來**，丨 *cháng k'ú*，丨 *hiá lâi*, tirer en haut, en bas.

丨丨丨，丨丨丨，tire, tire (cris des tireurs de barque pour s'animer).

丨**皮子，鬍子**，丨 *p'î tsè, foû tsè*, arracher la peau, la barbe.

丨（*v.* 丨**脫**）**衣裳**，丨（*v.* 丨 *t'ŏ*）*ī châng*, arracher les habits.

人打架要丨**開**，*Jên tà kiá iáo* 丨 *k'āi*, quand des hommes se battent, il faut les séparer.

丨草要丨根根, | ts'ào iáo | kēn kēn, en sarclant l'herbe, il faut arracher jusqu'aux racines.

丨秧子, | iāng tsè, arracher les plants de riz (pour les repiquer).

丨毛,雞毛, | mâo, kī mâo, arracher les poils, les plumes d'une poule.

一丨就丨斷了, ĭ | tsieóu | toúan lò, au premier effort cela s'est rompu.

丨不脫, v. 丨不起, | poŭ t'ŏ, v. | poŭ k'ì, ne pouvoir arracher.

生意丨不攏, Sēn í | poŭ lòng, on ne peut tomber d'accord, pour cette affaire commerciale.

丨索索晾衣裳, | sŏ sŏ láng ī châng, tendre une corde, pour y suspendre des habits à sécher.

丨露水, | lóu choùi, se couvrir de rosée (en parlant des plantes).

丨旗子, | k'î tsè, déployer un drapeau.

丨風篷, | fōng p'ông, mettre à la voile.

丨風箱, | fōng siāng, tirer le soufflet de forge.

我們両个抓丨了吓, Gò mên leàng kó tchoūa | lò há, nous deux nous nous sommes pris au collet, et secoués un peu (euphémisme).

丨謊垻, 丨絮子, | houàng pá; | tò tsè, foire de charlatans; répondre par des échappatoires.

丨瘋, | fōng, 丨筋, | kīn, 丨皮絆, | p'î p'án, 拉丨, la |, 丨哼鼾, | p'oŭ hán (v. hān), 丨火閃, | hò chàn, 兼丨, kiēn |, 丨嗝吨, | kĕ tén. Voir fōng, etc.

TCHÉ·

蔗 Tché·. Canne à sucre (voir kān 甘).

這 Tché·. Ce, celui-ci (son opposé est lá 那; voir ce mot).

丨條河, 丨把刀, | t'iâo hô, | pà taō, ce fleuve, ce couteau.

丨是甚麼, 丨叫嘛子, | ché chén mô? | kiáo chá tsè? qu'est-ce que ceci? comment appeler ceci?

丨河水, | hô choùi, cette crue (actuelle) du fleuve.

丨宗人, 丨両天, | tsōng jên; | leàng t'iēn, ces sortes de gens; ces deux jours-ci.

在丨兒, 丨吓, Tsái | eûl, | há, ici, maintenant.

丨纔是話, | ts'âi ché houá, voilà qui s'appelle parler!

丨些那些, | sī lá sī; 丨个那个, | kó lá kó; 丨裡那裡, | lì lá lì; 丨樣那樣, | iáng lá iáng, 丨頭那頭, | t'eôu lá t'eôu, 丨邊那邊, | piēn lá piēn. Voir lá, lì, t'eôu, piēn, etc.

TCHE·

摺 Tchĕ·. Plier.

丨一張紙, | ĭ tchāng tchè, plier une feuille de papier.

丨書, | chōu, plier des feuilles imprimées pour un livre.

丨両丨, 丨四層, | leàng |, | sé ts'ên, plier en deux, en quatre.

丨起來, 丨過來, v. 丨轉來, | k'ì lâi; | kó lâi, v. | tchouàn lâi, plier; plier en ramenant vers soi.

收丨衣裳, Cheōu | ī châng, ramasser et plier un habit.

丨書信, | chōu sín, plier une lettre.

奏丨, Tseóu |, supplique, rapport à l'Empereur.

放丨子進京, Fáng | tsè tsín kīn, envoyer une supplique à Pékin.

丨子, | tsè, pli d'un habit; livret chinois formé d'une feuille plissée.

折 Tchĕ·. Rompre, plier, compenser, réduction, verser.

錢丨成銀子, Ts'iên | tch'ên în tsè, réduire un compte de sapèques en argent.

並無準丨, Pín oû tchouèn |, payer franchement, sans aucun virement.

丨半, | pán, la moitié.

丨轉來, | tchouàn lâi, revenir sur ses pas.

丨一點湯在碗頭, | ĭ tièn t'āng tsái ouàn t'eôu, verser un peu de bouillon dans la tasse.

笭 *Tchĕ·. v.* **箯｜子**, (*v.* ｜ ｜), *v. Miĕ·* ｜ *tsè*, (*v.* ｜ ｜), espèce de grosse natte servant à protéger contre la pluie ou le soleil.

TCH'È·

撤 *Tch'ĕ·.* Enlever, ramasser.

｜**席**, ｜ *sĭ*, fin du repas, desservir la table.

｜**兵回來**, ｜ *pīn hoûi lâi*, rappeler un corps de troupes.

TCHĒN

眞 *Tchēn. v.* ｜**實的**, *v.* ｜ *chĕ tĭ*, vrai, véritable, non falsifié.

一定是｜的, *ĭ tín ché* ｜ *tĭ*, bien sûr, c'est vrai.

當｜死了, *Táng* ｜ *sè lò*, il est vraiment mort.

難得聽｜信, *Lân tĕ· t'în* ｜ *sín*, il est difficile d'apprendre des nouvelles certaines.

｜**心痛悔**, ｜ *sīn t'óng hoùi*, se repentir sincèrement.

我在說笑不要認｜, *Gò tsái chŏ siáo poŭ iaó jén* ｜, je dis cela pour rire, ne va pas le prendre au sérieux.

｜**福八端**, ｜ *foŭ pă touān*, les huit (vraies) Béatitudes (de l'Evangile).

像是｜的, *Ts'iáng ché* ｜ *tĭ*, cela paraît vrai.

｜**容**, *v.* ｜**子**, ｜ *iông*, *v.* ｜ *tsè*, vrai portrait.

頂｜了, *Tìn* ｜ *lò*, c'est devenu sérieux, c'est tout de bon.

果｜(*v.* ｜**正**)**有那事**, *Kò* ｜ (*v.* ｜ *tchen*) *ieòu lá sé*, vraiment il y a cette affaire.

單有天主教爲｜正, *Tān ieòu T'iēn Tchòu kiaó oûi* ｜ *tchén*, il n'y a que la Religion chrétienne qui soit vraie et droite.

他就信以爲｜, *T'a tsieóu sín ì oûi* ｜, il prit la chose au vrai, au sérieux.

聽不｜, *T'în poŭ* ｜, ne pas entendre clairement.

分不倒｜假, *Fēn poŭ taò* ｜ *kià*, ne pas savoir ou ne pas pouvoir distinguer le vrai du faux.

｜**貨**, ｜ *hó*, bonnes marchandises non falsifiées.

｜**金**, ｜**銀**, ｜ *kīn*, ｜ *în*, vrai or, vrai argent.

葯要｜慨, *Iŏ iaó* ｜ *k'ĕ· (k'ái)*, il faut que la médecine soit de bonne qualité, non altérée (voir *iŏ*).

珍 *Tchēn.* Précieux, beau, bon.

｜**珠瑪瑙**, ｜ *tchoū mà laò*, pierres précieuses en général.

｜**寶**, ｜ *paò*, bijou, objet précieux.

｜**味**, ｜**饈美味**, ｜ *oûi*; ｜ *sieōu mèi oûi*, saveur exquise; voir *sieōu*.

賽｜會, **袖｜**, *Chái (sái)* ｜ *hoûi*; *sieóu* ｜, exposition d'objets d'art; livre de poche, *litt.* de manche.

針 *Tchēn.* Aiguille.

｜**鼻子小了**, *v.* **細狠了**, ｜ *pĭ tsè siaò lò*, *v.* sí hen lò, le trou de l'aiguille est trop petit (voir *pĭ*).

眼睛都還看得倒穿｜(*v.* **線**), *Ièn tsīn toū houân k'án tĕ· taò tch'oūan* ｜ (*v. sién*), il a encore la vue assez bonne pour enfiler une aiguille.

釘｜, **頂｜**, **銀｜**, **䗂｜**, *Tīn* ｜, *tìn* ｜, *în* ｜, *pāng* ｜, épingle, dé à coudre, aiguille en argent, grande aiguille.

打｜, *Tà* ｜, pratiquer l'acuponcture.

做｜線活路, *v.* **做｜黹**, *Tsoú* ｜ *sién hŏ loú*, *v. tsoú* ｜ *tchè*, travailler à l'aiguille.

｜**沙**, ｜ *cha*, limaille d'aiguille.

｜**尖上削鐵**, ｜ *tsiēn cháng suĕ· t'iĕ·*, gratter du fer sur la pointe d'une aiguille: être d'une économie excessive.

錢｜, *Ts'iên* ｜, longue aiguille pour enfiler les sapèques.

鐘慢了｜要扳快, **快了要退｜**, *Tchōng mán lò* ｜ *iaó pān k'ouái*, *k'ouái lò iaó t'oúi* ｜, si l'horloge retarde, il faut avancer l'aiguille; si elle avance, il faut reculer l'aiguille.

羊毛|,鱉|, *Iâng mâo* |, *p'iĕ·* |. Voir *iáng*, *p'iĕ·*.

貞 *Tchēn*. Virginité, chasteté.

童|女,|節, *T'ông* | *niù*; | *tsiĕ·*, fille vierge; chasteté.

許愿守|, *Hù iuén cheòu* |, faire vœu de virginité.

|節牌坊, | *tsiĕ· p'âi fāng*, arc de triomphe élevé aux veuves qui ont gardé la chasteté pendant une longue viduité, ou aux filles qui ont gardé la virginité après la mort de leur fiancé.

斟 *Tchēn* (*chēn*, voir ce mot). Transvaser, verser; délibérer.

|酒,|酌, | *tsieòu*; | *tchŏ*, verser du vin; délibérer.

征 *Tchēn*. Perception des impôts.

那一天開|, *Là ĭ t'iēn k'āi* |, quel jour commence-t-on la perception des impôts?

烝 *v.* 蒸 *Tchēn*. Cuire à la vapeur d'eau.

|籠,|鉢, | *lông*; | *pŏ*, boîtes à cuire à la vapeur; vases de terre cuite, servant à faire cuire les mets au bain-marie.

|菜,|粑, | *ts'ái*, | *pā*, cuire à la vapeur d'eau de la viande, du pain.

|熱,|好了, *v.* |熟了, | *jĕ·*; | *haò lò*, *v.* | *choŭ lò*, réchauffer à la vapeur; c'est cuit à point.

|飯,|蛋,|酒, | *fán*, | *tán*, | *tsieòu*, *etc.* Voir *fán*, *tán*, *tsieòu*.

TCH'ĔN

呻 *Tch'ēn*. Gémir.

|喚一聲, | *houán ĭ chēn*, pousser un gémissement.

伸 *Tch'ēn* (*tchēn*). Etendre, étirer.

|手,|舌頭, | *cheoù*, | *chĕ· t'côu*, étendre la main, tirer la langue.

|不起腰幹, | *poŭ k'ì iāo kān*, ne pouvoir se redresser, être obligé de rester courbé (voir *iāo*).

|起睡, | *k'ì choúi*, être couché bien droit, étiré.

兩脚一|, *Leàng kiŏ ĭ* |, une fois les deux jambes bien raidies, c.-à-d. une fois mort.

扯|(*v.* |展), *Tch'è·* | (*v.* | *tchàn*), redresser, aplanir en tirant dessus.

一年到頭不得|抖, *v.* |腰, *ĭ niên taó t'côu poŭ tĕ·* | t'eòu, *v.* | iāo, d'un bout de l'année à l'autre, je n'ai pas un moment de repos.

嗔 *Tch'ēn*. Détester (voir 恨 *hén*).

稱 *Tch'ēn*. Appeler, louer; peser.

不曉得該怎麼樣|呼他, *Poŭ hiaò tĕ· kāi tsèn mô iáng* | *foū t'ā*, je ne sais comment il faut l'appeler, quel titre il faut lui donner.

要|他大老爺,老師, *Iaó* | *t'ā tá laò iê·*, *laò sē*, il faut l'appeler Votre Seigneurie, Maître.

天主第一位|爲父, *T'iēn Tchòu tí ĭ oúi* | *oûi Fóu*, la première Personne en Dieu s'appelle le Père.

皇帝|天子, *Houâng tí* | *t'iēn tsè*, l'Empereur s'appelle le Fils du Ciel.

自|, *Tsé* |, se donner à soi-même des titres.

|讚人家, | *tsán jên kiā*, louer quelqu'un.

|不得好人, | *poŭ tĕ· haò jên*, on ne peut l'appeler un brave homme.

|東西, | *tōng sī*, peser à la romaine (on dit 吊 *tiáo*, quand il s'agit d'objets lourds).

|兩斤鹽, | *leàng kīn iên*, peser, acheter 2 livres de sel.

|彀,不彀, | *keóu*, *poŭ keóu*, faire le poids suffisant, insuffisant.

|錯了, | *ts'ó lò*, il s'est trompé en pesant.

|不起, *v.* |不倒, | *poŭ k'ì*, *v.* | *poŭ taò*, la balance est trop petite pour peser; on ne peut acheter (à ce prix).

| 両斤輭點,大旺,| *leàng kīn jouàn tièn, tá ouáng*, peser 2 livres poids faible, poids fort.

| 平, | *p'în*, peser juste, ni au-dessous ni au-dessus du poids voulu.

拿秤來 | , *Lâ tch'én lâi* | , peser à la romaine.

那一桿秤 | 得好重 , *Lá ĭ kàn tch'én* | *tĕ· haò tchóng?* quelle est la plus forte pesée de cette romaine?

你 | 好重, *Gnì* | *haò tchóng?* quel poids trouves-tu?

這回要過 | 不過𣜃, *Tché· hoûi iáo kó* | *poŭ kó în*, cette fois-ci ce sera au poids, et non à la mesure de longueur ou de capacité.

| 杆, | *kān*, balancier à tirer l'eau des puits, lequel se remonte par le contre-poids du bras libre du levier.

TCH'ÊN

陳 *Tch'ên.* Vieux; avarié.

我要新鮮饝饝 | 的不好喫, *Gò iaó sīn siēn mô mō*, | *tĭ poŭ haò tch'ĕ*, je veux du pain frais; le pain rassis, trop vieux, n'est pas bon.

今天屠戶掛的是 | 肉, *Kīn t'iēn t'oû joú kouá tĭ ché* | *joŭ*, la viande qu'expose aujourd'hui le boucher n'est pas fraîche.

| 烟,新烟, | *iēn, sīn iēn*, tabac des années précédentes, tabac de l'année.

| 年老酒, | *niên laò tsieòu*, vin vieux de plusieurs années.

| 貨,鋪 | , | *hó, p'oū* | . Voir *hó, p'oū*.

塵 *Tch'ên.* Poussière.

人死了變做灰 | , *Jên sè lò pién tsoú hoūi* | , l'homme après sa mort devient poussière.

打陽 | , *Tà iâng* | , nettoyer la poussière d'une maison.

打, 掃灰 | , *Tà, saò hoūi* | , épousseter, balayer.

不染紅 | , *v.* 凡 | , *Poŭ jàn hông* | , *v. fân* | , ne pas se souiller de la poussière du monde.

臣 *Tch'ên. v.* | 子, *v.* | *tsè*, ministre, dignitaire, vassal.

大 | , 老 | , *Tá* | ; *laò* | , grand dignitaire; vieux ministre d'une fidélité éprouvée.

忠 | 不怕死,怕死不忠 | , *Tchōng* | *poŭ p'á sè, p'á sè poŭ tchōng* | , un ministre fidèle ne craint pas la mort; celui qui craint la mort ne saurait être un ministre fidèle.

忠 | 不事二主, *Tchōng* | *poŭ sé eúl tchoù*, un bon ministre ne sert pas deux maîtres.

一朝天子一朝 | , *ĭ tch'âo t'iēn tsè ĭ tch'âo* | , les ministres changent avec les empereurs: autre maître, autres serviteurs.

沉 *Tch'ên.* Submerger.

| 下去, *v.* | 水, | *hiá k'ú, v.* | *choùi*. s'enfoncer dans l'eau.

船 | 下去了, *Tch'oûan* | *hiá k'ú lò*, la barque a été submergée.

不下去, | *poŭ hiá k'ú*, qui ne peut être submergé.

| 香木, | *hiāng moŭ*, *Aquilaria agallochum*, bois d'aigle (qui s'enfonce dans l'eau).

事深 | 了不好說了, *Sé chēn* | *lò poŭ haò chŏ lò*, l'affaire est allée trop loin pour qu'on puisse l'arrêter.

不好深 | 說, *Poŭ haò chēn* | *chŏ*, ce n'est pas commode d'en parler trop ouvertement, d'insister trop.

病 | 重了,迷 | | 的,昏昏 | | , *Pín* | *tchóng lò, mî* | | *tĭ, houēn houēn* | | . Voir *pín, mî, houēn*.

成 *Tch'ên.* Entier, achever, réussir, devenir.

是誰造 | 了天地, *Ché choûi ts'áo* | *lcaò t'iēn tí?* qui a créé le ciel et la terre?

事 | 了, *v.* 事說 | 了;事 | 不倒, *v.* 事攪不 | , *Sé* | *lò, v. sé chŏ* | *lò; sé* | *poŭ taò, v. sé kaò poŭ* | , l'affaire est conclue, elle a réussi; elle ne peut se conclure.

大 | 人的姑孃, *Tá | jên tĭ koū niâng*, fille nubile.

是那个keep| 的, *Ché là kó tsòng | tĭ?* qui l'a patronné, qui a engagé l'affaire?

不 | 一个人, *Poŭ | ĭ kó jên*, ce n'est pas un homme, c'est un vaurien.

不 | 地頭, 不 | 事, 不 | 話, 不 | 一个樣子, 不 | 規矩, *Poŭ | tí t'eóu; poŭ | sé; poŭ | houá; poŭ | ĭ kó iáng tsè; poŭ | koūi kù*, mauvais endroit ou mauvais terrain; mauvaise affaire, qui tourne mal, qui ne signifie rien; mauvaises paroles; tournure insignifiante; discipline misérable.

他變 | 和而流去了, *T'a pién | hô eûl lieôu k'ú lò*, il est devenu un vaurien.

衫子拿來改 | 褂子, *Chān tsè lâ lâi kài | kouá tsè*, d'une toge faire un pardessus.

| 大事, | *tá sé*, devenir une grande affaire; réussir dans une grande affaire.

| 餅餅, | *pìn pìn*, se prendre, se coaguler, s'agglomérer en masse.

人些不 | 團, *Jên sī poŭ | t'ouân*, les gens ne se sont pas réunis.

怕要 | 大毛病, *P'á iaó | tá maô pín*, cela pourrait bien devenir une maladie grave.

他佔八 |, *T'a tchán pă |*, il a 8 parts sur 10.

這个銀子我看有八 |, *Tché· kó în tsè gò k'án ieòu pă |*, cet argent me paraît être au titre de 8/10 (voir *în*).

| 水, *v.* | 分, | *choùi, v.* | *fén*, titre de l'argent.

開六 | 行, *K'ai loŭ | hâng*, vendre en détail du riz et autres denrées.

| 頭造事, | *t'eôu ts'áo sé*, (litt.) se mettre à la tête des troubles, c.-à-d. à la tête des perturbateurs.

沒得人 | 頭, *Mŏ tĕ· jên | t'eôu*, personne ne veut se mettre en avant, prendre la direction, assumer la responsabilité.

| 都, | *toū*, capitale de la province du *Su-tchuen*.

| 全, | *ts'uên*, 圓 |, *iuên* |, | 器, | *k'í*, 買 | 了, *mài | lò*, 生 | 的, *sēn | tĭ*, 收 |, *cheōu |*, *etc., etc.* Voir *ts'uên, iuên, etc.*

誠 *Tch'ên*. Parfait, sincère.

做 | 全耶穌的門弟, *Tsoú | ts'uên Iê· soū tĭ mên tí*, devenir parfait disciple de Jésus-Christ.

| 心 | 意奉敎, 恭敬天主, | *sīn | í fóng kiáo, kōng kín T'iēn Tchòu*, embrasser la religion, servir Dieu d'un cœur et d'une volonté sincères.

| 實, *v.* 忠 | 的人, | *chĕ, v. tchōng | tĭ jên*, homme sincère et fidèle.

人不 | 心, *v.* 人不 | 實, *Jên poŭ | sīn, v. jên poŭ | chĕ*, cet homme n'est pas sincère, il est hypocrite.

城 *Tch'ên. v.* | 分, *v.* | *fén*, ville murée.

| 內, *v.* | 裡頭; | 外, | *loúi, v.* | *ì t'eôu;* | *ouái*, dans la ville, hors la ville.

外 |, *Ouái |*, seconde muraille qui entoure un faubourg.

| 牆, | 池, | *ts'iâng;* | *tch'ê*, murs d'une ville; fossés autour des murs, ville en général.

| 門, | 門洞, | *mên,* | *mên tóng*, portes de la ville, arcade des portes de villes.

出 |, 進 |, 攻 |, *Tch'ŏu |, tsín |; kōng |*, sortir de la ville, y entrer; attaquer une ville.

敘府 |, *Sú foù |*, la ville de *Sú foù*.

京 |, 省 |, | 隍廟, 圍 |, 破 |, *Kīn |, sèn |,* | *houâng miáo, oûi |, p'ó |*. Voir *kīn, etc.*

承 *Tch'ên*. Flatter; recevoir.

| 受, | *cheóu*, recevoir, accepter de la part d'un supérieur.

| 你的情, | 你費力, | *gnì tĭ ts'în;* | *gnì féi lĭ*, grâce à ton affection pour moi; grâce à ton aide.

| 認, | 佃, | *jén;* | *tién*, reconnaître une obligation; recevoir en loyer, être fermier.

｜發房，｜ *fă fâng*, bureau de prétoire qui reçoit et expédie les pièces.

奉｜，耽｜，*Fóng* ｜，*tān* ｜. Voir *fóng*, *tān*.

呈 *Tch'ên*. Présenter à un supérieur, supplique, acte d'accusation.

｜上去，｜ *cháng k'ú*, présenter (à un supérieur).

面｜，*Mién* ｜，livrer en présence, de la main à la main.

一張｜子，*ĭ tchāng* ｜ *tsè*, un acte d'accusation.

做，遞｜子，*Tsoú, tí* ｜ *tsè*, composer, présenter un acte d'accusation.

遞催｜，*Tí ts'oūi* ｜，présenter une pièce pour presser le jugement.

官沒有接，沒有准他的｜子，*Koūan mŏ ieòu tsiĕ, mŏ ieòu tchouèn t'a tī* ｜ *tsè*, le mandarin n'a pas accepté, n'a pas pris en considération son acte d'accusation.

哀憐｜子，悔｜，*Gāi liên* ｜ *tsè; hoùi* ｜，recours en grâce; acte de rétractation auprès du mandarin.

｜稿，訴｜，｜ *kaò; soú* ｜，minute d'un acte d'accusation; voir *soú*.

首｜，*Cheóu* ｜，acte d'accusation des parents contre leurs enfants.

程 *Tch'ên*. Ordre, route.

照章｜，*Tchaó tchāng* ｜，d'apres le règlement (voir *tchāng*).

幾天路｜，*Kì t'iēn loú* ｜，route de plusieurs journées (voir *loú*).

課｜，*K'ó* ｜，composition littéraire.

工｜，起｜，*Kōng* ｜，*k'ì* ｜. Voir *kōng*, *k'ì*.

乘 *Tch'ên*. Particule numérale des palanquins, etc.

一｜轎子，一｜梯子，一｜床，*ĭ* ｜ *kiáo tsè, ĭ* ｜ *t'ī tsè, ĭ* ｜ *tch'ouáng*, un palanquin, une échelle, un lit.

懲 *Tch'ên*. Réprimer, punir (voir *tsĕ* 責).

TCHÈN

枕 *Tchèn. v.* ｜頭，*v.* ｜ *t'cōu*, oreiller.

｜頭帕，｜ *t'eôu p'á*, taie d'oreiller.

告｜頭狀，*Káo* ｜ *t'eôu tchouáng*, femme qui se plaint secrètement à son mari, en accusant d'autres membres de la famille (litt. accusations d'oreiller).

不要聽｜邊的音語，*Poŭ iáo t'īn* ｜ *piēn tī iēn iù*, il ne faut pas écouter les excitations secrètes de sa femme.

｜子，｜ *tsè*, poutres sur lesquelles repose le plancher inférieur.

賑 *Tchèn*. Secourir, faire l'aumône.

｜濟窮人，｜ *tsí k'iông jên*, donner pour secourir les pauvres.

診 *Tchèn*. Examiner.

｜脉，｜ (*tchēn*) *mĕ*, tâter le pouls.

疹 *Tchèn*. Petites pustules.

出(*v.* 生)｜子，*Tch'ŏu* (*v. sēn*) ｜ *tsè*, avoir une éruption de pustules.

｜子寒，｜ *tsè hân*, fièvre typhoïde, accompagnée d'éruption de boutons.

癮｜，*ìn* ｜，petites pustules qui s'élèvent sur la peau.

整 *Tchèn*. Arranger, ajuster, réparer, raccommoder.

｜(*v.* 培｜)房子，｜(*v. p'êi* ｜) *fâng tsè*, réparer une maison.

會｜鐘表，*Hoúi* ｜ *tchōng piào*, habile à réparer les horloges et les montres.

｜不起，｜ *poŭ k'ì*, ne pas pouvoir réparer; cela ne peut se raccommoder.

彀｜，*v.* 彀打｜，*Keóu* ｜，*v. keóu tà* ｜. il y a de l'ouvrage pour réparer cela.

打｜毛病，*Tà* ｜ *máo pín*, traiter activement une maladie.

打｜房圈，*Tà* ｜ *fâng k'uēn*, mettre une chambre en ordre.

打｜不出來，*Tà* ｜ *poŭ tch'oŭ lâi*, ne pouvoir réussir à mettre en ordre.

丨田，丨田坎，丨 *t'iên*，丨 *t'iên k'àn*, préparer une rizière, en réparer les bords.

丨米，*v.* 丨 糓子，丨 *mì*, *v.* 丨 *koŭ tsè*, écosser le riz.

爛了要丨，*Lán lò iáo* 丨，c'est endommagé, il faut le réparer.

丨爛了，丨得稀髱爛，丨 *lán lò*，丨 *tĕ hī p'ā lán*, cela a été gâté, mis en très mauvais état.

丨人，丨死人，丨 *jên*；丨 *sè jên*, tromper quelqu'un, lui nuire: lui nuire jusqu'à le faire mourir.

他丨我的虧空，寃枉，*T'a* 丨 *gò tĭ k'oūi k'óng, iuēn ouàng*, il m'a fait perdre de l'argent, il m'a fait tort, il m'a calomnié.

這是丨人的事，*Tché· ché* 丨 *jên tĭ sé*, c'est un moyen d'attraper les gens, pour leur faire tort.

擺得齊丨，*Pài tĕ· ts'î* 丨，c'est bien orné, bien agencé.

丨頓人馬，丨 *tén jên mà*, tenir prêts hommes et chevaux (par ex. pour partir).

轡丨，*P'èi* 丨．Voir *p'èi*.

TCHÉN

鎮 *Tchén*. Citadelle, tenir garnison.

丨守，丨 *cheòu*, mettre garnison dans une place, pour la garder.

丨臺，丨 *t'âi*, colonel.

四川有四丨八協，*Sé tch'oūan ieòu sé* 丨 *pā hiĕ·*, au Su-tchuen il y a 4 colonels et 8 commandants.

丨，丨，nom donné à certains marchés comme: 趙化丨，*Tcháo houá tchén*.

陣 *Tchén*. Ordre de bataille; moment.

擺丨勢，*Pài* 丨 *ché*, ranger en bataille.

上丨，*v.* 出丨，*Cháng* 丨，*v. tch'oŭ* 丨，aller au combat.

丨亡，丨上受了傷，丨 *ouâng*；丨 *cháng cheóu lò chāng*, mort dans le combat: il a été blessé à la bataille.

痛過一丨好的，*T'óng kó ĭ* 丨 *haò tĭ*, j'ai beaucoup souffert pendant un moment.

一丨好，一丨不好，*ĭ* 丨 *haò*, *ĭ* 丨 *poŭ haò*, tantôt bien, tantôt mal.

一丨一丨家；一丨一丨哭，*ĭ* 丨 *ĭ* 丨 *kiā*；*ĭ* 丨 *ĭ* 丨 *k'oŭ*, de temps en temps, par moments; il pleure par moments.

我說他一丨，*Gò chŏ t'a ĭ* 丨，je lui ai donné une bonne semonce.

擺龍門丨，*Pài lông mên* 丨，faire la causette, raconter des histoires.

震 *Tchén*. Tremblement.

地丨，*Tí* 丨，tremblement de terre (*v. tí tóng* 地動).

丨天丨地，丨 *t'iēn* 丨 *tí*, d'une manière effrayante, à faire trembler le ciel et la terre.

耳朶丨昻了，*Eùl tō* 丨 *gāng lò*, les oreilles m'en ont tinté.

玻璃丨爛了，*Pō lî* 丨 (*tsén*) *lán lò*, la vibration a brisé la vitre.

振 *Tchén*. Exciter, affermir.

堅丨祕跡，*Kiēn* 丨 *pĭ tsĭ*, le sacrement de Confirmation.

地丨，地丨板子，*Tí* 丨；*tí* 丨 *pàn tsè*, plancher inférieur d'une maison; planches épaisses, pour faire ce plancher.

丨樓，丨 *leôu*, faire un plancher.

正 *Tchén*. Droit, juste.

丨直無私，丨 *tchĕ oû sē*, droit et sans passion.

他的心不丨，*T'a tĭ sīn poŭ* 丨，ses intentions ne sont pas droites.

先丨自己，後丨他人，*Siēn* 丨 *tsé kì, heóu* 丨 *t'a jên*, qu'on se réforme d'abord soi-même, on réformera ensuite les autres.

盡是那些不丨經 (*v.* 派) 的人，*Tsín ché lá sī poŭ* 丨 *kīn* (*v. p'ái*) *tĭ jên*, ce ne sont que des gens tarés.

不要把丨事悞了，*Poŭ iáo pà* 丨 *sé oú lò*, il ne faut pas gâter une bonne affaire, ou compromettre l'affaire principale.

是你的丨分，*Ché gnì tĭ* 丨 *fén*, c'est ton droit, ton devoir.

做事要端丨，*Tsóu sé iáo touān* 丨，il faut agir avec modestie et rectitude.

端丨的路；端端丨丨的，*Touān* 丨 *tĭ lóu*；*touān touān* 丨 丨 *tĭ*, route droite; tout droit.

烟竿子不端｜, *Iēn kān tsè poŭ touān* ｜, le tuyau de pipe n'est pas droit.

房子有一｜兩横, *Fâng tsè ieòu ĭ* ｜ *leàng houân*, la maison est composée d'une façade principale et de deux ailes.

這是｜明公道, *v.* ｜大光明, *v.* ｜明祿位, *Tché· ché* ｜ mîn kōng taó, *v.* ｜ tá kouāng mîn, *v.* ｜ min loŭ oúi, cela est évidemment, complétement juste.

｜道, ｜ *taó*, la voie droite.

｜夫｜妻, ｜ *foū* ｜ *ts'ī*, mari et femme légitimes.

是偏的要｜吓, *Ché p'iēn tĭ iáo* ｜ *há*, ce n'est pas droit, il faut redresser un peu.

把樹子扳｜, *Pà choú tsè pān* ｜, redresser un arbre.

｜主教, ｜ *tchòu kiáo*, l'évêque titulaire (par opposition à son coadjuteur).

｜頭主子, ｜ *t'côu tchòu tsè*, le vrai patron, le vrai maître.

｜是他, ｜ *ché t'a*, c'est juste lui.

｜向東, ｜中間, ｜ *hiáng tōng*, ｜ *tchōng kiēn*, tourné juste à l'orient, juste au milieu.

｜(*v.* ｜ ｜)在喫飯, ｜ (*v.* ｜ ｜) *tsái tch'ĕ fán*, il est juste à prendre son repas.

｜午時, ｜當晌午, ｜ *où ché*; ｜ *tāng chàng où*, heure de midi juste; juste à midi.

｜當要就沒得, ｜ *tāng iáo, tsieóu mŏ tĕ·*, juste quand on en veut, il n'y en a pas.

｜遇不遇, ｜ *iú poŭ iú*, on le (en parlant d'un homme ou d'un objet) rencontre toujours, excepté quand on le cherche.

插｜當, *Tch'ă* ｜ *táng*, planter, fixer droit.

｜月間, ｜ (*v. tchēn*) *iuĕ· kiēn*, à la 1ere lune.

一｜一副, *ĭ* ｜ *ĭ foú*, 改邪歸｜, *kài siê· koūi* ｜, ｜理, ｜ *lì*, ｜堂, ｜ *t'âng*, ｜印官, ｜ *ín kouān*, ｜河, ｜ *hô*, ｜字, ｜ *tsé*, *etc.* Voir *foú, siê·, etc.*

政 *Tchén*. Lois, gouvernement.

國｜, 布｜司, *Kouĕ·* ｜; *poú* ｜ *sē*, le gouvernement du royaume. Voir *poú*.

証 *v.* 證 *Tchén*. Témoin, rendre témoignage, preuve.

對｜, *Toúi* ｜, témoigner en face.

死無對｜, *Sè oû toúi* ｜, le témoin étant mort, il n'y a plus de confrontation possible.

你對得｜麽, *Gnì toúi tĕ·* ｜ *mô?* peux-tu soutenir ton témoignage en face?

眞道自｜, *Tchēn taó tsé* ｜, la vraie Religion prouvée par elle-même.

沒人抵｜, *Mŏ jên tì* ｜, il n'y a pas de témoignage contradictoire.

主｜, *Tchòu* ｜, témoin du Seigneur, c.-à-d. Martyr.

干｜, *Kān* ｜, 見｜, *kién* ｜, 質｜, *tchĕ* ｜, 妄｜, *ouáng* ｜. Voir *kān, etc.*

症 *Tchén. v.* 病｜, *v. pín* ｜, maladie.

｜猴, ｜ *heoû*, maladie, épidémie.

這一倖｜猴劄實, *Tché· ĭ p'ŏ* ｜ *heoû tcha chĕ*, cette épidémie est terrible.

見｜發葯, *Kién* ｜ *fă iŏ*, donner des remèdes d'après l'aspect du malade.

時｜, *Chê* ｜, maladie régnante.

淋｜, *Lîn* ｜, incontinence d'urine.

瘟｜, 痢｜, *Ouēn* ｜, *lí* ｜, peste, dyssenterie.

澄 *Tchén* (*tch'ēn*). Eau clarifiée, reposée.

昏水要｜過一道, *Houēn choùi iáo* ｜ *kó ĭ taó*, l'eau trouble a besoin d'être clarifiée.

這个水要等他｜清亮, *Tché· kó choùi iáo tèn t'a* ｜ *ts'īn leáng*, il faut attendre que cette eau soit bien reposée et devenue limpide.

黃河尙有｜清日, 豈可人無得運時, *Houâng hô cháng ieòu* ｜ *ts'īn jĕ, k'ì k'ò jên oû tĕ· iún chê?* puisque le Fleuve Jaune a ses jours de limpidité, comment un homme n'aurait-il pas son jour de bonheur?

TCH'ÉN

趁 *Tch'én.* Suivre, profiter de l'occasion.

|神父在這裡好辦功, | *chên foú tsái tché· lì, haò pán kōng,* profitons de la présence du Père, c'est une bonne occasion pour nous confesser.

|早, | *tsào,* de bonne heure, profiter pendant qu'il en est temps.

|早預備, | *tsào iú pí,* se préparer de bonne heure.

|早改過,怕後來沒時候, | *tsào kài kó, p'á heóu lâi mŏ chê heóu,* corrige-toi dès maintenant, de crainte que tu n'en aies pas le temps plus tard.

|機會買房子, | *kī hoúi mài fâng tsè,* profiter de l'occasion pour acheter une maison.

|黑去偷, | *hĕ·k'ú t'eōu,* profiter de la nuit pour voler.

|熱請加懷, | *jĕ· ts'ìn kiā houâi,* veuillez vous servir pendant que les mets sont chauds (politesse).

稱 *Tch'én.* Correspondre.

相|, *Siāng* |, choses qui se conviennent, qui se correspondent mutuellement.

事不|意, *Sé poŭ* | *í,* les affaires ne marchent pas à mon gré.

這个人好不|意, *Tché· kó jên haò poŭ* | *í,* cet homme ne me revient pas.

慎 *Tch'én.* Diligent, attentif.

你謹|點, *Gnì kìn* | *tièn,* sois plus prudent, plus vigilant (voir *kìn*).

做事謹|, *Tsóu sé kìn* |, agir avec prudence.

秤 *v.* **稱** *Tch'én.* Romaine.

一把|, *v.* **一桿|**, *ĭ pà* |, *v. ĭ kàn* |, une romaine.

這把|怎樣認法, *Tché· pà* | *tsèn iáng jén fă?* comment compte-t-on sur cette romaine?

這把|打好重, *Tché· pà* | *tà hào tchóng?* jusqu'à quel poids peut servir cette romaine?

|打 (*v.* **吊**) **不起**, | *tà* (*v. tiáo*) *poŭ k'ì,* la romaine ne peut peser un objet si lourd.

|大了,小了, | *tá lò, siào lò,* la balance est trop forte, trop faible.

天平|;行|, *T'iēn p'în* |; *hâng* |, romaine à la livre de 16 onces; romaine qui fait loi sur le marché.

十八,二十,二十四兩|, *Chĕ pă, eúl chĕ, eúl chĕ sé leàng* |, romaine à la livre de 18 onces, de 20 onces, de 24 onces.

加二的|, *Kiā eúl tĭ* |, romaine à la livre de 18 onces.

|桿,|鉤,|砣,|盤子, | *kàn;* | *keōu;* | *t'ô;* | *p'ân tsè,* levier de la romaine; crochet pour suspendre les objets à peser; poids de la romaine; plateau pour recevoir les objets.

|毫索, | *hâo sŏ,* les différentes cordes de suspension de la romaine, pour obtenir des pesées différentes.

釘一把|, *Tín ĭ pà* |, faire ou faire dresser (litt. clouer) une romaine.

釘|的, *v.* **|匠;整|的**, *Tín* | *tĭ, v.* | *tsiáng; tchèn* | *tĭ,* fabriquant de romaines; ouvrier qui les répare.

拿|來稱 (*v.* **吊**), *Lâ* | *lâi tch'ēn* (*v. tiáo*), peser à la romaine.

壓|,提|, *Iá* |, *t'î* |, peser sur la balance, la soulever: frauder sur le poids.

他賺你的|, *T'ā tchouán* (*tchán*) *gnì tĭ* |, il gagne (il te trompe) sur le poids.

|平了,|旺, | *p'în lò,* | *ouáng,* c'est le poids juste, c'est bon poids.

過|,較|, *Kó* |; *káo* |, peser; rectifier la romaine (voir *káo*).

一|花生, *ĭ* | *hoūa sēn,* une pesée (10 livres) d'arachides.

TCHEŌU

周 *v.* **週** *Tcheōu.* Tourner autour, circuit, revenir; faire l'aumône.

|圍一轉, | *oūi ĭ tchóuan,* tout autour.

行｜堂禮, *Hîn* ｜ *t'âng lì*, faire la cérémonie civile du mariage.

一｜年, 滿｜年, *ĭ* ｜ *niên; màn* ｜ *niên*, une année révolue; anniversaire.

｜流四方, ｜ *lieôu sé fāng*, circuler partout.

走一點路人要｜流點, *Tseòu ĭ tièn lóu, jên iáo* ｜ *lieôu tièn*, quand on marche un peu, on est plus dispos.

我的事緊迫,一吓｜轉不過, *Gò tĭ sé kìn p'ĕ, ĭ há* ｜ *tchóuan poŭ kó*, je suis dans l'embarras, et pour le moment, je ne puis suffire à mes obligations.

｜(*v.* 賙) 濟, ｜ *tsí*, faire l'aumône.

｜朝, ｜ *tch'âo*, nom de la dynastie célèbre qui a régné de 1134 à 256 av. J.-C.

｜二, ｜ *eúl*, (pop.) crottes de chien.

舟 *Tcheōu*. Barque, bateau.

寶｜有幾號, *Pào* ｜ *ieòu kì háo?* combien avez-vous de barques (polit.)?

今天沒得嚇子船｜, *Kīn t'iēn mŏ tĕ chá tsè tch'ouân* ｜, aujourd'hui il n'y a guère de barques.

州 *Tcheōu*. Ville de seconde classe.

單｜, *Tān* ｜, ville de seconde classe qui n'a pas d'autre ville sous sa juridiction, et qui dépend elle-même d'une préfecture *(fòu)*.

直隸｜, ｜官, *Tchĕ lí* ｜, ｜ *kouān*. Voir *lí, kouān*.

洲 *Tcheōu*. Grande île, partie du monde.

普天下分成五大｜, *P'òu t'iēn hiá fēn tch'ên où tá* ｜, la terre se divise en cinq grandes parties: — *a)* 歐邏巴｜, *Gueōu lô pā* ｜, l'Europe; — *b)* 亞細亞｜, *Ià sí ià* ｜, l'Asie; — *c)* 亞斐利加｜, *Ià fêi lí kiā* ｜, l'Afrique; — *d)* 亞美利加｜, *Ià mèi lí kiā* ｜, l'Amérique; — *e)* 澳塞亞尼亞｜, *Gáo sĕ ià gnî ià* ｜, l'Océanie.

萬國九｜, *Ouán kouĕ kieòu* ｜, tous les royaumes de la terre.

TCH'EŌU

抽 *Tch'eōu*. Tirer, arracher.

｜｜, *v.* ｜箱, ｜｜, *v.* ｜ *siāng*, tiroir de table, d'armoire.

｜提, ｜ *t'î*, table à tiroirs, tiroir.

｜脚, 手, ｜ *kiŏ, cheòu*, retirer ses pieds, ses mains (au propre et au figuré).

｜線, ｜ *sién*, tirer un fil, acheter du fil.

｜簽, ｜ *ts'iēn*, tirer au sort avec des fiches (voir *ts'iēn*).

｜書, ｜ *chōu*, éprouver la science d'un écolier en lui faisant réciter des morceaux pris au hasard.

見十｜二, *Kién chĕ* ｜ *eúl*, prendre 2 sur 10, v. gr. dans un achat, un compte.

｜刀, *v.* 把刀｜出來, ｜ *tāo*, *v. pà tāo* ｜ *tch'oŭ lâi*, dégaîner.

｜脚筋, ｜厘金, ｜ *kiŏ kīn*, ｜ *lî kīn*. Voir *kīn*.

TCH'EÔU

躊 *Tch'eôu*. Inquiet, irrésolu, incertain.

｜躇, ｜ *tch'ôu*, être incertain, délibérer.

這件事還要｜躇吓, *Tché kién sé houân iáo* ｜ *tch'ôu há*, pour cette affaire, il faut encore réfléchir, délibérer un peu.

籌 *Tch'eôu*. Compter, supputer, jeton.

｜欵, ｜ *k'ouàn*, réunir une certaine somme pour une œuvre déterminée.

｜商, ｜ *chāng*, délibérer.

一皮｜, *ĭ p'î* ｜, un jeton ou baguette de bambou pour compter.

搧穀子散｜纔好記, *ìn koŭ tsè sán* ｜ *ts'âi haò kí*, en mesurant le riz on se sert de jetons, pour éviter des erreurs dans le compte.

稠 *Tch'eôu*. Nombreux, serré.

人｜地窄, *Jên* ｜ *tí tsĕ*, il y a beaucoup de monde, et l'endroit est petit, étroit.

米湯 | 得好, *Mì t'âng* | *tě· haò*, l'eau de cuisson du riz est bien saturée.

仇 v. 讐, v. 讎 *Tch'eôu.* Ennemi, haïr.

| 氣, | 人, 記 |, | *k'í;* | *jèn; kí* |, haine; ennemi; garder rancune (voir *kí*).

両个成了 |, 有 | 氣, *Leàng kó tch'ên lò* |, *ieòu* | *k'í*, les deux sont devenus ennemis, ils ont des inimitiés.

你記那个的 |, v. 你跟那个記 |, *Gnì kí là kó tĭ* |, v. *gnì kēn là kó kí* |, à qui gardes-tu de la haine?

報不得 |, *Paó poŭ tě·* |, il est défendu de se venger.

我替他報 |, *Gò t'í t'ā paó* |, je veux le venger.

寃 | 可解不可結, *Iuēn* | *k'ò kiài poŭ k'ò kiě·*, les inimitiés invétérées, il faut chercher à les dénouer (à les apaiser), et non à les serrer (à les exciter) davantage.

無 | 莫結寃, *Oû* | *mŏ kiě· iuēn*, n'allez pas contracter des inimitiés pour des riens.

多年的 |, *Tō niên tĭ* |, inimitiés anciennes.

他 | 我不 |, 寃家卽了休, *T'ā* | *gò poŭ* |, *iuēn kiā tsiě· leaò hieōu*, il a beau me haïr, si je ne lui rends pas la pareille, l'inimitié ne durera pas.

我 | 恨他, *Gò* | *hén t'ā*, je le déteste.

抵擋三 |, *Tì tàng sān* |, résister aux trois ennemis (le démon, le monde et la chair).

紬 v. 綢 *Tch'eôu.* Fort tissu de soie.

開 | 緞舖, *K'āi* | *touán p'óu*, tenir boutique de soieries.

大 |, 寗 |, 棉 |, 綹 |, 裡 |, *Tá* |, *lîn (v. în)* |, *miên* |, *joù* |, *lì* |, différents tissus de soie.

酬 *Tch'eôu.* Rendre une politesse, répondre à un bienfait.

| 謝, | *sié·*, remercier par des cadeaux, ou par une invitation à un repas.

| 還, | *houân*, rendre bienfait pour bienfait.

| 客, 應 |, | *k'ě·*, *ín* |. Voir *k'ě·*, *ín*.

TCHEÒU

帚 *Tcheòu.* v. 掃 |, v. *saó* |, balai.

蚊 | 子, *Ouên* | *tsè*, espèce de martinet pour chasser les moustiques.

| 帕, | *p'á*, torchon fixé au bout d'un long manche, et qui sert à frotter le parquet (surtout des barques).

肘 *Tcheòu.* Coude, cuisse; élever, soutenir d'une certaine façon.

| 子, 火 |, | *tsè*, *hò* |, jambon fumé.

羊 | 子, *Iâng* | *tsè*, gigot de mouton.

手臑了 | 不起, *Chcòu joû lò*, | *poŭ k'ì*, ma main est sans force, je ne puis l'étendre, la soulever.

這件事有點掣 |, *Tché· kién sé ieòu tièn tch'ě·* |, cette affaire est bien embarrassante.

這事不是我 | 起, 做不成, *Tché· sé poŭ ché gò* | *k'ì*, *tsóu poŭ tch'ên*, si je n'avais été là pour soutenir cette affaire, elle n'aurait pu réussir.

木 | |, *Moŭ* | |, figurines en bois employées dans certaines comédies.

杻 *Tcheòu.* v. 手 |, v. *cheoù* |, menottes.

TCH'EÒU

醜 *Tch'eòu.* Vilain, honteux.

| 得狠的事, | *tě· hèn tĭ sé*, très vilaine chose.

| 陋不堪, | *leóu poŭ k'ān*, extrêmement vilain, honteux (voir *leóu*).

家 | 不可外揚, *Kiā* | *poŭ k'ò ouái iâng*, il ne faut pas révéler au dehors les turpitudes de la famille: on lave son linge sale en famille.

你的事總要出 |, *Gnì tĭ sé tsòng iáo tch'oŭ* |, ton affaire tournera mal, à ta confusion.

人 | 得狠, *Jên* | *tě· hèn*, il est né disgracieux, vilain; il est très amaigri.

獻 | , *Hién* | , (consentir à) montrer sa maladresse devant les gens (ainsi dira, par politesse, un homme invité à donner un échantillon de son habileté).

TCHEÓU

呪 *Tcheóu*. Faire des imprécations, imprécations.

賭 | , *Tòu* | , faire un serment avec imprécation.

亂賭 | , *Louán tòu* | , faire serment à la légère.

賭虛 (*v.* 虛假的) | , *Tòu hū* (*v. hū kià tĭ*) | , faire un faux serment.

喊 (*v.* 叫) 他賭 | , *Hàn* (*v. kiáo*) *t'a tòu* | , lui déférer le serment.

你賭得 | 麼, *Gnì tòu tĕ* | *mó?* pourrais-tu confirmer l'assertion par un serment?

賭 | 要是大事, 眞正的事, *Tòu* | *iáo ché tá sé, tchēn tchén tĭ sé*, pour faire serment, il faut une affaire grave, vraie, juste.

| (*v.* | 罵) 兒女, | (*v.* | *má*) *eûl niù*, maudire, injurier ses enfants.

| 他死, 背時, | *t'a sè, péi chê*, souhaiter à quelqu'un la mort, la ruine de sa fortune.

誦經念 | , *Sóng kīn nién* | , faire des incantations.

| 語, | *iù*, paroles de sortilége.

晝 *Tcheóu*. Jour.

不分 | 夜, *Poŭ fēn* | *ié*, sans faire distinction de jour et de nuit (voir *ié*).

TCH'EÓU

臭 *Tch'eóu*. Puanteur, sentir mauvais (au propre et au figuré).

香 | 不分, *Hiāng* | *poŭ fēn*, qui ne sait distinguer la bonne odeur de la mauvaise.

要閉那个 | 氣, *Iáo pí lá kó* | *k'í*, il faut empêcher cette mauvaise odeur.

| 肉, 肉 | 了, | *joŭ; joŭ* | *lò*, viande fétide; la viande sent mauvais, elle est gâtée.

| 虫; 看, 逭 | 虫, | *tch'ông; k'án, tài* | *tch'ông*, punaise; chercher, prendre les punaises.

一股酒 | , *ĭ koù tsieòu* | , une odeur désagréable de vin (comme en ont les ivrognes).

你不要來 | 我們, *Gnì poŭ iáo lâi* | *gò mên*, ne viens pas nous empester.

你 | 酒, 蒜, *Gnì* | *tsieòu, souán*, tu pues le vin, l'ail.

到處都 | 了, *Táo tch'óu tōu* | *lò*, il est perdu de réputation partout.

賣 | 了, *Mái* | *lò*, sa marchandise est dépréciée, personne n'en veut plus.

狐 | , 烟 | , *Fôu* | ; *fôu* | , forte odeur qu'exhalent de dessous l'aisselle certaines personnes; odeur de brûlé.

| 子, | *tsè*, (populaire) musc.

烟 | , 鱔 | , *Iēn* | , *sīn* | . Voir *iēn, sīn*.

TCHŎ

桌 *v.* 棹 *Tchŏ*. Table.

一張 | 子, 方 | , 小 | , *ĭ tchāng* | *tsè; fāng* | , *siào* | , une table; table carrée, table basse.

條 | , 圓 | , 靠 | , *T'iâo* | , *iuên* | ; *k'áo* | . table plus longue que large, table ronde; petite table au milieu du canapé chinois.

| 面子, | *mién tsè*, le dessus d'une table.

| 子脚脚, 橫橫, | *tsè kiŏ kiŏ, hóuan hóuan*, pieds, traverses d'une table.

安 | 子, *Gan* | *tsè*, disposer les tables (pour un festin).

一 | 人, *ĭ* | *jên*, une tablée de 8 personnes.

擺四 | 席, *Pài sé* | *sĭ*, servir un festin de 4 tables.

有十 | 客, *Ieòu chĕ* | *k'ĕ*, il y a dix tables d'invités.

鋪 | 子, *P'oū* | *tsè*, couvrir la table d'un tapis.

| 燈, | *tēn*, lanternes hautes et étroites, qui se placent comme ornement sur les tables.

公丨, Kōng丨, 案丨, gán丨, 丨幃, 丨oúi, 袜丨帕, mă 丨p'á. Voir kōng, etc.

捉 Tchŏ. Saisir, prendre.

丨拿强盗, 丨lâ k'iâng táo, arrêter les voleurs.

丨倒, 丨倒了, 丨taò; 丨taò lò, arrête, arrête! — J'ai pris, je tiens.

他跑得快丨不倒他, T'ā p'ào tĕ k'oúai, 丨poŭ taò t'ā, il court trop vite, on ne peut mettre la main dessus.

着 Tchŏ. Envoyer; auxiliaire employé comme taò 倒, et aussi pour faire le passif.

丨人說信, 丨jên chŏ sín, envoyer quelqu'un porter la nouvelle.

遇丨(v. 倒), Iú 丨(v. taò), rencontrer.

免不丨, v. 丨不得, Mièn poŭ 丨, v. 丨poŭ tĕ, on ne peut se dispenser, éviter de....

他病了又是親戚, 丨不得要去看他一吓, T'ā pín lò ieóu ché ts'īn ts'ī, 丨poŭ tĕ iáo k'ú k'án t'ā ĭ há, il est malade et c'est mon parent, je ne puis me dispenser d'aller le voir.

丨急, v. 丨忙, 丨kĭ, v. 丨mâng, se sentir pressé (voir mâng).

丨太陽晒, 丨火燒, 丨虫喫了, 丨t'ái iâng chái; 丨hò chāo; 丨tch'ông tch'ĕ lò, être exposé aux ardeurs du soleil; être brûlé, subir un incendie; c'est mangé des vers.

問得丨他, Ouén tĕ 丨t'ā, on peut s'en prendre à lui, lui demander raison.

睡丨了, 用不丨, Chóui 丨(tch'ŏ) lò; ióng poŭ 丨, être endormi (voir chóui); cela ne peut pas servir.

TCH'Ŏ

濁 v. 齪 Tch'ŏ. Sale, sordide (voir ó 齷).

戳 Tch'ŏ. Cachet gravé sur bois ou sur pierre; percer d'un coup.

丨丨, v. 丨記, 丨丨, v. 丨kí, cachet.

拄(v. 盖)丨記, Tch'òu (v. kái) 丨kí, apposer son cachet (sur une pièce ou sur des comptes).

丨他一刀, 丨t'ā ĭ tāo, porter à quelqu'un un coup de couteau.

TCHŌNG

中 Tchōng. Milieu.

在逢丨, Tsái fông 丨, juste au milieu, au centre.

不當丨, v. 不居丨, Poŭ tāng 丨, v. poŭ kū 丨, ce n'est pas au milieu.

在外教人丨, Tsái ouái kiáo jên 丨, au milieu des payens.

丨飯, 丨門, 丨堂, 丨fán; 丨mên; 丨t'âng, le repas du milieu du jour; porte du milieu d'une maison; la salle du milieu d'un prétoire, d'une maison.

丨艙, 丨樑, 丨柱, 丨ts'āng; 丨leâng; 丨tchóu, compartiment du milieu d'une barque; poutre transversale du sommet du toit; colonne du milieu.

丨等, 丨tèn, du commun.

一个丨錠, ĭ kó 丨tín, un globule d'argent de 5 taëls environ.

病丨領洗, Pín 丨lìn sì, baptisé lors d'une maladie.

夜丨, Ié 丨, au milieu de la nuit.

患難之丨, Houán lán tchē 丨, au milieu des calamités.

河, 路丨間, Hô, lóu 丨kiēn, au milieu du fleuve, de la route.

我在丨間兩頭潮, Gò tsái 丨kiēn leàng t'eôu tchâo, moi (placé) au milieu, je reçois des coups des deux côtés.

你走丨間不要踩邊, Gnì tseòu 丨kiēn poŭ iáo tch'ài piēn, marche au milieu, et non sur les bords.

丨間人, 丨kiēn jên, médiateur de rencontre, qui se mêle à une affaire sans y être intéressé.

作(v. 做)丨幇買地方, Tsŏ (v. tsóu) 丨pāng mài tí fāng, faire le médiateur pour l'achat d'une terre.

請丨人來講, Ts'ìn 丨jên lâi kiàng, inviter des entremetteurs pour discuter (un marché).

這个先生不 | 用, *Tché kó siēn sēn poŭ* | *iŏng*, ce médecin est un propre à rien.

做事要作 | , *Tsóu sé iáo tsŏ* | , en agissant, il faut toujours chercher un moyen terme (éviter les extrêmes).

| 庸, | *iŏng*, | 國, | *kouĕ*, v. | 華國, v. | *hôua kouĕ*, | 秋, | *ts'ieōu*, | 衣, | *ī*, 謝 | , *sié* | . Voir *iŏng, kouĕ, etc.*

忠 *Tchōng*. Fidèle.

| 厚 (v. | 實) 的人; | 臣, | *heóu* (v. | *chĕ*) *tĭ jên*; | *tch'ên*, homme fidèle. Voir *tch'ên*.

沒得 | 心, v. 信, *Mŏ tĕ* | *sīn*, v. *sín*, manquer de fidélité.

舂 *Tchōng*. Piler.

| 鹽, | 海椒, | 爛, | *iên*, | *hài tsiāo*; | *lán*, piler du sel, du piment; réduire en poudre.

| 墻, | *ts'iâng*, élever un mur en terre (qu'on tasse au pilon).

| 一个井, | *ĭ kó tsìn*, forer un puits avec un long pilon de fer.

| 碓, | *toúi*, piler ce qui est contenu dans un *toúi ŏ* (voir *ŏ* 窩).

| 他幾定(v. 釘)子, | *t'a kì tín tsè*, donne-lui quelques coups de poing.

終 *Tchōng*. Fin, terme, mort.

| 傅祕跡, | *foú pí tsĭ*, sacrement de l'Extrême-Onction.

萬民四 | , *Ouán mîn sé* | , les quatre fins dernières de tous les hommes.

| 向, | 日, | 夜, | *hiáng*; | *jĕ*, | *ié*, intention finale; tout le jour, toute la nuit.

到臨 | 時, *Taó lîn* | *chê*, arriver à l'article de la mort (voir *lîn*).

得一个善 | , *Tĕ ĭ kó chán* | , obtenir une bonne mort.

靈魂有始無 | , *Lîn houên ieòu chè oû* | , l'âme a un commencement, mais elle n'a pas de fin.

| 身不喫葷, | *chēn poŭ tch'ĕ houēn*, faire abstinence toute la vie.

過 | 朝, *Kó* | *tchāo*. Voir *tchāo*.

鐘 *Tchōng*. Cloche, horloge à timbre.

敲 (v. 撞) | , *K'āo* (v. *tchouáng*) | , frapper une cloche avec un maillet.

| 槌, | *tch'oûi*, maillet pour frapper la cloche.

大 | , *Tá* | , grosse cloche, grande horloge.

| 要敲時候, | *iáo k'āo chê heóu*, l'horloge sonne les heures.

一點 | , | 打了一點, *ĭ tièn* | ; | *tà lò ĭ tièn*, une heure; l'horloge a sonné 1 heure.

| 墜子, v. | 砣, | *tchoúi tsè*, v. | *t'ô*, poids d'horloge.

賣 | 表, *Mái* | *piào*, vendre horloges et montres (voir *piào*).

上 | , *Cháng* | , monter l'horloge.

| 面子, 三 | 經, | *mién tsè*; *sān* | *kīn*, cadran d'une horloge; l'Angelus.

鍾 *Tchōng*. Mesure, coupe.

茶 | , *Tch'â* | , tasse à thé en forme de coupe.

一 | 酒, *ĭ* | *tsieòu*, une tasse de vin.

TCH'ŌNG

充 *Tch'ōng*. Remplir, plein, rassasier; exiler, confisquer.

冒 | 大官, *Máo* | *tá kouān*, se faire passer indûment pour grand mandarin (voir *máo*).

辦 | 罪, | 犯, *Pán* | *tsoúi*, | *fán*, condamner à l'exil, exilé.

| 一个人, | 一股地方, | *ĭ kó jên*, | *ĭ koù tí fāng*, exiler un homme, confisquer un terrain.

把地方 | 公, *Pà tí fāng* | *kōng*, confisquer une terre.

| 飢, | 軍, | 老子, | *kī*, | *kiūn*, | *laò tsè*. Voir *kī, etc.*

冲 v. 衝 *Tch'ōng*. Agiter, voler en haut, emporter.

| 天炮, | (v. *tch'óng*) *t'iēn p'aó*, fusée volante.

人房子丨起走了, *Jên, fâng tsè* | *k'ì tseòu lò,* l'eau a emporté maisons et gens.

橋都丨了, *K'iâo toū* | *lò,* même le pont a été emporté.

路丨乾淨了, *Loú* | *kān tsín lò,* la route est bien lavée (par l'eau qui a passé dessus).

田坎丨垮了, *T'iên k'àn* | *k'oùa lò,* les bords de la rizière ont croulé sous la violence des eaux.

丨不在了, | *poŭ tsái lò,* l'eau l'a fait disparaitre.

一丨田, 正丨田, *ĭ* | *t'iên; tchén* | *t'iên,* une vallée de rizières; rizières du milieu de la vallée.

一丨就走了, *ĭ* | *tsieóu tseoù lò,* il est parti subitement, d'un air fâché.

囪 *Tch'ōng. v.* 烟丨, *v. iēn* |, cheminée.

TCH'ÔNG

虫 *Tch'ông.* Vers, insectes.

丨丨, *v.* 丨丨兒, 丨丨, *v.* 丨丨 *eûl,* petit insecte.

毛丨, 蛔丨, 沙丨子, *Mâo* |, *ts'âo* |, *cha* | *tsè,* chenille velue, vers intestinaux, larve de moustique.

生丨, 看丨, *Sēn* |; *k'án* |, engendrer des vers; chercher les vers pour les détruire.

丨打了, 丨喫(*v.* 拄)了, *v.* 遭丨喫了, | *tà lò,* | *tch'ĕ (v. tchóu) lò, v. tsāo* | *tch'ĕ lò,* c'est gâté, c'est mangé par les vers.

大丨喫小丨, *Tá* | *tch'ĕ siaò* |, les gros vers mangent les petits (au propr. et au fig.).

丨爬得快, | *p'â tĕ k'oúai,* les vers rampent vite.

丨子, | *tsè,* ver: s'entend surtout de la graine (des petits œufs) du ver à cire, et de ce ver lui-même.

丨會, 趕丨會, | *hoúi; kàn* | *hoúi,* foire de la graine de ver à cire; se rendre à cette foire pour acheter de la graine.

丨客, | *k'ĕ,* acheteur de graine de ver à cire.

辦丨子, *Pán* | *tsè,* faire le commerce de cette graine.

掛丨子, *Kouá* | *tsè,* suspendre les vers à cire aux arbres (*pĕ lă choú*).

重 *Tch'ông.* De nouveau, répété, ajouter.

丨了, | *lò,* c'est redoublé, répété.

打丨堂, *Tà* | *t'âng,* se répéter en parlant.

算, 寫, 說丨了, *Souán, siè, chŏ* | *lò,* j'ai compté, écrit, dit deux fois la même chose.

丨起堆, *v.* 丨在一堆, | *k'ì toūi, v.* | *tsái ĭ toūi,* entasser l'un sur l'autre.

両丨樓, *Leàng* | *leôu,* deux étages au-dessus du rez-de-chaussée.

四丨堂的房子, *Sé* | *t'âng tĭ fâng tsè,* grande maison à 4 corps de bâtiments, construits l'un derrière l'autre, et séparés par 3 cours.

話無丨丨語無疊疊, *Houá oû* | | *iù oû tiĕ tiĕ,* une parole suffit, inutile de répétailler.

丨三搭四, | *sān tă sé,* répéter sans cesse la même chose.

丨洗, 丨修, | *sì;* | *sieōu,* relaver, rebaptiser; rebâtir.

TCHÒNG

腫 *v.* 瘇 *Tchòng.* Tumeur, enflure.

一身都丨了, *ĭ chēn toū* | *lò,* tout son corps est enflé.

丨消了, | *siāo lò,* l'enflure a disparu.

黃丨病, *Houâng* | *pín,* jaunisse.

眼睛口都丨平了, *Ièn tsīn k'eòu toū* | *p'în lò,* les yeux, la bouche (toutes les parties creuses) sont égalisés par l'enflure.

丨齊心口來了, | *ts'î sīn k'eòu lâi lò,* l'enflure est montée jusqu'à la poitrine.

眼丨皮抛, *Ièn* | *p'î p'āo,* les yeux sont enflés, et la peau s'est soulevée.

種 *Tchòng. v.* 丨子, *v.* | *tsè,* semence, espèce.

穀丨, 包穀丨, *Koŭ* |, *paō koŭ* |, semence de riz, de maïs.

不穀｜, *Poŭ keóu* ｜, cela ne suffit pas pour la semence (se dit d'une mauvaise récolte).

留一點｜,拏來做｜, *Lieôu ĭ tièn* ｜; *lâ lâi tsoú* ｜, garder de la semence; employer pour semence.

泡,撒穀｜, *P'áo, să koŭ* ｜, faire germer dans l'eau, répandre la semence de riz.

換｜, *Houán* ｜, changer la semence contre une autre venue d'ailleurs.

大｜狗, *Tá* ｜ *keòu*, chien de grande race.

雜｜, *Tsă* ｜, bâtard (malédiction).

｜｜恩寵,｜｜罪惡,｜｜ *guēn tch'òng*; ｜｜ *tsoúi gŏ*, toutes les espèces de grâces, de péchés.

這又是一｜, *Tché· ieóu ché ĭ* ｜, ceci est d'une autre espèce.

TCH'ÒNG

寵 *Tch'òng*. Faveur, grâce.

恩｜, *v.* 聖｜, *Guēn* ｜, *v. chén* ｜, grâce sanctifiante.

天主所｜愛的, *T'iēn Tchòu sò* ｜ *gái tĭ*, aimé de Dieu.

｜臣,｜ *tch'ên*, ministre favori.

得｜思辱, *Tĕ·* ｜ *sē joŭ*, au temps de la faveur il faut penser à la disgrâce.

TCHÓNG

仲 *Tchóng*. Frère cadet.

昆｜, *K'ouēn* ｜, frère aîné et frère cadet: frères (voir *k'ouēn*).

中 *Tchóng*. Atteindre le but.

不｜我的意, *Poŭ* ｜ *gò tĭ í*, cela ne me satisfait pas, cela ne répond pas à mes désirs.

百發百｜,｜舉,｜風, *Pĕ· fă pĕ·* ｜, ｜ *kù*, ｜ *fōng*. Voir *fă, kù, fōng*.

重 *Tchóng*. Lourd, grave, poids (au pr. et au fig.).

有好｜,｜了, *Ieòu haò* ｜; ｜ *lò*, combien cela pèse-t-il?—C'est trop lourd.

有一百斤｜, *Ieòu ĭ pĕ· kīn* ｜, il y a 100 livres (de poids).

你稱(*v.* 吊, *v.* 平)好｜, *Gnì tch'ēn* (*v. tiáo, v. p'în*) *haò* ｜, quel poids as-tu trouvé à la pesée? (voir *tch'ēn, etc.*)

｜担子,｜罰,｜傷,｜罪,｜毛病,｜ *tán tsè*, ｜ *fă*, ｜ *chāng*, ｜ *tsoúi*, ｜ *maô pín*, lourd fardeau, punition grave, blessure, péché, maladie graves.

梆｜的,病沉｜, *Pāng* ｜ *tĭ*; *pín tch'ên* ｜, très lourd; voir *pín*.

說得｜,罵得｜,打得｜, *Chŏ tĕ·* ｜, *má tĕ·* ｜, *tà tĕ·* ｜, il a parlé, grondé sévèrement, frappé rudement.

這句話｜了, *Tché· kú houá* ｜ *lò*, ce mot est trop fort.

人口｜了供不起, *Jên k'eòu* ｜ *lò, kōng* (*v. kiōng*) *poŭ k'ì*, il a une famille trop nombreuse, il ne suffit pas à la nourrir.

身當｜任, *Chēn tāng* ｜ *jén*, être revêtu d'une grande charge; être chargé d'une grande responsabilité.

君子自｜, *Kiūn tsè tsé* ｜, l'homme de bien a soin de sa dignité, il se respecte.

這个人沉｜, *Tché· kó jên tch'ên* ｜, c'est un homme important.

他把我待得｜,看得｜, *T'ā pà gò tái tĕ·* ｜, *k'án tĕ·* ｜, il me traite bien, il fait grand cas de moi (voir *k'án*).

貴｜人家, *Koúi* ｜ *jên kiā*, estimer beaucoup autrui (voir *koúi*).

愼｜, *Tch'én* ｜, soigneux.

他的瞌睡｜,不分輕｜, *T'ā tĭ k'ŏ choúi* ｜, *poŭ fēn k'īn* ｜. Voir *k'ŏ, k'īn*.

Dans le langage populaire ｜, ｜ *kó* s'emploient souvent dans le sens de *tché· iáng*, ainsi, de cette façon:

是｜過(這樣)我不管你的, *Ché* ｜ *kó* (*tché· iáng*), *gò poŭ kouàn gnì tĭ*, s'il en est ainsi, je ne m'occupe pas de ton affaire.

不要｜多, *Poŭ iáo* ｜ *tō*, il n'en faut pas tant.

種 *Tchóng*. Cultiver.

｜田,地,菜園,｜ *t'iên, tí, ts'ái iuên*, cultiver des rizières, des champs, un jardin.

丨小菜,樹子, 丨 *siào ts'ái, chóu tsè,* cultiver des légumes, des arbres.

這是我丨的, *Tché ché gò* 丨 *tĭ*, c'est cultivé par moi.

這宗坭色不出丨, *Tché tsōng gnî sĕ poŭ tch'ŏu* 丨, cette espèce de terre ne produit pas beaucoup.

耕丨, *Kēn* 丨, cultiver la terre.

衆 *Tchóng.* Tous, beaucoup.

大丨商議, *Tá* 丨 *chāng gní,* délibérer tous ensemble.

丨人說,曉得, 丨 *jên chŏ, hiaò tĕ*, tout le monde le dit, le sait.

丨心難一,丨口難齊, 丨 *sīn lân ĭ,* 丨 *k'eòu lân ts'î,* il est difficile que tous pensent et parlent de la même façon.

出不得丨, *Tch'ŏu poŭ tĕ* 丨, qui ne peut apparaître en public.

TCH'ÓNG

𩅰 *Tch'óng.* Emprunter ou prêter pour peu de temps, sans intérêt.

我跟你丨兩百錢, *Gò kēn gnì* 丨 *leàng pĕ ts'iên,* je veux t'emprunter 200 sapèques.

我不丨跟你, *Gò poŭ* 丨 *kēn gnì*, je ne te prête pas.

短丨, *Touàn* 丨, emprunter pour tres peu de temps.

沖 *Tch'óng.* Sauter, s'élever, mêler.

火丨多高, *Hò* 丨 *tō kaō,* la flamme s'est élevée à une grande hauteur.

丨天話,丨殼子, 丨 *t'iēn houá;* 丨 *k'ŏ tsè,* paroles de vantardise; se vanter follement.

愛丨, *Gái* 丨, aimer à se vanter.

丨得起來,丨不起來, 丨 *tĕ k'ì lâi,* 丨 *poŭ k'ì lâi,* qui peut, qui ne peut s'élever.

撒的子子丨起來了, *Sá tĭ tsè tsè* 丨 *k'ì lâi lò,* la semence a levé.

酒裡頭丨水, *Tsieòu ì (lì) t'eôu* 丨 *chouì,* mouiller le vin.

鍋裡頭丨一瓢水, *Kō ì (lì) t'eôu* 丨 *ĭ p'iâo chouì,* ajouter une grande cuillerée d'eau dans la marmite.

丨不得生水, 丨 *poŭ tĕ sēn chouì,* on ne peut y mêler de l'eau froide (*litt.* de l'eau crue).

丨前一步, 丨 *ts'iên ĭ poú,* devancer (avancer d'un pas) rapidement d'un pas.

衝 *Tch'óng.* Odeur piquante.

芥末丨鼻子, *Kiái moŭ (v. mŏ)* 丨 *pí tsè,* la moutarde monte au nez.

多大的氣色丨人, *Tō tá tĭ k'í sĕ* 丨 *jên,* une très forte odeur vous prenant au nez.

丨菜, 丨 *ts'ái,* feuilles de sénevé ayant subi une préparation qui les rend plus piquantes.

TCHŌU

朱 *Tchōu.* Couleur rouge, vermillon.

丨筆, 丨 *pĭ,* pinceau à écrire au vermillon.

丨紅緞子, 丨 *hông touán tsè,* satin écarlate (voir *hông*).

一包銀丨,丨砂, *ĭ pāo în* 丨: 丨 *chā,* un paquet de vermillon (1 once); voir *chā.*

珠 *Tchōu.* Perle, précieux.

丨丨, *v.* 丨子, 丨丨兒,珍丨, 丨丨, *v.* 丨 *tsè;* 丨 丨 *eûl; tchēn* 丨, perle; petite perle; perle, bijou.

蚌丨, *Páng* 丨, perle d'huître.

朝丨, *Tch'âo* 丨, sorte de collier ou chapelet à gros grains (insigne des mandarins).

佛丨, *Foŭ* 丨, gros chapelet à l'usage des bonzes.

一串丨子, *v.* 念丨, *v.* 念丨子, *ĭ tch'oúan* 丨 *tsè, v. nién* 丨, *v. nién* 丨 *tsè,* un chapelet, un rosaire.

玫瑰,七苦丨子, *Mêi koúi, ts'ĭ k'òu* 丨 *tsè,* chapelet du Rosaire, chapelet des Sept Douleurs.

念一串念丨, *Nién ĭ tch'ouán nién* 丨, réciter un chapelet.

穿,扭念丨子, *Tch'oūan, nieòu nién* 丨 *tsè,* enfiler les grains d'un chapelet, monter un chapelet en fil de métal.

一个丨子, *v.* 一个滴水丨, *ĭ kó* | *tsè, v. ĭ kó tĭ choùi* |, un petit globule d'argent.

丨蘭, | *lân, Chloranthus inconspicuus*, à fleur odorante, dont les Chinois se servent pour aromatiser le thé.

誅 *Tchōu.* Exterminer.

丨滅九族, | *miĕ· kieòu ts'oŭ*, exterminer toute la parenté.

蛛 *Tchōu.* Araignée (voir *tchē* 蜘).

諸 *Tchōu.* Tous; marque du datif (employé surtout dans la langue écrite).

丨聖瞻禮, 丨聖人聖女, | *chén tchān lì*; | *chén jên chén niù*, fête de la Toussaint; tous les Saints et Saintes.

丨語, | *iù*, on appelle ainsi les quelques mots placés en tête d'une accusation, dont ils indiquent l'objet précis.

你的呈子安的是嗏子丨語, *Gnì tĭ tch'ên tsè gān tĭ ché chá tsè* | *iù?* qu'as-tu mis en tète de ton accusation?

求丨己, *K'ieôu* | *kì*. Voir *k'ieôu*.

猪 *v.* 豬 *Tchōu.* Porc, cochon.

喂丨, 趲 (*v.* 催) 丨, *Oúi* |; *tsàn* (*v. ts'oūi*) |, nourrir un porc; en activer l'engraissement.

丨兒, 架子丨, 肥 (*v.* 壯, *v.* 黃膘, *v.* 大膘丨, | *eûl; kiá tsè* |; *fēi* (*v. tchoúang, v. houâng piāo, v. tá piāo*) |, petit cochon; cochon déjà grand non engraissé; cochon gras.

母丨, 牙丨, 脚丨, *Mòu* |, *iâ* |, *kiŏ* |, truie, porc châtré, verrat.

丨槽, 一槽丨, | *ts'âo; ĭ ts'âo* |, auge à porcs; tous les porcs d'une même étable.

一年要出四槽壯丨, *ĭ niên iáo tch'oŭ sé ts'âo tchouáng* |, son étable peut engraisser quatre tournées de cochons par an.

打丨草, *Tà* | *ts'ào*, aller à la cueillette des herbes destinées à la nourriture des cochons.

殺過年丨, *Chă kó niên* |, tuer le porc de la fin d'année.

丨牙子, *v.* 丨行, | *iâ tsè, v.* | *hâng*, courtier pour la vente des porcs.

TCH'ÔU

除 *Tch'ôu. v.* 丨去, *v.* 丨出來, *v.* 丨開, *v.* | *k'ú, v.* | *tch'oŭ lâi, v.* | *k'āi*, exclure, soustraire.

一百錢丨五十剩五十, *ĭ pĕ· ts'iên* | *où chĕ chén où chĕ*, de 100 sapèques ôtez 50, il reste 50.

打歸丨, *Tà koūi* |, faire une division (opération d'arithmétique).

我丨在你工錢, *Gò* | *tsái gnì kōng ts'iên*, je soustrais (retiens) de ton salaire.

賬一丨了沒得錢剩, *Tcháng ĭ* | *lò, mŏ tĕ· ts'iên chén*, les dettes payées, il ne reste rien.

這个丨下沒得說頭, *Tché· kó* | *hiá, mŏ tĕ· chŏ t'eôu*, à part cela, il n'y a rien à dire.

他丨開了 (*v.* 丨了他) 我不得行, *T'a* | *k'āi lò* (*v.* | *lò t'a*) *gò poŭ tĕ· hîn*, sans lui je ne puis rien.

他丨得有幾塊田, *T'a* | *tĕ· ieòu kì k'ouài t'iên*, (en vendant sa terre) il a excepté (il s'est réservé) quelques rizières.

並無丨留寸土, *Pín oû* | *lieôu ts'én t'où*, sans excepter ou réserver un pouce de terrain (vente complète).

丨禍根, 丨病根, | *hó kēn*, | *pín kēn*, ôter une source de malheurs, de maladies.

丨了皮有二十斤, | *lò p'î ieòu eúl chĕ kīn*, déduit le poids du contenant, le poids net est de 20 livres (voir *p'î*).

丨非我親自去, | *fēi gò ts'īn tsé k'ú*, à moins que je n'aille moi-même.

丨非叨你兩句, | *fēi t'āo gnì leàng kú*, tout au plus te dira-t-il quelques gros mots.

丨喪, | *sāng*, quitter les habits de deuil.

丨外, | *ouái*. Voir *ouái*.

廚 v. **厨** *Tch'ôu*. Cuisinier, cuisine.

|**子,當** (*v.* **做**) | **子**, | *tsè*, *tōng* (*v. tsóu*) | *tsè*, cuisinier, être cuisinier.

請|子, *Ts'ìn* | *tsè*, faire venir un cuisinier.

|**房**, |**官司**, | *fâng*; | *koūan sē*, cuisine; chef (cuisinier).

躇 *Tch'ôu*. Délibérer (voir *tch'côu* **躊**).

TCHÒU

主 *Tchòu*. Maître, disposer en maître.

天 | , *T'iēn* | , le Maître du ciel, Dieu (style chrétien).

| (*v.* **吾** |) **耶穌**, | (*v. oû* |) *Iê sōu*, le Seigneur, ou bien Notre-Seigneur Jésus-Christ.

|**人**, *v.* |**人家**, | *jên*, *v.* | *jên kiā*, le propriétaire (par rapport au fermier), le maître (par rapport aux domestiques); chef de famille.

換|人家, *Houán* | *jên kiā*, changer de maître (par vente ou par succession).

房子三年換了兩个|子, *Fâng tsè sān niên houán lò leàng kó* | *tsè*, la maison en 3 ans a changé 2 fois de maître.

這个佃戶過了三个|子, *Tché kó tién fóu kó lò sān kó* | *tsè*, ce fermier a vu passer trois maîtres.

|**日**, *v.* |**日天**, | *jĕ*, *v.* | *jĕ t'iēn*, le jour du Seigneur, le Dimanche (style chrétien).

一个|日, *ĭ kó* | *jĕ*, une semaine.

這个|日,二个|日, *Tché kó* | *jĕ*, *eúl kó* | *jĕ*, cette semaine, la semaine prochaine.

|**保**, | *paò*, protecteur (voir *paò*).

地|子, *Tí* | *tsè*, le maître du terrain.

一家一|, *ĭ kiā ĭ* | , une famille n'a qu'un chef.

東|西賓, *Tōng* | *sī pīn*, le chef de famille et le précepteur invité par lui.

老|子,事|, *Laò* | *tsè; sé* | , l'ancien propriétaire; le propriétaire volé.

自|, *Tsé* | , être maître de ses actions; libre arbitre.

作|, *Tsŏ* | , statuer, disposer en maître; prendre en main la cause de quelqu'un.

求神父作|, *K'iêou chên fóu tsŏ* | , je prie le Père de prendre ma cause en main, de me faire rendre justice.

|**祭**, | *tsí*, celui qui préside au sacrifice, le sacrificateur.

他們是|客, *T'ā mên ché* | *k'ĕ*, ils sont entre eux dans les rapports de propriétaire à locataire ou fermier.

|**得起**, |**不起事**, | *tĕ k'ì*, | *poŭ k'ì sé*, avoir, n'avoir pas le droit ou le moyen de disposer.

我有管頭, |**不得事**, *Gò ieòu kouàn t'eôu*, | *poŭ tĕ sé*, je dépends d'autrui, je ne puis rien prendre sur moi.

沒得|張, *Mŏ tĕ* | *tchāng*, n'avoir pas de résolution, ne pas savoir prendre un parti.

這一|肉是他的, *Tché ĭ* | *joŭ ché t'ā tĭ*, ce morceau de viande est à lui.

一|事, *ĭ* | *sé*, une affaire.

點|, *Tièn* | , mettre le point sur le caractère de *Tchòu* (ce qui se pratique avec grande cérémonie chez les payens, lors de l'érection d'une tablette aux ancêtres).

原|, *Iuên*|, **業**|, *niĕ*|, **買**|, *mài*|, **賣**|, *mái*|, **當**|, *táng*|, **賬**|**子**, *tcháng*|*tsè*, |**教**, |*kiaó*, **教**|, *kiaó*|, |**牌**, |*p'âi*, |**意**, |*í*, **公**|, *kōng*|, **神**|, *chên*|. Voir *iuên*, *etc.*

煮 *Tchòu*. Cuire à l'eau.

|**過了**, |**好了**, *v.* |**熟了**, | *kó lò*; | *haò lò*, *v.* | *choŭ lò*, c'est cuit; c'est cuit à point.

|**爛了**, |**不髟**, | *lán lò*; | *poŭ p'ā*, c'est trop cuit, jusqu'à être réduit en bouillie; ne pouvoir être ramolli à la cuisson.

|**湯**, |**飯**, | *t'āng*, | *fán*, faire du bouillon, cuire le riz.

要|過火纔經事, *Iáo* | *kó hò ts'âi kīn sé*, il faut que cela ait passé par le feu, pour être solide.

TCH'ÒU

拄 *Tch'òu.* S'appuyer sur, appliquer contre.

打｜, *Tà* ｜, se reposer un moment, en appuyant la charge soit sur un bâton court a manche transversal, appelé *tch'òu*, dont se servent les porteurs à dos, soit sur un bâton sans manche, comme les porteurs de chaise.

｜路棍, ｜ *loú kouén*, bâton pour aider à la marche.

｜印,圖章子, ｜ *ín*, *t'ôu tchāng tsè*, apposer le sceau, un cachet.

櫃子｜倒壁頭, *Kouí tsè* ｜ *taò pǐ t'eôu*, l'armoire est adossée à la cloison.

｜攏點, ｜ *lòng tièn*, approche un peu plus.

近視眼要｜攏纔看得倒, *Kín ché ièn iáo* ｜ *lòng ts'âi k'án tě taò*, pour y voir, les myopes doivent mettre le nez dessus.

他｜倒我幾句, *T'ā* ｜ *taò gò kì kú*, il m'a dit quelques paroles offensantes.

神父談話｜我, *Chên fóu t'án hoúa* ｜ *gò*, le Père s'en prit à moi en parlant.

我｜倒他吓, *Gò* ｜ *taò t'ā há*, je l'ai heurté, poussé un peu.

我｜倒吓桌子, *Gò* ｜ *taò há tchǒ tsè*, j'ai heurté un peu contre la table.

胖｜｜的, *P'áng* ｜ ｜ *tǐ*, gras et potelé.

處 *Tch'òu.* Châtier, disposer.

官要｜治他,｜死他, *Kouān iáo* ｜ *tché t'ā*, ｜ *sè t'ā*, le mandarin va le punir sévèrement, le mettre à mort (sans jugement régulier).

｜暑, ｜ *chòu*, époque du calendrier chinois (du 23 Août au 8 Septembre).

TCHÓU

住 *Tchóu.* Habiter, demeurer; arrêter, cesser; employé aussi comme auxiliaire.

你在那裡｜(*v.* **居｜**), *Gnì tsái là lì* ｜ (*v. kū* ｜)? où habites-tu?

我在敘府｜, *Gò tsái Sú foù* ｜, j'habite *Sú foù*.

站(*v.* **暫**)｜**一吓**, *Tchán* ｜ *ǐ há*, s'arrêter un instant, demeurer provisoirement.

留｜幾天, *Lieôu* ｜ *kì t'iēn*, retenir (un hôte) pendant quelques jours.

雨｜了吓, *Iù* ｜ *lò há*, la pluie a cessé un instant.

｜手, 不｜口叫喊, ｜ *cheoù; poŭ* ｜ *k'eòu kiáo hàn*, cesser l'ouvrage; ne pas cesser de crier.

得｜, 不｜, *Tě* ｜, *poŭ* ｜, après un verbe, signifie: pouvoir, ne pouvoir pas.

指得｜要晴, *Tchè tě* ｜ *iáo ts'in*, on peut compter que le temps se mettra au beau.

抵不｜,管不｜,使不｜, *Tì poŭ* ｜, *kouàn poŭ* ｜, *chè poŭ* ｜, ne pouvoir résister, gouverner, servir.

擋｜,攔｜,估｜, *Tàng v. táng* ｜, *lân* ｜, *koù* ｜. Voir *tàng*, *lân*, *koù*.

著 *Tchóu.* Publier, mettre au jour.

｜書, ｜ *chōu*, publier des livres, des ouvrages.

柱 *Tchóu.* Colonne de bois ou de pierre.

一根｜頭, *ǐ kēn* ｜ *t'eôu*, une colonne.

石｜, *Chě* ｜, colonne de pierre.

｜頭大根,細根, ｜ *t'eôu tá kēn, sí kēn*, les colonnes sont grosses, petites.

｜｜, *v.*｜｜**兒,半截｜頭**,｜｜, *v.*｜｜ *eûl; pán tsiě* ｜ *t'eôu*, petite colonne; demi-colonne.

中｜,簷｜, *Tchōng* ｜, *iên* ｜, colonnes du milieu, colonnes des extrémités d'une maison.

｜脚, ｜ *kiŏ*, pied d'une colonne.

三｜二的房子, *Sān* ｜ *eúl tǐ fâng tsè*, maison qui a 3 colonnes et 2 demi-colonnes de profondeur.

房子幾｜落脚, *v.* **下地**, *Fâng tsè kì* ｜ *lŏ kiŏ*, *v. hiá tí*, cette maison a combien de colonnes entières (par rangée)?

註 *Tchóu.* Expliquer, commenter.

｜解, ｜ *kiài*, expliquer, commentaires.

在讀｜子, *Tsái toŭ* ｜ *tsè*, il étudie les commentaires.

海上絲綢之路文獻集成 科技與文化編

|(著)得明白, | tĕ· mîn pĕ·, c'est marqué clairement.

字約上要 | (v. 著)姓名年號, Tsé iŏ cháng iáo | sín mîn niên haó, etc., sur les contrats, il faut marquer les noms et prénoms, l'année, etc.

蛀 Tchóu. Teignes, ronger.

篾箱拿跟虫 | 了, Miĕ· siāng lâ kēn tch'ông | lò, la caisse en bambou est mangée des vers.

炷 Tchóu. Particule numérale des bâtonnets d'encens.

— | 香, ĭ | hiāng, un bâtonnet d'encens.

貯 Tchóu. Contenir, renfermer.

| 水田, | choùi t'iên, rizières qui tiennent bien l'eau.

田不 | 水, T'iên poŭ | choùi, la rizière ne garde pas l'eau.

TCH'ÓU

處 Tch'óu. Lieu, endroit.

| | 都在, | | toū tsái, il est partout.

到 | 走, Taó | tseòu, aller partout.

走別 |, Tseòu piĕ· |, aller ailleurs.

近 |, 遠 |, 高 |, 矮 |, Kín |, iuèn |, kaō |, gài |, endroit proche, éloigné, élevé, bas.

各 | (v. — | — |)不同, Kŏ | (v. ĭ | ĭ |) poŭ t'ông, chaque pays est différent.

多走— |, Tō tseòu ĭ |, va voir encore ailleurs.

貴 | ... 敝 | 叙府, Kouí | ? pí | Sú foù, où Monsieur habite-t-il? d'où êtes-vous? Votre serviteur est de Sú foù.

房子有幾 | 漏, Fâng tsè ieòu kì | leóu, la maison a plusieurs gouttières.

竹子的用 | 多, Tchŏu tsè tĭ ióng | tō, les bambous servent à beaucoup d'usages.

有那些好 |, Ieòu là sī haò |, quels avantages y a-t-il?

沒得靠 |, 居 |, 區 |, Mŏ tĕ· k'áo |, kū |, k'ū (k'ĭ) |, il n'a pas d'appui, d'habitation, il n'y a pas d'endroit.

十四 |, Chĕ sé |, les 14 Stations (du Chemin de Croix).

TCHŎU

竹 Tchŏu. Bambou.

慈 |, 莿 |, 水 |, 班 |, 藍 |, 苦 |, 羅漢 |, 湘妃 |, 黃 |, 蓼 |, Ts'ê |, ts'é |, choùi |, pān |, lân |, k'où |, lô hán |, siāng fēi (hiāng hoūi) |, houâng |, leào |, variétés de bambous.

—根 | 子, | 節, ĭ kēn | tsè; | tsiĕ·, un bambou; nœud de bambou.

—節 | 子, ĭ tsiĕ· | tsè, longueur de bambou comprise entre deux nœuds successifs.

| 竿, v. | 子竿竿, | kān, v. | tsè kān kān, bâton ou perche en bambou.

| 朦, | mông, pellicule blanche à l'intérieur des bambous.

—籠 | 子, ĭ lông | tsè, une touffe de bambous.

| 筒筒, | 桶桶, | t'ông t'ōng, | t'òng t'òng, tube de bambou, vase en bambou.

| 根子, | 笋子, | kēn tsè, | sèn tsè, racines, jeunes pousses de bambous.

| 子花了, v. | 子開了花, | tsè houā lò, v. | tsè k'āi lò houā, les bambous ont fleuri (signe de leur mort prochaine).

扻 | 子, Houā | tsè, fendre un bambou.

| 子砍敗了, | tsè k'àn pái lò, la forêt de bambous a été dévastée par de trop fortes coupes.

| 林, | lîn, | 麻, | mâ, | 筏子, | p'â tsè, | 雞, | kī. Voir lîn, etc.

築 Tchŏu. Battre pour tasser.

| 墻, | ts'iâng, élever un mur en terre; battre la terre du mur qu'on élève.

土 | 房子, T'où | fâng tsè, maison dont les murs sont en terre.

| 土巴, | 緊了, | t'où pā; | kìn lò, battre la terre, le sol; c'est bien battu, bien tassé.

脚蹩 | 倒了, *Kiŏ kàn* | *taò lò*, je me suis foulé la jambe.

祝 *Tchŏu*. Bénir.

| 聖, | *chén*, bénir, sanctifier par une prière.

| 福, | *foŭ*, souhaiter le bonheur à quelqu'un.

觸 *Tchŏu (tch'ŏu)*. Attaquer, résister.

| 怒, | *loú*, se fâcher.

抵 | 父母, *Tì* | *foú mòu*, résister en face à ses parents.

燭 *Tchŏu*. Torche, chandelle.

黄蠟 | ,牛油 | , *Houâng lă* | , *nicôu icôu* | , cierge de cire, chandelle de suif.

青油 | , *Ts'īn ieôu* | , chandelle pour superstitions payennes.

洞房花 | , *Tóng fâng hoūa* | , cierges de la chambre nuptiale.

火 | 小心, *Hò* | *siào sīn*, prenez garde à l'incendie.

矚 *Tchŏu*. Ordonner, faire des recommandations.

我 | 咐他幾句, *Gò* | *foú t'ā kì kú*, je lui fis quelques recommandations.

諸事一齊 | 托跟你, *Tchōu sé ĭ ts'î* | *t'ŏ kēn gnì*, je te livre tout entre les mains, avec prière de bien soigner.

遺 | , *î* | . Voir *î*.

著 *Tchŏu (v. tchŏ)*. Auxiliaire employé comme 着 *tchŏ* (voir ce mot).

逐 *Tchŏu (v. tchŏ)*. Chasser.

| 出去, | *tch'ŏu k'ú*, chasser dehors.

趕 | 魔鬼, *Kàn* | *mô koùi*, chasser le diable.

TCH'ŎU

妯 *Tch'ŏu*. Belle-sœur (voir 娌 *lì*).

畜 *Tch'ŏu. v.* | 牲 (*v.* 牲知), *v.* | *sēn* (*v. sēn k'eòu*), animal domestique, brute.

你這个 | 牲, *Gnì tchè kó* | *sēn*, espèce de brute! malédiction.

出 *Tch'ŏu*. Sortir, produire, émettre, exhiber.

| 來, | 去, | *lâi*; | *k'ú*, venir au dehors; sortir, aller dehors (voir *lâi*, *k'ú*).

喊他 | 來, 跟他 | 去, *Hàn t'ā* | *lâi*; *nièn t'ā* | *k'ú*, dis-lui de venir au dehors; mets-le à la porte.

你拿 | 來看, *Gnì lâ* | *lâi k'án*, montre-le un peu.

有話你各自拿 | 來, *Ieòu houá gnì kŏ tsé lâ* | *lâi*, si tu as quelque chose à dire, dis-le franchement.

拿不 | 話, *Lâ poŭ* | *houá*, ne pas savoir parler, ne trouver rien à dire.

我拿不 | 口, *Gò lâ poŭ* | *k'eòu*, je n'ose pas dire (je ne puis tirer les paroles de la bouche; voir *k'eòu*).

進 | 不方便, *Tsín* | *poŭ fāng piēn*, ce n'est pas commode, c'est gênant pour entrer et pour sortir.

| 家, | *kiā*, (litt.) sortir de la famille: se faire bonze ou bonzesse.

一个 | 本一个 | 力, *ĭ kó* | *pèn*, *ĭ kó* | *lĭ*, l'un fournira le capital, l'autre le travail.

要挽他 | 一張字, *Iaó ouàn t'ā* | *ĭ tchāng tsé*, il faut exiger de lui qu'il livre un écrit.

我發不 | 來痛悔, *Gò fă poŭ* | *lâi t'óng hoùi*, je ne puis faire un acte de contrition.

| 街去了, | *kāi k'ú lò*, il est sorti en ville.

漏 | 來, *Leóu* | *lâi*, sortir, couler à travers une fente (au propre); (au fig.) devenir public, s'ébruiter (voir *leóu*).

這條路 | 那裡, *Tchè t'iâo loú* | *là lì*? où aboutit cette route?

沒得 | 路, *Mŏ tĕ* | *loú*, c'est un cul-de-sac, sans issue.

| 山, | *chān*, prolongement du toit sur les côtés d'une maison.

| 溝, | *keōu*, sortir des montagnes, d'une vallée.

丨錢，銀子，丨 *ts'iên, în tsè*, livrer, donner des sapèques, de l'argent.

拿不丨錢，*Lâ poŭ* | *ts'iên*, n'être pas à même de donner des sapèques.

你丨好多錢，*Gnì* | *haò tō ts'iên?* combien donnes-tu, combien offres-tu (pour une marchandise, une souscription)?

等我丨吓氣，*Tèn gò* | *há k'í*, laisse-moi respirer un peu (voir *k'í*).

他丨我的氣，*T'ā* | *gò tī k'í*, il se fâche contre moi.

烤不丨酒，*K'aò poŭ* | *tsieòu*, cela ne donne pas d'alcool à l'alambic.

丨風，丨面，| *fōng*; | *mién*, sortir au vent, dehors: se montrer (montrer sa figure).

新米丨來了，*v.* 丨了市，*Sīn mì* | *lâi lò*, *v.* | lò ché, le riz nouveau a paru au marché.

麥子生丨來了，*Mĕ· tsè sēn* | *lâi lò*, le froment est sorti, levé.

他是翰林丨身，*T'a ché hán lîn* | *chēn*, sa dignité est fondée sur le grade d'académicien.

那時節我還沒有丨世，*Lá chê tsiĕ· gò houân mŏ ieòu* | *ché*, alors, je n'étais pas encore né.

田丨穀子，*T'iên* | *koŭ tsè*, la rizière produit beaucoup de riz, elle est fertile.

這宗土樣行都丨，*Tché· tsōng t'où iáng hâng toū* |, cette espèce de terre produit de tout.

今年肯丨病，禍，*Kīn niên k'èn* | *pín, hó*, cette année il y a beaucoup de maladies, de malheurs.

那个丨手偷，*Là kó* | *cheòu t'eōu*, qui a commis le vol?

穀子亂丨，丨齊了，*Koŭ tsè louán* |; | *ts'î lò*, les épis de riz commencent à paraître par ci par là; ils sont tous sortis.

丨兵，丨一命，| *pīn*; | *ī mín*, envoyer des soldats; émettre un ordre.

沒得賺子丨備，*v.* 丨息，*Mŏ tĕ· chá tsè* | *pí*, *v.* | sĭ, il n'y a aucun rapport, aucun revenu (voir *sĭ*).

連地方都丨脫了，丨脫完了，*Liên tí fāng toū* | *t'ŏ lò*, | *t'ŏ ouân lò*, il y a perdu jusqu'à ses terres; il y a perdu toutes ses terres.

丨頭，| *t'eôu*, se mettre ouvertement à la tête d'une affaire; se manifester d'une manière éclatante.

我只有陰倒帮忙丨不得頭，*Gò tchè ieòu īn taò pāng mâng*, | *poŭ tĕ· t'eôu*, je ne puis qu'aider sous main, sans me mettre en avant.

不怕現在貧窮總有丨頭的時候，*Poŭ p'á hién tsái p'în k'iông, tsòng ieòu* | *t'eôu tī chê heóu*, bien qu'il soit pauvre actuellement, il finira par se faire distinguer.

這方的斗要丨两合，*Tché· fāng tī teòu iaó* | *leàng hŏ*, le boisseau de tel endroit équivaut ici à un boisseau plus 2 *hŏ*.

叙府的銀子在瀘州要丨四分平，*Sú foù tī în tsè tsái Loû tcheōu iáo* | *sé fēn p'în*, l'argent pesé à *Sú foù* donne à *Loû tcheōu* 4 *fēn* de plus (par 10 onces, vu la différence de balances).

丨門，| *mên*, 丨嫁，*v.* 丨姓，| *kiá*, *v.* | *sín*, 不爲丨奇，*poŭ ouî* | *k'î*, 丨汗，| *hán*, 丨血，| *hiĕ·*, 丨太陽，| *t'ái iâng*, 顯丨來，*hièn* | *lâi*, 丨告示，| *kaó ché*, 丨名字，| *mîn tsé*, 丨笨，| *pén*, 丨陣，| *tchén*, 丨烟子，| *iēn tsè*, 丨力，| *lĭ*, 丨聲氣，| *chēn k'í*, 丨主意，| *tchòu í, etc.* Voir *min, etc.*

TCHOŪA

抓 *v.* 撾 *Tchoūa.* Empoigner, griffer.

丨倒，*v.* 手丨倒，| *taò*, *v.* *cheòu* | *taò*, attraper, saisir avec les mains.

丨住，丨爛衣裳，| *tchóu*, | *lán ī châng*, tirer, déchirer les habits.

一把丨，*ī pà* |, raffler tout d'un seul coup.

沒得丨頭，*Mŏ tĕ·* | *t'eôu*, il n'y a rien à gratter.

一丨葡萄兒, ĭ 丨 p'ôu t'âo eûl, une grappe de raisin.

老虎一爪丨破皮子, Laò fòu ĭ tchào 丨 p'ó p'ĭ tsè, le tigre d'un coup de griffe déchire la peau.

丨來喫, 丨 lâi tch'ĕ, saisir pour manger.

一把丨子, ĭ pà 丨 tsè, un instrument à griffes de fer, à l'usage des menuisiers, un pic de mineurs.

他的炭廠有四十把丨子, T'ā tĭ t'án tch'àng ieòu sé chĕ pà 丨 tsè, dans sa mine à charbon, il y a 40 mineurs (40 pics).

打急丨, Tà kĭ 丨, être pris à l'improviste, et ne savoir plus que faire.

丨扯, 丨葯, 丨 tch'è', 丨 iŏ. Voir tch'è', iŏ.

啄 Tchoūa v. tchoŭa. Becqueter.

老鴉愛丨包穀, Laò oūa gái 丨 pāo koŭ, les corbeaux aiment à becqueter le maïs.

老鴉丨你的背, Laò oūa 丨 gnì tĭ péi! que les corbeaux te déchirent! (malédic.)

丨鳥, 丨蜢子, 丨 niào, 丨 mòng tsè, pie. Voir mòng.

丨(v. 栽)瞌睡, 丨 (v. tchoūai) k'ŏ chóui, tomber de sommeil.

後丨丨, Heóu 丨 丨, le derrière de la tête.

TCHOÙA

㧓 Tchoùa. Prendre avec la main; patte d'oiseau.

他手是丨的, T'ā cheòu ché 丨 tĭ, il a la main crochue, percluse.

手都丨了, Cheòu tōu 丨 lò, sa main est toute déformée; (au figuré) il ne sait plus que faire.

丨手兒, 丨 cheòu eûl, individu qui a les mains percluses, crispées.

TCHOŪAI

栽 Tchoūai (tsāi). Tomber.

丨倒了, 丨 taò lò, il est tombé, il est tombé à la renverse.

小心看丨, Siaò sīn k'án 丨, prends garde de tomber.

丨在地下,在田裡頭,下去,下坎, 丨 tsái tí hiá, tsái t'iên ì t'eôu, hiá k'ú, hiá k'àn, tomber à terre, dans la rizière, en bas, du haut d'un talus.

丨死了, 丨 sè lò, il est mort d'une chute.

丨倒我買, 丨 taò gò mài, il me força d'acheter.

那股地方他丨跟我, Lá kòu tí fāng t'ā 丨 kēn gò, ce terrain, il me le fit acheter de force, pour ainsi dire.

走路丨斤搭斗的, Tseòu lóu 丨 kīn tă teòu tĭ. Voir kīn.

肫 Tchoūai. Tomber de sommeil.

丨瞌睡, 丨 k'ŏ chóui, dormir plus ou moins involontairement.

念經直是丨瞌睡, Nién kīn tchĕ ché 丨 k'ŏ chóui, il ne fait que dormir (incliner la tête) pendant la prière.

TCH'OŪAI

揣 Tch'oūai. Prendre avec la main, cacher dans son sein.

丨在懷頭, 丨 tsái houâi t'eôu, mettre dans son sein.

TCHOUÀI

歪 Tchouài. Remuer, se balancer.

板子不穩有點丨, Pàn tsè poŭ ouèn ieòu tièn 丨, la planche n'est pas fixée solidement, elle remue un peu.

走路一丨一丨的, Tseòu lóu ĭ 丨 ĭ 丨 tĭ, marcher en se balançant.

TCH'OUÀI

揣 Tch'ouài. Considérer, conjecturer.

我丨那些情節(v. 那个意事)强盜怕就是他, Gò 丨 lá sī ts'în tsiĕ' (v. lá kó ì sé) k'iâng taó p'á tsieóu ché t'ā, à bien considérer l'affaire, je crois qu'il pourrait bien être le voleur.

要丨摩吓, Iáo 丨 mô há, il faut bien y réfléchir.

TCH'OUÁI

蠆 Tch'ouái (tch'ái). Scorpion.

丨婦, 丨 *fóu*, vieille mégère.

倚老賣丨, *ì lào mái* 丨, abuser de son grand âge pour effrayer les gens.

放丨, *Fáng* 丨, faire les cent coups (se dit d'une femme acariâtre, qui fait le tapage à la maison).

TCHOŪAN

專 *Tchoūan*. S'appliquer à, attention; uniquement, exprès.

丨心念經, 丨 *sīn nién kīn*, prier attentivement.

丨務盡魂的事, 丨 *oú lìn houên tī sé*, mettre toute son application aux choses spirituelles.

丨門做筆, 丨 *mên tsóu pī*, fabriquer exclusivement des pinceaux.

我丨這門生意, *Gò* 丨 *tché mén sēn í*, je m'applique à ce commerce.

你丨做這件事, *Gnì* 丨 *tsóu tché kién sé*, applique-toi uniquement à cette affaire.

丨人送信, 丨 *jên sóng sín*, envoyer quelqu'un exprès pour porter une lettre, ou une nouvelle.

自丨, *Tsé* 丨, selon son gré.

不可自丨自主, *Poŭ k'ò tsé* 丨 *tsé tchòu*, il faut éviter de ne prendre conseil que de soi-même, d'agir arbitrairement.

丨館, 丨 *kouàn*, école privée pour une seule famille.

磚 *Tchoūan*. *v*. 丨頭, *v*. 丨 *t'eôu*, brique.

一匹, *v*. 一塊丨, *ĭ p'ĭ*, *v*. *ĭ k'ouài* 丨, une brique.

火丨, 土丨, *Hò* 丨, *t'où* 丨, briques cuites, briques séchées au soleil.

單丨, 雙丨, *Tān* 丨, *choūang* 丨, briques simples, briques doubles.

做, 燒丨, *Tsóu*, *chāo* 丨, mouler, cuire des briques.

丨窰, 丨墻, 丨 *iâo*, 丨 *ts'iâng*, four à briques, mur en briques.

玻丨, *Pō* 丨, verre épais.

修丨, *Sieōu* 丨, bâtir en briques.

瓜丨, *Koūa* 丨, courges confites au sucre.

TCH'OŪAN

川 *Tch'oūan*. Fleuve, rivière.

四丨, *Sé* 丨, (litt.) les 4 rivières, nom de la province du *Sutchuen*.

四丨人, 四丨話, *Sé* 丨 *jên*, *Sé* 丨 *hoúa*, gens, langage du *Sutchuen*.

丨耗子, 丨 *háo tsè*, (litt.) rats du *Sutchuen;* sobriquet donné par les gens du *Yunnan* à ceux du *Sutchuen*.

丨主, 丨 *tchòu*, idole protectrice du *Sutchuen*.

穿 *Tch'oūan*. Pénétrer de part en part (au propre et au figuré); vêtir.

打丨, *v*. 丨透, 丨針, *Tà* 丨, *v*. 丨 *t'eóu;* 丨 *tchēn*, percer de part en part; enfiler une aiguille.

貫丨了, *Kouán* 丨 *lò*, il s'est formé un abcès qui s'est percé.

掇丨, *Tŏ* 丨, Percer une chose mince en poussant, par ex. le papier d'une fenêtre.

鑽丨, *Tsán (v. tsouán)* 丨, percer de part en part avec une vrille.

話先說丨了的, *Hóua siēn chŏ* 丨 *lò tĭ*, c'est entendu, c'est convenu d'avance.

生意沒有丨好找錢, *Sēn í mŏ iòu* 丨, *hào tchào ts'iên*, ce commerce étant peu connu est lucratif.

惡人拏鐵釘丨透耶穌的手脚, *Gŏ jên lâ t'iĕ tīn* 丨 *t'eóu Iê sōu tĭ cheòu kiŏ*, les méchants percèrent de part en part, avec des clous, les pieds et les mains de Jésus.

中人丨透地方, 媒人丨透婚姻, *Tchōng jên* 丨 *t'eóu tí fáng*, *mêi jên* 丨 *t'eóu houēn īn*, les entremetteurs (*tchōng jên*) négocient les achats de terrains, et (les *mêi jên*) les mariages, voyez *tchōng*, *mêi*.

這件事我辦不來, 要一个人丨透, *Tché kién sé gò pán poŭ lâi*, *iáo ĭ kó jên* 丨 *t'eóu*, je ne puis régler cette affaire, il faut un intermédiaire.

對直丨過這條街, 就是, *Toúi tchĕ* 丨 *kó tché t'iâo kāi*, *tsieóu ché*, enfilez tout droit cette rue jusqu'au bout, et vous y êtes.

山這邊｜過那邊, *Chān tché· piēn* | *kó lá piēn*, passer (percer) de ce versant de la montagne à l'autre.

｜牛鼻子, | *nieôu pí tsè*, percer le nez d'un buffle.

｜索索, | *sŏ sŏ*, enfiler une corde par un trou.

｜錢, | *ts'iên*, enfiler des sapèques.

跟他｜一吊錢, *Kēn t'ā* | *ī tiáo ts'iên*, (litt.) enfile pour lui une ligature, donne-lui une ligature.

｜墻, ｜壁頭, | *ts'iâng*, | *pĭ t'eôu*, percer un mur, une cloison.

衣裳磨｜了, *ī chāng mô* | *lò*, l'habit est percé par l'usage.

挖｜了,釘｜了, *Oūa* | *lò, tín* | *lò*, on a creusé, cloué jusqu'à percer.

我看｜了, *Gò k'án* | *lò*, j'y ai vu clair.

｜耳朶, | *eùl tō*, percer les oreilles (pour mettre les pendants d'oreilles).

｜衣裳,鞋,襪子, | *ī chāng, hâi, ouă tsè*, mettre des habits, des souliers, des bas.

｜喫二字, | *tch'ĕ eúl tsé*, le vêtir et le manger, ces 2 mots (caractères).

好｜好喫, *Háo* | *háo tch'ĕ*, aimer les beaux habits et la bonne chère.

要顧喫就顧不倒｜, *Iáo koú tch'ĕ tsieóu koú poŭ taò* |, ne pouvoir suffire à pourvoir en même temps à la nourriture et à l'habillement.

｜皮貨, ｜破衣裳, | *p'î hó*, | *p'ó ī chāng*, porter des fourrures, des guenilles.

｜得淡薄,好,體面,臊, | *tĕ· tán pŏ, haò, t'ì mièn, sāo*, etre vêtu pauvrement, convenablement, splendidement, d'habits aux couleurs criantes.

愛｜顏色,綠的,紅的, *Gái* | *iên sĕ·, loŭ tī, hông tī*, aimer à porter des habits aux couleurs voyantes, de couleur verte, rouge.

｜得褸, | *tĕ· leôu*, ｜壕, | *háo*, ｜念珠子, | *nién tchōu tsè*, ｜山甲, | *chān kiă*. Voir *leôu, háo, etc.*

TCH'OÛAN

傳 *Tch'ouân*. Communiquer, propager.

一个｜一个, *ī kó* | *ī kó*, se transmettre de l'un à l'autre.

一人｜虛十人｜實, *ī jên* | *hū, chĕ jên* | *chĕ*, quelqu'un dit-il un mensonge, cent le répètent comme une vérité.

｜一个方子, | *ī kó fāng tsè*, transmettre une recette.

是宗徒｜過(v.下)來的, *Ché tsōng t'ôu* | *kó (v. hiá) lâi tī*, cela vient, par tradition, des Apôtres.

｜信, ｜謠言, | *sín*; | *iâo iên*, répandre une nouvelle; semer de faux bruits.

｜得遠,寬, | *tĕ· iuèn, k'oūan*, c'est répandu au loin, au large.

｜號,帖, | *háo, tiĕ·*, transmettre les ordres du mandarin, les cartes de visite.

｜話, ｜單, | *hóua*; | *tān*, faire une communication, communiquer des ordres; billet de convocation.

大老爺｜紳士來商議, *Tá laò iê·* | *chēn sé lâi chāng gnî*, le mandarin a convoqué les notables pour délibérer.

一齊｜倒案, *ĭ ts'î* | *táo gán*, les faire venir tous à l'audience.

｜教, | *kiáo*, prêcher, propager la Religion.

｜教士, | *kiáo sé*, prédicateur de la Religion.

｜開教友,這个地方｜不開, | *k'āi kiáo ieòu; tché· kó tí fāng* | *poŭ k'āi*, propager la Religion, faire des prosélytes; en ce pays on ne réussit pas à propager la Religion.

我的手藝是祖｜的, *Gò tī cheòu gní ché tsòu* | *tī*, mon art m'a été transmis par mes ancêtres.

聖｜, *Chén* |, la sainte Tradition (style chrétien).

｜生兒女, | *sēn eûl niù*, propager la race humaine.

衆人都是兩个祖人丨下來的, *Tchóng jên toū ché leàng kó tsòu jên* 丨 *hiá lâi tĭ*, tous les hommes descendent des deux premiers parents.

我跟你丨名, *Gò kēn gnì* 丨 *mîn*, je publierai ton nom, je travaillerai à propager ta réputation.

丨子(*v.* 五尺), 丨 *tsè (v. où tch'ĕ)*, bâton dont se servent les porteurs de palanquin, pour le soutenir quand ils changent d'épaule.

椽 *Tch'oûan.* Lattes qui supportent les tuiles.

丨子(*v.* 桷子), 丨 *tsè (v. kŏ tsè)*, même sens.

船 *Tch'oûan.* Barque, bateau.

一隻丨; 一丨人, 一丨煤炭, *ĭ tchē (tchĕ)* 丨; *ĭ* 丨 *jên*, *ĭ* 丨 *mêi t'án*, une barque; une barque chargée de passagers, de charbon.

大丨, 小丨兒, *Tá* 丨, *siào* 丨 *eûl*, grande barque, petite barque.

五板丨, *Où pàn* 丨, barque de grandeur moyenne.

火丨, *v.* 火輪丨, *Hò* 丨, *v. hò lên* 丨, bateau à vapeur.

掛子丨, *Kouá tsè* 丨, barque mandarine.

炭丨, 米丨, 鹽丨, *T'án* 丨, *mì* 丨, *iên* 丨, barque chargée de charbon, de riz, de sel.

推丨, *T'oūi* 丨, faire avancer la barque à la rame.

丨磢了底, 丨 *ts'ă lò tì*, la barque a touché par le fond.

行不得丨, *Hîn poŭ tĕ·* 丨, ce n'est pas navigable.

渡丨, *v.* 過河丨, *Toú* 丨, *v. kó hô* 丨, barque pour passer un fleuve, bac.

上, 下水丨, *Cháng, hiá choùi* 丨, barque qui monte, qui descend le courant.

丨拏得穩, 丨 *lá tĕ· ouèn*, la barque est bien dirigée.

丨停了, 放流了, 丨 *t'în lò, fáng lieôu lò*, la barque est arrêtée, elle est abandonnée au courant.

丨碰石頭, 丨 *p'óng chĕ t'eôu*, la barque heurte contre un rocher.

丨有幾艙, 丨 *ieòu kì ts'āng?* combien la barque a-t-elle de compartiments?

上丨, 丨上, *Cháng* 丨; 丨 *cháng*, monter en barque; sur la barque.

丨老板, 丨 *laò pàn*, patron de la barque.

丨頭, 丨尾, 丨底, 丨 *t'eôu*, 丨 *oùi*, 丨 *tì*, l'avant, l'arrière, le fond de la barque.

包丨, *Pāo* 丨, louer une barque pour soi.

釘一隻新丨, *Tīn ĭ tchē (tchĕ) sīn* 丨, construire (clouer) une barque neuve.

風丨, *Fōng* 丨, 輪子丨, *lên tsè* 丨, 攬載子丨, *làn tsái tsè* 丨, 攤子丨, *t'ān tsè* 丨, 半頭丨, *pán t'eôu* 丨, 救生(*v.* 命)丨, *kieóu sēn (v. mín)* 丨, 紅丨, *hông* 丨, 駕丨, *kiá* 丨, 撐丨, *ts'ēn* 丨, 放丨, *fáng* 丨, 開丨, *k'ai* 丨, 趕丨, *kàn* 丨, 打破丨, *tà p'ó* 丨, 靠丨, *k'áo* 丨, 丨篷, 丨 *p'ông*, 丨翻了, 丨 *fān lò*, 丨擱起了, 丨 *k'ŏ k'ì lò*, 放䏶頭丨, *fáng p'ià t'eôu* 丨, 丨播得狠, 丨 *pò tĕ· hèn*, 茶丨子, *tch'â* 丨 *tsè*. Voir *fōng, etc.*

TCHOÙAN

轉 *Tchoùan.* Revenir, retourner.

請丨; 請丨來, *Ts'ìn* 丨; *ts'ìn* 丨 *lâi*, je vous invite à vous en retourner (à ne pas me reconduire); je vous invite à revenir.

一去一丨, 去丨來了, *ĭ k'ú ĭ* 丨; *k'ú* 丨 *lâi lò*, un aller et un retour; il est allé et revenu.

今天要折丨來, *Kīn t'iēn iaó tchĕ·* 丨 *lâi*, aujourd'hui je veux revenir (voir *tchĕ·*).

復丨來了, *Foŭ* 丨 *lâi lò*, il est revenu.

丨身回去, 丨 *chēn hoûi k'ú*, se retourner et s'en aller.

打丨身, *Tà* 丨 *chēn*, aller et revenir, s'en retourner.

打回丨, *Tà hoûi* 丨, aller et revenir.

回丨要三天, *Hoûi* 丨 *iaó sān t'iēn*, il faut 3 jours pour aller et revenir.

一天走三丨, *ĭ t'iēn tseòu sān* 丨, il fait 3 fois le voyage en un jour.

| 去了, | *k'ú lò*, il s'en est retourné; (style chrétien) il a apostasié.

打 | 去, 牽 | 來, *Tà* | *k'ú; k'iēn* | *lâi*, faire rebrousser chemin; ramener avec la main.

吐 | 來了, *T'où* | *lâi lò*, il a rejeté, il a vomi.

病 | 來了, *Pín* | *lâi lò*, la maladie est revenue.

你把衣裳翻 | 來, *Gnì pà ī chāng fān* | *lâi*, retourne-moi cet habit.

| 當, | 寫, | *táng*, | *siè*, sous-hypothéquer, sous-louer.

要側邊人 | 彎, *Iáo tsĕ piēn jên* | *ouān*, il faut que des tierces personnes tournent la difficulté (voir *ouān*).

| 个眼, | *kó ièn*, en un clin d'œil.

| 个手, | *kó cheòu*, (litt.) retournez la main (à la bourse); encore quelques sapèques, s'il vous plaît.

請 | 拜他, *Ts'ìn* | *pái t'ā*, veuillez-lui transmettre mes salutations.

| 拐, | *kouài*, 彎彎 | |, *ouān ouān* | |, | 達, | *tă*, 悔不 | 來, *hoùi poŭ* | *lâi*, 拿 | 來, *lâ* | *lâi*, 活 | 來了, *hŏ* | *lâi lò*, 甦醒 | 來, *soū sìn* | *lâi*, 扭 | 來, *nieòu* | *lâi*, 倒 | , *taó* | . Voir *kouài*, *etc.*

TCH'OÙAN

喘 *Tch'oùan.* *v.* 氣 | , *v.* *k'í* | , respiration haletante, entrecoupée.

病人都在 | 氣了, *Pín jên toū tsái* | *k'í lò*, le malade a déjà le râle (de l'agonie); voir *k'í*.

鏟 *Tch'oùan.* Plane, racler.

鍋 | 子, *Kō* | *tsè*, petite pelle en fer avec laquelle on remue les mets dans la marmite.

火 | , *Hò* | , pelle à feu.

| 菜, | *ts'ái*, remuer, retourner les mets dans la poêle.

加一 | 炭, *Kiā ĭ* | *t'án*, ajouter une pelletée de charbon.

剗 *Tch'oùan.* Aplanir, racler.

| 草, | *ts'ào*, ratisser les herbes, en raclant légèrement avec la pioche.

好生 | 平, *Haò sēn* | *p'în*, aplanis bien (à la pioche).

| 田坎, | *t'iên k'àn*, ratisser les herbes des talus de la rizière.

| 薄點, | *pŏ tièn*, amincir en raclant.

TCHOÚAN

轉 *Tchoúan.* Tourner, faire un circuit.

螺螄 | , *Lô sē* | , pas de vis.

一 | 都是賊, *ĭ* | *toū ché tsoûi (tsĕ·)*, il y a des brigands dans tout le quartier.

團 | , *v.* 團團 | | , *T'ouân* | , *v.* *t'ouân t'ouân* | | , tout autour, dans tous les environs.

風 | 子, *Fōng* | *tsè*, girouette.

船打 | | , *Tch'oûan tà* | | , la barque pirouette.

走了 | 路, *Tseòu lò* | *loú*, on a pris un chemin allongé (voir *loú*).

走大路要 | 十里, *Tseòu tá loú iaó* | *chĕ lì*, par la grande route on allonge de dix *lys*.

磨子不 | , *Mŏ tsè poŭ* | , la meule, le moulin ne tourne pas.

扯 (*v.* 拉) 不 | , *Tch'è· (v. lā) poŭ* | , ne pouvoir faire tourner en tirant (au pr. et au figuré).

| 閣樓, *v.* 走馬 | 閣樓, | *kŏ leôu*, *v.* *tseòu mà* | *kŏ leôu*, balcon suspendu.

走一 | , *Tseòu ĭ* | , faire un tour, un circuit.

| 不過, | *poŭ kó*, pas moyen de faire le tour.

上坡 | 一吓, *Cháng p'ō* | *ĭ há*, faire un tour sur le coteau, à la campagne.

週圍一 | , | 耍, *Tcheōu oûi ĭ* | , | *choùa*. Voir *oûi*, *choùa*.

賺 *Tchouán.* Faire des profits, gagner sur la marchandise.

| 錢生意, | *ts'iên sēn í*, commerce lucratif.

賣｜了, *Mái* ｜ *lò*, j'ai gagné à la vente.

我｜一吊錢, *Gò* ｜ *ĭ tiáo ts'iên*, j'ai gagné une ligature.

你少｜點, *Gnì chaò* ｜ *tièn*, (litt.) gagne un peu moins: fais un rabais.

這回不｜你的, *Tché· hoûi poŭ* ｜ *gnì tĭ*, cette fois-ci je ne veux rien gagner sur toi.

｜寃枉錢, ｜ *iuēn ouàng ts'iên*, faire des profits illicites.

｜三成, 一个對本, ｜ *sān tch'ên, ĭ kó toúi pèn*, gagner 30 %, 100 %.

篆 *Tchoúan*. Ecriture chinoise carrée, anguleuse, ou arrondie à l'antique; surnom.

｜字, ｜ *tsé*, caractères de cette forme (employés surtout pour cachets, et aussi pour inscriptions).

官｜, *Koūan* ｜, nom officiel, sous lequel se fait connaître un mandarin.

傳 *Tchoúan*. Historique.

｜子, *v.* ｜書, ｜ *tsè*, *v.* ｜ *choū*, romans historiques.

左｜, *Tsò* ｜, nom d'un livre classique historique.

TCH'OÚAN

串 *Tch'oúan*. Enfiler, ligature; entente secrète; particule numérale.

錢｜子, *Ts'iên* ｜ *tsè*, ficelle à enfiler les sapèques.

一｜念珠, 一｜錢, *ĭ* ｜ *nién tchoū*, *ĭ* ｜ *ts'iên*, un chapelet; une ligature de sapèques.

來多長一｜人, *Lâi tō tch'âng ĭ* ｜ *jên*, il arriva une longue file d'hommes.

他們都是｜通了的, *T'a mēn toū ché* ｜ *t'ōng lò tĭ*, il y a entente secrète entre eux.

是他｜起來的, *v.* ｜透的, *Ché t'a* ｜ k'ì lâi tĭ, *v.* ｜ t'eóu tĭ, c'est lui qui par ses intrigues a suscité cette affaire.

TCHOŪANG

莊 *v.* 庄 *Tchoūang*. Diligent, orné; maison de campagne; entrepôt.

端｜, *Touān* ｜, modeste, avec modestie, avec respect.

端｜跪倒, *Touān* ｜ *koúi taò*, s'agenouiller respectueusement.

做兩股｜稼, *Tsoú leàng koù* ｜ *kiā*, faire de l'agriculture en deux endroits (voir *kiā*).

地方不出｜稼, *Tí fāng poŭ tch'ŏu* ｜ *kiā*, le terrain ne vaut rien pour l'agriculture.

做大 (*v.* 小) ｜稼, *Tsoú tá (v. siào)* ｜ *kiā*, faire de la grande (ou bien, de la petite) culture.

看 (*v.* 守, *v.* 看守) ｜稼, *K'án (v. cheòu, v. k'án cheòu)* ｜ *kiā*, veiller sur la récolte, la garder contre les voleurs.

寫｜稼, *Siè·* ｜ *kiā*, louer une ferme.

有鄉｜沒得, *Ieòu hiāng* ｜ *mŏ tĕ·?* a-t-il une propriété à la campagne?

做分｜, *Tsoú fēn* ｜, exploiter un terrain, en partageant la récolte avec le propriétaire.

｜口, 布｜, ｜ *k'eòu; poú* ｜, lieu de dépôt pour les marchandises; dépôt de toiles.

雲南的葯打叙府的｜, *Iûn nân tĭ iŏ tà Sú foù tĭ* ｜, pour les médecines du Yunnan, le dépôt est à *Sú foù*.

大｜生意, *Tá* ｜ *sēn í*, commerce en gros.

錢｜, 銀｜, *Ts'iên* ｜, *în* ｜, prix en sapèques, en argent.

竹｜洋布, *Tchoŭ* ｜ *iâng poú*, cotonnade de européenne de bonne qualité.

妝 *v.* 粧 *Tchoūang*. Ornement de femme, orner, farder.

嫁｜, *v.* ｜奩, *v.* 行｜, *Kiá* ｜, *v.* ｜ *liên*, *v.* *hîn* ｜, dot mobilière d'une fille.

女的｜扮, *Niù tĭ* ｜ *pán*, habillement des femmes.

男 | (*v.* 裝) 女扮, *Lân* | *niù pán*, homme qui s'habille en femme.

裝 *Tchoūang*. Enfermer, ramasser dans, amasser, déposer; simuler, feindre.

| 衣服, | *ī foŭ*, ramasser les habits, les serrer.

| 穀子, | *koŭ tsè*, ramasser le riz pour le garder.

拿啥子來 | , *Lâ chá tsè lâi* | , dans quoi faut-il le mettre?

| 在那裡, | *tsái là lì?* en quel endroit faut-il serrer (cela)?

| 酒的罈子, | *tsieoù tĭ t'ân tsè*, jarre à vin.

倉要 | 一百石, *Ts'āng iáo* | *ī pĕ tán*, le grenier peut contenir 100 piculs.

| 貨, | 火葯, | *hó;* | *hò iŏ*, emmagasiner des marchandises; charger de poudre une arme à feu.

拿火葯來 | 炮, *Lâ hò iŏ lâi* | *p'áo*, charger un canon.

缸子漏 | 不得水, *Kāng tsè leoú* | *poŭ tĕ choùi*, le réservoir coule, et ne peut retenir l'eau.

| 滿了, | *màn lò*, c'est complètement rempli.

| 不倒, *v.* | 不下, | *poŭ taò*, *v.* | *poŭ hiá*, tout ne peut pas y tenir.

| 水烟, | *choùi iēn*, charger la pipe à eau; nom donné à ceux qui font ce métier pour le public.

| 修房子, | *sieōu fâng tsè*, faire les cloisons, portes et fenêtres d'une maison.

| 殮, | *lién*, habiller un mort et le mettre dans le cercueil.

| 男, | *lân*, préparer le trousseau du futur (se dit des parents de la fille).

| 載, | *tsái*, charger un bateau.

| 一船棉花, | *ī tch'oûan miên hoūa*, charger un bateau de coton.

| 洋差事, | *iâng tch'āi sé*, avoir à bord comme passagers des Européens (voyageurs ou missionnaires).

是 | 的; | 模作樣, *Ché* | *tĭ;* | *moû tsŏ iáng*, c'est simulé; se donner de faux airs.

| 死, 瞎子, 聾子, *v.* 耳聾, 大官, 好人, | *sè, hiă tsè, lōng tsè, v. eùl lông, tá koūan, haò jên*, faire le mort, l'aveugle, le sourd, le grand mandarin, le brave homme.

忙 | 一吓, *Mâng* | *ī há*, tout à coup, à l'improviste.

| 病, | *pín*, | 瘋, | *fōng*, 假 | , *kià* | , | 飾, | *chĕ*, | 屍, | *chē*, | 籠子, | *lông tsè*, | 板壁, | *pàn pĭ*. Voir *pín, fōng, etc.*

樁 *Tchoūang*. Pieu; ce qui reste d'un arbre coupé au-dessus de terre; chaume; sac.

插, 釘一个 | | , *Tch'ă, tín ī kó* | | , piquer, enfoncer un pieu.

| | 打不下去, | | *tà poŭ hiá k'ú*, on ne peut enfoncer le pieu.

穀 | 田, *Koŭ* | *t'iên*, rizière qui a son chaume, c.-à-d. qui n'a pas été labourée après la récolte.

尾巴 | | , *Oùi pa* | | , ce qui reste d'une queue coupée; queue très courte.

| | 狗, | | *keoù*, chien à queue très courte.

宰了手剩一个 | | , *Tsài lò cheoù, chén ī kó* | | , la main coupée, il reste un moignon.

拴 (*v.* 靠) 船的 | | , *Choūan* (*v. k'áo*) *tch'ouân tĭ* | | , pieu servant à amarrer une barque.

馬 | , *Mà* | , pieux entre lesquels sont contenus les chevaux rétifs, pendant qu'on les ferre.

一 | 事, *ī* | *sé*, une affaire.

撈 | 子, 一 | 米, *Laò* | *tsè; ī* | *mì*, porter des sacs; un sac de riz.

樹 | | , 穀 | , *Choú* | | , *koŭ* | . Voir *choú, koŭ*.

TCH'OUĀNG

瘡 *Tch'ouāng*. Furoncle, ulcère, abcès.

惡 | , *v.* 爛 | , *Gŏ* | , *v. lán* | , mauvais ulcère.

疔 | , *Tīn* | , pustule maligne, charbonneuse, souvent mortelle.

丨封了口,在生皮子, 丨*fōng lò k'eòu, tsái sēn p'ǐ tsè*, l'ulcère est fermé, et se recouvre d'une peau nouvelle.

生半年的丨, *Sēn pán niēn tǐ* 丨, avoir des furoncles pendant une demi-année.

拿葯來洗,敷丨, *Lâ iǒ lâi sì, foū* 丨, laver un ulcère avec une solution médicale, y appliquer un onguent.

挖肉補丨, *Oūa joū poù* 丨, (litt.) couper de la chair pour remplir le vide fait par un ulcère: creuser un trou pour en fermer un autre.

膿泡丨, *Lông p'áo* 丨, 痔丨, *tché* 丨, 陽梅丨, *iâng mêi* 丨, 疳丨子, *kān* 丨 *tsè*. Voir *lông, tché, etc.*

TCH'OUÂNG

牀 *v.* 床 *Tch'ouâng*. Lit.

一間丨, *v.* 一乘丨, *ǐ kān* 丨, *v. ǐ tch'ēn (tch'ên)* 丨, un lit.

丨巴笮, *v.* 丨巴子, 丨*pā tchě·, v.* 丨*pā tsè*, treillis du fond d'un lit, pour retenir la paille.

丨脚, 丨脚底下, 丨*kiǒ;* 丨*kiǒ tì hiá*, les pieds du lit; sous le lit.

丨邊, 丨當頭, 丨*piēn;* 丨*tāng t'eôu*, le bord du lit; les extrémités, le devant du lit.

同丨(*v.* 同一个丨)睡, *T'ông* 丨 *(v. t'ông ǐ kó* 丨*) choúi*, coucher (2 ou plusieurs) dans le même lit.

病了,倒了丨半个月, *Pín lò, taò lò* 丨 *pán kó iuě·*, il est tombé malade, et est resté quinze jours couché (voir *taò*).

安丨, 鋪丨, *Gān* 丨 *; p'oū* 丨, placer un lit; faire le lit.

凉丨, *Leâng* 丨, lit de camp pour l'été.

匟 (*v.* 平) 丨, 丨鋪, 丨架子, *K'áng (v. p'în)* 丨, 丨*p'óu*, 丨*kiá tsè*. Voir *k'áng, p'óu, kiá*.

一丨綿絮, *ǐ* 丨 *miên sú (v. sóui)*, une couverture ouatée.

靠丨, *K'áo* 丨, canapé chinois.

TCHOUÀNG

憃 *Tchouàng*. Pas content; sot.

丨棒, 丨*páng*, (pop.) sot, imbécile.

你這个人好丨, *Gnì tché· kó jên haò* 丨, que tu es sot!

裝 *Tchouàng*. Compléter, parfaire une somme.

丨一吊錢的數, 丨*ǐ tiáo ts'iên tǐ sóu*, compléter une ligature de sapèques.

跟他丨十吊, *Kēn t'ā* 丨 *chě tiáo*, donne-lui ce qu'il faut pour parfaire dix ligatures.

TCH'OUÀNG

撞 *Tch'ouàng (tchouáng)*. Rencontrer, heurter.

丨倒機會, 丨*taò kī hoúi*, j'ai rencontré une occasion.

要丨纔有, *Iáo* 丨 *ts'âi ieòu*, on n'en trouve que de rencontre.

丨倒有, 丨倒沒得, 丨*taò ieòu*, 丨*taò mǒ tě·*, des fois il y en a, d'autres fois il n'y en a pas.

路上丨倒他, *Lóu cháng* 丨 *taò t'ā*, je l'ai rencontré sur la route.

他醫毛病都是丨的, *v.* 過丨, *T'ā ī maô pín toū ché* 丨 *tǐ, v. kó* 丨, toutes ses cures sont dues au hasard.

丨背, 丨丨, 丨*péi;* 丨丨, gare au dos! gare! (cri des porteurs pour faire ranger les gens.)

丨倒腦殼, 丨*taò laò k'ǒ*, heurter de la tête.

你看丨住, *Gnì k'án* 丨 *tchoú*, prends garde de heurter.

我在門坎丨著他, *Gò tsái mên k'àn* 丨 *tchóu t'ā*, je l'ai heurté, rencontré sur le seuil de la porte.

丨鬼, 丨*koùi*, voir *koùi*.

闖 *Tch'ouàng*. Turbulent.

丨禍, 丨*hó*, susciter des malheurs.

丨朝, 丨*tch'âo*. Voir *tch'âo*.

TCHOUÁNG

撞 *Tchouáng*. Heurter à dessein, frapper contre, donner contre.

在壁頭上丨腦殼, *Tsái pǐ t'eôu cháng* 丨 *laò k'ǒ*, se frapper la tête contre le mur.

丨門，丨開了，丨*mên;* 丨*k'ăi lò*, heurter la porte pour l'enfoncer; à force de heurter contre la porte, elle s'est ouverte.

丨油，丨竿，丨*ieôu;* 丨*kān*, frapper le pressoir à huile; bélier à frapper le pressoir.

丨倒了，丨*taò lò*, renversé par le choc.

船來丨石包，丨爛了，*Tch'ouân lâi* 丨*chĕ pāo*, 丨*lán lò*, la barque a donné contre un rocher et s'est brisée.

丨鐘，丨*tchōng*. Voir *tchōng*.

壯 *Tchouáng*. Fort, robuste.

丨年之人，丨*niên tchē jên*, homme dans la force de l'âge.

人不丨，*Jên poŭ* 丨，cet homme n'est pas fort.

田丨，*T'iên* 丨，la rizière est grasse, fertile.

强丨，丨猪，*K'iâng* 丨，丨*tchōu*. Voir *k'iâng*, *tchōu*.

狀 *Tchouáng*. Forme, accusation.

他告了我三丨，*T'a kaó lò gò sān* 丨，il m'a accusé trois fois.

結丨，*Kiĕ* 丨，pièce par laquelle on déclare se soumettre à la décision portée, et qui finit le procès.

領丨，*Lìn* 丨，reçu en forme livré au prétoire.

丨元，丨*iuên*. Voir *iuên*.

TCH'OŪEN

春 *Tch'ouēn*. Printemps.

丨季，丨*kí*, saison du printemps.

丨分，打 (*v.* 立) 丨，丨*fēn; tà (v. lĭ)* 丨，équinoxe du printemps; commencement du printemps (4 février).

打過丨砍不得竹子，*Tà kó* 丨*k'àn poŭ tĕ tchŏu tsè*, le printemps commencé, on ne doit plus couper de bambous (ils ne se conservent pas).

丨木頭，丨竹子，丨*moŭ t'eôu*, 丨*tchoŭ tsè*, arbres, bambous coupés au printemps.

丨官，丨*kouān*, prétorien chargé de distribuer les calendriers payens.

丨官散丨帖子，丨*kouān sán* 丨*tiĕ tsè*, le *tch'ouēn kouān* distribue les billets du printemps, c.-à-d. les calendriers.

明年開丨回來，*Mîn niên k'ăi* 丨*houî lâi*, je reviendrai l'année prochaine, au commencement du printemps.

今年丨乾，*Kīn niên* 丨*kān*, cette année le printemps est (trop) sec, il y a eu la sécheresse du printemps.

大丨，小丨，*Tá* 丨; *siào* 丨，tout ce qui fait partie de la grande récolte d'automne; céréales récoltées au printemps.

猫兒思，叫丨，*Māo cûl sē, kiáo* 丨，la chatte au printemps désire le mâle, crie au mâle.

丨秋，丨*ts'ieōu*, nom du livre des Annales écrit par Confucius.

丨鴿子 (*v.* 鬼登鵰)，丨*kŏ tsè (v. kouì tēn kō)*, hibou.

丨牛，丨*nieôu*, buffle ou bœuf en papier que va saluer le mandarin, lors de la cérémonie du 迎春 *în tch'ouēn*.

丨雨，丨*iù*, pluie de printemps.

上丨，*Cháng* 丨，au printemps dernier.

椿 *Tch'ouēn*. Arbres à longues feuilles pennées.

丨槙，*v.* 香丨，丨*tiēn*, *v. hiāng* 丨，*Cedrela sinensis;* arbre dont les jeunes feuilles, à forte odeur, sont recherchées par les Chinois comme condiment.

丨芽子，丨*iâ tsè*, jeunes feuilles de *tch'ouēn tiēn*.

臭丨，*Tch'eóu* 丨，*Ailanthus glandulosa*.

TCHOÙEN

准 *Tchoùen*. Permettre, approuver, réussir, prendre des mesures.

神父不丨，*Chên foú poŭ* 丨，le Père ne permet pas.

丨他走，去，丨*t'ā tseòu, k'ú*, laisse-le partir.

天主不丨我的祈禱，*T'iēn Tchòu poŭ* 丨*gò tĭ k'î taò*, Dieu n'a pas exaucé ma prière.

天主不 | , v. 不 | 我, *T'iēn Tchòu poŭ* | , *v. poŭ* | *gò*, Dieu ne veut pas que je réussisse.

官 | 了他的呈子, *Kouān* | *lò t'a tĭ tch'ên* | *tsè*, le mandarin a admis son accusation.

鎗沒得 | (*v.* 準)頭, *Ts'iāng mŏ tĕ·* | *t'eôu*, le fusil ne porte pas juste.

鎗拿得 | (*v.* 準), *Ts'iāng lâ tĕ·* | , il tire juste.

他的手 | (*v.* 準), *T'a tì cheòu* | , il a la main sûre.

這个太醫寒病拿得 | (*v.* 準), *Tché· kó t'ái ī hân pín lâ tĕ·* | , ce médecin s'y entend, réussit pour les cas de fièvre.

事拿得 | (*v.* 準), *Sé lâ tĕ·* | , il traite les affaires avec maturité et succès.

這个藥都 | (*v.* 準), *v.* 有 | 頭, *v.* | 得好, *Tché· kó iŏ* toū | , *v.* ieòu | t'eôu, *v.* | tĕ· haò, ce remède opère assez sûrement.

他做事沒得定 | (*v.* 準), *T'a tsóu sé mŏ tĕ· tín* | , il n'a pas de but arrêté dans ses actions, il agit au hasard.

時常要 | (*v.* 準)備, *Chĕ châng iaó* | *pí*, il faut toujours se tenir prêt.

| (*v.* 準)定賞罰, | *tín chàng fă*, fixer exactement, avec justice, les récompenses et les châtiments.

他說話有 | , *T'a chŏ houá ieòu* | , ce qu'il dit se réalise, il ne se trompe pas.

這件衣裳 | 一吊錢的數, *Tché· kién ī châng* | *ī tiáo ts'iên tĭ soú*, cet habit paiera la ligature (que je te dois).

並無 | 折, *Pín oû* | *tchĕ·*. Voir *tchĕ·*.

TCH'OÙEN

蠢 *Tch'oùen. v.* 愚 | , *v.* iû | , sot, stupide.

又 | 又笨, *Ieóu* | *ieóu pén*, à la fois bête et lourdaud.

| 得狠, | *tĕ· hèn*, très sot.

我的 | 子, *Gò tĭ* | *tsè*, mon fils (*litt.* mon benêt de fils) (polit.).

依我 | 見, *ī gò* | *kién*, à mon humble avis (polit.).

TCHOŪI

追 *Tchoūi.* Poursuivre.

我 | 他好遠, *Gò* | *t'a haò iuèn*, je l'ai poursuivi bien loin.

| 强盜, | *k'iâng taó*, poursuivre des voleurs.

你打發人去 | 他回來, *Gnì tà fă jên k'ú* | *t'a hoûi lâi*, envoie quelqu'un à sa poursuite, pour le faire revenir.

| 賬, | *tcháng*, presser le paiement d'une dette.

要 | 這件事, *Iaó* | *tché· kién sé*, il faut poursuivre cette affaire.

要 | 那个根, *Iaó* | *lá kó kēn*, il faut rechercher l'origine de cette affaire.

官沒有 | 究, 沒有 | 還, *Kouān mŏ ieòu* | *kieóu, mŏ ieòu* | *hoûan*, le mandarin n'a pas poussé l'affaire à fond, il n'a pas pressé la restitution.

| 問一件事, | *ouén ī kién sé*, serrer de près, en interrogeant sur une affaire.

| 悔, | 思, | 思已亡, | *hoùi*, | *sē;* | *sē ì ouâng*, poursuivre de ses regrets, de ses pensées; voyez *ì*.

TCH'OŪI

吹 *Tch'oūi.* Souffler; souffler d'un instrument.

把亮 | 了, *Pà leáng* | *lò*, souffle la lampe.

風 | 起走了, | 倒了, | 落了, *Fōng* | *k'ì tseòu lò*, | *taò lò*, | *lŏ lò*, le vent l'a emporté, renversé, fait tomber à terre.

| 金子, 銀子, 玻璃, 人人, | *kīn tsè, în tsè, pō lî, jên jēn*, souffler de l'or, de l'argent, du verre, des bonshommes.

| 乾, | 脹, | *kān;* | *tcháng*, séché par le vent; faire gonfler en soufflant.

| 得好聽, | *tĕ· haò t'īn*, jouer agréablement d'un instrument à vent.

| 燃, | *jân*, | 熄, | *sĭ*, | 火筒, | *hò t'ông*, | 手, | *cheòu*, | 鼓手, | *koù cheòu*, | 號, | *haó*, | 笛子, | *tĭ tsè*. Voir *jân, sĭ, etc.*

TCH'OÛI

搥 *Tch'oûi.* Marteau, frapper.

丨丨, *v.* 釘丨, *v.* 手丨, 丨丨, *v. tīn* 丨, *v. cheòu* 丨, marteau usuel (on doit éviter de dire *tch'oûi tsè*, qui est employé dans un sens obscène).

鐵丨, 丨鐵, 大丨, *T'iĕ·* 丨; 丨 *t'iĕ·; tá* 丨, marteau de fer; battre le fer au marteau; gros marteau.

丨金子, 丨 *kīn tsè*, marteler l'or, pour le réduire en feuilles.

丨三合土, 丨 *sān hŏ t'òu*, battre une aire.

丨他一吓, *v.* 一頓, 丨 *t'ā* i há, *v.* í tén, donne-lui une rossée.

敲釘丨, *K'aō tīn* 丨, 打人家的瓜丨, *tà jên kiā tī koūa* 丨, 打丨角孽, *tà* 丨 *kŏ niĕ·*, 栳大丨, *laò tá* 丨. Voir *k'aō, kiā, kŏ, laò.*

TCHOÚI

墜 *Tchoúi.* Tomber, poids qui attire en bas.

銀担子丨人, *în tán tsè* 丨 *jên*, les fardeaux d'argent pèsent, tirent sur les épaules (plus qu'un autre fardeau du même poids).

往下丨, *Ouàng hiá* 丨, poids qui attire en bas.

耳丨, 鐘丨子, *Eùl* 丨, *tchōng* 丨 *tsè*. Voir *eùl, tchōng.*

贅 *Tchoúi.* Excroissance, superflu; gendre.

招(*v.* 着)丨, *Tchaō (v. tchŏ)* 丨, prendre un gendre chez soi.

家務累丨, *Kiā oú louì* 丨. Voir *louì.*

TĔ

德 *Tĕ·.* Vertu, bienfait, faveur.

三丨經, *Sān* 丨 *kīn*, (litt.) prière des trois vertus: formule des actes de foi, d'espérance et de charité.

信丨, 望丨, 愛丨; *v.* 信望愛三丨, *Sín* 丨, *ouáng* 丨, *gái* 丨; *v. sín ouáng gái sān* 丨, la vertu de foi, d'espérance et de charité.

功丨, *Kōng* 丨, mérite et vertu.

進於丨, *Tsín iû* 丨, avancer dans la vertu.

本性的丨, 超性的丨, *Pèn sín tĭ* 丨, *tch'āo sín tĭ* 丨, vertu naturelle, surnaturelle.

修丨立功, *Sieōu* 丨 *lĭ kōng*, s'adonner à la vertu et acquérir des mérites.

丨行, 恩丨, 鐸丨, 丨 *hín, guēn* 丨, *t'ŏ* 丨. Voir *hín, guēn, t'ŏ.*

得 *Tĕ·.* Obtenir, acquérir, avoir, pouvoir; employé comme auxiliaire.

丨了, *v.* 丨倒了; 丨不倒, 丨 *lò, v.* 丨 *taò lò;* 丨 *poŭ taò*, j'ai obtenu; je ne puis obtenir (voir *taò*).

丨信, 丨病, 丨賞, 丨 *sín*, 丨 *pín*, 丨 *chàng*, recevoir une nouvelle, contracter une maladie, recevoir une récompense.

丨了手, 沒有丨手, 丨 *lò cheòu, mŏ ieòu* 丨 *cheòu*, j'ai, je n'ai pas reçu dans mes mains (au pr. et au fig.).

丨常生, 丨升天堂, 丨 *châng sēn*, 丨 *chēn t'iēn t'âng*, obtenir la vie éternelle, le paradis.

我沒有丨知, *Gò mŏ ieòu* 丨 *tchē*, (litt.) je n'ai pas obtenu de savoir; je n'ai pas appris.

沒有丨見, 喫, 會, *Mŏ ieòu* 丨 *kién, tch'ĕ, hoúi*, je n'ai pas obtenu de voir, de manger, d'aborder.

要喫葯纔丨好, *Iaó tch'ĕ iŏ, ts'âi* 丨 *haò*, il faut prendre des remèdes pour guérir (pour obtenir la santé).

纔丨兩百錢, *Ts'âi* 丨 *leàng pĕ· ts'iên*, je n'ai reçu que 200 sapèques.

丨過, 丨 *kó*, pouvoir s'en tirer, être à l'aise (voir *kó*).

丨一步進一步, 丨 *ĭ poú tsín ĭ poú*, on lui cède un pas, il en prend deux.

沒丨, *Mŏ* 丨, ne pas avoir, il n'y a pas, n'y a-t-il pas? (voir *mŏ.*)

|, *poŭ* |, après un verbe: indique qu'il est possible ou impossible, permis ou défendu de faire l'action.

做 |,做不 |, *Tsóu* |, *tsóu poŭ* |, pouvoir, ne pas pouvoir faire; il est permis, il n'y a pas d'inconvénient à faire, il n'est pas permis de faire (voir *poŭ*).

Poŭ |, devant un verbe indique le futur négatif; devant un adjectif nie l'excès de la qualité.

不 | 來, *Poŭ* | *lâi*, il ne viendra pas.

不 | 大, *Poŭ* | *tá*, ce n'est pas trop grand.

| 來, | *lâi*, après un verbe: indique facilité, aptitude à faire l'action (voir *lâi*).

不 | 不, *Poŭ* | *poŭ*..., il faut absolument (voir *poŭ*).

| 很, | 極, | *hèn*, | *kĭ*, après un adverbe ou un verbe: marquent le superlatif absolu, signifient très, au plus haut degré.

好 | 很, *v.* 好 | 極, *Haò* | *hèn*, *v. haò* | *kĭ*, très bon, très bien.

餓 | 很, 痛 | 很, *ó* | *hèn*, *t'óng* | *hèn*, j'ai grand, faim, je souffre beaucoup.

| 多, | *tō*, après un adjectif ou un adverbe: signifie: beaucoup plus.

大 | 多, 好 | 多, *Tá* | *tō*, *haò* | *tō*, beaucoup plus grand, beaucoup mieux.

|, après un verbe qui exprime un état, signifie: au point de.

餓 | 可憐, *ó* | *k'ò liên*, il souffre de la faim à faire pitié.

嚇 | 喊不出聲, *Hĕ·* | *hàn poŭ tch'ŏu chēn*. Voir *hĕ·*.

|, est souvent employé pour l'euphonie, sans signification bien déterminée.

隔 | 近, 離 | 遠, *Kĕ·* | *kín*, *lî* | *iuèn*, c'est près, c'est éloigné.

|, dans le langage vulgaire, est souvent employé par corruption pour *tsái*.

如今 | (在)那裡, *Joû kīn* | *(tsái) là lì*, maintenant où est-il?

| (在)敘府, | *(tsái) Sú foù*, à *Sú foù*.

恨不 |, *Hén poŭ* |, 巴不 |, *pā poŭ* |, 只 |, *tchè* |, | 意, | *í*, | 力, | *lĭ*, | 罪, | *tsoúi*, 不 | 空, *poŭ* | *k'óng*, *etc*. Voir *hén*, *pā*, *tchè*, *etc*.

T'E·

特 *T'ĕ·*. *v.* | 意, *v.* | *í*, de propos délibéré, à dessein, exprès.

我 | 爲你來, *Gò* | *oúi gnì lâi*, je viens exprès pour toi.

我 | 來幫忙, *Gò* | *lâi pāng mâng*, je viens exprès pour aider.

TĒN

磴 *Tēn*. *v.* 石 | 子, *v. chĕ* | *tsè*, grosse pierre taillée.

跳 | 子, *T'iáo* | *tsè*, grosses pierres rectangulaires, dressées à peu de distance l'une de l'autre, en guise de pont.

| 子肉, | *tsè joŭ*, gros morceau de viande divisé en grosses tranches, tenant ensemble par la partie supérieure.

登 *Tēn*. Monter, arriver à maturité; pile.

| 高位, | *kaō oúi*, être élevé en dignité.

皇帝 | 位, *Houâng tí* | *oúi*, l'Empereur est monté sur le trône.

長 | 了, *Tchàng* | *lò*, qui a atteint toute sa croissance.

穀子黃 | 了, *Koŭ tsè houâng* | *lò*, le riz est jaune à maturité.

打 | |, *Tà* | |, chanceler (se dit surtout des enfants qui commencent à marcher).

一天 | 不攏嘉定, *ĭ t'iēn* | *poŭ lòng Kiā tín*, en un jour on ne peut arriver à *Kiā tín*.

| (*v.* 蹬)他一脚, | *t'ā ĭ kiŏ*, donnelui un coup de pied.

多高一 | 書, *Tō kaō ĭ* | *choū*, une grande pile de livres.

錢拿來 | 起, *Ts'iên lâ lâi* | *k'ì*, empiler les sapèques.

要把這个人 | 開, *Iáo pà tché· kó jên* | *k'āi*, il faut mettre cet homme de côté (il pourrait voir trop clair dans nos affaires).

要幾吊錢｜消, v. 擋, v. 打, *Iáo kì tiáo ts'iên* | siāo, *v.* táng, *v.* tà, il faut quelques ligatures pour tout liquider.

｜時不見了, | *chê poŭ kién lò,* tout à coup il disparut.

燈 *Tēn.* Lampe, lanterne.

我進城,正在上｜, *Gò tsín tch'ên, tchén tsái cháng* | , je suis arrivé en ville, juste au moment où l'on allume les lampes (à la tombée de la nuit). Voir *cháng.*

｜碗兒, *v.* ｜窩子, | *ouàn eûl, v.* | *ō tsè,* godet de lampe.

｜鍘子, | *tchá tsè,* petit disque de métal, surmonté d'un manche, pesant sur la mèche pour l'assujettir.

｜草, | *ts'ào,* jonc dont la moelle est employée pour mèche de lampe; cette moelle elle-même.

｜草心心, | *ts'ào sīn sīn,* moelle de ce jonc.

｜草布, ｜草蓆子, | *ts'ào poú;* | *ts'ào sĭ tsè,* variété de toile. Voir *sĭ.*

水｜, *Choùi* | , lampe ou veilleuse, consistant en un verre plus ou moins rempli d'eau, avec de l'huile par-dessus.

點長｜, *Tièn tch'âng* | , allumer une veilleuse, une lampe qui brûle jour et nuit.

萬年｜, *Ouán niên* | , lampe perpétuelle (pour superst.).

天｜, *T'iēn* | , lampes que les payens allument (surtout à la 1ere lune) au sommet d'un mât ou d'un échaffaudage.

巴壁｜, *Pā pĭ* | , lampe ou lanterne s'accrochant au mur.

玻璃｜, *Pō lî* | , lanterne à vitres.

弓｜, *Kōng* | , lanterne entourée de camelot ou de soie transparente.

｜籠, 打｜籠, | *lông; tà* | *lông,* lanterne ordinaire; se servir de lanterne.

｜籠架架, 衣子, 鬚鬚, | *lông kiá kiá, ī tsè, sū sū,* carcasse de lanterne, garniture, franges de lanterne.

｜拿來上油, | *lâ lâi cháng ieôu,* mets de l'huile dans la lampe.

｜花爆要死人, | *houā páo, iáo sè jên,* la lampe pétille, il mourra quelqu'un (préjugé superstitieux).

撥｜花, *Pŏ* | *houā,* faire tomber le champignon de la mèche.

｜心, | *sīn,* mèche de lampe.

看｜看戲, *K'án* | *k'án hí,* regarder les illuminations et la comédie.

｜台, | *t'âi,* support, pied d'une lampe; la lampe tout entière.

｜盞, | *tchàn,* ｜罩子, | *tcháo tsè,* ｜杆, | *kān,* 撥｜草, *pŏ* | *ts'ào,* 挑｜撥火, *t'iāo* | *pŏ hò,* 樸｜蛾, *p'oŭ* | *ô,* 琉璃｜, *lieôu lî* | , 紗｜, *chā* | , 百步｜, *pĕ poú* | , 簷｜, *iên* | . Voir *tchàn, etc.*

襂 *Tēn. v.* 馬｜子 (*v.* 馬褂子), *v. Mà* | *tsè (v. mà kóua tsè),* pardessus court.

T'ĒN

吞 *T'ēn.* Avaler, dévorer.

喉嚨痛,口水都難｜, *Heôu lông t'óng, k'eòu choùi toū lân* | , la gorge me fait mal, au point que j'ai peine à avaler ma salive.

｜下去了, | *hiá k'ú lò,* j'ai avalé, c'est avalé.

這句話我｜不下去, *Tché kú hóua gò* | *poŭ hiá k'ú,* je ne puis digérer (avaler) cette parole.

他有一个｜謀的意思, *T'a ieòu ī kó* | *mông tĭ í sé,* il a envie de s'emparer secrètement du bien d'autrui.

蛇｜象, *Chê* | *siáng,* le serpent qui veut avaler l'éléphant: avoir les yeux plus grands que le ventre

｜進去點, | *tsín k'ú tièn,* mets un peu plus à l'intérieur.

渾｜, ｜鴉片烟, ｜金死的, *K'ouên* | , | *iā p'ién iēn,* | *kīn sè tĭ.* Voir *k'ouên, iā, kīn.*

T'ÊN

藤 *T'ên. v.* ｜子, *v.* ｜｜, *v.* | *tsè, v.* | | , tiges de plantes grimpantes, liane.

發｜｜，紅苕｜，*Fă｜｜; hông chaô｜*, pousser des tiges grimpantes; tiges de patates.

牽｜｜上樹子，*K'iēn｜｜cháng chóu tsè*, faire monter des plantes grimpantes sur un arbre (voir *k'iēn*).

籐｜，v.｜子，*Kouàng｜, v.｜tsè*, rotin.

疼 *T'ên. v.*｜**痛**，*v.*｜*t'óng*, souffrance, douleur.

｜**愛兒女**，｜*gái eûl niù*, aimer passionnément ses enfants.

謄 *T'ên. v.*｜**寫**，*v.*｜**下來**，*v.*｜*siè', v.*｜*hiá lâi*, transcrire, copier.

｜**書**，｜**賬**，｜*chouā*，｜*tcháng*, transcrire un livre, transcrire des comptes au net.

照契｜，*Tcháo k'í*｜, faire un nouveau contrat d'après l'ancien (qu'on copie).

｜**幾張下來**，｜*kì tchāng hiá lâi*, tirer plusieurs copies.

屯 *v.* **囤** *T'ên.* Amasser pour revendre; camp.

｜**貨，糧食**，｜*hó, leâng chĕ*, faire provision de marchandises, de céréales, pour les revendre en temps opportun.

今年｜戶要折本，*Kīn niên*｜*fóu iáo chĕ· pèn*, cette année les accapareurs ne pourront revendre qu'avec perte.

這宗的價錢，｜得，*Tché· tsōng tĭ kiá ts'iên*，｜*tĕ·*, à ce prix, on ne risque rien à entasser des marchandises (il est certain qu'on pourra les revendre avec bénéfice).

修｜，*Sieōu*｜, construire un camp.

騰 *T'ên.* S'élever en l'air, vider, débarrasser.

｜**雲**，｜*iûn*, s'élever dans les nues.

｜**房子**，｜*fâng tsè*, vider une maison.

｜**一个房圈，箱子，罐罐**，｜*ĭ kó fâng k'uēn, siāng tsè, kouán kouán*, vider, débarrasser une chambre, une malle, un vase, pour pouvoir y mettre autre chose.

｜**乾淨了**，｜*kān tsín lò*, c'est entièrement débarrassé, nettoyé.

一吓｜不出來，*ĭ há*｜*poŭ tch'oŭ lâi*, on ne peut vider, débarrasser si tôt, si vite.

｜**空交價**，｜*k'ōng kiāo kiá*. Voir *kiá*.

TÈN

等 *Tèn.* Attendre; qualité, degré.

｜**吓就來**，｜*há tsieóu lâi*, un instant! j'arrive.

｜**他吓**，｜*t'a há*, attends-le un peu.

彀｜，｜彀了，*Keóu*｜，｜*keóu lò*, il y a de quoi attendre, j'ai assez attendu.

｜**得心慌**，｜*tĕ· sīn houāng*, attendre à perdre patience.

我｜你多久，半天不來，*Gò*｜*gnì tō kieòu, pán t'iēn, poŭ lâi*, je t'ai attendu très longtemps, une demi-journée, tu n'es pas venu.

｜**明天**，｜*mîn t'iēn*, attends à demain.

我不｜了，｜不得了，｜不倒，*Gò poŭ*｜*lò*，｜*poŭ tĕ· lò*，｜*poŭ taò*, je n'attends plus, je ne puis plus attendre, je ne puis attendre.

一｜也不來二｜也不來，*ĭ*｜*ì poŭ lâi, eúl*｜*ì poŭ lâi*, j'ai eu beau attendre une fois, deux fois, il n'est pas venu.

｜**他好了**，｜*t'a haò lò*, attends qu'il soit guéri; laisse-le jusqu'à ce qu'il soit guéri.

｜**我去看**，｜**他去做**，｜*gò k'ú k'án*;｜*t'a k'ú tsóu*, laisse-moi aller voir; laisse-le, ou fais-lui faire (ce travail).

｜**不倒兩年地方要賣**，｜(*v. t'én*) *poŭ taò leàng niên tí fāng iáo mái*, avant deux ans (il ne pourra pas attendre 2 ans) il sera obligé de vendre ses terres.

要分幾｜，*Iáo fēn kì*｜, il faut distinguer plusieurs classes, plusieurs qualités.

上｜，中｜，下｜，*Cháng*｜, *tchōng*｜, *hiá*｜, 1ère qualité ou classe, qualité moyenne, qualité inférieure.

一｜的人，*ĭ*｜*tĭ jên*, gens de la même catégorie.

有長短不｜，*Ieòu tch'âng touàn poŭ*｜, il y en a de longs, de courts, de différentes grandeurs.

軍民人 |, *Kūin mîn jên* |, soldats, peuple et tout le monde.

| 候, 相 |, | *heoú, siāng* |. Voir *heoú, siāng*.

戥 *Tèn*. Petite romaine à un seul plateau, pour peser l'argent et autres petits objets de prix.

伱拿 | 子來稱, *Gnì lâ* | *tsè lâi tch'ēn*, apporte la petite romaine pour peser.

| 桿, | 盤, | *kàn*, | *p'ân*, levier, plateau de la romaine.

這把 | 子打得十兩零點, *Tché· pà* | *tsè tà tĕ· chĕ leàng lîn tièn*, cette romaine peut peser 10 onces et un peu plus.

墩 *Tèn (tēn)*. Bloc équarri; base; coussin.

要做一个 | | 擱苦像, *Iáo tsóu ĭ kó* | | *k'ŏ k'où siáng*, il faut faire un socle pour poser le crucifix.

端刀舉 |, *Touān taō kù* |, manier la lourde lance et soulever la pierre (épreuves du baccalauréat militaire).

鍖 |, 磉 |, *Tsēn* |, *sàng* |, enclume. Voir *sàng*.

草 |, *Ts'ào* |, coussin en paille, épais et peu large.

T'ÈN

撴 *T'èn*. Secouer.

把玻璃轎子 | 爛了, *Pà pō lî kiáo tsè* | *lán lò*, à force de secousses, ils ont fini par casser les vitres du palanquin.

心子都 | 脫了, *Sīn tsè toū* | *t'ŏ lò*, j'ai été secoué à me sentir remuer les entrailles.

TÉN

頓 *Tén*. Baisser la tête; repas; particule numérale des repas; disposer.

| 首拜, | *cheòu pái*, baisser profondément la tête pour saluer.

一天喫三 |, 兩 |, *ĭ t'iēn tch'ĕ sān* |, *leàng* |, faire 3 repas, 2 repas par jour.

喫一 | 好的, *Tch'ĕ ĭ* | *haò tĭ*, faire un bon repas.

| | 與酒, 與肉, | | *hìn tsieòu, hìn joŭ*, avoir du vin, de la viande à tous les repas.

打, 叨他一 |, 捱一 |, *Tà, t'aō t'a ĭ* |; *gâi ĭ* |, donne-lui une rossée, lance-lui une bordée d'injures; recevoir une rossée.

| 在那裡, | *tsái lá lì*, place là.

喫 | 飯, 當 |, 安 |, *Tch'ĕ* | *fán*, *táng* |, *gān* |. Voir *tch'ĕ, etc.*

炖 *Tén*. Cuire à l'eau, au bain-marie.

| 好了, *v.* | 熟了, | 𤈦了, | *haò lò*, *v.* | *choŭ lò*; | *p'ā lò*, c'est cuit à point; c'est cuit jusqu'à être réduit en bouillie.

| 爛了, | *lán lò*, c'est trop cuit, c'est réduit en marmelade par la cuisson.

用雞肉來 | 葯, *Ióng kī joŭ lâi* | *iŏ*, faire bouillir des médecines avec de la viande de poule.

蠟 | 化了, *Lă* | *hóua lò*, on a fondu la cire.

鈍 *Tén*. Emoussé.

刀用 | 了, *Taō ióng* | *lò*, le couteau s'est émoussé.

口才 |, *v.* 嘴巴 |, *K'eòu ts'âi* |, *v.* *tsoùi pā* |, manque de facilité dans l'élocution.

遲 |, *Tch'ê* |, n'avoir pas l'esprit ouvert, être lent.

牙齒 |, *Iâ tch'è* |. Voir *iâ*.

凳 *Tén. v.* | |, *v.* 板 |, *v.* | |, *v. pàn* |, banc, escabeau.

一根板 |, *ĭ kēn pàn* |, un banc.

高 |, *Kāo* |, banc élevé.

草 |, *Ts'ào* |, escabeau tressé en paille.

踩 |, *Tch'ài* |, marchepied.

矮板 |, *Gài pàn* |, 跪 |, *koúi* |, 踏 |, *t'ă* |, 獨 |, *toŭ* |, 坐冷板 |, *tsó lèn pàn* |. Voir *gài, koúi, etc.*

T'ÉN

鐙 *T'én. v.* 馬 |, *v. mà* |, étrier.

踩凳有両 |, *Tch'ài tén ieòu leàng* |, le marchepied a deux degrés.

吨 *T'én (t'èn).* Interruption, hésitation de la voix.

他背書一點都沒有打 |, *T'a péi chōu ĭ tièn tōu mŏ ieòu tà* |, il a récité sa leçon couramment, sans la moindre hésitation.

他會說白話, | **都不打一个**, *T'a houi chŏ pĕ hóua,* | *tōu poŭ tà ĭ kó,* c'est un menteur émérite, il n'hésite même pas.

我一聽倒說,心頭就打个 |, *Gò ĭ t'ín taò chŏ, sīn t'eôu tsieóu tà kó* |, dès que j'entendis cela, je ressentis un mouvement d'hésitation dans le cœur.

扽 *T'én.* Frotter.

洋布 | **不贏棉布**, *Iâng poú* | *poŭ în miên poú,* la toile européenne ne fait pas un si long usage que la toile du pays (voir *în*).

担子不 | **頭**, *Tán tsè poŭ* | *t'eôu,* les 2 parties du fardeau (à balançoire) ne sont pas de même poids.

TEŌU

兜 *v.* **㖩** *Teōu.* Provoquer, attirer, amuser.

不要 | **他**, *Poŭ iáo* | *t'ā,* ne le provoque pas, ne l'agace pas.

他先來 | **我**, *T'a siēn lâi* | *gò,* c'est lui qui a commencé à m'agacer.

| **他發氣**, | *t'ā fă k'í,* l'exciter à la colère.

| **人犯罪**, | *jên fán tsoúi,* provoquer quelqu'un à pécher.

| **人喜歡**, | *jên hì houān,* plaire, attirer les bonnes grâces.

| **人笑,恥笑**, | *jên siáo, tch'è siáo,* faire rire les autres, faire rire de soi.

| **强盜,耗子**, | *k'iâng taó, haó tsè,* attirer les voleurs, les rats.

| **他來,出來**, | *t'a lâi, tch'oŭ lâi,* fais-le venir, fais-le sortir.

| **娃娃**, | **怪**, | *oûa oūa,* | *kouái,* amuser les enfants, les agacer, les berner. Voir *kouái.*

揽 *Teōu.* Porter devant soi comme dans un tablier.

| **東西**, | *tōng sī,* porter ainsi des objets.

在布裙篼兒 | **些梨子**, *Tsái poú k'ûin teōu eûl* | *sī lî tsè,* porter des poires dans sa robe relevée par-devant.

篼 *Teōu.* Panier.

| |, | |, petit panier.

提 |, *T'î* |, panier à anse.

提一个 | |, *T'î ĭ kó* | |, porter un petit panier suspendu à la main.

一 | | **小菜**, *ĭ* | | *siaò ts'ái,* un plein panier de légumes.

背 |, **包** |, *Péi* |, *pāo* |. Voir *péi, pāo.*

橷 *Teōu.* Partie de la plante enfoncée en terre, racines.

| **子壞了**, | *tsè houái lò,* la racine est gâtée, pourrie.

小菜 | | **割來丢**, *Siaò ts'ái* | | *kŏ lâi tieōu,* on coupe et on rejette les racines des légumes.

秧子坐 | , *Iāng tsè tsó* |, les plants de riz s'étiolent (au lieu de se développer, ce qui arrive par les pluies trop prolongées).

翻 |, *Fān* |, retourner la plante les racines en l'air.

把 | | **扯了**, *Pà* | | *tch'è lò,* arrache les racines (avec la plante).

害人的 | |, *Hái jên tĭ* | |, cause de malheurs.

杚 |, **老杚** |, *Kĕ* |, *lào kĕ* |. Voir *kĕ.*

T'EŌU

偷 *T'eōu.* Voler à la dérobée.

犯 | **盜**, *Fán* | *taó,* commettre un vol, un larcin.

陰倒 | **父母的錢**, *În taò* | *foú moù tĭ ts'iên,* voler en secret ses parents.

小時摸針大來｜金, *Siaò chê mō tchēn tá lâi* | *kīn*, l'enfant qui vole des épingles, devenu grand, volera de l'argent.

｜**來的東西**，| *lâi tī tōng sī*, objets volés, provenant d'un vol.

｜**人**, *v.* ｜**漢子**, | *jên*, *v.* | *hán tsè*, (litt.) voler un homme: se dit d'une femme qui a noué des relations adultères.

｜**稅**，｜**過了**，| *choúi*; | *kó lò*, frauder la douane; il a passé à la dérobée.

｜**倒看,聽**，| *taò k'án*, *t'in*, regarder, écouter à la dérobée.

一个字的生意叫｜, *ī kó tsé tī sēn í kiaó* |, le commerce qui s'exprime par un seul caractère s'appelle *t'eōu* (voler).

｜**閒**，｜**油婆**，| *hiên*, | *ieôu p'ô*. Voir *hiên*, *ieôu*.

｜**哥兒**，| *kō eûl*, voleur de petits objets.

T'EÔU

頭 *T'eôu*. Tête, chef, premier, commencement; finale de bon nombre de substantifs.

點｜, *Tièn* |, faire un petit salut de tête; faire de la tête un signe d'assentiment.

擺｜, *Pài* |, branler la tête (en signe de dénégation, ou pour autre chose).

大｜猫兒, *Tá* | *māo eûl*, (litt.) chat à grosse tête: tigre.

他在｜,｜**一个**, *T'a tsái* |; | *ī kó*, il est le premier; le premier.

｜**酒**，| *tsieòu*, le premier alcool qui sort de l'alambic; vin de première qualité.

｜**信**, *v.* ｜**道信**，| *sín*, *v.* | *táo sín*, la première nouvelle.

｜**門**，| *mên*, première porte d'entrée; premier mariage (voir *mên*).

｜**麪**，| *mién*, farine de première qualité.

在｜船過河, *Tsái* | *tch'ouân kó hô*, passer le fleuve par la première barque (le matin).

｜｜,｜｜, l'entrée, le commencement, le bout.

書｜｜, *Chōu* | |, le commencement d'un livre.

在｜｜**上**, *Tsái* | | *cháng*, au commencement.

両｜, *Leàng* |, les deux extrémités, des deux bouts.

両｜難, *Leàng* | *lân*, il y a des difficultés des deux côtés.

両｜重中間輕, *Leàng* | *tchóng*, *tchōng kiēn k'īn*, c'est lourd aux deux extrémités, et léger au milieu.

我佔一｜, *Gò tchán ī* |, je tiens un bout, j'ai droit à une part.

我找不倒｜, *Gò tchào poŭ taò* |, ne pouvoir trouver le bout, ne pouvoir débrouiller une affaire.

你說這｜腦(*v.* **緒**)**跟我聽**, *Gnì chŏ tché* | *laò* (*v. sú*) *kēn gò t'in*, dis-moi les circonstances de cette affaire.

｜**一宗要救靈魂**，| *ī tsōng iáo kieóu lîn houên*, la première affaire est de sauver son âme.

立｜, *Lĭ* |, commencer une affaire, la mettre en train (voir *lĭ*).

生意理了｜,**就好**, *Sēn í lì lò* |, *tsieóu haò*, le commerce une fois bien commencé, alors cela va.

賭博場寶官打｜, *Toù pŏ tch'âng pào kouān tà* |, dans les maisons de jeu, les patrons prélèvent une prime sur les enjeux.

打｜子,捱｜子, *Tà* | *tsè*, *gâi* | *tsè*, faire des réprimandes, en recevoir.

這｜,**那**｜, *Tché* |, *lá* |, de ce côté-ci, de ce côté-là.

走裡｜,**外**｜, *Tseòu ì* |, *ouái* |, marcher dans une route du côté de la berge, du côté de l'espace libre.

裡｜, *ì* (pour *lì*) |, dans, dedans, à l'interieur. Quant *ì t'eôu* suit un substantif, *ì* se supprime souvent et reste sous-entendu.

心｜,**口**｜,**城**｜,**鄉**｜, *Sīn* |, *k'eòu* |, *tch'ên* |, *hiāng* |, pour *sīn ì* |, *k'eòu ì* |, *etc.*, dans le cœur, dans la bouche, à la ville, à la campagne.

念|, **骨**|, **舌**|, **指**|, *Nién* |, *koŭ* |, *chĕ·* |, *tchè* |, *etc.*, pensée, os, langue, doigt, etc. L'usage seul indique quels substantifs admettent *t'eôu* comme simple finale.

沒得煞子看|, **賺**|, *Mŏ tĕ· chá tsè k'án* |, *tchouán* |, *etc.*, il n'y a rien à voir, rien à gagner, etc. Ici les verbes *k'án*, *tchouán* sont employés comme substantifs, et comme tels admettent la finale *t'eôu*.

包|**匠**, *Pāo* | *tsiáng*, individu qui s'habille en femme, pour en jouer le rôle, dans les comédies, dans les jongleries des *touān kōng*, *etc*.

砍|, *K'àn* |, **抬**|, *t'âi* |, **磕**|, *k'ŏ* |, **回**|, *hoûi* |, **沒**|**沒腦**, *mŏ* | *mŏ laò*, **起**|, *k'ì* |, |**風**, | *fōng*, **一年到**|, *ĭ niên táo* |, **門**|, *teôu* |, |**名**, | *mîn*, | **會**, | *hoúi*, **當**|, *táng* |, **帶**|, *tái* |, **前**|, *ts'iên* |, **後**|, *heóu* |, **對**|, *toúi* |, **手**|, *cheòu* |, **出**|, *tch'oŭ* |, *etc.* Voir *k'àn*, *t'âi*, *k'ŏ*, *hoûi*, *etc.*

投 *T'eôu*. Jeter; se soumettre; aller trouver; conforme.

|**河**, |**火**, |**繯**, | *hô*, | *hò*, | *houân*, se jeter à l'eau, dans le feu, se pendre.

|**入永火**, | *joŭ iùn hò*, ils furent précipités dans le feu éternel.

|**托**, | *t'ŏ*, recourir à quelqu'un pour lui confier une affaire.

|**了長毛**, | *lò tch'âng mâo*, ils se sont soumis aux Rebelles chevelus.

賊|**降了**, *Tsoûi (tsĕ·)* | *hiâng lò*, les rebelles se sont soumis.

|(*v.* |**憑**)**鄉約, 客長**, | (*v.* | *p'în*) *hiāng iŏ*, *k'ĕ· tchàng*, déférer une affaire aux chefs du marché.

|**天主堂**, | *T'iēn Tchòu t'âng*, aller, se rendre à l'église des Chrétiens.

|**案**, | *gán*, se présenter au tribunal.

|**賬**, | *tcháng*, vérifier des comptes (voir *tcháng*).

|**數**, | *soú*, faire concorder un comput (voir *soú*).

情|**意合**, *Ts'în* | *í hŏ*, il y a accord de sentiments.

|**師**, **話不**|**機**, |**胎**, | *sē*, *hóua poŭ* | *kī*, | *t'āi*. Voir *sē*, *hóua*, *t'āi*.

TEÒU

斗 *Teòu*. Boisseau (le 10ème d'un picul).

一石五|**米**, *ĭ tán où* | *mì*, un picul et 5 boisseaux, ou 15 boisseaux de riz.

五|**四**, *Où* | *sé*, un boisseau et 4 *chēn* (voir ce mot **升**).

尖|, **平**|, *Tsiēn* |, *p'în* |, boisseau accumulé, boisseau nivelé au ras.

花梁|, *Hoūa leâng* |, boisseau rempli jusqu'à couvrir la traverse.

淨|, *Tsín* |, boisseau rempli juste.

|**不要刮淨很了**, | *poŭ iaó kouă tsín hèn lò*, il ne faut pas niveler le boisseau trop juste.

我們的|**進城要大半升**, *v.* **出半升**, *Gò mên tĭ* | *tsín tch'ên iaó* tá pán chēn, *v.* tch'ŏu pán chēn, notre boisseau porté en ville donne un surplus d'un demi-*chēn*, c.-à-d. comparé à celui de la ville il est plus grand d'un demi-*chēn* (voir *tch'ŏu*).

那个人就是大|**小秤找的錢**, *Lá kó jên tsieóu ché tá* | *siào tch'én tchào tĭ ts'iên*, cet homme a acquis ses richesses en usant de boisseau trop grand (pour acheter) et de balance trop petite (pour vendre).

打|, *Tà* |, niveler le boisseau; prélever quelque chose sur les grains vendus au marché, comme droit de mesurage.

北|, *Pĕ·* |, **熨**|, *iún* |, **烟竿**||, *iēn kān* ||, **行**|, *hâng* |, **過**|**摀**, *kó* | *ìn*, |**鎗子**, | *t'áng tsè*, **墨**|, *mĕ·* |, **栽斤搭**|, *tchoūai kīn tă* |. Voir *pĕ·*, *iún*.

笇 *Teòu*. (voir **笠** *lĭ*).

陡 *Teòu*. Abrupte, ex abrupto.

|**路**, |**坡**, | *loú*, | *p'ō*, chemin, côte abrupte (voir *p'ō*).

下|**灘**, *Hiá* | *t'ān*, descendre un fort rapide.

水來得|, *Choùi lâi tĕ·* |, l'eau est rapide, elle descend en pente rapide.

雨來得丨, *Iù lâi tĕ·* 丨, la pluie tombe très fort.

丨然死了, 丨 *jân sè lò*, il est mort subitement.

米丨跌(v. 夸), 長, *Mì* 丨 *tiĕ·* (*v. k'oùa*), *tchàng*, le prix du riz baisse, et monte tout d'un coup.

壁丨的, *Pĭ* 丨 *tĭ*, à pic, comme un mur.

T'EÒU

抖 *T'eòu*. Secouer, agiter.

丨衣裳, 丨灰, 丨 *ī châng*, 丨 *hoūi*, secouer un habit pour faire sortir la poussière.

丨不脫, v. 丨不落, v. 丨不下來, 丨 *poŭ t'ŏ, v.* 丨 *poŭ lŏ, v.* 丨 *poŭ hiá lâi*, ne pouvoir faire tomber en secouant.

丨雨, 水, 雪, 丨 *iù, choùi, suĕ·*, secouer la pluie, l'eau, la neige de dessus ses habits.

丨傘, 丨 *sàn*, secouer le parapluie.

打擺子冷得丨, *Tà pài tsè lèn tĕ·* 丨, avoir la fièvre à trembler de froid.

要丨伸, *Iáo* 丨 *tch'ēn*, il faut rendre lisse en secouant (voir *tch'ēn*).

伸伸丨丨, *Tch'ēn tch'ēn* 丨丨, tout droit, tout lisse.

丨翎子顫, 丨蛇蚤, 丨 *lîn tsè tchán*; 丨 *kĕ· tsaò*, trembler très fort; voir *kĕ·*.

TEÓU

讀 *Teóu*. Coupe de phrase. Voir 句 *kú*.

豆 *Teóu*. *v.* 丨丨, *v.* 丨子, *v.* 丨丨, *v.* 丨 *tsè*, pois, haricots.

黃丨, *v.* 丨子, *Houâng* 丨, *v.* 丨 *tsè*, petit haricot (*Soja hispida*) dont les Chinois font leur fromage de *teóu foù*.

推丨子, *T'oūi* 丨 *tsè*, moudre ces haricots pour faire le fromage.

丨漿, 丨 *tsiāng*, lait produit par la mouture de ces haricots mêlés d'eau.

煮丨腐, *Tchoù* 丨 *foù*, cuire le fromage de haricots (voir *foù*).

丨渣, 丨 *tchā*, résidu de la mouture de *houâng teóu*.

丨花子, 丨 *houā tsè*, fromage de *teóu foù* frais non encore pressé.

菜丨花兒, *Ts'ái* 丨 *houā cûl*, ce fromage frais mélangé avec des légumes.

菜豌丨, *Ts'ái ouān* 丨, pois printanier, qui se mange avec la gousse.

麻豌丨, *Mâ ouān* 丨, pois qui ne se mange qu'épluché (voir *ouān*).

鬼丨腐, *Kouì* 丨 *foù*, fromage fait avec un tubercule appelé *mô iú*.

四季丨, *Sé kí* 丨, haricot dit des 4 saisons.

丨腐乾窗子, 丨 *foù kān ts'āng tsè*, fenêtre à barreaux horizontaux et verticaux assez rapprochés, et formant de petits carrés.

豇丨, *Kiāng* 丨, 葉丨, *loŭ* 丨, 巴丨, *pā* 丨, 丨蔻, 丨 *k'eóu*, 豌丨粉, *ouān* 丨 *fèn*, 丨芽子, 丨 *iâ tsè*, 丨腐乾, 丨 *foù kān*, 臭丨腐, *tch'eóu* 丨 *foù*, 紅丨腐, *hông* 丨 *foù*, 丨腐皮, 丨 *foù p'î*, 丨豉, 丨 *ché*, 菊丨, *foŭ* 丨. Voir *kiāng*, etc.

痘 *Teóu*. Variole, vaccin.

出丨子, *Tch'ŏu* 丨 *tsè*, avoir la petite vérole.

丨子發不出來該死, 丨 *tsè fă poŭ tch'ŏu lâi kāi sè*, si l'éruption de la variole n'a pas lieu, on en meurt.

丨子脹漿, 丨 *tsè tcháng tsiāng*, les boutons de variole sont en suppuration.

丨子免了, 丨 *tsè mièn lò*, les boutons sont desséchés.

爛(v. 黑)丨子, *Lán* (*v. hĕ·*) 丨 *tsè*, variole noire très mauvaise.

水丨子, *Choùi* 丨 *tsè*, variole d'un caractère bénin.

耍丨兒, *Choùa* 丨 *cûl*, variole volante.

出爛丨子帶一身麻子, *Tch'ŏu lán* 丨 *tsè tái ĭ chēn mâ tsè*, il est tout criblé des trous de la variole.

牛丨, *v.* 洋丨, *Nieôu* 丨, *v. iâng* 丨, vaccin proprement dit.

放丨子放不出, *Fáng* 丨 *tsè fáng poŭ tch'ŏu*, le vaccin n'a pas pris.

收(v. 取) | 苗(v. 種), *Cheōu (v. ts'ù) | miâo (v. tchòng)*, prendre du vaccin sur un autre.

放水苗 | 子, v. 吹 | 子, *Fáng chouì miâo | tsè, v. tch'oūi | tsè*, vacciner à la manière chinoise (en inoculant dans le nez du vaccin pris sur un varioleux).

| 科先生, | *k'ō siēn sēn*, vaccinateur.

鬥 v. 拉 *Teóu*. Ajuster, adapter, concorder.

| 不起, v. | 不攏, | *poŭ k'ì, v. | poŭ lòng*, ne pouvoir réunir, ajuster.

| 不穩, | *poŭ ouèn*, en ajustant, ne pouvoir faire tenir solidement.

| 房子, | *fâng tsè*, ajuster l'une dans l'autre les pièces de la charpente d'une maison.

這件事 | 不攏, *Tché· kién sé, | poŭ lòng*, on ne peut accorder cette affaire.

| 倒主日, 落雨, | *taò Tchòu jĕ, lŏ iù*, il se trouve que c'est un dimanche, il se trouve qu'il pleut.

| 錢, | 米, | *ts'iên*, | *mì*, ramasser des sapèques, du riz, par souscription.

| 不起十吊錢, | *poŭ k'ì chĕ tiaó ts'iên*, ne pouvoir ramasser, parfaire la somme de 10 ligatures.

| 水經, | *chouì kīn*, s'exposer au plus fort du courant.

| 頭, | *t'eôu*, juste, à point, à propos, bien réussi.

剛剛 | 頭, *Kiāng kiāng | t'eôu*, juste comme il faut.

你來得 | 頭, *Gnì lâi tĕ· | t'eôu* tu viens bien à propos.

他兩个不 | 頭, *T'ā leàng kó poŭ | t'eôu*, eux deux ne s'accordent pas ensemble.

那幾十吊錢硬 | 起去了, *Lá kì chĕ tiaó ts'iên guén | k'ì k'ú lò*, vraiment il a fini par lui soutirer ces quelques dizaines de ligatures.

| 耳朵, | *eùl tō*; voir *eùl*.

鬭 v. 鬥 *Teóu*. Lutter, contester.

爭 |, *Tsēn* |, se disputer, chercher à l'emporter.

| 鑼, | *lô*, lutter à qui frappera le mieux de la cymbale et autres instruments de ce genre (au nouvel an).

| 雞, | *kī*, faire combattre des coqs.

T'EÓU

透 *T'eóu*. Pénétrer (au pr. et au fig.).

油浸 | 了, *Ieôu ts'ín | lò*, l'huile a pénétré complètement.

落了一潑 | 雨, *Lŏ lò ĭ p'ŏ | iù*, il est tombé une pluie abondante, qui a pénétré profondément dans la terre.

草房晒不 | , *Ts'ào fâng chái poŭ* |, la chaleur du soleil ne pénètre pas à travers les toits en chaume.

天主看 | 人心, *T'iēn Tchòu k'án | jên sīn*, Dieu voit le fond du cœur des hommes.

| 亮的, | *leáng tĭ*, transparent, très brillant (voir *leáng*).

穿 | 一件事, *Tch'oūan | ĭ kién sé*, voir clair dans une affaire.

水深了打不 |, *Chouì chēn lò, tà poŭ* |, l'eau est trop profonde, on ne peut atteindre le fond.

| 吓看有好深, | *há k'án ieòu haò chēn*, tâte, essaie un peu, pour voir quelle est la profondeur.

TĪ

低 *Tī*. Incliner, bas.

| 頭, | *t'eôu*, baisser la tête.

說話 | 一句高一句, *Chŏ houá | ĭ kú, kaō ĭ kú*, parler tantôt haut, tantôt bas, sans discrétion.

這些貨成分 |, *Tché· sī hó tch'ên fén* |, ces marchandises sont de qualité inférieure.

一 | | 兒, *ĭ | | eûl*, (pop.) un tant soit peu.

爹 *Tī*. Père (voir *tiē·*).

T'Ī

梯 *T'ī*. Echelle, escalier.

一乘 | 子, *ĭ tch'ên | tsè*, une échelle.

軟｜, *Jouàn* ｜, échelle de corde.
樓｜, *Leôu* ｜, échelle ou escalier pour monter au grenier.
胡｜, *Foû* ｜, escalier.
石｜子, *Chĕ* ｜ *tsè*, escalier en pierre.
｜子橫橫, ｜ *tsè houán houán*, barreau d'échelle, échelon.
｜子柱柱, ｜ *tsè tchoú tchoú*, montant d'échelle.
上去有好多｜｜, *v.* 幾步｜子, *Cháng k'ú ieòu haò tō* ｜ ｜, *v.* kì poú ｜ tsè? pour monter jusqu'en haut, combien y a-t-il de marches?
搭｜子, *Tă* ｜ *tsè*, poser une échelle.
上(*v.* 爬上)｜子, *Cháng (v. p'â cháng)* ｜ *tsè*, monter une échelle.

剔 *T'ī (t'ĭ)*. Emonder, retrancher ce qui est superflu.
｜高很了, ｜ *kaō hèn lò*, c'est émondé trop haut.
這个名字要拏來｜了, *Tché kó mîn tsé iaó lâ lâi* ｜ *lò*, il faut retrancher ce nom de la liste.
要｜些出去, *Iaó* ｜ *sī tch'ŏu k'ú*, il faut en retrancher, en rejeter un certain nombre.

T'Î

隄 *v.* 堤 *T'î*. Digue.
河邊上修｜(*v.* ｜坎), *Hô piēn cháng sieōu* ｜ *(v.* ｜ *k'àn)*, élever une digue sur le bord du fleuve.
｜崩了, ｜ *pēn lò*, la digue s'est écroulée.

提 *T'î*. Soulever d'une main, élever, aider, extraire.
肩不能挑手不能｜, *Kiēn poŭ lên t'iāo cheòu poŭ lên* ｜, n'avoir la force de porter ni sur l'épaule, ni à la main.
｜起走, ｜ *k'ì tseòu*, emporter quelque chose à la main.
｜一个燈籠, ｜ *ĭ kó tēn lông*, porter une lanterne à la main.
煎炒是｜火的, *Tsiēn tch'ào ché* ｜ *hò tĭ*, les mets frits et rôtis sont échauffants.
｜不起氣, ｜ *poŭ k'ì k'í*, avoir de la peine à respirer, avoir la respiration courte.
｜不起聲氣, ｜ *poŭ k'ì chēn k'í*, n'avoir pas la force d'élever la voix.
｜人到案, ｜ *jên táo gán*, citer en justice.
｜一个案, ｜ *ĭ kó gán*, évoquer un procès (se dit d'un supérieur).
府官親｜, *Foù kouān ts'īn* ｜, le préfet évoque et fait comparaître à son propre tribunal.
｜出監, ｜ *tch'oŭ kiēn*, faire sortir de prison (un condamné).
｜牌出來了, ｜ *p'âi tch'oŭ lâi lò*, le mandat d'amener a été lancé.
委了一員｜牌官, *Oùi lò ĭ iuên* ｜ *p'âi kouān*, on a envoyé un petit mandarin, pour l'amener.
｜他上坎, ｜ *t'ā cháng k'àn*, (litt.) tire-le sur la rive: tire-le d'affaire, hors de danger.
望主人家｜拔吓子, *Oúang tchòu jên kiā* ｜ *p'ă (pă) há tsè*, j'ose espérer qu'en votre qualité de patron, vous voudrez bien m'aider, me secourir un peu (voir *p'ă*).
｜硝, ｜ *siāo*, extraire le salpêtre de la lessive.
｜藥起來, ｜ *iŏ k'ì lâi*, extraire des drogues à l'alambic, ou par d'autres moyens.
氷片是潮腦｜起來的, *Pīn p'ién ché tch'âo laò* ｜ *k'ì lâi tĭ*, ce qu'on appelle *pīn p'ién* est le sublimé du camphre.
火｜兒(*v.* ｜子), *Hò* ｜ *eûl (v.* ｜ *tsè)*, chaufferette (dans un petit panier).
｜督, *v.* ｜台 (*v.* 軍門), ｜ *toŭ*, *v.* ｜ *t'âi*, *(v. kūin mên)*. Voir *kūin*.
｜篼, ｜ *teōu*, ｜篼篼, ｜ *teōu teōu*, ｜刀, ｜ *tāo*, ｜筆, ｜ *pĭ*, ｜醒, ｜ *sìn*, 孩｜, *hiâi* ｜, 抽｜, *tch'eōu* ｜. Voir *teōu*, *etc*.

題 *T'î*. Titre ou préface d'un livre; entonner, citer.
出｜, ｜目, ｜詩, *Tch'oŭ* ｜; ｜ *moŭ*; ｜ *chē*, donner le sujet de composition. Voir *moŭ*, *chē*.

丨經, 丨禱文, 丨 *kīn*, 丨 *tào ouên*, entonner les prières, les litanies.

丨 (*v*, 提)談一件事, 丨 *t'án ī kién sé*, mettre une question sur le tapis.

一點都丨(*v*. 提)不得, *ī tièn toū* 丨 *poŭ tĕ·*, il ne faut absolument pas toucher la question.

一句都沒有丨, *ī kú toū mŏ ieòu* 丨, je n'en ai pas dit un seul mot.

沒有丨過頭, *Mŏ ieòu* 丨 *kó t'eôu*, on n'a pas même touché la question.

你帮我丨吓, *v*. 丨頭頭, *Gnì pāng gò* 丨 há, *v*. 丨 t'eôu t'eôu, aide-moi à mettre la question sur le tapis, à exposer le commencement.

丨書, 聖經, 丨 *chōu, chén kīn*, citer un livre, la Ste Ecriture.

丨得好, 丨 *tĕ· haò*, c'est bien dit, bel exorde, belle citation.

啼 *v*. 涕 *T'ì (t'ì) v*. 丨哭, *v*. 丨 *k'oŭ*, pleurer.

蹄 *T'ì*. Pied, sabot d'animaux.

馬, 牛, 猪丨子, *Mà, nieôu, tchōu* 丨 *tsè*, sabot de cheval, pied de bœuf, de cochon.

馬丨厚好釘掌, *Mà* 丨 *heóu hào tín tchàng*, le cheval a la corne du sabot épaisse, il est facile à ferrer.

馬掌落了, 丨子也鉛了, *Mà tchàng lŏ lò*, 丨 *tsè ì iú lò*, le cheval a perdu ses fers, et usé ses sabots.

馬有失丨, 人有失錯, *Mà ieòu chĕ* 丨, *jên ieòu chĕ ts'ó*, tout cheval peut broncher, tout homme peut commettre des fautes.

馬丨袖, *Mà* 丨 *sieóu*, manchettes des habits de cérémonie, en forme de fer à cheval.

炖猪丨子, *Tén tchōu* 丨 *tsè*, cuire des pieds de cochon.

醍 *T'ì*. Mesure des liquides, broc à puiser.

丨子大小不一, 丨 *tsè tá siào poŭ ī*, la mesure appelée *t'ì tsè* varie beaucoup.

油丨子, 酒丨子, *Ieôu* 丨 *tsè, tsieòu* 丨 *tsè*, broc pour puiser l'huile, le vin dans la jarre.

打一丨, *Tà ī* 丨, puiser un broc.

用丨子焉, *Ióng* 丨 *tsè ín*, mesurer au broc.

TÌ

底 *Tì*. Bas, fond, fondement, surface inférieure.

丨丨, 丨丨, le fin fond.

沒得丨丨, *Mŏ tĕ·* 丨丨, qui est sans fond.

丨丨穿了, 丨丨 *tch'ouān lò*, le fond est percé.

打丨(*v*. 摸)不倒丨, *Tà (v. mō) poŭ taò* 丨, on ne peut atteindre le fond.

浮起不落丨, *Foû k'ì poŭ lŏ* 丨, qui surnage sans tomber au fond.

泥粮子沉了丨, *Gnî tsiáng tsè tch'ên lò* 丨, la boue s'est déposée au fond de l'eau.

這件事根丨我都明白, *Tché· kién sé kēn* 丨 *gò tōu mîn pĕ·*, je connais bien les origines de cette affaire.

官硬肘是進士丨子, *Kouān guén tchcòu ché tsín sé* 丨 *tsè*, ce mandarin est solide, il a le titre de docteur.

他有點弱症丨子, *T'a ieòu tièn jŏ tchén* 丨 *tsè*, il a une prédisposition à la phthisie.

這毛病是寒病丨子, *Tché· mâo pín ché hân pín* 丨 *tsè*, cette maladie a commencé par la fièvre.

這个人丨子厚, (*v*. 薄), *Tché· kó jên* 丨 *tsè heóu, (v. pŏ)*, (litt.) cet homme a le fond épais, ou mince: il est riche (ou bien, il est pauvre).

拏一百銀子做丨子, *Lâ ī pĕ· în tsè tsóu* 丨 *tsè*, prendre ou donner 100 taëls pour capital.

打紅丨子, *Tà hông* 丨 *tsè*, passer une première couche en rouge (comme fond de vernissage).

這个銀子丨子好, 面子不好, *Tché· kó în tsè* 丨 *tsè haò, mién tsè poŭ haò*, le dessous de ce morceau d'argent est bon, le dessus est piètre.

鞋有布丨子, 有皮丨子, *Hâi ieòu poú* 丨 *tsè, ieòu p'î* 丨 *tsè*, il y a des souliers à semelle de toile, et à semelle de cuir.

在桌子｜下, *Tsái tchŏ tsè* ｜ *hiá*, sous la table (voir *hiá*).

在重慶｜下, *Tsái Tch'ông k'in* ｜ *hiá*, au-dessous de *Tch'ông k'in*.

到｜, 襪｜, 船｜, 年｜, *Táo* ｜, *ouă* ｜, *tch'ouân* ｜, *niên* ｜. Voir *táo, ouă, tch'ouân, niên*.

抵 *Tì*. Résister, tenir ferme, répliquer; valoir; donner en échange.

我當面｜倒, *Gò tāng mién* ｜ *taò*, je résiste en face.

｜擋魔鬼, ｜ *tàng mô koùi*, résister au diable.

蠻子｜不住漢兵, *Mân tsè* ｜ *poŭ tchoú hán pīn*, les Barbares ne peuvent résister aux soldats chinois.

洋布｜不住棉布, *Iâng poú* ｜ *poŭ tchoú miên poú*, la toile européenne n'est pas aussi résistante que la toile chinoise.

我｜(v. 敵)不住他, *Gò* ｜ *(v. tĭ) poŭ tchoú t'ā*, je ne puis lui résister, je lui suis inférieur.

｜嘴, ｜ *tsoùi*, répliquer.

我｜他幾句, *Gò* ｜ *t'ā kì kú*, je lui ai répliqué quelques mots.

他沒得話來｜, *T'ā mŏ tĕ· hóua lâi* ｜, il n'a rien à répliquer.

櫃子｜攏墻, *Koúi tsè* ｜ *lòng ts'iâng*, l'armoire touche au mur.

｜住了壁頭, ｜ *tchoú lò pĭ t'eôu*, cela touche la cloison.

事情｜住(v. 倒)來, *Sé ts'în* ｜ *tchoú (v. taò) lâi*, les affaires arrivent en presse, en foule.

｜倒｜倒的說, ｜ *taò* ｜ *taò tĭ chŏ*, parler avec animation et volubilité.

田拿來｜賬, *T'iên lâ lâi* ｜ *tcháng*, engager une rizière pour répondre d'une dette.

你怕我不還，我拿地方｜倒, *Gnì p'á gò poŭ houân, gò lâ tí fāng* ｜ *taò*, si tu as peur que je ne te rende pas, je consens à t'engager mon terrain.

｜觸, ｜命, ｜ *tchoŭ*, ｜ *mín*. Voir *tchoŭ, mín*.

T'Ì

體 *v.* **体** *T'ì*. Corps, substance.

保身｜, *Pào chēn* ｜, veiller à la conservation de son corps.

這个人｜(v. ｜子)弱, *Tché· kó jên* ｜ *(v.* ｜ *tsè) jŏ*, cet homme est faible de constitution.

成(v. 聖)聖｜, *Tch'ên (v. chén) chén* ｜, consacrer l'Eucharistie.

領聖｜, *Lìn chén* ｜, recevoir la Communion.

褻慢父母的遺｜, *Sié· (siĕ·) mán foú moù tĭ î* ｜, traiter sans respect son propre corps, et par suite offenser ses parents qui l'ont donné.

心廣｜胖, *Sīn kouàng* ｜ *p'áng*, au cœur large et à belle corpulence.

下｜, *Hiá* ｜, parties déshonnêtes du corps.

要｜(v. ｜貼)父母的意, *Iáo* ｜ *(v.* ｜ *t'iĕ·) foú moù tĭ í*, il faut correspondre aux désirs de ses parents.

｜面, ｜ *mién*, **供聖｜**, *kóng chén* ｜, **拜聖｜**, *pái chén* ｜, **求聖｜**, *k'ieôu chén* ｜, **三位一｜**, *sān oúi ĭ* ｜, **四肢百｜**, *sé tchē pĕ·* ｜, **露｜**, *loú* ｜. Voir *mién, etc.*

TÍ

地 *Tí*. Terre, champ, lieu.

天｜, *T'iēn* ｜, le ciel et la terre.

｜理圖, ｜ *lì t'oû*, carte géographique.

在｜下睡, *Tsái* ｜ *hiá choúi*, coucher par terre (sans lit). Voir *hiá*.

普｜天下, *P'où* ｜ *t'iēn hiá*, toute la terre.

這股｜方田多｜少, *Tché· koù tí fāng t'iên tō* ｜ *chào*, cette propriété a beaucoup de rizières, et peu de champs secs.

修房子在人家｜上, *Sieōu fâng tsè tsái jên kiā* ｜ *cháng*, bâtir sur le terrain d'autrui.

整｜基(v. ｜皮子), *Tchèn* ｜ *kī (v.* ｜ *p'î tsè)*, aplanir, préparer un emplacement (voir *kī*).

收丨皮錢, *Cheōu* | *p'ĭ ts'iên*, recueillir le revenu d'un emplacement (sur lequel d'autres ont bâti).

丨**租**, 丨 *tsōu*, revenu d'un champ loué.

丨**形好**丨**鄰不好**, 丨 *hîn haò* | *lîn poŭ haò*, le site est bon, mais le voisinage est détestable.

本丨**方的人**, *Pèn* | *fāng tĭ jên*, habitant de l'endroit.

丨**名**, 丨 *mîn*, nom d'endroit à la campagne.

土丨, *v.* **土**丨**菩薩**, *T'où* |, *v. t'où* | *p'oû să*, couple d'idoles protectrices de la terre.

這个丨**頭風俗不好**, *Tché· kó* | *t'eôu fōng sioŭ poŭ haò*, dans ce pays les mœurs ne sont pas bonnes.

丨**瓜子**, 丨 *koūa tsè*, tubercule sucré de la forme d'une rave.

在丨**垻** (*v.* 丨**垻頭**), *Tsái* | *pá* (*v.* | *pá t'eôu*), dans la cour, dehors.

發 (*v.* **扯**) 丨**皮風**, *Fă* (*v. tch'è·*) | *p'ĭ fōng*, répandre une terreur panique (au moyen de fausses nouvelles).

丨**面子**, 丨 *mién tsè*, surface d'un terrain.

丨**球**, 丨 *k'ieôu*, 丨**雷**, 丨 *loûi*, 丨**板**, 丨 *tchén*, 丨**主子**, 丨 *tchòu tsè*, **暗**丨, *gán* |, **背**丨, *péi* |, 丨**堂**, 丨 *t'âng*, 丨**獄**, 丨 *iŏ*, 丨**氣**, 丨 *k'í*, **陰**丨, *īn* |, 丨**位**, 丨 *oúi*, 丨**蛹子**, 丨 *kòng tsè*, 丨**勢**, 丨 *ché*, 丨**脚枋**, 丨 *kiŏ fang*, *etc.* Voir *k'ieôu*, *etc.*

弟 *Tí*. Frère cadet.

親丨**兄**, **親兄**丨, *Ts'īn* | *hiōng*, *ts'īn hiōng* |, propres frères, propre frère cadet (voir *hiōng*).

丨**子**, *v.* **門**丨, 丨 *tsè*, *v. mên* |, disciple.

徒丨, *T'oû* |, apprenti.

學徒丨, *Hiŏ t'oû* |, apprendre un métier.

子丨, *Tsè* |, fils ou frère cadet: jeune homme en général.

盡是讀書的子丨, *Tsín ché toŭ chōu tĭ tsè* |, ce sont tous des enfants fréquentant l'école.

妹丨, *Méi* |. Voir *méi*.

第 *Tí*. Degré, grade, ordre; *tí* est employé pour faire les nombres ordinaux.

次丨, *Ts'é* |, par ordre.

丨**一**, 丨**二**, 丨 *ĭ*, 丨 *eúl*, premier, second.

丨**四个**, 丨 *sé kó*, le quatrième.

遞 *Tí*. Remettre de main en main.

一个丨**一个**, *ĭ kó* | *ĭ kó*, faire passer de main en main.

你丨**跟他**, *Gnì* | *kēn t'a*, tends-lui (cela) avec la main.

我丨**不攏**, *Gò* | *poŭ lòng*, je ne puis atteindre jusqu'à lui.

雙手丨, *Choūang cheòu* |, tendre à deux mains.

親手丨, *Ts'īn cheòu* |, offrir de sa propre main.

把書丨**跟我**, *Pà chōu* | *kēn gò*, donne-moi le livre.

丨**呈子**, *v.* **禀帖**, *v.* **紙**, 丨 *tch'ên tsè*, *v. pìn tiĕ·* (*v. t'iĕ·*), *v. tchè*, présenter une accusation ou une supplique.

帝 *Tí*. Empereur.

上丨, *Cháng* |, dominateur suprême. (Les payens désignent une idole sous ce nom. Il est défendu aux Catholiques de désigner Dieu par ce nom. Les Protestants l'emploient généralement.)

皇丨, 丨**王**, *Houâng* |, | *ouâng*. Voir *houâng*, *ouâng*.

T'Í

嚏 *T'í*. Eternuer (voir **噴** *fén*).

替 *T'í*. Au lieu, à la place de, pour.

耶穌丨**我們受苦**, *Iê· soū* | *gò mên cheóu k'où*, Jésus a souffert pour nous.

聖母丨**我們轉達天主**, *Chén moù* | *gò mên tchouàn tă T'iēn Tchòu*, la Ste Vierge intercède pour nous auprès de Dieu.

丨**我做**, 丨**我講**, 丨 *gò tsoú*, 丨 *gò kiàng*, fais-le à ma place, parle pour moi.

請一个人丨倒, *Ts'in ĭ kó jên* 丨 *taò*, louer quelqu'un pour tenir la place.

我來丨吓, *Gò lâi* 丨 *há*, je viens le remplacer pour un peu de temps.

我丨你憚心, *Gò* 丨 *gnì tān sīn*, je suis inquiet pour toi.

我丨他報仇, *Gò* 丨 *t'a paó tch'eôu*, je veux le venger.

換丨來聽彌撒, *Houán* 丨 *lâi t'ín mî sā*, venir entendre la messe à tour de rôle.

剃 *T'í*. Raser.

丨腦膛, *v.* 丨頭, 丨鬍子, 丨 *laò k'ŏ*, *v.* 丨 *t'eòu;* 丨 *foû tsè*, raser la tête; raser la barbe.

丨一个腦膛, 丨 *ĭ kó laò k'ŏ*, se faire raser une fois; raser une tête.

巴倒丨, 順丨, 倒起丨, *Pā taò* 丨; *chouén* 丨, *taó k'ì* 丨, racler en rasant; raser dans le sens du poil, à rebrousse-poil.

丨得痛, 丨 *tĕ· t'óng*, faire souffrir en rasant.

TĬ

的 *Tĭ*. Certain, manifeste. Ce mot sert à faire un adjectif du substantif ou du verbe; un adjectif possessif du pronom possessif; il exprime le participe, et s'ajoute souvent aux adjectifs; il marque le génitif (dans ce dernier cas on le sous-entend souvent).

加不丨, 丨確, *Kia poŭ* 丨, 丨 *k'iŏ*. Voir *kiā, k'iŏ*.

鐵丨, 銅丨, 銀子丨, *T'iĕ·* 丨, *t'ông* 丨, *în tsè* 丨, en fer, en cuivre, en argent.

可敬丨, 可敬丨人, *K'ò kín* 丨; *k'ò kín* 丨 *jên*, digne de respect; homme digne de respect, vénérable.

他丨, 我丨, 那个丨, *T'a* 丨, *gò* 丨, *là kó* 丨, sien, mien, à qui?

讀書丨, 教書丨, *Toŭ choū* 丨, *kiáo choū* 丨, qui étudie (étudiant), qui enseigne (enseignant) les livres.

要死丨, *Iáo sè* 丨, *litt.* il est devant mourir: il va mourir.

背書丨背書, 寫字丨寫字, *Péi choū* 丨 *péi choū, siè· tsé* 丨 *siè· tsé*, (litt.) ceux qui récitent leur leçon récitent leur leçon, ceux qui écrivent écrivent: les uns récitent leur leçon, les autres écrivent.

白丨, 紅丨, 大丨, 小丨, 多大丨, *Pĕ* 丨, *hông* 丨, *tá* 丨, *siào* 丨, *tō tá* 丨, blanc, rouge, grand, petit, très grand.

人丨心, 天主丨恩, *Jên* 丨 *sīn, T'iēn Tchòu* 丨 *guēn*, le cœur de l'homme, les bienfaits de Dieu.

黑丨時候, 喫飯丨時候, *Hĕ* 丨 *chê heóu; tch'ĕ fán* 丨 *chê heóu*, à la nuit; au moment de manger.

滴 *Tĭ*. Goutte, dégoutter.

一丨, 両丨水, *ĭ* 丨, *leàng* 丨 *choùi*, une goutte, deux gouttes d'eau.

丨水, 丨 *choùi*, laisser tomber des gouttes d'eau; l'endroit où tombe l'eau des gouttières d'une maison; l'extrémité inférieure du toit.

屋簷丨水, *Oŭ iên* 丨 *choùi*, l'eau dégoutte des toits.

一丨一丨落下來, *ĭ* 丨 *ĭ* 丨 *lŏ hiá lâi*, tomber goutte à goutte.

丨水溝, 丨 *choùi keōu*, canal dans lequel tombe l'eau des gouttières.

發了水等他丨乾了, *Fă lò choùi tèn t'a* 丨 *kān lò*, c'est mouillé, laisse égoutter.

丨血, 丨 *hiĕ·*, dégoutter du sang.

房子漏丨水, *Fâng tsè leóu* 丨 *choùi*, la maison a des gouttières.

哭流撒丨的 (*v.* 哭傷流水的), *K'ŏu liêou sā* 丨 *tĭ (v. k'ŏu chāng liêou choùi tĭ)*, éploré.

敵 *Tĭ*. Ennemi, résister.

仇丨, *Tch'eôu* 丨, ennemis.

丨不住, 丨 *poŭ tchoú*, ne pouvoir résister.

這回遇倒丨手, *Tché· hoûi iú taò* 丨 *cheoù*, cette fois-ci il a trouvé un adversaire de taille à lui tenir tête.

笛 *Tĭ*. Flûte.

丨子, 吹丨子, 丨 *tsè; tch'oūi* 丨 *tsè*, flûte; jouer de la flûte.

滌 *Tĭ.* Laver (voir **洗** *sì*).

TIĀO

雕 *Tiāo.* Sculpter, graver.

丨**花草**,丨**工**, 丨 *hoūa ts'ào;* 丨 *kōng,* sculpter des fleurs; voir *kōng.*

丨**匠**,**木頭**丨**的**, 丨 *tsiáng; moŭ t'eôu* 丨 *tĭ,* sculpteur, graveur; gravé, sculpté sur bois.

丨**人物子**, 丨 *jên oŭ tsè,* sculpter des figures d'hommes.

丨**得深**,**淺**, 丨 *tĕ· chēn, ts'ièn,* c'est gravé profondément, peu profondément.

丨**刻**,丨**字**,丨**圖章子**, 丨 *k'ĕ·,* 丨 *tsé,* 丨 *t'ôu tchāng tsè,* graver, graver des caractères, des cachets.

丨**書板子**, 丨 *choū pàn tsè,* graver les planches d'un livre.

刁 *Tiāo.* Faux, trompeur; exciter la discorde.

有人丨**他**, *Ieòu jên* 丨 *t'a,* il y a quelqu'un qui le pousse, qui l'excite.

不是側邊丨**起他都好說話**, *Poŭ ché tsĕ· piēn* 丨 *k'ì t'a, toū haò chŏ hoúa,* il est excité par des tiers, sans quoi il serait facile de s'entendre avec lui.

丨**壞人家的徒弟**, 丨 *houái jên kia tĭ t'ôu tí,* débaucher les apprentis d'autrui.

丨**人不和**, 丨 *jên poŭ hô,* semer la discorde.

嚓子丨**法一个人**, *Chá tsè* 丨 *fă ĭ kó jên,* c'est un homme extrêmement rusé, c'est un roué.

丨**惡得很**, 丨 *gŏ tĕ· hèn,* il est tres pervers, tres méchant.

丨**唆**,丨**拐**,丨**歪**, 丨 *sō,* 丨 *kouài,* 丨 *ouāi.* Voir *sō, etc.*

剿 *Tiāo.* Arracher, extraire.

丨**一个板子**, 丨 *ĭ kó pàn tsè,* arracher une planche clouée.

丨**開箱子**, 丨 *k'āi siāng tsè,* ouvrir avec le ciseau une caisse clouée.

丨**一塊石頭**, 丨 *ĭ k'oùai chĕ t'eôu,* extraire une pierre.

丨**不起來**, 丨 *poŭ k'ì lâi,* ne pouvoir l'extraire.

貂 *v.* **鼦** *Tiāo.* Marte, zibeline.

丨**鼠皮褂**, 丨 *choù p'î koúa,* pardessus avec fourrure de marte.

丨**鼪子**, 丨 *lîn tsè,* écureuil.

T'IĀO

挑 *T'iāo.* Porter en balançoire sur l'épaule, fardeau à porter de cette façon; choisir.

一丨, *v.* **一根**丨**子**, *ĭ* 丨, *v. ĭ kēn* 丨 *tsè,* une charge, un fardeau.

丨**夫**,**請人**丨, 丨 *foū, ts'ìn jên* 丨, portefaix, louer un portefaix.

丨**水賣**, 丨 *choùi mái,* porter de l'eau pour vendre.

擔不起丨**子**, *Tān poŭ k'ì* 丨 *tsè,* il ne peut porter le fardeau.

有好多丨**數**, *Ieòu haò tō* 丨 *soú?* combien y a-t-il de charges?

丨**不起**,丨**不來**, 丨 *poŭ k'ì,* 丨 *poŭ lâi,* n'avoir pas la force de porter, ne pas savoir porter.

丨**撥人家告野狀**, 丨 *pŏ jên kia kaó iè· tchouáng,* pousser quelqu'un à faire une fausse accusation.

丨**衣裳**, 丨 *ī châng,* faire les coutures d'un habit.

丨**身**, *v.* 丨**自**, 丨 *chēn, v.* 丨 *tsé,* (pop.) à dessein, tout exprès.

不是得大意硬是丨**自做的**, *Poŭ ché tĕ· tá í, guén ché* 丨 *tsé tsoú tĭ,* ce n'est pas par inadvertance, mais bien tout exprès qu'il l'a fait.

我丨**身來找你**, *Gò* 丨 *chēn lâi tchào gnì,* je viens tout exprès te chercher.

丨**選**, 丨 *(tiāo) suèn,* choisir, par ex: un mandarin, pour une place.

丨**不出來嚓子好的**, 丨 *(tiāo) poŭ tch'ŏu lâi chá tsè haò tĭ,* on ne trouve rien de bon à choisir.

過丨**買**, *Kó* 丨 *(tiāo) mài,* acheter au choix.

丨 (*v.* **剿**) **坭巴起來**, 丨 *(v. tiāo) gnî pa k'ì lâi,* enlever de la terre.

| (v. 剃)堰塘, | (v. tiāo) ién t'âng, creuser un réservoir.

T'IÂO

條 *T'iâo.* Branche; long; article; particule numérale des choses longues et étroites.

|子, | *tsè*, baguette, verge.

打(v. 擋) | 子, *Tà (v. tch'àn)* | *tsè*, fustiger.

鐵 | 子, *T'iĕ·* | *tsè*, baguette de fer, barre de fer.

要鎗 | 子築緊火葯, *Iaó ts'iāng* | *tsè tchoŭ kìn hò iŏ*, il faut la baguette du fusil pour comprimer la poudre.

會打 | 想方子, *Hoúi tà* |, *siàng fāng tsè*, habile à combiner des plans, à trouver des expédients.

巴起 | |, *Pā k'ì* | |, coller des affiches.

一 | 蛇, 一 | 牛, 一 | 路, 一 | 小衣, *ī* | *chê·*, *ī* | *nieôu*, *ī* | *loú*, *ī* | *siào ī*, un serpent, un bœuf, un chemin, un pantalon.

一 | 命, *ī* | *mín*, une vie.

我是一 | 心, *Gò ché ī* | *sīn*, je suis irrévocablement résolu; je suis homme de parole.

有 | 有欵, *Ieòu* | *ieòu k'ouàn*, c'est bien ordonné, bien agencé.

第十六 |, *Tí chĕ loŭ* |, le seizième article.

發 |, *Fă* |, 革 |, *kĕ·* |, 畫 |, *houá* |, 篾 |, *miĕ·* | (*t'iâo*), 石 | 子, *chĕ* | *tsè*, | 目, | *moŭ*, 規 |, *koūi* |. Voir *fă*, *kĕ·*.

調 *T'iâo.* Mêler, tempérer, préparer.

| 一點油, | *ī tièn ieôu*, y mêler, y mettre un peu d'huile.

| 菜, | *ts'ái*, préparer des mets.

| 得好, | *tĕ· haò*, c'est bien préparé.

| 灰, | *hoūi*, gâcher de la chaux.

蜂糖 | 涼水喫, *Fōng t'âng* | *leâng choùi tch'ĭ*, délayer du miel dans de l'eau fraîche pour boire.

| 理事情, | *lì sé ts'în*, disposer, arranger les affaires.

這个病要 | 治得好, *Tché· kó pín iaó* | *tché tĕ· haò*, il faut bien soigner cette maladie.

| 羹, 烹 |, | *kēn*, *p'ōng* |. Voir *kēn*, *p'ōng*.

T'IÀO

掉 *T'iào.* Echanger.

| 銀子, *v.* | 換銀子, | *în tsè*, *v.* | *houán în tsè*, changer de l'argent contre des sapèques.

| 毛錢, | *mâo ts'iên*, changer les mauvaises sapèques contre de bonnes.

| 貨, | *hó*, échanger des marchandises.

包 |, *Pāo* |, promettre de changer la marchandise si elle ne convient pas.

打 |, *Tà* |, faire un échange.

| 工夫, | *kōng foū*, faire l'échange des journées de travail (entre voisins).

拿菜子去 | 油, *Lâ ts'ái tsè k'ú* | *ieôu*, échanger du colza pour de l'huile.

我跟你 |, *Gò kēn gnì* |, je veux faire un échange avec toi.

| 人; | 地頭, | *jên*; | *tí t'eôu*, changer, remplacer un homme; changer de place.

官要 | 了, *Kouān iáo* | *lò*, le mandarin va être changé.

| 轉來, | *tchouàn lâi*, retourner sens dessus dessous, à l'envers.

| 頭看吓, | *t'eôu k'án há*, détourner la tête pour voir.

TIÁO

弔 *v.* 吊 *Tiáo.* Deuil; suspendre; peser à la grande romaine; diviser; particule numérale.

開 |, *K'āi* |. Voir *k'āi*.

| 頸, | 死了, | *kìn*; | *sè lò*, se pendre; mort pendu.

| 起打, | *k'ì tà*, frapper un homme qu'on a suspendu par les mains liées derrière le dos.

事是丨起的, *Sé ché* 丨 *k'ì tĭ*, l'affaire est en suspens.

把我丨起了, *Pà gò* 丨 *k'ì lò*, il m'a laissé en suspens.

丨(*v.* 虛)脚樓, 丨 *(v. hū) kiŏ lcôu*, maison élevée sur pilotis au-dessus de terre, balcon.

丨一跟索索, 丨 *ĭ kēn sŏ sŏ*, suspendre une corde.

你把索索丨下來, *Gnì pà sŏ sŏ* 丨 *hiá lâi*, descends la corde (en retenant un bout fixé en haut).

丨墨線, 丨 *mĕ· sién*, tendre le fil à plomb.

丨刀子, 丨 *tāo tsè*, couteau de table chinois, qui se suspend à la ceinture.

丨燈, 丨 *tēn*, lampe suspendue.

丨案, 丨 *gán*, étal de boucher, où la viande est suspendue à des crochets.

丨高點, 丨下來狠了, 丨 *kaō tièn*; 丨 *hiá lâi hèn lò*, suspends plus haut; c'est suspendu trop bas.

丨多長, 丨 *tō tch'âng*, qui pend très-long.

他在後頭丨起, *T'ā tsái heoú t'eôu* 丨 *k'ì*, il traîne en arrière.

丨落了, 丨 *lŏ lò*, c'est égaré, c'est perdu.

丨褊布, 丨 *pièn poŭ*, liséré.

你丨好重, *Gnì* 丨 *hào tchóng?* combien trouves-tu à la balance (à la romaine)?

過丨, *Kó* 丨, peser à la romaine; au poids.

丨起賣, 不丨賣, 丨 *k'ì mái, poŭ* 丨 *mái*, vendre, ne pas vendre séparément.

丨起審, *v.* 問, 丨 *k'ì chèn, v. ouén*, instruire un procès, en interrogeant séparément les parties et les témoins.

一丨錢, *ĭ* 丨 *ts'iên*, une ligature de sapèques (1000 sapèques).

丨炭, 丨鹽, 丨鑪, 丨 *t'án*, 丨 *iên*, 丨 *lôu*. Voir *t'án, iên, lôu*.

調 *Tiáo*. Transférer d'un lieu à un autre.

提兵丨將, *T'î pīn* 丨 *tsiáng*, diriger des soldats et des officiers sur un point donné.

丨他來吓, 丨 *t'a lâi há*, fais-le venir un instant.

官丨任, *Kouān* 丨 *jouén*, le mandarin change de place.

釣 *Tiáo*. Pêcher à la ligne.

丨魚, 丨魚鈎, 丨 *iû*, 丨 *iû keōu*. Voir *iû, keōu*.

T'IÁO

跳 *T'iáo*. Sauter, danser.

丨一丨, 丨 *ĭ* 丨, faire un saut.

丨出去, 丨 *tch'oŭ k'ú*, sortir d'un bond.

丨上船, 房子, 丨 *cháng tch'ouán, fâng tsè*, sauter dans une barque, sur un toit.

丨水, 丨在河裡頭, 丨 *chouì*, 丨 *tsái hô ì (lì) t'eôu*, se jeter à l'eau, à la rivière.

丨過河, 丨 *kó hô*, franchir d'un bond un ruisseau.

丨不過去, 丨 *poŭ kó k'ú*, ne pouvoir franchir d'un bond.

丨翻過墻, 丨 *fān kó ts'iâng*, sauter par-dessus un mur.

丨板, 丨 *pàn*, planche pour passer un ruisseau, ou pour aller de la rive sur une barque.

我心頭丨得狠, *Gò sīn t'eôu* 丨 *tĕ· hèn*, le cœur me bat fort.

眼皮丨, *Ièn p'î* 丨, les paupières tremblent (réputé comme un mauvais présage).

冒火丨起來了, *Maó hò* 丨 *k'ì lâi lò*, il a sauté, bondi de colère.

丨端公, 丨 *touān kōng*, sorcier qui fait ses gambades pour chasser le diable.

丨𨱏子, 我嚇了一丨, 丨 *tēn tsè, gò hĕ· lò ĭ* 丨. Voir *tēn, hĕ·*.

TIĒ·

爹 *Tiē· (v. tī)*. Père (employé à peu près comme *papa* en français).

丨媽喊你, 丨 *mā hàn gnì*, ton père et ta mère t'appellent.

你丨在屋頭沒有, *Gnì* 丨 *tsái oŭ t'eôu mŏ ieòu?* ton père est-il à la maison?

喊丨媽, *Hàn* 丨 *mā*, appeler papa! maman!

海上絲綢之路文獻集成 科技與文化編

TIE·

牒 v. **帖** *Tiě·*. Écrit, diplôme (voir *t'iě·* **帖**).

|, v. **拜 |**, **|** v. *pái* **|**, grande carte de visite à plusieurs plis, appelée aussi *cheoù pèn*.

拿 | 去拜, *Lá* **|** *k'ú pái*, saluer en envoyant sa grande carte (cette carte est toujours renvoyée).

換 |, *Houán* **|**, répondre à cette salutation en envoyant sa carte.

傳 |, *Tch'ouán* **|**, présenter cette carte à domicile; l'employé qui présente cette carte.

匿名揭 |, v. **白頭 | 子**, *Gnī mîn kiě·* **|**, v. *pě· t'eôu* **|** (v. *t'iě·*) *tsè*, placard injurieux anonyme.

字 |, *Tsé* **|**, modèle d'écriture.

巴起 | 子, *Pā k'ì* **|** (v. *t'iě·*) *tsè*, afficher un écrit.

稟, 庚, 罰, 謗 |, *Pìn, kēn, fǎ, páng* **|** (v. *t'iě·*). Voir *pìn, kēn, etc.*

跌 *Tiě·*. Glisser, tomber.

| 脚, **| 倒**, **|** *kiŏ;* **|** *taò*, faire un faux pas; tomber à la renverse.

耶穌 | 仆三次, *Iê sōū* **|** *p'oŭ sān ts'é*, Jésus est tombé par trois fois la face contre terre.

米 | 了, v. **米 | 了價**, *Mì* **|** *lò*, v. *mì* **|** *lò kiá*, le riz a baissé de prix.

米 | 了三十个錢, *Mì* **|** *lò sān chě kó ts'iên*, le riz a baissé de 30 sapèques.

| 左手, **|** *tsò cheòu*, tourner, prendre à gauche.

| 不倒拐, **|** *poŭ taò kouài*, ne pouvoir contourner un coude.

| 除, 下(v. **還**)**剩二十吊錢**, **|** *tch'oû, hiá* (v. *houân*) *chén eúl chě tiáo ts'iên*, déduction faite, il reste encore 20 ligatures.

疊 *Tiě·*. Plier, pli; suspendre, arranger.

摺三 |, v. **| 三層**, *Tchě· sān* **|**, v. **|** *sān ts'ên*, plier en trois.

| 起來; **| 紙, 衣裳**, **|** *k'ì lâi;* **|** *tchè, ī chāng*, plier; plier du papier, des habits.

| 轉來, **|** *tchouàn lâi*, replier par devers soi.

紮 |, *Chá* **|** (v. *t'iě·*), faire de petits préparatifs, mettre en ordre les petites affaires de ménage.

紮 | 進經堂, *Chá* **|** *tsín kīn t'âng*, faire les préparatifs de toilette et autres, pour aller à l'église.

懶散不曉得紮 |, *Làn sàn poŭ hiào tě· chá* **|**, négligent, ne sachant pas soigner ses effets ou sa toilette.

蝶 *Tiě·*. v. **蝴 |**, v. *Foû* **|**, papillon.

碟 *Tiě·*. v. **碗 |**, v. *Ouàn* **|**, petite assiette, soucoupe.

擺 | 子, *Pài* **|** *tsè*, servir des hors-d'œuvre sur ces petites assiettes, au commencement d'un grand dîner.

T'IE·

帖 *T'iě·*. Carte d'invitation, billet (voir *tiě·*); à point.

一張 | 子, *ī tchāng* **|** (v. *tiě·*) *tsè*, un billet d'invitation.

散 | 子, *Sán* **|** (v. *tiě·*) *tsè*, lancer des billets d'invitation.

我要下 | 子跟他講禮信, *Gò iáo hiá* **|** (v. *tiě·*) *tsè kēn t'ā kiàng lì sín*, je vais envoyer des cartes d'invitation, pour une discussion publique avec lui.

這件事不妥 |, *Tché· kién sé poŭ t'ò* **|**, cette affaire n'est pas bien sûre.

我還沒有好愈 |, *Gò houân mŏ ieòu haò iú* (v. *iû*) **|**, je ne suis pas encore parfaitement rétabli.

他的房子不愈 |, *T'ā tĭ fâng tsè poŭ iú* (v. *iû*) **|**, sa maison n'est pas commode.

事情還沒有整愈 |, *Sé ts'în houân mŏ ieòu tchèn iú* (v. *iû*) **|**, les affaires ne sont pas encore complètement terminées.

踢 *T'iě·* (v. *t'ī*). v. **| 脚**, v. **|** *kiŏ*, frapper du pied.

丨脚打人, 丨 *kiŏ tà jên*, donner des coups de pied.

貼 *T'iĕ*. Afficher, coller; suppléer.

丨告示, 主牌, 丨 *káo ché*, *Tchòu p'âi*, afficher une proclamation, les tablettes chrétiennes.

過年要丨對子, *Kó niên iáo* 丨 *toúi tsè*, au nouvel an, il faut afficher (coller) des cartouches (neufs).

丨出來, 丨 *tch'oŭ lâi*, afficher dehors.

丨補錢米, 丨 *poù ts'iên mì*, combler un déficit de sapèques et de riz.

培補一吓子, 丨不倒好多, *P'êi poù ĭ há tsè*, 丨 *poŭ taò haò tō*, raccommode quelque peu, cela ne fera pas une grosse dépense.

不彀我丨, *Poŭ keoú*, *gò* 丨, je suppléerai de ma bourse à ce qui manque.

津丨, *Tsīn* 丨, contribution (pour les frais de l'armée) annexée à l'impôt.

丨一張膏葯, 丨金, *ĭ tchāng kaō iŏ*, 丨 *kīn*. Voir *kaō*, *kīn*.

鐵 v. 鉄 *T'iĕ*. Fer.

毛丨, 生丨, 熟丨, 鑌丨, *Mâo* 丨, *sēn* 丨, *choŭ* 丨, *pīn* 丨, fer brut, fonte, fer doux, fer blanc.

丨的, 丨打的, 丨貨, 丨 *tĭ*, 丨 *tà tĭ*, 丨 *hó*, en fer, fabriqué en fer battu, quincaillerie.

鍋丨, 丨屎, *Kō* 丨, 丨 *chè*, fer pour marmite, scories de fer.

丨生(v. 上)銹, 丨 *sēn* (*v. cháng*) *sieóu*, le fer se rouille.

丨皮子, 丨板, 丨 *p'î tsè*, 丨 *pàn*, feuille mince, plaque épaisse de fer.

丨匠, 打丨, 丨 *tsiáng*, *tà* 丨, forgeron, travailler le fer au marteau.

丨廠, 丨鑛, 丨 *tch'àng*, 丨 *kòng*, mine de fer, minerai.

鑄丨鍋, *Taó* 丨 *kō*, couler des marmites en fonte.

丨刀, 丨釘, 丨撬, 丨 *taō*, 丨 *tīn*, 丨 *gaó* (*k'iao*), couteau, clou de fer, levier en fer.

丨沙子, 丨 *chā tsè*, grenaille de fer servant de plomb de chasse.

做得丨實, *Tsóu tĕ* 丨 *chĕ*, c'est fait solidement.

丨末子, 丨 *mŏ tsè*, limaille de fer.

丨枝, v. 丨棕, 丨 *tchē*, *v.* 丨 *tsōng*, espece de *Cycas*, à feuilles de palmier.

吸丨石, *Hĭ* 丨 *chĕ*, 丨鍊子, 丨 *lién tsè*, 丨索橋, 丨 *sŏ k'iâo*, 烙丨, *lŏ* 丨, 丨絲, 丨 *sē*, 丨籬笆, 丨 *lî pā*. Voir *hĭ*, *lién*, *k'iâo*, *etc.*

TIÊN

槇 *Tiēn*. Arbre (voir 椿 *tch'oūen*).

顛 *Tiēn*. Sommet, extrémité; renversé, tomber.

丨丨上, 丨丨 *cháng*, au sommet.

樹子沒得丨丨, *Choú tsè mŏ tĕ* 丨丨, l'arbre a perdu sa tête.

嫩丨丨, *Lén* 丨丨, l'extrémité des jeunes pousses.

丨丨倒倒的, 丨丨 *taó taó tĭ*, sens dessus dessous.

丨兌(v. 丨倒)人, 丨 *toúi* (*v.* 丨 *taò*) *jên*, attraper les gens.

丨兌貨, v. 丨查貨, 丨 *toúi hó*, *v.* 丨 *tch'â hó*, changer, assortir des marchandises.

你的貨要丨過吓, *Gnì tĭ hó iaó* 丨 *kó há*, il faut assortir tes marchandises.

我的馬褂丨跟你, *Gò tĭ mà koúa* 丨 *kēn gnì*, je te troque mon pardessus (contre argent ou autre chose).

癲 *Tiēn*. Fou, toqué.

人老丨慷, *Jên laò* 丨 *tōng*, les vieux tombent en enfance.

老丨(v. 丨慷)了, *Laò* 丨 (*v.* 丨 *tōng*) *lò*, la vieillesse l'a fait tomber en enfance.

丨丨慷慷的, 丨丨 *tōng tōng tĭ*, qui radote, qui a un peu perdu la tête.

發丨, *Fă* 丨, devenir fou, avoir un accès de folie.

瘋丨, 丨狂, *Fōng* 丨, 丨 *k'oûang*. Voir *fōng*, *k'oûang*.

T'IĒN

天 *T'iēn.* Ciel (au pr. et au fig.); jour.

丨老爺, 丨 *laò iê*, nom donné par les payens au ciel regardé comme divinité.

喊丨, 丨不應, *Hàn* 丨, 丨 *poŭ ín*, il en appelle au ciel, le ciel reste sourd à sa voix.

丨曉得, 丨 *hiào tĕ*, le ciel le sait, en est témoin.

憑丨安命, *P'în* 丨 *gān mín*, à la volonté du ciel.

敬丨謝地, *Kín* 丨 *sié tí*, honorer le ciel et remercier la terre (expression payenne).

丨良, 丨 *leâng*, la conscience droite (telle qu'elle est donnée par le ciel).

丨年到了, 丨 *niên taó lò*, le nombre d'années fixé par le ciel est arrivé: il faut mourir.

丨主, 丨 *Tchòu*, le Maître du ciel, Dieu. (Le mot *t'iēn* tout seul étant superstitieux, il est défendu aux Chrétiens de s'en servir pour désigner Dieu.)

丨主保存你, 丨 *Tchòu paò ts'ên gnì*, que Dieu te garde, te protége.

同丨不同地, *T'ông* 丨 *poŭ t'ông tí*, nés du même père (ciel), pas de la même mère (terre).

他們是同丨丨的, *T'ā mên ché t'ông* 丨 丨 *tĭ*, ils descendent du même trisaïeul.

丨上還有丨, 丨 *cháng houân ieòu* 丨, *litt.* au-dessus du ciel il y a encore un autre ciel: il y a encore plus haut que lui, à qui on peut s'adresser pour obtenir justice.

看丨說話, *K'án* 丨 *chŏ houá*, (litt.) regarder le ciel et se décider: cela dépend du temps qu'il fera.

丨好, *v.* 丨色好, 丨 *haò*, *v.* 丨 *sĕ haò*, le ciel a belle apparence; le temps est beau.

丨黑的時候, 丨 *hĕ tĭ chê heóu*, à la nuit.

丨上的雀兒, 丨 *cháng tĭ ts'iŏ eûl*, les oiseaux du ciel.

丨河, 丨虹, 丨 *hô*, 丨 *káng*, la voie lactée, l'arc-en-ciel.

丨鍋, 丨 *kō*, réfrigérant de l'alambic chinois.

丨起雲, 丨 *k'ì iûn*, le ciel se couvre de nuages.

丨青, 丨窗, 丨 *ts'īn*; 丨 *ts'āng*, bleu de ciel; fenêtre pratiquée dans le toit.

丨邊, 丨 *piēn*, horizon du ciel.

清丨白日, 白丨家, *Ts'īn* 丨 *pĕ jĕ*; *pĕ* 丨 *kiā*, en plein jour; pendant le jour.

丨氣熱, 冷, 長, 短, 丨 *k'í jĕ*, *lèn*, *tch'âng*, *touàn*, la température est chaude, froide, les jours sont longs, courts.

今丨, 明(*v.* 來)丨, 後丨, 萬丨, 萬後丨, *Kīn* 丨, *mîn (v. lâi)* 丨, *heóu* 丨, *ouán* 丨, *ouán heóu* 丨, aujourd'hui, demain, après-demain, le jour qui suit après-demain, le 5ème jour.

昨丨, 前丨, 上前丨, *Tsŏ* 丨, *ts'iên* 丨, *cháng ts'iên* 丨, hier, avant-hier, le jour qui a précédé avant-hier.

一丨, 兩丨; 丨丨, *v.* 見丨, *ĭ* 丨, *leàng* 丨; 丨 丨, *v. kién* 丨, un jour, deux jours; chaque jour.

隔一丨, *Kĕ ĭ* 丨, à l'intervalle d'un jour, de deux jours l'un (voir *kĕ*)

一丨一夜, *ĭ* 丨 *ĭ ié*, un jour et une nuit.

一丨緩(*v.* 推)一丨, *ĭ* 丨 *houàn (v. t'ouī) ĭ* 丨, différer d'un jour à l'autre.

上半丨, 下半丨, *Cháng pán* 丨, *hiá pán* 丨, la 1ère, la 2e moitié du jour; le matin, le soir.

纔不(*v.* 沒)幾丨, *Ts'âi poŭ (v. mŏ) kì* 丨, récemment, il y a peu de jours.

過一丨算一丨, *Kó ĭ* 丨 *souán ĭ* 丨, vivre au jour le jour.

冬(*v.* 冷)丨, 夏(*v.* 熱)丨, 春丨, 秋丨, *Tōng (v. lèn)* 丨, *hiá (v. jĕ)* 丨, *tch'ouēn* 丨, *ts'ieōu* 丨, l'hiver (les jours froids), l'été (les jours chauds), le printemps, l'automne.

早一丨, 遲一丨, *Tsaò ĭ* 丨, *tch'ê ĭ* 丨, un jour plus tôt, un jour plus tard.

同一丨生的, *T'ông ĭ* 丨 *sēn tĭ*, nés le même jour.

丨燈，丨理，丨升丨，丨神，丨國，丨堂，丨變一時，丨亮起來，丨霧起了，丨下，晉丨下，丨棚，丨乾，丨井垻，丨露丨垻，丨到黑，丨花水，丨晴，丨陰，丨v. 陰陰丨，丨文，丨平，丨車，| *tēn*, | *lì*, *chēn* |, | *chên*, | *kouĕ·*, | *t'âng*, | *pién ĭ chê*, | *leáng k'ì lâi*, | *oú k'ì lò*, | *hiá*, *p'òu* | *hiá*, | *p'ông*, | *kān*, | *tsìn pá*, *loú* | *pá*, — | *taó hĕ·*, | *houa choùi*, | *ts'în*, | *v. īn īn* |, | *ouên*, | *p'în*, | *tch'ĕ·*, *etc*. Voir *tēn*, *lì*, *etc*.

添 *T'iēn*. Ajouter, augmenter.

丨錢，丨銀子，丨價錢，| *ts'iên*, | *in tsè*, | *kiá ts'iên*, ajouter au prix déjà offert.

要丨好多，*Iaó* | *haò tō?* combien faut-il donner en plus?

丨人，丨匠人，| *jên*, | *tsiáng jên*, ajouter au nombre d'hommes, d'ouvriers.

我不丨了，v. 沒得丨的，*Gò poŭ* | *lò*, *v. mŏ tĕ·* | *tĭ*, je n'ajoute plus rien au prix, je ne donne rien de plus.

丨飯來，| *fán lâi*, apporte (*litt.* ajoute), sers le riz (se dit au garçon d'auberge).

飯丨得好，*Fán* | *tĕ· haò*, on sert le riz à bonne mesure (à l'auberge).

落雨丨了兩寸水，*Lŏ iù* | *lò leàng ts'én choùi*, la pluie a fait augmenter l'eau de deux pouces.

丨炭，丨柴，| *t'án*, | *tch'âi*, ajouter du charbon, du bois, dans le foyer.

丨一个嬰孩，| *ĭ kó īn hiâi*, mettre au monde un enfant.

T'IÊN

田 *T'iên*. Rizière, champ de riz.

一股丨，一塊丨，*ĭ koù* |, *ĭ k'ouài* |, un ensemble de rizières, une rizière.

下丨，開丨，*Hiá* |; *k'āi* |, descendre dans la rizière; défricher pour faire des rizières.

垻丨，山丨，*Pá* |, *chān* |, rizières en plaine, rizières de montagne.

正冲丨，v. 正壠丨，v. 正溝丨，*Tchén tch'ōng* |, *v. tchén lông* |, *v. tchén keōu* |, rizières de vallée.

夾溝丨，*Kiă keōu* |, rizières resserrées entre des montagnes.

榜丨，v. 榜榜丨，*Pàng* |, *v. pàng pàng* |, rizières adossées aux collines.

飽(v. 堵，v. 貯)水丨，*Paò (v. toù, v. tchóu) choùi* |, rizières qui ne sont jamais à sec, qui gardent bien l'eau.

糊丨坎，*Foû* | *k'àn*, crépir avec de la boue la paroi intérieure du talus de la rizière.

丨肥，瘦，| *fêi*, *seóu*, les rizières sont grasses, maigres.

丨邊地界，| *piēn tí kiái*, limites des champs.

栽丨，*Tsāi* |, faire de la culture de rizières.

丨地(v. 土)案，| *tí (v. t'où) gán*, procès pour terrains.

冬水丨，*Tōng choùi* |, rizière où l'on garde l'eau après la récolte du riz.

丨頭活路，| *t'eôu hŏ loú*, travaux des rizières.

板丨，v. 穀樁丨，*Pàn* |, *v. koŭ tchoūang* |, rizières qui n'ont pas encore été labourées après la récolte.

丨大塊，| *tá k'ouài*, 乾丨，*kān* |, 秧丨，*iāng* |, 濫包丨，*lán paō* |, 犂丨，*lî* |, 耖丨，*tch'āo* |, 耙丨，*pá* |, 整丨，*tchèn* |, 丨面子，| *mién tsè*, 劏丨坎，*tch'ouàn* | *k'àn*. Voir *k'ouài*, *kān*, *etc*.

填 *T'iên*. Boucher, combler.

坑坑丨滿了，*K'ēn k'ēn* | *màn lò*, on a comblé les trous.

地皮子丨起來了，*Tí p'î tsè* | *k'ì lâi lò*, on a exhaussé l'emplacement (en comblant les vides).

拿石頭，土巴來丨，*Lâ chĕ t'eôu*, *t'òu pā lâi* |, combler avec des pierres, avec de la terre.

丨平，| *p'în*, égaliser un terrain en comblant les dépressions.

丨塞了，| *sĕ· lò*, on a comblé, bouché.

不該我丨他的賬, *Poŭ kāi gò* 丨 *t'a ti tcháng*, ce n'est pas à moi à payer ses dettes.

丨房, 丨命, 丨 *fâng*, 丨 *mîn*. Voir *fâng, mîn*.

甜 *T'iên*. Doux, sucré.

丨的, *mîn* 丨的, 丨 *ti*, *mîn* 丨 *ti*, sucré, très sucré.

丨酒, 丨 *tsieòu*, vin doux.

倒丨不丨, *Taó* 丨 *poŭ* 丨, douceâtre sans être sucré.

他的嘴巴子丨, *T'a ti tsoùi pa tsè* 丨, ses paroles sont mielleuses.

TIÈN

點 *Tièn*. Un peu, point; noter; heure; allumer; semer en lignes.

一丨水, 一丨酒, 一丨紙, *ĭ* 丨 *choùi*, *ĭ* 丨 *tsieòu*, *ĭ* 丨 *tchè*, un peu d'eau, de vin, de papier, etc.

一丨丨兒, *ĭ* 丨 丨 *eûl*, un tout petit peu.

這丨酒, 這丨事, *Tché* 丨 *tsieòu*, *tché* 丨 *sé*, ce peu de vin, cette petite affaire.

一丨都沒得, *ĭ* 丨 *toū mŏ tĕ*, il n'y a rien du tout.

找丨喫丨, *Tchào* 丨 *tch'ĕ* 丨, (litt.) gagner un peu, manger un peu: manger à mesure que l'on gagne.

他有丨惡, *T'a ieòu* 丨 *gŏ*, il est un peu méchant.

多丨, 少丨, 沒來頭, *Tō* 丨, *chaò* 丨, *mŏ lâi t'eôu*, un peu plus, un peu moins, il n'importe.

你慢丨, 快丨, *Gnì mán* 丨, *k'ouái* 丨, va plus lentement, va plus vite.

要人指丨, *Iáo jên tchè* 丨, il faut qu'on lui montre, qu'on lui donne des indications.

丨心, 丨 *sīn*, légère réfection; nom des pâtisseries en général.

丨關, 丨 *kouān*, se faire visiter à la douane.

紅丨丨, 黑丨丨, *Hông* 丨 丨, *hĕ* 丨 丨, point rouge, point noir.

丨書, 丨一个字, 丨 *choū*; 丨 *ĭ kó tsé*, ponctuer un livre; marquer d'un point un caractère.

丨一丨, v. 打一丨, v. 打一个丨丨, 丨 *ĭ* 丨, v. *tà ĭ* 丨, v. *tà ĭ kó* 丨 丨, faire un point au pinceau.

雨丨子, *Iù* 丨 *tsè*, gouttes de pluie.

丨箱子, 丨數, 丨 *siāng tsè*; 丨 *soú*, compter, noter le nombre de caisses; vérifier un nombre d'objets.

丨過一把連在, 丨 *kó, ĭ pà liên tsái*, j'ai compté, tout est au complet, rien ne manque.

有人丨他的水, *Ieòu jên* 丨 *t'a ti choùi*, il y a des gens qui le dénoncent secrètement (par ex. un voleur).

這架鐘只打丨子, *Tché kiá tchōng tchĕ (tchĕ) tà* 丨 *tsè*, cette horloge ne sonne que les heures.

半丨鐘, 一丨半鐘, *Pán* 丨 *tchōng*, *ĭ* 丨 *pán tchōng*, une demi-heure; une heure et demie.

兩丨零一刻, *Leàng* 丨 *lîn ĭ k'ĕ*, 2 heures un quart.

十二丨過了, *Chĕ eúl* 丨 *kó lò*, 12 heures sont passées, il est midi passé.

丨燃了; 丨亮, 火, 丨 *jân lò*; 丨 *leáng, hò*, c'est allumé. Voir *leáng, hò*.

丨蠟燭, 黃蠟, 丨 *lă tchoŭ, houâng lă*, allumer une chandelle, un cierge.

丨菜油, 丨 *ts'ái ieôu*, se servir d'huile de colza pour l'éclairage.

丨麥子, 包穀, 丨 *mĕ tsè, pāo koŭ, etc.*, semer en lignes du froment, du maïs.

丨聖水, 丨 *chén choùi*, 丨工, 丨 *kōng*, 丨團, 丨 *t'ouàn*, 丨名, 丨 *mîn*, 丨頭, 丨 *t'eôu*, 丨鹹水, 丨 *tàn choùi*. Voir *choùi, kōng, etc.*

典 *Tièn*. Règle, loi; bienfait.

丨當, 丨 *táng*, engager des objets au mont-de-piété.

經丨, 恩丨, 老丨. *Kīn* 丨, *guēn* 丨, *laò* 丨. Voir *kīn, guēn, laò*.

T'IÈN

舔 *T'ièn*. Lécher.

用舌頭丨, *Iông chĕ t'eôu* 丨, lécher avec la langue.

丨白糖，丨*pĕ· t'âng*, lécher du sucre.

大牛丨小牛，*Tá nieôu* 丨 *siào nieôu*, la vache lèche son veau.

老熊丨他的掌子，*Laò hiông* 丨 *t'a tĭ tchàng tsè*, l'ours se lèche les pattes (pour se nourrir l'hiver, dicton populaire).

虫丨了衣裳，*Tch'ông* 丨 *lò ī châng*, (litt.) les vers ont léché l'habit, c.-à-d. ont attaqué l'habit sans le percer.

TIÉN

電 *Tién*. Eclair, électricité.

丨光亂射，丨*kouāng louán ché·*, les éclairs brillaient de tous côtés.

暗室虧心神目如丨，*Gán chĕ k'oūi sīn, chén moŭ joŭ* 丨, on a beau rechercher le secret de sa maison pour faire le mal, l'œil de la Divinité y pénètre comme l'éclair (proverbe).

丨氣，丨*k'í*, électricité.

丨線，丨竿，丨*sién*, 丨 *kān*, fil, poteaux télégraphiques.

丨信，*v.* 丨報，丨*sín*, *v.* 丨 *páo*, télégramme.

得，放丨信，*Tĕ·, fáng* 丨 *sín*, recevoir, expédier un télégramme.

殿 *Tién*. Temple, palais.

聖母雪地丨，*Chén moù suĕ· tí* 丨, N.-D. des Neiges.

皇丨，*Houâng* 丨, palais impérial.

正丨，*Tchén* 丨, la partie la plus honorable d'une pagode.

店 *Tién*. Boutique, auberge.

一間丨子；開丨子，*ī kān* 丨 *tsè*; *k'āi* 丨 *tsè*, une boutique; ouvrir, tenir boutique.

酒丨，飯丨，*Tsieòu* 丨, *fán* 丨, débit de vin, débit de riz cuit.

落(*v.* 歇)丨子，*Lŏ (v. hiĕ·)* 丨 *tsè*, loger, coucher à l'auberge.

官丨，*Kouān* 丨，腰丨子，*iāo* 丨 *tsè*，茶丨，*tch'â* 丨，鹽丨，*iên* 丨，布丨，*poú* 丨，*etc.* Voir *kouān, iāo, etc.*

佃 *Tién*. Louer, affermer.

丨字，*v.* 丨約，丨*tsé*, *v.* 丨 *iŏ*, contrat de loyer, de ferme.

丨客，*v.* 丨戶，丨*k'ĕ·*, *v.* 丨 *foú*, locataire, fermier.

他來丨，我不丨跟他，*T'a lâi* 丨, *gò poŭ* 丨 *kēn t'ā*, il m'a demandé à affermer, à louer, j'ai refusé.

地方，房子丨不出去，*Tí fāng, fâng tsè* 丨 *poŭ tch'oŭ k'ú*, ne pas trouver de fermier pour des terres, de locataire pour une maison.

換丨，*v.* 丨約；換丨戶，*Houán* 丨, *v.* 丨 *iŏ*; *houán* 丨 *foú*, renouveler un contrat de loyer, de ferme; changer de locataire, de fermier.

退丨，*T'oúi* 丨, résilier le bail (en parlant du fermier).

押丨(*v.* 押租)，*Iá* 丨 *(v. iá tsoū)*, somme livrée par le locataire ou le fermier, comme garantie du payement du revenu.

安(取)押丨，*Gān (ts'ù) iă* 丨, fixer (exiger) une somme comme assurance.

丨錢，丨銀，丨*ts'iên*, 丨 *în*, prix du loyer en sapèques, en argent.

丨租不清，丨*tsoū poŭ ts'īn*, le loyer n'est pas payé régulièrement.

招丨，*Tchāo* 丨, donner à ferme: maison ou terrain à louer.

奠 *Tién*. Sacrifice pour les morts la veille de l'enterrement (superst.).

開丨，*K'āi* 丨, faire ce sacrifice.

喫加丨酒，*Tch'ĕ kiā* 丨 *tsieòu*, prendre part au festin de ce sacrifice.

丨儀，丨*gnî*, présent fait pour aider aux frais de ce sacrifice.

酒要丨點在地下，*Tsieòu iáo* 丨 *tièn tsái tí hiá*, il faut répandre quelques gouttes de vin à terre (pour remercier la terre): superstition.

簟 *Tién*. *v.* 丨子，*v.* 丨 *tsè*, natte grossière en bambou.

一根曬丨，*ī kēn cháï* 丨, une grande et grosse natte en bambou, pour sécher les grains.

鋪,裹晒 | , *P'oū, kò chái* | , étendre, rouler cette grosse natte.

一 | 蠶子, *ĭ* | *ts'ân tsè*, une natte couverte de vers à soie.

蠶子你喂幾 | , *Ts'ân tsè gnì oúi kì* | , combien élèves-tu de vers à soie? (litt. combien élèves-tu de pleines nattes de vers à soie?)

用 | 子搭棚棚, *Ióng* | *tsè tă p'ông p'ông*, faire une cabane, un abri avec des nattes.

墊 *Tién.* Caler; couvrir, couvrir un déficit.

桌子不平要 | 吓,要 | 穩,要 | 高點, *Tchŏ tsè poŭ p'în iáo* | *há, iáo* | *ouèn, iáo* | *kaō tién*, la table n'est pas d'aplomb, il faut la caler, la caler solidement, l'élever un peu.

| **在地下**, | *tsái tí hiá*, étendre par terre.

| **蓆子,草,板子**, | *sĭ tsè, ts'ào, pàn tsè*, étendre sur le sol une natte, de la paille, des planches.

| **坐**, | **睡**, | *tsó*, | *choúi*, mettre un coussin, un tapis ou autre chose de ce genre, sur un siége, ou un lit, pour s'asseoir, se coucher.

座 | ,椅 | , *Tsó* | , *ì* | , coussin ou tapis qu'on met sur un siége. Voir *ì*.

| **起脚看**, | *k'ì kiŏ k'án*, se lever sur la pointe des pieds pour regarder.

他有點 | 脚, *T'a ieòu tièn* | *kiŏ*, il boite un peu, en appuyant sur la pointe du pied.

今年生意不好要 | (v. 貼) 一塊多銀子, *Kīn niên sēn í poŭ haò, iáo* | *(v. t'iĕ·) ĭ k'ouài tō în tsè*, cette année le commerce va mal, je vais perdre un globule et plus d'argent.

這項錢你跟我 | 倒吓, *Tché· háng ts'iên gnì kēn gò* | *taò há*, avance pour moi cette somme, ce payement (je te rembourserai bientôt).

| **盖一筆賬**, | *kái ĭ pĭ tcháng*, payer une dette pour quelqu'un, sauf remboursement.

靛 *Tién.* Indigo.

打 | , *Tà* | , faire coaguler l'indigo dissous dans l'eau.

打不出 | , *Tà poŭ tch'oŭ* | , ne pouvoir le coaguler, l'extraire.

在釭子頭下 | , *Tsái kāng tsè t'eôu hiá* | , mettre l'indigo dans la cuve à teinture.

拿 | 喂釭子, *Lâ* | *oúi kāng tsè*, entretenir la cuve d'indigo.

| **凝緊了**, | *lín kìn lò*, l'indigo est coagulé.

| **染藍的,青的**, | *jàn lân tĭ, ts'īn tĭ*, l'indigo teint en bleu, en noir.

玷 *Tién.* Tache, déshonorer (style relevé).

至潔而無 | , *Tché kiĕ· eûl oû* | , très pur et sans tache.

| **辱聖教會**, | *joŭ chén kiáo hoúi*, déshonorer la Religion.

| **辱祖宗**, | *joŭ tsoù tsōng*, faire honte à ses ancêtres.

TIEOŬ

丢 *Tieoū.* Abandonner; laisser; perdre; quitter; jeter.

| **生意**, | *sēn í*, abandonner le commerce.

我不 | 天主, *Gò poŭ* | *T'iēn Tchòu*, je n'abandonnerai jamais Dieu.

地 | 荒了, *Tí* | *houāng lò*, la terre a été laissée en friche.

他死 | 了三个嬰孩, *T'ā sè* | *lò sān kó īn hiâi*, à sa mort, il a laissé 3 enfants.

| **一个信**, | *ĭ kó sín*, laisser une nouvelle a transmettre.

跟我 | 一句話, *Kēn gò* | *ĭ kú hóua*, laisse-moi une parole, une promesse.

| **在後頭**, | *tsái heóu t'eôu*, laisser en arrière (pour plus tard, ou en seconde ligne).

嘉定 | 在右手, *Kiā tín* | *tsái ieóu cheoù*, on laisse la ville de *Kiā tín* à droite.

我不 | 他, *Gò poŭ* | *t'ā*, je ne l'abandonnerai pas; ou bien, je lui en voudrai toujours.

| 手, | cheòu, lâcher prise (au propre et au figuré).

我 | 不得手, Gò | poŭ tĕ· cheòu, je ne puis pas quitter mon travail, je ne puis pas m'absenter.

我 | 不得;我 | 得一吓, Gò | poŭ tĕ·; gò | tĕ· ĭ há, je ne puis quitter, m'absenter; je puis quitter un instant.

我 | 不下來, Gò | poŭ hiá lâi, je ne puis y renoncer, je ne puis pas en prendre mon parti.

鴉片烟他 | 不脫, Iā p'ién iēn t'ā | poŭ t'ŏ, il ne peut se défaire de l'habitude de l'opium.

那些念頭一齊 | 開了, Lá sī nién t'eóu ĭ ts'î | k'ai lò, laisse de côté toutes ces pensées.

他捨不得 | , T'ā chè· poŭ tĕ· | , il ne peut se résoudre à quitter, à céder.

他纔 | 了一个嬰孩, T'a ts'âi | lò ĭ kó īn hiâi, il vient de perdre un enfant (il lui est mort un enfant).

| 鬆了; | 冷了, v. | 冷淡了, | sōng lò; | lèn lò, v. | lèn tán lò, il n'y tient plus guère; voir lèn.

你說得一句話我就 | 了, Gnì chŏ tĕ· ĭ kú hoúa, gò tsieóu | lò, si tu peux faire un serment, je renonce aussitôt à mes prétentions.

那个生意我 | 得有三百銀子, Lá kó sēn í gò | tĕ· icòu sān pĕ· în tsè, à ce commerce j'ai perdu 300 taëls.

| 了(v. | 落了)一个字, | lò (v. | lŏ lò) ĭ kó tsé, on a laissé de côté, on a oublié un caractère en écrivant.

爭點還要 | 命, Tsēn tièn houân iaó | mín, encore un peu, et j'y laissais la vie.

你各自 | 心, Gnì kŏ tsé | sīn, sois sans inquiétude.

你 | , | 跟你, Gnì | ; | kēn gnì, lâche, jette; je te jette, je t'abandonne (un objet).

| 石頭下來, | chĕ t'eóu hiá lâi, jeter des pierres en bas.

| 監, | kiēn, | 卡, | k'à, | 臉, | lièn, | 梭子, | sō tsè, | 一个憑據, | ĭ kó p'în kú. Voir kiēn, k'à, etc.

TĪN

丁 Tīn. Fort, robuste; un des caractères du cycle.

兵 | , Pīn | , les soldats.

門 | , Mên | , familiers du mandarin (vulgairement iĕ· mēn).

他 | 口重, T'ā | k'eòu tchóng, il a une nombreuse famille (les hommes se comptent par tīn, les femmes par k'eòu).

成了 | , Tch'ên lò | , il est devenu homme fait.

他是一个白 | , T'ā ché ĭ kó pĕ· | , il n'est pas globulé, c'est un homme du simple peuple.

| 對, v. | 梆, | toúi, v. | pāng, énergique, en plein, comme il faut.

太陽 | 對, T'ái iâng | toúi, le soleil donne dans toute sa force.

葯 | 對, Iŏ | toúi, ce remède est efficace.

你想的方子 | 對, Gnì siàng tĭ fāng tsè | toúi, les moyens que tu imagines sont excellents.

他做事好 | 梆, T'ā tsóu sé haò | pāng, il agit vigoureusement et durement.

碰倒 | 梆馬子, P'óng taò | pāng mà tsè, il a rencontré un terrible adversaire.

家 | , Kiā | , | 憂, | ieōu, | 香, | hiāng, 螞螞 | , mà mà | , 黃鸝 | , houâng lĭ | . Voir kiā, ieōu, etc.

叮 Tīn. v. | 噹聲, v. | tāng (v. táng) chēn, son de clochette ou autre son analogue.

敲得 | | 噹噹的, K'āo tĕ· | | tāng tāng tĭ, il fait un bruit de carillon.

疔 Tīn. Furoncle charbonneux, charbon.

生一个 | 瘡, Sēn ĭ kó | tch'oūang, il lui vient un furoncle charbonneux.

釘 Tīn. v. | 子, v. | tsè, clou, cheville.

鐵 | , 銅 | , 木 | , 竹 | , T'iĕ· | , t'ông | , mŏu | , tchŏu | , clou en fer, en cuivre, cheville en bois, en bambou.

靴丨,鞋丨,平丨子,螺螄丨, *Huē* 丨, *hâi* 丨, *p'în* 丨 *tsè, lô sē* 丨, clous pour bottes, pour souliers, à tête plate, à vis.

大門丨, v. 大門斗丨; 二門丨, v. 二門斗丨, *Tá mên* 丨, v. *tá mên teòu* 丨; *eúl mên* 丨, v. *eúl mên teòu* 丨, grands clous de 1er calibre; clous de 2eme calibre (pour les gonds de porte).

樓板丨, *Leôu pàn* 丨, clous à tête verticale qui se rabat, servant à clouer les planchers.

纔丨,墨毛丨,鼓丨, *Mĭ* 丨, *mĕ mâo* 丨, *koù* 丨, clous petits et minces, clous encore plus petits, petits clous à tête plate.

馬掌丨, *Mà tchàng* 丨, clous à ferrer les chevaux.

取,鏾,剃丨子, *Ts'ù, k'eōu, tiāo* 丨 *tsè*, arracher des clous, les arracher avec des tenailles, au ciseau.

挺丨子, *T'ìn* 丨 *tsè*, faire sortir les clous en frappant la pointe.

好鐵不打丨子, *Haò t'iĕ poŭ tà* 丨 *tsè*, on ne se sert pas de bon fer pour fabriquer des clous (au pr. et au fig.).

釘丨子,掩倒丨子, *Tín* 丨 *tsè; ièn taò* 丨 *tsè*, enfoncer des clous; les river.

丨子穿了,出頭了, 丨 *tsè tch'oūan lò, tch'ōu t'eôu lò*, le clou traverse, sort de l'autre côté.

鑽眼引丨子, *Tsouán ièn ìn* 丨 *tsè*, faire un trou à la vrille, pour enfoncer plus facilement un clou.

丨子鬆了, 丨 *tsè sōng lò*, le clou ne tient pas solidement.

丨封, 丨 *fōng*, dépêche qui renferme l'ordre d'exécution d'un criminel.

丨鞋,丨鎚, 丨 *hâi*, 丨 *tch'oûi*. Voir *hâi, tch'oûi*.

T'ĪN

廳 *T'īn*. Salle principale, cour judiciaire.

下丨, v. 丨房, *Hiá* 丨, v. 丨 *fâng*, corps de bâtiment qui suit la porte d'entrée, et qui est comme le vestibule du bâtiment principal.

丨官, v. 捕丨, 丨 *koūan*, v. *poù* 丨, petit mandarin suppléant du *tcheōu* ou du *hién*, chargé spécialement des prisons.

丨, titre de certaines villes frontières, plus élevées que le *hién*, moins élevées que le *foù*, avec administration spéciale, par ex:

敘永丨, *Sú iùn* 丨, nom d'une ville frontière au *Sutchuen*.

開丨子, *K'āi* 丨 *tsè*, ouvrir une maison de jeu avec patente.

客丨,花丨, *K'ĕ* 丨, *hoūa* 丨. Voir *k'ĕ, hoūa*.

TÍN

睼 *Tín (tín)*. v. 丨倒看, v. 丨 *taò k'án*, regarder fixement.

你丨我嗏子, *Gnì* 丨 *gò chá tsè?* qu'as-tu à me fixer ainsi?

T'ÎN

亭 *T'în*. Kiosque, belvédère.

涼丨子, *Leâng t'în tsè*, pavillon ouvert où l'on prend le frais.

八角丨, *Pă kŏ* 丨, kiosque octogonal.

停 *T'în*. Cesser, s'arrêter.

丨兩天工, 丨 *leàng t'iēn kōng*, arrêter l'ouvrage, se reposer pendant 2 jours, faire une retraite de 2 jours (voir *kōng*).

丨工日子, 丨 *kōng jĕ tsè*, jour de repos.

鐘,表丨了, *Tchōng, piào* 丨 *lò*, l'horloge, la montre s'est arrêtée.

脚不丨手不住, *Kiŏ poŭ* 丨, *chèou poŭ tchóu*, (litt.) toujours à remuer les pieds et les mains, toujours à travailler.

我在這裡要丨住幾天, *Gò tsái tché lì iaó* 丨 *tchóu kì t'iēn*, il faut que je m'arrête ici quelques jours.

飯喫了要消丨吓, *Fán tch'ĕ lò, iaó siāo* 丨 *há*, après le repas il faut se reposer un peu, faire la digestion.

說丨當了, *Chŏ* 丨 *táng lò*, c'est convenu, arrêté.

要算丨當, *Iaó souán* 丨 *táng*, il faut bien compter, bien prendre ses mesures.

主意還沒有打丨當, *Tchòu í houân mŏ ieòu tà* \| *táng*, son projet n'est pas encore bien arrêté.

霆 *T'în.* v. **雷丨**, v. *loûi* \|, bruit du tonnerre.

庭 *T'în.* Intérieur de la maison.

家丨, *Kiā* \|, intérieur de la famille.

廷 *T'în.* Palais impérial.

朝丨的事, *Tch'âo* \| *tĭ sé*, les affaires du gouvernement.

鋌 *T'în.* v. **丨子**, v. \| *tsè*, tige de fer (du rouet), sur laquelle s'enroule le fil.

丨包兒, \| *paō eûl*, fil enroulé sur cette tige.

TÌN

鼎 *Tìn.* Marmite ronde à trois pieds (voir **鍋** *kō*).

頂 *Tìn.* Particule numérale des bonnets; sommet, superlatif; prendre la place de; assurer; en opposition.

一丨帽子, 一丨轎子, *ĭ* \| *máo tsè*, *ĭ* \| *kiáo tsè*, un bonnet, une chaise à porteurs.

丨子, v. **丨戴**, \| *tsè*, v. \| *tái*, globule ou bouton d'honneur; insigne qui se porte au haut du chapeau de cérémonie.

紅, 藍, 水晶, 銅丨子, *Hông, lân, choùi tsīn, t'ông* \| *tsè*, globule rouge (en corail), bleu, de cristal, en cuivre.

摘了他的丨子, *Tsĕ lò t'ā tĭ* \| *tsè*, on lui a enlevé son globule, on l'a dégradé.

在丨丨上, 上丨, *Tsái* \| \| *cháng; cháng* \|, au sommet; monter au sommet.

房子, 腦膉丨丨上, *Fâng tsè, laò k'ŏ* \| \| *cháng*, au sommet de la maison, de la tête.

丨大的, 丨好的, \| *tá tĭ*, \| *haò tĭ*, ce qu'il y a de plus grand, de meilleur.

丨人家的名字, \| *jên kiā tĭ mîn tsé*, se présenter sous le nom d'autrui.

我這个會丨跟你, *Gò tché kó hoúi* \| *kēn gnì*, je te vends mes droits sur cette société.

他的生意丨跟人家去了, *T'ā tĭ sēn í* \| *kēn jên kiā k'ú lò*, il a vendu son commerce à un autre.

我來丨, *Gò lâi* \|, je prends, j'achète cette place.

教宗丨聖伯多祿的位, *Kiáo tsōng* \| *chén Pĕ tō loŭ tĭ oúi*, le Pape tient la place, est le successeur de S. Pierre.

丨約, \| *iŏ*, contrat d'achat d'une maison (à l'exclusion de l'emplacement).

丨一个房子, \| *ĭ kó fâng tsè*, acheter la maison seulement, sans l'emplacement.

打丨馬, *Tà* \| *mà*, suivre ou précéder à cheval un cortége, pour faire honneur.

丨頭, v. **丨首**, \| *t'côu*, v. \| *cheòu*, somme livrée par un locataire ou un fermier, en garantie du payement du loyer ou du revenu.

加丨首短租, *Kiā* \| *cheòu touàn tsōu*, élever la somme d'assurance, et diminuer (en proportion) le revenu ou le loyer.

丨首重了收不倒好多租, \| *cheòu tchóng lò, cheōu poŭ taò haò tō tsōu*, la somme d'assurance est trop forte, on ne retire plus guère de revenu.

退丨首加租, *T'oúi* \| *cheòu kiā tsōu*, rendre au fermier une partie de l'assurance, pour augmenter le fermage.

丨嘴, \| *tsoùi*, riposter dans une dispute.

我丨他幾句, *Gò* \| *t'ā kì kú*, je lui ai lancé quelques mots tout droit à son adresse.

就是他在中間丨起, *Tsieóu ché t'ā tsái tchōng kiēn* \| *k'ì*, c'est lui qui fait opposition à cette affaire.

事丨眞了, *Sé* \| *tchēn lò*, l'affaire est devenue sérieuse, c'est pour tout de bon.

話丨了眞, *Houá* \| *lò tchēn*, les paroles deviennent sérieuses.

他們是丨起的, *T'ā mên ché* \| *k'ì tĭ*, ils sont en opposition, en inimitié.

戴丨子, *Tái* \| *tsè*, **頭品丨戴**, *t'côu p'ìn* \| *tái*, **冒名丨姓**, *máo mîn* \| *sín*, **丨冠執杖**, \| *kouān tchĕ tcháng*, **太陽當丨**, *t'ái iâng tāng* \|. Voir *tái, maó, etc.*

T'ÌN

挺 *T'ìn*. Arracher, faire sortir en frappant.

丨牙齒, 丨釘子, 丨*iâ tch'è;* 丨*tīn tsè*, casser les dents (voir *iâ*). Voir *tīn*.

丨鬆了, 丨*sōng lò*, c'est ébranlé par les coups.

丨落了, *v.* 丨脫了, 丨*lŏ lò, v.* 丨*t'ŏ lò*, c'est tombé sous les coups.

丨不出來, 丨*poŭ tch'oŭ lâi*, ne pouvoir faire sortir en frappant.

TÍN

釘 *Tín*. Clouer, fixer, coudre.

丨門, 丨樓板, 丨*mên*, 丨*leôu pàn*, clouer (fixer) une porte, un plancher.

丨死了, 丨*sè lò*, c'est cloué à demeure; il est mort cloué.

丨捱了, 丨*gâi lò*, c'est cloué à demeure.

丨穩, 丨爆了, 丨*ouèn;* 丨*páo lò*, clouer solidement; le clou a fait éclater le bois.

丨不下去, 丨*poŭ hiá k'ú*, ne pouvoir enfoncer.

裝丨一本書, *Tchouāng* 丨*ĭ pèn choū*, brocher un livre.

秤丨一了, *Tch'én* 丨*ĭ lò*, la romaine est accordée, elle est juste.

拿石頭來丨, *Lâ chĕ t'eôu lâi* 丨, attaquer à coups de pierre.

丨一根 (*v.* 一條) 蛇, 丨*ĭ kēn (v. ĭ t'iâo) chê*, attaquer un serpent à coups de pierre.

丨釘子, 丨帶子, 丨鈕子, 丨*tīn tsè*, 丨*tái tsè*, 丨*nieoù tsè*. Voir *tīn, tái, nieoù*.

定 *Tín*. Certain, sûr, fixer, sur commande.

一丨 (*v.* 必丨) 是眞的, *ĭ* 丨 *(v. pĭ* 丨*) ché tchēn tĭ*, c'est absolument vrai.

不得 (*v.* 沒得) 一丨, *v.* 未丨, *Poŭ tĕ (v. mŏ tĕ) ĭ* 丨, *v. oúi* 丨, ce n'est pas sûr.

丨不倒, 丨*poŭ taò*, je ne puis pas assurer: c'est incertain.

估 (*v.* 料) 不丨的事, *Koù (v. leáo) poŭ* 丨 *tĭ sé*, affaire qu'on ne peut prévoir d'une manière certaine.

丨時候, 地頭, 丨*ché heóu, tí t'eôu*, déterminer le temps, le lieu.

沒有丨那一天, *Mŏ ieòu* 丨 *là ĭ t'iēn*, il n'a pas déterminé le jour.

要丨數, *Iáo* 丨 *sóu*, il faut déterminer le nombre.

丨錢, 丨*ts'iên*, arrhes.

丢 (*v.* 交) 五十个丨錢, *Tieōu (v. kiāo) où chĕ kó* 丨 *ts'iên*, donner 50 sapeques d'arrhes.

沒丨處, *Mŏ* 丨 *tch'óu*, il n'y a pas de lieu déterminé.

丨補贖, 丨*poù choŭ*, imposer une satisfaction déterminée.

丨罪, 丨*tsoúi*, déterminer le délit, la peine.

丨規矩, 丨規, 丨*koūi kù;* 丨*koūi*, établir des règles; règle établie.

拿丨主意, *Lâ* 丨 *tchòu í*, faire un ferme propos.

我主意丨了, *Gò tchòu í* 丨 *lò*, ma résolution est arrêtée.

丨貨, 丨一千瓦, 丨*hó*, 丨*ĭ ts'iēn ouà*, retenir des marchandises, un millier de tuiles.

打丨約, *Tà* 丨 *iŏ*, faire un contrat, par lequel on s'engage à acheter.

隨神父丨奪, *Soûi chên foú* 丨 *t'ŏ*, comme le Père voudra décider.

丨要, 丨*iáo*, vouloir absolument.

丨一件事, 丨*ĭ kién sé*, décider une affaire.

丨一端道理, 丨*ĭ touān táo lì*, définir un article de doctrine.

丨做, 丨*tsóu*, faire faire sur commande.

丨做一雙鞋, 丨*tsóu ĭ chouāng hâi*, commander une paire de souliers.

丨親, 丨*ts'īn*, faire les fiançailles.

下丨 (*v.* 聘), *Hiá* 丨 *(v. p'ín)*, porter les présents d'usage pour les fiançailles.

丨子, 打丨子, 丨*tsè, tà* 丨 *tsè*, poing; se battre à coups de poing.

丨更炮, 丨案, 丨敃, 丨*kēn p'áo*, 丨*gán*, 丨*kài*. Voir *kēn, gán, kài*.

錠 *Tín*. Morceau d'argent semi-sphérique pesant environ 10 onces.

一丨銀子, *ĭ* | *în tsè*, un morceau d'argent de cette forme et de ce poids.

T'ÍN

聽 *T'ín*. Entendre, écouter, comprendre, obéir.

丨見 (*v.* 丨倒) 說, | *kién (v.* | *taò) chŏ*, j'ai ouï dire.

丨得點, | *tĕ· tièn*, il entend un peu.

丨不明白, *v.* 不清楚, | poŭ mîn pĕ·, *v.* poŭ ts'în ts'òu, je n'entends pas clairement.

我丨清楚了, *Gò* | *ts'în ts'òu lò*, j'ai bien entendu, bien compris.

丨錯了, 丨反了, | *ts'ó lò*, | *fàn lò*, il a entendu, compris de travers, à rebours.

好生丨(*v.* 丨倒), *Haò sēn* | (*v.* | *taò*), écoute bien.

打丨, *v.* 丨信, *Tà* |, *v.* | *sín*, aller aux écoutes, aux informations.

好丨, 不好丨, *Haò* |, *poŭ haò* |, agréable, désagréable à entendre ou comme son, s'il s'agit de musique; ou comme sens, s'il s'agit de paroles.

說得好丨, *Chŏ tĕ· haò* |, c'est dit d'une manière agréable, flatteuse; ce sont de belles paroles (et rien de plus).

我丨不得 (*v.* 不來) 這宗的話, *Gò* | *poŭ tĕ· (v. poŭ lâi) tché· tsōng tĭ hóua*, je ne puis entendre de telles paroles.

你說的話不受丨, *Gnì chŏ tĭ hóua poŭ cheóu* |, ce que tu dis là n'est pas admissible, cela offense les oreilles.

你丨我說, 勸, *Gnì* | *gò chŏ*, *k'uén*, laisse-moi dire, écoute mes avis.

我說, 講跟你丨, *Gò chŏ*, *kiàng kēn gnì* |, (litt.) je te dis, je t'explique pour que tu entendes: je vais te dire, t'expliquer.

我說他不丨, *Gò chŏ t'a poŭ* |, je le prêche, mais il ne m'écoute pas, il ne tient pas compte de mes paroles.

我跟他說紅黑丨不進去, *Gò kēn t'a chŏ*, *hông hĕ·* | *poŭ tsín k'ú*, j'ai beau le prêcher, mes paroles ne font pas impression sur lui.

他不丨說, *T'a poŭ* | *chŏ*, il n'écoute rien, il est désobéissant.

丨天主的命, | *T'iēn Tchòu tĭ mín*, obéir à Dieu.

葯丨了不要換, *Iŏ* | *lò poŭ iáo houán*, quand le remède produit un bon effet, il ne faut pas le changer.

丨信了, | *sín lò*, il a cru à ce qu'on lui disait.

丨商量, 丨彌撒, 丨告解, | *chāng leâng*, | *mî sá*, | *kaó kiài*. Voir *chāng*, *mî*, *kaó*.

TŌ

多 *Tō*. Beaucoup, très, plus, trop.

喫得丨; 丨喫點; 喫丨了, *Tch'ĕ tĕ·* |; | *tch'ĕ tièn*; *tch'ĕ* | *lò*, il peut manger beaucoup; mange un peu plus; il a trop mangé.

丨大, 丨高, 丨遠, | *tá*, | *kaō*, | *iuèn*, très grand, très haut, très loin.

好丨人, *Haò* | *jên*, beaucoup d'hommes; combien d'hommes? (voir *haò*.)

門弟甚丨, *Mên tí chén* |, beaucoup de disciples.

太丨了, *v.* 太丨狠了, *T'ái* | *lò*, *v. t'ái* | *hèn lò*, il y en a par trop.

這樣丨, *v.* 那樣丨, *Tché· iáng* (pop. *tchóng*) |, *v. lá iáng* (pop. *láng*) |, tant que cela.

沒得那樣 (*v.* 這樣) 丨, *Mŏ tĕ· lá iáng (v. tché· iáng)* |, il n'y en a pas tant que cela.

丨要幾个人, | *iáo kì kó jên*, il faut quelques hommes de plus.

我不敢丨要, *Gò poŭ kàn* | *iáo*, je n'oserais pas exiger plus qu'il ne faut.

你出好丨我也出好丨, *Gnì tch'oŭ haò* |, *gò ì tch'oŭ haò* |, autant tu en donneras, autant j'en donnerai.

一百丨, 一百丨點, *ĭ pĕ·* |, *ĭ pĕ·* | *tièn*, cent et plus, cent et un peu plus.

争一點不 | , *Tsēn ĭ tièn poŭ* | , il manque peu de chose.

| **一點**, | **一斤**, | **一半**, | *ĭ tièn*, | *ĭ kīn*, | *ĭ pán*, un peu plus, une livre en plus, la moitié en plus.

不得 | , *Poŭ tĕ* | , il n'y en a pas trop, il ne saurait trop y en avoir.

| **不得**, | *poŭ tĕ*, il n'en faut pas trop.

有 | **的沒得**, *Ieòu* | *tĭ mŏ tĕ?* y en a-t-il de reste?

| **少**, | *chào*, | **寡**, | *kouà*, **不嫌** | , *poŭ hiên* | , | **半**, | *pán*, **好** | **點**, *haò* | *tièn*, **好得** | , *haò tĕ* | , **幾** | , *kì* | , | **久**, | *kieoù*, | **得狠**, | *tĕ hèn*, | **些**, | *sī*, | **謝**, | *siĕ*, **心** | , *sīn* | , | **事的人**, | *sé tĭ jên*, **人** | **話** | , *jên* | *hóua* | . Voir *chào*, *kouà*, *hiên*, *pán*, *etc*.

朶 *Tō (tò)*. Oreille (voir *eùl* **耳**).

T'Ō

拖 *T'ō*. Tirer de force, entrainer.

| (*v*. **拉**) **船**, | (*v. lā*) *tch'ouân*, tirer une barque.

| **他來**, | *t'a lâi*, tire-le, amène-le de force.

| **不起走**, | *poŭ k'ì tseòu*, ne pouvoir entraîner après soi.

| **石頭**, | **炭**, | *chĕ t'eôu*, | *t'án*, tirer des pierres, trainer du charbon hors de la mine.

兩个打架沒人 | **開**, *Leàng kó tà kiá, mŏ jên* | *k'āi*, les deux se battent, et personne ne vient les séparer.

| **盖房子**, | *káì fâng tsè*, couvrir une maison en espaçant (en tirant) les tuiles le plus possible.

| **鋪盖**, | *p'oū kái*, tirer la couverture sur soi.

他 | **起三个娃娃**, *T'a* | *k'ì sān kó oûa oûa*, il est embarrassé de 3 enfants.

| **延**, **他儘** | **不還賬**, | *iên; t'a tsìn* | *poŭ houân tcháng*, retarder, différer; il diffère indéfiniment le payement de ses dettes.

我 | **你上省**, *Gò* | *gnì cháng sèn*, je te ferai aller jusqu'à la capitale (de la province), pour ce procès.

官司儘 | , *Kouān sē tsìn* | , prolonger indéfiniment un procès.

| **累**, | *loùi*. Voir *loui*.

T'Ô

庹 *T'ô*. Brasser, mesurer à la brasse.

| **一** | , | *ĭ* | , mesurer une brasse.

兩 | | **不過**, *Leàng* | | *poŭ kó*, on ne peut mesurer en 2 brasses: il y a plus de 2 brasses.

駝 *T'ô*. Chameau (voir *lŏ* **駱**).

佗 *T'ô*. Bosse, bossu.

| **子**, *v*. | **背子**, | *tsè*, *v*. | *péi tsè*, bossu.

他背有點 | , *T'a péi ieòu tièn* | , il a le dos un peu vouté, il est un peu bossu.

| **僧**, | *sēn*, litharge.

沱 *T'ô*. Anse de fleuve aux eaux tranquilles, et profondes.

| **田**, | *t'iên*, grande rizière dont l'un des talus est fortement arqué.

回水 | , *Hoûi choùi* | . Voir *choùi*.

馱 *T'ô*. Porter à dos d'animal (voir *tó*).

| **子**, | **馬**, | **牛**, | *tsè*; | *mà*, | *nieôu*, animal chargé; cheval, bœuf employé à porter.

| **炭**, | **米**, | *t'án*, | *mì*, porter du charbon, du riz (se dit des animaux).

砣 *T'ô*. Masse, poids.

坭巴 | | , *Gnî pā* | *t'ô*, masse de terre.

揉成 | | , *Joûa tch'ên* | *t'ô*, pétrir en boule, en une masse.

鐘 | , **秤** | , *Tchōng* | , *tch'én* | , poids d'horloge, poids d'une romaine.

肉 | **子**, **一** | **肉**, *Joŭ* | *tsè*, *ĭ* | *joŭ*, morceaux de viande, un gros morceau de viande.

碾 |, v. 輥 |, — | 黄蠟, *Nièn* |, *v. kouèn* |, *ĭ* | *houâng lă*. Voir *nièn*, *lă*.

TÒ

朶 *Tò*. Particule numérale des fleurs, des nuages.

一 | 花, 一 | 雲, *ĭ* | *houā*, *ĭ* | *iûn*, une fleur, un nuage.

躲 *Tò*. *v.* | 避, *v.* | *pí*, éviter, fuir.

你 | (*v.* | 避) 吓, *Gnì* | (*v.* | *pí*) *há*, évite, cache-toi un peu.

| |, | |, cri des muletiers pour faire garer leurs bêtes.

| 得倒, | 不倒, | *tĕ· taò*, | *poŭ taò*, pouvoir, ne pouvoir éviter.

| 不開, | 不脫, | *poŭ k'āi*; | *poŭ t'ŏ*, ne pouvoir décliner, ne pouvoir fuir; ne pouvoir échapper.

他沒法 | 了, *T'ā mŏ fă*, | *lò*, n'ayant plus de moyen de s'en tirer, il s'est caché, ou il a pris la fuite.

| 客, | 生, | *k'ĕ·*; | *sēn*, fuir ses hôtes; se cacher pour éviter de fêter son anniversaire.

扯 | 子, *Tch'è·* | *tsè*, invoquer de faux prétextes.

| 仗火, | *tcháng hò*, | 賬, | *tcháng*, | 懶, | *làn*, | 雨, | *iù*, | 學, | *hiŏ*. Voir *tcháng*, *etc.*

垛 *Tò*. Cible.

射 | 子, *Ché·* | *tsè*, tirer à la cible.

城墻 | 子, *Tch'ên ts'iâng* | *tsè*, créneaux des murs de la ville.

T'Ò

妥 *T'ò*. En repos, en sûreté.

這樣不 | 當, *v.* 不 | 帖, *Tché· iáng poŭ* | *táng*, *v.* *poŭ* | *t'iĕ·*, de cette façon ce n'est pas sûr.

| 實人, | *chĕ jên*, homme fidèle, sur qui on peut compter.

人不 | 實, *Jên poŭ* | *chĕ*, l'homme n'est pas sûr.

撱 *T'ò*. Tomber, traîner.

衣裳長 | | 的, *ĭ chāng tch'âng* | | *tĭ*, l'habit est long au point de traîner par terre.

事還是 | 起的, *Sé houân ché* | *k'ì tĭ*, l'affaire est encore en suspens.

TÓ

馱 *Tó*. Charge de bête de somme.

一 | 煤炭, 米, 錢, *ĭ* | *mêi t'án*, *mì*, *ts'iên*, une charge de charbon, de riz, de sapèques.

馬 | 子, 邀 | 子, *Mà* | *tsè*; *iāo* | *tsè*, charge de cheval; conduire des bêtes chargées.

放 | 子, *Fáng* | *tsè*, conduire, louer des bêtes de transport.

貨要發 | 子, *Hó iaó fă* | *tsè*, il faut expédier les marchandises à dos d'animaux.

惰 *Tó*. Paresse.

不要懶 |, *Poŭ iaó làn* |, ne fais pas le paresseux.

舵 *Tó*. Gouvernail.

掌 |, *v.* 拿 |, *Tchàng* |, *v.* *lâ* |, tenir le gouvernail (au pr. et au fig.).

這場官司是他掌 | 的, *Tché· tch'âng kouān sē ché t'ā tchàng* | *tĭ*, dans ce proces c'est lui qui mène tout.

TŎ

掇 *Tŏ*. Pousser, exciter.

| 一个洞, | *ĭ kó tóng*, faire un trou en poussant avec le doigt ou un bâton.

| 他一刀, | *t'ā ĭ taō*, donner un coup à quelqu'un avec la pointe d'un couteau.

把門 | 開, *Pà mên* | *k'āi*, ouvre la porte en poussant.

紙 | 爛了, *Tchè* | *lán lò*, le papier (par ex: de la fenêtre) a été troué.

| 他出來, | *t'ā tch'ŏu lâi*, fais-le sortir (en le piquant, par ex. avec un bâton).

你不要去 |, *Gnì poŭ iaó k'ú* |, ne va pas l'exciter.

是他｜起來的, *Ché t'a ｜ k'ì lâi tĭ*, c'est lui qui l'a excitée (cette affaire, cette brouille).

十个說客當不住一个｜客, *Chĕ kó chŏ k'ĕ· táng poŭ tchoú ĭ kó ｜ k'ĕ·*, dix hommes parlant bon sens ne peuvent tenir tête à un seul brouillon.

奪 *Tŏ (v. t'ŏ)*. Enlever de force; décider.

把衣裳跟他搶｜了, *Pà ī chàng kēn t'a ts'iàng ｜ lò*, on lui a enlevé ses habits par force.

順手把刀｜過來了, *Chouén cheòu pà taō ｜ kó lâi lò*, d'un tour de main il lui a enlevé son couteau (dans une rixe).

定｜, 懸｜, *Tín ｜; p'iĕ· ｜*, fixer, déterminer (voir *tín*); voir *p'iĕ·*.

T'Ŏ

鐸 *T'ŏ (tŏ)*. Clochette.

木｜, *Moŭ ｜*, clochette de bois, dont se servaient les sages de l'antiquité, pour appeler le peuple à écouter leur doctrine.

｜德, 司｜, *｜ tĕ·; sē ｜*, nom du prêtre catholique dans les livres chrétiens; voir *sē*.

脫 *T'ŏ*. Enlever, ôter, quitter; calquer.

跟他｜衣裳, *Kēn t'a ｜ ī chàng*, enlève-lui ses habits.

｜得乾乾淨淨, *｜ tĕ· kān kān tsín tsín*, il a été complètement dépouillé.

｜馬褂, 鞋, *｜ mà kouá, hâi*, quitter son pardessus, ses souliers.

｜一層皮, *｜ ĭ ts'ên p'î*, perdre sa peau, changer de peau (voir *p'î*).

扯｜了, *Tch'è· ｜ lò*, c'est arraché, enlevé.

賣不｜, *Mái poŭ ｜*, ne pouvoir vendre un objet.

｜不倒手, *｜ poŭ taò cheòu*, ne pouvoir se débarrasser les mains d'un objet, n'être pas libre.

丢｜了, *Tieōu ｜ lò*, je l'ai quitté, je m'en suis défait.

錢出｜了, *Ts'iên tch'ŏu (v. tch'ŏ) ｜ lò*, il a perdu toutes ses sapèques.

我｜了担子, *Gò ｜ lò tán tsè*, je me suis déchargé, j'ai fait mon devoir.

｜不倒病, 病還沒有｜體, *｜ poŭ taò pín; pín houân mŏ ieòu ｜ t'ì*, ne pouvoir se défaire d'une maladie; la maladie n'a pas entièrement disparu.

｜不倒 (v. 下) 情, *｜ poŭ taò (v. hiá) ts'în*, ne pouvoir se défaire du respect humain, ou bien ne pouvoir s'affranchir du devoir de la reconnaissance.

退不｜, v. 縷不｜, *T'oúi poŭ ｜, v. leŭ poŭ ｜*, ne pouvoir se décharger, se débarrasser d'une affaire.

推 (v. 辭) 不｜, *T'oūi (v. ts'ê) poŭ ｜*, ne pouvoir s'excuser, faire agréer un refus.

走｜了, *Tseòu ｜ lò*, il s'est échappé.

｜字, ｜像, *｜ tsé, ｜ siáng*, décalquer une lettre, une image.

｜毛, ｜ *mâo*, ｜殼, ｜ *k'ŏ*, 洗不｜, *sì poŭ ｜*, 足｜了, *kí ｜ lò*, ｜肛, ｜ *kāng*. Voir *mâo, etc.*

託 *v.* 托 *T'ŏ. v.* ｜付, *v.* ｜ *foú*, recommander, confier.

｜付自己與天主, ｜ *foú tsé kì iù T'iēn Tchòu*, se recommander à Dieu.

我｜付你幫我看舖子, *Gò ｜ foú gnì pāng gò k'án p'óu tsè*, je te prie de veiller sur ma boutique.

你｜備他帶這封書信, *Gnì ｜ pí t'a tái tché· fōng choū sín*, prie-le de porter cette lettre.

這件事我拜｜你幫个忙, *Tché· kién sé gò pái ｜ gnì pāng kó mâng*, je te prie de vouloir bien m'aider en cette affaire.

推｜, *T'oūi ｜*, s'excuser, chercher à refuser.

｜故, ｜ *koú*, apporter des prétextes.

我囑｜他幾句, *Gò tchòu ｜ t'a kì kú*, je lui ai fait quelques recommandations.

你｜跟他管, *Gnì ｜ kēn t'a kouàn*, confie-lui la direction, le gouvernement.

聖母瑪利亞罪人之｜, *Chén moù Mà lí ià tsoúi jên tchē ｜*, Vierge Marie, refuge des pécheurs.

TŌNG

東 *Tōng*. Est, Orient.

丨南西北, 丨 *lân sī pĕ·*, l'Est, le Sud, l'Ouest et le Nord.

無水不朝丨, *Oû choùi poŭ tch'âo* 丨, tous les fleuves (de Chine) coulent vers l'Est.

丨門, 丨 *mên*, porte de l'Est (la plus noble dans une ville).

丨方, 丨 *fāng*, côté, pays de l'Orient.

丨洋, 丨 *iâng*, le Japon (*litt.* mer Orientale).

丨京, 丨 *kīn*, le *Tonkin* (*litt.* capitale Orientale).

丨拉西扯, 丨 *la sī tch'è·*, (litt.) tirer à l'Est et à l'Ouest : tirer en sens divers.

丨走西跑, 丨 *tseòu sī p'aò*, aller à l'Est, à l'Ouest: courir de côté et d'autre.

喫丨道, *Tch'ĕ* 丨 *taó*, prendre part à un petit régal.

丨西, 丨 *sī*, choses.

丨家, 丨 *kia*, 山丨, *Chān* 丨, 廣丨, *Kouàng* 丨, 丨瓜, 丨 *kouā*. Voir *kia, etc.*

冬 *Tōng*, Hiver.

立丨, 丨至, *Lĭ* 丨; 丨 *tché*, commencement de l'hiver; solstice d'hiver.

丨不濕衣, 丨 *poŭ chĕ ī*, en hiver, on ne se mouille pas les habits (les pluies sont petites).

螞蟻子攢丨糧, *Mà ì tsè tsàn* 丨 *leâng*, les fourmis font leurs provisions d'hiver.

丨下, 過丨, 丨 *hiá*, *kó* 丨, en hiver, passer l'hiver.

丨菜, 丨 *ts'ái*, légume de sénevé confit au sel.

丨月, 丨 *iuĕ·*, 丨天, 丨 *t'iēn* (pop. 丨 *tch'ēn t'iēn*), 丨帽, 丨 *máo*, 莧菜, 丨 *hán ts'ái*, 丨笋, 丨 *sèn*. Voir *iuĕ·, etc.*

倲 *Tōng*. Stupide (voir 癲 *tiēn*).

T'ŌNG

通 *T'ōng*. Communiquer, perforer; comprendre; tout.

這條路丨成都, *Tché· t'iâo loú* 丨 *Tch'ên toū*, cette route mène à *Tch'ên toū*.

這條河丨那裡, *Tché· t'iâo hô* 丨 *là lì*? où conduit (communique) ce fleuve?

這方丨用毛錢, *Tché· fāng* 丨 *ióng mâo ts'iên*, dans ce pays les mauvaises sapèques ont cours.

丨寶, 丨 *paò*, objet précieux qui a cours partout: on donne ce nom à la sapèque, parce que ces deux caractères y sont gravés.

丨行的貨, 丨 *hîn tī hó*, marchandises qui ont cours partout.

不丨亮, *Poŭ* 丨 *leáng*, la lumière ne pénètre pas.

両个房圈是丨的, *Leàng kó fâng k'uēn ché* 丨 *tī*, les deux chambres communiquent.

他有丨司一路, *T'ā ieòu* 丨 *sē ī loú*, il a un interprète avec lui.

丨信, 丨 *sín*, communiquer des nouvelles.

差人跟强盗是丨的, *Tch'āi jên kēn k'iâng taó ché* 丨 *tī*, les satellites sont d'accord avec les voleurs.

要丨人家, *Iaó* 丨 *jên kiā*, il faut s'entendre avec autrui.

把話說丨了, *Pà hóua chŏ* 丨 *lò*, j'ai éclairci leurs difficultés, je les ai mis d'accord.

這个理不丨, *Tché· kó lì poŭ* 丨, ce raisonnement n'est pas admissible.

你大不丨理, *Gnì tá poŭ* 丨 *lì*, tu es bien déraisonnable.

說話不丨泰, *Chŏ hóua poŭ* 丨 *t'ái*, ne pas parler d'une manière claire, satisfaisante.

書他是滿丨的, *Chōu t'ā ché màn* 丨 *tī*, il entend parfaitement les livres.

我不丨蠻話, *Gò poŭ* 丨 *mân hóua*, je n'entends pas la langue des Barbares.

打丨, *v.* 鏤丨, *Tà* 丨, *v. leóu* 丨, perforer.

跑得 | 身大汗, *P'ào tĕ· | chēn tá hán*, (litt.) il a couru à en avoir tout le corps en sueur.

| 城都曉得, | *tch'ên toū hiào tĕ·*, toute la ville le sait.

| 功單, | *kōng tān*, | 功念經, | *kōng nién kīn*, | 知, | *tchē*, | 商, | *chāng*, | 商量, | *chāng leâng*, | 風, | *fōng*, 路不 |, *lóu poŭ* |, 大小便不 |, *tá siào pién poŭ* |, 烟竿不 |, *iēn kān poŭ* |, | 紅, | *hông*. Voir *kōng*, *tchē*, *etc*.

蓪

T'ōng. Aralie.

| 草, | *ts'ào*, *Aralia papyrifera*, dont la moelle est employée pour faire des fleurs. (Cette moelle découpée en lames minces est appelée papier de riz par les Européens.)

| 草花, | *ts'ào hoūa*, fleurs faites avec cette moelle.

泡 | (*v.* 桐) 樹, *P'áo* | (*v. t'ông*) *chóu*, arbre à bois léger, *Paulownia imperialis*.

T'ÔNG

桐

T'ông. Abrasin ou *Elæococca vernicifera*.

| 子樹, | *tsè chóu*, abrasin dont la noix fournit une excellente huile siccative.

| 子, | 油, | 枯, | *tsè*, | *ieôu*, | *k'oū*, noix de cet arbre. Voir *ieôu*, *k'oū*.

| 油石灰, | *ieôu chĕ hoūi*, mastic à la chaux et à l'huile de *t'ông ieôu*.

瓭

T'ông. Grandes tuiles semi-cylindriques.

| 瓦, | *ouà*, tuiles employées surtout pour couvrir le faîte des pagodes.

同

v. 仝 *T'ông*. Avec, de même, ensemble.

| 一天生 | 一天死, | *ĭ t'iēn sēn* | *ĭ t'iēn sè*, naître et mourir le même jour.

我們兩个是 | 年, | 月, *Gò mên leàng kó ché* | *niên*, | *iuĕ·*, nous sommes tous deux de la même année, du même mois.

隔里不 | 天, *Kĕ· lì poŭ* | *t'iēn*, à un *lì* de distance, il ne fait pas le même temps.

| 姓不得家門, | *sín poŭ tĕ· kiā mên*, ils sont du même nom, sans être parents.

| 行生意, | *hâng sēn í*, du même commerce.

| 房子坐, | *fâng tsè tsó*, habiter la même maison.

我們 | 過生意, *Gò mên* | *kó sēn í*, nous avons fait le commerce ensemble.

| 船過河, | *tch'ouân kó hô*, passer un fleuve (avec d'autres), dans la même barque.

你 | 倒他去, *Gnì* | *taò t'ā k'ú*, va avec lui.

| 鄉共井, | *hiāng kóng tsìn*, ceux qui sont tout à fait du même pays.

| 別人犯罪, | *piĕ· jên fán tsoúi*, pécher avec un complice.

强盜窩主都是 | 罪, *K'iâng taó ō tchòu toū ché* | *tsoúi*, les voleurs et les receleurs ont la même culpabilité, et sont passibles des mêmes peines.

這樣說, 事不 | 點, *Tché· iáng chŏ, sé poŭ* | *tièn*, d'après ces paroles, ce n'est plus tout à fait la même chose.

| 心合意, 合 |, 字 | 音不 |, | *sīn hŏ í*, *hŏ* |, *tsé* | *īn poŭ* |. Voir *hŏ*, *īn*.

銅

T'ông. Cuivre, alliage de cuivre.

生 | (*v.* 雞血), *Sēn* | (*v. kī hiĕ·*), cuivre brut.

紅 |, 黃 |, 白 |, *Hông* |, *houâng* |, *pĕ·* |, cuivre rouge, jaune, blanc.

| 打的, | 鑄的, | *tà tĭ*, | *táo tĭ*, fait en cuivre au marteau, coulé en cuivre.

| 匠, | 貨, | *tsiáng*, | *hó*, ouvrier en cuivre, articles en cuivre.

| 錢, | 燈, | *ts'iên*; | *tēn*, sapèque chinoise en cuivre; lampe en cuivre.

| 板, | *pàn*, plaque de cuivre.

| 廠, | *tch'àng*, | 壺, | *foû*, | 盆, | *p'ên*, | 鍋, | *kō*, | 瓢, | *p'iaô*, | 皮子, | *p'î tsè*, | 絲, | *sē*, 燒 | 銲, *chāo* | *hán*, | 綠, | *loŭ*. Voir *tch'àng*, *etc*.

海上絲綢之路文獻集成 科技與文化編

華西官話漢法詞典

筒 *T'ông.* v. | |, v. | |, tube, tuyau.

車一个 | |, *Tch'ē ĭ kó* |, faire une boîte cylindrique au tour.

筧水 |, *Kièn choùi* |, tube à conduire l'eau.

墨 |, *Mĕ·* |, encrier.

出 | 水, *Tch'oŭ* | *choùi*, (litt.) eau qui s'échappe d'un tuyau; eau qui se précipite avec impétuosité.

— | 樹子, *ĭ* | *chóu tsè*, une partie plus ou moins longue d'un tronc d'arbre.

樹子要鋸三 |, *Chóu tsè iáo kú sān* |, il faut scier ce tronc en 3 morceaux.

竹 | |, *Tchoŭ* | |, **紙煤 |**, *tchè mêi* |, **吹火 |**, *tch'oūi hò* |, **號 |**, *haó* |, **| 車**, | *tch'ē*, **花 |**, *houā* |. Voir *tchoŭ, mêi, etc.*

瞳 *T'ông.* v. | **仁**, v. | *jên*, prunelle de l'œil.

童 *T'ông.* Enfant; non marié.

| 身, **| 貞**, | *chēn*; | *tchēn*, corps qui a l'intégrité virginale, vierge. Voir *tchēn.*

| 身女, | *chēn niù*, fille vierge.

幼 |, *Ieoú* |, enfant, jeune homme.

| 子會, | *tsè hóui*, fête payenne où l'on distribue des figurines d'enfants aux femmes stériles, pour leur obtenir la fécondité.

| 生, **文 | 生**, **武 | 生**, | *sēn*; *ouên* | *sēn*, *où* | *sēn*, candidat au baccalauréat. Voir *ouên, où.*

老 | 生, *Lào* | *sēn*, candidat déjà vieux, qui ne cesse de se présenter à l'examen, sans jamais réussir.

孩 |, *Hiâi* |, **教蒙 |**, *kiáo mông* |, **牧 |**, *moŭ* |, **| 子癆**, | *tsè laô*, **| 子結髮**, | *tsè kiĕ· fă.* Voir *hiâi, mông, etc.*

TÒNG

懂 *Tòng.* Comprendre, stupide.

我 | 得倒; **| 不倒**, v. **| 不來**, *Gò* | *tĕ· taò*; | *poŭ taò*, v. | *poŭ lâi*, je comprends, je puis comprendre; je ne comprends pas, je ne puis comprendre.

| 得明白, v. **清楚**, | *tĕ· mîn pĕ·*, v. *ts'īn ts'òu*, je comprends clairement.

你 | 倒沒有, *Gnì* | *taò mŏ ieòu?* as-tu compris?

我 | 不倒他, v. **他的話**, *Gò* | *poŭ taò t'ā*, v. *t'ā tĭ hóua*, je ne le comprends pas, je ne comprends pas son langage.

他的話不好 |, *T'ā tĭ hóua poŭ hào* |, son langage n'est pas facile à comprendre.

| 書, | *choū*, comprendre les livres.

| 庄稼, | *tchouāng kiā*, s'entendre à l'agriculture.

他不 | 中國事, *T'ā poŭ* | *tchōng kouĕ· sé*, il ne comprend rien aux affaires chinoises.

他不 | 理, *T'ā poŭ* | *lì*, il n'entend pas raison.

不 | 事的人, *Poŭ* | *sé tĭ jên*, qui n'entend rien aux affaires, qui n'est pas raisonnable.

你好不 | 事, *Gnì haò poŭ* | *sé*, que tu es sot!

這件事我不 |, *Tché· kién sé gò poŭ* |, je ne comprends rien à cette affaire.

懵 |, **光 | |**, *Mòng* |, *kouāng* | |. Voir *mòng, kouāng.*

硐 *Tòng.* Bruit que fait une pierre en tombant.

| 一聲垮下來, | *ĭ chēn k'oùa hiá lâi*, crac! cela s'écroula.

叮叮 | | 的攪些嘛子, *Tīn tīn* | | *tĭ kaò sī chá tsè?* qu'as-tu à faire tout ce tapage?

朧 *Tòng.* Gras, gros.

好 | 一條牛, *Haò* | *ĭ t'iáo nieôu!* quel gros bœuf!

| 很了, | *hèn lò*, c'est trop gros.

多 | 一根樹子, *Tō* | *ĭ kēn chóu tsè*, un très gros arbre.

董 *Tòng.* Redresser, agiter.

黑臉 | 嘴, **古 | 人**, **古 | 器皿**, *Hĕ· lièn* | *tsoùi*, *koù* | *jên*, *koù* | *k'í mìn.* Voir *hĕ·, koù.*

T'ÒNG

統 *T'òng*. Gouverner, présider.

他｜帶好些人, *T'a ｜ tái hào sī jên?* combien commande-t-il d'hommes?

歸我｜下, *Koūi gò ｜ hiá*, il est sous mon commandement.

｜些人來打他, ｜ *sī jên lái tà t'a*, réunir un certain nombre d'hommes, pour le battre.

｜領, ｜率, ｜ *lìn*, ｜ *sŏ*. Voir *lìn*, *sŏ*.

桶 *T'òng*. Seau, baquet; enveloppe.

｜｜, 水｜, 一｜水, ｜｜; *choùi* ｜; *ĭ* ｜ *choùi*, petit seau; seau pour porter l'eau; un seau d'eau.

便｜, 馬｜, *Pién* ｜; *mà* ｜, seau qui sert de vase de nuit; seau à couvercle servant de chaise percée.

酒｜, 一｜酒, *Tsieòu* ｜, *ĭ* ｜ *tsieòu*, baril à vin, un baril de vin.

辦｜, *Pán* ｜, espèce de barquette carrée, dans laquelle on bat le riz dans la rizière même.

辦｜一响, *Pán* ｜ *ĭ hiàng*, la barquette à riz résonne: on bat le riz.

靴｜子, *Huē* ｜ *tsè*, tiges de bottes.

信｜子, *v.* 書｜子, *Sín* ｜ *tsè*, *v. choū* ｜ *tsè*, enveloppe de lettre.

裝在｜子頭, *Tchouāng tsái* ｜ *tsè t'eôu*, mettre dans l'enveloppe.

手｜在袖子頭, *Cheòu* ｜ *tsái sieóu tsè t'eôu*, mettre les mains dans ses manches.

一｜蜂子, *ĭ* ｜ *fōng tsè*, une ruche d'abeilles.

你想裝我的｜子, *Gnì siàng tchouāng gò tĭ* ｜ *tsè*, tu voudrais me mettre dedans, me tromper.

箍｜, *K'oū* ｜. Voir *k'oū*.

TÓNG

洞 *v.* 峒 *Tóng*. Antre, caverne, trou.

｜｜, ｜｜, petit trou.

打｜, *Tà* ｜, creuser une mine, un trou.

生｜子, 崖｜, 釁｜, *Sēn* ｜ *tsè; gâi* ｜; *mân* ｜, caverne naturelle. Voir *gâi*, *mân*.

炭｜子, *T'án* ｜ *tsè*, mine de charbon.

蛇進 (*v.* 鑽) ｜子, *Chê tsín* (*v. tsouán*) ｜ *tsè*, le serpent entre dans son trou.

口袋有一个｜, *K'eòu tái ieòu ĭ kó* ｜, le sac est troué.

打一个｜, *Tà ĭ kó* ｜, trouer n'importe comment.

補一个｜, *Poù ĭ kó* ｜, fermer un trou avec une pièce.

塞一个｜, *Sĕ ĭ kó* ｜, boucher un trou.

我衣裳燒了一个｜, *Gò ī châng chāo lò ĭ kó* ｜, le feu a fait un trou à mon habit.

我腦膛上打了一个｜, *Gò laò k'ŏ cháng tà lŏ ĭ kó* ｜, je me suis fait un trou à la tête.

挖, 鍬, 掇一个｜, *Oūa, ts'iāo, tŏ ĭ kó* ｜. Voir *oūa*, *ts'iāo*, *tŏ*.

耗子｜, *Háo tsè* ｜, ｜房, ｜*fâng*, 橋｜, *k'iâo* ｜, 捲｜橋, *kuèn* ｜ *k'iâo*, 城門｜, *tch'ên mên* ｜, 黑｜｜的, *hĕ* ｜｜ *tĭ*. Voir *háo*, *fâng*, *k'iâo*, *etc.*

凍 *Tóng*. Froid.

｜死了, ｜ *sè lò*, il est mort de froid.

今年冷｜大, *Kīn niên lèn* ｜ *tá*, cette année le froid est rigoureux.

｜包子, *v.* ｜包兒, ｜ *pāo tsè*, *v.* ｜ *pāo eûl*, engelures.

蹄｜, *T'î* ｜, gelée de pieds de cochon.

｜不起, ｜ *poŭ k'ì*, ne pouvoir congeler.

動 *Tóng*. Remuer, faire bouger.

碰｜, *P'áng* ｜, faire remuer en heurtant.

｜不得, ｜ *poŭ tĕ*, on ne peut remuer, défense de remuer.

不要｜, *Poŭ iáo* ｜, ne bougez pas.

一向房子都震｜了, *ĭ hiáng fâng tsè toū tchén* ｜ *lò*, toute la maison en a tremblé.

請, 喊不｜, *Ts'ìn, hàn poŭ* ｜, ne pouvoir faire venir en invitant, en appelant.

這个人難得｜(*v.* **臾｜**), *Tché kó jên lân tĕ ｜* (*v. nieóu ｜*), cet individu n'aime pas à se remuer.

走｜一吓人要安逸點, *Tseòu ｜ ĭ há, jên iáo gān ĭ tièn*, une petite promenade fait du bien.

樹子大了搖不｜, *Choú tsè tá lò, iâo poŭ ｜*, l'arbre est trop gros, on ne peut le secouer.

釘死不｜, *Tín sè poŭ ｜*, c'est cloué solidement, cela ne peut remuer.

｜刀, *｜ taō*, jouer du couteau.

｜兵, *｜ pīn*, faire marcher les soldats.

｜身, *｜ chēn*, se mettre en route.

飯喫了就｜手, *Fán tch'ĕ lò tsieóu ｜ cheòu*, aussitôt après le repas, on s'y mettra.

感｜, *Kàn ｜*, émouvoir.

地｜, *Tí ｜*, tremblement de terre.

搬不｜, *P'ân poŭ ｜*, ne pouvoir transporter, parce que c'est trop lourd.

掀不｜, *Hiuēn poŭ ｜*, ne pouvoir faire remuer en poussant.

落雨｜屋簷水, *Lŏ iù ｜ oŭ iên choùi*, la pluie fait couler l'eau des toits.

要看他的｜靜, *Iáo k'án t'ā tĭ ｜ tsín*, il faut observer ses mouvements.

｜怒, *｜ lóu*, se mettre en colère.

他都｜了情, *T'ā toū ｜ lò ts'în*, il a été ému.

｜不｜(*v.* **沾不｜**) **就講打**, *｜ poŭ ｜* (*v. tchān poŭ ｜*) *tsieóu kiàng tà*, pour un rien, il en vient aux coups.

｜刑, *｜ hîn*, **｜武**, *｜ où*, **｜工**, *｜ kōng*, **｜筆**, *｜ pĭ*, **｜步**, *｜ poú*, **驚｜**, *kīn ｜*, **活｜**, *hŏ ｜*, **舉｜**, *kù ｜*, **沒得响｜**, *mŏ tĕ hiàng ｜*, **呼得｜**, *foū tĕ ｜*, **｜用傢伙**, *｜ ióng kiā hò*. Voir *hîn, où, etc.*

棟 *Tóng*. Faîte de maison.

｜梁, *｜ leâng*, poutre du faîte.

T'ÓNG

痛 *T'óng*. Douleur, souffrance, souffrir; excès, superlatif.

你那裡｜, *Gnì là lì ｜*, où souffres-tu?

腦殼｜，肚皮｜, *Laò k'ŏ ｜, toú p'î ｜*, j'ai mal à la tête, au ventre.

打得｜，燒得｜, *Tà tĕ ｜, chāo tĕ ｜*, battre, brûler à faire mal; souffrir de coups, de brûlures.

捱得｜, *Gâi tĕ ｜*, pouvoir supporter la souffrance.

背不住｜, *Pēi poŭ tchoú ｜*, je ne puis supporter la douleur.

那幾天我｜得沒法, *Lá kì t'iēn gò ｜ tĕ mŏ fă*, ces quelques jours, je souffrais à ne plus savoir que devenir.

｜得狠, *｜ tĕ hèn*, je souffre fort, cela me fait très mal.

｜得傷心, *｜ tĕ chāng sīn*, être très affecté par la douleur.

陰｜，清｜, *īn ｜, ts'īn ｜*, douleur sourde (voir *īn*), douleur aiguë.

止不倒｜, *Tchè poŭ taò ｜*, ne pouvoir faire cesser la douleur.

｜得鬆活點, *｜ tĕ sōng hŏ tièn*, la douleur s'apaise un peu.

｜過了, *｜ kó lò*, la douleur est passée.

看他造孽，我心｜(*v.* **哀｜**) **他**, *K'án t'ā tsáo niĕ, gò sīn ｜* (*v. gāi ｜*) *t'ā*, en le voyant si malheureux, je me sens pris de commisération.

他心｜得狠自己的兒女, *T'ā sīn ｜ tĕ hèn tsé kì tĭ eûl niù*, il a le cœur trop tendre pour ses enfants.

｜恨，｜罵, *｜ hén, ｜ má*, haïr fortement, injurier avec véhémence.

｜悔, *｜ hoùi*, contrition (voir *hoùi*).

TOŪ

都 *Toū*. Capitale; même, aussi, tout.

京｜, *Kīn ｜*, capitale de l'empire.

成｜, *Tch'ên ｜*, capitale du *Sutchuen*: ancienne capitale de l'un des 3 royaumes du *Sān kouĕ*.

｜司, *v.* **｜閫**, *｜ sē*, *v.* *｜ k'ouèn*, chef de bataillon.

連他｜要去, *Liên t'ā ｜ iáo k'ú*, lui aussi doit y aller.

一齊｜是, *ĭ ts'î ｜ ché*, tout cela en est.

| 不得死, | poŭ tĕ· sè, malgré tout, il ne mourra pas.

這樣 | 還好, | 使得, Tché· iáng | houân haò, | chè tĕ·, de cette façon c'est encore bien, cela peut passer.

T'OÛ

圖 T'oû. Désirer, avoir en vue, combiner des plans, plan, carte.

| 便益, v. | 相因, | p'iĕn (pién) ĭ, v. | siāng īn, rechercher le bon marché.

不 | 嗏子別樣, 只 | 救靈魂, Poŭ | chá tsè piĕ· iáng, tchè | kieôu lîn houên, je n'ai pas autre chose en vue, sinon de sauver mon âme.

| 利, | lí, désirer gagner beaucoup.

只 | 眼前, Tchè (tchĕ) | ièn ts'iên, borner ses désirs aux choses présentes.

萬國全 |, Ouán kouĕ· ts'uên |, mappemonde.

畫一个 | 形, Houá ĭ kó | hîn, tracer un plan.

| 章子, | tchāng tsè, cachet privé, en bois ou en pierre (voir tchāng).

貪 |, 希 |, 地理 |, T'ān |, hī |, tí lì |. Voir t'ān, hī, tí.

塗 T'oû. Crépir; biffer.

| 壁頭, | pĭ t'eôu, crépir un mur.

| 光生, | kouāng sēn, polir en crépissant.

| 一个字, | ĭ kó tsé, biffer une lettre, un caractère.

賬要 | 銷, Tcháng iáo | siāo, il faut biffer la dette.

火重糊 | 了, Hò tchóng foû | lò, la fièvre lui a donné le délire (voir foû).

你糊 | 了, Gnì foû | lò, tu es un sot.

途 T'oû. Route, chemin.

半 | 而廢, Pán | eûl féi. Voir féi.

屠 T'oû. Tuer.

| 戶, | foú, boucher (s'entend exclusivement de celui qui tue les porcs).

開 |, K'ai |, exercer le métier de boucher; lever la défense dite kín t'oû, 禁 | (voir kín).

| 刀, | taō, couteau de boucher.

徒 T'oû. Disciple, apprenti; seul, exiler; en vain.

要學三年 | 弟, Iáo hiŏ sān niên | tí, l'apprentissage est de 3 ans (voir tí).

十二宗 |, 聖若望宗 |, Chĕ eúl tsōng |, chén Jŏ ouáng tsōng |, les 12 Apôtres; l'Apôtre S. Jean.

帶 | 弟來當匠人, Tái | tí lâi tāng tsiáng jên, employer des apprentis comme ouvriers (se dit des patrons).

匪 |, Fèi |, mauvais garnement (voir fèi).

問 | 罪, Ouén | tsoúi, être condamné à un exil temporaire dans une autre province.

| 勞無功, | laô oû kōng, se fatiguer en vain, sans acquérir de mérite.

TOÙ

睹 v. 覩 Toù. Regarder.

耳聞目 |, Eùl ouên moŭ |, entendre de ses propres oreilles, voir de ses propres yeux.

| 房子, | 廟子, | fâng tsè, | miáo tsè, visiter une maison, une pagode.

| 庄稼, | 地頭, | tchouāng kiā, | tí t'eôu, examiner la récolte, un pays.

堵 Toù. Mur, particule numérale des murs.

一 | 墻, 一 | 壁頭, ĭ | ts'iâng, ĭ | pĭ teôu, un mur, une cloison.

隔一 | 壁頭, Kĕ· ĭ | pĭ t'eôu, séparé par une cloison.

| 口子, | k'eòu tsè, garder un défilé.

賭 Toù. Jouer aux jeux de hasard, lutter, parier.

| 博場, | pŏ tch'âng, maison de jeu.

| 錢, | ts'iên, jouer de l'argent.

海上絲綢之路文獻集成 科技與文化編

愛 (v. **好**) **｜**, *Gái (v. háo)* ｜, aimer le jeu.

｜**氣打官司**, ｜ *k'í tà kouān sē*, s'obstiner dans un procès par amour-propre, par rancune.

｜**跟他吵**, ｜ *kēn t'ā tch'ào*, tenir tête à quelqu'un, pour lui rendre injure pour injure.

｜**打**, ｜ *tà*, se battre à qui sera le plus fort; rendre coup pour coup.

｜**倒喫酒**, ｜ *taò tch'ě tsieòu*, se provoquer à qui boira le plus.

打 ｜, *Tà* ｜, parier.

｜**咒**, ｜ *tcheóu*. Voir *tcheóu*.

塿 *Toù*. Fermer le passage de l'eau.

｜**水田**, ｜ *choùi t'iên*, rizière dans laquelle on conserve beaucoup d'eau.

肚 *Toù*. Estomac (voir *toú*, plus bas).

猪｜**子**, *Tchoū* ｜ *tsè*, estomac de porc.

小｜**子**, *Siào* ｜ *tsè (v. niáo pāo)*, vessie (de cochon).

脚｜**子**, *Kiŏ* ｜ *tsè*. mollets.

T'OÙ

土 *T'où*. Terre.

大｜**坭,沙**｜, *Tá* ｜ *gnî, chā* ｜, terre argileuse, terre sablonneuse.

臉上了｜**色**, *Lièn cháng lò* ｜ *sě*, sa figure est devenue terreuse.

生｜, **熟**｜, *Sēn* ｜, *choŭ* ｜, terre vierge, terre cultivée.

做｜, *Tsóu* ｜, faire de la culture sèche (par opposition à la culture de rizières).

｜**肥,瘦**, ｜ *fêi, seóu*, terre grasse, maigre.

本｜**出的**, *Pèn* ｜ *tch'oŭ tĭ*, produit indigène.

｜**話,他的話**｜**得狠**, ｜ *houá; t'ā tĭ houá* ｜ *tě hèn*, patois du pays; son langage est très campagnard.

｜**地菩薩**, ｜ *tí p'oû să*, ｜**肉**, ｜ *joŭ*, **不服水**｜, *poŭ foŭ choùi* ｜, ｜**墻**, ｜ *ts'iâng*, ｜**花**, ｜ *houā*, ｜**磚**, ｜ *tchouān*, ｜**碗**, ｜ *ouàn*, **泡**｜, *p'áo* ｜, **刨**｜, *p'âo* ｜, **三合**｜, *sān hŏ* ｜, ｜**工**, ｜ *kōng*, **挖**｜, *oūa* ｜, ｜**路**, ｜ *loú*, **靠在**｜**巴頭**, *kaó tsái* ｜ *pā t'eôu*. Voir *tí, joŭ, etc.*

吐 *T'où*. Cracher, vomir.

｜**口水,血,痰**, ｜ *k'eòu choùi, hiě, t'ân*, cracher de la salive, du sang, des glaires.

｜**不出來**, ｜ *poŭ tch'ŏu lâi*, ne pouvoir expectorer.

｜**酒**, ｜ *tsieòu*, vomir après avoir trop bu.

上｜, **下過** (v. **瀉**), *Cháng* ｜, *hiá kó (v. sié)*, vomir et avoir la diarrhée.

喫｜**藥,想**｜, *Tch'ě* ｜ *iŏ; siàng* ｜, prendre un vomitif; avoir envie de vomir.

他還有些話不肯｜**出來**, *T'ā houân ieòu sī houá, poŭ k'èn* ｜ *tch'ŏu lâi*, il a encore des choses à dire, mais il ne veut pas les faire connaître.

TOÚ

肚 *Toú*. Ventre, estomac.

｜**皮**, ｜ *p'î*, ventre; au fig. intelligence, habileté.

｜**皮痛,過** (v. **瀉**), **脹,餓**, ｜ *p'î t'óng, kó (v. sié), tcháng, ó*, avoir mal au ventre, avoir la diarrhée, avoir le ventre ballonné, avoir faim.

空｜**皮**, *K'óng* ｜ *p'î*, avoir l'estomac vide.

這是壞｜**皮**, *Tché ché houái* ｜ *p'î*, cela donne mal au ventre.

讀一｜**皮好書**, *Toŭ ĭ* ｜ *p'î haò choū*, il a fait de bonnes études.

這个人沒得｜**皮** (v. ｜**才**), *Tché kó jên mŏ tě* ｜ *p'î (v.* ｜ *ts'âi)*, cet homme est peu intelligent.

一人｜**裡沒得兩人智**, *ĭ jên* ｜ *lì mŏ tě leàng jên tché*, un seul homme n'a pas autant d'esprit que deux.

｜**皮頭的事他不說出來**, ｜ *p'î t'eôu tĭ sé t'ā poŭ chŏ tch'ŏu lâi*, (litt.) il ne dit pas ce qu'il a au fond du ventre.

小 | 皮, *Siào* | *p'î*, bas-ventre.
鼓 | 子, *Koù* | *tsè*, grande poche qui se porte sur le ventre, sous l'habit long.
換 | 皮, 爛 | 皮, *Houán* | *p'î*, *lán* | *p'î*. Voir *houán*, *lán*.

度 *Toú*. Mesure, régler, degré, passer.
天主的法 |, *T'iēn Tchòu tĭ fă* |, la loi de Dieu.
喫酒過 |, *Tch'ĕ tsieòu kó* |, boire du vin outre mesure.
量人 | 己, *Leâng jên* | *kì*, mesurer autrui à son aune.
他的 | 量寬, *T'a tĭ* | *leáng k'oūan*, c'est un homme habile, qui voit loin.
地理圖要分 | 數, *Tí lì t'ôu iaó fēn* | *soú*, sur les cartes géographiques, il faut distinguer les degrés (de longitude et de latitude).
| 日如年, | *jĕ joû niên*, trouver un jour long comme une année.
下力 | 活, *Hiá lĭ* | *hŏ*, gagner sa vie, en se livrant à de durs travaux serviles.

渡 *Toú*. Traverser un fleuve.
| 口, | *k'eòu*, endroit où il y a des barques pour passer le fleuve, un gué.
| 船, 恩 |, | *tch'oûan; guēn* |, bac ou barque de passage; endroit où les voyageurs passent le fleuve gratis.
開 |, *K'āi* |, permettre de nouveau le passage du fleuve, après l'avoir interdit.
封 |, *Fōng* |. Voir *fōng*.
同船過 |, *T'ông tch'oûan kó* |, passer le fleuve ensemble sur la même barque.
過 | 船, *Kó* | *tch'oûan*, passer le fleuve dans la barque de passage.
隔河 | 水的, *Kĕ hô* | *choùi tĭ*, séparé par un cours d'eau qu'on ne peut passer qu'en barque.

鍍 *Toú*. Dorer ou argenter.
| 金的, | 銀的, | *kīn tĭ*, | *în tĭ*, doré, argenté (voir *kīn*, *în*).

妒 *Toú*. Envie, jalousie.
嫉 | 人, *Tsĭ* | *jên*, être envieux d'autrui.
犯嫉 |, *Fán tsĭ* |, se laisser aller à l'envie.
說嫉 | 話, *Chŏ tsĭ* | *hoúa*, dire des paroles d'envie, de jalousie.

T'OÚ

兎 *T'oú. v.* | 子, *v.* | 兒, *v.* | *tsè*, *v.* | *eûl*, lièvre, lapin.
家 | 兒, 野 | 兒, *Kia* | *eûl*, *iè* | *eûl*, lapin domestique, lièvre.

TOǓ

督 *Toŭ*. Examiner, gouverner.
總 |, 提 |, *Tsòng* |; *t'î* |, vice-roi; voir *t'î*.
| 工, | 辦, | *kōng*; | *pán*, diriger et surveiller les travaux; diriger une affaire.

讀 *Toŭ*. Etudier.
| 書人, | *chōu jên*, lettré, homme d'étude.
沒有 | 過書的, *Mŏ ieòu* | *kó chōu tĭ*, illettré, qui n'a jamais étudié.
| 不得, *v.* | 不得書, | *poŭ tĕ*, *v.* | *poŭ tĕ chōu*, il n'a pas d'aptitude pour l'étude.
| 背得了, | *péi tĕ lò*, il peut le réciter par cœur.
問答書 | 認不殼要 | 背得, *Ouén tă chōu*, | *jén poŭ keóu, iaó* | *péi tĕ*, le catéchisme, il ne suffit pas d'apprendre à le lire, mais il faut pouvoir le réciter par cœur.
| 了幾本書, | *lò kì pèn chōu*, il a étudié plusieurs livres.
| 葯書, 經書, 公義, | *iŏ chōu*, *kīn chōu*, *kōng gní*, étudier les livres de médecine, de prières, la théologie.
你 | 齊那裡, *Gnì* | *ts'î là lì?* jusqu'où as-tu étudié?
書 | 得飽, *Chōu* | *tĕ paò*, il est bourré de science (de livres).

瀆 *Toŭ*. Outrager, importuner.

褻｜天主的聖名, *Siĕ* ｜ *T'iēn Tchòu tĭ chén mîn*, blasphémer le saint nom de Dieu.

不可再｜, *Poŭ k'ò tsái* ｜, ne viens pas m'importuner davantage.

獨 *Toŭ*. Unique, seul, seulement; vieillard sans enfants.

天主的｜子, *T'iēn Tchòu tĭ* ｜ *tsè*, le Fils unique de Dieu.

一條｜路, *ĭ t'iâo* ｜ *loú*, une route unique, sans bifurcation.

｜門子生意, ｜ *mên tsè sēn í*, commerce qu'on est seul à faire dans l'endroit.

他是一个｜兒, *T'a ché ĭ kó* ｜ *eûl*, il est fils unique.

｜自一个，｜有一个人, ｜ *tsé ĭ kó;* ｜ *ieòu ĭ kó jên*, tout seul; il n'y a qu'un seul homme.

老而無子爲｜, *Laò eûl oû tsè oûi* ｜, être vieux et sans enfants s'appelle *toŭ*.

｜脚站地, ｜ *kiŏ tchán tí*, n'avoir qu'un pied pour se tenir debout (se dit des veuves).

｜凳, ｜ *tén*, banc ou tabouret où un seul peut s'asseoir.

孤｜，｜眼, *Koū* ｜, ｜ *ièn*. Voir *koū, ièn*.

髑 *Toŭ*. Os de la tête, crâne.

聖｜，敬聖｜, *Chén* ｜; *kín chén* ｜, (style chrétien) Saintes Reliques; vénérer les Saintes Reliques.

毒 *Toŭ*. Poison, venin.

拿｜葯跟他喫, *Lâ* ｜ *iŏ kēn t'a tch'ĕ*, fais-lui prendre du poison.

｜葯㽞死的, ｜ *iŏ laó sè tĭ*, mort empoisonné.

｜死人, ｜ *sè jên*, faire mourir par le poison.

｜氣大, ｜ *k'í tá*, le poison est violent.

好｜氣, *Haò* ｜ *k'í*, quel poison, quel venin! (au pr. et au fig.) quelle audace!

｜蠟解｜, ｜ *lă kiài (v. kài)* ｜, le *toŭ lă* est un contre-poison (voir *kài*).

｜葯狠沒解, ｜ *iŏ hèn mŏ kài*, le poison est violent, on ne peut le combattre.

｜蛇，｜虫, ｜ *chê*, ｜ *tch'ông*, serpent, insecte venimeux.

｜瘡, ｜ *tch'oūang*, ulcère envenimé.

取｜，口取｜, *Ts'ù* ｜, *k'eòu ts'ù* ｜, extraire le poison, l'extraire en suçant.

他的心腸好(v. 歹)｜, *T'a tĭ sīn tch'âng haò (v. tài)* ｜, son cœur est plein de venin.

T'OŬ

禿 *T'oŭ v. t'ŏ*. Tête chauve, tête rasée.

｜驢，v. ｜牲, ｜ *lû, v.* ｜ *sēn*, âne pelé: sobriquet donné aux bonzes.

｜尼和尙, ｜ *gnî hô cháng*, bonzes et bonzesses à tête pelée; autre sobriquet.

TOUĀN

端 *Touān*. Article, division; porter devant soi à une ou deux mains.

分成四｜, *Fēn tch'ên sé* ｜, cela se divise en 4 articles.

一｜經，一｜道理, *ĭ* ｜ *kīn, ĭ* ｜ *taó lì*, une prière, un article de doctrine.

眞福八｜, *Tchēn foŭ pă* ｜, les huit Béatitudes.

無事生｜, *Oû sé sēn* ｜, susciter des affaires sans motif.

我犯罪多｜, *Gò fán tsoúi tō* ｜, j'ai commis beaucoup de péchés.

｜飯，茶，板凳來, ｜ *fán, tch'â, pàn tén lâi*, apporte le riz, le thé, le banc.

重了｜不起, *Tchóng lò,* ｜ *poŭ k'ì*, c'est trop lourd, je ne puis porter (à deux mains).

｜出去, ｜ *tch'ŏu k'ú*, emporte.

｜走, ｜ *tseòu*, marcher droit devant soi.

異｜，｜莊，｜正，｜陽，｜公，｜荳腐, *í* ｜, ｜ *tchoūang*, ｜ *tchén*, ｜ *iâng*, ｜ *kōng*, ｜ *teóu foù*. Voir *í, tchoūang, etc.*

T'OUÂN

團 *T'ouân*. Rond, rassembler.

地方丨圓, *Tí fāng* | *iuên*, la propriété est bien arrondie.

夫妻又丨圓了, *Foū ts'ī ieóu* | *iuên lò*, le mari et la femme sont de nouveau réunis (après avoir été séparés).

丨魚, | *iû*, espèce de tortue.

揉成一丨, *Joûa tch'ên ĭ* |, pétrir en boule.

丨不起學堂, | *poŭ k'ì hiŏ t'âng*, ne pouvoir réunir des élèves en nombre suffisant pour faire une école (voir *hiŏ*).

丨攏來, | *lòng lâi*, réunir.

教友不成丨, *Kiáo ieòu poŭ tch'ên* |, les Chrétiens ne sont pas groupés.

齊丨, *Ts'î* |, réunir la garde nationale.

丨總, *v.* **丨首**, | *tsòng*, *v.* | *cheòu*, chef de section de garde nationale.

點丨, *Tièn* |, **鍊丨**, *lién* |, **丨鍊**, | *lién*, **丨轉**, | *tchouàn*. Voir *tièn*, *etc.*

TOUÀN

短 *Touàn*. Court, bref, manquer.

丨了, | *lò*, c'est trop court.

不丨, *v.* **不得丨**, *Poŭ* |, *v. poŭ tĕ* |, ce n'est pas trop court.

不長不丨, *Poŭ tch'âng poŭ* |, ni trop long ni trop court.

丨了好多…丨了幾尺, | *lò haò tō?* | *lò kì tch'ĕ*, c'est trop court de combien? De quelques pieds.

丨工活路, | *kōng hŏ loú*, ouvrage de peu de durée.

時候丨了,天氣丨, *Chê heóu* | *lò; t'iēn k'í* |, le temps est trop court; les jours sont courts.

他本錢丨, *T'a pèn ts'iên* |, il a un capital (court) insuffisant, petit.

丨韃韃, | *tă tă*, cheveux courts, sans la queue chinoise.

索索收丨點, *Sŏ sŏ cheōu* | *tièn*, raccourcir la corde en la retirant.

尋丨路, *Sûn* | *lóu*, (litt.) chercher une route courte: chercher à se suicider.

拴得丨, *Chouān tĕ* |, on lui a mesuré la corde courte.

丨才的人, | *ts'âi tĭ jên*, homme de peu de capacité, de peu de science.

有長必有丨, *Ieòu tch'âng pĭ ieòu* |, s'il a ses qualités, il a aussi ses défauts.

两个人争我長你丨, *Leàng kó jên tsēn gò tch'âng gnì* |, les deux se disputent à qui a tort ou qui a raison.

不能丨少你的錢, *Poŭ lên* | *chào gnì tĭ ts'iên*, il ne manquera rien aux sapèques que je te dois, je te rembourserai intégralement.

護丨, *Foú* |, **命丨**, *mín* |, **丨白衣**, | *pĕ ī*, **長丨**, *tch'âng* |, **比長丨**, *pì tch'âng* |. Voir *foú*, *mín*, *etc.*

TOUÁN

斷 *Touán*. Rompre, interrompre; trancher une question.

丨了,不得丨, | *lò; poŭ tĕ* |, c'est rompu; cela ne rompra pas.

打丨脚髁, *Tà* | *kiŏ kàn*, briser les jambes à quelqu'un.

丨水米, | *choùi mì*, couper l'eau et le riz: condamner à mourir de faim.

丨火, **丨火烟**, | *hò;* | *hò iēn*, couper le feu dans un incendie; cesser le feu de la cuisine, n'avoir plus de quoi faire bouillir la marmite.

病還沒有丨根, *Pín houân mŏ ieòu* | *kēn*, la racine de la maladie n'est pas encore coupée.

丨擺子, | *pài tsè*, couper la fièvre.

丨了氣, | *lò k'í*, la respiration s'est arrêtée; il est mort.

丨公食, | *kōng chĕ*, arrêter la paie d'un employé, le renvoyer.

一天到黑去去來來的不丨, *ĭ t'iēn táo hĕ k'ú k'ú lâi lâi tĭ poŭ* |, du matin au soir c'est un va-et-vient continuel.

你去丨他的路, *Gnì k'ú* | (*v. touàn*) *t'a tĭ loú*, va vite et coupe-lui la route.

快去丨倒他, *K'ouái k'ú* | *(v. touàn) taò t'a*, va vite et arrête-le.

丨定,决定, | *tín, kuĕ· tín*, définir, définir irrévocablement.

這个官不丨案, *v.* **沒得丨才**, *Tché· kó kouan* poŭ | gán, *v.* mŏ tĕ· | ts'âi, ce mandarin ne sait pas dirimer les procès.

地方丨跟那个, *Tí fang* | *kēn là kó?* à qui adjuger le terrain?

丨得好,不好; 丨偏了, | *tĕ· haò, poŭ haò;* | *p'iēn lò*, c'est bien jugé, mal jugé; c'est jugé avec partialité.

丨虧了一邊, | *k'oūi lò ĭ piēn*. sa sentence a lésé une des parties.

不遵官丨, *Poŭ tsēn kouān* |, ne pas s'en tenir à la sentence du mandarin.

丨十吊錢跟他, **丨得公道**, | *chĕ tiáo ts'iên kēn t'a*, | *tĕ· kōng táo*, en lui adjugeant 10 ligatures, il a porté une sentence juste.

不依我丨,我就不管了, *Poŭ ī gò* |, *gò tsieóu poŭ kouàn lò*, si vous refusez de vous en tenir à ma décision, je ne me mêle plus de votre affaire.

房子在丨水了, *Fâng tsè tsái* | *(touàn) choùi lò*, la maison (en construction) vient d'être couverte provisoirement.

砍,拉,劏,扯,斁丨; 隔丨,風吹丨了, *K'àn, lā, kŏ, tch'è·, p'iè·* | *; kĕ·* |, *fōng tch'oūi* | *lò*. Voir *k'àn, etc.*

丨黑的時候, | *hĕ· tĭ chê heóu*, à la nuit close.

段 *Touán*. Partie, fragment.

一丨經,一丨地方, *ĭ* | *kīn, ĭ* | *tí fāng*, une prière; une partie d'une propriété foncière.

手丨, *Cheòu* |, main habile.

緞 *Touán*. Satin.

一疋丨子, *ĭ p'ĭ (p'ĭ)* | *tsè*, une pièce de satin.

木本丨,丨鞋,丨靴, *Moŭ pèn* | *;* | *hâi,* | *huē·*, satin fleuri; souliers, bottes en satin.

開紬丨舖,綢丨,羽丨, *K'āi tch'eôu* | *p'óu, ō* |, *iù* |. Voir *tch'eôu, ō, iù*.

TOŪI

堆 *Toūi*. Monceau, entasser.

一丨,一丨草, *ĭ* | *; ĭ* | *ts'ào*, ensemble, un monceau; une meule de paille.

多大一丨. 丨積如山, *Tō tá ĭ* |, | *tsĭ joû chān*, un gros tas, tas gros comme une montagne.

丨起的, | *k'ì tĭ*, entassé.

在一丨耍, *Tsái ĭ* | *chouà*, jouer ensemble.

一丨睡, *ĭ* | *chóui*, dormir ensemble dans le même lit.

你跟他一丨, *Gnì kēn t'a ĭ* |, demeure avec lui, restez ensemble.

坭巴丨丨; 丨坭巴, *Gnî pa* | | *;* | *gni pa*, tas de terre; entasser de la terre.

丨柴,丨炭, | *tch'âi*, | *t'án*, entasser du bois, du charbon; faire sa provision de combustible.

丨不得怕漚爛, | *poŭ tĕ·, p'á gó (gueōu) lán*, cela ne peut s'entasser, cela pourrait fermenter, se gâter.

丨子,丨子上的人, | *tsè*, | *tsè cháng tĭ jên*, corps de garde, soldat.

估丨丨, *Koù* | |, estimer une chose à vue d'œil.

T'OŪI

推 *T'oūi*. Pousser des mains devant soi, ramer, raboter; s'excuser; retarder.

丨出去, | *tch'oŭ k'ú*, pousser dehors.

丨不起走, | *poŭ k'ì tsèou*, ne pouvoir faire avancer en poussant.

丨船,丨過河, | *tch'ouân*, | *kó hô*, faire aller une barque à la rame, traverser le fleuve à la rame.

丨包穀,麥子, | *pāo koŭ, mĕ· tsè*, moudre du maïs, du froment.

人,水,牲初丨的磨子, *Jên, choùi, sēn k'eōu* | *tĭ mó tsè*, moulin à bras, à eau, à animal.

板子要丨光生, *Pàn tsè iáo* | *kouāng sēn*, il faut raboter les planches de manière à les rendre bien lissses.

| 瞻禮單, 一个月蝕, | *tchān lì tān, ĭ kó iuĕ· chĕ*, calculer le calendrier, une éclipse de lune.

| 想, *v.* | 論, | *siàng, v.* | *lén*, raisonner, déduire par le raisonnement (voir *lén*).

| 辭, | 三 | 四, | *ts'ĕ;* | *sān* | *sé*, s'excuser, refuser; apporter divers prétextes pour refuser.

| 故的話, | *koú tĭ houá*, paroles d'excuse (voir *koú*).

你 | 我, 我 | 你, *Gnì* | *gò, gò* | *gnì*, se rejeter réciproquement l'un sur l'autre pour éviter une responsabilité, une charge.

罪拿來 | 在別人身上, *Tsoúi lâ lâi* | *tsái piĕ· jên chēn cháng*, rejeter sa faute sur autrui.

| 不得空, *v.* | 諉不空, | *poŭ tĕ· k'óng, v.* | *oùi poŭ k'óng*, s'excuser sur le manque de temps.

一天 | 一天, *ĭ t'iēn* | *ĭ t'iēn*, renvoyer d'un jour à l'autre.

| 讓, | 送他, | *jáng;* | *sóng t'a*, s'excuser, renvoyer à autrui; renvoie-le en t'excusant.

不要 | , | 不得, *Poŭ iáo* | ; | *poŭ tĕ·*, ne t'excuse pas, ne differe pas; il n'y a pas à s'excuser.

| 老, | 病, | *laò*, | *pín*, s'excuser sur l'âge, sur la maladie.

我 | 不脫 (*v.* 開), *Gò* | *poŭ t'ŏ* (*v. k'āi*), je ne puis m'en débarrasser.

| 橈, | *jâo*, | 車子, | *tch'ē· tsè*, | 窗, | *ts'āng*, | 成麵麵, | *tch'ên mién mién*, | 托, | *t'ŏ*. Voir *jâo, etc.*.

TOÙI

堆 *Toùi*. En gros.

買 | 的划得來些, *Mài* | *tĭ houâ tĕ· lâi sī*, en achetant en gros, on y gagne.

賣 | 的不賣零的, *Mái* | *tĭ poŭ mái lîn tĭ*, vendre en gros, non en détail.

今天三十, 明天五十零零攢攢不成 | , *Kīn t'iēn sān chĕ, mîn t'iēn où chĕ lîn lîn tsān tsān poŭ tch'ên* | , aujourd'hui trente (sapèques), demain cinquante, tout par petits paquets, cela ne fait jamais une somme.

T'OÙI

腿 *T'oùi. v.* | | , *v.* | 子, *v.* | | , *v.* | *tsè*, cuisse, jambon.

大 | , 小 | , *Tá* | , *siào* | , cuisse, le bas de la jambe.

割一个 | 子, *Kŏ ĭ kó* | *tsè*, acheter une cuisse (de mouton, de porc, etc.).

火 | , | 腈肉, | 袴, *Hò* | , | *tsīn joŭ*, | *k'oú*. Voir *hò, tsīn, k'oú*.

TOÚI

對 *Toúi*. En face, répondre, comparer; couple, paire.

| 門, 斜 | 門, | *mên; siĕ·* | *mên*, vis-à-vis; vis-à-vis, en obliquant un peu.

河 | 門, *Hô* | *mên*, en face, de l'autre côté du fleuve.

| 面說他, | *mién chŏ t'a*, fais-lui des reproches en face (voir *mién*).

| 倒天主, | *taò T'iēn Tchòu*, en face (en présence) de Dieu.

| 苦像跪倒, | *k'où siáng koúi taò*, s'agenouiller devant le Crucifix.

| 神父說, | *chên foú chŏ*, dire au Père.

要他們両个 | 倒說, *Iáo t'a mên leàng kó* | *taò chŏ*, il faut que tous deux s'expliquent en face.

拿來 | 起你的貨趕不得他的, *Lâ lâi* | *k'ì, gnì tĭ hó kàn poŭ tĕ· t'a tĭ*, si on compare les marchandises, les tiennes ne valent pas les siennes.

你 | 倒 (*v.* | 直) 走, *Gnì* | *taò* (*v.* | *tchĕ*) *tseòu*, va droit devant toi.

| 成貨, | *tch'ên hó*, marchandises moitié bonnes moitié mauvaises.

米要 | 長, *Mì iáo* | *tchàng*, le riz va renchérir de moitié.

整米有 | 成, *Tchèn mì ieòu* | *tch'ên*, le riz écossé perd la moitié de son volume.

| 不起自已, *v.* 自己的良心, | *poŭ k'ì tsé kì, v. tsé kì tĭ leâng sīn*, ne pouvoir se rendre bon témoignage à soi-même, n'avoir pas la conscience tranquille.

你做的事｜不起天主，也｜不起人, *Gnì tsóu tĭ sé | poŭ k'ì T'iēn Tchòu, ì | poŭ k'ì jên*, tes actions ne peuvent (être présentées) recevoir l'approbation ni de Dieu ni des hommes.

我｜(*v.* **｜服**)**得起**(*v.* **過**)**人**, *Gò | (v. | foŭ) tĕ k'ì (v. kó) jen*, je puis me justifier devant les hommes; les hommes n'ont rien à me reprocher là-dessus.

謄的書要｜過, *T'ên tĭ choū iáo | kó*, les livres copiés, il faut les confronter (avec l'original).

｜數, **｜賬**, *| soú, | tcháng*, vérifier un nombre, un compte par la confrontation.

錢不｜數, *Ts'iên poŭ | soú*, il n'y a pas le nombre de sapèques voulu.

｜子, *| tsè*, inscriptions en distiques parallèles (que les Chinois posent souvent sur les colonnes de leurs maisons comme ornement).

做｜子, *Tsóu | tsè*, composer de ces inscriptions.

出｜子, *Tch'oŭ | tsè*, proposer une phrase à laquelle il faut répondre par une autre phrase de même coupe et de même longueur, dont tous les mots correspondent exactement aux mots de la phrase proposée (exercice des écoles).

沒有｜倒，沒有｜得好, *Mŏ ieòu | taò; mŏ ieòu | tĕ haò*, il n'a pas trouvé de phrase correspondante; le parallélisme n'est pas parfait.

送｜子, *Sóng | tsè*, offrir de ces inscriptions pour faire honneur.

抱｜, *Páo |*, inscriptions parallèles, sur tablette convexe, pouvant s'adapter aux colonnes.

一个｜年, *ī kó | niên*, une année révolue (à partir d'une époque fixe).

一个｜時, *ī kó | chê*, une heure chinoise révolue, à partir d'un moment donné, ou un temps quelconque révolu, par ex. d'un matin à l'autre.

這回他遇倒｜頭, *Tché hoûi t'a iú taò | t'eôu*, cette fois-ci il a trouvé un adversaire.

那个人｜, *Lá kó jên |*, cet homme est bien ce qu'il faut.

病，生意不｜, *Pín, sēn í poŭ |*, la maladie, le commerce va mal.

他做事不｜, *T'a tsóu sé poŭ |*, il réussit mal dans ses affaires; il se conduit mal.

這回｜了, *Tché hoûi | lò*, cette fois-ci cela a réussi.

一｜鴿子，一｜黃蠟, *ī | kŏ tsè, ī | houâng lă*, une couple de pigeons, une paire de cierges.

過｜河, *Kó | hô*, **｜本生意**, *| pèn sēn í*, **｜証**, *| tchén*, **｜班轎子**, *| pān kiáo tsè*, **顛｜**, *tiēn |* (*v.* **兌**), **一副｜子**, *ī foú | tsè*, **匾｜**, *p'ièn |*, **｜襟汗衣**, *| kīn hán ī*, **丁｜**, *tīn |*, **｜筆跡**, *| pĭ tsī*, **｜審**, *| chèn*, **｜藥**, *| iŏ*. Voir *hô, pèn, etc.*

兌 *Toúi*. Echanger, payer.

打｜, *Tà |*, faire un échange.

我跟你打｜兩吊錢, *Gò kēn gnì tà | leàng tiáo ts'iên*, je t'emprunte 2 ligatures que tu te feras payer (à tel endroit).

他不肯｜(*v.* **打｜**), *T'a poŭ k'èn | (v. tà |)*, il ne veut pas livrer d'argent sur billet de change.

兩乘轎子打｜, *Leàng tch'ên kiáo tsè tà |*, échanger deux palanquins qui se rencontrent allant en sens inverse.

｜票, *| p'iáo*, billet à ordre.

｜換生意, *| houán sēn í*, commerce de change.

｜銀子, **｜田價**, *| în tsè, | t'iên kiá*, livrer l'argent, le prix d'une rizière.

我爭他五吊錢｜某人去了, *Gò tsēn t'a où tiaó ts'iên, | mòng jên k'ú lò*, les 5 ligatures que je lui dois, je les ai fait passer à un tel.

碓 *Toúi*. Mortier.

在｜窩裡頭舂鹽, *Tsái | ō ì (lì) t'eôu tchōng iên*, piler du sel dans le mortier.

水｜, **脚｜**, *Choùi |; kiŏ |*, mortier à pilon mû par l'eau; mortier dont on fait mouvoir le pilon avec le pied.

隊 *Toúi.* Troupe.

擺丨, *Pài* 丨, disposer les troupes en ordre de bataille.

收丨, *Cheōu* 丨, faire revenir les bataillons.

出丨, *Tch'ōu* 丨, sortir en ordre de bataille; lancer un bataillon.

一丨人馬, *ĭ* 丨 *jên mà*, une troupe de piétons et de cavaliers.

丨伍,衛丨, 丨 *où, oûi* 丨. Voir *où, oûi.*

T'OÚI

退 *T'oúi.* Reculer, rétrocéder.

人些丨了,散了, *Jên sī* 丨 *lò, sán lò,* les gens se sont retirés, dispersés.

你丨一吓, *Gnì* 丨 *ĭ há,* recule un peu.

丨火的葯, 丨 *hò tĭ iŏ,* remède contre l'échauffement.

打丨了, *Tà* 丨 *lò,* on l'a fait reculer sous les coups.

我把話丨了, *Gò pà houá* 丨 *lò,* j'ai retiré ma parole.

大河丨両尺水, *Tá hô* 丨 *leàng tch'ĕ choùi,* l'eau du grand fleuve a baissé de deux pieds.

鹹得狠要丨點塩, *Hân tĕ hèn, iáo* 丨 *tièn iên,* c'est trop salé, il faut dessaler un peu.

丨還原物, 丨 *houân iuên oŭ,* restituer l'objet même.

丨一步, *v.* 丨後一步, 丨 *ĭ poú, v.* 丨 *heóu ĭ poú,* reculer d'un pas; remettre une affaire à plus tard.

要丨幾步, *Iaó* 丨 *kì poú,* il faut reculer de quelques pas.

丨回(*v.* 轉)去了, 丨 *hoûi (v. tchouàn) k'ú lò,* il s'en est retourné.

丨佃,丨房子, 丨 *tién,* 丨 *fâng tsè,* rendre au propriétaire les terrains, la maison louée.

丨讓, 丨 *jáng,* reculer pour céder le pas.

進丨両難, *Tsín* 丨 *leàng lân,* (litt.) avancer ou reculer, les deux sont difficiles; être dans une position difficile, sans issue.

官丨了堂, *Kouān* 丨 *lò t'âng,* le mandarin a levé l'audience.

丨光漆, 丨 *kouāng ts'ĭ,* (laque) vernis cuit pour donner du brillant.

叫的船丨了, *Kiáo tĭ tch'oûan* 丨 *lò,* j'ai contremandé la barque louée.

九丨一進一, *Kieòu* 丨 *ĭ tsín ĭ,* pour ajouter 9, on retranche 1 dans une colonne et on ajoute 1 dans la colonne supérieure, c.-à-d. 10 (termes du *souán p'án* abaque).

大牛丨了牛兒子, *Tá nieôu* 丨 *lò nieôu eûl tsè,* la vache a fait un veau.

丨頂首,丨凉, 丨 *tìn cheòu,* 丨 *leâng.* Voir *tìn, leâng.*

TSÂ

Tsâ. ? (populaire pour *tsèn iáng, tsèn mò*) comment?

丨个說,丨个做, 丨 *kó chŏ?* 丨 *kó tsóu?* comment dire? comment faire?

把我丨方兒, *Pà gò* 丨 *fāng eûl (fēūl),* que peux-tu me faire?

TSĂ

𥈼 *Tsă.* Cligner de l'œil.

抵住看不丨眼睛, *Tì tchóu k'án, poŭ* 丨 *ièn tsīn,* regarder fixement, sans cligner de l'œil.

放船下灘丨不得眼睛, *Fáng tch'oûan hiá t'ān* 丨 *poŭ tĕ ièn tsīn,* en conduisant la barque par le rapide, il faut avoir les yeux bien ouverts (ne pas cligner de l'œil).

一丨眼,眼丨毛, *ĭ* 丨 *ièn, ièn* 丨 *mâo.* Voir *ièn.*

𠿭 *Tsă.* Mordre, grignoter.

耗子把索索丨斷了, *Haó tsè pà sŏ sŏ* 丨 *touán lò,* les rats ont coupé la corde en la rongeant.

耗子丨櫃子, *Haó tsè* 丨 *koúi tsè,* les rats mordent à l'armoire.

耗子丨一个洞, *Haó tsè* 丨 *ĭ kó tóng,* les rats ont fait un trou.

嗽 *Tsă.* Sucer.

丨奶, 丨 *lài*, prendre le lait (sucer la mamelle).

丨血, 丨 *hiĕ*, boire du sang en signe d'alliance (pratique des franes - maçons chinois).

嘈 *Tsá.* Bruit confus.

嘈丨得狠; 鬧丨, *Ts'âo* 丨 *tĕ hèn; laó* 丨, il y a trop de tapage; voir *laó*.

雜 *Tsă.* Mêlé, varié, divers.

丨貨鋪, 丨 *hó p'óu*, boutique aux cent articles.

打丨, *Tà* 丨, faire divers ouvrages de ménage; domestique engagé pour tout faire.

丨案, 丨 *gán*, procès divers, qui n'entrent pas dans les grandes classifications.

丨病, 丨 *pín*, maladies diverses sans nom bien déterminé.

丨毛, 丨 *mâo*, fourrure variée de diverses couleurs, composée de plusieurs espèces de peaux.

丨子書, 丨 *tsè choū*, petit livre traitant de sujets variés, comprenant les caractères les plus usuels.

丨木, 丨 *mŏu*, 丨種, 丨 *tchòng*, 丨念, 丨 *nién*, 丨碎, 丨 *soúi*. Voir *mŏu*, *etc.*

TS'Ă

擦 *Ts'á.* Frotter, nettoyer, essuyer.

丨烟袋, 丨 *iēn tái*, frotter le cuivre d'une pipe.

丨油, 垅巴, 丨 *ieôu, gnî pā*, enlever (en frottant) une tache d'huile ou de graisse, enlever la boue.

丨乾淨, 丨 *kān tsín*, essuyer proprement.

丨不脫, *v.* 丨不下來, 丨 *poŭ t'ŏ, v.* 丨 *poŭ hiá lâi*, ne pouvoir nettoyer en frottant.

丨爛, 壞, 丨 *lán, houái*, user, gâter par le frottement.

丨(*v.* 推丨)嬰孩, 丨 (*v. t'oūi*) 丨 *in hiâi*, frotter avec de l'eau un enfant (le baptiser en simulant l'application d'un remède).

拿灰, 沙子來丨, *Lâ hoūi, chā tsè lâi* 丨, frotter avec de la cendre, du sable.

牛丨癢, *Nieôu* 丨 *iàng*, le bœuf se frotte à l'endroit qui lui démange.

不要丨倒 (*v.* 丨住)我, *Poŭ iaó* 丨 *taò* (*v.* 丨 *tchóu*) *gò*, ne te frotte pas à moi.

我丨身過, *Gò* 丨 *chēn kó*, je l'ai frôlé en passant.

燕子丨倒水飛, *Ién tsè* 丨 *taò choùi fēi*, l'hirondelle rase les eaux en volant.

石頭丨倒我, *Chĕ t'eôu* 丨 *taò gò*, la pierre m'a effleuré.

船丨漏了, *Tch'ouân* 丨 *leoú lò*, la barque a roulé sur les cailloux jusqu'à faire eau.

丨子, 丨 *tsè*, cul-de-jatte.

丨草, 丨 *ts'ào*, herbe très dure, qui sert à polir le bois.

丨不亮, 丨黑的時候, 丨 *poŭ leáng*, 丨 *hĕ tĭ chê heóu*. Voir *leáng*, *hĕ*.

TSĀI

哉 *Tsāi.* Exclamation (usitée surtout dans les livres).

嗚呼哀丨, *Oū foū gāi* 丨, quel malheur! il est mort!

栽 *Tsāi.* Planter, ficher en terre.

移丨樹子, *î* 丨 *choú tsè*, transplanter un arbre.

丨不下去, 丨 *poŭ hiá k'ú*, ne pouvoir enfoncer en terre.

丨活了, 丨 *hŏ lò*, le plant a pris racine.

包丨活, *Paō* 丨 *hŏ*, répondre de la prise des arbres plantés.

雨水節好丨樹木, *Iù choùi tsiĕ haò* 丨 *choú moŭ*, l'époque appelée *iù choùi* (du 15 Février au 5 Mars) est bonne pour planter les arbres.

丨不穩, 丨 *poŭ ouèn*, ne pouvoir planter solidement.

丨秧子, 丨 *iāng tsè*, 丨花, 丨 *hoūa*, 丨秧苞兒, 丨 *iāng p'āo eûl*, 丨培, 丨 *p'ĉi*. Voir *iāng*, *etc.*

災 *Tsāi. v.* | **禍**, *v.* | **難**, *v.* | **害**, *v.* | **殃**, | *v.* | *hó, v.* | *lán, v.* | *hái, v.* | *iāng*, malheur, calamité.

水|,**火**|, *Choùi* |, *hò* |, désastre causé par l'inondation, par l'incendie.

幸|**樂禍**, *Hín* | *lŏ hó*, se réjouir du malheur d'autrui.

七|**八難**, *Ts'ĭ* | *pă lán*, toutes sortes de calamités.

除死無大|, *Tch'ôu sè oû tá* |, à part la mort, il n'y a pas de grand malheur (au sens payen).

只有痛|**無死**|, *Tchè (tchĕ) ieòu t'óng* |, *oû sè* |, j'en serai quitte pour souffrir, mais je n'en mourrai pas.

TS'ÂI

猜 *Ts'āi.* Soupçonner, deviner, conjecturer.

你|, *Gnì* |, devine.

我|**不着**, *v.* **準**, *v.* **倒**, *Gò* | *poŭ tchŏ, v.* tchouèn, *v.* taò, je ne puis deviner.

|**得着**, *v.* **準**, *v.* **對**, *v.* **是**, *v.* **不錯**, | *tĕ·* tchŏ, *v.* tchouèn, *v.* toúi, *v.* ché, *v.* poŭ ts'ó, c'est bien deviné.

人心難|, *Jên sīn lân* |, il est difficile de deviner ce que pensent les gens.

我|**他的心**, *Gò* | *t'ā tĭ sīn*, je devine son intention.

你|**是那个做的**, *Gnì* | *ché là kó tsoú tĭ*, devine qui a fait cela.

我|**得倒一半**, *Gò* | *tĕ· taò ĭ pán*, je puis deviner à moitié.

|**疑**, |**謎子**, | *gnî*, | *(v. ts'âi) mî tsé*. Voir *gnî, mî*.

TS'ÂI

才 *Ts'âi.* Capacité, talent.

|**子**;**沒得**|(*v.* |**幹**), | *tsè; mŏ tĕ·* | (*v.* | *kán*), homme de talent; il n'a pas de capacité.

這是超過人的|, *v.* **人沒得那樣大的**|, *Tché· ché tch'āo kó jên tĭ* |, *v. jên mŏ tĕ· lá iáng tá tĭ* |, l'homme n'a pas une pareille capacité.

|**德兼**(*v.* **雙**)**全**, | *tĕ· kiēn (v. chouāng) ts'uên*, avoir également la science et la vertu.

他的人|**又是怎麼樣**, *T'ā tĭ jên* | *ieóu ché tsèn mô iáng?* quant à sa tournure, à sa beauté, qu'en est-il?

奴|, *Loû* |, esclave (les dignitaires tartares s'intitulent ainsi devant l'Empereur).

三|, *Sān* |, les trois puissances: le ciel, la terre et l'homme.

|**學**, | *hiŏ*, érudition.

口|, *K'eòu* |, talent de la parole.

文|, *Ouên* |, talent d'écrivain.

材 *Ts'âi.* Matière, matériaux.

辜負|**料**, *Koū foú* | *leáo*, gaspiller les matériaux, l'étoffe.

這根樹子有三|, *Tché· kēn chóu tsè ieòu sān* |, cet arbre a une longueur suffisante pour fournir trois sortes de matériaux.

辦|**貨**, *Pán* | *hó*, se procurer les matières premières.

這个人不成|, *Tché· kó jên poŭ tch'ên* |, cet homme ne vaut pas grand'chose.

棺|, **葯**|, *Kouān* |, *iŏ* |. Voir *kouān, iŏ*.

財 *Ts'âi. v.* | **帛**, *v.* | *pĕ·*, richesses.

積|, *Tsĭ* |, amasser, accumuler des richesses.

毋貪他人|**物**, *Oû t'ān t'a jên* | *oú*, ne convoite pas le bien d'autrui.

|**運**, | *iún*, veine de la richesse.

運|, |**不運**, *Iún* |; | *poŭ iún*, s'enrichir par chance; n'avoir pas la chance de s'enrichir.

錢|**如糞土**, *Ts'iên* | *joû fén t'où*, les richesses sont comme du fumier et de la terre.

大|**主**, *v.* | **主老爺**, *Tá* | *tchòu, v.* | *tchòu laò iê·*, gros richard.

求|**恨不多**, |**多害人己**, *K'ieôu* | *hén poŭ tō*, | *tō, hái jên kì*, en recherchant les richesses, on trouve toujours qu'il y en a trop peu; quand il y en a beaucoup, c'est une source de malheurs pour autrui et pour soi-même.

丨神，丨喜，丨門，| *chēn*, | *hì*, | *mên*, 發猛丨，*fǎ mòng* |，傾丨，*k'ūin* |. Voir *chēn, hì, mên, etc.*

纔 *Ts'âi.* Récemment; enfin; afin que.

丨不久，丨沒兩天，| *poŭ kieoù*, | *mŏ leàng t'iēn*, récemment, il n'y a pas 2 jours.

剛丨出去，*Kiāng* | *tch'oŭ k'ú*, il vient de sortir à l'instant.

丨在說你，| *tĕ* (*tsái*) *chŏ gnì*, on parlait de toi à l'instant.

這丨是話，是道理，*Tché* | *ché houá, ché táo lì*, voilà enfin qui s'appelle parler, qui est raisonnable.

丨叫造孽，| *kiáo tsáo niĕ*, voilà qui s'appelle misérable.

你丨叫狠，*Gnì* | *kiáo hèn*, tu es vraiment fort (ironique), tu es intraitable.

要守規誡丨得升天堂，*Iáo cheoù koūi kiái* | *tĕ chēn t'iēn t'âng*, ce n'est qu'en observant les commandements, que l'on peut aller au ciel.

裁 *Ts'âi.* Couper, tailler.

學丨縫，*Hiŏ* | *fŏng*, apprendre le métier de tailleur.

會縫不會丨，*Hoúi fŏng poŭ hoúi* |, il sait coudre, mais il ne sait pas faire la coupe.

丨一件馬褂，| *ĭ kién mà koúa*, faire la coupe d'un pardessus.

丨斷，*v.* 丨下來，| *touán, v.* | *hiá lâi*, couper, détacher.

丨書，丨玻璃，| *choū*, | *pō lî*, tailler la tranche d'un livre, couper le verre.

TSÀI

宰 *Tsài.* Gouverner; tuer; découper.

天地萬物的大主丨，*T'iēn tí ouán oŭ tî tá Tchòu* |, le Dominateur suprême du ciel, de la terre et de toutes choses.

丨雞，牛，| *kī, niêou*, tuer une poule, un bœuf.

革丨，*Kĕ* |, défense de tuer (surtout les bœufs).

丨犯人，丨人，| *fán jên*, | *jên*, décapiter un criminel, décapiter quelqu'un.

丨兩截，*v.* 兩半邊，| leàng tsiĕ, *v.* leàng pán piēn, couper en deux.

丨不下，*v.* 丨不斷，| *poŭ hiá, v.* | *poŭ touán*, ne pouvoir couper, séparer.

一刀丨下來，*ĭ taō* | *hiá lâi*, trancher d'un seul coup.

丨肉，| *joŭ*, couper de la viande en morceaux.

丨三合土，*v.* 丨地下，| *sān hŏ t'où, v.* | *tí hiá*, macadamiser, couvrir une surface avec du ciment chinois.

丨相，丨腦殼，丨銀子，| *siáng*, | *lào k'ŏ*, | *în tsè*. Voir *siáng, k'ŏ, în.*

崽 *Tsài.* Petits des animaux.

猪丨丨，*Tchoū* | |, petits cochons.

載 *Tsài.* Année.

一年半丨，*ĭ niên pán* |, une année ou une ½ année (expression vague pour désigner un temps plus ou moins long).

TS'ÀI

採 *v.* 釆 *Ts'ài.* Cueillir.

丨花，葯，| *hoūa, iŏ*, cueillir des fleurs, des plantes médicinales.

彩 *Ts'ài.* Beau, orné.

一朵丨雲，*ĭ tò* | *iûn*, un nuage pourpré.

綵 *Ts'ài.* Tenture, avec inscription en grands caractères.

一疋丨，*ĭ p'i* (*p'ĭ*) |, une tenture de ce genre.

掛丨，*Koúa* |, suspendre ces tentures (ce qui se fait dans les circonstances solennelles).

張燈結丨，*Tchāng tēn kiĕ* |, suspendre les lanternes et les tentures.

睬 *Ts'ài.* Faire attention.

不丨，*Poŭ* |, affecter de ne pas s'occuper de quelqu'un.

他吵鬧，我硬不｜他，*T'a tch'ào lào, gò guén poŭ | t'a*, il a crié, fait grand tapage, je l'ai bien laissé faire, sans m'occuper de lui.

TSÁI

載 *Tsái*. Chargement de bateau; coudre.

｜子輕，重，| *tsè k'īn, tchóng*, le chargement du bateau est léger, lourd.

空｜子船，v. 空船沒有打｜子，*K'ōng | tsè tch'ouân, v. k'ōng tch'ouân mŏ ieòu tà | tsè*, barque vide, sans chargement.

攬(v. 辦)｜子，*Làn (v. pán) | tsè*, louer un transport de marchandises.

｜不起，v. ｜不上，| *poŭ k'ì, v. | poŭ cháng*, ne pouvoir prendre un chargement si fort.

你的船｜啥子，*Gnì tī tch'ouân | chá tsè?* de quoi est chargée ta barque?

｜花，炭，| *hoūa, t'án*, charger du coton, du charbon.

一｜裝不倒，ĭ | *tchouāng poŭ taò*, on ne peut tout charger dans une seule barque.

裝｜子，*Tchouāng | tsè*, charger une barque.

起｜子，*K'ì | tsè*, décharger une barque.

圓(v. 完)｜，*Iuên |*, compléter un chargement de bateau.

提｜，撥｜，*T'î |, pŏ |*, transborder une cargaison d'un bateau dans un autre. Voir *pŏ*.

｜鞋子，| *hâi tsè*, coudre la semelle à l'empeigne.

｜書，| *choū*, brocher un livre.

在 *Tsái*. Dans, dedans; être, exister.

｜裡頭，｜外頭，| *ì (lì) t'eôu, | ouái t'eôu*, à l'intérieur, à l'extérieur.

｜屋頭，v. ｜家裡，| *oŭ t'eôu, v. | kiā lì*, dans la maison, ou à la maison.

｜天，| *t'iēn*, au ciel: premiers mots du *Pater* en chinois.

｜世上，| *ché cháng*, en ce monde.

你｜那裡起身(v. 來)，*Gnì | là lì k'ì chēn (v. lâi)?* d'où es-tu parti? d'où viens-tu? (Voir *lâi*.)

｜土巴，｜水頭，| *t'où pā, | chouì t'eôu*, dans la terre, dans l'eau.

｜這个時候，| *tché kó chê heóu*, en ce moment-ci.

｜八月內，| *pă iuĕ loúi*, dans le courant de la 8ème lune.

發財倒賬就｜這回，*Fă ts'âi taò tcháng tsieóu | tché hoûi*, faire fortune ou me ruiner, tout dépend de cette fois-ci.

他沒有｜會，*T'ā mŏ ieòu | hoúi*, il n'est pas de la société.

｜跟前，｜面前，| *kēn ts'iên, | mién ts'iên*, présent, en présence.

｜他手頭沒得那些事，| *t'ā cheòu t'eôu mŏ tĕ lá sī sé*, sous lui, il n'y avait pas de telles affaires.

父母還｜麽，*Foú moù houân | mŏ?* tes parents vivent-ils encore?

｜，v. 還｜；不｜了，|，*v. houân |; poŭ | lò*, ils vivent encore; ils ne sont plus, ils sont morts.

他｜的時候，*T'ā | tī chê heóu*, de son vivant.

東西不｜了，*Tōng sī poŭ | lò*, l'objet n'existe plus, il est perdu.

自｜，不自｜，*Tsé |, poŭ tsé |*, être, (ou) n'être pas à l'aise.

｜前害過這个病，| *ts'iên hái kó tché kó pín*, autrefois il a eu cette maladie.

沒定｜，*Mŏ tín |*, il n'y a rien de fixé.

｜我，不｜人，| *gò; poŭ | jên*, à ma volonté, cela dépend de moi; cela ne dépend pas des hommes.

由｜他吵，*Ieôu | t'ā tch'ào*, qu'il querelle tant qu'il lui plaira.

說｜一邊，*Chŏ | ĭ piēn*, parler à côté de la question (voir *chŏ, piēn*).

心不｜讀書，兵不｜多，*Sīn poŭ | toŭ choū, pīn poŭ | tō*. Voir *sīn, pīn*.

所｜，*Sò |*，｜先，| *siēn*，正｜，*tchén |*，｜場，| *tch'âng*. Voir *sò*, *etc*.

再 *Tsái*. Encore, de nouveau, davantage; désormais.

丨添點, 丨 *t'iēn tièn*, ajoute encore un peu.

又丨犯罪, *Iceóu* 丨 *fán tsouí*, pécher de nouveau.

丨多我不怕, 丨 *tō gò poŭ p'á*, seraient-ils plus nombreux encore, je ne les crains pas.

丨大更好, 丨 *tá kén haò*, plus grand encore, ce n'est que mieux.

丨走一步, 丨 *tseoù ĭ poú*, fais encore un pas.

丨三丨四求情, 丨 *sān* 丨 *sé k'ieôu ts'în*, demander grâce avec instance (une 3eme, une 4eme fois).

我丨不喫酒了, *Gò* 丨 *poŭ tch'ĕ tsieòu lò*, je ne boirai plus jamais de vin.

我丨沒有吃過酒, *Gò* 丨 *mŏ ieòu k'ĭ kó tsieòu*, jamais je n'ai bu de vin.

丨有啥子事不管他的, 丨 *icòu chá tsè sé poŭ kouàn t'ā tĭ*, quoi qu'il arrive désormais, ne t'occupe plus de lui.

丨者, 丨 *tchè·*, en outre.

TS'ÁI

菜 *Ts'ái*. Légume, mets quelconque.

丨子, 丨 *tsè*, colza.

青丨, 丨秧秧, *Ts'īn* 丨; 丨 *iāng iāng*, plante de sénevé; plants de légumes.

凉(*v.* 生)丨, *Leâng* (*v. sēn*) 丨, salade.

種小丨, *Tchóng siào* 丨, cultiver des légumes.

討小丨, *T'ào siào* 丨, cueillir des légumes.

沒得丨, *Mŏ tĕ·* 丨, il n'y a pas de mets (réponse de politesse à un invité qui vous remercie en se mettant à table).

請丨, *Ts'ìn* 丨, veuillez vous servir (invitation quand on est à table).

丨冷了, 丨餿了, 丨 *lèn lò*, 丨 *seōu lò*, les mets sont refroidis, ils ont pris un goût de vieux.

割半斤丨, *Kŏ pán kīn* 丨, acheter une ½ livre de viande.

煎,炒,炖丨, *Tsiēn, tch'ào, tén* 丨, frire, rôtir, faire bouillir de la viande.

送一塊丨, *Sóng ĭ k'ouài* 丨, offrir un gros quartier de viande.

丨板, 丨 *pàn*, planche sur laquelle on hache, on découpe légumes et viande.

丨園, 丨 *iuên*, 塩丨, *iên* 丨, 鹹丨, *hân* 丨, 冬莧丨, *tōng hán* 丨, 丨油, 丨 *ieôu*, 菠丨, *pō* 丨, 白丨, *pĕ·* 丨, 包丨, *pāo* 丨, 丨米子, 丨 *mì tsè*, 芹丨, *k'în* 丨, 牛皮丨, *nieôu p'î* 丨, 野丨, *iè·* 丨, 丨刀, 丨 *taō*, 葷丨, *houēn* 丨, 弄丨, *lōng* 丨. Voir *iuên, ên, hân, etc.*

TSĀN

簪 *Tsān*. *v.* 丨子, *v.* 丨 *tsè*, ornement de tête dont se servent les femmes, pour retenir leurs cheveux, épingle de tête.

丨環首飾, 丨 *houân cheòu chĕ*. Voir *chĕ*.

TS'ĀN

飡 *Ts'ān*. Repas, particule numérale des repas.

一丨, 两丨, *ĭ* 丨, *leàng* 丨, un repas, deux repas.

餐 *Ts'ān*. Avaler, gourmandise.

犯貪丨, *Fán t'ān* 丨, commettre un péché de gourmandise.

参 *v.* **叅** *Ts'ān*. Mêler, ajouter, dégrader; *v.* 攙 dans le sens de mêler.

丨(*v.* 攙)假, 丨 *kià*, mêler du faux, falsifier.

他的酒丨得有水, *T'ā tĭ tsieòu* 丨 *tĕ· ieòu choùi*, il y a de l'eau dans son vin.

銀子丨銅, *În tsè* 丨 *t'ông*, mêler du cuivre à l'argent.

鍋頭丨水, *Kō t'eôu* 丨 *choùi*, ajouter de l'eau dans la marmite.

落雨田頭丨了點水, *Lŏ iù t'iên t'eôu* 丨 *lò tièn choùi*, la pluie a ajouté un peu d'eau à la rizière.

丨毛錢, 丨 *mâo ts'iên*, mêler de mauvaises sapèques aux bonnes, pour faire nombre.

丨一句話, 丨 *ĭ kú houá*, ajouter, glisser une parole.

丨將, 丨 *tsiáng*, colonel.

告上控把官都害丨了, *Kaó cháng k'ŏng pà kouān toū hái* 丨 *lò*, il a accusé au tribunal supérieur, et fait dégrader, casser le mandarin.

老典定 (*v.* 滿)了丨, *Laò tièn tín* (*v. màn*) *lò* 丨, le chef de bureau a fini son temps.

TS'ÂN

讒 *Ts'ân.* Calomnier; murmurer.

不要聽人家的丨言, *Poŭ iaó t'īn jên kiā tĭ* 丨 *iên*, il ne faut pas écouter les mauvaises langues.

丨言敗壞眞君子, 丨 *iên pái houái tchēn kiūn tsè*, la calomnie ruine la réputation, même du vrai sage.

丨言刁唆, 丨 *iên tiāo sō*. Voir *sō*.

殘 *Ts'ân.* Mal conformé; restes.

丨疾, 丨 *tsĭ*, infirmité incurable.

丨廢人, 丨 *féi jên*, homme impotent (voir *féi*).

丨害人, 丨 *hái jên*, nuire à autrui.

丨湯剩飯, 丨 *t'āng chén fán*, restes de bouillon et de riz: restes de repas.

這丨年難得滾出來, *Tché* 丨 *niên lân tĕ kouèn tch'ŏu lâi*, cette fin d'année est difficile à passer.

丨眼睛, 丨 *ièn tsīn*, crever les yeux avec une aiguille.

慚 *Ts'ân.* Honte.

丨愧無地, 丨 *k'oúi oû tí*, être honteux à ne plus savoir où se mettre.

蠶 *Ts'ân.* Vers à soie.

喂丨子, *Oúi* 丨 *tsè*, élever des vers à soie.

丨子眠了, 丨 *tsè miên lò*, (litt.) les vers à soie sont au sommeil (au temps de la mue).

丨子鬱不得, 丨 *tsè iú poŭ tĕ*, les vers à soie craignent les mauvaises odeurs.

丨子不上(*v.* 找)繭, 丨 *tsè poŭ cháng* (*v. tchaò*) *kièn*, les vers à soie ne filent pas leur cocon.

丨紙, 丨 *tchè*, papier sur lequel sont déposées les graines de vers à soie.

菢丨種, *Páo* 丨 *tchòng*, faire éclore ces graines.

土丨子, *T'où* 丨 *tsè*, grosse larve de papillon qui dévaste les semis.

TSÀN

儹 *Tsàn. v.* 積丨, *v. tsĭ* 丨, amasser.

丨家, 丨 *kiā*, se faire une petite fortune.

攢 *Tsàn.* Remuer, changer de place.

丨出去, 丨 *tch'ŏu k'ú*, émigrer d'un endroit, déménager.

丨開了, 丨 *k'āi lò*, il a vidé la place.

丨開點, 丨 *k'āi tièn*, range-toi un peu, fais place.

把床丨在那邊, *Pà tch'ouâng* 丨 *tsái lá piēn*, transporte le lit de l'autre côté.

丨不得, 丨 *poŭ tĕ*, il ne faut pas changer de place; cela ne peut être changé de place.

他又丨了地頭, *T'a ieóu* 丨 *lò tí t'eôu*, il vient encore d'émigrer.

一步一步家丨, *ĭ poú ĭ poú kiā* 丨, s'éloigner, se retirer pas à pas.

趲 *Tsàn.* Presser, urger, se hâter.

丨劤, 丨猪, 丨 *kín*, 丨 *tchōu*. Voir *kín*, *tchōu*.

丨齊(*v.* 覔)不來了, 丨 *ts'î* (*v. kín*) *poŭ lâi lò*, (pop.) il ne vient plus du tout.

TS'ÀN

慘 *Ts'àn.* Triste, affligé.

看倒都丨, *K'án taò toū* 丨, rien qu'à (le) voir, cela faisait pitié.

哭得嚓子丨法, *K'oŭ tĕ chá tsè* 丨 *fă*, il pleurait avec une extrême affliction.

傷丨, *Chāng* 丨. Voir *chāng*.

產 *Ts'àn.* Enfanter, production (voir *tch'àn*).

TSÁN

讚 *Tsán. v.* 稱 |, *v. tch'ēn* |, louer.

圖人家 | 美, *T'oû jên kiā* | *méi*, rechercher les louanges (voir *mèi*).

| 頌耶穌聖名瞻禮, | *sóng Iê' soū chén mîn tchān lì*, fête du Saint Nom de Jésus.

濽 *Tsán.* Rejaillir; éclabousser.

泥巴 | 我身上, *Gnî pā* | *gò chēn cháng*, la boue m'á éclaboussé.

| 了點水, | *lò tièn choùi*, il a rejailli un peu d'eau.

| 火, | *hò*, il jaillit des étincelles.

| 得遠, | *tĕ' iuèn*, cela rejaillit très loin.

蘸 *Tsán.* Tremper dans un liquide.

菜拿來 | 醬油, *Ts'ái lâ lâi* | *tsiáng icôu*, tremper la viande dans la saumure.

| 水, | 碟, *v.* | 盤兒, | *choùi*; | *tiĕ'*, *v.* | *p'ân eûl*, saumure, assaisonnement liquide; soucoupe pour la saumure.

| 乾了, | *kān lò*, on a épuisé le liquide en trempant.

| 白糖, 蜂糖, | *pĕ' t'âng, fōng t'âng*, tremper dans le sucre (en poudre), dans le miel.

鏨 *Tsán.* Ciseau de sculpteur, sculpter.

| 子, | 字, | 花, | *tsè*; | *tsé*, | *hoūa*, ciseau; graver des lettres, sculpter des fleurs.

搒他的 | 頭, *P'óng t'ā tī* | *t'eôu*, donne-lui des coups de tête.

綻 *Tsán.* Se défaire (se dit d'une couture).

| 了線, | *lò sién*, la couture s'est défaite par la rupture du fil.

TSĀNG

髒 *Tsāng. v.* 骯 |, *v. gāng* |, sale (au pr. et au fig.).

衣裳打 | 了, *ī chāng tà* | *lò*, les habits ont été salis.

他叨人實在 | 得狠, *T'ā t'aō jên chĕ tsái* | *tĕ' hèn*, il injurie, en usant de termes vraiment trop sales.

這个活路做得 |, *Tché' kó hŏ loú tsoú tĕ'* |, voilà un ouvrage fort mal fait.

做事 | 得狠, *Tsoú sé* | *tĕ' hèn*, il agit sordidement.

| 脾氣, | *p'î k'í*, vilain caractère.

贓 *v.* 賍 *Tsāng.* Chose volée, corps du délit.

接 |, *Tsiĕ'* |, accepter des choses volées, se faire recéleur.

起不倒 |, *K'ì poŭ taò* |, on ne peut découvrir la chose volée, le corps du délit.

盜案以 | 爲憑, *Taó gán ì* | *oûi p'în*, pour le vol, on n'admet d'autre preuve que la découverte de la chose volée.

强盜分 |, *K'iâng taó fēn* |, les voleurs se partagent le butin.

分 | 不平 *Fēn* | *poŭ p'în*, partager le butin inégalement.

TS'ĀNG

窗 *Ts'āng.* Fenêtre.

一眼 | 子, *ī ièn* | *tsè*, une fenêtre.

天 |, *T'iēn* |, lucarne dans le toit.

玻璃 | 子, *Pō lî* | *tsè*, fenêtre à vitres.

牛肋巴 | 子, *Nieôu lĕ' pā* | *tsè*, fenêtre (à côtes de bœuf) à barres verticales assez rapprochées.

荳腐乾 | 子 (*v.* | 格), *Teoú foù kān* | *tsè* (*v.* | *kĕ'*), fenêtres à petits carreaux.

花 |, *Hoūa* |, fenêtres à châssis sculptés.

推 |, *T'oūi* |, fenêtre, volet qui glisse dans une rainure.

活 |, *Hŏ* |, fenêtre mobile pouvant s'ouvrir.

死 |, *Sè* |, fenêtre fixe.

開 | 子, *K'āi* | *tsè*, ouvrir la fenêtre; percer une fenêtre.

| 子門, *v.* | 板, | *tsè mên, v.* | *pàn*, volet de fenêtre à l'intérieur.

| 子不亮, | *tsè poŭ leáng*, la fenêtre ne donne pas de jour.

同｜共友，｜友，*T'ông* ｜ *kóng ieòu*; ｜ *ieòu*, être condiscipole; condisciple.

糊｜子，*Foû* ｜ *tsè*. Voir *foû*.

倉 *Ts'āng*. Grenier.

一眼｜，*ĭ ièn* ｜，un grenier.

板｜，團｜，*Pàn* ｜; *t'ouân* ｜，grenier en planches; grenier rond, en bambou revêtu de torchis.

裝(*v.* 關，*v.* 收)在｜裡頭，*Tchouāng (v. kouān, v. cheōu) tsái* ｜ *ì (lì) t'eôu*, ramasser dans le grenier.

搬耗子進｜，*Pān haó tsè tsín* ｜，mettre les rats dans un grenier (prov.).

官｜，*Kouān* ｜，greniers publics, établis pour secourir le peuple en temps de famine.

開官｜，發｜米，*K'āi kouān* ｜，*fă* ｜ *mì*, ouvrir les greniers publics en temps de disette, et en vendre le riz au rabais.

開｜賣穀子，*K'āi* ｜ *mái koŭ tsè*, commencer à vendre le riz d'un grenier.

掃｜穀子，*Saò* ｜ *koŭ tsè*, dernier riz d'un grenier.

一｜穀子，*ĭ* ｜ *koŭ tsè*, un grenier plein de riz.

買空｜，耗子不打空｜，*Mài k'ōng* ｜，*haó tsè poŭ tà k'ōng* ｜. Voir *k'ōng*.

開｜吐血，*v.* 紅，*K'āi* ｜ *t'où hiĕ*, *v.* hông, être pris de vomissements de sang.

艙 *Ts'āng*. Compartiment de barque, cale.

四五｜的大掛子船，*Sé où* ｜ *tĭ tá koúa tsè tch'oûan*, barque mandarine, à 4 ou 5 compartiments.

｜門，｜ *mên*, portes de l'avant et de l'arrière de la barque mandarine.

進官｜坐，*Tsín koūan* ｜ *tsó*, aller s'asseoir dans l'intérieur de la barque (non divisée en plusieurs compartiments).

｜板，｜ *pàn*, plancher qui couvre la cale.

｜面子，｜ *mién tsè*, dessus de la cale, où se mettent les passagers.

貨拿來下｜，*Hó lă lâi hiá* ｜，mettre les marchandises dans la cale.

蒼 *Ts'āng*. Couleur d'azur.

｜天，｜ *t'iēn*, le ciel bleu.

｜蠅子，*v.* ｜蚊子，｜ *în tsè*, *v.* ｜ *ouên tsè*, mouche commune.

做事｜黄，*Tsoú sé* ｜ *houâng*, agir avec précipitation.

TSÂNG

Tsâng v. ts'âng v. ts'ông? (pop. à peu près comme *tsâ* pour *tsèn iáng*) comment?

｜个說，｜ *kó chŏ?* comment a-t-on parlé? comment est-on convenu?

｜个做法，｜ *kó tsóu fă?* comment s'y prendre? comment faire?

TS'ÂNG

藏 *Ts'âng*. Cacher, se cacher.

官要他，他｜了，*Kouān iáo t'ā, t'ā* ｜ *lò*, le mandarin voulait le prendre, il s'est caché.

曉得他｜在那裡，*Hiào tĕ t'ā* ｜ *tsái là lì?* que sais-je, où il a caché, où il s'est caché?

在山裡頭｜倒，*Tsái chān ì (lì) t'eôu* ｜ *taò*, cacher, se cacher dans les montagnes.

｜倒東西，隱｜，｜ *taò tōng sī*; *ìn* ｜，cacher un objet. Voir *ìn*.

TSÀNG

Tsàng? (pop.) Serrer deux objets l'un contre l'autre, de manière à en écraser un.

｜壞，*v.* ｜爛，｜ *houái*, *v.* ｜ *lán*, briser, écraser de cette façon.

TSÁNG

葬 *v.* 塟 *Tsáng*. Ensevelir, enterrer.

埋｜，生養死｜，*Mâi* ｜; *sēn iàng sè* ｜. Voir *mâi, iàng*.

藏 *Tsáng*. *v.* 寶｜，*v. paò* ｜，trésor.

西｜，*Sī* ｜，le *Thibet* (trésor de l'Occident).

前丨，中丨，後丨，*Ts'iên* 丨，*tchōng* 丨，*heóu* 丨，*Thibet* antérieur, du milieu, postérieur (par rapport à la Chine).

進丨，丨狗，*Tsín* 丨；丨 *keòu*, entrer au *Thibet;* gros chien du *Thibet.*

丨粑，丨 *pā*, pâte grossière cuite à l'eau, dont se nourrissent les Thibétains.

丨和尙，丨 *hô cháng*, lama ou bonze du *Thibet.*

鄉約打丨，*Hiāng iŏ tà* 丨，les chefs du marché invitent à dîner (moyen de se faire un peu d'argent).

娃娃丨得狠，*Oûa oûa* 丨 *tĕ hèn*, cet enfant est bien agaçant.

丨笨，丨 *pén*, faire les travaux grossiers, qui ne demandent guère d'intelligence.

臟 *Tsáng.* Viscères.

五丨六腑，*Où* 丨 *loŭ foù.* Voir *foù.*

修五丨廟，*Sieōu où* 丨 *miáo*, (litt.) bâtir la pagode des 5 viscères, c.-à-d. soigner son embonpoint.

TSĀO

遭 *Tsāo.* Rencontrer; subir.

我丨的苦楚，*Gò* 丨 *tĭ k'où ts'où*, les souffrances que j'ai à endurer.

丨打，强盜，火，丨 *tà, k'iâng taó, hò*, être battu, volé, incendié.

箱子丨虫打了，*Siāng tsè* 丨 *tch'ông tà lò*, les caisses ont été détériorées par les vers.

他們一丨都在害病，*T'a mên ĭ* 丨 *toū tsái hái pín*, ils sont tous malades à la fois.

丨害，罰，難，丨 *hái, fă, lán.* Voir *hái, fă, lán.*

糟 *Tsāo.* Résidu de grains distillés ou fermentés.

高粱，包穀丨子，*Kaō leâng, pāo koŭ* 丨 *tsè*, résidu de sorgho, de maïs.

丨子拿來喂猪，丨 *tsè lâ lâi oúi tchoū*, donner ce résidu aux porcs.

醪丨，丨蛋，*Laô* 丨，丨 *tán.* Voir *laô, tán.*

蹧 *Tsāo.* Fouler aux pieds (au prop. et au fig.) (voir *t'ă* 蹋).

燥 *Tsāo.* Sec, cassant.

菸丨得狠，*Iēn* 丨 *tĕ hèn*, le tabac est trop sec, il se brise.

木頭丨了，*Moŭ t'eôu* 丨 *lò*, le bois est pourri, gâté.

TS'ĀO

操 *Ts'āo.* S'exercer, travailler.

丨武，下丨，丨 *où, hiá* 丨，se livrer aux exercices militaires, aller à l'exercice.

下教塲壩閱 (*v.* 看) 丨，*Hiá kiáo tch'âng pá iuĕ (v. k'án)* 丨，aller au Champ de Mars voir les exercices.

丨馬，丨 *mà*, se livrer à des exercices d'équitation.

丨得有工夫，丨 *tĕ ieòu kōng foū*, il a acquis de l'habileté.

丨得出來，丨 *tĕ tch'oŭ lâi*, cela peut s'apprendre par l'exercice.

你老實丨，*Gnì laò chĕ* 丨，exerce-toi bien.

丨德行，道理，字，丨 *tĕ hín, táo lì, tsé*, s'exercer à la vertu, apprendre la doctrine, l'écriture.

他的手藝丨得好，*T'a tĭ cheòu gní* 丨 *tĕ haò*, il est habile dans son métier.

不必丨心，*Poŭ pĭ* 丨 *sīn*, pas nécessaire de t'inquiéter.

我不丨神父的心，*Gò poŭ* 丨 *chên foú tĭ sīn*, je ne veux pas causer de souci au Père.

TS'ÂO

曹 *Ts'âo.* Rang, espèce, classe d'individus.

一丨人，一丨官，*ĭ* 丨 *jên, ĭ* 丨 *kouān*, un groupe de gens, de mandarins.

一丨去一丨來，*ĭ* 丨 *k'ú ĭ* 丨 *lâi*, une troupe partie, il en vient une autre.

一丨一丨來，*ĭ* 丨 *ĭ* 丨 *lâi*, cela vient par troupes successives.

後頭那一丨，*Heóu t'eôu lá ĭ* 丨，la troupe de l'arrière.

槽 *Ts'âo.* Creuser du bois, auge, tranchée, canal (dans ce dernier sens, on emploie le caractere 漕).

挖(*v.* **打**)**一个丨丨**, *Ouâ (v. tà) ĭ kó* | *ts'âo*, creuser une rainure, un canal.

起丨丨, *K'ì* | *ts'âo*, il se forme des plis en creux.

水冲些丨丨, *Choùi tch'ōng sī* | *ts'âo*, l'eau a creusé des rigoles.

開 (*v.* **挖**)**一个丨溝**, *K'āi (ouā) ĭ kó* | *keōu*, creuser un canal.

天丨, *T'iēn* |, conduits d'eau suspendus.

丨子, | *tsè*, feu pour cuire le sel.

一丨田, **一丨溝**, *ĭ* | *t'iên*, *ĭ* | *keōu*, une vallée de rizières; une vallée, un canal.

丨市, | *ché*, nom donné à certains faubourgs établis près des fossés des villes.

馬丨, *Mà* |, **猪丨**, *tchōu* |, **一丨猪**, *ĭ* | *tchōu*, **丨瓦**, | *ouà*, **炭丨子**, *t'án* | *tsè*, **梘水丨**, *kièn choùi* |, **丨門**, | *mên*. Voir *mà, tchōu, ouà, etc.*

漕 *Ts'âo.* Canal (voir l'article ci-dessus).

嘈 *Ts'âo.* Bruit confus de voix, vacarme (voir *tsă* 囋).

人些丨得狠, *Jên sī* | *tĕ hèn*, les gens en causent beaucoup, et en sont tres agités.

船上不要丨, *Tch'ouân cháng poŭ iáo* |, sur la barque il ne faut pas s'agiter.

心頭煩丨, *Sīn t'eôu fân* |, avoir le cœur agité, mal à l'aise.

螬 *Ts'âo. v.* **丨虫**, *v.* | *tch'ông*, vers intestinaux.

丨葯, | *iŏ*, remède contre les vers.

打丨, *Tà* |, combattre les vers, les faire évacuer.

喫小菜有點丨人, *Tch'ĕ siào ts'ái ieòu tièn* | *jên*, l'usage des légumes contribue à amaigrir les gens (en développant les vers intestinaux).

醩 *Ts'âo.* Lie de vin.

丨房, | *fâng*, distillerie.

TSAÒ

早 *v.* **蚤** *Tsaò.* Matin, tôt.

今丨, **丨晨**, *Kīn* |, | *chên*, ce matin: le matin (voir *chên*).

一 (*v.* **淸**, *v.* **大**) **丨起身**, *ĭ (v. ts'īn, v. tá)* | *k'ì chēn*, partir de grand matin.

淸晨八丨亂說, *Ts'īn chên pă* | *louán chŏ*, dire dès le matin des mots de mauvais augure (superst.).

你想嚇倒我, **丨** (*v.* **還丨**), *Gnì siàng hĕ taò gò*, | (*v. houân* |), tu penses me faire peur, tu t'adresses mal (litt. c'est encore trop tôt).

丨點 (*v.* **丨些**) **預備**, | *tièn (v.* | *sī) iú pí*, il faut préparer, se préparer un peu plus tôt.

你丨不說, *Gnì* | *poŭ chŏ*, que ne le disais-tu plus tôt!

我丨都曉得, *Gò* | *toū hiào tĕ*, il y a longtemps que je le sais.

丨有人說, | *ieòu jên chŏ*, il y a longtemps qu'on en parle.

老丨, *Laò* |, très tôt, en avance.

丨穀子, *v.* **六十丨**, | *koŭ tsè*, *v. loŭ chĕ* |, riz qui mûrit tôt, ou en 60 jours.

他死得丨, *T'a sè tĕ* |, il est mort jeune, ou bien, il y a longtemps qu'il est mort.

丨遲沒得一定, | *tch'ê mŏ tĕ ĭ tín*, tôt ou tard, il n'y a rien de certain.

丨飯, **丨課**, | *fán*, | *k'ó*. Voir *fán, k'ó*.

過丨沒有, *Kó* | *mŏ ieòu?* as-tu déjeuné?

蚤 *Tsaò.* Puce (voir *kĕ* 虼).

棗 *Tsaò.* Jujubier, jujube.

丨子, **丨子樹**, | *tsè*, | *tsè choú*, jujube, jujubier.

糖丨, *T'âng* |, jujubes confites.

澡 *Tsaò*. Se laver.

洗|, 怺|, 湯|, *Sì |, mă |, t'áng |*, se laver le corps à grandes eaux, s'essuyer le corps avec un linge mouillé, se laver le corps avec de l'eau très chaude.

愛在河頭洗|, *Gái tsái hô t'côu sì |*, aimer à se baigner dans le fleuve.

TS'AÒ

草 *Ts'aò*. Herbe, paille.

一根|, *ĭ kēn |*, un brin d'herbe, une paille.

扯||, *Tch'è· ||*, arracher les mauvaises herbes.

山|, *Chān |*, hautes herbes de montagne,

|凳, *| tén*, escabeau en paille tressée.

|糞, 糞||, *| fén; fén ||*, engrais provenant de pailles, d'herbes mélangées avec le fumier d'animaux; engrais en général.

|市上, *| ché cháng*, sur le marché aux herbes.

葯|, *Iŏ |*, plante médicinale.

一把穀|, 甘|, *ĭ pà koŭ |, kān |*, **猪|**, *tchoū |*, **|簾子**, *| liên tsè*, **|鞋**, *| hâi*, **|繩子**, *| chouên tsè*, **|灰**, *| hoūi*, **|鐮**, *| kiên*, **|帽子**, *| máo tsè*, **燈|**, *tēn |*, **蒲|**, *p'oû |*, **布|**, *poú |*, **鍘馬|**, *tchă mà |*, **|紙**, *| tchè*, **|房**, *| fâng*, **|棚棚**, *| p'ông p'ōng*, **盖|**, *kái |*, **|葯**, *| iŏ*, **|字**, *| tsé*, **|稿**, *| kaò, etc.* Voir *koŭ, kān, tchoū, liên, etc.*

TSAÓ

皂 *Tsaó*. Noir; satellite, valet.

烏||的, *Oū || tĭ*, de couleur noirâtre.

|隸, v. |班兒; |白, |礬, |角, *| lí, v. | pān eûl; | pĕ·, | fân, | kŏ*. Voir *lí, pān, pĕ·, etc.*

唕 *Tsaó*. Importuner, turbulent.

囉|人, *Lô | jên*. Voir *lô*.

這个娃娃兒|得狠, *Tché· kó oûa oûa eûl | tĕ· hèn*, cet enfant se démène terriblement.

怕就要|死, *P'á tsieóu iáo | sè*, il va se tuer à force de crier, de s'agiter (imprécation contre les enfants).

竈 v. **灶** *Tsaó. v.* **|頭**, *v. | t'eôu*, foyer, cuisine.

小|, *Siaò |*, petit fourneau.

|神, v. |君, v. |王菩薩, *| chên, v. | kūin, v. | ouâng p'oû să*, dieu du foyer.

打|; |門, 孔, *Tà |; | mên, k'òng*, construire un fourneau; porte, ouverture du foyer.

柴不熬|; 倒|, *Tch'âi poŭ gâo |; taò |*, le bois ne dure pas au feu. Voir *taò*.

|烘, *| hòng*, creux du foyer, où se met le combustible.

造 *Tsaó*. Faire, susciter (voir *ts'aó*).

看他|些嚻子出來, *K'án t'ā | sī chá tsè tch'oŭ lâi*, voyons quelles affaires il va susciter.

|事, *| sé*, susciter de mauvaises affaires.

自作自|, *Tsé tsŏ tsé |*, être soi-même l'auteur de ses maux.

|反, |孽, *| fàn, | niĕ·*. Voir *fàn, niĕ·*.

TS'AÓ

造 *Ts'aó*. Créer, faire, fabriquer.

|萬物的主, *| ouán oŭ tĭ Tchòu*, le Seigneur Créateur de toutes choses.

人是受|的, *Jên ché cheoú | tĭ*, l'homme est un être créé.

私|假印, *Sē | kià ín*, (litt.) fabriquer clandestinement de faux sceaux.

|人物子, *| jên oŭ tsè*, fabriquer des figurines.

修|房屋, *Sieōu | fâng oŭ*, construire une maison.

自|, |謠言, *Tsé |; | iâo iên*, faire soi-même; répandre de faux bruits.

糙 *Ts'aó.* Riz imparfaitement décortiqué, grossier.

米丨得狠, *Mì* | *tě· hèn,* le riz est trop grossier, il n'est pas assez blanc.

粗丨的人, *Ts'oū* | *tĭ jên,* homme rustique, grossier.

粗言丨語, *Ts'oū iên* | *iù,* paroles grossières.

躁 *Ts'aó (sáo).* Sec, facile à enflammer, vif.

性子丨(*v.* **暴丨**), *Sín tsè* | (*v. páo* |), caractère vif, qui s'emporte facilement.

這个葯大丨, *Tché· kó iŏ tá* | , ce médicament est un excitant énergique.

這宗病丨不得, *Tché· tsōng pín* | *poŭ tě·*, dans ces sortes de maladies, il ne faut pas prendre de remèdes excitants.

TSĒ

咨 *Tsē.* Délibérer, consulter.

丨文, | *ouên,* pièce officielle entre grands mandarins.

資 *Tsē. v.* | **財**, *v.* | *ts'âi,* biens, richesses.

酒丨, *Tsieòu* | , pourboire.

滋 *Tsē.* Succulent, assaisonner; multitude, s'étendre.

丨味, **丨潤得好**, | *oúi;* | *jouén tě· haò,* succulent; qui est savoureux, ou très souple.

坭巴丨潤,好做活路, *Gnî pā* | *jouén, haò tsóu hŏ loú,* la terre étant molle et humectée à point, est facile à travailler.

鉢鉢先要丨點鹽巴,黄蠟纔不巴, *Pŏ pŏ siēn iáo* | *tièn iên pā, houâng lă ts'âi poŭ pā,* il faut d'abord frotter l'intérieur du vase avec du sel, pour que la cire (liquide qu'on y verse) n'y adhère pas.

桶漏要丨倒, *T'òng leóu iáo* | *taò,* le seau coule, il faut mastiquer la fente.

丨事 (*v.* **鬧事**), | *sé (v. laó sé),* susciter des troubles.

TS'Ê

慈 *Ts'ê.* Miséricorde.

仁丨, **丨悲**, **丨良**, *Jên* | , | *pēi,* | *leâng,* douceur, clémence, miséricorde.

他性(*v.* **心**)**丨得很**, *T'a sín* (*v. sīn*) | *tě· hèn,* il est trop faible, il se laisse trop facilement attendrir.

糍 *Ts'ê.* Gluant, visqueux.

丨粑, | *pā,* pâte faite avec du riz à vin, gluante et très indigeste.

酒米飯是丨的, *Tsieòu mì fán ché* | *tĭ,* le riz cuit avec du riz à vin est gluant.

磁 *Ts'ê.* Terre à porcelaine, porcelaine.

丨器, | *k'í,* porcelaine, objet en porcelaine.

祠 *Ts'ê. v.* | **堂**, *v.* | *t'âng,* temple ou pagode des ancêtres.

張家丨堂, *Tchāng kiā* | *t'âng,* temple des ancêtres de la famille *Tchāng.*

詞 *Ts'ê.* Parole, accusation.

丨訟, | *sóng,* plaider en justice.

具丨告狀, *Kú* | *kaó tchouáng,* rédiger une pièce d'accusation et la présenter.

衆口一丨, *Tchóng k'eòu ĭ* | , ils n'eurent qu'une voix pour dire...; ils disent tous la même chose.

辭 *Ts'ê.* Récuser; s'excuser, se démettre.

丨不得, | *poŭ tě·*, tu ne dois pas refuser, te démettre.

我來丨(*v.* **告丨**)**神父**, *Gò lâi* | (*v. káo* |) *chên foú,* je viens dire adieu au Père, prendre congé de lui.

丨官不做, | *kouān poŭ tsóu,* donner sa démission de mandarin.

我不丨勞苦, *Gò poŭ* | *lâo k'où,* je ne refuse pas le travail.

他丨了主人家,不做了, *T'a* | *lò tchòu jên kiā, poŭ tsóu lò,* il a déclaré à son maître qu'il ne voulait plus rester à son service.

我｜了他的活路, *Gò* ｜ *lò t'a tī hŏ loû*, je lui ai déclaré ne plus vouloir faire son travail.

我生死不敢｜, *Gò sēn sè poŭ kàn* ｜, ni à la vie ni à la mort, je n'oserai refuser (souffrances, travail).

｜**謝不收**, ｜ *sié· poŭ cheōu*, refuser un présent en remerciant.

｜**不脫**, ｜*poŭ t'ŏ*, **推**｜, *t'oūi*｜, ｜**別**, ｜*piĕ·*, ｜**任**, ｜*jouén*, **堂**｜, *ts'ēn*｜, ｜**年**, ｜*niēn*. Voir *t'ŏ, t'oūi, etc.*

TSÈ

子 *Tsè*. Fils; grain, graine; diminutif; finale de beaucoup de substantifs.

天主聖｜, *T'iēn Tchòu chén* ｜, le Fils de Dieu.

獨｜, *Toŭ*｜, **長**｜, *tchàng*｜, **孝**｜, *hiaó*｜, **太**｜, *t'ái*｜, **義**｜, *gní*｜, ｜**孫**, ｜*sēn*. Voir *toŭ, tchàng, etc.*

花｜｜, **沙**｜, **沙**｜｜, *Houā* ｜｜, *chā*｜, *chā*｜｜, graines de fleurs, plombs de chasse, grains de sable.

梯｜, **鬍**｜, **衫**｜, **扇**｜, *T'ī*｜, *foû*｜, *chān* ｜, *chán* ｜, *etc.* échelle, barbe, robe, éventail, etc. L'usage (qui varie souvent d'un lieu à l'autre) peut seul apprendre quels substantifs requièrent ou admettent *tsè* comme finale.

｜**時**, ｜ *chê*, nom de l'heure chinoise qui va de 11 heures du soir à 1 heure du matin.

一｜**菸**, *ī* ｜ *iēn*, une pincée de feuilles de tabac formant la ration d'un ouvrier pour un jour.

菸要分成｜｜**好散匠人**, *Iēn iáo fēn tch'ên* ｜｜, *haò sán tsiáng jên*, il faut diviser le tabac en petits paquets, ce sera plus facile pour distribuer aux ouvriers.

｜**牛兒**, ｜**狗**, ｜**猫兒**, ｜**薑**, ｜ *nieôu eûl*, ｜ *keoù*, ｜ *māo eûl*, ｜ *kiāng, etc.*, veau ou jeune buffle ou bufflonne, jeune chien, jeune chat, gingembre frais (jeune).

夾壁先要糊｜**泥纔糊石灰**, *Kiă pĭ siēn iáo foû* ｜ *gnî ts'âi foû chĕ hoūi*, quand on fait des murs en torchis, il faut d'abord plaquer de la boue liante, ensuite la chaux.

｜**口子要坐得好**, ｜ *k'eòu tsè iáo tsó tĕ· haò*, il faut bien mastiquer les fentes.

仔 *Tsè*. S'appliquer à.

｜**細看**, ｜ *sí k'án*, examiner avec soin.

紫 *Tsè*. Violet.

｜**色**, ｜**蘇**, ｜**荊花**, ｜ *sĕ·*; ｜ *soū*; ｜ *kīn hoūa*, couleur violette; la mélisse; nom d'un arbre à fleurs.

姊 *Tsè*. Sœur aînée (voir *méi* **妹**).

我們是九｜**妹**, *Gò mên ché kieoù* ｜ *méi*, nous sommes neuf enfants dans la famille.

梓 *Tsè*. Catalpa, nom d'arbre.

｜**檀**, ｜ *t'ân*, bois de sandal.

滓 *Tsè*. Lie, débris.

渣｜, **瓦**｜｜, *Tchā* ｜, *ouà* ｜｜. Voir *tchā, ouà*.

TS'È

此 *Ts'è*. Ce, cela; ici, là (corrélatif de *pì* **彼**. Voir ce mot).

｜**人**, ｜**地**, ｜**處**, ｜ *jên*, ｜ *tí*, ｜ *tch'óu*, cet homme, ce pays, ce lieu.

在｜, *Tsái* ｜, ici, présent.

既然到｜**來了**, *Kí jân táo* ｜ *lâi lò*, puisqu'on en est venu jusqu'à ce point....

TSÉ

自 *Tsé*. Soi-même; dès, depuis.

｜**己的**, ｜ *kì tī*, sien, à soi (voir *kì*).

｜**家的人**, ｜ *kiā tī jên*, gens de la famille.

｜**己爛了**, ｜ *kì lán lò*, cela s'est gâté tout seul.

｜**己好了**, ｜ *kì haò lò*, il s'est guéri tout seul, sans remèdes.

｜**己落下來了**, ｜ *kì lŏ hiá lâi lò*, c'est tombé tout seul, sans force étrangère.

｜有的純神, ｜ *ieòu tĭ chouĕn chên*, pur esprit, qui existe par lui-même (non créé).

｜八月到臘月, ｜ *pă iuĕ· táo lă iuĕ·*, de la 8eme à la 12eme lune.

｜東至西, ｜ *tōng tché sī*, de l'Orient à l'Occident.

｜從去年一起到如今, ｜ *ts'ông k'ú niên ĭ k'ì táo joû kīn*, à partir de l'année dernière jusqu'à maintenant.

｜今以後, ｜ *kīn ì heóu*, ｜以來, ｜ *ì lâi*, ｜來, ｜ *lâi*, ｜然, ｜ *jân*, ｜高｜大, ｜ *kaō* ｜ *tá*, ｜由, ｜ *ieôu*, ｜在, ｜ *tsái*. Voir *ì, lâi, jân, etc.*

字 *Tsé*. Lettre, caractère d'écriture, écrit.

中國｜, 辣丁｜, *Tchōng kouĕ·* ｜ ; *lă tīn* ｜, caractères chinois; lettres romaines.

正｜, *Tchén* ｜, caractère écrit en entier, et de forme régulière.

草｜, *Ts'ào* ｜, caractère cursif.

這些｜草得兇不好認, *Tché· sī* ｜ *ts'ào tĕ· hiōng poŭ haò jén*, ces caractères sont d'une écriture par trop fantaisiste, ils ne sont pas faciles à reconnaître.

｜庫, ｜ *k'óu*, four dans lequel on brûle les papiers ramassés et portant des caractères (superstition).

｜輩, ｜ *péi*, lettre qui entre dans le nom d'un individu, et qui indique son rang de génération.

他是啥子｜輩, *T'ā ché chá tsè* ｜ *péi?* quelle est sa lettre de génération, c.-à-d. de quelle génération est-il?

同｜輩, *T'ông* ｜ *péi*, du même rang de génération.

簡筆寫的｜, *Kièn pĭ siè· tĭ* ｜, caractere écrit en abrégé (voir *kièn*).

｜音, ｜ *īn*, prononciation d'un caractere (voir *īn*).

翻一个｜, *Fān ĭ kó* ｜, chercher un caractère dans le dictionnaire.

｜彙, *v.* ｜典, ｜ *louí*, *v.* ｜ *tièn*, dictionnaire.

｜眼, ｜ *ièn*, locution, sens d'un mot.

｜母, ｜ *mòu*, radicaux ou clefs des caractères chinois.

不識｜, *Poŭ chĕ·* ｜, ne pas connaître les caractères.

喊他出一張｜, *Hàn t'ā tch'óu ĭ tchāng* ｜, exige de lui, fais-lui livrer un écrit.

寫｜, *Siè·* ｜, ｜旁, ｜ *p'âng*, 白｜, *pĕ·* ｜, 篆｜, *tchouán* ｜, ｜號, ｜ *haó*, ｜約, ｜ *iŏ*, 收｜, *cheōu* ｜. Voir *siè·*, *etc.*

牸 *Tsé*. *v.* ｜牛, *v.* ｜ *nieôu*, vache, bufflonne.

TS'É

次 *Ts'é*. Ordre, rang, fois.

一｜, 兩｜, 幾｜, *ĭ* ｜, *leàng* ｜ ; *kì* ｜, une fois, deux fois; plusieurs fois, ou combien de fois.

一年一｜, *ĭ niên ĭ* ｜, une fois l'an.

二｜(*v.* 下｜)不要這樣做了, *Eúl* ｜ (*v. hiá* ｜) *poŭ iaó tché· iáng tsoú lò*, une autre fois n'agis plus de cette sorte.

｜第, 屢｜, ｜序, ｜ *tí; loùi* ｜, ｜ *sú*. ordre; voir *loùi*, *sú*.

莿 *v.* 茦 *Ts'é*. Pointe, épine.

有｜錐人, *Ieòu* ｜ *tsū jên*, il y a (ici) des épines qui (me) piquent.

魚｜柨在喉嚨, *Iû* ｜ *k'ā tsái heôu lông*, les arêtes de poisson s'embarrassent dans la gorge.

喫魚看｜, *Tch'ĕ iû k'án* ｜, en mangeant du poisson, il faut faire attention aux arêtes.

｜竹, ｜梨子, ｜冠, ｜ *tchŏu*, ｜ *lî tsè*, ｜ *kouān*. Voir *tchŏu*, *etc.*

刺 *Ts'é*. Piquer, percer.

｜客, ｜ *k'ĕ·*, assassin.

厠 *Ts'é*. *v.* ｜房, *v.* ｜坑, *v.* ｜ *fâng*. *v.* ｜ *k'ēn*, latrines.

賜 *Ts'é (tsé)*. Faire don (un supérieur à son inférieur).

天主賞｜我們的, *T'iēn Tchòu chàng* ｜ *gò mên tĭ*, donné libéralement par Dieu.

求天主｜善終的恩，*K'icôu T'iēn Tchòu | chán tchōng tī guēn*, demander à Dieu la grâce d'une bonne mort.

TSE˙

則 *Tsĕ˙*. Règle, mesure.

比一个｜子，*v.* 寸，*Pì ī kó | tsè*, *v.* ts'én, prendre la mesure exacte.

這是｜過的事，*Tché˙ ché | kó tī sé*, c'est une chose apprise par l'expérience.

我｜出來了，*Gò | tch'ŏu lái lò*, j'en ai fait l'expérience.

法｜，憑｜，*Fá |*, *p'în |*. Voir *fá*, *p'în*.

側 *Tsĕ˙*. Incliné, de côté, à côté.

｜起的，*| k'ì tī*, incliné, pas droit.

｜近，*| kín*, tout près, à côté (voir *kín*).

｜起睡，｜邊，｜門，*| k'ì choúi, | piēn, | mên*. Voir *choúi*, *piēn*, *mên*.

賊 *Tsĕ˙*. *v.* 盜｜，*v.* 匪｜，*v. taó |*, *v. fèi |*, brigand, voleur (vulg. *tsoûi*: voir ce mot).

｜子，老｜，水｜，*| tsè*, *laò |*, *choùi |*, voleur, vieux brigand, pirate.

一伙｜子，*ī p'ŏ | tsè*, une bande de brigands.

｜子鬧過的，*| tsè laó kó tī*, ravagé par les brigands.

作｜，*Tsŏ |*, faire le métier de voleur.

摘 *Tsĕ˙*. Cueillir, enlever.

｜梨子，桑葉，茶葉，一朵花，*| lî tsè*, *sāng iĕ˙*, *tch'â iĕ˙*, *ī tò hoūa*, cueillir des poires, des feuilles de mûrier, de thé, une fleur.

｜權，*| k'uên*, enlever les pouvoirs.

｜了他的頂子，他的官，*| lò t'ā tī tìn tsè*, *t'ā tī kouān*, on lui a ôté son globule, sa place de mandarin.

責 *Tsĕ˙*. Devoir; réprimander, reprendre; *v.* 謫 pour les 2 derniers sens.

｜罰，*v.* ｜懲，*| fă*, *v.* *| tch'ên*, punir.

要｜備他吓，*Iaó | pí t'ā há*, il faut le gronder un peu.

｜備人一件事，*| pí jên ī kién sé*, réprimander quelqu'un pour une chose.

我受了｜備，*Gò cheóu lò | pí*, j'ai reçu une réprimande.

｜人的過失，*| jên tī kó chĕ*, reprendre les fautes d'autrui.

｜人之心｜己，*| jên tchē sīn | kì*, qu'on tourne contre soi-même le zèle qu'on met à reprendre les autres.

良心大受｜備，*Leáng sīn tá cheóu | pí*, éprouver de grands remords de conscience.

｜任，*| jén*, obligation, devoir.

窄 *Tsĕ˙*. Etroit.

比寬｜，*Pì k'ouān |*, mesurer la largeur.

房屋地頭褊｜，*Fâng oŭ*, *tí t'eôu pièn |*, la maison, le lieu est étroit.

｜狹狹的，*| hiă hiá tī*, tres étroit.

｜｜的一个巷子，*| | tī ī kó háng tsè*, un passage très étroit.

天堂的｜路，*T'iēn t'âng tī | loú*, le chemin étroit du paradis.

他的心｜不會想，*T'ā tī sīn |*, *poŭ hoúi siàng*, il a le cœur étroit, il ne sait pas se raisonner.

他家裡｜逼，*T'ā kiā lì | pī*, sa famille est à l'étroit, à la gêne.

他本錢｜了，*T'ā pèn ts'iên | lò*, son capital est trop faible.

TS'E˙

宅 *Ts'ĕ˙ (tsĕ˙)*. *v.* 房｜，*v. fâng |*, habitation.

田｜，*T'iên |*, rizières et habitation.

測 *Ts'ĕ˙*. Conjecturer.

要防不｜，*Iaó fâng poŭ |*, il faut se tenir en garde contre les malheurs qu'on ne peut prévoir.

天有不｜風雲，*T'iēn ieòu poŭ | fōng iûn*, on ne peut prévoir le vent et les nuages (au pr. et au fig.).

｜字，*| tsé*, chercher à deviner l'avenir au moyen de caractères pris au hasard (superst.).

人心難｜, *Jên sīn lân* ｜, il est difficile de connaître à fond le cœur de l'homme.

擇 *Ts'ě· (tsě·)*. Choisir.

買梨子過｜, *Mài lî tsè kó* ｜, acheter des poires à condition qu'on puisse les choisir.

他的姑孃放不出去,愛｜人戶得狠, *T'ā tī koū niâng fáng poŭ tch'ŏu k'ú, gái* ｜ *jên foú tě· hèn*, il ne peut marier sa fille, parce qu'il est trop difficile dans le choix d'un gendre.

他｜人得很, *T'ā* ｜ *jên tě· hèn*, il est trop difficile pour le choix de son monde.

這个路｜人得狠, *Tché· kó loú* ｜ *jên tě· hèn*, cette route demande des gens spéciaux.

活路不｜人, *Hŏ loú poŭ* ｜ *jên*, ouvrage qui ne demande pas des hommes de choix.

｜毛錢, ｜ *mâo ts'iên*, trier les mauvaises sapèques.

｜好的, ｜ *haò tī*, choisir ce qui est le meilleur.

隨你｜, *Soûi gnì* ｜, choisis comme tu voudras.

｜出來的, ｜ *tch'ŏu lâi tī*, choisi, trié.

｜不倒幾个好的, ｜ *poŭ taò kì kó haò tī*, on a beau choisir, on n'en trouve guère de bons.

｜口, ｜日子, ｜ *k'eòu*, ｜ *jě tsè*. Voir *k'eòu, jě*.

坼 *Ts'ě·*. Fendre, se fendre.

這个墻開了｜, *Tché· kó ts'iâng k'āi lò* ｜, il s'est produit des crevasses à ce mur.

｜多大的口, ｜ *tō tá tī k'eòu*, il s'est ouvert une large fente, il s'est fait une déchirure.

拆 *Ts'ě·*. Ouvrir, démonter, défaire, déchirer.

｜開書信, ｜ *k'āi chōu sín*, décacheter une lettre.

｜衣裳, ｜房子, ｜ *ī châng*, ｜ *fâng tsè*, découdre un habit, démonter (démolir) une maison.

｜一架鐘, ｜ *ī kiá tchōng*, démonter une horloge.

｜了就投(v. 拉)不起了, ｜ *lò tsieóu t'eôu (v. teóu) poŭ k'ì lò*, ne pouvoir plus remonter les pièces, après les avoir démontées.

｜壞了, ｜ *houái lò*, il a tout gâté en voulant démonter.

｜婚姻, ｜ *houēn īn*, dissoudre un mariage.

册 *Ts'ě·*. Cahier, registre, catalogue.

造,v. 編一个｜子, Ts'áo, *v.* *piēn ī kó* ｜ *tsè*, faire un cahier, un registre.

烟戶｜, *Iēn foú* ｜, rôle du cens.

策 *Ts'ě·*. Stratagème; fouet; exercice littéraire.

計｜, *Kí* ｜, stratagème.

鞭｜, ｜馬, *Piēn* ｜; ｜ *mà*, donner le fouet; exciter le cheval avec le fouet.

試｜, *Ché* ｜, question posée aux examens (style relevé).

對｜, *Toúi* ｜, réponse donnée par écrit.

TSĒN

尊 *Tsēn*. Noble, élevé; vénérer.

要｜敬老年人, *Iaó* ｜ *kín laò niên jên*, il faut respecter les vieillards.

做這宗事就不｜貴, *Tsoú tché· tsōng sé, tsieóu poŭ* ｜ *koúi*, en agissant ainsi, il ne mérite pas le respect.

老｜, 年, 令｜, *Laò* ｜ *niên; lín* ｜, vénérable vieillard; votre père (voir *lín*).

遵 *Tsēn*. *v.* ｜命, *v.* ｜ *mín*, obéir avec respect.

｜守規誡, ｜ *cheòu koūi kiái*, observer fidèlement les règles.

爭 *Tsēn*. Disputer, concourir; devoir; manquer.

｜倒買, 喫, ｜ *taò mài, tch'ĕ*, se disputer à qui achètera, à qui mangera.

丨倒說話，丨 *taò chŏ hoúa*, se disputer la parole.

丨鬬不和，丨 *teóu poŭ hô*, se disputer, être en désaccord.

丨一塊田，丨 *ĭ k'ouài t'iên*, disputer une rizière.

他要來跟你丨，*T'ā iaó lâi kēn gnì* 丨, il veut te disputer, contester (cette chose).

丨過來了，*v.* 丨回來了，丨 *kó lâi lò, v.* 丨 *hoûi lâi lò*, il a gagné, regagné la chose contestée.

他丨起去了，*T'ā* 丨 *k'ì k'ú lò*, à force de disputer, il a fini par s'emparer de la chose contestée.

你丨啥子，*Gnì* 丨 *chá tsè?* qu'est-ce que tu disputes?

丨位，丨先，丨 *oúi*, 丨 *siēn* se disputer une dignité, la première place.

何必丨高矮，*Hô pĭ* 丨 *kaō gài?* à quoi bon se disputer à qui aura la prééminence?

丨賬，*v.* 丨人家的數，丨 *tcháng, v.* 丨 *jên kiā tĭ soú*, avoir des dettes.

我丨他十吊錢，*Gò* 丨 *t'ā chĕ tiáo ts'iên*, je lui dois 10 ligatures.

我不丨你的，*Gò poŭ* 丨 *gnì tĭ*, je ne te dois rien.

丨得遠 (*v.* 多)，丨 *tĕ iuèn (v. tō)*, il s'en faut de beaucoup.

丨點 (*v.* 一顆米) 死了，丨 *tièn (v. ĭ k'ò mì) sè lò*, peu s'en est fallu qu'il ne mourût.

丨錢，錢要丨，丨 *ts'iên; ts'iên iáo* 丨, manquer de sapèques; les sapèques vont faire défaut.

丨一吊錢有十吊，丨 *ĭ tiáo ts'iên ieòu chĕ tiáo*, il manque une ligature pour faire les dix.

氣力，本錢樣行都丨，*K'í lĭ, pèn ts'iên iáng hâng toū* 丨, il n'a ni force, ni capital, il manque de tout.

鍖 *Tsēn. v.* 丨 整，*v.* 丨 *tèn*, enclume.

曾 *Tsēn.* Doubler, augmenter.

丨祖，丨 *tsòu*, arrière-grand-père.

增 *Tsēn.* Augmenter, accroître.

加丨天主的榮光，*Kiā* 丨 *T'iēn Tchòu tĭ iûn kouāng*, augmenter la gloire de Dieu.

丨光，丨氣，丨 *kouāng*; 丨 *k'í*, (litt.) augmenter la splendeur; faire honneur. Voir *k'í.*

䒱 *Tsēn. v.* 風丨，*v. fōng* 丨，cerf-volant.

放風丨，*Fáng fōng* 丨，lancer le cerf-volant.

TS'ĒN

睁 *Ts'ēn.* Ouvrir les yeux avec effort.

你丨一吓眼睛，*Gnì* 丨 *ĭ há ièn tsīn*, ouvre donc un peu les yeux.

丨眼怒氣，丨 *ièn loú k'í*, faire les gros yeux, et montrer un visage irrité.

丨光瞎，丨 *kouāng hiă*, aveugle qui a les yeux ouverts.

堂 *Ts'ēn.* Repousser, ne pas vouloir bouger.

丨辭勞苦，丨 *ts'ê lâo k'où*, refuser le travail et la souffrance, ne pas vouloir s'y soumettre.

丨辭不來，丨 *ts'ê poŭ lâi*, il fait des difficultés et ne veut pas venir.

他丨辭這一吊錢，*T'ā* 丨 *ts'ê tché' ĭ tiáo ts'iên*, il fait des difficultés pour payer cette ligature.

撐 *v.* 撑 *Ts'ēn.* Pousser; étayer, soutenir (voir *ts'én*).

丨船，丨 *tch'ouân*, faire avancer la barque, en la poussant avec la perche.

他是丨船的，*T'ā ché* 丨 *tch'ouân tĭ*, il est barquier, maître de barque.

丨子，*v.* 丨花兒，丨 *tsè, v.* 丨 *hoūa eûl (houāl)*, parapluie (pop.).

村 *v.* 邨 *Ts'ēn.* Hameau, village; rustique, grossier.

丨子，丨夫，丨 *tsè*; 丨 *foū*, hameau, village; villageois, homme grossier.

撒丨，*v.* 說丨話，*Să* 丨, *v. chŏ* 丨 *houá*, dire des paroles grossières.

TS'ÊN

曾 *Ts'ên.* Encore, autrefois.

他還不丨來, *T'ā houân poŭ* | *lâi*, il ne viendra pas de sitôt.

要攏不…還不丨,不丨得狠, *Iáo lòng poŭ? Houân poŭ* |, *poŭ* | *tĕ hèn*, est-on près d'arriver? Il s'en faut, il s'en faut de beaucoup.

他未丨領洗, *T'ā ouéi* | *lìn sì*, il n'est pas encore baptisé.

急難何丨見一人, *Kĭ lán hô* | *kién ĭ jên?* au moment de l'extrême infortune, en ai-je vu un seul (venir à mon secours)?

丨孫, | *sēn*, arrière-petit-fils.

存 *Ts'ên.* Garder, conserver.

我一輩子沒有丨過一个錢, *Gò ĭ péi tsè mŏ ieòu* | *kó ĭ kó ts'iên*, de ma vie je n'ai pu garder une sapèque (de réserve).

他丨得有一千銀子, *T'ā* | *tĕ ieòu ĭ ts'iēn în tsè*, il s'est fait un pécule d'un millier de taëls.

丨多少, | *tō chào?* en reste-t-il peu ou beaucoup, combien en reste-t-il?

丨得有, | *tĕ ieòu*, il en reste encore.

丨穀種, | *koŭ tchòng*, garder du riz pour la semence.

我丨(v. 丨留)跟神父, *Gò* | *(v.* | *lieôu) kēn chên foú*, je le garde pour le Père.

丨案卷, **丨案**, | *gán kuén;* | *gán*, conserver aux archives les pièces d'un procès. Voir *gán*.

丨到過年, | *táo kó niên*, garder jusqu'au premier de l'an.

丨不住, | *poŭ tchoú*, ne pouvoir garder.

天主保丨你, *T'iēn Tchòu paò* | *gnì!* que Dieu te garde!

層 *Ts'ên.* Etage, couches superposées.

三丨樓的房子, *Sān* | *leôu tĭ fâng tsè*, maison à trois étages.

幾丨崖, *Kì* | *gâi*, plusieurs étages de rochers.

一丨一丨的, *ĭ* | *ĭ* | *tĭ*, par couches superposées.

四五丨紙打的紙殼子, *Sé où* | *tchè tà tĭ tchè k'ŏ tsè*, carton fait de 4 ou 5 feuilles de papier.

包幾丨紙, *Pāo kì* | *tchè*, envelopper de plusieurs feuilles de papier.

一丨石頭,一丨土, *ĭ* | *chĕ t'eôu*, *ĭ* | *t'òu*, une assise de pierres, une couche de terre.

起丨丨,一丨皮, *K'ì* | |: *ĭ* | *p'î*, s'écailler. Voir *p'î*.

蓋两丨鋪蓋, *Kái leàng* | *p'oū kái*, se couvrir de deux couvertures.

只穿一丨丨兒, *Tchè (tchĕ) tch'ouān ĭ* | *ts'ên eûl*, il n'a qu'un simple habit sur le corps.

穿三丨衣裳, *Tch'ouān sān* | *ī châng*, mettre trois habits l'un sur l'autre.

還有一丨你沒有想起, *Houân ieòu ĭ* | *gnì mŏ ieòu siàng k'ì*, il y a encore un point auquel tu n'as pas songé.

那一丨話丢了不談了, *Lá ĭ* | *houá tieōu lò, poŭ t'ân lò*, quant à cette question, laissons-la de côté, n'en parlons plus.

TSÈN

怎 *Tsèn. v.* | **樣**, *v.* | **麽樣**, *v.* | *iáng*, *v.* | *mô iáng?* comment?

丨樣說,做, | *iáng chŏ, tsóu?* comment dire, comment faire?

剸 *Tsèn.* Se gâter, pourrir.

布丨了, *Poú* | *lò*, la toile est pourrie, elle n'a plus de consistance.

TSÉN

甑 *Tsén. v.* | **子**, *v.* **飯丨**, *v.* | *tsè*, *v. fán* |, espèce de tonnelet dans lequel les Chinois font cuire le riz à la vapeur d'eau.

丨篦子, | *pí tsè*, (litt. peigne du *tsén tsè*) clayon formé de petites lattes pour laisser passer la vapeur d'eau.

掙 *Tsén.* S'efforcer, acquérir par des efforts.

丨扎不起, *v.* 丨不起來, 丨 *tchă poŭ k'ì, v.* 丨 *(v. ts'én) poŭ k'ì lâi*, ne pouvoir se lever.

丨上去, 丨不上, 丨 *cháng k'ú;* 丨 *poŭ cháng*, s'efforcer de monter; ne pouvoir monter.

發狠丨家, *Fă hèn* 丨 *kiā*, travailler avec ardeur pour procurer quelque aisance à sa famille.

這个生意丨不倒錢, *v.* 不丨錢, *Tché· kó sēn í* 丨 poŭ taò ts'iên, *v.* poŭ 丨 ts'iên, à ce commerce il n'y a rien à gagner, il ne reste pas de bénéfice.

他的私房丨(*v.* 存)在一邊, *T'a tĭ sē fâng* 丨 *(v. ts'ên) tsái ĭ piēn*, ce qu'il gagne pour sa bourse particulière, il le met de côté.

唱經不要丨, *Tch'áng kīn poŭ iáo* 丨, en chantant il ne faut pas se forcer.

臉都丨紅了, *Lièn toū* 丨 *hông lò*, il a la figure toute rouge des efforts qu'il a faits.

䟢 *Tsén.* Détruire, pourrir, se briser.

玻璃丨爛了, *Pō lî* 丨 *lán lò*, le verre s'est brisé.

TS'ÉN

撐 *v.* 撐 *Ts'én.* Etayer (voir *ts'ēn*).

丨倒樹子, 房子, 墻, 丨 *taò choú tsè, fâng tsè, ts'iâng*, étayer un arbre, une maison, un mur.

丨子, *v.* 丨丨, 丨 *tsè, v.* 丨丨, étai, appui quelconque en bois ou en bambou.

丨筒, 丨 *t'ông*, tube de bambou, dans lequel passe la corde qui attache les chiens; il a pour objet de la préserver.

諍 *v.* 蹭 *Ts'én.* Se disputer, se raidir dans la dispute.

丨嘴角孽, 丨 *tsoùi kŏ niĕ·*, se quereller.

丨傢火, 說話硬丨, 丨 *kia hò; chŏ houá guén* 丨, caractere hargneux; parler avec une raideur grossière.

丨了幾句, 丨 *lò kì kú*, il a riposté par quelques dures paroles.

兩个丨起來了, *Leàng kó* 丨 *k'ì lâi lò*, ils se sont pris de querelle tous deux.

不要跟他丨, *Poŭ iáo kēn t'a* 丨, ne discute pas avec lui.

掙 *Ts'én.* Faire effort pour se soulever (voir *tsén*).

寸 *Ts'én.* Pouce (10ème partie du pied).

尺丨不彀, *Tch'ĕ* 丨 *poŭ keóu*, il n'y a pas la mesure voulue.

一丨零八分, *ĭ* 丨 *lîn pă fēn*, un pouce plus 8 lignes.

一尺零三丨, *ĭ tch'ĕ lîn sān* 丨, un pied 3 pouces.

TS'EŌU

湊 *Ts'eōu.* Soulever.

你丨他起來, *Gnì* 丨 *t'ā k'ì lâi*, aide-le à se relever.

丨病人, 丨 *pín jên*, soulever (aider) un malade.

我來丨, *Gò lâi* 丨, je viens pousser.

丨不起, *v.* 丨不動, 重狠了, 丨 *poŭ k'ì, v.* 丨 *poŭ tóng, tchóng hèn lò*, je ne puis soulever, c'est trop lourd.

丨合, 丨 *hŏ*. Voir *ts'eóu*.

TS'EÔU

愁 *Ts'eôu. v.* 憂丨, *v.* 憔丨, *v.* 丨倒, *v. ieōu* 丨, *v. tsiāo* 丨, *v.* 丨 *taò*, s'attrister, s'inquiéter.

他臉色丨得狠, *T'a lièn sĕ·* 丨 *tĕ· hèn*, il a l'air fort triste, inquiet.

丨人莫對丨人說, 丨 *jên mŏ toúi* 丨 *jên chŏ*, qu'un homme accablé de tristesse n'aille pas se plaindre auprès d'un autre également affligé.

到底你丨嗦子, *Táo tì gnì* 丨 *chá tsè?* en fin de compte, de quoi t'inquiètes-tu?

折財我不丨, 我丨犯了罪, *Chĕ· ts'âi gò poŭ* 丨, *gò* 丨 *fán lò tsoúi*, je suis fâché, non d'avoir éprouvé des pertes d'argent, mais d'avoir péché.

别樣都不丨,單丨救不倒靈魂, *Piĕ· iáng toū poŭ* 丨, *tān* 丨 *kieoú poŭ taò lîn houên,* tout le reste m'importe peu, la seule chose dont je m'inquiète, c'est de ne pouvoir sauver mon âme.

TSEÒU

走 *Tseòu.* Aller, marcher.

丨路, 丨 *loú,* marcher, aller à pied.

路不好 丨, *Loú poŭ hào* 丨, la route est mauvaise.

丨路狠, 丨路不狠, 丨 *loú hèn,* 丨 *loú poŭ hèn,* bon marcheur, mauvais marcheur.

丨拐(v. 錯)了, 丨 *kouài (v. ts'ó) lò,* il s'est trompé de route.

丨嘉定, 丨廣, 丨 *Kiā tín,* 丨 *Kouàng,* aller à *Kiā tín,* au *Foû kouàng* ou à Canton.

肚皮丨, 丨過三四道, *Toú p'î* 丨; 丨 *kó sān sé taó,* avoir la diarrhée; j'ai été à la selle 3 ou 4 fois.

你丨那裡去, *Gnì* 丨 *là lì k'ú?* où vas-tu?

你丨那裡來, *Gnì* 丨 *là lì lâi?* d'où viens-tu?

逃丨, 偷丨, *T'âo* 丨, *t'eōu* 丨, prendre la fuite, partir en cachette.

一天丨不攏, *ĭ t'iēn* 丨 *poŭ lòng,* on n'arrive pas en un jour.

丨丨, 丨丨, va! file!

丨了, 丨 *lò,* il est parti.

丨得了, 丨 *tĕ· lò,* il est temps de partir.

丨水路, 旱路, 丨 *choùi loú, hán loú,* aller par eau, par terre.

拿起丨了, *Lâ k'ì* 丨 *lò,* il a emporté.

丨氣, 丨風, 丨 *k'í,* 丨 *fōng,* qui laisse passer l'air.

丨風露信的人, 丨 *fōng loú sín tĭ jên,* traître qui livre les secrets.

這件事丨不得風, *Tché· kién sé* 丨 *poŭ tĕ· fōng,* il ne faut pas que cette affaire transpire au dehors.

葯丨了性, *Iŏ* 丨 *lò sín,* la drogue est éventée.

丨動, 丨 *tóng,* 丨得快, 丨 *tĕ· k'ouái,* 丨得慢, 丨 *tĕ· mán,* 丨陰婆, 丨 *īn p'ô,* 丨累了, 丨 *loúi lò,* 丨要, 丨 *choùa,* 丨開, 丨 *k'āi,* 丨人戶, 丨 *jên foú,* 丨廊, 丨 *lâng,* 踉他丨, *niên t'ā* 丨, 喊他丨, *hàn t'ā* 丨. Voir *tóng, k'ouái, etc.*

TS'EÒU

湊 *Ts'eòu.* Accumuler; à la suite.

這个月丨倒三个大瞻禮, *Tché· kó iuĕ·* 丨 *taò sān kó tá tchān lì,* ce mois, il y a trois grandes fêtes qui se suivent de près.

活路些丨倒丨倒的來, *Hŏ loú sī* 丨 *taò* 丨 *taò tĭ lâi,* les travaux arrivent de tous côtés.

TSEÓU

鼓 *Tseóu.* Fermer, boucher.

丨丨, 丨丨, bouchon.

葡萄丨丨, *P'ôu t'âo* 丨丨, bouchons de liége.

瓶子要丨得緊, *P'în tsè iaó* 丨 *tĕ· kìn,* il faut boucher hermétiquement la bouteille.

奏 *Tseóu.* Faire un rapport à l'Empereur; faire de la musique.

丨皇上, 丨摺, 丨 *houâng cháng;* 丨 *tchĕ·,* adresser un rapport à l'Empereur; voir *tchĕ·.*

總督丨了他, *Tsòng toŭ* 丨 *lò t'ā,* le vice-roi l'a accusé à *Pékin.*

啟丨, *K'ì* 丨, mémoire adressé à l'Empereur.

丨樂, 丨 *iŏ,* jouer de la musique.

TS'EÓU

湊 *Ts'eóu.* Réunir, assembler, favoriser.

他的錢是一个一个家丨起的, *T'ā tĭ ts'iên ché ĭ kó ĭ kó kiā* 丨 *k'ì tĭ,* ses sapèques, il les a gagnées (réunies) une à une.

丨不起一百銀子, 丨 *poŭ k'ì ĭ pĕ· în tsè,* il n'arrive pas à réunir 100 taëls.

丨一石穀子，丨 *ī tán koŭ tsè,* arriver à amasser, à mettre de côté un picul de riz.

丨攏來有十吊錢，丨 *lòng lâi ieòu chĕ tiáo ts'iên,* en réunissant tout, il y a 10 ligatures.

衆人丨合他，*Tchóng jên* 丨 *(v. ts'eōu) hŏ t'ā,* tous le favorisent, l'aident.

朋友丨合他一百銀子，*P'ông ieòu* 丨 *hŏ t'ā ī pĕ· în tsè,* les amis se sont cotisés pour l'aider de 100 taëls.

丨他一把，丨 *t'ā ī pà,* lui donner un coup de main.

你來得丨巧，*Gnì lâi tĕ·* 丨 *k'iào,* tu viens bien à propos.

氣丨得狠，*K'í* 丨 *tĕ· hèn,* avoir la respiration haletante.

TSĪ

嚌 *Tsī.* Voix confuses.

一天到黑丨丨嘖嘖，*ī t'iēn taó hĕ·* 丨丨 *tsă tsă,* du matin au soir, c'est un bavardage continuel.

擠 *Tsī.* Serrer, presser (voir *tsì*).

丨倒他的頸子，丨 *taò t'ā tĭ kìn tsè,* il lui serrait le cou.

他是鬼丨死的，*T'ā ché koùi* 丨 *sè tĭ,* il a été étranglé par le diable.

TS'Ī

妻 *Ts'ī.* Epouse.

丨子(*v.* 丨室)兒女，丨 *tsè (v.* 丨 *chĕ) eûl niù,* la femme et les enfants.

夫丨两口子，*Foū* 丨 *leàng k'eòu tsè,* le mari et la femme.

丨賢夫禍少，丨 *hiên foū hó chào,* la femme sage évite beaucoup de maux à son mari.

生人丨，*Sēn jên* 丨，femme qui s'est remariée du vivant de son premier mari.

TS'Î

齊 *Ts'î.* Ensemble, au complet, égal, ajuster.

一丨來，做，*ī* 丨 *lâi, tsoú,* venir, travailler tous ensemble.

人來丨了，*Jên lâi* 丨 *lò,* les gens sont tous venus.

錢丨了，*Ts'iên* 丨 *lò,* les sapèques sont au complet.

一家人不丨心，*ī kiā jên poŭ* 丨 *sīn,* la famille n'est pas d'accord.

丨心辦事，丨 *sīn pán sé,* agir d'un commun accord.

擺丨了，擺得丨整，*Pài* 丨 *lò, pài tĕ·* 丨 *tchèn,* c'est étalé au complet, c'est bien arrangé au grand complet, avec art.

丨書，丨備，丨 *chōu;* 丨 *pí,* égaliser les tranches d'un livre; tout préparé à point.

短的長的不丨，*Touàn tĭ tch'âng tĭ poŭ* 丨，il y en a de longs, il y en a de courts: ils ne sont pas appareillés.

你割(*v.* 砍)丨點，*Gnì kŏ (v. k'àn)* 丨 *tièn,* coupe, hache en égalisant un peu plus.

唱經不丨蹔，*Tch'áng kīn poŭ* 丨 *tsàn,* ne pas chanter avec ensemble.

要做丨黑的時候，*Iaó tsoú* 丨 *hĕ· tĭ chê heóu,* il faut travailler jusqu'à la nuit.

說丨那裡就丨那裡，*Chŏ* 丨 *lá lì, tsieóu* 丨 *lá lì,* autant on te dira, autant tu en feras.

傢事不丨，*Kiā sé poŭ* 丨，貨不丨，*hó poŭ* 丨，丨團，丨 *t'ouân,* 蹔丨，*tsàn* 丨. Voir *kiā, hó, etc.*

TSÌ

擠 *Tsì.* Presse, encombrement.

丨得狠，丨都丨不通，丨 *tĕ· hèn;* 丨 *toū* 丨 *poŭ t'ōng,* il y a grande presse; la presse est telle qu'on ne peut se frayer un passage.

經堂丨滿了，*Kīn t'âng* 丨 *màn lò,* l'église est pleine, comble.

不要丨倒我，*Poŭ iáo* 丨 *tào gò,* ne me serrez pas de si près.

擁丨，*Iòng* 丨，se presser les uns contre les autres (voir *iòng*).

𪗉 *Tsì.* Exprimer du jus.

丨油渣，丨 *ieôu tchā,* presser les résidus de graisse fondue, pour en exprimer ce qui reste encore de graisse.

｜葡萄水，｜ *p'ôu t'âo choùi*, exprimer le jus de raisin.

｜不出來，｜ *poŭ tch'ŏu lâi*, ne pouvoir rien exprimer.

｜脫脫，｜朧，｜ *lâi lâi*, ｜ *lông*. Voir *lâi, lông*.

姐 *Tsì*. Sœur aînée (voir *tsiè*).

TSÍ

濟 *Tsí*. Secourir, aider.

施｜, *v.* 賙｜, *v.* 賑｜, *Chē*｜, *v. tcheōu*｜, *v. tchèn (v. tchén)*｜, faire l'aumône.

救｜, *Kieóu*｜, secourir les indigents.

｜人須｜急時無，｜ *jén sū* ｜ *kĭ ché oû*, il faut secourir les gens, quand ils sont dans un pressant besoin, sans ressources.

祭 *Tsí*. Sacrifice, sacrifier.

彌撒聖｜, *Mî să chén*｜, le saint Sacrifice de la messe.

｜酒，｜ *tsieòu*, vin de messe.

｜臺，｜ *t'âi*, autel.

上，下｜臺, *Cháng, hiá*｜ *t'âi*, monter à l'autel, en descendre.

｜包，｜ *paō*, paquet contenant ce qu'il faut pour dire la messe.

｜神，｜天，｜ *chên*, ｜ *t'iēn*, sacrifier aux esprits, au ciel (payen).

｜肉，｜ *joŭ*, viande du sacrifice (payen).

下｜, *Hiá*｜, faire le sacrifice solennel pour les morts (payen) avant l'enterrement.

主｜, *Tchòu*｜, 副｜, *foú*｜, ｜衣，｜ *ī*, 鋪｜, *p'ōu*｜, 献｜, *hién*｜, ｜祀，｜ *sé*, 牙｜, *iâ*｜. Voir *tchòu, etc.*

TS'Í

砌 *Ts'í v. ts'ú*. Construire un mur en briques ou en pierres.

｜墻，火磚｜的，｜ *ts'iâng; hò tchouān*｜ *tĭ*, construire un mur; bâti en briques.

亂石頭｜的, *Louán chĕ t'eôu*｜ *tĭ*, construit en pierres brutes.

｜坎子，｜ *k'àn tsè*, élever un talus, une digue en pierres.

｜一个井，｜ *ĭ kó tsìn*, maçonner un puits.

TSĬ

疾 *Tsĭ*. Maladie; prompt.

殘｜，｜速, *Ts'ân*｜，｜ *sioŭ*. Voir *sioŭ*.

嫉 *Tsĭ*. Envie, jalousie (voir 妬 *toú*).

鯽 *Tsĭ*. *v.* ｜魚, *v.*｜ *iû*, brème.

脊 *Tsĭ*. Colonne vertébrale; faîte.

｜梁骨, *v.* 背｜骨，｜ *leâng koŭ, v. péi*｜ *koŭ*, os des vertèbres.

一節｜骨, *ĭ tsiĕ*｜ *koŭ*, une vertèbre.

｜骨髓，｜ *koŭ souì*, moelle épinière.

山｜, 屋｜, *Chān*｜, *oŭ*｜, crête de montagne, faîte d'un toit.

跡 *v.* 迹 *Tsĭ*. *v.* 印｜, *v. ín*｜, trace, vestige.

古｜, *Koù*｜, vestiges de l'antiquité.

形｜可疑, *Hîn*｜ *k'ò gnî*, (il a une) tournure qui prête aux soupçons.

筆｜, 祕｜, *Pĭ*｜, 脚｜, *kiŏ*｜, 顯聖｜, *hièn chén*｜. Voir *pĭ, kiŏ, chén*.

集 *Tsĭ*. Réunir, ensemble.

齊｜在一處, *Ts'î*｜ *tsái ĭ tch'óu*, réunis en un même endroit.

趕｜, *Kàn*｜, aller à la foire, au marché.

積 *Tsĭ*. Amasser, accumuler.

｜錢，｜米，｜ *ts'iên*, ｜ *mì*, amasser des sapèques, du riz.

｜穀，｜ *koŭ*, amasser du riz; nom donné au riz qu'exigent qqfois les mandarins pour parer à la disette. (Ce riz est gardé dans des greniers spéciaux, différents des greniers publics.)

｜金不如｜德，｜ *kīn poŭ joû*｜ *tĕ*, mieux vaut amasser des vertus que de l'or.

丨少成多丨水成河，丨 *chaò tch'ên tō,* 丨 *choùi tch'ên hô,* les petites sommes réunies en font de grandes, les petits ruisseaux font les grandes rivières.

績 *Tsī (v. ts'ī). v.* 丨麻, *v.* 丨 *má,* teiller le chanvre ou la ramie.

卽 *Tsī (v. tsiĕ·).* Aller à; aussitôt.

丨位，丨 *oúi,* prendre possession du trône.

丨是他，丨 *ché t'ā,* c'est justement lui.

丨刻, *v.* 丨速，丨 *k'ĕ·, v.* 丨 *sioŭ,* immédiatement, à l'instant.

籍 *Tsī (v. tsiĕ·).* Registre de l'état civil, lieu d'origine, livre.

冒丨, *Máo* 丨, se faire passer pour être d'un endroit qui n'est pas le sien (comme font souvent les candidats au baccalauréat).

回原丨去了, *Hoûi iuên* 丨 *k'ú lò,* il est retourné dans sa patrie (par ex. un mandarin).

書丨, *Choū* 丨, livres en général.

TS'Ĭ

七 *v.* 柒 *Ts'ī.* Sept.

丨个，丨十，丨百，丨 *kó,* 丨 *chĕ,* 丨 *pĕ·, etc.,* 7, 70, 700, etc.

一丨, ī丨, une semaine (style chrétien).

斷丨, *Touán* 丨, fin des 7 jours après la mort.

丨个祕跡，聖神丨錫，罪宗丨端，丨 *kó pī tsī, Chén Chên* 丨 *sī, tsoúi tsōng* 丨 *touān,* les 7 Sacrements, les 7 dons du S. Esprit, les 7 péchés capitaux.

聖母丨苦，丨苦珠子, *Chén moù* 丨 *k'où,* 丨 *k'où tchōu tsè,* les 7 Douleurs de la Ste Vierge, chapelet des 7 Douleurs.

說丨說八, *Chŏ* 丨 *chŏ pă,* (litt. dire 7 et 8) parler à tort et à travers.

丨零八碎，丨 *lîn pă soúi,* menus objets, menues affaires ennuyeuses.

說丨長八短, *Chŏ* 丨 *tch'âng pă touàn,* médire à tort et à travers.

漆 *Ts'ī.* Vernis, laque, vernir.

丨樹，丨 *choú,* arbre à vernis.

割丨, *v.* 收丨, *Kŏ* 丨, *v. cheōu* 丨, recueillir le vernis par incision.

丨桶，一桶丨，丨 *t'òng, ī t'òng* 丨, tonneau pour le vernis, un tonneau de vernis.

丨刷子，丨 *chouă tsè,* brosse à vernis.

刷 (*v.* 打, *v.* 抹, *v.* 上) 丨, *Chouă (v. tà, v. mò, v. cháng)* 丨, appliquer le vernis.

磨丨, *v.* 刮丨, *Mô* 丨, *v. kouă* 丨, polir l'objet verni.

抹一道，兩道丨, *Mò ī táo, leàng táo* 丨, passer une, deux couches de vernis.

打生丨底子, *Tà sēn* 丨 *tì tsè,* passer une 1ere couche de vernis cru (non cuit).

丨殼殼，濾丨，丨 *k'ŏ k'ŏ; loúi* 丨, pellicules sur le vernis; passer le vernis dans un linge.

造丨灰, *Ts'áo* 丨 *hoūi,* faire du mastic à la chaux et au vernis.

火金丨, *Hò kīn* 丨, vernis mélangé d'huile siccative.

丨瘡, *v.* 丨痱子，丨 *tch'ouāng, v.* 丨 *féi tsè,* éruption cutanée contractée par beaucoup de personnes qui manient le vernis, ou qui en respirent seulement l'odeur.

丨匠，丨棺材，丨 *tsiáng;* 丨 *kouān ts'âi,* vernisseur; vernir un cercueil.

丨過了的，丨 *kó lò tī,* c'est verni.

丨蠟，丨 *lă,* 熬丨, *gâo* 丨, 熟丨, *choŭ* 丨, 退光丨, *t'oúi kouāng* 丨. Voir *lă, etc.*

戚 *Ts'ī.* Parenté (voir *ts'īn* 親).

TSIĀNG

將 *Tsiāng.* Bientôt; marque du futur, de l'accusatif.

丨來，丨 *lâi,* plus tard, dans la suite.

丨黑的時候，丨 *hĕ· tī chĕ heoú,* à l'approche de la nuit.

丨心比心，丨 *sīn pì sīn,* juger des autres par soi-même.

丨房子抵賬，丨 *fâng tsè tì tcháng,* donner une maison pour payer sa dette.

丨就, 丨 *tsieóu*, se conformer à la volonté des autres; profiter d'une occasion; d'après; se contenter d'une chose, faute d'une meilleure.

諸事我丨就你, *Tchōu sé gò* 丨 *tsieoú gnì*, en toutes choses je me conforme à tes désirs, à ta commodité.

丨就不得衆人, 丨 *tsieóu poŭ tĕ· tchóng jên*, on ne peut faire la volonté de tout le monde.

我丨就他的話問他, *Gò* 丨 *tsieóu t'a tĭ houá ouén t'a*, je lui ai demandé raison d'après ses propres paroles.

你丨就跟他說一聲, *Gnì* 丨 *tsieóu kēn t'a chŏ ĭ chēn*, par la même occasion dis-lui ce petit mot.

丨就用倒吓, 丨 *tsieóu ióng taò há*, vaille que vaille, servons-nous-en quelque temps.

丨臨首主日, 丨軍, 丨 *lîn cheoù tchòu jĕ*, 丨 *kūin*. Voir *lîn*, *kūin*.

漿 *Tsiāng*. Suc, sève, amidonner.

樹子丨丨, *Choú tsè* 丨丨, sève d'un arbre.

水丨丨, *Choùi* 丨丨, eau épaisse, suc.

蟾酥是蠟蚻寶取的丨丨, *Chân soū ché lái kĕ· pào ts'ù tĭ* 丨丨, le *chân soū* est un suc tiré des crapauds.

丨(*v.* 糨)洗衣裳, 丨 *sì ī châng*, laver et empeser des habits.

衣裳要丨硬肘點, *ī châng iáo* 丨 (*v.* 糨) *guen tcheoù tièn*, il faut empeser les habits un peu plus fortement.

拿米湯來丨(*v.* 糨), *Lâ mì t'āng lâi* 丨, empeser à l'eau de riz.

荳丨, 痘子長丨, 收丨路, *Tcoú* 丨, *tcoú tsè tchàng* 丨, *cheōu* 丨 *loú*. Voir *tcoú*, *etc.*

TS'IĀNG

槍 *Ts'iang*. Lance, pique.

丨桿子, 丨 *kàn tsè*, bois de la lance.

在學堂不准放丨(*v.* 鎗), *Tsái hiŏ t'âng poŭ tchouèn fáng* 丨, à l'école, défense de souffler (la leçon à un autre).

當丨手, *v.* 當丨桿子, *v.* 放丨桿子, *Tāng* 丨 *cheòu*, *v.* *tāng* 丨 *kàn tsè*, *v.* *fáng* 丨 *kàn tsè*, faire par fraude la composition pour un autre (moyennant finances).

鎗 *Ts'iang*. Fusil.

一桿丨, 鳥丨, 洋丨, *ĭ kàn* 丨, *niào* 丨, *iâng* 丨, un fusil, fusil de chasse chinois à mèche, fusil européen.

六响的手丨, *Loŭ hiàng tĭ cheoù* 丨, revolver à 6 coups (voir *cheoù*).

丨子, 丨條子, 丨 *tsè*, 丨 *t'iâo tsè*, plombs, baguette de fusil.

放一丨, 打丨, *Fáng ĭ* 丨; *tà* 丨, tirer un coup de fusil; tirer du fusil.

一丨打死的, *ĭ* 丨 *tà sè tĭ*, tué d'un coup de fusil.

打飛丨, *Tà fēi* 丨, tirer au vol.

水丨, 鴉片烟丨, *Choùi* 丨, *iā p'ién iēn* 丨, seringue, pipe à opium.

丨機子, 丨炮, 丨 *kī tsè*, 丨 *p'áo*. Voir *kī*, *p'áo*.

搶 *Ts'iang*. Prêter, emprunter.

丨穀, 丨 *tch'óng*, prêter ou emprunter sans intérêts.

丨不倒錢, 丨 *poŭ taò ts'iên*, pas moyen de trouver à emprunter.

我跟你丨一百錢, *Gò kēn gnì* 丨 *ĭ pĕ· ts'iên*, je voudrais t'emprunter 100 sapèques.

我不丨跟你, *Gò poŭ* 丨 *kēn gnì*, je ne veux pas te prêter.

TS'IÂNG

墻 *v.* 牆 *Ts'iâng*. Mur en terre, en pierres ou en briques.

一道丨, *v.* 一堵丨, *ĭ táo* 丨, *v.* *ĭ toù* 丨, un mur.

築丨, *v.* 舂丨, *v.* 打丨, *Tchoŭ* 丨, *v.* *tchōng* 丨, *v.* *tà* 丨, élever un mur en terre.

修丨, *v.* 砌丨, *Sieōu* 丨, *v.* *ts'ú* 丨, élever un mur en pierres ou en briques.

丨脚爲界, 丨 *kiŏ oûi kiái*, le pied du mur fait la limite.

放了丨, *v.* 丨放倒了, *Fáng lò* 丨, *v.* 丨 *fáng taò lò*, on a renversé le mur.

圍倒 |, v. 修圍 (v. 院, v. 垣) |, *Oûi taò* |, *v. sieōu oûi (v. iuén, v. iuên)* |, construire un mur d'enceinte.

中 |, 間 |, *Tchōng* |, *kán* |, mur mitoyen, mur de séparation.

水缸有 | 子有底子, *Choùi kāng ieòu* | *tsè ieòu tì tsè*, un bassin a des parois et un fond.

土 |, *T'où* |, 磚 |, *tchouān* |, 封火磚 |, *fōng hò tchouān* |, 城 |, *tch'ên* |. Voir *t'où, tchouān, fōng, etc.*

TSIÀNG

獎 *Tsiàng*. Louer, vanter, animer (voir *k'oūa* 誇).

槳 *Tsiàng*. Rames.

| 脚, v. | 椿, | *kiŏ, v.* | *tchouāng*, cheville qui sert de point d'appui à la rame.

| 鈎 (v. 橈鈎), | *k'eōu (v. jâo k'eōu)*, anneau de cuir ou de corde, qui retient la rame à la cheville.

TS'IÀNG

搶 *Ts'iàng*. Enlever de vive force.

明火刼 |, *Mîn hò kiĕ* |, piller ouvertement la nuit, les torches allumées.

| 人, | *jên*, dépouiller quelqu'un.

銀子, 貨物一齊 | 起去了, *în tsè, hó oŭ ĭ ts'î* | *k'ì k'ú lò*, argent, marchandises, ils ont tout emporté de vive force.

進山着蠻子 |, *Tsín chān tchŏ Mân tsè* |, en allant dans les montagnes, il s'est fait dévaliser par les Barbares.

| 親, | *ts'īn*, enlever une fiancée.

| 犯人, | *fán jên*, délivrer de force un criminel.

他們分家都是過 |, *T'a mên fēn kiā toū ché kó* |, lors du partage des biens, c'était un vrai pillage (c'était à qui s'emparerait du plus grand nombre d'objets).

不要 |, *Poŭ iáo* |, n'enlevez pas violemment (par ex. les objets qu'on veut distribuer).

| 先, | *siēn*, se disputer à qui arrivera le premier.

| 步上前, | *poú cháng ts'iên*, presser le pas pour se mettre en avant (au propre et au figuré).

| 生意, | *sēn í*, se disputer le commerce.

| 火, | *hò*, faire le sauvetage des objets dans un incendie.

火來快很了, 一點都沒有 | 倒, *Hò lâi k'ouái hèn lò, ĭ tièn toū mŏ ieòu* | *taò*, l'incendie s'est propagé trop vite, on n'a pu rien sauver.

報一个 | 案, *Paó ĭ kó* | *gán*, faire au mandarin la déclaration d'un vol à main armée.

水 | 進了, | 去了, *Choùi* | (*v. ts'iáng*) *tsín lò*, | *k'ú lò*, l'eau s'est infiltrée, l'eau a filtré dehors.

| 了影子, | *lò in tsè*, (litt.) il a été saisi par l'ombre (du chien enragé); manière populaire d'expliquer le cas de rage pour ceux qui n'ont fait que passer près d'un chien enragé, sans avoir été mordus.

摟 |, *Leòu* |, enlever de force.

TSIÁNG

匠 *Tsiáng*. Ouvrier, fabricant.

喊 (v. 請) | 人, *Hàn (v. ts'ìn)* | *jên*, faire venir des ouvriers.

好 (v. 高手) | 人, *Haò (v. kaō cheoù)* | *jên*, habile ouvrier.

| 師 (v. 司), | *sē*, maître ouvrier.

教書 |, *Kiāo choū* |, maître d'école (expression rustique ou de mépris).

銀 |, *în* |, orfèvre.

木 |, *Moŭ* |, 泥水 |, *gnî choùi* |, 石 |, *chĕ* |, 鐵 |, *t'iĕ* |, 皮 |, *p'î* |, *etc.* Voir *moŭ, gnî, chĕ, t'iĕ, etc.*

糨 *Tsiáng* (*v. kiáng;* voir ce mot). Colle de farine.

| 子調乾點, 稀點, | *tsè t'iâo kān tièn, hī tièn*, faire la colle plus épaisse, plus claire.

| 子醒了, | tsè sìn lò, la colle a tourné, elle s'est gâtée.

泥 | 子, Gnî | tsè. Voir gnî.

醬 Tsiáng. Saumure plus ou moins liquide, pour assaisonner les mets.

|, | 油, |, | ieôu, saumure épaisse; saumure liquide.

| 園舖, v. | 油舖, | iuên p'oú, v. | ieôu p'oú, boutique où l'on prépare, où l'on vend la saumure liquide.

做 | , Tsóu |, préparer la saumure épaisse.

| 缸, | kāng, grands vases dans lesquels on prépare la saumure.

醃 (v. pén) | 油, Tsán (v. pén) | ieôu, tremper dans la saumure.

甜 |, 辣 |, T'iên |, lá |, saumure épaisse douce, saumure piquante.

葫荳 |, Foû teóu |, condiment sec, préparé avec des fèves.

肉 |, Joŭ |, hachis de viande.

將 Tsiáng. Chef militaire.

良 |, 猛 (v. 虎) |, Leâng |; mòng (v. foù) |, un bon capitaine; chef intrépide.

參 |, Ts'ān |, colonel.

TS'IÁNG

嗆 Ts'iáng. Odeur âcre, qui prend à la gorge.

硫磺烟子 | 人得狠, Licôu houâng iēn tsè | jên tĕ· hèn, les vapeurs de soufre prennent fortement à la gorge.

臉 | 了, Lièn | lò, sa figure est légèrement enflée.

像 Ts'iáng. (pour siáng; voir ce mot.) Ressembler.

両个相 |, Leàng kó siāng |, les deux se ressemblent.

他不 | 一个人, T'ā poŭ | ĭ kó jên, il ne ressemble pas à un homme.

三不 | 人, 四不 | 鬼, Sān poŭ | jên, sé poŭ | koùi, il ne ressemble ni à un homme ni à un diable.

做得不 |, Tsóu tĕ· poŭ |, c'est mal fait, cela n'a pas de tournure.

都還 |, Toū houân |, cela paraît assez bien.

好 | 是, Haò | ché, cela en a tout l'air.

TSIĀO

焦 Tsiāo. Brûlé, trop sec; très.

燒 | 了, v. 燒得煳 | | 的, Chāo | lò, v. chāo tĕ· foû | | tĭ, trop rôti au feu, rôti jusqu'à être brûlé.

晒 | 了, Chái | lò, tout racorni à force d'être exposé au soleil.

菸 | 了不好裹, Iēn | lò poŭ haò kò, le tabac est trop sec, il n'est pas facile à rouler.

| 乾的, | kān tĭ, très sec (voir kān).

打得 | 濕的, Tà tĕ· | chĕ tĭ, il est tout mouillé (voir chĕ).

憔 v. 焦 Tsiāo (ts'iâo). Chagriné, inquiet, impatient.

他心 | 得狠, T'ā sīn | tĕ· hèn, il se fait beaucoup de bile.

這是 | 人, Tché· ché | jên, c'est à faire perdre patience.

| 死人, | sè jên, c'est à faire mourir d'ennui.

我 | 得狠爲這件事, Gò | tĕ· hèn oúi tché· kién sé, je suis très inquiet pour cette affaire.

鬍子都 | 白了, Foû tsè toū | pĕ· lò, les soucis ont fait blanchir sa barbe.

| 愁, | ts'eôu. Voir ts'eôu.

蕉 Tsiāo. Bananier (voir pā 芭).

椒 Tsiāo. Poivre.

胡 |, Foû |, poivre du commerce.

花 |, Hoūa |, poivre extrait d'un arbuste épineux.

海 (v. 辣) |, Hài (v. lă) |, piment.

泡海 |, P'áo hài |, piments conservés dans l'eau salée.

TS'IĀO

鍫 *Ts'iāo.* Espèce de bêche, bêcher.

跺丨, 椒丨, *Tch'ài* 丨; *tŏ* 丨, bêche proprement dite; bêche à fer long et étroit pour creuser.

丨泥巴, 丨 *gnî pa*, creuser la terre, bêcher.

丨一个洞, 丨墻, 丨 *ĭ kó tóng*, 丨 *ts'iâng*, faire un trou, percer un mur.

丨藕, 丨 *gueòu*, extraire la racine de nénuphar, en fouillant la terre tout autour avec une bêche.

悄 *Ts'iāo (ts'iào).* Sans bruit, en cachette.

丨丨來偷, 丨丨說話, 丨丨 *lâi t'cōu*; 丨丨 *chŏ houá*, voler en secret; parler bas.

不要哭, 丨丨的, *Poŭ iáo k'oŭ*, 丨丨 *tĭ*, ne pleure pas! tout doux, tout doux! (se dit aux enfants.)

好乖一个娃娃, 丨丨密密的, *Haò kouāi ĭ kó oûa oûa*, 丨丨 *mĭ mĭ tĭ*, quel charmant enfant, il ne fait pas de tapage.

TSIÂO

僬 *Tsiâo.* Hâbleur, espiègle.

這个人好丨, *v.* 丨傢伙, *Tché kó jên haò* 丨, *v.* 丨 kiā hò, cet homme a une faconde amusante, il a la répartie spirituelle.

丨矜. 丨 *kīn*, faire le hâbleur.

TS'IÂO

瞧 *Ts'iâo.* Regarder (usité en certains endroits).

你丨一吓, *Gnì* 丨 *ĭ há*, regarde un peu.

TSIÀO

剿 *Tsiào.* détruire, exterminer.

回子丨雲南, *Hoûi tsè* 丨 *Iûn lân (nân)*, les Mahométans ont dépeuplé le *Yun-nan*.

丨滅, 丨 *miĕ*, anéantir.

TSIÁO

醮 *Tsiáo.* Superstitions publiques des payens, sacrifice lors du mariage.

打丨, *Tà* 丨, faire des superstitions publiques, pendant lesquelles les païens observent l'abstinence appelée *tsiáo tchāi.*

清丨會, *Ts'īn* 丨 *hóui*, le temps des supplications publiques pour écarter les fléaux (payen).

另 (*v.* 再) 丨, *Lín (v. tsái)* 丨, se remarier (se dit d'une veuve).

嚼 *v.* 噍 *Tsiáo.* Mâcher; dard de certains insectes.

丨不動, 丨不爛, 丨 *poŭ tóng*; 丨 *poŭ lán*, ne pouvoir mâcher une chose trop dure; ne pouvoir diviser par la mastication.

貪多丨不爛, *T'ān tō* 丨 *poŭ lán*, celui qui convoite trop ne peut tout mâcher, tout digérer.

回丨, *Hoûi* 丨, ruminer (seconde mastication des ruminants).

蜂子有丨錐人, *Fōng tsè ieòu* 丨 *tsū jên*, les abeilles sont armées d'un aiguillon, avec lequel elles piquent.

錐一丨, *Tsū ĭ* 丨, piquer d'un coup l'aiguillon.

用燈草燒三四丨 病就好了, *Ióng tēn ts'ào chāo sān sé* 丨, *pín tsieóu haò lò*, il me fit 3 ou 4 petites brûlures avec une mèche de jonc, et je me trouvai guéri.

Ts'iáo? Affluence d'acheteurs et rareté de la marchandise.

貨丨, *Hó* 丨, les marchandises s'enlèvent rapidement, deviennent rares.

人丨, *Jên* 丨, on se dispute les ouvriers (quand il y a presse de travail).

TSIÈ·

姐 *Tsiè· (v. tsì). v.* 丨丨, *v.* 丨丨, sœur aînée.

大丨, 二丨, *Tá* 丨, *eúl* 丨, 1ere, 2eme sœur aînée; mademoiselle 1ere ou 2eme par ordre de naissance dans sa famille.

小 | , *Siào* | , demoiselle (on appelle ainsi les filles de grandes familles).

| 夫, | *foū*, mari de la sœur aînée.

TS'IÈ

且 *Ts'iè*. (Style relevé).

况 | , *K'ouáng* | , de plus, *a fortiori*.

TSIÉ·

借 *Tsié·*. Prêter, emprunter.

| 錢, 米, | *ts'iên, mì*, prêter de l'argent, du riz.

| 來用, | *lâi ióng*, emprunter pour son usage.

| 不來, *v.* | 不過來, *v.* | 不倒, | *poŭ lâi, v.* | *poŭ kó lâi, v.* | *poŭ taò*, ne pouvoir emprunter.

| 去, *v.* | 出去; | 來, *v.* | 過來, | *k'ú, v.* | *tch'oŭ k'ú;* | *lâi, v.* | *kó lâi*, prêter; emprunter.

| 不得, | *poŭ tĕ·*, il ne faut pas prêter (il y a des inconvénients, du danger à le faire).

| 不在了, *v.* | 落了, | *poŭ tsái lò, v.* | *lŏ lò*, l'objet emprunté s'est égaré.

向人求 | , *Hiáng jên k'ieôu* | , demander à emprunter.

| 歇, | *hiĕ·*, demander à loger une nuit chez des particuliers qui ne tiennent pas auberge.

| 來的, 我跟你 | , | *lâi tĭ; gò kēn gnì* | , d'emprunt, emprunté; je t'emprunte.

我不 | 跟你, *Gò poŭ* | *kēn gnì*, je ne te prête pas.

| 路, *v.* | 一條路, | *loú, v.* | *ĭ t'iâo loú*, demander un passage sur le terrain d'autrui.

| 人家的名字, | *jên kiā tĭ mîn tsé*, emprunter le nom d'autrui.

| 火來燒菸, | *hò lâi chāo iēn*, emprunter du feu pour allumer la pipe.

藉 *Tsié· (v. tsí)*. Se servir de, profiter de.

| 倒機會, | *taò kī hoúi*, profiter de l'occasion.

他 | 倒我害病, *T'ā* | *taò gò hái pín*, il a profité de ce que j'étais malade.

TSIE·

椄 *v.* 接 *Tsiĕ·* Greffer.

| 樹子, | *choú tsè*, greffer un arbre.

| 桃, | *t'âo*, pêcher greffé; pêches produites par cet arbre.

接 *Tsiĕ·*. Recevoir, accepter; joindre; remplacer, succéder.

你 | 倒碗, *Gnì* | *taò ouàn*, reçois ce bol.

官不 | 呈子, *Kouān poŭ* | *tch'ên tsè*, le mandarin ne reçoit pas (refuse) les accusations.

打發轎子去 | , *Tà fă kiáo tsè k'ú* | , envoyer une chaise pour recevoir, pour chercher quelqu'un.

| 神父趕 (*v.* 顧) 病, | *chên foú kàn (v. koú) pín*, aller chercher le Père pour un malade.

| 新姑孃, *v.* | 親, | *sīn koū niâng, v.* | *ts'īn*, recevoir une fiancée, aller la chercher.

| 他來耍, | *t'ā lâi chouà*, invite-le à venir s'amuser.

| 待人家, | *tái jên kiā*, recevoir et traiter des hôtes.

| 客, | *k'ĕ·*, recevoir des hôtes.

| 見, | *kién*, faire ou recevoir une visite (style relevé).

| 任, *v.* | 印, | *jouén, v.* | *ín*, prendre possession de sa charge (de mandarin).

我不 | 他的活路, *Gò poŭ* | *t'ā tĭ hŏ loú*, je n'accepte pas, je ne veux pas faire son travail.

新菸不 | 火, *Sīn iēn poŭ* | *hò*, le nouveau tabac brûle mal.

| 合, | *hŏ*, unir.

両方布來 | 倒, *Leàng fāng poú lâi* | *taò*, coudre ensemble deux bandes de toile.

索索斷了要 | 起, *Sŏ sŏ touán lò iaó* | *k'ì*, la corde s'est rompue il faut la renouer.

華西官話漢法詞典

鐵銅要燒銲纔 | 得起, *T'iĕ· t'óng iaó chāo hán, ts'âi* | *tĕ· k'ĭ*, le fer et le cuivre ne se soudent qu'au feu.

| 水, | *choùi*, recueillir de l'eau.

高粱一收了 | 倒要打穀子, *Kāo leing ĭ cheōu lò,* | *taò iaó tà koŭ tsè*, la récolte du sorgho faite, il faut aussitôt (sans interruption) commencer celle du riz.

| 倒做, | *taò tsoú*, faire successivement et sans interruption divers ouvrages.

你去了那个來 | 手, *Gnì k'ú lò, là kó lâi* | *cheòu?* toi parti, qui viendra te remplacer?

酒 | 不倒明年, *Tsieòu* | *poŭ taò mîn niên*, le vin ne suffira pas jusqu'à l'an prochain.

| 風, | *fōng*, 交 |, *kiāo* |, 迎 |, *în* |. Voir *fōng, kiāo, în*.

節 *Tsiĕ·*. Tempérance, articulation, fraction.

| 婦, 守 |, 減 | 諸期, | *foú, cheòu* |, *kièn* | *tchōu k'ī*. Voir *foú, etc.*

| 用, | *ióng*, user avec économie.

木頭 | |, 竹 |, *Moŭ t'eôu* | |, *tchŏu* |, nœud du bois, du bambou.

| | 密, 稀, | | *mĭ, hī*, les nœuds sont rapprochés, espacés.

一 | 書, *ĭ* | *chōu*, une division de livre.

分做三 |, *Fēn tsoú sān* |, diviser en trois.

一年二十四 |, *ĭ niên eúl chĕ sé* |, l'année (chinoise) est divisée en 24 époques.

佃錢三 | 開, *Tién ts'iên sān* | *k'āi*, payer son loyer en 3 termes.

| 氣大, | *k'í tá*, c'est une époque solennelle (de l'année).

| 氣來了, | *k'í lâi lò*, l'époque solennelle est arrivée.

過 |, *Kó* |, passer la fête d'une des grandes époques de l'année.

送 |, 骨 | 痛, 禮 |, 時 |, *Sóng* |, *koŭ* | *t'óng, lì* |, *chê* |, *etc.* Voir *sóng, etc.*

即 *Tsiĕ·*. Arriver à, aussitôt (voir *tsĭ*).

截 *Tsiĕ· v. ts'iĕ·*. Couper, diviser, arrêter.

路要跟他 | 斷, *Loú iaó kēn t'ā* | *touán*, il faut lui intercepter la route.

| 擺子, | *pài tsè*, couper la fièvre.

東西要收拾得齊 |, *Tōng sī iaó cheōu chĕ tĕ· ts'î* |, il faut mettre les effets bien en ordre.

砍成両半 |, *K'àn tch'ên leàng pán* |, diviser d'un coup de hache en deux parties égales.

有一 | 爛路, *Ieòu ĭ* | *lán loú*, il y a une partie de la route en mauvais état.

趕 | | 船, *Kàn* | | *tch'ouân*, faire un voyage en prenant successivement plusieurs barques.

捷 *Tsiĕ·*. Victoire, succès.

| 報, | *páo*, annonce d'une victoire, d'un succès aux examens.

TS'IĚ·

妾 *Ts'iĕ·*. Concubine.

一妻一 |, *ĭ ts'ī ĭ* |, une femme légitime et une concubine.

切 *Ts'iĕ·*. Couper, hacher; important, presser, vite.

| 碎, | *soúi*, couper en menus morceaux.

| 細點, 薄點, 小塊點, | *sí tièn, pŏ tièn, siào k'ouài tièn*, coupe plus menu, plus mince, en plus petits morceaux.

| 成片子, | *tch'ên p'ién tsè*, couper en tranches minces (voir *p'ién*).

咬牙 | 齒, *Gaò iâ* | *tch'è*, grincer des dents (de colère).

| 水, | *choùi*, couper un cours d'eau.

啥子事一 | 丟開, *Chá tsè sé, ĭ* | *tieōu k'āi*, n'importe quoi, laisse tout de côté.

走 | 路, *Tseòu* | *loú*, aller par une route plus courte.

走這裡要丨好多, *Tseòu tché· lì iáo* 丨 *haò tō?* en passant par ici, de combien abrége-t-on?

要丨二十里, *Iaó* 丨 *eúl chĕ lì*, on abrége de 20 *lis*.

他講書講得短丨, *T'a kiàng chōu kiàng tĕ· touàn* 丨, en expliquant les livres il est concis.

丨不可與訟打官司, 丨 *poŭ k'ò hīn sóng tà koūan sē*, il faut soigneusement éviter de faire des procès.

熱丨, 丨方, *Jĕ·* 丨, 丨 *fāng*. Voir *jĕ·*, *fāng*.

竊 *v.* 窃 *Ts'iĕ·*. *v.* 丨盜, *v.* 丨 *taó*, voler furtivement.

丨位, 丨 *oúi*, obtenir injustement une dignité.

TSIĒN

煎 *Tsiēn*. Frire, griller.

丨飯, 丨 *fán*, faire chauffer à sec, dans la marmite, du riz déjà cuit.

飯冷了拿來丨吓, *Fán lèn lò, lâ lâi* 丨 *há*, le riz est froid, il faut le passer un instant dans la marmite.

丨牛肉, 丨 *nieôu joŭ*, frire de la viande de bœuf coupée en petits morceaux.

丨魚, 丨 *iû*, faire frire du poisson.

小丨, *Siào* 丨, frire rapidement de la viande coupée menue.

忌丨炒, *Kí* 丨 *tch'ào*, s'abstenir de tout ce qui est grillé ou rôti.

尖 *Tsiēn*. Pointe, pointu, au pr. et au fig.

刀, 針, 脚丨子, *Tāo, tchēn, kiŏ* 丨 *tsè*, pointe d'un couteau, d'une aiguille, pointe du pied.

丨嘴嘴, 丨 *tsoùi tsoùi*, langue de terre en pointe.

舌頭丨子, *Chĕ· t'eôu* 丨 *tsè*, (litt.) pointe de la langue; faconde.

嘴巴丨, *Tsoùi pā* 丨, il a la langue pointue, il est habile à parler.

丨不過他, 丨 *poŭ kó t'ā*, on ne saurait être plus avisé que lui.

耍丨, *Choùa* 丨, jouer de ruse, d'adresse.

他筆丨子好, *T'a pĭ* 丨 *tsè haò*, il a une belle écriture (voir *pĭ*).

打个丨, *Tà kó* 丨, prendre une collation.

山丨丨, *Chān* 丨 丨, pic de montagne.

耳朵丨, 丨起耳朵聽, *Eùl tō* 丨, 丨 *kì eùl tō t'īn*. Voir *eùl*.

TS'IĒN

千 *Ts'iēn*. Mille.

一丨; 幾丨, *ĭ* 丨; *kì* 丨, mille, un millier; quelques milliers.

丨丨有頭萬萬有腦, 丨丨 *ieòu t'eôu, ouán ouán ieòu laò*, il y a un commencement aux mille et aux dix mille.

丨總, 丨 *tsòng*, lieutenant.

丨翻, 丨斤, 丨里鏡, 丨方百計, 丨脚虫, 丨 *fān*, 丨 *kīn*, 丨 *lì kín*, 丨 *fāng pĕ· kí*, 丨 *kiŏ tch'ông*. Voir *fān, kīn, kín, kí, kiŏ*.

遷 *Ts'iēn*. Changer.

改過丨善, *Kài kó* 丨 *chán*, se corriger de mal en bien.

丨移, 丨搬, 丨 *î*, 丨 *pān*, changer de place, déménager.

丨葬, 丨 *tsáng*, exhumer un cadavre pour l'enterrer ailleurs.

韆 *Ts'iēn*. *v.* 打鞦丨, *v.* *tà ts'ieōu* 丨, jouer à l'escarpolette.

簽 *v.* 籤 *Ts'iēn*. Fiche, morceau de bois pointu.

手上鋒了一根丨子, *Cheòu cháng tsū lò ĭ kēn* 丨 *tsè*, un petit éclat de bois m'est entré dans la main.

削 (*v.* 刷) 一个竹丨子, *Suĕ· (v. p'iēn) ĭ kó tchŏu* 丨 *tsè*, avec le couteau tailler une pointe de bambou.

火丨, *Hò* 丨, mandat pressant.

官出了火丨, *Kouān tch'ŏu lò hò* 丨, le mandarin a lancé un mandat très pressant (écrit sur une fiche).

查丨, 拘丨, *Tch'â* 丨, *kū* 丨, mandat pour aller aux informations, mandat d'arrêt.

抽丨,求丨, *Tch'eōu* 丨; *k'ieōu* 丨, tirer au sort avec des fiches; consulter les sorts au moyen de fiches de bambou.

紅丨子, *Hông* 丨 *tsè*, étroite bande de papier rouge (comme celle sur laquelle on écrit l'adresse des lettres).

官要打人丢丨, *Kouān iaó tà jên tieōu* 丨, quand le mandarin veut faire frapper quelqu'un, il lance une fiche (sur laquelle est inscrit le nombre de coups à donner).

丨子門, 丨 *tsè mên*, porte à barreaux.

TS'IÊN

錢 *Ts'iên*. Sapèque, monnaie, 10eme partie de l'once.

銅丨,青銅丨, *v.* 行江丨, *T'ông* 丨; *ts'īn t'ông* 丨, *v. hîn kiāng* 丨, sapèque en cuivre; sapèque en très bon cuivre.

紅丨, *Hông* 丨, sapèques rouges.

好丨,毛丨,私丨, *Haò* 丨, *mâo* 丨, *sē* 丨, bonne sapèque, mauvaise sapèque, fausse sapèque.

一个, *v.* 一文, *v.* 一塊丨, *ĭ kó, v. ĭ ouên, v. ĭ k'ouài* 丨, une sapèque.

一塊洋(*v.*花)丨, *ĭ k'ouài iâng (v. hoūa)* 丨, une piastre.

丨局, 丨 *kŭ*, fonderie de sapèques.

算丨, *Souán* 丨, faire un compte de sapèques; faire payer.

是啥子都要算丨, *Ché chá tsè toū iaó souán* 丨, n'importe quoi, il fait tout payer.

數丨, *Soù* 丨, compter des sapèques une à une.

不要丨, *Poŭ iaó* 丨, je ne veux pas de sapèques, je donne gratis.

不要丨買, *Poŭ iaó* 丨 *mài*, il n'y a pas de sapèques à débourser, pour se procurer (tel objet).

你說好多丨, *Gnì chŏ haò tō* 丨, quel prix as-tu fait, as-tu offert?

不講丨, *Poŭ kiàng* 丨, ne parlons pas de sapèques.

丨價好, 丨 *kiá haò*, les sapèques sont d'un bon prix (par rapport à l'argent).

他沒有把我打丨, *T'a mŏ ieòu pà gò tà* 丨, il m'a méprisé, il ne m'a pas estimé une sapèque.

耍大丨, *Chouà tá* 丨, jouer de grosses sommes.

大丨一百算一吊, *Tá* 丨, *ĭ pĕ souán ĭ tiáo*, 100 grandes sapèques font une ligature de 1000 sapeques (c'est ainsi que comptent ordinairement les satellites, quand ils parlent de sapèques).

不是得大丨是个个丨, *Poŭ ché tĕ tá* 丨, *ché kó kó* 丨, il ne s'agit pas de sapèques où par une on en comprend dix, mais de sapèques où une est comptée pour une.

去丨,來丨, *K'ú* 丨, *lâi* 丨, dépenses, recettes.

去了好多丨, *K'ú lò haò tō* 丨, combien as-tu déboursé?

信丨,葯丨,工丨, *Sín* 丨, *iŏ* 丨, *kōng* 丨, prix d'un port de lettre, prix des remèdes, salaire.

小丨不去大丨不來, *Siào* 丨 *poŭ k'ú, tá* 丨 *poŭ lâi*, si on ne sait dépenser à propos de petites sommes, on n'en acquerra jamais de grandes.

銀子合丨, 丨合銀子, *în tsè hŏ* 丨, 丨 *hŏ în tsè*, évaluer l'argent en sapèques, et *vice versa*.

過丨買的, *Kó* 丨 *mài tĭ*, acheté argent comptant.

買丨,棹丨買銀子, *Mài* 丨; *t'iào* 丨 *mài în tsè*, acheter des sapèques (avec de l'argent); changer des sapèques pour de l'argent.

生意不好不賣丨, *Sēn í poŭ haò poŭ mái* 丨, le commerce ne va pas, on n'encaisse pas de sapèques.

開號丨, *K'āi haó* 丨, payer le prix d'une nuit à l'auberge.

講的是丨是銀子, *Kiàng tĭ ché* 丨 *ché în tsè?* le prix est-il fait en argent ou en sapèques?

取丨取丨, *Ts'ù* 丨, *ts'ù* 丨, on ramasse les sapèques, payez! payez! (en usage surtout chez les bateliers, au moment de réclamer le prix du passage.)

銀丨, *v.* 丨財, *în* 丨, *v.* 丨 *ts'âi*, richesses en général.

| 舖, | *p'oú*, banque, maison de change.

孽鑽 | , *Niĕ· tsouán* | , sapèques injustement acquises.

買路 | , *Mài loú* | , papier à sapèques (les payens en répandent sur la route par laquelle on doit porter un cercueil, pour que le diable laisse le passage libre).

一両五 | 四, *ĭ leàng où* | *sé*, une once, 5 *ts'iên* et 4 *fēn*, c.-à-d. 1 once 54.

二 | 五分銀子, *Eúl* | *où fēn ìn tsè*, 2 *ts'iên* et 5 *fēn* d'argent, c.-à-d. o taël 25.

紅 | 上的, *Hông* | *cháng tĭ*, individu enrôlé dans la franc-maçonnerie chinoise.

寡母子 | , *Kouà moù tsè* | , vieilles sapeques des anciennes dynasties.

打金 | 板兒, *Tà kīn* | *pàn eûl (peûl)*, chanter en s'accompagnant d'une espece de castagnettes (elles consistent en trois baguettes de bambou auxquelles sont suspendues des sapèques, qu'on fait résonner; pratique des chanteurs ambulants).

一吊 | , *ĭ tiáo* | , 一橇 | , *ĭ p'áo* | , | 盤子, | *p'ân tsè*, | 針, | *tchēn*, | 串子, | *tch'ouán tsè*, 鑄 | , *taó* | , | 紙, | *tchè*, 穿 | , *tch'ouān* | , 底子, *tì tsè* | , 兌 | , *toúi* | , 價 | , *kiá* | , 找 | , *tchào* | , 掙 | , *tsén* | , 湊 | , *ts'eóu* | , 脚 | , *kiŏ* | , 茶 | , *tch'â* | , 酒 | , *tsieòu* | , 本 | , *pèn* | , 利 | , *lí* | , 口案 | , *k'còu gán* | , | 票, | *p'iáo*, 放打打 | , *fáng tà tà* | , 封両百 | , *fōng leàng pĕ·* | , | 會, | *hoúi*, 用 | , *ióng* | , 使 | , *chè* | , 費 | , *féi* | , 花 | , *hoūa* | , 零碎 | , *lin soúi* | , 賭 | , *toù* | , 現 | , *hién* | , 相因 | , *siāng īn* | , 脉禮 | , *mĕ· lì* | , 學 | , *hiŏ* | , 定 | , *tín* | , *etc.* Voir *tiáo*, *p'áo*, *p'ân*, *tchēn*, *etc.*

前 *Ts'iên.* Avant, auparavant.

我在 | , *Gò tsái* | , je suis avant.

在我 | 頭, *Tsái gò* | *t'eōu*, avant moi.

| 來的, 說的, | *lâi tĭ*, *chŏ tĭ*, venu auparavant, dit précédemment.

領聖體 | 要預備, *Lìn Chén t'ì* | , *iáo iú pí*, avant de recevoir la Communion, il faut se préparer.

在腰店子 | 頭, *Tsái iāo tién tsè* | *t'eōu*, au delà de l'auberge (voir *iāo*).

| 十年, | *chĕ niên*, 10 ans auparavant; les dix premières années.

| 一天, 両天, | *ĭ t'iēn*, *leàng t'iēn*, un jour, deux jours auparavant.

| 不幾天, | *poŭ kì t'iēn*, il y a peu de jours.

以 | (*v.* 從 |) 犯過罪, *ì* | (*v. ts'ông* |) *fán kó tsoúi*, autrefois j'ai péché.

| 頭的人, | *t'eōu tĭ jên*, les gens d'autrefois.

台 | , 面 | , 跟 | , *T'âi* | , *mién* | , *kēn* | , en présence d'un supérieur très élevé, d'un supérieur ordinaire, d'un supérieur ou d'un égal, ou même d'une chose inanimée.

天主台 | , 神父面 | , 丈夫跟 | , *T'iēn Tchòu t'âi* | , *chên foú mién* | , *tcháng foū kēn* | , en présence de Dieu, du Père, de mon mari.

我就在那跟 | 站起, *Gò tsieoú tsái lá kēn* | *tchán k'ì*, je me trouvais juste debout à cette place-là.

| 天, | *t'iēn*, 上 | 天, *cháng* | *t'iēn*, | 日, | *jĕ*, | 年, | *niên*, | 後, | *heóu*. Voir *t'iēn*, *cháng*, *jĕ*, *niên*, *etc.*

TSIÈN

剪 *Tsièn.* Ciseaux, tailler.

一把 | 刀, *ĭ pà* | *taō*, une paire de ciseaux.

| 下來, | 斷, | *hiá lâi*, | *touán*, couper aux ciseaux, détacher avec les ciseaux.

| 指甲子, | *tchè kiă tsè*, couper les ongles.

TS'IÈN

淺 *Ts'ièn.* Eau peu profonde; court.

| 水宕宕, | *choùi táng táng*, flaque d'eau peu profonde.

頭髮 | , *T'eôu fă* | , les cheveux sont courts.

摸不倒深 | , *Mō poŭ taò chēn* | , on ne peut toucher (le fond) pour voir la profondeur (au pr. et au fig.).

秧子｜了栽不得, *Iāng tsè* ｜ *lò tsāi poŭ tĕ*, les plants de riz sont encore trop courts, on ne peut les repiquer.

根子｜, 土肉｜, *Kēn tsè* ｜; *t'où jŏu* ｜, les racines sont peu profondes; la couche de terre végétale n'est pas épaisse.

書｜好懂, *Choū* ｜ *haò tòng*, ce livre est d'un style peu relevé, il est facile à comprendre.

他的道理｜薄, 明悟｜淡, *T'ā tĭ táo lì* ｜ *pŏ, mîn oú* ｜ *tán*, il est peu instruit, il est peu intelligent.

書理｜, *Choū lì* ｜, homme peu versé dans l'étude des livres.

｜毛子皮褂, ｜ *mâo tsè p'î koúa*, pardessus avec fourrure à poils courts.

TSIÉN

箭 *Tsién*. Fleche.

弓｜舖, 射｜, *Kōng* ｜ *p'oú; ché·* ｜, boutique où l'on vend des arcs et des fleches. Voir *ché·*.

射步｜, *Ché· poú* ｜, lancer des flèches étant à pied.

射馬｜, *Ché· mà* ｜, lancer des flèches étant à cheval.

｜刀兒, ｜ *taō eûl*, pointe en fer de la flèche.

打｜爐, *Tà* ｜ *lôu*, ville du *Sutchuen* en pays *Thibetain*.

煎 *Tsién*. Faire chauffer, faire bouillir un liquide, ou un solide susceptible de se fondre.

｜黄蠟, ｜ *houâng lá*, faire fondre de la cire.

拿來｜化, *Lâ lâi* ｜ *hoúa*, faire fondre dans la marmite.

｜葯, ｜ *iŏ*, faire une infusion de médecines.

薦 *v.* 荐 *Tsién*. Introduire, patronner; grosse natte.

舉｜一个人, *Kù* ｜ *ĭ kó jên*, patronner quelqu'un pour une charge ou un emploi.

這个人是那个｜的, *Tché· kó jên ché là kó* ｜ *tĭ?* qui a proposé cet homme (en rendant bon témoignage de lui)?

草｜(*v.* 草簾子, *v.* 稿簾子), *Ts'ào* ｜ (*v. ts'ào liên tsè, v. kào liên tsè*), paillasse en paille tressée.

棕｜, *Tsōng* ｜, paillasse tressée avec de la filasse de palmier.

餞 *Tsién*. Repas d'adieu.

跟人家｜行, *Kēn jên kiā* ｜ *hîn*, offrir un repas d'adieu à quelqu'un qui va partir.

賤 *Tsién*. Vil, avilir.

貴｜, 卑｜, 輕｜, *Koúi* ｜; *pēi* ｜; *k'īn* ｜, ce qui est noble, et vil, ce qui est cher, et bon marché; humble, bas; mépriser (voir *koúi, pēi, k'īn*).

｜價賣, ｜ *kiá mái*, vendre à vil prix.

這宗樹子｜, *Tché· tsōng chóu tsè* ｜, ces sortes d'arbres prennent facilement.

踐 *Tsién. v.* ｜踏, *v.* ｜ *t'ă*, fouler aux pieds; traiter indignement.

｜踏耶穌的聖體, ｜ *t'ă Iê· soū tĭ chén t'ì*, profaner le Corps de Notre-Seigneur.

牮 *Tsién. v.* ｜立房子, *v.* ｜ *lĭ fâng tsè*, redresser une maison qui penche.

要拿兩根｜杆｜倒, *Iáo lâ leàng kēn* ｜ *kān* ｜ *tào*, il faut étayer (la maison, le mur) avec deux poutrelles (voir *kān*).

TS'IÉN

簽 *v.* 籤 *Ts'ién*. Nettoyer avec une pointe.

牙｜, ｜牙齒, *Iâ* ｜; ｜ *iâ tch'è*, cure-dents; se curer les dents (voir *iâ*).

｜篦子, ｜ *pí tsè*, nettoyer un peigne.

｜土, ｜ *t'où*, repasser avec la pioche une terre déjà bêchée ou labourée.

倒｜皮, *Táo* ｜ *p'î*, petite pellicule qui se détache près des ongles (envie).

木頭｜了, *Moŭ t'eôu* ｜ *lò*, le bois s'écaille.

TSIEŌU

揪 *Tsieōu.* Tordre (voir *tsieòu*).

| 耳朵, | *eùl tō.* Voir *eùl.*

鬏 *Tsieōu. v.* **挽 | |**, *v. ouàn* | |, rouler la queue ou la tresse chinoise en paquet derrière la tête.

TS'IEŌU

鞦 *Ts'ieōu.* Croupière, balançoire.

後 |, *Heóu* |, croupière de cheval.

打 | (*v.* **| 韆**), *Tà* | (*v.* | *ts'iēn*), jouer à l'escarpolette.

鰍 *Ts'ieōu. v.* **魚 |**, *v.* **| 魚**, *v. Iû* |, *v.* | *iû*, petite anguille de rizière.

秋 *Ts'ieōu.* Automne.

| 天, 立 |, | 分, | *t'iēn; lĭ* |, | *fēn*, jours d'automne; commencement de l'automne (8 Août), équinoxe d'automne.

八月中 |, 春 |, *Pă iuĕ· tchōng* |, *tch'ouēn* |. Voir *iuĕ·*, *tch'ouēn.*

煪 *Ts'ieōu.* Enfumer.

| (*v.* **烟**) **焟** (*v.* **臘**) **肉**, | (*v. iēn*) *lă joŭ*, fumer de la viande.

房子 | 黑了, *Fâng tsè* | *hĕ· lò*, la maison est toute noircie par la fumée.

在崖洞 | 死的, *Tsái gâi tóng* | *sè tĭ*, mort enfumé dans une caverne.

硫磺 | 白的, *Lieôu houâng* | *pĕ· tĭ*, blanchi à la fumée de soufre.

TSIEÒU

揪 *Tsieòu.* Tordre, saisir, tirer.

你帮我 | 衣裳, *Gnì pāng gò* | *ī chāng*, aide-moi à tordre cet habit.

| 乾了, | *kān lò*, en tordant on a fait sortir toute l'eau.

| 他的手, | *t'a tĭ cheòu*, contourner la main à quelqu'un.

| 索子, | *sŏ tsè*, tordre (fabriquer) des cordes.

| 倒人進衙門, | *taò jên tsín iâ mên*, traîner quelqu'un de force au prétoire.

酒 *Tsieòu.* Vin, alcool, festin.

| 糊子, | 糟子, | *foû tsè;* | *tsāo tsè*, moût de vin; résidu des grains distillés.

| 氣; 大麯 |, | *k'í; tá k'ŭ* |, vapeur, odeur de vin; eau-de-vie très forte.

老 |, 紹 |, *Lào* |, *cháo* (*v. cháo hĭn*) |, vins chinois légers et un peu amers.

蒸 |, *v.* **煮 |**, *Tchēn* |, *v. tchoù* |, cuire les grains pour faire le vin.

| 是醉人的, 愛醉 |, | *ché tsoúi jên tĭ; gái tsoúi* |, le vin enivre; aimer à s'enivrer.

吃 | 醉了, 說 | 話, *Tch'ĕ* | *tsoúi lò; chŏ* | *houá*, il s'est enivré; dire des paroles (qui dénotent un état) d'ivresse.

| 色, | *sĕ·*, couleur du vin; ivrognerie.

做 (*v.* **辦**) **生期 |**, *Tsóu* (*v. pán*) *sēn k'ī* |, faire un festin d'anniversaire de naissance.

他過了 | 沒有, *T'a kó lò* | *mŏ ieòu?* a-t-il fait le festin de noces? est-il marié?

沒人斟 |, 自己動手, *Mŏ jên chēn* (*v. tchēn*) |, *tsé kì tóng cheòu*, si personne ne vous verse à boire, versez vous-même.

他有三斤 | 量, *T'a ieòu sān kīn* | *leáng*, il peut boire (sans s'enivrer) 3 livres de vin (voir *leáng*).

| 籠子, | *lông tsè*, paniers vernis à l'intérieur, pour porter le vin.

拿點 | 錢跟他, *Lâ tièn* | *ts'iên kēn t'a*, donne-lui un petit pourboire.

去打一斤燒 |, *K'ú tà ī kīn chāo* |, va acheter une livre d'eau-de-vie.

他的 | 好, *T'a tĭ* | *haò*, il a le vin bon, il le porte bien; son vin est bon.

| 發心腹之言, | *fă sīn foŭ tchē iên*, le vin fait dire ce qu'on a au fond du cœur.

| 能成事 | 能敗事, | *lên tch'ên sé*, | *lên pái sé*, le vin peut aider à conclure les affaires, comme aussi à les gâter.

要認他的 | 水, *Iáo jén t'a tĭ* | *choùi*, il faut lui rembourser les frais (surtout de repas).

| 狠了, 淡了, | *hèn lò, tán lò,* le vin est trop fort, trop faible.

| 利害, | *lí hái,* le vin est très fort.

用 (*v.* 行) 一點 | , *Ióng (v. hîn) ĭ tièn* | , user d'un peu de vin.

| 米, | *mì,* | 醋, | *ts'oú,* 燒 | , *chāo* | , 泡 | , *p'áo* | , 窨 | , *ín* | , 甜 | , *t'iên* | , 高粱 | , *kaō leâng* | , 包穀 | , *pāo koŭ* | , 葡萄 | , *p'oû t'âo* | , 彌撒 | , *Mî să* | , 葯 | , *iŏ* | , 喜 | , *hì* | , 花宵 | , *hoūa siāo* | , 頭 | , *t'eôu* | , 尾子 | , *oùi tsè* | , | 桶, | *t'òng,* | 罈子, | *t'ân tsè,* | 罐, | *kouán,* | 瓶, | *p'în,* | 壺, | *foû,* | 杯, | *pēi,* | 鍍子, | *t'ĭ tsè,* | 館, | *kouàn,* | 店, | *tién,* 灌 | , *kouán* | , 烤 | , *k'ào* | , | 母子, | *moù tsè,* | 脚子, | *kiŏ tsè,* 帶點 | , *tái tièn* | , 臭 | , *tch'eóu* | , | 席, | *sĭ,* | 廠子, | *tch'àng tsè.* Voir *mì, ts'oú, chāo, p'áo, etc.*

TSIEÓU

就 *Tsieóu.* Aussitôt, tout de suite; quand même.

| 要; | 來; | 要死, | *iaó;* | *lâi;* | *iaó sè,* je le veux tout de suite; je viens à l'instant; il va mourir en ce moment même.

摸吓 | 好了, *Mō há* | *haò lò,* il l'a touché, et (le malade) a été aussitôt guéri.

我 | 要來, 等吓 | 來, *Gò* | *iaó lâi; tèn há* | *lâi,* je vais arriver à l'instant; attends un instant, et j'arrive.

| 是, | *ché,* oui, c'est cela; c'est-à-dire; quand même.

| 是了, | *ché lò,* c'est bien cela!

| 是他, | 是這様, | *ché t'ā;* | *ché tché· iáng,* c'est justement lui; c'est bien ainsi.

講嗏子禮信認个錯 | 是了, *Kiàng chá tsè lì sín, jén kó ts'ó* | *ché lò,* qu'y a-t-il à discuter? reconnais tes torts, voilà tout!

我說了 | 是了, *Gò chŏ lò,* | *ché lò,* j'ai dit, et cela suffit.

| 是這三个沒得多的, | *ché tché· sān kó, mŏ tĕ· tō tĭ,* il y a tout juste ces trois-là, il n'y en a pas davantage.

他們不該告狀... | 是了, *T'ā mên poŭ kāi kaó tchouáng.* Rép. | *ché lò,* ils n'auraient pas dû accuser au mandarin.—R. En effet.

| 是鬼我也 (*v.* 都) 不怕, | *ché kouì, gò ì (v. toū) poŭ p'á,* quand ce serait le diable, je n'ai pas peur.

你 | 跪半天我還是不允, *Gnì* | *kouí pán t'iēn, gò houân ché poŭ iùn,* resterais-tu à genoux une demi-journée, que je te refuserais encore (ce que tu demandes).

東家不成西家不 | , *Tōng kiā poŭ tch'ên, sī kiā poŭ* | , l'affaire (de mariage) ne réussit ni avec cette famille-ci, ni avec celle-là.

将 | , *Tsiāng* | . Voir *tsiāng.*

揪 *Tsieóu.* Torsion; foulure.

手腰舒 | 了一吓, *Cheòu, iāo kàn* | *lò ĭ há,* je me suis un peu foulé la main, je me suis un peu forcé les reins.

TSĪN

精 *Tsīn.* Intelligent, habile; principes de la génération, sperme.

| 通天文, | *t'ōng t'iēn ouên,* il est très savant en astronomie.

他手藝不 | , *T'ā cheòu gní poŭ* | , il n'est pas habile dans son métier.

| 神, | *chên,* vigueur naturelle.

這両天沒 | 神, *Tché· leàng t'iēn mŏ* | *chên,* ces 2 jours je suis languissant, sans vigueur.

那个老者 | 神還好, *Lá kó laò tchè·* | *chên houân haò,* ce vieux-là est encore vigoureux.

流 (*v.* 出) | (*v.* | 水), *Lieôu (v. tch'ŏu)* | *(v.* | *chouì),* effusion de sperme.

| (*v.* 清) 痛, | *(v. ts'īn) t'óng,* sentir une vive douleur.

| 兵, | 伶, | 緻, 妖 | , | *pīn,* | *lîn,* | *tché, iāo* | . Voir *pīn, etc.*

腈 *Tsīn. v.* | **肉**, *v.* | *joŭ*, partie maigre de la viande.

腿 | **肉**, *T'oùi* | *joŭ*, partie maigre de la cuisse.

睛 *Tsīn.* Œil (voir **眼** *ièn*).

晶 *Tsīn.* Cristal.

水 | **石**, *Choùi* | *chĕ*, cristal de roche.

TS'ĪN

親 *Ts'īn.* Parents, parenté; aimer; s'approcher en personne.

雙 |, **父** |, **母** |, *Chouāng* |; *foú* |, *moù* |, père et mère; le père, la mère.

| **戚**, | *ts'ī*, parents en général, mais surtout les parents par alliance.

有 | **沒得**, *Icòu* | *mŏ tĕ·?* y a-t-il parenté?

沾得有點 |, *Tchān tĕ· icòu tièn* |, il y a quelque parenté; nous sommes un peu parents.

不分 | **疎**, *Poŭ fēn* | *soū*, ne pas distinguer entre parents et non-parents.

他們是 | | **两弟兄**, *T'a mên ché* | | *leàng tí hiōng*, ce sont les deux propres frères (voir *hiōng*).

說一頭 (*v.* **一門**) | **事**, *Chŏ ĭ t'côu* (*v. ĭ mên*) | *sé*, négocier une affaire de mariage, prendre femme.

說 (*v.* **談**) |, *Chŏ* (*v. t'án*) |, fiancer (quelqu'un), prendre femme (voir *chŏ*).

退 |, *T'oúi* |, résilier des fiançailles.

發 |, *Fá* |, livrer la fiancée (à ceux qui viennent la chercher, de la part du futur, lors du mariage).

送 |, *Sóng* |, conduire la fiancée.

他們不是得 | **房**, *T'a mên poŭ ché tĕ·* | *fâng*, ils ne sont pas de consanguinité rapprochée (voir *fâng*).

內 |, **外** |, *Loúi* |, *ouái* |, parenté par les hommes, par les femmes.

| **爺**, | **娘**, | *iê*, | *niâng*, le gendre appelle ainsi son beau-père, sa belle-mère.

三 | **六眷**, *Sān* | *loŭ kuén*, toute la proche parenté.

人 | **財不** |, *Jên* | *ts'âi poŭ* |, on est parent, mais l'argent ne connaît pas de parenté (quoique parents, chacun garde ce qu'il a).

| **熱的朋友**, | *jĕ· tī p'ông icòu*, amis très chauds (voir *jĕ·*).

| **口**, *v.* | **嘴**, | *k'còu*, *v.* | *tsoùi*, embrasser, baiser.

| **苦像**, | *k'où siáng*, baiser le crucifix.

| **自**, | *tsé*, soi-même, en personne.

他 | **自來看**, *T'a* | *tsé lâi k'án*, il est venu voir par lui-même.

我 | **身走**, | **手交**, *Gò* | *chēn tseòu*; | *cheòu kiao*, j'y vais en personne; je le livre de mes propres mains.

我 | **眼看見**, *Gò* | *ièn k'án kién*, j'ai vu de mes yeux.

開 |, *K'ai* |, **接** |, *tsiĕ·* |, **討** |, *t'ào* |, | **家**, | *kia*, **乾** |, *kān* |, **神** |, *chên* |, **鄉** |, *hiāng* |, | **王**, | *ouâng*, | **筆**, | *pĭ*. Voir *k'āi*, *tsiĕ·*, *etc.*

青 *Ts'īn.* Couleur verte, d'un bleu noir.

| **草**, | | **的**, | *ts'ào*; | | *tī*, herbe verte; très vert.

梨子 | **得狠**, *Lî tsè* | *tĕ· hèn*, les poires sont encore trop vertes.

秧子轉 | **了**, *Iāng tsè tchouàn* | *lò*, les plants de riz ont reverdi.

深藍成 |, *Chēn lân tch'ên* |, le bleu foncé devient noir.

| **布衫子**, | *poú chān tsè*, robe de toile noire.

墨 |, **實** |, *v.* **釭** |, *Mĕ·* |, *chĕ* |, *v. kāng* |, variétés de couleur noire.

他臉 | **了**, *T'a lièn* | *lò*, sa figure est devenue bleu-noir.

一身打 | **了**, *ĭ chēn tà* | *lò*, il a le corps noir de coups.

| **菓**, | *kò*, fruit vert dont la forme a quelque ressemblance avec l'olive (*Canarium pimela*).

海上絲綢之路文獻集成　科技與文化編

|幽幽的，| *ieōu ieōu tĭ*, 天|, *t'iēn* |, |杠, | *kāng*, |苔, | *t'âi*, |菜, | *ts'ái*, |油, | *ieôu*, |蓮教, | *liên kiáo*, 染|的, *jàn* | *tĭ*. Voir *ieōu, etc.*

淸 *Ts'īn.* Pur, net, mettre au clair, vérifier.

|亮水, | *leáng choùi*, eau limpide.

|湯湯的, | *t'āng t'āng tĭ*, trop liquide, trop clair.

湯|狠了, *T'āng* | *hèn lò*, le bouillon est trop clair.

|楚, | *ts'òu*, bien clair, bien net.

說|, *v.* 說|楚了,講|, *v.* 講|楚了, *Chŏ* |, *v. chŏ* | *ts'òu lò*, *kiàng* |, *v. kiàng* | *ts'òu lò*, c'est dit, expliqué clairement (l'affaire est terminée).

這个事要跟我弄|楚, *Tché· kó sé iaó kēn gò lóng* | *ts'òu*, il faut me mettre cette affaire au clair, il faut la terminer.

他的病好|楚了, *T'a tĭ pín haò* | *ts'òu lò*, il est entièrement guéri.

攪不|楚, *Kaò poŭ* | *ts'òu*, ne pas en finir, ne pas pouvoir en finir.

我都不|楚, *Gò toū poŭ* | *ts'òu*, moi-même je n'en sais trop rien, je n'y comprends rien.

他的話說得不|白, *T'a tĭ hoúa chŏ tĕ· poŭ* | *pĕ·*, il ne parle pas clairement.

他的官做得|, *T'a tĭ koūan tsoú tĕ·* |, il remplit avec intégrité sa charge de mandarin.

賬算了兩面|, *Tcháng souán lò leàng mién* |, les comptes faits, c'est au clair des deux côtés (il ne reste rien dû ni à l'un ni à l'autre).

賬要|過, *Tcháng iaó* | *kó*, il faut vérifier les comptes (voir *tcháng*).

東西各人|各人的, *Tōng sī kŏ jên* | *kŏ jên tĭ*, que chacun recherche et reconnaisse ses affaires.

到處||不出來, *v.* |不倒, *Taó tch'óu* |, | poŭ tch'ŏu lâi, *v.* | poŭ taò, j'ai beau chercher partout, je ne puis retrouver mes affaires.

正賍都|出來了, *Tchén tsāng toū* | *tch'ŏu lâi lò*, on a retrouvé l'objet volé.

聽,看不|, *T'īn, k'án poŭ* |, ne pas entendre, ne pas voir clairement.

|光白日, | *kouāng pĕ· jĕ*, en plein jour.

|官, | *kouān*, |板子, | *pàn tsè*, |絲諳縫, | *sē gān fóng*, 流|鼻子, *liêou* | *pí tsè*, |早, | *tsào*, |靜, | *tsín*, *etc.* Voir *kouān*, *etc.*

TS'ÎN

情 *Ts'în.* Sentiment, affection, passion.

病從七|出, *Pín ts'ông ts'ĭ* | *tch'ŏu*, les maladies viennent des 7 passions, qui sont: 喜 *hì* la joie, 怒 *loú* la colère, 哀 *gāi* la tristesse, 瞿 *kú* la crainte, 愛 *gái* l'amour, 惡 *oú* la haine, 欲 *iŏ* les désirs.

性|, *Sín* |, le caractère, le naturel.

送(*v.* 趕)人|, *Sóng (v. kàn) jên* |, porter des cadeaux dans certaines circonstances, comme mariage, deuil, etc.

他的人|重, *T'a tĭ jên* | *(ts'în) tchóng*, il a beaucoup de ces cadeaux à faire, c'est une lourde charge pour lui.

講|,留|, *Kiàng* |, *lieôu* |, demander grâce pour un autre, montrer de l'indulgence.

心甘|願死, *Sīn kān* | *iuén sè*, mourir volontiers, de bon cœur (voir *iuén*).

罪的|由, *Tsoúi tĭ* | *ieôu*, les circonstances du péché (voir *ieôu*).

曉得他啥子|由, *Hiào tĕ· t'a chá tsè* | *ieôu?* que sais-je de ses intentions, de l'origine de son affaire?

查出眞|, *Tch'â tch'ŏu tchēn* |, découvrir les véritables motifs, la vérité sur une affaire.

你這个|理不合, *Gnì tché· kó* | *lì poŭ hŏ*, ce que tu avances là n'est pas juste (voir *lì*).

我想他那个|理, *Gò siàng t'a lá kó* | *lì*, je m'imagine très bien le fond de son affaire.

發愛天主的|, *Fă gái T'iēn Tchòu tĭ* |, produire des affections d'amour de Dieu.

他有一點丨, *T'a icòu ĭ tièn* 丨, il a un peu d'affection, de reconnaissance ou de respect humain.

奉人丨的話, *Fóng jên* 丨 *tĭ houá*, paroles de respect humain (voir *fóng*).

無丨無義的人, *Oû* 丨 *oû gní tĭ jên*, homme sans affection, sans reconnaissance.

不顧丨, *Poŭ koú* 丨, n'avoir égard à rien.

水火不容丨, *Choùi hò poŭ iông* 丨, l'eau et le feu sont impitoyables, inexorables.

私欲偏丨, *Sē iŏ p'iēn* 丨, 事丨, *sé* 丨, 求丨, *k'ieôu* 丨, 脫不倒丨, *T'ŏ poŭ taò* 丨, 愛丨, *gái* 丨. Voir *iŏ*, *sé*, *etc.*

晴 *Ts'în*. Serein, beau temps.

丨得好, 丨 *tĕ haò*, il fait beau temps.

丨得穩, 久, 丨 *tĕ ouèn*, *kieòu*, il fera beau longtemps, il fait beau depuis longtemps.

要丨, 丨不起, *Iaó* 丨 ; 丨 *poŭ k'ì*, le temps va se mettre au beau; il ne peut se remettre au beau.

丨過兩天, 丨 *kó leàng t'iēn*, il a fait beau pendant 2 jours.

丨雨表, 丨 *iù piào*, baromètre.

不管天丨落雨, *Poŭ kouàn t'iēn* 丨 *lŏ iù*, ne faire attention ni au beau temps ni à la pluie.

望丨, 求丨, *Ouáng* 丨, *k'ieôu* 丨, désirer, demander le beau temps (voir *k'ieôu*).

TSÌN

井 *Tsìn*. Puits.

凉水丨, 丨水, *Leâng choùi* 丨, 丨 *choùi*, puits à eau fraîche, eau de puits.

挖(*v.* 打, *v.* 舂) 丨, *Oūa* (*v. tà*, *v. tchōng*) 丨, creuser un puits de diverses manières.

兩丈深的丨, *Leàng tcháng chēn tĭ* 丨, puits profond de 2 *tcháng* (20 pieds).

丨口口, 丨 *k'eòu k'eòu*, bord, orifice d'un puits.

自流丨, 有鹽丨, 有火丨, 有油丨, *Tsé lieôu* 丨, *ieòu iên* 丨, *ieòu hò* 丨, *ieòu ieôu* 丨, à *Tsé lieôu tsìn* (litt. puits qui coule de lui-même, et nom d'une ville du Su-tchuen), il y a des puits à sel, à gaz ou à feu, et à pétrole.

離鄉背丨, *Lî hiāng péi* 丨, s'éloigner, être éloigné de son lieu de naissance.

無論城鄉市丨, *Oû lén tch'ên hiāng ché* 丨, sans distinction de ville ou de campagne.

天丨, *T'iēn* 丨, cour intérieure d'une maison.

穽 *v.* 阱 *Tsìn*. Fosse.

筋丨, *Kīn* 丨, fosse pour sépulture.

打筋丨, *Tà kīn* 丨, creuser cette fosse.

儘 *Tsìn*. Entièrement, sans finir, sans cesser; laisser, à volonté.

丨等, 丨 *tèn*, attendre indéfiniment.

丨捱, 丨 *gâi*, s'attarder sans mesure.

丨耍, 丨走, 丨喫, 丨 *choùa*, 丨 *tseòu*, 丨 *tch'ĕ*, *etc.*, s'amuser, marcher, manger sans fin.

丨賣, 丨 *mái*, vendre le plus qu'on peut, et le plus cher possible.

丨管做生意, 丨 *kouàn tsóu sēn í*, fais ton commerce sans t'inquiéter.

丨在後頭, 丨 *tsái heóu t'eôu*, tout à fait par derriere, en arrière.

丨邊邊上, 丨 *piēn piēn cháng*, tout à fait au bord.

丨他不管他的, 丨 *t'a, poŭ kouàn t'a tĭ*, laisse-le, ne t'occupe pas de lui.

丨他走, 丨 *t'a tseòu*, laisse-le aller à sa volonté.

TS'ÌN

請 *Ts'in*. Inviter, faire venir, louer.

丨, *Ts'ìn*, je vous invite, veuillez vous donner la peine. (Se dit par le maître ou les gens de service, à l'hôte qui se présente; ou bien quand on invite quelqu'un à passer devant soi, ou quand on fait à quelqu'un une politesse quelconque.)

| 坐, | *tsó*, veuillez vous asseoir (se dit à un hôte qui arrive); je vous prie de ne pas vous déranger, de rester assis (en parlant au maître de la maison au moment du départ).

| 了, | *lò*, terme de politesse (entre égaux) quand on quitte quelqu'un ou une compagnie.

| 酒, | 明 (*v.* 過, *v.* 乾), | *tsieòu*, | *mîn (v. kó, v. kān)*, veuillez boire, veuillez vider le verre.

| 便飯, | *pién fán*, je vous invite à partager notre repas (à la fortune du pot).

| 轉, | *tchòuan* (sous-ent. *k'ú*), veuillez vous en retourner; ne vous donnez pas la peine de m'accompagner plus loin.

| 轉來, | *tchòuan lâi*, inviter à revenir.

| 問一句話, | *ouén ĭ kú houá*, je voudrais vous faire une petite question.

我 | 問你, *Gò* | *ouén gnì*, je vous le demande (sous-ent. n'avais-je pas raison)?

你 | 得來, 我 | 不來, *Gnì* | *tĕ· lâi, gò* | *poŭ lâi*, tu peux le faire venir en l'invitant, moi je ne le puis.

我 | 他不來, *Gò* | *t'ā poŭ lâi*, il ne se rend pas à mon invitation.

| 他來喫酒, | *t'ā lâi tch'ĕ tsieòu*, invite-le au festin.

他明天 |, *T'ā mîn t'iēn* |, demain, il invite à un festin.

要出一張 | 字, *Iáo tch'oŭ ĭ tchāng* | *tsé*, il faut livrer un papier par lequel on invite officiellement, par ex. des entremetteurs pour une vente, etc.

| 个示, | *kó ché*, demander une proclamation (au mandarin, pour une affaire déterminée).

| 神父喫飯, | *chên foú tch'ĕ fán*, j'invite le Père à se mettre à table.

| 太醫, | *t'ái ī*, prier le médecin de venir.

| 木匠, | *moŭ tsiáng*, faire venir le menuisier.

| 不倒人, | *poŭ taò jên*, on ne peut trouver du monde, louer des ouvriers.

| 衆同禱, | *tchóng t'ông tào*, (prières chrétiennes) *oremus*.

| 客, | *k'ĕ·* | 教, | *kiáo*, | 菜, | *ts'ái*, | 喫茶, | *tch'ĕ tch'â*, | 安, | *gān*, | 命, | *mín*, | 保人, | *paò jên*, | 轎子, | *kiáo tsè*, | 因父, | *īn Foú*, | 留步, | *lieôu poú*, | 罪, *tsoúi* |. Voir *k'ĕ·*, *etc.*

TSÍN

進 *Tsín*. Entrer, pénétrer, avancer.

| 出不方便, | *tch'oŭ poŭ fāng pién*, ce n'est pas commode pour entrer et pour sortir (voir *tch'oŭ*).

你 | 來, | 去, *Gnì* | *lâi;* | *k'ú*, viens, entre; va, entre (se dit du dehors).

鑽 | 去, *Tsouān* | *k'ú*, entrer en se faufilant.

| 屋, 城, 山, 溝, | *oŭ, tch'ên, chān, keōu*, entrer dans une maison, en ville, dans les montagnes, dans une vallée.

| 小河, | *siaò hô*, entrer en barque d'un fleuve dans son affluent.

要有引 | 的人, *Iáo ieòu ìn* | *tĭ jên*, il faut un introducteur (voir *ìn*).

釘子打 | 去了, *Tīn tsè tà* | *k'ú lò*, le clou est bien enfoncé.

走那裡 | 去, *Tseòu là lì* | *k'ú?* par où entrer?

| 一步, | *ĭ póu*, avancer d'un pas.

| 也 | 不倒, 退也退不倒, | *ì* | *poŭ taò, t'oúi ì t'oúi poŭ taò*, pas moyen d'avancer ni de reculer.

| 了數, | *lò soú*, c'est entré en compte; il y a eu des recettes.

| 天堂, | *t'iēn t'âng*, entrer en paradis.

說不 | 去, *Chŏ poŭ* | *k'ú*, ne pouvoir accepter ou faire accepter une parole.

| 場, | *tch'âng*, entrer en lice.

會了 |, *Hoúi lò* |, il a été reçu docteur (du degré de *tsín sé*).

| 教, *kiáo*, | 會, | *hoúi*, | 貢, | *kóng*, | 士, | *sé*, 趕 | 去, *sā* | *k'ú*, | 於德, | *iû tĕ·*, | 水, | *choùi*, | 潤大, | *jouén tá*, | 京, | *kīn*. Voir *kiáo, hoúi, kóng, sé, etc.*

盡 *Tsín.* Finir, achever, tout.

話說｜了勸不下, *Houá chŏ ｜ lò, k'uén poŭ hiá,* on a tout dit, impossible de le persuader.

說不｜的話, *Chŏ poŭ ｜ tĭ houá,* on ne peut tout dire.

銀錢繳｜了, *în ts'iên kiào ｜ lò,* il a dépensé tout son argent.

房子燒｜了, *Fâng tsè chāo ｜ lò,* la maison a été complètement brûlée.

事是｜的,留｜的, *Sé ché ｜ tĭ; lieôu ｜ tĭ,* l'affaire est encore entière; garder en entier.

這一方｜是他們張家, *Tché· ĭ fāng ｜ ché t'ā mên Tchāng kiā,* tous les gens de ce pays sont de la famille *Tchāng.*

｜是白話, *｜ ché pĕ· houá,* ce ne sont que des mensonges.

｜孝道, *｜ hiáo táo,* remplir son devoir de piété filiale.

｜心改過, *｜ sīn kài kó,* se corriger de tout cœur.

天數｜了, *T'iēn soú ｜ lò,* le nombre de jours fixé est accompli.

自｜, *Tsé ｜,* se suicider.

｜行, *｜ hîn,* **｜力量,** *｜ lĭ leáng,* **｜本分,** *｜ pèn fén,* **｜心竭力,** *｜ sīn kiĕ· lĭ,* **感謝不｜,** *kàn sié· poŭ ｜.* Voir *hîn, etc.*

靜 *v.* **靖** *Tsín.* Tranquille, calme.

清｜地方,清｜不倒, *Ts'īn ｜ tí fāng; ts'īn ｜ poŭ taò,* pays tranquille; (le pays) ne peut trouver la tranquillité.

夜｜,半夜了, *Ié· ｜, pán ié· lò,* c'est la nuit profonde, il est minuit.

路上不清｜, *Loú cháng poŭ ts'īn ｜,* la route n'est pas sûre (il y a des brigands).

淨 *Tsín.* Pur, net, propre.

槍乾｜了, *Ts'iàng kān ｜ lò,* on a tout volé (voir *kān*).

生得乾｜, *Sēn tĕ· kān ｜,* bien né, avoir bonne tournure, être joli.

是｜銅,鐵,銀子, *Ché ｜ t'ông, t'iĕ·, în tsè,* c'est du cuivre, du fer, de l'argent pur.

逃難一个｜人, *T'âo lán ĭ kó ｜ jên,* il s'est sauvé n'emportant que sa personne (ayant tout perdu).

賺｜錢, *Tchouán ｜ ts'iên,* faire des bénéfices nets.

洗乾｜,白｜,潔｜, *Sì kān ｜, pĕ· ｜, kiĕ· ｜.* Voir *si, pĕ·, kiĕ·.*

TS'ÍN

浸 *Ts'ín (tsín).* S'infiltrer, s'imbiber.

墨有點｜, *Mĕ· ièou tièn ｜,* l'encre s'imbibe dans le papier et fait tache.

是｜水是冒出來的, *Ché ｜ chouì, ché maó tch'oŭ lâi tĭ?* est-ce de l'eau entrée par infiltration, ou de l'eau qui sourd de terre?

油｜得快,｜得寬, *Ieôu ｜ tĕ· k'ouái, ｜ tĕ· k'ouān,* l'huile s'infiltre vite et s'étend loin.

衣裳｜濕完了, *ī châng ｜ chĕ ouân lò,* les habits sont complètement imprégnés d'eau.

一吓｜不透, *ĭ há ｜ poŭ t'eóu,* le liquide ne percera pas, ne pénétrera pas à fond de sitôt.

地頭窨｜, *Tí t'eôu in ｜,* l'endroit est humide.

罎子有點｜, *T'ân tsè ièou tièn ｜,* la jarre coule un peu.

瀗 *Ts'ín.* Forte sensation de froid pénétrant.

冷得｜人, *Lèn tĕ· ｜ jên,* c'est un froid qui pénètre jusqu'aux os (voir *lèn*).

錫帶｜色, *Sĭ tái ｜ sĕ·,* le brillant de l'étain est mat, bleuâtre.

TSIŎ

爵 *Tsiŏ.* Coupe; dignité.

斟｜,｜盃, *Chén ｜, ｜ pēi,* calice, verre dont la coupe est en forme de calice.

｜位,｜祿, *｜ oúi, ｜ loŭ,* haute dignité et traitement qui y est attaché.

足 *Tsiŏ, v. tsioŭ.* Pied; suffisant, se contenter.

弟兄如手 | , *Tí hiōng joû cheòu* | , les frères sont comme la main et les pieds.

人心不 | , *Jên sīn poŭ* | , le cœur de l'homme n'est jamais satisfait.

知 | 常 | , *Tchē* | *châng* | , qui sait borner ses désirs a toujours le suffisant.

要 | 錢, *Iáo* | *ts'iên*, il faut le nombre de sapèques complet (ordinairement il en manque une à la centaine).

他的話我不 | 信爲憑, *T'ā tĭ houá gò poŭ* | *sín oûi p'în*, ses paroles ne constituent pas pour moi une preuve bien certaine.

滿 | 的, *Màn* | *tĭ*, complètement rempli, accompli.

卒 *Tsiŏ*. *v.* 兵 | , *v. Pīn* | , soldats.

TS'IŎ

鵲 *v.* 雀 *Ts'iŏ*. *v.* | 子, *v.* | 兒, *v.* | *tsè*, *v.* | *eûl*, oiseau.

喜 | , *Hì* | , oiseau de bon augure (la pie).

陽 | , *Iâng* | , oiseau criard qui apparaît au printemps, et qui disparaît au commencement de l'automne.

翠 | , *Ts'oúi* | , martin-pêcheur.

喂 | 兒, *Oúi* | *eûl*, élever des oiseaux.

| 兒窩, 毛, | *eûl ō, mâo*, nid, plumes d'oiseau.

麻 | , 鴉 | , 孔 | , *Mâ* | , *iā* | , *k'òng* | . Voir *mâ, iā, k'òng*.

TS'Ō

搓 *Ts'ō*. Frotter, rouler, froisser.

冷了要 | 手, *Lèn lò iáo* | *cheoù*, on se frotte les mains quand on a froid.

不要 | 磨人家, *Poŭ iáo* | *mô jên kiā*, il ne faut pas tourmenter les gens.

泥巴 | 不脫, *v.* | 不下來, *Gnî pā* | poŭ t'ŏ, *v.* | poŭ hiá lâi, ne pouvoir faire partir la boue en frottant.

| 丸子, | *iuên tsè*, faire des pilules.

手 | 圓, *Cheoù* | *iuên*, arrondir entre ses mains.

這个布經得 | , | 不爛, *Tché· kó poú kīn tĕ·* | , | *poŭ lán*, cette toile résiste au frottement, elle ne se déchire pas.

| 泥巴砣砣, | *gnî pā t'ô t'ô*, faire une boulette de terre.

| 黃蠟, | *houâng lă*, rouler des cierges pour les arrondir.

| 紙撚子, | *tchè niên tsè*. Voir *niên*.

TS'Ô

挫 *Ts'ô*. Briser, démettre.

| 了骨節, *v.* 骨節 | 開了, | *lò koŭ tsiĕ·*, *v. koŭ tsiĕ·* | *k'āi lò*, un os s'est démis.

骨頭 | 過了當時要拉起, *Koŭ t'eôu* | *kó lò, táng chê iaó teóu k'ì*, quand un os s'est démis, il faut tout de suite le remettre en place.

TSÒ

左 *Tsò*. Gauche.

| 手, 脚, 耳, | *cheòu, kiŏ, eùl*, main, pied, oreille gauche.

| 瓜瓜, | *koūa koūa*, (pop.) gaucher.

走 | 手, *v.* | 邊, *v.* | 手邊, *Tseòu* | *cheòu*, *v.* | *piēn*, *v.* | *cheòu piēn*, prendre à gauche.

不離 | 右, *Poŭ lî* | *ieóu*, (litt.) ne pas quitter la droite ou la gauche: être toujours aux côtés de quelqu'un, ne pas le quitter.

| 抵河邊, | *tì hô piēn*, à gauche, c'est borné par le fleuve (termes pour délimiter un terrain).

中國尙 | 西國尙右, *Tchōng kouĕ· cháng* | , *sī kouĕ· cháng ieóu*, en Chine la première place est à gauche, en Europe, elle est à droite.

這个銀子不好要 | 過, *Tché· kó în tsè poŭ haò, iaó* | *kó*, cet argent n'est pas bon, il faut me le changer.

| 還要死, | *houân* (par corruption *hô*) *iaó sè*, il faudra bien mourir un jour.

| 還要去, | *houân (v. hô) iaó k'ú*, (quoiqu'il en soit) il faudra toujours y aller.

TSÓ

坐 *Tsó.* Etre assis, s'asseoir, demeurer.

你丨倒,丨一吓, *Gnì* 丨 *tào,* 丨 *ĭ há,* assieds-toi, assieds-toi (attends) un instant.

丨倒守,看, 丨 *tào cheòu, k'án,* garder, surveiller ou regarder assis, c.-à-d. sans s'éloigner.

丨椅子,丨板凳, 丨 *ì tsè,* 丨 *pàn tén,* s'asseoir sur une chaise, sur un banc.

丨轎子,丨車, 丨 *kiáo tsè,* 丨 *tch'ē,* aller (être assis) en chaise, en voiture.

丨朝, 丨 *tch'âo,* tenir audience (se dit de l'Empereur).

咸豐丨位, *Hân fōng* 丨 *oúi,* sous le règne de l'Empereur *Hân fōng.*

丨不下, 丨 *poŭ hiá,* ne pouvoir s'asseoir faute de place.

丨一棹, 丨 *ĭ tchŏ,* être assis une tablée (8 personnes: *ĭ tchŏ*).

請丨上頭, *Ts'ìn* 丨 *cháng t'eôu,* inviter à prendre la première place.

丨穩,丨平, 丨 *ouèn,* 丨 *p'în,* être assis solidement, en équilibre.

丨一堆, *v.* **一堆丨,** 丨 *ĭ toūi, v. ĭ toūi* 丨, être assis ensemble, habiter ensemble.

地下打丨, *Tí hiá tà* 丨, s'asseoir par terre.

有的讀丨學,有的讀走學, *Ieòu tĭ toŭ* 丨 *hiŏ, ieòu tĭ toŭ tseòu hiŏ,* (parmi les élèves) les uns sont internes, les autres externes.

你在那裡丨家, *Gnì tsái là lì* 丨 *kiā?* où habites-tu en famille?

在嘉定丨, *Tsái Kiā tín* 丨, demeurer à *Kiā tín.*

石頭丨灰木頭丨漆, *Chĕ t'eôu* 丨 *hoūi, moŭ t'eôu* 丨 *ts'ĭ,* les pierres se lient avec la chaux, les bois avec le vernis.

茶拿來丨吓,丨熱, *Tch'â lâ lâi* 丨 *(v. tó) há,* 丨 *jĕ,* mets un instant le thé sur le feu.

房子丨下去了, *Fâng tsè* 丨 *hiá k'ú lò,* la maison s'est affaissée.

米丨了, *v.* **米丨了價**, *Mì* 丨 *lò, v. mì* 丨 *lò kiá,* le riz a baissé de prix.

丨罪, 丨 *tsoúi,* être reconnu coupable, subir la peine.

自甘丨罪, *Tsé kān* 丨 *tsoúi,* je consens à être puni (par ex. si ce que je dis est faux).

這股地方怕要丨一千銀子, *Tché koù tí fāng p'á iaó* 丨 *ĭ ts'iēn în tsè,* pour l'acquisition de cette terre, il faudra environ 1000 taëls.

先開後丨, *Siēn k'āi heóu* 丨, payer le loyer avant d'entrer dans la maison (ce qui est exigé quand le locataire ne livre pas une certaine somme pour caution du loyer).

丨頭, 丨 *t'eôu,* bagages qui se mettent dans un palanquin.

轎子不搭丨頭, *Kiáo tsè poŭ tă* 丨 *t'eôu,* la chaise ne prend pas une surcharge de bagages.

請丨, *Ts'ìn* 丨, **丨席,** 丨 *sĭ,* **丨月子,** 丨 *iuĕ tsè,* **丨監,** 丨 *kiēn,* **丨堂,** 丨 *t'âng,* **秧子丨㒞**, *iāng tsè* 丨 *teōu,* **丨銀子,** 丨 *în tsè,* **墊丨**, *tién* 丨. Voir *ts'ìn, etc.*

座 *Tsó.* Siége; particule numérale.

丨子,燈丨子, 丨 *tsè; tēn* 丨 *tsè,* piédestal; support de lampe.

一丨聖堂, *ĭ* 丨 *chén t'âng,* une église.

丨位,丨墊,一丨坟, 丨 *oúi,* 丨 *tién, ĭ* 丨 *fên.* Voir *oúi, etc.*

TS'Ó

錯 *Ts'ó.* Errer, se tromper.

丨了,丨了;千丨萬丨, 丨 *lò,* 丨 *lò; ts'iēn* 丨 *ouán* 丨, j'ai eu tort, je me suis trompé: j'ai eu mille et dix mille fois tort.

我丨了不該這樣做, *Gò* 丨 *lò poŭ kāi tché iáng tsoú,* j'ai eu tort, je n'aurais pas dû agir ainsi.

如今(*v.* **已經**)**丨了怎樣做**, *v.* **哎**, *Joû kīn (v. ì kīn)* 丨 *lò, tsèn iáng* tsoú, *v.* kài? à présent que le mal est fait, que l'erreur est commise, quel remède?

想(v. 算) | 了, *Siàng (v. souán)* | *lò*, il s'est trompé dans ses calculs.

看, 聽 | 了, *K'án, t'in* | *lò*, j'ai mal vu, mal entendu.

端走不得 |, *Touān tseòu poŭ tĕ·* |, va droit ton chemin, tu ne te tromperas pas.

他有些 | 處, *T'ā ieòu sī* | *tch'óu*, il a des torts, des fautes à se reprocher.

有些過 |, *Ieòu sī kó* |, il y a des manquements, des fautes.

那裡不 | 吓, *Là lì poŭ* | *há?* où ne se trompe-t-on jamais?

| 字, | 認一个字, | *tsé;* | *jén ĭ kó tsé*, caractère fautif; se tromper sur un caractère.

做些 | 事, *Tsoú sī* | *sé*, commettre des fautes.

絲毫不 |, *Sē hâo poŭ* |, ne pas se tromper d'une ligne.

走 | 路, *Tseòu* | *loú*, se tromper de route; prendre une mauvaise route (au pr. et au fig.).

| 過了, | *(v. ts'ô) kó lò*, on a manqué l'occasion; ils ne se sont pas rencontrés (l'un allant par un chemin, l'autre par un autre; voir *kó*).

不 |, *Poŭ* |, il n'y a pas d'erreur; c'est cela-même.

差 |, 認 |, *Tch'ā* |, *jén* |. Voir *tch'ā*, *jén*.

銼 *Ts'ó*. Lime.

| 鐵, 銅, | *t'iĕ·, t'ông*, limer le fer, le cuivre.

一把 |, *ĭ pà* |, une lime.

| 平, | 斷, | *p'în*, | *touán*, aplanir, couper à la lime.

圓 |, *Iuên* |, lime ronde.

TSŎ

作 *Tsŏ*. Faire (s'emploie souvent indifféremment pour 做 *tsóu:* voir ce mot).

由他 | 主, *Ieôu t'ā* | *tchòu*, c'est à lui de se déterminer.

| 善, | 惡, | *chán*, | *gŏ*, faire le bien, faire le mal.

| 賊子, | *tsĕ· tsè*, faire le voleur.

| 書, | *choū*, composer un livre.

他的病又發 | 了, *T'ā tī pín ieóu fā* | *lò*, son accès l'a repris.

善惡隨人 |, *Chán gŏ soûi jên* |, le bien et le mal sont au gré du libre arbitre d'un chacun.

| 房, | *fâng*, fabrique en général; s'entend plus particulièrement des distilleries de grains.

開大 |, *K'ai tá* |, ouvrir une grande distillerie.

這个東西你 | 𠯗子價錢, *Tché· kó tōng sī gnì* | *chá tsè kiá ts'iên?* quel prix fais-tu pour cet objet?

我跟他 | 仇, *Gò kēn t'ā* | *tch'eôu*, je suis devenu son ennemi.

| 揖, | 難, | *ĭ*, | *lân*. Voir *ĭ*, *lân*.

緅 *Tsŏ*. D'un fort tissu; solide, épais.

| 布, 布 「得好, | *poú; poú* | *tĕ· haò*, toile solide, épaisse; la toile est bien solide.

那紗燈 | 狠了不亮, *Lá chā tēn* | *hèn lò poŭ leáng*, la gaze de la lanterne est trop serrée, la lumière ne passe pas.

昨 *Tsŏ*. Hier.

| 天, v. | 日, | *t'iēn, v.* | *jĕ*, hier.

| 天晌午, v. | 晌午, | *t'iēn chàng où, v.* | *chàng où*, hier à midi.

| 早晨, | 夜, v. | 晚些, v. | 兒晚上, v. | 晚住, | *tsào chên;* | *ié·, v.* | *ouàn sī, v.* | *eûl ouàn cháng, v.* | *ouàn tchóu*, hier matin; hier soir, la nuit dernière.

| 回子, | *hoûi tsè*, la dernière fois.

撮 *Tsŏ*. Une pincée.

一 | 米, 拈一 | | 兒米, *ĭ* | *mì; niēn ĭ* | | *eûl mì*, une pincée de riz; prendre une petite pincée de riz.

手 | 攏來, *Cheòu* | *lòng lâi*, réunir les cinq doigts de la main.

TS'Ŏ

撮 v. 擽 *Ts'ŏ*. Empoigner, ramasser avec une corbeille sans rebord d'un côté.

| |, | |, petit *ts'ŏ kĭ* (voir *kĭ*).

一|箕|完了, *ĭ* | *kĭ* (*v. kĭ*) | *ouân lò*, il a tout ramassé dans une corbeille.

|灰塵出去, | *hoūi tch'ên tch'ŏu k'ú*, ramasser avec cette corbeille les balayures et les jeter dehors.

|火, | *hò*, prendre du feu avec des pinces ou une pelle.

促 *Ts'ŏ (v. ts'ŏu)*. Pressé, à l'improviste.

當時我|倒了沒有認識他, *Táng chĕ gò* | *taò lò, mŏ ieòu jén chĕ t'a*, sur le moment j'ai été tout surpris, je ne l'ai pas reconnu.

鑿 *Ts'ŏ (tsŏ)*. Ciseau de menuisier.

一把|子, *ĭ pà* | *tsè*, un ciseau.

分|, 斜|, *Fēn* |, *siè·* |, ciseau de la largeur d'une ligne, ciseau dont la pointe est en biseau.

用|子開眼, *Ióng* | *tsè k'ăi ièn*, faire un trou au ciseau.

拿|子來洗吓, *Lâ* | *tsè lâi sì há*, agrandir (nettoyer, laver) un peu le trou avec le ciseau.

TSŌNG

宗 *Tsōng*. Ancêtres; origine, principal; catégorie.

|廟, 祖|, | *miáo; tsòu* |, temple des ancêtres; ancêtres.

我們是一|枝, *v.* 派, *Gò mên ché ĭ* | tchē, *v.* p'ái, nous sommes descendants d'un même ancêtre.

都是同|的, *Toū ché t'ông* | *tĭ*, ils sont tous descendants de la même souche.

頭一|, *T'eôu ĭ* |, en premier lieu, surtout.

頭一|要緊的事, *T'eôu ĭ* | *iaó kìn tĭ sé*, la première, la plus nécessaire des affaires.

二一|, 三一|, *v.* 第二|, 第三|, *Eúl ĭ* |, *sān ĭ* |, *v. tí eúl* |, *tí sān* |, en 2ème, en 3ème lieu.

一|一|的要跟我數出來, *ĭ* | *ĭ* | *tĭ iaó kēn gò soù tch'ŏu lâi*, il faut que tu m'énumères tout, article par article.

有幾|事, *Ieòu kì* | *sé*, il y a plusieurs affaires; combien y a-t-il d'affaires?

| |都好, | | *toū haò*, tout est bien.

這|(*v.* 那|)人, 脾氣, *Tché·* | (*v. lá* |) *jên, p'î k'í*, cette sorte de gens, ...un caractère de cette nature....

還有一|我要問你, *Houân ieòu ĭ* | *gò iaó ouén gnì*, il y a encore un point, sur lequel j'ai une question à te poser.

人都還那一|, *Jên toū houân lá ĭ* |, (pop.) l'individu a encore du bon, il a encore quelque savoir-faire.

|徒, | *t'ôu*, |牧, | *moŭ*, 教|, *kiáo* |, |師, | *sē*, 罪|七端, *tsoúi* | *ts'ĭ touān*. Voir *t'ôu, etc.*

騌 *Tsōng. v.* 馬|, *v. mà* |, crinière de cheval.

|毛, | *mâo* |, les crins.

一根|毛, *ĭ kēn* | *mâo*, un crin de la crinière.

棕 *v.* 椶 *Tsōng*. espèce de palmier; fibres de palmier.

|樹, |樹葉葉, | *choú;* | *choú iĕ· iĕ·*, l'arbre, ses feuilles.

一皮|, *ĭ p'î* |, une des espèces de gaînes qui se forment chaque année autour de cet arbre, et dont les fibres servent à faire des cordes, des nattes, etc.

剮|, *Koùa* |, enlever cette gaîne avec un couteau.

|繩, 索, 荐, | *chouên, sŏ, tsién*. Voir *chouên, sŏ, tsién.*

踪 *Tsōng. v.* |跡, *v.* | *tsĭ*, trace, vestige.

無影無|, *v.* 並無|影, *Oû ìn oû* |, *v. pín oû* | *ìn*, sans le moindre vestige, la moindre trace.

一去了, 音信無|, *ĭ k'ú lò, īn sín oû* |, depuis son départ, plus la moindre nouvelle.

TS'ŌNG

聰 *Ts'ōng*. Qui entend clairement, intelligent.

| **敏** (*v.* **明**) **的人**, | *mìn* (*v. mîn*) *tĭ jên*, homme intelligent.

蔥 *Ts'ōng. v.* | **子**, *v.* | *tsè*, oignon.

火 |, **香** |, *v.* **分** |, *Hò* |, *hiāng* |, *v. fēn* |, espèces diverses d'oignons.

| **花兒**, | *hōua eûl*, oignons hachés pour assaisonnement.

TS'ÔNG

從 *Ts'ông.* Suivre, obéir, à partir de.

| **官斷**, | *kouān touán*, se conformer à la sentence du mandarin.

| **天主教**, | *T'iēn Tchòu kiáo*, suivre la Religion chrétienne.

| **命**, | *mín*, obéir.

女有三 |, **在家** | **父**, **出嫁** | **夫**, **無夫** | **子**, *Niù ieòu sān* | ; *tsái kiā* | *fóu*, *tch'oŭ kiá* | *foū*, *oû foū* | *tsè*, la femme a trois dépendances: fille, elle dépend de son père; mariée, elle dépend de son mari; veuve, elle dépend de son fils.

| **那裡來**, | **那裡來**, | *là lì lâi?* | *lá lì lâi*, d'où viens-tu? je viens de là-bas.

| **天降來**, | *t'iēn kiáng lâi*, descendre du ciel.

| **二月到八月**, | *eúl iuĕ· táo pă iuĕ·*, de la 2eme à la 8eme lune.

| **頭一二算起來**, | *t'eôu ĭ eúl souán k'ì lâi*, compter par ordre depuis le commencement.

| **小**, | *siào*, dès l'enfance.

| **先** (*v.* **前**) **都好**, | *siēn* (*v. ts'iên*) *toū haò*, autrefois, il était bien.

要 | **新修過**, *Iáo* | *sīn sieōu kó*, il faut reconstruire à neuf.

順 |, *Chouén* |, **依** |, *ī* |, **自** |, *tsé* |, | **今以後**, | *kīn ì heoú*, | **來**, | *lâi*, | **古以來**, | *koù ì lâi*. Voir *chouén*, *ī*, *etc.*

崇 *Ts'ông.* Respecter grandement (voir *k'īn* **欽**).

犯欽 |, *Fán k'īn* |, pécher contre le précepte d'honorer Dieu.

TSÒNG

總 *Tsòng.* En général, en somme, ensemble; certainement.

共 | **有一百銀子**, *Kóng* | *ieòu ĭ pĕ· în tsè*, en tout il y a 100 taëls (voir *kóng*).

打一个 | **賬**, *Tà ĭ kó* | *tcháng*, faire la somme totale (additionner).

賬要拿來 | **下**, *v.* **歸** |, *v.* **取** |, *Tcháng iáo lâ lâi* | há, *v.* koūi |, *v.* ts'ù |, il faut faire la somme des comptes (voir *ts'ù*).

說一个 | **數**, *Chŏ ĭ kó* | *soú*, dire un nombre total en gros.

| **計**, | *kí*, somme totale.

一 | **都要認出來**, *ĭ* | *toū iaó jén tch'oŭ lâi*, il faut tout avouer.

| **管事**, | *kouàn sé*, intendant général.

老 |, *Laò* |, chef de satellites.

| **有一回要死**, | *ieòu ĭ hoûi iáo sè*, il faudra bien mourir une fois.

| **是他做過場**, | *ché t'a tsóu kó tch'âng*, c'est toujours lui qui joue des tours.

我 | **不回來**, *Gò* | *poŭ hoûi lâi*, jamais je ne reviendrai.

| **不得好**, | *poŭ tĕ· haò*, jamais il ne guérira.

| **之不是得好人**, | *tchē, poŭ ché tĕ· haò jên*, quoi qu'il en soit, ce n'est pas un brave homme.

| **而言之**, | *eûl iên tchē*, en un mot.

| **要小心**, | *iáo siào sīn*, il faut toujours prendre garde.

| **爺**, | *iê·*, petit mandarin militaire.

| **理各國事務衙門**, | *lì kŏ kouĕ· sé oú iâ mên*, le *Tsòng li iâ mên*, ministère chinois des Affaires Étrangères.

| **督**, | *toŭ*, **千** |, *ts'iēn* |, **團** |, *t'ouân* |, | **告解**, | *kaó kiài*. Voir *toŭ*, *etc.*

聳 *Tsòng* (*sòng*). Exhorter, engager, recommander.

我 | **成你這个買賣**, *Gò* | *tch'ên gnì tché· kó mài mái*, je t'engage à faire ce commerce, ce marché.

那个人我不敢丨成, *Lá kó jên gò poŭ kàn* | *tch'ên*, cet homme-là, je n'ose pas le recommander, le patronner.

那股地方好,我丨成你買, *Lá koù tí fāng haò, gò* | *tch'ên gnì mài*, c'est un bon terrain, je t'engage à en faire l'acquisition.

TSÓNG

縱 *Tsóng*. Quoique, quand même.

丨有啥子事,在不要丢天主, | *ieòu chá tsè sé, tsái poŭ iáo tieōu T'iēn Tchòu*, quoi qu'il arrive, il ne faut jamais abandonner Dieu.

丨然魔鬼利害不能估倒我們犯罪, | *jân mô koùi lí hái, poŭ lên koù taò gò mên fán tsoúi*, si terrible que soit le diable, il ne peut pas nous forcer à pécher.

蹤 *Tsóng*. Bond, saut.

一丨步就跳過去了, ĭ | *poú tsieóu t'iáo kó k'ú lò*, d'un bond il sauta de l'autre côté.

粽 *Tsóng. v.* | 子, *v.* | *tsè*, gâteau de riz de forme triangulaire et enveloppé de feuilles, qui se vend surtout au *touān iâng* (5 de la 5eme lune).

縐 *Tsóng*. Crispé, ridé, pli.

起丨丨, *K'ì* | |, se plisser, former des plis, des rides.

衣裳丨了要熨伸, *ī chāng* | *lò iáo iún tch'ēn*, l'habit est froissé, il faut le repasser.

湖丨, *v.* | 紗丨, *Foû* | , *v.* | *chā*, crêpe de Chine.

平丨,綫丨, *P'în* | , *sién* | , diverses étoffes de soie, avec ou sans fleurs.

丨起眉毛, | *k'ì mî māo*, froncer les sourcils.

他的臉皮丨完了, *T'a tĭ liên p'î* | *ouân lò*, sa figure est toute ridée.

TSŌU

租 *Tsōu*. Revenu, rente, redevance; affermer, louer.

收丨喫飯, *Cheōu* | *tch'ĕ fán*, vivre de ses rentes.

收丨子, *Cheōu* | *tsè*, ramasser ses revenus.

穩丨, *v.* 壓丨, *v.* 隨丨 (*v.* 頂首), *Ouèn* | , *v. iá* | , *v. souî* | (*v. tìn cheòu*), somme versée au propriétaire, pour lui garantir le payement du revenu.

丨穀不清扣頂首, | *koŭ poŭ ts'īn, k'eóu tìn cheòu*, quand le fermier ne paie pas sa redevance, on lui rogne son assurance.

穩丨重, 丨子輕, *Ouèn* | *tchóng*, | *tsè k'īn*, l'assurance étant forte, la redevance est légère.

水丨, 乾丨, *Choùi* | ; *kān* | , revenu des rizières; revenu des terrains secs et des maisons.

昧昧丨, *Mă mă* | , loyer qui se paye d'avance (quand il n'y a pas d'assurance).

納丨, 讓丨, 加丨, *Lă* | , *jáng* | , *kiā* | , payer le revenu, faire remise sur la redevance, augmenter la redevance annuelle.

我要全丨沒得讓頭, *Gò iáo ts'uên* | , *mŏ tĕ jáng t'eôu*, il me faut la redevance entière, il n'y a pas de remise.

年辰不好, 丨子都打不起, *Niên chên poŭ haò*, | *tsè toū tà poŭ k'ì*, l'année est mauvaise, la récolte ne suffit pas même pour la redevance.

鐵板丨, *T'iĕ pàn* | , redevance fixe, sur laquelle il n'y a jamais de remise.

丨子揺不齊, | *tsè în poŭ ts'î*, ne pouvoir livrer ou percevoir (mesurer) toute la redevance (voir *în*).

丨東西, 丨牛, | *tōng sī*, | *nieôu*, emprunter des objets, un buffle, à tant par jour ou par mois.

TS'ŌU

初 *Ts'ōu*. Commencement, principe.

丨造世, | *ts'áo ché*, commencement, création du monde.

起丨, *v.* 當丨, *K'ì* | , *v. tāng* | , commencer, au commencement.

丨次，丨 *ts'é*, la première fois.

丨到，丨 *táo*, venir pour la 1ere fois.

丨會，丨 *hoúi*, se voir pour la 1ere fois.

丨辦告解，*v.* 辦丨告解，丨 *pán kaó kiài*, *v. pán* 丨 *kaó kiài*, se confesser pour la 1ere fois.

丨領聖體，丨 *lìn chén t'ì*, communier pour la 1ere fois.

丨任，丨 *jouén*, premier poste d'un mandarin.

大丨一，*Tá* 丨 *ĭ*, premier jour de l'an.

丨一，丨二，丨十，丨 *ĭ*, 丨 *eúl*, 丨 *chĕ*, le 1er, le 2eme, le 10eme jour de la lune.

丨幾頭，丨 *kì t'eôu*, un des jours compris entre le 1er et le 10eme jour de la lune.

四月丨頭上，*Sé iuĕ·* 丨 *t'eôu cháng*, à la 1ere décade de la 4eme lune (dans le courant de la 1ere décade).

今天丨幾，*Kīn t'iēn* 丨 *kì*, aujourd'hui quel est le jour de la lune (dans le courant de la 1ere décade).

粗 *Ts'ōu*. Grossier, gros.

來得丨，丨糙，*Lâi tĕ·* 丨 ; 丨 *ts'áo*, il est né grossier, d'un naturel grossier; vil, grossier.

喫，穿得丨，*Tch'ĕ*, *tch'oūan tĕ·* 丨, il mange, il s'habille grossièrement.

他只會做丨笨活路，*T'a tchè hoúi tsóu* 丨 *pén hŏ loú*, il n'est bon que pour les gros travaux.

這个活路又毛又丨，*Tché· kó hŏ loú ieoú mâo ieoú* 丨, cet ouvrage est mal fait, grossier.

線子丨了，要細點，*Sién tsè* 丨 *lò*, *iáo sí tièn*, le fil est trop gros, j'en veux de plus fin.

毛丨根，丨沙石，*Mâo* 丨 *kēn* ; 丨 *cha chĕ*, les poils (v. g. de cette fourrure) sont gros; pierre de grès à grain grossier.

多丨一根索子，*Tō* 丨 *ĭ kēn sŏ tsè*, une très grosse corde.

他打得丨，*T'a tà tĕ·* 丨, il peut se faire à une nourriture grossière, il n'est pas difficile.

TS'ÔU

鋤 *Ts'ôu*. Pioche, houe.

一把丨頭，*ĭ pà* 丨 *t'eōu*, une pioche.

一丨頭挖出來的，*ĭ* 丨 *t'eōu oūa tch'ŏu lâi tĭ*, arraché d'un coup de pioche.

板丨，尖丨，*Pàn* 丨, *tsiēn* 丨, bêche plate, pic.

挖丨，錛丨，*Oūa* 丨, *pēn* 丨, Voir *ouā*, *pēn*.

TSOÙ

阻 *Tsoù*. Empêcher.

丨攔糧食，丨 *p'ân leâng chĕ*, empêcher, prohiber l'exportation des grains.

官丨，私丨，*Kouān* 丨 ; *sē* 丨, prohibition des mandarins; prohibition des particuliers, du peuple.

不要丨攔他，*Poŭ iáo* 丨 *lân t'ā*, ne lui crée pas d'obstacles.

丨止 (*v.* 礙)，丨 *tchè (v. gái)*, empêcher, mettre des obstacles.

丨擋，丨革，丨 *táng (v. tàng)*, 丨 *kĕ·*, empêcher, empêchements.

祖 *Tsoù*. Ancêtres.

丨丨，丨宗，原丨，丨丨 ; 丨 *tsōng*, *iuên* 丨, arrière-grand-père paternel; ancêtres, nos premiers parents.

丨父，丨母，丨 *foú*, 丨 *moù*, grand-père et grand'mère paternels.

丨傳的葯方，丨 *tch'ouân tĭ iŏ fāng*, recette transmise par les ancêtres.

前頭丨人，*Ts'iên t'eōu* 丨 *jên*, les ancêtres, les hommes du vieux temps.

丨業，丨 *niĕ·*, héritage transmis de père en fils, depuis plusieurs générations.

TS'OÙ

楚 *Ts'où*. Disposé à point; chagrin.

苦丨，*K'où* 丨, souffrance, douleur.

清丨，*Ts'īn* 丨, bien clair, bien net.

TSOÚ

助 *Tsoú.* Aider, assister.

扶｜, 帮｜, *Foû ｜, pāng ｜*, secourir, aider.

做 *Tsoú.* Faire, fabriquer, travailler; être.

｜活路, ｜生意, ｜手藝, *｜hŏ loú, ｜sēn í, ｜cheòu gní*, travailler, faire du commerce, travailler à un métier.

｜一个工, ｜善功, *｜ĭ kó kōng; ｜chán kōng*, faire une journée de travail; faire une bonne œuvre.

這是怎樣｜(v. ｜法), *Tché· ché tsèn iáng ｜(v. ｜fă)?* comment cela se fait-il?

｜田地, *｜t'iên tí*, faire de l'agriculture.

｜窩, *｜ō*, faire un nid.

｜得好, 不好, ｜要的, *｜tĕ· haò, poŭ haò; ｜choŭa tĭ*, c'est bien fait, mal fait; c'est fait pour s'amuser.

看你｜嗞子, *K'án gnì ｜chá tsè*, voyons ce que tu feras, ce que tu peux faire.

一樣都｜不來, *ĭ iáng toū ｜poŭ lâi*, il ne sait rien faire.

要｜纔有喫, *Iaó ｜ts'âi ieòu tch'ĭ*, il faut travailler pour avoir de quoi manger.

老了｜不得了, *Laò lò, ｜poŭ tĕ· lò*, il est vieux et ne peut plus travailler.

｜一天, 一个月, *｜ĭ t'iēn, ĭ kó iuĕ·*, travailler un jour, un mois.

那是人｜的不是得生成的, *Lá ché jên ｜tĭ poŭ ché tĕ· sēn tch'ên tĭ*, c'est artificiel et non naturel.

｜新的, ｜大了, ｜小了, *｜sīn tĭ; ｜tá lò, ｜siào lò*, faire du neuf; c'est fait trop grand, trop petit.

他｜得起 (v. ｜得出來), *T'a ｜tĕ· k'ì (v. ｜tĕ· tch'oŭ lâi)*, il est capable de le faire (au prop. et au fig.).

我不拿跟他｜, *Gò poŭ lâ kēn t'a ｜*, je ne veux pas lui confier ce travail.

要｜好人, *Iaó ｜haò jên*, il faut devenir un brave homme.

｜皇帝, ｜官, *｜houâng tí, ｜kouān*, être empereur, être mandarin.

｜木匠, ｜裁縫, *｜moŭ tsiáng, ｜ts'âi fōng*, état de menuisier, de tailleur.

｜父母的, *｜foú moù tĭ*, les pères et les mères.

TS'OÚ

醋 *Ts'oú.* Vinaigre.

酒｜, 麸｜, *Tsieòu ｜; foū ｜*, vinaigre de vin; vinaigre fait avec du son de blé.

酒｜稱甜子, *Tsieòu ｜tch'ēn t'iên tsè*, le vinaigre s'appelle *t'iên tsè* (litt. fils de vin doux).

｜盤, 養倒｜, *｜p'ân; iàng taò ｜*, soucoupe à vinaigre; entretenir le vinaigre.

捱｜, *Gâi ｜*, recevoir des injures, des malédictions.

TS'ǑU

族 *Ts'ŏu (tsoŭ).* Famille, race, parenté.

九｜, *Kieòu ｜*, on appelle ainsi la réunion des consanguins de 4 générations d'ascendants, et de 4 générations de descendants.

一｜人, *ĭ ｜jên*, tous les descendants d'une même souche.

｜長, *｜tchàng*, les plus anciens parmi les descendants d'une même souche.

｜譜, *｜p'où (poŭ)*, livre généalogique d'une grande famille, avec toutes ses branches.

TSOUĀN

鑽 *Tsouān.* Pénétrer.

｜進屋, 到處｜, *｜tsín oŭ; taó tch'óu ｜*, pénétrer, se faufiler dans la maison; se faufiler partout.

｜透, *｜t'eóu*, pénétrer de part en part (voir *t'eóu*).

｜攏來, *｜lòng lâi*, se mêler indûment à une affaire; se réunir en cachette quelque part.

魔鬼｜了他的心, *Mô kouì* ｜ *lò t'a tĭ sīn*, le diable s'est emparé de son cœur.

這件事｜了我的心, *Tché· kién sé* ｜ *lò gò tĭ sīn*, (litt.) cette affaire m'a pénétré le cœur.

一件｜｜, *ĭ kién* ｜｜, un gilet.

船拉｜了, *Tch'oûan la* ｜ *lò*, en halant la barque, faire plonger son avant dans l'eau.

TS'OUĀN

攛 *Ts'ouān*. Prendre, enlever.

打｜｜, *Tà* ｜｜, tituber.

｜湯肉, ｜ *t'ang joŭ*. Voir *joŭ*.

TS'OUÂN

攢 *Ts'ouân*. v. ｜攏來, v. ｜ *lòng lâi*, rapprocher, réunir.

｜湊一个會, ｜ *ts'eóu ĭ kó hoúi*, aider quelqu'un à réunir le nombre d'actionnaires voulu, pour constituer une société d'argent.

TSOUÀN

鬢 *Tsouàn*. v. ｜｜, v. ｜｜, chignon des femmes.

梳｜｜, *Soū* ｜｜, peigner, monter le chignon.

TSOUÁN

鑽 *Tsouán*. Vrille, percer.

｜子, 手｜子; 金鋼｜, ｜ *tsè*, *cheòu* ｜ *tsè*; *kīn kāng* ｜, vrille à main; voir *kāng*.

｜一个眼, ｜穿了, ｜ *ĭ kó ièn*; ｜ *tch'oūan lò*, faire un trou à la vrille; la vrille a percé de part en part.

退｜子, *T'oúi* ｜ *tsè*, retirer la vrille.

｜不動, v. ｜不進去, ｜ *poŭ tóng*, v. ｜ *poŭ tsín k'ú*, ne pouvoir faire entrer la vrille.

TS'OUÁN

篡 *Ts'ouán*. Usurper.

｜位, ｜ *oúi*, usurper le trône.

TSOŪI

錐 *Tsoūi*. Alêne (voir *tsū*).

TS'OŪI

催 *Ts'oūi*. Presser.

｜他來, ｜粮, ｜ *t'a lâi*; ｜ *leâng*, presse-le de venir; presser la rentrée des impôts.

｜工夫, 匠人, ｜ *kōng foū*, *tsiáng jên*, presser le travail, les ouvriers.

｜賬, ｜ *tcháng*, presser le payement des dettes.

｜飯, 火不｜, ｜ *fán*; *hò poŭ* ｜, activer le feu pour cuire le riz; le feu ne prend pas vite, il n'est pas fort.

｜活路, 活路｜, ｜ *hŏ loú*, *hŏ loú* ｜, presser l'ouvrage, l'ouvrage presse.

他｜得狠, ｜了幾道, *T'a* ｜ *tĕ· hèn*; ｜ *lò kì taó*, il presse très vivement; il a pressé plusieurs fois déjà.

遞｜呈, *Tí* ｜ *tch'ên*, présenter une requête au mandarin pour pousser le procès.

打發人去｜, *Tà fă jên k'ú* ｜, envoyer quelqu'un pour presser.

｜水桶, 樓板, ｜ *choùi t'òng*, *leôu pàn*, resserrer les cercles d'un seau, les planches d'un plancher.

｜緊點, ｜ *kìn tièn*, serrer plus fort, resserrer davantage.

太陽不｜庄稼, *T'ái iâng poŭ* ｜ *tchouāng kiā*, le soleil n'est pas fort, il ne presse pas la maturation de la récolte.

穀子不｜, *Koŭ tsè poŭ* ｜, le riz mûrit lentement.

｜穀虫, ｜ *koŭ tch'ông*, cigale qui se met à chanter vers le temps de la maturité du riz.

｜案, ｜橋, ｜ *gán*, ｜ *k'iâo*. Voir *gán*, *k'iâo*.

｜壺, ｜ *foû*, bouilloire employée dans les auberges à thé.

TSOÛI

賊 *Tsoûi* (vulg. pour *tsĕ·* 賊 caractère pop.), brigand, voleur.

小｜偷，大｜搶人，*Siào* ｜ *t'eōu, tá* ｜ *ts'iàng jên*, les petits voleurs dérobent, les grands voleurs pillent à main armée.

拿跟｜偷了，*Lâ kēn* ｜ *t'eōu lò*, il (ou la chose) a été volé.

｜鬧過四川，｜ *laó kó Sé tch'oūan*, les rebelles ont dévasté le *Sutchuen*.

捉(*v.* 追)一个｜，*Tchŏ (v. tài) ĭ kó* ｜, prendre un voleur.

做｜去了，｜窩子，*Tsoú* ｜ *k'ú lò;* ｜ *ō tsè*, il s'est fait brigand; nid de brigands.

堵｜，守｜，*Toù* ｜, *cheòu* ｜, faire la garde contre les voleurs.

TSOÙI

嘴 *Tsoùi*. Bouche, bec, embouchure.

｜巴，*v.* ｜巴子，｜ *pā, v.* ｜ *pā tsè*, bouche, soufflet.

捱｜巴子，*v.* 捱｜掌，*Gâi* ｜ *pa tsè, v. gâi* ｜ *tchàng*, recevoir des soufflets (voir *tchàng*).

偷｜，*T'eōu* ｜, voler des comestibles par gourmandise.

你這一个人多｜，*v.* ｜巴多，*Gnì tché· ĭ kó jên* tō ｜, *v.* ｜ pā tō, tu parles trop, mon garçon!

｜筒子，｜ *t'ông tsè*, museau.

吵｜，*v.* 講｜，*Tch'ào* ｜, *v. kiàng* ｜, se quereller.

｜伶舌便，｜ *lîn chĕ· pién*, qui parle bien, qui a la parole prompte.

両个逩｜，*Leàng kó pén* ｜, ils se disputent tous deux.

他｜尖得很，*T'a* ｜ *tsiēn tĕ· hèn*, il a la langue bien pointue, il est habile parleur.

｜巴鈍，｜ *pā tén*, n'avoir pas de faconde.

賣｜巴，*Mái* ｜ *pā*, (litt.) vendre sa faconde; se dit des marchands ambulants, plus ou moins charlatans, qui comptent surtout sur leur faconde pour écouler leurs marchandises.

彀餬｜，*Keóu foû* ｜, cela suffit pour vivre (voir *foû*).

山｜｜，*Chān* ｜｜, arête de montagne qui s'avance en pointe.

尖｜｜，*Tsiēn* ｜｜, saillie pointue.

支出來的｜｜，*Tchē tch'ŏu lâi tĭ* ｜｜, tout ce qui fait saillie et a la forme de bec.

在｜｜上，*Tsái* ｜｜ *cháng*, sur la partie qui fait saillie.

牙骨｜｜，*Iâ koŭ* ｜｜, embouchure (de pipe) en ivoire.

酒壺｜｜，*Tsieòu foû* ｜｜, bec d'une cruche à vin.

｜鉗子好，｜ *k'iên tsè haò*, 烟竿｜｜，*iēn kān* ｜｜，老鴉｜，*laò ouā* ｜，｜籠子，｜ *lông tsè*, 親｜，*ts'īn* ｜. Voir *k'iên, iēn, etc.*

TSOÚI

醉 *Tsoúi*. Ivre, ivresse.

｜了，喫｜了，｜ *lò, tch'ĕ* ｜ *lò*, il est ivre, il s'est enivré.

｜死了，｜ *sè lò*, il est ivre mort.

沒有十分｜，*Mŏ ieòu chĕ fēn* ｜, il n'est pas complètement ivre.

｜酣了，｜悶了，｜ *hān lò*, ｜ *mén lò*, complètement ivre, abêti par l'ivresse.

酒，烟｜人，*Tsieòu, iēn* ｜ *jên*, le vin, le tabac enivrent.

吃酒｜，*Tch'ĕ tsieòu* ｜, boire du vin jusqu'à s'enivrer.

我｜過両回，*Gò* ｜ *kó leàng hoûi*, je me suis enivré deux fois.

今日有酒今日｜，*Kīn jĕ ieòu tsieòu, kīn jĕ* ｜, enivrons-nous, tandis que nous avons du vin.

我不曉得｜，*Gò poŭ hiào tĕ·* ｜, (litt.) je n'éprouve pas l'ivresse, je porte bien le vin.

罪 *Tsoúi*. Offense, péché, châtiment.

得｜天主，*Tĕ·* ｜ *T'iēn Tchòu*, offenser Dieu.

得｜得｜，*v.* 得｜你....沒有，*Tĕ·* ｜ *tĕ·* ｜，*v. tĕ·* ｜ *gnì*. Rép. *Mŏ ieòu*, pardon! je vous ai offensé, j'ai été impoli! — Rép. Mais non! il n'y a pas d'offense!

他肯得｜人，*T'a k'èn tĕ·* ｜ *jên*, il offense facilement les gens.

請｜,恕｜恕｜, *Ts'in* ｜; *choú* ｜, *choú* ｜, demander pardon; pardon! pardon!

不要見｜, *Poŭ iaó kién* ｜, veuillez m'excuser, ne pas m'imputer à faute.

｜罰, ｜ *fă*, peine du péché, punition d'une faute (voir *fă*).

受｜, *Cheóu* ｜, subir une peine, infligée justement ou non par le mandarin.

定了｜, *Tín lò* ｜, sa culpabilité, son genre de châtiment est déterminé.

定｜數, *Tín* ｜ *soú*, déterminer le nombre de péchés.

省查,告,痛悔自己的｜, *Sèn tch'â, kaó, t'óng hoùi tsé kì tĭ* ｜, examiner, accuser ses péchés, s'en repentir.

寬恕｜,v.免｜, *K'ouān choú* ｜, *v. mièn* ｜, pardonner, remettre les péchés.

補贖｜, *Poù chŏu* ｜, satisfaire pour ses péchés.

｜人,｜女, ｜ *jên*, ｜ *niù*, moi pécheur, moi pécheresse (c'est ainsi que les chrétiens s'appellent en parlant au prêtre).

有｜沒得, *Ieòu* ｜ *mŏ tĕ*, as-tu des péchés? y a-t-il péché à cela?

｜歸於你, *v.* ｜在你身上, ｜ *kouī iû gnì, v.* ｜ *tsái gnì chēn cháng*, le péché te revient, c'est toi qui le portes.

原本二｜, *Iuên pèn eúl* ｜, les deux sortes de péchés: l'originel et l'actuel.

死｜, *v.* 重｜, *v.* 大｜;小｜, *Sè* ｜, *v. tchóng* ｜, *v. tá* ｜; *siào* ｜, péché grave, mortel; péché véniel.

第六,第七誡的｜, *Tí loŭ, tí ts'ĭ kiái tĭ* ｜, péchés contre le 6eme, contre le 7eme commandement.

｜宗七端, ｜ *tsōng ts'ĭ touān*, les 7 péchés capitaux.

犯｜, *Fán* ｜, 赦｜, *ché* ｜, 悔｜, *hoùi* ｜, ｜砣砣, ｜ *t'ô t'ô*, ｜惡, ｜ *gŏ*, 犯｜的機會, *fán* ｜ *tĭ kī hoúi*, ｜上加｜, ｜ *cháng kia* ｜, 認｜, *jén* ｜. Voir *fán, ché*, etc.

TS'OÚI

翠 *Ts'oúi. v.* ｜雀, *v.* ｜ *ts'iŏ*, martin-pêcheur.

｜花, ｜ *houā*. Voir *houā*.

做｜花賣, *Tsóu* ｜ *houā mái*, faire, et vendre des fleurs artificielles, confectionnées avec des plumes de martin-pêcheur.

脆 *Ts'oúi*. Fragile, friable.

玻璃｜得狠, *Pō lî* ｜ *tĕ hèn*, le verre est très fragile.

石頭｜, *v.* ｜石頭, *Chĕ t'eôu* ｜, *v.* ｜ *chĕ t'côu*, pierre friable.

肝子煎得｜嫩, *Kān tsè tsiēn tĕ* ｜ *lén*, ce foie est frit tendre et croquant.

TSŪ

疽 *Tsū (ts'ū)*. Furoncle (voir *iōng* 癰).

錐 *Tsū (v. tchouī, v. tsouī)*. Alêne, piquer.

｜子, ｜ *tsè*, alêne.

莿,蜂子｜人, *Ts'é, fōng tsè* ｜ *jên*, les épines, les abeilles piquent.

｜得痛, ｜ *tĕ t'óng*, la piqûre fait mal.

｜了幾顆莿, ｜ *lò kì k'ò ts'é*, quelques épines lui sont entrées dans la chair.

｜(*v.* 刜)一个瘡, ｜ (ou mieux *t'iao*) *ĭ kó tch'ouāng*, percer un abcès.

TS'Ū

蛆 *Ts'ū*. Vers engendrés par la putréfaction.

肉爛了生｜, *Joŭ lán lò sēn* ｜, la chair ou la viande gâtée engendre des vers.

｜到處爬, ｜ *táo tch'oú p'â*, les vers fourmillent.

TS'Ù

取 *Ts'ù*. Prendre, recevoir, exiger.

我不｜他的錢, *Gò poŭ* ｜ *t'a tĭ ts'iên*, je ne lui demande pas de sapèques.

｜回(*v.* 轉)來, ｜ *hoûi (v. tchouàn) lâi*, recouvrer, racheter.

吊落的,偷的東西要過錢｜, *Tiáo lŏ tĭ, t'eōu tĭ tōng sī iáo kó ts'iên* ｜, les objets perdus, les objets volés, se rachètent à prix d'argent.

丨不倒, v. 丨不回來, 丨 *poŭ taò, v.* 丨 *poŭ hoûi lâi*, je ne puis racheter.

丨頂首, 丨 *tìn cheoù*, exiger une assurance d'un fermier.

你丨他一張字, *Gnì* 丨 *t'ā ĭ tchāng tsé*, exige de lui un papier.

丨票子, 丨紙, 丨 *p'iáo tsè*, 丨 *tchè*, recouvrer, retirer un billet, un écrit.

丨鞋, 丨衣裳, 丨 *hâi*, 丨 *ī chāng*, quitter ses souliers, ses habits.

丨杷杷, 丨 *pá pá*, retirer le manche d'un instrument.

丨下來, 丨 *hiá lâi*, décrocher.

丨不脫, 丨不出來, 丨 *poŭ t'ŏ*, 丨 *poŭ tch'oŭ lâi*, ne pouvoir enlever, retirer.

丨房子,田, 丨 *fâng tsè*, *t'iên*, retirer à un locataire, à un fermier, la maison, les champs loués.

丨油, 丨一顆莿, 丨 *ieôu*, 丨 *ĭ k'ò ts'é*, extraire de l'huile, extraire une épine.

撥花生丨米米, *Pŏ hoūa sēn* 丨 *mì mì*, extraire l'amande des arachides, en enlevant l'écorce.

頂子跟他丨(v. 摘)了, *Tìn tsè kēn t'a* 丨 *(v. tsĕ·) lò*, on lui a enlevé son globule, on l'a degradé.

我要丨他的氣, *Gò iáo* 丨 *t'a tĭ k'í*, je veux le faire fâcher.

丨名字, 丨 *mîn tsé*, choisir, donner un nom.

他丨總要不得, *T'ā* 丨 *tsòng iáo poŭ tĕ·*, il ne vaut absolument rien.

我丨總沒有看見過, *Gò* 丨 *tsòng mŏ ieòu k'án kién kó*, je n'ai jamais vu cela.

丨錢丨錢, 丨 *ts'iên* 丨 *ts'iên*, 分文不丨, *fēn ouên poŭ* 丨, 丨當, 丨 *táng*, 丨利, 丨 *lí*, 丨和, 丨 *hô*, 丨絲, 丨 *sē*, 丨牙齒, 丨 *iâ tch'è*, 丨笑, 丨 *siáo*, 丨蜂糖, 丨 *fōng t'âng*. Voir *ts'iên, fēn, táng, etc.*

TSÚ

最 *Tsú (v. tsoúi)*. Marque du superlatif absolu.

丨大, 丨高, 丨 *tá*, 丨 *kāo*, très grand, très haut.

丨黑的, 丨青的, 丨 *hĕ· tĭ*; 丨 *ts'īn tĭ*, très noir (obscur); très vert ou très noir (de couleur).

丨可恨的, 丨 *k'ò hén tĭ*, vraiment détestable.

聚 *Tsú*. Rassembler.

丨衆, 丨兵, 丨 *tchóng*, 丨 *pīn*, assembler la multitude, des soldats.

丨會商議, 丨 *hoúi chāng gní*, s'assembler pour délibérer.

丨 (v. 丨集)在一處, 丨 *(v.* 丨 *tsĭ) tsái ĭ tch'oú*, s'assembler dans un même endroit.

丨攏來, 丨 *lòng lâi*, assembler, réunir.

娶 *Tsú (ts'ú)*. Prendre femme.

嫁丨, *Kiá* 丨, prendre un mari, prendre une épouse: se marier.

丨親, v. 丨一个婦人, 丨 *ts'īn, v.* 丨 *ĭ kó foú jên*, prendre femme.

丨媳婦子, 丨 *sĭ foú tsè*, prendre une bru.

TS'Ú

趣 *Ts'ú*. Agréable, plaisant.

有丨, 沒丨, *Ieòu* 丨, *mŏ* 丨, c'est plaisant, ce n'est pas plaisant.

說丨話, *Chŏ* 丨 *houá*, dire des mots pour rire.

這个人丨, *Tché· kó jên* 丨, c'est un homme plaisant, original.

這件事太丨, *Tché· kién sé t'ái* 丨, cette affaire est par trop drôle.

TSUE·

絕 *Tsuĕ·*. Manquer, finir, rejeter; au suprême degré.

丨房, 丨業, 丨 *fâng*; 丨 *niĕ·*, famille, maison éteinte (voir *niĕ·*).

一家人丨完, *ĭ kiā jên* 丨 *ouân*, de toute la famille il ne reste plus personne.

貨,糧食丨了, *Hó, leâng chĕ* 丨 *lò*, les marchandises, les vivres sont épuisés.

錢也丨了,人也丨了, *Ts'iên ì* 丨 *lò*, *jên ì* 丨 *lò*, les richesses sont dissipées, les gens sont morts: ruine complète.

罵不｜口, *Má poŭ ｜ k'eòu*, ne pas finir de lancer des malédictions.

｜賣, ｜ *mái*, vendre sans aucun espoir de rachat.

棄｜一个人, *K'í ｜ ĭ kó jén*, excommunier quelqu'un (voir *k'í*).

｜來往, ｜ *lâi ouàng*, couper les relations (avec quelqu'un).

臉｜青的, *Lièn ｜ ts'īn tĭ*, sa figure est toute livide.

TS'UÊN

泉 *Ts'uên. v.* **水｜**, *v. choùi ｜*, source d'eau.

｜水, ｜ *choùi*, eau de source.

全 *Ts'uên.* Entier, complet, parfait.

｜心｜力奉事天主, ｜ *sīn ｜ lĭ fóng sé T'iēn Tchòu*, servir Dieu de tout son cœur, de toutes ses forces.

｜家害病, ｜ *kia hái pín*, toute la famille est malade.

成｜,不成｜的痛悔, *Tch'ên ｜, poŭ tch'ên ｜ tĭ t'óng hoùi*, contrition parfaite, contrition imparfaite.

誠｜的教友, *Tch'ên ｜ tĭ kiáo ieòu*, chrétien confirmé.

｜會, ｜恩的教友, ｜ *hoúi*, ｜ *guēn tĭ kiáo ieòu*, chrétien membre de toutes les confréries, qui a reçu tous les Sacrements.

｜的, ｜ *tĭ*, complet, entier, intact.

這一部書不｜, *Tché· ĭ poú chōu poŭ ｜*, cet ouvrage (ce livre) n'est pas complet.

還沒有好｜, *Houân mŏ ieòu haò ｜*, il n'est pas encore guéri complètement.

好不｜, *Haò poŭ ｜*, il ne pourra guérir tout à fait.

｜不合理, ｜ *poŭ hŏ lì*, c'est absolument contraire à la raison.

｜不管, ｜ *poŭ kouàn*, ne pas s'en occuper du tout.

十馬九不｜, *Chĕ mà kieoù poŭ ｜*, sur dix chevaux, il y en a neuf auxquels il manque quelque chose.

｜｜要不得, ｜｜不好, ｜｜ *iáo poŭ tĕ·*, ｜｜ *poŭ haò*, cela ne vaut absolument rien, c'est absolument mauvais.

｜權大臣, ｜ *k'uên tá tch'ên*, ministre plénipotentiaire.

· **｜能, ｜赦**, ｜ *lên*, ｜ *ché·*, tout puissant, indulgence plénière.

｜｜煞過了, ｜｜ *chă kŏ (kó) lò*, c'est tout à fait fini.

FIN

TABLEAU CHRONOLOGIQUE

Noms des premiers Empereurs

Temps Semi-historiques.

伏羲, *Foŭ hī*, 2852 av. J.-C.
神農, *Chên lông*.

黃帝, *Houâng tí*.
....
堯..., *Iâo*.

舜..., *Chouén*.
大禹, *Tá Iù*, fondateur de la 1ere dynastie.

Dynasties impériales

Temps Historiques.

夏, *Hiá*, 2205 av. J.-C.
商, *Chāng*, 1766.
周, *Tcheōu*, 1122. (*Laò tsè*, 604; *Confucius*, 551; *Móng tsè*, 372).
秦, *Ts'în*, 255.
秦始皇帝, *Ts'în chè houâng tí*, réunit sous son sceptre toute la Chine; il brûle les livres Chinois (213).
前漢, *Ts'iên Hán*, 206.
孝哀帝, Sous le règne de *Hiáo gāi tí:* Naissance de N.-S. J.-C.

後漢, *Heóu Hán*, 25 ap. J.-C.
三國, *Sān Kouĕ*, 221.
西晉, *Sī Tsín*, 265.
東晉, *Tōng Tsín*, 323.
宋, *Sóng*, 420.
齊, *Ts'î*, 479.
梁, *Leâng*, 502.
陳, *Tch'ên*, 557.
隨, *Soûi*, 589.
唐, *T'âng*, 620.
後梁, *Heóu Leâng*, 907.
後唐, *Heóu T'âng*, 923.
後晉, *Heóu Tsín*, 936.

後漢, *Heóu Hán*, 947.
後周, *Heóu Tcheōu*, 951.
宋, *Sóng*, 960.
南宋, *Lân Sóng*, 1127.
元, *Iuên*, 1280.
明, *Mîn*, 1368.

1622. Macao cédé aux Portuguais.

1635. *Tchāng hien tchong* ravage le *Sutchuen*.

清, *Ts'în*, 1644.

Empereurs de la Dynastie régnante

Date de l'Avénement et Durée du Règne.

順治, *Chouén Tché*,	1644;	régna	18 ans.
康熙, *K'āng Hī*,	1662;	„	41 ans.
雍正, *Iōng Tchén*,	1723;	„	13 ans.
乾隆, *K'iên Lōng*,	1736;	„	60 ans.
嘉慶, *Kiā k'in*,	1796;	„	25 ans.
道光, *Táo Kouāng*,	1821;	régna	30 ans.
咸豐, *Hân Fōng*,	1851;	„	11 ans.
同治, *T'ông Tché*,	1862;	„	13 ans.
光緒, *Kouāng Sú*,	1875,	mi-janvier.	

VOCABULAIRE

FRANÇAIS-CHINOIS

I. — But de ce Vocabulaire.

Ce Vocabulaire n'est qu'un complément du Dictionnaire Chinois-Français, et son but est d'aider les commençants à y trouver une foule de mots et d'expressions qu'ils ignorent, et ne savent comment chercher. Ainsi il ne donne pas généralement la traduction complète en chinois, mais simplement le mot ou le caractère, sous lequel on trouvera ce que l'on désire dans le Dictionnaire lui-même.

II. — Genre de mots omis dans ce Vocabulaire.

Pour abréger on a omis ou supprimé à dessein: 1°. La plupart des mots qui ne se traduisent en chinois que par de longues périphrases, ou qui sont peu usités.

2°. Une foule de mots composés, dont le sens diffère peu du simple. Par ex. ranger, arranger; changer, échanger. — D'autres mots dont le sens diffère davantage, mais qui doivent être décomposés pour être traduits en chinois. Ainsi, redire, dire de nouveau; indigne, pas digne; enfermer, fermer dans; etc. — Pour ces mots composés, en cherchant le mot simple, on y trouvera tous les autres.

3°. Les mots dérivés sont généralement omis. Ainsi pour argenterie, argenter, argenté, d'argent, en argent, il faut chercher le mot *argent*. — Beaucoup de termes français peuvent devenir, par un changement de finale, substantifs, adjectifs, verbes, adverbes. Par ex. raison, raisonner, raisonnable; ivre, ivresse, s'enivrer. Un seul, le mot-racine ordinairement, figure dans ce Vocabulaire, et permettra de trouver tous ses dérivés.

4°. Le chinois, comme les langues primitives, a peu de termes généraux et abstraits. Donc, au lieu d'armée, artillerie, cherchez soldat, canon, etc. Vous ne trouverez pas dans la langue parlée les termes philosophiques de mode et de substance, de genre et d'espèce. Vous trouverez même peu de mots exprimant des idées spirituelles et religieuses, et ces derniers sont souvent détournés, comme en latin, de leur sens primitif. Le langage chrétien, comme le scientifique, est encore en voie de formation, et à l'un et à l'autre la langue chinoise se prête peu.

5°. La langue française est riche en synonymes, qui diffèrent seulement par des nuances. Un grand nombre n'ont pas de correspondants exacts en chinois, et sont omis; il faut alors chercher un autre mot dont le sens se rapproche de celui que vous désirez. Le chinois est riche aussi en synonymes, surtout pour exprimer les choses matérielles, ou les idées de la vie ordinaire; mais beaucoup n'ont pas d'équivalents en français.

À. *Voyez* dans, vers, jusqu'à, sur, etc.

Abaisser. *Voyez* bas, baisser.

Abandonner. 丢, *Tieōu*, 棄, *k'í*, 捨, *chè*, 離, *lî*.

Abaque. 算盤, *Souán p'ân*.

Abat-jour. — de lampe, 燈罩子, *Tēn tcháo tsè*.

Abattre, faire tomber. 打, *Tà*, 砍, *k'àn*. ‖ Démolir, 拆, *ts'ĕ*. ‖ Tuer, 殺, *chá*.

Abcès. 瘡, *Tch'ouāng*.

Abeille. 蜂子, *Fōng tsè.*
Abhorrer. 見不得, *Kién poŭ tĕ.* *Voy.* haïr.
Abime, précipice. 懸崖, *Hûen gâi.*
Abimer. 壞, *Hoúai*, 爛, *lán*, 打, *tà*, 蹧蹋, *tsāo t'à.*
Abjurer. 棄絕, *K'í tsuĕ.* ‖ *Voy.* apostasier.
Abolir. 除, *Tch'ôu*, 改, *kài*, 不興, *poŭ hīn.*
Abominable. 可惡, *K'ò oú*, 可恨, *k'ò hén.*
Abondant. 多, *Tō*, 廣, *kouàng*, 豐盛, *fōng chén.*
Abord (d'). 先, *Siēn.* ‖ *Voyez* commencement.
Aborder. 靠, *K'áo*, 攏碼頭, *lòng mà t'eôu.*
Aborigène. 本地人, *Pèn tí jên.*
Aboutir. 到, *Táo*, 通, *t'ōng*, 出, *tch'ŏu.* ‖ Avoir une fin, 煞過, *chă kó*, 成, *tch'ên.*
Aboyer. 咬, *Gào.*
Abréger. 切, *Ts'iĕ*, 短, *touàn*, 簡, *kièn.*
Abreuver. 喂水, *Oúi choùi*, 飲, *ín.*
Abricot. 杏子, *Hén tsè.*
Abriter. 遮, *Tchē*, 蓋, *kái*, 藏, *ts'âng.* ‖ S'abriter. 躲, *tò*, 避, *pí.*
Absenter (s'). 出外, *Tch'ŏu ouái*, 出門, *tch'ŏu mên*; 丟, *tieōu.*
Absolument. 全, *Ts'uên*, 總, *tsòng*, 十分, *chĕ fēn*, 紅黑, *hông hĕ*, 一定, *ĭ tín.*
Absorber. 喫, *Tch'ĕ*, 喝, *hŏ*, 浸, *ts'ín*, 費, *féi.*
Absoudre. 赦罪, *Ché tsoúi*, 放赦, *fáng ché.*
Abstenir (s'). 忌, *Kí.* Ce verbe se traduit souvent par une simple négation.
Abstinence. 小齋, *Siào tchāi*; jour d'—, 減期, *kièn k'î.*
Absurde. 不合理, *Poŭ hŏ lì*, 糊塗, *foû t'oû.*
Abuser. 冒用, *Máo ióng*, 辜負, *kōu fóu*, 枉費, *ouàng féi*, 蹧蹋, *tsāo t'à.*
Académie. 翰林院, *Hán lîn ouán.*
Accablant. *Voyez* lourd.
Accabler. 壓, *Iă*, 踏, *tchă.*
Accaparer. 霸占, *Pá tchán.*
Accent. 聲音, *Chēn īn*, 口音, *k'eòu īn*, 口腔, *k'eòu k'iāng.*
Accepter. 收, *Cheōu*, 接, *tsiĕ*, 領, *lìn.* ‖ *Voyez* consentir, répondre.
Accessoire. 小事, *Siào sé*, 不要緊, *poŭ iáo kìn*; 零碎, *lîn soúi.*
Accident. 禍, *Hó*, 患難, *houán lán.* ‖ *Voy.* imprévu.
Acclimater (s'). 服水土, *Foŭ choùi t'où.*
Accommoder. 講(*v.* 說)和, *Kiàng* (*v.* *chŏ*) *hô.* ‖ *Voyez* commode, avantage, conforme, assaisonner.
Accompagner. 同倒, *T'ông tào*, 跟倒, *kēn tào*, 跟隨, *kēn soúi*, 送, *sóng*, 陪, *p'êi*, 做伴, *tsóu pán.*
Accomplir. 做完, *Tsoú ouân*, 滿, *màn.* ‖ Observer, 守, *cheòu.*
Accord. 和約, *Hô iŏ*, 合同, *hŏ t'ông*, 和氣, *hô k'í*, 齊心, *ts'î sīn.*
Accorder. *Voyez* accord. ‖ Permettre, 准, *Tchouèn*, 允, *iùn*, 許, *hù.*
Accoucheuse. 接生婆, *Tsiĕ sēn p'ô.*
Accoupler. 配, *P'éi.*
Accourir. 跑起來, *P'ào k'ì lâi*, 快來, *k'ouái lâi.*
Accoutumer. 慣習, *Kouán sĭ*, 學, *hiŏ*, 教, *kiáo*, 會, *hoúi.*
Accrocher.. 掛, *Koúa*, 鉤, *keōu*, 抓, *tchoūa.*
Accroupi. 豆起, *K'ôu k'ì.*
Accueillir. 迎接, *În tsiĕ*, 待, *tái*, 招呼, *tchāo foū*, 答應, *tă ín.*
Accumuler. 堆, *Toūi*, 加, *kiā.*
Accusation. 呈子, *Tch'ên tsè*, 案, *gán*, 狀, *tchouáng.*
Accuser. 告, *Kaó*, 稟, *pìn.*
Acerbe. 澁, *Sĕ.*
Acéré. 尖, *Tsiēn*, 快, *k'ouái.*
Acheter. 買, *Mài*;—de la viande, 割肉, *kŏ joŭ*;—du vin, 打酒, *tà tsièou*;—du fromage, 端荳腐, *touān teóu foù*;—du sucre, 稱白糖, *tch'ēn pĕ t'âng*;—du charbon, 吊炭, *tiáo t'án*; — du fil, 抽線, *tch'eōu sién*; — de la toile, 扯布, *tch'è poú*;—du tabac fin, 包水烟, *pāo choùi iēn*;—des meubles, 置家具, *tché kiā kú.*
Acide. 酸, *Souān.*
Acier. 鋼, *Kāng.*
Acquitter. *Voyez* payer, rendre, absoudre.
Âcre. 辣, *Lă*, 麻口的, *mâ k'eòu tĭ.*
Acte. *Voyez* action. ‖ Ecrit, 文約, *Ouên iŏ*, 契, *k'í*, 紙, *tchè*, 字, *tsé.*
Actif, adj. 勤快, *K'în k'ouái*; 有勁, *ieòu kín*, 利害, *lí hái.* ‖ Subst. m. 進數, *v.* 來數, *tsín soú*, *v.* *lâi soú.*

Action. 事, *Sé*, 行爲舉動, *hîn oûi kù tóng*, 行實, *hîn chĕ*.
Actuel. 現在, *Hién tsái*, *v.* 現今, *hién kīn*, 如今, *joû kīn*.
Acuponcture. 打針, *Tà tchēn*.
Adapter. 安, *Gān*, 逗, *teóu*, 對, *toúi*, 合, *hŏ*.
Additionner. 總, *Tsòng*.
Adhérer. 巴, *Pā*, 粘, *tchān*. ‖ *Voyez* suivre, consentir.
Adieu. 告辭, *v.* 別, *Kaó ts'ê*, *v.* *piĕ·*.
Adjacent. *Voyez* attenant.
Adjuger. 斷, *Touán*.
Admettre. 收留, *Cheōu lieôu*. ‖ Permettre, 許, *hù*, 准, *tchouèn*. ‖ Croire, 信, *sín*. ‖ Recevoir comme valable, 服, *foŭ*, 受, *cheóu*.
Administrer, régir. 管, *Kouàn*, 理, *lì*. ‖ Conférer, 付, *foú*; — l'Eucharistie, 送聖體, *sóng Chén T'ì*. ‖ — une médecine, 下藥, *hiá iŏ*.
Admirable. 奇妙, *K'î miáo*. ‖ *Voyez* étonnant.
Adolescent. 少年人, *Cháo niên jên*, 年輕人, *niên k'īn jên*, 幼年人, *ieóu niên jên*.
Adonner (s'). 專務, *Tchoūan oú*, 好, *háo*.
Adopter. 抱, *Páo*.
Adorer. 恭敬, *Kōng kín*, 欽崇, *k'īn ts'ông*, 拜, *pái*.
Adosser. 靠, *K'áo*, 凭, *p'ēn*, 抵住, *tì tchóu*.
Adoucir. 溫和, *Ouēn hô*, 鬆, *sōng*. ‖ *Voyez* doux.
Adresse, adroit. 會, *Hoúi*, 精伶, *tsīn lîn*, 巧, *k'iào*. ‖ — d'une lettre, 信皮, *sín p'î*, 信封, *sín fōng*.
Adulte. 成人, *Tch'ên jên*, 大人, *tá jên*.
Adultère. 姦, *Kiēn*.
Adversaire. 對頭, *Toúi t'eôu*.
Adversité. *Voyez* calamité.
Aérer. 通風, *T'ōng fōng*, 通氣, *t'ōng k'í*.
Aérostat. 風船, *Fōng tch'oûan*, 氣球, *k'í k'ieôu*.
Affable. 脾氣好, *P'î k'í hào*, 和氣, *hô k'í*, 呵愷, *hō hái*.
Affaiblir. *Voyez* faible.
Affaire. 事, *Sé*, 事情, *sé ts'în*.
Affaisser (s'). 𠀋下去, *K'ŏu hiá k'ú*, 坐下去, *tsó hiá k'ú*, 垮, *k'oùa*.

Affecter, aimer. 愛, *Gái*, 喜歡, *hì hoūan*. ‖ Faire à dessein, 故意的, *koú í tĭ*, 特意的, *t'ĕ· í tĭ*. ‖ Contrefaire, 充, *tch'ōng*. ‖ Simuler, 假裝, *kià tchouāng*. ‖ Affliger, 傷心, *chāng sīn*.
Affection. 愛情, *Gái ts'în*, 心, *sīn*. ‖ Maladie, 病, *pín*.
Affermer. 寫, *Siè·*, 佃, *tién*, 攬, *làn*, 包, *pāo*.
Affermir. *Voyez* solide.
Affiche. 帖子, *Tiĕ· tsè*, 報單, *páo tān*, 告白, *káo pĕ·*; — officielle, 告示, *káo ché*.
Afficher. 巴, *Pā*, 貼, *t'iĕ·*.
Affiler. 磨快, *v.* 尖, *Mô k'oúai*, *v.* *tsiēn*.
Affiner. 煉, *Lién*.
Affinité. 外親, *Ouái ts'īn*.
Affirmer. 說是, *Chŏ ché*, 說有, *chŏ ieòu*, 說一定, *chŏ ĭ tín*.
Affliger. 傷心, *Chāng sīn*, 搓磨, *ts'ō mô*. ‖ S'affliger. 憂愁, *ieōu ts'eôu*, 愁悶, *ts'eôu mén*, 慪氣, *gueòu k'í*, 難過, *lân kó*, 心焦, *sīn tsiāo*.
Affluer. 歸, *Koūi*; 來得多, *lâi tĕ· tō*.
Affluent. 小河, *Siào hô*.
Affolé. 迷倒了, *Mî taò lò*, 攪惛了, *kaò houēn lò*.
Affreux. *Voyez* abominable, laid, méchant.
Affront. 凌辱, *Lîn joŭ*, 傷臉, *chāng lièn*, 羞人, *sieōu jên*.
Affronter. 去闖, *K'ú teóu*, 不怕, *poŭ p'á*.
Afin. 爲, *Oúi*; 望, *ouáng*, 圖, *t'ôu*.
Agacer. 逗, *Teōu*, 惹, *jè·*, 厭人, *ién jên*.
Agate. 瑪瑙, *Mà lào*.
Âge. 歲數, *Soúi soú*, 年紀, *niên kì*, 庚, *kēn*, 壽, *cheóu*; 時候, *chê heóu*.
Âgé, avancé en âge. 老, *Laò*, 有年紀, *ieòu niên kì*; plus — d'un an, 大 *v.* 長一歲, *Tá v. tchàng ĭ soúi*; moins — d'un an, 小一歲, *siào ĭ soúi*.
Agencer. *Voyez* ajuster, ranger.
Agenouiller (s'). 跪, *Koúi*.
Agile. 輕快, *K'īn k'oúai*. ‖ *Voyez* actif.
Agir. 行, *Hîn*, 爲, *oûi*, 做, *tsóu*, 作, *tsŏ*.
Agiter. 搖, *Iâo*, 動, *tóng*. ‖ S'agiter. *Voy.* remuer.
Agneau. 羊羔, *Iâng kāo*.
Agonie. 臨終, *Lîn tchōng*.
Agrafe. 釦, *K'eóu*. Agrafer, 扣, *k'eóu*.
Agrandir. 做大些, *Tsóu tá sī*.

Agréable. 好, *Haò*, 容人愛, *teōu jên gái*, 合意, *hŏ í*.
Agréer. 喜歡, *Hì houān*, 准, *tchouèn*.
Agreste, sauvage. 野的, *Iè· tĭ*; grossier, 粗, *ts'ōu*.
Agriculture. 庄稼, *Tchouāng kiā*.
Aider. 相帮, *Siāng pāng*, 帮助, *pāng tsóu*.
Aïeul. — paternel, 爺爺, *Iê· iê·*, 公, *kōng*, 祖父, *tsòu foú*; — maternel, 家公, *kiā kōng*, 外祖父, *ouái tsòu foú*.
Aïeule.—paternelle, 婆, *P'ô*, 奶奶, *lài lài*; —maternelle, 家婆, *kiā p'ô*.
Aigre. 酸, *Souān*, 餿, *seōu*.
Aigu. 尖, *Tsiēn*, 快, *k'ouái*.
Aiguille. 針, *Tchēn*.
Aiguiser. 磨快, *Mô k'ouái*.
Ail. 蒜, *Souán*.
Aile. 翅子, *v.* 髈, *v.* 管, *Tché tsè*, *v. pàng*, *v. kouàn*.
Ailleurs. 別處, *Piĕ· tch'óu*, 別方, *piĕ· fāng*. ‖ D'—, 另外, *lín ouái*, 格外, *kĕ· ouái*.
Aimant. 吸鐵石, *Hĭ t'iĕ· chĕ*.
Aimer. 愛, *Gái*, 好, *háo*, 喜歡, *hì houān*, 貪, *t'ān*.
Aîné. Fils—, 長子, *Tchàng tsè*, 大兒, *tá eûl*. Frere—, 哥哥, *kō kō*, 大哥, *tá kō*, 兄, *hiōng*. Fille—, 大女, *tá niù*. Sœur—, 大姐, *tá tsiè·*, 姐姐, *tsiè· tsiè·*. ‖ Plus âgé, 大, *tá*, 長, *tchàng*.
Ainsi. 這樣, *Tché· iáng*, 因爲, *īn oúi*, 故所以, *koú sò ì*, 如此, *joû ts'è*. ‖ Ainsi que. *Voyez* avec, comme.
Air, élément. 氣, *K'í*. ‖ Vent, 風, *fōng*. ‖ Dans les airs, 在天上, *tsái t'iēn cháng*, 在空中, *tsái k'ōng tchōng*. ‖ En plein air, 在露天垻, *tsái loú t'iēn pá*; ‖ — de musique, 排子, *p'âi tsè*. ‖ *Voyez* maniere.
Aire. 垻子, *Pá tsè*, 稻場, *taó tch'âng*. ‖ Surface, 面子, *mién tsè*.
Aise, subst. m. 規一, *Koūi ĭ*; 鬆活, *sōng hŏ*; 寬朝, *k'oūan tch'âo*; 過得, *v.* 過當, *kó tĕ·*, *v. kó táng*; 歡喜, *houān hì*. ‖ Adj. *Voyez* content.
Aisselle. 胛孔, *v.* 胛肢孔, *Hiă k'òng*, *v. hiă tchē k'òng*.
Ajouter. 加, *Kiā*, 添, *t'iēn*, 堆, *toūi*, 補, *poù*.
Ajuster. 揍, *Tcóu*, 安, *gān*.
Alêne. 錐子, *Tsoūi (v. tsū) tsè*.
Alentour. 週圍, *Tcheōu oûi*, 圓轉, *t'ouân tchoúan*; 近隣, *kín lîn*.
Alerte. 勤快, *K'în k'oúai*.
Aligner. 齊, *Ts'î*, 排, *p'âi*, 行, *hâng*.
Aliment. *Voyez* nourriture.
Alité. 睡起, *Choúi k'ì*, 倒了床, *taò lò tch'oûang*.
Allaiter. 喂睨睨, *Oúi lāi lāi*.
Allée. 路道, *Loú taó*, 巷子, *háng tsè*, 走廊, *tseòu lâng*.
Aller. 走, *Tseòu*, 去, *k'ú*, 往, *ouàng*, 到, *táo*. ‖ Sur le point de, 要, *iáo*, 臨, *lîn*. ‖ *Voyez* convenir, se porter.
Alliage. 銀水, *în choùi*; 攙, *ts'ān*.
Alliance. 親, *Ts'īn*; 打夥, *tà hò*.
Allumer. 點, *Tièn*, 燃, *jân*.
Allumette. 撚子, *Nien tsè*, 火皮子, *hò p'î tsè*;— chimique, 自來火, *tsé lâi hò*.
Aloes. 蘆薈, *Loú houi*.
Alors. 那時, *Lá chê*, 就, *tsieóu*. ‖— seulement, 纔, *ts'âi*.
Alphabet. 字母子, *Tsé mòu tsè*.
Altérer. 攙假, *Ts'ān kià*; 變, *pién*, 壞, *hoúai*; 害, *hái*. ‖ *Voyez* soif.
Alterner. 換替, *Houán t'í*, 一回一回的, *ĭ hoûi ĭ hoûi tĭ*.
Alun. 白礬, *Pĕ· fân*.
Amadouer. 呵, *Hō*, 哄, *hòng*.
Amande. 米米, *Mì mì*, 仁, *jên*.
Amarrer. 靠, *K'áo*.
Amasser. 堆, *Toūi*, 積, *tsĭ*, 聚攏, *tsú lòng*, 撙, *tsèn*, 攢, *tsàn*.
Ambassadeur. 欽差, *K'īn tch'āi*.
Ambition. 貪心, *T'ān sīn*, 圖, *t'ôu*.
Ambulant. 轉鄉的, *Tchoúan hiāng tĭ*, 趕流流場, *kàn lieôu lieōu tch'âng*.
Âme. 靈魂, *Lîn houên*; 心, *sīn*.
Amende. 罰項, *Fă háng*. ‖— honorable, 認錯, *jén ts'ó*, 賠禮, *p'êi lì*; 喊堂, *hàn t'âng*.
Amener. 引, *ìn*, 牽, *k'iēn*, 送, *sóng*, 解, *kái*, 拉, *lā*.
Amer. 苦, *K'où*.
Ameuter (s'). 鬧, *Láo*, 作亂, *tsŏ louán*, 造反, *tsáo fàn*.
Ami. 朋友, *P'ông ieòu*, 相好, *siāng haò*, 相交, *siāng kiāo*, 私繳, *sē kiào*, 熟, *chŏu*.
Amiable, s'arranger à l'—. 說和, *Chŏ hô*.
Amict. 蓋頭布, *v.* 帕, *Kái t'eôu poú*, *v. p'á*.

Amincir. 削薄點, *Suě· pŏ tièn,* 副, *p'ièn.*
Amnistie. 皇恩大赦, *Houâng guēn tá ché·.*
Amollir. *Voyez* mou.
Amonceler. 堆, *Toūi.*
Amour. 愛情, *Gái ts'în.*
Ample. 寬, *K'ouān,* 大, *tá.*
Ampoule. 疱, *P'áo.*
Amuser (s'). 耍, *Chouà,* 玩 *ouân,* 笑, *siáo,* 喜歡, *hì houān.*
An, année. 年, *Niên,* 歲, *soúi.*
Anarchie. 亂, *Louán.*
Ancêtres. 祖宗, *Tsoù tsōng,* 先人, *siēn jên.*
Ancien. 古, *Koù,* 老, *laò,* 舊, *kiéou,* 前頭, *ts'iên t'eōu.*
Ancre. 錨, *Mâo.*
Âne. 驢子, *Lû tsè.*
Anéantir. 剿滅, *Tsiào miĕ·.*
Ange. 天神, *T'iēn chēn.*
Angelus. 三鍾經, *Sān tchōng kīn.*
Anglais, adj. 英國的, *Īn kouĕ· tĭ.*
Angle. 角角, *Kŏ kŏ.*
Angoisse. *Voyez* affliger.
Anguille. 黃鱔, *Houâng chán,* 白鱔, *pĕ· chán.*
Animal. 禽獸, *K'în cheóu,* 牲口, *sēn k'eòu,* 畜牲, *tch'ŏu sēn.*
Animer. *Voyez* exciter.
Anis. 茴香, *Hoûi hiāng.*
Annales. 綱鑑, *Kāng kién.*
Anneau. 戒指, *Kiái tchè,* 箍子, *k'oū tsè;* 圈, *k'uēn.*
Anniversaire. 周年, *Tcheōu niên.*
Annoncer. 報信, *Páo sín.* ‖ *Voyez* avertir, prédire.
Annuler. *Voyez* abolir.
Anse. 耳, *Eùl,* 把把, *pá pá.* ‖ Petite baie, 灣, *ouān.*
Antérieur. 前, *Ts'iên,* 先, *siēn,* 在前, *tsái t'eôu.*
Anthracite. 石炭, *Chĕ t'án.*
Antidote. 解毒, *Kài (kiài) toŭ.*
Antre. 洞, *Tóng.*
Anus. 肛門, *Kāng mên.*
Anxieux. *Voyez* inquiet.
Apaiser. 平, *P'în,* 息, *sĭ;* — la douleur, 止痛, *Tchè t'óng;*—la soif, 解渴, *kiài k'ŏ.*
Apercevoir. *Voy.* voir. ‖ S'—, 覺得, *Kiŏ tĕ·.*
Aplanir. 平, *P'în.*
Aplatir. 扁, *Pièn,* 𨂷, *p'ià,* 平, *p'în.*
Apoplexie. Avoir une attaque d'—, 中風, *Tchóng fōng.*
Apostasier. 悖, *v.* 反教, *Péi, v. fàn kiáo.*
Apostiller. 批, *P'ēi.*
Apôtre. 宗徒, *Tsōng t'ôu.*
Apparaître. 發顯, *Fá hièn,* 露出來, *loú tch'ŏu lâi.*
Apparat. 排場, *P'âi tch'âng,* 體面, *t'ì mién.*
Appareiller. 齊, *Ts'î,* 排列, *p'âi liĕ·.*
Apparence. 様子, *Iáng tsè,* 形像, *hîn siáng,* 模樣, *môu iáng.*
Appartement. 房子, *Fâng tsè,* 屋, *oŭ.*
Appartenir. Cela lui appartient, 是他的, *Ché t'ā tĭ* (voir 的, *tĭ*). ‖ Etre l'affaire, le devoir de, 該他, *kāi t'ā,* 是他的事, *ché t'ā tĭ sé.* ‖ Faire partie de, 是…的, 屬, *chŏu,* 歸, *koūi.*
Appauvrir. *Voyez* pauvre, ruiner.
Appeau. 媒子, *Mêi tsè.*
Appeler. 叫, *Kiáo,* 喊, *hàn,* 稱, *tch'ēn,* 呼, *foū.* ‖ S'—, 叫, *kiáo,* 稱, *tch'ēn.*
Appentis. 偏房, *P'iēn fâng,* 棚子, *p'ông tsè.*
Appétissant. 入(*v.* 可)口, *Joŭ (v. k'ò) k'eòu,* 合口味, *hŏ k'eòu oúi.*
Appétit. Avoir bon—, 口味好, *K'eòu oúi haò;* n'avoir pas d'—, 不想喫, *poŭ siàng tch'ĕ.* ‖—sensuel, 私欲偏情, *sē iŏ p'iēn ts'în.*
Applaudir. *Voyez* louer.
Appliquer. 放, *Fáng,* 貼, *t'iĕ·,* 巴, *pā,* 粘, *tchān,* 凭, *p'ēn.* ‖ S'—, 用心, *v.* 專心, *ióng sīn, v. tchoūan sīn.*
Appointements. — d'un mandarin, 俸祿, *Fóng loŭ.* ‖ *Voyez* salaire, honoraires.
Apporter. 拏來, *Lâ lâi,* 拏過來, *lâ kó lâi,* 帶來, *tái lâi,* 送來, *sóng lâi.*
Apposer.—un sceau, 打(*v.* 蓋, *v.* 拄)印, *Tà (v. kái, v. tch'òu) în.*
Apprécier. *Voyez* estimer.
Apprendre. 學, *Hiŏ,* 操, *ts'āo.* ‖ Entendre dire, 聽見說, *t'īn kién chŏ.* ‖ *Voyez* enseigner, étudier.
Apprenti. 徒弟, *T'ôu tí.* ‖ Peu habile, 生手, *sēn cheòu.*
Apprêter.—la nourriture, 弄飯, 菜, *Lóng fán, ts'ái.*

Approcher, v.a. 拿過來, *Lâ kó lâi;* 攢攏來, *tsàn lòng lâi.* ‖ v.n. 近, *kín*, 攏來, *lòng lâi*, 攏邊, *lòng piēn*, 臨, *lîn;* la nuit approche, 要黑, *iáo hĕ;* le temps approche, 時候要攏, *chê heóu iáo lòng.* ‖ Etre peu différent, 差不多, *tch'a poŭ tō.*

Approuver. 准, *Tchoùen*, 許, *hù*, 依允, *ī iùn*, 說好, *chŏ hào.*

Appui. 靠, *K'áo*, 撐, *ts'én*, 凭, *p'ēn*, 按, *gán*, 扶, *foû.*

Âpre. 澁, *Sĕ;* 不平, *poŭ p'în.*

Après, prép. 後, *Heóu;* l'un — l'autre, 一个一个的, *ĭ kó ĭ kó tĭ.* ‖ — tout, 到底, *táo tì.* ‖ *Voyez* dessous, derrière, selon. ‖ — Adv. 過後, *kó heóu*, 以後, *ì heóu*, 後來, *heóu lâi;* huit jours —, 過了八天, *kó lò pă t'iēn*, *v.* 隔八天, *v. kĕ pă t'iēn.*

Apte. 合式, *Hŏ ché*, 能, *lên* 會, *hoúi.*

Aqueduc. 水溝, *Choùi keōu*, 漕, *ts'âo.*

Arachide. 花生, *Hoūa sēn.*

Araignée. 蜘蛛, *Tchē tchōu*, 絨絲, *pō sē.*

Arbitre. 中間人, *Tchōng kiēn jên*, 側邊人, *tsĕ piēn jên.* ‖ Libre —, 主張, *tchòu tchāng;* jouir de son libre —, 自主, *tsé tchòu.*

Arbre. 樹子, *Chóu tsè*, 樹木, *chóu mŏu.*

Arc. 弓, *Kōng*, 彎子, *ouān tsè.*

Arcade. 捲洞, *Kuèn tóng.*

Arc de triomphe. 牌坊, *P'âi fāng.*

Arc-en-ciel. 虹, *Káng.*

Archange. 大天神, *Tá t'iēn chên.*

Arche. — de pont, 橋洞, *K'iâo tóng.* ‖ Arche d'alliance, 結約之櫃, *kiĕ iŏ tchē koúi.*

Archevêque. 大 (*v.* 總) 主教, *Tá (v. tsòng) tchòu kiáo.*

Archives. 古紙 (*v.* 書), *Koù tchè (v. chōu);* — d'un tribunal, 案卷, *gán kuén.*

Arçonner. 彈, *T'ân.*

Ardent, chauffé au rouge. 燒紅了的, *Chāo hông lò tĭ.* ‖ Chaud, 熱, *Jĕ*, 滾的, *kouèn tĭ.* ‖ Caractère —, 急性, *kĭ sín*, 火炮性, *hò p'áo sín.* ‖ Fervent, 熱心, *jĕ sīn.*

Arec. Noix d' —, 檳榔, *Pīn lâng.*

Arène. 塲垻, *Tch'âng pá.*

Arête, os de poisson. 魚刺, *Iû ts'é.* ‖ Angle saillant, 楞楞, *lên lēn.*

Argent. 銀子, *în tsè.* ‖ — comptant, 現銀, *hién în.*

Argile. 泥, *gnî.* 大土, *tá t'òu.*

Arithmétique. 算學, *Souán hiŏ.*

Arme. 軍器, *Kūin k'í.*

Armée. *Voyez* soldat.

Armoire. 櫃子, *Koúi tsè*, 立櫃, *lĭ koúi*, 衣櫃, *ī koúi.*

Aromate. 香料, *Hiāng leáo.*

Arôme. 香味, *Hiāng oúi*, 香氣, *hiāng k'í.*

Arpent. 畝, *Mòng.*

Arpenter. 丈, *Tcháng*, 過弓口, *kó kōng k'eòu.*

Arracher. 扯, *Tch'è*, 拔, *p'ă*, 挖, *oūa*, 拉, *lā.*

Arranger, disposer, mettre en ordre. 安排, *Gān p'âi*, 收拾, *cheōu chĕ*, 煞貼, *chă t'iĕ*, 規一, *koūi ĭ*, 齊整, *ts'î tchèn.* ‖ Accommoder, 辦好, *pán hào*, 弄好, *lóng hào.* ‖ Réparer, 補, *pòu*, 培修, *p'êi sieōu.*

Arrêter, empêcher. 攔住, *Lân tchóu.* ‖ Faire cesser, 止, *tchè.* ‖ — des voleurs, 捉強盜, *tchŏ k'iâng táo.* ‖ — un compte, 扎賬, *tchă tcháng.* ‖ S' —, 站倒, *tchán tào*, 住, *tchóu*, 停, *t'în.*

Arrhes. 定錢, *Tín ts'iên*, 交銀, *kiāo t'eōu.*

Arrière (en). 朝後頭, *Tch'âo heóu t'eōu*, 在後頭, *tsái heóu t'eōu.* Faire un pas en —, 退一步, *t'oúi ĭ póu.* Retourner en —, 轉去, *tchouàn k'ú.* ‖ *Voyez* derrière.

Arrière-neveu (lignée masculine). 姪孫, *Tchĕ sēn;* arrière-nièce, 姪孫女, *tchĕ sēn niù.*

Arrière-petit-fils (lignée masculine). 末末, *Mŏ mŏ*, *v.* 曾孫, *ts'ēn sēn.*

Arriver, parvenir à. 到, *Táo*, 攏, *lòng.* ‖ — à temps, 趕上, *kàn cháng.* ‖ Survenir, 遇, *iú*, 撞, *p'óng.*

Arroser. 飲水, *ìn choùi*, 淋, *lîn*, 噴水, *fén choùi*, 潑水, *p'ŏ choùi.*

Arsenic. 人烟, *Jên iēn*, 砒霜, *p'ēi choūang.*

Art. 法則, *Fă tsĕ*, 憑則, *p'în tsĕ.* ‖ Métier, 手藝, *cheòu gní.*

Artère. 血脉, *Hiĕ mĕ*, 血筒, *hiĕ t'ông.*

Article, un —. 一節, *ĭ tsiĕ*, 一欵, *ĭ k'ouàn.* ‖ Objet, 一件事, *v.* 東西, *ĭ kién sé*, *v. tōng sī.*

Articulation. 骨節, *Koŭ tsiĕ.*

Artifice. **法則**, *Fă tsě*, **計**, *kí*, **巧**, *k'iào*. || Feu d'—, **花炮**, *hoūa p'áo*, **煙火**, *iēn hò*.
Artisan. **匠人**, *Tsiáng jên*, **工人**, *kōng jên*.
Ascendants. **上輩**, *Cháng péi*, **老輩子**, *lào péi tsè*.
Ascension, — de J.-C. **耶穌升天**, *Iê-Soū chēn t'iēn*.
Ascète. **修道的人**, *Sieōu táo tĭ jên*, *v*. **修士**, *sieōu sé*.
Asile, hospice. — pour les vieillards, **孤老院**, *Koū lào iuén*; — pour les pauvres, **養濟院**, *iàng tsí iuén*; — pour les enfants trouvés, **育嬰堂**, *iŏ īn t'âng*. || Refuge, **躲處**, *tò tch'óu*.
Aspect, vue. **見**, *Kién*. || Apparence, **樣子**, *iáng tsè*. || Visage, **臉面**, *lièn mién*.
Asperger. **洒水**, *Sà chouì*.
Aspersoir. **洒聖水刷刷**, *Sà chén chouì choŭa choŭa*.
Aspirant. — au baccalauréat, **童生**, *T'ông sēn*; — à une dignité, **候補**, *heóu poù*.
Aspirer, attirer l'air dans les poumons. **收氣**, *Cheōu k'í*. || Désirer vivement, **貪**, *t'ān*.
Assa-fœtida. **阿魏**, *Ō oúi*.
Assaisonner. **調**, *T'iâo*, **香菜**, *hiáng ts'ái*.
Assassin. **兇手**, *Hiōng cheòu*, **殺人的**, *chă jên tĭ*.
Assemblée. **會**, *Hoúi*.
Assembler. *Voyez* réunir.
Asseoir (s'). **坐**, *Tsó*.
Assez, suffisamment. **彀**, *Keóu*, **有了**, *ieòu lò*. || Passablement, — grand, **不爲小**, *poŭ oûi siào*; **都還大**, *toū houán tá*. || Tellement, pas — méchant pour, **沒得這樣惡**, *Mŏ tĕ· tché· iáng gŏ*.
Assiéger. **圍倒**, *Oûi tào*.
Assiette, pièce de vaisselle. **盤子**, *P'ân tsè*. || Site, **地勢**, *tí ché*, **地形**, *tí hîn*.
Assigner, déterminer. **定**, *Tín*. || Sommer de comparaître, **叫**, *kiáo*, **出票叫人**, *tch'ŏu p'iáo kiáo jên*.
Assise, par assises. **一層一層的**, *ĭ ts'ên ĭ ts'ên tĭ*.
Assister, être présent. **在**, *Tsái*; — à la messe, **聽**, *v*. **望彌撒**, *t'ín*, *v*. *ouáng mî să*. || — à la comédie, **看戲**, *k'án hí*. || *Voyez* soigner, aider.
Associé. **夥計**, *Hò kí (k'í)*, **弟兄**, *tí hiōng*, **同辦**, *t'ông pán*, **同事的**, *t'ông sé tĭ*.
Associer (s'). **打夥**, *Tà hò*.
Assommer. **打死**, *Tà sè*.
Assomption, fête de l'—. **聖母蒙召升天**, *Chén Mòu mông tcháo chēn t'iēn*.
Assortiment, un — d'outils. **一套傢事**, *ĭ t'áo kiā sé*.
Assorti. **配**, *P'éi*, **對**, *toúi*.
Assouvir. — la faim, **喫飽**, *Tch'ĕ pào*, **充饑**, *tch'ōng kī*; — la soif, **解渴**, *kài (kiài) k'ŏ*. || — sa passion, **滿意**, *màn í*.
Assurance, garantie en argent donnée par un fermier, un locataire. **頂首**, *Tìn cheòu*, **隨租**, *soûi tsōu*, **壓佃**, *iă tién*.
Assurer, garantir. **保**, *Pào*. || *Voyez* affirmer, certain.
Assurer (s'), se garantir. **防備**, *Fâng pí*. || Examiner, **查考**, *tch'â k'ào*. || *Voyez* constater.
Asthme. **齁病**, *Heōu pín*.
Astringent. **澁的**, *Sĕ· tĭ*, **止瀉的**, *tchè sié· tĭ*.
Astronomie. **天文**, *T'iēn ouên*.
Astuce. **詭計**, *Kouì kí*, **尖**, *tsiēn*.
Atelier. **手藝鋪子**, *Cheòu gní p'óu tsè*.
Atroce. **兇惡**, *Hiōng gŏ*, **狠**, *hèn*.
Attabler (s'). **坐席**, *Tsó sĭ*, **坐倒喫飯**, *tsó tào tch'ĕ fán*.
Attacher. *Voyez* coller, clouer, lier, aimer.
Attaquer. **下** (*v*. **動**) **手**, *Hiá (v. tóng) cheòu*, **攻**, *kōng*, **惹**, *jè·*.
Atteindre, parvenir à toucher. **摸得倒**, *Mō tĕ· tào*. || Frapper de loin, **打倒**, *tà tào*, **中**, *tchóng*. || Arriver à, **到**, *táo*. || Attraper en chemin, **趕** (*v*. **跟**) **上**, *kàn (v. kēn) cháng*. || *Voy*. égaler, nuire.
Atteler. **套**, *T'áo*.
Attenant. **連倒**, *Liên tào*, **挨倒**, *gāi tào*, **接倒**, *tsiĕ· tào*.
Attendre. **等**, *Tèn*, **候**, *heóu*, **捱**, *gâi*. || *Voyez* prévoir, espérer.
Attention. **小心**, *Siào sīn*, **用心**, *ióng sīn*, **專心**, *tchoūan sīn*, **看**, *k'án*, **下細**, *hiá sí*. || Ne pas faire — à quelqu'un, **不管他**, *poŭ kouàn t'ā*, **不爾他**, *poŭ eùl t'ā*, **不睬他**, *poŭ ts'ài t'ā*.
Attirail. **家具**, *Kiā kú*, **傢伙**, *kiā hò*, **器皿**, *k'í mìn*.

Attirer. — de force, 拉, *Lā;* — par artifice, 呵, *hō*, 勾引, *keōu ìn.* || — des malheurs, 惹禍, *jè· hó.*

Attraper. 捉, *Tchŏ*, 追, *tài*, 拿, *lâ.* || — des coups, 潮打, *tcháo tà.* || *Voyez* tromper, voler.

Attribuer. 歸, *Koūi.* || Imputer, — à autrui, 怪人家, *koúai jên kiā.*

Attrouper (s'). 成羣, *Tch'ên k'iûn.*

Aubaine. 財喜, *Ts'âi hì*, 便益, *p'ién ĭ.*

Aube. — du jour, 天亮, *T'iēn leáng*, 天發白 (*v.* 粉亮), *t'iēn fă pě· (v. fèn leáng).* || — pour la Messe, 長白衣, *tch'âng pě· ī.*

Aubergine. 茄子, *K'iê· (v. k'ī) tsè.*

Aucun, nul. N'être d'— usage, 沒得什麽 (*v.* 甚麽, *v.* 啥子)用處, *Mŏ tĕ· chě mô (v. chén mô, v. chá tsè) ióng tch'óu.* || Pas un; il n'y en a —, 一个都沒得, *ĭ kó toū mŏ tĕ·.*

Audace. 胆子, *Tàn tsè.*

Audience. Avoir une — de l'Empereur. 朝見皇上, *Tch'âo kién houâng cháng.* || Avoir ou donner une — particulière, 相見, *siāng kién*, 相會, *siāng hoúi.* || Tribunal; tenir —, 坐堂, *Tsó t'âng.*

Auge. 槽, *Ts'âo*, 石缸, *chĕ kāng.*

Augmenter. 添, *T'iēn*, 加, *kiā*, 長, *tchàng*, 多, *tō*, 大, *tá.*

Augure. 兆頭, *Tcháo t'eôu.*

Aujourd'hui. 今天, *Kīn t'iēn*, 今朝, *kīn tchāo.* || A présent, 如今, *joû kīn*, 眼目下, *ièn mŏu hiá.*

Aumône. 哀矜, *Gāi kīn*, 施捨, *chē chè·*, 施濟, *chē tsí.*

Auparavant. 先, *Siēn*, 前, *ts'iên*, 預先, *iú siēn.*

Auprès. 挨, *Gāi*, 近, *kín*, 凭, *p'ên.* || *Voyez* chez, vers, avec, comparer.

Auréole. 榮光, *Iûn kouāng.*

Aurore. *Voyez* aube.

Aussi, de même, de plus. 都, *Toū*, 亦, *ĭ*, 也, *ì.* || C'est pourquoi, 故所以, *koú sò ì*, 因此, *īn ts'è*, 因爲, *īn oúi.* || Autant, 一樣, *ĭ iáng*, 一般, *ĭ pān;* pas — grand, 沒得那樣大, *mŏ tĕ· lá iáng tá;* dix fois — grand, 大十倍, *tá chĕ péi.*

Aussitôt. 就, *Tsieóu*, 立刻, *lĭ k'ĕ·*, 當時, *tāng chê.*

Austérités. Pratiquer des —, 克苦肉身, *K'ĕ· k'où joŭ chēn*, 行苦工, *hîn k'où kōng.*

Autant. — il y en a, — j'en veux, 有好多我要好多, *Ieòu haò tō gò iáo haò tō.* || D'— que, 因爲, *īn oúi.* || *Voyez* aussi.

Autel. 祭台, *Tsí t'âi;* (payen) 香机, *hiāng kī.*

Autographe. 親筆寫的, *Ts'īn pĭ siè· tĭ.*

Automne. 秋, *Ts'ieōu.*

Autoriser. 准, *Tchouèn*, 許, *hù.*

Autorité. 權, *K'uên*, 門勢, *mên ché;* être sous l'— de quelqu'un, 有管頭, *ieòu kouàn t'eôu*, 名下, *mîn hiá.*

Autour. 週圍, *Tcheōu oûi*, 團轉, *t'oûan tchoúan*, 挨, *gāi.*

Autre. 別的, *Piĕ· tĭ*, 不得一樣, *poŭ tĕ· ĭ iáng*, 不同樣, *poŭ t'ông iáng.* || C'est un —, 又是一个, *ieóu ché ĭ kó.* || L'un, ...,l'—, 這个那个, *tché· kó..., lá kó.* Les uns..., les autres, 有些..., 有些, *ieòu sī..., ieòu sī.* || Les autres (en dehors de ceux dont il vient d'être parlé), 餘, *v.* 另外的, *iû*, *v. lín oúai tĭ.* || L'un après l'—, 一个一个, *ĭ kó ĭ kó tĭ.* || L'un dans l'—, 兼扯, *kiēn tch'è·.* || L'un l'—, 相, *siāng*, 互相, *foú siāng.*

Autrefois. 古時, *Koù chê*, 昔, *sĭ*, 先, *siēn*, 前, *ts'iên.*

Autrement. 別樣, *Piĕ· iáng*, 不同, *poŭ t'ông.* || *Voyez* sinon.

Autrui. 別人, *Piĕ· jên*, 人家, *jên kiā.*

Aval. 下水, *Hiá choùi*, 下河的, *hiá hô tĭ.*

Avaler. 吞, *T'ēn*, 吃, *tch'ĕ*, 嗐, *hŏ.*

Avance (d'). 預先, *Iú siēn*, 先, *siēn.* || Plus tôt, 早, *tsào.*

Avancement. 高陞, *Kaō chēn*, 加官, *Kiā kouān.*

Avancer. — la main, 伸手, *tch'ēn cheòu.* || — l'heure du repas, 早點擺飯, *tsào tièn pài fán.* || — de l'argent, 墊銀子, *tién în tsè.* || Aller en avant, 往朝前, *ouàng tch'âo ts'iên*, 朝前頭走, *tch'âo ts'iên t'eôu tseòu.* L'horloge avance, 鐘快了, *tchōng k'ouái lò.* L'ouvrage avance, 活路要快了, *hŏ loú iáo k'ouái lò.* || Faire saillie, 支出來, *tchē tch'ŏu lâi.* 出頭, *tch'ŏu t'eôu.*

Avant (d'une barque). 船頭, *Tch'ouân t'eôu.*

Avant, adv. et prép. 以前, *ì ts'iên*, 先, *siēn*, 早, *tsào*. — un an, 等不得一年, *tèn poŭ tĕ· ĭ niên*. || — tout, 先不先, *siēn poŭ siēn*.

Avantage. 利益, *Lí ĭ*, 便宜, *pién gnî*, 欺頭, *k'ī t'eôu*, 好處, *hào tch'óu*. || *Voyez* surpasser.

Avant-bras. 手桿, *Cheòu kàn*.

Avant-coureur. 辦站的, *Pán tchán tĭ*, 打前站, *tà ts'iên tchán*.

Avant-garde. 前隊, *Ts'iên tóui*, 先鋒, *siēn fōng*.

Avare. 慳吝, *Kiēn lín*, 嗇, *sĕ·*, 儉省, *kièn sèn*, 細, *sí*, 捨不得, *chè· poŭ tĕ·*

À vau l'eau (laisser aller la barque). 放流, *Fáng liêou*.

Ave Maria. 聖母經, *Chén Moù kīn*, 申爾福, *Chēn eùl foŭ*.

Avec. 和, *Hô*, 同, *t'ông*, 跟, *kēn*, 連, *liên*. || Par le moyen de, 用, *ióng*, 使, *chè*.

Avènement. — de N.-S., 天主降生, *T'iēn Tchòu kiáng sēn*.

Avenir. 後來, *Heóu lâi*, 將來, *tsiāng lâi*. || A l'—, 以後, *ì héou*. *Voyez* désormais.

Avent. 將臨, *Tsiāng lîn*.

Aventure. 遇, *Iú*, 撞, *p'óng*. || Dire la bonne —, 算命, *souán mín*. || A l'—, 亂, *louán*.

Aventurer. *Voyez* essayer.

Aversion. Avoir en —, 不愛, *Poŭ gái*, 不喜歡, *poŭ hì houān*, 見不得, *kién poŭ tĕ·*.

Avertir. 說, *Chŏ*, 報, *páo*, 稟, *pìn*, 告訴, *káo sóu*.

Aveugle. 瞎, *Hiă*, 不看見, *poŭ k'án kién*. || Sans clairvoyance, 迷倒, *mî taò*, 惛, *houēn*.

Avide. 貪, *T'ān*.

Avis, opinion. 意見, *í kién*, 意思, *í sé*. || Remontrance; donner des —, 勸, *k'uén*. || Nouvelle, 信, *sín*. || — au public, 告白, *káo pĕ·*; — officiel, 告示, *káo ché*.

Aviser. 看 *v.* 想一吓, *K'án v. siàng ĭ há*, 打主意, *tà tchòu í*.

Avoir, v.a. 有, *Ieòu*.

Avoir, patrimoine. 家業, *Kiā niĕ·*. || Richesses, 財帛, *ts'âi pĕ·*. || Actif, 來數, *lâi sóu*.

Avorter. 落胎, *Lŏ t'āi*; faire —, 打胎, *tà t'āi*.

Avouer. 說, *Chŏ*, 認, *jén*, 承認, *tch'ên jén*, 招, *tchāo*.

B

Bac. 渡船, *Toú tch'ouân*.

Bachelier. 秀才, *Sieóu ts'âi*.

Badigeonner. 刷, *Chouă*, 糊, *foû*.

Bagage. 行李, *Hîn lì*, 東西, *tōng sī*.

Bagatelle. 小事, *Siào sé*, 小東西, *siào tōng sī*.

Baguette. 條子, *T'iâo tsè*, 棍棍, *kouén kouén*, 篾匾, *miĕ· p'ièn*, 小板子, *siào pàn tsè*.

Baie. 海灣, *Hài ouān*.

Baigner. 淹, *Gān*, 泡水, *p'áo choùi*. || Se—, 洗澡, *sì tsào*.

Baiser. 親嘴, *Ts'īn tsoùi*; — le Crucifix, 親苦像, *ts'īn k'òu siáng*.

Baisser, v.a. — un peu. 放下來點, *Fáng hiá lâi tièn*, 放矮點, *fáng gài tièn*; — la tête, 低頭, *tī t'eôu*, *v.* 埋腦殼, *mâi laò k'ŏ*. || v.n. — de prix, 跌價, *tiĕ· kiá*. || L'eau a baissé (s'il s'agit d'un fleuve), 水退了, *choùi t'oúi lò*; (s'il s'agit d'une rizière), 水折了, *choùi chĕ· lò*. || Se baisser, se courber, 捲腰, *kuēn (kuèn) iāo*.

Balafre. 傷疤, *Chāng pā*.

Balai. 掃把, *Sáo pà*, 掃箒, *sáo tcheòu*.

Balance. — à 2 plateaux, 平, *P'în*; — romaine, 秤, *tch'én*; petite — romaine, 戥子, *tèn tsè*.

Balancer. 擺, *Pài*, 搖, *iâo*. || *Voyez* égal.

Balancier. 擺, *Pài*.

Balayer. 掃, *Sào*, 打掃, *tà sào*.

Balbutier. 說不清, *Chŏ poŭ ts'īn*.

Baldaquin. 天棚, *T'iēn p'ông*. || Dais, 傘, *sàn*.

Balle. — à jouer, 毬, *K'ieôu*, 毽子, *kién tsè*. || — de fusil, 彈子, *tán tsè*. || Paquet, 包, *pāo*. || — des céréales, 糠, *k'āng*.

Ballon. 氣毬, *K'í k'ieôu*. || *Voyez* aérostat.

Ballonné. Avoir le ventre —, 肚皮脹, *Tóu p'î tcháng*.

Ballotter. 搖, *Iâo*, 播, *pò*.

Balsamine. 指甲花, *Tchè kiă houā*.

Balustrade. 欄杆, *Lân kān*.

Bambin. 娃娃, *Oûa ouā*, 孩子, *hiâi tsè*.

Bambou. 竹子, *Tchŏu tsè;* jeune pousse de —, 竹笋子, *Tchŏu sèn tsè.* Lanière de —, 篾條, *miĕ (mî) t'iâo.*
Bananier. 芭蕉樹, *Pā tsiāo chóu.*
Banc. 板凳, *Pàn tén.*
Bandage. 帶子, *Tái tsè,* 褁纏子, *kò tch'ân tsè.*
Bande. 帶, *Tái;* — de cuir, 皮條, *p'î t'iâo;* une — de toile, 一溜布, *ĭ lieōu poú.* ‖ Une — de terrain, 一溜地, *ĭ lieōu tí.* ‖ Troupe; une —, 一班, *ĭ pān,* 一夥, *ĭ hò,* 一倖, *ĭ p'ŏ,* 一羣, *ĭ k'uîn.*
Bander. 褁, *Kò,* 纏, *tch'ân,* 包, *pāo.* ‖ Tendre avec effort, 拉, *lā,* 綳, *pēn,* 扯緊, *tch'è kìn.*
Banderolle. 旗旛, *K'î fān.*
Bannière. 旗, *K'î.*
Bannir. *Voyez* exil.
Banque. 錢舖, *Ts'iên p'óu,* 銀號, *în háo,* 兌行, *toúi hâng.*
Baptême. 洗滌, *Sì tĭ.*
Baquet. 木盆, *Mŏu p'ên.*
Baraque. 棚棚, *P'ông p'ōng.*
Barbare. 蠻子, *Mân tsè,* 野的, *iè tĭ.*
Barbe. 鬍子, *Foû tsè.* — d'un animal, 毛, *mâo.* ‖ — d'un épi, 鬚鬚, *sū sū.*
Barbier. 剃頭匠, *T'í t'eôu tsiáng,* 待詔, *tái tcháo.*
Barbouiller. 抹, *Mò,* 擦, *tch'ā,* 刷, *choŭa,* 糊, *foû.*
Baril. 桶, *t'òng.*
Baromètre. 風(*v.* 晴)雨表, *Fōng (v. ts'în) iù piào.*
Bariolé. 花的, *Hoūa tĭ.*
Barque. 船, *Tch'oûan,* 舟, *tcheōu.*
Barrage. 堰坎, *Ién k'àn,* 扎水, *tchă choùi.*
Barre. 棍, *Kouén,* 棒, *páng.* — de fer, 鐵條, *t'iĕ t'iâo.* — de porte, 門扛, *mên káng.* ‖ Trait de pinceau, une —, 一畫, *ĭ hóua.*
Barrer. — la porte, 扛門, *Káng mên, v.* 扎門, *tchă mên.* ‖ *Voyez* empêcher, intercepter, effacer.
Barrière. 牐子, *Tchá tsè.* ‖ *Voyez* balustrade.
Bas. 下, *Hiá,* 矮, *gài,* 小, *siào,* 不高, *poŭ kāo,* 淺, *ts'ièn,* 低, *tī.*
Bas (vêtement). 襪子, *Ouă tsè.*
Baser. *Voyez* établir.

Bassin. 盆子, *P'ên tsè,* 盤子, *p'ân tsè,* 池子, *tch'ê tsè.*
Bât. 鞍子, *Gān tsè.*
Bataille. 仗火, *Tcháng hò.*
Bâtiment. 房子, *Fâng tsè.*
Bâtir. 修, *Sieōu.*
Bâton. 棍子, *Kouén tsè,* 棒棒, *páng páng,* 拐杖, *kouài tcháng.*
Bâtonnet. — dont on se sert pour manger, 筷子, *k'ouái tsè.* ‖ Jeton, 籤, *ts'iēn.*
Battant. — de porte, 門扇, *Mên chán.*
Batterie. — de cuisine, 厨房傢伙, *Tch'ôu fâng kiā hò;* une — de cuisine, 一套傢伙, *ĭ t'áo kiā hò.*
Battre. 打, *Tà,* 搥, *tch'ôui.* ‖ Etre battu, 捱打, *gâi tà.* ‖ Le cœur bat, 心頭跳, *sīn t'eôu t'iáo.* ‖ *Voyez* vaincre. ‖ Se — (en bataille), 打仗, *tà tcháng;* (se quereller), 打架, *tà kiá,* (lutter), 鬪, *teóu.*
Bavarder. 說話, *Chŏ hoúa,* 話多, *hoúa tō,* 擺龍門陣, *pài lông mên tchén.*
Bazar. 雜貨舖, *Tsă hó p'óu.*
Béatitude. 眞福, *Tchēn foŭ;* — céleste, 天堂的福樂, *t'iēn t'âng tĭ foŭ lŏ.*
Beau. 美, *Mèi,* 好, *hào,* 好看, *hào k'án.*
Beaucoup, en grand nombre. 多, *Tō.* ‖ Considérablement, 多, *tō,* 大, *tá,* 狠, *hèn.*
Beau-fils, celui dont on a épousé la mère. 帶來的兒子, *Tái lâi tĭ eûl tsè.* ‖ *Voyez* gendre.
Beau-frère, mari d'une sœur. 姊夫, *Tsiè foū,* 妹夫, *v.* 妹弟, *méi foū, v. méi tí.* ‖ Frère de la femme, 舅子, *kieóu tsè.* ‖ Frère du mari, 大伯子, *tá pĕ tsè,* 小叔子, *siào choŭ tsè.*
Beau-père, père de la femme. 丈人, *Tcháng jên,* 岳父, *iŏ fóu.* ‖ Père du mari, 爹, *tī,* 公, *kōng.* ‖ — et belle-mère, 公婆, *kōng p'ô.* ‖ Second mari de la mère, 後父, *heóu fóu.*
Bec. 嘴, *Tsoùi.* ‖ Pointe, 尖子, *tsiēn tsè.*
Bêche. 鍬子, *Ts'iāo tsè.*
Becqueter. 啄, *Tchŏua.*
Bègue. 謇吧郎, *Kièn pā lâng.*
Bêler. 叫喚, *Kiáo hoúan.*
Belette. 黃鼠狼, *Houâng chòu lâng.*
Bélier. 公羊, *Kōng iâng.*

Belle-de-nuit. 胭脂花, *Iēn tchē hoūa.*
Belle-fille, fille dont on a épousé la mère. 帶來的女, *Tái lâi tĭ niù.* || *Voyez* bru.
Belle-mère, mère de la femme. 丈母, *Tcháng moù,* 岳母, *iŏ moù.* || Mère du mari, 婆婆, *p'ô p'ô,* 媽, *mā.* || Marâtre, 後娘, *heóu niâng.*
Belle-sœur, sœur du mari. 大姐, *Tá tsiè',* 小姑子, *siào koū tsè.* || Femme d'un frère plus âgé, 嫂子, *sào tsè,* ... moins âgé, 兄弟媳婦, *hiōng tí sī fóu.* || Femmes de plusieurs frères, 妯娌, *tchoŭ lì.*
Belvédère. 亭子, *T'în tsè,* 樓, *leôu.*
Bénédiction. 降福, *Kiáng foŭ.*
Bénin, doux. 良善, *Leâng chán,* 好, *hào.* || Léger, 輕, *k'īn,* 不狠, *poŭ hèn.*
Bénir, faire descendre les faveurs célestes. 降福, *Kiáng foŭ.* || *Voyez* consacrer, louer, remercier.
Béquille. 拐棍, *Kouài koúen, v.* 拐杖, *kouài tcháng.*
Berge. 坡, *P'ō,* 坎子, *k'àn tsè.*
Berger. 看 *v.* 放羊子的, *K'án v. fáng iâng tsè tĭ.*
Besace. 褡褳子, *Tă liên tsè,* 稍馬子, *cháo mà tsè.*
Besoin. 缺, *K'uĕ',* 爭, *tsēn,* 欠, *k'ién,* 要緊, *iáo kìn,* 該, *kāi.* || Pas — de, 不要, *poŭ iáo,* 不消, *poŭ siāo.* || Satisfaire ses besoins naturels, 解手, *kài chèou.*
Bétail. 牲口, *Sēn k'eòu. Voyez* animal.
Beurre. 酥油, *Soū ieôu.*
Bézoard. — de bœuf, 牛黃, *Nieôu houâng;* — de chien, 狗寶, *keòu pào.*
Biais (de). 斜起, *Siê' k'ì,* 不正, *poŭ tchén.*
Bible. 聖經, *Chén Kīn.*
Bibliothèque. 書房, *Choū fâng,* 書架子, *choū kiá tsè,* 書櫃, *choū koúi.*
Bien. 好, *Hào.* || *Voyez* qualité, plaisir, avoir, très, fort, beaucoup.
Bienfait. 恩, *Guēn.*
Bienfaiteur. 恩人, *Guēn jên.*
Bienséant. 禮信, *Lì sín,* 禮貌, *lì máo.*
Bientôt. 不久, *Poŭ kieòu,* 快, *k'oúai.*
Bifurquer (se). Chemin qui se bifurque, 岔路, *Tch'á loú.* || Rivière qui se —, 汊河, *tch'á hô.*
Bijou. 寶貝, *Pào péi.*

Bile. 苦胆, *K'où tàn.* || *Voyez* colère.
Billet. 票子, *P'iáo tsè,* 飛子, *fēi tsè,* 字, *tsé,* 紙, *tchè,* 帖子, *t'iĕ' tsè.*
Biner. 薅草, *Hāo ts'ào,* 犂二道, *li eúl táo.*
Bise. 北風, *Pĕ' fōng.*
Bizarre. 怪, *Koúai.*
Blague, bourse. 荷包兒, *Hô pāo eûl.*
Blâmer. *Voyez* réprimander, réprouver.
Blanc, adj. 白的, *Pĕ' tĭ. Voyez* net. || Subst. m.—de céruse, 鉛粉, *iuên fen.* || —d'œuf, 蛋青, *tán ts'īn.*
Blanchir. 漂白, *P'iáo pĕ'.* || *Voyez* laver.
Blasphémer. — contre Dieu, 咒罵天主, *Tchéou má T'iēn Tchòu.*
Blatte. 偷油婆, *T'eōu ieôu p'ô.*
Blé, froment. 麥子, *Mĕ' tsè,* — de Turquie, 包穀, *pāo koŭ,* — noir, 蕎子, *v.* 蕎麥, *k'iâo tsè, v. k'iâo mĕ'*
Blême. Figure —. 臉黃, *Lièn houâng.* || *Voyez* visage, couleur.
Blesser. 傷, *Chāng.* || *Voyez* offenser.
Blet. 𤺥, *P'a.*
Bleu. 藍的, *Lân tĭ.*
Bloc, morceau. 塊, *K'oùai.* || Amas, 堆, *toūi.* || En —, 一吓, *ĭ há.*
Bœuf. 牛, *Nieôu.*
Boire. 喝, *Hŏ,* 飲, *ìn,* 吃, *tch'ĭ.*
Bois. 木頭, *Moŭ t'eôu.* || — de chauffage, 柴, *tch'âi.* || Forêt, 樹林, *chóu lîn.*
Boisseau. 斗, *Teòu;* dix boisseaux, 一石, *ĭ tán;* dixième d'un —, 一升, *ĭ chēn;* centième d'un —, 一合, *ĭ hŏ.*
Boîte. 箱箱, *Siāng siāng,* 匣匣, *hiâ hiâ,* 盒子, *hŏ tsè,* 筒筒, *t'ông t'ông.*
Boiter. 跛, *Pāi;* — légèrement, 墊脚, *tién kiŏ,* 拐脚, *kouài kiŏ.*
Bol. *Voyez* Tasse.
Bombe. 西瓜炮, *Sī koūa p'áo.*
Bombé. 拱的, *Kòng tĭ,* 鼓起來, *koù k'ì lâi,* 鼓出來, *koù tch'oŭ lâi.*
Bon. 好, *Hào,* 善, *chán.* || — à rien, 不中用, *poŭ tchōng ióng,* 沒用處, *mŏ ióng tch'óu,* 不成器的, *poŭ tch'ên k'í tĭ.* || Tout de —, 當眞的, *táng tchēn tĭ.*
Bondir. 跳, *T'iáo,* 𧾷, *p'ōng.*
Bonheur. 福, *Foŭ.* || Par—, 幸喜, *hín hì.*
Bonjour. *Voyez* saluer.
Bonnement. 老實, *Lào chĕ.*
Bonnet. 帽子, *Máo tsè.*

Bonze. 和尙, *Hô cháng*, 僧, *sēn*, 道人, *táo jên.*
Bonzesse. 尼姑, *Gnî koū.*
Borax. 硼砂, *P'ông chā.*
Bord. 邊, *Piēn.* || *Voyez* limite.
Border. 緣邊, *Iuên piēn*, 滾邊, *kouèn piēn.*
Borgne. 獨眼, *Toŭ ièn.*
Borne.—en pierre qui sépare deux champs, 界石, *Kiái chĕ;*—qui sépare deux sous-préfectures, 界牌, *kiái p'âi.*
Borné. 有限, *Ieòu hién.*
Borner (se), ne pas dépasser la mesure. 不過度, *Poŭ kó tóu.* || Se contenter de, 不過, *poŭ kó*, 但但, *tán tán.*
Bosse. 包, *Pāo*, 紇縫, *kĕ· tá.*
Bossu. 佗子, *T'ô tsè.*
Botte, chaussure. 靴子, *Hūe· tsè.* || Paquet, une —, 一把, *ĭ pà*, 一捆, *ĭ k'ouèn.*
Bottine. 半截靴子, *Pán tsiĕ· hūe· tsè.*
Bouc. 公羊, *Kōng iâng.*
Bouche. 口, *K'eòu*, 嘴, *tsouì.* || Personne, 人口, *jên k'eòu.*
Bouchée, une —. 一口, *ĭ k'eòu.*
Boucher, v. a. 塞, *Sĕ·* 敹, *tseóu*, 封, *fōng*, 塡, *t'iên.* || *Voyez* fermer.
Boucher, subst. m. 屠戶, *T'oû foú.* Etal de —, 案桌, *gán tchŏ.*
Boucles. — d'oreilles, 耳墜, *Eùl tchóui*, 耳環, *eùl houân.*
Bouclier. — en rotin, 籐牌, *T'ên p'âi.*
Bouddha. 佛, *Foŭ.*
Boudin. 血貫腸, *Hiĕ· kouán tch'âng.*
Boue. 泥巴, *Gnî pā.*
Bouffée, une —. 一口, *ĭ k'eòu.*
Bougeoir. 手照子, *Cheòu tcháo tsè.*
Bouger. 動, *Tóng*, 㖞, *nieóu.*
Bougie. 蠟燭, *Lă tchŏu.*
Bouillir. 開, *K'āi*, 滾, *kouèn*, 煮, *tchòu.*
Bouillon. 湯, *T'āng.*
Boule. 球, *K'iêou*, 團, *t'ouân*, 圓, *iuên*, 彈子, *tán tsè.*
Bouleverser. 亂翻, *Loúan fān*, 顚倒, *tiēn taò.*
Bourg. 塲分, *Tch'âng fén*, 大村子, *tá ts'ēn tsè.*
Bourgeon. 芽子, *Iâ tsè.*
Bourre. 㲓子, *Jâng tsè.*
Bourreau. 劊子手, *Kú tsè cheòu.*
Bourrer. 裝, *Tchoūang*, 按 (*v.* 築) 緊, *gán* (*v. tchŏu*) *kìn.*
Bourru. *Máo ts'ū ts'ū tĭ.*
Bourse. 荷包兒, *Hô pāo eûl*, 褡褳, *tă liên.*
Bouse. 牛屎, *Nieôu chè.*
Boussole. 指南針, *Tchè lân tchēn*, 羅盤, *lô p'ân.*
Bout, extrémité. 頭, *t'eôu.* || *Voyez* fin, morceau.
Bouteille. 缾子, *P'în tsè.*
Boutique. 舖子, *P'óu tsè*, 店子, *tién tsè*, 字號, *tsé háo.*
Bouton. — de fleur, 花蓇蓇, *v.* 包包, *Hoūa koū toū*, *v. pāo pāo.* || — d'habit, 鈕子, *nieòu tsè.* || — de calotte, 結子, *kiĕ· tsè.* || Insigne chinois, 頂子, *tìn tsè.* || Petite tumeur, 疙瘩, *kĕ· tá.*
Boutonnière. 鈕襻子, *Nieòu p'án tsè*, 鈕門子, *nieòu mên tsè.*
Boyau. 腸子, *Tch'âng tsè.*
Bracelet. 圈子, *K'uēn tsè.*
Branche. —d'arbre, 椏枝, *Iā tchē.* || —de fleuve, 汊河, *tch'á hô.* || —de famille, 宗派, *tsōng p'ái.*
Brandir. — un sabre, 耍刀, *Choùa tāo.*
Branler. 搖, *Iâo*, 動, *tóng*, 㖞, *nieóu.*
Bras. 手桿, *Cheòu kàn.* || Tenir dans ses —, 抱, *páo*, 摟, *leòu.*
Brasier. 火盆, *Hò p'ên;* 紅炭, *hông t'án.*
Brasse, une—. 一庹, *ĭ t'ŏ*, 一擎, *ĭ p'ài.*
Brassée, une —. 一抱, *ĭ páo.*
Brave, courageux. 有胆量, *Ieòu tàn leáng*, 有剛勇, *ieòu kāng iòng.* || Honnête, 好, *haò*, 正經, *tchén kīn*, 忠厚, *tchōng héou.*
Braver. 惹, *Jè·*, 不怕, *poŭ p'á.*
Brèche. 口, *K'eòu*, 闕, *k'uĕ·.*
Bredouiller. 談話𡟰𡟰, *T'án hoúa lò lò.* || *Voyez* parler, dire.
Bref. 短, *Touàn.* || En un mot, 簡直, *kièn tchĕ*, 總之, *tsòng tchē.*
Bréviaire. 日課, 經本, *Jĕ k'ó*, *kīn pèn.*
Bride. 轡頭, *P'éi t'eôu*, 韁繩, *kiāng choûen.*
Brigand. 賊子, *Tsĕ· tsè*, 賊, *tsouî*, 强盜, *k'iâng táo.*
Brillant. 光亮, *Kouāng leáng*, 明亮, *mîn leáng.* || Fastueux, 體面, *t'ì mién.*

Brin, un —. 一根, *ĭ kēn*, 一絲, *ĭ sē*.
Brique. 磚, *Tchoūan*.
Briquet. 火鐮, *Hò liên*.
Briser. 打爛, *Tà lán*, 打破, *tà p'ó*, 打碎, *tà sóui*, 打斷, *tà toúan*. || — la réputation, 壞名聲, *hoúai mîn chēn*.
Broder. 插花, *Tch'ă hoūa*.
Broncher. 跌脚, *Tiĕ kiŏ*. || *Voyez* tomber.
Brosser. 刷, *Choŭa*.
Brouette. 小車子, *Siào tch'ē tsè*.
Brouillard. 霧, *Oú*, 罩子, *tcháo tsè*.
Brouiller, désunir. 唆人不和, *Teōu jên poŭ hô*. || *Voyez* mêler.
Brouillon, perturbateur. 惹事的, *Jè sé tĭ*, 壞人, *hoúai jên*, 老亂, *laò louán*, 多事, *tō sé*, || Ecrit à mettre au net, 稿子, *kào tsè*.
Broyer. — des couleurs, 擂顏料, *Loûi iên leáo*; — de l'encre, 研墨, *gâi mĕ*. || *Voyez* moudre, piler.
Bru. 媳婦, *Sĭ foú*.
Bruit, son. 响聲, *Hiàng chēn*. || Rumeur, 口風, *k'eòu fōng*, 謠言, *iâo iên*.
Brûler, consumer par le feu. 燒, *Chāo*. || Causer une vive douleur par le feu, 燙, *t'áng*. || Dessécher, 晒焦, *chái tsiāo*, 晒乾, *chái kān*. || Etre allumé, 燃, *jân*. || Avoir trop chaud, 發燒, *v.* 熱, *fă chāo*, *v. jĕ*. || Subir l'action trop vive du feu, 燒糊, *chāo foû*.
Brusque. 急, *Kĭ*, 忙, *mâng*, 快, *k'oúai*.
Brutal. 惡, *Gŏ*, 憹, *māng*.
Brute. *Voyez* animal.
Bruyant. 鬧熱, *Láo jĕ*, 熱鬧, *jĕ láo*.
Bûche, une —. 一塊柴, *ĭ k'ouài tch'âi*.
Buffle. 水牛, *Choùi nieôu*.
Bulbe. — d'ail, 蒜頭, *Soúan t'eôu*.
Bureau. 桌子, *Tchŏ tsè*, 書案, *chōu gán*, 書房, *chōu fâng*. || Comptoir, 櫃台, *koúi t'âi*. || Les six Bureaux, 六房, *loŭ fâng*.
Burette. 缾缾, *P'în p'în*, 壺壺, *foû foû*.
But. *Voyez* intention.
Butin. 財喜, *Ts'âi hì*, 贓, *tsāng*.

C

Ça. *Voyez* cela.
Çà. *Voyez* ici, là.
Cabane. 草房, *Ts'ào fâng*, 棚棚, *p'ông p'ông*.
Cabaret. 酒館, *v.* 店, *Tsieòu kouàn*, *v. tién*.
Cabinet. 小房圈, *Siào fâng k'uēn*; || — d'étude, 書房, *chōu fâng*.
Câble. — de bambou, 牵纜, *K'iēn t'ân*. || *Voyez* corde.
Cacher. 隱藏, *ìn ts'âng*, 瞞, *mân*, 遮蓋, *tchē kái*.
Cachet. 圖章子, *T'oû tchāng tsè*.
Cacheter. 封, *Fōng*.
Cadavre. 屍, *Chē*, 死人, *sè jên*.
Cadeau. 禮物, *Lì oŭ*, 送的東西, *sóng tĭ tōng sī*.
Cadenas, un —. 一把鎖, *ĭ pà sò*.
Cadet. *Voyez* frère, sœur.
Cadran. — solaire, 日晷, *Jĕ koūi (koùi)*. || — d'horloge, 鐘面子, *tchōng mién tsè*.
Cadre. 框子, *K'iāng tsè*, 架子, *kiá tsè*, 插屏, *tch'ă p'în*.
Cage. 籠子, *Lông tsè*.
Cahier. 簿子, *Póu tsè*, 本, *pèn*, 書, *chōu*.
Caille. 鵪鶉, *Gān choûen*.
Cailler. 凝, *Lîn*.
Caillou. 石頭, *Chĕ t'eôu*, 鵝子石, *ô tsè chĕ*.
Caisse. 箱子, *Siāng tsè*. || *Voyez* coffre.
Calamité. 禍, *Hó*, 患難, *hoúan lán*, 災害, *tsāi hái*.
Calculer. 算, *Souán*, 打算盤, *tà souán p'ân*, 數, *soù*. || *Voyez* conjecturer.
Calendrier. 皇曆, *v.* 書, *Houâng lĭ*, *v. chōu*; || — chrétien, 瞻禮單, *tchān lì tān*.
Caler. 摁, *Sāi*, 墊, *tién*.
Calice, vase sacré. 聖爵, *Chén tsiŏ*.
Calme. 平安, *P'în gān*, 平和, *p'în hô*.
Calmer. *Voyez* apaiser.
Calomel. 輕粉, *K'īn fèn*.
Calomnier. 妄証, *Ouáng tchén*, 誣告, *oū káo*, 寃枉, *iuēn ouàng*.
Calotte. *Voyez* bonnet, chapeau.
Calquer. 模起寫, *Môu k'ì siè*; 脫寫, *t'ŏ siè*.
Camarade. 窗友, *Ts'āng ieòu*, 夥計, *hò kí (k'í)*, 弟兄, *tí hiōng*.
Camelot. 羽毛, *Iù mâo*, 羽緞, *iù toúan*.
Camp. 營盤, *în p'ân*.
Campagne. 鄉, *Hiāng*. || Travaux de la —, 庄稼活路, *tchouāng kiā hŏ loú*.
Campêche (bois de). 蘇木, *Soū mŏu*.
Camphre. 潮腦, *Tch'âo laò*, 氷片, *pīn p'ién*.
Canal. 河, *Hô*, 堰, *ién*, 梘水漕, *kièn choùi ts'âo*, 溝, *keōu*.

Canapé. 平床, *P'în tch'oûang*, 匟床, *k'áng tch'oûang*.
Canard. 鴨子, *Iă tsè*.
Cancer. 爛瘡, *Lán tch'oūang*, 癰, *iōng*.
Cancrelas. 偷油婆, *T'eōu ieôu p'ô*.
Candi (sucre). 氷糖, *Pīn t'âng*.
Canevas. 樣子, *Iáng tsè*, 題目, *t'î mŏu*, 稿稿, *kaò kaò*.
Cangue. 枷, *Kiā*.
Canicule. 伏天, *Foŭ t'iēn*.
Cannelle. 肉桂, *Joŭ kouí*.
Canon. 炮, *P'áo*. ‖ — d'autel, 經板, *kīn pàn*.
Cantharide. 蟠蝥, *Pān mâo (mâ)*.
Cantique. 聖歌, *Chén kō*.
Canton. 團甲, *T'ouân kiă*, 鄉, *hiāng*.
Capable. 能幹, *Lên kán*, 會, *houí*, 有才能, *ieòu ts'âi lên*.
Capacité (mesures de). 合, *Hŏ*, 升, *chēn*, 斗, *teòu*.
Capitaine. — d'une compagnie, 守備, *Cheòu pí*; ‖ — d'un navire, 船老板, *tch'oûan lào pàn*.
Capital, adj. Crime —, 死罪, *Sè tsoúi*; cause —, 命案, *mín gán*. ‖ Péchés capitaux, 罪宗, *tsoúi tsōng*. ‖ *Voyez* principal, important.
Capital, subst. m. — de commerce, 本錢, *Pèn ts'iên*, 凭頭, *p'ēn t'eôu*, 稍頭, *chāo t'eôu*.
Capitale. — d'un royaume, 京城, *Kīn tch'ên*; — d'une province, 省城, *sèn tch'ên*.
Capituler. 投降, *T'eôu hiâng*.
Capter. 哄騙, *Hòng p'ién*.
Car. 因為, *Īn oúi*.
Caractère. 脾氣, *P'î k'í*, 性子, *sín tsè*. ‖ *Voyez* lettre, marque.
Caravane. 帮口, *Pāng k'eòu*; d'une même —, 一夥(v. 路)的, *ĭ hò (v. loú) tĭ*.
Carboniser. 燒成炭, *Chāo tch'ên t'án*.
Carcasse. 架架, *Kiá kiá*.
Carène. 船底, *Tch'oûan tì*.
Caresser. 吝, *Teōu*. ‖ *Voyez* flatter.
Carotte. 紅蘿蔔, *Hông lô poŭ*.
Carpe. 鯉魚, *Lì iû*.
Carré. 方的, *Fāng tĭ*.
Carreau. *Voyez* brique, vitre.
Carrefour. 十字口, *Chĕ tsé k'eòu*, 岔路口, *tch'á loú k'eòu*.

Carrière. 廠, *Tch'àng*.
Carte. — à jouer, 牌, *P'âi*. ‖ — de visite, 片子, *p'ién tsè*, 拜帖, *pái tiĕ*. ‖ — de géographie, 地理圖, *tí lì t'ôu*.
Carton. 紙殼子, *Tchè k'ŏ tsè*.
Cas, affaire. 事, *Sé*. ‖ En tout —, 不拘(v. 不論)怎麼樣, *poŭ kū (v. poŭ lén) tsèn mò iáng*. ‖ Dans le — où, 若是, *jŏ ché*. ‖ *Voyez* pouvoir, estimer, circonstance, précaution.
Casque. 盔, *K'oūi*.
Casser. *Voyez* briser.
Cassonade. 黃糖, *Houâng t'âng*.
Catafalque. 喪架子, *Sāng kiá tsè*.
Catéchisme. 道理書, *Táo lì chōu*, 問答書, *ouén tă chōu*.
Catéchiste. 會長, *Hoúi tchàng*.
Catholique. 天主教的人, *T'iēn Tchòu kiáo tĭ jên*, 奉教人, *fóng kiáo jên*.
Cause. 緣故, *Iuên koú*, 根由, *kēn ieôu*. ‖ A — de, 因為, *īn oúi*, 特為, *t'ĕ oúi*.
Causer. *Voyez* exciter, parler.
Caution. 保人, *Paò jên*.
Cavale. 騍馬, *K'ó mà*.
Cavalier. 馬兵, *Mà pīn*, 騎馬的, *k'î mà tĭ*.
Caverne. 洞子, *Tóng tsè*.
Ce, cet, cette, ceci, celui-ci. 這个, *Tché kó*, (au pluriel) 這些, *tché sī*.
Céder. 讓, *Jáng*. ‖ *Voy.* consentir, inférieur.
Ceinture. 帶子, *Tái tsè*. ‖ Milieu du corps, 腰桿, *iāo kàn*.
Cela, celui-là. 那个, *Lá kó*, (au pluriel) 那些, *lá sī*.
Célèbre. Devenir —, 出名, *Tch'ŏu mîn*.
Céleri. 芹菜, *K'în ts'ái*.
Cendre. 灰, *Hoūi*.
Cent. 百, *Pĕ*.
Centre. 心心, *Sīn sīn*, 中間, *tchōng kiēn*.
Centurion. 百長, *Pĕ tchàng*.
Cependant. 那時候, *Lá chê heóu*. ‖ Pourtant, 到底, *Táo tì*.
Cercle. 圓圈, *Iuên k'uēn*. ‖ — de tonneau, 箍, *k'oū*.
Cercueil. 棺材, *Koūan ts'âi*, 枋子, *fāng tsè*, 枋木, *fāng mŏu*, 老木, *laò mŏu*, 壽木, *cheóu mŏu*, 老房子, *lào fâng tsè*.
Céréales. 粮食, *Leâng chĕ*, 五穀, *où kŏu*.
Cérémonie. 禮節, *Lì tsiĕ*, 禮信, *lì sín*.
Cerf. 鹿子, *Loŭ tsè*.

Cerf-volant. 風箏, *Fōng tsēn.*
Cerise. 櫻桃, *Guēn t'âo.*
Cerner. 圍倒, *Oûi tào.*
Certain, adj. 一定, *ĭ tín,* 靠得住, *k'áo tĕ· tchóu,* 有憑則, *icòu p'în tsĕ·.* ‖ Quelqu'un, 一个, *ĭ kó.*
Certificat. 憑據, *P'în kú.*
Céruse. 鉛粉, *Iuên fèn.*
Cervelle. 腦髓, *Laò soùi.*
Cesser. 停, *T'în,* 歇氣, *hiĕ· k'í,* 住, *tchóu,* 止, *tchè,* 煞過, *chă kŏ (kó).*
Chacun. 个个, *Kó kó,* 一个一个的, *ĭ kó ĭ kó tĭ,* 各人, *Kŏ jên,* 衆人, *tchóng jên.*
Chagrin. *Voyez* affliger.
Chaîne. 鍊子, *Lién tsè.*
Chaînon. 鍊子鈎鈎, *Lién tsè k'eōu k'eōu.*
Chair. 肉, *Joŭ;* ‖ — d'un fruit, 瓤子, *jâng tsè.*
Chaise. 椅子, *ì tsè.* ‖ *Voyez* palanquin.
Chaland. 買主, *Mài tchòu,* 主顧, *tchòu kóu.*
Chaleur. *Voyez* chaud.
Chambre, une —. 一空 (*v.* 一間) 房圈, *ĭ k'óng (v. ĭ kān) fâng k'uēn,* 一空 (*v.* 一間) 屋, *ĭ k'óng (v. ĭ kān) oŭ.*
Chameau. 駱駝, *Lŏ t'ô.*
Champ. 地, *Tí;* ‖ rizière, 田, *t'iên.* ‖ — de Mars, 教塲垻, *Kiáo tch'âng pá.*
Champignon. 菌子, *Kúin tsè,* 木耳, *mŏu eùl.* ‖ — de lampe, 燈花兒, *tēn hoūa eûl.*
Chance. 福氣, *Foŭ k'í,* 運氣, *iún k'í,* 掽, *p'óng,* 幸喜, *hín hì.*
Chanceler. 立不穩, *Lĭ poŭ ouèn,* 打攛攛, *tà ts'oūan ts'oūan.*
Chandelier. 蠟台, *Lă t'âi.*
Chandelle. 蠟燭, *Lă tchŏu.*
Changer. 掉, *T'iào,* 換, *houán;* 改, *kài,* 變, *pién.*
Chanson. 曲子, *K'ŭ tsè;* — champêtre, 山歌, *chān kō.*
Chanter. (en parlant de l'homme) 唱, *Tch'áng;* (en parlant des oiseaux) 叫, *kiáo.*
Chantier. 廠, *Tch'àng.*
Chanvre. 麻, *Mâ.*
Chapeau, un —. 一頂帽子, *ĭ tìn máo tsè,* — en bambou, 斗篷 (*v.* 笠), *tcòu p'ông (v. lĭ).*
Chapelet, un —. 一串念珠, *ĭ tch'oúan nién tchōu.*
Chapelle. 小經堂, *Siào kīn t'âng.*
Chapitre, un — de livre. 一章 (*v.* 一節) 書, *ĭ tchāng (v. ĭ tsiĕ·) chōu.*
Chapon. 𩰫雞, *Sién kī.*
Chaque. — jour. 每天, *Mèi t'iēn,* 見天, *kién t'iēn,* 天天, *t'iēn t'iēn.* ‖ *Voyez* chacun.
Char. 車子, *Tch'ē tsè.*
Charbon. — de bois de chêne, 杠炭, *Kāng t'án;* — de terre, 煤炭, *mêi t'án.*
Charge. 担子, *Tán tsè,* 挑子, *t'iāo tsè,* 背子, *péi tsè.* ‖ — de bête de somme, 馱子, *tó tsè.* ‖ — de bateau, 載子, *tsái tsè.* ‖ *Voyez* devoir, dignité.
Charger. *Voyez* charge, confier, répondre, soigner.
Charité. Vertu de —, 愛德, *Gái tĕ·.* ‖ *Voyez* aumône.
Charlatan. 扯謊垻, *Tch'è· houàng pá,* 賣嘴巴, *mái tsoùi pā.*
Charme (magie). 邪法, *Siê· fă.* ‖ *Voyez* plaisir, agréable.
Charpente. 架架, *Kiá kiá.*
Charpentier. 木匠, *Moŭ tsiáng.*
Charrue. 犁頭, *Lî t'eôu.*
Chas. 針鼻子, *Tchēn pí tsè.*
Chasser. 攆, *Nièn,* 趕出去, *kàn tch'oŭ k'ú,* 驅逐, *k'ū tchŏ.* ‖ Aller à la chasse, 打野物, *tà iè· oŭ.*
Chassieux. 鮓巴眼, *Tchà pā ièn.*
Chasteté. 貞節, *Tchēn tsiĕ·.*
Chasuble. 外套, *Oúai t'áo.*
Chat. 猫兒, *Māo eûl.*
Châtaigne. 板栗, *Pàn lĭ.*
Châtier. 罰, *Fă.*
Chatouiller. *Hă.*
Châtrer. 𩰫, *Sién,* 劁, *chán,* 割, *kŏ.*
Chaud. 熱, *Jĕ·,* 滾, *kouèn,* 燙, *t'áng.* ‖ Chaleur douce, 熱和, *jĕ· hō (hô),* 温和, *ouēn hô.* ‖ Affectueux, 親熱, *ts'īn jĕ·.*
Chaudière. *Voyez* marmite.
Chauffage. 柴火, *Tch'âi hò,* 炭火, *t'án hò.* ‖ Chercher du menu —, 找燒的, *tchào chāo tĭ.*
Chauffer. 燒, *Chāo,* 炕, *k'áng,* 熻熱, *hiĕ· jĕ·,* 煨熱, *oūi jĕ·;* — du vin, 燙酒, *t'áng tsieòu.* ‖ — au soleil, 晒, *chái.* ‖ Se — devant le feu, 烤火, *k'ào hò,* 向火, *hiáng hò.*

Chaufferette. 火(*v.* 烘)籠子, *Hò (v. hōng) lông tsè.*
Chausse-pied. 溜跟, *Lieōu kēn*, 鞋拔子, *hâi p'ǎ tsè.*
Chausser (se). 穿鞋襪子, *Tch'oūan hâi ouá tsè.*
Chauve. 光腦殼, *Kouāng laò k'ŏ.*
Chaux. 石灰, *Chĕ hoūi.*
Chavirer. 翻船, *Fān tch'oûan.*
Chef. 頭子, *T'eôu tsè.*
Chef-lieu.—de province, 省城, *Sèn tch'ên.*
Chemin. 路, *Loú*, 道, *táo.*
Cheminée. 烟囱, *Iēn tch'ōng.*
Chemise. 汗衣, *Hán ī*, 汗褂子, *hán koúa tsè.*
Chêne. 青杠, *Ts'īn kāng.*
Chenille. 毛虫, *Mâo tch'ông.*
Chenu. 白頭, *Pĕ t'eôu.*
Cher, aimé. 愛的, *Gái tĭ.* ‖ Coûteux, 貴, *koúi.*
Chercher. 找, *Tchào*, 尋, *sûn.*
Cheval. 馬, *Mà.*
Chevet. 枕頭, *Tchèn t'eôu.*
Cheveu. 頭髮, *T'eôu fǎ.*
Cheville. 木釘子, *Moŭ tīn tsè.*
Chèvre. 山羊, *Chān iâng*, 角角羊, *kŏ kŏ iâng.*
Chèvre-feuille. 金銀花, *Kīn în hoūa.*
Chevron. 椽子, *Lìn tsè.*
Chien. 狗, *Keòu.* ‖ — de fusil, 鎗機子, *ts'iāng kī tsè.*
Chiendent. 絲茅草, *Sē mâo ts'ào.*
Chiffon. 襤衿衿, *Lán kīn kīn.*
Chiffonner 縐, *Tsóng* 揉, *joûa.*
Chine. 中國, *Tchōng kouĕ*, 中華, *tchōng hoûa.*
Chirurgie. 外科, *Oúai k'ō.*
Choc. *Voyez* heurter.
Chœur. Se diviser en plusieurs chœurs pour chanter, 分幾班唱經, *Fēn kì pān tch'áng kīn.* ‖ Les neuf — des Anges, 九品天神, *Kièou p'in t'iēn chên.*
Choisir. 揀, *Kièn*, 選, *suèn*, 擇, *ts'ĕ*, 挑, *t'iāo.*
Chômer. 停工, *T'în kōng*, 罷工, *pá kōng*, 歇工, *hiĕ kōng*, 放工, *fáng kōng*, 收工, *cheōu kōng.*
Chose. 物件, *Oŭ kién*, 東西, *tōng sī*, 事, *sé.*
Chou. 白菜, *v.* 包菜, *Pĕ ts'ái, v. pāo ts'ái*, 蓮花白, *liên hoūa pĕ.*
Choyer. 待得好, *Tái tĕ haò.*
Chrétien. 奉教人, *Fóng kiáo jên*, 天主教, *T'iēn Tchòu kiáo.*
Christ. 基斯督, *Kī sē toŭ.*
Chrysalide. 蛹子, *Iòng tsè.*
Chuchoter. 悄悄的說話, *Ts'iāo ts'iāo tĭ chŏ hoúa.*
Chute. *Voyez* tomber.
Ci. Ce jour-ci, 今天, *Kīn t'iēn;* cette année-ci, 今年, *kīn niên;* en ce temps-ci, 如今, *joû kīn.*
Cible. 靶子, *Pà (pá) tsè.*
Ciboire. 聖體盒子, *Chén t'ì hŏ tsè.*
Cicatrice. 疤子, *Pa tsè.*
Ciel, régions supérieures. 天, *T'iēn*, 空中, *k'ōng tchōng.* ‖ Température, 天氣, *t'iēn k'í.* ‖ Séjour des Bienheureux, 天堂, *t'iēn t'âng.* ‖ Dieu, 天主, *T'iēn Tchòu*, (payen) 天, *t'iēn.*
Cierge. 蠟燭, *Lǎ tchŏu.*
Cigale. 懶虫子, *Làn tch'ông tsè, gnī gā tsè.*
Cigare, un —. 一桿菸, *ī kān iēn;* faire des cigares, 裹菸, *kò iēn.*
Cil. 眼睫毛, *Ièn tsǎ mâo.*
Cilice. 苦衣, *K'òu ī.*
Cime. — de montagne, 山頂, *Chān tìn.* ‖ — d'un arbre, 樹顛顛, *chóu tiēn tiēn.*
Ciment. 三合土, *Sān hŏ t'òu.*
Cimetière. 坟山, *Fên chān*, 義地, *gní tí.*
Cinabre. 硃砂, *Tchōu chā.*
Cinq. 五, *Où;* cinquante, 五十, *où chĕ.*
Circoncision. 割損禮, *Kŏ (kĕ) sèn lì.*
Circonstance. 情由, *Ts'în ieôu*, 光景, *kouāng kìn.*
Circuler. 轉, *Tchoùan*, 過去過來, *Kó k'ú kó lâi*, 通, *t'ōng.*
Cire. 蠟, *Lǎ.*
Ciseau. — de menuisier, de sculpteur, 鑿子, *Ts'ŏ tsè.*
Ciseaux, une paire de —. 一把剪刀, *ī pà tsièn taō.*
Ciseler. 鏨, *Tsán*, 雕, *tiāo*, 刻, *k'ĕ.*
Citadelle. 炮台, *P'áo t'âi.* *Voy.* forteresse.
Citation. *Voyez* assigner.
Citerne. 水池, *Choùi tch'ê*, 魚塘, *iû t'âng*, 井, *tsìn*, 坑, *k'ēn.*
Citrouille. 南瓜, *Lân koūa.*

海上絲綢之路文獻集成 科技與文化編

Civil, opposé à militaire. 文的, *Ouên tĭ.* ‖ *Voyez* affable, poli.
Civilité. 禮信, *Lì sín.*
Claie. 篾巴, *Miĕ· (mî) pā,* 簸箕, *pò kī.*
Clair, luisant, bien éclairé. 亮, *Leáng.* ‖ Transparent, 透亮, *t'eóu leáng.* ‖ Net, 明白, *mîn pĕ·,* 清楚, *ts'īn ts'òu.* ‖ Serein, 晴, *ts'în.* ‖ Peu foncé, 淡, *tán.* ‖ Qui a peu de consistance, peu serré, 稀, *hī.*
Classe, rang. 班, *Pān,* 行, *hâng,* 等, *tèn.* ‖ Espèce, 類, *loúi.* ‖ Sorte, 樣子, *iáng tsè.* ‖ Dignité, 品, *p'ìn.* ‖ *Voyez* école.
Clef. — d'une serrure, 鑰匙, *Iŏ chê;* ‖ — d'un caractère chinois, 字傍, *tsé p'âng.*
Clément. 仁慈, *Jên ts'ê.*
Clochette. 鈴鈴, *Lîn lîn.*
Cloison. 間壁, *Kán pĭ,* 板壁, *pàn pĭ.*
Clore. — un compte, 扎賬, *Tchă tcháng,* 算清, *souán ts'īn.* ‖ *Voyez* fermer, entourer.
Clou. 釘子, *Tīn tsè.* ‖ *Voyez* furoncle.
Clouer. 釘, *Tín,* 釘釘子, *tín tīn tsè.*
Coaguler (se). 凝, *Lín,* 成餅, *tch'ên pìn.*
Cochon. 猪, *Tchōu.*
Cocon. 繭子, *Kièn tsè.*
Cœur. 心, *Sīn.* ‖ Affection, 愛情, *gái ts'în.*
Coffre. 櫃子, *Koúi tsè.*
Cohabiter. 同房, *T'ông fâng.*
Coin, angle. 角角, *Kŏ kŏ.* ‖ Coin à fendre le bois, 楔子, *Siĕ· tsè.*
Col. 衣領, *ī lìn.* ‖ — de montagne, 山凹, *chān gáo,* 丫口, *iā k'eòu.*
Colère. 怒, *Lóu,* 氣, *k'í.*
Colique. Avoir la —, 肚皮痛, *Toú p'î t'óng.*
Colis, caisse. 箱, *Siāng.* ‖ Ballot, 包, *pāo.*
Colle. — de farine, 漿子, *Kiáng tsè;* — forte, 膠, *kiāo.*
Coller. 粘, *Tchān,* 巴, *pā,* 貼, *t'iĕ·,* 糊, *fôu.* ‖ Cartonner, 裱, *piào.*
Collier. — de mandarin, 朝珠, *Tch'âo tchōu.*
Colline. 坡, *P'ō,* 山, *chān.*
Colombe. 鴿子, *Kŏ tsè.*
Colonne. 柱頭, *Tchóu t'eôu.*
Colza. 青菜子, *Ts'īn ts'ái tsè.*
Combien. 好多, *Hào tō,* 幾, *kì.*

Combler. *Voyez* remplir, boucher.
Combustible. *Voyez* chauffage.
Comédie. 戲, *Hí.*
Comestible. 喫得的, *Tch'ĕ tĕ· tĭ.*
Comète. 掃 (*v.* 刷) 把星, *Sáo (v. chouă) pà sīn.*
Commander. 命, *Mín,* 吩咐, *fēn foú.* ‖ Avoir l'autorité, 管治, *kouàn tché.* ‖ Faire une commande, 叫, *v.* 請做, *kiáo, v. ts'ìn tsóu.*
Comme. 如, *Jôu,* 像, *ts'iáng;* — lui, 跟他一樣, *kēn t'ā ī iáng.* ‖ De quelque manière que, 不拘, *poŭ kū,* 不論, *poŭ lén,* 在隨, *tsái soûi.* ‖ En tant que, 論, *lén.* ‖ *Voyez* lorsque.
Commencement. 頭頭, *T'eôu t'eôu.* ‖ Au —, 起頭, *k'ì t'eôu,* 起初, *k'ì ts'ōu,* 當初, *tāng ts'ōu,* 先, *siēn,* ‖ Dès le —, 開頭, *k'āi t'eôu,* 自以來, *tsé ì lâi.*
Commencer. 起頭, *K'ì t'eôu,* 動手, *tóng cheòu.*
Comment. 怎樣, *Tsèn iáng,* 如何, *jôu hô,* 何如, *hô jôu.*
Commerce, trafic. 買賣, *Mài mái,* 生意, *sēn í.* ‖ *Voyez* relation.
Commettre. 做, *Tsóu,* 作, *tsŏ,* 爲, *oûi,* 犯, *fán.* ‖ *Voyez* confier.
Commissaire. — impérial, 欽差, *K'īn tch'āi.* ‖ Délégué quelconque, 委員, *oùi iuên.*
Commode. 方便, *Fāng pién,* 順便, *choúen pién.*
Commun, qui appartient à tous, 大衆的, *Tá tchóng tĭ,* 通, *t'ōng,* 公, *kōng;* cimetière —, 官山, *kouān chān.* ‖ Vulgaire, 平常的, *p'în châng tĭ.* ‖ Abondant, 多, *tō.*
Communion. Recevoir la —. 領聖體, *Lìn chén t'ì.*
Communiquer, transmettre. 交, *Kiāo,* 傳, *tch'ouân,* 通, *t'ōng.* ‖ Avoir des relations, 來往, *lâi ouàng.* ‖ Aboutir, 通, *t'ōng,* 出, *tch'oŭ.*
Compagnie. *Voyez* société, troupe.
Compagnon. 伴, *Pán.* *Voyez* associé.
Comparer. 比, *Pì.* ‖ Confronter, 對, *toúi.* ‖ *Voyez* égaler.
Compartiment, case. 隔, *Kĕ·.* ‖ Un — de maison, 一間 (*v.* 一空) 屋, *ī kān (v. ī k'óng) oŭ.*

Compassion. Avoir —, 哀憐, *Gāi lièn*, 憐憫, *lièn mìn*, 心痛, *sīn t'óng*. ‖ Digne de —, 可憐, *k'ò lièn*.
Compenser. 補, *Pòu*, 賠, *p'êi*.
Complet. 全, *Ts'uên*, 齊, *ts'î*.
Compléter. — une somme. 補數, *Poù sóu*, 裝數, *tchoùang (tchouāng) sóu*. ‖ Achever, 做完, *tsóu ouân*.
Compliment. 讚美 (*v.* 奉承) 的話, *Tsán mèi (v. fóng tch'ên) tĭ hóua*, 套話, *t'áo hóua*.
Complimenter. 恭喜, *Kōng hì*, 請安, *ts'ìn gān*, 拜上, *pái cháng*.
Comploter. 謀, *Mông*.
Composition. — littéraire. 文章, *Ouên tchāng*.
Comprendre, renfermer. 包含, *Pāo hân*. ‖ Saisir par la pensée, 懂, *tòng*, 明白, *mîn pĕ*.
Compromettre. 連累, *Liên loùi*, 拖累, *t'ō loùi*, 帶陷, *tái hién (hiĕ v. sĭ)*.
Comptant. Argent —, 現銀 (*v.* 錢) *Hién în (v. ts'iên)*.
Compte, nombre. 數, *Soú*. ‖ Recettes et dépenses, 賬目, *tcháng mŏu*.
Compter, nombrer. 數, *Sòu*, 點, *tièn*. ‖ Calculer, 算, *soúan*. ‖ Penser, 想, *siàng*, 打主意, *tà tchòu í*, 打算, *tà soúan*. ‖ Se fier, 靠, *k'áo*.
Comptoir. 櫃台, *Koúi t'âi*.
Concile. 主教會議, *Tchòu kiáo hóui gní*.
Concombre. 黃瓜, *Houâng koūa*.
Concubine. 妾, *Ts'iĕ*, 小婆子, *siào p'ô tsè*, 小小, *siào siào*, 偏房, *p'iēn fâng*.
Concupiscence. 私慾偏情, *Sē iŏ p'iēn ts'în*.
Condamner. 定罪, *Tín tsóui*, 罰, *fă*.
Condescendre. 順從, *Chouén ts'ông*, 依允, *ī iùn*.
Condisciple. 窗友, *Ts'āng icòu*.
Condition, rang. 地位, *Tí oúi*, 身分, *chēn fén*; 出身, *tch'oŭ chēn*; 光景, *kouāng kìn*. ‖ A —. *Voyez* pourvu que.
Conduire, guider. 引, *ìn*, 牽, *k'iēn*. ‖ Mener avec soi, 帶, *tái*. ‖ Accompagner, 送, *sóng*, 解, *kái*. ‖ Diriger, 管, *kouàn*. ‖ Communiquer, 通, *t'ōng*. ‖ Se —, *Voyez* agir.
Confession. 告解, *Káo kiài*, 神工, *chên kōng*.
Confiance. 靠望, *K'áo ouáng*.
Confier. 託付, *T'ŏ foú*, 交, *kiāo*. ‖ Livrer en dépôt, 寄, *kí*.
Confins. 邊界, *Piēn kiái*. ‖ — de deux pays, 交界地方, *kiāo kiái tí fāng*.
Confirmation. 堅振, *Kiēn tchén*.
Confirmer. 付堅振, *Foú kiēn tchén*. ‖ *Voyez* solide.
Confisquer. 充公, *Tch'ōng kōng*, 入官, *joŭ kouān*, 抄家, *tch'āo kiā*.
Confiture. 糕, *Kāo*, 糖菓, *t'âng kò*.
Confluent, subst. m. 兩相水, *Leàng siāng choùi*, 合江, *hŏ kiāng*.
Confondre, brouiller. 攪亂, *Kào loúan*. ‖ Ne pas discerner, 不分, *poŭ fēn*. ‖ Faire honte, 傷臉, *chāng lièn*. ‖ *Voyez* réfuter.
Conforme. 一樣, *ī iáng*, 相同, *siāng t'ông*, 相似, *siāng sé*, 合, *hŏ*.
Confrérie. 會, *hoúi*.
Confronter. 對, *Toúi*. ‖ *Voyez* comparer.
Confucius. 孔夫子, *K'òng foū tsè*.
Congé, permission de s'absenter. 假, *Kiá*. ‖ Renvoi d'un domestique, 算賬, *souán tcháng*. ‖ — à des écoliers, 放學, *fáng hiŏ*. ‖ *Voyez* adieu.
Congédier. 打發, *Tà fă*, 開消, *k'āi siāo*, 放, *fáng*, 散, *sán*.
Congrégation. 會, *Hoúi*, 部, *poú*.
Conjecturer. 估, *Koù*, 猜, *ts'āi*, 揣, *tch'oùai*, 打諳, *tà gān*, 怕, *p'á*.
Connaître. 認得, *Jén tĕ*, 曉得, *hiào tĕ*, 知, *tchē*, 會, *hoúi*, 熟識, *choŭ chĕ*.
Consacrer, offrir à Dieu. 献與天主, *Hién iù T'iēn Tchòu*. ‖ Changer au Corps de J.-C., 成聖體, *tch'ên Chén T'ì*. ‖ Bénir, 聖, *chén*.
Conscience. 良心, *Leâng sīn*. ‖ Avoir —, 知覺, *tchē kiŏ*, 曉得事, *hiào tĕ sé*.
Consécutif. 連倒, *Liên taò*, 不斷, *poŭ touán*.
Conseil. 主意, *Tchòu í*. ‖ *Voy.* avis, délibérer.
Conseiller, subst. m. 軍師, *Kūin sē*. — d'un mandarin, 師爺, *Sē iê*, 稿爺, *kào iê*.
Conseiller, v. a. 勸, *K'uén*, 出主意, *tch'oŭ tchòu í*.
Consentir. 依允, *ī iùn*, 依從, *ī ts'ông*, 准, *tchouèn*, 許, *hù*, 答應, *tă ín*, 願意, *iuén í*, 肯, *k'èn*.

華西官話漢法詞典

Conséquence, suite. 關係, *Kouān hí.* ‖ Important, conséquent, 大要緊, *tá iáo kìn.* ‖ Par conséquent, 所以, *sò ì.*

Conserver, garder. 存, *Ts'ên,* 留, *liêou.* ‖ Mettre en réserve, 放, *fáng.* ‖ Protéger, 保, *pào.*

Considérer. 看, *K'án,* 想, *siàng.*

Consoler. 安慰, *Gān oúi.*

Constant. 恒心, *Hên sīn,* 長久, *tch'âng kieòu.*

Constater. 則, *Tsě·,* 看, *k'án,* 查, *tch'â,* 驗, *nién.*

Constipé. 結起, *Kiě· k'ì,* 大便不通, *tá pién poŭ t'ōng.*

Consul. 領事官, *Lìn sé kouān.*

Consulter, prendre avis. 問, *Ouén,* 稟, *pìn.* ‖ Délibérer, 商量, *chāng leâng.* ‖ Examiner, 查, *tch'â.*

Contagieux. 惹人的, *Jè jên tī.*

Conte. 故事, *Koú sé,* 龍門陣, *lông mên tchén.* ‖ Mensonge, 白話, *pě· houá,* 謊話, *houàng houá.*

Contempler. 看, *K'án,* 想, *siàng.*

Contenir, renfermer. 包含, *Pāo hân,* 裝, *tchoūang.* ‖ *Voyez* réprimer.

Content. 歡喜, *Hoūan hì,* 自在, *tsé tsái,* 滿意, *màn í.*

Conter. 說, *Chŏ,* 擺, *pài.*

Contester. 爭論, *Tsēn lén.*

Continuer. 接倒, *Tsiě· tào,* 不住, *poŭ tchóu,* 不斷, *poŭ touán.*

Contracter. — alliance, 結親, *Kiě· ts'īn.* ‖ — des dettes, 拉賬, *lā tcháng.* ‖ — une maladie, 得病, *tě· pín.*

Contraire, opposé. 相反, *Siāng fàn.* ‖ Non conforme, 不合, *poŭ hŏ.* ‖ Nuisible, 不好, *poŭ hào,* 有害, *ieòu hái.* ‖ Au —, 反, *fàn,* 到轉, *táo tchouàn.*

Contrat. 合同, *Hŏ t'ông,* 契約, *k'í iŏ,* 字, *tsé,* 紙, *tchè.*

Contre, opposé. 相反, *Siāng fàn.* ‖ Vers, 照倒, *tcháo tào,* 朝, *tch'âo,* 向, *hiáng.* ‖ Près de, 挨倒, *gāi tào.* ‖ En s'appuyant à, 靠, *k'áo,* 凭, *p'ēn.*

Contrebande. 私貨, *Sē hó,* 漏稅, *leóu choúi.*

Contre-cœur (à). 沒奈何, *Mŏ lái hô.*

Contredire. 不依, *Poŭ ī,* 扭起說, *nieòu k'ì chŏ.*

Contrefaire. *Voyez* imiter, simuler.

Contre-poison. *Voyez* antidote.

Contribuer, payer une part. 出錢, *Tch'ŏu ts'iên,* 出分子, *tch'ŏu fén tsè,* 捐錢, *kuēn ts'iên.* ‖ Aider, 相幇, *siāng pāng.* ‖ Etre utile, 有用, *ieòu ióng.*

Contrition. 痛悔, *T'óng hoùi.*

Convaincre. 問倒, *Ouén tào,* 勸, *k'uén,* 說, *chŏ.*

Convenir, admettre. 認, *Jén.* ‖ Décider ensemble, 定, *tín,* 約, *iŏ,* 講成, *kiàng tch'ên.* ‖ Etre commode, 方便, *fāng pién,* 使得, *chè tě·,* 合式, *hŏ ché,* 要得, *iáo tě·,* 門頭, *teóu t'eôu,* 對, *toúi.* ‖ Etre bienséant, 可以, *k'ò ì.* ‖ Etre en rapport, 相配, *siāng p'éi,* 相稱, *siāng tch'én.* ‖ Etre agréable, 喜歡, *hì houān.*

Convention. 約, *Iŏ,* 合同, *hŏ t'ông.*

Converser. 相談, *Siāng t'án,* 說話, *chŏ houá,* 擺龍門陣, *pài lông mên tchén.*

Convertir. 勸化, *K'uén houá.* ‖ Se—, 回頭, *houî t'eôu,* 改過, *kài kó.*

Convexe. 拱的, *Kòng tī,* 鼓出來的, *kòu tch'ŏu lâi tī.*

Convive. 坐席的, *Tsó sī tī,* 客, *k'ě·.*

Convoiter. 貪, *T'ān. Voyez* désirer.

Convulsions, Avoir des —. 扯風, *Tch'è· fōng.* ‖ *Voyez* agiter, palpiter.

Copeau. 鉋花兒, *Páo houā eûl,* 木渣子, *mŏu tchā tsè.*

Copier. 抄, *Tch'āo,* 謄, *t'ên.* ‖ *Voyez* imiter.

Coq. 叫雞, *Kiáo kī,* 雞公, *kī kōng.*

Coque. 殼殼, *K'ŏ k'ŏ.*

Coquemar. 開水壺, *K'āi chòui fôu,* 催壺, *ts'oūi fôu.*

Cor,—aux pieds. 脚繭, *Kiŏ kièn,* 雞眼睛, *kī ièn tsīn.*

Corail. 珊瑚, *Chān fôu.*

Corbeau. 老鴉, *Lào ouá (iā).*

Corbeille. 篼篼, *Teōu teōu.*

Corde. 繩, *Chouên,* 索子, *sŏ tsè.* ‖ — de halage, 縴, *k'ién,* 牽繩, *k'iēn t'ân.* ‖ — d'arc, 弦, *hiên;*—de violon, 絃, *hiên.*

Cordeau. — de charpentier, 墨線, *Mě· sién.*

Cordon.— rond, 條子, *T'âo tsè,*—plat, 帶子, *tái tsè.*

Cordonnier. 皮匠, *P'î tsiáng.*

Corne. 角, *Kŏ.* ‖ Sabot de cheval, 蹄子, *t'î tsè.* ‖ *Voyez* chausse-pied.

Corps, chose matérielle. 物件, *Oŭ kién.* ‖ — organisé, 身, *chēn*, 體, *t'ì.* ‖ Opposé à esprit, 肉身, *jŏu chēn.* ‖ Cadavre, 屍, *chē.* ‖ Société, 會, *houí.* ‖ Un — de logis, 一重房子, *ĭ tch'ông fâng tsè.*

Correspondre, être conforme. 對, *Toúi.* ‖ Communiquer, 通, *t'ōng.* ‖ *Voyez* répondre.

Corriger, réformer. 改, *Kài.* ‖ Réprimander, 責備, *tsĕ· pí.* ‖ Punir, 責罰, *tsĕ· fá.*

Corrompre. 壞, *Houái*, 敗, *pái.* ‖ — un juge, 進水, *tsín choùi.* ‖ Se —, 朽爛, *hieòu lán.*

Corroyeur. 皮匠, *P'î tsiáng.*

Cosse. 殼殼, *K'ŏ k'ŏ*,

Côte, os. 肋骨, *Lĕ· kŏu.* ‖ Angle saillant, 楞楞, *lĕn lēn.* ‖ Colline, 坡, *p'ō.*

Côté. 邊, *Piēn*, 傍, *p'âng.* ‖ *Voyez* endroit, face, auprès.

Cotisation. 股分, *Kòu fén*, 分子, *fén tsè.*

Coton. 棉花, *Miên hoūa.*

Cou. 頸子, *Kìn tsè.* ‖ Cou-de-pied, 脚頸子, *kiŏ kìn tsè.*

Couche. *Voyez* assise, lit, enfanter.

Couché, placé horizontalement. 平起, *P'în k'ì.* ‖ Renversé, 倒起, *tào k'ì.* ‖ — pour dormir, 睡起, *choúi k'ì*, 困起, *k'oúen k'ì.*

Coucher, loger la nuit. 歇, *Hiĕ·*, 宿, *siŏu.* ‖ Placer horizontalement, 平起放, *p'în k'ì fáng.* ‖ Se — (dormir), 睡, *choúi*, 凭, *p'ēn*, (disparaître) 落, *lŏ.*

Coude. 手倒拐, *Cheòu tào kouài;* creux du —, 手彎子, *cheòu ouān tsè.*

Coudre. 縫, *Fông*, 縺, *liên.*

Couler, suivre sa pente. 流, *Lieôu.* ‖ Laisser échapper, 漏, *leóu.* ‖ Etre submergé, 沉, *tch'ên.* ‖ Jeter en moule, 鑄, *táo.*

Couleur. 顏色, *Iên sĕ·*, 顏料, *iên leáo.*

Coup, un —. 一吓, *ĭ há;* ‖ un — de couteau, 一刀, *ĭ tāo;* ‖ un — de pied, 一脚, *ĭ kiŏ;* ‖ un — de fusil, 一鎗, *ĭ ts'iāng.*

Coupable. 犯人, *Fán jên*, 罪人, *tsoúi jên.*

Coupe, vase à boire. 杯, *Pēi*, 鐘, *tchōng.* *Voyez* tasse.

Couper. 割, *Kŏ*, 砍, *k'àn*, 切, *ts'iĕ·*, 裁, *ts'âi;* — avec des ciseaux, 剪, *tsièn.*

Couple, un, une —. 一雙, *ĭ chouāng*, 一對, *ĭ toúi.* ‖ Deux époux, 兩夫婦, *leàng foū foú.*

Cour. — d'une maison, 院子, *Iuén tsè*, 天井, *t'iēn tsìn*, 壩子, *pá tsè.* ‖ Résidence du Souverain, 朝廷, *tch'âo t'în*, 宮殿, *kōng tién.*

Courage. 胆子, *Tàn tsè*, 剛勇, *kāng iòng.* ‖ Dureté de cœur, 硬心, *guén sīn*, 忍心, *jèn sīn.*

Courant, fil de l'eau. 水筋, *Choùi kīn.* ‖ Descendre le —, 下水, *hiá choùi;* remonter le —, 上水, *cháng choùi.*

Courber. 彎, *Ouān*, 捲, *kuēn (kuèn)*, 紆, *iū;* ‖ — (la tête), 埋, *mâi.*

Courir. 跑, *P'ào;* ‖ — après, 趕追, *kàn tchoūi*, 跟, *niēn.*

Courrier. 跑信的, *P'ào sín tĭ*, 信脚子, *sín kiŏ tsè*, 報子, *páo tsè.*

Courroie. 皮帶子, *P'î tái tsè*, 皮條, *p'î t'iâo.*

Court. 短, *touàn*, 小, *siào.*

Courtier. 經紀, *Kīn kì (kī).*

Cousin, cousine; fils, fille d'un oncle paternel. 叔伯哥 (*v.* 兄弟), *Chŏu pĕ· kō (v. hiōng tí)*, 叔伯姐 (*v.* 妹), *chŏu pĕ· tsiè· (v. méi).* Fils, fille d'une tante paternelle, 血表, *hiĕ· piào.* Fils, fille d'un oncle maternel, 老表, *lào piào*, 表兄, 表弟, *piào hiōng, piào tí*, 表姐, 表妹, *piào tsiè·, piào méi.* Fils, fille d'une tante maternelle, 姨娘老表, *î niâng lào piào.*

Cousin, moucheron. 蚊子, *Ouên tsè.*

Coussin. — carré qui se place sur les chaises, 椅墊, *ì tién.* ‖ *Voyez* oreiller.

Couteau. 刀, *Tāo.*

Coûter, valoir. 值, *Tchĕ;* — cher, 貴, *koúi;* — bon marché, 相因, *siāng īn.* ‖ Exiger pour, 費, *féi.*

Coutume, usage. 規矩, *Kouī kù*, 風俗, *fōng siŏu*, 世道, *ché táo.* ‖ Chose ordinaire, 平常, *p'în châng*, 素常, *sóu châng.*

Couver. 菢, *Páo.*

Couvercle. 蓋蓋, *Kái kái.*

Couverture. 被條, *Pí t'iâo*, 鋪蓋, *p'ōu kái.* ‖ Enveloppe, 套, *t'áo.* ‖ — de livre, 書殼子, *chōu k'ŏ tsè.*

Couvrir. 囥, *K'àng*, 蓋, *kái*, 蒙, *mōng (mông).* ‖ Remplir, 滿, *màn.*

Crabe. 螃蟹, *P'âng hài.*
Cracher. 吐口水, *T'òu k'eòu choùi*, 吐痰, *t'òu t'ân.*
Craindre. 怕, *P'á;* 害怕, *hái p'á*, 憚心, *tān sīn.*
Crampe. 痲, *Mâ*, 轉筋, *tchoúan kīn.*
Crapaud. 癩疙寶, *Lái kĕ· pào.*
Cravache. 馬鞭子, *Mà piēn tsè.*
Crayon. 鉛筆, *Iuên pĭ.*
Créancier. 賬主子, *Tcháng tchòu tsè.*
Crèche. 馬槽, *Mà ts'âo.*
Crédit, délai de payement. 賒, *Chē·.* ‖ *Voy.* influence.
Créer, tirer du néant. 造, *Ts'áo.* ‖ Nommer à un titre, 封, *fōng.*
Crêpe. 紗, *Cha.*
Crépir. 糊泥巴, *Foû gnî pā*, 糊石灰, *foû chĕ houi*,
Crête. — de coq, 雞冠子, *Kī koūan tsè.* ‖ — de montagne, 山頂, *chān tìn.*
Creuser. 挖, *Oūa*, 挑, *t'iāo*, 刨, *p'âo.*
Creux, adj. 空的, *K'ōng tī*, 空心, *k'ōng sīn.* ‖ Subst. m. 窩窩, *ō ō.*
Crevasse. 縫, *Fóng*, 氷, *pīn*, 口, *k'eòu.*
Crever, faire rompre. 打破, *Tà p'ó.* ‖ Se rompre, 破, *p'ó*, 爆, *páo.*
Cribler. 篩, *Chai.*
Crier. 叫, *Kiáo*, 喊, *hàn*, 叫喚, *kiáo houán.* ‖ Faire du tapage, 吵鬧, *tch'ào láo.*
Crime. 大罪, *Tá tsoúi.* ‖ *Voyez* faute.
Criminel, subst. m. 犯人, *Fán jên.*
Crinière. — de cheval, 馬鬃, *Mà tsōng.*
Cristal. 水晶, *Choùi tsīn.*
Critiquer. 說人, *Chŏ jên.*
Croc, crochet. 鈎子, *Keōu tsè*, 抓子, *tchoūa tsè.*
Croire. 信, *Sín.* ‖ *Voy.* penser, s'imaginer.
Croiser. — les bras, 抄手, *Tch'āo cheòu;* — les jambes, 蹻脚, *k'iāo kiŏ.*
Croître, grandir, pousser. 長, *Tchàng*, 生, *sēn*, 出, *tch'ŏu.*
Croix. 十字, *Chĕ tsé.*
Croquant. 脆的, *Ts'óui tī.*
Crotte. 糞, *Fén*, 屎, *chè.*
Crouler. 垮, *K'oùa*, 倒, *tào.*
Croûte. — de plaie, 瘡疤, *Tch'oūang pa*, 殼殼, *k'ŏ k'ŏ.* ‖ Gratin, 鍋巴, *kō pā.*
Cru, non cuit. 生的, *Sēn tī.*
Crucifix. 苦像, *K'òu siáng.*

Cueillir. 摘, *Tsĕ·*, 採, *ts'ài;* — en pinçant avec les doigts, 掐, *k'iă.*
Cuiller. — de table, 調羹, *T'iâo kēn*, 瓢羹, *p'iâo kēn.* Grande —, 瓢, *p'iâo.*
Cuir. 皮子, *P'î tsè.*
Cuire. 煮, *Tchòu;* — à petit feu, 燉, *tén*, 煨, *oūi;* — à la vapeur, 蒸, *tchēn;* — jusqu'à la décoction, 熬, *gâo.*
Cuisine. 灶房, *Tsáo fâng*, 廚房, *tch'ôu fâng.*
Cuisinier. — de profession, 廚子, *Tch'ôu tsè;* — de ménage, 火房, *hò fâng.*
Cuisse. 腿子, *T'oùi tsè.*
Cuivre. 銅, *T'ông.*
Cul. 屁股, *P'í koù.* ‖ Fond, 底底, *tì tì.*
Culotte. 褲子, *K'óu tsè*, 小衣, *siào ī*, 中衣, *tchōng ī.*
Cultiver. — la terre, 種, *Tchóng*, 耕, *kēn*, 栽, *tsāi*, 做庄稼, *tsóu tchoūang kia.*
Cupidité. 貪心, *T'ān sīn.*
Curcuma. 薑黃, *Kiāng houâng.*
Curé. 本堂神父, *Pèn t'âng chên foú.*
Curer. — un puits, 淘, *T'âo;* — les oreilles, 挑, *t'āo;* — les dents, 籤, *ts'ién.*
Cure-dent. 牙籤, *Iâ ts'ién.*
Cure-oreille. 挖耳, *Ouă eùl.*
Curieux, indiscret. 管閑事的, *Kouàn hiên sé tī.* ‖ Rare, 希罕, *hī hàn*, 希奇, *hī k'î.*
Cuvette. 盆子, *P'ên tsè.*
Cycle. 甲子, *Kiă tsè.*
Cymbale. 鑼, *Lô*, 鐃, *jào*, 鈸, *pŏ.*
Cyprès. 柏樹, *Pĕ· chóu.*
Cyprin. 金魚, *Kīn iû.*

D

Dais. 天棚, *T'iēn p'ông.*
Dalle. 石板, *Chĕ pàn.*
Dame. 太太, *T'ái t'ái.*
Damner. 罰下地獄, *Fă hiá tí iŏ.*
Danger. 凶險, *Hiōng hièn*, 危險, *oûi hièn.*
Dans. 在裡頭, *Tsái ì (lì) t'eôu.* ‖ *Voyez* sur, pendant, après.
Dartre. 癬, *Suèn.*
Date. 日子, *Jĕ tsè*, 日期, *jĕ k'î*, 年月, *niên iuĕ·.*
Datura. 鬧洋花, *Láo iâng hoūa.*
Davantage. 多些, *Tō sī*, 多點, *tō tièn.*

De (exprimant la possession, la matière, la qualité). 的, *Tĭ*. (exprimant le point de départ), 從, *ts'ông*.
Débarcadère. 碼頭, *Mà t'eôu*.
Débarquer. Descendre d'une barque, 上坡, *Cháng p'ō* (litt. monter à la rive). ‖ Décharger, 起載, *k'ì tsái*.
Débarrasser. 順開, *Choúen k'āi*, 收拾, *cheōu chĕ*.
Débaucher. 勾引, *Keōu ìn*, 刁壞, *tiāo hoúai*. ‖ *Voyez* embaucher.
Débiter. 零賣, *Lîn mái*. ‖ Dire, 說, *chŏ*.
Débiteur. 該 (*v*. 拉, *v*. 背) 賬的, *Kāi* (*v*. *lā*, *v*. *pēi*) *tcháng tĭ*.
Déboiter, disloquer. 挫, *Ts'ó*. ‖ Disjoindre, 拆, *ts'ĕ*.
Déborder. 水淹, *Chòui gān*, 滿出來, *mén tch'oŭ lâi*.
Déboucher. 開, *K'āi*, 打通, *tà t'ōng*.
Debout. 立起, *Lĭ k'ì*, 站, *tchán*.
Débris. 破爛的東西, *P'ó lán tĭ tōng sī*, 渣渣, *tchā tchā*. ‖ Restes d'un repas, 殘湯剩飯, *ts'ân t'āng chén fán*.
Deçà. 這邊, *Tché piēn*.
Décalogue. 天主十誡, *T'iēn Tchòu chĕ kiái*.
Décapiter. 斬, *Tchàn*, 宰腦殼, *tsài lào k'ŏ*, 砍頭, *k'àn t'eôu*.
Décent. 恭敬, *Kōng kín*, 端裝, *touān tchouāng*.
Déchaîner. 解鍊子, *Kài lién tsè*.
Décharger. 放担子, *Fáng tán tsè*, 脫担子, *t'ŏ tán tsè*. ‖ —une barque, 起載, *k'ì tsái*. ‖ —un fusil, 放鎗, *fáng ts'iāng*.
Déchausser (se). 脫鞋, *T'ŏ hâi*, 打光脚板, *tà kouāng kiŏ pàn*.
Déchirer. 扯 (*v*. 撕, *v*. 抓) 爛, *Tch'è* (*v*. *sē*, *v*. *tchoūa*) *lán*.
Déchoir. 敗, *Pái*.
Décider. 定主意, *Tín tchòu í*, 定案, *tín gán*, 斷, *touán*.
Déclarer. 說明白, *Chŏ mîn pĕ*, 告, *káo*, 稟, *pìn*.
Décliner. *Voyez* déchoir, refuser.
Découdre. 拆縫, *Ts'ĕ fóng*.
Découvrir. 揭開, *Kiĕ k'āi*. ‖ *Voyez* révéler, trouver.
Décrasser. 搽, *Ts'ā*, 洗乾淨, *sì kān tsín*.
Décret. 命, *Mín*. ‖ —impérial, 上諭, *cháng iú*, 聖旨, *chén tchè*. ‖ Ordonnance affichée d'un mandarin, 告示, *káo ché*.
Décroître. *Voyez* diminuer.
Décrotter. — en brossant, 刷, *Choŭa*; 刮, *koŭa*; en lavant, 洗, *sì*.
Dédaigner. 嫌, *Hiên*, 看不起, *k'án poŭ k'ì*, 輕慢, *k'īn mán*.
Dedans. 裡頭, *ì* (*lì*) *t'eôu*, 內, *loúi*.
Dédire (se). 反口供, *Fàn k'eòu kōng*, 翻翹, *fān k'iāo* (*k'iáo*), 翻悔, *fān hoùi*.
Dédommager. 賠, *P'éi*.
Déduire. 除, *Tch'ôu*.
Défaillance (tomber en). 昏死, *Hoūen sè*.
Défaire. 拆, *Ts'ĕ*. ‖ Dénouer, 解開, *kài k'āi*. ‖ Ouvrir, 開, *k'āi*. ‖ *Voyez* vaincre.
Défaut. 短處, *Touàn tch'óu*, 毛病, *mâo pín*. ‖ *Voyez* manquer.
Défendre, protéger. 保護, *Pào foú*, 擋, *tàng*, 遮, *tchē*. ‖ Interdire, 禁革, *kín kĕ*, 不許, *poŭ hù*.
Défiant (être). 犯疑, *Fán gnî*, 疑心重, *gnî sīn tchóng*, 防備, *fâng pí*, 把細, *pà sí*.
Défiguré. 不像樣子, *Poŭ ts'iáng iáng tsè*.
Définir. 定, *Tín*, 講, *kiàng*, 說明, *chŏ mîn*.
Défricher. 開荒, *K'āi houāng*.
Dégainer. 抽刀, *Tch'eōu tāo*.
Dégât. 害, *Hái*. ‖ *Voyez* gâter.
Dégoût. 厭煩, *Ién fân*, 見不得, *kién poŭ tĕ*, 不愛, *poŭ gái*.
Dégoutter. 滴, *Tĭ*.
Dégrader. 革, *Kĕ*, 貶, *pièn*, 参, *ts'ān*, 摘頂戴, *tsĕ tìn tái*. ‖ *Voyez* gâter.
Degré, un — d'escalier. 一步梯子, *ĭ póu t'ī tsè*. ‖ Par degrés, 慢慢的, *mán mán tĭ*, 一步一步的, *ĭ póu ĭ póu tĭ*.
Déguiser (se). 裝扮, *Tchouāng pán*.
Dehors. 外, *Oúai*. ‖ En—de, 除外, *tch'ôu oúai*, 格外, *kĕ oúai*, 不上算, *poŭ cháng souán*.
Déjà, des à présent. 已經, *ì kīn*. ‖ *Voyez* auparavant.
Déjeuner, v. 喫早飯, *Tch'ĕ tsào fán*, 過早, *kó tsào*.
Delà. 那邊, *Lá piēn*. ‖ Au —, 遠點, *iuèn tièn*. ‖ *Voyez* plus.

Délai. Mettre du —. 遲緩, *Tch'ê houàn*, 鬆一吓, *sōng ĭ há*. ‖ Accorder un —, 緩期, *houàn k'ĭ*. ‖ Sans —, 就, *tsieóu*, 立刻, *lĭ k'ĕ·*.
Délasser (se). 歇氣, *Hiĕ· k'í*, 耍, *choùa*, 散心, *sán sīn*.
Délayer. 調水, *T'iâo choùi*; — de l'encre, 研墨, *gâi mĕ·*.
Délégué. *Voyez* commissaire.
Délibérer. 商量, *Chāng leâng*, 商議, *chāng gní*. ‖ *Voyez* réfléchir.
Délicat. 細, *Sí*, 嫩, *lén*.
Délier. 解開, *Kài k'āi*.
Délirer. 糊說, *Foû chŏ*, 昏迷, *houēn mî*, 心頭不明白, *sīn t'eôu poŭ mîn pĕ·*.
Délivrer. 放, *Fáng*, 救出來, *kieóu tch'ŏu lâi*. ‖ *Voyez* livrer.
Déluge. 洪水, *Hông choùi*.
Demain. 明天, *Mîn t'iēn*, 明朝, *mîn tchāo*.
Demander, solliciter. 求, *K'ieôu*. ‖ Réclamer, 問要, *ouén iáo*. ‖ Interroger, 問, *ouén*. ‖ Nécessiter une dépense, 費, *féi*. ‖ *Voyez* besoin.
Démanger. 癢, *Iàng*.
Démarrer. 開船, *K'āi tch'oûan*.
Déméler. 分開, *Fēn k'āi*. ‖ — (les cheveux) 梳, *soū*.
Déménager. 搬家, *Pān kiā*.
Démener (se). 跌脚板掌, *Tiĕ· kiŏ pàn tchàng*.
Demeure. 住, *Tchóu*, 𠁅, *k'ôu*, 站, *tchán*, 坐, *tsó*.
Demi. 半, *Pán*; un et —, 一个半, *ĭ kó pán*.
Demoiselle. 姑娘, *Koū niâng*, 小姐, *siào tsiè·*. ‖ Libellule, 螞螞叮, *mà mà tīn*.
Démolir. 拆, *Ts'ĕ·*; ‖ — avec violence, 打, *tà*.
Démon. 魔鬼, *Mô koùi*.
Démonter 拆, *Ts'ĕ·*.
Dénouer. 解開, *Kài k'āi*.
Denrées. 粮食, *Leâng chĕ*, 米粮, *mì leâng*. ‖ Nourriture des animaux, 草料, *ts'ào leáo*.
Dent. 牙齒, *Iâ tch'è*.
Dentelure. 牙子, *Iâ tsè*.
Dépasser, sortir de l'alignement. 支出來, *Tchē tch'ŏu lâi*, 出頭, *tch'ŏu t'eôu*. ‖ *Voy.* excéder, surpasser.
Dépêche. — officielle, 文書, *Ouên chōu*. ‖ Lettre, 信, *sín*.
Dépendre, détacher. 放下來, *Fáng hiá lâi*. ‖ Etre sous l'autorité de quelqu'un, 有管頭, *ieòu kouàn t'eôu*. ‖ Etre soumis à la volonté, à l'influence de, 由, *ieôu*, 在, *tsái*. ‖ Cela dépend, 要看, *iáo k'án*.
Dépenser. 使, *Chè*, 用, *ióng*, 花, *hoūa*, 費, *féi*. ‖ Se —, 費心, *féi sīn*, 出力, *tch'ŏu lĭ*.
Déplacer. 揝, *Tsàn*, 移, *î*.
Déplaire. 不合意, *Poŭ hŏ í*.
Déposer. 放, *Fáng*, 擱, *k'ŏ*, 安, *gān*, 丢, *tieōu*. ‖ Former un dépôt, 澂, *tchén*. ‖ *Voyez* confier, dégrader, témoin.
Dépouiller. 搶, *Ts'iàng*, 脫, *t'ŏ*. ‖ Enlever la peau, 剝皮, *pŏ p'î*.
Depuis, prép. 從, *Ts'ông*, 自, *tsé*. ‖ Adv. *Voyez* ensuite.
Déraisonner. 糊說, *Foû chŏ*.
Déranger, faire perdre le temps. 躭擱, *Tān kŏ*. ‖ *Voyez* déplacer, ennuyer, gâter.
Déréglé. 沒規矩, *Mŏ koūi kù*.
Dernier, qui est après tous les autres. 煞過那一个, *Chă kŏ lá ĭ kó*, 在尾的, *tsái oùi tĭ*. ‖ Qui précède immédiatement; la dernière fois, 上次, *cháng ts'é*, 頭一回, *t'eôu ĭ houî*. ‖ *Voyez* extrême.
Dernièrement. 纔不久, *Ts'âi poŭ kieòu*.
Dérober. 偷, *T'eōu*. ‖ *Voyez* cacher.
Dérouler. — du fil, 倒線, *Táo sién*.
Derrière. 後頭, *Heóu t'eôu*, 後邊, *heóu piēn*, 背後, *péi heóu*. ‖ *Voyez* cul.
Descendre. 下來, *Hiá lâi*, 下去, *hiá k'ú*. ‖ Pendre, 吊, *tiáo*. ‖ Tirer son origine, 發下來, *fă hiá lâi*, 傳下來, *tch'oûan hiá lâi*.
Désert. 荒地, *Houāng tí*, 曠野, *k'ouáng iè·*.
Déserter. 逃, *T'âo*, 偷走, *t'eōu tseòu*.
Désespérer. 失望, *Chĕ ouáng*.
Déshonnête. 邪淫的, *Siê· în tĭ*, 醜陋的, *Tch'eòu leóu tĭ*, 不潔淨的, *poŭ kiĕ· tsín tĭ*.
Déshonorer. 傷臉, *Chāng lièn*. ‖ Se —, 丢臉, *tieōu lièn*.
Désigner, indiquer. 指, *Tchè*. ‖ Fixer, 定, *tín*. ‖ Choisir pour un office, 派, *p'ái*.
Désir. 心意, *Sīn í*, 欲, *iŏ*.
Désirer. 願, *Iuén*, 貪, *t'ān*, 圖, *t'ôu*, 想, *siàng*.

Désœuvré. 閒人, *Hiên jên*, 要起的, *choùa k'ì tĭ.*
Désordre (en). 亂的, *Louán tĭ.*
Désormais. 從今以後, *Ts'ông kīn ì heóu*, 後來, *heóu lâi.*
Désosser. 剔骨頭, *T'ĭ (t'ĭ) koŭ t'eôu.*
Dessein. 主意, *Tchòu í*, 心, *sīn.* ‖ A —, 特意, *t'ĕ· í*, 故意, *koú í*, 挑身, *t'iao chēn.*
Desserrer. 放鬆, *Fáng sōng.*
Dessous. 下頭, *Hiá t'eôu*, 底下, *tì hiá.*
Destin. 命, *Mín*, 該當, *kai tang.*
Destituer. *Voyez* dégrader.
Désuétude (tombé en). 不興了, *Poŭ hīn lò.*
Détacher. 開, *K'ai*, 放, *fáng.*
Détail. 零碎, *Lîn souí.* ‖ En —(avec soin), 下細, *hiá sí.*
Détendre. 放鬆, *Fáng sōng.*
Détenir. 留, *Lieôu*, 存, *ts'ên*, 不放, *poŭ fáng.*
Détériorer. *Voyez* gâter.
Déterrer. 刨出來, *P'áo tch'ŏu lâi*, 挖出來, *oūa tch'ŏu lâi.* ‖ Exhumer, 起坟, *k'ì fên.*
Détour. 彎拐, *Ouān kouài*, 轉, *tchouàn.*
Détourner. — la tête, 掉頭, *T'iào t'eôu.* ‖ *Voyez* empêcher, exhorter.
Détresse. Etre dans la —, 受緊, *Cheóu kìn*, 心焦難過, *sīn tsiāo lân kó.*
Détruire. 拆, *Ts'ĕ·*, 滅, *miĕ·*, 倒, *taò.*
Dette. 債賬, *Tchái tcháng*, 該數, *kāi soú*, 欠項, *k'ién háng*, 賬, *tcháng.*
Deuil. 孝, *Hiáo*, 喪事, *sāng sé.* ‖ Prendre le —, 承服, *tch'ên foŭ.* Etre en —, 居喪, *kū sāng*, 丁憂, *tīn ieōu.*
Deux. 二, *Eúl*, 兩, *leàng.* Deuxième, 第二, *tí eúl.*
Devancer, marcher devant. 走前頭, *Tseòu ts'iên t'eôu.* ‖ Partir avant, 先走, *siēn tseòu.* ‖ Arriver avant, 先攏, *siēn lòng.* ‖ *Voyez* surpasser.
Devant, subst. m. 前頭, *Ts'iên t'eôu*, 面子, *mién tsè.* ‖ Adv. et prép., 在前頭, *tsái ts'iên t'eôu*; — et derrière, 前後, *ts'iên heóu.* ‖ En présence de, 在面前, *tsái mién ts'iên.* ‖ Aller au —, 迎接, *în tsiĕ·.*
Devanture, — d'une boutique. 舖面, *P'óu mién.*
Dévaster. 蹧蹋, *Tsāo t'ă.* ‖ *Voyez* nuire, gâter.

Devenir. 成, *Tch'ên*, 做, *tsóu.* ‖ Se changer en, 變, *pién.*
Devin. 算命的, *Souán mín tĭ*, 算八字的, *souán pă tsé tĭ.*
Deviner. *Voyez* conjecturer, sorts.
Dévisser. 退螺螄釘, *T'oúi lô sē tīn.*
Devoir, subst. m. 本分, *Pèn fén*, 責任, *tsĕ· jén*, 担子, *tán tsè.*
Devoir, v. a. Avoir à payer. 該 (*v.* 欠 *v.* 爭) 人家的, *Kāi* (*v. k'ién v. tsēn*) *jên kia tĭ.* ‖ Etre sur le point de, 要, *iáo.* ‖ *Voyez* obliger.
Dévorer. 吞, *T'ēn.* ‖ Dissiper, 浪費, *láng féi.*
Dévotion. 熱心, *Jĕ· sīn.*
Diamant. 金鋼石, *Kīn kāng chĕ.*
Diamètre. 過心, *Kó sīn.*
Diarrhée. Avoir la —, 肚皮過 (*v.* 瀉), *Tóu p'i kó* (*v. sié·*).
Dictionnaire. 字彙, *Tsé loúi*, 彙書, *loúi chōu*, 字典, *tsé tièn.*
Dieu. 天主, *T'iēn Tchòu.* ‖ (payen) 天, *T'iēn*; faux dieux —, 邪神, *siê chên.*
Diffamer. 壞名聲, *Houái mîn chēn*, 毀謗, *hoùi páng.*
Différer, être différent. 不同, *Poŭ t'ông*, 不得一樣, *poŭ tĕ· ĭ iáng.* ‖ Retarder, 捱, *gâi*, 推, *t'oūi*, 遲緩, *tch'ê houàn.* ‖ *Voyez* négliger.
Difficile. 難, *Lân.*
Digérer. 消化, *Siāo hoúa.* ‖ *Voyez* supporter.
Digne. — d'amour, 可愛的, *K'ò gái tĭ*; — de châtiment, 該罰的, *kāi fá tĭ.* ‖ Je n'en suis pas —, 不敢當, *poŭ kàn tāng.* ‖ *Voyez* décent.
Dignité, charge éminente. 高位, *Kāo oúi.* ‖ Etre en —, 做大官, *tsóu tá kouān.* ‖ Air de grandeur, 威嚴, *oūi niên.*
Digue. 堤, *T'î*, 坎子, *k'àn tsè.*
Diligent. 勤快, *K'în k'ouái.*
Dimanche. 主日, *Tchòu jĕ*; (protestant) 禮拜日, *lì pái jĕ.*
Dimension. *Voyez* long, large, etc.
Diminuer. 減少, *Kièn chào.* ‖ Le prix a diminué, 跌了價, *tiĕ· lò kiá.* ‖ Devenir plus petit, plus court, 小了, *siào lò*, 短了, *touàn lò.*

Dîner, subst. m. 晌午, *Chàng (chào) où*, 中飯, *tchōng fán.*
Dire. 說, *Chŏ*, 講, *kiàng*, 談, *t'án.*
Direct. 直, *Tchĕ.*
Direction. 向, *Hiáng*, 朝, *tch'âo.*
Diriger. *Voyez* conduire.
Discerner, voir distinctement. 看清楚, *K'án ts'īn ts'òu.* ‖ Distinguer, 分, *fēn*, 看出來, *k'án tch'ŏu lâi.*
Disciple. 徒弟, *T'ôu tí*, 門弟, *mên tí*, 門生, *mên sēn.*
Discorde. 不和, *Poŭ hô.*
Discrétion. Avoir de la —, 嘴巴子穩當, *Tsoùi pā tsè ouèn táng*, 裝得話, *tchoūang tĕ hoúa.* ‖ A —, 隨便, *soûi pién*, 在隨, *tsái soûi*, 由在, *ieôu tsái.*
Discuter. 理論, *Lì lén*, 辯論, *pién lén*, 爭論, *tsēn lén.*
Disparaître. Il a disparu, 不見了, *Poŭ kién lò*, 不在了, *poŭ tsái lò.*
Dispenser. 寬免, *K'ouān mièn.*
Disperser. 散, *Sán.* ‖ —violemment, 打散, *tà sán.*
Dispos. 爽快, *Chouàng k'ouái*, 安逸, *gān ĭ*, 愈帖, *iû t'iĕ.*
Disposer. 安排, *Gān p'âi*, 擺, *pài*, 布置, *póu tché*, 收拾, *cheōu chĕ.* ‖ *Voyez* préparer.
Disputer, contester pour obtenir. 爭, *Tsēn.* ‖ *Voyez* discuter, querelle.
Dissiper, dépenser follement. 浪費, *Láng féi*, 糟蹋, *tsāo t'á.*
Dissoudre. *Voyez* fondre, disperser, rompre.
Distance. A quelle —, 隔好遠, *Kĕ hào iuèn.* ‖ *Voyez* près, loin, différer.
Distiller. 烤, *K'ào.*
Distinguer. 分, *Fēn.* ‖ Se —, 出名, *tch'ŏu mîn.*
Distrait. 分心, *Fēn sīn*, 心亂, *sīn louán*, 不用心, *poŭ ióng sīn.*
Distribuer. 分散, *Fēn sán.* ‖ — gratuitement. 施, *chē.*
Divaguer, — en parlant. 糊說, *Fôu chŏ*, 說在半邊坡, *chŏ tsái pán piēn p'ō.*
Divin. 天主的, *T'iēn Tchòu tĭ.* ‖ Surnaturel, 超性的, *tch'āo sín tĭ.*
Diviser. 分, *Fēn.* ‖ Mettre la discorde, 挑唆人不和睦, *t'iāo sō jên poŭ hô mŏu.*

Division (arithmétique). 歸除, *Koūi tch'ôu.*
Divulguer. 傳揚出去, *Tch'oûan iâng tch'ŏu k'ú.*
Dix. 十, *Chĕ.* Dixième, 第十个, *tí chĕ kó.*
Docile. Etre —, 聽說, *T'īn chŏ*, 聽命, *t'ín mín.*
Docteur. 進士, *Tsín sé.* ‖ — de l'Eglise, 聖師, *chén sē.*
Doctrine. 道理, *Táo lì.*
Doigt. 指頭, *Tchè t'eôu*, 指拇子, *tchè mòu tsè.*
Domestique, réduit en domesticité. 家的, *kiā tĭ.* ‖ Serviteur, 長年, *tch'âng niên*, 請的, *ts'ìn tĭ.*
Dominer. *Voyez* gouverner, surpasser.
Dommage. 害, *Hái.* ‖ Subir un —, 受害, *cheóu hái*, 喫虧, *tch'ĕ k'oūi.* ‖ C'est —, 可惜了, *k'ò sĭ lò.*
Dompter. 壓服, *Iă foŭ.*
Don. *Voyez* cadeau, bienfait.
Donner, faire don. 送, *Sóng*, 賜, *ts'é*, 賞, *chàng*, 拏, *lâ.* ‖ Livrer, 交, *kiāo*, 遞, *tí.*
Dorer. 鍍金, *Toú kīn*, 貼金, *t'iĕ kīn.*
Dormir. 睡, *Chóui*, 困, *k'ouén*, 凭, *p'ēn.*
Dos. 背, *Péi.* ‖ Porter sur le —, 背, *pēi.* ‖ Rejeter une affaire sur le — d'autrui, 推在人家身上, *t'oūi tsái jên kiā chēn cháng.*
Dose, une—de médecine. 一付藥, *ĭ foú iŏ.*
Dot. 陪奩, *P'êi liên*, 陪嫁, *p'êi kiá*, 嫁奩, *kiá liên*, 妝奩, *tchouāng liên.*
Douane. 稅關, *Chóui kouān*, 卡子, *k'à tsè.*
Double, deux fois autant. 多一倍, *Tō ĭ péi*, 多一半, *tō ĭ pán.* ‖ Deux choses pareilles, 雙, *choūang.*
Doublé (habit). 袷, *Kiă.*
Doublure. 裡子, *Lì tsè.*
Doucement, lentement. 慢慢的, *Mán mán tĭ.* ‖ A voix basse, 小聲, *siào chēn.*
Douleur. 痛, *T'óng.* ‖ *Voyez* affliger.
Doute. 疑惑, *Gnî houĕ.*
Doux, saveur. 甜, *T'iên*, 甘, *kān.* ‖ Tempéré, 溫和, *ouēn hô.* ‖ Bon, affable, 良善, *leâng chán.*
Douze. 十二, *Chĕ eúl.* Douzième, 第十二, *tí chĕ eúl.*
Dragon. 龍, *Lông.*

Drap. 大呢, *Tá gnî*, 明鏡, *mîn kín*, 哈喇, *k'à (ká) lá*, 小呢, *siào gnî*.
Drapeau. 旗子, *K'î tsè*.
Dresser. 立起, *Lǐ k'ì*. || Se —, 掙起, *ts'én k'ì*. || *Voyez* exercer, préparer.
Drogue. 藥, *Iŏ*. || *Voyez* médecine.
Droit, adj. 直, *Tchĕ*, 端正, *touān tchén*, 忠厚, *tchōng héou*. || Opposé à la gauche, 右, *ieoú*. || Tout droit, sans détours, 對直, *toúi tchĕ*. || *Voyez* debout.
Droit, subst. m. Selon le—, 論理, *Lén lì*. || Avoir le bon—pour soi, 佔理, *tchán lì*. || Lois, 律例, *lŏu lí*.
Dur. 硬, *Guén*, 鐵實, *t'iĕ· chĕ*. || Avoir l'oreille dure, 耳朵背, *eùl tō péi*. || Difficile à supporter, 難受, *lân chéou*. || Insensible, sans pitié, 硬心, *guén sīn*, 忍得, *jèn tĕ·*, 心很, *sīn hèn*.
Durable. 長久的, *Tch'âng kieòu tĭ*, 過得舊, *kó tĕ· kiéou*.
Durillon. 繭, *Kièn*. 雞眼, *kī ièn*.
Duvet. 細毛, *Sí mâo*, 絨毛, *jông mâo*.
Dynastie. 朝, *Tch'âo*.
Dyssenterie. 痢症, *Lí tchén*.

E

Eau. 水, *Choùi*.
Eau-de-vie. 燒酒, *Chāo tsieòu*.
Ébauche. 樣子, *Iáng tsè*, 稿稿, *kaò kaò*, 毛坯子, *mâo p'ēi tsè*.
Éblouir. 晃眼睛, *Houáng (houàng) ièn tsīn*.
Ébouler (s'). *Voyez* crouler.
Ébranler. *Voyez* branler.
Écaille. 甲甲, *Kiă kiă*, 殼殼, *k'ŏ k'ŏ*.
Écarquiller. — les yeux, 睜眼睛, *Ts'ēn ièn tsīn*.
Écarter. 擋開, *Làng k'āi*, 順開, *chouén k'āi*.
Échanger. *Voyez* changer.
Échapper. *Voyez* éviter, fuir.
Échauder. 燙, *T'áng*.
Échauffant. 提火的, *T'î hò tĭ*, 熱性, *jĕ· sín*.
Échéance. 日子, *Jĕ tsè*, 限期, *hién k'î*.
Échecs. 棋, *K'î*.
Échelle. 梯子, *T'ī tsè*.
Écho. 回聲, *Hoûi chēn*.

Échouer. Le bateau a échoué, 船擱起了, *Tch'oûan k'ŏ k'ì lò*. || L'affaire a échoué, 事沒有成, *sé mŏ ieòu tch'ên*.
Éclabousser. 濺泥巴, *Tsán gnî pā*.
Éclairer, v. a. 照, *Tcháo*. || v. n. Briller, 亮, *leáng*. || v. impers. Faire des éclairs, 閃火閃, *chàn hò chàn*. || *Voyez* enseigner.
Éclaireur. 探子, *T'án tsè*.
Éclat, fragment. 塊, *K'ouài*. || Lueur, 光, *kouāng*. || Brillant, 體面, *t'ì mién*. || *Voyez* scandale.
Éclater. 爆, *Páo*.
Éclipse. — de soleil, 日蝕, *Jĕ chĕ*; — de lune, 月蝕, *iuĕ· chĕ*.
Éclore. 菢出來, *Páo tch'oŭ lâi*. || S'épanouir, 開花, *k'āi hoūa*.
École. 學堂, *Hiŏ t'âng*; — particulière, 專館, *tchoūan kouàn*.
Écolier. 學生, *Hiŏ sēn*.
Économe, adj. 儉省, *Kièn sèn*. || Subst. m. 當家, *tāng kiā*, 管事, *kouàn sé*.
Écorcer. 剝皮, *Pŏ p'î*, 撥殼殼, *pŏ k'ŏ k'ŏ*, 撥開, *pŏ k'āi*. || — du riz, 礱穀子, *loûi koŭ tsè*, 碾米, *nièn mì*.
Écorcher, enlever la peau. 剝皮, *Pŏ p'î*, 剮皮, *koùa p'î*. || Déchirer la peau, 掛皮, *koúa p'î*, 打一个皮, *tà ĭ kó p'î*.
Écosser. 撥, *Pŏ*.
Écouter. 聽, *T'ín*.
Écraser. 壓爛, *Gā (v. iă) lán*. || Tuer, 壓死, *iá sè*, 榨死, *tchá sè*. || *Voyez* aplatir, piler.
Écrire. 寫, *Siè·*.
Écriteau. 牌, *P'âi*.
Écriture, manière d'écrire, 筆法, *Pĭ fă*. || Lettres, 字, *tsé*. || La Ste Ecriture, 聖經, *Chén kīn*.
Écrouelles. 痒子, *Iâng tsè*.
Écrue. Soie —, 生絲, *Sēn sē*.
Écuelle. 碗, *Ouàn*.
Écume. 泡子, *P'āo tsè*.
Écumoir. 漏瓢, *Leóu p'iâo*.
Écureuil. 貂鼠子, *Tiāo lîn tsè*.
Écurie. 圈, *Kuén*; — pour bœufs, 牛欄, *nieôu lân*.
Édit. *Voyez* décret.
Éduquer. 教訓, *Kiáo hún*, 管教, *kouàn kiáo*.
Effacer, biffer. 勾消, *Keōu siāo*, 塗, *t'ôu*, 叉, *tch'ā*; — en frottant, 擦脫, *ts'ă t'ŏ*.

Effet. 效驗, *Hiáo nién;* il n'y a pas d'—, 沒影响, *mŏ ìn hiàng;* cela produit de l'—, 叫得應, *kiáo tĕ ín.*
Effeuiller. 勒 (*v.* 捋) 葉葉, *Lĕ iĕ iĕ.*
Effleurer. 擦倒, *Ts'á tào.*
Efforcer (s'). 攢勁, *Tsàn kín,* 用力, *ióng lĭ,* 出力, *tch'ŏu lĭ,* 努力, *lòu lĭ,* 發很, *fá hèn.*
Effort (avec). 强勉, *K'iàng mièn.*
Effrayer. 嚇人, *Hĕ jên,* 驚人, *kīn jên.*
Égal, pareil. 一般, *ĭ pān,* 一樣, *ĭ iáng.* ‖ Qui ne dépasse pas, 齊截, *ts'î tsiĕ.* ‖ Uni, 平, *p'în;* 匀靜, *iûn tsín,* 均匀, *kūin iûn,* 均平, *kūin p'în.* ‖ *Voyez* indifférent.
Égaler, être égal. 比 (*v.* 跟) 得上, *Pì (v. kēn) tĕ cháng,* 趕得倒, *kàn tĕ tào.*
Égard. Avoir — à, 看, *K'án.* ‖ Avoir des égards, 恭敬, *kōng kín,* 尊敬, *tsēn kín.* ‖ *Voyez* quant à, envers.
Égarer. 搞落了, *Kào lŏ lò,* 失落, *chĕ lŏ,* 丢, *tieōu.* ‖ S'—, 走錯, *tseòu ts'ó.*
Église. La Ste Eglise, 聖教會, *Chén kiáo houí.* ‖ Temple, 經堂, *kīn t'âng,* 聖堂, *chén t'âng.*
Égrener.— le riz, 打穀子, *Tà koŭ tsè;*— le maïs, 蔴包穀, *mă pāo koŭ.*
Électricité. 電氣, *Tién k'í.*
Élément, les cinq éléments, 五行, *Où hîn.*
Éléphant. 象, *Siáng.*
Élever, lever en l'air. 提起, *T'î k'ì,* 升起, *chēn k'ì.* ‖ Promouvoir, 舉, *kù,* 陞, *chēn.* ‖ *Voyez* nourrir, éduquer.
Élire. 舉, *Kù.* ‖ *Voyez* choisir.
Éloigné. 遠, *Iuèn,* 離, *lî.* ‖ *Voyez* différer.
Éloquence. 口才, *K'eòu ts'âi.*
Emballer. 包, *Pāo,* 裝在箱子頭, *tchoūang tsái siāng tsè t'eôu.*
Embaucher. 勾引, *Keōu ìn,* 拐, *kouài,* 刁, *tiāo.*
Emblême. 記號, *Kí háo,* 表意, *piào í.*
Embonpoint. Avoir de l'—, 胖, *P'áng.*
Embouchure. — (d'une pipe), 嘴嘴, *Tsouì tsouì.* ‖ — d'une rivière, 河口, *hô k'eòu.*
Embrasser. 抱, *Páo,* 摟, *leòu.* ‖ *Voyez* baiser.
Embuscade. 埋伏, *Mâi foŭ.*
Émeute. 亂, *Louán,* 鬧, *laó.*
Émigrer. 搬遠方, *Pān iuèn fāng.* ‖ — par misère, 逃難, *t'âo lán.*
Emmagasiner. 裝貨, *Tchoūang hó,* 堆貨, *toūi hó,* 屯, *t'ên.*
Emmancher. 𢭃耙耙, *Teóu pá pá.*
Emmener. 牽, *K'iēn,* 引, *ìn,* 領去, *lìn k'ú,* 帶去, *tái k'ú.*
Émoussé. 鈍, *Tén.*
Émouvoir, attendrir. 感動人的心, *Kàn tóng jên tĭ sīn.* ‖ Effrayer, 驚動, *kīn tóng.* ‖ Exciter, 吼, *teōu,* 惹, *jè.*
Empan, un —. 一卡, *ĭ k'à.*
Empêcher, mettre obstacle. 阻擋, *tsòu tàng.* ‖ Etre un obstacle, 擋倒, *tàng tào.* ‖ Retenir, 攔住, *lân tchóu.* ‖ Défendre, 禁止, *kín tchè,* 不許, *poŭ hù.*
Empeigne. 幫子, *Pāng tsè.*
Empereur. 皇上 (*v.* 帝), *Houâng cháng (v. tí).*
Empeser. 漿, *Tsiāng.*
Empiéter. 佔人家的, *Tchán jên kiā tĭ.*
Emplâtre. 膏藥, *Kaō iŏ.*
Emploi. *Voyez* usage.
Employer. 用, *Ióng,* 使, *chè.*
Empois. 糨子, *Kiáng (v. tsiáng) tsè.*
Empoisonner. 毒, *Láo.*
Emporter. 拏去, *Lâ k'ú,* 帶去, *tái k'ú.* ‖ S'—, 發怒, *fá loú,* 冒火, *máo hò.*
Emprisonner. 收監, *Cheōu kiēn,* 收卡, *cheōu k'à.*
Emprunter. 借, *Tsié,* 𧶠, *tch'óng,* 搶, *ts'iāng.*
Émule. 對頭, *Toúi t'eôu.*
En. *Voyez* dans, vers, pendant, de.
Encadrer. *Voyez* cadre.
Enceinte. Mur d'—, 垣牆, *Iuên ts'iâng.*
Enceinte (être). 有喜, *Ieòu hì,* 有胎, *ieòu t'āi,* 懷孕, *houâi jouén,* 身不空, *chēn poŭ k'ōng.*
Encens. 香, *Hiāng,* 乳香, *joù hiāng.*
Encensoir. — d'église, 吊爐, *Tiáo lôu.* ‖ — payen, 香爐, *hiāng loû.*
Enchaîner. 鎖起, *Sò k'ì,* 拏鐵鍊子套起, *lá t'iĕ lién tsè t'áo k'ì.*
Enchantement. *Voyez* charme.
Enchâsser. 嵌, *K'ān.*
Enchérir. 長價, *Tchàng kiá.*
Enclin. Être — à, 好, *Háo,* 肯, *k'èn,* 愛, *gái.*

Enclume. 鍖墩, *Tsēn tèn.*
Encombrer. 擋, *Táng.* || Remplir, 滿, *màn.*
Encontre (à l'—). 相反, *Siāng fàn.*
Encore. 再, *Tsái,* 還, *hoûan,* 又, *ieóu.* || — plus, 更多, *kén tō.*
Encourager. 勉勵, *Mièn lí,* 勸, *k'uén.*
Encourir. — une peine, 受罰, *Cheóu fǎ.*
Encre. 墨, *Mě·.*
Encrer. 刷墨, *Choŭa mě·.*
Encrier. 硯台, *Nién t'âi,* 硯池, *nién tch'ê,* 墨盒子, *mě· hǒ tsè,* 墨筒, *mě· t'ōng.*
Endormir (s'). 睡着, *Choúi tch'ǒ (tchǒ).*
Endroit. 地頭, *Tí t'eôu,* 處所, *tch'óu sò,* 地方, *tí fāng.*
Enduire. 抹, *Mò,* 搽, *tch'â,* 糊, *fôu.*
Enfant. 嬰孩, *In hiâi,* 娃娃, *oûa oûa,* 兒女, *eûl niù.*
Enfanter. 生, *Sēn,* 生娩, *sēn mièn,* 產, *tch'àn.*
Enfer. 地獄, *Tí iǒ.*
Enfiler. 穿, *Tch'oūan.*
Enfin. 到底, *Táo tì,* 總之, *tsòng tchē.*
Enflé. 腫, *Tchòng,* 脹, *tcháng.*
Enfoncer, faire descendre en pressant. 按下去, *Gán hiá k'ú.* || Faire pénétrer par force, 打下去, *tà hiá k'ú,* 打進去, *tà tsín k'ú.* || Ficher, 插, *tch'ǎ.* || (avec un marteau), 釘, *tín.* || S'—, 沉下去, *tch'ên hiá k'ú.*
Enfouir. 埋, *Mâi,* 窖, *káo.*
Enfumer. 熘, *Ts'ieōu.*
Engelure. 凍包兒, *Tóng pāo eûl.*
Engraisser, v. a. 喂肥, *Oúi féi.* || S'—, 上膘, *cháng piāo.*
Énigme. 猜謎子, *Ts'āi mî tsè.*
Enivrer. 醉人, *Tsóui jên.* || S'—, 喫酒醉, *tch'ě tsieòu tsóui.*
Enlever, ôter. 拏去, *Lâ k'ú,* 拏開, *lâ k'āi,* 脫, *t'ǒ.* || S'emparer par force, 搶, *ts'iàng.*
Ennemi. 仇人, *Tch'eôu jên,* 冤家, *iuēn kiā.*
Ennuyer. 厭人, *Ién jên,* 憔人, *tsiāo jên,* 囉唆, *lō sō.* || S'—, 悶, *mén.*
Enraciner (s'). 生根, *Sēn kēn.*
Enragé. 瘋, *Fōng.*
Enrôler. — des soldats, 招兵, *Tchāo pīn.*
Enroué. 聲氣折了, *Chēn k'í chě· lò,* 瘂了聲, *ià lò chēn.*
Enrouler. 纏, *Tch'ân,* 裹, *kò,* 捲, *kuèn.*
Enseigne. 招牌, *Tchāo p'âi,* 字號, *tsé háo.* || *Voyez* drapeau.
Enseigner. 教, *Kiāo.*
Ensemble. 一齊, *ĭ t'sî,* 一堆, *ĭ toūi,* 一吓, *ĭ há.*
Ensevelir. 裝殮, *Tchoūang lién.*
Ensuite. 過後, *Kó heóu,* 然後, *jân heóu,* 以後, *ì heóu* 再, *tsái.*
Entasser. 堆, *Toūi.*
Entendre. 聽, *T'ín.* || Etre habile, 會, *hoúi.* || *Voyez* comprendre.
Enterrer, inhumer. 埋葬, *Mâi tsáng.* || *Voyez* enfouir.
Entier. 全的, *Ts'uên tǐ,* 囫的, *kèn tǐ,* 渾的, *k'ouên (houên) tǐ.*
Entonner. — les prières, 題經, *T'î kīn.*
Entonnoir. 酒㕎子, *Tsieòu tch'àng tsè.*
Entourer. 圍倒, *Oûi tào.*
Entrailles. 腸子, *Tch'âng tsè.*
Entraîner. 拉, *La,* 拖, *t'ō.* || — (par l'eau), 冲, *tch'ōng.* || Attirer, 勾引, *keōu ìn,* 牽連, *k'iēn liên,* 拉扯, *la tch'è·.*
Entraves. 絆繩, *P'án chouên.* || —aux pieds des prisonniers, 腳鐐, *kiǒ leâo.*
Entre. 當中, *Tāng tchōng,* 中間, *tchōng kiēn.* || Entre midi et minuit, 從晌午到半夜, *ts'ông chào où taó pán ié·.*
Entrée. 口子, *K'eòu tsè.* || *Voyez* commencement.
Entrefaites (sur ces). 那時, *Lá chê,* 當時, *táng chê.*
Entremetteur. 中人, *Tchōng jên,* 經紀, *kīn kì (kī).* || — de mariage, 媒人, *mêi jên.*
Entrer. 進, *Tsín,* 入, *joǔ.*
Entrevue. Avoir une —, 見面, *Kién mién,* 會, *hoúi.*
Envahir. *Voyez* usurper.
Enveloppe. 套子, *T'áo tsè,* 桶子, *t'òng tsè,* 包皮, *pāo p'î.* || Ecorce, 殼殼, *k'ǒ k'ǒ.* || Peau, 皮子, *p'î tsè.*
Envelopper. 包, *Pāo,* 裹, *kò.* || Cerner, 圍倒, *oûi tào.*
Envers. — lui, 跟他, *Kēn t'a,* 他面前, *t'a mién ts'iên.* || Subst. m. 反面, *fàn mién.*
Envie. 嫉妬, *Tsĭ tóu.*
Environ. 差不多, *Tch'a poǔ tō,* 大畧, *tá liǒ.*

Envoyer. 打發, *Tà fǎ*, 喊去, *hàn k'ú*, 差, *tch'āi*. ‖ — qqn, le déléguer, 派他去, *p'ái t'ā k'ú*. ‖ Faire porter, 送, *sóng*.
Épais, pas mince, 厚, *Heóu*. ‖ Peu fluide, 釅, *nién*. ‖ Dru, 密, *mǐ*. ‖ Peu perspicace, 笨, *pén*.
Épargner. 儉省, *Kièn sèn*, 惜, *sǐ*.
Épars. 散的, *Sàn tǐ*.
Épaule. 髈子, *Pàng tsè*, 肩髈, *kiēn pàng*.
Épée. 刀, *Tāo*, 劍, *kién*.
Épervier. 鷂子, *Iáo tsè*.
Épi. 穀穀, *Tiāo tiāo*.
Épices. 香料, *Hiáng leáo*.
Épidémie. 瘟疫, *Ouēn iǒ*.
Épiler. 扯毛, *Tch'è máo*, 扯臉, *tch'è lièn*.
Épinard. 菠菜, *Pō ts'ái*.
Épine. 刺, *Ts'é*. ‖ — dorsale, 脊梁骨, *tsǐ leâng kǒu*.
Éponge. 海茸, *Hài jông*.
Épouser. (prendre pour épouse), 娶, *Tsú*; (pour époux), 嫁, *kiá*.
Époussetoir. 雞毛刷, *Kī mâo choūa*.
Éprouver. 試探, *Ché t'án*. ‖ *Voyez* sentir, subir.
Épuiser, consommer complètement. 喫盡了, *Tch'ě tsín lò*, 喫完了, *tch'ě ouân lò*. 使, *v*. 用盡, *chè*, *v*. *ióng tsín*, 用煞過, *ióng chǎ kó*. ‖ Dépenser en entier, 花完了, *hoūa ouân lò*, 攪完了, *kào ouân lò*.
Équarrir. 騸, *P'ièn (p'iēn)*.
Équerre. 方尺, *Fāng tch'ě*.
Équinoxe.— de printemps, 春分, *Tch'oūen fēn*; — d'automne, 秋分, *ts'ieōu fēn*.
Errer, se tromper. 差, *Tch'ā*, 錯, *ts'ó*.
Escabeau. 杌子, *Oǔ tsè*, 獨凳兒, *toǔ tén eûl*.
Escalier. 胡梯, *Foû t'ī*, 樓梯, *leôu t'ī*.
Escargot. 螺螄, *Lô sē*.
Escarpé. 陡, *Teoù*.
Esclave. 奴僕, *Loû p'oǔ*; fille —, 丫頭, *iā t'eôu*; garçon — (chez les Barbares), 娃子, *oûa tsè*.
Escorter. 護送, *Foú sóng*, 護衛, *foú oúi*.
Escrime. Faire de l' —, 耍刀, *Choùa taō*.
Escroquer. — de l'argent à qqn, 騙人家的銀子, *P'ién jên kiā tǐ în tsè*.
Espace. *Voyez* lieu, intervalle.
Espèce. 類, *Loúi* 樣, *iáng*.
Espérer. 望, *Ouáng*, 靠, *k'áo*.
Espion. 探子, *T'án tsè*.
Esprit. 神, *Chên*. ‖ Ame des morts (payen), 鬼, *koùi*. ‖ *Voyez* âme, cœur.
Essaim, un — d'abeilles. 一窩蜂子, *ǐ ō fōng tsè*.
Essayer. 試, *Ché*.
Essence, nature. 性, *Sín*. ‖ Huile, 精油, *tsīn ieôu*.
Essieu. 車子心心, *Tch'ē tsè sīn sīn*.
Essoufflé. 氣喘, *K'í tch'oùan*, 氣出不贏, *k'í tch'oǔ poǔ în*.
Essuyer. 揩, *K'āi*, 抹, *mǎ*, 擦, *ts'ǎ*.
Est. 東, *Tōng*.
Estimer, évaluer. 估, *Koù*, 打估, *tà koù*, 看, *k'án*. ‖ Faire cas, 看重, *k'án tchóng*.
Estomac. 肚子, *Toú tsè*; creux de l' —, 心口, *sīn k'èou*.
Et (le plus souvent ne s'exprime pas). 又, *Ieóu*, 也, *ì*.
Étable. *Voyez* écurie.
Établir. 立, *Lǐ*, 安, *gān*. ‖ *Voyez* marier.
Étage, un —. 一層樓, *ǐ ts'ên leôu*.
Étagère. 架子, *Kiá tsè*.
Étain. 錫, *Sǐ*.
Étal. 案桌, *Gán tchǒ*.
Étalage. 攤子, *T'ān tsè*.
Étaler. 擺起, *Pài k'ì*, 攤起, *t'ān k'ì*.
Étalon. 騷馬, *Sāo mà*.
Étape, journée de route. Une—, 一站路, *ǐ tchán loú*. ‖ Lieu d'arrivée à la fin d'une —, 站口 (*v*. 頭), *tchán k'èou (v. t'eôu)*.
État, manière d'être. 樣子, *Iáng tsè*. ‖ *Voy*. circonstance, métier, royaume.
Été. 夏, *Hiá*, 熱天, *jě t'iēn*.
Éteindre. 打熄, *Tà sǐ*. — en soufflant, 吹熄, *tch'oūi sǐ*. — un incendie, 救火, *kieóu hò*,
Étendre, déployer. 打開, *Tà k'āi*, 鋪, *p'ōu*.
Éternel. 無始無終, *Oû chè oû tchōng*, 永遠, *iùn iuèn*, 長久, *tch'âng kièou*.
Éternuer. 打噴嚏 *Tà fén t'í*.
Étincelle. 火煋, *Hò sīn*.
Étoffe. 布草, *Póu ts'ào*, 布疋, *póu p'ǐ*, 絲棉, *sē miên*. ‖ *Voyez* drap, toile, soie.
Étoile. 星宿子, *Sīn sioǔ tsè*.
Étonnant. 希奇, *Hī k'î*, 怪, *koúai*.
Étouffer. 閉死, *Pí sè*. ‖ — le feu, 閉火, *pí hò*.
Étrange. 怪, *Koúai*.

Étranger, subst. m. 外人, *Oúai jên*, 外方人, *oúai fāng jên*, 外國人, *oúai kouĕ· jên*. ‖ Hôte, 客, *k'ĕ·*.
Étrangler. — avec une corde, 勒死, *Lĕ· sè*. ‖ — un condamné, 絞犯人, *kiào fán jên*.
Être, subst. m. 物, *Oŭ*.
Être, v. 有, *Ieòu*, 是, *ché*, 在, *tsái*.
Étrier. 馬鐙, *Mà t'én (tén)*.
Étroit. 窄, *Tsĕ·*. ‖ Rétréci, 緊, *kìn*, 小, *siào*.
Étudier. 讀書, *Toŭ choū*. ‖ Apprendre, 學習, *hiŏ sĭ*. ‖ S'exercer, 演習, *ièn sĭ*, 操, *ts'āo*.
Étui. 套子, *T'áo tsè*, 筩子, *t'òng tsè*, 籠籠, *lông lōng*, 盒盒, *hŏ hŏ*.
Eucharistie. 聖體, *Chén T'ì*.
Européen, subst. m. 洋人, *Iâng jên*.
Evangile. 新聖經, *Sīn Chén Kīn*, 福音, *foŭ īn*.
Éveiller. — en appelant, 喊醒, *Hàn sìn*. ‖ S' —, 睡醒, *choúi sìn*.
Éventail, un —. 一把扇子, *ĭ pà chán tsè*,
Éventer. 搧扇子, *Chán chán tsè*, 打扇. *tà chán*. ‖ S' — (se gâter à l'air), 走性, *tseòu sín*.
Évêque. 主教, *Tchòu kiáo*.
Évident. 明顯, *Mîn hièn*, 明白, *mîn pĕ·*, 自然, *tsé jân*.
Éviter. 躲避, *Tò pí*. ‖ S'abstenir, 忌, *kí*. ‖ Ne pouvoir —, 不得不, *poŭ tĕ· poŭ*, 不得已, *poŭ tĕ· ì*, 免不得, *mièn poŭ tĕ·*.
Exact. 鬥頭, *Teóu t'eôu*, 對, *toúi*, 合式, *hŏ ché*. ‖ Sans erreur, 無錯, *oû ts'ó*.
Examen. 考, *K'ào*, 試, *ché*.
Examinateur. 學院, *Hiŏ ouán*, 宗師, *tsōng sē*, 學臺, *hiŏ t'âi*, 主考, *tchòu k'ào*.
Examiner, faire des recherches. 察, *tch'ă*. ‖ Considérer, 查, *tch'â*. ‖ Interroger, 盤問, *p'ân ouén*. ‖ S'—, 省察, *sèn tch'ă*. ‖ *Voyez* examen.
Exaucer. 允, *Iùn*, 准, *tchouèn*, 許, *hù*.
Excéder. 過逾, *Kó iû*, 過度, *kó tóu*, 狠, *hèn*. ‖ *Voyez* trop, surpasser.
Excepter. 除, *Tch'oû*, 不算, *poŭ souán*.
Exciter. 惹, *Jè·*, 𠻴, *teoū*. ‖ Induire, 勾引, *keoū ìn*. ‖ Exhorter, 勸, *k'uén*.
Exclure. *Voyez* admettre, excepter.
Excommunier. 棄絕, *K'í tsuĕ·*.

Excrément. 屎, *Chè*, 糞, *fén*.
Excuser. 不見罪, *Poŭ kién tsóui*. 不爲過, *poŭ oûi kó*. ‖ S'—, 推, *t'oūi*, 推辭, *t'oūi ts'ê*.
Exécuter. 做成, *Tsóu tch'ên*. ‖ — un criminel, 宰人, *tsài jên*.
Exemple, modèle, 樣子, *Iáng tsè*. ‖ — moral, 表樣, *piào iáng*. ‖ Par —, 比方, *pì fāng*, 好比, *hào pì*.
Exercé. 會, *Hoúi*, 熟, *chŏu*.
Exercer. 教, *Kiāo*, 操練, *ts'āo lién*. ‖ Pratiquer, 做, *tsóu*, 當, *tāng*. ‖ S'—, 操, *ts'āo*.
Exhorter. 勸, *k'uén*, 提醒, *t'î sìn*.
Exhumer. 起坟, *K'ì fên*.
Exil. Condamner à l' —, 充, *Tch'ōng*. ‖ Différents degrés d' —, 充軍, *tch'ōng kūin*, 流, *licôu*, 徒, *t'ôu*.
Exilé. 軍犯, *Kūin fán*.
Exister. 有, *Ieòu*, 在, *tsái*. ‖ *Voyez* vivre.
Exorciser. 驅魔, *K'ū mô*, 跟鬼, *nièn koùi*.
Expédient. Etre —, 可以, *k'ò ì*, 使得, *chè tĕ·*.
Expérience. 見識, *Kién chĕ*. ‖ Avoir l'— de, 經過, *kīn kó*, 則過, *tsĕ· kó*.
Expier. 補贖, *Poù chŏu*.
Expirer, mourir. 落氣, *Lŏ k'í*.
Expliquer. 講, *Kiàng*.
Explorer. 看, *K'án*, 打探, *tà t'án*.
Exposé. 擺起的, *Pài k'ì tĭ*. ‖ Prédisposé à, 肯, *k'èn*, 愛, *gái*. ‖ Qui a à craindre, 怕, *p'á*. ‖ Qui attire, 𠻴, *teōu*. ‖ Tourné vers, 朝向, *tch'âo hiáng*.
Exposer.— le S[t]. Sacrement, 供聖體, *Kóng chén T'ì*. ‖ — à l'air, 晾, *leáng*; — au soleil, 晒, *chái*. ‖ — sa tête, 耍腦殼, *choùa lào k'ŏ*. ‖ *Voyez* étaler, abandonner, expliquer.
Exprès. *Voyez* dessein.
Exprimer (tirer le suc en pressant). 擠, *Tsì*. ‖ *Voyez* dire, manifester.
Extérieur. 外頭, *Ouái t'eôu*, 外面, *ouái mién*.
Exterminer. 消滅, *Siāo miĕ·*, 剿, *tsiào*, 殺盡, *chă tsín*.
Extorquer. 估騙, *Kòu p'ién*, 要賴, *choùa lái*.
Extraire. 拏 (*v.* 取 *v.* 扯 *v.* 弄) 出來. *Lâ (v. ts'ù v. tch'è· v. lóng) tch'ŏu lâi*.

Extraordinaire. 非凡, *Fēi fân*, 稀奇, *hī k'ī*. || Surajouté, non dû, 格外, *kě ouái*. || *Voyez* rare.
Extrême, dernier. 煞過的, *Chă kŏ tī*. || Très-grand, 狠大, *hèn tá*, 兇, *hiōng*.
Extrême-Onction. 終傅, *Tchōng fóu*, 終油, *tchōng ieôu*.
Extrémité, bout. 頭, *T'eôu*. || Faîte, 顛, *tiēn*, 頂, *tìn*.

F

Fable, apologue. 比方, *Pì fāng*. || *V*. conte.
Fabriquer. *Voyez* faire, fondre, tisser, etc.
Façade. 面子, *Mién tsè*. || — de boutique, 舖面, *p'óu mién*.
Face, visage. 臉面, *Lièn mién*. || Côté, 面, *mién*. || En — (en présence), 當倒, *Tāng tào*, 當面, *tāng mién*. || En—de (vis-à-vis), 對, *tóui*.
Facile. 容易, *Iông í*, 易得, *í tě*. || — à comprendre, 好懂, *hào tòng*.
Façon. *Voyez* travail, manière.
Fade. 淡, *Tán*, 沒味, *mŏ oúi*.
Fagot, un —. 一綑柴, *ī k'ouèn tch'âi*.
Faible, sans force. 衰弱, *Chouāi jŏ*, 沒力, *mŏ lī*. || Sans fermeté, 輭, *jouàn*, 耙, *p'a*. || De mauvaise qualité, 不強, *pou k'iâng*, 癖, *p'iě*.
Faillir, n'être pas éloigné de. 爭點, *Tsēn tièn*. || *Voyez* se tromper, pécher.
Faillite. 倒賬, *Taò tcháng*.
Faim. 餓, *ó*.
Faire. 做, *Tsóu*, 爲, *oûi*, 行, *hîn*. || Mettre bas, 下, *hiá*. || Constituer un tout, 成, *tch'ên*. || *Voyez* créer, feindre, exercer.
Falloir. Il faut, 該, *Kāi*, 該當, *kāi tāng*.
Falsifier. *Voyez* altérer.
Familier, subst. m. 熟人, *Chŏu jên*. || Adj. 熟, *chŏu*, 平常的, *p'în chăng tī*.
Famille. 家, *Kiā*, 人戶, *jên fóu*.
Famine. Année de—, 饑荒年辰, *Kī houāng niên chēn*.
Fané. 蔫了, *Iēn lò*.
Fanon (de mitre). 飄帶, *P'iāo tái*.
Fantôme. 妖怪, *Iāo kouái*, 鬼, *kouì*.
Fard. — rouge, 胭脂, *Iēn tchē*; — blanc, 粉, *fèn*.
Fardeau. 担子, *Tán tsè*.
Farine, — de blé. 灰麵, *Hoūi mién*; — de riz, 米粉子, *mì fèn tsè*.
Faste. 體面, *T'ì mién*, 排場, *p'âi tch'âng*.
Fatalité. *Voyez* destin.
Fatigue. 儽, *Loûi*, 辛苦, *sīn k'òu*, 勞苦, *lâo k'òu*.
Faubourg. 城外, *Tch'ên ouái*.
Faucille. 鐮刀, *Liên tāo*.
Faute. 罪, *Tsóui*, 過失, *kó chě*, 錯處, *ts'ó tch'óu*, 不是, *pou ché*, 是非, *ché fēi*.
Fauteuil. 椅子, *ì tsè*.
Faux, adj. 假的, *Kià tī*, 虛假, *hū kià*.
Faveur. 恩典, *Guēn tièn*. || Obtenir une —, 沾光, *tchān kouāng*, 得賞, *tě chàng*.
Favoriser. 賞, *Chàng*, 保祐, *pào ieóu*, 栽培, *tsāi p'êi*. || *Voyez* partialité.
Fébrifuge. 擺子藥, *Pài tsè iŏ*.
Fécond. 肯生, *K'èn sēn*, 肯出, *k'èn tch'ŏu*.
Feindre. 裝, *Tchoūang*, 假裝, *kià tchoūang*.
Fêlé. 經了, *Kīn lò*, 撕了, *sē lò*.
Féliciter. 恭賀, *Kōng hó*, 道喜, *táo hì*.
Femelle. 母子, *Mòu tsè*.
Femme. 女人, *Niù jên*, 婦人, *foú jên*. || Vieille—, 老婆婆, *lào p'ô p'ô*. || Epouse, 妻, *ts'ī*, 婦, *fóu*, 家室, *kiā chě*.
Fendre. 枇開, *Hoūa k'ai*. || — du bois, 枇柴, *hoūa tch'âi*. || Se —, 裂開, *liě k'āi*, 開氷, *k'ai pīn*, 發裂, *fă liě*, 開坼, *k'āi ts'ě*.
Fente. 縫, *Fóng*, 氷口, *pīn k'eòu*.
Fer. 鐵, *T'iě*. || — à cheval, 馬掌, *mà tchàng*. || — à repasser, 熨斗, *iún teòu*.
Férie. 瞻禮, *Tchān lì*.
Fermage. 租子, *Tsoū tsè*. || —pour terrains, 地租, *tí tsoū*, 乾租, *kān tsoū*; — pour rizières, 水租, *choùi tsoū*.
Ferme, adj. *Voyez* dur, solide.
Ferment.—pour eau-de-vie, 麯子, *K'ǔ tsè*. || Levain, 酵頭, *káo t'eôu*.
Fermenter. 發, *Fă*. || Lever, 長, *tchàng*, 起, *k'ì*.
Fermer. 關, *Kouān*, 閉, *pí*.
Fermier. 佃戶, *Tién fóu*, 佃客, *tién k'ě*.
Féroce, méchant. 惡, *gŏ*. || Animal —, 野獸, *iè chéou*.
Fertile, productif. 出種, *Tch'ǒu tchóng*. L'arbre est —, 樹子肯結, *chóu tsè k'èn kiě*. Année —, 好年辰, *haò niên chēn*. || *Voyez* fécond.

Ferveur. 熱心, *Jĕ· sīn.*
Festin. 筵席, *Iên sĭ,* 酒席, *tsieòu sĭ.*
Fête.—chrétienne, 瞻禮, *Tchān lì;* —payenne, 會, *hoúi;* —civile, 節氣, *tsiĕ· k'í;* —privée, 喜事, *hì sé.*
Feu. 火, *Hò.*
Feuille. 葉子, *Iĕ· tsè.* ‖ Une —de papier, 一張紙, *ĭ tchāng tchè.*
Feuillet, un —. 一篇, *ĭ p'iēn.*
Feuilleter. —un livre, 翻書, *Fān chōu.*
Feutre. 氈, *Tchān.*
Fève. 葫豆, *Foû teóu;* —de St Ignace, 呂宋菓, *Lù sóng kò.*
Févier. 皂角樹, *Tsáo kŏ chóu.*
Fiançailles. Faire des fiançailles (pour un garçon), 定親, *tín ts'īn;* (pour une fille), 放人戶, *fáng jên foú.* ‖ Présents de—, 聘禮, *p'ín lì.* ‖ Rompre les—, 退親, *t'oúi ts'īn.*
Ficher. 插下去, *Tch'ă hiá k'ú.*
Fidèle. 忠信, *Tchōng sín,* 忠厚, *tchōng heóu,* 忠實, *tchōng chĕ,* 妥實, *t'ò chĕ,* 妥當, *t'ò táng.*
Fiel. 苦胆, *K'où tàn.*
Fiente. 屎, *Chè,* 糞, *fén.*
Fièvre. 寒, *Hân;* —intermittente, 擺子, *pài tsè.*
Figue. 無花菓, *Oû hoūa kò.*
Figure, forme extérieure. 樣子, *Iáng tsè,* 形像, *hîn siáng.* ‖ Comparaison, 比方, *pì fāng.* ‖ *Voyez* visage.
Fil. 絲, *Sē* —composé de plusieurs brins, 線, *sién.* ‖ —de chanvre, 麻紗, *mâ cha.* ‖ —de fer, 鐵絲, *t'iĕ· sē;* —de cuivre, 銅絲, *t'ông sē.* ‖ —de l'eau, 水筋, *choùi kīn.*
File, une —. 一排, *ĭ p'ái,* 一行, *ĭ háng.*
Filer. 紡線, *Fàng sién.*
Filet, ouvrage à mailles. 網, *Ouàng.* ‖ Pris dans les filets de qqn., 上了人家的當, *cháng lò jên kiā tĭ táng.* ‖ —de cochon, 猪背膂, *tchoū péi lieoù.*
Fille. 女, *Niù,* 姑娘, *koū niâng.*
Filleul. 代子, *Tái tsè;* filleule, 代女, *tái niù.*
Fils. 兒, *Eûl,* 兒子, *eûl tsè;* père et—, 兩父子, *leàng foú tsè,* 兩爺子, *leàng iê· tsè.*
Filtrer. 濾, *Lú, v. loúi,* 過沙缸, *kó cha kāng.*
Fin. 煞過, *Chă kŏ,* 頭, *t'eôu.* ‖ —de l'année, 年底, *niên tì;* —du mois, 月底, *iuĕ· tì,* 月尾, *iuĕ· ouì.* ‖ *Voyez* mort, intention.
Fin, adj. mince, menu. 細, *Sí.* ‖ Oreille fine, 耳朶尖, *eùl tō tsiēn.* ‖ Habile, rusé, 精伶, *tsīn lin,* 尖, *tsiēn.*
Finir. *Voyez* terminer, fin.
Fixe, immobile. 死的, *Sè tĭ,* 不動, *poŭ tóng,* 不與, *poŭ nieóu.* ‖ Certain, 一定, *ĭ tín,* 靠得住, *k'áo tĕ· tchoú.*
Fixer, déterminer. 定, *Tín.*
Flacon. 瓶子, *P'în tsè.*
Flairer. 聞, *Ouên.*
Flamme. 明火, *Mîn hò.*
Flaque. —d'eau, 水宕宕, *Choùi táng táng.*
Flatter. 奉承, *Fóng tch'ên,* 擡舉, *t'âi kù.* ‖ Amuser, 𧫴, *teōu,* 哄, *hòng.* ‖ Se—. *Voyez* espérer, s'imaginer.
Fléau. 連枷, *Liên kiā (kái).*
Flèche. 箭, *Tsién.*
Fleur. 花, *Hoūa.*
Fleurir. 開花, *K'āi hoūa.*
Fleuve, un—, 一道河, *ĭ taó hô.*
Flot. 浪子, *Láng tsè.*
Flotter. 浮, *Foû,* 漂, *p'iāo.*
Flûte. 笛子, *Tĭ tsè.*
Fœtus. 胎, *T'āi.*
Foi, vertu théologale. 信德, *Sín tĕ·.* ‖ *Voyez* franc, droit.
Foie. 肝子, *Kān tsè.*
Foire. 會, *Hoúi,* 場, *tch'âng.*
Fois, une—. 一次, *ĭ ts'é,* 一回, *ĭ hoûi.* ‖ Chaque—que, 凡是, *fân ché.* ‖ Chaque—, 每回, *mèi hoûi,* 回回, *hoûi hoûi.* ‖ De—à autre, 要不時, *iáo poŭ chê,* 要不要, *iáo poŭ iáo.* ‖ A la—, 一齊, *ĭ ts'î.* ‖ Deux—plus grand, 大兩倍, *tá leàng péi,* 兩个這樣大, *leàng kó tché iáng tá.*
Foncé, bleu—. 深藍, *Chēn lân.*
Fond. 底, *Tì.*
Fondement. 地脚, *Tí kiŏ.* ‖ *Voyez* preuve, motif.
Fondre, liquéfier. 化, *Hoúa.* ‖ Couler, 鑄, *táo.*
Fontaine. 水泉, *Choùi ts'uên.*
Fonte. 生鐵, *Sēn t'iĕ·,* 鍋鐵, *kō t'iĕ·.*

Force. 力量, *Lĭ leáng*, 氣力, *K'í lĭ*. || Déployer les forces du corps, 使勁, *chè kín*, 趲勁, *tsàn kín*. || Tours de —, 把戲, *pà hí*. || De vive —, 估, *koù*, 搶, *ts'iàng* 強, *k'iàng*.
Forcer. 估, *Koù*, 强, *k'iàng*, 逼緊, *pĭ kìn*.
Foret. 鑽子, *Tsoúan tsè*.
Forêt. 樹林, *Choú lîn*.
Forgeron. 鐵匠, *T'iĕ· tsiáng*.
Forme. 樣子, *Iáng tsè*. || Moule, 模子, *môu tsè*. || — de cordonnier, 楦頭, *huén t'eôu*.
Fort, adj. robuste. 强壯, *K'iâng tchoúang*. || A plus forte raison, 況且, *k'oúang ts'iè·* || *Voyez* force, solide. || Adv. 狠, *hèn*, 重, *tchóng*.
Forteresse. 炮台, *P'áo t'âi*, 寨子, *tchái tsè*. || Tour, 雕, *v.* 哨樓, *tiāo*, *v. cháo leôu*.
Fortifier, réparer les forces. 補人, *Poù jên*. || Affermir, 堅固, *kiēn kóu*.
Fortune. 運, *Iún*. || *Voyez* destin, avoir.
Fosse. 坑子, *K'ēn tsè*.
Fossé. 壕, *Háo*, 溝, *keōu*.
Fou, subst. m. 瘋子, *Fōng tsè*. || Adj. 癲懂, *tiēn tōng*, 糊塗, *foû t'ôu*, 失了性, *chĕ lò sín*.
Fouet. *Voyez* cravache.
Fouiller. 搜, *Seōu*.
Foule. 人多, *Jên tō*, 羣, *k'iûn*, 鬧熱, *láo jĕ·*.
Fouler, marcher sur. 踹, *Tch'ài*.
Four. 窰子, *Iâo tsè*.
Fourche, fourchette. 叉子, *Tch'a tsè*.
Fourmi. 螞蟻子, *Mà ì tsè*.
Fourneau. 灶孔, *Tsáo k'òng*, 爐子, *loû tsè*.
Fournée, une —. 一窰, *ĭ iâo*.
Fournir. *Voyez* donner, acheter, produire.
Fourreau. 鞘, *Siáo*, 套子, *t'áo tsè*, 桶子, *t'òng tsè*.
Fourrure. 皮貨, *P'î hó*.
Foyer. 灶, *Tsáo*. || Famille, 烟戶, *iēn foú*.
Fraction. 零頭, *Lîn t'eôu*.
Fragile, qui se brise aisément. 脆, *Ts'óui*. || Pas solide, 不經事, *poŭ kīn sé*.
Frais, adj. 凉快, *Leâng k'oúai*. || Récent, 新鮮的, *sīn siēn tĭ*.
Frais, dépense. *Voyez* dépenser.
Franc. 老實, *Laò chĕ*, 成實, *tch'ên chĕ*, 心直, *sīn tchĕ*.

France. 法國, *Fá kouĕ·*.
Frange. 鬚鬚, *Sū sū*.
Frapper. 打, *Tà*. — (du pied), 踢, *t'iĕ·*; — (avec la paume de la main), 拍, *p'ĕ·*. || *Voyez* heurter, atteindre, émouvoir.
Frauder. *Voyez* tromper.
Fréquemment. *Voyez* souvent.
Fréquenter. 來往, *Lâi ouàng*. || — les prétoires, 牽長進出衙門, *k'iēn tch'âng tsín tch'ŏu iâ mên*.
Frère. (plus âgé), 哥, *kō*, 兄, *hiōng*; (moins âgé), 弟, *tí*, 兄弟, *hiōng tí*. Ils sont frères, 他們是弟兄, *t'a mên ché tí hiōng*.
Fret, cargaison. 載子, *Tsái tsè*.
Fricasser. 小煎, *Siào tsiēn*.
Friche (terre en). 荒地, *Houāng tí*.
Frileux (être). 怕冷, *P'á lèn*.
Friperie. 舊衣, *Kieóu ī*.
Frire. 煎, *Tsiēn*.
Friser. 捲起, *Kuēn k'ì*. || *Voyez* effleurer.
Frisson, avoir des frissons. 抖顫, *T'eòu tchán*.
Froid, adj. 冷, *Lèn*, 凉, *leâng*. || — comme glace, 冰冷的, *pīn lèn tĭ*.
Froisser. 揉縐, *Joûa tsóng*.
Fromage. 奶餅, *Lài pìn*.
Froncer. 縐, *Tsóng*.
Front. 額顱 (*v.* 頭), *Guĕ· leôu* (*v. t'eôu*).
Frontière. 邊界, *Piēn kiái*.
Frotter. 擦, *Ts'á*, 抹, *mă*, 磨, *mô*, 搓, *ts'ō*, 搽, *tch'â*.
Fructifier. 結菓, *Kiĕ· kò*.
Fruit. 菓子, *Kò tsè*.
Fuir. 逃, *T'âo*, 跑, *p'ào*. || Couler, 漏, *leóu*. || *Voyez* éviter.
Fumée. 烟子, *Iēn tsè*.
Fumer. 喫烟, *Tch'ĕ iēn*. || Epandre du fumier, 上糞草, *cháng fén ts'ào*.
Funérailles. 喪事, *Sāng sé*.
Fur, au — et à mesure. 陸陸續續, *Loŭ loŭ siŏu siŏu*.
Furoncle. 瘡, *Tch'oūang*.
Furtivement. 偷倒, *T'eōu tào*, 悄悄的, *ts'iāo ts'iāo tĭ*, 陰倒, *īn taò*.
Fusée. 花筒, *Hoūa t'ông*.
Fusil. 鎗, *Ts'iāng*.
Futur. 後來, *Heóu lâi*, 將來, *tsiāng lâi*.

G

Gage. 當頭, Táng t'eôu, 準頭, tchouèn t'eôu. || Voyez assurance.
Gager. 打賭, Tà toù.
Gagner. 得, Tĕ·, 弄, lōng. || — des sapèques (par son travail), 掙錢, Tsén ts'iên; (dans le commerce), 賺錢, tchoúan ts'iên. || L'emporter, 贏, în.
Gain. 利息, Lí sī, 賺項, tchoúan háng.
Gale. 疳瘡子, Kān tch'oūang tsè.
Galle (noix de). 五貝子, Où péi tsè.
Ganse. 條子, T'âo tsè.
Garçon. 男娃兒, Lân oûa eûl, 兒子, eûl tsè. || — d'auberge, 跑堂的, p'ào t'âng tĭ.
Garde. V. attention, précaution, garder.
Garde-fou. 欄杆, Lân kān.
Garder, veiller sur. 看守, K'án cheòu. || Voyez conserver, observer, protéger.
Gardien.—d'une porte, 看門的, K'án mên tĭ. || Ange —, 護守天神, fóu cheòu T'iēn chên.
Garer (se). 躲, Tò, 小心, siào sīn, 看, k'án.
Gaspiller. 浪費, Láng féi, 亂用, louán ióng, 蹧踏, tsāo t'á, 拋撒, p'āo să.
Gâteau. 餅子, Pìn tsè, 粑, pā, 糕, kāo.
Gâter. 壞, Hoúai, 敗, pái, 爛, lán. || — (les enfants), 慣勢, kouán ché.
Gauche. 左, Tsò. || Voyez maladroit.
Gaz. 氣, K'í.
Gaze. 紗, Chā.
Gazette. — de Pékin, 京報, Kīn Páo.
Gélatine. 膠, Kiāo.
Geler. 凍, Tóng, 凝氷, lín pīn.
Gémir. 呻喚, Tch'ēn houán.
Gencive. 牙齦, Iâ kên.
Gendre. 女壻, Niù sí.
Gêné. 緊, Kìn, 不方便, poŭ fāng pién. || Voyez obstacle.
Général, adj. 總, Tsòng. || En —, 大畧, tá liŏ.
Général, subst.—en chef. 元帥, Iuên choúai. || — de division, 總兵, tsòng pīn. || — de brigade, 鎮台, tchén t'âi.
Génération. 輩, Péi, 代, tái.
Généreux. 大方, Tá fāng.
Genou. 跎膝頭, K'ĕ· sĭ t'eôu.
Genre. Voyez espèce.
Gens. 人些, Jên sī.
Gentil, adj. 乖, Kouāi, 呇人愛, teōu jên gái.
Génuflexion. Faire une —. 打千, Tà ts'iēn.
Géographie. 地理, Tí lì.
Geôlier. 禁子, Kín tsè.
Gérant. 管事, Kouàn sé.
Germe. 芽子, Iâ tsè.
Gesticuler. 比畫, Pì hoúa, 擺手, pài cheòu.
Gigot. 羊腿, Iâng t'oùi.
Gilet. 領架子, Lìn kiá tsè, 砍肩, k'àn kiēn, 鎖鑽, tsoūan tsoūan.
Gingembre. 薑, Kiāng.
Girofle. 丁香, Tīn hiāng.
Gîte. 歇處, Hiĕ· tch'óu.
Givre. 白霜, Pĕ· chouāng.
Glace. 凝氷, Lín pīn. || Voyez miroir.
Glisser. 滑, Hoŭa, 溜, lieōu. || Se —, 鑽, tsoūan.
Globe. — terrestre, 地球, Tí k'iêou.
Globule, un — d'argent. 一錠 (v. 一塊, v. 一个) 銀子, ĭ tín (v. ĭ k'ouài, v. ĭ kó) în tsè. || Voyez bouton.
Gloire. 榮光, Iûn kouāng.
Glume. 糠, K'āng.
Gond. 門斗, Mên teòu.
Gorgée, une —. 一口, ĭ k'eòu.
Gosier. 喉嚨, Heôu lông.
Gourmand. Être —, 好喫, Háo tch'ĕ.
Goût. 口味, K'eòu oúi, 味道, oúi táo. || Saveur, 滋味, tsē oúi. || Voyez aimer.
Goûter. 嘗, Châng.
Goutte, une —. 一滴, ĭ tĭ, 一點, ĭ tièn. || Maladie, 痰火腳, T'ân hò kiŏ.
Gouttière. 水溝, Choùi keōu, 梘漕, kièn ts'âo.
Gouvernail. 舵, Tó.
Gouverner. 管, Kouàn, 治, tché, 掌, tchàng, 主事, tchòu sé.
Gouverneur. — général d'une ou de plusieurs provinces, 制台, Tché t'âi, 總督, tsòng tōu. || — militaire, 將軍, tsiāng kūin. || — d'une seule province, 巡撫, sûn foù. 撫台, foù t'âi.
Grâce, don surnaturel. 聖寵, Chén tch'òng. || Voyez faveur, pardonner, remercier.
Grade, dignité. 官銜, Kouān hiên, 職分, tchĕ fén, 功名, kōng mîn.

Grain, graine, 子子, *Tsè tsè*, 米米, *mì mì*. ‖ Un — de riz, 一顆米, *ĭ k'ò mì*. ‖ Grains battus, 粮食, *leâng chĕ*. ‖ *Voyez* céréales, moisson.
Graine, semence. 種子, *Tchòng tsè*.
Graisse. 油, *Ieôu*. ‖ Lard, 膘, *piāo*.
Grand, étendu. 大, *Tá*. ‖ Haut, 高, *kāo*. ‖ Long, 長, *tch'âng*, 大, *tá*.
Grandir. 長, *Tchàng*, 長大, *tchàng tá*.
Grappe, une — de raisin. 一抓葡萄, *ĭ tchoūa p'ôu t'âo*.
Gras, adj.—(en parlant d'un animal), 肥, *Fêi*; —(en parlant d'un homme), 胖, *p'áng*. ‖ Graisseux, 有油, *ieòu ieôu*.
Gras, subst. m. 肉, *Jŏu*, 肥肉, *fêi jŏu*, 葷菜, *houēn ts'ái*.
Gratter. 摳, *K'eōu*. ‖ *Voyez* racler.
Grave, sérieux. 穩重, *Ouèn tchóng*. ‖ Considérable, 大, *tá*, 重, *tchóng*.
Graver. 刻, *K'ĕ*, 彫, *tiāo*.
Gravier. 沙子子, *Chā tsè tsè*.
Gravure. 印的像, *ín tĭ siáng*.
Greffer. 接, *Tsiĕ*.
Greffier. 書辦, *Chōu pán*.
Grêle, subst. f. 雪彈子, *Suĕ tán tsè*.
Grelot. 鈴鈴, *Lîn līn*.
Grenade. 石榴, *Chĕ lieôu*.
Grenier. 倉, *Ts'āng*. ‖ Etage, 樓, *leôu*.
Grenouille. 蜞螞子, *K'î (v. k'uĕ) mà tsè*.
Griffe. 爪, *Tchào*.
Griffer. 抓, *Tchoūa*. ‖ Egratigner, 抓破, *tchoūa p'ó*.
Grignoter. 齦, *K'èn*.
Gril. 鑪橋, *Loû k'iâo*.
Griller. 炒, *Tch'ào*, 燒, *chāo*, 烘, *hōng*.
Grillon. 灶(v.叫)雞子, *Tsáo (v. kiáo) kī tsè*.
Grimper. 爬, *P'á*, 扒, *lieòu*.
Grincer. 咬牙, *Gào iâ*.
Gris, cendré. 灰色, *Hoūi sĕ*.
Groin. 猪嘴筒子, *Tchoū tsoùi t'ông tsè*. ‖ Fouiller la terre avec le —, 蛹地, *kòng tí*.
Gros. 粗, *Ts'oū*, 壯, *tóng*, 大, *tá*. ‖ Acheter en —, 買堆的, *mài toùi tĭ*. ‖ Dire en —, 說一个大畧, *chŏ ĭ kó tá liŏ*, 大譜子, *tá p'où tsè*. ‖ *Voyez* épais.
Grossier. 粗, *Ts'oū*, 笨, *pén*. ‖ Riz —, 糙米, *ts'áo mì*. ‖ Paroles grossières, 村話, *ts'ēn hoúa*.
Grue. 鳳鵝, *Gán ô*.
Guenilles. 破衣裳, *P'ó ĭ châng*, 襤衿衿, *lán kīn kīn*.
Guêpe. 野蜂子, *Iè fōng tsè*.
Guère, adv. 不大, *Poŭ tá*, 不很, *poŭ hèn*, 不多, *poŭ tō*. ‖ *Voyez* peu.
Guérir. 醫病, *ĭ pín*, 治病, *tché pín*.
Guerre. Faire la —, 打仗, *Tà tcháng*. ‖ Tout ce qui se rapporte à la—, 軍務, *kiūn oú*.
Guetter. *Voyez* observer.
Guitare (jouer de la). 彈琴, *T'ân k'în*.
Gypse. 石膏, *Chĕ kāo*.

H

Habile. 會, *Hoúi*, 熟, *choŭ*, 巧, *k'iào*, 有工夫, *ieòu kōng foū*; — dans son métier, 手藝高, *cheòu gní kāo*.
Habiller (s'). 穿衣裳, *Tch'oūan ĭ châng*.
Habit. 衣服, *ĭ foŭ*, 衣裳, *ĭ châng*, 穿的, *tch'oūan tĭ*. ‖ *Voyez* robe.
Habiter. *Voyez* demeurer.
Habitude. 慣習, *Kouán sĭ*; — mauvaise et invétérée, 老毛病, *laò mâo pín*, 慣習的毛病, *kouán sĭ tĭ mâo pín*.
Hache. 斧, *Foù*, 開山, *k'āi chān*, 柴刀, *tch'âi taō*. ‖ Donner un coup de —, 砍一刀, *k'àn ĭ taō*.
Hacher. — menu, 切碎, *Ts'iĕ soúi*; — de la paille, 鍘草, *tchă ts'ào*.
Haie. 鐵籬笆, *T'iĕ lî pā*.
Haïr. 恨, *Hén*, 惱恨, *lào hén*, 怨恨, *iuén hén*, 厭惡, *ién oú*.
Haleine. 出的氣, *Tch'oŭ tĭ k'í*. ‖ Etre hors d' —, 氣喘, *k'í tch'oùan*.
Haler. 拉船, *Lā tch'oûan*, 拉縴, *lā k'ién*.
Halle. *Voyez* marché.
Hameçon. 釣魚鈎, *Tiáo iû keōu*.
Hangar. 廠口廳, *Tch'àng k'èou t'īn*.
Haricot. 豆子, *Teóu tsè*.
Harpe. *Voyez* guitare.
Hasard. Rencontrer par —, 逢, *Fông*, 遇, *iú*, 碰, *p'óng*, 撞, *tch'ouàng*. ‖ *Voyez* destin.
Hâte. 快, *K'oúai*, 忙, *mâng*.
Haut, adj. 高, *Kāo*. ‖ A voix haute, 大聲, *tá chēn*.

Haut, subst. m. 上頭, *Cháng t'eôu*, 上面, *cháng mién*.
Herbe. 草, *Ts'ào*. || Moisson en—, 苗, *miâo*.
Hérésie. 裂教, *Liĕ kiáo*.
Hérisser (se). 立毛, *Lĭ mâo*.
Héritage. 家業, *Kiā niĕ*, 家產, *kiā tch'àn*.
Hermétiquement. 諳縫, *Gân fóng*.
Heure, une—chinoise. 一个時候, *ĭ kó chê heóu*. || Une—ordinaire, 一點鐘, *ĭ tièn tchōng*. || A toute—, 時時刻刻, *chê chê k'ĕ k'ĕ*. || De bonne—, 早, *tsào*.
Heureusement. 幸喜得好, *Hín hì tĕ hào*.
Heureux. 有(v. 享)福, *Ieòu (v. hiàng) foŭ*. || Favorable, bon, 好, *haò*.
Heurter. 撞, *Tchouáng*, 碰, *p'óng*.
Hideux. 醜, *Tch'eòu*.
Hier. 昨天, *Tsŏ t'iēn*.
Hirondelle. 燕子, *Ién tsè*.
Hisser. 拉(v. 扯, v. 湊)上, *Lā (v. tch'è, v. ts'eōu) cháng*.
Histoire. 綱鑑, *Kāng kién*. || *Voyez* conte.
Hiver. 冬, *Tōng*, 冷天, *lèn t'iēn*.
Homicide. *Voyez* assassin.
Homme. 人, *Jên*. || Par opposition à femme, 男的, *lân tĭ*, 男人, *lân jên*.
Homonyme. 同姓, *T'óng sín*.
Honnête.—homme, 好人, *Haò jên*, 正經人, *tchén kīn jên*.
Honneur, estime des hommes, 臉, *Lièn*. || N'avoir pas souci de son—, 不要臉, *poŭ iáo lièn*. || Traiter avec—, 尊敬, *tsēn kín*. || Gloire, 榮光, *iûn kouāng*.
Honorable. Homme—, 體面人, *T'ì mién jên*.
Honoraires.—d'un maître d'école, 束脩, *Choŭ sieōu*, 學錢, *hiŏ ts'iên*;—d'un médecin, 脈禮錢, *mĕ lì ts'iên*.
Honte. Avoir—, 害羞, *Hái sieōu*, 不好意事, *poŭ hào í sé*. || *Voyez* affront.
Hôpital. 養病院, *Iàng pín iuén*.
Hoquet. Avoir le—, 扯嗝咜, *Tch'è kĕ tén*.
Horizontal. 平, *P'in*.
Horloge. 自鳴鐘, *Tsé mîn tchōng*.
Horoscope. Tirer un—, 算八字, *Soúan pă tsé*, 算命, *souán mín*.
Hospice. *Voyez* asile.
Hostie, victime. 犧牲, *Hī sēn*. || Pain d'autel, 麵餅, *mién pìn*.
Hôte, celui qui donne l'hospitalité. 主人, *Tchòu jên*. || Celui qui la reçoit, 客, *k'ĕ*.
Hôtellerie. 店子, *Tién tsè*, 站房, *tchán fâng*.
Hotte. 背篼, *Péi teōu*.
Houe. 鋤頭, *Ts'ôu t'eôu*.
Hoyau. 鈀梳, *P'â sōu*.
Huile. 油, *Ieôu*.
Huit. 八, *Pá*. Huitième, 第八, *tí pă*.
Humble. 謙卑, *K'iēn pēi*.
Humecter. 打濕, *Tà chĕ*. ||—légèrement, 潤吓, *jouén há*, 噴水, *fén chouì*. || *Voyez* humide.
Humeur. 性格, *Sín kĕ*, 脾氣, *p'î k'í*. || Montrer de la mauvaise—, 使性, *chè sín*, 使氣, *chè k'í*.
Humide. 濕的, *Chĕ tĭ*.—par infiltration, 窨浸, *ín ts'ín*. || Imprégné de vapeurs, 潮濕, *tch'âo chĕ*, 回了, *houî lò*. || Vapeurs—, 潮氣, *tch'âo k'í*.
Hydropisie. 蠱脹病, *Koù tcháng pín*.
Hypocrisie. 奸詐, *Kiēn tchá*, 詐僞, *tchá oúi*.
Hypothèque. 當, *Táng*, 押, *iá*.

I

Ici. 這裡, *Tché lì*, 這堂, *tché t'âng*, 這邊, *tché piēn*. || Ici-bas, 在世上, *tsái ché cháng*. || Jusqu'ici, jusqu' à présent, 到如今, *táo joû kīn*. || D'ici à un an, 從今天起一个對年, *ts'ông kīn t'iēn k'ì ĭ kó toúi niên*.
Idée. *Voyez* pensée, avis, intention.
Idole. 菩薩, *P'ôu să*, 神像, *chên siáng*.
Ignorer. 不知, *Poŭ tchē*, 不曉得, *poŭ hiào tĕ*.
Il, pron. 他, *T'ā*. Ils, 他們, *t'ā mên*.
Île. 海島, *Hài taò*.
Illégitime, contre la loi. 不合王法, *Poŭ hŏ ouâng fá*. || Contre la raison, 不合理, *poŭ hŏ lì*. || Injuste, 不公道, *poŭ kōng taó*. || Enfant—, 私娃娃, *sē oûa oûa*.
Image. 像, *Siáng*, 畫條, *hoúa t'iâo*. || Etre l'—de, 像, *ts'iáng*.
Imaginer. 想, *Siàng*. || S'—, 諳, *gân*.
Imiter. 學, *Hiŏ*, 效法, *hiáo fă*. || *Voyez* ressembler.

Immédiatement. 立刻, *Lǐ k'ĕ*, 就, *tsiéou*, 當時, *tāng chê.*
Immiscer (s'). 鑽. *Tsoūan.* ‖ — dans la conversation, 插嘴, *tch'ă tsoùi.* ‖ —dans les affaires, 管閒事, *kouàn hiên sé.*
Immortel. 永不死的, *Iùn poŭ sè tĭ*, 長生不死, *tch'âng sēn poŭ sè.* ‖ Les —(payen), 神仙, *chên siēn.*
Impair. 單, *Tān.* ‖ Nombre —, 單數, *tān sóu.*
Impartial. 無私心, *Oû sē sīn*, 不偏, *poŭ p'iēn*, 不衛護 (*v.* 不斷) 那个, *poŭ oúi foú (v. poŭ k'oūi) lá kó.*
Impératrice. 皇后, *Houâng heóu.* ‖ Impératrice-mère, 皇太后, *houâng t'ái heóu.*
Impétueux. Vent —, 暴風, *Páo fōng.* ‖ Caractère —, 急性, *kĭ sín.*
Implorer. 哀求, *Gāi k'iêou*, 懇, *k'èn.*
Important. 要緊, *Iáo kìn*, 大, *tá*, 重, *tchóng*, 大有來頭, *tá ieòu lâi t'eôu.*
Importer, peu importe. 不要緊, *Poŭ iáo kìn.* ‖ N'importe qui, 不拘 (*v.* 不論) 那个, *poŭ kū (v. poŭ lén) là kó.* ‖ N'importe comment, 不論怎麼樣, *poŭ lén tsèn mô iáng.* ‖ Pour moi, peu m'importe, 我倒沒來頭, *gò táo mŏ lâi t'eôu.*
Importun. 摟擻, *Leôu seōu*, 厭人, *ién jên*, 囉唆, *lō sō*, 撒賴, *să lái.*
Imposer. — les mains, 舉手, *Kù cheòu.* ‖ *Voyez* commander, punir, tromper.
Impossible. 萬不能的, *Ouán poŭ lên tĭ*; — aux hommes, 人做不來的, *jên tsóu poŭ lâi tĭ.*
Impôt. — foncier, 粮, *Leâng.* ‖ Annexes à l'— foncier, 捐輸, *kuēn chōu*, 津貼, *tsīn t'iĕ.* ‖ Droits, 稅, *choúi.*
Imprimer. 印, *ín*; — à la brosse, 刷書, *chouă chōu.*
Imprudemment. Agir —, 冒失, *Máo chĕ.*
Impudique. 邪淫, *Siê în*, 不潔淨, *poŭ kiĕ tsín.*
Impur. 不乾淨, *Poŭ kān tsín.*
Imputer. *Voyez* attribuer.
Inanimé. 死的, *Sè tĭ.* ‖ Chose—, 死物, *sè oŭ.* ‖ *Voyez* âme, vie.
Incarner (s'). 降生, *Kiáng sēn.*
Incendie. 火燒房子, *Hò chāo fâng tsè*, 失火, *chĕ hò*, 失水, *chĕ choùi.*
Incertain. 未定, *Oúi tín*, 加不的, *kiā poŭ tĭ.*
Incliner. 偏, *P'iēn*, 側起, *tsĕ k'ì*, 歪, *ouāi.* ‖ — la tête, 點頭, *tièn t'eôu*, 低頭, *tī t'eôu*, 埋腦殼, *mâi laò k'ŏ.*
Inconsidéré. 不小心, *Poŭ siào sīn*, 大意, *tá í.*
Incruster. *Voyez* enchâsser.
Index, doigt. 第二个指拇兒, *Tí eúl kó tchè mòu eûl.* ‖ — d'un livre, 目錄, *mŏu loŭ.*
Indifféremment, indifférent. 不論, *Poŭ lén*, 不拘, *poŭ kū*, 不分, *poŭ fēn*, 不管, *poŭ kouàn*, 不顧, *poŭ koú*, 沒來頭, *mŏ lâi t'eôu*, 不要緊, *poŭ iáo kìn.*
Indigène. 本地人, *Pèn tí jên.*
Indigo. 靛, *Tién*; (la plante), 藍子, *lân tsè.*
Indiquer. 指, *Tchè*; — par gestes, 比, *pì.* ‖ *Voyez* fixer, montrer.
Indisposé, légèrement malade. 不安逸, *poŭ gān ĭ*, 不瘉帖, *poŭ iû t'iĕ.*
Indulgence. — accordée par l'Eglise, 恩赦, *Guēn ché*, 大赦, *tá ché.* ‖ Facilité à pardonner, 仁慈, *jên ts'ê.*
Indulgent. 恩寬, *Guēn k'oūan.*
Inépuisable, qui a toujours de l'eau. 乾不倒的, *Kān poŭ tào tĭ.* ‖ Sans fin, 不盡, *poŭ tsín*, 不完, *poŭ ouân*, 不窮, *poŭ k'iông.*
Infect. 臭, *Tch'eóu.*
Inférieur, placé au-dessous. 下, *Hiá.* ‖ Moindre, 下等, *hiá tèn*, 矮, *gài*, 低, *tī.* ‖ Qui ne peut égaler, 趕 (*v.* 比) 不上, *kàn (v. pì) poŭ cháng*, 抵不住, *tì poŭ tchóu.* ‖ Subordonné, 手下人, *cheòu hiá jên*, 名下, *mîn hiá.*
Infiltrer (s'). 浸, *Ts'ín.*
Inflammation. Avoir une —, 有火, *Ieòu hò.* ‖ — d'une plaie, 貫, *kouán*, 煽火, *ts'oūan hò.*
Influence, force. 力, *Lĭ*, 能力, *lên lĭ.* ‖ Crédit, autorité, 門勢, *mên ché*, 門面, *mên mién.*
Informer. *Voyez* avertir. ‖ S'—de, 訪問, *Fàng ouén*, 打聽, *tà t'ín.*
Infuser. 泡, *P'áo.* ‖ *Voyez* verser.
Ingénieux. 巧, *K'iào*, 精伶, *tsīn lîn.*
Ingrat (être). 負恩, *Fóu guēn*, 忘恩, *ouâng guēn.*
Injurier. 凌辱, *Lîn jŏu*, 啳, *kuèn*, 罵, *má*, 叨, *t'āo*, 蹧蹋, *tsāo t'ă.*
Inné. 生成的, *Sēn tch'ên tĭ.*

Innocent. 無過無錯, *Oû kó oû ts'ó*, 無罪, *oû tsóui.*

Inoccupé. Qui n'est pas employé. 閒, *Hiên*, 空, *k'óng.* || Qui est sans occupation, 空閒, *k'óng hiên*, 耍起, *chouà k'ì.*

Inonder. 淹, *Gan.*

Inquiet. 憚心, *Tàn sīn*, 不放心, *poŭ fáng sīn*, 心頭不平和, *sīn t'eôu poŭ p'în hô.*

Inscription. 字, *Tsé.* || — sur tablette horizontale, 匾, *p'ièn.* || Deux — correspondantes sur deux tablettes verticales, 對子, *toúi tsè.* || — sur une pierre commémorative, 碑文, *pēi ouên.*

Inscrire. 寫, *Siè·*, 掛, *koúa.*

Insecte. 虫, *Tch'ông.*

Inspecter. — un cadavre, 驗屍, *Nién chē.* || — les frontières, 閱邊, *iuĕ· piēn.* || *Voyez* examiner.

Inspirer. Dieu l'inspire, 天主默照他, *T'iēn Tchòu mĕ· tcháo t'a.* || *Voyez* conseiller.

Instant, un —. 一吓, *ĭ há*, 一時, *ĭ chê.* || Il n'y a qu'un —, 纔, *ts'âi*, 剛纔, *kiāng ts'âi.* || Temps, 時, *chê.* || *Voyez* aussitôt.

Instinct. 本性, *Pèn sín.*

Instituer. 立, *Lĭ*, 定, *tín.*

Instruire. *Voyez* enseigner, avertir.

Instrument. 傢事, *Kia sé*, 傢火, *kia hò*, 器皿, *k'í mìn.*

Insu. A l'— de qqn. 瞞倒他, *Mân tào t'a*, 不等他曉得, *poŭ tèn t'a hiào tĕ·.*

Intelligent. 聰明, *Ts'ōng mîn*, 明悟好, *mîn oú hào*, 悟性好, *oú sín hào*, 精伶, *tsīn lîn.*

Intendant. 管事, *Kouàn sé*, 當家, *tāng kia.*

Intention. 意思, *í sé*, 心意, *sīn í*, 主意, *tchòu í.* || Avec —, 特意, *t'ĕ· í*, 故意, *kóu í.* || But, 歸向, *koūi hiáng*, 志向, *tché hiáng.* || *Voyez* afin.

Intercalaire, mois —, 閏月, *Jouén iuĕ·.*

Intercéder. 轉達, *Tchouàn tá.* || — pour qqn., 帮他求情 (*v.* 說好話), *pāng t'a k'ieôu ts'în* (*v. chŏ hào houá*).

Intercepter. 截, *Tsiĕ·.* || *Voyez* empêcher, interrompre.

Intérêt, produit de l'argent prêté. 利, *Lí*, 利息, *lí sĭ.* || Placer de l'argent à —, 放賬, *fáng tcháng.* || *Voyez* avantage.

Intérieur. *Voyez* dedans.

Intérim. Exercer une charge par —. 署理, *Chóu lì*, 代理, *tái lì.* || Mandarin par —, 署印官, *chóu ín kouān.*

Interroger. 問, *Ouén.* || — minutieusement. 盤問, *p'ân ouén.*

Interrompre. 隔, *Kĕ·*, 隔斷, *kĕ· touán.* || Couper la parole, 插嘴, *tch'á tsoùi.* || *Voyez* cesser.

Interprète. 通司 (*v.* 事), *T'ōng sē* (*v. sé*).

Intervalle, distance. 隔, *Kĕ·*, 離, *lî.* || Par intervalles, 要不時, *iáo poŭ chê*, 要不要, *iáo poŭ iáo.* || Dans l'—, 那个時候, *lá kó chê heóu.* || Espace vide, 空空, *k'óng k'óng.*

Intestin. 腸子, *Tch'âng tsè.*

Introduction. 序頭, *Sú t'eôu*, 小引, *siào ìn.*

Introduire. 引進, *ìn tsín.*

Inusité. 不興, *Poŭ hīn.*

Inutile. 無用, *Oû ióng*, 沒用頭, *mŏ ióng t'eôu*, 不中用, *poŭ tchōng ióng.* || — de, 不消, *poŭ siao.*

Inutilement. 白白, *Pĕ· pĕ·*, 枉自, *ouàng tsé.*

Inventer, découvrir. 想出來, *Siàng tch'ŏu lâi*, 找, *tchào.* || Supposer, 編, *piēn.*

Invétéré. 老, *Lào*, 多年的, *tō niên tĭ.* || Maladie —, 老毛病, *lào mâo pín.*

Inviter. 請, *Ts'ìn*, 招呼, *tchāo fōu.*

Invoquer. 喊, *Hàn*, 呼喚, *fōu houán.* || *Voyez* implorer.

Irriter. 惹, *Jè·*, 吾人發氣, *tcōu jên fă k'í.*

Issue. 出路, *Tch'ŏu lóu*, 口子, *k'eòu tsè.* || Moyen, *fāng tsè.* || Résultat, 煞過, *chă kó*, 下場, *hiá tch'àng*, 遶台, *iào t'âi.*

Ivoire. 牙骨, *Iâ kŏu.*

J

Jadis. *Voyez* autrefois.

Jaillir. 冒出來, *Máo tch'ŏu lâi*, 湧出來, *iòng tch'ŏu lâi*, 濺, *tsán.*

Jamais, en quel temps (interrogatif). 那有, *là ieòu*, 幾時, *kì chê.* || A —, 永遠, *iùn iuèn.* || En aucun temps (avec négation), 自來沒有, *tsé lâi mŏ ieòu*, 總不, *tsòng poŭ*, 再不, *tsái poŭ.*

Jambe. 脚桿, *Kiŏ kàn*, 腿子, *t'oùi tsè.*

Jambières. 套褲, *T'áo k'óu*, 腿褲, *t'oùi k'óu.*
Jambon. 火腿, *Hò t'oùi.*
Jardin. 園, *Iuên.*
Jarre. 罈子, *T'ân tsè*, 罐罐, *kouán kouán.*
Jarretières. 襪帶, *Oúa tái.*
Jaune. 黄, *Houâng.*
Jésus. 耶穌, *Iê Sōu.*
Jeter. 丢, *Tieōu*, 拋, *p'āo*, 摔, *chouai.* ‖ Se —, 跳, *t'iáo.* ‖ Se réfugier, 投, *t'eôu.* ‖ Décharger ses eaux, 通, *t'ōng.*
Jeune. adj. 小, *Siào*, 年幼, *niên ieóu*, 年輕, *niên k'īn*, 沒年紀, *mŏ niên kì*, 少年, *cháo niên.*
Jeûner. 守大齋, *Cheoù tá tchāi.*
Joie. 快樂, *K'ouái lŏ;* être dans la —, 歡喜, *houān hì.*
Joindre. — les mains, 捧起手, *P'òng k'ì cheòu.* ‖ *Voyez* réunir.
Jointure. — des os, 骨節, *Koŭ tsiĕ.*
Jonc. 蒲草, *P'oû ts'ào*, 燈草, *tēn ts'ào*, 蘆稿, *loû kaò.*
Jongler. 耍把戲, *Chouà pà hí.*
Joue. 臉顋, *Lièn sāi.*
Jouer. — de l'argent, 耍錢, *Chouà ts'iên*, 賭錢, *toù ts'iên.* ‖ — d'un instrument (avec les lèvres), 吹, *tch'oūi;* (avec les doigts), 彈, *t'ân.* ‖ *Voyez* s'amuser, feindre, tromper.
Jour, clarté. 亮, *Leáng*, 光, *kouāng.* ‖ Espace de 24 heures, 天, *t'iēn*, 日, *jĕ.* ‖ — et nuit, 晝夜, *tcheóu ié.*
Journal. 日報, *Jĕ páo.*
Jugement, faculté de l'âme. 悟性, *Oú sín.* ‖ Action de juger, 審判, *chèn p'án.* ‖ *Voyez* avis.
Juger. 審, *Chèn*, 斷, *toúan*, 定案, *tín gán.* ‖ *Voyez* examiner, estimer.
Jumeaux. 雙雙, *Chouāng chouāng.*
Jument. 騍馬, *K'ó mà.*
Jurer. *Voyez* serment.
Jus. 水, *Choùi*, 湯, *t'āng*, 汁水, *tché (tchĕ) choùi*, 漿, *tsiáng.*
Jusque. 到, *Taó.*
Juste, adj. 公道, *Kōng táo*, 公平, *kōng p'în.* ‖ Adv. précisément, 正, *tchén*, 正當, *tchén tāng*, 正在, *tchén tsái.* ‖ Exactement, 對, *toúi*, 合式, *hŏ ché*, 不錯, *poŭ ts'ó.*

L

Là, adv. 那裡, *Lá lì*, 那邊, *lá piēn*, 那頭, *lá t'eôu.* ‖ Ce... là, 那个, *lá kó.* ‖ En ce temps-là, 那个時候, *lá kó chê héou.* ‖ Jusque là, 到那个時候, *táo lá kó chê héou*, 到那跟前, *táo lá kēn ts'iên.*
Labourer. 犂, *Lî*, 耕, *kēn*, 耖, *tch'áo (v. tch'āo).*
Lac. 海子, *Hài tsè*, 湖, *foû.*
Lacet. 套子, *T'áo tsè;* prendre au —, 套倒, *t'áo taò.*
Lâche, non tendu. 鬆, *Sōng.*
Lâcher, détendre. 放鬆, *Fáng sōng.* ‖ Laisser échapper, 放, *fáng*, 丢, *tieōu.*
Laid. 醜, *Tch'èou*, 不好看, *poŭ haò k'án.*
Laine. 羊毛, *Iâng mâo.*
Laisser, ne pas emmener avec soi, 丢, *tieōu*, 留, *lieôu.* ‖ Ne pas empêcher, 等, *tèn*, 要, *iáo.* ‖ Laisse-le dire, 儘他說, *tsìn t'ā chŏ.*
Lait. 奶, *Lài.*
Lame. — d'un couteau, 刀, *taō.* ‖ Plaque, 板, *pàn.*
Lampe. 燈, *Tēn.*
Lance. 槍, *Ts'iāng.*
Langage. 話, *Houá*, 說法, *chŏ fă.*
Langue. 舌頭, *Chĕ t'eôu.* ‖ Elocution, 嘴巴子, *tsoùi pā tsè.*
Lanière. 皮條, *P'î t'iâo.*
Lanterne. 燈籠, *Tēn lông.*
Lapin. — domestique, 家兎兒, *Kiā t'óu eûl.*
Laquais. 跟班, *Kēn pān.*
Lard. 膘, *Piāo*, 肥肉, *fêi joŭ.*
Large. 寬, *K'oūan*, 大, *tá.* ‖ *V.* généreux.
Larme. 眼淚, *Ièn loúi.*
Latrines. 厠房, *Ts'é fâng*, 茅房, *mâo fâng*, 茅厮, *mâo sē*, 後房, *heóu fâng.*
Laver. 洗, *Sì.* ‖ — le riz, 淘米, *t'âo mì.* ‖ Rincer, 涮, *chouán.*
Lécher. 舔, *T'ièn.*
Légaliser. — un contrat, 稅契, *Chóui k'í.*
Léger. 輕, *K'īn.*
Légume. 小菜, *Siào ts'ái.*
Lendemain. 第二天, *Tí eúl t'iēn.*
Lent. 慢, *Mán*, 皮, *p'î.*
Lèpre. 癩, *Lái.*

Lequel, laquelle. 那个, *Là kó.*
Lettre, caractere d'écriture. 字, *tsé.* ‖ Epître, 書子, *choū tsè*, 書信, *choū sín.*
Lettré. 紳士, *Chēn sé*, 讀書人, *toŭ choū jên.*
Leur. 他們的, *T'a mên tĭ.*
Levain. 酵頭, *Káo t'eôu.* ‖ *Voyez* ferment.
Lever, soulever. 拏起來, *Lâ k'ì lâi*, 抬起, *t'âi k'ì*, 舉, *kù.* ‖ Dresser, 立起, *lĭ k'ì.* ‖ Germer, 生起來, *sēn k'ì lâi.* ‖ Fermenter, 發, *fă.* ‖ Se —, 起來, *k'ì lâi*, 站起, *tchán k'ì.* ‖ Le soleil se lève, 太陽出來, *t'ái iâng tch'oŭ lâi.* ‖ Le vent se lève, 起風, *k'ì fōng.*
Lèvre. 口皮, *K'eòu p'î.*
Levier. — en fer, 鐵撈, *T'iĕ gâo.*
Lézard. 脚蛇子, *Kiŏ chê tsè.*
Libation. 奠, *Tién.*
Libéral. 大方, *Tá fāng.*
Librairie. 書鋪, *Choū p'oú.*
Libre, indépendant. 自主, *Tsé tchòu.* ‖ Qui a la faculté de, 在, *tsái*, 由在, *ieôu tsái*, 在願, *tsái soái.* ‖ *Voyez* inoccupé, sans.
Licencié, 舉人, *Kù jên.*
Licite. 可以, *K'ò ì*, 使得, *chè tĕ.*
Lie. 渣滓, *Tchā tsè.*
Lier. 綑, *K'ouèn*, 綁, *pàng.* ‖ Attacher, 拴, *choūan.*
Lieu. *Voyez* endroit. ‖ Tenir—de, 當, *Tāng*, *Voyez* remplacer. ‖ Au — de travailler, il s'amuse, 該做活路的時候, 他光是耍, *kāi tsóu hŏ loú tĭ chê heóu, t'a kouāng ché choùa.* ‖ Il y a — de, 可以, *k'ò ì.*
Lievre. 野兎子, *Iè t'oú tsè.*
Ligature. *Voyez* sapeque. ‖ *Voyez* lier.
Ligne, trait. 線, *Sién*, 路子, *loú tsè.* ‖ Etudier trois — (d'un livre chinois), 讀三路, *toŭ sān lóu.* ‖ Tracer des — (sur le papier), 打隔子, *tà kĕ tsè.* ‖ Pêcher à la—, 釣魚, *tiáo iû.*
Limaçon. 螺螄, *Lô sē.*
Limaille. 鐵末子, *T'iĕ mŏ tsè*, 鐵沙, *t'iĕ chā*, 鐵麵麵, *t'iĕ mién mién.*
Lime, une —. 一把銼, *ĭ pà ts'ó.*
Limite. 界, *Kiái*, 邊界, *piēn kiái.* ‖ Fixer une — de temps, 限期, *hién k'î.* ‖ Dépasser les —, 過度, *kó tóu.* ‖ Sans —, 無限, *oû hién.*
Limpide. 清亮, *Ts'īn leáng.*
Lion. 獅子, *Sē tsè.*
Liqueur. 水, *Choùi*, 甜酒, *t'iên tsieòu.*
Lire, — un livre. 看書, *K'án choū.* ‖ Savoir —, 識字, *chĕ tsé*, 認得字, *jén tĕ tsé.* ‖ — en prononçant, 念, *nién.*
Liste. 單子, *Tān tsè.* ‖ — (des candidats admis), 榜, *pàng.*
Lit. 床, *Tch'oûang*, 床鋪, *tch'oûang p'óu (p'óu).* ‖ —d'une riviere, 漕溝, *ts'âo keōu.*
Litanies. 禱文, *Tao ouên.*
Littérature, art d'écrire. 文法, *Ouên fă*, 文墨, *ouên mĕ.* ‖ Ecrit, 書, *choū.*
Livre, s. m. un —. 一本書, *ĭ pèn choū.* ‖ Subdivision d'un ouvrage, 卷, *kuén.*
Livre, s. f. poids. 斤, *Kīn.*
Livrer. 交, *Kiāo*, 遞, *tí*, 送, *sóng.*
Locataire. 佃戶, *Tién fóu*, 佃客, *tién k'ĕ.*
Locution, une —. 一句話, *ĭ kú hoúa.*
Loger. 站, *Tchán*, 住, *tchóu*, 歇客, *hiĕ k'ĕ.* ‖ *Voyez* demeurer.
Loi. 王法, *Ouâng fă*, 律例, *lŏu lí.* ‖ Règle, 規矩, *kouī kù.* ‖ Ordre, 命, *mín.*
Loin. 遠, *Iuèn.*
Long, adj. 長, *Tch'âng*, 久, *kieòu.* ‖ *Voyez* lent.
Long, subst. m. Six pieds de —, 六尺長, *lŏu tch'ĕ tch'âng.* ‖ Tout le — de la route, 一路, *ĭ lóu*; marcher le—du mur, 巴倒墻走, *pā tào ts'iâng tseòu.* ‖ Expliquer tout au —, 從頭一二下細講, *ts'ông t'eôu ĭ eúl hiá sí kiàng.*
Longtemps. 久, *Kieòu*, 長, *tch'âng.* ‖ Très-—, 多久, *tō kieòu.* ‖ Il y a — qu'il est mort, 早都死了, *tsào tōu sè lò.*
Longue-vue. 千里鏡, *Ts'iēn lì kín.*
Lors. — des troubles, 亂的時候, *Louán tĭ chê heóu.* ‖ Depuis —, 從那个時候, *ts'ông lá kó chê heóu*, 以後, *ì heóu.*
Lorsque. 時候, *Chê heóu.* ‖ — j'ai faim, 我餓的時候, *gò ó tĭ chê heóu.*
Lot. 分子, *Fén tsè*, 股子, *kòu tsè.*
Louche. Yeux —, 瞟眼兒, *P'iào ièn eûl.* ‖ Equivoque, 不正, *poŭ tchén*, 不明不白, *poŭ mîn poŭ pĕ.*
Louer. *Voyez* affermer. ‖ En parlant de meubles, d'animaux, 租, *Tsōu*, 佡, *lín.* ‖ En parlant d'ouvriers, 請, *ts'ìn.* ‖ S'il s'agit de barques, de chaises, 寫, *siè*, 包, *Pāo*, 僱, *kóu.*

Louer (laudare). 誇獎, *K'oūa tsiàng*, 讚美, *tsán mèi.*
Lourd. 重, *Tchóng.*
Lourdeau, 笨, *pén*, 悍棒, *tchouàng páng.*
Loyer. 佃錢, *Tién ts'iên.*
Lui. 他, *T'ā.*
Lumière. 光, *Koūang*, 亮, *leáng.*
Lune. 月亮, *Iuě· leáng.* ‖ Par une nuit sans —, 月黑頭, *iuě· hě· t'eôu.*
Lunettes. 眼鏡, *Ièn kín.*
Luxure (péché de). 邪淫的罪, *Siê· în tǐ tsóui*, 六誡的罪, *lǒu kiái tǐ tsóui.*

M

Macérer. 泡, *P'áo.*
Mâcher. 嚼, *Tsiáo.*
Machine. 架子, *Kiá tsè*, 機器, *kī k'í.*
Mâchoire. 牙巴, *Iâ pā.*
Maçon. 泥水匠, *Gnî choùi tsiáng*, 石匠, *chě tsiáng.*
Magasin. 舖子, *P'óu tsè*, 字號, *tsé háo*, 庄, *tchouāng.*
Magie. 邪法, *Siê· fǎ.*
Mahométan. 回子. *Hoûi tsè.*
Maigre. 瘦, *Seóu.* ‖ Aliments —, 素菜, *sóu ts'ái.*
Main. 手, *Cheòu.* ‖ Une — de papier, 一刀紙, *ǐ tāo tchè.*
Main-d'œuvre. 工, *Kōng*, 工夫, *kōng fōu*, 工程, *kōng tch'ên.*
Maintenant. 如今, *Jôu kīn*, 現在, *hién tsái*, 目下, *moǔ hiá*, 眼時, *ièn chê.*
Maire. 鄉約, *Hiāng iǒ*, 保正, *pào tchén*, 甲長, *kiá tchàng.*
Mais. 到底, *Táo tì*, 但, *tán.* ‖ *Voyez* seulement.
Maïs. 包穀, *Pāo kǒu*, 玉麥, *iú mě·.*
Maison. 房子, *Fâng tsè*, 屋, *oǔ.* ‖ Famille, 家, *kiā*, 人戶, *jên fóu.*
Maître. 主, *Tchòu*, 主人, *tchòu jên.* ‖ — d'école, 先生, *siēn sēn*, 老師, *lào sē.* ‖ — ouvrier, 師傅, *sē fóu.*
Maîtriser. 管, *Kouàn*, 壓, *iá.* ‖ Ne pouvoir —, 管不住. *kouàn poǔ tchóu.*
Mal. 惡, *Gǒ*, 歹, *tài.* ‖ *Voyez* faute, malade, affliger.
Malade (être). 害病, *Hái pín*, 不好, *poǔ hào.*
Maladroit. 笨, *Pén.* ‖ *Voyez* (pas) habile.
Mâle. (en parlant des hommes), 男, *Lân*; (en parlant des animaux), 公, *kōng.*
Malgré, — soi, 不得不已, *Poǔ tě· poǔ ì*, 不由在人, *poǔ ieôu tsái jên.* ‖ *Voyez* quoique.
Malheur. *Voyez* calamité.
Maltraiter. — les gens, 待不得人, *Tái poǔ tě· jên*, 蹧蹋人, *tsāo t'ǎ jên.*
Maman. 媽, *Mā.*
Mamelle. 奶, *Lài.* ‖ Sucer la —, 喫覗覗, *tch'ě lāi lāi.*
Manche, subst. m. poignée. 杷子, *Pá tsè*, 杷杷, *pá pá.*
Manche. s. f. — d'habit, 袖子, *sieóu tsè.*
Mandarin. 官, *Kouān.*
Mandat. 票, *P'iáo.*
Mandchou. 滿州人, *Màn tcheōu jên*, 旗員, *k'î iuên*, 韃子, *tá tsè.*
Manger. 喫, *Tch'ě*, 吃, *k'ǐ.*
Manière, façon. 樣子, *Iáng tsè.* ‖ De toute —, 紅黑, *hông hě·* ‖ Procédé, 法子, *fǎ tsè*, 方法, *fāng fǎ.*
Manifester. 發顯, *Fá hièn*, 顯出來, *hièn tch'oǔ lâi.*
Manœuvre, s. m. (ouvrier). 小工, *Siaò kōng.*
Manquer, faire défaut, n'avoir pas. 沒得, *Mǒ tě·*, 缺, *k'uě·*, 爭, *tsēn*, 欠, *k'ién*, 少, *chaò*, 短少, *touàn chaò.* ‖ *Voyez* faute.
Marâtre. 後娘, *Heóu niâng*, 後母, *heóu moù.*
Marbre. 油礦石, *Ieôu kouáng chě.*
Marc. 渣滓, *Tchā tsè*, 脚脚, *kiǒ kiǒ.*
Marchand. 買賣人, *Mài mái jên*, 做生意的, *tsóu sēn í tǐ*, 販子, *fán tsè.*
Marchander. 講價, *Kiàng kiá.*
Marchandise. 貨, *Hó.*
Marché. 市, *Ché*, 塲, *tch'âng.* ‖ Convention d'une vente; le — est conclu, 生意講成了, *sēn í kiàng tch'ên lò.* ‖ *Voyez* prix, contrat.
Marchepied. 踏凳, *T'ǎ tén.*
Marcher. 走, *Tseòu.*
Mare. 水凼, *Choùi táng.*
Marée. 海潮, *Hài tch'âo.*
Mari. 丈夫, *Tcháng foū*, 男人, *lân jên.*
Mariage. 婚配, *Houēn p'éi.* ‖ Demander en —, 求親, *k'iêou ts'īn.*
Marié, nouveau —, 新郎 *Sīn lâng.* ‖ Nouvelle —, 新人, *sīn jên*, 新姑娘, *sīn koū niāng.*

Marier. — (sa fille), 打發, *Tà fă*, 嫁, *kiá*, 交代, *kiāo tái*; (son fils), 說親, *chŏ ts'īn*. ‖ Se —, 婚配, *houēn p'eí*; (en parlant d'un homme), 接親, *tsiĕ ts'īn*, 安家, *gān kiā*, 過酒, *kó tsieòu*; (en parlant d'une femme), 出門, *tch'oŭ mén*, 過門, *kó mên*.
Marmite. 鍋, *Kō*.
Marque, empreinte. 印, *ín*. ‖ Signe, 記號, *kí háo*. ‖ Indice, 憑據, *p'în kú*.
Marquis. 侯爺, *Heôu iê*.
Marteau. 鎚, *Tch'ouî*.
Martyr. 致命, *Tché mín*.
Masque. 鬼臉殼, *Kouì lièn k'ŏ*.
Masse, une —. 一砣, *ĭ t'ô*, 一餅, *ĭ pìn*, 一堆, *ĭ touī*.
Massepain. 雞蛋糕, *Kī tán kāo*.
Massif, adj. solide, 鐵實的, *T'iĕ chĕ tĭ*.
Mastic. — au vernis ou laque, 漆灰, *Ts'ĭ hoūi*; — à l'huile, 桐油石灰, *t'ông ieôu chĕ hoūi*. ‖ *Voyez* ciment.
Mât. 桅杆, *Oûi kān*.
Matelas. 褥子, *Joŭ tsè*.
Matière. 材料, *Ts'âi leáo*.
Matin. 早晨, *Tsào chên*. ‖ De grand —, 清早, *ts'īn tsào*, 一早, *ĭ tsào*.
Maudire. 咒駡, *Tcheóu má*.
Mauvais. 不好, *Poŭ haò*, 要不得, *iáo poŭ tĕ*, 僻, *p'ĭ*.
Méchant. 惡, *Gŏ*, 不好, *poŭ haò*.
Mèche. — de lampe, 燈心, *Tēn sīn*. ‖ — de cierge, 蠟心, *lá sīn*.
Médaille. — pieuse, 聖牌, *Chén p'âi*.
Médecin. 醫生, *ī sēn*, 太醫, *t'ái ī*.
Médecine. Art de la —, 醫法, *ī fă*, 醫理, *ī lì*. ‖ Livres de —, 葯書, *iŏ choū*. ‖ Remède, 葯, *iŏ*.
Médire. 說人的是非 (*v.* 長短), *Chŏ jên tĭ ché fēi* (*v. tch'âng touàn*), 倒咂人家, *taò tsă jên kiā*, 亂說人家, *louán chŏ jên kiā*.
Méditer. 默想, *Mĕ siàng*.
Meilleur, 更好, *Kén haò*, 好些, *haò sī*. ‖ Bien —, 好得多, *haò tĕ tō*. ‖ Le —, 最好的, *tsúi haò tĭ*.
Mêler. 攙, *Ts'ān*, 和, *hô*, 對, *touí*.
Membre. Les — du corps, 脚手, *Kiŏ cheòu*. ‖ Les 4 —, 四肢, *sé tchē*. ‖ Tous les —, 四肢百體, *sé tchē pĕ t'ì*.

Même, identique. 一个, *ĭ kó*, 就是, *tsieóu ché*, 同, *t'ông*. ‖ Semblable, 一樣, *ĭ iáng*. ‖ De — que, 如, *joû*, 像, *ts'iáng*. ‖ Moi-—, 我自己, *gò tsé kì*. ‖ Aussi, 也, *ì*, 連, *liên*, 都, *toū*. ‖ Quand —, 就是, *tsieóu ché*, 雖, *sū*.
Mémoire. 記性, *Kí sín*, 記含, *kí hân*.
Ménager. *Voyez* épargner, soigner.
Mendiant. 叫化子, *Káo houá tsè*, 討口的, *t'ào k'eòu tĭ*, 要飯的, *iáo fán tĭ*.
Mensonge. 白話, *Pĕ houá*, 謊話, *houàng houá*; dire des —, 扯謊, *tch'è houàng*, 說白話, *chŏ pĕ houá*, 駕雲, *kiá iûn*.
Menthe. 薄荷, *Pŏ hô*.
Mentionner. 提, *T'î*.
Menton. 下巴, *Hiá p'â* (*pā*).
Menuisier. 木匠, *Moŭ tsiáng*.
Mépriser. 輕慢, *K'īn mán*, 看不上, *k'án poŭ cháng*, 看不起, *k'án poŭ k'ì*. ‖ Ne pas craindre, 不怕, *poŭ p'á*.
Mer. 海, *Hài*, 洋, *iâng*.
Merci. 多謝, *Tō sié*.
Mercure. 水銀, *Chouì în*.
Mère. 母親, *Moù ts'īn*, 娘, *niâng*.
Mérite. 功勞, *Kōng laô*; acquérir des —, 立功勞, *lĭ kōng laô*.
Mériter. *Voyez* digne.
Merveilleux. 奇妙, *K'î miáo*, 希奇, *hī k'î*.
Messe. 彌撒, *Mî Să*.
Mesure, objet qui sert à mesurer. — de longueur, 尺, 寸, *Tch'ĕ*, *ts'én*; — de capacité, 升, 斗, *chēn*, *teòu*. ‖ Dimension, 尺寸, *tch'ĕ ts'én*, 長短, *tch'âng touàn*. ‖ Prendre une —, 比一个則寸, *pì ĭ kó tsĕ ts'én*. ‖ Faire sur —, 比則寸來做, *pì tsĕ ts'én lâi tsóu*. ‖ A —, 旋, *suén*, 陸續, *loŭ sioŭ*. ‖ Outre —, 過逾, *kó iû*, 過度, *kó toú*.
Mesurer. 揣, *ín*, 比, *pì*, 量, *leâng*.
Méthode, moyen. 方子, *Fāng tsè*, 法則, *fă tsĕ*. ‖ Règle, 規矩, *kouī kù*. ‖ Ordre, 次序, *ts'é sú*.
Métier. 手藝, *Cheòu gní*. ‖ Occupation, 事業, *sé niĕ*. ‖ Machine, — de tisserand, 機頭, *kī t'eôu*.
Mets. 菜, *Ts'ái*, 飲食, *ìn chĕ*, 喫的, *tch'ĕ tĭ*.

Mettre, placer. 放, *Fáng*, 安, *gān*, 擱, *k'ŏ*. ‖ — (un objet entre deux autres), 夾, *k'a (kiă)*. ‖ — (dans un récipient), 裝, *tchoūang*. ‖ Enfouir, 窖, *káo*. ‖ Revêtir, 穿, *tch'oūan*. ‖ Porter sur soi, 戴, *tái*.
Meuble. 家具, *Kiā kú*, 傢伙, *kiā hò*.
Meule. 磨子, *Mó tsè*. ‖ Tas, 堆, *toūi*.
Meurtre. 命案, *Mín gán*.
Meurtrir. 打傷, *Tà chāng*, 打青, *tà ts'īn*.
Microscope. 顯微鏡, *Hièn oūi kín*.
Midi. 晌午, *Chàng (chào) où*; — précis, 正午, *tchén où*. ‖ Sud, 南, *lân*.
Miel. 蜂糖, *Fōng t'âng*, 蜂蜜, *fōng mĭ*.
Mien. 我的, *Gò tĭ*.
Miette. 渣渣, *Tchā tchā*.
Mieux. *Voyez* meilleur, préférer.
Mijoter. 燉, *Tén*.
Milan. 老鷹, *Lào īn*, 崖鷹, *gâi īn*.
Milieu. 中間, *Tchōng kiēn*, 心心, *sīn sīn*. ‖ — de la nuit, 半夜, *pán ié*. ‖ Au —, 當中, *tāng tchōng*.
Mille, un —. 一千, *ĭ ts'iēn*; dix —, 一萬, *ĭ ouán*; cent —, 十萬, *chĕ ouán*.
Million. 一百萬, *ĭ pĕ ouán*.
Mince. 薄, *Pŏ*, 細, *sí*.
Mine. 廠, *Tch'àng*. ‖ *Voyez* visage.
Minerai. 礦子, *Kòng (v. kouàng) tsè*.
Ministre. — d'Etat, 宰相, *Tsài siáng*.
Minuit. 半夜, *Pán ié*.
Minute, une —. 一分鐘, *ĭ fēn tchōng*. ‖ *Voyez* brouillon.
Minutieux. 下細, *Hiá sí*.
Miracle. 聖跡, *Chén tsĭ*.
Mirer (se). 照鏡子, *Tcháo kín tsè*.
Miroir. 鏡子, *Kín tsè*.
Misérable. 可憐, *K'ò liên*, 窮苦, *k'iông k'où*, 造孽, *tsáo niĕ*. ‖ Méprisable, 可惡, *k'ò oú*.
Miséricorde. 仁慈, *Jên ts'ê*, 慈悲, *ts'ê pēi*.
Missionnaire. 傳教士, *Tch'oūan kiáo sé*.
Mitoyen (maison à mur). 共牆共住的房子, *Kóng ts'iâng kóng tchóu tĭ fâng tsè*.
Mobile. 活動, *Hŏ tóng*. ‖ *Voyez* motif.
Mode, usage. 時興, *Chê hīn*, 風俗, *fōng siŏu*. ‖ *Voyez* manière, méthode.
Modèle. 樣子, *Iáng tsè*.
Modeste. 端莊, *Touān tchoūang*.
Moelle. 骨髓, *Koŭ soùi*.
Mœurs. — publiques, 風俗, *Fōng siŏu*. ‖ — d'une famille, 門風, *mên fōng*. ‖ — d'un individu, 行爲, *Hîn oûi*.
Moi. 我, *Gò*.
Moindre. 更小, *Kén siào*, 小點, *siào tièn*. ‖ Le —, 頂小的, *tìn siào tĭ*.
Moineau. 麻雀, *Mâ ts'iŏ*.
Moins. 更少, *Kén chào*, 少些, *chào sī*. ‖ Au —, 至少, *tché chào*, 再少, *tsái chào*, 爲少, *oûi chào*. ‖ A — que, 除非, *tch'ôu fēi*.
Mois. 月, *Iuĕ*.
Moisir. 生 (*v.* 發, *v.* 起) 霉, *Sēn (v. fă, v. k'ì) mêi*.
Moisson. *Voyez* récolte.
Moitié. 半, *Pán*. La — d'une livre, 半斤, *pán kīn*. Une grosse —, 一大半, *ĭ tá pán*, 一半多, *ĭ pán tō*. ‖ — plus, 多一半, *tō ĭ pán*; — moins, 少一半, *chào ĭ pán*.
Moment. 時候, *Chê heóu*. ‖ *Voy.* occasion.
Mon. 我的, *Gò tĭ*.
Monceau. 堆, *Toūi*.
Monde, univers. 天地, *T'iēn tí*. ‖ Terre, 地, *tí*, 世界, *ché kiái*. ‖ La vie du siècle, 世俗, *ché siŏu*.
Mongol. 蒙古, *Mông koù*.
Monnaie. 錢, *Ts'iên*; — de cuivre, 銅錢, *t'ông ts'iên*; — d'argent, 銀錢, *în ts'iên*.
Monopole. 獨門子生意, *Toŭ mên tsè sēn í*.
Monsieur. 老兄, *Lào hiōng*, 先生, *siēn sēn*, 老師, *lào sē*, 老爺, *lào iê*.
Monstre. 怪物, *Kouái oŭ*, 妖怪, *iāo kouái*.
Montagne. 山, *Chān*, 坡, *p'ō*, 崗, *kāng*, 梁子, *leâng tsè*.
Mont-de-piété. 當舖, *Táng p'óu*.
Monter. 上, *Cháng*, 登, *tēn*, 爬, *p'â*. ‖ — en grade, 陞官, *chēn koūan*, 高陞, *kāo chēn*. ‖ Croître, 長, *tchàng*.
Montre, échantillon. 樣子, *Iáng tsè*. ‖ Petite horloge, 表, *piào*.
Montrer, faire voir. 拏出來看, *Lâ tch'ŏu lâi k'án*. ‖ *Voyez* manifester, indiquer, enseigner.
Monture. 騎的牲口, *K'î tĭ sēn k'eòu*.
Moquer (se). 笑, *Siáo*, 譏笑, *kī siáo*, 恥笑, *tch'è siáo*, 羞, *sieōu*, 欺, *k'ī*.
Morceau. 塊, *K'ouai*, 截, *tsiĕ*. ‖ Argent en petits —, 碎銀子, *soúi în tsè*.

Mordre. 咬, *Gào*.
Mort, subst. f. 死, *Se*, 終, *tchong*. || Subst. m. 死人, *sè jén*. || *Voyez* cadavre.
Mort, adj. 死的, *Sè tǐ*. || Eau morte, 死水, *sè choùi*.
Mortier. — à la chaux, 泥巴和石灰, *Gnî pā hô chĕ hoūi*. || Vase pour piler, 碓窩, *toúi ō*.
Mot, un —. 一句, *ĭ kú*, 一句話, *ĭ kú hoúa*.
Motif. 緣故, *Iuên koú*. || *Voyez* cause, intention.
Mou. 和軟, *Hô jouàn*, 疲和, *p'ā hô*. || *Voy.* faible.
Mouche. 蒼蠅子, *Ts'āng īn tsè*.
Moucher. 搟鼻子, *Hìn (v. sìn) pí tsè*.
Mouchoir. 手巾, *Cheòu kīn*, 手帕, *cheòu p'á*.
Moudre. 磨, *Mó (mô)*.
Mouiller. 淋, *Lîn*, 打濕, *tà chĕ*. || *Voyez* humecter.
Moule. 模子, *Môu tsè*.
Mouler.— (en métal), 鑄, *Táo;* (en argile), 塑, *sóu*.
Moulin, meunerie. 磨房, *Mó fâng*.
Mourir. 死, *Sè*, 去世, *k'ú ché*, 過世, *kó ché*, 亡, *ouâng*.
Mourre (jouer à la). 划拳, *Hoûa k'ûen*.
Mousse. 青苔, *Ts'īn t'âi*.
Moustache. 八字鬍兒, *Pă tsé fôu eûl*.
Moustiquaire. 罩子, *Tcháo tsè*, 帳子, *tcháng tsè*.
Moustique. 蚊子, *Ouên tsè*.
Moutarde. 芥末, *Kiái mŏ*.
Mouton. 羊子, *Iâng tsè*, 綿羊, *miên iâng*.
Mouvoir. *Voyez* remuer.
Moyen, subst. m. 方法, *Fāng fă*, 方子, *fāng tsè*, 法子, *fă tsè*. || Je ferai selon mes —, 盡我的力量, *tsín gò tǐ lĭ leáng*.
Moyen, adj. 中等的, *Tchōng tèn tǐ*.
Moyenne (en). 兼扯, *Kiēn tch'è*.
Muet. 瘂吧, *Ià pā*.
Mule, mulet. 騾子, *Lô tsè*.
Mur, un—. 一道 (*v.* 堵) 墻, *ĭ táo (v. toù) ts'iâng*. || Cloison, 壁頭, *pĭ t'eôu*.
Mûr. 熟, *Chŏu*. || Le riz est —, 穀子黃了, *koŭ tsè houâng lò*.
Mûrier. 桑樹, *Sāng chóu*.
Murmurer. 抱怨, *Páo iuén*.
Musc. 麝香, *Ché hiāng*.
Museau. 嘴筒子, *Tsoùi t'ông tsè*.
Muselière. 嘴籠子, *Tsòui lông tsè*.
Musicien. 吹手, *Tch'oūi cheòu*.
Myope. 近視眼, *Kín ché ièn*.

N

Nager. 浮水, *Fôu choùi*. || Habile à —, 會水, *hoúi choùi*. || Flotter, 漂, *p'iāo*.
Nain. 矮子, *Gài tsè*.
Naître. 生, *Sēn*. || Provenir, 出, *tch'ŏu*.
Nappe,—d'autel. 長白布, *Tch'âng pĕ póu*.
Narine. 鼻孔, *Pí k'òng*.
Natte. 蓆子, *Sĭ tsè*. || Grande et grosse —, 晒簟, *chái tién*.
Nature. 性, *Sín*, 性格, *sín kĕ*. || *Voyez* caractère.
Naturel, subst. m. 本色, *Pèn sĕ*, 本性, *pèn sín*.
Naturel, adj. qui va de soi, 自然的, *Tsé jân tǐ*. || Inné, 生成的, *Sēn tch'ên tǐ*.
Naufrage (faire). 打破 (*v.* 翻 *v.* 壞) 船, *Tà p'ó (v. fān v. houái) tch'ouân*.
Navet. 白蘿蔔, *Pĕ lô póu*.
Navette. — de tisserand, 梭子, *Sō tsè*.
Naviguer. 行船, *Hîn tch'ouân*, 放船, *fáng tch'ouân*.
Navire. 船, *Tch'ouân*.
Ne. 不, *Poŭ*, 沒, *mŏ*. || — faire que, 單單, *tān tān*, 光是, *kouāng ché*. || — faire que de..., 纔, *ts'âi*, 綱, *kiāng*, 只有, *tchè ieòu*.
Néanmoins. 到底, *Táo tì*.
Nécessaire. 要緊, *Iáo kìn*.
Négligent. 鄉連, *Lò liên*, 不用心, *poŭ ióng sīn*. || — quant à ses devoirs de chrétien, 冷淡, *lèn tán*.
Négliger. 不管, *Poŭ kouàn*, 懈怠, *hiái tái*.
Neige. 雪, *Suĕ*.
Nénuphar. 蓮花, *Liên hoūa*. || Racines de —, 藕, *gueòu*.
Nerf. 筋, *Kīn*. || Force, 勁勒, *kín tchă*.
Net, propre. 乾淨, *Kān tsín*. || Clair, 清楚, *ts'īn ts'òu*.
Neuf, adj. num. 九, *Kieòu*. || Le neuvième, 第九, *tí kieòu*. || Nouveau, 新的, *sīn tǐ*. || Inexpérimenté, 生手, *sēn cheòu*.
Neveu. 姪子, *Tchĕ tsè*, 姪兒, *tchĕ eûl*. || Fils de la sœur, 外姪, *ouái tchĕ*.
Nez. 鼻子, *Pí tsè*.

Ni. 不, *Poŭ*, 又不, *ieóu poŭ*, 也不, *ì poŭ*.
Niche.—d'idole, 神龕, *Chên k'ān*. || —d'un chien, 狗窩, *keòu ō*.
Nichée, une —. 一窩, *ī ō*.
Nier. 不認, *Poŭ jén*.
Niveau, instrument. 平水, *P'în chòui*. || De —, 平, *p'în*.
Niveler. 平, *P'în*.
Noce. 筵席酒, *Iên sĭ tsieòu*.
Nœud. 紇繨, *Kĕ· tă*. || — dans le bois, 樹杚包, *chóu kĕ· pāo*.
Noir. 黑, *Hĕ·*, 青, *ts'īn*.
Noix. 核桃, *Hĕ· t'âo*.
Nom, appellation. 名字, *Mîn tsé*. || Avoir le — de, 叫, *kiáo*. || — de famille, 姓, *sín*. || Réputation, 名聲, *mîn chēn*.
Nombre. 數, *Sóu*, 數目, *sóu mŏu*. || Un grand —, 多, *tō*.
Nombreux. 多, *Tō*.
Nommer, imposer un nom. 取名字, *Ts'ù mîn tsé*. || *Voyez* appeler.
Non. 不, *Poŭ*, 沒有, *mŏ ieòu*. || — plus, 也不, *ì poŭ*. || — pas que, 不是, *poŭ ché*.
Nord. 北, *Pĕ·*.
Notables. 首人, *Cheòu jên*, 紳士, *chēn sé*.
Notre. 我們的, *Gò mên tĭ*.
Nourrice. 奶媽, *Lài mā*, 奶母, *lài mòu*.
Nourrir. 養, *Iàng*. || — toute une famille, 供一家人, *kōng ī kiā jên*. || — (des animaux), 喂, *oúi*.
Nourriture. 飲食, *ìn chĕ*, 飯, *fán*, 火食, *hò chĕ*, 粮食, *leâng chĕ*. || Le vêtement et la nourriture, 穿喫, *tch'ouān tch'ĕ*.
Nous. 我們, *Gò mên*.
Nouveau. *Voyez* neuf.
Nouveau (de). 再, *Tsái*, 又, *ieóu*.
Nouvelle. 新聞, *Sīn ouên*, 信, *sín*. || Demander des—de la santé, 問安, *oúen gān*.
Novice. 徒弟, *T'oû tí*. || *Voyez* neuf.
Noyau. 米米, *Mì mì*, 仁, *jên*.
Noyer, arbre. 核桃樹, *Hĕ· t'âo choú*.
Noyer, v. a. 淹, *Gān*. || Se —, 淹死, *gān sè*. || Se — volontairement, 跳水, *t'iáo choùi*.
Nu. 光的, *Kouāng tĭ*, 赤身, *tch'ĕ chēn*.
Nuage, un —. 一朶雲, *ī tò iûn*.
Nuire. 害, *Hái*, 傷害, *chāng hái*.
Nuit. 夜, *Ié·*, 晚, *ouàn*.
Numéro. 碼子, *Mà tsè*, 號, *haó*.

O

Obéir. 聽命, *T'īn mín*, 順從, *chouén ts'ông*, 依從, *ī ts'ông*, 服, *foŭ*.
Objet. 事, *Sé*, 東西, *tōng sī*, 物件, *oŭ kién*.
Obliger, imposer un devoir. 有本分, *Ieòu pèn fén*, 該, *kāi*. || *Voyez* commander, forcer, aider.
Obscur. *Voyez* noir, clair.
Observer, accomplir ce qui est prescrit. 守, *Cheoù*. || Regarder, 看, *k'án*. || S'—, 小心, *siaò sīn*, 防倒, *fâng taò*.
Obstacle. 阻擋, *Tsòu táng*. || Il n'y a pas d'—, 無妨, *oû fâng*, 無碍, *oû gái*.
Obstiné. 強, *Kiáng*, 固執, *koú tchĕ*. || — à exiger, 紅黑要, *hông hĕ· iáo*.
Obtenir. 得, *Tĕ·*.
Occasion, moment favorable. 機會, *Kī hoúi*, 時候, *chê heóu*. || Par —, 順便, *choúen pién*, 碰, *p'óng*.
Occupé (être). 有事, *Ieòu sé*, 不空, *poŭ k'óng*, 不閒, *poŭ hiên*. || Être très —, 忙, *mâng*, 事多, *sé tō*.
Occuper, s'emparer. 佔, *Tchán*. || *Voyez* habiter, employer. || S'—de. *V.* soigner.
Odeur. 氣色, *K'í sĕ·* || Bonne —, 香, *hiāng*; mauvaise —, 臭, *tch'éou*.
Odieux. 可惡, *K'ò oú*.
Œil. 眼睛, *Ièn tsīn*, 目, *moŭ*.
Œuf. 蛋, *Tán*.
Œuvre. 工, *Kōng*, 事, *sé*. || *Voyez* travail.
Offenser. 得罪, *Tĕ· tsoúi*. || *Voyez* faute, péché.
Offrir. — en présent, 送, *Sóng*; — à un supérieur, 獻, *hién*. || — en sacrifice, 祭, *tsí*.
Oie. — domestique, 鵝, *ô*; — sauvage, 雁鵝, *gán ô*.
Oignon. 葱子, *Ts'ōng tsè*.
Oindre. 搽, *Tch'â*, 抹, *mò*.
Oiseau. 雀兒, *Ts'iŏ eûl*, 鳥, *niào*.
Oisif. 閒, *Hiên*, 空, *k'óng*, 無事, *oû sé*.
Ombre. 影子, *ìn tsè*.
On. 人些, *Jên sī*, 有些, *ieòu sī*.
Once. 両, *Leàng*.
Oncle, frère du père. 伯爺, *Pĕ· iê·*, 叔爺, *choŭ iê·*; frère de la mère, 舅爺, *kieóu iê·*.

Ongle. 指甲, *Tchè kiă.* || Déchirer avec les —, 抓破, *tchoua p'ŏ.* || Griffon, 爪爪, *tchào tchào.*
Onguent. 膏药, *Kaō iŏ.*
Onze. 十一, *Chĕ ĭ.*
Opinion. *Voyez* avis.
Opium. 鸦片烟, *Ia p'ién iēn*, 大烟, *tá iēn*, 洋烟, *iáng iēn.*
Opportun. 門眼, *Teóu t'eōu*, 對, *toúi.*
Opposer. *Voyez* arrêter, empêcher, résister.
Opprimer. 欺負, *K'ī foú*, 壓, *iă*, 估住, *koù tchóu.*
Or, subst. m. 金子, *Kīn tsè.*
Orange. 柑子, *Kān tsè*, 橘子, *kŭ tsè.*
Ordinaire. 平常, *P'în cháng*, 中等, *tchōng tèn.*
Ordonnance. — de médecin, 藥單, *Iŏ tān;* écrire une —, 開單子, *k'āi tān tsè.*
Ordonner, conférer les SS. Ordres, 聖, *Chén.* || *Voyez* disposer, commander.
Ordre. 次序, *Ts'é sú.* || Par —, 依次序, *ĭ ts'é sú.* || Sacrement de l'—, 品級, *p'ìn kĭ.* || Société religieuse, 修道會, *sieōu táo hoúi.* || *Voyez* commander.
Oreille. 耳朵, *Eùl tō (tò).*
Oreiller. 枕頭, *Tchèn t'eôu.*
Orfèvre. 銀匠, *în tsiáng.*
Orgueil. 驕傲, *Kiāo gaó.*
Orient. 冬. *Tōng.*
Orienter (s'). 打山勢, *Tà chān ché.*
Origine. 根由, *Kēn ieóu*, 根底, *kēn tì*, 根原, *kēn iuên*, 根本, *kēn pèn*, 來由, *lâi ieóu*, 緣由, *iuên ieóu*, 來頭, *lâi t'eóu*, 由頭, *ieôu t'eôu.*
Originel, péché —. 原罪, *Iuên tsoúi.*
Orner. 粧飾, *Tchouāng chĕ*, 擺設, *pài chĕ.*
Orphelin. 孤兒, *Koū eûl.*
Orphelinat. 育嬰堂, *Iŏ în t'âng.*
Orteil. 脚趾踇兒, *Kiŏ tchè moù eûl.*
Ortie. 火蔴, *Hò mâ.*
Os. 骨頭, *Koū t'eôu.*
Osciller. 搖動, *Iâo tóng*, 擺, *pài*, 摔, *chouài.*
Oser. 敢, *Kàn.*
Ôter. *Voyez* enlever, arracher, déplacer, dépouiller, retrancher.
Ou (le plus souvent ne s'exprime pas). 或, *Hŏ, v. houĕ.*
Où, interrogatif. 那裡, *Là lì.* || Dans lequel, 那裡, *lá lì.*

Ouater. 讓棉花, *Jáng miên houā.*
Oublier. 忘記, *Ouâng kí*, 丢, *tieōu*, 落, *lŏ.*
Ouest. 西, *Sī.*
Oui. 是, *Ché*, 就是, *tsieóu ché*, 諾, *ó, v. ŏ (nŏ).*
Ourler. 褊, *Piēn.*
Ours. 老熊, *Laò hiông.*
Outil. 傢伙, *Kiā hò*, 傢事, *kiā sé.*
Outrager. 凌辱, *Lîn joŭ*, 踐踏, *tsién t'á*, 蹧踏, *tsaō t'á.*
Outre, au delà. 那邊, *Lá piēn.* || —mesure, 過度, *kó toú.* || En sus, 格外, *kĕ oúai.* || D'— en —, 穿了, *tch'oūan lò.* || Passer —, 過去, *kó k'ú.*
Ouvertement. 明大明, *Mîn tá mîn.*
Ouverture. *Voyez* trou, commencement.
Ouvrage, livre. Un —, 一部書, *ĭ poú choū.* || *Voyez* travail.
Ouvrier. 匠人, *Tsiáng jên.* || Travailleur gagé, 工人, *kōng jên*, 請的, *ts'ìn tĭ.*
Ouvrir. 打開, *Tà k'āi.* || *Voyez* commencement.

P

Pacifier. — (par les armes), 打平, *Tà p'în;* (par un accord), 講和, *kiàng hô.*
Page, une —. 一盤, *ĭ p'ân*, 半篇, *pán p'iēn.*
Pagode. 廟子, *Miáo tsè*, 寺, *sé.*
Païen. 外教人, *Ouái kiáo jên.*
Paillasse. 槁 (*v.* 草) 臁子, *Kaò (v. ts'ào) liên tsè.*
Paille. — de riz, 穀草, *Koŭ ts'ào;* — de blé, 麥稈, *mĕ kàn.*
Pain. 饃饃, *Mô mō*, 粑, *pā*, 餅子, *pìn tsè.*
Pair, nombre —. 雙數, *Choūang soú.* || *Voy.* égaler.
Paire, une —, 一雙, *ĭ choūang*, 一對, *ĭ toúi.*
Paix. 太平, *T'ái pîn*, 平安, *p'în gān.* || Traiter de la —, 講和, *kiàng hô.*
Palais. 公館, *Kōng kouàn*, 府, *foù.* || — de l'Empereur, 皇宮, *houâng kōng.*
Palanquin, un —. 一乘 (*v.* 一頂) 轎子, *ĭ tch'én (v. ĭ tìn) kiáo tsè.*
Pâle. 白, *Pĕ*, 無血色, *oû hiĕ sĕ.* || Avoir le visage —, 臉黃 (*v.* 白) *lièn houâng (v. pĕ).* || Terne, 淡, *tán.*
Palefrenier. 馬夫, *Mà foū.*

Palmier (diverses espèc. de). 棕樹, *Tsōng choú*, 鐵棕, *t'iĕ· tsōng*, 桫欏樹, *sō lô choú*.
Palpiter. 扳, *Pàn*, 跳, *t'iáo*.
Panaris. 疔瘡, *Tīn tch'oūang*.
Panier. 提篼, *T'î teōu*, 籃子, *lân tsè*.
Pantalon. 小衣, *Siào ī*.
Panthère. 豹子, *Páo tsè*.
Paon. 孔雀, *K'òng ts'iŏ*.
Papa. 爹, *Tī*.
Pape. 教宗, *Kiáo tsōng*.
Papier, une feuille de—. 一張紙, *ĭ tchāng tchè*. ‖ Une main de—, 一刀紙, *ĭ taō tchè*.
Papillon. 蛾蛾, *ô ō*, 蝴蝶, *foû tiĕ·*.
Pâques. 復活瞻禮, *Foŭ hŏ tchān lì*.
Paquet. 包包, *Pāo pāo*, 包袱, *pāo foŭ*, 綑, *k'ouèn*.
Par, marquant le mouvement, le passage, 從, *Ts'ông*, 由, *ieôu*. ‖ En, dans, 在, *tsái*. ‖ *Voyez* cause, motif, etc.
Parabole. 比方, *Pì fāng*, 比喩, *pì iú*.
Paradis. —terrestre, 地堂, *Tí t'âng*. ‖ Ciel, 天堂, *T'iēn t'âng*.
Paraître. 像, *Ts'iáng*. ‖ *Voyez* apparaître.
Paralytique. 癱子, *T'ān tsè*.
Parapluie. 傘, *Sàn*, 撐花兒, *ts'ēn hoūa eûl*.
Parce que. 因爲, *īn oúi*.
Parcourir. 走過, *Tseòu kó*.
Pardonner. 寬恕, *K'oūan chóu*, 赦, *ché·*, 饒, *jâo*.
Pareil. *Voyez* égal.
Parent. —de même nom, 家門, *Kiā mên*; —par affinité, 親戚, *ts'īn ts'ĭ*.
Paresse. 懶惰, *Làn tó*, 懈怠, *hiái tái*.
Parfait. 十分好, *Chĕ fēn haò*, 頂好, *tìn haò*, 狠好, *hèn haò*, 成全的, *tch'ên ts'uên tĭ*.
Parier. 打賭, *Tà toù*.
Parjure. 虛誓, *Hū ché*, 虛假的咒, *hū kià tĭ tcheóu*.
Parler. 說話, *Chŏ houá*, 講, *kiàng*. ‖ —de, 提, *t'î*.
Parmi. 中, *Tchōng*, 裡頭, *ì (lì) t'eôu*, 在, *tsái*.
Parole. *Voyez* mot, éloquence, promettre.
Parrain. 代父, *Tái foú*.
Part, une —. 一分, *ĭ fēn* 一股, *ĭ koù*. ‖ Prendre en bonne —, 朝好的面想, *tch'âo haò tĭ mién siàng*. ‖ De — en —, 透, *t'eóu*, 穿, *tch'oūan*. ‖ Se dire à—soi, 心眼想, *sīn t'eôu siàng*. ‖ *Voyez* endroit, partout, excepté, séparément.

Partager. 分, *Fēn*, 派, *p'ái*.
Parti, un —. 一夥, *ĭ hò*, 一黨, *ĭ tàng*, 一曹, *ĭ ts'âo*. ‖ Détermination, 主意, *tchòu í*. ‖ *Voyez* moyen, avantage.
Partialité. 偏心, *P'iēn sīn*, 私心, *sē sīn*. ‖ Montrer de la —. 衛護一面, *oúi foú ĭ mién*.
Participer. 有分子, *Ieòu fén tsè*.
Particulier, qui appartient à des particuliers, 私的, *Sē tĭ*. ‖ *Voyez* chaque, propre.
Partie. *Voyez* part, morceau, endroit, adversaire.
Partir. 走, *Tseòu*, 去, *k'ú*, 起身, *k'ì chēn*, 動身, *tóng chēn*. ‖ Commencer, 起頭, *k'ì t'eôu*.
Partout. 處處, *Tch'óu tch'óu*, 到處, *táo tch'óu*, 各處, *kŏ tch'óu*.
Pas, subst. m. Un —, 一步, *ĭ póu*.
Pas, négation. 不, *Poŭ*.
Passable. 可以, *K'ò ì*, 强勉要 (*v.* 使) 得, *k'iàng mièn iáo (v. chè) tĕ·*.
Passage, ruelle, 巷子, *Háng tsè*. ‖ *Voyez* endroit, chemin.
Passager, adj. 不長久, *Poŭ tch'âng kieòu*, 一時的, *ĭ chê tĭ*.
Passager, subst. m. 客, *K'ĕ·*, 趕船的, *kàn tch'oūan tĭ*.
Passé, adj. Qui remonte à l'antiquité, 古, *Koù*. ‖ Ecoulé, 過了的, *kó lò tĭ*; l'an—, 去年, *k'ú niên*; le mois —, 上月, *cháng iuĕ·*.
Passe-port. 路票, *Loú p'iáo*, 執照, *tchĕ tcháo*.
Passer. 過, *Kó*. ‖ *Voyez* couler, filtrer, pénétrer, livrer, apparaître, s'abstenir.
Passion. — de J.-C. 耶穌的苦難, *Iê· soū tĭ k'où lán*.
Passion, sentiment de l'âme. 心, *Sīn*, 情, *ts'în*. ‖ Les — mauvaises, 私慾偏情, *sē iŏ p'iēn ts'în*.
Pâte. 麵, *Mién*.
Pâté, petit—. 包子, *Pāo tsè*. ‖ *Voyez* pain.
Pater (prière). 在天經, *Tsái t'iēn kīn*.
Patience. 忍耐, *Jèn lái*. ‖ Perdre —, 忍不住, *jèn poŭ tchóu*. ‖ Exercer la — des gens, 磨人, *mô jên*.
Patrie. 家鄉, *Kiā hiāng*, 本地方, *pèn tí fāng*, 本國, *pèn kouĕ·*.

Patrimoine. 家產, *Kiā t'ch'àn*, 家業, *kiā niě*, 家當, *kiā táng*.
Patron. Le saint—, 主保, *Tchòu pào*. || *Voy.* maître, modèle.
Patronner. 保舉, *Pào kù*, 舉薦, *kù tsién*.
Patte. 脚, *Kiŏ*, 腿, *t'oùi*. || Marcher à quatre —, 爬, *p'â*.
Paume (de la main). 手掌, *Cheòu tchàng*, 手心, *cheòu sīn*.
Paupière. 眼皮, *Ièn p'î*.
Pauvre. 窮, *K'iông*, 貧窮, *p'în k'iông*, 窮寒, *k'iông hân*, 苦寒, *k'où hân*.
Paver. 面石板, *Mién chě pàn*.
Pavillon. 亭子, *T'în tsè*. || *Voyez* drapeau, tente.
Pavot. 罌粟花, *īn siŏu hoūa*. *Voy.* opium.
Paye. — des ouvriers, 工錢, *Kōng ts'iên*; — des soldats, 兵餉, *pīn hiàng*.
Payer. 開錢, *K'ai ts'iên*. || — une dette, 還賬, *houân tcháng*. || S'acquitter, 報, *páo*. || *Voyez* acheter, récompenser, punir.
Pays. 地方, *Tí fāng*, 地頭, *tí t'eôu*.
Paysan. 鄉頭人, *Hiāng t'eôu jên*, 鄉巴老, *hiāng pā lào*.
Peau. 皮, *P'î*.
Pêche (fruit). 桃子, *T'âo tsè*.
Péché. 罪, *Tsoúi*.
Pêcher. — (au filet), 打魚, *Tà iû*; (à la main), 摸魚, *mō iû*; (à la ligne), 釣魚, *tiáo iû*.
Peigne. — fin, 篦子, *Pí tsè*; démêloir, 梳子, *soū tsè*. || — de tisserand, 筬, *k'eóu*.
Peindre. 畫, *Hoúa*. || Enduire de couleurs, 上顏色, *cháng iên sě*.
Peine, châtiment. 罰, *Fă*. || Etre en —, 作難, *tsŏ lân*. || Homme de —, 下苦的, *hiá k'où tĭ*. || *Voyez* affliger, fatigue, inquiet. || A —, 剛剛, *kiāng kiāng*.
Peintre. 畫匠, *Hoúa tsiáng*.
Peler. — (avec un couteau), 削皮子, *Suě p'î tsè*.
Pelle, — à feu. 火鏟, *Hò tch'oùan*.
Pendant. 時候, *Chê heóu*; — qu'il est encore en vie, 他還在的時候, *t'ā houân tsái tĭ chê heóu*. || Souvent ne s'exprime pas, v. gr. — un an, 一年, *ĭ niên*.
Pendre. *Voyez* suspendre.

Pénétrer, entrer. 進去, *Tsín k'ú*. || Percer, 鑽, *tsoūan*, 透, *t'eóu*. || Comprendre, 想到, *siàng táo*, 看透, *k'án t'eóu*.
Pénitence, peine expiatoire. 補贖, *Poù chŏu*, 罪罰, *tsoúi fă*.
Pensée. 念頭, *Nién t'eôu*, 意思, *í sé*, 想頭, *siàng t'eôu*.
Penser. 想, *Siàng*. || Garder le souvenir, 記念, *kí nién*. || Veiller à, 管, *kouàn*, 顧, *koú*. || *Voyez* désirer, faillir.
Pente. — douce, 斜斜斜斜的, *Mò siê mò siê tĭ*; — raide, 陡, *teòu*.
Pépin. 子子, *Tsè tsè*, 米米, *mì mì*.
Perçant. 尖, *Tsiēn*.
Percer. 鑽, *Tsouán*, 穿, *tch'oūan*. || — en creusant, 挖通, *oūa t'ōng*; — en poussant, 撥, *tŏ*.
Perche. 竿竿, *Kān kān*. || — de batelier, 篙竿, *hâo kān*.
Perdre. 丟, *Tieōu*, 落, *lŏ*, 失落, *chě lŏ*, 失吊, *chě tiáo*. || — (dans le commerce), 折本, *chě pèn*. || — un procès, 輸官司, *chōu kouān sē*. || Négliger, 躭悞, *tān oú*. || *Voyez* gaspiller, abuser, gâter.
Perdrix. 竹雞, *Tchŏu kī*.
Père. 父親, *Foú ts'īn*, 爹, *tī*, 老子, *lào tsè*. || — spirituel (prêtre), 神父, *chên fóu*.
Perle. 珠, *Tchōu*.
Perméable. — à l'air, 過風, *Kó fōng*; — à l'eau, 浸水, *ts'ín choùi*.
Permettre. 許, *Hù*, 允, *iùn*, 准, *tchouèn*.
Perpétuel. 永遠, *Iùn iuèn*, 沒得煞過, *mŏ tě chă kŏ*, 長久, *tch'âng kieòu*.
Perquisition (faire une). 搜, *Seōu*.
Perroquet. 鸚哥, *Guēn kō*.
Perruquier. 待詔, *Tái tcháo*, 剃頭匠, *t'í t'eôu tsiáng*. || Boutique de —, 廠子鋪, *tch'àng tsè p'óu*.
Persécution. 風波, *Fōng pō*. || Au temps de la —, 打風波的時候, *tà fōng pō tĭ chê heóu*.
Persévérer. 恒心, *Hên sīn*, 不變, *poŭ pién*.
Personne. 位, *Oúi*. || Un seul Dieu en trois personnes, 三位一體, *sān oúi ĭ t'ì*. || Individu, 人, *jên*, 人口, *jên k'eòu*. || En —, 自己, *tsé kì*, 親自, *ts'īn tsé*, 本人, *pèn jên*. || Aucun, 沒人, *mŏ jên*.
Personnel, adj. 本人的, *Pèn jên tĭ*, 各人的, *kŏ jên tĭ*.

Persuader. *Voyez* croire, exhorter.

Peser. — (à la romaine), **稱**, *Tch'ēn;* (à une grande romaine), **吊**, *tiáo;* (à une balance à deux plateaux), **平**, *p'în.* ‖ — beaucoup, **重**, *tchóng;* — peu, **輕**, *k'īn.* ‖ Réfléchir, **下細想**, *hiá sí siàng.*

Peste. **瘟病** (*v.* **症**, *v.* **疫**), *Ouēn pín (v. tchén, v. iŏ).*

Pet. **屁**, *P'í.*

Pétard. **火炮子**, *Hò p'áo tsè.*

Petit, adj. **小**, *Siào.* ‖ De — taille, **矮**, *gài.* ‖ — à —, **慢慢的**, *mán mán tĭ.*

Petit, subst. m. **兒**, *Eûl.* ‖ —des animaux, **崽崽**, *tsài tsài.*

Petite-fille, fille du fils. **孫女**, *Sēn niù.* ‖ Fille de la fille, **外孫女**, *ouái sēn niù.*

Petit-fils, fils du fils. **孫孫**, *Sēn sēn.* ‖ Fils de la fille, **外孫**, *ouái sēn.*

Pétition. **稟帖**, *Pìn tiĕ· (t'iĕ·),* **呈子**, *tch'ên tsè.*

Pétrir. **揉**, *Joûa (jeôu).*

Pétrole. **煤油**, *Mêi ieôu.*

Peu. **少**, *Chào,* **不多**, *poŭ tō,* **有限**, *ieòu hién.* ‖ Petit, **小**, *siào,* **不大**, *poŭ tá,* **不大點**, *poŭ tá tièn.* ‖ Faiblement, **不很**, *poŭ hèn,* **不大**, *poŭ tá.* ‖ Une très-petite quantité, **一點點**, *ĭ tièn tièn,* **些微**, *sī oûi.* ‖ Très — de temps, **一吓吓兒**, *ĭ há há eûl.*

Peuple. **百姓**, *Pĕ· sín,* **小民**, *siào mîn.*

Peur. Avoir —, **害怕**, *Hái p'á.* ‖ *Voyez* craindre, effrayer.

Peut-être. **恐怕**, *K'òng p'á,* **恐妨**, *k'òng fâng.*

Pharmacie. **藥舖**, *Iŏ p'óu.*

Photographie. **照的像**, *Tcháo tĭ siáng.*

Phrase, une —, **一句話**, *ĭ kú hoúa.* ‖ Une — de livre, **一句書**, *ĭ kú chōu.*

Pie. **鵶鵲**, *Iā ts'ĭo.*

Pièce. *Voyez* morceau.

Pied. **脚**, *Kiŏ.* ‖ — de certains animaux, **蹄子**, *t'î tsè.* ‖ —d'un mur, **墻脚**, *ts'iâng kiŏ.* ‖ Mesure de longueur, **尺子**, *tch'ĕ tsè.*

Piédestal, **座子**, *Tsó tsè.*

Piége, embûches. Tomber dans un —, **上當**, *Cháng táng,* **中計**, *tchóng kí.*

Pierre. **石頭**, *Chĕ t'eôu.*

Piété. Avoir de la — envers Dieu, **熱心恭敬天主**, *Jĕ· sīn kōng kín T'iēn Tchòu.* ‖ Avoir de la piété filiale, **孝敬父母**, *hiáo kín fóu mòu.*

Pieu. **樁**, *Tchouāng.*

Pigeon. **鴿子**, *Kŏ tsè.*

Pile, une —, **一登**, *ĭ tēn,* **一堆**, *ĭ touī.* ‖ — d'un pont, **橋墩**, *k'iâo tēn.*

Piler. **舂**, *Tchōng.*

Piller. **搶**, *Ts'iàng,* **奪**, *tŏ (v. t'ŏ).*

Pilule. **丸子**, *Iuên tsè,* **丸藥**, *iuên iŏ.*

Piment. **海椒**, *Hài tsiāo.*

Pin. **松樹**, *Sōng chóu.*

Pince. **鉗子**, *K'iên tsè;* petite —, **鑷**, *niĕ·.*

Pinceau. —à écrire, **筆**, *Pĭ.* ‖ Gros—pour badigeonner, **刷子**, *choŭa tsè.*

Pincer. **掐**, *K'iá,* **夾**, *kiă,* **揪**, *tsieōu,* **扭**, *nieòu,* **捏**, *niĕ·.*

Pioche. **鋤頭**, *Ts'ôu t'eôu,*

Pipe. **烟袋**, *Iēn tái;* — à opium, **烟槍**, *iēn ts'iāng.*

Pique-nique (faire un). **打平火**, *Tà p'în hò.*

Piquer. **錐**, *Tsūi.* ‖ — au goût, **辣**, *lă.*

Pirate. **水賊**, *Choùi tsĕ·.*

Pire. **更不好**, *Kén poŭ hào.*

Piscine. — sacrée, **聖井**, *Chén tsìn.*

Pistolet. **手鎗**, *Cheòu ts'iāng.*

Pitié. *Voyez* compassion.

Place. Tenir la — de, **替**, *T'í,* **代**, *tái.* ‖ Prendre—, **坐**, *tsó.* ‖ *V.* endroit, rang.

Placer. *Voyez* mettre.

Placet. **稟帖**, *Pìn tiĕ· (t'iĕ·)*

Plafond. **頂棚**, *Tìn p'ông.*

Plaider. **打官司**, *Tà kouān sē.*

Plaie. **瘡**, *Tch'ouāng.* ‖ Blessure, **傷**, *chāng.*

Plaindre. *Voyez* compassion. ‖ Se —, **埋怨**, *Mâi iuén,* **抱怨**, *páo iuén.* ‖ Gémir, **呻喚**, *tch'ēn houán.* ‖ Murmurer, **嚨**, *lông.*

Plaine. **壩**, *Pá,* **平地**, *p'în tí.*

Plaire. **召愛**, *Teōu gái,* **合意**, *hŏ í,* **喜歡**, *hì houān.* ‖ Comme il vous plaira, **在隨**, *tsái soûi.* ‖ Plaise à Dieu, **巴不得**, *pā poŭ tĕ·.*

Plaisanter, **說笑**, *Chŏ siáo,* **說趣話**, *chŏ ts'ú hoúa.*

Plaisir. **快樂**, *K'ouái lŏ.* ‖ Avoir du — à, **喜歡**, *hì houān.*

Plan, subst. m. *Voyez* forme, dessein.

Plan, adj. 平, *P'în.*
Planche. 板子, *Pàn tsè.* || Carré de jardin, 鑲, *siāng.*
Plancher. — supérieur, 樓, *Leôu;* — inférieur, 地板, *tí tchén.*
Plant. 秧子, *Iāng tsè,* 秧秧, *iāng iāng.*
Plante, — du pied. 脚板, *Kiŏ pàn.* || Les —, 草木, *ts'ào mŏu.*
Planter, 栽, *Tsāi.* || Ficher, 插, *tch'ă.*
Plaque. 板. *Pàn;* — de cuivre, 銅板, *t'ông pàn.*
Plat, adj. Uni. 平的, *P'în tĭ.* || Aplati, 扁的, *pièn tĭ.*
Plat, subst. m. 盤子, *p'ân tsè.*
Plateau. 盤, *P'ân.*
Plâtre. 石膏, *Chĕ kāo.*
Plein, 滿的, *Màn tĭ.* || *Voyez* massif, entier.
Pleurer. 哭, *K'ŏu,* 流眼淚, *lieôu ièn loúi.*
Pleuvoir. 落雨, *Lŏ iù,* 下雨, *hiá iù.*
Plier. 疊, *Tiĕ,* 摺, *tchĕ.* || Courber, 彎, *ouān,* 捲, *kuèn (kuèn).*
Plomb. 黑鉛, *Hĕ iuên.* || — de chasse, 沙子, *chā tsè.*
Pluie. 雨, *Iù.*
Plume. 毛, *Mâo.* || —à écrire, 洋筆, *iâng pĭ.*
Plumeau. 雞毛刷 (掃), *Kī mâo choūa (v. sáo).*
Plumet. 翎子. *Lîn tsè.*
Plupart (la). 多半, *Tō pán.*
Plus, comparatif. 更, *Kén,* 些, *sī.* || Pas — de, 不過, *poú kó.* || Trois fois — qu'auparavant, 比先多三倍, *pì siēn tō sān péi.* || De —, 另外, *lín ouái,* 還, *houân.* || — (répété), 越, *iuĕ.* || A—forte raison, 况且, *k'ouáng ts'iè.* || Au —, 多, *tō,* 至多, *tché tō,* 再多, *tsái tō.* || — (avec la négation), 不 ... 了, *poŭ ... lò.* || — jamais, 總不..., 了, *tsòng poŭ..., lò,* 再不 ... 了, *tsái poŭ ... lò.* || Le plus, superlatif, 最, *tsú,* 頂, *tìn.*
Plusieurs. 好幾个, *Hào kì kó.* || — fois, 多回, *tō hoûi.*
Plutôt. *Voyez* préférer.
Poche. 荷包兒, *Hô pāo eûl.*
Poids. 分兩, *Fén leàng,* 輕重, *k'īn tchóng.* || — d'horloge, 鍾砣 (*v.* 墜) 子, *tchōng t'ô (v. tchoúi) tsè.* || — d'une balance, 碼子, *mà tsè.*
Poignard. 手刀, *Cheòu tāo.*
Poignée, une — d'herbe. 一把草, *ĭ pà ts'ào.* || Manche, 杷杷, *pá pá,*
Poil. 毛, *Mâo.*
Poinçon. 錐子, *Tsoūi tsè.*
Poing. 定子, *Tín tsè,* 拳, *k'uên.*
Point, petite marque. 點, *Tièn.* || *Voyez* endroit, instant, affaire, faillir.
Pointe. 尖尖, *Tsiēn tsiēn,* 尖子, *tsiēn tsè.*
Poire. 梨子, *Lî tsè.*
Poison. 毒藥, *Toŭ iŏ.*
Pois. 豌荳, *Ouān teóu.*
Poisson. 魚, *Iû.*
Poitrine. 胸口, *Hiōng k'èou,* 胸堂, *hiōng t'âng.*
Poivre. 胡椒, *Foû tsiāo.*
Poli, uni. 平, *P'în,* 光生, *kouāng sēn.* || Civil, 有禮信, *ieòu lì sín,* 恭敬, *kōng kín.*
Polir. 磨 (*v.* 擦) 光生 (*v.* 亮), *Mô (v. ts'ă) kouāng sēn (v. leáng).*
Pomme. 花紅, *Hoūa hông,* 蘋菓, *p'în kò.* || — de terre, 洋芋, *iâng iú.*
Pompe, machine pour élever l'eau, 車子, *Tch'ē tsè;* noria, 水車, *choùi tch'ē.*
Pondre. 生蛋, *Sén tán;* (en parlant des poissons), 板子, *pàn tsè.*
Pont. 橋, *K'iâo.*
Porcelaine (vases en). 磁器, *Ts'ê k'í.*
Port. 口子, *K'èou tsè.* || Débarcadère, 碼頭, *mà t'eôu.* || Prix de transport, 脚價, *kiŏ kiá,* 力錢, *lĭ ts'iên,* 水脚, *choùi kiŏ.*
Portail. 曹門, *Ts'âo mên,* 財門, *ts'âi mên,* 龍門子, *lông mên tsè.*
Porte. 門, *Mên.*
Porter.—à la main, 拏, *Lâ.* || — suspendu au bras, 提, *t'î.* || — avec soi, 帶, *tái.* || — dans les bras, 抱, *páo.* || — directement sur l'épaule, 挆, *lào.* || — sur l'épaule en balançoire, 担, *tān,* 挑, *t'iāo.* || — sur l'épaule, à plusieurs, 抬, *t'âi.* || — sur le dos, 背, *pēi.* || Aller présenter, 送, *sóng.* || Se bien —, 好, *haò,* 平安, *p'în gān.* || *Voyez* produire, exciter.
Portier. 看門的, *K'án mên tĭ.*
Poser. *Voyez* mettre.
Possédé. — du démon, 負魔的, *Foú mô tĭ.*
Posséder. *Voyez* avoir, savoir.
Poste. — aux lettres, 信帮, *Sín pāng.*

華西官話漢法詞典

Postérité. 後人, *Héou jên*, 後代, *héou tái*, 子孫, *tsè sēn*, 下輩, *hiá péi*.
Pot. 罐罐, *Kouán kouán*, 罈子, *t'ân tsè*, 缽, *pŏ*, 壺, *foû*. ‖ — de chambre, 夜壺 (*v.* 器) *ié· foû* (*v.* *k'í*).
Poterie. 罈罈罐罐, *T'ân t'ân kouán kouán*.
Potion, une —, 一付藥, *ĭ foú iŏ*.
Pou. 虱子, *Sĕ· tsè*.
Pouce. 大指拇子, *Tá tchè moù tsè*. ‖ 10eme partie du pied, 寸, *ts'én*.
Poudre. 麵麵, *Mién mién*, 沙, *chā*. ‖ — à canon, 火藥, *hò iŏ*.
Poule. 雞婆, *Kī p'ô*, 雞母, *kī moù*.
Poulet. 雞兒, *Kī eûl*.
Pouls. 脈, *Mĕ·*.
Poumon. 肺, *Féi*.
Poupe. 船梢, *Tch'oûan chāo*, 船尾, *tch'oûan oùi*.
Pour, à l'avantage ou au désavantage de, 跟, *Kēn*, 爲, *oúi*. ‖ A la place de, 替, *t'í*. ‖ En guise de, 當, *táng*. ‖ Afin de, 爲, *oúi*. ‖ A cause de, 因爲, *īn oúi*. ‖ Quant à, 論, *lén*.
Pourboire. 酒錢, *Tsieòu ts'iên*, 茶錢, *tch'â ts'iên*, 賞號, *chàng háo*.
Pourquoi. 爲什麼, *Oúi chĕ mŏ*, 爲啥子事, *oúi chá tsè sé*. ‖ C'est —, 故所以, *koú sò ì*.
Pourrir. 壞, *Hoúai*, 爛, *lán*, 朽, *hieòu*, 漚爛, *gŏ lán*, 糟, *tsāo*.
Poursuivre. 追, *Tchoūi*, 趕, *kàn*, 跟, *niēn*.
Pourtant. 到底, *Táo tì*.
Pourvoir. *Voyez* soigner, préparer, donner.
Pourvu que. 只要, *Tchè iáo*.
Pousser. — devant soi, 推, *T'oūi*, 掀, *huēn*. ‖ *Voyez* lever, croître, presser, exciter.
Poussière. 灰塵, *Hoūi tch'ēn*, 陽塵, *iâng tch'ēn*.
Poutre. 梁, *Leâng*, 抬担, *t'âi tán*, 過担, *kó tán*.
Pouvoir, puissance. 能力, *Lên lĭ*. ‖ Force, 力量, *lĭ leáng*. ‖ Autorité, 權, *k'uên*.
Pouvoir, v. a. 能, *Lên*, 能彀, *lên keóu*. ‖ — suivi d'un verbe: ..., 得, *Tĕ·*, *v.* 得來, *tĕ· lâi*.
Pratique, chaland. 主顧, *Tchòu koú*. ‖ *Voy.* usage.
Précaution. 小心, *Siào sīn*. ‖ Prendre des —, 防備, *fâng pí*, 把細, *pà sí*.

Précédent (le jour). 頭天, *T'eôu t'iēn*. ‖ Les jours —, 先那幾天, *siēn lá kì t'iēn*; 以前, *ì ts'iên*, 以上, *ì cháng*.
Précepte. 規誡, *Koūi kiái*, 誡命, *kiái mín*.
Précepteur. 老師, *Lào sē*, 師傅, *sē foú*.
Prêcher. 講道理, *Kiàng táo lì*, 傳教, *tch'oûan kiáo*, 勸, *k'uén*.
Précieux. 寶, *Paò*, 貴, *koúi*.
Précipiter. 掀下去, *Huēn hiá k'ú*. ‖ Se —, 跳, *t'iáo*. ‖ *Voyez* hâte.
Prédire. 先說, *Siēn chŏ*, 預先說, *iú siēn chŏ*.
Préface. 序頭, *Sú t'eôu*, 小引, *siào ìn*.
Préfecture. — de 1er ordre, 府, *Foù*; — de 2eme ordre, 州, *tcheōu*.
Préférer. 寧願, *Lîn iuén*, *v.* 情願, *ts'în iuén* ..., 不願, *poŭ iuén*.
Préfet. 知府, *Tchē foù*, 府官, *foù kouān*; 知州, *tchē tcheōu*, 州官, *tcheōu kouān*.
Prélever. 打頭, *Tà t'eôu*, 除, *tch'ôu*, 扣出, *k'eóu tch'ŏu*.
Prématuré. 早, *Tsào*, 太早, *t'ái tsào*.
Prémices, — du riz. 新米, *Sīn mì*.
Premier. 第一, *Tí ĭ*, 在頭, *tsái t'eôu*, 在先的, *tsái siēn tĭ*.
Prendre. 捉, *Tchŏ*. ‖ — avec les doigts, les griffes, 抓, *tchoūa*. ‖ — avec les bâtonnets, 拈, *niēn*. ‖ *Voyez* attraper, boire, manger, choisir, voler, tromper.
Préparer. 預備, *Iú pí*, 預辦, *iú pán*.
Près. 近, *Kín*, 不遠, *poŭ iuèn*. ‖ Etre — de, 挨, *gāi*, 凭, *p'ēn*. ‖ *Voyez* environ, faillir, excepté.
Présage. 兆頭, *Tcháo t'eôu*.
Presbyte. 老光, *Lào kouāng*.
Présence (en). 跟前, *Kēn ts'iên*, 台前, *t'âi ts'iên*, 當倒, *tāng tào*.
Présent, adj. 在, *Tsái*, 有, *ieòu*, 現的, *hién tĭ*.
Présent, subst. m. *Voyez* cadeau, maintenant.
Présenter. *Voyez* introduire, offrir.
Président. 頭, *T'eôu*, 首, *cheòu*. ‖ — d'un ministère à Pékin, 尙書, *cháng chōu*.
Presque. 差不多, *Tch'a poŭ tŏ*.
Pressant, urgent. 急, *Kĭ*, 緊, *kìn*.
Pressé, très occupé. 忙, *Mâng* 攪不贏, *kào poŭ în*, 事多, *sé tŏ*. ‖ Troublé, 慌, *houāng*.

Presser, peser sur, 按, *Gán*, 柞, *tchá*, 壓, *iá*. || Serrer de près, 擠, *tsì*. || Urger, 催, *ts'oūi*.
Pressoir. 醡, *Tchá*.
Prêt, adj. 現成的, *Hién tch'ēn tī*. || *Voyez* préparer.
Prêter. 借出去, *Tsié· tch'ŏu k'ú*. || — à intérêt, 放賬, *fáng tcháng*.
Prétexter. 推, *T'oūi*, 推故, *t'oūi kóu*.
Prétoire. 衙門, *Iâ mēn*.
Prêtre. 鐸德, *T'ŏ (tŏ) tĕ·*, 司鐸, *sē t'ŏ*, 神父, *chên fóu*, 靈牧, *lîn mŏu*.
Preuve. 憑據, *P'în kú*.
Prévenir. *Voyez* avertir.
Prévoir. 先慮, *Siēn lú*, 預先想到, *iú siēn siàng táo*, 諳算, *gān souán*. || *Voyez* conjecturer.
Prier. 求, *K'ieôu*, 祈求, *k'î k'ieôu*. || *Voyez* inviter, prière.
Prière, une formule de —. 一段經, *ĭ toúan kīn*. || Réciter des —, 念 (*v*. 誦) 經, *nién (v. sóng) kīn*; — du matin et du soir, 早晚課, *tsào ouàn k'ó*.
Primeurs. Manger des—, 嘗新, *Châng sīn*.
Primitif. 原, *Iuên*, 本, *pèn*, 老, *lào*, 舊, *kieóu*.
Prince. 王爺, *Ouâng iê·*; — du sang, 親王, *ts'īn ouâng*.
Principal. 最大的, *Tsú tá tī*, 最要緊的, *tsú iáo kìn tī*. || Le—est de, 頭一宗要, *t'eôu ĭ tsōng iáo*. || *Voyez* premier, important.
Principe. *Voyez* commencement, cause, règle, doctrine.
Printemps. 春, *Tch'oūen*.
Prison. 監, *Kiēn*, 卡, *k'à*.
Priver. *Voyez* enlever, s'abstenir.
Privilège. 格外的恩, *Kĕ· ouái tī guēn*.
Prix, valeur d'une chose. 價, *Kiá*, 價值, *kiá tchĕ*, 價錢 (*v*. 銀), *kiá ts'iēn (v. în)*. || — de la main-d'œuvre, 工錢 (*v*. 價), *kōng ts'iēn (v. kiá)*. || A tout —, 紅黑, *hông hĕ·*.
Probable. 多半, *Tō pán*.
Procès. 官司, *Kouān sē*, 案, *gán*.
Procession. Aller en — par les rues, 遊街, *Ieôu kāi*.
Prochain, adj. La semaine —. 二个主日, *Eúl kó tchòu jĕ*; l'an —. 明年, *mîn niên*. || *Voyez* près.
Prochain, subst. m. 人家, *Jên kiā*, 別人, *piĕ· jên*. || Aimer son — comme soi-même, 愛人如己, *gái jên jôu kì*.
Procurer. *Voyez* donner, livrer, exciter.
Prodige. 奇事, *K'î sé*, 怪事, *kóuai sé*. || *V*. miracle.
Prodiguer. 浪費, *Láng féi*. || *Voyez* dépenser.
Produire, engendrer. 生, *Sēn*. || — des fruits, 結菓子, *kiĕ· kò tsè*. || Faire naître, 出, *tch'ŏu*.
Proéminent, élevé, 高, *Kāo*. || Qui ressort en bosse, 鼓出來, *kòu tch'ŏu lâi*. || Qui dépasse, 支出來, *Tchē tch'ŏu lâi*.
Profaner. 糟蹋, *Tsāo t'á*. || — les Sacrements, 冒領秘迹, *máo lìn pí tsī*.
Profit. 利, *Lí*.
Profiter (d'une occasion). 趁, *Tch'én*, 乘機會, *tch'ên (chên) kī hoúi*, 將就, *tsiāng tsieóu*, 順便, *chouén pién*, 沾光, *tchān kouāng*. || *Voyez* avantage.
Profond. 深, *Chēn*; pas —, 淺, *ts'ièn*.
Progrès. *Voyez* mieux, augmenter.
Projeter. 打算, *Tà souán*, 打主意, *tà tchòu í*.
Promener (se). 走要, *Tseòu chouà*.
Promettre. 許, *Hù*, 賄, *hoùi*, 答應, *tă ín*. || Donner des espérances, 有望, *ieòu ouáng*.
Prompt, vite. 快, *K'ouái*. || Vif, 急, *kĭ*.
Prononciation. 口音, *k'eòu īn*.
Propager. 傳, *Tch'oûan*.
Prophète. 先知, *Siēn tchē*.
Propice. Vent—, 順風, *Chouén fōng*.
Proportionné. 相稱, *Siāng tch'én*, 配, *p'éi*, 對, *toúi*.
Propos. A —, 對, *toúi*, 鬥頭, *teóu t'eôu*, 合式, *hŏ ché*. || *Voyez* dessein, mot.
Propre, particulier. 本, *Pèn*, 自己的, *tsé kì tī*. || — frères, 親弟兄, *ts'īn tí hiōng*. || *Voyez* net, apte.
Propriétaire, 主, *Tchòu*, 業主, *niĕ· tchòu*, 粮戶, *leâng fóu*.
Prosélyte. 新奉教的, *Sīn fóng kiáo tī*, 新教友, *sīn kiáo ieòu*.
Prospère. 興旺, *Hīn ouáng*, 發旺, *fă ouáng*.
Prosterner (se). 磕頭, *K'ŏ t'eôu*.
Protéger. 保佑, *Pào ieóu*, 保護, *pào fóu*.

Protestant. 裂教的, *Liĕ· kiáo tĭ*, 耶穌教的, *Iê· sōu kiáo tĭ*.
Proverbe. 俗話, *Siŏu hoúa*.
Province. 省, *Sèn*.
Provoquer. *Voyez* exciter.
Prudent. 有見識, *Ieòu kién chĕ*, 下細, *hiá sí*, 把細, *pà sí*, 智, *tché*.
Prune. 李子, *Lì tsè*.
Prunelle. — de l'œil, 眼珠, *Ièn tchōu*.
Public. 衆人的, *Tchóng jên tĭ*. ‖ Affaires —, 公事, *kōng sé*. ‖ Cimetière—, 官山, *koūan chān*.
Publier. *Voyez* divulguer.
Puce. 虼蚤, *Kĕ· tsào*.
Pudeur. 臉, *Lièn*, 廉耻, *liên tch'è*.
Puer, v. n. 臭, *Tch'éou*, 有氣色, *ieòu k'í sĕ·*.
Puis. *Voyez* ensuite, enfin.
Puiser. — de l'eau, 打水, *Tà choùi*, 舀水, *iào choùi*.
Puisque. 旣, *Kí*.
Puissance (toute). 全能, *Ts'uên lên*. ‖ Autorité, 權, *k'uên*. ‖ Influence, 門勢, *mên ché*.
Puits. 井, *Tsìn*.
Punaise. 臭虫, *Tch'eóu tch'ông*.
Punir. 罰, *Fá*.
Pupille. — de l'œil, 瞳人, *T'ông jên*.
Pupitre. 書架子, *Chōu kiá tsè*.
Pur, sans mélange. 淨, *Tsín*. ‖ Chaste, 潔淨, *kiĕ· tsín*. ‖ *Voyez* clair, net.
Purgatif. 下藥, *Hiá iŏ*, 凉藥, *leâng iŏ*.
Purgatoire. 煉獄, *Lién iŏ*.
Purifier. — (les métaux), 煉, *Lién*. ‖ *Voy.* laver, décrasser.
Pus. 膿, *Lông*; il se forme du —, 貫, *koúan*.

Q

Qualité, manière d'être. 樣子, *Iáng tsè*. ‖ — supérieure, 上等, *cháng tèn*, 上品, *cháng p'ìn*; de mauvaise —, 孬, *p'iĕ·*, 馬, *mà*. ‖ Bonnes —, 好處, *hào tch'óu*.
Quand, dans quel temps ? 那个時候, *Là kó chê heóu*, 幾時, *kì chê*. ‖ Dans le temps que, 時候, *chê heóu*. ‖ Apres que, 以後, *ì heóu*, 到, *taó*. ‖ Toutes les fois que, 凡是, *fân ché*. ‖ En supposant que, 就是, *tsieóu ché ...*, 不怕, *poŭ p'á....*
Quant. — à, 至於, *Tché iû*, 論, *lén*.
Quarante. 四十, *Sé chĕ*.
Quart. Prendre le —, 四股拏一股, *Sé koù lâ ĭ koù*. ‖ Obtenir les trois —, 四股得三股, *sé koù tĕ· sān koù*. ‖ Un — d'heure, 一刻鐘, *ĭ k'ĕ· tchōng*.
Quatorze. 十四, *Chĕ sé*.
Quatre-vingts. 八十, *Pá chĕ*.
Que. *Voyez* qui, quel, pourquoi, combien.
Quel. 什麼, *Chĕ mô*, 那个, *là kó*; (au pluriel), 那些, *là sī*. ‖ Le quantième, v. gr. quel jour? 那一天, *là ĭ t'iēn*. ‖ Exclamatif, 好多, *haò tō*, 好大, *haò tá*. ‖ — qu'il soit, 不拘, *poŭ kū*, 不論, *poŭ lén*, 不分, *poŭ fēn*.
Quelque, un. 一个, *ĭ kó*. ‖ Plusieurs, 幾個, *kì kó*, 些, *sī*. ‖ Un peu, 一點, *ĭ tièn*. ‖ Environ, 差不多, *tch'a poŭ tō*.
Quelquefois. 有些回數, *Ieòu sī hoûi soú*, 要不時, *iáo poŭ chê*.
Quelqu'un. 有人, *Ieòu jên*.
Querelle. 口嘴, *K'eòu tsoùi*, 閒話, *hiên hoúa*. ‖ Etre en —, 吵嘴, *tch'ào tsoùi*, 角孽, *kŏ niĕ·*.
Quêter. 化, *Hoúa*, 化緣, *hoúa iuên*.
Queue. — des animaux, 尾巴, *Oùi pā*. ‖ Cheveux tressés, 辮子, *pién tsè*, 鞋鞋, *tá tă*.
Qui, interrogatif. 誰个, *Choûi kó*, 那个, *là kó*, 什麼人, *chĕ mô jên*. ‖ Relatif, 的, *tĭ*, 所, *sò*. ‖ C'est vous — l'avez fait, 是你做的, *ché gnì tsóu tĭ*.
Quiconque. 不論那个, *Poŭ lén lá kó*, 但凡, *tán fân*.
Quille. — d'un bateau, 船底, *Tch'oûan tì*.
Quincaillerie. 鐵貨, *T'iĕ· hó*.
Quinze. 十五, *Chĕ où*.
Quittance. 收字, *Cheōu tsé*.
Quitter, s'éloigner de. 離, *Lî*, 離開, *lî k'āi*, 走, *tseòu*. ‖ — ses habits, 脫衣裳, *t'ŏ ī chāng*. ‖ *Voyez* abandonner.
Quoi. *Voyez* qui, quel.
Quoique. 雖然, *Sū jân*, 不怕..., *poŭ p'á....*

R

Rabâcher. 重說, *Tch'ông chŏ*.
Rabot. 鉋子, *Paó tsè*.
Raboter. 鉋, *Paó*, 推, *t'oūi*.
Raccommoder. 補, *Poù*, 整, *tchèn*, 收拾, *cheōu chĕ*.

Race. *Voyez* espèce.
Racheter. 贖回來, *Choŭ hoûi lâi*, 取 (*v.* 買) 回來, *ts'ù (v. mài) hoûi lâi.*
Racine. 根子, *Kēn tsè.*
Racler. 刮, *Koŭa.*
Radeau. 筏子, *P'â tsè.*
Radicaux, clefs de l'écriture chinoise. 字母子, *Tsé moù tsè.*
Radis. 熱 (*v.* 小) 蘿蔔, *Jĕ· (v. siào) lô poú.*
Radoter. 瘋懂, *Tiēn tōng*, 糊塗, *foû t'ôu*, 亂說, *louán chŏ.*
Rafraîchir (se). Le temps se rafraîchit. 退涼, *T'oúi leâng.*
Rage. 瘋, *Fōng.*
Raide. 硬, *Guén.* ‖ Obstiné, 倔, *kiáng.*
Rainure. 槽子, *Ts'âo tsè,*
Raisin. 葡萄, *P'ôu t'âo.*
Raison, faculté de comprendre. 明悟, *Mîn oú.* ‖ Droit, équité, 理, *lì.* ‖ *Voyez* cause, réparation.
Raisonner. 推論, *T'oūi lén.* ‖ *Voyez* répliquer.
Ramasser. 撿, *Kièn.* ‖ Recueillir, 收, *cheōu.* ‖ *Voyez* amasser.
Rame, une —, 一匹橈, *ĭ p'ĭ jâo.*
Rameau. 椏椏, *Iā iā*, 椏枝, *iā tchē.*
Ramener.—quelqu'un en l'accompagnant, 送他回來, *Sóng t'a hoûi lâi.*
Rampe. 欄杆, *Lân kān.*
Ramper. 爬, *P'â.*
Rang, ligne. 行, *Hâng*, 排, *p'âi*, 列, *liĕ·.* ‖ Ordre, 次序, *ts'é sú.* ‖ Classe, dignité, 等, *tèn*, 品, *p'ìn.*
Ranger, étaler en ordre. 擺列, *Pài liĕ·.* ‖ Mettre de côté, 順, *chouén.* ‖ Se —, (céder la route), 讓路, *jáng lóu*; — (se convertir), 回頭, *hoûi t'eôu.* ‖ *Voyez* disposer, ramasser.
Râpe. 銼, *Ts'ó.*
Rapide (de fleuve). 灘, *T'ān.*
Rapide. 快, *K'ouái.*
Rappeler. 喊回來, *Hàn hoûi lâi.* ‖ Faire souvenir, 提, *t'î*, 帮記, *pāng kí.* ‖ Se —, 記得, *kí tĕ·*, 想起來, *siàng k'ì lâi.* ‖ Ne pouvoir se —, 想不起, *siàng poŭ k'ì.*
Rapport, relations. 來往, *Lâi ouàng*, 交接, *kiāo tsiĕ·.* ‖ *Voyez* ressembler, proportionné, comparer, convenir, considérer, motif.

Rapporter. 拏來, *Lâ lâi*, 拏回來, *lâ hoûi lâi.* ‖ *Voyez* dire, produire.
Rare, clairsemé. 稀, *Hī.* ‖ En petite quantité, 少, *chào.* ‖ Qui se trouve difficilement, 稀罕, *hī hàn.*
Ras, court. 短, *Touàn.* ‖ Uni, 平, *p'în.*
Raser. couper avec un rasoir, 剃, *T'í.* ‖ *Voyez* effleurer.
Rassasier. 飽, *Pào.*
Rat. 耗子, *Háo tsè.*
Râteau. 鈀鈀, *P'â p'â.*
Raturer. *Voyez* effacer.
Ravager. 害, *Hái*, 蹧蹋, *tsāo t'ă*, 鬧, *láo.*
Rave. 蘿蔔, *Lô póu.*
Ravin. 溝, *Keōu*, 灣, *ouān.*
Ravir. *Voyez* enlever.
Rayer, tracer des lignes. 畫路子, *Hoúa lóu tsè.* ‖ *Voyez* ligne, effacer.
Rayon.—de lumière, 光, *Kouāng.* ‖ —d'armoire, 隔隔, *kĕ· kĕ·.*
Réaliser. 做出來, *Tsóu tch'oŭ lâi.* ‖ Se—, 應驗, *ín nién*, 成了, *tch'ên lò.*
Rebelle, subst. m. 造反的, *Tsáo fàn tĭ*, 賊, *tsoûi.*
Rebours (à). 倒起, *Táo k'ì.*
Recéleur. 窩主, *ō tchòu.*
Récemment. 纔, *Ts'âi*, 纔不久, *ts'âi poŭ kieòu.*
Recette, argent reçu. 進 (*v.* 來) 數, *Tsín (v. lâi) soú*, 來銀, *lâi în.* ‖ — médicale, 藥方, *iŏ fāng.* ‖ Moyen, 方法, *fāng fă.*
Recevoir. 受, *Cheóu*, 收, *cheōu*, 接, *tsiĕ·*, 得, *tĕ·*, 領, *lìn.* ‖ Traiter des hôtes, 待客, *tái k'ĕ·.* ‖ Subir, 受, *cheóu*, 捱, *gâi*, 潮, *tchâo.*
Rechange (habits de). 換洗衣服, *Houán sì ī foŭ.*
Réchaud. 爐子, *Loû tsè*, 火盆, *hò p'ên.*
Réciter. 念, *Nién.* ‖ — sa leçon, 背書, *péi chōu.*
Réclamer, protester. 不依, *Poŭ ī*, 不服, *poŭ foŭ.* ‖ *Voyez* demander.
Récolte. 收成, *Cheōu tch'ên*, 庄稼, *tchouāng kiā.* ‖ La grande —, 大春, *tá tch'ouēn*; la petite — (céréales autres que le riz), 小春, *siào tch'ouēn.*
Recommander. 托付, *T'ŏ foú.* ‖ *Voyez* commander, confier, exhorter.

Récompense. 賞, *Chàng.* ‖ — ou châtiment qui vient du ciel, 報應, *páo ín.*
Réconcilier. 勸和, *K'uén hô,* 講和, *kiàng hô.* ‖ Se —, 取和, *ts'ù hô.*
Reconduire. — un hôte, 送客, *Sóng k'ĕ·.* ‖ *Voyez* conduire.
Reconnaissance. Montrer de la —, 報 (*v.* 感) 恩, *Páo (v. kàn) guēn.*
Reconnaître. 認得, *Jén tĕ·.* ‖ Savoir —, 認得出來, *jén tĕ· tch'oŭ lâi.* ‖ *Voyez* croire, avouer, observer, reconnaissance.
Recourir, se mettre sous la protection de. 投, *T'eôu.* ‖ *Voyez* invoquer, employer.
Recouvrer. 拿 (*v.* 收) 回來, *Lâ (v. cheōu) hoûi lâi.* ‖ — son premier état, 復原, *foŭ iuên.*
Récréer (se). 耍, *Chouà,* 散心, *sán sīn.*
Reçu, subst. m. 收字, *Cheōu tsé.*
Recueillir, donner asile, 收留, *Cheōu lieôu.* ‖ *Voyez* ramasser.
Reculer. 退, *T'oúi.*
Rédemption. 救贖, *Kieóu choŭ.*
Redresser. *Voyez* dresser, corriger.
Réduire. *Voyez* diminuer, forcer, changer.
Réel. 實在, *Chĕ tsái,* 眞的, *tchēn tĭ.*
Réfléchir. 想一想, *Siàng ĭ siàng.*
Réfugier (se). 投, *T'eôu.* ‖ Chercher où se cacher, 躲, *tò.*
Refuser. 辭, *Ts'ê,* 不要, *poŭ iáo,* 不收, *poŭ cheōu.* ‖ *Voyez* vouloir, consentir.
Réfuter. — une accusation, 訴, *Soú;* — une erreur, 辯, *pién,* 闢, *p'ĭ·.*
Regarder. 看, *K'án,* 眇, *miào,* 望, *ouáng.* ‖ Concerner, cela ne me regarde pas, 這不關我的事, *tché· poŭ kouān gò tĭ sé,* 這个不與我相涉 (*v.* 相干), *tché· kó poŭ iù gò siāng chĕ· (v. siāng kān).*
Registre. 簿子, *Póu tsè.*
Regle, précepte. 規矩, *Kouī kù.* ‖ Manière d'agir, 則子, *tsĕ· tsè,* 憑則, *p'în tsĕ·.*
Réglisse. 甘草, *Kān ts'ào.*
Régner, 做皇帝, *Tsóu houâng tí.*
Regretter, penser à. 罣念, *Kouá nién,* 欠, *k'ién,* 想, *siàng.* ‖ *Voyez* s'affliger, se repentir.
Reins. 腰幹, *Iāo kàn.*
Reine. 皇后, *Houâng heóu;* reine-mère, 皇太后, *houâng t'ái heóu.*
Rejaillir. 濺, *Tsán.*
Rejet, nouvelle pousse. 發的秧秧, *Fă tĭ iāng iāng.*
Réjouir (se). 歡喜, *Houān hì.* ‖ *Voyez* joie, plaisir.
Réjouissance. 喜事, *Hì sé.*
Relâche (prendre un peu de). 歇氣, *Hiĕ· k'í.* ‖ *Voyez* cesser, loisir, se récréer.
Relativement. 看, *K'án,* 論, *lén.* ‖ En comparaison de, 比, *pì.*
Religion. 教, *Kiáo.* ‖ Ordre religieux, 會, *hoúi.*
Relique. 聖髑, *Chén toŭ.*
Remarier (se); en parlant d'un homme, 再說一个, *Tsái chŏ ĭ kó;* en parlant d'une femme, 改嫁, *kài kiá,* 出姓, *tch'oŭ sín,* 朝前頭走, *tch'âo ts'iên t'eôu tseòu.*
Remarquer. *Voyez* considérer, attention, sentir.
Remède, médecine. 藥, *Iŏ.* ‖ *Voyez* moyen.
Remercier. 感謝, *Kàn sié·,* 謝恩, *sié· guēn,* 多謝, *tō sié·.*
Remettre. *Voyez* livrer, différer, pardonner, confier.
Remonter. Barque qui remonte le courant, 上水船, *Cháng choùi tch'ouân.* ‖ — l'horloge, 上鐘, *cháng tchōng.*
Remords. Eprouver du —, 良心過不得, *leâng sīn kó poŭ tĕ·,* 良心責備, *leâng sīn tsĕ· pí.*
Rempart, mur d'une ville. 城牆, *Tch'ên ts'iâng.*
Remplacer. 替, 代, *T'í, tái.* ‖ Tenir lieu de, 當, *tāng.* ‖ *Voyez* changer.
Remplir. 裝滿, *Tchouāng màn.* ‖ Accomplir, 做, *tsóu,* 當, *tāng,* 滿, *màn.*
Remuer. 搖, *Iâo,* 動, *tóng,* 臾, *nieòu.* ‖ *Voyez* émouvoir.
Renard. 毛狗, *Mâo keòu,* 狐狸, *foû lî.*
Rencontrer. 遇, *Iú,* 逢, *fông,* 撞, *tch'ouáng,* 碰, *p'óng.*
Rendre, restituer. 還, *Houân,* 賠, *p'êi.* ‖ — par le haut et par le bas, 上吐下瀉, *cháng t'où hiá sié·.* ‖ Se —, 投降, *t'eôu hiâng.*
Renier. 不認, *Poŭ jén.* ‖ — sa foi, 背教, *péi kiáo.*
Renom. 名, *Mîn,* 名聲, *mîn chēn.*
Renoncer, rejeter. 棄絕, *K'í tsuĕ·.* ‖ *Voyez* s'abstenir, refuser, renier.

Renouveler. 再, *Tsái*, 又, *ieóu*, 從新, *ts'ông sīn*.
Rentrer. —chez soi, 回家去, *Hoûi kiā k'ú*. || —la récolte, 收庄稼, *cheōu tchouāng kiā*.
Renverser. 倒, *Taò*, 倒, *táo*, 翻, *fān*.
Renvoyer. *Voyez* envoyer, différer, congédier.
Repaire. 窩子, *ō tsè*.
Répandre. 撒, *Să*. || — de l'eau, 洒水, *sà choùi*, 潑水, *p'ŏ choùi*. || Verser, 倒, *táo*. || Distribuer, 散, *sán*. || Propager, 傳, *tch'ôuan*.
Réparation. Faire —d'honneur, 認錯賠禮, *Jén ts'ó p'êi lì*.
Réparer. — une maison, 賠修房子, *P'êi sieōu fâng tsè*. || Rétablir, compenser, 補, *poù*, 賠, *p'êi*. || *Voyez* raccommoder.
Repas, un—. 一頓, *ī tén*, 一頓飯, *ī tén fán*; grand —, 席, *sĭ*. || *Voyez* festin.
Repasser. —du linge, 熨衣裳, *Iún ī châng*. || — sa leçon, 理書, *lì chōu*, 溫書, *oūen chōu*. || *Voyez* aiguiser, réfléchir.
Repentir (se). 悔, *Hoùi*, 失悔, *chĕ hoùi*, 痛悔, *t'óng hoùi*.
Répéter. 再說, *Tsái chŏ*. || — à satiété, 涎搭搭的說話, *Ts'uên tă tă tĭ chŏ hóua*. || Employer plusieurs fois, 重用, *tch'ông ióng*. || *Voyez* dire, repasser.
Répliquer. 應嘴, *ín tsoùi*, 講嘴, *kiàng tsoùi*.
Répondre. 答應, *Tă ín*, 回話, *hoûi hóua*. || Ecrire une lettre en réponse, 回信, *hoûi sín*, 寫回信, *siè hoûi sín*. || Etre caution, 保, *pào*, 躭承, *tān tch'ên*, 應酬, *ín tch'êou*.
Reposer, s'appuyer. 凭, *P'ên*, 靠, *k'áo*. || *Voyez* se délasser, dormir.
Reprendre. — connaissance, 甦醒轉來, *Soū sìn tchouàn lâi*. || Le plant a repris, 秧子活了, *iāng tsè hŏ lò*. || *Voyez* prendre, continuer, réprimander.
Représenter, tenir la place de, 替, *T'í*, 代, *tái*. || *Voyez* indiquer.
Réprimander. —quelqu'un, 責備, *Tsĕ pí*, 說他, *chŏ t'ā*, 打他的頭子, *tà t'ā tĭ t'êou tsè*.
Réprimer. 壓, *Iá*, 管, *kouàn*.
Reprocher. *Voyez* réprimander.
Réprouver, blâmer, 說不好, *Chŏ poŭ haò*, 說要不得, *chŏ iáo poŭ tĕ*. || *Voyez* damner.
Reptile. 虫, *Tch'ông*, 蛇, *chê*.
Répudier. — sa femme, 休妻, *Hieōu ts'ī*.
Répugnance. Avoir de la—, 不愛, *Poŭ gái*, 不喜歡, *poŭ hì hoūan*, 嫌, *hiên*, 厭, *ién*.
Réputation. *Voyez* renom.
Requête. 呈子, *Tch'ên tsè*, 稟帖, *pìn tiĕ (t'iĕ)*.
Réserver. *Voy.* conserver, laisser, excepter.
Résilier. 退, *T'oúi*.
Résister, opposer la force, 抵擋, *Tì tàng*. || Arrêter, 擋, *táng*. || Ne pas céder, 不讓, *poŭ jáng*. || Ne pas obéir, 犟, *kiáng*, 不聽, *poŭ t'ín*, 不從, *poŭ ts'ông*. || Tenir ferme, ne pouvoir —, 支不住, *tchē poŭ tchoú*. || *Voyez* supporter.
Résolution. *Voyez* dessein.
Respecter. 敬, *Kín*, 尊, *tsēn*; — ses parents, 孝敬父母, *hiáo kín foú moù*. || Se —, 自重, *tsé tchóng*.
Respirer. 出氣, *Tch'oŭ k'í*.
Responsable. Il est —, 問得住他, *Ouén tĕ tchóu t'ā*.
Ressembler. 像, *Ts'iáng*, 相似, *siōng sé*. || Se —, 相同, *siāng t'ông*.
Ressemeler. 綯鞋子, *Tchàng hâi tsè*.
Ressort, subst. m. 發條, *Fă t'iâo*.
Ressusciter. 復活, *Foŭ hŏ*.
Reste. 剩的, *Chén tĭ*, 餘, *iû*. || Le — (les autres), 餘外的, *iû oúai tĭ*.
Restituer. *Voyez* rendre.
Rétablir. Il est complètement rétabli, 還原了, *Hoûan iuên lò*.
Retard. 躭擱, *Tān kŏ*. || *Voyez* différer.
Retenir, faire rester. 留, *Lieôu*. || *Voyez* empêcher, retrancher, se rappeler, supporter.
Retirer, tirer de qq. endroit. 拉 (*v.* 取) 出來, *Lā (v. ts'ù) tch'oŭ lâi*. || Reprendre, 取回來, *ts'ù hoûi lâi*. || Recueillir, 收, *cheoū*. || Obtenir, 得, *tĕ*. || Se — (s'en aller), 走, *tseòu*, 回去, *hôui k'ú*, 離開, *lî k'āi*.
Retour. L'aller et le —, 來回, *Lâi hoûi*. || Payer de —, 報答, *páo tă*. || *Voyez* compenser, réfléchir.
Retourner. Tourner d'un autre côté, 翻過來, *Fān kó lâi*, 翻轉來, *fān tchoùan lâi*, 倒過來, *tào kó lâi*. || — chez soi, 回家去, *hoûi kiā k'ú*. || *Voyez* tourner.

Retraite. Battre en —, 退, *T'oúi*, ‖ Endroit solitaire, 清淨地方, *ts'īn tsín tí fāng*. ‖ Faire une —, 停工, *t'în kōng*, 做神功, *tsóu chên kōng*. ‖ *Voyez* repaire.
Retrancher. 除, *Tch'ôu*, 去, *k'ú*, 扣, *k'eóu*. ‖ *Voyez* couper.
Rétrécir. 縮, *Sŏ*.
Retrousser. — son habit, 扢起衣裳, *Tchă k'ì ī châng*; — ses manches, 找袖子, *tchào sieóu tsè*.
Réunir. 湊, *Ts'eóu*, 合攏, *hŏ lòng*, 鑲, *siāng*, 聚 (*v.* 收) 在一堆, *tsú* (*v. cheōu*) *tsái ī toūi*, 集, *tsĭ*, 齊, *ts'î*.
Réussir. 對, *Toúi*, 鬥頭, *teóu t'eôu*, 好, *hào*, 成, *tch'ên*. ‖ *Voyez* effet, prospère.
Rêve. 夢, *Móng*.
Revêche, caractère —, 強性, *Kiáng sín*.
Réveille-matin. 醒鐘, *Sìn tchōng*, 鬧鐘, *láo tchōng*.
Révéler. 說出去, *Chŏ tch'ŏu k'ú*. ‖ *Voyez* divulguer.
Revendeur. 販子, *Fán tsè*.
Revenir, venir du lieu où l'on était. 回來, *Hoûi lâi*, 轉來, *tchouàn lâi*. ‖ Avoir du rapport, 就像, *tsieóu ts'iáng*. ‖ *Voyez* coûter.
Revenu. 租, *Tsōu*, 利, *lí*, 出息, *tch'ŏu sĭ*.
Revers, opposé à l'endroit. 裡面, *Lì mién*, 反面, *fàn mién*. ‖ — de la main, 手背, *cheòu péi*. ‖ Le — de la montagne, 山那邊, *chān lá piēn*. ‖ *Voyez* calamité.
Revêtir, mettre un habit. 穿, *Tch'ouān*. ‖ *Voyez* enduire.
Révolte. 造反, *Tsáo fàn*, 亂, *louán*.
Rhumatisme. 冷骨風, *Lèn koŭ fōng*.
Rhume. Attraper un —, 傷風, *Chāng fōng*, 涼了, *leâng lò*; avoir le — de cerveau, 流清鼻子, *lieôu ts'īn pí tsè*. ‖ *Voyez* tousser.
Riche. 富貴, *Fóu koúi*, 發財, *fă ts'âi*; homme —, 財主, *ts'âi tchòu*, 老肥, *lào féi* (pop.). ‖ *Voyez* abondant, fertile.
Ride. 縐, *Tsóng*.
Rideau. — de lit, 罩子, *Tcháo tsè*; — de porte, 門簾子, *mên liên tsè*.
Rien. Donné pour —, 送的, *Sóng tĭ*, 不要錢, *Poŭ iáo ts'iên*. ‖ Quelque chose, aucune chose. *Voyez* quelque, aucun. ‖ Un —. *Voyez* bagatelle.
Rincer. 涮, *Chouán*. ‖ Se — la bouche, 漱口, *sóu k'eòu*.
Rire. 笑, *Siáo*. ‖ *Voyez* plaisanter.
Rit, rite. 禮, *Lì*.
Rive. 河邊, *Hô piēn*.
Rivière. 河, *Hô*.
Riz. — en herbe, 秧子, *Iāng tsè*; — non écossé, 穀子, *koŭ tsè*; — écossé, 米, *mì*; — cuit, 飯, *fán*.
Robe. 衫子, *Chān tsè*; — doublée, 袷衫子, *kiă chān tsè*; — ouatée, 襖子, *gào tsè*; — fourrée, 皮衫子, *p'î chān tsè*, 皮襖子, *p'î gào tsè*. ‖ — de cérémonie, 袍子, *p'âo tsè*.
Rocher. 石包, *Chĕ pāo*, 崖, *gâi*.
Rogner. — les ongles, 削 (*v.* 修) 指甲子, *Suĕ·* (*v. sieōu*) *tchè kiă tsè*. ‖ Limer, 銼, *ts'ó*. ‖ *Voyez* couper.
Rognon. 腰子, *Iāo tsè*.
Roi. 王, *Ouâng*.
Romaine. *Voyez* balance.
Roman. 耍書, *Choùa chōu*, 小說, *siào chŏ*.
Rompre. 扯斷, *Tch'è· touán*, 撇斷, *p'iè· touán*. ‖ *Voyez* briser.
Rond. 圓, *Iuên*. ‖ Nombre —, 耿數, *kèn sóu*.
Ronfler. 扯哼鼾, *Tch'è· p'ōu hān*.
Ronger. 齦, *K'èn*, 嘬, *tsŏ*; rongé par les vers, 虫打了的, *tch'ông tà lò tĭ*.
Rosaire (prières du). 玫瑰經, *Mêi koúi kīn*.
Rose. 玫瑰花, *Mêi koúi houā*.
Roseau. 蘆槀, *Lôu kào*.
Rosée. 露水, *Lóu choùi*.
Roter. 打飽嗝, *Tà pào kĕ·*.
Rotin. 籐子, *T'ên tsè*.
Rôtir. 燒, *Chāo*, 烘, *hōng*.
Roue. 車輪, *Tch'ē· lên*.
Rouet. 車子, *Tch'ē· tsè*.
Rouge. 紅, *Hông*.
Rougeole (avoir la). 出痲子 (*v.* 疹子), *Tch'ŏu mâ tsè* (*v. tchèn tsè*).
Rougir. *Voyez* honte.
Rouille, — du fer, 鐵銹, *T'iĕ· sieóu*.
Rouler. 滾, *Kouèn*. ‖ Plier en roulant, 裹, *kò*.
Route. *Voyez* chemin.
Royaume. 國, *Kouĕ·*.
Ruban. 欄杆, *Lân kān*. ‖ Lacet, 帶子, *tái tsè*.

Ruche, une— d'abeilles. 一桶蜂子, *ĭ t'òng fōng tsè.*
Rue, une —. 一條街, *ĭ t'iâo kāi.*
Ruelle. 巷子, *Háng tsè.*
Rugueux. 不平, *Poŭ p'în,* 不光生, *poŭ kouāng sēn.*
Ruine (menacer). 要倒, *Iáo tào.*
Ruiner. — sa famille, 敗家, *Pái kiā.* || *V.* démolir, nuire.
Ruisseau. 溪溝, *K'ī keōu,* 河溝, *hô keōu.*
Ruse. 詭計, *Koùi kí.*
Rusé. 尖, *Tsiēn,* 詐僞, *tchá oúi.*

S

Sable. 沙, *Chā.*
Sabot. — d'animal, 蹄子, *T'î tsè.*
Sabre. 刀, *Taō.*
Sac. 口袋, *K'eòu tái.* || *Voyez* besace.
Sacré. 聖, *Chén.*
Sacrement. 祕跡, *Pí tsī,* 聖事, *chén sé.*
Sacrifice. 祭, *Tsí.* || Privation, ne pouvoir se résoudre à faire le—de, 捨不得, *chè· poŭ tĕ·.*
Sacrilége (commettre un). 蹧蹋聖物, *Tsāo t'ă chén oŭ.* || *Voyez* profaner.
Sage. Cet enfant est—, 這个娃娃乖, *Tché· kó oûa oūa koūai.* || Le—. 君子, *kūin tsè.* || *Voyez* prudent, intelligent, bon.
Sage-femme. 接生婆, *Tsiĕ· sēn p'ô.*
Saigner, v. a. 放血, *Fáng hiĕ·.* || v. n. 流血, *lieôu hiĕ·.*
Sain. 好, *Haò,* 沒病, *mŏ pín.*
Saint. 聖, *Chén.* || Bon, une — mort, 善終, *chán tchōng.*
Saisir. *Voy.* prendre, comprendre, profiter.
Saison, époque. 時節, *Chê tsiĕ·.* || Les quatre —, 四季, *sé kí.*
Salaire. 工價, *Kōng kiá,* 工錢, *kōng ts'iên,* 身價, *chēn kiá,* 身錢, *chēn ts'iên.*
Sale. 齷齪, *ó tch'ŏ,* 骯髒, *gāng tsāng.* || Qui n'aime pas la propreté, 邋遢, *Lă t'ă.* || *Voyez* net.
Salé. 鹹, *Hân.*
Salive. 口水, *K'eòu choùi.* || Glaire, 涎水, *suên choùi.*
Salle.—d'honneur, 堂屋, *T'âng oŭ;*—de réception, 客廳, *k'ĕ· t'īn;*— à manger, 飯廳, *fán t'īn.*

Salpêtre. 火硝, *Hò siāo.*
Saluer. 問安, *Ouén gān,* 請安, *ts'ìn gān,* 拜, *pái.* || — des mains, 作揖, *tsŏ ĭ.* || Faire la prostration, 磕頭, *k'ŏ t'eôu,* 下禮, *hiá lì.*
Salut, bénédiction du S^t. Sacrement. 聖體降福, *Chén T'ì kiáng foŭ.* || Penser à son—, 想救靈魂, *siàng kieóu lîn houên.* || *Voyez* sauver, vie.
Sang. 血, *Hiĕ·.*
Sanglier. 野猪, *Iè· tchōu.*
Sangsue. 螞蝗, *Mà houâng.*
Sans, négation. 沒得, *Mŏ tĕ·.* || — même interroger, 問都不問, *ouén toū poŭ ouén.* || A moins que, 除非, *tch'ôu fēi.*
Santé (avoir une bonne). 平安, *P'în gān.*
Sapèque, une—. 一个 (*v.* 一文, *v.* 一塊) 錢, *ĭ kó (v. ĭ ouên, v. ĭ k'ouài) ts'iên.* || Mauvaise —, 毛錢, *mâo ts'iên.* || Une ligature de —, 一吊, *v.* 一串錢, *ĭ tiáo, v. ĭ tch'oúan ts'iên.* || —en papier, qu'on brûle pour les morts (payen), 紙錢, *tchè ts'iên.*
Sapin. 杉樹, *Chā (chān) choú.*
Sarcler. 薅, *Hāo.*
Sarrasin, blé noir. 蕎子, *K'iâo tsè,* 蕎麥, *k'iâo mĕ·.*
Satellite. 差人, *Tch'āi jên,* 班上的, *pān cháng tĭ.*
Satin. 緞子, *Toúan tsè.*
Satisfaire. 補贖, *Poù choŭ.* || *Voyez* content, accomplir, payer.
Sauce. 湯, *T'āng,* 醬, *tsiáng.*
Saucisse. 灌腸, *Kouán tch'âng.*
Saule. 柳樹, *Lieòu choú.*
Saumure. 鹽水, *Iên choùi.*
Sauter. 跳, *T'iáo.* || Monter en sautant, 跳上去, *t'iáo cháng k'ú.* || Franchir d'un saut, 跳過去, *t'iáo kó k'ú.* || *V.* éclater.
Sauvage. 野的, *Iè· tĭ.*
Sauver. 救, *Kieóu.* || Se — (faire son salut), 救自己的靈魂, *kieóu tsé kì tĭ lîn houên.* || *Voyez* fuir.
Savant. 書理好, *Chōu lì haò,* 有才學, *ieòu ts'âi hiŏ,* 博學, *pŏ hiŏ.*
Savetier. 皮匠, *P'î tsiáng.*
Saveur. 味, *Oúi.*
Savoir. 知道, *Tchē táo,* 曉得, *hiào tĕ·.* || Etre habile à, 會, *houí,* 懂, *tòng,* 熟, *choŭ,* 清楚, *ts'īn ts'òu.*

Savoir-vivre (avoir du). 會招呼, *Hoúi tchāo foū*, 會應酬, *hoúi ín tch'eôu.*
Savon. 洋鹻, *Iàng kièn*, 胰子, *î tsè;* — noir, 皂角油, *tsáo kŏ ieôu.*
Scandale. 壞表樣, *Hoúai piào iáng.*
Scapulaire. 聖衣, *Chén ī.*
Sceau. 印, *ín.* ‖ *Voyez* cachet.
Scellé. 封皮, *Fōng p'î.* ‖ Apposer les —, 封, *fōng.*
Schisme. 裂教, *Liĕ· kiáo.*
Scie. 鋸子, *Kú tsè.*
Sciure. 鋸麵子, *Kú mién tsè.*
Sculpter. 雕, *Tiāo.*
Se. *Voyez* soi.
Seau. 水桶, *Choùi t'òng.*
Sécher. — à l'air, 晾乾, *Leáng (v. láng) kān;* — au soleil, 晒乾, *chái kān;* — au feu, 烤乾, *k'ào kān;* — au vent, 吹乾, *tch'oūi kān.*
Secouer. — un habit, 抖衣裳, *T'eòu ī châng.* ‖ *Voyez* agiter.
Secourir. *Voyez* aider, sauver.
Secret (en). 陰倒, *īn taò*, 悄悄密密的, *ts'iāo ts'iāo mĭ mĭ tĭ*, 暗地, *gán tí*, 背地, *péi tí.*
Secrétaire. 書班, *Choū pān*, 代書, *tái choū.*
Secte. 教門, *Kiáo mên*, 黨, *tàng.*
Séculier. 世俗的, *Ché siŏu tĭ.*
Séduire. *Voyez* tromper, flatter, corrompre, entraîner.
Sein, poitrine. 胸口, *Hiōng k'eòu*, 懷, *hoûai.* ‖ *Voyez* mamelle.
Sel. 鹽, *Iên.*
Selle. — de cheval, 馬鞍子, *Mà gān tsè.* ‖ Garde-robe, aller à la —, 解手, *kài cheòu*, 屙, *ō.*
Selon. — les forces de chacun, 看各人的力量, *K'án kŏ jên tĭ lĭ leáng.* — le modèle, 照樣子, *tcháo iáng tsè.* — moi, 依我想, *ī gò siàng.* — votre désir, 合你的意, *hŏ gnì tĭ í.* — son bon plaisir, 在隨他, *tsái soûi t'ā.*
Semaine, une —. 一个主日, *ĭ kó tchòu jĕ*, 一七, *ĭ ts'ĭ.*
Semblable. *V.* égal, prochain, ressembler.
Semelle. — de soulier, 鞋底, *Hâi tì.*
Semence. 種, *Tchòng.*
Semer. 拋 (*v.* 撒, *v.* 下) 種, *P'āo (v. să, v. hiá) tchòng.* ‖ — à la pioche, 點, *tièn.*

Sens. Les cinq —, 五官, *Où kouān.* ‖ Homme de —, 懂事的人, *Tòng sé tĭ jên.* ‖ Dans tous les —, 橫順, *hoûan chouén.* ‖ En — opposé, 倒起, *táo k'ì.* ‖ Signification, 意思, *í sé.* ‖ *Voyez* corps, direction.
Sensible, qui tombe sous les sens. 有形的, *Ieòu hîn tĭ.* ‖ Avoir le cœur —, 心軟, *sīn jouàn.*
Sentence (rendre une). 斷案, *touán gán.*
Sentier. 小路, *Siào lóu.*
Sentiment. 心, *Sīn*, 情, *ts'în.* ‖ *Voyez* sentir, avis, comprendre.
Sentir, éprouver une impression, remarquer, 覺得, *Kiŏ tĕ·*, 憬覺, *kìn kiŏ*, 知覺, *tchē kiŏ.* ‖ Ne pas — la faim, 不曉得餓, *poŭ hiào tĕ· ó.* ‖ Exhaler une odeur, 有氣色, *Ieòu k'í sĕ·.* ‖ *Voyez* flairer, comprendre.
Séparément. 各自, *Kŏ tsé.* ‖ Interroger les parties —, 吊問, *tiáo ouén.*
Séparer. 分開, *Fēn k'āi.*
Sept. 七, *Ts'ĭ.*
Sépulcre. 坟 (*v.* 墳), *Fên.*
Serein. 晴, *Ts'în.* ‖ Calme, 平和, *p'în hô.*
Sérieux. *Voyez* grave, important.
Seringue. 水鎗, *Choùi ts'iāng.*
Serment (faire). 發誓, *Fá ché.* ‖ Faire — avec imprécations, 賭咒, *tòu tcheóu.* ‖ *Voyez.* parjure.
Sermon. *Voyez* prêcher.
Serpent. 蛇, *Chê·.*
Serré, fortement tendu. 緊, *Kìn.* ‖ Dru, 密, *mĭ.* ‖ Comprimé, 擠, *tsì.* ‖ *Voyez* étroit, avare.
Serrer, lier fortement. 捆緊, *K'ouèn kìn.* ‖ Mettre en lieu sûr, 收撿, *cheōu kièn.* ‖ Se —, 擠, *tsì.* ‖ *Voyez* pincer, presser.
Serrure. 鎖, *Sò.*
Service. *Voyez* aider, bienfait, usage.
Servir, aider comme domestique. 帮人, *Pāng jên.* ‖ — un malade, 服事病人, *foŭ sé pín jên.* ‖ — la table, 擺飯, *pài fán.* ‖ — comme soldat, 當兵, *tāng pīn.* ‖ — Dieu, 恭敬 (*v.* 奉事) 天主, *kōng kín (v. fóng sé) T'iēn Tchòu.* ‖ *Voyez* utile, usage, remplacer, employer.
Sésame. 芝麻, *Tchē má.*
Seuil. 門坎, *Mên k'àn.*

Seul, unique. 一个, *ĭ kó*, 獨, *tŏu*, 單, *tān*. ‖ Il s'éveilla tout —, 他自己醒了, *t'ā tsé kì sìn lò*.

Seulement. 但, *Tán*, 單, *tān*, 光是, *kouāng ché*, 只, *tchè*, 不過, *poŭ kó*. ‖ Pas —, 不止, *poŭ tchè*. ‖ A l'instant, 纔, *ts'âi*.

Sève. 汁水, *Tchĕ chouì*, 漿, *tsiāng*. ‖ Voy. force.

Sévère, rigide. 嚴令, *Niên lín*. ‖ Rigoureux, 利害, *lí hái*, 狠, *hèn*, 扐實, *tchă chĕ*.

Sexe (sans distinction de). 不分男女, *Poŭ fēn lân niù*.

Si, conj. 若, *Jŏ*, 若是, *jŏ ché*. ‖ — ce n'est pas, 不是, *poŭ ché*, 除非, *tch'ôu fēi*. ‖ Adv. 這樣, *tché· iáng*, 那樣, *lá iáng*. ‖ Comme —, 好像, *hào ts'iáng*, ... 一樣, ... *ĭ iáng*.

Siècle, un —. 一百年, *ĭ pĕ· niên*. ‖ Voyez temps, postérité, génération, monde.

Siège. 椅子, *ì tsè*, 座位, *tsó oúi*. ‖ Voyez endroit, assiéger.

Siéger. — dans un tribunal, 坐堂, *Tsó t'âng*.

Sien. 他的, *T'ā tĭ*, 自己的, *tsé kì tĭ*.

Sifflet. 哨子, *Cháo tsè*.

Signe, marque. 記號. *Kí háo*. ‖ Le — de la croix, 十字聖號, *chĕ tsé chén háo*. ‖ Faire un — de tête, 點頭, *tièn t'eôu*. ‖ Indice, 憑據, *p'în kú*, 兆頭, *tcháo t'eôu*.

Signer. 畫押, *Houá iă*, 號押, *háo iă*.

Signifier. Voyez dire, expliquer, indiquer, commander.

Silence. 不(v. 出)做聲, *Poŭ tsóu (v. tch'oŭ) chēn*.

Simple, adj. opposé à double. 單, *Tān*. ‖ Sans recherche, 樸素, *p'ŏu sóu*. ‖ Non rusé, 老實, *lào chĕ*. ‖ Voyez seul, facile, ordinaire, franc, droit.

Simple (plante). 草藥, *Ts'ào iŏ*.

Sincère. Voyez franc, droit, vrai.

Singe. 猴子, *Heôu tsè*.

Singulier. Voyez différer, extraordinaire, étrange, merveilleux.

Sinon, autrement. 不然, *Poŭ jân*. ‖ Excepté, 除非, *tch'ôu fēi*. ‖ Si ce n'est, 不是, *poŭ ché*.

Sinueux. 彎, *Ouān*, 曲, *k'ŭ*, 拐, *kouài*.

Site. 地勢, *Tí ché*. ‖ Paysage, 景緻, *kìn tché*.

Sitôt. 這樣早, *Tché· iáng tsào*, 這樣快, *tché· iáng k'ouái*. ‖ Voyez tôt, aussitôt.

Situé. 在, *Tsái*.

Six. 六, *Loŭ*.

Soc. 鏵, *Hoûa*.

Société. 會, *Hoúi*. ‖ Voyez s'associer.

Sœur. — plus âgée, 姊, *Tsiè·*; — moins âgée, 妹, *méi*.

Soi. 自己, *Tsé kì*, 自家, *tsé kiā*. ‖ En —, 本來, *pèn lâi*. ‖ Cela va de —, 那是自然, *lá ché tsé jân*.

Soie. 絲, *Sē*. ‖ Diverses étoffes de soie, 大綢, *tá tch'eôu*, 裡紬, *lì tch'eôu*, 緞子, *touán tsè*, 湖縐, *foû tsóng*, 紗, *chā*, 綾子, *lîn tsè*. ‖ — de cochon, 豬毛, *tchōu mâo*.

Soif. Avoir —, 口渴, *K'eòu k'ŏ*. ‖ Etancher la —, 解渴, *kài k'ŏ*. 止渴, *tchè k'ŏ*.

Soigner. 管, *Kouàn*, 顧, *kóu*, 經佑, *kīn ieōu*, 服事, *foŭ sé*, 照應, *tcháo ín*. ‖ Faire avec soin, 用心, *ióng sīn*, 下細, *hiá sí*, 小心, *siào sīn*.

Soir. 晚, *Ouàn*. ‖ Nuit, 夜, *ié·*.

Soit, je le veux bien. 使得, *Chè tĕ·*, 好,好, *haò, haò*, 就是了, *tsieóu ché lò*, 算了, *souán lò*. ‖ Conj. 不論, *poŭ lén*, 或, *hŏ (houĕ·)*.

Soixante. 六十, *Loŭ chĕ*.

Sol. 地基 (v. 皮子), *Tí kī (v. p'î tsè)*.

Soldat. 兵, *Pīn*, 勇, *iòng*.

Soleil. 太陽, *T'ái iâng*, 日頭, *jĕ t'eôu*.

Solide, ferme, durable. 穩當, *Ouèn táng*, 堅固, *kiēn koú*, 硬肘, *guén tcheòu*, 鐵實, *t'iĕ· chĕ*, 經事, *kīn sé*.

Solitaire, adj. Endroit — (tranquille). 清淨, v. 背淨地方, *Ts'īn tsín*, v. *péi tsín tí fāng*. ‖ Endroit désert, 沒人烟的地方, *mŏ jên iēn tĭ tí fāng*. ‖ Voyez seul.

Solitaire, subst. m. 隱修, *ìn sieōu*, 獨修, *toŭ sieōu*.

Solstice.—d'été, 夏至, *Hiá tché*. ‖ —d'hiver, 冬至, *tōng tché*.

Sombre, noir. 黑, *Hĕ·*. ‖ Nuageux, ciel —, 陰陰天, *īn īn t'iēn*.

Somme, total. 總共, *Tsòng kóng*, 通共, *t'ōng kóng*. ‖ Faire la —, 總, *tsòng*. ‖ Nombre, 數, *soú*. ‖ Bête de —, 牲口, *sēn k'eòu*.

Sommeil. 瞌睡, *K'ŏ chóui.* || Avoir —, 瞌睡來了, *k'ŏ chóui lâi lò.*

Sommet. 頂, *Tìn;* — d'un arbre, d'une plante, 顛, *tiēn.* || Pointe, 尖子, *tsiēn tsè.*

Son, adj. poss. 他的, *T'ā tĭ.*

Son, subst. Ecorce du blé, 麩子, *Foū tsè.* || — musical, 音, *īn.* || — articulé, 聲音, *chēn īn.* || *Voyez* bruit.

Sonder. 看深淺, *K'án chēn ts'ièn.* || *Voyez* examiner.

Songe. 夢, *Móng.*

Sonnette. 鈴鈴, *Lîn līn.*

Sorcier. 端工, *Touān kōng.* || Sorcière, 私娘子, *sē niāng tsè,* 走陰婆, *tseòu īn p'ô.*

Sorgho. 高粱, *Kaō leâng.*

Sort. Tirer au —, 拈鬮, *Niēn keōu.* || Interroger les —, 抽簽, *tch'ēou ts'iēn,* 占卦, *tchān kouá,* 打筮, *tà chê (ché).*

Sortilége. 邪法, *Siê· fá.*

Sortir. 出來, *Tch'oŭ lâi,* 出去, *tch'oŭ k'ú.* || Etre issu, 出身, *tch'oŭ chēn.* || *Voyez* lever.

Sot. 倥子, *K'óng tsè.*

Souche (d'arbre). 樁樑, *Kĕ· teōu.*

Souci. *Voyez* soigner, inquiet.

Soucoupe. — d'une tasse à thé, 茶船子, *Tch'â tch'ouân tsè.*

Soudain. 忽然, *Foŭ jân,* 一吓, *ĭ há,* 一頭子, *ĭ t'eôu tsè.*

Souder. 釬, *Hán.*

Souffle, vent. 風, *Fōng.* || Respiration, 氣, *k'í.*

Souffler. 吹, *Tch'oūi.* || Le vent souffle, 起風, *k'ì fōng.* || Respirer avec effort, 氣喘, *k'í tch'ouàn.* || Dire secrètement, 放鎗, *fáng ts'iāng.* || Ne pas souffler mot, 不做聲, *poŭ tsóu chēn.*

Soufflet. — de forge, 風箱, *Fōng siāng.* || Giffle, 耳巴子, *eùl pā tsè,* 嘴掌, *tsoùi tchàng,* 嘴巴子, *tsoùi pā tsè.*

Souffrir. 受苦, *Chéou k'où,* 痛, *t'óng.* || *Voyez* supporter.

Soufre. 硫磺, *Liêou houâng.*

Souhaiter. — la bonne année, 拜年, *Pái niên.* || — le bonjour, 問安, *ouén gān,* 請安, *ts'ìn gān.* || *Voyez* désirer.

Soulager. 鬆, *Sōng.* || *Voyez* consoler, aider, décharger.

Soulier. 鞋, *Hâi.*

Soumettre. — par les armes, 打平, *Tà p'în.* || S'emparer, 佔, *tchán.* || Obliger, 估, *koù,* 强, *k'iàng.* || Se —. *Voyez* obéir, se rendre.

Soupçonner. 猜疑, *Ts'āi gnî.* || *Voyez* conjecturer.

Soupe. 糜糜湯, *Mô mō t'āng.*

Souper, v. 喫夜飯, *Tch'ĕ ié· fán,* 消夜, *siāo ié·.*

Soupirer. 歎一口氣, *T'ān (t'án) ĭ k'èou k'í.* || *Voyez* gémir.

Souple. 和軟, *Hô jouàn.*

Source. — d'eau, 水泉, *Choùi ts'uên.* || *Voy.* origine.

Sourcil. 眉毛, *Mî māo.*

Sourd, subst. m. 聾子, *Lōng tsè.* || Adj. 耳朵聾, *eùl tō lōng.* || A moitié —, 耳朵背, *eùl tō péi.*

Sourire. 打失笑, *Tà chĕ siáo,* 抿笑, *mìn siáo.*

Sous. — la table, 桌子底下, *Tchŏ tsè tì hiá,* || Les gens qui sont — moi, 我手下的人, *gò chèou hiá tĭ jên.* || — tel mandarin, 在某官手頭, *tsái mòng kouān chèou t'eôu.*

Sous-louer. 轉寫, *Tchouàn siè·.* || *Voyez* affermer, louer.

Sous-préfet. 知縣, *Tchē hién,* 縣官, *hién kouān.*

Soustraire. *Voyez* dérober, enlever, retrancher.

Soutenir. 扶, *Foû.* || — de la main, 手掌 (*v.* 抬) 倒, *cheòu tchàng (v. t'âi) taò.* || *V.* supporter, aider, nourrir, affirmer.

Souvenir, ce qui rappelle la mémoire d'une chose. 記念, *kí nién.* || Mémoire, perdre le — de, 忘記, *ouáng kí;* garder le — de, 記得, *kí tĕ·.*

Souvent. 多回 (*v.* 次), *Tō hoûi (v. ts'é),* 回數多, *hoûi soú tō,* 屢次, *loùi ts'é.*

Spacieux. 寬朝, *K'ouān tch'âo.*

Spirale. 螺螄, *Lô sē.*

Spirituel, incorporel. 無形無像的, *Oû hîn oû siáng tĭ,* 神, *chên.* || Choses —, 靈魂的事, *lîn houên tĭ sé.* || *Voyez* intelligent.

Spongieux. 泡的, *P'áo tĭ.*

Station, centre de Chrétiens; une —, 一堂教友, *ĭ t'âng kiáo ièou.* || Les 14 Stations (du Chemin de la Croix), 十四處, *chĕ sé tch'óu.* || *Voyez* étape.

Statue. 像, *Siáng.*
Stérile. 荒的, *Houāng tǐ*, 不出貨, *v.* 種, *poŭ tch'oŭ hó, v. tchóng.* || Sans enfants, 無子, *oû tsè.*
Subalterne, subordonné. 手下的人, *Cheoù hiá tǐ jên.* || D'un rang peu élevé; mandarin —, 小官, *siào kouān.*
Suborner. 買賄, *Mài hoúi*, 進水, *tsín choùi*, 攎背手, *sāi péi cheòu.* || Se laisser —, 受賄, *cheóu hoúi.*
Substance. 體, *T'ì.* || — spirituelle, 神體, *chên t'ì;* — matérielle, 形體, *hîn t'ì.*
Subtil, menu. 細, *Sí.* || *Voyez* fin.
Succéder. — au trône, 接位, *Tsiĕ· oúi;* — dans un emploi, 接手, *tsiĕ· cheòu.* || Se —, 連接, *liên tsiĕ·*, 接倒, *tsiĕ· taò.* || *Voyez* remplacer.
Succomber. *V.* consentir, mourir, vaincre.
Sucer. 口咀, *K'eòu tsū.*
Sucre. 糖, *T'âng.*
Sud. 南, *Lân.*
Suer. 出汗水, *Tch'oŭ hán choùi.*
Suffire. 穀, *Keóu.* || Cela suffit, 穀了, *keóu lò*, 有了, *ieòu lò*, 使得了, *chè tĕ· lò*, 合式了, *hŏ ché lò.* || *Voyez* pouvoir.
Suggérer, parler de. 提, *T'î.* || Exciter, 𠯈, *kiáo.*
Suif. 油, *Ieôu.*
Suite, ceux qui suivent qqn. 跟隨的人, *Kēn soûi tǐ jên.* || Tout de —, 立刻, *lǐ k'ĕ·*, 就, *tsieóu.* || *Voyez* accompagner, apres, conséquence, ordre.
Suivant, adj. Le jour —. 第二天, *Tí eúl t'iēn.* || Les jours —, 後頭 (*v.* 過後) 那幾天, *heóu t'eôu (v. kó heóu) lá kì t'iēn.*
Suivant, subst. m. 跟班, *Kēn pān.*
Suivant, adv. *Voyez* selon.
Suivre, aller dans la direction de, 跟倒, *Kēn taò.* || Se conformer à, 順從, *chouén ts'ông*, 依, *ī.* || *Voyez* accompagner, poursuivre, observer. || Se —, avoir de la liaison, 相連, *siāng liên.*
Sujet, adj. Qui est sous la dépendance de, 服人管, *Foŭ jên kouàn.* || Astreint à, 該, *kāi.* || Etre porté à, exposé à, 愛, *gái*, 肯, *k'èn.*
Sujet, subst. m. — de composition, 題, *T'î.* || *Voyez* cause, objet.

Superficie. — d'un terrain, 地面, *Tí mién.* || La partie extérieure, 外面, *oúai mién*, 皮面, *p'î mién.*
Supérieur, qui est en haut, 上, *Cháng.* || Qui est au-dessus des autres, 上, *cháng*, 大, *tá.* || Mandarin supérieur, 大官, *tá kouān.* || De qualité —, 上等的, *cháng tèn tǐ.*
Superstition. 異端, *í touān.*
Suppléer. 補, *Poù*, 貼, *t'iĕ·.* || *Voyez* remplacer.
Supplice. 刑, *Hîn*, 刑罰, *hîn fá.*
Supplier. 哀求, *Gāi k'iêou*, 懇求, *k'èn k'iêou.*
Supporter. Ne pouvoir — le poids, 乘不起, *Chên poŭ k'ì.* || Souffrir, 受, *cheóu.* || Endurer patiemment, 忍, *jèn;* ne pouvoir —, 忍不住, *jèn poŭ tchóu*, 過 (*v.* 背, *v.* 熬) 不住, *kó (v. pēi, v. gâo) poŭ tchóu.*
Supposer. Supposons, 比方, *Pì fāng.* || *V.* conjecturer, feindre.
Sur, prép. — la table, 桌子上, *Tchŏ tsè cháng;* — soi, 身上, *chēn cháng.* || *V.* près de, vers, parmi, quant à, à cause de.
Sûr. 穩當, *Ouèn táng*, 妥當, *t'ò táng*, 靠得住, *k'áo tĕ· tchóu.* || Certain, 一定的, *ī tín tǐ;* ce n'est pas sûr, 沒憑則, *mŏ p'în tsĕ·.*
Surface. *Voyez* superficie.
Surlendemain. 第三天, *Tí sān t'iēn.*
Surnaturel. 超性的, *Tch'āo sín tǐ.*
Surpasser. 超過, *Tch'āo kó*, 蓋過, *kái kó.*
Surplis. 短白衣, *Touàn pĕ· ī.*
Surtout. 頭一宗, *T'eôu ī tsōng*, 總之, *tsòng tchē*, 更, *kén.*
Susceptible, qui s'offense facilement. 小氣, *Siào k'í* || *Voyez* apte.
Suspendre. 吊起, *Tiáo k'ì*, 懸起, *huên k'ì.* || Placer sur, 搭上, *tă cháng.* || Interdire, 摘權, *tsĕ· k'uên.* || *Voyez* interrompre.

T

Tabac. 菸, *Iēn*, 葉子菸, *iĕ· tsè iēn.*
Table. 棹子, *Tchŏ tsè*, 案, *gán.* || Petite — sur laquelle on sert le thé, 茶机, *tch'â kī.* || Plaque (de bois, de pierre, de métal), 板, *pàn.* || *Voyez* index.

Tablette. 牌, *P'âi.* ‖ —chrétienne, 主牌, *Tchòu p'âi.* ‖ —payenne, 神主, *chên tchòu*, 牌位, *p'âi oüi*, 五字牌, *où tsé p'âi.* ‖ *Voyez* inscription.

Tablier. 圍腰布, *Oûi iāo poú.*

Tabouret. 杌子, *Oǔ tsè*, 獨凳兒, *toǔ tén eûl.*

Tache. — noire, 黑巴, *Hě· pā*, 黑點, *hě· tièn.* ‖ *Voyez* sale.

Tâcher. *Voyez* s'efforcer.

Tacheté. 花的, *Houā tĭ.*

Taël, un —. 一兩銀子, *ĭ leàng în tsè.*

Taille, stature. 身坯, *Chēn p'ēi.* ‖ De haute —, 身坯大, *chēn p'ēi tá*, 大漢子, *tá hán tsè;* de petite —, 矮, *gài.*

Tailler, amincir, 削, *Suě·.* ‖ Emonder, 剔, *t'ī (t'ì).* ‖ Découper, 裁, *ts'âi.* ‖ — la pierre, 打石頭, *tà chě t'eôu.*

Tailleur. — d'habits, 裁縫, *Ts'âi fōng.* ‖ — de pierres, 石匠, *chě tsiáng.*

Taire (se). 不說話, *Poǔ chǒ houá*, 不做聲, *poǔ tsóu chēn.*

Talent. 才, *Ts'âi.* ‖ Avoir le — de, 會, *hoúi.* ‖ *Voyez* capable.

Talon. 脚後跟, *Kiǒ héou kēn.*

Talus. 坎子, *K'àn tsè.*

Tambour. 鼓, *Koù.*

Tamis. 羅篩, *Lô chāi.*

Tam-tam. *Voyez* cymbale.

Tandis que. *Voyez* pendant, au contraire.

Tanière. 窩, *ō.* ‖ Antre, 峒子, *tóng tsè.*

Tanner. 硝, *Siāo.*

Tant. — mieux, 更好, *Kén haò.* ‖ *Voyez* si, tellement.

Tante. Sœur du père, 姑娘, *Koū niâng;* sœur de la mère, 姨娘, *î niâng.* ‖ Femme d'un oncle paternel, 伯娘, *pě· niâng*, 嬸娘, *chèn niâng;* femme d'un oncle maternel, 舅娘, *kieóu niâng.*

Tantôt. Tantôt…, tantôt. 一時…, 一時, *ĭ chê…, ĭ chê*, 一吓…, 一吓, *ĭ há…, ĭ há.* ‖ *Voyez* bientôt.

Tapis. — en feutre, 氈子, *Tchān tsè.* ‖ — tissé, 毯子, *t'àn tsè.*

Tapisser. — de papier. 糊紙, *Foû tchè.*

Tarare. 風簸, *Fōng pò.*

Tard. 遲, *Tch'ê*, 晗, *gán;* il est trop —, 遲了, *tch'ê lò.*

Tarder. Ne tardez pas, 不要捱, *Poǔ iáo gâi.* ‖ Sans —, 立刻, *lĭ k'ě·.* ‖ *Voyez* retard, différer.

Tare. 皮, *P'î.* ‖ Défalquer la —, 除皮, *tch'ôu p'î.*

Tarière. 鑽子, *Tsouán tsè.*

Tartare. *Voyez* Mandchou.

Tas. 堆, *Toūi.*

Tasse. 碗, *Ouàn;* — avec anse, 鍾, *tchōng;* petite — à vin, 酒盃, *tsieòu pēi.*

Tâter. 摸, *Mō.* ‖ *Voyez* essayer.

Teigne (avoir la). 腦殼生癩, *Laò k'ǒ sēn lái.*

Teindre. 染, *Jàn.*

Tel, de cette qualité. 這 (*v.* 那) 樣的, *Tché· (v. lá) iáng tĭ.* ‖ Indéterminé, 某, *mòng.* ‖ Un —, 某人, *mòng jên.* ‖ — endroit, 某處, *mòng tch'óu.*

Télégraphe. — électrique, 電線, *Tién sién.*

Télescope. 千里鏡, *Ts'iēn lì kín.*

Tellement. 得, *Tě·* (ajouté au verbe). J'ai — faim, que je me sens défaillir, 我餓得心慌, *gò ó tě· sīn houāng.*

Téméraire. 冒失, *Máo chě.* ‖ Sans fondement, faire un jugement —, 亂猜疑, *louán ts'āi gnî.*

Témoignage (rendre un faux). 妄證, *Ouáng tchén.* ‖ *Voyez* preuve.

Témoin. 見證, *Kién tchén*, 干證, *kān tchén.*

Tempe. 太陽筋, *T'ái iâng kīn.*

Température. 天氣, *T'iēn k'í.*

Tempéré. 溫和, *Ouēn hô.*

Temple. — protestant, 禮拜堂, *Lì pái t'âng.* ‖ *Voyez* église.

Temps, époque, durée, 時候, *Chê héou.* ‖ Etat du ciel, 天, *t'iēn.* ‖ *Voyez* loisir, température.

Tenailles. 鉗子, *K'iên tsè.*

Tendre, adj. 嫩, *Lén*, 細, *sí.* ‖ *Voy.* mou.

Tendre, v. présenter en avant. 伸, *Tch'ēn.* ‖ Avoir en vue, 想, *siàng.* ‖ *Voyez* bander.

Tendresse. Avoir de la — pour qqn. 心痛他, *Sīn t'óng t'ā.*

Ténèbres. 黑暗, *Hě· gán.*

Tenir, avoir et ne pas lâcher, 拏倒, *Lâ taò*, 捏倒, *niě· taò.* ‖ — dans la bouche, 含倒, *hân taò;* — dans les bras, 抱起, *páo k'ì.* ‖ *Voyez* résister, maîtriser, désirer, dépendre.

Tentation. 誘感, *Ieoù kàn.* || *V.* désir.
Tente. 帳棚, *Tcháng p'ông.*
Tenter, exciter au mal. 誘感, *Ieoù kàn,* 勾引, *keōu ìn.* || *Voyez* essayer, attirer, entraîner.
Tenue. 樣子, *Iáng tsè.*
Terminer. 做煞過, 做成 (*v.* 完), *Tsóu chă kŏ, tsóu tch'ên (v. ouân).*
Terrain. 地方, *Tí fāng.*
Terre, globe terrestre. 地球, *Tí k'iêou,* 地, *tí.* || Monde, 世界, *ché kiái.* || Sol, 地, *tí.* || — sèche, 土, *t'où.*
Territoire. 地方, *Tí fāng.*
Testament. 遺書, *Î choū.*
Tête, partie du corps, 頭, *T'eôu,* 腦膛, *laò k'ŏ.* || Partie antérieure, supérieure d'une chose, 頭, *t'eôu.*
Thé. 茶, *Tch'â.*
Théâtre. 戲台, *Hí t'âi,* 戲樓, *hí leôu.*
Thème. 題目, *T'î moŭ.*
Théologie. 公義, *Kōng gní.*
Thibet. 西藏, *Sī tsáng.*
Tiède. 溫溫熱, *Ouēn ouēn jĕ.* || Chrétien—, 冷淡敎友, *lèn tán kiáo ieòu.*
Tien. 你的, *Gnì tĭ.*
Tige. 稈, *Kàn.*
Tigre. 老虎, *Laò foù,* 山君, *chān kūin.*
Timide. 胆小, *Tàn siào.*
Tirer. 拉, *La,* 扯, *tch'è,* 拖, *t'ō.* || Oter, 脫, *t'ŏ.* || — le canon, 放炮, *fáng p'áo.* || — de l'arc, 射箭, *ché tsién.*
Tiroir. 抽抽, *Tch'eōu tch'eōu,* 抽提, *tch'eōu t'î.*
Tisane. 水藥, *Choùi iŏ.*
Tisser. 織, *Tchĕ,* 編, *piēn.*
Titre. 名, *Mîn,* 號, *haó,* 銜, *hiên,* 功名, *kōng mîn.* || *Voyez* contrat.
Toi, tu. 你, *Gnì.*
Toile. 布, *Poú.*
Toit. 房子上, *Fâng tsè cháng,* 房頂, *fâng tìn.*
Tombe. 坟, *Fên.*
Tomber. 落, *Lŏ,* 栽, *tchoūai (tsāi).* || *Voy.* crouler.
Ton, adj. poss. 你的, *Gnì tĭ.*
Ton, subst. m. 聲, *Chēn,* 音, *īn,* 腔, *k'iāng.*
Tonneau. 桶, *T'òng.*
Tonnerre. 雷, *Loûi.*
Torche. 火把, *Hò pà.*
Torchis (cloison en). 夾泥壁頭, *Kiă gnî pĭ t'eôu.*
Tordre. 揪, *Tsieōu,* 扭, *nieòu,* 搓, *ts'ō.*
Tort. *Voyez* faute, dommage, se tromper.
Tortue. 烏龜, *Oū koūi,* 團魚, *t'ouân iû.*
Torturer. 拷打, *K'ào tà,* 動刑, *tóng hîn.* || Maltraiter, 搓磨, *ts'ō mô.*
Tôt. 早, *Tsào.* || Tôt ou tard, 早遲, *tsào tch'ê.*
Total. *Voyez* somme.
Toucher. 摸, *Mō,* 攪, *kaò.* || *Voyez* attenant, émouvoir, regarder, aborder.
Toujours, habituellement. 長行, *Tch'âng hîn,* 牽長, *k'iēn tch'âng.* || Sans cesse, 常常, *châng châng,* 不住, *poŭ tchóu.*
Tour, subst. f. 樓, *Leôu,* 塔, *t'ă.*
Tour, subst. m. mouvement circulaire. Un —, 一轉, *ĭ tchouán.* || Promenade, faire un —, 走轉一吓, *tseòu tchouán ĭ há,* 逛一轉, *kouáng ĭ tchouán.* || Circonférence, 週圍, *tcheōu oûi.* || Arbre qui a cinq pieds de —, 五尺的彎口, *où tch'ĕ tĭ ouān k'eòu.* || — à —, 挨輪子, *gāi lên tsè.* || — de tourneur, 車子, *tch'ē tsè.* || —d'adresse,—de force, 把戲, *pà hí.*
Tourbillon. — de vent, 旋風, *Suén fōng;* — d'eau, 漩窩, *suén ō.*
Tourmenter. *V.* torturer, affliger, inquiet.
Tournant, coin des rues. 彎, *Ouān,* 拐, *kouài.*
Tourner. — la meule, 推磨, *T'oūi mó.* || — à droite, 跌右手, *tiĕ ieóu cheòu;* — un coude, 倒拐, *taò kouài.* || — la tête, 掉頭, *t'iaò t'eôu.* || — (un objet), 打掉, *tà t'iaò.* || Verb. n. 轉, *tchóuan.* || Façonner au tour, 車, *tch'ē.*
Tourteau. 枯, *K'oū.*
Tourterelle. 班鳩, *Pān kieōu.*
Tousser. 咳, *K'ĕ,* 咳嗽, *k'ĕ seoú.*
Tout, tous. 一把連, *ĭ pà liên,* 一齊, *ĭ ts'î,* 個個, *kó kó,* 衆, *tchóng.* || — la ville, 通城, *t'ōng tch'ên.* || — homme doit mourir, 是人都要死, *ché jên toū iáo sè.* || *Voyez* entier, chaque, quiconque.
Tout-puissant. 全能, *Ts'uên lên.*
Trace. — de pas, 脚印子, *Kiŏ ín tsè,* 脚步, *kiŏ poú.*
Tradition. — des ancêtres, 祖傳, *Tsoù tch'oûan.*
Traduire. 翻, *Fān.*

Traîner. — en arrière, 拖在後, *T'ō tsái heóu.* || *Voyez* tirer, différer, pendre.
Traire. 擠奶, *Tsì lài.*
Traité. — de paix, 和約, *Hô iŏ.*
Traitement. — d'un mandarin, 俸祿, *Fóng loŭ.* || — d'un employé, 薪水, *sīn chouì.* || *Voyez* honoraires.
Traiter. — des hôtes, 待客, *Tái k'ĕ·.* || — durement les gens, 刻薄人, *k'ĕ· pŏ jên.* || — une affaire, 辦一件事, *Pán ĭ kién sé.* || *Voyez* soigner, délibérer.
Tranchant, adj. qui coupe. 快, *K'oúai.*
Tranchant. — d'un couteau, 刀口, *taō k'èou.*
Tranche. 片, *P'ién.* || Partie d'un fruit, 瓣, *pán.*
Tranquille. 清靜, *Ts'īn tsín,* 平安, *p'în gān.*
Transcrire. *Voyez* copier.
Transparent, adj. 透亮的, *T'eóu leáng tĭ.*
Transplanter. 移栽, *î tsāi,* 搭地頭, *tsàn tí t'eôu.*
Transporter. 搬, *P'ân.* || — son mobilier (déménager), 搬家, *pān kiā.* || *Voyez* port, porter.
Transversal. 橫的, *Houân tĭ.*
Travail. — manuel, 工, *Kōng,* 手工, *cheòu kōng.* || Ouvrage, 活路, *hŏ loú.* || *Voyez* fatigue.
Travailler. 做活路, *Tsóu hŏ loú.* || *Voyez* faire, s'efforcer.
Travers (en). 橫起的, *Houân k'ì tĭ.* || De —, 歪, *ouāi,* 不正, *poŭ tchén,* 斜, *siê·.* J'ai entendu de —, 我聽錯了, *gò t'īn ts'ó lò.* || A tort et à —, 亂, *louán.* || Ecouter à — la cloison, 隔倒壁頭聽, *kĕ· taò pĭ t'eôu t'īn.*
Traverser. 過, *Kó.* || — le fleuve, 過河, *kó hô.* || Couler à travers, 漏, *leóu.* || Percer de part en part, 透, *t'eóu.*
Traversin. 枕頭, *Tchèn t'eôu.*
Treillis. 竹簾, *Tchoŭ liên.*
Trembler. 打顫, *Tà tchán,* 抖, *t'eòu.* || *Voyez* branler.
Tremper, v. a. 蘸, *Tsán,* 奔, *pén.* || Verb. n. 泡, *p'áo.* || *Voyez* mouiller.
Trente. 三十, *Sān chĕ.*
Très. 很, *Hèn,* 甚, *chén,* 十分, *chĕ fēn.*
Tresser. 編, *Piēn.*
Tribunal, résidence d'un mandarin. 衙門, *Iâ mēn.* || Salle de justice, 堂, *t'âng.* || Les six grands tribunaux (de Pékin), 六部, *loŭ poú.*
Tribut. 貢, *Kóng.* || Porter le —, 進貢, *tsín kóng.*
Trident. 三叉, *Sān tch'ā.*
Trier. 揀, *Kièn,* 擇, *ts'ĕ·* 挑, *t'iāo.*
Trinité. 聖三, *Chén Sān.*
Tripes. 雜碎, *Tsă soúi.*
Triste. *Voyez* affliger.
Trois. 三, *Sān.*
Tromper. 欺哄, *K'ī hòng,* 哄騙, *hòng p'ién,* 整人, *tchèn jên.* || Se —, 差, *tch'ā,* 錯, *ts'ó.*
Tronc. — d'arbre, 樹正身, *Chóu tchén chēn,*
Trop. 太, *T'ái,* 大狠了, *tá hèn lò,* 過逾, *kó iû.* || Il y en a —, 多了, *tō lò.*
Trou. 闕, *K'uĕ·,* 洞, *tóng,* 空空, *k'óng k'óng.* || Petit creux, 窩窩, *ō ō.*
Trouble, adj. pas limpide. 昏, *Houēn.* || Avoir les yeux —, 眼睛霧, *ièn tsīn oú.*
Trouble, subst. m. 亂, *Louán.* || Exciter des —, 鬧事, *láo sé.* || *Voyez* querelle.
Troupe, une —. 一羣, *ĭ k'ûin,* 一夥, *ĭ hò,* 一班, *ĭ pān,* 一曹, *ĭ ts'âo.* || Une — de soldats, 一隊兵, *ĭ toúi pīn.*
Troupeau. *Voyez* troupe.
Trouver. J'ai trouvé (après avoir cherché). 找倒了, *Tchào taò lò.* || *Voyez* ramasser, rencontrer, imaginer, estimer.
Truie. 母猪, *Moù tchoū.*
Tu, toi, te. 你, *Gnì.*
Tube. 筒筒, *T'ông t'ōng.*
Tuer. 殺死, *Chă sè,* 打死, *tà sè.* || — (des animaux), 殺, *chă,* 宰, *tsài;* — un porc, 殺 (*v.* 洗) 一个猪, *chă (v. sì) ĭ kó tchoū.*
Tuile. 瓦, *Ouà.*
Tumeur. 包, *Pāo.*
Turban. 套頭帕, *T'aó t'eôu p'á.*
Turbulent. 多事的, *Tō sé tĭ,* 千翻, *ts'iēn fān.*
Typhoïde (fièvre). 寒病, *Hân pín,* 寒氣, *hân k'í.*

U

Ulcere. 瘡, *Tch'oūang.*
Ultérieur, qui est au delà. 那邊的, *Lá piēn tĭ.* || Qui vient après, 後來的, *heóu lâi tĭ.*

Un, qui est seul. 一个, *ĭ kó*. ‖ L'un..., l'autre. *Voy*. autre. ‖ —, article indéfini, s'exprime de beaucoup de manières par les particules numérales; et souvent ne s'exprime pas.
Unanime. 同心合意, *T'ông sīn hŏ í*, 齊心, *ts'î sīn*.
Uni, sans aspérités, 平, *P'în*, 光生, *kouāng sēn*. ‖ Egal, 匀靜, *iûn tsín*. ‖ Sans ornement, 素的, *soú tĭ*. ‖ D'accord, 齊心, *ts'î sīn*, 和睦, *hô moŭ*.
Union, unir. *Voyez* accord, réunir, uni.
Uniquement, exclusivement, 專, *Tchouān*, 單, *tān*. ‖ *Voyez* seulement, à dessein.
Urine. 尿, *Niáo*. ‖ Uriner, 解小手, *kài siào cheòu*.
Usage, emploi, utilité, 用, *Ióng*, 用處, *ióng tch'óu*. ‖ Etre en —. 興, *hīn*. ‖ Etre d'un — universel, 通行, *t'ōng hîn*. ‖ *V*. coutume.
User. *Voyez* employer, dépenser, gâter.
Ustensile. 傢事, *Kiā sé*, 傢伙, *kiā hò*.
Usurper. 霸佔, *Pá tchán*.
Utérin. 同一个娘生的, *T'ông ĭ kó niâng sēn tĭ*, 同地不同天, *t'ông tí poŭ t'ông t'iēn*.
Utile. 有用, *Ieòu ióng*, 有益處, *ieòu ĭ tch'óu*, 有些好, *ieòu sī haò*.

V

Vacances. — des écoles, 放學, *Fáng hiŏ*. ‖ — des tribunaux, 封印, *fōng ín*.
Vacant. 空, *K'óng*, 閒, *hiên*, 無事, *oû sé*.
Vaccin. 牛痘, *Nieôu teóu*.
Vache. 㸚牛, *Chā nieôu*.
Vagabond. 和而流, *Hô eûl lieôu*.
Vague, adj. Terrain —, 荒地, *Houāng tí*. ‖ Paroles —, 不明不白的話, *poŭ mîn poŭ pĕ· tĭ houá*.
Vague, subst. f. 浪子, *Láng tsè*.
Vain. 虛, *Hū*, 假, *kià*. ‖ *Voyez* inutile, orgueil.
Vaincre. 勝, *Chén*, 贏, *în*. ‖ Vaincu, 敗, *pái*, 輸, *choū*. ‖ *Voyez* surpasser.
Vaisseau. *Voyez* barque, vase.
Vaisselle. 碗盞, *Ouàn tchàn*. ‖ *Voyez* tasse, assiette.
Valeur. 價值, *Kiá tchĕ*. ‖ Avoir de la —, 值錢, *tchĕ ts'iên*. ‖ *Voyez* courage.
Vallée. 溝, *Keōu*, 灣, *ouān*. ‖ Une — de rizières, 一冲田, *ĭ tch'ōng t'iên*.
Valoir. 值, *Tchĕ*. Cela ne vaut pas une mauvaise sapèque, 一个毛錢都不值, *ĭ kó mâo ts'iên toū poŭ tchĕ*. ‖ Vaille que vaille, 好好歹歹, *haò haò tài tài*, 管得他 ..., *kouàn tĕ· t'ā....* ‖ *Voyez* égaler.
Vanner. 風, *Fōng*.
Vanter. 誇奬, *K'oūa tsiàng*. ‖ Se —, 挄, *tch'óng*.
Vapeur. — d'eau, 氣水, *K'í choùi*.
Varier. *Voyez* différer, changer.
Variole. 痘子, *Teóu tsè*.
Varioleux. 痲子, *Mâ tsè*.
Vase, subst. f. 稀泥巴, *Hī gnî pā*.
Vase, subst. m. — en porcelaine, 磁器, *Ts'ê k'í*; — en terre cuite, 瓦器, *ouà k'í*. ‖ — de nuit, 夜壺, *ié· foû*, 夜起, *ié· k'ì*.
Vaste. 寬, *K'ouān*, 大, *tá*.
Vaurien. 和而流, *Hô eûl lieôu*, 光棍, *kouāng kouén*, 壞人, *hoúai jên*, 痞子, *p'ì tsè*.
Vautrer (se). 滾泥巴, *Kouèn gnî pā*.
Veille. — de nuit, 更, *Kēn*. ‖ Le jour précédent, 頭一天, *t'eôu ĭ t'iēn*.
Veiller, se priver de sommeil. 熬夜, *Gâo ié·*, 守夜, *cheoù ié·*. ‖ *V*. soigner, garder.
Veine. 血筒, *Hiĕ· t'ông*, 血脉, *hiĕ· mĕ·*, 筋文, *kīn ouên*.
Velours. 絧緞, *ō touán*, 織絨, *tchĕ jông*.
Vendre. 賣, *Mái*.
Vénéneux. Etre —. 有毒, *Ieòu toŭ*, 癆人的, *láo jên tĭ*.
Venger, v. a. et v. pronom. 報仇, *Paó tch'êou*
Véniel (péché). 小罪, *Siào tsoúi*.
Venir. 來, *Lâi*, 到, *táo*. ‖ Il vient de, 剛纔, *kiāng ts'âi*.
Vent.. 風, *Fōng*.
Ventre. 肚子, *Toú tsè*, 肚皮, *toú p'î*.
Ver. 虫, *Tch'ông*. ‖ — de terre, 曲蟮, *k'ŭ chán*; — à soie, 蠶子, *ts'ân tsè*; — intestinal, 蛔虫, *ts'âo tch'ông*.
Verge. *Voyez* baguette.
Verger. 菓木園, *Kò moŭ iuên*.
Vérifier. 清, *Ts'īn*, 對, *toúi*. ‖ *Voyez* examiner.
Vermicelle. — de farine, 掛麵, *Kouá mién*; — de haricots, 荳粉, *teóu fèn*.
Vermifuge. 蛔藥, *Ts'âo iŏ*.
Vermillon. 銀硃, *în tchoū*.

Vermoulu. 虫蛀 (*v.* 打) 過的, *Tch'ông tchoú (v. tà) kó tĭ*, 朽爛的, *hièou lán tĭ*.

Vernis, laque. 漆, *Ts'ĭ*. || Huile siccative, 罐油, *kouáng ieôu*. || — de poterie, 泑子, *ieóu tsè*.

Verre. 玻璃, *Pō lî*. || Vase à boire, 玻璃盃, *pō lî pēi*. || Un — de vin, 一盃酒, *ĭ pēi tsieòu*.

Vers, une pièce de—. 一首詩, *ĭ cheoù chē*.

Vers, prép. 朝, *tch'âo*, 向, *hiáng*, 對, *toúi*, 望, *ouáng*. || *Voyez* près, environ.

Verser. 倒, *Taó*, 傾, *k'ūin*, 潑, *p'ŏ*. || — à boire (du vin), 斟酒, *tchēn (chēn) tsieòu*. || *Voyez* renverser.

Vert. 綠的, *Loŭ tĭ*. || Moisson verte, 青苗, *ts'īn miâo*. || Pas mûr, 青生, *ts'īn sēn*.

Vert-de-gris. 銅綠, *T'ông loŭ*.

Vertical. 立, *Lĭ*. || *Voyez* droit.

Vertige (avoir le). 發暈, *Fă iún*.

Vertu. 德行, *Tĕ· hín*. || *V.* nature, effet.

Vessie. 尿脬, *Niáo pāo*.

Vêtement. *Voyez* habit.

Veuve. 寡婦, *Kouà foú*, 寡母子, *kouà moù tsè*, 居孀, *kū chouāng*.

Viande. 肉, *Joŭ*.

Viatique. 盤纏, *P'ân tch'ān*, 路費, *loú féi*.

Vice. 毛病, *Mâo pín*. || *Voyez* défaut.

Vice-roi. 總督, *Tsòng toŭ*, 制臺, *tché t'âi*.

Vider, débarrasser. 騰出來, *T'ên tch'oŭ lâi*. || — en puisant, 舀乾, *iaò kān*. || — un puits, 淘井, *t'âo tsìn*. || — son verre, 喫乾, *tch'ĕ kān*. || — un poisson, 剖魚, *p'ó iû*.

Vie. 命, *Mín*, 性命, *sín mín*, 生命, *sēn mín*. || Qui est en —, 活的, *hŏ tĭ*. || Toute la —, 一輩子, *ĭ péi tsè*, 一平生, *ĭ p'în sēn*.

Vieillard. 老者, *Lào tchè·*, 老年人, *lào niên jên*, 年紀大, *niên kì tá*.

Vieillir. 老, *Lào*. || — avant l'âge, 出老, *tch'oŭ lào*. || En parlant des choses, 舊, *kiéou*, 陳, *tch'ên*.

Vierge. 貞女, *Tchēn niù*, 童貞女, *t'ông tchēn niù*. || La Ste Vierge, 聖母, *Chén Moù*.

Vieux, ancien. 老, *Lào*, 古, *koù*. || Usé, 舊, *kiéou*, 陳, *tch'ên*. || *V.* âgé, vieillard.

Vif. Enterrer vivant. 活埋, *Hŏ mâi*. || Mort ou —, 生死, *sēn sè*. || Eau —, 活水, *hŏ choùi*. || Irascible, caractère —, 急性, *kĭ sín*, 火炮性, *hò p'áo sín*. || *Voyez* actif, ardent.

Vif-argent. 水銀, *Choùi în*.

Vigne. 葡萄, *P'oû t'âo*. || Terre plantée de —, 葡萄園, *p'oû t'âo iuên*.

Vigueur. 精神, *Tsīn chên*. || N'être plus en —, 不興了, *poŭ hīn lò*. || *Voy.* force.

Vil, abject. 卑賤, *Pēi tsién*. || De peu de valeur, 賤, *tsién*, 相因, *siāng īn*.

Vilain. 醜陋, *Tch'eòu leóu*. || De vilaines choses, 不好的事, *poŭ haò tĭ sé*.

Village. 村子, *Ts'ēn tsè*; (par opposition à ville), 鄉壩頭, *hiāng pá t'eôu*.

Ville. 城, *Tch'ên*, 城池, *tch'ên tch'ê*.

Vin. 酒, *Tsieòu*.

Vinaigre. 醋, *Ts'óu*, 甜子, *t'iên tsè*.

Vingt. 二十, *Eúl chĕ*.

Violence. 估, *Koù*, 强, *k'iàng*. || Faire — aux gens, 估住人, *koù tchoú jên*.

Violent. 狠, *Hèn*, 兇, *hiōng*, 利害, *lí hái*. || Maladie subite et —, 暴病, *páo pín*.

Violer, enfreindre. 犯, *Fán*, 背, *péi*. || — (une femme), 估姦, *koù kiēn*. || *Voyez* profaner.

Violet, couleur violette. 紫色, *Tsè sĕ·*, 茄色, *k'uê· (k'î) sĕ·*.

Violon. 胡琴, *Foû k'în*.

Vipère. 匾頭蛇, *Pièn t'eôu chê·*, *v.* 三棱蛇, *sān kēn chê·*.

Vis, subst. f. 螺螄釘, *Lô sē tīn*.

Visage. 臉, *Lièn*, 臉面, *lièn mién*, 面容, *mién iông*, 容貌, *iông máo*.

Vis-à-vis. *Voyez* en face.

Viscères (tous les). 五臟六腑, *Où tsáng loŭ foù*.

Viser, mirer. 照, *Tcháo*, 向, *hiáng*. || — juste, 照準, *tcháo tchouèn*. || Avoir en vue, 想, *siàng*, 貪, *t'ān*.

Visiter. 見, *Kién*, 看, *k'án*, 會, *hoúi*. || Aller saluer, 拜, *pái*. || *V.* examiner.

Visiteur, hôte. 客, *K'ĕ·*.

Vite. 快, *K'oúai*, 忙, *mâng*. || Plus —! 嘛立點, *mâ lĭ tièn*.

Vitre. 玻璃片, *Pō lî p'ién*. || Une —, 一塊玻璃, *ĭ k'ouài pō lî*.

Vivier. 魚池 (*v.* 塘), *Iû tch'ê (v. t'âng)*.

Vivre. 活, *Hŏ*, 在, *tsái*. ‖ Soutenir sa vie, passer son temps, 過日子, *kó jĕ tsè*. ‖ *Voyez* nourriture.
Vœu. 愿, *Iuén*. ‖ *Voyez* désir.
Voici, voilà. 這樣, *Tché· iáng*, 那樣, *lá iáng*, 這就是, *tché· tsieóu ché*.
Voile, subst. m.—de tête, 首帕, *Cheòu p'á*. ‖ — de calice, 盖聖爵帕, *kái chén tsiŏ p'á*. ‖ *Voyez* rideau.
Voile, subst. f. 風篷, *Fōng p'ông*.
Voiler. 蒙, *Mōng (mông)*, 遮, *tchē·*. ‖ *Voyez* cacher, couvrir.
Voir. 看見, *K'án kién*. ‖ *Voyez* comprendre, estimer, examiner.
Voisin, limitrophe. 連界, *Liēn kiái*, 交界, *kiāo kiái*. ‖ Qui demeure auprès, 隔壁鄰舍, *kĕ· pĭ lîn ché·*, 地鄰, *tí lîn*. ‖ Tous les voisins, 四鄰, *sé lîn*. ‖ Adjacent, 連倒, *liên taò*, 挨倒, *gāi taò*. ‖ *Voyez*. près.
Voiture. 車, *Tch'ē·*.
Voix. 聲氣, *Chēn k'í*, 聲音, *chēn īn*. ‖ Dire de vive —, 當面說, *tāng mién chŏ*.
Voler, v. n. 飛, *Fēi*.
Voler, dérober. 偷, *T'eōu*, 犯偷盜, *fán t'eōu táo*. ‖ Prendre de vive force, 搶, *ts'iàng*. ‖ Commettre de petits vols, 手脚不乾淨, *cheòu kiŏ poŭ kān tsín*.
Voleur. 强盜, *K'iâng táo*, 賊, *tsôui*, 賊子, *tsĕ· tsè*.
Volonté. 心, *Sīn*. ‖ *Voyez* désir, intention.
Volontiers. 心甘, *v*. 甘心, *Sīn kān*, *v*. *kān sīn*, 情願, *ts'în iuén*, 愛, *gái*, 喜歡, *hì houān*.
Volume, livre; un —. 一本, *ĭ pèn*.
Vomir. 吐, *T'où*, 嘔, *gueòu*, 嗉, *sún*, 打報, *tà páo*.
Vôtre (le). 你們的, *Gnì mên tĭ*.
Vouloir, avoir l'intention de, 想, *Siàng*. ‖ Demander, exiger, 要, *iáo*. ‖ Etre disposé à, 愛, *gái*, 肯, *k'èn*. ‖ En — à, 恨, *hén*, 埋怨, *mâi iuén*.
Vous. 你們, *Gnì mên*.
Voûte. 捲洞, *Kuèn tóng*.
Voyage. — aller et retour, 來回, *Lâi hoûi*. ‖ Tout le temps du —, 一路, *ĭ loú*.
Voyager. 走路, *Tseòu loú*, 出門, *tch'oŭ mên*; — loin, 出遠門, *tch'oŭ iuèn mên*.
Vrai. 眞的, *Tchēn tĭ*, 實在, *chĕ tsái*, 老實, *lào chĕ*.
Vrille. 鑽子, *Tsouán tsè*.
Vue. *Voyez* œil, voir, considérer, site.
Vulgaire. *Voyez* commun, vil.

Y

Y, adv. *Voyez* là.
Yack. 毛牛, *Mâo nieôu*.

Z

Zèle. 熱心, *Jĕ· sīn*, 心腸, *sīn tch'âng*.
Zinc. 白鉛, *Pĕ· iuên*.

PĔ· KIĀ SÍN 百家姓

OU

NOMS DES CENT FAMILLES CHINOISES.

沙 *Chā*	胡 *Foû (Hoû)*	弘 *Hông*	余 *Iû*	季 *Kí*
山 *Chān*	扶 *Foû*	花 *Hoūa*	虞 *Iû*	計 *Kí*
單 *Chán*	富 *Foú*	華 *Hoûa*	魚 *Iû*	薊 *Kí*
商 *Chāng*	扈 *Foú (Hoú)*	滑 *Hoŭa*	禹 *Iù*	暨 *Kí*
常 *Châng*	傅 *Foú*	懷 *Hoûai*	庾 *Iù*	汲 *Kī*
上 *Cháng*	伏 *Foŭ*	桓 *Hoûan*	喻 *Iú*	吉 *Kĭ*
尚 *Cháng*	戈 *Gái*	宦 *Houán*	鬱 *Iŭ (iŏ)*	家 *Kiā*
韶 *Châo*	安 *Gān*	黃 *Houâng*	郁 *Iŭ (iŏ)*	賈 *Kià*
邵 *Cháo*	晏 *Gán (ién)*	惠 *Hoúi*	蔚 *Iŭ (oúi)*	郟 *Kiă*
施 *Chē*	敖 *Gâo*	許 *Hù*	越 *Iuĕ·*	解 *Kiài*
時 *Chê*	倪 *Gnî*	伊 *ī*	元 *Iuên*	江 *Kiāng*
史 *Chè*	鄂 *Gŏ*	易 *í*	袁 *Iuên*	姜 *Kiāng*
石 *Chĕ*	歐 *Gueōu*	羿 *í*	雲 *Iûn*	匡 *K'iāng*
佘 *Chê·*	韓 *Hân*	益 *ĭ*	榮 *Iûn*	强 *K'iâng*
厙 *Ché·*	咸 *Hân (Hiên)*	羊 *Iâng*	冉 *Jàn*	喬 *K'iâo*
申 *Chēn*	闞 *Hàn (Kàn)*	楊 *Iâng*	饒 *Jâo*	簡 *Kièn*
沈 *Chèn*	杭 *Hâng(Hiáng)*	養 *Iàng*	任 *Jên*	丘 *K'ieōu*
盛 *Chén*	項 *Háng*	姚 *Iâo*	戎 *Jông*	裘 *K'ieôu*
壽 *Cheóu*	郝 *Hĕ· (Hŏ)*	葉 *Iĕ·*	茹 *Joû*	經 *Kīn*
舒 *Chōu*	衡 *Hên*	顏 *Iên*	阮 *Jouàn*	金 *Kīn*
殳 *Chôu (Tch'oû)*	侯 *Heôu*	燕 *Ién (iēn)*	芮 *Joúi*	荆 *Kīn*
束 *Chŏu*	後 *Heóu*	尤 *Ieôu*	蓋 *Kái*	景 *Kìn*
雙 *Chouāng*	郗 *Hī*	游 *Ieôu*	甘 *Kān*	靳 *Kín*
水 *Choùi*	奚 *Hī*	殷 *īn*	干 *Kān*	郤 *K'iŏ (v. K'ī)*
樊 *Fân*	夏 *Hiá*	陰 *īn*	康 *K'āng*	戈 *Kō*
范 *Fán*	下 *Hiá*	尹 *ìn (v. iùn)*	高 *Kaō*	柯 *K'ō*
方 *Fāng*	向 *Hiáng*	印 *ín*	郜 *Káo*	葛 *Kŏ*
房 *Fâng*	邢 *Hîn*	應 *ín*	耿 *Kèn*	郭 *Kŏ (Kouĕ·)*
裴 *Fēi*	幸 *Hín*	岳 *Iŏ*	勾 *Keóu (Keōu)*	公 *Kōng (Kiōng)*
費 *Féi*	熊 *Hiông*	樂 *Iŏ*	茍 *Keóu (Keòu)*	弓 *Kōng*
豐 *Fōng*	何 *Hô*	雍 *Iōng*	寇 *K'eóu*	龔 *Kōng (Kiōng)*
酆 *Fōng*	和 *Hō*	融 *Iông*	稽 *Kī*	宮 *Kōng*
封 *Fōng*	賀 *Hó*	容 *Iông*	姬 *Kī*	空 *K'ōng*
馮 *Fông*	霍 *Hŏ*	于 *Iû*	祁 *K'î*	鞏 *Kòng*
鳳 *Fóng*	洪 *Hông*	於 *Iû*	紀 *Kì*	孔 *K'òng*
符 *Foû*	紅 *Hông*	俞 *Iû*	冀 *Kí*	貢 *Kóng*

古 Koù
顧 Koú
庫 K'óu
谷 Koŭ
蒯 K'oúai(k'oùai)
關 Kouān
管 Kouàn
廣 Kouàng
國 Kouĕ·
夔 K'oûi
桂 Koúi
居 Kū
瞿 K'û
璩 K'û
鞠 Kŭ (Kiou)
麴 K'ŭ (K'iŏu)
屈 K'ŭ (K'iŏu)
闕 K'uĕ·
權 K'uên
賴 Lái
藍 Lân
郎 Lâng
勞 Lâo
梁 Leâng
廖 Leáo
能 Lên
冷 Lèn
婁 Leôu
黎 Lî
李 Lì
利 Lí
厲 Lí
勵 Lí
酈 Lĭ
蓮 Liên
廉 Liên
劉 Lieôu
柳 Lieòu
凌 Lîn
林 Lîn
寧 Lín

藺 Lín
羅 Lô
那 Lō (Lâ)
駱 Lŏ (Ló)
隆 Lông
龍 Lông
農 Lông
盧 Loû
魯 Loù
路 Loú
陸 Loŭ
祿 Loŭ
逯 Loŭ
欒 Louân
雷 Loûi
呂 Lù (Loùi)
麻 Mâ
馬 Mà
滿 Màn
茅 Mâo
毛 Mâo
梅 Mêi
糜 Mî
米 Mì
宓 Mĭ (Foŭ)
苗 Miâo
乜 Miè·
繆 Miéou (Miáo)
明 Mîn
閔 Mìn
莫 Mŏ
蒙 Mông
孟 Móng
毋 Mòu
慕 Móu
牧 Mŏu
穆 Mŏu
仰 Niàng
聶 Niĕ·
嚴 Niên
閻 Niên

牛 Nieôu
鈕 Nieòu
翁 Ōng
烏 Oū
鄔 Oū
巫 Oū
吳 Oû
毋 Oû
伍 Où
武 Où
萬 Ouán
汪 Ouāng
王 Ouâng
溫 Ouēn
文 Ouên
聞 Ouên
韋 Oûi
危 Oûi
隗 Ouì
魏 Oúi
衛 Oúi
沃 Ouŏ
巴 Pā
班 Pān
潘 P'ān
龐 P'âng
逄 P'âng (p'ōng) (Fông)
包 Pāo
暴 Paó
鮑 Paó
白 Pĕ·
柏 Pĕ·
貝 Péi
裴 P'êi
賁 Pēn (Pén, fén)
彭 P'ên (P'ông)
皮 P'î
畢 Pĭ
別 Piĕ·

邊 Piēn
卞 Pién
平 P'în
邴 Pìn
薄 Pŏ (v. P'oû)
蓬 P'ông
蒲 P'ôu
浦 P'òu
步 Poú
卜 P'ŏu (Pŏu)
濮 P'ŏu (Pŏu)
桑 Sāng
司 Sē
師 Sē
孫 Sēn
胥 Sì (Sū)
習 Sĭ
席 Sĭ
相 Siáng
蕭 Siāo
謝 Sié·
辛 Sīn
莘 Sīn
宿 Siŏu
索 Sŏ
松 Sōng
宋 Sóng
蘇 Soū
須 Sū (Siū)
徐 Sû (Siû)
薛 Suĕ· (Siĕ·)
宣 Suēn
荀 Sûn
郜 T'ai (T'âi)
戴 Tái
談 T'ân
譚 T'ân
湯 T'āng
唐 T'âng
党 Tàng
陶 T'âo

查 Tchā
柴 Tch'âi
詹 Tchān
張 Tchāng
章 Tchāng
昌 Tch'āng
晁 Tch'âo
趙 Tcháo
支 Tchē
池 Tch'ê
車 Tch'ē·
甄 Tchēn
成 Tch'ên
陳 Tch'ên
程 Tch'ên
鄭 Tchén
慎 Tch'én
周 Tcheōu
仇 Tch'eôu
卓 Tchŏ
鍾 Tchōng
終 Tchōng
充 Tch'ōng
仲 Tchóng
朱 Tchōu
諸 Tchōu
儲 Tch'ôu
褚 Tchòu
祝 Tchŏu
竺 Tchŏu
莊 Tchoūang
滕 T'ên
鄧 Tén
鈄 T'eòu
竇 Teóu
狄 Tĭ
翟 Tĭ
刁 Tiāo
田 T'iên
丁 Tīn
東 Tōng

通 *T'ōng*	叚 *Touán*	巢 *Ts'âo*	蔣 *Tsiàng*	左 *Tsò*
童 *T'ông*	宰 *Tsài*	訾 *Tsè (Tsē)*	焦 *Tsiāo*	宗 *Tsōng*
董 *Tòng*	蔡 *Ts'ái*	曾 *Tsēn*	譙 *Ts'iâo*	從 *Ts'ông*
都 *Toū*	昝 *Tsàn*	岑 *Ts'ên (Ts'în)*	錢 *Ts'iên*	祖 *Tsoù*
屠 *T'ôu*	湛 *Tsàn (Tsán)*	鄒 *Tseōu*	秋 *Ts'ieōu*	楚 *Ts'où*
涂 *T'ôu*	臧 *Tsāng*	齊 *Ts'î*	秦 *Ts'în*	崔 *Ts'oūi*
堵 *Toù*	蒼 *Ts'āng*	籍 *Tsĭ*	井 *Tsìn*	全 *Ts'uên*
杜 *Toú*	曹 *Ts'âo*	戚 *Ts'ĭ*	晋 *Tsín*	

復姓 FOŬ SÍN, OU NOMS DOUBLES

善 *Chán* 牟 *môu (meôu)*	言 *Iên* 來 *lâi*	尉 *Oúi (iú)* 遲 *tch'ê*	鍾 *Tchōng* 離 *lî*
上 *Cháng* 官 *Kouān*	宇 *Iù* 文 *ouên*	濮 *P'oŭ (poŭ)* 陽 *iâng*	仲 *Tchóng* 孫 *sēn*
申 *Chēn* 屠 *t'oû*	公 *Kōng* 羊 *iâng*	司 *Sē* 馬 *mà*	諸 *Tchoū* 葛 *kŏ*
淳 *Chouên* 于 *iû*	公 *Kōng* 冶 *iè*	司 *Sē* 空 *K'ōng*	第 *Tí* 五 *où*
呼 *Foū* 延 *iên*	公 *Kōng* 孫 *sēn*	司 *Sē* 徒 *t'oû*	拓 *T'ŏ* 拔 *p'ă (pă)*
歐 *Geōu* 陽 *iâng*	况 *K'ouáng* 歸 *koūi*	鮮 *Suèn* 過 *Kó*	東 *Tōng* 方 *fāng*
夏 *Hiá* 侯 *heôu*	令 *Lín* 狐 *foú*	大 *Tá* 叔 *choŭ*	端 *Touān* 木 *moŭ*
赫 *Hĕ* 連 *liên*	慕 *Moú* 容 *iông*	澹 *T'ân* 臺 *t'âi*	宗 *Tsōng* 政 *tchén*
軒 *Huēn* 轅 *iuên*	万 *Mĕ (ouán)* 俟 *sé (k'i)*	單 *Chân (tān)* 于 *iû*	
皇 *Houâng* 甫 *foù*	閭 *Ouên* 人 *jên*	長 *Tch'âng* 孫 *sēn*	

PAYS ÉTRANGERS A LA CHINE

Europe.

羅瑪 *Lô mà*, Rome. Siège de la — Chrétienté: 教宗國 *Kiáo tsōng kouĕ·*.

法國 *Fă kouĕ·*, France.

— Cap. 巴理 *Pā lì*, Paris.

— 馬賽 *Mà sái*, Marseille.

英國 *Īn kouĕ·*, Angleterre.

— Cap. 倫敦 *Lên tēn*, Londres.

德國 *Tĕ· kouĕ·*, Allemagne.

布國 *Poú kouĕ·*, Prusse.

奥國 *Gáo kouĕ·*, Autriche.

俄國 *Gô kouĕ·*, Russie. (俄羅斯)

瑞國 *Choúi kouĕ·*, Suede. (瑞典)

哪國 *Là kouĕ·*, Norvège. (哪威)

丹國 *Tān kouĕ·*, Danemark.

荷蘭國 *Hô lân kouĕ·*, Hollande.

比國 *Pì kouĕ·*, Belgique.

瑞士 *Choúi sé*, Suisse.

意國 *Í kouĕ·*, Italie. (意大利亞)

葡國 *P'oû kouĕ·*, Portugal. (葡萄牙)

日國 *Jĕ kouĕ·*, Espagne. (西班亞)

— ou: 大呂宋 *Tá lù sóng*.

希國 *Hī kouĕ·*, Grèce. (希臘)

土國 *T'où kouĕ·*, Turquie. (土耳基)

— vel: 回子國 *Hoûi tsè kouĕ·*.

地中海 *Tí tchōng hài*, Mer Méditerranée.

Afrique.

挨及 *Gāi kĭ*, Egypte. (阨日多國)

蘇彝 *Soū î*, Canal de Suez.

紅海 *Hông hài*, Mer Rouge.

大浪山 *Tá láng chān*, Cap de Bon.-Espér.

Océanie.

呂宋 *Lù sóng*, Iles Philippines (Luçon)

波羅州 *Pō lô tcheōu*, Bornéo.

蘇門答臘 *Soū mên tă lă*, Sumatra.

萬丹 *Ouán tān*, Java. (呀瓦 *Yà ouà*.)

摩鹿加 *Mō loú kiā*, Les Moluques.

新金山 *Sīn kīn chān*, Australie.

新西蘭 *Sīn sī lân*, Nouvelle-Zélande.

檀香山 *T'ân hiāng chān*, Iles Sandwich.

Asie.

日本國 *Jĕ pèn kouĕ·*, Japon (東洋)

— Capitale: Tokio. 東京 *Tōng kīn*.

— Port: Nagasaki: 長崎 *Tch'âng k'ī*.

— id. Kobé: 神戶 *Chên hoú*.

— id. Yokohama: 橫濱 *Houân pīn*.

— id. Hakodaté: 箱館 *Siāng kouàn*.

東京 *Tōng kīn*, Tonquin. (交趾 *Kiāo tchè*).

— Capitale: Hanoï. 河內 *Hô loúi*.

— Port: Haiphong. 海防 *Hài fâng*.

安南 *Gān lân*, Annam. (越南 *Iuĕ· lân*).

西貢 *Sī kóng*, Saïgon, (Coch. Française).

真臘 *Tchēn lă*, Cambodge.

南掌 *Lân tchàng*, Laos. (*Laò ouā*)

木來由 *Moŭ lâi ieôu*, Malaisie.

— Singapour (Angl.) 新嘉坡 *Sīn kiā pō*.

— Pinang (Angl.). 檳榔 *Pīn lâng*.

暹邏 *Siēn lô*, Siam.

緬甸 *Mièn tién*, Birmanie.

印度 *Ín toú*, Inde. (小西洋)

不丹 *Poŭ tān*, Boutan.

尼波羅 *Gnî pō lô*, Népaul. (*Pĭ p'ông tsè*)

西藏 *Sī tsáng*, Thibet.

巴馬 *Pā mà*, Pamir.

阿富汗 *Oūo foú hán*, Afghanistan.

俾路芝 *Pēi loú tchē*, Bélouchistan.

波斯 *Pō sē*, Perse.

大秦 *Tá ts'în*, Ancienne Syrie.

如達國 *Joû tă kouĕ·*, Judée. (如德亞)

— Cap. Jérusalem: 日路撒冷 *Jĕ loú să lèn*.

天方 *T'iēn fāng*, Arabie.

— 默伽 *Mĕ· kiā*, La Mecque.

— 阿丹 *Ouò tān*, Aden (Angl.).

Amérique.

美國 *Mèi kouĕ·*, Etats-Unis. (花旗國)

— New York: 紐約 *Nieòu iŏ*.

— Californie: 舊金山 *Kieóu kīn chān*.

墨西哥 *Mĕ· sī kō*, Mexique.

巴拿馬 *Pā lâ mà*, Panama.

秘魯 *Pí loù*, Pérou.

智利 *Tché lí*, Chili.

巴西 *Pā sī*, Brésil.

EMPIRE CHINOIS*

Provinces.	*Capitales.*	*Ports ouverts.*
直隷 *Tchĕ lí*...... (燕)	順天府 *Choúen t'iēn foù* (Péking)	天津 *T'iēn tsīn.* (Tientsin)
	保定府 *Pào tín foù* (Cap. prov.)	....
山東 *Chān tōng*...(齊)	濟南府 *Tsí lân foù*..............	芝罘 *Tchē foū* (*v.* 烟臺) (Chefoo)
山西 *Chān sī*... (晉)	太原府 *T'ái iuên foù*..........	....
河南 *Hô nân(lân)* (豫)	開封府 *K'āi fōng foù*..........	....
江蘇 *Kiāng soū.* (吳)	蘇州府 *Soū tcheōu foù* (C. prov.)	上海 *Cháng hài* (Shanghai)
Ces 2 prov. forment le *Kiāng nân* 江南.)	江寧府 *Kiāng lîn foù* (Nanking)	鎭江 *Tchén kiāng* (Chinkiang)
	(Capitale du *Kiāng lân* 江南.)	江寧 *Kiāng lîn* (Nanking)
安徽 *Gān houī*... (皖)	安慶府 *Gān k'ín foù*	蕪湖 *Oû hoû* (Wuhu)
江西 *Kiāng sī.* (豫章)	南昌府 *Lân tch'āng foù*........	九江 *Kieòu kiāng* (Kiukiang)
湖北 *Hoû (foû) pĕ·* (鄂) (*Hôu kouàng* 湖廣).	武昌府 *Où tch'āng foù*........	漢口 *Hán k'eòu* (Hankow)
		宜昌 *Gnî tch'āng* (Ichang)
湖南 *Hoû(foû)nân* (湘)	長沙府 *Tch'âng chā foù*........	....
浙江 *Tchĕ· kiāng*...(越)	杭州府 *Hâng tcheōu foù*........	寧波 *Lîn pō* (Ningpo)
		温州 *Ouēn tcheōu* (Wenchow)
福建 *Foŭ kién*... (閩)	福州府 *Foŭ tcheōu foù*..........	福州 *Foŭ tcheōu* (Foochow)
		厦門 *Hiá mên* (Amoy)
臺灣 *T'âi ouān*...... (Ile de Formose.)	臺北府 *T'âi pĕ· foù*..............	淡水 *Tán choùi* (Tamsui)
		鷄籠 *Kī lông* (Kelung)
		打狗 *Tà keòu* (Takow)
廣東 *Kouàng tōng*... (粤東)	廣州府 *Kouàng tcheōu foù*...... (Canton).	汕頭 *Chān t'eōu* (Swatow)
		廣州 *Kouàng tcheōu* (Canton)
		北海 *Pĕ· hài* (Pakhoi)
	(Ile de *Hài nân* 海南......	瓊州 vel 海口 (Hoihow)
	(Colonie Portugaise.........	澳門 *Gáo mên* (Macao)
	(Colonie Anglaise...........	香港 *Hiāng kàng* (Hongkong)
廣西 *Kouàng sī* (粤西)	桂林府 *Koûi lîn foù*..........	龍州 *Lông tcheōu* (Lungchow)
雲南 *Yûn nân*... (滇)	雲南府 *Yûn nân foù*..........	蒙自 *Mông tsé.* (Mengtzu)
貴州 *Koúi tcheōu.* (黔)	貴陽府 *Koúi iâng foù*..........	....
四川 *Sé tch'oūan.* (蜀)	成都府 *Tch'ên toū foù*..........	重慶 *Tch'ông k'ín* (Chunking)
陝西 *Chèn sī*......(秦)	西安府 *Sī gān foù*..............	....
甘肅 *Kān siŏu*.........	蘭州府 *Lân tcheōu foù*........	....
Mandchourie 滿州, vel 東三省 *Màn tcheōu, v. Tōng sān sèn,* forme 3 provinces:		
遼東 *Leâo tōng*......	盛京 *Chén kīn.* (Moukden)	牛莊 *Nieôu tchouāng.*
吉林 *Kirin*...........	吉林廳 *Kī lîn t'īn*............	旅順口, Port-Arthur
黑龍江 *Hĕ· lông kiāng.*	黑龍江 *Hĕ· lông kiāng*........	Port milit. du *Leâo tōng*
Mongolie 蒙古 (se divise) en 內 *loúi* 外 *ouái.*		
Turkestan chinois 天山北路 *T'iēn chān pĕ· loú,* vel: 伊犂 *ī lî.*		
Turkestan oriental 天山南路 *T'iēn chān lân loú* (Kashgarie).		
Corée 高麗 *Kaō lî,* ou 朝鮮 *Tch'âo siēn.*	漢洋 *Hán iâng.* (Séoul)	仁川 *Jên tch'oūan* (Chemulpo)
		釜山 *Foù chān.* (Fusan)
		元山 *Iuên chān.* (Port Lazaref)

* Voir à la page 660 le Tableau des Dynasties, etc.

CORRESPONDANCE

DE L'ANNÉE DU CYCLE AVEC CELLE DE L'ÈRE CHRÉTIENNE.

		甲	丙	戊	庚	壬
		乙	丁	己	辛	癸
		kiă 4	*pìn* 6	*oú* 8	*kēn* 0	*jên* 2
		ĭ 5	*tīn* 7	*kì* 9	*sīn* 1	*koúi* 3
子 丑	*tsè* *tch'eòu*	0. 6	1. 7	2. 8	4.	5.
寅 卯	*în* *Mào*	5.	0. 6	1. 7	3. 9	4.
辰 巳	*chên.* *tsé*	4.	5.	0. 6	2. 8	3. 9
午 未	*où* *oúi*	3. 9	4.	5.	1. 7	2. 8
申 酉	*chēn* *ieòu*	2. 8	3. 9	4.	0. 6	1. 7
戌 亥	*siŭu* *hái*	1. 7	2. 8	3. 9	5.	0. 6

Rien de plus facile que de trouver l'année de N.-S. correspondant à une année quelconque du Cycle. Par exemple: il s'agit de trouver à quelle année de N.-S. correspond l'année du cycle, *sīn hái*. Je cherche d'abord le mot *sīn* au haut d'une des cinq colonnes verticales. Je vois à côté le chiffre 1, qui sera le dernier chiffre de l'année qu'il s'agit de trouver. Je cherche ensuite, dans une des six colonnes horizontales, le mot *hái*. Je suis cette colonne jusqu'au petit carré qui forme la jonction avec la colonne verticale. J'y trouve le chiffre 5 qui est l'avant-dernier chiffre de l'année en question. L'année cherchée est donc 1851.

En suivant la méthode inverse, on trouverait aussi facilement le nom de l'année du Cycle correspondant à l'année 1851.

Quant aux carrés contenant 2 chiffres, ils correspondent à 2 années distantes de 60 ans. Par ex.: en cherchant l'année correspondant à *pìn chēn*, on trouverait à la fois 1836 et 1896, le même nom du Cycle revenant tous les 60 ans.

Il faut remarquer en outre que le tableau ci-dessus ne donne directement que les années du 19eme siècle.

Il serait facile de faire un tableau semblable pour le XXeme siècle, en ajoutant 6 au chiffre de chaque carré (au chiffre le plus élevé, dans les casiers où il y en a deux). Si l'addition atteint ou dépasse 10, on néglige le 1er chiffre, pour ne garder que le chiffre des unités. Ainsi, pour les carrés de la 1ere colonne horizontale, on aurait, de gauche à droite, les chiffres 2 (de $6+6=12$), 3 (de $7+6=13$), et ainsi de suite 4, 0, 1.

ERRATA.

Page	Col.	Lig.	au lieu de.	lisez.
1	1	20	辨	辦
12	2	12	*mắ*	*mà*
		44	秤	平
13	1	3	*lisez*, argent qui a cours au marché.	
	2	8	凶	兇
24	1	20	*t'án*	*t'ân*
26	1	19	*signifie aussi*, indiquer la leçon à apprendre.	
28	1	20	*ts'ú*	*ts'ù*
45	2	27	撽	繳
47	2	25	*Mŏ́*	*mò*
56	1	36	*lisez, Tchē chān cháng ieòu foù, mŏ́ hiáng foù chān tseòu.*	
59	1		愛	受
82	1	35	到	道
86	2	20	*Mái*	*Mài*
89	1	23	*Hō*	*Hā*
92	1	23	*lisez* :...les yeux riaient.	
	2	11	*táo*	*tào*
97	2	14	*Hiáo hâi*, souliers de deuil.	
114	2	4	崇	祟
126	1	25	*Houēn chōu*, papier authentique, livré à une femme par la famille de son premier mari, pour l'autoriser à se remarier.	
131	1	20	救	敎
132	1	4	*Huĕ·*	*Huē·*
133	1	16	*K'īn*	*K'în*
136	2	29	般	船
161	2	26	pores	porcs
173	2	35	trop verts	trop serrés
181	1	40	*Jén*	*Jên*
188	1	19	*fēn pàn* est synonyme de *pŏ́ pàn tsè.*	
196	2	10	頭來	來頭
199	1	14	*Kaò ouán lò*	*Kaò lán lò*
226	1	41	*tchoŭ lì*	*tch'oŭ lì*
229	1	21	*ouán*	*ouân*
239	1	1	chaise	chaise à porteurs.
257	2	18	倒	到
266	1	13	*tch'ouáng*	*tch'oùang*
269	2	39	*chào*	*cháo*
288	2	38	*Lîn līn*	*līn līn*
303	2	30	cueiller	cuiller

Page	Col.	Lig.	au lieu de.	lisez.
305	1	2	*p'ào*	*p'áo*
317	2	23	*ts'áo fàn*	*tsáo fàn*
325	1	23	*chāi kī*	*chāo kī*
332	2	22	bleu de faisan	plume de faisan.
339	2	33	*touán*	*touàn*
340	1	17	倒	到
362	1	11	*signifie*, petite truelle.	
371	1	9	*T'ā nièn k'ì lâi lò*, signifie plutôt, il est accouru.	
372	1	14	*t'âng*	*táng*
374	1	26	壅, *lisez, ōng, v. óng*, au lieu de *òng.*	
377	2	31	極	極
391	1	16	*Corrigez, Pá tsái là lì, v. Tsái là lì pá p'oú.*	
392	1	3	指	措
396	2	23	蛇	舵
401	1	13	*Traduisez*, je ne veux rien gagner sur toi.	
407	1	36	*Ajoutez*, payer de retour.	
429	1	3	*(voyez* 拚 *p'ān)* à retrancher.	
	1	27	*ĭ t'âng*	*ĭ t'àng, v. ĭ t'àn.*
	1	42	*lisez*, balance, romaine.	
	2	18	| 壓	歷 |
	2	29	| 摃	批 |
434	1	10	lisez, *chè· sēn p'ò sè.*	
438	1	37	*Gò tào*	*Gò táo*
441	2	29	*v.* | *iû*	*v. iû* |
448	2	42	*tái*	*tài*
451	2	10	*Tch'â*	*Tch'ă*
454	2	4	Phrase incomplète: aimer à s'employer pour terminer les affaires à l'amiable, sans procès.	
467	1	21	*Traduisez*, si vieux que soit un cheval, tant qu'il n'est pas mort, il garde ses anciens défauts. (Proverbe qui s'applique à ceux qui ne se corrigent pas avec l'âge.)	
500	2	34	圍	圓
515	1	23	*lisez*, pèlerinage; vers.	
		35	庭	廷

Page	Col.	Lig.	au lieu de.	lisez.
522	1	13	*Traduisez,* individu qui n'a pas de parole, c.-à-d. sur la parole duquel il n'y pas à compter, qui se dédit à tout propos.	
526	1	29	*tchouàn*	*tchouán.*
531	1	25	*Traduisez,* les gens ne sont pas réunis (en groupe compact).	
553	1	7	*Traduisez,* bâton garni d'un bourrelet à chaque extrémité, et qui pose directement sur les épaules des deux porteurs de devant ou de derrière.	

page	Col.	Lig.	au lieu de.	lisez.
557	2	31	著	住
566	2	16	ne pouvoir......	je ne puis.
568	1	5	夸	垮
576	2	29	*tchouán*	*tchouàn*
594	1	10	姻	烟
	2	31	*(v. kī hiĕ·)*......	*Hông t'ông (v. kī hiĕ· t'ông).*
602	2	34	*touán*	*touàn*
679	2	35	藺	蘚
691	1	41	搗	蔦
720	2	7	姊	姐

Le caractère 背 *Pēi,* ne doit s'écrire avec le crochet à droite en haut (背), que lorsqu'il se prononce *péi* au 4e ton; cette erreur est répétée plusieurs fois.

Le crochet s'ajoute aussi à d'autres mots, quand ils changent de ton; généralement nous nous sommes contentés de le mettre au caractère principal de chaque article.

Lorsque deux mots du 2e ton se suivent, le second, par euphonie, se prononce comme s'il était au 1er ton: *ouâ ouā, iê· iē·, ts'iên t'eōu, iâ mēn, etc;* ordinairement on a suivi cette règle.

国家出版基金项目
NATIONAL PUBLICATION FOUNDATION

海上絲綢之路文獻集成

總主編 陳支平 陳春聲

科技與文化編 80

主編 王揚宗 葉農

海峽出版發行集團
THE STRAITS PUBLISHING & DISTRIBUTING GROUP
福建人民出版社

本册目次

廣東省土話字彙

（*Vocabulary of the Canton Dialect*）

〔英〕馬禮遜（Robert Morrison）編

《廣東省土話字彙》，英國馬禮遜編。馬禮遜（Robert Morrison，一七八二—一八三四），首位基督教新教來華傳教士。生於英國布勒古林，一八〇七年來華，在華前後達二十五年，曾創辦英華書院。編撰有《英華字典》、《中國一覽》、《通用漢言之法》等。此書於一八二八年由英國東印度公司在澳門出版，係西方傳教士所編首部粵方言字典。全書分三部分，首爲英漢字彙，先列英文，釋以中文；次爲漢英字彙，先列廣東話羅馬字注音，後書中文及英文釋義；最後爲漢語詞彙與短語，分二十四類，著録形式如漢英字彙。全書收詞七千三百六十三條，其中方言詞五千五百五十二條，亦收廣州方言熟語、例句。據一八二八年澳門版影印。

廣東省土話字彙

VOCABULARY

OF THE

CANTON DIALECT.

BY R. MORRISON, D. D.

PART. I.

ENGLISH AND CHINESE.

MACAO, CHINA.

PRINTED AT THE HONORABLE EAST INDIA COMPANY'S PRESS,

BY G. J. STEYN, AND BROTHER.

1828.

INTRODUCTION.

This Vocabulary was undertaken, in the hope that the Language could be communicated to Europeans without the Chinese Character; but it was found that the want of the Character made the mode of communication very imperfect, unless the Learner had the constant assistance of a person who already knew the Roman letters and the Chinese Language. To convey the spoken Language without the Character is not impracticable; but it is difficult, and often embarrassing to the Learner: whereas the Character being presented to the eye of the Native makes all simple and easy. The writer has therefore failed in his expectation, and consequently has not carried forward the Vocabulary to the extent which he would otherwise have done. The names of foreign articles of commerce in Canton are very irregularly and variously written among different shopmen and dealers.

Names of goods are sometimes entirely foreign: at other times a translation of foreign Names; and occasionally they are half Chinese and half foreign.

The distinctions of silks, skins &c., &c., are known only to the respective manufacturers and dealers. To enquire among them and Settle their nomenclature was a task for which the writer was by no means qualified. He requested assistance from European dealers and received some, but it was scanty and defective.

Macao.

May 1. 1828.

OWERS OF THE LETTERS

A,	Always as in *Shall.*
ă,	Short as in *Hat.*
ai,	As the sound of *Lie.*
ăw,	Short, abrupt.
aou,	Long, and broad.
e,	In the middle of a word as in *Met.*
e,	At the end of a Syllable as in *Me.*
ee,	As in *Seen.*
ei,	As in *Height.*
i,	As in *Sit.*
o,	As in *Long.*
ŏ,	Before short consonants as in *Hot.*
ów,	As in *How.*
oy,	As in *Boy.*
u.	Alone like the French in *Peu.*
uy,	Peculiar Chinese Sounds.
sze,	

A

VOCABULARY

OF THE

CANTON DIALECT.

A

A or AN, are commonly made by Yat, one with the appropriate numeral, 一個人 Yat ko yun, a man.

ABAFT, 船後邊 Shune hăw peen.

ABLE to do, 能得 Năng tik.

ABOARD a Ship or boat, 在船 Tsoy shune. He has gone aboard, 佢下船 Kuy ha shune. He has descended to the ship. To quit the ship and go on shore is expressed by 上船 Sheong-shune, Ascending from the ship.

ABOVE, 在上 Tsoy sheong. It is above your head, 在你頭上 Tsoy ne tăw sheong. Above, or more than is expressed by 有零 Yăw ling, or leng; 有幾 Yăw-ke; 有剩 Yăw shing, 有餘 Yăw u. Above 20 Dollars, 二十個銀錢有零 Ee shap ko găn tseen yăw leng.

ABUSE or rail at, 閙人家 Naou yun ka; 罵人 Ma yun.

ACCIDENT, Accidental, Accidentally, 偶然 Găw een. I met him by accident, or accidentally in the Street, 我在街上偶然逢着佢 Go tsoy kai sheong găw een fong cheok kuy.

ACCOUNT, 賬目 Cheong muk.

ACCOUNTANT, 掌櫃 Cheong kwei, Ruler of the Counter.

ACQUAINTED, long with you: decidedly not two (different) words (i. e. I will say the truth,) 我與你老相與斷無兩句 Go u ne low seong u tune mow leong kuy.

ACRID TASTE, 辣味 Lat me.

ACROSS, 横 Wang; 打横放 Ta wang fong. Lay it across. 企放 Ke fong. To place upright. This is also expressed by Teem fong, but there is no Character for Teem, 直放 Chik fong; To lay lengthwise.

ACTIVE, Clever, 伶利 Ling le; 快手 Fai shăw. Diligent, 勤 Kăn.

ADJOINING House or Shop, 隔籬 Kak le; 隔籬鄰舍 Kak le lun shay; Separated by a partition adjoining or neighbouring house, and adjoining shop, 隔鄰铺頭 Kak-le pow tăw.

ADMIRAL, 水師提督 Shuy sze tei tuk. Water master leading ruler. There is another officer in Canton called Tei-tuk, whose duty is on shore: He is called 陸路提督 Luk low tei tuk.

ADVISE, a person, 勸人家 Hune yun ka.

ADVANCE of money as earnest, fixing a bargain, 定銀 Teng-găn, xing Fisilver.

AFFECTION destitute of 無情 Mow tsing; 薄情 Pok tsing, Thin affection.

AFFECTIONATE, 厚情 Hăw tsing, Thick affection.

AFRAID, 怕 Pa. 恐怕 Hung-pa; 害怕 Hoy-pa; 嚇一驚 Hăk yăt keng; 驚慌 King fong. 你唔怕 Ne im pa, You not fear; Don't be afraid, 個件事令我嚇一驚 Ko keen sze ling go hăk yăt keng; That affair caused, me threatened one alarm: That has made me quite afraid.

AFT, 船尾 Shune me; 後底 Hăw tei; 船尾棚 Shune me pang.

AFTERNOON, 下午 Ha ing; 下晝 Ha chăw.

AFTERWARDS, 後來 Hăw loy; 將來 Tseong loy.

AGAIN, 重 Chung; 再 Tsoy. Is sometimes used, 你就先講個一句說話重講我聽 Ne tsăw seen kong ko yăt kuy shuet wa, chung kong go teng; You just now speak that one sentence speech, again speak, I hear. 聽日 Ting yat, or 明日再來 Ming yăt tsoy loy; You tomorrow again come.

AGE, 年紀 Neen ke. What is your age? 你幾多年紀 Ne ke to neen ke?

AGENT, to act for another 代理 Toy le; 代辦 Toy pan; 中人 Chung yun, A midsman.

AGROUND, 炕淺 Hong tseen.

AH! strange, alas 嗳呀 Ai ya!

AIR, 地氣 Te he; Ground aura. The atmosphere, 空中 Hung-chung; 天空 Teen hung. Air in motion, wind; 風 Fung. Birds fly in the air, 鳥飛空中 New fei hung chung.

ALIKE, 同一樣 Tung yat yaong; 同樣 Tung yaong.

ALARM, 嚇一驚 Hăk yăt keng; Threatened one dread. 實首驚慌 Shăt shăw king fong; Very much alarmed.

ALAS! said in pity, 悲哉 Pe tsoy! 悲夫 Pe foo!

ALL, 都 Tow; 籠總 Lung tsung; 一總 Yat tsung. Althogether, 總拉埋 Tsung lap mai. All wrong, 都唔着 Tow-im cheok: All not right, 一概都唔好 Yat koy tow im how, One all not good. All taken separately, every, 各 Kok; 各色 Kok-shĭk, All sorts, 一的都唔好 Yat-te tow im how, The whole bad.

ALMANACK, 通書 Tung shu; 時憲書 She heen shu; 皇曆 Wong lek.

ALMOND, 杏仁 Hăng yun.

ALMOST, 將近 Tseong kăn. Approaching near, 上下 Sheong-ha; 差唔多 Cha im to.

ALOES, 沉香 Chăm heong.

ALOES, foreign, 洋沉香 Yaong chăm heong.

ALONE, 獨 Tok; 獨一 Tok yat. He is alone, 佢獨在 Kuy tok tsoy; 佢獨一個人在 Kuy tok yat ko yun-tsoy.

ALLOW, something additional to make up some loss &c. 幫補 Pong pow.

ALREADY, 也曾 Ya tsăng; 已經 E king. It is already done, 也曾做過 Ya tsăng tsow kwo.

ALSO, 亦 Yik. Also well, 亦好 Yik how. Also is, 亦係 Yik hei. Also right, 亦着 Yik cheok.

ALTER, Change, 更改 Kang koy.

ALTERATIONS, 更改 Kang koy. Many alterations, 反反覆覆 Fan fan fok fok.

ALTOGETHER, 籠總 Lung tsung; 一概 Yat koy; 一底 Yat tei. 一的好得劑 Yat te how tak tsei, One whole good entirely, all very good.

ANG

ALUM, 白礬 Păk fan; 礬水 Fan shuy, Alumed water; river water that has been purified by Alum.

ALWAYS SO, referring to the past, 即了原壇 Tsik lew une tan; Time immemorial. 時時 She she, Continually.

AMBASSADOR, Imperial, 欽差 Yam chai. Royal, 王差 Wong chai.

AMBER, 琥珀 Foo pak,

AMONG, 在中間 Tsoy chung kan. It is among them, 在其中間 Tsoy ke chung kan.

AMOUNT, of a Sum, 共計 Kung kei.

ANCHOVY, 魚解 U kai.

ANCHOR, 錨 Naou; Some Macao watermen call it, 釘 Teng. To weigh anchor, 扯錨 Chay naou; 起錨 He naou. To let go, 抛錨 Paou naou; 落錨 Lok naou; 砧釘 Tum teng. To anchor a Ship, 灣泊 Wan pok; 灣船 Wan shune; 灣劄 Wan chap.

AND, joining the members of a sentence is rarely used in Chinese. In the sense of with, as, You and he go, it may be variously rendered, 你同佢去 Ne tung kuy huy; or 你共佢去 Ne kung kuy huy.

ANGER, 怒氣 Now he; 怒氣冲冠 Now he chung koon, Anger driving up the cap, on the head; extreme anger.

ANGRY, 生氣 Shang he; 發怒 Fat now.

ANIMALS, birds and beasts, 禽獸 Kun shăw. Quadrupeds, 四脚行 Sze keok hang; 畜牲 Chuk shang. Human beings, 人物 Yun mat.

ANNUALLY, 年年 Neen neen. Year year, 每年 Mooy neen, Each year, 遞年 Tei neen, Successive years.

ANOTHER, 第二 Tei ee; Another time, 第二回 Tei ee-ooy; 第二賬 Tei ee cheong; 下次 Ha tsze. Not this but another man, 唔係呢個人係別個人 Im hei ne ko yun, hei peet ko yun. Another day, 遲日 Che yat.

ANSWER, to a Letter, 回頭信 Ooy tăw sun. To answer a question, 答 Tap; 應答 Ying tap, or 答應 Tap ying. Question and answer, 問答 Măn tap. Answer with a loud voice, 高聲答應 Kow shing tap ying.

ANT, 馬蟻 Ma gei; 蔴蟻 Some write. Black ant, 黑蟻 Hak gei. White ant, 白蟻 Pak gei. King of the ants, 蟻公 Gei kung.

ARM of a human being, 手臂 Shăw pe.

ARMPIT, 隔肋底 Kak lak tei.

ARMS, Military, 軍器 Kwăn he; 器械 He hae.

ARMY, 三軍 Sam kwăn; i. e. Three divisions; 上中下 Sheong chung ha, Upper, middle, lower.

ARROW, 箭 Tseen. To shoot an arrow, 射箭 Shay tseen; 發箭 Fat tseen. An arrow, 一枝箭 Yat che tseen; A bundle of arrows, 一排箭 Yat pai tseen; 五枝爲一排 ing che wei yat pai, Five arrows make a bundle.

ARROW-ROOT, 藕粉 Gäw fun, Is the powder of water Lily seeds.

ARSENICK, 砒礵 Pei seong; 信石 Sun shek; To soften the name it is called in slang, 亻 Yun; 言 Een, By taking the word 信 Sun, and dividing it.

ASCEND, 上去 Sheong huy; To ascend high, 上高去 Sheong kow huy.

ASH-COLOUR, 灰色 Fooy shik.

ASHORE, or aground, 炕船 Hong shune. To go a shore, 上船 Sheong shune. To be on the shore, 在岈上 Tsoy goan sheong.

ASK, 問 Măn. Ask him, 你問佢 Ne măn kuy. Ask distinctly about it, 問明白黎 Măn ming pak lei.

ASS, an, 一隻驢 Yat chek luy; 南雄驢駝重不駝輕 Nam hung luy to chung put to heng; The Nam-hung, asses, will carry a heavy burden, not a light one; used to denote those persons who require severe treatment to make them do their duty.

ASSIST, 相幇 Seong pong.

AXE

ASTRONOMER, 天文師 Teen măn sze. Heaven's literature master, 欽天監 Yăm teen kam. Imperial heaven observers; the Catholic Missionaries in Peking are so styled.

AUCTION, 投賣 Tăw mai; 投明賣 Tăw ming mai.

AUTHOR, 作書旣 Tsok shu kay; 著書立說 Chu shu-lap shuet. To publish with original notes, 做書旣人 Tsow shu kay yun; Is only the Book maker, the Printer and Publisher.

AVAIL one's self of a fair wind, 佔上風篷 Cheem sheong fung pung. To avail one's self of an opportunity.

AVERAGE, account, 拉扯算 La chay sune.

AWAKE to, 醒起黎 Seng he lei; 睡醒 Shuy seng. Are you not quite awake? 你唔醒定處 Ne im sing ting chu?

AWAY, he is gone, 佢去囉 Kuy huy lo.

AXE, an, 一把斧頭 Yat pa foo tăw,

B

BACK, 背 Pooy; 背脊 Pooy tsek. Back and breast, 背心 Pooy sum. A waistcoat or vest without sleeves, is so called Back bone, 背脊骨 Pooy tsek kwat.

BACKSTAY, of a mast, 桅夾 Wei chap. Main backstay, 大桅夾 Tai wei chap. To set up the backstays, 理夾 Mai chap.

BAD, 唔好 Im how; Not good; a bad thing, 唔好物件 Im how mat keen. A bad, or vicious man, 惡人 Ok yun. Bad Language, coarse or obscene, 粗話 Tsow wa.

BAG, a, 一個袋 Yat ko toy. A cloth bag, 布袋 Pow toy. Shoe bag, 鞋袋 Hai toy. Dollar bag, 銀袋 Gan toy.

BAGGAGE for travelling, 行李 Hang le; 行李鋪蓋 Hang le pow koy.

BAIZE, 粗大呢 Tsow tai ne.

BAKE Bread, 烘麵頭 Hong meen taw. Bake a pie, 局麵龜 Kok meen kwei.

BALANCE, to sustain in equilibrium, 放正佢乘住 Fong-cheng kuy shing chu.

BALE of Cotton, 棉花一包 Meen fa yat paou. Bale of Cotton that is burst, 穿爛包 Chune lan paou. False packed bale, 假包 Ka paou.

BALL, 球 Kăw; 波球 Po kăw. To play at ball, or Billiards, 打波 Ta po.

BALLAST for ships, 磔載 Chak tsoy.

BAMBOOS, in Commerce, 竹杆 Chuk koan. A bamboo, 一條竹 Yat tew chuk.

BANISH, from native place and transport to another part of the Empire, 充軍 Chung kwăn, i. e. to fill the army: like sending an offender on board a man of war. To a short distance, 問徒 Măn tow. The first branded on the face, 刺字在面 Sek tsze tsoy meen. The other, 刺字在臂 Sek tsze tsoy pe, Branded Characters are on the arm.

BARBARIAN, in a sense similar to that in which the Greeks and Romans used that word, is expressed by 夷 E; 夷人 E yun. Savage barbarian, 蠻夷 Man e.

BARBAROUS, to act, violent and unreasonable, 動蠻 Tung-man; 情理無解既 Tsing le mow kay kay.

BARBER, 剃頭佬 Tei tăw low.

BARGAIN, made, 說定價錢 Shuet ting ka tseen.

BARK, of a tree, 樹皮 Shu pe; To bark or peel off, 剝樹皮 Mok shu pe.

BARLEY, 大麥 Tai măk.

BARREL, 吡吧桶 Pe pa tung.

BARTER, 對換 Tuy oon; 以貨換貨 E fo oon fo; 貿易 Măw yīk.

BASE, of a pillar, 柱礅 Chu-tun; 石礅 Shek tun. Base, vile, 鄙陋 Pe lăw. Bad man, 歹人 Tai yun.

BASIN, 碗 Oon. Basins and plates, 碗碟 Oon teep. A basin, 一隻碗 Yat chek oon, i. e. one Basin. Hand basin, 面盆 Meen poon.

BASKET, with a handle, 籃 Lam; 竹籃 Chuk lam, Bamboo basket. Without any handle, 籮 Lo; 米籮 Mei lo, Rice basket. Basket-work surrounding any thing, 竹簍 Chuk lăw.

BAT, 飛鼠 Fe shu; 蝠鼠 Fok shu.

BATHE, 洗身 Sei shun; 洗澡 Sei tsow; 沐浴 Mok yok. Bathing room, 洗身房 Sei shun fong.

BATTLE, a, 打仗一陣 Ta cheong yat chun. Lost a battle, 輸一陣 Shu yat chun. Gained a battle, 贏 Yeng, or 勝一陣 Shing yat chun.

BAY, 灣 Wan; or 海灣 Hoy wăn.

BAYONET, a pointed weapon that may be compared to it, 一枝鐵鎗 Yat che teet tseong.

BE, is, 係 Hei. Perhaps it may be so, 或者係咁既 Wak chay hei kum kay.

BEADS, Coral, 珊瑚珠 Shan oo chu.

BEC

BEAM, of a house, 屋梁 Ok leong. A beam, 一條梁 Yat-tew leong.

BEAN, French, a kind of, 豆角 Tăw kok, Pulse horns.

BEAR, a, 一隻熊 Yat chek yung; 猪熊 Chu yung.

BEAR, with people's errors, 容人之過 Yung yun che kwo. I cannot bear it, 我心唔過得去 Go sum im kwo-tak huy, i. e. My heart not pass can go. Difficult to bear, to sustain the weight of, physically or morally, 難當得起 Nan tong tak he. To bear with and excuse, 容恕 Yung-shu.

BEARD, 鬚 Soo. To shave the beard, 剃鬚 Tei soo.

BEARER, of a sedan chair, 轎夫 Kew foo; 擡轎 Toy kew; 擡轎人 Toy kew yun. They are nicknamed, 無尾馬 Mow me ma, Horses without tails.

BEAT, to strike, 打 Ta. Chastise, 拷打 Haou ta; 打責 Ta-chak. To beat the palm of the hand, 打手板 Ta shăw pan.

BEAUTIFUL woman, 美女 Me nuy; 佳人 Kai yun; 好樣 How yaong; 標緻 Pew che. Beautiful applied to thing, 精緻華美 Tsing che wa me.

BECAUSE, 因爲 Yin wei. Why did he go? 佢爲何去 Kuy wei ho huy? Because he had business, 因爲佢有事幹 Yin wei kuy yăw sze koan.

BEL

BEAVER SKINS, 海騾皮 Hoy lo pe.

BEECH DE MAR, 海叄 Hoy shum.

BECOME very lazy lately, 近來爲實在懶惰 Kăn loy-wei shat tsoy lan to.

BED, 睡床 Shuy shong. A large bed, 一張大床 Yat-cheong tai shong. To go to bed, 上床睡 Sheong shong-shuy.

BEDDING, 鋪蓋 Pow koy; 睡鋪 Shuy pow.

BEE, 蜜蜂 Mat fung.

BEEF, 牛肉 Gäw yok.

BEER, The Chinese have none; they call it, 卑酒 Pay tsăw, i. e. Beer liquor, 細卑 Sei pay; Small beer; 大卑 Tai-pay, Large beer, i. e. Porter.

BEESWAX, 蠟 Lap. Yellow wax, 黃蠟 Wong lap.

BEFORE in time, 先 Seen; 先時 Seen she; 從前 Tsung-tseen. Go before him, 你先佢去 Ne seen kuy huy.

BEGGAR, 乞兒 Hat ee; 花子 Fa tsze.

BEGIN, to do, 開手做 Hoy shăw tsow.

BEGINNING, commencement, 始初 Che cho.

BEHIND, 後邊 Hăw peen.

BELIEVE, what he says, 信佢旣說話 Sun kuy kay shuet-wa. Believe firmly, 篤信 Tuk sun.

BELL a, 一個鐘 Yat ko chung. Hand bell, 手鐘 Shăw-chung. Ring the bell, 搖鐘 Yew chung. Church (or Temple) bell, 廟鐘 Mew chung; 拷鐘 Haou chung; 擊鼓 Kik koo, Strike the Bell, and beat the drum: this is done when people take oaths in Temples; and when offerings are presented, to arouse the attention of the God.

BELLOWS, 風箱 Fung seong. To blow the bellows, 扯風箱 Chay fung seong.

BELLY, 肚腹 Tow fok.

BELOW, 底下 Tei ha; 下底 Ha tei.

BENJAMIN, gum, 安息香 Oan sik heong.

BESIDE, 另外 Ling goy.

BEST, very, 第一至好 Tei yat che how.

BETELNUT, 檳榔 Păn long.

BETWEEN, 中間 Chung kan. Between six and seven hundred Chests of Tea, 六七百件茶之間 Lok tsat pak keen cha che kan, Six seven hundred piece Tea the midst.

BEYOND, the frontier, 口外 Hăw goy. outside, 外頭 Goy tăw.

BEZOAR, cow, 牛黃 Găw wong.

BIDET, 洗身盆 Sei shun poon.

BILL for goods, 賬目單 Cheong muk tan.

BLI

BIND flowers together, 扎花 Chat fa.

BINNACLE, 羅經家 Lo kang ka; The compass house.

BIRD, 雀鳥 Tseok new. A small bird, 一隻雀仔 Yat-chek tseok tsei.

BIRD'SNESTS, 燕窩 Een wo.

BIRTH day, 生日 Shang yat; 壽誕 Show tan; 生辰 Shung shun; 榮壽 Wing shăw. Your birth day, 賤辰 Tseen shun. My birth day.

BISCUIT, 麵餅 Meen peng; 餅乾 Peng koan.

BIT of silk, 一塊綢緞 Yat fai chow tune. A small bit, 一粒 Yat nup. Bit of a bridle, 馬口銜 Ma haw ham.

BITE, 咬 Gaou; 口咬 Hăw gaou. To bite and tear to pieces, 咬碎 Gaou suy; 咬爛 Gaou lan.

BITTER, 苦 Foo. Bitter taste, 苦味 Foo me. Bitter toil, 辣苦 Lat foo; 苦楚 Foo choo.

BLACK colour, 黑色 Hak shik.

BLACK lead pencil, 鉛筆 Une păt. Blackness of darkness, 暗黑 Um hak.

BLACKSMITH, 打鐵匠 Ta teet tseong.

BLANKETS, 洋白氈 Yaong pak cheen, Foreign white rugs.

BLIND, 眼盲 Gan mang; or 盲眼 Mang gan. Blind man, 密眼人 Măt gan yun.

BLINDS, Bamboo, 竹簾 Chuk leem. Venetian, 板簾 Pan leem.

BLOCK, or what the Chinese use in boats for Blocks, 繂羅 Lut lo.

BLOCKHEAD, 木頭人 Muk tăw yun; Wooden headed man. This is not so much Chinese, as 木偶人 Muk găw yun. Wooden image, 形同木偶 Ying tung muk găw, Figure, same as wooden Image.

BLOOD, 血 Heut. To shed blood, 流血 Lăw heut; 血脈 Heut măk. Blood pulse, 血本 Heut poon. Blood principal, i. e. property obtained by severe labour, 血食 Heut shik, Blood meat; i. e. property laboured for and left by our ancestors.

BLOW, with the breath or wind, 吹 Chuy; 口吹 Häw chuy; Blow with the mouth, 風吹 Fung chuy. The wind blows, 吹打 Chuy ta. Blow and beat, to play on Musical instruments, 吹薦 Chuy tseen, To blow and recommend. A blow, 打一下 Ta yat ha, Strike one down.

BLUE, Colour, 藍色 Lam shik. Prussian blue, 洋靛 Yaong-teen. Foreign Teen.

BOARD, plank, a, 一塊木板 Yat fai muk pan. Boards at Peking, Six, 六部 Luk pow; 刑部 Ying pow. The criminal board, 吏部 Le pow. Appointments, 戶部 Oo pow. Revenue, 禮部 Lei pow. Bord of Ceremonies, 兵部 Ping-pow. Military board, 工部 Kung pow, Public works.

BOI

BOAT of a Ship, 三板 Sam pan. A very small Chinese boat is called by the same name, other boats are called 艇 Teng, and 船 Shune. Chop boat, 大艇 Tai teng; and 西瓜扁船 Sei kwa peen shune, Is understood. Fastboat, 快艇 Fai teng. Small boat, 小艇 Sew teng; 細艇 Sei teng. Passage boat, 渡船 Tow shune. Mandarin boat, 出師船 Chut sze shune. Smuggler, 快蟹艇 Fai hai teng; 拖船 To shune.

BOAT, to scrub a boat, 洗船 Sei shune, or 艇 Teng; 燂船 Tam shune. To row a boat, 掉 Chaou; 掉槳 Chaou-tseong, Chaou means the act of rowing, and Tseong, the oar.

BOATHOOK, 撐篙 Chang kow.

BODY, of living creature, 身體 Shun tei. My body, 本身 Poon shun.

BOHEA-TEA, 武彝茶 Mow e cha.

BOIL, to, 煲 Pow; 烚 Shap. To boil water, 煲水 Pow shuy. To boil or make tea, 煲茶 Pow cha. Boiling water, 滾水 Kwăn shuy. Boiling hot, 滾熱辣 Kwăn eet lat. Boil rice, 煮飯 Chu fan.

BOILED, fish in an iron boiler, 烚魚 Shap u; 煲魚 Pow u, When a large quantity of water is used.

BOLD, audacious, 大膽人 Tai tam yun.

BOILER, of earthen ware, 瓦煲 Ga pow. Copper boiler, 銅煲 Tong pow. A boiler of hot water, 一煲熱水 Yat pow eet shuy.

BOILING, water, 滾水 Kwăn shuy.

BOLT, or bar to shut a door, 門閂 Moon shan.

BOND, 約單 Yok tan.

BONE, 骨 Kwăt; 骨頭 Kwăt tăw. Large boned, 骨格大 Kwat kak tai.

BOOK, 書 Shu. A book, 一本書 Yat poon shu. A whole work consisting of several volumes, 一部書 Yat pow shu.

BOOKBINDER, 釘書人 Teng shu yun.

BOOKCASE, 書架 Shu ka.

BOOTS, 靴 Heuĕ. A pair of Boots, 一對靴 Yat tuy heuĕ.

BORAX, 硼砂 Păng sha.

BORROW, 借來 Tsay loy.

BOTH, 兩個 Leong ko.

BOTTLE, of glass 玻璃罇 Po le tsun. One bottle of Beer, 細卑一罇 Sei pay yat tsun; i. e. small Beer, one bottle.

BOTTOM, 底 Tei; 底面相符 Tei meen seong foo. Bottom and top reciprocally agree, the same said when buying goods.

BOUNDARY, 交界 Kaou kai.

BOW, to shoot with, 弓 Kung. A bow, 一把弓 Yat pa kung; or 一張弓 Yat cheong kung. To draw a bow, 開弓 Hoy kung. Stiff bow, 硬弓 Gang kung; 十二個力 Shap ee ko lik, 120 catty strength, is the stiffest bow.

BOWELS, 腸 Cheong; 腸肚 Cheong tow. Complaint in the bowels, 肚腹不好 Tow fok pat how.

BOX, or Chest, 箱 Seong; 櫳箱 Lung seong. Box of snuff, 鼻烟箱 Pe een seong.

BOXWOOD, 黃楊木 Wong yaong mŭk.

BOY, or girl, 細蚊仔 Sei măn tsei; 細的仔 Sei te tsei. Boy, 男仔 Nam tsei.

BRACES, 褲帶 Foo tai; 褲頭帶 Foo tăw tai.

BRACELET, of the Chinese, 手扼 Show ak, Hand wrist.

BRAIN, 腦漿 Now tseong.

BRAN, 麥糠 Mak hoang.

BRANCH, of a tree, 樹枝 Shu che. Branch of a stream, 水枝 Shuy che. Where does that branch go, 個枝水去邊處 Ko che shuy huy peen chu.

BRANDY, 罷𡁻地酒 Pa lan ty tsăw, Brandy wine.

BRASS, 上銅 Sheong tung; 黃銅 Wong tung.

BRAZIER, 銅匠 Tung tseong.

BRASSLEAF, 銅薄 Tung pok.

BREAD, 麵頭 Meen tăw; 麵包 Meen paou.

BREAK, any vessel, 打爛 Ta lan. To break the law, 犯法 Fan făt. Break asunder, 折斷 Cheet tune; 拗斷 Aou tune.

BREAKFAST, 早飯 Tsow fan, Early or morning rice. Among Europeans they say for bring breakfast, 做茶 Tsow cha, Make Tea; or 拈茶 Ning cha, Bring Tea: Tea being the chief part of breakfast. Some say when ordering breakfast, 做便茶 Tsow peen cha, Make ready Tea.

BREAST, 胸前 Hung tseen. Stoppage or lightness in the breast, 胸隔殪滯 Hung ka yeet chei. To beat the breast in grief or anger, 搥胸 Chuy hung.

BREECHES, a pair, 一條褲 Yat tew foo.

BREATH, 氣 He; 口氣 Hăw he; 氣息 He sik; 血氣 Hüet he. Blood breath, 飲酒氣喘 Yăm tsăw he chune, Drink wine, Breath short, said of old men.

BREEZE, strong, 大風 Tai fung; or 風大 Fung tai. Light breeze, 風細 Fung sei.

BRIBE, 賄囑 Fooy chuk; 賄賂 Fooy low; 買囑 Mai chuk.

BRICKS, 青磚 Tseng chune. Unburnt bricks, 坭磚 Nei-chune. Burnt bricks, 火磚 Fo chune.

BRICKLAYER, 坭水匠 Nei shuy tseong.

BRIDGE, a, 一條橋 Yat tew kew. Wooden bridge, 板橋 Pan kew. Stone bridge, 石橋 Shek kew.

BRIDLE, of a horse, 馬韁 Ma keong; 馬扯手 Ma chay-shăw. To slack the bridle, 放鬆韁 Fong sung keong. Pull the bridle, 勒住韁 Lak chu keong.

BRIG, 兩枝桅船 Leong che wei shune, Two masted ship.

BRIMSTONE, 硫黃 Lăw wong.

BRING, 擰來 Ning loy. Bring out, 擰出來 Ning chut loy.

BROAD, 闊 Foot; 寬闊 Foon foot; 廣闊 Kwong foot. Broad and large, 闊大 Foot tai.

BROAD-CLOTH, 大呢 Tai ne; 哆囉絨 To lò yung.

BROAD-CLOTH, 絨 Yung. Superfine 1st sort, 一號 Yat how. 2nd ditto, 二號 Ee how. Worsters 3rd, 三號 Sam how.

BROCCOLI, 藍花椰菜 Lam fa yay tsoy.

BROILED, Chicken, 鐵扒鷄仔 Teet pa kei tsei.

BROKER, 做經紀人 Tsow king ke yun; 經紀 King ke.

BROOM, 掃把 Sow pa. To sweep, 掃乾 Sow koan.

BROTHER, 兄弟 Hing tei, Older and younger brother, brothers generally. 大佬 Tai low, an older brother, 細佬 Sei low, a younger brother, 亞哥 A ko, and 亞弟 A tei, are also used for elder and younger brother.

BRUSH, clothes a, 衣服刷 E fok tsăt. Shoe brush, 鞋刷 Hai tsăt. Brush clean, 刷乾凈 Tsăt koan tseng.

BUCKET, for Tea, used by the Chinese, 茶桶 Cha tung.

BUILD, a house, 起屋 He ok; 起一間屋 He yat kan ok; 蓋房子 Koy fong tsze. To build a large Temple; 建起大廟 Keen ke tai mew.

BULLOCK, a, 一隻閹牛 Yat chek eem găw.

BUNCH, a, 一札 Yat chat. A Bunch of pens, 鵝毛筆一札 Go mow păt yat chat. Goosequill pencils one bunch.

BUNDLE, a, 一包 Yat paou; 一個包袱 Yat ko paou-fok.

BURN, fire, 燒火 Shew fo. To burn wood, 燒柴 Shew shae.

BURY, 埋葬 Mai tsong; 葬山 Tsong shan.

BUSINESS, 事幹 Sze koan.

BUT, 惟 Wei; 但 Tan; 然 Yeen. It is not easy to exemplify the use of these particles.

BUTCHER, 屠人 Tow yun; 禁止屠宰 Kum che tow-tsoy. To inderdict butchering, This is done, by Government for three days, when supplicating rain.

BUTTER, 牛油 Găw yăw.

BUTTERFLIE'S, 蝴蝶 Oo teep.

BUTTON, 鈕 Năw; 鈕扣 Năw kăw.

BUY, 買來 Mai lei,; 買貨 Mai fo.

C

CABBAGE, 椰菜 Yay tsoy.

CABIN, of a Ship, or Boat, 艙位 Tsoang wei.

CABLE, 錨纜 Naou lam, Anchor rope.

CAGE, a, 一個雀籠 Yat ko tseok lung.

CAKE, Sweet, 鷄蛋糕 Kei tan kow.

CALCULATE, fortunes, 算命 Sune meng.

CALICOES, 白羊布 Pak yaong pow.

CALL him here, 叫佢來 Kew kuy lei.

CALM, 風息 Fung sik; 風定 Fung ting; 無風 Mow-fung; 風浪止息 Fung long che sik.

CAMBRIC, 袖口布 Tsăw hăw pow.

CAMEL, a, 一隻駱駝 Yat chek lok to.

CAMELLIA, Japonica, 茶花 Cha fa.

CAMLETS, 羽紗 U sha.

CAMP, 軍營 Kwăn ying.

CAMPHOR, China, 樟腦 Cheong now. Malay, 冰片 Ping-peen.

CAMPOI, 揀焙茶 Kan pooy cha.

CAN, ability to do, may often be expressed by, 得 Tăk. Can do, 做得 Tsow tak.

CANAL, or river with Sluice gates, 閘河 Chap ho. The grand Canal is called, 運河 Wăn ho. The transport river; also, 運糧河 Wăn leong ho; 漕運 Tsow wăn.

CANDAREEN, 分 Fun. One Tael, six mace, eight candareens, five cash, 一両六錢八分五釐 Yat leong, luk tseen, pat fun, ing le.

CANDLE, wax, of the Chinese, 蠟燭 Lap chuk.

CANDLESTICK, 蠟燭枱 Lap chuk toy.

CANDLESTICK, Shades, 燈罩 Tăng chaou.

CANE, a, 一枝鞭杆 Yat che peen koan.

CANISTER, made of lead, 鉛桶 Une tung; 鉛罐 Une koon.

CANISTER, of Snuff, 鼻烟瓶 Pe een ping, Nose smoke canister.

CANNON, 大砲 Tai paou.

CANTON Dialogues, 廣城問答話 Kwong sheng măn tap wa. Native common talk, 本地俗話 Poon te tsok wa.

CANVASS, 帆布 Fan pow.

CAP, a, 一頂帽 Yat teng mow.

CAPTAIN of a merchant Ship. Is commonly called 船主 Shune chu. Ship master, 船夫 Shune foo, Is less respectful.

CAPABLE, said of a person who is well qualified for his work or business, 擔帶得起 Tam tai tak he. Carry sustain can up, 任重 Yăm chung. Sustain heavy burden, 任事 Yăm sze. Efficient in the discharge of business.

D

CAT

CARAMBOLA, 洋桃 Yaong tow; 三棯 Sam leem.

CARD, visiting, 拜帖 Pai teep. For playing with 紙牌 che pai.

CAREFUL, be, 小心 Sew sum.

CARGO, 船貨 Shune fo, Ship's goods.

CARPET, 地毡 Te cheen. Earth rugs.

CARPENTER, 木匠 Muk tseong. Plane used by Carpenters, 木匠用的刨 Muk tseong yung te paou.

CARRIAGE, drawn by horses, 馬車 Ma chay.

CARROT, 紅蘿蔔 Hung lo pak.

CARVED Ivory, 挑花象牙器 Tew fa tseong ga he.

CARRY, on the shoulder, 膊托 Pok tok. With a Bamboo, 擔担 Tam tam. To carry in the hand, 手揩 Shăw kai.

CARTRIDGE, 枳仔 Chăt tsei. Some use this for a cork. To load, 落沙 Lok sha.

CASH, copper, 銅錢 Tung tseen.

CASK, a wine, 酒桶一個 Tsăw tung yat ko. Sugar cask, 氷糖桶 Ping tong tung.

CASK, Hogshead, or Pipe, 卑巴桶 Pe pa tung.

CASSIA, lignea, 桂皮 Kwei pe. Cinnamon is, 玉桂 Yuk kwei.

CASSIA, Oil, 桂皮油 Kwei pe yăw.

CAST off, or loosen a rope, 解 Kai; 解結 Kai keet.

CAT, 猫兒 Maou ee. A cat, 一隻貓兒 Yat chek maou ee.

CATARACT, of the eye, 眼膜 Gan mok. To cut for the Cataract, 割眼膜 Koat gan mok.

CHA

CATCH, 捉 Chok; 捉獲 Chok wok. Caught him, 捉倒佢 Chok tow kuy.

CATTY, 斤 Kăn. A catty, 一斤 Yat kăn. Half a catty, 半斤 Poon kăn. Quarter of a catty, 四両 Sze leong, i. e. 4 Taels.

CAULK, 打掙 Ta chang. To caulk a boat's bottom, 打掙船底 Ta chang shune tei.

CAUSE, 緣故 Une koo.

CAUSTIC, 艾茸 Gai yung. Rather the moxa, 用艾茸救火 Yung gai yung kăw fo, Use the moxa to deliver from fever.

CAUTIOUS, wary, 小心 Sew sum.

CAVE, 山穴 Shan uet; 石龍 Shek lung.

CAYOO-GHARRA wood, 花剷香 Fa chan heong.

CEDAR, wood, 栢香木 Pak heong muk.

CELERY, 旱芹菜 Hoan kăn tsoy. Dry, 芹菜 Kăn tsoy. There is a sort called 水芹菜 Shuy kăn tsoy. Water. Kăn-tsoy.

CELLAR, a wine, 一間酒房 Yat kan tsăw fong.

CENTIPEDE, 百足虫 Pak tsok chung.

CERTAINLY, 的確 Tik koak. Not know certainly, 唔知的確 Im che tik koak.

CHAIN, Iron, 鐵鍊 Teet leen.

CHAIR, 椅 E; 校椅 Kaou e; 椅子 E tsze. Chair arms, 椅手 E shăw

CHE

CHALK, 火石粉 Fo shek fun.

CHAMBER, Bed, 訓房 Fun fong; 卧房 Go fong. Chamber pot, 便壺 Peen oo.

CHANGE, alter, 更改 Kăng koy; 改過 Koy kwo. Why so many changes, 乜咁多更改 Mat kum to kang koy. Numerous changes, 三翻四覆 Sam fan, sze fok. Three turns, Four revertings.

CHANGE, I want it Changed, 要換過 Yew oon Kwo. No occasion to change it, 唔駛換 Im shei oon.

CHARCOAL, 火炭 Fo tan. The best, 堅炭 Keen tan. A worse sort, 浮炭 Fow tan.

CHART, a, 一幅海砂圖 Yat fok hoy sha tow. Sea sand delineation.

CHASE, 追趕 chuy koan. To chase and overtake, 追及 Chuy kap; 追趕到 chuy koan tow.

CHEAP, 價錢平 Ka tseen peng.

CHEESE, The Chinese have none, the servants say, 支士 Che se.

CHEAT. 欺騙 He peen; 哄騙 Hung peen; 吞騙 tun peen.

CHEEK, a 一塊面珠 Yat fai meen chu; or 面皮 Meen-pe; 唔顧面皮 Im koo meen pe. Not regard the cheek, is to disregard ones reputation.

CHESNUT, 風栗 Fung lut,

CHO

CHEST, for clothes, 衣箱 Ee seong. Tea chest, 茶箱 Cha-seong.

CHESS, 棋 Ke; 棋子 Ke tsze; 圍棋 Wei ke; 象棋 tseong-ke. To play at chess, 捉棋 Chok ke; 下棋 Ha ke.

CHEW, 嚼口 Tseok hăw.

CHICKEN, 鷄仔 Kei tsei. A, 一隻鷄仔 Yat chek kei tsei.

CHIEF, of the English Factory, 英吉利大班 Ying kat-le tai pan.

CHILLIES, 花椒 Fa tsew.

CHILD, 細蚊仔 Sei măn tsei. A general and common term. 嫩仔 Nune tsei. Delicate child, 孩童 Hai tung, or 童子 Tung tsze. A boy, 姑娘仔 Koo neong tsei, A lady child, a complimentary term for girl.

CHIN, 下耙 Ha pa; 下脗 Ha hum.

CHINA, 中國 Chung kwok.

CHINA GRASS, 天蠶絲 Teen tsam sze.

CHINAM, 桐油灰 Tung yăw fooy.

CHINA ROOT, 冷飯頭 Lang fan tăw.

CHINA WARE, 磁器 Tsze he.

CHINCHEW, 泉州 Tsune chăw.

CHINESE man, 唐人 Tong yun.

CHINTZ, 印花洋布 Yin fa yaong pow.

CHOCOLATE, The Chinese say, 知古辣 Cho-co-lat.

CHOP, or written document, in the jargon of Canton is sometimes expressed by Tan; as, 插旗單 Chap ke tan. Chop to hoist a flag in a boat. Grand chop, or Port clearance, 紅牌 Hung pai: 大牌 Tai pai.

CHOP, an agreement, 摺貨單 Chap fo tan. Permit from the custom house, 掛號單 Kwa how tan.

CHOPHOUSE, 關口 Kwăn hăw. Chop of Tea, 字號 Tsze-how. Chow chow chop, 掃艙艇 Sow tsong teng.

CHOPBOAT, 貨艇 Fo teng. Goods or cargo boat, 大艇 Tai teng. Large boat, 西瓜扁 Sei kwa peen, Melon shaped boat.

CHOPS, mutton, 羊排骨 Yaong pai kwăt. Pork chops, 猪排骨 Chu pai kwăt.

CHOPSTICKS, 快子 Fai tsze. Of bamboo, 竹快 Chuk fai. Of Ivory, 牙快 Ga fai.

CHRISTIANITY, 天主教 Teen chu kaou; 西洋教 Sei-yaong kaou; 十字教 Shap tsze kaou.

CHUMPEE, 穿鼻環 Chune pe wan.

CINNABAR, 硍硃種 Găn chu chung.

CINNAMON, 桂皮 Kwei pe; 玉桂 Yuk kuei.

CITRON, 香櫞 Heong une; 佛手 Fat shăw. Preserved, 蜜餞香櫞 Mat tseen heong une.

CITY, 城 Sheng. To go into the City, 入成 Yap sheng. To come out, 出城 Chut sheng. City Gate, 城門 Sheng moon.

CIVIL, attentive, 有禮儀 Yăw lei ee; 好禮貌 How lei-maou. Good manners, 合規矩 Hop kwei kuy, Agreeable to usage.

CIVIL, officer; a Civilian, 文官 Măn koon. Military officer, 武官 Mow koon. Civil and Military officers, 文武各官 Măn mow kok koon.

CLAMPS, 馬黄釘 Ma wong teng.

CLAPHAND, 拍掌 Pak cheong; 鼓掌 Koo cheong; 抵掌 Tei cheong; As an expression of joy. 拍枱 Pak toy, To clap the Table is an expression of joy. The Mandarins clap the Table with a piece of wood called, 威風子 Wei fung tsze.

CLARET, 紅酒 Hung tsăw. Red wine.

CLASPS, of bracelets, 扼頭 Ak tăw.

CLEAN, 乾净 Koan tseng.

CLEARANCE, port, 大牌 Tai pai; 紅牌 Hung pai.

CLERK, in public offices, 書辦 Shu păn; 書禀師爺 Shu păn sze yay. In merchant's Houses, 筆帖式 Pat teep-shik. Pencil card form, 司事 Sze sze, Manager of business. Foreign clerks, 寫字 Say tsze.

COL

CLEVER, in the performance of business, 能幹 Năng koan; 有本事 Yăw poon sze.

CLIMB, up a tree, 攀上樹 Pan sheong shu.

CLIP, with scissars, 剪 Tseen; 裁剪 Tsoy tseen.

CLOAK, 大褸 Tai lăw.

CLOCK, 時辰鐘 She shin chung, Time-hour-bell. What o-Clock? 幾點鐘 Ke teem chung? How many knocks bell? 一點鐘 Yat teem chung, One stroke bell; one o Clock.

CLOTH, woollen, 哆羅絨 To lo yung.

CLOTHES. 衣裳 E sheong; 衣服 E fok.

CLOVES, 丁香 Ting heong.

COALS, 煤炭 Mooy tan; 煤頭 Mooy tow. Small coals. 石煤 Shek mooy, Large coals.

COAT, 大衫 Tai sham.

COCHINEAL, 呀囒米 Ga lan mei.

COCHINCHINA, 安南國 Oan nam kwok.

COCK, 鷄公 Kei kung.

COCOANUT, 椰子 Yay tsze.

COFFEE, 架啡 Ka fe.

COFFEE-HOUSE, corresponds to, 茶館 Cha koon. Tea house, where Tea and cakes are furnished.

COFFIN, 棺材 Koon tsoy. To open a coffin, 開棺 Hoy koon.

COLD, 冷 Lang. Cold weather, 天時冷 Teen she lang.

COLD, To take cold, 感冒着 Kum mow cheok; 冒風 Mow-fung, To go rashly against the wind. Cold and cough, 傷風 Sheong fung; 咳嗽 Kat săw.

COLLAR, cangue, 枷號 Ka how; 枷號示衆 Ka how she-chung.

COLLEGE, 書院 Shu une. Anglochinese College, 英華書院 Ying wa shu une.

COLOUR, 顏色 Gan shik. Colours of a ship army, &c. 旗 Ke; 旗幟 Ke che.

COME here, 你黎 Ne lei. He has come, 佢來了 Kuy loy-lew; 佢黎囉 Kuy lei lo. Come to morrow, 你明日黎 Ne ming yat lei.

COLUMN, or Row of, 一行 Yat hong; A column of letters or Characters, 一行字 Yat hong tsze.

COMMAND, 吩咐 Fun foo.

COMB, a, 一隻梳 Yat chek sho. To comb the head, 梳頭 Sho tăw; 梳髮 Sho fat.

COMMERCE, 貿易 Măw yik 交易 Kaou yik.

COMMISSION of agency, 經紀用錢 King ke yung tseen.

COMMISSIONER, Imperial, 欽差 yam chai.

COMMITTEE, 主事列位 Chu sze leet wei; 値事列位 Chick sze leet wei. The words, 公司 Kung sze, Denote a Company of jointstock holders.

COMMONLY, Constant rule, 定例 Ting lei.

COMPANION, or partner, 同伴 Tung poon. Intimate acquaintance, 相好 Seong how; 相熟 Seong shuk.

COMPANY, a, 公司 Kung sze. The English E. I. Company, 英國公班衙 Ying kwok kung pan ga.

COMPARE, 比較 Pe kaou; 對過 Tuy kwo.

COMPASS, to steer with, 羅經 Lo kang. To observe how the needle points, 定羅經 Ting lo kang. The needle, 指南針 Che nam chăm.

COMPASSES, pair of, 一個規 Yat ko kwei.

COMPASSIONATE, kind, 溫恤 Wăn sut.

COMPLAIN, 訴寃 Sow une; 訴苦 Sow foo.

COMPLAIN, or Tell of grievance, 告訴委曲 Kow sow-wei hok.

COMPLIMENT, 問候 Măn hăw. Flatter, 風聲 Fung shing; 諂媚 Cheem me.

COMPRADOR, 買辦 Mai pan. Comprador's men, 買辦爪 Mai pan chaou; i. e. Comprador's claws.

CONCEAL oneself, 躲匿 To nik; 躲避 To pe.

CONCILIATE, persuade to agree, 拍和 Pak wo; 勸和 heun wo.

CONFESS a crime in court, 招認 Chew yŭn.

CONFESSION, as expressed by the Catholics, 解罪 Kai tsuy; 賠不是 Pooy pat she, Is a common phrase for Confessing an error.

CONFINE, not let out, 收禁 Shăw kum; 押住 ap chu.

CONGEE, 米粥 Mei chuk; 稀飯 He fan.

CONGO, Tea, 工夫茶 Kung foo cha.

CONJECTURE, see suppose, 猜度 Chai tok; 估量 Koo leong.

CONJURER, a class of, 跳茅山 Tew maou shan, Dance grass hill. They are called in to the sick at nights. Three form a party. One wraps a red cloth round his head; one blows a cow's horn, another prays; a third makes a ladder of swords and walks up with bare feet, unhurt. Then he takes a red hot Iron ball into his mouth, drops it among water with which the sick man is bathed.

Government prohibits these superstitions; and also Cow's horns to blow on; but the people persist in the practice.

CONSENT to do, 肯 Hăng. Wish, 情愿 Tsing une. To permit, 允准 wăn chun.

CONSIGN to agents, 託人代辦 Tok yun toy pan.

CONSOO, or Hall of the Hong merchants, 行商 Hong sheong; 公所 Kung sho; or 會館 Ooy koon. Consoo charges, 公所行用 Kung sho hong yung.

CONSULT, 斟酌 Chăm cheok; 商量 Sheong leong.

CONTEST, wrangle, 相爭 Seong chăng.

CONSTABLE, or headman of a street; district or village, 地保 Te pow; 保長 Pow cheong. An assistant, 甲長 Kap cheong; 保甲 Pow kap, Includes both.

CONTRABAND, 犯禁 Fan kum; Violating prohibition. 違禁 Wei kum; Opposing prohibition. 違禁貨物 Wei-kum fo mat; Contraband goods. 鴉片係違禁貨物 A peen hei wei kum fo mat; Opium is contraband goods.

CONTRACT, or agreement, 摺單 Chap tan. To make a contract, 立約 Lap yok. For tea, 包裝茶葉 Paou chong cha-eep. An agreement come to after deliberation, 一張議單 Yat cheong ee tan.

CONTRADICT, 辯駁 Peen pok. Manifold contradict, 多方辯駁 To fong peen pok.

CONVERSATION between two, 兩個人談談 Leong ko-yum tam tam.

CONVOY for Ship's, 護貨船 Oo fo shune.

COOK, 厨 Chu. 厨子 Chu tsze; 做厨既 Tsow chu kay; 煮飯人 Chu fan yun.

COOKSHOP, or Victualling house, 高樓館 Kow lăw koon, High chamber hall.

COOLIE, 館店 Koon teem.

COPPER. 熟銅 Shuk tung.

COU

COPPERAS Blue, 青礬 Tseng fan.

COPY to, a writing, 抄寫 Chaou say.

COPYHEAD, 字格 Tsze kak.

CORD a, 一條繩 Yat tew shing.

CORDAGE, 繩纜 Shing lam.

CORPSE, 死屍 Sze she.

CORK, 枳 Chat. Corkscrew, 酒鑽 Tsăw tsune.

CORAL, 珊瑚 Shan oo. Coral beads, 珊瑚珠 Shan oo chu; 珊瑚枝 Shan oo che.

CORNELIAN Stones, 瑪瑙 Ma now.

CORNER, 角 Kok. Four Corners, 四角 Sze kok.

CORRECT moral conduct, 品行端方 Păn hăng tune fong. To Correct a writing, 改正 Koy ching.

COT. Ship a, 一張弔床 Yat cheong tew shong.

COTTON, 棉花 Meen fa.

COTTON Handkerchiefs, 棉紗手巾 Meen sha shăw kăn.

COTTON Yarn, 棉紗 Meen sha.

COUGH, 咳嗽 Kat săw. Cold and Cough, 傷風咳嗽 Sheong fung kat săw.

COUCH, 勾 Kăw. 勾子床 Kăw tsze shong; 勾子 Kăw-tsze, Is not Chinese. 看床 Hoan shong; 炕床 Kong shong.

COUNT, to reckon, 數 Show. 算數 Sune show.

COUNTERPANE a, 一張被單 Yat cheong pe tan.

COUNTRY, a nation, 國 Kwok; 地方 Te fong. Contries dependant on China, 番屬 Fan shuk. As opposed to Town, 鄉下 Heong ha.

COURTS, or six supreme Boards at Peking, 六部 Luk pow. Ordinary courts of justice, 衙門 Ga moon. To attend at the Courts, 上衙門 Sheong ga moon.

COVER, 揜 Kum; 蓋 Koy.

COVET, 貪 Tam. To covet much, 貪多 Tam to. Covetous and dissatisfied, 貪多唔知足 Tam to im che tsok.

COVID, or cubit a, 一尺 Yat chek.

COW, 牛 Găw; 一隻牛 Yat chek găw, one piece cow. The ordinary cow, 黃牛 Wong găw, Yellow cow.

CRAB, a, 一隻蟹 Yat chek hai; 蟚蟹 Pang hai; 膏蟹 Kow hai, is the best.

CRACKERS, 炮象 Paou tseong; 炮竹 Paou chuk.

CRAPE, 縐紗 Tsăw sha.

COWARD, 冇胆 Mow tam; 胆細 Tam sei.

COYOON, 姑絨 Koo yung.

CREAM, 牛奶油 Găw nai yăw.

CREDIT, to sell on, 賒去 Shay huy. To buy on, 賒來 Shay loy.

CREDITOR, 債主 Chai chu.

CREEK, or a river, a, 一條小涌 Yat tew sew chung.

CRIME, 罪 Tsoy. To commit a crime, 犯罪 Fan tsuy. Criminal, to be, 有罪 Yăw tsuy. Wickedness, 罪惡 Tsuy ok.

CRIMINAL, a, 犯罪人 Fantsuy yun. Wicked, 罪惡 Tsuy ok.

CRIMSON, 大紅色 Tai hung shik.

CROCKERY, China ware, 磁器 Tsze he. Earthen ware, 瓦器 Ga he.

CROOKED, 灣曲 Wan hok; 攣曲 Lune hok.

CROP, a good, 造 Tsow. First crop, 早造 Tsow tsow. Second crop, 晚造 Man tsow; 早造豐熟 Tsow tsow-fung shuk. Bad crop, 冇收成 Mow shăw shing.

CROW, kind of, 鴉鵲 At seok, or Aa tseok; 烏鴉 Oo a; 老鴉 Low a.

CRUEL, 殘忍 Tsan yun; 狼心 Long sum; 兇惡 Hung ok. Cruelly to oppress, or urge, 凌逼 Ling pik.

CRUETSTAND, 五味架 Ing me ka.

CRUIZE about, for amusement, 遊耍 Yăw sha; 則劇 Tsak-kek.

CRUISER, or Revenue cutter 巡船 Tsun shun.

CRUSH, 壓爛 At lan; 磔爛 Chak lan.

CRY, as a Child, 喊哭 Ham hok; 啼哭 Tei hok.

CRYSTAL, 水晶 Shuy tsing.

CUBIT, or Covid, 尺 Chek, or one Cubit, 一尺 Yat chek. The tenth of a Cubit is called, 一寸 Yat tsune; It is a little more than an inch: Tenth of a Tsune, is called, 一分 Yat fun. Ten Cubits, 一丈 Yat cheong, one Cheong.

CUCKOO'S cry, 班鳩啼 Pan kăw tei.

CUCUMBER, 黃瓜 Wong kwa, or small one's 黃瓜仔 Wong kwa tsei;

CUNNING, 多計 To kei; Many schemes.

CUP, 盃 Pooy. Tea cup, 茶盃 Cha pooy. Wine cup, 酒盃 Tsăw pooy. A cup, 一隻盃 Yat chek pooy.

CURIOSITY, shop, 古董舖 Koo tung pow.

CURRENT, price, 時價 She ka, Time price.

CURRIER, dresser of leather, 皮匠 Pe tseong.

CURRYCOMB, 馬刨 Ma paou.

CURTAIN, at a door, 門簾 Moon leem.

CUSHION, 褥子 Yuk tsze.

CUSTARD, apple, 番荔枝 Fan lei che.

CUSTOM, usage, 規矩 Kwei kuy; 規例 Kwei lei. Customs or manners of a people, 風俗 Fung tsuk.

CUSTOMHOUSE, Military attendants, 老將 Low tseong.

CUSTOMHOUSE, 關口 Kwan hăw. Customhouse boat that is attacked to each ship, 押船 Ap shune.

CUT, 割 Koat. Cut the price, 割價 Koat ka.

CUTCH, 兒茶 E cha.

CYCLE, Chinese of 60 years, 花甲子 Fa kap tsze.

D

DAGGER, short sword, 短刀 Tune tow; Small, 小刀 Sew tow.

DAILY, 日日 Yat yat. He comes daily, 佢日日來 Kuy-yat yat lei.

DAMAGED, as goods at sea, 水漬 Shuy tsik. On shore, 翻潤 Fan yun.

DAMAGED, goods, to settle an account of, 定水漬貨程數 Teng shuy tsik fo ching show.

DAMASK, 大花緞 Tai fa tune, 大綵緞 Tai tsoy tune.

DAMMER, 吧嗎油 Pa ma yăw.

DAMP, 濕 Shap; 潮濕 Chew shap. Made damp with rain, 雨淋濕 U lăm shap.

DANCE, 跳起 Tew he. The Chinese do not dance.

DANGER, 危險 Gei heem.

DANISH, flag, 黃旗 Wong ke.

DARK, 夜黑 Yay hak; 黑暗 Hak um.

DATE, of the year, 年號 Neen how; of the moon, 月號 Uet how; of the day, 日號 Yat how. Date fruit, 棗子菓 Tsow tsze kwo.

DAY, 日子 Yat tsze. One day, 一日 Yat yat. To day, 今日 Kum yat. Each day, 每日 Mooy yat. One day's work, 一日旣工夫 Yat yat kay kung foo. Day time, 日晝 Yat chăw; 晝日 Chăw yat.

DEC

DEAD, 死了 Sze lew; 死亡 Sze mong; 身故 Shin koo; 僊遊 Seen yăw.

DEAF, 耳聾 E lung; 耳倍 E pooy; Rather deaf, 重聽 Chung ting.

DEAL Wood, 杉木 Chăm muk.

DEAR in price, 價錢貴 Ka tseen kwei; 價錢高 Ka tseen kow.

DEATH, 死亡 Sze mong. 官法要打死 Koon fat, yew-ta sze, Mandareen's law requires beating to death, 佛法要餓死 Fat fat, yew go sze, Buddha's law requires starving to death.

DEBATE, or Consult, 議論 E lun, Great deal of discussion about, 好多議論 How to e lun.

DEBT, 欠債 Heem chai; 負欠 Foo heem.

DEBTOR, 欠債人 Heem chai yun; 負欠人 Foo heem-yun; 債仔 Chai tsei.

DECAPITATE, 斬頭 Cham tăw; To cut off the head, 殺頭 Shat tăw.

DECEASED, 死了 Sze lew. Father, 顯考 Heen haou, Mother, 顯妣 Heen pe.

DECEITFUL, 詐僞 Cha gei.

DECIDE, 分斷 Fun tune.

DECISION, legal, after examination, 察奪 Chat tut.

DEL

DECREASE, abate, 減少 Kam shew.

DECK of a Ship, 船艙板 Shune tsong pan. Upper deck, 櫃面 Kwei meen, Top of the counter. Gun deck, 二層艙 E tsăng tsong.

DEDICATION of an idol, 安神儀注 Oan shin e chu.

DEDUCT, 扣除 Kăw chu.

DEED of a house, 屋契 Ok kei. To make out a deed, 寫立屋契 Say lap ok kei.

DEEP water, 深水 Shum shuy.

DEER, 鹿 Luk; 一隻鹿 Yat chek luk. Deer's flesh, 鹿肉 Luk yuk, Venison.

DEFENDANT in law, 被告 Pe kow.

DEGRADE in rank, 降級 Kong kap; 降低 Kong tei In respectability, 丟臉 Tew leen.

DEGREE, a, 一等 Yat tăng. First degree, 頭等 Tăw tăng. High degree, 上等 Sheong tăng. Low, 下等 Ha tăng. Degree of Long, 經度 Keen tow. Lat; 緯度 Wei tow.

DELAY, 擔擱 Tam kok; 擔誤 Tam ing; 遲緩 Che oon; 當然 Tong een. To delay days, 擔擱日子 Tam kok. yat tsze.

DELIVER people from difficulties, 救人之難 Kăw yun-che nan, Rescue man's distresses. 拯救人出災荒

水火 Ching kăw yun chut tsoy fong shuy fo. Deliver man out of calamities, famine, water fire.

DEMURRAGE, vessels on, 限期 Han ke.

DEPEND on, 倚賴 E lai; 倚靠 E kaou.

DESEMBARCADOR, at Macao is called by the Chinese, 番差 Fan chai; Foreign envoy.

DESERT place, 野地 Yat te. To desert, 逃脫 Tow tut.

DESK portable, 寫字箱 Say tsze seong. Desk, Table, 寫字枱 Say tsze toy.

DEVIL, wicked Spirit, 魔鬼 Mo kwei. Devil's temptations, 魔鬼煽惑 Mo kwei sheen wak.

DEW, 露水 Low shuy. Dew of heaven, 天落露水 Teen-lok low shuy.

DIAMOND, 金剛 Kum kong. or 金剛石 Kum kong shek. Golden steel stone. 鑽石 Tsune shek, The boring stone. 金剛砂 Kum kong sha. Diamond sand.

DICE, 色子 Shik tsze; 骰子 Tăw tsze. Play at dice, 摘色 Chak shik.

DICTIONARY, 字典 Tsze teen; 字類 Tsze luy; 字彙 tsze wei.

DIE, 死 Sze; 死亡 Sze mong. To die suddenly, 作死 Tsok sze; 作死之道 Tsok sze che tow, Speedy death's way, the way to die soon; is to indulge.

DIS

DIFFERENT, 唔同 Im tung; 不同 Pat tung, Not same. Very different, 差得遠 Cha tak une, Variation remote.

DIFFICULT, to do, 難做 Nan tsow; 惡做 Ok tsow.

DIFFICULTY, 難辦之事 Nan pan che sze; 難做 Nan-tsow. To get over the difficulty, or the most difficult part of any affair, 過角 Kwo kok, Passed the corner, or head-land.

DIG, the earth, 掘土 Kwat tow. Dig deeper, 掘低的 Kwat-tei te.

DIGEST, food, 消食 Sew shik; 消化 Sew fa. Indigestion, 食滯 Shik chei; 檳榔消化惹 Pan long sew fa yay, Betelnut is a digestive.

DILIGENT, active, 勤 Kăn; 勤做事 Kăn tsow sze.

DINNER, evening meal, 晚餐 Man tsan. The chief or principal meal, 大飡 Tai tsan. To give a dinner party, 做酒 Tsow tsăw.

DIRT, mire, 泥 Nei; 泥濘 Nei ning.

DIRTY, 唔乾净 Im koan tseng. Dirty clothes, 污糟 Oo-tsow; or 污糟衣服 O tsow e fok.

DIRTY, 搽拉 Cha la.

DISAFECTED, cold behaviour, 薄情 Pok tsing, Thin affec-tion. 薄行 Pok hăng. Thin behaviour; The opposite is, 厚情 Hăw tsing, Thick affection.

DIT

DISCHARGE, a servant, 辭去工人 Tsze huy kung yun, An office, 斥革官府 Chik kak koon foo.

DISCOUNT, 扣頭銀 Kăw tăw găn.

DISHES, and plates, 碗碟 Oon teep. A dish or basin, 一隻碗 Yat chek oon. A dish of food, 一盤菜 Yat poon tsoy.

DISLIKE, 唔愛 Im oy.

DISMOUNT from a horse, 下馬 Ha ma.

DISSATISFIED, avaricious, 冇厭足 Mow eem tsuk.

DISSIPATED, loose morals, 放肆 Fong sze; 肆無忌憚 Sze mow ke tan, Dissipated and fearless.

DISMAST, 打折船桅 Ta cheet shune wei. That vessels is dismasted, 個的船被打折桅 Ko te shune pe ta cheet wei.

DISSOLVE, a partnership, 夥計分數 Fo ke fun show. To break up an agreement, 退約 Tuy yok; 散約 San yok.

DISTANT, 遠 Une; 遙遠 yĕw une. Distant road, 遠路 Une low. Distant in time, 遠年 Une neen.

DISTINGUISH, one from another, 分別 Fun peet; 分開 Fun hoy. Distinguish clearly, 分明 Fung ming.

DISTRIBUTE, 分派 Fun pai; 照額分派 Chew gák-fun pai, According to fixed sum distribute.

DITCH in a field, 田甽 Teen tsun. In the streets, 一條溝渠 Yat tew kăw kuy. To clear out a ditch, 通溝渠 Tung kăw kuy.

DIVE into water, 寐水 Me shuy. Swim, and dive, 游水寐水 Yew shuy me shuy.

DIVERSION, amusement, 頑耍 Wan sha; 則劇 Tsik kek.

DO, to make, act, 做 Tsow. What are you doing? 你做乜野 Ne tsow mat ya? The English auxiliary verb do, is in the principal Chinese verb. He does not know, 佢唔知道 Kuy im che tow, He not know.

Do you know me? 你認得我 Ne ying tak go? Know you very well, 認得過頭咯 Ying tak kwo täw lo.

DOCTOR Medical, 先生 Seen shang; 醫生 E shang. Seen-shang is used in Canton, like the cant word Doctor, for a Medical man. Seen-shang is originally applied to Doctors of Letters; Teachers.

DOCUMENT official a, 一角文書 Yat kok măn shu.

DOLLAR a, 一個銀錢 Yat ko găn tseen.; 一員銀 Yat une găn; 銀錢一員 Găn tseen yat une. Dollar and a half, 個半銀錢 Ko poon găn tseen. I'll give you a Dollar and a half, 我俾你個半 Go pe ne ko poon.

DON'T, 莫 Mok; 莫要 Mok yew; 唔要 Im yew. Don't go, 你莫個去 Ne mok ko huy. Don't you know? 你唔知道 Ne im che tow?

DON'T hury me, 你莫個催我 Ne mok ko tsuy go.

DON'T BREAK IT, 莫個整爛 Mok ko ching lan.

DOOR, 門 Moon; 門戶 Moon oo. Leaf of a door, 門槅 Moon sheen. Shut the door, 閂門 Shan moon. Open the door, 開門 Hoy moon.

DOOR-KEEPER, 看門人 Hoan moon yun; 門公 Moon kung.

DOUBLE, Garment, 夾衫 Kap sham; 夾衲 Kap nap. A pair, 雙既 Sheong kay; 雙層 Sheong tsăng. Double entendre, 雙關話 Sheong kwan wa: That which is ambignous, in an innocent sense as well as not.

DOUBT, I doubt it, 我有的思疑 Go yăw te sze ee; 我唔多信得 Go im to sun tak. Why do you doubt it, 你爲何唔信 Ne wei ho im sun?

DOWN, to put, 放下 Fong ha; 劑落 Chei lok. Go down, 行落去 Hang lok huy.

DOZEN, for this they say, 一副 Yat foo, A set.

DRAGON, a, 一條龍 Yat tew lung.

DRAGON'S BLOOD, 血杰 Huet keet.

DRAIN, for water, 坑渠 Hang kuy; 溝渠 Kăw kuy. To dig a drain, 掘坑渠 Kwat hang kuy. To clear a drain, 通坑渠 Tung hang kuy.

DRAW, to pull, 拉扯 Lai chay. Pictures, 寫畫 Say wa; 畫畫 Wak wa. Draw landscapes, 寫山水 Say shan-shuy. Shetch, 意筆 E pat. Finished drawing, 工筆 Kung pat. The sketch of an artist is highly esteemed.

DRO

DRAW LOTS, 執籌 Chap chăw; 拈鬮 Neem kăw; 抽簽 Chăw tseem.

DRAW-WATER, 打水 Ta shuy.

DRAWER, in a Table, &c. 櫃桶 Kwei tung.

DRAWERS, under breeches, 小褲 Sew foo; The Chinese do not use them. Their outside trowsers are called, 套褲 Tow foo, Overalls.

DREGS, fœces, 渣滓 Cha tsze.

DRESS, to put on clothes, 着衣服 Cheok e fok; 穿衣服 Chune e fok. Dressing case, 剃鬚箱 Tei suy seong, The Chinese have none.

DREAM, 發夢 Fat mung; 栽夢 Tsoy mung.

DRINK, 飲 Yăm. Drink Tea, 飲茶 Yăm cha. Drink wine, 飲酒 Yăm tsăw. Drink water, 飲水 Yăm shuy.

DRIVE, out, 趕逐 Koan chuk. Drive him out, 趕佢出去 Koan kuy chut huy.

DROP, a, 一滴水 Yat tik shuy. A drop, as much, 一滴咁多 Yat tik kun to; i. e. a very little.

DROP, that business, 放落個件事 Fong lok ko keen sze, i. e. lay down and let fall that affair.

DROWN, 沉死 Chăm sze; Sink and die, 跌落水沉死 Teet lok shuy chăm sze. To fall into the water and be drowned. To drown female children, 沉死妹仔 Chăm-sze muy tsei.

DYE

DRUGS, 藥材 Yok tsoy.

DRUNK, 飲醉 Yăm tsuy.

DRUM, a 一個鼓 Yat ko koo. Large temple drum, 大鼓 Tai koo. Small, 小鼓 Seu koo. Used by singers, 懷鼓 Wai koo. To drum, 打鼓 Ta koo.

DRY, 乾 Koan. Dry up, as when a liquid is spilt, 蔭乾 Yăm koan. To dry with fire, 火焙 Fo pooy. Dry in the sun, 晒乾 Shai koan.

DUCK, 鴨 Ap; 寶鴨 Pow ap.

DUCK, wild, 水鴨 Shuy ap.

DUMB, person, 啞子 A tsze.

DUST, 塵埃 Chun oy; 烟塵 Een chun.

DUST, of Tea, broken pieces, 茶末 Cha moot.

DUTCH, 荷囒國 Ho lan kwok.

DUTY, a man's, 本分 Pun fun. Duties government, 餉銀 Heong găn.

DWELLING, or residence where no family is, 舘所 Koon sho.

DYE, cloth, 染布 Eem pow. To dye blue, 染藍色 Eem-lam shik.

E

EACH, person one, 每人一個 Mooy yun yat ko.

EAR, 耳朶 Ee to; 耳吉 Ee kat; 耳仔 Ee tsei; 唔好意思 Im how ee sze; 耳仔紅 Ee tsei hung, There's some bad intention, my ear is red (i. e. hot.)

EARLY, in the morning, 早辰 Tsow shun. You have come early, 你來得早 Ne loe tak tsow.

EARTH, 地 Te. Heaven and earth, 天地 Teen te.

EARTHQUAKE, 地震 Te chun.

EAST, 東方 Tung fong; 東邊 Tung peen. East wind, 東風 Tung fung.

EASY, 容易 Yung ee; 輕易 Hing ee.

EAT, 食 Shik; 吃 Yak, or Hek. To eat rice, 食飯 Shik-fan; or 吃飯 Yak fan. To eat rice denotes taking any meal, like the scripture phrase, to eat bread.

EBONY, 烏木 Oo muk.

EBBTIDE, 水乾 Shuy koan; 水退 Shuy tuy; 水消 Shuy sew.

ECLIPSE, of the sun, 日食 Yat shik. Eclipse of the moon, 月食 Uet shik.

ECONOMICAL, sparing in the use of, 儉用 Keem yung; 儉約 Keem yok; 儉少 Keem sew; 約用 Yok yung.

EDICT, or government order, 諭帖 U teep. An Edict, 一張諭帖 Yat cheong u teep.

EEL, 蟮魚 Sheen u. An eel of the best sort, 一條黃蟮 Yat tew wong sheen.

EIGHT, 八 Pat. Eight men, 八個人 Pat ko yun. The eighth, 第八 Tei pat. Eighteen, 十八 Shap pat. Eighty, 八十 Pat shap.

ELBOW, 手掙 Shăw chang; 手拗 Shăw aou.

EGG, 鷄蛋 Kei tan; 鷄卵 Kei lun; 鷄春 Kei chun. Boiled egg, 煠鷄蛋 Pow kei tan. Fried egg, 炒鷄蛋 Chaou-kei tan. Or rather, 煎鷄蛋 Tseen kei tan.

ELEPHANT, a, 一隻象 Yat chek tseong; 大笨象 Tai-pun tseong, Great stupid Elephant, is used in the language of abuse.

EMBARGO, temporary on trade, 停止貿易 Ting che măw-yik; 禁止貿易 Kum che măw yik. To hinder, 欄阻 Lan cho.

EMBARRASSED, circumstances, 拮据 Kat kuy; 困窮 Kwăn-kung; 困手 Kwăn shăw.

EMBROIDERED, cloth, 繡花布 Săw fa pow.

ENG

EMPEROR, 皇帝 Wong tei; 朝廷 Chew ting; 皇上 Wong sheong; 太皇帝 Tai wong tei.

EMPLOY, a servant, 任用 Yăm yung. That person is deserving (or worthy) to be employed, 個個人堪以任用 Ko ko yun hum ee yăm yung. Fit for business; Capable to be employed, 任事 Yăm sze. Incapable of being employed, 用唔着 Yung im cheok.

EMPRESS, 皇后 Wong hăw.

EMPTY, 空 Hung; 空虛 Hung huy. Empty bowl, 空碗 Hung oon. Empty plate, 空碟 Hung teep.

ENAMELLED ware, 法瑯器皿 Fat long he ming.

END, 收尾 Shăw me; 尾底 Me tei.

ENEMY, 仇敵 Chăw tik; 對頭 Tuy tăw. Inimical, 有仇 Yăw chăw, Have enmity.

ENEMY, 敵人 Tik yun. Bitter enemy, 勁敵 King tik.

ENDEAVOUR, try, 試一試 She yat she. Make an endeavour, 只管試下 Chik koon she ha.

ENDURE, 忍耐 Yin noy. To endure difficulties, 耐煩 Noy fan. Enduring patient disposition, 耐心 Noy sum.

ENGAGED, Occupied with business, 任用 Yum yung. I am a little engaged; 有些小事 Yăw say sew sze; i. e. have little small business.

ENGINE fire, 水車 Shuy chay; 救火水車 Kăw fo-shuy chay. To save from fire water wheel. Shuy chay, is applied to the machines for raising water into fields. To work the engine, 撳牛喉 Kum găw hăw, To press the cow's throats, i. e. the pipes.

ENGRAVE, 雕刻 Tew hak; 刻畫 Hak wak.

ENOUGH, 足 Tsuk; 彀用 Kăw yung; 彀算 Kăw sune.

ENOUGH, have done, 罷了 Pa lew.

ENQUIRE, 查問 Cha măn; 訪問 Fong măn.

ENTER, 入 Yăp; 入門 Yăp moon. Enter a door; go in, 入口 Yăp hăw. Enter mouth, to enter a passage or port, 出入 Chut yăp, Go out, Come in.

ENTERTAINMENT, dinner parties, 做酒 Tsow tsăw. Make wine, 請人客 Tseng yun hak, To invite guests.

ENVELOPE of a Letter, 書封 Shu fung; 信封 Sun fung; 信函 Sun ham.

ENVIOUS, 妬忌 Tow ke.

ENVOY, of his Imperial Majesty, 欽差 Yăm chai. Envoys of foreign Kings are called, 貢使 Kung sze, Tribute bearers.

EQUAL, the same as, 同一樣 Tung yat yaong. To divide equally, 平分 Ping fun; 均分 Kwăn fun.

ESCAPE from a scrape, 走得辣 Tsăw tik lat. Unable to escape, 走唔辣 Tsăw im lat.

ESSENCES, or Odoriferous waters, 香水 Heong shuy.

ESTIMATE of cost; 估價 Koo ka. Estimate how much, 估幾多價 Koo ke to ka.

EVEN number, 偶數 Găw shoo. Odd Number, 奇數 Ke-shoo. Even level ground, 平地 Ping te; 平陽地 Ping-yaong te.

EVENING, 挨晚 Ai man; 晚上 Man sheong. Evening after dark, 夜晚 Yay man; 晚黑 Man kak.

EVERLASTING, 永遠 Wing une; 傳至永遠 Chune che wing une.

EVERY, 各 Kok. Every person, 各人 Kok yun. Every year annually, 年年 Neen neen. The iteration of the Noun makes it apply to every one, thus, 人人 Yun yun, Person person, denotes every person. Day day, every day, 日日 Yăt yăt.

EVIDENCE Verbal, 口供 Hăw kung. To take evidence, 錄口供 Lok hăw kung. To interpret evidence, 傳口供 Chune hăw kung.

EVIDENCE contradictory and various, 供詞閃爍 Kung-tsze sheem lik.

EXAMPLE, Muster, a, 一個樣子 Yat ko yaong tsze; 一樣色 Yat yaong shik; 樣式 Yaong shik.

EXP

EXAMINE, investigate, 查察 Cha chat. To examine prisoners, 審問 Shum măn; 審訊 Shum sun. To examine goods as at a customhouse, 驗貨 Eem fo.

EXCELLENCY, Magnate, 大人 Tai yun.

EXCHANGE, one thing for another, 換過來 Oon kwo loe.

EXCLUSIVE of what you have received, how much is still owing, 除收外尙欠幾多 Chu show goy sheong heem ke to.

EXECUTIONER, 殺手(人) Shat shăw (yun). The yun is not used but to distinguish the term from, 殺首 Shat show; 食水關糧 Shik shuy kwan leong, A ferryman over a Moat in the City is Executioner.

EXERCISE to take, 散步 San pow; 舒伸 Shu shun; 消悶 Sew moon.

EXPENSE or expenditure, 駛用 Shei yung. Great expense, 駛用大 Shei yung tai; 駛用繁 Shei yung fan.

EXPERIENCED, having gone through the world, 經練世界 King leen shei kai; 習練 Tsap leen; 慣熟 Kwan-shuk.

EXPLETIVE, 助語詞 Cho u tsze. Assisting speech particles, 餘音 U yăm, Residue sound. Lo, at the end of words and sentences is generally an expletive. 你去咯 Ne huy lo, You go, Go away.

EYE

EXPORT goods, 裝貨出口 Chong fo chut hăw.

EXTENSIVELY practice secret virtues, 廣行陰隲 Kwong-hăng yăm chat.

EXTERNAL, 外體 Goy tei; 外體繁華 Go tei fan wa; 裡體空殼 Luy tei hung hoak, Outside (externally) flowery and Gay, Inside an empty scull. No reality, 冇實在 Mow shăt tsoy.

EXTINGUISH a fire, 救火 Kăw fo; 救息火 Kăw sik-fo, These expressions refer to houses on fire &c. To extinguish a light, 息燈 Sik tăng; 滅火 Meet fo.

EXTORT, 勒索 Lak sok.

EXTRAORDINARY, strange, 出奇 Chut ke.

EYES, 眼睛 Gan tseng; 眼花 Gan fa, Eyes flowered i. e. dim.

EYEBROW, 眼眉 Gan me; 眼眉毛 Gan me mow,

EYES, you must see it with your own eyes, 你要親眼體住 Ne yew tsun gan tei chu.

EYE LASH, 眼緝毛 Gan tsap mow.

F

FACE, 面 Meen; 臉面 Leen meen. The human face, 人面 Yun meen. Have substantial face, respectable, 有體面 Yăw tei meen. No respectability, 冇體面 Mow tei meen.

FACTORY, or Hong, a, 一間行 Yat kan hong. The European Factories in Canton are called, 十三行 Shap samhong; and 夷館 E koon.

FAIL, or become Bankrupt, 倒行 Tow hong.

FAIR price, 平價 Ping ka. True price, 實價 Shat ka. Do not ask an unfair price, 你唔好開價 Ne im ho hoy ka. Fair wind, 順風 Shun fung.

FALL down, 跌落黎 Teet lok lei. To fall into the water, 跌落水 Teet lok shuy.

FALSE, 假旣 Ka kay. Not true, 唔眞 Im chăn.

FAMILY, including wife and children, 家眷 Ka kune. Your family, 寶眷 Pow kune.

FAMOUS, good or high reputation, 有名色人 Yăw mingshik yun, Have name colour.

FAN, a, 一把扇 Yat pa sheen.

FARE by water, 水脚 Shuy keok. Fare for goods, 裝貨水脚 Chong fo shuy keok. For persons, 往來水脚 Wong loy shuy keok.

FASTBOAT, 快艇 Fai teng.

FAT, 肥 Fe; 肥髈 Fe pong; 身體肥髈 Shun tei fe-pong.

FATHER, 父 Foo; 父親 Foo tsun. Father and Mother, 父母 Foo moo.

FATHOM, 拎 Yam, one Yăm is what a man pulls up with a long stretched out arm. To fathom, 拎水 Yam shuy. Three fathom and a little more, 三拎幾水 Sam yam kè shuy. Three fathoms and a half, 三拎半水 Sam yam poon shuy.

FAULT, Slight, 有過 Yăw kwo; 有不是 Yăw pat she. You are very faulty, 你大不是 Ne tai pat she.

FAVOR, kindness, 人情 Yun tsing; 盛情 Shing tsing. Imperial favor, 皇上恩典 Wong sheong yun teen.

FEAR, 怕 Pa; 恐怕 Hong pa; 驚怕 King pa, In the light sense of apprehend. I fear it will rain, 我怕到落雨 Go pa tow lok u. I fear arrive fall rain. In a grave sense, 駭怕 Hoy pa. That affair made people afraid, 個件事令人駭怕 Ko keen sze ling yun hoy pa.

FEAST entertainment, 欵友 Foon yăw; 欵待人客 Foon-toy yun hak.

FEE, for a Doctor is called, 酬答 Chăw tap; 酧謝 Chăw-tsay, Thanks. Fee of office, 規銀 Kwei găn.

FEED, 養口 Yaong hăw. Money for feed, 養口銀 Yaong-hăw găn.

FEMALE, a woman, 婦女 Foo nuy; 女人 Nuy yun. Vulgar, 婆乸 Po na. The female is expressed by, 毋 Mow. Mother, and vulgarly by, 乸 Na A sow, 豬乸 Chu na. A hen, 雞乸 Kei na.

FERRY BOAT, 橫水渡 Wang shuy tow.

FETCH, to bring a thing, 拎 Ning; 拎過黎 Ning kwo lei; 拎黎 Ning lei. To fetch apoint of land, 駛得到 Shei-tak tow, i. e. send can to it. 個頭駛得到唔駛得到 Ko tăw, shei tak tow, im shei tak tow? That head (point) can arrive at, not can arrive at; i. e. can we fetch that point or not?

FETID breath, 臭嘴息 Chăw tsuy sik, Stinking lips exhalation.

FEVER, 發燒病 Fat shew peng. Fever and ague. 發熱 Fat yeet; 發冷 Fat lang.

FEW, 有幾多 Mow ke to; 些少 Say shew.

FIDDLE, 研二弦 Gan e een; 彈琴 Tan kum, The Chinese have no violin, they have a miserable thing with two Strings called Ee-een.

FIELD, a, 一畝田 Yat măw teen.

FIG, 無花菓 Mow fa kwo; 無花結子 Mow fa keet tsze, Without flower bear fruit. They say this is the apparent character of the 柚子 Yăw tsze.

FIGHT, 打交 Ta kaou; 打架 Ta ka; 相打 Seong ta.

FILE, a, 一把鐵銼 Yat pa teet tso.

FILL up, 斟滿 Chăm moon; 倒滿 Tow moon, Pour out full. To fill or stop up an aperture, 插口 Chap hăw; 枳口 Chat häw.

FINE, 罰銀 Fat găn; 違例罰銀 Wei lei fat găn. Violate rule pay a fine. Trades make lei or rules for themselves. Fine the expense of a play, 罰一本戲 Fat yat poon he, and also the feast at it.

FINE, not coarse, 幼細 Yăw sei. Fine work, 幼細工夫 Yăw sei kung foo.

FINGER, a 一隻手指 Yat chek shăw che.

FINISH, 做完 Tsow une. Finish work, 做完工夫 Tsow-une kung foo. Finished, from head to tail, 做完首尾 Tsow une shăw me.

FIR-WOOD, 杉木 Cham muk.

FIRE, 火 Fo; 點火 Teem fo. Light fire, 威火 Meet fo, Extinguish fire. To fire guns, 燒砲 Shew paou.

FIRE in the sense of burning a house, 火燭 Fo chuk. To extinguish a fire, 救火 Kăw fo. Fire engine, 水車 Shuy-chay. Engine hose, 牛喉 Găw hăw. To work the engine, 撳牛喉 Kum găw hăw. To open a road (or space) for the fire to escape, 開火路 Hoy fo low. To involve, 拖

累 To lüy? The wind makes the fire blaze, 火頭火勢 Fo tăw fo shei. Throw those boards down, 擗 Pek, (or wing), 個塊板落 Ko fai pan lok.

FIRE WORKS, 烟火 Een fo, Such as the Chinese drum. To let off fire works, 燒烟火 Shew een fo.

FIRST, 弟一 Tei yat. First time, 第一回 Sei yat ooy; 頭一次 Tăw yat tsze.

FISH, 魚 U. A fish, 一條魚 Yat tew u. To fish with a hook, 釣魚 Tew u; 氹魚 Tum u. Fresh fish, 新鮮魚 Sun seen u. Salt fish, 鹹魚 Ham u. Fishing boat, 魚船 U shune. Fishing stakes, 罾䍲 Tsăng tung.

FISHMAWS, 魚肚 U tow.

FIST, 拳頭 Kune tăw. To clench the first, 揸埋拳頭 Cha mae kune tăw; 拳頭擂上面 Kune tăw luy sheong-meen. To box in the face with the fist.

FIT, proper for one, 本等 Pun tăng; 本應 Pong ying; 應該 Ying koy; 應當 Ying tong. To fall in a fit, 發羊弔 Fat yaong tew.

FIX, 定實 Teng shat. Fix a bargain, 議定價錢 E ting-ka tseen. Earnest given, 定銀 Teng găn.

FIXED number or sum, 額數 Gak show.

FLAG, colour a, 一枝旗 Yat che ke. Flag staff, 旗杆 Ke koan.

FLO

FLANNEL, 佛囒仁 Fa lan yun. Flannel vest, 氊衫 Cheen-sham.

FLATTER, 諂媚 Cheem me; 奉承 Fung shing.

FLATTERY, 奉承旣說話 Fung shing kay shuet wa.

FLAX, 蔴 Ma. Thread made of, 蔴線 Ma seen. Cloth made of, 蔴布 Ma pow.

FLEE, run away, 逃走 Tow tsăw; 逃避 Tow pe; 跑去 Paou huy.

FLEET of ships, 一帮船 Yat pong shune. Same fleet, 同一帮船 Tung yat pong shune.

FLESH, 肉 Yok. Cow's flesh, 牛肉 Găw yok. Face upon no flesh, 面上冇肉 Meen sheong mow yok.

FLINTS, 火石 Fo shek.

FLOOR deal, 樓板 Lăw pan. Mud floor, 坭地 Nei te. Brick floor, 堦磚地 Kai chune te.

FLOORMATS, 地蓆 Te tsek.

FLORENTINES, 線斜 Seen tsay.

FLOUR, Wheaten, 麵粉 Meen fun.

FLOW out, 流出 Lăw chut.

FLOWER, 花 Fa. A Flower, 一枝花 Yat che fa. Bunch of flowers, 一把花 Yat pa fa. Flower pot, 花盤 Fa poon. Stand for flower pots, 花架 Fa ka. Flower garden, 花園 Fa une; 花苑 Fa yuen. Watering pot for flowers, 花灑 Fa sha.

FLY up, 飛上去 Fe sheong huy.

FLY, a, 烏蠅 Oo ying.

FOOD, 食物 Shik măt.

FOOL, 呆人 Goy yun.

FOOT, of an animal, 腳 Keok. Small foot, 腳細 Keok sei; 纏腳 Cheen keok; and 扎腳 Chat keok, Bound feet, i. e. feet bandaged. The northern people say, 裹腳 kwo keok. 大腳 Tai keok, Large foot, denotes one that has not been artificially compressed.

FOOT, of abird, 爪 Chaou. Foot of a human being is sometimes called 足 Tsok. Hand and foot, 手足 Shăw tsok. Brothers are called 手足 Shăw tsok.

FOR, instead of, 替代 Tei toy. Buy for me, 你代我買 Me toy go mai.

FORBID, 禁止 Kum che; 唔俾人做 Im pe yun tsow.

FORCE, 强逼 Keong pik.

FORCE me to do, 佢監我做 Kuy kam go tsow.

FOREIGN, said of goods is expressed by 洋 Yaong, ocean means that the things came from beyond seas. Foreign goods, 洋貨物 Yaong fo mat; 來路 Low low. Coming road is also used. Foreign man, 番人 Fa yun; 外國人 Goy-kwok yun. Outside nation man, 夷人 Ee yun, a Barbarian.

FOU

FOREIGNER, 外國人 Goy kwok yun; 番人 Fan yun; 夷人 Ee yun: Originally the Ee Barbarians were on the East. The 戎 Yung, on the West. The 蠻 Man, on the South, and the 狄 Tik, on the North of the 中國 Chung-kwok, or central nation.

FOREHEAD, 額頭 Gak tăw.

FORENOON, 上晝 Sheong chăw.

FORGET, 忘記 Mong ke.

FORGIVE, crimes, 赦罪 Shay tsuy.

FORK, and Knife, 刀釵 Tow cha. A fork, 一枝釵 Yat-che cha.

FORMIDABLE, 利害 Le hoy.

FORMOSA, 大灣 Tai wan.

FORT, a, 一個砲臺 Yat ko paou toy.

FORTUNE, or Luck, 造化 Tsow fa. Good fortune, 好造化 How tsow fa. Bad luck. 唔好造化 Im how-tsow fa. The words Tsow, and Fa, denote, creating and transformation. A good destiny is called 好命 How meng. Bad, 命薄 Meng pok.

FORWARD to go, 上前去 Sheong tseen huy.

FOUL wind, 逆風 Gak fung.

FOUNDATION, 基址 Ke che.

FOWL, 鷄 Kei. Roast fowl, 燒鷄 Shew kei. A fowl, 一隻鷄 Yat chek hei.

FOX, a, 一隻狐狸 Yat chek oo le.

FOX Skins, 狐狸皮 Oo le pe.

FRANKINCENSE, 乳香 U heong.

FRAUD, 哄騙 Hung peen.

FRAUDULENT, 詐言 Cha een; 奸詐 Kan cha.

FREIGHT goods to, 搭貨 Tap fo. Money paid for carriage, 水脚銀 Shuy keok găn.

FRESH water, 淡水 Tam shuy. Salt water, 鹹水 Ham-shuy. Fresh new, 新鮮 Sun seen.

FRIEND, 朋友 Păng yăw.

FRIED chicken, 罩鷄仔 Chaou kei tsei. Fried fish, 罩魚仔 Chaou u tsei.

FRIDAY, 禮拜五 Lei pai ing.

FRIGHTENED, 嚇驚 Hăk keng.

FROG, 蛤乸 Kap na; 田鷄 Teen kei.

FROM whence do you come, 你由邊處黎 Ne yăw peen-chu lei.

FRONTIER, 邊彊 Peen keong.

FRUIT, 菓子 Kwo tsze.

FRY, 煎 Tseen; 煎炒 Tseen chaou.

FUEL, 木柴 Mok shai; 柴草 Shai tsow.

FUNERAL, 送葬 Sung tsong; 送殯 Sung păn.

FUNEREAL rites, 喪事 Song sze. To conceal the death of a parent (when in office), 匿喪 Nik song.

FURNITURE, 傢伙 Ka fo. Upbolsterers sign board. 傢伙什物一應俱全 Ko fo shap mat yat ying kuy tsune. Furniture and household utensils all complete

G

GAIN, 利 Le; 利息 Le sik; 賺銀 Chan găn; 羨銀 Seen găn.

GALE, 大風 Tai fung; 風大 Fung tai 風猛 Fung mang.

GALINGALL, 良薑 Leong keong.

GALL, animal, 大膽 Tai tam. Galls in commerce, 五棓子 Ing pooy tsze.

GAMBIER, 檳榔膏 Păn long kow.

GAMBOGE, 藤黄 Tăng wong.

GAMBLE, 賭錢 Tow tseen.

GARDEN, flower, 花園 Fa une.

GARDINER who works, 花工 Fa kung. Flower workman; 種園既 Chong une kay, Plant garden, he who does. Seller of flowers, 賣花既 Mai fa kay.

GARLIC, 蒜菜 Sune tsoe; 大蒜 Tai sune.

GAROUPA fish, 龍躉 Lung tun. Small, 石班魚 Shek-pan yu.

GARTER, 襪帶 Mat tai.

GATE, or door, 門 Moon; 門口 Moon häw. Gate at a pass, or in the streets, 閘門 Chap moon.

GATHER or pluck flowers, 摘花 Chak fa.

GAUZE, 紗 Sha. Silk gauze, 絲紗 Sze sha. Mosquito curtain gauze, 蚊帳紗 Män cheong sha.

GAZETTE, Peking, 京抄 King chaou; 京報 King pow.

GENERAL all together, 總 Tsung; 總揦埋 Tsung lap mai. Generally speaking, 總揦埋講 Tsung lap mai kong. A general of an army, 將軍 Tseong kwän; 提督 Tei-tuk.

GERMAN flag, 雙鷹 Sheong ying; 孖鷹 Ma ying.

GET up, 起身 He shun; 起來 He loy; 起黎 He lei.

GET, procure, 攞 Lo; 取 Tsuy.

GEM, 寶石 Pow shek.

GHOST, 鬼 Kwei; 閃星鬼 Sheem seng kwei.

GIDDY, light behaviour, 輕挑 Hing tew; 輕挑浮躁 Hing tew fow tsow.

GILD, 鍍金 Tow kum.

GINGER, preserved, 糖薑 Tong keong. Hot ginger, 薑辣 Keong lat.

GINSENG, 人参 Yun shum. Foreign ginseng, 洋参 Yaong-shum.

GIRL Servants, 妹仔 Mooy tsei; 丫頭 A tăw.

GIRTHS for a horse, 馬肚䌫 Ma tow tai.

GIFT, present, 禮物 Lei mat.

GIVE, 俾 Pe. Give me that book, 俾我個本書 Pe go-ko poon shu.

GLAD, 歡喜 Foon he; 喜歡 He foon.

GLASS, 玻璃 Po le. Window glass, 玻璃片 Po le peen. A glass, a glass cup, 玻璃盃 Po le pooy. A wine glass, 酒盃 Tsăw pooy.

GLASSBEADS, 玻璃珠 Po le chu.

GLASS ware, 玻璃器 Po le he.

GLOVES, 手笠 Shăw lap.

GLUE, 牛皮膠 Găw pe kaou.

GO, 去 Huy. Where are you going, 你去邊處 Ne huy-peen chu; 你去咯 Ne huy lo, Go away. To go up to Canton, 上省城 Sheong shang sheng. To go down to Macao, 落澳門 Lok ow moon. To go back. 反去 Fan huy.

GOD, The vulgar phrase is, 菩薩 Pooy sat, A term introduced by the Budhists, *Shin*, or *Shin-ming*. The God's see and examine, 神明鑒察 Shin ming kam chat. To worship God, 拜神 Pai shin. Heaven gods, and Earth spirits, 天神

地祇 Teen shin, Te ke. Term employed by Catholic Christians, 天主 Teen chu.

GOLD, 金 Kum; 黃金 Wong kum.

GOLDLEAF, 金薄 Kum pok.

GOLDSMITH, 金匠 Kum tseong.

GOOD, 好 How. Good man, 好人 Haw yun. Not good man, 唔好人 Im how yun. That thing is very good, 個件物實首好 Ko keen mat shăt shăw how. Continually do that which is good and beneficial, 行時時之方便 Hăng-she she che fong peen. Do time time's square expedient.

GOODS, 貨物 Fo mat. Cargo, 船艙貨物 Shune tsong-fo mat.

GOOSE, 鵝 Go. A goose, 一隻鵝 Yat chek go; 鵝毛 Go mow. Goose feather or quill. 鵝毛扇 Go mow shen. Goose feather fan. Tame goose, 草鵝 Tsow go. Wild goose, 雁鵝 Gan go. [toe.

GOVERNOR of Province, 總督 Tsung tuk; 制臺 Chi-

GRANDCHILD, 孫子 Sune tsze.

GRADUALLY, 漸漸來 Tseem tseem loe; 隨少來 Tsuy-shew lei. 慢慢 Man man.

GRADUALLY approaching to some given state, 挨邊 Ai-peen. Those goods are gradually becoming (and will soon be) dear, 個的貨物挨邊貴 Ko te fo mat ai peen kwei.

GRA

GRANDFATHER, 亞公 A kung; 爺爺 Yay yay. Your Grandfather, 你令祖 Ne ling tsow. My grandfather, 家祖 Ka tsow.

GRAIN, 穀 Kuk. The fine grains, 五穀 Ing kuk; 稻 Tow; 粱 Leong; 麥 Muk; 黍 Shu; 稷 Tsik.

GRAPE, a, 一粒葡提子 Yat nap pow tei tsze.

GRANDLADRONE Island, 魯萬山 Low man shan.

GRASS, 青草 Tseng tsow. Grass cloth, 夏布 Ha pow.

GRAVE, the upper part or mound is called, 墳墓 Fun mow. The grave beneath, 棺塚 Koon chung. To open a grave, 開塚 Hoy chung. To remove the remains, 遷葬 Tseen tsong. To gather up the bones, 執金 Chap kum, To pick up gold.

GRAVE-DIGGER, 土工 Tow kung. Earth workman, 掘山墳嘅 Kwät shan fun kay, Dig up hill grave-er.

GRATITUDE, 念恩 Neem yun. Meditate favors, not forget, 念恩莫忘 Neem yun mok mong.

GRAVE, serious manner, 嚴肅 Eem suk; 尊重 Tsune chung. That person is very grave, 個個人實首嚴肅 Ko ko-yun shat shăw eem suk. Opposite term is, 輕挑 Hing tew, Light and jumping.

GRAZE, 食草 Shik tsow.

GRAZIER, 牧人 Muk yun; 牧牛人 Muk gow yun.

GUE

GREASE, 膏油 Kow yăw.

GREASY water, 肥水 Fe shuy.

GREAT, 大 Tai. Great man; Magnate; Excellency, 大人 Tai yen.

GRIEVANCE, oppression, 委曲 Wei hok. To tell of a grievance or complain, 告訴委曲 Kow soo wei hok.

GRIEF, 愁悶 Shăw moon.

GRILLED Chicken, 鐵耙雞 Teet pa kei; 鐵耙雞仔 Teet pa kei tsei.

GRIND sharp, 磨利 Mo le.

GROUND, 地土 Te tow; 坭土 Nei tow. Ground colour, i. e. yellow, 土色 Tow shik.

GROW, 長大 Cheong tai.

GUARD the night, 守夜 Shăw yay.

GUARDHOUSE, at a pass or gate, pass room, 閘房 Chap fong.

GUESS, or Conjecture, 猜度 Chai tok. Do you guess, 你試猜下 Ne she chai ha. You try to guess. 你猜一猜 Ne chai yat chai. You guess one guess. To guess rightly, 猜中 Chai chung, i. e. guess hit, 猜着 Chai cheok.

GUESS the number of fingers thrown out when drinking, 猜枚 Chai mooy. The northern people call it, 猜拳 Chai-kune.

GUM, 樹膠 Shu kaou.

GUM Benjamin, 安息香 Oan sik heong.

GUN, Fowling piece a, 一枝鳥鎗 Yat che new tseong.

GUNPOWDER, 火藥 Fo yok. Fire drug. Gunpowder tea, 小珠茶 Sew chu cha.

GYPSUM, 石膏 Shek kow.

H

HAINAN Island, 瓊州 King chăw.

HAIR, of the head, 頭髮 Tăw fat.

HALF, a 一半 Yat poon.

HALL, of Merchants, 會館 Ooy koon, Assemble Hall. The Hong Merchant's Hall called commonly Con-soo, 行商公所 Hong sheong kung sho; or 會館 Ooy koon. Company's hall is called, 公司大樓 kum see tai lăw, The Company's great room.

HALLIARDS, 繂 Lut, or 繂羅 Lut lo. These two words rather denote the block through which the halliard passes; To hoist upon the halliards, 扯繂 Chay lut.

HALVE, to 分開兩半 Fun hoy leong poon.

HALTER, of a horse, 馬籠頭 Ma lung tăw.

HAM, a, 一隻火腿 Yat chek fo tuy.

HAZ

HAMMER a, 斧頭 Foo tăw; 一個鎚 Yat ko chuy.

HAND, a, 一隻手 Yat chek shăw.

HANDKERCHIEF, a, 一條手巾 Yat tew shăw kăn.

HANDLE, of a knife, 刀柄 Tow peng.

HANDWRITING, 筆跡 Pat tsik.

HANG UP, 掛起 Kwa he. Hang down, 垂下 Shuy ha.

HANDSOME, 精緻 Tsing che.

HAPPY, 有福 Yăw fok; 納福 Nap fok.

HARBOUR, for ships, 港口 Kong hăw.

HARD, firm, 堅 Keen; 堅固 Keen koo.

HARE, or perhaps rabbit, 兎仔 Tow tsei.

HARSH, abrupt termination is expressed by 骨 Kwat, Bone: the tones that soften the Canton Dialect they call, 餘音 U yăm, Residue sounds, i. e. sounds or tones after the significant syllables are enunciated.

HAT, 帽 Mow. Straw hat, 草帽 Tsow mow.

HASTY, disposition, 性急 Sing kap; 喉急 Hăw kap.

HATCHES, 艙門 Tsong moon.

HATRED, 冤仇 Une chăw.

HAUL, 𠯿 Măng. Haul tight, 𠯿緊 Măng kăn. Pull, 拉 Lai. Let go, 鬆手 Sung shaw. Hoist, 扯 Chay.

HAZEL-NUTS, 榛 Chun; or 榛子 Chun tsze.

HAVE, 有 Yăw. Have you or not? 你有冇 Ne yăw mow. Have, 有 Yăw, i. e. I have. Have is *included* in many verbs. 你到過澳門 Ne tow kwo ow moon, You at past Macao, i. e. have you been at Macao?

HAY, 乾草 Koan tsow.

HE, or Him, 佢 Kuy.

HE, will return directly, 佢就翻來 Kuy tsăw fan lei.

HEAD, a, 一個頭首 Yat ko tăw shăw.

HEAL, 醫病 E peng.

HEAR, 聽聞 Teng măn; 聽見 Teng keen. I do not hear, 我聽唔聞 Go teng im măn.

HEART, 心 Sum. Heart and bowels, 心腸 Sum cheong. Heart good, 心腸好 Sum cheong how. Heart at ease, 心事閒 Sum sze han.

HEAT, or warmth, 熱 Eet. Weather (heaven's air) hot, 天氣熱 Teen he eet.

HEAT, water, 燒水 Shew shuy.

HEAVEN, 天 Teen. Heaven, earth ten thousand things, 天地萬物 Teen te man mat,

HEAVY, 重 Chung. Very heavy, 好重 How chung. Light 輕 Heng, The word for light is pronounced both Hing, and Heng, as Hing, Chung, light, heavy.

HER

HEEL, of the foot, 脚踭 Keok chang.

HEIGHT, 高 Kow. High and Low, 高低 Kow tei.

HELL, 地獄 Te yok.

HELMSMAN, 梢公 Shaou kung; 行船全在把梢人 Hăng shune tsune tsoy pă shaou yun. Sailing a Ship, all depends upon the helmsman; said in reference to any person who has the management of a concern.

HELP, 相幫 Seong pong.

HELP, me, 幫助我 Pong cho go. Take care of me (as the Canton people say,) 照顧我 Chew koo go; 照應我 Chew ying go.

HEMP, 蔴 Ma. Hempen cloth linen, 蔴布 Ma pow. Hempen thread, 蔴線 Ma seen,

HENCEFORTH, 自後 Tsze hăw. Henceforth, or hereafter not as thus, 自後莫個如此 Tsze hăw mok ko yu-tsze.

HEN, 鷄乸 Kei na.

HERE, 呢處 Ne chu.

HERETOFORE, always in constant succession, 歷來 Lik loy: One flow, 一流 Yat lăw. It has here to fore always been thus, 歷來都係咁既 Lik low tow hei kum kay; or 一流都係咁樣 Yat lăw tow hei kum yaong.

HON

HIDE, 藏埋 Tsong mai.

HIGH, on, 在上 Tsoy sheong. High water, 水大 Shuy tai. High, 高 Kow.

HILL, a, 一座山 Yat tso shan.

HINDER, me, 阻我 Cho go; or 攔阻我 Lan cho go.

HINGE, of a door, 門樞 Moon shu.

HIRE, a house, 賃屋 Yăm ok.

HISTORY, 綱鑑 Kong kam; 史書 Sze shu.

HOGSLARD, 猪油 Chu yăw.

HOG, a, 一隻猪 Yat chek chu.

HOGSHEAD, 大酒桶 Tai tsăw tung.

HOIST, 扯 Chay. To hoist, a flag, 扯旗 Chay ke; or 插旗 Chăp ke, Stick-in colours. Hoist a sail, 扯hearted Chay-le.

HOLD, of a ship, 船艙 Shune tsong. To hold fast, 揸緊 Cha kun.

HOLE, a, 一個窿 Yat ko lung. Make a Hole, 穿一個窿 Chuen yat ko lung,

HOME, to be at, 在家 Tsoy ka; 在屋 Tsoy ok. He is not at home, 佢唔在家 Kuy im tsoy ka. He is at home, 佢在屋冀 Kuy tsoy ok ke. One's native place, 本處 Pun chu.

HONEST, and sincere, 殷實 Yun shat; 誠實 Shing shat;

殷實 Yin shat also denotes the possession of wealth; Substantial property, a person of, 殷戶 Yin oo. Substantial door.

HONG, merchants, 行商 Hong sheong.

HONEY, 蜜糖 Mat tong.

HONEY COMB, 蜂房 Fung fong.

HONG KONG, Island, 紅江 Hung kong; The red river.

HOOK, a for hanging any thing on, 一個鈎 Yat ko kăw; or găw. Fishing hook, 一個魚釣 Yat ko yu tew.

HOOF, of a horse, 馬蹄 Ma tei.

HOOP, a, 一個箍 Yat ko foo.

HOOP, iron, 鐵箍 Teet foo.

HOPPO, 海關 Hoy kwan. His Excellency the Hoppo, 關部大人 Kwan pow tai yun.

HORN, utensils, 角器 Kok he. Horn lanterns, 明角燈 Ming kok tăng.

HORSE, 馬 Ma. A horse, 一隻 Yat chek; or 一疋馬 Yat păt ma. To ride on horseback, 騎馬 Kay ma. To gallop, 跑馬 Paou ma.

HOT, 熱 Eet, Hot water, 熱水 Eet shuy. Hot weather, 天氣熱 Teen he eet. To day is very hot, 今日實首熱 Kum yat shat shăw eet.

HORSEKEEPER, 馬夫 Ma foo; 體馬既人 Tei ma kay-yun.

HOU

HOURS, The Chinese divide the day and night into, 十二個時辰 Shap ee ko she shin, 12 *She-shin*, (or two hour periods). They begin at midnight. The order of them is this 子丑寅卯辰巳午未申酉戌亥 Tsze chăw-yŭn măw shŭn tsze ing me shŭn yăw sut hoy.

子時 Tsze she, 12 o' Clock at night, 丑時 Chăw-she, 2 in the morning, 交丑 Kaou chăw, 1 in the morning: Thus the *Kaou-chăw*, goes back one hour from 2 and forwards one hour to three. 正丑 Ching chăw is exactly two o Clock. (The word *Chăw*, being similar to *Chăw*, a stink, When the natal hour occurs under, *Chăw*, they use instead of the proper word, 吉時 Kat she, The felicitous hour.) A quarter of an hour is expressed by *Hak*, 巳時初刻 Tsze she cho hak, is 12 o Clock and the first quarter, 二刻 Ee hak, Two *Hak*, makes the half hour &c. All those who use watches express an hour by 一點鐘 Yat teem-chung, One stroke of the bell: for Quarter they say. *Kwat*: and for minute 免利 Meen le. Thus; ¼ past 12, 十五個免利一個括 Shap ing ko meen le, yat ko kwat, 10 minutes past 1 o Clock, 一點鐘十個免利 Yat-teem chung shap ko meen le.

They have incense sticks which burn 24 hours and are

so marked as to denote the time by the quantity consumed, These are called, 時辰香 She shün heong.

HOUSE, where a family is, 屋 Ok; 屋蜚 Ok ke; 家 Ka. 一間屋 Yat kan ok. In the house, 在家裏 Tsoy ka-luy. A house, 大屋 Tai ok, A large house, 華屋 Wa ok, A gay fine looking house. Do you think the back of this House better than the front, 你估你的屋後邊仲好過前邊係唔係咻 Ne koo ne te ok hăw peen, chung how kwo tseen peen, hei im hei ne.

HOW, what manner, 點樣 Teem yaong. How distant, 幾遠路 Ke une low. How many, 幾多 Ke to.

HOW, much? 幾多 Ke to. Large, 幾大 Ke tai.

HUNDRED, 百 Pak. A hundred, 一百 Yat pak. 一百歲之人 Yat pak suy che yun, A hundred years the man, A man of a hundred year's old.

HUNGRY, 肚餓 Tow go.

HUNTING, to go a, 打獵 Ta leep.

HURRY, me, 催我 Tsuy go.

HURRICANE, 風颶 Fung kăw.

HUSBAND, 老公 Low kung; 丈夫 Cheong foo.

HUSBANDMAN, 耕田人 Kang teen yun.

HUSTLE, 逼緊 Pik kun.

HYPOCRISY, 詐善 Cha sheen, Dissembled virtue, 僞善 Ngei sheen, False virtue.

HYPOCRITICAL, appearance for the sake of imposing on, 裝假苟 Choang ka kăw.

HYSON TEA, 熙春茶 He chun cha; 正茶 Ching cha. Young hyson, 雨前 U tseen. Hyson skins, 皮茶 Pe-cha.

I

I, or Me, 我 Go. I know (it), 我知道 Go che tow. I pray you; I request you, 我請你 Go tseng ne, A civil form of speech.

I do not want you to do my business, 我唔用你做我的事幹 Go im yung ne tsow go te sze koan. I have a person to do it, 我有人做 Go yăw yun tsow.

I have got all, 一齊有 Yat tsei yăw; 一的都有囉 Yat te tow yăw lo.

ICE, 冰 Ping.

IDLE, 懶惰 Lan to.

IF, 若 Yok; 倘若 Tsong yok.

IGNORANT, 冇智 Mow che; 冇見識 Mow keen shik.

ILL, Sick, 有病 Yăw peng. A trifling illness, 小病 Sew-peng. Ill use, 寃枉 Une wong.

IMMEDIATELY come, 就來 Tsăw lei.

IMAGE, 偶像 Găw tseong; 尊像 Tsun tseong. Of mud, 坭公仔 Nei kung tsei.

IMPRISON, 困入監 Kwăn yap kam.

IMPEDE business, 擔誤事 Tam ing sze.

IMPERIAL Tea, 大珠茶 Tai chu cha. Reply, 御批 U pei. Favor, 天恩 Teen yun, Heaven's favor, in the Language of idolatrous adulation.

IMPORT Cargo, 入口貨物 Yăp hăw fo mat.

IMPOSE upon, 欺騙 He peen.

IN to enter, 入 Yăp. You put it in, 你放佢入 Ne fong-kuy yăp. To put in prison, 入監 Yăp kam. He is in the house, 佢在家 Kuy tsoy ka.

INCH, nearly, the Chinese punto or 寸 Tsun. 一寸 Yat-tsun, See Cubit.

INCLUDED, 在內 Tsoy noy.

INCAPABLE of performing any duty, 不能任事 Pat năng-yăm sze; 唔擔戴得起 Im tam tai tak he. Incapable of equalling him or it, 唔贏得佢 Im yeng tak kuy 唔似佢 Im tsze kuy.

INF

INCREASE, 加多 Ka to. Add a little, 加增多的 Ka tsăng to te.

INDECENT, 非禮 Fe lei. Not polite; not according to propriety. Indecent Language, 粗話 Tsow wa, Coarse Language.

INDIAN rubber, 象皮 Tseong pe.

INDELICATE Language, 粗話 Tsow wa. Coarse words, 粗口粗舌 Tsow hăw tsow sheet, Coarse mouth, Coarse tongue; said of a person who, 講粗話 Kong tsow wa, Speaks coarse, or obscene Language. He is also called, 臭虫 Chăw chung, A stinking reptile.

INDIGO, 土靛 Tow teen. For dying, 靛花 Teen fa. Plant, 藍葉 Lam eep.

INDULGE, one's own disposition, 任自己既性 Yăm tsze-ke kay sing. Yăm denotes, to commit trust to; to give official office. To indulge children is expressed in reference to the parents by 溺愛細蚊仔 Nik oy si măn tsei, Sunk in love to Children. 寵幸 Chung hăng, Love blessing, 姑息 Koo sik, Tenderly regreting, denote also excessive attachment.

INFANTICIDE, to drown female children, 沉死女仔 Chăm sze nuy tsei.

INGOT, an, 錠 Ting; 一錠銀 Yat ting găn.

INGRAFT, by placing one branch against another and surrounding them with soil, 挨樹 Ai shu; 接樹 Tseep shoo, To stick in the top; 駁樹 Pok shu; 插樹 Chap shu, Stick in the ground.

INIMICAL, 有仇 Yăw chăw, Have enmity.

INK, 墨 Mak: Fragrant ink, 香墨 Heong mak, 徽墨 Fei-mak, Ink, from, 徽州 Fei chăw, where the green tea comes from. To rub ink, 磨墨 Mo mak. Ink stone, 墨硯 Mak een. Liquid ink, Ink water, 墨水 Mak shuy.

INKSTAND, Chinese, 筆墨盤 Pat mak poon.

INLAY, gold, 鑲金 Seong kum.

INN, or tavern, 歇店 Heet teem; 寓所 U shoo.

INSCRIPTION on stone, 碑面 Pe meen. Inscription or Tablet over doors, 扁額 Peen gak.

INSERT in a book of a accounts, 登部 Tang pow. In an aperture, 挿 Chap; 插口 Chap hăw.

INSIDE, 裡頭 Le tăw. Put inside, 放裏頭 Fong noy-tăw, or 入裏頭 Yap luy tăw. It is inside, 在內 Tsoy nuy.

INSOLENT, 傲慢 Gow man.

INSPECTOR of Teas, 茶師 Cha sze, i. e. Tea Master, or as the Chinese render it, in Canton English. "Tea School-Master," The term is analogous to Artium Magister.

INSTALMENTS, 分年償還 Fun neen cheong wan, Divide years pay. First, 初卯 Cho maou; or 初限 Cho han.

INSULT, 欺負 He foo. Deceive and turn the back on; 欺負人 He foo yun, To insult a person, 體人唔上 Ti yun im sheong; Look at not high, i. e. despise. He insulted a person, 佢欺負人 Kuy he foo yun.

INTELLIGENCE to give, 報信 Pow sun.

INTERCALARY moon, 閏月 Yun uet.

INTEREST, 利錢 Le tseen. To lend on, 放賬 Fong cheong.

INTERFERE in conversation, 插嘴 Chap tsuy. Insert the lip; 插口 Chap hăw, Insert the mouth. Officious, 多事 To sze, much business.

INTIMATE friends, 相好朋友 Seong how păng yăw; 相愛朋友 Seong oy păng yăw.

INTERPRETER, 通事 Tung sze; 傳說話人 Chune-shuet wa yun.

INTESTINES, 腸 Cheong; 腸肚 Cheong to.

INVESTIGATE, endeavour to find out, 稽查 Kei cha; 查察 Cha chat; 訪察 Fong chat.

IRON, 鐵 Teet. Iron bars, 鐵條 Teet tew.

IRON Chests, 夾萬 Kăp man; 鐵夾萬 Teet kap man.

ISING Glass, 魚膠 U kaou.

ISLAND, 海洲 Hoy chăw; 海島 Hoy tow.

IT, in Chinese is rendered in Chinese, by that, this, or the name of the thing. It is not good, 個的野唔好 Ko te yay-im how, That thing not good. He brought it, 佢帶來個個野 Kuy tai lei ko ko yay, He bring come that thing.

IT is this man, 就係呢個人 Tsăw hei ne ko yun; it is just this man; i. e. this is the very man.

IT is not at all so good as the former, 總唔似前便嘅好囉 Tsung im tsze tseen peen kay how lo.

ITCH, 癩瘡 Lai chong. Dry itch, 乾癩 Koan lai. Wet itch. 濕癩 Shap lay.

IVORY, 象牙 Tseong ga. Ivory ware, 牙器 Ga he.

J

JACKET, 中衫 Chung sham.

JACK fruit, 波蘿蜜 Po lo mat.

JAMS and sweat meats, 糖菓 Tong kwo, Sugared fruits.

JAPAN, 日本國 Yat pun kwok.

JAR, a, 一埕 Yat ching; 一塔 Yat tap. A jar of Sour (pickled) fruits, 一埕酸菓 Yat ching sune kwo. A Jar of rice, 一塔米 Yat tap mei. A Jar of Oil, 一埕油 Yat ching yăw; 一個磁缸 Yat ko tsze kong, a Chinaware Vase.

JASPER, 碧玉 Pik yok.

JAW of the face, 牙關 Ga kwan.

JAW BONE, 牙關骨 Ga kwan kwat.

JELLY, Chinese servants commonly imitate this sound and say, Chay le; 猪脚凍 Choo keok tong.

JEST, 笑話 Sew wa. Laughing It is a jest, 成笑話 Shing sew wa.

JOINTS of the bones, 骨節 Kwat tseet.

JOSS, i. e. the Portugueze Deos, 菩薩 Pooy sat. A Joss House, 一間廟 Yat kan mew.

JOURNEY, 一程路 Yat ching low.

JOURNAL, daily record, 日誌錄 Yat che luk; 日記部 Yat kee pow.

JOYFUL, 歡喜 Foon he, or reversed He-foon.

JUDGE, 按察司 Oan chat sze; 審判官 Shum poon koon.

JUDGE of a Province, 按察司 Oan chat sze. He is usually the Government Postmaster. On his gate is written, 拿問貪酷官吏 Na măn tam hok koon le; 申理冤枉軍民 Shin le une wong kwăn măn. Seize and try avaricious and cruel government officers. Redress the grievances of the Soldiers and people. This Tablet is given to every Indge by Imperial authority.

JUGGLER, 斥法 Chik fat. To Juggle, 駛法 Shei fat.

JUICE, 汁 Chap; 汁漿 Chap tseong. 咬出汁漿 Gaou chut chap tseong, To bite out the Juice is used figuratively for terse composition.

JUMP over, 跳過 Tew kwo.

JUNK, man of war, 師船 Sze shune; 出師船 Chat-sze shune. Merchant Junk, 白漕船 Pak tsow shune. Salt Junk, 鹽船 Eem shune. Junk from Peking, 天津船 Teen tsun shune. Pirate boat, 賊艇 Tsak teng.

JUST, equitable, 公道 Kung tow, General principle. 公平 Kung ping, General level. 公允 Kung wăn, General assent. 均平 Kwun ping, Equal plain. 允協 Wăn keep, Assent assist mutually. A Just fair price, 公平價錢 Kong ping ka tseen.

JUST, an adverb, 僅 Kăn. Just enough, 僅彀 Kăn kăw; or 岩岩彀 Gam gam kăw. 你來佢剛剛去 Ne lei-kuy kong kong hue, He come you just go, He went away just as you came. You just now said, 你就先講個的說話 Ne tsăw seen kong ko te shuet wa.

JUSTICE, 公道之理 Kung tow che le.

K

KALEIDOSCOPE, 萬花筒 Man fa tung.

KALENDAR, 通書 Tung shu. Imperial, 時憲書 She heen-shu.

KEE-OW-POINT, 岐澳 Ke ow.

KEEP, take care of, 看守 Hoan shăw.

KEEP, (goods) for you till next year, 我要留出明年俾你 Go yew lăw chut ming neen pe ne. I'll keep it for you, 我留出俾你 Go lăw chut pe ne.

KENNEL or water course, 水坑門 Shuy hang moon.

KERNEL, 粒核 Năp wăt.

KERSYMERE, 小絨 Sew yung.

KEY, a, 一條鎖匙 Yat tew so she.

KICK, to, 踢 Tek.

KID, 羊仔 Yaong tsei, Sheep's child.

KIDNEYS, 腰子 Yew tsze.

KILL, 殺死 Shat sze. A human being, 殺個人 Shat ko-yun. To kill animals, 劏 Tong. To kill a cow, 劏牛 Tong găw. To kill a fowl, 劏一隻鷄 Tong yat chek kei.

KIND, mild, 溫柔 Wăn yăw. Kind disposition, 性情溫柔 Shing tsing wăn yăw.

KINDRED, kinsman, 親戚 Tsun tsik.

KING, 王 Wong; 國王 Kwok wong.

KING FISHER, 釣魚郎 Tew yu long.

KISS, to, 親嘴 Tsun tsuy.

KITCHEN, 厨房 Chu fong.

KITE, (paper), 紙鷂 Che yew. Kite to fly, 放紙鷂 Fong-che yew.

KNEE, 膝 Sat. Covering for the knee, 膝頭 Sat tăw; 波蘿蓋 Po lo koi.

KNEEPAN, 膝頭骨 Sat tăw kwat.

KNEEL, 跪 Kwei. To kneel and worship, 跪拜 Kwei pai. 跪香 Kwei heong, Kneel incense, i. e. to kneel while one or more sticks of incense burn. A sort of penance inflicted by the Budh priest on their disciples like saying so many *Ave Marias*.

KNIFE, 刀 Tow. A knife, 一把 Yat pa; 一張刀 Yat cheong tow. A small knife, 刀仔 Tow tsei. Knives and forks, 刀叉 Tow cha. Bring a knife and fork, 拈刀叉來 Ning tow cha lei; or 擰張刀擰枝叉來 Ning cheong tow ning che cha lei; Bring a knife, bring a fork come.

KNOT, to tie, 打結 Ta keet.

LAM

KNOTWOOD, 洋影木 Yaong ying muk.

KNOW, 知到 Che tow; 識得 Shik tak. Understand, 曉得 Hew tak. To recognise, 認 Ying, or Yin; 認識 Ying shik. Do you know him? 你認得佢麽 Ne ying-tak kuy mo? I know him, 認得 Ying tak.

KNUCKLES, 拳頭骨 Kune tăw kwat

L

LABOUR, ordinary, 做工夫 Tsow kung foo. Severe toil, 辛苦 Sun foo.

LACE, Gold, 金線 Kum seen.

LAC Gum, 紫梗 Tsze kăng.

LACQUERED ware, 漆器 Tsat he.

LADY, 堂客 Tong hak.

LADDER, 樓梯 Lăw tei.

LAKE, a, 一個湖 Yat ko oo.

LAME, 跛脚 Pei keok.

LAMP, 燈 Tăng; 燈火 Tăng fo. Light the Lamp, 點燈 Teem tăng. A Lamp, 一盞燈 Yat chan tăng.

LAMP wicks 燈心 Tăng sum.

LAND, the earth the ground, 地方 Te fong; 土 Tow. To go by land, 陸路 Lok low. To land. 上岸 Sheong oan.

LAND-OTTER Skins, 獺皮 Chat pe.

LAND, High, 山角 Shan kok, Hill's horn. Head Land, 頭角 Tăw kok, i. e. head. To pass round a head land, 轉角 Chune kok; 過角 Kwo kok. This last expression is used figuratively for getting over a difficulty.

LANE, a, 一條街巷 Yat tew kai hong.

LANGUAGE, Chinese, 唐人話 Tong yun wa.

LANKEET, 龍穴 Lung uet.

LANTAO, 大澳 Tai ow.

LANTERN, 燈籠 Tăng lung.

LAPIS Lazuli, 青金 Tseng kum. [Shei tak noy.

LAST in order, 收尾 Shăw me. To last long, 駛得耐

LAST Year, 舊年 Kăw neen; 舊歲 Kăw suy. Year before last, 前年 Tseen neen. Year before that, 大前年 Tai tseen neen. He came last, 佢至尾後來 Kuy che-me hăw lei, He most tail after came.

LATE, 遲 Che; 慢 Man. Why did you come so late? 你因乜事來咁遲 Ne yin măt sze lei kum che. You be cause what business come so late? You have come too late, 你來得遲 Ne loe tak che, You come have late; i. e.

too late. Late in the morning, 晏 An; in the evening, 夜深 Yay shum.

LATELY, 近日 Kăn yat; 近來 Kăn loy.

LATHE for turning, a, 一張車床 Yat cheong chay shong.

LAUGH, to, 笑 Sew; 發笑 Fat sew.

LAUGHABLE, 好笑 How sew.

LAVENDER water, 花露水 Fa low shuy, Flower dew water.

LAW, 法 Fat; 法律 Fat lut. To violate the law, 犯法 Fan fat.

LAZY, 懶惰 Lan to.

LEAD, 鉛 Une; 黑鉛 Hak une.

LEAD for ascertaining the depth of water, 沊砣 Tum to, A line weight. To heave the lead, 打沊砣 Ta tum to.

LAY-UP, 攞埋 Lo mai; 藏埋 Tsong mai. 好天攞埋落雨米 How teen lo mai lok u mei, Good days lay up fall rain rice. In fine weather lay up for a rainy day.

LAY Down, 放下 Fong ha.

LEAF of a tree, 樹葉 Shu eep. Of Tea, 茶葉 Cha eep. A leaf, 一塊葉 Yat fai eep.

LEAK, 溜水 Lăw shuy; 滲漏 Shum lăw. 船身漏水 Shune shun lăw shuy, The boat's body (hull) leaks.

LEARN, 學 Hoak. A learner a Scholar, 學生 Hoak shang. To learn to write, 習字 Tsap tsze. A copy by which to learn, 習字式 Tsap tsze shik

LEATHER, 熟皮 Shuk pe.

LEAVE to behind, 流落 Lăw lok. A bandon, 抛起 Paou he.

LEE, Side, 下風 Ha fung. Leeward, 下風便 Ha fung peen.

LEECH, a, 一條蜞蚂 Yat tew ke na.

LEEKS, 韭菜 Kăw tsoy.

LEFT side, 左便 Tso peen.

LEEWORD, 下風便 Ha fung peen.

LEISURE, at, 得閒 Tak han.

LEISURELY, 慢慢 Man man.

LEG, 脚囊 Keok nong.

LEMON, 檸檬 Ning mung.

LENGTH, 長 Cheong.

LEOPARD, a, 一隻豹 Yat chek paou.

LEPROSY, 痲風病 Ma fung peng.

LET GO, said of rope, 鬆枲 Sung sai. To quit hold with the hands, 放手 Fong shăw.

LETTER, a 一封書信 Yat fung shu sun.

LETTUCE, 生菜 Shang tsoy, i. e. raw vegetable.

LEVANTINES, 斜紋絹 Tsay măn kune.

LEVEL, 平 Peng; 平正 Peng cheng.

LIBERAL, 仁厚 Yin hăw. Benevolent and thick, 仁厚之過 Yin hăw che kwo, The excess or errors of a liberal person. The opposite of, 仁厚 Yin hăw, is 刻薄 Hăk-pok, Cutting thin.

LICENSE, or diploma given to a priest or Nun; 道牒 Tow teep.

LID, or Cover, 蓋 Koy.

LIE, 大話 Tai wa.

LIFE, 生命 Shang meng, or Ming.

LIFT up, 抽起 Chăw hĕ.

LIGHT of the sun, 日光 Yat kwong. Light, splendid, 光明 Kwong ming. Light, the opposite of heavy, 輕 Heng. Light and heavy are opposites, 輕重相對 Heng chung-seong tuy. Light a fire, 點着火來 Teem cheok fo lei.

LIGHTNING, 閃靚雷電 Sheep leng luy teen. 雷打火燒 Luy ta fo shew, Struck with Lightning. Thunder strike fire burn. To lighten, 閃電 Sheem teen.

LIKE, or be pleased, 歡喜 Foon he; or 喜歡 He foon. 你歡喜唔歡喜 Ne foon he, im foon he, You like not like? Do you like to have it so. 中意 Chung ee, Hit idea, denotes much the same. I do not like, 我唔中意 Go im chung ee, I not like.

LIKE similar, 好似 How tsze; 相似 Seong tsze.

LIME, 灰 Fooy. Lime fruit, 檸檬 Ning mung.

LINE, Carpenter's, a, 墨斗線 Mak tăw seen.

LINEN, 蔴布 Ma pow.

LINES, Black, to write by, 字格 Tsze kak. To draw black lines, 間格 Kan kak. Fishing lines, 釣魚線 Tew u seen.

LINGUIST, 通事 Tung sze.

LINING 裡 Le.

LINTIN, 零汀 Ling ting.

LION a, 一隻獅子 Yat chek sze tsze.

LIPS, 口唇 Hăw shun.

LIQUEURS, 利哥酒 Li ko tsăw.

LIQUOR, 酒 Tsăw.

LIQUORICE, 甘草 Kum tsow.

LIST, 目錄 Muk luk; 單子 Tan tsze.

LITHARGE, 陀僧 To săng.

LITIGATION, 打官司 Ta koon sze. 一字入官門九牛拔不出 Yat tsze yăp kwoon moon kăw găw pat pat chut, One word enter public gate, nine oxen drag not out i. e. once in Chancery you will never get out.

LITTLE, small in size, 細 Sei; 細既 Sei kay, in quantity, 少 Shew. A little, 一的 Yat te; 的咁多 Tik kum to.

LIVER, 肝 Koan.

LIZARD, a, 一條蟾蛇 Yat tew eem shay.

LIVE, to have life, 生 Shang; 生活 Shang oot. 人雖活百歲已是有限光陰 Yun suy oot pak suy, E she yăw han kwong yăm, Although live hundred years; already is limited time; it is but a short time.

LIVE, to dwell in a place: where does he live? 佢住邊下 Kuy chu peen ha, He dwell what place.

LOAD a Ship, 裝貨落船 Chong fo lok shune.

LOAD STONE, 攝石 Sheep shek.

LOAN, 借債 Tsay chai.

LOBSTER, 鱘龍魚 Tsúm lung yu.

LOCK, a, 一把鎖 Yat pa so. On a river, 一條閘 Yat tow chap.

LOCK JAW, 禁口 Kum hăw.

LOCUST, 馬郎扛 Ma long kong.

LODGING house, 歇店 Heet teem.

LOITER about, 逗遛 Tăw lăw.

LONG, 長 Cheong, Long; 短 Tuon, Short.

LONG CLOTH, 洋布 Yaong pow.

LONGAN fruit, 龍眼 Lung gan.

LONG ELLS, 嗶嘰 Pat ke.

LONG TIME, 好耐 How noy.

LOOK, 看 Hoan.

LOOKING GLASS, 照身鏡 Chew shun keng; 面鏡 Meen keng.

LOOM, a, 一張機 Yat cheong ke.

LOOSE not tight, 鬆 Sung.

LOOCHOO Islands, 琉球國 Lăw kăw kwok.

LOQUAT, 蘆橘 Low kwat.

LOSS in trade, 舌本 Sheet poon.

LOST said of a ship or boat, 打爛船 Ta lan shune, Struck broken ship.

LOSE, 失 Shat. Not seen, 唔見 Im keen. Lost, 失了 Shat-lew; 失去 Shat huy. To lose in trade, 失本 Shat poon, and 舌本 Sheet-poon.

LOTOS, 蓮花 Leen fa.

LOTS, to cast, and calculate fates, 占卦算命 Cheem kwa-sune meng.

LOUD noise or voice, 大聲 Tai sheng.

LOUSE, 虱子 Shat tsze.

LOVE, or like, 愛 Oy. Love and respect Father, and Mother, 愛敬父毋 Oy king foo mow.

LOVE SICK, 相思病 Seong sze peng.

LOW in price, 價錢平 Ka tseen peng. Low water, 水乾 Shuy koan. [wăn.

LUCK good, 好造化 How tsow fa; 好命運 How meng-

LUCKY day, 吉日 Kat yat.

LUFF, 鬆帶 Sung tai, ease the helm.

LUMP, 一塊 Yat fai. A lump of dirt, 一塊坭 Yat fai nei. Lumped together, 拉埋 Lap mai.

LUNGS, 肺 Fei.

LUTESTRING, 薄絹 Pok kune.

M

MACAO, 澳門 Ow moon.

MACE, 玉菓花 Yok kwo fa; Some say, 荳蔻花 Tăw-kăw fa. A mace, ten candareens, 十分爲一錢 Shap-fun wei yat tseen,

MAD, to be come, 發顛 Fat teen.

MADDER, 丹参 Tan shum.

MADEIRA wine, 白酒 Pak tsäw, white wine.

MADRAPORE, 浮石 Făw shek.

MAGNET, 攝石 Sheep shek.

MADRAS, 嗎哒喇吵 Ma ta la sze.

MAGIC LANTERN, 玻璃影畫鏡 Po le ying wa keng.

MAGNOLIA, 玉蘭 Yuk lan.

MAHOGANY, 紅木 Hun muk.

MAGPIE, 喜鵲 He tseok.

MAID SERVANT, 丫頭 A tăw; 妹仔 Mooy tsei.

MAKE, to, 做 Tsow.

MALACHITE copper, 石綠 Shek luk.

MALE of human creatures, 男人 Nam yun. Of brutes, 公 Kung. 公母 Kong moo, Male and Female.

MAN, a human being, 人 Yun. 人人 Yun yun, every man every person. A man, 男人 Nam yun. A woman, 女人 Nuy yun.

MAN-OF-WAR, 兵船 Ping shune

MANAGE, 料理 Lew le; 辦理 pan le.

MANDARIN, 官府 Koon foo. A great Mandarin, 大官 Tai koon. A petty officer, 細官 Sei koon. A civilian, 文官 Măn koon. A Military officer, 武官 Mow koon. Mandarin orange, 硃砂桔 Chu sha kat.

MANE of a horse, 馬鬃 Ma tsung.

MANGO, 檬菓 Mong kwo.

MANILLA, 小呂宋 Sew luy sung, The little lusania.

MANNER in this, 呢樣 Ne yaong; 咁樣 Kum yaong.

MANUFACTURES, 手作物件 Shăw tsok măt keen, Hand made things. To manufacture, 制造 Chei tsŏw.

MANY, 多 To. A great many, 好多 How to.

MAP, 地理圖 Te le tow, Earth's principles delineation.

MAPLE TREE, 楓樹 Fung shu.

MARBLE, 花石 Fa shek.

MARKER at Billiards, 波樓人 Po lăw yun.

MARKET, 市頭 She tăw.

MARK Stamp, 字號 Tsze how.

MARE, 馬㚻 Ma na; 馬母 Ma mow.

MARRIAGE settlement, 聘金 Ping kum; 禮事 Lei sze. To send it, 過聘 Kwo ping. Ping kung, denotes "Contract gold," and Lei-sze, "Etiquette business." The husband or his Parents present from 100 to 1000 pounds in value as trinkets &c; the poor alone give money. If the husband dies, the trinkets or money remain with the wife or her Parents; If she dies first, these things are to be returned. *Marriage portion*, given with a daughter is called 粧奩 Chong leem. In the event of the Daughter's death the Chong-leem is not returned. The rich man give no money because it looks like buying a wife.

MARROW, 髓 Suy; 骨髓 Kwat suy.

MARRY, a man Marrying a wife, 娶親 Tsuy tsŭn. Taking a relation, 娶老婆 Tsuy low po. Taking an old woman, 娶新婦 Tsuy sun foo, (vulgo, 做心抱 Tsow sum pow,) taking new woman a bride. The woman taking a husband is expressed by 嫁 Ka, Going to a house. 嫁娶 Ka tsuy To marry Generally speaking. 乜人嫁娶 Mat yun katsuy? What persons are marrying? The Go-between who makes Matches is called 媒婆 Mooy po.

MASK, 笑面殼 Sew meen hok.

MASON, 石匠 Shek tseong.

MAST, 桅 Wei. Mast, sails, blocks and ropes, 桅哩繂纜 Wei le lut lam. Foremast, 頭桅 Tăw wei. Main mast, 大桅 Tai wei. Mizen mast, 三桅 Sam wei; 尾桅 Me wei. Top mast, 二轉桅 Ee chune wei. To strike the mast, 下桅 Ha wei; 落桅 Lok wei. To get up the mast, 起桅 He wei.

MASTER, the head of a House or Family, 家主 Ka chu; 主人 Chu yun. The servants speak of him according to his place in society, 老爺 Low yay; 少爺 Shew yay; 師爺 Sze yay; 先生 Seen shang. Shop men, and Mechanics, 事頭公 Sze tăw kung. Sze-tăw is the term used by Chinese servants for their European Master.

MAT, 蓆 Tsek; 草蓆 Tsow tsek. Tsow denotes the rush of which it is made. Rattan mat, 藤蓆 Tăng tsek. Mat covering, 蓆包 Tsek paou. To put mat round any thing, 打包 Ta paou. A rattan mat, 一張藤蓆 Yat cheong-tăng tsek. Bamboo mat, 竹蓆 Chuk tsek.

MAT used in boats, 筊張 Kaou cheong. A foot mat, 一張棕氈 Yat cheong tsung tan.

MATCH of oiled paper, 一條紙引 Yat tew che yun.

MATE of a Ship, 夥長 Fo cheong. Ship master, 船主 Shune chu. Senior mate, 大夥長 Tae fo cheong.

MATERIAL, 材料 Tsoy lew. Matsheds, 篷寮 Pung lew.

MAY, be so, perhaps, 或者係咁既 Wak chay hei kum kay. 萬一咁時呢 Man yăt kum she ne, Is it ten thousand to one that it will occur? i. e. Is it next to a Certainty?

MEAN, 賤 Tseen. Mean vile, 鄙陋 Pe law. Mean line, 賤格 Tseen kak.

MEANS or way of effecting, 方法 Fong fat; 法子 Fat tsze. 我有咁法子 Go yăw kum fat tsze, I have this means, or plan of effecting. 冇方法 Mow fong fat, No means. 設法 Cheet fat, To devise some means or way.

MEASLES, 痳症 Ma ching.

MEASURE, to, 量過 Leong kwo; 度過 Tok kwo.

MEASURAGE of a Ship, 船頭銀 Shune tăw găn; 船抽銀 Shune chaou găn. Measurage present to Hoppo, 入口規銀 Yap hăw kwei găn.

MEAT flesh, 肉 Yok.

MEDICINES, 藥材 Yok tsoy.

MEDDLING, restlessly with other affairs than one's own, 不安分 Pat oan fun; 唔守分 Im shăw fun; 妄作 Mong tsok; 妄爲 Mong wei.

MEET, 撞着 Chong cheok. In the streets, 掽着 Pung-cheok; 遇着 U cheok. To go in state or form to meet a person, 迎接 Ying tseep. To meet the Hoppo, 迎接海關 Ying tseep hoy kwan.

MELON, 香瓜 Heong kwa. Water melon, 西瓜 Sei kwa.

MELT, as metals, 鎔化 Yung fa.

MEMORANDUM, 記事單 Ke sze tan.

MEMORIAL to the Emperor from an Envoy, 本章 Poon cheong. From an inferior, 禀 Păn.

MEMORY, 記性 Ke sing.

MEND by sewing, 縫補 Fung pow.

MEND, as clothes, 補衣服 Pow e fok.

MERCANTILE ware house a, 一間棧房 Yat kan chan fong.

MERCHANDIZE, 貨物 Fo mat.

MERCHANT, 商人 Sheong yun. Tea Merchant who goes to the hills, 茶客 Cha hak.

MERCIFUL; 哀憐 Oy leen; 恤憐 Sut leen. [seong.

MERCURY, 水銀 Shuy găn. Sublimate of, 粉霜 Fun-

MERELY, 不過 Pat kwo; 獨係 Tuk hei.

MERRY, glad, 心歡喜 Sum foon he, Heart rejoicing pleased.

MESSENGER, 報信人 Pow sun yun.

METAL, generally, 金 Kum. 黃金 Wong kum, Yellow metal, gold. 金刃傷人 Kum yun sheong yun, Metal weapon wound man.

METAPHOR, 借語 Tsay u; 借講 Tsay kong.

METEOR, 流星 Lăw sing.

METHOD, 方法 Fong fat.

METROPOLIS of a Nation, 京城 King shing.

MICA, 千層紙 Tseen tsăng che.

MICROSCOPE, 顯微鏡 Heen me keng.

MIDDLE, 中 Chung.

MIDNIGHT 半夜 Poon yay.

MIDSMAN, in buying slaves, and houses and lands, 中人 Chung yun, Middleman. 中証 Chung ching, Middle evidence, 衆人作証 Chung yun tsok ching, Middleman make witness.

MIDWIFE, 接生婆 Tseep shang po; 穩婆 Wăn po. *Po* means an old woman, 六婆 Lok po, Six old women; See *Nun Wăn-po* is the first, 覡婆 Sheng po, A necromancer. 媒婆 Mooy po, A match maker a go between. 花婆

Fa po, Seller of flowers. 賣針婆 Mai chăm po, A seller of needles and Thread.

MILE, Chinese, 一里路 Yat le low, One Le road; about Three and a half Le make an English mile.

MILITARY officer, 武官 Mow koon. Military station, 營汛 Ying sun,

MILK, 乳奶 U nai; 牛乳 Găw yu. 牛奶 Găw nae, Cow's Milk.

MILL, a, 一個磨 Yat ko mo, To grind corn, 磨穀 Mo kok.

MIND, 心 Sum. Enlarged mind, 大志 Tai che.

MINE, a copper, 銅山 Tung shan,

MINISTERS of state, 大臣 Tai shin,

MINT herb, 薄荷葉 Pok ho eep.

MINT for money, 錢局 Tseen kuk,

MISCELLANEOUS, 零碎 Ling suy; 零星 Ling sing. Miscellaneous work, 拾碎工夫 Shap suy kung foo.

MISER, 慳財人 Han tsoy yun; 貪心人 Tam sum yun.

MISFORTUNE, difficulty, 難事 Nan sze; 艱難 Kan nan,

MISS, 失 Shat; 唔中 Im chung,

MIST, 烟霧 Een mow,

MISTAKE, 估錯 Koo tso, Unintentional. 無心之過 Mow sum che kwo, Not heart's error. I am mistaken, 我估錯 Go koo tso, I calculated erroneously. 過失 Kwo shat, Pass, lose, a mistake in act.

MIX as tea, 拘勻 Kăw wăn. Mix fluids, 攪勻 Kaou wăn.

MODERN, and ancient, 古 Koo; 今 Kum.

MODEST, 知羞 Che săw; 有廉耻 Yăw leem che.

MOHA village, 望厦 Mong ha.

MOIST, 濕潤 Shap yun.

MOLASSES, 糖膠 Tong kaou.

MOLE, 田鼠 Teen shu.

MONASTERY, 寺 Tsze. A large monastery, 大寺門 Tai-tsze moon.

MONDAY, 禮拜一 Lei pai yat.

MONEY, coin, 錢 Tseen. Silver money, 銀錢 Găn tseen. Copper, 銅錢 Tung tseen.

MONKEY, a, 一隻馬騮 Yat chek ma lăw.

MONEY Changer's silver shop, 找換銀舖 Chaou oon găn-pow.

MONOPOLY, 獨市生意 Tuk she shang ee.

MONSOON S. W. 立夏南風 Lap ha nam fung. N. E. 立冬北風 Lap tung pak fung.

MOON, 月 Uet. Moon shine, 月光 Uet kwong; 月色 Uet shik. Sun and Moon, 日月 Yat uet. 正月 Ching-uet, the first moon of the year. 二月 Ee uet, the second moon. 三月 Sam uet, third moon &c. Full moon, 月滿 Uet moon. 月朔 Uet shuk, New Moon. 上弦 Sheong yeen, 1st Quarter. 月望 Uet mong, Full Moon. 下弦 Ha yeen, Last Quarter.

MORE to add to, 多添 To teem. A little more 添多的 Teem to te, Sign of the comparative as. 更好 Kăng-how, more good.

MORNING, 朝 Chew; 早晨 Tsow shin. Very early in the morning, 絕早 Tsuet tsow.

MOROCCO Skins, 羻皮 Keng pe.

MORROW to, 明日 Meng yat.

MORTAR, a, 一個椿坎 Yat ko chung hum.

MORTGAGE to, a house, 典屋 Teen ok.

MOTHER, 母親 Mow tsun.

MOTHER o' pearl, 雲母殼 Wăn mow hoak.

MOULD, soil, 坭土 Nei tow.

MOUNT a horse, 上馬 Sheong ma.

MOUNTING pictures or Maps, 裱起 Pew he; 裱起畫 Pew he wa. Person who does it, 裱配匠 Pew pooy tseong.

MUS

MOURNING to put on, 着孝 Cheok haou.

MOUSE, 石鼠 Shek shu.

MOUTH, 口 Hăw.

MOVE, 㧈動 Yok tung.

MUCH, 多 To. Very much, 許多 Huy to. The more the better, 多多益善 To to yik sheen; 越多越好 [Uet to uet ho.

MUDDY water, 濁水 Chuk shuy.

MULTIPLY, to, 乘數 Shing show.

MURDER to, 殺人 Shat yun.

MURDERER, 兇手 Hung shăw.

MUSCLE, Shell Fish, 一個蚌 Yat ko pong.

MUSHROOM, a, 一個砂菌 Yat ko sha kwăn.

MUSIC, 音樂 Yăm gok.

MUSK, 麝香 Shay heong.

MUSSULMAN, 回子 Ooy tsze; 回回 Ooy ooy.

MUST, 務須 Mow suy; 務必 Mow peet; 必定 Peet ting. 你務須替我做來 Ne mow suy tei go tsow loy, You must for me do come; i. e. effect or carry through this for me. 你務必明日來 Ne mow peet ming yat loy, You must to morrow come.

MUSTARD, 芥末 Kai moot; 芥辣 Kae lat.

MUSTER, 樣子 Yaong tsze. Muster of Tea, 茶辦 Cha pan; 對辦 Tuy pan, Equal to Muster. 唔對辦 Im tuy pan,

Inferior to Muster. 更好過辦 Kăng how kwo pan, Superior to Muster.

MUTTON, 羊肉 Yaong yuk, Sheep's flesh. 羊排骨 Yaong pai kwăt, Mutton chops.

MYRRH, 沒藥 Moot yok.

N

NAIL, of Iron, 釘 Teng. 一口釘 Yăt hăw teng, One mouth nail, a nail. 釘箱 Teng seong, To nail a chest or box.

NAIL, of a toe or finger, 指甲 Che kap, Fingers armour. Toe nail, 脚指甲 Keok che kap. Finger nail, 手指甲 Shaw che kap.

NAKED, 赤身 Chik shun; 光身 Kwong shin.

NAME, 名 Meng. Surname and name, 姓名 Sing meng.

NANKEENS, 赤布 Chik pow; 紫花布 Tsze fa pow.

NAP, of cloth, 毛 Mow; 好絨頭 Ho yung tăw, Fine nap.

NARROW, 窄 Chak; 濶 Foot, Broad.

NATIVE, 本地人 Poon te yun.

NATURAL disposition, 性格出旣 Sing kak chut kay. Natural not artificial, 本性天生旣不是學來旣 Poon sing teen shang kay put she hok loy kay, The natural Endowments, of the Mind are the Gift of Heaven; they are not the result of Study.

NEC

NATURE, 性 Sing; 本性 Poon sing.

NAVEL, 肚臍 Tow tsze.

NEAR, 近 Kăn. 遠近 Une kăn, Distant near, 近日 Kăn-yăt, Near day, recently.

NEARLY, 將近 Tseong kăn, Approaching near. 將近到 Tseong kăn tow, Nearly arrived at. Nearly, or about the mark. 上下 Sheong ha, Above below. 上下係咁既 Sheong ha hei kum kay, Nearly is thus. Nearly about, 大約 Tai yok; 約摸 Yok mok; 差不多 Cha pat to; 差不遠 Cha pat une.

NECESSARY, 務須 Moo suy; 須用 Suy yung.

NECESSITIES, distresses, 急迫 Kap pak. 人有窮困饑寒債負急迫設法以利濟之 Yun yow kung kwăn ke hoan chae foo kup pak cheet fat e le tsei che, Man have poverty affliction, no dependance, such necesscities, adopt means to succour them.

NECK, 頸 Keng.

NECK CLOTH, 頸巾 Keng kăn.

NECK LACE, a, 一條頸鍊 Yat tew keng leen.

NECROMANCER, an old woman who pretends to hold intercourse with the dead in hades, and give responses to their kindred. 覡婆 Sheng po. They light incense placed on a Table before them with a plate of rice and an egg stuck in it; then laying their face on their hands, they mutter to themselves as if conversing with the dead, after which they personate them, and respond with tears or smiles, according as their message may require. The dead sometimes say, they are in distress for want of food, or clothing; and complain that they are neglected by their living kindred.

NEEDLE, 眼針 Gan chăm, Eyed pin. 管針 Kwoon chăm, Tube pin.

NEIGHBOUR, 隔籬既人 Kak le kay yun; 鄰人 Lun-yun; 枕鄰 Chăm lun; 居要好鄰 Kuy yew how lun; 住要好里 Chu yew how le. Dwelling, required is a good neighbour, residing, required is a good lane.

NEIGHBOURHOOD, 鄰舍一派地方 Lun shay yat-pai te fong. A good neighbourhood, 好街坊 How kai-fong. 昔孟母擇隣處 Sik mang moo chak lun chu, Of old Mangtsze's, Mother, Selected a neighbourhood. (Where her son could learn good habits.)

NEIGHBOURING house, 隔籬 Kak le; 鄰舍 Lun shay, or unitedly, 隔𥫗鄰舍 Kak le lun shay.

NEPHEW, 姪子 Chat tsze; 姪兒 Chat ee,

NET, a, 一張網 Yat cheong mong.

NEVER, 冇一時 Mow yat she. 總冇 Tsung mow.

NEW, 新 Sun. Old, 舊 Kăw.

NEWS of, 有聲氣 Yăw sheng he. No news of, 冇的聲氣 Mow te sheng he.

NEWS, 新聞 Sun măn. 有的聲氣 Yăw te sheng he; 消息 Sew sik.

NEWSPAPER, 新聞紙 Sun măn che. Peking Gazette, 京報 King pow; and 京抄 King chaou. The daily Paper or Governor's court circular, 轅門報 Une moon pow, Official gate's report.

NICKNAME, 花名 Fa meng.

NIECE, 姪女 Chăt nuy.

NIGHT, 夜晚 Yay man; 黑夜 Hak yay.

NINE, 九 Kăw Nine Islands, 九洲 Kăw chăw.

NIPPERS, 把鉗 Pa keem.

NIPPLE of the breast, 奶頭 Nai tăw.

NITRE, 硝 Sew.

NO, a general negative may be expressed by 冇 Mow; but the manner of saying *No*, depends on the question, to which it always corresponds. 你到過 Ne tow kwo, You at been? Have you been at? 唔到 Im tow. Not at, i. e. No. 你有 Ne yăw, You have? 冇有 Mow yăw, Not have.

NOD the head, 點頭 Teem tăw.

NOISE, 聲響 Sheng heong; 吵鬧 Chaou naou; 大聲 Tai sheng; 嘈鬧 Tsaw naou.

NOON, 晏晝 An chăw; 午時 Ing she.

NOSEGAY, 花毬 Fa kăw.

NORTH, 北 Pak. North wind, 北風 Pak fung.

NOSTRIL, 鼻籠 Pe lung; 鼻子 Pe tsze.

NOSE, 鼻 Pe. 鼻哥 Pe ko; 鼻樑 Pe leong, Nose bridge A high prominent nose, 高樑鼻相 Kow leong pe seong, A flat nose, 扁鼻 Peen pe. High nose, 高鼻 Kow pe. Red nose, 紅鼻 Hung pe. 酒渣鼻 Tsaw cha pe, Wine blotched nose.

NOT, 冇 Mow; 唔 Im. 你有冇 Ne yăw, mow, You have, not? have you or have you not. Possession or the opposite is also implied in Yăw mow. Not yet, 未曾 Me tsăng.

NOTE, 篇紙 Peen che. Memorandum, 紀錄 Ke luk.

NOTHING, doing, 無所爲 Mow sho wei. Doing nothing to the purpose, 無爲之事 Mow wei che sze.

NOURISH, 養 Yaong. 養育 Yaong yok.

NOVEL, a, 小說書 Sew shuet shu.

NOW, 如今 U kum.

NUMBER, 數目 Shoo muk; 算數 Seun shoo. Number one, the first, the best, 第一 Tei yat.

NUN

NUMBERS, 數目字 Show muk tsze, See numerals and ordinals.

NUMERALS, 數目字 Show muk tsze. Numbering characters, They are.

一	二	三	四	五	六	七	八	九	十
Yăt,	ee,	sam,	sze,	ing,	lok,	tsat,	pat,	kăw,	shap,
1	2	3	4	5	6	7	8	9	10.

11	十一	Shap yat.
12	十二	Shap ee &c.
20	二十	Eee shap, abbreviated by Yay.
21	二十一	Eee shap yat, &c.
30	三十	Sam shap, abbreviated by Saa.
40	四十	Sze shap.
100	一百	Yat pak.
1000	一千	Yat tseen.
10,000	一萬	Yat man.
100,000	十萬	Shap man.
1,000,000	一百萬	Yat pak man.

Particular trades have a slang set of words by which they can speak of the price of a thing before others and not be understood.

NUN, There are three sorts; 尼姑 Ne koo, Nuns of the Budh sect. 道姑 Tow koo, Nuns of the Tow sect; and

齋姑 Chai koo, A virgin sisterhood who live on vegetable diet alone, and dress like other women. The other two classes wear peculiar dresses; and the Budh nuns shave their heads. These are called the *Sam-koo*, whom some Masters forbid to enter their houses. There are also six classes of old women called *Lok-po*, united with these *Sam-koo*, in the same interdict, viz. Wăn-po; Sheng-po; Mooy-po; Fa-po; Mai-chăm-po; Tow-tap-po.

NUNNERY, 師姑菴 Sze koo um; 尼姑廟 Ne koo mew.

NURSE, 奶媽 Nai ma.

NUT, 核子 Hat tsze.

NUTMEG, 玉菓 Yok kwo; 荳蔻 Tăw kăw.

NUX Vomica, 馬前 Ma tseen.

O

OAK, 橡樹 Tsaong shu.

OAR, a, 一枝槳 Yat che tseong.

OATH, 誓 Shei; 誓願 Shei une. To take an oath, 發誓 Fat shei.

OAT MEAL, 大麥粉 Tai mak fun.

OBEY, 遵依 Tsun ee.

OBLIGED to you to do &c. is expressed by, 我拜托你 Go pai tok ne, I bow and engage you to do so and so.

OBLONG, 長方 Cheong fong.

OBSTACLE, fearing one, 恐防 Hung fong; 恐怕 Hung pa.

OBSTINATE, 古板 Koo pan; 古執 Koo chap; 古拙 Koo chute.

OCEAN, 洋 Yaong; 洋海 Yaong hoy, Ocean sea, 西洋 Sei yaong, Western ocean, is used in Peking for Europe. 西洋人 Sei yaong yŭn, Western ocean man is now confined to the Portugueze.

OCHERY STONE, 代赭石 Toy chay shek.

OCTAGON, 八角樣 Pat kok yaong; 八角 Pat kok.

OCULIST, 眼科 Gan fo.

ODD, Miscellaneous, 零碎 Ling suy; 零星 Ling sing; 拾碎 Sap suy. An odd number, 奇數 Ke show; 單數 Tan show. Even number, 偶數 Găw show. Odd even, 單雙 Tan sheong.

OFFENDED to be, 見怪 Keen kwai.

OFFICE public, a court, 衙門 Ga moon. To go to a public office, 上衙門 Sheong.ga moon, Ascend the Ga-moon. Commercial counting house, 寫字樓 Say tsze lăw.

OFFICIOUS, 多事嘅 To sze te, much businessed.

OFTEN, 多次 To tsze; 好多回 How to ooy.

OIL, 油 Yăw. Tea oil, 茶油 Cha yăw. 油盡燈滅髓竭人亡 Yăw tsŭn tăng meet-suy keet yun mong, Oil exhausted, lamp extinguished; marrow spent man dies. 添油燈長補髓人強 Teem-yăw tăng chong pow suy yun keong, Add oil lamp vigorous, Supply marrow man strong.

OINTMENT, 膏藥 Kow yok.

OLD in years, 老 Low. 年高 Neen kow, Years high. 老年既人 Low neen kay yun, Old yeared man; an old man.

OLD said of thing, 舊 Kăw. Old clothes, 舊衣服 Kăw ee fok.

OLD too; said of things, 太舊 Tai kăw.

OLIBANUM, 乳香 U heong.

OLIVE, 水榕子 Shuy yung tsze. Chinese, 烏欖 Oo lam.

ONCE, 一次 Yat tsze; 一回 Yat ooy.

ONE, 一 Yăt. One person, 一個人 Yat ko yun. One hundred, 一百 Yat păk. 一萬銀 Yat man găn, One ten thousand silver, i. e. Ten thousand either Taels or Dollars, One is used for A. 有一個人在房裏 Yaw-yat ko yun tsoy fong luy, Have one man being room inside, There is a person in the room.

ONLY one, 獨有一個 Tok yăw yat ko, Only have one. Only good for, 只好 Chik how.

OPEN, to, 開門 Hoy moon.

OPERA, public singing, 戲曲 He huk.

OPINION, 意見 E keen.

OPIUM, 鴉片 A peen; called also, 鴉片膏 A peen kow. Opium salve, 坭 Nei, Dirt, 烟 Een, Smoke, 屎 She, ordure, are all added to A-peen when speaking of it. Patna, 公 Kung. Benares, 姑 Koo. Company's Malwa, 白 Pak. Demaun Malwa, Sze mik. Turkey, 金花紅 Kum fa hung. Slang phrase, 黑貨 Hak fo.

OPPORTUNITY, 機會 Ke ooy. To avail one's self of, 乘機會 Shing ke ooy.

OPPOSITE, to each other's faces, 對面 Tuy meen; 相對 Seong tuy. 當面 Tong meen.

OR, 抑或 Yik wak.

ORANGE, 橙 Chang; 橙子 Chang tsze. Mandarin orange, 桔 Kat. Coollie orange, 柑 Kum.

ORB, 輪 Lun. Orb of the sun, 日輪 Yat lun.

ORDER, 有層有次 Yow tsăng yow tsze. In order; regular succession, 次序 Tsze tsuy; 次第 Tsze tei.

ORDINALS, are made by, 第 Tei. 第一 Tei yat, order one, first; in Canton called Number one. 第二 Tei ee, Second. 第三 Tei sam, Third. 第四 Tei sze, Fourth, &c. 第十 Tei shap, Tenth. 第二十 Tei ee shap, [Twentieth &c.

ORE, 礦 Kaung.

OYS

ORIGIN, 原本 Une poon; 原來 Une loy.

ORPHAN, 孤哀 Koo oy.

ORPIMENT, 雄黃 Hung wong.

OTHER, 第二 Tei ee; 別二 Peet ee.

OTHERWISE, 第二樣 Tei ee yaong.

OTTER SKINS, Land, 獺皮 Chat pe. Sea otter skins, 海虎皮 Hoy foo pe.

OUGHT, 應該 Ying koy; 應理 Ying le.

OUT Going, 出 Chut; 出去 Chat huy. Out going, incoming, 出入 Chut yap. 佢出街 Kuy chut kae, He go-out street, He has gone from home.

OUTSIDE, 外頭 Goy tăw.

OVEN, 局爐 Kuk low.

OVERMUCH, 太多 Tai to; 過頭 Kwo tăw. Over little, [太少 Tai shew.

OVER SEER, 監督 Kam tuk.

OVERTURN, or up set, 反轉 Fan chune.

OVERTAKE, 趕到 Koan tow; 追及 Chuy kap. Unable to overtake, 趕唔到 Koan im tow; 趕唔上 Koan- [im sheong.

OWL, 貓兒頭鷹 Maou he tăw ying.

OWN, one's, 自己 Tsze ke; 自己嘅 Tsze ke kay. One's own hands, 親手 Tsun show.

OYSTER, 蠔 How; 殼蠔 Hok how.

P

PACE, a, 一步 Yat pow. Walk a pace, 行一步 Hang-yat pow.

PACK up baggage, 收拾行李 Shăw shap hòng le. Pack up any thing, 収拾物件 Shăw shap mat keen.

PADDEE, 禾 Wo; 田禾 Teen wo; 禾頭 Wo tow. This year's paddee is good, 今年禾頭好 Kum neen wo-tow how.

PADDEE bird, a, 一隻禾鵠 Yat chek wo kuk.

PADLOCK, that opens without a key, 一把手鎖 Yat pa-shăw so.

PAGODA, 文塔 Măn tap; 山上塔 Shan sheong tap. 爲風水起旣 Wei fung shuy he kay, on account of the Fung-shuy, (Fortune) raised.

PAIN, 痛 Tung. Pain in the bowels, 肚痛 Tow tung. Pain in the foot, 脚痛 Keok tung. Pain in the head, 頭痛 Tăw tung.

PAINTER, 油漆老 Yăw tsat loo; 油漆匠 Yăw tsat tseong.

PAIR, 一對 Yat tuy; 一雙 Yat sheong. A pair of Shoes, 一對鞋 Yat tuy hai. A pair of Scissars, 一把較剪 Yat pa kaou tseen.

PAR

PALACE, 宮殿 Kung teen. Imperial Palace, 皇上宮殿 Wong sheong kung teen.

PALISADES, 欄杆 Lan koan.

PALM of the hand, 手板 Shăw pan; 手板堂 Shăw pan tong.

PALMA christi, 萆蔴子 Pe ma tszé.

PALSY, 癱瘓 Tan woon; 病症 Peng ching.

PAN for rice, 飯鑊 Fan wok.

PANTHER, 虎豹 Foo paou.

PAPER, 紙 Che. White paper, 白紙 Pak che. A sheet of paper, 一張紙 Yat cheong che. Coarse paper, 草紙 Tsow che. Waste Paper, 廢紙 Fei che.

PARDON errors, 赦過 Shay kwo. Pardon crimes, 赦罪 Shay tsuy. 皇恩大赦 Wong yun tai shay, Imperial grace, general pardon.

PARDON, in common excuse. I beg your pardon, 我唔該 Go im koy.

PARROT or Cockatoo, 鸚哥 Ang ko.

PARSLEY, 芫茜 Une sei.

PART, a, 一分 Yat fun.

PARTNER, companion or fellow servant, 夥計 Fo ki.

PARTNERSHIP, 合伴夥計 Hop poon fo kee. To share the profits, 分數 Fun show.

PAW

PARTRIDGE, 竹絲鷄 Chuk sze kei.

PASS or Barrier, 關閘 Kwan chap. A watchman at a pass, 閘夫 Chap foo. To pass by, 過去 Kwo huy. To pass ahead of boat, 過頭 Kwo tăw.

PASTE, 漿糊 Tseong oo. To paste paper on, 裱紙 Pew che. To paste paper on a picture and form a scroll, 裱畫 Pew wa. 拈的漿糊來裱好呢幅畫 Ning te-tseong oo lei pew how ne fok wa, Bring little paste, paste good this picture. Paste good means, to repair.

PASTE or stick to, 粘黏 Cheem neem; 痂黏 Na neem.

PASTE-BOARD, 裱紙皮 Pew che pe.

PAT, to strike lightly, 拍 Pak. To pat the head, 拍首 Pak shăw. To pat the Table, 拍棹 Pak cheok.

PAUNCH, 綢 Chăw.

PAWN-BROKER'S, Shop, 當鋪 Tong pow. Pawn broker's ticket, 當鋪票紙 Tong pow pew che. Regular ones are licenced by government; all others are disallowed. 私開小押 Sze hoy sew ap, Clandestinely to open a petty Pawn-broker's shop. Sometimes they give money on Pawn-broker's tickets. These are called 剝皮押 Mok pe ap; Peel skin custody; refeiring to the extortion which they practice.

PAY for another, 代墊 Toy teen; 墊轉 Teen chune. Pay debts, 結銀 Keet găn; 換銀 Oon găn. Pay duties, 上餉 Sheong heong; 納餉 Nap heong.

PEA, 荳 Tăw. 荷囒荳 Ho lan tăw, Holland peas; green peas.

PEACE, 平安 Ping oan. General peace, 太平 Tai ping.

PEACEABLE, quiet, disposition, 和氣 Wo he. 謙和 Heem wo, Humble and peaceable.

PEACH, 桃子 Tow tsze.

PEACOCK, 孔雀 Hung tseok.

PEARLS, 珍珠 Chăn chu. Pearl barley, 薏米 E mei; 薏仁 E yin.

PEAS, green, 荷囒荳 Ho lan tăw, i. e. Holland peas, The Chinese have, 白荳 Pak tăw.

PEBBLE, 鵝卵石 Go lun shek; 鵝春石 Go chun shek. 石膽 Shek tam, i. e. stone liver.

PECUL, 担 Tam. One or a pecul, 一担 Yat tam.

PEDLAR, one who carries his wares on his back, 做膊頭擔担生意 Tsow pok tăw tam tam shang ee,

PEEL off skin, 剝皮 Mok pe. To kill a sheep and peel off the skin, 劏羊剝皮 Tong yaong mok pe.

PEKING, 北京 Pak king.

PER

PEKO-TEA, 白毫茶 Pak how cha.

PEN, 鵝毛筆 Go mow pǎt, Goose quill pencil.

PEN, a, 一枝鵞毛筆 Yat che go mow pat. Bring that pen, 攞個枝筆來 Lo ko che pat loy.

PENANG, 新埠 Sun fow.

PENCIL, Chinese a, 一枝筆 Yat che pǎt; or 一管筆 Yat koon pǎt. There are several Kinds, 水筆 Shuy pǎt; 湖筆 Oo pǎt. 金鋼鑽筆 Kum kong tsune pǎt, Diamond pointed pencil &c. Lead pencil, 鉛筆 Une pǎt. 手持七寸管容易達朝堂 Shǎw che tsat-tsune koon yung e tat chew tong, Hand grasp a seven inch reed, Easy to communicate information to the Imperial Palace.

PENKNIFE, 刀仔 Tow tsei, Knife's child.

PEOPLE, 百姓 Pak sing; 庶民 Shu mǎn.

PEPPER, 胡椒 Oo tsew. Red Peper, 花椒 Fa tsew.

PERCEIVE, to see, 見 Keen; 體見 Tei keen. To advert to, 覺得 Kok tak.

PERFUME, fragrant smell, 香 Heong. The material, 香料 Heong lew.

PERFUMFRY, a sort of Scented Soap, 香梘 Heong kan. Soap, 番梘 Fan kan.

PERHAPS, 或者 Wak chay; 恐怕 Hung pa.

PERMISSION to do, 准 Chun; 准做 Chun tsow. Official permission, 批准 Pei chun; 准行 Chun hăng.

PERPENDICULAR, 竪直 Shu chik.

PERSPIRE, 出汗 Chut hoan.

PERSON, a human being, 人 Yun. 男人 Nam yun, A male person, a man. 女人 Nuy yun, A woman.

PERVERSE, 乖僻 Kwai pik.

PESTLE, and Mortar, 舂坎 Chung hum; 舂柱 Chung chu.

PETITION, 禀 Păn; 禀請 Păn tsing; 禀究 Păn kăw. To present, 遞禀 Tei pan; 入禀 Yap păn.

PHEASANT, 山鷄 Shan kei.

PICKLES, 酸菓 Sune kwo; Soured fruits.

PICK the teeth, 刺牙 Tsze ga.

PICTURE, a, 一幅畫 Yat fok wa. Landscape, 山水畫 Shan shuy wa. Pictures of human creatures, 人物畫 Yun mat wa.

PIECE of silk, cloth &c. 疋 Pat. A piece, 一疋 Yat pat, i. e. one whole piece: for this also they say, 成塊 Shing fai, Complete lump; or 一塊 Yat fai. 一塊木 Yat fai muk, A piece of wood. Fai corresponds also to a *Bit* of.

PIGEON, 白鴿 Pak kop.

PILE up, 磊起 Luy he; 堆起來 Tuy he loy; 摻起 Lăm he.

PLA

PILL medicinal, 藥丸 Yok une.

PILLAR, a, 一條柱 Yat tew chu. 八柱廳 Pat chu-teng, Eight pillared hall.

PILLOW, a, 枕頭 Chăm tăw, Support the head.

PILOT, 引水人 Yin shuy yun.

PIN, 針 Chăm. With a bead, 圓針 Une chăm; or 有頭針 Yăw tăw chăm

PINEAPPLE, 菠蘿菓子 Po lo kwo tsze.

PIPE for smoking, 烟袋 Een toe; 烟筒 Een tung.

PIRATE, 海賊 Hoy tsak; 水賊 Shuy tsak.

PIVOT, 樞紐 Shu năw; 轉運靠樞紐 Chune wan-kaou shu năw, The circular motion depends on the pivot.

PLACARDS, (anonymous), 匿名 Nik ming; 揭帖 Keit teep; 白帖 Pak teep, These contain accusations, and are illegal.

PLAIN, unornamented, 素 Sow; 光身 Kwong shun.

PLAINTIFF, 原告 Une kow.

PLANE used by Carpenters, 刨 Paou. A plane, 一個刨 Yat ko paou. Plane smooth, 刨滑 Paou wat; 刨光 Paou kwong.

PLANTAIN, 蕉子 Tsew tsze.

PLASTER for walls, 批灰 Pei fooy; 抆灰 Mun fooy.

PLATE, of China ware, 碟 Teep. Small plate, 碟仔 Teep-tsei, Plate's child. Plate silver, 銀器 Găn he. Bring a plate, 擰一隻碟來 Ning yat chek teep loy.

PLAY, as a Child, 頑耍 Wan sha; 則劇 Tsak kek; 反 Fan. Drama, 做戲 Tsow he; 唱戲 Cheong he. Players, 戲棚 He pang; 戲子 He tsze.

PLEASURE, 快活 Fai oot; 快樂 Fai lok.

PLOT rebellion, 謀反 Măw fan.

PLUCK, flowers, 摘花 Chak fa. To pluck the button from a Mandarin's cap, 摘頂 Chak teng.

PLUM, 梅 Mooy. Sour plum, 酸梅 Sune mooy.

PLUNDER, to, 打刼 Ta keep; 打刼財物 Ta keep-tsoy mat. Robbers plunder, 強盜打刼 Keong tow ta keep.

POCKET, 衫袋 Sham toy. To cut away the Chinese pocket, 割荷包 Koat ho paou; 剪綹 Tseen lăw. Pick pockets such as these are called, 積匪 Tsik fe.

POEM, 一首詩 Yat shăw she. To write verses, or a short poem, 吟首詩 Yăm shăw she.

POINT of land, 頭 Tăw. A head; 角 Kok. A horn. Can that point be fetched or not, 個頭駛得到唔駛得到 Ko tăw shei tak tow im shei tăk tow. The point or apex, 尖 Tseem. Sharp point, 尖利 Tseem le; 尖錐 Tseem-Chuy.

POISON, 毒物 Tuk mat. To take poison, 服毒 Fok tuk.

POKER, a, 一條火箸 Yat tew fo chu.

POLE, or Bamboo, with a hook, to draw water with, 竹篙 Chuk kow.

POLISH, 磨光 Mo kwong, i. e. rub bright, 擦靚 Tsat ling.

POLITE you are very, is vulgarly expressed in answer to any thing complimentary, 好話 How wa, well said.

POMEGRANATE, 石榴 Shek lăw.

POOR, 貧窮 Păn kung.

POPPY, 鶯粟 Ang suk. Poppy flower, 鶯粟花 Ang suk-fa. Poppy head, 鶯粟壳 Ang suk hoak.

PORK, 豬肉 Chu yok, Pig's flesh. Pork chops, 豬排骨 Chu pay kwăt.

PORT, or harbour, 港口 Kong hăw. [port.

PORT WINE, 砵酒 Poot tsăw. Poot is an endeavour to say

POSTAGE of letters, 信資 Sun tsze; 檳資 Păn tsze; 酒資 Tsăw tsze.

POSTMAN, 快馬 Fai ma; 千里馬 Tseen le ma.

POT, for this they say, 一罇 Yat tsun; 一壺 Yat oo. A pot of sweet meats, 糖菓一罇 Tong kwo yat tsun, or 一甖 Yat ang. A pot of spirits, 一壺酒 Yat oo tsăw. A pot of boiling water, 一煲滾水 Yat pow kwăn shuy.

POT, chamber, 尿罐 New koon; 便壺 Peen oo.

POTATOE, 荷蘭薯 Ho lan-shu, Holland potatoes. 薯仔 Shu tsei, small potates. Sweet potatoes, 紅薯 Hung shu; or 番薯 Fan shu. 大薯 Tai shu, Great potatoe, Chinese Yam.

POUND, sugar candy, 舂冰糖粉 Chung ping tong fun.

POUR out Tea, 斟茶 Chăm cha. To pour out Wine or Liquors, 斟酒 Chăm tsăw.

POWDER, Medicine, 藥材 Yok tsoe. Tooth powder, 擦牙灰 Tsat ga fooy.

POWER, 權柄 Kune peng; i. e. power handle, 有權柄 Yăw kune peng, possessing power.

PRACTICE in learning, 習學 Tsap hoak.

PRAISE, 褒奬 Pow tseong; 讚美 Tsan me; 稱讚 Ching tsan.

PRAY, 祈禱 Ke tow. Pray God, 求神 Kăw shin.

PREFACE to a Book, 書序 Shu tsuy, Book order.

PREPARE, 預備 U pe; 整便 Ching peen.

PRESENT to, 送俾 Sung pe; 送上 Sung sheong.

PRESERVE, 收貯 Shăw chu.

PRESS DOWN, 壓住 At chu.

PRESS on the foot and pain it, 硬腳痛 Ang keok tung.

PRICE, 價錢 Ka tseen.

PRICE, To cut it, 割價 Koat ka. Diminish it, 減價 Kam ka. Raise, 加價錢 Ka ka tseen.

PRICE, for what, will you sell them to my Master, 你買過我家主愛幾多價錢 Ne mai kwo go ka chu oy-ke to ka tseen. I want too mace each, 我愛二錢銀一隻 Go oy ee tseen găn yat chek.

PRICE, the price is too high, 價錢太貴 Ka tseen tai kwei. too low, 價錢太平 Ka tssen tai peng.

PRICE, don't ask so high a price, 你莫個開咁大價錢阿 Ne mok ko hoy kum tai ka tseen o. My price is correct, 我係實價咯 Go hei shat ka lo,

PRIEST, 和尚 Wo sheong; 道士 Tow sze, &c.

PRINT Books, 刋刷 Hoan shat; 印書 Yin shu.

PRISON, 監牢 Kam low, 入監 Yăp kam, To enter or be put in prison. 坐監 Tso kam, Sit in prison; To be in prison. A prison, 一間監 Yat kan kam.

PRISONER, 囚犯 Chăw fan. Of war, 禁人 Kum yun.

PRIVY, 厠坑 Tsze hang. To retire to, 出恭 Chut kung, Go out respectfully.

PROCESSIONS, Chinese, 菩薩出遊 Pooy sat chut yăw; or 行香 Hăng heong.

PROFIT on trade, 賰銀 Chan găn.

PRO

PROFIT, to have made, 有賺 Yăw chan. Loss in trade, 失本 Sheet poon; 有餂 Yăw teem; 貼本錢黎 [Teep poon tseen lai.

PROMISE, 應承 Ying shing.

PRONOUNS, are less used in Chinese than other Languages, and less definite, To prevent ambiguity, the name or noun is much employed. 我 Go, is I, or me. 你 Ne, is Thou or you. 佢 Kuy, is He or She. It has nothing corresponding in Chinese common speech.

PROOF, 凴據 Păng kuy. There is proof, 有凴據 Yăw păng kuy. No proof, 冇凴據 Mow păng kuy.

PROPERTY in land and houses, 家業 Ka eep; 身家 Shun ka; 產業 Chan eep. How much property has he, 有幾多身家 Yăw ke to shun ka.

PROTECT, 照顧 Chew koo; 照應 Chew ying.

PROUD haughty, 驕傲 Kew gow. The opposite is, 謙和 Heem wo. Vain and pround, 裝腔 Choang hoang.

PROVINCE, 省 Shang. 省城 Shang sheng, Province city: that is, the Chief City, residence of the Governor &c. 十八省 Shap păt shang, Ten eight Province.—The eighteen Provinces into which China is divided.

PROVISIONS, 食物 Shik mat. Fresh, 新鮮食物 Sunseen shik mat.

PRUSSIAN-BLUE, 洋靛 Yaong teen.

PRUSSIAN flag, 单鷹旗 Tan ying ke.

PULL down a house, 拆卸一間屋 Chak say yat kan ok; 拆毀 Chak wei.

PULL down a house, 拆屋 Chak ok, as at a fire.

PULSE of the hand, 脉 Mak; 六脉 Lok mak. The doctrine, of the pulse, 脉理 Mak le. To feel the pulse, 體脉 Tei mak; 胗脉 Chun mak; 切脉 Tseet mak.

PUMELO, 斗柚 Tăw yăw.

PUNISH, 治罪 Che tsuy.

PUNISHMENT, 刑法 Ying fat. To suffer punishment, 受罪 Shăw tsuy.

PUPIL of the eye, 眼人 Gan yun; 童子 Tung tsze. Pupil or diciple, 學生 Hoak shang; 門徒 Moon tow. There is a disease of the eye called, 童人反背 Tung-yun fan pooy, The pupil turned backwards.

PURPOSELY, 故意 Koo ee; 特意 Tak ee.

PURSERS of Ships, 寫字 Say tsze; 寫字人 Say tsze-yun, Writers.

PURSUE and overtake, 追及 Chuy kap; 追到 Chuy tow; 趕上 Koan sheong; 趕到 Koan tow.

PUSH off, 推開 Tuy hoy. Push near, 推埋 Tuy mai. Push out, 推出 Tuy chut.

PUT Down, 放下 Fong ha; 滯落 Chei lok. Put up, 放上去 Fong sheong huy. Put it on the Table, 放在檯上 Fong tsoy toy sheong. Put away, 收埋 Shăw mai; 收好 Shăw how; 放好 Fong how.

PUT into, 插 Chap. Put in a candle, 插蠟燭 Chap lap chuk.

PUT on Clothes, 穿衣服 Chune e fok; 着衣服 Cheok-e fok.

PUTCHUCK, 木香 Muk heong.

PUTTY, 桐油灰 Tung yăw fooy.

Q

QUADRANT, or Sextant, 量天尺 Leong teen chek, Measure heaven cubit.

QUAIL, 鵪鶉 Um chun.

QUALITY or Sort, 等 Tăng, or 品 Păn; 有三等 Yăw-sam tăng; 上中下 Sheong chung ha, Have three qualities, Superior, middling, inferior. The best quality, 上等 Sheong tăng. The very best quality, 頂上等 Ting-sheong tăng.

QUARREL, 相鬧 Seong naou. 相爭 Sheong chăng, These expressions only refer to words. 相打 Seong ta, Denotes that the parties have come to blows.

QUI

QUARRY, 取石杯 Tsuy shek pooy ; 取石旣山 Tsuy-shek kay shan.

QUARTER, 四分之一 Sze fun che yat, i. e. four part's one.

QUAY, 海邊步頭 Hoy peen pow tăw, or 河邊步頭 Ho peen pow tăw, River side step head.

QUENCH fire, 救火 Kăw fo. Quench thirst, 解渴 Kai hoat.

QUESTION, 問話 Măn wa, Asking words. Question and answer, 問答 Măn tap. They say, 試問 She măn, Try and ask.

QUICKSILVER, 水銀 Shuy găn.

QUIET, 安靜 Oan tsing.

QUILL, Goose, 鵝毛 Go mow, Goose feather.

QUINCE, 木瓜 Muk kwa ; 萬壽菓 Man shăw kwo.

QUIRE of Paper, 一刀紙 Yat tow che.

QUIVER for arrows, 箭袋 Tseen toy.

R

RABBIT, 兔 Tow. The crafty rabbit, 狡兔 Kaou tow. 狡兔有三窟慬得免其死 Kaou tow yăw sam wat, kăn tak meen ke sze, The crafty rabbit has three holes; Nearly sufficient to prevent it's death.

RABBIT skins, 灰鼠皮 Fooy shu pe.

RACK or **ARRACK** spirits, 亞叻酒 A lik tsăw.

RADISH, 蘿蔔仔 Lo pak tsei.

RAG, 爛布 Lan pow.

RAIN, 雨 U. 落雨 Lok u, Fall rain, it rains. 落大雨 Lok tai u, Falls great rain, heavy rain. 一陣雨 Yat-chăn u, a Column rain, a Shower of rain. 雨水 U shuy, Rain water. 滂沱大雨 Pong to tae u, A heavy pouring rain.

RAINBOW, 天降 Teen kong. 起天降非風則雨 He teen kong, fe fung tsik u, Arisen has the Rainbow, not wind, then rain. The Rainbow has appeared; if there is not wind there will be rain.

RAISE, 起佢 He kuy. Lift up, 擡起 Toy he. To arise 起來 He loy.

RAISINS, 葡提子 Pow tei tsze; 葡提子 Pooy tei tsz.

RANK, in the state; entitled to wear some button, or badge, 有功名 Yăw kung ming; 有頂戴 Yăw ting tai.

RASH, 冒昧 Mow mooy.

RAT, 老鼠 Low shu.

RATTAN, 沙藤 Sha tăng. To bind with rattans, 打藤 [Ta tăng.

RAZOR, 剃頭刀 Tei tăw tow; 剃刀 Tei tow.

READ, and Study, 念書 Neem shu; 讀書 Tuk shu. To read and pass on, 看書 Hoan shu, Look book. 看書眼花 Hoan shu gan fa, Looking Book, eyes flowerd; i. e. dim and indistinct by age.

READY, all, 齊備 Tsei pe. Get ready, 預備 U pe; 整便 Ching peen.

REASON, 道理 Tow le. Agreeable to reason, 合道理 Hop tow le. He reasons rightly, 佢道理着 Kuy-tow le cheok. His reasoning won't do, 佢道理唔使得 Kuy tow le im shei tak.

REBELLION, 作反 Tsok fan.

RECEIPT, 收單 hăw tan. A receipt, 一張收單 Yat cheong shăw tan.

RECEIVE, 接收 Tseep shăw; 接到 Tseep tow; 得接 [Tak tseep.

RECKON and take an account of any thing, 點數 Teem show. To reckon, 點數衣服 Teem show e fok.

RECENTLY, 近來 Kăn loy, Near coming. 近日 Kăn-yat, Near day.

RECOMMEND, a person to any service, 舉薦 Kuy tseen.

RED lead, 黄丹 Wong tan.

REDEEM, by money from some punishment, 贖罪 Shuk-tsuy. Redeem things pawned, 贖當 Shuk tong.

REDRESS grievances, 伸寃 Shun une; 伸屈 Shun wat; 伸寃屈 Shun une wat.

REED, 蘆葦 Low wei.

REFLECT; as a mirror, 番潮 Fan chew,

REFUND, 賠還 Pooy wan. 若失野務必賠還 Yok shat yay mow feet pooy wan, If lose any thing, must [refund.

REFUSE of Tea, 茶仔 Cha tsei.

REGAIN, 得番 Tak fan.

REGULATION, 章程 Cheong ching.

REJECTED, and returned as good, 推還 Tuy wan; 捨棄 [Shay he.

RELATION, a, 親戚 Tsŭn tsik. 乜的親戚 Mat te-tsŭn tsik? What relation? 探親 Tam tsŭn, To visit a relation, 探 Tam, Means to enquire.

RELIGION, 教 Kaou, or 教門 Kaou moon. Kaou-moon is confined to the 回回 Ooy ooy, or Mahommedans. 佛教 Fat kaou, the Budh religion. 道教 Tow kaou, The Tow Religion. 儒教 U kaou, The Confucian Religion.

REMAINDER, 餘剩 U‿shing.

REMEMBER, 記得 Ke tăk. To be careful to remember, 緊記 Kăn ke.

REMOVE one's abode, 搬屋 Poon ok; 遷居 Tseen kuy.

RENT of a House, 屋租銀 Ok tsow găn.

REPAY, 換銀 Oon găn; 俾番銀 Pe fan găn.

REPAIR, 修 Săw; 修整 Săw ching; 補 Pow. To repair a road, 修補衣服 Săw ching tow low.

REPENT, 自悔 Tsze fooy, Self repent. 悔改 Fooy koy; or 改悔 Koy fooy, Repent and reform. Over the Magistrate's gate is written, 悔恨遲 Fooy hăn che, Repent dread late; i.e. Repent and come not here, for repentance will then be too late.

REPORT, rumour, 風聞 Fung măn; 消息 Sew sik. I have heard a report, 我風聞消息 Go fung măn sew sik.

REPRESS, 壓止 At che. 壓止私慾 At che sze yok, Repress selfish passions.

REPROVE, 責 Chăk; 斥責 Chik chak. Reprove a person to his face, 當面斥責 Tong meen chik chak.

RESIN, 松香 Tsung heong.

RESOURCE, method of proceeding, none, 無奈何 Mow nai ho.

RESPECTABLE person, 有體面既人 Yăw tei men kay yun.

RESTRAIN, keep in order, 拘束 Kuy chuk. The opposite is 放縱 Fong tsung, To let go free.

RETAIL Shop, 雜貨舖 Tsăp fo pow, Miscellaneous goods [Shop.

RETAIL trade, 零碎買賣 Ling suy mai mai; 十碎生意 Shap suy shang ee.

RETRACT, 反悔 Fan fooy, revert repent. 反口 Fan-hăw, Revert mouth, that is, to go back in one's word.

RETRACT, 食言 Shik een, To eat one's words.

RETURN, a visit, 回拜 Ooy pai.

REVENGE, 報仇 Pow chăw.

REVIEW troops, 體兵 Tei ping; 閱兵 Uet ping. To go round once a year to review troops, as is done by Governor's of Provinces, 進城閱兵 Tsun shing uet ping.

REWARD, 賞給 Sheong kap. To reward with a medal, 賞給銀牌 Sheong kap gän pai.

RHINOCEROS horn, 犀角 Sei kok.

RHUBARB, 大黄 Tai wong.

RIB, 勒索骨 Lak shak kwat; 勒條骨 Lak tew kwat.

RICE, unboiled, 米 Mei. Boiled, 飯 Fan.

RICE-PAPER, 蓪紙 Tung che.

RICH, 富貴 Foo kwei; 富翁 Foo yung. Kwei means Honorable as well as foo rich, but the Phrase is commonly used for a rich person.

ROA

RIDE on horseback, 騎馬 Kay ma,

RIGHT hand, 右手 Yăw shăw. Right side, 右邊 Yăw-peen. Left and right, 左右 Tso yăw,

RIGHT, by rights, ought, 應該 Ying koy. It should be so by rights, 應理係咁旣 Yin le hei kum kay. Not wrong, 無錯 Mow tso.

RIGHT, very,; said of a thing suiting, 實在合 Shat tsoy hop. Not right, 唔合式 Im hop shik.

RING or Circle 一個圈 Yat ko hune. Ring for the finger, 戒指 Kai che,—Caveat finger; so called because it is usual to write the word, 忍 Yin, *Patience*, on the ring.

RING the Bell, 搻鐘 Gow chung; 撓鐘 Yew chung.

RIOTOUS, boisterous way of doing things, 白霍 Pak fok.

RIPE, as fruit, 熟 Shuk. That fruit is ripe, 個的菓子熟 Ko te kwo tsze shuk. Unripe, 生 Shang. These words are used physically and Morally for mature and immature.

RISE, to get up, 起身 He shun.

RISK to run, 險中做 Heem chung tsow, In the midst of danger to do. 欲要富險中做 Yok yew foo, heem-chung tsow, If want rich; danger midst do.

RIVER, 海 Hoy; 河 Ho. A river, 一條河 Yat tew ho.

ROAST, 燒 Shew. Roast fowl, 燒鷄 Shew kei. Roast goose, 燒鵝 Shew go.

ROU

ROCKS, or Stones, 石頭 Shek tăw. 水底石 Shuy teishek, Rocks in the water.

ROD for fishing, 鈎竿 Tew koan.

ROLL, a of silk, 一捆綢緞 Yat kwăn chăw tunei.

ROLL up, 捲起 Kune he. Roll up the picture, 捲起畫 Kune he wa.

ROOF, of a house, 屋背 Ok pooy; 瓦背 Ga pooy.

ROOM, a, 一座樓 Yat tso lăw.

ROOT of a tree, 樹根 Shu kăn. They say, 禍根 Wokăn, Misery root; i. e. conduct which will produce future suffering.

ROPE, 纜 Lam. 頭纜 Tăw lam, Head rope; the cablé.

ROSE, 梅桂花 Mooy kwei fa.

ROTTEN, wood, 槁木 Kow muk; 枯槁木 Foo kow muk. 槁木死灰 Kow muk sze fooy, Rotten wood and dead ashes; denotes a useless fellow.

ROUGE or paint for the face, 脂粉 Che fun. To rouge or paint, 搽粉 Cha fun.

ROUGH, 鞋 Hai; 鞋躂 Hai săng; 唔滑 Im wat. Not Smooth, 滑甪 Wat lat, These characters give no meaning.

ROUND, 圓 Une; 圓淨 Une tseng. Square and round, 方圓 Fong une.

ROW a boat, 棹三板 Chaou sam pon.

RUB, and anoint a sore, 揸瘡 Cha choang, Rub it out, 揸佢老 Cha kuy lo.

RUB Ink, 磨墨 Mo mak.

RUDDER, 舦 Tai. To steer with the rudder, 使舦 Shei-tai; 扒舦 Pa tai; 梢 Shaou. The man at the rudder, 梢公 Shaou kung.

RUGGED road, 跂峗之路 Ke kuy che low. 道路不平 Tow low pat ping, Road not level.

RULER, wooden, to draw lines by, 間尺 Kan chek; 戒尺 Kai chek.

RUMINATE, as a Cow, 翻草 Fan tsow.

RUN, 跑 Paou; 跑路 Paou low. To run a horse, 跑馬 Paou ma.

RUNAWAY, 逃走 Tow tsăw.

RUST of Iron, 鐵銹 Teet săw.

S

SABLE skins, 灰鼠皮 Fooy shoo pe.

SACRIFICE to the Gods, 祭神 Tsei shin. To Sacrifice to confucius, 祭孔夫子 Tsei hung foo tsze, This is done in Spring and Autumn, on the 6th of the 2nd moon, and the 4th of the eight. Government officers write a prayer; roll paper as pieces of silk; seal them, and then buru them to pass into Hades.

SADDLE, 馬鞍 Ma oan. Saddle and it's appartenances, 一副馬鞍 Yat foo ma oan. To saddle a horse, 配馬 Pooy ma.

SAGE, and perfectly virtuous man; the *wise man* of the west, 聖人 Shing yun. The Shing-yun, is naturally perfectly wise and virtuous; without any necessity of study or effort.

SAGO, 砂穀米 Sha kok mei.

SAIL, 風篷 Fung pung, Wind mat, in the Canton Dialect, is called, 悝 Le, or Lee. Hoist sail, 扯悝 Chay lee. To sail a vessel, 駛船 Shei shune; 行船 Hăng shune. Fore said, 頭悝 Tăw le. Main sail, 大悝 Tai le. Mizen, 尾悝 Me le, or 三悝 Sam le. Top sail, 二轉 Ee chune. Top gallant said, 三轉 Sam chune. To make sail, 上

SAM

悝 Sheong le; 扯悝 Chay le. To take in, 下悝 Ha le; 落悝 Lok le. To furl sail, 篷 Pong; To reef or lessen sail, 减悝 Kam le, or 减繚 Kam lew. To cast off the reef, 解繚 Kai lew. To sail large, 駛鬆繚 Sei sung lew. To shift sail, 轉悝 Chune le; 日字悝 Yat sze le. Day character sail i. e. a square sail. 鷄翼悝 Kei yik le, Fowl sail. The wide wing-like sail is prohibited by Government under the idea that it is dangerous, and those who use it are obliged to pay a fee annually for permission. To go a sailing, 去駛三板 Huy sheisam pan.

SAILOR, 水手 Shuy shăw.

SALE of goods, 貨物消流 Fo mat sew lăw.

SALLAD, 生菜 Shang tsoy, Raw vegetables.

SALT, 鹽 Eem. Salt boat, 鹽船 Eem shune; 三貨艇 Sam fo teng; 鹽艇 Eem teng. Salt water, 鹹水 Hamshuy.

SALT-FISH, 鹹魚 Ham u

SALT PETRE, foreign, 洋硝 Yaong sew.

SALVE, 膏藥 Kow yok.

SAME as before, 照從前旣 Chew tsung tseen kay; 照舊 Chew kăw; 依舊 E kăw; 仍舊 Ying kăw.

T

SAMPLE, new of tea, 茶樣 Cha yaong; 新辦 Săn pan. Old, 舊辦 Kăw pan.

SAND, 沙 Sha. Sandy beach, 沙灘 Sha tan.

SANDALS, 草鞋 Tsow hai.

SANDAL WOOD, 檀香 Tan heong.

SAPAN WOOD, 蘇木 Sow muk.

SARSNET, 紙絹 Che kune, Paper silk.

SASH, 腰帶 Yew tai.

SATIN, 八絲 Pat sze, Eight silk (threads) Some say, 倭緞 Wo tune.

SATISFIED, 饜足 Eem tsuk; 心足 Sum tsuk.

SATURDAY, 禮拜六 Lei pai luk.

SAVE, or deliver, 救 Kăw; 拯救 Ching kăw. 人有災荒水火應該竭力以拯救之 Yun yăw tsoy-fong, shuy, fo, ying koy keet lik e ching kăw che, Man have calamity famine, water, fire, ought exert strength to save them.

SAW to cut wood, 鋸 Kuy. A saw, 一把鋸 Yat pa kuy. To saw, 拉鋸 Lai kuy.

SAWCER of the Chinese, 茶船 Cha shune, Tea boat.

SAY you need not say any thing more, I must go back to morrow, 唔使話咁多我務必聽日番去 Im shei wa-kum to, go mow peet ting yat fan huy.

SCABBARD, 刀殼 Tow hoak.

SCAFFOLDING, 搭架 Tap ka.

SCALES and weights, 砧磅碼子 Chăm pong ma tsze.

SCAR, 痕 Hăn; 痕跡 Hăn tsik.

SCARLET-CUTTING, 碎紙 Suy che.

SCHOOL, 學館 Hoak koon; 學房 Hoak fong.

SCHOONER, or a small vessel, 船仔 Shune tsei, A ship's child.

SCISSARS, 鉸剪 Kaou tseen; 剪刀 Tseen tow; 手剪 Shăw tseen.

SCRAPE, 刮 Kwat. To scrape off the skin, 刮皮 Kwat-pe. To scrape clean, 刮乾净 Kwat koan tseng.

SCORPION, 蜂蝎 Fung eet, is 至毒之物 Che tuk che-mat, a Most poisonous thing.

SCRATCH, 搔 Sow; 搔癢 Sow yaong.

SCREEN, for a door way, 屏風 Ping fung.

SCREW, 螺絲 Lo sze.

SCROLL, 卷書 Kune shu, or 一本書 Yat poon shu. Rather, 卷竹 Kune chuk.

SCRUB a boat, 燂艇 Tam teng.

SCULL of a boat, 櫓 Low, and 舵 Now. To Scull, 搖櫓 yew low.

SCULL of an animal, 頭壳 Tăw hoak; 腦葢 Now koy.

SEA, 海 Hoy. 大海 Tai hoy, Great Sea; Hoy is sometimes applied to large rivers. 大海小河 Tai hoy sew-ho, Large sea, little river.

SEA, Heavy, 大浪 Tai long, Great waves. Sea sick, 嘔浪 ǎw long, Vomit wave. 暈浪 Wǎn long, Giddy wave,

SEAL, official, 印 Yin. Common for sealing wax, 火漆印 Fo tsat yin.

SEALINGWAX, 火漆 Fo tsat.

SEA-OTTER SKINS, 海虎皮 Hoy foo pe, Sea tiger skin.

SEAL SKINS, 芝蔴貂 Che ma tew.

SEASONS the four, 四季 Sze kwei; 春夏秋冬 Chun-ha, tsǎw, tung. Fruits in season, 時菓 She kwo; 當造 Tong tsow; 着時候 Cheok she hǎw. Any thing in Season, 時物 She mat. Out of season, 過造 Kwo tsow.

SEA WEED, 海帶 Hoy tai.

SECOND, 第二 Tei ee. Second time, 第二次 Tei ee-tsze; or 第二回 Tei ee ooy. Second Bar, name of a place, 濠墪 How tun.

SECRET, 密事 Mat sze; 機密事 Ke mat sze.

SECRET, sign or word, 暗號 Um how. Traders of the same craft, and blind people have secret words for the numerals one two &c. And the Brotherhood, called, Sam-hop-ooy, Have secret signs, or Um-how.

SEL

SECURE, be surety for, 擔保 Tam pow.

SECURE a Ship, 保船 Pow shune.

SECURITY merchant, 保商 Pow sheong; 保家 Pow ka.

SEE, 見 Keen; 體 Tei; 看 Hoan; 看見 Hoan keen. See who that is, 體個的係乜誰 Tei ko te hei mat shuy. I cannot see it, 我體唔見 Go tei im keen. I saw him yesterday, 我昨日見佢 Go tsok yat keen kuy.

SEE you, I am come to, 我來拜見 Go loy pai keen. More familiarly it is expressed by, 拜訪 Pai fong, and 相探 Seong tam.

SEED, 種 Chung. Seed for wheat, 麥種 Mak chung. Seed of flowers, 花米 Fa mei.

SEDAN CHAIR, 轎 Kew. A chair,, 一乘轎 Yat shing-kew; 一頂轎 Yat ting kew. To go in a chair, 坐轎 Tso kew.

SEED PEARL, 洋白珠 Yaong pak chu.

SEGAR, 孖姑烟 Ma koo een.

SEIZE, or take into custody a bandit, 拿獲匪犯 Na wok-fe fan.

SEEK, 尋 Tsăm. To seek and find, 尋着 Tsăm cheok.

SEEMINGLY, like, 好像 How seong.

SELDOM, 冇幾何 Mow ke ho. Seldom seen, 少見 Shew keen.

SELF CONFIDENCE, 自知太過 Tsze che tai kwo; 知自巳太過 Che tsze ke tai kwo.

SELFISH, 私心 Sze sum; 爲巳 Wei ke. Very selfish, 滿肚私心 Moon tow sze sum, Full belly of selfish heart.

SELL to, 發賣 Fat mai.

SEND a Letter to Canton, 寄信上省城 Ke sun sheong-shang sheng; Send Letter ascend provincial city. Send a Letter to Macao, 寄信落澳門 Ke sun lok ow moon, Send letter fall Macao.

SEPARATE to distinguish, 分別 Fun peet; 分開 Fun hoy. To separate the good from the bad, 分開好醜 Fun hoy-how chăw. 分別內外治家之道 Fun peet noy-goy che ka che tow, To separated inside from outside, Rule family's principle.

SERAGLIO, or Harem, 內宮 Noy kung.

SERVANT, foot man, 跟班 Kăn pan. Vulgarly, 小厮 Sew sei. They call themselves, 小的 Sew tik. The servants of foreigners call themselves, 事仔 Sze tsei, and their Masters, 事頭 Sze tăw, Implying that they are both engaged about the same business, only the Master is at the head.

SERVANT, a boy who goes to Market, 亞娣 A tei; 娣仔 Tei tsei. Servant girl, 丫頭 A tăw.

SET, of things, 副 Foo. A set, 一副 Yat foo

SHA

SETTLE or clear off accounts, 清数 Tsing show. To terminate an affair, 了事 Lew sze.

LETTLE fix a bargain or affair, 定着 Ting cheok.

SEVERAL hundred years, 數百年 Show pak neen.

SEW, 補聯 Pow lune. To sew together, 聯翻埋 Lune-fan mai. To sew clothes, 補衣服 Pow e fok.

SHADE, 遮陰 Chay yăm.

SHADES or Manes, 魂魄 Wăn păk. To raise by Prayers the shades or souls of the dead in hades, 超幽 Chew yăw.

SHADOW, 影 Yeng. A Shadow, 一個影 Yat ko yeng. 人影 Yun yeng, The Shadow of a man.

SHAGREEN, 沙魚皮 Sha u pe, Sand fish skin.

SHAKE, 搖動 Yew tung; 搖撼 Yew hum.

SHALLOW water, 淺水 Tseen shuy. To go over flats or shallows, 過淺 Kwo tseen.

SHAPE, 模樣 Mow yaong.

SHARE of 一股 Yat koo; 一份 Yat fun. A share of business, 一股份生意 Yat koo fun shang ee. One shop opened with ten shares, 一舖開十份 Yat-pow hoy shap fun.

SHARK, 沙魚 Sha u. Shark's fins, 魚翅 U che, fishes wings.

SHI

SHARP knife, 刀利 Tow le. Rub it sharp, 磨利來 Mo le loy. Sharp, severe, 麻利 Ma le; 利害 Le hoy.

SHAVE the beard, 剃鬚 Tei soo. To shave the head, 剃頭 Tei tăw.

SHAVING of Bamboo, 竹絲 Chuk sze. Shaving of wood made with a plane, 鉋柴 Paou shai.

SHEEP, 羊 Yaong. 棉羊 Meen yaong, Is the best for food. 羊肉 Yaong yuk, Sheep flesh, mutton.

SHEETS for a bed, 被單 Pe tan; or 單被 Tan pe.

SHEETS, ropes attacked to a sail, 繚 Lew; 繚絲 Lew sze. To haul aft the Sheets, 理繚 Mai lew. To cast off or Slacken, 鬆繚 Sung lew.

SHELF, 格 Kak. Three shelfed Bookcase, 三格書架 Sam kak shu ka.

SHELL, 殼 Hoak. Egg shell, 雞蛋殼 Kei tan hoak. Shell of the 荔枝殼 Lei che hoak. To take off the Shell, 剝殼 Mok hoak.

SHEW me, 俾我睇 Pe go tei. I won't shew you, 我唔俾你睇 Go im pe ne tei.

SHIELD of rattan, 藤牌 Tăng pai. They commonly have a tiger's head painted on them.

SHIP of boat, 船 Shune. 洋船 Yaong shune, Ocean Ship, a foreign vessel. 貨船 Fo shune, Cargo a ship, a merchant-man. 兵船 Ping shune, Soldier Ship, a man of war. 祖家船 Tsow ka shune, ancestor house ship, ship from Europe. 港脚船 Kong keok shune, Harbour foot Ships: out port Ship, country Ship.

SHIP with three Mast, 三枝桅船 Sam che wei shune. Brig, 兩枝桅船 Leong che wei shune.

SHIP-OWNER, 船財東 Shune tsoy tung. The ordinary name for Captain, 船主 Shune chu, denotes the same.

SHIRT, 汗衫 Hoan sham.

SHOE, 鞵 Hai. A pair of Shoes, 一對鞋 Yat tuy hai, one pair shoe. A shoe, 一隻鞋 Yat chek hai. The act of putting on shoes, 着鞋 Cheok hai.

SHOE HORN, 鞋抽 Hai chăw; 鞋拔 Hai păt.

SHOEMAKER, 做鞋既人 Tsow hai kay yun.

SHOP, 舖 Pow; 舖頭 Pow tăw. A shop, 一間舖 Yat-kan pow. To open a Shop, 開舖 Hoy pow. A shop man, 舖家 Pow ka; 舖主 Pow chu; 舖戶 Pow oo. A visitor or customer, 舖客 Pow hak.

SHOP, 洋貨舖 Yaong fo pow, Foreign goods shop.

SHOPKEEPER, 舖家 Pow ka. Hong merchant, 行家 Hong ka.

U

SHO

SHOOT an arrow, 射箭 Shay tseen. With a musket, 放鳥鎗 Fong new tseong. With a great gun, 打炮 Ta paou.

SHORE, 岸 Goan. To lay a boat a long shore, 埋岸 Mai-goan. To go on shore, 上岸 Sheong goan. To keep the shore on board, 開尾 Hoy me. i. e. open the stern; it of Keep it of shore. To keep the boat off shore, 開頭 Hoy tăw.

SHORT, 短 Tune. Long and short, 長短 Cheong tune. Short in quantity, 短少 Tune shew.

SHORTEN, 短縮 Tune shuk, by contraction.

SHOT, 彈子 Tan tsze; 鳥鎗使佢 New tseong shei-kuy, Fowling pieces, use them. Small shot, 鐵砂 Teet-sha, Iron sand.

SHOVE, 推 Tuy; 推擠 Tuy ung. Use strength shove, 用力推 Yung lik tuy.

SHOULDER, 膊頭 Pok tăw. Carry on the shoulder, 膊頭擔担 Pok tăw tam tam. 小生意 Sew shang ee, Small trade of those who carry their shop on their shoulders.

SHOVEL for coals, 火鏟 Fo chan. A shovel, 一把火鏟 Yat pa fo chan.

SHOW. sort of puppet, 鬼戲 Kwei he. To exhibit a show, 唱鬼戲 Cheong kwei he.

SHRIMP, 蝦 Ha, The best are called 明蝦 Ming ha. The large ones, or prawn are called, 龍蝦 Lung ha, Dragon shrimp.

SHUT the door, 閂門 Shan moon. Reversed, 門閂 Moon-shan, denotes that with which the door is fastened, a bolt.

SIAM, 暹羅國 Tseem lo kwok.

SICK, 有病 Yăw peng.

SIDE, 邊 Peen. Left side, 左邊 Tso peen. Right side, 右邊 Yăw peen. By the side, 傍邊 Pong peen. One side, 一邊 Yat peen.

SIEVE, 篩箕 Shei ke. A sieve, 一個篩箕 Yat ko shei ke.

SIFT, 篩落 Shei lok.

SIGNAL, or sign given by previous agreement, 號令 How ling.

SIGNAL, 旗 Ke, A flag. To make signals, 扯旗 Chay ke; 插旗 Chap ke. Signal halliards, 旗繩 Ke shing.

SIGN-BOARD, 招牌 Chew pai.

SILK RAW, 絲髮 Sze fat. Silk piece goods, 綢緞 Chăw-tune.

SILKRAW Canton, 土絲 Tow sze, Native silk. Ditto Nanking, 湖絲 Oo sze. Silk from, 湖廣 Oo kwong, Province. Sewing silk, 絲線 Sze seen, Silk thread. Wrought silks, 綢緞 Chăw tune.

SILKWORM, 蠶虫 Tsam chung.

SILVER, 銀 Găn. Silver coin, a dollar, 銀錢 Găn tseen. Sycee Silver, 紋銀 Măn găn.

SILVER-SMITH'S Shop, 打銀舖 Ta găn pow, Beat silver shop.

SINCE that time, 從個時以黎 Tsung ko she e lei; 自從個的時候 Tsze tsung ko te she hăw.

SING, Sings, 唱曲 Cheong hok; 唱歌 Cheong ko.

SINK in water, 沉水 Chăm shuy. To sink to the bottom of the water, 沉落水底 Chăm lok shuy tei. 沉寃莫訴 Chăm une mok sow, Sink resentment, not state; denotes, being unable to obtain redress.

SINNAI, the name of a place, 紫坭 Tsze nei.

SISTER, elder, 亞姐 A tsay. Younger, 亞妹 A mooy. Sisters generally, 姊妹 Tsze mooy.

SIT, 坐 Tso; 坐下 Tso ha; 坐倒 Tso tow. Sit down, 坐囉 Tso lŏ; 坐倒 Tso tow. Pray sit down, 請坐 Tsing tso.

SKIN, 皮 Pe. Cow's skin, 牛皮 Găw pe. Sheep skin, 羊皮 Yaong pe.

SKIN of an orange, 橙皮 Chang pe. To take off the skin or peel, 批皮 Pei pe.

SKY, 蒼天 Tsong teen. Sky-blue, 蒼色 Tsong shik; 青蒼之色 Tsing tsong che shik.

SKY BLUE, 札藍 Chăt lam; 天青 Teen tsing.

SLAVE, 奴 Now; 奴僕 Now puk. Domestic Slave, 家奴 Ka now.

SLEEP, 瞓 Fun; 睡卧 Shuy go. A Sleep, 睡倒 Shuy-low. Sleeping room, 瞓房 Fun fong; 卧房 Go fong.

SLEEVE of a garment, 衫袖 Sham tsăw.

SLIP the foot, 失脚 Shăt keok; 錯脚 Tso keok. Slip out of the hand, 失手 Shăt shaw. Slip of the tongue, 失言 Shăt een, Lose words.

SLIPPERY or SMOOTH, road, 路滑 Low wat. The road is slippery, it is difficult to walk, take care, 路滑難行體慣 Low wat, nan hang, tei kwan.

SLOW, retarded, 遲滯 Che chei. Slow progress, 遲慢 Che man.

SLOWLY, 慢慢 Man man. Walk slowly, 慢慢行 Man-man hang; 慢慢走 Man man tsăw.

SMALL, 細 Sei; 小 Sew. Small money a trifling sum, 細錢 Sew tseen. Small business, trifling affair, 小事 Sew sze. Things small of the kind are denoted by 仔 Tsei, Child, 刀仔 Tow tsei, Knife child a small knife, a pen-knife,

SNE

SMALTS, 養靜 Yaong tsing.

SMALL-POX, 痘 Tăw. To be come ill with the small pox, 出痘 Chut tăw; 天行 Teen hăng; 出花 Chut fă. To innoculate for the Small pox, 種痘 Chung tăw.

SMELL the odour of 聞隨 Măn tsuy; 聞香 Măn heong. 鼻聞 Pe măn. Bad smell, 聞臭 Măn chăw; 聞隨息唔好 Măn tsuy sik im how.

SMOKE, 烟 Een. Fire smoke, 火烟 Fo een. To smoke, 食烟 Shik een.

SMOOTH, 滑辣 Wat lat; 光滑 Kwong wat: Opposite rough, 鞋 Hai.

SMUGGLE, 走私 Tsăw sze, Walk clandestinely. Smuggled salt, 私鹽 Sze eem.

SMUGGLER, 走私艇 Tsăw sze teng; Different sorts are, 快鞋 Fai hai, Fast crab. 扒龍 Pa lung, Paddle dragon. 鴉片艇 A peen teng, Opium boat.

SNAIL, 黃牛 Wo găw. A snail, 一隻黃牛 Yat chek-wo găw.

SNAKE, a, 一條蛇 Yat tew shay. Poisonons serpent, 毒蛇 Tuk shay.

SNATCH away, 拔去 Pat huy. Snatch up, 拔起黎 Pat-he lei.

SNEEZE, 噴鼻 Pun pe.

SNIPE, 沙錐雀 Sha chuy tseok. There is a fish also called Sha-chuy.

SNOW, 雪 Sut. To snow, 下雪 Ha sut; 落雪 Lok sut. 雪咁凍 Sut kum tung, Snow as cold—as cold as snow.

SNORE, 扯鼻鼾 Chay pe hoan.

SNUFF, 鼻烟 Pe een, Nose smoke.

SNUFFERS, 燭剪 Chuk tseen. A pair of snuffers, 一把燭剪 Yat pa chuk tseen.

SO, 咁樣 Kum yaong, This fashion.

SOAP, 梘砂 Kan sha, Foreign soap, 番梘 Fan kan. Fluid soap, 梘水 Kan shuy.

SOFT, 軟 Une. Hard, 硬 Gang.

SOLDER, 銲 Hoan. Tin solder, 錫銲 Sek hoan. Copper solder, 銅銲 Tung hoan. To solder the mouth of a things, 銲口 Hoan hăw.

SOLDIER, 兵丁 Ping ting.

SOLE of the foot, 脚板 Keok pan.

SOLE FISH, 撻沙魚 Tat sha u.

SOLEMN, grave, 威儀嚴肅 Wei ee eem suk, Like Mandarins appearing in state.

SOME, 幾 Ke; 幾個 Ke ko, There is some, or a little, 有的 Yăw te. A few, 有幾個 Yăw ke ko.

SOME BODY, 有人 Yăw yun.

SOU

SOMETIMES, 有時 Yǎw she.

SON, 子 Tsze; 兒子 Ee tsze; 男子 Nam tsze.

SOON nearly; not long, 挨邊 Ai peen. He'll soon arrive, 佢挨邊到 Kuy ai peen tow; 佢挨邊來 Kuy ai-peen loy. He'll soon come, 佢就來 Kuy tsǎw loy. It will soon be finished, 無幾耐就做起 Mow ke noy, tsǎw tsow he.

SORT, 樣 Yaong. One sort, 一樣 Yat yaong; denote also the same. Every sort, 各樣 Kok yaong, every form or fashion. Every colour, 各色 Kok shik.

SOUCHONG Tea, 小種茶 Sew chung cha.

SOUL, 靈魂 Ling wǎn, It refers to the soul after death. The animating soul or spirit is called 靈氣 Ling he, Spiritual aura, or breath.

SOUND, 音 Yǎm; 聲音 Sheng yǎm. Sound of characters, 字音 Tsze yǎm.

SOUP, 湯 Tong. Boiling shop, 滾湯 Kwǎn tong. Hot soup, 熱湯 Eet tong. To boil soup, 煲湯 Pow tong. Beef soup, 牛湯 Gǎw tong.

SOUR, 酸 Sune. Sour plum, 酸梅 Sune mooy. Sour taste, 酸味 Sune me.

SOUTH, 南 Nam. South region, 南方 Nam fong; 南便 Nam peen. South wind, 南風 Nam fung.

SPI

SOW, a, 豬乸 Chu na.

SOW SEED, 撒種 Sat chung.

SOY, 豉油 She yăw; 醬油 Tseong yăw.

SPAN, 探 Nam. 俾手探過 Pe shăw nam kwo, Give the hand and span. 一探五寸 Yat nam ing tsune, One span five puntos. 两探一尺 Leong nam yat chek, Two span one cubit.

SPAR, 一條木 Yat tew muk. A spar of Sham wood, 一條森木 Yat tew shăm muk, A kind of fir of which deal [is made.

SPARK, 火星 Fo seng.

SPEAK, 講 Kong; 講話 Kong wa. Speak about that affair, 講及個的事 Kong kap ko te sze.

SPEAR, 竹篙鎗 Chuk kow tseong.

SPECTACLES, 眼鏡 Gan keng.

SPEND, 使錢 Shei tseen. Expenditure, 使費 Shei fei. Spend how much a mouth, 一月使幾多錢 Yat uet-shei ke to tseen.

SPICE, 香料 Hong lew.

SPIDER, 蜘蛛 Che chu.

SPINAGE, 波菜 Po tsoy; a Chinese sort.

SPIT, out, 吐口水 Tow hăw shuy.

SPITE, 發怒 Fat now. To cherish spite, 懷恨 Wai hăn.

v

SPITTLE, 口水 Hăw shuy. Swallow spittle, 吞啖口水 Tun tam hăw shuy. 吞啖口水講說話的 Tun tam hăw shuy, kong shuet wa kay, Swallow spittle and talk,—indicates they say a deep and crafty person.

SPIRITS, animal, 精神 Tsing shŭn, Essence, spirit, or divine. 精神健實 Tsing shŭn keen shăt, Spirits firm, solid; possessed of vigour and animation.

SPLEEN, the, 膁貼 Leen teep, Doubtful. The Leen-teep of the Pig, is called in sheep, 膀 Pong, and in man, 脾 Pe.

SPOIL, 壞 Wai; 弄壞 Lung wai; 整壞 Ching wai. You'l spoil that, 你整壞個的野 Ne ching wai ko-te yay.

SPONGE, 水泡 Shuy pow, the Chinese have none: a sort of blubber which floats on the sea shore is what they call Shuy-pow.

SPOT or stain, 印跡 Yin tsik.

SPRING Season, 春天 Chun teen.

SPRINGS of watches, 髮條 Fat tew; or 時辰標髮條 She shun pew fat tew.

SPOON, 羹 Kăng; 匙羹 Che kăng. A spoon, 一枝匙羹 Yat che che kăng. Silver spoon, 銀匙羹 Găn che-kăng. Table spoon, 大羹 Tai kăng. Desert spoon, 中羹 Chung kăng. Tea spoon, 茶持 Cha che.

SPUR, the Chinese have none, 車轆 Chay lok.

STA

SPY, 綫人 Seen yun. To bribe a shy, 買綫 Mai seen.

SQUANDER, spend extravagantly, 花費 Fa fei; 嘥撻 Sai tat.

SQUARE, 方 Fong. 四方 Sze fong, Four square.

SQUEEZE, 揸緊 Cha kăn, It means also to keep fast hold of.

SQUEEZE or extort from, 勒索 Lak sok; 詐 Cha, or 勒詐 Lak cha.

SQUIRREL, 鬆鼠 Sung shu. Squirrel skin, 鬆鼠皮 Sung shu pe.

STABLE, 馬房 Ma fong; 你去馬房叫馬夫俾穀過個隻馬食 Ne huy ma fong, kew ma foo pe-kok kwo ko chek ma shik; 你要親眼體住 Ne yew-tsin gan tei chu, See it done with your own eyes.

STAFF, 竿 Koăn; 鞭竿 Peen koăn. Staff of an old Chinese, 棍 Kwăn; 拐杖 Kwai cheong.

STAGE, for a play, 戲棚 He pang. To erect a stage, 搭戲棚 Tap he pang.

STAIN, 印跡 Yin tsik.

STAND, 企 Ke; 企立 Ke lap; 企倒 Ke tow. To stand by the side, 企傍邊 Ke pong peen.

STAND to place Tea on, 茶基 Cha ke.

STAIRS, 板梯 Pan tei; 樓梯 Lăw tei. To go up stairs, 上樓 Sheng lăw.

STE

STAR, 星 Sing. 宿 Sok, Constellation.

STAR anniseed, 八角 Pat kok.

STARTLE, 打驚 Ta keng; 嚇一驚 Hak yat keng

STATIONARY, 文房四寶 Măn fong sze pow, the four precious things in a literary room, viz. ink, slate, pencils and paper.

STAY a while, 等吓 Tăng ha; 等時間 Tăng she kan.

STEAL any thing, 偷竊 Tăw seet. 偷野 Tăw yay 有賊偷去好多野 Yăw tsak tăw huy how to yay, Have thief steal good many things.

STEAL away, 偷去 Tăw huy; 竊去 Seet huy. 鼠竊 Shu seet, Rat-run said, of persons running away.

STEEL, 鋼 Kong.

STEELYARD for weighing money, 釐戥 Le tăng. Large ones for weighing meat, 秤 Ching. 司碼秤 Sze ma-ching, Government adjusted steel yard, 16 Taels to the catty. 大秤 Tai ching, 20 taels to the catty. 小秤 Sei ching, 12 taels to the catty; the Buyer uses the large one and the seller the small one.

STEER a boat, 把舦 Pa tai.

STEP, one, 一步 Yat pow. Walk a step, 行一步 Hang yat pow. A step of a stair, 一級 Yat kap. To advance a step in higher rank, 加一級 Ka yat kap.

STO

STEWARD, 管事 Koon sze.

STING of an insect, 釘 Teng. Sting of a bee, 蜜釘 Mat-teng. Sting of a mosquito, 蚊虫針 Man chung chăm.

STINGY and severe, 刻薄 Hak pok. Stingy avaricious devil, 刻薄鬼 Hak pok kwei.

STINK, 臭味 Chăw me.

STIRRUP, 踏镫 Tap tăng; 馬踏镫 Ma tap tang.

STOCKING, 襪 Mat. A pair of stocking, 一對襪 Yat-tuy mat. Tops of stockings worn without feet, 襪頭 Mat tăw.

STONE, 石 Shek; 石頭 Shek tăw. Small stones, 石卵 Shek lun, Pebbles, 石子 Shek tsze.

STOOL, 蹬仔 Tăng tsei. A low stool, 矮蹬 Ei tăng.

STOOP, 彎腰 Luhe yew.

STOP, stay a while, 等下 Tăng ha; 且慢 Tsay man; 等一時間 Tăng yat she kan.

STOREHOUSE, or warehouse at Canton commonly called, Packing house, 棧房 Chan fong.

STORM of wind and rain, 風雨大作 Fung u tai tsok.

STOW, Tea, 拺茶 Lăm cha. Stowed, 拺起 Lăm he; 拺齊 Lăm tsei. To stow well, 堆穩 Tuy wăn. Have you stowed all well yet, 拺穩未曾 Lăm wăn me tsăng.

STR

STRAIGHT, line, 㮇線 Teem seen; 正直 Ching chik. Straight forward disposition, 人品正直 Yun pǎn ching-chik.

STRAIN, as through a cloth, 格淨 Kak tsing.

STRAIT, narrow, 窄 Chak. 我地方淺窄 Go te fong-tseen chak, My place is shallow and narrow. Strait path, 路窄 Low chak. Narrow minded and unable to bear with persons, 量窄 Leong chak.

STRAW hat, 草帽 Tsow mow.

STREET a, 一條街 Yat tew kai; 一街坊 Yat kai fong.

STRIKE, 打 Ta. To strike and fight, 打交 Ta kaou; 打架 Ta ka; 相打 Seong ta.

STRING, small, 線 Seen. Hempen string, 蔴線 Ma seen.

STRIP off clothes, 脫衣服 Tut e fok.

STRIPED cloth, 柳條布 Lǎw tew pow. There is a small pencil called 柳條筆 Lǎw tew pǎt.

STRIVE, 力爭 Lik chang, Strength struggle. 力爭不來 Lik chan pat loy, Strive not effect. 呢件事不可與佢力爭 Ne keen sze pat ho u kuy lik chang, This affair not may with him strive.

STRONG, 有力 Yǎw lik; 力量 Lik leong. Exert one's strength, 效已力 Haw he lik. Strong body, 身體壯

Shun tei choang; 壯健 Chong keen. Strong applied to work, 堅固 Keen koo; 主固 Chu koo.

STUPID boy, 笨仔 Păn tsei; 愚蠢 U chun.

SUBURBS, 城外 Sheng goy.

SUCCESSION, coming in, 陸續來 Lok sok loy. Following in succession up to the present period, 歷來 Lik loy. Successive years, 歷年 Lik neen.

SUCCESSIVE, continuous, 一連 Yat leen.

SUCCOUR man's neccessities, 濟人之急 Tsei yun che kap. To succour in case of hunger, cold or debt, 週濟 Chăw-tsei; 利濟 Le tsei.

SUCK, 啜 Chuet. To suck as an infant, 啜奶 Chuet neen; 飲奶 Yăm neen; 啜奶 Chuet nai.

SUDDENLY, 忽然 Wăt een; 突然 Tat een; 忽然 Făt een. Seen suddenly, 乍見 Cha keen.

SUGAR, 糖 Tong. Soft sugar, 沙糖 Sha tong. Sugar candy powdered, 冰糖粉 Ping tong fun.

SUGAR CANDY, 冰糖 Ping tong.

SUGAR CANE, 蔗 Chay; 甘蔗 Kum chay. Hot sugar cane, 熱蔗 Eet chay.

SULPHUR, 硫磺 Lăw wong.

SUM Total, 共計 Kung kei; 籠總 Lung tsung.

SUMMER, 夏天 Ha teen.

SUN, 日頭 Yat tăw.

SUNDAY, 禮拜日 Lei pai yat. 主日 Chu-yat, The Lord's day.

SUNDIAL, 日規 Yat kwei They have also a moondial, 月規 Uet kwei.

SUNDRIES, 十碎 Shăp suy.

SUPPER, 晚飡 Man tsan, Evening meal.

SUPERFINE Cloth, 上好幼細布 Sheong how yăw sei pow.

SUPERINTEND and take care of the affairs of another, 照料 Chew lew; 荅應 Tap ying.

SUPPORT, 扶持 Foo che. I rely on pour support, 我藉你扶持 Go tsik ne foo che.

SUPPOSE, Imagine, 料事 Lew sze; 想度 Seong tok.

SUPPOSE or guess, conjecture, 猜度 Chai tok, Thought measure, 估 Koo; 估量 Koo leong. 不過咁猜度 Pat kwo kum chai tok, Not passing thus conjecture; mere conjecture or supposition. 你估幾多價錢 Ne koo-ke to ka tseen, You suppose how much price? [kum kay.

SUPPOSE, or if it be so, 倘若係咁旣 Tong yok hei-

SUPRACARGOES, 班上 Pan sheong, This expression is used in Canton for the members of Factories. It does not convey the sense to a person in the interior. A single supracargo of a Ship is called 大班 Tai pan.

SURROUND, 週圍 Chăw wei.

SUSPICIOUS, 猜疑 Chai ee; 思疑 Sze ee.

SUSPICION, 思疑 Sze ee. I have some suspicion of him, 我有的思疑佢 Go yăw te sze ee kuy.

SURVEY, a coast, 探沙水 Tam sha shuy.

SWALLOW, 吞 Tun; 吞下 Tun ha; 吞落肚 Tun lok-tow. 吞騙 Tun peen, is used for, cheat; defraud. 吞口水 Tun hăw shuy, Swallow spittle, denotes longing for, or coveting what is unattainable.

SWEAR, 發誓 Fat shei; 誓願 Shei une. An affair which is uncertain, is said to be, 誓願主 Shei une chu.

SWEEP the ground, 掃地 Sow te. To sweep the floor, 掃樓板 Sow lăw pan.

SWEETMEATS, 糖菓 Tong kwo.

SWELLING, 生瘡腫起 Shang choang chung he; 腫脹 Chung cheong.

SWELL up, 腫起 Chung he.

SWING, on the extremity of a wheel, 打韆鞦 Ta tseen tsăw.

SWINDLING, false pretences, 查賍 Cha tsoang.

SWIVELL, 過山標 Kwo shan pew.

SWORD a, 一把劍 Yat pa keen.

SYRUP, 糖水 Tong shuy.

SYCEE SILVER, 紋銀 Măn găn. The highest touch is called 細絲銀 Sei sze găn, or 十足紋銀 Shap tsuk-măn găn; 九七水 Kaw tsat shuy, 97 Touch.

T

TABLE, 枱 Toy; 桌 Cheok; 枱桌 Toy cheok. To lay the Table, 擺檯 Pai toy. To lay a cloth on the Table, 鋪檯 Pow toy.

TABLE CLOTH, a, 一張枱布 Yat cheong toy pow.

TABLE MATS, 碟蓆 Teep tsek, Plate mats. 送碟蓆 Sung teep tsek, Present plate mat.

TACK, of a boat, 悝頭 Le tăw. To tack, 轉頭 Chune-tăw. To raise the main tack, 觧大悝頭 Kai tai le tăw. To haul it down, 綁大悝頭 Pong tai le tăw. To shift if forwards, 綁頭邊 Pong tăw peen.

TAEL, one, 一両 Yat leong. One Tael weight, 一両重 Yat leong chung. Ten tael of Silver, 銀十両 Găn shap-leong.

TAIL of animals, 尾 Me; 禽獸尾 Kum shăw me.

TAILOR, 裁縫 Tsoy fung; 裁縫佬 Tsoy fung low; 佬 Low, denote an old man and 師傅 Sze foo, A workman;

縫裁師傅 Tsoy fung sze foo. 叫裁縫來 Kew-tsoy fong loy, Call Tailor come.

TAKE away, from Table, 收去 Shăw huy; 收去咯 Shăw-huy lo; 擰開 Ning hoy. Take up, 執起 Chap he. Take off as a saddle, 除去馬鞍 Chu huy ma oan.

TAKE CARE of this chest, 照應個的箱 Chew ying ko-te seong.

TALL person, 身體高大 Shun tei, kow tai.

TAPE, cotton, 綿紗帶 Meen sha tai.

TAR, 吧嗎油 Pa ma yăw.

TARTAR, Eastern, 滿洲人 Moon chăw yun.

TARGET, 靶子 Pa tsze; 射箭靶子 Shay tseen pa tsze.

TASTE, 味道 Me tow. 味道唔好 Me tow im how, Taste not good.

TAVERN, 酒店 Tsaw teen.

TAX, on land, 錢糧 Tseen leong, on Merchandize, 稅課 Shuy fo.

TEA, 茶 Cha. 茶葉 Cha eep, Tea leaf. To make or boil Tea, 煲茶 Pow cha.

TEA of the first growth, 1st. 頭春茶 Tăw chun cha. 2nd. 二春茶 Ee chun cha. 3d. 三春茶 Sam chun cha. After these pluckings the residue is called, 秋露茶 Tsăw-low cha.

TEA

TEA qualities of; 1st grade, 頂盤 Ting poon. 2nd, 頭盤 Tăw poon. 3rd, 二盤 Ee poon. 4th, 三盤 Sam poon. 5th, 押多 Ap tung.

TEA, a good leaf, 好條子 How tew tsze. Good taste, 好嘗味 How sheong me. Good smell, 好聞味 Haw măn-me. Dusty, 茶塵多 Cha chun to. Broken leaf, 茶末 Cha moot, or 碎葉 Suy eep.

TEA, to sift Tea, 篩茶 Shai cha. Painted tea, 藍靛茶 Lam teen cha, or 假綠茶 Ka lok cha. False packed, 裝假茶 Ka chong cha. To mix, 相摳 Seong kăw.

TEA CANNISTER, 茶罐 Cha koon.

TEACH, 敎 Kaou; 敎道 Kaou tow; 敎訓 Kaou fun. Teach him to read, 敎佢讀書 Kaou kuy tuk shoo. Good mode of teaching, 好敎門 How kaou moon.

TEACHER, 先生 Seen shang. Of Boys, 蒙師 Mung sze.

TEA CUP, of the Chinese, 茶盅 Cha chung. Foreign, 茶盃 Cha pooy.

TEA POT, 茶壺 Cha oo.

TEAR or Break, 擘裂 Mak leet.

TEARS, 眼淚 Gan luy. To shed tears, 流眼淚 Law-gan luy.

TEA SPOON, 茶匙 Cha che.

THI

TELESCOPE, 千里鏡 Tseen le keng, Thousand mile mirror. A common glass in boats is called 瞧筒 Tsew tung. To look with a glass, 打千里鏡 Ta tseen le keng.

TELL, 告訴 Kow so. Go and tell him, 你去告訴佢知 Ne huy kow sow kuy che, You go tell him know.

TELL or let me know, when will you? 你幾時通知我咏 Ne ke she tung che go ne.

TENNANT of a house, 房客 Fong hak. Landlord, 房主 Fong chu.

TENT, 布帳 Pow cheong; 天遮 Teen chay; 陽遮 Yaong chay.

THAN, more, 過於 Kwo u; 過 Kwo. 呢個大過個個 Ne ko, tai kwo ko ko, This is larger than that. None greater than he, 莫大於佢 Mok tai u kuy.

THANKS many, 多謝 To tsay; 感謝 Kum tsay. To express thanks, 道謝 Tow tsay.

THAT, 個的 Ko te; 個個 Ko ko. 個的唔係咁既 Ko te im hei kum kay, That not is so, It is not so or thus.

THEN, afterwards, 然後 Een hăw.

THEREFORE, 所以 Sho ee; 故此 Koo tsze.

THERMOMETER, 冷熱針 Lang eet chăm.

THICK, 厚 Hăw. Thin, 薄 Pok.

THR

THIEF or robber, 賊 Tsak. 賊匪 Tsak fe.

THIGH, 大髀 Tai pe; 大腿 Tai tuy.

THIN, 薄 Pok, the opposite thick is 厚 Hăw. Lean, 瘦 Shăw.

THING, a commodity, 物件 Mat keen; 物 Yay. An affair, 事情 Sze tsing. This thing, 呢件野 Ne keen yay; 呢個物件 Ne ko mat keen. 樣事合天理 Yaong sze hop teen le, (Every) kind affair, agreeable to heaven's principles—perfectly moral and virtuous conduct.

THINK, 思想 Sze seong. Conjecture, 估量 Koo leong.

THIRSTY, 渴 Hoat; 頸渴 Keng hoat.

THORN, 竻 Lak; 樹竻 Shu lak. A thorn bush, 竻樹 Lak shu.

THOUGH it be thus, 雖係咁既 Suy hei kum kay.

THOROUGHFARE, 通路 Tung low; or 路通 Low tung. 個一條路相通 Ko yat tew low seong tung, That road is a thoroughfare.

THREAD, 線 Seen. A thread, 一條線 Yat tew seen. Silk thread, 絲線 Sze seen.

THREATEN, 恐嚇 Hung hak. You frighten me by threats, 你嚇我驚 Ne hak go keng.

THROAT, 喉嚨 Hăw lung.

THRONE, 王位 Wong wei; 座位 Tso wei.

THROUGH, to pass, 轉過 Chune kwo.

THOROUGHLY, said of knowing, 底細 Tei sei, Bottom, small. 備知底細 Pe che tei sei, Prepared know bottom small, To know thoroughly, 一的都知到詳悉 Yat te, tow-che tow tseong tsik, One whole know thoroughly.

THROW a stone, 擗石 Pek shek. Throw away, 丟去 Tew-huy; 掮去 Wing huy.

THUMB, 手指公 Shăw che kung.

THUNDER, 雷 Luy. It thunders 行雷 Hăng huy, acts thunder. 大雷 Tai luy, Great thunder,—loud thunder. 雷聲猛烈 Luy sheng mang leet, Thunder's voice fierce fiery.—Loud claps of thunder. 雷聲霹靂 Luy sheng pik lik, Thunder's voice clap clap, quick shocks of thunder. 雷神 Luy-shin, Thunder god,

THUS, 咁 Kum. 咁樣 Kum yaong, this manner. "So fashion," as they say in Canton. 有咁樣講 Yăw kum-yong kong, Have thus said; It is thus said or with an interrogative tone. Is it this said?

TIDE flood, 水大 Shuy tai, Water greatening; otherwise expressed by 潮長 Chew cheong, Tide increasing. Ebb tide, 水乾 Shuy koan; or 潮退 Chew tuy. Strong tide, 水大流 Shuy tai lăw, Water great flow. Slack water, 水慢 Shuy man.

TIN

TIE UP, or Bind with cords, 綁緊 Pong kăn. To tie light, 綁緪 Pong kwăn.

TIFFIN, 晏晝 An chăw, i. e. noon, and the repast which is taken at noon, 點心 Teem sum, add heart.

TIGER, 虎 Foo; 老虎 Low foo, an old foo. One tiger, 一隻老虎 Yat chek low foo.

TIGHT, urgent, 緊 Kăn. Tie tight, 綁緊 Pong kăn.

TILES, 瓦磚 Ga chune; 瓦筒 Ga tung. Tile, open work, 花窓 Fa cheong.

TILL, wait till to morrow, 等到明日 Tăng tow ming yat.

TILLER, 舦柄 Tai peng, The rudder is called 舦 Tai, and the tiller, 柄 Peng, or handle.

TIME, 時 She; 時候 She hăw. 幾時 Ke she? What time? when? or thus, 乜的時候 Mat te she hăw? 光陰有限 Kwong yăm yăw han, Light shade have limit; i. e. Time is limited; Time is short.

TIME, What time is it now? 而家係乜的時候 E ka hei mat te she hăw? What time will you come? 你幾時來 Ne ke she loy? You what time come? One time, 一次 Yat tsze; 一回 Yat ooy.

TIN, 錫 Sek. Foreign tin, 馬口鐵 Ma hăw teet.

TINDER, 火茸 Fo yung; 火煤茸 Fo mooy yung.

TIN FOIL, 銅片 Tung peen.

TIN PLATES, 馬口鐵 Ma hăw teet.

TIRED, wearied, 困倦 Kwăn kune. I have walked a long way and am tired, 我走得遠困倦 Go tsăw tak une, kwăn kune. 奔波勞碌 Pun po low lok, Running hither and thither. 奔波大 Pun po tai, A great deal of running about, hence tired,

TITLE of an officer, 官銜 Koon ham.

TOAD, 蝦蟆 Ha ma; 蠄蟝 Kum kuy; 蟾蜍 Sheem chu.

TOBACCO, 烟 Een. Smoke, 生烟 Shang een, Fresh Tobacco. 熟烟 Shuk een, prepared Tobacco. Tobacco for chewing; 烟頭 Een tăw.

TOE, of a shoe, 鞋嘴 Hai tsuy, Shoe's lip. Toe of the foot, 脚指 Keok che, foot's finger.

TOMB, 墳墓 Fun mow. To worship at the Tombs, 拜山 Pai shan, worship hill or tumuli. In the spring at the term called 清明 Tsing ming, this ceremony is performed throughout the Empire. It is other wise called 行清 Hăng tsing; 踏清 Tap tsing.

TOMBSTONE, 墓門石 Mow moon shek, Grave gate stone. A slab of stone placed before it is called, 拜台 Pai toy. worshipping altar.

x

TOMORROW, 聽日 Ting yat; 明日 Ming yat. Tomorrow Morning, 聽朝 Ting chew; 明早 Ming tsow.

TONES, whines, aspirations at the end of sentences are called 餘音 U yăm, residue sounds. They are used in Canton by the literate Natives, as well as by the vulgar. 你邊處來吓 Ne peen chu loy a, You what place come? *A* is a more tone. *Ma*, *May*, *Ne*, *Lo*, are only sometimes interrogative.

TONGS, 火鉗 Fo keem.

TONGUE, 脷 Le; 脷頭 Le tăw; 舌頭 Sheet tăw. Stammer with the tongue, 拮舌 Kat sheet.

TOO LARGE, 太大 Tai tai. Too little, 太小 Tai sew. Too broad, 太濶 Tai foot. Too narrow, 太窄 Tai chak. Too low, 太低 Tai tei. Too high, 太高 Tai kow. Too close, 太密 Tai mat. Too open, 太踈 Tai sho. Too thin, 太薄 Tai pok. Too thick, 太厚 Tai hăw. Too short, 太短 Tai tune. Too long, 太長 Tai cheong.

TOO much, 太多 Tai to. Too much rain, 雨水太多 U shuy tai to.

TOOLS, Carpenter's, 木匠傢伙 Muk tseong ka fo.

TOOTH, 牙 Ga; 牙齒 Ga che.

TOOTHBRUSH, a, 一枝牙擦 Yat che ga shat.

TOOTHPICKCASE, 牙簽筒 Ga tseem tung.

TOP, 頂 Ting; 頂高 Ting kow. Up to the top, 上頭頂高 Sheng tăw ting kow.

TORTOISE, a, 一隻龜 Yat chek kwei. Tortoise shell, 龜殼 Kwei hoak. Of commerce, 玳瑁 Toy mooy.

TORTOISE SHELL, 玳瑁 Toy mooy.

TORTURE, 刑法 Ying fat; 動刑 Tung ying. To move punishment, to inflict torture; also, 行刑 Hăng ying; 拷打 Haou ta.

TOUCH, to, 掂着 Teem cheok; 摸着 Mo cheok. To press with the touch, 撳着 Kum cheok; 撳親 Kum tsun.

TOWARDS what place? 面向邊處 Meen heong peen chu. Towards the south, 向南 Heong nam.

TOWN, 城 Sheng. Canton city, 廣城 Kwong sheng. I am going to town, 出廣城 Chut kwong sheng.

TRACK a boat, 拉纜 Lai lam.

TRADE, 做生意 Tso w shang ee; 貿易生意 Măw yik-shang ee.

TRAMPLE upon, walk over, 踹踏 Chai tap.

TRAMPLE under horse's feet, 馬脚踹 Ma keak tap.

TRANSFER on account, 會數 Ooy show. To transfer from one use to another, 挪移 No ee.

TRAP, rat, 老鼠籠 Low shu lung.

TRANSLATE, 繙繹 Fan yik; 繹出黎 Yik chut lei.

TRAVELLER for pleasure, 遊客 Yăw hak; 出門遊客 Chut moon yăw hak.

TRAY, 托盤 Tok poon. Small tray, 托盤仔 Tok poon tsei.

TREASURE, 銀両 Găn leong.

TREASURY, (merchant's), 銀房 Găn fong. (Official), 庫房 Foo fong.

TREE, a, 一條樹 Yat tew shu.

TREAT or behave to, 待 Toy; 上待下唔好 Sheong toy-ha im how, Superiors treat inferiors not well, 用恕以寬待之 Yung shu e foon toy che, Bear, with excuse and liberally treat them. 寬待 Foon toy, Wide treat, means to treat with clemency.

TREMBLE, to, 打震 Ta chun; 打冷震 Ta lang chun; 發震 Fat chun.

TRIBE of men, 一種人 Yat chung yun, 一類人 Yat-luy yun. Same tribe or class, 同類 Tung luy.

TRIUMVIRATE, 三人合管 Sam yun hop koon. Three men united rule. A military triumvirate is common, first, 將軍 Tseong kwăn, The general; and two members of Council a, 左都統 Tso tow tung, Left hand adjutant, and 右都統 Yăw tow tung, right hand adjutant.

TROUBLE, that which is painful, 艱苦 Kan foo; 艱難 Kan nan; 辛苦 Sun foo.

TROUBLE, disturbance, 生事 Shang sze; 滋事 Tsze sze; 多事 To sze.

TROWSERS, 一條褲 Yat tew foo.

TRUST to, rely on, 倚賴 E lai; 倚靠 E kow.

TRUE, 眞 Chăn. Not true, 唔眞 Im chăn, 佢所講既說話係眞實既 Kuy sho kong kay shuet wa hei-chăn shăt kay, He that which speaks, the words, are true and real.

TRUNK of a tree, 樹身 Shu shun; 一碌樹身 Yat lok-shu shun. Trunk for clothes, 衣箱 E seong; 衣槓 E lung.

TRY, 試一試 She yat she.

TUB, a, 一桶 Yat tung.

TUBE, 管 Koon. A tube pencil, 一管筆 Yat koon pat.

TUESDAY, 禮拜二 Lei pai ee.

TUMBLERS on the stage, 打筋斗 Ta kăn tăw.

TURBAN, 纏頭布 Cheem tăw pow.

TURKEY, 火鷄 Fo kei.

TURMERIC, 薑黄 Keong wong.

TURN, 轉 Chune; 反轉 Fan chune. To turn over a leaf 揭轉書頁 Keet chune shu eep.

TURTLE alderman's, 盎龜 Oang kwei.

TUTENAGUE, 白鉛 Pak une.

TWICE, 兩回 Leong ooy; 兩次 Leong tsze.

UNC

TWINS, 雙生 Sheong shang; 孖仔 Ma tsei.

TWISTED, 扭埋 Năw mai,

TYPES moveable, 活字板 Oot tsze pan.

TYPHON or Tiffoon, 打風颶 Ta fung kăw; 打風暴 Ta fung pow.

U

UGLY, face, 醜貌 Chăw maou, or 貌醜 Maou chăw. Applied to aetions, 醜事 Chăw sze, An ugly,, i. e. disgraceful business,

UMBRELLA, generally, 雨遮 U chay. Rain screen of silk, 綢遮 Chăw chay. An umbrella, 一把雨遮 Yat pau chay.

UNAWARES occurred, 忽然遇着 Fat een u cheok. He come unawares, 佢忽然來 Kuy fat een loy.

UNCERTAIN, 唔定 Im ting. Altogether uncertain, 都唔定 Tow im ting.

UNCLE, a Father's elder brother, 亞伯 A pak; 伯父 Pakfoo. A Father's younger brother, 亞叔 A shuk; 叔父 Shuk foo.

UNCIVIL boisterous, careless, jesting or talking in people's presence, 冇禮貌 Mow lei maou; 冇禮義 Mow lei ee.

UNCULTIVATED land, 閒地 Han te, Land at leisure.

UNDER, 下底 Ha tei. 在床下底 Tsoy toy ha tei, Is Table under ; is under the Table. 在床下底 Tsoy-shong ha tei, is bed under.

UNDERNEATH, 在下 Tsoy ha ; 在下底 Tsoy ha tei.

UNDERSTAND how to do, 會做 Ooy tsow ; 會做事 Ooy tsow sze ; 會辦事 Ooy pan sze. To understand a proposition, 會得意 Ooy tak ee ; 曉得 Hew tak ; 明白 Ming pak ; 通得 Tung tak.

UNEVEN, 唔平 Im peng. Uneven road, 路唔平正 Low im peng cheng. The mind disturbed, 心唔平 Sum-im peng.

UNFEELING Selfish, 薄情 Pok tsing.

UNFIT, for the use intended, 唔合用 Im hop yung ; 唔着使 Im cheok shei.

UNFOUNDED report, 冇根本旣說話 Mow kăn poon-kay shuet wa.

UNINTENTIONAL, 唔係故意 Im hei koo ee. Unintentional error, 無心之過 Mow sum che kwo.

UNMANAGEABLE, obstinate careless disposition, 頑皮 Wan pe.

UNITED, or all classed together, 拉埋 Lap mai. 總拉埋講 Tsung lap mai kong, All unitedly spoken of.

UNOFFICIOUS, minding only one's own business, 安分 Oan fun, Tranquil (in one's) department, 守分 Shăw fun.

UPON, on the top of, 在上面 Tsoy sheong meen. Upon the Table, 在枱上 Tsoy toy sheong.

UPPERMOST, 頂上格 Ting sheong kak.

UPRIGHT position, 直立 Chik lap. Upright man, 忠直嘅人 Chung chik kay yun.

UPSIDE down, 顛倒 Teen tow; In confusion, 顛倒作亂 Teen tow tsok lune.

URGE, impel to do with haste, 催逼 Tsuy pik. To urge and demand, 催討 Tsuy tow.

URN or Jar in which bones are deposited and interred, 塔 Tap.

US, 我的 Go te, is either *We* or *Us*. 佢俾十二個銀錢過我的 Kuy pe ee shap ko găn tseen kwo go te, He gave twenty dollars to us.

USE employ, 用着 Yung cheok.

USELESS, 無用 Mow yung, no use. 唔中用 Im chung-yung, not hit use, Said of persons or things. 無用嘅人 Mow yung kay yun, Useless person; good for nothing fellow.

UTENSIL domestic, 器皿 He ming; 傢伙 Ka fo.

UTMOST extreme, 至極 Che kik.

V

VACCINE fluid, 痘漿 Tăw tseong. To vaccinate, 種痘 Chung tăw.

VAIN, unreal, 空虛 Hŭng huy. Vain and ostentations, 裝腔 Choang hoang.

VALLEY, 山谷 Shan kuk.

VALUE, 値 Chik. What is the value or worth of it? 値幾多錢 Chik ke to tseen? i. e. value, how much money.

VANE or weather flag, 風信旗 Fung sun ke. A wind letter [flag.

VARNISH Lacker, 漆 Tsat; 金漆 Kum tsat.

VASE for flowers, 花瓶 Fa peng; 花罇 Fa tsun.

VEAL, 牛仔 Găw tsei, Cow's young.

VELVET, 剪絨 Tseen yung, Clipped woollen.

VENETIANS, 板簾窗 Pan leem cheong; 牛拍脇窗 Găw pak eep cheong.

VERANDAH open to the heavens; a terrace, 天檯 Teen toy.

VERMILLION, 銀硃 Găn chu.

VERY, 實首 Shăt shăw; 實在 Shăt tsoy. Very good, 實首好 Shăt shăw how. Very bad, 實好敝 Shăt shăw pei. or 唔好 Im how, not good, or 壞 Wai, Spoiled. 呢個人實首壞 Ko ko yun shăt shăw wai, That man very spoiled—that's a very bad man.

Y

VICEROY, 外王 Goy wong, an outside king. The officer who in Canton, is commonly called Viceroy is. 總督 Tsung tuk, General Governor.

VICTORY, to gain, 獲勝 Wok shing; 得勝 Tak shing; 贏 Yeng; 贏嘥 Yeng sai; 贏絕 Yeng tsut.

VILIFY; rail at, 嘥撻 Sai tat; 糟撻 Tsow tat. 佢俾我當面嘥 Kuy pe go tong meen sai, He was by me vilified, or abused to his face.

VILLAGE, 鄉下 Heong ha; 鄉村 Heong tsune; 鄉落 Heong lok; 鄉間 Heong kan. The Headman of a Village, 地保 Te pow; 保長 Pow cheong. Kindreds' Elder, 族老 Tsuk low. 保正 Pow ching, the first of the headmen.

VINE, 葡提樹 Pow tei shu.

VIOLENT, 強 Keong; 剛强 Kong keong.

VINEGAR, 醋 Tsow. Sour taste, 酸味 Sune me. 造酒唔辣 Tsow tsaw im lat, Make wine not palatable. 造醋唔酸 Tsow tsow im sune, Make vinegar not sour i. e. useless.

VIRTUE, 德行 Tak hang, Virtuous deeds that others know, 陰功 Yam kung; 陰隲 Yam chat, Secret virtuous actions.

VISIT, 拜客 Pai hak; 拜人客 Pai yun hak; 拜會 Pai ooy. To return a visit, 回拜 Ooy pai. To visit a superior, 拜見 Pai keen.

WAL

VISITOR, 人客 Yun hak. There is a visitor come, 有人客來拜 Yăw yun hak loy pai.

VOICE, sound, news of, 聲氣 Sheng he, 講話聲氣唔好 Kong wa sheng he im how, Speaking voice not good.

VOLUME, one, 一部書 Yat pow shu.

VOMIT, 嘔 ăw; 嘔吐 ăw tow.

VOYAGE, a, 一水 Yat shuy. Long Voyage, 水路遠 Shuy low une,

VULGAR, 俗 Tsok, or Sok. Vulgar dialect, 俗話 Tsok wa.

W

WAFER, 火漆片 Fo tsat peen.

WAGES, 工錢 Kung tseen

WAISTCOAT, 背心 Pooy sum.

WAIT, 等下 Tăng ha; 等候 Tang hăw. Waiting for an official vacancy, 候補 Hăw pow.

WAKE up, 醒 Seng. Wake up from sleep, 瞓醒 Fun seng. To wake up from wine, 醉醒 Tsuy seng.

WALK, 走路 Tsăw low; or 行路 Hang low, Walk road. 走路脚軟 Tsăw low keok une, Walk road legs weak said of old persons. Walk up and down, 行千步 Hang tseen-pow, Walk a thousand paces.

WAS

WANGHEES, 竹槺 Chuk keong.

WALNUT, 桃核 Hat tow; 合桃 Hop tow.

WALL, 墻 Tseong. A mud wall, 坭墻 Nei tseong. A brick wall, 磚墻 Chune tseong. City wall, 城墻 Sheng tseong.

WAMPEE, fruit, 黄皮 Wong pe.

WANT, to require, 要 Yew. 你要唔要 Ne yew, im yew? You want, not want? 唔要 Im yew, Don't want. 我要你 Go yew ne, I want you. Defect, 缺 Huet, or 缺少 Kuet shew; 少缺 Shew huet.

WAR, 打杖 Ta cheong. 兩國打杖 Leong kwok ta-cheong, Two nations at war.

WAREHOUSE, 棧房 Chan fong. The Company's, 集義行 Tsap e hong.

WARM, 煖 Nune. Warm water, 煖水 Nune shuy. Warm weather, 天時煖 Teen she nune, Heaven's time warm.

WASH the face, 洗面 Sei meen. Wash clothes, 洗衫 Sei-sham, or 洗衣服 Sei e fok; 洗衫褲 Sei sham foo.

WASHERMAN, 洗衣裳佬 Sei e sheong low.

WASH-HANDSTAND, 面盤架 Meen poon ka. Wash-hand basin, 面盤 Meen poon.

WASP, 黄蜂 Wong fung.

WASTE, injure one's health, 嘥身家 Sai shun ka. To waste any thing, 嘥野 Sai yay. A wasteful boy, 嘥野大王 Sai yay tai wong. Sai, corresponds to the Mandarin phrase 糟撻 Tsow fat,

WATCH, 時辰標 She shin pew, Time hour's manifestation, (see clock). What time, 乜野時候 Mat yay shè hăw,

WATCHMAN, 體更 Tei kang; 守夜 Shăw yay.

WATCH ribbon, 標帶 Pew tai.

WATCH SPRINGS. 時辰標髮條 She shun pew fat tew.

WATER, 水 Shuy, Macao Dialect Suy. 山水 Shan shuy, Hill water, is, spring water. Well-water, 井水 Tseng shuy. To carry water, 擔水來 Tam shuy loy, carry water come. 擰一杯水來 Ning yat pooy shuy loy, Bring one cup (or glass) water come. 鹹水 Ham shuy, Salt water. 淡水 Tam shuy, Fresh water. 雨水 U shuy, Rain water.

WAY or road, 路 Low; 一條路 Yat tew low.

WAY or plan, 方法 Fong fat; 法子 Fat tsze. 我冇計你有乜法子呵救得我 Go mow kei, ne yăw-mat fat tsze ho kăw tak go, I no scheme; you have what way can rescue or save me?

WAX, 蠟 Lap. Bee's wax, 蜜蠟 Măt lap. Yellow wax, 黄蠟 Wong lap. White wax, 白蠟 Pak lap.

WE, 我地 Go te. 我地昨日來 Go te tsok yat loy, We yesterday came. 我地幾個人 Go te ke ko yun, We several persons,

WEAK, 弱 Yok; 軟弱 Une yok; 衰弱 Shuy yok; 身體弱 Shin tei yok, 孱弱 San yok, Weak body. Weak as Tea or wine, 淡 Tam Weak wine, 淡酒 Tam tsăw. Strong wine, 濃酒 Yung tsăw,

WEAR, a boat or Ship, 下浪船 Ha long chune,.

WEARY, 倦 Kune, 疲倦 Pe kune; 困倦 Kwăn kune,

WEATHER, 天氣 Teen he; Heaven's air, 天色 Teen shik, Heaven's colour, Bad weather, 唔好天色 Im how teen-shik. Cold weather, 天氣冷 Teen he lang. Warm weather, 天氣暖 Teen he nune,

WEATHER COCK, 風信旗 Fung sun ke,

WEAVE cloth, 織布 Chik pow, is 女工多 Nuy kung to, Women's work mostly,

WEAVER, 機房佬 Ke fong low; 織機工人 Chik-ke kung yun,

WEB, of Cloth, 織布一張機 Chik pow yat cheong ke. Web of a spider, 蜘蛛網 Che chu mong.

WEEK, a, 一個禮拜 Yat ko lei pai.

WEEP, 滴出眼淚落來 Tik chut gan luy lok loy.

WEIGH, 秤 Ching. Weigh and see how heavy that is, 秤個的野睇幾重 Ching kò te yay, tei ke chung. Weigh Tea, 秤茶 Ching cha.

WEIGHTS, 碼子 Ma tsze; 法碼 Fat ma. Scales and Weights, 針磅碼子 Cham pong ma tsze.

WELL of water, 井 Tseng; 水井 Shuy tseng.

WEST, 西 Sei; 西方 Sei fong; 西便 Sei peen.

WET, 濕 Shap. Wet through, 濕晒 Shăp sai.

WHAMPOA, 黃埔 Wong pow.

WHANGEES of commerce, 鞭杆 Peen koan.

WHAT? 乜野 Mat yay? What affair, or business, 乜野事呢 Mat yay sze ne?

WHAT is the matter, 有乜野事呀 Yăw mat yay sze a.

WHAT Business have you? 有乜事情 Yăw mat sze tsing. No business, I only came to see you, 冇乜別事 Mow-mat peet sze; 我便中探你 Go peen chung tam ne.

WHAT is on the ground, 地上有乜野 Te sheong yăw-măt yay.

WHATEVER he does, 一總佢做 Yat tsung kuy tsow.

WHEAT, 麥 Mak, Wheat flour, 麥麵 Mak meen, Wheat husks, 乜糠 Mak hong.

WHEEL, 輪 Lun; 車輪 Chay lun.

WHEELBARROW, 車 Chay. 一車貨 Yat chay fo, one barrow load of goods. They are used in country places for wheeling both persons and goods. 推車 Tuy chay, To wheel a barrow.

WHEN, 幾時 Ke she. What time, or 乜的時候 Mat te-she hăw? 佢來幾時你吽我 Kuy loy ke she, ne kew go, He come that time you call me; When he comes, call me.

WHENEVER, 唔論幾時 Im lun ke she.

WHERE? 邊處 Peen chu? Where is it? 在邊處 Tsoy-peen chu.

WHERESOEVER, 唔論邊處 Im lun peen chu.

WHICH, 邊個 Peen ko.

WHIP, for a horse, 馬鞭 Ma peen; 鞭杆 Peen kean. Whipcord, 馬鞭梢 Ma peen shaou.

WHITE, 白色 Pak shik.

WHITE LEAD, 鉛粉 Une fun.

WHO is that man? 個的人係乜誰 Ke te yun hei mat-shuy. He is my Master's Cook's Brother, 佢係家主既厨子既大佬 Kuy hei ka chu kay chu tsze kay tai-low.

WHOLE of any thing, 一總 Yat tsung; 籠總 Lung tsung; 全晒 Tsune sai. The whole day, 終日 Chung yat.

WHOLE, To engage to transact the *Whole* of any concern, 包攬辦 Paou lam pan; i. e. embrace, enclose manage. The whole of any thing, 籠總 Lung tsung. A whole piece of silk &c., 成塊一疋 Shing fai yat păt.

WHOLESALE, or large articles of commerce, 大宗貨物 Tai tsung fo mat. Retail or small articles of trade, 細宗貨物 Sei tsung fo mat. Whole-sale contract, 抱攬生意 Paou lam shang ee.

WHY, 爲何 Wei ho; 做乜事 Tsow mat sze.

WICK, 燈心 Tăng sum, Lamp's heart.

WIDOW, 寡婦 Kwa foo.

WIFE, 妻子 Tsei tsze; 女人 Nuy yun; 老婆 Low po.

WILL, left by a person dying, 遺囑 Wei chuk; 囑書 Chuk shu.

WIN, 嬴 Yeng, Also superior to. 佢嬴過我 Kuy yeng-kwo go, He has won of me or is superior. The opposite is 輸 Shu.

WIND, 風 Fung. Fair wind, 順風 Shun fung. Foul wind, 逆風 Gak fung. Wind is rising, 起風 He fung; 翻風 Fan fung. Wind is falling, 風息 Fung sik; 風定 Fung ting. No wind, 冇風 Mow fung. Puff of wind, 風仔 Fung tsei. Strong wind; stiff breeze, 大風 Tai fung. This Tai-fung, is probably the origin of Ty-phon.

WINDOW, 窗門 Cheong moon. Window which opens in two halves, 兩扇窗門 Leong shen cheong moon.

WIND-WARD, 埋風便 Mai fung peen.

WINE, any manufactured beverage spiritous, vinous, or fermented 酒 Tsăw; 白酒 Pak tsăw, Madeira or white wine. 水酒 Shuy tsăw, The ordinary Gin of the Chinese.

WINNOWING machine, 風櫃 Fung kwei.

WINTER, 冬天 Tung teen.

WIPE it clean, 抹乾淨 Moot koan tseng. Wipe it out, 抹去 Moot huy.

WIRE, Iron, 鐵線 Teet seen. Brass, 銅線 Tung seen; Silver, 銀線 Găn seen. Gold, 金線 Kum seen.

WISE, knowing, 有見識 Yăw keen shik; 見識高 Keen-shik kow.

WISH for, 相得 Seong tăk; 願想 Une seong; 思想 Sze seong.

WITCH, 覡婆 Sheng po, See necromancer; who resembles very much the witch of Endor.

WITH, 共 Kung; 同 Tung. 孖埋 Ma mai, Go with him. 你共佢去 Ne kung kuy huy, Instead of Kung or Tung, Ma-mai, may be used.

WITH me, 共我 Kung go.

WITHIN, 裏頭 Luy tăw; 在內 Tsoy noy. He is within, 佢在裏頭 Kuy tsoy luy tăw.

WITHOUT, destitute of 無 Mow. Out side, 在外 Tsoy goy; 外頭 Goy tăw.

WITNESS, 見証嘅人 Keen ching ka yun. To be a witness, 作見証 Tsok keen ching. Witness in Court is called, 干証 Koan ching.

WOLF, 豺狼 Shai long. Wolfish disposition, 豺狼性情 Shai long sing tsing. Like a wolf, 猶如一隻豺狼 Yăw u yat chek shai long.

WOOL, 羊毛 Yaong mow.

WOMAN, 女人 Nuy yun. A married woman, 婦人 Foo-yun. An old woman, 老女人 Low nuy yun. 蔞髩妹 Lăw yăm mooy, Let hair hang down sister; denotes a young woman whose hair hangs down on the forehead, wives braid it up.

WOOD, to work on, 木 Muk; 木頭 Muk tăw. A forest, 樹林 Shu lăm.

WOODCUTTER for fuel, 斬柴人 Cham shai yun; 樵夫 Tsew foo.

WOOLLENS, 哆羅絨 To lo yung, or 哆羅呢 To lo ne.

WORKMANSHIP, good, 幼細工夫 Yăw sei kung foo.

WORK, 工夫 Kung foo. A great deal of work, 好多工夫 How to kung foo.

WORLEYS, 大呢 Tai ne; 小絨 Sew yung.

WORLD, 天下 Teen ha, Heaven below; all below the heavens: this phrase is indefinite, sometimes meaning China alone; at other times the whole world. 普天下 Pow teen ha, The whole world. 世界 Shei kai; 世間 Shei kan, The whole age; the world; the region of living human beings.

WORM, 黃犬 Wong hune. 黃犬咁笨噲咬人 Wong-hune kum păn ooy gaou yun, Worm as stupid, knows to bite man; denotes very stupid but malicious.

WORSTED STOCKING, 氈襪 Cheen mat.

WORTH fit deserving, 堪 Hum; 堪宜 Hum ee. 個個人堪宜承辦個件事 Ko ko yun hum ee shing pan ko keen-sze, That man worthy (or fit to) transact this business. 呢個人不堪用 Ne ko yun pat hum yung, This person is not worth employing.

WORTH, the value, 値底 Chik tei. 你件野不値錢 Ne keen yay, pat chik tseen, This thing not worth money; it is worth little or nothing; it can also be said, 唔底錢 Im tei tseen.

WOUND, the body 損傷身體 Sune sheong shun tei.

WRAP, round tight, 扎住 Chat chu; 包裹 Paou kwo.

WRECK of a vessel, 爛船 Lan shune.

WRIST, 鈪 Ak; 手鈪 Shăw ak.

WRITE, 寫 Say; 寫字 Say tsze. Correct stiff hand, 正寫 Ching say; 楷書 Kai shu. Running hand, 草書 Tsow-shu; 草字 Tsow tsze.

WRITER, 寫字既 Say tsze kay, Write characters one who does. This is commonly applied to foreign writers and Pursers. In public offices, 書辦 Shu pan, (see clerk).

WRONG, 有錯 Yăw tso; 錯過 Tso kwo; 唔着 Im cheok.

YAM, edible, 大薯 Tai shu. A small sort, 芋頭 Oo tăw. Yam used in dyes and by boatmen for their sails and ropes, 薯莨 Shu leong.

YARD, a, 一碼 Yat ma. One yard of cloth, 哆囉絨一碼 To lo yung yat ma.

YEAR, 年 Neen; 歳 Suy. 一年有十二個月 Yat-neen yăw shăk ee ko uet, One year has twelve months. 你有幾多歳你 Ne yăw ke to suy ne? You how many years-eh? What is your age? This year, 今年 Kum neen. New year, 新年 Sun neen. Last year, 舊年 Kăw neen, Old year, Next year, 明年 Ming neen; 來年 Loy neen; 出年 Chut neen; 下年 Ha neen. Year after next, 後年 Hăw neen, Year after that 大後年 Tai hăw neen. The Chinese year is lunar, and has sometimes thirteen moons.

YELLOW, 黄色 Wong shik.

YOU

YELLOWSTONE of commerce, 石黃 Shek Wong.

YES, as an affirmative respond to the question, 係咁既 Hei-kum kay, Is thus? Is it is so? 有咁既 Yăw kum kay. Have so, it is so; or *Hei, is;* it is so. 你有冇 Ne-yăw, mow? Have you, or not? instead of yes, it is said, *Yăw*, Have.

YESTERDAY, 昨日 Tsok yat. He came yesterday, 佢昨日來 Kung tsok yat loy.

YET, a woman *not yet* married, 女人未曾嫁既 Nuy-yun *me tsăng* ka kay. 佢未曾來 Kuy *me tsăng* loy, He *not yet* come.

YET, however, 到底 Tow tei.

YOLK of an egg, 鷄蛋黃 Kei tan wong.

YOUNG, in years, 少年 Shew neen, Few years. 年已輕 Neen ke heng, Year's record light. 幼年既 Yăw neen kay, Delicate year-ed.

The young of any animal is expressed by 仔 Tsei, Child, 羊仔 Yaong tsei, Sheep's child, kid. 鷄仔 Kei tsei, Fowl's child, chicken. 少婦 Shew foo, A young woman.

YOUR, 你的 Ne te. Your servant, 盛价 Shing kai.

END OF THE FIRST PART.

廣東省土話字彙

A

VOCABULARY

OF THE

CANTON DIALECT.

BY R. MORRISON, D. D.

PART. II.

CHINESE AND ENGLISH.

MACAO, CHINA.

PRINTED AT THE HONORABLE EAST INDIA COMPANY'S PRESS,

BY G. J. STEYN, AND BROTHER.

1828.

VOCABULARY

OF THE

CANTON DIALECT.

CHINESE AND ENGLISH.

A

A, 亞 As in shall; an appellative of poor and of young people; sometimes written, 阿 Ah, or Oh.

A-cha, 丫叉 Space between the fingers.

A-ko, 亞哥 or 阿哥 O-ko, An elder Brother.

A-kung, 亞公 A grand father.

A-lik-tsăw, 亞叻酒 Arak; Arack spirit.

A-mooy, 亞妹 A younger Sister.

A-păk, 亞伯 A Father's elder Brother.

A-peen, 鴉片 called Delicately, 洋烟 Yaong-een, Foreign smoke, that is Tobacco. In the slang of the trade it is called 墨貨 Hak-fo, The black commodity.

AP

A-peen, 鴉片 Opium is also called 鴉片膏 A-peen-kow, or Salve. 鴉片泥 A-peen-nei, or Dirt. 鴉片烟 A-peen-een, or Smoke; refuse is, 鴉片屎 A-peen-she, or ordure.

A-shuk, 亞叔 A father's young Brother.

A-tăw, 丫頭 A servant girl.

A-tei, 亞弟 A younger Brother; in Macao used for a Servant boy, like Tei-tsei.

A-tsay, 亞姐 An elder sister.

A-tseok, 鴉雀 A species of crow.

A-tsze, 啞仔 A dumb person.

Ai-man, 挨晚 Leaning to evening; or the evening.

Ai-shu, 挨樹 To ingraft by placing one branch against another and surrounding them with soil.

Ai-ya, 噯呀 Ah! strange! alas!

Ak, 扼 The wrist, a bracelet.

Ak-tăw, 扼頭 The clasps of bracelets.

An-chăw, 晏晝 Noon; Tiffin. 早辰 Tsow-shun, Morning. 挨晚 Ai-man, Evening.

Ang, 鸚 or 鸚歌 ăng-ko, A parrot, a Cockatoo.

Ang-keok-tung, 鸚脚痛 To press the foot and pain it.

Ap, 鴨 or 寶鴨 Pow-ăp, A Duck.

Ap-shune, 押船 Guard-boat; the Chinese custom-house tenders at Whampoa are so called.

CHA

C

CHA, 茶 Tea. The leaf, 茶葉 Cha-eep. 武彝茶 Mow-ee-cha, or 大茶 Tai-cha, Bohea. 綠茶 Lok-cha, Green tea, 押冬茶 Ap-tung-cha, Winter tea. 工夫茶 Kung-foo-cha, Congo tea. 包種茶 Pow-chung-cha, Pouchong. 熙春茶 He-chun-cha, or 正茶 Ching-cha, Hyson tea. 雨前茶 U-tseen-cha, or U-chain, Young Hyson. 白毫茶 Pak-how-cha, Pe-koe. 屯溪茶 Tune-kei-cha, Twan-kay. 小種茶 Sew-chung-cha, Souchong. 小焙茶 Sew-pooy-cha; 珠茶 Chu-cha, Gunpowder tea. 揀焙茶 Kan-pooy-cha, Campoi. 松羅茶 Sung-lo-cha, Singlo. 皮茶 Pe-cha, Hyson skin.

Cha, 搽 To rub, to wipe.

Cha-chat, 查察 To examine.

Cha-che, 茶匙 A tea spoon.

Cha-cheong, 搽瘡 To rub or anoint a sore.

Cha-chung, 茶盅 A Chinese Tea-cup.

Cha-een, 詐然 Fallaciously; fraudulently,

Cha-eep, 茶葉 Tea leaf.

Cha-fa, 茶花 The camellia Japonica.

Cha-fun, 搽粉 To rouge or paint the face.

Cha-gei, 詐僞 False hypocritical.

CHA

Cha-hak, 茶客 Tea merchant who goes to the Hills.

Cha-hong, 茶行 Tea warehouse in Canton where the Cha-hak, Deposit their Teas.

Cha-ke, 茶几 A small stand or Table on which to place Tea.

Cha-keen, 乍見 To see suddenly; briefly.

Cha-koon, 茶罐 A tea canister of lead or tin.

Cha-măn, 查問 To examine and enquire.

Cha-moot, 茶末 Broken leaves of Tea; Tea dust.

Cha-oo, 茶壺 A tea pot.

Cha-păt-une, 差不遠 Not very far from; nearly.

Cha-păt-to, 差不多 Error not much, nearly.

Cha-pooy, 茶杯 A Tea cup.

Cha-seong, 茶箱 A Tea chest.

Cha-shăw, 叉手 To clasp the two hands with the fingers inserted between each other. To shake hands.

Cha-shăw, 查收 To examine and receive a thing sent.

Cha-sheen, 詐善 Dissembled virtue; Hypocrisy. 裝假苟 Choang-ka-kăw, Putting on false appearances.

Cha-shune, 茶船 Tea ship, a Chinese Sawcer.

Cha-sze, 茶師 Tea Inspector.

Cha-tăk-une, 差得遠 Very different.

Cha-tăw, 茶頭 The stalky part of Tea; also called 茶骨 Cha-kwăt, Tea bones. 茶末 Cha-moot, Broken leaves.

CHANG

Cha-tsei, 茶仔 The broken refuse of Tea,-some is used to drink, and some for washing the hands.

Cha-tsoang, 詐賍 False pretences; swindling. 詐賍逼命 Cha-tsoang-pik-ming, To defraud and oppress so as to cause the loss of life.

Cha-tsze, 渣滓 Dress; fœces.

Cha-tung, 茶桶 The Chinese Tea bucket.

Cha-yăw, 茶油 Tea oil.

Chai-ee, 猜疑 To suspect; suspicious.

Chai-tok, 猜度 To guess, or conjecture.

Chăm-cha, 斟茶 Pour out Tea.

Chăm-heong, 沉香 Aloes, lignum.

Chăm-sze, 沈死 To steep to death; to drown. 沉死女子 Chăm-sze-nuy-tsei, To drown female infants—said to be very prevalent in Ka-ying-chăw, on the east border of Canton.

Chăm-tăw, 枕頭 A pillow.

Cham-tăw, 斬頭 To cut off the head.

Chăm-tsăw, 斟酒 To pour out wine; hence the name, *Sam-sheo*, Given to spirits in Canton.

Chăn, 眞 True. Chăn-ka, 眞假 True, false. 眞話 Chăn-wa, True speech.

Chăn-chu, 珍珠 Pearls.

Chang, 橙 An orange. 桔 Kăt, The Mandarin orange.

CHAT

Chaou-kei-tsei, 罩鷄仔 Fried chicken.

Chaou-oon-găn-pow, 找換銀舖 Exchange silver-shop, a money changers.

Chaou-sam-pan, 棹三板 To row a boat.

Chaou-u, 罩魚 Fried fish.

Chap-fong, 閘房 A guard house at a gate.

Chap-foo, 閘夫 A man who watches a gate in a Street.

Chap-hăw, 插口 To fill up an aperture; to insert one's word when others are speaking.

Chap-ho, 閘河 A canal or river with sluice gates.

Chap-ke-tan, 插旗單 Chop or permit for an empty boat.

Chap-lăp-chuk, 插蠟燭 To insert a Chinese or other candle in a Socket.

Chap-moon, 閘門 A gate in a street, shut at nights.

Chap-tan, 劄單 A contract or agreement perfected, a settled bond.

Chap-tsuy, 插嘴 To insert the lip, i. e. a word, or interfere in conversation.

Chat-chu-koo, 札主固 To wrap round a bind fast.

Chat-fa, 札花 To bind flowers together. 札花籃 Chat-fa-lam, To connect flowers and form a Basket. 札花燈 Chat-fa-tăng, To form a Lantern with flowers.

Chat-lăm, 札藍 Sky blue.

Chat-pe, 獺皮 Land otter skin?

CHEEM

Chat-tut, 察奪 To examine and decide; a legal Phrase.

Chăw-chay, 綢遮 or U-chay, 雨遮 A silk umbrella.

Chăw-tsuy-sik, 臭隨息 A fœtid breath; a bad smell; a stink.

Chăw-tune, 綢緞 Silks generally; silk piece goods.

Chay-lee, 扯悝 To hoist a sail. Chay-le, This sound is used by the Chinese, for *Jelly*; and is like Chay-lee, Hoist sail.

Che-chei, 遲滯 Slow; delayed.

Che-cho, 始初 The beginning; the commencement.

Che-kik, 至極 The utmost degree; to the extreme point.

Che-ma-tew-pe, 芝蔴貂皮 Seal skin.

Che-mai, 置買 To buy.

Che-pai, 紙牌 A card to play with.

Che-păt-shing-măt, 紙筆成物 or 筆成物紙 Pat-shing-mat-che, Not able to number by bending the fingers; a great many times.

Che-tow, 知道 To know.

Cheem-kwa-sune-meng, 占卦算命 To cast lots and calculate fates to tell fortune.

Cheem-sheong-shăw, 佔上手 To avail one's self of the right hand advantage; the greater benefit. 失下手 Shăt-ha-shăw, To lose the lower hand; the less advantage.

Cheem-sheong-fung-pung, 佔上風篷 To avail one's self of a fair wind.

CHEONG

Chei-toy, 制台 or 臺 Tuk, The Governor of a Province same as Tsung-tuk.

Cheong, 長 Long. Cheong-tune, 長短 Long and short.

Cheong-kăw, 帳勾 Curtain book.

Cheong-kwei, 掌櫃 Controller of the Counter; head shopman. The people in Canton sometimes call out this on seeing a gentleman foreigner.

Cheong, 唱 To sing.

Cheong-muk-u, 唱目魚 To sing ballads.

Cheong-hok, 唱曲 To sing songs, or tales in verse.

Cheong-sew-hok, 唱小曲 or Cheong-kwan-hok, 唱慣曲 To sing little songs.

Cheong-le, 掌理 To manage; to superintend.

Cheong-muk, 樟木 Camphor wood.

Cheong-muk, 賬目 An account.

Cheong-muk-tan, 賬目單 An account or Bill taken from a Book.

Cheong-now, 樟腦 Chinese camphor.

Cheong-shuy-găn, 長水銀 Balance of accounts.

Cheong-tae-sham, 長太衫 Long great coat; over all or boat Cloak; called Tai-law, when without sleeves.

Cheong-tăng, 長凳 A long stool or form.

Cheong-tsuy, 長隨 Senior follow; a foot man, a Servant.

CHING

Cheen-han, 展限 To extend the time farther than the original arrangment.

Cheet-kong-shang、浙江省 Chĕ-keang, Province.

Chew-chew-tam-shuy, 朝朝擔水 Morning morning carry water, i. e. carry water every morning.

Chew-pai, 招牌 Inviting tablet; a sign board, also an advertising hand hill.

Chew-shăp, 潮濕 Damp.

Chew-yaong-tsow, 照樣做 Like fashion make; make it like the pattern.

Chew-yat-lăw, 潮一流 Tide one flow; one tide.

Chik-hei, 只係 That is; just is.

Chik-yung, 織絨 Lamb's skin woolen.

Chik-pow, 赤布 Flesh-coloured, or carnation cloth; Nankeens are sometimes so called.

Chin-choo-fun, 珍珠粉 Pearl flour; i. e. a substitute for arrow root, made of rice.

Ching-cha, 稱茶 To weigh tea.

Ching-foo, 稱呼 To address by a tittle or complimentary phrase.

Ching-tsei, 正妻 A wife, in contradistinction from 妾氏 Tseep-she, A concubine.

Ching-wai, 整壞 Make spoil; to spoil or injure; 你莫整壞個的野 Ne-mow-ching-wai-ko-te-yay, You not spoil that thing.

CHU

Cho-yăt, 初一 Beginning first; that is the first day of the moon. The word Cho, is pleased before all the first ten days of the month. Cho-ee, Cho-sam, &c.

Cho-yăp-hung-moon, 初入黌門 Fist entering the Hung gate, obtaining the first degree in the School of Confucius.

Chong-hong, 裝腔 Pompous; assuming great consequence.

Chu-haou, 主考 To lord the examination. The officer from Court who presides at the Triennial examination.

Chu-keok-tung, 豬脚凍 Pig's feet cold; i. e. is pigs feet jelly, applied to jellies generally.

Chu-koo, 主固 Lord it firm; firm, strong; safe. 主固不悮 Chu-koo-păt-ing, Strong firm not miss—common expression on signboards.

Chu-kung, 豬公 A boar.

Chu-lan-cha, 珠蘭茶 Caper Tea, or gunpowder Tea.

Chu-mow, 豬母 A sow.

Chu-me-lung, 猪尾龍 Pig tail dragon.—A loin of Pork. 尾龍骨 Me-lung-kwăt, Denotes the same.

Chu-pai-kwăt, 猪牌骨 Pork chops.

Chu-pow, 珠寶 Pearls.

Chu-sha, 硃砂 Cinnabar; also 神砂 Shin-sha.

Chu-yăw, 猪油 Pork oil; i. e. pork fat hogslard.

Chu-yew, 猪腰 Pig's waist; kidney.

CHUT

Chu-yok, 猪肉 Pig's flesh ; Pork. [Chu-yung.

Chu-yung, 珠絨 Velvet. Another variety is called 剪絨

Chuk-koan, 竹杆 Bamboos. Yat-tew-chuk, 一條竹 A bamboo.

Chune-pee, 穿鼻 The perforated nose, name given to the anchorage below the Bogue, in consequence of a perforated rock.

Chung-kwăn, 充軍 To transport to the army on a distant frontier, to be soldiers or slaves to the soldiery.

Chung-kwok, 中國 The middle kingdom ; China.

Chung-sham, 中衫 Middle vest, a jacket.

Chung-yăw, 重有 Again have ; further, more. Some write, 仲有 Chung-yaw.

Chung-yun, 中人 A midsman ; or broker.

Chut-fan, 出番 Merchant's clerks, who *go out* to see *foreigners* on business. 交番 Kaou-fan, is also a name given to them.

Chut-hăw-fo-mat, 出口貨物 Export cargo.

Chut-huy, 出去 To go out.

Chut-kai, 出街 To go out to the street ; i. e. to go from home.

Chut-ke-kay, 出奇嘅 Extraordinary. Kay, there is no Chinese character for the tone kay.

Chut-koon, 出官 Go to Mandarins—merchants clerks whose duty it is to go to Government officers.

Chut-kung, 出恭 To go out respectfully ; i. e. to go to stool.

EE

E

E, 衣 at the end of words as in the English pronoun *Me*; in the middle of words short as in *Met*, Double *Ee* as in *Seen*.

Ee-cha, 兒茶 Cutch.

Ee-fok, 衣服 Clothes; raiment. Also 衣裳 Ee-sheong.

Ee-fo-yik-fo, 以貨易貨 By goods exchange goods. To exchange one commodity for another.

Ee-ka, 而家 or Ee-kum, 而今 Now.

Ee-ka-hei-ke-teem-chung, 而家係幾點鐘 Now is what o Clock? What o Clock is it?

Ee-mei. 薏米 or Ee-yun, 薏仁 Pearl barley.

Ee-seong, 衣箱 A clothes chest.

Ee-shap, 二十 Twenty.

Ee-sze, 意思 Meaning, Signification.

Ee-sze-im-tung, 意思唔同 Meaning not the same, meaning different.

Ee-sze-tung, 意思同 Meaning the same.

Ee-tan, 議單 Consultation Paper; a contract or agreement whilst [in progress.

Ee-teen, 椅墊 A cushion.

Ee-to, 耳躲 The ear. 你彼耳躲聽 Ne-pe-ee-to-teng, You give ear hear; i. e. listen.

EI

Ee-tsze, 兒子 A son, commonly called 仔 Tsei. 生得好仔 Shang-tăk-how-tsei, Born a good son.

Ee-net-cho-ee, 二月初二 2nd moon, 2nd day, a great holiday; the festival of the 土地菩薩 Tow-te-pooy-săt, District gods.

Ee-yun, 薏仁 or Ee-mei, 薏米 Pearl barley.

Eem-lew, 染料 Dyeing materials.

Eem-me, 鹽味 Salt taste.

Eem-na-tsăw-sze, 嚴拿走私 "Rigorously seize smugglers," four words commonly written before customhouses.

Eem-shew, 嫌少 Dislike few or little; to reject because not enough; said of another Kuy-eem-shew.

Eem-shuy, 鹽水 Salted water; brine.

Eem-wăn-sze, 鹽運司 Salt transportation officer. A person placed by Government over the Salt manopoly in each Province or one in two Provinces.

Een-sun, 嚴訊 To grind and examine; i. e. by torture. 審訊 Shum-sun, To try by simple interrogation without torture.

Een-wo, 燕窩 Bird's nests.

Een-wo-tong, 燕窩湯 Bird's nest soup.

Eep-yay, 淹野 To steep a thing, as in vinegar.

Eet-teen, 熱天 Hot heaven; Warm weather.

Eet-toy, 臬臺 The Judge of a Province.

Ei-kwa, 矮瓜 or Kay-shoy, 茄菜 Brengall.

FAI

F

Fa-hung, 花紅 Scarlet.

Fa-kăp, 花甲 The cycle of 60 years. 花甲巳經年半百 Fa-kăp-e-king-neen-poon-păk, On the cycle years already half hundred; i. e. He was 50 years of age.

Fa-ke-kwŏk, 花旗國 Flower flag nation; i. e. the American.

Fa-păk-ke, 花嗶嘰 Embossed cloth.

Fa-păt-sze, 花八絲 Damask.

Fa-pow, 花布 Chintz.

Fa-sha, 花紗 Flowered gauze.

Fa-shăng, 花生 Ground nuts.

Fa-shan-oo, 花珊瑚 Flowered or carved coral; Badge of the three ranks.

Fa-tsew, 花椒 Flower pepper; i. e. chillies.

Fa-yay-tsoy, 花椰菜 Cauliflower.

Fai-cheong, 快暢 Cheerful; in good spirits affording pleasure.

Fai-hai, 快鞋 Fast shoes; thin soled shoes.

Fai-hai, 快蟹 or Fai-hai-teng, 快蟹艇 Fast crabs, or fast crab boats; a slang name for smugglers.

Fai-lok, 快樂 Delight, pleasure.

Fai-shăw, 快手 A quick hand. [an errand.

Fai-te-keok-hăng, 快的脚行 To make haste with the feet on

FAT

Fai-teng, 快艇 A fast boat.

Fai-te-shăw, 快的手 Make haste with the hand.

Fai-tsze, 快子 Chop sticks.

Fai-woot, 快活 Cheerful; lively.

Fan-chune, 反船 To overturn or upset.

Fan-fat, 犯法 To violate the laws.

Fan-huy, 反去 Go back.

Fan-kan, 番梘 Foreign soap.

Fan-loy, 反來 To return.

Fan-mow, 番帽 A foreign hat.

Fan-peng, 番餅 Cheese cake.

Fan-pow, 帆布 Sail cloth; canvas.

Fan-wă, 番話 Foreign speech or Language.

Fan-wăn, 反魂 Restored spirit; restored to life.

Fan-yun, 番人 Foreign man; a foreigner.

Fat-cheong, 法場 The Law's arena; i. e. the place of execution.

Făt-een, 忽然 Suddenly.

Fat-ga, 發牙 To issue teeth; To bud.

Făt-ka, 佛家 Budh religion.

Făt-lan-sei-kwŏk, 佛囒哂國 France.

Făt-ling, 法令 Laws.

Făt-ling-shum-eem, 法令甚嚴 Severe laws.

Făt-lut, 法律 Laws.

FOO

Făt-shăw, 佛手 Budh's hand; Citron. 香櫞 Heong-une, is the common name.

Fe-fan, 匪犯 Associated criminal; a bandit.

Fe-huy, 飛去 To fly away. 飛上去 Fe-sheong-huy, Fly up go. 飛落來 Fe-lok-loy, Fly down come.

Fei-chăw-shang, 貴州省 The green Tea country.

Fe-pong, 肥胖 Fat and large.

Fo-kei, 火鷄 Fire fowl, i. e. Turkey.

Fo-kwei, 貨貴 Goods dear.

Fo-măt, 貨物 Goods, cargo.

Fo-măt-tăn, 貨物單 Bill of parcels; an invoice.

Fo-seong, 貨箱 A chest or case to contain goods.

Fo-shek, 火石 Fire stones; flints.

Fo-shek-fun, 火石粉 Lime powder, or whiting.

Fo-shune, 貨船 Merchant ship.

Fo-tan, 火炭 Charcoal.

Fo-tseen, 貨賤 Goods cheap.

Fo-tuy, 火腿 Fire thigh; i. e. Ham.

Fo-woon-fo, 貨換貨 To exchange one kind of goods for another: barter.

Fo-yok, 火藥 Fire Physic; gun-powder,

Foo-han, 寬限 To extend the term of any arrangement; same as 展限 Cheen-han.

GA

Foo-moon, 虎門 or **Tai-moon,** 大門 The Boccatigris.

Foo-pǎk, 琥珀 Yellow amber.

Foo-pe, 虎皮 Tiger's skin.

Foo-shu-pe, 灰鼠皮 Rabbit skin.

Foon-he, 歡喜 To rejoice; be glad; glad to do, chearfully willing.

Fooy-shik, 灰色 Ash colour.

Fok-keen-shang, 福建省 Fo-kien Province.

Fow-tǎn, 枯炭 A soft sort of charcoal coals.

Fun-foo, 吩咐 To order; to direct.

Fun-koan, 粉乾 Loksoy; vermicelli.

Fun-peet, 分別 To divide; to distinguish, to discrimate.

Fun-sze, 粉絲 Loksoy, or Vermicelli.

Fung-lut, 楓栗 Chesnut.

Fung-sik-lew, 風息了 Wind ceased; r calm.

G

GA, 牙 A tooth; a bud; Ivory.

Ga-chay, 牙車 The jaws.

Ga-che, 牙齒 The teeth generally.

Ga-fooy, 牙灰 Tooth powder.

Ga-hwuy, 牙獪 A sort of commercial spy.

Ga-kung-foo-seong, 牙工夫箱 Ivory work basket.

GAN

Ga-lan, 牙囒 Crimson.

Ga-lan-mei, 牙蘭米 Cochineal.

Ga-moon, 衙門 A public office; Mandarins hall. The teeth of an aged person.

Ga-sheen, 牙扇 Ivory fans.

Ga-sun-tung, 牙信筒 Ivory racks, for letters, notes &c.

Ga-tan, 牙蛋 "Ivory eggs," i. e. Balls.

Ga-uet-sheen, 牙月扇 Ivory fire screens.

Gă-yok, 牙肉 Tooth flesh; the gum.

Gam-gam, 啱啱 Just then; nearly; suitable; to answer the purpose. 價錢啱 Ka-teen-gam, Price suitable. 啱唔啱 Gam-im-gam, Suitable, not suitable?

Găn-chu, 銀硃 Vermillion.

Găn-chu-chung, 銀硃種 Cinnabar.

Găn-hung-shik, 銀紅色 Silver red colour; Pink colour.

Gan-keng, 眼鏡 "Eye's mirrors" spectacles.

Gan-lew-pow, 顏料舖 Colour material shop; a dye shop.

Găn-pow, 銀舖 A silver smith's or moneylender's shop.

Găn-pow-yun, 銀舖人 A silver smith.

Gan-shik, 顏色 Colours.

Găn-teng, 銀頂 Silver button; badge of the 9th or lowest rank.

Găn-tseen, 銀錢 Money; coin.

Gan-tseng, 眼睛 The eye.

GO

Găw, 牛 A cow, or buffalo. The beuf de lean is in Chinese, 水牛 Shuy-găw, Water Cow.

Găw-le, 牛脷 Cow's tongue. Tongue used for food.

Găw-nai-poo-teen, 牛奶布顛 Cow's milk putting i. e. custard pudding. The word Poo-teen, is an imitation of they English pudding Chinese would be 牛奶膏 Găw-nai-kow.

Găw-nei-peng, 牛妳餅 Cow's milk cake; Cheese cake.

Găw-pe, 牛皮 Cow's skin.

Găw-pe-kaou, 牛皮膠 Cow's skin glue.

Găw-tow, 牛肚 Cow's belly; Tripe.

Găw-tsei, 牛仔 A calf.

Găw-wong, 牛黃 Bezoar.

Găw-yăw, 牛油 Cow's oil; Butter.

Găw-yok, 牛肉 Cow's flesh; Beef.

Găw-yok-tong, 牛肉湯 Beef soup.

Gei-sheen, 僞善 False goodness; Hypocrisy.

Go, 我 I, me.

Gó-cha, 訛詐 To extort under false pretences.

Go-kay, 我的 My, mine.

Go-kong-une-show, 我講員數 Im-kong-leong-show, 唔講両数 I am speaking of dollars; not of Taels.

Go-te, 我的 We; us.

Go-te-kay, 我的旣 Ours.

Goy-kong-yun, 外江人 Outside the river man; i. e. a person from the northem parts of China, or beyond the river 洋子江 Yang-tsze-keang.

Goy-kong-low, 外江佬 "Outside river old;" people from beyond the 洋子江 Yaong-tsze-kong, river; i. e. north country people.

Goy-kwŏk, 外國 Outside nation; a foreign country.

Goy-tăw, 外頭 Outside head; i. e. outside without; the opposite is 裏頭 Luy-tăw, within, inside.

Goy-wei, 外委 An official messenger, by land or water; Captain of a cutter.

H

HA, 下 Low. Sheong-ha, 上下 High, low, upon be low. Ha-loy, 下來 Come down.

Ha loy, 下來 Come down.

Ha-măt-kwa, 哈蜜瓜 The melon of Hami.

Ha-moon, 厦門 Port of Amoy in Fokien Province.

Ha-teen, 夏天 Summer.

Ha-tei. 下低 Below.

Hăk-cha, 黑茶 Black tea.

Hăk-fo, 黑貨 A slang name for opium.

Hăk-gei, 黑蟻 Black ant. Wong-sze-gei, 黃絲蟻 Yellow [silk ant.

HAW

Hăk-pŏk, 刻薄 Carve thin; a severe cruel disposition,

Hăk-tsung-shik, 黑棕色 Dark brown.

Hăk-une, 黑鉛 Lead.

Hăk-yay, 黑夜 Black night; i. e. dark night.

Ham-găw-yok. 鹹牛肉 Salt beef; by some called 牛肉乾 Găw-yŏk-koan.

Ham-kuy-loy, 喊佢來 Call him come. In Heong-shan-une, 香山縣 and Tung-koon-une, 東莞縣 Ham is used for Canton, 呌 Kew, To call. In Canton Ham means, to cry.

Ham-sew, 鹹硝 Salt petre.

Ham-shuy, 鹹水 Salt water.

Ham-u, 鹹魚 Salt fish.

Hang, 行 To walk; to go; to cause.

Hang-che-păt-tune, 行止不端 Walking, stopping, not regular; irregular vicious conduct.

Hăng-le, 行李 Baggage; luggage.

Hang-luy, 行雷 To thunder.

Haou-shee, 考試 Examination and trial—for literary degrees. Une-she, 縣試 Examination in a Une district. Foo-she, 府試 Examination in a Foo district. The third is 道試

Haou-ta, 敲打 To torture by compressing the ankles. ['Tow-she.

Hăw-loy, 後來 After-wards.

Hăw-pok, 厚薄 Thick, thin.

HEI

Hăw-tsuy, 口嘴 or Hăw-shŭn, 口唇 Mouth; Lips.

Hăw-tsze, 猴子 A monkey.

He-chun-cha, 熙春茶 Hyson Tea.

He-fo, 起火 Rise fire; a Rocket.

He-foo, 欺負 To insult.

He-foon, 喜歡 To be glad; rejoice.

He-he-kay-lo, 稀稀旣囉 Thin thin, very thin.

He-naou, 起錨 To raise the anchor.

He-peen, 欺騙 To cheat or deceive.

He-sew, 欺笑 Jeer, laugh; to jeer and laugh at; to mock. Vulgarly called 抄鮑 Chaou-paou.

He-shŭn-an, 起身晏 Raise body noon far towards noon i. e. To get up late.

He-too, 氣度 Air or manner.

Heem-chai, 欠債 Owing a debt; a debt.

Heem-ke-to-găn, 欠幾多銀 Owe how much silver? What is the amount of the debt?

Heem-sun, 謙遜 Humble, meek.

Heen-chei, 牽制 To controul; or be compelled by circumstances.

Heen-tat, 顯達 Famous and prosperous; same as Ming-shik, 名色 "Name colour;" i. e. fame, notoriety.

Hei, 係 Is; it is.

Hei-măt-shuy, 係乜誰 Who is it it?

HO

Hei-yun, 係人 Is man; denotes whoever is a human being, i. e. every body same as 人人 Yun-yun. 係人都曉得 Hei-yun-too-hew-tak, Every body all understand.

Hek-cha, 吃茶 To drink Tea.

Heng-heng-fong, 輕輕放 Lightly lightly put down. Put it down care fully See, 輕重 Hing-chung.

Heong-ha, 鄉下 Village below; the country.

Heong-kwa, 香瓜 A sort of small melon.

Heong-lew, 香料 Fragrant material spice.

Heong-sun, 香信 Mushroom.

Heong-tsune, 鄉村 or 村鄉 Tsune-heong, A country village.

Heong-tsuy-sik, 香隨息 A fragrant breath; a sweet smell.

Heong-une, 香櫞 Citron; the same as 佛手 Făt-shăw.

Heuet-pak, 血珀 Red Amber.

Hew-tăk, 曉得 To understand.

Hing-chung, 輕重 Read also Heng-chung, Light, heavy. Im-fun-hing-chung, 唔分輕重 Not distinguish light or heavy; i. e. trivial or important, sometimes pronounced Heng. Sze-koan-heng, 事幹輕 The matteris light.

Hing-ee, 輕易 Light, easy; easily.

Ho-ee, 可以 That which will do, or answer or may be done.

Ho-ee-tsow-tăk, 可以做得 May be done; can do.

HONG

Ho-lan-kwŏk, 荷蘭國 Holland.

Ho-lan-shu, 荷蘭薯 Holland yams; potatoes. Commonly called 薯仔 Shu-tsei.

Ho-lan-tăw, 荷蘭荳 Holland peas; i. e. green peas.

Hoak-tong-yun-wa, 學唐人話 To learn to speak Chinese.

Hoak-wa, 學話 To learn to speak.

Hoan-cha, 看茶 To look at, and examine Tea.

Hoan-chap, 看栅 A man who watches or gate in a steet.

Hong-e-fok, 炕衣服 To dry clothes *over* a fire. Pooy-e-fok, 焙衣服 To dry them before the fire.

Hoan-foo-tune, 漢府緞 Satin.

Hong-hăw, 行後 Hongs behind. The space in front of the Factories at Canton is so called.

Hong-hăw-kwan-hăw, 行後關口 Hongs behind barrier pass; The Creek customhouse.

Hoan-kăn-tsoy, 旱芹菜 Celery; some say Uune-sei, and Tong-how.

Hoan-lăm, 翰林 The pencil forest; the highest class of literary graduates.

Hoan-sham, 汗衫 Perspiration vest; a shirt.

Hoan-yun, 漢人 A man of the Hoan Dynasty; a Chinese.

Hong-sheong, 行商 A Hong merchant; i. e. a Chinese general merchant licensed to deal with Foreigners.

HOY

Hok-chik, 曲直 Crooked, straight; opposites.

Hop-tsei, 盒仔 A small box.

Hŏp-teen-le, 合天理 According to heaven's principles.

Hop-yung, 合用 Suit use; suitable; fit for the purpose intended.

How, 好 Good. **How-im-how,** 好唔好 Good, not good? i. e. good or not.

How-kwo, 好過 Good passing better. 呢的好過個的 Ne-te-how-kwo-ko-te, This is better than that.

How-meng, 好命 A good destiny; good fortune.

How-tak tsei, 好得劑 Very good

How-tei, 好體 Good look; good looking; respectable.

How-to, 好多 A great many.

How-tsow-shun, 好早辰 Good morning.

How-tsuy-ma, 好嘴馬 Good lips horse; a fluent specious talker.

How-yay-man, 好夜晚 Good evening.

Hoy, 海 The sea; a large river.

Hoy-chong-sze, 海幢寺 Sea banner Temple;—the 河南 Ho-nam, Joshouse.

Hoy-kwan, 海關 "Sea barrier." The Commissioner of foreign, Customs at Canton.

Hoy-kan-poo-tăw, 開間鋪頭 To open a shop.

Hoy-lo-pe, 海騾皮 Beaver skins.

Hoy-lung-pe, 海龍皮 Sea dragon skin; Sea-otter.

HUNG

Hoy-me-tsap-fo, 海味雜貨 Sea taste miscellaneous goods; i. e. goods which come from abroad.

Hoy-păt-tăw-pow-kay, 開疋頭舖既 One who opens a clothier's shop; a woollen draper.

Hoy-pow, 開舖 To open a shop as in the morning.

Hoy-sha-tow, 海沙圖 A sea land map; a chart.

Hoy-shum, 海参 Beche de mer.

Hoy-tong-fa, 海棠花 Pyrus Japonica.

Hoy-tsing, 海静 Sea calm; Smooth sea.

Hoy-wan, 海灣 A bay on the sea shore.

Hoy-u, 海隅 A bay on the sea shore.

Hŭm-ee, 堪宜 Worthy to be.

Hum-u-ka, 堪輿家 The Geomancers who select lucky places.

Hung-fan-shu, 紅番薯 Red foreign potatoe; i. e. Sweet potatoe.

Hung-foo-tsze, 孔夫子 Confucius.

Hung-lo-pak. 紅蘿蔔 The red turnip or carrot.

Hung-moon, 黌門 or 儒教 U-kaou, The Confucian sect.

Hung-pai, 紅牌 A red ticket; a port clearance, a grand chop.

Hung-pow-shek, 紅寶石 Red precious stone or badge of the *first* rank.

Hung-peen, 哄騙 To wheedle and deceive; to defraud.

Hung-shik, 紅色 Red colour.

IM

Hung-tsäw, 紅酒 Red wine,—claret.

Hung-tsung, 紅棧 Light brown.

Huy-hung, 虛空 Emptily vainly. 虛度韶光 Huy-tow-shew-kwong, Vainly to pass the time of younth; or generally any time.

I

IM, 唔 No; not,

Im-che-tak-kuy, 唔知得佢 Not know can him.—I don't know him. I don't know his affairs.

Im-chik, 唔値 Not worth.

Im-chung-yung, 唔中用 Not hit use; not of any use.

Im-hei, 唔係 Is not; it is not.

Im-hei-kuy, 唔係佢 It is not he, or she.

Im-how-meng, 唔好命 Not good destiny; bad fortune.

Im-koy, 唔該 Not ought; is used politely when accepting a civility, or asking for one. When the civility such as handing a thing to you, the recipient says by way of thanks Im-koy.

Im-ooy-tsow, 唔會做 Not know how to do.

Im-shei, 唔使 No occasion.

Im-shong-fai, 唔爽快 Not quite well; feeling uncomfortable.

Im-täk-han, 唔得閒 Not obtain leisure; that is engaged; have not time.

ING

Im-to-shong-fai, 唔多爽快 Not very well; slightly indisposed.

Im-tei, 唔底 Not to; i. e. not equal to the money paid. 呢一把扇唔底一錢銀 Ne-yăt-pa-shen-im-tei-yat-tseen-găn, (or 唔值 Im-chik), This Fan is not worth one mace.

Im-tsăng, 唔曾 Not yet. 佢唔曾來 Kuy-im-tsăng-loy, He not yet come; He has not yet arrived.

Im-yew, 唔要 Not require; not want.

Ing, 五 Five.

Ing-keen-cha, 五件茶 Five chests of Tea.

Ing-king, 五經 The five classics, or most ancient writings of China.

Ing-ko-yun, 五個人 Five persons; men or women.

Ing-shap, 五十 Fifty.

Ing-she, 午時 Noon.

K

KA-HING, 家兄 House elder brother; i. e. *My*, elder brother. 舍弟 Shay-tei, Cottage younger brother; i. e. *My*, younger brother.

Ka-how-she-chung, 枷號示衆 To collar and expose to the multitude; to wear the cangue in the public streets. 枷打 Ka-ta, To cangue and flog.

Ka-la-pa-te-fong, 加拉巴地方 Batavia—the region of.

Ka-teem, 加添 To add to or increase. 加添價錢 Ka-teem-ka-tseen, To add to, or increase the price. 可能加添見識 Ho-năng-ka-teem-keen-shik, May increase knowledge.

Ka-tseen, 價錢 The price.

Ka-tseen-kong-ting, 價錢講定 The price agreed on and fixed a bargain made.

Ka-tseen-im-kow, 價錢唔高 or 唔低 Im-tei; 話得平價 Wa-tăk-ping-ka, Price not high, not low, called is Ping-ka, Even price.

Ka-tseen-kow, 價錢高 Price high.

Ka-tseen-kwei, 價錢貴 High price; dear.

Ka-tseen-tei, 價錢低 Price low; cheap.

Kai-lan-tsoy, 芥蘭菜 Greens.

Kai-moot-tsze, 芥末子 Mustard seed.

KAW

Kăk-kung-ming, 革功名 To degrade from state honors.

Kăk-le-lun-shay, 隔籬隣舍 A neighbour's house.

Kak-lun, 隔隣 A neighbour.

Kam-shang, 減省 Lessen, diminish; to abridge, retrench.

Kan-cha, 奸詐 Deceitful hypocritical.

Kan-chak, 揀擇 To choose; to select.

Kan-chăt, 諫札 A written document.

Kăn-leong, 斤两 Catties and Taels.

Kan-pooy-cha, 揀焙茶 Campoi Tea.

Kăn-she, 近時 Near time, recently.

Kăn-une, 近遠 Near, distant.

Kang-foo, 更夫 A watchman.

Kăng-koy, 更改 To alter; to change.

Kaou-pe-kuy, 交俾佢 Deliver give him.

Kaou-tso, 交錯 To deliver to erroneously.

Kap-man, 夾萬 Enclosing ten thousand (things). A large chest of wood or iron.

Kap-pe, 夾被 Double covering; quilt.

Kăt-peng, 桔餅 Orange cake sweet orange.

Kăw, 九 Nine.

Kăw-lung-tow-te, 九龍到地 Nine dragons (falling) to earth; A rocket which breaks in the air and falls as if rain fire.

KEEN

Kăw-păn, 九品 The nine ranks, or degrees of official situation.

Kăw-shap, 九十 Ninety.

Kay, 旣 The Chinese have no character for this sound, as a particle forms the possessive case; notes the agent, and makes phrases used adjectively. 我旣 Go-kay, Me of; mine. 明白旣人 Ming pak kay yun, Intelligent person. 講話旣 Kong-wa-kay, Speak words, he who does; the agent.

Kay, 茄 or Ei-kwa, 矮瓜 Brenjall.

Kay-ko-chek-găw, 騎個隻牛 Riding on that cow.

Kay-ma, 騎馬 To ride on horseback.

Ke-ko, 幾個 A few.

Ke-nam-heong, 奇楠香 Lignum aloes.

Ke-ooy, 機會 Occasion, opportunity, Same as Tsei-u.

Ke-sha, 機紗 Loose, or thin gauze.

Ke-sing, 記性 Recording nature memory.

Ke-tăk, 記得 To remember.

Ke-to, 幾多 How many?

Ke-to-ka-tseen, 幾多價錢 What price?

Keem-che-yăw-kum-yaong, 兼之有咁樣 Uniting them have this fashion;—i. e. taken together thus.

Keen-keen, 件件 Each each, every one, nothing excepted.

Keen-koo, 堅固 Strong firm; said of things. 主固 Chu-koo, More frequently used in this sense.

KOK

Keen-kwo, 見過 Seen past; to have seen. 你見過佢 Ne-keen-kwo-kuy, You seen him? Have you seen him.

Keen-tan, 堅炭 A hard sort of charcoal.

Keen-tsow, 建造 A builder.

Keet-tan, 揭单 or 借单 Tsay-tan, A bond on borrowing or lending money.

Kei-keng-yaong, 鷄頸洋 Cabrita Point, off Macao.

Kei-tan, 鷄蛋 A fowl's egg.

Keok-gan, 脚眼 The foot eye; i. e. The ankle bone.

Keong-hoan, 強悍 Violent and cruel; said to be the character of the people of Canton.

Kew-muk-tseong-loy, 叫木匠來 Call wood artificer come, call the carpenter.

Kew-gow, 驕傲 Proud, insolent.

King-chaou, 京抄 or 京報 King-pow, Peking manuscript or Peking annunciation, i. e. the Peking Gazette.

King-ke, 經紀 A broker.

King-pow, 京報 See King-chaou, The Peking Gazette.

King-shing, 京城 Peking; the capital city.

Ko-chu, 個處 There.

Ko-fun-yay, 個分野 That portion thing; that thing; that.

Ko-ko, 個個 That, there.

Kok-shik, 各色 Every color; i. e. every sort. 各色貨物 Kok-shik-fo-mat. Every sort of goods.

KUM

Kok-yaong-yay, 各樣野 Every fashion thing; all sorts.

Kong-chut-lei, 講出黎 Speak out come; to speak out.

Kong-koon-wa, 講官話 To speak the mandarin tongue.

Kong-pă-kwa, 講白話 To speak the Canton Dialect.

Kong-sew, 講笑 Talk laugh; to jest.

Kong-shuy, 鋼水 Steel water; i. e. the quality or touch of steel. 鋼條 Kong-tew, A bar of steel. 鐵鋼 Teet-kong, Steel.

Koo-loy-shut-wa, 古來說話 An ancient saying.

Koo-she, 古時 Ancient times. Koo-shei, 古世 Ancient ages.

Koon-een, 官燕 Mandarin bird's nests the best sort.

Koon-foo, 官府 A mandarin.

Koon-kăp, 官級 The official steps or rank of mandarins.

Koon-mooy, 官媒 or Nuy-une-chai, 女原差 Female police women. Each Une magistrate has two.

Koon-yăm-pooy-sat, 觀音菩薩 Seeing, sound, goddess; a favorite divinity, whose chief attribute is mercy.

Koon-tsong, 官艙 Cabin in the midst of a boat for passengers.

Koon-wa, 官話 The mandarin Dialect.

Kow-chong, 告狀 To accuse to a magistrate; To go to law.

Koy-tsow, 蓋做 A builder.

Kum, 金 Gold.

Kum, 柑 and Chang, 橙 Different sorts of oranges.

E

Kum-eep, 金葉 Gold leaf.

Kum-hung-shik, 金紅色 Gold red colour.

Kum-keet, 甘結 A bond given to government pledging one's self to some fact or statement.

Kum-kei-lăk, 金鷄勒 Peruvian bark.

Kum-kwa, 金瓜 Golden *Kwa*, Tom-kin.

Kum-pok, 金箔 Gold thin; Thin gold leaf.

Kum-teng, 金頂 Gold button; badge of the 8th rank.

Kum-tew-pe, 金貂皮 Golden tew skin; martin skin.

Kum-wa-tăk-cheok, 咁話得着 Thus said rightly.

Kung-foo, 工夫 Work, employment, manufacture.

Kung-foo-cha, 工夫茶 Congo Tea.

Kung-kei, 共計 The sum Total.

Kung-koan, 公幹 Public bussiness.

Kung-ming, 功名 Merit, name; i. e. nominal or real title or rank above the common people.

Kung-sze, 公司 Public management; a public concern; a Company. 英吉利國公司 Ying-kat-le-kwok-kung-sze, The English nations Company; i. e. The East India Company.

Kung-sze-găn-fong, 公司銀房 Company's treasury.

Kung-tăk, 功德 Meritorious virtues.

Kung-tsei, 公仔 Images, toys.

Kuy, 佢 He, him, she, her, it.

KWEI

Kuy-kay, 佢既 His, her's.

Kuy-kum-keet, 具甘結 To present a voluntary bond on declaration to government.

Kuy-te-kay, 佢的既 Theirs.

Kuy-yun, 舉人 Elevated person; i. e. the title of the second literary or military degree; after obtaining which a man is eligible to office.

Kwa-how-tan, 掛號单 A custom house permit.

Kwan-chap, 關閘 Agate at a pass, as at the Barrier in Macao. To shut agate.

Kwan-how, 關口 A barrier's mouth; a custom house.

Kwăn-peen, 混騙 To cheat as a sharper; a cheat.

Kwan-shuk, 慣熟 Experienced and mature; skilled in.

Kwei-kuy, 規矩 Compasses and square; custom, usage. Im-how-kwei-kuy, 唔好規矩 Not good custom; a bad custom.

Kwei-kwăt, 詭譎 Deceitful bones; one in whom fraud and deceit is bred in the bone; very deceitful.

Kwei-pe, 桂皮 Cassia lignea; Cinnamon.

Kwei-pe-yăw, 桂皮油 Cassia oil.

Kwei-shin, 鬼神 Demons and spirits. *Kwei*, a devil or bad spirit; *Shin*, a good spirit.

Kwei-tseen, 貴賤 Rich and poor; Honorable and mean.

Kwei-tsze, 桂子 Cassia buds.

KWONG

Kwo-hoy-tow, 過海艔 Cross sea pass; a ferry boat.

Kwo-ing, 過午 Pass noon; i. e. a little food at noon called also, 晏晝 An-chăw, Which refers to noon. 小食 Sew-shik, Small eating; Tiffin.

Kwo-shăt, 過失 Error, mistake, fault.

Kwo-tăw, 過頭 Over head; very, in a high degree.

Kwo-tsze, 菓子 Fruit.

Kwong-chăw-foo, 廣州府 The district of Kwong-chow, or Canton city.

Kwong-le-hong, 廣利行 The house of Mowqua.

Kwong-tung-shang, 廣東省 Canton Province.

Kwong-yăm-tsze-tseen, 光陰似箭 "Light-darkness like arrow." Light-darkness, are used for *time*; Time is swift as an arrow. They commonly add, 日月如梭 Yat-uet-u-sho, "Sun moon as shuttle," days and months pass swiftly as a weaver's shuttle.

LE

L

LAM-HWANG, 籃筐 or Lam-hong, 籃筐 A basket.

Lăm-shăp, 淋濕 To wet; to moisten; same as 立濕 Tăp-shăp, But not so common.

Lam-shik, 藍色 Blue color.

Lam-sow, 攬搜 A contractor in whole sale.

Lan-cho, 攔阻 To stop; to hinder.

Lang-fan-tăw, 冷飯頭 China root; correctly called 土茯苓 Tow-fok-ling.

Lang-teen, 冷天 Cold heaven; i. e. cold weather. 天氣冷 Teen-he-lang, Heaven's air cold.

Lap-chuk, 蠟燭 Wax candle; a Chinese candle.

Lăw-nan, 留難 To detain and annoy as at a pass or customhouse.

Lăw-pan, 樓板 The floor of a room.

Lăw-tow, 流徒 To transport for life.

Lăw-wong, 硫磺 Sulphur; Brimstone,

Le-lik, 履歷 Official memorial of successive progress in the public service. 念履歷 Neem-le-lik,. To read this before a superior officer. 背履歷 Pooy-le-lik, To repeat memoriter the Le-lik.

Le-sik, 利息 Profit accruing; the profit; the interest of money.

LO

Le-she, 利市 To profit the market; denotes a small piece of money given by Fathers and Masters to their children and servants or new year's day, for good luck.

Leen-gow-fun, 蓮藕粉 Arrow root, made from waterlily.

Leen-luy, 連累 To involve; to implicate.

Leong-ko, 两個 Two; dual.

Leong-kwong, 两廣 The two Kwong Provinces that is 廣東 Kwong-tung, and 廣西 Kwong-sei.

Leong-lam-shek, 亮藍石 Transparent blue stone; badge of the 4th rank.

Leong-mow, 凉帽 A cool cap worn in summer.

Leong-pak-shek, 亮白石 Transparent white stone Badge of the sixth rank.

Ling-che, 凌遲 A slow and ignominious cutting to pieces. 大凌遲 Tai-ling-che, The severest mode. 小凌遲 Sew-ling-che, The less severe.

Ling-lung, 玲瓏 Clear, perspicuous. Used with, 通透 Tung-tăw; and 透徹 Tăw-cheet. [yeong-meen.

Ling-ting, 零丁 Island of; the roads, 零丁洋面 Ling-ting-

Ling-tsune, 令尊 Commanding honorable; i. e. you Father.

Ling-yun-che, 令人知 Cause people know.

Lo, 囉 At the end of words or sentences is generally a more expletive. Huy-lo, 去囉 Go away; is expressed by *Huy, Lo,* is a mere tone or whine, Hei-lo, It is.

LUK

Lo-ko-te-yay-lei, 攞個的野嚟 Bring that thing come; Bring that here.

Lo-pak, 蘿蔔 A turnip.

Lo-pa-u-chay-loy, 攞把雨遮來 Bring an Umbrella.

Lo-yăw, 欏柚 or Yăw-tsze, 柚子 The pumelo.

Lok-loy, 落來 Down come; come down.

Lok-naou, 落錨 To drop the anchor.

Lok-u, 落雨 Fall rain; to rain. 好收野怕落雨 How-shăw-yay-pa-lok-u, Good take in things fear fall rain;—i. e. make haste and take in the things lest it rain.

Low-kam, 牢監 A prison; a jail.

Low-po, 老婆 Old wife; used familiarly for wife.

Low-shu, 老鼠 An old mouse; a rat.

Low-yay, 老爺 Old Father; term of respect, given to people who have rank whether nominal or real office.

Low-yun-ka, 老人家 An old man.

Loy-loo-fo, 來路貨 Come road goods; foreign goods.

Luk, 六 Six.

Luk-cha, 綠茶 Green Tea.

Luk-pow, 六部 Six tribunals; the six boards of revence &c, at Peking.

Luk-shăp, 陸拾 Sixty.

Luk-shik, 綠色 Green colour.

Luk-loo-tei-tuk, 陸路提督 Dry-land commander and leader a general; a commander of Troops on shore; see, 水師提督 Shuy-sze-tei-tuk.

Luk-tsuk, 陸續 Successively; in constant succession.

Lun-kăp-koon-foo-kay-sze, 論及官府既事 Speaking of or about Mandarins affairs.

Lung-gan, 龍眼 Dragon's eye; a fruit known by the Chinese name.

Lung-kwăt, 龍骨 The dragon's bone, the keel of a boat.

Lung-tow-chu, 龍吐珠 Dragon spitting-out a pearl; a rocket which sends up in the air a small globe of bright light.

Lut-tsze, 栗子 Chesnuts.

Luy-meen, 裏面 Inside.

Luy-tăw, 裏頭 Inside.

M

MA, 嗎 and 呢 Ne, At the end of sentences are sometimes more expletives; sometimes interrogative. 係嗎 Hei-ma? 係呢 Hei-ne? Is it.

Ma-now-shek, 瑪瑙石 Agate.

Ma-păt, 馬匹 Horses.

Ma-pe, 馬皮 Horse's skin.

MAN

Ma-seen, 蔴線 Hempen thread; twine, also called 皮鞋根 Pe-hai-kăn.

Ma-tei-fun, 馬蹄粉 A sort of arrow root made from the plant, Ma-tei.

Ma-wong-teng, 馬王釘 Clamps for fastening boxes.

Ma-yun-ka, 罵人家 To rail at and abuse a person.

Mai, 埋 Sound of *a* and *e* coalescing.

Mai-huy, 賣去 To sell.

Mai-loy, 買來 To buy.

Mai-pan, 買辦 A comprador.

Mak-ga, 麥芽 Wheat sprouts.

Măk-ga-tong, 麥芽糖 Broth made of wheat sprouts.

Mak-meen, 麥麵 Wheaten flour.

Măn-cham, 問斬 To behead.

Măn-cheong, 蚊帳 Mosquito curtain.

Măn-chung, 蚊虫 A mosquito.

Măn-ga, 文雅 Elegant, applied to persons or things.

Măn-ga-la, 盟呀鏻 Bengal.

Măn-găn, 紋銀 Sycee silver.

Man-hăk. 晚黑 Evening dark; dusk of the evening. Teem-tăng-she-hăw, 點燈時候 Light lamp time.

Măn-kaou, 問絞 To strangle on a cross, the third mode of capital punishment.

ME

Măn-koon, 文官 A civil officer. [mote frontier.

Măn-kwăn, 問軍 To transport criminals of the army on a re-

Man-man, 慢慢 Slowly slowly; leisurely take time.

Man-show, 萬數 Ten-thousand number; i. e. by tens of thousands.

Man-yay, 晚夜 Evening night; i. e. any time after sun set.

Măn-tap, 問答 Question answer. 問話 Măn-wa, Ask words.

答話 Tap-wa, Answer words.

Măn-tow, 問徒 To transport an offender to a distance,

Măng-mai-shune, 啞嘪船 A Bombay Ship.

Maou-ee, 貓兒 A cat.

Mat, 乜 or 乜野 Mat-yay, What?

Măt-fung, 蜜蜂 A Bee,

Mat-keen, 物件 Things,

Măt-hong-yun, 乜項人 What rank man?—what rank or profession. 做買賣人 Tsow-mai-mai-yun, Do buying and selling man; a Trader; a merchant.

Mat-te, 乜的 What?

Măt-tong, 蜜糖 Bee-sugar; i. e. Honey.

Mat-yay, 乜野 What?

Me, 未 (As *Me*, in English: in composition as *E* in *Ye*); Beautiful, excellent pleasant &c.

Me-shing-ting, 未成丁 Not completed nail;—i. e. not arrived at Manhood, which is fixed at sixteen years of age.

MING

Me-tam, 味淡 (Me, as *Me*, in English), A pleasant or amusing tale or conversation.

Meen-fa, 棉花 Cotton. Meen-poo, 棉布 Cotton cloth.

Meen-kăn, 面巾 Face, napkin, A towel.

Meen-păn, 面禀 Face petition; to state to a superior verbally, or before his face, instead of by writing.

Meen-paou, 麵包 Flour bundle; Bread.

Meen-paou-koan, 麵包乾 Biscuit.

Meen-peng, 麵餅 Flour cakes, Biscuits.

Meen-peng-tsei, 麵餅仔 Biscuit children; small biscuits.

Meen-pow, 棉布 Cotton cloth.

Meen-sha-măt, 棉紗襪 Cotton stockings.

Meen-sha-shăw-kăn, 綿紗手巾 Cotton handkerchiefs.

Meen-tăw, 麵頭 Flour-head, Bread; a loaf of bread.

Meen-tăw-koan, 麵頭乾 Flour head dried; i. e. biscuit called by some, 麵餅 Meen-peng.

Meen-tseen, 面前 Face-before; in the presence of.

Mei-fun, 米粉 Rice flour.

Mei-le-keen-kwŏk, 米利堅國 American.

Ming, 明 or 明白 Ming-pak, Clear bright &c.

Ming-ha, 明蝦 Prawn. Sew-ha, 小蝦 Small Ha, i, e. shrimps. There are also, 麻蝦 Ma-ha; 大頭蝦 Tai-tăw-ha, &c.

Ming-neen, 明年 Bright year; i. e. next year.

Ming-pak, 明白 Bright white; to understand clearly.

Ming-pak-kay-yun, 明白既人 An intelligent person.

Ming-pak-shei-sze, 明白世事 To know well the affairs of the world.

Ming-shing, 名聲 Name's sound; character reputation. 個個人好名聲 Ko-ko-yun-how-ming-shing, That man good reputation.

Ming-tǎw-mai, 名投買 To sell by auction.

Ming-teep, 名帖 Name card; a card or paper with one's name on it, when visiting. 单帖 Tan-teep, Single slip of paper; 全帖 Tsune-teep, Complete card; i. e. one with many folds.

Ming-yǎt, 明日 "Bright sun;" i. e. To-morrow.

Mo-mak, 磨麥 To grind wheat. Mo-mak, 磨墨 To rub ink.

Mong-heong-teen, 望向天 Hope towards heaven.

Moon-ga, 門牙 The front teeth.

Moon-leen, 門鍊 Door chain; a chain with a sort of padlock.

Moon-oo, 門戶 Door, gate, The door or gate; the rank and circumstances of the inhabitants, being equal is expressed by 門戶相對 Moon-oo-seong-tuy, Gate corresponding.

Mooy-tan, 煤炭 Coals.

Mooy-tsei, 妹仔 Servant girl.

Mow, 冇 (*Ow*, as in *Cow*;) a negative particle, not being or having. No, not.

MUK

Mow-ee-cha, 武夷茶 Bohea Tea; *Bohea* is derived from the Chinese word, Mow-ee, The name of certain Hills in 福建省 Fo-kien-shang, Province.

Mow-ee-shan, 武夷山 The Bohea hills.

Mow-ke-to, 冇幾多 Not many.

Mow-koon, 武官 A military officer.

Mow-kwo, 冇過 Not more than.

Mow-seong-koan, 冇相干 Not reciprocal implication an affair of no consequence; from which nothing is to be apprehended, which the Canton people translate nothing at all.

Mow-sheng-he, 冇聲氣 No answer.

Mow-teng, 帽頂 A cap button.

Mow-tsze. 帽子 A cap, bat, or bonnet.

Mow-yăm-tong-een, 無任宕延 Not allow idle delay.

Muk-heong, 木香 Putchuck.

Muk-hŏp, 木盒 A wooden box.

Muk-kwa, 木瓜 Papai.

Muk-pan-leem-cheong, 木板簾窗 Venetian window.

Muk-tan, 木炭 Charcoal.

Muk-tseong, 木匠 A worker in wood; a carpenter.

Muk-tung, 木桶 A general name for a wooden pail; water reservoir or barrel.

Muk-u-shu, 木魚書 Ballads; small story books in verse, to be sung or recited.

Mung-shuy, 檬水 Lemon juice.

N

NA-WOK, 拿獲 To take and seize; to apprehend take into custody. Na-wok-fe-fan, 拿獲匪犯 To seize a bandit.

Nam-fong, 南方 South regions; south.

Nam-fung, 南風 South wind.

Nam-hăng, 南杏 The southern Hăng; a sort of sweet almond.

Nam-muk, 楠木 A sort of cedar wood.

Nam-shan-paou-toy, 南山砲臺 South hill gun terrace. The Chune-pe, 穿鼻 Fort the southern hill fort.

Nam-wan, 南灣 South Bay, Pria-grande.

Nam-wan-kwan-how, 南灣關口 Pria-grande custom house.

Năn-lung, 扨弄 To play with by way of raillery.

Nan-wei, 難爲 Difficulty make; to distress to annoy.

Naou-eet, 鬧熱 Bother and heat; the bustle and excitement occasioned by a numerous assemblage of people.

Naou-ka-tsze, 鬧架子 Bother a stand—denotes a pompous assumption of consequence.

Năw, 鈕 A button.

Năw-kăw, 鈕扣 Button clasp; a buckle, or button.

NUNE

Ne, 你 (As *ee* is *see*) Thou, thee, you, ye.

Ne-chu, 呢處 This place, here.

Ne-hei-peen-kwŏk-yun, 你係邊國人 You are what nation's man, what country man.

Ne-kay-yay, 你旣野 Your thing.

Ne-ko, 呢個 This, or Here.

Ne-keen-yay, 呢件野 This thing.

Nei-tan, 坭彈 A clay ball.

Ne-te, 你的 You, ye.

Ne-te-kay, 呢的旣 Yours.

Ne-yat-ko, 呢一個 This one.

Neem-king, 念經 To repeat a sacred book to recite a prayer.

Neem-shu, 念書 Study book; to read and study.

Neen-ke, 年紀 Year's record; i. a. age. **Ne-neen-ke-ke-tai,** 你年紀幾大 Your age how great? What age are you?

Neen-neen, 年年 Year year; i. e. annually, every year. **Uet-uet,** 月月 Moon moon; every month. **Yăt-yăt,** 日日 Day day; every day.

Neen-suy, 年歲 Year; annually.

Nik-oy, 溺愛 Sunk in love; i. e. passionately fond of.

Ning-mung, 檸檬 Lemon.

Nune-mow, 暖帽 A warm cap; a winter's cap.

Nune-tsei, 嫩仔 Delicate child; i. e. a young or little child.

OO

O

O-GEI, 阿魏 Assafœtida.

Oan, 按 (Pronounced as in *Moan, groan*) rest, to tranquilize, &c.

Oan-chăt-sze, 按察司 Lay the hand on, examine; the *Sze*, or officer who does—i. e. the criminal judge of a Province.

Oan-nam-kwŏk, 安南國 Cochinchina.

Oan-peen-kwei, 安邊桂 The best sort of cassia lignea.

Oan-sik-heong, 安息香 Gum benjamin.

Ok-ke, 屋企 A house.

Ok-kong, 惡講 Hard to say, or speak about.

Ok-shăw, 惡獸 A ravenous beast.

Ok-tsow, 惡做 Hard to do.

Ok-yun, 惡人 A wicked bad man. *Ok*, is often used for what is hard or difficult.

Oo-mooy-muk, 烏梅木 Ebony.

Oo-muk, 烏木 or 烏梅木 Oo-mooy-muk, Ebony.

Oo-pow, 戶部 The board of Revenue at Peking.

Oo-shik, 烏色 Black colour.

Oo-sze, 湖絲 Silk from 湖廣 Oo-kwong, Province commonly called Canton silk.

Oo-teep, 蝴蝶 A butterfly.

Oo-tsew, 胡椒 Pepper.

OW

Ooy, 會 (Pronounced as *Oo-ee*, Coalescing). To know how to do; to return &c.

Ooy-fe, 會飛 Able to (or knowing how to) fly.

Ooy-ha, 會蝦 Stewed shrimps.

Ooy-kay-ma, 會騎馬 To understand horsemanship.

Ooy-kei, 會雞 Stewed fowl.

Ooy-loy, 會來 To return.

Ooy-nam, 回南 Returning south; refers to the damp weather, common in Canton in March; when southerly winds begin first to blow.

Ooy-ooy, 回回 or 回子 Ooy-tsze, Mahommedans. 回回教 Ooy-ooy-kaou, The mahommedan religion. They will, 唔食豬肉 Im-shik-chu-yok, Not eat pig's flesh.

Ooy-pai, 回拜 Return visit; to return a visit.

Ooy-say-tsze, 會寫字 To know how to write; *Ooy* to know how to do is in the Macao dialect *Wei*.

Ooy-tăw-tsze, 回頭字 Return letter; an answer.

Ooy-tsow, 會做 Know how to do.

Ooy-yu, 會魚 Stewed fish.

Ow-moon, 澳門 Macao.

P

PA-CHEEM, 霸佔 To hold fast and hinder by force the rights of others.

Pai, 拜 To bow. Pai-yun-ha, 拜人客 To pay visits.

Pai-hăw, 拜候 To visit and wait, respectful formal visit, Phrase for a.

Pai-kwăt, 排骨 Chops of any kind. Chu-pai-kwăt, 豬排骨 Pork chops.

Pai-ooy, 拜會 Visit meet; To visit and see a person.

Pai-shin, 拜神 To worship the spirits or gods.

Pai-teep, 拜帖 A visiting card.

Pai-teep-hap, 拜帖匣 A sort of card-case used for the large Chinese visiting cards.

Pak-ăng-ko, 白鸚哥 Gockatoo.

Pak-cheen, 白毡 Blanket.

Pak-fan, 白礬 Alum.

Pak-fooy, 白灰 Chalk.

Pak-gei, 白蟻 White aut. Pak-yik, 白翼 White ant on wing.

Pak-han, 白鷴 Mandarin pigeon.

Pak-hăng, 白杏 The northern Hăng; a sort of bitter almond.

Pak-heong-muk, 栢香木 Cedar wood.

Pak-hoak, 白鶴 Paddy bird.

PAN

Pak-how-cha, 白毫茶 Pekoe Tea.

Pak-kop, 白鴿 Pigeon.

Pak-poon, 百般 A hundred sorts; various ways, or kinds; many.

Păk-poon-shang-e, 百般生意 A hundred sorts of trade; dealing in various commodities; or able to turn ones hand to many things.

Pak-sheen, 白蟮 White Eel; the eel usually eaten by Europeans.

Pak-shek-teng, 白石頂 White stone knob; badge of the 7th rank.

Pak-shik, 白色 White colour.

Pak-tăw, 白頭 White head; grey hairs.

Pak-tăw-kwei, 白頭鬼 White headed devils; the Turbanned moormen are so called.

Pak-tong, 白糖 Soft sugar.

Pak-tsăw, 白酒 White wine.

Pak-tsok, 百足 Hundred feet; a centipede.

Pak-une, 白鉛 Tutenague.

Pak-wa, 白話 The Canton Dialect.

Păn-hăng, 品行 Class of doings; conduct. Păn-hăng-im-how, 品行唔好 Conduct not good.

Păn-kăp, 品級 Degrees of rank in the state.

Păn-keen, 稟見 To see officially an superior officer.

Păn-long, 檳榔 Areca nut or betel.

Păn-sing, 品性 Rank; nature; disposition.

PAT

Păn-teep, 禀帖 A petition or memorial from an inferior officer to a superior.

Păn-tseen, 貧賤 or Păn-kung, 貧窮 Poor, and mean.

Păn-tsze, 禀辭 To take leave of a superior.

Păng-cha, 烹茶 To boil or make Tea.

Pang-hai, 螃蠏 Crabs. There are also, 膏蠏 Kow-hai; 肉蠏 Yuk-hai; and 白蟹 Pak-hai. Kow-hai, are the best. Pak-hai, not edible.

Păng-sha, 硼砂 Borax,

Paou-cheong, 炮丈 or Paou-tseong, 炮鎗 Gunpowder crackers; To let off crackers. 燒炮丈 Shew-paou-cheong, To burn crackers.

Paou-chung-cha, 包種茶 Pou-chong, or Padre Tea.

Paou-koon, 包管 Secure manage; to be security or surety for.

Paou-koon-how, 包管好 Secure manage well or good. To be surety that an affair will end well; or that a thing is good.

Paou-koon-tsow-tăk, 包管做得 To be surety that a thing may be done.

Paou-lam, 包攬 A contractor; one who engages to manage the whole of a concern.

Paou-tseong, 炮像 Crackers, See Paou-cheong called also Paou-chuk, among the literate and when writing.

Pat, 八 Eight.

PE

Păt-cheok, 不着 (A short as in *Hăt*) Not right.

Păt-ho, 不可 Not may or can; that which is not right or proper.

Păt-ke, 嗶嘰 Longells.

Pat-kok, 八角 or Tai-ooy, 大茴 Star anniseed.

Păt-kwo, 不過 Not more than.

Păt-poot-tsze, 不撥子 Long pepper.

Pat-shap, 八十 Eighty.

Păt-she, 不是 Not is right; wrong.

Păt-shing, 筆昇 A stand to contain pencils.

Pat-sze-tune, 八絲緞 Satin of an inferior kind.

Păt-tăw, 疋頭 Company's Bales—of cloth.

Păt-tăw-pow, 疋頭舖 A woollen drapers shop.

Pat-yik-lok-oo, 不亦樂乎 Not also delightful? adopted in common speech from Confucius, to express great pleasure in any thing.

Pay-tsăw, 啤酒 Pay wine; i. e. Beer.

Pe-cha, 皮茶 (*E* as *ee* in *Seen*) Hyson skin.

Pe-een, 鼻烟 Nose smoke; snuff.

Pe-kow, 被告 To be accused; the defendant.

Pe-kwo-kuy, 俾過佢 Give pass him; i. e. give to him; or Kaou-pe-kuy, 交俾佢 Deliver give him.

Pe-tan, 被单 or Tan-pe, 单被 Single covering, a sheet,

Pe-tsow, 皮草 Skin grass Furs.

POK

Peen-chu, 邊處 Where; what place.

Peen-ko, 邊個 Which; where.

Peen-koan, 鞭竿 Whangees.

Peet-meng, 別名 Another name.

Pei-che, 批紙 Official reply—to a petition.

Pei-seong, 砒礵 Arsenic, commonly called 人言 Yun-een.

Pei-shek, 砒石 Arsenic.

Peng-ching, 病症 Disease; sickness.

Pew, 標 (As the English word Pew); To manifest.

Pew-leen, 標鍊 A watch chain.

Ping-hai, 兵械 Weapons; arms.

Ping-ka, 平價 Even; fair price.

Ping-kwo, 苹菓 Apples.

Ping-peen, 氷片 Camphor, Borneo.

Ping-pow, 兵部 The military Board at Peking.

Ping-shune, 兵船 Soldier ship; a man of war.

Ping-ting, 兵丁 A soldier. Tong-ping, 當兵 To act as a Soldier.

Ping-tong, 冰糖 Sugar candy.

Po-le-tsun, 璃玻罇 Glass bottles.

Po-lo, 波羅 The pine apple.

Po-lo-sung, 波囉鬆 Artificial or false amber.

Pok-ho, 薄荷 Mint.

POW

Pok-kune, 薄絹 Taffety; Lutstring.

Pok-shu, 駁樹 or Tseep-shu, 接樹 To ingraft by the side.

Pong-cho-yun-ka, 帮助人家 To help; to assist.

Poon-ko-găn-tseen, 半個銀錢 Half a Dollar.

Poon-loy, 本來 Root-coming, original.

Poon-pak, 半百 Half a century. Neen-ke-poon-pak, 年紀半百 Year's record (age) half a century.

Poon-te, 本地 Original ground; Native. Poon-te-yun, 本地人 Original ground man, a native.

Poon-te-yun, 本地人 Original ground man, a native.

Poon-tseen, 本錢 Original money; Capital.

Pooy-sat, 菩薩 A divinity; a god or goddess; used chiefly by the Budh Sect.

Pooy-sum, 背心 Back-heart, a vest without sleeves a waistcoat.

Pow-cha, 煲茶 To boil or make Tea.

Pow-lam, 寶藍 Deep blue.

Pow-tseng-shik, 蒲青色 Buff colour.

S

SAI, 嗮 (Pronounced as the termination of *High.*) Is used to denote the whole of; entirely. 擰嗮 Ning-sai, Take the whole. 擰嗮去 Ning-sai-huy, Take all away.

Sai-găn, 嗮銀 To waste silver or money; to spend it all.

Săk, 塞 or 塞口 Sak-hăw, To stop, to fill up.

Săk-tuk-kei, 塞启鷄 A stuffed leading fowl: a stupid fellow.

Sam, 三 Three.

Sam-pan, 三板 or 三板艇 Sam-pan-teng, Ship's boat.

Sam-shăp, 三拾 Thirty.

Săw-shun-săw-tăk, 脩身脩德 Adorn the body, adorn virtue, i. e. to cultivate virtuous habits.

Săw-tsoy, 秀才 or 生員 Shăng-une, The lowest literary or military degree; Săw-tsoy, Denotes elegant talent.

Say-tăk-how, 寫得好 Can write well.

Say-tsze, 寫字 To write; a writer, or merchant's purser.

Seen-kei, 剈鷄 Capon.

Seen-shang, 先生 Previously born; i. e. Senior, a term of respect for a Teacher.

Seen-she, 先時 Prior time; former.

Sei, 細 (Pronounced as the first part *Sight; Night*), Small &c.

SEI

Sei-ee-fok, 洗衣服 To wash clothes.

Sei-pay, 細啤 Canton Chinese for small beer; or beer generally. Porter they call, Tai-pay, Great beer.

Sei-keok, 洗脚 To wash the feet.

Sei-kok, 犀角 Rhinoceros horns.

Sei-koo, 細故 Little cause; same as Sew-sze, Small affair; a trifling concern.

Sei-kwa, 西瓜 The western Kwa; a water melon.

Sei-kwa-peen-teng, 西瓜扁艇 A melon sided boat, so called from its shape, A chop boat; a Chinese lighter and passage boat.

Sei-low, 細路 A younger brother.

Sei-mǎn-tsei, 細蚊仔 or Sai-mǎn-tsei Vulgar term for children; little children.

Sei-meen, 洗面 To wash the face.

Sei-mei, 西米 Western rice; Sago; called also Sha-kok-mei.

Sei-shǎw, 洗手 To wash the hands.

Sei-shun, 洗身 To wash the body; to bathe.

Sei-teng, 細艇 A small boat.

Sei-yaong-kǎn, 西洋巾 Madras handkerchief.

Sei-yaong-kwŏk, 西洋國 Western ocean nation, Portuguese.

Sei-yaong-pow, 西洋布 Long cloth.

SEW

Seong-ga, 象牙 Elephant's teeth; Ivory.

Seong-keem, 相兼 Mutually uniting—i. e. two offices or things in one: the same as 相連 Seong-leen.

Seong-kung, 相共 A term of respect for young gentlemen.

Seong-leen, 相連 Mutually connected; joined as two characters.

Seong-tsei, 箱仔 A small chest, or trunk.

Seong-tuy, 相對 Opposite to in sense. 上下相對 Sheong-ha-seong-tuy, Above and below are opposites. 高底 Kow-tei, High and low. 長短 Cheong-tune, Long and short. 貴賤 Kwei-tseen, Noble and ignoble, honorable and mean, dear and cheap.

Sew-chun-sham, 小襯衫 or Sew-sham, 小衫 A banyan.

Sew-chung-cha, 小種茶 Sou-chong Tea.

Sew-foo, 小褲 Small breeches; drawers, also called 短褲 Tune-foo, Short breeches.

Sew-ha, 小蝦 Small *Ha*, shrimps.

Sew-ma, 笑罵 Laugh, rail; to mock and abuse.

Sew-mow, 小帽 A small or undress cap.

Sew-ne, 小呢 Inferior woollen cloth. 大呢 Tai-ne, A better sort; broad cloth.

Sew-ooy, 小茴 Small anniseed.

Sew-sham, 小衫 Small garment; a vest or waistcoat; a banyan.

Sew-sum, 小心 Little heart; take care; be cautious.

SHANG

Sew-shuet, 小說 Small talk; novels.

Sew-yung, 小絨 or 小呢 Sew-ne, Kersymere?

Sha-chuy, 沙錐 Sand-borer—i. e. Snipe.

Sha-kok-mei, 沙穀米 Sago.

Sha-kok-paou-toy, 沙角炮臺 Fort on the eastside of the Bogue passage.

Sha-le, 沙梨 Sand *Le*, a pear.

Sha-mow, 紗帽 A scull cap.

Sha-tăng, 沙藤 Rattans.

Sha-u, 沙魚 Land fish, Shark.

Shai-ee-fok, 晒衣服 To dry clothes, in the sun, 焙衣服 Pooy-ee-fok, To dry clothes before the fire.

Sham-tsăw, 衫袖 Garment sleeve; a sleeve.

Shan-kei, 山鷄 Hill fowl, a pheasant.

Shan-oo, 珊瑚 Plain coral or opaque red. Badge of the 2nd rank.

Shang-ee, 生意 Living intention; trade. occupation.

Shang-eep, 生業 Trade, occupation, profession.

Shang-gai, 生涯 Trade, occupation, same as, Shang-e; Shang-le, and Shang-eep.

Shang-he, 生氣 To produce breath; to be come angry.

Shang-how-to-sze, 省好多事 Diminish good many things: to lessen forms or proceedings before required.

SHAW

Shang-keong, 生薑 Ginger, unprepared. 黄薑 Wong-keong, [Curry.

Shang-meng, 生命 Life and destiny. Life.

Shang-sheng, 省城 The first city of a province; in the Province of Canton, the same as 廣州城 Kwong-chow-sheng, or the city of Canton.

Shang-tsoy, 生菜 Sallad.

Shăp, 十 Ten.

Shăp-yat, 十一 Eleven.

Shăp-ee, 十二 Twelve.

Shăp-sam, 十三 Thirteen.

Shăp-sze, 十四 Fourteen.

Shăp-ing, 十五 Fifteen.

Shăp-lok, 十六 Sixteen.

Shăp-tsat, 十七 Seventeen.

Shăp-pat, 十八 Eighteen.

Shăp-kăw, 十九 Nineteen.

Shăp-tsze-ka, 十字架 Ten character frame, i. e. a frame like the Chinese character for ten; A cross.

Shăt-shăw, 實首 Superlative; very.

Shat-tăw, 殺頭 To kill the head; to behead.

Shăt-tsoy, 實在 Exceedingly; very.

Shăw-kăn, 手巾 Hand napkin.

Shăw-moon, 愁悶 Sorry; depressed, grieved.

SHENG

Shăw-tsăw, 手袖 Hand sleeve, a glove.

Shăw-yŏk, 瘦弱 Lean and weak or slender.

Shay-heong, 麝香 Musk.

Shay-tei, 舍弟 Cottage younger brother, i. e. my younger brother: See Ka-hing. [time?

She-hăw, 時候 Time. Mat-te-she-hăw, 乜的時候 What

She-heen-shu, 時憲書 An almanack.

She-ka, 時價 Time price; i. e. market Price.

Shek-wong, 石黃 Yellow arsenic?

She-shun-chung, 時辰鐘 A time bell; i. e. a clock.

She-shun-pew, 時辰標 A time exhibition; a watch.

She-tseep, 侍妾 Concubine; handmaid.

Sheep-lik, 涉歷 or King-lik, 經歷 To pass through successively, literally and mentally and be-come acquainted with.

Sheet-tăw, 舌頭 The tongue.

Shei-sam-pan, 駛三板 To sail an European boat.

Shei-shune, 駛船 To sail a ship.

Shei-tăk, 使得 Cause may; it may be done.

Shek-lut, 石栗 A kind of chesnuts.

Shek-tăw, 石榴 Stone Lăw, Apomegranate.

Sheng-he, 聲氣 Sound; voice: answer. 有乜的聲氣 Yăw-mat-te-sheng-he, Have what answer? 有聲氣冇 Yăw-sheng-he-mow, Have answer not?

SHEW

Sheong-chei-cha, 雙製茶 Double manufactured, i. e. Caper, or Son-chei Tea.

Sheong-ha, 上下 Above, below; i. e. nearly.

Sheong-hoy, 傷害 Injure and hurt.

Sheong-she, 常時 or She-sheong, 時常 Long time, usually, commonly.

Shew-ap, 燒鴨 Shew-tsze-ap, 燒子鴨 Roast duck.

Shew-chu-me-lung, 燒猪尾龍 Roast pig tail dragon; i. e. a loin of Pork.

Shew-chu-tsei, 燒猪仔 Roast pig.

Shew-chu-tuy, 燒猪腿 Roast leg of Pork.

Shew-fooy-low, 燒灰爐 Burn lime furnace: a lime kiln.

Shew-găw-yok, 燒牛肉 Roast cow's flesh; i. e. beef.

Shew-go, 燒鵝 Roast goose.

Shew-kei-hong, 燒雞項 Roast fowl.

Shew-kong, 少講 Little talk.

Shew-kwong, 韶光 Pleasing time of spring; time of youth; time generally.

Shew-meen-yaong, 燒棉羊 Roast mutton, roast cotton sheep; *Cotton* probably refers to the wool; to distinguish them from 草羊 Tsow-yaong, a coarser kind, and 山羊 Shan-yaong, Hill sheep; i. e. goats.

Shew-paou-tseong, 燒炮象 Fire off crackers; Let off crackers.

SHU

Shew-shan-kei, 燒山鷄 Roast hill fowl; i. e. pheasant.

Shew-shuy-ap, 燒水鴨 Roast wild duck.

Shew-tow-tsze, 燒兎子 Roast rabbit.

Shik-cha, 食茶 To drink Tea.

Shik-măt, 食物 Eatables; provisions.

Shik-măt-fa-kwo-luy, 食物花菓類 Eat thing flowers fruits class,—includes all provisons and ornaments of a table.

Shik-tăk, 識得 To know.

Shik-tsze, 識字 To know letters.

Shin-seen, 神仙 or 神僊 Shŭn-seen, Gods and immortals; or genie.

Shing-koon, 陞官 Elevate officer; to promote.

Shing-ting, 成丁 Complete nail—age of maturity, 16 years of age.

Shing-yăm-tung, 聲音同 Pronunciation the same.

Shong-fai, 爽快 A chearful, pleasant state of health.

Show-muk, 數目 Number's eye, numbers indices; i. e. numbers.

Show-pow, 數部 An account book.

Show-pow-seong, 數部箱 An account book chest; Company's packet.

Shu-chat, 書扎 A letter or similar document.

Shu-che, 樹枝 Tree's branch; a branch.

Shu-chung-kum-yuk, 書中金玉 In books there are gold and gems; said to express the value of reading.

SHUY

Shu-eep, 樹葉 Tree's leaf; a leaf.

Shu-le, 書吏 A superior government clerk.

Shu-muk, 樹木 A tree.

Shu-pan, 書辦 A government clerk.

Shu-tseet-kăw-tăw, 鼠竊狗偷 Rat perforate dog steal, denotes a petty thief.

Shuet-wa, 說話 Speech, talk, conversation.

Shum-eem, 森嚴 Very strict; severe and rigorous.

Shum-sun, 審訊 To examine and try before a Judge without torture. 研訊 Een-sun, To question by torture.

Shŭn-seen, 神僊 or Shin-seen, 神仙 Gods and immortals.

Shun-tei, 身體 The body of any animal; also used for the hull of a ship &c. metaphorically.

Shune, 船 or Yat-chek-shune, 一隻船 A ship.

Shune-chek, 船隻 Ships, boats.

Shune-chu, 船主 Ship's master; captain.

Shune-lam, 船纜 A cable.

Shune-me-lăw, 船尾樓 A cabin at the stern of a ship.

Shune-oo, 船戶 The skipper of a boat.

Shune-tseong, 船匠 A ship carpenter.

Shune-tsoy-kay-fo, 船載旣貨 Cargo brought in a ship.

Shuy-chap, 水閘 A sluice gate; or river lock.

Shuy-găn, 水硍 Water or fluid silver; quicksilver; mercury.

Shuy-găw, 水牛 A water cow; a Buffalo.

Shuy-ham-găw-yok, 水鹹牛肉 Water salted cow's flesh; i. e. corned beef.

Shuy-koon, 稅館 A customhouse office.

Shuy-sze-tei-tuk, 水師提督 A water commander and leader; an admiral.

Shuy-tsing, 水晶 Chrystal.

Shuy-tsing-teng, 水晶頂 Chrystal button, or knob badge of the six rank.

Sing-chat, 省察 To enquire and examine into.

Sing-tsing, 性情 Natural disposition.

So-leen, 鎖鍊 A chain to be locked or fastened.

Sow-shik, 素色 Plain colour.

Sow-tsong, 掃艙 To sweep the hold; the last sweepings of a cargo; the last boat-load, called a Chow-chow-chop.

Sun-kăw, 新舊 New, old—opposites. 改過自新 Koy-kwo-tsze-sun, Reform errors, self renew.

Sun-măn, 新聞 Newly heard; news.

Sun-neen, 新年 The new year. New year's day.

Sun-shek, 信石 Arsenic.

Sune-kwo, 酸菓 Sour-fruit; i. e. fruit preserved in vinegar, Pickles.

Sune-mong-kwo, 酸檬菓 Sour mango.

Sune-show, 算數 An accountant.

SZE

Sune-tăw, 蒜頭 Leeks.

Sung-lo-cha, 鬆羅茶 Sung-lo Tea; Sung-lo, is the name of a place.

Suy-she, 歲試 The literary on the first of the three years, when, 秀才 Săw-tsoy Degrees are conferred. 科試 Fo-shee, Examination the last of the three years, when, 舉人 Kuy-yun Degrees are conferred; no fixed time.

Sze, 四 Four.

Sze-e, 思疑 To harbour suspicion.

Sze-fat, 絲髮 Silk.

Sze-kăn, 絲巾 Silk handkerchief.

Sze-măt, 絲襪 Silk stockings.

Sze-mong, 死亡 To die and pass to oblivion; to die. 身體必死亡 Shin-tei-peet-sze-mong, The body must die.

Sze-seen. 絲線 Silk thread.

Sze-shap, 四十 Forty.

Sze-shăw-kăn, 絲手巾 Silk handkerchief.

Sze-shun, 使臣 An envoy or Ambassador.

Sze-shu, 四書 The Four Books of Confucius.

Sze-shune, 師船 Chinese war junk.

Sze-shune-goy-wei, 船師外委 Captain of a cruizer.

Sze-tai, 絲帶 Silk ribband.

TAI

Sze-tăw, 事頭 Business head; the master; said of mechanics and shop-men.

Sze-tsei, 事仔 Business boy; a servant.

Sze-yuk-pei, 私慾蔽 Selfish passions covering,—the understanding stupified by vicious passion.

T

TA, 打 (A as in *shall*). To strike; to cause.

Ta-chang, 打掙 To caulk.

Ta-cheong, 打仗 To fight.

Ta-găn-kay-yun, 打銀嘅人 A silver smith.

Ta-pan-tsze, 打板子 To bamboo, or beat the posteriors with a bamboo flattened.

Ta-pe-meen, 打被面 Flowered cover surface, A palampoe.

Ta-keep, 打刼 To plunder in bands.

Ta-koon-sze, 打官司 To go to law.

Tai, 大 Great, large, big.

Tai-cha, 大茶 Bohea Tea.

Tai-fo-neen, 大科年 Great examination year; the year in which they 考舉人 Haou-kuy-yun, Examine to confer Kuy-yun Degrees, The 8th day of the 8th moon is the fixed day in all the Provinces.

TAI

Tai-koy, 大概 Nearly; generally speaking.

Tai-lăw, 大褸 A cloak without sleeves.

Tai-low, 大佬 An elder brother.

Tai-mak, 大麥 Great wheat; i. e. Barley.

Tai-mak-fun, 大麥粉 Wheaten flour.

Tai-măn-ga, 帶文雅 Bearing literature and elegance; i. e. an expression above the vulgar style.

Tai-ne, 大呢 Best woollens; Broad cloth. 小呢 Sew-ne, Inferior woollens.

Tai-oo-pe, 大狐皮 Fox skin.

Tai-ooy, 大茴 or Pat-kok, 八角 Large or star anniseed.

Tai-pan, 大班 Great series; the first or greatest among a series of persons. The Chief of a Factory; the Supracargo of a ship.

Tai-pai, 大牌 A large ticket; a grand chop, a port clearance.

Tai-paou, 大砲 Great gun; cannon.

Tai-peen-păt-tung, 大便不通 Costive; stoppage of the bowels.

Tai-sham, 大衫 Great vestment; a coat.

Tai-shu, 大薯 Large potatoe; i. e. Chinese yams.

Tai-teng, 大艇 Large boat; A chop boat.

Tai-te-cheen, 大地氈 Large earth cover; Carpet.

Tai-to, 大多 Too much, same as 過多 Kwo-to, Excess. 雨水大多 U-shuy-tai-to, Rain too much.

Tai-tseng, 大青 Smalts.

TANG

Tai-tsing-kwok, 大清國 The great pure nation, the reigning Tartar Dynasty.

Tăi-wong, 大黃 Rhubarb.

Tai-yun, 大人 Great man, magnate, Excellency.

Tai-yung, 大絨 or Tai-ne, 大坭 Woollen cloth.

Tăk-hăng, 德行 Virtuous conduct.

Tăk-tsei, 得劑 Very, exceedingly.

Tam-kok-eze-tsing, 担擱事情 To impede or hinder any affair.

Tam-shuy, 擔水 To carry water.

Tam-tong, 担當 To bear on the shoulder and sustain; to be security for the success of a thing.

Tam-yay, 擔野 To carry on the shoulder.

Tan-fa-tsoy, 单花菜 Brocoli.

Tan-foo, 单褲 Single breeches; pantaloons also called 長褲 Cheong-foo, Long breeches.

Tan-heong-yăw, 檀香油 Sandal-wood oil.

Tan-ka, 蛋家 Egg house; small covered Chinese boat in which poor people live; women often live in them hence, *Tan-kea*, Girl.

Tan-ka-teng, 蛋家艇 A Tanka boat.

Tan-oo, 蛋戶 The head of a Tanka boat.

Tan-tsze, 彈子 A bullet.

Tăng-chik-kay, 藤織既 Rattan woven thing; that which is made of rattan.

TEEM

Tăng-yat-sik-kan, 等一息間 Stop a moment.

Tăp-shăp, 氵心濕 To wet; to moisten. 氵心濕土地衣有一百日曬 Tăp-shăp-tow-te-ee-chay-yat-pak-yat-shai. If wetted the *Tow-te's* divinity's garments take a hundred days to dry; i. e. rain on the 2nd day, of the 2nd moon, indicates subsequent drought.

Tat-sha-u, 撻沙魚 Soal fish.

Tăw, 頭 (ăw is pronounced as in the English How, *Cow*, only Changing the vowel into a smart short ă). The head, &c.

Tăw-cheet, 透徹 Passing through and through; intelligent.

Tăw-chu-yat-ha, 讀住一下 Pointed stop a little; a pause.

Tăw-kok, 荳角 A large sort of french bean?

Tăw-hoak, 頭殼 Head and scull; the head.

Tăw-kăw, 荳蔻 Nutmeg.

Tăw-kăw-fa, 荳蔻花 Nutmeg flower; mace.

Tăw-tăng, 斗櫈 A wooden stool.

Tăw-yat-keen, 頭一件 Head one piece—the headmost; in the first place.

Tăw-yŭn, 頭人 Head man; principal.

Te-cheen, 地毡 Carpet.

Teem-chay, 甜蔗 Sweet cane; sugar cane.

Teem-kai, 點解 What meaning? 呢個字點解呢 Ne-ko-tsze-teem-kai-ne, This character what meaning, eh?

TEET

Teem-tăng, 點燈 To light a lamp. 點燈時候 Teem-tăng-she-hăw, Lighting lamp time; Dusk of the evening.

Teem-ting, 添丁 To add a child to the family.

Teem-tsăw, 甛酒 Sweet wine.

Teem-tow, 甛桃 Sweet peach.

Teen, 天 (*Een*, as in *Seen*,) Heaven &c.

Teen-chew, 天潮 The Celestial Dynasty, China.

Teen-he-chew-shăp, 天氣潮濕 Heaven's air damp; Damp weather.

Teen-le, 天理 Heaven's principles; that which is reasonable.

Teen-ming, 天明 Heaven's decree; fate.

Teen-ping, 天平 Balance of a pair of scales.

Teen-te-man-măt, 天地萬物 Heaven, Earth ten thousand things; the Universe.

Teen-toy, 天臺 A verandah; a terrace.

Teen-tsam-sze, 天蠶絲 Fishing string.

Teet-pa-găw-yok, 鐵鈀牛肉 Grilled beef; i. e. beef steak.

Teet-leen, 鐵鍊 An iron chain,

Teet-meen, 鐵面 An iron face; denotes one who adheres with great pertinacity to what he thinks right; who will not suffer kindness nor compassion to bend him.

Teet-naou, 鐵錨 Iron barb; a ships anchor.

Teet-pa-kei, 鐵鈀雞 Iron-rail fowl; i. e. Grilled fowl.

TO

Teet-tan, 鐵彈 An iron bullet.

Teet-wok, 鐵鑊 A Chinese iron utensil for broiling and frying food in common use; its form is a Segment of a Globe.

Tei, 第 A grade; step, rank; forms the numerals into ordinals. Tei-yat, 第一 First. Tei-ee, 第二 Second. Tei-sam, 第三 Third. &c.

Tei-che, 遞紙 Present paper; a petition

Tei-meen, 體面 Substantial face; respectable in person or ac- [ting.

Tei-păn, 遞稟 A petition; to present it.

Tei-sheep-tsing-shun, 提攝精神 To rouse or elevate the animal spirits; to stimulate.

Tei-tsei, 俤仔 A servant Boy.

Tei-yat, 第一 Order one; i. e. the first.

Te-kum-to, 的咁多 or Yat-tik-kŭm-to, 一滴咁多 Drop; so much; i. e. a little, a small quantity.

Teng-măn, 聽聞 To hear.

Teng-shu, 釘書 To nail a book; i. e. to bind or stitch it.

Tew-fa-tseong-ga-he, 挑花象牙器 Carved ivory utensils.

Tew-keng, 弔頸 To suspend the neck; to hang one's self, otherwise expressed by Tsze-ei, 自縊 Self strangle.

Tik-kum-to, 滴咁多 Drop so much; A small quantity. 的咁多事幹 Tik-kum-to-sze-koan, A little business; a trifl-

To-lo-ne, 哆羅呢 Broad cloth. [ing affair.

TOW

To-lo-yong, 哆羅絨 Woollen cloth ; broad cloth.

To-shew, 多少 Many, few; how many.

Tong-een, 宕延 Vacant delay—delay without doing any thing.

Mow-yăm-tong-een, 無任宕延 Not allow idle delay.

Tong-le, 糖梨 Sugared pear ; pear preserved in syrup.

Tong-kăt, 糖桔 Sugared *Kat* orange ; sweet orange preserved.

Tong-keong, 糖薑 Sugared ginger ; preserved ginger, called by the Chinese sweet meat ginger.

Tong-kwo, 糖菓 Sugared fruits; sweet meats.

Tong-meen, 當面 Before the face; to speak or act before a person. 當面吩咐 Tong-meen-fun-foo, To direct in

Tong-ping. 當兵 To act as a soldier. [person.

Tong-shuy, 糖水 Sugar-water, Syrup.

Tong-wa, 唐話 Chinese speak, or Language.

Tong-yŭn, 唐人 A man of the *Tong*, Dynasty, a Chinese.

Tow, 桃 A peach, Kwo-tsze-meng, The name of a fruit. 櫻嘴桃 Ying-tsuy-tow, The ordinary peach. 哈蜜桃 Ha-măt-tow, The peach of Hami.

Tow-chăw, 土綢 Paunch.

Tow-fok-ling, 土茯苓 Canton China root.

Tow-hong, 倒行 or Hong-tow, 行倒 (*Tow*, as in the English *How, cow*), from *Hong*, and upset. A bankruptcy of a Hong merchant.

TOW

Tow-hung, 桃紅 Peach red; rose colour.

Tow-ka, 道家 The sect of 道士 Taou-sze.

Tow-kwo, 到過 At past; To have been at a place.

Tow-moon, 道門 The sect of *Taou*, originated by 老君 Low-kwăn, or 太上老君 Tai-sheong-low-kwăn.

Tow sha, 土紗 Gauze.

Tow-seong, 套箱 An outside wooden case for packages.

Tow-shune, 渡船 A passage boat.

Tow-sze, 土絲 Ground silk; i. e. native silk; Canton silk in contradistinction, 湖絲 Oo-sze, Silk from 湖廣 Oo-kwong.

Tow-te-kung, 土地公 A district god. 土地婆 Tow-te-po, A district goddess.

Tow-te-pow-sat, 土地菩薩 District gods, commonly represented by two little idols, one male the other female in a sitting position.

Tow-te-tan, 土地誕 The land's deification; i. e. the annual festival, on the 2nd day, of the second moon, in honor of the 土地菩薩 Tow-te-pow-sat, District gods.

Tow-tung, 都統 "All-leading;" a sort of adjutant general. There are generally two, called right and left, attached to a Tseong-kwăn, 將軍 "Taker of the army," or full general. The *three* form a council.

Tow-tseen, 賭錢 To gamble.

TSAP

Tow-wa, 土話 A local Dialect.

Tow-yin, 桃仁 Peach seeds—almond.

Toy-le-sze, 代理事 To manage for another person; an agent.

Toy-mai, 代買 For another to buy.

Toy-mooy-hoak, 玳瑁殼 Tortoise shell.

Toy-pow, 枱布 Table cloth.

Tsăm-sheong, 尋常 Seeking always—denotes what is common, applied either to persons or affairs.

Tsăm-sheong-sei-koo, 尋常細故 Seeking always little cause; i. e. ordinary and trivial occurrence.

Tsam-tăw, 蠶荳 Beans.

Tsan-tuk, 殘毒 Cruel poisonous; i. e. cruel and injurious. 殘毒嘅人 Tsan-tuk-kay-yun, A cruel and malicious person.

Tsan-yun, 殘忍 Cruel disposition. 殘忍性情 Tsan-yun-sing-tsing, Cruel disposition nature formed; i. e. habitual.

Tsan-tăw, 粲頭 Worthless head; a worthless wretch, used in abuse.

Tsap-fo, 雜貨 Miscellaneous goods.

Tsap-fo-pow, 雜貨舖 Miscellaneous goods shop; Dealer in a variety of articles.

Tsăp-tuk, 習讀 Accustomed to read; i. e. to practice reading; to study. 習讀四書 Tsăp-tuk-sze-shu, To practice reading the four Books.

TSEEN

Tsăp-shuk, 習熟 Accustomed; experienced.

Tsăp-sze, 緝私 To pursue smugglers.

Tsat-ko, 七個 Seven.

Tsat-shap, 七十 Seventy.

Tsăw-fong, 酒房 Wine room; cellar.

Tsăw-sha, 縐紗 Crape.

Tsăw-sze, 走私 To walk privately, To smuggle.

Tsăw-tung, 酒桶 A wine cask; a barrel.

Tsăw-tut, 走脫 Walk off; to make an escape.

Tsay-lei, 借黎 or 借來 Tsay-loy, To borrow.

Tsay-măn-sze, 斜紋絲 Dimitty.

Tsay-pe-kwo-go, 借俾過我 Lend give pass me;—lend to me.

Tsay-tan, 借单 or 銀单 Găn-tan, A bond given on borrowing or lending money.

Tsay-yăm, 邪淫 Lewd, obscene.

Tseem-lo-kwok, 暹羅國 Siam:

Tseem-shu, 簽樹 To ingraft by inserting a branch at the top of the stem.

Tseen-le-keng, 千里鏡 Thousand mile mirror; i. e. a telescope.

Tseen-shan, 前山 The front hill, Casa branca, near Macao, the residence of a Military Officer who gives permits to Pilots.

Tseen-she, 前時 Former time; before, formerly.

TSEW

Tseen-yik, 賤役 A mean police runner.

Tseen-yung, 剪絨 Cut? Velvet. 珠絨 Chu-yung, Velvet.

Tseep-she, 妾侍 A concubine.

Tseep-shu, 接樹 or 駁樹 Pok-shu, To ingraft by the side.

Tsei-nuy, 仔女 Boy, girl. 佢有幾多仔女 Kuy-yăw-ke-to-tsei-nuy, He has how many boy girl, how many children has he?

Tsei-tseep, 妻妾 Wife and concubine.

Tsei-tsze, 妻子 A wife.

Tsei-u, 際遇 Occasion, opportunity.

Tseng-hak-yăm-tsăw, 請客飲酒 Invite guest drink wine; to invite to an entertainment.

Tseng-ne, 請你 Request you; a civil mode of asking a person to do any thing. 我請你 Go-tseng-ne, I request you.

Tseng-shik-fan, 請食飯 Request eat rice; to invite to dinner.

Tseng-tsoy, 青菜 Greens.

Tseok-new, 雀鳥 A bird.

Tseong, 槳 An oar. 用槳棹三板 Yung-tseong-chaou-sam-pan, To use an oar to row a boat.

Tseong-tut, 搶奪 To snatch from and plunder.

Tseong-yăw, 醬油 Soy.

Tsew-tsze, 蕉子 Plaintain. 大蕉 Tai-tsew, Large plaintain. 香牙蕉 Heong-ga-tsew, Fragrant tooth plaintain.

TSUNE

Tsik-hei, 即係 That is.

Tsing-cha, 請茶 Pray take Tea, A civil way of asking a person to take Tea.

Tsing-leen-shik, 清蓮色 Lilack colour.

Tsing-tso, 請坐 Pray sit down.

Tsok-wa, 俗話 Vulgar dialect; common mode of speech

Tso-tăk-une, 錯得遠 Very different; very erroneous.

Tsow, 醋 Vinegar. 洋醋 Yaong-tsow, Foreign vinegar. 浙醋 Cheet-tsow, Vinegar from Chĕ-kiang. 黑醋 Hak-tsow, Black vinegar. 白醋 Pak-tsow, White vinegar.

Tsow-che, 做紙 Make paper; to write a petition.

Tsow-kung-tăk, 做功德 To make merits—services performed by priests at the request of sick persons or the dead, are so called; Thanksgivings.

Tsow-mang, 草蜢 A grasshopper.

Tsow-măt, 做乜 Do what? why? wherefore?

Tsow-shang-e-kay, 做生意既 Make living intention; *Kay* the person acting, one who trades; a trader; a merchant.

Tsow-sut, 草率 Hastily and carelessly.

Tsow-yaong, 做樣 Make fashion; i. e. be a pattern.

Tsuk-kum, 足金 The finest gold.

Tsune-chăw-foo, 泉州府 The district in Fokien Province commonly called Chinchew.

TSZE

Tsune-kăng, 尊庚 Honorable natal hour? i. e. what is your age? used in complimentary language.

Tsun-shune, 巡船 Cruizing boats; i. e. Revenue cutters on the river.

Tsun-sze, 進士 Entered among the literati; the third literary or military degree.

Tsun-ting, 巡丁 Cruizing officer; an inferior dependant on the custom house.

Tsung-chay-ka-găn, 總扯旣銀 An average price, price given for many things in the lump.

Tsung-lok, 葱綠 Leek green—*Bean* pea green?

Tsung-shik, 椶色 Brown colour.

Tsung-taw, 葱頭 Onion.

Tsuy-hăw-loy, 最後來 Follow after come; to follow after.

Tsuy-sik, 嘴息 Lips effluvia; the breath.

Tsuy-tsan, 催趲 To urge onward. 催趲佢快的 Tsuy-tsan-kuy-fai-te, Hurry him quickly; urge him to make haste.

Tsze-een, 自然 Self is; i. e. self evident.

Tsze-ei, 自縊 or 吊頸 Tew-keng, To hang one's self.

Tsze-fa-pow, 紫花布 The *Tsze*, flower cloth; i. e. Nanking cloth.

Tsze-how, 字號 A mark put on goods, or other things; the whole quantity so marked. A chop as of Tea.

TUNG

Tsze-hang, 廁坑 A privy.

Tsze-pow, 字部 Radicals of characters.

Tsze-shik, 紫色 Purple; a colour, with a mixture of red and black.

Tsze-tseong, 慈祥 Kind and lenient; opposite of 刻薄 Hăk-pok.

Tuk-shay, 毒蛇 Poisonous snake.

Tuk-shu, 讀書 To read a book; to study.

Tuk-shu-yun, 讀書人 Read book man; a student, one brought up for the civil service.

Tŭn-cha, 燉茶 To boil or make Tea.

Tune-kei-cha, 屯溪茶 Twan-kay Tea.

Tune-kap-foo, 短夾褲 Short breeches.

Tung-săk, 通塞 Perforated, stopped; opposites, intelligent, stupid.

Tung-shu, 通書 An almanack.

Tung-sun, 冬笋 Bamboo shoots, eaten as a vegetable.

Tung-sze, 通事 A commercial linquist or Interpreter for the custom-house at Canton.

Tung tăw, 通透 Passing through—intelligent.

Tung-teen-ha, 通天下 Whole heaven below; i. e. throughout the whole Empire.

Tung-tseen, 銅錢 Chinese copper coin called cash.

Tung-tseong, 銅匠 A brazier.

Tung-yăm, 同音 Same sound.

U

Tung-yăt-neen, 同一年 Same one year; the same year.

Tung-yat-yaong, 同一樣 Same one fashion; the same manner.

Tut-mow, 脫帽 To put off a hat.

Tut-sham, 脫衫 To put off a coat.

Tuy-sune, 推算 To calculate.

U

U, 雨 Beginning or ending a word is pronounced like the French *U* in *Peu*, In the middle of a word it is pronounced short like *U* in the English *Hŭt*.

U-chay, 雨遮 or U-san, 雨傘 Rain cover, an Umbrella.

U-che, 魚翅 Fish fins; Shark's fins.

U-heong, 乳香 Olibanum.

U-ho, 御河 Imperial river; the grand canal.

U-kum, 如今 Now.

U-kaou, 儒教 or Hung-moon, 黌門 The scholastic teaching; i. e. the system and sect of Confucius.

U-mow, 雨帽 A rain cap.

U-san, 雨傘 More commonly called U-chay, An umbrella.

U-sha, 羽紗 Camlet.

U-sheen, 羽扇 A feather fan.

U-teep, 諭帖 Order card; an official document from a superior.

U-tow, 魚肚 Fish maw.

UNE

U-tseen, 雨前 Ouchain or young Hyson.

U-tune, 羽緞 Dutch camlets.

U-yok, 魚肉 Fish flesh—fish.

Uet, 月 The moon. Yăt-uet, 日月 The Sun and Moon.

Uet-făt, 越發 Still more; in a greater degree.

Uet-kwei, 月晷 A moon dial.

Uet-kwong, 月光 Moonshine.

Uet-tung, 粤東 Ancient name of Canton.

Um-chun, 鵪鶉 Quail.

Um-lam-shek, 暗藍石 Opaque blue stone, 5th rank.

Um-leen, 諳練 Knowledge and experience same as vulgo 明白 Ming-pak.

Um-pak-shek, 暗白石 Opaque white stone badge of the 7th [rank.

Um-tat, 諳達 Perfect knowledge of; skilled.

Une-fun, 鉛粉 Whitelead.

Une-kow, 原告 Original accuser; the plaintiff. 被告 Po-kow, Receive accusation, the defendant.

Une-păt, 鉛筆 A blacklead pencil.

Une-tan, 丸彈 A leaden bullet.

Une-teen-sheong-tei, 玄天上帝 A great God in Heaven.

Une-tsik, 原藉 Native place. Ne-te-une-tsik-hei-peen-chu, 你的原藉係邊處 Your native place is where?

Une-tung, 鉛筒 Tin canister, for tea chests.

WONG

W

WA, 話 Speech; talk.

Wa-sha, 畫紗 Painting gauze.

Wa-tăk-ching, 話得正 Said correctly.

Wăn, 雲 A cloud. Teen-wăn, 天雲 The clouds of heaven.

Wăn-ho, 運河 The grand canal.

Wăn-leong-ho, 運糧河 or U-ho Transport grain river;—the grand canal.

Wăn-mow-hoak, 雲毋壳 Pearl shells.

Wăn-pak, 魂魄 The spirit, manes, soul.

Wang-tong-paou-toy, 橫塘砲臺 Fort on the west side of the Bogue passage.

Wang-săw, 横走 To walk across.

Wăt-een, 忽然 or Făt-een, Suddenly.

Wei, 會 In the Macao dialect is used for Ooy to know or understand.

Wei-ho, 爲何 Wherefore; why.

Wei-mow, 緯帽 A Mandarin's summer cap.

Wing-une, 永遠 Eternal-distant; forever and ever.

Wo-koan, 禾稈 Paddy straw; also called 禾草 Wo-tsow.

Wo-sheong, 和尙 Priest of the Budh sect.

Wong, 王 or 國王 Kwŏk-wong, A king; a nation's king.

WONG

Wong-chai, 皇差 An imperial envoy.

Wong-fung, 黄蜂 A wasp.

Wong-gǎw, 黄牛 Yellow cow; the domestic cow.

Wong-ka, 皇家 A king or Emperor.

Wong-keong, 黄薑 Turmeric.

Wong-keong-ha, 黄薑蝦 Yellow keonged shrimps; i. e. shrimp curry.

Wong-keong-kei, 黄薑鷄 Fowl curry.

Wong-keong-tsoy-lew, 黄薑材料 Curry stuff.

Wong-kum, 黄金 Yellow gold.

Wong-kwa, 黄瓜 The yellow *Kwa*, cucumber.

Wong-lik, 皇曆 An imperial almanack.

Wong-sheen, 黄蟮 Yellow eel, eaten by the Chinese.

Wong-sheong, 皇上 The Emperor high; He who rules over all.

Wong-shik, 黄色 Yellow colour.

Wong-tei, 皇帝 The Emperor of China.

Wong-yaong-muk, 黄楊木 Box wood.

Wok-tsei, 鑊仔 A small iron Chinese fryingpan and boiler.

Wong-tung, 黄銅 Brass.

YAONG

Y

Yăk-fan, 吃飯 To eat rice; to take any meat.

Yăm-cha, 飲茶 Drink tea.

Yăm-chai, 欽差 An Imperial Envoy.

Yăm-shuy, 飲水 Drink water.

Yăm-teen-kam, 欽天監 Imperial Heaven's observers,—Title of the European Astronomers employed by the Chinese.

Yăm-tsăw, 飲酒 To drink wine.

Yăm-tsze-ke-kay-sing, 任自已旣性 To indulge one's own disposition or whim; or thus Yăw-tsze-yăm-tsing, 由自任性 From-self indulge disposition.

Yaong-chăm-heong, 洋沉香 Foreign aloes.

Yaong-fo-pow, 洋貨舖 Ocean good's shop; i. e. a shop which deals in foreign articles which come from beyond sea.

Yaong-fo, 洋貨 or 洋貨物 Yaong-fo-mat, Ocean's goods; foreign commodities.

Yaong-pai-kwăt, 羊排骨 Mutton chops.

Yaong-păk-cheen, 洋白氈 Blankets.

Yaong-shum, 洋参 Foreign ginseng.

Yaong-sze-hŏp-teen-le, 樣事合天理 Kind (i. e. every kind) affair according to Heaven's principles; A man's whole conduct reasonable.

YAT

Yaong-teen, 洋靛 Prussian blue.

Yaong-tow, 楊桃 or 三念 Sam-leem, calambola.

Yaong-tsei, 羊仔 Kid.

Yaong-tsing, 養靜 Smalts.

Yaong-tsze-kong, 洋子江 The river Yang-tsze-keang. 佢唔輕易帶人過洋子江 Kuy-im-hing-ee-tai-yun-kwo-yaong-tsze-kong, He not easily carry man cross the Yaong-tsze river; i. e. he will not readily assist a person hence.

Yaong-yok, 羊肉 Sheeps flesh; mutton.

Yăp-hăw-fo-mat, 入口貨物 Import cargo.

Yăp-hoak, 入學 Enter learning, to obtain the degree of 秀才 Săw-tsoy.

Yăp-kam, 入監 To enter prison; to be put in confinement.

Yăp-luy-tăw, 入裏頭 Enter inner head; go within; to enter.

Yăt, 一 or Yăt-ko, 一個 One.

Yăt-chek-ma, 一隻馬 A horse.

Yăt-chut, 日出 Sun going forth; sun rise.

Yăt-fun-găn, 一分銀 A candareen of silver.

Yăt-kăn, 一斤 A catty.

Yăt-koan-chuk, 一竿竹 A bamboo.

Yăt-ko-tung-tseen, 一個銅錢 A cash.

Yăt-ko-tsze-how-cha, 一個字號茶 A chop of Tea.

Yăt-kwei, 日規 or Yăt-kway, 日晷 A sun dial.

YAT

Yăt-le-găn, 一厘銀 A cash.

Yăt-leong-găn, 一両銀 A tael, or ten mace.

Yăt-lok, 日落 Sun falling or 日入 Yăt-yap, Sun entering; i. e. sun set.

Yăt-man, 一萬 Ten thousand.

Yăt-năp, 一粒 A bit. Tai-năp, 大粒 A large bit.

Yăt-pak, 一百 One hundred.

Yăt-pak-ke, 一百幾 One hundred and several.

Yăt-paou-meen-fa, 一包棉花 A bale of cotton.

Yăt-păt-ma, 一匹馬 A horse.

Yăt-she-cha-tsok, 一時差錯 An occasional and unexpected mistake.

Yăt-sheong, 一雙 A pair.

Yăt-tăw, 日頭 The Sun.

Yăt-tew-chuk, 一條竹 A bamboo.

Yăt-tew-u, 一條魚 A fish.

Yăt-tseen, 一千 One thousand.

Yăt-tseen-găn, 一錢銀 One mace.

Yăt-tuy, 一對 A pair of any thing.

Yăt-uet, 日月 The Sun, and Moon.

Yăt-yaong, 一様 One fashion; the same.

Yăt-yăt, 一日 One day. 日日 Yăt-yăt, Daily.

Yăt-yay, 日夜 Day and night.

YIN

Yăw-peng, 有病 To be ill ; sick.

Yăw-kum-kong, 有咁講 Have thus speak ? Is it thus said.

Yăw-moon, 憂悶 Grieved, sorry.

Yăw-shan-oo, 幼珊瑚 Small coral beads.

Yăw-te, 有的 Having a little ; rather. 有的冠冕 Yăw-te-koon-meen, Having a little Mandarin face ; more respectable.

Yăw-tsuy-che, 有趣緻 Has pleasant import ; what is amusing in writing or conversation.

Yăw-tsze, 柚子 or 欏柚 Lo-yăw, A pumelo.

Yay, 野 Is vulgarly used for 二十 Ee-shap, Twenty. Yay, A thing.

Yay-luy, 夜裏 or 夜間 Yay-kan, Night during ; during the night.

Yay-tsoy, 椰菜 Cabbage.

Yay-tsoy-fa, 椰菜花 Cauliflower.

Yew-cham, 腰斬 Loins cut-asunder ; To put to death by cutting a human being in two across the waist. A punishment now discontinued.

Yew-im-yew, 要唔要 Want not want ? Do you want it or not.

Yik-wak, 抑或 Or perhaps ; or.

Yin-tăk-kuy, 認得佢 or read Ying-tak-kuy, Recognise can him ; i. e. know him. 我唔認得佢 Go-im-ying-tak-kuy, I do not know him.

YUK

Yin-tăk, 認得 Also read Ying-tăk, To recognize or know a person.

Ying-chai, 營差 A camp.

Ying-fat, 刑法 To inflict punishment.

Ying-kăt-le-kung-sze, 英吉利公司 The English Factory, or Company.

Ying-kăt-le-kwok, 英吉利國 The English nation.

Ying-kăt-le-tai-pan, 英吉利大班 The English Chief.

Ying-koy, 應該 Ought; right, it is proper.

Ying-mow, 纓帽 A summer's bonnet, with dyed red hairs.

Ying-poon, 營盤 A camp.

Ying-pow, 刑部 The board of punishments the supreme criminal court at Peking.

Yok-kăw, 玉蔻 Nutmegs.

Yok-mok, 約剝 About; near to.

Yok-mok-shăp-yăt-une, 約剝十一員 About 11 Dollars.

Yok-tan, 約单 Covenant paper; an agreement.

Yok-tsoy-pow, 藥材舖 Medicine shop; an apothecary's. 生藥舖 Shang-yok-pow, Unprepared medicine shop. 熟藥舖 Shuk-yok-pow, Prepared medicine shop.

Yok-tsoy, 藥材 Medicine.

Yuk-kwei, 玉桂 Cassia lignea cinnamon.

Yuk-wong-sheong-tei, 玉皇上帝 A great god in heaven.

YUNG

Yŭn-hak, 人客 A guest; a visitor.

Yŭn-ka, 人家 Man-house are joined simply to denote a human being. 好人家 How-yun-ka, A good man.

Yun-shum, 人參 Ginseng.

Yun-sum, 忍心 Cruel heart. Opposite, 慈心 Tsze-sum, Tender heart.

Yŭn-yŭn, 人人 Man man; every body. 人人都知道 Yun-yun-tow-che-tow, Man man all know; every one knows.

Yung, 用 To use. 用一把刀割豬肉 Yung-yat-pa-tow-koat-chu-yok, To use a knife, to cut pig's flesh (or pork).

Yung-tăk-cheok, 用得着 Use can rightly; fit for; employed properly.

END OF THE SECOND PART.

廣東省土話字彙

A

VOCABULARY

OF THE

CANTON DIALECT.

BY R. MORRISON, D. D.

PART. III.

CHINESE WORDS AND PHRASES.

MACAO, CHINA.

PRINTED AT THE HONORABLE EAST INDIA COMPANY'S PRESS,

BY G. J. STEYN, AND BROTHER.

1828.

AN

APPENDIX

OF

CHINESE WORDS AND PHRASES;

CLASSED, BY NATIVES.

THE SEVERAL HEADS ARE.

1. *AFFAIRS OF THE WORLD.*
2. *ASTRONOMY, Times & Seasons*
3. *BIRDS and BEASTS.*
4. *COLORS.*
5. *DIFFICULTIES & Distresses.*
6. *DISEASES.*
7. *DRINKING and EATING.*
8. *FEELINGS PASSIONS &c.*
9. *FISH.*
10. *FRIENDSHIP.*
11. *KINDRED.*
12. *LAUGHING and JESTING.*
13. *LETTERS.*
14. *MILITARY PHRASES.*
15. *NAMES and Characters of Persons.*
16. *PLACES.*
17. *POVERTY.*
18. *QUALITIES of PERSONS.*
19. *QUARRELLING & Railing.*
20. *RICHES and HONORS.*
21. *THEFT and ROBBERY.*
22. *TRADE.*
23. *UTENSILS, FURNITURE &c*
24. *WICKED BANDITTI.*

VOCABULARY

OF THE

CANTON DIALECT.

MISCELLANEOUS PHRASES.

SHEI-MOW-LUY, 世務類 AFFAIRS OF THE WORLD.

SECTION I.

YUN mow une luy, peet yăw kăn yăw, 人無遠慮必有近憂 A man if not concerned about what is *distant*, (or *future*); will have (one day) sorrow *near* (at hand).

Pak kop gan, kow chu mae, 白鴿眼高處埋 Pigeon eyed—man nestles in high places; he pays court to the rich and powerful.

Ke wong păt kăw, 既往不咎 Already past, not criminate; i. e. forgive and pass over what cannot now be helped.

SHEI-MOW-LUY.

Tai ung ta say yăw, kei cheong luet kow tseen, 大甕打瀉油鷄腸捋膏煎 Out of a large jar he spills the oil; and presses the fat out of a fowl's guts; i. e. he is extravagant in large things, and penurious in small ones.

Mong kwo fa, 芒果花 Mango flowers;—which promise much, but bear little fruit; denotes a specious large talker, in whose professions there is, 虛多實少 Huy to, shăt shew, Vacuum much, solidity little.

Mow kum cheok cheok hai oh, 冇咁着著鞋阿 You cannot thus put on every pair of shoes—they will not fit. You must not expect every thing to be done so easily.

Kum shik shei kai, 金色世界 A golden coloured age; means an age in which riches are two much honored.

Mow fung tsze he long, 無風自起浪 No wind, self raised waves;—i. e. Anger excited without any just cause; one that is soon angry.

A low shik wong leen tow le foo, 啞佬食黃蓮肚裏苦 When the dumb man eats the (bitter) *Wong-leen*, the bitterness remains in his own belly—he cannot express (or those who are not dumb dare not express) the distress they feel.

Fo yaong lak, che shang chung kei, 火殃竻治生虫鷄 The plant *Fo-yaong-lak*, Cures the moulted chicken—One bad man keeps in awe another.

SHEI-MOW-LUY.

To hăng păt ee; peet tsze pei, 多行不義必自斃 He who does many unjust things, must degrade himself.

Păt neem kăw ok, 不念舊惡 Don't think of old wickedness; forget former vices after a person has reformed.

Ong low seong ong tseok, 戇佬想戇雀 A foolish man thinks of catching a foolish bird—A fool indulges vain expectations.

Man sze păt u pooy tsoy shăw, 萬事不如杯在手 All affairs not as when the cup is in the hand; wine induces carelessness about, and oblivion of all concerns.

Yăt păn che shing, 一品至誠 First rank, most sincere; an eminently good man.

Tai ping shing shei, 太平盛世 Universal peace—abundant age;—i. e. Peace and Plenty.

Keen meen, cheok tsing, 見面着情 Seeing the face creates kind feeling—when otherwise disaffection would be cherished by absence.

Cheok so ee kăw fo, yay wo sheong shun, 着蓑衣救火惹禍上身 He who puts on a rush garment to go and put out a fire, will bring calamity on his own person.

Kok yăw kok e keen, 各有各意見 Every one has his own opinion.

SHEI-MOW-LUY.

Koon tăk kuy im a, 管得佢唔亞 Regulate him don't, i. e. let him alone; said in anger.

Mok hok kei chun, kum tsing che, 剝売鷄攅咁精緻 A peeled off shell;—hen's egg, so clear and beautiful; glossy and white like a hard boiled egg when the shell is taken off.

Im tăk yaong yok shik, yay shun sow, 唔得羊肉食惹身臊 Without getting mutton to eat, causing the body to smell rank;—involving one's character without obtaining any advantage, as by associating with improper persons.

Ko ko yun to tune koo kwai, 個個人多端古怪 That's a man of many plots, and strange proceedings.

Wei koon, sum tsune kwăn kwok, 爲官心存君國 He who is a Mandarin, should preserve in his heart affection to the sovereign and the country.

Păt sam, păt sze, 不三不四 Not three, not four; said of a person who is irregular in his conduct; neither one thing nor another.

Een sam, u sze, 言三語四 Say three, talk four; aperson who talks wildly and irregularly.

Tew he, shing kan, 調戲成姦 To seduce and jest and complete illicit connexion.

Mok mow fat ke, 目無法紀 Eye no law; completely regardless of all law.

SHEI-MOW-LUY.

Ko ko im ching he yun, 個個唔正氣人 That is not a correct principled man.

Ko hei tsoy tung, 個係財東 This is the Capitalist—i. e. the person who lends me money to trade.

Koy kwo, tsung sun, tsow how yun, 改過從新做好人 Reform; be renewed; be a good man.

Man pǎt tak ee, 萬不得已 Ten thousand cannot stop: impelled by necessity.

Man chung mow yǎt, 萬中無一 Not one in ten thousand.

Tsew lew chaw lǎm, pǎt kwo yǎt che; 鷦鷯巢林不過一枝 Een shu yǎm ho, pat kwo moon fok, 鼴鼠飲河不過滿腹 The *Tsew-lew* bird nestling in a forest, requires but one branch: a mouse drinking out of a river, will only fill its belly. Moral, little will suffice for human wants.

Shat yun, fong fo, kum yew tai; hoan king neem fat, to tsze lai, 殺人放火金腰帶看經念佛多蟣癩 Murderers and incendiaries have golden girdles; whilst many of those who look on sacred books and pray to budh, have ulcerated bodies;—Rewards and punishments are not equally divided.

Mow kong chap tseen, 冇鋼鈒剪 Silver-cutting sheers without steel in them—will not cut the silver; so mandarins when they, Keen gǎn hǎw tsǎw une, 見銀口就軟 See the silver, their mouths are forthwith soft.

SHEI-MOW-LUY.

Ma pooy, păt u găw pooy, wăn, 馬背不如牛背穩 A horse's back is not so safe as a Buffaloe's—moral, poverty and simplicity are safer than wealth and honor.

Yew yun sam pow, me wei shu, 饒八三步未爲輸 To yield a man three steps does not shew that I am conquered.

Tong koan che keen u, 塘乾至見魚 When the pool is dry the fish will be seen; when the accounts are made up at the end of the year, the profits will be apparent.

Shun tsoy tei wong peen; yăw u kung foo meen, 身在帝皇邊猶如共虎眠 Being by the side of an Emperor, is like sleeping by the side of a tiger. High places are slippery and dangerous.

Shum tsăw che hoat, 鴆酒止渴 With poisoned wine to quench ones thirst; To gratify avarice or passion with what is wicked or illegal.

Yăw tsăw yăw yok tow hing tei; wan nan ho tsăng keen yăt yun, 有酒有肉多兄弟患難何曾見一人 When one has wine and meat all are brothers; but in distress and difficulties where is a—man to be seen.

Fe tsăw, mok yăm; fe yok, mok shik, 非酒莫飲非肉莫食 Bad wine don't drink it; bad meat don't eat it, avoid whatever is vicious or hurtful.

SHEI-MOW-LUY.

Koon tsoy low shu, 棺材老鼠 He is a coffin rat; i. e. he is. How shik yun, 好食人 Fond of eating men—extorting their money from them.

Mow sze păt ho tuy yun een, 無事不可對人言 Do nothing that you may not tell to others.

Ling lum tseok, 鈴䕡雀 A ling lum bird—that is heard when some neighbour is about to die; is like a profligate companion who whenever. Kew cheok tow păt kăt, 叫着都不吉 "He calls, it is always to some infelicity."

Low shu lai kek teng, 老鼠拉屐釘 A rat pulling out a clag nail;-which it cannot eat; denotes labouring at what is useless.

Shing che făt mow; făt shing wei sew, 勝之弗武弗勝爲笑 If you conquer him, you'l have no military honors; if you are conquered you'l be a laughing stock; therefore don't engage in conflict with low bad people.

Tai ha tseong king, fe yăt mok so năng che, 大廈將傾非一木所能支 When a great house is about to fall, it cannot be supported by a single post. When a family or a nation approaches to ruin, they cannot be supported by a single individual.

Tam, yok tai; e sum, yok, sew, 膽欲大而心欲小 The liver is wanted large, and the heart is wanted little; i. e. courage and care are required in the transaction of affairs.

SHEI-MOW-LUY.

Sha che im paou tak fo mat, 紗紙唔包得火密 Paper cannot bind up fire close; i. e. wicked and disgraceful things will force themselves into notoriety through all paper disguises.

Tung yăw cha keok pan, im huy tăk oh, 桐油搽脚板唔去得阿 Rubbing the soles of he feet with oil will not enable you to walk—across the water; money for boat hire is necessary.

Yat chek găw, teem mok tăk leong tsăng pe ne, 一隻牛點剝得兩層皮呢 From one cow, you cannot pell off two skins—Extortion is limited by impossibilities; you cannot take a man's all twice.

Leep kăw chung suy shan sheong sze, 獵狗終須山上死 The hunter's dog must at last die on the mountains—an injurious life must end in an untimely death.

Măt e shen sew e păt wei; măt e ok sew e wei che, 勿以善小而不爲勿以惡小而爲之 Do not esteem any virtue small and neglect it; nor any vice small and do it.

Shei lune, now he chu; shun shuy, kwei lung tăng, 世亂奴欺主神衰鬼弄燈 When the world is in a state of anarchy, the slave insults his master; and when gods decline, devils play with the lantern. Applied to individuals who are irregular in their conduct.

SHEI-MOW-LUY.

Tung lăw hăp oo, 同流合污 Go in the same stream and unite with filth;—one who has no decision of character but joins companions in vice, in whatever they suggest.

Tam to, tsew im lan, 貪多噍唔爛 He who is greedy of much cannot chew it to pulp—applied literally and figuratively to him indulges in greediness and avidity—to commerce and to learning.

Mow e tseen tsoy, yăw cheok seong, păt koan ke sze mok tam tăw, 無義錢財休着想不干已事莫擔頭 Don't desire unjust gains; don't undertake affairs which do not belong to you.

Chok shăt tow măw, 築室道謀 To consult in the streets about building a house; i. e. to consult with persons unconcerned, instead of using ones own judgment and decision.

Tsoy yung, shăt ma, nan fun wo fok, 蔡邕失馬難分禍福 *Tsoy-yung*, lost a horse, but could not decide whether it was an evil or a good; this is an allusion to an actual occurrence. The horse returned, but his son fell from it and broke his leg. *Tsoy-yung*, then said when people commiserated him, Oan che-fe fok, 安知非福 Who knows but this may be a blessing. It turned out to be so, for a conscription being raised to oppose some rebel the whole were killed, which fate the son's broken leg prevented him sharing.

SHEI-MOW-LUY.

Fung yun kam suy, u mat teem tseen, 逢人減歲遇物添錢 When you meet a man diminish his age; when a thing occurs increase its price; —say that you suppose it cost more than it really did in order to please the buyer.

Yăw kum how tung nung tsze, tsuy kai lok, 有咁好凍濃柿隨街碌 Have such good *Tung-nung-tsze*, (the diospyros) rolling about the streets: It is too cheap to be genuine or honestly come by. If a slave girl be very cheap, she probably has the leprosy.

Măw sze tsoy yun, shing sze tsoy teen, 謀事在人成事在天 To plan rests with man; to effect rests with heaven.

Tsap kwan tsze een, 習慣自然 Custom becomes nature; custom or habit being formed, whether of virtue or vice makes it seem natural.

Yat chek shăw im chay tăk yăt peen teen kwo, 一隻手唔遮得一邊天過 One hand cannot screen the whole heavens; one person cannot perform every thing; great works must be shared among many.

Ko tai boy tow kwo lo, chung chang ko tew sew chung, 幾大海都過咯仲爭個條小涌 He who has passed over so great a sea, will not stick, at a small creek—having effected great works little things will not impede him.

SHEI-MOW-LUY.

Teen gan chew chew, sho e pät läw, 天眼昭昭疎而不漏 Heaven's eyes are all discerning; though the mashes be open nothing escapes.

Wak foo pät shing, fan luy käw, 畫虎不成反類狗 Painting a tiger and not succeeding, but on the contrary making it like a dog; is intended to persuade people not to enter into litigations with the ferocity of a tiger, lest they come out them like a dog.

Yät toy tsow koon, shäp toy tsow hat ee, 一代做官十代做乞兒 Those who have been Mandarins for one generation will be beggars the next ten—as a punishment for their oppressions and injustice.

Une oot ko tsung sze, 完活個宗事 Close lively that affair; i. e. by mutual accommodation to conclude a dispute; the living or lively is opposed to an obstinacy that resembles dead matter; insensible unchanging.

Yät gang gang tow tei, 一硬硬到底 One firm, be firm to the end;—applied also to positive declarations of price &c. having once made a demand, to adhere to it, is more satisfactory than beginning with a high tone and then drawing in.

Kow shing tap ying, 高聲答應 To answer with a loud voice, as at the rollcall at public examinations.

SHEI-MOW-LUY.

Tseet măt chang tsung, tsung tsik chung hung, 切勿爭訟訟則終凶 Do not on any account wrangle and litigate; litigations must end in calamities.

Tsok sheen, kong che pak tseong; tsok păt sheen, kong che pak yaong, 作善降之百祥作不善降之百殃 On him who does good will be sent down a hundred felicities; on him who does evil will be sent down a hundred calamities.

Kuy shăt yin loy, 據實認來 According to the truth, confess; the language of a judge.

Loy lik păt ming, 來歷不明 The preceding circumstances not clear—used when buying houses or slaves; how the house or person come into the possession of the seller, is not clear; and shall not implicate me, the buyer.

Shăp neen tseen sze, ke fan sun, 十年前事幾翻新 The affairs of ten years past, how often have they been new! how many changes, from better to worse and from worse to better in the space of ten years!

Kew peen me tsăng, 轎便未曾 Is the chair ready or not?

Man cheong kow lăw, tsuy te he, 萬丈高樓隨地起 The terrace a hundred thousand cubits high, arose from the earth. A good foundation and a gradual rise are best; don't be in a hurry.

SHEI-MOW-LUY.

Yok yew yun pät che, chu fe ke mok wei, 若要人不知除非已莫爲 If you would not have people know a thing, you had better not do it; if it may not be known, it is likely to be bad.

Yät pow e täk lam kwo tei teng teem tsow täk ne, 一步疑得躐過梯頂點做得呢 With one step to stride over the top of a ladder—how can it be done?—Don't have such extravagant expectations; be more humble.

Keen kwo pät u tsow kwo, tsow kwo pät u tso kwo to, 見過不如做過做過不如錯過多 To have seen is not so well as to have done; to have done, is not so good as to have been frequently mistaken—said in reference to experience.

Ko täw cheong mok u, 個頭唱木魚 They are there singing ballads.

Tei ke ooy, lei tsäw lo, 體機會黎湊囉 When I have seen it a few times, I shall be able to bring things together; a sort of half promise.

Tsze sei te, 仔細的 Take a little more care,—the language of a superior.

Chung käw kuy hoak oh, 仲彀佢學阿 He may learn; a sort of qualified approbation.

Shum tsäm sheong, 甚尋常 Very common; said either of persons or things.

SHEI-MOW-LUY.

Sze shok me ting, 事屬未定 It is an uncertain affair; whether of a good or bad character, or how it will terminate.

Tai im tsze yaong, 大唔似樣 Very unlike what should be! said of persons or things.

Man sze lăw yăt seen che low; 萬事留一線之路 In all affairs leave a thread of road—a small way of escape, to those who have transgressed; in the treatment of fellow creatures do not go to the utmost verge of strict justice.

Tso keok nan fan, fooy hăn che; 錯脚難翻悔恨遲 Error with the foot may be impossible to retrieve—repentance and remorse may be to late—intended to caution people against the indulgence of the angry passions.

She fe chung yăt yăw, păt ting tsze een mow: 是非終日有不聽自然無 Tales of right and wrong (scandal) will every day occur—don't listen to them and they will cease of themselves.

Mow sze, păt tăng sam pow teen, 無事不登三寶殿 Without business don't ascend the Palace of the three precious Budhs. Where people go to ask or pray for something. Said when expressing an unwillingness to visit.

Sheong sheong che kwa, 上上紙卦 The very best paper lot; literally used when divining people's fortunes but applied to express entire approbation of any plan suggested.

SHEI-MOW-LUY

Pe yun he sheong meen, 俾人欺上面 Cause people's insult ascend the face—give occasion to be insulted to one's face.

Shei sheong mow nan sze, yun sum tsze pat keen, 世上無難事人心自不堅 There is nothing difficult in the world; it is only men's hearts are not firm

Teen sheong sze, te ha wei, 天上事地下爲 Heaven's affairs are transacted on earth—the affair though great may be managed quietly; by prudence, or by bribes.

Tong chung mow u, ha kung wei tai, 塘中無魚蝦公爲大 When there are no fish in the pond, a shrimp is great; said of persons or things when there is no competition.

Yun tsing lăng nune, 人情冷暖 Man's kindness is cold or warm—according as prosperity or adversity occurs to the object. The rich and prosperous have warm friends; the poor and afflicted are coldly received.

Yăt sik sheong tsune, tsze che păt yung shew hai, 一息尙存此志不容少懈 Every moment attention must be preserved; the mind must not be allowed remissness. A saying used in reference to study.

How meng pat fung wong chut shei, 好命不逢皇出世 He is well fated who does not meet an Emperor coming into the world: because the rise of a new Dynasty is attended with anarchy and bloodshed.

SHEI-MOW-LUY.

Shei tai eem leong, 世態炎凉 The world's manner is warm or cool—according to circumstances.

Ching chung na kop, 埕中拿蛤 In a jar catching a frog A frog is not easy to catch when at large; but in a jar it must soon be caught; used to express that a thing is easy to be effected.

Wong fei sum ke, 枉費心機 Uselessly waste heart's plans; a useless waste of mind in teaching a person that cannot or will not learn.

Pak shang shang, huy tso, 白生生去錯 To no purpose lively—going wrong; what I have been active in has proved detrimental.

Yăw kei tsei im koon, koon ma ying, 有鷄仔唔管管麻鷹 Have chickens and not regard (or take care of) them; but look after the hawk—is considered absurd. Instead of taking care of young persons of the kindred; neglecting them and complaining of those who seduce them to evil.

Gan im năng tsong yăt năp sha, 眼唔能藏一粒砂 The eye cannot lodge a grain of sand; Envy cannot bear the least goodness in another person.

Kok tsze pan tseen ching, 各自辦前程 Every one attend to his own advancement—do you attend to your affair and I'll attend to mine.

SHEI-MOW-LUY.

Yun shang tăk kwo, tsuy she kwo, 人生得過隨時過 Man living can pass, according to the time pass; Let men be satisfied with what is sufficient to pass over the present time.

Sheong tăk shan to, choang low foo, 上得山多撞老虎 He who ascends many hills will meet with Tigers; He who frequently attempts what is unjust or improper, will be caught at last.

Shăw fun toy she, 守分待時 Keep your place, and wait for the time—Do your duty and wait for an opportunity of promotion.

Păt che she mow, 不知時務 Ignorant of the affairs of the season; ignorant of what is seasonable; or proper to be done at the proper time.

Sze shok mew mong, 事屬渺茫 That affair belongs to the vague and doubtful; it is uncertain and incapable of proof.

Mok wei hăng yun tsow, kăng yăw tsow hăng yun, 莫謂行人早更有早行人 Do not say you'll be sooner than others, for others will be sooner than you.

Ming luy yăw loy, chung suy yăw, ming luy mow loy, mok keong kăw, 命裏有來終須有命裏無來莫強求 If it be your destiny to possess; you must at last possess; If it be your destiny not to possess, don't seek it violently.

Sing pow, kai yun king lik shew, he wo, une wei cheet mo to, 性暴皆因經歷少氣和原爲折磨多

SHEI-MOW-LUY.

Those of fierce dispositions have all seen little of the world; those who are mild have gone through a good deal of rubbing or grinding.

Lap shun chik yok kow tseen yin, chu shei sheong sze ha yăt tsăng, 立身直欲高千仞處世常思下一層 If you erect yourself, and are desirous of attaining the height of ten thousand cubits, while acting in the world let your thoughts be a degree lower; you must veil your ambition with the appearance of humility.

Tsing tso sheong sze ke kwo, han tam mok tow yun fe, 靜坐常思已過閒談莫道人非 When sitting alone always think of your own faults; and when engaged in leisure chat don't speak of other people's faults.

Lok kik shang pe, 樂極生悲 Extreme delight produces regret.

Pe he kaou tsap, 悲喜交集 Regret and joy blended.

Hang tăk cheok fong, ke tak cheok wei, 行得着方企得着位 Walk in the right road, and then you'll stand in the right place.

Kăw kum, u u, 鈎金輿羽 A clasp of gold, a cartload of feathers—*much* of a light thing may become heavier than a *little* of a heavy thing. In reasoning opposite extremes cannot be compared. (See Collie's Confucius Hea-mung Chap. XII.)

SHEI-MOW-LUY.

Tsow pak păt fun, 皂白不分 Black and white not distinguished; right and wrong not distinctly perceived, when judging between two contending parties.

Yăt yun che shun, pak kung kai pe, 一人之身百工皆備 In the necessaries for one person, a hundred arts are united. (Used by Mencius) to express that many hands are required to perform any great work.

Ne huy kaou chun ko chung oh, 你去較準個鐘呀 You go and put right that clock.

Tam koon oo le, 貪官污吏 An avaricious mandarin and a filthy scrivener—official people devoted to filthy lucre.

Lung ka shing chăn, 弄假成真 Playing at false turned to true—beginning in play ending in earnest.

To lei to huy, shew lei kong kong kăw, 多黎多去少黎剛剛敎 Much comes much goes; little comes, just enough; said of people who spend all they get; when they have but little they are obliged to make it suffice.

Fo hak kum, 火尅金 Fire overcomes metals; Sharp as a man may be, there are some who will overcome him.

Tăk che, mok he, shăt che mok yăw, 得之莫喜失之莫憂 If you obtain it don't rejoice; if you lose it don't grieve; moderate your feeling—you don't know how it will turn out.

SHEI-MOW-LUY.

Leong kay găw kay shuet wa, 兩騎牛飫說話 Double riding Buffalo talk; an undecided sort of half promise, not binding—used in trade.

Yap shei cheong chay, 入世長者 In the world a Senior, an experienced person; one, whether young or old who exhibits prudence and good behaviour.

Shik she mow, 識時務 Knows the business of the times, one who knows what is suitable for existing circumstances.

Kak tseong tsuy yăw ee, 隔墻須有耳 On the opposite side of the partition there must be an ear; take care what you say against your neighbour.

Tsok kan fan fo, 作奸犯科 Do mischief and break the laws; said of banditti.

Een suy tseen kăn, keok she yăw le, 言雖淺近却是有理 Although the language is simple (that even a woman might understand it) still there is reason in it.

Păt e yun fei een, 不以人廢言 Don't render what is said useless (or reject it) because of the person of the speaker. Distinguish between the speaker and the speech; the one may be bad but the other good.

Tsing tsze hăn tseet, 情詞狠切 Feelings and words very cutting; that which is very feelingly expressed.

SHEI-MOW-LUY.

Păt wei e shum, 不爲已甚 Don't do too much—don't treat people with extreme severity.

Tăk yew yun chu, tsay yew yun, 得饒人處且饒人 Finding a circumstance for which you can excuse (an offender), forthwith excuse him. Don't be severe in an excessive degree.

Chun tsow ooy tăw, 趂早回頭 Avail yourself of an early turn-round of the head—repent and reform as soon as possible.

Chuy fooy mow kap, 追悔無及 Pursuing repentance not over take—find no place for repentance; repentance too late.

Ming wan păt ling; 冥頑不靈 Dark, stupid unintellectual—the language of abuse.

Kung chay kik yok, 窮奢極欲 Exhaust prodigality to the extreme desire;—to indulge every wish in lavish prodigality.

Sheong leong im ching, ha leong wai, 上梁唔正下梁歪 If the upper beam be not straight; the lower beam will be deflected—If superiors be incorrect; inferiors will be depraved.

Ke moon u she, 其門如市 His gate is like a market; so many people about it.

Ka wo, man sze hing, 家和萬事興 When a Family agrees, all things prosper.

Chung een yik ee, 忠言逆耳 Faithful words offend the car.

SHEI-MOW-LUY.

Wei yun suy yew ling yun keen chung, tsuy pa pe yun tei heng, 爲人須要令人見重最怕俾人體輕 He who is a man must desire to cause others to view him with respect; the worst thing to be feared is to cause others to look at him lightly (to despise him).

Im kăw sune, 唔彀算 Not sufficient for a calculation; not worth reckoning said of persons or things.

Im ting lo, 唔定囉 Not certain; uncertain.

Im sut kaou, 唔率教 Not be led by teaching; there's no use in teaching you.

Im tsei sze, 唔濟事 Not help the business; it is of no use.

Im shik how yun, 唔識好人 Not know good man; wanting in discernment.

Im kum tong, 唔敢當 Not dare sustain so much praise.

Im kwo tăk sha, 唔過得沙 Cannot pass over the sand; I'm aground; said metaphorically.

Ne she tsow kwo a, 你試做過呀 You try to do it; make the experiment.

Ne kum, tsăw im wan te găn kwo go, 你咁就唔還的銀過我 You thus! then not repay a little money to me! not pay me a small part of what you owe.

Ne tsow sze koan, tsung mow te kwei kuy, 你做事幹總冇的矩規 You do business altogether without method.

SHEI-MOW-LUY.

Ne im sun go, tsăw ne huy shei une a, 你唔信我凑你去誓愿呀 You not believe me, with you go swear an oath—at a Temple.

Ne kum yăt ko yaong yăw te im shăw yung, 你今日個樣有的唔受用 You to day's manner have a little not receive use—you seem a little indisposed.

Ne pai ne meen hăw shum how, 呢排你面口甚好 Of late your face and mouth have been very good—you have looked very well.

Ne tsung in koy kum yaong tsow a, 你總唔該咁樣做呀 You altogether not ought this manner act; you should not do so.

Ne tsze sei a, 你仔細呀 You infant small it; i. e. Take care; be careful.

Ne ta ting chu ee me tsăng ne? 你打定主意未曾呢 You knock fixed master thought, not yet? Have you made up your mind yet?

Ne mok ko sheong kuy tong a, 你莫個上佢當阿 You must not ascend his plot; you must not let yourself be caught, or cheated by him.

Ne she tei a kuy tsoy chu im tsoy, 你試體吓佢在處唔在 You see whether he be at home or not.

SHEI-MOW-LUY.

Ne tsung tăw che me kong loy, 你從頭至尾講來 You from head to tail, tell come; Tell me the whole, from first to last.

Ne tam paou teen, 你胆包天 Your liver envelopes the heavens; you are audacious to a degree.

Ne chăn ching tai tam, 你眞正大胆 You truly have a large liver; you are very bold.

Ne tei go măn hăw kuy, 你替我問候佢 You for me enquire and wait upon him; present my compliments.

Kong tăk, im tsow tăk, 講得唔做得 Can talk, but cannot do; much talk but little work.

Im kwo tăk cham, 唔過得站 Cannot get over the pass; at a stand still.

Im hei kum yaong tsow, 唔係咁樣做 Not is this way do—it is not done so.

Yăw e ta pan, tsăw shing yun, 有衣打扮就成人 Having clothes to dress well, makes the man; or the Lady, as it is said chiefly of women.

Een gei, e peen, hăng pik, e kew, 言僞而辨行僻而驕 His words are false and he answers again disputing; his conduct is depraved and he is proud.—The character of a profligate son or young relative.

SHEI-MOW-LUY.

Ee sham lam luy, lan chut moon, 衣衫襤褸懶出門 Clothes in bad condition, no disposition to go out; a poor person's apology for not visiting.

Kwăn kuy chung yăt, een păt kăp ee, 羣居終日言不及義 A group of them together a whole day, and never speak concerning justice and propriety; the character of dissipated idlers.

Păt chik yăt ko tseen, 不值一個錢 Not worth a cash—said of a person. Shum pe che tsze, 甚鄙之詞 An expression of the greatest baseness.

Kuy chung shăw kaou, 佢仲受教 He is still willing to receive instruction—said in a person's praise; notwithstanding his defects, he is still teachable.

Shong tăw kum tsun, choang sze mow gan, 床頭金盡壯士無顏 When the money is exhausted at the head of the bed, (where travellers keep their cash) the best man has no respectability—or influence.

Kuy shăt shăw how kong wa, 佢實首好講話 He is very good to talk to—easy of access.

Kuet păt shik een, 决不食言 Decidedly not eat words; not break my promise.

Ling shun nan oo shăt she yun, 靈神難護失時人 The spiritual gods have a difficulty in protecting, the man who has wasted the time—whose favorable destiny is lost, or past. A god's being *Ling*, denotes powerful or able to help; in opposition to some which are considered *Pat-ling*, inefficacious, unable or unwilling to grant the good things required of them.

Kăt yun teen seong, 吉人天相 The felicitous (or good) man, Heaven will help him; said to people to compliment and sooth them.

Yun mow tseen yăt how, fa mow pak yăt hung 人無千日好花無百日紅 Man has not a thousand days of constant welfare; a flower is not a hundred days red.

Fok, mow chung che, wo păt tan hăng, 福無重至禍不单行 Prosperous events don't come in succession; (or in pairs); calamities don't travel alone.

Im hei pa tsei, meen chaou, 唔係怕妻免吵 It is not that I fear my wife, but to avoid a squabble. The deputy Governor 韓 Hoan's Lady once came out to the public Court to scold him; It is said he shut his ears and gave no answer.

Oo ka foo wei, 狐假虎威 A fox borrowing the Majesty of a tiger—one who gives himself airs under cover of a more powerful person.

San tsoy tung tsze, 散財童子 Waste property Boy; a young Prodigal son; said by observers unconnected with the person.

SHEI-MOW-LUY.

Ning shi go foo yun, mok shi yun foo go, 寧使我負人莫使人負我 Better that I should be-have unjustly to others, rather than let others be-have unjustly to me; is the saying of a bad man, the Napoleon of China, *Tsow-tsow*.

Yăt fat lap, yăt pei shang, 一法立一敝生 As one law is established, one base evasion springs up;—a multiplicity of laws induces a multiplicity of nefarious practices.

Sew ma yăw ta sew ma, how koon, yăm go wei che, 笑罵由他笑罵好官任我爲之 Laugh and rail, let them laugh and rail; a good Mandarin-ship let me have it.

Moon tso yun pe, 捫錯人皮 Clothed by mistake with a man's skin—he should have been a brute, agreeably to his brutish manners.

Tok chang kwo găw teng, 讀狀過牛聽 To read an Impeachment for a cow to hear; to address refined composition, or acute argument to a stupid ignorant person is in vain.

Tseen moon kuy foo, hăw moon tsun long, 前門驅虎後門進狼 Drive a tiger out at the front door, at the back door a wolf will enter. Said of the difficulty of em-ploying people.

Hăng shune, tsăw ma, sam fun heem, 行船走馬三分險 Going in boats and travelling on horseback, has three tenths of danger.

SHEI-MOW-LUY

Yăt shăw sow kwo, 一手掃過 To sweep away with one hand; to usurp a sweeping authority and disregard every body's rights.

Shing măt shuet wa ne, 成乜說話呢 Make what talk now; what sense does it make; i. e. what you say is nonsense.

Sew sum fo chuk, 小心火燭 Take care of fires, and candles.

Sze tseen seong hăw, 思前想後 Think of past, and consider the future; an exhortation to thoughtfulness.

Seen ko uet tung shun lei, 先個月動身黎 A month ago I began my journey.

Pei moon tsay hak, 閉門謝客 To shut the door and thank one's friends,—to decline seeing them, especially if they come to borrow money.

Pai sze, 敗事 To spoil an affair.

Pa lew shaw, 罷了手 Stop the hand—desist from some undertaking.

Pa-pa-pa, 罷罷罷 Enough, enough, enough! expression of vexation.

Huy cheong shing shei, ta yun im sze, hak sze yun, 虛張聲勢打人唔死嚇死人 An empty report and noise of force, although it does not kill people by blows, frightens them to death.

SHEI-MOW-LUY.

Ping wei fok, 平爲福 A level state is happiness; a quiet competence makes man happy.

Man shing che tsune, 萬乘之尊 Ten thousand carriages the honor of. The Emperor, highest in dignity and honor.

Man shu yăt poon, 萬殊一本 Ten thousand differences one origin—all flow from one source, all grow from one root.

Man shăw mow keong, 萬壽無疆 Ten thousand longevity, without limit—said of the Emperor—live forever.

Man suy pai wei, 萬歲牌位 Ten thousand years tablet; Tablet dedicated to the Emperor.

Man neen kăt te, 萬年吉地 Ten thousand year's felicitous ground—the grave.

Man le cheong shing, 萬里長城 Ten thousand le long wall; the great wall of China.

Man yun tik, 萬人敵 Ten thousand men's enemy; one that can withstand ten thousand.

Man neen tsung, 萬年松 Ten thousand year's Tsung tree.

Ming kew, 明轎 An open chair, carried on men's shoulders; a *Tom-john.*

Man yăt che luy, 萬一之慮 Anxiety for one in ten thousand; trifling anxiety.

Me sze u, 微絲雨 Drizzling rain.

Man tsan, 晚飡 Evening meal; or late dinner.

SHEI-MOW-LUY.

Meen yaong, 棉羊 *Cotton* sheep; the woolly sheep used for food.

Mow lam shik, 毛藍色 Hair blue colour.

Mow ka, 帽架 A cap stand; a sort of pin for suspending a Chinese cap on.

Mak een hop, 墨硯盒 An ink stand box.

Mow ke to ah, 冇幾多呀 Not much.

Moot koan tseng, ko cheong toy, 抹乾净個張枱 Rub clean that Table.

Mok yew tsow chaou, 莫要嘈吵 Don't make a clamorous noise.

Mow loy tsze, 冇來自 Not the coming time; not yet the time.

Man mow yăt shăt, 萬無一失 Not fail once in ten thousand times.

Mew she yun, 藐視人 To look at persons with contempt.

Măn tăk kăn yăt ka tseen tow peng, 聞得近日價錢都平 I have heard of late the price is low.

Mow te seong tăw, 冇的想頭 Not the least head of thought—can't think of any thing.

Me che tik kok, 未知的確 Don't know with certainty.

Mow mat kăn yew, 冇乜緊要 Not of any importance.

SHEI-MOW-LUY.

Me che chăn ka, 未知眞假 Don't know whether it is true or false.

Me sze, 美事 Excellent affair; a benevolent action.

Me tam, 美談 Excellent talk; conversation about benevolent and good actions.

Mong shuet, 妄說 False talk; foolish legendary tales.

Măt kum noy, tow tsow im he? 乜咁耐都做唔起 Why so long not finished?

Mei shik, 米色 Rice colour.

Mung kwo, 芒菓 The mango.

Mow, 霧 Fog.

Ne choang hok shun ma? 你撞鶴神嗎 Have you rushed against the crane god—eh? said to those who appear stupid; The Almanack directs people to be careful on new year's morning not to go eastward on rising lest they meet this stupid god.

Fok chak meen cheong, 福澤綿長 Prosperity and affluence lengthened as Cotton; cotton is used to denote what is continuous.

Lung shune cheong, pa im chune aou, 龍船長怕唔轉拗 The dragon boat is long—fear it won't turn—an exhortation not to go in any one way too far; not to lead too much &c.

SHEI-MOW-LUY

Cheong fat ke tseong, 長發其祥 Constantly issue the felicitous—used by shopmen who sell ornamented letter Paper &c; as the venders of Lottery Tickets always pretend to sell lucky numbers.

King lik to neen, 經歷多年 Experienced for many years.

Hăng neen ing shăp, fong che sze shăp kăw neen che fe, 行年五十方知四十九年之非 Arrived at 50 years of age, then may be known the errors of 49.

Mow lăm hoat, e kwăt tsing, 無臨渴而掘井 Before you are thirsty, dig a well; Don't leave important concerns till the moment that they are wanted.

Yăt een ke chut, sze ma nan chuy, 一言旣出駟馬難追 A word once uttered, a four-horsed carriage cannot overtake—and recall, it.

Păt ho he ling yun ka, 不可欺凌人家 You must not insult any body.

Shing foo me fun, 勝負未分 The conqueror and the conquered, not discriminated—it is not plain, who has won and who lost.

Nan fun wo fok, 難分禍福 It is difficult to distinguish what will be prosperous, from what will be unprosperous; whether an event will turn out well or ill it is impossible to foretel.

Shing pai, ping ka sheong sze, 勝敗兵家常事 Victory and defeat are common things with military men—There is no room to be either much elated or greatly depressed.

SHEI-MOW-LUY.

Keen kwai, păt kwai, ke kwai tsze pai, 見怪不怪其怪自敗 Seeing strange (monstrous ghosts imps and such) things don't consider them strange; and the strangeness will be self defeated—cease of it-self.

Yăw fok păt ho heong tsun, 有福不可享盡 Being in prosperity you must not enjoy it to the utmost.

Ga moon pat tsze hoy, yăw le mow tseen ne mok loy, 衙門八字開有理無錢你莫來 The Court gates open in the form of the character *Pă*, (eight); having reason without money don't come here.

Yăt shen năng sew pak ok, 一善能消百惡 One virtue can dissipate a hundred vices; they hold this doctrine morally, and physically in reference to supposed noxious influences arising from the site of a house; objects opposite the door &c. The gabel end of a house, like the top of the character. 金 Kum, (Which is called 金鷄頭 Kum kei tăw), Is thought very unlucky. It is called 殺氣 Shat he, Murderous influence.

She hang chăp tow ma peng, tew lew ho sik, shik che oo wei, 屎坑執倒蔴餅丢了可惜食之汚穢 In a privy to pluck up a hempseed cake and throw it away, is to be regretted, and yet to eat it would be filthy; People are some times doing disgraceful things because they are profitable.

SHEI-MOW-LUY.

Kăw yok im kwan wo sheong sze, 狗肉唔關和尙事 Dog's flesh does not implicate the character of Budh Priests; they never eat meat of any kind; i. e. I am as clear of that, as the priests are of eating dog's flesh.

Low foo im che chu na shăw, 老虎唔知猪𠰻瘦 An old Tiger does not heed a sow's being lean; applied to cruel extortioners.

Măn tow u mang, 問道於盲 Asking the way of a blind man; taking counsel of the ignorant and injudicious.

Chut tsoy ne hăw, yap tsoy yun ee, 出在你口入在人耳 What goes out of your mouth enters into other people's, ears—be careful what you say.

Tsing, le, leong tsun, 情理両盡 Kindness and reason both complete; an action that is both reasonable and kind.

Yăw u lang shuy kew pooy, 猶如冷水澆背 Like cold water thrown upon the back; said of one who disregards and forgets what is said to him.

Shun fun teen tow, 晨昏顛倒 Morning and evening (or night and day) inverted—said of the dissipated and profligate who turn night into day; awake when they should be asleep; and asleep when they should be awake.

Yăt kăw fei she, 日久廢弛 Going into disuse from length of days.

SHEI-MOW-LUY.

Yun mow pak suy shăw, wong tsok tseen neen ki, 人無百歲壽枉作千年計 Men don't attain a hundred years of age; it is useless working (and hoarding) for a thousand years.

Kum shăw mow tsze, 甘受無辭 Sweetly receive and say nothing; to receive reproof or censure without answering again.

Wăt he nan shun, 屈氣難伸 Oppressed feeling difficult to expand—i. e. labouring under some grievance which one cannot get redressed.

Ee lun fun fun, 議論紛紛 Opinions and debates all in confusion—on public passing occurrences, a great and conflicting variety of opinions.

Tăk ee, păt ee tsoy wong, 得意不宜在往 Having succeeded, don't go again—said chiefly in reference to trade; teaching people 知止 Che che, To know when to stop.

Yok kăw shang foo kwei, suy ha sze kung foo, 欲求生富貴須下死工夫 If you wish to *live* in riches and honors; you must set to with a *death* labor; i. e. as if you were labouring as if to avoid death.

Yăw shay tsze een heong, im tsoy tong fung yaong, 有麝自然香唔在當風颺 Where there is musk, it will be sure to smell; it does not require the wind to spread it; if a man possess talents they will be known without his praising himself.

SHEI-MOW-LUY.

Kwok tai, măn oan, 國泰民安 The Government prosperous, and the people tranquil; a wish written on doors at the new year.

Yun he me wei he, teen he, mow te ke, 人欺未爲欺天欺無地企 Man against us, is nothing against us; but Heaven against us, there is no ground to stand upon,

New che tseong sze, ke ming ya oy, yun che tseong sze, ke een ya sheen, 鳥之將死其鳴也哀人之將死其言也善 A bird about to die; its notes are plaintive; man about to die, his words are good—whatever his former character may have been. A robber dying by sickness, will not advise his children to rob.

Lan pan, fong yăw tsze, 爛坢防有刺 Mire as a defence against thorns; it conceals the hurtful thing but cannot defend the feet against it, Apparently safe, but really not so.

Kum een, tsat ya, foo een yok ya, 甘言疾也苦言藥也 Sweet words are sickness; bitter words are medicine; Reproof is wholesome, flattery hurtful, as people affect great sensibility and leave the sick and the dying to strangers.

Fo shew a po kwăn, kok yun 800 kok yun, 火燒亞婆裙各人顧各人 When the fire burns to the old woman's petticoats, every one looks after his own affairs—in imminent danger, through an affected delicacy every one leaves the distressed alone.

SHEI-MOW-LUY.

Hune kwăn mok ta chun tăw new, tsze tsoy chaou chung mong mow kwei, 勸君莫打春頭鳥子在巢中望毋歸 Exhort men not to attack the birds in spring; the young are in the nest waiting for the return of their mother.

She yun mok mong pow, mong pow mok she yun, 施恩莫望報望報莫施恩 Do a kindness without hoping for a recompense; if you hope for a recompense it is no kindness.

Go tow teng moon ee lo, 我都聽滿耳咯 I have heard it all till my ear is full. I desire to hear no more.

Shang păt kwei yăt luy, sze păt năng tai poon sze, 生不攜一縷死不能帶半絲 When born, a thread is not born into the world; when dying you cannot take half a thread out; otherwise expressed thus, 赤身而來赤身而去 Chik shun e loy, chik shun e huy, Naked came and naked go—exactly in the language of Job ch. I. ver. I. Also Eccl. V. XV. and I. Tim. VI, VII.

Tsing teng ka yăm, 靜聽佳音 Tranquilly listen to good news; silently wait till it comes.

Făt ma she, păng koon shei, 拂馬屎憑官勢 Sweepers of horse's dung presume on Mandarin power—when they are attached to them; said of any body who presumes on the influence of their employers.

Kuy ting yew lai go huy tei he, 佢定要拉我去體戲 He would drag me away to see the play.

SHEI-MOW-LUY.

Yăw shei păt ho e tsun, yăw fok păt ho heong tsun, 有勢不可倚盡有福不可享盡 Having power don't depend upon it to the utmost; being prosperous don't enjoy it to the utmost—study moderation.

Mow mat tai kwo 冇乜大過 Not any great fault.

Kuy tsok yăt yăw lei, mow ah? 佢昨日有黎冇亞 Did he come yesterday or not.

Moon hăw tai chu, 門口大處 His gate is too large; said when declining to visit a prosperous pompous person.

Im how che ah! 唔好遲亞 Don't be too late.

Mow kăn yew, 冇緊要 Not of any consequence or importance.

Ne mok sut kuy oh, 你莫率佢阿 You must not lead him—don't meddle with him—one disposed to be riotous or troublesome.

Ne huy tsăw go ta ting ha oh, 你去湊我打聽吓阿 Go and listen for me—go and try to find out the facts.

Ne tsăw go wa kuy che oh, 你湊我話佢知阿 Tell him for me.

Ne fai te neem loy, 你快的拈來 Make haste and bring it.

Ne mok ko hoak kuy oh, 你莫個學佢阿 Don't you learn of (or imitate) him.

SHEI-MOW-LUY.

Ne fai te neem hoy, 你快的拈開 Make haste and take it away.

Ne mow măt sze kwo loy go chu, 你冇乜事過來我處 When you have no business, come over to my place.

Man te che how, 慢的致好 Slower, or more leisurely, will be well.

Yun fung che ke, tseen pooy shew, wa păt tăw ke poon kuy to, 人逢知己千杯少話不投機半句多 When a man meets an intimate friend, he may drink a thousand cups; but when conversation does not take, half a word is too much.

Lap keok wăn, 立脚穩 Fix the foot firm—one who is to be depended on.

Ne tow paou, im che tow go yun, 你肚飽唔知肚餓人 Your belly's full, you don't understand the man with a hungry belly; in prosperity you cannot enter into the feelings of one in adversity.

Yăw măt păng kuy ah, 有乜凴據亞 What proof is there now?

Yăw yun hak lei, ne wa go huy chut kai, 有人客黎你話我去出街 If any visitor comes, tell him I'm gone out.

Yăw tăk kuy, 由得佢 Let him alone; let him have his own way.

SHEI-MOW-LUY

Shăp shăw so che, 十手所指 Ten fingers point at him every body points at him as a bad man.

Yăw măt sze, 有乜事 What business is there?

Yăw te mat yay tei ne? 有的乜野體呢 What is there to see now?

Yăw to mow shew, 有多冇少 It will be many, not few; much, not little—said of people who are always craving.

Yăw ang hăw im moon, moon ong hăw, 有甖口唔掆掆甕口 If the jars mouth is not covered, cover the jars mouth—it is easily done, do it at once—lest some evil be the consequence. When an affair is small, settle it.

Mow yun chung tăk tsow che shu, 冇人種得早知樹 No man can plant a tree of foreknowledge—unexpected events will occur.

Kuy tai chăm tăw tsow yun kay, 佢帶枕頭做人旣 He has brought a pillow instead of a man—a sleepy dull stupid fellow.

Yăw kum tai tew u, ta kum tai ko wăn, 有咁大條魚打咁大個運 There must be a fish so large, to strike so large a circle in the water—great talents are necessary to great effects.

SHEI-MOW-LUY.

Yăt te tow im kwan go sze, 一的都唔關我事 One whole, all not concern me—I have nothing at all to do with it.

Yăw yun che tow, tsăw hei ne sze lo, 有人知到就係你事囉 If any one knows, it will be your business—or fault.

Yăw măt tso ne? 有乜錯呢 What error now? i. e. no error.

Wak chay tsăw hei, 或者就係 Perhaps it is so.

Poon shei kung ming, pak shei une, 半世功名百世寃 Half an age's Mandarin ship, will produce a hundred ages of indignation—from those who have been injured.

Yăt ka paou nune, tseen ka une, 一家飽煖千家怨 One family full and warm, causes a thousand families resentment;—for their uncharitableness.

Ne koo ne how poon sze chu, 你估你好本事處 You suppose you have good original talent! Language of strife.

Ne im shik, tsăw mo ko lune mai, 你唔識就莫個亂買 You not know, then do not at random buy.

Nuy yun, 女人 A woman; a female of the human species.

Năng suy tseen kum che pik, păt năng păt shăt shik u tăw kăng, 能碎千金之璧不能不失色於豆羹 Can break a stone—ornamented with a thousand pieces of gold;

SHEI-MOW-LUY.

but unable to keep countenance for a soup basin; i. e. some persons when pleased will part with a great deal; and yet lose their temper for the most trifling loss.

Ne wei kung ming, une chut yaong kwan goy; koat tune sum tăw oy; wong tow tăk che tsăw tsow tsow ooy loy, 你爲功名遠出陽關外割斷心頭愛皇都得志就早早回來 You to obtain rank are now going far beyond the Yaong boundary, which cuts asunder hearts that love; at court having obtained your wishes, soon soon come back. Said by a wife to her Husband on going to court.

Ne chek shune, yăw te măt fo tow ne, 呢隻船有的乜貨到呢 This ship has brought what cargo now?

Ne mok ko wei kuy sho u oh! 你莫個爲佢所愚阿 You don't (don't you) be fooled by him.

Ne, ne pai, yăw keen tow kuy mow ne? 你呢排有見到佢冇呢 You, of late, seen him or not?

Ne im che, tsăw pa lo, 你唔知就罷囉 If you don't know—very well.

Ne im how lew kuy ah, 你唔好撩佢阿 Don't annoy him—said chiefly of children striking or plaguing each other.

Ne huy ke ne fung sun, 你去寄呢封信 You go send this letter.

SHEI-MOW-LUY.

Ne tsung im shăw kaou, 你總唔受教 You never receive teaching;—you'll never learn.

Ne to chu ko sei măn tsei a, 你拖住個細文仔亞 You hold fast that child—lest he fall.

Ne kum yăt how ah, 你今日好呀 Are you well to day?

Ne u kum huy kwei, hei im hei? 你如今去歸係唔係 Are you going back (home)? is it so or not?

Ne kăng tsow, 你更早 You are still earlier.

Ne tsoy peen chu tsow shang e ah, 你在邊處做生意亞 Where do you work or serve?

Ne fong man, go im tsăw ne kong, 你放蠻我唔凑你講 You act the savage—talk unreasonably—I won't converse with you.

Neem neem păt mong, 念念不忘 Thought, thought, not forget—never out of mind.

Ne huy peen chu lei? 你去邊處黎 You go what place come? where have you been?

Ne tăk han, tseng huy go chu tso ha ah, 你得閒請去我處坐下呀 When you are at leisure, pray go over to my place and sit a while.

Ne shik tsze im shik ah? 你識字唔識亞 Do you know letters or not? Can you read?

Ne kung go kew ko mok tseong lei, 你共我叫個木匠黎 You for me call a carpenter.

SHEI-MOW-LUY.

Ne seong shik măt yay, 你想食乜野 What do you think of eating?

Ne chŭn, chung tsow, 呢陣重早 Now, it is still early.

Ne mo ko tsung ta foo tăw, 你莫個總打斧頭 You altogether not strike with the hammer—Don't chop off and pocket a part of the price—tell exactly what you paid for it.

Ne pow pow shang e how ah? 你寶鋪生意好呀 Your precious shop's trade good?—precious is complimentary.

Ne ke she fan lei, 你幾時番黎 When will you return?

Ne yăm cha, im yăm? 你飲茶唔飲 Have you taken tea?

Ne tso shune lei ah, 你坐船黎呀 You sit boat (or ship) come—eh? Did you come by water?

Ne kew kuy fai te lei, 你吽佢快的黎 You call him make haste come.

Ne ke she huy kwei, 你幾時去歸 When do you go home?

Ne im shik kuy ah? 你唔識佢呀 You not know him—eh?

Ne huy tseng seen shang lei, 你去請先生黎 Go and request the Teacher to come.

Ne shik fan me tsăng? 你食飯未曾 Have you eaten rice or not yet? Have you dined?

SHEI-MOW-LUY.

Ne yăw ke tai neen ke ah? 你有幾大年紀亞 You have how great year's record? How old are you?

Ne tsuy tsan me tsăng, 你娶親未曾 Are you marryed yet?

Ne loy wăn go kay, 你來混我既 Are you come to bother me?

Ne chik meen huy cha kwo, tow tsow tăk, 你只面去查過都做得 You may go and enquire—all will do.

Ne ko hei măt she hăw ne? 呢個係乜時候呢 What time is it?

Ne te im hei măt how fo, 呢的唔係乜好貨 This is not a very good article.

Ne te hop yung lo, 呢的合用咯 This answers.

Ne huy mai măt yay, 你去買乜野 You go buy what? what are you going to buy?

Ne tsoi peen chu chü? 你在邊處住 You at what place live?

Kum yăt e sze hei im hei? 今日議事係唔係 To day there is a consultation on business, is there not?

Kuy tei teep how to yun, 佢體貼好多人 He has accommodated—done kindness, to a great many persons.

Kai sheong măt kum tsow-naou ne? 街上乜咁嘈鬧呢 In the streets, about what is there so much clamour?

SHEI-MOW-LUY

Kay yăw măt shuet wa tuy ne kong, 佢有乜說話對你講 What did he say to you?

Koo tsze chik koon gai chu chay, 故此只管捱住啫 Therefore I must just try to hold on—said when trade is bad.

Mow măt chu keen, 冇乜主見 Not any master view; undecided; no ruling sentiment.

Mow teen le, 冇天理 No heavenly principle; unjust and cruelly severe.

Yăt kei sze, yăt kei ming, 一雞死一雞鳴 One fowl killed, one fowl crows—There is no extirpating banditti.

Low tsze ming, 鸕鷀命 The fate of the *Low-tsze*, Fisher bird. 攞倒唔得食 Lo tow im tăk shik, What he catches he is not allowed to eat; a ring around his throttle prevents his swallowing the fish he takes in his mouth.

Yăt chok kow, fak yăt shune yun, 一竹篙擢一船人 One bamboo pole can strike alarm into a boat full of people; One word spoken at random can cause concern in a number of people.

Ga heuĕ, kum gang ke chu, 瓦靴咁硬䟫處 I stood as stiff as if I had been in brick boots—having received so unkind a reception.

Low shu fe, tsoy maou ee tow, 老鼠肥在貓兒肚 A fat rat in a cat's belly; an underling extortioner falling into the hands of his superior, or a fat rich governer caught by the paw of the monarch.

Man neen pät yäw, 萬年不朽 Ten thousand year's not rot; said of men's reputation and of things.

Man toy cheem yun, 萬代沾恩 Ten thousand generations receive favor: kindness or grace that will last for ever.

Man shei wing lai, 萬世永賴 Ten thousand ages perpetual dependance—on Heaven.

Man sing uet foh, 萬姓悅服 Ten thousand surnames pleased and submissive; the people universally tranquil and happy.

Man pong ham ning, 萬邦咸寧 Ten thousand nations all tranquil; general peace; universal tranquillity.

Man mät kai pe, 萬物皆備 Ten thousand things all prepared; all things ready.

Man mät fat shang, 萬物發生 Ten thousand things bud and grow—as in spring.

Man toy shan ho, 萬代山河 Ten thousand ages, hills and rivers—the everlasting hills.

Foo chay chung yin, teep yok, păn chay tune hoat pät une, 富者重裀疊褥貧者短褐不完 The rich have double cushions, and piled up mattresses; the poor man's cloak is too short to cover him.

SHEI-MOW-LUY.

Heong me seen yap, 向尾先入 (The tiger) enters (a den) tail-foremost—that he may run from serpents; It is good to feel your way.

Teng kek shei chuy, 釘屐駛錐 Nailing a clag to use a borer—denotes an unskilful workman; used to abuse a dull stupid fellow.

Kwo kap tew keng, 過胠吊頸 (A rope) passed under the arms to hang by the neck—makes 死穩 Sze wan, A person die steadily; said of one, who does things carefully and safely.

Gow shu, lo fung teng, 摮樹攞蜂釘 To shake a tree and take a wasp's sting—To meddle with an affair that does not belong to you, and bring a sting upon yourself.

Neep hung, 捏控 A made up accusation; got up with the fingers; false.

Mow neep, 誣捏 To charge falsely with doing any mischief.

Măt kok yăw chu, 物各有主 Every thing has an owner; must belong to somebody

Tai yăw tsok yung, 大有作用 Very capable of being useful; said of persons, or things.

Shu mo sha pow, 鼠摩砂煲 Rat-feeling earthen boiler; They say thieves who bore through a wall before they venture their own heads through the hole, push an earthen ware boiler

SHEI-MOW-LUY.

through the wall to try if any one will strike it; if not, they then venture through—used in reference to sharpers and cheats who try experiments on people before they venture with any thing serious.

Fo shew a neong tsei tow yew chut, 火燒亞娘仔都要出 When a fire burns to a young lady, (although in ordinary cases she does not expose herself) she must then go out; there are times when ordinary rules must be broken through.

Ne mok ko seet lăw sze fung oh, 你莫個洩漏事風阿 You must not let the business transpire.

Yun sune păt u teen sune, yun yăw tseen sune, teen chĭt yăt sune, yăm măw um sune tsung kwei shăt sune, 人算不如天算人有千算天只一算陰謀暗筭總歸失筭 Man's calculation is not equal to Heaven's calculation; man has a thousand calculations, heaven only one; Dark plots and secret calculations, all end in a mis-calculation.

Năng sune, păt năng lew, 能筭不能料 A man may devise, but he cannot foretel the result.

Tai sew meen che keen tăk yun, 帶笑面至見得人 Put on a mask to see people—a man who is ashamed to let his true face be seen.

Wak chay tow hei, 或者都係 Perhaps all are right; perhaps it is so.

SHEI-MOW-LUY.

Wei shăt how, 委實好 Really good or well.

Poon yay shik wong kwa, 半夜食黃瓜 At midnight to eat a cucumber; Im che tăw me, 唔知頭尾 When you cannot distinguish the head from the tail.

Teem ke tăk kum to ne? 點記得咁多呢 How can I remember so much?

Teem wa tăk ting, 點話得定 How can one speak positively?—Without farther enquiry.

Ta hoy te cheong, 打開的窗 Open the window.

Tai koy yăw sam teem chung lo, 大槩有三點鍾囉 Probably about three o'Clock.

Tow how lay, 都好哩 Every way good—Still good, although there may be some objection or difficulty.

Teem how ne? 點好呢 Which way well now?

Tow poon shuy lei, 倒盆水黎 Pour out a basin of water, and bring it.

Ting yăt to me che, 聽日都未遲 It will not be too late to morrow.

Teem chan tăng lei, 點盞燈黎 Light a lamp and bring it.

Tai sze, 大事 A great affair.

To sze, 多事 Much business; officious.

Ha tsze, ne im how huy lo, 下次你唔好去囉 The next time you won't do well to go.

SHEI-MOW-LUY.

How sheng o, 好聲阿 Good sound—don't make a clatter through carelessness.

Teem tsow tăk ne? 點做得呢 How can it be done now?

Go huy tei tăk yăt chut he lei, 我去體得一出戲黎 I'm going to see a play.

Tsow he yun lei, 做起人黎 Make up man come—He has been diligent and successful.

Go kum yăt im tăk han, 我今日唔得閒 I to day not at leisure.

Go yew shei kuy, 我要駛佢 I want to employ him; i. e. Don't take him away now; I want him.

Go yew chut kai, 我要出街 I want to go out to the street; I am now going out.

Tsow sze, păt ho tsow tsze, 做事不可造次 In doing any thing, there should not be hurry and bustle.

Go tsow che kuy hei kum yaong lay, 我早知佢係咁樣哩 I early knew that he would act thus.

Tong tăw yăt pong, 當頭一拌 A thump on the head; A burst of anger, the cause of which is afterwards expressed.

Go leen yăt sze koan to, tsung im tăk han, 我連日事幹多總唔得閒 I successive day's business much, altogether not at leisure.

Tsăw hei lo, 就係咯 Soon be—ready or finished.

SHEI-MOW-LUY.

Tăk sheong shong, yăw heen pe, 得上床又牽被 When once got into bed he'll also pull away the coverlid—said to denote the insatiable avarice of some, who are never satisfied.

Tsung im teng keen yăw yun kong, 總唔聽見有人講 I have never heard any one speak about it.

Tăw low hei kuy lei kay, 頭路係佢黎既 The road is that which he came; it is his plan.

Tei she lo, 體試囉 See, try; either with I, or you. To make the experiment and see what can be done.

Shing măt shuet wa ne! 成乜說話呢 Make what discourse now! It is nonsense,

Seen she ne wa măt yay, 先時你話乜野 Before, what did you say?

Shei im tăk, 駛唔得 It won't go; it can't be done.

Shik she mow chay, wei how keet, 識時務者爲豪傑 He who knows the affairs of the times, is a clever fellow.

Tsung im gam, 總唔啱 Altogether not suit, or fit; or succeed,

Tsung che hei wăn cheong, 總之係混賬 It is altogether stuff and nonsense.

Fai te fan lei a, 快的番黎亞 Make haste back.

She tei ah, tsow tăk im tsow tăk, 試體吓做得唔做得 Try whether you can do it or not.

SHEI-MOW-LUY.

Sheong ha mow lo, 上下冇囉 Almost none—nearly all gone.

Seen hoak ko te, 先學個的 First learn that.

Shek tai chak sze hai, 石大磔死蟹 Large stones bruise crabs to death; people in power oppress people to death.

Sze ko kum, yat teng, kum wăn ka lo! 四個柑一頂咁穩旣咯 Four oranges in one plate, (one being placed on the other three) so steady and safe; used when saying people may be trusted.

Shan tai, cham yăw shai, 山大斬有柴 When the hill is large you may have fuel at every cut. People of large fortunes have money coming in from various quarters.

Lăm une seen u păt u tuy, e keet mong, 臨淵羨魚不如退而結網 To descend to the deep and praise the fish, is not so well as to retire and knot a net. To waste time in useless admiration, is not so well as to attend to one's own affairs.

Ee me cheong, 意味長 Thought's flavor long; a pleasing idea.

Lok te wong kum, 落地黃金 Falling to the ground, yellow gold—denotes landed property, which is real and abiding.

Low shu me shang chong, yăw ke to nung heut ne? 老鼠尾生瘡有幾多膿血呢 When a rat's tail is wounded, how much blood is there now?—Used to express having little capital for trade.

SHEI-MOW-LUY.

Lan sam een, 爛三絃 A broken three—stringed (fiddle) always out of tune—never does any thing exactly.

Shăw keok cheong, 手脚長 Hands and feet long—a man who has a number of agents.

Ee mok cheong, 耳目長 Ears and eyes long—a man who hears what is going on at a distance.

Cheong tsuy chok mok tseok, ho u kung wan nan, păt ho u kung oan lok, 長嘴啄木雀可與共患難不可與共安樂 The long beaked wood—pecker can associate with others when in difficulty and distress, but will not keep company in time of prosperity; applied to those who having risen in the world are ashamed of their humble friends.

Chap tow măt tai, luy shun ka, 執倒襪帶累身家 Picking up a garter, and thereby involving one's self and family; involving one's self for a slight acquisition,

Shu tow yung she, fong hăn shew, sze tsung king kwo, che che nan, 書到用時方恨少事從經過始知難 When book knowledge is wanted, one then regrets his small stock; when works are over, one begins to know their difficulty.

Yăt ming, ee wăn, sam fung shuy, sze tsik, yăm kung, ing tok shu, 一命二運三風水四積陰功五讀書. (In the pursuit of literary honors,) the first thing is fate; the second favorable times; the third, wind and water luck; the fourth, many secret virtues; the fifth, study of Books.

SHEI-MOW-LUY

Low păt shăp wei, 路不拾遺 In the road not take up a lost thing—but leave it for him who has lost it; a sign of virtuous times.

Peen shün lô e chay, păt she yaong tsam yun, 遍身羅綺者不是養蠶人 He whose whole body is covered with silks, is not a rearer of silk worms!—The gay clad fine gentleman does not thereby exhibit the products of his own industry.

Maou ee huy, low shu chut loy shun yew, 猫兒去老鼠出來伸腰 When the cat is gone, the old rat comes out to stretch its loins;—said of young people under strict guardians.

Ming che how hoak tseong, kuy peen yew hum mai huy, 明知蠔殼墻佢偏要撼埋去 Clearly knowing that it is an oyster-shell wall, he determines to rush against it.—Though he knows that a thing is bad and injurious still he will do it.

Mow păn long, im tseok tăk chăp chut, 冇檳榔唔嚼得汁出 Without betel-nut, no juice can be chewed out; i. e. where there is smoke there must be some fire.

Ooy tăw shik, im ooy kew tsuy, 會偷食唔會攗嘴 He knows how to steal food; but does not know how to wipe his lips. He does vile things, but has not the art of concealing them.

Neep tsow yew een, 揑造謠言 To make up false.

Yăm păng ne chu ee, 任凴你主意 Let it be according to your will.

SHEI-MOW-LUY.

Tsam cheen, meen u, 讒諂面諛 Scandal, flattery and adulation to one's face.

Teen le chew chew, 天理昭昭 Heaven's reason, luminous luminous; Providence is just and sees all things clearly; said by the oppressed, as a protest against their oppressors.

Kew chay yăm yăt, 驕奢淫佚 Proud, profligate and lewd.

Tsoy hung, shei tai, 財雄勢大 Wealth abundant, influence great.

Yăt meen u koo, 一面如故 "One face as old;" i. e. all at once cordial and kind like an old friend.

Moon sum, ho e tsze măn, 捫心可以自問 When I lay my hand upon my heart, I can examine myself—with conscious rectitude.

Fat fo tow cheong, keet tsay, păt yung, 發貨圖章揭借不用 With what I sell, I use this seal; when I borrow, I don't use it—lest the public should be imposed on by what is not genuine.

Ka tsok chăn she, chăn yik ha, mow wei yăw chu, yăw wan mow, 假作眞時眞亦假無爲有處有還無 When you turn false into true, your true is also false; when destitute you pretend to possess, your possessions become destitution.

Man tsong fooy tow, 慢藏誨盜 To put away carelessly is an inducement to robbery.

SHEI-MOW-LUY.

Chak yun yăt kan ok, im tăk yăt fai ga, ho peet ne! 拆人一間屋唔得一塊瓦何必呢 If you pull down a man's house you won't gain a brick by it, where is the necessity for doing it?

Kung tow tsoy yun sum, 公道在人心 Justice is in, or depends on, man's heart. These five characters are formed into one, as a signature to agreement, &c.

Ko yun tseong loy peet yăw how chu, 個人將來必有好處 That man hereafter must obtain something good.

Pak sheen, haou wei seen, 百善孝為先 Of a hundred virtues, filial piety is the first.

Yun sum păt tsok, shay tun tseong, 人心不足蛇吞象 A discontented man is like a snake swallowing an elephant.

Fe pow, 飛報 To fly and announce.

Kum wa tsăw pa lo, 咁話就罷喙 Thus say, then enough; There's an end of it.

Kum yaong how mă! 咁樣好咩 This manner well! eh! i. e. It is not well,

Kum yaong yun, go tsung im tei tăk sheong gan lo, 咁樣人我總唔睇得上眼囉 Such a person, I altogether not look at him on the eye; He is not worth looking at.

Keen ke e tsok, 見機而作 See an opportunity and then act.

SHEI-MOW-LUY.

Wo he yun, 和氣人 A harmonious spirited man; a man of good temper.

Kung king yun, 恭敬人 A respectful person; one who behaves respectfully to others.

Hăng she she che fong peen, tsok chung chung che yăm kung, 行時時之方便作種種之陰功 Do continual acts of kindness; perform every sort of secret virtue.

Shay sew kwo, 赦小過 Forgive small offences.

Loy shuet she fe chay, peen hei she fe yun, 來說是非者便係是非人 He who comes telling rights and wrongs, is evidently a right and wrong person—a tell tale.

Pei moon tsay hăk; 閉門謝客 Shut the door and thank guests—for calling, but decline to see them.

Ke wong păt kăw, 旣往不咎 Already past, not criminate, pass over what cannot be helped.

Păt tow wong tow, ya she tsune, 不到皇都也是村 He who has not been at the Imperial residence is still a rustic.

Păt ho sun tsam een, 不可信讒言 Ought not to believe slanderous words.

Păt yung to kong, 不用多講 Not use much talk; It is not necessary to say much upon the subject.

Kai teng mow lei, 揩頂帽嚟 Bring a cap.

Kai pa tow tsei lei, 揩把刀仔嚟 Bring a small knife.

SHEI-MOW-LUY.

Kum, tsăw tsuy ne poen la, 咁就隨你便啦 Thus, then do as you please.

Wong tsăw yăt ooy, 枉走一回 Uselessly walked a turn; gone about a thing in vain; lost one's labour.

Ne wa măt yay, 你話乜野 What do you say?

Ne mok ko sheong kuy tong, 你莫個上佢當 Don't you be taken in by him.

Tai cha tsok, 大差錯 Greatly wrong; I have made a great mistake; committed a great blunder.

Tai koy u tsze, 大概如此 Probably so.

Tai fung shuk, 大豐熟 Great abundance ripe; a plentiful year.

Ling kaou, 領教 Receive instruction; I shall attend to your advice.

Tai ho sik, 大可惜 Greatly to be regretted.

Mung kaou, 蒙教 Thank instruction; I am obliged to you for your information.

Chăn, chik she chăn, ka chik she ka, 眞只是眞假只是假 True, be it true; false be it false—the true and the false fairly discriminated.

Koon tsze leong ko hăw, 官字两個口 The *word* Mandarin has two mouths—The *word* of Magistrates is not to be depended on.

SHEI-MOW-LUY.

Ne tsoy kwong chu, go tsoy hak chu, 你在光處我在黑處 You are in the light, I am in the dark—speak truth and tell me the fair price.

Go im chun, 我唔准 I won't allow it.

Go pǎt huy, 我不許 I won't permit it.

Shei sheong mow nan sze, 世上無難事 In the world there is nothing difficult—to a willing mind.

Ne pǎt pa teen kay, 你不怕天旣 Don't you fear Heaven? said to audacious people.

Im yǎp sun, 唔入信 Not enter belief—incredible.

Kum chew im che kum man sze, 今朝唔知今晚事 This morning not know this evening's business. You cannot tell what a day may bring forth.

Shik tǎk ke to, meen tǎk ke foot, 食得幾多眠得幾闊 Eat can how much; sleep can how wide?—for eating and sleeping how little is absolutely necessary—why so anxious.

Shing yun che me, 成人之美 Perfect people's excellencies—help them to effect good designs.

Kǎn yǎw kung, he mow yik, 勤有功戲無益 Diligence has merit; play is useless.

Mok suy yǎw, 莫須有 Not necessary to be; it is uncertain.

Yǎw tso chuk, mow tso fong, 有錯捉冇錯放 Seizures are made by mistake; but no releases by mistake.

SHEI-MOW-LUY

Kuy kew ne hang, ne tsăw how tsăw, 佢叫你行你就好走 When he bids you walk, you had better then run—get rid of him as fast as you can. A caution against bad men.

Une wong tsoy loy, une wong huy, 寃枉財來寃枉去 Wealth that comes by injustice, will go by injustice.

Een tsoy mow yun shei, chik koon shei kuy ma; 現在冇人駛只管駛佢嗎 At present there is no body to employ, for the time being employ him.

Sze yăw tsăw haou, 事有湊巧 The business has turned out very opportunely.

Ning wei kei hăw, mow wei găw hăw, 寧爲鷄口無爲牛後 Better be a fowl's beak than a cow's stern; A cock though small crows; whilst a large bullock is beaten—Better be the first in a village than the second at Rome.

Fo leet e măn wei che, koo seen sze een, 火烈而民畏之故鮮死焉 When the fire is fierce the people fear, and but few die by it;—a severe Magistrate who prevents crimes really saves people's lives.

Shuy no e măn hap che, koo to sze een, 水懦而民狎之故多死焉 Water is weak and the people play with it, and therefore many die by it: an over indulgent magistrate induces capital crimes.

SHEI-MOW-LUY.

Koo sik, tsik e yaong kan, 姑息卽以養奸 Excessive forbearance encourages villainy.

Shun tsing chung ing ke, hing sun fan kăw yun, 順情終誤巳輕信反求人 To comply with feelings will finally injure one's self; easy trust in a man, will cause you afterwards to solicit him. A shopman's maxim written up to attract attention.

Kwo hăw sze kwăn tsze, 過後思君子 After an error is committed, the good man's advice will be thought of.

Kak tseong yăw ee, 隔墻有耳 The partition wall has ears; be careful what you say.

Mow yun tăk kum goy ne, 冇人得咁呆呢 No body would be such a fool.

Tong sum koan kuy shik, tow tong ne kăw fei, 劏心肝佢食都當你狗肺 Cut open your heart and liver and give him to eat; he'll consider you as dog's lungs; 謂人不領情 Wei yun păt ling tsing, Denotes a man's remaining insensible of every favor.

Mok ko kum shang sho a, 莫個咁生疎阿 Don't let your visits be so infrequent.

Tow shuy im lăw găn, 倒水唔留垠 Throwing out water and not leaving the sediment;—pushing matters to the utmost; excessively severe.

Man yăt u tsze, 萬一如此 One in ten thousand thus.

SHEI-MOW-LUY.

Tsuy kik, wan suy yăw sing sum, 醉極還須有醒心 Ever so drunk, still a little waking mind is necessary.

Kwa teen păt nap le, le ha păt ching koon, 瓜田不納履李下不整冠 In a melon field don't stoop to pull up you shoe; under a plum orchard don't adjust your cap—to avoid suspicion.

Pa sum im ting, 把心唔定 Grasp the heart not fixed; undecided; irresolute.

How tsei im lun yay teen te, how nuy im lun ka she ee, 好仔唔論爺出地好女唔論嫁時衣 A good son does not calculate on his father's fields; a good daughter does not calculate on her Marriage portion—ere they perform their duties.

Chăn ching chut ke, 眞正出奇 Truly extraordinary.

Shăt shăw tsăw haou, 實首湊巧 Very fortunate; a lucky concurrence of circumstances.

Kei chun kum măt, tow pow chut tsei, 鷄𡃁咁密都抱出仔 An egg though so close, still produces chickens.—Secrets cannot be kept—the truth will come out.

Ping shang păt tsok fei sum sze, poon yay haou moon, ya păt king, 平生不作虧心事半夜敲門也不驚 Throughout life do not what your heart condemns; then at midnight a knock at the door will not frighten you.

SHEI-MOW-LUY.

Ko shei sze, teem koo tăk chung ak, 個世事點估得中呀 That affair, how was it possible to guess it?

Tei kwăn kum tai keok, 低裙揜大脚 A low petticoat to cover great feet—said to ridicule Chinese women who wear long petticoats to hide their large feet.

Pan sze low shing, 辦事老成 Transact business old and perfect—like an experienced person.

Kum neen shune lei tăk tsow, 今年船黎得早 This year the ships have come early.

Kwo kai chăn yung, im tăk kum hop seong, 過街真容唔得咁合相 A portrait bought in passing the streets cannot be so like; one must be satisfied with some defect.

Hei go tsoy păt huy, hei go ee păt sze, 係我財不去係我兒不死 If it be my wealth, it won't go, if he be my son (in the decree of fate), he won't die. Both expressions refer to destiny.

Tseen yun ta pa, 前人打怕 Former people have struck terror, into me, I cannot trust any body; This sentence is written up in shops.

Păt e shing pai, lun ying hung, 不以成敗論英雄 A great man is not to be estimated by his success or failure.

Wa im pa, tsăw ooy pa, 話唔怕就會怕 When a man says. "No fear;" he'll have occasion soon to fear.

SHEI-MOW-LUY.

Păt sun low yun een, hat ee yăw tăk tsow, 不信老人言乞兒有得做 He who won't believe old men's words, (of advice) will one day be a beggar.

Tei tăw shei kai, 體透世界 He has seen through the world—he is intelligent.

Kum te yăw shuy, 揿地游水 He swims touching the ground—there is no fear of his being drowned, he his a safe fellow.

Man le tseen ching, 萬里前程 Ten thousand miles advancement.

Man mong lăw shŭn, 萬望留神 Ten thousand hopes (you will) keep you spirit—or mind fixed on what I request you to do.

Tsăw lei kăn chu lo, 就黎近處囉 He'll come immediately.

Mow kei che een, măt ting, 無稽之言勿聽 Don't listen to tales that do not admit of being examined into.

Eem wong chu ting, sam kang sze, shei păt lăw yun tow ing kang, 閻王注定三更死勢不留人到五更 When hades king has fixed a death at the third watch; human influence cannot detain a man till the fifth.

Fan sze ooy tăw hoan, 凡事回頭看 In all affairs turn round the head and look.

SHEI-MOW-LUY.

Hok muk; a yun tam; 曲木啞人擔 Crabbed sticks, dumb men must carry—crooked timber hurts the bearer; but a dumb man cannot complain. Used by people who think themselves oppressed.

Eet fo pang, im leong tăw cha tăk, 熱火棒唔兩頭揸得 A burning hot rod, cannot be grasped at both ends—said by a person forced to do that which his oppressor cannot; the oppressor holds the cool end of the rod and forces his neighbour to seize the hot end.

Ning tsok tai ping hune, mok tsok lew lune yun, 寧作太平犬莫作聊亂人 Better be a dog in times of general peace, than a man amidst anarchy and confusion.

Chu tăw chut pak mei, pang tăw chut how tsei, 杵頭出白米棒頭出好仔 The pestle brings forth white rice; and the rod produces good children.

Een păt mong fat, fat peet tong le, 言不妄發發必當理 Words must not be irregularly uttered; those uttered must accord with reason.

Yun sum kak tow pe, 人心隔肚皮 Man's heart is partitioned off by the belly's skin;—Imitate nature in this and never expose your whole heart.

Im tăk yay yay une sew a, 唔得夜夜元宵亞 You can't have a feast of lanterns every night. The une sew or feast

SHEI-MOW-LUY.

of lanterns occurs once a year on the 15th of the first moon. You cannot always have mirth and play.

Man yăt păt chak, 萬一不測 One in ten thousand not fathomed, perhaps some mistake.

Man sze shing ee, 萬事勝意 Ten thousand affairs better than one can wish.

Tsow he tsow tow wong tei, 做戲做到皇帝 A play actor, acts up to an Emperor—he personates the highest personage in society; this is used inpraise of persons and things which are carried to the highest degree of excellence in their way.

Sew păt yun, tsăk lune tai măw, 小不忍則亂大謀 If you won't bear with small things, great plans will be thrown into disorder.

Luy lun che gei, 壘卵之危 Piled up eggs' danger; said of national or domestic affairs that they are in as dangerous circumstances as a pillar of eggs is of being broken.

Lew seong păt tow, 料想不到 Unanticipated; unexpected.

Sune yun, le ke kay, sho wei, 損人利己旣所爲 It is an action of one who injures others to benefit himself.

Me kung chut chun tsze, me foo chut kew ee, 未窮出蠢子未富出嬌兒 Before poverty stupid children are born; riches are preceded by beautiful sons.

SHEI-MOW-LUY

Moon oo tăng tuy, 門戶登對 Gates and doors corresponding; i. e. two families in similar circumstances; equality of condition, necessary to marriage alliances.

Maou chăw, ee sum heem, 貌醜而心險 An ugly face and a dangerous heart.

Cha che how le, măw che tseen le, 差之毫釐謬之千里 An error of a hair's breadth, will cause a mistake of a thousand miles.

Chu koo păt ing, 主固不惧 Good and strong not deceive—said by mechanics of their work.

Tai yăw chay, tsok sze nan shing, 太柔者作事難成 Those who are too soft, it is impossible for them to effect any thing.

Mow sze, heen keen sze, 無私顯見私 Where nothing is selfish, to appear selfish—by acting indiscreetly. If I buy the same article for myself and another person, if I get mine cheaper than his, it will appear that I took his money to make mine cheap.

Wo yun ok tsik, 禍因惡積 Calamities accumulated in consequence of vices.

Măt tseen pe seong, 蜜餞砒霜 Honeyed arsenic; the flatteries of a villain.

Sew le tsong tow, 笑裏藏刀 A sword concealed in a smile; denotes the conduct of treacherous villains.

SHEI-MOW-LUY.

Mong tam pe tune, me she ke cheong, 罔談彼短靡恃己長 Don't chat about other people's short-comings, Don't presume on your own long excellencies.

Kaou e pät shen, 教而不善 Taught and not virtuous, the lowest class of moral character. Superior people are virtuous without teaching; middling—with teaching; but the inferior remain vicious in despite of teaching.

Yät sze kăw, ke u kai kăw, 一事苟其餘皆苟 One business carelessly performed, the rest will all be carelessly done; one is a specimen of the whole.

Kăw tsay lew sze, 苟且了事 Carelessly finish a business; slur it over and pass it off any how.

Yun meen shăw sum, 人面獸心 A human face, and a beast's heart; applies to cruel and injurious persons.

Kaou tsze sune leong hong ching low, wei tuk wei kang, 教子孫兩行正路惟讀惟耕 Teach sons and grandsons the two regular roads—which are literature or husbandry.

Chap yik nan fe, 插翼難飛 Were wings stuck on, it would still be impossible to flee away.

Pät tung tsing le, 不通情理 Ignorant of feeling and reason—actuated neither by kind feeling nor by strict reason.

Ting ning che chuk, 叮嚀致囑 Nail fast utmost orders reiterated injunction.

SHEI-MOW-LUY.

Wak shay teem tsok, 畫蛇添足 Paint a snake and add feet, said of essays, where the subject is protracted by additions after the reasoning is exhausted.

Chut oo ee, fan oo ee, 出乎爾反乎爾 Going forth to you and coming back to you—a tiresome tantology; Also denotes the same thought as the scripture phrase—with what measure you mete, it shall be measured to you again.

Keen yăt sze, cheong yăt che, 見一事長一智 See one affair, lengthen one knowledge—to increase in wisdom the more one sees; to add a wrinkle.

Kăn păt meen sze, 勤筆免思 A diligent pencil will prevent thought; a shopman's adage, enjoining an immediate record of every transaction; to prevent thinking and auxiety afterwards.

Kăn keen yun ka, 勤儉人家 An industrious and economical family.

Fooy ee chun chun, teng go mew mew, 誨爾諄諄聽我藐藐 I have taught you with unwearied assiduity; and you have heard me with heedless contempt.

Foo une kam lăm, 撫院監臨 The Foo-une superintending the students; He is a visitor at their examinations.

Koo tsze shăt pe, 顧此失彼 By regarding this, lose that.

SHEI-MOW-LUY.

Im che kwei im pa hăk, 唔知鬼唔怕黑 He who does not know there are ghosts, does not fear the dark. He who does n't know the danger, is rash.

Hoan shik sew e 旰食宵衣 Eat at noon, and dress at night.—The Emperor rises at midnight and does not eat till noon being so much engaged about national affairs.

Tăw lung, oon fung, 偷龍換鳳 To steal a dragon and exchange it for a bird—is applied to midwives to procure boys from poor mothers, in exchange for the girls of rich dames.

Shei kwo fong mai, che how ah, 駛過放埋至好阿 After using them, put them by safely.

Kaou hune shei yun shuy wei chu shi? 狡犬噬人誰爲主使 When the crafty dog bit the man; who set it on? A question put by the late Emperor in a criminal case.

Ne yăt meen tsuy peen loy, tow im shei pa ne, 你一面隨便來都唔駛怕你 You may come on directly, I am not afraid of you.

Chăn kum păt pa hung low fo, shek sze im pa u lei lăm 眞金不怕紅爐火石獅唔怕雨黎淋 True gold does not fear the red hot furnace; a stone lion is not not afraid of being wet with rain—Conscious innocence is not afraid of a strict scrutiny.

SHEI-MOW-LUY.

Che yăt sik kan, go tsăw yăw kwo ne lo, 遲一息間我就有過你咯 Stop a moment, and I'll go over to you immediately.

Hoy hăw păt u kam hăw wăn, 開口不如緘口穩 To open the mouth is not so safe, as to keep it shut.

Ching he me tsăng ne? 整起未曾呢 Is it repaired yet or not?

Foo kwei kai yun kăn keem he, păn kung tow wei shăw tăw sung, 富貴皆因勤儉起貧窮都爲手頭鬆 Riches all arise from diligence and economy, poverty is all occasioned by a slack hand—in parting with money carelessly.

Tai hoy tow kwo lo, chung chang ko sew chung, 大海都過咯仲爭個條小涌 Having passed over immense seas, will I make a difficulty about crossing a little creek?

Tseong kum tai chek keok, hang fan chut lei, 象咁大雙脚行番出黎 With a foot as big as an elephant's walked out—said of a person who is depressed by a refusal.

Yok ka che tsuy, ho wan mow tsze, 欲加之罪何患無詞 When there is a desire to criminate, no difficulty will be felt in finding a pretext.

Pei tsuet, fung tsing, 敝絕風清 Basenesses cut off and manners pure, said of the government being well administered.

SHEI-MOW-LUY.

Ke sze păt măt, tsik hoy shing, 機事不密則害成 The springs of action not kept secret, will ruin success.

Shai, mei, eem, yăw, tseong, tsow, cha, tong suy tsat chay tsoy yun ka, 柴米鹽油醬醋茶當需七者在人家 Fuel, rice, salt, oil, soy, vinegar, tea, are seven necessaries for domestic use.

Kwong yăm tsze tseen, 光陰似箭 Light and shade; (i. e. time) are like an arrow—fly swiftly.

Tăk say how e, suy ooy shăw, 得些好意須回首 He who has obtained a little good, must turn round his head; he who has been successful in gaming or speculation should desist.

She loy fung sung tăng wong kok, 時來風送滕王閣 When the time comes, a breeze will send you up to the royal pavilion;—said of those who experience good times, and lucky circumstances.

Păt koo tseen ching, 不顧前程 To disregard advancement, to neglect one's own advantage.

Wo wei fok so e, fok wei wo so fok, 禍爲福所倚福爲禍所伏 Adversity is that on which prosperity depends, prosperity conceals a latent adversity.

Chik shun e loy, chik shun e huy, 赤身而來赤身而去 Naked come and naked go; said of man coming into this world, and dying.

SHEI-MOW-LUY.

Ka yăw she shu shing, ka peet hing, ka yăw een sok shing, ka peet king, 家有詩書聲家必興家有絃索聲家必傾 When in a house is heard the sound of poetry and books, that house will rise; but when in a house is heard only the sound of musical strings, that house will be overthrown.

Hăng luy ne tsăw how hang mai lo, 行雷你就好行埋囉 When it thunders, you had better walk a side—said of an undutiful child when his Father is angry.

Lei tsoy peet hăng, 例在必行 What is contained in the rules must be done, said by trades people who combine.

Tai shik im kung, tow sune kung, 大食唔窮倒算窮 Great eating will not beggar a man, but bad calculations (or speculations) will beggar him.

Cheok she hăw lo, 着時候咯 The right time.

Eem leong shei toy, 炎涼世態 Hot and cold is the world's manner; i. e. attentive or the opposite according to peoples circumstances, whether prosperous or the opposite.

Teng sun tsam een, 聽信讒言 To listen to and believe Slander, said in reference to people who easily do so.

Shik yăt fai tăw foo, ne tsăw seong shing seen, 食一塊荳腐你就想昇仙 To eat one mess of Tăw-foo (vegetable fasting diet) and think all at once to become an angel. To expect great results from small virtues or little labour.

SHEI-MOW-LUY.

Yăt tsew im tăk shing tseng, 一鍬唔得成井 One delve won't make a well, one effort cannot produce great effects in learning &c.

Tsuy fat oo sheong, kăn, tăk ke chung, tsuy fat oo chung, sze wei ha e, 取法乎上僅得其中取法乎中斯爲下矣 He who takes his example from a superior, will nearly attain the medium, he who takes his example from the medium will be inferior.

Ta tam sew sik, 打探消息 To spy out intelligence, to endeavour to find out by under hand means what is going on.

Shap neen tseen sze, ke fan sun, 十年前事幾翻新 Affairs of ten years past, have several times been new—many changes take place in the course of ten years,

Tsap kăw shing tsze een, 習久成自然 Accustomed long becomes natural—either in respect to vice or virtue.

Yăt chok kow, chang tow tei, 一竹篙撐到底 With one bamboo pole push to the bottom, say in one word what amount of fee or bribe is to be given altogether.

Măn oan, măt făw, 民安物阜 The people tranquil and things abundant, said of prosperous times.

Shuy kwo ap pooy, 水過鴨背 Water passing over a duck's back—it soon dries again, said of a person who receives instruction in vain.

SHEI-MOW-LUY.

Kuy hoy lew how to yun, 佢害了好多人 He has ruined a great many people.

Kune păt le shăw, hok păt le hăw, 拳不離手曲不離口 Boxing must not leave the hand, singing must not leave the mouth; constant practice is necessary to attain and maintain excellence.

Shuk kik, shang haou, 熟極生巧 Matured or practised to the utmost degree produces excellence.

Kum yăt yăw fai teng sheong shang, mow a? 今日有快艇上省冇亞 Is there a fast boat to Canton to day?

Sam neen tuk shu, păt u teng kong, 三年讀書不如聽講 To read books three years is not so good as to hear them explained—this refers to the Chinese mode of committing certain Books to memory without understanding them.

Sew sum shei tăk man neen shune, 小心駛得萬年船 Care will sail a ship ten thousand years, an hyperbolical expression of the utility of a "little heart;" i. e. carefulness.

Yun păt fan foo, foo păt sheong yun, 人不犯虎虎不傷人 If men don't offend the tiger, the tiger will not hurt men; injurious people,—be careful to avoid them and let them alone.

Wei ok yăw u cheong, cheong tsun, peet yaong, 爲惡有餘昌昌盡必殃 The wicked may have a residue of glory

SHEI-MOW-LUY.

(derived from their ancestors) but when the glory is finished they must experience calamity.

Wei shen yǎw u yaong yaong tsun peet cheong, 爲善有餘殃殃盡必昌 The virtuous may have a residue of evil (derived from their ancestors), but when the evil is past they must become glorious—or prosperous.

Eep tsing u kǎn, e fong u he, 業精於勤而荒於嬉 Study becomes perfect by diligence, but runs wild by play.

Tuk shu pǎt shik lut, yǎw u yǎt tew mok, 讀書不識律猶如一條木 He who studies but is ignorant of the laws is like a stick of wood. Mere literature isof little use to him.

Hoak mow tseen hǎw, tat chay wei sze, 學無前後達者爲師 In learning the question is not who wa sooner or later, let the most intelligent be master.

Mei tow chu shing fan lo, 米都煮成飯咯 The paddy is all boiled into rice—the affair is concluded, there is no use in talking about it.

Mang low shang mang tsei, 盲佬生盲仔 A blind Father begets a blind son, used by those who don't wish to notice another, said in anger or dislike.

TEEN-MĂN-HE-HĂW-LUY-TSUNE,

天文氣候類全

ASTRONOMY, TIMES AND SEASONS.

SECTION II.

Lap chun tsing yăt yăt, nung foo păt yung lik kang teen, 立春晴一日農夫不用力耕田 If the term Lap-chun is fine for one day, the husbandman need not labor in ploughing—a good season is sure.

Kang teen mong lok u, tsow hak mong teen tsing, 耕田望落雨做客望天晴 The Ploughman hopes for rain; the traveller hopes for fair weather—men's interests and wishes are different.

Shing shu păt tăng lăw, 盛署不登樓 When very hot, don't ascend the upper story—it is not a good place of residence at such a time.

Kwong yăm tsze tseen, tsooy yun low, 光陰似箭催人老 Time swift as an arrow, urges men on to old age.

TEEN-MAN-HE-HAW-LUY-TSUNE.

Wăn păt tung she, tow chu nan, 運不通時到處難 When the revolution of seasons (the wheel of fortune) is unpropitious, difficulties arise in every quarter,

Yăt mang, 日猛 The sun fierce—very hot.

Shing she, 乘時 Avail yourself of the time; lay hold on opportunities.

She ee, 時宜 Time suitable; a seasonable opportunity.

Shuy hak fo, 水尅火 Water conquers fire.

Yun fung chuy fo, 因風吹火 Avail the wind to blow the fire—To avail one's self of a person's doing something, whereby he can at the same time effect one's wishes,

Lok u shew een fo, 落雨燒烟火 To set off fire works when it rains—to couple what is good with something that spoils it—like a beautiful woman married to an ugly husband.

Fan fung, 翻風 A sudden wind; coming on to blow suddenly.

Fung mang, 風猛 Wind fierce; a heavy gale of wind.

Tsow wo mong pak choang, man tsow mong tsăw lăm, 早禾望白撞晚造望秋霖 The early crop of rice hopes for the Sun-shine showers; the latter crop expects the night rains. The language of agriculture.

Yăt shai, 日曬 To dry in the sun.

Chăw neen wong seong, 週年旺相 All round the year prosperous—a wish joined with the preceding.

TEEN-MAN-HE-HAW-LUY-TSUNE.

Sze kwei hing lung, 四季興隆 The four seasons flourishing and abundant;—may they be so—a wish written up at the new year by shopmen.

Hoan loy, shu wong, 寒來暑往 The cold comes and the heat goes;—the seasons are changing.

Fung man, 風慢 Wind slow—gentle breeze.

Sheem teen, 閃電 Flash of lightning.

Teen yăw păt chak che fung wăn, yun yăw shap she wo fuk, 天有不測之風雲人有霎時禍福 In the heavens are unanticipated changes in wind and clouds; and among men there are sudden calamities and felicities.

Shei kai tsow une, hung shăw huy, 世界做完空手去 When the world's work is done; (man) empty handed goes away,—he dies.

Shun fung seong sung, 順風相送 A fair wind send us on—written on the stern of Junks and boats.

Kum shang shuy, 金生水 Metals produce water—according to the Chinese theory of the elements.

U sha ing kang tăw, hăng yun wing mow yăw, 雨灑五更頭行人永無憂 When rain falls at the fifth watch; (a little before day break) the traveller will never have sorrow; he is sure of fine weather during the day.

TEEN-MAN-HE-HAW-LUY-TSUNE.

Lok u heong cho yăt, lok kik im kwo yăt, 落雨向初一落極唔過日 When rain falls on the first day of the moon, though it rain ever so hard, it will not last more than a day.

Chew hoan tung nam, man hoan sei păk, 朝看東南晚看西北 In the morning look at the South-east, and in the evening look at the North-west—to judge of the weather.

Uet hung ee fung, cho yun ee u, 月汞而風礎潤而雨 Halo round the moon indicates wind, damp at the base of a pillar denotes rain.

Yay koon teen tseong, 夜觀天象 At night observe the heaven's appearance.

Ping te fung po, 平地風波 On the level ground wind and waves—causeless agitation by talebearing &c.

Fung ping long tsing, 風平浪靜 Wind even, waves tranquil; gentle breeze and smooth water.

Hoy păt yaong po, 海不揚波 The sea without extended waves—a state of tranquillity.

Ing fung shăp u, shing ping shei, 五風十雨昇平世 Five (days) wind, ten (days) rain, a gloriously tranquil age.

Sha, shuy, gei, 沙水蟻 Sand, water, and ants, are three things to be avoided in selecting a grave.

TEEN-MAN-HE-HAW-LUY-TSUNE.

Tung kap tsze u, gǎw yaong tung sze, 冬甲子雨牛羊凍死 In winter if it rain on the day Kap-tsze, cattle and sheep will die with cold.

Ha kap tsze u, chang shune tsǎw she, 夏甲子雨撑船就市 In summer if it rain on the day Kap-tsze, you may row to market in a boat.

Tsǎw kap tsze u, wo shang leong ee, 秋甲子雨禾生两耳 In autumn if it rain on Kap-tsze day, paddy will produce two ears—but both unproductive.

Chun kap tsze u, te chik tseen le, 春甲子雨地赤千里 In spring if it rain on Kap-tsze day, the earth will be red (with drought) a thousand miles.

Mow koo, shun chung, 暮鼓晨鐘 The evening drum and the morning bell—awaken attention; so do good sayings.

Yǎt cheong che, 日長至 Days at the longest—the summer solstice.

Cheong kong, tai ho, 長江大河 A long torrent and a large river; said of a free and flowing style.

Tsǎw shuy cheong teen yǎt shik, 秋水長天一色 Autumnal waters are of the same colour as the long spread sky.

Uet kwong, im keen sing, 月光唔見星 In moon-light the stars are not seen—shining talents eclipse little stars. The sun puts out the stars.

TEEN-MAN-HE-HAW-LUY-TSUNE.

Sei yăw cheong kăng, 西有長庚 In the west is *Cheong-kăng*—the evening star.

Uet tow chung tsăw, fun goy ming, 月到中秋分外明 The moon in the middle of autumn is unusually bright.

Eet kik shang fung, 熱極生風 Extreme heat produces wind—both in the atmosphere and in the human frame.

Teen long, he tsing, 天朗氣清 The sky clear and the air pure.

Pe chăw tsok yay, 俾晝作夜 Turn day into night—like opium smokers.

Chut low, mow luk uet, 出路無六月 Going a journey, let it not be in the 6th moon; because it is then unsettled weather.

He hăw păt tsei, 氣候不齊 The air and the times—the times and seasons are not even—not the same in every place.

Fung tew u shun, 風調雨順 Winds regular, and rain seasonable—a new year's wish.

Kum chew im che kum man sze, 今朝唔知今晚事 This morning not know this evening's affairs; the future is unknown.

Cheong chun fa, 長春花 Perpetual spring flower, a plant that blossoms in all the four seasons.

Kum chew lei tow, 今朝黎到 This morning (I or he) came, or arrived.

TEEN-MAN-HE-HAW-LUY-TSUNE.

Kum yăt low koan, how hang, 今日路乾好行 To day the road is dry and walking good.

Eẹn, 烟 Smoke; preceded by 生 Shang, denotes Tobacco.

Teen he, 天氣 Heaven's air; the atmosphere; the weather.

Yăw pa lok u, 又怕落雨 Still fear it will rain.

Yăt u, 日雨 Rain in the day time.

Yay u, 夜雨 Night rain.

Yăt shik, 日蝕 Sun's eating; an eclipse of the sun.

Yăt, 日 A day; the sun.

Sam shan, luk shuy, yăt ping yaong, 三山六水一平陽 Three (tenths) hills; six (tenths) water; one (tenth) level ground; said of the terraqueous globe.

Sun luy păt kap eem ee, 迅雷不及掩耳 Sudden thunder does not leave time to shut ones ears—said of any unexpected calamity.

How teen tsăw shai ha te shu, 好天就晒吓的書 On a fine day then dry in the sun a few books.

Yăt uet u so, yăw yăt neen, 日月如梭又一年 The days and the months are like a (weaver's) shuttle—again a year is past.

Yăt hak tseen kum, 一刻千金 A quarter of an hour is worth a thousand guineas.

Uet shik, 月食 Moon's eating; an eclipse of the moon.

TEEN-MAN-HE-HAW-LUY-TSUNE.

Foo sew fung shang, 虎嘯風生 When the tiger whistles the wind rises;—this seems like a sailor's whistling for wind

Uet kwong, 月光 Moon light or moon shine.

Uet chut, 月出 The moon is out—or up.

U shuy, 雨水 Rain water.

U loy, 雨來 Rain's coming.

U tai, 雨大 A heavy rain.

Uet ming, 月明 Moon clear—unobscured.

Ha, 霞 Halo; coloured vapours in the sky.

Tung sheem, yăt tăw hung, sei sheem, u chung chung, nam sheem, cheong lăw shuy, păk sheem, mang nam fung, 東閃日頭紅西閃雨重重南閃長流水北閃猛南風 Lightning in the east, the sun will be red (fine weather); Lightning in the west brings rain, shower after shower; Lightning in the south brings continuous rain; Lightning in the north brings a gale from the south.

Sik tsune yăm, 惜寸陰 Regret an inch of shade; value the smallest portion of time.

Tai u lăm le, 大雨淋漓 A heavy rain falling in torrents.

Sam tsăw kăw hoan fung kum u, 三秋久旱逢甘雨 After three autumns of perpetual drought, meeting with sweet rain—is expressive of any good coming after long deprivation.

Hăng luy, 行雷 It thunders.

TEEN-MAN-HE-HAW-LUY-TSUNE.

Fun kow kei kwei, 焚膏繼晷 Burn fat (or oil) to continue the day—indicative of diligence.

Hung wăn, 紅雲 Red clouds.

Hak wăn, 黑雲 Black clouds.

Hoan fung shei fan, 看風駛帆 Observe the wind and set sail; act according to circumstances.

Tsoy wăn, 彩雲 Variegated clouds.

Teen kwong, 天光 Heaven's light; the dawn of day.

Teen shik, 天色 Heaven, or sky colour.

Go mee uet, 蛾眉月 Fire fly eye brow moon, new moon.

Fung chuy, 風吹 Wind blowing.

Teen kong, 天降 Heaven descending, the rainbow.

Tai fung, 大風 A great wind, a gale.

Fa low shuy, 花露水 Flower dew water; Lavender water.

Foon nai yăt shing, shan shuy luk, 款乃一聲山水綠 The oars make an uniform noise; the hills and water look green.

Fa kum heong, uet kum une, 花咁香月咁圓 As fragrant as a flower, as round as the moon; said in praise of a thing.

Fung, 風 Wind, in the atmosphere; subtle aura circulating in the human system; air; manner; spirit.

Fooy lăw kok kong taw găw, sing, shăp ko hai ee kăw păt shing, 奎婁角亢斗牛星十個孩兒九不成

TEEN-MAN-HE-HAW-LUY-TSUNE.

(Of children born under the) stars Fooy-lăw-kok-kong-tăw-găw, out of ten nine will not be reared.

Sei u, 細雨 Small rain.

Een fo, 烟火 The drum fire works.

Seong, 霜 Hoar frost.

Sei luy, 細雷 Small (distant) thunder.

Seut peen, 雪片 A piece of ice. The natives of Canton occasionally make ice in winter between the leaves of plants.

Seut shuy, 雪水 Ice water—melted ice used to drink.

Seut fa, 雪花 Snow flower; a flake of snow.

Chun how teen, 趁好天 Avail one's self of a fine day.

Che kum pok, pok kwo che, shăp ko tseong kwăn toi im he, 紙咁薄薄過紙十個將軍擡唔起 Paper as thin—thinner than paper, but ten warriors cannot lift it up. A sheet of glaze from sun shine on the ground.

Low shuy, 露水 Dew water.

Lok seut, 落雪 It snows.

Seen yăt luy shing kum tai, im che yăw sheong măt yay mow chay, 先日雷聲咁大唔知有傷乜野冇啫 The thunder the other day was so great, I don't know whether it has injured any thing or not.

Pak chong u, 白撞雨 A shower at noon succeeded by sun shine.

TEEN-MAN-HE-HAW-LUY-TSUNE.

Pak wăn, 白雲 White clouds.

Ko te u tai to, 個的雨太多 Of that rain there is too much.

Pa fung ke shuy, 怕風忌水 Fear the wind, and hate the water, said of idle persons who dread going out.

Kum yăt mow fai teng, yăw tow, 今日冇快艇有渡 To day there is no fast boat, but there is a passage boat.

Kum yăt koy how teen lo, 今日該好天囉 It ought to be fine to day—having rained so much before.

Kum yăt shăt shăw eet, 今日實首熱 To day is very hot.

Kum yăt shăt shăw lang, 今日實首冷 To day is very cold.

Ko te u, tow luk im eem, 個的雨都落唔厭 That rain, all falls without dislike—as if it would never tire, incessantly.

Kum fung, 金風 A metal wind—a cutting cold autumnal wind.

Wăn hăng, u she, 雲行雨施 The clouds move and the rain is sent.

Tune une uet, 團圓月 A perfectly round moon, full moon.

Pe sing tai uet, 披星戴月 Clothed with stars, and covered with the moon—Shew the industrious person who goes about his business before the sun rises, and after the sun his let.

Tsow yay pŭn che, 早夜奔馳 Morning and night, running about, joined with the preceding phrase.

TEEN-MAN-HE-HAW-LUY-TSUNE.

Yăt mow ning kwei, 日無寧晷 The sun gives no rest to the gnomon—said by people who are constantly occupied.

Tsing chun păt tsoy loy, 青春不再來 The azure spring does not come again—in the same year youth does not come twice (although childhood does in the same life time).

Kap she, 及時 Up to the time, at the right time; if this moment be passed you may be too late.

Tsuy she, 趨時 Follow the times—temporize, follow the fashion.

Shăt she, 失時 Lose the time, miss an opportunity.

She shik, 時食 Seasonable of food—as of fruit &c.

She ee, 時醫 A seasonable physician—means a lucky practitioner, not a truly skilful one.

She ee, 時衣 Time clothes, clothes that are seasonable or in the fashion.

She yaong, 時樣 Time mode, fashionable.

She sheong, 時尙 Time esteemed—that which is now in estimation.

She hing, 時興 Time rising—that which rises in public notice, or general use at any given time.

She măt, 時物 Seasonable things—as fruit and other food.

She pai, 時派 Fashionable show.

TEEN-MAN-HE-HAW-LUY-TSUNE.

She foon, 時款 Fashionable furniture &c.

Tsow sheong che fung, 草上之風 Wind passing over the grass—superiors are the wind, inferiors the grass.

Shun fung, 順風 A fair wind.

Gak fung, 逆風 A foul wind.

Chu shu yok fung teen ha u, tsung een keet shăt ya nan shăw, 處暑若逢天下雨縱然結實也難收 In the hot season if rain be general, although the grain be filled it will be difficult to get it in.

Ne how neen chut loy, shai ha lo, 你好拈出來曬吓囉 You'll do well to bring it out and expose it to the sun.

Hak păt yung oon, 刻不容緩 Not a moment's forbearance.

Ta fung kăw, 打風颶 Blow a Typhon.

KUM-SHǍW-LUY-TSUNE,

禽獸類全

BIRDS AND BEASTS.

SECTION III.

Oo une, 烏猿 A black monkey, always remains on trees.

Pak une, 白猿 A white monkey.

Yay le, 野狸 The name denotes a wild fox—the animal is said to be a wild cat; sells when caught for about three dollars for food.

Pak hoak, 白鶴 A bird of the long billed crane species, that feeds on fish.

Pak han, 白鷴 A variegated bird about the size of a fowl; kept only for amusement—a pair sell for about 10 Dollars.

Fo kei, 火雞 A turkey.

Ang ko, 鸚哥 A parrot.

KUM-SHAW-LUY-TSUNE.

Paou, 豹 A leopard.

Fung, 鳳 An imaginary bird, considered a felicitous omen.

Low a, 老鴉 An old crow.

Gan go, 鴈鵝 A wild goose; not much eaten by the Chinese.

Um chun, 鵪鶉 A quail.

Pan kăw, 班鳩 A dove.

Chay koo, 鷓鴣 A partridge.

Shuy ap, 水鴨 Wild duck.

Fan ap, 番鴨 A foreign duck; a large sort of duck.

Foo tsoy shum shan, pak shăw wei kuy, kap tsoy ham tsing, yew me hat leen, 虎在深山百獸畏懼及在陷阱搖尾乞憐 The tiger among hills, makes all the beasts fear him; when caught in a pit, he wags his tail and beseeches mercy; said of injurious people when they get into trouble.

Kum chu, 金猪 A gold pig; a roasted pig with the skin lackered.

Ma tsăw gak fung, 馬走逆風 A horse runs against the wind; he likes to have his mane blown back.

Găw tsăw shun fung, 牛走順風 Cattle run with the wind.

Kei kung, 鷄公 A cock.

Găw, 牛 A cow buffalo.

Hung tseok, 孔雀 A peacock.

KUM-SHAW-LUY-TSUNE.

Luk, 鹿 Deer.

Hăw tsze, 猴子 A monkey.

Wong găw, 黃牛 A yellow cow, the cow as distinguished from the Buffalo.

Shuy găw, 水牛 Watercow; the buffalo.

Chu, 豬 A pig or swine.

Chu tsei, 豬仔 A young pig.

Găw tsei, 牛仔 An heifer.

Kei na, 鷄乸 or Kei mow, 鷄母 A hen.

Yaong, 羊 A sheep.

Yok hai, 肉蠏 Flesh crabs, the best sort of crab.

Yaong tsei, 羊仔 Sheep's young, a kid.

Oo ka foo wei, 狐假虎威 A fox affecting the tiger's majesty, a person of no influence, assuming the power of another.

Ah fan pow, 鴉反哺 Crows reciprocate feeling. Mow ah-mang ke tsze tsik fan pow kemow, 母鴉盲其子卽反哺其母 When the crow is old it becomes blind, the young then feed the crow mother. Haou new, 孝鳥 A dutiful bird.

Kăw oon foo, 鳩喚婦 Dove calls the female. Huy che chok tsuk u, ooy che foo tsik, tsing, 去之逐則雨回之呼則晴 In rainy weather drives her away. In fair weather calls her to return. Mow ee new, 無義鳥 An unrighteous bird.

KUM-SHAW-LUY-TSUNE.

Kuk ying kăw meen, 鵠形鳩面 The bird kok's figure and dove's face. The kok is the little paddy bird. Shik ah peen-che ying yung, 食鴉片之形容 Represents an eater of opium.

She shun tseok, 時辰鵲 A time bird; the canary.

Wo kuk, 禾鵠 The paddy bird.

Lung e kok teng, 龍以角聽 The dragon hears with its horns.

Peet e gan teng, 鼈以眼聽 The *Peet*, (a species of tortoise) hears with its eyes.

Găw e pe teng, 牛以鼻聽 The cow hears with its nose.

Tsow yaong, 草羊 A goat.

Tow, 兔 A rabbit.

Tseong, 象 An Elephant.

Go, 鵝 A goose.

Tsow go, 草鵝 Grass goose; i. e. a young one which eats grass.

Foo pe, 虎皮 A tiger's skin.

Shan kei, 山鷄 A hill fowl; a pheasant.

Chu na, 豬乸 A sow.

Shan yaong, 山羊 A wild sheep, a goat.

Chu sam, kăw leong, maou shang maon ee, yăt pa cheong, 猪三狗两猫生猫兒一巴掌 A sow *three*, a dog

KUM-SHAW-LUY-TSUNE.

two, a cat bearing a kitten, is marked by a hand with five fingers; these numbers express the period of gestation of certain animal in months, viz 3, 2, and 5.

Seen kei, 𠜂鷄 Capon.

Low shu, 老鼠 A rat.

Low foo, 老虎 A tiger.

Kei hong, 鷄項 Young fowl that has not laid eggs, Pullets.

Kăw, 狗 A dog.

Păt fei che hune, 不吠之犬 A dog that does not back; a useless dog, or person.

Go me, 蛾眉 The silk worm's eye brow, the arched delicate eye brow of a Chinese beauty.

Im hei tuk shay im ta mow, 唔係毒蛇唔打霧 If not a poisonous snake, it would not drink the dew; said of extortioners in the police &c.

Im hei mang lung im kwo kong, 唔係猛龍唔過崗 If it were not a fierce dragon, it would not pass over the mountain; used in the figurative sense of the preceding.

Tseen le kuy, 千里駒 A thousand mile colt, said of a fine boy.

Oo kei păt le chung, 烏鷄不離種 A black fowl never leaves it's kind—chickens are always black. Said of families that continue the same habits through several generations.

KUM-SHAW-LUY-TSUNE.

Tsze kum tew, 紫金貂 The purple gold martin— a superior kind of martin skin, said of a finely dressed person.

Kum tseen paou, 金錢豹 Gold guinea leopard, a spotted leopard.

Kum sze, găn kăw tsei, 金獅銀狗仔 Gold lions, and silver dog's whelps—said of a man possessed of abundance of gold and silver.

Kum găn heen, 金銀脥 Gold and silver Heen—name of part of a fox's skin.

Kum sze maou, 金絲猫 Gold and silver cat, yellow streaked skin.

Kum găn gan, 金銀眼 Gold and silver eyes—cat's eyes, those cats are the best whose eyes are yellow and white.

Yaong foo wei wan, 養虎爲患 Bring up a tiger to one's own hurt;—To bring up a person who afterwards proves injurious to one.

Kei noy kum, 雞內金 Fowl inside gold, the testes of fowl, used as medicine,

Foo shang sam tsze, peet yăw yăt paou, yun shang sam tsze peet yăw yăt kwei, 虎生三子必有一豹人生三子必有一貴 When a Tiger has three whelps at a birth, one of them will be a leopard; when a man has three boys at a birth, one of them will be noble.

KUM-SHAW-LUY-TSUNE.

Hak kăw tăk shik, pak kăw tong tsoy, 黑狗得食白狗當災 When a black dog gets food, it is the white dog's calamity, said by one who suffers for what another does.

Kăw fei lăw tăw yun, 狗吠僂兜人 A dog barks at the poor man with ragged dirty garments,—Said by a poor man ill clad, when others insult him.

Tsow sheong seong, 草上霜 Hoar frost upon the grass; Name of a sort of rabbit skin.

Ma sheong pat yăm, 馬上八音 Eight sounds on horse buak—Musicians on horseback, employed on certain occasions.

Oo le, 狐狸 A fox.

Lew ko, 鷯哥 A black parrot.

A tseok, 鴉鵲 A sort of crow.

Kwong fei, 狂吠 Mad barking, said in contempt of what a person says.

Yăw yew ma how paou, yăw yew ma im shik tsow, 又要馬好跑又要馬唔食草 Both want a horse that will run fast, and a horse that won't eat grass, is to want a thing good, but not go to the cost.

Wo tseok, 禾雀 L.terally, a paddy bird, some say, a sparrow.

Lung foo pong, 龍虎榜 Dragon tiger list—Names of successful literati—at one end of the scroll is a dragon to denote the prince, at the other a tiger to denote a minister.

GAN-SHIK-LUY-TUNE.

Pak kop, 白鴿 Pigeon.

Fe new tsun, leong kung tsong, kaou tow sze tsäw käw päng, 飛鳥盡良弓藏狡兎死走狗烹 When the birds are all shot the good bow is laid aside, when the crafty rabbits are all killed, the swift dog is boiled—faithful servants are cast off.

GAN-SHIK-LUY-TSUNE.

顔色類全

COLOURS.

SECTION IV.

Lut shik, 栗色 Chesnut colour.

Tow hung, 桃紅 Peach red.

Pow tseng shik, 蒲青色 Purple colour.

Pow lam, 寶藍 A deep blue.

Tsing leen shik, 青蓮色 A sort of purple colour.

Chat lam shik, 札藍色 A light blue.

Luk shik, 綠色 Green.

Yaong lam shik, 洋藍色 A lightish blue, indigo colour.

GAN-SHIK-LUY-TSUNE.

Wong shik, 黃色 Yellow,

Uet lam shik, 月藍色 Moon blue colour, a light blue,

Teen tseng shik, 天青色 Sky blue colour.

Hung tsung shik, 紅棕色 A red brown colour,

Hung shik, 紅色 Red,

Tseng shik, 靑色 Azure blue.

Hak shik, 黑色 Black colour,

Tsung shik, 棕色 A brown colour,

Găn hung shik, 銀紅色 Silver red colour.

Teet tsung shik, 鐵棕色 Iron brown colour,

Go wong shik, 鵝黃色 Goose-egg yolk yellow, a sort of light yellow.

Fooy shik, 灰色 Ash colour.

Tan tseng shik, 蛋靑色 Egg azure colour; colour of the white of an egg.

Tsung luk shik, 葱綠色 Onion green colour,

Tsze shik, 紫色 A reddish purple colour.

Fa hung, 花紅 Flower red; the best red, scarlet,

Ee fok seen ming, 衣服鮮明 Clothes, new and shining.

Chu koan shik, 猪肝色 Pig's liver colour, a kind of reddish brown.

Ap tăw luk shik, 鴨頭綠色 Duck's head green colour.

Low luk shik, 老綠色 Old green colour; i. e. deep green.

GAN-SHIK-LUY-TSUNE.

Low lam shik, 老藍色 Old blue colour, deep blue.

Lam shik, 藍色 Blue colour.

Koo tung shik, 古銅色 Old copper colour, bronze colour.

King lam shik, 京藍色 Peking blue colour, a lightish blue.

Kum u hung, 金魚紅 Gold fish red.

Pak shik, 白色 White colour.

Oo shik, 烏色 Black.

Kwo hei how tei, 果係好體 Really it looks well.

Kay shik, 茄色 A light red colour.

Fun hung shik, 粉紅色 A lightish red.

Ga lan shik, 呀囒色 Cochineal colour.

Chew lam, 潮藍 A lightish blue—named from the place here the cloth is produced; viz *Chew-chiw*.

KAN-FOO-LUY-TSUNE,

艱苦類全

DIFFICULTIES AND DISTRESSES,

SECTION V.

Tseet yok im tăk huet chut, 切肉唔得血出 To cut the flesh, and get no flow of blood; to ill use and endeavour to extort from those who have nothing.

Sheng moon shăt fo, yaong kăp che u, 城門失火殃及池魚 When a fire occurs at the city gate, the calamity extends to the fish in the moat; because the water is taken to quench the fire; to be involved by other people.

Ok lăw, kăng keem fung yay u, 屋漏更兼逢夜雨 A leaky house and in addition to that meeting with a rainy night; one affliction on another.

Pak fat kai yin shăw moon chut, 白髮皆因愁悶出 White (or grey hairs) are all in consequence of sorrow.

KAN-FOO-LUY-TSUNE.

Tsoy ka tseen yăt how, chut low poon chew nan, 在家千日好出路半朝難 At home a thousand days are good, going forth on the high ways, half a morning is distressing; said by those who regret absence from home,

Keng kung che new, 驚弓之鳥 A bird that has been alarmed by the Bow,—denotes the same as, a burnt child dreads the fire.

Chut lung yik sze, yap lung yik sze, 出籠亦死入籠亦死 To go out of the den is death, and to enter the den is death—unable either to advance or recede with safety,

Nan kei heen luk, 難稽顯戮 Impossible to avoid long a public execution—said of a great criminal.

Foo tei yăw wăn, 釜底遊魂 At the bottom of a boiler a wandering soul—literally said of the peril of a fish in the bottom of a boiler, figuratively of a person being in imminent danger.

Tow low mow kung, 徒勞無功 Vain toil without merit, the language of complaint.

Mong ne kung go kai wei, 望你共我解圍 Hope you will break through the barriers around me—deliver me from my distresses.

Mang yun kay hat ma, yay poon lăm shum che, 盲人騎瞎馬夜半臨深池 A blind man riding a sightless horse, and in the middle of the night coming to a deep ditch.

KAN-FOO-LUY-TSUNE.

Kung, păt pow kwo, 功不補過 Merit not make up for faults—He whose excellencies will not compensate for his defects.

Yaong toy găw pei, 羊代牛斃 The sheep dies instead of the cow—used to denote that the innocent suffer for the guilty; The expression is derived from Mencius.

She păt le hei, chuy păt shei, 時不利兮騅不逝 The times are unprosperous, the horse won't go,—The phrase is taken from a play—inttered in complaint of every occurrence being against one.

Shei kung lik tsun, 勢窮力盡 Influence impoverished, and strength exhausted—reduced to extremities, a sense similar to the preceding.

Mow koo shăw hoy, 無辜受害 Without crime receiving hurt—involved by other people.

Wei tsuy fuk tuk, 畏罪服毒 Afraid of crime, taking poison—committing suicide under fear of punishment.

Koan kăw yap kung hong, 趕狗入窮巷 Driving a dog where there is no outlet—he'll turn again and bite; never hedge up a bad man in that way, but allow him a hole to creep out at, otherwise he'll turn round and murder you.

Tsung loy how sze, to mo cheok, 從來好事多磨着 Heretofore good things, have generally been ground out—by severe toil; said to encourage people to under go labour.

KAN-FOO-LUY-TSUNE.

Ka păn chut haou tsze, kwok lune heen chung shun, 家貧出孝子國亂顯忠臣 When the family is poor, a dutiful son will be manifested, during national anarchy the faithful statesman will be seen.

Shăw pei, keok chet, 手跛脚折 Hands lame and legs broken—the language of imprecation.

Une wong nan chew, 寃枉難招 False accusations it is hard to confess.

Yun mow une luy, peet yăw kăn yăw, 人無遠慮必有近憂 If men won't have future cares, the will have present sorrows.

Kuy shăw che low, 舉手之勞 The labour of raising the hand—not much trouble, a polite way of promising to do what is requested, implying that it is no trouble.

Keen tew pooy foo, 肩挑背負 Carried on the shoulder and borne on the back, said by poor pedlars.

Ka tow pik lap, 家徒壁立 House empty and bare walls; u tter destitution.

Yăt kăp păt foo, 日給不敷 A day's provision not sufficient—not enough for one day.

Yeng tăk maou she, shu lew găw, 贏得猫時輸了牛 When you win a cat, you'll lose a cow—if you go to law, your gains will be small, your losses great.

KAN-FOO-LUY-TSUNE.

Yăw chew mow man, 有朝冇晚 Have morning (meal) not evening—living from hand to mouth, or as the Chinese say, 歇住手歇住口 Heet chu shăw, heet chu hăw, Stop the hand, stop the mouth—not work, cannot eat.

Heem tsze, leong tăw tei, 欠字両頭低 In the character *debt*, (欠 Heem,) both heads hang down—means that in claiming a debt, both Creditor and Debtor, Should accommodate.

Chu tsei yăw eem yăw koat ee, 猪仔又劍又割耳 Pigs are both gelded and have their ears cut off—said by those who suffer one hardship after another.

Peen cheong păt kăp ma fuk, 鞭長不及馬腹 The horse whip though long won't reach to the horse's belly—a local proverb, meaning that I cannot help you in this matter.

Yun he tun shing, 忍氣吞聲 To restrain the breath and swallow the sound,—to be silent and repress one's feelings in the presence of oppressors.

Sze wan, u fong, 思患預防 To consider calamities, and be previously on one's guard, to be prepared against possible misfortunes.

Hang cheong low, 行長路 To take the long journey; to be transported to the frontier.

Cheong ka păt fong, 長枷不放 To keep in the pillory continually and not liberate—the punishment of old offenders.

KAN-FOO-LUY-TSUNE.

Tsun tuy, leong nan, 進退兩難 Advance or recede, both difficult.

Lăm gai lăk ma, 臨崖勒馬 Descend to the precipice, check the horse;—said of composition which flows freely, and stops just at the right time and place.

Tsow keep, 遭刦 To meet with some calamity.

Tso păt oan, shik păt ning, 坐不安食不寧 Sit not at rest, eat not tranquil—uneasy and anxious about some affair unsettled.

Chew nan pow tsik, 朝難保夕 In the morning it is difficult to be surety for the evening; it is in the morning impossible to tell what may occur by the evening.

Ying hung, mow yung mow che te, 英雄無用武之地 A hero, with no place to exercise his martial talents in; said in general reference to bad times.

Shăw lo, hăw shik, 手攞口食 The hand labours for the mouth to eat.

Hung fong che suy, tei ke, how hoan, 凶荒之歲啼饑號寒 In a year of cruel famine, the cry of hunger and the roar of cold—are heard.

Shăw păt ting, keok păt chu, 手不停脚不住 The hand not rest, the foot not still; constant occupation for hands and feet, complaining of having too much to do.

KAN-FOO-LUY-TSUNE.

Chuk shăw, mow chak, 束手無策 Hand-bound, without stratagem;—completely nonplused.

Sho yap, păt kung sho chut, 所入不供所出 That which comes in not sufficient to supply that which goes out; Income not adequate to expenditure.

Kik koo, ming une, 擊鼓鳴寃 Strike the drum and illustrate grievance—To strike the drum at the Judge's gate, and demand a hearing of one's case.

Tam sum tai, 擔心大 Carry heart greatly; to keep the mind intent upon, and be careful of.

Sum shŭn fong făt, 心神恍惚 The heart and spirit agitated and hurried.

Ka yăw yăt tseen, muy yăt yung ee tseen, tseen hăw sune kwo show, păt moon shăp sze neen, 家有一千每日用二錢前後算過數不滿十四年 Family have one thousand (Taels) every day use two mace reckoning from first to last, it (the original sum(will not fill fourteen years.

Wo he sew tseong, 禍起蕭墻 Calamity arising with in one's own walls; among one's own kindred.

Wo, tsung hăw chut, 禍從口出 Calamities come forth from the mouth; i. e. from speaking unadvisedly.

Go sŭn cheong tam, 卧薪嘗膽 Sleep on fuel, and eat gall—said by one who nurses in his bosom a desire of revenge.

KAN-FOO-LUY-TSUNE.

Ho foo kum yaong te, 何苦咁樣的 Why distress to act thus! Used to dissuade a person from doing a thing.

Teet een mo chune, 鐵硯磨穿 To rub through an iron inkstone—denotes diligent and persevering study.

Cheong tsuy pa, 掌嘴巴 To slap the face—the lightest punishment inflicted in courts.

Po foo, chăm chăw, 破釜沉舟 To break the boilers, and sink the ships—in order to render soldiers desperate; meaning that they must either conquer or perish; Used to express being reduced to extremities.

Shăw mong, keok lune, 手忙脚亂 The hand hurried, and the feet confused—expressive of having too much to do.

Ap kam, 押監 To guard a prison.

Kap keok gan, 夾脚眼 To compress the ankles—a species of torture.

Moon uet chak fong, 滿月責放 Fulfil the month (in the pillory) chastise and dismiss,

Tsze chew ka, 自招架 Self confess frame, name of an instrument of torture; which induces the person from pain to desire to confess.

Low hong tow cha chut yăw me? 老糠都榨出油呢 From old chaff can you press out oil?—you may do so, as soon as get any money from that person,

KAN-FOO-LUY-TSUNE.

Mai kap kwăn, 買夾棍 To bribe the inflictor of the ankle compress;—that he may render the suffering less.

Mai kam hăw, 買監口 To buy a prison gate, to bribe the keepers.

Mai pan tsze, 買板子 To buy the bambooer—the lictor who inflicts a flogging.

Foo fung, 呼風 Call to the wind, refers to the pretended tone when striking.

Pe yun to luy, 被人拖累 To be involved by other people.

Une shuy im kăw tak kăn fo, 遠水唔救得近火 Distant water cannot quench the fire that is near. The means are too distant to effect the end desired.

She wăn chun cheen, 時運迍邅 The course of the times impeded—bad times.

Fat kam, 發監 or 入監 Yap kam, To put in prison.

Ne pai, shăp măt tung sei tow hei fat kay, 呢排什乜東西都係發旣 Of late articles of every kind have all moulded.

Sun foo chan mai, tsze tsoy shik, 辛苦賺埋自在食 By severe labour to earn and lay up, that at ease one may eat.

TSAT-PENG-LUY-TSUNE.

疾病類全

DISEASES, &c.

SECTION VI.

Pat yŏk, she chung ee, 不藥是中醫 No medicine, is a medium doctor. A superior medicine will mend, an inferior injure; then no medicine at all is a medium doctor; if he does no good he is sure of doing no harm.

Mong, măn, măn, tseet, 望聞問切 Look, listen, ask, feel! Rule for a doctor, to observe the patient, listen to his voice, ask the cause &c. and feel the pulse.

Yun low, fa tsan, mow yŏk e, 人老花殘冇藥醫 Old age and a withered flower, no medicine can heal.

Kăw ee, tsan chune, 久延殘喘 Long protracted failing breathing—decay of nature and approaching dissolution.

Tew yaong shun tei, 調養身體 To nurse the body; to avoid all excess.

TSAT-PENG-LUY-TSUNE.

Chăp kum, 執金 To gather gold—means to collect the bones of a decayed body and put them in an urn.

Tew kum u, 吊金魚 To suspend the gold fish—means the act of letting fall a plummet on the nose of a corpse, already laid in a coffin to ascertain that it is exactly in the middle.

Pooy chung shay ying, 盃中蛇影 A serpent's shadow in the midst of cup, once made a man ill from groundless suspicion; Used to denote that what is affirmed is visionary.

Yun yăw sap she wo fok, 人有霎時禍福 Man has a momentary misery or happiness.

Ok kow how kwa tsew, ok foot how hoy song, 屋高好掛旐屋闊好開喪 A house lofty is good to hang the *Tsew in*; a house wide is good to open for a funeral. The *Tsew* are long streamers, used by the rich.

Peng yap kow fong, păt ho kăw yŏk, 病入膏肓不可救藥 When disease enters the marrow, no medicine can cure.

Pai po neong, 拜婆娘 To worship *Po-neong*, (the old lady) a divinity who is the patroness of sick children; no image is used, only a vase with incense sticks placed before the worshipper.

Shew kăt che, 燒吉紙 To burn felicitous paper—at the door of a house when a child is sick.

TSAT-PENG-LUY-TSUNE.

Tsuk he, 速喜 Hasten joy! An exclamation uttered by the worshipper referred to in the two preceding phrases, in reference to sick children.

Kai chuy, 解除 Loosen and put away—the disease, used at the same time as the preceding phrase.

Chut keng, 出驚 To exorcise fright—from children it is done by rubbing a bowl of rice covered with a napkin over the child's face and head; whilst the mother cries—"If the left ear have fright, at the left ear go out, if the right ear have fright at the right ear go out, and enter the bowl of rice."

Tik shei ke, 擿篩箕 To shake the sieve—with fruit and rice &c. placed in it, at the door of the house before the idol at the gate, in cases where children are dangerously ill. The contents of the sieve are afterwards thrown into the streets.

Chuen wăn, 轉運 To give a turn to destiny—a superstitious rite performed by priests of the *Taou* sect for persons dangerously ill.

Yaong sing lei tăw, 禳星禮斗 Name of a superstitious service to the stars, performed in the sick man's room by the priests of the *Taou-sect*; they are paid according to the circumstances of the family from ten Taels and downwards.

Tsoy huy, yun oan lok, 財去人安樂 The money is gone but the man is in tranquillity and happy—said to console a

TSAT-PENG-LUY-TSUNE.

man who has spent much upon the doctors &c, for the recovery of his health.

Tai nam tai shei, 大喃大駛 A great *Nam* and a great service—for the sick lasts two or three days and costs thirty or forty Taels.

Yăt sze tsat pat shăp, păt sze shew neen mong, 一死七八十不死少年亡 A death at 70 or 80 years of age, No death among the young—part of a wish pronounced when feasting at the building of a new house.

Tsan tăng fuk ming, 殘燈復明 A fading lamp becoming bright again.

Yun tseong sze yăw how fan seay, 人將死又好翻些 A man about to die, getting a little better.

Foo păt keen tsze sze, hing păt keen tei mong, 父不見子死兄不見弟亡 (It is good when) The Father does not see his son die, nor the elder brother see the younger perish.

Meen tai een che yăt peen hung, shăp ko hai kăw ko hung, 面帶胭脂一片紅十個孩九個凶 When the face bears a mass of rouge red, of ten children nine will be dead, said of appearances previously to the breaking of the small pox.

Yăt yay im tăk sak, shăp yay pow, im tăk tsuk, 一夜唔得宿十夜補唔得足 One sleepless night, cannot be made up by ten night's sleep.

TSAT-PENG-LUY-TSUNE.

Ping tsung hăw yap, 病從口入 Disease enters by the mouth.

Yăw fok, sze foo tseen, 有福死夫前 She who is happy dies before her husband.

Shăw tsok ma muk, 手足痳木 Hands and feet benumbed; they say it arises from the blood being dead and not circulating.

Yăw peng fong che, mow peng lok, 有病方知無病樂 When in sickness, the felicity of health is known.

Ee tăk peng, im ee tăk ming, 醫得病唔醫得命 I can cure disease but have no medicine for fate—said by way of apology for unsuccessful practice.

Poon sze poon fat fung, hei sze tow tsow tung, 拚死拚發瘋係事都做通 He who can brave death and brave the leprosy, will be able to effect any thing.

Im kwo tăk kok, 唔過得角 Cannot pass the corner; cannot get over the difficulty; said often in reference to pecuniary means.

Tsze tsăm fan now, 自尋煩惱 To bring one's self into trouble and vexation; or rather more strongly to seek them for one's self.

Pe kune, 疲倦 Wearied; languid.

YAM-SHIK-LUY-TSUNE.

YAM-SHIK-LUY-TSUNE.

飲食類全

DRINKING AND EATING.

SECTION VII.

Shew shan kei, 燒山鷄 Roast pheasant.

Teet pa gǎw yǒk, 鐵耙牛肉 Beef steak.

Wong pe, 黃皮 The Chinese fruit called by the Portugueze Vompit; the name is taken from its colour, yellow skin.

Yuk shik hoy sheong seen, pǎt kei yew tǎw tseen, 欲食海上鮮不計腰頭錢 If you wish to eat sea fresh fish, you must not reckon the money of your pocket;—you must pay it out liberally. To obtain what is good, money must not be regretted.

Ning tsok yǎt tsan paou, mok tsok leong tsan ke, 寧作一餐飽莫作兩餐饑 Better have one full meal, than two starvation meals; better pay at once the money requisite to effect your purpose, than give it forth by driblets, which procures nothing good, and causes more money to be spent eventually.

Wat kum, 鬱金 Melancholy gold; i. e. a golden medicine to remove it; a vegetable drug.

Tsze kum ting, 紫金錠 Name of a drug that is brought from Peking, applied to ulcers.

Kum chew yǎw tsǎw, kum chew tsuy, meng yǎt shǎw loy meng yǎt tong, 今朝有酒今朝醉明日愁來明日當 This morning we have wine, and this morning will be drunk, to morrow if sorrow comes, let to morrow bear it.

Ke tsok paou shing, 饑作飽聲 A hungry man making the noise of satiety—belching; i. e. a poor man assuming the airs of a wealthy one.

Shuy sheong u ha, yǎm go tsoy seen, 水上魚蝦任我採鮮 In the river are fish and shrimps, I may take fresh ones when I please; said by those who have a variety of the means of subsistence.

Shew shik, to tsze me, 少食多滋味 Little to eat, but plenty of flavor—is said of a small but profitable trade.

Yǎt chok, yǎt fan, tong sze loy chu pǎt e, 一粥一飯當思來處不易 A cup of congee and a bowl of rice, it should be considered that they are not easily procured; and therefore should not be wasted.

YAM-SHIK-LUY-TSUNE.

Yun mow shang oot kei, shik tsun tăw lo mei, 人無生活計食盡斗籮米 A man with no regular means of a livelihood (will soon) eat entirely firkins and baskets of rice.

Hăng păt kei low, shik păt kei show, 行不計路食不計數 In sailing don't reckon the distance; in eating don't reckon the quantity; Go on till you arrive at your journey's end, or till you are satisfied; Chinese boatmen like European skippers don't like to be asked questions about their progress.

Yay hak tow loy, cha tong tsăw, 夜客到來茶當酒 When a friend comes at night, tea will do for wine—said of poor villagers who rejoice to see a friend, but cannot go at night to purchase wine.

Shew ăm chun, 燒鵪鶉 Roast quail.

Sew chaou chu yŏk, 小炒猪肉 Minced boiled pig's meat, a sort of minced pork—a Chinese dish.

Shew chu me lung, 燒猪尾龍 A roast loin of pork.

Nam wa le, 南華李 The Nam-wa plumb, ripe in the fourth moon.

Kune tung găw yŏk, 捲筒牛肉 Beef rolled up, an European dish.

Chaou u, 熠魚 Fried fish.

Tsun tsze, 榛子 Name of a fruit that comes from the north; it is small and resembles a chesnut.

YAM-SHIK-LUY-TSUNE.

Shew chay koo, 燒鷓鴣 Roast partridge.

Chăw tsan, 晝飡 Noon meal.

Fe tsăw mok yăm, fe yŏk mok shik, 非酒莫飲非肉莫食 Ill-gotten wine don't drink it, ill-gotten flesh don't eat it.

Pooy tsăw, fai yok kai tseen ting, 杯酒塊肉皆前定 Every cup of wine and piece of flesh (you drink or eat) is predestined.

Păt she, păt shik, 不時不食 Not (the right) time, don't eat.

Ning mung, 檸檬 The lime.

Yăt shik lei che sam pak fo, păt fong sheong tsok ling nam yun, 日食荔枝三百顆不妨常作嶺南人 He who can eat three hundred Leiches in a day, nead not fear to be constantly a Canton man—said by the Poet Soo-tung-po.

Fe tsze, 榧子 A fruit which resembles the Pistachia nut.

Shew sha chuy, 燒沙錐 Roast snipes.

Shew pan kăw, 燒班鳩 Roast wild pigeons.

Shew pak kop, 燒白鴿 Roast pigeons.

Hat tow, 核桃 The walnut, brought from Kan-suh Province.

Oo lam, 烏欖 A fruit resembling the olive. There are two varieties, the white (or yellowish) and the black (or purple) the Primela of Soureiro.

Pak lam, 白欖 A Yellowish olive-like fruit, see the preceding name.

YAM-SHIK-LUY-TSUNE.

Kum kwăt, 金橘 A small sort of orange, used at the Chinese new-year in sacrificing to ancestors. The peel is sweet, the pulp sour and the stones bitter, hence a dandy Chinese youth is called a Kum-kwat-tsze-tei, an orange boy.

Loy low ham u, 來路鹹魚 Foreign salt fish.

Kaou tsze, 膠柿 A red fleshed fruit; the diospyrus; used to make a glaze for the outside of paper umbrellas; and also for food.

Sung tsze, 松子 A dried fruit that comes from the north of China.

Tseng mooy, 青梅 A species of prune.

Low kwăt, 蘆橘 The Chinese fruit known by the name Loquat.

Man shăw kwo, 萬壽菓 The Papaya or Papaw fruit.

Chu sha kăt, 硃砂桔 The mandarin orange.

Kum chay, 甘蔗 The sugar cane.

Suet le, 雪梨 A pear that comes from Teen-tsun, near Peking

Kum kwei shun he une, 金匱腎氣丸 or Kum so yŏk kwan une, 金鎖玉關丸 Name of a medicinal pill.

Tsow tsze, 棗子 Chinese dates.

Eem u cheong king kăp pak chune, 儼如長鯨吸百川 Like the long king fish that drinks in a hundred rivers,—said of a great drinker.

YAM-SHIK-LUY-TSUNE.

Cheong shăng kwo, 長生菓 Ground nuts or otherwise called pig nuts.

Păt fuk shuy tow, 不服水土 Not yield to water and earth; Climate not agreeing with one's constitution.

Tsăw nang shing sze, tsăw nang pai sze, 酒能成事酒能敗事 Wine can perfect affairs, and can spoil affairs.

Me shik, păt u me he, 美食不如美器 Nice food is not so important as clean vessels.

'Tseet kai yăm shik, 節戒飲食 A strict regimen in drinking and eating.

Le hăw, im le fok, 利口唔利腹 It is good for the mouth but not for the stomach.

Paou, păt tei tăw, 飽不剃頭 With a full stomach don't shave the head.

Ke, păt muk yuk, 饑不沐浴 When hungry don't bathe.

Ke chay ee wei shik, hoat chay ee wei yăm, 饑者易爲食渴者易爲飲 It is easy to feed one who is hungry, and to give drink to him who is thirsty—they are not nice; so it is in all matters when important things are to be done.

Tsuy yung che ee păt tsoy tsăw, 醉翁之意不在酒 The drunken hermit's mind is not set on wine but on pleasant landscapes.—That man's object in not what it seems to be.

Shew kei tsei, 燒鷄仔 A roast chicken.

YAM-SHIK-LUY-TSUNE.

Wa peng een năng che tăk ke! 畫餅焉能止得饑

How can a picture of bread satisfy hunger?

Tsew tsze, 蕉子 Plantain.

Kei tan, 鷄蛋 Hen's egg.

Ooy tow tsze, 會兎子 Stewed rabbit.

Me tow ham, 味道鹹 Taste salt.

Yaong yok tong, 羊肉湯 Mutton broth.

Shew găw tăw, 燒牛頭 Roast bullock's head.

Shew găw yok, 燒牛肉 Roast beef.

Chu yok, 猪肉 Pork.

Ham chu yok, 鹹猪肉 Salt pork.

Shew chu tsei, 燒猪仔 Roast pig.

Shew chu yok, 燒猪肉 Roast pork.

Hăt shik găw yok, 乞食牛肉 Hashed beef.

Ham găw yok, 鹹牛肉 Salt beef.

Găw nai, 牛奶 Cow's milk

Găw nai peng, 牛奶餅 Cow's milk cake, Cheese.

Găw keok, 牛脚 Cow's feet.

Găw sum, 牛心 Cow's heart.

Găw tsei yok, 牛仔肉 Cow's young beef, veal.

Găw nai yăw, 牛奶油 Cow's milk oil; butter.

Găw tăw, 牛頭 Cow's head.

Găw yok pa, 牛肉耙 Beef steaks.

YAM-SHIK-LUY-TSUNE.

Găw yok, 牛肉 Cow's flesh, beef.

Găw yok tong, 牛肉湯 Beef soup.

Găw tăw tong, 牛頭湯 Beef head Soup.

Găw kwăt tsuy, 牛骨髓 Cow's marrow, suet.

Shap ham găw yok, 烚鹹牛肉 Boiled salt beef.

Găw kwat tsuy, poo teen, 牛骨髓布顛 Suet pudding.

Găw u, poo teen, 牛乳布顛 Milk pudding.

Shew găw tsei yok, 燒牛仔肉 Roast veal.

Shap găw yok, 烚牛肉 Boiled beef.

Kăt leet kei, 吉烈雞 Cutlet fowl.

Cha eep, 茶葉 Tea leaf, Tea.

Ne yăm tăk ke to tsăw ne? 你飲得幾多酒呢 How much wine can you drink?

Yow tsze, 柚子 A pumelo.

Yay tsan, 夜飡 Night meal, supper.

Yaong yok, 羊肉 Mutton.

Yaong pai kwat, 羊排骨 Mutton chops.

Yăt keen hung chun, fe tsze sew, 一見紅塵妃子笑 As soon as she saw the red dust (i. e. the leiche) the Queen laughd! Said in praise of the fruit Leiche.

Yok suy to, păt sze shing tsze he, 肉雖多不使勝食氣 Flesh although much, not cause it to exceed rice. Rule laid down by Confucius, not to eat more meat than vegetable food.

YAM-SHIK-LUY-TSUNE.

Yăm e yaong yaong, shik e yaong yăm, 飲以養陽食以養陰 Drink to nourish the Yaong principle, Eat to nourish the Yăm principle.

Yăm tsăw lune sing, 飲酒亂性 Drinking wine disorders the disposition; makes people quarrel sometimes.

Go leong chuet oh, 我量拙啊 My capacity is cramped, I am a person of small ability. I cannot drink much.

Tso shik shan păng, 坐食山崩 Sitting still and eating will wear away a mountain—of wealth; something should be done for daily bread.

Hăw, hei mow leong tăw, 口係無量斗 The mouth is an illimitable measure—there is no filling it.

Sung shuy fan, 送水飯 Water and rice thrown out at the door after a person dies.

Yăt fei man tseen, mow ha chu chu, 日費萬錢無下箸處 Daily spend ten thousand pieces of money, and not have time to apply one's chop sticks to food.

Wong keong kei, 黃薑鷄 Curry fowl.

Kum chai shek huk, 金釵石斛 Name of a medicine.

Mong ke, shăt shik, 忘饑失食 Forget hunger; and miss food—without adverting to it, arising from intense application of mind.

YAM-SHIK-LUY-TSUNE.

Tow tsze, 桃子 A peach.

Teet pa yaong yok, 鐵耙羊肉 Grilled mutton.

Heong kwa, 香瓜 The fragrant melon.

Tsow cha, 早茶 Early tea, breakfast.

Tsăw pŭt lok shăw cheong, 酒不落愁腸 Wine will not go down with a sorrowful heart, grief is indisposed to wine.

Go shik hoy fan, 我食開飯 I am eating rice; I am dining.

Tsăw năng cho hing seen ka yăm che, tsăw năng lune sing, făt ka kai che, 酒能助興仙家飲之酒能亂性佛家戒之 Wine assists to exhilarate the spirits, and the immortal genii drink it, wine tends to disorder the disposition, and the Buddhists forbid it.

Tsay măn tsăw ka, ho chu she, muk tung yew che hăng fa tsune, 借問酒家何是處牧童遙指杏花村 Borrow ask wine house what place is, Herd boy waving points to almond flower village. This phrase is used at the time of worshiping at the Tombs in spring.

Fan, 飯 Rice when boiled.

Tai tsan, 大飡 The great meal, dinner.

Tseen tsung kei, 煎葱雞 Fried onion fowl; i. e. country Captain.

Tăng ha foo shing, tseen koo ee oan, 燈下苦聲千古疑案 Near the lamp the cry of distress, has left a doubt, for thousands of ages. Said of two loving brothers, one of whom died suddenly, whether naturally or by violence remains uncertain to this day.

Fo tuy, 火腿 A ham.

Fa shăng, 花生 Ground nuts.

Fan shek lăw, 番石榴 Pomegranate.

Suk meĭ, 粟米 Indian corn.

Shew fo kei, 燒火鷄 Roast turkey.

Sut chu kuy, 摔住佢 Fasten it back—said of a window.

Song tsze, 桑子 A mulberry.

Shew kei, 燒鷄 Roast fowl.

Chang tsze, 橙子 A coollie orange.

Sheong ha shik fan lo, 上下食飯囉 Just about to eat rice—dine or take breakfast.

Chu pai kwăt, 猪排骨 Pork chops.

Shew chu pai kwăt, 燒豬排骨 Roasted pork chops.

Shap ham chu yŏk, 烚鹹猪肉 Boiled salt pork.

Chung oo cha lei, 冲壺茶黎 Fill a pot of tea and come; bring a teapot full of tea.

Shap u, 烚魚 Boiled fish.

Chu tăk im how shik, 煮得唔好食 Boiled not good to eat; i e badly cooked.

Shew yaong pe 燒羊髀 Roast leg of mutton.

YAM-SHIK-LUY-TSUNE.

Shap kei tan, 烚雞蛋 Boiled egg.

Shap kei hong, 烚雞項 Boiled young fowl.

Shew seen kei, 燒𠜎雞 Roast capon.

Shew kei hong, 燒雞項 Roast young fowl.

Meen che kei, sew chaou kei, 免治雞小炒雞 Mince fowl; Meen-che is for mince.

Shew meen yaong tăw, 燒棉羊頭 Roast sheep's head.

Me tow tam, 味道淡 Taste insipid; weak tea; any taste not strong enough.

Meen paou kei, 麵包雞 A fowl in paste.

Shek lăw, 石榴 Pomegranate.

Sha le, 沙梨 Sandpear; name of a fruit; a Canton pear.

Shew yaong pai kwăt, 燒羊排骨 Roast mutton chops.

Sei kwa, 西瓜 A melon.

She kwo, 時果 Time fruits; fruits in season.

Lei che, 荔枝 The fruit so called.

Loy low lei che, 來路荔枝 Cóme-road Lei-che; i. e. foreign Lei-che; the custard apple.

Lut tsze, 栗子 Chesnuts.

Kum kwa, 金瓜 Carambola.

Ping kwo, 苹菓 An apple.

Kăt tsze, 桔子 A loose skinned orange.

Po lo, 波羅 Pine apple.

YAM-SHIK-LUY-TSUNE.

Kum tsze, 柑子 A mandarin orange.

Kei tong, 鷄湯 Fowl broth, chicken broth.

Pow tow, 葡萄 A grape.

Kum tseen kăt, 金錢桔 "Gold monied orange; a very small orange.

Kăt leet chu yŏk, 吉烈猪肉 Pork cutlets.

Peng shik, 餅食 Cake food; pastry.

Kum kei lak, 金雞竻 Gold fowl sinews, this name is give to European bark.

Kum chăp, 金汁 or Kum găn fa, 金銀花 Name of a medicine.

Kum tseen kuk, 金錢菊 Flowers used as a medicine.

Kum chăm tsoy, 金針菜 A vegetable used by those who do not eat animal food.

Kum tseen kăt, 金錢桔 A small sweet orange.

Kum ying tsze, 金櫻子 Name of a medicine.

Kum wa tuy, 金華腿 A kind of ham brought from Kum-wa district in Chĕ-keang, Province.

Ko te yaong mei shăt shăw peng, 個的洋米實首平 That foreign rice is very cheap.

Kei sum tsze, 鷄心柿 Fowl's heart, name of a fruit.

Ooy u, 會魚 Stewed fish.

Ooy kei hong, 會鷄項 Stewed young fowl.

YAM-SHIK-LUY-TSUNE.

Ooy shu kei, 會薯鷄 Stewed potatoe fowl, Irish stew.

Ooy găw yŏk, 會牛肉 Stewed beef.

Me tsăw, tan kaou me tsuy hăw, 美酒但教微醉俟 With good wine, only direct (to drink) till a little drunk, then stop.

Ming neen tsze ooy, che shuy keen, tsuy pa chu u tsze sei hoan, 明年此會知誰健醉把茱萸仔細看 Next year of this meeting, who knows who will be strong, drunk take the Chu-u wine and view it carefully—an exhortation to drink at the present moment.

Yăm shik yăw she, 飲食有時 Drinking and eating have time, there are proper seasons—temperance.

Im tun tăk lok keng, 唔吞得落頸 Cannot swallow it down. To extort money but not enjoy it.

Yăt kăw leong tsan, yay kăw yăt suk, 日求两飡夜求一宿 In the day seek two meals, and at night a sleep. Used when advising people to be contented.

Oan pow tong kuy, man shik tong yok, 安步當車晚食當肉 Tranquil foot is placed in a carriage, in the evening he eats flesh—said to denote a person's affluence.

Yam shik tew wăn, 飲食調匀 Drinking and eating well regulated.

Tai tsăw tsik, 大酒席 A great wine mat—a great feast, in ancient times laid out on a mat.

YAM-SHIK-LUY-TSUNE.

Sheong kow lăw. 上高樓 To ascend the high loft, to go to a Tavern.

Shew gan go, 燒鴈鵝 Roast wild goose.

Chu keok tung, 猪脚凍 Pig's foot cold—Jelly.

Kei kwei, 鷄龜 Fowl pie.

Chu koan, 猪肝 Pig's liver.

Chu me lung, 猪尾龍 Loin of Pork.

Shew tseok tsei, 燒雀仔 Roast bird,

Yaong tow, 楊桃 Carambola,

Ying tsuy tow, 鸚嘴桃 The best sort of peach.

Yaong mooy, 楊梅 The arbutus,

Pow tei tsze, 葡提子 Raisins.

Yay tsze, 椰子 Cocoa nut.

Yăw kum tsze, 油柑子 Small sour orange.

Ling kok, 菱角 A three cornered fruit.

TSING-FUN-LUY-YAT

情分類一

FEELINGS, PASSIONS &c.

SECTION VIII

Tseen le ta heong, u koo che, 千里他鄉遇故知 From home a thousand miles in another region to meet an old intimate friend—how pleasant,

Yăt nok tseen kum, 一諾千金 One tone of assent, a thousand pieces of gold—one word of promise is worth that—said when asking a person to do or promise something,

Kum ok, chu kew, 金屋貯嬌 A golden house containing a beautiful woman—said of the rich.

Shăt măt to ee, 失物多疑 Lose a thing, great suspicions—Said when something is missing or lost—used also to admonish people to keep away lest they should fall under suspicion.

TSING-FUN-LUY-YAT.

Kuet păt shik een, 决不食言 Decidedly not eat words, I won't go back in what I have said.

Yun ok, e yaong shen, 隱惡而揚善 Conceal (others) vices, and blazen their virtues.

Foo le, păt foo tsun, 扶理不扶親 Support reason, not support kindred—take the reasonable and just side, although against my kindred.

Ming le, seong kwan, 名利相關 Honor and gain reciprocally influence.

He ying kung kum, 喜認工金 Rejoice to recognise work gold—I shall be glad to subscribe to the work—of building or repairing a Temple &c.

Lăm she ing sze, 臨時誤事 At the time impede the business; i. e. to disappoint a person.

Yun te shang sho, 人地生踈 The man and the place unacquainted with each other—said when a civilian is not fitted to the place he is appointed to.

Cheong cheong wong loy, 長長往來 Continually going and coming—a great deal of intercourse.

Cheong peet koo yun, 長別故人 Long separated from an old friend.

Cheong she ke neem, 長時記念 Continually remember, said to friends in letters.

TSING-FUN-LUY-YAT.

Shuy kum cheong, yăt tsze seong u, 水咁長日子相與 A river so long days shall meet—we shall meet each other for many long days.

How mow kai wai, 毫無介懷 Not the least unpleasant feeling—is entertained by me.

Une une lăw cheong, 源遠流長 Spring of water remote flowing long—Doctrines &c, which have long flowed from ancient times—the long stream of time.

Tsuy e, păt tsuy nan, 取易不取難 Take the easy don't take the difficult, said when buying things.

Lok, een hăw sew, 樂然後笑 Be happy and then laugh; i. e. after mirth laugh;—not before as many people do.

Kwae yun, suy yew pe yun che, 怪人須要俾人知 Offended with a person, it is necessary to let him know.

Yăt kăw keen yun sum, 日久見人心 In length of days man's heart may be seen—but not by a short acquaintance.

Hei ko ha teen lo, shik ko ha ne, 係個吓田螺食個吓泥 He is that field's snail, eating that place's mud; it is said of a person who can get his bread (or rice) very well in one place but not in another.

Pong kăn, kum tăk ta, 綁緊堪得打 Bound fast, can bear a flogging—said by a person suffering who cannot help himself—meaning he is forced to bear.

TSING-FUN-LUY-YAT.

Kai leng suy yung pong leng yun, 解鈴須用綁鈴人 To unloose a bell, you must get the man who put it up; i. e. to undo the mischief you must get the man who caused it.

Chang shune tsăw hum, 撐船就碪 He who sails (or rows) a boat, must make up to the landing place—the landing-place won't come to him. If the mountain won't come to me I must go to the mountain;—I must make up to the man who can serve me.

Gan tai tei kwo lung, 眼大體過龍 Eyes large overlook the dragon—This applies literally, to geomancers who go staring about for lucky places, and overlook the lucky dragon, and figuratively to those who look two high; are over lofty in in their pretentions.

Tai măw păt een che lun, 大謬不然之論 Greatly erroneous visionary discussion—said in contempt of a man's reasoning.

Yăw kei ting im cha cha pe koon, 有髻丁唔揸揸鼻管 If there be a tail-tuft don't seize it, seize him by the nose. An old thief told his apprentice to put his head through a hole in a wall where they meant to rob. The people inside seized him by the tail. The old thief then sung out in the words above quoted. The tail was let go and the nose seized. But they could not hold on by that, and the fellow got off. This

TSING-FUN-LUY-YAT.

allusion is now used when a creditor won't give up the greater security.

Wok tai, chan yăw tsew, 鑊大剷有燋 When the rice boiler is large, the ladle has the burnt part—which is also good for food. Said of large commerce where even the scrapings are a good thing.

Yăm tsung teen ha lune, Cheong, Hung wing mow yăw, 任從天下亂張孔永無憂 Let all the world be thrown into confusion, it will distress the houses of Cheong and Hung; *Cheong* the Astronomer resident in *Keang-se*, and Confucius in *Shang-tung*. This is the language of bravado by a man who says, happen what will it will never reach me.

Shu tai yăw foo che, tsok tai yăw hat ee, 樹大有枯枝族大有乞兒 A large tree will have rotten branches; and an extensive clan will have beggars among them.

Suy chay, sze che tsak, 需者事之賊 Procrastination is the thief of time.

Tung shune kung tow, pak shei yun une, 同船共艔百世因緣 In the same boat making a passage together, Shew a relation in destiny for a hundred ages; a good-natured compliment used by fellow passengers.

Hok pong seong che, u yun tăk le, 鶴蚌相持漁人得利 When the crane and the muscle adhere to each other the fisherman makes his gain of it. The tale is, that the crane puts its bill into the open muscle which closes and holds and on the bill and hence the fisherman catches both. This is applied to those who pertinaciously litigate, so as to let the lawyers catch both parties.

Kwo hăw mooy yun, tsăw hăw shen, 過後媒人秋後扇 An after marriage go between, and an autumn past fan, both are cast aside as useless.

Yun tsing u che pok, 人情如紙薄 His kind feeling is as thin as paper—said by those who think themselves neglected.

Go yăt koi tow păt che, 我一概都不知 I am altogether unacquainted with it, I know nothing at all about it.

Tei kuy teem lei, teem ying kuy, 睇佢點黎點應佢 See in what manner he comes, and in what manner to meet him. Act as circumstances arise.

Een sam, u sze, 言三語四 Say three, talk four; a great deal of loose talk.

Che ho op, hei kuy, 至可惡係佢 Most worthy of hatred is he; he is very detestable.

Cho seong shik, 初相識 A first acquaintance; not heretofore acouainted with him.

Che pei ko ko yun, 至敝個個人 Most base—that man; that is a very base man.

TSING-FUN-LUY-YAT.

Chung yew how te, che tsow tăk, 重要好的至做得 Must have some better—and it will do,

Chăn ching ho sik, 眞正可惜 Truly lamentable; really to be regretted.

Che yun hăw meen, păt che sum, 知人口面不知心 Know people's mouth and face, not know their hearts.

Che seng, im lai new, 知醒唔賴尿 If awake, urine would not be passed—This denotes unintentional error.

Ah! go yăw fat tsze lo, 呀我有法子咯 Ah! I have found a way of doing it.

A wei chu, 拗翳住 Poor. A-wei-chu, A poor man, (the characters do not convey any idea.)

Me peet hei, 未必係 Not necessarily is; i. e. It is not so.

Sune go pa ne lo, 算我怕你噝 Reckon that I'm afraid of you, said sarcastically by a superior in anger.

Heem chai, păt u kăn keen meen, 欠債不如勤見面 Being in debt to a person, the best course is; to be diligent in seeing him. This is expected to keep him in good humour.

Shaou ke tsoy lok tăw wei seong sze, seong sze yăw yik fe fan huy, chik shing hung lung, kwa shu che, 筲箕載綠荳綠荳喂相思相思有翼飛翻去只剩空籠掛樹枝 The basket contains green peas to feed the (unfledged)

TSING-FUN-LUY-YAT.

bird, Seong-sze; but Seong-sze when fledged flies away and leaves the basket empty—Ingratitude.

Pong go yăt pe che lik, 幇我一臂之力 Help me with an arm's strength; a common phrase when requesting assistance.

Kuy ting lai go huy, tei he, 佢定拉我去體戲 He would drag me away to see a play.

Pa tow kuy im tăk han, tsăw pa, 怕到佢唔得閒就罷 Fear he not at leisure—very well; i. e. If he have not time never mind.

Moon chew sune, heem shăw yik, 滿招損謙受益 Fullness (self—sufficiency) induces injury; humility receives advantage.

Haou shun, wan shang haou shun tsze, ing yik, wan shang ing yik ee, 孝順還生孝順子忤逆還生忤逆兒 Those who are dutiful beget dutiful children; those who rebel against their parents beget rebellious children.

Keen shen u păt kăp, keen păt sheen u tam tong, 見善如不及見不善如探湯 When you see virtue press on as if you could not overtake it; when you see vice, avoid it as dipping the hand in hot-soup.

Man tsong fooy tow, yay yung fooy yăm, 慢藏誨盜冶容誨淫 Careless putting away induces theft; gay dress induces debanchery.

TSING-FUN-LUY-YAT.

Mow te how chu, 冇的好處 Not the least good or benefit.

Kuy shăt shăw how seong u, 佢實首好相與 He is very easy of access.

Sze chay păt ho fuk shăng, ying chay păt ho fuk shuk, 死者不可復生刑者不可復贖 The dead cannot be restored to life, after punishment has taken place no ransom can be given; Said to induce care before hand.

Tsap, e păt chat, 習而不察 To practice without examination; blindly to follow the fashion.

Im pa koon, tsung pa koon, 唔怕官總怕管 No fear of mandarins, but of those who act under mandarins.

Tsing yăw ho une, 情有可原 The affair according to humane feelings has something excusable—but not in strict justice.

Kăt yun wei shen, wei yăt păt tsuk, hung yun wei păt shen yik wei yăt păt tsuk, 吉人爲善惟日不足凶人爲不善亦惟日不足 A good man in the practice of virtue, thinks the day not long enough; the bad man in the practice of vice also thinks the day not long enough.

Yăt een nan tsun, 一言難盡 In one word, it is impossible to finish the tale—it is a long story, generally of complaint or distress understood.

Tai yăm kung, 大陰功 A great deed of secret goodness.

TSING-FUN-LUY-YAT.

Shu păt tsun een, een păt tsun ee, 書不盡言言不盡意 A letter cannot exhaust all I would say, and words cannot convey all my thoughts—used at the close of Letters.

Tsze păt tat ee, 詞不達意 The phrase does not convey the idea—a want of perspicuity in writing.

Shuet wa, yew lăw tsing, 說話要留情 Conversation requires a little reserved feeling;—should not speak too strongly.

Kaou shăw low, 交手爐 A transfer hand censer. The Chinese use one which they pass round to each other as each has finished worshiping. This phrase is used to denote passing an affair over to another person.

Tai mow wei, 大無爲 Greatly not effect—altogether ineffectual and vain.

Păt ka shăw u ta yun, 不假手於他人 Not lend my hand to another person; said by Civilians who say they do not depute their authority to Secretaries &c.

Tsŭn shăw wak ap, 親手畫押 Own hand draw signature—To sign with one's own hand. The *Ap* is not one's name in Chinese but a cypher consisting of two three words fancifully combined.

Măt kok yăw chu, 物各有主 Every thing has a Lord or owner; it must belong to somebody.

Ne lok chu ha pa che how kong oh, 你絡住下耙

TSING-FUN-LUY-YAT.

至好講阿 Tie up your jaws, and then speak freely—for there is danger of their falling from your face as a judgment for the lies you tell.

Chu yun wa chay, she chăn een, 主人話者是真言 What the master says must be true.

Kuy hăw tai, go hăw sei, 佢口大我口細 His mouth is large, my mouth is small, his power is great, I am forced to submit.

Koon tsing, măn lok, 官清民樂 When Mandarins are pure, the people are happy.

Chut chu yăw she, 出處有時 There is a proper time for going forth—or undertaking any office or duty.

Tsay foo yăw cho, e tăk shik, 借父耰鋤而德色 To borrow one's father's hoe, and assume the appearance of talent—said of a person who thinks much of himself on account of what be is indebted to others for.

Foo mow yăw tseen, ee nuy kew, 父毋有錢兒女嬌 When fathers and mothers have money the sons and daughters are elegant.

Seen kung, ee hăw sze, 先公而後私 First public work, and afterwards private affairs.

Yun kung hăng tune, ma shăw mow cheong, 人窮行短馬瘦毛長 A man when poor, is deficient in liberal things, a horse when lean has long hair.

TSING-FUN-LUY-YAT.

Măt kwei une chu, 物歸原主 Let the thing revert to its original owner.

Ho ee ee ooy, păt ho een chune, 可以意會不可言傳 It may be conceived, but cannot be expressed.

Tsăw pooy shuet wa heng, 酒杯說話輕 With the wine cup speeches (or promises) are lightly made.

Păt yap ee che een, 不入耳之言 Words that don't enter the ear.

Oon che u che cheong che sheong, 玩之於指掌之上 Play with upon the palm of the hand—to trifle with a person, who uses this language with indignation,

Ko yun im kong tăk hăw sheong kay, 個人唔講得口上既 That person connot be spoken of with the mouth; he is not worthy of being mentioned.

Tsze he oon, im tsăw kuy ga oon hum, 磁器碗唔凑佢瓦碗撼 I'll not dash my porcelain dish against his earthenware dish. I'll not enter into conflict with so mean a man. The language of pride and comtempt.

Foo yun peet tsze mow, een hăw yun mow che, 夫人必自侮然後人侮之 A man must make himself despicable before he is despised by others.

Wat yok pow chong, 挖肉補瘡 Dig out flesh to fill up an ulcer—to borrow money from one person to pay another.

TSING-FUN-LUY-YAT.

Neem tăk he, fong tăk lok, 拈得起放得落 He can either lift it up, or put it down; Said in praise of a person's character.

Tso une, kum peen, 搓圓撳偏 Rub round or press flat—denotes a pliable disposition.

Ta shay im sze, tseen neen hăn, 打蛇唔死千年恨 If you beat a serpent but not to death, it will hate you a thousand years—you had better not attempt it unless you are sure of succeeding.

Moon tseen mow chai chu, ka chung mow peng yun, 門前無債主家中冇病人 At the front of the door no creditor, in the house no sick person—a happy condition.

Im how keng kwăt, 唔好頸骨 Not a good neck bone; a bad temper.

Fan sze tong lăw u te, 凡事當留餘地 In all affairs you should leave a little spare ground; never go to the extreme.

Keem ting tsăk ming, peen ting tsăk um, 兼聽則明偏聽則暗 Hear both and all will be clear; hear one side and you'll be in the dark.

Yun tsing wan yun tsing, show mok yew fun ming, 人情還人情數目要分明 Kind feeling may be paid with kind feeling, but accounts must be fairly settled.

TSING-FUN-LUY-YAT.

Chut yun ee goy, 出人意外 Go out side man's conceptions, or anticipations, unexpected.

Hing sum, fan kăw yun, 輕信反求人 Lightly to trust one's self, and contrariwise be obliged to solicit others.

Shuy sei tow im tăk tseng, 水洗都唔得清 Washed with water, still never be clean—deny it ever so long, the guilt or disgrace will always cleave to you.

Tai ing sze, 大誤事 Greatly delay or impede business.

Im che eem tsuk, 唔知饜足 Never know satiety; always dissatisfied.

Shăw yun heep chei, 受人挾掣 To be under the control of other people, in a manner that is unfair or unpleasant.

Mow ho noy ho lo, 無可奈何哩 No resource; nothing else can be done.

Chŭn tsoy, 蠢材 Stupid; foolish.

Gong song, 戇喪 or Ong-song, Foolish.

Sap gong, 匝昂 Foolish.

Shan tuk, 山毒 Stupid.

Chăm tsuy im tăk, leong tăw le, 針嘴唔得兩頭利 A needle is not sharp at both ends.

Sum fong, tam chŭn, 心慌胆震 The heart agitated and the liver shaking.

TSING-FUN-LUY-YAT.

A po sho kei mow tsung, 亞婆梳髻冇鬃 An old woman combs the Kei (on the top of her head) and has no Tsung (behind); old people should not affect to dress fine.

Low pong shăng chu, 老蚌生珠 Old oysters produce pearls.

Hei kum tai chek kop, tsăw ham kum tai sheng, 係咁大隻蛤就喊咁大聲 Being such a large frog, hence he makes so great a noise—said of police Runners &c.

Păn kung tsük foo mow păt tsze, Foo kwei tsük tsun tsik wei kuy, 貧窮則父母不子富貴則親戚畏懼 In poverty father and mother seem without children, In affluence distant kindred fear you.

Go e ka che oan lok chay, 我而家至安樂啫 I am now quite at ease and happy—being delivered from some dreaded evil.

Wei yun tsow how, chung suy how, 爲人做好終須好 He who acts as a good man, it must eventually be well with him.

Păt une măn cheong kow teen ha, Tan une măn cheong chung she koon, 不願文章高天下但願文章中試官 I don't wish my composition to be famous through out the world, I only wish it to please the examiner.

Fun goy, păt ka how moot sze, 分外不加毫末事 Pay not the least attention to any thing out of my own Province.

TSING-FUN-LUY-YAT.

Yun lok yăw een foo hing, 人樂有賢父兄 Men delight to have virtuous fathers and elder brothers—to teach the family.

Chek hune fei yew, fei fe ke chu, 跖犬吠堯吠非其主 A rebel dog will bark at the sage Yew, but won't bark at his own Master.

Mow kăw, lai maou lei shik she, 冇狗拉猫黎食屎 There being no dog, drag the cat to come and eat ordure—This coarse phrase is used to denote a necessity of employing some useless person.

Ak shăw tam sum, 握手談心 Grasp the hand, and chat the heart; i. e. speak about what is in one's heart—said of Friends meeting.

Mai tsei mok mo tăw, mo tăw gan luy lăw, 賣仔莫摩頭摩頭眼淚流 He who sells his boy must not rub his head, if he rubs his head, he'll shed tears.—This is said of one who sells his goods at a losing price.

Nam tai tong fun, nuy tai tong ka, 男大當婚女大當嫁 Males when large should take a wife, Females when large should go to a husband.

Kăw shăw, chu yun săw, 狗瘦主人羞 If a dog be lean his master is ashamed—inferior domestics should be kept decently dressed &c.

TSING-FUN-LUY-YAT.

Yun tsing tong shei, mok tòng han, 人情當使莫當慳 If a favor be proper, let money be spent, in that case it is improper to be sparing.

Ming che ing noy, 銘之五內 Engrave it on the five viscera—said in gratitude.

Yăm shuy sze une, 飲水思源 When you drink water think of the spring.

Yun tsing lăng nune, 人情冷暖 Man's kindness is cold and hot—according to changing circumstances.

Kaou tseen een shum, 交淺言深 Acquaintanceship shallow, words deep—It is not right to speak freely on a short acquaintance.

Păt ke e ooy, 不期而會 To meet without any appointment—is lucky.

Tsăw pooy seong huy hăw, 酒杯相許口 Over a wine cup reciprocally promise; Said of Parents who over their cups promise to give their children in marriage to each other. A foolish and pernicious custom.

Gan wăt im tsong tăk yăt nap sha, 眼核唔藏得一粒砂 The eye ball cannot shore up a particle of sand; Said of persons who will not endure the least deviation from their right.

Go tsung cha tsok im che im keen, ke how ne? 我總詐作唔知唔見幾好呢 I altogether affected not to know not to see—was not that well? Used when praising one's self for not meddling, although at the expense of truth.

Go me shăp fun che tăk kuy tăw, 我未十分知得佢透 I do not very well know him thoroughly.

Tsow shun ah! 早晨亞 Morning early; i. e. good morning.

Go u kum huy lo, 我如今去咯 I now go, I'm now going.

Tung yăw ching, choang fan tung yăw, 桐油埕裝翻桐油 An oil jar must be filled again with oil—it is fit for nothing else; denotes that a man must follow the trade or craft to which he has been accustomed.

Lik tseen tăk yun king, hăw tseen tăk yun tsăng, 力賤得人敬口賤得人憎 To make one's strength cheap obtains people respect; to make one's mouth cheap procures people's resentment.

Tai shu how chay yăm, 大樹好遮陰 A large tree affords a good shade—said in compliment to one whose assistance is solicited.

Yun tsze ka chung pow, 忍字家中寶 The word "Forbearance" is a jewel in a house.

Găw im yăm shuy, teem kum tăk găw tăw tei? 牛唔飲水點㩒得牛頭低 If an ox does not wish to drink, who can force down the ox's head? If you had not a wish to do it who could have forced you.

TSING-FUN-LUY-YAT.

Yew chu tai kăn sei tăw, yew tsei tai kăn tei tăw, 要猪大勤洗兜要仔大勤剃頭 He who wants his pig to grow large must diligently wash the trough; and he who wishes his son to grow large must diligently shave his head; they suppose the hair takes away the strength.

Tam shing păt che shu, 貪勝不知輸 He who is anxious to win does not notice his losses.

Măn păt wei sze, 愍不畏死 The wounded mind does not fear death.

Mong yăw sune sum, 罔有悛心 No disposition to repent.

Een chut fat suy, 言出法隨 When the word is out, the law will follow.

Seng tsăw low, pe tsuy tsăw yun, 醒酒佬避醉酒人 He who is awake from wine, avoids the drunkard—that he may not be led into a scrape by him.

Ke che tsŭk foo, paou che tsŭk yaong, 饑之則附飽之則颺 Starve him and he'll be attached, fill him and he'll fly away;—said of those who are attached merely for their selfish ends.

Hung hak tsune u, 哄嚇村愚 To frighten by threats village simpletons.

Wei nok tsuy yun, 唯諾隨人 To hem assent, and follow people;—said of a time-server.

TSING-FUN-LUY-YAT.

Yun tsing kän kwo chai, 人情緊過債 Human kindness is more binding than a debt.

Kok ka ta sow moon tseen suet, păt koon ta yun ga sheong seong, 各家打掃門前雪不管他人瓦上霜 Let every family sweep the snow from before his own door, and not meddle with the hoar frost on his neighbour's roof.

Im lok tăk meen, 唔落得面 Can't let fall the face; cannot get off with a good grace; Also, if you do wrong I shall be disgraced.

Im kwo tăk ee, 唔過得意 Cannot pass over the thought; I feel uncomfortable about it.

Yuk yew yun tsze go, chuy fe leong ko go, 欲要人似我除非兩個我 Desiring to have others exactly like me, is not possible unless there were two me-s. Perfect accordance with one's wishes is not practicable.

Hak pok shing ka, le mow kăw heong, 刻薄成家理無久享 A house formed by hard hearted severity, it is reasonable should not be continued long.

Now puk toy che foon shu, 奴僕待之寬恕 Slaves and servants should be treated with lenity.

Kwăn yaong foo u shai long muk, 羣羊付與豺狼牧 A flock of sheep delivered over to wolves as shepherds—said by the Emperor Këen-lung, concerning his people and mandarins.

TSING-FUN-LUY-YAT.

Koon kik mān peen, 官激民變 Mandarins provoke the people to revolution.

Wing une cheet to, 永遠折墮 Eternally broken and falling—denotes future misery.

Tsung kum koy kwo, me wei che, 從今改過未爲遲 From this time reformation will not be too late.

Wong teen pāt foo fooy sum yun, 皇天不負悔心人 Imperial Heaven does not reject the penitent hearted person.

Yun shăng, tăk kwo, tsuy she kwo, 人生得過隨時過 Man born being able to pass on, from time let him pass on; let him be satisfied with current supplies.

Ying neem koo kăn yăw chew tsow, 螢念故根猶照草 The glow worm remembers the old root, and illumines the grass; let children remember their parents.

Kum yun pāt tseen, 感恩不淺 Grateful for kindness not shallow—very grateful,

Sze pāt kwan ke, pāt low sum, 事不關己不勞心 In business that does not concern one's self don't trouble the heart.

Yăt tow fo, 一肚火 Whole belly is fire.—Don't talk to me, I'm full of rage.

Shat yun cheong meng, heem chai wan tseen, 殺人償命欠債還錢 He who commits a murder must forfeit his life; he who owes a debt must pay it.

TSING-FUN-LUY-YAT.

Yăt fun yun tsoy, shĕp fun ta pan, 一分人材十分打扮 One tenth of talent and ten tenths of gay clothing.

Lăw gei foo' sheen, 螻蟻附羶 The black ant approaches the greasy carpet—The flatterer dances attendance on the rich.

He chut mong goy, 喜出望外 The joy exceeds the expectation,

Yung yun che kwo, 容人之過 Bear with people's errors.

Ee u fan cheong, 易如反掌 As easy as turning the hand.

Paou chune, yun yuk, 抛磚引玉 To throw a brick to induce a gem—to bestow a trifling good for the purpose of obtaining a greater—to give a sprat to catch a herring.

Lei che yung, wo wei kwei, 禮之用和爲貴 The most valuable thing in politeness is concord.

Chăm mow leong tăw le, 針無兩頭利 A needle is not sharp at both ends—You cannot obtain in both ends the advantage, you must sacrifice one to gain the other.

Teen tsei, yuk tsze, 典妻鬻子 To mortgage a wife, and sell a son, is the condition of the extremely poor.

Găw een u cheok, 偶然遇着 Accidentally met with.

Ta chăw fung, 打抽豐 To pluck out from abundance to obtain some kindness or benefit from those who can afford it.

Tsune păng ne kum meen, 全凴你金面 Altogether depend on your golden face—on your influence; Used in Letters.

TSING-FUN-LUY-YAT.

Yăt een fun sze, 一言僨事 One word ruins an affair.

Ching kăw ta teng 秤鈎打釘 Weigh a steelyard hook and form a nail—used by traders who barter one thing for another.

Yun fung he sze, tsing shun shong, 人逢喜事精神爽 When people meet with joyous affairs, their animal spirits are exhilarated—used in a complimentary way by anticipation.

Kwei sum tsze tseen, 歸心似箭 Returning heart like an arrow—denotes the desire of home felt by those who are absent.

Tuy keok ta, 推却他 Put him off.

Foo hăw, she leong yok, 苦口是良藥 A bitter mouth, is a wholesome medicine; i. e. sharp reproof.

Lan, shay, tsăm yun, sew u heong, 蘭麝侵人笑語香 When the lan flower and musk—(a lady's perfume) are re, ceived by a person, their jokes are fragrant.

Shang găn keen yăt tune ta kung keen yăt cheong, 生银見日短打工見日長 Borrowed money makes the days seem short; working for others the days seem long. The creditor finds the days of interest come fast round.

Kăw kăp, foo gei, 救急扶危 To rescue from straits and support amidst danger.

Chak yun che sum, 惻隱之心 A tender compassionate heart.

TSING-FUN-LUY-YAT.

Tsing chăn, le kok, how mow yŭn moon, 情眞理確毫無隱瞞 The affair is true, and the reasoning sure, not the least concealment.

Fung cheong, tsok hing, 逢場作興 When the place occurs join the merriment;—fall in and rejoice with others when they rejoice.

Tăw shu, ke he, 投鼠忌器 Throwing at a rat, regret the vessel—i. e. if I throw a basin at a rat I shall break it; therefore I would rather let the rat go—said of those who are let off for the sake of others.

Ning he pak sow kung, mok he pe tei chung, 寧欺白鬚公莫欺鼻涕虫 Better insult an old grey bearded man, rather than insult a bubble-nosed insect—of a boy. This strange speech is intended as a compliment to the boy, meaning that he will become some great man.

He e păt me, 喜而不寐 Unable to sleep for joy.

Yun sum păt yăt, 人心不一 Men's hearts are not one; always changing.

Chăt keen kum sheong teem fa, im keen seut chung sung tan, 只見錦上添花唔見雪中送炭 It is only seen that flowers are added to embroidery; it is not seen that in the midst of snow coals are presented.

Tsze tsăm fan now, 自尋煩惱 Self sought trouble & vexation.

TSING-FUN-LUY-YAT.

Kaou kik kuy, tow im teng, 教極佢都唔聽 Teach him ever so much, he'll never listen.

Koon tsoy shün chut shăw, 棺材伸出手 From the coffin stretch out the hand—said of covetous persons, who even in death, will grasp at gain.

Yăw ee tsoy fa, fa păt fat, mow sum chung lăw, lăw shing yăm, 有意栽花花不發無心種柳柳成陰 With design planting a flower, the flower does not grow, without mind plant a willow, the willow forms a thick shade. Said of unanticipated success in trade.

Hăt ee shün chut shăw, 乞兒伸出手 A beggar stretching forth his hand;—said reproachfully of any covetous person.

Yün he, tun shing, 忍氣吞聲 Suppress the breath, and swallow the voice—to be obliged to succumb.

Tsing nan a yün, 情難啞忍 An affair which it is impossible to be silent about.

Yăw măt lăw shune tăng shuy tai, 有乜留船等水大 Why detain the Boat till high water? Why keep your goods for an extravagant price?

Yun shei nan fung hoy hăw sew, 人世難逢開口笑 In the world it is hard to meet an open laughing mouth—there is much sorrow in the world, therefore be contented with a little good.

TSING-FUN-LUY-YAT.

Wong yŭn tai shay, 皇恩大赦 Imperial favor, general pardon.

Kung shăw, 拱手 To fold the hands and bow.

Che păt shing wăt, 指不勝屈 Fingers cannot crook the number, it is so large; cannot number with the fingers.

Yaong yaong tăk e, 揚揚得意 Spreading spreading, obtaining wishes;—a swaggering selfsatisfied gait.

Kum tsay, fai te fan loy, 敢且快的翻來 Dare therefore (well or lucky) to hasten back.

Shuy lok shek chut, 水落石出 As the water falls the rocks arise—scrutiny elicits concealed truths.

Ne yăw yun tseen ko go oh, 你有人薦個我阿 Have you any people that you can recommend one to me.

She teem, she cheok, 是掂是着 Is pointed-out, is right; every case or circumstance is right.

Cheong meng chai, cheong meng wan, 長命債長命還 A long life debt, a long life payment—to pay as one can.

Neem păt tow tsze, 念不到此 Think not to this—unanticipated.

Kaou koon kung, kaou hak foo, kaou wo sheong tăk ko une pow, 交官窮交客富交和尙得個緣部 Acquaintance ship with mandarins induces poverty; with traders riches; with priests induces a subscription list.

TSING-FUN-LUY-YAT.

Tsăw yap mei wăn chŭn, 走入迷魂陣 Enter into the ranks of a blinded spirit—Those do so who commence gaming and similar vices.

Che tsuk, tsze tsuk, 知足自足 To know enough, indeed enough—He who feels contented, has indeed enough.

Fan meen mow tsing, 反面無情 A reserved face no feeling—for a single look, to forget the kindness of a friend.

Teen ha poon mow sze, yung yun tsze yew che, 天下本無事庸人自擾之 In the world originally there is no distress; stupid people themselves excite it.

Een hak tseet măt lăw leen, 宴客切勿流連 Entertaining guests, be particularly careful not to detain them hour after hour—lest they become intoxicated and make a disturbance.

Tsoy ka im tseep hak, chut low mow chu yun, 在家唔接客出路冇主人 He who at home will not receive a guest, will abroad meet with no host.

Wong tsune yăw low, tai go yăt tsei hang, 黃泉有路帶我一齊行 If among the yellow springs (in hades) there be a road; take me with you on the same journey Said by a wife wishing to die with her husband.

Im pa lo chai kum kong, tsung pa heem chai lo hoan 唔怕攞債金剛總怕欠債羅漢 No fear of an adamantine creditor; the thing to be feared is a beggared debtor;—with the first something may be done, nothing with the latter.

Wei shăw, wei me, 畏首畏尾 Fear the head and fear the tail; panic struck.

Seong shik moon teen ha, che sum mow ke yun, 相識滿天下知心冇幾人 Acquaintances fill the world; but bosom friends are but few.

Ai ya! im hei kum wa, 噯呀唔係咁話 Oh! it is not thus or so!—it is a more serious affair.

Ne wa, go ke tam tow kum to yun oh, 你話我寄探到咁多人阿 You say—I sent my inquiries (or compliments) to so many persons;—said to a messenger.

Low kung sze, low kung shang, wo chung kwo tsow, hăn im fan, 老公死老公生禾虫過造恨唔翻 As one husband dies another husband is produced—the paddy insect is gone with the harvest, and, I regret, won't return. This has an allusion to water poured out with these insects at the time of a funeral—and the wife is supposed to regret the loss of her favorite dish, more than the loss of her husband.

Kam kuy tai nan, 監佢大難 Imprison him to a great difficulty—through difficulty he must effect it.

TSING-FUN-LUY-YAT.

Gan kok chune tsing, 眼角傳情 With the corner of the eye communicating passion or love.

Me hoan shan teen te, seen koon keok ha ee, 未看山田地先觀脚下兒 Before looking at hills for graves, first observe the children at your feet; you may predict the future more from the one than the other.

Tsung im tăk keen meen, teem sune ne? 總唔得見面點算呢 Can't at all get a sight of his face—what is to be done?

To tsay ne lo, 多謝你𡃶 Thank you.

Tsow măt ne cheok kum shew sham ah? 做乜你着咁少衫亞 Why do put on so few clothes.

Hei tow how lo, 係都好囉 As it is, all well, very well,

Tsow tseen yik im kwei, 租錢亦唔貴 The rent after all is not dear.

Tsow măt ne kum noy che lei, 做乜你咁耐至黎 Why are you so long in coming.

How im how a, 好唔好亞 Is it good or not?

Tăng ha go, 等吓我 Wait for me.

How shuet 好說 Good speech—answer to a civil address.

How wa, 好話 Good talk—you are very polite—answer to a civil speech.

How sze, 好事 Good business—a good action.

To tsuy, 多嘴 Many lips; much talk; loquacious.

TSING-FUN-LUY-YAT.

He een, 戲言 Play talk; jesting and ridicule.

Han tam, 閒談 Leisure talk; idle chat.

He yăw tsze le, 豈有此理 How have this reason? This is unreasonable.

How yun nan tsow, 好人難做 It is hard to be a good man. It is difficult to act always truly and uprightly—and to be esteemed as good by every body.

Tsing tam, 清談 Pure chat; leisure talk.

Tai păt yung, 大不用 Greatly without use—very useless.

Tai me sze, 大美事 A very excellent affair; a very good or benevolent action.

How yap low, 好入路 Good entrance road;—i. e. an opening to make money.

How pa keet, 好把結 Good at forming connexions, a Tartar expression taken in a good sense.

How he shik, 好氣色 Good air and colour, said of a person looking well and prosperous.

Tai tăk ee, 大得意 Greatly to one's liking, greatly according to one's wishes.

Tai sew păt wo, 大小不和 Great and small not agree, a discordant family.

Go im sun tăk ne kwo, 我唔信得你過 I cannot believe you.

TSING-FUN-LUY-YAT.

Tai kwan hei, 大關係 Great or important consequences.

Go im chap kuy sze, 我唔插佢事 I don't enter into his business;—I know nothing of his affairs.

Go tow im shik kuy wa, 我都唔識佢話 I altogether not know what he says.

Go shăt tsoy eem ting, 我實在厭聽 I greatly dislike hearing about it.

Go tsung me keen tow kuy oh, 我總未見到佢阿 I have altogether not seen him—i. e. of late.

Go yăw kuy shuet wa tsăw kuy kong, 我有句說話湊佢講 I have a sentence of words (something) to say to him.

Go im keong kuy, 我唔強佢 I don't force him; i. e. he may do as he pleases.

Go ting yăt sheong shang, ne yăw măt shu sun mow ne, 我聽日上省你有乜書信冇呢 I tomorrow go to Canton, have you any letter or not.

Go tow me keen kwo kuy, 我都未見過佢 I have altogether not seen him; i. e. never.

Go shăt shăw king chung kuy, 我實首敬重佢 I respect him very much.

Go im sun tak kuy, 我唔信得佢 I cannot believe him.

Go tow im che măt une koo ah, 我都唔知乜原故阿 I altogether not know what cause.

TSING-FUN-LUY-YAT.

Tai shang yăt, 大生日 The great birth day, Every tenth anniversary.

Go tsăw seen che huy lei, 我就先至去黎 I have already gone.

Go peet yew tsow shing ko keen sze, 我必要做成個件事 I must complete that affair.

Go kam kuy tsow chay, 我監佢做啫 I'll force him to do it.

Tăng chan mow yăw, wong fei sum, 燈盞無油枉費心 If the lamp be without oil, the heart (i. e. the wick) is wasted in vain. The wick is in Chinese called the lamp's *heart*, which makes the play easy—If people won't learn, the Teacher's heart *is* wasted in vain.

Go im che ne, tsow măt, kum shăw kuy, 我唔知你做乜咁受佢 I don't know you, for what reason, thus receive his—diction.

Go keen kuy, tow yăw te yung chu, 我見佢到有的用處 I see him that notwithstanding he may be some what useful.

Go seong me peet, 我想未必 I think that is not sure.

Go yăw kăn yew sze, 我有緊要事 I have important business.

Go yăt te tow ming pak lo, 我一的都明白咯 I understand it all very well.

U-CHUNG-LUY-TSUNE.

Go tsung im che tow kuy sze, 我總唔知到佢事
I am altogether ignorant of his affairs.

U-CHUNG-LUY-TSUNE.

魚虫類全

FISH, INSECTS &c.

SECTION IX.

Hok how, 殼蠔 An oyster.

Mow chaou pang ke, 冇爪蟛蜞 A crab without claws, a useless person.

Lung tŭn u, 龍不魚 A certain fish.

Tso hăw u, 左口魚 Left mouth fish, name of a certain fish.

Ma yăw u, 馬友魚 Horse friend fish.

Tsăk u, 鯽魚 Name of a fish.

Che chu, 蜘蛛 A spider.

U-CHUNG-LUY-TSUNE.

Wong fung, 黃蜂 A wasp.

Peen u, 鯿魚 Name of a fish, a very good and dear kind.

Sew ha, 小蝦 Small shrimps.

Kow hai, 膏蟹 Fat crabs, the best sort of crabs.

Ming ha, 明蝦 Ming; Prawns.

U shik shuy, ta soi chut, 魚食水打腮出 A fish drinks water, and it goes out at the gills; what is gained on one hand, passes off to another.

Găw ke, 牛蜞 A leech.

Le u, 鯉魚 Carp fish.

Tsăm lung u, 尋龍魚 Sturgeon.

Shek pan u, 石班魚 Grouper, a fish much used at breakfast.

Tat sha u, 撻沙魚 Soal fish.

Low u, 鱸魚 Name of a fish; commonly called Mandarin fish.

Heong lo, 响螺 Spiral—formed fish shell, used as a horn.

Sha chuy, 沙錐 Sand borer, name of a fish.

Lung ha, 龍蝦 A kind of lobster.

Low foo hai, 老虎蟹 A sort of crab.

Kum u, 金魚 Gold fish.

Gei, 蟻 An ant.

Pak gei, 白蟻 White ant.

Măn, 蚊 A mosquito.

Ham u, 鹹魚 Salt fish.

Hai, 蟹 Crabs.

U-CHUNG-LUY-TSUNE.

Fung fong, 蜂房 Bee's or wasp's room—the comb. 黃蜂竇唔好撩 Wong fung tăw im how lew, It is not good to keep a wasp's comb—a bad man.

Tsong u, 艙魚 The Pomfret. 第一艙第二㫚第三第四馬鮫郎 Tei yăt tsong, tei ee hong, tei sam, tei sze ma kaou long, The fish sellers cry.

Chung, 虫 An insect, a reptile.

Shay, 蛇 A serpent, a snake.

Shuy hai, 水蟹 Watercrabs.

Lung, 龍 The Lizard tribe, a dragon.

Pak hai, 白蟹 White crabs.

Pang hai, 螃蟹 Crabs generally.

Tsam shik, 蠶食 Silk worm eating, slow gradual.

Sheen chuy, 鱔錐 Said to be the Conger eel.

PANG-YAW-LUY-TSUNE.

PĂNG-YĂW-LUY-TSUNE.

朋友類全

FRIENDSHIP.

SECTION X.

Păng yăw, 朋友 A friend, an intimate acquaintance.

Pak shăw seong che, yăw oan keem, chu moon seen tat sew tan koon, 白首相知猶按劍朱門先達笑彈冠 A successful graduate when he meets a grey-haired friend still lays his hand on his sword, and with a fellow student of the purple gate he smiles and plays with his cap; this language is used to shew the self complacency of the prosperous.

Kaou yăw tăw fun, tseet mo chăm kwei, 交友投分切磨箴規 Friends who suit each other, reciprocally advise with intense feeling.

Kwăn tsze che kaou, tam u shuy, sew yun che kaou, teem u măt, 君子之交淡如水小人之交甜如蜜 The intercourse of good men is simple as water, the intercourse of mean men is sweet as honey; being affected and designing.

Sheen u yun kaou, 善與人交 Skilled in holding intercourse with others—always respectful.

Ne keen sze, ne tei go chune ha wan, che tsow tăk lo, 呢件事你替我轉吓彎至做得囉 In this business you must help me round the corner that I may succeed.

Ne kum seong loy heep chei go, hei im hei ne? 你咁想來挾制我係唔係呢 Do you think thus to force me? eh?

U yun pai nan, kai fun, 與人排難解紛 To get people out of difficulties and embarrassments;—is part of the character of a good man.

Mong yun foo ee, 忘恩負義 To forget benefits and turn the back on kind conduct—an ungrateful friend.

Pai tuk yew tseen păt shing tseok yeok, 拜讀瑤箋不勝雀躍 When I bowed and read you valuable letter, I leapt for joy.

Huy kăw păt ung, 許久不晤 For a long time I have not seen you.

Tăk ling tsing fooy, hak kwăt ming sum, 得領清誨刻骨銘心 When I received your pure admonitions, I carved them on my bones and engraved them on my heart.

Kan peet to she, 間別多時 Separated a long time.

Yaong yun sam chek, me wei kow, 讓人三尺未爲高

PANG-YAW-LUY-TSUNE.

To yield to a person three cubits, does not make him high—it is good to forbear.

E koon păt ching, păng yăw che kwo, 衣冠不整朋友之過 If one's clothes or cap be away, it is the fault of one's friends—for not telling one.

Mow kum yuk e yăm, e yăw ha sum, 毋金玉爾音而有遐心 Don't deem your letters gold and gems, and let the heart be remote—don't set so high a value on them as to withhold them.

Teen măn sze, 天文師 An astronomer. Sing-sze, 星士 A Star-gazer.

Te le sze, 地理師 A geomancer.

Fung shuy seen shăng, 風水先生 A diviner of lucky places.

Tseen chuk tam sum, 剪燭談心 Snuff the candle and chat of the heart's affairs.

Keem shu shew chuk tune, hoan keem yun pooy cheong, 檢書燒燭短看劍引杯長 Turning over books (with a friend) the evening is too short, whilst they look at the sword of office and hand the cup of wine a long time; refers to the usages of ancient times when scholars and civilians wore swords.

Cha meen seong kaou, 乍面相交 A short acquaintance.

PANG-YAW-LUY-TSUNE.

Shang row yun, 生暴人 or Shang meen yun, 生面人 A new acquaintance.

Chu sze pai tok, 諸事拜託 In all affairs I beg your assistance.

Sei chăm măt cheok, 細斟密酌 A minute and secret consultation.

Măt yăw leong păng, 密友良朋 An intimate and excellent friend.

Ke tsei tok tsze, 寄妻托子 A friend to whom one can entrust a wife or a child—in case of emergency.

Mok yik che kaou, 莫逆之交 An intercourse where neither ever opposes the other—perfect unanimity.

Kuy tsune kong păt yăp ee che tam, 佢全講不入耳之談 He always talks what is not hearable, incredible nonsense.

Ning tsok ta păt yun, mok tsok go păt ee, 寧作他不仁莫作我不義 Rather he be permitted to do what is unkind, than I should do what is unjust—I'll be faithful to him.

U sheen yun kaou, u yăp che lan che shăt, kăw e păt măn ke heong, 與善人交如入芝蘭之室久而不聞其香 A first intercourse with a good man is like entering a room of fragrant flowers; after a length of time the perfume

PANG-YAW-LUY-TSUNE.

is not perceived so, those who associate with good men improve without perceiving it.

U ok yun kaou, u yăp paou u che sze, kăw e păt măn ke chăw, 與惡人交如入鮑魚之肆久而不聞其臭 First associating with bad men is like entering a receptacle for fish, but after a length of time the stench is not perceived.

Pow keem tsăng leet sze, hung fun tsăng kai yun, 寶劍贈烈士紅粉贈佳人 Give a gemsword to a valiant soldier, and a beautiful maid to an elegant man;—let your presents be appropriate.

Kwei shăw tung hang, 携手同行 Holding each others hands and walking together—Chinese custom like Europeans holding each other's arms.

Ak shăw een foon, 握手言歡 Seize the hand and congratulate—as friends on first meeting.

Tsăw shăw pong koon, 袖手旁觀 To fold the hands in the sleeve of one's coat and look on by the side—without doing any thing to assist a friend.

Yun hak, 人客 A visitor.

Ko yun sing tsing kwai cheong, 個人性情乖張 That man's disposition is vicious and perverse.

PANG-YAW-LUY-TSUNE.

Tow păt tung, păt seong wei măw, 道不同不相爲謀 Those who walk not in the same road, need not consult about any affair;—they have separate views and separate interests.

U yung meen ing, pe hing pe wai, 餘容面唔偹罄鄙懷 The rest I'll defer till I see you, and then sound all my mean thoughts in your hearing. The affected close of a Chinese letter.

Huy to, shăt shew, 虛多實少 Empty much; real little; false much, true little.

Han yun meen tsun, 閒人免進 Leisure people not allowed to enter; idle people not admitted.

Hoak how peen how, 學好便好 Learn what is good, and then you'll be good.

Go im che kuy hei măt shuy, 我唔知佢係乜誰 I don't know who he is.

Go im tso lo, 我唔坐咯 I am not going to sit down.

Go kum yăt tseng hak, 我今日請客 To day I invite guests.

Go yăw kuy shuet wa, măn kuy, 我有句說話問佢 I have a word to ask of him.

Go mow noy ho tow yew tseong tsăw kuy lo, 我冇奈何都要將就佢嚹 I have no resource, in the whole I will endeavour to accommodate him—or meet his wishes.

PANG-YAW-LUY-TSUNE.

Go tsoy moon hăw kong kong u cheok ko păng yăw, 我在門口剛剛遇着個朋友 I at the door just now met that friend.

Go tsoy im koo kuy che tow ne te sze, 我在唔估佢知到呢的事 I did not suppose that he knew this affair.

Go kum yăt yew huy tam tsun, 我今日要去探親 I to day want to go to visit a relative.

Go kwa tăk hăw kwo a, 我誇得口過阿 I can make my *boast*—for having effected something,

Shen yun, tsŭk tsùn kăn che, 善人則親近之 A good man, approach near him.

Shik yun to chay, she fe to, 識人多者是非多 He who knows a great many people, will be liable to a great many tales pro and con.

Sum fuk che wa, 心腹之話 Heart and belly words—the real sentiments of one's mind.

Shing sze, 成事 Completed business—or arrangement.

Shăt shuet, 實說 True talk, to say what is really the truth.

Shen een, 善言 Moral discourse.

Me tăk kok shăt, 未得確實 Not obtain decided real; uncertain, still matter of doubt.

Leong een, 良言 Virtuous talk, good advice.

Kai wa, 佳話 Elegant talk—humble speech.

PANG-YAW-LUY-TSUNE.

Kak een, 格言 Excellent sayings.

Kong tăk ee, tsow tăk nan, 講得易做得難 To talk is easy; to do is difficult,

Kuy seong tam ne, how kăw lo, 佢想探你好久囉 He has thought of visiting you for a long time.

Kuy ting yăt che lei wo, 佢聽日至黎和 He'll come tomorrow.

Kuy he shun, me tsăng? 佢起身未曾 Has he got up yet or not?

Shun mong, che hoan, 唇亡齒寒 The lips being lost, the teeth will be cold—said to a Friend, if I lose you, I shall be in distress.

Low meen im keen ee, tsay măn shuy ka tsze? 露面唔見耳借問誰家子 Pray who does that person belong to, whose face is exposed and his ears invisible because they stick so closely to his head, which physiognomists consider an unfavorable symptom.

Kwăn tsze che sum kung e shu, sew yun che sum sze e hak, 君子之心公而恕小人之心私而刻 A good man's heart is liberal and indulgent; A mean man's heart is selfish and severe.

Kwăn tsze tsŭk ching nik foo gei, sew yun tsŭk hăng tsoy lok wo, 君子則拯溺扶危小人則幸災樂禍

PANG-YAW-LUY-TSUNE.

A good man will save the drowning and support him in danger; A mean man delights in the calamities, and rejoices in the miseries of others.

Yăt yun kei tune, ee yun kei cheong, 一人計短二人計長 One person's plan is short; two person's plan is long; two heads are better than one.

Low shew ping oan, 老少平安 May old and young be in peace and tranquillity; a domestic new year's wish.

Tŭk shu yun tsei, kong shu peen, kang teen yun tsei kong she neen, 讀書人仔講書篇耕田人仔講時年 Scholars children talk of books; Farmers sons talk of the seasons.

Sune yăw, 損友 An injurious friend.

Kăn kaou, 靳教 Sparing of advice; one friend begs another not to be so.

Moon meen chun fung, 滿面春風 The whole face full of a spring breeze—a natural frankness.

Sam neen lei yăt peen yaw tong kei yaw chu meen yăt yăt lei sam peen kune tăw luy sheong meen, 三年黎一變又劏雞又煮麵一日黎三變拳頭擂上面 (If a friend) comes once in three years, a fowl is killed and pastry boiled; if he come three times a day, the fist will rumble against his face.

TSUN-EE-LUY-TSUNE.

Chew tsap to yun, 招集多人 To collect together a great many people.

How fan, tow yăt tat na, 好翻都一𨃩痂 Well again (reformed) still there will always be a scab—a stain upon your character.

Low seong u, 老相與 An old acquaintance.

TSŬN-EE-LUY-TSUNE.

親誼類全

KINDRED.

SECTION XI.

Noy, mow uue nuy, goy mow kwong foo, 內無怨女外無曠夫 Indoors, no resentful old maid, outside, no deserted old bachelor; expressive of happy times.

Nam hak, 男客 A gentleman visiter.

Neong neong, 娘娘 A Queen or Empress.

Nam tsze, 男子 A man, male of the human species.

Nuy hak, 女客 A lady visiter.

TSUN-EE-LUY-TSUNE.

Chăw foo shew păt tăk keen ka yung, 醜婦少不得見家翁 An ugly wife cannot help seeing her father in law.

Muk tsung shing tsŭk ching, hăw tsung kan, tsŭk shing, 木從繩則正后從諫則聖 Wood is made correct by the line, a prince is made perfect by remonstrance of his ministers.

Kwăn yăw chăng shun, foo yăw chăng tsze, 君有諍臣父有諍子 A prince having a contesting minister. and a Father a contesting Son—will do well; superiors require remonstrance.

Tseet yuk păt le pe, 切肉不離皮 Minced meat is not separated from the skin; children and kindred through bad, connot be cast off.

Une tsün păt u kăn lun, 遠親不如近鄰 A distant relation is not so good as a near neighbour.

Shan kuy shai mei tsuk, chik pa tsze sune u, 山居柴米足只怕子孫愚 Dwelling among hills fuel and rice will be sufficient, only fear that the children and grandchildren will be doltish.

Găw kang teen, ma shik kok, a pa chan mai, tsei heong fuk, 牛耕田馬食穀亞爸賺理仔享福 Those who have cattle to plough the ground, horses to eat corn, and an old father to make money—the children will enjoy the happiness resulting there from.

TSUN-EE-LUY-TSUNE.

Tsei tai, kăw yay păn, 仔大救爺貧 When children become great, they rescue their Father from poverty.

Sheem tseen u tik shuy, tik tik fan loy yŭn kăw hăn, 簷前雨滴水滴滴翻來印舊痕 The eves below the rain drop falls, drop drop again comes, and impresses the old mark—Thus good children, when parents have sons and daughters to follow in the same course they pursued.

Ing yik wan shang ing yik ee. 忤逆還生忤逆兒 Those who are perverse and rebellious (to their Parents) have perverse and rebellious children—as a punishment.

Haou shun shang fan, haou shun tsei, 孝順生翻孝順仔 Those who are dutiful and obedient (to their Parents) have dutiful and obedient children.

Pe me, tseep kew, fe kwei fong che fuk, 婢美妾嬌非閨房之福 Pretty slave girls, and beautiful concubines don't constitute the happiness of a house.

Ka mow tuk shu tsze, koon tsung ho chu loy, 家無讀書子官從何處來 If families have no sons devoted to literature, from whence are mandarins to come?

Tsei tsoy tsze luk kai tseen ting, 妻財子祿皆前定 Wife, wealth, children, & official emolument, are all predetermined.

Tseen shei yăw une, kum shei keet, 前世有緣今世結 Those who in a former life had some connexion, are united, as husbands and wives, in this life.

TSUN-EE-LUY-TSUNE.

Song tew tsung sew wăt, tai lei wăt păt tăk, 桑條從小屈大黎屈不得 Bend the mulberry tree when it is small, for when it has become large you cannot bend it. Bend the twig when it is green, said concerning children.

Păt che, păt lung, păt tsok o koo yung, 不癡不聾不作阿姑翁 Those who won't be (apparently for a time) fools and deaf, are not fit to be mothers, or Fathers-in-law—They must pass over many things as if fools or deaf, Said by an Emperor of the Tong Dynasty when insulted by some kindred behind his back.

Pai ka tsei, 敗家仔 A ruin family son—a Prodigal son.

Foo sei yăw tseen, tsei tsăw kwei, 夫婿有錢妻就貴 When a Son-in-law has money, a wife is then valuable.

Sew cheong tsŭk shăw, tai cheong tsŭk tow, 小杖則受大杖則逃 A small stick receive it, a large stick fly from it;—when held by parents to strike.

Haou king sheong tsün, shun tsung ho loy, 孝敬雙親身從何來 Obey and honor your parents, to whom you owe your being.

Sheong yăw foo mow, ha yăw tsei tsze, 上有父母下有妻子 Above are father and mother, below are wife and children—be diligent to perform your duties to both.

Kăw foo, 舅父 A mother's brothers are so called; A maternal Uncle.

TSUN-EE-LUY-TSUNE.

Ta lang go sum cheong, 打冷我心腸 Make my heart cold—towards him I before loved; said of unkind treatment on his part.

Păt haou yăw sam, mow hăw wei tai, 不孝有三無後爲大 There are three acts of undutifulness to parents, want of posterity is the chief.

Foo tsei seong king u păn, 夫妻相敬如賓 Husband and wife respect each other as guests.

Foo sze sam neen, tsei tai haou, tsei sze mow kwo pak yăt yŭn, 夫死三年妻大孝妻死無過百日恩 When a husband dies the wife must be in full mourning three years; when a wife dies kindness shewn to her memory must not exceed a hundred days.

Kuy tow me yăw wak yow oh, 佢都未有畫腰阿 He has not drawn a line a cross the waist—that is, formed the character 子 Tsze, Son, he has no son or child.

Shang che yăt fan, 生齒日繁 Produced teeth daily numerous—a daily increasing family or population.

Shăw tsuk fun le, 手足分離 Hands and feet (brothers) separated.

Mok ko shăt shăw shei, 莫個失手勢 Don't make me lose my hand's power—said by one who holds up a cup and asks another to drink.

TSUN-EE-FUY-TSUNE.

Nam nuy wăn tsap, 男女混集 Men and Women assembled promiscuously, as in Temples &c, often prohibited by public Proclamation.

Ke sho păt yuk, măt she u yun, 已所不欲勿施於人 What you don't like yourself, don't do to others.

Tsung tsow wing fung, 宗祖榮封 Ancestors illustrious by Imperial patents.

Tsze sune tsap yăm, 子孫襲廕 Children and grandchildren inheriting hereditary honors.

Yaong tsei oot ee, 養妻活兒 Feed your wife, and keep alive your children—admonition addressed to the idle.

Kwong tseen, u hăw, 光前裕後 Illustrate your predecessors, and enrich your posterity.

Tseng fun nam nuy, 請分男女 Pray separate men and woman—written up at Temples.

Tseen mung kum nok, 前蒙金諾 I before had to thank you for your golden consent the language of epistolary correspondence.

Chuk shu, 囑書 or Wei chuk, 遺囑 A last will and Testament.

Foo yăw sze tăk, tăk, een, yung, kung, 婦有四德德言容工 There are four excellencies required of a wife, in virtue, in speech, in person, in work.

TSUN-EE-LUY-TSUNE.

Foo yăw sam tsung, tsoy ka tsung foo, chut ka tsung foo, foo sze tsung tsze, 婦有三從在家從父出嫁從夫夫死從子 A wife has three persons to follow—at home her Father, when married her husband, when a widow her son.

Yuk yew fōo, tsze keong foo, 欲要富子強父 Where riches are desired a son must excel his Father—in order to obtain them.

Pow chung shŭn tei, yăw u haou shun foo mow, 保重身體猶如孝順父母 To be careful of one's own person is equal to honoring and obeying father and mother; a part of filial duty.

Ing yik păt haou, 忤逆不孝 Obstinate, rebellious and disobedient to parents.

Foo tsze tsze haou, kwăn ming shŭn leong, 父慈子孝君明臣良 A father merciful, a son dutiful; A prince intelligent, a Statesman Moral.

Yăw tsze sze tsŭn, chik ke, chik koo, 遊子思親陟屺陟岵 A travelling son remembers his parents as he ascends hills, and ascends mountains.

Tseet foo, foo koo, 節婦撫孤 A virtuous widow rearing kindly fatherless children.

Een foo hing, kai tsze tei, 賢父兄佳子弟 Virtuous fathers and elder brothers, make excellent sons and younger brothers.

TSUN-EE-LUY-TSUNE.

Tsze mow mong tsze, ee moon ee luy, 慈母望子倚門倚閭 An affectionate Mother looking for her Son's (return) leaning against the gate, and the door of the village.

Foo le păt foo tsŭn, 扶理不扶親 Support right not support kindred.

Fung chuk che neen, 風燭之年 Years that are like a candle in the wind—easily blown out, old age.

Foo che chăw păt kung tai teen, 父之仇不共戴天 Not live under the same heavens with an enemy of my Father, the language of revenge.

Kăw peng shong tăw, mow haou tsze, 久病床頭無孝子 Protracted disease, at the head of the bed no dutiful child, the most dutiful become wearied by chronic disease.

Nuy tsze, 女子 A daughter, an unmarried woman.

Foo tsŭn, 父親 A father.

Mow tsŭn, 母親 A mother.

Go tow tsze koo păt ha le, 我都自顧不暇哩 I have no leisure to take care of myself;—I cannot attend to what you request, is implied.

Oy tsei shik goy mow, oy e shik tsze, king seen săng, 愛妻識外毋愛兒識字敬先生 A wife beloved regard her husbands mother; a son beloved who knows letters respects his Teacher.

TSUN-EE-LUY-TSUNE.

Yăw ke foo, peet yăw ke tsze, 有其父必有其子 If there be the Father, there will be the Son—like Father like Son, whether good or bad.

Yăw tsze ho suy foo heong tseen, 有子何須父向前 Having a son what necessity for the father to go forth?

Go im tei tăk keng, tseong pak kuy ke kuy lo, 我唔底得頸搶白佢幾句嘮 I could not bow my neck, and retorted sharply a few words.

How chăw, foo mow shang shing, 好醜父母生成 Whether pretty or ugly (neither is from one's self) but derived from one's parents.

Pe yun che sew, 俾人耻笑 Cause people to laugh at you and make you ashamed.

Yuk yew sew ee oan, sheong tei sam fun ke u hoan, 欲要小兒安常帶三分饑與寒 If you wish your child to be comfortable, let him always experience three tenths of hunger and cold.

Foo yun mow tsuy, tsuy tsoy foo nam, 婦人無罪罪在夫男 A wife can commit no crime, the crime rests with the husband—in general cases where the family is implicated.

Tai sow, 大嫂 Elder Brother's wife.

U mow che shing, 孺慕之誠 The sincerity of an infant's affection.

TSUN-EE-LUY-TSUNE.

Hing, 兄 An elder Brother.

Hing tei păt wo, lun le he, 兄弟不和鄰里欺 If Brothers disagree, neighbours will insult them.

Go mow hăw wa kuy lo, 我冇口話佢囉 I have no mouth (inclination) to talk to him.

Tei foo, 弟婦 A younger brother's wife.

Go shum ke tăk kuy ko kuy shuet wa, 我深記得佢個句說話 I deeply remember, that sentence of his, I remember well what he said.

Tsün tsik, 親戚 Relation, kindred.

Foo tsoy, tsze păt tăk tsze chune, 父在子不得自專 Whilst the Father is alive, the Son cannot act of his own accord.

Foo mow oy tsze che sum, mow sho păt che, 父母愛子之心無所不至 The heart with which father and mother love their children extends to every thing.

Tan une go ee sing tseay kok, low foo tsing une tsok lei găw, 但願我兒騂且角老夫情願作犂牛 I only wish that my son may be a good bay horse; I the old fellow shall be contented to be a spotted cow. In this parental wish there is an allusion to the words of Confucius.

Tsze, 姊 An elder sister.

TSUN-EE-LUY-TSUNE.

Tei, 弟 A younger brother.

Shăt kaou ing fun, 失教五訓 Lost instruction in the five virtues—viz. 仁義禮智信 Yun ee lei che sun, Benevolence, justice, decorum, wisdom, and truth; said when scolding wives.

Shum mow, 嬸母 The two wives of two brothers are so called.

Shuk foo, 叔父 Father's younger brother.

Pak mow, 伯母 Father's eldest brother's wife, or paternal aunt.

Pak foo, 伯父 A paternal Uncle, a father's elder brother.

Kuy yăw ke to ka hăw ah, 佢有幾多家口呀 He has how many house mouths?—What family has he?

Ko te sei măn tsei shăt shăw how fan, 個的細文仔實首好反 That child is very fond of fun; or play.

Ying shang ying tsze, wăt shang wăt e, 鷹生鷹子鶻生鶻兒 A hawk brings forth hawk young, and a wat brings forth a wat—clever parents have clever children.

Fung yăw kwăn shŭn, gei yăw foo tsze, 蜂有君臣蟻有父子 The Bees have kings and ministers; ants have father and son—all creatures assent to the social relations.

Hing tei u shăw tsuk, 兄弟如手足 Elder and younger brothers are like hands and feet.

TSUN-EE-LUY-TSUNE.

Yaong tsze, fong che foo mow yun, 養子方知父母恩 Bring up children and then you will know the kindness of father and mother.

Koo chay, yik tsze e kaou, 古者易子而教 In ancient times (Parents) exchanged children and taught them.

Shuk shuy, shing foon, 菽水承歡 Pulse and water present gratulation—on a parent's birth day; that is if nothing else be possessed, the poorest child may do it.

Oy che, năng măt low oo, oy e măt low, kum tuk che oy ya, 愛之能勿勞乎愛而勿勞禽犢之愛也 Love a child—does it consist in not causing to labour? To love and not cause to labour is the love of a bird or a cow.

Chung, een năng măt fooy oo, chung e măt fooy, foo tsze che chung ya, 忠焉能勿誨乎忠而勿誨婦寺之忠也 Faithful, and not remonstrate (with a Prince)! a faithfulness that does not remonstrate is the faithfulness of a woman in the harem.

Chung e năng fooy, tsŭk ke wei chung tai e, 忠而能誨則其爲忠大矣 He who is faithful and can remonstrate (with his Prince) is faithful indeed!

Oy e che low, tsŭk ke wei oy shum e, 愛而知勞則其爲愛深矣 A parent who loves a child and yet causes it to labour, loves it intensely.

TSUN-EE-LUY-TSUNE.

Kaou tsze yăw fong, 教子有方 In teaching children there is a method.

Che tsze mok yok foo, 知子莫若父 None knows a son so well as his Father.

Yăw ke foo, peet yăw ke tsze, 有其父必有其子 Such a Father must have such a Son—used in a good sense.

Ee sune, tsze yăw ee sune fuk, 兒孫自有兒孫福 Children and grandchildren will no doubt have children and grandchildren's happiness.

Păn tsoy low peen, yun păt shik, foo tsoy shum shan, yăw une tsŭn, 貧在路邊人不識富在深山有遠親 The poor by the road side, is not recognised by any one; The Rich among distant hills will have kindred go and visit him.

SEW-TAM-LUY-TSUNE.

SEW-TAM-LUY-TSUNE.

笑談類全

LAUGHING AND JESTING.

SECTION XII.

Keok tai, che ke tàk wăn, 脚大至踦得穩 A large foot will stand the firmer; said in defence of a lady with a large foot.

Nam shay me hăw kăw, 蚺蛇尾後鈎 A hook at the tail of a *Nam* snake;—a Debtor who cuts off a large part of the tail of an account.

Fe mow keem, 飛毛劍 A sword that cuts flyings feathers; a very injurious person.

Tai nei chune, 大坭磚 A large (stop-door) brick; a shop-man who frightens customers from the door.

Kak pek gaou yaong, 隔壁抓癢 To scratch an itching

part through a wall;—a useless operation, like being angry with a person who is absent.

Lai yun kwăn, kum kuy keok, 拉人裙撿佢脚 To pull another (Lady's) petticoat to cover one's own (large) foot; to screen one's own faults by dragging in the aid of others.

Low shu teet lok teen ping, tsze ke ching tsze ke, 老鼠跌落天平自已稱自已 A rat falling into a scale and weighing it self—a man measuring himself by himself and sounding his own praise.

Fan koan tăng lung, 旛竿燈籠 A lantern at the top of a pole—gives light at a distance but not at the foot of the pole; denotes those who spend their charities on remote objects and neglect their own kindred.

Mak mong kăn, 擘網巾 A tear-a-net cap, during the *Ming* Dynasty they wore net caps—to tear one is to ruin an affair.

Noy sheong low, naou low po, 內傷佬鬧老婆 An old man with an internal complaint, scolding his old wife; who will soon be rid of him—said by a debtor to his importunate creditor.

Wo chung meng, tsăw chut, tsăw paou tseong, 禾虫命就出就爆槳 The life of a paddy insect, which as soon as produced, bursts into pus; Said of one whose deeds are abortive.

Che kum hai, 痴金蟹 A gilded crab; a gay useless dandy.

SEW-TAM-LUY-TSUNE.

Kuy tow im shik kwong haou ah, 佢都唔識光孝阿 He knows nothing of light, and filial piety—i. e. of Letters.

Tan ka ta tsew, 蛋家打醮 A *Tan-ka* boat woman saying mass—though devoid of all external pomp no one finds fault.

Shun fung she shune, yăw fai, yăw chăw, 順風屎船又快又臭 A manure boat with a fair wind, the faster it goes the more it stinks—said in contempt of rapid writing.

Shăw tow meen yăt ha tsăw yăt paou he, 壽桃面一下就一包氣 Longevity peach cake—(a sort of puff) cheeks all at once are puffed up with rage; said in mockery.

Chu tow meen fan chune yăt paou she, 猪肚面反轉一包屎 A pig's gut face, when turned out is a bag of ordure; said in anger.

Low loy kew foo suy low, sheong kai che ching, 老來嬌婦雖老尚佳之稱 The name of a flower; It expresses an old woman who retains her beauty.

Shăp shuy găw pe, 濕水牛皮 A damp cow's hide; a soft fellow.

Yăt shün tow, 一身刀 Whole body swords—said of one who boasts of many talents and possesses none.

Heen yuk tung tow le, tsune hei nei kung shuy, 蜆肉桶肚裡全係坭共水 A muscle cask, a belly (or mind) full of nothing but mud and water.

SEW-TAM-LUY-TSUNE.

How fan shu 好番薯 or How u shuy, 好雨水 Good red yam—which grows large in a good rain.

Sew sun foo yun keok tai, 笑新婦人脚大 Said in mockery of a Bride's feet with red shoes being large.

Lune fei kăw, 亂吠狗 A confusedly barking dog, one that barks at random; denotes Poon lung she fe, 搬弄是非 A scatterer and player with right and wrong—a tale-bearer and tattler.

Mang low, teng sheng, 盲佬聽聲 A blind man hearing voices—acting not from personal knowledge, but from mere report.

Ha chun chap, 蝦春閘 A shrimp spawn barrier, they say the shrimps are exceedingly minute and cannot be stopped by any barrier but a skin-flint avaricious man.

Kei chun tso, 鷄春剉 A hen's egg file—one who is so close as to attempt to file a bit off an egg shell.

Tsze he kei, 磁器鷄 A China-ware fowl, you canget nothing off it to eat. Said of shewy rich men, from whom the necessitous can get nothing.

Ha kăw peen tong me, lan yun peen hat ee, 蝦狗變塘尾懶人變乞兒 The shrimp dog is converted into fish-pond mud; and lazy persons into beggars.

Chune shan kap, cha goi, 穿山甲詐呆 An armadillo; one who affects stupidity for sinister purposes.

SEW-TAM-LUY-TSUNE.

Shuy meen sei, shuy me sei, she fe mow ting, 水面茜水尾茜是非冇定 Water surface plant water tail (or margin) plant—which turn with the stream—denote uncertain persons and tales.

Pow ko, teem cheok shek, yăt tow he, 抱哥掂着石壹肚氣 The *Pow-ko* fish rushing against a stone—whole belly filled with wrath; said of a person who is soon angry.

Oan nam lew ko, ooy kong ooy wa, 安南鷯哥會講會話 A Cochinchinese parrot, can talk and speak—said of the prosperous in trade or otherwise, who are rendered thereby loquacious.

Une muk pan pe, 櫞木板皮 A middle slab of the une tree, it's edge is square and may easily be stumbled over—denotes a stupid obstinate, fellow who kicks and never. Tek kik tow im chuen, 踢極都唔轉 Turns—but falls dead flat.

Tsuy koan tsze, yŭn yŭn fa san, 催乾子引人花散 Hasten driness—name of a drug which makes oil dry fast; said of one who leads others to dissipation and soon impoverishes them.

Găw pe tăng lung, im ming pak, 牛皮燈籠唔明白 A cow's hide lantern, denotes one who is not bright.

Lan tseong pak tsuk, keen cheok tsăw ling yun, neem hai tei-ta kuy, 躝墻百足見着就令人拈鞋底打佢

SEW-TAM-LUY-TSUNE.

A ruinous wall centipede—which when seen causes people to seize a shoe sole and kill it; A detestable person.

Seen kei meng, 𠜂雞命 A capon's destiny;—Capons are prepared to be killed at new year, A poor debtor is liable to be killed at the new year by his creditors.

Im kwo tŭk neen, 唔過得年 Cannot pass the new year.

Une peen wan, mow wăn, mow tsek kwăt, 軟邊鯇冇魂冇脊骨 Name of a fish, said to have neither soul nor back-bone; Said of a soft lazy careless person.

Tăw pe po chew keng, uet tei, uet fo he, 痘皮婆照鏡越體越火起 A pock-marked lady looking in a mirror, the longer she looks, the more she is vexed—what displeases one and cannot be mended had better be soon laid a side.

Tai tung măt, 大統襪 Large over-all stockings; Large pompous speech, to have the tale all one's own way.

Tai shik shăw, 大食受 A recipient of great eating; one who eats much and works little.

Tai naou fa tăng, 大鬧花燈 A great bother of flowery lanterns; descriptive of the feast of lanterns on the 15th of the 1st moon.

He pang tsei, tai tăk fai, 戲棚仔大得快 A play actor's boy who grows large rapidly—from personating a child, he is soon made to personate a prince; said in flattering expectation of children.

Yăw sum hoy fan teem, im pa tai tow neem, 有心開飯店唔怕大肚黏 Having a mind to open a rice shop, no fear of plastering a large belly—of getting a belly full. This phrase is used by traders when opening a large shop and employing many persons.

Shĕw chung kop sam een, 燒銃合三絃 Firing a cannon to accompany a fiddle—the two don't harmonize—said of persons and things.

Tai fa tung, 大花筒 A large flower tube—rocket which goes off all at once—said of one who rapidly wastes his estate.

Pak gei tăk pa tsuy, 白蟻得把嘴 A white ant has got a pair of lips—a useless person who is a great talker.

Shik heen o luy, 食蜆屙螺 To eat muscles, and void the pearly snail; to lose more than one gains.

Sew tai yun hăw, 笑大人口 Laughing enlarges people's mouths—causes people to laugh excessively at your folly.

Tai fan shu, 大番薯 A great Yam stock—a stupid useless fellow.

Sun tsow lo meen, 新造籮面 The top of a sunlo basket; merely covered with a few good looking yams, beneath which are bad ones.

SEW-TAM-LUY-TSUNE.

Chang te, shât shăw ta lan, 爭的失手打爛 Very nearly slipt out of my hand and broken.

Sew tsek tow, 笑刺肚 Laughing and pain the belly; immoderate laughter.

Pak wăn shan choang u mow pe, 白雲山撞雨冇避 Meeting with rain on the top of the white cloud mountain—No *Pe*, that is place of shelter—but, 鼻 Pe, nose is the same sound; and the phrase is intended to scoff at a person who has no nose.

Shuy kwa ta găw, huy kam yăt kuet, 水瓜打牛去減一橛 With a long water melon to beat a cow you'll lose one half of it;—said by those who lose in trade.

Tseng toy shek, 青苔石 A moss covered (slippery) stone; said of a slippery swindler.

Kum pât sew, 金不笑 Gold won't make him smile—a grave person whom nothing will move to laughter.

Shek la kop, 石罅蛤 A rock crevice frog—is used to denote an intelligent clever person.

Ha kăw tow, 蝦笱肚 A shrimp basket belly—one who has a retentive memory.

Oo ying fe kwo, tow chc kung pe mow, 烏蠅飛過都知公被毋 A fly flying past, he knows exactly whether it be male or female; Said of those who are exceedingly sharp and discerning.

SEW-TAM-LUY-TSUNE.

Sheong kwan wa, 雙關話 Double reference words; phrases that have a double meaning; liberal and metaphorical.

Poon peen uet, 半邊月 A half moon.

Tew moon kăt, 吊門桔 Suspended gate orange; said of men who gradually waste their property, as the orange suspended at the gate at the new year is gradually spoiled.

Shun shuy lam, 順水纜 A rope with the tide. To have the tale one's own way.

Shoang. ha tei tek een, im kow tăk ke to, 牀下底踢燕唔高得幾多 Under a bed kicking a shuttle cock, one cannot kick it much higher than another;—denotes equality of talent.

Sew wa, 笑話 Laughing talk, jest and fun.

Sew tam, 笑談 Laughing chat, jest and drollery.

Tung yăw peng, 桐油餅 Tung-oil cake, makes people vomit; Presents of small value given in expectation of receiving much more in return, are called, The Jatropa-oil cake.

—Fan tong che ma tseok, 飯湯痴麻雀 Rice soup stuck to a sparrow—expresses impracticability.

Tsow che tăng hei fo, fan shuk ke to she, 早知燈係火飯熟幾多時 Had he early known that a lamp is fire, and the rice will be boiled in no great length of time. Advice to people to take care of their money which is the lamp and the fire.

MǍN-TSZE-LUY-TSUNE.

文字類全

LETTERS.

SECTION XIII.

Sze mǎn, fe luy, 斯文匪類 Elegant banditti, those who prostitute literature to avarice.

Ming chu tǎw um, 明珠投暗 A bright pearl thrown in the dark.

Shǎw neem yǎt koon pǎt, tow chu pǎt kǎw yun, 手拈一管筆到處不求人 He who can hold a pencil, will every where be exempt from begging of others—used to express the value of education.

Chak te kum shing, 擲地金聲 The sound of gold thrown on the ground—denotes a sonorous good style.

MAN-TSZE-LUY-TSUNE.

Kum wo yuk tseet, 金和玉節 The harmony of gold and gems—said of concord and harmony.

Yung kum teok yuk, 鎔金琢玉 Melt the gold with the cutting of the gem; said of teaching youths of different talents.

Kum shing yuk chăn, 金聲玉振 The sound of gold with the jingle of the gem.

U ke heen chăw, mow ning tsong chuet, 與其獻醜無寧藏拙 Rather than present what is offensive, I had better hide my inability—Said when applied to correct another's composition—or as Voltaire said, to wash dirty linen.

Heen, teen, tseen, 顯典淺 Perspicuous, recondite, easy; the perfection of composition.

Teem teet, shing kum, 點鐵成金 Marked as iron brought out gold—Said of composition which is improved by a slight touch.

Ho e ee ooy, păt ho e een chune, 可以意會不可以言傳 Thought may conceive it, but words cannot express it.

Păt hoak, mow shut, 不學無術 Not learn, not art; denotes that without a smattering of learning people would not be so artful—in a bad sense—and would not pervert the sayings of the sages—which is very common in China.

Ooy ta koon sze, tung păt een, 會打官司同筆硯 Those who know how to litigate—may use the same pencil and ink—No secrets need be kept; said by one party in defiance of the other.

Păt mak seong heong, 筆墨相向 Pencil and ink towards each other—Said by bystanders concerning two litigants, denoting that they are equal.

Păt ko, mak mow, 筆歌墨舞 Pencil singing, and the ink dancing; said by a person who pleases himself in writing.

King sik tsze che, 敬惜字紙 Respect and regret characters and paper. The literati of 文昌 Măn-cheong, Temple, hire a person to collect old written papers to burn and cast the ashes in the water.

Yun pa sew, tsze pa tew, 人怕笑字怕吊 Man fears laughing, characters fear hanging—or suspending against a wall; both are more exposed thereby to criticism. This sentiment probably leads to Chinese gravity, lest they should spoil their faces by facetiousness.

Tam tsze, tsze ko păn, 貪字似個貧 The word *Tam* (covetous) resembles the word *Păn* (Poor), This is true in Chinese; He who is covetous seems always poor.

Shăw chaou tik shu, 手抄的書 Hand copied book, Manuscript; Be careful of it, it is more valuable than printed book.

Shăw pe hăw yăm, 手披口吟 The hand turns and the mouth recites; Said of singing over sacred books to get all the flavour out of them, in contradistinction from a rapid enunciation!

MAN-TSZE-LUY-TSUNE.

Yăt ko tseen, tow yăw ko pow tsze keok, 一個錢都有個寶字脚 A single cash has the word *precious* at its foot; This is true of Chinese coin. Used to denote that money is valuable.

Tseong shăw, ting tei, 鎗手頂替 To rob with another's hand, and put forth life for another—denotes acting for another in literary exercises.

How tsok shăw, 好作手 A good hand—said of a clever writer.

Shing yăw sze kaou, măn hăng, chung, sun, 聖有四教文行忠信 The sages taught from things—Letters, morality, Fidelity, Truth.

Hew fuk yun, 朽腹人 A rotten bellied man. a person of feeble intellect.

Fuk yăw she shu, he tsze wa, 腹有詩書氣自華 When the belly contains odes and books, the air will no doubt be flowery—scholarship will give a certain air or manner.

Wak shay, teem tsuk, 畫蛇添足 Paint a snake and add feet—to overdo a composition.

Kăw me tsuk tew, 狗尾續貂 To a dog's tail to add a martin—Said to one who offers to add a little to an essay, in praise of him, and depreciation of one's self.

Pe ne tsoy sheong, ne yăw tsoy ha, pe ne tsoy ha ne yaw tsoy sheong, păt pe ne tsoy sheong, tsay pe ne tsoy ha, 俾你在

MAN-TSZE-LUY-TSUNE.

上你又在下俾你在下你又在上不俾你在上且俾你在下 Place you *above*, you are then *below*; Place you *below*, you are then *above*; *Not* place you *above*, *then* place you *below*. A play on the character, — Yăt, One, in the characters, 上下不且 Shang, hea, păt, tseay.

Mo chune teet een, 磨穿鐵硯 To rub through an iron inkstone—denotes the most diligent study.

Hoy kune yăw yik, 開卷有益 Some advantage is gained by every opening of a Book.

Shăw păt shik kune, 手不釋卷 The hand never lays down the Book.

Kuy chăm, tsze cheok, 句斟字酌 Every sentence measured and every word advised—composition written with the greatest care.

Wang sut, teem shu, chung hung mow, 横戌點戍中空戊 Cross-wise is *Sut*, a dot is *Shu*, the middle empty is *Mow*; This line is used to enable one to recollect the difference between 戌 Sut, 戍 Shu, and 戊 Mow.

KWǍN-YUNG-LUY-TSUNE.

軍戎類全

MILITARY PHRASES.

SECTION XIV.

Tai paou, 大砲 Great gun.

Kew ping peet pai, 驕兵必敗 Proud soldiers (who despise their enemy) must be defeated; will assuredly be defeated; How true is this!

Chung fung po chŭn, 冲鋒破陣 Charge with a pointed phalanx, and break the ranks.

Shang kum heen kwik, 生擒獻馘 Seize (the enemy) alive and present him (to the monarch) with his ears cut off; as Captain Cook punished the Islanders of the Pacific.

Kune kuy pow kwok, 捐軀報國 Offer-up the body to recompence the country—to risk or sacrifice life in the national service.

KWAN-YUNG-LUY-TSUNE.

Chap fat u shan, 執法如山 Grasp the law firm as a mountain—a strict adherence to martial law.

Lik tik shei kwăn, 力敵勢鈞 Strength pitted, and power equal; said of two conflicting armies.

Haou ming keong cheong, 效命疆場 To serve with one's life on the field of battle.

Yăt tseong kung shing, man kwăt fooy, 一將功成萬骨灰 One general's victory reduces ten thousand bones to ashes.

Pŭn tsune, kooy san, 奔竄潰散 Defeated, routed, and dispersed.

Che tüt long păn, 豕突狼奔 Pig rush, wolf run; routed and running.

Tseong tseen tsei fat, 鎗箭齊發 Spears and arrows together sent, a united charge with spears and arrows.

Pe keen chap yuy, 披堅執鋭 Clothed in strong (armour) and holding a lance;—the condition of a general.

Shing fung po long, 乘風破浪 Availing of the wind, and breaking the wave—said of a sea fight.

Fo tseen, 火箭 Fire arrows.

Fo paou, 火砲 Fire Paou, great guns; The Paou was originally three stones.

Fo tseong, 火鎗 Fire spears—Match-locks.

KWAN-YUNG-LUY-TSUNE.

Shăw tei sam chek keem, ping ting chung une, 手提三尺劍平定中原 With a sword of three cubits length in my hand, I conquered China; said by the Founder of the Hoan Dynasty.

Huy ke kum, fat shing che, e hăw fan, 去其金發乘矢而後反 Took away the iron point, shot four arrows, and then returned—said of one who was sent against his Teacher who belonged to another state. Thus he kept up appearance of loyalty and piety to his Teacher.

Tsun kwuy yăt yăt shap e tow kum pai, tew gok fe, 秦檜一日十二度金牌調岳飛 Tsun-hwuy, (a traitorous minister) in one day issued twelve orders to recall (the faithful general) Gok-fe; He came and the minister (who had sold the country to the enemy) cut his head off, under pretext of disobedience of orders; occurred under the Lung Dynassy.

Tsun shune, 巡船 A revenue cruizer, or cutter.

Kum yun sheong yun, 金刃傷人 With a metal sharp weapon, to kill a man, shews wilful murder.

Ping hung he sze, 平空起事 In vacuum to raise a disturbance—that is one without cause.

Cheong shay chŭn, 長蛇陣 A long serpent array in battle.

Shay e koon tăk, 射以觀德 Shoot with an arrow to observe the virtue of him who shoots—whether he shoots straight or deflected.

KWAN-YUNG-LUY-TSUNE.

Lo koo hune teen, 鑼鼓喧天 Gongs and drums sounding to heaven.

Hak shei chay, 嚇勢啫 A threatening appearance, intended to strike terror.

Ta pan tsze, 打板子 To flog with the flat bamboo.

Fung sun ke, 風信旗 Wind information flag—a vane.

Fung tseong, 風鎗 An air gun.

Fo yok, 火藥 Fire preparation—or physic; gun powder.

Chut ke pät ee, kung ke mow pe, 出其不意攻其無備 Exceed his calculation, and attack him unprepared; said in war and in commerce.

Ping he, 兵器 Military weapons.

Kum kei tuk lap, 金雞獨立 A golden pheasant standing alone, a phrase used by the boxing fancy in China.

Tai ping tsŭn tsew, 大兵進剿 The grand army advancing to exterminate—(the enemy).

Kew ko ma foo, pooy ting pät ma, 叫個馬夫配定匹馬 Call the horse keeper, to get ready a horse; i. e. saddle it. &c.

Ma sheong tseong, 馬上鎗 A cavalry musket.

Koo tsun, kum tuy, 鼓進金退 The drum beats to advance, the metals to retire.

Sheong wăn tei, 上雲梯 Ascend cloud ladder—a scaling ladder.

MING-FUN-LUY-YAT.

Shăw lew keok kaou, 手鐐脚靠 Manicles and fetters.

Kwok fat păt yung, 國法不容 Nation's laws not suffer, the laws of the land not endure it.

名分類一

NAMES AND CHARACTERS OF PERSONS.

SECTION XV.

Shew neen kum pong, kwa ming she, 少年金榜掛名時 In youth, having the name enrolled on the golden tablet, and suspended at the gate—is the highest happiness of a Chinese.

Wei low păt tsune, kaou wai tsze sune, 爲老不尊敎壞子孫 The aged person who does not respect himself, will spoil by his example his children and grandchildren.

Ka yăw tseen hăw, chu sze yăt yun, 家有千口主事一人 In the family are a thousand mouths; but the master of business is one man.

MING-FUN-LUY-YAT.

Sheet kăng, oo hăw, 舌耕糊口 A tongue plough to paste the mouth—denotes a Teacher of letters, who depends on his profession for his daily bread.

How choang ching, 好裝整 Well dressed, on well made up.

Hew shăw she chung, 梟首示衆 Suspend the head and *Shew* the multitude—to hang in a cage the head of a decapitated criminal.

Sze pe eem e, 事避嫌疑 In the business suspicions must be avoided.

Tsing pak chune ka, 清白傳家 In simplicity and poverty to transfer a family—from an anterior to a succeeding generation.

Koon sze, 管事 Manager of business, a sort of steward.

Chung une yun. 種園人 Plant garden man; a gardener.

Tan ka yun, 蛋家人 Egg house man, a person who lives in a small boat.

Pooy sat, 菩薩 The Poosa, or gods and goddesses of China.

Goy shang, 外甥 A sister's children.

He tsze, 戲子 A play actor.

Mow yok ho een hing seong shăw, 無藥可延卿相壽 There is no medicine can protract a statesman's life.

Goy een păt yăp, noy een păt chut, 外言不入內言不出 Externally, words not enter; internally, words not go forth.

MING-FUN-LUY-YAT.

King low tsze yăw, 敬老慈幼 To respect the aged and compassionate the young.

Tsuy lok mok u tuk shu wei shen, 最樂莫如讀書爲善 The highest pleasure is not equal to the study of letters.

Shŭn fŭn tai chu, 身分大處 Hold a great situation; not easily approached, or applied to.

Kung moon low sheong, how săw hăng, 公門路上好修行 He who is an official gate, may easily cultivate meritorious deeds; He has a great deal in his power.

Mong chung u lăm, 望重儒林 Looked to much by the literary forest, an eminent scholar much looked up to.

Ying hung, mok măn chut chu, 英雄莫問出處 An heroic man, ask not whence he came.

Kuy, 佢 He, him, She or her, or it.

Ne, 你 Thou, or you.

Wong tei, 皇帝 The Emperor.

Koon foo, 官府 Magistrate, civil or military officer; Mandarin.

Shŭn, 神 Spirit, human or divine; gods and goddesses.

Kwăn tsze păt sheet gan tseen fei, 君子不舌眼前虧 A good man does not permit himself to be insulted to his face; he retires.

Sew ching, e tai kai, 小懲而大誡 A slight punishment and a large admonition.

MING-FUN-LUY-YAT.

Kwăn tsze tan tong tong, sew yun cheong tsik tsik, 君子坦蕩蕩小人長戚戚 A good man is even and tranquil, a mean man is alway anxious and sorrowful.

Shen păt tsik, păt tsuk e shing ming, ok păt tsik păt tsuk e meet shun, 善不積不足以成名惡不積不足以滅身 If virtues be not accumulated they will not be enough for a name, if vices be not accumulated they will not be enough to destroy the body.

Tai loy u sze hoy, 大賚于四海 Great largess like the four seas; said of the King-mow of the Dynasty Chăw.

Tsung ming u yung, tsŭk u hoy, 聰明愈用則愈開 Talent the more it is employed the more it expands.

Chu une, yuk yun, 珠圓玉潤 As a pearl round, as a gem smooth—said of persons or writings.

Wei shen u tăng, tsŭng ok u păng, 爲善如登從惡如崩 Being virtuous is like ascending, being vicious is like rushing down.

Sew ma, yăw ta sew ma, how koon yăm go wei che, 笑罵由他笑罵好官任我爲之 Laugh or rail—let them laugh or rail; a good mandarinship let me fill it.

Wei kow chay, gei, 位高者危 He whose place is high, is in danger.

Pa tow low, 巴圖魯 A Tartar military title of honor.

MING-FUN-LUY-YAT.

Kay tsun ma, yung che now, 騎駿馬用癡奴 Ride a fine horse, and keep a stupid slave—is a safe course; a talented slave or servant is troublesome and dangerous.

Yĭp oo nei, e păt eem, 入污坭而不染 Plunged in mud and not soiled;—a man whose character is so well established that he defies reproach.

Ying hung mow lun chut chu, 英雄無論出處 It is not discussed from what place an heroic person entered into life.

Kow moon to go pew, pak te chut kung hing, 高門多餓殍白地出公卿 Lofty gates issue forth many starving dying persons; Poor places produce nobles and statesmen; therefore no man should rely on his present circumstances and *insult* his neighbour.

Chak shut, păt ho păt shün, 擇術不可不慎 In choosing a profession, no care should be spared.

Pe sheong păt tsuk, pe ha yăw u, 比上不足比下有餘 Compared with Superiors not suf cient, compared with inferiors having an overplus.

Chap yik nan fe, 插翼難飛 Were wings assumed it would be impossible to fly away;—escape is impossible.

Oo yun ming tseet, 污人名節 To defile people's reputa-*tion,—is* very criminal.

Kang teen yun, 耕田人 Plough field man, an husbandman.

B 2

MING-FUN-LUY-YAT.

Lap fat tsze pei, 立法自敝 To enact a law against one's own crimes—law-makers are law-breakers.

Pooy shuy, chay sŭn, shei păt seong tik, 杯水車薪勢不相敵 A cup of water against a cart-load of fuel, the powers are not equal.

Săng ne meen tsun, 僧尼免進 Priests and nuns forbidden to enter.

Teen ha che ming, 天下馳名 Throughout the world a running name—a name famous throughout China.

Luk hăw kung, 錄口供 To write down verbal evidences, or confession of prisoners.

Tso chăw lung, 坐囚籠 To sit in a prisoner's cage; i. e. to be in a cage, as Chinese prisoners are when transported from place to place.

Ming koon kăw pan, 鳴官究辦 To report to government and solicit prosecution.

Koon wei, păt u ga yik wei, ga yik im wei, koon tsăw tei, 官威不如衙役威衙役唔威官就低 Awe of the mandarin is not equal to awe of the police, if the police be not dreaded, the mandarin will soon be disrespected.

Yaong chăn wei sze che teen che, te che, ne che, go che, 楊震畏四知天知地知你知我知 *Yaong-chăn* Feared four knowings, Heaven's knowing, Earth's knowing, Your

MING-FUN-LUY-YAT.

knowing, and My knowing, and therefore he would not do a base thing; Thou, God, seest me.

Kwăn tsze yăw sam wei, wei teen ming, wei tai yun, wei shing yun che een, 君子有三畏畏天命畏大人畏聖人之言 The goodman fears three things—He fears Heaven, he fears great men, and he fears the words of sages.

Fung ma găw păt seong kăp, 風馬牛不相及 In a wind horses and cows don't agree—the horse runs against the wind and the cow with it.

Wong-chew toy lăw ing kăng hoan, 皇朝待漏五更寒 At the Imperial palace (officers) must be in waiting during the cold of the fifth watch.

Kow koon hăw luk, 高官厚祿 High mandarins have thick emolnments.

Ting koon chuk tai, 頂冠束帶 A buttoned cap, and a bound sash—an official dress.

Tsun yun sze e ting teen ming, 盡人事而聽天命 Do man's utmost and await heaven's decree.

Măw sze tsoy yun, shing sze tsoy teen, 謀事在人成事在天 To contrive belongs to man, to perfect belongs , Heaven.

Fung kow che tsăng, 封誥贈贈 To solicit and obtain ›erial honors for ancestors.

MING-FUN-LUY-YAT.

Shei shăw kwok yün, 世受國恩 During several generations to receive the nation's grace.

Kum fa tsoy hung, 金花彩紅 Golden flowers and variegated red—Tin-foil flowers and red crape with which congratulations are offered to friends on joyful occasions.

Choang une yăw kum kai, 狀元遊金堦 The Chancellor of the Literati, rambling on the Imperial stairs.

Kum tsok shuk ying, 金作贖刑 Gold is a redemption from punishment.

Kum hăw hoy, 金口開 Golden mouth opened—denótes what his Majesty has said.

Kum teen chune low, 金殿傳臚 In the Golden Palace parading the literati.

Teen tsze sheong yew tsuy Hoan, 天子尙饒醉漢 Even the Emperor will excuse a drunken Chinaman.

Peen he fat, shei fat, 變戲法駛法 Iugglers tricks, sleight of hand.

Le sho peet een, 理所必然 What in reason is absolutely necessary, It must be so.

Man fuk kum oan, 萬福金安 Ten thousand blessings and a golden tranquillity—a wish expressed for official people and superiors.

MING-FUN-LUY-YAT.

Săw kum 修金 Prepared gold. The money given by a scholar to a Teacher is so called. The modern practice, is to write, 修銀 Săw găn, Prepared silver.

Tan cheong tsei, 彈唱仔 A singing girl.

Ta peen tsei, a lăm tsei, 打辮仔亞冧仔 A singing girl whose hair is as yet tied in a tail behind, and before hangs over the forehead.

Sam muk che ha, ho kăw păt tăk, 三木之下何求不得 Under the three (torturing) woods, what if Sought for, may you not obtain?

He kai une tsik, 起解原籍 To send under government custody to a person's native place.

Yăw fuk, eee en tsoy, 有福依然在 Happily succeeding according to one's original wishes.

Cheong ming, foo kwei, 長命富貴 Long life, riches, honors, four words engraven on a silver plate and sent as a present to a child a month old, a universal custom, kindred and friends subscribe for it; It is called, 銀牌 Gan pai, A silver medal.

Man shei sze pew, 萬世師表 An example and teacher to ten thousand generations, a title given by the Emperor Kien-long to Confucius.

MING-FUN-LUY-YAT.

Suk tsing ooy pe, 肅靜迴避 Be still and retire back, written on boards carried before official people and addressed to the multitude.

Pan hăng teen ha, 頒行天下 Published throughout the Empire.

Chung sum oo kwok, 忠心護國 A faithful heart and defender of the Country; said of a faithful statesman.

Cheong tsuy, 長隨 An upper servant who follows, a sort of footman.

Cheong pan kew foo, 長班轎夫 A constant Chair-bearer.

E păt ching ke shŭn, 衣不稱其身 Dressed above his station.

Păt hum chung yăm, 不堪重任 Unfit for an important situation.

Cheong ak chew kong, 掌握朝綱 To hold fast the cords of the Court—A minister of state who has great power.

Yăw yun păt pow fe kwăn tsze, 有恩不報非君子 To leave any kindness unrecompensed is not the character of a good man.

Chun kap ee teng, 准給衣頂 Sanction the giving of robes and official buttons;—to old retiring scholars or officers.

Nan tow fat mong, 難逃法網 It is difficult (or impossible) to escape the net of the law.

MING-FUN-LUY-YAT.

Yăw gaa păt shik tai shan, 有眼不識泰山 Having eyes that don't know the great mountain; Said of those who cannot distinguish merit.

Tseong moon che tsze, 將門之子 A son of a Minister's gate—one worthy of a statesman.

Wong ling kap pan, 黃綾夾板 Yellow silk boards—between which Imperial orders are enclosed, and despatches sent from local governments.

Ma sheong wong, 馬上皇 An Emperor on horseback, where no rest can be obtained—a rich man immersed in business.

Tai hok sze, 大學士 A great learned Scholar—a title given to statesmen.

Tong găw yun, 劏牛人 A beef butcher.

Muk tseong kum yăt im tăk han, 木匠今日唔得閒 The Carpenter has not time to day.

Foo wing, tsei kwei, 夫榮妻貴 Husband renowned and wife honorable.

Yăt poon kum u, pe tew ke sap, tsăw wei lew, 一盤金魚俾條旗匝就壞了 In a jar of gold-fish, if you put a Ke-sap fish, they will all be destroyed. The Ke-sap eats the tails of the gold-fish; one bad man will spoil a whole household.

Nei shuy low, 坭水佬 Mud and water old man, bricklayer.

MING-FUN-LUY YAT.

Ta shek tseong, 打石匠 Strike stone mechanic, a stone mason.

Muk tseong, 木匠 A wood mechanic, a carpenter.

Shăw yung kung, 手容恭 Let the posture of the arms be respectful,—not swaggering.

Yun, 人 A human being, a person.

Yăt chek keok im tap tăk leong chek shune, 一隻脚唔踏得两隻船 One foot cannot tread on two boats; One person cannot attend to diverse affairs at the same time.

Yăt nuy teem ka tăk ee long, 一女點嫁得二郎 One woman, how marry to two husbands! The same article cannot be sold to two persons.

Wo sheong, 和尙 A priest of the Budh sect.

Yăm kan yăw tsuy, yaong kan shăw, 陰間有罪陽間受 Those who commit crimes in hades are sent forth into the world to be punished—by being beggars, lepers &c.

Kum shei peen săw, loy shei fuk, 今世便修來世福 In this life cultivate virtue, next life (on earth) be happy.

Tsün sew yun, une kwăn tsze, 親小人遠君子 Approach to base men, and avoid virtuous persons;—said of the vicious.

A tăw she pe, 丫頭侍婢 Fork tufted head waiting slave; a slave girl, or waiting maid.

MING-FUN-LUY-YAT.

Sheong făt fun ming, 賞罰分明 Rewards and punishments clearly discriminated.

Chew ting păt shei go ping, 朝庭不駛餓兵 His Majesty does not employ hungry troops.

Wei une, 委員 A deputed officer, an official messenger.

Ko ko hei im ching tsung yun, 個個係唔正宗人 That is not a morally correct person.

Mow măt meen kay yun, 冇乜面既人 Not any face man, a person of no respectability.

Tai cheong foo, 大丈夫 A great man, in respect of talents and virtues.

Ta kung tsei, 打工仔 To work as a journeyman.

Tuk hei măn tăk kuy ko meng chay, 獨係聞得佢個名啫 I have merely heard his name.

Tow tei kuy hei how yun, 到底佢係好人 After all he is a good man.

Teen gan chew chew, 天眼昭昭 Heaven's eyes are very discerning.

Tai kăw, 大狗 A large dog.

Hoan yaong, im tung ta ma tsow, 看羊唔同打馬草 Guarding sheep is not the same as cutting horse grass; Said to shew that servant's duties are different, and some more important than others

MING-FUN-LUY-YAT.

Tai lăw yun, 大樓人 Great room man, the upper Chinese servants for Europeans, Butler, Steward &c.

Hoan moon yun, 看門人 Look door man, a Porter.

Tai kwok shăw, 大國手 Nation's great hand—a skilful physician.

Teen păt lăw kwei, 天不漏貴 Heaven will not drop a valuable person, not forsake the deserving.

Gan hoan, shăw măt tung, 眼看手莫動 The eye may look at it, but the hand not touch it; Said of flowers and whatever is easily spoiled.

Tai po, 大婆 The great Dame, the wife, in contradistinction from concubines.

Fo cheong, 伙長 Mate of a ship.

To yun, 佗人 A hunchbacked man.

Tai pan, 大班 Greatest on the series, the Chief Supracargo.

Fung koon, 鳳冠 A bride's bonnet.

Fuk che, sum ling, 福至心靈 When success arrives, the mind is more active.

Tow sze, 道士 Priest of the Taou Sect.

Tai tsze, 太子 The great Son, the heir apparent, a Prince.

Foo yun, 婦人 A married woman.

Fa ap, 花押 Signature or mark.

MING-FUN-LUY-YAT.

Wak ap, 畫押 To sign with a mark, in addition to one's name; this is necessary to authenticate any document. Even a Governor's report to the Emperor must be so authenticated, 公道在人心 Kung tow tsoy yun sum, Justice and reason in man's heart. 一生好心 Yăt shang how sum, One whole life good heart. These are Specimens of the *Fa-ap.*

Făt, 佛 Budh.

Foo nuy, 婦女 Women—both married and unmarried.

Ee mow, 姨毋 A maternal aunt; a mother's younger sister.

Ee pan, 二班 Second on the series; second Supracargo.

Chu yun, 厨人 A cook.

Chai yik, 差役 Police runner.

Măn shu, chat u, hat măn, 文書札諭檄文 An official government order.

Sze tăw, 事頭 Business head; a vulgar term for master.

Sze tsei, 事仔 Business boy; servant, vulgar term.

Shuy shăw, 水手 Waterhand; a waterman or sailor.

Say tsze, 寫字 Write characters; a writer, or purser of a ship.

Shune chu, 船主 Ship's lord; A master or Captain of a ship.

Sam pan, 三班 Third on the series; the third Supracargo.

Mooy, 妹 A younger sister.

Sune lik to neen, 宣力多年 Exerted strength many *years*—in your service.

MING-FUN-LUY-YAT.

Sheong u, 上諭 An imperial mandate.

Low kung, 老公 Old man, a Husband.

Low po, 老婆 Old wife, familiar name for wife.

Shu tai chew fung, 樹大招風 Tree large invites the wind; Great affluence invites aggression.

Koon teem, 管點 A coollie.

Pei yun, 跛人 A lame man, Lame of one leg.

Kwei, 鬼 A ghost, imp, demon or devil.

Koon tsze leong ko hăw, 官字两個口 The character 官 Koon, (A mandarin) has two mouths;—i. e. mandarins say and unsay as suits their purpose.

Kwei nuy, 閨女 or A neong tsei, 亚娘仔 An unmarried young lady, from ten to twenty years of age; The latter expression denotes the younger of the two.

Oo shuet, 糊說 Confused foolish talk.

Tsing pak leong măn, 清白良民 Pure good people.

Chut hăw shing măn, 出口成文 Issue from the mouth fine composition, conversation in the best style of composition.

Kum che tow tsoy, 禁止屠宰 To interdict killing animals—done by government when fasting on account of drought &c.

Sho tung ho tow, 疎通河道 To deepen the course of a river.

Tai tsoy hoak, 大才學 Great talent and learning.

MING-FUN-LUY-YAT.

Tsun cha ho tow, 巡查河道 To examine as by revenue cutters the course of a river.

Poon kan tsăp fe, 盤奸緝匪 To search for smugglers and bandits.

Fung heen tsăp sze, 奉憲緝私 Received government orders to pursue smugglers.

Măn yun che koo, 憫人之孤 To compassionate the orphans and desolate.

Tai yun păt tsŭn sei sze, 大人不親細事 Great men don't approach little matters.

Yăt muk een năng che tai ha, 一木焉能支大廈 How can a single prop bear up a large hall? How can one person support a sinking cause.

Păt cham wong tsŭn, ling păt hăng, 不斬皇親令不行 If not decapitate the Emperor's kindred (when they deserve it) the laws cannot be carried into effect,—other people will not submit.

Shăw gei, 手藝 Handycraft—of every sort.

Shăw tsok, 手作 Handycraft, workmanship.

Shăw păt, 手筆 Hand pencil—a good writer.

Shăw kune, 手卷 A paper or book held in the hand.

Shăw sun, 手信 A present brought in the hand from another place.

MING-FUN-LUY-YAT.

Shăw kung, 手工 Handy-work.

Shăw chew, 手照 A memorandum of claims copied from books and taken in the hand when going to collect debts.

Tseng kaou, 請教 Beg instruction, a polite way of asking for information.

Chak keen shuy shăw, 側肩垂手 Dropping the shoulders and hanging down the hands as a mark of respect to superiors.

Low sum chay che yun, low lik chay che u yun, 勞心者治人勞力者治於人 He who labours with the mind governs others, he who labours with bodily strength is governed by others.

Shum ming kam chat, 神明鑒察 The gods clearly examine and investigate—human conduct.

Chune hăw kung, 傳口供 To communicate verbal evidence from the prison, by a third person to the judge.

Yăw meng mow shăt, 有名無實 Have name not solidity, merely nominal.

Tai kei luk, 大計錄 The great triennial examination of government officers.

Tai sheong kwei tăk, ke tsze mok u mang, 太上貴德其次莫如猛 In ancient times the most valuable means of influencing the people was virtue, next to it the best thing was severity.

MING-FUN-LUY-YAT.

Sheong măn, ha le, 上文下理 The preceding context and the following sentiments—must be observed in writing essays.

Sheong hăng, ha haou, 上行下效 The conduct of superiors is imitated by inferiors.

Kăn he how yun, hoak how yun, 跟起好人學好人 Follow good people and imitate them.

Tsoy sheong wei, păt ling ha, tsoy ha wei, păt woon sheong, 在上位不陵下在下位不援上 Those in higher places should not insult inferiors, and inferiors should not encroach on superiors.

Sheong yăw how chay, ha peet yăw shum een, 上有好者下必有甚焉 Whatever superiors like, inferiors will certainly carry it to excess.

Shing sheong, 聖上 The Sacred one above—the Emperor.

Cheong sheong, 長上 A superior, official or by age.

Sheong yun, 上人 Superiors, as masters &c.

Sheong mow tow kwei, ha mow fat shăw, 上無道揆下無法守 If superiors do not rule by reason and method, inferiors will not have good laws to observe.

Tai wa im shei poon kay, 大話唔使本旣 Great talk (a lie) does not require any foundation.

Lap fat eem, hăng fat shu, 立法嚴行法恕 Enact the law with strictness, execute the law with mildness.

MING-FUN-LUY-YAT.

Paou shik, nune ee, yăt kuy, e mow kaou, tsŭk kăn u kum shăw, sheng, 飽食煖衣逸居而無教則近於禽獸成 Fully fed, warmly clothed, and dwelling at ease, but without education, is a state nearly allied to the brute.

Yăm kung tsik lok, ee sune shăw, 陰功積落兒孫受 Secret deeds of benevolence accumulated, will be received by children and grandchildren.

Low păt shăp wei, 路不拾遺 On the road not pick up what another has lost—but leave till he return and find it, intended to denote a good state of Society.

Yung ee shat yun, 庸醫殺人 An ignorant physician kills people.

Tuk shu che tsoy shing een, 讀書志在聖賢 In reading the mind (or will) should be directed to the sages and worthies.

Chuk tow luk, che tŭt kok oh, 捉倒鹿至脫角阿 You must catch the stag, and then pluck his horns out; You must get the rich man involved in the net of the law, and then extort money from him.

Che low foo, 紙老虎 A paper tiger, a false pretext to frighten people.

Che low foo hak shei, 紙老虎嚇勢 A paper old tiger to frighten people.

MING-FUN-LUY-YAT.

Yŭn kung kwa ing, 因公罣誤 Because of public affairs to impede one's own.

Me tăng teen tsze wei, seen yung shat yŭn tow, 未登天子位先用殺人刀 Ere he ascended the Imperial throne he assumed the power of the sword to kill; said of any one who assumes a power not belonging to him.

Kum tsăw im shei chet koon lo, 咁就唔駛設官咯 Thus, there is no use in appointing Magistrates—if such things are suffered.

Kwăn tsze wei hăng, măt shi yun e, 君子爲行勿使人疑 A good man's behaviour does not occasion people's suspicions.

Wong kum yăw ka, shu mow ka, 黃金有價書無價 Yellow gold has a price, but book learning has none—it is above all price.

TE-FONG-LUY-TSUNE.

地方類全

PLACES.

SECTION XVI.

Fung shuk neen neen yăw, tsoy yaong kok te tăw, 豐熟年年有災殃各地頭 Plenty is every year to be found (in some place), blasting and calamity are found (sometimes) in every place.

Eet naou cheong chung, 熱鬧場中 Heat and merriment in the arena.

Tăw tei, 斗底 A tăw's bottom—refers to the form of a house which is narrow at the entrance and widens inwards. This is thought lucky.

Maou ee shŭn lan, 貓兒伸懶 A lazy cat ('s figure) is esteemed a good one for a house.

TE-FONG-LUY-TSUNE.

Mow pe, 墓碑 Grave stone.

Găn fong foo fong, 銀房庫房 Silver room; a treasury.

Kuk tsong, 穀倉 A granary.

Fo yok kuk, 火藥局 A powder magazine.

Ching tow new une, 程途窵遠 A long journey, it is a long way off.

Kwan ho une kak, 關河遠隔 Barriers and rivers distantly separate—places situated far a part.

Kŭm moon, 金門 Golden gate, the Imperial gate.

Tew cheong une low, 條長遠路 A long line of road.

Cheong oan suy how, păt she kăw kuy, 長安雖好不是久居 *Cheong-oan* is a good place, but not a permanent residence.

Chăm yun hang, 沈人坑 To fall into a man's pit, a pit dug by him to engulph one.

Fa fŭn te, 花粉地 A place of flowers and rouge—a scene of dissipation or debauchery.

Huy kew ko yun loy, fun kwo ko te tseong, 去呌個人來粉過個的墻 Go call a person to come and white-wash that wall.

Shan yuet, 山穴 A cave or den in a mountain.

Kwong tung fo pooy ap, shan tung te chung yaong, 廣東火焙鴨山東地種羊 In Canton they hatch ducks by fire, in *Shan-tung* they breed sheep under ground.

TE FONG-LUY-TSUNE.

Yăt chek shuy, sam chek long, 一尺水三尺浪 For one cubit of water, there cubits of wave; Said of those who make an extravagant *Shew* with a little prosperity.

Tsze te păt fat, she mow te le, tsze te yok fat, she mow teen le, 此地不發是無地理此地若發是無天理 If this burial ground is unlucky it is wanting in earthly principles, if it be lucky (by force obtained) it is wanting in celestial principles—therefore take it as it is and be content.

Ying sun, 營汛 A cantonment, or military guardhouse.

Tăp po teet hai, mow mik chu, tăk loy, tsune păt fei kung foo, 踏破鐵鞋無覔處得來全不費工夫 You may wear-out a pair of iron shoes and not find a lucky burial ground, when one is obtained it requires no labour—it is granted by destiny.

Hăn how te fong, 狠好地方 A very good place.

Tai ok, 大屋 A large house.

Tai kai, 大街 A large street.

Tai te meen, 大地面 A large space of ground.

Go tsoy low lei, 我在路黎 I came on the road; i, e. I came by land, not by water.

Tsung hei ow moon shuy tow tai eet te, 總係澳門水土帶熱的 The only thing is Macao's water and land (climate) is rather hot.

TE-FONG-LUY-TSUNE.

Go tsoy shăp tsze ting chu, 我在十字亭住 I live at cross pavillion—the house built by Mr. Magniac.

Ga moon, 衙門 Court or office of mandarins civil or military.

Fa cheong, 花窓 A flower-carved window.

Shan fŭn, 山墳 A grave.

Cheong moon, 窓門 A window.

Shan gam, 山巖 Mountain caverns.

Chut yap eem moon, 出入掩門 Going out and in shut the door.

Shuy koon, 稅舘 A custom house.

Chu yun oan lok, 住人安樂 Lodge a person, quietly and happily—said in praise of a lucky house.

Shan, păt tsoy kow, yăw seen tsŭk ming, shuy păt tsoy shum, yăw lung tsŭk ling, 山不在高有仙則名水不在深有龍則靈 The fame of a hill does not consist in its height but in having genii. The divine efficacy of water does not consist in its depth, but in having dragons; i. e. A small territory is made famous by great men.

Kung teen, 宮殿 Imperial palace, or harem.

Kum wa tap tow huy pa lo, 咁話搭渡去罷咯 Thus, I'll go in a passage boat then.

Pak new chaou, 百鳥巢 A hundred birds next—an aviary.

TE-FONG-LUY-TSUNE.

Ko chu yăw ke une shuy low ah? 個處有幾遠水路亞 That place is how distant by water?

Kuy ko kan, hei low pow, 佢個間係老舖 That is an old shop—said in its praise.

Ko chu how ok shay im how ah? 個處好屋舍唔好亞 Is that house a good one or not?

Paou toy, 炮臺 Gun table, a fort.

Ko kan ok ke she chak say ah, 個間屋幾時拆卸亞 That house when pulled down?

Kwan so moon oo, 關鎖門戶 Shut and lock the doors.

Kwan hăw, 關口 A custom house.

Shuy tai mong mong, 水大茫茫 A wide expanse of water, an immense distance.

Low păt tung hăng, 路不通行 Road not a thoroughfare.

Muk kew, 木橋 A wood bridge.

Shek kew, 石橋 A stone bridge.

Teen toy, 天台 A terrace, a place open to the heavens.

Teen ha tai ping, 天下太平 Under heaven great tranquillity, universal peace.

Ko fuk tseong wai lo, tow pa ooy teet oh, 個幅墻歪囉都怕會跌阿 That wall is not upright, it is to be feared that it will fall.

Shu koon, 書舘 A school or academy.

TE-FONG-LUY-TSUNE.

Fa ke, 花基 A flower foundation—a few plants at the bottom of a wall.

Foo sheong, 府上 Mansion upon, in the house, at home.

Poon oo teen chay tsŭn sheong, poon oo te chay, tsŭn ha, 本乎天者親上本乎地者親下 Animals that belong to the heavens, ascend, those that belong to the earth descend.

Ko kan ok suy hei kăw, tan tseong pik chu koo, 個間屋雖係舊但墻壁主固 Although that house is old the walls are still strong.

Mak long, 麥浪 Wheat waves, the beautiful undulations of a field of corn.

Tsong hoy, song teen, 滄海桑田 The sea turned into a field of mulberries—and vice versa—the condition of men is continually changing.

PǓN-TSEEN-LUY-TSUNE.

貧賤類全

POVERTY &c.

SECTION XVII.

Kuy shang kei yăt chek, sze yuk yăt tune, 佢生雞一隻死肉一團 He has nothing but one live fowl, and dead flesh a bit; said by a creditor of his poor debtor.

Sze uet pat lei che, moon tuk tow im kwo, 四月八荔枝㨂局都唔過 A Leiche of the 8th of the 4th moon the pulp does not cover both top and bottom (of the stone), denotes that one cannot make all ends meet.

Shăt to im che yaong, chai to im che yăw, 虱多唔知癢債多唔知憂 A very lousy person does not regard itching, a man deep in debt ceases to feel sorrow, he becomes hardened.

Wei hăw pŭn che, 爲口奔馳 For the mouth running hither and thither;—the language of the poor.

PAN-TSEEN-LUY-TSUNE.

Sheong shan, tsăm foo e, hoy hăw, tsay găn nan, 上山尋虎易開口借銀難 To ascend a hill and catch a Tiger is easy, to open the mouth and borrow money is difficult.

Tei yăt kung, yăt yăt chut kai, ta pan pan seong kung, 第一窮日日出街打扮辦相公 Number one poor, daily goes about the streets dressed like a gentleman's son.

Tei ee kung, moon meen tsŭn ka, keet ke chung, 第二窮門面親家結幾重 Number two poor, is one of a respectable family, who has made several intermarriages,—the inconvenience of a numerous kindred, like the forty four Scotch cousins.

Kaou hoak păt le shu, kung yun păt le chu, 教學不離書窮人不離猪 A scholar never quits his books, and a poor man (in China) never quits his pigs—rearing and dealing in pigs is profitable.

Mow tsoy păt ho e wei uet, 無財不可以爲悅 Without money you must not affect (banqueting) joy.

Een me che kăp, 燃眉之急 Burning eye-brows the imminence—danger as imminent as if fire had reached the eye brows.

Yăw shik mow shik, mow yun che, tsung pa tăw oo meen hoang pe yun he, 有食冇食冇人知總怕頭烏面脭俾人欺 Whether you have any thing to eat or not none can know, the only thing to fear is a dirty head and squalid face

x 2

which will make people mark; Used when admonishing children and domestics to be cleanly.

Shăw tăw kăn, 手頭緊 Hand head close, a firm miserly gripe.

Tseen seong, 賤相 Mean physiognomy, low, vile.

Kung yun, 窮人 A poor man.

Kung seong, 窮相 A poor physiognomy.

Kung hoan, 窮漢 Poor Chinese.

Yăw tseen yăt tew lung, mow tseen yăt tew chung, 有錢一條龍冇錢一條虫 Having money a man is a dragon, without money a man is a reptile.

Ee sham lam luy, 衣衫襤褸 Tattered dirty garments, the portion of a poor man.

Yuk yew kung, păt mow shang eep păt mow nung, 欲要窮不務生業不務農 If you want to be poor never mind either trade or agriculture.

Kung seong ta, go seong tseem, 窮相打餓相尖 The poor fight, the hungry sneak, hunger will be satisfied on any terms.

Teem yuk seen yun, 玷辱先人 To disgrace one's progenitors.

Nong hung u sei, 囊空如洗 A purse as empty as if it had been washed.

PAN-TSEEN-LUY-TSUNE.

Yăw găn cheok găn luy, mow găn tăk kaou shuy, 有銀着银累無銀得較睡 He who has silver has silver anxiety; he who has no silver may soundly sleep.

Sze mow tsong shün che te, 死無葬身之地 To die and have no burial place—an unhappy death by drowning or in battle &c.

Chuk shang che foo, 畜牲致富 To get rich by feeding cattle—by industry.

Mow sze chut kai, sew po tsoy, 無事出街小破財 He who goes out to the streets without business will waste some property.

Ming kung koy shik chut, mei shew fan tsew nung, 命窮該食粥米少飯燋燶 He whose fate is to be poor should eat rice water, for with a small quantity of rice he may burn some of it in drying.

Tai tung tsew, 大䆴鍫 A large iron lever—a worthless son who wastes his Father's property, and so removes it from him.

Kew teen kong, 撟田桻 Pull up a field stick—A young man who sells or wastes his father's patrimony.

PĂN-KAK-LUY-YĂT.

品格類一

QUALITIES OF PERSONS.

SECTION XVIII.

Ming chat tsăw how, 明察秋毫 Clearly distinguish the autumnal fibre—or smallest hair; said of official people who are very discerning.

Yăt chung sam tăw yăw, 一揰三斗油 One thrust three Tăw of oil;—one who rudely bolts out all he has to say.

Shay tăw shu gan, 蛇頭鼠眼 Snake's head and rat's eyes; indicate a profligate bad man.

Leong peen tow, 两便刀 A two edged sword, one who tells false tales between two parties, calculated to injure them both.

Cheet yun tseen luy peet yăw yăt shăt, u yun tseen luy peet yăw yăt tŭk, 哲人千慮必有一失愚人千慮必有一得 A wise man in a thousand thoughts must fail once, A fool in a thousand thoughts must be right once.

PAN-KAK-LUY-YAT.

Fung yun cheong tăk ya, 逢人唱得也 One who sings a salutation to every one he meets,—a designing person.

Che tung kwa, wa oo low, 指東瓜話葫蘆 Point to a melon and talk of a calabash, One who tells lies, or calls things by their wrong names.

Fa lăw me yun păt tsze che, 花柳迷人不自知 Flowers and willows (dissipation) bewilder men so that they forget themselves, (don't know themselves).

Ching im lan, shap im neem, 烝唔爛烚唔稔 Steam it, it won't break, boil it, it won't soften; denotes one, on whom all means of amendment are ineffectual.

Yăt tung pe tei, hoak yun kong tsuy, 一筒鼻涕學人講嘴 A tube of nose bubble, who opes others and prates; said of silly childish people who will chatter and talk.

Kwei yuk kum tseng, 龜肉咁精 Tortoise flesh so lean; denotes one who is very acute.

Neen ke suy sew, keen shik low shing, 年紀雖小見識老成 Although young in years, knowledge mature.

Sei sum tik luy, 洗心滌慮 Wash the heart and rinse the thoughts, to reform.

Fung lăw yun măt, 風流人物 Wind flowing human thing. a person of elegant gaiety and dissipation.

Une yok, 軟弱 Flexible and weak.

PAN-KAK-LUY-YAT.

Kuy che king fǎw, 舉止輕浮 Rising resting light and floating—levity of behaviour.

Haou chay chuet che now, 巧者拙之奴 A clever person is the slave of the stultish;—he is always called on to act for them.

Sze shuk, yun wan, 事熟人頑 Business mature, and man artful, one who is clever and well versed in the political business to be performed.

Seong une tsik tsap, 相沿積習 Accumulated customs derived from others—and handed down again without examination or correction; said of public offices and government affairs.

Lung haou fan chuet, 弄巧反拙 To attempt artfulness and turn out stultish, to aim at something fine and spoil it.

Chuy mow kǎw tsze, 吹毛求疵 To blow a side the hair and seek for a scar—to search for faults.

Tsong hoy che leong, 滄海之量 An ocean-like measure, or great capacity for drinking wine.

Tsune pow nan ee, 寸步難移 It is difficult (or impossible) to move an inch or a place, said of a pressure of business, or bodily indisposition.

Pǎt hum tsok tuy, 不堪作對 Not worthy of being an opponent; said in contempt of an adversary.

Mong tsze tsune tai, 妄自尊大 Absurdly to assume honor and greatness.

PAN-KAK-LUY-YAT.

Yăm e she wei, 任意施爲 To indulge temper and send forth action, to act more from humour and passion than reason.

Făt hăw, shay sum, 佛口蛇心 Budh's mouth and a serpent's heart, fair speeches but malicious designs.

Kuy pa chăw, 佢怕醜 He is afraid of ugliness; i. e. morally, he is ashamed, bashful as a child.

Kuy hei yăt ko low shăt tăw, 佢係一個老實頭 He is an old solid head, a steady trustworthy person.

Kuy tai mow keen shik, 佢大冇見識 He is greatly without knowledge, he is very ignorant.

Kuy shăt shăw ling le yun, 佢實首伶俐人 He is a very clever man.

Kew gow yun, 驕傲人 A proud haughty person.

Im ying leong chuet, 唔認量拙 He does not know his own incapacity.

Keong peen shik fe, 強辨飾非 Violently debate and gloss faults; said of one who has done wrong and obstinately justifies his conduct.

Pak yŭn shing kum, 百忍成金 A hundred forbearances will produce gold—used to express the benefit of forbearance in keeping out of expensive scrapes.

Ying hung, shik ying hung, 英雄識英雄 Great men know great men.

PAN-KAK-LUY-YAT.

Tso yäw shäw, 左右手 Left and right hand; i. e. bowing to those on each hand.

Chew wän pak pik, u chai goy, mow wän u chai noy, 朝運百甓于齋外暮運于齋內 In the morning move a hundred bricks outside the study, and in the evening move them inside—to inure one's self to toil.

Yät muk shäp hong, 一目十行 One eye ten columns, denotes an eye and mind so quick as to read ten lines at onee.

Yay kei im yap fung woug kwän, 野雞唔入鳳凰羣 A wild fowl does n't enter a group of the (gay birds) *Fung-wong*. This is used by ladies in the language of humility.

Yun han, sum pät han, 人閒心不閒 My body is at leisure, but my heart is not at leisure.

Yät te sze tow pan im loy, 一的事都辦唔來 One whole business all not can manage—there is nothing that you can manage.

Yäw poon sze, how shang sze, 有本事好省事
Shang täk sze loy, yäw poon sze, 省得事來有本事
Mow poon sze, how shang sze, 冇本事好生事
Shang täk sze loy, mow poon sze, 生得事來冇本事

He who possesses talent, likes to diminish work.
He who can diminish work possesses talent.
He who is destitute of talent is fond of making business.
And after he has created business, (or trouble) he has no talent

to manage it,—or get out of the scrape. The term *business*, and *making business*, often denotes in Chinese getting in trouble.

Yăt king păn tei, peen shing kai sze, 一經品題便成佳士 When once (you) give (me) a good character, then I shall be perfected an excellent man. Telling a friend the importance of his recommendation.

Yun, wei man măt che ling, 人爲萬物之靈 Man is the spiritual (or intellectual) part amidst all creatures, or things between heaven and earth.

Yun yun tow wa ne im how, she peet im how, 人人都話你唔好是必唔好 Man man all say you are not good, you must be not good.

Yăt shan wan yăw yăt shan kow, 一山還有一山高 Though a hill, there are still higher hills—though you be talented, consider there are greater talents than yours.

Suy yew sok, tow yew lok, 鬚要索肚要落 A beard must be bushy, and a belly placed low—to be handsome.

Kam hung hăng ping, 鑑空衡平 As empty as a mirror, as even as a balance—unprejudiced and just.

Ko hei ching king yun, 個係正經人 That is a correct classical man, a man whose conduct corresponds to the sacred books.

F 2

PAN-KAK-LUY-YAT.

Ko hei che shing yun, 個係至誠人 That is a very sincere man.

Mow măt keen shik, 冇乜見識 Not any knowledge.

Kuy tsing kong tai wa ah, 佢精講大話阿 He is clever at telling lies.

Leong ee tăw fung, im sze tsăw kung, 两耳兜風唔死就窮 (A man with) both ears turned forwards to the wind, if he does not die will be poor;—so say the physiognomists.

Kuy hei yăt ko ming pak yun, 佢係一個明白人 He is an intelligent person.

Kong kik, kuy tow im ming pak, 講極佢都唔明白 Speak ever so much, he never understands.

Nam hoan teen tong, nuy hoan hăw choang, 男看天堂女看後粧 The physiognomist judges from (looking at) the forehead of a man, and the hinder part of the scull of a woman.

Shun muk chung tung, 舜目重瞳 (The ancient sage) Yaou had double pupilled eyes.

Tai chu păt shăt, 大處不失 In great things no failure; said of composition which is still defective in smaller matters.

Tai shăt lei, 大失禮 Greatly failed in polite attention, the language of apology.

PAN-KAK-LUY-YAT.

Nam yun hăw tai, shik sze fong, nuy yun hăw tai, shik kung long, 男人口大食四方女人口大食窮郎 A man with a large mouth (i. e. appetite) may eat every where; A woman with a large mouth will by eating impoverish her husband.

Me hoak hăng, seen hoak tsăw, 未學行先學走 Not yet learnt to walk, first learn to run—is absurd, physically and intellectually.

Seong keen how, tung chu nan, 相見好同住難 Good to see (as on a visit) but difficult to dwell with.

Tai kei im shik sei mei, 大雞唔食細米 Great fowls don't eat small rice, great officers are not put off with small bribes.

Tai shăt tei meen, 大失體面 Greatly lost his respectability.

Tsăt shăw pat pe, 七手八臂 Seven hand and eight arms, there is an idol so represented, this phrase is used to scold a person for leaving a work imperfect.

Tai chung hat ee, 大種乞兒 A sturdy beggar.

Tai yăw ho tsuy, 大有可取 Very acceptable (or prepossessing) person.

Hong tsze tai, 腔子大 Bladder large, puffed up, pompous and hollow, said of ostentatious persons.

PAN-KAK-LUY-YAT.

Păt tsei sze, 不濟事 Not help business, does not at all assist the affair.

Chung, haou, leong tsune, 忠孝兩全 Fidelity (to the Prince) and filial piety, both complete.

Oy măn yok chik, 愛民若赤 Love the people as children.

Tow im tsăng peen tăk yun tsei, 都唔曾變得人齊 Altogether not yet formed completely into a man;—used to scold a person as half brute and half man.

Che ke goy, păt che ke noy, 知其外不知其內 Kow his outside, not know his inside—affairs, he appears externally prosperous, but his real condition is not known.

Che yun hăw meen, păt che sum, 知人口面不知心 Know a man's mouth and face, not know his heart;—Don't therefore trust people too much.

Sheong che, u ha u, păt ee, 上知與下愚不移 Superior knowledge, and extreme stupidity are incapable of alteration.

Yăw che chay, sze king shing, 有志者事竟成 Where there is the will, the work will be effected whatever it may be, whether literary or otherwise.

Chu na tsew lo hoak, lo hăw shong, 猪乸噍螺殼攞口爽 A sow chewing a shell—merely to please the mouth; said in contempt of specious liars.

PAN-KAK-LUY-YAT.

Tuy tap u lăw, 對答如流 Answer like a flood—to reply with great readiness and fluency.

Kăn shăw shing chek, 緊守繩尺 Firmly hold fast the line and the measure—to adhere strictly to rule and system.

Fung tung yay, fan tung yay, fe fung fe fan, sum tung ee, 風動耶旛動耶非風非旛心動耳 The wind moves, and the streamer moves, but the heart is moved without either wind or streamer.

Ying tsik ho ee, 形跡可疑 The form and the footsteps (the circumstances) are suspicious.

Hăng tsung kwei pe, 行踪詭秘 Conduct that is deceitful and mysterious.

Ping sew, ga kai, 冰消瓦解 Melt like ice and break like a potter's vessel.

How măn tsŭk u, tsze yung tsŭk sew, 好問則裕自用則小 He who delights to enquire will excel; He who uses only himself will be defective.

Yăt muk lew een, 一目了然 One eye perfectly understand, to see through a subject by a single glance.

Sew sum kăn shŭn, 小心謹慎 Be careful and attentive.

Ne mong tsok mong wei, 你妄作妄爲 Yo do and act irregularly, your whole behaviour is disorderly.

PAN-KAK-LUY-YAT.

Ne hung kum tai chak, 你胷襟太窄 The clothes of your breast are too tight, you are too strait laced and strict.

Naou ka tsze, 鬧架子 Ostentatious shew.

Tew hoy pe tsäw hei tam, 挑開皮就係胆 Rip open the skin forthwith is liver—liver denotes courage—said of one who is bold and audacious.

Tam u tsäw shik, 耽於酒色 Addicted to wine and pleasure.

Pow fung chuk ying, 捕風捉影 To persecute the wind and grasp at a shadow

Mai fan tan, 買番攤 To purchase the heap—of cash, a Chinese game, in which you buy 1, 2, 3, or 4, If buying one, when all the heap is put away by fours, and one remains, you win.

Ning chay may, 擰搚微 To spin a tea totum.

Gak yun, 額人 To cheat a person.

Hing he, ee now, 輕喜易怒 Lightly rejoice, and easily angered, being pleased or angry for trivial causes.

Een u che le, 言語支離 Conversation branching off from the subject, irrelevant.

Tai sze fa shing sew sze, sew sze fa shing mow sze, 大事化成小事小事化成無事 Turn great affairs (evils) into little one's, and little ones into nothing at all.

PAN-KAK-LUY-YAT.

Yuk che tseen shei yun, kum shăng shăw chay she, yuk che hăw shei yin, kum shăng tsok chay, she, 欲知前世因今生受者是欲知後世因今生作者是 You may know your character in a former state by what you receive now, and your future condition by your present conduct.

Fong lok cho tăw neem fun cham, 放落鋤頭拈糞簪 To lay down the hoe, and take up the manure basket; always diligent.

Lăm tsoy, mow kăw tăk, 臨財毋苟得 When you approach wealth, do not take it by unfair means.

Wa tăw, tsăw sing me, 話頭就醒尾 At the head of a speech he is immediately awakened to the tail—He perceives at once the drift of what is said.

Tai yun chay păt shăt ke chik tsze che sum, 大人者不失其赤子之心 A great man never loses the heart he had when a child;—Truth and simplicity.

Tai ga che yun, 大雅綴人 A very elegant person—said either of men or women.

Tsun kwei, tow kuy, 循規蹈矩 To act according to rule, usage, or custom—taken in a good sense.

Yăm yun tsei tsze, tsei tsze yăm yun, 淫人妻子妻子淫人 He who corrupts other peoples wives and daughters, will have his own wives and daughters corrupted.

PAN-KAK-LUY-YAT.

Mong choang tsow sze, 莽撞做事 To act in a disorderly irregular manner.

Hoak kuy, tsăw pei ting lo, 學佢就敝定囉 If you imitate him, your disgrace is certain.

Man shei chune ming, 萬世傳名 Ten thousand ages hand down the name.

Man măn yaong mong, 萬民仰望 Ten thousand people looking upwards and towards—the sovereign.

Ne sze luy tai tai, 你思慮太大 You are anxious to a great excess.

Shik yăw peen yăw, 識憂便憂 (When you) know there is (true cause of) sorrow, then be sorrowful.

Show mei ee tsune, ching sŭn ee chuy, 數米而爨稱薪而炊 To reckon the (grains of) rice and then boil them, to weigh the fuel and then burn it.

Low meen im keen ee, tsay măn shuy ka tsze, 露面唔見耳借問誰家子 The face exposed and the ears not seen—pray whose child is it?—This is considered a noble physiognomy.

Ka tsze tai tai, 架子太大 The stand or case (the pretension) is too large—swelling pomposity.

Um leen shei koo, 諳練世故 Knowing and experienced in the business (or ways) of the world.

PAN-KAK-LUY-YAT.

Shün leong, yuk lang, 身涼肉冷 Body cool and flesh cold—denotes returning health after fever, the phrase is used to denote getting out of some scrape.

Kwei kwăt to tune, 詭譎多端 Fraudulent, deceitful and full of schemes.

Kuy moon shün lan kwăt, 佢滿身懶骨 His whole body is full of lazy bones.

Eem koo, he sün, 厭故喜新 Dislike old, and fond of new—common disposition.

Shăp fun ga che, 十分雅緻 Perfectly elegant; said of persons or things.

Ko yun wai kik, 個人壞極 That man is completely ruined, or spoiled, morally.

Hoak chăw yung e, hoak how nan, 學醜容易學好難 To learn what is bad is easy, to learn what is good is difficult.

Lan kwo tsow, tow im shang, 躝過草都唔生 Trampled over the grass, never grows—wherever this man comes there is an end to all profit.

Seong kung tow tai how chang shune, 相公肚大好撐船 Sir you have a large belly, good to row a boat—This strange phrase denotes that a person is liberal and clement.

Me tai lan u shay, shün cheong ooy kwo ka, 尾大懶如蛇身長會過家 (A cat) with a long tail is lazy as a

6 2

snake, with a long body, goes over to other houses; never stays at home.

Neem he mooy heong, fong lok sew neong, 拈起梅香放落小娘 Taking up a business like a servant woman, putting it down like a young Lady—denotes diversity of talent, capable of rougher or finer work.

Hat ee hăn tsăw yuk, 乞兒恨酒肉 A beggar vexed about wine and flesh—denotes a Trader's being vexed because he is too late to sell his goods.

Yăt shik sam tow pow, yăt muk sam ok fat, 一食三吐餔一沐三握髮 At one meal, thrice put it out of his mouth, at one washing thrice braided up the hair—to receive worthies. Chăw kung, 周公 Did so.

Kăw chung shün, peet u haou tsze che moon, 求忠臣必於孝子之門 If you seek for a faithful public servant you must seek him among filial sons.

Now hăw keen soy, 腦後見腮 From behind the head to see the cheeks—is a formation which indicates bad temper.

Foo chun, lung gan, 虎準龍顏 A tiger's forehead and a dragon's face—the Imperial countenance.

Pan la fung, shu la eet, 板罅風樹罅熱 A crevice wind, and an heat passing through open trees—which is intense, denotes a person rigid and severe.

PAN-KAK-LUY-YAT.

Cha che, tong fün, 搽脂盪粉 To rub the rouge and spread the white—cosmetic, a Chinese lady's occupation.

He now, mow sheong, 喜怒無常 Pleased or angry not constant—not regular and justified by the occasion.

Ning shăng pai ka tsze, mok shăng chun tun ee, 寧生敗家子莫生蠢鈍兒 Better have a profligate son than a doltish stupid boy.

Me che sum fuk sze, tan ting hăw chung een, 未知心腹事但聽口中言 Not knowing the affairs of the heart, one can only listen to the words of the mouth,—and so form a guess.

Hăw teem, sheet wat, 口甜舌滑 Mouth sweet and tongue slippery; said of a fraudulent swindling person.

Shew neen păt now lik, low tai tow pe sheong, 少年不努力老大徒悲傷 In youth if you don't exert yourself you will in vain repent it when you are old.

Pai sze tei yăt, 敗事第一 Number one at spoiling a business, one whose services are not only useless but injurious.

Shik suk e e, 食粟而已 Eat rice, and nothing else; said of an useless person.

Le ming shing mow, tsăng tsze păt yap, 里名勝毋曾子不入 A street called "Conquer Mother," Tsăng-tsze would not enter it,—because of undutifulness implied in the same.

PAN-KAK-LUY-YAT.

Mok ko tsow she tsow fe ah, 莫個做是做非阿 Don't make yes into no and right into wrong—tell the truth.

Tok koo ke ming, 託孤寄命 To trust with an orphan, and cast the preservation of the throne upon a person, used in praise of a faithful person with whom this may be done.

Im sik yăt teem fo năng shew man king shan, 唔息一點火能燒萬頃山 If a little fire be not restrained it will be enough to burn a thousand mile mountain, used to dehort from indulging anger; how great a matter a little fire kindleth!

Mow yăw păt u ke chay, 無友不如已者 Don't have a friend inferior to yourself, on this principle of the sage Confucius, none but equals could ever have friends.

U chay, 儒者 The Literati of China are so called.

Fe luy, 匪類 Banditti.

Yuk yew tai ping she, chu fe tsak shat tsak, 欲要太平時除非賊殺賊 When you wish to obtain universal peace the only way is to make robber kill robber;—i. e. send a thief to catch a thief.

Kuy kei chun mo kwo, tow heng kay, 佢雞春摩過都輕旣 If he touch an egg-shell, it is sure to be lighter; said of avaricious people.

Han yăw san tong, 閒遊散蕩 An idle rambler and dissipated lounger.

PAN-KAK-LUY-YAT.

Sheong tăng che yun, păt kaou e sheen, chung tăng che yun kaou ee tsŭk sheen, ha tăng che yun, kaou e păt sheen, 上等之人不教而善中等之人教而即善下等之人教而不善 Superior men are virtuous without teaching; Middle rate men are virtuous with teaching; Inferior men cannot be made good by teaching.

Fong tong che kik, 謊唐之極 Visionary and absurd in the extreme.

Sik lik u kum, 惜力如金 Regret (or be careful of) strength like gold.

Tăk yăt, yăw seong ee, 得一又想二 Obtain one, then wish two—human desires are insatiable.

Tow she, teen fe, 倒是顛非 To turn upside down right and wrong.

Sha sow ting chuy, noy goy ching keet, 灑掃庭除內外整潔 Sprinkle and sweep the hall, inside and outside regular and clean, an ancient domestic rule.

How tsei păt le ka, 好仔不離家 A good son does not leave the family.

Tso ee yap, yăw ee chut, 左耳入右耳出 Enter by the left ear and go out at the right.

Nuy chung cheong foo, 女中丈夫 Among women a great man; i. e. an eminent woman among her own sex.

PAN-KAK-LUY-YAT.

Ping tsing yuk keet, 冰清玉潔 Clear as ice, and pure as a gem.

Ching kwo lik che tsow, 秤過力至做 To measure strength, in doing any thing, so as not to overexert oneself.

Kuy che kow sum pǎt koo, 舉趾高心不固 To step high with the feet, whilst the mind is ill at ease.

Mow chung shang yǎw, 無中生有 None existence a midst produce existence—a phrase of the Taou sect.

Oo shuet che kik, 糊說之極 Absurd in the extreme.

Kum tseng fo gan, 金睛火眼 A golden pupil and fiery eye; said of a very experienced person.

Kum yun kam hǎw, 金人緘口 A golden man with a closed mouth—An Emperor made an image of gold with its mouth shut, to shew that he who was valuable kept secrets.

Pàn sze kuet tune, 辦事决斷 To transact business with decision.

Kum che yuk eep, 金枝玉葉 Golden Branch and gem leaf—said in praise of gentlemen's daughters.

Kum leen, 金蓮 Golden water-lily, a Lady's small foot.

Fung tsung kum pei, 捧誦金批 Reverently received and read your golden Reply—said by Petitioners to official people.

Tseen kum sew tsay, 千金小姐 Thousand gold small sister—your daughter.

PAN-KAK-LUY-YAT.

Tseen kum che tsze, tso păt shuy tong, 千金之子坐不垂堂 The son of a thousand pieces of gold, should sit in a hall that does not drip;—he should sit in a secure place.

Tseen kum kwei tei, 千金貴體 Thousand gold noble body; Your valuable person.

Teen sheong low ma ying, te ha tan gan tsing, 天上老麻鷹地下单眼精 In the heavens an old hawk, and on earth a one-eyed person—are both infelicitous.

Kam hăw wei kow, 緘口爲高 A close mouth is eminent; it is a high virtue to be careful of what one says.

Cheong teen sze cheok kwei mei, 張天師着鬼迷 Cheong-teen-sze (Cheong the Celestial Master—great Astronomer) infatuated by demons,—not withstanding his astrology. The language of self regret for having done some foolish thing,

Ăng ko pe, 鶯哥鼻 A parrots beak, a Roman nose, such people are feared for their fierceness.

Sow shu gan, 臊鼠眼 Rank rat's eyes, peeping small eyes, denotes craftiness.

Le ling che wăn, 利令智昏 Gain turns the wise into fools; said chiefly of government officers.

Ne mok ko tei kuy, yăt nap wăt, 你莫個體佢一粒核 Don't you look upon him as one seed-stone—if you distroy one there are many others—many plots, crafty.

PAN-KAK-LUY-YAT.

Yăw chu păt tow, lung gan wăt, 有珠不吐龍眼核 A pearl not exposed (is no better than) a Lung-gan kernel.

Cheong shang, 長生 Long life, a name given to the material for a rich man's coffin.

Shăw fun wei shang, 守分爲生 Keep place pass life, keep your own department.

Kum kwăt tsze tei, pe teem wăt foo nong sune, 金橘子弟皮甛核苦囊酸 A gold orange boy,—A dissipated youth, with a sweet skin, bitter seeds, and sour pulp.

Muk sei kwa, 木西瓜 A wooden water melon, it is good to look at, not good to eat; said of gay useless youth.

Im kăw chek tsune, 唔夠尺寸 Not sufficient cubit, punto; said of a pigmy crafty person.

Tow he yaong me, 吐氣揚眉 Vomit breath, and spread the eye-brow, to vomit and look pleased.

Che kwo peet koy, 知過必改 Knowing error must reform.

Cham muk leng pai, 杉木靈牌 A fir tablet for the dead—These tablets should be made of a hard durable wood. The phrase denotes an incompetent master or other person in power.

Pe yun chak ma, tsuy pa ha tsok, ee tsze, 被人責罵最怕下作二字 When reproved and scolded, the most to be feared are the two words "low doer"—a low worthless person.

PAN-KAK-LUY-YAT.

Seen she chay tsow, hăw she chay u, 先時者躁後時者愚 (To act) before the (proper) time, is bustling, to be after the time is silly.

Hung tsze she chung che shing, 孔子時中之聖 Confucius was a sage who acted according to the times.

Kuy shăw im neem sze leong chung, 佢手唔拈四両重 His hands cannot support a weight of four taels—said of dissipated youth, weakened by indulgence.

Sam sze e hăng, 三思而行 Thrice think and then act, denotes excessive delay, indecision.

Chung chu meng, 椿杵命 A pestle like destiny, one who is prosperous at both ends, (the beginning and close) but small or unprosperous in the middle of his days.

Lam wăt meng, 欖核命 The lam kernel destiny small at both ends—prosperous only in the middle of life.

Tai che yok u, 大智若愚 To be wise overmuch, is not better than folly. He who is over prudent does not act when he should, nor as he should.

Ing fuk, păt leet kwei, yăt uet shăw, ee uet foo, sam uet hong ing, sze uet yăw how tăk, ing uet haon chung ming, 五福不列貴一曰壽二曰富三曰康寧四曰攸好德五曰考終命 The five happinesses do not include honor. They are (1) Longevity, (2) Wealth, (3) Health, (4) Love of virtue, (5) A natural death.

Cho loy im che teng, yăt kăw peen shing tsing, 初來唔知定日久變成精 (The servant) who at the beginning has no certain knowledge, in length of days will become a cunning imp.

Une loy she găn yaong, lap tseong tăw, 原來是銀樣蠟鎗頭 Originally a silvery appearance, with a wax-headed spear—a spear of wax however showy is useless; said of persons.

Ning tsok pak foo cheong, mok tsok yăt shu shăng, 寧作百夫長莫作一書生 Better be a Captain of a hundred men (with a little power) than be a book-man—or Scholar by profession without any power.

Mang gan maou ee, lai sze low shu, 盲眼猫兒拉死老鼠 A blind cat dragging a dead rat; said of a trader who does not understand the quality of goods.

Yăw tăw wei, mow me chŭn, 有頭威冇尾陣 Have head Majesty, but no tail troops—to make a great shew at outset, without any thing to support it afterwards.

Koy tsay kwei ching, 改邪歸正 To alter the deflected and reverted to the straight—to reform.

Cheong sheong chu, 掌上珠 A pearl on the palm of the hand,; said of beloved children.

PAN-KAK-LUY-YAT.

Sheet keem, shun tseong, 舌劍唇鎗 The tongue a sword and the lips spears; said of an acute debater, and injurious talker.

Tsuy fung ning, 隨風檸 Follow wind vane, a weather-cock, one who turns with every breath of opinion.

Hat leen u wăn mow, kew yun u tan chăw, 乞憐於昏暮驕人於旦晝 Begging compassion in the dusk of the evening (when none look on) and a proud man at noon—when there are many observers, a mean man.

Sum une, ee ma, 心猿意馬 Heart of a monkey, and will of a horse—crafty yet wanting to go strait forward; Used both in a good and bad sense.

Cheong tsoy wăt u tune u, 長材屈於短馭 Long talent bent down under a short horse-keeper-ship, great talents suppressed by a mean duty,

Me cheong kwo muk, hing tei ing luk, 眉長過目兄弟五六 Eye-brows hanging down over the eyes, (denotes in physiognomy) five or six brothers, having many brothers.

Shăw cheong kwo săt, 手長過膝 Arms long passing the knees, a mark of honor and wealth.

Chek yăw sho tune, tsüne yăw sho cheong, 尺有所短寸有所長 Shorter than a cubit, longer than a punto—a medi-ocrity of talent.

PAN-KAK-LUY-YAT.

Oo, ma, cheong, pak, 鬍麻長白 Bearded, pock-marked, tall, fair—characters of officers chosen by the Emperor Yung-ching.

Kuy cheong kwan hei kum kay, 佢長慣係咁旣 He is always accustomed to be thus.

Pak shi lăw fong, 百世流芳 A hundred ages flow down fragrance, a good reputation that will last for a hundred generations.

Muk păt tsay she, 目不斜視 Eyes not look aside—look straight forward; a rule of behaviour.

Kwăn tsze pe tăk u yuk, 君子比德於玉 A good man's virtue is comparable to a gem—in worth and smoothness.

Tai yăw tsok wei, 大有作爲 Have great doings, one who does great things.

Pong koon chay, tsing, tong kuk chay mei, 旁觀者清當局者迷 Lookers on are clear sighted, those in the game are bewildered.

Kong yăw ping tsei, 剛柔併濟 Firm and soft together blended, forms a good character.

Măng yăt yăt, im cheong yăt tsüne, 掹一日唔長一寸 Drag a day not lengthen it an inch, denotes a servant who is of little use in cases of emergency.

Shay kăn e tow une, 舍近而圖遠 To neglect the near, and aim at the distant.

PAN-KAK-LUY-YAT.

Cheong sheet foo yun, 長舌夫人 A long tongued lady.

Fŭk u tung hoy, shăw pe nam shan, 福如東海壽比南山 Prosperity like the eastern ocean, age equal to the southern mountain, written on large candles at anniversary birth days.

Sum to e lune, tsok sze mow shing, 心多意亂作事無成 Hearts many, thoughts confused, do business not succeed (perfect); Indecision and confusion of thought wiil occasion failure.

Chew kăng, mow koy, 朝更暮改 Change in the morning and alter in the evening—manifold changes in the laws and orders of government.

Ko hei chăn chung yun, 個係眞重人 That is a true steady person.

Kow low, 高佬 A tall person.

Pei oo tseem săw, 閉戶潛修 Shut the door and gradually cultivate letters.

Pei moon sze kwo, 閉門思過 Shut the gate and consider errors—said of statesmen.

Yăt păt tsüne foo, 一匹村夫 A stupid villager.

Lung hăng foo pow, 龍行虎步 Walking like a dragon and pacing like a tiger, a majestic gait.

PAN-KAK-ŁUY-YAT.

Maug yun, 盲人 or Hat yun, 瞎人 A blind man.

Shang tseen păt shing yăw han che foon, sze hăw hung sha mow tsing che luy, 生前不承有限之歡死後空洒無情之淚 If in (your parents') life time you don't embrace the limited period of making them glad, after death you'll in vain shed unfeeling tears.

Kei hung, kăw tow, 雞胸狗肚 A fowl's breast and a dog's belly—i. e. a prominent breast and high belly indicate meanness.

Sze, nnng, kung, sheong, kok chap yăt gei, 士農工商各執一藝 Scholar, farmer, mechanic, merchant, each hold a profession—He is an idler who does not belong to one of these classes, or castes.

Leem shaw toy pei, 斂手待斃 Fold the hands and wait for death, inert, lazy.

Kuy moon shŭn tow hei hat ee kwăt, 佢滿身都係乞兒骨 His whole body is full of beggarly bones; he is an ill conditioned fellow.

Chung mow shing kuk, 終無成局 Never effect, or finish, the job, or work.

Go im ooy fung shing yun, 我唔會奉承人 I don't know how to flatter people.

Ping ting, 娉婷 Beautiful and elegant figure.

PAN-KAK-LUY-YAT

Che he gong gong, 志氣昂昂 Will and air lofty lofty; denotes a bold noble air;—not a proud or haughty manner.

Yǎw gan mow chu, 有眼無珠 Have eyes without a pupil—charging a person with mental blindness.

How ting tsam een, 好聽讒言 Fond of listening to scandal.

Kăn chu chay chik, kăn mak chay hak, mow tso oh, 近朱者赤近墨者黑冇錯阿 Those who approach vermillion will be red, those who approach ink will be black,—there is no error here; people take a character from those they associate with.

Me maou, 美貌 A handsome face.

Hăng che tune fong, 行止端方 Walking stopping, correct, square, a virtuous and correct deportment.

Tung, teen, koon yăt, 同田貫日 These four characters in figure represent the persons whom the Emperor *Kien-long* preferred for officers; stout, short, tall and small.

Wei shen yuk yun che, păt she chăn shen, 爲善欲人知不是眞善 To do good and wish people to know it, is not true goodness.

Yăt oo kăw, sam shăp neen, 一狐裘三十年 One fox-skin cloak thirty years. 晏子 An tsze, A minister of state wore it, and the fact is quoted to express economy.

PAN-KAK-LUY YAT.

Chung hăw toy yun, 忠厚待人 Faithfully and liberally treat others.

E fuk păt pei, păt hăng kăng wei, 衣服不敝不肯更為 Clothes not worn mean-looking, unwilling to change; shews economy.

Yăt kai păt u, yăt kai păt tsuy, 一介不與一介不取 A straw not give, a straw not take.

Hăw chung păt cheet tsze wong, me tune păt kwa fan now, 口中不設雌黃眉端不掛煩惱 In the mouth not place a (chattering) young bird, between the eye brows hang not vexation, speak little of others and be cheerful.

Chong lung, cha a, 裝聾詐啞 Affect deafness, and pretend to be dumb;—said of servants who will neither hear nor answer.

Tsuy pa pe yun sew. 最怕被人笑 The thing most to be fear is to be laughed at;—the best thing is 敬 King, respect, the next is 愛 Oy love, the third to be 恨 Hăn hated, but the worst thing is to be laughed at.

Che kwo tsik koi, 知過即改 As soon as you perceive an error, immediately reform.

Pow chut kum leen, 步出金蓮 Pace out among golden water lilies—Chinese ladies's little feet.

Yăt sheong fung gan, —雙鳳眼 A pair of the Fung-bird's eyes;—said of long Chinese eyes.

PAN-KAK-LUY-YAT.

Me tsing, muk sǎw, 眉淸目秀 Eyebrows fine and eyes bright.

Shǎp che tseem tseem, 十指鐵纖 Ten fingers slender slender—a lady's fingers.

He fuk u lan, 氣馥如蘭 Breath fragrant as the lan flower.

Lǎw yew pow, 柳腰步 Willow waist pacing, a lady's gait.

Fung tsze yew yei, 丰姿搖曳 Beautiful and waving gait, not stiff and bolt upright.

To ma kei, 墮馬髻 A particular form of a Lady's head dress.

Yǎt sew king yun shing, tsoy sew king yun kwok, 一笑傾人城再笑傾人國 With one smile overthrow a city, and with another smile overthrow a kingdom; said of the force of a Lady's smiles.

Tsow sze oo tow, 做事糊塗 To do business stupidly, like paste and mud.

How ta pan, 好打扮 Well dressed.

How hoan tsze, 好漢子 A good Chinese.

How sze, tsow te, 好事做的 Of good affairs do a little.

Ha lǎw yun, 下流人 A descending man, a low degenerate man

PAN-KAK-LUY-YAT.

Tsze yun suy hei shang tăk chăw yaong, 此人雖係生得醜樣 This man although is not good looking—is a good man.

Ha tseen yun, 下賤人 A low mean person.

Tsow sze yăw tăw mow me, 做事有頭冇尾 Doing business have head no tail—beginning well and falling off.

Tai poon sze yun, 大本事人 A man of great ability.

Ho shat, păt ho yuk, 可殺不可辱 May kill, but not insult; said by persons who resent insult.

Hung mow shing keen, yăw ee păt kuet, 胸無成見游移不決 In the breast no perfected view, roving, moving undecidedly; said of persons who seem never to come to any fixed principles.

Hăw tow yun, 厚道人 A thick wayed man, an honest faithful person.

Tsze fooy, 自悔 Self repent, to repent one's self.

Tsze she, 自恃 Self confidence, in a bad sense.

Tsze ha, 自下 Self-low, humble.

Tsze gow, 自傲 Self-proud, haughty.

Tsze she, 自是 Self-right, opinionated, self righteous.

Tsze tai, 自大 Self great, consequential.

Hung gan to pok ming, 紅顏多薄命 Red faces (beautiful women) are often ill-fated.

PAN KAK-LUY-YAT.

Hoak fung seong, kaou kik tow im ooy, hoak fa tsze kwo kwan, yăt yay tsăw ooy, 學封相教極都唔會學花子過關一夜就會 Learning to be a minister of state, by the utmost teaching he won't understand, learning to be a beggar passing the door, in one night he'll fully acquire it: Boys learn what is good with difficulty, but what is bad with ease.

Tsze kwa, 自誇 Self-boast, to brag.

Tsze heem, 自謙 Self humble, humble expressions concerning one's self.

Tsze yun, 自認 Self acknowledge, confess.

Găw kow, ma tai, 牛高馬大 A cow, as high as a horse, as big as—said of lads who ought to be set to work.

Go wa kuy im chung yung, yăw măt tso ne, 我話佢唔終用有乜錯呢 When I said he was useless, where was the mistake?

Tsok tăk sum yăt, yăt yăw, tsok gei, sum low yăt chuet, 作德心逸日休作僞心勞日拙 Practising virtue the heart is at ease and daily better, practicing deceit the heart toils, and is daily worse.

Tseen moon fong kwei, hăw moon fong tsak, 前門慌鬼後門慌賊 At the front door fear ghosts, at the back door fear thieves—said of the undecided idle person, who remains inactive, dreading "a lion in the streets."

Tsune how sum, 存好心 Preserve a good heart.

PAN-KAK-LUY-YAT.

Fuk tai leong tai, 福大量大 Happiness great, clemency great, a Happy person is liberal.

Hăng how sze, 行好事 Perform good works.

Tsăw wa, tsăw yew, teem tăk kum fai ne, 就話就要點得咁快呢 Just speak, just want,—how can procure so fast.

Tsung hei chut kai kwang, 總係出街逛 Always going out to the streets, to saunter about.

Tsung im che kuy tsow te măt yay, 總唔知佢做的乜野 Don't know at all what he is doing.

Făw tsow, 浮躁 Light and riotous disposition.

Tsung kum koy kwo, me wei che, 從今改過未爲遲 From this time reform, it may not be too late.

Fuk tsze, peen peen, 腹笥便便 The belly (i. e. the mind) a book trunk, quite full, very learned.

Ee koon kum shăw, 衣冠禽獸 A clothed and capped brute; said of rude and vicious rich men.

Ei tsei, 矮仔 A short person, a pigmy.

Chik hei yăt chek ow tsow maou kum yaong, 只係一隻污糟猫咁樣 Just is a dirty cat, so fashion, language of above.

Chăn kum păt pa hung low fo, 真金不怕紅爐火 True gold does not fear a red furnace, I'm not afraid of what you can do to me.

PAN-KAK-LUY-YAT.

Chuk tung keok, fan tsăng yew, wa he shik tsăw me me sew, wa he tsow sze tsăw sum tsew, 竹筒脚飯甑腰話起食就微微笑話起做事就心焦 Bamboo shanks, rice-still waist, speak of eating, and he smiles, speak of work, and he frowns; said to abuse lazy boys.

Sew yun e sew shen wei mow yik e făt wei, ee sew ok weĭ mow sheong e făt huy, koo ok tsik e păt ho eem, tsuy tai è păt ho kai, 小人以小善爲無益而弗爲以小惡爲無傷而弗去故惡積而不可掩罪大而不可解 A small (i. e. bad) man considers small virtues useless and neglects them, and considers small vices harmless and practises them, thus his vices accumulate till they cannot be concealed, and his crimes too great to be pardoned.

Sheong shan u ping te, lok shuy u făw kew, 上山如平地落水如浮橋 Ascend a hill as it were level ground, decend to the water as a floating bridge; said in praise of good horses.

Sze wei che ke yung, nuy wei uet ke yung, 士爲知已用女爲悅已容 A spirited man will serve those who know him, a woman will dress for those who please her.

Shu eep lok tăw, kuy tow fong kay, 樹葉落頭佢都慌旣 The falling of a leaf upon his head,—even that he fears; said of a person who is excessively timid and cautious.

PAN-KAK-LUY-YAT

Shang tak shăp fun how yaong, 生得十分好樣 Born ten parts good fashion—very handsome.

Shang tak shăp fun chaw yaong, 生得十分醜樣 Born very ugly.

Long tsze, 浪子 Son of the wave, one tossed by profligate passions, a debauchee.

Ling le yun, 伶俐人 A clever person.

Lei tow peet cha, 禮多必詐 Where there is excessive civility, there must be deceit; A person who tries to please by over civility, must intend some fraud.

Shang păt yap koon moon, sze păt yap te yuk, 生不入官門死不入地獄 Living, not enter a mandarin's gate, dead not enter the prison of hell; Exhortation to be good.

Ko ko yun, shăt shăw lan to, 嗰個人實首懶惰 That person is very lazy.

Kŭy hei im che chăw kay yun, 佢係唔知醜嘅人 He is a man who does not know how to be ashamed, shameless.

Kwo shăt how yun, 果實好人 Really a good man.

Pe chaw tsok yay, 俾晝作夜 Give the day to make night, turn day into night; said of opium smokers and idle people.

Pe fun gan shik, kuy tsăw sheong tai hung lo, 俾分顏色佢就上大紅嵠 Give a little colour, he forthwith

PAN-KAK-LUY-YAT

ascends to bright scarlet; i. e. give him an inch, he takes an ell, give him a little countenance, he presumes upon it.

Ko hei low shăt yun, 個係老實人 That is an old solid man—a sincere and faithful person.

Kuy shik tăk le? 佢食得哩 Can he eat? said of a sick person.

Kuy hei ko chun tsoy, 佢係個蠢材 He is a stupid material, a stupid fellow.

CHANG-NAOU-LUY-TSUNE

爭閙類全

QUARRELLING AND RAILING.

SECTION XIX.

Tsăw nong, fan toy, 酒囊飯袋 A wine sack, and rice bag; said of a great eater and drinker, who is lazy into the bargain.

Go im how lăw fan tam he, nune tow? 我唔好畱翻啖氣煖肚 Do I do wrong to retain a little breath to warm my belly?—means I will not answer any more.

Yăt tsay, pak chai, 一斜百跴 Once aslant a hundred feet will tread on it—used in exhorting people to maintain an upright and correct character, for if these be once lost a hundred things will be laid to their charge.

Chăm pan, kum hăw meen pe, 砧板咁厚面皮 Skin of the face as thick as a chopping block.

Tso tseng, koon teen, 坐井觀天 Sit in a well and observe the heavens—one who has seen and knows but little.

CHANG-NAOU-LUY-TSUNE.

E lun to, shing kung shew, 議論多成功少 Where there is a great deal of deliberation, but little good work is effected—much talk and little work.

Lok shuy kăw, shtin koan, tsăw ooy gaou yun, 落水狗身乾就會咬人 A drowning dog, as soon as his body is dry, will bite a man—used to express great ingratitude in one who has been delivered,

Ne wak chek ee tseong lei lo, 你畫隻耳墻黎囉 You may paint an ear upon the wall to listen to you,—I won't.

Low a ming, hoy hăw pe yun teng, 老鴉命開口俾人掟 An old crow's fate,—when it opens it's mouth people pelt it; The crow's hoarse note is thought by the Chinese infelicitous,—the above is said of a person who by his conversation excites dislike.

Tow tew tow mow teem mak shuy, 倒吊都冇點墨水 Turned upside down, not a drop of ink comes out;—said of a person who is perfectly ignorant of books.

Tsik tune fo pai, 藉端科派 Make pretexts for disbursements—of the public money.

Wei shan kăw yŭn, kung kwei yăt kwei, 爲山九仞功虧一簣 In rearing a hill nine *Yin* high, the finishing depends on a basket—of earth, the completion of a great work often depends on a little thing.

K 2

CHANG-NAOU-LUY TSUNE.

Ne kam yun goy, im tsow tăk oh, 你監人呆唔做得阿 You force a man to be a fool won't do—said by one who resists what is laid upon him.

Yăt mong ta tsun, 一網打盡 One net catch all; said by one who has been cheated at once out of all his property.

Poon po, foo leet, 盤破箍裂 The vessel broken and the hoops rent -said of an affair that is utterly ruined.

Nam yun hăw, tsze tseong kwăn tseen, nuy yun haw tsze lan kwei shen, 男人口似將軍箭女人口似爛葵扇 A man's words are like a warrior's arrow, a woman's words are like a broken fan. The one is sure, and the other not to be depended on.

Ta tsow king shay, 打草驚蛇 Beat the grass to frighten the snake—to chastise one, in order to intimidate another.

She fe chik wei to hoy hăw, fan now kai yun keong chut tăw, 是非只爲多開口煩惱皆因強出頭 Tales arise from opening the mouth too much, vexation arises from forcing forth the head—interfering.

Mow eem che kăw, 無厭之求 Insatiable importunity.

Ling yun hó ee, 令人可疑 Cause people to entertain suspicions.

Shei păt leong lap, 誓不两立 Swear not both stand, I swear that either you or I shall fall.

CHANG-NAOU-LUY-TSUNE.

Chang ming, tuet le, 爭名奪利 Strive about rank, and snatch at gain—This is the occupation of a great portion of mankind.

Chuk chü măn fuk keok, chăm tsăw măn tei oo, 捉猪問伏脚斟酒問提壺 To catch a pig, ask for one to grasp the foot, when wine is wanted, ask for him that holds the bottle. Apply to the proper person in every case of need.

Eem suk ching tsei, 嚴肅整齊 Grave and formal, severe and correct.

Now he teen hung, 怒氣填胷 Angry aura fills the breast; full of wrath.

Kăw wing fan yuk, 求榮反辱 In seeking for glory to bring shame upon one's self, a Caution commonly addressed to literary candidates, to induce them to attend to the Rules prescribed by government.

Kum che hune wa, 禁止喧嘩 Noise and clamour are here interdicted—written in front of public offices.

To fong peen pok, 多方辯駁 A great many disputatious contradictions—by one accused of doing wrong.

Keng kăw, tung ma, 驚狗動馬 Alarm dogs, and agitate horses—said when the police come into a neighbourhood.

Fan fuk, mow sheong, 反覆無常 Backwards and forwards—inconstant—some people's manner of doing things.

CHANG-NAOU-LUY-TSUNE.

Pak tsze mok peen, 百詞莫辯 A hundred speeches cannot controvert—what you are accused of you may as well confess.

Sheen tsze tsok wei, 擅自作爲 Assume the power of acting independently, when it does not belong to one.

Pat foo che yung, 匹夫之勇 A mean man's courage, that which is merely physical, without sentiment or principle.

Sheng he im how, 聲氣唔好 Reputation not good, bad reports concerning any affair.

Nam mo seen shang, ta kaou, 喃嘸先生打交 A budh priest strife—disputing about the twig with which they beat time, intended to denote, wrangling about 爭丁 Chang-ting, A trifle.

Hei im hei ne? 係唔係呢 Is it so, or not now?

Go tei keen tsaw gan fo shew sze kuy lo, 我體見就眼火燒死佢囉 When I see him, I wish the fire of my eyes could burn him to death.

Go tune im fong kwo kuy, 我斷唔放過佢 I am determined not to let him off—said in anger.

Lune shuet, 亂說 Confused talk, talking at random, true or false.

Ling yun sze ee, 令人思疑 Cause a person to suspect, make one suspicious.

Suk une, 宿怨 A sleeping dislike, a feeling of dislike that has been cherished sometime.

CHANG-NAOU-LUY-TSUNE.

Che shei hăng hung, 恃勢行兇 To rely on one's power and act cruelly.

Tăng moon ta ka, 登門打架 Ascend the gate and fight; To go to a person's house to quarrel with him.

Kăw hăn, 舊恨 An old resentment.

Tuk lik nan che, 獨力難持 Single strength difficult to grasp; It is difficult or impossible for me to do it alone.

Tai sheng tsat foo, 大聲疾呼 To call to in a loud and hurried manner.

Pan moon lung foo, 班門弄斧 A carpenter in his craft working with his hatchet—said when declining to compete with any person, meaning that the other is perfect in the thing, and I am not acquainted with it.

Mok to shăw, 莫多手 Don't much handle; said to children or others, forbidding them to touch or handle things.

Tai fat tsok, 大發作 A great explosion or commotion; said either in reference to what is good or bad.

Ne tei go chang yăt teem he oh, 你替我爭一點氣啊 Do you for me wrangle a little breath; Do you assist me to defend myself against this person.

Aw tăt, 嘔突 To vomit out—more than has been eaten; to lose in one way more than one gains in another.

Shik tung, 食銅 To eat copper, to extort shall fines.

CHANG-NAOU-LUY-TSUNE.

Chang yăt teem he, 爭一點氣 Strive with a little breath, struggle against other people's anger; said by one who will not submit to it, an ill tempered person.

Teen chu te meet, 天誅地滅 Heaven destroy, and earth annihilate.

Yuk tsoy chăm pan sheong, 肉在砧板上 The flesh is laid upon the chopping block, the person is in the clutches of the police.

Sung yuk sheong chăm, 送肉上砧 Lay the flesh upon the chopping block, get the person into the clutches of the police.

Kei chun im tăw tăk shek tăw chu, 鷄春唔鬪得石頭住 Eggs cannot fight with stones.

Teen tow she fe, 顛倒是非 To turn upside down right and wrong.

Hune wa ta tsok, 喧譁打作 Clamour, noise, and wrangling of children.

Yăt shăn tow, mow cheong le kay, 一身刀冇張利旣 Whole body is knives, but not one of them sharp—denotes a great pretender, but a small doer.

Chuy ta low, ta kaou, 吹打佬打交 Musicians' fight, is used for the phrase. 爭的 Chang te, A slight difference because.

FOO-KWEI-LUY-TSUNE.

Yun chang yăt teem he, făt chang yăt low heong, 人爭一點氣佛爭一爐香 Men wrangle about a little breath, Budh priests wrangle about a stick of incense.

FOO-KWEI-LUY-TSUNE.

富貴類全

RICHES AND HONORS.

SECTION XX.

Lei e shang u foo tsuk, 禮義生於富足 Propriety and justice are produced by affluence and abundance, an old saying of Mencius, but not a very true one.

Kei na fe, kei tsei tsăw fe chăy, 雞乸肥雞仔就肥啫 When a hen is fat, the chickens are also fat; When a master is wealthy, it is well for the servants.

Tseong yăw che, e fun ke shŭn, 象有齒而焚其身 The Elephant on account of its teeth, gets its body burnt;—said to denote the danger of riches under a despotism.

FOO-KWEI-LUY-TSUNE.

Foo chay tseen kum, pän mow leong teet, 富者千金貧無兩鐵 The rich have a thousand taels of gold, the poor not one tael of iron.

Shei tsap mong tei, 世襲罔替 Ages continued without end, perpetually hereditary.

Tsam ying pät tsuet, 簪纓不絕 Official cap uninterruptedly for many ages past;—in the same family.

Moon oo tong hing, 門戶當興 Gates—i. e. a family that deserves to rise.

Tong sheong yăt foo, tong ha pak nok, 堂上一呼堂下百諾 At the top of the hall one call produces at the bottom of the hall a hundred answers—said of the rich attended by a great many servants.

Mei tap chuy, 米塔鎚 A rice jar hammer, one who breaks the jar and spills the rice, by his misconduct, instead of working well to procure rice,

A to kung shăw, kwo taou, 亞佗拱手過頭 A hunch-backed man making a low bow—his back is higher than his head; said of what is excessive, too much.

Păng hăw low, ke păng hăw oon, 崩口佬忌崩口碗 A hare-lipped person, hates a broken-edged basin; A person does not like his defects to be noticed in his hearing, nor the things natural or moral, in which he is defective, named.

FOO-KWEI-LUY-TSUNE、

Fung shŭn kei, 奉神雞 A fowl to present to the gods; A fat man without a double chin.

A to hang low, 亞佗行路 A hunch-backed man walking; presents but an awkward appearance; said of what is but middling.

A to cheok e, im tow too, 亞佗着衫唔到肚 A crooked-backed man putting on clothes,—they never touch his belly, but hang loose;—said of what does not answer the purpose.

A păng gaou kăw shăt, im sze chan pai fong, 亞崩咬狗虱唔死聽排慌 A hare-lipped person biting a dog louse (i. e. a flea) its harelip cannot press it, it is in fear before it dies; said of fear of danger, which precedes it unnecessarily.

A păng chuy fo, lăw he, 亞崩吹火漏氣 A hare-lipped person blowing the fire—he wastes a good deal of his breath, so do those who talk to one who does not heed them.

Shan mai moon, ta mang low, 閂埋門打盲佬 Shut the door, and thrash a blind man—that is very easy; said of what is excessively easy and sure.

Mang low kew sam neong, lune chong, 盲佬叫三娘亂撞 A blind man calling for the *third* lady;—great lady, second lady, and third lady are common epithets—the blind man cannot distinguish—so is it with those who act on vague reports.

L 2

FOO-KWEI-LUY-TSUNE.

Foo u kwei, she yun che sho yuk ya, 富與貴是人之所欲也 Riches and honors are what all men desire.

Ka mow sew tsze, păt shing kwăn tsze? 家無小子不成君子 A family without small servants, can never produce eminent men; Used as an answer to the question, why do you use so many servants?

Heong een, te keet, kăw fe, cha eet, 香烟地潔狗肥茶熱 Fragrant incense, a clean floor, a fat dog, and hot tea, indicates diligent servants.

Yuk yew foo, chuk ing tsze, 欲要富畜五字 If you would be rich, rear the *five* domestic animals—viz pigs, cows, sheep, fowls, dogs.

Yăt tuy tseen kum, 日兌千金 Daily weigh a thousand pieces of gold,—a wish written over the scales by shopmen.

Luk wei kow shing, 祿位高陞 Emolument and office high advance—a new-year's wish written up at the gates of public offices.

Tong une tsung e kum ăw, făw tsoy seong che ming, 唐玄宗以金甌覆宰相之名 The Emperor *Tong-une-tsung* with a golden cup covered the names of ministers, in token of valuing them.

Kum tow tai ma, 金刀大馬 Golden knives and large horses, are the lot of the rich and great.

FOO-KWEI-LUY-TSUNE.

Ka koon, tsun tseok, 加官進爵 Increased mandarin ship, advanced nobility;—Preferment and Promotion—a new year's wish.

Pak ma tsze kum oan, kay chut man yun hoan, 白馬紫金鞍騎出萬人看 White horse, purple-bridle and golden saddle, when the rider goes forth, ten thousand persons look on, the ancient honors of the head of the literati, the *Chong-une*.

Kum yuk moon tong, 金玉滿堂 Gold and gems fill the hall,—great wealth is possessed, or rather wished for at new year.

Tuy kum tsik yuk, 堆金積玉 Heap up gold and accumulate gems, A wish written up on shopmen's presses at the new year.

Ming tăng kum pong, 名登金榜 Name ascend the golden tablet—having one's name inserted among the *Keu-jin* graduate.

Kum yuk ke goy, pai suy ke chung, 金玉其外敗絮其中 Gold and gems outside, ruin and corruption inside; Said of showy mandarins who have no virtues or talents.

Pe sha kan kum, 披沙揀金 To return over sand to search for gold;—to search for talent and employ it.

Fei kum u tow, 揮金如土 To spend gold, as if mud, (or earth) He who does so can effect great things by its influence; He may subsidise princes, and buy nations.

FOO-KWEI-LUY-TSUNE.

Kwei tsze wei tsune, e to kum, 季子位尊而多金 *Kwei-tsze* is in an honorable place, and has plenty of gold; said of those who insult a man when poor, and flatter when rich—the allusion is to a tale of old.

Yăt leong wong kum, sze leong fuk, 一两黄金四两福 One tael of yellow gold, four taels of good-luck—the former is not obtained without the latter, all depends on luck, without it labour is vain.

To kum kuy sze, 多金居士 Much gold retired man, A man who retires from the world with his wealth, desiring neither honor nor fame.

Wong kum man leong, 黃金萬両 Yellow gold a thousand taels—written by abbreviation in one character, a new-year's wish written on tradesmen's counters.

Fun to yun kwa, 分多潤寡 Distribute much to enrich the needy, advice to the wealthy.

Ting tai wing shün, 頂戴榮身 A button to the cap to illustrate the body—is said of the buttons or knobs to caps, sold as badges of honor by the reigning family.

Foo chay cheen sheong păt tew mow, păn chay mow lap chuy che te, 富者毡上拔條毛貧者無立錐之地 The rich (spending money is but like) plucking a hair from a carpet; The poor have not ground enough to stick an awl in.

FOO-KWEI-LUY-TSUNE.

Wa ok leong yun tăw, kew tsei tow hak shune, 華屋量人斗嬌妻渡客船 A gay house is a measure for man, (from which he is soon turned out and another received) A beautiful wife is a boat to ferry over guests, is used first by one and then by another.

Ming moon tai tsuk, 名門大族 Famous gate, large clan, a family of distinction.

Ing kuk fung tăng, 五穀豐登 The five (sorts of) grain abundant, a plentiful year.

Păn păt u foo tik, foo păt u koon kaou, 貧不與富敵富不與官交 The poor cannot contend with the rich, the rich cannot conflict with mandarins.

Chay che fan wa, 奢侈繁華 Extravagant and gay.

Shăw tăw sung, 手頭鬆 Fist hold loosely, to part easily with money.

Yăw tseen, nan mai tsze sune een, 有錢難買子孫賢 Having money, it is difficult (or impossible) to buy virtue for children and grandchildren.

Fung năm che neen, seen e tsuk shik, 豐稔之年鮮衣足食 In an abundant year, there are new clothes and plenty of food.

Kow leong tsze tei, 膏粱子弟 Fat fine-riced sons and brothers—the children of the rich—those who have nothing else to recommend them.

FOO-KWEI-LUY-TSUNE.

Shew neen tăng fo, 少年登科 In youth to obtain a fellowship—(the rank of *Kuy-yun*) generally makes lazy scholars.

Luy toy shu heong, 屢代書香 Several generations book fragrance, a family long noted for scholars.

Chune chăw, cheok tune, 穿綢着緞 Clothed in crape and clad in silk—the condition of the rich.

Tai foo yăw teen, sew foo yăw kăn, 大富由天小富由勤 Great wealth comes from heaven, (or destiny) little wealth from industry.

Tsoy chu tsei, 財主仔 The son of a rich man.

Tai yăw meen, 大有面 Greatly have face—great respectability.

Tsing han mow sze, 清閒無事 Pure leisure, no business, quite at leisure.

Foo yung, 富翁 A rich old man.

Fae oot, păt che she yăt kwo, 快活不知時日過 The gay lively person does not know that hours and days pass away; Said rather in commendation of those who are merry and thoughtless.

Foo kwei păt che, păn tseen foo, 富貴不知貧賤苦 The rich don't know the distresses of the poor.

Shŭn ka yŭn shăt, 身家殷實 Person and house substantial, opulent.

Yŭn oo, 殷戶 A substantial house.

FOO-KWEI-LUY-TSUNE.

Cheok heuĕ im ying cheok hai yun, 着靴唔認着鞋人 The man in boots will not recognise the man in shoes; the prosperous man cuts his old poor friend.

A koon tsei, 亞官仔 A mandarin s son, a fine gentleman, a young dandy; It is not a term of respect, but rather of contempt.

Paou shik, nune ee, 飽食煖衣 Fully fed and warmly clad.

Kung tsze ka, 公子家 Gentleman's family, family of great official people.

Yăw chai ka long, mow chai tai, mow chai ka long tai moon tăw, 有釵嫁郎無釵戴無釵嫁郎戴滿頭 Having trinkets to marry a husband, but have none to adorn the head, without trinkets to marry a husband, and not have them, afterwards to fill the head; This is said of one first rich and then poor, and of one first poor and then rich.

Foo kwei păt kwei koo heong, u kum ee yay hăng, shuy che che chay, 富貴不歸故鄉如錦衣夜行誰知之者 He who becomes rich and does not return to his native place, is like one clad in embroidered garments walking in the dark, who is to know it?

Tai een hak, 大宴客 A great feast, or entertainment.

Năng che sam yăt sze, foo kwei ke tseen neen, 能知三日事富貴幾千年 He who can foreknow three days affairs, will be rich for several thousand years—but the first condition is impossible.

Tsoy pak pǎt ho keong kǎw, 財帛不可強求 Wealth should not be sought by violence.

Shew yay moon, 少爺們 Young gentlemen, mandarin's son's.

Hing ka tsei, 興家仔 A son who will raise a family.

Kwong tsung, yew tsow, 光宗耀祖 To shed lustre on one's ancestors.

How choang pan, 好粧扮 Well dressed.

Yuk yew foo, heem chung tsow, 欲要富險中做 He who is determined to be rich will act in the midst of danger, or risk doing what is illegal or dishonest.

Shan tai, cham yǎw shai, 山大斬有柴 A large hill at every cut there's fuel.

Yǎt chew kune tsoy shǎw peen pa ling loy hǎng, 一朝權在手便把令來行 The morning authority is in your hand, forthwith give orders to come and act.

Fei yung how fan, 費用浩繁 Living at great expense.

TOW-TSAK-LUY-TSUNE.

盜賊類全

THEFT AND ROBBERY.

SECTION XXI.

Tow tsak pak u păn kung, 盜賊廹於貧窮 Robbers and thieves impelled to be so by poverty.

Kăt săw păt ha shong, to hai păt chut fong, 咳嗽不下床拖鞋不出房 He who won't get out of bed, he who scrapes his shoes on the floor, won't go out of the room, or he dares not—said by night house breakers.

Ta keep sze chu, 打刼事主 To plunder openly the master of a house.

Keep leok tsoy măt, 刼掠財物 To plunder property in open day.

Eem na pak choang, 嚴拿白撞 Rigorously seize daylight intruders—who are supposed to have an intention to steal.

M 2

TOW-TSAK-LUY-TSUNE.

Tăng teen, 登天 Ascend to heaven—house breakers who enter by the roof.

Tow sha, 淘沙 To scrape land—a phrase for house breakers who enter by mining under a wall.

Kew moon, 撟門 Door wrenchers—thieves who enter by the door.

Hoy lung, 開窿 Hole openers, thieves who enter by a hole in the wall.

Chai tăng fa, 跴燈花 Tread upon lantern flowers, the shadows of a lantern, thieves who secret themselves in parts where the lantern's light is shaded by a door &c.

Pe tei, 皮梯 Leather ladder; Thieves who ascend by this means.

Pak choang, 白撞 In day-light to intrude into houses under pretext of asking for some body, but really to steal if opportunity presents itself.

Ming fo, che cheong, 明火持杖 Bright fire grasp staves; Banditti who openly rob with lanterns and torches.

Tseong tuet now leok, 搶奪擄掠 To plunder property and seize persons—that money may be given as a ranson.

Naou kik tow im koy, 鬧極都唔改 Scolded ever so much, not reform the least;—such an one is likely to become a thief.

TOW-TSAK-LUY-TSUNE.

Fo he tsak fat, 火起賊發 As the fire arises, the thieves issue forth;—said of fires occurring in towns or villages.

Yăt chew fan fat, shŭn mow chu, 一朝犯法身無主 One morning offending the laws, body no master; if you get into a scrape, you are no longer at your own disposal, be careful.

Fooy hăn che, 悔恨遲 Repentance too late—written up on prison gates.

Wei fe, tsok tai, 爲非作歹 Commit wickedness and do evil, the constant conduct of thieves.

Pik măn wei tow, 逼民爲盜 To oppress the people and force them to rob—said against a bad government.

Kuy shăw tsuk to, 佢手足多 He has a great many hands and feet,—a bad man with numerous adherents.

Tow tong fa sew, 賭蕩花消 Gambling and debauchery, lead to theft and robbery.

Mow lai che tow, 無賴之徒 Vagabond who has no means of getting a livelihood.

Eem na kăw che, 嚴拿究治 Seize and prosecute with severity.

Tsok kan fan fo, 作奸犯科 Abandoned violators of the law.

TOW-TSAK-LUY-TSUNE.

Shuy low shu, hei tsoy shune tsong tåw măt yun, 水老鼠係在船艙偷物人 A water rat, those who steal in boats.

How shu păt shik wăt peen wo, 好鼠不食窟邊禾 A good (field) rat, does not eat the paddie about its hole; A good man will not injure his neighbours.

Go teng keen fai teng seen yăt pe yun keep, kum wa a, 我聽見快艇先日被人刼咁話阿 I hear that a fastboat was plundered a few days ago—so it is said.

Shăt măt to ee, 失物多疑 Losing things, excite many suspicions—you had better not come here and put yourself among the number of the suspected.

Hoy moon yăp tow, 開門揖盜 To open the door and bow to a thief—as if to ask him in—those who are careless do so.

Im hei tuk shay, im ta mow, 唔係毒蛇唔打霧 Were it not a poisonous snake, it would not gasp at the fog, were he not a bad man, he would not make this attempt.

Kwai tsze low, 拐子佬 A stealer of children.

Kăn shŭn ho paou, 謹愼荷包 Take care of your purses, a caution stuck up in passage Boats.

Ming, tow, kan, kwai, sze tai oan, 命盜姦拐四大案 Murder, robbery, adultery and child-stealing, are four great legal cases.

Păn kung he tow sum, 貧窮起盜心 The poor and

destitute (are very liable) to conceive the idea of stealing.

Tow chay, tow che une, 賭者盜之源 Gambling is the souce of theft and robbery.

Tow tsak fung he, 盜賊蜂起 Thieves and robbers rise up like bees—indicate a falling Dynasty.

MǍW-YIK-LUY-TSUNE.

貿易類全

TRADE.

SECTION XXII.

Han tam kǎw tso, yǎw ing shang le, 閒談久坐有悞生理 Chit-chat and a long sit, hinder business; This admonition is commonly written up in shops and eating houses.

Yǎw tǎk kam, mow a? 有得減冇亞 Will you abate a little or not?

Yǎw han chay, 有限啫 Have limit—not much.

MAW-YIK-LUY-TSUNE.

Mow tseen he sze, ying hung hoan, 無錢氣死英雄漢 No money (to buy a good bargain) would vex to death a valiant Chinaman; Said by the disappointed Trader.

Tăk tow wong kum, she ka chaou, 得到黃金時價找 When you have got the yellow gold, enquire the market price, to sell it at; don't part with it readily.

Yun wei tsoy sze, new wei shik mong, 人爲財死鳥爲食亡 Man for the sake of wealth, dies; Birds for the sake of food, are killed; The moral is, beware of covetousness.

Ooy mai, mai pa yun, ooy mai, mai pa yun, 會買買怕人會賣賣怕人 A keen buyer, makes people afraid of the buyer; A keen seller, makes people afraid of the seller.

Che shăw mai wan, 指手埋灣 (I can) point with the hand to the landing place—all my goods are ready whenever called for.

Shăw hăw seong sheong, 手口相商 Hand and mouth consulting with each other—reckoning with the hand, and moving the lips, about a bargain &c.

Yăt te hei go king shăw lew le, 一的係我經手料理 One whole all is managed by my own hand.

Yăw păt tăw mow ne, 有疋頭冇呢 Have you any woolen cloth.

MAW-YIK-LUY-TSUNE

Yăt koo kwat, 一罟刮 One net pare off—denotes buying the entire quantity of any goods, and not allowing it to be sold in parts.

Im chut tăk shăw, 唔出得手 Cannot get them off my hands; said of goods.

Mai fo shăw, 買貨手 A goods buyer—a person employed in shops for that purpose.

Ok chut shăw, 惡出手 Difficult to get rid of certain goods.

Yăw how to meen fa, 有好多棉花 There is a great deal of cotton.

Yew ke to ka tseen ne, 要幾多價錢呢 Want how much price now? i. e. what is the price?

U seen mai peen, 預先買便 Previously bought and ready.

How tsoy go im sheong kuy tong oh, 好彩我唔上佢當阿 Happily I was not caught by his hook; I was not taken in by him.

Fŭn shŭn im ha, 分身唔暇 Divide body not leisure, I cannot leave my shop or counting house.

Shik po, im tei ko lan kăt, 識破唔底個爛桔 When known, it is not worth a broken orange; said of Quack's drugs.

How tsoy kop tai wa, 好彩㨃大話 Good at ornamenting lies.

MAW-YIK-LUY-TSUNE.

Pei low, wa kwei pei, peen tsăw, 跛佬話歸跛便湊 A lame old man telling a returning lame man that they suit each other,--a trader saying his spoiled goods are fit to sort with some other person's spoiled goods in order to get them off.

Chap tow, tow im teem, 執倒都唔添 If I could pick up money (in the streets) I would not add, to the price.

Ne im teem kwo go, yik yew teem kwo peet yun chay, 你唔添過我亦要添過別人遮 If you won't add to my price, you'll have to add to somebody else's—you may as well give me more.

Go tsăm ne e, ne tsăm go nan, 我尋你易你尋我難 I can easily find you out, it will be difficult for you to find me out; said by a buyer trying to cheapen a shop man.

Tseen kum sew tsay peen tsok a wan mai, 千金小姐變作了嬛賣 A thousand pieces of gold young-lady, I am selling to you as a slave; said by a shop man who pretends to be selling very cheap.

Shang e e tsow, fo kei nan tsăw, 生意易做夥計難湊 If is easy to trade, the difficult thing is to get suita le partners.

Wong shen fat, 黃蟮法 A yellow eel's method, a slippery fellow who slides out of a scrape.

Wo shuk, im pa shu how 禾熟唔怕鼠秏 Paddy being ripe, no fear of the rats, they cannot consume much. Trade's people apply it to partners who pilfer a little, but if large profits be made, that is of no consequence.

Wei yün kän loy im to sew ne te fo, 爲因近來唔多消呢的貨 Because of late there has not been much consumption of these goods.

Mai yun, im che mai yün chu, 買人唔知賣人處 A buyer, not knowing where to find a seller—said of buying rank &c.

Tsow chut ping kwo shang ee, 做出平過生意 To do profitless business—to sell at the same price as a thing was bought at.

Tow ke how, 都幾好 All pretty good—rather good.

How kwo täw lo, 好過頭囉 Good over head, exceedingly good.

Häw loy tsäm, 後來尋 Seek for some afterwards.

Hong tsing kwong, 行情光 A man who understands business.

Hei kum yaong tsow lo, 係咁樣做囉 It is thus done.

Tam täk mow eem, 貪得無厭 Insatiably covetous.

Tai kwei täk tsei, 太貴得擠 Extremely dear.

Tung sum hop sune, 同心合算 Same heart united reckon, said of good partners in trade.

Hop poon shang ee, 合伴生意 United partners in trade.

N 2

MAW-YIK-LUY-TSUNE.

Tai fat tsoy, 大發財 Greatly increased in wealth, grown rich.

Hung pa im kăw koo a, 恐怕唔彀估亞 Fear there is not a sufficient quantity.

Tsoy loy, tsze yăw fong, 財來自有方 When wealth comes no doubt there will be means.

Go shăt shăw seong pong chŭn kuy, 我實首想幇襯佢 I am very desirous of assisting him, as a customer.

Go yăt how tow mow chan tow ah, 我一毫都冇賺到阿 I one fibre all not profit—I don't make any profit at all,

Go im mai tsze lo, 我唔買自咯 I won't buy it—because it is so dear.

Tung kwa wak leong chek gan wăt, kuy tow shay kay, 東瓜畫两隻眼核佢都賒旣 (His head is like) a melon with two eyes painted on it, he trusts every body. One partner complaining of another, who to make it appear he draws many customers,, trusts every body,

Go huy mai kei hong, 我去買鷄項 I am going to buy fowls.

Tai mow yik, 大無益 Greatly without advantage, very useless.

Tseen yun ta pa, 前人打怕 Gone by men have made me afraid (to deal on credit), I cannot give credit.

MAW-YIK-LUY-TSUNE.

Tsok sze, pǎt le kung tow, e tsze, 作事不離公道二字 In your actions,—never depart from the two words, "general, just"—never do what is selfish and unjust.

Go yew tseng ko yun hoan hak ne pow shu, 我要請個人刋刻呢部書 I want to invite a man to engrave this book.

Go tsǎw kuy kaou yik kwo, mow tei ee cheong, 我湊佢交易過冇第二賬囉 I have already dealt with him, I'll not do it a second time; Implying that one has been ill used.

Go fong kǎw, im mai tǎk huy lo, 我慌彀唔賣得去囉 I am quite afraid that, I cannot sell it.

Tam che, mok tam tso, 擔遲莫擔錯 Bear it slowly don't bear it erroneously—don't be in a hurry.

Go ting chu ee lo, 我定主意囉 I have fixed the master thought, I have made up my mind, taken my resolution.

Go seong kung ne sheong leong, mai te fo, 我想共你商量買的貨 I think of consulting with you about buying a little goods.

Go yǎt heong mow tsǎw kuy kaou yik, 我一向冇湊佢交易 I heretofore have never dealt with him.

Tsik shew shing to, 積少成多 Accumulated fews, make many, as the Scotch say, "mony littles mak a muckle".

Fo mǎt seen ming, 貨物鮮明 Goods fresh and clear.

MAW-YIK-LUY-TSUNE.

Tsze chu mow u, peet ha tew, 此處無魚別下釣 This place there are no fish, else where drop the hook; If there be no business or occupation in one place, you must seek it in another.

Fai te mai lei, 快的買黎 Make haste and buy it.

Sew teen shang ee shăt shăw tam pok, 小店生意實首淡薄 My little shop's trade is very thin (dull, bad).

Shăt tsoy sune yăt leong găn, 實在算一両銀 Truly reckoned one tael price.

Seong wa chune hong, yik mow măt shang ee how tsow, 想話轉行亦冇乜生意好做 Thinking about changing (my) trade, there is no trade that is good.

Shang ee wong tseong, 生意旺相 Trade flourishing.

Chuk pak sheen, 捉白蟮 Catch a white eel to make profit.

Chung yăw ke to, 重有幾多 Still have how much or many.

Chăn che ah, 眞至阿 It's very true.

Sew tseen im chut, tai tseen im yap, 小錢唔出大錢唔入 If small monies don't go forth, large monies won't enter; Unless you allow inferior agents small profits, you cannot effect great sales.

Ming mai ming mai, 明買明賣 Clearly—openly buy and openly sell, no smuggling or unfair practice.

MAW-YIK-LUY-TSUNE.

Me che ka tseen peng pe kwei chay, 未知價錢平被貴啫 Not know price is cheap or dear.

Me sune mái, seen sune mái, 未算買先算賣 Before you calculate on buying, calculate on selling. Think how you can sell a thing before you buy it.

Kuy im shik fo, 佢唔識貨 He does not know goods; whether things are good or bad.

Ka fo, 假貨 False goods, not genuine.

Păt shuk păt tsow, 不熟不做 Not mature, not do; Don't attempt to trade in what you are not accustomed to.

Kuy kum ooy ta pa yun, 佢咁會打怕人 He in this manner puts people in fear—said of a creditor who will not pay.

Kai sheong mai măt yay a, 街上賣乜野亞 On the street what is selling.

Pok tăw shang ee, 膊頭生意 Shoulder trade—i. e. the trade of a pedlar or other person who carries his shop on his shoulder.

Kum shang ee tow hei nan tsow kay lo, 咁生意都係難做既嘮 This trade is all difficult to do.

Yăt koo now, 一罟擄 A great haul, a netful; buying or selling the whole quantity.

Leong yap wei chut, 量入爲出 Measure income to regulate expenditure.

MAW-YIK-LUY-TSUNE.

Cheong kăw shang ee, 長久生意 Constant trade;—all the year round—not like foreign commerce which is only for a few months.

Ning yaong, păt shay, 寧讓不賒 Rather abate the price than trust—written up in shops.

Hang shune chang kai lam, mai mai chang seen tăw, 行船爭解纜買賣爭先頭 In sailing boats the struggle is to get loose the painter (first) in buying and selling the struggle is to be before hand.

Kum yăt hing kung, 今日興工 To day begin the work.

Tsze mow seong tong, 子毋相當 The interest and the principal equal to each other—Government will not prosecute for more than this.

Yăt yăt le kung, pak yăt sho, 一日離工百日疎 One day intermitting a work, it will make you less skilful a hundred days—said to Boys concerning reading.

Tung kwa wak leong chek gan lei tow shay kwo kuy, 東瓜畫两隻眼黎都賒過佢 A pumelo head with two eyes painted on it—even that you would trust; said by one Partner censuring another.

Ne te, kung ko te, im lai chay tăk kwo, 呢的共個的唔拉扯得過 This commodity and that cannot be put together—for such a price; that which is gained on one does not cover what is lost on another.

MAW-YIK-LUY-TSUNE.

Sew tsoy im chut, tai tsoy im yap, 小財唔出大財唔入 If small monies are not spent, large morries won't come in.

Mai hoy seen, 買海鮮 To buy fresh fish.

Tăk u, mong tsune, 得魚忘筌 When the fish are caught, the basket trap is forgotten.

Păt tsok mow yik, hoy yăw yik, 不作無益害有益 Don't do what is useless, and injure that which is useful.

Tăk shuy hăng chăw, 得水行舟 Obtained water sail the boat, to go with the tide, used to denote prosperous trade.

Tsow sze shun le, 做事順利 Doing business prosperously.

Kum te yaw shuy 揿地游水 Resting on the ground and swimming in the water, safe but not making much progress; said of doing business.

Mow ke to tăw mow, im tsong tăk ke to shăt na, 冇幾多頭毛唔藏得幾多虱乸 Not having much hair on the head, cannot afford a place for many lice, cannot employ so many people.

Shăt she tow wăn, shu im cheet yăw teet, 失時倒運輸唔徹又跌 Miss opportunity, inverted destiny, always losing and (at last) falling.

Fo cheok shai mai, chan im cheet tong făt, 火着柴埋賺唔徹當拂 The fire being lit and fuel supplied, profits will be made incessantly as if they were shovelled in.

MAW-YIK-LUY-TSUNE.

Tsap fo pow, 雜貨舖 A miscellaneous goods shop, a shop that deals in small wares.

Tsuy kuy tsăw, 催佢走 To urge him to do, to importune and persuade.

Ka kow chew une hak, 價高招遠客 Price high will induce distant customers, To make sense, it must be understood that the commodity is superior.

Yăw she ko te yun tsung hei e shuk mai po wok, 有時個的人總係倚熟賣破鑊 Sometimes, that man places his dependance on an acquaintance buying his broken kettle.

Tai kwo kok, 大過角 I have got quite round the corner, quite overcome my difficulties.

Tai yăw sho wok, 大有所獲 Got a great catch—been very successful.

Show kai shek, 數街石 Count the stones in the streets; said of one who is fond of going out.

Tung tam koan, 動担杆 To move the porter's staff,—to change one's promise as to price, first to offer a hundred, and then insist the bargain was settled for eighty.

Shei fŭn yung ee, chan le nan, 使分容易賺厘難 To spend a candareen is easy, to gain a cash is difficult.

Tsăw shuy shang le, 走水生理 Walking water trade, trading as a pedlar from place to place.

MAW-YIK-LUY-TSUNE.

Ee pat low koon, 二八老官 Two and eight old officer; a partner who gives his services to the concern, and the other his Capital, of every ten gain, the first gets two and the other eight.

Fo măt sew lăw, 貨物消流 Goods dissolving and flowing away, quick sale, great consumption.

Shăng tsoy tai tow, 生財大道 The great way of getting rich. Shăng chung, shik kwa, wei tsat, yung shu, 生衆食寡爲疾用舒 Productive ways many, eat little, laborious diligence, used cautiously.

Pak fat, pak chung, 百發百中 A hundred shots, a hundred hits—successful in every speculation.

Ying tăw me le, 蠅頭微利 A fly's head, and little profit—said of himself by a petty trader.

Măt tei sune poon, 密底算盤 A close bottomed abacus, a keen sharp trader. The Sune-poon was once open at the bottom, so that all concerned could see the balls and know the account, there is now a board which covers one side.

Tek mei, 糴米 To buy rice.

Tew kuk, 糶穀 To sell paddy.

La tsow im che kăn, 拉草唔知根 Pull up grass and disregard the root; said by a seller who cheapens him too much, in offering such a price you disregard what I gave for it.

o 2

MAW-YIK-LUY-TSUNE.

Mow maou tam koan, 冇夘担竿 A coollie's pole without a stop at each end—the things he is carrying slip off; said when two customers are both lost.

Kuy um chu yăt peen hăw, tow kong yeng yun, 佢拎住一邊口都講贏人 When he shuts one side of his mouth, he can overcome others in talk.

Yŭn shu, 印書 To print books.

Sune tăw tai, im yăp tăk ang, 蒜頭大唔入得甖 When onions are too large they won't go into the jar; a pun on the sound 筭 Sune; said when one attempts a speculation above his means.

A po chu, yăt chek, sune koo, 亞婆猪一隻算估 An old wife's pig, sold by estimate—not by actual weight.

Kik pa tsăw neem loy, 極怕就拈來 Extreme dread (is entertained in this shop of the words) I'll bring (the money) directly; Written on counters or presses.

Kung tsze păt chut tăw, 工字不出頭 The character Kung 工 has no line putting forth its head; A labouring man does not rise.

Yăt oon shuy, im low tăk yăt oon shuy fan, 一碗水唔撈得一碗水翻 A bowl full of water, if poured out, won't give a bowl full of water again—something is lost by the transfer.

MAW-YIK-LUY-TSUNE.

Yun he, go tsuy, yun tsuy, go he, 人棄我取人取我棄 What men reject, I'll take, what others take I'll reject; A trader's maxim; said of goods.

Shuy tai, tai kwei chung me, 水大大歸涌尾 When the tide rises great, the greatness extends to the tail of the creek; Prosperous trade extends to the smallest concerns.

Chut chu, păt u tsuy chu, 出處不如聚處 The place where goods are produced, is not so convenient for buying as where they are collected together.

Măt le heong kwei, 物離鄉貴 Things at a distance from their native place are valuable.

Yăt tsze tso, moon poon, kai lok sok, 一子錯滿盤皆落索 A knob of the abacus if wrong, the whole board is thrown into confusion; In making your calculation be careful.

Leong hăw tun kwăt, 量喉吞骨 Measure your throat before you swallow a bone, calculate exactly your means.

Mai mai mow yew kung ping kaou yik, 買賣務要公平交易 Buying and selling requires justice and equity in every transaction—neither too cheap nor too dear.

Mai mai fun how păt yew, 買賣分毫不饒 In trade not a candareen or a cent can be spared, or relinquished.

Lung tune shăng ee, 壟斷生意 From the mountain's top to cut off trade, to monopolize.

MAW-YIK-LUY-TSUNE.

Tsik shew shing to, 積少成多 Accumulated littles make much.

Tow go tun fan tap, 肚餓吞番塔 A hungry belly wanting to swallow a pagoda—a monstrous covetousness.

Pak moon tun fat, 百門遯法 A hundred doors of escape, crafty, artful.

Sheong păt kwo me, ha păt kwo săt, 上不過眉下不過膝 Not higher than the eyebrows, not lower than the knees—said of a medium fair price.

Pak chu tune, 拍豬臀 Strike the pig's rump, and drive it out; bring the bargain to a conclusion.

Yăw han păt tăw, 有限疋頭 Not much cloth.

Yăw ee leong ho, 游移兩可 Rambling and moving, both ways may;—nothing decided about price or a bargain.

Fo u lun chune, 貨如輪轉 May goods be as a wheel turning round—written on shopmen's presses.

Shun fung shun shuy, 順風順水 Fair wind and fair water, wind and tide in one's favor, prosperous trade.

Che lei seen sheong oan, 遲黎先上岸 The last come first get on shore; said of selling goods.

Shăw pan tsow tseen chune, 手板做錢串 The palm of my hand is my stringing-cash-board—said, affecting humility and a small capital.

MAW-YIK-LUY-TSUNE.

Păt e che tsoy, 不義之財 Unjust gains.

Chu tsune kwong koo, tseng ying chew pai wei ke, 諸尊光顧請認招牌爲記 All honorable customers are requested to remember my sign board.

Ee ee u sze, 二二如四 Two twos as four.

Ee sam u luk, 二三如六 Two threes as six.

Ee sze u pat, 二四如八 Two fours as eight.

Ee ing tăk yăt, 二五得一 Two fives obtain one (ten).

Ee luk yăt shăp ee, 二六一十二 Twice six, twelve.

Ee tsat yăt shăp sze, 二七一十四 Twice seven, fourteen.

Ee pat yăt shăp luk, 二八一十六 Twice eight, sixteen.

Ee kăw yăt shăp pat, 二九一十八 Twice nine make eighteen.

Hăk tsze wăn loy, 客似雲來 May customers come like clouds, a shopman's new year's wish.

Yăt poon man le, 一本萬利 May one of principal produce ten thousand profit,—a trader's new year's wish.

Fong fong tăk le, 方方得利 Every where may profit be made.

To tsoy sheen koo, cheong săw sheen mow, 多財善賈長袖善舞 Large capital is good for trade, long sleeves are good for graceful action.

MAW-YIK-LUY-TSUNE.

Chŭn huy ta she, 趂墟打市 Go to the fair and bring to the market, the labour of a huckster.

Tew tsing mai tsoy, 挑青賣菜 To carry greens and sell vegetables; said of one who carries them about on his shoulders.

Tsoy fat man kum, 財發萬金 May my property produce an interest of ten thousand pieces of gold.

Tăk shuy hăng chăw, 得水行舟 When you have water sail your boat, sell when there is a fair price.

Foo chai shang tseen, 負債生錢 To borrow money on which to trade.

Poon shew le shŭm, 本少利深 Small capital and large profits.

Shay tsay meen een, 賖借免言 Lending, borrowing, don't speak of them, written up in shops.

Cheong shik how kwo tune shik, 長食好過短食 A long supply of food, is better than a short supply—though larger; constant small profits are better than one large one.

Sew shuy cheong lăw, 小水長流 A little water with a constant flow—said of gains.

Wei hăw pun che, 爲口奔馳 For the mouth running hither and thither.

Oo hăw che kei, 糊口之計 A plan (or means) of stuffing the mouth, merely the means of getting.

MAW-YIK-LUY-TSUNE.

Keen tew pooy foo, 肩挑背負 Carrying on the shoulder and bearing on the back, one who carries things about to sell.

Lun cheong, shuet tune, 論長說短 Speaking long and discussing short, much talk.

Pe cheong kaou tune, 比長較短 Comparing long contrasting short; said of goods.

Tăw mei mong ke fong, 斗米望饑荒 A Tăw of rice and waiting for a famine, laughing at a man who keeps his goods too long.

Fo chăn ka shăt, tung săw mow he, 貨眞價實童叟無欺 Genuine goods and real prices, neither children nor old men will be cheated, a shopman's profession.

Păt ee ka, 不二價 Not two prices.

Tsow man she ka păt tung, 早晚時價不同 Evening prices differ.

Eep shuk chune moon, 業熟專門 Skill in a profession ariees from entire devotedness to it.

Pak gei mow u yăt gei tsing, 百藝無如一藝精 To know a hundred trades is not so good as to know one perfectly, Jack of all trades and master of none.

Ning ho mai lew hăn păt ho hăn lew mai, 寧可賣了恨不可恨了賣 Better regret having sold too cheap, then regret not having sold.

MAW-YIK-LUY-TSUNE.

Chu tsei how mai, huy huy chŭn, 猪仔好賣墟墟趂 A ready sale of pigs found at every market, a great demand.

Che sheong foo kwei, 紙上富貴 Rich on paper; said of one who gives a great deal of credit.

Mow tseen, hung hoan she, 無錢空看市 If you have no money, it is useless to go and look at the market.

Hak sum tsuy yay chune, 客心隨夜轉 A travelling trader's purposes change every night.

Lik păt tow, păt wei tsoy, 力不到不爲財 If you cannot act yourself, it is difficult to make money.

Tseet tseet kow, im mai tsze, 截截高唔賣自 When the price is gradually rising, don't sell.

Fong yun me, 放引尾 Let them all go to the very tail, sell off entirely.

To heem tai to, 拖欠太多 Excessively involved in debt.

He me chu, 起尾注 To keep back the remnant of an account.

Chăw hăw keok, 抽後脚 To pull the hinder foot, to injure secretly.

Shat tăw chu, 殺頭注 To keep back the last item of a payment.

Mow măt sze, 冇乜事 No particular business.

MAW-YIK-LUY-TSUNE.

U muk wăn chu, 魚目混珠 Fish's eye for a muddy pearl; To mix up factitious goods with the genuine.

Koo heong yăt tsei pa, 鼓响一齊扒 Drums beating all together; said by partners, pull together.

Wo he shăng tsoy, 和氣生財 Harmony produces wealth written up in shops.

Yăt tune wo he, 一團和氣 A round of harmony, agreement and concord.

Kuy kay ka tseen tsung im tăk low shăt, 佢嘅價錢總唔得老實 His price is never the real one.

Măt sze ne mai te yay kum kwei? 乜事你買的野咁貴 Why did you buy this thing so dear.

Mow lo, 冇囉 There is none, none.

Mai im mai, go mow măt kăn yew chay, 買唔買我冇乜緊要啫 It is no consequence to me whether you buy or not.

Mai pai kwăt, 買排骨 Buy rib bones.

Ne tsăw go mai ke tam ah, 你凑我買幾担呀 Buy a few peculs for me.

Ne she tei ah, 你試體吓 You go and see.

Me yăw loy tsze, 未有來自 It is time enough yet, (The time) is not come it, it is not ready.

Fei tsăm, mong tsan, 廢寢忘餐 Ceased from the pillow, and forget to eat, anxious and occupied day and night.

P 2

HE-MING-LUY-YAT

器皿類一

UTENSILS FURNITURE &c.

SECTION XXIII.

Fo shek, 火石 Flints.

Fan kan, 番梘 Foreign soap.

Fan u, 飯盂 A rice bowl—made of pewter, and sent to school to a boy.

Ee een, 二絃 A two stringed instrument.

Ee kwei, 衣櫃 A clothes press.

Ee ka, 衣架 A clothes stand.

Ee wan, 耳環 Ear-rings.

Een fo ka, 烟火架 A stand, or gallows on which to suspend fireworks.

Een, 硯 The stone on which Indian ink is rubbed.

Ching, 秤 To weigh.

HE-MING-LUY-YAT.

Chew heuĕ, 朝靴 Court boots.

Cha, 叉 A fork.

Cheok ping, 棹屏 A table screen.

Cheong pow, 賬簿 An account book.

Che nam chăm, 指南針 Needle of compass.

Chăw, 縐 Crape kind of silk.

Chu tăng, 珠燈 Pearl (adorned) lantern.

Chăm seong, 枕箱 Pillow chest, a small box that serves for a pillow.

Chuk ee, 竹椅 A bamboo chair.

Chew pai, 招牌 A sign board, a shopman's card.

Sam een, 三絃 Three stringed instrument.

Shăw shik seong, 首飾箱 Head ornament box, a trinket box.

Show pow seong, 數部箱 An account book chest, A box for account books—a company's packet is so called.

Shek chu, 石柱 A stone pillar.

Shu kwei, 書櫃 A book press.

Shu ka, 書架 Book stand, or case.

Sew, 簫 A chinese flute.

Shăng, 笙 A tubular wind instrument.

Shuy ka, 水架 A water (i. e. a wash-hand basin) stand.

U chay, 雨遮 An umbrella for rain.

HE-MING-LUY-YAT.

Pew leen, 鏢鍊 A watch chain.

Pew toy, 鏢袋 A watch bag—as worn by the Chinese.

Fo tsăt yün, 火漆印 Fire varnish seal, a seal for wax.

Fo tsăt, 火漆 Fire varnish, sealing wax.

Fo tsăt peen, 火漆片 Wafers.

Lan koan, 欄杆 Ballustrades.

Yaong chay, 洋遮 A foreign umbrella.

Ma peen, 馬鞭 A horse whip.

Pew she, 鏢匙 A watch key.

Pew tai, 鏢帶 A watch ribband.

Păt shing, 筆升 A pencil mug, a Chinese stand for pencils.

Shuy che, 水池 A water pool—a little cup for water on a writing table.

Foo tăw, 斧頭 A axe or hatchet.

Yun meen muk, 人面木 Man face wood—name of a fruit tree.

Sune che muk, 酸枝木 Sour branched wood, a young *Lei-che*, a reddish wood, much valued.

Heong nam muk, 香楠木 Name of a wood.

Pak heong muk, 柏香木 A kind of cedar.

Tsze keng muk, 紫荆木 A purple coloured wood.

Ing tung muk, 梧桐木 Wood of which stringed instruments are made.

Oo mooy muk, 烏梅木 A black wood brought from Manilla.

HE-MING-LUY-YAT.

Chăm heong muk, 沉香木 Box wood, sinking fragrant wood.

Shan che muk, 山枝木 Wild Leiche wood.

Lăw muk, 柳木 Willow wood.

Shŭm muk, 淋木 A wood of which trunks are made, it is not attacked by insects.

Sow muk, 穌木 A red dye wood.

Lam, 纜 A rope or cord, the painter or cable of a boat.

Wei, 桅 A mast.

Tow muk, 梌木 A wood of which tubs are made.

Shing, 繩 A string or cord.

Le, 悝 A sail.

Tung kaou, 銅校 Brass hinges.

Tai, 舦 A rudder.

Tseong, 槳 An oar.

Pung, 篷 A mat covering for a sail.

Keng kăn, 頸巾 A neck cloth.

Lut, 繂 A Chinese block for boats.

Wong yaong muk, 黃楊木 A yellow wood of which bombs are made.

Fan tsăng, 飯甑 A rice still; or boiler.

Fan wok, 飯鑊 A rice pan, of the Chinese structure.

Kuy, 鋸 A saw.

Tso, 銼 A file.

HE-MING-LUY-YAT.

Cho tăw, 鋤頭 A hoe.

Tuy, 碓 A pestle for rice.

Pa, 鈀 Grid iron.

Pai teep hap, 拜帖匣 Case for visiting cards.

Pe hap, 皮匣 A leather trunk.

Chuk hap, 竹匣 A bamboo box.

Hap, 匣 A box, or flat case.

Fa kuk, 花局 A small place for flowers.

New tseong, 鳥鎗 A fowling piece.

Pan leem cheong, 板簾窓 A venetian window.

Găw pak eep cheong, 牛拍葉窓 A venetian window.

Ming ga cheong, 明瓦窓 An oyster shell Sky light.

Oo muk, 烏木 Black wood.

Lam muk, 欖木 A wood of which furniture is made and houses built.

Kăw fung, 摳風 To tack a boat.

Yŭn shuy shune, 引水船 Pilot's boat.

Meen poon, 面盤 A hand basin—of whatever material it be made.

Cha poon, 茶盤 A tea-board.

She shun pew kum to kei, 時辰標咁多計 As full of contrivances as a watch; said o. an artful deceitful person.

Shăw ak, 手鈪 A sort of ring worn like a bracelet round the wrist, Chinese men sometimes wear them.

HE-MING-LUY-YAT.

Chăm tăw, 枕頭 A pillow for the head, of whatever it is made.

Keok ak, 脚鈪 Ring for the ancle worn by Chinese children and women.

Shei ke, 篩箕 A sieve.

Wo lam, 窩籃 A sort of basket-work platter, for drying things in.

Ee pai, 耳牌 Men's ear rings, sometimes worn by Chinese.

Lo tăw, 籮斗 Cullender, or draining vessel.

Fo che, 火枝 A sort of flambeau made of Bamboo.

Gan shune, 研船 An iron trough in which things are bruized with a circular plate of iron rolled with the hands.

Mak een poon, 墨硯盆 A sort of platter to contain writing utensils.

Fung low, 風爐 The Chinese portable furnace.

Ga wok, 瓦鑊 A sort of frying pan made of earthen ware.

Chung to, 鐘砣 Clock weights.

Heong ke, 香机 Fragrant stand; i. e. a stand for ornamental flowers or fruits on a side board.

Ling, 綾 A sort of si k.

Tsam, 簪 A sort of pin used by Chinese ladies to braid up the hair.

Lo, 羅 A kind of silk.

Mow hop, 帽盒 A hat box.

HE-MING-LUY-YAT.

Tseen, 箭 An arrow.

Tsow, 竈 A place for fire to cook with.

Fo keem, 火鉗 Fire tongs.

Mo, 磨 A hand mill, to grind.

Pe peen, 皮鞭 A leather whip.

Făt tăw, 拂斗 A sort of wooden shovel with an upright handle to receive sweepings.

Lap tsap, 立颯 A collection of filth of various kinds.

Pong, 鎊 An instrument of husbandry, a sort of hoe.

Tan heong sheen, 檀香扇 Sandal wood fan.

Tseong ga sheen, 象牙扇 Ivory fan.

Sze shune, 師船 Mandarin boat, a war boat.

Tăng lăp, 藤笠 A sort of rattan basket.

Ma haw ham, 馬口啣 Horse mouth bit.

Ma hăw chăw, 馬後抽 The belt that goes round the loins of a horse.

Ma lung tăw 馬籠頭 Horse's halter.

Ma tow tai, 馬肚帶 Horse's girth.

Ma oan, 馬鞍 Horse's saddle.

Ma tap tăng, 馬踏蹬 Stirrups.

Ma keong, 馬韁 Bridle of a horse.

Ma tso yuk, 馬坐褥 A sort of cushion on a horses saddle.

Fa ka, 花架 A flower (pot) stand.

Fa peng, 花瓶 A flower vase.

HE-MING-LUY-YAT.

Ping fung, 屏風 A flat wooden screen placed by the Chinese before doors.

Keok tap tăng, 脚踏蹬 A foot stool.

Shek koo, 石鼓 A stone drum; i. e. the Chinese earthen-ware garden seat.

Ga koo, 瓦鼓 An earthen-ware drum, a child's toy.

Leong teen chek, 量天尺 Measuring heaven cubit, a Quadrant or Sextant.

Kew kew foo choang tìng kew, 呌轎夫裝定轎 Call the chair bearers to make ready the chair.

Wang teik, 横笛 A flute.

Tsung shing, 椶繩 Tsung-back rope.

Tsung lung, 椶槓 Tsung-back trunk.

Găw hăw cha, 牛喉叉 The tube to point the end of the engines pipes.

Măn tăw koo, 文頭鼓 A sort of drum.

Tan lo, 炭籮 A charcoal basket.

Tsăng tung, 罾㓊 Fishing stakes.

To shune, 拖船 A tracking (fishing) boat.

Tan hok, 炭殼 A sort of ladle for charcoal, an iron ladle for coals.

Tsek paou, 蓆包 Mat for covering things.

Fo low chan, 火爐鏟 Fire stone dust-pan.

Q 2

HE-MING-LUY-YAT.

Meen poon ka, 面盤架 A wash hand stand.

Găw hăw, 牛喉 Cow's throttle—Engine pipes.

Tseng tsow, 青草 Grass.

Mooy tan, 煤炭 Coals.

Mak tsow, 麥草 Wheat straw.

Fo low wei, 火爐圍 Fire place fender.

Keen tan, 堅炭 Hard charcoal.

Een tung, 煙通 A chimney.

Tăng lam, 藤籃 A rattan basket.

Chew shun keng, 照身鏡 A large mirror to see the whole body in.

Găn he fun, 銀器粉 Plate powder.

Găn chu een, 銀珠硯 A stone on which to rub red ink.

She shun pai, 時辰牌 A time tablet—exhibited over the gates of Chinese cities.

She shun heong, 時辰香 A time jos-stick.

Wai muk, 槐木 Name of a wood, produces a flower used in dysentery.

Uet kum, 月琴 A moon guitar with four strings.

Uet kwei, 月規 A moon dial.

Pek tăng, 壁燈 A wall lamp.

Cheen, 氈 A carpet large or small.

Sun tseen, 信箋 Chinese letter paper.

Yuk. 褥 A mattress.

HE-MING-LUY-YAT.

Peen, 辮 A platted tail.

Che chat tăng, 紙扎燈 A paper lantern.

Shăw cheep, 手摺 A hand memorandum.

Ham shuy tsow, 鹹水草 Salt water rush—used as a string.

Heong oan, 香案 Incense table, an altar.

Hop, 盒 A box.

Kong shong, 炕床 A couch bed.

Toy meen, 枱面 Surface of a table.

Tai koo, 大鼓 A large drum, such as the Chinese use in temples.

Tei kum, 提琴 A sort of guitar.

Hop seen toy, 合仙枱 Two oblong tables which placed together form a square.

Tseong ga shong, 象牙床 An ivory bed.

Tsăng, 箏 A kind of guitar.

Tăng, 燈 A lamp of any kind.

Ta paou, 打包 To bind round as with mats, to bundle up.

Tăng chaou, 燈罩 Lamp shades.

Teen tăng, 天燈 Heaven lantern ; i. e. Street lantern, hung up at the gate or street door.

Tăng, 櫈 A Chinese form for sitting on.

HE-MING-LUY-YAT.

Tăng lung, 燈籠 A lamp cage, A lantern such as is used when walking out.

Tew tăng, 條櫈 A form, for sitting on.

Tsăw tsun, 酒罇 Wine bottle, a glass bottle.

Tung tseen, 銅錢 Copper money. the Chinese coin which Europeans call cash.

Tung keng, 銅鏡 A copper mirror, polished copper, or peculiar mixture of metals, used by the Chinese as a mirror.

Tung lo, 銅鑼 Copper Lo, the Gong, as Europeans express it—used in armies to sound a retreat; used before Mandarins to announce their approach, that the populace may retire and make way.

Tung poon, 銅盆 A copper basin, commonly used as a mould for cakes. Tung meen poon, 銅面盆 A copper hand-basin.

Fo kwei, 貨櫃 A good's press—in a shop. E kwei, 衣櫃 A press for clothes.

Fun hop, 粉盒 Rouge box, commonly made of pewter. Poor women, when they go abroad, rouge, and all the upper ranks, without exception.

Tung, 銅 Copper, or brass, A generic term for several sorts, white, yellow and green.

Fa tsun, 花罇 A flower vase.

HE-MING-LUY-YAT.

Fo poon, 火盤 A fire dish—an iron dish placed on a stand in which embers are placed by the Chinese in cold weather. They apply the term to European stoves or grates.

Fo lam, 火籃 Fire basket—used on fish ponds.

Fo shek fun, 火石粉 Fire stone powder, Chalk powder, for cleaning silver.

Sha tăng, 紗燈 A silk lantern.

Shang fa tăng, 生花燈 A lantern made of flowers, a custom of the Chinese.

Sei koan tseng te cha pooy, 洗乾净的茶杯 Wash clean a tea cup.

Sun tung, 信筒 An envelope of a letter.

Cheong muk, 樟木 Camphor wood.

Cham muk, 杉木 Fir wood or deal wood.

Che pai toy, 紙牌枱 A card Table.

Sha, 紗 Crape.

Sek, 錫 Tin.

Shuy chay, 水車 Fire engine.

Chuk ee tsei, 竹椅仔 Bamboo small chair.

Che pai, 紙牌 Cards to play with.

Cheong găw, 帳鈎 Hooks to fasten up curtains.

Chek, 尺 A cubit.

Sho tăw toy, 梳頭枱 A dressing Table.

Shăw kăn, 手巾 A handkerchief.

HE-MING-LUY-YAT.

Shuy pooy, 水杯 Water cup.

Moon wan, 門環 Door ring, ring to turn something that fastens the door.

Mak een, 墨硯 Ink stone—used by the Chinese.

Măn cheong, 蚊帳 Mosquito curtains.

Seen fa, 鮮花 Fresh flowers.

Luk koo, 轆鼓 (or Ling-lum-koo) a little drum held in the hand and twirled backwards and forwards.

Le muk, 梨木 Peartree.

Lut muk, 栗木 Chestnut tree, or wood; used for making ancestors Tables, because the Chestnut from which a plant rises always remains.—The plant does not forget its root.

Lap chuk, 蠟燭 Wax candle—the common candle of the Chinese.

Shuy tung, 水桶 A water tub.

Shăw tăng, 手燈 A hand lantern.

Shek tăng, 石櫈 A stone seat.

Shuy ee, 睡椅 A sleeping chair.

Shan moon, 閂門 Shut the door.

Shuy hoak, 水殼 A water ladle.

Koo, 鼓 A drum.

Kune seong, 卷箱 A paper box—i. e. a Box for writings.

Păn long hop, 檳榔盒 A betel-nut box

HE-MING-LUY-YAT.

Pe, 被 A coverlid of a bed.

Pan shong, 板床 A board bed—of which deal planks form the bottom.

Ka, 架 A stand or case, as for clothes or books.

Kwo hop, 菓盒 A fruit box.

Kwei, 櫃 A press, as for clothes—a counter in a shop.

Pe een hop, 鼻烟盒 Snuff box.

Păt ka, 筆架 A pencil stand—for laying a Chinese pencil on.

Peng hap, 餅盒 A bread box.

Kune, 絹 Wrought silk.

Paou shune, 炮船 Gun boat—a sort of smuggler.

Kum, 金 Gold.

Keng choang, 鏡粧 A lady's dressing case.

Kow chew, 高照 High lights—elevated lanterns, used at weddings.

Kei, 髻 A lady's head-dress, or tuft of hair on the top of the head. There are two forms 丫角髻 A kok-kei, the hair dressed like two horns. 銀釘髻 Găn ting kei, Silver nail Kei.

Poon king, 盤景 The display of flower pots.

Ko ko chung im chun, 個個鐘唔準 That clock is not right.

Po le, 玻璃 Glass.

HE-MING-LUY-YAT.

Po le tsun, 玻璃罇 A glass bottle.

Pat seen toy, 八仙枱 A square table at which eight persons can sit.

Pak tsow shune, 白艚船 Chinese junk.

Po le cheong, 玻璃窓 Glass windows.

Po le tăng, 玻璃燈 Glass lantern.

Pan tăng, 板櫈 A long lamp.

Oan pan toy, 案板枱 A kitchen table.

Fo low, 火爐 A fire place.

Een tung, 煙筒 A Pipe, for making.

How tung, 號筒 A trumpet.

Chuy tung, 吹筒 A blow gun; for shooting birds.

Ga tung, 瓦筒 The middle tile that covers the edges of others.

Man fa tung, 萬花筒 Kaleidoscope.

Lăw pan, 樓板 Boards of a floor.

Lăw tei, 樓梯 A ladder for going up to a loft.

Kaou tseen, 較剪 Scissars.

Hoan shu chum, 寒暑針 Thermometer.

Kung tsei, 公仔 Toys for children.

Kwăt pai, 骨牌 Ivory cards to play with.

Kai che ma peen lei, 揩枝馬鞭黎 Bring a horse whip.

Meen keng, 面鏡 A face mirror, a lookingglass.

HE-MING-LUY-YAT.

Mak shuy tsun, 墨水罇 Ink water bottle, an ink stand for liquid ink.

Kaou ee, 校椅 A chair.

Kung, 弓 A bow.

Fo pai, 火牌 A fire taplet, a swift despatch.

Cheong shăng lok wei pai, 長生祿位牌 A tablet erected in everlasting remembrance of a good mandarin.

Kum poon găn chan, 金盤銀盞 A dish-like kind of firework; used much at the new year.

Fat tew, 法條 The main–spring of a watch. Some write, 髮條 Fat tew, hair spring.

Wăn tsăw low, 運酒爐 A contrivance for keeping liquor hot all day.

Wăn shuy low, 運水爐 A stove for keeping water continually hot.

Hung tan shune, 紅丹船 A certain kind of vessel that goes to sea.

Ma yaong shune, 麻陽船 A large species of junk.

Chăp sze, ee cheong, 執事儀杖 Attendants that precede mandarins.

Kok tai, 角帶 A girdle, as worn in ancient times.

Teet paou kum, 鐵包金 Iron covering gold; Name of a drug.

R 2

HE-MING-LUY-YAT.

Kum paou găn, 金包銀 Gold protecting silver, a layer of burnt brick covering a layer of sun dried cheap brick; for the purpose of frand; Name of a drug.

Kum fung, 金鳳 Name of tree that bears flowers.

Tăng tsek, 藤蓆 Rattan mats.

Yăw che, 油紙 Oil paper.

Koon cheok toy, 官酌枱 An oblong table.

Keng, 鏡 A mirror.

Kum, 琴 A chinese stringed instrument.

Kong, 鋼 Steel.

Kai che, 戒指 Defence for the finger; a ring.

Meen pe, 棉被 Cotton coverlid.

Fan chan, 飯鏟 A rice shovel.

She shun pew, 時辰標 A watch.

She shun chung, 時辰鐘 A clock.

Shik kăk lam, 食格籃 A basket with compartments in it which fasten and lock.

Le tăng, 厘戥 Steelyard for weighing silver.

Low hang een, 老坑硯 A stone for rubbing ink on.

Tong tăw, 熨斗 A tailors iron which contains charcoal.

Mok lam, 木籃 A wooden box formed to carry like a basket.

Lei mok, 棃木 Plum-tree wood.

Lik mok, 力木 Name of a wood.

HE-MING-LUY-YAT.

Hung mow, 紅帽 A red cap—i. e. having red hairs covering it.

U mow, 雨帽 A rain cap.

Sew mow, 小帽 An undress cap.

Meen tow, 面刀 A razor for shaving the face.

Mow teng, 帽頂 The knob or button worn at the top of Chinese caps.

Ma chap, 馬輒 A chair of leather that spreads so as to enable a person to lie back on it.

Tseen leong tsze, 錢糧子 A sort of shot or bullet.

Wei tăw ke, 桅頭旗 A flag at the top of a mast.

Făt ma, 法碼 Standard weights.

Tseng tow ke, 清道旗 Clear the road flag; three words written on a flag carried before mandarins.

Ke 旗 A flag, or colour.

Mong pow, 蟒袍 A certain Official or Court dress, worn on special occasions.

Pow, 袍 An official dress.

Ma kwa, 馬褂 A riding Kwa, or short Jacket.

Tai kwa, 大褂 A large long dress.

Pow kwa, 補褂 The Mandarins dress with badges before and behind.

Nune mow, 暖帽 Warm cap, Cap worn in winter.

HE-MING-LUY-YAT.

Mow wei, 帽緯 The red hairs covering Chinese dress caps.

Sun mow, 囟帽 A small scull cap.

Mow suy, 帽繸 Cap tassel—worn by Chinese dandies.

Mow ee, 帽耳 The place on which to fasten a button on the top of a Chinese cap.

Mow pan, 帽攀 Strings of a cap that go under the chin.

Wei mow, 緯帽 Summer cap,

Mow ying, 帽纓 The red hairs of a summer cap.

Ying mow, 纓帽 A summer cap with dyed red hairs.

Sow koo, 蘇鼓 A scoochow drum.

Pong koo, 幫鼓 A certain kind of drum.

Tsune, 鑽 An awl or borer.

Tsok, 鑿 A chissel.

Tsăw sha, 縐紗 A kind of crape.

Pow koy, 鋪蓋 Travelling bedding is so called.

Mow ka, 帽架 Cap stand; stick on which the Chinese hang a cap.

Tung pow, 銅煲 A copper kettle.

Chuk lam, 竹籃 A bamboo basket.

Tew low, 吊爐 An incense vase carried before great mandarins.

Kew ee, 轎衣 Covering for the top part of a sedan chair.

Kew wei, 轎圍 Cover for the lower part of a sedan chair.

HE-MING-LUY-YAT.

Kew teng, 轎頂 The metal knob that tops a sedan chair.

Kew mong, 轎網 A sort of net or fringe on the top of a chair; twenty years ago government would not permit them.

Kew suy, 轎綫 Fringes that hang down at the four corners of a chair.

Kew teen, 轎墊 The hair mat at the bottom of a chair.

Kew, 轎 A sedan chair.

Kew kong, 轎桻 The poles of a chair.

Kaou chum, 靠枕 A cushion to lean the arm on.

Te tsek, 地蓆 Floor mat.

Te cheen, 地氈 Floor carpet.

Pow cheong, 布帳 A cloth screen.

Hung muk, 紅木 Red wood.

Tsung muk, 松木 Fir wood.

Tsze tan muk, 梓檀木 Red Sandal wood used in making furniture.

Tăw ee, 斗椅 A square wooden stool.

Tew tung, 吊桶 A bucket with a rope.

Tow shu, 圖書 or Tow cheong, 圖章 Seal of a private person.

Tong tung, 糖桶 Sugar tub.

Tsap muk, 雜木 Different kinds of wood.

Fan oon, 飯碗 A rice basin.

HE-MING-LUY-YAT.

Fan hok, 飯殼 A rice ladle.

Fan tăw, 飯斗 A rice box or bowl made of wood.

Tew fok, 條幅 A scrol or long picture.

Tow, 刀 A knife.

Teet, 鐵 Iron.

Tăng shong, 藤床 A rattan bottomed bed.

Teen tsun shune, 天津船 A vessel from Teen-tsun near Peking.

Tai lang tăng, 大欄櫈 A large lantern; such as are hang np at gates or doors.

Fan kan, 番梘 Soap.

Teen ping, 天平 Balance for scales.

Tăng ee, 藤椅 Rattan chair.

Tung, 桶 A tub or pale or cask.

Tsăw tung, 酒桶 A wine cask or Pipe.

Tai sze ee, 太師椅 A large arm chair with cushions for the arms, the chair of a Minister of state.

Tan heong muk, 檀香木 Sandal wood used for incense.

Tan tsze, 彈子 A ball or shot.

Hune shăw ee, 圈手椅 A curve-arm chair.

Heong kan, 香梘 Fragrant soap.

Tune, 緞 Wronght silk of a thick stiff kind.

Tuy lune, 對聯 Parallel scrolls.

HE-MING-LUY-YAT.

Hoan shoang, 看床 A couch.

Hoak sze ee, 學士椅 A Doctor's chair; a large arm chair.

Tseok-lung, 雀籠 Bird's cage.

Tam koon, 痰罐 A cuspidor.

Go hop, 鵝盒 A goose box—a Chinese box used for sending presents.

Găn, 銀 Silver.

Gan keng, 眼鏡 Spectacles.

Ga fooy, 牙灰 Tooth powder.

Nam muk, 楠木 Name of a wood much used in making furniture.

Tsăw tseen ka, 鞦韆架 A frame for a wheel on which people are whirled round.

Ing me ka, 五味架 Five spice stand; a castor.

Kum hop, 錦盒 An ornamented box.

Pe pa, 琵琶 Chinese guitar.

Peen gak, 扁額 Tablet over a door way.

Fo yung, 火茸 Tinder.

Fo shek, 火石 A flint to strike fire.

Fo che, 火枝 A torch.

Une, 鉛 Lead.

Lo kāng, 羅經 A compass.

Kum hăw muk sheet, 金口木舌 A bell with a wooden tongue.

HE-MING-LUY-YAT.

Go mow pat, 鵝毛筆 Goose quill pen.

Tan, 氈 Chen, 毡 Carpets Chinese to tie up bedding in.

Pow leem, 布簾 Cloth screen—as in a door way.

Chung hum, 舂砍 A mortar for rice &c.

Fan chu, 礬珠 Artificial pearls.

Chung chu, 舂杵 A pestle or beater for rice &c.

Teen fa pan, 天花板 Ceiling of a room.

Pa lung, 扒龍 A certain long smuggling boat; they are prohibited.

Lung shune, 龍船 Dragon boat; A long narrow boat, used in sport.

Pow tsow hae, 蒲草鞋 Straw shoes.

Chin ee, 襯衣 A sort of waistcoat.

Fung leng, 風領 Chinese collar worn in winter.

Wa keng, 畫鏡 Glass pictures.

Heen me keng, 顯微鏡 Microscope.

Tseen le keng, 千里鏡 Telescope.

Cheong me, 帳眉 Curtain eyebrow, or vallans?

Kuk chung, 局盅 Tea cup with a cover.

Koy chung, 蓋盅 Tea cup with a cover.

Măt lap chu, 蜜蠟珠 Wax beads—a stone bead so called; worn in strings round the neck.

Chew chu, 朝珠 Court beads.

HE-MING-LUY-YAT.

Fai hai teng, 快蠏艇 A crab boat, A fast smuggling boat so called.

Tow shune, 艔船 A passage boat.

Lew sze, 繚絲 Lines or halliards used in boats.

Fan pow, 帆布 Canvass.

Wăn mow chu, 雲母珠 Mother of pearl.

Tsoy chăn chu, 賽珍珠 Artificial pearls.

Shan oo chu, 珊瑚珠 Coral beads.

Mok wan chu, 木槵珠 Wooden black beads.

Lew chu, 料珠 Glass beads

Yay hok chu, 椰殼珠 Cocoa nut shell beads.

Kay nam chu, 茄南珠 A certain fragrant bead, scarce and very dear.

Kei mow sow, 鷄毛掃 A feather brush.

Sham sow, 衫掃 Clothes brush.

Hai tsăt, 鞋擦 Shoe brush.

Koy pooy, 蓋杯 A covered cup.

Kum seong, 金箱 Gold box, an urn for old bones.

Kum tap, 金塔 A vase or urn of earthen ware for dead bones.

Ma tek hung, 馬踢胸 The tassel that hangs below a horse's neck—allowed only to mandarins.

Ma hoan tei, 馬汗替 Cover for the haunches over a horse.

s 2

HE-MING-LUY-YAT.

Ma sheen meen, 馬扇面 Cover that hangs down below a saddle.

Say pew toy, 寫票枱 Writing table.

Kwei wei, 櫃圍 A shop counter.

Ee, 椅 A common chair.

Cha pooy, 茶杯 Tea cup.

Cha, 茶 Tea.

Shong, 床 A bed.

Yaong shune, 洋船 Foreign ship.

Mak shong, 墨床 A little stand for ink.

Păt shong, 筆床 Stand for pencils.

Tok poon, 托盆 A tray.

Tan tăw, 炭斗 A coal scuttle.

Kap pe, 夾被 A double coverlid.

Tew pai, 吊牌 A hanging tablet carried before mandarins telling who they are.

Cha ke, 茶机 Tea stand.

Toy wang, 枱横 Bars that cross at the feet of a table.

Tan pe, 单被 Single coverlid.

Cha shune, 茶船 Tea cup boat or sawcer.

Cha chung, 茶盅 Chinese tea cup.

Cha oo 茶壺 Tea pot.

Mak hop, 墨盒 Ink box.

HE-MING-LUY-YAT.

Seong. 箱 A chest, or trunk.

Pat hop, 筆盒 A pencil box.

Say tsze toy, 寫字枱 A writing table.

Shu toy, 書枱 A book table or desk.

Chew chu hop, 朝珠盒 Case for court beads.

Cha seong, 茶箱 Tea chest.

Găn seong, 銀箱 Money chest.

Shek seong, 石箱 A stone box.

E seong, 衣箱 Clothes chest.

Toy peen, 枱邊 Edge of a table.

Kwei tung toy, 櫃桶枱 Table with drawers.

Shik seong, 食箱 Box for victuals.

Lung, 槓 A trunk.

E lung, 衣槓 Clothes trunk.

Muk lung, 木槓 A wooden trunk.

Chan hop, 饌盒 Box for fruits.

Tai shong, 大床 A large bed.

Ga fooy hop, 牙灰盒 Tooth powder box.

Pe seong, 皮箱 Leather trunk.

Măn kuy seong, 文具箱 Box with seals and writing materials, a writing case.

Toy. 枱 A table.

Tew toy. 條枱 A long table.

HE-MING-LUY-YAT.

Cheong toy, 長枱 A long table.

Toy keok, 枱脚 Feet of a table.

Shu seong, 書箱 A box for books.

Muk seong, 木箱 A wooden chest.

Che hop, 紙盒 A paper box.

Pe lung, 皮槓 A leather trunk.

Fung kum hop, 風琴盒 An organ box.

Fo kwei, 火櫃 A fire press, a heated press in which to preserve skin dresses.

Oon kwei, 碗櫃 Chinaware press.

Fo shik seong, 伙食箱 A case for carrying provisions in.

Pak tsze kwei, 百子櫃 Apothecary's press.

Fung kwei, 風櫃 A winnowing machine.

Cha kuy kwei, 茶具櫃 Press for tea utensils.

Hak kaou sheen, 黑膠扇 Black glue fan.

Go mow sheen, 鵝毛扇 Goose feather fan.

Che me sheen, 雉尾扇 Pheasant feather fan.

Hung tseok sheen, 孔雀扇 Peacock's feather fan.

U kaou sheen, 魚膠扇 A fish glue fan.

Kune sheen, 絹扇 Silk fan.

Heong chu, 香珠 Fragrant beads.

Kwei sheen, 葵扇 A leaf fan.

Shuy kong, 水缸 Water jar.

Une pat, 鉛筆 Lead pencil.

HE-MING-LUY-YAT.

Sheen, 扇 A fan.

Chay lok, 車轆 A small wheel; a castor for the feet of tables &c.

Chăn chu, 珍珠 A pearl.

Chay lun, 車輪 A wheel.

Leong mow, 凉帽 Cool cap—used in summer.

Pak che sheen, 白紙扇 White paper fan.

Tune sheen, 團扇 A certain kind of round fan.

Yăw che sheen, 油紙扇 Oil paper fan.

Shang fa sheen, 生花扇 A fan made of flowers.

Cheong sheen, 掌扇 A hand screen, a screen of a particular form.

Fung sheen, 風扇 Wind fan, a punka.

Pak sha sheen, 白紗扇 White silk fan.

Kung sheen, 宮扇 Silk fan.

Ga poon, 瓦盆 An earthern ware pot.

Fa poon, 花盆 A flower pot.

Tow shu seong, 圖書箱 A box for seals.

Yaong kum, 洋琴 A foreign kum—or stringed instrument.

Yaong chay, 洋遮 A foreign umbrella.

Yăw mok, 油木 Oil wood.

Yok yin, 玉印 or Yok sai, 玉璽 Imperial seal.

Yin, 印 A seal, to seal.

Yăt kwei, 日規 A sun dial.

HE-MING-LUY-YAT.

Wang pei, 横批 A pair of Chinese scrolls, fastened lengthwase to opposite walls.

Wei ping, 圍屏 A surrounding screen, in the manner of the Chinese.

Ga tsat or chat, 牙擦 Tooth brush.

Tsze u mok, 紫榆木 A darkish red wood used for Imperial coffins.

Yaong ying mok, 洋影木 A shady variegated wood.

Ma shing, 蔴繩 Hempen string.

Tsow shing, 草繩 Rush string.

Meen shing, 綿繩 Cotton string.

Paou sok shing, 包索繩 Strings for tying up things.

Ming kok tăng, 明角燈 A clear horn lantern.

OK-TONG-LUY-TSUNE.

惡黨類全

WICKED BANDITTI.

SECTION XXIV.

Shang yik foo, 生翼虎 A tiger with wings, whereby swiftness is added to ferocity.

Shay, eet, tung wo, 蛇蝎同窩 A serpent and a scorpion in the same cavern, a collection of bad people.

He shei, tow ming, 欺世盜名 Deceive the age and steal a name, a pompous boaster and deceiver.

Kuy ko tam tai kwo ung kong, 佢個膽大過甕缸 His liver is larger than the Ung-kong water jar; he is excessively bold and audacious.

Une ok tai tuy, 元惡大憝 The origin of evil; the great wicked one--Said by the Emperor Taou-kwang, of Prince Changkihur.

OK-TONG-LUY-TSUNE.

Kwong kwăn păt sheet gan tseen fei, 光棍不舌眼前虧 A swindler will not give up any thing before his eyes—any present advantage.

She sze u kwei, 視死如歸 Look on death, like going home—said of daring military officers.

Shat tăw, yăw u fung chuy mow, 殺頭猶如風吹帽 Look on decapitation as the wind blowing off caps;—said of cruel persons.

Keen le mong ee, 見利忘義 Seeing gain forgetting justice—endeavouring to obtain it right or wrong.

Pe yun hang tseen, che hăw, 俾人行前指後 Letting a person go on before and pointing at him behind—to mock him.

Yŭn sum hoy le, 忍心害理 Cruel and unprincipled.

Yăm ee tăw tun, 任意挖吞 Indulging in fraud and embezzlement.

Chak fe e shei, 擇肥而噬 Selecting the fat and eating; Mandarins picking out the rich and extorting from them.

Che koon hong peen, 指官誆騙 Cheating under pretence of having official authority.

Yăm mow um sune, 陰謀暗算 Secret plots and dark cabals.

Yŭn seen yun, 引線人 To conduct a spy. Kăw seen, 購線 To purchace a spy.

OK-TONG-LUY-TSUNE.

Che luk wei ma, 指鹿爲馬 Point at a deer and make it a horse, refers to false accusations in Courts, putting one thing for another.

Ne peen tăk, kwo e, tsăw pa le, 你騙得過意就罷哩 If you can cheat me and be satisfied yourself—very well—said by superiors in disgust.

Che e koo fan, 知而固犯 To know and offend purposely.

Mong meng che tow, 亡命之徒 Loose life bandit—one who does not care for his life.

Fo he tsak fat, 火起賊發 When the fire ascends the thieves rush forth.

Shing ke tsung fo, 乘機縱火 To embrace an opportunity and set fire to—as incendiaries do.

Tsuy ok koon ying, 罪惡貫盈 Crimes and wickedness completely full.

Fan mai yun hăw, 販買人口 To sell and buy human beings—as in times of famine &c.

Mai leong wei cheong, 買良爲娼 To buy virtuous persons to become prostitutes—poor young women are bought under pretext of being domestic slaves.

Kum so leen, 金鎖鍊 A golden lock and chain, to extort gradually by progressive steps.

T 2

OK-TONG-LUY-TSUNE.

Tow pok, 賭博 To gamble.

Ta kăw cheong, 打九張 A phrase used in playing at cards.

Che pai, 紙牌 Cards for gaming.

Chak chong une chaw, 擲狀元籌 A phrase used in playing at dice.

Tăw tsze, 骰子 or Chak shik, 擲色 Dice.

Tew u, 釣魚 Fishing, a term used in Cards.

Kwăt pai, 骨牌 Ivory Cards for gambling with.

U tsăw hăng hung, 酗酒行兇 Drunk with wine and acting cruelly.

Kwo kew, chay pan, 過橋扯板 Got over the bridge pull away the flank—and leave him who supplied it to perish, expresses ingratitude.

Shu shăw leong tune, 鼠首两端 A rat's head two attempts—before it rush out; said of a cunning artful person.

Hăw teem sheet wat, 口甜舌滑 Mouth sweet and tongue slippery, a plausible deceiver.

He shăng, moon sze, 欺生瞞死 Deceive the living and cheat, as in the case of a surviving partner.

Chap tsong, 插贜 To put something in the baggage, or about the person of one innocent, and then charge him with stealing it; some of the Tsong or stolen property must be found in order to conviction.

OK-TONG-LUY-TSUNE.

Ok kwan, im che ok, 惡慣唔知惡 Those accustomed to vice, do not consider it vice.

Mang foo im tong te tăw chung, 猛虎唔當地頭虫 A fierce tiger, don't you consider it an insect of your native place;—said of violent people from other parts of the Empire.

Moon sung, 瞞聳 To conceal and excite;—said concerning petitions in which part of the truth is concealed and an exaggerated picture drawn of other parts.

Tew ham, 跳陷 To cause to leap into a pit, to involve an innocent person.

Ee hoy, 移害 To transfer an injury (from one's self to another).

Chung tuk, 種毒 To plant poison—as legal accusers do.

Ka wo, 架禍 To attach unjustly some evil to a person.

Yăw tsuy kwong kwăn, 油嘴光棍 An oily lipped swindler.

Ee wo kwo tung ing, 移禍過東吳 To transfer a calamity to Tung-ing, another person, referring to an ancient tale.

How mow ke tan, 毫無忌憚 Not the least fear—of any consequences, either moral or religious.

Lok tsing ha shek, 落井下石 To let down a stone on one who has fallen into a well, the highest cruelty and wickedness.

OK-TONG-LUY-TSUNE.

Chae chăm shune, 踹沉船 To tread upon a sinking boat to add unjustly to a character already bad.

Shat shăw, 殺手 Killing hand—a public executioner.

Tow shăw, 刀手 A sword hand; a clever swindler and thief.

Koan fo shăw, 乾貨手 Dry goods hand—a shop lifter.

Im how năw cheong năw tow, 唔好扭腸扭肚 It is not good to twist guts and twist the belly—i. e. to scheme and plot to injure some one.

Meen wong ga che pak, peet ting a peen hak, 面黃牙齒白必定鴉片客 He who has a yellow face and white teeth, is certainly an opium gentleman.

Ha lat shăw, 下辣手 To put down an acrid hand, to act maliciously and injuriously.

Yun yăw sze ok, pew, tow, yăm shik a peen wei che sze yam tsei, 人有四惡嫖賭飲食鴉片謂之四任齊 There are four vices, debauchery, gambling, drinking and eating opium—these are called "four eves together"—all pouring down rain at once.

Tow yik tsum shei, 蠹役侵噬 A corroding insect—a police runner.

To luy mow koo, 拖累無辜 To involve the innocent.

Tsung kwăn pa che, 訟棍把持 A litigating black guard holding on—to the great annoyance of the magistrate.

OK-TONG-LUY-TSUNE.

Teng fung choang peen, 聽風撞騙 Listening to reports from government and cheating people by pretending to gain their cause.

Che shei năng shŭn, lune shei kan shŭn, 治世能臣亂世奸臣 In times of order an able minister, in times of anarchy a traitorous minister.

Yăw măt ching yun tsăng ne, 有乜孫人甑呢 Where is there any still to distill men?—Said by a debtor who has nothing to pay,—when braving his creditor.

Wei ok pa yun che, peen she tai ok, 爲惡怕人知便是大惡 To do evil and fear that it should be known, is sure to be great wickedness.

Sew meen foo, 笑面虎 A laughing faced tiger.

Maou tsze sum ok che ching, 貌慈心惡之稱 Express a benevolent countenance with a wicked heart.

Teet tow lăw le mow ko how kay, 跌倒琉璃冇個好旣 A fallendown glass—a family where, there is not one good son—all are broken.

Yăt chew che fun mong shŭn kap tsun, 一朝之忿亡身及親 A morning's anger may destroy the body and involve kindred.

Ting tseen peen yun, 頂尖騙人 A pinnacle cheat; at the very top of swindlers.

OK-TONG-LUY-TSUNE.

Tai mow meen, 大冇面 Greatly without face—bad reputation.

Tai kwong kwăn, 大光棍 A great naked stick—a swindler and sharper.

Hung kune păt ta sew meen, 兇拳不打笑面 A murderous fist will not strike a laughing face. Kindness of manner disarms anger.

Ha ma wei, 下馬威 Dismounting majesty—means a sudden burst of angry reprehension to be afterwards explained.

Tsze tsuy meet mong. 自取滅亡 Self induced destruction.

Hung shăw, 兇手 Cruel hand, a murderer.

Chăw sze, 醜事 Ugly business, vicious conduct.

Shăt yun păt yung tow, 殺人不用刀 (He can) murder a man without a knife—injure by other means.

Chan tsow, chuy kăn, 剷草除根 To cut down the grass and remove the roots; to eradicate.

Shik tung, 食銅 Eat copper, to extort small sums by the police.

Shay yap chuk tung, huk sing wan tsoy, 蛇入竹筒曲性還在 Although a serpent enters a bamboo tube; (which is straight) its crooked nature still remains—is used to express a person's being incorrigible.

Sew luy tsong tow, 笑裡藏刀 Beneath a laugh conceal a dagger; said of base unprincipled deceivers.

OK-TONG-LUY-TSUNE.

Mow sho păt wei, 無所不爲 Not that which not do; there's nothing however bad, that he won't do.

Lan tsei, 爛仔 A spoiled child a term of abuse denoting much the same as blackguard.

Ko ko mow tei meen yun, 個個冇體面人 That is not a man of respectability.

Pak tow yap, hung tow chut, 白刀入紅刀出 The white knife enters, and the red knife comes out. Referring to the trade of a butcher, by which he is accustomed to slaughter and kill.

Ko ko hei lan tsei, 個個係爛仔 That is a vagabond or blackguard.

Ok yun, im how yay kuy, 惡人唔好惹佢 A violent bad man—it is not good to provoke him.

Ko ko yun shat shăw kan cha, 個個人實首奸詐 That man is very artful and fraudulent, or deceitful.

Pok hăng yun, 薄行人 An ungrateful ill-conditioned person.

Sze tsoy kang găw, 私宰耕牛 To kill claudestinely cattle used in ploughing.

Kwa leem, seen che, 寡廉鮮耻 Little modesty and little sense of shame.

Ko hei kwei kwăt yun, 個係詭譎人 That is a fraudulent cheating man.

OK-TONG-LUY-TSUGE.

Ko hei ok yun, 個係惡人 That's a bad man.

Mow ka fat, 冇家法 No domestic plans.

Mow kuy chăn wa, 冇句眞話 Not a word of truth.

Mow leong sum, 冇艮心 Not a good heart.

Mow păn yun, 冇品人 A man of no rank—in the scale of virtue.

King tun, 鯨吞 To swallow like a sea monster, to defraud and gulp down.

Tai koan fat ke, 大干法紀 A great violation of the laws.

Kum shăw, 拎手 A pressing hand, a sharper or villain who catches and ensnares the virtuous.

Ta lung, 打籠 A cager, one who entraps and ensnares others.

Heong ma tai tsak, 响馬大賊 Bell-sounding horses great banditti,—said to exist in *Shan-tung*.

Kăn fong sam chek shaw, 謹防三隻手 Be diligently on your guard against three handed people—shop lifters, this is written up in shops.

Im how shăw keok, 唔好手脚 Not a good hand and foot—a thief.

Gan tseen kwong, 眼前光 Before the eyes light—expresses prosperity that is not durable.

Mow keet kuk, 冇結局 Not come to a good end.

Hoy yŭn, chung hoy ke, 害人終害已 He who injures another will eventually injure himself.

OK-TONG-LUY-TSUNE.

Kăng kaou, 梗教 To resist instruction.

Yun een păt sut, 人言不恤 People's talk he disregards; said of a perverse person.

Low tseen, 老千 An old thousand—an old gamester.

Wai sze, 壞事 To spoil business.

Meen tsung sum wei, 面從心違 Comply with the face and oppose in the heart.

Tow kwăn, 賭棍 A gamester.

Go che tsăng kum tew ok kay yun, 我致憎咁刁惡旣人 I exceedingly dislike such perverse vicious people.

Pak yăt che tow, 白日持刀 In broad day seize a knife (or sword) i. e. to commit an open outrage.

Tam peen ee, 貪便宜 To covet convenience; (or *Tam-pe-ee,*) to spunge or forage on people.

Kwat seok yun, 刮削人 A peeler and farer, one who violently abates a price.

Tung koy tseen fe, 痛改前非 Bitterly repent and reform.

Yay wo sheong shun, 惹禍上身 Bring some calamity upon you.

Sheen ok tow tăw, chung yăw pow, 善惡到頭終有報 Virtue and vice come to a head, will at last meet retribution.

Tsze tsok eet, 自作孽 Self made crime, self induced evil.

Hang tow fat mong, 倖逃法網 Luckily escaped the net of the law.

FINIS.

国家出版基金项目
NATIONAL PUBLICATION FOUNDATION

海上絲綢之路文獻集成

總主編　陳支平　陳春聲

科技與文化編

81

主編　王揚宗　葉　農

海峽出版發行集團
THE STRAITS PUBLISHING & DISTRIBUTING GROUP
福建人民出版社

本册目次

英華分韻撮要［一］

（*A Tonic Dictionary of the Chinese Language in the Canton Dialect*）

〔美〕衛三畏（Samuel Wells Williams）編譯

《英華分韻撮要》，美國衛三畏編譯。衛三畏（Samuel Wells Williams，一八一二—一八八四），亦譯「衛廉士」，美國公理會傳教士。生於美國由提卡，一八三三年受派遣至廣州負責印刷事宜，一八七七年任耶魯大學漢學教授。曾編輯《中國叢報》，著有《中國總論》、《中國地志》等。是書專爲學習官話與廣州話之西人編寫，注音參考威廉·瓊斯（William Jones）拼音方案，選字採自馬禮遜與麥都思所編字典，收集字音七百個，漢字七千八百五十個。漢字依廣州話拼音自A至Y排序，先列廣州音，下爲該音所統屬漢字，每字皆有官話拼音及英釋，亦附録相關詞組。據一八五六年廣州版影印。

咸豐丙辰年鐫

衛三畏廉士甫編譯

英華分韻撮要

羊城中和行梓行

‹Ying ‹Wá ‹Fan Wan' Ts'üt, Iú'

A

TONIC DICTIONARY

OF THE

CHINESE LANGUAGE

IN THE CANTON DIALECT.

By S. Wells Williams.

CANTON:
PRINTED AT THE OFFICE OF THE CHINESE REPOSITORY.

1856

PREFACE.

This Dictionary contains only a portion of all the characters in the Chinese language, but they are those in general use, and such as occur most frequently in books and ordinary writings. The total number of characters in Kánghí's Dictionary is set down at about 44,400, of which nearly 15,000 are either duplicate or obsolete forms, while of the remaining 30,000, fully two-thirds are names of places or persons, or old, unusual words seldom met with in the course of one's reading. All these characters are included in the Dictionaries of both Drs. Morrison and Medhurst, but in those of De Guignes, Gonçalves, and Callery, a selection of the common characters has been made, to the number of from 11,000 to 13,000 in each work. That this last number includes all that are really necessary is partly proved by the usefulness of the work of Gonçalves, and especially that of De Guignes, which has been in the hands of students for more than two score years, and by Klaproth's Appendix to it, in which, after years of study, he added only a few hundred characters to the main work. It is evident, therefore, that when we have dictionaries like those of Morrison and Medhurst, containing the meanings and forms of all the characters, there is less need of repeating the same in other works; as the unusual ones are so rarely met with, and the student will always have Kánghí's Dictionary at hand if no other. There is, indeed, always a chance of meeting with an unusual character, as the name of a person or place, in any book one may take up; and for these the fullest dictionary is the most satisfactory.

This work contains 7850 characters, including a few common abbreviations and duplicate forms. Its plan is stated on page xxxiii of the Introduction, and it is hoped that it will be found to work well in practice. How the work itself has been performed, and whether it is any advance on what has been already done, will be decided by those who use it. With the books already published, it will form a tolerably complete apparatus for learning the Canton dialect, though not all that is wanted. These works are five, *viz.*—

Vocabulary of the Canton Dialect, 3 Parts. By R. Morrison. 1827.

The Beginner's First Book in Chinese. (Canton Vernacular). 1847.

A Chinese Chrestomathy in the Canton Dialect. By E. C. Bridgman. 1841.

Easy Lessons in Chinese, specially adapted to the Canton Dialect. By S. W. Williams, 1842.

A Vocabulary with Colloquial Phrases of the Canton Dialect. By S. W. Bonney, 1854.

The first two are out of print; the next two contain also some directions and exercises for learning the general language, the sounds alone being in this dialect.

Chinese lexicographers have done much to elucidate their own language, and we may regard the common dictionary of Kánghì, called *Kánghí Tsz' Tien* 康熙字典, which has been in use throughout the empire for nearly 150 years, as one of the best dictionaries ever published by Asiatics. The list of works of this class given by Callery proves the vast labor spent in this direction by Chinese scholars through a long series of generations. Yet, in respect to satisfying the requirements of a foreign student, no Chinese dictionary will be found sufficient. The uses of a character as a verb, a noun, a particle, or an adjective, are usually not given at all, chiefly because Chinese grammarians do not habitually make these distinctions; and the definitions are made by quoting other words as synonyms, and not by explaining the usages of the one under examination. For instance, take the word *'lai* 禮, an important one in Chinese literature. Kánghí says it means, "To follow (or tread in); whatever men do in serving the gods to obtain happiness; to put in form, to obtain (or show) the form of an act. A surname." None of the metaphorical and derivative senses are given, which, as will be seen by reference to the character, have now become important and common. These generally have yet to be carefully collected from good authors, and their application illustrated.

The difficulties in making a complete Anglo-Chinese lexicon result from three causes. *First*, the vast extent of the literature, running through many ages, naturally involve changes in the use of words by so many authors of different degrees of intellect, genius, and learning. The same word has been used by these authors to denote different shades of meaning, and it is a great labor to trace out these meanings. *Second*, it is not easy to find exact equivalents for Chinese words in European languages. Even in concrete things, as 書, 筆, 鞋, 船, the differences are numerous, and require explanation before calling them a *book*, a *pencil*, a *shoe*, or a *ship;* how much more unlike must they be when mental, religious, or poetical terms are to be explained by words from languages so dissimilar as English and Chinese. The Chinese, like other nations, necessarily describe their mental and abstract thoughts by words derived from sensible objects, and the scope and application of such words are familiar to them, but not so to the foreigner, whose mind has been trained differently. What adds to this difficulty is the vague and erroneous ideas the Chinese have respecting many things, which embarrasses one who tries to define them by the more precise words of his own language. *Third*, the years of study which are required in a wearisome climate before a foreigner is even partially fitted for making a dictionary, has also proved a serious hindrance to the preparation of a complete lexicon in the Chinese language. No one has yet sat down to the work unfettered by other engagements, and willing to spend his life in making a full dictionary of this language.

This volume will assist in learning to speak the Canton dialect, and as the meanings of the characters are the same, any one can use it in translating. It is as suitable for learning the Court dialect as Morrison's is for learning the Canton or Tiéchiú dialects; and those who are unable to procure the larger works, may find aid in it to enable them to read Chinese books. It has been prepared with care, by consulting previous works and a large collection of phrases written out by competent natives, and the meanings synthetically made up from the examples in which they occur. The space did not permit a large portion of these phrases to be explained as fully as would have been desirable to understand their application. Technical uses of words in law, medicine, astrology, poetry, and such science as the Chinese possess, have not been very extensively collected hitherto; this work probably contains a few more than any other, and perhaps expressed a little more definitely. It is no assistance to a foreigner to know that *lí*[3] is the name of a fish, or *꜀ying* the name of a bird, or *꜀hang* the name of a mountain, though these words may convey to a Chinese as definite an idea as the words *carp*, *eagle*, or *Alps*, do to an Englishman. Yet in most cases only an approximation can yet be made to defining hundreds of such words.

With these remarks this Dictionary is offered to students in Chinese, and especially to those who are engaged in the excellent work of enlightening this people in true religion and science. It is a freewill offering to the cause of missions in China. The sheets were necessarily struck off as fast as they were written, and a printing-office was carried on at the same time to obtain the funds to print them with. The proof sheets were kindly looked over by Rev. John B. French, to whose careful examination of the tones and sounds the work owes much of its accuracy. A few errors in the tones, aspirates, and sounds of the words have unavoidably crept in, some of which have already been noticed, but it has not been thought necessary to make out a full list of errata.

S. W. W.

CANTON, AUGUST 1ST, 1856.

INTRODUCTION.

1.—The Canton Dialect.

The dialect of the Chinese language spoken most accurately in the city of Canton, and hence usually called the Canton Dialect, is understood throughout the districts in the western half of the province of Kwángtung, with only unimportant exceptions. Though the variations from the speech of the citizens of Canton itself and from each other, heard in these districts are numerous, still the general characteristics of the dialect in its idiom and pronunciation, are preserved, and the people find little difficulty in talking with each other. The people from the district of Sinhwui 新會 lying southwesterly from Canton, exhibit the most remarkable peculiarities in pronunciation, and it is a puzzle to the scholars in the city how they should have originated. The Canton dialect differs so much from that spoken at the extreme east of the province, in the department of Cháuchau 潮州, and in most parts of the adjoining prefectures of Kiáying chau and Hwuichau fú, that their inhabitants are not intelligible to citizens of the capital. This dialect, usually called the Tiéchiú from the local sound of 潮州, and the Canton, constitute the speech of probably six sevenths of the nineteen millions reckoned as the population of the whole province; still this estimate is based on no very reliable data, owing to the difficulty of actual examination. The patois known as the *hák-ká* approaches very near to the Canton, and people from Kwángsí are easily understood in this city. Both the Canton and Tiéchiú dialects differ so materially in idiom and pronunciation from the general language of China, called the *kwán hwá* 官話 court or mandarin dialect, that those speaking only the latter do not understand them; and when they come to Canton as officers, are always obliged to employ interpreters to explain to them the depositions made in their courts by the common people.

B

The variations between the court and Canton dialects, in the pronunciation of the great body of characters, are so regular as to enable one to guess with a tolerable degree of certainty, what their sounds are in the other, the more so because the variations are chiefly in the finals, and not so numerous in the initials, as is the case in some of the Fuhkien patois. The unusual changes nearly all occur in characters having the fourth tone. The most common changes in the finals are here given :—

Court	Canton	Conrt	Canton.
áu and *iáu*	into *iú ;*	as *cháu*, *liáu*	into *chiú*, *liú*.
iáng	into *éung ;*	as *siáng*, *niáng*	into *séung*, *néung*.
in and *un*	into *an* and *un ;*	as *kin*, *chin*,	into *kan*, *chun*.
iueh	into *üt ;*	as *liueh*, *chueh*,	into *lüt*, *chüt*.
áng	into *ong ;*	as *kwáng*, *páng*	into *kwong*, *pong*.
iuen	into *ün ;*	as *hiuen*, *kiuen*,	into *hün*, *kün*.
ui	into *úi ;*	as *hwui*	into *fúi*.
iái	into *ái ;*	as *kiái*, *hiái*	into *kái*, *hái*.
ih	into *ik*, *at* or *íp ;*	as *kih*, *pih*, *chih*	into *kik*, *pat*, *chíp*.
ieh	into *ít* or *íp ;*	as *sieh*, *lieh*	into *sít*, *líp*.
ioh or *oh*	into *ok* ;	as *kioh*, *hioh*, *loh*	into *kok*, *hok*, *lok*.

The frequency of the abrupt consonontal terminations *k*, *p*, and *t*, in the Canton dialect, immediately strike a northerner from Kiángsú, who has been used to hear all terminations soft and flowing ; but the people from those provinces are said to learn this dialect sooner than those from Amoy and Fuhchau, whose nasal sounds and greater changes in the initials, are more difficult to accord with it. Unlike what exists in the province of Fuhkien, here there is not so great a difference between the language as spoken and read, as to require almost the acquisition of a double medium.

The variations between the Tiéchiú and Canton dialects consist in changes in both initials and finals, each having some sounds which are unknown, or very uncommon in the other. For instance, the initials *sh* or *f* are not found in the Tiéchiú, or the initials *b*, *lw*, or *mw* in the Canton ; the oblique sound of *ù* in *turn* is one of most common finals in the former, and one of the rarest in the latter ; there are no nasal sounds in the Canton, and no words ending with the finals *iáng*, *iák*, both of which are common in the Tiéchiú. These differences are among the most noticeable between the two leading dialects of this province, but the variations as one goes from Cháuchau fú westward to Canton city, are numberless, nearly every village exhibiting some peculiarities in the sounds of a few words.

The standard of pronunciation for the Canton dialect is a small duodecimo handbook, sometimes issued] separately, but more frequently combined with a letter-writer and forms of invitation, cards, funeral eulogies, &c., so that one may help to sell the other. It is called *Kong-ú ch'ik-tuk, Fan-wan ts'üt-iú hòp tsáp* 江湖尺牘分韻撮要合集 Letters for Travelers and a Collection of Important Characters divided by their Tones. The preface of the work is a mere bookseller's recommendation, and gives no hints upon the motives or principles which guided the compilers in arranging the characters. It is as follows:—

"Books giving the sounds of characters, and forms for letter-writers, are among the most common works in bookstores; but the largest of them are so cumbrous and bulky as to be troublesome to refer to, while the smaller kinds are too condensed to be satisfactory for reference. Consequently, neither of them are well suited for convenient use. Wú Hioh-pú of Yú-shán, and Wan K'i-shih of Wú-k'i have, however, jointly arranged a collection of words by their tones, and an assortment of letters for the use of traders in their travels, which are both comprehensive and brief, giving the kernel of the matter. The two works assist each other; and as they are not too large to carry about with one, they are also full and easy of reference; for as it would be inexpedient to require the purchaser to get two bulky books at a high price, they are now combined into a single neat 'sleeve gem,' and arranged on the top and bottom of the page; so that if one is in doubt respecting the meaning of a character, he can readily look it up among the classes of sounds; and if he does not know the exact sound, it will not be troublesome to gather it from the reading. Thus one part of the volume will help the other, like a carriage and a boat when one is traveling by land and water, both having their appropriate uses and position. Those who are learned will appreciate the propriety of these remarks. A prefatory note.

"Summer of 1782."

This pocket dictionary is usually bound in four thin volumes, and sold for twenty-five cents; it contains 7327 characters, and only 175 pages, or on the average 42 to each page, which plainly shows how meagre are the definitions. In comparison with the local vocabularies used at Amoy and Fuhchau, it is very imperfect, and proves the ignorance of the compilers of what was wanted for a local dictionary, or leads one to infer that they did not know how to prepare a good one. There is no table of initials and finals as in those vocabularies, nor any list of syllables, by combining which one can get the proper sound of a character; for he who uses it, strangely enough, is supposed to know already the sound of the character he is in search of. The unwritten sounds or colloquial words used by the people of Canton are nearly all omitted, which is one of the greatest defects in it, and renders it far less useful to the foreigner who is learning the dialect than those just spoken of. One reason, probably, why so little notice is taken of these colloquial words in the Fan Wan is the disregard the Cantonese pay to them in their writing, as no one would degrade his composition by inserting them. This rejection has had the result of keeping the greater part of them unwritten, and the compilers of the Fan Wan, knowing no authorized characters by which to express them, nor having any tabular system of initials and finals in which to insert them so that the student could find them, have omitted them. In fact, except in these two ways, a Chinese actually has no possible means to express a sound, and the latter mode is so clumsy and unsatisfactory that it would probably be understood by few natives who use the book.

The adoption of proper characters to denote these unwritten sounds is a troublesome matter for a native writer, and it is not surprising that he avoids their use. However, they are occasionally written, but not all on the same principles. Sometimes a well-known character of the same tone is selected to express the sound; and its evidently utter inaptitude in the connection to express any sense is depended upon to intimate that it is used for a colloquial word. This expedient is frequently employed by partly educated persons in letters, when they do not know, or cannot remember the proper characters. Another device to indicate colloquial words is to prefix the character *hau* 口 mouth, or *yan* 人 a man, at the side of some well known character of the same sound, but not always of the same tone. The words *tsoi*ʾ 儎 a cargo; *₍ká ʿfo* 傢伙, furniture; *ʿmai* 咪 do not; *₍ts'oi* 啋 pshaw! and *ʿté* 哆 remiss, &c., are examples

英華分韻撮要

of this sort. Sometimes, again, a character which comes nearest in tone is taken to represent the needed sound, and the knowledge of the reader is expected to inform him that it is employed in a vulgar sense. The words ˌnín 年 milk; ˌlán 欄 a bazaar; and ˌnái 奶 a lady, are examples of this practice. Again, characters having nearly the same meaning as the colloquial word, but of an entirely different sound, are adopted, so that even if the reader does not know the vulgar sound he will make no mistake as to the sense. Thus, the words ˌkung 烘 to roast, used for ˌnung, to scorch, to scowl; ˌhung 孔 a hole, used for ˌlung; are instances of this mode of adaptation. Lastly, entirely new characters are made for some of them; as lat 甩 to detach, páng 龐 a knock, which of course have no currency in other parts of China, as neither their sound or meaning will be known elsewhere. Besides these, there are a few colloquial words, as *fing*, *kwit*, *fik*, *ap*, &c., for which no characters can be found, and which cannot therefore be written at all.

The best course to adopt respecting the colloquial words found in this dialect, has been a matter of considerable perplexity in the preparation of this Dictionary. There being so many modes to express them, it was concluded to follow that plan for each character, which seemed to be the best understood among the people. The student must not however place much dependence on many of the characters employed to denote these unwritten sounds, for they are not uniformly represented, and other persons would perhaps choose different characters. The colloquial meanings of a word are usually distinguished from the more authorized definitions, so that no trouble will, it is hoped, be found on this score to those who use the dictionary in other parts of China, where the colloquial is entirely different.

The characters are classed in the Fan Wan under thirty-three finals, whose sounds are represented by standard and well known characters, as given in the annexed Table, all of them in the four upper tones, except the two last finals. The characters in the second half have been selected from the body of the book to illustrate the lower tones, and to aid the scholar in discriminating the two series. There, are however actually fifty-three finals in the dialect, if we include the terminations in the fourth tone,

Ords.	FIRST SERIES, comprising the Upper Tones.							
No.	1	2	3	4	P'ing Shing.	Shéung Shing.	Hü Shing.	Yap Shing.
1	先	蘚	線	屑	꜀sín	꜂sín	sín꜄	sít꜆
2	威	偉	畏		꜀wai	꜂wai	wai꜄	
3	幾	紀	記		꜀kí	꜂kí	kí꜄	
4	諸	主	著		꜀chü	꜂chü	chü꜄	
5	修	叟	秀		꜀sau	꜂sau	sau꜄	
6	東	董	凍	篤	꜀tung	꜂tung	tung꜄	tuk꜆
7	英	影	應	益	꜀ying	꜂ying	ying꜄	yik꜆
8	賓	稟	嬪	畢	꜀pan	꜂pan	pan꜄	pat꜆
9	張	掌	帳	着	꜀chéung	꜂chéung	chéung꜄	chéuk꜆
10	剛	講	降	角	꜀kong	꜂kong	kong꜄	kok꜆
11	朝	沼	照		꜀chiú	꜂chiú	chiú꜄	
12	孤	古	故		꜀kú	꜂kú	kú꜄	
13	鴛	婉	怨	乙	꜀ün	꜂ün	ün꜄	üt
14	皆	解	介		꜀kái	꜂kái	kái꜄	
15	登	等	凳	德	꜀tang	꜂tang	tang꜄	tak꜆
16	師	史	四		꜀sz'	꜂sz'	sz'꜄	

Ords.	SECOND SERIES, comprising the Lower Tones.							
No.	1	2	3	4	P'ing Shing.	Shéung Shing.	Hü Shing.	Yap Shing.
1	連	璉	鍊	列	꜁lín	꜃lín	lín꜅	lít꜇
2	迷	米	袂		꜁mai	꜃mai	mai꜅	
3	宜	議	貳		꜁í	꜃í	í꜅	
4	如	語	寓		꜁ü	꜃ü	ü꜅	
5	留	柳	陋		꜁lau	꜃lau	lau꜅	
6	容	勇	用	欲	꜁yung	꜃yung	yung꜅	yuk꜇
7	靈	領	令	力	꜁ling	꜃ling	ling꜅	lik꜇
8	文	敏	問	勿	꜁man	꜃man	man꜅	mat꜇
9	陽	仰	樣	藥	꜁yéung	꜃yéung	yéung꜅	yéuk꜇
10	王	往	旺	鑊	꜁wong	꜃wong	wong꜅	wok꜇
11	寮	了	料		꜁liú	꜃liú	liú꜅	
12	無	毋	務		꜁mò	꜃mò	mò꜅	
13	元	軟	願	月	꜁ün	꜃ün	ün꜅	üt꜇
14	鞋	蟹	懈		꜁hái	꜃hái	hái꜅	
15	盟	猛	孟	墨	꜁mang	꜃mang	mang꜅	mak꜇
16	詞	似	自		꜁ts'z'	꜃ts'z'	tsz'꜅	

17	金	錦	禁	急	꜀kam	꜂kam	kam꜄	kap꜆
18	交	絞	教		꜀káu	꜂káu	káu꜄	
19	栽	宰	載		꜀tsoi	꜂tsoi	tsoi꜄	
20	兼	檢	劍	刦	꜀kím	꜂kím	kím꜄	kíp꜆
21	津	贐	進	卒	꜀tsun	꜂tsun	tsun꜄	tsut꜆
22	雖	髓	歲		꜀sui	꜂sui	sui꜄	
23	科	火	貨		꜀fo	꜂fo	fo꜄	
24	緘	減	鑒	甲	꜀kám	꜂kám	kám꜄	káp꜆
25	翻	反	泛	發	꜀fán	꜂fán	fán꜄	fát꜆
26	家	賈	嫁		꜀ká	꜂ká	ká꜄	
27	官	管	貫	括	꜀kún	꜂kún	kún꜄	kút꜆
28	魁	賄	誨		꜀fúi	꜂fúi	fúi꜄	
29	遮	者	蔗		꜀ché	꜂ché	ché꜄	
30	干	趕	幹	割	꜀kon	꜂kon	kon꜄	kot꜆
31	甘	敢	紺	蛤	꜀kòm	꜂kòm	kòm꜄	kòp꜆
32	N. B. *In these two orders, no words occur in this series.*							
33								

17	吟	衽	任	入	꜁yam	꜃yam	yam꜅	yap꜇
18	茅	卯	貌		꜁máu	꜃máu	máu꜅	
19	臺	殆	代		꜁t‘oi	꜃t‘oi	t‘oi꜅	
20	嚴	染	驗	業	꜁ím	꜃ím	ím꜅	íp꜇
21	倫	卵	論	律	꜁lun	꜃lun	lun꜅	lut꜇
22	雷	壘	類		꜁lui	꜃lui	lui꜅	
23	鵝	我	臥		꜁ngo	꜃ngo	ngo꜅	
24	藍	覽	纜	蠟	꜁lám	꜃lám	lám꜅	láp꜇
25	蘭	懶	爛	辣	꜁lán	꜃lán	lán꜅	lát꜇
26	牙	雅	迓		꜁ngá	꜃ngá	ngá꜅	
27	門	滿	悶	末	꜁mún	꜃mún	mún꜅	mút꜇
28	梅	每	昧		꜁múi	꜃múi	múi꜅	
29	蛇	社	射		꜁shé	꜃shé	shé꜅	
30	寒	旱	翰	褐	꜁hon	꜃hon	hon꜅	hot꜇
31	含	頷	憾	合	꜁hòm	꜃hòm	hòm꜅	hòp꜇
32	彭	棒	硬	額	꜁p‘áng	꜃p‘áng	ngáng꜅	ngák꜇
33	吾	五	悟		꜁’ng	꜃’ng	’ng꜅	

The variations heard in the pronunciation of words under these thirty-three finals, though rather perplexing, bear only a small proportion to the whole number of words in the language. The most usual discrepancies heard under each order are here given, but it is impossible, and would be useless, to exhibit every alteration from what the Fan Wan represents as the proper sound. On the whole that manual may be regarded as a fair exhibition of the general pronunciation. Other modes of spelling the same sounds, adopted by Dr. Morrison, Mr. Devan and Mr. Bonney, in their vocabularies of this dialect, and by others who have tried to write them, are given in parenthesis under each number.

1. *Sin*, *sit*, like *seen*, *seat*, *peat*, *mean*. Several of the words commencing with a vowel, as *in* 言, *in* 現, *it* 熱, are heard with a nasal or aspirate, as *ngin*, *hin*, *ngit*. (*Seen*, *leet.*)

2. *Wai*, like *buy*, *nigh*. Words under this final occasionally run into the longer sound of *ái* in the 14th order, especially in those like *kwai* and *shai*. (*Lei*, *wi*, *fy*.)

3. *Ki*, like *me*, *flee*. A few words beginning with *k*, *p* and *f*, are frequently heard like the 20th final, as *ki* 騎, *pi* 俾, *fi* 非, *ki* 己, pronounced *ké*, *pé*, *fé*, or *ké*; but this is the exception. Others having no initial, as *i* 二, *i* 耳 are often heard *ngi*. (*Tee*, *she*, *ki.*)

4. *Chü*, like *sue*, or the first part of the word *choose*. Words in this order beginning with *h*, *l*, *n*, and *ts*, are often heard sliding into *hui*, *lui*, *nui*, *tsui*, like the 22d order, as 去, 侶, 女, 聚, 序; those under the other initials are less frequently mispronounced. (*Kuy*, *sue*, *nú*, *loÿ*, *u.*)

5. *Sau*, like *now*, *cow*, *how*. Words in this order like *au* 漚, 嘔, having no initial, often seem to a beginner to lengthen the vowels into *áu*, like the 18th order, as also do those like *chau* 肘 *hau* 后 and *p'au*, 剖 but a little practice will discriminate them. (*Tsow*, *shaw*, *hăw.*)

6. *Tung*, *tuk*, like the Irishism *wroong* for *wrung*, and so nearly *toong*, *took*, that it is doubtful whether this final ought not to be written *túng*, *túk*; it must never be sounded like the English words *sung*, *hung*, *tongue*. There are no variants in this final worth noticing. (*Soong*, *yok*, *tōk.*)

7. *Ying*, *yik*, like *sing*, *king*, *quick*, *wing*. So many words under this order change the final into *eng* and *ek*, that a separate list has been made of them in the general Table of Sounds, but the proportion is small; all the common words are noticed in the body of the Dictionary. At Macao and thereabouts, a large proportion change the final into *ang* and *ak* of the 15th order, as 兄 京 明 擰, 兵, into *hang*, *kang*, *mang*, *nang*, *pang*, &c., by which the people from Hiángshán district are recognized at Canton. *(Leng, paëng, te-ang, saung.)*

8. *Pan*, *pat*, like *fun*, *son*, *shun*, *tun*, *won*, never like *man*, *fan*, *hat*, *cat*. Variants in the *yap shing*, passing into the long sound *át* of the 25th order, are occasionally heard, but a more frequent change is into *pin*, *pit*, or *pen*, *pet*, which is peculiar to the people of the districts of Sinhwui and Káuyáu southwest of Canton. *(Pun, kăn, fut, yet, chăt.)*

9. *Chéung*, *chéuk*, like the combined sounds in *say 'em*; there is no English word with this diphthong. The variations in this final are rare. *(Chaong, cheong, lay-ung, yok, naung, tsay-uk.)*

10. *Kong*, *kok*, like *long*, *song*, *wrong*, *hawk*, *baulk*; never like *sock*, *lock*. There is no difficulty in recognizing all words under this final, even when as is occasionally the case, they are heard like *lòng*. *(Paong, kawk, lôk, wóng, hoak, tsoang.)*

11. *Kú*, *lò*, as *coo*, *cuckoo*, *lo*, *hoe*, *flow*. The compilers of the Fan Wan seem to have been unable to distinguish the characters under this final into the two terminations of *ú* and *ò*, and have combined them apparently because in the court dialect most of them ended in *ú*. Those beginning with *l*, *m*, *sh*, and *s* slide from *lú*, *mú*, *sú*, *shú*, into *lò*, *mò*, *shò*, *sò*, but under other initials there is no trouble in distinguishing them. *(Lo, low, ku, foo.)*

12. *Chiú*, like *new*, *few*, both vowels being plainly sounded. This final is now and then heard like *éu*, as 要 *éu* for *iú*; 溺 *néu* for *niú*; and also sliding into the 4th as 曉 *hü* for *hiú*. *(Kew, chiu, tee-ue, tiú.)*

13. *Ün*, *üt*, like the *u* in *ruin*, *June*, *jute*, *dilute*. The variations under this final are unimportant, and those are where the vowel is changed in a few words to *è*, as 煖 *nèn* for *nün*. *(Heuct, shún, út, une, sute.)*

c.

14. ***Kái***, like *aye*, *aisle*, never shortened into ***nigh***, ***fly***, like the 2d final, though that frequently is prolonged into this. The Chinese discriminate between the diphthongs ***ai*** and ***ái*** with much accuracy, and the student should pay particular attention to them at first, or he will constantly confound them. ***(Pai, nie, ti, kái, kye.)***

15. ***Tang***, ***tak***, like ***tongue***, ***sung***, ***hung***, ***muck***, ***luck***, never like ***hang***, ***bang***, ***jack***, ***sack***. There are many words placed under this final, which from the constant tendency to lengthen the vowel are heard like the 32d final, as 生 ***sháng*** for ***shang***, 行 ***háng*** for ***hang***, 北 ***pák*** for ***pak***, &c.; many of these variations are noticed in the body of the work. ***(Pung, hăng, tuk, măk, hek, sháng, yák.)***

16. ***Sz'***, ***tsz'***, like no words in the English language, but much like a hiss. The people of Canton itself pronounce these two words very clearly, but in the villages around and south of it, they are changed into ***shí***, ***sü***, ***szü***, ***schi***, ***tsü***, ***tsí***, ***ch'i***, so that in many cases it is hard to recognize them. ***(Sze, sz, sse, ss', tse.)***

17. ***Kam***, ***kap***, like ***hum***, ***some***, ***come***, ***sup***, ***tup***, never like ***ham***, *rap*. nor ***came***, ***lame***, ***nape***, ***rape***. A few words properly referred to this final lengthen the vowel into ***kám***, ***káp***, like the 24th, and others also are changed into short ***e***, as ***kem***, ***nem***. ***(Yum, shup, lăm shăp.)***

18. ***Káu***, like ***how*** very much prolonged; the difference between this, and the 5th final is merely in the longer sound of the ***á***. There are no variations in pronunciation worth noticing in this final. ***(Pow, kaou, chaow.)***

19. *Tsoi*, like *boy*, *noise*, *loiter*. The *oi* in some of the words referred to this final, inclines to *ui* of the 22d, as 來內台 *lui*, *nui*, *tui*, for *loi*, *noi*, *toi*, but a little care will easily discriminate them; most of the words are uniformly sounded. *(Toy, suy.)*

20. ***Kim***, ***kip***, like ***cream***, ***seem***, ***team***, ***sheep***, ***reap***. The words under this final are very uniform, and there is no particular character worth noticing as a variant. ***(Keem, leep.)***

21. ***Tsun***, ***tsut***, like the ***u*** in ***put***, ***nuisance***, the sound lying between the vowel sounds in ***fun*** and ***fool***, in the 8th and 27th orders; the 8th, 21st and 27th finals ***pan***, ***tsun***, ***kún***, are kept very distinct by the Chinese, and must not be confounded. It is not easy to distinguish the ***u*** in this order from the ***u*** in ***tung***, ***tuk***, as some have endeavored to do, for if the word ***tsun*** be slowly prolong-

英華分韻撮要

ed into *tsung*, it will be seen the difference is in the quantity rather than in the quality of the vowel. *(Tsun, soot.)*

22. *Sui*, a combination of *u* in the preceding order with *i*; there is no similar sound in English. Words under the 4th final commencing with *s*, *l* or *n*, easily run into this, and some of those placed here, as *tsui*, *yui*, *tui*, also run into the 28th order. The Chinese, who are not fettered or guided by any alphabetic sounds, often discriminate these nearly homophonous words better than we do. *(Suy, mooy, soӱ, shoo-e.)*

23. *Fo*, like *law*, *saw*, *taw*, not *lo*, *no*, *two*; the *o* as in *long*, *sawn*, as in the 10th and 30th orders. This final undergoes no changes, that are worth noticing. *(Waw, hó, láw, hò.)*

24. *Kám*, *káp*, like *calm*, *psalm*, not like *ham*, *jamb*, *rap*, *map*. The characters under this final are comparatively few, and the changes in their pronunciation very slight. *(Lahm, kam, tarm, chaap, kap.)*

25. *Fán*, *fát*, like *Jahn*, *father*, not like *fan*, *fat*, *man*, *mat*. In the district of Shunteh, some characters in this order take a singular change to *èn*, as 間 *hèn* (like *mane)*, 板 *pèn*, 鹹 *kèn* (like *cane)*, and so of others. *(Wan, pann, fat.)*

26. *Ká*, like *ma*, *pa*, a syllable that can hardly be mispronounced; there are no variations in the characters found under it. *(Ka, fah, laa.)*

27. *Kún*, *kút*, like *loon*, *coot*, *moot*, *noon*, presents no changes in the sounds of the few characters found under it worth noticing. *(Poon, foot.)*

28. *Fúi* is a well defined diphthong, like *buoy*, broader than *sui* in the 22d order, and having only one initial in common with that; the consonant has much influence on the quantity of the vowel. *(Tsoӱ, luӱ, kooy, nui, oo-e.)*

29. *Ché*, like *may*, *lay*, *they*, *yea*; it has few aberrations, and most of those are mispronunciations from the 3d order, under a few initials. *(Yay, ya, se-ay.)*

30. *Kon*, *kot*, like *lawn*, *brawn*, *fought*, *sought*; there are very few characters under this final, and in the mouths of many persons some of them, as *on* and *ngon* are heard like *ong* and *ngong* *(Hoan, kon, ón, kót.)*

31. *Kòm*, *kòp*, like *home*, *comb*, *hope*, not like *some*, *come*, *sup*, or *tom*, *hop*; there is a peculiar *ora rotunda* observable in the pronunciation of the few words referred to this order. *(Kúm, kup, kōm, hóm, háp, hŏp, hóp.)*

32. *P'áng*, *pák*, sounded with a broad *a*, and not like *bang*, *hang*, *crack*. Many words under the 15th final are so uniformly sounded like this that they should properly have been placed under it; there is a constant tendency of the short vowels to lengthen into the broader ones. *(Hák, lang, chak.)*

33. *'Ng*, *'M*, are sounds heard in all languages, in rapid conversation, but such as are seldom written; *hng* and *hm* is perhaps a better form of writing them than that here adopted. *(Im, 'm, ing, ng.)*

LIST OF THE INITIALS.

No list of initials is given in the Fan Wan; there are twenty-three in all, which are here represented by the following characters. The first one is a mute, and used when the final only is pronounced, having no consonant before it.

1 Au	毆	6 Kín	見	11 Má	馬	16 Sám	三	21 Ts'ai	齋
2 Chí	之	7 K'ing	傾	12 Nám	南	17 Shing	聖	22 Wá	華
3 Ch'ut	出	8 Kwai	鬼	13 Ngá	牙	18 Tá	打	23 Ying	英
4 Fung	風	9 Kw'á	誇	14 Pá	把	19 T'oi	台		
5 Hoi	開	10 Lam	林	15 P'o	婆	20 Tsing	精		

The diversities in the initials are so much fewer than those in the finals, that they are soon described, though for their number they give more trouble, perhaps, than the others.

1. All words having no initial consonant, are very liable to have a nasal *ng* or an *h* prefixed to them, or to have the vowel altered. The people in Hiángshán, Macao, and Sin-ngán, change many words in this way, so that if one does not see the character, he will look for it under *h* or *ng*.

2, 20. The initials *ch* and *ts* are constantly confounded, and some persons are absolutely unable to detect the difference, more frequently calling the words under *ts* as *ch*, than contrariwise. All characters with the sounds *tsz'* and *ts'z'* are liable to be heard *chí* and *ch'í*, with a stronger breathing than those properly read *chí* and *ch'í*.

4. The people along the coast and south of Canton often alter the initial *f* into *h* or *w* in some words, and retain it in others; it changes sooner before *á* or *a*, than before *í* or *u*.

10, 11. The two initials *l* and *m* are frequently so interchanged in the mouths of some people, that one is much puzzled to distinguish them, and even *n* is altered too; as *lám* 南 for *nám; mán* 欄 for *lán; lò* 奴 for *nò;* &c. The number of such words is not very great, and while the few who speak thus cannot discriminate the inital consonant before some vowels, they never interchange them before others.

16, 17. The initial *sh* is called *s* along the coast; in the districts of Hiángshán, Sinning and Sinngán, this obtains to a very great extent; *shui* 水, *shü* 書, *shuk* 熟, *sháng shing* 省城, &c. &c., being heard *sui, sü, suk*, and *sáng sing*, as in the Tiéchiú and Amoy dialects. The initial *sh* is a complete shibboleth to the people of those districts. West of Canton, many are found who change *sz'* into *sü*, and a large part of the words beginning with *s* are changed into *sh*, just the opposite of the usage at Macao.

These five classes of changes are the most frequent, and with those in the finals may perhaps discourage the beginner whether he be able to learn a speech which varies so much in its pronunciation. The proportion the variants bear to the whole body of characters is not so great, however, as he might conclude, and when once ascertained it will not be difficult to follow them; besides which, no individual will ever be found who has them all.

SYSTEM OF ORTHOGRAPHY USED IN THIS DICTIONARY.

The system of writing the sounds of the Chinese characters adopted in this Dictionary is nearly like that proposed by Sir W. Jones, and already used to some extent in China. It is exhibited in the following table:—

1.	*a* as in *quota, variable;*	*fan, lam, tang, kat.*
2.	*á* as in *father;*	*lán, kám, cháng, pát, káp, há.*
3.	*e* as in *men, dead, said;*	*cheng, heng.*
4.	*é* as in *they, neigh, say;*	*ché, mé, shé, tséung.*

5. *i* as in *pin, finish;* *ying, kik.*
6. *í* as in *machine, feel, ere;* *hí, sín, kím.*
7. *o* as in *long, lord, law;* *ko, song, kon, kok, hot.*
8. *ò* as in *so, hoe, crow;* *nò, kòm, hòp.*
9. *u* as in *bull,* prassing into *rule;* *tsun, sut, tung, yuk.*
10. *ú* as in *school, fool, rule;* *kú, fún, pút.*
11. *ü* as in French *jeune, l'une;* *süt, üt.*
12. *ù* as in *turn;* *hù, tù.*
13. *ai* as in *while, high, fly, hushai;* *kai, sai.*
14. *ái* as in *aisle, aye;* *fái, mái.*
15. *au* as in *now, round, plough;* *mau, sau.*
16. *áu* as in *howl,* pronounced longer; *cháu, káu.*
17. *éu* as in *Capernaum, say 'em;* *héung, léuk.*
18. *iú* as in *pew, chew;* *liú, siú.*
19. *oi* as in *boy, toil;* *oi, tsoi.*
20. *ui* nearly as in *Louis,* peculiar; *sui, lui.*
21. *úi* as in *cooing, chewing,* *múi, fúi.*
22. *sz'* This is an imperfect vowel sound, unknown in European languages; if in pronouncing the word *dizzy,* the two letters *di* be changed to *s,* this sound will be made.
23. *'m* or *hm,* is spoken with a closed month, like a voluntary half cough.
24. *'ng* is a nasal sound, made by stopping the nose when it is spoken.

The consonants need no illustration, as they are uniformly pronounced as in English.

ch, as in *church;*	*ng,* as in *sing;*
f, as in *fife;*	*p,* as in *pap;*
h, as in *have;*	*s,* as in *sea, yes;*
k, as in *king;*	*sh,* as in *shut, chaise;*
kw, as in *quality;*	*t,* as in *title;*
l, as in *lame;*	*ts,* as in *ratsbane, wits;*
m, as in *maim;*	*w,* as in *wing;*
n, as in *nun;*	*y,* as in *yard;*

The above comprise all the vowels, diphthongs and consonants, found in the Canton dialect. In addition the Court Dialect contains a few more, and as the pronunciation of each character in the

Fan Wan is given in that dialect under it, they are here added. For the sounds given to the characters in this dialect, the dictionaries of De Guignes, Morrison, Gonçalves, and Medhurst, nearly agree throughout; and though what is termed the *kwán hwá* differs as much as any of the local dialects, when it is heard in different parts of the country, still there is a general resemblance. This system is more strictly that which is known among the Chinese as the *Nán hwá* or Southern dialect, in contradistinction to the *Peh hwá* or Northern dialect, the cities of Nánking and Peking respectively being regarded as the standards of authority of the two. The additional finals and initials found in the Court Dialect alone are the following:—

ei, nearly as in *weigh*, but very open, both vowels being heard.

iá, as in *yard*, *piastre*, both vowels plainly heard.

iáh, like the last, but ending abruptly.

iái, a triphthong, each letter of which is heard.

iáng, like *iáh*, except the final *ng*; both are pronounced broad.

iáu, *ié*, *ieh*, *ien*, *ih*, *in*, *ioh*, *iueh*, *iuen*, *iuh*, *iun*, and *iung*, are all to be sounded distinctly, the *i* to be plainly enunciated before the other letters.

oh, is an abrupt ending, like *knock*, though not so decided.

ueh, *uen*, and *uh*, are all to be sounded distinctly. All words ending in *h*, are in the *jih shing*, but it is generally so soft as to lead many to say that this tone does not occur in the court dialect.

By combining all the fifty-three finals with all the twenty-three initials, there would be 1229 sounds in the dialect which could be represented by Roman letters; there are however only 707 different syllables given in this Dictionary, many possible combinations, as *kwòm*, *táng*, *lút*, *püt*, *kwéung*, *fám*, *foi*, *lon*, *shot*, *sún*, *wiü*, &c., not occuring in the dialect. The table of all the sounds here given will show the paucity of different vocables, though it does not probably include *all* the variations heard among the people, which however most frequently run into other sounds occurring in the table, and do not often exhibit new sounds. The list of finals in the first column is arranged according to the table from the Fan Wan on page xiv, and not alphabetically.

FINALS	Au	Chí	Ch'ut	Fá	Hoi	Kín	K'ing	Kwai	Kw'á	Lam
Sín	ín	chín	ch'ín	....	hín	kín	k'ín	......	......	lím
Sít	ít	chít	ch'ít	*fít*	hít	kít	k'ít	*kwít*	......	lít
Wai	ai	chai	......	fai	hai	kai	k'ai	kwai	kw'ai	lai
Kí	í	chí	ch'í	fí	hí	kí	k'í	......	......	lí
Chü	ü	chü	ch'ü	......	hü	kü	k'ü	......	......	lü
Sau	au	chau	ch'au	fau	hau	kau	k'au	......	......	lau
Tung	ung	chung	ch'ung	fung	hung	kung	k'ung	......	......	lung
Tuk	uk	chuk	ch'uk	fuk	huk	kuk	*k'uk*	......	......	luk
Ying	.....	ching	ch'ing	*fing*	hing	king	k'ing	kwing	......	ling
Yik	....	chik	ch'ik	*fik*	.....	kik	k'ik	kwik	......	lik
Keng	......	cheng	......	......	heng	keng	......	......	......	leng
Kek	......	chek	......	....	.....	......	k'ek	......	......	lek
Pan	......	chan	ch'an	fan	han	kan	k'an	kwan	kw'an	*lan*
Pat	*at*	chat	......	fat	hat	kat	k'at	kwat	......	*lat*
Chéung	......	chéung	ch'éung	......	héung	kéung	k'éung	......	......	léung
Chéuk	......	chéuk	ch'éuk	...	....	kéuk	k'éuk	......	......	léuk
Kong	ong	chong	ch'ong	fong	hong	kong	k'ong	kwong	kw'ong	long
Kok	ok	chok	......	fok	hok	kok	k'ok	kwok	......	lok
Kú	ú	......	......	fú	......	kú	......	......	......	......
Lò	ò	.....	......	......	hò	kò	......	......	......	lò
Chiú	iú	chiú	ch'iú	......	hiú	kiú	k'iú	......	......	liú
Sün	ün	chün	ch'ün	......	hün	kün	k'ün	......	......	lün
Süt	üt	chüt	......	......	hüt	küt	.....	......	.....	lüt
Kái	ái	chái	ch'ái	fái	hái	kái	k'ái	kwái	......	lái
Tang	ang	chang	.....	......	hang	kang	k'ang	kwang	......	*lang*
Tak	ak	chak	ch'ak	......	hak	*kak*	......	......	......	lak
Sz'	.....	......	......	......	......	......	......	......	......	....
Kam	am	cham	ch'am	...	......	kam	k'am	......	......	lam
Kap	*ap*	chap	.....	......	hap	kap	k'ap	......	......	lap
Káu	áu	cháu	ch'au	......	háu	káu	k'áu	......	......	lau
Tsoi	oi	.....	......	......	hoi	koi	k'oi	......	......	loi
Kím	ím	chím	ch'ím	......	hím	kím	k'ím	......	......	lím
Líp	íp	chíp	......	.....	híp	kíp	......	......	......	líp
Tsun	.....	chun	ch'un	......	......	......	......	......	......	lun
Tsut	......	chut	ch'ut	.....	......	......	......	......	......	lut
Sui	....	chui	ch'ui	......	......	......	......	......	......	lui
Fo	o	cho	ch'o	fo	ho	ko	......	kwo	......	lo
Kám	ám	chám	ch'ám	......	hám	kám	......	......	......	lam
Káp	áp	cháp	ch'áp	......	háp	káp	......	......	......	láp
Fán	án	chán	ch'án	fán	hán	kán	......	kwán	......	lán
Fát	át	chát	ch'át	fát	......	......	......	kwat	......	lát
Ka	á	chá	chá	fá	há	ká	......	kwá	kw'á	lá
Kún	ún	......	......	fún	......	kún	......	......	......	......
Kút	út	......	......	fút	......	kút	.....	......	......	......
Fúi	úi	......	......	fúi	....	kúi	......	......	......	lúi
Ché	*é*	ché	ch'é	....	*hé*	ké	k'é	......	......	*lé*
Kon	on	.....	......	...	hon	kon	......	......	......	......
Kot	.....	......	......	.....	hot	kot	......	......	......	......
Kòm	òm	....	......	.....	hòm	kòm	......	.... .	......	......
Kòp	.....	.....	. ....	.....	hòp	kòp	......	......	......	......
Ngang	áng	cháng	ch'áng	....	háng	káng	.....	*kw'áng*	kw'áng	láng
Ngák	ák	chák	ch'ák	*fák*	hák	kák	.....	kwák	......	*lák*
Hù	....	......	......	.....	hù	*kù*	.....	......	......	*lù*
Ng	'm	......	....	.....	......	.....	.....	......	......	....

Má	Nám	Ngá	Pá	P'o	Sám	Shing	Tá	T'oi	Tsing	Ts'ai	Wá	Ying
mín	nín	......	pín	p'ín	sín	shín	tín	t'ín	tsín	ts'in	......	......
mít	*nít*	ngít	pít	p'ít	sít	shít	tít	t'ít	tsít	ts'ít	*wít*	.....
mai	nai	ngai	pai	p'ai	sai	shai	tai	t'ai	tsai	ts'ai	wai	yai
mí	ní	*ngí*	pí	p'í	......	shí	tí	......	......	......	......	......
......	nü	......	......	......	sü	shü	......	......	tsü	ts'ü	......	......
mau	nau	ngau	pau	p'au	sau	shau	tau	t'au	tsau	ts'au	......	yau
mung	nung	......	pung	p'ung	sung	shung	tung	t'ung	tsung	ts'ung	......	yung
muk	nuk	......	puk	......	suk	shuk	tuk	t'uk	tsuk	ts'uk	......	yuk
ming	ning	......	ping	p'ing	sing	shing	ting	t'ing	tsing	ts'ing	wing	ying
mik	nik	......	pik	p'ik	sik	shik	tik	t'ik	tsik	ts'ik	wik	yik
meng	*neng*	......	peng	p'eng	seng	sheng	teng	t'eng	tseng	ts'eng	......	yeng
mek	......	......	pek	......	sek	shek	......	t'ek	tsek	ts'ek	......	......
man	nan	ngan	pan	p'an	san	shan	tan	t'an	......	ts'an	wan	yan
mat	*nat*	*ngat*	pat	p'at	sat	shat	tat	......	tsat	ts'at	wat	yat
......	néung	......	......	......	séung	shéung	*téung*	......	tséung	ts'éung	......	yéung
......	......	......	......	......	séuk	shéuk	téuk	......	tséuk	ts'éuk	......	yéuk
mong	nong	ngong	pong	p'ong	song	shong	tong	t'ong	tsong	ts'ong	wong	......
mok	nok	ngok	pok	p'ok	sok	shok	tok	t'ok	tsok	ts'ok	wok	......
......	......	......	......	......	sù	......	......	......	......	......	......	......
mò	nò	ngò	pò	p'ò	sò	shò	tò	t'ò	tsò	ts'ò	......	......
miú	niú	......	piú	p'iú	siú	shiú	tiú	t'iú	tsiú	ts'iú	......	......
......	nün	......	......	......	sün	shün	tün	t'ün	tsün	ts'ün	......	......
......	......	......	......	......	süt	shüt	tüt	t'üt	tsüt	ts'üt	......	......
mái	nái	ngái	pái	p'ái	sái	shái	tái	t'ái	......	......	wái	......
mang	nang	......	pang	p'ang	sang	shang	tang	t'ang	tsang	ts'ang	wang	....
mak	nak	ngak	pak	......	sak	......	tak	......	tsak	......	......	......
......	......	......	......	......	sz'	......	......	......	tsz'	ts'z'	......	......
......	nam	ngam	......	......	sam	sham	*tam*	*t'am*	tsam	ts'am	......	yam
......	nap	ngap	......	......	sap	shap	*tap*	......	*tsap*	ts'ap	......	yap
máu	náu	ngáu	páu	p'áu	......	sháu	......	......	......	......	......	......
......	noi	ngoi	......	......	soi	......	toi	t'oi	tsoi	ts'oi	......	......
......	ním	......	......	......	......	shím	tím	t'ím	tsím	ts'ím	......	......
......	níp	......	......	......	síp	shíp	típ	t'íp	tsíp	ts'íp	......	......
......	......	......	......	......	sun	shun	tun	t'un	tsun	ts'un	......	yun
......	nut	......	......	......	sut	shut	......	......	tsut	......	......	......
......	nui	......	......	......	sui	shui	tui	......	tsui	ts'ui	......	yui
mo	no	ngo	po	p'o	so	sho	to	t'o	tso	ts'o	wo	......
......	nám	ngám	......	......	sám	shám	tám	t'ám	tsám	ts'ám	......	*yám*
......	náp	*ngáp*	......	......	sáp	shap	táp	t'áp	tsáp	......	......	......
mán	nan	ngán	pán	p'án	sán	shán	tán	t'án	tsán	ts'án	wán	......
mát	*nát*	*ngát*	pát	....	sát	shát	tat	t'át	......	ts'át	wát	......
má	ná	ngá	pá	p'á	sá	shá	tá	t'á	tsá	......	wá	yá
mún	......	......	pún	p'ún	......	......	......	......	......	......	......	......
mút	......	......	pút	p'út	......	......	......	......	......	......	......	......
múi	......	......	púi	p'úi	......	......	túi	t'úi	tsúi	ts'úi	......	......
mé	*né*	......	*pé*	......	sé	shé	té	......	tsé	ts'é	......	yé
......	......	ngon	......	......	......	......	......	......	......	......	......	......
......	......	......	......	......	......	......	......	......	......	......	......	......
......	......	......	*pòm*	......	......	......	*tòm*	......	......	......	......	......
......	......	......	*pòp*	......	......	......	......	......	......	......	......	......
máng	......	ngáng	páng	p'áng	......	sháng	......	......	......	......	wáng	......
mák	......	ngak	pák	p'ák	......	shák	......	......	......	ts'ák	wák	yák
	.	......	......	......	*sù*	......	*tù*	......	......	......	......	......
	.	......	......	......	......	......	......	......	......	......	......	......

The final *hù*, *kù*, *lù*, &c., in the last line but one in this Table, is not found in the Fan Wan at all; the compilers appear to have thought it unnecessary to add a whole order and another final for the sake of one character, *hù* 鞾 a boot, the only one in the dialect not vulgar or colloquial.

It will prove serviceable for the student to make out a table of characters to correspond to this table of sounds, and read them across and down with a native, so as to notice the effect made on a final by changing the initial, and the alterations produced on an initial under many finals. Reading over such a table a dozen times with as many educated natives, will give as distinct an idea of the changes which characters undergo in their sounds in the speech of different persons, as can be obtained.

There have been attempts to follow up these changes in writing this dialect in Roman letters, but in all cases it is better to adhere to the classified arrangement given in the Fan Wan, and remember the exceptions as being such. In the vocabularies and phrase-books of Dr. Morrison, Mr. Devan and Mr. Bonney, no attention has been paid to the classes of finals as given in the Fan Wan, or to the tones or aspirates, and the errors in writing the words are numerous, even according to their own modes of spelling.

The system of writing Chinese sounds here followed, has been adopted, with some slight variations, in writing other dialects of the language; but it would be a great advantage to allstudents in it if all the modes of spelling the dialects could be harmonized. It is not supposed, by this remark, that this one is the best which could be proposed, for some features of it could be modified to advantage, but it certainly is more accurate for the student's use than to follow the common English alphabet, with all its strange anomalies. The various modes of writing each sound, as quoted after the remarks on pp. xvi....xix, show how much difficulty has been felt by those who have tried to write them according to the English alphabet.

Mr. Goddard, in his Tiéchiú Vocabulary, uses *á*, *a* and *ù* as in this table, but *e*, *i*, *o*, *ó*, and *u*, are substituted by him for the *é*, *í*, *ò*, *o*, and *ú*, in this table. He did not perceive that he was confusing his own pronunciation by representing the *i* in *machine* and in *pin* by the same letter; as he was by blending the *e* in *they* and *men*. At

Amoy, unaccented vowels have been used, and the tones marked by accents over the letters, which is likely still more to confuse those who may try to read the sounds in that dialect, as a single quotation will show.

Sò· kóng ê, tiap-á-kú, chin-chiàⁿ sī siáⁿ-mih í-sù? Goá m chai i ê só· kóng.

At Fuhchau, the dialect is written very nearly like the Amoy, without the tones superadded; but at Ningpo there is more dissimilarity, as an example will show.

Cü-go t'in-s yin-c'ih-læ, lih-læ hyiang-en-go jing-siu-pin.

The differences between all these modes of writing Chinese sounds are really not very great, for in none of them has the English alphabet been followed, and it would not be very difficult to reconcile them to one standard, an object which appears still more desirable when the plan of Romanizing them for the use of unlearned natives is taken into the account. Perhaps it would, however, be best to discard them all, and adopt Lepsius' universal alphabet, with which he proposes to harmonize the mode of writing all languages.

2.—The Tones.

The *shing* 聲 or tones form one of the most difficult and peculiar features of the Chinese spoken language, but they can neither be fully or easily described satisfactorily, for the reason that no European language has them. Strictly speaking, they are neither tones, modulations, accents, nor emphasis, as those words are usually applied in western languages; they probably more nearly resemble the sound of notes in music. The note *G* on a violin, an organ, or a bagpipe, strikes the ear very differently, like the voices of a child or man; the note is alike on the gamut, and it chords on all those instruments; but let *G* sharp be struck on one of them, and we feel the discord, it is not the note at all. So in respect to Chinese *shing*: if the right *shing* be not spoken, the right word is not spoken, it is some other word. For instance, if a person says *kú'* instead of *ˌkú* 孤 an orphan, he does not say the word for *orphan* at all; he says that for 故 *old*, or 固 *firm*, or 顧 *to hire*, or some other word equally remote in meaning. It is as if on the violin the player strikes *G* sharp, instead of *G* natural; though he makes a note he makes no chord with the organ or bagpipe sounding *G* natural; as it were, he speaks the wrong tone, and does not express his meaning. It may not be indeed the case in Chinese, that the hearer will *always* misunderstand the speaker even if the tones are pronounced wrong, for there are additional clues to the meaning, but the chances are against it.

Many explanations and illustrations of the tones have been written, but as no one can get a clear idea of them until he has begun to learn them from speaking with the people, it does not seem to be worth while here to repeat what has been said in other works upon this subject; but simply to refer to those treatises,* and denote the way in which they are marked in this Dictionary. What adds to the difficulty of understanding the differences between the tones, is that the same name is applied by the natives to really different tones in different dialects; in which, to complicate the matter still further, the tone of the same character is sometimes changed; consequently, a person can hardly be sure that what is applicable to one dialect, is descriptive of the same thing in another. The Chinese have written about the tones to some extent, but their definitions, from the nature of the subject, do not help foreigners much. The people learn the pronunciation of words by the ear, and refer to a dictionary when in doubt about the tone, just as we do to Webster or Richardson to get the right spelling, but not to learn what the tones are.

The compilers of the Fan Wan have formally arranged the characters under each final by the four tones; and have also further separated the upper and lower series, and the aspirated characters

* Preface to Morrison's Dictionary, Vol. I.; Medhurst's Dictionary of the Fuhkien dialect, pp. 1-lvii.; and Dyer's Vocabulary of the Fuhkien dialect; Easy Lessons in Chinese, pp. 43–55; the introduction to the Chinese Chrestomathy; Chinese Repository, Vol. III, pp. 26–28; Vol. IV, p. 172; Vol. VI, p. 579; Vol. VII, p. 57. Callery's Systema Phoneticum, pp. 68–72; Williams' English and Chinese Vocabulary, pp. xxvii–xxxi. From these works the student will derive all the hints about the tones that description can give him.

into separate columns, though they have not so distinctly specified them. The eight tones as given in the Table on pages xiv, xv, are clearly distinguished by the Cantonese, and every word in this Dictionary has been marked according to its tone by semicircles, something like the mark used by the Chinese, as here exhibited.

shéung p'ing,	***shéung shéung,***	***shéung hü,***	***shéung yap,***	***há p'ing,***	***há shéung,***	***há hü,***	***há yap,***
or upper monotone	*or upper rising ton.*	*or upper falling to.*	*or upper abrupt ton.*	*or lower monotone*	*or lower rising ton.*	*or lower falling ton.*	*or lower abrupt tone*
[‹]	[ʿ]	[ʾ]	[›]	[ˎ]	[ˏ]	[ˀ]	[ˁ]
上平	上上	上去	上入	下平	下上	下去	下入
‹溫	ʿ穩	慍ʾ	屈›	ˎ雲	ˏ尹	混ˀ	核ˁ
‹wan	ʿwan	wanʾ	wat›	ˎwan	ˏwan	wanˀ	watˁ

There is more attention paid to the *ˎp'ing ‹shing* or monotone, in its upper and lower inflection, than any other, and while the three last are collectively called *chak› ‹shing* 仄聲 or deflected tones, the first retains its name. If the beginner gets a good idea and practice of the *ˎp'ing ‹shing*, therefore, he will more easily get the others. The ***ʿshéung ‹shing*** is also called the ascending or rising tone; the ***hüʾ ‹shing*** the departing or falling tone; and the ***yapˁ ‹shing*** the entering or abrupt tone; these appellations are simply the literal renderings of the native terms.

As the tones in Chinese are totally distinct from accent, in their own or other languages, there are many objections to using the common and generally understood marks (as ´ ` ˇ ^) on the tops of the vowels to denote them, as has been done in romanizing some dialects, and in the dictionaries of De Guignes, Medhurst, and others. By taking another sign, there is no mixing of radically different symbols over the same syllable, as in ***këèn, kŏyh, mē̃ă, só*** , where one of the marks affects the power of the vowels, and the other denotes the tone of the Chinese character. Since diacritical marks in all European languages modify the power of the vowels, it is desirable not to introduce any confusion in writing words, the more so as the tones in Chinese are so entirely different; it is better to adopt a new symbol.

The Burmese, Siamese, and Shyan languages all possess something resembling the Chinese tones. The Burmese have two marks, a *skay-pouk* (း) and an *anmyeet* (့) to denote the different tones or stress of voice, which changes the signification of words. The Chinese denote a different tone in a few common bilingual characters by marking them on that corner which is held to correspond to the required tone, as 會 惡 難 王 度, though this is not always done. No books are ever printed with the tones marked to each character, for the reason that every person who can read is deemed to be acquainted with them.

The Chinese do not distinguish the upper or lower series when they mark the tones, nor do they mark the aspirated characters. They have not even a well known definite term to denote the aspirate, the phrase *p'an hi* 噴氣 being rather of foreign than native origin, and one which every native scholar does not understand without some explanation. It is represented usually by a Greek spiritus asper [ʽ], or an inverted comma [ʻ], when the former is not be obtained, to which some add an *h* also, as *ch'hang*, *t'ho*, *p'han*, *t'hik*, but not wisely, for there is danger of confounding it with such English words as *fan*, *though*, *thick*.

In order to learn the tones and aspirates, it is desirable for the student to pay special attention for awhile to merely reading and pronouncing the characters, irrespective of their meaning or form. This should be done when commencing the study, for a vicious pronunciation of the tones is seldom corrected; and one is less liable to be misunderstood if he pronounces a word a little wrong, as *heng* for *hing*, *chĕuk* for *tséuk*, than if he gives it the wrong tone. For instance, a native will consider this sentence in the Canton dialect 擰一張床呢處, less barbarously pronounced if he hears it *꜀ling yet꜆ ꜀chúng ꜁ts'ong ꜀ni sh'ü꜄*, with all the tones correct, than if it should be spoken *ning꜄ yat꜆ ꜂chéung ch'ong꜄ ni꜄ ꜀chü*, with all the tones wrong, which would perhaps be nonsense to him.

The Table given on pages xiv, xv, should be thoroughly learned, by reading it backwards and forwards, until the distinction between the first three tones in both series is seen. A good practice also is to read over the tables of characters given in the Fan Wan under each final in the first part of it, where all the initials found under each one are arranged by the tones. Thus, under the 27th final, these leading characters are thus arranged, the upper coming before the lower series.

꜀官 *kún*	꜂管 *kún*	貫꜄ *kún*	括꜆ *k'út*
꜀般 *p'ún*	꜂碗 *ún*	判꜄ *p'ún*	抹꜆ *mút*
꜀潘 *p'ún*	꜂欵 *fún*	半꜄ *pún*	潑꜆ *p'út*
꜀歡 *fún*	꜂本 *pún*	喚꜄ *fún*	闊꜆ *fút*
꜁盤 *p'ún*	꜃滿 *mún*	玩꜅ *ún*	鉢꜇ *pút*
꜁門 *mún*		叛꜅ *pún*	末꜇ *mút*
꜁桓 *ún*		悶꜅ *mún*	勃꜇ *p'út*
			活꜇ *út*

The practice of repeatedly reading these collections of characters under each final, with a teacher, closely following his voice and accent, will give the beginner as clear an idea of the difference between the eight tones as he can get, and the practice he needs at the same time. Foreigners speak generally in a higher key than natives, and pronounce most words in the ꜁*p'ing* ꜀*shing*, even when the termination shows that it is in the *yap*꜇ ꜀*shing*. There are far more words, too, in the ꜁*p'ing* ꜀*shing* than in any other two tones.

Another exercise which can be followed with advantage, is to read sentences artificially constructed of characters having the same final, like the following:—

꜂*Ling* ꜂*ting* ꜀*ying* ꜁*ming* 嶺頂鷹鳴 the eagle is screaming on the hilltop.

꜀*Tán* ꜀*kán ngán*꜅ ꜂*fán* 灘間鴈返 the geese are gamboling in the rapids.

Fuk꜆ *uk*꜆ *luk*꜇ *shuk*꜆ 複屋鹿宿 the deer sleeps in the back shed.

꜀*Pá* ꜀*pá* ꜂*pá* ꜂*pá* ꜁*pá* ꜁*pá ti*꜅ 爸爸把把笆耙地 papa rakes the ground with a rake.

꜂*Yau* ꜁*yau tau*꜅ ꜂*tsau* ꜁*k'au* ꜂*sau shau*꜅ 有油荳酒求叟售 ask the old man to buy my oil, pulse, or wine.

꜃*K'au* ꜂*yau tau*꜅ ꜂*kau* ꜂*tau*, ꜂*k'ü* ꜀*t'au tsau*꜅ ꜂*tsau* 舅有荳九斗佢偷就走 he stole ten pecks of uncle's beans and ran off.

'Ming 'ting ,ping ,ting ,t'ing 't'ing t'ing' 酩酊兵丁停梃聽 a drunken soldier leaned on his staff to listen.

Exercises like these, accompanied with frequent reading of the characters, at the same time committing selected sentences to memory, may seem a waste of time and labor to the beginner, but afterwards he will perceive the advantages. The matter of learning the tones accurately is one of simple imitation, as one learns a tune, or to mimic the voice of another, rather than to find out their nature and then train the voice according to certain rules.

The importance paid them by natives appears to have been an effort to avoid the confusion which must ensue in speaking so many homophonous words, unless there was something to distinguish them to the ear. The Chinese spoken language is so meagre in vocables that it is no surprise that those who speak it should endeavor to qualify the tones, and vary the modulation of the syllables in every way they can, if by so doing they can add to the accuracy of their speech and facilitate conversation. In this Dictionary, for instance, there are eighty-one characters included under the syllables *ki* and *k'i*; and a native will so pronounce each one that in most cases he will be understood without much difficulty, though the context, and the dissyllabic phrases in which some of the characters are used, may perhaps assist as much as the right tone. But a foreigner would find difficulty at first in detecting any difference in the pronunciation of the whole number eighty-one, if a native should read them off to him. The chief hindrance in learning these tones lies in the want of practice in such delicate modulations—a practice quite unnecessary to those speaking any European language—rather than in any mystery as to their nature. Practice in speaking, with close attention at first to the right sound, will soon give a habit that will gradually become easy; if the student does not learn them in this way, no rules can help him.

3.—PLAN OF THIS DICTIONARY.

THIS Dictionary is called a Tonic Dictionary, because the characters in it are arranged under each syllable, according to their tones, beginning with the *ˊshéung ꜀p'ing ꜀shing* 上平聲 or upper monotone, then the *há² ꜀p'ing ꜀shing* 下平聲 or lower monotone, followed by the *ˊshéung ˊshéung* 上上, and *há² ˊshéung* 下上, or upper and lower rising tone, the *ˊshéung hü'* 下去, and lastly the *há² hü'* 下去 or upper and lower retiring tone, always in this same order. The other two tones, the *ˊshéung yap꜂* 上入 and *há² yap꜂* 下入 will of course be found under other syllables.

In printing the volume, two main objects have been aimed at. The first was to compress the essential part of a dictionary of the Chinese language into a small space, and make as portable a volume as could be done consistently with its usefulness, one which could be carried with one when traveling, or handily used in learning common characters. The second object grew out of the first: that was to give all the examples in Roman letters only, the tone and aspirate of each word being carefully marked. This plan had already been tried in De Guignes' Chinese Dictionary, but was not very useful in that work in consequence of the characters being arranged under their radicals and not by syllables, so that the student, who was not already well acquainted with the characters, knew not where to turn for them, even with the assistance of the tedious list of syllables at the end. It was the want of Chinese type which compelled the editor to publish that work as he did. The plan of Gonçalves was an improvement on that of De Guignes, for he inserted the characters to his examples with their translations, omitting the sounds. In the works of Morrison and Medhurst, both are given; in the small work of Goddard, both are omitted, as no examples were contemplated by the plan of his work.

In the Fan Wan, the attempt has been made, by writing the sound and tone of each word in every quotation, to enable the student, with the help of the translation following it, to refer to all the characters in it, by turning to them under their proper syllables. If the characters had been introduced without their sounds, there

E

would have been a saving of room, but not enough to make the book its present size. Portability was deemed of so much importance, that advantages incompatible with it were sacrificed. A single instance will show how much the volume would have been increased without adding a single sentence, if the characters had been inserted in such type as is now available. When fonts of Chinese type are made as small as they have occasionally been cut, (as 誰識種, or 首章又敬甚,) it will be more practicable to introduce them.

木^2 **Muh** Wood; a tree; wooden; the 75th radical of characters pertaining to wood; one of the five elements and eight sounds; stiff, unbending; honest, unpretending; *yat˒ ˓t'iú shü^2 muk˒* a single tree; *muk˒ tséung^2* or *tau^3 muk˒ ˓yan*, a carpenter; *muk˒ liú^2* timber, lumber; *muk˒ ˓t'au*, a block of wood, a billet, a stump; *muk˒ hok˒* a wooden dipper; *muk˒ ˓héung*, putchuck; *téuk˒ muk˒* to chop wood; *muk˒ ˓sing*, Jupiter; *muk˒ ˓k'éung*, cross-grained; *chong^2 muk˒ ˓chung*, to "strike the wooden bell," is to get the bribe without paying it over to the ruler; *muk˒ ˓ngau ˓yan*, an image, a dunce; *sz^3 ˓fong muk˒* a square block, a poor stick of a fellow; *muk˒ ˓mún*, "wooden doors," *i. e.* a rich family.

木^2 **Muh** Wood; a tree; wooden; the 75th radical of characters pertaining to wood; one of the five elements and eight sounds; stiff, unbending; honest, unpretending; *yat˒ ˓t'iú shü^2 muk˒* 一條樹木 a single tree; *muk˒ tséung^2* 木匠 or *tau^3 muk˒ ˓yan*, 鬥木人 a carpenter; *muk˒ liú^2* 木料 timber, lumber; *muk˒ ˓t'au* 木頭 a block of wood, a billet, a stump; *muk˒ hok˒* 木殼 a wooden dipper; *muk˒ ˓héung* 木香 putchuck; *téuk˒ muk˒* 斲木 to chop wood; *muk˒ ˓sing*, 木星 Jupiter; *muk˒ ˓k'éung*, 木強 cross-grained; *chong^2 muk˒ ˓chung*, 撞木鍾 to "strike the wooden bell," is to get the bribe without paying it over to the ruler; *muk˒ ˓ngau ˓yan*, 木偶人 an image, a dunce; *sz^3 ˓fong muk˒* 四方木 a square block, a poor stick of a fellow; *muk˒ ˓mún*, 木門 "wooden doors," *i. e.* a rich family.

Care has been taken to have all the characters quoted in the examples contained in the book, so that when at a loss it can be referred to. If there be any doubt as to which is the right one out of a number, the meaning of the sentence will soon lead to it; and it may be added that the habit of supplying the characters as one reads over the quotations given in a definition, will tend to impress them upon the memory, and make them familiar. If unluckily, the tone has been placed wrong, or the syllable incorrectly printed, then the meaning will aid in selecting the right character; but it is believed that the errors in the quotations are not numerous. If the sound of a character is not remembered, it can be found by referring to the Index at the end. There is room on the margin for writing a few characters when it is desired, and in many cases it will prove useful to do so.

In order to find a character in the Index, it is necessary first to ascertain its radical, and then count the number of strokes made in writing the rest of it. The largest part of the radicals are characters in common use, and the student will do well to learn the whole number thoroughly, so that he can tell their order and meaning. It will not only be useful in looking up words in the Chinese lexicons, but it will greatly assist him in remembering their composition and meaning. The best mode of impressing the forms of the characters on the memory is an important question; but in most cases, the union of the radical and primitive, as *the* two parts to be remembered, has the advantage of simplicity, and the sound and meaning can be attached to these by the laws of association better than to a collection of strokes made apparently without plan. After learning the radicals, a careful examination of the primitives as given by Callery will show the principles on which the great mass of characters in the language are formed, and practice in reading and writing will then make them familiar.

Many of the most common characters are the most difficult to find in the index; they are generally placed under the simpler radicals, where they should be looked for first. For instance, 以, 仝, 令, 仄 are all under 人; 亞, 亘, 井, are under 二; 兒, 先, are under 儿; all of which are referred to these radicals chiefly because it was a prominent part of the character, and likely to catch the eye. Such anomalous instances amount to about two hundred, all of them primitives, while the remainder will give less trouble in ascertaining the proper radical. About one half (108) of the radicals are placed on the right or left of the primitive,—constituting one half of the character, and easily recognized. Others, like 二, 冂, 匚 匸, 口, 行, 門 and 鬥 embrace the primitive, and give no trouble. About 40 of them are placed on the top of the primitive, a few of which enter into combination with it, as in 奉, 夷, 彝, in such a manner as to give some hesitation as to the radical; while others, as 宀, 广, 疒, 爪, 穴, 竹, 罒, 艹, 虍, 雨, are more apparent. For many of the remainder, where the radical is either in combination, or the character is formed of two or three radicals, as 相, 鼙, or 現, practice will soon give the necessary facility in finding them. Some characters as 鬵, 鬮, 辯, 獿, 爆, 掲, made up of two primitives, are usually placed with reference to their meaning, and not to the most prominent part where they would be looked for; but their number is small. An examination of the radicals and the groups placed under them will be found in Williams' Easy Lessons, pp. 4–29, and in Medhurst's Chinese and English Dictionary, pp. xvi–xxiv.

In counting the number of strokes in a character, the radical is not reckoned. After becoming familiar with the radicals themselves, and having a general acquaintance with the primitives, the number of strokes can most quickly be ascertained by inspection. For instance, the character *mút*$_1$ 鬻 rice porridge, found under the radical *lik* 鬲, is made up of 弓, 弓, 米 and 蔑, which severally number 3, 3, 6, and 15 strokes, or 27 in all; the character *im*^{2} 灩 bubbling water, placed under the radical *shui* 水, is composed of 曲, 豆, 去, 皿, numbering 6, 7, 5, and 5 strokes, or 23 in all. The number of characters formed of so many strokes as these is very few, and in most cases a glance at the word is sufficient to see how many make it.

A TONIC DICTIONARY

OF THE

CANTON DIALECT.

(1) **A.** Yá

[Words in *a* or *á*, are often heard beginning with *ng*, as *ngá*, *ngai*, *ngat*.

‚吖 Yá — A colloquial word. An interrogative particle; also one indicating that the affirmation is indisputable; a mere final answering tone, having no meaning; *'hò‚á* well, very well; *‚á wai'* poor, necessitous; *'k'ü 'kòm wá' ‚á*, he said so; *mat› 'yé ‚á*, what? *'kòm tsò' ‚á*, no, this is the way to do it.

‚鴉 Yá — A raven with a white streak on its breast; *'lò ‚á*, a raven or crow; *‚t'ò ‚á*, written roughly; *‚á p'in' ‚nai*, opium.

‚呀 Y. — A colloquial word. An interjection used in answers, denoting surprise or alarm; alas! dreadful.

Read *‚ngá*; the wrangling of children; to open the mouth wide; *‚ngá ‚lán 'mai*, cochineal.

‚丫 Yá — A fork, a crotch; the parting of two branches, fingers, or tines; *‚á ‚t'au* or *‚á ‚wán*, a slave girl; *‚á kok› kai'* a little boy; *‚á ‚ch'á*, a fork, a rest for clothes' sticks; *shü' ‚á* fork of a tree; *‚sám ‚á lò'* meeting of three ways, a trivium.

'啞 Yá — The confused noise of children studying; dumb; to keep silent, for which the next is used; *'á mai'* an enigma; *‚ts'ing ‚nán 'á 'yan*, hard to bear it patiently.

Also read *ak›*; *ak› ak›* the sound of giggling.

'瘂 Yá — Dumb, unable to speak; dull, faded; a cracked sound, as a bell; wheezing; nape of the neck; *'á 'tsai*, a dumb boy; *'á 'hau ‚mò ‚in*, will not speak, sulky; *'á tuk›* dumb people are revengeful; *‚sheng tái' 'á*, the sound is indistinct.

呀' Yá — A colloquial word. A final particle, adding intensity to the meaning; *‚'m 'hò á'* not at all good.

Also spoken *á'*; ten, used after a higher number; an answer, a word of reply like Aye! *á' 'hò*, yes, well; *sz'' á' ‚ts'in*, forty cash.

亞ʼ } 阿ʼ } Á — Humchbacked; to esteem lightly, to regard as inferior; second; next to, junior, inferior; a syllable prefixed to proper names, for which the second is often used; it also impersonates epithets; *áʼ múiʼ* a younger sister, a lass; *áʼ matˎ* Mr. So and So; *áʼ pí²* a silly fellow; *áʼ ˏchʻo*, a raw hand; *áʼ ˏpá*, papa; *áʼ ʻtʻai*, boy, you lad; *patˎ áʼ ˏü ˏyan*, not inferior to others.

婭ʼ Yá — Brothers-in-law; *ˏyan áʼ* relatives by marriage, especially brothers or parents; *ˏmò tikˎ ˏyan áʼ* I am not related to him at all.

(2) Ai.

ˏ唉 — A particle of surprise or pain; to beg, to ask; *ˏai ˏyá*, whew! halloo! oh, dear! *ˏai, matˎ ʻní ʻkòm tsòʼ* oh! why did you do so? *ˏai ˏkʻau ʻní*, I intreat you.

ʻ矮 Yái — Low; diminutive, short; *ʻai ʻlò ʻtsai*, a pigmy, a little old man; *ʻpí ˏchéung ʻai tangʼ ʻtsai ʻní tsoʼ* get a low stool for you to sit on—to delude one; *ʻai takˎ tsai²* too low.

縊ʼ Í — To hang, to strangle one's self; the warp of cloth; *aiʼ ʻszʼ ʻkwai*, ghost of a suicide; *aiʼ ʻkeng*, hung by the neck.

翳ʼ Í — A feather fan or screen, a flabellum; to screen, to intercept; to seclude from observation; to keep close, to repress; to destroy; anything that intercepts; an obscurity in the eyes; trees dying; a fabulous sort of pheasant.
A colloquial word. Feverish; sultry, hot; hurried breathing, a stricture in the breast; *aiʼ híʼ* difficulty of breathing; *aiʼ itˎ* hot weather; *ˏshan ʻtszʼ aiʼ itˎ* feverish; *aiʼ faiʼ* to feel grieved; *aiʼ chai²* indigestible.

瞖ʼ Í — Lean, cadaverous, meager, poor.

鬩ʼ Hí — Strong, herculean, athletic.
A colloquial word; grief, sorrow; *paiʼ aiʼ* trouble, resulting from affliction or poverty.

曀ʼ Í — Cloudy and windy; the sun obscured and nearly hid by the clouds.

(3) Ái.

ˏ挨 Yái — To lean upon, to trust to; to push away, to carry on the back; to place alongside; to strike; to force, to crowd, as with the elbows; to graft; next, near; passable; to lie down, to recline; *ˏái ˏmái ˏní pin²* lean it against here; help here a little; *ʻyau takˎ ˏái pang²* has some dependance or resource; *ʻyau tái² ˏshán ˏái*, he has powerful friends; *ˏái ʻhá tikˎ* lie down a little; *ˏái takˎ hüʼ* it will answer; *ˏái ˏmún ˏái ú²* to gad and stare, as a virago; to go from door to door to examine; *ˏái ʻí*, to mutually rely upon; *ˏái lái²* to trust for help; *ˏái ʻmán*, towards evening.

隘' Yái A pass, a defile; narrow, confined, straitened; distressed, urgent; narrowminded, mean; impeded, stopped up; *₍yan kòm' ái'* way is all crowded, a jam; *háp₎ ái'* narrow as a pass; a contracted mind.

嗌' A colloquial word; to call after, to bawl; to quarrel; crowded, thronged; *ái' ₍káu*, to wrangle, to dispute; *ái' p'o' ₍hau ₍lung*, hallooed till he split his throat; *ái' náu'* thronged; brawling; *ái' mat₎ ʻyé*, what are you scolding about? *shap₎ ái' ʻkau ₍cháng ₍ngan*, ten to one it is a quarrel about money.

(4) Ak.

握, Uh To grasp, to hold within the hand; a little, as much as the palm can hold; *ak₎ teng²* to grasp firmly; *ak₎ ʻshau*, to shake hands; *ak₎ ₍ch'í*, to hold in the hand; *ak₎ iú'* necessary.

渥, Uh To moisten, to soak; to enrich with favors; to fertilize; to cover or daub thick; shining, rich; *ak₎ ₍mung*, deeply grateful for; *₍yan ak₎* imperial favor; *ak₎ ₍tán*, to make very red.

幄, Uh A curtain, a screen; a large tent, a markee; to protect, to shelter.

厄, 戹, Ngeh } Knots in a tree; small door in a house; impeded, cramped; to be ill-used, to be straitened; *ak₎ ₍k'ung*, poor; *₍ngai ak₎* in danger.

阸, Ngeh An obstruction, a stop; a defile, a pass; a dangerous path; embarrassed, distressed, poor; *kw'an' ak₎* hampered, restrained.

扼, Ngeh To seize or hold with the hand; to gripe, to clutch; the grasp; to pull; *ak₎ ʻún ʻkáu ₍chí*, held him by the wrist a long time.

(5) Ák.

鈪, Ngeh An unanthorized character. A bracelet; a bangle; *kéuk₎ ák₎* a anklet; *₍kam ák₎* a gold wristlet; *₍séung ák₎* a plated or gilded ring; *ak₎ ₍t'au*, clasps of bracelets.

軛, Ngeh A yoke; the yoke of a carriage; a yoke, a restraint, a principle of conscience.

阨, A colloquial word; also pronounced *ak₎* and *ngak₎* To deceive, to delude, to take in; *ʻkòm yéung² ák₎ ₍yan ké'* are you going to cheat him so!

(6) ~~Am~~.

ʻ唵 Ngan To feed with the hands; to hold in the mouth; a word used by Budhists.

ʻ揞 A colloquial word. To cover with the hand; to conceal from; *ʻam ₍ngái ₍shéung ʻngán*, to cover both eyes; *ʻam chü'* hide it; *ʻam tik₎ púi² ʻshau*, give him a little sop, cover his palm.

(7) ## Ám.

'菡 Han An unopened flower; *'ám tám'*, the lotus flower; a poetical name.

(8) ## Án.

晏' Ngan Evening, sunset; a serene, clear, sky; tardy, behindhand; peaceful, gentle; rich, full, said of furs; a tiffin; *'hi ˛shan án'* to rise late; *shéung' án'* forenoon; *fan' án' káu'* to take a siesta; *fong' án' hok˒* a recess in school; *shik˒ án'* to eat lunch; *án' chau'* noon; *tsò' án'* to get tiffin; *kòm' án'* so late!

鴳' Yen A kind of small partridge, which breeds on the ground, and is said to crow in the morning.

(9) ## Ang.

˛鶯 Ying The nightingale, or a gay species of thrush that nestles on the willow and sings well; variegated plumes; *˛wong ˛ang*, the mango bird; *˛ang ˛ko*, a parrot; *˛ang ˛ko pi'* a Roman nose.

A colloquial word; a knot in a stick of wood; *p'ek˒ kau' ˛ch'ai ˛ang*, split this knot for me.

罌 Ying An earthen jar, with a narrow neck, to hold oil, &c.; *˛ang ong' 'tsai*, a tadpole.

˛嚶 Ying The harmonious singing of birds; *˛ang ˛ang* the caroling of birds; *met.* the dissensions of friends.

'哽 Kang Stoppage in the throat; hesitation in speech from rage or impediment; *'ang it˒* sobbing; *'ang sak˒* unable to talk.

'痩 Kang Disease, sickness. A colloquial word; to stick up, to press into or on; to inchase or emboss; *'ang tak˒ kéuk˒ t'ung'* they hurt my foot; *'ang ˛fú*, to emboss; *˛shang shek˒ 'ang*, to have a stone bruise; *'ang ˛sam*, to disturb one, as bad news; painful.

更' A colloquial word, a corruption of *kang'*. More, still more; try again; *ang' 'yau ˛t'im*, there are more; *ang' noi' ti'* rather longer time.

(10) ## Áng.

˛甖 ˛罌 Ying } Used with the preceding. a vase, a jar, a gallipot, an earthen pitcher; *˛t'ong 'kwo ˛áng*, a jar of sweetmeats; *˛yau ˛áng*, an oil can; *yat˒ ˛áng 'yé*, a thing; *'shui ˛áng*, a water pitcher.

(11) ## Ap.

洽˒ Hiah Read *háp˒*. To instil, to saturate, to soak; to imbue, to pervade; to blend, to harmonize, to agree; *háp˒ ˛sam*, of one mind.

A colloquial word. To cover, over, to keep from the air; to cover, as with a poultice; poor, inferior; slovenly, neglected; *ap*› *wái*² spoiled by mold; *ap*› *ap*› *ts'ui*² crinkling, as light pastry; *ap*› *chap*› *p'ò*² a miserable, dirty shop; *ap*› *‹ch'ong*, to poultice; *‹úi ‹shü ap*› *ú*² to roast a potato or taro in ashes; *met.* to enjoy one's self secretly.

(12) **Áp.**

鴨, Yah A duck, a mallard; *'hin áp*› a wild duck; *láp*› *áp*› dried ducks; *'ch'áu áp*› *p'in*² fried duck cutlet; *áp*› *‹miú*, ducklings; *púi*² *áp*› *'tsai*, to hatch ducks artificially.

押, Yah To sign, to affix a seal, to stamp; to control, to guard; to arrest, to seize, to detain; to compel, to force; to escort; to suppress; a lockup or detention room in a yámun; *wák*› *‹fá áp*› to make one's mark, to write a device; *áp*› *fo*² to escort goods; *áp*› *'k'ü tsò*² make him do it; *áp*› *sung*² *‹yan*, an escort; *‹'m ‹kám áp*› *'ni*, I'll not keep you; not detain you; *áp*› *wan*² to rhyme; *áp*› *‹shün*, custom-house boats, guard-boats; *áp*› *chan*² to go into battle; *‹ts'im áp*› *‹fong*, a lockup; *‹ts'im áp*› to endorse an edict, in red ink; *áp*› *‹pong* to look after, to escort; *áp*› *‹tung*, kept over winter; left over the season, as teas.

(13) **At.**

At› A colloquial word. To thrust in, to put into, as a purse or drawer; *at*› *lok*› put it in; *at*› *'k'ü iú*² he must want it, make him take it.

(14) **Át.**

遏, Ngoh To stop, to bring to a standstill; unforeseen obstacle; to reach, to arrive; to cut off, to put a stop to; *'cho át*› to stop one doing, to restrain; *át*› *tek*› to hold on to rice; *át*› *yuk*› *‹nán*, hard to curb one's lusts.

押; Yah To pawn for a time; to reserve, to keep back; *át*› *kwai*² deposit money; *'héung át*› recognized pawn-shops; *kai*² *át*› a hair band-pin; *át*› *p'iú*² to pledge or shave a pawn ticket; *'kau ''ng át*› a five per cent. discount pawnbroker; *'siú át*› a little pawn-shop; *tong*² *át*› to pawn.

戛, Kiah A lance, a spear; to spear; uneven, rough, jolting; usual, as rules or ceremonies; *át*› *át*› stammering.

揠, Yah To pull up; to eradicate; *át*› *‹miú*, to pull up a shoot in order to hasten its growth.

秸, Kiah Straw with the outer skin removed to weave into hassocks for worship.

恝, Kiah To dismiss care; contented, lighthearted; happy looking; *át*› *‹in*, pleased.

壓, Yáh To overthrow, as a wall; to supply a want; to press down, to steady, to settle; to bend; to subject, to suppress, to conquer; to injure, to oppress; to repress, as alarm; to intimidate; *át, wái* to crush, to hurt by laying on; *át, pák, sing* to vex the people; *t'án át,* to subdue, to put a stop to, as a row; *át, king,* to quiet one's fears; *át, chü* to steady; *chan' át,* to repress (a revolt); to remove evils; *át, shat,* to press solid.

閼, Oh To shut, to stop up; to obstruct; to suffocate; to prevent superiors knowing; *át, sak,* to stop up, as water.

頞, Oh The root of the nose; the frontal sinus; a saddle; *ts'uk, át,* to knit the brows; *yau át,* a lemur.

(15) Au.

區 Ngau A surname; a measure of four pecks; *puk, au,* to conceal.

甌 Ngau A bowl, a deep cup; *'ngá au,* a basin to hold water; *ch'á au,* a tea-cup; *ín au,* a tobacco-cup; *pún' au,* half a cup, as of wine; *muk, au,* a wooden bowl.

鷗 Ngau A gull; *pák, au* or *hán au,* a kind of gull found about Canton; *shá áu,* a white gull.

謳 Ngau To sing songs in recitative; a chant; a ballad, a ditty; *üt, au,* Canton songs; *au yam,* to sing songs.

歐 Ngau To sing; to crow merrily; in which it is like the last. Used for the next, to vomit; *au tò,* a headsman's sword.

嘔 Ngau Interchanged with the last. To vomit; the noise of retching; to spit out; a child's prattle; to sing, to make a glad noise; *'au hüt,* to spit blood; *'au fán ch'ut, lai,* to disgorge; to pay back; *tsok, 'au,* a disposition to vomit; *'au kiú 'kí tám'* threw up several times; *'au á,* children humming; *'au t'ò'* to puke; *'au long'* seasick.

毆 Ngau To fight, to hit with a stick; to strike, to knock; *tau' 'au,* to wrangle, to fisticuff; *'au yuk,* to disgrace a man by knocking him; *'au 'tá,* to beat, to take a stick to.

漚 Ngau To soak, to macerate, to steep; to soften by soaking; *au' lán'* soaked and spoiled; to macerate to rags; *au' múi,* soaked till moldy; *'m k'am au'* it will spoil if soaked long; *au' tò' ch'au'* soaked till it stinks; *au' nau'* glutted, loathing food; *t'ang shin' au' chü yuk,* to fry eels in pork fat, *met.* to add insult to injury.

Read *au;* bubbles on the water; frothy spume.

(16) Áu.

坳 Yáu A furrow, a hollow; an unevenness in the ground; undulations; rolling, as land.

A colloquial word. Poor, destitute; *áu ai'* in want.

'拗 To snap a thing in two; to twist, to break; to drag along; *'áu chít,* to break in two; *'áu sui'* to snap in shivers; *'áu 'shau 'keng,* to try the strength of the hands; to fall out about a matter; *'áu 'chün 'kong,* to speak in irony, badinage; *'áu ‚ü,* to catch fish in a lifting net.

A colloquial word. Warped, bent; curved; *'áu 'áu tik,* a little crooked; *'áu ‚lün,* to curve.

拗' Yau Obstinate, self-willed, perverse; to rush against madly; *áu' 'keng,* stiffnecked; *áu' hí'* disputatious, opinionated; *áu' tò' tim' ‚wai 'chí,* I must have it so or not at all; *chap, áu'* set in his way; *'fán áu'* whimsical, contrariwise.

坳' A colloquial word; a turn, a corner; *'chün áu'* turn the corner.

凹' Yáu Indented; meandering; the dip of the horizon, the undulations in hills; a hole, a depression, a pit; *‚shán áu'* a valley; *áu' tsz'* characters cut in bas relief.

(17) **Chá.**

‚渣 Chá Name of a river; dregs, grounds, residuum; sediment, settlings, refuse after expressing juice; *'tsz' 'kang ‚chá,* shell lac; *'mò ‚chá,* there's no refuse left. Often used for the two next.

‚樝 Chá A sour red berry as large as a cherry, called *‚shán ‚chá,* used for its acid.

‚皻 Chá Pimples on the nose, wine blotches; pimples on the skin; *'tsau ‚chá,* wine blossoms.

‚蹅 Chá To tread upon; to put the foot on; *‚chá táp,* to stamp.

‚戲 Chá To put the hand upon, to feel, to press down, to take; *‚chá 'yé,* to handle.

‚揸 Chá A unauthorized character. To grasp, to grab, to clutch; to hold or take firmly; to work, as a bellows; to use; a handful; *‚chá ‚fung ‚séung,* to work a bellows; *‚chá yat, tái' ‚chá,* grab a big handful; *‚chá 'kan,* hold it fast; *‚chá ‚t'án,* to keep a gambling-table; *‚chá tak, 'wan,* I hold it safely; *‚chá 'shui ‚chü yuk,* water-sogged pork; *‚chá 'fo ‚t'ung,* to be a scullion; *'yau ‚chá 'shau* I have security; *'mò ‚chá ‚ná,* nothing to hold on by; a Buddhist priest is so nicknamed; *‚chá ‚k'ün ‚t'au,* to double up the fist; *‚chá chü' kai' 'tsai,* to grab him by the tail; *‚chá lán'* to crush in the hand.

‚喳 A colloquial particle implying a short time; *'tang 'há ‚chá!* wait a moment; *'yam ‚ch'á ‚chá,* only just to take a cup of tea.

‚撾 Chwá To beat a drum or a bell with a stick.

'鮓 Chá A rank condiment of fish or flesh and salted hashed fine, with red rice and oil; *'chá ‚ü,* a sort of Medusa or sea-blubber; *lá' 'chá,* rank, dirty, foul.

ʻ疰 Chá A running ulcer; a severe disease; ‹*shang* ʻ*chá* ‹*soi*, a swelling on the cheek.

詐ʼ Chá To deceive, to cheat, to impose upon; erroneous, false; to feign, to make believe; artful, cunning; fraudulent; *cháʼ* ʻ*kwai cháʼ* ʻ*má*, pretending to act like a fool; ‹*ngo cháʼ* to extort money falsely; ‹*kán cháʼ* to delude; *cháʼ* ʻ*ká* ‹*í*, false; *cháʼ ngai*[2] to humbug, suppositious; *cháʼ fanʼ* to sham sleep; *cháʼ chingʼ híʼ* to feign to be good.

蚱ʼ Chá A large locust, called ʻ*má cháʼ* or *cháʼ* ʻ*mang*; *cháʼ* ‹*shín*, a small species of cicada.

醡ʼ Chá A wine press; to press or separate spirits; used for the next.

榨ʼ Cha An oil-press; a sugar press; to press or extract juices; *lok*› *cháʼ* ‹*ch'ong*, to violently extort money; ‹*yau cháʼ* an oil press; *cháʼ* ‹*liú*, a sugar-press shed.

乍ʼ Chá At first, suddenly, hastily; for a moment; inadvertently, unexpectedly; *cháʼ* ʻ*yau cháʼ* ‹*mò*, all at once there is some and then we have none; *cháʼ* ‹*ín*, abruptly, at once; *cháʼ kinʼ* happened to see.

搾ʼ Chá An unauthorized character. To press down, to squeeze between the hand; ʻ*lò* ‹*hong*, ‹*tò cháʼ ch'ut*› ‹*yau*, he even squeezes oil from rice chaff.

咋ʼ Chá A loud sound, a rude noise. A colloquïal particle implying doubt, perhaps; also a final sound, implying it is so; I understand it; ʻ*kòm yéung*[2] *cháʼ* so will do, eh!

(18)

Ch'á.

‹差 Ch'á Mistaken; to err, to differ; to miss the mark, to exceed; error, fault, discrepancy, excess; differing, unlike, unassorted; *tái*[2] ‹*ch'á tak*› ‹*ch'á*, very wrong; ‹*ch'á tak*› ʻ*ün*, very different; ‹*ch'á ts'oʼ kéuk*› a blunder, a faux pas; ‹*ch'á tít*› ʻ*m* ‹*t'ung*, differ very slightly; ‹*ch'á pat*› ‹*to*, nearly the same; ‹*ch'á ts'oʼ* a mistake; *ch'ingʼ* ‹*ch'á sáiʼ* all weighed wrong.

‹汊 ‹岔 ‹峪 Ch'á Streams or roads diverging; ‹*sám* ‹*ch'á lòʼ* ʻ*hau*, a trivium; ‹*sám* ‹*ch'á* ‹*ho*, a river in Liáutung.

‹叉 Ch'á A fork in a road; a prong, a crotch; to cross or interlace the fingers; ‹*wo* ‹*ch'á*, a pitchfork; ‹*ngan* ‹*ch'á*, a silver fork; ‹*ü* ‹*ch'á*, a fish grains; ‹*ch'á* ‹*shiú*, to roast on a fork; ʻ*shá* ‹*ch'á*, to fence with tridents.

‹杈 Ch'á To fork out, to nip; to drive out, to pitch out, to strike; ‹*ch'á ch'ut*› *hüʼ* turn him out; ‹*ch'á chü*[2] ʻ*k'ü*, harpoon it.

‹茶 Ch'á Tea; the infusion of tea, a tea; ‹*pò* ‹*ch'á* to make tea; *hinʼ* ‹*ch'á*, to hand tea; ‹*ch'á* ‹*fá*, the Camellia; *hak*› ‹*ch'á*, black tea; *luk*› ‹*ch'á*, green tea; *kuk*› ‹*ch'á*, to draw tea; ‹*ch'á* ‹*púi*, a tea-cup; ‹*ch'á* ‹*ú*, a teapot; ‹*ch'á* ‹*shí*, a tea-spoon; ‹*ch'á* ‹*shün*, a long tea saucer; ʻ*ch'áu* ‹*ch'á*, to fire tea; *tsòʼ* ‹*ch'á*, to cure tea; to set out tea; ‹*ch'á* ‹*lam*, a tea store; ‹*ch'á* ‹*kü*, a tea-saloon; ʻ*tò* ‹*ch'á* *ᶜlai*, bring tea to the visitor; *ᶜch'á ᶜséung*, a tea-caddy; *yat*, *ᶜséung ᶜch'á ᶜp* a box of tea; *ᶜch'á ᶜki*, a teapoy; *ᶜch'á ᶜsz'* a tea-taster; *ᶜch'á mút* tea dust.

嗏 Ch'á A euphonic final sound used in chanting, to prolong the line.

搽 Ch'á An unauthorized character. To smear, to rub in; to anoint; to rub in; *ᶜch'á pák pi ᶜko*, to whiten his nose, *i.e.* to palm off, to dupe; *ᶜch'á ᶜfä ᶜhau mín* to disguise one's face; *ᶜch'á yéuk* to spread a plaster; *ᶜch'a ᶜfan*, to rub on cosmetics.

槎 Ch'á Drift-wood; a small raft; to fell trees, to hew wood; *ᶜshing ᶜch'á*, to raft timber.

查 Ch'á A raft, a float; to examine, to inquire into; it appears that, having learned, I have ascertained; *ᶜch'á ch'át* to examine, to scrutinize; *ᶜfong ᶜch'á*, to ask about; *ᶜch'á ᶜkái*, to patrol the streets; *ᶜch'á kwo sái* inspected them all; *ᶜch'á ᶜshau*, I find it has been received; *ᶜch'á ᶜch'á ᶜlá ᶜlá*, idle prying into matters, tedious questioning.

詫 Ch'á To talk extravagantly, to vaunt; to deceive; *ch'á í* strange, foolish.

吒, 咤 Ch'á Used for the last. To foam and sputter in anger; to talk angrily; to grumble; *ch'ik ch'á* to rail at.

奼 Ch'á A handsome girl, a beautiful unmarried young lady.

蜡 Ch'á To bind up, sealed up, as in winter; *pát ch'á* a sacrifice of thanksgiving to the earth in winter for ripening crops.

(19)

Chai.

擠 A colloquial word. To place, to put down, to put by; *ᶜchai ᶜmái*, put it aside; *ᶜchai ᶜpín ch'ü* where shall I put it? *ᶜchai ᶜpín ch'ü ᶜtò ᶜhò*, put in it down anywhere.

晣 Chí Brightness of stars; *ᶜming ᶜsing chai chai* the twinkling lustre of the stars.

制 Chí To adjust, to cut, to form; to govern, to regulate, to rule; to limit, to hinder, to prevent; to invent, to make; a law, a rule, a regulation; *tsoi chai* or *ᶜshau chai* to wear mourning for parents; *ᶜyau tsít chai* I can do so much; *chai ᶜt'oi*, a governor-general; *ᶜkám chai* to restrain, to set limits; *chai ᶜkan kòm ᶜto*, to limit one; *chai ᶜtò*, to tame, to subdue; *tsz' chai* self-restraint; *chai ᶜshü*, an imperial dispatch; *chai tò* a pattern, laws; *kam chai* a prohibition; *chai ti* the court; *sui chai* a sexagenary; *chai fok* a close surveillance.

製 Chí Interchanged with the last. To invent, to make; to cut out clothes; a fashion, a mode; to compound, as medicines; a pattern; a fur cloak; *ᶜmi chai* well made; *ü chai* done by his Majesty; *ᶜhò chai fát*, well compounded; *fát chai ᶜyé*, useless things; *chai tsò* to invent; *chai ᶜí ᶜshéung*, to cut out clothes; *ᶜháu chai* skillfully made.

掣' Chí To obstruct, to hinder from entering; to take, to choose out, to raise up; to select; to pull, to draw; *chai' ˌts'im*, to draw lots; *ˌhín chai'* to compel, to force; *chá' chai' chá' tsung'* a twitching, as of children in convulsions; *chai' tín²* like lightning, as an electrical machine acts; *híp˒ chai'* to restrain; *chai' ˋchau*, to impede, to embarrass.

滯² Chí Water impeded; condensed, congealed; to obstruct, to stop; indigestible, disagreeing, piled up; *shik˒ chai²* indigestible; *chai² chü²* to restrain; impeded; an obstruction, stoppage; *ai' chai²* fullness in the stomach; hindering; slow progress; *fúi' chai²* stupid looking; *ˋpán chai²* an old fogy; adhering to the old way; *ˋcho chai²* hindered, let, detained; *chai² hí'* a stoppage of secretions.

(20) Chái.

ˌ齋 ˌ斋 Chai } To respect, to reverence; to abstain from; pure, reverential, serious; a retiring room, a closet; *ˋtá ˌchái*, to get a soul out of tartarus; *ˋtá ˌchái hok˒* storks for the soul to ride to heaven; *met.* a pander; *tái² sz'² ˌchái*, offerings placed before the purveyor of hungry spirits; *ˌhán ˌchái*, a closet; *ˌshü ˌchái*, a library; *ˌts'ing ˌchái*, an entire fast; *ˋlo ˌchái*, to beg vegetables; *ˌchái kái'* to fast from animal food; *ˌchái tsiü²* to fast at All-souls; *shik˒ ˌchái*, to fast on vegetables; *ˌlo kon' ˌchái*, all sorts of vegetables; *ˌchái ˌkü*, to live at ease; *ˌchái ˌchong*, respectful, reverential.

A colloquial word. A final particle denoting that it was said, that it is so; *mat˒ ˌyan wá² ˌchái*, somebody has said; *ˋhò ˋts'z' ˋk'ü wá² ˌchái*, just as he said.

ˋ齊 Chái Interchanged with the last. To respect; decorous; the heart pure, to chasten the desires.

債' Chái To bear a burden; to owe; a debt; *kím' chái'* to owe a debt; *chái' ˋchü*, a creditor; *chái' ˋtsai*, a debtor; *ˌwán chái²* to repay; *ˋlo chái'* to collect debts; *fong' chái'* to let capital; *tsút˒ ˋí pín' chái' ˋtan*, cut off his ears and make him a stool of debt.

寨² 砦² Chái } A stockade, a palisade; an encampment; a stockaded village; a sheep-pen; *ts'ák˒ chái²* a robber's hold; *chái² ˋchü*, wife of a bandit chief who guards the hold; *ˋtá chái²* to frequent brothels; *luk˒ kok˒ chái²* a stockade defended by chevaux-de-frise; *ˌying chái²* barracks, a camp, a military station.

豸² Chái A fabulous feline beast, called *ˋhái chái²* embroidered on censor's robes, indicative of discrimination.

Read *ˋchí*; the 153d radical of characters of feline beasts; a worm, a hairless grub.

英華分韻撮要

(21) **Ch'ái.**

差 ꜀Ch'ái To commission, to send on a message; to manage, to act; a messenger, an envoy; a legate, a commissioner; *꜀ch'ái szʾʾ* a bailiff; *꜀ch'ái yik꜄* a policeman, a lictor; *꜀ch'ái szʾʾ* an errand; *káiʾ ꜀ch'ái*, a criminal's guard; *ʿfú ꜀ch'ái*, an unpleasant duty; *ch'ut꜄ ꜀ch'ái*, sent as legate; *ʿp'áu ꜀king ꜀ch'ái*, a courier with dispatches.

釵 ꜀Ch'ái A broad hair-pin; *met.* females; *puk꜄ ꜀ch'ái*, to divine by a hair-pin when a husband will return: *꜁kw'an ꜀ch'ái*, a bevy of women; *꜀king ꜀ch'ái*, a thorn hair-pin, *met.* poverty; *fung² ꜀ch'ái*, an ornamental hair-pin with a phœnix.

猜 ꜀Ch'ái To guess; to doubt, to conjecture; to dislike; to abhor; to fear, to apprehend, lest; *꜀ch'ái yat꜄ kuk꜄ ꜀chung*, to bet a glass of wine; *꜀ch'ái kwat꜄ ꜁p'ái*, to guess on dominoes; *꜀ch'ái tok꜄* an opinion or idea, to guess; *꜀ch'ái ꜁múi*, or *꜀ch'ái ʿmo*, morra, to guess at the fingers—a game; *꜀ch'ái ꜀í*, to suspect, to doubt of; *꜀ch'ái ꜀im*, to suspect and dislike; *꜀ch'ái ꜀ngám* guessed right; *꜀ch'ái yat꜄ ꜀ch'ái* make a guess; *ʿní shíʾ ꜀ch'ái*, *háʾ* just guess.

柴 ꜁Ch'ái Firewood, faggots; brushwood; fuel; to stop up; *yat꜄ pá ꜁ch'ái*, a faggot of firewood; *꜁ch'ái ꜁t'au*, half burned sticks; *꜀kon ꜁ch'ái pang² ʿfo*, if dry wood is near the fire, [will it not catch]? *꜁ch'ái ꜀fá*, kindlings; *꜁ch'ái ʿfo*, firewood; *p'ʾ ꜁ch'ái*, to cleave wood; *꜁ch'ái ꜁mún*, a cottage door; *꜁p'áu ꜁ch'ái*, shavings; *꜀ch'ái ꜀san*, faggots of wood.

儕 ꜁Ch'ái A class, a company; persons of the same sort; it makes the plural of the first person; *ʿng ꜁ch'ái*, we.

豺 ꜁Ch'ái A ravenous beast; a lynx or wolf; *꜁ch'ái ꜁long ꜀tong tòʾ* the wolf is in the way—said of oppressive rulers; *꜁ch'ái ꜁long*, a wolf; *꜁ch'ái ꜁long singʾ ꜁ts'ing*, a wolfish disposition.

踹 ʿCh'ái Also read *꜀tün*. To stamp, to trample, to tread on with the heel; to rase, to destroy; the heel; *ʿch'ái ʿün sok꜄* a treader on rope ladders—a thief; *ʿpí ꜀sai ꜀kwá ꜁p'í ʿní ʿch'ái*, let you step on a melon skin—trip you up; *ʿch'ái p'oʾ ꜁ying ꜁p'ún*, to remain victorious; *ʿch'ái chüʾ ʿk'ü*, step on it; *ʿkí ꜁shí ꜁ngau ʿch'ái kéuk꜄* when is your birthday? *ʿch'ái shat꜅* to tread on firmly; *ʿch'ái ꜀tang ꜀fá*, to tread on lampwicks (a thief); *ʿch'ái ꜁shing yuk꜅ tséungʾ* trampled to death.

蠆 Ch'áiʾ The sting of a bee, or other insect; a sort of scorpion with a long tail.

瘵 Ch'áiʾ Weary, sick; *꜁lò ch'áiʾ* consumption, a wasting disease; *tszʾʾ ch'áiʾ* to bring trouble on one's self.

嘬 Ch'áiʾ To gnaw, to bite; to eat rapidly; to swallow, to bolt; *ch'áiʾ hüt꜄* to suck blood; *ch'áiʾ ngít꜅* to eat with a noise. Also read *sháiʾ*.

(22) Chak.

仄, Tseh Inclined, slanting, leaning, oblique; the name of the three deflected tones; *ˏk'ing chakˎ* tipped over, upset; *chakˎ ˏsheng* the oblique tones; *chakˎ lau²* vile, erring.

昃, Tseh The sun declining to the west; the afternoon; to wane, as the moon; *yatˎ chakˎ* day is declining.

簀, Tseh Boards of a bed; a bed mat; to collect; luxuriant. Read *chái²*; a strainer for spirits.

賾, Tseh Obscure, hard of understanding; the secret springs, the hidden cause; occult, profound.

側, Tseh Side, the side; on the side; to incline, to bow down, to bend; lateral; perverted; mean, low; rebellious, seditious; *chakˎ shatˎ* a concubine; *ˏmò chápˎ chakˎ* don't turn it over; *chakˎ ˏpín*, the side; *chakˎ chakˎ tí²* a little one sided; *'fán chakˎ* the rear, the back side; a rebellious cabal; *chakˎ 'í*, apply the ear; *yatˎ chakˎ* afternoon; *shí² 'ngo chakˎ* stand at my side.

(23) Ch'ak.

測, Ts'eh To sound, to fathom; to estimate, to measure; clear, as varnish; *ch'akˎ tokˎ* to comprehend, to conjecture; *ch'akˎ tsz²* to dissect characters, as when divining; *patˎ ch'akˎ* unexpected; *ˏt'ui ch'akˎ* to explain, to reason; *patˎ 'ho ch'akˎ* incomprehensible.

惻, Ts'eh Secret grief, distress; to pity, to commisserate, to sympathize; *ch'akˎ ˏyan ˏchí ˏsam*, kind-hearted, humane.

(24) Chák.

責, Tseh To reprove, to reprimand, to blame; to punish, to fine; to sustain, to be responsible for, to have charge of; to lay a weight on; to squeeze smooth, to press; to ask, to demand; *chákˎ fatˎ* to fine; *chákˎ chü² 'k'ü*, keep it down; *chákˎ 'sz'* crushed to death; *chákˎ ˏch'éung*, to compel repayment; *chákˎ fátˎ* to punish; *chákˎ man²* to subject to the question; *chákˎ ˏshing*, to charge with; *chákˎ yam² sham² chung²* onerous duties devolve on him; *chákˎ tsoi²* to ballast a ship; *chákˎ lán²* crushed in pieces.

窄, Tseh Narrow, strait; compressed; groveling, mean, narrow-minded; *pikˎ chákˎ* contracted, illiberal; *'ts'in chákˎ* confined, cramped; *ˏsam ˏch'éung chákˎ* little-minded; *chákˎ kwo² ˏt'au*, too narrow; *ko² tsz² chákˎ* its meanings are few; *chákˎ lò²* a lane.

笮, Tseh Like the last; a quiver; a bamboo ceiling of a roof; to hasten out; to press; to tattoo or brand, as a punishment.

舴, Tseh A boat; *chák, mang²* a small boat, a punt, a pinnace, a junk's gig.

澤₂ Tseh A marsh, a fen, a pool; to fertilize, to soften, to enrich; to anoint, to make to shine; to benefit, to favor; humid, slippery, smooth; to show kindness to; to wash, to moisten; to make to grow; fertile; redolent of, as fragrance; favor, kindness; *'shau chák₂* to brighten by handling; *yun² chák₂* fresh, moist; *wát₂ chák₂* glossy; *'ü chák₂* wet with rain; *₍yan chák₂* to confer favors.

擇₂ Tseh To select, to pick out, to choose, to prefer; *'chák₂ yat₂* to choose a [lucky] day; *'ní kòm' 'kán chák₂* you are so hard to suit; *yam² 'ní 'kán chák₂* just as you like; *chák₂ ₍káu*, to take associates.

擲₂ Chih To throw down, to throw at; to throw away, to reject; to waste, as one's time; *chák₂ ₍túi*, to refuse, to give back; *chák₂ chung'* to hit; *chák₂ ₍t'au* or *chák₂ shik,* to throw dice; *chák₂ 'kau 'tsai*, to throw nines, *i.e.* to gamble; *hí' chák₂* to discard.

摘₂ Tseh To pluck, to cull; to pull, to pick; to lay hold of; to move on, to start; to point out; *chák₂ yan'* to take away [an officer's] seal; *chák, 'tü tok₂ ₍lai*, pull a flower down; *yat, chák₂* one picking; *chák₂ 'kwo*, to pick fruit; *chák₂ ₍teng*, to take away an officer's button.

翟₂ Choh A surname. This and the last are also read *t'ik,* with the same meanings.

擢₂ Choh To pull up; to take out, to select, to raise, to promote; to employ in office; to reject, to extinguish, as good resolutions; *chák₂ fát₂ ₍nán 'shò*, the hairs can not be counted by pulling them out—his crimes are nnmberless.

宅₂ Tseh A dwelling, a mansion, a residence; a grave; to dwell, to fix, to settle; to conform to; an office, a station; *₍yéung chák₂* houses, residences; *tái² chák₂ i² chák₂* eldest son and second son's dwellings; *₍yam chák₂* a grave; ancestral halls or shrines; *chák₂ chiú²* to divine for a grave.

蠌, Chih A large green caterpillar, called *chák₂ chuk₂* which feeds on bean leaves.

蹢₂ Chih Going back and forth; embarrassed, undecided; *chák₂ chuk₂* irresolute.

讁₂ 謫₂ Tseh To blame, to reprehend; to disgrace officers, to punish by disgracing; to scold, to be angry at, to find fault with; flaw, error; a change of appearance; *chák₂ ₍kán*, to disgrace an officer.

(25) Ch'ák.

策, Ts eh A bamboo slip, such as books were once engraved on; a book, writings; a stratagem, a plan, a means, an expedient, a scheme; a switch, a whip: a divining slip; to switch; *'kán ch'ák,* books, chapters, &c.; *₍mò ch'ák,* without plan, schemeless; *ˏch'au ch'ák*ˎ to contrive; *ch'ák*ˎ *ˊmá*, to whip a horse. Used for the next.

策ˎ Ts eh A thorn, a spike, a prickle; to prick, to pierce with a thorn.

册ˎ Ts'eh A slip; an inventory, a register, a list; a patent or commission of nobility; a census book; to choose; to plan, to make a plan or scheme; *ˏt'in ch'ák*ˎ to enrol, to write a list; *ú² ˊhau ch'ák*ˎ a register, a census of people; *ˏp'ái ˏmún ch'ák*ˎ the register of families; *ˏwong ch'ák*ˎ imperial census.

栅ˎ Ts'eh Posts of a stockade; a railing; a palisade; *ˏhon ch'ák*ˎ a guard at gates; *ch'ák*ˎ *ˏlán*, gateway of streets; *ˏmún ch'ák*ˎ door posts.

拆ˎ Ch'ih To break up or open; to split, to unrip; to destroy, to pull down, to take away; to dissect, to take to pieces; *ch'ák*ˎ *shé*ˀ to pull a house down; *ch'ák*ˎ *sán*ˀ to scatter, by breaking or taking to pieces; *ch'ák*ˎ *ˏfung*, to open a letter; *ch'ák*ˎ *ˏí ˏshéung*, to unrip clothes; *ch'ák*ˎ *sái*ˀ pulled to pieces; *ˊyau mat*ˎ *ch'ák*ˎ *fát*ˎ what way shall we arrange the matter? *ch'ák*ˎ *ˊhau yat*ˎ unlucky days for consulting; *ch'ák*ˎ *ˊhau ˏkò yéuk*ˎ plasters for chapped feet.

坼ˎ Ch'ih To rive, to crack; to open, to burst open, as buds; split, riven, cracked; *káp*ˎ *ch'ák*ˎ bursting of buds; *ˊhòm ch'ák*ˎ cracked, as a bowl; *ch'ák*ˎ *ch'ák*ˎ *tí² ˏsheng*, a wheezing, cracked voice.

(26)
Cham.

ˏ針 ˏ鍼 Chin A needle; a cauterizing probe; to prick; to use needles in acupuncture; leaves of the pine; *ˏch'ün ˏcham*, to thread a needle; *ˏkú ˏch'ui ˏcham*, a pin; *ˏcham pí² séuk*ˎ *t'ít*ˎ mean, stingy; *ˏcham ˊchi*, to embroider; *ˏhon ˊshü ˏcham* a thermometer; *ˊngán ˏcham*, a needle; *ˏman ˏcham*, a musquito's sting.

ˏ箴 Chin Used for the last. A probe, a surgeon's needle; to probe; a caution, a check; pointed, urgent; to exhort, to rebuke, to urge to reform; *ˏcham ˏkw'ai* admonition, rebukes; *ˏcham ˏming*, cautionary maxims.

ˏ砧 ˏ碪 Chin A stone to beat clothes on; an anvil; a block for lifting by athletes; *muk*ˎ *ˏcham*, a horse block; *ˏchü ˊpí ˏcham*, a fillet of pork; *ˏcham ˊpán*, a cutting board, used by butchers.

ˏ斟 Chin To pour from or into; to lade out, to lighten; to deliberate, to adjust; a ladle, a spoon; *ˏcham ˊt'o lok*ˎ all well settled; *ˏt'ung ˊní ˏcham ˏcham*, let us talk it over; *ˏcham ˏch'á*, to pour out tea; *sai² ˏcham*, to whisper; *ˏcham chéuk*ˎ to consult about.

ˏ椹 Chin Used for *ˏsham* 葚, the mulberry seed. An ax or bill; a staff.

ˊ枕 Chin A pillow; a stake; a crossbar in a carriage; to pillow on, to lie near to; contiguous, adjacent, lying on; *ˊsz² ˊché ˏséung* '*cham tsik*, the dead lay pillowed on each other; '*cham* ꜀*pín*, in bed, in private; '*cham pún*² a bedfellow; '*cham tsik*, ꜀*nán* ꜀*on*, cares disturb his pillow, harassed; '*i* '*cham*, a support for the ear; *huk*, ꜀*kwang* *ú* '*cham*, pillowed on his arm; '*cham* ꜀*t'au*, a pillow; '*cham kwat*, the occiput; ꜀*on* '*cham* ꜀*mò* ꜀*yau*, to sleep quietly. As a verb, also read *cham*².

'怎 Tsang An interrogative word; what, how? '*cham yéung*² in what manner; '*cham tik*, what? '*cham* ꜀*shang* '*tá pán*² how would he look? '*cham* '*kòm pat*, ꜀*tai* ꜀*t'au*, how could I decline assent?

浸' A colloquial word. A coat, as of paint; a thickness, an envelop, a skin; *ts'at*, ꜀*sám cham*² varnished it three times; *mok*, *yat*, *cham*² ꜀*p'í*, pull off one covering.

朕² Chin Anciently used for I; now the royal We, Ourself; *cham*² *chiú*² subtile, recondite.

A colloquial word. A puff, as of smoke; *yat*, *cham*² ꜀*in*, a puff of smoke; *yat*, *cham*² '*fo* '*fan*, an explosion of incense.

(27) Ch'am.

꜁沉 ꜁沈 Ch'in To sink; to immerse; to put under water, to be lost; to quash, to suppress; muddy, deep, dull, as colors; a lake; *shat*, '*shau* ꜁*ch'am chui*² garrulous; ꜁*ch'am* ꜀*lun*, lost, ruined; ꜁*ch'am mút*, to lose in the water; ꜁*ch'am* ꜀*ün*, lost in the depths; ꜁*ch'am on*² to quash a case; ꜁*ch'am nik*, drowned, in doting on; ꜁*ch'am chung*² very sick; *shap*, ꜁*ch'am* '*kau* ꜀*p'ò*, the odds are against him; ꜁*ch'am* ꜀*héung*, aloes.

꜁霃 Ch'in Dark, cloudy for a long time; ꜁*yam* ꜀*yam* ꜁*ch'am* ꜁*ch'am*, dull, rainy-looking.

'鱴 Chin The roe or eggs of fish; the name of a fish.

譖' Tsin To slander, to vilify; to discredit; *ch'am*² ꜀*in*, slanderous aspersions; *ch'am*² ꜀*yan*, to asperse one.

讖' Ts'in To verify, to prove; a prognostic; to fulfill; *ch'am*² '*ü*, a prophecy, a hidden meaning; *ch'am*² *hí*² tiresome, talkative; *ch'am*² '*wai*, to agree with the prophecy.

(28) Chám.

'斬 Chán To sunder, to cut in two; to cut off; to execute, to decapitate; capital; to root up; to break off, as intercourse; faded, forgotten, vanished; '*chám* ꜀*shui*, mourning for parents; '*chám* '*t'ün*, to cut in two, to break off, as a business; '*chám* ꜀*t'au*, to decollate; ꜀*iú* '*chám*, to divide a criminal in the middle; '*chám* ꜀*teng tsit*, *t'it*, to cut an iron nail—decided, sincere; ꜀*kám* '*chám*, to superintend an execution; '*chám* ꜀*hoi*, to cut open; '*chám fát*, to subjugate; to prune.

湛' Ch'an — A northern affluent of the Yellow R. near Shánsi; to sink in; to soak, to immerse, to imbibe, as a sponge; to plunge in; deep, limpid, still, as water; clear, calm, as a quiet moonlight.

醮' Tsán — To dip, as a pencil in ink, or sop a morsel in gravy; used by some for baptize. Vulgarly pronounced *'yám;* as *'yám shí²* *꜀yau*, dip it in the soy.

賺² Chán — To impede, to hinder; to sell, to profit; to gain unfairly, to palm off poor goods; *'cho chám²* to deceive; to hinder.

站² Chán — A stage, a journey; *yik꜀ chám²* a stage; *chám² ꜀t'au*, end of a journey; *yat꜀ chám² lò²* a stage, usually reckoned to be a league.

(29) Ch'ám.

꜀攙 Ts'án — To stab; to sustain, to support, to lead; to supply a want, to make up; to divide with another; to pull out; *꜀ch'ám fan² ꜀lai ꜀t'im*, make another share for him; *꜀ch'ám ꜀fú*, to uphold.

杉' Shán — Fir, pine; *ch'ám' muk꜀* deal; *yat꜀ luk꜀ ch'ám'* a block of pine, a blockhead; *ch'ám' muk꜀ ꜀ling ꜀p'ái*, a pine tablet—is worthless.

懺' Ch'an — To repent; to confess one's errors; *ch'ám' fúi'* to repent.

儳' Tsán — Irregular, disorderly, as undrilled troops; unequal, uneven; *꜀lám ch'ám'* ugly; confused, disorderly, sulky.

(30) Chan.

꜀眞 ꜀真 Chin — True, sincere, unfeigned, genuine, pure; in fact, truly, indeed, no mistake; a likeness; actual, not secondary; spiritual, subtle, pure, unmixed; *꜀chan ꜀yan*, a sprite, a phantom of a man; *꜀chan ko' 'ts'z'* in fact, it was like; *'sé ꜀chan*, to draw portraits; *꜀chan hai²* it is so; *꜀chan ꜀tsong ching' fán²* this thing proves him a thief; "*'m ꜀chí ꜀chan 'ká*, I don't know whether it is so or not; *꜀chan ꜀sam*, true-hearted; *꜀chan fúi' hi'* low-spirited; *꜀chan ching'* truly, indeed; *꜀chan kong*, it is really so.

꜀珍 Chin — Valuable, precious, excellent; important, rare, noble; to prize; a delicacy; a rarity, a treasure; *꜀chan ꜀chü*, pearls; *꜀chan 'pò*, precious; *꜀chan chung²* to take care of, as the health; to esteem; *꜀chan mi²* delicious; *꜀chan ꜀chü 'fun*, pearl sago; *'chéung shéung² ꜀chan*, a pearl in the hand—a daughter.

꜀甄 Chin Kien — Often read *꜀yan* in Canton. A potter, a maker of earthen ware; to mold, to model, to figure in clay; to mold another's mind; to be molded, guided, transformed, or influenced; to examine, to distinguish; plain, intelligible; *꜀chan ꜀t'ò mán² lui²* to fashion and direct all things, as God does; *꜀chan pit꜀ ꜀yan ꜀ts'oi*, to discern men's abilities.

振' Chin To shake, to move; to stir up, to agitate; to excite, to stimulate; to repair, to restore, to put in order; to rescue, to save; to joggle; to flap, as wings; to terrify; to uphold, to stop; to receive, to contain; *chan' tung'* to shake, to set about, up and doing; *chan' tsok,* diligent; to encourage; *tái' chan' ,ká ,shing,* made his family famous; *chan' ,mái yat, ,t'ün,* cuddled up in a heap, as a shivering child; *chan' ,i,* to shake the dress.

震' Chin Interchanged with the last. To quiver; to shiver; the 51st diagram, belongs to thunder; to shake, as by thunder; to quicken, as a foetus; to awe, to impress; thundering, terrible, as a sound; dire, awful; to intimidate; to raise; to alarm; *ti' chan'* an earthquake; *chan' nò'* incensed; *,wai chan'* to exhibit the majesty [of China]; *chan' ,keng,* terrified; *chan' tung'* disturbed.

賑' Chin A largess, a bounty; to give, to relieve, to supply; *chan' tsai'* to give to the poor; *chan' ,ki,* to feed the hungry.
Read *'chan,*; rich, affluent, wealthy.

鎮' Chin To press down; to repress, to keep in subjection; to pacify, to protect; to overrule evil influences, as hills or pagodas do; to guard, to keep quiet; a mart, a trading-place; *chan' fuk,* to sway, to be lord paramount; *chan' ,king,* to quell one's fears; *chan' ,t'oi,* a protector, a brigadier; *chan' 'shau ,pín ,kwán,* to guard the frontier; *chan' át,* to repress disturbance; *tái' chan' ,t'au,* an éntrepôt or great trading-mart.

侲' Chin A boy of ten or twelve years; *chan' ,t'ung,* boys who play at funerals.

帪' Chin A bag to tie on a horse's head, in which his fodder is placed.

陣' 陳' Chin A rank, a file of soldiers, a battalion; an army; to arrange, to place in ranks; a little while, passing, transitory; a battle; to drill; a mode of marshaling; *chan' shéung'* in the fight; *yat, chan' chan' 'lang,* growing colder; *'shai 'nü ,yan chan'* to send a woman to get it; *,mai ,wan chan'* besotted in; silly; *'pái chan'* to post troops; *'ki ,t'iú muk, chan'* several wooden sleepers (or supports); *chan' shai'* the ranks; courageous; *yat, chan' 'ü,* a shower; *yat, chan' ,fung 'ü,* a squall; *yat, chan' ,ming, yat, chan' ,'m ,ming,* now you know, and then you do not know; *pái' chan'* defeated the troops.

(31) Ch'an.

嗔 Ch'in To get angry; passionate, angry; to rail; *,shang ,ch'an,* to get into a rage; *,ch'an kwái'* to scold.
Also read *,t'in*; to bully, to puff and bluster.

瞋 ꜀Ch'in To stare at angrily, to glare at; ꜀ch'an nò² ꜀mò tò² angry beyond measure.

陳 ꜁Ch'in To arrange, to set in order to spread out; to say, to reply; to state, to express; to memorialize; a long time, an old thing; many, all; a feudal state near the present capital of Honán; tsoi² ꜁ch'án ts'üt꜀ ꜀léung꜀ to lack food in Ch'in—to be in straits; ꜀p'ò ꜁ch'an, to seat or rank in order; ꜁ch'an ch'üt꜀ to arrange in order; ꜂shéung ꜂pié ꜁ch an ꜁ts'ing, to state one's thoughts to H. I. M.; ꜁ch'an ꜀p'i kòm² kau² old as a dried orange skin, faded.

蔯 ꜁Ch'in A medicinal herb, good for rheumatism; ꜀yan ꜁ch'an, a plant like origanum.

塵 ꜁Ch'in Dust, small particles; effluvia, atoms, molecules; the world; worldly vice and pleasures; confused times; ꜁ch'an ꜁t'au tài² a cloud of dust; ꜂sai ꜁ch'an, to wash down the dust, to give a feast to friends come back; pò² hau² ꜁ch'an, to follow another's example; ꜁ch'an ꜀oi, dust; ꜁ch'an ꜂kau, covered with dust; ꜀fung ꜁ch'an, dusty from travel; ꜁mò yat꜀ ꜂tim ꜁ch'an, clean; ꜁ch'an tsuk꜀, ꜁ch'an shai², or ꜀hung ꜁ch'an, the dusty world; fat꜀ ꜁ch'an, to dust.

矧 ꜂Shin To stretch; still more, how much more; to grin wide; ꜂ch'an üt꜀ to say further.

疹 ꜂Chin
疢 ꜂Chin Pustules of any kind; eruptions, pimples; a cutaneous disease; sore lips; tau² ꜂ch'an small pox pustules; ꜀pán ꜂ch'an, eruptions.

哂 ꜂Shin To smile, with slight contempt; to look pleased; ꜂ch'an siú² to smile; ꜂ch'an náp꜀ to smile on receiving.

畛 ꜂Ch'in To divide fields; to come before the gods; to announce the emperor's coming; to die; a motive; ꜀kw'ai ꜂ch'an, dikes between fields.

紾 ꜂Ch'in To bind with cords; to turn to twist; to revolve; a revolution; perverse, crabbed.

袗 ꜂Chin Single thin garments, black silk worn in summer; embroidered garments; ꜂ch'an ꜀hi kwik꜀ single grasscloth.

診 ꜂Ch'in ꜀ To examine, to look at; to try, to verify; ꜂ch'an mung² to interpret a dream; ꜂ch'an mak꜀ to feel the pulse.

軫 ꜂Chin The boards of a carriage; the cross board; to move; a carriage; cramped, disturbed, distressed; the last of the 28 constellations, β, δ, η, γ, in Corvus; pegs of a lute; ꜀hü ꜂ch'an, crooked, winding.

縝 ꜂Chin Shin Filaments from a cocooon; a thread; to tie; black; ꜀shui ꜂ch'an pat꜀ pin² whose black hair will not change?

鬒 ꜂Chin Bushy, black hair; a fine head of black hair.

襯 Ts'in² Inner garments; to help, to assist; to patronize; to befriend; to give; to give effect to, to show off; to match; ch'an² ꜀kan, a sash; ch'an² ꜀shám, inner skirts; ꜀pong ch'an² to give custom to; ch'an² chü² ꜂k'ü, to fellowship; ch'an² ꜂chi, a flyleaf in books; ch'an² t'ip꜀ plaits on a petticoat.

襯' A coffin; to collect firewood; *ˎkún ch'an'* a coffin; *ˎkún ch'an' uk,* a sort of dead house or shed at a grave.
Ts'in

齔' To shed the milk teeth, as children do; shedding or renewing the teeth.
Ts'in

趁', 趂 To follow, to come up behind, to walk after; to avail, to take; to embrace an opportunity; at the time of; *ch'an' ˎkü 'tá 'shí,* to go to market; *ch'an' ˎshí hau'* to improve the time; *ch'an' ˎkí ŭi'* take advantage of the opportunity; *ch'an' ˎfung 'shai 'lí,* hoist sail when there's a wind; *ch'an' ün'* as I wished it; *ch'an' shai'* avail of a favorable time.
Ch'in

(32) Chán.

'盞 A shallow cup for oil; a wine saucer; the classifier of lamps; *ˎtang 'chán,* a saucer for a night lamp; *yat, 'chán ˎtang,* a lamp.
Chán

'琖 A wine-cup, made deeper than the preceding, of jade, or other valuable stone.
Chán

'醆 Muddy, unsettled spirits; liquor beginning to clear; a cup, a goblet.
Chan

饌² To eat, to drink; to feed persons; to provide for; dressed food: *ch'it, chán'* to set out a dinner; *shing' chán'* a banquet; *ts'oi chán'* food; *'yau mat, ˎngáu chán'* what delicacy did you have for a relish?
Chán

撰² To regulate, to correct, to dispose in order; to grasp; to compose, to record; a rule, a statute; a received maxim; a business, an act; to edit, to revise books, to publish; *ˎsau chán'* the first Hánlin academician; *chán' shut,* to narrate. Read *'sün;* to select; to send. Read *sün';* to reckon, to count.
Chán Siuen

譔² Same as the above. To exhort by precepts; *chán' ˎman,* to write essays; *pái' chán'* to prepare a eulogistic paper.
Chán

站² To stand; to stand erect; to stop; a stoppage; *chán' 'hí ˎloi,* stand up! *chán' ˎpán,* to file off in rank, and salute an officer.
Chán

棧² A covered loft; palisades; a scaffold; a covered, planked road cut out of the side of hills; a hearse, a workshop; a warehouse; a storehouse, a stable, a pen, a sheepcote; a wooden bridge or pathway; *chán' ˎfong,* a warehouse, a packhouse; *chán' ˎtsò,* storage charges; *ˎmiú chán'* a kennel for cats.
Chán

轏² A tumbril for carrying the wounded; a hearse; *chán' lò'* a military carriage for sleeping in.
Chan

虥² A tiger cat; *chán' ˎmái,* a tiger shedding its hair.
Chán

綻² A rent seam; to rip, to tear, to rend; a hint, inkling; *p'o' chán'* the affair is known, to hint a matter; *'tá tak, ˎp'i ˎhoi yuk, chán'* beaten till the flesh was laid bare; *chán' lit,* rip the seams.
Chán

賺³ Chán An unauthorised word. To profit, to make gain in trade; *chán³ ts'in*, to make money; *₍to chán³* profitable; *'mò tak₎ chán³* no profit; *chán³ tak₎ ₍lò*, got my outlay back; *chán³ wan³* nothing but a trouble.
Read *'wán*; to sell goods at a profit.

(33) ## Ch'án.

'產 Ch'án To produce, to grow; to bear, to increase; an estate, a patrimony; an occupation; the productions of a country; natives; a sort of flageolet; a birth, act of parturition; *'pò 'ch'án*, a strengthening pill; *'siú 'ch'án*, an abortion; *₍fan 'ch'án* to divide the patrimony; *₍shang 'ch'án*, an increase, to have a child; *'ch'án ip₎* one's property, real estate; *₍ká 'ch'án*, family possessions; *'t'ò 'ch'án*, productions; *₍k'ing ₍ká pái³ 'ch'án* the family lost everything.

'嵼 Ch'án Tortuous paths among the mountains; *'kín 'ch'án*, winding, crooked, as paths.

'剷 '剗 Ch'án Interchanged with the next. To level off, to spade up; to reap; to trim iron; *'ch'án t'ai³ ₍tò*, to plane a razor; *hòm³ ₍ká 'ch'án*, may your race all be cut off; *'ch'án ₍héung*, sandalwood shavings burned for the dead.

'鏟 Ch'án A thin iron plate; a shovel, a plane; a spoke-shave, an iron shave; to cut and pare; to level; *wok₎ 'ch'án*, a rice shovel; *yat₎ fú³ 'ch'án ₍k'im*, a set of shovel and tongs; *'ch'án 'ts'ò ₍ch'ü ₍kan*, to root out, to extirpate; *'ch'án ₍shán*, to scarp hills, to dig in a level.

'棖 A colloquial word. A door sill; a threshold; *'k'í ₍mún 'ch'án*, standing in the door-way.

(34) ## Chang.

₍箏 Tsang A kind of harpsichord with 12 copper strings; *₍fung ₍chang*, glasses hung to jingle in the wind; *'lá ₍chang*, to thrum the guitar; *fong³ ₍fung ₍chang*, to fly a singing kite.

₍凈 Tsang Cold, shivering. Incorrectly but commonly used for 淨 *tsing³* clean.

₍棦 Tsang A bundle of sticks, a number of sticks tied up into a fagot.

₍琤 Tsang The tinkling sound of gem, when they are struck or rung together.

₍錚 Tsang A small cymbal, a small sized gong; the ringing sound of metals.

諍³ Tsang To remonstrate with; to stop a wrong; *kán³ chang³* to reprove one's sovereign; to reprehend.

(35) ## Cháng.

₍爭 Tsang To wrangle, to strive for precedence: to contest, to litigate; to reprove, to remonstrate, in which senses it is used for the last. A colloquial word; just, only, nearly, a little; *꜀cháng nei²* but still, howbeit, nevertheless; *꜀cháng tám² hi³* unforgiving, choleric; *꜀cháng ꜀li ꜀tò*, to quarrel upon trifles; *꜀cháng mat꜀ ꜂yé*, what are you quarreling about? *꜀cháng tik꜀ ꜂shéung tong³* I came near being gulled; *꜀cháng tau³* to fight, to fall to blows; *꜀cháng tsung²* to go to law; *꜀cháng ꜀kung*, to emulate; *꜀cháng tüt꜀* to take by force; *꜀cháng chap꜀* obstinate; *꜀cháng ꜂yau hán²* differs a little; *꜀cháng tik꜀ chuk꜀ ꜂tò ꜂k'ü*, all but caught him; *꜀cháng áu³* to dispute; *꜀cháng tak꜀ ꜀tò*, very different; not enough; *꜀cháng kau³* I'm tired of striving, I'll contend no more.

踭 ꜀Tsang The tendon Achilles; the heel; the elbow; *yat꜀ ꜀cháng tá kwo³ hü³* elbowed him off; *꜂cham ꜀cháng*, to lean on the elbow; *t'át꜀ ꜀cháng ꜀hái*, slipshod; *꜀hái ꜀cháng*, heel of the shoe; *꜂shau ꜀cháng*, the elbow.

崢 ꜀Tsang To rise above; conspicuous, eminent, like a lofty mountain; *꜀t'au kok꜀ ꜀cháng ꜀ying* a noble appearance, dignified.

揨² A colloquial word. To caulk; to wedge in, to squeeze in, to force in; *꜂ta cháng²* to caulk seams; *cháng² ꜀ngá*, to get between the teeth; *cháng² ꜀shá ꜀kai*, to stuff a cock with sand; *ngáng² cháng²* determined, energetic, as in bearing pain. Read *꜀ch'áng*; to pierce, to stab. Read *chang³*; to file;

(36)

Ch'áng.

撐 撑 ꜀Ts'ang To prop, to shore up; to fasten open, as with a stretcher; to pole; to push off; to make a show; an inclined post, a fulcrum, a prop, a stay; to border on, to adjoin, to stretch or run up into; *꜀ch'áng ꜀shün*, to pole a boat; *꜀ch'áng tò³* to pole across the ferry; to intrigue for a friend with the officer; *꜀ch'áng ꜀'m ꜀lai*, he could not show off long; *꜀ch'ung ꜀ch'áng*, to curry favor among friends; *꜀ch'áng ꜂shéung hü³ shái³* stretch them up to dry.

橕 ꜀Ts'ang A branch stretching out; a fulcrum; a prop. Read *ch'áng³*; a colloquial word To stretch out, to open; kick at; *ch'áng³ ꜀iú ꜂k'i chü³* to stand akimbo; *ch'áng³ ꜀hòi ꜀ch'éung ꜀mún*, fasten open the window; *ch'áng³ chü³* to open by a stretcher; *ch'áng³ ꜂k'ü ch'ut꜀ hü³* kick him out; expel him; *ch'áng³ ꜀ngá káu³* to praise one's self.

橙 ꜀Ch'ang The coolie orange; *꜀ch'áng ꜂tsau*, spirits in which orange peel has been soaked; *꜀t'ong ꜀ch'áng*, orange sweetmeats; *꜀ch'áng kòm³ ꜀mán* sharp as an orange; *꜀t'im ꜀ch'áng*, sweet oranges; *꜀shán ꜀ch'áng*, a melodious.

倀 ꜀Ch'áng Groping, going blindly; madly, carelessly; to fall down; *꜀ch'áng ꜂kwai*, a lares eaten by a tiger, *met.* one who entices to evil courses.

(37) Chap.

‘執, Chih To take in the hand, to pick up, to lay hold of, to grasp; to apprehend, to catch; to maintain, to retain; to stop up; a handfull; *chap*, ‘*yau*, a father's old friend; ‹*shau chap*› to receive and keep [as evidence]; *chap*› *tsz*’ to set types; *chap*› ‹*ch‘au*, to draw lots; *chap*› ‹*chung*, to keep a due medium; *cháp*› *áu*’ a pertinacious dispute; *kú*’ *chap*› obstinate, set in his way; *kok*› *chap*› *yat*› *ngai*’ each follows his trade; *pò*’ *chap*› to arrest; *chap*› *sz*’ to manage business; an officer's retinue; *chap*› ‘*shau*, take by the hand.

縶,’ Chih To fetter a horse or cow; fetters, shackles; to bind, to secure; a cord.

汁,’ Chih Gravy, juice; thickened liquor; slosh; the juices or essence of a thing got by expressing; sleety rain, wet snow; ‹*pan* ‹*long chap*› betel juice; *ts‘oi*’ *chap*› liquor left after cooking vegetables; *chap*› ‹’*m tak*› *tám*’ *háp*› not had a mouthful of gravy to suck—I've had no benefit from it.

Also read *híp*›; harmonious.

(38) Cháp.

劄,’ Cháh To prick, to puncture; to embroider; a document, a paper; a particular sort of paper; a diploma; a contract; to write out, as a list of prices; a reply from a higher officer; a remonstrance to the emperor; ‘*chí cháp*› stationery; *cháp*› ‘*tsz*’ a remonstrance; *kám*’ *cháp*› a diploma bought by a *kiensang*; *cháp*› *ká*’ ‹*ts‘in*, write the prices; *cháp*› *lok*› *pò*’ put it to account; *cháp*› ‹*tán*, a contract for a purchase. The word *chop*, used in Canton is derived from this.

閘,₂ Cháh A guarded gate, a barrier, a barricade; dam; a barrier like a turnstile or a stockade; a lock, a flood-gate; to shut a gate; *cháp*› *tsáp*› a guard-house at a gate; ‹*kwán cháp*› to shut the gate; the Barrier at Macao; ‘*shui cháp*› a waste-weir, a mill-race or sluice with gates; *cháp*› ‹*fú* a gatekeeper; *hon cháp*› to guard the gate; *cháp*› ‹*mún*, a street gate; ‘*shéung cháp*› put in the bars.

鍤,₂ Sáh Read *sáp*›; a spear; a javelin; to engrave, to inlay, to inchase on metal; to scatter, to sprinkle.

A colloquial word. One bladed shears working on a pivot; to slice or pare with shears; *cháp*› ‹*koi*, cut it open; ‹*pan* ‹*long cháp*› betel-nut shears; *cháp*› *yéuk*› ‹*ts‘oi*, to slice medicine; *cháp*› *sui*’ slice it fine.

极,₂ Kih Read *k‘ap*›; panniers or packsaddles made of wood, used by muleteers.

A colloquial word. A camp chair; ‘*má cháp*› a camp-stool; *cháp*› *chak*› *fan*’ to sleep on the side.

(39) Ch'áp.

插, Ch'ah To insert, to pierce, to set in, to stick into; to tuck in, to thrust into or through; to transplant; to set in a socket; to meddle, to interfere in; an iron pointed pole used to carry sheaves, or pry up clods, for which 鍤 is also used; *ch'áp*, *yéung*, to set out rice shoots; *ch'áp* *'tsui*, to interrupt (in talking); *ch'áp* *yik* *mán* *fi* he can not fly away; *ch'áp* *tsong*, to implicate one by leaving something in his house; *ch'áp* *piú*, to stick on labels; *ch'áp* *shiú*, a stuffing put into roast pigs; a concubine's child; *shi ch'áp* a narrow purse; *ch'áp* *'shau tok kü'* to meddle in officiously; *pát* *t'oi pát* *ch'áp* eight bearers and eight outriders; *ch'áp* *'i* *yau* *ying*, to stick flags in the ears when whipping a thief.

扱, Ts'ah Wrongly used for the last. To take, to receive; to raise; to curtsey with the hands bowed to the ground; to tuck up the skirts.

(40) Chat.

郅, Chih To ascend, to go up, as a hill; flourishing, as an age; very, exceedingly; name of a city; *chat* *lung*, very grand; *yuk* *chat* an ancient name of Ngáihwá hien in Kánsuh.

質, Chih Substance, essence, nature, the material of; plain, unadorned; sincere, honest; to cross-examine, to confront; to establish, to substantiate; opposite to, to appear in presence of; firm, as a texture; a disposition, a habit; a target; *hí' chat* the complexion; the elements of; *chat* *sun'* to confront the accused and witnesses; *chat* *p'ok* plain; *chat* *ti'* temperament, constitution; talents; *'pan chat* the disposition.

鑕, Chih An ax, a hatchet; an anvil or iron block, used by smiths and others.

騭, 隲, Chih } A stallion; to mount; to ascend; to raise, to promote; to fix, to determine; *yam* *chat* to think upon kindly, a secret benevolence; *tsik* *yam chat* to perform many good deeds.

只, Chih Only, merely; but, however, yet; *chat* *'hò 'kòm 'ché*, this way alone; *chat* *tak* no otherwise, only could. Also read *'chí*, in the same senses; and only *'chí*, when it is used as a final particle.

枳, A colloquial word. A cork, a plug, a stopple; to cork, to fasten a stopper; *'tsau chat* a bottle cork; *chat* *shat* *'k'ü*, cork it tightly.

窒, Chih To close, to stop up the mouth of; to hamper, the moon in opposition; *chat* *'shau chat* *kéuk* impeded, things not to one's liking; *chat* *chü'* *'k'ü*, stop it up tight; *chat* *ngoi'* difficulties.

姪 Chih A brother's children; *chat 'tsz'* a nephew; *chat 'nü*, a neice; *ngoi chat* a wife's nephews; *nín chat* sons of alumni of the same year; *kün' chat* young relatives.

蟄 Chih Retired into silence; to burrow; insects burrowing, or becoming torpid in holes *king chat* "excited insects," is the name of the fifth of the 24 terms; March 5th to 20th.

咥 Chih To bite, to snap at. Read *hí*, sound of laughter, to laugh outright.

桎 Chih Fetters, gyves, stocks of wood or iron; to manacle; to pierce; a thing to clog wheels; *chat kuk* fetters; *chat hat* a linchpin; *met.* a censor of manners, a guide of affairs; *wat wat chat chat* cramped, cribbed, the room is scanty;—a colloquial phrase.

秷 Chih To cut down grain; to beat, to knock with the fist.

蛭 Chih A leech; *'shui chat* a bloodsucker, of which there are several kinds.

(41) Chát.

扎 Cháh To pluck up; to bind, to bind around, to bundle up; a bundle; to make or cut out paper images; *chát yat chát*, bind it into a bundle; *chát kéuk* to bind the feet of girls; *chát 'kan*, bind it tight; *'chí chát*, paper houses, &c., to burn to the dead; also paper strings; *chát mái 'k'ü*, tie it up in a roll; *yat chát fá*, a nosegay.; *chát tak shang*, cut out to the life.

札 Cháh A tablet for writing; a letter, a document, writings; untimely death; a thin slip of wood; fold of armor; a paddle; *ngán' chát* an epistle; *'kán chát* or *shü chát* a letter.

軋 Yáh Creaking roll of a wheel; a creaking, grating, sound; punishment of the rack or wheel; *séung mo chát* to harass or impede each other; *chát chát* creaking, jingling.

茁 Cháh Grass or plants starting out of the ground; fat, hearty, vigorous, said of cattle; *'ts'ò chát k'í ngá*, the grass is sprouting.

(42) Ch'át.

察 Ch'áh To examine, to judge, to search out the truth; to observe closely, to inquire into all particulars; *ch'á ch'át* to scrutinize; *kám' ch'át*, beg you to look at, said by suppliants; *king ch'át*, in the censorate; *ch'át tüt* examine and decide [respecting the petition.]

刹 Chah A Budhist monastery; a pillar; a dagoba, a tope covering the ashes of priests; *'pò ch'át*, your convent.

獺 T'áh An otter; *shán ch'át* a beaver, or fresh-water otter; *'hoi ch'at* a seal; *ch'át 'ling*, seal skin collars or tippets; *ch'át 'tsai*, a tanka woman.

(43) **Chau.**

周 ‹Chau Universal, complete, entire; to supply, to provide, to assist; plenty, enough; to make a circuit, to environ; a famous dynasty, B. C. 1122–255; secret, fine, subtle; close together, fine; a curve, a bend; to extend everywhere; honest, trustworthy; to the end, entirely; *‘hò ‹chau tò’* all things prepared; *‹chau ‹chi*, let all know; *hü’ kin’ ‹chau ‹kung*, he's gone to see Duke Chau—asleep; *‹chau mat›* numerous, close together; *‹chau pi’* everything ready; *‹chau ‹wai*, everywhere, all around; *‹chau ‹s’ün* to circulate, to treat friends well; *‹chau ‹ts’ün*, to bring a thing about, to remove ill feeling, to explain; *‘hò ‹chau ‹chi*, it is excellent.

週 ‹Chau Often used for the last. To revolve, to circulate; to inform people; a year; *‹chau ‹nin wong’ séung’* may the whole year be lucky; *túi’ ‹chau*, a return of the year; *yat› ‹chau*, a circuit, a year; *‹chau ‹shi ‹tò hai’ ‘kòm*, he is ever the same.

賙 ‹Chau To bestow charity; *‹chau tsai’* to relieve the indigent, as a society or government: *‹chau sut›* beneficent.

輈 ‹Chau A heavily laden cart, which is low in front; a heavy load; heavy.

幬 ‹Chau To conceal, to shade, to hide; something stretched for a shade.

舟 ‹Chau A boat, a vessel, a craft of any sort; to go in a boat; to transport, to carry in a vessel; the 137th radical of characters relating to ships; *‹p’in ‹chau*, a punt; *‹chau ts’z’* on board ship.

輈 Chau A frame in front of a carriage near which the driver sits; a sort of dashboard.

州 ‹Chau A district, less than a prefecture; a continent, a great division; an island; *‹chi ‹chau*, the magistrate over a *chau* district; *‹chau ‹t’ung*, his deputy; *‘kau ‹chau*, the empire; the whole world; *tuk› kéuk› ‹chau*, a district without subdivisions.

洲 ‹Chau A spot encircled by streams, or in the water, as an islet; a place where men collect, a village; *‹ngò ‹ü ‹chau*, Whampoa I.; *‹ch’éung ‹chau*, Bamboo town; *‘kau ‹chau*, the Nine Is. near Macao; *‹ts’ing ‹chau*, Green I. off Macao; *‹shá ‹chau*, sands, a sand-bank.

譸 ‹Chau Hurried, bustling, to impose upon, to deceive; *‹chau ‹chéung ‹wai wán’* to delude with false appearances.

肘 ‘Chau The fore-arm; the elbow, the wrist; to take by the wrist; a quarter of an animal; *‘shau ‘chau*, the elbow; *‘chau yat›* arms and sides, *met.* near relatives; *‹ts’in ‹chü ‘chau*, a shoulder of pork.

帚 箒 ‘Chau A besom; a broom; to sweep up dirt, for which the first is most proper; *chap› ‹ki ‘chau*, term for a wife or concubine.

晝' Chau A day, daytime, daylight; *chau' yè² pat, kit,* going incessantly, never resting; *pák, chau'* broad daylight, openly; *shéung² chau'* forenoon; *há² chau'* afternoon.

咒' } 呪' } Chau To imprecate, to rail at, to curse; to pray or recite spells; an incantation, an imprecation, a charm, a spell; a prayer; *ním' chau'* to recite prayers; *'tò chau'* to curse; *,fú chau'* to prepare and bless charms; *chau' cho'* or *chau' má'* to curse.

咮' Chau The bill of birds; to peck with the bill, the twittering of birds.
Also read *,chü.* Loquacious, chattering, as birds; *,chü ,ü,* talkative.

宙² Chau To contain, as the earth does; including all ages, from ancient times till now.

胄² Chau Descendants, posterity; *chau² 'tsz'* the eldest son; *hau' yui² posterity; *shai' chau²* generations.

冑² Chau Often confounded with the last. A helmet, a morion; *káp, chau²* helmets and cuirasses.

紂² Chau A crupper; a silk trace; *Chau² ,wong,* the infamous king who ended the Sháng dynasty.

籀² Chau The framer of the seal character, *Chau² t'ái² 'sz'; chau² ,man,* the seal character.

酎² Chau New, ripe spirits; pure strong spirits, thrice distilled; *tò² chau² ,kam,* wine money paid the heir apparent—an old usage.

(44) **Ch'au.**

,抽 Ch'au To take from, to take out; to take a dividend; to expand, as spring does; to lift; to levy, to assess, as duty; to select, to draw out; to utter aloud; to whip; to receive one's portion; to raise water; a tenth, a tithe; *,ch'au 'shui,* to take the fee at gaming; *,ch'au ,kan,* spasms of the tendons; *,ch'au 'hi,* lift it out; *,ch'au ch'ing' 'k'ü ,lai,* bring him along; *'tá ,ch'au ,fung,* to beg aid; *'pí ,pin ,ch'au 'k'ü,* drive him off with a whip; *,ch'au 'k'ü 'léung 'há,* whipped him twice; *ch'au ,shau,* to levy duty on; *,ch'au ,shan pat, há²* no leisure at all; *,ch'au shat,* lift it up firmly; *,ch'au mok,* to extort, to exact a high fee; *,ch'au ,ch'au,* or *,ch'au ,t'au,* to divide winnings; *,ch'au ,hán,* to take a leisure hour; *,ch'au ,fan,* to take a commission, to reserve a part; *,ká yat, ,ch'au,* take a tenth.

,篘 Tsau A strainer made of wicker or bamboo for straining spirits.

,瘳 Ch'au Convalescent; curable; to cure; *k'üt, tsat, pat, ,ch'au,* his disease was incurable.

,讎 } ,仇 } Ch'au To oppose; to abhor, to hate; to revenge; to recriminate, to rail at; to verify, to collate with; to pay; to recompense; to requite; an enemy, an opponent, a rival: a sort, a class, a species, a

英華分韻撮要

pair;—for which the second is the proper character; dislike, enmity; used for the next: *ₛch'au ün'* resentment; *ₛ'òm ₛch'au*, to repress hate; *han' ₛch'au*, to dislike; *pò' ₛch'au*, to revenge a wrong; *ₛch'au tik*, an enemy; *ₛch'au 'kau*, to talk against; *ₛch'au túi'* to collate; to altercate; *shai' ₛch'au*, a perpetual feud.

酬 醻 ₛCh'au } To pledge a guest; to recompense; to make a return; to invite a guest to drink; *ₛch'au tsok* pledging as host and guest; *ₛch'au tsé'* to return thanks, to present in return; *ₛch'au táp*, to recompense, to respond; *ₛch'au ₛshan* to thank the gods; *ₛch'au ün'* to make a thank offering; *ₛch'au ₛlò*, present for carefulness, as to workmen; *ₛch'au ₛün*, to pay, as a vow; *ₛch'au tap, ₛt'm ₛyan*, to requite heaven's favor—in being saved from fire.

幬 ₛCh'au A single curtain on a carriage; a leather screen or partition; to cover, as the sky does; to canopy; an evergreen tree.

榯 Ch'au A hard kind of wood resembling rose wood; a pole for poling boats.

裯 ₛCh'au A single coverlet; a bed curtain: an under-shirt; to cover, as with bed clothes. Read *ₛtò*; a sleeve of a coat.

疇 ₛCh'au A cultivated field; to till, to cultivate; a field of hemp; formerly, time past; to class; a class, sort; who? *ₛch'au sik*, formerly, in time past.

儔 ₛCh'au Used for the preceding. A company of four; a party; a comrade; a mate, fellows, friends; a class; *ₛch'au lui'* a concourse; to assist, to sympathize; *ₛch'au 'tong*, to join one's clique or party.

紬 ₛCh'au Silk; pongee, senshaw, levantine, lustring; to draw out threads for weaving; to arrange the details of a subject, to search for first causes; *ₛshang ₛch'au*, stiff pongee; *shuk ₛch'au*, soft silk; *ₛning ₛch'au*, finest pongee; *ₛshü ₛléung ₛch'au*, rust colored senshaw; *ₛch'au tün'* silks and satins; *'fong ₛch'au*, reeled pongee; *ₛmín ₛch'au*, fabric of silk and cotton; *'kún ₛch'au*, coarse rough serge; *ₛch'ün ₛch'au*, Sz'chuen pongee.

綢 ₛCh'au Used for the last, when denoting silk; to bind, to wrap around, to twine about; close, thick, crowded; *ₛch'au ₛmau*, to tie up; to be intimate with, to consult upon. Also read *ₛt'ò*; to wrap silk around a flag-staff

惆 ₛCh'au Disappointed; deceived; frustrated; *ₛch'au chéung'* sad, sick at heart.

稠 ₛCh'au Grain growing close; thick set, close together; crowded, dense; *ₛyan ₛin ₛch'au mat*, people closely crowded; *'hung ₛch'au ₛyan ₛchung ₛmai shat*, lest they should lose each other in the crowd; *ₛch'au mat*, close, crowded, intimate.

躊 ₛCh'au Embarrassed; *ₛch'au ₛch'ü*, undecided, undetermined, unable to progress.

犨 ꜀Ch'au A white ox; the lowing or snorting of a cow; to issue from, to proceed from.

籌 ꜀Ch'au To compute, to calculate; to devise, to plan, to arrange; a lot; a reed; a time, a tally, a tillot; *chap꜆ ꜀ch'au* or *꜀ts'ím ꜀ch'au*, to draw lots; *꜀kang ꜀ch'au*, a watchman beating the hour; *tuk꜆ 'ki ꜀ch'au ꜀shü*, how many times have you studied it? *p'ái' ꜀ch'au*, to give tickets; *꜀ch'au ch'ák꜆* a stratagem; to scheme; *꜀ch'au wák꜆* to settle a plan of action; *꜀ch'au 'ch'i*, wands thrown into a jar, a sort of game.

丑 Ch'au The second of the 12 horary signs; the 4th watch, from 1 to 3 A. M.; it is denoted by an ox, and persons born in this hour are likely to be dull.

醜 'Ch'au Ugly, deformed, vile, ill looking; disagreeable; disgraceful, shameful, ashamed; to hate, to dislike; shamefaced; ashamed of; to compare; a group, a sort; *kin' 'ch'au pat꜆ ꜀ü ꜀ts'ong chüt꜆* to shame one is worse than keeping one's incapacity private; *ming² 'ch'au* an unhappy lot; *'ch'au ꜀'m 'ch'au*, are you not ashamed? *ch'au máu²* ill-looking, cross, unbeseeming; *pat꜆ ꜀chi 'ch'au*, brazenfaced; *kin' 'ch'au* ashamed for; *'ch'au ok꜆ ꜀p'i hi'* vile disposition, an ingrate; *'ch'au lui²* a vile set; *'ch'au lau²* unworthy of him, disgraceful, wicked; *p'á' 'ch'au*, bashful: *'ch'au yéung²* bad looking; *'ch'au sz'²* a disgraceful affair.

𧽓 'Ch'au Read *ch'au'*; to walk, to go as if weary.

A colloquial word. To sprain the ankle; *'ch'au ꜀ts'an kéuk꜆* sprained the foot.

臭' Ch'au To track by the scent; effluvia, savor, smell, putridity, odor, stench; to stink; scent; to rot; to smell; disreputable; a bad name; *ch'au' hi'* a bad breath; a stink; *ok꜆ ꜀man ch'au' hi'* vile language; *ch'au' ꜀hang ꜀hang*, a vile stench; *ch'au' ꜀ming*, a bad reputation; *ch'au' ꜀ch'ung*, bedbugs; vagabonds, foulmouthed fellows; *꜀t'ung ch'au'* purseproud; *ch'au' kéuk꜆* foul footed, said of a woman; *꜀seng ch'au'* rank, noisome, as bad fish; *ch'au' mi²* a bad taste.

嗅' Ch'au To smell, to perceive odors as a dog does; the plaintive cry of birds.

糗' Ch'au K'au Roasted or parched wheat or rice; coarsely pounded rice like grits; *ch'au' ꜀léung*, dried or cured grain.

(45) Cháu.

嘲 ꜀Cháu To deride, to jeer at; to ridicule; raillery; *pák꜆ ꜀cháu*, a pasquinade; *꜀cháu siú'* to laugh at; *꜀cháu má²* to jeer and rail at.

啁 ꜀Cháu Interchanged with the last. Chirping, bickering of birds; *꜀cháu ꜀cháu ꜀sheng*, chirping of birds.

Read *꜀tò*; verbose; *꜀lò ꜀tò*, to gabble.

'爪 Cháu Claws, talons, nails; to scratch, to claw; to take up with the fingers; an agent, a minion; the 87th radical; *'cháu ˏngá*, claws and teeth; emissaries, assistants; *'cháu lán'* to tear with the claws; *'cháu shatˎ* to gripe firmly with the claws; *'cháu 'wá*, to scratch; *'mái pán' 'cháu*, a comprador's market-man.

'抓 Cháu Interchanged with the last. To scratch, to titillate; to tear with the claws; to cajole.

'找 Cháu To seek; to make up the deficiency, to supply what is wanted; to barter, to swop, to exchange; *'cháu 'ní fúi' hi'* he's looking for you to scold you; *'cháu ˏt'au lò'* to look for work; *'cháu shò' 'mí*, let us settle up that account; *'cháu ˏts'am*, to look for; *'cháu ún'* to change money or for money; *'cháu ˏts'in p'ò'* a money-changer's shop.
Also read *ˏwá*; same as 划; to pole a boat; a pole.

罩' Cháu A net, or basket to catch mud fish by covering them; to catch or cover over; to shade; a shade, a cover, a protection from wind or dust; *ˏtang cháu'* a lamp-globe; *ˏkún cháu'* a network pall; *cháu' ˏü*, to catch fish; *ˏkai cháu'* a hen basket; *'kiú cháu'* a rain cover on a sedan.

笊' Cháu A skimmer made of bamboo or iron wire; nests in caves; *cháu' ˏlí*, a wire ladle.

焯' Cháu Blazing fire; to fry; to boil in fat; *ˏyau cháu'* boiled in fat; *cháu' 'tò ts'ui'* fried crisp.

踔' Cháu To tread on; to stretch ahead in running; to jump over. Read *ch'éukˎ* to leap far and high; to walk lamely.

櫂' 棹' 掉' Cháu To row; to shoot an arrow; to throw away; a long oar; *cháu' kéukˎ* to limp, as the lame do; *cháu' chung'* to hit the bull's-eye; *cháu' 'tséung*, to pull an oar; *cháu' ˏmái ˏt'au*, to pull ashore; *cháu' kwò' 'hoi*, to pull across the river; *ch'utˎ likˎ cháu'* row harder; *cháu' ch'utˎ ˏkái*, throw it out in the street.
The two last of these characters are improperly used in Canton for the first.

(46) Ch'áu.

ˏ抄 Ch'áu To take, to seize; to search; to engross, to transcribe; to lade out, to spoon out; to confiscate, to escheat, to sequestrate, to resume; *'shau ˏch'áu*, a MS. copy; *ˏch'áu ˏts'ing ˏká*, all his property is taken; *chiú' 'pún ˏch'áu ˏt'ang*, copied exactly; *ˏch'áu 'sé*, to copy; *ˏch'áu pákˎ* it is copied clearly; *ˏch'áu sái'* it is all copied.

ˏ巢 Ch'áu A nest on a tree; a den, a retreat; a lurking place; to nestle, to make a nest; *ˏch'áu ütˎ* to skulk in, as a brigand; *ˏch'áu ˏwo*, or *tséukˎ ˏch'áu*, a nest; *ts'ákˎ ˏch'áu*, a den or resort of robbers; *pákˎ 'niú ˏkwai ˏch'áu*, the birds have gone to roost.

漅 Name of a large lake in the south of the province of Ngánhwui.
Ch'au Also read *tsiú*. The last is usually used for this.

窠 A nest in a cave. Erroneously read *wo* in the Fan Wan.
Ch'áu A colloquial word. Crumpled, wrinkled, corrugated, rough; shriveled, as dried fruit; *'hò 'ts'z' á' p'o p't, kòm' ch'áu*, wrinkled as a granny's face; *ch'áu mang mang*, creased, rumpled.

轈 A turret on a chariot, from the top of which to observe
Ch'au the troops.

炒 To roast in a boiler; to fry in fat or batter; *kon 'ch'áu*, to fry brown; to roast to dry-
Ch'áu ness; *'ch'áu ch'á*, to fire tea; *'ch'áu ká fi*, to roast coffee; *'ch'áu mái'* to cook and sell; *'ch'áu fung lut* to roast chestnuts; *tsin 'ch'áu*, to fry; *'siú 'ch'áu yuk* fried hash and vegetables; *'ch'áu shuk* to fry thoroughly.

吵 To clamor, to wrangle; *'ch'áu náu'* to scold; *ts'ò*
Ch'au *ch'áu*, to raise a row; *tái' 'ch'áu yat 'ch'éung*, a great hubbub; *'ch'áu yan 'í*, a din in the ears.

鈔 Interchanged with 抄 to copy; a document, a govern-
Ch'áu ment paper, a receipt; paper money; *shün ch'áu'* tonnage dues, charges on ships; *fong' ch'áu'* to burn paper money to the gods; *ts'in ch'áu'* bills and money; *ch'áu' kwán*, a custom house; *shui' ch'áu'* duties on goods, transit dues.

(47)

Ché.

遮 To cover, to screen, to vail, to conceal; to shade; to in-
Ché tercept; a parasol, a shade; *ché 'im*, to secrete, to screen; *ché k'oi'* to cloak, to cover; *ché sau*, to conceal the face (as females); *'ü ché*, an umbrella; *'m ché tak chü'* it wont cover us, it can not be concealed; *ché shik* to disguise, to dupe, throw dust in his eyes; *ché lán*, to fend off, to ward off; *ché yat t'au*, keep the sun off; *ché mún*, to hide from.

者 A relative or demonstrative pronoun; it, this, that, he,
Ché who, what; following verbs, it forms a noun, as *hang 'ché*, a walker, he who is walking; after nouns, indicates a class, as *ü 'ché*, the foolish; *sz' 'ché*, the dead; *mò ts'ing 'ché*, people who are without affection; or as put in the abstract, as *sing' 'ché*, nature; *shing 'ché*, truth; placed between two nouns or clauses, it puts them in apposition, as *tak, 'ché, 'pún 'yá*, virtue, that is the root; *yan 'ché ngáu' shán* the humane man delights in hills; it is often a mere pause to arrest the attention; *ho wai 'ché*, what are you doing? *chung 'yá 'ché t'in 'há chi tái' 'p'in 'yá*, the medium is everywhere the chief point; *sik 'ché*, formerly; *wák 'ché*, perhaps.

'赭 Ché Ochre color; a carnation or reddish brown; *'ché shek,* ochre; *'ché ,í,* reddish garments worn by felons.

啫' A colloquial particle. Just now; a short time, for the nonce, shortly; a form of the subjunctive; *'tang 'há ché'* stop a little; *,fán ,lai ché'* when I come back; *'kòm yéung² ché'* will this do? *'tá kwo' ché'* let me whip you; *'tang 'ngo hü' tsò² mat, 'yé ché'* let me do that first.

蔗', 櫧 Ché } The sugar cane; *ü, ché'* boiled sugar-cane; *t'ü, ché'* dark cane; *pák, ché'* white cane; *chuk, ché'* or *'long ché'* small cane; *ché' ,kai,* suckers of the cane; *ché' ,liú,* sugaring sheds; *chá' ché'* to express cane juice; *'tò tám² ché'* he eats his cane backwards, he has the best still coming.

柘' Ché Sometimes used for the above; a tree whose leaves are fed to silkworms.

鷓' Ché The partridge; it also includes francolins and grouse; *ché' ,kú,* the common partridge.

這' Ché A demonstrative pronoun, this, that; *ché' 'li,* here: *ché' yéung²* thus, so; *ché' 'tang,* such, this sort; *ché' ,shi,* now.

(48) Ch'é.

,奢 Ch'é Wasteful, extravagant; to spread out; affluent; *,ch'é mong²* extravagant hopes; *,ch'é 'ch'i,* prodigal; *,ch'é ,wá,* gay, wasteful.

,車 Ch'é Not often read *,kü.* A chariot, a carriage, a cart, any vehicle; a framed wheel; to turn a wheel, to roll over; *'shui ,ch'é,* a fire-engine; *,ch'é luk,* a caster; *,ch'é ,fú,* a charioteer; *,ch'é ,mé,* a teetotum; *,ch'é ,mé kòm' 'chün,* fidgetty as a teetotum; *,ch'é ,lun,* a wheel; *,fung ,ch'é,* a windmill; *,ch'é ,ch'ong,* a lathe; *'má ,ch'é,* a horse and carriage; *'fo ,ch'é,* a locomotive.

'且 Ts'ié A conjunctive particle; and, further, moreover, still; also, and also; thus, so; still, yet; a word of doubt, if, should; *,hang 'ch'é,* on the point of being; *'ch'é san' 'ch'é ,í,* half believing, half doubting; *fú' 'ch'é kwai'* rich and so honored; *'kau 'ch'é 'liú sz'²* slovenly way of doing things: *fong' 'ch'é,* still further; *'ch'é mán²* by and by, presently; *,kú 'ch'é* or *tsám² 'ch'é,* for a time.

'撦, '扯, '扯 Ch'é } To tear open, to pull apart; to tear away; to pull up or on; to haul, to drag; *'ch'é 'shéung,* haul up; *,lái 'ch'é,* to pull and haul, to borrow and lend; *,lái ,lái 'ch'é 'ch'é,* borrowing here and there; on the average, lumping the whole; *'ch'é ,hoi,* to pull apart; *'ch'é ,mái,* to pull up, to close, as a skylight; *'ch'é chü'* to stop from going.
A colloquial word. To clear out, to go off, to abscond; to send off; to go away, to take one's self off; *'ch'é ,lo,* go! let us go; *'ngo 'ch'é lok,* I'm off.

(49) **Chéuk.**

着, 著, Choh } Right, correct; according to; to cover over, to put on, as clothes; to cause, to order, to send; a particle placed after verbs, showing a transitive and present action, and is like *chü*² in colloquial; before verbs, let, make, permit; *‹'m chéuk›* unsuitable; *chéuk› kwo*' *‹t'au*, just right; *'hò chéuk›* sets well, as a garment; *shéung*² *chéuk›* best for use; *fan*' *‹'m chéuk›* I cannot sleep; *chéuk› shat› 'tá*, gave him a flogging; *ü*² *‹ki chéuk› ‹mong*, he was still more vexed; *chéuk› shò*' cheap, good for the price; *chéuk› yung*² useful; *chéuk› ‹shing ‹'m chéuk› 'tau*, it will do for a gill if not for a peck, serve for this if not for that; *chéuk› i*² to suit one; *chéuk› lik›* to exert one's self; *'yau chéuk› lok›* all right, settled satisfactorily; *chéuk› ‹i fuk›* to dress; *‹shiú chéuk›* it is on fire; *chéuk› shat›* entirely right; *‹ts'am chéuk›* or *'wan chéuk›* found it; *chéuk› ‹'m chéuk›* is it right or not? *'tim ü*² *tak› chéuk›* how shall I get to him? *‹mò chéuk› lok›* I dont know what to do; *púi*² *chéuk› ‹yan tsò*² hidden, sub rosâ, underhand.

This character is often distinguished into *chéuk›* & *chéuk›*.

妁, Choh A go-between; to consult about a marriage; *‹múi chéuk›* a match-maker.

勺, Choh A ladle or spoon; a spoonful; to bale or pour out; to adopt, to follow; *tau*² *chéuk›* a cullender; *yat› chéuk› 'shui ‹chi ‹to*, much as a spoonful of water.

灼, Choh To burn; to singe, to cauterize with moxa; alarmed; clear, distinct; luxuriant, as flowers; *chéuk› ‹kwai*, to singe a terrapin's shell; *chéuk› lán*² to raise a blister; *chéuk› ngái*² to burn the moxa; *chéuk› chéuk›* splendid, as flowers.

酌, Choh To pour out liquor, to fill a cup; a cup, a glass; *met*. wine, liquor; a dinner, a feast; to avail of, to choose the good and act upon it; to deliberate; to imitate or adopt; *‹sham chéuk›* or *chéuk› 'i*, to deliberate; *pok› chéuk›* a slight repast; *chéuk› ‹léung 't'o tong*' it is all settled right; *‹kéung chéuk›* a feast on a birth; *shéung*² *chéuk›* a sumptuous feast; *‹chung chéuk›* the servants' course; *tsúi*' *chéuk›* a wedding entertainment to a son; *‹mú chéuk›* a return feast given by a bridegroom.

杓, Choh A ladle; a beam for a bridge. Read *'púi*; handle of the Dipper; handle of a ladle; to lead, to draw.

芍, Choh The peony; also the dahlia; *chéuk› yéuk›* peony roots, a medicine..

穛, Choh A city in the feudal state of Tsi, now a place in Shántung province.

斫, Choh To cut with a sword or knife; to amputate; to chop, to hew; *chéuk› ‹hoi*, to cut open. Often read *téuk›*.

(50) Ch'éuk.

卓, Ch'oh Firm, stable; lofty and profound; distant; to establish; to expect; to surpass; eminent in, raised above others; at, reached, as a time; *ˌch'iú ch'éuk˒* preëminent, superior to common; *ch'éuk˒ üt˓ ˏyan ˎkw'an*, excelling other men; *ch'éuk˒ lap˓* to erect, upright; *ch'éuk˒ í²* meritorious, said of officers at the quinqennial trial.

倬, Ch'oh Extensive, distant; large; to show, to manifest; *ˏming ch'éuk˒ ˋü tsúi²* to make your crime known.

棹, Ch'oh A table; a stand; a kind of tree; *ch'éuk˒ ˋtsz'* a table; *ˋí ch'éuk˒* tables and chairs.

綽, Ch'oh Large, ample; slow, leisurely; *ch'éuk˒ yéuk˒* delicate, as a girl; *ˏfún ch'éuk˒* broad, liberal; *ch'éuk˒ ch'éuk˒ ˋyau ˏü*, an overplus, more than enough.

戳, Ch'oh To stab or spear; a seal used by constables; *k'oi' ch'éuk˒* to stamp a document.

(51) Chéung.

張 ˎChang To draw a bow; to extend, to stretch, to open; to draw up, as a list; to increase; to boast; to state, to proclaim, to publish; a classifier of things spread out, as a table, chair, bed, paper, &c.; *ˏchéung kwá'* to hang out, as festoons; *ˏhoi ˏchéung*, to open quick or strongly; *ˏsan ˏhoi ˏchéung*, to open a new shop; *ˏchéung tái²* to make much of, boasting; *ˏp'ò ˏchéung ˏsoá lai²* to make a great show; *ˏkwái ˏchéung*, crossgrained; *ˏchéung ˏyéung* to make known; *ˏchéung ˏhoi ˋhau*, open your mouth; *ˋchü ˏchéung*, to direct, to lord over; *yat˒ ˏchéung ˏmún ˏlím*, a door-curtain.

章 ˎCháng A piece of music; a chapter, a section; a composition; a statement; rules, laws, regulations; clear, beautiful, manifest; a display; a grove; a metonic cycle; *ˋts'oi ˏchéung*, variegated; *hín' ˏchéung*, magistrate's orders; *ˏchéung kü'* sections and paragraphs; *shò' ˏchéung*, many papers or statements; *ˏchéung ˏch'ing*, regulations, rule of conduct; *ˏwong ˏchéung*, laws of the land; *ˏt'ò ˏchéung* or *yan' ˏchéung*, a seal.

嫜 ˎCháng A husband's father; *ˏkú ˏchéung*, a husband's parents; *ˏhing ˏchéung*, a husband's brother.

彰 ˎCháng Luminous; beautiful; elegant; to manifest; variegated plumage or pelage; *ˏchéung ˏming*, clearly exhibited.

慞 ˎCháng Alarm; apprehensive; *ˏchéung ˏwong*, terrified, fearful; a horrified look.

樟 ˎCháng The camphor *(Laurus camphora)*; *ˏchéung muk˓* camphor wood; *ˏchéung ˋnò*, gum camphor; *ˏhéung ˏchéung*, a camphor odor.

漳 ˌCháng Name of a river; the prefecture of Chángchau in Fuhkien near Amoy.

璋 ˌCháng A kind of plaything made of jade; *lung² ˌchéung*, to bear a son.

鄣 ˌCháng A feudal state, now part of Tái-ngán fú in Shantung; an ancient city in Kü, also in the modern Shántung.

麞 ˌCháng A kind of chevrotain or gazelle, hornless, and of elegant shape; *ˌngan ˌchéung*, the white gazelle—appears in good reigns.

掌 ˋCháng The palm of the hand; the paw or sole of animals; a webbed foot; to grasp; to rule, to control; a control, a jurisdiction; *ˋshau ˋchéung*, the palm; *ˋtá yatˎ ˌpá ˋchéung*, a slap of the hand; *ˋchéung ˋkún ˌkung ˌyan*, to oversee workmen; *hòpˎ ˋchéung*, to clasp the hands, as in prayer; *ˋchéung akˎ ˌping ˌk'ün*, to command the forces; *ˋchéung káuˀ* to teach [graduates]; *honˀ ˋshau ˋchéung*, to examine the hand, palmistry; *p'ákˎ ˋchéung*, to clap the hands; *ˋchéung kwai²* a bookkeeper, a salesman; *i² ˌü ˋfán ˋchéung*, as easy as to turn the hand over.

長 ˋCháng Old, senior, superior, greater; to excel, to increase; to grow, to extend, to advance; to prosper; to elevate, to think highly of; an elder, a superior; *ˋpò ˋchéung*, a constable; *ˌká ˋchéung*, a paterfamilias; *ˋngo ˋkau ˋchéung ˋni*, I'm somewhat older than you; *kwaiˀ ˌkang ˌto ˋchéung*, how old are you? *ˋfo ˋchéung*, mates in a ship; *ˋchéung tái²* to grow older; *ˋchéung ˋtsz'* or *ˋchéung ˌfong*, the eldest son; *ˋchéung ˋlò*, a Budhist priest; *ˌtsün ˋchéung* or *ˋchéung ˋché*, an old man; *ˌnin ˋchéung*, old, older; *patˎ ˋchéung tsunˀ* untrustworthy.

悵ˀ Cháng Disappointment; vexed; *chéungˀ chéungˀ* longed for; *chéungˀ mong²* sick at heart from delayed hopes.

帳ˀ Cháng A curtain, a screen; a tent; a house; to calculate; to spread; a reason, a plan; an account, for which the next is used; *pòˀ chéungˀ* an awning; *chéungˀ ˌlim*, a hanging door-screen; *ch'ítˎ chéungˀ* to pitch one's tent, to become a teacher; *ˌman chéungˀ* a bed-curtain; *wan² chéungˀ* unreasonable, incoherent; *ˌp'ing chéungˀ* a movable screen of silk; *shau² chéungˀ* a scroll given to old people.

賬ˀ Cháng An unauthorized character. A debt, a claim, an account, a charge; to reckon, to sum up; to calculate.

A colloquial word. A time, an occasion; *ˌlai kwoˀ yatˎ chéungˀ* I have been here once; *ˌ'm sünˀ chéungˀ* do not put it to my account, it's none of my business; *nganˀ chéungˀ* a tough account, a refused bill; *chéungˀ mukˎ* accounts; *ˌsháu chéungˀ* to receive money on account; *chéungˀ ˌtán*, a bill; *ˌchui chéungˀ* to dun; *chéungˀ ˌfong*, a counting-room; *hauˀ chéung'* waiting for a settlement; *sün' chéung'* to reckon accounts; *chéung' 'pò*, an account book; *túi' chéung'* to balance accounts by offsetting *꜀ts'ing chéung'* or *꜀wán chéung'* to pay off an account; *hím' chéung'* to owe.

漲' An inundation; to overflow; a sheet of water; the southern sea; *'shui chéung'* water is rising, overflowing.
Cháng

脹' A swelled belly; a swelling; dropsical; *'shui chéung'* dropsy of the belly, ascites; *chéung' 'mún*, belly hard or puffy; *'páu chéung'* a bellyful, a feeling of fullness; *chéung' 'mún ꜀hung ꜀t'ong*, swelling with rage, incensed.
Cháng

瘴' Malaria; pestilential vapors; pestiferous air; *꜀ín chéung'* unwholesome climate; *꜀lám chéung'* noxious vapor; *hí' chéung'* deleterious malaria.
Cháng

障' To separate; to divide; to shut up, to include; to raise an embankment; something which prevents progress; an intervening distance; a barricade, a trench, a fence; a protection, as a carpet; a dike, a terminus; *'pán chéung'* a board partition; *chéung' sak꜄* a hindrance or stoppage; *'pò chéung'* a defense or embankment; to defend a barrier; *chéung' pai'* to close against ingress.
Cháng

丈² Ten *ch'ek* or 141 English inches; to measure; an elder; *chéung² ꜀léung*, to measure land; *chéung² ꜀fú*, my husband; *'lò chéung²* or *chéung² ꜀yan ꜀kung*, a wife's father; *tái² chéung² ꜀fú*, a talented man; *꜀fong chéung²* the abbot of a monastery.
Cháng

杖² A cane, a staff; a cudgel, a club; to lean on; to hold; to beat; aged, an old man; to mourn; *'kwái chéung²* a staff for old folks; *꜀ch'i chéung²* to bamboo; *'mún chéung²* to beat 80 strokes; *chéung² ꜀ü ꜀héung*, a village sexagenarian; *sik꜄ chéung²* a crosier; *chéung² ꜀ki ꜀fú*, mourners of one year; *꜀hang chéung²* bambooing, beating; *chap꜄ chéung²* to carry a staff at a funeral.
Cháng

仗² A sharp weapon; to fight; to rely on, to lean on, to look up to; *'tá shing' chéung²* to get the victory; *tsip꜄ chéung²* in battle; *'tá chéung²* to fight, at war; *tak꜄ chéung²* to have a friend; *'yéung chéung²* to look to for aid; *chéung² wai²* imperial guard; *꜀ping chéung²* arms; *'i chéung²* to trust to.
Cháng

(52) Ch'éung.

꜀昌 Light of the sun; fine words; elegant, flourishing, prosperous; increasing in wealth or peace; powerful; effulgent; good; rich, affluent; to increase; to illuminate a thing; *꜀ch'éung shing²* prosperous, well-off; *kat꜄ ꜀ch'éung*, happy, successful; *shun² ꜀t'in 'ché ꜀ch'éung*, he will prosper who obeys heaven; *꜀kwong ꜀ch'éung*, splendid, gay.
Ch'áng

猖 Ch'áng A herd of animals fleeing; *ˏch'éung ˏkwʻong*, ungovernable, unrestrained.

倡 Ch'áng To lead, to go before, to seduce or induce; a leader; an example, a guide; used for the last and next; *ˏch'éung tò²* to show the way; *ˏch'éung ˏín*, to speak first; *ˏch'éung sutˀ* to lead on; *ˏch'éung ˏt'au*, a leader; *ˏch'éung lün²* to head a riot.

娼 Ch'áng A singing woman; a courtesan; *ˏch'éung ˏmún*, public women; *ˏwo ˏch'éung*, house of assignation; *ˏch'éung ˊfú*, a strumpet; *ˏch'éung kí²* a whore; *ˏch'éung ˏkiú*, a brothel; *ˏch'éung ˏká*, a bagnio; *ˏyau ˏch'éung*, public singers; *ˏtong ˏch'éung*, to be a whore.

菖 Ch'ang The flag *(Acorus)*; *ˏch'éung ˏp'ò*, sweet flag, hung on door lintels to drive away maleficent influences.

閶 Ch'ang The door of heaven; a gate of Súchau; *ˏch'éung hòpˀ* door of paradise, kept by Kwánti or Mars.

窓 窗 牕 Chw'áng A window, an aperture to admit light; a sash; a venetian blind, a shutter; a school; a student; *ˏch'éung ˏmún*, a window; *ˏt'in ˏch'éung*, a sky-light; *ˏch'éung ˏmún ˊch'án*, a window-sill; *ˏshü ˏch'éung*, or *ˏkai ˏch'éung*, a schoolroom; *t'ong² ˏch'éung*, to pull the sash to; *ˏhon ˏch'éung*, a poor student; *ˏch'éung átˀ* a window-bar; *ˏt'ung ˏch'éung*, or *ˏch'éung ˊyau*, chums, fellow-students; *ˏch'éung há²* at school, while at his studies.

裮 Ch'áng Loose flowing garments thrown on one without a cincture.

長 Ch'áng Long in time or distance, far off; constantly, regularly; always, continual; superiors; skilled, used to, practiced; direct, straight; the 168th radical; *ˏch'éung ˊün*, durable; *kokˀ ˊyau ˊsho ˏch'éung*, in what each excels; *ˏch'éung kwo² ˏt'au*, too long; *ˏch'éung ˏshang* long life; a coffin; *ˏch'éung ˏshi yung²* in constant use; *ˏch'éung ˊkau*, old, a long time; *ˏch'éung hí²* longwinded, as a talker; *ˏch'éung ˏhung*, a handbill; *yatˀ ˏmò ˊsho ˏch'éung*, changeful, not persevering; *ˏch'éung ˊkau ˊfo kí²* an old comrade; *ˏch'éung ˏshang patˀ ˊlò*, a green old age; *ˏch'éung ˊün shai² kái²* long continued, as a family; *ˏch'éung ˊtün*, the length of, the traits of character; *ˏch'éung ˏk'ü*, go directly there.

萇 Ch'áng A sort of fruit, the carambola *(Averrhoa)*, also called the *ˏyéung ˏt'ò*, or sheep's peach.

腸 Ch'áng The bowels; the intestines; tripe; *met.* the feelings, the affections; *ˏwáng ˏá ˏch'éung*, cunning; *ˊhò ˏch'éung ˊt'ò*, clever, learned; *siú² ˏlün ˏch'éung*, laughed till his side ached; *chikˀ ˏch'éung*, honest, trustworthy; *ˏngau ˏch'éung*, tripe; *tai² ˏch'éung*, the colon; *ˊsiú ˏch'éung*, lesser intestines; *ˏch'éung tsong²* the intestines, the inwards; *ˏsam ˏch'éung*, the disposition, feelings; *ˏmò ˏch'éung ˏkung ˊtsz²* a crab.

場 ꜀Ch'áng An arena, an area, a lot, a field; an altar, a sacrificial ground; a playhouse; the society of, a company; a classifier of affairs; a fit, a spell; *'tá tái² ꜀ch'éung 'k'ü*, give him a sound drubbing; *chín' ꜀ch'éung* field of battle; *uk꜄ ꜀ch'éung*, a building lot; *꜀kún ꜀ch'éung*, the fashion of officials; *káu' ꜀ch'éung*, a paradeground; *fát꜄ ꜀ch'éung*, execution-ground; *꜀t'án ꜀ch'éung*, an altar; *t'iú' ch'ut꜄ ꜀shi ꜀fi ꜀ch'éung*, I'll have nothing more to do with it; *꜀hoi ꜀t'án ꜀ch'éung*, to open a gambling-house; *yap꜄ ꜀fo ꜀ch'éung* to enter the lists for a degree of *kújin*; *꜀kún 'há ꜀ch'éung*, made a trial; in the examination; *꜀man ꜀ch'éung*, resorts of students; trials for degrees; *꜀t'au ꜀ch'éung*, the first trial; *lok꜄ ꜀ch'éung*, to go to the gambling-table; *yat꜄ ꜀ch'éung 'hò ꜀sam*, a good action; *tái² mung² yat꜄ ꜀ch'éung*, a great dream, life.

償 ꜀Ch'áng Correctly read *꜀shéung*. To forfeit; to recompense, to atone; *iú' 'ngo 'tai ꜀ch'éung*, he wishes me to make it up.

韔' Ch'áng A bow case; to put a bow into its case.

唱' Ch'áng To sing in recitative; to cry out, to give the word; to lead, to conduct, as singing; to crow; *꜀ts'ing ch'éung'* singing with a lute; *ch'éung' ꜀hám*, to call out the titles, as at a levee; *ch'éung' ꜀ko*, to sing songs; *ch'éung' ꜀nám ꜀ts'z'* to sing southern ditties, *ch'éung' ꜀pong 'tsz' ꜀hong*, theatrical singing; *ch'éung' kí'* to recite plays; *ch'éung' muk꜄ ꜀ü*, to sing in the Canton dialect.

暢' Ch'áng The inner qualities developing; penetrating, thorough, spreading; to fill; joyous, contented, in good spirits; remote, long; exhilirating; joy; *ch'éung' üt꜄* the eleventh month; *fái² ch'éung'* happy; *ch'éung' tút꜄* to permeate; *ch'éung' mau²* flourishing.

鬯' Ch'áng Sacrificial spirits, made by infusing millet and fragrant herbs; mixed wine; *kü² ch'éung'* odoriferous spirits; *'chü ch'éung'* a man who prepares the libations.

(53) Chí.

知 ꜀Chí To know, to perceive, to apprehend; to be acquainted with; to tell, to inform; a fellow, a friend; knowledge, wisdom; to remember; *꜀chí kwo' pít꜄ 'koi*, reform when you know your wrong; *꜀man ꜀chí*, I heard so; *꜀shui ꜀chí*, unexpected, who would have thought it? *kú' ꜀chí*, an old friend; *꜀chí ꜀tí*, I know a little; *꜀chí 'ki ꜀p'ang 'yau*, an intimate friend; *꜀sín ꜀chí*, a prophet; *꜀chí tò'* I know it; the thing is known; *꜀chí 'hiú*, to understand; *꜀chí kok꜄* to notice; *꜀chí tò' hai² 'kòm*, I know it is so; *꜀ím ꜀chí sz'²* a salt commissioner; *꜀chí 'fú*, a prefect; *꜀chí ꜀fung*, aware of; *꜀chí tsuk꜄* contented; *pat꜄ ꜀chí 'tai sai'* I do not know its history.

蜘 Chí A spider; ˏchí ˏchü, a spider, a general name for all kinds of aranea.

ˏ之 Chí A sign of the genitive; when placed between two nouns or verbs, answers to who, which, that; a pronoun, he, she, it, them; often used in the abstract, after a noun, or as a relative particle, in apposition; to progress; to go to; *t'eng'* *ˏchí ˏchí ˏyan*, the person who hears him; *ˏt'ín ˏchí ˏming ming'* heaven's plain decree; *ˏü ˏchí noi' ˏho* if so, how then? *mí' ˏchí 'yau 'yá*, there is no such thing; *ˏtséung ˏho ˏchí*, where are you going? *'kú ˏchí*, the ancients; *ˏt'ín ming' ˏchí*, heaven orders it; *ˏmò ˏchí*, impossible; *ˏhang ˏí pat, chí' 'ché 'yau ˏchí*, to go and not arrive is common; *'chü ˏchí 'ché ˏchí wai' tai'* that which rules is called supreme.

ˏ芝 Chí A sort of boletus or branched mushroom, regarded as felicitous from its durability; *ˏchí ˏmá*, sesamum; *ˏchí ˏlán*, a sort of fragrant epidendrum; *ˏchí ˏngán*, your fine face; *ˏchí ˏlán ˏchí shat,* an elegant house, as of the genii; *met.* intimate with good men.

ˏ支 Chí To branch, to diverge; to hold; to give, to pay; to prop, to succor; a branch; posterity, descendants; a sept or tribe; to attend to; to bear up, to stand firm; diverging, parting; the twelve horary characters; to measure; the 65th radical; *ˏpáu ˏchí*, responsible for; *ˏchí ˏkang*, a watchman; *yat, ˏchung ˏchí yung'* daily outlays and expenses; *ˏchí k'ap,* to give out; *ˏchí ˏkung ˏngan*, to pay wages; *ˏchí ˏlí*, irrelevant, not to the point, a liar; *ˏchí ˏsiú*, to expend, use for expenses; *ˏchí p'ái'* descendants, a tribe; *ˏwáng ˏchí*, a side branch, a concubine's child.

ˏ吱 A colloquial final, like 咯 *lok,* expressing certainty; or that an act was immaterial; *'kòm t ˏau' 'hò ˏchí*, then he would be well off; *ˏchí ˏchí hai'* certainly so.

ˏ枝 Chí A branch, a twig; a slender post; to scatter, to branch off; a tributary of a river; a classifier of slender things, as pencils, flowers, pens, &c.; *ˏchí kon'* trunk and branches; *yat, ˏchí ˏfá*, a flower, a pretty girl; *yat, ˏchí ˏkwan*, a detachment of troops; *pok, ˏchí*, to graft; *ˏchí ip,* branches and leaves; *ˏsün ˏchí*, Chinese ebony; *ˏshán ˏchí*, wild *sün-chí* wood, a hard timber.

ˏ肢 Chí The limbs; *sz' ˏchí*, the four limbs; *ˏchí 't'ai*, the whole body; *ˏchí 'kái*, to quarter.

ˏ脂 Chí Grease, suet, lard, fat; hard gums of trees; *met.* honors, glory; to grease; fat animals; *ˏin ˏchí*, rouge; *ˏman ˏchí*, the fat of the people, *i. e.* their money; *ˏchí ˏkò*, greasy, unctuous; *ˏyéung ˏchí*, mutton tallow; *ˏchí 'fan*, cosmetics.

ˏ卮 Chí A goblet; a cup holding four gills; a syphon; a vessel for serving rations; *'tsau ˏchí*, a wine syphon.

梔 Chí A tree used to dye yellow, a species of Gardenia; *ˌwong ˌchí*, the becho nut, used in dyeing, and as a medicine in fevers.

ˋ止 Chí To stop; to lodge, to dwell, to rest; that which the mind rests in, an object; to detain; interrupted, stopped; to cease from, to desist, to be still; to remain, to wait; only, but, however; the 77th radical of characters mostly relating to rest; *ˋchí shí²* only is; *ˌchí ˋchí* to know when to stop; *ˏ'm ˋchí kòm' ˏto*, not so few; *ˋchí tak˒ kòm' ˏto*, only so many; *ˋchí pat˒ chü²* will not stop, cannot be stopped; *ˋchí nò²* to appease; *ˋchí suk˒* to lodge at; *ˏmò ˋtai ˋchí*, nothing to stop at.

ˋ址 Chí A foundation, fundamental; one's own country or origin; *ˌkí ˋchí*, a foundation, a base, a dependance.

ˋ沚 Chí An islet; to take up one's lodging on an island; *ˋchiú ˋchí*, an islet in a pond.

ˋ祉 Chí Happiness; *fuk˒ ˋchí*, blessed, happy, enduring felicity; *ˏká ˌchí*, good fortune.

ˋ趾 Chí The toes; a foundation of a wall; the feet; *ˋkü ˋchí ˌkò*, to step high, to trip along; *ˏhang ˋchí*, to walk.

ˋ阯 Chí Used for the last; *ˌKáu ˋchí*, Cochinchina, said to be applied to it because men and women bathed together.

ˋ旨 Chí Meaning, intention; excellent; pleasant tasted, delicate; a decretal, orders; *fung² ˋchí*, to receive orders; *ˋchí ˋtsau*, good liquor; *ˋchí í²* the import the imperial will; *shing' ˋchí*, H. I. M.'s orders; *ˋts'ing ˋchí*, to request commands; *yat˒ ˌchéung ˌchí tái² ˋchí*, an important remark, a synopsis.

ˋ指 Chí A finger, a toe; to point, to refer to; to teach, to command; a particular, a mode; to point out; used for the last; *ˋchí ˏnám ˌch'é*, the compass; *shap˒ ˋchí ˏt'án ˌpang*, to snap the fingers in vexation; *ˌmá ˋchí*, a double finger; *ˋchí ˋshau wák˒ kéuk˒* gesticulation; *ˋchí mong²* to expect; *ˏmò ˋchí ˋí*, no chance of, cannot obtain; *ˋchí ˌtung ˋchí ˌsai*, pointing this way and that, befooling; *ˋchí shí²* to point out; *ˋshau ˋchí ˌkung*, the thumb; *shik˒ ˋchí*, forefinger; *ˏmò ˏming ˋchí* ring-finger; *ˋchí ˋtím*, to show how; *ˋchí káp˒* a finger nail; *ˋchí káp˒ ˌfá*, the henna (*Lawsonia inermis*); *ˋchí shat˒* certain, sure.

ˋ黹 Chí To embroider; embroidered, braided; to put on braid or lace; the 204th radical, relating to embroidery; *ˌcham ˋchí*, to sew, to do needle work.

ˋ帋 ˋ紙 Chí Paper; a document; *yat˒ ˌchéung ˋchí*, a sheet of paper; *ˌshá ˋchí*, wrapping paper; *ˋts'ò ˋchí*, coarse paper; *ˋchí ˏmúi*, a paper match; *ˋchí ˌt'ung ˌfá*, artificial flowers; *ˋchí ˏp'ái*, cards; *ˋchí pák˒* paper houses and clothes burned in sacrifices; *ˌking ün² ˋchí*, cotton paper; *ˌkai ˏp'í ˋchí*, brown wrapping paper; *ˋchí ˏts'ín*, scolloped pieces of paper used at funerals to buy the road; ‚*fán* ‘*chí*, sized paper; ‘*láng* ‚*kam* ‚*tsin* ‘*chí*, gold dusted paper; *king*’ *sik*, *tsz*’ ‘*chí*, respect written paper; *yat*, ‘*chí* ‚*shü*, one letter; *fong*’ ‘*chí* ‚*iú*, to fly a kite; ‘*tá* ‚*shiú* ‘*chí*, to torture in prison; *ch‘an*’ ‘*chí*, a fly leaf.

‘祇 Chí To respect, to invocate; only, but merely, however, yet; respect, awe, reverence; ‘*chí* ‘*ts‘z*’ only this; ‘*chí* ‘*yau* *yat*, *yéung*’ only one sort; ‘*chí* *king*’ to venerate.

‘咫 Chí An ancient short cubit of 8 *ts‘ün*, same as an English foot; small degree of; ‘*chí* *ch‘ek*, ‚*chí* *tí*’ a little way, a small interval.

‘枳 Chí A hedge thorn, a spinous tree; a fruit like a pumelo, with a thick skin; hurtful, like thorns; ‘*chí* *kik*, hedged up; thorny; ‘*chí* *kü*’ the *Hovenia dulcis*; ‘*chí* *kok*, its seeds, used for medicine.

‘軹 Chí The hole in the hub of a wheel, were the nave projects; the end of the nave projecting from the hub; diverging, like the forks of a road.

咦’ A colloquial particle, implying doubt; ‚*loi* *mí*’ *chí*’ I doubt if he is here yet.

志’ Chí The will, the inclination; a good resolution, a resolve; a sense of right, firm purpose; to record; history, annals; statistical or topographical works; *tái*’ *chí*’ high thoughts; *ch‘ut*, *tak*, *chí*’ not abashed by ridicule, conscious of power; *chí*’ *héung*’ desire, inclination; *chí*’ ‚*shing*, ingenuous, guileless.

誌’ 識’ Chí To remember; to record; to write, to inscribe; used for the last; *mò*’ *chí*’ an epitaph, a eulogy; ‚*sám* *kwok*, *chí*’ annals of the Three States; *chí*’ ‚*shü*, history, records; *chí*’ ‚*ü* ‘*ts‘z*’ mind is fixed on this.

痣’ Chí A mole, a hair-mole; black or red spots on the body; *mín*’ *chí*’ spots on the face.

‵至’ Chí To come, to go to, to reach; to arrive, the summit or end; a preposition, to, at, even, till, up to; as to, respecting, in order to; an adverb, much, greatly; most, very, the superlative degree; the solstice; the 133d radical; *chí*’ *kik*, at the very extreme; *tsz*’ ‘*kú* *chí*’ ‚*kam*, from of old till now; *mò* ‘*sho* *pat*, *chí*’ he goes every where, he is very wild; *chí*’ ‚*kwán* ‘*kan* *iú*’ of the highest moment; ‚*tung* *chí*’ the winter solstice; *chí*’ ‚*ü*, with respect to; *chí*’ ‘*shiú*, the least of; *hak*, *chí*’ he will come soon; *chí*’ *tò*’ to arrive; *chí*’ ‘*hò*, the best; *chí*’ *chéuk*, everything proper; *chí*’ ‚*shing*, wholly sincere; *chí*’ ‘*kan*, urgent; *kat*, *chí*’ a little while, presently.

致’ Chí Interchanged with the last. To go, to cause to go; to convey to; leading to, tending; to accompany; to visit; to communicate, to intimate to; to resign, to give over to; to induce, bring on; to jeopard, to hazard; to regulate, to control, to order; an aim, object, or end; a tendency; to investigate fully; used before a verb, implies what is caused to be done; that, in order to; to put forth; the extreme; *chí' shai' 'k'ü ,loi*, make him come; *chí' í'* to intimate to, to inform in any way; *chí' sz'* to throw up an office; *chí' ming'* delivered his orders.

緻' Chí To mend clothes; close, fine, as cloth: soft, delicate; tattered; handsome, elegant; *,tsing chí'* beautiful, fine, delicate; *sai' chí'* careful, particular.

輊' Chí A carriage with a front lower than the back, or turning down, from the lading.

觶' Chí A goblet or cup holding three *,shing* or gills; a cup; to fine one so many cups.

摯' Chí To seize with the hand, to grasp; to arrive at, to reach to; to extend; to present to; to advance, to enter, to go to the edge: to break down, as trees from weight of snow; used for the next; *,ts'ing chí'* a great liking for; *chí' 'tò*, to stumble down; *chí' 'hi*, to pick one up.

贄' Chí A present to make way for one, given at an audience or first interview, or when entering school; to present gifts; *chí' ,í*, presents; *chí' kin'* to visit with a present.

鷙' Chí Birds of prey, accipitrine birds; violent, ruthless, hawk-like; to seize by violence.

質' Chí A pledge, a hostage; to pledge, to guaranty; to pawn; *on' chí'* to give a pledge or guaranty; *chí' fú'* a pawnbroker's; *,kán chí'* to exchange hostages.

躓' Chí To stumble; to trip and fall down; *,tín chí'* fell headlong.

智' Chí Wisdom, understanding, talent; knowledge; prudence; wise, considerate, discreet; able to manage; clever, sharp, shrewd; *chí' shik,* good judgment; *chí' 'yung*, wise and brave; *,mò chí'* indiscreet.

置' 寘 Chí To make firm, to establish, to place; to appoint; to arrange; to purchase for one's self; to employ; to reject, to dismiss; to put aside; to determine, to judge, to decide; *'ch'ü chí'* to punish, treat as a criminal; *chí' pán'* to buy; *chí' ,kú*, to take a wife; *,on chí'* to arrange a place for, as to spend the night; *fai' chí'* to refuse, to remove; *chí' ,shan sz' ngoi'* it is none of my business; *ním' ním' pat, chí'* unceasingly thinking of it; *chí' ,shan ,mò tí'* ashamed, no place to hide myself.

疐' Chí Hindered, embarrassed, prevented from acting or advancing; to slink away, as a dog does.

治' Chí Name of a stream in the east of Shántung; to govern, to rule well, to manage; to heal; to oversee, to care for; to form; to try causes; experienced, talented; prosperity, good government; *chí' ,song*, to oversee a funeral; *chí' há' 'ché*, subjects, the governed; *,í chí'* to cure; *,t'in há' tái' chí'* the empire well governed, firm peace; *,mò fát, 'ho chí'* there's no way of managing him; *chí[2] ˏká*, to order a family; *chí[2] lün[2]* to suppress rebellion.

值[2] Chí — To manage, to take hold of; to occur, to meet with, to happen; *shikˎ chí[2]* it so happened.

雉[2] Chí — A pheasant, including also francolins; an embrasure on a wall; to rule; to put in order; *chí[2] ʻmí*, pheasant's tail feathers, used by actors; *chí[2] tipˎ* parapet walls; *chí[2] ˏkai*, the Tartar pheasant; *chí[2] ˏmún*, the south door of a seraglio.

穉[2] 稚[2] Chí } Small, delicate; young, tender; young grain, or that which ripens late; *ˏt'ung chí[2]* a youngster; *chí[2] hí[2]* childish, immature; *chí[2] ʻtsz[2]* a boy.

彘[2] Chí — A sow, a pig; *ˏyan chí[2]* a corpse cut to pieces, alludes to a speech of a princess of the Hán dynasty.

痔[2] Chí — The piles; to gnaw, as insects do; *chí[2] ˏch'ong*, piles; *noi[2] chí[2]* bloody piles; *ngoi[2] chí[2]* blind piles; *ˏch'ün ˏch'éung chí[2]* fistula in ano.

Ch'í.

ˏ癡 ˏ痴 Ch'í } Foolish, silly; stupid, inapt; idiotic; doting after, lustful, hankering; out of his head, wandering; *ˏch'í ˏngoi*, foolish stolid; *ˏch'í chūtˎ kòm[2] ˏch'ün lün[2] ch'ü[2]* running in and out, making such a rumpus; *ˏch'í ˏts'ing*, salacious; *ˏch'í ˏch'in* bound up in, loving; *patˎ ˏch'í patˎ ˏlung*, if I am not foolish and deaf [I cannot reign]; *ˏshū ˏch'í*, doting on books; *ˏch'í ˏmái patˎ ʻsing* mad after.

ˏ胝 Ch'í — Thickened skin on the hand; growing callous; *ˏp'ín ˏch'í*, horny skin.

ˏ鴟 Ch'í — A kind of owl, or a sort of hawk; *kokˎ ˏch'í* or *ˏch'í ˏhiú*, the horned owl; *ˏch'í ˏchéung*, to act unscrupulously, as this bird does.

ʻ笞 Ch'í — To punish with a bamboo, to bastinado; to correct, so as to reform; to scourge, to flog, to bamboo; *ˏch'í chéung[2]* the stick used in a yámun to punish; *ˏch'í chákˎ* to chastise culprits, vulgo, *ʻtá ʻpán ʻtsz[2]*.

ˏ呞 ˏ齝 Ch'í } To ruminate, to chew the cud, vulgarly called *ˏngau t'ò[2] ʻts'ò*. The Fan Wan defines it to gape.

ˏ褫 Ch'í — To take away insignia, to degrade; to take off clothes, to denude; a fringe; *ˏch'í kákˎ* to dismiss from office; *ˏch'í ˏchín*, plush, felt.

ˏ黐 ˏ䊼 Ch'í } To attach to, to stick on; glutinous, sticky, pasty; *ˏch'í ˏkáu*, birdlime; *ˏch'í kéukˎ* to sorn, to sponge for meals; *ˏ'm ˏch'í ˏmái*, it don't stick; *ˏch'í takˎ ʻhò shatˎ* sticks very tightly; *ˏch'í makˎ ˏhong*, a sponger, a sorner.

ˏ蚩 Ch'í — A worm; ignorant, stupid; unpolished, sincere, rustic; to impose on; to treat as if ignorant, to despise; *ˏch'í ˏman*, the uneducated people; *ˏch'í ˏch'í*, honest, blunt, rustic.

ˏ嗤 Ch'í — Laughing; to laugh at; *ˏhòm ˏch'í*, ridiculous; *siú[2] ˏch'í ˏch'í*, to laugh heartily.

英華分韻撮要

媸 ˓Ch'í Ugly; a homely woman; lewd, worthless, foolish; *˓ch'i ˓mò*, a harridan; *˓in ˓ch'í tsz'² kin²* he knows whether he is handsome or ugly.

墀 ˓Ch'í A porch, a vestibule or piazza, reached by a few steps; a courtyard; the path or walk somewhat elevated between the gate and palace; *˓tán ˓ch'í*, the vermilion avenue, *i. e.* the emperor's palace.

遲 ˓Ch'í Slow, dilatory; late, tardy; not urgent; to delay, to walk leisurely; to wait for; to procrastinate; *˓loi tak˒ ˓ch'í*, came late; *˓ch'í ˓sám yat˓ tsau² ˓loi*, come in three days; *˓ch'í ˓hiú*, you are late! *˓t'o ˓ch'í*, to put off continually; *kòm² ˓ch'í*, so late! *fúi² han² ˓ch'í*, unavailing repentance; *˓ch'í ˓loi pat˒ k'ap˓* you will be too late to reach [the boat]; *˓ch'í ˓há ˓t'im* wait a little longer; *˓ch'í yat˒ chan²* wait a while; *˓ch'í ˓'m ˓ch'í*, will it be late? am I late? *˓ch'éung ngoi² yat˓ ˓ch'í ˓ch'í*, the sun goes down slowly.

坻 ˓Ch'í An islet; a ledge of rocks in a stream; a bank; to bank in; to stop.

蚳 ˓Ch'í Eggs or larva of ants. One says, a bloodsucker.

池 ˓Ch'í A tank, a pool, a pond; a ditch, a fosse; stagnant water; *˓sheng ˓ch'í*, a moat; *˓chung ˓ch'í*, the heart; *in² ˓ch'í*, a water-cup for writing; *˓tsau ˓ch'í yuk˓ ˓lam*, a wine tank and meat-grove, *i. e.* plenty; *˓ch'á ˓ch'í*, a mirage pool, a take-in, a mistake; *˓ch'í ˓t'ong* or *˓ü ˓ch'í*, a fish-pool.

馳 ˓Ch'í To gallop, to ride fast, as a courier; a fleet horse; to go fast; fast; far, spread abroad; *˓ch'í tò²* the middle road for the emperor; *ngoi² mò² ˓fan ˓ch'í*, harrassed with cares; *˓ch'í ˓ma*, to gallop a horse; *˓ch'í yik˓* to ride post; *˓ch'í ˓k'ü*, to ride fast.

持 ˓Ch'í To take, to lay hold of, to grasp; to observe or maintain; firm, decided; to direct resolutely; *˓pá ˓ch'í*, to manage an affair; *˓ts'ò shín² i² ˓ch'í*, two common fans; *˓fú ˓ch'í*, to assist; *chap˓ ˓ch'í*, to hold in the hand; *˓ts'ò ˓ch'í*, to do with energy; *˓ch'í fát˒* to maintain the law.

篪 ˓Ch'í A kind of bamboo flute, with seven holes; the sound resembles the wailing of children; *˓ch'í ˓hün*, two instruments which chord; fraternal love.

踟 ˓Ch'í Irresolute; *˓ch'í ˓ch'ü*, undecided, embarrassed, going on and then returning.

始 ˓Ch'í The beginning; an opening, a start; to begin, to commence; at the beginning of a sentence, it often means then, was, at that time; *˓ch'í ˓ch'o*, the commencement, first; *˓ch'í ˓chung*, beginning and end; the whole period, the circumstances; *˓ch'í ch'ong²* invention.

弛 ˓Shí A bow unstrung; to let go the string of a bow; to relax; to cast off; injured, spoiled; easy, dissolute, unconcerned; *fai² ˓ch'í*, heedless, careless; to fail, to grow old or useless, obsolete; *˓kái ˓ch'í*, to unloose, to throw off; *˓ch'í lik˓* remiss.

'柂 '柂 } To split wood with the grain; to fall down; name of a wood used for inner coffins, on account of its durability. These are also read *꜀í*, *꜀lí*, and *꜀t'o*, with the same meanings.
Ch'í

'恥 '耻 } Ashamed; to feel shame, disgraced, humbled, chagrined; to blush or redden; *꜀sau* *'ch'í*, shame; *꜀mung* *'ch'í*, covered with disgrace; *'ní* *꜀'m kin'* *꜀sau* *'ch'í*, are you not mortified? *꜀mò* *'ch'í* *꜀chí* *꜀t'ò*, a brazenfaced rascal; *'ch'í má'* afraid of a scolding.
Ch'í

'齒 The upper front teeth; *met.* the mouth, words; age, years; sort, class; associates, equals; to commence; to sort, to class by the age; to record, to write in; the 211th radical of characters relating to teeth; *'ch'í 'chéung*, old; *fú' ꜀chí 'ch'í* a father's associates; *꜀nín 'ch'í* *'múi ꜀ts'úi*, years are hastening one on; *꜀nín 'ch'í*, age, years; *꜀ling ꜀ngá lí' 'ch'í*, eloquent; *pok꜂ 'ch'í*, young, without distinction; *'ch'í ꜀ín*, specious.
Ch'í

'侈 Extravagant, profuse; large, superfluous; prodigal; *꜀ch'é* *'ch'í*, wasteful; *'ch'í fú'* prodigal and showy; *'ch'í ꜀ín*, exaggerated talk.
Ch'í

'哆 Gaping; an open mouth, like a fish; large lipped; *'ch'í* *꜀ín*, sneering at, disobedient Also read *꜀ch'é*; the lower lip hanging down.
Ch'í

'豕 A hog, a pig; the 153d radical of characters relating mostly to swine; *'ch'í yuk꜂* pork.
Ch'í

'矢 An arrow or dart; swift as an arrow; direct, openly; to set forth, to arrange; to swear, to vow; to display; to resolve, to form a purpose; to void ordure; the 111th radical; *yat꜂* *'ch'í ꜀chí tí'* a little distance, a bowshot; *'ch'í chik꜂* straight as an arrow; *fát꜂ yat꜂ 'ch'í*, let fly an arrow; *'ch'í shai'* to take an oath; *'ch'í 'hau pat꜂* *꜀í*, to affirm constantly.
Shí

熾' Flame, blaze; splendor: the glare of lights; numerous; *'í* *꜀yau kau' 'fo, ü' p'ok꜂ ü' ch'í'* as if you should try to put out a fire with oil, the more the fiercer it burns.
Ch'í

幟' The fringe or border on a flag; a flag, a streamer or pennon, long and fringed; to tie or sew on fringes, as a signal; to signalize.
Ch'í

啻' Only; to stop at; an overplus; *pat꜂ ch'í'* not only, more than; *꜀ho ch'í' ꜀ts'in mán'* can it stop at ten millions? *pat꜂* *ch'í' fú' 'mò*, more than father and mother. Often read *tai'*.
Ch'í

翅' 翄' } Used for the last. Wings; fins; *ch'í' yik꜂* wings; *꜀ü ch'í'* fins; the shark's fins; *'chín* *ch'í'* to flap the wings; *ch'í'* *꜀p'ái*, spread out like a comb; *꜀kw'an ch'í'* and *꜀túi ch'í'* are sorts of shark's fins.
Ch'í

懥' Vexation, irritated; hatred; *'fan ch'í'* enraged, in a great anger.
Chí

饎' 糦' } To cook or dress provisions; wine and food, victuals; millet used in sacrifice; *ch'í' chán'* food and drink; *ch'í' ꜀ín*, a feast.
Ch'í

Chik.

職, Chih. To govern, to rule; to attend to; to record; to act officially; having the direction of; official duty; title, office; tribute, offerings or presents of other states; *chik, 'shau*, to direct; *chik, yam'* in office, the duties of an office; *,ká chik,* to confer a title; *,pí chik,* my office; *chik, ,sün*, honorary title; *,kún chik,* official title; *chik, 'chéung*, to superintend; *kák, chik,* to deprive of a title; *lok, chik,* to deprive of office; *shau' chik,* to hold an office; *chik, chik,* many; *chik, fan'* a title, official duties.

織, Chih. To weave; woven; *chik, ,ü*, a thrum left in the web; *ts'uk, chik,* a cricket; *chik, ,kí*, a loom; *chik, 'nü*, the star Wega α in Lyra; *chik, pò'* to weave cloth.

陟, Chih. To ascend, to enter on a higher office; promoted, advanced; to mount, to go up; to advance, to proceed to; *chik, ,lam*, to behold from on high, as God does; *chik, kong'* promotion and degradation.

直, Chih. To look ahead; straight, direct; straightforward, upright, true; just, exactly; to stretch off, to proceed, to go direct; to make straight, to straighten; price of; only, merely, but; purposely; stiff and straight; used for the three next; *ching' chik,* upright; *chik, ,ín*, to speak the truth; *'kang chik,* inflexibly right; *chik, ,ch'ing hü'* go directly there; *yat, chik, hü'* go on straight; *chik, tai' 'sháng*, the superintending province (*i. e.* Chihlí); *chik, tai' ,chau*, an inferior department; *mok, sun' chik, ,chung chik,* do not believe everything called true; *chik, ,loi ,ní ch'ü'* came straight here; *,shan chik, kéuk,* legs stretched out, *i. e.* dead; *chik, sz'* a headman in a neighborhood.

値, Chih. Price, value, worth of; just; to meet; happened, chanced, occurred; a turn, to hold in the hand; to manage, to attend to; *chik, ,'m chik,* is this cheap or not? *,'m chik, yat, ko' ,ts'ín*, not worth a cash; *,'m chik, ,ts'ín*, not worth much; *shik, chik,* it happened; *chik, yat,* ruling days, are days when certain officers serve in rotation; *chik, sz'* do it in turn; *,'m 'hò chik, ü'* an unlucky event.

殖, Chih. To grow, to increase, to flourish, to enrich, to amass; as money; to plant; to raise the price of; gain; price, value; rotten bones; *,shang chik,* to grow, to increase; *chik, fo'* to raise the price; *'chéung chik, mán' mat,* nature flourishes.

植, Chih. To plant, to set up, to transplant or set out; erect, standing upright; to lean on, as a staff; to place, to lay down; *,tsoi chik,* to set out; *chik, ,k'í chéung'* put his staff down; *ü' chik,* door-posts; *chik, muk,* to transplant trees.

埴, Chih Adhesive clay; *ʿt'ün chik,* to mold in clay; *chúk, chik,* to feel one's way with a stick.

稙, Chih Grain planted early, the first crop; to sow in good time; the first wife.

摭, 拓, Chih To take up; to collect, to gather; *chik, chap,* to take or adopt.
Also read *t'ok,*; to receive in the hand; to push off.

湜, Chih Pure, limpid water, through which the bottom can be seen; pure-minded; to maintain firmly.

(The three next characters are usually pronounced *chek.*)

隻, Chih One, single, not a pair, one of a pair; a classifier of vessels, boats, animals, birds, and of things in pairs, as legs, arms, eyes, cups, saucers, &c.; *chek, ,shan,* myself alone; *chek, chek, ʿyau ʿmí,* every one has a tail; *tái² chek, hat, ,ï,* a sturdy beggar; *kiú³ chek, ʿt'eng,* call a boat.

蹠, 跖, Chih To tread on; to leap; the sole of the foot; metatarsus of birds; *tò² chek,* a leader of thieves, a certain Robin Hood in the days of Ts'in.

炙, Chih To roast; to broil; to dry or toast before the fire; to heat; near; to approach, to approximate; to fry in honey, as some physic is; *ʿkúi chek, ,yan ʿhau,* tastes well in people's mouths — said of fine poetry; *chek, ʿts'ò,* dried liquorice; *chek, ʿshau,* to warm the hand; *,fán chek,* to roast or broil; *chek, ,kon,* dried thoroughly.

(56)

Ch'ik.

赤, Ch'ih Carnation, purplish or light red; flesh color; naked, destitute, barren, poor; to redden; to denude; the 155th radical of characters referring to red; *ch'ik, ʿtám,* pureminded; *ch'ik, tò²* the equator; *ch'ik, yat,* full day; heat of the day; *ch'ik, ʿmai,* red rice; *ch'ik, ʿtsz'* an infant; we, the people; *ch'ik, ,shan,* naked; *ch'ik, ,sam,* guileless, sincere; *ch'ik, pák, ,nán ,fan,* hard to distinguish; *ʿtá ch'ik, kéuk,* to bare the feet; *ch'ik, ti²* barren wastes.

勅, 敕, Ch'ih An order, a prohibition or command from the emperor; an ordinance, a special precept; a charter, a commission; *ch'ik, ,shü,* credentials; letters-patent; *ch'ik, ,fung,* a special perferment; *chik, ming³* an imperial order; *ch'ik, ,fú* to make a charm efficacious by spurting water on it; *ch'ik, shau³* to receive commands; *ch'ik, tsang³* to bestow honors on one's dead parents.

斥, Ch'ih To exclude, to expel, to send off, to drive off; to scold; to pry into; reaching far, extending to, extensive, plenty; *ch'ik, chuk,* to order away; *min³ ch'ik,* to reprimand, to speak rudely to; *ch'ik, ʿlò,* to let salt-water into the pans; *ʿchí ch'ik,* to point out faults; *ch'ik, fong³* to dismiss and banish; *ch'ik, ch'ut,* to remove, to expel; *ch'ik, pák, ʿk'ü,* rate him plainly; *ch'ik, fát,* to juggle.

叱, Ch'ih To scold, to cry out to; to hoot at; to mention; *ch'ik*, *mà'* to rail at; *ch'ik*, *'kau*, to drive out a dog; *ch'ik*, *ˌming chì' í'* mention my name, and make my respects.

螫, Shih A sting; to poison, to sting; venemous; troublesome; the poison of a sting; *ˌsan ch'ik*, a virulent poison, malignant; *ch'ik*, *ˌch'ung*, a poisonous insect.

鷘, Ch'ih A bird with a crest which frequents brooks; a gay colored water-bird; a hoopoe?

(The next character is usually pronounced ch'ek.)

尺, Ch'ih A cubit, or 10 *ts'ün'*; the Chinese foot; *ch'ek*, *ts'ün'* regular, proportioned; *'ki ˌto ch'ek*, *ts'ün'* what are the dimensions? *ˌ'm kau' ch'ek*, *ts'ün'* not of full stature; *ˌsám ch'ek*, *fát*, laws of the land, prohibitions; *ˌp'ái ˌts'in ch'ek*, the full length cubit; *kán' ch'ek*, a ruler; *ˌléung ˌt'in ch'ek*, a quadrant; *ch'ek*, *wok*, a geometrical worm; *ch'ek*, *yat*, *ˌchí ˌshü*, an epistle, a note; *ch'ek*, *tò'* to measure, measurable; *luk*, *ch'ek*, *ˌchí ˌkú*, a minor reigning; *ˌsám ch'ek*, *pák*, a halter, a short rope.

(57) Chím.

ˌ占 Chen To divine, to cast lots; divination, casting lots; to observe, to wait for a verification; to look towards; *ˌchím pat*, *ˌling*, a false prediction; *ˌchím sün' 'há*, cast a lot about it; *ˌchím kwá'* to prognosticate; *ˌchím im'* a verification of lots; *ˌchím hau'* to foretell seasons; *ˌchím chiú'* to see signs, to foretell by signs.

ˌ沾 Chen To moisten, to tinge; to receive benefits; to participate in; to be a recipient of; obliged, benefited; imbued with; infected, affected; *ˌchím ˌkwong*, got it through your favor; *'fú lok*, *ˌkwan ˌchím*, sorrow and joy equally bestowed; *ˌchím ˌyan chák*, received benefits; *ˌchím peng'* to catch a disease; *'chím 'im shai' ˌts'ing*, to be corrupted by bad influences; *'ní ˌchím chéuk*, *'yau tik*, *ˌ'm 'hò ˌp'í hí'* you have contracted a bad temper.

ˌ霑 Chen Interchanged with the last. A drizzling, dripping, pattering, rain; to wet through; soaked, saturated; *ˌchím tsuk*, wet to the skin; *ˌchím ˌí*, wet clothes.

ˌ覘 Chen To peep, to spy at, to glance at; *ˌchím hau'* to wait for; *ˌchím kin'* to take a look at.

ˌ粘 Nien Paste, glutinous substance; to paste, to stick up; viscid, sticky; attached to a person; *ˌchím t'ip*, *kò' shí'* to stick up an edict; *ˌchím 'pò*, to mend torn paper, to cut out a word and paste in clean paper; *'ts'z' hau' ˌ'm ˌchím 'shau*, I'll have nothing more to do with it; *ˌchím ˌp'ai*, notes of correction added to a paper; *ˌchím sun' 'hau*, to paste an envelop; *ˌchím ˌch'áu*, a supplement attached to a document.

黏 Nien Used for the preceding; rice; *˛chim ʿmai*, white rice, of which there are many kinds, as *sût˒ ˛chim*, *ʿai ˛miú ˛chim*, *˛chim ʿtsai*, &c.

譫 Chen Tattling, wordy; to reach; at, extreme, such a time; to examine and direct; *˛chim ˛chim*, loquacious; *ʿkan ˛chim*, carefully provide.

瞻 Chen To look up to, to reverence, to regard with respect; *˛chim ʿyéung*, to look up to; to have an audience; *ʿyéung ˛chim ˛shán ʿtau*, I look up to you, said to a sage or magnate; *˛chim mong²* to long for, to anticipate; *˛chim ʿpí yat˒ üt˒* I look at the sun and moon, *i. e.* on my conscience; *˛chim shí²* to expect.

襜 Chen An apron; a flap, a skirt; a curtain of a car; to adjust, to put the dress in order; *˛ts'in ˛chim*, the front skirt; *˛chim ˛chim*, nice and trim; flapping, as a curtain.

幨 Chen Similar to the last. A curtain of a carriage; a curtain over an opening; an overlap which hides a seam.

譫 Chen Wordy, loquacious; *peng² ˛chim*, out of his head, incoherent; *˛chim ʿü*, wandering talk.

驙 Chin A horse traveling at full speed.

占ʾ 佔ʾ Chen } To usurp, to seize, to take forcibly; to assume, to arrogate, to take the liberty; to possess; *pá² chim'* to take possession of; *chim' ˛sín hü'* to assume precedence; *chim' ʿsiú shin²* to praise one's self; *chim' ˛p'in ˛i*, to take what one likes, to assume more for one's self; *chim' ˛shan fan²* to regard one's place, to exercise one's rights. The second character is commonly but incorrectly used in this sense.

Ch'ím.

ʿ諂 ˛閻 Chen } To flatter, to lie to; to cajole; to give a god or man worship or praise not due to him; to fawn on, to court; gratifying to one's feelings, adulation, sycophancy; *ʿch'im mí² ˛chi ˛yan*, a flatterer; *ʿch'im ü²* to praise extravagantly; *ʿch'im siú'* to cajole and laugh with; *˛p'an ˛i ˛mò ʿch'im*, poor without being sycophantic.

Chín.

˛旃 Chen A silken banner; a crooked flag-staff; to signalize one to come.

˛儃 Shen Manner, air, figure; look; *˛chin ˛üi*, undecided whether to go on, irresolute.

Read *shin'*; to resign over.

˛氈 ˛氊 Chen } Hair or wool worked into a felt; coarse woolens, as blankets, carpets, rugs; *tí² ˛chin*, a carpet; *˛chin mò²* a felt hat; *pák˒ ˛chin*, a blanket; *˛hái ˛chin*, felt for soles; *ch'éuk˒ ˛chin*, a table-cover; *˛chin ˛páu*, a carpet-bag; *˛chin ʿchi*, coarse rough paper.

英華分韻撮要

皽 ʻChen To tear off, as a scab or placard; to flay; to rip up; thin scarf skin, a scab; *ˏchín ʻhí*, rip it up; *ˏchín latˎ* rip it off.

羶 ʻShen The rank oder of goats; frowzy; sheep's fat, mutton tallow; *chʻauʾ ˏchín*, fetid, rank; *ˏseng ˏchín*, frowzy.

邅 ʻChen Unable to advance; *ˏchʻün ˏchín*, making no progress, unlucky in life, unfortunate.

顫 ʻChen The head awry; shivering with cold; the limbs cold and trembling; fearful, frightened; *szʾʾ ˏchí ˏchín tungʾ* trembling all over; *ˏhon ˏchín*, shivering.

饘 ʻChen Congee or gruel made from rice, thoroughly boiled; *ˏchín chukˎ* congee.

鱣 ʻChen A sea-monster; a large sturgeon, or perhaps a grampus; *ˏchín ˏkʻing*, whales and grampuses, applied to an unscrupulous, grasping man.

鸇 ʻChen A falcon, goshawk, or kite; a yellow bird which pursues pigeons; a sparrow-hawk.

展 ʻChen To open out, to unroll, and inspect; to exhibit, to disentangle; to stretch out at one's ease, to expand; to judge of, to look into; true, sincere; cheerful, pleasant; gratified; *yukˎ ʻchín*, may you open this; *ʻchín honʾ* to open and look at; *ʻchín ˏhoi*, to spread out, to open (as a letter); *ʻchín ˏmí*, a pleasant face; *ʻchín ünʾ* to defer, to put off to get time; *ʻchín hánʾ* to extend the time.

碾 Nien A roller used to smooth fields, to clear grain of the husk, or cotton of its seeds; an iron roller; to roll smooth; *ʻchín yéukˎ* to triturate medicine; *ʻchín* (or *ˏngán*) *ˏshün*, an iron trough for medicine; *ʻchín suiʾ* to grind to powder, to pulverize.

輾 ʻChen To roll over half way; to turn over; a water-mill; *ʻchín ʻchün ʻfán chʻakˎ* to turn back and forth, to think on.

闡 ʻChen To open, to spread out, to enlarge from the original condition; manifest, clear, plain; *ʻchín ˏhoi*, to open, to extend; *ʻchín ˏming*, to state clearly; *ʻchín tátˎ* to comprehend.

戰 Chen To fight; to be alarmed, struck with dread; fearful, anxious; a battle, an engagement; war, hostilities; military, pertaining to war; *hütˎ chínʾ* a bloody fight; *chínʾ shingʾ* a victory; *ʻtá chínʾ* terrified; *chínʾ tauʾ* or *ˏkáu chínʾ* to join battle; *chínʾ ˏchʻan*, troops drawn up for battle; *chínʾ páiʾ* to be discomfited; *chínʾ chínʾ ˏking ˏking*, frightened, afraid of; *chínʾ ˏshün*, a war-junk, a ship of war; *chínʾ ˏshü*, a challenge to fight.

(60)

Chʻín.

廛 ˏCh en Ground allotted a serf; a shop, a village market, a bazaar; *ˏtsʻun ˏhang ˏchʻin szʾʾ* to inspect the markets; *ˏchʻín ʻshí*, a market.

纏 ˏChʻen To wind around, to bind up, to wrap, to bandage; to entwine, to cling to; to molest, to implicate; to bother; *ˏchʻín* *kéuk*› to bandage the feet; ‹*ch'in* ‹*t'au*, to bind the head with a turban; ‹*ch'in* '*shau*, to prevent doing; ‹*ch'in* '*kan*, bind it tight; ‹*ch'in toi*' a waist bag for money; ‹*ch'in* ‹*min*, to think of; ‹*ch'in chü*' importunate, to bother; ‹*ch'i* ‹*ch'in*, troublesome, to annoy.

躔 ‹ Ch'en To tread; to follow in order; to turn in an orbit; a trodden path, a rut, a footstep; a course, an orbit; *tsik*› ‹*ch'in*, a footmark, a vestige; ‹*ch'in tò*' an orbit; ‹*ch'in táp*› to tread on.

(61) Ching.

正 ‹ Ching The first; ‹*ching üt*› the first month of the year, January.

征 ‹ Ching To go; to take; to collect taxes; to go out to chastise, to reduce refractory states, to subjugate, to conquer; to spy; ‹*ching fát*› to reduce to subjection; ‹*ching* '*t'ò*, to collect tribute by force; ‹*ching* ‹*fú*, warriors; ‹*ching* ‹*shau*, to assess [taxes]; ‹*ching* ‹*chü*, to exterminate; *ch'ut*› ‹*ching*, to go abroad on an expedition; ‹*ching shui*' ‹*léung*, to levy taxes; ‹*ching* '*tsiü*, to exterminate rebels.

貞 ‹ Ching To divine by shells; chaste, virtuous; pure, correct, moral; uncorrupted; well principled; ‹*ching kit*› chaste; ‹*ping* ‹*ching*, a pure woman; ‹*ching tsit*› a chaste widow; ‹*ching lit*› inflexibly upright or virtuous.

偵 ‹ Ching A spy (vulgo, *yé*' *pat*› ‹*shau*), a scout; to reconnoitre, to inquire; ‹*yau* ‹*ching* or ‹*ching t'ám*' to spy.

楨 ‹ Ching A kind of fir; '*nü* ‹*ching*, a coniferæ growing on Táishán in Shántung; '*nü* ‹*ching* '*tsz*' the seeds of this tree; ‹*ching kon*' planks with which adobie walls are made; vulgo, *káp*› ‹*ts'éung* '*pán*.

禎 ‹ Ching A favorable omen; felicitous, lucky; ‹*ching* ‹*ts'éung*, a happy sign.

烝 ‹ Ching A vapor made by heat, steam; vapor, mist; to steam, to cook by steaming, to distil; a multitude, all; to enter, to advance; clouds of dust; liberal, princely; a winter sacrifice; to commit incest with superiors in rank; to lay down; ‹*t'in* ‹*shang* ‹*ching* ‹*man* heaven produced all men; ‹*ching shuk*› '*há*, steam it thoroughly; ‹*ching fán*' to steam rice; ‹*ching* '*tsau*, to distil spirit; ‹*ching* ‹*lung*, a steaming basket; ‹*ching* ‹*shéung*, sacrifice in winter; property left by a person; ‹*ching tsun*' to intrude one's self; ‹*ching* ‹*ngo* a boiled goose.

蒸 ‹ Ching Used for the last. Twigs of hemp for burning; small firewood; hemp torches; vapor, steam; all, numerous; to rise, as vapor or steam; ‹*ching* ‹*ching yat*› '*shéung*, daily rising better and higher.

Read *ching*'. The hot reflection of the sun; the sun striking on one; *it*› ‹*t'au ching*' *chü*' the sun strikes on me.

徵 ˏChing To act; to set in motion; to witness, to testify; to cite, to summon; to verify; evidence; to inquire after; to gather together; to aim at; to raise, as troops; to collect, as taxes; fullfilment, proof; *ˏming ˏching* plain proof; *ˏmò ˏching*, no proof; *ˏching ˏping*, to enlist troops; *kwai' ˏching*, a noble bearing, courteous; to seek a good market; *ˋyau ˏching*, proved; *ˏching chiú²* to cite, called upon by government; *ˏching p'ing'* to induce by a present; *ˏching ím²* accomplished.

癥 ˏChing Colic arising from obstruction; obstinate constipation; *ˏching ˏká*, obstruction of the bowels with griping.

鉦 ˏChing Cymbals set in a frame, used to signalize a halt in armies; a cymbal used by priests, a brass tamborine; *kwá' ˏt'ung ˏching*, to hang up the cymbal.

(The two next characters are often pronounced cheng.)

整 ˋChing To even off, to place evenly; to repair, to mend, to put in order, to make; to arrange; to adjust; to adorn; to make new, to trim up; *ˋching shik, ˋshui* or *ˋching ˋkú tsò² kwái'* to sham, as poverty; to dissemble, to simulate; *ˋching ˋk'ü ˋkwai ˋmá*, set a catch for him, as in play; *ˋching ˏts'ai*, to put things in order, to settle; *ˋching ˏpiú*, to mend a watch; *ˋching ˏt'in*, to prepare fields for planting; *ˋching ˋhò*, or *ˋching fán*, to repair; *ˋcheng ˏk'iú ˏsau lò²* to mend bridges and repair roads; *ˋching chi² ˏyan*, to correct a man; *ˋching ˏwái*, to spoil, to injure.

正 Ching' Correct, straight, right, not awry, erect, even; not inclined, not deflected; regular, usual proper; the first, principal; just, at the time of; constant, usual; genuine, real as goods; to put in order; to assume, to enter on, as an office; to adjust, to govern, to execute the laws, to punish; *ching' ˏ'm ching'* is it proper? *pat, ching' ˏking*, licentious, immoral; *ching' ˏyan ˏkwan ˋtsz'* an upright man; *ˏhéung ching'* village elders; *ching' ˏtong*, as it ought to be; *ching' ˏchung*, put in the middle; *ching' ˏngám*, placed right; *cheng' chéuk, ˏshi*, just in good time; *cheng' iú'* just as I wanted it; *ching' lò² ˏkung ˏming*, reputation well earned, an honorable fame; *ching' ˏking*, moral, virtuous; *ching' tsoi² ˏní ch'ü'* he was just here; *tsò² cheng'* to sit properly; *ching' ˋkong*, to speak literally; *ching' ˏt'ong*, the main hall, the chief officer; *ching' tsung'* principals and seconds; *ching' chik,* honest; solid, true; *ching' ˏnám mín²* to be emperor; *ching' fát,* to inflict capital punishment; *ching' ˏsam*, to reform.

政 Ching' To rule, to govern; a standard, a regulator; a treatise, a guide on a subject; government, politics; laws, regulations; *ching' sz'²* governmental affairs; *ˏká ching'* family regulations; *shín² ching'* good rule; *₍ts'ung ching'* in official employ; *₍nung ching'* farming encyclopedia; a supervisor of agriculture; *ts'at₎ ching'* the sun, moon, and five planets; *ching' ling²* official orders.

證' Ching To prove, to confront, to testify; to substantiate; to prove by authorities; evidence; *ching' ₍yan*, a witness; *ching' kín'* an eyewitness; *₍kon ching'* a witness; *ching' im²* to verify; *ching' kü²* evidence.

証' Ching Interchanged with the above. To remonstrate with, to admonish, to expostulate.

症' An unauthorized character. Disease, ailments, disorder; *peng² ching'* sickness; *kap₎ ching'* a dangerous sickness; *tsáp₎ ching'* unusual malady.

(62) Ch'ing.

₍稱 Ch'ing To call, to name, to designate, to style; to say, to talk about; to simulate; to compliment, to commend; to admire; to feign, to plead as an excuse; a designation, an appellation, a name: *tsz'²* *₍ch'ing ₍k'i fú² üt₎ ₍ká fú²* one styles his own father *ká-fú*; *₍ch'ing ₍fú*, termed; *₍ch'ing tsán'* to praise; *₍ch'ing ₍yéung*, to speak abroad, to laud; *₍ch'ing ₍k'i*, to regard as excellent; *₍t'ung ₍ch'ing*, a general designation; *₍ch'ing peng²* to malinger, to feign sickness.

秤 Ch'ing Same as the last, but usually applied only to weighing; to adjust; to weigh; *₍ch'ing tó² ʿchun₎* it is weighed exactly; *ch'ing ₍ch'á*, to weigh teas.

₍程 Ch'ing The 1/100th part of a *ts'ün'*; a portion or percentage; a rule, a pattern, a regulation, to rule; a limit, a period; a job or measure; an allowance; a part; a road, a journey; to travel; *₍ch'ing shò'* a percentage on one's accounts; *sung'* *₍ch'ing ₍tí*, to give one his traveling expenses; *ʿhí ₍ch'ing*, to start on a journey; *hán² ₍ch'ing*, a day's journey; *₍kím ₍ch'ing*, a forced march, a rapid journey; *kok₎ kü' ₍ts'in ₍ch'ing*, each regards his future preferment; *fúi' ₍ch'ing*, to travel fast; *₍ch'ing shik₎* a form; *₍mò ₍ch'ing shik₎* nothing to compare it to; *ʿkau ₍ch'ing ʿkau ₍tò ʿyau*, most probably, ten to one it will; *yat₎ ₍ch'ing*, a tenth; *tak₎ ₍fán ʿkau ₍ch'ing pún'* got back 95 per cent.; *pat₎ ₍ch'ing ₍k'í lik₎* I wrongly estimated his strength.

₍呈 Ch'ing A statement, a plea of a case; to present a petition or statement; to offer, to present to; to state to; to show, to discover; *₍ch'ing ʿshéung*, to inform another; *tsun' ₍ch'ing*, to memorialize; *tsik₎ ₍ch'ing*, now send this to you; *₍ch'ing tai²* to present to a superior; *₍ch'ing ʿpan*, to hand up a petition; *₍ch'ing ʿsz'* a petition; *₍ch'ing tín²* stated for your inspection; *₍hung ₍ch'ing*, a statement from the gentry.

英華分韻撮要

裎 The upper part of the body; naked: to disrobe one's self; a girdle; *'lo ˳ch'ing*, naked.
Ch'ing

埕 An unauthorized character. An amphora or earthen jar of a pear shape, without handles, for carrying water, oil, or spirits; *'shui ˳ch'ing*, a water jar; *yat˒ ˳ch'ing ˳yau*, a jar of oil; *kwai˒ ˳lam ˳ch'ing*, large jars from Kwángsí.

酲 To drink till sick and drunk; half sobered, and ashamed at being drunk; feelings after a bout.
Ch'ing

懲 **徵** To repress, to curb; to warn; to reprove, to reprimand; a warning, a caution, a lesson; *'siú ˳ch'ing*, an admonitory hint; *˳ch'ing chí˒* to govern strictly.
Ch'ing

瞪 To stare at, to look straight at, to fix the eye on; *˳ch'ing 'ngán mong˒* gazed at with fixed eyes; *˳ch'ing shí˒* gazing, staring.
Ch'ing

澄 Still water; limpid, clear; *˳ch'ing ˳ts'ing*, pure, still. Also colloquially called *tang˒* in the phrase *tang˒ mín˒* washed or levigated flour.
Ch'ing

逞 Froward, presuming, confident of one's power or pretensions; precipitate, hasty; to act on an impulse; pleased with; to pervade; to exhaust; *pat˒ 'ch'ing*, dissatisfied, careless of; *'ch'ing ˳kung ˳nang*, confident of one's power; *pat˒ 'ch'ing ˳chí ˳tò*, a reckless rascal; *'ch'ing 'pún sz'˒* to boast of one's abilities; *'ch'ing ok˒ ˳hang kíp˒* to rob without fear; *˳kw'á 'ch'ing*, to brag.
Ch'ing

郢 The capital of the feudal state of Tso, now the district town of Kiángling in the north of Húpeh.
Ying

拯 To rescue, to pull out, as from a well; to deliver, to save; to raise up; *'ch'ing kau˒* to save from danger; *'ch'ing ˳man ˳ü 'shui 'fo ˳chí ˳chung*, to save the people from danger like fire and water.
Ch'ing

赬 A carnation or pink color; cloth dyed twice over, to dye red; *met.* distressing toil which flushes one.
Ch'ing

檉 A reddish bark willow, growing by water courses, and thought to indicate rain.
Ch'ing

蟶 A bivalve, the razor-sheath or Solen, also called *˳shá ˳lo*, or sand screw.
Ch'ing

稱 To weigh, to adjust; a steelyard or dotchin; suitable, as one wishes; corresponding to, satisfied with; *ch'ing˒ fo˒* to weigh goods; *ch'ing˒ ˳t'o*, the yard weight; *ch'ing˒ ˳kon*, the beam; *ch'ing˒ ˳kau*, the hook; *˳sz˒ 'má ch'ing˒* to weigh full weight; *˳chá 'wan ch'ing˒* weigh it true; *yat˒ 'pá ch'ing˒* a steelyards; *yat˒ ch'ing˒ ˳kung ˳fan*, to divide justly; *˳ho 'í ˳séung ch'ing˒* they can pass together; symmetrical; *˳í pat˒ ch'ing˒ ˳shan*, his dress does not fit him; *˳'m ch'ing˒* unfitting; *ch'ing˒ í˒* as I like.
Ch'ing

鄭 A feudal state in the Chau dynasty, now the prefecture of Káifung in Honán; it was first placed where the capital of Shensí lies; *ch'ing˒ chung˒* prudent, inflexible.
Ch'ing

(63) **Chíp.**

搢, Cheh To fold, to double up; to break, to destroy, to injure; to pile up; to bend, as the knee; a fold, a doubling over; *yat, chíp, chíp,* folds, as of a fan; *chíp, ˏmái ˏkán p'ò'* to fold (or close) a shop's business; *'p u chíp, 'tsz,* a fleet courier; *chíp, 'tsz'* a document or report for the emperor; *chíp, t'íp,* to heap up or on; *chíp, ˏmái,* to shut up, as a book; *chíp, 'chí,* to fold paper; *chíp, kok,* to turn down dog's ears; *'shau chíp,* a folded paper for memoranda; *chíp, ˏkam ˏngan,* to fold paper to burn as clothes.

囁, Cheh An unbridled tongue; vilifying, grumbling, scolding, slandering; *chíp, ˏsü,* chattering, querulous.

慴, Cheh To lie prostrate; timorous, cowardly, *chíp, fuk,* to give in, to succumb dastardly.

襵, Cheh To fold garments; to plait, to double; plaits, frounces, gathers, like those of a Chinese lady's petticoat; plaited.

褶, Sieh Used for the last, but always read *cháp,* or *tsáp,*. It also means a lined garment; a lined riding jacket; *fú' cháp,* overalls for horseback; *ˏkw'an cháp,* the plaits on a petticoat; *'tá chíp,* to tighten the girdle.

輒, Cheh The sides of a a carriage, where arms are stuck; unceremoniously, suddenly, abruptly; directly, without permission; *chíp, ˏin,* forthwith.

(64) **Chít.**

折, Cheh To sunder, to snap in two, to break off; to fold, to bend; to oppress, to repress; to reprehend; to decide, to discriminate; to deduct; to stop, to injure; to lose one's heir; an act of a play; to exchange, to lose in trade; to make amends for, to set over against; to abase, to lower; unmarried; *chít, tsít, há' ˏkáu,* to condescend to men of low estate; *chít, yuk,* to have a jail delivery; *'múi p'at, chít, ˏléung í' shek,* each piece was reckoned as two stone of corn; *ˏ'm chít, tak,* cannot cheapen it; can't break it; *'kí ˏshing chít,* what discount will you make? *chít, shik,* a composition in money for supplying viands; *chít, kwai'* to pluck the cassia twig — to be a graduate; *chít, hò' 'kám tik,* to discount a trifle; a little broken; *'tá chít,* broken off; *chít, ˏmo,* greatly afflicted; *ˏtséung ˏkung chít, tsúi'* to atone for error by meritorious conduct; *chít, 'sün,* to break; *chít, ká'* to lower the price.

A colloquial word. To tickle; to splash up, to spatter at; to squirt at, as from a hose; *chít, 'nan ˏshan,* splash me all over.

哲, 喆, Cheh Wise, perspicacious, sage; to know intuitively; versed in; to be fully aware of; *ˏming chít,* to know thoroughly; *put, chít,* dull-headed.

浙, Cheh A river in Chehkiáng, called *Chit*, *'shui*, from which the province is named.

蜇, Cheh A sting; any part of insects which inflicts a poisonous wound; *chit*, *₍p'i*, the dried skin of a blubber fish, called *'shui 'mò*, when alive.

(65) ## Ch'ít.

設, Sheh To institute, to establish; to set forth; to spread, as a net; to arrange, to place, to set up; to suppose; a band of soldiers, or its officer; large, said of a sword; *₍'m 'shai ch'it*, *₍kún*, not to care anything for the magistrates, or there's no need of them; *chit*, *lap*, to establish; *ch'it*, *₍in*, to make a feast; *ch'it*, *fát*, to devise means; *ch'it*, *kai'* to plot against; *ch'it*, *wák*, or *ch'it*, *'sz'* suppose that; *₍p'ò ch'it*, to set in order, to prepare; *ch'it*, *káu'* or *ch'it*, *chéung'* to open a school.

A colloquial word. A very little, a bit, not half enough; *'tün ch'it*, *kòm' 'tün*, not half long enough.

徹, Ch'eh Pervious, perspicacious, discerning; to penetrate, to pass through; to remove, to take away; a road, a thoroughfare; to skin, to peel off, to destroy; to cultivate; *ch'it*, *chán'* to remove food; *ch'it*, *'tai*, to understand thoroughly; *ch'it*, *t'au'* fully known.

撤, Ch'eh To send away, to remove; to reject, to recall; to put aside; to take off, to flay; *ch'it*, *₍nung*, to come to a head, as a boil; *'pi ₍fung ch'it*, *hü'* whisked away by the wind; *ch'it*, *hü'* to send or take away; *ch'it*, *₍hoi*, to remove; *ch'it*, *₍úi*, to put back, to recall an officer; *ch'it*, *tsik*, *sán' ₍t'oi*, to clear off and leave the table.

澈, Ch'eh Pure, transparent, pellucid; *₍ch'ing ch'it*, pureminded, clear.

轍, Ch'eh A rut of a wheel; *k'ok*, *ch'it*, a dry rut; *met.* one in great straits; *₍ying tò' ₍ts'in ch'it*, to go in the old rut, to act badly again.

掣, Ch'eh To choose, to draw out; *ch'it*, *₍ts'im*, to draw lots for official duty.

(66) ## Chiú.

₍朝 ₍晁 Chau Dawn, morning; early; *₍chiú 'mán*, morning and evening, early and late; *yat*, *₍chiú*, in a morning, quickly, in a trice; *₍chiú ₍t'au 'tsò*, early in morning; *₍chiú fán'* breakfast; *₍chiú ₍shan*, morning time; *₍chiú ₍chiú* every morning; *₍Chiú ₍sin kwok*, Corea; *yung' ₍chiú mí'* have you breakfasted? *'yau ₍chiú ₍mò 'mán*, there is a morning but no evening, the day is very short; *tái' pún' ₍chiú ₍loi*, come before breakfast.

招 Cháu To beckon, to motion to with the hand, to hail; to let people know; to invite, to induce; to raise, as troops; to confess; self-crimination; to excite, to entangle; a hand-bill, a sign-board; a wave of the hand, a signal; *chiú fú*, to call and beckon; *chiú 'm chiú*, do you confess? *chiú t'ip*, a handbill, a placard; *chiú p'ái*, a sign-board; *chiú long yap shé* to bring a son-in-law to one's house; *chiú shò* to own to the account, to become responsible for; *chiú 'yé koi sz'* to involve one's business; *chiú ping*, to enlist soldiers; *chiú ying* or *chiú tsúi* to confess guilt; *chiú ká* to ward off; *chiú ts'oi t'ung 'tsz'* the god of wealth, worshiped at shop doors.

沼 Cháu A pool or tank, used for a fishpond; *lin chiú*, a water-lily pond; *ch'í chiú*, ponds.

照 **炤** Cháu } Light; to illuminate, to brighten, to shine on; to patronize, to regard, to care for, to oversee, to assist; conformably to, as, according to, like, same as; *chiú keng* to look in a glass; *chiú shan keng* a pier-glass; *chiú pik* a wall opposite offices or temples; *kò chiú* a high lantern used to lead processions; *'fán chiú* reflected light; reilluminated; to shine again; *chiú kú* to assist, to patronize, to buy of; *chiú yéung tsò* make it like the pattern; *chiú sz' chang sz'* do what you've begun; *'tá chiú min* catch a glimpse of; *chiú 'k'ú*, do as he does; *chiú chú 'k'ú*, light him with a lantern; *chiú kin 'ni ké sam kon*, I can see through your design.

詔 Cháu To promulge, to announce, to proclaim; to teach, to exhort, to instruct the empire; a proclamation; to encourage; *yan chiú* a gracious command, as a pardon; *chiú ming* a royal mandate; *chiú kò* to proclaim; *chiú túi* to be called into the presence.

召 Cháu To call, to summon, to invoke, to cite; to order one to be present; *chiú 'ting*, to issue proposals to take a stock in trade; *chiú kin* to call to court; *chiú pat tò* not to appear when summoned.

趙 Cháu To hasten to; to announce to a suzerain; a long time; sharp, acute; a few; a feudal state in the south of Shánsí and Chihli, its capital was the present Cháuching in Shánsí.

兆 Cháu A prognostic, an omen, a sign; an altar; the ground of a tomb; a million; *chiú t'au*, a good sign; *yat chiú* a million; *chiú man* or *yik chiú* the million, the people.

齣 Yih A colloquial word. To chew the cud, to ruminate; to bite hard on, to craunch; to chew, as tobacco.

Read *yik*. The first stomach of a deer.

旐 Cháu A superstitious banner or pennant with dragons and tortoises on it; *chiú fán*, banners and scrolls carried by a son at his father's funeral.

(67) ## Ch'iú.

昭 ₍Ch'áu The brightness of the sun; bright, splendid; manifest; luminous, refulgent; *₍ch'iú muk₎* the order of precedence in the ancestral hall; *'i muk₎ ₍ch'iú ₍chéung*, bright to the eyes and clear to the ears, as a reputation; *₍ch'iú ₍in*, intelligible; *₍ch'iú ch'éuk₎ ₍nin ₍keng*, beautiful and young.

弨 ₍Ch'áu To fly back, as a bow; to spring back; a bow unbent.

超 ₍Ch'áu To leap over, to trip; to hop across, to vault, to step over, to go before, to precede; to excel, to surpass; to promote; to raise; *₍ch'iú pát₎* to override an officer; *₍ch'iú ₍yau* or *₍ch'iú tò'* to release spirits from suffering; *₍ch'iú 'tang*, to exceed in the bachelor's examination; *₍ch'iú ₍kw'an*, excelling; *₍ch'iú ₍shang*, to restore to health, to save from death; *₍ch'iú ch'éuk₎* to surpass.

釗 ₍Ch'áu To pare, to lop off; to see, to wait on; distant; to encourage; *'mín ₍ch'iú*, to stimulate one; *yat₎ ₍ch'iú*, one dig, one delve.

潮 ₌Ch'áu The morning tide; moist, damp; *'chéung ₌ch'iú*, tide rising; *₌shing ₌ch'iú*, to go with the tide; *₌ch'iú shap₎* damp ground; *₌ch'iú ₌t'in*, tidal grounds; *₌fán ₌ch'iú*, becoming damp again; *₌Ch'iú ₍chau 'fú*, a prefecture in the east of Kwangtung; *₌ch'iú hí'* dull, stupid, owlish.

朝 ₌Ch'áu A court; the court, the palace; to attend an audience, to go to court, to show fealty; to have an audience, to hold a levee; an audience; a dynasty; courtly, fashionable; to visit a father or elder; *₌ch'iú ₌t'ing*, the court; his majesty; *₌ch'iú kin'* to see his majesty; *'shéung ₌ch'iú*, to go up to court; *'ching tun' ₌ch'iú ₍kong* to strengthen the government; *₌ch'iú ₌fán*, to salute the banner, a religious practice; *shí' ₌ch'iú*, H. I. M. entering court; *₍t'in ₌ch'iú*, the celestial dynasty; *₌ch'iú kung'* to hand up tribute; *'chün ₌ch'iú*, to change the dynasty; *yat₎ ₌ch'iú ₍t'in 'tsz' yat₎ ₌ch'iú ₍shan*, each monarch has his own set of ministers; *₌ch'iú ₌fong*, an antechamber of the audience-room; *₌ch'iú fuk₎* a court dress; *₌ch'iú 'háu*, examination for Hánlin.

(68) ## Cho.

俎 'Tsɔ A basin or bowl like a tripod, used in sacrifice; *'cho tau'* a basin used in worship.

阻 'Tsɔ To hinder, to impede, to stop, to make delay; grieved; dangerous; an impediment; a defile; to suspect, to doubt; *'him 'cho*, an obstruction in the way; *'cho chai'* prevented from being ready; *'cho kák₎* to prevent going; *'cho ₌nán*, difficulties; *'cho chü'* to hinder, blocked up; *'cho ₌t'ung*, to stand in the way of; ʻ*cho* ꜀*chʻi*, to delay; ʻ*cho* ʻ*ng*ʼ *sz*ʼ² *kon*ʼ to retard or interrupt business.

A colloquial word. A sign of the past tense, placed after verbs like ꜀*kiú*; ꜀*ning* ʻ*cho* ꜀*lai*, brought it; *hü*ʼ ʻ*cho*, gone.

ʻ岨 Tsú Used instead of the last Cliffs; a defile; ʻ*hím* ʻ*cho*, a dangerous pass.

This character is often called *chù* or *chü*.

詛ʼ Tsú To curse, to imprecate; bad language, curses; *chau*ʼ *cho*ʼ to curse.

助² Tsú To assist, to help; strengthening, beneficial; to succor; ꜀*séung cho*² to help each other; *cho*² ꜀*shing ko*ʼ *kin*² *sz*ʼ² help finish that business; *cho*² *án*, a helping word; *cho*² ʻ*ní yat*꜄ *pí*ʼ ꜀*chí lik*꜄ lend you a helping hand; ꜀*tsʻui* ꜀*yan lok*꜄ *cho*² each one helping willingly.

(69) Chʻo.

꜀初 Tsú To cut out garments; to begin, to commence; the first, the beginning; incipient, at first; *á*ʼ ꜀*chʻo* ꜀*ko*, a beginner, raw; ꜀*chʻo* ꜀*kán*, during the first decade; ꜀*chʻo* ꜀*chʻo*, at first; ꜀*chʻo* ꜀*tʻau fát*꜄ *shai*ʼ a great show at starting; ꜀*chʻo* ꜀*loi pò*² *tò*ʼ unacquainted with things; ꜀*chʻo tsò*² to begin; ꜀*chʻo* ꜀*shang*, a first-born; ꜀*chʻo* ꜀*tsʻun*, the first decade; ꜀*chʻo* ꜀*hoi fau*ʼ to found a mart; ꜀*chʻo* ʻ*kí*, which day of the first decade is it?

꜀𠰌 Tsú A colloquial, final particle. To stop, to desist; ʻ*ní* ʻ*mai hü*ʼ *tsz*ʼ² ꜀*chʻo*, don't you go! ʻ*ní* ʻ*tang* ʻ*há* ꜀*chʻo*, stop a little!

꜀芻 Tsʻú To cut grass; hay, fodder, grass for animals; *yat*꜄ *chʻuk*꜄ ꜀*chʻo*, a bundle of hay; ꜀*chʻo* ꜀*tsʻiú*, grass; *met*. the people.

꜀雛 Tsʻú A chick, a fledgeling; the callow young of birds; ꜀*chʻo* ꜀*kai*, a chicken.

꜀鉏 ꜀鋤 Tsʻú A hoe, a mattoc; to hoe, to cultivate; ꜀*chʻo* ꜀*tʻín*, to dig; ꜀*chʻo* ꜀*tʻau*, a hoe or mattoc.

ʻ楚 Tsʻú A coppice, a bramble-bush, a thicket; a clump of trees; spinous; distinct, clear, orderly; well done, properly finished; painful, sharp; a feudal state in the Chau dynasty now the chief part of Húnán and Húpeh; ꜀*tsʻing* ʻ*chʻo*, clear, fresh, completed, well done; ʻ*chʻo* ʻ*chʻo*, very good, carefully; ꜀*king* ʻ*chʻo*, a severe castigation; ʻ*fú* ʻ*chʻo*, distressing, suffering.

ʻ憷 Tsʻú Interchanged with the last, in the senses of painful, suffering.

ʻ礎 Tsʻú The stone base of a pillar or column; a pedestal; a plinth.

(70) Chok.

濯꜄ Choh To rinse, to wash; fat, sleek, bright; to drink; *chok*꜄ *chok*꜄ sleek, as fat animals; ʻ*shá chok*꜄ to sprinkle (*i. e.* cleanse) the heart.

英華分韻撮要

(71) **Chong.**

莊 ˓Chwáng Plants growing rank or luxuriantly; sedate, serious, grave, stern; correct in conduct; adorned; a farm-house; a road; *˓chong ˓ím*, severely stern; *˓chong king˒* serious, solemn; *˓hong ˓chong*, a level road.

庄 ˓Chwáng Used for the above; a barn, a grange, a cottage, a work-shed; a farmhouse; a dead house or public lararium: a division of a township, a sort of parish; *˓shán ˓chong*, a watchman's shed; *˓chong hák˒* field laborers; *kí˒ ˓chong*, to store in the deadhouse; *˓ch'á ˓chong*, a tea dépôt in the hills; *˓ts'ün ˓chong*, a village; *˓t'in ˓chong*, a farmstead; *˓chong ú²* a farmer; *˓chong ˓ting*, laborers on a farm.

粧 妝 ˓Chwáng To adorn the head; ornamented, dressed; to dress; to rouge, to adorn; to feign, to appear in false guise; *˓sho ˓chong*, to dress the hair; *˓chong pán²* the dress, the style; *˓chong pán² ˓hí ˓lai*, her toilet is made; *ím² ˓chong*, elegantly dressed; *˓chong shik˒* dressed out, elegant, adorned: *˓chong ˓lím*, or *ká˒ ˓chong*, a bride's trousseau, or dowry; *˓sho ˓chong ˓p'ún*, a paper toilette burned to Diana in the 7th moon; *sò˒ ˓chong*, plainly dressed; *˓chong ˓hong*, proud, distant; *˓yung ˓chong*, overdressed, bedizened.

裝 ˓Chwáng Used for the preceding: to bind, to tie on, to dress; style, dress, fashion; to put into, to store, to load or stow in; to pack; to catch in, as rain; to receive, to contain; to send to, as a present; *˓hang ˓chong*, dress for travel; baggage; *˓hán ˓chong*, dishabille, a common dress; *mat˒ ˓yé ˓chong ˓t'au*, what style, what sort? *˓chong ˓lím*, to enshroud; *˓chong ˓piú*, to put up, as pictures; *˓chong ˓hau*, a foreign mercantile house; *˓chong ˓kiú*, tip up the sedan; *mò ˓t'in ˓chong*, no place or heaven for you; *pán² chéuk˒ ˓t'ong ˓chong* to disguise one's self as a Chinese; *˓chong ˓ching*, to put in order, to adorn; *˓chong tsoi˒* to pack, to contain; *˓chong ts'iú˒* to pack duties to be forwarded; *˓chong ˓t'au mái² mín²* to place the best goods on top to sell by; *˓Ming ˓chong*, style of the Ming dynasty; *˓chong ˓mò tsok˒ yéung˒* to take airs on one; *˓chong ch'uk˒ ˓hò hon˒* well dressed.

樁 ˓Chwáng A club; a post, a stake driven deep into the ground; *˓tá ˓chong*, to drive piles; *˓ts'ung ˓chong*, fir piles.

䚢 ˓Chwáng To see indistinctly; to look at fixedly; to watch, as one does a new hand.

A colloquial word. To peep through a crack; to hide one away; *˓chong ˓k'am ˓chong shuk˒* to peep in and out; *˓chong ˓há ˓k'ü ˓tím*, see how he acts; *˓chong ˓k'ü ts'o˒ ch'ü˒* mark his errors.

幢 ˏs Chwang Long embroidered scrolls or streamers in temples, suspended from the roof, and having a tilt at top.

壯ˀ Chwáng Robust, strong, bold, lusty, hardy, healthy; full grown, manhood; age of thirty; full, flourishing; a cauterization; *chong' tái²* lusty, large; *chong' wong²* fat, strong, as an animal; *chong' shing'* vigorous, prosperous, healthy; *chong' 'yung*, the ablebodied, the braves; *chong' ˏting*, full grown; *chong' sz'²* one accomplished in manly sports; *shiú' chong'* young and hearty; *ˏshiú ˏsám chong'* blistered it thrice; *chong' chü² 'k'ü 'tám*, to inspirit him, get up his pluck; *chong' kin²* robust; *chong' hi'* obstinate, courageous.

狀² Chwáng Appearance, form, fashion; to appear; to declare in writing; to accuse, to state; an accusation, a complaint; *'t'ai chong²* appearance; *chong² máu² ˏfi ˏshéung*, a beautiful face; *'mò chong²* in dishabille, unprepared; *chong² ˏün*, first of the Hanlin; *kò' chong²* to accuse one before the court; *chong² ˏts'z'* an accusation; *ˏkung chong²* a plea or excuse in defence; *chong² ˏsz'* or *chong² kwan'* notaries, pettifoggers.

撞² Chwáng To beat, to pound; to run or knock against, to dash upon or against; to tap on, as a hoop; to strike accidentally or abruptly; *chong² chéuk,* to meet suddenly, to run against; *chong² p'in'* to swindle, to peculate; *chong² ˏngám*, luckily met; *chong² ngák,* face to face; *chong² 'kwai*, to meet a devil (a foreigner); *chong² 'hau kwá'* to hear an ominous word; *chong² ˏ'm kin'* I didn't meet him; *chong² 'pán*, to strike castanets, *i. e.* discordant, a disappointment; *pák, chong²* to go into on a pretence, a thief; *pák, chong² 'ü*, a sudden shower.

(72) Ch'ong.

ˏ創 / 刅 Ch'wang To wound, to cut and injure; to butt, to gore; a wound, a cut; wounded, gashed; *ˏshan pí' ˏto ˏch'ong* he received many wounds.

ˏ瘡 Ch'wáng A sore, ulcer, boil, or eruption; *ˏch'ong ˏná*, a scar; *ˏch'ong ˏch'ün*, to open a boil; *ˏch'ong lau²* the piles; *ˏshang ˏch'ong*, to have a sore; *'fo ˏting ˏch'ong*, a boil; *wát, yuk, 'lo ˏch'ong ˏshang*, he scrapes the flesh to make a sore — he trumps up a cause against me; *kí' ˏch'ong*, to give away a boil.

ˏs床 / ˏs牀 Ch'wáng A bed, a couch; a settee; a suit of bed clothes; the boards which make a bed; a well-curb; a measure of 8 cubits; *yat, ˏch'ong 'p'i yuk,* mattrass, sheets, all complete; *ˏp'ò ˏch'ong*, make the bed; *yat, ˏchéung ˏch'ong*, a bed; *tái² ˏch'ong*, a double bedstead; *k'ong' ˏch'ong*, the couch of honor in a hall;

ˌch'ong ˌp'ò, bedding; *kwai² ˏfi ˌch'ong*, a couch with rolling ends; *ˊshéung ˌch'ong*, to go to bed.

敞 Ch'áng — An open shed; a covered place not walled in; a place to receive taxes, broad, spacious; a depository; a large workshop; *ˌmúi t'án' ˊch'ong*, a coal dépôt; *ˌsiú ˊch'ong*, a saltpetre gabel; *ˌp'ung ˊch'ong* a mat shed; *ko' ˌkán uk, ˊhò ˊch'ong*, that's a large house; *ˊch'ong ˌt'eng*, a summer arbor.

ˊ𢢞 Ch'ang — Alarmed; frightened; *ˊch'ong ˊfong*, apprehensive, disappointed.

ˊ昶 Ch'áng — Interchanged with **暢**. A long day; bright, thorough, extended; filled.

ˊ闖 Ch'wang, Ch'in — A horse going out of a door; to thrust out the head, to appear; to bolt out; suddenly, forcibly, abruptly; *ˊch'ong wo'* to induce calamities; *ˊch'ong ˌkwán*, to slip by the custom-house; *ˊch'ong tsák, ˌloi*, the rover Ch'ong is on us! Also read *ˌsham*.

ˊ愴 Ch'wáng — Grief; *ˌts'ai ˊch'ong*, sorrow; to pity; *ˊch'ong ch'ak,* a wounded heart, distressed.

創' **刱'** Ch'wáng — To begin, to invent; to create, to found, to lay the foundation of; to take measures for; to reprove; the commencement, first; *tsò' ch'ong'* to invent; *ch'ong' ˊch'i*, to begin; *ch'ong' ip,* to found a family or a settlement; *ˌt'in ti' ˌhoi ch'ong'* the creation; *ch'ong' lap, ˊmá ˌt'au*, to build a ferry or jetty; *ˌch'ing ch'ong'* to blame.

(73)

Chü.

ˌ諸 Chú — To discriminate, to discuss; not one alone, all, several, many, every; in, respecting; a pronoun at the end of a sentence, or a word implying doubt; a sign of the dative, upon, to, from, at; it is often introduced to make rhythm; *ˌshü ˌchü ˌshan*, wrote it on his girdle; *ˌchü ˌshang*, siútsái graduates; *ˌyan ˊyau ˊshé ˌchü*, will men reject him? *ˌchü ˌü ˊts'z' lui²* all are like this; *ˌchü ˏfán*, all; *ˌchü sz'² ˌto ˌlò*, I give you much trouble; *ˌchü ˌhau*, feudal prince; *ˌchü ˌpún mat, kin'* all sorts of things.

ˌ豬 Chú — A hog; *ˌchü ˊná*, a sow; *ˌchü ˌkung*, a boar; *ˌshán ˌchü*, a wild boar; *ˌts'ò ˌchü ˏfá*, to raise pigs; *ˌchü yuk,* pork; *ˌchü ˌyau*, lard, pork-fat; *ˌchü ˌp'o ˌsham*, a kind of warty beche-de-mer; *ˌchü kòm' ˌngoi*, stupid as a pig; *ˌchü luk,* or *ˌchü tau'* a pig-sty; *ˌchü kéuk, tung'* pig's feet jelly; *ˌchü ˊmí ˌlung*, a spare-rib; *ˌchü ˌp'ái kwat,* pork-chops.

ˌ瀦 Chú — A pool where water settles; *ˌchü ˊshui*, an affluent of the Grand Canal in Shántung.

ˌ朱 Chú — A coniferæ with red heartwood; vermilion; a cinnabar red; *kung' kit, ˌchü ˌch'an*, to make a contract of marriage; *ˌchü pat,* a vermilion pencil; *ˌchü ˌmún*, gentry, officials; *ˌchü pat, ˊtím ˌt'au*, to dot off with a red point.

‹侏 Chú A pigmy; a short pillar in a roof like a king-post; *‹chü ‹ü*, a dwarf.

‹株 Chú The trunk or bole of a tree; a classifier of trees; degraded, low down; *‹song shü² ts'at›* *‹chü*, seven mulberry trees; *‹chü ʻshau yat› ‹ü*, confined in a corner, kept back in obscurity.

‹洙 Chú A small stream in Shántung flowing north from Tái shán into the R. Sz'.

‹珠 Chú A pearl; a bead; a necklace; beadlike; pearly; fine, excellent; *‹chü ‹ün yuk› yun²* pearly, fat cheeks; handsome; *ním² ‹chü* or *sò² ‹chü*, a rosary; *yéuk› ‹chü*, seed pearls; *ʻngán ‹chü*, the iris; *‹ch'iú ‹chü*, court beads; *yat› ch'ün² ‹chü*, one string of pearls or beads; *yé² ‹ming ‹chü*, a carbuncle; *‹chü ʻpò*, pearls.

‹硃 Chú Cinnabar; *‹chü ‹shá*, cinnabar ore; *‹ngan ‹chü ʻfan*, vermilion; *‹chü mak›* red ink; *‹chü ‹p'ai*, the emperor's rescript; *‹chü pat›* an official autograph in red ink; *‹chü ʻkün*, essays of successful *küjin* or *tsinsz'*.

祩 Chú To curse, to imprecate misfortunes upon one.

䏭 An unauthorized character. The cheeks; *min² ‹chü ‹tan*, the cheeks.

茱 Chú A warm, peppery medicine; *‹chü ‹ü*, hellebore; *‹shán ‹chü ‹ü*, the cornel?

‹蛛 Chú The spider; *‹chü ‹sz'* the spider's silk or web; *‹chí ‹chü lok› ‹shan ʻyau ʻhí sz'²* it is luck to have a spider fall on you.

‹誅 Chú To make judicial inquiry; to punish, to destroy, to kill; to exterminate; to reprove; to involve in; *‹t'in ‹chü*, divine (or imperial) punishment; *‹ching ‹chü*, to punish refractory states; *‹chü mít›* to extirpate; *‹chü fát›* to punish.

‹邾 Chú A feudal state in the south of Shántung, now the district of Tsau; *ʻsiú ‹chü* was a principality lying south of it.

‹銖 Chú A small ancient silver coin, estimated as equal to 100 grains of millet; 24 made a tael; farthings, coppers; trifles; blunt, dull.

ʻ丶 Chú The flame of a lamp; a stop a point; the third radical. Occurs used for the next.

ʻ主 Chú A rule, a lord, a master; a host; the chief, the head; to govern, to rule; to make one the head; certainly, undoubtedly, as a lord's behests; *pít› ʻchü ying² fuk›* will doubtless bring luck; *ʻchü tsoi² ʻní ‹ká*, I will make you my lord in your house, *i.e.* I am going to your house; *ʻchü ‹kung*, your Highness, my Lord our prince; *ip› ʻchü*, landlord; *‹kung ʻchü*, a princess; *ʻshéung ʻchü*, to put up the tablet; *‹shui tsok› ʻchü*, who is head? *‹yan ʻchü* the sovereign; *ʻchü shéung²* H. I. M.; *‹shí ʻchü*, a donor, a term used by priests; *ʻchü ʻmò*, a mistress of a house; *‹chan ʻchü*, the true God, used by Moslems; *‹shan ʻchü*, the ancestral tablet; *‹ts'oi ʻchü ʻlò*, a rich man; *ʻchü í²* the will, decision; *ʻchü chí²* to govern;

英華分韻撮要

'*chü kú'* a patron; '*chü kú'* solid, firm; '*chü 'háu*, literary examiner; '*chü 'ts'oi*, to direct, to control; the head of; '*chü ˏch'í*, an abbot; to manage; '*chü ˏfan*, manager of a marriage; '*yau ˏt'au 'chü*, she has a head, she is married.

'麈 Chú A large ruminant, (a yak?) with a bushy tail; '*chü 'mí*, a chowry used by fairies.

'煮 Chú To boil in water, to steep, to decoct; to cook, to dress food; boiled; '*chü fán*² to boil rice; '*chü shuk*ˏ to cook thoroughly; '*chü 'ming*, to make tea, to give an entertainment.

'渚 Chú An affluent of the R. Hwái near Hü chau in Honán; an islet; a place awash in a river.

'翥 Chú To fly up, to fly away; to soar, as a phœnix does.

著' Chú To manifest; to set forth; clear; to narrate, to write; to fix, to settle; a porch; *chü' tsok*ˏ to compose; *chü' shut*ˏ to write an account of.

注' Chú Water disparting in streamlets, to lead water in channels; to soak; to record; to comment; to collect; to strike; to fix the mind on; *chü' í'* to attend to closely; attentive; *chü' ním*² to remember, to ponder; *chü' muk*ˏ to gaze at.

註' Chú Used with the last two. To define, to explain, to illustrate; to record, to write about; a commentary, note, definition; *chü' shik*ˏ to explain; *lok*ˏ *chü' 'kái*, it needs a commentary; *chü' í*² or *chü' 'kái*, an explanation; '*pò chü'* to add to the comments.

炷' Chú A wick; a stick of incense; to light; *yat*ˏ *chü' ˏhéung*, a set of three incense sticks; *chü' ˏhéung*, to light the incense stick.

蛀' Chú An insect (*Ptinus*) which eats books; moths in clothes, wood, &c.; to eat, as insects do; *chü' lán*² spoiled by the worms; *chü' ˏt'ung*, all eaten through; ˏ*ch'ung chü'* worm-eaten.

駐' Chú To stop a horse; to rest, to tarry, to sojourn; a stopping-place; *chü' tsuk*ˏ to lodge, to put up at; *chü' cháp*ˏ to board at; stationed at, appointed to a post; *chü' 'má*, to tarry a while at.

澍' Chú A seasonable shower; *chü' ˏlam*, an opportune rain.

鑄' Chú To melt, to fuse metals; to cast; *chü' ˏts'in*, to cast cash; *chü' p'áu'* to make cannon.

住² Chú To desist from, to cease, to stop; to detain; to dwell, to live in; to endure; to withstand; to erect; after another verb, it is often merely a sign of past time, or that the action has rested; ˏ*chá chü*² held it; *hit*ˏ *chü*² wait a little; '*shau chü*² *lò*² '*hau*, guard the passage; *chü*² *pò*² to stop walking; *chü*² '*shau*, hold up work; '*ní chü*² ˏ*pín ch'ü'* where do you live? '*yan pat*ˏ *chü*² I can not bear it.

筯² 箸² Chú Chopsticks; ˏ*ngá chü*² *yat*ˏ *túi*² a pair of ivory chopsticks; '*pí chü*² spoons and chopsticks; *pat*ˏ ˏ*hòm há*² *chü*² it is not worth nipping up, uneatable.

(74) **Ch'ü.**

蜍 ꜀Ch'ü A toad; ꜀shim ꜀ch'ü, vulgo, ꜀k'am ꜀k'ü, a toad.

除 ꜀Ch'u Steps to a palace; a vestibule; to exclude, to remove; to deduct, to subtract; to except from; to cure; to exchange; to vacate; to divide; besides, exclusive of; ꜀ch'ü lat꜆ throw it away as useless; ꜀ch'ü ꜀fi, if, when, thenceafter, premising, not reckoning; ꜀ch'ü ch'ut꜆ to exclude, to lay by; ꜀ch'ü fuk꜆ to lay aside mourning; ꜀kwai ꜀ch'ü, to multiply or divide; ꜀ch'ü ꜀p'i ꜂ki to ꜀kan, how many pounds beside the tare? ꜀ch'ü ch'ák꜆ ꜀mái sking꜄ ꜀ni tik꜆ so much remains after deducting; ꜀ch'ü ꜀kún, to exchange office; to promote to a post; ꜀ch'ü ꜀kiú ꜂ni ꜀mò ꜀yan tsò꜄ tak꜆ nobody can do it besides you; ꜀ch'ü kü꜄ to push away, to eject.

滁 ꜀Ch'ü A branch of the R. Yáng-tsz' flowing in between Nanking and Iching; a city in the east of Ngánhwui.

篨 Ch'ü A mat rolled up; ꜀k'ü ꜀ch'ü, a coarse mat; met. a bad ailment, repulsive, hunchbacked.

樞 ꜀Ch'ü A sort of spinous tree; pivots on doors; axle, centre, that on which a thing turns; indispensible, cardinal, fundamental; ꜀t'in ꜀ch'ü, the pole star; ꜀ch'ü ꜀ki, the controling power, the hinge; ꜀ch'ü ꜂nau, the chief part on which a machine works.

儲 ꜀Ch'ü To collect; to provide for need; furnished; to assist, to act as second to; ꜀ch'ü wai꜄ an heir-apparent; ꜀ch'ü ꜀kwan, son of a prince.

廚 ꜀ **厨** ꜀Ch'ü A kitchen, a cook-room; a slaughter-house; a quiver; ꜀ch'ü ꜀yan or ꜀ch'ü ꜀kún, a cook; ꜀pong ꜀ch'ü ꜀yan, a cook's mate, a scullion; kiú꜄ tsò꜄ ꜀ch'ü, call the cook; ꜀ch'ü ꜀fong, a kitchen.

躕 ꜀Ch'ü Embarrassed, hindered; ꜀ch'i ꜀ch'ü, entangled.

躇 ꜀Ch'ü At a loss, perplexed; ꜀ch'au ꜀ch'ü, embarrassed, hesitating, stopping to consider.

處 ꜂ **処** ꜂Ch'ü To dwell, to reside; to be, to act, to occupy the place of; while in; to distinguish, to manage, to judge, to decide on, to attend to, to do what is proper; to place; ꜂ch'ü ꜂tsz' a young lady; ꜂ch'ü chí꜄ ꜀t'á, do it for him, settle him, fix him; ꜀séung ꜂ch'ü, familiar, friendly; ꜂ch'ü ꜀kwan ꜀shan, to be an officer; ꜀nán ꜂ch'ü, not easy to judge; ꜂ch'ü küt꜆ execute him; ꜂ch'ü ꜀fú ꜂fú when married.

佇 ꜂ **竚** ꜂Ch'ü To stand a long time; to wait, to look for; ꜂ch'ü lap꜆ to stand up; ꜂ch'ü mong꜄ to be hoping, expecting.

宁 ꜂Ch'ü A porch, a space between the gate and the screen; to accumulate.

紵 ꜂Ch'ü Contracted to 紵, unless it is used for the private name of Hienfung. A coarse kind of hemp; a coarse covering.

羜 ꜂Ch'ü A lamb five months old; ꜀fi ꜂ch'ü, a fat lamb.

英華分韻撮要

ʿ苧 Ch'ú A plant *(Bœhmeria tenacissima)* grown for its fibres; *ʿch'ü ꜀má*, the grasscloth nettle; *ʿch'ü ꜀kan*, its roots.

ʿ貯 Ch'ú To hoard, to store up, to lay by in safety; a hoard, a treasure; *ʿch'ü tsik꜆* to accumulate; *ʿch'ü tun²* to store up goods; *꜁ts'ün ʿch'ü* or *ʿch'ü ꜁mái*, to lay by.

ʿ楮 Ch'ú A mulberry *(Broussonetia papyfera)* from whose bark paper and cloth can be made; *ʿch'ü pai²* paper money, a note; *ʿch'ü ꜁ʻi*, money given to defray funerals; *ʿch'ü ꜁ts'in*, fancy paper burned in worship.

ʿ杼 Ch'ú A shuttle; thin, as a wheel; a fruit like a chestnut; *ʿmún ʿch'ü ꜀king ꜁lun*, learned as a full shuttle.

ʿ柱 Ch'ú A post, a pillar, an upright support, a joist; a main dependance, a statesman; to support, to uphold; *kwok꜆ ʿch'ü*, a high officer; *꜁k'ing ꜀t'in ʿch'ü*, an atlas of the state; *ʿch'ü ꜀tan*, the pedestal; *꜁léung ʿch'ü*, beams and columns, *met.* statesmen.

ʿ拄 Ch'ó Used for the last. A prop, a post to shore up; to pierce; to stick, to point at.

ʿ杵 Ch'ú A pestle, a beater; *yat꜆ ꜁t'iú ꜀chung ʿch'ü*, a single pestle; *ʿch'ü ʿk'au*, mortar and pestle.

處ʾ Ch'ú A place, a spot; a circumstance, a condition; added to nouns, it often forms the concrete, as *chingʾ kinʾ ꜁t'á ꜁ling ch'üʾ* we now see its spirituality; *pít꜇ ch'üʾ* elsewhere; *ch'üʾ ch'üʾ* everywhere; *koʾ ch'üʾ* there; *꜀pin ch'üʾ* where? *ʿtün ch'üʾ* a failing; *ʿhò ch'üʾ* well off.

(75) **Chui.**

꜀追 Chui To pursue, to follow after; to come up with, to overtake, to catch; to sue; to seek out, to trace back; to reflect on, to look back on, retrospective; to expel; *꜀chui ʿkon*, to chase; *꜀chui tòʾ* to catch, to reach; *꜀chui fúiʾ* to feel remorse; *꜀chui hüʾ* to drive out; *꜀chui kauʾ* to investigate thoroughly; *꜁ngan pat꜆ ꜀chui ꜁úi*, the money cannot be refunded; *꜀chui ʿk'ü ꜁fán ꜁lai*, hurry him back here; *꜀chui ꜁'m ʿshéung lok꜆* could not catch him; *꜀chui ʿt'ò*, to dun; *꜀chui ꜀fung*, posthumous honors; *꜀chui nim²* to recollect.

꜀錐 Chui An awl, a borer; a sharp pointed tool; the apex, the point; to bore; trifling; *꜀chui ꜁tò mút꜇* a small matter; *꜁mò ꜀chui*, a pencil; *꜀chui ꜁lung*, to bore a hole; *꜁p'an ꜁mò lap꜇ ꜀chui ꜀chi tí²* miserably poor, not a place to stick an awl.

꜀騅 Chui A black horse with white spots; *꜁ü ꜀chui ʿmá*, the charger of Háng Yú of Tso.

墜² 隊² Chui To fall, to tumble over; to slide; to fall down; to pull on; *chui² ꜀tai*, pull it down; *lui² chui²* troublesome, requiring constant oversight; *chui² lok꜇* to fall in ruins, to throw over; *chui² lok꜇ ꜁t'oi*, a falling womb, an abortion.

縋² Chui A rope; to let down by a cord; *chui² lok꜇* to let down, as into a well, or over a wall; *chui² ꜁ün*, lead put in sycee.

贅² Chui. To pledge, to pawn; connected with, hanging to, an excrescence, a useless appendage; a blemish; unsuitable; tautology, verbiage; a postscript; *yap chui²* to live in a wife's family; *chui² lui²* reiterated, verbose; *chui² ǘn*, to repeat; *chui² k'ap* a postscript

綴² Chui. Connected; to carry on; to sew together; mixed, variegated; to oversee royal robes.

(76) Ch'ui.

吹 歙 Ch'ui. To blow, as the wind or by breath; to whistle; to puff; a blast, a gust; to play on a wind instrument; *ch'ui hü 'há*, recommend him; *ch'ui ch'éung²* singing and playing; *ch'ui t'ung*, to blow the sumpitan; *ch'ui tang*, blow out the lamp; *tang ch'ui*, a blowpipe; *ch'ui 'tá lò*, musicians; *ch'ui 'fo t'ung ch'ut shan*, began life as a firelighter.

炊 Ch'ui. Used for the last. To dress food; to cook; *ch'ui fán²* to cook rice.

推 Ch'ui. To investigate, to search into; to promote, to praise, to advance; to infer; *ch'ui ch'ak*, to calculate, to fathom.

槌 椎 Ch'ui. A mallet, a beater, a club, a bludgeon; a beetle; to beat, to strike; to throw; *ch'ui 'kú*, to drum; *'kú ch'ui*, a drumstick; *'tá chong ch'ui*, a pile-hammer; *lui ch'ui*, a triturating pestle; *met.* large fingers; *ch'ui púi²* to shampoo

搥 Ch'ui. Like the last. To beat; to strike, as on a bell; to throw away; to cast, as stones.

錘 鎚 Ch'ui. The weight on a steelyard; a hammer; to hammer; to beat, to pound; a blow, a knock; *ch'ui t'au*, the fist; *wáng ch'ui*, a side blow; *yat ch'ui 'tá 'tò*, felled him with a blow; *ch'ui lún²* hammered to pieces. The first word also means a weight of 12 taels.

揣 Ch'ui. Also read *'ch'ün*. To estimate, to calculate, to reckon; to feel, to try, to rub, in order to ascertain; to detect; to *'ch'ui tok* to conjecture; *'ch'ui mo*, to feel, to learn one's wishes, to seek out the sense; *pat 'ch'ui*, unable to detect.

惴 Ch'ui. Mournful; in straits; *'ch'ui 'ch'ui*, morning, grieving; *ch'ui kü²* anxious.

(77) Chuk.

竹 Chuh. The bamboo; *chuk 'k'éung*, whangees, bamboo roots; *chuk pò²* linen; *chuk 'sun*, bamboo sprouts; *chuk tsit yéung²* ridged; *chuk wong*, tabasheer; *chuk shat* seeds of the bamboo; *chuk p'áu²* a kind of large fireworks.

築 Chuh. To make adobie walls; to rear, to pile up earth; to build, to erect; *chuk ts'éung*, to build a wall; *chuk 'má t'au*, to lay a jetty; *chuk ch'éung 'pò*, to lay out a kitchen-garden; *chuk t'in ki*, to raise dikes in or between fields.

筑, Chuh — A sort of bamboo dulcimer with 13 cords, used in worship at the municipal temple.

竺, Chuh — A country; *꜀t'in chuk˒ kwok˒* India, or the land where Budha was born.

柷, Chuh — A sort of tub with a stick in the centre; *chuk˒ ˓ü*, instruments to direct a band.

祝, Chuh — To pray, to supplicate; to recite prayers; *chuk˒ ˓t'ò*, to pray; *chuk˒ ꜀man*, a prayer; *chuk˒ fuk˒* to bless; *chuk˒ kò˒* to implore; *tuk˓ chuk˒ ꜀kún*, one who reads the prayers; *chuk˒ shau˒* to congratulate on one's birthday; *miú˓ chuk˒* an acolyth in the temples.

囑, Chuh — To order, to bid, to enjoin; *chuk˒ fú˒* to desire, to charge; *chuk˒ ꜀shü*, a will; *chuk˒ t'ok˒* to commission; *˓mái chuk˒* to bribe, to get evidence in one's favor.

矚, Chuh — To gaze, to look earnestly; to fix the eyes on.

燭, Chuh — A candle; to illumine; *láp˓ chuk˒* a wax candle, a candle; *˓fo chuk˒* a house on fire; *꜀yau chuk˒* painted candles; *hon˒ chuk˒* show candles; *˓múi yat˓ ˓fo chuk˒ ˓ki ꜀to*, what are your daily expenses? *chuk˒ ꜀fä*, a spreading wick, an omen; *chuk˒ ꜀t'oi*, a candlestick; *꜀mò ꜀mi pat˒ chuk˒* lighted everywhere, to assist one's poor relations.

粥, Chuh — Congee; gruel; *꜀pò chuk˒* to boil congee; *꜀chü yuk˓ chuk˒* a rice porridge with bits of pork in it; *chuk˒ ˓yam*, gruel of congee. Also read *yuk˓*.

捉, Chuh — To seize, to grasp, to gripe and hold; to catch; *chuk˒ ꜀ná*, to pursue, for the purpose of seizing; *chuk˒ wok˓* to arrest a criminal; *chuk˒ yung˓ ꜀shan*, to divine; *chuk˒ ˓lò ˓shü*, to catch rats; *chuk˒ ꜀tò*, 'to grasp the knife,' to countenance or help one, to inform the government.

逐, Chuh — To push or drive out; to order away; to expel; to take up in order; *chuk˓ ch'ut˒* to drive out; *chuk˓ má˓* to drive out with harsh language; *chuk˓ ˓shiú tsun˒ pò˓* to advance gradually, to learn step by step; *chuk˓ yat˒ chuk˓ ˓ti* to take up one by one; *chuk˓ chuk˓* in earnest; *˓kon chuk˓* to drive out, to eject.

蓫, Chuh — Weeds which are hard to root out, such as the dock or thistles.

濁, Chuh — Muddy, turbid, thick, foul; impure, vicious; profligate; *chuk˓ ꜀ts'ing*, corrupt — pure, foul — clear; *chuk˓ ꜀yau*, thick oil; *chuk˓ ꜀lau*, the rabble; *chuk˓ ˓shui*, turbid water.

躅, Chuh — To walk unsteady; *chák˓ chuk˓* irresolute, to walk unevenly.

妯, Chuh — Two sisters-in-law call each other *chuk˓ ˓li*; also called *chau˒ ˓li* in Canton.

軸, Chuh — The end of an axle or nave; a pivot, centre of motion; the roller of a map; a drawing, a picture; *tsai˒ chuk˓* a eulogistic inscription for a dead man, suspended near the coffin before burial; *wá˓ ꜀sám chuk˓* three drawings.

(78) Chʻuk.

畜꜁ Ch'uh — To rear, to feed, to raise; to domesticate, to herd; to cultivate; to restrain; to gather; to bear with; to obey; domestic animals; *chʻuk꜁ ꜀shang*, you brute! *luk꜆ chʻuk꜁* the six domestic animals; *chʻuk꜁ ꜂yéung*, to raise cattle.

蓄꜁ Ch'uh — To collect, to accumulate, to hoard; to nourish, to rear; *chʻuk꜁ tsik꜁* to collect together; *chʻuk꜁ ꜀á ꜀tʻau*, to bring up slave girls.

慉꜁ Ch'uh — To sustain; to encourage; *chʻuk꜁ ꜀kiú*, to excite pride; *chʻuk꜁ nò꜄* to stir up anger.

搐꜁ Ch'uh — To drag along, to pull by force, as one drags an ox; to shake rudely.

束꜁ Shuh — To bind or bundle a number of things; to tie up in a sheaf; to coerce, to restrain; a bundle, a sheaf; *chʻuk꜁ fok꜁* to cord up; *꜂kún chʻuk꜁* to restrain those under one; *chʻuk꜁ ꜀sau*, a teacher's pay; *chʻuk꜁ ꜂shau toi꜄ pai꜄* in the utmost distress, no work.

矗꜁ Ch'uh — High, eminent; equal, even, straight; to raise; luxuriant growth.

觸꜁ Ch'uh — To gore, to push as an ox; to oppose, to excite; *chʻuk꜁ fán꜄* to insult; *chʻuk꜁ nò꜄* to irritate; *chʻuk꜁ ꜂hí*, startling, to recollect suddenly; *chʻuk꜁ muk꜆ ꜀shéung ꜀sam*, distressing and affecting; *chʻuk꜁ ꜀shon*, to take cold; *chʻuk꜁ ꜀shán ꜀chi lik꜆* extraordinary strength.

(79) Chun.

哼 Chun — Garrulous; *꜀chun ꜀chun*, to reiterate, to say over and over. Read *꜀tun*; the breath; talk.

꜀諄 Chun — To inculcate, to tell repeatedly; *꜀chun ꜀chun ꜀in ꜀chí*, to make plain, to impress on one.

꜀肫 Chun — Bones of the face; earnest, sincere; *꜀chun ꜀chun*, decided, firm.

꜀窀 Chun — To inter; *꜀chun tsik꜆* the grave; to put away in a vault or grave.

꜀迍 Chun — A vain effort to progress; *꜀chun ꜀chin*, making no advance, unsuccessful.

꜀屯 Chun — Budding plants; difficult to proceed; avaricious; pressed down; the 3d of the diagrams.

꜂准 Chun — To permit, to approve; to allow, to decide; to receive; on, upon, as a day; *꜂chun chong꜄* grant the petition; *꜂chun pí꜄* to prepare for; *꜂chun ꜀hang*, allowed to be done; *꜂chun sun꜄* to believe; *꜂chun ꜂i shap꜆ yat꜆* permission for ten days; *꜂chun shat꜆ kòm꜄ ꜀to*, worth just that. Used for the following.

꜂準 Chun — To equalize, to fix, to adjust; to level, to measure; a rule, a guage, a plumb, a line; even, exact, just; to run true, as a watch; *꜂yau ꜂chun ꜀tʻau*, he has the right guage, skilled in; *꜂chun chit꜁* to barter; *꜂chun ꜀shing*, a marking-line; *꜂chun tsak꜁* a custom, a rule; *꜂chun ꜀m ꜂chun*, is it exact?

圳꜄ Chun — A rapid in a stream; *chun꜄ ꜂hau*, a place where the water runs swiftly.

(80) **Ch'un.**

春 ˏChun Spring, beginning of the year; joyous, glad; wanton; *met.* times, period; budding, starting; *ˏch'un shikˀ* a parade of people with tables meeting the spring; *ˏch'un ˏngau*, a clay ox made in the spring; *ˏch'un ˏsí*, sexual desires; *ˏsan ˏch'un*, the first month.

椿 ˏCh'un A longlived tree, a kind of banian; *ˏch'un ˏt'ong*, a father; *ˏch'un ˏhün*, father and mother. A colloquial word. A classifier of affairs; an incident, an adventure; *yatˀ ˏch'un ˏk'i sz'* a singular affair.

䲠 Ch'un An egg, fish roe, crab's eggs; *ˏlui ˏkung ˏch'un*, 'thunder eggs,' truffles?

ˊ春 ˊ蠢 Ch'un To crawl, to wriggle, as worms; to move, to stir; foolish, simple. The first also means embarrassed; *ˊch'un tun'* silly, a simpleton; *ˊch'un ˏts'oi*, doltish; *ˊch'un chikˀ* unaffected; *chai' ˊch'un*, appearing foolish, silly looking

ˊ踳 Ch'un Blended, mixed, as colors; *ˊch'un pokˀ* variegated, colors dissimilar.

(81) **Chün.**

專 耑 ˏChuen One, single, alone, undivided; bent on, to turn to one thing; to take upon one, to presume, to assume; self willed; *chün ˏsam*, undivided attention; *ˏchün yatˀ* daily; *tsz' ˏchün*, by one's self, to assume; *ˏchün ˏtong ˏlai*, came for that purpose; *ˏchün ˏloi*, only came here; *ˏchün yatˀ* to apply to one thing; *ˏchün ˏfong*, to engross a husband's company.

ˏ磚 ˏ甎 Chuen A brick, a tile; to cover with brick; *ˏts'ing ˏchün*, a burnt blue brick; *ˏnai ˏchün*, adobie bricks; *ˏkái ˏchün*, red tiles; *tai' ˏnai ˏchün*, a great dolt, a villain; *ˏchün ti'* to tile a floor.

ˏ剸 Chuen Also read *ˏt'ün*. To mutilate, to cut up, to cut into pieces, as a criminal.

ˏ鱄 Chuen A large fish, a pike? found in the Lake Tungting. Read *ˏt'ün*; a grunting fish.

ˊ轉 Chuen To turn, to revolve; to transmit, to forward; to transfer to; to transport; to carry; to circulate; to comprehend; *ˊchün ˏk'i*, turned his flag, left his party; *ˊséung ˊkáu ˊchün ˊk'ü*, I will try to bring him round; *ˊchün sái' ˊpún ti' wá'* to translate the local patois; *ˏfán ˊchün ˏt'au*, turn around; *ˊchün ˊngán ˏkán*, in a twinkling; *ˊchün wan'* to transport goods; turned over a new leaf, bettered; *ˊchün ˏwán*, to turn a corner; *ˊchün sikˀ ˏkán*, in a breath; *ˊchün chipˀ* changeable; *ˊchün ˏfán ˏt'au*, to look behind; *ˊchün chí'* to send a message; *ˊchün ˏp'ai ˏü ˏyan*, to sub-let to others.

ˊ囀 Chuen The song of a nightingale; a warbling note; delicate modulations; *ˏang ˊchün*, the nightingale's song.

傳² Chuen Records or precepts of ancient times; *chün² ₍man*, a record or story, an account of.

(82) Ch'ün.

₍川 Ch'uen Mountain streams, perennial brooks; *₍ch'ün ₍lau pat₎ sik₎* perennial, unceasing; *₍ch'ün ₍ngai*, a cascade.

₍穿 Ch'uen To bore through, to perforate; to clothe, to put on; to string; *₍ch'ün tsok₎* to open a hole; *₍ch'ün ₍fong 'shai fán'* a servant of all work; *₍ch'ün ₍shá ₍pò*, to show the falsity of; *₍ch'ün ₍kam tái' ₍ngan*, she wears gold and robes in silver; *₍ch'ün ₍chü*, to string beads; *₍ch'ün ₍hái*, to pull on shoes; *₍ch'ün ₍shán káp₎* the manis.

₌傳 Ch'uen To transfer, to transmit, to hand down, to perpetuate; to deliver an order; to propagate; to carry over, as a balance; to narrate, to record; *₌ch'ün shau²* to deliver to; *₌ch'ün káu'* to instruct in; *₌ch'ün ₍san ₌man*, to tell the news; *₌ch'ün ₌sín*, to send a message; *₌ch'ün ₍kung*, a local interpreter in a government office; *₌ch'ün shüt₎* a rumor.

'舛 Ch'uen Erroneous, opposed; to contradict; the 136th radical *'ch'ün ts'ok₎* wrong; *'ch'ün mau²* to deceive.

₍竄 Ts'wán To sneak away, to hide, to skulk; to kill; to seduce, to beguile: to fumigate; to secrete; petty, weak, pusillanimous; *'ch'ün nik₎* to hide away; *₌t'ò 'ch'ün*, to run off; *'ch'ün ₌sit₎* to pilfer.

'攛 Ts'wán To fling away; to tempt, to seduce to evil; to get one to consent; *'ch'ün chüt₎* to entice, to inveigle.

'喘 Ch'uen To pant, to gasp; the breath, the life; *₌ts'án 'ch'ün*, my poor life, ready to perish; *'ch'ün fai²* to wheeze and cough.

'遄 Ch'uen To go quickly; haste, speed; to go and come. Also read *chui²* with the same meaning.

串' Ch'uen To string together; to connect; leagued or banded; a string of; *yat₎ ch'ün' ₌ts'ín*, a string of cash; *yat₎ ch'ün' p'áu'* a string of crackers; *ch'ün' kai²* to intrigue; *ch'ün' ₌t'au*, a plan to swindle; *ch'ün' ₌mái*, to make a party or band.

釧' Ch'uen A bracelet or armlet; an amulet on the arm, also called *₌t'iú t'üt₎* a warder off.

(83) Chung.

₍中 Chung The middle, the centre: half, in the middle of; within, in; *₍chung ₍kán*, between, inside; *₌'m ₍chung yung²* useless, inefficient; *noi² ₍chung 'yau*, there are some (or such); *₌yan ₍chung*, the suture on the lip; *₍chung ching'* indifferent, in the centre; *₍chung í'* to like, agreeable; *₍chung 'chi*, half done, incomplete; *₍chung ₌nín* middle-aged, *i.e.* forty; *₍chung 'tang ₌yan ₌ts'oi*, mediocre, of common abilities; *₍Chung* *kwok*ˎ China ; ˏ*sam* ˏ*chung*, in my mind ; ˏ*chung* ˏ*t'ò*, halfway.

ˏ忠 Chung Faithful, loyal, patriotic ; attached to, sincere ; upright ; generous, unselfish ; ˏ*chung* ˏ*shan*, a loyal minister ; ˏ*chung* ˏ*sam* ˋ*kang* ˋ*kang*, faithful and honest ; ˏ*chung lit*ˎ faithful to death ; ˏ*chung hau*ˀ honest.

ˏ鍾 Chung A measure equal to 4 *tau* ; a cup or goblet ; to collect ; to bestow, to confer ; to repeat ; heavy ; gifted with, endowed ; ˋ*sho* ˏ*chung oi*ˀ whom I love best ; ˏ*chung* ˏ*ling*, the luck of a spot for a grave ; ˋ*tsau* ˏ*chung*, a wine-cup.

ˏ鐘 Chung A bell ; *kuk*ˎ ˏ*chung*, a covered cup for tea; *chong*ˀ ˏ*chung* to strike a bell ; *yat*ˎ ˏ*chung* ˏ*ch'á*, a cup of tea ; ˏ*ngò* ˏ*chung* or ˏ*tiú* ˏ*chung*, ring the bell; ˏ*shí* ˏ*shan* ˏ*chung*, a clock ; ˏ*chung* ˏ*piú p'ò*ˀ a watchmaker's shop.

ˏ舂 Chung To beat with a pestle ; to pound firmly; ˏ*chung* ˋ*mai*, to hull rice ; ˏ*chung* ˏ*wan* ˏ*kai*, [you act like] a hen in a fit ; ˏ*chung* ˏ*ts'éung*, to beat mud walls ; ˏ*chung* ˏ*ch'á* ˋ*tsai mút*ˎ to triturate tea to powder for a detergent ; ˏ*chung* ˏ*fúi* ˏ*shá*, to beat chunam.

ˏ終 Chung The end, the termination, a finis ; death ; to end, to terminate ; to the last ; to end one's days ; ˏ*fún* ˋ*hòp* ˋˏ*chung* not again to be on good terms ; ˏ*chung* ˏ*sü*, must have it, need it ; ˏ*chung* ˏ*shan*, all one's life ; ˏ*lam* ˏ*chung*, near death; ˏ*chung* *yat*ˎ the whole day; *shin*ˀ ˏ*chung* a happy death ; ˏ*chung sing*ˀ ˏ*nán* ˋ*koi*, hard to change one's nature ; ˏ*chung pat*ˎ ˋ*koi kák*ˎ never reformed ; ˏ*ts'ung yat*ˎ ˏ*tí* ˏ*chung*, firm to one [husband].

ˏ螽 Chung A longheaded grasshopper ; ˏ*chung* ˏ*sz'* a green locust (a *Truxalis*) ; ˏ*chung* ˏ*sz'* ˋ*in hing*ˀ may your children be numerous.

ˏ盅 Chung A cup, a hollow vessel, generally small and covered ; ˏ*ngau* ˏ*yau* ˏ*chung*, a butter-cup ; ˏ*ch'á* ˏ*chung*, a tea-cup and cover ; *kat*ˎ ˏ*shí* ˏ*chung*, a custard-cup.

ˋ腫 ˋ瘇 Chung To swell up, to tumefy ; a swelling ; swelled ; inflated, boastful ; ˋ*chung chéung*ˀ to swell ; ˏ*wong* ˋ*chung*, puffed, dropsical ; ˏ*fau* ˋ*chung*, a dropsical swelling ; ˋ*chung* ˏ*shéung*, a bruise or wound.

ˋ踵 Chung The heel ; to follow one, to imitate, to go after one ; to visit ; to tread hard ; to connect ; *tsip*ˎ ˋ*chung*, uninterruptedly ; ˋ*chung* ˏ*mún*, to enter the door ; ˋ*chung kwai*ˀ *kwok*ˎ to come to your country ; ˋ*chung* ˋ*fú*, to visit your house.

ˋ種 Chung A seed, a kernel ; a sort, a class, a kind ; that which sprouts ; ˋ*chung* ˋ*chung sz'*ˀ ˏ*ts'ing*, every kind of affair ; *tsáp*ˎ ˋ*chung*, mixed, illegitimate ; ˏ*wai* ˋ*chung*, to leave issue ; ˋ*chung lui*ˀ a sort, a race ; ˋ*tá* ˋ*chung*, to beget ; ˏ*ch'ün* ˋ*chung*, to propagate or raise elsewhere.

種ˀ Chung To plant, to sow, to grow, to cultivate, to raise ; *chung*ˀ *tau*ˀ to vaccinate ; *chung*ˀ *chik*ˎ to plant trees ; *chung*ˀ *ts'oi*ˀ to raise greens ; *chung*ˀ *fuk*ˎ to bequeath happiness.

衆' Chung A multitude, a concourse of at least three; a quorum, a majority; a sign of the plural; they; much people, many, all; *chung' ₍to*, a great many; *chung' muk₎ 'sho kin'* every body saw it; *'hò chung' ti² ₍fong*, a thickly settled place; *tái² chung'* all of you; the company; *chung' ₍yan*, all men, mankind; *yat₎ chung' ₍sang*, a company of priests; *yat₎ chung'* one bonze; *chung' yéuk₎* all the neighborhoods; *chung' 'i*, public opinion; *chung' wai²* all the gentlemen.

中' Chung To hit the centre; struck by; to attain, to accomplish; exact; *chung' 'ngo ₍sam 'shui*, exactly as I wish; *'kú chung'* to guess right; *chung' 'tsau*, to get drunk; *chung' pat₎ tak₎* can not reach, unattainable; *chung' chong² ₍ün*, to reach the head of the Hánlin; *chung' kai'* I'm found out, I'm entrapped; *chung' 'kü ₍yan*, to become a küjin; *chung' ok₎* it makes me vomit; *chung' ₍fung*, taken in a fit, as of apoplexy.

仲² Chung The second of three; the second born of brothers; inferior; the second month of a season; *pák₎ chung²* two brothers; *chung² ₍ts'au*, the eighth month; *chung² fú²* a father's younger brother; an old title, like chief advisor.

重² Chung Heavy, weighty; momentous; severe, heinous; decorous, grave; to regard, to give importance to; a sign of the comparative; *'yau 'ki chung²* how heavy is it? *chung² 'hò*, still better; *shan² chung²* correct, well principled; *tsz'² chung²* self-respect; *chung² 'tá*, to beat severely; *chung² fú' ₍hí ₍p'an*, to court the rich and despise the poor.

(83)th. Ch'ung.

₍充 ₍克 Ch'ung To fill, to satiate, to extend; to carry out, to continue; to act, to fill an office; to stop up, to stuff; sufficient; fine, long, high; *₍ch'ung 'kú fo'* to foist in a poor quality of goods; *₍ch'ung 'mún ₍ch'á ₍ú*, fill up the tea-pot; *'hau ngoi² ₍ch'ung ₍kwan*, banishment beyond the frontiers; *₍ch'ung shat₎* stuff it solid; *₍ch'ung úi²* to contribute to a society.

₍忧 Ch'ung The mind much moved; perturbed, agitated.

₍涌 Yung A creek, a side stream coming into a river; *₍ch'ung káu'* a creek; *'Lau ₍po ₍ch'ung*, a creek near Kamlí-fau.

₍忡 Ch'ung Sorrowful, grieved; *₍ch'ung ₍ch'ung*, distressed in mind.

₍种 Ch'ung Young grain; delicate, tender; *₍ch'ung chí²* immature, beautiful, as children.

₍翀 Ch'ung To fly up; to ascend to the clouds; *chí' 'ho ₍ch'ung ₍siú*, aspiring talents.

₍衷 Ch'ung Inner garments; the heart; to adjust; sincerity, rectitude, equity; full knowledge of; just, as a sentence; *pat₎ ₍ch'ung*, insincere; *₍ch'ung ₍ch'éung*, the feelings.

冲 沖 ₍Ch'ung Young, delicate; harmonious; deep, hollow; to rise in the air; to agitate, to move; to strike against (as things do in the water); to dart against, to rush; to send (as a letter); *₍ch'ung ch'ong'* to offend, to answer back; *₍ying ₍ch'ung hák₎ kai²* inauspicious calculations; *hí' ₍ch'ung 'tau ₍ngau*, his spirit rises to the skies; *₍ch'ung ₍ch'ung*, sound of ornaments or other things tinkling against each other.

衝 ₍Ch'ung A path, a crossway; to support; to move, to excite; to rise or rush against, to overflow; abrupt; towards; a car; *₍ch'ung ú'* a thoroughfare; *'shui₍ch'ung*, a canal in a city; *₍ch'ung 'tò*, to overthrow; *₍ch'ung ₍fán*, a place of great concourse.

憧 ₍Ch'ung Unsettled in mind, disturbed, undecided; irresolute.

罿 ₍Ch'ung A net to take birds, with a frame; the Fan Wan says, a frame to cover rabbits.

虫 蟲 ₍Ch'ung Term for featherless and hairless animals, including insects, frogs, snails, &c.; usually applied to insects only; *pák₎ ₍ch'ung*, insects generally.

重 ₍Ch'ung To duplicate, to repeat, to reiterate; to add; *₍ch'ung tip₎* to increase, numerous; *'ki ₍ch'ung*, several, a series; *₍ch'ung ₍ch'ung*, a succession, as peaks of hills; *₍ch'ung ₍wai*, to encompass; *₍ch'ung ₍sheng*, a double wall, such as are at city gates.

冢 'Ch'ung The peak of a hill; a mound or tumulus; great, honorable, first, the eldest; *'ch'ung 'tsz'* the eldest son; *'ch'ung 'fú*, the wife; *'ch'ung 'tsoi*, the highest cabinet ministers.

塚 'Ch'ung A grave, a tomb; *₍fong 'ch'ung*, a deserted, unlucky grave; *wát₎ 'ch'ung*, to rifle a grave; *'ch'ung mò²* a grave; *₍ming 'ch'ung*, a vaulted grave.

寵 'Ch'ung Grace, kindness, affection. regard, friendship; favor of superiors; to esteem; to indulge, to allow; *'ch'ung oi'* delight in; *'ch'ung ₍fi*, a favorite concubine; *'ch'ung sik₎* a special favor of the king; *₍yan 'ch'ung*, loving-kindness.

銃 Ch'ung' A piece of iron bored; a blunderbuss, a ginjall, a gun; *ch'ung' p'áu'* fire-arms; *ch'ung' 'shau*, musketeers; *'shau ch'ung'* small guns.

(84) Chut.

黜 Chut₎ To blame; to degrade, to dismiss, to put out of office; to expel; *chut₎ t'úi'* to cashier; *₍sám chut₎* a third reprimand; *yuk₎ chut₎* degraded and ashamed.

絀 Chut₎ Crimson silk; to sew; to baste or sew badly; *₍ying chut₎* to retire and come forth; unequal; used for the preceding.

怵 Chut₎ Fear, terror; to dread; to tempt by hope of profit; *chut₎ tik₎* timorous. Also pronounced *tut*.

(85) **Ch'ut.**

出, Ch'uh To go out, to issue, to proceed forth, to manifest, according to the tenor of the following or preceding word; to eject, to put out; an auxiliary verb, implying completion or action; *ch'ut, yap,* to go in and out, back and forth; *'sé ch'ut, ˏloi,* will write out; *ˏch'á ch'ut, ˏloi,* about to examine; *ch'ut, chung'* preëminent, to surpass; *'ní ˏpín ch'ü' ch'ut, shai'* where were you born? *ch'ut, ˏkung,* to retire, to ease nature; *ch'ut, ká'* to marry a husband; *ch'ut ˏshan,* to hold office; *ch'ut, ˏyau pò' sál,* to carry idols in procession; *ch'ut, ˏkí,* surprising; *ch'ut, p'iú'* to issue a warrant, to advertise; *ch'ut, hi'* to fume or steam, to avenge another's quarrel; *ch'ut, ˏt'au,* to take the lead; *ch'ut, 'ch'au,* to be despised; *ch'ut, ˏts'ai,* to divorce; *ch'ut, kai'* to be adopted by an uncle; *ˏts'ui 'ni ch'ut, ˏsam,* as you like to do it; *hon' ˏ'm ch'ut, séung'* to belie his looks; *'séung ˏ'm ch'ut,* can not recall to mind; *ch'ut, ˏngan,* to pay; *pat, ch'ut, 'sho liú'* to guess aright.

(86) **Chüt.**

拙, Chueh Stupid, unskillful, unhandy, unapt; *'ch'un chüt,* stupid, inexpert; *chüt, ˏking,* a 'dull thorn,' i. e. my wife; *chüt, pat,* an unskillful penman; *chüt, 'tsz'* my son.

梲, Chueh A joist to support a plate or girder; a sort of king-post.

啜, 歠, Chueh To sob, to talk incessantly; to taste, to drink; to kiss; *ˏlau chüt,* to swill down with a noise; *chüt, 'há,* to sip; *chüt, min' ˏchü,* to kiss the cheeks.

剟, Chueh To clip, to pare, to cut off, to stab; to reject; to engrave; *chüt, ting'* to cut blocks and publish.

掇, Chueh To gather, to take with the hand, to pluck, to seize.

綴, Chueh To connect, to join; to stop; a band of posture-makers.

輟, Chueh To stop; a carriage repaired; *chüt, ˏkung,* to stop work, to rest.

(87) **É.**

ˏ唉 A final particle, denoting are you willing, if you please, is it not so? *'Ngo káu' 'ní tuk, ˏé,* shall I teach you to read? *shí' yat, shí' ˏé,* try, will you?

(88) **Fá.**

ˏ花, ˏ華, Hwá A blossom, a flower; pleasure, vice; variegated, ornamental, carved; to exaggerate; *yat, ˏto ˏfá,* a flower; *yat, chat, ˏfá,* a bouquet; *ˏming ˏfá,* ornamental flowers; *ˏfá ˏshang,* the ground-nut; *ˏfá lò' 'shui,* lavendar water; *'ang ˏfá,* to enchase on metals; *ˏfá káp, 'tsz'* the sexagenary cycle; *ˏfá 'tsz'* a beggar; *ˏfá ˏlam,* a brothel; *ˏfá fai'* to squander in dissipation; *ˏfá*

ʿnü, a girl; *ˏfá ʿlán*, an actor who personates women; *ˏfá min'* to paint the face for acting; *ˏfá ˏfá shai' kái'* a thoughtless age; *ˏfá ˏfá ˏkung ʿtsz'* a profligate rake; *ˏfá ˏwong*, the god who protects children, worshiped under the bed; *ˏfá pò'* chintz; *ˏfá ˏkái*, an illuminated street; *ˏfá wá'* exaggerated talk; *ˏfá ˏmeng*, a nickname; *ˏFá ˏk'í kwok*, the United States; *ˏfá tí'* the Flower Gardens near Canton.

化' Hwá To change, to influence so as to alter, to transform; to melt, to digest; to convert; to pass into metempsychosis; to create; to transmute; to barter; to exchange; to reform; *káu' fá'* to improve by instruction; *fá' ˏshan*, to burn a priest's corpse; *ts'ò' fá'* fate, nature; *hò' ts'ò' fá'* good luck; *ˏwong fá'* the influence of law; *fá' ˏshang*, produced by metamorphosis, as insects; *fá' yat,* peaceful times; *ˏch'áu fá'* to subscribe for a Budhist mass; *ˏ'm fá'* did not subscribe; also, indigestible; *shín' ˏts'oi ˏmán fá'* avaricious, niggardly.

(89) **Fai.**

ˏ揮 Hwui To move, to shake; to be agitated; to animate; to sprinkle; to scatter, to throw away; *ˏfai ˏch'un*, to write new-year's inscriptions; *ˏfai ˏhò*, to write; *ˏfai ˏkam ˏü ʿt'ò*, to spend money like dirt; *ˏfai fok,* extravagant; *ʿchí ʿfai*, a major in a Manchu corps, to point with the hand; *ˏfai ʿshá*, to sprinkle, to spend fast; *ˏfai tsau'* written. Also read *ˏwan*, in the phrase *ˏwan ˏlun*, entire, unbroken.

ˏ輝 Hwui Brilliant, refulgent, glorious, like the sun; to glisten; *ˏfai ˏin*, spruced up, pleased; *ˏfai iú'* exceedingly glorious.

ˏ煇 Hwui Luminous, splendid, like fire; *ˏfai ˏkwong*, lustrous, gorgeous, like many lamps; *ˏfai ˏwong*, illuminated.

ˏ暉 Hwui Same as the two preceding; effulgent, glorious, as the sun.

ˏ麾 Hwui A signal or marking flag; to make a signal, to motion to; quick, hasty; *ˏfai há'* your honor! (used by soldiers.)

ˏ翬 Hwui To fly with noise; a kind of colored pheasant; colored, adorned; *ˏfai ˏfai*, to fly up and show the plumage.

ˏ撝 Hwui To rend open, to tear off; to point out; humble, unassuming; used for the preceding.

ˏ虧 Kw'ei A failure, deficiency, defect, or diminution; short breath; to pant; to injure; to want, a few; to trouble one; owing to, in consequence of; *ˏfai fú'* to be deficient; *ˏfai ʿní*, thank you; *ˏfai hung'* a deficiency; *ˏfai ˏyan*, to annoy, trouble one; *ˏfai ˏsam ˏchí ˏyan*, an ingrate; *ˏfai ʿngo ˏin ʿü*, owing to my words; *shik, ˏfai* to lose money; *üt, ʿmún tsak, ˏfai*, the moon waxes & wanes.

ˏ隳 Hwui To destroy, to overthow, to break; to injure; *ˏfai pái'* to destroy and scatter. Also read *to'*, and often used for *ʿwai*.

徽 ꜀Hwui A cord of three strands; a string; queenly garments; a kind of sash; good, beautiful; a banner; the stops on a guitar; ꜀*Fai mak*꜀ ink from Hwuichau; ꜀*fai* ꜀*yam*, fine sounds; ꜀*fai hò*² a flag.

費 Fi' To spend, to use; to exert; to dissipate; expense, cost, trouble, outlay; waste, lavishing; squandering; '*shai fai*' to spend, to expend; *fai*' *sz*'² troublesome, to interrupt; *fai*' ꜀*sam*, to remember one; *long*² *fai*' wasteful; *fai*' ꜀*shí*, waste one's time; *kwo*' *fai*' "great outlay," politely said when sitting at a feast; *p'o*' *fai*' 'lost your outlay,' needless expense, politely said by one who gets a present; *chai*' *fai*' heedless, witless.

廢 Fei' A house in ruins; to abandon, to throw aside, to destroy, to lose; to repudiate, to disinherit; to stop, to fail; obsolete, null; spoiled, corrupt; to depose; useless, degraded; *fai*' *hü*' thrown aside, rejected; *fai*' *mat*꜀ a useless fellow, good for nothing; *pún*' ꜀*t'ò* ꜀*i fai*' to reject when half done; *fai*' *tsat*꜀ disabled, incurable.

諱 Hwui' To shun; to respect; to muffle, to hide; name of a person in the ancestral hall; *ki*' *fai*' to avoid using sacred names; *pat*꜀ *fai*' dead; ꜀*tsün fai*' your venerable name.

沸 Fi' To bubble, as boiling water or a spring; *shui*' *fai*' ꜀*ch'ung* ꜀*ch'á*, the water boils, pour it on the tea. Also read *fat*꜀.

肺 Fi' The lungs; they are connected with metal; *fai*' ꜀*ká*, the lungs.

芾 Fi' Luxuriant; small; read *fat*꜀ as *fat*꜀ *fat*꜀ foliage abundant.

吠 Fei² The bark of a dog; *lün*² *fai*² '*kau*, a dog which barks at everybody.

(90) Fái.

快 Kw'ái' Contented, glad; pleasure, cheerfulness; quick, hasty; alacrity; prompt; *fái*' *lok*꜀ happy; *pat*꜀ '*shong fái*' indisposed, out of sorts; *fái*' *út*꜀ delighted, good spirits; *fái*' '*tsz*' chopsticks; *fái*' *fái*' quick! *fái*' '*tsz*' '*shau*, a headsman; *fái*' '*t'eng*, a fast-boat; *fái*' '*má* ꜀*lai*, bring it quickly; *fái*' ꜀*pán*, a lictor in a magistrate's office; *fái*' *tik*꜀ ꜀*fán* ꜀*loi*, come back quick; *fái*' '*má*, a courier; *fái*' *ts'ui*' speedy.

塊 Kw'ai' A clod, a lump; a piece of, a fraction; a classifier of small things which are flattish and usually shapeless, as boards, panes, slices, &c.; doltish; *yat*꜀ *fái*' *yuk*꜀ a slice of meat; *yat*꜀ *fái*' *ti*² a piece of land; *hòm*² *fái*' the whole space; *tái*² *fái*' the globe, nature; *fái*' ꜀*in* ꜀*mò* ꜀*chí*, stupid. Used for the pronoun I.

傀 Kwei' Great, strange, monstrous, as an eruption, a meteor; *fái*' *lui*² puppets, vulgarly called '*kwai* '*tsai hi*'.

噲 Kw'ai' To swallow, to drink with avidity; voracious; the throat stopped; clamor of voices. Name of a king.

(91) **Fan.**

熏 ˏHiun Vapor, exhalations, steam; smoke rising; to smoke, to fumigate, to heat, to parch; to offend; to becloud; evening; *ˏfan ˏfung*, warm wind; *ˏfan tsik*ˌ twilight; *ˏfan ˊfo ˊt'ui*, to smoke hams; *ˏfan ˏfan*, uneasy, fidgetty; *ˏfan ˏkon*, to dry at the fire; *ˏfan chek*ˌ to cauterize.

勳 ˏHiun Loyal merit, meritorious; to spend strength for one's king; *ˏfan ˏlò*, merit obtained in serving the state; *ˏfan ˏshan*, a patriotic statesman.

曛 ˏHiun Twilight; the light reflected after sunset; exhilarated; *ˏshán ˏhám ˏfan ˊyéung*, the hills are tinged with the setting sun.

獯 ˏHiun A tribe of aborigines, called *ˏfan yuk*ˌ; they dwelt near Shensí.

薰 ˏHiun Fragrant plants, fragrance; used in houses to expel demons; a savory smell.

醺 ˏHiun Intoxicated, drunk; smelling of liquor; *tsuiˋ ˏfan ˏfan*, gloriously drunk.

昏 ˏHwan The sun setting; twilight; dusk; obscure, confused, dull; in disorder; to oblige to do; *ˏwong ˏfan*, dusk; *ˏfan òmˋ* dark, dull; *ˏfan lün*ˋ confused; *ˏfan múi*ˋ unintelligible; *ˏfan yé*ˋ night; *ˏfan ˏfá*, motes in the eye.

婚 ˏHwan Marriage; to take a wife; *ˏfún ˏyan*, nuptials; *ˏmái ˏfan*, to complete a marriage; *ˏlún ˏfan*, to marry relatives; *ˏfan p'úiˋ* to contract a marriage.

惛 ˏHwan Stupid, forgetful; confused recollection.

涽 ˏHwan Unsettled, unstable, like water; *ˏFan ˏwong*, king of the Tsí state, B. C. 300.

閽 ˏHwan To shut the door at evening; a porter; *ˏfan ˏyan*, a doorkeeper, an eunuch who keeps the hareem; *k'anˋ ˏfan*, to visit the palace.

餴 ˏFan Rice steamed thoroughly; to steam rice.

葷 ˏHiun Leeks, onions, and strong flavored vegetables; animal food; *ˏfan súˋ* meats or vegetables; *patˌ ˏü ˏfan*, not to eat meat; *ˏfan ˏseng*, savory odors of food.

焄 焄 ˏHiun Vapor or steam; fumes from cooked vegetables; savory odors; *ˏfan ˏho*, steam from viands; odorous exhalations.

分 ˏFan To separate, to divide; to halve; to distribute, to divide amongst; to give, to partake with; a candareen, a tenth in decimal notation. Read *fanˋ* a portion, a duty, a part; *ˏsám fanˋ ˏchí yat*ˌ one third. *ˏP'ing ˏfan*, to divide evenly; *ˏfan ˏhoi*, to separate; *ˏfan pít*ˌ to divide, to leave; *ˏfan púnˋ* to dissolve partnership; *ˏfan ˏch'ing shòˋ* to pay in proportion; *ˏfan ˏká*, to divide the estate; *ˏfan páiˋ* to give amongst; *yat*ˌ *ˏfan ˏhong fòˋ*, *yat*ˌ *ˏfan ˏts'ín*, each kind of goods has its own price; *ˏfan ˏkòm ˏt'ung míˋ* same taste as the carpels of an orange; *ˏfan ˏün*, a deputy district magistrate.

吩 Fan — To direct; *ˏfan ˏfú*, to bid to do, to order.

枌 Fan — A tree resembling the elm with white wood; a beam in a house; *ˏfan ˏü ˋshé*, an agricultural feast.

棼 Fan — A beam or ridge-pole of a roof; confused, disordered, complicated; hempen covering.

棻 Fan — A fragrant wood burned for its perfume.

汾 Fan — A river in Shánsí, a branch of the Yellow R. *ˏFan ˏyéung ˏwong*, a personage in the Táng dynasty, whose name is a synonym for happiness; as *ˏFan ˏyéung ˋtím ˋhòm*, Fanyéung's king nodding his chin (because he did not know all his descendants).

氛 Fan — Fume, vapor; shadowy signs, a will-o'-the-wisp, airy omens; *ˏfan ˏwan*, aerial influences; *ˋiú ˏfan*, noxious influences; *ˋhoi ˏfan*, pirates; *kwokˎ ˏfan*, demagogues, disturbers of the peace.

紛 Fan — A variegated ribbon; confused, perplexed; raveled; to mix up; many things at once; hurry, bustle, clamor; *ˏfan lün²* hubbub; *ˏfan ˏfan ˏto sz'²* distracted by business; *ˏfan ˏfá ˋlau lün²* all in disorder; *ˏfan ˏwan*, confused.

芬 Fan — Budding and blossoming; fragrance from opening plants; *ˏfan ˏfong*, spreading fragrance; *ˏfan ˏfan*, odoriferous. Numerous, harmonious.

雰 Fan — A frosty mist; hoarfrost; *ˋü ˏfan ˏfan*, a snowy, sleety, rain.

焚 Fan — To burn, to light, to set on fire; *ˏfan ˏhéung*, to light incense sticks; *ˏfan fú'* to burn up; *ˏfan ˏsau*, to burn a bonze; *ˏfan ˏshü*, burning of the books by Tsin.

墳 Fan — A grave, a tomb, a tumulus; river banks, an embankment; great, vast; rich soil; read *fan'*. *ˏFan mò²* a tomb; *sò' ˏfan*, to worship the graves; *ˏfong ˏfan*, a deserted grave; *ˏsám ˏfan*, the distinction of heaven, earth, man.

幩 Fan — An ornament on the bit of a bridle.

濆 Fan — A river overflowing and making streamlets; a river bank; a river in Honán.

蕡 Fan — Fruitful, flourishing plants, fragrant flowers growing together; *ˏmá ˏfan*, hemp seed; *ˏfan shatˎ* bearing much seed.

份 — A portion, a dividend, a share; *ˏfan ˋfan*, to divide the profits; *ˏmái ˋfan*, to put in shares; *ˋfan ˋtsz'* a share. A vulgar character.

粉 Fan — Rice broken to pieces; a flour of any grain; pigment, to adorn; to whitewash or color; *ˋmai ˋfan* rice flour; *sukˎ ˋmai ˋfan*, indian-meal; *ˋfan ˏsz'* or *ˋfan ˋtsai*, vermicelli; *min² ˋfan*, a cosmetic; *ˋfan ˏtséung*, starch; *ˋfan toi²* a tailor's chalk-bag; *ˏléung ˋfan*, a sort of jelly; *ˋfan sui²* smashed to shivers; *ˋfan shikˎ ťái' ˏp'ing*, a specious peace; *ˋfan ˏpái* a writing-board; *ˋfan pikˎ* to whitewash a wall *ˏün ˋfan*, white lead.

ˢ忿 Fan Anger, resentment; *ˢfan nò²* angry, vexed; *ˢfan ˢfan pat, kik,* perturbed, cross; *ˢfan han²* hatred, malice.

ˢ鼢 Fan A mole or field rat; called *ˌlai ˢshü,* a plough rat.

ˢ偾 Fan Prostrate; to overthrow, to ruin; to fall on one's back; *yat, ˌin ˢfan sz'²* a word will ruin an affair; *ˢfan ˢtò ti²* to tumble to the ground.

ˢ憤 Fan Impatient desire, zeal, ardor; anger, violent feeling; *fát, ˢfan,* excited, zealous after; *ˢfan lik,* to put forth one's energies; *ˢfan kit,* wrought up by passion.

ˢ奮 Fan To endeavor after, to excite, to rouse; to spread abroad or reach to; to brush away; to lift; prompt, impetuous, rapid; *ˢfan chí'* to animate one's self; *ˢfan lik,* to put forth energy; *ˢfan ˌi,* to lift up the skirt.

瞓' To sleep, to rest; *ˢní fan' ˌwan,* you are half asleep; *ˢngán fan'* sleepy. A colloquial word, for which this character is often made.

訓' Hiun To instruct, to teach, to exhort; to explain; a doctrine, precept; definition; *fan' káu'* to instruct; *fan' lin²* to teach the manual; *fan' tò²* the superintendent of education in each department; *ˢkú fan'* tradition.

糞' Fan Ordure, filth, muck, excrement; to manure; *fan' ˌháng,* a privy; *fan' ˌmún,* the anus; *lok, fan'* to manure; *fan' liú²* muck prepared for sale; *fan' ti²* a public necessary.

(92)

Fán.

ˌ番 Fán A beast's footstep; a time, a turn, a repetition of; to reckon, to change; a tribe on the south, now applied to all foreigners; *ˢkí ˌfán,* several times; *ˌfán wá²* foreign talk; *ˌfán ˌyan,* foreigners; *ˢlò ˌfán* a foreigner.

ˌ幡 Fán A banner, or streamer with sentences, hung in temples or carried in processions; a duster or napkin; to move; *ˌchˈéung ˌfán yat, túi'* a pair of streamers; *ˌfán ˌin,* forthwith.

ˌ旛 Fán A streamer; *ˌtsˈing ˌfán,* or *ˌwan ˌfán,* a banner carried at funerals. Used for the preceding.

ˌ繙 Fán To spread out; to agitate, or wave, as the wind does a flag; to translate; to explain; *ˌfán yik,* to translate.

ˌ翻 Fan To fly to and fro; to return, to change; to revise a case; *ˌfán fak,* changeable, vacillating; *ˌfán ˌshang,* resuscitated; *ˌfán on'* to rejudge a case; *tiú² ˌfán ˢshàng,* to to carry a case to the capital; *ˌfán hü' ˌkwai,* to go home; *fái' ˌfán ˌkwai* come home soon.

ˌ凡 ˌ几 Fán All, everybody; common, vulgar, usual; generally, for the most part; *ˌfán ˌyan,* men; *ˌfán ˌkán,* the world; *ˌchü ˌfán,* every one; *ˌfi ˌfán,* extraordinary, clever; *tái² ˌfán ˢsho ˢyau,* people generally have it; *ˢhá ˌfán,* to enter the world; *ˌsz' ˌfán,* to think of marrying (said of a bonze).

帆 ˏFán A sail of canvas; *kwá'* *ˏfán*, to hoist sail; *ˏfán pò'* canvas.

墦 ˏFán A grave; *ˏfán ˏkán*, at the graves, a sepulchre.

燔 ˏFán To roast meat for sacrifices; *ˏfán chek*ˎ to roast meat.

籓 ˏFán A dust basket or large sieve; to hide, to cover, to shade.

膰 ˏFán Meat roasted for sacrifice; the remnants of a sacrifice, sent to princes.

蕃 ˏFán Plants growing luxuriantly; flourishing; plenty; many; to settle; *ˏfán mau'*, abundant, prosperous; *ˏfán 'ín*, numerous progeny.

藩 轓 ˏFán A fence, hedge, boundary; a frontier; to ward off, to protect; a cover for a chariot; a covered car; *ˏfán ˏlí*, a wattle or hurdle; *ˏfán wik*ˎ the frontiers; *ˏfán ˏt'oi*, the treasurer of a province; *ˏfán ˏún*, a wall inclosing; *ˏfán ˏp'ing*, a screen, a statesman.

煩 ˏFán Troubled, annoyed, perplexed, heated; to trouble, to intrude on; troublesome, impertinent; grieved, sorry; *ˏto ˏfán ˈní*, I trouble you; *ˏfán tái'* I trouble you to take this; *ˏfán ˏlò*, to trouble one to do a thing; *ˏfán mún'* perplexed, grieved; *ˏfán ˈiú*, interrupted, annoyed.

繁 ˏFán Much, numerous; many, confused, multitudinous; a variety of affairs; a saddle-girth; *ˏfán ˏnán*, wearisome; *ˏfán ˏwá*, pomp, show; *ˏ'm noi' ˏfán*, unwilling to be troubled, can not endure; *ˏfán fai'* expensive.

蘩 ˏFán A kind of southernwood or Artemisia, whose decoction is sprinkled on silkworm eggs to hasten their hatching; *ˏfán ˏhò*, a plant grown like celery, and pickled in winter.

礬 ˏFán Mineral salts proper for painting or dyeing; *pák*ˎ *ˏfán*, alum; *ˏts'ing ˏfán*, copperas; *ˏfán shek*ˎ alum shale; *'lám ˏfán*, blue vitriol; *ˏfú ˏfán*, alum ash.

蠜 ˏFán A kind of cricket or grasshopper, which goes by night.

反 'Fán To turn back, to return; to be contrary, to rebel; to combine against; opposed to, but, contrary; again; *'fán fuk*ˎ repetition, to and fro, to retract; *ˏsêung 'fán*, discordant; *tsok*ˎ *'fán*, to rebel; *'fán chiú'* to reflect light; *'fán mín'* to turn a cold shoulder; *'fán kwat*ˎ to backbite; *'fán 'chün*, to turn over; *'fán tau'* clamor and play of children; *'fán 'hau'* to unsay, to recant; *'fán tsít*ˎ to spell, to combine sounds; *'fán wai' ü*ˎ *shik*ˎ the stomach rejects food.

扳 'Fán Regret; *'fán fúi'* to regret an act; *'fán 'chün mín' ˏp'í*, to change the countenance; *'fán ˏsam*, sorry for.

返 'Fán To return, to come back: to go back; *'fán ˏhiú ˏhéung ˈhá*, gone to his village; *'fán hü' ˏkwai*, gone home; *'wong 'fán 'kí yat*ˎ how many days will you be gone?

汎 Fan' To float; driven by the wind; name of a river. Used for the next character.

英華分韻撮要

泛 汎 Fán } To float, to flow down; to transport; extensive; to spill over; ˏfau fán' to float, superficial; fán' ˏin, vague words; fán' ˏchau, to sail in a boat; fán' ˏin, lightminded.

氾 Fán To overflow, to fluctuate; in motion, agitated; to float; fán' lám' wide, as a deluge. Name of a river in Honán.

畨 Fán Ill-luck, evil influences; ill-starred; things to be avoided when commencing anything; fán' chéuk, to bring ill luck; fán' ˏshan, to exorcise, to expel or induce evil spirits to depart; 'hi fán' to adore the spirits of the threshold.

坂 Fán A hillock, a tumulus; a bank, a levee; ˏpó 'fán, a dike or bank to stop water; a mole.

販 Fán To traffic, to deal in; fán' mái' ˏyan 'hau, to deal in men; 'kwái fán' to get away children to sell; fán' 'tsai or fán' ˏfú, a chapman, a peddler; fú' fán' to peddle about.

犯 Fán To rush against; to offend; to transgress; to invade; to violate, to resist, to oppose; a criminal; fán' tsui' to transgress; fán' fát, to break the laws; fán' ˏyan, a prisoner; ˏts'au fán' to cage a criminal; ˏts'am fán' to encroach on, to usurp; 'yau fán' ˏtsün ˏngán I have offended you.

范 Fán Herbs, grass; a bee or wasp; a surname. Used for the following.

範 Fán A rule, a guide; a custom, a usage; a mold, a pattern; to imitate; ˏmò fán' a pattern, an exemplar; ˏfong fán' rule for guarding; ˏfung fán' a popular custom.

梵 Fán Name of a bonze; the country of Magadha, whence Budha came; the language of the Budhists, Pali or Sanscrit; fán' ˏyam, to chant prayers; fán' ˏin, Pali; fán' ch'át, a monastery.

飯 Fán Cooked rice; a meal; shik, fán' to eat; tsò' fán' to cook; 'tsò fán' breakfast; pín' fán' a common meal; shik, fán' ˏ'm ˏts'ung, have you eaten, (i. e. how do you do? the ans. is, 'yau ˏp'ín, thank you.) ˏchong fán' dish up the rice.

(93) Fat.

弗 Fuh A negative; not, it should not be, not permissible; contrary, distorted; fat, ˏloi, he will not come; fat, tsai' sz'' it will not be done.

彿 Fuh Like, as if; used in the phrase 'fong fat, resembling.

拂 Fuh To brush, to wipe, to dust; to push away, to oppose; to expel, to contradict; perverse, disobedient; a sort of flail; fat, ˏch'an, to brush away dust; fat, shik, to brush away; ˏying fat, a fly whip; fat, ˏyan sing' to thwart another's wishes.

茀 Fuh Brambles, or luxuriant herbage, concealing the path; happiness, luck; to screen; to clear away, to open; fat, 'tsò, to clear away grass.

紼 Fuh Raveled silk; a screen; a trace to drag a bier; chap, fat, to accompany a funeral.

紱, Fuh A ribbon to hold a seal; used for the two preceding.

祓, Fuh Clean, pure; to disperse; to drive off; to wash away; a sacrifice or baptism to obtain good; *fat, ˏch'ü*, to ward off.

袚, Fuh A covering for the knees; a short tunic worn in southern China.

韍, Fuh A knee-pad of leather; a cover or defense for the bosom; a string on a seal.

髴, Fuh Disheveled hair; head ornaments; like, nearly, applied to things.

黻, Fuh Variegated, black and azure mixed; to embroider in colors; elegant, flowery (as writing); a variegated garment; *fat, ˊmín*, an embroidered coronet.

忽, Hwuh A single floss of silk; the smallest fraction in notation, a millionth; to forget, to disregard; to make light of, to extinguish; negectful; suddenly, abrupt, unexpectedly, all at once; *fat, ˏín*, suddenly; *fat, ˊyau ˏyan ˏloi*, just then a man came; *ˏheng fat,* to make light of; *fat, léuk,* to forget; *fat, ˏshí*, not punctual; *fat, ˏming fat, mít,* it appeared and disappeared suddenly.

惚, Hwuh Minute, abstruse; inexplicable; that which dazzles or flutters the mind.

搰, Hwuh To take up refuse, to clean away; to bale out, to dip up; *fat, ˊtau*, a dust-board; *fat, ˊshui*, to bale water; *fat, lap, sáp,* to take up rubbish.

笏, Hwuh A tablet of ivory, bamboo, gem, or wood, used at audiences in former times; meant for making memoranda, and then used as ornaments; they were held before the breast; *chap, fat, ˊˏch'iú*, to take the tablet in court; *ching' fat,* to hold be tablet.

窟, Kuh A hole in the ground; a stable or sty dug out of the earth; *fat, ˊlung*, a hole, a grotto; *ˊshü fat,* a rat-hole; *ˊkáu t'ò ˏsám fat,* a cunning rabbit has three holes; *ˊshí fat,* buttocks.

佛, Fuh Contrary, unreasonable; to turn aside; Budha; *Fat, káu'* Budhists; *Fat, ˊtsò*, Budha; *Fat, fát,* Budhism; *fat, ˊshau*, citron; *Fat, ˏt'ong*, Budhist temples; *fat, ˊhau ˏshé ˏsam*, a villainous hypocrite.

(94) **Fát.**

發, Fáh To issue, to appear, to send forth, to germinate; to cause to go, to dispatch, throw out; to ferment; to show forth, to manifest; the spring; *fát, ˏts'oi*, to make money; *fát, ˊshí*, to have customers; *fát, hák,* or *fat, mái'* for sale; *fát, ˏsam*, to give in charity; *fát, shai'* to take an oath; *fát, ˏtín*, crazed, beside himself; *ˊní fát, ˏwan ˏmé?* are you crazy? *fát, ˊhí ˏloi*, to rise (as dough), to succeed, to get on; *fát, ˏfán ˏtín tsik,* to dismiss home; *fát, ˏtán*, to issue advertisements; *fát, ˏch'iú*, to get damp; *ˊtá fát,* to send away; *fát,* *hí'* angry; *fát,* *₍fo,* to become a *kü-yan;* *fát,* *káp,* to become a *tsun sz'*; *fát,* *hò'* to make a signal; *fát,* *p'ái'* banished; *fát,* *₍fung,* leprous; *fát,* *₍ting,* to have descendants; *fát,* *'chí,* to wet paper.

法, Fáh A rule, a law, usage; regulations, precepts; a punishment or legal infliction; an art; skill, industry; sect; *fát,* *tò'* rule, regulation; *₍ying fát,* penal laws; *₍fú fát,* to lay a spell; *fát,* *tsak,* a guide; *fát,* *₍mún,* the Budhists; *ch'ák,* *fát,* mode of concluding or repairing; *₍tò fát,* rules for carving.

髮, Fát Hair of the head; *met.* herbs, trees, moss; *ch'uk,* *fát,* to bind up the hair; *₍p'í ₍t'au 'sán fát,* disheveled hair; *séuk,* *fát,* to shave the whole head; *kít,* *fát,* marriage of virgins; *shek₂ fát,* mosses; *fát,* *ts'oi'* an algæ used for food; *fát,* *'mong,* female's false hair; *₍fí fát,* to clip the hair with a razor; *₍lau ₍t'au pat,* *₍lau fát,* married.

伐₂ Fáh To destroy, to strike, to fight; to punish, to subdue, to desolate; to cut down; to brag; meritorious deeds; a go-between; *shat,* *fát₂ lí' hoi²* famous for prowess, invincible; *fát₂ tsui²* to punish crime; *tsok,* *fát₂* to act as go-between.

筏₂ Fah A bamboo raft; a large ship like a raft for size; an ark.

閥₂ Fáh A door on the left; meritorious services, to set forth one's merit; *fát₂ üt₂* the side doors of a gateway; worthy services, accumulated merit.

罰₂ Fáh A peccadillo, a crime; to punish, to castigate, to flog; to fine; a forfeit; *fát₂ chak,* to bamboo; *fát₂ 'tsau,* a forfeit of wine; *fát₂ 'fung,* to mulct an officer's salary; *fát₂ ₍ngan,* to fine, a forfeit.

乏₂ Fah Want, failure, defective; without; to fail; to spoil, to injure; empty, poor, fatigued; *fát₂ shik₂* in want of food; *₍p'an fan₂* beggared.

(95) Fau.

₍缶 Fau Earthenware in general; a vessel used to contain wine; one on which time was noted; a jar; *'ngá ₍fau,* earthenware.

₍罘 Fau A rabbit net; a wooden screen before an official residence.

₍坏 Pei A hillock of earth.

₍抔 Pau To take up in both hands, as water or grain; a handful; *yat,* *₍fau 't'ò,* a handful of earth.

₍紑 Fau New silken garments; elegant, lustrous.

₍浮 Fau To float, to drift; to overflow, to exceed, to inundate; past time; light, unsteady, fleeting; excessive; *₍fau fán'* floating; *vulg.* *₍pò ₍pò pán'*; *₍fau ₍in,* unmeaning words; *₍fau ₍ts'oi,* floating property; *₍fau ₍yau tsoi² shai²* engaged in worldly affairs; *₍fau shek₂* pumice; *'kòm ₍fau,* heedless, flagitious; *₍fau ₍t'ò,* a pagoda; *₍fau ₍shang,* the living; *₍fau ₍fau,* vain, much.

蜉 ₛFau — A large ant, called ₛp'í ₛfau; ₛfau ₛyau, an ephemera, produced from muck.

否 ʻFau — Not so, ought not; used at the end of sentences as a negative interrogation; else, whether, otherwise; üt₂ ʻfau, it is not; ʻho ʻfau, will or can it do, or not; shí² ʻfau, is it so? ʻfau tsak₃ ₛwai ₑchí, if it be bad, then frown it away.

芣 ʻFau — The plantago or plantain leaf, called ʻfau ʻí; ₑch'é ₛs'ín ʻts'ò is the common name; it is eaten as greens.

阜² 阝 Fau — A mound or hill of earth; radical of elevations, hills, &c.; great, large, high, abundant, numerous; mat₂ fau² plenty of things; ₑfung fau² abundant, as a harvest.

埠² Fau — A landing where trade is carried on, a mart on the seaside, an unwalled settlement; fau² ʻt'au, a port; kuk₃ fau² a grain market; ʻtsz' fau² a sub salt dépôt where no duties are levied; yán² fau² manager of a salt dépôt; kwo' fau² to go from port to port.

覆² Fau — To cover, to overshadow; to brood, as a hen; to overspread; ₑt'in fau² ti² tsoi² the heaven covers and earth contains; ₑkai ʻná fau² ʻtsai, the hen covers her chickens.

(96) FÍ.

非 ₑFí — Not right, not good; not so, opposite; fals , bad, wrong; shameless, low; to slander, to reproach; ₛ'm ₑchi shí² ₑfi, I don't know whether it is so or not; ʻkong shí² ₑfi, to asperse, tittle-tattle; ₑfi ₑheng ₑyung i² this is not so easy; ₑfi ʻlai, improper, immodest; ʻhí ₑfi, is it not so? i. e. it is true; ₑfi ₑshéung, uncommon, superior; ₑfi ʻyá, not so.

扉 ₑFí — A wooden door with two leaves; met. a rustic house.

緋 ₑFí — Red or crimson silk; ₑfi ₛp'ò, carnation robes.

裶 ₑFí — To lift up the skirt; long, trailing dresses; ₑfi ₑi, to hold up the dress.

蜚 ₑFí — A stinking bug which eats clothes and grain; a fabulous animal ominous of pestilence. The Fan Wan defines it, "famous."

霏 ₑFí — Rain, sleet, or snow driven by the wind, and filling the air.

騑 ₑFí — The two outside of a team of four horses; ₑfi ₑfi, the regular march of horses.

飛 ₑFí — To fly; to flit; flying; to go swiftly; lofty; quick; ₑfi hü' to fly away; ₑfi ʻnili, or ₑfi ₛk'am, birds; ₑfi ₑkam, to put on gold leaf; ₑfi ₛtín ʻtsau pik₃ an expert thief; ₑfi ʻshü, a bat; ₑfi pò' to haste to tell; ₑfi ₛt'ang, to rise rapidly in office; ₑfi ₑt'in ʻpún sz'² incomparably clever; ₑFi-ₛlim, Boreas, the god of wind.

妃 ₑFí — Royal concubines; ₑwong ₑfi, wife of the heir apparent; ching' ₑfi, the empress; ₑt'in ₑfi, the Amphitrite of the Chinese; ₑfi ʻtsz' siú' the best sort of laichí.

肥 ˏFi Fat, oily, fleshy, rich, fertile; ˏ*fi chong*ˀ robust; ˏ*fi tái*ˀ corpulent; ˏ*fi* ˊ*lò* or *á*ˀ ˏ*fi*, a fat man; ˏ*fi yun*ˀ fertile; ˏ*fi tun*² *tun*² obese, fat as a pig; ˏ*fi* ˊ*mi*, plump, good looking.

腓 ˏFi Calf of the leg; sick, diseased; to avoid, to flee from; to conceal or cover, as animals do each other when herding.

匪 ˊFi A square bamboo box; regular march of horses, beautiful; not right, illegal; banditti, vagabonds, heretics; ˊ*fi lui*² or ˊ*fi* ˏ*tò*, vagabonds; ˊ*fi* ˊ*tong*, a band of villains; ˊ*fi shik*ˎ variegated. Read ˏ*fan*, to distribute.

悱 ˊFi Embarrassed, unable to speak out one's ideas.

榧 棐 ˊFi A kind of cabinet wood with lines, suitable to make furniture; a piece of wood tied to a bow at the grasp to strengthen it; to assist; to lean on; *tuk*ˎ ˊ*fi*, to help; ˊ*fi* ˊ*tsz*ˀ a long nut resembling the hazel-nut, found in Shántung.

斐 ˊFi Elegant, adorned, graceful, polished, applied to actions or writings; ˊ*fi* ˊ*mi*, pleasing; ˊ*fi* ˏ*in* ˏ*shing* ˏ*chéung*, finished composition.

篚 ˊFi A round bamboo basket.

菲 ˊFi A red marshy plant; potherbs, greens; sparing, frugal; uneasy; fragrant, beautiful; straw sandals; ˊ*fi pok*ˎ poor, valueless; ˊ*fi* ˏ*i*, trifling, little of; ˊ*fi mat*ˎ of no moment—said of presents; ˊ*fi nik*ˎ grieved; ˏ*fong* ˊ*fi* grassy.

誹 ˊFi To backbite, to speak against; ˊ*fi p'ong*ˀ to slander.

狒 Fi² An animal of the monkey tribe, large and monstrous; *fi*² *fi*² the orang-outang or chimpanzee.

翡 Fi² A kingfisher, with beautiful plumage; the cock is called *fi*², the hen *ts'ui*ˀ; *fi*² *ts'ui*ˀ *yuk*ˎ chrysoprase.

(97) Fik.

To brush off (as a fly); *fik*ˎ ˏ*hoi*, brush it off!

(98) Fing.

拼 Fing² To swing; to shake in the wind; ˏ*t'iú* ˏ*t'iú fing*² to hang and swing; *fing*² *tik*ˎ ˊ*shui* ˏ*lai*, sprinkle a little water; *fing*² *lat*ˎ shake it off.

(99) Fo.

科 ˏKo A root, the hollow culm of grain; a vacuum, empty; a rule; practice (in medicine); a class, series, order, rank, gradation; classifier of herbs; a literary examination; *luk*ˎ ˏ*fo*, six departments in official establishments; ˏ*fo káp*ˎ a high literary degree; ˏ*hoi* ˏ*fo*, to open the *küyan* examination; ˏ*fo* ˏ*shau*, to receive taxes; ˏ*fo pái*ˀ compulsory service; ˏ*fo muk*ˎ an index, series, rank; ˏ*fo* ˏ*lám*, basket carried by candidates into the hall; *ching*ˀ ˏ*fo*, the alternate third years when examinations occur; *noi*² ˏ*fo*, medical practice; ˏ*fo* ˏ*t'au*, bareheaded, head unarmed.

蚪 ˏKo The tadpole; ˏfo ˋtau, the tadpole; also called ˏlui ˏkung ˏü.

ˋ火 Ho Fire, flame; to burn, to consume; ˋfo chukˏ a conflagration; ˋfo ˏfá, a spark; ˋfo ˏim, a flame; kauˋ ˋfo, to put out conflagration; shatˏ ˋfo, to catch fire; ˋt'ai ˋfo shikˏ watch how the fire is, see the blaze! ˋfo ˏts'éung, fire-arms; ˏtsun ˋfo, to move to a new house; tséˋ fo, trouble you for a light; ˋmò ˋfo ˋchung, 'no fire-seed,' poor; ˋfo shekˏ ˋfan, chalk; ˋfo ˏshün, a steamer; ˋfo sikˏ the fire is out; ˋfo p'iúˋ an urgent warrant; ˋmò ˏming ˋfo, causeless anger; ˋfo ˋkeng, testy; ˋfo ˋpá, a torch; ˋfo ˏlò, soot; ˋfo ˋyan, a match; ˋfo kiˋ fiery, feverish; ˋtá ˋfo, to strike a fire; ˋfo ˋfá, burned up; ˋmai ˋshai ˋfo kiˋ do n't be so hasty; ˋfo ˏkü lò² sz'² a sect among the Táuists.

ˋ伙 Ho A company of ten in the army; ˏká ˋfo, household furniture; ˋfo ˏt'au, a cook; ˋfo ˋtsai, a scullion; ˋfo ˋchéung, chief mate; i² ˋfo second mate; ˋhò ˏká ˋfo, well, pleasing, handsome; also used in irony, as detestable, badly done.

ˋ夥 Ho A colleague, comrade, accomplice, associate; many, numerous; a company, party, band, society; ˋfo pún² a partner; hòp₂ ˋfo, joint partner; ˋki ˋfo, how many? as men; ˋfo kiˋ (or kaiˋ) a fellow; the word Fokee applied to the Chinese by foreigners.

ˋ顆 Ko A little head or clod; classifier of beads, shot, pearls, and round things; ˋki ˏto ˋfo, how many of them?

貨ˋ Ho Goods, merchandise, commodities; to trade; to bribe; foˋ mat₂ goods; foˋ ˏts'oi, property, capital; ápˏ foˋ to go with cargo to a ship; foˋ ˏt'au, prime goods; foˋ lò² to bribe; foˋ shikˏ quality of goods.

課ˋ K'o A plan, an example, a task, an exercise; literary pursuits; to essay, to try; to counsel, to deliberate; to exhort; to examine; a poll tax; ˏkó foˋ ˏngan, allowance given students; foˋ ˏman, to criticise compositions; úi² foˋ to hold a concourse for writing; üt₂ foˋ monthly trial for composition; ˏkung foˋ a stint of work; yatˏ foˋ a daily task, or lesson.

(100) **Fok.**

擴ˏ Kwoh To stretch or expand a thing till it becomes large; to enlarge the mind.

廓ˏ Kwoh Wide, spacious, extended; to enlarge, to open, to widen; to pare.

躩ˏ K'ioh A short, quick, stately step, as if going up stairs, deemed respectful to superiors; fokˏ pó² a quick, regular walk.

攫ˏ Kioh To grasp with the talons or claws; fokˏ ˋts'ü, to seize by force, to get anyhow.

矍ˏ Kioh The fluttering of a bird when caught; looking right and left; to glance the eyes about quickly; fokˏ yeukˏ active; said of an old man.

縛, Foh. To bind, to tie up; to tie fast; to secure baggage; *fok, 'kan,* tie it tight; *'kw'an fok,* to tie round with a cord.

钁, Kioh. A large hoe or mattock, made of wood, edged with iron.

霍, Hoh. Speed, celerity, agility; a surname; a range of mountains in Húpeh, the Atlas of China; *fok, lün² ching'* the cholera or bilious colic; *fok, ₛin,* quick, like flying clouds.

藿, Hoh. Leaves of pulse, used as food; greens in general; *fok, ₑhéung,* the *Betonica officinalis* used in colic.

攉, Hoh. To recall one with the hand; to motion back with the hand; to fan; *hi' fok,* to make a fool of; *fok, 'shau,* to shake the hand.

(101) Fong.

ₑ方 Fáng. Square; cornered, angular; a place, a region, a side; manner, art, rule, means; correct, regular; then, thereupon, in that case, in consequence of; towards, to; like; to compare, to lay together; to possess; a prescription; a thin board; a written list of vassals or retainers; *sz" ₑfong,* square, the four points, everywhere, all around; *ₑfong ching'* upright, correct; *ₑfong 'ho,* proper, suitable; *'yau ₑfong,* there are rules; *ₑfong pin²* convenient, all ready, to do good to, to oblige, to bestow charity; *léung ₑfong,* a good prescription; *ₑfong wai²* a seat, residence, location; *ₑfong fát,* means or way of doing; *tái² ₑfong,* liberal, generous in feeling; *ₑfong ₛts'oi,* then, just now; *ₑfong 'ch'é,* about to do, just then: *ₑfong ₑkam,* now; *ₑfong ts'ün'* the heart; *ₑfong léuk,* a stratagem; *ₑhoi ₑfong,* to commence a new business.

ₑ妨 Fáng. An impediment, an obstacle, a hindrance; to injure; *'siú ₑsam ₑfong hoi²* be careful about receiving damage, look out for yourself; *ₑfong ngoi²* an obstacle, something which is in the way, or is dangerous; *ₛmò ₑfong,* there is nothing to fear, all clear.

ₑ坊 Fáng. A neighborhood; a street, a lane, an alley; a burgh, a country-house, a shop; to guard, to impede; *ₑkái ₑfong* a street; *ₑfong 'shé,* a neighborhood; *ₛp'ái ₑfong,* an honorary portal; *ₛshü ₑfong,* bookstore; *ₑch'un ₑfong,* the palace of the heir-apparent, an honorary grade in the Hánlin academy.

ₑ枋 Fáng. A wood used by cartwrights, and shipwrights; the white board used by fishermen to entice fish; *ₑsú ₑfong muk,* a kind of logwood or sapanwood; *ₛmún ₑfong,* door-posts.

ₑ祊 Fáng. A sacrifice to the manes within the gate of the ancestral hall; the area within the gateway.

ₑ芳 Fáng. Fragrant, odorous; beautiful, like flowers; *met.* agreeable, pleasant; virtuous, excellent; *ₑfong 'chí,* fragrant plants; *ₑfong ₑtsung,* fragrant memory or examples of ancient worthies; *‚fong ‚ming*, a reputation for virtue; *‚nín ‚fong ʻkí ‚to*, how old are you? *‚fong ʻts'ò*, grassy, fresh.

荒 ‚Hwáng Waste, wild, barren, deserted, unproductive; distant; jungle, heath; empty, uncultivated, void, unripe, blasted; a famine, a dearth; to overshadow; to magnify; *‚fong ‚mò*, bushy, overgrown; *‚fong fai'* to disregard, to cease, old, desuetude; *‚fong ‚t'ong*, incoherent, incredible, unworthy of belief; *‚fong ‚nín*, a year of scarcity; *‚fong ‚sho*, disused, neglected, obsolete; *‚fong ‚káu*, wilderness, wilds; *‚fong ‚yam*, lustful.

慌 ‚Hwáng Fluttered, perturbed, apprehensive, nervous; obscure; to scare, to alarm; *‚fong ‚héung*, dreading, terrified; *ʻní ‚fong fat‚* disturbed, harassed; *‚fong tak‚ ʻngo*, you alarm me; *‚fong ‚mong*, hurried, uneasy.

衁 ‚Hwang Blood above the heart.

肓 ‚Hwáng A part of the thorax above the heart; the vitals.

房 ‚Fang A room, a chamber, a dwelling; an office; a department of an office; one living in the same room; sexual act; a calyx; a quiver; a bee's nest; the constellation Scorpio; *yat‚ ‚kán ‚fong*, a room; *‚fong uk‚* a dwelling; *ʻshéung ‚fong*, female apartments in an office; *‚mún ‚fong*, anteroom; *luk‚ ‚fong*, six departments of an office; *‚fong‚ ‚tán* permit office at the hoppo's; *‚ngan ‚fong*, a treasury; *ʻní ‚tsün ‚fong*, which brother are you? *tsín² ‚fong*, my wife; *‚p'ín ‚fong*, my concubine; *‚ying ‚fong*, a camp; *tung² ‚fong*, the nuptial act.

防 ‚Fáng A bank, a levee, a dyke; a defense; a screen; to guard against, to keep off, to defend, to repress, to prohibit; to provide against; *‚fong pí²* to prepare for, to be ready, to be on one's guard; *‚fong ‚kí*, to provide against dearth; *‚fong kam'* to stop; *‚fong ʻshau*, to protect.

魴 ‚Fáng A kind of bream, a foot long, common at Canton; the tail is red, or is said to turn so from fear.

倣 ʻFáng To imitate; like; a model, a copy; *ʻfong yéung²* or *ʻfong shik‚* follow the pattern; *‚séung ʻfong*, much alike.

彷髣 ʻFáng Like, resembling, seen indistinctly; seeming, dreamy; *ʻfong fat‚* somewhat like; *ʻfong ‚wong*, timid, undecided; *ʻfong ‚yéung*, roving, difficult to settle.

紡 ʻFáng To spin, to twist into thread, to twine; lines, threads; *ʻfong tsik‚* to spin; *ʻfong ‚shá*, to spin cotton yarn.

昉 ʻFáng The first light of the morning; clear, bright; to begin, the commencement; *ʻfong léung²* bright; *ʻfong léung² p'áu'* the morning gun.

訪 ʻFáng To inquire, to search out, to inform one's self; to ask advice of; to consult, to deliberate; *ʻfong man²* to inquire about; *'fong ˏná*, to find out and seize; *'fong ch'át*, to examine into a matter officially; *'fong ˏk'au*, to inquire for carefully, to search.

'舫 Fáng — Two boats alongside of each other; a pilot or steersman; a galley of fifty men; *wá² 'fong*, a flower or other handsome river boat; *'fong ˏchung ˏt'ám 'yam*, conversing and drinking in a boat.

'貺 Kwang — To give, to bestow (said by the recipient); *'fong ts'z²* conferred; *'fong ˏí*, a present given.

'謊 Hwang — To talk in sleep, incoherent; to lie, lying, raving; *'fong ˏin*, lies; *'fong mau²* untrue.

放' Fáng — To reject, to let off; to let go, to extend, to liberate, to loose; to lay down; to indulge, to relax, to dissipate; to scatter; to open out; accord; *fong' ˏsung*, to loosen; *fong' tsung'* let him go, to spoil by indulgence; *fong' sz²* presumptuous, impudent; *fong' ˏsam*, easy about it, unsolicitous; *fong' chái'* to invest money; *fong' ˏshang*, to let loose to live (as the Budhists do); *fong' 'shau*, let go! *fong' tong²* willful; *fong' ˏháu*, gone; *fong' tsoi² ko' ch'ü'* put it there.

況' 況' Hwang — More, moreover, further; now; cold water; to come to; to moisten; *ˏho fong'* how much more; *fong' 'kim*, still more, as well; *fong' hai²* it is just that.

壙' Kwang — The vault or pit under a tomb; a cave or grave; desert; a solitude; *fong' long²* an uninhabited place.

曠' Kwáng — Vacant, empty, waste; spacious, distant, extended, released; ancient, long duration; *fong' 'yé*, desert, a wild; *fong' ˏfú*, a bachelor; *fong' 'ün*, remote; *fong' yat*, otium, a leisurely life.

纊' Kwang — Raw cotton, cotton in a silky state; *fong' 'sü*, unsorted cotton.

(192) FÚ.

ˏ夫 Fú — To help, one who can assist; a man, a scholar, a distinguished man; a husband; a porter, a workman; a chair-bearer an exalted lady; *ˏfú 'fú*, or *ˏfú ˏts'ai*, husband and wife; *ˏfú 'tsz'* a teacher, a compellation of high scholars; *ˏfú ˏyan*, an officer's wife, your wife; *ˏtám ˏfú*, a porter; *ˏfú ˏkwan*, my husband; *ˏfú 'chü*, my [dead] husband; *p'at ˏfú*, a useless lout, an unprofessional man; *tái² chéung² ˏfú*, a great and good man.

ˏ砆 Fú — A stone resembling a gem; a false gem.

ˏ趺 Fú — To sit in audience or state, with the legs bent under one, *à la Turque*; *ˏfú ˏfú ˏin*, a woman bending to the ground in obeisance.

ˏ鈇 Fu — A kind of hatchet or small ax.

ˏ麩 Fu — Bran or husk of wheat; the refuse of hemp-seed or ground nut, after the oil is expressed.

孚 ˛Fú To brood over, to hatch; accordant, mutual agreement; belief, trust, confidence; the calyx of a bud; ˛*fú sun*ˀ to rely on, veritable; ˛*chung* ˛*fú*, true and honest.

俘 ˛Fú To captivate, to capture, to take prisoner in war; a prisoner; spoil taken in battle; ˛*fú* ˛*ts'au*, a captive; ˛*fú* ˊ*lò*, to take captive.

桴 ˛Fú A raft; a ridge pole in a roof; a drumstick; a barrow to carry dirt; ˛*fú* (or ˛*fau*) *tán*ˀ light charcoal.

莩 ˛Fú The pellicle lining the culms of reeds; *met.* near to, friendly, sincere.

枹 Fú A drumstick; also read ˛*páu*, bushy, thick growth of plants.

呼 ˛Hú To breathe, an expiration; to call, to invoke; ˛*fú fún*ˀ to bawl, to cry out; ˛*ch'éung* ˛*fú* ˊ*tün t'án*ˀ groans and sighs; ˛*fú k'ap*ˀ breathing; ˛*fú hàm*ˀ to cry after; ˛*fú hot*ˀ to scold, to order about.

嘑 ˛Hú Same as the preceding; also to hoot, to menace; ˊ*hau* ˛*fú*, to bellow.

敷 ˛Fú To spread out, to diffuse, to give; to issue an order, to promulgate, to announce, to show forth; to state to a superior; ˛*fú* ˛*shí*, to spread good instructions; ˛*fú yéuk*ˎ to apply a plaster; *yat*ˀ *k'ap*ˀ *pat*ˀ ˛*fú*, not enough for daily use; ˛*fú yung*ˎ sufficient.

痡 ˛Fú Diseased, a wasting of strength, atrophy.

膚 ˛Fú The skin, the epidermis; the soft flesh; minced meat; pork; skin-deep, superficial; beautiful, large; to skin, to flay; to receive; *fát*ˀ ˛*fú*, the scalp; ˛*kí* ˛*fú*, muscle, flesh; ˛*fú* ˛*man*, superficial writing; ˛*fú* ˊ*t'ai*, the body.

柎 ˛Fu A stem or petiole; a calyx; a raft; lower bar of a railing; to wash in lye.

枯 K'ú Rotten wood; decayed, rotten, putrid; dry bogs; ˛*fú* ˊ*kò*, decayed, emaciated, cadaverous; ˛*fú kwat*ˀ soft bones.

箍 ˛Hú A hoop, a circle; to hoop; ˊ*tá* ˛*fú*, to hoop; ˊ*ní* ˊ*úi* ˛*fú wok*ˀ you can hoop a boiler (i. e. are very clever); ˛*kam* ˛*fú*, a gold headband, worn by Rationalists; ˛*fú chü*ˎ ˛*shan hai*ˎ ˊ*nün*, tighten your clothes to keep yourself warm.

符 ˛Fú A tally made of two slips; a seal on two pieces; to correspond to, to testify, to verify, to agree with, to evidence; a spell or charm written for preventing evil, for a cure, &c.; ˛*fú hòp*ˎ agreeing; ˛*t'ò* ˛*fú*, a peach-leaf charm; ˛*fú luk*ˎ a written charm; ˛*fú tsít*ˀ a warrant or commission given to an officer; ˛*fú sui*ˎ favorable, genial influences.

苻 ˛Fú A plant, called devil's eye, from the red and round seeds it bears; a species of Hoya?

夫 ˛Fú An initial particle; now therefore, however; ˛*tsé* ˛*fú*, alas! ˊ*ch'é* ˛*fú*, moreover.

扶 ˛Fú To lead a hand, te aid, to assist; to uphold, to protect; ˛*fú cho*ˎ to assist; ˛*fú ch'ap*ˎ

to support one under his arms; ꜀*fú chéung*꜄ leaning on a staff; ꜀*fú* ꜂*shau* ꜂*pán*, a board in a sedan to lean on; ꜀*fú ch'an*꜄ to return with a coffin.

꜀蚨 Fú A species of cicada or dytiscus, called ꜀*ts'ing* ꜀*fú*, supposed to be able to recover its stolen young, and cause cash rubbed with its eggs to return to their owner.

꜀鳧 Fú A sheldrake or mallard; a wild duck with a crest; a small species near the Yáng-tsz' R. is called ꜀*kún* ꜀*fú*, the crowned duck.

꜂甫 Fú Large; beautiful, good; numerous; great, eminent; to begin; I, myself; a term of respect when addressing one; ꜀*t'oi* ꜂*fú* ꜀*ho* ꜀*meng*, what is your name, Sir?

꜂簠 Fú A sort of basket, square outside and round within, used to contain grain when worshiping ancestors, called ꜂*fú* ꜂*kwai*.

꜂脯 Fú Preserved or dried meat; flesh; ꜂*sau* ꜂*fú*, slices of dried meat formerly sent to a teacher, teacher's wages.

꜂黼 Fú Black and white, diversified; embroidered, elegant dress; ꜂*fú fat*꜆ dresses anciently used in sacrifices, with black and white lines or embroidery resembling axes; fine composition.

꜂斧 Fú An ax, a hatchet; to cut, to hack, to fell; ꜂*fú* ꜀*t'au*, an ax; ꜂*tá* ꜂*fú* ꜀*t'au*, to deceive in buying for one; ꜂*fú séuk*꜆ to pare off, to correct a theme; ꜂*fú ü*꜅ hatchets and halberds, carried in processions.

꜂釜 Fú A boiler or caldron without feet; ꜂*fú tsang*꜄ a boiler and vat; an old measure about equal to a kilderkin.

꜂府 Fú A store-house, a record office, a library, a treasury; the officer over them; a house; a thesaurus; a department or prefecture; ꜂*fú fú*꜄ a treasury: ꜂*fú* ꜂*wan*, the mayor of Peking; *kwai*꜄ ꜂*fú*, or ꜂*fú shéung*꜄ or ꜀*tsün* ꜂*fú*, your house; ꜂*fú* ꜀*tsün* his honor, the prefect; ꜂*fú tai*꜄ a high officer's court; *luk*꜆ ꜂*fú*, the six elements.

꜂俯 Fú To stoop, to bow; to consider, to look down on, to condescend; unequal; ꜂*fú fuk*꜆ to fall prostrate; ꜂*fú* ꜂*chun* ꜀*shí* ꜀*hang*, condescend to grant this to be done; ꜂*fú* ꜂*yéung*, to look down and up, all ranks.

꜂撫 Fú To keep down with the hand, to fold the hands; to stroke, to pat; to soothe, to tranquillize; to manage; to cherish, to bear; to cheer up; to play a lute; ꜂*fú kím*꜄ to seize a sword; ꜂*fú* ꜀*t'oi*, or ꜂*fú ün*꜅ the governor of a province; ꜂*fú* ꜂*yéung*, to rear a child, to supply wants.

꜂拊 Fú To pat, to put the hand on, to strike; to permit; to quiet; ꜂*fú* ꜀*ying*, to lay the hand on the breast. Used for the preceding.

꜂腑 Fú The inferior viscera; *luk*꜆ ꜂*fú*, the stomach, gall, bladder, larger and smaller intestines, and secreting passages; *fai*꜄ ꜂*fú*, the lungs. A retired place.

꜂苦 K'ú A marshy plant, which becomes sweet when frozen; bitter, unpleasant; troublesome, painful, painstaking; urgent, pressing, afflicted, distressing; to dislike, distasteful, to mortify; 'hò 'fú, very bitter; ˏho 'fú, how troublesome! 'fú lát bitter and acrid; 'fú meng a hard lot; 'fu chí' decided, in earnest; 'fú ˏshün, to dislike sailing; 'fú 'hau ˏléung yéuk bitter to the taste but wholesome physic, ungracious advice; 'fú ˏkwá, egg-plant; 'fú 'ch'o, extreme grief; 'fú lát ts'oi' a species of Eruca.

虎 'Hú A tiger, the king of beasts; brave, fierce; awful, violent; 'lò 'fú, a tiger; 'fú tséung' a valiant soldier; 'fú ching' a cruel sway; pát 'fú ˏsò, 'to seize the tiger's whiskers,' courageous; 'Fú ˏmún, the Bogue; 'fú ˏying, ferocious; 'fú kám' a graduate who lords it over people; 'fú shí' to glare at, fierce.

琥 'Fú A signet, made of veined stone like a tiger's skin; 'fú ˏfú, warrant or seal, sent when soldiers were levied; 'fú pák amber.

婦 'Fú A wife, a married woman, a female under subjection; a lady; female; beautiful; 'fú ˏyan, a woman; ts'ü' ˏsan 'fú, to take a wife; 'fú 'nü, women; 'ch'au 'fú, a hag; 'fú tò ˏchi ˏká, a woman's place, female propriety; meng 'fú, an officer's lady.

富 Fú' Rich, affluent, abundant; to provide, to enrich; the rich; wealth; fú' kwai' rich, noble; fú' hau' rich; fú' ˏyung, a rich old fellow; ˏnin fú' young, lusty; hok fú' ˏché universally learned; fú' tsuk rich enough.

副 Fu' To assist, to aid, to second; to investigate; an assistant, a substitute, a lieutenant, a vice, a deputy; a classifier of suits of clothes, or sets of things, as beads, tools, plates, &c.; an ancient head-dress; fú' ˏsz' second commissioner; fú' tséung' a colonel; fú' ˏyé, a compellation of low military officers; yát fú' ˏsam ˏkí, disposition, temperament; yat fú' ˏt'in ˏts'ung naturally clever; ˏts'ün fú' chap sz' a complete procession; fú' 'pong, an under (küjin) graduate.

賦 Fú' To exact, to levy, to collect, to require; taxes of money or military arms; tribute from fiefs; to express clearly; to give; to receive; to place in order; a metre of 4 and 6 feet in the lines; fú' shui' imposts; fú' 'lim, to levy taxes; fú' yik to levy troops; fú' náp to send up taxes.

庫 K'ú' A carriage-house; an armory, an arsenal; a storehouse; a treasury, a magazine; a lexicon; ˏngan fú' a treasury; 't'ò fú' a go-down; fú' hong treasury stores.

褲 袴 K'ú' A covering for the legs, trowsers; ˏngan ˏt'au fú' breeches; t'ò' fú' overalls, leggings; noi' fú' drawers; ˏch'éung fú' pantaloons; yat ˏt'iú fú' a pair of trowsers.

戽 Hú' To bale out water; a baling vessel; fú' 'shui, to bale water; fú' 'tau, a water ladle;

海上絲綢之路文獻集成 科技與文化編

fú' *ˏü*, to take fish by baling the water.

父[2] Fú A father; a senior, an ancestor, an old man; a title applied to peasants and aged people; to rule, to act as a father; *fú*[2] *ˏts'an*, a father; *fú*[2] *ˊlò*, a village or neighborhood elder; *ˏshang fú*[2] own father; *fú*[2] *ˊmò ˏkún*, the local or district magistrate; *fú*[2] *ˏhing ˏchí púi'* superiors generally; *ˏká fú*[2] my father; *fú*[2] *ˊmò*, parents; *ˏsín fú*[2] my late father; *fú*[2] *ˏwong*, my imperial father.

駙[2] Fú Near; quick; to help; *fú*[2] *ˊmá*, a son-in-law of the emperor.

鮒[2] Fú A freshwater fish resembling the perch, said to go in pairs or shoals, and be faithful to each other; *fú*[2] *ˏhang*, to go in shoals.

祔[2] Fú To sacrifice to ancestors in the hall; to inter in the same tomb; *fu*[2] *shik*, to sacrifice to ancestors; *fú*[2] *tsong'* to bury together.

附[2] Fú Near, about, approaching; to lean on, to follow; annexed, attached to, tributary, dependent; to join; a supplement, appendix, inclosure; *fu*[2] *ki'* to send with; *fú*[2] *wo*[2] to follow one in explaining; *fú*[2] *úi*[2] to echo or assent to another's words; *fú*[2] *kan*[2] near, adjacent; *fú*[2] *ˏtán*, to inclose an account; *fú*[2] *t'ok*, to charge one with, to request; *fú*[2] *ˏloi*, to come or bring with one; *fú*[2] *yik*, to add to, to benefit; *fú*[2] *ˊtsz'* a stimulating medicine (a Rhamnus?); *fú*[2] *tsín'* to send one's tablets to a *tá-tsiú*.

腐[2] Fú Corrupted, carious, rotten; crushed to powder; castrated; *fú*[2] *lán*[2] putrid, rotten; *tau*[2] *fú*[2] bean curd; *fú*[2] *ˊü* soured curd; *fú*[2] *ˏying*, punishment of castration; *fú*[2] *ˏü* a foolish pedant.

輔[2] Fú The rack or cheeks of a cart; end of the jaw bones; to flank, to help, to second; *fú*[2] *tso'* to succor; *fú*[2] *pat*, ministers; *sz'*[2] *fú*[2] four stars near the North-pole; a counsellor.

仆[2] Fú To fall down; to fall to the earth; overthrown; *ˊtò fú*[2] fallen down.

赴[2] Fú To go to, to repair to, to hasten; to arrive at, to come; *fú*[2] *tsik*, to go to a feast; *ˏpan fú'* to go speedily; *fú*[2] *ming*[2] to obey a call; *fú*[2] *ˏp'ung ˏloi*, gone to elysium; *fú*[2] *kò'* to present a petition; *fú*[2] *yéuk*, to engage to meet.

訃[2] Fú To announce the death of a parent or relative by the nearest mourner on the 7th day; to go to; *fú*[2] *ˏyum*, a letter announcing the death of a parent.

負[2] Fú To carry on the back, to bear; to take a duty; to rely on, to depend on; to turn the back on, to disregard, to refuse; defeated, to fail; to owe; to slight, to be ungrateful; a burden; *ˏkú fú*[2] unmindful of kindness, disappointed; *fú*[2] *ˏsam*, ungrateful; *fú*[2] *lui*[2] to involve an indorser; *fú*[2] *t'ok*, to slight a request; *fú*[2] *wat*, injured, grieved; *fú*[2] *ho'*, a responsibility.

賻$_{2}$ Fú — To contribute to bury one; to assist an interment by giving articles.

傅^{2} Fú — To annex, to arrange; to receive; to lay on (as paint); to superintend; a tutor; a workman; a function; *t'ái'* *fú*^{2} a tutor of princes; *˓sz' fú*^{2} a master, a common appellation for workmen; *ˁní 'kong tak˒ kòm' ˓sz' fú*^{2} you speak very well; *˓sz' fú*^{2} *kwat˒* a very particular person; *fú*^{2} *˓yau*, to oil.

付^{2} Fú — To give, to deliver, to hand over; *fú*^{2} *ki'* to send by one; *fú*^{2} *˓loi*, to send back to; *fú*^{2} *t'ok˒* to charge one with; *fú*^{2} *˓káu*, to deliver to.

(103)

Fúi.

˓魁 Kwei — A star; the head, chief; the highest or first of a class; monstrous; *˓ün ˓fúi*, the chief; *˓fúi 'shau*, the first *küjin* graduate; *á' ˓fúi*, the second; *˓fúi ˓sing*, the north star, the attendant of the god of Literature; *˓man ˓fúi*, the sign over the door of a *küjin* graduate.

˓灰 Hwui — Ashes, ashy; lime; dust; to plaster; *'fo ˓fúi*, wood-ashes; *t'án' ˓fúi*, coal-ash; *shek*$_{2}$ *˓fúi*, stone lime; *˓pan ˓long ˓fúi*, betel lime; *˓fúi 'tsun*, embers; *˓ngá ˓fúi*, tooth-powder; *˓fúi ˓ts'éung*, to plaster a wall.

˓恢 Kwei — Great; liberal; extensive; to enlarge; *˓fúi fuk*$_{2}$ to regain possession of.

˓詼 Kwei — To play with, to laugh at; *˓fúi 'siú*, to ridicule; *˓fúi k'ek*$_{2}$ to gambol with; *˓fúi ˓hái*, to dally and jeer with.

˓悝 Kwei — To pity; afflicted, sad; infirm, invalided.

˓虺 Hwui — Noise, grunting; *˓fúi ˓t'úi*, a jaded, sick horse.

'賄 Hwui — Riches, wealth, substance; a bribe; hush-money, to bribe, to make presents; *'fúi sung'* to bribe; *'fúi lò*^{2} a bribe; *shau*^{2} *'fúi*, to take bribes; *'fúi chuk˒* to dictate to one's creature.

'鮰 Hwui — A kind of eel or water snake found in the Yángtsz' kiáng.

'洧 Hwui — A small branch of the river Hán in Honán province, in K'áifung fú, at which there was a ford. See Mencius.

'繪 Hwui — To embroider or adorn in colors; to paint, to draw, to sketch; *'fúi wák*$_{2}$ to draw pictures; *'fúi tséung*^{2} to take portraits; *'fúi ˓t'ò*, to draw plans or maps.

'襘 Kwei — Strings which fasten the collar, a neck-string; a sash.

'澮 Kwei — A branch of the R. Fan in Shánsí; a rill in a field, or pool for irrigating it; two streams joining.

'憒 Kw'ái — Troubled, moved, anxious, disturbed; stupid, lethargic; *'fúi 'fúi*, vexed, harassed; *˓fau 'fúi*, stupid.

'潰 Hwui — To run in drops; to separate, to disperse; water flowing in a raceway; driving, roaring surges; enraged, vehement; *'fúi lün*^{2} enraged (as a mob); *'fúi sán'* to scatter.

'瞶 Hwui — Lacklustre eyes, a dull vision; eyes weak from the wind.

ʻ**聵** Hwui — Deaf, born deaf.

ʻ**闠** Hwui — Outer gate of a market, gate of a street leading to a market.

悔ʼ Hwui — To repent, to change; to regret, vexed with one's self; to explain the diagrams; *fúiʼ han²* remorse, contrition; *fúiʼ tsúi²* to repent of sin; *fúiʼ ʻkoi,* to reform; *˛mò fúiʼ* stubborn; *fúiʼ ˛sam,* compunction.

晦ʼ Hwui — Obscure, dark; night, the close of light; the last day of the month; misty, dim; *fúiʼ hiʼ* lugubrious; *fúiʼ hiʼ ˛tau,* how unlucky!

誨ʼ Hwui — To teach, to reiterate instruction; to admonish, to give line upon line; to induce, to lead to; inviting; *káuʼ fúiʼ* to teach diligently.

(104) Fuk.

輻, Fuh — The spokes of a wheel; *fuk, tsʻauʼ* to collect (as at a metropolis), running together.

幅, Fuh — A wide strip of cloth; a roll of paper or cloth; a selvedge or hem; a border, a frontier; a classifier of maps, pictures, rolls, flags, walls, and cloth; leg-wrappers; *˛pin fuk,* a frontier; a hem; *szʼʼ fuk, ˛ťau,* a set of four scrolls hung in halls.

福, Fuh — Happiness, good fortune, lucky, felicity; to bless; a blessing, divine prosperity; good; provided with all things; sacrificial meats; to store up; with; *náp˛ fuk,* are you well! *ʻʼng fuk,* the five blessings (longevity, riches, wealth, virtuous, and a natural death); *fuk, shin²* blessed, to bless the good; *fuk, ˛ťin,* ancestors' fortune; *fuk, ti²* a lucky grave-spot; *fuk, ˛shan,* lares rustici, street gods; *mán² fuk,* your Honor (used by women); *fuk, hiʼ* fleshy; *fát, fuk,* to get fat; *˛ťim fuk, ˛ťim shau²* may you be blessed and long-lived; *yat, lò² fuk, ˛sing,* let a lucky star [light] your journey.

楅, Fuh — A piece of wood on the horns of cattle to prevent them goring.

葍, Fuh — An edible vegetable with white roots, size of the finger, found in Shántung.

蝠, Fuh — A bat; *fuk, ˛shé,* a venemous serpent; *met.* a malignant heart.

蝮, Fuh — An adder, cobra, or venemous serpent, called in Canton *fánʼ ˛shi ˛ťau,* or ʻrice-spoon head;ʼ a locust before it flies; *fuk, ʻwai,* a huge serpent.

腹, Fuh — That which embraces; the belly, abdomen, bowels; the seat of the mind; the affections; rich, thick; intimate, dear; the earth; *fuk, ˛sam,* beloved, dear; *fuk, ˛fi,* refusing to tell; *fuk, tái²* ambitious talented; *ʻkú fuk,* pot-bellied; *˛wai fuk,* a posthumous child; *ʻtán fuk,* a son-in-law.

覆, Fuh — To and fro, to repeat, back and forth; unstable, unsettled; to subvert, to overthrow; to defeat; to throw down, to upset, to prostrate; to judge; ‹k'ing *fuk*› defeated, tumbled down, ruined; ‹*tín fuk*› reduced to poverty, reprobate; ‘*mú* ‹*t'sin fuk*› ‘*shui*, impossible; *fuk*› *pák*, to understand clearly.

馥 Fuh — Fragrance, odors diffused around; ‹*fau fuk*› a pleasant fragrance; a man's name.

服 Fuh — To use (as a boat); to wait on, to serve; to submit, yield to, accord with; to cause to submit, to convince; accustomed to, acclimated, habituated; to think; to dress; to fold; garments, mourning apparel; a carriage cloth; a quiver; an affair; ‹*i fuk*, clothes; *chéuk*› *fuk*, to go in mourning; ‘*'ng fuk*, five grades of mourning; ‹*yam fuk*, complete submission; *t'üt*, *fuk*, to lay off mourning; *fuk*, *yéuk*, to take medicine; ‹*kung fuk*, ceremonial dress; *fuk*, *sz'* to attend, to serve; ‹*'m fuk*, *káu*' intractable; *fuk*, ‘*shui* ‘*t'ò*, acclimated; ‹*ün fuk*, an official cap.

復 Fuh — Again, reiterated, to do the second time; to return, to reply; to revenge, to restore, to repay; to report to, to answer; to recall the spirit of one who died from home; *fuk*, ‹*yam*, an answer; *fuk*, *sau*' reply a to a letter; *fuk*, *ming*' to report on a commission; *fuk*, ‹*ün*, restored to health; *fuk*, ‹*ch'au*, to revenge a wrong.

伏 Fuh — To lie or fall prostrate; to humble, to subject, to oppress; to hide, to conceal, to abscond; to brood; to acknowledge, to confess; used as an adverb, meaning humbly, in my opinion; ‹*mái fuk*, an ambush; ‹*shü fuk*, in good spirits; ‹*sám fuk*, hot weather, midsummer; *fuk*, *mong*' I hope; ‹*p'ò fuk*, to go on the hands and knees, humbly; ‹*sam fuk*, to respect or acknowledge another's talents.

袱 Fuh — A square cloth wrapper, called ‹*páu fuk*,; ‘*shau fuk*, a handkerchief.

茯 Fuh — China-root (*Smilax China*) called *fuk*, ‹*ling*; ‘*t'ò fuk*, ‹*ling*, Canton China-root; *pák*, *fuk*, the Sz'chuen root; *fuk*, ‹*ling* ‹*kò*, a jelly made from this root.

(105) **Fún.**

寬 Kwán — Large, spacious, wide, ample, broad; forgiving, easy, benignant, clement, kind, indulgent; slow; to widen, to enlarge, to relax; to forbear; to unrobe; ‹*fún fút*› wide, ample; ‹*fún tái*' liberal, indulgent; ‹*fún* ‹*yung*, pleasant, a jolly countenance; ‹*fún* ‹*ü*, an abundance, overplus; ‹*fún hán*' to allow a longer time; ‹*fún shü*' to forgive; ‹*fún út*, in easy circumstances; *sz'* *fún*, not urgent; ‹*fún tsung*' over-indulgent, heedless of.

歡 Hwán — Joyous, jocund, glad, frolicsome, gleeful, merry; to rejoice; ‹*fún* ‘*hí*, pleased, to like, agreeable; ‹*fún* ‹*sam*, to gladden one; ‹*fún loh*, highly delighted.

貛 ˓Hwán A wild boar; ‘*kau* ˓*fún*, a species of jackal; ‘*hoi* ˓*fún*, a sort of musk rat in Liáutung; ˓*fún* ‘*tsz*’ ˓*p‘í*, a beaver skin.

欵 ‘Kw‘án Something desired; sincere, single-hearted; true, to love, to venerate, to respect; to treat well; to knock at; to reach; to repay; a memorandum of; to enumerate; a classifier of articles of different sorts, classes, affairs; ‘*fún toi*² to treat politely; ‘*fún* ˓*t‘au tái*² haughty, difficult of access; *náu*² ‘*fún*, pompous; ˓*t‘ai* ‘*fún*, to write an autograph; ‘*fún shik*, a sort; *kok*, ‘*fún*, every kind; ˓*kwai* ‘*fún* to repay a loan; *yat*, ‘*fún sz*’² an affair; ‘*fún* ˓*lau*, to detain as a guest.

窾 ‘Kw‘án An empty place; hollow, like an empty vessel; uninformed, ignorant; ‘*fún k‘iú*’ an empty hole.

盥 ‘Kwán To wash the hands, to wash before sacrificing; ‘*fún* ‘*sai*, to wash.

喚 Hwan’ To call to, to call out, to call for, to bid; to name; *fún*’ *mat*, ˓*meng*, what name? ‘*shai fún*’ ˓*yan*, a servant; *kiú fún*’ to call out to.

(106) **Fung.**

風 ˓Fung Breath, spirit, passion; air-gusts, gale, wind; haste, fleetness; manners, deportment, etiquette; administration, policy; fame, example, fashion; instruction, reformation; institutes, influence; disposition, temper; to affect by example; heat in animals; *tái*² ˓*fung*, a gale, a tyfoon; ˓*fung* ‘*máng*, the wind is violent; *shun*² ˓*fung*, a fair wind; ‘*shim* ˓*shán* ˓*fung*, a gust; *ngák*₂ ˓*fung*, a head wind; ˓*wáng* ˓*fung*, a side wind; ˓*fung* ˓*sheng*, or ˓*lau* ˓*fung*, a rumor; ˓*fung tsuk*₂ usage; ˓*fung fá*’ influence of example; ˓*man* ˓*fung*, character of a people; ˓*fung üt*₂ dissipation; ˓*fung* ˓*lau*, gaiety, pleasure; ˓*man* ˓*fung*, a literary spirit; ˓*fung* ‘*shui*, geomancy; ˓*fung* ˓*séung*, a bellows; ‘*kwai* ˓*t‘au* ˓*fung*, an adverse wind; ˓*man* ˓*fung chuk*, ‘*ying*, a newsmonger, an idle talebearer; ˓*kòm pái*’ *há*’ ˓*fung*, I willingly acknowledge your superiority; ˓*fung* ˓*ts‘ing* lascivious looks.

楓 ˓Fung The maple; also applied to the sycamore; ˓*fung* ˓*shan*, the palace, the emperor.

瘋 ˓Fung The leprosy, scrofula, and kindred diseases; insane, insensate; *fát*, ˓*fung*, leprous; ˓*fung ün*² a lazaretto; ˓*fung* ˓*tín*, mad, crazed; ˓*fung* ‘*kau*, a mad dog; ˓*t‘au* ˓*fung*, headache.

封 ˓Fung The domain granted to princes; to heap up earth; great, affluent; to enrich; to invest nobles with rule, to appoint to office, to confer investiture; to give a title of nobility; to seal up, to close a letter; an envelop of a letter, classifier of letters; 20 taels; ˓*fung kò*’ to ennoble an officer's parents; ˓*fung* ˓*nám tséuk*, to confer the title of viscount; *꜀fung ʿso*, to seal up; *꜀fung p'ò'* to shut up a shop; *꜀fung ꜁shün*, to taboo a boat for government use; *yat꜆ ꜀fung sun'* a letter; *yat꜆ ꜀fung ꜁ngan*, 20 taels of silver; *꜀fung ꜁p'í*, an envelop for dispatches; *꜀teng ꜀fung*, a rescript inclosed in boards containing a death-warrant; *꜀fung ꜀kéung tái² ꜁shan*, the high provincial officers; *꜀fung ꜁shan*, to confer a title on an idol.

葑 ꜀Fung Vegetables resembling mustard, chives; *꜀fung ʿfi*, cheap greens; *met.* poor, trifling, worthless.

豐 ꜀Fung A full goblet; abundant, affluent, copious, exuberant; rich, fertile, prolific; talented; *꜀fung ꜁nín*, a plenteous year; *꜀fung shing²* flourishing, prosperous; *꜀fung shuk꜇* ripe, fully grown; *꜀fung hau²* generous (as a feast); *꜀fung ꜀tang*, large supplies (of corn).

酆 ꜀Fung The capital of Wan wáng, now Hú hien in Sí-ngán fú in Shensí; *꜀fung ꜀tò*, a district in Chung chau in Sz'chuen, where the fire-wells occur, hence used as a name for hell, or Tophet, from the popular belief.

峯 ꜀Fung The peak of a mountain; a camel's hump; *꜀fung ꜁lün*, ridges and peaks.

蜂 / 䗬 ꜀Fung Bees, wasps, hornets; *mat꜇ ꜀fung*, a honey bee; *꜀fung tau²* a bee's-nest; *꜁wong ꜀fung tau²* a hornet's nest, a villain; *꜀fung ꜁ch'áu*, a bee-hive; *ʿmá ꜀fung*, a horse-fly, a breeze; *꜀fung ꜀cham*, a sting.

鋒 ꜀Fung The point of a weapon, a sharp point; the vanguard; bristling; turbulent; to rise up (as spears appear); *꜀káu ꜀fung*, to attack; *꜀sín ꜀fung*, the van.

烽 ꜀Fung A fire-place erected on hills, in which fires are lighted; *꜀fung ꜀in*, a beacon-fire.

丰 ꜀Fung Luxuriant; plump, good-looking; easy, melodious; a round face; *ʿséung mong² ꜀fung ꜁í*, I wish to see your pleasant face; *꜀fung ʿts'oi*, a graceful carriage.

逢 ꜁Fung To meet undesignedly; to meet with; to run against, to occur; great, wide; *꜁nán ꜁fung*, difficulty in seeing (as a friend); *꜁fung ꜁ying*, to go out to meet; *꜀séung ꜁fung*, two persons meeting; *꜁fung ꜁yan pín² shüt꜆ ꜀sám ꜀fan wá²* speak only a little to strangers; *꜁fung chéuk꜆* to meet one.

縫 ꜁Fung To sew, to stitch; a seam, a cleft; *꜁fung ꜀í*, to sew clothes; *꜁fung ꜀san*, to make new clothes; *꜁fung ʿhau*, a seam; *꜁fung ꜁mái*, to sew together.

馮 ꜁Fung A horse running; a surname.

俸 ʿFung Salary, emoluments; wages, stipend, pay, rations, allowance; *ʿfung luk꜇* an officer's salary; *ʿfung ꜀sau*, government allowances; *tái² ʿfung ꜀kwai ꜁t'in*, to retire from an office on its salary; *ʿfung ʿmai*, soldiers' rations.

捧 ʿFung To offer with both hands; to hold in both hands; to receive or take in the hands; *ʿfung* (or *ʿpung*) *ʿshui*, to hold water in the hands; *'fung tuk*, to hold and read.

諷 'Fung To recite or rehearse in a musical tone; recitative; to ridicule, to satirize, to reprove by irony; metaphor, allusion; *'fung kán'* satire, to censure; *'fung ts'z'* pointed irony; *'fung sz'* satirical ballads; *'fung tsung* to chant (as priests do).

奉 Fung To respectfully receive in both hands, to receive from a superior, or offer to him; to praise, to reverence; *fung ming* to receive orders; *shí fung* to cherish one's parents; *fung ₛshing*, to flatter; *fung ho* to make a congratulatory present; *fung sz'* to wait upon; *fung hau* to offer congratulations.

鳳 Fung A fabulous bird, the male is called *fung*, the female *ₛwong*; the Chinese phœnix; it seems to be derived from the argus pheasant; the empress is poetically called *fung*.

泛 'Fung To overthrow, to throw a rider, to "spill" him; *'fung ká' ₛchi 'má*, a vicious horse, *met.* a stubborn boy.

(107) **Fút.**

闊 Kw'oh Broad, wide, large; ample; distant; liberal; diligent; to widen, to enlarge; *fút, tái* ample, capacious; *ₛwáng fút,* broad across; *tím fút,* across the length; *ₛsho fút,* long separated (as friends); *kán' fút,* widely sundered; *fút, lok,* agreeable, spacious.

(108) **Há.**

蝦 鰕 ₛHá A shrimp, prawn, crawfish; *ₛhá ₛch'un*, crab's eggs; *ₛhá ₛch'un cháp,* a skinflint; *ₛlung ₛhá*, the sea crawfish (*Palinurus*); *ₛngan ₛhá*, sea shrimps; *ₛming ₛhá*, large yellow prawns; *ₛhá kòm' 'tsán*, to throw the arms about passionately; *ₛshang ₛhá kòm' t'iú'* lively, playful. The first character is also read *ₛhá*, as *ₛhá ₛmá*, a striped frog.

瘕 ₛKiá A difficulty in breathing; *ₛhá sau'* a hacking, a cough; a scar; an obstruction in the belly.

遐 ₛHiá Remote, distant, far from; why; *ₛhá 'i ₛkái ₛchí*, it is known by everybody.

瑕 ₛHiá A blemish in a gem; a crack, a flaw; a fault, a bad habit; distant, separated; *'mí yuk, ₛmò ₛhá*, a gem without a flaw, perfect; *ₛhá ts'z'* a mistake, carelessness.

霞 ₛHiá Clouds tinged red; vapor, smokiness; *mok, ₛhá mò* don't move about so, be still; *ₛhá p'ú'* a noblewoman's robe.

下 'Hiá To descend, to come down; *'há ₛshün* to go aboard; *'há ₛlau*, go down stairs; *'há hí'* to restrain the temper; *'há 'kiú* to get out of a sedan; *'há tán* to lay an egg; *'há t'áp,* to lodge; *'há pat,* to write; *ₛkwan ₛnang 'há há* a sage knows how to condescend; *'há 'shau*, to begin to act.

吓 'Há Once, a time; a while; *'tang yat, 'há*, stop a little; *'tá yat, 'há*, strike it once; *'kí 'há*, several times; *yat, 'há*

ˌtung hü' I will go with you soon; *man² hau² ˈhá ˈk'ü ˈché* only came to visit him.

ˈ暇 Hiá The throat; to swallow; *ˏhá pá'* to insult, to reproach.

下² Hiá Below, down, bottom, inferior; mean, vulgar; next; *tsoi² ˈtai há²* it is below; *há² ˈtai,* the bottom, underneath; *há² t'sz'* next time; *há² üt,* next moon; *há² ˌman,* common people; *há² ˌlau,* the lowest classes, lowlive, vicious; *ˌmò há² lok,* no fixed business or residence; *há² ˈmá ˏwai,* a humbug; *há² tsok,* to covet, to long for, unscrupulous; *há² ˏpá,* the chin; *há² ˏsheng,* a low sound, or voice; *há² pín²* the right side, the lower; *há² ˌyan,* official underlings.

夏² Hiá Summer; a mansion; clear; variegated; name of a dynasty from B.C. 2205 to 1766; *há² ˏt'in,* summer weather; *há² kwai'* summer months; *há² pò'* grasscloth; *Há² ˏch'iú,* the Hiá dynasty.

厦² Hiá A mansion, a side room; *há² ˌmún,* Amoy; *Mong² há²* the village of Wánghiá near Macao.

暇²² Hiá Leisure, relaxation; self-indulgence, unoccupied; *ˌhán há²* at leisure; *mí² há²* busy.

ˈ嗄 Hiá Laughter; *ˏhá ˏhá,* the sound of immoderate laughter.

(109)

Hai.

ˌ奚 Hí Why, how? a page to an officer, a waiting-maid.

ˌ徯 Hi 'To wait for, to hope; a narrow pathway; *ˌhai king'* a footpath.

ˌ兮 Hí A poetical word used as an exclamation of admiration or interrogation, according as it is in the middle or end of a sentence; ah!

ˌ鼷 Hí A small meadow mouse, whose bite is considered poisonous.

ˈ喺 To be at, to be in; is; well so, no more; a final particle denoting that there is no more to be said or done; *ˈní chung² ˈhai ko' ch'ü'* do you still stay there? *ˈhai chü' ˌ'm ˈhai,* is it there? is he in? *ˈhai ˏpín ch'ü' ˌloi,* where do you come from? *ˈkòm yéung² ˈhai lé'* that will do, no more; *ˈhái lok,* that's the fact, there!—an expression of surprise.

係² Hí The substantive verb; to be, am, is; to connect, to succeed to; *ˏpín hai²* not at all so; *hai² ˌ'm hai²* is it so? *ˏhán hai²* was it not so? *hai² lok,* yes; *ˌ'm hai²* no; *ˈtím hai²* how will it be? *ˈtsung hai² ˈkòm,* it is all just so; *tsau² hai² ˈk'ü,* it is just him; *hai² ˌmo,* is it not so? *hai² ˏtò ˈyau,* everything is here, you have all sorts; *ˈkwo ˌin hai²* it is the case, you have all sorts; *chi' hai²* at the time, that is better.

系² Hí To connect, to tie; to continue; a succession; *shai' hai²* a genealogy, a family record; *ˏséung hai²* continuous.

繫² Hí To tie, to bind; to continue; attached to, to think of; to retain, to hold; *hai² ˏchau,* to fasten a boat; *hai² ˈlui,* to implicate.

(110) **Hái.**

揩 ˏK'iái To rub, to wipe; *ˏhái ˏkon tseng*^{2} wipe [shoes] clean; *ˏhái ˏmo*, to scour off (as rust); *ˏhái ˏmái ˏts'éung* rub it on the wall; *ˊni mok*$_{2}$ *ˏhái ˏts'an ˊngo*, don't rub against me; *ˏhái ts'at*ˎ to rub (as with sandpaper).

諧 Hiai To harmonize, to agree; to pair; consenting, in concord; of one mind; to laugh; *ˏhái ˊlò*, an old couple; *ˏwo ˏhái*, agreeing (as married people), cordial; *ˏhái ˏyam*, a chord.

鞋 ˏHiai A shoe; *yat*ˎ *túi*ˎ *ˏhái*, a pair of shoes; *ˏhái hün*ˎ a last; *ˏkung ˏhái*, a woman's shoe; *ˏt'o ˏhái*, slippers; *ˏhái ˏkam*, fees paid house agents; *ˏhái pat*$_{2}$ a shoe-horn; *ˏshing ˊtsai ˏhái*, cord sandals; *ˊpò ˏhái ˊlò* a cobbler; *chéuk*ˎ *ˏhái*, to put on shoes.

嗐 ˏ An exclamation of disappointment, Alas! Oh! rough, hispid, harsh; *lak*$_{2}$ *kòm*ˎ *ˏhái*, sharp as a bramble, morose, surly; *ˏts'ò ˏhái*, coarse and rough; *ˊk'ü sham*^{2} *ˏhái*, he's very stingy.

蟹 ˊHiai A crab; *ˊhái ˏkang*, crab soup; *ˊhái ˏk'im*, crab's pincer's; *fái*ˎ *ˊhái ˊt'eng*, a boat with many oars; *ˏch'i ˏkam ˊhái*, 'a gilded crab,' a rich villain.

獬 ˊHiai A fabulous animal, called *ˊhái chái*^{2}, or lion-unicorn; embroidered on the robes of censors and judges; haughty, stern.

邂 ˊHiai Accidentally, a pleasant hap; *ˊhái hau*^{2} an unexpected meeting.

械 Hiai^{2} Military weapons, as spear, bow, &c.; shackles, fetters; *ˏkí hái*^{2} a curious contrivance, the nicer parts of a machine, a craft or art; *ˏts'éung ˏtò hí*ˎ *hái*^{2} guns, swords, and other arms.

懈 Hiai^{2} Remiss, slow, negligent, inattentive; *hái*^{2} *toi*^{2} lazy, slow; *hái*^{2} *to*^{2} lazy.

薤 Hiái^{2} Chives or onions, not permitted to be eaten by people who fast.

齘 Hiai^{2} To gnash the teeth, angry; plates in mail arranged like teeth.

(111) **Hak.**

(These characters are often pronounced long like the next syllable.)

黑 Hehˎ Black, sooty; dark, obscure; cloudy, dull; wicked; *hak*ˎ *shik*ˎ black color; *hak*ˎ *òm*ˎ dark, not well lighted; *hak*ˎ *ˏsam*, villainous; *hak*ˎ *fo*ˎ opium; *hak*ˎ *pák*$_{2}$ *ˏnán ˏfan*, good and bad are not easily distinguished; *ˏkam ˊmán hak*ˎ to-night.

克 K'ehˎ To sustain, adequate to; superior to; to subdue, to conquer; overbearing; *hak*ˎ *chai*ˎ to order, to make one obey; *hak*ˎ *ˊfú*, hurried, oppressed; *fat*ˎ *hak*ˎ *ˏshing yam*^{2} inadequate for the place; *hak*ˎ *ˏtong*, to sustain, fit for; *hak*ˎ *ˊki*, to do what you ask others, self-government.

赫 Hehˎ Bright, splendid, luminous, like a fire or the sun; angry; to scorch, to glisten; clever, elegant; *hak*ˎ *hak*ˎ hot, glorious, effulgent; *ˊhin hak*ˎ a good scholar, talented.

(112) **Hák.**

客, K'eh A guest, a visitor, a friend; a dealer, customer, a stranger; foreign; squatters, marauders; to lodge; *ˌyan hák*ˀ a visitor; *ˌsai hák*ˀ traders from Shensí and Shánsí; *hák*ˀ *tí*² a trading-place; *hák*ˀ *ˌfong*, guest-chamber; *hák*ˀ *fo*ˀ inferior goods; *ˌch'á hák*ˀ teamen; *hák*ˀ *sui*ˀ last year; *hák*ˀ *ˌping*, foreign troops; *ˌfán hák*ˀ a foreigner; *hák*ˀ *ˌts'ai*, a whore; *hák*ˀ *ˌká ˌyan*, people from Kiáying chau; *hák*ˀ *t'ò*ˀ to flatter a guest; *'hò hák*ˀ *ˌts'ing*, a cordial reception; *ˌt'ong hák*ˀ a lady visitor.

嚇, Hih An angry tone; to threaten, to intimidate; to anger; scared, frightened; *hák*ˀ *'ngo yat*ˀ *t'iú*ˀ it scared me much; *hák*ˀ *ˌkeng*, terrified; *hák*ˀ *ˌts'an*, sick from fright; *hák*ˀ *chá*ˀ to alarm by threats; *hák*ˀ *shai*ˀ a humbug; *'hung hák*ˀ to idly arouse one's fears.

刻, K'eh To carve, to chisel, to sculpture; a cut; griping, close; fifteen minutes, a little while; *hák*ˀ *tsz'*² to cut characters; *hák*ˀ *'pán*, to cut blocks; *hán*² *hák*ˀ a limit, a set time; *hák*ˀ *kwat*ˀ *'ming ˌsam*, graven on the bones and inscribed in the heart; *hák*ˀ *há*² presently; *hák*ˀ *yat*ˀ a set day; *ˌshí hák*ˀ constant, usual; *'shiú hák*ˀ a little time.

尅, K'eh To subdue, to overcome; to repress, to exorcise; urgent; *hák*ˀ *shát*ˀ *ˌhung ˌshan*, to drive off unlucky demons; *ˌshang hák*ˀ to produce and destroy (said of the five elements); *hák*ˀ *chai*ˀ to lord it over one; *hák*ˀ *'kám*, to reduce a debt or wages by force; *hák*ˀ *pok*ˀ hardfisted, oppressive, insulting.

(113) **Hám.**

咸 ˌ Hien All, jointly, altogether; completely, totally; always, all round, reaching everywhere; concord, associated; hasty; a diagram; *pat*ˀ *ˌhám*, disagreeing; *ˌHám ˌfung*, the style of the present emperor; *mán*² *kwok*ˀ *ˌhám ˌning*, all countries at peace.

鹹 ˌ Hien Saltish, like sea-water; salted, preserved in brine; *ˌhám shap*ˀ salacious; *ˌhám ts'oi*ˀ sour-krout; *ˌhám ˌt'ò*, salted peaches.

諴 ˌ Hán Union, harmony; to be accordant, united; sincere, cordial, hearty.

函 ˌ Hán To contain, to infold, to comprehend in, to envelop; a letter, or what is contained in an envelop; liberal, capacious; *ˌpáu ˌhám*, to keep close, not to utter; *ˌshü ˌhám*, a letter; *ˌtsün ˌhám*, your favor; *ˌhám chéung*² a teacher or sage's desk; *ˌhám ˌyung*, patiently.

涵 ˌ Hán Submerged; to leak; marshy; to soak; to contain, capacious; *ˌhám ˌün*, to soak soft; *ˌhám 'yéung*, kindly, to keep one's temper; *'shui ˌhám* a sewer.

椷 ˌ Hien The Fan Wan says, to plant, to set out; but Kánghí defines it a wooden bowl.

꜁銜 Hán Bit of a bridle; to hold in the mouth; to contain; to control one's self, to guide, to order; affected by; moved, indignant; rank; ʻhau ꜁hám muk꜇ ʻlám, to keep silence; ꜁hám ꜁múi, to hold a bit, to be still; ꜀kún ꜁hám or chik꜇ ꜁hám, an official title; ꜁hám han[2] to restrain one's indignation.

꜁啣 ꜁嗛 } Hán To hold in the mouth; used for the preceding; to receive (as an order); ꜁hám ꜁wán, to hold a gem in the bill, *met.* to requite a kindness; ꜁hám ťit꜇ ꜁ťán, to hold an iron shot in the mouth (punishment of liars in hell); ꜁hám pòʾ to requite; ꜁hám meng[2] received your orders (said of a friend's request); ꜁hám chü[2] ꜁ťong ʻlám sucking a sugared olive, *met.* pleased and silent.

喊ʾ Hán To call, to halloo after, to call for, to vociferate; a call; to cry, to bawl; angry cries; hámʾ ʻkʻü call him; tái[2] ꜀sheng hámʾ to call aloud, to cry out; hámʾ huk꜇ to cry; ʻlá hámʾ lò[2] to gape; hámʾ ꜀ťung ťauʾ to cry it out; hámʾ shát꜇ ꜁lín ꜀ťin, the noise reaches to heaven; hámʾ ꜀sheng tái[2] kéʾ useless regrets; hámʾ kauʾ to call upon to save.

陷[2] Hien To fall down or into, to sink; to put into; to descend into; overwhelmed, ruined; to involve another; hám[2] hoi[2] to inveigle one; hám[2] tsing[2] or hám[2] ꜀háng, to fall into a trap; hám[2] nik꜇ to drown, to irritate; ꜀tai hám[2] unstable ground, sandy beach; hám[2] ꜁yan ꜀háng, a brothel.

餡[2] Hien Small flour cakes, like dumplings, with meat or fruit inside; ʻpáu hám[2] pastry cakes; ꜁wan ꜀ťan hám[2] pork dumplings cooked in sugar.

(114) Han.

꜁痕 Han A scar, a cicatrix; a mark, trace, or line left; an itching; lui[2] ꜁han, marks of tears; ʻshui ꜁han, a stain from water; ʻhò ꜁han, very itchy; ꜁han tsik꜇ a trace, a flaw in glass.

ʻ懇 Kʻan To request, to beg, to ask as a favor; importunate, truly, earnestly; ʻhan ꜁kʻau, to intreat; ʻhan kʻap꜇ ask to give; ʻhan ꜀yan, to ask a kindness.

ʻ墾 Kʻan To open new land, to plough, to cultivate; to injure; energetic; ꜀hoi ʻhan, to clear land; ʻhan ti[2] new land; ʻhan chungʾ to plough and sow.

ʻ狠 ʻ很 } Han Snarling of dogs; disobedient, perverse; quarrelsome, intractable; revengeful; sign of the superlative; very, much; mat꜇ ʻní ʻkòm ʻhan ꜀sam, how harsh you are! fát꜇ ʻhan, very angry; ꜀to tak꜇ han, very many; ʻhan wái[2] very bad.

恨[2] Han Indignation, resentment, dislike; hatred, spite; to regret, to feel sorry; vexed, sorry; han[2] nò[2] to hate; ʻho han[2], detestable, odious; süt꜇ han[2] gratified revenge; han[2] pat꜇ tak꜇ would that! O for! ꜁mò ꜁yan han[2] unregretted; tak꜇ ꜁yan han[2] to get men's ill will.

(115) ## Hán.

慳 ˓K'ien Saving, niggardly, stingy; to be sparing of; ˓hán kím² parsimonious, close; ˓hán lun² (or nun²) stingy; ˓hán lik˒ saving of strength; ˋhò ˓hán, closefisted; ˓hán ˓fán, saved the expense, spared the trouble

閒 ˓Hien Repose, leisure; indolent; unoccupied, empty; tak˒ ˓hán, at leisure; ˓mò ˓hán, busy; ˓hán ˓yau, sauntering about; ˓hán ˋshau, an idler; ˓hán wá² small talk; ˓hán sz'² private, trifling affairs; ˓yau ˋshau hò' ˓hán, a vagrant loves leisure; ˓hán uk˒ an untenanted house; ˓hán ti² a void place, room; ˓ch'au ˓hán, to take time for; ˓fong ˓hán, to look out for idlers.

閑 ˓Hien A bar or barrier, a fence; an inclosure; a fold or stable for horses; to close, to obstruct; to protect; to regulate by law, to forbid; to move about; large; accustomed, practiced; ˓hán ˋcho, to embarrass; ˓hán tsáp˒ broken in, used to. Often used for the preceding.

憪 ˓Hien Liberal, pleased; composed, tranquil, contented; aroused, anxious for others.

嫻 ˓Hien Accustomed; loving leisure; elegant; ˓hán shuk˒ accomplished, skilled, in; ˓hán ˋngá, apt, polished.

癇 ˓Hien Convulsions in children; spasms from fright; epilepsy; vulgarly called fát˒ ˓yéung tiú'

鷴 ˓Hien A kind of pheasant; pák˒ ˓hán, the silver pheasant.

僩 ˓Hien Courageous; depending on one's-self; martial; formidable, brave; liberal.

瞯 ˓Hien To observe narrowly, to watch furtively; spots in the eyes; the whites of the eyes showing in convulsions.

限² Hien To limit, to fix or set a time, to assign, to adjust; to impede, to moderate; a limit, impediment, boundary, restriction; a few, a short time; a threshold; ˓mò hán² illimitable; ˓ho hán² what limit, endless, numberless; ˋyau hán² a few, limited; hán² ˋki yat˒ how many days do you set? kwo² hán² overpast the time; ˓fún hán² to extend the time; hán² teng² exactly so many; hán² tò² a fixed measure.

閬² Hien The threshold of a door.

(116) ## Hang.

亨 ˓Hang To penetrate or pervade; successful; ˓hang ˓k'ü, a quiet street, an eligible street.

哼 ˓Hang Frightened, an antipathy to; a local word applied to smells, lothsome.

鏗 ˓Kang To strike against as sounding glasses or metals, a ringing or metallic sound; ˓hang ˓ts'éung, jingling of bangles or tamborines.

硜 ˓Kang The jingling of stones, striking hard stones together.

牼 ˓Kang The shank bone of an ox. A man, Sung' ˓Hang, in the time of Mencius.

英華分韻撮要

(This character is often pronounced like the next syllable.)

行 ˏHang To go, to walk, to proceed; to act, to do, to direct; imports the action of the following verb; to appeal, or transfer a case; a step; a road, a way, a path; one of the elements; a manner; motion; *ˏhang lò^{2}* to walk in the way; *pò^{2} ˏhang,* to travel afoot; *ˏhang ˏyan,* a traveler; *ˏhang ʿlai,* to visit, to attend to prescribed rites; *ˏhang ʿü,* to tell to; *ˏhang ʿli,* baggage; *ʿng ˏhang,* the 5 elements; *ˏhang káuʾ* to promulgate; *tái^{2} ˏhang,* the recently deceased emperor or empress; *ˏhang ˏt'au,* head-gear, masks, &c., used by actors; *ˏhang ˏhéung,* to go in procession; *ˏhang ˏts'ing,* to worship at the tombs in spring; *ˏhang ˏying,* to punish; *ˏhang ˏts'in pò^{2}* to 'walk a mile;' *ˏhang ˏshün,* to weigh anchor, to follow the sea, to act as a sailor; *ˏhang ˏmái tikˎ* step aside a little! *ˏhang ʿhim,* to follow dangerous pursuits; *ˏhang ˏping,* to direct troops; *ˏhang ˏwai,* conduct, manner of acting; *ˏhang ling^{2}* to send an order; *ˏhang ʿhá ʿché,* wait, or do; a little presently; *ˏhang ˏshü,* to write a running hand, *ˏhang ˏlúi,* to thunder.

珩 ˏHang An ornamented clasp, a gem which has a play of colors, worn on the person.

衡 ˏHang A yoke or strap on the head of cattle; the space under the eyebrows; a balance, or thing to weigh with; a balustrade; to weigh; transverse; adjusted, compared; *ˏhang ˏléung,* to measure; *ˏhang ˏp'ing,* a pair of scales; *yukˎ ˏhang,* an armillary sphere.

蘅 ˏHang A fragrant plant like mallows; *tò^{2} ˏhang,* sweet vernal-grass. (?)

莖 ˏHang The culm or stalk of herbs and shrubs; a twig; hilt of a sword.

恒 ˏHang Constant, regular, perpetual, according to rule; to continue of the same mind, persevering; *ˏhang ˏshéung,* accustomed to; *ˏhang ˏsam,* constant; *ˏhang ʿyan,* patient; *ˏhang ʿch'án,* enduring possessions; *ˏHang ˏho ˏshá shò^{2}* like the sands of the Ganges; *ˏHang ˏshán,* a mountain in the west of Chihlí.

肯 ʿKang The attachment of the muscles; to assent, willing, acquiescing; to permit; *ʿhang ˏ'm ʿhang,* will you or not? *ˏ'm ʿhang,* I will not! *ʿwan ʿhang,* to permit.

悻 ʿHing *ʿHang ʿhang,* anger, hatred; great displeasure, vexed; quarrelsome, pertinacious.

幸^{2} Hing Fortunate, lucky; blessed; happily; an emperor reaching or tarrying in a place; to hope, to wait or long for; lucky in getting, to rejoice; to love, pleased; *hang^{2} takˎ* to succeed pleasantly; *shi^{2} hang^{2}* is well, will be pleased—a phrase used in a bill; *ˏká ˏmún patˎ hang^{2}* domestic affliction, family trouble;

10

pat, hang² ,chung ,chi hang² fortunate in the midst of disaster.

倖² Hing — To obtain or avoid without merit or right; *hang² 'min,* fortunately escaped; *,hiú hang²* very fortunate.

杏² Hang — A kind of plum; *hang² ,yan,* almonds; *,ngan hang²* nuts of the Salisburia adiantifolia; *hang² ,múi,* a sort of apricot, ripe in June.

荇² Hang — An aquatic vegetable with a reddish leaf; not found in Canton.

行² Hing — Actions, conduct; *'pan hang²* disposition, character; *tak, hang²* virtue, good works; *tò² hang² ,sham,* able, experienced, learned; *sun' hang²* honest; *'tün hang²* curt, snappish.

(117) ## Háng.

,坑 Kang — A ditch, trench, hollow, hole, cave, or pit, natural or artificial; the furrows in a roof; a pit to entrap wild beasts; to throw into a pit; to excavate; *,háng ,k'ü,* a sewer or drain; *,háng 'hòm,* a natural gully, a ravine; *'Lò ,háng,* a quarry in Sháuking fú which furnishes good inkstones; *'shui ,háng ,mún,* a sluice; *,múi ,háng,* a coal pit.

,桁 Hang — The purlines of a roof; a plank to cross a rivulet; stocks for feet; a clotheshorse; *,háng kok,* purlines and rafters; *uk, ,háng,* purlines.

(118) ## Hap.

恰, Kiáh — To apply the mind to; seasonably, fortunately, in good time, to the purpose, fitly; exactly; *hap, ü²* luckily met; *hap, 'hò,* suitable, just the thing; *hap, 'ts'z'* very much alike; *hap, hap,* chirping of birds; *hap, ,ngám,* fits well; *hap, 'hau 'yau,* had it just in season.

哈, — A colloquial word, for which this character is sometimes used, meaning to nod, sleepy; *hap, 'ngán fan'* to nod.

(119) ## Háp.

呷, Hiáh — To gulp, to swallow, to drink; *chuk, 'shui 'mò tám² háp,* not even congee water to drink (poor); *háp, tám² ,ch'á,* take a mouthful of tea; clamor or buzz of a crowd.

狎₂ Hiáh — Accustomed, familiar with; irreverent, disrespectful to; to caress; to desecrate, to contemn; to change; to approach, acquainted with; *háp₂ oi'* mutual attachment; *háp₂ tsáp₂* intimate with; *háp₂ ún²* to play with.

柙₂ Hiáh — A cage for wild beasts or prisoners; to encage; a scabbard; a press.

匣₂ Hiáh — A chest or trunk; a press for clothes; a coffer, a casket; a box for a set of books; *'shau shik, háp₂* a dressing-case; *pái' háp₂* a case for sending cards, presents, &c.; *sz'' 'pò háp₂* a writing-case; *,chü 'pò háp₂* a casket.

俠 Kiah₂ Generous, noble-minded, public spirited; zealous for right, bold, intrepid; to assist or redress another's wrongs; *háp₂ hák₃* or *kím³ háp₂* a friend in need, a supernatural advocate; *háp₂ hí³* noble-minded, intrepid.

狹 Hiah₂ Narrow, strait; a contracted passage; narrow-minded, mean; *chák₃ háp₂* narrow; *háp₂ ₅sam tí²*, doltish, stupid.

陜 Hiah₂ A strait passage, contracted, narrow; *háp₂ ái³* a narrow pass. Used for the preceding.

峽 Hiáh₂ Hills approaching, forming a gorge, through which a stream forces its way; *háp₂ ʻhau*, a pass in a river; *Shiú³-hing³ háp₂* a gorge near Sháuking fú in Kwángtung.

篋 Kieu₂ A basket for sundries; a dresser, a pannier.

掐 Kiáh₂ To press or dig the nails into; to lacerate; *háp₂ ch'ut₃ hüt₃* to squeeze the blood out; *₅ngá ʻch'i háp₂ yap₃ yuk₂* to bite till the blood comes, indignant at, irritated with.

歃 ʻhah₂ To drink each other's blood in spirits; to bloody the lips—a form of an oath; *háp₂ hüt₃* to let blood when swearing, an oath of blood.

(120) **Hat.**

乞 K'ıu₃ To beg, to ask alms; to intreat, to request; *hat₃ ₅í*, a beggar; *fuk₂ hat₃* humbly beg; *hat₃ shik₂* to beg food; *hat₃ ʻtsai*, to pray for children; *hat₃ ʻháu*, to beg for skill (of Arachne); *ʻtá hat₃ ₅ch'i*, to sneeze.

吃 K'ih₃ To eat, to swallow. Usually pronounced *yák₃*.

檄 Hih₂ A piece of board on which orders used to be written; a governmental proclamation; to give orders; haste; a branchless tree; *hat₂ ₅man*, an official summons or reprimand; *ʻü hat₂* a feather (*i. e.* urgent) dispatch; *₅ch'éung hat₂* a passport.

覡 Hih₂ A sorcerer, a wizard, a necromancer. Usually called a *ʻsheng ₅kung*.

轄 Hiáh₂ A linch-pin; the creaking of carriages; to regulate, to control; to guide the morals of society; to turn; *ʻkún hat₂* to control.

瞎 Hiáh₂ Blind of one eye; ignorant, uneducated; *hat₂ ʻtsz³* a blind man.

劾 Hih₂ To judge, to examine into, to search out; to keep in order; to punish; to prosecute or to accuse one; to sentence; *hat₂ shat₂* to ascertain the facts; *hat₂ pán²* to revise a case; *hat₂ tsau³* to accuse by memorial.

覈 Heh₂ To investigate, to ascertain the facts; to pare or carve; *ʻháu hat₂* to search out fully; *hat₂ ím²* to verify.

核 Heh₂ The kernel or seed of fruits; the nucleus; the facts, the real circumstances; truly; *tsung³ hat₂* to search out a matter; *hat₂ ₅t'ò*, walnuts.

(121) **Hau.**

吼 Hau The cries of animals, especially of cattle and feline animals; *₅ho ₅tung ₅sz³ ₅hau*, a scolding wife.

喉 ꜀Hau Groaning, as when angry; a tone of displeasure.

侯 ꜀Hau A prince, or feudal baron in ancient China; a marquis in modern days; pretty; but, unless; a surname; *꜀chü ꜀hau*, a petty prince; *꜁hau ꜀yé*, my lord marquis.

喉 ꜁Hau The throat; the trachea; *꜁hau ꜁lung*, vulgarly means either the windpipe or gullet; *꜂ün ꜁hau*, the œsophagus; *ngáng² ꜁hau*, the windpipe; *꜁hau ꜂lám*, Adam's apple; *꜁hau kap꜀* hasty, in a hurry; *꜀fung ꜁hau*, the throat stopped up; *꜀shang ꜁ngo ꜁hau*, quinsey.

猴 ꜁Hau A monkey; vulgarly called *꜂má ꜁lau*; *꜁hau ꜂tsz' hí'* sports with monkeys.

篌 ꜁Hau A musical instrument, called *꜀hong ꜁hau*; a flat lute, having 23 strings.

餱 ꜁Hau Dry provisions, food dressed for a journey or an expedition; *꜁hau ꜁léung*, dry provisions.

瘊 ꜁Hau Pimples, pustules, resulting from bad humors; *꜁hau ꜂tsz'* a pustule.

口 ꜂K'au The mouth, 'that by which we eat;' an entrance, a door, a narrow passage, an opening; a pass or gate in the Great Wall; speech, utterance; a numeral of swords, men, hatches, fill of pipes, draught of drinks, boxes; to mouth, to reiterate; *꜂hò ꜂hau kok꜀* good utterance, glib; *kok꜀ ꜂hau*, to wrangle; *꜂mò ꜂hau ꜂ch'i* untrustworthy; *꜂hau ꜁k'im*, good enunciation; *yák꜀ ꜁léung ꜂hau*, take two pipes; *꜀chong ꜂hau*, a large establishment, applied to the Factories; *꜂mò ꜂hau wá² ꜂k'ü*, will not speak to him, intractable; *꜂hau ngoi²* beyond the frontiers; *꜀fá ꜂hau*, or *꜂hau ꜂tsui*, loquacious; *꜁yan ꜂hau*, persons, a family; *yat꜀ ꜂hau ꜁ch'á*, a swallow of tea; *꜂hoi ꜂hau*, an estuary; *꜀ts'ong ꜂hau*, a hatchway.

後² Hau After in time, late; behind; then, next; posterity, descendants; *hau² ꜁loi*, afterwards, then; *hau² ꜁t'au*, behind; *hau² ꜀shang*, young man; *hau² shai'* future existence; *hau² hok₂* your pupil (used when speaking of one's self); *hau² úi²*, another time; *hau² tsun'* the next entrance in a hong; *púi' hau²* behind one.

后² Hau A queen or empress; a prince or ruler, a tributary sovereign; behind; *꜁wong hau²* or *kwok꜀ hau²* the empress; *t'ái' hau²* empress dowager; *꜂mò hau²* our mother (the queen); *hau² ꜂t'ò*, god of the land,—it is worshiped behind graves; *꜀t'in hau²* the Chinese Amphitrite.

逅² Hau To meet unexpectedly; *꜂hái hau²* to meet one by accident.

鱟² Hau The horse-hoof or king crab; the Xiphosuræ or Limulus longispina.

厚² Hau Thick, large, substantial; liberal, generous, kind; well, very; faithful; intimate; well flavored; rich (loam); to esteem; *hau² pok₂* thick and thin, the suitable relations of things; *hau² toi²* to treat well; *hau² luk₂* a fine salary; *hau² ₛts'ing,* kind feelings; *hau² chung²* very generous; *mín² ₛp'í hau²* shameless, brazen-faced.

侯² Hau — To wait; to inquire for, to wait on, to visit; to take care of; *man² hau²* to inquire after civilly, to send respects; *hau² kü'* I wait for you; *hau² 'pò* waiting for confirmation in office; *hau² sün²* wait for appointment; *'tang hau²* wait for; *ching' hau²* a disease, a bad habit.

(122) Háu.

ₑ敲 Kiáu — A baton or club; to beat or tap horizontally with a club; to rap; *ₑháu puk, ₛü,* to rap the block when chanting; *ₑháu ₛmún,* to knock at a door; *ₑháu ₑking ním² Fat₂* to recite prayers and meditate on Budha; *ₑháu lán²* to beat to pieces, or to a jelly.

ₑ拷 K'áu — To beat or torture to extort a confession; *ₑháu kéuk, 'ngán,* to beat the ancles; *ₑháu 'ta,* to torture.

ₑ磽 Kiáu — Stony, arid land; poor soil.

ₑ哮 Hiau — To howl, to bellow, to roar, as beasts when afraid or angry; to grunt (as swine); a loud call; to pant or gasp; *ₑháu ₑhá,* shortness of breath; *ₑháu k'at,* a hacking cough; *ₑháu 'ch'ün,* the asthma.

ₑ虓 Hiau — The scream or roar of a tiger; beside one's self with anger.

ₑ尻 Káu — The end of the spine, the os coxendicis; the rump or seat.

'考 K'áu — Aged; a deceased father; finished, complete; to examine, to question; to strike; *'háu ím²* a triennial examination of officers; *'háu 'siú shí'* to examine for the lowest degree; *ₑsín 'háu,* my departed father; *ün² 'háu,* a district examination; *'háu on' 'shau,* the first of the siútsái; *'háu káu'* to examine carefully.

'攷 Káu — To search into; used for the preceding; *'háu ch'át,* to examine; *'háu ₛshing,* decision of official merits.

'栲 K'au — A tree producing a kind of varnish; the wood is hard. *Qu.* a kind of Dryandra.

'巧 K'iáu — Skillful, ingenious, dexterous, handy; clever, as an artisan; talented, adroit; ingenuity; genius; wily, crafty, specious, deceitful; witty, subtle, shrewd, ready; pleasing; *'háu miú²* well done, fine work; *'háu yéung²* a new or ingenious pattern; *ts'au' 'háu* unexpected and well-timed; *'háu 'shau,* a skillful workman; *'háu siú'* pleasant, good-natured; *ₑkwái 'háu,* smart; *'háu pín²* good at excuses.

孝' Hiáu — Filial duty, obedience, respect to parents; mourning for parents; *háu' shun²* dutiful and obedient; *ₛhang háu'* to obey; *chéuk, háu'* to put on mourning for parents; *háu' ₑsam ₛyan,* a filial son; *háu' fuk₂* white mourning; *háu' ch'éung'* the mourning staff (used by the chief mourner).

效[2] 傚[2] Hiau — To imitate, to learn, to copy; to verify; like, similar to; effectual, efficacious; an example; exertion; effects, results; to offer; *hok*ₗ *háu*[2] to imitate; *háu*[2] *fát*ˀ to practice, to follow; *háu*[2] *ím*[2] ˏ*ün*, an efficacious pill; *háu*[2] ˏ*yau*, to do like the pattern.

劾[2] Hiáu — To toil, to follow a rule; to imitate; exertion, effects; *háu*[2] *lik*ₗ to exert one's self; *háu*[2] ˏ*lò*, to moil for another; ˎ*kung háu*[2] meritorious exertion. Used for the preceding.

恔[2] Hiáu — Hilarity, joy; cheerful, pleased with the company of others.

校[2] Hiau — A school, a college, anciently so called; an inclosure or horsepen.

(123) Hé.

A colloquial exclamation, expressing disapproval; ˎ*hé!* ˏ*'m* ʻ*hò t'au*ˀ do n't touch it!

Heng.—*See Hing.*

(124) Héung.

ˎ香 Hiáng — Fragrant, odoriferous, aromatic, sweet; incense; effluvia or aroma; reputable, renowned, a 'fragrant' name; ˎ*héung hi*ˀ fragrance; ˎ*héung liú*[2] spicery; *kéuk*ˀ ˎ*héung*, incense sticks; ˎ*shü* ˎ*héung* literary reputation of a family; ˎ*héung* ˎ*chü*, fragrant beads; ˎ*héung* ˏ*lò*, a burner of incense in a temple; ˏ*hang* ˎ*héung*, to worship; *mún*[2] ˎ*héung*, drugs burned by thieves to stupefy people; ˎ*héung sun*ˀ mushrooms; ˎ*Héung* ʻ*kong*, Hongkong.

ˎ鄉 Hiáng — A village, a country; directed towards; five ˎ*chau*, or 12,500 houses, make a ˎ*héung*; rude, country-like, rustic; ˎ*héung* ʻ*tong*, an association or society; ˎ*héung* ʻ*há*, the country; ˎ*héung* ʻ*lò*, a village elder; ˎ*héung* ˎ*shan*, village gentry; ˏ*t'ung* ˎ*héung*, fellow villagers; ˎ*héung tsuk*ₗ rustic, rude manners; ˎ*héung* ʻ*lí*, village neighbors; ˎ*héung* ˏ*t'ám*, a local brogue; ˎ*héung* ˎ*ts'ün*, a village.

ʻ享 Hiáng — To offer up, to present or sacrifice to a god or superior; to enjoy; to receive an offering; a repast; ʻ*héung fuk*ˀ to be happy; ʻ*héung yung*[2], to enjoy the use of, a free use; ˏ*ch'éung* ʻ*héung*, to enjoy long; ʻ*héung shau*[2] happy in his age; ʻ*héung* ʻ*wing* ʻ*ün* ˎ*chí fuk*ˀ to enjoy eternal happiness.

ʻ饗 Hiang — To offer in sacrifice; to feast a guest; to spread out a feast; a banquet or sacrifice; ˏ*shan* ʻ*héung*, offerings to the gods; ʻ*héung tsz*'[2] offerings to ancestors.

ʻ響 Hiáng — Noise, clamor, fracas; a sound, echo, a ringing din; ʻ*héung léung*[2] a din? *yat*ˀ ˎ*shing* ʻ*héung*, a single word, once speaking, a sudden sound; *kòm*ˀ ʻ*héung*, so loud! *mok*ₗ ʻ*héung*, silence! ʻ*lo* ʻ*hau* ʻ*héung*, he can talk enough, wordy.

ʻ晌 Hiáng — Used for the preceding; also to be at, in, at a place; ʻ*ní* ʻ*héung* ʻ*má* ˏ*t'au chü*ˀ do you live at the landing? ʻ*héung ch'ü*ˀ it is there.

‘蠁 Hiáng A worm which notices sounds, a silkworm? *yat₂ ‘héung*, the buzz of flies in swarms; sound of musketoes.

‘餉 Hiáng Provisions for workmen, and troops; taxes paid to government in kind; duties generally; to give or send food; *꜀ping ‘héumg*, soldier's rations; *‘héung ꜁ngan*, duties; *‘héung ꜀tán*, a duty "chop;" *꜁yéung ‘héung*, maritime custom-house duties; *‘héung shik₂* give him to eat.

‘晌 Shang Noon, meridian; *‘héung ‘ng*, noon, midday; *yat₂ ‘héung*, half a day; *púa’ ‘héung*, three hours.

‘珦 Hiáng An ornament worn on the girdle by women.

‘嚮 Heung Opposite; to incline to, pressing forward to; *‘héung ꜁t'ong*, sugar figures carried at weddings; *‘ying ‘héung*, the circumstances of a thing. Used for the next.

向’ Hiang Towards, facing, opposite to; thinking upon; an intention, an object of study; time past, former, heretofore; a window or opening; points of compass; *héung’ yat₂* on a former day; *yat₂ héung’* formerly, for a time; *héung’ pak₂*, northerly; *héung’ ꜁loi*, heretofore; *꜀sam ꜁’m héung’* mind not on your work; *‘ni ꜀sam í²-shap₂-sz²’ héung’* your mind is quite unfixed; *꜀sam héung’ ꜁mò ting²* discomposed, unsteady; *héung’ ‘ni ‘kong*, to speak to you; *í’ héung’* intention; *héung’ ꜀ts'an*, to come on one, to point towards.

曏’ Hiáng A little while; suddenly; formerly.

(125) HÍ.

꜀欺 K'i To cheat, to impose upon, to deceive; to fail in; to self-deceive; to insult, to abuse when in power; to ridicule; *꜀hí p'ín’* to cheat; *꜀hí pá’ ‘ngo*, to covet; *꜀hí ꜁yan*, a cheat, a rascal; *꜀hí fú²* to reproach; *꜀hí ꜀sam*, to delude one's self; *꜀hí át₃* to oppress wantonly; *꜀hí lung²* to make sport of; *꜀hí ꜁mún*, to lie to, to deceive.

꜀希 Hí Few, rare, seldom, infrequent; loose, not close or near; to hope, to wish, desirous; to scatter, to stop; to moult (feathers) or shed (hair); *꜀hí ‘shiú*, few; *꜀hí ‘hon*, strange, odd; *꜀hí ꜁k'í*, unusual.

꜀睎 Hí To look with longing, to hope earnestly, to remember kindly. Used for the preceding.

꜀稀 Hí Open, wide apart, not close, loose; thin; few; careless, remiss; *꜀hí ꜀sho*, widely, open; *꜀hí ‘hí lí²*, thin, watery (as glue, paste).

꜀晞 Hí To dry; dried; daybreak, bright.

꜀俙 Hí Simulated, pretending, like to; obscure; to counterfeit; *꜀í ꜀hí*, appearing as if.

꜀絺 Chí The fibres of hemp, used in making linen; fine hempen cloth.

꜀熹 Hí To heat, to roast or toast; hot, burning, light and heat together; abundant, pervading.

꜀禧 Hí Happy, lucky, blessed by the gods; to pray or implore the gods; *꜀kung ho² ꜀san ꜀hí*, respectfully to congratulate on the new [year's] happiness.

嬉 ₍Hí Pretty, handsome; pleasant sports, rambles; an excursion; to ramble, to play, to enjoy one's self; *₍hí ʿshá*, sporting, plays; *₍hí hí*ʾ, games of children; *₌yau ₍hí*, a pleasure excursion.

嘻 ₍Hí The sound of merriment, voices of people laughing; an interjection of grief or anger, Alas! *₍hí ₍há*, the noise of laughing

譆 ₍Hí The cry of one in pain or sorrow; grumbling; the reply of spirits.

欷 ₍Hí To sob, to catch the breath in weeping; to snore; timid; *₍hí ₍hü*, to sob and cry.

狶 ₍Hí A name for pigs in Húnán; a call to hogs; the grunting of pigs; *₍fung ₍hí*, a divine animal which protects against snakes.

醯 ₍Hí Sour, acid taste, like vinegar; *₍hí ₍kai*, animalculæ in vinegar; *₍hí tséung*ʾ pickled condiments.

僛 ₍K'í Tipsy, about to fall, to reel like a sot; *₍hí ₍hí*, reeling, staggering.

熙 ₍Hí Light, splendor, brightness; flourishing, glorious, prospering, extending; lasting, ample; dry, drying, *₍hí ₍ch'un ₌ch'á*, Hyson tea; *₍hí ₌wo*, prosperous; *₍hí ₌ch'iú*, a flourishing dynasty.

羲 ₍Hí A name; *Fuk₂ ₍hí*, the founder of the Chinese monarchy; also called *₍Hí ₌wong*, the Emperor Hí.

犧 ₍Hí A sacrificial animal of a uniform color; sheep, goats, or oxen were used; spotless, pure; *₍hí ₍shang*, sacrificial animals, victims generally.

嚱 ₍Hí The voice, sound of the breath emitted forcibly; a sigh.

僖 ₍Hí To feel joy, to delight in; fearful of, cautious. Same as the next.

喜 ʿHí Pleased, joyful; that which gives joy; to feel glad, to give joy to, to rejoice; to like; *ʿhí shik*₂ a cheerful face; *ʿhí üt₂* gratified; *ʿhí lok₂* joy and delight; *ʿhí ₍fún*, glad; *ʿhí hing*ʾ or *ʿhí sz*ʾ² a joyful event. *ʿní ₍fú ₌yan ʿyau ʿhí*, your lady has joy (*i. e.* is pregnant).

豈 ʿK'í How! what! *i. e.* it is not, a particle intimating a strong negative; to return victorious; to desire, to advance; *ʿhí ʿkòm*, how dare I! *ʿhí ₍fí*, it is so; it is not otherwise; *ʿhí ₍fí ₌ú*, were there not, is it not! *ʿhí ʿyau ʿts'zʾ ʿlí*, there is no such rule; *ʿhí shí*² it can not be; *ʿhí ʿyau ₌loi*, how can he come!

起 ʿK'í To rise, to stand up; arising; before other verbs, it expresses the beginning of an action, after them it denotes the completion; to begin, to originate; to build; the commencement; to take, to make; *ʿhí ₍shan*, to get up, to stand, to start on a journey; *ʿhí ʿshau*, to commence a work, to put hands to; *ʿhí ʿmá*, to start, as a procession; *ʿkí ₌shí ʿhí ʿkiú*, when does the groom start? *ʿhí ₌loi* expresses an action going on, as *ʿhò ʿhí ₌loi*, he is getting or doing better; *ʿhí ₌t'au*, the beginning, to commence, first; *ˏt'ai ʿhi ˏloi*, just remembered it; *ʿhi iʾ* the idea of; *ʿhi ʿmi chüʾ* to swindle, to 'keep the dice,' sc. to retain money advanced to one; *ʿhi ʿfo*, to take fire; *ʿhi ˏshá*, to 'raise dust,' to upbraid loudly, to scold; *ʿhi ˏsam*, to long for, to covet; *ˏch'au ʿhi*, to lift up, to take out (a volume to look at); *tsò² ʿhi*, finished, done; *chapˎ ʿhi lokˎ* picked up.

氣 气ʾ K'i } Vapor, exhalation, fume, smell, steam; ether, matter; the original, primordial substance from which all things come; breath, air, halo; the vital fluid, life, nervous matter, that which imparts substance; the spirit, temper, air, anima, feelings, of men and things; the animal spirits; influence, attraction; aspect; vehemence, courage; to irritate; an apparition; a semimonthly term; *hiʾ ˏts'an ʿk'ü*, to irritate, to anger; *mok₂ ˏshang hiʾ* don't get angry; *ʿhò hiʾ shikˎ* good looking, fair; *hiʾ tséung²* form, carriage; *ʿhò hiʾ hütˎ* portly, robust; *ˏt'in hiʾ* the weather; *chiʾ hiʾ* energy, nerve; *ˏchim hiʾ ʿché*, a diviner; *mong² hiʾ ʿché*, a geomancer; *hiʾ hau²* times, weather: *shau² hiʾ* to be scolded; *ʿt'ò hiʾ* climate, air; *hiʾ ʿszʾ ˏyan*, to vex greatly; *ʿni ʿhò wan² hiʾ* you are in good luck; *shapˎ hiʾ* damp; *ʿyau hiʾ tò²* veracious; *hiʾ ts'üt₂* dead; *kwoʾ hiʾ* his luck is gone.

愾ʾ Hi To breathe strong, to sigh; *t'ánʾ hiʾ* a groan or sigh.

餼ʾ Hi A present of living cattle; provisions, fruits, meats offered in sacrifice; a formal feast; *shik₂ ʿlam hiʾ* a small allowance paid to siútsái; to feed house animals; *hiʾ ˏchü*, feed the pigs; *hiʾ tséukˎ ˏʿm ˏtsang* have you fed the birds?

戲ʾ Hi To fence, to play with weapons; to divert one's self, to sport; a play, a theatrical exhibition, a comedy; *lung² hiʾ fátˎ* to play legerdemain tricks; *yatˎ ch'utˎ hiʾ* one act of a play; *hiʾ ˏp'áng ʿtsai*, a quick growth, grown large soon (like a child born and matured in a play); *hüʾ ʿt'ai hiʾ* gone to the theatre; *yatˎ ˏpán hiʾ ʿtszʾ* a company of actors; *ˏt'iú hiʾ* to dally with or fondle; *tsò² hiʾ* to play; *ʿtá hiʾ* to instruct in acting; *hiʾ ˏfong*, the green-room; *hiʾ ˏp'áng*, a shed for acting; *ʿch'ái hiʾ* a rehearsal; *hiʾ ˏt'oi*, the stage; *hiʾ ʿpún*, play books.

器 噐ʾ K'i } A vessel, vase, or dish; an implement, utensil, instrument; ability; meritorious, useful; body or substance, as opposed to form or qualities; *hiʾ ʿming*, an utensil of any kind; *tái² hiʾ* a man of talent; *ʿsiú hiʾ* an impatient, little-minded man; *ˏʿm ˏshing hiʾ ˏtung ˏsai*, a inefficient man.

棄ʾ K'i To reject, to cast off, to relinquish; to throw off, to refuse, to abandon; *hiʾ shaiʾ* dead; *imʾ hiʾ* to disdain; *hiʾ chiʾ* to cast aside; *hiʾ ip₂* to sell real estate; *púiʾ hiʾ* to discard, to refuse consort with.

憩' K'i — To rest, to repose; to take breath, to stop; to lay a thing down.

咥' Hí — A loud laugh; *hí' hí' ,ín*, laughing, the sound of hearty merriment.

(126) ## Hím.

,**謙** Hien — Respectful, yielding, retiring, lowly, humble, unassuming; to think little of one's self; to revere, to manifest respect; *,him yéung²* to give way to; *,him sun'* humble, yielding; *t'ái' ,him 'liú*, you are too modest; *,him ,wo*, placable, mild.

'**嗛** Hien — The crop of a bird, the first stomach of ruminantia; a pouch in the mouth of monkeys and other animals; to hold in the mouth. Used for the preceding. Also read *hip*, a deficiency, little; to dislike.

'**險** Hien — A precipice, an abyss difficult, hazardous, dangerous; insecure; in danger; *,ngai 'him*, dangerous, prejudicial, both morally and physically; *'him tak, tsai²* imminently dangerous.

'**獫** Hien — A dog with a long snout, a pointer used in hunting. *'Him 'wan*, name of a horde of Huns notorious in the days of Confucius, so called from their savageness.

欠' K'ien — To stretch and gape when weary; deficient in, insufficient; to owe; to be wanting in; *him' chái'* or *him' fú²* a debt; *him' 'kim 'tím*, immethodical; *him' 'lò ,shing*, lacking in honesty, untrustworthy; *him' ,shan*, to stretch the limbs; *him' ,chong 'ching*, slovenly, untidy; *'ní 'yau tik, him' ,on*, you are rather indisposed.

(127) ## Hín.

,**牽** K'ien — To drag, to pull, as an ox does; to lead or pull along with a cord; to bring about; to induce, to guide; to connect with, to deduce; dragged into, held; *,hín ,lin*, to connect, to implicate or compromise; *,hín lám²* to track a boat; *,hín ,t'au ,p'o*, a bawd; *,hín kwá'* in suspense; *,hín hí'* gasping, dying.

,**愆** K'ien — Fault, error, mistake, crime, peccadillo; an excess; to exceed; a noxious disease; *tsúi² ,hín*, a transgression.

,**騫** K'ien — A horse which exceeds in racing; a horse diseased in the belly; to suffer loss; a surname.

,**搴** K'ien — To extirpate, to pluck out; to snatch; to capture a standard in fight.

,**褰** K'ien — Trowsers; to hold up the skirts, when wading.

,**軒** Hien — The hood of a car; a high front chariot; a balcony or bow window; eaves; a study or library room; laughing, playing; satisfied; *,hín ,ngong*, a bold deportment, to carry the head high.

,**掀** Hien — To lift up; to pull out; to lay hold of; *,hín mò²* to lift off the cap; *,hín 'p'í*, to pull the quilt over one.

,**[illegible]** Hien — A kind of fox skin fur, called *,kam ,ngan ,hín*, used for throat collars, or jackets.

'顯 Hien Light, manifest, apparent; conspicuous, clear, illustrious, patent; glorious, effulgent; to make plain, to exhibit, to display; to render illustrious; *'hín ₛyéung* generally known, notorious; *'hín tát*ₗ distinguished, famous; *'hín ₛin*, or *'hín hai*² *'kòm*, it is even so, plain; *'hín 'háu*, illustrious completer of probation, *i. e.* a deceased father; *ₛling 'hín*, spiritual energy exerted.

'遣 K'ien To commission, to depute, to send, to let go; to send away, to exile; to present; to reject, to expel, to chase; *ₑch'ái 'hín*, to send on a business; *'hín chuk*ₗ to drive or send away; *'hín tsúi*² to exile for crime.

'譴 K'ien To reprimand, to blame, to find fault with; to rail at, to speak angrily; *'hín chák*ₗ to scold, to criminate; *'hín nò*² to talk angrily to one.

'繾 K'ien Attached; *'hín kün'* intimate, attached, as friends, or brothers.

'蜆 Hien General name of bivalve shells, but especially thin shelled and lacustrine ones; sometimes applied to some hanging chrysalides; *ₛwong ₑshá 'hín*, a kind of Mytilus eaten at Canton; *'hín yuk*ₗ shelled clams; *'hín hok*ₗ *tsz'*² 'clam-shell' words, dissyllables; *'hín kái*² raw clams seasoned.

憲' Hien A rule, precept, regulation, example; governmental; a ruler, an officer above the 4th rank; to impose or publish laws, to govern; to follow closely; abundant; well informed; *tái*² *hín'* the high officers; *hín' ₛt'oi*, an official bench, *i. e.* Your Excellency (used in writing); *hín' kam'* an official prohibition; *hín' ₑkún*, high officers; *ₛshí hín' ₛshü*, an imperial calendar.

獻' Hien To offer or present to a god or superior; to give or present to another (in polite language); to hand up to; an offering; intelligent; *hín' shéung*² to offer up; *hín' tai*² to send a present to; *hín' ₛp'ún*, red trays in which presents are sent to a bride's father-in-law.

讞' Yen To consult on criminal causes; to judge or decide a case; to adjudge; *hín' yuk*ₗ to sentence; *hín' 'tín*, a legal decision; *ₑts'au hín'* the autumnal assize; *'yau sun' hín'* a good decision, a true judgment.

(128) Hing.

ₑ興 Hing To rise, to elevate, to get up; to flourish; flourishing, prosperous; promoted; to be in demand, fashionable; to move, to put in motion; *ₑhing 'hí*, to arise; *ₑhing ₑkü náp*ₗ *fuk*ₗ hope you are in all respects well; *ₑhing ₑkung*, to commence a work; *ₛni ch'ü' ₛ'm ₑhing 'k'ü*, no demand for it here; *ₛshí ₑhing*, fashionable; *ₑhing wong*² successful, prosperous; *tsok*ₗ *ₑhing*, pleased with, complacent; *ₑhing ₛ'm ₑhing*, would you like it?

兄 Hiung An elder brother; a senior, a superior; a term of respect; *˓lò ‹hing*, or *tái² ‹hing*, a term of address, sir; *‹hing tai²* brothers; *‹hing ‘chéung*, my elder brother; *ngoi² ‹hing*, a sister's husband; *˓t'ung ‹páu ‹hing tai²* uterine brothers; *‹ts'an ‹hing*, my full brother; *‹sho ‹hing*, second cousins; *˓t'ong ‹hing tai²* cousins german.

卿 K'ing A noble, a lord, a high officer; a term of respect used towards grandees and others; intelligent; what men look towards; the presidents of the six Boards are called *luk₂ ‹hing*; *‹kung ‹hing*, a grandee above the 3d rank; *‹hing ‹ká*, our ministers; *oi' ‹hing*, my wife; *‹sin ‹hing*, my deceased wife.

馨 Hing Odors perceived a long distance; *‹hing ‹héung*, fumes of incense, savory smells; a wide reputation.

(The four next characters are usually pronounced *heng*.)

輕 K'ing A light car; light; to esteem lightly, to disregard, to think little of; to disesteem; levity, dissipated. Read *heng'* quick, fast; *‹heng chung²* light and heavy; *˓mò ‘sho ‹heng chung²* mediocre, usual, common; *‹heng ‘háu*, uncommon or fine work; *‹heng ˓kw'ong* harum-scarum, foolish; *‹heng ‘ho*, light, portable; *‹heng kwat›˓t'au*, light-headed, weak-minded; *‹heng ˓t'iú ˓fau ts'ò'* volatile, untrustworthy, unstable; *‘hò ‹heng i² ‹mé*, do you think it's so easy! *‹heng pok₂* disrespectful; *‘shau ‹heng kéuk› fái'* nimble, diligent; *‘hau ‹heng* ready to promise, heedless.

罄 K'ing An empty jar; exhausted, empty; entirely, all; to exhaust; stable, strict; *heng' tsun²* entirely gone.

磬 K'ing Ringing stones of prehnite or glass hung on frames; a sort of dulcimer; to suspend, as these stones are; *kik› heng'* to strike the *heng*. To relax the reins. Used for the last.

謦 K'ing To cough slightly, to hack; to speak smilingly; the sound of a swinging bell.

慶 K'ing Good, excellent; to congratulate; to rejoice in; to console; to present to, to bless; happy; path of rectitude; an initial particle, happily; *hing' ho²* to congratulate; *kat› hing'* lucky and blessed; *‘yau ‘hí hing' sz'²* a happy event; *hing' nau²* joyful, lively.

興 Hing Joyful, elated; pleased; *hing' ˓t'au*, joyful bustle; *‹kò hing'* good spirits; *kik› hing' ‘ngo*, to provoke me.

熒 Hing To toast or dry at the fire, to roast; hot, feverish; *‘pí ‘fo hing' chü² ‘k'ü*, dry it at the fire; *˓t'au hok› hing'* head burning hot.

(129) **Híp.**

脅 Hieh The sides of the body; the ribs, place under the arm; to receive; to intimidate, to reprimand, to take advantage of; *hip› kwat›* the ribs; vulgo, *lak› shák› kwat› pik› hip* to intimidate, to overawe, to deter.

協, **叶,** Hieh } Agreement, concord, union, harmony; mutual help; united, assistant, joint; to aid; submissive; *híp͵ lik͵* united strength; *híp͵ chan'* staff officers; *híp͵ ͵t'oi,* colonel of a regiment; *híp͵ ʻling,* a brigadier-general (of Bannermen); *híp͵ ͵wo,* to unite harmoniously; *híp͵ wan²* to rhyme, harmonious cadence or tone; *híp͵ ͵yam,* melody.

愜, Kieh The mind pleased; cheerful, gratified; prompt, ready.

慊, Kieh Pleased, contented, cheerful; satisfied; *híp͵ fái'* alacrity. Also read *͵hím,* to hate, discontented, indignant.

怯, Kieh Cowardly, fearful, timid, weak-hearted; *híp͵ chí'* bashful, to blush; *͵sam híp͵* fluttering, timid; *híp͵ chan²* afraid of entering into battle.

歉, K'ieh Deficient, unfilled with food, scanty supplies; bashful; to covet; *híp͵ sui'* a year of dearth; *híp͵ ͵shau,* a bad harvest.

勰, Hieh Harmony of sentiment, union of thought; a man's name.

挾, Hieh To carry under the arm, to hide in the bosom; to help, to support; to conceal; to cherish, to protect; to presume upon; to assume, to undertake; to 'squeeze,' to extort; *híp͵ tso'* to assist, to depend on; *híp͵ 'chai'* to prevent, to hinder; *híp͵ ͵ch'i,* to take under the arm, to manage; *híp͵ han²* to cherish revengeful feelings.

(130) **Hít.**

歇, Hieh To stop, to rest, to desist; to keep silence; to terminate, to discontinue; to appease; *hít͵ chü² ʻshau,* to rest from work, to hold up; *hít͵ chü² ʻhau,* or *hít͵ ʻtsui,* to be still, to stop eating; *hít͵ tím'* a tavern, a lodging-place; *hít͵ ʻhá kéuk͵* stop walking awhile; *hít͵ tám'* put the load down; *hít͵ yat͵ hit͵* rest a while; *pat͵ hít͵* uninterrupted, incessant; *hít͵ hák͵* a guest; to detain or lodge a friend.

蝎, Hieh A scorpion; a grub found in rotten wood.

(131) **Hiú.**

͵囂 Hiau To vociferate, to make a noise; clamor, hum, as of a market; to vilify, to murmur; *͵hiú pok͵* diminishing, worse, impoverished; *͵hiú ͵hiú,* or *͵hiú ngò²* self-complacent, pluming one's self.

͵枵 Hiáu A hollow root; hollow, empty, unfilled; famished, hungry; *͵hiú fuk͵* an empty stomach, ignorant; *͵ün ͵hiú,* a star in Aquarius.

͵鴞 Hiáu A horned or barn owl, called *͵ch'i ͵hiú;* its voice is a bad omen; a fabulous animal.

͵梟 Hiau A kind of owl, which eats its mother; strong, wicked, brave; to hang up a criminal's head in terrorem; *͵hiú ʻyung,* unscrupulous, strong; *͵hiú ʻshau,* to expose a head; *͵sz' ͵hiú,* to smuggle salt.

͵徼 Kiáu To go round, to take a turn, to ward off; to seek; to assume; end, frontiers, limits;

a palisade; a narrow road; *꜀hiú hang'* a fortunate coincidence, a lucky hit; to obtain.

曉 ꜀Hiau To dread, to apprehend; a tone of complaint, querulous; a word denoting past time, as *'sé ꜀hiú,* written; *tsò꜄ ꜀hiú,* done.

驍 ꜀Hiáu A gentle horse; to be skillful at a game of throwing darts; strong, courageous, disinterested; *꜀hiú ꜁ki káu'* a sort of aid-de-camp among the Bannermen.

曉 'Hiáu Light, clear, in the morning; day-time; luminous, perspicuous, plainly stated; intelligent, apparent; to understand, to perceive, to comprehend; *'hiú tak꜄* to see into, I perceive; *꜀t'ín 'hiú,* early dawn; *꜁ming 'hiú,* I clearly understand; *'hiú ü'* to notify plainly, a plain proclamation; *꜀t'ung 'hiú,* fully acquainted with.

竅' Kiáu This word is frequently pronounced *hiú'*, but more correctly *kiú'*.

Hiú' A colloquial word, to perk or cock up, as a dog's tail, a bow lying on its back, or the stern of a junk.

(132) Ho.

苛 ꜀Ho Small plants; petty, troublesome, vexatious; minute, small, trifling, little; unimportant, as an ailing; circumstantial, tedious; to vex, to annoy; to molest subjects by examining; to blame; *꜀ho ꜁k'au,* to importune; *꜀ho hák꜄* to be needlessly strict; *꜀ho tsat꜄* a fatal disease.

呵 ꜀Ho To blame, to scold; to interrogate; sound of laughter; to yawn, or expel the breath; *꜀ho him'* to yawn; *꜀ho ꜀ho,* to laugh loud.

訶 ꜀Ho Used for the preceding; to speak loud or sharply to; to traduce, to revile, to rail at; *꜀ho chák꜄* to reprimand angrily; *꜀ho 'tsz',* an astringent nut used for tooth-aches.

河 ꜀Ho The Yellow River by eminence; a river, usually applied to small streams; a wine-vessel; *꜁ngan ꜁ho,* or *꜀t'ín ꜁ho,* the Milky Way; *꜁ho pok꜄ 'sho,* an officer who regulates the boats at Canton (the word *hoppo* is derived from this title); *꜁ho t'ò'* the Bend in the Yellow river; *꜁ho ꜀kung 'tsung tuk꜄* the superintendent of the Yellow river; *꜁ho ꜁pin,* a river side.

何 ꜁Ho Which, who, what; how; wherefore; according to the sense of the context; to bear, to carry; *꜁ho sz'* what business have you? *꜁ho ꜁yan,* who? *꜁ho 'kái,* why is it so, what does it mean? *'mò 'ki ꜁ho,* suddenly, in a little time; *꜁ho kú'* why? what's the reason? *꜁ho pat꜄ 'tsò ꜁loi,* why did n't you come earlier? *꜁ho pít꜄ ꜁ü 'ts'z'* what need for this, why so? *꜁ho 'fú 'kòm 'yéung,* why do you act so? (implying error); *꜁ho ꜀ü,* how? *꜁ho ꜀tsoi,* why, pray?

荷 ꜀Ho The lotus or Nelumbium; also applied to some Malvaceæ; *꜀ho ꜀páu*, a purse; *꜀ho ꜀fung*, a south wind.

可 ꜂K'o To be willing, to permit, free to do, able to do; proper, fit, convenient; can, may, could; worthy, competent; used as an interrogative, and by way of invitation, or to soften an order; forms verbal adjectives, or gerunds ending in *able*, as *꜂ho ꜀shü*, forgivable; *꜂ho ꜂í*, possible, it can do; *꜂ho ú꜄* impudent, disagreeable; *꜂ho ꜀lín*, to compassionate; *꜂ho ꜂shai*, serviceable; *꜂ho ꜂í tsò꜄ tak꜆* it can be allowed, permissable; *꜂ní ꜂ho ꜂láng*, are you cold? *꜂ho ꜂hau*, delicate-tasted; *꜂ho ꜂ho*, just as, exactly; *꜂ho, yau꜄ ꜀loi*, ah! you've come again! *꜂siú ꜂ho*, a little matter; *꜀fi ꜀t'ung ꜂siú ꜂ho*, of great importance, not a little thing; *꜂ho ꜀hang*, should or can be done; *꜂yau ꜀ho pat꜆ ꜂ho* what forbids, why not?

坷 ꜂K'o Uneven, rough country; *꜂hòm ꜂ho* rugged paths, unsuccessful, one who is unlucky.

舸 ꜂K'o A large galley or transport used in battle, called *꜂ho lám꜄* in the Sán Kwoh Ch'í.

賀 Ho꜄ To congratulate, to felicitate, at festivals or on happy events; to make presents, to reward; also, *met.* presents; to bear; *꜀kung ho꜄* respectful congratultions; *ho꜄ ꜂hí*, joy be with you; *ho꜄ ꜂lai*, congratulatory presents; *ho꜄ ꜂mún üt꜆* presents sent when a child is a month old.

荷 Ho꜄ To bear, to sustain, to carry on the head or back; *ho꜄ lap꜆* to wear a rain-hat; *fú꜄ ho꜄* to bear on the back.

(133) Hò.

蒿 ꜀Huá Herbs higher than others; steam from plants; forms part of the names of different plants; *꜀t'ong ꜀hò*, celery; *꜀ts'ing ꜀hò*, wormwood; *꜀hò muk꜆* dust in the eyes.

薅 ꜀Háu To weed; to pull out hair; *꜀hò ꜀t'au ꜀mò*, to pull out the hair; *꜀hò ꜂ts'ò* to weed fields.

嗥 ꜀Háu To roar and howl like bears or tigers; to cry loud, or long; *꜀hò ꜀hò ꜀sheng*, a bawling.

豪 ꜁Háu A porcupine, with quills pointed black; imperial (applied to H. M. herds and flocks); superior to others, eminent, excellent; martial, brave, high-spirited; a leader; excelling in mental qualities; *꜁hò háp꜆* a hero (in moral courage); *꜂t'ò ꜁hò*, a village brave; *꜁hò kit꜆* chieftain; *꜁hò ꜁k'éung* a bandit. Used for the next.

毫 ꜁Háu Long-soft hair; down; atoms, motes; anything very minute, nothings; in decimals, a hundredth; in Canton, a dime, or tenth of a dollar; *꜀fai ꜁hò*, to write; *꜁hò mút꜆ sz'꜄* petty, trifling, affairs; *꜁hò ꜁mò kwo꜄ fún꜄*, not overpassed my duties, not transgressed; *꜁hò ꜁lí*, a very little; *꜀sz' ꜁hò pat꜆ tso꜄* no error, immaculate; *꜁hò ꜁mò ꜂yan ꜁mún*, concealed nothing; *꜂'ng ꜁hò*, half a dollar.

壕 ꜀Hau A city moat or ditch, a fosse; ꜀sheng ꜀hò, the city ditch.

濠 ꜀Háu Same as the preceding; sc. the water in a fosse; ꜀hò ꜀tun, Second Bar below Whampoa; ꜀hò ꜂hau, the passage under the walls of Canton, where the ditch enters the Old city; ꜀tung ꜀hò, to clear out a moat.

蠔 ꜀Hau An oyster; ꜀hò hok꜇ an oyster shell; ꜀hò ꜀t'ong, an oyster bed; ꜀hò shi꜆ dried oysters; ꜀hò ꜀shán, a cluster of oysters.

譹 ꜀Háu To cry out, to implore, to groan; to call. Used for the next.

號 ꜀Hau To roar as a tiger; a cock's crow; to call aloud, to bawl, to cry; ꜀hò huk꜇ to cry and wail; ꜀hò ꜀fú, to call after.

好 ꜂Háu Good, right, excellent; well, very; an intensitive adjective implying good or bad, according to the thing or act; exceeding, superlatively; ꜂hò ꜀séung ꜂ü, good disposition; ꜂hò tak꜇ tsai꜆ exceedingly good; also (ironically), well done! lookout! ꜂hò ꜀on ꜀p'ái, well arranged; ꜂hò ꜂ch'au꜆ very ugly; ꜂hò, ꜂ta'i ꜂ní shí꜆ pít꜇ ꜀loi, you must come at any rate; ꜂hò tik꜇ a little better; ꜂hò kik꜇ excellent; ꜂hò ꜀'m ꜂hò, is it good? ꜂hò ꜀sheng, be careful, lookout; good music; ꜂hò tak꜇ tik꜇ a very little better; ꜂hò ꜂ts'z' ꜂ní, like you; ꜂hò tò꜄ ꜀mò ꜂pi nothing so good as this; ꜂hò pat꜇ ꜂fú, extremely distressed; ꜂hò ꜂ts'oi shò꜄ well, succeeded; ꜂hò ꜂ká, deceptive, baseless; ꜂hò wá꜆ well, thank you; a reply intimating assent; ꜂hò siú꜄ laughable; ꜀'m tak꜇ ꜂hò, he can not recover.

好꜄ Háu To love, to take pleasure in; fond of, to like; to desire; to wish for; kok꜇ ꜀yan ꜂sho hò꜄ each one has his likes; hò꜄ ꜂kong siú꜄ fond of joking: hò꜄ ꜂tsau, a wine-bibber; pák꜇ sing꜄ ꜀sam hò꜄ í꜆ the people at heart like justice; ꜀p'in hò꜄ to love with partiality.

耗꜄ Háu To diminish, consume, or destroy, through time or use; to spoil, to dissipate, to squander, to injure; to render void; vicious, bad; hò꜄ ꜂sün, spoiled, destroyed; hò꜄ fai꜄ wasted, extravagant; ꜀ká hò꜄ to supply the deficiency or waste.

犒꜄ K'au To confer refreshments on troops; to reward workmen with their drink-money; hò꜄ ꜂shéung to confer bounties; hò꜄ ꜀kung, entertain workmen at a house-building; hò꜄ ꜀nung, official largesses to farmers in spring.

昊꜆ Háu A luminous sky; grand; heaven; hò꜆ ꜀t'ín, summer heaven; hò꜆ ꜀t'ín ꜀kam küt꜇ the glorious heavens and golden palace (of Shángtí).

浩꜆ Háu Great, swelling waters, a watery expanse, immense, vast; affluent, an overplus, superabundant; enlarged, noble; hò꜆ hò꜆ ꜀ú, how grand! hò꜆ hí꜄ magnanimous.

灝꜆ Háu Extensive, as waters reaching to a distance; vast, boundless.

皓² 顥² Háu꜇ } The light of heaven, luminous, like the clear sky; resplendent, splendid, bright, glistering, white, lustrous; pure, clear; *hò*² *꜂shau*, a hoary head; *sz*'² *hò*², four graybeards in the Hán dynasty; *hò*² *hò*² bright, glistening, like the rising moon.

號² 号² Háu } Mark, designation, denomination; a "chop," label, name; epithet or style; sign of a shop; an order, or verbal command, a summons; signal, countersign; to mark a box, to label, or direct it; *hò*² *ling*² a mandate, word of command; *꜃ní ꜂pò hò*² what is your shop name? *tsz*'² *hò*² a mark; *hò*² *꜀séung*, mark a box; *fong*꜄ *hò*² *p'áu*꜄ to fire a salute; *kwok*꜆ *hò*² name of the dynasty; *꜁nín hò*² name of the reign; *hò*² *꜁fong*, a porter's lodge in a public office; *꜂hí hò*² to blow the horn at examinations and parades; *hò*² *shé*꜄ cells in the examination halls, labeled with the characters of the Millenary Classic; *꜀tsün hò*² *꜀ni*, what is your name? *pit*꜇ *hò*² the virile style taken at marriage.

(134) Hoi.

開 K'ai To open, to unfold, to spread out; to institute, to begin; to commence, to start; to lay out, to explain, to separate; to reveal, to disclose; *꜂ʻáu ꜀hoi*, to break open, to split the difference; *꜀hoi ꜁t'oi*, to set the table; to open the play; *꜀hoi ká*꜄, to state the price; *꜃'m ꜀hoi tak*꜆ *꜀káu*, it must be so, impracticable; a strong superlative; *꜀hoi ꜀chéung*, to open a shop; *꜀hoi ꜀shan*, to weigh anchor; *꜀hoi ch'ák*꜆ *kau*² *chéung*꜄ to liquidate old debts; *꜀hoi ꜁shün*, to go aboard; *꜀hoi ꜀kwong*, to vivify an idol; *꜀hoi ꜁nín*, newyear's day; *꜁hang ꜀hoi tik*꜆ step aside a little! *꜀hoi ꜀sam*, to amuse one, to dissipate sorrow; *꜀hoi lò*² to clear the road for the ghost; *꜀hoi ꜀fong*, to clear new land; *꜀hoi kok*꜆ to borrow money; *꜀hoi ꜂kong*, to explain the meaning of the classics; *꜀hoi ꜁ming* state the items; *꜀hoi ꜁loi*, come nearer to me.

꜁孩 Hái An infant beginning to laugh; children, a child, a youth—but applied generally to boys; *꜂siú ꜁hoi ꜂tsz*, a boy, a servant boy; a child; *꜁hoi ꜁t'ung*, a boy.

꜁頦 Hái The bones of the chin, the chin; *꜁hoi há*² *꜃yau ꜀sò*, there is a beard under the chin.

꜁駭 Hiái Alarmed, startled, terrified; agitated, afraid of; to disperse; *꜁hoi p'á*꜄ to fear; *꜁hoi ngok*꜇ amazed. Also, to beat drums to rouse the army.

꜁骸 Hiai Shin of the leg (tibia); the bones of the body; members of the body; *pák*꜆ *꜁hoi*, the skeleton; *luk*꜇ *꜁hoi*, the trunk, head, and four limbs; *꜀shí ꜁hoi*, a corpse.

꜂海 Hái The sea, the receptacle of rivers; a large river; marine; *sz*'² *꜂hoi*, within the four seas, everywhere, the world; *kwo*꜄ *꜂hoi*, to cross the river (at Canton); *ch'ut*꜆ *꜂hoi*, to voyage;

TON. DICT. 12

'*hoi* ꜀*kwán*, port of entrance; also the collector of customs at a port; '*hoi* ꜀*chú tsz'*[1] Dutch Folly; '*hoi* ꜀*pín*, seaside; '*hoi mi*[2] marine delicacies; '*hoi* ꜀*sham*, biche-de-mer; '*hoi* '*shi*, a sort of sea mirage; *fuk*꜀ ꜀*ü* ꜀*Tung* '*hoi*, happiness like the East sea; '*Hoi* ꜂*t'ong tsz'*[2] the Honam joss-house; '*hoi* ꜂*lung* ꜂*wong*, Neptune, god of rain.

愷 'K'ái Joyful, peaceful; contented, gentle, pleased; '*hoi tai*[2] ꜀*kwan* '*tsz'* liberal minded officer; '*hoi chák*[2] kind and benevolent; delighted. Same as the next.

凱 'K'ai Victorious, triumphant; to celebrate a victory; '*hoi* ꜀*ko*. pæans of victory; *tsau'* '*hoi*, to celebrate a victory; '*hoi* ꜂*sün*, to return in triumph from battle.

塏 'K'ái A clear and elevated eminence, fit for a residence; '*shong* '*hoi*, a cheerful location.

鎧 'K'ai A cuirass, or coat of mail; armor generally; a priest's robe, because it protects his order; '*hoi káp*꜀ armor; '*shau* '*hoi*, a helmet.

剴 'K'ái A sickle or bill-hook; to cut; to move; diligently, carefully; '*hoi ts'ít*꜀ '*hiú ü*[2] fully make you know—a phrase common in edicts.

闓 'K'ái To open, to stretch out, to loosen; '*hoi chák*[2] to have a timely rain, great benefits; an archer's thumb-ring; to desire.

醢 'Hái Seasoned, minced meat pickled in brine; also the pickle itself; to simmer; '*t'ám* '*hoi* '*i tsin'* to sacrifice with minced pickles.

害[2] Hái To injure, to hurt, to prejudice; to offend, to damage; noxious, calamitous; fearful of; a sense or fear of, a feeling; *li*[2] *hoi*[2] severe, stingy, formidable; also advantageous and hurtful; ꜂*ts'án hoi*[2] ruinous to the health; also, to injure another; *hoi*[2] *mat*[2] to spoil things; ꜂*mò hoi*[2] of no consequence; *hoi*[2] ꜀*sau* to blush.

亥[2] Hái The twelfth of the Branches, answering to boar; *hoi*[2] ꜂*nín*, years of the cycle containing this character; *hoi*[2] *ü*[2] the 10th month; *hoi*[2] ꜂*shi*, 9–11 o'clock P. M.

(135) Hok.

殼, 壳, Koh The skin, shells, or covering of fruits or eggs; shell or scale of mollusks, reptiles; exuviæ of eggs, snakes, or chrysalides; a hollow old tree; bark, crust, or what covers; a ladle; ꜀*kwai hok*꜀ a divining turtle shell; ꜀*t'ong hok*꜀ soup-ladle; '*shui hok*꜀ a dipper; ꜂*t'au hok*꜀ the skull; *mò*[2] *hok*꜀ a summer hat, without a fringe; *siú' mín*[2] *hok*꜀ a mask.

學[2] 斈[2] Hioh To learn, to receive instruction; to practice, to imitate; learning, science, study, instruction; doctrines, tenets, school of; a college; *hok*[2] *man*[2] to learn and inquire; *yap*[2] *hok*[2] to become a siútsái; *hok*[2] ꜂*t'oi*, literary chancellor; *shéung' hok*[2] to enter school; *hok*[2] '*mò*, to learn tactics; *hok*[2] ꜀*shang*, a pupil, a siútsái; *shò' hok*[2] arithmetic; *hok*[2] *sz'*[2] doctors, statesmen, academicians; *ūn' hok, ˏkung*, the district college; *hok, tsap,* to learn and practice.

鶴 *Hoh'* A crane; an emblem of age; the name is applied to many of the waders; *mò' 'shui hok,* a gray stork, common at Canton; *pák, hok,* a white egret, commonly eaten; *ˏchü 'teng hok,* red crowned crane; *hok, sün'* an aged man; *hok, fát,* hoar-hairs; *'ní chong' hok, ˏshan ˏmé*, have you seen the god of Cranes, [that you are so unlucky]?

翯 *Hoh'* White, glistening plumes of birds; pure and white.

(136) Hòm.

堪 *ˏK'án* To sustain or bear; able for, adequate to, capable of; worthy of, fit, worthy for—in a moral or physical sense; covering over a hollow; *pat, ˏhòm*, incompetent, unworthy; *ˏhòm yung'* useful, capable, serviceable; *ˏhòm shing'* able to succeed; *ˏhòm yam'* able to sustain; *ˏhòm ˏü ˏsín ˏshang*, a geomancer; *ˏhòm ˏí*, very proper, satisfactory, suitable.

嵁 *ˏK'án* A rocky bankside; precipitous ledges; irregular; *ˏshán ˏhòm*, a ledge, a cliff.

龕 *ˏK'án* To receive, to contain; to overcome; sound; a niche or shrine, for receiving tablets or images, either in the wall or movable; *ˏshan ˏhòm*, a shrine; *ˏmún ˏkún ˏhòm*, the niche in doorways; *ˏhéung ˏhòm*, an incense box.

憨 *'Hán* Simple, silly, appearing as if idiotic; *ˏch'í ˏhòm*, stupid.

含 唅 *ˏHán* To hold something in the mouth, the mouth full; to contain; to cherish; to suffer, put up with, or tolerate; to restrain; thick utterance; a turgid, obscure style; to place gems in a corpse's mouth; *ˏhòm ˏyung*, to bear with, to be patient towards; *ˏhòm siú'* to smile; *ˏpáu ˏhòm*, to contain in; *ˏhòm nò'* to restrain anger; *ˏhòm 'kau*, to stomach an insult; *ˏhòm ˏsau*, to blush, be ashamed; *ˏhòm ki'* to bear in mind.

酣 *ˏHan* Exhilirated, cheerful; merry from wine, lively, half-drunk; jocund, riant, as nature; *ˏhòm ˏko*, drinking and singing; *pún' ˏhòm*, tipsy, half-drunk.

坎 *'Kán* A pit, a hole; a dangerous place; to dig a pit; to cut up; to fall into a snare or danger; hazardous; noise made in straining or striking, a smack, a rap; one of the diagrams (it belongs to water); *yat, 'hòm shü'* a stunted tree; *yat, 'hòm ú' ˏt'au*, a head of taro; *'hòm üt,* to dig a pit; *'hòm húm'* to set a pit, to collude; *kwat, 'hòm*, to dig a hole.

揿 *'* To run against; to throw down; to strike, to knock; *'hòm ˏts'an 'k'ü*, run against it; *ˏts'z' pat, 'hòm 'ngá*, porcelain does not batter earthenware—*i. e.* I will not contend with him; *'hòm ˏt'au ˏmái ˏts'éung*, I have] run my head against the wall; I made a blunder; *'hòm lán'* to smash;

'hòm 'sün, to injure or wound by running against; 'hòm ₍pang, to make a notch in.

'砍 K'án Used for the preceding; to cut, to chop, to fell; a mortar; ₍chung 'hòm, pestle and mortar; 'hòm fat₂ to fell a tree; túi' 'hòm, a trip-hammer mortar for hulling rice; ₍fúi 'hòm, a lime mortar.

'頷 Han To contain in the mouth; sallow; the jaws, the chops; to shake the head; há² 'hòm, the chin; 'hòm há² ₍chü, the pearl under the dragon's chin.

勘' K'án To compare, to investigate; diligent; to judge or ascertain by going to the place; able; hòm' im² to go and investigate; táp₂ hòm' an officer going and examining; hòm' 'hò, to replace a tenon; hòm' ₅ch'ong, to put up a bedstead; hòm' ching' to straighten, to sit up aright.

嶮' A cliff projecting into the water, forming a sort of breakwater, is called hòm' ₅t'an.

磡' K'án A crag, a cliff; the covert under a projecting cliff.

戡' K'án To pierce, to conquer, to kill, to subdue.

瞰' 闞² K'an To spy, to glance at; to view; to hope for, to expect; to come down to view.

撼² Kan To move, to shake.

喊² Hòm²-páng²-láng² the report of a gun; (contracted to hòmpaláng) all, entirely, the whole.

憾' Han To hate, to abhor; to murmur at; to feel indignant at; resentful, regretting; vexed.

凵² A cover, a lid which fits on; to cover; exactly; hòm² ₍chung, a gallipot, a jar; hòm² ₅t'au, a vegetable dish, a covered dish; 'ngáu sin' hòm² suits to a hair; 'kam hòm² 'k'ü, cover it.

顑² Hán Not satisfied with eating; not eaten enough.

嵌² K'an A hollow or ravine, a cave among hills; to enchase, to infix; to inlay; hòm² ₍séung, to inlay, to set (jewelry); hòm² ₅ngan tséung² a jeweler.

(137) ## Hon.

₍看 ₍看 K'án To watch, to look after, to see to; to examine, to view; ₍séung ₍hon, to look at each other; ₍hon ₅ngau, to watch cattle; ₍hon ₅mún ₅yan, a doorkeeper; 'ni ₍hon chü² 'k'ü, do you watch it; ₍hon ₍káng 'lò, a night watchman.

₅韓 Hán A curb or fence round a well; one of the feudal states of the Chau dynasty.

₅寒 Hán Cold, wintry; shivering; poor, unsupplied, necessitous; my, mine; plain, simple; ₅hon ₍láng, shivering cold; ₅hon tsuk₂ my clan; ₅hon sú' plain, unpretending, not showy; ₅hon shik₂ a day in Tsing-ming term, when cold provisions are eaten; ₅hon ₍sün, a beggarly student.

₅邯 Hán ₅Hon ₍tán, a district in Kwángping fú in Chihli; abundant.

₅鼾 Han To snore; pi² ₅hon, to snore.

英華分韻撮要

ʻ罕 Hán Rare, few, scarce; seldom; a kind of flag; a rabbit net; *ʻhon kínʼ*, rarely seen; *ʻhon ˢyau tik꜁ ʻkwo ʻtszʼ* few of that fruit; *ʻhon ꜀man ʻkòm kéʼ szʼ* I have rarely heard such a thing.

ʻ侃 K'án Plain, unceremonious, and grave, in conversation, as Confucius was.

ʻ刊 K'án To cut, to carve, to pare; to engrave blocks for printing; to hew or fell; to erase or cut out from blocks; *ʻhon ʻpán* to cut out blocks for books; *ʻhon tingʼ ʻpán haiʼ ʻkòm*, is it certainly so? are you sure? *ʻhon hák꜁* to prepare and carve blocks; *pat꜁ ʻhon ꜀chí ꜀shü*, an unmutilated book.

ʻ衎 Han Pleased, contented; to be happy, joyous; credible.

ˢ旱 Han Dry weather, drought, sunny sky; land traveling; *꜀tʻin ˢhon*, dry weather; *ˢní ˢhon lòʼ ꜀loi*, did you come by land? *ˢhon ꜀lúi*, thunder without rain; *ˢní ʻtʻai ˢhon ꜀lúi ʻtá*, you will see him killed by a thunderbolt in a clear sky; *ʻhí ˢhon*, to take to the road.

ʻ暵 Hán Dry, heated air; to dry; drying, parching.

漢ʼ Han A large branch of the Yáng-tsz' R. in Húpeh; a famous dynasty in China; Chinese; the Milky Way, called *꜀ho honʼ*; *honʼ ʻtszʼ ꜀ká*, a gentleman, a personable man; *Honʼ ꜀yan*, the Chinese; *Honʼ ꜀kwan*, the naturalized Bannermen; *ʻhò honʼ* a brave man, a clever strategist; *ˢlò honʼ* I, an old man; *honʼ chongʼ* robust, fat.

看ʼ K'án To see, to look at; to regard, to examine; to practice; *honʼ kínʼ* look at, see; *honʼ séungʼ* to practice physiognomy; *honʼ ꜀kí úiʼ* watch the chance, improve the opportunity; *honʼ ꜀shü*, to read silently, to peruse; *ʻhò honʼ* good-looking; *honʼ tak꜁ ch'ut꜁* look closely whether or no; *honʼ ʻking ꜀shang ꜀ts'ing*, incited to by viewing, to do or arrange properly or fairly; *honʼ p'oʼ* to see through a scheme; *honʼ t'auʼ shaiʼ káiʼ* worldly-wise, knowledge of the world.

悍ʼ Hán Ardent, energetic disposition; fearless; violent, hasty, cruel; *꜀k'éung honʼ* overbearing; *honʼ kap꜁* fierce, rash; *꜀hung honʼ* irascible.

捍ʼ Hán To grasp, to lift up; to ward off, to shield, to defend. To stop; *honʼ üʼ* to watch against.

扞ʼ Hán Often used for the last; to fend off; an obstacle, hindrance; to guard or escort; to environ; *honʼ kák꜁* to stop or defend; an obstacle, impeded; *ʻshau honʼ* to defend with the hand; *honʼ ꜀kwán*, to keep a pass.

汗ʼ Hán Sweat, perspiration; used for the word *khan*; *ch'ut꜁ honʼ* to perspire; *fát꜁ honʼ yéuk꜁* a sudorific; *ˢmò honʼ kéʼ* obtained without cost or trouble; *honʼ ꜀pán*, the washerman's rash; *honʼ ˢmá ꜀kung ꜀lò*, military toil, toilsome; *honʼ ꜀shám*, an under-shirt, a shirt.

旰ʼ Kán Sunset, evening; *hòʼ hòʼ honʼ honʼ* abundant, light.

豻^2 Ngán A kind of jackal found in the Desert, but described rather as a fabulous beast. Read *ngon^2*, a village prison; *‚p‘í ngon^2* a figure like a unicorn painted on prison doors; *ngon^2 yuk$_2$* a jail.

釬^2 Hán Greaves on the arms; to solder up; hurry; *hon^2 yéuk$_2$* soldering; *hon^2 ‘hau*, to solder.

閈^2 Hán A gate; gate of a village, or a path; a small wall; to shut; *‚t‘ung hon^2* of the same village.

翰^2 Hán A fabulous pheasant; to fly high; white; protracted, well-sustained; a plume, or quill to write with; writings; a prop; the stump of a tree; *Hon^2 ‚lam ün^2* the Imperial Academy; *‚shü hon^2* written with a pen; *hon^2 mak$_2$ ‚héung*, a literary reputation.

瀚^2 Hán A waste, expanse, spacious; *hon^2 ‘hoi*, that part of Gobi N. W. of Kánsuh; *hò^2 hon^2* vast, spreading.

(138) **Hong.**

‚康 Kang Repose, peace, concord; delightful, excellent; blessed; joy, felicity; to quiet; an avenue, a road; *‚hong ‚chong*, level, fine road; *‚hong ‚ning*, health and contentment; *‚hong t‘ái^2* general peace; *‚hong ‚k‘éung*, strong, robust.

‚糠 Káng Chaff of grain, bran; poor, despicable, chaffy; troublesome, remiss; *‚p‘í ‚hong*, troublesome; *‘lò ‚hong*, rice chaff; *mak$_2$ ‚hong*, wheat bran; *muk$_2$ ‚hong*, sawdust.

‚匡 Kw‘ang A square box, correct; regular, square; to rectify, to direct; to right, to assist, to deliver; deflected; *‚hong ‚fú*, to sustain; *‚hong ching^2* to straighten.

‚劻 Kw‘ang Urgent, prompt, zealous; *‚hong ‚yéung*, in haste, an emergency.

‚眶 Kw‘ang The eye-socket; the canthus; *‚kò ‚hong* sunken eyes; *‘ngán ‚hong tái^2* proud; *lui^2 ‘mún ‚hong*, tears filled his eyes.

‚誆 Kw‘ang Lying talk; to deceive, to cheat, to swindle; *‚hong p‘in^2* to impose on, to defraud.

‚筐 Kw‘ang A basket with square sides; a basket without a cover; *‚hong ‘fi*, baskets for sending presents in. Often pronounced *kw‘áng*.

‚箜 K‘ung A flat lute with 25 strings, called *‚hong ‚hau*.

‚腔 K‘iáng Hollow, vacant, puffed, empty; a hollow bone; a horse's flank; a tune, or style of singing; vain, pedantic; a classifier of sheep; *‚chong ‚hong*, assuming, pedantic; *‚hong tiú^2* tone or tune in singing; *‚pong ‘tsz’ ‚hong*, a northerner's tunes; *‚kò ‚hong*, tunes sung by Cháuchau fú men; *‚hong ‘tsz’ tái^2* pretending, ostentatious; *í^2 ‚wong ‚hong*, tunes accompanied by the fiddle; *mín^2 ‚hong*, specious; *‘ní ‘koi kwo’ ‚hong ‚loi*, you must alter your tune (or conduct).

‚杭 Háng Hongchau fú, the capital of Chehkiáng, famous for its silks.

‚航 Háng A scow or square boat for ferries; to sail, to navigate; *‚t‘sz’ ‚hong*, to compassionate sailors (as Kwányin).

降 ˏHiáng To submit, to return to one's allegiance; to descend; *ˏt'au ˏhong*, to lay down rebellious arms; *ˏhong ˏping*, troops surrendering.

行 ˏHáng A row, a line; a series or order; a class, a guild, a sort; a company of 25 men, and of 100 men; a house or warehouse of several *táp*ˎ or divisions, a factory; to support on, to rest on; *tsoi*ˀ *ˏhong*, skilled in a business, prudent; *ˏhong ˏts'ing ˏkwong* expert in; *ˏhong ˏkò tik*ˎ raise it a little higher; *ˏhong ˏi fuk*ˎ to baste clothes; *yat*ˎ *ˏkán ˏhong*, a factory, a shop; *ˏhong 'ki*, which number of the brothers are you? *ˏhong ú*ˀ a guild; *ˏhong 'chéung*, head of the guild; *ˏt'ung ˏhong*, or *ˏhong ˏká*, of the same craft; *ˏhong yung*ˀ the subscription to the guild; *Shap*ˎ *ˏsám ˏhong*, the Foreign Factories; *yap*ˎ *ˏhong 'ng*, to enlist as a soldier; *ˏhong fo*' cargo goods, those of inferior quality.

炕' Háng To roast, or broil; to dry, to toast; dry, drought; *hong*' *ˏch'ong*, a bed built of brick so as to be heated underneath; *hong*' *ˏto ˏshí*, to toast bread; *hong*' *'fo*, a fire of embers; to dry before the fire; *hong*' *'ts'in*, to ground on a bar or bank.

巷' Hiáng A lane, a crooked alley; a street of dwellings; *'wing hong*ˀ a lockup for women of the palace; *lau*ˀ *hong*ˀ a wretched neighborhood; *'lau hong*ˀ a 'willow street,' *i. e.* a bordel; *'láng hong*ˀ a thorough or passage way.

項ˀ Hiáng The nape, that which rests on the pillow; great; a surname; a sort, item, class, thing, species, article; *'keng hong*ˀ the nape; *ˏkung hong*ˀ public purposes; *hím*' *hong*ˀ debts, losses; *kok*ˎ *hong*ˀ each parcel, sort, &c.

(139) Hòp.

合ˎ Hoh To unite, to join; to shut, to close; to collect, to convene; accordant to, agreeable, harmonious, suitable; a pair; the whole, united; together, with; *hòp*ˎ *ˏmò*, is it best, ought I? *hòp*ˎ *p'úi*' to pair, to betroth; *hòp*ˎ *ˏmái*, to close up; *hòp*ˎ *'ngo yung*ˀ just what I wanted, I can use it; *ˏséung hòp*ˎ accordant, to agree; *hòp*ˎ *shik*ˎ like the pattern, suitable; *ˏ'm hòp*ˎ *tò*ˀ *'li*, unreasonable, unjust; *'tá hòp*ˎ *ˏt'ung*, to make an agreement with; *hòp*ˎ *ˏnin ˏshang*, to compare the nativities of two children prior to betrothing; *hòp*ˎ *ˏsam 'shui*, agreeable, what one likes; *hòp*ˎ *pún*ˀ partnership business; *hòp*ˎ *'ngán fan*' asleep.

闔ˎ Hoh A leaf of a door, a two leaved door; all within doors, a family; to shut, to close; the whole, altogether; why not? *hòp*ˎ *ˏká*, the household; *hòp*ˎ *ˏhéung*, the whole village; *hòp*ˎ *ˏt'ám ˏkwan kat*ˎ hope your excellent family is all well. The last is often used for this character.

盍 Hoh To cover; to unite for one purpose; why not; *hòp*, *kwai* *ú* *loi*, shall we go home? *hòp* *hü'* let us go.

嗑 Hoh Loquacious; *shai' hop* one of the 64 diagrams. In the Court dialect, to sip, to drink.

盒 Hoh A box or vessel with a cover, as gallipots, caskets, pill-boxes; a covered platter; *yat, ko' hòp* a box; *pái' t'ip hop* a card-case; *pi' ín hòp* snuff-box; *ts'ün hòp* a partition box for sweetmeats.

磕 K'oh The clatter of stones; in the Court dialect, *k'oh* *t'áu* is the kotau ceremony.

(140) Hot.

曷 Hoh Why, why not; how, wherefore? to stop by an order, to intimidate, to hoot at.

渴 K'oh Dry, thirsty; to thirst; desirous of, anxious, longing (in a good sense); *hau hot,* thirsty; *hot, 'séung,* desirous of; *wá' múi, hot, 'chi,* he mentioned plums and their thirst stopped; *'chí hot,* to quench thirst.

喝 Hoh To call out loud, to hoot, to shout at; to reprimand; a guttural, gurgling, choking, sound; an angry hoot; *hot, chü' 'k'ü* order them to stop; *hot, tò'* to clear the road as lictors do; *hot, yat, sheng,* to hoot; *hot, hoi,* to make people separate; *hot, ling'* to egg on, to set on; *hot, tò,* to strop a razor.

褐 Hoh Short garments, poor, hempen clothes; woolen stuffs; stockings; a beggarly fellow.

鶡 Hoh The Tartar pheasant; pugnacious and gregarious; a symbol of courage; *hot, kún,* the plumes worn on helmets by lictors, called *chí' kai 'mí.*

毼 Hoh A twilled kind of felt or hair cloth brought from Shántung called *hot, p'in'*, and used for cushions.

(141). Hü.

虛 Hü Empty, vacant; unsubstantial, unsatisfactory, void; vain, inane; humble, pure; abstract contemplation, as understood by the Budhists; space, the void of the firmament; the constellation Aquarius; *hung hü* empty; *hü fau,* frothy, nonsensical; *hü tsz'* particles, adverbs; *hü wá'* unfounded, idle prate; *hü sam há' hi'* to put up with, unprejudiced, indifferent to; *t'ái' hü,* the heavens; *hü tò'* vainly spent [his days]; *hü ch'ün,* a false rumor; *hü yéuk,* weak.

墟 Hü A mount; old mausolea, or a burial waste; a deserted region, a wild; a place for fairs or markets; a fair; *I'n'-t'ong hü,* a noted fair near Napier's Fort; *hü ch'éung,* the place where fairs are held; *hü kòm' ts'ò,* such a bustle; a hubbub like a fair; *hü hü ch'an'* always going to fairs, sc. you are always welcome; *'ki shi hü ki,* when is the fair held?

噓 Hü — To blow with the breath; a respiration; to praise, to recommend.

歔 ˏHü — To sob; timid, fearful; breathing or sobbing, making a noise through the nose.

迂 ˏHü — Remote; wide, spacious; vague, wide of the mark, enduring; distorted, loose; to deprave; *ˏhü fútˎ* vague, baseless.

吁 ˏHü — An interjection, expressive of grief, distrust, or admiration; *ˏhü, ˋhò ch'utˎ ˏk'i!* Ah, very strange!

盱 ˏHü — To stare, to open one's eyes at; to gloat on.

訏 ˏHü — To vaunt, to talk big; false, boasting; great, big.

許 ˋHü — To grant, to allow, to let: to permit or acquiesce in, to accede to, to accord; to listen to and promise; to betroth or promise in marriage; to enter or advance; to flourish; an excess, more than; very; *ˋhü ˋkau*, a long time; *ˋhü ˏto*, a great many; *ˏtsau ˏpúi ˋhü ˋhau*, to arrange a marriage over one's cups; *ˋhü ün'* to vow; *ˋshiú ˋhü*, a very little; *patˎ ˋhü ˋk'ü ˏlai*, don't let him come. A surname.

詡 ˋHü — High flying, boasting talk; to display; to talk large; energetic, bold; moderate; *ˏp'in ˋhü*, in every part.

栩 ˋHü — A tree bearing a black nut like an acorn; soft, flexible; *ˋhü ˋhü*, pleased.

冔 ˋHü — The crown worn in the Sháng dynasty; it somewhat resembled a Cantab's cap in being flat on the top.

去 ˋK'ü — To leave, to depart from, to quit; ˋto conceal, to hoard; to dismiss, to expel.

去 K'ü' — To depart, to separate, to part from, to become distinct; to go, either in, out, from, or through; to proceed, to pass on in a regular course; the third of the four tones; past, gone, former; to discard, to reject; to repudiate; implies an action, ability, or completion, in the preceding verb; as *mái' patˎ hü'* I can not sell it; *yapˏ hü'* go in; *hü' ˏloi* (go-come), together express universally, revolving, past time, finished action: *ˋkong ˏloi ˋkong hü'* tautology; *ˋni hü' ˏp'in ch'ü' ˏloi*, where have you been? *hü' ˋyam ˏloi*, I've been to drink; *hü' ˏnín*, last year; *hü' ˏhiú*, gone; *hü' shai'* dead; *yapˏ ˏsheng hü'* to go into the city; *hü' ˏyau ˏho*, to take an airing on the river; *ch'utˎ hü', ch'utˎ hü', ˏ'm ˋhò ˋta ˋi*, go away, go, don't be here gazing! *ˋyau matˎ hü' ch'ü'* what places are there to go to? *hu' ch'utˎ ˏmún*, gone abroad to visit; *kwo' hü' ˏchi sz'* past things.

(142) Hü.

靴 ˏHü (Hiueh) — Boots; *yatˎ tüi' ˏhü*, a pair of boots; *ˏhü mò'* boots and caps, sent as presents; *ˏfong ˏt'au ˏhü*, square-toed boots; *ˋngá ˏhü kòm' ngáng'* as stiff as earthen boots, unchangeable, obstinate.

鞾 ˏHü — *ˏHü ˏtò*, a small trumpet, a kind of bugle, used at the literary examinations.

(143) **Huk.**

曲, K'iuh. Crooked, bent curved, distorted; scheming, tortuous, false; to oppress, to wrong: to force, or oblige one to do, necessitated; songs, sonnets, ditties; a carpenter's square; ‹*wán huk*› devious, meandering; *huk*› *chik*› crooked and straight, the right and wrong; ‹*sz' huk*› tricky, underhand; *chéung' huk*› to sing ditties with a fife; *wat*› *huk*› to bend,

哭, Kuh. To cry aloud, the noise of grief or pain: to groan, to wail; *huk*› *yap*› crying and sobbing; ‹*t'ai huk*› groaning loudly; ‹*k'am tak*› *huk*› unceasing crying; *huk*› ‹*song*, wailing for the dead; *t'ung' huk*› heartfelt grief; *huk*› ‹*song chéung*² the staff carried by a son at a funeral.

勗, Hiuh. To stimulate, to excite to exertion, to encourage, to animate.

旭, Hiuh. The rising sun, the dawn; *huk*› *yat*₂ sunrising; *huk*› *huk*› joy at having succeeded.

頊, Hiuh. To carry one's-self carefully; attentive; ‹*Chün-huk*› the emperor who succeeded Hwángtí, B.C. 2513.

酷, K'uh. Superior wine; ripe (as grain); hard-hearted, severe; inhuman, tyrannical (applied to officers); extremely, in a high degree; ‹*t'ám huk*₂ avaricious and cruel; *huk*₂ ‹*ying*, an illegal punishment; *huk*₂ *ü*₂ very warm.

斛, Hoh. An imaginary measure, in Canton equal to ten *tau*, or pecks, or one *shek*, or a pecul of 100 catties.

觳, Hoh. A large goblet; a quiver; thin, poor; a hoof; the top of the foot; *huk*₂ *ts'uk*› trembling from fear, deadly fear, as animals when pursued.

(144) **Hün.**

‹喧 ‹諠 Hiuen. Clamor, hum, noise of people talking; ‹*hün* ‹*wá*, to clamor, to vociferate; ‹*hün náu*² boisterous merriment; to deceive;—in which sense the second character is the same as the next.

‹諼 Hiuen. To impose on; fallacious, deceptive; to forget; *chá'* ‹*hün*, to deceive, to lie to.

‹暄 Hiuen. Genial warmth, heat of the sun in spring, a pleasant warmth.

‹晅 Hiuen. Bright, hot sun; the heat of the sun; to dry. Same as the next.

‹烜 Hiuen. To dry at a fire; clear, brilliant, splendid; hot; to burn; ‹*hün* ‹*ü*, to roast or smoke fish; ‹*hün yuk*₂ to smoke meat.

‹萱 Hiuen. The iris or fleur-de-lis, called ‹*mong* ‹*yau* '*ts'ò*, because it causes one to forget his sorrow; and *luk*₂ ‹*ts'ung* ‹*fá*, 'deer's onions;' a mother, because if a woman carries it she will bear a son; ‹*hün* ‹*t'ong*, your mother.

‹棬 K'iuen. A wooden bowl or cup; a shield made of reeds; ‹*pui* ‹*hün*, cups and bowls.

圈 K'iuen. A coop or pen for animals; crooked wood for cups; a circle, a ring, an inclosure; a prison; a stop or period in grammar; to encircle, to surround; to mark or punctuate; *'tá ˏhün*, to draw a circle; *ˏhün ˏshing*, to mark the tones of characters; *'ho ˏhün 'ho 'tim*, should be italicized; *ˏngan ˏhün*, a silver ring; *ˏhün t'ò'* a snare, a fraud; *ˏhün ch'ut, ˏlai*, to cut out rotten or bad parts, as from fruit, cloth; *ch'ut, ˏhün*, to publish the cyphers of successful siútsái.

塤 ˏHiuen An ancient wind instrument of porcelain with six holes, shaped like an egg; it was blown at the apex.

儇 ˏHiuen Ingenious, expert, cunning; nimble; name of a country or tribe in primitive times.

犬 'K'iuen A dog; radical of ferine animals; *'hün 'tsz'* my son; *'hün 'má ˏchi pò'* humble service to requite favors.

甽 'K'iuen A ditch or water-course between fields; a rill or runlet; to flow, as a water-course, diffused like good instruction; *'hün 'mau*, rills between plats of ground.

勸 劝 K'iuen' To exhort, to advise, to admonish; to stimulate, to encourage, to praise; to acquiesce; *hün' kán'* to remonstrate with [a superior]; *hün' 'mín*, to incite, to urge to exertion; *ˏséung hün'* to advise each other, to admonish; *hün' sik,* to urge to peace.

絢 Hiuen' A tassel; an ornamented wrapper for gems or seals; adorned, variegated; quick.

券 K'iuen' A bond, deed, contract, or agreement; the parties each formerly retained one half; a section; proof, evidence of in such papers; a last; *hün' yéuk,* a bond; *tí' hün'* a written tile placed in graves as proof of possession; *ˏhù hün'* a boot-last.

(145) Hung.

空 ˏK'ung Empty, vacant, void; at leisure; an opening or crevice; great, wide; the firmament, sky; poor, broken; unprejudiced, able to perceive clearly; abstraction as understood by the Budhists. Read *'hung*, a hole, a tunnel or opening in the ground. *ˏHung uk,* an empty house; *t'ái' ˏhung*, or *ˏhung ˏchung*, heaven, sky; *'ní kòm' 'hau ˏhung*, so impudent; do n't you put in your tongue; *ˏhung 't'ò*, an empty stomach; *ˏhung 'shau*, empty-handed; *ˏnong ˏhung* no coin by one, moneyless; *ˏhung ˏhán*, unoccupied; *ˏhung 'lung*, hollow; *ˏhung ti'* a vacant spot; *ˏhung ˏlò ˏmò yik,* lost all my trouble; *ˏhung ˏhung hü'* went away empty; *yat, ˏch'éung ˏhung*, all gone, everything is lost.

悾 ˏK'ung Ignorant, rustic; dissatisfied from inability or ill luck; sincere; simple.

凶 ˏHiung Unfortunate, unlucky, unhappy, unpropitious, adverse; lugubrious, mournful; judgments of heaven, calamity; malignant, cruel, bad, in which sense it is used for the next; *kat, ˏhung mí' ˏchí*, I don't know whether it is lucky or not; *ˏhung sun'* bad news; *ˏhung ˏním* a bad year.

兇 ˓Hiung Malevolent, cruel, inhuman; vicious, malignant; fearful, cry of fear; ˓hung ˋshau, a murderer; ˓hung ˓wáng, vicious, intractable; ˓hung pò˒ fierce; ˓hung ok˒ wicked, truculent; ˓hang ˓hung, to plunder like a bandit; ˓hung ˓t'ò lán˒ ˋtsai, a reprobate, a brigand.

匈 胸 ˓Hiung The first character represents the breast, inclosing the heart; the breast, the heart, the bosom; the mind, the feelings; ˋtam ˓hung, to pound the breast—a beggar's device; ˓hung ˓k'am fút˒ liberal, considerate; ˓hung kák˒ ai˒ chai˒ indigestible; ˓hung ˓ts'ong ˋkam sau˒ literary, accomplished; ˓hung ˓t'ong the breast; ˓hung ˓wái the feelings; ˓Hung ˓nò, the Huns.

洶 ˓Hiung The bubbling of a spring, the noise of rapid waters; the sound of tumult; ˓hung ˋyung, the gurgling of a spring.

崆 ˓K'ung A hill in Pingliáng fú, in Kánsuh, called ˓Hung t'ung˒ the source of the River King.

紅 ˓Hung Red color, reddish; fiery; gentle, ladylike; ˓hung shik˒ red; ˓hung ˓fú, the *Hibiscus rosa-sinensis*, or shoe-flower; ˓hung ˓ngán, rosy, ruddy; ˓tong ˓hung, prosperous, rising; ˓ch'éung ˓hung, a general notice from the people; ˓hung ˓p'ái, a ship's clearance; ˓hung ˓mò ˓yan, the English; ˓shiú ˓hung, heated to redness; ˓hung yat˒ ˓tong ˓t'iu, the emperor's birthday, or that of others.

洪 ˓Hung Water rising; an inundation, a deluge; a torrent overflowing; great, vast, immense; ˓hung ˋshui, the deluge of Yü; ˓hung fuk˒ great happiness; ˓fún ˓hung tái˒ léung˒ liberal minded and kind; a surname. Interchanged with the next.

鴻 ˓Hung A swan, or wild goose (*sc.* a *river* or marsh *bird*); large, vast; profound, learned; a letter-carrier, a postman; ˓hung ngán˒ wild geese; ˓hung ˓hí, great felicity—a phrase placed opposite doors; ˓hung pin˒ to send a letter by one.

烘 ˓Hung A flash or flame of fire; to dry at the fire; dried.

虹 Hung˒ Colored vapor, the rainbow, halo—all thought to be an impure effluence of the sky; ˓t'in ˓hung, ˓hung ˓ngai, or ˓t'in kong˒ the rainbow; called p'o˒ ˓p'ung at Macao, because it splits the sky; connected together.

訌 ˓Hung To quarrel, to litigate; to denounce to officers; to involve another by speaking; domestic discords.

黌 ˓Hung A college or gymnasium, in A.D. 200, capable of accommodating 30,000 students; tsun˒ ˓hung ˓kung, to enter a candidate for degree of siú-tsái; the ˓hung ˓kung are rooms for study adjoining the temple of Confucius; ˓hung ˓mún sau˒ sz˒ a siútsái.

雄 ˏHiung A cock bird; masculine, male of small animals and insects, as well as birds; courageous, martial, brave, heroic; *ˏhung chongˀ* burly and strong; *ʻtau ʻhi ˏhung ˏsam,* screw your courage up.

熊 ˏHiung A bear, the ʻhybernating animal;ʼ *ˏhung ˏyan,* a bear; *ˏhung ʻchéung* a bear's palm—a delicacy; *ˏhung ʻtám.* gall of bears—a medicine; *ˏHung ʻi ˏshán,* a range of mountains in Honán.

ʻ孔 K'ung A hole, an orifice, a cave, an opening; a pore; hollow; thorough; excellent, great, deep; a surname; *ʻhung tséuk,* the peacock; *ʻHung ˏfú ʻtszʼ* Confucius; *ˏt'ung ˏshan ʻkau ʻhung,* the nine passages of the body; *ʻhung k'iúʼ* a hole.

ʻ恐 K'ung Apprehensive, anxious, agitated, alarmed, suspicious; to suppose, to doubt, to imagine, to reckon upon; perhaps, supposing, if it should be; *ʻhung p'áʼ* fearful of, supposing, suspicious lest; *ʻhung küʼ* to dread, frightened; *ˏ'm ʻhung,* quiet.

鬨ˀ Hung The cry of persons fighting; to quarrel, to wrangle; *hungʼ tauʼ* to fight, battling.

哄ˀ Hung The hum of a crowd; singing or voices mingling; to intimidate by a loud voice; to cozen, to cheat; to beguile, to tempt; *hungʼ p'inʼ* to deceive; *hungʼ hoi,* to browbeat.

控ˀ K'ung To pull (as a bow), to check or rein in; to impeach, to accuse; to inform rulers; to hold up, to maintain; *hungʼ kòʼ* to petition against; *nip, hungʼ* to falsely accuse; *shéungʼ hungʼ* to send in an accusation; *ˏü, hungʼ* to petition the highest provincial officers directly.

鞚ˀ K'ung A bridle, or the reins by which a horse is reined in.

倥ˀ K'ung Rude; *hungʼ ˏt'ung,* ignorant; weary, hurried by press of business.

空ˀ K'ung To empty or exhaust; a deficiency; to make room for; *ˏkwei hungʼ* to return a deficiency; *hungʼ ˏhoi tik,* make a little room for me; *hungʼ ˏhoi ʻsé,* leave a space in the writing; *hungʼ fát,* a defalcation.

汞ˀ Hung Quicksilver; *ˏshiú ˏtán linʼ hungʼ* to smelt quicksilver from cinnabar.

Hungʼ A halo; *üt, ʻyau hungʼ* there is a halo round the moon.

(146) Hüt.

血, Hiueh Blood; radical of blood or bloody things; *hüt, hiʼ* the bodily stamina, the constitution; *hüt, ʻpún,* capital in trade; *ch'ut, hüt,* bleeding; *ʻpò hüt,* to strengthen the system; *üʼ hüt,* blood settled in a bruise; *kuk, hüt,* congulated blood; *hüt, ˏshü,* a letter written in blood (at the last extremity); *hüt, singʼ* careful memory of, attention; *shat, hüt,* pale, white-livered; *hüt, ˏü,* hair of the head; *ch'ut, pik, hüt,* to pay another's defalcation.

闕, Kiueh Looking out a door, a look-out above a gate; imperial; defective, lost; not enough; faults, deficiencies; to miss, to err; disrespectful, wanting in; to dig; *hüt*, *₅ngin*, his Majesty's palace; *₍kam hüt*, the golden gate of Olympus; *üt₂ hüt*, the waning moon; *hut*, *shat*, lost, missing; *₅hò ₅mò ʿshiú hüt*, not the least thing missing.

缺, 觖, For these two characters, see *K'üt*, their usual pronunciation in Canton.

(147) Hwé.

An exclamation; halloo, stop! *₍hwé*, *ʿní hü' ₍p'ín*, halloo! where are you going?

(148) Í.

衣 ₍I Clothes, specially those for the body; radical of garments; a cover, case, or wrapper; the husk of cocoanuts; *₍i fuk₂* or *₍i ₅shéung*, clothes; *pák₂ ₍i*, plebeians; *₍ts'ing ₍i*, siú̆tsái graduates; *pin' ₍i*, undress, common dress; *ʿmò ₍i shik₂* improper, lewdly; *chéuk₂ ₍i fuk₂* to dress; *₅shing ₍i tim'* a slop-shop; *shui' ₍i*, a sleeping dress.

依 ₍I To rely on, to trust to; to agree, to conform to; as, according to; *₍i ₅in*, as you say; *₍i ₍hí*, like, similar; *₍i ʿni*, as you please; *₍i ₅ü sat₂ hú'* dependant on parents, filial; *₍i shat₂ shüt₂* undoubted, can be believed.

伊 ₍I He, she, it; *₍i ʿtang*, they, them; *₍i ₅nín*, that year; an initial particle, meaning only, because that; a surname.

咿 ₍I To smile in bitterness, to moan, a forced laugh; *₍i ₅'ng*, hum of boys reading.

洢 ₍I Name of a river in Honán province, a branch of the River Loh; it runs through Sung hien in Honán fú.

猗 ₍I A fierce dog; extended, continuous; flourishing; to exclaim in praise, good! fine! an interjection; to add to, depend on.

漪 ₍I Ripples on water, the curling lines made by water in gentle motion.

噫 ₍I The tone of indignation, surprise, dissatisfaction; for shame, alas! groans, dolor; to belck; *₍i ₍lò ₍lò ₅yan*, a low, idle fellow.

醫 ₍I To heal, to cure; medical, medicine; a physician; *₍i ₍sz'* or *₍i ₍shang* a doctor; *₅hang ₍i*, to practice medicine; *₅shí ₍í*, a fashionable doctor; *₍páu ₍i*, to assure a cure; *₅shan ₍i*, a skillful doctor; *₅yung ₍i shat₂ ₅yan*, charlatans kill people.

鷖 ₍I A blue and white duck which frequents the seashore in flocks, and foretokens storms by flying inland.

兒 ₅Rh A boy, a infant, a male child; infantile, feeble; a suffix to nouns much used in the court dialect, and to denote that words are nouns; *ʿsiú ₅í*, *₅í*, my son; *tái' ʿsiú ₅í*, my oldest son; *₅ho ₅í*, a toy; *₅i ʿnü*, children; *₅i ₅ch'á*, cutch.

唲 'Rh Forced laughter, unwilling compliance; loquacious. Read *˓wá*, the prattle of children.

而 'Rh The whiskers; one of the radicals; as a copulative conjunction, means and, also, together; and yet, even; as a disjunctive conjunction, but; yet, contrariwise, still; as; used for the person spoken to, thou; an initial particle; *˓í ˓ká* now; *˓í ʿch'é*, moreover, furthermore; *˓í ˓kam ˓í hau²* now and henceforth; *˓í ʿí* a final phrase, denoting that is all, nothing more, no other. the utmost.

洏 ˓Rh Warm or hot water; flowing tears; *˓lín ˓í*, incessant crying.

輀 'Rh A funeral car or hearse.

栭 ˓Rh A king-post or girder on the top of a pillar, to support the roof; a kind of chestnut; a fungus or Peziza, called *muk˒ ˓í*, or 'ears of wood.'

鮞 ˓Rh The spawn or young of fish; *˓pò ˓í*, a delicious fish found in Tungting Lake.

宜 ˓Í That which is naturally reasonable, fit, right; proper, befitting, harmonizing, just; ought or should be; often is to be taken as a form of the imperative or future tenses; harmonious, accordant; title of 5th rank ladies; *˓í tak˒* ought, it is proper; *pat˒ ˓séung ˓í*, unsuitable, not his place; *hòp˒ ˓í*, done right, well done; *˓t'ám ʿsiú ˓p'in ˓í*, to covet little douceurs; *pin² ˓í*, convenient, serviceable; *˓í tak˒* to desire, to wish.

疑 ˓Í To doubt, to suspect; to guess, to fear; perverse; doubtful of, to dislike, unsettled; *˓ú ˓í*, a fox's doublings, fearful; *˓sz' ˓í*, suspicious, fearful; *pí² ím˒ ˓í*, avoid suspicious acts; *ʿní kòm' ˓to ˓í*, you are so very suspicious; *˓mò ˓í*, plain, certain, undoubted.

嶷 ˓Í Name of a range, called ʿKau ˓Í, or Nine Mts., where the Emperor Shun was buried—said to be in Shánsí; eminent, promising; to know.

移 ˓Í To transplant rice; to move, to transpose, to shift, to remove, to change the place or the direction of; to transmit; to convey (an infection); to migrate; *˓í ˓hoi*, to move away; *˓í ˓mái*, to move near; *˓no ˓í*, to borrow; *˓í ˓fún tsau² ʿkan*, to accommodate one with a timely loan; *˓í ˓man*, to forward a public dispatch.

扅 ˓Í The bar of a door, called *ʿim ˓í*; *ʿim ˓í ˓wai ˓ch'ui*, (Peh-lí-pí) burned the bar of his door, [from poverty].

栘 ˓Í A kind of bullace; *˓í ˓yéung*, a kind of white willow, found in Shántung.

彝 ˓Í A tripod or vase used in temples for libations; a constant rule or law which all men acknowledge, an invariable principle; constant, common; *˓í ˓lun*, the five social relations; *ʿMò ˓í ˓shán*, the Bohea hills.

訑 ˓Í Self-sufficient, great assurance, arrogant; shallow-minded; to despise, to look down on; verbose; to insult, to brag.

䑏 ˏI´ A gradation, rising one above another, as a series of weights, stairs, stories, hills, &c.; to advance, to reward the worthy; to superimpose; advantage; *ˏfan ˏi kokˏ mat₂* put each in its proper rank; *ˏi tsang²* to confer honors on one's parents and self.

匜 ˏI´ A pitcher or goblet, with a handle and spout; water-pot or wash-basin; shallow; *ˏchí ˏi*, wine and water pitchers.

頤 ˏI´ The chin, the sides of the mouth; one of the diagrams; to nourish, to feed; *ˏk'i ˏi*, an old man, who must be fed.

沂 ˏI´ Name of a river in Shantung, flowing south into Lake Loh-má in Kiángsú, and thence into the sea.

儀 ˏI´ Usages of mankind; a rule, rite, a ceremony; decorum, etiquette; the external appearance, or deportment; figure, form; regular, proper, correct, what ought to be, just; to imitate to study how to effect; the principles or powers of nature; *'léung ˏi*, the dual principles; a present of money; *ˏi chü'* rules of etiquette; *tin² ˏi* or *ˏhéung ˏi*, money sent to mourners to assist in the rites; *ˏch'ing ˏi*, a present to one traveling; *ˏyung ˏi*, deportment; *ˏwai ˏi*, a dignified carriage.

夷 ˏI´ Even, arranged; to equalize, to level; to wound, to kill, to cut grass; great, ample; to class, to sort; contented, pleased; distant, remote, foreign; a tribe of people in the west, now applied to all foreigners who not speak Chinese; a barbarian, in the sense the Greeks used βαρβαροι; *ˏi ˏyan*, a foreigner; *ˏi mit₂* to exterminate.

洟 ˏI´ Mucus or running from the nose; *ˏwan ˏi*, name of a marsh in Shánsí.

姨 ˏI´ A wife's sisters; the older are called *tái² ˏi*, the younger *'siú ˏi*; maternal aunts; the elder are called *ˏi 'mò*, *ˏi ˏmá*, and *ˏi ˏnéung*; the younger, *á' ˏi*; *ˏi ˏté*, my elder maternal aunt's husband.

痍 ˏI´ A wound; an ulcer or sore; to hurt, to injure; distressing to the mind.

怡 ˏI´ Harmonious concord, pleased with each other, as brothers and friends; joyful, satisfied; *ˏhing tai² ˏi ˏi*, fraternal joy; *ˏi ˏwo*, Delighted-harmony, the name of Howqua's hong in Canton.

詒 ˏI´ To hand down, to bequeath, to leave to, to communicate to posterity; to present to; mutual deception; to ridicule; to act so as to be despised. Read *'t'oi*, to defraud, or insult; weary; *ˏi ˏch'ün*, to hand down; *ˏts'in 'li ˏi ˏts'ing*, to send remembrances from afar (to friends).

貽 ˏI´ Same as the preceding; to induce, or bring on one's self, to cause; *ˏi tsang²* to leave a legacy, to make a parting present; *ˏi 'ng² hau² ˏyan*, to mislead after ages, to propagate error; *ˏi lui² 'tsz' ˏsun* to involve one's posterity.

飴 ₍í Sweet cakes; sugared, pleasant, sweet; to feed; ₍kòm ₍í, a tidbit, sugary; ʿkan ₍fʿò ₍ü ₍í, to regard afflictions as sweet.

圯 ₍í A bridge; the bank near a bridge.

倚 ʿí To rely or lean on, to lean against, trusting in; to depend on, to engage one to do; inclined, leaning; a fulcrum, a support; ʿí lái² or ʿí k'áu² to depend on; tün² ₍mò ₍p'ín ʿí, impartial, not the least unfairness; ʿí pang² a trust, a dependance; ʿí ʿmá ʿho toi² immediately (*lit.* waiting on horseback); ʿí t'ok₂ to beg a favor of one, to engage one to do; ʿí ₍k'am ₍í ₍ko, to sing in unison with a lute; ʿí ₍ch'í mat₂ ʿyé, what do you depend on for it?

綺 ʿK'i An open, variegated kind of silk, called ʿí ₍lo; it is a kind of law or open silk, used for summer dresses.

錡 ʿí A three-legged iron frying-pan or griddle; a stand for bows; a den or cave.

椅 ʿí A kind of hard wood, fit for cabinet work; a chair, a couch; yat₂ ₍chéung ʿí, a chair; ₍t'oi ʿí, tables and chairs; t'ái² ₍sz' ʿí, a large state chair; ₍hün ʿshau ʿí, an arm-chair; shui² ʿí, a couch; kwá² ₍tang ʿí, a chair without arms.

輢 í Sides of a chariot; the place in a car where spears are placed.

扆 ʿí A silken screen used by the ancient emperors in the audience-chamber; it was ornamented with ax-heads.

耳 ʿRh An ear, the organ of hearing; radical of what relates to the ear and hearing; to perceive; a handle, an ear; a final particle, usually denoting merely the end of the sense, but sometimes as an intensitive; ʿí ₍lung, or ʿí fat₂ the ear; ʿí ʿto kan² others will soon hear it; ʿí ₍nung, black ears, thought to come from bad luck; ₍hong ʿí, dry ears; ʿí wát₂ an ear-pick; ʿí ₍wán, ear-rings; ʿí ʿí, obsequious; ʿí ₍sün, a gr.-grandson's grandson; shun² ₍fung ʿí, quick of hearing; ʿí ʿp'úi, hard of hearing; ʿí ₍lung, deaf; mít₂ ʿí ʿtsai, to pull off your ears; ʿim ʿí tò² ₍ling, to cover the ears and steal a bell, to delude; ʿí ʿto ʿün kwo² mat₂ 'very soft ears,' excessively credulous.

爾 ʿ 尒 ʿ ʿRh You, thou; your; flourishing; a final particle, interchangeable with the preceding, denoting that the subject is not of much consequence; also forms adverbs, as tsut₂ ʿí, suddenly; ʿí ʿngo ₍t'ung ₍sam, we are of the same mind; ʿí ʿtang, ye, you; ʿí ʿí ʿngo ʿngo, uncertain, confused talk; ʿnái ʿí, it is thus, so.

邇 ʿRh Near, next to, at hand; approaching, both in time and place; to reach, to come towards, to approach; mat₂ ʿí, friendly, sociable; ʿí ₍loi, [time] nearly completed.

擬 ʿí Figure, form; like; to compare; to consider, to guess or conjecture; to decide after deliberation; to estimate;

to intend, to purpose; ˊi tok, to think upon, to calculate; ˊi ˏkwan, to transport to the army; ˊi tsúi² to judge crimes.

ˊ議 I To deliberate, to consult, to discuss; doubt, hesitation; murmuring; used for the preceding, to decide; ˊi sz'' ˏt'ing, a senate-chamber, a council-hall; the Senate-house at Macao is so called; min² ˊi to confer with one; ˏkung ˊi, a public discussion.

ˊ矣 I A final particle, denoting a plain statement, that the sense is fully expressed; ˏt'i ˊi, fully, enough; ˊfau ˊi, certainly not.

ˊ已 I At the beginning of a sentence, stopped, finished, just done, already, past; sign of the perfect; to terminate; to decline, to put away, to reject; as a final, excessive, no more; ˊi ˏking ˊkong, done speaking; ˊi hü' gone off; pat, tak, ˊi obliged to do, inevitable; ˊi ˏking ˊkòm, I have made it so; ˊi hau² from this, hereafter.

ˊ以 I By, with; in order to, that which; for, that, to the end that; the cause by which, using, taking; and; next, at, according to; a reason or cause; preceded by ˊsho, means therefore, wherein, that by which, thereby; succeeded by ˏwai, means deeming, to consider, by it make; preceded by ˏho, means how could; ˊi is often merely a sign of the accusative, from, to, in, as ˊi ˏyan ˏts'ün ˏsam, he cherishes humanity in his heart; ˊi chik, ˏwai huk, to bend the straight; occasionally used like the last; ˏmò ˊi, not cease, no more, nothing; ˊyau ˊchí ˊi, probable; shi² ˊi, hence; ˊi ˊkún ˏkw'ai ˏt'in, to look at the sky through a tube; tsz'² ˊi ˏwai shi² I must have it so, I'll do it.

ˊ薿 Kh Luxuriant, growing rank, flourishing veg·tation.

苡 I The purslane *(Plantago)*; ˊi ˊmai, or ˊi ˊi ˏyan, pearl-barley.

薏' I The seeds of the nelumbium; ˊi i' ˏyan, pearl-barley; same as the last.

意' I The intention, will, purpose; thoughts, ideas; motive; inclination, sentiment, opinion; meaning of a word; i' mi² ˏch'éung, an agreeable taste, delighted with; i' sz'' the feelings, the intention; ˏmò ˊchü i' undetermined; ˏ'm ˊhò i' sz'' indecent, disreputable; unwilling to refuse; ˊyau mat, i' sz'' what does he say about it? ˏmò i' ˏchung, unintentional; ˏ'm kwo' tak, i' greatly obliged for it; tak, i' gratified, got his wish, an exclamation of delight often used in sport; shing' i' exceeded your wishes; i' pat, a rough sketch or picture; i' i' sz'' sz'' undesirable, I prefer not.

瘞' I A retired, obscure place; to bury, to inter; to sacrifice to those who have been buried, to streams, or to the moon; to hide.

懿' I Mild, virtuous, excellent; admirable, admired—*applied to women;* the virtuous one, *sc.* the Empress; i' ˊchi, her Majesty's orders.

饐' I Cooked rice spoiled by mold; a sour, harsh taste; used for it, to choke.

瘞 ' í To kill, to put to death, to exterminate; to throw down, to prostrate; to overhang.

一 ² 二 ² 弍 ² 貳 ² 'Rh Two; to divide in twain, to bisect; to help, to second; to reiterate; to suspect; *tai*² í² the second; í² *shap*₂ twenty; ₅*mò* í² ₍*sam*, not doubleminded, faithful, sincere; í² *ts'z*'² twice. The two last forms are chiefly used in bills and accounts.

義 ² í Right, proper, suitable; righteousness, equity, uprightness, high moral feeling, conformable to what the heart feels to be proper; common, free, public, by contribution or government appropriation, as í² *'tseng*, a public well; í² *hok*₂ a free school; patriotic, in defense of principle or rights, public spirited, as í² ₍*ping*, patriot volunteers; superior, surpassing, excellent, virtuous, as í² *sz*'² an eminent scholar; í² *'hün*, a faithful dog; adopted, putative, supplied in place of, as í² *fú*² an adopted father; í² *'kai*, a false head-dress; made up, compounded; as í² *mak*₂ a composition ink; meaning, signification; í² *puk*₂ a faithful servant; í² *hí*' right principled, honorable; í² ₍*shán*, a public burying-ground; í² ₍*chong*, a public depository for coffins.

誼 ' í Right, proper, used for the last; friendly, acquainted; adopted; ₍*chí* *lán* ₍*chí* í² friends adopted as brothers; ₅*nín* í² of the same age or graduation; *ts'ik*, í² relatives of different surnames.

樲 ² Rh A species of wild jujube or date-plum; the seeds used for an anodyne, under the name of ₍*sün* *'tsò* ₅*yan*, are not from a Zizyphus.

異 ² í Separated, foreign, of another country, different, diverse; admirable, unusual; strange, rare, extraordinary, bizarre; perverse, heterodox; to marvel at, to regard as different or foreign; to oppose; í² *man*² strange news; í² *yat*, another day; *shai*' *pat*, í² will not be forced to change; *tái*² ₅*t'ung* *'siú* í² very much alike.

勩 ² í Labor, distress, toil; afflictions, sufferings; to be weary, to endure, to labor in.

肄 ² í To accustom one's self, to practice, to be skilled in; to serve assiduously; sprouts of a stump; í² *íp*₂ a resident graduate, one who lives in the college.

易 ² í Easy, simple, plain, not hard to do; negligent, remiss, disrespectful; to extirpate weeds, to dress a field; ₅*yung* í² easy to do; í² *t'üt*, *'shau*, easy to rid out of hand (as goods); í² ₅*mài* *'shau* can be done quickly; í² ₅*wui* *lik*₂ not hard to do, he will do it with help; í² ₍*ü* *pín*' changeable in sentiment.

(149) **Ím.**

奄 ₍Yen To detain awhile; to cover, to conceal; a surplus, an excess; to remain over; suddenly, hastily; to enter into possession; ₍*ím* *'yau* *sz*'² ₍*fong*, he suddenly obtained the region; a place in Shantung.

淹 Yen To soak, to saturate; to overflow; to detain, to stay away; *ˏím ˏlau*, to tarry long; *ˏím kún'* to permeate; *ˏím chaiˀ* dilatory; *ˏím mút* to spoil or drown in water; *ˏím múnˀ* asphyxiated, half crazy, worried.

渰 Yen Clouds rising and spreading; to soak, to make to vegetate, as the rain does.

閹 剦 Yen To castrate, to geld; *ˏím wánˀ* an eunuch of the palace; *ˏím ˏchü* to cut a boar. The second is a local character.

崦 Yen The name of a mountain in the West, called *ˏím ˏtsz'*, fabled to contain the cave where the sun went at night.

惉 Yen A mind exercised upon; *ˏím ˏts'ím*, unsteady, loquacious; *ˏím ˏím ˏts'ím ˏts'ím*, restless, nervous, anxious.

醃 Yen To lay in salt; *ˏím pák ˈlám*, salted olives; *ˏím ˏts'ong*, to lay down [flesh] in salt; *ˏím ˈt'úi*, smoked hams.

鹽 塩 Yen Salt: to salt; *pák ˏím*, white salt; *ˏím ˏt'in*, salt-yards; *ˏím wanˀ ˏsz'*, the salt commissioner; *shái' ˏím*, to evaporate salt water; *ˏím ˏáng ch'ut ˏts'ü*, the salt-jar has produced worms! said of bad sons.

嫌 Hien To dislike, to hold in contempt, to think meanly of; to lothe, to despise: prejudiced, suspicious, fastidious, jealous of; *ˏím ˈshiú*, to disdain as little; *ˈní ˏm ˏím*, don't weary of; *ˈsiú ˏím*, petty dislikes, querulous.

簷 檐 Yen The eaves, or projecting part of a roof, vulgarly called *uk ˏyam*, and *ˏyam ˈhau*; the plate which supports the roof; *ˏfi ˏím*, the turned-up cornices of a hipped roof; *ˏím háˀ* under the eaves, in low life; *mok ˈk'i ˏím ˈhau*, don't stand under the eaves.

嚴 Yen Severe, stern, strict, rigid; reserved, cold, austere; majestic, solemn, dignified, reverential; inducing respect or awe; a night-watch or guard; epithet of a father; *ˏím ˏná*, strictly to seize; *ˏím suk*, sternly dignified; *ˏím fúˀ* or *ˏká ˏím*, my father; *ˈlò ˏsz' ˏím*, the teacher is strict; *ˏím mat*, extremely close or secret; *ˏtsín ˏím*, your respected father.

巖 Yen A breastwork for archers or spearmen to protect themselves; to fend off.

釅 Yen Sour, sharp, as vinegar or spirits highly rectified; *lok ˏím ts'òˀ* put in some sharp vinegar—be very strict with him.

蚺 Yen A large serpent in Yunnán, described as edible and scaleless, and with large teeth; a tribe of southern savages.

髯 Yen The whiskers; the hair on the cheeks near the ears; *ˈmí ˏím ˏkung*, the lord of the handsome whiskers, *i. e.* Kwántí; *ˏk'au ˏím*, curly whiskers.

炎 Yen Fire blazing, flame; burning, hot; glorious, luminous; to burn; *ˏím ˏléung shaiˀ káiˀ* the inconstant world, fickle friends; *ˏím ü* very hot [sun]; *ˈfo ˏím ˈshéung*, the fire blazes up; *ˏím taiˀ* the emperor Shinnung.

掩 Yen To screen or shade, to conceal from view; to shut, to close; to soothe, to stroke with the hand; to console; to surprise an enemy; ‘im ˏmún, to shut the door; ‘im ˏhoi ˏmún, to open the door; ‘im shik, to hide away quickly; ‘im min’ to cover the face; ‘im ‘há chüt, you must improve, don't be so stupid; ‘im ‘im ‘yéung ‘yéung, afraid to be seen, hiding away as a truant; ‘ím ‘há ‘ch‘au, hide it for shame.

‘弇 Yen To cover over, to shade, to hide (as an occultation does); ˏwan ‘ím yat, the clouds screen the sun; to castrate; vases with small mouths and large bellies; a pass in mountains.

‘埯 Yen To cover anything with dirt; ‘im ˏmái, to bury in the ground.

厭’ Yen To dislike, to disapprove, to reject; to lothe; to sicken at, distasteful; satiated, filled; pák, ím’ to be hated or avoided by all; ˏ’m ím’ not lothesome (as food); tak, ˏyan ím’ to get people's hate; ím’ tsuk, had enough of, tired of; ˏtsang ím’ to hate, to distaste; ím’ ˏfán, to dislike to be troubled. Read ‘ím, to conceal; to get away from bustle into quiet.

‘魘 Yen Troubled in sleep, disturbed by dreams, starting in sleep from the nightmare.

‘黶 Yen Black pimples in the face or on the body, hair moles.

‘靨 Yen A scab, the sloughing of a wound; spots or pimples on the face; tau’ ‘ím, the vaccine scab. Read íp, handsome; the cheeks.

‘染 Yen To dye, to tinge; to steep in a dye; to taint, to catch, to be infected; to pollute, to vitiate, to copy the bad practices of others; soft, flexible; ‘im shik, to dye; ‘ím ‘im, to revise, to add to and finish up (as a picture or composition); ˏfán ‘im, to re-dye; tsáp, ‘im, to learn vicious habits; ˏt‘án ‘im, to dye by brushing; ‘im tím’ p‘ò’ a dyer's shop; ‘ım ˏú ˏmeng, to get a bad name.

‘冉 Jen To advance; gradually; weak, feeble; ‘Ím ‘Yau, a disciple of Confucius.

‘苒 Jen Luxuriant, tender herbage; by turns, gradually, alternately; ‘yam ‘ım, going and coming, like day and night.

‘琰 Yen A gem of great lustre, frequently set on the apex of the tablets held by ministers at audiences; splendent; part of the name of H. M. Kiáking.

‘剡 Yen Sharp, pointed; to sharpen; to cut in two or off; to rise up; light, brilliant.

‘扊 Yen The crossbar which shuts a gate inside, called ‘im ˏí, and commonly ˏmún ˏshán.

‘儼 Yen Carrying the head high, of commanding presence; vain-glorious; same, as formerly; ˏfi hon’ ˏfung ˏkam ‘im ˏín, he came back to see, and the package of money was untouched; ‘im ˏín yat, shik, just the same color.

饜’ Yen Eaten to repletion; satiated; lothing, distasteful; ím’ ‘páu, eaten to satiety; ˏmò ím’ unsatisfied, covetous.

驗²
驗²
Yen
To verify, to examine officially for purposes of verification; to witness before officers, to testify; proven or tried by one's experience; proof, evidence, testimony; *ím² ˏshí*, a coroner's inquest; *ím² fo³* to examine goods [for the duty]; *ím² mung²*, to fulfill a dream; *'háu ím² ˏming pák*ˎ to examine into fully; *ˏying ím² 'liú*, the thing was true, the proofs are complete; *ím² hon³* to be examined at the fúyuen's office; *ím² ˏming ˏkan 'léung*, 'look sharp after the catties and taels'—a shop notice; *ím² ˏtsong*, to identify stolen goods.

艷²
Yen
Beautiful, tall, handsome, captivating; plump face; brilliant; bedizened; voluptuous, wanton, dissipated—*applied to women; ˏkiú ím²* gay, beautiful, brilliant, as flowers, colors, a face; *ˏyung ím²* abundant and gay; *ím² shik*ˎ *tung² ˏyan*, beauty excites men.

燄²
Yen
Flame, blaze; brilliant, drawing the eyes of men; *chuk*ˎ *t'ò ím²* the candle flames. Same as 炎 *ˏím*.

(150) ÍN.

In Macao, many of the words under this syllable are pronounced *ngin* and *hin*.

ˏ煙
ˏ烟
Yen
Smoke, misty vapor; tobacco or opium, because they are smoked; *ˏú ˏín*, lampblack; *ˏming ˏín*, excellent tobacco; *ˏín ˏts'éung*, an opium-pipe; *ˏmá ˏkú ˏín*, cigars; *'shui ˏín*, tobacco prepared for the hooka; *ˏshang ˏín*, smoking tobacco; *ˏín ip*ˎ tobacco-leaf; *ˏshiú ˏín 'fo*, to let off fireworks; *ˏín ˏfá long² 'tsz'* a brothel-goer; *ˏín ˏchan*, light dust or motes in the air; a term applied to banditti; *f'án³ ˏín*, to smoke opium; *ˏín 'yan 'hí*, the longing of victimized opium-smokers; *ˏín 'mò chan²* 'smoke has no rules,' said of great brags; *ˏhoi ˏtang ˏín 'kún*, an opium-smoking shop; *ˏyan ˏín ˏch'au mat*ˎ a place thickly settled.

ˏ咽
Yen
The throat; a cosmetic; *ˏín ˏhau*, the throat, a gorge, an important pass; *ˏín ˏchi*, rouge; *ˏín ˏchi ˏfá*, the *Mirabilis jalapa*.

ˏ嫣
Yen
Handsome, beautiful; a gracious smile; the smile of beauty.

ˏ蔫
Yen
Corrupt, putrid, rotten, as vegetables or food; *ˏín ch'au³* stench of decaying flesh; *ˏín ˏü*, rotten fish.

ˏ焉
Yen
A speckled bird; as an initial particle, an interrogative, meaning how, who, is, why, according to the scope; *ˏín ˏchi*, how should I know? *ˏín yung² shát*ˎ why kill him? *ˏín tak*ˎ *fú³ kwai³* how can I get rich? also denotes the subjunctive, as *ˏín ˏk'i ˏts'ung ˏchi*, should he follow him.

ˏ焉
Yen
As a final particle, an adverb of affirmation, denoting that the sense is complete; as *tò³ pat*ˎ *ˏch'ün ˏín*, the truth is not taught; used in correspondence with *ˏü*, as *ˏü ˏt'ín ˏín*, as it is in heaven; forms adverbs, as *ching³ ˏín*, truly; *'shiú ˏín*, presently; an eu-

英華分韻撮要

phonic particle, adding force and emphasis to the previous word.

言 ˏYen Words, speech, talk; a sentence; an expression; the radical of characters relating to speech; to discourse, to speak, to say, to address; to express an opinion; to speak with; a high appearance; a word or order; *ˏín ˊü*, conversation; *ˎfá ˏín*, exaggeration; *ˏyan ˏín*, arsenic; *shát˃ ˏín*, an error in speaking, slip of the tongue; *yéuk˂ shek˂ ˏín*, exhortation; *ˏín ˎkún*, censors; *shik˂ ˏín*, to retract, to break a promise.

然 ˏJen To simmer, to burn; to assent, to reply to; a final particle, yes, certainly, so, truly; used as the sign of an adverb, *tsut˃ ˏín*, suddenly; also adds force to; as *mí˒ pít˃ ˏín*, uncertain, probably not; a disjunctive particle, but, then, if so, not so; *tsz˒ ˏín ˏí ˏín*, spontaneously and yet truly; *ˏín hau˒* afterwards; *ˊkwo ˏín*, truly, a kind of chimpanze; *yik˂ ˏín*, thus, in like manner; *ˏín ˊyú*, just so.

燃 ˏJen To burn, to fire, to light; to boil, to simmer; *ˏín ˏmí ˎchí kap˃* imminent danger, at extremity; *ˏín ˎshiú*, to catch fire.

研 ˏYen To grind fine, to triturate, to dissolve, or rub or powder; *ˏín mút˂* or rub to a powder; *ˏín ˏshün*, a narrow iron mortar in which drugs are ground; *ˏín kau˒* to investigate, to search out thoroughly—usually implies by torturing.

妍 ˏYen Beautiful, elegant, pretty; witty, accomplished, skilled; the opposite of *ˎchí* 蚩

賢 ˏHien Virtuous, wise, moral, worthy; excellent, superior, in morals or in intellect; a term of laudation, as *ˏín ˎtsʻai*, my faithful wife; to surpass; to praise or call a worthy; *ˏín tai˒* my good brother; *ˎhéung ˏín*, village worthy; *ˏín ˏtsʻoi*, good and talented, superior abilities; *ˏín ˏyan*, a virtuous, highminded man, a philosopher, a class of men next to sages.

延 ˏYen To go far; to protract, to lengthen out, to prolong; to involve; to invite, to call together; to enter or advance; spread out, arranged; slow, dilatory, long; distant, to spread far, or from one to another; *ˏín ˏchʻí*, slow; *ˏín ún˒* dilatory, *ˏín ˎpan*, to invite guests; *ˏín kʻap˂ ˎtʻá yan*, to compromise another. ˏ

筵 ˏYen A bamboo mat spread out, a table spread smooth or arranged; *met.* a feast, an entertainment; *ˏín tsik˂* a banquet, a meal; *ˎking ˏín*, the hall where the emperor meets academicians; the shrined oratory where priests recite prayers.

咽 ˎYen The throat, the esophagus; a straight or narrow passage; *ˎín ˏhau tí˒ ˎfong*, an entrance to a river. Read *ín˒*, to swallow; to tolerate, to suffer.

埏 ˏYen Limit or border of a patch of land; a path to a grave; to ascend; *pát˃ ˏín*, the eight points of compass, all around.

弦 ˏHien The string of a bow; chord of an arc; the moon when she quarters, on the 8th and 23d days; *shéung˒ ˏín*, the 8th or

9th day of the moon; *há*' ˛*in*, the 23d of the month; a corded pulse.

紘 ˛Hien Silken strings of musical instruments; ʻ*ngán t*ʻ ˛*in*, to play the rebeck or 2-stringed fiddle; ˛*sám* ˛*in*, a 3-stringed guitar; *tün*ʻ ˛*in*, 'cord broken,' *i. e.* decease of a wife; *tsuk*˒ ˛*in*, a second marriage.

舷 ˛Hien The side of a ship or boat, the gangway or bulwarks of a vessel.

蚿 ˛Hien The Julus or gally-worm, a sort of millipede found in dry places.

衍 ʻYen To inundate, to overflow; to spread out, to enlarge, to amplify; abundant, much, far; elegant, beautiful; prolix, diffuse, turgid; plains at the base of hills; ˛*yau* ʻ*in*, to ramble; ˛*shá* ʻ*in*, a sand-spit; ʻ*in shing*' ˛*kung*, Confucius' sepulchre.

演 ʻYen A stream flowing far; long, extended, ample, widely; to moisten, to lead; to practice, to exercise, to perform, to drill; ʻ*in hí*' to perform theatrical plays; ʻ*in* ʻ*mò*, to train in military exercises; ʻ*in tsáp*˒ to practice; ʻ*in* ʻ*há* ʻ*shau shai*ʻ try your hand at it for once.

兗 ʻYen The department of Ínchau fú in Shántung.

偃 ʻYen To cease, to desist; to sleep, to lie down, to recline; to throw prostrate; to fall along; ʻ*in* ʻ*hí ko*' ˛*hung*, throw forward your chest; ʻ*in sik*˒ ʻ*há*, to lie down, take a nap; ʻ*in* ʻ*kín*, undecided, lost his wits.

鰋 ʻYen A kind of silure or mudfish, with a white head, which lies near the bottom.

蝘 ʻYen A species of cicada, called ˛*t'ong* ʻ*in*, and many other names; ʻ*in* ˛*t'ing*, a kind of house lizard, livid and harmless.

鼴 ʻYen A mole, called ˛*lai* ʻ*shü*, or 'plough rat;' also a fabulous, ox-like animal, said to lie in the water.

晛 ʻHien To see, to regard; projecting eyes; ʻ*in* ʻ*ün*, pretty; the melody and beauty of birds singing.

堰 ʻYen A dike or dam, to dike off water; to arrest or stop.

巘 ʻYen The summit or peak of a mountain, likened to a boiler or jar.

唁 ʻYen To visit or condole with the bereaved, or those disgraced from rank; to mourn with one over the loss of country.

燕 ʻ A swallow or martin; a shuttlecock; ʻ*in* ʻ*tsz*' a swallow; ʻ*in* ʻ*mí* ˛*p'ái*, swallow-tailed bucklers; ʻ*in* ˛*wo*, edible birdsnests; *t'ek*˒ ʻ*in*, to kick a shuttlecock.

讌 Yen A feast; to repose, to rest; peaceful, still, leisurely; to disgrace; ʻ*yam in*' to feast (by officers); *in*' ˛*kü* to live at ease. Read ˛*in*, ancient name of a state, now the province of Chihlí, and still often applied to it and the metropolis.

宴 醼 Yen Rest; a feast; merriment; used for the preceding; ˛*k'ing* ˛*lam in*' a feast given by the emperor to the *tsinsz*' graduates; ˛*ying* ˛*yéung in*' a feast given to military *küjin* graduates; *luk*˒ ˛*ming in*' the one to literary *küjin* graduates.

俔ʼ Hien Like, to compare; to explore, to spy out; a weathercock; ˏ*hán ín*ʼ, a spy; *ín*ʼ ˏ*ü* ˏ*wan*, like the clouds.

晛^{2} Hien Clear light, cloudless sunlight; the clear sun in winter melting the snow.

現^{2} Hien Lustre of gems; to manifest, to appear, to display; to divulge, to show; apparent, to be seen now, conspicuous, *de facto*, present; *ín*^{2} ˏ*ngan*, ready money; *ín*^{2} ˏ*kam*, now; *ín*^{2} *tsoi*^{2} in a place, existing, now here; *ín*^{2} ˏ*shing*, is already to be had, is on hand; *ín*^{2} ˏ*hung*, to lay down security or stakes; ˏ*ming ín*^{2} bright, not dull, (as colors); speedy reward or retribution; *iú*ʼ *ín*^{2} ʻ*pá*, I must have the money in hand; *ín*^{2} ˏ*shan shüt*ˎ *fát*ˎ influential, able to move others; *ín*^{2} *ch'ut*ˎ to appear, to come out.

硯^{2} Yen An ink-stone, used by the Chinese; ʻ*Lò* ˏ*háng mak*$_{2}$ *ín*^{2} the best kind of ink-stone; *ín*^{2} ˏ*kang*, or *ín*^{2} ˏ*t'ín*, to get a living by the pencil.

莧^{2} Hien Edible species of spinach, Artemisia, and Chenopodium, are termed *ín*^{2} *ts'oi*ʼ, distinguished by various adjectives; *ín*^{2} *ts'oi*ʼ usually denotes spinach; ʻ*ká ín*^{2} *ts'oi*ʼ pigweed.

覞^{2} Hien A small chissel; a sort of javelin; a hand staff.

彥ʼ Yen Virtuous and learned, as a magistrate or scholar; accomplished.

諺ʼ Yen A proverb, a common saying, tradition; a blunt speech; *ín*^{2} ʻ*ü*, a vulgar saying.

TON. DICT. 15

(151) **Íp.**

饁ˎ Yeh Provision for journeys; to carry food to workmen in the fields; to offer animals in sacrifice.

腌ˎ To salt flesh; ʻ*pí* ˏ*ím ip*ˎ *kwo*ʼ ʻ*k'ü*, lay it down in salt; *ip*ˎ ˏ*sün*, pickled in brine.

葉^{2} Yeh Leaves of plants; leaf of a book; a thin plate or leaf of gold or metal; posterity, ages; an age; to collect, to assemble; *yat*ˎ *ip*$_{2}$ ˏ*p'in* ˏ*chau*, a flat punt; ˏ*Ming* ˏ*chung ip*$_{2}$ during the Ming dynasty; ˏ*ngau pak*ˎ *ip*$_{2}$ tripe, the manyplus of oxen; ˏ*hoi* ˏ*chi sán*ʼ *ip*$_{2}$ to have posterity.

業^{2} Nieh A beam to support a bell; that which one ought to do, an office, an occupation, pursuit, calling, profession, art, or trade; patrimony or estate; a claim for, or an amount of merit, from what one has done; meritorious, deserving; done, finished, a sign of past time; *ip*$_{2}$ *ngai*^{2} a craft, a business; ˏ*ká ip*$_{2}$ family estate; *sz'*^{2} *ip*$_{2}$ occupation; ˏ*kung ip*$_{2}$ eligible for reward; *ip*$_{2}$ ˏ*king hü*ʼ ʻ*liú*, gone; ˏ*king* ˏ*king ip*$_{2}$ *ip*$_{2}$ fearful, strong; *ip*$_{2}$ ʻ*i* ˏ*shing kuk*$_{2}$ the matter is already settled.

鄴ˎ Nieh Name of a region in the state of Wei, now included in Lincháng hien in Chángteh fú in the north of Honán province; *ip*$_{2}$ *ká*ʼ a complimentary epithet, applied to a man's library, referring to Lí Pí, the learned prince of Nieh.

(152) **Ít.**

噎, 咽, Yeh } A stoppage in the throat; to choke, unable to swallow; a hiccup or sobbing; *ít, ‚hau,* throat stopped up; *ít, sak,* unable to swallow; *‚pí ‚ts'ing 'áng ít,* choked from grief.

謁, Yeh To visit a superior or a gentleman; admitted to an audience; to signify to, to intimate; to state or declare, to inform by petition; a card; *ít, kin'* to see a superior; *ít, shé',* a guest-chamber; *pò' ít,* to announce a visitor.

熱, Jeh Hot; feverish; ardent, warm-hearted; to heat, to warm; *‚im ít₂* hot; *fát, ít₂* feverish; *ai' ít₂* boiling with rage; very hot (as weather), close; *ít₂ náu²* the bustle of a crowd; *ít₂ ‚ü tso² tsang'* hot as sitting in a still; *‚t'in ít₂* hot weather; *'ng ‚sam ‚fán ít₂* feverish, nervous.

孽, Nieh The son of a concubine; an illegitimate child, the '*son of guilt,*' as the composition of the character shows; *met.* the consequences or reward of crime; sorrow; clear; *tsúi² ít₂* retribution of sin; *tsz'² tsok, ít₂* evil of one's sins; *ít₂ chéung'* a retribution for undutiful acts by having wicked sons one's self; *ít₂ ít₂* adorned, neat.

蘖, Nieh The stock of a tree; shoots from a stump; *‚mang ít₂* suckers.

臬, Nieh A target; a law, rule; the judge or ruler of a city; *ít₂ ‚sz'* the provincial judge; he is addressed as *ít₂ ‚t'oi.*

闑, Nieh The little side door in an entrance; a post in a gateway; a threshold.

鯢, Nieh Dangerous; unquiet; *ít₂ ngat₂* uneasy, disturbed, moving about.

(153) **Iú.**

夭, Yáu Pleasing, winning; delicate, flourishing vegetation; docile, gentle.

妖, Yáu Beautiful, strange, bewitching; ominous, unaccountable, supernatural, monstrous, *lusus naturæ;* heretical, magical, silly, not conformable to the classical usage or doctrine, a word much used by officers to stigmatize things and people; a phantom, sprite or transformed being; to blandish, to flatter, to enchant; *‚iú kwái'* unnatural, ominous; *‚iú ít₂* monsters, prodigy, ominous of wo; *‚iú ‚tsing,* a metamorphosis; *‚iú ‚shü,* heretical books; *‚iú ‚in,* seducing talk, cozening.

幺, Yáu Small, tender; the last pig in a litter; the ace face of a dice; name of a tune on the guitar; the radical of little things; *‚hau ‚iú,* to turn up a doublet and one ace with three dice.

要, Yáu To adjust, to agree to; to seek, to importune; to assemble together, to call one; to scrutinize, to examine into; *‚iú ‚k'au,* to seek for carefully.

腰, Yáu The loins, the waist, the lumbar region, the body between the ribs and pelvis; the middle of a thing or act; *'mò ‚iú kwat,* a poor stick, a witless fellow; *'t'ai ꜀iú kwat꜄* lookout for your backs!—a porter's cry; *꜀iú kwat꜄ ꜀t'au ꜀han,* your back itches (for me to whip you); *꜀iú ꜀páu,* a fob; *꜀iú 'lám,* to nurse or bring up; *꜀iú tái'* a girdle; *pún' ꜀chung ꜀iú,* in the middle, half done; *꜀iú kwat꜄* the haunch-bone, *꜀shü ꜀iú,* the back of a book.

蕘 ꜀Yáu Grass, herbage, vigorous growing vegetation.

喓 ꜀Yau The murmur of insects, chirping of grasshoppers, &c., in the grass.

咬 ꜀ A word used mostly by women to quiet one; *꜀iú! ꜀iú lok꜄!* be still!

邀 Yáu To stop, to interrupt; to conceal; to invite, to send for; to look for, to seek, to salute; to want; *꜀séung ꜀iú,* mutual invitation; *꜀iú 'ts'eng,* to invite; *꜀iú ꜀yau* to invite to a ramble; *꜀hü ꜀iú,* a polite phrase of a host, meaning my entertainment is a poor one.

徭 Yau Service of a villain, feudal vassalage or labor of a serf; *꜀iú ꜀léung,* scutage money or escuage; *꜀iú yik꜄* labor given by fiefs.

猺 ꜀Yáu A kind of wild beast; *꜀Iú ꜀yan,* a tribe of Miáutsz' mountaineers in Lien chau and its vicinity, supposed by the Cantonese to have tails.

瑤 Yau A precious gem; *꜀iú ꜀kwong,* the star Benetnasch in Ursa Major; *꜀iú ꜀tsín,* your 'pearly epistle,' a complimentary term; *꜀iú ꜀ch'í,* a lake in fairy land.

謠 ꜀Yau A rustic ditty or ballad; called *꜀iú ꜀ko*; an impromptu song; to injure by rumors; *꜀t'ung ꜀iú,* childish ditties; *pò' sán' ꜀iú ꜀im,* to spread idle tales, to defame.

遙 ꜀Yáu Remote in place, far off, distant; *꜀iú 'ün,* a long way off; *꜀siú ꜀iú tsz'² tak꜄* to take one's leisure, or ease without care.

窰 ꜀Yáu A furnace or kiln for bricks or pottery; *'ngá ꜀iú,* a pottery-kiln; *꜀iú 'hau,* a shop where opium is sold; *'tá ꜀iú,* to frequent a brothel; *chü² p'o' ꜀iú* to live in old kilns, vagrant, beggarly.

飄 ꜀Yáu The wind shaking things, as a flag; fluttering, waving from the breeze.

鷂 ꜀Yáu A solitary hawk with a variegated plumage; also a variety of pheasant, akin to the medallion pheasant, is called *꜀iú chí².*

愮 ꜀Yau Sad, troubled, and without any one to disburthen to; depraved; tempted.

搖 ꜀Yau Moved, agitated, disturbed; to shake, to wag; to make; *꜀iú 'lò,* to work a scull; *꜀iú tung²* to move, to disturb, either mentally or physically; *꜀fú ꜀iú,* a violent wind, to rise rapidly in office or rank; *꜀iú yuk꜄* unsteady, not firm on its base; *꜀iú ꜀chung,* to ring a bell; *꜀iú ꜀t'au* to shake the head, to refuse; *꜀iú ꜀iú,* disturbed, troubled; *꜀iú ꜀iú yuk꜄* not firm, unstable; *꜀iú ꜀iú 'pái 'pái,* swaggering, proud.

堯 ꜀Yáu Earth heaped up; eminent in worth; a famous sovereign who reigned B.C. 2357.

軺 ꜀Yau A small carriage, a one-horse cart.

僥 ˏYáu A tribe of pygmies in the south of China, three cubits high. Read ˏhiú, false, hypocritical; ˏhiú hang² lucky.

嬈 ˏJau Pleasant, winning, witty, fascinating, graceful—applied to females; to perturb; ˏkiú ˏiú, agreeable; ʻkwai ˏiú, ghost of a murdered man.

橈 ˏJau A short oar; to row; ˏiú ˏshün, to row a boat.

蕘 ˏJáu Thorns, rushes, stubble, or twigs, used for fuel; ˏch'o ˏiú, light fuel for kindling; ˏsan ˏiú, faggots for fuel.

饒 ˏJáu Plenty to eat; abundant, satisfied, affluent; an overplus, the leavings; exceeding, a superfluity; liberal, indulgent; to acquit, to excuse, to forgive, to give in, to forbear; ˏiú ming² to spare life; ˏiú shitˏ 'liberal of tongue,' wrangling; ˏfung ˏiú, abounding in, ample.

ʻ夭 妖 Yáu To die before puberty; shortlived, an untimely death; to kill children; calamity; meng² ʻiú, shortlived; ʻiú chitˏ a premature death.

ʻ窈 Yau Obscure, still, profound; good, retired, reserved; ʻiú tiú² gentle, quiet—applied to females.

ʻ鷕 Yáu The cackling of hen-pheasants, calling for their mates.

ʻ窅 Yáu Deep, sunken, cavernous, eyes; deep, profound, extensive, remote; ʻiú ˏán, inconsolable.

ʻ擾 Jau To give or bring trouble to, to incommode, to embarrass; to chagrin, to confuse; to disorder, to infest, to stir up, as banditti do a region; to breed, to rear; to tranquillize; lukˏ ʻiú, the six domestic animals; ʻiú lün² to raise a broil, to unsettle people's minds.

ʻ舀 Yáu To bale or lade out water; yatˏ hokˏ ʻiú ʻhi ʻk'ü, all lost at once, a clean sweep; ʻiú ʻshui, to dip out water.

ʻ繞 ʻ遶 To wind around, to twine around; to be entangled in; to environ, to go around, to make the tour of, to compass; ˏch'in ʻiú, to cord about; ʻiú to² to make a circuit.

要ʼ Yáu To want, to wish, to desire; requisite, important; urgent; the important or essential parts of; an abstract; ʻni iú² ˏ'm iú², do you want it? teng² iú² very necessary; ˏp'in iú² can't do without it, wont be refused; ts'ütˏ iú² an abridgement; iú² sun² an important letter; shéung² ʻhá iú² ʻsz² near death, about to die; iú² ʻkòm tsau² ʻkòm, just as you like.

耀² Yau To illumine, to shine on; lustrous, glorious, splendid; celebrated; ˏkwong iú² magnificent; ˏwing iú² great distinction.

曜² Yáu The effulgence or light of the sun; ts'atˏ iú² the 'seven lights,' are the sun, moon and five planets.

(154) Ká.

ˏ家 Kiá What is within doors; a household, a family; home, a dwelling; domestic, domesticated; title of a husband or master of a family; term applied to some dignitaries; the country, the government; to dwell, to live at; a sect, profession, or class; a region of the body, as *fai² ˏká*, the lungs; a suffix of nouns to denote persons, as *tái² ˏká*, all of us, the whole, all at once, together; *ʻléung ˏká*, both of us; *tsz² ˏká*, I, myself; *fú³ ˏká*, the rich; *ˏká ˏyan*, domestics, official attendants; *tái² ˏká ˏséung tsü²* all met together; *ˏká shat*ˎ a husband and wife, household; *hòp*ˎ *ˏká*, the whole family; *ʻkún ˏká*, your servants, your assistants; *ˏká fú²* my father; *ˏts'an ˏká*, term by which the parents of a married couple call each other; *ʻpún ˏká*, a namesake, one of the same clan name; *ch'ut*ˎ *ˏká*, to become a bonze or nun; *ˏká ʻchéung*, our clan elder; *ˏká ʻhá*. this instant, just now; *ˏká ʻlai*, family rites, usages pertaining to marriage and burial; *ˏká yung²* for 'family use,' superior quality of goods; *ˏká ˏshan*, courtiers; *tai² yat*ˎ *ˏká*. excellent, "first chop," skillful; *ˏfá ˏká ʻtsai*, you little scamp; *ʻyau ˏká ʻlí*, I am married; *ˏká kwok*ˎ *sz²* national affairs.

ˏ加 Kiá To add to, to superadd or place upon; to confer on; advanced as officers are; to charge (as interest); *ˏká ˏtsang*, to increase; *ˏká tik*ˎ *ˏt'im*, put a little more in; *ˏká ˏkún*, to 'put on a cap,' at marriage, answers to putting on the *toga virilis*; *ˏká ˏfung*, to double envelop a letter; *ˏká ˏkún*, to rise in office; *ˏká í²* beyond expectation.

咖 *ˏKá ˏfi*, the name given in Canton to coffee.

ˏ架 Kiá A flail; a cangue or wooden pillory in which criminals are exposed, called in irony *muk*ˎ *ˏfung ʻleng*; a stand; *ˏtám ˏká* or *ˏkong ˏká*, to wear the cangue; *ˏká hò²* the superscription on it; *ˏká ˏch'ong*, a sort of chair hired of the turnkeys to ease up the cangue; *ˏká chü² ʻk'ü*, put him in the cangue; *muk*ˎ *tséung² ˏtám ˏká*, a "carpenter wearing the cangue," a phrase like "Phalaris' bull."

ˏ珈 Kiá Gems on the hairpin of a headdress; a sort of browband or fillet.

ˏ笳 Kiá A kind of flageolet, made of a reed; also called *pít*ˎ *lut*ˎ or *pat*ˎ *lut*ˎ.

ˏ袈 Kiá A kind of sleazy camlet; *ˏká ˏshá*, a sort of stole or surplice; *ˏká ˏshá pò²* muslins.

ˏ嘉 Kiá Good, excellent; to praise, to commend; to eulogize; to make happy, to rejoice in; *ʻho ˏká*, praiseworthy; *ˏká ˏü*, a kind of barbel; *ˏká ʻlai*, fine presents; *ˏKá hing²* the reign Kiáking, A.D. 1796–1821.

ˏ猳 Kiá A boar; "hogs are called *ˏká* in Corea and Chihlí."

ˏ葭 Kiá A bulrush or reed, sedgy plants like Arundo, of which a pipe can be made: *ˏká ˏfú*, the white medullary lining of some sedges, *met.* related, distant connexions; lightly esteemed.

ˏ豭 Kiá A buck, the male of deers.

ˏ甴 *ˏKá tsát*ˎ the common name of the cockroach.

ʻ賈 Kiá Price of a thing; a surname.

'檟 Kiá A shrub, supposed to be the same as tea; its infusion used to be drank.

'斝 Kiá A three-legged goblet with an ear, made of stone, holding six pints; it was used in the Sháng dynasty.

'嘏 Kiá Great felicity or prosperity; great; distant; firm, stable; blessed, propitious; *chuk, 'ká*, to bless, to implore blessings.

'假 Kiá False, fictitious, illusive, feigned, hypocritical, unreal, simulated; a pretext, to pretend; supposing, if, because; to borrow, to get an accommodation, to avail of; to suppose, to instance; great; *pat, ₍chí ₍chan 'ká*, I don't know whether it is so or not; *₍chong 'ká 'kau*, a skin dog, a man with great pretensions; *'ká 'shau ₍ü ₍yan*, to get the help of another; *'ká ₍ü*, for instance, if; *'ká 'shai*, supposing that, granting that; *'ká pán²* disguised like another; *₍fá 'ká*, unreal, lying, not genuine; *'ká ₍meng*, an alias; *'ká tsé'* to borrow, to ask of; to use for, or as a substitute; *'ká ngai²* hypocritical, spurious; *'ká 'ts'z' ₍kán*, take an instance; *'ká kuk,* all humbug; *'ká ₍í ₍chí*, blustering, threatening.

假' Kiá Leave of absence, a furlough; *kò' ká'* to apply for a furlough; *₍fún ká'* to extend a furlough; *fong' ká'* to give a vacation.

嫁' Kiá To marry a husband, to send a bride to her husband's house; to cast imputations on another, to implicate; *ká' ₍fú*, to marry; *ká' 'nü*, to give a daughter in marriage; *ká' ₍lím*, a dowry; *ká' wo²* to bring evil on one; *₍fán ₍t'au ká'* a second marriage; *sung' ká'* last visit to a girl before her wedding.

稼' Kiá To sow or plant grain; *met.* farming; the spike of grain; wild cerealia; *hok, ká'* to learn husbandry.

駕' Kiá A horse in the harness, to harness a carriage; a chariot for the sovereign's use; to drive or manage a horse; to sit in a carriage; to mount, to ascend; to embark, to go aboard; to embrace or avail of; a title of respect (as if addressing one in a chariot), Sir, Your Honor; *ká' shéung²*, *₍tsün ká'*, or *₍t'oi ká'* are all terms of address; *píu, ká'* title of an assistant prefect; *shing' ká'* his godship, his Majesty; *án' ká'* death of a sovereign; *ká' 'ts'z' tái²* pompous.

架' Kiá A stand, a press, a rack, a case, a dumb-waiter, an open frame on which things are placed, a scaffolding or framework; classifier of screens, pictures, pier-glasses, and whatever is framed; to lay on a frame; to lay up or heap; to uphold, to support; to fend off, to ward; *'tá ká'* to fight, to come to blows; *ká' kák,* to ward off with the arm; *₍kam ₍chung ká'*, or *uk, ká'* a truss on four posts supporting a roof; *pat, ká'* a pencil-stand; *'ní tsò² ká' ₍léung ₍mé*, are you going to be a ridge-pole? said to one who interferes in or backs up a quarrel; *'shui ká'* a washstand; *shap, tsz'* *ká'* a cross; *ká' ,k'iú ,k'ü kwo'* to help one over, to assist one in a dilemma.

價' Kiá The price or value of a thing; *ká' ,ts'in,* the price; *,shí ká'* the current price; *,tam ká'* or *ká' ,ts'in 'chung,* dear, high-priced; *,shing ká'* fame, reputation; *'mò ká'* priceless, inestimable; no sale; *shat, ká'* the lowest price; *toi' ká'* price to be settled afterwards.

卡' Tsáh A pass or station, where guards are posted; *ká' lò'* a guardhouse; *sun' ká'* a post-house; *,kái ká'* a street guard, a police-station; *ká' lá'* middling, obsequious, undecided.

(155) Kai.

鷄 雞 ,Kí The cock; the gallinæ; *,kai ,kung,* a cock; *,kai 'ná,* a hen; *,kai hong'* a pullet; *,shán ,kai,* a pheasant; *,kam ,kai,* the golden pheasant; *,kai 'tsai,* a chicken; *,kai ,ming,* or *,kai ,t'ai,* cockcrowing; *,ngan ,kai,* a boatswain's whistle; *,kai 'ngán,* corns; *,t'in ,kai,* a frog; *'fo ,kai,* a turkey; *'shui ,kai,* 'water hens,' a term for prostitutes in boats; *,kai ,kán,* sodomy; *tau' ,kai,* cockfighting; *,kai k'at, kòm' 'ts'ò,* early as the cockcrow.

笄 ,Kí A hair-pin, broad and bent, laid on the back of the head, put on when married; the coiffure; *met.* puberty; *,kai át,* a hair-pin; *,kai 'lai,* braiding up the hair when about to be married; *,nín k'up, ,kai,* marriageable.

枅 'Kí A tie-beam connecting two pillars, or supporting the roof; *kat, ,kai,* the projecting end of a tie-beam holding up the plate.

髻 'Kí The coiffure of Chinese women; *,sho 'kai,* to arrange the hair; *,á kok, 'kai,* the hair dressed in two horns as children's is. Also read *kai'.*

計' Kí A complete number, a deliberation in full assembly; to plan, to consider, to devise; to calculate, to estimate, to reckon, to count, to compute; stratagem, scheme, plot; *kai' ,'m ,chan,* reckoned or counted wrong, not guessed right; *,'m kai' káu'* was not included in it, I said nothing about that; *'yau mat, kai' káu'* what plan or contrivance have you? *kai' ,mau,* to plan or contrive; *sün' kai'* an injurious plot; *kai' shò'* to count; *,to kai'* fertile in expedients; *tái' kai'* the triennial official examination; *,ká kai'* means of livelihood; *,sam kai'* to reckon mentally *kai' tò' 'ün,* to forecast, to calculate ahead; *kai' pán' ,'m ch'ut,* no chance to get a loan, you can't effect it; *kai' ,'m tim'* can not reckon them all, a very miscellaneous lot of things.

繼' Kí Connected threads; a line of succession in kindred; to continue, to enter on the duties or pursuits of others; to adopt; succeeding to, successively, to follow after; *kai' 'mò,* a step-mother; *,shing kai' 'tsai,* an adopted son; *kai' ts'áp,* hereditary nobility; *kai' wai'* lineal successor.

繫ˀ Kí Usually read *haiˀ*, to tie; to pertain to, to follow in consequence of.

薊ˀ Kí A thistle, species of Cnicus; *Kaiˀ ˓chau*, a district of Shun-t'ien fú in Chihlí.

偈ˀ Kí An enigma or apothegm in Budhist books; to rest, to cease; *'kong Fat˒ kaiˀ* to explain the apothegms of Budhism; *˓chí kaiˀ* to know these enigmas, to understand one's wishes, to take a cue; *'ní 'mai 'kong kaiˀ* don't puff yourself.

(156) K'ai.

溪 **谿** ˓K'i A clear mountain streamlet, a pellucid pool among the hills; a valley with a rivulet in it; the headwaters of a river; a creek, a ditch, or water-course; *met.* what is handed down, as doctrine; *tiúˀ ˓k'ai*, to fish in streams.

蹊 ˓K'i A foot or bridle-path, a narrow pathway; to penetrate through byways, to go where no road is. Often read ˓*hai*.

稽 ˓K'i To examine into, to deliberate, to compare; to inquire into; to detain, to stop, to embarrass; to reach to; to prostrate, to bow to the ground; *˓k'ai ˓shau*, to knock head; *'fán ˓shun ˓séung ˓k'ai*, mutual bickerings; *˓k'ai ˓ch'á*, to examine into or search out.

嵇 ˓Hi Name of a mountain in Poh chau in the department of Yingchau in Ngánhwui; a surname.

啓 'K'i To open, to explain, to make clear; to signify to, to tell a superior; to reveal, to make known (by revelation); to inform, to state; to instruct; to kneel; to divide, to separate, to distinguish; to publish a book; the van or left wing of an army; clear sky after a rain; the morning star is called *'k'ai ˓ming*, harbinger of brightness; *'k'ai fuk˒* a horse having a white right forefoot; to begin, as spring or summer; *kingˀ 'k'ai 'ché*, he who respectfully states—opening phrase in a letter; *'k'ai ˓mung*, to teach the ignorant; *'k'ai 'hau*, to speak, to teach; *'k'ai ˓chau*, to set sail; *'k'ai tik˒* to undeceive, to propagate truth, to point out the right way; *fúˀ 'k'ai*, a postscript or inclosure in a letter; *˓on 'k'ai*, open [the envelope] calmly—a superscription on letters.

棨 'K'i A passport or sign made of carved wood; an embroidered streamer on a lance sent by way of credence with messengers, or borne in state.

綮 'K'i A lasting kind of silk; cover of a lance-head; a scolloped bannerol borne by aides-de-camp or escort. Read *hingˀ*, the sides or ribs.

契ˀ K'i A covenant, bond, deed, lease, agreement, whatever is drawn up between contracting parties; quipos were anciently used; to compare or produce the parts of a check, to join; mournful, distressed; adopted, devoted to a god or person;

英華分韻撮要

a spit used in scorching tortoise-shells for divination; frightened; *k'ai' yéuk,* a written agreement; *shü k'ai'* documents; *k'ai' fú'* one honored or served somewhat as a godfather; *k'ai' 'tsai,* a child so adopted; *k'ai' tai'* a sodomite, —a term of abuse; *k'ai' shü'* to ask the protection of [the *yung shü'* or banian] tree; *k'ai' shan,* to devote one's self to a god; *'lò k'ai'* two persons whose children have interchanged homage to them; old fellow!—a compellation used by near friends. *K'ai' tán,* the nation which ruled Northern China from A.D. 1118 to 1235, under the name of the Golden dynasty.

(157) Kái.

皆 Kiái All alike, things of the same sort, uniformly; all, altogether; used after a recital of items or nouns of multitude, as the sign of the plural; *kái chí,* everybody knows it; *kái pat, k'ap,* none equaled him, unequaled; *'lò shiú' kái tsoi'* old and young, all are here; *'sho tsok, kái in,* whatever he does is as it should be; *kü kái yat, yéung'* all are alike.

偕 Kiai Used for the preceding; to accompany, to take along with one, as a parent takes his child; all at once, together, coalescing; persons uniting in one effort; *kái kái,* vigorous; *kái nám,* 'with my son,'—a phrase used on cards and votive tablets.

喈 Kiái The melody of birds; harmony heard at a distance; the soughing of the wind; *kái kái,* birds singing.

湝 Kiái *Kai kái,* murmuring of streams flowing together; cold; incessant rain.

階 Kiái Steps, especially the stone ones at the door; the ascent to a hall, a flight of stairs; a grade, a degree, a rank; gradation; a source or cause of some evil; to rise, to emulate; *kái k'ap,* a step, a grade in office; *t'in kái,* the large stone steps at doorways; *yau kam kái,* to 'enter the golden steps' *i.e.* the palace, is the privilege of the three highest Hánlin graduates; *t'oi kái,* your house; *Kái chau,* a prefecture in Kánsuh.

佳 Kia Beautiful, fine, nice, good of its kind; excellence, goodness; *sham' kái,* exceeding good; *kái yan,* a pretty woman; *'hò kái pat,* good penmanship; *'m kin' kái,* I see nothing remarkable in it, care nothing for it; *kái yam,* good news, usually means by letter.

街 Kiái A street in a town, a thoroughfare; market where people pass; *'shéung kái,* to go ashore; *fü kái 'lau hong'* street of courtesans; *ch'ut, kái,* gone abroad, gone out; *yat, t'iú kái hong'* a single street; *kái fong,* a neighborhood, the householders of three or four streets, a ward; *kái cháp,* a street gate; *kái shéung'* in the street or market; *kái 'lai 'kong,* street news; *ch'á kái,* to patrol the streets.

'解 Kiái To split a horn in two; to open, to take off or apart; to cut up, to sever at the joints; to dissipate, to disperse, scattered; to explain, to narrate, to make clear, to understand; to comment; a commentary. a meaning, an explanation; to stop, to cease; to do away with the effects of; a trace, a footstep; *'kái ˏhoi*, to unloose (as a knot), to illustrate; *chü' 'kái*, an explanation or commentary; *'ní ko' tsz'² 'tím 'kái*, what is the meaning of this character? *ˏ'm 'hiú 'kái*, I don't understand it; *'kái ts'o'* the explanation is wrong; *'kái lat*, untie it; *'mò 'kái kau'* no way of rescue, no salvation; *'kái mún²* to dispel or alleviate sorrow; *'kái 'shau*, to urinate; *'kái ˏwai*, to raise a seige, to extricate from difficulties; *'kái ˏch'ü ˏhung shat*, to exorcise or expel evil spirits; *'kái tsúi²* I beg pardon; *'kái ˏts'in*, pay your fare! *'kái hot*, to quench thirst; *'kái t'üt*, to let go, to free (as a grasp), to remove (as sin from the soul); *'kái yam²* to retire from office; *'kái han²* to remove ill-will; *'kái ˏsam*, a cheerful ballad.

'械 Hiái A colloquial word—to pass (at table), to take, to carry in the hand, to bring for use; *'kái 'pá ˏtò 'tsai ˏlai 'ngo*, bring me a penknife; *'ní 'shau 'kái mat 'yé*, what are you carrying? *'kái ˏch'á ˏlai*, bring tea.

解' Kiái To transmit, to forward to, to hand over to; to exclude; to transfer an officer to another post; *kái' ˏün*, first of the *kü-jin* graduates; *kái' fán²* to deliver up a criminal; *kai' 'héung ngák*, to pay in the fixed duty to the emperor. Read *hái²*, to mean, to intend; *hái² í'* to make motions, as to the dumb; to talk by signs; to guess. This last is a local phrase.

廨' Kiái A hall or suite of rooms in a prefect's office, called *ˏkung kái'*, where subordinate officers stay; a sort of hospice.

介' Kiái To assist, to attend upon; an attendant, a domestic, a valet, one who announces visitors; numeral of persons, as *yat kái' mò' ˏfú*, I, a poor soldier; because; great, good, upright; firm; a single animal, one alone; small, trifling; a border of a country, frontiers; conterminous, separated, to border on; armor for the body, mail, a cuirass; carapace of tortoises, crabs, &c.; icicles on trees; to act, or represent; *tsit kái'* well principled; *ˏlun kái' lui²* the scaly and shelly tribes; *yat 'kái' ˏchi sz'²* a small affair.

价' Kiái One who serves, a waiting-boy; great, good; *kwai' kái'* your servant-boy; *'siú kái'* my valet. In these senses, used for the preceding.

尬' Kiái Walking awry; *ˏkám kái'* walking in an irregular manner, not progressing.

玠' Kiái A kind of gem tablet, 12 *ts'ün'* long, held in both hands, when in the Presence.

界' Kiái A division between fields, to mark separate ownership; a limit, boundary, border, frontier, terminus; to draw a line of separation, to limit; to sunder friends; *shai' kái'* the world; *'m 'hò shai' kái'* a vicious age; *kái' shek* a boundary-stone; *kau kái'* the border, a boundary; *kái' hán'* a limit in time or place, to restrict; *kái' fong,* a paper weight; *kái' t'o,* an iron wheel used in lathes by glass-grinders; *shán kái'* the confines of a grave; *kái' chí'* limit, edge of a lot.

疥' Kiái A scratch, a little sore, a scabbiness; *kái' lái' chí tsat* a trifling sore, an unimportant matter; *kái' ch'ong,* an itch pustule, a pimple.

芥' Kiái The mustard plant; *kái' lán ts'oi'* coarse kind of mustard, cultivated for greens; *ts'ìm kái'* unimportant, small; *kái' múl* ground mustard; *kái' tái'* trifling, not worth remembering, 'like fish-bones in one's throat;' *'ts'ò kái'* a sliver or splinter, a piece of grass, a contemptible person.

蚧' Kiái A red spotted, scaly lizard, found in damp places, called *kòp kái'*; used as an aphrodisiac medicine.

魪' Kiái The sole fish, plaice, or flounder, commonly called *t'át shá ü, tsang 'pí ü,* and *'pí muk ü.*

戒' Kiái A boundary or limit; a region; to warn, to caution; to guard against; to inform or announce to; to beware of, to refrain from, to observe a regimen; to cure of the use of; injunctions, precepts, inhibitions; *kái' 'hau,* to abstain from flesh, to be careful of one's diet; *tsít kái'* most carefully guard against; *kái' 'chí,* a finger-ring; *kái' 'án fong,* a prescription for curing opium-smokers; *kái' 't'ün 'yan,* entirely cured of the habit; *fát kái'* rules for a regimen, warnings, injunctions; *kái' t'iú,* a rule; *hün' kái'* a friendly admonition; *kái' 'tsau,* to abstain from wine; *shap kái'* the Ten Commandments.

悈' Kiái To enjoin, to urge upon one's attention; fearful, chary of.

誡' Kiái Rule of conduct, precepts, warnings, orders, injunctions; to deter by citing the penalty, to exhort to desist, to prohibit; *'king kái'* to warn or persuade against; name of a sword; *kò' kái'* to give good counsel; *kam' kái'* to forbid.

屆' 屆' Kiái To reach to, to arrive at or tend towards, in time or place; a limit, terminus, set time; the summit, the extreme point; unfortunately, unluckily; *kái' k'i,* come at the time, punctual; *tsít kái' há' chí'* it is now the midsummer term; *t'ín kái'* the horizon, limits of things.

犗' Kiái A gelded ox; strong, vigorous animals, such as are castrated being so.

(158) K'ái.

'楷 K'iái A straight, durable, and graceful tree, which grows on Confucius' grave; a pattern, example, model, rule; a square form of characters, called 'k'ái

ˏshü, or pattern writing; *ˏlün* *ʻk'ái*, elegant writing; *ˏk'éung* *ʻk'ái*, fixed in one's principles, straightforward.

(159) **Kák.**

革ˀ Keh The hides of animals, after the hair is taken off; radical of hides and things made of them; the human skin; to change, to put off, to renew, to molt; to degrade one from office; musical instruments of skin; defensive armor; leathern; a wing during molting; *kák*ˀ *yik*ˏ to dismiss a man from a yámun; *kák*ˀ *chik*ˀ or *kák*ˀ *ʻteng*, to turn out of office; *kák*ˀ *ʻfung*, to mulct an officer of his salary.

緙ˀ Kek To weave, or put the threads of the woof in; to seam.

挌ˀ Keh To strike, to attack, to box; to fight with beasts; to fend off or stop a thing; *ʻtong kák*ˀ to break a blow; *kák*ˀ *tau*ˀ fighting; *kák*ˀ *ˏk'ün ˏt'au*, to fence, to box.

格ˀ Keh The spreading of branches; to come to, to reach, arrive at the end; to examine to the bottom, to sift or understand thoroughly; excellent, extraordinary; to influence, to affect, to cause; to attack; to change, to correct; to grow old; a line, a rule; a mark by which one writes; obstinate; a limit, a pattern; a statute; a frame or stand; to raise up; all years which have the "branch" *ˏyan* in their cyclic name; *kák*ˀ *ngoi*ˀ extraordinary, beyond the usage or stipulation; *kán*ˀ *kák*ˀ to draw lines; *yan*ˀ *tsz*ˀ *kák*ˀ a copyslip; *kák*ˀ *mat*ˏ to inquire into the nature of things, to philosophize; *ʻpan kák*ˀ temperament; *kák*ˀ *kuk*ˏ carriage, presence, bearing; *kák*ˀ *shik*ˀ a muster or copy; *ˏshan ˏchi kák*ˀ *ˏsz*ˀ divine influences or inspiration.

骼ˀ Keh The skeleton of a man or beast; the bones sticking out, lean; *ʻt'ai ʻk'ü kwat*ˀ *kák*ˀ look even to his bones, narrowly examine his character.

膈ˀ Keh The diaphragm; any thin membrane in bodies; the breast, the mind; *kák*ˀ *mok*ˏ the midriff, separating the thorax and stomach; a bell frame; *kák*ˀ *shik*ˏ food disagreeing with one, and vomiting it; *kák*ˀ *lák*ˀ *ʻtai*, the arm-pit.

隔ˀ 鬲ˀ Keh A partition, a bulkhead, something which stops the passage; a shelf; to obstruct, to intercept, to separate off, to interpose, to hinder; to strain; separated, sundered; next to, neighboring; *kák*ˀ *ˏli chü*ˀ he lives next door; *kák*ˀ *ˏhoi*, to separate, to put apart; *kák*ˀ *yat*ˀ *ˏt'iú ʻshui*, a stream intervenes; *kák*ˀ *ˏchá*, strain off the grounds; *ˏsám kák*ˀ *kú*ˀ a stand with three shelves; *kák*ˀ *yé*ˀ (food) left over night; *kák*ˀ *pít*ˏ separated (as friends); *kák*ˀ *ˏnín luk*ˀ an old friend; *kák*ˀ *yat*ˏ *ˏloi*, come every other day; *ˏ'm ˏts'ang kák*ˀ *tseng*ˀ it is not strained clear; *kák*ˀ *ˏchá ˏp'ún*, a filterer; *kák*ˀ *ˏts'éung ˏngáu ʻyéung*, to 'scratch [one's self] through a wall,' ineffectual, useless indignation.

(160) Kam.

金 ˏKin Metal, one of the five elements; radical of metals and metallic things; gold, *par excellence*, the metal; musical instruments of percussion; firm, strong, solid, hard; yellow, golden; a coin, a piece of money; during the Hán dynasty, a catty of gold; precious, true; imperial; *ˏwong ˏkam*, gold; *pák ˏkam*, silver; *ˏkam shik*, yellow; *ˏkam ˏkwo* arms; *ˏch'í ˏkam*, to gild; *ˏkam ip* gold plates, used as bullion; *ˏkam pok* gold leaf; *ˏkam kwat*, a species of small orange; *tsuk ˏkam*, pure gold; *ˏfi ˏkam*, bits of gold leaf stuck on cakes; *ˏkam ˏsing*, Venus; *ˏKam ˏfá*, name of a goddess, corresponds to Juno Lucina; tinsel ornaments like flowers, used as offerings; *ˏkam nok* a sure promise; *chap ˏkam*, to take up and re-inter the ashes of the dead.

今 ˏKin Now, at this time, presently; *ˏú ˏkam*, now; *ˏkam yat* to-day; *chí' ˏkam*, till now; *ˏkam ˈmán*, this evening; *ˏkam ˏchiú*, this morning; *ˏkam shai'* this age, this world or life *ˏkam hau'* henceforth.

錦 ˈKin A kind of variegated silk used in ornamental work; embroidered, worked, or knit in colors; elegant, figurative fine writing; flowery, pictured; *ˏí ˈkam*, the gentry, official persons; *ˈkam ˏch'au*, figured pongee; *shap ˈkam ˈún tip* colored chinaware; *ˈkam sau' ˏman*, an elegant style.

禁' Kin To prohibit, to guard against, to warn or forbid, to hinder or stop the completion of; to regulate, to restrain; forbidden, imperial; to keep off; a kind of tray; *kam' ˏsheng*, his majesty's palace; *kam' kái'* prohibitory rules; *kam' fo'* contraband goods; *kam' tsut* a turnkey. Read *ˏk'am*; to endure, to bear; to take by force, to overcome.

噤' Kin Unable to speak from lock-jaw or other disease; to shut the mouth, silent; to refrain from speaking; *kam' ˈhau li'* dysentery and loss of appetite.

撳' Kin To press down, to hold fast, to lay the hand on; *kam' ˈshui ˏch'é*, to work a fire-engine; *kam' tí' ˏyau ˈshui*, to swim and keep hold of the ground, *i. e.* having something to depend on; *ˏts'o ˏün kam' ˈpín*, roll it round or press it flat, *met.* an easy disposition.

(161) K'am.

衾 ˏK'in A coverlet or large quilt; a shroud; *ˏí ˏk'am*, clothes and shroud for the dead.

衿 襟 ˏK'in Strings or tapes to fasten a lapel; the lapel or fold of a coat; to fasten by strings; a collar; *tái' ˏk'am*, a large lapel; *túi' mín' ˏk'am*, a coat opening down in front; *ˏts'ing ˏk'am*, *siúts'ái* graduates; *ˏk'am ˏhing tai'* term for husbands of two sisters; *ˏhung ˏk'am fút* easy, forgiving; *ˏk'am ˏt'au chui'* things hanging on the lapel, as charms and fobs; *ˏk'am ˏwái*, the bosom of a dress.

蚙 Firm, durable, lasting; able to endure; enduring, well placed or settled; ʻpong chü² ˏk'am tak˒ ʻtá, tied up helpless, in a "fix," unable to resent a wrong; ˏk'am ʻshai, lasting, very durable; ˏk'am tak˒ náu² patient, good-tempered; ˏk'am ˏ'm chü² testy, irritable; ˏk'am ʻt'ai, in good taste; ˏk'am ˏking, unalloyed, pure in heart.

琴 ˏK'in A Chinese lute, having seven strings; to restrain one's self; foreign instruments are called ˏk'am, as ˏfung ˏk'am, an organ, seraphine, or a piano; ʻsiú ˏyéung ˏk'am, a music-box; ˏt'ai ˏk'am, a theorbo or round guitar; ʻkú ˏk'am, or ˏt'án ˏk'am, to play the lute; ˏk'am ˏyam lün² disconcerted, an unexpected obstacle; ˏk'am ˏt'ong, your excellency's hall,—a phrase applied to officers; ʻòm ˏfung ˏk'am, to play an organ.

芩 ˏK'in A salt marsh plant, perhaps a kind of Salsola; cattle are fond of the seeds; ˏwong ˏk'am, a yellow root akin to liquorice.

禽 ˏK'in Flying and feathered creatures, the class *Aves*; pregnant animals; ˏk'am shau² birds and beasts; ˏká ˏk'am, the cock.

擒 ˏK'in To seize as a hawk does, to grasp, to clutch for prey; to take alive, to capture (as a prisoner): ˏk'am chuk˒ to seize; ˏshang ˏk'am, to take alive; ˏchong ˏk'am ˏchong shuk˒ to play at boo-peep.

檎 ˏK'in A kind of Prunus; ˏlam ˏk'am a large species of bullace; the fruit is red and much eaten by birds.

蠄 ˏK'in A kind of spider; ˏk'am ˏlò, the shepherd spider or father-longlegs; a species of Phalangium.

ʻ衾 To cover over with anything; to pull over one; ʻk'am ʻp'í, to draw the quilt over one; ʻk'am chü² ʻk'ü, cover it over (as a dish); ʻk'am ʻshau, one who lives by his wife's prostitution.

ʻ妗 K'in Sister-in-law on a wife's side, is called ʻk'am ˏnéung; ʻk'am ʻmò, a maternal uncle's wife; tái² ʻk'am, bride-women who wait on the bride for three days.

(162) Kám.

緘 ˏKien Cords for binding hampers; to close or bind up, to seal, to fill up crevices closely; ˏkám ˏfung, to seal (a letter), to fasten up (a box); ˏkám ʻhau, to be silent, to stop the mouth of or entrance. Read kám², the bindings of a coffin.

監 ˏKien To look down upon or into, as a god or emperor does; to visit subjects; to look at, to require, to control by inspecting, to superintend, to take charge of; an inspector, overseer; a jail, a prison; to imprison; a halo; ˏkám ˏlò, a prison; tso² ˏkám, in prison; ˏkám kam² or ˏshau ˏkám, to take to prison; ˏkám ʻngo tái² ˏnán, forced to do, can't help it; ˏkám ʻní tsò² to compel you to do it; ˏkám ˏlam, to superintend an examination; ˏkám ch'át˒ to behold, to survey, as gods do; ˏkám tuk˒ an overseer—the

海上絲綢之路文獻集成 科技與文化編

hoppo is so called; *ˏkám ˋlan*, an old prisoner, a gallows-bird —a term of abuse; *ˋtsau ˏkám fán²* an escaped prisoner; *ˏkám chü² ü²* obliged to take it. Read *kám'*, to examine into carefully, to revise another's proceedings; *kám' ˏshang*, or *tsoi² kám'* a purchased degree between *siúts'ái* and *küjin*; *t'ái² kám'* an eunuch; *ˏyam ˏt'in kám'* an astronomer royal.

尷 ˏKien Embarrassed; *ˏkám kái'* at a loss what to do; walking awry.

椷 ˏKien A casket, box, or case, for holding things; *ˏkám ˏchong*, a dressing-case; *kat, ˏkám*, a letter with good news.

ˋ減 ˋ减 Kien To diminish, to subtract, to take away part; to keep back, to contract, to abbreviate; to lighten, to retrench; *ˋkám ká'* to cheapen, to lower the price; *ˋyau tak, ˋkám*, the price can be lessened; *ˋkám pat, ˋsé*, to write an abbreviated form, to write short-hand; *ˏts'ing ˋkám*, poorly, tired out, overworked; *ˋkám ˋsháng*, laconic, plain, divested of useless additions; *ˏmung ˋkám*, thank you for the abatement [in price]; *lok, lik, ˋkám*, come down in your terms; *ˋkám ˋsháng tak, kwo'* less will do, there is no need of so much.

鑒' 鑑' Kien A tub in which the moon shines; a mirror, a speculum; an example, that by which one may take warning, term given to historical works; a precept, or admonition; to examine for purposes of approval, to audit or revise; to survey; to reflect light; *shing' kám'* his Majesty's revision, the 'sacred glance;' *ˏming kám'* perspicacious, to examine fully; *ˏt'oi kám'* for you, Sir, to see—a phrase used in letters; *kám' ˏshang tsong'* to implicate a man out of revenge; *kám' ˏts'in ˏkü*, to heed previous examples.

(163) Kan.

根 ˏKan Roots of plants; the origin, beginning, root, bottom, foundation; fundamental; classifier of trees; *ˋmò ˏkan ˋpún*, singular, peculiar; baseless, without foundation; *ˏkan ˋtai*, cause of, the bottom; *ˏkwai ˏkan*, to revert to a former state, to return to a first condition; *ˏch'ü ˏkan* to eradicate, to destroy utterly; *ˏkan mút,* first and last, the whole; *ˏkan ˏyau*, mode of originating, circumstances of its beginning, the rise of; *ˏkan ˏki ˋchéung ˏyéung*, may he have a vigorous, healthy growth,—a petition used by mothers.

跟 ˏKan The heel; *kéuk, ˏkan*, the heel; more commonly called *kéuk, ˏcháng*; to follow at one's heels; to follow up, to pursue an inquiry; according to; *ˏkan ˏpán*, a lacquey, personal attendants; *ˏkan kau'* to search into; *ˏkan ˏyan tsò²* do it as he does; *ˏkan wái² ˋpan*, to injure by bad examples; *ˏkan ˏts'am*, hunt it up, look for it; *ˏkan ˏts'ui ˋngo*, follow me; *ˋyau ˏyan ˏkan ˋmi ˏloi*, there is somebody coming behind.

巾 ˏKin A kerchief or cloth bonnet, anciently worn; a napkin, a neckcloth, a handkerchief; radical of things made of cloth; *'shau ˏkan*, a towel or napkin; *ch'an' ˏkan*, a girdle-napkin; *hon' ˏkan*, a handkerchief; *ˏü ˏkan*, the literati; *ˏkung 'tsz' ˏkan*, a cap worn by young noblemen; *ˏch'éung ˏkan* a scarf; *táp pok ˏkan*, a cloth to protect the shoulders; *pok ˏkín ˏkan*, a shawl; *ˏt'au ˏkan*, a turban, a kerchief.

斤 觔 ˏKin To chop, cut down; an ax, a hatchet; a test or machine for weighing; a catty of 16 taels, or 1⅓lb. av.; *'kí ˏto ˏkan 'léung*, what is the weight? *ˏkan ˏkan* to examine clearly; *'tá ˏkan 'tau*, to turn a somerset; *ˏléung ˏkan 'tau*, to measure out by pecks. The second form is in common use, though unauthorized.

筋 ˏKin A sinew, a tendon; also a nerve, for the Chinese do not distinguish; sinewy, muscular, strong; *'hò ˏkan lik* vigorous, in full health; *luk ˏkan*, stag's sinews; *'ngán ˏkan ˏts'ín*, right before your eyes; *ˏp'í ˏhái ˏkan* cobbler's ends; *mín' ˏkan*, rolled dough; *'yau ˏkan kwat*, can be depended on, sagacious, prudent; *hüt ˏkan*, veins.

謹 'Kin Diligent, careful, vigilant; serious, attentive, solemn, respectful; to venerate, to sedulously watch against, or consider, to heed; *'kan shan'* heedful of, circumspect, watchful; *'kan kü'* to send presents to one; *'kan kí'* carefully remember it; *'kan ˏtséung sz'' pán'* the business is nearly arranged.

僅 'Kin Exactly, nothing wanting, nothing over; hardly, just missed (an injury), scarcely, almost, a little short; *'kan kau' 'shai*, just enough; *'kan 'hò*, it will do; *'kan 'kan tsò' tak*, can make it do, a little scrimped; *'kan tò'* just arrived; *'kan tsuk yat k'ap* just able to meet expenses; *'kan 'ho*, nothing to spare.

堇 'Kin Tenacious clay, mud; yellow loam; adhesive; to smear, to lute; time; in these senses, the next is generally employed. A plant, also called *ˏú ˏt'au*, or crow's head; *'kan ts'oi'* the violet, pansy.

墐 'Kin To plaster or stop up with clay, to lute; to cover a corpse with earth; to inter; clay, argillaceous earth, mud; a way over a drain.

槿 'Kin A tree whose flowers blossom and decay in a day; perhaps a species of Malvaceæ; used figuratively for human glory, transient happiness; a handle.

殣 'Kin To die of starvation by the roadside, to cover a wayside corpse.

饉 'Kin A dearth or blasting of vegetables; *ˏkí 'kan*, a want of grain and vegetables.

卺 'Kin A nuptial vase; the bride and groom pledge each other, after exchanging them; they are often made of half of a cocoa-nut, anciently were made of half a gourd, or of metal; *hòp 'kan*, to exchange and pledge the nuptial cup.

英華分韻撮要

緊 ʻKin To bind fast, to compress; a cord; urgent, strict; diligent, prompt, on the point of, in haste, pressing; strait, confined; rapid flow of water; *ʻshui ʻkan*, rapid, swift water; *met.* a careful guard of, very watchful; *ʻkan iú'* indispensible, urgent; *ʻtang ʻkan*, waiting for, in instant need of; *ʻkan kap,* be quick; *ʻkan ʻchí kòm'* *ˌto*, only want just so much; *shéung' ʻkan tsò'* do it immediately; *ʻkan ʻkan ʻho*, will just do; *ʻshau ʻkan*, in need, hard up; *ˌsheng ʻkan*, a husky, hoarse, voice; *ˌlai ʻkan ch'ü'* almost here; *yák, ʻkan ch'ü'* they are now eating; *ʻkon ʻkan yák,* eat as soon as you can; *ʻpong ʻkan*, tie it tight.

廑 ʻKin A small dwelling, a lodge, a hut, a cottage; few, in a slight degree; *ˌmò ˌfán ʻkan nim'* you need have no anxiety about me; *ʻkan chák,* narrow, cabined.

覲 Kin' To see or have an audience with a superior or the emperor; to look to the north, *i. e.* towards His Majesty; the autumnal audience; *ˌch'iú kan'* to be introduced at Court.

靳 Kin' The collar-strap of a harness; firm, vigorous, strong; to hold back, to restrain; to ridicule, to make odious; avaricious, parsimonious, sparing of, to take.

艮 Kin' Hard, firm; perverse, obstinate; a limit, to bound; the third of the eight *kwá'*; radical of characters denoting force. This character is much used as a contraction for *ˌngan*, silver.

近 Kin' Near, proximate, both in place and time; to touch, to approach, to bring near, to close upon, to urge; according to, like; familiar; *ˌts'an kan'* intimate, near one; *kan' shi'* nearly so; *kan' shi' ʻngán*, near-sighted; *fú' kan'* not far off; *kan' yat,* or *kan' ˌshi*, these few days; *ˌtséung kan'* about to be; *kan' ʻhoi*, near the sea; *kan' ˌloi*, recently; *kan' ʻlí*, consonant to reason; *lò' kan'* the way is short; *kan' chü' ʻk'ü*, get near to him.

(164) K'an.

芹 ˌK'in Celery or parsley; cress; *ʻshui ˌk'an ts'oi'* water-cresses; *ʻhon ˌk'an ts'oi'* celery; *ʻts'oi ˌk'an*, to 'pluck the cress,' *i. e.* to become a *siúts'ái*; *ˌk'an in'* a festal cup given to *siúts'ái* graduates.

勤 ˌKin Diligent in one's post, laborious, industrious; sedulous, attentive to, kind; to stir up, to assist one in diligence; *ˌk'an lik,* diligent, be industrious; *ˌk'an hok,* to study hard; *ˌk'an ˌwong*, loyal, diligent in one's office; *ˌk'an ˌká lap, ip,* to try to exalt one's family; *ˌk'an kim'* diligent and frugal.

懃 ˌK'in Diligent; *ˌyan ˌk'an*, bowed down, anxious regarding one's work or duties; overlabored, no rest.

(165) Kán.

間 ˌKien A crevice, an interval, a space between; between, in the midst of, during, whilst; amongst, to allow, to make room for, to set apart; a classifier of buildings, gardens, rooms, &c.; *yat*ˀ *ˏnin ˏkán*, within a year; *ˏt'in ti*ˀ *ˏchi ˏkán*, in the world, on earth; *há*² *ˏkán*, the kitchen; *ˏfong ˏkán*, in the room; *súp*ˀ *ˏshí ˏkán*, just now, only a moment; *tai*² *'ki ˏkán*, which house is it? *ˏk'i ˏkán 'lim yéung*² how does the affair get on? *ˏyéung ˏkán*, this life, in this world.

ˏ艱 Kien Hard, intractable soil; difficult, distressing; the origin of; *ˏkán ˏnán*, troubled, in unhappy circumstances, hard to do; *ˏkü ˏkán*, an officer in mourning for a mother; *ˏkán ˏsan*, miserable, bitter, wretched.

ˏ奸 Kien Inordinate, unregulated desire; to violate decorum, to confuse propriety; to disobey; cunning cabals, plots; vicious corrupt, selfish, malicious; clandestine; villainous, unprincipled, intriguing, crafty, traitorous; adulterous; *ˏkán chá*ˀ false, fraudulent, swindling; *ˏkán ˏshan*, a traitorous officer; *hon*ˀ *ˏkán*, a traitor, a disaffected Chinese; *ˏkán-ts'ák*ˀ a villain; you traitor! *ˏkán 'káu*, subtle, wily, slippery; *ˏkán 'lai ˏyan*, a scamp, a rascal; *ˏkán 'tsai*, a slippery fellow. Used interchangeably with the next.

ˏ姦 Kien Illicit intercourse, criminal connection; adultery, rape, incest (for the word itself does not distinguish); to deflower, to debauch; *ˏkán ˏyam*, illicit connection of any kind; *ˏk'éung ˏkán*, a rape, to force a woman; *ˏkán 'fú*, an adulteress; *ˏkán ˏts'ing*, adultery.

'菅 Kien A sort of rush, whose fibres, after retting, are fit for making cords, thatch, or mats; perhaps a kind of Phragmites.

'鹼 '鹻 Kien A kind of barilla obtained from marine plants in Shántung; *'kán 'shui*, lye, lixivium; *ˏfán 'kán*, soap; *ˏhéung 'kán*, scented soap; *'ún 'kán*, coarse barilla soap; *'kan ˏshá*, a sediment of lye; *lap*ˀ *'kán*, Castile soap.

'繭 Kien A coccoon; the silky pupae of other moths: *ˏts'ám 'kán*, the silkworm's coccoon; *'kán ˏch'au*, a sort of crape pongee; *ˏch'ing ˏhéung 'kán*, a kind brought from Kiáying chau. Sometimes read *'kin*.

'簡 Kien A slip of bamboo used formerly for making notes on; an official writing; documents; to abridge, to condense, to retrench; laconic, terse in style; to select, to distinguish, to choose from; to treat lightly, negligent or rude to; classifier of slips or sheets of paper, as *ˏtán 'kán*, a single or unfolded slip of paper; also, a single-fold visiting-card; sincere; great, large; *'kán ch'ák*ˀ a letter, a dispatch; *'kán léuk*ˀ to abridge, to make a digest of; a resumé, a synopsis; *'kán mán*² to treat disrespectfully; also used as a polite phrase, "I think you will deem me rude;" *ˏngá 'kán*, an ivory tablet for writing; *'kán küt*ˀ a term applied to offices, to show that they are not very important.

'柬 Kien Often used for the preceding; to select, to sort; to reduce or abridge; a visiting-card; a classifier of slips of paper; 'lai 'kán, a marriage card; ˏhung 'kán, a common red visiting-card; ˏts'ün 'kán, a 5-fold visiting-card; 'kán ˏshü, a letter; 'kán t'ip, a card.

'揀 Kien To elect, to choose, to discriminate; 'kán sün² to select (persons for a duty or office); 'kán chák to choose from, to specially select one of; 'kán ˏch'á, to sort tea; 'kán fo' to garble goods; 'kán shing² that which is rejected; 'kán ˏün, finished picking; 'kán tseng² picked clean.

諫' Kien To point out the right of a thing; to reprove, to remonstrate with, to testify against, to plead with a superior; to advise, to urge to reformation; remonstrance; hün' kán' to urge one to reform; kán' ˏkún, a censor to His Majesty, a historiographer; 'fú kán' unpalatable advice.

間' Kien To make a space between, to divide, to interrupt, to alternate; to sunder; to part friends, to interfere, to slander; a spy; far removed; vacant, unoccupied (as a road); to bear with; kán' shik colors alternating; kán' kák to disjoin, to set apart; kán' ˏfong, to divide off a room; kán' pút 'hò noi² separated a long time; ˏsho kán' ˏyan, a tale-bearer; kán' ˏsho tik separate them a little more; kán' wák ˏ'm ˏloi ˏní, what if I do not come? 'fán kán' a spy.

澗' Kien A stream in a valley, a mountain torrent; ˏshán kán' a streamlet.

(166) Kang.

(The first two characters under this syllable are usually pronounced káng, the second chiefly in its meaning of a watch.)

ˏ耕 ˏ畊 Kang To plough, to cultivate fields; the period for ploughing; a ploughing; to labor, to be diligent in any occupation; ˏkang ˏfú, or ˏkang ˏt'in ˏyan, a ploughman, a farmer, an agriculturist; muk ˏkang, to labor with the eyes for a living, as a physiognomist; shít ˏkang, to teach for a living; lik ˏkang, to work hard at a business; ˏkang 'tsai, hired laborers on a farm; ˏhoi ˏkang, to begin ploughing.

ˏ更 Kang To change, to alter, to renew; substitution, emendation, reparation; a watch, of which there are five, commencing at 7 o'clock P.M., and reaching to 5 o'clock A.M.; to watch; ˏkang 'koi, to alter, to correct, to make proper; ˏkang ún² to change for another; ˏkang ˏfú, a watchman; ˏkang ˏlau, a watchman's lookout-box; ˏkang 'kú, the bamboo and drum of the watchman; lok ˏkang, to set the watch; ˏshau ˏkang, to call in the watch; ˏkang lau² the striking of the quarters by the watch; 'lò ˏkang, or ˏkang lin² a head watchman; ˏhon ˏkang, or 't'ai ˏkang, to keep watch; 'tá ˏkang, to strike the hour; ún' ˏkang, to relieve the watch.

粳 Kang A kind of rice, a little fragrant when cooked, called *ˏhéung ˏkang ˋmai;* it has very little viscidity.

庚 ˏKang The seventh of the 'ten stems;' to change, to alter; a way, a path; age, years; to restore; to bestow as a reward; *ˏt'ung ˏkang*, of the same age; *ˏkang ˋkán*, a card containing the record of the births of two persons proposing to marry; *ˋní ˏkam ˏnín kwaiˀ ˏkang*, what is your age this year? *ˏch'éung ˏkang*, the evening star; also, old, aged; *ˏfú ˏkang kwaiˀ* to ask charity.

賡 ˏKang To repeat a song, to encore a song or music; to join to, to continue; *ˏkang ˏko*, to repeat a song.

鶊 ˏKang A kind of pie, with yellow plumage and black tail, called *ˏts'ong ˏkang;* perhaps a species of thrush.

羹 ˏKang A thick soup or broth, a savory porridge, make of flesh and meat; a spoon or small ladle; *ˏkang ˏt'ong*, soups; *ˏch'á ˏkang*, a tea-spoon; *ˏshi ˏkang*, or *ˏt'iú ˏkang*, a spoon; *táiˀ ˏkang*, a table-spoon; *ˏü ˏkang*, fish chowder; *ˏwo ˏkang*, a well seasoned soup; *met.* harmony between states.

梗 ˋKang A spinous tree, like an elm, good only to burn; thorny, to prick, as a thorn; sickness; to ward off sickness; a resumé; to obstruct, to close; straight; strong; a stem or petiole; *ˋkang k'oiˀ* on the whole; *ˋkang chikˌ* upright, highminded. A colloquial word, meaning fixed, finished, unchangeable; the whole of anything; *ˋkang ˋpún*, it is already too late, it can not be changed; *ˋkang haiˀ ˋkòm*, the thing must be so; *ˏt'au ˋkang ˋkang*, a stiff neck; *ˏshang ˏshing ˋkang kéˀ* it was so born or made, unimproveable, irremediable; *ˏyau ˋkang*, selfwilled, obstinate.

綆 ˋKang A well-rope; *ˋkang ˋtün pat*, *ˋho k'op*, *ˏsham*, deep water can not be drawn up with a short rope.

鯁 骾 ˋKang Fish-bones; bones or anything sticking in the throat; stiff as a bone, decided, unyielding, blunt (applied to officers); *ˋkang ˏ'm kwoˀ ˋkeng*, the bone won't go down, you can't impose on me that way.

亙 ˋKang A limit; the highest point; to fill everywhere; relics of antiquity.

(The two next characters are often pronounced *kwong*.)

耿 ˋKang Large ears reaching to the jaw-joint, thought to be indicative of nobility or long life; constant, firm, ingenuous, sincere; something sad imprinted on the mind; restless, unquiet, melancholy; *ˏyau ˏsam ˋkang ˋkang*, disquieted, full of regrets; *ˋkang káiˀ* noble-minded, sincere, *ˋkang ˏkwong*, bright, to illumine.

熲 ˋKang Used for the last; brightness of fire; a little bright.

更 Kangˀ A word of comparison, more, better; again, further; *kangˀ ˋhò*, better; *kangˀ shiˀ* still more proper; *kangˀ ˏnau*, more angry.

(167) **K'ang.**

掯' K'ang To oppress, to extort from, to vex; to hinder, to obstruct; to detain or take by force; *'k'ü 'hò k'ang'* he is very oppressive or arbitrary; *k'ang' lak,* to levy black mail, to extort money; *k'ang' 'shau,* to catch the hand when rubbing something, or as a knot does when planing a board; *'mang k'ang'* imperious, willful; *k'ang' 'hau shüt, wá'* abusive language.

(168) **Káng.**

逕' King A by-path; a shady path, leading across fields; *wan' káng' hü'* find a short cut to go; *tsit, káng'* to rob in a retired path; *káng' lò'* a short path, a side road.

㪅' A colloquial word; to wind off thread, to reel; to stir about in water, and seek for; to stir up; to wade; *káng' 'kán,* to reel coccoons; *káng' 'shui kwo' ,ho,* wade across the stream; *,ním chuk, káng' kwo'* bring a bamboo to feel for it.

(169) **Kap.**

急, Kih Hasty, impatient, urgent, pressing; anxious, solicitous, afflicted, unquiet; to urge, to expedite; deprived of every resource, at extremity, poor, wretched; *'ní mok, ,sam kap,* don't be in such a hurry; *hí' kap,* out of breath, breathing fast; *'kon kap, tsò'* be prompt, *kap,* the matter is urgent; *tsai' kap,* to relieve one's necessities; *kap, kai'* of ready invendo it quick; *chéuk, kap,* anxious about, straitened; *sz'* tion; *kò' kap,* an officer reporting the necessities of his position; *,'m 'shai t'ái' kap,* don't be in too much haste; *kap, kap,* quick, "*chop-chop!*"—this word in the Canton jargon, is corrupted from this phrase; *kap, ching'* a virulent disease; *kap, shát,* nonplussed, at his wit's end.

(170) **K'ap.**

伋, Kih *'Hung K'ap,* the name of the grandson of Confucius, the author of the Chung Yung. False, empty.

吸, Hih To draw in the breath; to make an inspiration, to inhale; to imbibe, to suck in, to drink; *k'ap, yat, 'hau hí'* take a long breath; *,hái k'ap, k'ap,* very rough.

岌, Kih A lofty hill, a slender peak projecting out of the range of other hills; dangerous.

汲, Kih To draw water from a well; to lead, to draw out; to drag; *k'ap, 'shui,* to draw up water; *k'ap, k'ap,* unremitting, hand over hand; unceasing effort.

笈, Kih A box or satchel to contain one's books; *fú' k'ap, ,ts'ung ,sz',* to take up one's books, and follow a teacher.

級, Kih Threads arranged in a regular manner; an order, a series, a gradation; a step in a stairway or ladder; a degree or grade of office, a grade of honorary merit; classed, sorted;

classifier of decapitated heads; *'pán k'ap,* a step in a stairway; *'pan k'ap,* a grade or rank; *'tang k'ap,* a sort or class of persons; *,shing yat, k'ap,* to be advanced in rank; *yat, k'ap, k'ap, 'shéung,* to gradually rise in office; *,ká shap, k'ap,* 'promoted ten steps,' refers to honorary grades of merit as recorded in the books of the Board of Rites.

給, Kih. To give to, to supply with, to provide what is necessary; abounding, to suffice; to receive or suffer from one, to be the recipient of; a sign of the passive; *,kung k'ap,* to offer to, to supply; *'shéung k'ap,* to confer on; *'hau k'ap,* a ready wit, prompt, a retort; *yat, k'ap,* daily necessaries; *'ngo k'ap, ,t'á má'* I was scolded by him.

闟, Hih. Leaf of a door; a kind of lance with tassels placed in chariots; a chariot so guarded; standing erect; settled.

及, Kih. As a verb: to effect, to reach to; to stretch or extend towards, to arrive at, to go to, to influence at a distance; to commmunicate; to connect, to implicate; effected, completed—in which senses it is often a sign of the past tense. As a conjunction: and, with, also; at; to; about, concerning; much used with a negative, to denote what is impracticable, or unavailing; *tsò' k'ap,* just done, effected; *'yá ,ts'ang 'kong k'ap,* we have already spoken [of that]; *k'ap, ,shí,* seasonable, in good time; *,tséung k'ap, tò'* almost here; *K'ap, ,kam ,ü ,ho,* how is it getting on now? *'mò lap, k'ap,* inapt, no tact; *'má pat, k'ap,* exceedingly quick; *fúi' pat, k'ap,* no place for repentance.

(171) Káp.

甲, Kiah. The plumula or scaly covering of a growing seed, the budding forth of a plant; a sprout or bud; the first of the 'ten stems;' *met.* the first, number one, the head, excellent, the best—from the common use of the 'stems' as ordinal numbers; to begin, to get the start of; to excel, to surpass; armor for the body, a cuirass, a corselet; military; applied to the hard defensive covering of animals, as the carapace of turtles, the elytra of beetles, the large scaly plates on some fishes, the finger nail, &c.; graduates of the degree of *tsinsz'*; the first on a tripos paper is called *'ting káp,*; *káp, üt,* the first and second of the 'ten stems,' are used hypothetically for persons, like "J. Doe and R. Roe;" *'héung káp,* jingling scales hung to the girdle of actors; *káp, 'chéung,* headman of a tithing; *káp, ch'ák,* a bud, a sprout; *luk, káp,* the gravid uterus; *káp, ,ping,* cavalry.

袷, Kiah. A garment lined, without wadding; doubled or lined; a neck-covering; *káp, ,shám,* a lined dress; *káp, náp,* a skirt with a lining.

韐, Kiah A knee-pad of leather; a sort of leathern sash or apron for soldiers.

夾, Kiáh To take or press under the arm; to carry secretly; to succor; assistants; to take up with pincers, to nip up; to squeeze; to press between two; doubled, lined; to take to one's bosom; *káp*, *kwan*' an instrument to torture the ancles; *káp*, *ˏmái*, or *káp*, *chü*² to press between; *káp*, *ˊpán*, two boards for pressing or supporting the sides of things; *ˏshü káp*, boards used to press books; *káp*, *ˊchi*, to press paper; *káp*, *ˊkan*, press it tight; *káp*, *tái*' *ˏsz*' *fo*' to smuggle with one's baggage, or with other goods; *káp*, *ch'ut*, *ˏlai*, nip it up; *káp*, *tsáp*, mixed with, as poor fruit with better; *hai*² *ˏtán hai*² *káp*, *ˏni*, is it single or double?

筴, Kiáh To take up, with as chopsticks. Read *kip*, chopsticks. Read *ch'ák*, divining sticks of bamboo.

莢, Kieh Pods of leguminous plants; legumes, including the seeds; an Acacia; a petiole sheath in grasses; *káp*, *ˏts'in*, a kind of coin in the Hán dynasty, resembling the seeds of the elm; name of a lucky plant which grew in the emperor Yú's courtyard.

頰, Kieh The jaws, the sides of the face; the cheeks; utterance, articulation; *ˏsoi káp*, the cheeks; *káp*, *ˏch'é*, the jawbone; *ún*² *káp*, slow of speech; *ˊni ˏ'm ngap*, *káp*, you never opened your mouth, you said nothing about it.

(172) Kat.

吉, Kih Felicitous, lucky, fortunate; gainful, advantageous, prosperous; happy, good, as indicating success or good luck; the first day of the month; *kat*, *yat*, a lucky day; *kat*, *ˏts'éung*, blessed with prosperity; *kan*² *ˏloi náp*, *kat*, I hope you have been well lately; *puk*, *kat*, to cast for a lucky day; *kat*, *ˏyan*, a good man; *kat*, *ˏsing ˊkung chiú*' may a lucky star shine on you (or, it does shine); *wan*² *kat*, to play a trick on.

佶, Kih Strong, robust, firm; unwearied; exact, upright.

㓤, Kiah To flay the face; to tattoo; a colloquial word: to stick a knife or sharp instrument into one, to stab; *kat*, *tak*, *ˏyan t'ung*' to prick so that it pains; *kat*, *ˊsz*' to stab to death.

拮, Kih Occupied, laboring with the hands and mouth; to grasp a plant with the hands and nails to pull it up; to perplex, to press upon; *kat*, *ˏkü*, embarrassed in business for want of funds.

桔槔 Kih A well-sweep, called *kat*, *ˏkò*; a kind of water-wheel or bucket, worked by a pulley; *kat*, *ˊkang*, a common medicine, used in coughs; *ˏchü ˏshá kat*, the mandarin orange (*Citrus nobilis*); the second character is the proper one, but the first is mostly used to denote this fruit; *kat*, *ˊtsai*, a small loose skinned orange; *sz*' *kwai*' *kat*, the nutmeg orange; ˛kam ˛ts'in kat˒ gold nutmeg orange; kat˒ ˋpeng, a kind of comfit made of oranges or lemons; tiú˒ ˛mún kat˒ an orange hung on the lintel for good luck; tiú˒ ˛mún ˛kat ˋyam ˛kon, a miserably inane, shriveled up fellow.

吃˒ Kih To stutter, slow of speech; kat˒ ˋhau, to stammer; kat˒ shit˒ slow of speech.

訖˒ Kih To close, to stop, to desist, to finish a speech; to clear off an account; to exhaust; to prohibit; ended, terminated, carried to the end; ˛tsing kat˒ [accounts] are settled; kat˒ ˛kam, till now.

趷˒ A colloquial word: to turn up the end, to perk up; to make one end higher than the other; kat˒ ˛kò, to curl up (as a dog's tail); kat˒ ˛kò ˛t'au, to look at on tiptoe; kat˒ ˋhi ˛t'au, to set up in bed; kat˒ kat˒ ti˒ kéuk˒ to walk on one foot or irregularly, to limp; kat˒ ˛lá, begone, avaunt! kat˒ ˛kai, the end of a tie-beam; ˛kai kat˒ tok˒ the cackling of a hen.

(173) K'at.

咳˒ Keh To cough; k'at˒ sau˒ to cough; ˛kon k'at˒ a dry, irritating cough; k'at˒ ˛t'ám, to throw up phlegm; ˛há k'at˒ an asthmatic, hacking cough. Read ˛hoi, the laugh or smile of an infant; to belch.

欬˒ Kái To cough, in which sense it is synonymous with the preceding. Read k'oi˒, to hiccup; to belch, to call out in alarm, the voice of terror.

(174) Kau.

溝 Kau A water-course in a field, a ditch, a canal; ˛kau ˛k'ü, a sewer, a gutter or drain; ˛t'in ˛kau, a drain in fields.

勾 Kau To reject; to blot or strike out; to mark off for punishment; to inveigh, to entice; crooked, hooked; ˛kau küt˒ to mark off for execution; ˛kau ˛ch'ü, to mark out from a list items wanted; ˛kau tong˒ business, affairs; underhand, illegal doings; ˛kau ˛chi ˋfan, to fondle women, lustful dalliance; ˛kau ˋyan, to seduce to evil, to entice; ˛kau ˛shang i˒ to fish for custom. Often interchanged with the next.

鉤 Kau A crooked iron, a hook, a barb, a fluke; a sickle, a crooked sword, like a bill-hook; a clasp, a hasp; crooked, hooked; to hook, to drag along; to make hooked; to detain, to stop; to influence, to induce, to tempt to do evil; ˛kau ˋt'ün the mark in writing to indicate a paragraph; ˛ü ˛kau, a fish-hook; ˛kau ch'ut˒ ˛lai, hook it up; chéung˒ ˛kau, a curtain-hook; ˛lim ˛kau, a reaping-hook; ˛kau ˛t'ung, to draw to one's party; tò˒ ˛kau ˛sü, 'caught on the hook's barb,' gulled in the price; ch'ing˒ ˛kau ˋtü ˛teng, ˋch'é chik˒ the steelyards' hook is straight as nail; we are now square.

絇 Ku Embroidery on shoes, the fanciful devices on the front of shoes; thread used for such work.

鳩 Kiú A pigeon, a turtle, the genus Columba; to call together, to assemble; to rest, to sojourn, to live in quiet; ˏpán ˏkau, the pigeon; ˏkau chéung² an old man's staff; ˏshí ˏkau, the brown pigeon, or turtle; ˏkau ˏkü. to live with or upon one; ˏkau ˏkau ˏsheng, the noise of wrangling, coarse angry hootings; the word "cow-cow," used in the Canton jargon for quarreling, is derived from this; ʻmai ˏkau hü² don't go, then! ˏpan ˏkau, the virile member.

樛 Kiú Pendulous branches; to twist, to twine; to lay across; ˏkau ˏlau, to go wandering about.

鬮 鬮 Kiú A lot, a ballot; to draw lots, to take out a ticket; ˏnim ˏkau, to draw a ticket in bidding for things. This character is often read ˏkwai.

ʻ九 玖 ʻ久 Kiú Nine; to collect together; *met.* many, the highest, from nine being a square number; ʻkau ʻkau or ʻkau ˏkwai, arithmetic; ʻkau ʻkau hòpˌ shò² a multiplication-table, reaching to 81; ʻkau ʻpan, the nine grades, or the ninth grade; ʻkau ˏch'ung, the emperor's palace; ʻkau ʻʻng ˏchi ˏtsün, the emperor; ʻkau ˏchau, the nine regions, *i. e.* China; ʻkau ˏlau, nine sorts of professions; ʻkau ˏt'in, the highest heaven; ʻkau ˏch'ing ʻkau, most likely, ninety-nine to a hundred.

玖 Kiú A black gem, not of much value, perhaps black jasper. Used as the complex form of the preceding.

ʻ久 Kiú A long time, enduring, lasting; to make or continue long; ˏch'éung ʻkau ˏchí sz² a long affair; ʻkau ʻkau ˏfán ˏlai, come back here often, don't stay away long; ʻkau ʻün, antique, of old; ʻí ˏwai ʻkau ʻkau, for a long use, intended to be permanent; ʻhò ʻkau, a good while; ˏnín ʻkau, some years; ʻmò ʻki ʻkau, not long since, not very long, erelong; ˏch'éung ˏch'éung, ʻkau ʻkau, for ever; kòm² ʻkau, so long!

ʻ枸 Kau A high tree, shaped like a willow, with long sweetish seeds; probably a leguminosæ; curved branches; ʻkau ʻki ʻtsz' a fruit, allied to the medlar, used in ophthalmia.

ʻ狗 Kau A dog; little, contemptible, as ʻkau ˏt'au, a mean theft; ʻkau ʻtsai, a puppy, you puppy! ʻkau ʻkú, a male dog; a name often given to babies, as á² ʻkau; a second boy is called í² ʻkau, 'the second dog,' and the former tái² ʻkau; tái² ʻkau is also applied to waiters, like "John;" ˏhon ˏmún ʻkau, a nickname for porters; ˏshán ʻkau, watchers of graves, rustic grass-cutters; ˏtín ʻkau, a mad dog; ʻkau ʻná, an adulteress.

笱 Kau A bamboo trap or weel for catching fish or shrimps; they are cylindrical and open at the end; ˏhá ʻkau ʻt'eng, a boat, smaller than a fast-boat, used by fishers, and for passengers.

ʻ耇 Kau A face grimed with dirt and furrowed with age; very old, senile; shau² ʻkau, very aged; ˏwong ʻkau, extreme age.

‘苟 Kau Grass, herbs; to the right or left, illicitly, devious; inconsiderate, irregular, heedless, in any manner; carelessly; if, nevertheless, only; but, if so; *‘kau ‘ch‘é*, improperly, rude, remiss, anyhow; *‘kau ‘ch‘é ‘liú sz’²* to do a thing heedlessly; *‘kau hòp₂* illicitly united, fornication, lewdness; *‘kau ꜀fi hai² ‘kòm*, if it be not done so; *tsok₃ sz’² pat₃ ‘kau*, to do business properly; *‘kau ‘ch‘é sz²* a lewd act, vile.

‘垢 Kau Dust grimed in, dirt, filth, scurf; impure, sordid, disgraceful; *꜀ch‘an ‘kau*, dirty, sordid; *kwát₃ ‘kau*, to scrape off the dirt.

‘詬 Kau To shame one, to rail at, to reproach, to taunt; unprincipled; *‘kau peng²* ashamed, blushing; *‘kau má²* to abuse, to rail at. Also pronounced *‘hau*.

‘韭 ‘韮 Kau Scallions or chives, a salad onion; a plant which grows a long time from one root; *‘kau ts‘oi’* scallions; *꜀ch‘éung ꜀ch‘éung ‘kau ‘kau*, entrails and scallions, sent to a mother by her parents on the birth of a child, symbolic of their wish for its long life.

‘糾 Kiú A threefold cord; to twist, to wind up; to collect, to bring together, to combine; to examine into, to bring to light; to inform; to head a sedition; perverse; to raise, to elevate; *‘kau ‘kau*, loose, easy, cheerful; *‘kau ch‘át₃* to examine; *‘kau hòp₂ ‘fi ꜀t‘ò*, to join hands with thieves; *‘kau chung’* to join the multitude.

‘赳 Kiú To carry the head high; one who acts energetically and wisely; *‘kiú ‘kau*, martial, brave, gallant.

媾’ Kau To marry a kinswoman or a wife's sister; fondness, affection, love; to unite; sexual union; *꜀fan kau’* a second marriage; *kau’ hòp₂* carnal union.

嶇’ Kau A winding path among hills; a defile between mountains.

搆’ Kau To drag, to pull; to scheme, to plot, to stir up, to implicate; *kit₃ kau’ pat₃ ‘kái*, to form an indissoluble connection with one; *kau’ ün’* to contract a dislike for one; *kau’ wo²* to bring misfortune on one.

構’ Kau The truss of a roof; to roof over with beams; to construct; to unite, to join together; to copulate; finished, completed; to burst forth or take (as fire); *‘kái kau’* to sow enmity, to set at variance; *kau’ ꜀tsing*, procreative action or operation.

購’ Kau To buy, to procure for sale; to barter; hire one; *kau’ sín’* to start a man on the track of one; *kau’ ‘mái*, to purchase.

覯’ Kau To see one suddenly; to occur, to happen; accidentally; to complete; *kau’ kin’* happened to see.

遘’ Kau Used with the preceding; to bolt upon, an unexpected meeting with; happened to; *kau’ ü²* to happen, a chance affair.

韝’ Kau A sort of vambrace or vantbrace made of leather, used by archers, called *pi’ kau’*.

究' Kiú To examine into, to inform one's self of, to search out, to push to the utmost; to devise, to scheme; finally, at last; an examination; *'háu kau'* or *ˏsham kau'* to investigate thoroughly; *kau' 'king 'tím yéung²* how was it finally? *kau' kau'* to dislike, mutual ill-will; *ˏk'ung hok, kau'* a poor but unsuccessful scholar.

疚' Kiú Poor and diseased and drawing to one's end; to dwell long in one place.

疚' Kiú A chronic disease, long ailing; dolorous, disheartened; *tsoi² kau'* still sick; *noi² 'sing pat, kau'* conscious of innocence.

灸' Kiú To cauterize with moxa, or the dried powdered leaves of the Artemisia; *kau' ˏch'ong,* to cauterize a sore; *yung² 'fo kau'* the actual cautery.

咎' Kiú A fault, defect, error; crime, wickedness; judgments, providential calamities; to blame, to reprehend; *kau' 'yau ˏyau ˏkwai,* the blame charged to the proper one; *'koi kau'* to reform; *man² ˏyau kau'* to ask about one's luck; *ki' 'wong pat, kau'* not to criminate for what is past.

廄' Kiú A stable; a stall where horses are housed; usually called *'má kün'*.

篝' Kau A bamboo frame for drying clothes upon over a fire; a chauffe-lit; *kau' ˏlung,* a drying frame.

彀' Kau Enough, sufficient for use; in excess, adequate, filled up; completely, thoroughly; *ˏ'm kau' yung²* insufficient; *kau' ˏ'm kau'* is there enough? *kau' kau'* fully enough, an abundance; *kau' 'pún,* got first outlay; *ˏ'm kau' 'pún,* not prime cost; *kau' sün'* enough, that will do, we'll stop now; *kau' ok,* thoroughly bad; *kau' ˏk'i,* odd, unusual, singular; *ˏpá pat, ˏnang kau'* it is my sincere wish; *kau' 'kong 'hò,* superlatively good.

救' Kiú To stop, to cause to cease; to assist, to rescue, to liberate, to succor, to save from evil; to protect, to defend; to prohibit, to prevent from going wrong; salvation, rescue; a tassel; *kau' sik, 'fo,* to put out a fire; *kau' nán²* to save from distress; *kau' ká'* to save the emperor; *kau' meng²* to save life; *kau' shai'* to deliver the world (from misery); *kau' shai' 'chü,* the Savior; *kau' ú²* to deliver and protect from impending evil; *'tá kau'* to run to the rescue; *kau' ˏp'an,* to relieve the poor; *kau' tsai'* to succor and assist.

舊² 旧² Kiú Old, worn out, not new or recent; formerly, anciently, before; venerable, venerated; passed away, defunct; *kau² ˏshi,* anciently, in olden time; *kau² ˏkáu,* an old customer; *kau² 'yau,* an old friend; *kú' kau²* bygone, ancient; *ním² kau²* to remember former things; *kau² ˏnín,* last year; *kau² üt,* last month; *kau² ˏyan,* an old servant; *ˏying kau² tsò²* do the same work as before; *kau² ˏká ˏfung,* relics of former prosperity; *kau² kü' ˏchi,* an old and dear friend.

𠊎[2] A colloquial word; a loaf, a lump, piece, clod; *yat, kau[2] shek,* a stone; *yat, kau[2] muk, ,t'au,* a bit of wood, a dolt; *,lün ,mái yat, kau[2]* all doubled or bent over, as from cold or pain; *'tá ,fung kau[2]* a high gale.

柩[2] K'iu A corpse laid in a coffin; a coffin with the body in it; *ch'ut, kau[2]* to carry out a corpse; *sung[2] kau[2]* to accompany a funeral; *kau[2] ,ch'é,* a hearse; *kau[2] ká[2]* a bier; *,t'ing kau[2]* to keep a body unburied; *wan[2] kau[2]* to remove a corpse home.

(175) K'au.

摳 ,K'ü To lift up the dress, when going up stairs; to feel for with the hand; to dilute, to mix with, to weaken or adulterate; *,k'au ,mái,* to mix with; *,k'au ,wan,* mix thoroughly; *túi[2] ,k'au,* mixed equally; *,k'au ,shá,* mixed with sand; *,k'au lün[2]* mingled confusedly.

彄 K'ü A notch or catch at the end of a bow, to fasten the bowstring to; a ring.

求 ,K'iú To search for; to seek, to aim at; to beg, to ask, to supplicate, to wish for; ardently desirous of, to invite, to call out; to class with or make like; *'fú 'fú ,oi ,k'au,* to intreat urgently; to implore with tears; *,ho ,k'au,* to demand, to force from, to importune; *,k'au tsak, tak, ,chí,* he asked and obtained; *,k'i ,k'au,* to pray for; *,k'au ,ts'oi,* to seek gain; *,k'au ,mau,* to contrive for; to suggest a plan; *,k'au tsé[2]* to request the loan of.

俅 ,K'iu A cap, a fancy cap, an ornamented cap; *,k'au ,k'au,* a grave and complaisant man.

捄 ,K'iú Long, curved like a horn; to free; to help, to defend. Read *,k'ü,* to fill a hamper or basket, to put earth into a basket.

梂 ,K'iú The cupule or cup of an acorn; a raft; the haft of a chisel.

毬 ,K'iú A ball, large enough to play with, made of wool or leather; a bladder-ball; a globe, a sphere; *'tá ,k'au,* to play ball; *t'ek, ,k'au,* to kick a ball; *,p'áu sau[2] ,k'au,* to throw the embroidered ball (and choose a husband); *siu[2] ,k'au,* a cap-knob made of cord.

球 ,K'iú A sonorous jade stone, a precious stone, usually made round; a sphere, a globe, a ball; *,t'in ,k'au,* a celestial globe; *ti[2] ,k'au,* a terrestrial globe. Interchanged with the last.

裘 ,K'iú Fur garments; furs after they are made up; *,hing ,k'au,* fine fur dresses; *,ching ,k'au,* taxes paid in peltry; *,ú ,k'au,* a fox-skin dress.

觩 ,K'iú Crooked, like a rhinoceros horn, a long horn; a bow made of horn, usually of the buffalo.

絿 ,K'iú Urgent, pressing; testy; *pat, king[2] pat, ,k'au,* neither contentious nor hasty; remiss, easy with, *festina lente.* Interchanged with the next.

英華分韻撮要

逑 ˏK'iú To collect, to gather together; to pair, to mate; to seek an alliance; a union, a marriage; pressing, urgent; *hò' ˏk'au*, to seek an alliance; *Hò' ˏK'au chün²* the Fortunate Union,—name of a popular story.

仇 ˏK'au Same as the preceding, in meaning to pair, to couple, to match, to unite in marriage; to join two together; a surname. Also, to hate; resentment, enmity; an enemy; proud;—in which senses it is usually pronounced *ˏch'au*. *ˏK'au ˋngau*, to pair; *süt, ˏk'au*, revenged.

賕 ˏK'iú To corrupt, to suborn, to bribe; to seek in an underhand manner; to pervert or swerve from the right; a consideration, a request; *ˏk'au tsé²* to seek for by means of bribes; *shau² ˏk'au*, to receive bribes.

銶 ˏK'iú A single headed ax or pick; a sort of stone-chisel.

觓 ˏK'iú A spear with a three-sided head; vapor ascending high.

艽 ˏK'iú A remote and sterile wild, far from habitations; the lair or form of a wild beast; *ˏk'au ˋyé*, a howling wilderness; *ˏk'au ˏshâu*, burrows of a sort of hog (or *hyrax?*) which are found arranged in a regular manner.

頄 ˏK'iú The protuberance of the cheek bones; thick.

鼽 ˏK'iú The nose stopped up and running from the effects of a cold; a cold in the head.

虬 ˏK'iú A dragon with horns; to wriggle in going; an agitated, quick, movement; *ˏk'au ˏim*, a long, curly beard.

璆 ˏK'iú A sounding gem; a beautiful precious stone.

ˋ舅 K'iú Maternal uncles, called *ˋk'au fu²* and *ˋmò ˋk'au*; a wife's brothers, called *ˏts'ai ˋk'au*; *tái² ˋk'au*, wife's elder brother; *sai' ˋk'au*, wife's younger brother; a father-in law; *á' ˋk'au*, a brother-in-law.

ˋ臼 K'iú A mortar, either a hole or made of stone; to pound in a mortar; radical of mortars; *shek, ˋk'au*, a stone mortar.

ˋ桕 K'iú The tallow tree (*Stillingia sebifera*), called *ˏú ˋk'au muk,*; in Macao, this tree is known as the *ˏkung shü²*; *ˏú ˋk'au ˏyau*, vegetable tallow.

叩' K'au To ask; to prostrate, to knock head on the ground, when saluting a superior or in worship; *met.* humbly, respectfully; to agitate or discuss a subject; to strike, to knock upon, to tap; to raise the hand to the head; *k'au' ˏt'au*, the kotow; *ˏsám kwai² ˋkau k'au'* three kneelings and nine knockings—the highest act of worship; *k'au' man²* to humbly inquire; *k'au' ˋpan*, to humbly petition.

K'au' A colloquial word, heard in Macao; to cry, to wail or scream, as children do.

扣' K'au To strike, to knock upon, to rap; to lead a horse; to deduct, to discount, to cut off; to hook in, to link on; a clasp, a buckle; to buckle, *k'au' shò'* to reduce an account; *k'au' ˛ú*i, to deduct advance money or a loan; *k'au' ˛t'au* discount; *pat˒ chit˒ pat˒ k'au'* no deduction allowed, the fixed price; *k'au' ˛kung ˛ngan*, to cut wages; *'kau ''ng k'au'* 5 per cent. discount, *i. e.* the available sum is 95; *k'au' 'nau*, to button; *k'au' ˛ch'ü*, to deduct from; *k'au' ˛mún*, to knock at a door; *k'au' tái'* a girdle and clasp, to buckle.

彀' Kau To stretch a bow to the full; archers or bowmen; enough, full, in which senses 够 is now generally used.

寇' K'au To rob, to plunder and murder; to do mischief; banditti, thieves, robbers, highwaymen, ladrones; an enemy; an abundance, plenty; tyrannical, cruel; *k'au' ts'ák˒* robbers, band of outlaws; *˛sz' k'au'* a criminal judge; *'hoi k'au'* pirates, dacoits; *'ts'ò k'au'* marauders, freebooters.

簆' K'au The reed or slaie of a loom, made of bamboo.

蔻' K'au The nutmeg, called *tau' k'au'*; *tau' k'au' ˛fá*, mace; the *yuk˒ k'au'* is the best sort; *tau' k'au' ˛hòm ˛pá*, 'the nutmeg fills the mouth,' said of marriageable girls.

(176) Káu.

˛交 Kiáu To blend, to unite, to join; together, jointly; to deliver or hand over to, to communicate with; to pay to, to exchange; joined to other verbs to denote their action, as *˛káu ki'* to transmit; trade, barter, dealing; contiguous, conterminous; intercourse in society, a friend, friendship; *˛káu yik˓* trade; *˛kâu kéuk˒* to cross the legs; *˛káu ˛kwán*, unmerciful, cruel; *tá' ˛káu*, to fight, a row; *ái' ˛káu*, to wrangle; *˛káu 'í*, an arm-chair; *˛'m ˛káu tak˒ 'ní 'chun*, I can't come up to your standard; *˛káu ˛p'ún*, to deliver [an office or shop] over to one; *˛káu 'shau*, to deliver to one's hand; a trading constituent; *˛san ˛káu*, new acquaintance; *˛káu tsip˒* to give to and receive from; *˛káu 'pí 'k'ü*, give it to him; *˛káu ˛ts'ing*, sexual intercourse; *˛Káu 'chí*, Cochin-china; *˛káu chung'* give it for the public use; *˛sam ˛káu*, a cordial friendship; *˛káu 'ch'í*, to dovetail; *˛káu ˛ngá 'kòm*, biting each other (like two crickets), maddened; *˛p'ing 'shui ˛séung ˛káu*, a slight acquaintance.

˛茭 Kiáu Hay, fodder; pasturage; a kind of cress; *˛káu 'sun*, an esculent water vegetable; *˛Káu-˛t'ong ˛sz'* the township in Pwányü hien, in which Whampoa is situated.

˛蛟 Kiáu The dragon of thickets and morasses; the Chinese description corresponds nearly to the iguanadon; *˛káu ˛lung*, a dragon, like a boa.

˛郊 Kiáu Waste or forest land near or beyond the frontiers; waste common, fifty *li* beyond a city; the imperial worship of heaven and earth at the solstices; to worship heaven and earth;

the place where this sacrifice was held; *ₒkáu ngoi²* remote wilds, where civilization has not reached.

ʿ鮫 Kiáu A sort of shark, whose skin furnishes shagreen; *ₒkáu ₒyan*, a mermaid, which weeps pearls; *ʿmá ₒkáu ₒlong*, mango-fish *(Polynemus)*, common at Macao; *ₒkáu kák*ₒ shagreen.

ʿ嘐 Kiáu Hiáu A cock's crow. Read *ₒhiú*, verbose, to talk big, extravagant; *ₒkáu ₒkáu ₒsheng*, bragging, boastful talk.

ʿ膠 Kiáu Glue, glutinous or adhesive jellies, viscid gums; to glue; glued, or sticking together; obstinate, stupid, pertinacious, bigoted; to deceive; adhesive; compacted, intimate, bound by friendship or pledge; sound of fishes; *ₒngau ₒp'í ₒkáu*, cow's glue; *ₒü ₒkáu*, isinglass; *min² ₒkáu*, wheaten glue mixed with lime for joinery; *ₒkáu lin²* anything boiled till it is thick and viscid; *ₒlung ₒkáu*, an ancient college; *ₒkáu yap*ₒ *ts'at*ₒ very intimate.

ʿ轇 Kiáu Something indistinct and distant; *ₒkáu kot*ₒ a row of spears, the glancing of arms; to transfer (as a debt), to hand over in charge to.

ʿ教 Kiáu To cause, to induce, to make, to enable; *ₒkáu ʿní ʿhò*, make you well; *ₒshui ₒkáu ʿní ₒwai*, who enabled (or made) you to do it?

ʿ覺 *ₒKáu ʿkáu*, a lullaby, used by nurses when hushing a child to sleep. This character is merely used for these sounds.

ʿ姣 Kiáu Beautiful, pretty, winsome, flattering. Sometimes interchanged with the next.

ʿ狡 Kiáu A little black poodle, found in the north; doublings (of a fox); artful, crafty, specious, mendacious, deceitful; maddened, wild; cruel; *ʿkáu wát*ₒ cunning, knavish; *ʿkáu ₒt'ò*, a wily fellow; *ʿkáu kwan'* a fraudulent villain; *ʿkáu ₒsing*, one who leads others into wickedness, a blackleg; *ʿkáu kai'* a tricky plan.

ʿ皎 Kiáu The brightness of the moon; splendor of the sun; effulgent, bright; an immaculate, pure white; *ʿkáu kít*ₒ white and spotless.

ʿ絞 Kiáu To bind about, to wrap around; to twist; to strangle; unceremonious; a sash; *ʿkáu lám²* to twist ropes; *man² ʿkáu*, to execute by strangling; *ʿkáu ₒmái*, to twist together; *ʿkáu ₒch'éung ₒsha*, cholera morbus; *ʿkáu ʿkan tik*ₒ bind it a little tighter; *ʿkáu ai'* to hang one; *ʿkáu ₒt'au pò'* a turban, such as the Fuhkien men wear; *ʿkáu ₒfá*, to spin cotton; *ₒsám ʿkáu ₒshing*, a three-stranded cord.

ʿ攪 Kiáu To stir up or about, to mix up; to beguile to evil, to disorder, to confuse, to trouble; to annoy, to incommode; to excite commotion; *ʿkáu lün²* to make a disturbance; *ʿtá ʿkáu ʿní*, I have incommoded you—said by a visitor; *ʿkáu ʿiú*, to embroil a community, to stir up sedition; *ʿkáu ₒwan*, mix it well; *ʿkáu shi' ʿkáu*

˛fí, to dispute warmly; *yat˛ ˋkáu yé' ˋkáu*, constantly doing evil; *ˋkáu ˋchün ch'ü'* to interrupt, to hinder.

校' Kiáu Stocks for the feet, in which prisoners are nightly secured; a lockup; a pen for wild beasts; to examine, to compare things; to collate or revise books; to judge criminals; to join battle, to fight; *káu' ching'* or *káu' ting'* to correct a book for publication; *ˋpí káu'* to compare.

珓' Kiáu A pair of stones of a plano-convex shape, called *káu' ˛púi*, used in worship, to divine the answer; now made of bamboo roots split; Arca shells are also used; in throwing, if both plane surfaces come up, it is called *˛yam káu'*; if both are convex, *˛yéung káu'*; if one of each (the most favorable), *shing' káu'*.

較' Kiau To compare; to measure strength; to try the accuracy of; generally speaking; *káu' léung'* to discuss, to argue upon; *káu' chung'* to compare weights; the heavier; *káu' shé'* a trial of archery; *káu' ch'ing'* to test weights; *˛'m ˋshai káu'* no need to test, trustworthy; *káu' ˋchun*, like the measure or guage.

鉸' Kiáu Pivots on which a door turns; a hinge; a joint; a clamp, a hasp; to inlay metals; *yat˛ ˋpá káu' ˋtsín*, a pair of shears or scissors; *káu' ˛teng*, the pin of a hinge; *ch'áng' ˛ngá káu'* to boast of one's ability; *ˋün káu'* immaterial, either way is the same.

窖' Kiau A receptacle or bin in the ground for storing grain; a cellar; a souterrain; *tí' kau'* an underground store-room; *káu' ˛ts'ong*, stored up.

滘' An unauthorized character. A side passage, in which boats can enter at high water; the mouth of creeks; *˛shün kwo' káu'* the boat has entered the creek; forms part of the name of many places in Shunteh hien; *Tái' ˛wong káu'*, Macao Passage fort, near Canton.

教' Kiau To instruct, to teach, to show how; to command, to order; precept, principle, rule; doctrines, tenets; a religious sect, a school, or those who hold to the same opinions; *ˋtang ˋngo káu' ˋní*, let me show you; *ˋhò káu' ˛mún*, an able teacher; *ˋlí káu'* to be severe in teaching; *mi' ˋts'ing káu'* what is your surname? *káu' ˋkún*, to teach school; *káu' ˋtá ˋpá shat˛* to teach boxing; *káu' shau'* a superintendent of education in a *fú*; *káu' ü'* the same in a *hien*; *ˋ'ng káu'* the five virtues; *˛sám káu'* Confucianists, Budhists, and Táuists; *ts'at˛ káu'* the seven social relations; *˛T'in ˋchü káu'* Romanism; *káu' ˛mún*, usually refers only to Mohammedanism; *˛ch'ün káu'* to propagate a creed.

酵' Kiau Leaven, yeast; it is the residuum left after distilling samshoo; *fát˛ káu'* to raise dough; *ˋtsau káu'* barm cakes; *˛ch'ü káu' tsít˛* feast of unleavened bread. Read *ˋháu* in the Fan Wan.

英華分韻撮要

K'áu.

靠' K'áu To lean against; to rely on, to depend on another for aid; contrary, opposed to; *k'áu' mat, ˏshui,* whom do you depend on, who supports you? *ˏtò k'áu' ˏshang i'* trust wholly to trade; *k'áu' ˊfo,* to warm one's hands before the fire; *k'áu' ˊcham,* to lean on a pillow; *k'áu' ˏshán,* to rely on a stable friend; against a hillside—said of a grave; *k'áu' tak, chü'* he can be relied on.

(178) Ké.

嘅' The sign of the possessive; a possessive pronoun, mine, yours, his; that; for, to use for; *ˊngo ké' ˏshü,* my book; *mat, ˏshui ké'* whose is this? *ˊni ké'* your's; it often ends a sentence, or follows an adjective, the noun being implied, as *ˏ'm tak, ˏchan ké'* not a true [saying]; *iú' ˏfi ké', iú' shau' ké'* do you like fat or lean? *ˊkòm ké'* is it so! why! indeed! *sú' ké' ˏp'eng,* the plain is the cheaper; *fat, ˏman ké'* for killing musquitoes.

(179) K'é.

ˏ茄 Kiá The culm of the lotus; the lotus itself; brinjal or squash; *ˏfán ˏk'é,* tomatoes; *ˏtin ˏk'é,* mad apple, dwale, or belladonna; *ˏho ˏpáu ˏk'é,* the bottle squash.

ˏ伽 K'ia A Budhist word; *ˏk'é ˏlám,* name of a Budha; *Lok, ˏk'é ˏshán,* a mountain where the goddess Kwányin dwells.

(180) Kéuk.

腳, Kioh The foot; but applied to the whole leg; stable, based; *ˊün kéuk,* placable, spiritless; *ˊhò ti' kéuk,* well established, trustworthy, possessed of means; *ˊkáu kéuk,* to lead one into bad habits; *kéuk, cháp,* stocks for the feet; *kéuk, shik,* profession, character, rank; *kéuk, ˊngán,* the ankles; *kéuk, ˊpún,* sole of the foot; *ˏtám kéuk, ˊlò,* a coolie, porter; *kéuk, ˏnong ˊt'ò,* calf of the leg; *kéuk, áu'* the knee-pit; *ˊtá ch'ik, kéuk,* barefoot; *kéuk, lik, tái'* influential, of high character; *ˏlau kéuk,* to detain one; *kéuk, tsik,* traces, footsteps; *fo' kéuk,* poor goods, left after garbling; *wák, ˊkwai kéuk,* 'write devil's feet,' is to guess by lines; *ˊp'ò Fat, kéuk,* to clasp Budha's feet—when in distress; *ˏchong kéuk,* actors disguised as women; *ˏch'i kéuk,* a hanger on, one who sponges for a dinner.

屩 同, Kioh Shoes or sandals made of twisted hempen cord. The next is sometimes used for this.

蹻 同, Kioh Proud, valorous; *kéuk, kéuk,* caperings of a child; the immoderate antics of a successful fool; hempen sandals or shoes.

(181) K'éuk.

却, 卻, Kioh } To stop; to curb desires, to refuse, to deny, to decline doing or accepting; to retire, to go backwards; to look up; a particle used to strengthen an assertion, certainly, really, truly—and often needs no translation; *k'éuk, hai²* evidently; *k'éuk, yau² ˏloi*, come again, eh! behold, again! *ˏmong k'éuk*, I forgot it; *k'éuk, 'yá*, preceded by *ˏsui*, is a disjunctive phrase, but that, still, nor, yet therefore, although—yet; an interrogative word, as *k'éuk, shí² wai² ˏho*, but why so, pray? then, therefore; *k'éuk, shüt*, turn now to speak of, it is said; *ˏnán k'éuk*, not easy to decline it; *'liú k'éuk*, to disdain, to complete and put away; *k'éuk, ˏhang*, to walk backwards, to go away; *ˏt'úi k'éuk*, to decline, to put off with excuses.

(182) Kéung.

僵 殭 Kiáng — Lying as if dead, senseless; prostrate, stretched out; to push over, to throw down; rigid, stiff, yet uncorrupted; *ˏkéung ˏshí*, a body in a trance; a corpse; *chik, ˏkéung ˏkéung*, stretched out stiff.

疆 Kiáng — A boundary, limits, borders; to draw a limit, to bound; *ˏkéung kái²* a limit; *ˏkéung wik*, the frontiers; *ˏmò ˏkéung*, boundless, illimitable; *ˏkéung ˏts'ám*, exuviæ of silkworms; *ch'ut, ˏkéung*, to emigrate.

橿 Kiáng — The helve of a hoe, a hoe-handle; a lasting kind of wood called *mán² ˏnín muk*, used for bars and parts of carriages; *ˏkéung ˏkéung*, vigorous, abundant.

薑 Kiang — Ginger; *ˏt'ong ˏkéung*, preserved ginger; *ˏshang ˏkéung*, fresh ginger; *'ts'eng 'yam ˏkéung 'tsau*, to invite to drink ginger wine, after a birth; *ˏhoi ˏkéung mi² ˏts'ang*, have you any children? *ˏwong ˏkéung 'fan*, curry powder; *'tsz' ˏkéung* tender ginger; *ˏléung ˏkéung*, galangal root; *'pún ti² ˏkéung ˏ'm lát*, home ginger is insipid, *e.* foreign things are best.

殭 Kiáng — The white exuviæ of the larvæ of silkworms, called *ˏkéung ˏts'ám*; it is used as a medicine.

韁 Kiang — A bridle; the reins of the bridle; *fong' ˏkéung*, to give loose rein; *ˏshau ˏkéung*, pull in the reins; *'yé 'má ˏmò ˏkéung*, an unbridled, wild horse, a runagate, a demirep.

姜 Kiáng — The surname of the emperor Shinnung; *ˏKéung t'ái² ˏkung*, a famous general, B.C. 1122.

羌 Kiang — A tribe of aborigines in ancient Tangut, shepherd nomads, belonging to the Scythian race; an initial particle, ah! strong, forcible; contrary, cross purposes; elegant; sometimes erroneously used for the last.

蜣 Kiáng — Coleopterous bugs found in ordure; *k'it, ˏkéung*, or *ˏkéung ˏlong*, the tumble-dung or Ateuchus.

(183) K'éung.

强 彊 K'iáng — A black bug or weevil in rice; a strong bow; violent, headstrong, surly, firm; overbearing, boisterous, by force, regardless of right, obstinately; able-bodied, sturdy, brawny, strong, full grown; a remainder (in arithmetic); all years

英華分韻撮要

with the 'stem' *ting* in their cyclic name; *ˏk'éung chong'* 40 years old, vigorous, hale; *ˏchàng ˏk'éung yéuk* to wrangle, to quarrel; *ˏk'éung 'shui*, acids; *'ni mok ˏch'ing ˏk'éung*, don't brag of your abilities; *ˏk'éung 'mái*, a forcible purchase, to compel one to sell; *ˏk'éung 'kang* resolute, fearless; *shít ˏk'éung*, double-tongued, specious; *tsz'* *ˏk'éung*, self-willed, fixed in purpose *ˏk'éung hat*, to beg with violence.

強 'K'iáng To compel, to force; to invigorate, to strengthen; to try, to attempt; *'k'éung ˏk'au pat tak*, can not obtain with strong intreaties; *'k'éung ˏhang*, to force to do. Read *k'éung'* reäction; *wat k'éung'* renitency, resilience, springing back; *'ni kòm' k'éung' sing'* why are you so set in your way?

蔃 'K'iáng Small roots, the branches of roots; a lily; *chuk 'k'éung*, whangees, bamboo canes; *shü' 'k'éung*, roots of trees.

襁 'K'iáng A swathing-cloth to carry infants pickapack; to carry pickback; *'k'éung 'pò*, a cloth to strap infants in.

繈 'K'iáng The cord which runs through a string of cash; a string of a thousand cash; to string cash; money, coin, cash; *pák 'k'éung*, silver.

(184) Kí.

幾 ˏKí The springs of motion, subtle, hidden, mysterious; what is within, interior, recondite; moderately, a little, few; dangerous; having stated periods, the proper time; an omen, prognostic; to expect; to examine; almost, several; a qualifying word, nearly, about, rather, somewhat; *ˏkí ˏú*, or *ˏkí ˏkí ˏú*, at the point of, almost, not far from; *shu' ˏkí*, expecting, probably, yet for all that; *ˏkí kán'* to gently remonstrate with a superior.

機 ˏKí Used for the last; changes, permutations; the origin, or spring of; subtle or moving influences in nature; the motive power in an operation or a machine; machinery, a trap, a catch, hidden contrivance; stratagems, secrets, schemes; a loom; *ˏt'in ˏkí*, the natural and fixed bent of a mind, fate, destiny; *ˏkí úi'* opportunity, occasion; *ˏkí ˏkwán*, intentions, designs; the springs in machinery; *ˏkí ˏfong*, a weaver's shop; *yat kú' ˏkí*, a loom; *shat ˏkí*, lost a battle; *ˏkí mat*, secret, undivulged, not frank; *kin' ˏkí ˏí tsok* do it at the right moment, mind your chance; *ˏkí lám'* a trap, a pitfall; *ˏshan ˏkí*, skilled in the fates; *ˏkí ˏmau*, an artifice, a dodge; *ˏKwan ˏkí ch'ü'* the Imperial council chamber.

畿 ˏKí The park belonging to H. I. M. in ancient times; it measured 1000 *li* on each side, the court being in the centre; a border; inside of a door; a threshold; the Court; the lands of princes; *ˏwong ˏkí*, the imperial demesnes; *'kau ˏkí*, nine principalities under the court.

璣 ˏKi Pearls not perfectly round; a sort of armillary] sphere, called ˏsün ˏki, provided with a tube, which is called yuk, ˏhang, by means of which observations on the stars were taken.

磯 ˏKi Stones or rocks in a stream, producing a ripple; eddies caused by stones, a stumbling-block; to impede; to rub.

臡 ˏKi The cheeks, the flesh which covers the jaws.

蟣 ˏKi A louse; a nit; ˏki shat, a louse. Read ˏk'i, same as 蚑 a bloodsucker.

肌 Ki Flesh or firm muscle under the skin, and near the bones; ˏki ˏfú chong' solid flesh, robust.

譏 ˏKi To slander, to speak against; to ridicule, to mock, to satirize, to blame, to reprove, to remonstrate with; officious and contumelious speeches; to examine into, to test; machinations; ˏki siú' to laugh at; ˏki ts'iú' to reprehend; ˏcháu ˏki to scold over another's shoulders.

饑 飢 ˏKi Failure of the harvest; famine, death, scarcity; hunger; to be hungry, famished, necessitous; ˏki ngo' starving; ˊtá ˏki ˏfong, to pretend hunger, to act the beggar; ˏki shik, a cadaverous, starved look; ˏki hot, hungry and thirsty; ˏki ˊsz' starved to death.

魕 ˏKi A sprite, a demon of the south, as Kwángtung; á' ˏki, an elf, which bewilders men; chong' á' ˏki, to meet a devil, to see a foreigner; the last are so called in Canton from their shrill voices.

基 ˏKi The foundation of a wall, a dike on the river banks, or between fields; foundation, a rest, a basis; a beginning, a commencement, a starting-point, that on which a family or nation depends; fundamental; a patrimony, possession; farming utensils; place inside of the second door of a house, where visitors wait; ˏki ti' basis, material, character, the quality of a thing, that from which it is made; ˏki ip, honors or possessions inherited or transmitted; ˏdang ˏki, to mount the throne, to enter into possession; ˏsan ˏki, land gained from the river; ˏch'ung ˏpang ˏki, the dike is broken in; ˏpang ˏki ˏwai, to burst in the dike; ˏhoi ˏki, to begin, to lay the foundation of [a state].

朞 ˏKi An anniversary, the full revolution of a year, 354 days; ˏki ˏchi ˏsong, a year of mourning; pat, chéung' ˏki, distant relatives who wear mourning a year; ˏki üt, a return of the same month.

箕 ˏKi A corn-fan; a winnowing-fan; a sieve; a refuse-basket; to spread out like a fan; the long striæ on the finger's ends; part of Sagittarius, the 7th of the 28 constellations; met. rain, because this star forebodes rain; a kind of wood, used for quivers; p'o' ˏki or pái' ˏki, a fine corn-fan; ˏshai ˏki, a coarse sieve; ím' ˏming ˏki ˊtau, look sharp at the rings and lines on his fingers (to find his future luck); shiú' ˏki ˏk'au 'to connect sieves and furs,' to carry on the profession of one's father.

綦 ꜀Kí Blue and gray color, variegated; shoe-strings; the highest degree, very, the utmost; ꜀*ki* ꜀*kan*, a grayish coiffure used by girls.

萁 ꜀Kí The stalks of pulse; tendrils of vines, pulse, &c.; ꜀*kí* ꜂*ts'ò*, a sort of aquatic grass woven into garments; an edible plant resembling fern.

姬 ꜀Kí The surname of Hwángtí; also of the emperors of the Chau dynasty; a queen; term for the imperial concubines; beautiful, noble women (like Houri, Hebe), because of the fame of the family of Kí.

羈 ꜀ A halter; a bridle; a girl's tuft of hair, a woman's coiffure; bridled; to bridle, to restrain, to hold in, to pull the bit on one; to economize; to detain in confinement, to arrest; to detain, to hinder; ꜀*kí* ꜂*sho*, or *ngoi*ꜗ ꜀*ki*, a lockup, attached to a yámun; ꜀*kí* ꜁*lau*, to stop, to seize; *tsin*ꜗ *mò*ꜗ ꜀*ki* ꜀*shan*, I was detained by business; ꜁*mò* ꜂*sho* ꜀*ki*, unoccupied.

羇 ꜀Kí An inn, a hospice; ꜀*ki* ꜂*lü*, a wayfarer, a lodger; ꜀*ki* *hák*꜇ a visitor, a sojourner.

几 ꜀Kí A bench or stool to lean on; a stand, a side table; the 16th radical; ꜁*ch'á* ꜀*ki*, a teapoy, a light stand; ꜁*man* ꜀*ki*, a study-table; ꜀*ki* ꜀*ki*, tranquil, unaffected.

奇 ꜀Kí Odd, a single one; odd numbers; a surplus; *i*ꜗ *shap*꜇ ꜂*yau* ꜀*ki*, twenty and odd; ꜂*yau* ꜀*ki* something over; ꜁*ts'é* ꜀*ki*, not upright, deflected.

己 ꜂Kí One's self, I, myself; self, added to pronouns; selfish, private, special; the 49th radical; to record; the sixth of the 'stems,' answering with *mò*ꜗ to earth; ꜂*ngo tsz*ꜗ ꜂*kí*, I myself; ꜂*k'ü tsz*ꜗ ꜂*kí*, he himself; ꜂*ni* ꜂*ngo* ꜀*chí* ꜂*kí*, you and I know each other; ꜁*li* ꜂*kí*, it benefited me, specially advantageous; ꜂*shau* ꜂*kí*, self respect, to mind one's own affairs; ꜀*sz'* ꜂*kí*, selfish; privily applying to one's own use.

屺 ꜂Kí A bleak bare mountain, such as a hermit chooses; a high hill.

杞 ꜂Kí A willow-shaped tree, called ꜂*kau* ꜂*kí*; the fruit is used in medicine; name of a state.

紀 ꜂Kí To sort silk threads; to arrange, to separate; to record, to narrate, to book, to ascertain and write; to rule, to govern; a history, annals, chronicles, narrative; a score of 12 years; a year; a decimal or the completion of numbers; a dike; a skein of 40 threads; ꜂*kí luk*꜇ to record [an officer's merit]; ꜁*nín* ꜂*kí*, a person's age; ꜂*'ng* ꜂*kí*, the five divisions of time (*i.e.* hours, days, months, years, ages); ꜂*kí* ꜀*kong puk*꜇ a servant who manages.

芑 ꜂Kí A kind of succory or sow thistle, often cooked and eaten, called ꜂*kí ts'oi*ꜗ; a sort of white millet.

幾 ꜂Kí Much or many of, rather, part of; nearly, few; an interrogation of quantity, how, many, how much; ꜂*kí* ꜀*to*, how many? *tai*ꜗ ꜂*kí*, which of them? ꜂*kí* ꜁*shí*, when? ꜁*mò* ꜂*kí*, not much, either of time or things; *'ki ko'* a few, several; *'sho ,cháng ,mò 'ki*, very little different, almost the same.

'掎 Kí To drag one side, to pull out by one foot whatever has fallen in; pull out, to bring forth.

記' Kí To remember, to recollect; to record, to register, to make a note of; a written record, a history, memorial, account of; a style or name; a mark, a sign, a signal, something to be remembered; used after the abbreviated names of hongs or shops; *'ni ki' tak, ,mo?* don't you remember? *,'m 'hò ki' sing'* a bad memory; *'ni ki' ts'o'* you remember wrongly; *ki' hò'* a mark; *,tang ki' pò'* a memorandum book; *'tà yan' ki'* to stamp; *'ni ki' chü'* you must remember it; *ki' nim'* to call to mind.

計' A colloquial sound, used in the phrase *'fo ki'* a comrade.

既' Kí A slight repast; to exhaust; to lose; ended, finished; already, when; since; a sign of past time, and is placed before the verb; *ki' kin'* seen it; *ki' ,in*, since; *ki' hai' 'kòm*, it being so.

寄' Kí To lodge, to remain a while in a house; to confide in, to commit to, to hand over, to deliver in charge; to send by, to transmit; to interpret; the east; *ki' ,kü*, to visit; a hanger on; the hermit crab; *ki' ,sun*, to send a letter; *ki' ,loi*, to receive from; *ki' ,ch'ong* to give away an ulcer [to a tree—a branch of it dies]; *ki' ,shang*, an epiphyte, a parasite; *ki' mái'* to send for sale; *ki' ,sheng*, to send a message; *ki' lok, Ò'* send it down to Macao; *'ts'eng ki'* to give a thing in charge to forward.

洎' Kí The broth or soup of boiled meats or sacrifices; fertile, rich; to reach to.

覬' Kí To hope for, to desire good; fortunate; *ki' ü'* ambitious, desirous, coveting, longing.

罽' Kí A seine for taking fish; a kind of rug or carpet made of dog's or horse-hair.

,妓' Kí A courtesan, a singing girl; one who is sent out to earn a living by singing and vice.

伎' Kí Ability, cleverness, talent; *ki' 'léung*, artful, capable of devising; *ki' 'káu*, ingenious at contriving, inventive, fraudful; read *,k'í*, six toed. Interchanged with the next.

技' Kí Skillful, ingenious at making or contriving; *ki' ngai'* handy at making, the mechanic arts; *ki' 'yung*, practiced in military drill; *'hau ki'* to imitate sounds.

忌' Kí To fear, to shun, to avoid; to hold in awe or be cautious of; distasteful, to dislike trouble; to suspect, to hate what is bad, to have a superstitious dread or horror of; *,chi pi' ki'* to know and avoid the dislikes of others; *ki' yat,* or *ki' ,shan*, the dreaded day or hour of the death of a friend, in which one feels sad; *pái' ki'* to keep the anniversary of a death.

惎' Kí Poisonous, injurious, venemous; to instruct, to institute or establish.

(185) **K'í.**

碕 ˏK'í A steep rough path among the mountains; dangerous defiles and precipices; ˏk'i ˏk'ü, a hazardous road across mountains.

碕 ˏK'í A stone bridge; craggy. Read ˏk'i, a craggy shore; winding and stony banks.

攲 ˏK'í Inclined, not straight or upright; to take up with nippers; ˏk'i hi' vessels easily upset, owing to their shape.

觭 ˏK'í One horn elevated, and the other turned down; single; to obtain; ˏk'í ˋngau, single and double, unequal and equal.

畸 ˏK'í Land left after marking out a square, odd parcels of land; ˏk'i ˏling, odds and ends, overplus, surplus; ˏKi ˏling ˏk'iú, a bridge in the New City at Canton.

其 ˏK'í A relative or personal pronoun, referring to the person, place, or thing spoken of; he, his, she, it, its, they; there; an indefinite pronoun, wherever, whoever, the, that, the subject spoken of; ˏk'i ˏü, the rest; ˏk'i follows a noun before a verb, to draw attention, as ˏt'in ˏk'i wan² ˏú, the heavens, do they revolve? ˏk'i ˏü, as if, supposing; ˏk'i sz² that affair.

期 ˏK'í A set time, a fixed period, a day agreed on; times, seasons; to meet; to expect, to wait for, to aim at; to engage to do; ˋmún ˏk'i, the time is up; yatˎ ˏk'i, the set day; shéung² ˏk'i, in advance of the date; ütˎ ˏk'i mong² full moon; ˏmò tung² ˏk'i, uncertain, no fixed time; ˏü ˏk'i, at the time.

碁 棊 ˏK'í Chess of 32 men, called tséung² ˏk'i, invented by Wú wáng, B. C. 1120; ˏwai ˏk'i, a game of 360 men, half black and half white, invented by Yáu, B.C. 2300; a foundation; ˏk'i ˏp'ún, a chess-board; ˏk'i ˋtsz', chessmen; chukˎ ˏk'i, to play chess; ˏháu ˏk'i, to take a man; yatˎ kukˎ ˏk'i, a game of chess; ˏk'i kukˎ a board set out with a game for gambling.

淇 ˏK'í A tributary of the Yellow river in Honán; ˏK'i ò', an island near Kumsing moon.

祺 ˏK'í Fortunate, lucky, felicitous; composed, tranquil; ˏshing ˏk'i may you be promoted to a higher post.

蜞 ˏK'í A leach, called ˏngau ˏk'i or ˏk'i ˋná; a species of small land crab, called ˏp'áng ˏk'i.

騏 ˏK'í A dappled horse, marked like a chessboard; a fine looking horse.

麒 ˏK'í A fabulous animal, the Chinese unicorn; the male is called ˏk'i, the female ˏlun.

鵸 ˏK'í A kind of small goose, perhaps a sheldrake.

剞 ˏK'í A crooked graver or burin; ˏk'i kütˎ a gouge used in carving.

奇 ˏK'í Extraordinary, rare, surprising, out of the common way; monstrous, miraculous, unnatural; unexpected, strange, new, wonderful; ˏk'i kwái' strange; ch'utˎ ˏk'i, surprising;

ˏk'i ˏts'oi, remarkably clever; *ˏk'i tak*ˎ unique, best of a sort; *ˏk'i ˏwáng*, perverse, stupid.

琦 ˏK'i A valuable stone; precious; a curiosity, a plaything, such as are got for presents or rarities.

騎 ˏK'i To ride horseback; to sit crosswise or astride; to mount a horse; cavalry, horse; *ˏk'i ˊmá*, (usually pronounced *ˏk'é ˊmá*) to ride horseback; *ˏfi ˏk'i*, light horse, used in the T'áng dynasty.

旗 ˏK'i A flag, a standard, a banner; with devices or markings on it; *ˏk'i há²* Bannermen; either Manchus or naturalized Chinese; *ˏk'i ˏman*, persons connected with the Bannermen, not getting pay; *pátˎ ˏk'i*, the eight Banners, under which they are marshaled; *ˏwong ˏk'i*, Danish flag; *ˏk'i ˏkon*, a flag staff; *ˏk'i hò²* a signal flag.

旂 ˏK'i A kind of pennon or marking flag, with bells or jingles attached to it; interchanged with the preceding.

祈 ˏK'i To pray, to invoke, to supplicate the gods for happiness; to beg, to intreat, to request, in the language of courtesy; *ˏk'i ˊtò*, to pray, to beseech the gods; *ˏk'i ˊü*, to pray for rain; *ˏts'in ˏk'i*, earnestly request.

圻 ˏK'i A border, limit, confines; imperial domains; *ˏmò ˏk'i*, boundless; *ˏk'i ˊfú*, a colonel of the household troops. Interchanged with *ˏki* 畿.

祇 ˏK'i Repose; to console, to quiet; to reverence, to venerate, to hold in respect; to invoke; much; the god who animates the earth; *ti² ˏk'i*, the divinity of the earth, he who produces things on it, like Hecate or Cybele; *met.* Earth or Terra; interchanged with the last. Often confounded with and used for *ˊchí* 祗

蘄 ˏK'i To ask for, to seek; bit of a bridle; a labiate plant, used in ulcers, &c., called *ˏk'i ngái²*; a district in Húpeh.

祁 ˏK'i Full, abundant, much; exceeding, very; large, great; *ˏk'i ˏk'i*, numerous; gently, remiss.

軝 ˏK'i A nave or hub of an axle, which projects beyond the wheel.

頎 ˏK'i Long, tall; an erect head; *ˏk'i ˏk'i*, elegant, graceful in stature. Read *ˊhan*, to beg.

耆 ˏK'i A sexagenarian, an old man who should advise others; old, aged, a superior or elder; strong, violent; to adjust; a scar on a horse's back; *ˏk'am ˏk'i*, the gentry and elders; *ˏk'i ˊlò*, old people.

鬐 ˏK'i A horse's foretop and mane; the dorsal spines on a fish.

岐 ˏK'i A hill with two peaks; a fork in a road; bicuspidate; a headland or cape; to branch off or diverge; *ˊléung ˏk'i wá²* double entendre; *ˊléung ˏk'i*, two courses of conduct; *ˏk'i lò²* two ways, two roads, devious, right and wrong.

疷 ˏK'i Constipation, disease made by sluggishness of bowels; also read *ˊti*.

芪 ꜀K'i A medicinal plant, called ꜀*wong* ꜀*k'i*, used in asthma; a kind of lungwort.

꜂𨁈 A colloquial word; the character is doubtful. In the house, at home, within doors; *uk*, ꜂*k'i*, home, in the house; ꜀*'m hai*² ꜂*k'i*, he is not in.

꜀跂 K'i A foot with six toes; the crawling of insects, or progress of animals; ꜀*k'i* ꜀*hang*, to crawl. Read ꜂*k'i*, and used for the next; to sit with the legs hanging down; to stand on tiptoe and look at.

企 K'i To stand, to stand erect; ꜂*k'i mong*² to look at eagerly, to expect; ꜂*k'i* ꜀*kò*, stand up higher; ꜂*k'i nap*, *ti*² to refuse to stir; ꜂*k'i* ꜀*shang* ꜂*t'am*, to be very slow, *lit.* to make a hole under the feet; ꜂*k'i lap*₂ to stand still; ꜂*k'i* ꜀*'m* ꜂*wan*, not stable, joggling; ꜀*hang* ꜂*k'i pat*, ꜀*tūn*, uncertain in his actions; ꜂*k'i* ꜂*hi* ꜀*shan*, get up; ꜂*k'i* ꜀*ch'éung shau*² ꜀*òm*, to seek employment, or service; ꜂*k'i kúi*² tired from standing; ꜂*k'i* ꜂*tò kí*³ ꜀*wong tai*³ a *de facto* emperor, one who rules really.

冀꜄ K'i To desire, to expect, to hope for, desirous, eager; *K'i*² ꜀*chau*, one of the divisions of China in Yü's time, now corresponding to Shánsí and part of Chihlí; also a department in Chihlí; *k'i*² *mong*² to hope for; *k'i*² *hang*² to wish one good luck.

懻꜄ K'i Violent, crafty, overbearing.

驥꜄ K'i A horse of noble breed, great speed, and good points; a perfect horse; a white carp is called *pák*, *k'i*² in Shántung; *fú*² *k'i*² ꜂*mí*, to tag on a steed's tail, *i. e.* to look to one for promotion, to follow a man of power.

暨꜄ K'i The sun peeping out; and, also, further, moreover; together with; to give; the end, the extremity; exactly, just; *k'i*² ꜀*kam*, just now; ꜂*i* ꜀*king k'i*² *k'ap*, have just got to it, or seen it; *k'i*² *k'i*² strenuously, daring; *k'i*² *hau*² to send respects; ꜀*ü pat*, *tsun*² *k'i*² the rest need not be detailed;—phrases used at the end of letters.

塈꜄ K'i To plaster and color a wall, to stop up holes or cracks in a wall; to take, to collect; to be quiet, to rest; a breathing-spell, a little.

穊꜄ K'i To plough deep for sowing; plants set out close, thick-set; rice growing close.

(186) Kik.

激꜄ Kik To impede and set back water, as rocks or a dike do in a current; a rapid place in a stream, made by an obstruction; to excite to gratitude or anger, to rouse the feelings; to stir up, to vex, to irritate; excitement, anger; *kik*, ꜀*nau* ꜂*k'ü*, to vex, to annoy and anger him; ꜂*kòm kik*, deeply affected by kindness; *kik*, ꜂*sz'* ꜂*ngo*, worry me to death; *kik*, *peng*² made sick by anxiety; *kik*, ꜂*fán* ꜀*léung* ꜀*man*, to exasperate loyal subjects; *kik*, *tò*² *hing*² teased to anger.

擊 Kih, To strike, to beat, to tap or knock on; to rush upon or against, to charge, to attack or kill, as in battle; to interfere with to injury—as in eating things disagreeing with each other; to see, to examine one's self; *kik, ʿkú*, to drum; *ˏháu kik,* to beat, to pound a thing; *kik, ʿtá*, to fight.

殛 Kih, To put to death, to punish capitally, to leave to perish.

戟 Kih, A lance with three points, a kind of halberd with a crescent knife on the side; it is carried in processions for good luck; *kim' kik,* swords and spears; *ˏch'i kik,* to grasp the spear, to take arms; *chap, kik, ˏlong*, imperial halberdiers in former days.

棘 Kih, Species of Rhamnus or Zizyphus, used for hedges; thorny bushes generally, thickets, thorns, brambles; *met.* troublesome affairs; *ˏts'ung kik,* a lockup; also, thorny.

襋 Kih, A collar of a coat, the part which envelops the neck.

Kik, or *Kek,* A colloquial word; to bind, to take a loop, or tie up with a chain or cord; *kek, chü' ʿk'ü* tie it fast, as a boat; *kek, ʿkeng*, to fasten by the neck.

亟 Kih, Haste, speed, in a hurry; prompt, ready; irascible, hasty; to hasten; *kik, ts'uk,* urgently.

極 Kih, The ridge-pole of a roof: hence the utmost point, apex, place, verge, degree; very, exceedingly; sign of the superlative; the end, limit; to exhaust, to carry to the utmost, to reach to the end; to take; to let go a full drawn bow; weary, exhausted; *kik, ʿhò*, the best; *kik, ʿün*, the furthest; *kik, ti'* the verge; *met.* done his best, can do no more, the last resort; *kik, miú'* admirable, excellent, first-rate; *sz' kik,* the four quarters; *luk, kik,* zenith, nadir, and the four quarters; also, six calamities which happen to man; *pát, kik,* the four cardinal points and their halves; *pak, kik,* the north pole, north star; *t'ái' kik,* the primum mobile, or cause of things, the ultimate immaterial principle of Chinese philosophers; *ˏwong kik,* indisputably correct, a fixed principle, such as are laid down by sages; *kik, ˏto*, very plenty, in abundance; *kik, pat, tsok,* unserviceable; *ʿni ʿcho ʿngo ˏchi kik,* you hinder me very much.

(187) K'ik.

These two characters are usually pronounced *k'ek.*

劇 K'ih, Unhappy, sad, miserable; troublesome; to increase, to add to; very; a comedy or farce; to trifle, to play, to gambol, or sport in any way; *tsak, k'ek,* to skip and play, to enjoy or divert one's self; *hi' k'ek,* plays on the stage.

屐 K'ih, Wooden-soled clogs or pattens; *ˏhung ˏp'i k'ek,* red-top clogs; *muk, k'ek,* wooden overshoes; *t'ò' k'ek,* an open heeled galoche.

(188) **Kím.**

兼 ˏKien A conjunction, moreover, together with, and, and also, with, in addition to; equally, same; to attend to several things; to join, to connect several together; connected; to push one's self through a crowd, to squeeze through a crevice; *kang' ˏkim*, or *ˏkim ʿyau*, still also, there are more; *ˏkim ˏmài*, put in together with; *ˏkim ˏhoi*, take one with another; *ˏkim ˏhoi shikˎ ʿshui*, to contrast colors—as in a dress; *ˏkim ping'* to coalesce, to connect; *noi' ngoi' ˏkím*, to oversee everywhere; *fo' ˏséung ˏkim*, to lump the goods; *ˏkím ˏchi ʿkòm ˏching tsò' takˎ* it will do when it is made complete; *ˏkím shipˎ* in addition to, assistance; *ˏkim yapˎ hü'* force your way through; *ˏkim chü' ˏlai tsò'* he can do all, or make him do them all; *ˏkim ˏyau ˏchi léung'* a trencher-man, one who eats double of others.

縑 ˏKien A thick kind of lustring, woven close so as to shed rain; it is now called *kün'*.

蒹 ˏKien A marshy plant, a kind of sedge, called *ˏkim ˏká*, which cattle fatten on.

鶼 ˏKien A fabulous bird, with one wing and eye, which needs the help of another like it, to be able to fly; birds flying in pairs.

鰜 ˏKien The sole fish, (called *ʿpi mukˎ ˏü*, or paired-eye's fish,) supposed to have one eye, and swim in pairs, clasped to each other.

檢 Kien An envelope; a label or title put on a book; a model, a pattern, a rule; to sort, to arrange, to collate; to compose a book; to examine; *ˏts'un ʿkim*, the magistrate of a *ˏsz'* or township; *ʿsau ʿkím ˏkún*, an officer who searches literary candidates on entering the examination-hall.

ʿ撿 Kien To coerce, to repress; to gather and bind together; to collect, to collate; to choose; *ʿkim ʿtim*, to arrange in order; *ʿkim ch'ukˎ* to keep in order, to restrain; *ʿkim ˏp'in*, to collate a book for binding. Used interchangeably with the last. Also read *lim*.

ʿ魽 Han Read *ˏhòm*, same as 蚶, a species of Arca, or bivalves with furrowed shells. Read *ʿkím*, the name of a kind of silure (*Silurus sinensis?*) common in the markets and tanks of Canton.

劍' Kien A two-edged sword, a rapier; *yatˎ ʿpú kim'* a sword; *ˏshü kím'* a student's sword; *fi ˏmò kim'* a sharp sword; *ʿmò kim'* to fence; *kim' hokˎ* a scabbard; *kim' shutˎ* art of fencing; *shitˎ kim' ˏshun ˏts'éung*, tongue and lips like swords, sarcastic.

儉' Kieu Moderate, temperate, frugal, economical, sparing; close fisted, stingy; *t'ái' kim'* over-frugal, mean; *kim' yung'* economical; *kim' lun'* niggardly, miserly; *kim' pokˎ* to act meanly to one; parsimonious; *kim' ü' takˎ ˏk'i ʿshò*, we want just enough for his needs.

(189) **K'ím.**

拑 K'ien Used for the next, as a verb, to pinch, to nip, to grasp; *₍k'ím ʻhau*, silent, afraid to speak, gagged; to carry under the arm; *₍k'ím chü²* to seize firmly.

鉗 ₍K'ien Pincers, nippers, tweezers, forceps, tongs; a ring on children's necks; a kind of collar put on prisoners; to pinch or grasp with pincers, to gripe; in Húnán, used to mean to rail at or upbraid; *t'it₎ ₍k'ím*, iron forceps; *ʻfo ₍k'ím*, fire tongs; *₍k'ím ʻhau*, to gag one; *₍k'ím káp₎* to take up with pincers or chopsticks; *ʻshau ₍k'ím* manacles; *ʻkeng ₍k'ím*, a torque for the neck, worn by children; *ʻhò ʻhau ₍k'ím*, a good enunciation.

鈐 ₍K'ien Often interchanged with the last in its meaning of pincers; a kind of door-lock; *₍kau ₍k'ím* two stars in Scorpio, used in astrology; *₍k'ím ki²* a wooden seal, used by officers below a district magistrate.

箝 ₍K'ien Tweezers; to lock; used with the last two; *₍k'ím ʻü*, to interdict free speech, to forbid or gag public opinion; *ʻmá ₍k'ím*, the bit of a bridle.

黔 ₍K'ien Black hair; *₍k'ím ʻshau*, "black heads," a name given to the Chinese by Chí Hwángtí from their black kerchiefs; a name applied to Kweichau province.

髡 ₍K'ien To remove a criminal's hair, as a punishment; a purplish color.

(190) **Kín.**

堅 ₍Kien Hard, solid, firm, durable; sound; stout, hale, robust; determined, persevering, constant, resolute, unwavering; to establish, to confirm, to strengthen; to harden, to congeal; *₍kín kú²* solid, durable; *₍kín shat₎* firm, well made; correct conduct; *₍kín ngáng²* unbending, hard; *₍sam ₍kín*, resolute; *kòm² ₍kín*, so fine! elegant, indeed! *₍kín ₍ying*, hardened, concrete, stiffened; *₍kín₍sam ngái²* a firm resolution; *₍kín chap₎* fixed in one's way.

肩 ₍Kien The shoulder; the scapula; to take upon, to bear, to sustain, competent to; firm; an animal three years old; *₍kín ₍t'au* or *₍kín pok₎* the shoulder; *₍kín ʻpong*, the fleshy part of an arm; *₍p'ing ₍kín*, equals, of the same grade, co-equals; *ʻhau ʻshui ₍kín*, a bib; *₍kín ₍t'iú púi² fú²* hard labor, moiling and toiling for support; *sik₎ ₍kín*, to withdraw the shoulder, to desist; *₍wan ₍kín*, a kind of mantilla worn by ladies; *yat₎ ₍kín ₍tám tái²* to engage to do a thing, to carry it through.

幵 ₍Kien Equal, level; hands lifted up even; a surname; name of a district.

汧 ₍Kien A tributary of the river Wai in Shensí, and a district in that province is called Kienyáng hien; water forming in pools, stagnant water.

豣 ₍Kien A pig three years old, a full grown hog; a hornless animal like a deer.

英華分韻撮要

犍 Kien A castrated ox, a strong ox; a fabulous monster, half leopard half man.

'蹇 Kien Lame, halt, weak in the legs; feeble, unable to work; difficult; disastrous, unhappy, unfortunate, afflicted; the 61st diagram, which denotes ill-luck; to pull up; crooked; lofty, proud; *ming² 'kín ˏshí ˏkwái*, fates against one, unlucky; *'kín ˏnán*, difficult; *ˏchun 'kín*, infelicitous; *ˏpai 'kín*, unfitted for work.

見' Kien To see, to look at, to notice; to perceive by the senses; to visit; the 147th radical; an opinion, a mental view; seeing, observing, feeling, impressed by; forms reflective verbs; and denotes the passive voice and past time; *ˏt'eng kín'* to hear; *kín' kwo'* seen; *kín' ˏsau 'ch'i*, to feel ashamed, to be mortified; *ˏkò kín'* your opinion; *'ts'ing kín' káu'* please tell me, or let me know; *mokˌ kín' siú'* don't smile, don't laugh at it; *kín' hi'* rejected; *ˏho 'i kín' takˌ* by what will it be seen? *'yá patˌ kín' takˌ* perhaps it will be, it is uncertain; *kín' 'k'ü 'yau peng²* seeing that he was ill; *kín' li²* profitable, advantageous; *'ho kín' 'hò 'ch'au*, can thus know its quality; *kín' ˏts'an ˏ'm ˏts'ang*, have you seen it yourself? *kín' 't'ò 'páu*, eaten enough; *'mò matˌ 'chü kín'* I do not know what to do, I have no plan; *kín' shikˌ ˏkò*, extensive knowledge; *kín' 'lai*, to be polite; *séung kín'* an interview, to see one; *chéukˌ kín'* see it clearly; *kín' ˏí*, suspicious; *'yan kín'* to introduce to; *kín' ˏki ˏi 'tsò*, sagacious, to see a chance. Read *in²* in the same sense as 現 *in²*.

建' Kien To establish, to confirm as laws or institutions; to erect, to place, to set up, to constitute; to build; *kín' lapˌ* to establish; *kín' tsò'* to build, to erect; *kín' ˏkung*, to act meritoriously; *kín' ˏtò*, to build or found a capital; *kín' ˏsing*, π in Sagittarius.

鍵² Kien The bolt, or key of a lock, commonly called *'so 'sò;* a nave or hub; *kín² pai'* the two parts of a Chinese lock.

健² } 徤² } Kien Strong, enduring, vigorous, hale, healthy, robust; indefatigable, unwearied; *ˏk'éung kín²* able-bodied, in the prime of life; *'hò kín²* healthy; *ˏtsing kín²* feeling well; *kín² tsung²* a legal process, to go to law; *patˌ likˌ kín²* a rapid penman. The second and common form is unauthorized.

件² Kien To divide, to partake, to separate; a classifier used to denote a particular article, subject, or affair, and therefore applied very widely to dress, food, incidents, goods, things, &c.; often means merely a or an, one; *kín² kín² ˏtò 'yau*, we have everything [we need]; *yatˌ kín² matˌ kín²* a single thing; *yatˌ kín² sz'²* an affair; *ˏiú tái' sz'² kín²* things hanging from the girdle; *ˏfan ˏhoi yatˌ kín² kín²* arrange each by itself.

(191) **K'ín.**

乾 K'ien — Heaven, the power or agency of heaven; a sovereign, a father; the first diagram; enduring, stable, superior, strong; diligent; *k'ín kw'an*, heaven and earth, father and mother, prince and minister.

虔 K'ien — The firm step of a tiger; determined, pertinacious, sincere, ingenuous, inflexible; attentive, correct, pious, devout; to venerate, to respect; to take by force, to kill; a tiger killing his prey; a cleaving-block; trifling, unimportant; *k'ín kit*, cleun, spotless, pure in person; *k'ín shing wan*, exceedingly correct, fastidious; *k'ín sam*, honest, guileless; *k'ín kò* respectfully to inform.

騝 K'ien — A dun horse with a yellow back.

揵 K'ien — To raise up or carry on the shoulder, to lift; to fix a frontier, to establish; to stop up, to close.

撳 — A colloquial word; to lift off a cover, to take off; to turn over a leaf; *'k'ín 'm 'hi*, I can not take off the cover; *'k'ín 'p'í 'k'am*, to pull the coverlet over one.

(192) **King.**

京 King — Great, lofty; top of a mountain or hill; extensive; a capital or the metropolis of a kingdom; ten millions; *'shéung king*, to go to the capital; *Pak king*, Peking; *king ch'áu*, or *king pò* the Peking gazettes; *king 'kwo*, dried fruit; *king tò*, a metropolis; *king ts'ing pò* blue nankeen.

兢 King — To fear; to forbear from; *king king*, wary, cautious, respectful, guarded, uneasy, watchful, anxious, &c., according to the context; *chán king*, trembling.

經 King — The threads of a web, the warp; meridians of longitude; veins; the menses; to pass through, before, by, or across; a sign of past time; to weave or interlace; to manage, to regulate, to superintend; the person through whose hands business passes; what is regular, right, or orderly; laws, canons; canonical books, standard books, classics; *tsz' king*, to hang one's self; *king 'wai*, warp and woof; *king ying*, to ponder upon, to speculate, to trade; *king 'ki*, a broker, a midsman; *king shing*, head clerk in a custom house; *king lik* or *king t'ing*, chief secretary in the yámun of a commissioner or prefect; *king 'shau tsok*, did it with my own hand; *'m king 'shau*, it did not pass through my hands; *king kwo* to pass by; *ts'ang king kin kwo* I have seen it; *sün king*, after this, thereupon; *pat king sz' chi yan*, a new hand, inexperienced; *king 'shui*, the menses; *ním king*, to read prayers, incantations; *king kwai* excellent, superior; *king kun*, under or within the jurisdiction of; *shing' ˛king*, the Bible; *˛king ship˒ kwo'* I have formerly done or carried it on.

涇 King A large tributary of the Yellow River in Shensí, whose waters are muddy; to flow through or straight across, to join by water; a fountain.

矜 ˛King To pity, to compassionate, to feel for; concerned for, regretting; sparing, careful of, regardful; conceited, boastful, bragging; to control one's self, self-respect; dangerous, hazardous; to esteem, to value; *˛king ˛lin*, to commiserate; *'ho ˛king*, pitiable; *˛king ˛kw'á*, bragging; *˛ü ˛king ˛lun*, fish scales growing apart or large; *pat˒ ˛king sai' ˛hang*, to disregard small affairs. Read *˛kan*, the haft of a pike, a staff or club.

荊 ˛King A bush found in Húnán, slender and lithe, formerly used for punishing criminals; there are several species; spinous, prickly; furze, brambles; *˛king kik˒* thorny, difficult of accomplishment; *˛king ˛ts'ai*, my wife; *sú' mi' shik˒ ˛king*, I have not before seen your face; *King ˛chau ˛fú*, a department in Húpeh; *˛king ˛shán*, a hill where gems are found; *˛king ˛t'iú*, a rod.

(This and the next character are usually pronounced *keng*.)

驚 ˛King A shy horse; to terrify, to affright, to scare, to alarm; perturbed, alarmed, scared; astonished; *˛keng tung'* much excited; *˛keng ˛hoi*, afraid; *˛po long' ˛keng*, fear of drowning; *mok˒ ˛keng 'k'ü*, don't alarm her; *ch'ut˒ ˛keng*, to remove timidity in children by some incantations; *˛keng p'á'* to fear; *˛keng p'o' 'tám*, dead from fright.

頸 'King The neck, specially the front of the neck, the throat: also applied to the narrow part of things; the temper, the disposition; *'ting 'keng*, ill matched, disliking each other; *'hò 'keng*, patient, mild; *'keng kap˒* quick, not tardy; *mok˒ 'shai 'keng*, don't be obstinate; *'fo 'keng*, irascible, restive; *'keng tái'* a neck-ribbon or cloth; *˛chá 'keng*, to hold one's peace; *no' 'mai 'keng*, weak, mild; *˛'m 'hò 'keng kwat˒* a bad disposition; *'man 'keng ˛kau*, intimate friends; *˛shang keng lik˒* lumps growing on the neck; *'pán 'keng*, intractable.

'儆 '警 King To warn, to caution, to enjoin, to threaten with a penalty; to forbid, to arouse, to urge to reform; to disturb, to alarm the secure; *'king shai'* to arouse the age; *'king kai' há' ts'z'* to strictly forbid a repetition of; *˛cham 'king*, rules for guidance.

'景 King Bright clear, sunlight; brilliant, illumined by the sun; a good site, a fine view, a prospect; the appearance, figure, aspect, or circumstances of a place or thing; a lion, a rarity, a curiosity: great, extensive; a resemblance, form, imagining, fancy: to look up to or regard with affection, longing for; the style or make of dress; *'king hang² ˏhang 'chi*, striving to adhere to high principles, to act up to principle; *'king chi'* a prospect, a vista; *ˏkwong 'king*, circumstances, situation, prospects; a landscape, appearance of nature or of a country; *'pái 'king*, to display rare things; *ˏyéung ˏsheng pát, 'king*, the eight lions of Canton; *'mò 'king*, has a bad face, disreputable; *'ní mok, tong' 'king*, don't think too much of it; *ˏts'ing 'king*, neat and tasteful; *ˏkái 'king*, fine scenery, easy, pleasant circumstances; *ˏts'ai ˏléung 'king*, looking sad, got the blues; *'hò 'mán 'king*, a good sky at evening, fair prospects, promising circumstances; *kin' 'king ˏshang ˏts'ing*, suspicious, to act according to circumstances; *ˏshí 'king*, signs of the times.

'竟 King To exhaust, to finish; to examine fully; the end, the close, a confine, termination, the utmost; then, at last, finally; *'king 'mò yat, ˏin*, never said a word; *'mò 'king*, unlimited; *pat, 'king*, to the last, after all; doubtless; *'king ˏin ˏ'm ˏlai ˏmé*, wont he come at all? ? *'king ˏ'm 'hiú*, did not at all understand; *'king tsz'² hü' 'liú*, still you went.

'境 King A limit, boundary, frontier, border; marches, confines; abode, place where one lives; a neighborhood; a district; state, condition of life, status; *kwai' 'king*, your residence or street; *'king kái'* a boundary; *shun² 'king*, good circumstances, pleasantly situated; *ˏp'ung ˏloi ˏsin 'king*, fairy land, supposed to be in the west.

(As a noun, usually pronounced *keng*.)

鏡' King A mirror, a glass, a looking-glass; to reflect, to illustrate; clear, bright; *'ngán keng'* pectacles; *ˏts'in 'lí keng'* a spy-glass; *pák, ˏfá keng'* a glass cut into segments; *min² keng'* a looking-glass; *chiú' há² keng' o'*, look in the glass! *keng' ˏchong*, a dressing-case; *keng' kòm' ˏming*, clear as a mirror, perspicacious; *ˏming keng' ˏkò ˏün*, it is clearly reflected in your mind—said in praise of astute officers. *'hín ˏmí keng'* a microscope; *chiú' ˏshan keng'* a pier-glass.

敬' King Attentive, sedate, cautious, serious; respectfully; to show respect to, to esteem, to honor; to venerate, to worship, to adore; to watch one's self, to apply the mind to; *king' ˏshan*, reverence the gods; *'hò fung' king'* a present to a parent or friend; *king' ˏshan*, self-training; *king' sik, tsz'² 'chí*, have respect to written paper; *king' 'tsau*, to present one a glass of wine; *king' chung'* to hold in high esteem; *king' tát, 'ché*, I respectfully inform you.

逕' 徑' King A sideway, a path, a byeway, a short cut, a bridle-path, a goat-path among hills; straight through, direct; the diameter; quick, prompt; to go, to pass by; *tsít, king'* an easy way, a short mode; *king' lò²* a near path; *ˏts'é king'* smart, underhand, tricky conduct;—the opposite of *king' ˏts'ing*, straightforward.

逕' King Interchanged with the preceding; to approach, to near, to pass by, to go up to; *king' ˏt'ing*, widely unlike, far apart.

脛' King The leg-bone; the legs of birds and animals; *k'au' king'* hit his shins—to teach him; *king' kwat,* the shank.

勁² King Hard, firm, stiff; strong, robust, vigorous; unyielding, overbearing, indefatigable; *ˏfung king²* a stiff breeze; *king² tik,* well-matched enemies.

競² King Violent, strong; great, abundant; emulous, pragmatic, bickering, testy, boisterous; to contend, to force, to struggle for, to drive off; *ˏhoi king²* to begin a fray; *ˏcháng king²* wrangling; *ch'ut, ˏyan ˏt'au king²* excelling others, distinguished; *ˏmò king²* unambitious.

(193) K'ing.

ˏ傾 K'ing The head leaning; one sided, aslant, inclined, falling; entirely, wholly; to overturn, to subvert, to prostrate; to waste, to squander; to smelt, to assay, to purify metals, to test; to talk, to debate, to wrangle; *ˏk'ing ʿtò*, to pour out, subverted, fallen, prostrated; *ˏk'ing ʿtò ʿk'ü*, silenced him, I convinced him; *ˏk'ing ʿpún sz²* to maintain one's own merits; *ˏk'ing ˏngan*, to assay silver; *ˏk'ing ˏsam üt, fuk,* cordial, hearty submission; *ˏk'ing ˏnong ˏséung tsang²* gave him all his purse; *ˏk'ing lán²* broken down, ruinous; *ˏk'ing ʿí*, to incline the ear; *ˏk'ing ˏká ʿch'án*, to ruin an estate; *máu² tsuk, ˏk'ing ˏsheng*, the city was lost from her great beauty; *ˏk'ing pái²* defeated, destroyed; *ˏk'ing ché²* a game of striking sugar-cane; *ˏk'ing há² léung²* to discuss one's ability to drink; *ˏk'ing ʿhòm*, to break by hitting against each other; *ˏk'ing ʿhí ˏshan ˏká*, spent his money; *ˏk'ing yat, ʿmán*, to talk the livelong night; *ˏk'ing noi² tik,* stay a little longer.

瓊 K'iung A carnation or red gem; precious coral; small, pretty gems; *ˏK'ing ˏchau ʿfú*, the island of Háinán; *ˏk'ing ˏiú*, fairy land.

ˏ煢 ˏ㷀 ˏ嬛 K'iung Alone, desolate, no relative or protector; downcast, sorrowing; *ˏk'ing ʿngán mong²* to stare at fixedly; *ˏk'ing ˏk'ing ˏmò kò'* without any one to open the heart to; no resource. The third character also means childless.

ˏ勍 K'ing Strong, violent; *ˏk'ing tik,* a powerful enemy.

ˏ鯨 K'ing A whale, the largest of sea monsters, fabled to be a thousand *lí* long; *ˏk'ing ˏt'an*, to swindle, to take or swallow all; *ˏk'é ˏk'ing ʿshéung ˏt'in*, to ride a whale to heaven—as Lí Táipeh did.

黥 ˏK'ing To mark the face with black spots; ˏk'ing min² to brand the faces of criminals; called also ts'ik, tsz'³; mak₂ ˏk'ing, to ink the face, to tattoo.

擎 ˏK'ing To elevate, to raise up high with the hands; ˏk'ing ˏk'ün, to bow with the hands above the head; ˏk'ing ˏt'in ˊch'ü, a pillar of state, an officer who can raise the state to heaven. A colloquial word, to settle, as turbid fluids; to freeze, to coagulate, to curdle; ˊtang ˏk'ing ˏts'ing, let it settle clear; ˏk'ing ˏkon, to stand till dry.

檠 K'ing A stand for a lamp, or a wall-light; a frame to set a bow in when stringing it; ˏtang ˏk'ing, a lamp-stand, a wall-shade.

ˊ頃 K'ing A hundred ˊmau, equivalent to $15\frac{13}{100}$ sq. acres, the largest of land measures; an instant, a moment, a glance; a basket; in epitaphs, has the meaning of trembling, respectful; the head inclined; ˊk'ing hák, a very short time; ˊk'ing üt₂ a brief glance at, a cursory reading; mán² ˊk'ing, a wide range, a vast expanse; ˊk'ing ˏman, I've just heard; ˊki ˏto ˊk'ing ˊmau, how many acres are there?

(194) Kíp.

刦, 刧, Kieh To plunder, to rob openly, to take violently; a kulpa or Budhist period of five hundred years; ages; ˊtá kip, robbery with fighting; kip, léuk₂ yat, ˏhung, to plunder everything; to make a clean sweep; shau² kip, to be robbed; kip, shik, to seize women for ravishing; ˏkái ˊyau kip, shò² all came to an end through means of the robbery. A colloquial word, meaning astringent, bitter, puckering the mouth; sleepy; ˏch'á ˏyung tò² kip, the tea is very strong; kip, kip, nak, nak, sour and astringent; ˊngán kip, eyelids heavy, dozing.

挾, Kieh To pinch; to clasp under the arm; a clasp; a wrapper, a portfolio; ˏhái kip₂ kéuk, the shoe pinches the foot; kíp₂ ˏshü kip₂ take the portfolio under your arm; kip₂ ˏts'an ˊshau ˊchi, to pinch the finger.

(195) Kít.

潔, Kieh Limpid, pure, clear; untainted, above bribes, clean-handed, pure-minded; neat, clean, trim, tidy; to purify, to cleanse, to correct; kít, ˏts'ing, or ˏts'ing kít, clean (as water), pure, white; kít, tsing² clean, undefiled; kít, ˊki fung² ˏkung, to refuse bribes in the public service; kít, ˏshan ˏkwai, to retire from office with unsullied fame.

絜, Kieh The end of a thread; a marking-line; a rule of action; to measure, to reduce to order, to bring within bounds, as a river; kít, tok₂ to adjust; kít, tsing² pure. Used for the preceding.

結 Kieh A knot, a knob made of cord; a skein, a hank; to work or weave in knots, to knit; to tie, to fasten, to bind; to contract, to bind parties; stiff, as dry paste or dough; to set, as fruit; to induce, as ill-will; an agreement, bond, compact, engagement; united, banded together, engaged, tied, fixed; *kít, hòp,* contracted, completed, as a bargain; *kít, chéung'* or *kít, ‹ngan,* to pay money on account; *kít, ‹ts'an,* to contract a marriage; *yat, kít, ‹sz' sín'* a skein of silk; *kít, üt,* the 12th month; *kít, pái'* to pledge friendship; *kít, on'* to decide a case; *kít, tsung'* to open a case in court; *'kwo kít, 'lií,* the fruit has set; *kít, 'mong,* to knit nets; *kít, 'nau,* to braid a button; *kít, 'ts'oi,* to hang festoons; *wat, kít,* sullen; *kít, ‹ín,* the last words; *yat, hau' ‹kwai kít,* to settle it up afterwards, to see how an affair turns out finally; *kít, 'kwo sing' ming'* to take one's life; *'shui 'shiú hai' kít,* it will be stiff if there is too little water; *kít, ‹mái tik, hüt,* coagulated blood.

袺 Kieh To carry off something in the skirt of a dress, to lift up an apron or skirt.

契 Kieh Suffering, laborious; separated from friends; wide, parted; to carve, to cut off; *kít, fút,* open, as a place; disparted, as friends.

桀 Kieh A hen-roost; courageous, excelling, gifted with great qualities, magnanimous; one of a thousand, a hero—for this the next is used; harsh, cruel, villainous, murderous, truculent; to lift a stone; *Kít, Kwai'* the last monarch of the Hiá dynasty, B. C. 1818.

傑 Kieh Eminent in talents and virtue, a hero; proud, self-willed, opinionated; shoots of grain; *‹ying kít,* a heroine, a person of great parts.

杰 Kieh Name of a famous statesman called *(Ngai' Kít,)* Wei Kieh, A. D. 956, in the days of the After Chau dynasty.

(196) K'ít.

揭 K'ieh To lift up, to lift or take off, as a hat or cover; to raise the dress; to borrow; to take upon, to bear, to undertake; responsible for; to publish or make known; *k'ít, hong'* borrowed capital; *k'ít, ‹tán,* a note of hand; *k'ít, t'ip,* a placard, a pasquinade, an anonymous statement; *k'ít, tsé'* to borrow; *k'ít, 'hiú,* to issue a list of graduates; *k'ít, ‹fung ‹p'í,* to take off the seals from a door, remove the fastenings; *k'ít, shò'* an account due; *k'ít, 'tün,* to post one, to censure.

竭 Kieh To exhaust, to carry to the utmost; to sink away, wanting; to carry on the shoulder; exhausted power, like that of the five elements, which are then succeeded by others; defeated; *k'ít, lik,* weakened, to exhaust one's strength; *‹ts'oi k'ít,* impoverished; *k'ít, küt, 'i fú'* to exert one's utmost strength to reach.

偈, Kieh Martial, urgent; exerting one's strength; *k'ít, k'ít, ˏwai í'* sedulous or diligent in observing or doing right. Interchanged with the last.

碣, Kieh A round stone pillar with an inscription; an iguille or sharp projecting rock like the Skillig rock near Ireland; there is one on the coast of Chihlí, near the Great Wall; the fluttering of birds.

揭, Kieh To go and come, to depart; a brave, valiant look.

詰, Kieh To judge, to demand of, to interrogate with authority, to inform one's self; to prohibit, to correct and lay restrictions; to reduce the rebellious to order; *k'ít, wat,* intractable, cacophonous, as sounds; *k'ít, 'hau ˏkung,* to take evidence of prisoners; *ˏp'ún k'ít,* to examine; *k'ít, ˏchiú,* to-morrow morning.

頡, Kieh A stiff or straight neck; to fly upwards; *k'ít, wát,* difficult to do; artful speech to deceive; to rob, to plunder.

訐, Kieh To discover secrets, to publish, to reveal, to bring to light; to charge with a fault, to question in regard to an accusation, to reprove; *k'ít, ˏyan 'tün ch'ü'* to remark on people's faults; *mín' k'ít,* to personally reprove.

襭, Kieh To lift up and put the skirt in the girdle to hold something in it; to carry something in the dress.

孑, Kieh A man without his right arm; alone, solitary, abandoned, orphan-like; a remnant, short, left, or behind; a kind of halberd; strong, hale; *k'ít, k'ít,* the larvæ of musketoes; preëminent, alone; *k'ít, 'ying ˏkú ˏtang,* solitary before a lonely lamp; *k'ít, shít,* tongue-tied; *k'ít, ˏin yat, ˏshan,* quite alone.

挈, K'ieh To raise from the earth, to hold up, to dangle or suspend; to protect; to put in order, to adjust; *ˏtái k'ít,* to lift and carry; *k'ít, ch'ut, ˏfán ˏch'au,* raised him above (or beyond) the world. Read *k'ai',* and used for 契.

(197) Kiú.

ˏ嬌, Kiáu Beautiful, comely, graceful, delicate, tender; dear, lovely; an affected, elegant, polished, manner; a stylish figure or form; to cry or whine for, petted, spoiled; *ˏkiú kwai'* dainty, delicate; *ˏkiú 'yéung,* to bring up tenderly, to spoil by over fondness, to wink at vice; *ˏkiú hák,* a son-in-law; applied also to distinguished guests; *ˏiú ˏkiú,* like a syren, seductive, a fairy; *chá' ˏkiú,* teasing, crying for, as spoiled children; *ˏkiú ˏsheng,* a kind, winning voice; a querulous, high keyed tone; Á' *ˏKiú,* a beautiful woman in the days of Wútí, B. C. 100; applied as an endearing name; *ˏto ˏkiú,* your daughter; *ˏkiú ˏts'ai,* my dear wife; *ˏwong ˏkiú,* the "yellow beauty," *i. e.* wine; *ˏkiú t'ái'* lady-like, genteel; *ˏkiú 'mi,* fresh, beautiful.

驕 ꜂Kiú A stately horse, a wild, restive horse; proud, haughty, ungovernable, self-confident, conceited; to glory in, to disdain; ꜀*kiú ngò*꜄ proud, overbearing; ꜀*kiú* ꜀*k'ú*, presumptuous; ꜀*kiú* ꜀*ch'é* ꜀*wan*, pride and waste, showy; ꜀*kiú tsung*꜄ *kwán*꜄ indulged till he is conceited.

鷮 ꜂Kiú A small species of pheasant, with a long tail, and perhaps akin to the barred-tailed or Reeves' pheasant (*Syrmaticus*); it constantly clucks ꜀*kiú* ꜀*kiú*, whence its name.

澆 ꜂Kiú To sprinkle, to irrigate, to water; to dip; false, perfidious, ungrateful; ꜀*kiú láp*꜆ *chuk*꜆ to dip candles; ꜀*kiú* ꜀*fá*, to water flowers; ꜀*kiú pok*꜆ false, hardhearted. Read ꜁*liú*, an eddy.

嶠 ꜂Kiú A high peak, where no water remains; ꜁*ün* ꜂*kiú*, one of five lofty hills in Shántung, where genii dwell.

蟜 ꜂Kiú The writhings and squirmings of a snake; to stretch or wriggle one's self; a kind of ant.

矯 ꜂Kiú Straight; to straighten; to bend to; to rectify, to correct what is wrong; martial, strong, to simulate, to deceive; fraudulent; to usurp, to exercise undue authority; ꜂*kiú* ꜂*k'ƒung*, to force the unwilling; ꜂*kiú ming*꜄ to feign orders; ꜂*kiú* ꜁*kin*, oppressive, seizing by force; ꜂*kiú* ꜂*yau tsò*꜄ *tsok*꜆ to act for one's interest, time serving. Often interchanged with the next.

撟 ꜂Kiú To lift up the hand, to grasp; firm, unyielding; to straighten; false, feigning; used colloquially to wipe, to rub; ꜂*kiú* ꜂*ngán lui*꜄ to wipe away tears; ꜂*kiú* ꜂*tsui*, to wipe the mouth; ꜂*kiú* ꜀*kon tseng*꜄ wipe it clean. Read *kiú*꜄ to take a little; to pry open, to pry up with a lever; to stick in, to obstruct; *kiú*꜄ ꜀*cham*꜄ to pin; *kiú*꜄ ꜁*t'in kong*꜄ a spendthrift, *lit.* one who carries off land; *kiú*꜄ *chü*꜄ ꜂*má kéuk*꜆ to "prevent the horse's legs," to argue with one against a plan, to hinder a thing, to interfere with; *kiú*꜄ *chü*꜄ ꜂*ngán* ꜁*yan*, he is an eyesore to me.

繳 ꜂Kiú To bind, to wind around; to reel; to pay to; to deliver up, to hand to an officer; leg wrappers; ꜂*kiú sín*꜄ to wind thread; ꜂*kiú* ꜁*wán*, to pay back; ꜁*ün* ꜂*kiú*, paid up, settled; ꜂*kiú* ꜂*küň*, to hand in an essay; ꜂*kiú* ꜀*kún*, to surrender up; ꜂*kiú* ꜀*chong*, to deliver up stolen goods. Read *chéuk*꜆ to tie a string to an arrow when it is shot.

皦 ꜂Kiú White, lustrous, refulgent, like a bright gem, such as an opal; ꜂*yau* ꜁*ü* ꜂*kiú yat*꜆ bright as the sun.

蹻 ꜂Kiú To raise the feet; caracoling of horses; to march; ꜂*kiú kéuk*꜆ to cross the legs.

轎 ꜂Kiú A sedan; formerly denoted a covered chaise; *yat*꜆ ꜂*ting* ꜂*kiú*, a sedan; *chuk*꜆ ꜂*kiú*, bamboo sedan; ꜀*chong* ꜂*kiú*, tilt the sedan; ꜂*kiú kong*꜄ sedan thills; ꜀*fá* ꜂*kiú*, a bride's chair; ꜁*ming* '*kiú*, an open chair, used by officers; *꜀t'oi 'kiú 'lò*, sedan-bearers; *tso' 'kiú*, to ride in a sedan; *pát, 'kiú*, a sedan for eight bearers.

叫 叫 Kiau To call, to send for, to call upon; to cry out; to name; to cause; to command, to tell to do, to persuade; named, called, termed; *꜀fú 'tsz' kiú' ꜀kái*, the beggars cry in the street; *꜀'m ꜀séung kiú'* not on speaking terms; *kiú' ꜀hoi kiú' ꜀mái*, one who can run errands; *kiú' p'o' ꜀hau ꜀lung*, to call till one is hoarse; *kiú' mat, ꜀meng*, what is your (or its) name? *yat, kiú' tsau' tò'* came as soon as called; *mat, ꜀shui kiú' 'ni tsò'* who told you to do that? *'ní mat, 'yé kiú' tak, 'ngo kòm' ꜀'m ꜀on*, why do you thus disturb me? *kiú' ts'ák*, to cry thieves! *kiú' kau' meng'* to cry out for help; *kiú' 'seng*, wake him up; *kiú' á'* you are called.

(198) K'iú.

橋 ꜀僑 K'iau A bridge; planks laid across streams; a thwart, or cross beams supporting frames or other parts, as in a well-sweep; a viaduct; the arch of the foot; a vacant part, where the ends are supported; a stately tree, whose branches grow upward like a cypress or poplar; *met.* a father, in the phrase *꜀k'iú 'tsz'*; *ling' ꜀k'iú 'tsz'* you father and son; *yat, tò' ꜀k'iú*, a bridge; *kwo' ꜀k'iú shüt, wá'* news, street talk; *kwo' ꜀k'iú ꜀ch'au 'pán*, to pass the bridge and raise the board, *i. e.* to make a catspaw of one; *'ng 'ngán ꜀k'iú*, a five arched bridge; *꜀mún ꜀k'iú*, a door-lintel; *꜀k'iú 'tan*, the buttress of a bridge; *ts'euk, ꜀k'iú*, the crow's bridge; made for Chih-nü—a fairy story; *꜀kang ꜀k'iú*, a suspension bridge; *꜀fau ꜀k'iú*, a floating bridge, a temporary bridge

喬 ꜀同 K'iáu High, stately, lofty; looking upward, aspiring, like the branches of a tree; curved, crooked; proud, discontented; *꜀k'iú 'tsz'* two trees growing different ways, *met.* father and son; *꜀k'iú ꜀nin*, aged; *꜀k'iú muk, lui'* stately forest trees, an order of plants in Chinese botany.

僑 ꜀ K'iáu An inn, a lodging-place; a temporary lodgment; high; *꜀k'iú ꜀kü*, to visit, to sojourn. A colloquial word, avaricious; *꜀k'iú 'nau t'ái' tái'* very greedy, hard to suit.

翹 ꜀ K'iáu Long tail feathers; a kind of alarm flag; high, elevated; to raise the head, to look; to elevate, to excite; to lift up the tail; dangerous, imminent; suspended; distant; *꜀k'iú 'shau*, to raise the head; *꜀k'iú ꜀k'iú*, high, as trees; in danger, as a house of falling; *ts'ui' ꜀k'iú*, a kind of feather coiffure.

莜 ꜀ 蕎 K'iau A kind of grain, called *꜀k'iú mak,* perhaps a sort of buckwheat; the culm is reddish, 2 or 3 feet high, flowers white, and leaves hastate; it is reaped in October.

英華分韻撮要

竅' K'iáu A hole, pore, orifice, aperture; a cavity, a hollow, an interstice; '*kau k'iú'* the nine passages of the body; *kòm' ₍t'ung k'iú'* 'such open passages!' *i. e.* clever, astute; *₍t'ung k'iú' yéuk₂* sudorifics and sternutatory remedies; *₍shü mi² chung' k'iú'* you are wide of the mark; *hòp₂ k'iú'* in good time; *yat₃ k'iú' pat₃ ₍t'ung*, he understands nothing, thoroughly stupid.

(199) Ko.

₍歌 ₍謌 Ko } To sing in a recitative, to chant with music accompanying; a song, a ballad; *₍ko ₍sheng*, the sound of singing; *₍ko 'pún*, a song-book; *₍ko ₍sheng ₍liú léung²* sweet sounds of music; *₍ch'éung hau' ₍ko*, the lonely wife's ditty—name of a song; *₍Chiú ₍ko*, former name for Weihwui fú in Honán.

₍哥 Ko An elder brother; a designation of the emperor's sons is *á' ₍ko*; *₍ko ₍ko*, a polite term for a stranger, or an elder; *tái² ₍ko*, my elder brother; *'lò ₍ko*, venerable sir; *á' ₍ch'o ₍ko*, a novice, a raw hand; *i² á' ₍ko*, *₍sám á' ₍ko*, the emperor's second and third sons; *pí² ₍ko*, the nose.

箇' 個' 个' Ko } The first of these is a bamboo stalk; a classifier applied to human beings, to inanimate things, particularly of a roundish or compact form, periods of time, coins, schemes, plats of land, &c., more widely than any other; denotes objects when spoken of individually; an individual or thing, as in the phrases *ché' ko'* or *₍ni ko'* this one; '*ná ko'* or *ko' ko'* (often pronounced '*ko ko'*, to distinguish it from *ko' ko'* every) that one; a pronoun, this, this one, but need not always be translated; stands for the possessive case, as '*ngo ko' ₍t'au*, my head; when following the negative *mok₂* or '*mai*, specifies the following noun; as *mok₂ ko' hü'* don't go, *i.e.* don't [do] that going; '*mai ko' 'kai ch'ü'* don't stand there; *ko' ko' ₍tò 'yau*, every body has it, we have all things; *sai' ko'* the little thing, the darling, the pet; *ko' tik₃* is used with less speciality than *ko' ko'*, as *ko' tik₃ hai² mat₃ ₍yan*, whose is that? *mat₃ 'yé wá² ko' ₍'m hai²* who says it is not so? '*mò ko' ₍'m ₍nau*, who is not angry? *tai² i² ko'* another; '*kí ko' ₍séung*, several boxes; *₍'m ₍fan tak₃ ko' shò'* the kinds can not be sorted; '*ni ko' pín' 'yau' ts'ák₃ 'mò*, are there thieves in your place? *lun' ko' ₍t'au mái²* sold by the piece; *ko' pok₃ ko'* one pitted against one; *ko' yat₃ 'sháng*, in that province; *yat₃ ko' ₍tò hü' sái'* every single one has gone; *ko' tik₃ ₍ngám*, that's right, that will suit; '*múi ko'* each; *tsak₃ ko'* a kind of catch note at the end of a song.

(200) **Kò.**

高 ˎKáu High, lofty, elevated; loud; eminent, exalted; excellent, sublime, noble; a high degree of; a periphrasis for your in direct address, as *ˎkò sing' á'* what is your surname? the 189th radical; old, advanced; *ˎkò tái²* tall, well-proportioned; lofty; *ˎkò ˏlau 'kún*, an eating-house; *ˎkò ˎkò*, very high; *ˏ'm ˏfan tak, ˎkò ˏtai*, can not nicely distinguish, not much difference; *ˎkò hing'* pleased, gratified; *'t'ai ˎkò hing'* to see the show; *ˎkò ˏwái tak,* a beggar; alluding to a man of that name in the Sung dynasty, A. D. 960; *chí' hí' ˎkò*, aspiring, ambitious; *ˎkò ká'* high-priced; *hok, man² ˎkò*, learned, well-read; *'ngán ˎkò*, supercilious; *ˎkò ˏming*, intelligent.

篙 ˎKau A pole used to push boats; *ˎch'áng ˎkò*, to pole; *yat, chuk, ˎkò ˎch'áng ˎhoi*, push it off with a pole.

膏 ˎKáu Fat, grease, ointment; suet; rich food; glossy, greasy, unctuous; genial, fattening, rich, fertilizing; *ˎchü ˎkò*, lard; *ˎkò yéuk,* a plaster; *ˎkò ˏyau*, clarified fat; *ˎkò ˏléung*, sumptuous fare, rich food; *ˎkò ˏfong*, the vitals, the part beyond the reach of medicine.

羔 ˎKáu A lamb; a kid; *ˎt'oi ˎkò ˏp'í*, unyeaned lambskin; *hák, ˎkò ˏp'i*, black lambskin; *ˎchan ˎchü ˎkò*, curly-haired lambskin.

糕 ˎKáu Cakes, pasty, or dumplings of flour or arrowroot, steamed, with or without leaven, and usually with fruit mixed in; *pák, 'kwo ˎkò*, fruit cakes; *ˎsung ˎkò*, leavened dumplings; *ˏnín ˎkò*, dumplings of oldman's rice; *tán² ˎkò*, sponge cake.

餻 ˎKau Interchanged with the last; pastry; steamed cakes; a bit, a tidbit; *ˎkò 'fan*, rice flour.

皐 皋 ˎKáu To inform, to call to or announce; to harangue; to drawl out, to whine; high, eminent; a bank; a marsh; *ˎkò ˏmún*, a palace-gate; *'kau ˎkò*, a marshy bank.

槔 Káu A kind of tree; a well-sweep is called *kat, ˎkò*.

櫜 Káu A case or sack for a bow, or armor, attached to a car; *ˎkò kín²* a quiver for bow and arrows.

鼛 Kau A drum, said to be 12 *ch'ek,* long, anciently used to incite workmen in their work.

槁 'Káu Dry, rotten, as wood; a kind of tree, its wood is like chestnut; others describe it as like the tallow-tree; *'kò muk, 'sz' fai'* all desire gone, wearied out; *ˏying ˏyung ˏfú 'kò*, attenuated, cadaverous; *ˎkon 'kò*, dried fish.

稿 'Káu The culm of grain; straw; an original, the first draft of a paper; a sketch, a proof; *ˏwo 'kò*, paddy straw; *'ts'ò 'kò*, a first copy; *'tá 'kò*, to make a copy; to take a proof of (a printer's term); *'kò ˎkung*, a head clerk, who revises papers; *ˎch'éung 'kò*, a theme.

皜 'Káu White; gray and lustrous; *'kò kò*, very white. Also read *kò²*.

英華分韻撮要

'藁 Káu Interchanged with 槁 & 稿; rotten wood; straw or thatch for huts; a draft or copy; *'kò kŭn'* the rough draft, the originals of papers.

'暠 Kau Clear, pure, distinct; white, applied to hair; *'kò ˛shan ch'ik˒ tsuk˒* bright apparel and barefeet.

縞 kau Plain, white and fine silk; unornamented, simple, plain; *'kò ˛i,* plain garments; *'kò sú'* unadorned, of one color.

杲 Káu The sun shining over trees; clear, bright; high, lofty; *'kò 'kò ch'ut˒ yat˒* glorious as the sun breaking from the clouds.

告' Kau To gore; to accuse, to inform against, to impeach, to tell of; to announce to a superior, to inform any one, as in courteous language; to ask, to request; to order; *kò' shi²* a proclamation, an edict; *˛ün kò', pi² kò'* the plaintiff and defendant; *kò' sú'* the accusation and reply; to inform of; *kò' ˛ts'z'* to intimate one's departure, to take leave—said by a visitor; *kò' chéung'* to sue for a debt; *kò' ˛shing,* to finish [a work]; *shéung² kò'* to appeal; *kò' ká'* to ask leave of absence.

誥' Kau To enjoin upon, to order, to direct, to give commands to, to signify one's wishes; a patent; a decoration; *kò' ˛shan,* letters-patent, credentials; *kò' ˛fung,* to confer a title or rank on; *kò' ˛shü,* a scroll from the emperor, honors.

(201)

Koi.

˛該 Kái An agreement, an enlisting contract; to connect, to prepare, to arrange; fit, proper, just, what ought to be, or is right, necessary, permissable, or convenient; deserving; to owe; the said, the, that, the aforesaid, what has been mentioned; *˛'m ˛koi,* I beg pardon, I should not have done it; *˛koi ˛úi,* useless, improper, foolish; *˛koi ˛shui,* unlucky, disappointed; *˛koi ˛tong 'tím yéung² ˛ni,* how ought it to be? *˛koi tsoi² ch'ü'* it (or he) ought to be there; *há² kwai' ˛koi ting² ít˒* it should be (or is usually) hot in summer; *˛koi ˛ngan yéuk˒ ˛kon,* how much money does he owe? *˛koi ˛mé,* all wrong, done badly; *˛koi 'kún,* belongs to his rule, he has the oversight of; *'pún ˛koi,* it is incumbent on, belongs to you to do, or to see to; *˛koi kòm' ˛to,* there should be so much.

˛垓 Kái A bank; a boundary, circuit, limit; to guard or reinforce a frontier; a hundred millions; *˛kím ˛koi,* everywhere, the wide world. Interchanged with the next.

˛陔 Kái Step, bank, terrace; a gradation, a succession, an order; certain music; *'kau ˛koi,* the "nine ascents," heaven, the empyrean.

˛荄 Kai Roots; *'ts'ò ˛koi,* the roots of plants; *˛ts'é ˛koi,* bad roots, *met.* evil principles.

'改 Kái To change, to alter; to exchange; to reform, to do better; to correct, to amend, as a composition; '*koi yat*, '*ling káu*' another day I will call; '*koi kwo*' exchanged; to reform; '*koi* ,*ngá* ,*mún*, to carry a case to another court; '*koi ká*' to leave a husband or betrothed, and marry another; '*koi ún*' to exchange, to put another in place of; '*koi* ,*shéung*, unusual; to grow worse; '*mò* '*koi*, flagitious, irreclaimable; *t'ung*' '*koi* ,*ts'in* ,*fi*, you must reform your misdeeds; '*koi pin*' to alter, to do better; '*koi* ,*fung* '*shui*, to improve one's luck by incantations.

(202) K'oi.

蓋 盖 K'ai A kind of coarse grass used for thatch; a cover, a covering, a roof; a canopy, a vault; to cover, to hide, to roof; to screen, to conceal, literally and figuratively; to overshadow, to overtop; is; a conjunction, since, for, for that, now then; *shéung*' *k'oi*' the roof; also, heaven; '*im k'oi*' to shut up or close; '*pí* '*pán k'oi*' *chü*' cover it with a board; *k'oi*' ,*chung*, a covered tea-cup; *k'oi*' *üt*, now it is said; ,*ché k'oi*' *min*' shade the face; *k'oi*' *tak*, *kwo*' to hide out of sight; *k'oi*' '*há min*' to veil the face; to hide one's real feelings; *k'oi*' *kwo*' ,*t'au*, pull it over the head; *k'oi*' *kwo*' *ko*' ,*t'au hü*' cover or shade it more that way; *k'oi*' ,*loi*, having come, since you are here; *k'oi*' ,*yan*, because that; *k'oi*' '*hiú*, seeing that he understands; *sek*, *k'oi*' *yat*, *fú*' a set of tin dish-covers; *fán*' *k'oi*' a wooden cover used in cooking rice; *k'oi*' ,*shí*, now at that time, then it was; *k'oi*' '*ngá*, to lay tiles. Often confounded with and used wrongly for *hòp*, 盍.

嘅' K'ái To sigh, to lament for; *k'oi*' *t'án*' *pat*, ,*nang tak*, to regret with unavailing sighs and laments, to sorrow that one's desires are disappointed.

槩' K'ái A striker to level grain; to even, to adjust; a summing, a resumé; *yat*, *k'oi*' altogether, without exception; *yat*, *k'oi*' ,*tò hü*' all gone off; *tái*' *k'oi*' generally speaking, on the whole, the most of; *hi*' *k'oi*' resolute, magnanimous, generous-hearted; *k'oi*' *hai*' '*kòm*, they are all about the same.

慨' K'ái Generous, nobleminded, loving integrity; '*k'ong k'oi*' disinterested, above meanness; '*kòm k'oi*' moved by, commiserating. Interchanged with the last.

漑' K'ái To wash or scour cooking utensils; to wet, to moisten; to roll on like a torrent; inundating, swashing; name of a river in Liáutung.

丐' K'ái To ask alms; to demand, to beg; to give; *hat*, *k'oi*' to beg; *k'oi*' ,*ts'in*, to ask for money; *k'oi*' *shik*, to beg for food.

愾' K'ái Anger; gasping from rage; *han*' *k'oi*' furiously angry.

(203) **Kok.**

各, Koh Calling to and being disregarded; separate, apart; a distributive adjective pronoun, each, every; various; *kok, ‚yan*, each man; *kok, ‚yan kok, kiu'* each one has his own opinion; *kok, ‘yau ‘sho ‚ch‘éung*, each man has his own gift; *kok, ‘yau yat, shüt*, each has a different tale; *kok, shik, fo'* various kinds of goods.

閣 Koh A door screen; a loft, an upper story or balcony, a lookout room; a porch, a vestibule; a corridor or gallery, a room; female apartments; a council chamber, a court-room; *met.* the officers assembled there, the court; a cupboard or safe for eatables; *kok, ‘lò*, a courtier, a cabinet-minister; the word *Colao* is corrupted from this term; *kok, há'* your excellency, your honor, Sir; *noi' kok*, the Inner Council; *yap, kok*, to be a cabinet-minister; *‘shui kok*, a summerhouse over the water; *‚kwai kok*, the female apartments; *tsoi' kok, shéung'* he is upstairs; *kok, tò'* the stars υ, ξ and π in Cassiopeia.

擱 Koh To obstruct, to hinder; *‚tám kok*, or *kok, chü'* to defer, to adjourn, to impede, to put difficulties in the way.

角, Koh A horn; 148th radical of words relating to uses, appearance, &c., of horns; to dispute, to try or test one's powers or strength with another; to butt, to gore; horny, hard; a corner, a point, an angle; a protuberance or jutting out; a tuft of hair; a headland, a cape; a quarter or one fourth (as of an hour or an orange); a wine-jar; wing of an army; one of the 28 constellations, α and ζ in Virgo; *kok, shing'* to drive (as cattle do), to beat; *yat, kok, ‚man ‚shü*, an official dispatch, perhaps because it used to be carried in a horn; *‚hoi kok*, to borrow money; *kwo' tak, kok*, flush of money; (phrases taken from gambling); *‘pi kok, ch‘ong'* to gore; *chün' ‚wán pát, kok*, to idle about, to loaf: *kok, lok, ‚t‘au*, a corner in a room; *‚chai ‚mái yat, kok*, put it aside (as worthless); *kok, ‘hau* or *kok, ‘tsui*, to wrangle; *pát, kok*, staraniseed; *‚á kok, kai'* tufts of hair on children: *‚tiú ‘ngán kok*, to ogle, to glance; *chik, tun'*, and *gui' kok*, are terms for right, obtuse, and acute, angles; *‘tsung kok, ‚shi*, childhood; *‚tiú ‚sám kok*, to pitch cash into a triangle.

捔, Kioh To seize an animal and drag it along by the horns; to stab an animal.

桷, Kioh A rafter, the strips on which the tiles rest; a mallet; a handle; a tree in Kwángtung, called *‚tò kok, ‘tsz'*, whose fruit is the size of an egg.

埆, Kioh Rough land, hilly and rocky; bad, poor land, like barrens; a rugged country.

覺, Kioh Grand, exalted; correct, upright; to understand, to perceive; intelligent; to notice, to advert to; awake, aroused to; conscious; to feel; to bring to light, to manifest; *'ngo ,'m kok, p'ung' ,ts'an 'ni*, I ran against you inadvertently; *kok, 'ng²* aroused to a sense of; *fát, kok,* divulged, discovered, transpired, brought to light; *kok, ,wong,* Budha: *kok, tak, t'ung'* it hurts, I feel the pain; *shat, kok,* inattentive; *'ts'z' kok, hai² kòm*, I think it was like that; *Kok, ,lo*, the Ghioro, the surname of the reigning family in Manchú; *,fan ,mai pat, kok,* stupid from grief; *'ngo kok, tak, kòm*, I understood it in this way. Read *káu'* to awake.

較, Kioh — Brazen horns used to support the flagstaffs and spears in a chariot; a boot in a car; to wrangle.

(204)

K'ok.

確, K'ioh — A rock very prominent; hard, firm, solid; really, certainly, in fact, indeed; sincere, truthful; resolute; *,'m k'ok,* doubtful; *k'ok, shat, hai²* verily so; *tik, k'ok,* in fact, even so; *k'ok, tsok,* substantial; *k'ok, ,in,* surely.

愨, K'ioh — Sincere, guileless, good hearted, ingenuous, upright. Much the same as the preceding.

榷, K'ioh — A kind of drawbridge, where toll is gathered; *k'ok, shui²* toll; a species of Hovenia.

篧, Kioh — A lifting-net for fish, made of fine bamboo network.

涸, Hoh — Dry, dried up, exhausted, run out; *,kon k'ok,* thirsty, parched by the sun, out of funds, needy; *,sú k'ok, ch'ü,* to supply one in need, to give life [to a fish] in a dry rut.

壑, Hoh — A valley, bed of a torrent, a deep gully; a fosse, a city-ditch; *,ngai ,ngám tsüt, k'ok,* an abrupt precipice, a road impassible from gulches and ravines; *tái² k'ok,* the ocean; *,k'ai k'ok,* mountain streams.

郝, Hoh — A place in Távuen fú in Shánsí, called Hoh, ,hiáng; a surname.

貉, Hoh — A kind of animal, allied to the fox; it burrows, and sleeps much; has a sharp nose and long piebald fur; a badger? *'tá k'ok, shui²* sleepy, lethargic.

恪, K'oh — Diligent, attentive to, careful of, as one who serves in a temple; to respect, to regard, to revere.

(205)

Kòm.

甘, Kán — Sweet, grateful, relishing, agreeable to the taste; pleased, happy; voluntary, willing; pleasing, delightsome; specious, winning; the 99th radical of characters of taste; *,kòm ,sam*, pleased, contented, resigned; *,kòm mi²* luscious; *,kòm ,kòm tik,* rather sweet; *,kòm 'chi*, pleasant food, such as is given to aged parents; *,kòm ,lam*, a timely rain; *,kòm 'fú*, prosperity and adversity; *,kòm ,in*, a soft answer, kind words; *kòm lat, 'i*, very sweet,

ˏkòm ˏyam ˏyam, delicious; *ˏkòm ˋk'ü kéˊ* it was stolen.

柑 Kán The coolie-mandarin orange (*Citrus margarita*), called *ˏch'â ˏchí ˏkòm*; *ˏkòm ˏp'í*, orange peel; *ˏhoi ˏkòm ˏpiú*, to gamble with guessing orange seeds; *ˏfan ˏkòm ˏfung miˊ* to have the same taste after dividing the orange, to divide a delicacy with others; *ˏkòm kòmˊ táiˊ píˊ* a nose as big as an orange, supercilious.

ˋ苷 Kán Liquorice, much used in Chinese pharmacy, called *ˏkòm ˋts'ò*.

ˋ泔 Kán Water in which rice has been washed, called *ˋmai ˏkòm ˋshui*; it is used for washing sores.

疳 Kán A disease of children arising from imperfect digestion or bad treatment; *ˏkòm tsikˎ* pot bellied; *ˏkòm ˏch'ong*, venereal ulcers.

橄 Kan The Chinese olive, called *ˏkòm ˋlám*, the *Canarium*. It belongs to the Terebinthaceæ, and resembles the real olive chiefly in shape.

ˋ敢 Kán To walk up to and take; to dare, to have the hardihood, to venture; presuming, bold, rash, intrepid; saucy; to offend good manners; at the beginning of a sentence, it answers to how, can; *ˏ'm ˋkòm tsòˊ* dare not do it; *ˏ'm ˋkòm ˏtong*, presume not to take it, can not venture; *ˋhí ˋkòm*, how can I presume?—are all polite expressions; *ˋtám ˋkòm*, fearless, valorous; *ˋkòm tsokˎ ˋkòm ˏwai*, not afraid of doing.

ˋ鰔 Kán A mudfish; *ˋkòm ˏü* or *ˏfà ˋkòm*, a dusky green silure, the *Pimelodus guttatus*, common in Canton in the spring months.

ˋ感 Kán To move the feelings, to excite; affected by, influenced, physically or mentally; *ˋkòm ˏyan*, grateful, thankful; *ˋkòm ˏfánˊ* moved to tears, sorry; *ˋkòm kákˎ* to act upon beneficially; *ˋkòm tséˊ ˋní*, obliged for, thank you much—the word *cumshaw* is corrupted from this phrase; *ˏto ˋkòm*, many thanks; *ˋkòm fáˊ ˏyan ˏsam*, to transform the heart, converted; *ˏkáu ˋkòm*, influence of the dual powers, conception; *ˋkòm mòˊ ˏfung ˏhon*, affected by the weather; *ˋkòm takˎ ˏsham*, or *ˋkòm kikˎ* deeply thankful; *ˋkòm ˋkòm*, thanks.

ˋ噉 An adverb of quality, so, thus, this manner; an interjection of surprise; *ˋkòm ˋyéung tsòˊ takˎ* this will do, very well; *tsauˊ ˋkòm*, stop, well; *ˋkòm ˋyéung ˋtsz* such a style! used in depreciation; *ˋkòm wáˊ* if you say so, if it be so; *ˏt'ung ˏtò haiˊ ˋkòm kéˊ* they are all just so, all alike; *ˋkòm kéˊ! ˏ'm ˋhò ˋkòm*. so! don't do so, that'll not do; *ˋkòm ˋtám tsòˊ* so daring, brave.

咁ˊ An adverb of quantity; so, such; *kòmˊ ˋün*, so far! *kòmˊ ˋtsò*, so early! *kòmˊ matˎ ˋyé*, why so? what is the reason? *séungˊ mauˊ kòmˊ ˋch'au*, such an ugly face; *kòmˊ ˏshá ˋtám*, great courage; *kòmˊ ˏto*, so many.

紺' Kán A violet color, a rose red, which the good man, it is said, does not wear.

贛' Kán The prefecture of Kánchau in the southern part of Kiángsí; Kán hien is a district in this department.

灨' Kán The large river of Kiángsí which flows north into the Poyáng lake.

(206) **Kon.**

干 ˎKan A shield, a buckler; arms, defensive armor; what protects, or fends off; a bank of a stream; to seek, to try and obtain from, to procure; to provoke, to draw down on one; to oppose, to offend, to break laws; offense, crime, guilt; incumbent, appertaining to, concerning, bringing results to one; trunk of some plants, a stem; a frontier; *ˎkon ˎkwo,* arms, war, tumult; *ˎkon fún'* to commit a fault; *ˎkon ching ˏyan,* a witness; *ˏ'm ˏséung ˎkon,* no matter, does not concern me; *'mò mat, ˎkon hai'* no great consequences; *'ü 'ngo 'mò ˎkon,* none of my business; *ˎkon ˏlin,* bad results, involved in; *ˎt'in ˎkon,* "celestial stems," or *shap, ˎkon,* "ten stems," are ten characters used in the cycle; *'ngo 'mò ˎkon ship,* I had no hand in that, I'm not implicated there; *ˎkon 'ki tái'* a great affair; *ˎkon áu' ˎchung mat, yung'* no use to contradict so.

杆 ˎKan A valuable tree, good for spear handles; a club, a staff; post in a railing; *ˏwai ˎkon,* a mast, a flag-staff; *ˏk'i ˎkon káp,* the clamps or fids which uphold a mast; *ˏpin ˎkon,* a walking stick.

竿 ˎKán Culm of the bamboo; slender wooden things as a rod, pole, cane, shaft, staff, &c., often made of bamboo; *ch'ing' ˎkon,* beam of the dotchin; *tiú' ˎkon,* a fishing-rod; *yat, ˎkon chuk,* a bamboo; *tsín' ˎkon,* shaft of an arrow; *chéung' ˎkon chuk,* stick for a curtain valance.

玕 ˎKán An inferior gem, a kind of coral; *ˏlong ˎkon,* name given to ornaments made of branching coral of the genus Isis.

肝 ˎKan The liver; it belongs to wood, and rules the system; intimate; the feelings; a brown, umber color; *'pi tong' ˎsam ˎkon,* he is as my heart and liver, as myself; *ˎchü ˎkon shik,* dark brown, color of pig's liver; *ˎkon ˏch'éung ts'ün' tün'* liver and bowels cut into inches, greatly afflicted.

乾 乹 ˎKán Dry, exhausted; to dry; clean, entirely; *ˎkon tseng'* limped, pure; *mái' ˎkon tseng'* all sold; *ˎkon mút,* to defraud; a defalcation, use of another's goods; *ˎkon fú'* an adopted father of different surname; *ˎkon 'fo 'shau,* a shoplifter; *shái' ˎkon,* to dry; *ˎkon ts'ò'* feverish, heated; *ˎkon 'shong,* dry, airy; *hong' ˎkon,* to dry at a fire; *ˎkon hong' 'hi ˏlai,* deluded by vain promises; *ˎkon ˎkung,* "dry work," a sinecure; *ˎkon 'nái,* a dry nurse; *ˎkon ˏúi pò'* to gull one, to report falsely, or without inquiry.

英華分韻撮要

趕 趕 Kán To pursue, to run after; to hurry, to do quick; to expel; to strive with, to emulate; busy, urged by, hastened, in a hurry; *'kon fái'* in a hurry, haste; *'kon 'kan tsò'* do it quick; *'kon ch'uk,* to drive out, to eject; *'ngo 'kon 'shéung 'ní,* I'll catch up with you; *'kon 'yau sz'* hurried by business; *'kon lò'* to hasten one's pace; *'kon ch'ám'* to hurry home; *'kon tò' 'mò lò'* driven into a corner, no means of relief; *'kon shun' 'shui,* to avail of the tide; *'kon kwo' ,t'au,* needlessly fast.

稈 Kán Stubble, straw of rice; *'kon sò'* a straw broom; *'kon ,yan,* an effigy; *,wo 'kon,* paddy straw; it is called *'Kwong ,tung ,chín, i. e.* a Canton blanket; *'kon ,t'au,* roots of grain, stubble.

幹 Kan The trunk of a plant; the material of, the basis or original; to bribe, to give money; capable, skillful; business, affairs; to do business, to attend to; a well curb; *'tá kon'* to bribe; *'mò mat, kon' lò'* indifferent to bribes; *kon' sz'* to do business; *kon' ke' k'ut, 'ngán,* to buy an appointment; *kon' ,ying ,shang,* to pay for a situation with a trader; *'yau mat, kwai' kon'* what is your business? *,kung kon'* public affairs; *kon' fú' ,chi 'kú,* to follow a father's occupation; *kon' ,sün tái' sz'* to bring about a settlement of, to make peace; *kon' ,t'au ,yan,* to buy the post of a headman.

骭 Kán The tibia: the ribs; applied to the bones of the body generally.

(207)

Kong.

岡 Káng The ridge, the watershed of hills; a summit; the culminating point; *,kong pui' ,fung,* a side wind; *,shá ,kong,* a sand hillock; *,kong 'tsai kòm' tái'* large as a hommock (speaking of waves, piles of dirt); *,kong 'teng ,ts'ung,* [like a] hill-top fir, unapproachable.

剛 Káng Hard, solid, unyielding, firm, rigorous, inflexible; intrepid, enduring, valorous; an adverb of time, just now, recently; *,kong 'yung,* valiant, courageous; *,kong* and *,yau* are opposites, odd even, hard soft, positive negative, &c.; *,kong sing'* obstinate, overbearing; *,kong ,kong hü' 'liú* just gone; *,kong ching'* firm, upright, integrity; *,fong ,kong,* athletic; *sz' tai' ,kam ,kong,* four giants which guard Budhist temple-doors; *,kam ,kong shek,* corundum, diamonds; *,kam ,kong ,shá,* emery; *,kong ,ts'oi,* recently: *,kong ,kong kau'* just enough.

綱 Kang The large rope to which a net is strung; a bond or institution of society, great principles; *,kong 'ling* a controling or guiding power; argument of a book; *,sám ,kong,* "three bonds," are the relative duties of a king, father and husband; ˓kong muk˒ a synopsis of; ˓kong kám˒ a survey of (dynasties, or) princes, a history.

鋼˒ Káng Iron assayed by fire, steel; hard; ˏt'au hok˒ ˋyau kong˒ hardheaded; kong˒ ˓pín a steel whip, a sort of mace.

˓罡 Káng A star; ˓t'in ˓kong, the seven stars in the constellation of the Great Bear, the Dipper; much used in charms.

˓扛 Káng To carry between two; to bear burdens on a pole; several lifting a thing; pat˒ lik˒ ˓kong, to draw and paint; ˓kong ˋkiú, to carry a sedan; ˓kong ˏt'oi, to carry; ˓kong ˏp'ái kéuk˒ shik˒ boasting of one's honors, a braggart.

˓江 Kiáng A river; par excellence, the Yángtsz' kiáng, also called tái² ˓kong, the great river; ˓kong ˏho, or ˓kong ˓shán, the empire, the government, the country; kok˒ ˓kong fo˒ mat˒ goods from every quarter; ˓kong ˏú hák˒ itinerant professional men; ˓kong ˓chü, a cetacea found in the Yángtsz'; ˏt'au ˓kong, to drown one's self; kwo˒ ˓kong ˓hing tai² brothers in affliction; ngoi² ˓kong ˏgan, people from another province, northerners.

˓缸 Káng An earthenware jar, usually glazed: ˓kong ˋngá, pottery generally; ˓kong ung˒ glazed jars, used to contain water, oil, &c.; tín² ˓kong, dyeing jars; ˋpí ung˒ ˓kong ˋní tsò² ˋtám, give you a jar for your gall-bladder—you want more spunk.

˓釭 Kiáng An iron-tire on a hub; a sconce, a globular shade in which to hang lamps; a lamp; ˓kam ˏú ˓kong, globular jars for fish; ornaments or fastenings on the ends of beams.

˓肛 Kiáng The colon; the large intestine; the anus; ˓kong ˓mún, the rectum; ˏt'ui˒ ˓kong, the piles.

ˋ講 Kiang To converse, to talk, to speak about, to narrate, to relate; to explain, to unfold, to discourse, propound, or preach; to investigate; to plan; to confer; to reason upon; discourse, talk, explanation; ˏ'm ˋhò ˋkong, don't speak about it, better be still; ˋkong kéuk˒ to boast; ˋkong ˏwo, to propose peace; ˋkong ˋkú, to tell stories, to talk on former things; to preach the Gospel is so termed; ˋkong kau˒ to investigate, to search into the truth of; kòm˒ ˋkong kau˒ so fine! superior, beautiful, first rate; ˋkong tsáp˒ to hold disputations, a colloquy; ˋkong ˋkái ˏman ngai² to lecture on literature; ˋkong shüt˒ wá² conversation, speech; ˋngo ˏ'm ˋúi ˋkong, I know not how to speak it; ˏ'm tsoi² ˋkong, no need of telling of it, I know all about it; ˋkong ˏsam, honest, plain talk; ˏmò tak˒ ˋkong, nothing more to be said; ˋkong min² ˋtsz˒ of good credit, worthy of trust; ˋkon ˏwáng ˋkong tim˒ to carp at; ˋkong tò˒ ˋk'ü fuk˒ to convince one by reasoning; ˋkú ˋní ˋkong siü˒ I think you are joking.

‘港 Kiáng Streams diverging, as one ascends a river; a passage for ships, a reach; a frith, an estuary; a rivulet running into the sea, a cove; *‘kong ‘hau*, a port, a mart, a spot where traders meet; *‘kong kéuk*, *˛shün*, ships from India are so called at Canton; *‘pún ‘kong ˛shün*, native junks; *kok˒ ‘kong fo’* the products of every port.

降 Kiang To descend, to come or fall down (as rain), to go down; to send down, to confer; to subject, to reduce to submission; to degrade; *kong’ fuk˒* to bless; *kong’ k‘ap˒* to degrade, really or nominally; *kong’ lok˒* to descend (as a bird); *kong’ shai’* to come into the world; *kong’ ˛kái*, to go down the steps; *˛ming ˛shing òm’ kong’* apparent gain or rise, but real loss; *kong’ tán’* to be born; *‘ni ‘kí ˛shí ˛kwong kong’* when will you deign to visit me? *há’ kong’* to come down, to visit; *‘tá kong’* to erase, to draw a line through; also to fire at a picture of *˛Séung kong’ ˛shan*, a custom known at Canton in the month of October.

洚’ Kiang Waters overflowing, an inundation; waters swelling over their banks, and running in many directions.

絳’ Kiang A deep red, like the petals of the *Hibiscus rosa-sinensis*, a deep rose color.

虹 Hung A vapor on a hill-top; the rainbow, vulgarly called *˛t‘in kong’*.

杠’ Káng A cross-piece on the legs of a bed; a flag-staff; a foot bridge; thills of a sedan; the yards on a ship; cross-pieces in frames; *‘tá kong’* highway robbery; *˛t‘oi kong’* altercation, tiresome bickering.

(208) K‘ong.

˛亢 K‘áng The neck of a man. Read *k‘ong’* strong, overbearing, domineering; unbending; to oppose, to resist; to shelter, to protect; a star near Arcturus; *˛séung k‘ong’* are equally matched.

吭 K‘ang The neck or throat of a bird; an important pass into a country; to swallow. Usually read *˛hong*.

‘慷 K‘ang Generous-minded, magnanimous; *‘k‘ong k‘oi’* noble, liberal, unmoved by slander, firm, grieved at wrongdoing.

伉’ K‘ang To compare with, to match; *k‘ong’ lai’* a pair, a man and wife, a match at a game or fighting; to hate, to oppose, inimical.

匟’ K‘áng A wide couch or sofa, having a low table in the middle, and placed at the head of the room; a bedstead, or sleeping-place, made of brick, so that it can be warmed underneath; *k‘ong’ ˛kí*, the stand in a wide couch; *‘fo k‘ong’* a fire warmed bed.

抗’ K‘ang To raise with the hand, to lift; to oppose, to withstand, to resist, to rebel against; to screen, to shield; to rescue; *k‘ong’ ˛kún*, to oppose the government; *k'ong' sing'* perverse; *k'ong' 'k'ü*, to prevent coming, to resist, disobedient; *fan ‚t'eng k'ong' 'lai*, disputing about precedence; *'léung ‚séung kü› k'ong'* the two contracted an enmity, two parties matched against each other.

(209) Kòp.

合, Koh A measure, containing about a gill; ten make almost a pint; to join together, to come together, to meet, to correspond, like the edges of shears, or two lids; *'hò 'ts'oi! kòp› tái' wá'* good! it matches his lie; *i. e.* he lied, but it happened to be true; *kòp› káu' 'tsín 'hau*, scissar blades meet; *kòp› ‚mái*, to join, to make one. Often pronounced *hòp›* in many phrases, with the same meaning.

蛤, Koh Bivalve shells, thin and marked, like a Tellina or Donax; *‚man kòp›* shells with ribs or lines; *‚shán kòp›* a sort of striped toad; *‚t'ín kòp›* or *kòp› 'ná*, a frog; *kòp› kái'* a kind of gecko, brought to Canton as an aphrodisiac, and commonly thought to be a transformation of a swallow.

鴿, Koh The Columbidæ; a dove, a pigeon; *pák› kòp›* a house pigeon; *fong' pák› kòp›* to let off a pigeon; to make a false marriage; *'yé kòp›* a wild pigeon; *ti' kòp›* a ground pigeon.

(210) Kot.

割, Koh To cut, to gash; to hack; to wound, to injure; to cut in twain, to separate, to divide; to deduct; to take off; to cede, to make over to; to turn, as a debt to a creditor; *kot› ‚hoi*, to cut open; *kot› 'tün*, to sunder; *kot› oi'* to sever friendship; *kot› ‚ngan*, to look to another for pay; *kot› ‚wo*, to reap; *kot› 'sün*, to wound; *kot› ‚ho ‚páu ké'* a cut-purse; *kot› ‚p'ò tün' í'* to break off all intercourse; *kot› ‚fán*, to take off, to deduct; *kot› ‚kung ‚ngan*, to deduct from wages; *kot› tak› oi'* or *'hò ts'ü› kot›* to part with a beloved thing; *kot› 'shé*, obliged to part with; *kot› 'k'ü 'nín yak›* [it will] cut a slice off him, said of a stingy man holding on to his money.

葛, Koh A creeping edible plant (the *Dolichos tuberosus*), of whose fibres a yellow coarse cloth is made; creepers; *met.* relatives, posterity; *'yau mat› ‚kwá kot› 'ní*, is there any relationship between you? *‚mò ‚káu kot›* nothing to do with him; *kot› pò'* coarse summer cloth; a plant *(Dolichos trilobus)* producing a long spindle-shaped root, used for food, called *'fan kot›* the mealy taro; its stems are tough.

轕, Koh The rushing clamor of chariots to battle; hasty, precipitate, violent motion; *‚káu kot›* glancing of armor, confused melée.

(211) **Kú.**

孤 ˏKú Fatherless; an orphan; destitute, alone, singular; no protector; unequaled, solitary, applied by the emperor to himself; ungrateful, not cherishing a sense of kindness; *ˏkú fú² ˋní ˏyan*, unthankful for your affection; *ˏkú ˏhon*, neglected and poor; *ˏkú ˏká*, I the emperor; *shai² ˏkú*, left alone and diminished; *ˏkú ˏwan*, a neglected orbate spirit; *ˏkú tukˎ* alone, no kindred; *ˏkú fú² ˋsho mong²* to frustrate one's hopes.

沽 ˏKú Name of a river in Ts'iuen-chau fú in Fuhkien; to trade in, to contract, to buy or sell; unworthy, anything trashy; to abridge; *ˏkú ˋtsau*, to buy wine; *ˏling ˏkú*, sold by retail; *ˏkú ˏmeng*, to buy a name, to purchase office.

酤 ˏKú To buy or trade in liquor; liquor just made or kept over night; a liquor-shop; *ˏt'ò ˏkú ˏchi sz²* an eating-house. Interchanged with the last.

姑 ˏKú A polite term for females; a husband's mother is called *ˏkú* or *ˏyung ˏkú* by his wife; *tái² ˏkú*, *ˋsiú ˏkú*, a husband's sisters; *ˏkú ˏnéung*, a paternal aunt, a respectful term for young ladies; *ˏkú ˋmò* and *ˏkú ˏp'o*, a father's and grandfather's sisters; *ˏkú ˏyé*, a husband's brother-in-law; *ˏts'ün ˏkú*, village girls. To tolerate, lenient, lax, yielding; for the time, temporarily, just, merely; *ˏkú ˋch'é mán² mán²* let it be, gently; *á² ˏkú*, a girl, a miss; *ˏsám ˏkú*, are nuns, wizards, and wives of Rationalists; *ˏkú ˋsò*, sisters-in-law; *ˏkú sikˎ* indulgent, easy with, lax; *ˏkú sikˎ ˋyéung ˏkán*, too much leniency nourishes treachery.

蛄 ˏKú A variety of the mole-cricket, called *ˏlau ˏkú*; *wai² ˏkú*, a variety of the cicada.

鴣 ˏKú *Ché² ˏkú*, the partridge, but seems also to include other birds of the same habits and size.

辜 ˏKú A fault, a crime; guilt, sin, transgression; necessary to be, must; to engross goods, to monopolize; to dissect a sacrificial victim; *ˏmò ˏkú*, innocent, guiltless; *ˏkú fú²* ungrateful, unmindful of; *ˏmò ˏkú shau² lui²* to compromise the guiltless.

觚 ˏKú A wine vase used in feasts, holding two or three pints; square, angular; a law, a rule, a plan; *kím² ˏkú*, a sword-hilt; *küt ˏkú ˏchi ˏyan*, a litigious man.

柧 ˏKú Interchanged with the last; angular, a corner; the cornice of a house.

罛 ˏKú A fishing-net, a large net dragged between boats; to fish; *yatˎ ˏkú ˏnáu*, a haul, all taken together, lump them; *yatˎ ˏkú kwátˎ* a clean sweep, take them all.

罟 ˋKú Interchanged with the last; nets dragged along; nets for birds; the net of the law; *ˏt'o ˋkú ˏshün*, fishing-smacks; *tsúi² ˋkú*, involved in guilt; *ˋmong ˋkú*, nets for fishing.

菇 菰 Kú A water vegetable, called *tsz' ˏkú*, the Caladium, cultivated for its tubers; *ˏmo ˏkú*, and *'t'ò ˏkú*, are edible varieties of mushrooms, the former is brought from Tartary; *ˏfúi ˏkú*, or *ˏngau 'shí ˏkú*, a puff-ball, the lycoperdon; *'ts'ò ˏkú*, or *ˏtung 'kú*, small edible mushrooms. A sort of upland rice. These two characters are often interchanged.

古 Kú Ancient, that which has come down through *ten mouths*; remote, from of old; antique, old; antiquity; former, old, practiced in, accustomed; *'kú ˏkam*, ancient and modern; *'kú 'tung*, antiques, curiosities; *'kú 'kú tik*, old fashioned; *kòm' 'kú kwái'* so odd, strange; *'kong chek, 'kú 'tsai*, to tell a strange story, a funny incident; *'kú 'lò yéung'* of an ancient shape; *'kú chap*, set in his way, fixed; *'kú ˏyan*, or *ˏsin 'kú*, ancestors, one's progenitors; the ancients; *'kú tsik*, relics, sacred or venerated spots; *'kú ˏman*, ancient writings, the classic style; *tsok, 'kú ˏyan*, to die; *tsz' 'kú 'í ˏloi*, from of old; *ˏsám 'kú*, the three periods of antiquity, *i. e.* at B. C. 2850, 1120, and 550.

估 Kú To price, to estimate, to value; to guess, to reckon; price, value; *ˏt'oi 'kú*, to raise the price; *'kú hai' mat*, what do you think it is? *'kú léung'* to suppose, to give an opinion; *tsoi' pat, 'kú*, very unexpected; *'ní 'kú chung'* you guessed right; *'kú kai'* to reckon the price of; *'kú 'kú 'hú*, make a guess.

牯 Kú A bull; the male of quadrupeds, usually of those domesticated; *ˏchü 'kú*, a boar; *'má 'kú*, a stallion. According to Kánghí's dictionary, a cow.

詁 Kú To explain the words of the ancients by modern illustrations; *'kú fan'* to expound; *'kú ˏin*, traditions.

皷 鼓 Kú A drum, skin instruments of music once made of earthen; radical of characters pertaining to drums; earthen seats or flower-stands; a measure of about ten pecks; drum-shaped; to drum; to excite, to encourage, to arouse; to urge a fire; to soothe; a watch of the night; to play on a lute; *'kú ngok*, instrumental music; *yat, fú' 'kú ngok*, a band of music; *lán' tái' 'kú*, a vile wretch; *'kú 'chéung*, to clap the hands; *'kú chü'* to melt metals; *ˏfung 'kú*, a knobbed gong; *'kú ts'ò'* a great hubbub; *ˏpong 'kú*, a tamborine; *ˏfá 'kú*, a side drum; *í' 'kú*, the second watch; *'tá ˏkáng 'kú*, to strike the watches; *tsz' ˏp'á ˏshün, tsz' 'tá 'kú*, I can myself paddle and drum—I am independent; *shek, 'kú*, an earthenware seat or stand; *ˏü 'kú*, a fish tambourine used by the Rationalists; *'lui 'kú*, to drum rapidly; *'kú fuk*, pursy, corpulent; *ˏho 'kú*, the stars α, β, γ in Aquila.

瞽 Kú Eyes without pupils, or which can not see objects; blind; a leader of an orchestra, a musician; *ü' 'kú*, musicians in the

英華分韻撮要

palace; *'kú muk, ˏyan*, a blind man; *'kú muk, ün'* a blind asylum; *'léung 'kú ˏséung ˏfú*, a blind man leading another.

'羖 Kú A ram, a particolored ram; a sheep, male or female; *'ng 'kú tái² ˏfú*, the lord of the five sheepskins—a story of Peh-lí-hí, B. C. 660.

'𦙶 '股 Kú The haunches, the upper part of the thigh, the rump; the leg; a strand of a cord; a share in a concern; a division; a proportion, a fold, a quota; a chapter or head of a discourse; a spoke in a wheel; strong, stable; *ˏfan 'kú 'tsz'* to pay the portion due to writers in a yámun; *yat, 'kú ˏshang í'* a share in a business; *tái² 'kú fan'* the head partner; *ˏfan 'kú* to divide the assets; *ˏsám 'kú ˏshing*, a threefold cord; *'kú chin' ˏi lut,* trembling with fear; *'kú ˏkwang*, the limbs, *met.* statesmen; *pát, 'kú*, eight heads in an essay.

'賈 Kú A shopman, one who trades in a market, a resident tradesman; to trade, to traffic; *'kú 'shí*, a market, a bazaar; *ˏshéung 'kú*, a merchant.

'蠱 Kú Worms in the abdomen, which are thought to cause dropsy; a venemous worm, used to poison people; a slow poison; an inquiet ghost; to disturb, to disquiet; to stir up; to delude; suspicious; to trouble one with doubts, to pervert from rectitude; the 18th diagram; *'kú chéung'* the dropsy; *fong' 'kú*, to poison one, said to be done by the women in Kwángsí; *shau' 'kú*, poisoned; *ˏfi 'kú*, flies produced from worms in grain; *'kú tuk,* poisonous; *kon' 'kú ˏchí 'tsz'* a son who atones or repairs a parent's errors; *ˏiú 'kú*, possessed by a malicious goblin, elf-shot; *'kú wák,* to impose on, to cozen.

'盬 Kú A salt pond in near or Shántung; not lasting, not durable, badly made; to suck; temporary, for the time.

故' Ku A cause, an occasion, pretext, that which affects or induces a result; a reason for; because, therefore, on that account, on purpose; that which was formerly, old, forgotten, neglected; to die, to decease; old, long in possession; death; a matter or affair; *yat, yat, ˏü kú'* daily the same as before; *kú' ˏhéung*, my native village; *kú' fán²* presumptuous error; *kú' sz'²* an old affair, an ancient story; *'pái kú' sz'²* to parade old things, as in a procession; *tái² kú'* death of parents, the 'great death;' *ˏshan kú'* or *mat, kú'* dead; *kú' 'yan* an old (or deceased) friend; *ˏho kú'* why; *kú' 'ts'z'* therefore; *kú' í'* purposely; *kú' kau²* old, long used; *ˏmò kú'* causeless, unseasonable; *ˏsé ˏsui sai' kú'* a trifling matter.

顧' Kú To turn the head and look, to look after, to attend to, to care for, to regard; considerate; to reflect upon, to consider; consonant to, corresponding; to assist with one's counsel or business, to patronize; an initial word, but, on the contrary; *kú' chü' 'k'ü* look after him, to see to; *kú' nim'* to remember, to consider; *pat, kú'* to disregard, inattentive; *kú' hau'* to lay up, to reflect on the consequences; *ˌséung kú'* correspondent, mutual action; *kú' 'pún* to be careful of one's capital; *'ní kú' 'kan*, do you look well after it; *tsz' kú' pat, há'* I have no leisure (or not enough) for myself; *ˌ'm kú' min' ˌp'í*, careless of one's name, disreputable; *ˌmung ˌkwong kú'* to favor one with custom—a shop phrase; *ˌ'm ˌshui kú'* not heeding; *kú' ˌmún 'hau*, to regard the reputation of the shop. Used for the next.

僱 雇 Kú' To hire, to rent, to engage for wages; to borrow; *kú' ˌkung*, workmen; *kú' ˌshün*, to hire a boat; *kú' yam' ˌkong*, to rent a house; *kú' 'teng 'kiú* engage a sedan.

固 Kú' Shut around, shut up; well strengthened, fortified; impervious, solid; firm, constant, obstinate, pertinacious, fixed, determined; chronic, as disease; to defend; to render stable; assuredly, certainly, firmly; vulgar, rude, rustic; *'chü kú'* lasting, strongly made; *kú' chap, pat, ˌt'ung*, immovable and deaf to reason, perverse; *kú' ˌin hai' 'kòm*, it certainly is so; *kú' ˌts'z'* to decline firmly; *kú' lau' 'yé ˌman*, the rustic, unpolished people; *kú' ˌtang*, or *kú' i'* willful, will have his own way.

錮 Kú' To fuse iron or copper to mend cracks, to stop up carefully; *kam' kú'* to bind more carefully, to keep out, to repress, to prevent, as good men reaching office.

痼 Kú' A chronic, incurable disease, such as leprosy, gout, &c.

(212) Kü.

居 ˌKü To dwell, to stop at a place, and live there, to inhabit, to reside; to seat one's self, to remain stationary; to fill an office or station; to be acting, and thus is often merely a participial form of the next verb, as *ˌkü ˌsong*, in mourning; *ˌkü ü,* lying in; *ˌkü king'* being respectful; *ˌséung ˌkü*, widowed; to consist in; to hoard, to collect; to engross goods; retired, not in public life; to desist; *ˌkü ˌk'i*, goods kept to raise the price; *ˌkü chü'* to live at; *ˌhán ˌkü*, living in retirement or *otium*; *ˌkü ch'ü'* a residence; *man' hau' 'hí ˌkü*, to inquire about one's health or circumstances; *'hí ˌkü*, acting and quiescent, operating and ceasing; *ˌkü ˌsam sán' tong'* heart bent on dissipation; *ˌsan ˌkü*, a new residence; *ˌch'á ˌkü*, a tea-shop, a restaurant; *hit, ˌkü*, to visit, to lodge; *ˌkü ˌkún*, to be in office; *ˌmò 'sho ˌkü 'chí*, no abiding place; *ˌkü sz'* a retired scholar.

裾 ˌKü The skirt of a robe, the tail of a coat; *ˌch'éung ˌkü*, a long skirt, a train; proud, haughty.

椐 Kü A tree found in Honán, used for whip-handles, and old men's walking-staves.

琚 Kü Ornamental gems hanging from the girdle, one on each side; *ˏk'ing ˏkü*, precious ornaments, bijoutry; *ˏkü p'úi'* girdle trappings.

ˏ車 Kü A wheeled barrow, vehicle, cart, &c.; the 159th radical of characters pertaining to vehicles; the jaw-bones; *yatˎ shing² ˏkü*, a carriage; *'fo ˏlun ˏkü*, a rail-car; *ˏkung ˏkü*, a public office; *tso² ˏkü*, to ride in a carriage; *há² ˏkü*, to get out of a car, to arrive at; *hokˎ fú' 'ng ˏkü* (or *ˏch'é*) master of five cart-loads of books—very learned; *há² ˏkü ˏt 'ch'i*, having just arrived here.

ˏ俱 Kü All; altogether, at once; both jointly, together with, the two; fully supplied, all right, prepared; *ˏkü ˏts'ün* complete, perfect in all its parts; *ˏkü shí² yatˎ 'yéung*, all are the same; *ˏkai pí²* all is ready; *ˏkü hò'* all are good; *ˏkü 'mò*, nothing at all.

'舉 '擧 Kü To raise with the hands, to carry between two, to elevate; sometimes denotes the action of the next verb, as *'kü 'yam*, drinking; to raise in public opinion, to introduce to, to recommend to; to venerate, to rise in one's esteem; to speak of, to allude to, to extol, to praise; to advance, to promote; all, the whole number; to confiscate; an ancient weight of three taels; *'kü ˏyan*, or *'kü pákˎ* a "promoted man," a *küjin* graduate; *'kü ˏhéung ˏín*, to set forth (or nominate) a village worthy; *'kü tsin'* to recommend one; *'kü tái² ˏtò*, to lift a falchion; *ˏkung 'kü*, nominated by the public; *'kü shai'* mankind; *patˎ ˏchung ˏt'oi 'kü*, not worth bringing forward; *'lò 'kü*, a whore (also called *ˏman ˏngau*, from the parts of this character); *'kü 'shau* to raise the hand; *'kü 'chí*, deportment; *'kü on' ˏts'ai ˏmí*, "table even with the eyebrows," to respect a husband—refers to an old legend of Mang Kwáng.

'矩 Kü A carpenter's square; a rule, law, usage; a pattern; strict, exact; what is constant, uniform; an angle; to square, to adjust; *ˏkw'ai 'kü*, usage, custom; *patˎ ü² 'kü*, [Confucius] did not overstep equity; *kütˎ 'kü*, rules of conduct which influence others.

'莒 Kü A name for the taro in Shántung; name of an petty ancient state in that province, now the superior district of Kü chau in Íchau fú.

'筥 Kü A round osier basket, holding about half a peck of rice; four handfulls of grain, or a sheaf.

'踽 Kü A stately, solitary, independent gait; going alone, unsociable; *'kü 'kü ˏléung ˏléung*, careless way, wanting no help.

句' Kü A stop in reading, a comma; a period, a sentence; a phrase, an expression, a term, a word; a line in a stanza; a classifier of phrases, as *yatˎ kü' wá'* a phrase; *yat͵ kü͗ ͵shí*, a verse; *͵fan kü͗ tau͗* divide it into sentences; *ʻkí kü͗ shüt͵ wá͗* several phrases; *ʻtím ʻt'ün kü͗* punctuate it; *͵'m tuk͵ tak͵ ʻt'ün kü͗* you don't read it properly; *͵'m ͵shing ͵chéung kü͗* ungrammatical, unintelligible; *yat͵ kü͗ kü͗ ͵tò ʻhiú*, I understand every word.

鋸 Kü͗ A saw; to saw, to divide; to reduce; *kü͗ ʻch'í*, teeth of a saw; *kü͗ ʻkeng*, cut his throat; *kü͗ ʻch'í ip͵* a leaf with serrated edges; *͵lái kü͗* to saw; *kü͗ ʻkám tik͵ ká͗* cheapen it a little.

具 Kü͗ Prepared, arranged; placed together orderly; to present, to furnish, to lay before; tools, implements; *ʻkan kü͗* carefully prepared; *kü͗ ͵tsai pí͗* all is ready; *͵chí ͵ming pat͵ kü͗* I omit the name, as you know it; *kü͗ fung͗ kwo͗ ʻní*, give them to you; *͵ying kü͗* implements of torture; *hí͗ kü͗* theatrical apparatus; *kü͗ ͵Shan ͵chí ͵Ling ʻché*, in whom is the Spirit of God.

遽 Kü͗ Hastily, instantly, suddenly, quickly; fleet, hurried, swift; agitated, trembling, fluttered; to forward, to send on, to transmit; a post, an express; *kap͵ kü͗* hurried, urged on; *͵king kü͗* frightened; *kü͗ kin͗* a slight glance at; *͵ch'ün kü͗ chi yik͵* a postman, a courier.

窶 Kü͗ Poor, miserable; rustic, rude, unceremonious; *kü͗ ͵p'an*, poor; *kü͗ shò͗* a defense for the head when carrying burdens.

據 Kü͗ To lay the hand on; to defend, to bar off; to maintain a place; to seize, to take possession of; to lean against or on; to have form or substance; substantial, tangible; proof, testimony, evidence; relying, according to, depending on; conformably to, it appears that; *kü͗ p'ò͗* to take possession of a shop; *chím͗ kü͗* to occupy by force, to eject; *pá͗ kü͗* to usurp; *kü͗ shüt͵* from what he says, &c.; *kü͗ ʻshau*, to guard carefully; *kü͗ yéuk͵* according to the contract; *kü͗ sz͗ ͵lun sz͗* each thing to be done in its own way; *ʻyau ͵ho ching͗ kü͗* what proof is there?

颶 Kü͗ A furious wind, common along the southern coasts of China; a whirlwind, a cyclone, a tyfoon; *kü͗ ʻmò*, or *͵fung kü͗ ʻlan*, the prognostics of a tyfoon.

鐻 Kü͗ A frame for a bell or drum; read *͵k'ü*, an ancient table utensil of gold or silver.

倨 Kü͗ To stand or sit carelessly; a free and easy way; a proud, sans-souci, haughty, carriage; a vain, self-confident gait; strong, as *kü͗ ͵ngá*, strong teeth, tusks; *kü͗ ngò͗* haughty.

踞 Kü͗ To squat, to sit on the feet; to sit in a rude, uncivil style; *͵kí kü͗* to sit like a tailor; *kü͗ tso͗* to take the best seat; *͵p'ún kü͗* to sit improperly.

巨 Kü͗ The chief, the great one, first of its sort, great, vast, very, mighty, large; *kü͗ mán͗* a myriad of myriads, innumerable; *kü͗ ͵ch'á*, the great raft, is supposed to refer to Noah's ark; *kü͗ mák͵* the thumb; *͵chéung ͵hoi kü͗ ʻhau*, to open the mouth wide.

詎[2] Kü How, in what manner? often implying the opposite of what is said; to stop at, to reach to; ignorant of a language; *kü² ˏü ʽts'z' ˏü*, was it till this? *kü² i'* who would have thought it? i. e. it was unexpected, unwished. The last is sometimes used in this sense.

鉅[2] Kü Hard as iron or steel, obdurate; great, chief; fierce, implacable; *kü² ˏkung*, a term for the emperor; *kü² t'it*ˎ iron-hard.

秬[2] Kü A kind of black millet, of which spirits used in libations were anciently made.

懼 懼[2] Kü To fear, to stand in awe of; apprehensive; *ʽhung kü²* or *kü² p'á'* to dread, afraid lest; *wai' kü² wong² fat*ˎ to respectfully fear the laws; *ˏhò ˏmò kü² tán²* not afraid a bit; *chín' kü²* trembling with fear.

簴[2] Kü The upright posts of a frame on which bells or tinkling stones are hung; *sun' kü²* a bell-frame.

椇[2] Kü A reddish, sweet fruit; *ʽchí kü²* the *Hovenia dulcis*, used to settle spirits or wines.

屨[2] Kü Shoes or sandals, formerly made of coarse cloth; *ˏch'ün kü²* to put on shoes; *sít*ˎ *kü²* to steal a pair of shoes.

(213) K'ü.

拘 ˏK'ü To grasp with the hand, to detain, to grapple with, to stop; to restrain, to moderate, to repress; to hold, to adhere to: obstinately attached to, bigoted; to take, to receive; to hook; *pat*ˎ *ˏk'ü ʽwong ˏloi*, no limit upon your proceedings, come as you please; *ˏk'ü chap*ˎ or *ˏk'ü ní²* obstinate, self-willed in one's own views; *ˏk'ü ˏná*, to seize, to arrest; *ˏk'ü chuk*ˎ to restrain, to keep in order, as inferiors; *ˏk'ü ˏhin*, to drag along; *ˏtò ˏ'm ˏk'ü*, intimate, perfectly free, no restraint; *pat*ˎ *ˏk'ü ʽki ˏto*, no limit as to the number; *ˏ'm ʽshai ˏk'ü*, don't be so particular, don't stand for trifles; *ˏk'ü ˏnai pat*ˎ *ˏt'ung*, obscure, unintelligible; *ˏk'ü chap*ˎ *kwo' ˏt'au*, too fastidious.

駒 ˏK'ü A colt under two years' old; a fine colt; a small sized horse, a pony; *ˏts'ín ʽli ˏk'ü*, a swift horse, a term of praise for sprightly lads.

區 ˏK'ü A place or hold for storing or concealing; a dwelling, a hamlet, a small house or storeroom; to class, to sort, to assign to its own place or rank; a line of division, a boundary; *ˏk'ü ˏk'ü*, trifling, petty; used to denote one's own things, gift, or opinions; *ˏk'ü pít*ˎ to properly discriminate; *ˏk'ü ˏts'ong*, to hide away *ˏk'ü ˏk'ü ˏchí ˏsam*, my private feelings, my trifling regard.

軀 ˏK'ü The body, the entire person; a body or substance; *yuk*ˎ *ˏk'ü*, the body; *ˏkün ˏk'ü wai² kwok*ˎ to offer one's self for his country.

驅 毆 ˏK'ü A fleet horse; to run fast; to drive out beasts from grain; to drive them in to a battue; to lash, to switch up; to drive on; to urge, to exhort; to move, to order into their place; ˏk'ü chukˌ to drive out, to expel; ˏsin ˏk'ü, the vanguard; hau' ˏk'ü, the rearward; ˏch'i ˏk'ü ˏpan ᶜtsau, to whip up and gallop fast; ˏk'ü ˏts'é, to expel what is noxious; ˏk'ü ˏhiú ᶜk'ü hü' take him out.

祛 ˏK'ü To dissipate or expel noxious influences or malaria; to avert evil; ˏk'ü ˏfung, to expel windy humors; ˏk'ü ˏk'ü, strong; ˏk'ü sán' to scatter.

袪 ˏK'ü The cuff of the sleeve, a wristband; an ornamented cuff; a sleeve.

璩 ˏK'ü A sort of ring; a surname.

籧 ˏK'ü A kind of coarse bamboo mat, used for floors; it is likened to a shriveled, deformed, man; ˏk'ü ˏhong, a tray for silkworms.

蘧 ˏK'ü A kind of wild wheat, called ˏk'ü makˌ used in simples; a mushroom; ˏk'ü ˏk'ü, contented, satisfied.

劬 ˏK'ü Labor, care, anxious solicitude; ˏk'ü ˏlò, the toils and troubles of parents, the pangs of childbirth.

瞿 ˏK'ü A fearful glance of a bird, timid, apprehensive; to look at; to examine wildly, carefully, or hurriedly; a surname. Also read kü'; carefully, circumspect; ˏléung sz' kü' kü' a discreet, wellbred scholar; kü' ˏin, alarmed.

臞 ˏK'ü Thin, emaciated, poor, like a ghost; ˏying ˏyung sham' ˏk'ü, a lean, cadaverous look.

衢 ˏK'ü A street, a broadway, a highway, a public road, from which others diverge; ˏt'ung ˏk'ü, a thoroughfare; pò' yapˌ ˏt'in ˏk'ü, to go to the equator, *i. e.* to see his Majesty.

鸜鵒 ˏK'ü A species of thrush, or grackle called ˏk'ü kukˌ or pátˌ ˏko; its plumage is black, with a white spot on the secondaries (the *Turdus violaceus?*); ˏk'ü kukˌ ᶜngán, the grease colored spots seen in argillite inkstones.

磲 ˏK'ü A kind of milky stone, resembling argentine, used for cap knobs by officers of the sixth rank; it is called ˏch'é ˏk'ü.

蕖 ˏK'ü The water lily, called ˏho ˏfú ˏk'ü; ch'ukˌ yéukˌ ˏfú ˏk'ü, splendid as the lotus flower.

渠 ˏK'ü A drain, aqueduct, or gutter; a pool, pond, or cesspool, into which a drain empties; great, ample, wide; gradual; a district of Shunking fú in Sz'chuen; a personal pronoun, he, she, it, for which the next is now chiefly used; ˏk'ü ˏk'ü, careful; lukˌ makˌ ˏk'ü, a large sewer passing through the new city at Canton.

佢 ᶜK'ü Used for the last; the third person personal pronoun; he, she, it; ᶜk'ü tí' they, them; ᶜk'ü ké' his; ᶜk'ü hai' it is him; hai' ᶜk'ü ké' it belongs to him.

拒 ᶜK'ü To ward off with the hand; to stop, to obstruct, to withstand; to oppose a plan, to stand out against; k'ong' ᶜk'ü, to resist; likˌ ᶜk'ü, strenuous opposition; ᶜk'ü pò' to resist legal authority; ʻk'ü tsüt, to repel utterly; ʻk'ü ˏshéung ʻhò ˏto ˏyan, wounded many men; ʻk'ü chü' to stop one, to defend one's self.

ʻ距 K'ü A cock's spur; a dew-claw, a hallux; to go to, to reach; to oppose, to attack; to stand over against, opposite; to border on, conterminous; the distance between, distant from; to skip or leap over; to stab backhanded; ˏkai ʻk'ü, a cock's spur; ˏkau ʻk'ü, a sort of grappling-hook, used in war, a lure; ˏch'iú ʻk'ü, to leap over.

(214) Kù.

ˏKù. To pout; ˏkù ʻhí ʻtsui, to pout out the lips.

ˏK'ù. To roll up in a ball; to rumple; to rub between the hands, ˏk'ù ʻün, to roll up in a ball; mok, ˏk'ù ˏch'áu, don't rumple it; mat, ˏk'ù kòm' lün' why is it so tangled? ˏk'ù lù' improperly, troublesome.

(215) Kúi.

ʻ儈 Kwái One who acts as a broker to keep up or settle the price of goods; ˏngá ʻkúi, a midsman in trade.

ʻ劊 Kwái To cut off, to amputate, to decapitate; to break asunder, to cut in two; ʻkúi ʻtsz' or ʻkúi ʻtsz' ʻshau, a headsman.

ʻ檜 Kwei A durable kind of wood, a sort of juniper or cedar, the timber of which is suitable for coffins and ships; ornaments on coffins; an ancient principality in Honán.

ʻ獪 Kwái Crafty, cunning, mischief-making; ʻkáu ʻkúi, deceitful, fraudulent.

ʻ膾 ʻ鱠 Kwái Hashed meat or fish; a salad; to cut small; ʻkúi chek, hashed and roasted.

癐² A colloquial word; tired, weak, without strength, worn out; kòm' kau' kúi² so tired and weak; kéuk, kúi² weary from walking.

(216) Kuk.

谷, Kuh A valley, a gulf, a ravine, with or without a stream; the 150th radical of characters relating to valleys; a channel for water between hills, the bed of a rivulet; an empty space; the east wind; to nourish, to sustain; difficulty, embarrasment; ˏshán kuk, a valley; ˏyéung kuk, and múi² kuk, the place of sunrise and sunset. Often used erroneously for the next.

穀, 糓, Kuh Grain, cereals, corn; real, well off, substantial; good, excellent, virtuous; a succession, connected, to continue; living, alive; income, salary; ʻʻng kuk, the common kinds of grain; púk, kuk, all kinds of vegetables; pat, kuk, "the not worthy," i. e. I, your humble servant; ˏshau kuk, to lay up provision; kuk, tán' a lucky day; kuk, ˏts'ong, a granary, a bin; kuk, ˏts'éung, the beard or awn of grain.

轂, Kuh The nave or hub of a wheel, *met.* wheel, carriage; *꜀lun kuk꜆* hub of a wheel; *꜀ch'ui kuk꜆* to push on the nave, to recommend one; *lim² kuk꜆ ꜀chi hü²* at or about court.

嚳, Kuh To inform with haste, an urgent communication; *tai² Kuk꜆* the emperor Kuh, B. C. 2435, or 720 years after the deluge.

梏, Kuh Manacles, handcuffs; sedition; a neck-collar; *chat꜆ kuk꜆* fetters, stocks; *hám² ꜀ü kuk꜆ ꜀mong,* involved in sedition and death. Read *Kok꜆*; self-restrained; straightfoward.

牿, Kuh A shed, stable, or pen, for cattle and horses; *꜀t'ung ꜀ngau kuk꜆* a pen for calves.

鵠, Huh A target, a bull's eye; an end, a design; a little bird; the swan, called *꜀t'in ꜀ngo* or sky goose; white, hoar, venerable, like an old man; *kuk꜆ ꜀chi chí²* high, comprehensive views, great designs—alluding to the aerial flight of the swan; *kuk꜆ lap꜆* to stand on the lookout like a swan; *kuk꜆ fát꜆* grayhaired.

鵴, Yuh A species of singing thrush, called *꜀k'ü kuk꜆* or more commonly *꜂liú ꜀ko.*

匊, 掬, Kiuh To hold or grasp with both hands; a handful, the hand filled; the hollow of the hand; *pat꜆ ꜀ying yat꜆ kuk꜆* not enough for a handfull; *siú² ꜀yung ꜂ho kuk꜆* much pleased with; *kuk꜆ ꜀mái ꜂k'ü,* to drain one of funds, to bring in custom to; *kuk꜆ ꜂hi ꜀p'áu ꜀soi,* to swell out the cheeks in anger; *kuk꜆ ꜀ts'au,* overworked, no rest.

菊, Kiuh Syngenesious flowers like the Aster, Chrysanthemum, marygold, &c.; *kuk꜆ ꜀fá,* the China aster; *kuk꜆ ꜀fá ꜂tsau,* spirits with petals of the aster steeped in it; *꜂shéung kuk꜆* to enjoy the beauty of Asters.

鞠, Kuh A ball, a sort of chaff football; an awl; to bear, to bring up, to nourish, to train; to rule; a boy, a child; being, life; full, much; to bend the body; to investigate; to push to an extreme; *kuk꜆ ꜀kung,* to incline the head; *t'ap꜆ kuk꜆* to kick a football; *kuk꜆ yuk꜆* to nourish, to rear; *kuk꜆ ꜂tsz'* a stripling.

鞫, Kuh To investigate a case judicially, to question a criminal, to get at the truth; *꜂sham kuk꜆* to inquire into and judge a case; *kuk꜆ man²* to strictly examine. Often interchanged with the last.

麴, Kuh Leaven, barm; the slime or mother which collects on liquors; *kuk꜆ ít꜆* spirit-cakes, used for fermentation.

局, Kiuh A square on a chessboard; a game of chess; an order, a rank, a distinction; contracted, coiled, bent up; narrow, mean, low-lived; the body confined or cooped; appearance, look, aspect; an affair, matter, undertaking; a company, a club, association; a place where work is carried on, which must be guarded or carefully looked to, as a mint, a powder-factory, or a manufactory; a gaming-house; to delude, to put out a bait for; to bake, to heat under a cover, to make tea; curly; ʻní ˏʼm ˏchí kuk₂ ˏchung ˏchí ʻfú, you don't know what trouble will attend it; kuk₂ ˏchung, a tea-cup with a cover; ˏtong kuk₂ ʻché ˏmai, besotted with [gaming or venery]; kuk₂ ˏlò, an oven; ˏmò ˏshing kuk₂ an unfinished game or affair, a still-born business; ˏpʻing kuk₂ a fair, even, bargain, no loss on either side; ʻtʻai matˏ ʻyé kuk₂ mín˒ see what is meant by it, learn the real object; ʻkí ˏshí ʻliú kuk₂ when will the casting be over, when will the matter be finished? ʻmí ˏyan kuk₂ a house of assignation; chʻütˏ kuk₂ or ʻpái kuk₂ to do a game well, to take one in nicely; kuk₂ ngoi˒ ˏchí ˏyan, a looker-on, one not concerned in; ʻhá yatˏ kuk₂ ˏkʻí, to play a game of chess; kuk₂ tsukˏ confined, too narrow or too small; kuk₂ léung˒ ʻpín ʻsiú, a little minded, mean-spirited fellow; kákˏ kuk₂ appearance of, physiognomy, symptoms, looks; yéukˏ kuk₂ a dispensary; ˏtsʻin kuk₂ a mint; chan˒ tsai˒ kukˏ a room for dispensing food to the poor; kuk₂ shai˒ the position of a game, a situation, advantages of; ʻtò kukˏ a gaming-shop; kukˏ pʻín˒ to trick one; shau˒ kukˏ gulled; ˏʼm ʻpí yap₂ kuk₂ not let him join the company, to black-ball one; ʻhò ngoi˒ kuk₂ great show, all pretension, fine outside; kuk₂ shai˒ ʻí ˏshing, the matter is all arranged, the contract is made; kukˏ ʻtò ʻkʻü, to pigeon or fleece one.

跼₂ Kiuh To bow the head, to bend down, to humble one's self: crooked, bent; ˏkʻün kukˏ bent.

曲ˏ This character is often pronounced kʻuk, when meaning a song; but the most correct sound is kuk, which see.

(217) **Kün.**

[The first five of these characters are often pronounced ün.]

ˏ娟 Kiuen Beautiful, comely, elegant, pretty, slender; pleasing, sprightly, ˏshin ˏkün, a lady-like woman; ˏkün ˏkün somber, distant; ˏlün ˏkün, arched, crescent; pín˒ ˏkün, dancing, gesturing, pantomime.

ˏ蜎 Kiuen Little red larvæ found in puddles; the larvæ of musketoes; a large caterpillar: crawling; to stir up, to disturb, to agitate. Used for the last.

ˏ悁 Kiuen Angry, irritated, impetuous; distressed; anxious; ʻfan ˏkün, angered; ˏkün ˏkün, careworn, tristful.

ˏ捐 Kiuen To reject, to throw away, to cast off; to disdain, to leave, to renounce; to subscribe at a call from government, to buy office or title; to part, as at death; ˏkün ˏtʻai, to subscribe; ˏkün ˏngan, to pay up money; ˏkün chikˏ to buy a title; ˏkün ˏkún, to buy an office; ˏkün náp₂ to contribute to government; ˏhoi ˏkün, to open a subscription to aid government; ˏkün hí˒ to risk, to cast away, to die; ˏkün ˏpán, he purchased the office.

A colloquial word; to examine carefully, to pry; to

squeeze through; to stoop; to make a hole in; to guess luckily, as in lottery tickets; *‚kün tak‚ t'au'* to examine thoroughly; *‚kün kwo' hü'* to squeeze through, to wriggle in; *‚kün ‚lung,* to get through a hole; *‚kün ‚t'oi ʻtai,* to stoop under the table.

睊 ‚Kiuen Looking askance, and with displeasure at; reciprocal dislike; *‚kün ‚kün,* to reprove with a look.

涓 ‚Kiuen A brook, a runlet, a small stream, which swells as it runs; pure, clear; to cleanse, to purify; to select; to exclude; a river in Shántung; *‚kün kat‚* to select lucky time; *‚kün ok‚* to exclude the bad.

鞙 ‚Kiuen A bridle; the traces of a harness; a scabbard; long, ample, as a fringe.

鵑 ‚Kiuen The cuckoo, or a species of goatsucker of the same habit of laying its eggs in other nests, called *tò² ‚kün; tò² ‚kün ‚fá,* the Azalea; *tò² ‚kün ‚t'ai,* the cry of the cuckoo, continued all night till blood comes into its eyes—as the Chinese believe.

蠲 ‚Kiuen A worm, produced in rotten vegetables—appears to be a glowworm; bright, pure, shining; to purify, to clean; to maintain purity; to illustrate, to manifest; to put aside, to excuse, to remit government dues; haste, quickly; *‚kün chéung'* to excuse the payment of taxes; *pat‚ ‚kün,* impure, sordid; *‚kün ʻmín,* to remit dues to government.

捲 ʻKiuen To roll up in a scroll; spiral, crisped, curled, rolled up; to whirl about; to seize, to carry off; *ʻkün ‚mái* or *ʻkün ʻhi,* to roll up; *ʻkün fát‚* curly hair; *tsik‚ ʻkün ‚shán ‚ch'ün,* to seize the country or region; *tsik‚ ʻkün ‚ü ‚t'ò,* run off with the whole; *‚fung ʻkün ʻü,* the wind whirls the rain; *tán² ʻkün,* rolled wafers; *‚shü* and *ʻkün,* are to unroll and to roll up. Interchanged with the next.

卷 ʻKiuen A roll, a manuscript, a scroll, a book; a section, a division, a part of a book; ruled paper for writing essays on; a classifier of things rolled up, of books, manuscripts, &c.; to roll up; *‚hoi ʻkün,* to begin a lesson; *‚ch'o ‚hoi ʻkün,* commenced his studies; *ʻshau ʻkün* a scroll containing pictures; *‚shü ʻkün,* books; *mak‚ ʻkün,* original essays of the candidates for *küjin; lok‚ ʻkün,* rejected essays. Read *kün',* a case at law; *on' kün'* the papers relating to a case.

綣 Kiuen' Bound with silken cord; *ʻhín kün'* attached to each other in friendship, united, inseparable.

睠 Kiuen' To look upon with affection, as parents do; *kün' kün' pat‚ ʻshé,* unremitted care; *kün' ‚wái,* solicitous for, anxious. Same as the next in these senses.

眷 Kiuen' To love, to care for, to regard affectionately; those whom one loves, relatives, family, kindred; related to; gracious; *ʻpò kün'* your wife; *‚ká kün'* a family, one's household; *₍mò ₍ká kün'* widowed; *kün' kú'* to regard with affection, to see to carefully; *₍yan kün' tai'* your relative by marriage; *₍t'in kün' shai' ₍yan*, Heaven's gracious regard for men; *kün' ʻmai*, rice for family use, best rice; *noi' kün'* women are inside—a notice to visitors.

絹' Kiuen A thin cheap silk, used for linings or covers, for painting on, &c.; a kind of lustring or taffeta, of which there are many sorts; a bird-net, once made of lustring; *wá' kün'* lustring for painting on; *₍séung kün' ₍pin*, to bind the edge with lustring; *kün' pò'* cotton lustring or lutestring.

罥' 羂' Kiuen A net or gin for taking animals; to entangle or catch in a net.

狷' 獧' Kiuen To skip about, frisky, playful; hasty, prompt, light-minded; a moderate, modest man of probity, but not talented, one who must be guided.

圈' K'iuen A pen for animals is commonly called *kün'*, as *ʻmá kün'* a horse-stable, or shed. Otherwise read *₍hün*, as *₍hün chü' ʻk'ü tsò'* give him this for a stint.

倦' Kiuen Tired, fatigued, wearied; to desist from labor; *₍p'i kün'* fagged out; *₍mò kün'* unwearied, persevering; *pat, ₍chi im' kün'* indefatigable; *₍shan kün'* tired out; *ʻhò kau' kün'* very tired.

(218) K'ün.

₍拳 K'iuen The hand doubled up, the fist; boxing, fisticuffs; strong, vigorous, athletic; to hold in the hand, to grasp; *₍k'ün ₍t'au*, the fist; *ʻtá ₍k'ün*, to learn to box; *₍kün fát,* pugilism; *₍ch'ái ₍k'ün*, the game of morra; *₍hung ₍k'ün*, empty-handed; *₍k'ün ₍k'ün*, careful, respectful, attentive; *sung' ʻni ₍k'ün ₍t'au*, to shake the fist at; *yat, ₍k'ün ₍chung kwo' hü'* a blow with the fist; *₍mo ₍k'ün ts'át, ʻchéung*, itching to have a fight.

₍惓 K'iuen Careful; *₍k'ün ₍k'ün*, attentive, earnest about, applying one's self; to stop.

₍踡 K'iuen The limbs contracted or doubled up; *₍k'ün kuk,* stooping, bent up.

₍鬈 K'iuen A fine head of hair; curly hair; *₍k'i ₍yan ʻmi ʻch'é ₍k'ün*, he is handsome and adorned with fine hair.

₍權 K'iuen The weight of the steelyard; a weight; to weigh; to balance, to equalize; to plan, to devise; power, authority, influence; influential; circumstances, position; meanwhile, for the time, temporary; contracted; *₍k'ün ʻch'é*, under the circumstances; *₍k'ün ₍i*, temporarily obliged; *₍chá ₍k'ün ping'* to wield power; *₍k'ün ʻtsz' ʻmò*, to get interest on money; *₍k'ün ₍heng chung'* weigh it; *₍k'ün pin'* to adapt one's self to circumstances; *₍k'ün ₍ü*, in the beginning; *₍k'ün ₍shan*, a powerful statesman; *₍k'ün*

ˏnang, power and ability, influential; *ˏp'ing ˏk'ün*, military power; *ˏk'ün ˏmau*, to plan at the instant, sagacious; *tsung' ˏk'ün*, according to circumstances; *'yau ˏk'ün*, powerful, having the authority; *ˏk'ün yam'* a substitute in office, left in charge.

顴 K'iuen The cheek-bones; *'léung ˏkün*, the cheek-bones; *'léung ˏk'ün ˏkò, shát, ˏfú ˏtò*, [a wife] with high cheek-bones is a husband-killing knife.

(219) Kún.

官 Kwan An officer of government; the magistrates, the authorities, rulers; a title of adulation or respect; the government collectively; an office belonging to government; a public court; official; business; *'ng ˏkún*, the media of the senses (eyes, ears, nose, mouth and eyebrows); *tsò' ˏkún*, to be in office; *ˏkún 'fú*, officers, an officer; *ˏman, 'mò, hok, ˏkún*, officers of the civil, military, and literary departments; *'ni hai' mat, ˏkún*, what is your name or office? *ˏTing ˏkún*, Mr. Ting, or Tingqua, as it is commonly called in Canton—the change to *qua* is derived from *ˏkw'á*, the pronunciation of *ˏkún* at Amoy; *'ki 'pan ˏkún*, what rank is he? *'hi ˏshan ˏkún*, about to vacate office; *'t'ai ˏkún 'yau 'ngán*, he has eyes for an officer, he fawns on rank; *á' ˏkún 'tsai*, a young gentleman; *yap, ˏkún*, to confiscate; *ˏkún lò'* a highway, a public road; *ˏkún ˏyan*, term a wife calls her husband; *'tá ˏkún ˏsz'* to carry a case before the authorities; *ˏkún wá'* the court dialect, the language of scholars; *ˏkún 't'ai*, official dignity or dress, stately, awe-striking; *ˏkún ˏch'éung ˏchung ˏyan*, a person belonging to the government; *ˏkún ˏsing 'hin*, his star is rising, he will soon be in office; *tsik, ˏkún shai'* trusting to official power; *ˏ'm p'á' ˏkún, 'chi p'á' 'kún*, don't fear the officer, but the ruler; *ˏt'in ˏkún ts'z' fuk,* may the ruler of heaven send you down blessings; *ˏkún ˏch'éung ˏchung*, among the rulers; *ˏkún ˏkún ˏséung wai'* officers countenancing each other in evil.

倌 Kwán The emperor's charioteer, or one who has the care of his carriage.

棺 Kwán That which closes all affairs for this world, a coffin; the inner one, when there are two; to encoffin, to close up; *ˏkún ˏts'oi*, a coffin; *ˏkún ˏts'oi tsok,* a reproachful epithet, you coffin-chissel! *wan' ˏkún*, to take a coffin home; *'shé ˏkún*, to give coffins—a religious act; *ˏts'z' hi' ˏkún ˏts'oi*, a crockery coffin, *met.* a skinflint; *ˏkún ˏts'oi ˏshan ch'ut, 'shau*, a hand comes out of the coffin, grasping till death; *ˏkún cháu'* a pall; *ˏkún ˏts'oi hám'* one sick unto death.

英華分韻撮要

觀 覌 Kwán To look at carefully, to see; to observe, to travel and see; to take a wide view of; to manifest; observed, manifested, the appearance of; a spectacle; many; *ˌkún mong²* to look at; *ˌkún ˌkwong,* first entrance to the literary examination; *ˌkún séung²* to judge physiognomies; *ˌKún ˌyam ˌp'ò sát,* the idol Kwányin, called the Goddess of Mercy; *ˌkún ˌfung,* to mark the manners and wonders of a place; *ˊmí ˌkún,* a beautiful aspect, a fine action; *ˌkún ˌt'ín ˌman,* astrology; *ˌkun ˌyam ˌp'ing,* a lady's man. Read *Kún²* a temple of the Rationalists; a hermitage, a secluded cell or retreat; a gallery; to make known; *ˊNg ˌSin kún²* the Five Genii monastery in Canton.

冠 Kwán A conical cap or bonnet, a covering for the head; comb of cocks, crest on the head of birds; *ˌká ˌkún,* to cap a young man; *ˊts'ing ˌshing ˌkún,* please remove your caps; *ˌkai ˌkún ˌfá,* cockscomb flower; *há² ˌkún,* wattles; *ˊmín ˌkún,* off with your caps, said to officers in the presence of their judge; *ˌkún ˊmín sz²* with parade, showy. Read *Kún²*; to cap a young man, now done at marriage, and equivalent to putting on the *toga virilis;* the chief or head; able, superior; *ˊyung kún² ˌsám ˌkwan,* the bravest "capped" in three armies—one who has been promoted for courage; *kún² ˌch'éung,* excelling in the three martial tests.

管 筦 Kwán A little flute or flageolet; a reed, a tube, tubes to make pencils of; a classifier of fifes, flutes, pipes, quills, and tubular things; to rule, to govern, to control; to have the management or care of; to sway, to influence primarily; *ˊkún ˌká,* a butler, a major-domo; *ˊkún há²* to rule over; *pat, ˊkún,* tube of a pencil; *ˊkún sz²ˌfong,* a manager's room, a pantry; *ˊkún tím²* a coolie, a shop assistant; *ˊkún ˊlí,* to manage, to rule; *ˊkún kín²* to see partially, as through a tube; one's imperfect views, my opinion; *chat, ˊkún* before other verbs intimates compulsion or constraint, can not be helped,—as *chat, ˊkún tsò²* must be done; *chat, ˊkún ˊkong,* talk away, let him talk; *ˊkún shò²* a treasurer or money-keeper; *ˊtsung ˊkún,* a superior ruler, to superintend; *shau² ˊkún hat,* governed by; *ˊkún ˊk'ü ˌ'm,* must make the best of him, hard to manage; *ˊkún ˌ'm chü²* unmanageable.

琯 Kwán A tube of stone, made into flutes; to polish metals; a gem-like pebble.

痯 Kwán Impotent, weak, worn out; sick from grief or disheartened by disappointment.

館 舘 Kwán A hotel, an inn, a caravanserai, a lodging or stopping-place for travelers; a council-room, an assembly-hall, an exchange or place for public consultations, a hall; an office, study, or counting-room, when they are built separately; a saloon; a room for any public purpose; a school-room; *hák,* ʻ*kún*, a tavern; ˏ*kung* ʻ*kún*, a governmental hall, the lodging of an officer; *úi*ʼ ʻ*kún*, a mercantile hall, often called in Canton, a consoo-house; ˏ*shü* ʻ*kún*, a college, a school; ʻ*kún shé*ʼ lodgings to let, a hired hall; ʻ*sé* ʻ*chi* ʻ*kún*, office for opium-orders; ˏ*hoi* ʻ*kún*, to open school; *pán*ʼ ʻ*kún*, purveyor in a yámun; ˏ*kò* ˏ*lau* ʻ*kún*, an eating room; *shui*ʼ ʻ*kún*, custom-houses; ʻ*kún ti*ʼ a post in a yámun as a writer, a literary man's occupation; ʻ*kún kuk,* salary; ˏ*í* ʻ*kún*, a hospital.

筦 ʻKwán A fife or small wind instrument like it; a string to suspend drums; to rule; a shuttle.

莞 ʻKwán ˏ*Tung* ʻ*kún ün*ʼ, the district east of the Pearl River, near the Bogue. Read ˏ*ün*, a kind of coarse grass (*Coix lachryma?*) used to weave mats; to smile, to look pleased.

貫 Kwánʼ A string of 1000 cash; to thread, to string upon, to run thread through; to connect, to traverse; linked, joined to; to implicate, to involve; to penetrate, to go through; *yat,* *kún*ʼ ˏ*ts*ʻ*in*, a string of cash; *kún*ʼ ˏ*ming*, to see through; *tsik,* *kún*ʼ origin and parentage, account of one's self required at examinations; ˏ*ü* ˏ*lui* *kún*ʼ ʻ*í*, like thunder piercing the ear; *kún*ʼ *ch*ʻ*ün*ʼ to run or get through, to bore through; *kún*ʼ ʻ*kan* ʻ*k*ʻ*ü*, fasten it tightly, as by running a string through.

灌 Kwánʼ To run or flow together; to discharge or disembogue into, to water, to moisten; to give one drink, to pour down one's throat; much; bushy trees; *kún*ʼ ʻ*k*ʻ*ü* ʻ*yam*, force him to drink; *kún*ʼ ˏ*fá*, to water plants; *kún*ʼ *tsui*ʼ made him drunk. Used for the next.

祼 Kwanʼ To pour out a libation on the ground to spirits; *kún*ʼ ʻ*tsau* to offer a libation when calling upon the spirits.

鑵 礶 Kwánʼ A jar, a gallipot, a cruse, a vase, a mug; a water or oil jar, round and having no spout; ˏ*ch*ʻ*á kún*ʼ a tea-canister. The second form is local.

鸛 Kwanʼ A crane; two species of it are noticed, the *pák,* *kún*ʼ entirely white; and the ˏ*ú* *kün*ʼ of an ashy plumage and a black tail.

(220) Kung.

公 ˏKung The opposite of selfish or mean; common, public, universal; open, general; just, equitable, fair; male of animals; a duke; a lord, master or head, a term of respect and dignity added to names of relationship; ˏ*kung* ˏ*ká*, the imperial family; ˏ*kung* ʻ*chü*, a princess; ˏ*ká* ˏ*kung*, a husband's father; also, my father; ˏ*kung* ˏ*sz*ʼ a public company; in Canton, the East India Company; a mercantile firm; ˏ*kung* ˏ*sz*ʼ ˏ*ni*, E. I. Co.'s woollens; *kung* ʻ*sho*, a public hall, a town-house; ˏ*kung* ˏ*p*ʻ*ing* or

英華分韻撮要

₍kung tò² fair, just; *₍'m ₍kung*, mean, dishonorable; *₍kung úi²* a corporation, a public company; *₍kung 'tsai*, images, play-things, statuettes; *₍kung tséuk₎* the rank of a duke; *séung²* *₍kung*, a gentleman, a master; *₍kung ₍sam*, public-spirited; *₍kung ₍sz'* public and selfish, the government and private purposes; *₍kung ₍yé*, my lord duke, my grandfather; *t'ái²* *₍kung*, a grandfather, an old man; *Wai² ₍kung*, Mr. Wai—used by equals; *₍nai á² ₍kung kwo² 'hoi*, when the clay god crosses the river—he can not secure his own safety; *'mau* *₍kung*, a certain gentleman; *'lò ₍kung*, a husband; *ngoi²* *₍kung*, a maternal grandfather; *₍kung ₍kung*, a eunuch; *₍chü* *₍kung*, you gentlemen; *₍kung* *₍mún*, a government office; *₍kung ₍t'ong*, the room where a court is held; *₍kung hong²* public funds or articles; *₍tong* *₍kung mò²* for the government use; *₍kung 'tsz'* a gentleman's son, an officer's son; *'léung* *₍kung ₍p'o*, a married couple; *₍kung ₍ü ₍chi há²* leisure from public duties.

蚣 ₍Kung An insect; *₍'ng ₍kung*, the centipede, commonly called *pák₎ tsuk₎* or hundred feet.

工 ₍Kung A laborer, a workman, an artisan, a mechanic; labor, craft; art; an ornament requiring skill; a work; an officer; the 48th radical; *₍kung ₍yan*, laborers; *₍kung tséung²* artisans; *₍kung ₍fú*, work, labor; *₍kung ₍fú ₍ch'á*, congou tea; *₍kung ₍ngan*, or *₍kung ₍ts'in*, wages; *₍hoi ₍kung*, *₍shau* *₍kung*, to begin work, to stop work; *'tün ₍kung* or *sán² ₍kung*, job-work; *₍ch'éung ₍kung*, constant occupation; *'tá ₍kung* *'tsai*, assistants, clerks; *₍kung tsok₎* skill; quality of work; *'tá ₍kung*, to work; *₍ts'ò ₍kung*, poor work; *p'ún² ₍kung*, a piece of work; *tsò² fá² ₍kung*, the maker of all things; *₍tsing* *₍kung*, or *'háu ₍kung*, skillful or fine work; *'yau ₍kung ₍fú*, busy, occupied; *₍kung tsz'² pat₎* *ch'ut₎ ₍t'au*, the letter *kung* has no head—a workman can not become a boss.

攻 ₍Kung To attack, to assault, to fight with, to beat; to put in order, to set to work at, to apply diligently to; to rouse, to reprove for faults; to stimulate the energies or vital powers; urgency of desire on the heart, temptation; strong, enduring; *₍kung 'tá*, to set on, to fight; *₍kung ₍shü*, to study hard; *₍kung 'fú*, to seize robbers; *yat₎* *₍sam ₍kung ₍chi 'ché chung²* a crowd of desires attack the heart; *₍kung yuk₎* to work gems; *₍kún ₍kung*, to join battle.

功 ₍Kung Actions deserving praise, honor, reward, or merit; meritorious; virtuous, worthy; a good service, work, or affair; virtues of medicines; *₍kung ₍lò* merit, that which deserves reward; *₍kung lik₎* merits; very efficacious as medicine; *tái²* *₍kung*, nine months' mourning, put on for uncles; *'siú ₍kung*, five months' mourning for cousins; *kí' ˏkung*, to record merits; *ˏshing ˏkung*, a finished work; *ˏking ˏí tsz'² ˏkung*, self-laudation, vain-glorious; *ʻyau ˏkung*, meritorious; *ʻmò ˏkung*, undeserving; *pat, kai' ˏkung*, regardless of the labor; *ˏtséung ˏkung shuk, tsúi²* to expiate faults by good deeds; *yéuk, lik, ˏkung háu²* the virtue of the medicine is great; *ˏkung ˏming*, high rank; *ʻhai ˏpín ch'ü' yung² ˏkung*, where do you study? *ˏkung ˏnán ʻpò kwo'* no good acts can wipe out his crimes; *ˏkung ʻung tsoi' tsò²*, your goodness has [as it were] recreated me.

弓 ˏKung A bow; the 57th radical of characters relating to bows; archery; crescent, curved; a cover of a carriage; a measure of five or six *ch'ek,* the length of a bow—fifty made a bowshot; to measure; *ˏkung tsín'* bows and arrows; *ˏkung ˏhái*, women's shoes; *ˏkung ˏch'á*, a stretch used in archery; *ˏkung ˏín*, a bowstring; *ˏlái ˏkung*, to pull a bow; *ˏkung, ˏtò, shek,* trials in pulling a bow, fencing, and in lifting stones—at the military examinations.

芎 ˏKung A medicinal plant, the root of which resembles tormentilla; the best is from Sz'-ch'uen, called *ˏch'ün ˏkung*; the decoction is used to purify the blood.

躬 ˏKung One's person, personally, one's self or body; *ˏkung ˏts'an ˏk'i sz'²* to do a thing one's self; *cham' kung*, Ourself, the emperor; *shing' ˏkung*, the sacred person; *huk, ˏkung*, the bended body.

恭 ˏKung To respect, to behold with regard, to venerate by an outward serious, sedate, deportment; respectful, complaisant, collected, courteous, affable in one's conduct; as an adjective, often merely enforces the next word; *ˏkung ʻhí*, respectfully wish you joy; *ˏkung king'* respectful, venerating; *ˏkung shun²* submissive; *ˏkung ho²* congratulatory presents; *ˏkung ˏkung ˏü ʻlai*, very polite, according to etiquette; *ˏkung ˏyan*, ladies of officers of the 4th rank.

供 共 ˏKung To place before, to offer or present to, to lay out, to arrange; to supply with; to provide, to succor, to give; to confess, to give in evidence, to declare; *ˏkung kap,* to furnish; *ˏkung ying'*, to provide superiors, to pay the dues of office; *ʻhau ˏkung*, verbal evidence; *ʻngo ˏkung ʻk'ü*, I accuse him; *ˏkung ˏch'ing*, he confesses saying; *ˏch'ün ˏkung ˏyan*, interpreters for witnesses; *ˏkung ʻtong*, to tell of one's accomplices; *ˏkung ˏp'án*, to accuse falsely; *ˏkung chik,* to assume an office; *ˏkung úi²* to pay back to the club one's proportion. Read *Kung'*; to nourish, to support; offerings; *kung' yéung²* to sustain one's parents; *kung' ˏín*, to offer in worship; *ch'ü, kung'* to arrange the offerings.

海上絲綢之路文獻集成 科技與文化編

龔 ‹Kung Interchanged with the two last; a surname; to give; respectful.

宮 ‹Kung A mansion, a building; now confined to the imperial residence; the palace; a wall; a temple; a district college; the first note in the octave; to castrate; to surround; the circuit of; *‹kung tín²* a palace; *‹kung ‘ts‘am,* the seraglio; *‹kung ‘fi,* imperial concubines; *‹kung ‹ying,* "punishment of the palace," castration; *‹kung ‹ngo,* maids of honor; *hok₂ ‹kung,* a college in a district or prefecture; *‹hang ‹kung,* a rural palace; *‹chai lok₂ ‘láng ‹kung,* put her in the "cold palace," said of a wife or concubine who is discarded; it refers to the hareem where rejected women used to be sent; *‘shau ‹kung,* a house lizard.

拱 ‘Kung To join the hands before the breast as when bowing; to hold or take with both hands; to encircle; an arch; arched, bowing; *‘kung ‘teng,* a dome, a cupola; *‘kung ‘shau,* to bow with the hands even with the head; *‘kung pít₂* to bow and part; *‘kung ‹p‘ung,* a kind of door-porch; *kat₂ ‹sing ‘kung chiú’* may happy stars shine around you; *‘kung ‘ngá,* semicylindrical tiles.

栱 ‘K‘ung A post, prop, or pillar; *‘kung ‘tau,* the capital or top of a pillar.

鞏 ‘Kung To bind with thongs, to bind securely: firm, strong, well secured; well guarded against attack; to shrink or dry at the fire; a district in Honán fú in Honán; *‘kung kú’* well guarded; *‹shü ‹p‘í ‘kung ‘hí,* the book-covers warp; *‘kung ‹kon,* to dry at a fire.

貢 Kung’ To offer to a liege, to present; to offer tribute or taxes; tribute, taxes, or presents given by inferiors or fiefs, as the peltry, gems, &c., of Tartar tribes sent to Peking; to announce; offers of service—and hence merit, worthy actions; *tsun’ kung’* to offer tribute or taxes; *kung’ ‘pan,* articles of tribute; *kung’ sz’’* the tribute-bearer; *náp₂ kung’* to pay taxes; *pát₂ kung’* a selected siútsái; *kung’ ün²* provincial examination-hall; *kung’ ‹shün,* vessel bringing tribute.

共 Kung² Generally, all, altogether, in all, collectively; in fine, in short, to sum up; with, and, together with; the same, alike; to include in, to live with; *kung² ‘tsung,* the whole, altogether; *hòp₂ kung²* in all, all taken together; *kung² kai’* the whole amount; *kung² ‹t‘ung ‘k‘ü hü²* all are gone with him; *‘ngò kung² ‘ni,* I and you; *‹t‘ung ‹sam kung² ‘shui,* of the same mind; *pat₂ kung² yat₂ shat₂* can not live in the same house; *kung² ‹shing ‘mi ‘kü,* it will be a good act to make up the sum; *kung² ‘kwai ‘kong ‹mé,* have you been talking with a ghost? Read ‘*Kung,* to superintend work; towards; openly.

(221) K'ung.

竆 ˏK'iung Brought to the last degree; poor, abandoned, exhausted, impoverished, no means; the poor; poverty; the end, the final termination of; to make helpless or poor; to search thoroughly, to investigate to the bottom; to exhaust; ˏk'ung kw'anˀ destitute, on resources; ˏk'ung kik, at the end, nothing at all; ˏmò ˏk'ung, inexhaustible, endless; 'shui ˏk'ung ˏshán tsunˀ no way to go, no way open; ˏk'ung kauˀ to thoroughly examine; ˏk'ung ˏchui, to pursue everywhere; ˏk'ung ˏt'ò, left on the road without means; ˏk'ung kok, 'ché, a poor scholar; sungˀ ˏnín ˏk'ung, idolatrous ceremonies at the year's end; ˏk'ung híˀ ˏséung 'yé, you will get poor too; ˏk'ung ˏk'i ˏün, to search out a thing to the bottom.

穹 ˏK'iung Lofty; high and vast as the sky; eminent; spacious, empty; ˏk'ung ˏts'ong, the azure canopy, the empyrean; to stop up, to prevent entrance.

邛 ˏK'iung An inferior department near Chingtú fú in Sz'ch'uen; name of a river; poorly, sick, infirm; troublesome.

筇 ˏK'iung Bamboos fit for making walking-sticks for old men; a kind of bamboo.

銎 ˏK'iung The eye of an ax or hammer; 'fú ˏk'ung, the hole of an ax.

蛩 ˏK'iung A fabulous animal like a griffon; a kind of locust; ˏfi ˏk'ung 'mún 'yé, the flying locusts fill the plains; ˏk'ung ˏk'ung, concerned for, sad; ˏk'ung ˏyam, the locust's chirp.

(222) Küt.

決 决 Kiueh Name of a river; streams flowing different ways; to flow, to lead streams; to spread abroad; to decide, to pass sentence, to settle; to cut off; decided upon, certainly, fixed, positively; doubtless; küt, ˏin, certainly is so; 'ch'ü küt, to sentence to death; küt, tsüt, to utterly renounce; küt, iúˀ must have it; küt, yuk, to take out of prison.

訣 Kiueh Parting or dying words; to take leave, to depart; a farewell; an art, a rule, a precept; a mystery or secret; abstruse doctrine; a trick, a sleight; píˀ küt, undivulged secrets; küt, pit, to take a lasting farewell; ˏlau küt, a dying legacy or words; ˏch'éung küt, eternal separation; mak, küt, the doctrine of the pulse; 'hau küt, gibberish; to teach a craft. Interchanged with the last.

玦 Kiueh A broken or halved ring, formerly used to indicate breaking off all connection; a semicircle; an archer's ring; personal ornaments.

缺, Kiueh A broken, defective, clipped, or cracked, vessel; deficient, wanting, short; defects; a deficiency; to make a vacancy in an office; duties of an official post, of which there are three sorts—'*kán küt*, an easy post, *chung küt*, medium post, and *iú' küt*, an important post; and the salaries are proportioned; *hoi küt*, to make a vacancy; '*pò küt*, to supply a vacancy; '*hò küt, fan'* a good office, a profitable situation; *küt, fát*, wanting, not enough; *pang küt*, broken, defective; *tái' küt, hòm'* a grievous thing or event; *küt, 'pún*, to affect or reduce the principal.

觖, Kiueh To hope or expect impatiently, to long for one's return; to make known; to regard with dissatisfaction; to want; deficient.

闋, Kiueh To shut the door, to close the office; to stop, to rest; terminated, done; to prohibit; end of a song; *fuk, küt*, to take off mourning; *ko shò' küt*, several tunes or songs.

乚, Kiueh A catch, a mark by which to remember a character; to mark off; *kau küt*, to mark off criminals for execution, as is done by the emperor at the autumnal assizes.

厥, Kiueh A personal pronoun, he, she, it; that, that one, the man; its, his; short; to project stones; to bow the head to the ground; *küt, 'tang*, they.

剧, Kiueh A gouge, chissel, burin, or graver, used by carvers and carpenters.

橛, Kiueh A post, a stake, a pile; used for half of a thing; a stick, a lever, a piece of wood; a post in the middle of a gateway; the bit in a bridle; a drum-stick; *kot, yat, küt*, cut off a piece, cut about a half; '*kám yat, küt*, take off half, cut it in two.

蕨, Kiueh An edible fern; the stalks are cooked for food when tender, and a flour is made from the root; *küt, 'fan*, farina of the fern-root. The drawing of the *küt* resembles an Aspidium.

獗, Kiueh Insolent; *ch'éung küt*, unruly, ferocious, disobedient, according as applied to children, robbers, or animals.

蟨, Kiueh An animal that carries another; the vague description of it may refer to some marsupial animal.

蹶, Kiueh To stumble, to fall, to slip down; to fail in; to leap, to jump; prostrate, to go quick.

觼, Kiueh Tongue of a buckle, a hasp; a ring on a carriage for fastening the reins to, called *küt, náp*; a ring with a tongue or hook for fastening to; part of a lock.

譎, Kiueh Feigned, counterfeited; to impose on; hypocritical, crafty; to please or agree with one to gain an end.

鴂, Kiueh A shrike, called *pák, lò*; it sings in the seventh month, and is said to eat its dam; *shán pák, lò*, the wild butcher-bird, an epithet for disobedient children.

(223) **Kút.**

括 Kwuh — To unite all the parts, united strength; to tug at; to reach; to collect or assemble; *kút, kút,* tugging.

括 Kwoh — To inclose or embrace; to bundle-up, to tie up, to envelop; to infold, to comprehend; to examine into; to arrive at; *꜀páu kút꜄* to bundle or wrap up; to contain, to have an understanding of; *꜁nong kút꜄ sz'' ꜂hoi,* he "bags up the four seas," *i. e.* he knows everything; *kút꜄ fát꜄* to do up the hair in a coil.

聒 Kwoh — To make a great clamor, to stun one, to make a din; importunate, bothering, distracting, noisy; to injure an affair by talking; *kút꜄ kút꜄* inapt, ignorant; *꜀to ꜁in kút꜄ ꜂í,* to din in one's ears; *kút꜄ ꜂iú,* clamorous.

适 Kwoh — Fleet, hasty; quick; to hasten one; a man's name; *kút꜄ ꜀t'ung,* to understand soon; *Pák꜄-kút꜄* was one of Wan Wáng's officers.

蛞 Kwoh — A garden slug, called *kút꜄ ꜁ü;* vulgarly *pí' t'ai' ꜁ch'ung,* or the snivel worm; a frog's eggs; *kút꜄ ꜁lau,* the mole-cricket.

豁 Kwoh — An open valley; to penetrate through; to understand; liberal, magnanimous; *kút꜄ tát꜄* perspicacious; *kút꜄ ꜁in ꜁ming,* fully understand it.

(224) **Kwá.**

瓜 Kwá — General name for gourds, melons, cucumbers, brinjals, egg-plant, squash, &c.; the 97th radical of characters pertaining to melons; *꜀sai ꜀kwá,* the watermelon; *꜁wong ꜀kwá,* cucumber; *tsít꜄ ꜀kwá,* a hairy squash; *꜀ai ꜀kwá,* egg-plant; *꜁fán ꜀kwá,* small yellow squash; *꜁tung ꜀kwá,* a large coarse squash; *muk꜆ ꜀kwá,* the papaya; *tí' yéuk꜆ ꜀kwá ꜁fan,* the country is cut up (or apportioned) like the carpels of a squash; *꜂yau ꜀kwá kot꜄* there is a liaison or intercourse of some kind; *꜀kwá ts'oi' ꜀t'án,* a greengrocer's stall; *tséung' ꜀kwá,* a kind of pickle made of the tender *pák꜄ ꜀kwá; ꜀kwá ꜁k'i ꜁í toi'* change it when melons are ripe, *i. e.* next year; *꜀kwá tít꜆ ꜁mín ꜁mín,* a numerous progeny, many descendants.

寡 Kwá — To distribute to several; few, little; seldom, unusual, rarely; alone; deficient, what is short; a widow; the regal We; *꜀kú ꜂kwá,* orphans and widows, left alone desolate; *꜀to ꜂kwá,* much or few, how many? *꜂kwá ꜂fú* or *꜂kwá ꜂mò ꜁p'o,* a widow; *꜂kwá ꜁yan,* Ourself, I, the king; *꜂kwá ꜂lò,* a widower, an old bachelor; *꜂kwá pat꜄ tik꜆ chung'* alone I can't stand them all; *꜂kwá ꜁man,* little experience.

卦 Kwa' — Divining lines or diagrams invented by Fuhhí, to serve as an abacus by which to philosophize; first there were eight, then these were involved to sixty-four; to divine; *˛chím kwá'* or *puk˒ kwá'* to divine; *˛ngá ˓ch'í ˓tá kwá'* shivering from cold or terror; *kwá' ˛t'au ˓chun*, he guessed right.

挂 掛 Kwá' To suspend, to hang up; to dwell on or prolong; to divine by straws; to remember; to distinguish; to lay aside; in suspense, anxious; *kwá' hò²* to enter names in a visiting-book, to make or keep a list of articles or names; *kwá' ˓ch'í*, to make people talk of; *kwá' mong²* to hope for; *kwá' ˛sam* or *kwá' lü²* to be anxious for; *kwá' ˓shéung*, to hang up; *kwá' ˛kún*, to secretly leave office; *kwá' chü² ˓k'ü*, to keep thinking of; *kwá' ním²* to bear in mind; *tò' kwá'* a small green parrot; *kwá' ˛meng*, to call by, in name only; *kwá' ˓hí fán² wok₂* you may hang up the griddle—out of business.

褂 Kwá' A jacket worn over the robe, having short and wide sleeves; *˓má kwá'* a riding-jacket, a sort of dress overcoat or sack; *tái² kwá'* a pelisse worn by ladies, a short robe; *˛p'ò kwá'* ceremonial dress, robes; *˛kwan ˛kí kwá'* a sort of vest, with very short sleeves.

罣 Kwá' An impediment, a hindrance; to hinder, to obstruct; to fall into a snare; *kwá' ngoi²* an obstruction.

詿 Kwá' To deceive, to cozen, to impose on; to disturb; *kwá' 'ng²* to mislead; *kwá' lün² ˛t'ín há²* to distract the empire.

啩 Kwá' A final word, indicating a doubt, or one's opinion of; *˓k'ü ˛lai ˛hiú kwá'* I think he has come; *wák₂ ˓ché hai² kwá'* I think it is so; *p'á' ˛'m hok₂ tak˒ kwá'* I'm afraid I can't learn it; *kòm' kwá'* so? are you sure it is so?

胯 袴 Kwá' The thighs, space between the legs, the crotch; *kwá' ˓má*, to bestride a horse; *kwá' yuk₂* to shame one by making him go between one's legs; *kwá' ˛fú*, one forced to submit. The second character also means trowsers.

跨 Kwá' Interchanged with the last; to pass over, to straddle, to bestride; to surpass, to excel; to border on a country; the crotch; *kwá' tsò'* a son who excels his father; *kwá' üt˒* to excel; *pat˒ kwá' ˛k'í kwok˒* not incroach on his territory; *kwá' ˛hoi túi' ˓shau*, to stretch or throw out the arms.

(225) Kw'á.

夸 ˛Kw'á Prodigious; to vaunt, to brag; magniloquent; self-conceited. Same as the next.

誇 ˛Kw'á To talk big, to boast; to vaunt; bragging, grandiloquence; conceited, arrogant; wide, ample—said of a dress; *˛kw'á ˓hau* boastful; *˛kw'á ˓tséung ˓k'ü*, to adulate one; *tsz'² ˛kw'á*, self-laudation.

姱 ˛Kw'á Vain, conceited; good, pretty; *˛kw'á tsit˒* regardful of one's appearance or conduct, fastidious, finical.

(226) **Kwai.**

歸 歸 Kwei — To return to the same place or state; to go, or send back, to restore, to revert to; to terminate, to end; to belong to; to go home; to marry out; to send a present, to give, to promise; to unite, to assemble; a terminus *ad quem*; a home, a country, a native place, a refuge, a center; to divide fractional numbers; *fán hü' ‹kwai*, to go home; *‹kwai mat› ‹yan*, whom does it belong to? *‹kwai kau'* to lay the blame on the right one; *‹kwai ‹kan*, to trace to the end; *‹kwai fuk›* to return to obedience, to give up rebellion; *‹mò 'sho ‹kwai*, no home, wandering—said of ghosts; *‹kwai ‹wán 'ní*, send it back to you; *‹kwai ‹mâi yat› pín*, to go or put aside; *‹kwai 'kú* or *‹kwai shai'* dead; *‹kwai ‹ning*, a bride's visit to her parents; *‹kwai ‹ü 't'ò*, to be buried; *‹kwai ‹t'in*, to resign office, to return to one's homestead; *‹kwai fát›* division; *‹t'ín há' ‹kwai ‹sam*, the country looks to me; *‹kwai 'pán tsik›* to bring a region under rule; *‹kwai ‹kwai yat› yat›* put everything in its place; *'kau ‹kwai*, a table for reducing fractions.

皈 Kwei — To conform to, to receive instruction, to comply with; *‹kwai ‹i, fuk› fát›* to hearken and conform to instructions—as disciples do.

圭 珪 Kwei — A sceptre or baton made of stone, given to noblemen and princes as a sign of rank, and used at levees; a measure equal to a pinch or six grains of millet; some say, 64 grains, or what can be taken up in three fingers; *chap› ‹kwai*, to hold the baton.

刲 Kwei — To butcher; to eviscerate, to cut open; to stab, to stick a knife into.

奎 Kwei — The stride of a man; the 15th of the 28 constellations, answering to parts of Andromeda and Pieces, and auspicious to students.

閨 Kwei — The door separating the private from the public part of a house; the apartments of the women; unmarried females, who have not yet left the hareem; women; female, lady like, feminine; *‹kwai 'nü*, a virgin, a young lady; *‹sham ‹kwai*, the inner apartments; *‹kwai ‹mún*, to stay at home, of a retiring disposition—said of maids; *‹kam ‹kwai tsik›* a rollster.

龜 龜 Kwei — The tortoise, the chief of mailed beings; the 213th radical of characters pertaining to the cheloniæ; *‹kam ‹kwai*, a small species of Emys, whose carapace, divided into 28 plates on the edges, is used in divination; *‹kwai hok›* a tortoise's shell; *‹kwai ‹kung*, a cuckold; *‹kwai 'cháu*, a pimp; *‹kwai tán'* or *‹kwai 'tsai*, a bastard; *‹kwai púi'* arched over, like a tortoise's back; *tái' ngong' ‹kwai*, you stupid dolt.

海上絲綢之路文獻集成 科技與文化編

鬮 ʿKiū Lots made of paper or wood; to choose by lot; *ˏním ˏkwai*, to draw lots.

ʿ鬼 Kwei A spirit of a dead person, a manes, that which the soul reverts or turns to at death; the 194th radical of characters of demons, phantasms, &c.; a ghost, an apparition, a spectre; a demon, a devil; a horrid looking object; a miserable person, a wretch; the Cantonese stigmatize foreigners as *ˏkwai*, and say their shrill voices resemble the plaintive cry of spirits; *ʿní kin˒ ʿkwai ˏmé*, have you seen a ghost—what are you scared at? *ʿkwai ˏt'au ʿkwai ʿnò*, to peep, to hide and seek; *ʿkwai ʿshü*, a suspicious, dishonest, person; *ʿkwai ʿshai ʿní ˏmé*, did a sprite get you to do this? *chong² ʿkwai*, to meet a foreigner; *ʿkwai ˏt'au ˏfung*, a whirlwind; *t'ai˒ ʿsz˒ ʿkwai*, a wretch taken instead of the real criminal; *tsò˒ wái² ʿkwai ˏt'au*, done altogether wrong; *ʿkwai ˏmai ʿní*, are you possessed! *ˏshang ʿkwai kòm˒ ʿfán*, frisky as an elf; *ʿkwai ʿtá ʿkwai*, a joint plan to swindle one; *ʿkwai suk˒* the 23d of the 28 constellations, stars $\gamma, \delta, \eta, \theta$ in Cancer; *ʿkwai ˏshan*, the gods, spirits; *ʿshui ʿkwai*, ghost of a drowned man; *ˏá p'in˒ ʿkwai*, a besotted opium-slave; *ˏün ʿkwai*, unavenged spirit of a murdered man; *ʿkwai ʿmá*, badly done, careless; *ˏmún ʿkwai*, a catch in a bolt; *yap˒ ʿkwai ˏmún ˏkwán*, entered the door of demons—dead; *ship˒ ˏsing kwai kòm˒ yéung²* he is like a ghost, afraid of the face of men.

ʿ簋 Kwei A dish for holding grain at sacrifices, once made round within and square without; a dish or platter; *ʿkau tái² ʿkwai*, nine platters—a set out; *ʿkwai ʿún*, large dishes or basins; *muk˒ ʿkwai*, wooden open dishes, used for holding the grain in the equinoctial worship of Confucius.

ʿ宄 ʿ軌 Kwei An axle; a rut; a trace, a vestige; an orbit, a path; a law, a rule; treasonable plans against a country; to imitate; *pat˒ ʿkwai*, unconformable; *ʿkwai tò˒* to follow in the path, a constant path.

ʿ匭 Kwei A box; a casket for papers; to put in a box; to bind with cords.

ʿ垝 Kwei A ruinous wall, one ready to fall; ruinous, dilapidated; to destroy, to demolish.

ʿ詭 Kwei To deceive, to cheat, to defraud; to blame, to reprimand; to oppose what is good; to vilify, to insult, to defame; bad, malicious, perverse; odd, strange; *ʿkwai kwat˒* crafty, fraudulent; *ʿkwai chá˒* lying; *ˏmò ˏts'ung ʿkwai ˏts'ui*, do not follow cunning tales; *ʿkwai í²* extravagancies, wonderful things, incredible; *ʿkwai ʿmá kéuk˒ shik˒* a bad fellow.

ʿ晷 Kwei A gnomon, a dial; daytime, the day; *yat˒ ʿkwai*, a sundial; *mat˒ ʿyé ʿkwai hák˒* what is the mark on the dial? *ˏfan ˏkò kai˒ ʿkwai*, to prolong the day by burning candles.

貴ʾ Kwei Honorable, noble, exalted, illustrious; dignified, worthy, good; your, thine, in direct address; dear, high-priced; precious, valuable; to esteem, to honor, to desire, to make much of; *kwaiʾ singʾ* your name; *kwaiʾ tak, tsai²* very dear; *ˏtsun kwaiʾ ˊyau tak,* to honor the virtuous; *kwaiʾ sëungʾ* a noble, ingenuous countenance; *ˊyau mat, kwaiʾ konʾ* what is your business? *ˏt'ai ˏkò kwaiʾ ˊshau,* please lift up (or off) your hand, please let me off; *ˏking kwaiʾ* rare, precious; *kwaiʾ saiʾ* delicate, elegant, as manners; *kwaiʾ híʾ* precious things—applied to darling children; *kwaiʾ tái² ˏyan,* your excellency; *kwaiʾ chung² ˊyé,* a rare article.

季ʾ Kí Little, tender, junior, whatever is young and immature; the least or last of a series; a season, a quarter of the year; half of the year, when speaking of crops or paying rent; *mangʾ, chungʾ, kwaiʾ,* a series of three; *szʾ kwaiʾ* the four seasons; *ˏch'un kwaiʾ* spring; *ˏch'un kwaiʾ üt,* the third month of spring; *kwaiʾ ˊtszʾ* the youngest child; *kwaiʾ shaiʾ* the last generation or dynasty; *ˊmán kwaiʾ* the late or second crop.

悸ʾ Kí To perturb; agitation of mind; the end or fringe of a belt or girdle.

桂ʾ Kwei Cassia tree *(Laurus cassia* and *cinnamomea)*; *met.* literary reputation and honor; *kwaiʾ ˏp'í,* cassia bark; *kwaiʾ ˏp'í ˏyau,* cassia oil; *kwaiʾ ˊtszʾ* cassia buds; *ˊshau ˏp'án ˏtán kwaiʾ* to pick a cassia twig,—to become a küjin; *kwaiʾ ˏfá,* the *Olea fragrans; kwaiʾ ˏfá pòʾ* figured calicoes; *üt, kwaiʾ* the monthly rose *(Rosa semperflorens).*

癸ʾ Kwei The last of the ten stems, which with *ˏyam,* belong to water; the character is supposed to represent water flowing to a center; to consider, to calculate; *ˏt'in kwaiʾ* the menses; puberty.

瑰ʾ Kwei A perfect pearl, which is lustrous by night, called *ˏmúi kwaiʾ;* hence *ˏmúi kwaiʾ ˏfá,* the red rose; rare, precious, excellent, admirable; *ˏk'ing kwaiʾ* a kind of jasper.

饋² Kwei Food, victuals, viands; presents of food; to prepare food; to attend to the kitchen, to present food to one; *kwai² ˏyan,* a king's baker.

餽ʾ Kwei To present to, to give, to offer; gifts of food. Nearly the same as the last.

蕢² Kwei A basket or hamper of straw or bamboo for carrying; a vegetable like the blite or strawberry-spinach, having a red stem; name of a hill.

匱² 櫃² Kwei A case with doors, a press, a chest, a locker; exhausted, wearied out; to fail in: *ˏshü kwai²* a book-case; *kwai² ˏwa,* a counter; *ˊt'ung,* a drawer; *á fuk, kwai²* a wardrobe, a bureau; *át, kwai²* a sum put in deposit for rent; *ˊk'i kwai²* or *ˊchëung kwai²* a clerk in a shop; ˏkam ˏt'ang kwaiˀ state records, archives of state.

跪ˀ Kwei To kneel, to bend the knee to the ground; the legs; a crab's leg; *kwaiˀ hàˀ* to kneel down; *páiˀ kwaiˀ* to bow and kneel to; *kwaiˀ linˀ* to kneel on chains—a mode of torture; *kwaiˀ sat*ˎ knee-pads.

蹶ˀ Kwei Quick, active, diligent; to play with the feet; *kwaiˀ kwaiˀ ˏts'ung szˀ* to stir up one to attend to business, diligent.

(227) Kw'ai.

ˏ規 Kwei A pair of compasses; a law, regulation, custom, usage; a douceur for connivance; a rate for taking a farm; to rule men according to usage; to regulate; to calculate, to plan; to line or draw a line; the disk of the sun or moon; *ˏkw'ai wák*ˎ to draw lines; *ˏkw'ai ˋkü*, usage, custom; *ˏkw'ai laiˀ* law; *üt*ˎ *púnˀ ˏkw'ai*, moon half full; *ˏshau üt*ˎ *ˏkw'ai*, to receive the monthly fee; *ˋmún ˏkw'ai*, the time covered by the fee is up; *tsit*ˎ *ˏkw'ai*, fee due three times a year; *ngák*ˎ *ˏkw'ai*, a fixed fee; *ˏkw'ai chingˀ* to regulate others; *ˏhong ˏkw'ai*, bye-laws of a guild.

ˏ窺 Kw'ei To peep at, to look furtively at, as through a crevice; to spy; to look on slily; to observe for one's own use: the length of a step; *ˏkw'ai t'ámˀ* to spy, to go about looking into; *ˏkw'ai shiˀ* to make secret inspection of; *ˏkw'ai szˀ* to wait for one, to see what is going on; *ˏkún ˏkw'ai*, "a tube-view," a partial examination of, a bird's-eye view.

闚 Kw'ei To peep from under or behind a door, or through a crack; to observe; to glance at, or have a slight view of; *sit*ˎ *ˏkw'ai*, to look at by stealth. Interchanged with the last.

ˏ盔 Kw'ei A helmet, a casque or defense for the head; a block on which caps are ironed and fashioned; a basin or porringer; *ˏt'au ˏkw'ai*, a casque made of iron plates, worn by military officers; *ˏkw'ai káp*ˎ armor.

ˏ葵 Kw'ei A term for malvaceous plants resembling the Malva, Geranium, Althea, Hibiscus, &c. *ˏkw'ai ˏfá*, the *Althea rosea*; *ˏwong shuk*ˎ *ˏkw'ai*, the *Hibiscus manihot*; *héungˀ yat*ˎ *ˏkw'ai*, the sunflower; *ˏkw'ai shinˀ* leaf fans, made from the leaves of the *Raphis flabelliformis*; *ˏkw'ai ˏp'ung*, awnings or thatch made of leaves; *ˏkw'ai ts'oiˀ* an esculent mallows.

ˏ拐 ˏ攜 } Hwui To lead by the hand, as a child or blind man; to go with, to take along, to join, to lock arms; to carry; to take up from the ground; to leave; *ˏt'ai ˏkw'ai*, to lead by the hand, to carry, to recommend one; *ˏkw'ai táiˀ* to take along, to sustain from falling; *ˏkw'ai ˋshau*, to take by the hand, to take an arm; *ˏkw'ai ˏlám*, to carry a basket on the arm.

觿 Hwui An ivory stiletto or horn bodkin, for opening knots, anciently worn on the girdle; a kind of tortoise; the name of a star.

畦 ˏHwui A field containing 50 ˋmau, or about 8 English acres; a plat of ground; a low wall around a field; ˏkw'ai ts'oi' a kitchen-garden.

馗 ˏKw'ei The jaw-bones, the sides of the face; a place where nine or many roads meet, a thoroughfare; name of a mushroom; ˏchung ˏkw'ai, a man of the T'áng dynasty, now deified as a protector against devils, and drawn clutching a sword, and standing on one foot.

夔 ˏKw'ei A one-legged monster, dragon, ox and man combined; a statesman in the days of Shun; a certain plant.

揆 ˋKw'ei To consider; to calculate, to guess; to surmise the meaning, to weigh in the mind; to examine; ˋkw'ai tokˎ to estimate, to reason upon; pákˎ ˋkw'ai, a superintendent.

暌 Kw'ei The sun and moon in apposition; distant from, absent from, separated; ˋkw'ai ˏwai yatˎ ˋkau, [we have been] a long time sundered.

愧 媿 Kw'ei' Ashamed, abashed, disconcerted; shamefaced, bashful; to feel shame when detected; conscience-stricken, remorse; ˏsau kw'ai' ashamed; kw'ai' ˋngo ˏmò ˏts'oi, I feel shame for my stupidity; kw'ai' fúi' contrite.

(228) Kwái.

乖 ˏKwái Perverse, obstinate, to turn the back on; cross-purposes; to contradict; strange, extravagant; cunning, crafty; ˏkwái ˋháu, wily, ingenious; matˎ takˎ kòm' ˏkwái, so well trained—said of children; ˏtsing ˏkwái, clever, ingenious at contriving; ˏkwái p'ikˎ malicious.

夬 ˋKwái Different, to pull or flow different ways; parted, dividing; absolute, certain; the 54th of the 64 diagrams.

拐 ˋKwái To deceive, to swindle, to gull; to seduce, to kidnap, to decoy one in order to carry him off; to entrap persons; ˋkwái p'in' to gull, to swindle; ˋkwái ˋtsz' a kidnapper; ˋkwái p'in' ˏyan ts'ipˎ to elope with a man's concubine; ˋkwái tái' ˏyan ˋkau, to cajole in order to carry off; ˋkwái kéukˎ crippled, lame; ˋkwái ˏyan lokˎ tam' to lead one into evil.

枴 ˋKwái An old man's staff or crutch, with a crooked top; ˋkwái chéung' a cane or staff.

蒯 ˋKwái A rush or grass, used for making sandals, withes, or mats; ˋkwái ˋli, grass sandals, used by chief mourners; a surname.

怪 Kwái' Strange, marvelous, extraordinary; bizarre, supernatural, portentous, monstrous; rare, wonderful, curious; to dislike, to bear a grudge against; to deem strange, surprised at ; ˏk'í kwái' strange, surprising ; kwái' mat a monster, an apparition ; ˏ'm 'hò kín' kwái' don't be surprised, don't feel angry ; 'fán kwái' 'ní, he lays the blame on you wrongly ; kwái' chák 'k'ü, reprimand him ; ˏnán kwái' 'k'ü, can not (or ought not to) blame him ; kwái' ˏtsoi, strange ! kwái' ˏ'm tak not surprising ; ˏchiú kwái' to bring blame on one's self ; kwái' tán' 'chí sz'' marvelous, ghost-like ; ˏkwai kwái' horrid, ugly ; 'yau mat kwái' ˏt'au, what wrong have I done ?

(229) **Kwák.**

摑 To slap the face with the hand ; kwák yat ˏpá, a single slap ; kwák ˏsheng, a clap.

繂 A colloquial word ; a loop, a bight of a rope ; to tie up with a loop ; a stroll ; 'tá yat ko' kw'ák make a noose ; kw'ák chü' 'k'ü, catch him in a lasso, noose him ; ˏt'ung 'ní hü' kw'ák 'há, let us take a turn.

(230) **Kwan.**

君 ˏKiun A chief, head of society ; a prince, sovereign, or ruler ; honorable, in high station, exalted ; superior, wise, one who can influence others ; a term of respect given to others, and used by all persons ; to rule, to fulfill the duties of a sovereign ; ˏkwan 'tsz' the princely man, the beau ideal of virtue ; good people ; ˏfú ˏkwan, my husband ; ˏsin ˏkwan, a deceased father ; 'lsung ˏkwan, your son ; kwok ˏkwan, the emperor ; 'fú ˏkwan and t'ái' ˏkwan are father and mother in epitaphs ; ˏnán ˏkwan, a blue-beard, an unkind husband ; sai' ˏkwan, my wife.

軍 ˏKiun An army, a force of 12,500 men ; the head-quarters of a troop ; an inclosure ; military, warlike ; ˏkwan ˏying, a camp ; ˏhang ˏkwan, to move troops ; kám' shí' ˏkwan, servants who attend the candidates within the hall ; hon' ˏkwan, Chinese Bannermen ; ˏkwan ˏman 'fú, a sub-prefect ; ˏkwan ˏkí tái' ˏshan, the General Council of state ; ˏt'au ˏkwan, to enlist ; 'yau mat ˏkwan 'má, what plan has he, what will (or can) he do ? ˏkwan ˏkung, military merit ; man' ˏkwan, banishment to the garrisons.

昆 ˏKwan Together, alike or comparable, at the same time ; evident, clearly ; an elder brother ; descendants ; many, a multitude ; with, then ; to take precedence ; ˏkwan tai' or ˏkwan chung' brothers ; hau' ˏkwan, descendants ; ˏkwan ˏch'ung, all insects ; 'ní 'kí ˏkwan kwai' how many brothers have you ?

崑 ˏKwan The Kwanlun or Koulkun range of mountains, lying about lat. 35° N., between the Desert of Gobi and Tibet ; the Chinese regard it as the abode of everything mysterious and supernatural.

鯤 ꜀Kwan The roe or spawn of fishes: a leviathan, a whale; ꜀*kwan fá*ʾ ꜁*wai* ꜁*p'ang*, the whale turned into a roc.

鵾 ꜀Kwan A sort of gallinaceous bird; perhaps a heathcock or jungle-fowl.

均 ꜀Kiun An instrument for moulding pottery; equal, just, in similar parts; even, level, plane, flat; to equalize, to adjust or harmonize; a musical instrument; ꜀*kwan* ꜀*fan*, equally divided; ꜀*kwan* ꜁*p'ing*, impartial, equal; ʿ*fú lok*ˌ ꜀*kwan* ꜀*chim*, sorrow and joy equally portioned; ꜀*kwan* ꜁*ts'ai* ꜀*fong ching*ʾ all regular and proper; ꜀*kwan* ꜀*chí hai*ʾ let it be so now, don't change it.

鈞 ꜀Kiun A quarter of a *shek*ˌ or pecul; a weight of 30 catties; a potter's lathe; to equalize, to harmonize; just; important; *tái*² ꜀*kwan* or ꜁*hung* ꜀*kwan*, the Great Framer, wheel of events, heaven, nature; ꜀*kwan ü*² your wishes or orders—a polite phrase. Used for the last.

筠 ꜀Kiun The green tough skin of the bamboo, which contains silex. Also read ꜁*Wan*.

焜 ꜀Kwan Fire, fiery, the flame of a fire; ꜀*kwan iú*ʾ blazing. Read *wan*ʾ; flame; ʿ*fo wan*ʾ *wan*ʾ ꜁*i shéung*² ꜀*ching*, the lambent flame curled upwards.

棍ʾ Kwan A round stick, a club; to bind up sticks; a sharper; *tsáp*₂ ʿ*im kwan*ʾ ꜁*shing*, practice makes a thing natural; ꜀*kwong kwan*ʾ a "bare-stick," a scoundrel; ꜁*in min*ʾ *kwan*ʾ a pastry roller; ꜀*kwan* ꜁*t'ò*, a knave, a band of pestilent fellows; *tsung*² *kwan*ʾ a pettifogger; *kwan*ʾ *kòm*ʾ ꜀*kwong*, bare as a stick, poor; *kwan*ʾ *kéuk*ˌ a dangerous fellow.

郡² Kiun An inhabited place, a principality, a small district; now applied to a prefecture; ʿ*fú kwan*² a department; ʿ*ní hai*² *mat*ˌ *kwan*² what prefecture are you from? *kwan*² ʿ*má*, a king's brother-in-law or neice.

(234)

Kw'an.

坤 ꜀Kw'an The earth, *q. d.* inferior or obsequious to heaven; hence applied to the moon, statesmen, wives, and to whatever has a correlative superior; the 2d diagram; favorable, compliant, obedient; ʿ*tau shat*ˌ ꜁*k'in* ꜀*kw'an tái*² a cottage can contain a great mind; ꜀*kw'an* ʿ*kán*, a betrothed's horoscope.

髡 ꜀Kw'an A punishment of shaving the head, inflicted on the prince's family for slight offenses; bald: a leafless tree.

裙 ꜁Kw'an The plaited skirt of a lady's dress, sometimes elegantly embroidered; rim of a turtle's skell; ꜀*chung* ꜁*kw'an*, or *noi*² ꜁*kw'an*, petticoats; ꜁*wai*ʾ ꜁*kw'an*, an apron, a bib; ꜁*ch'iú* ꜁*kw'an*, an embroidered silk apron worn by officers; ꜁*kw'an kéuk*ˌ ꜀*múi*, waiting-maids; ꜁*kw'an* ꜀*ch'á*, a gore in a skirt; ꜁*kw'an tái*² ꜀*chí* ꜁*ts'an*, relatives of a different surname; ʿ*héung* ꜁*kw'an*, a skirt with bells or jingles.

羣 ˏKw'an A flock of sheep, as few as three; a herd; a concourse, a group, a multitude, a horde, a company; men of the same sort; friends, equals, companions, fellow-officers; a form of the plural number; to sort with, to agree with; *ˏkw'an ˏshang*, all living; *ˏkw'an ˊtong*, a company, messmates; *ˏkw'an ˏmái yatˎ tút²* to form a group, to go together; *ˏmái ˏkw'an*, to consummate a marriage.

悃 Kw'an Sincerity, singleness of heart; unadorned, simple, said of style; *ˊkw'an shat₂* unaffected, simple-minded; *ˏyung ˏshan tsé² ˊkw'an*, I can not forget your kindness—used at the end of letters.

ˊ捆 Kw'an To tie or put together; to plait; to make firm by beating, to work at; *ˊkw'an kü²* to weave sandals. Same as the next.

ˊ綑 Kw'an To bind, to tie up with cords, to fetter; to plait, to braid; a border or fold on the skirt of a garment for ornament; to hem, to put on a band or fold; *ˊkw'an ˊleng*, to bind the neck of a dress; *ˊkw'an ˊpong*, to bind up; *ˊkw'an ˏmái yatˎ ch'ukˎ* tie them up together; *ˊkw'an ˏt'iú*, tape used for hems; *ˊkw'an ˏpín*, a broad fold; *ˊkw'an ˏt'ang* to bind with rattans; *ˊkw'an ˏshan*, to tie on the girdle; *ˏséung ˊkw'an*, to insert a fold or band on garments.

ˊ稛 Kw'an To bind with rope; full, well-provided; *ˊkw'an tsoi² ˏi ˏkwai* to return home well laden, successful in business.

TON. DICT. 27

ˊ菌 Kw'an The mushroom; mold on bread or paste; *fátˎ ˊkw'an*, moldy; *ti² ˊkw'an*, toadstool; *ˊkw'an kwai²* a sort of fine-quilled cassia; *ˏwoo ˊts'ò ˊkw'an* fine mushrooms raised on muck.

ˊ閫 Kw'an A threshold; door-posts; a small door in a gate; door of the female apartments; females; *ˊkw'an noi²* and *ˊkw'an ngoi²* are terms used for within and without the palace, the court and country.

ˊ麕 Kiun A general name for deer; perhaps specially the *Antilope gutturosa*, the doe of which is hornless, and both sexes are easily frightened.

ˊ攟 Kiun To take up and put in order, to put to rights; to complete an unfinished work.

ˊ壼 Kw'an Paths between or among buildings or rooms in the palace; to dwell in; *ˏkwai ˊkw'an*, a virtuous woman.

ˊ鯀 Kwan A large fish; name of the father of Yú the Great, who lived B. C. 2200.

ˊ袞 Kwan Imperial robes embroidered with dragons; *ˊkw'an ˊmín*, robes and crown, a royal dress; *ˊkw'an ˊkw'an ˊhoˎ t'eng* worth hearing.

ˊ滾 Kwan Water flowing in a rapid, bubbling manner; boiling, welling up, rolling; to roll, to go off; to boil; *ˊkw'an ˊshui*, boiling water; *ˊkw'an pá²* clear out, be off! *ˊkw'an tán²* to go away; *ˏts'oi ˏün ˊkw'an ˊkw'an*, my capital must be constantly circulating—a shop phrase; *ˊkw'an lan²* boiled to rags;

*ʻkwʻan lün*ʼ to make mistakes; *ʻtá ʻkwʻan*, to roll about, to make a feint in fencing by rolling over; *ʻlo ʻkwʻan ʻngo*, he vexes me.

綑 ʻHwan A ribbon, a cord; to sew, to stitch together; to bind.

困ʼ Kwʻan A ruined house; confined, cramped, cribbed, like a plant which has no room; exhausted, disheartened, weary, worn out, jaded; poor, beggared; weak, diseased; wanting, insufficient, needy; to tire, to weary, to repress; to impoverish; to influence so as to hinder, to be the slave of; hampered for want of; the 47th diagram; mourning for, sorry, afflicted, oppressed with; to put forth labor; flustered; *kwʻanʼ kün*ʼ wearied out; *piʼ ʻtsau kwʻan*ʼ confused by drink; *kwʻanʼ chü*ʼ to restrain, to disable; *kwʻanʼ ʻshau*, poor, nothing to do; *kwʻanʼ kik*, beggared; *ˏhang ʻli kwʻanʼ fát*, in want of funds or baggage on a journey.

窘ʼ Kiun Afflicted, enfeebled; poor, distressed, in urgent want of; urged by; to distress, to harass; *kwʻanʼ pik*, straitened; *kwʻanʼ kap*, in need.

囷ʼ Kʻiun A round granary; a spiral; twisted; *ˏlun kwʻan*ʼ contorted like roots, spiral.

(232) **Kwán.**

關 ˏKwan To shut or bar a door, to stop up a doorway; to fasten, to fix, to stop a thing for a little while; the cross-bar of a door; a gateway to a market; a frontier-pass; a place where goods enter, a custom-house; a post-house; a limit, a line, a boundary, both literally and metaphorically; to bear upon, to effect, to have a relation to or connection with, to belong to, to concern, to allude to, to involve; consequences, results; to pass through or by way of; to pierce, to penetrate; *ˏkwán mak*, the middle pulse in the wrist; *ˏkwán pò*ʼ or *ʻhoi ˏkwán*, the collector of customs, called a hoppo; *ˏkwán ʻhau*, a custom-house; *ˏʼm ˏkwán ʻngo sz*ʼ none of my business; *ʻní ˏʼm ˏkwán ˏsam*, you did not pay attention; *pat, ˏkwán shíp*, no connection with, independent of; *ˏkwán tsít*, covert assistance; the circumstances or condition of; *ʻtá ˏkwán tsít*, to give a douceur for underhand aid; *ʻtsau ˏkwán muk*, to act on the boards; *sungʼ ˏkwán*, to pass free of duty; *ˏKwán tai*ʼ the God of War; *ˏkwán ˏsam chiúʼ liú*ʼ look after it carefully; *ˏkwán hai*ʼ results, consequences; *ʻhò ˏkwán hai*ʼ a very serious matter; *ˏkwán ˏcham*, a pin; *ˏkwán ˏchung*, "inside of the pass," is a term for Shensí and the neighboring regions; *ˏkwán ˏshü*, proposals to engage a teacher or secretary; *át, ˏkwán* is the money sent with the letter.

瘝 ˏKwán Diseased, infirm, sick; incapable, incompetent for the duties of; *ˏkwán ˏkún*, an inefficient ruler.

鰥 ˏKwán A large fish; a widower; an old man, who has never been married; alone, single, unattended; *ˏkwán ˏfú*, a widower; *ˏkwán ˏkü*, to live alone; *muk*ˎ *ˏshéung ˏkwán ˏkwán*, sleepless, restless.

慣ˋ Kwán Accustomed to, experienced; habitual, addicted to; practiced in; to slip, to stumble; *kwánˋ shuk*ˎ used to; *hüˋ kwánˋ* often going there; *ˊfán kwánˋ* very playful; *ˏ'm kwánˋ* unskilled, unused to; *kwánˋ ˊtò*, to stumble and fall; *kwánˋ ˏking*, in the habit of; *yat*ˎ *ˏkáu kwánˋ ˊtò*, a fall; *kwánˋ laiˋ* the common way or custom; *ˊlá kwánˋ* to overlook, to be easy with; *ˊtò kwánˋ* addicted to gaming.

丱ˋ Kwán The two tufts made in dressing children's hair, commonly called *ˏá kok*ˎ *kaiˋ*.

(233) Kwang.

轟 ˏHung The rumbling of wheels, muttering of thunder, roaring of cannon; a buzzing, stunning noise; *ˏlúi ˏkwang*, noise of thunder; *ˏkwang lit*ˎ irascible, techy; *ˏkwang ˏkwang*, stunning, as a noise; *ˏkwang ˏlang*, the clang of glass, tin, or other sonorous bodies.

肱 ˏKwang The upper arm, the humerus; the arm; *huk*ˎ *ˏkwang ˏí ˊcham*, to pillow his head on his arms.

觥 Kwang A large cyathiform goblet made of rhinoceros' horn; *ˊtsau ˏkwang*, a wine cup.

薨 ˏHung The death of a prince or grandee; to die; many; fleet, prompt; *ˏkwang ˏkwang*, the buzzing or hum of insects.

訇 ˏHung Noise of drums or bells, clamor; rushing of waters; din of loud voices.

渹 ˏHung *ˏKwang ˏkwang*, roaring of waters over stones; dashing of waves.

(234) Kwáng.

逛ˋ Kwáng To wander about, to ramble, to take a walk, to go to and fro; *hüˋ kwángˋ* to walk abroad; *kwángˋ ˏün ˊyam ˏch'á*, take a cup of tea after a walk.

纊ˋ A colloquial word; to latch, to fasten or loop two doors, with a string or hoop; *kwángˋ ˏmái ˏmún*, fasten the door; *kwángˋ ˊkau*, to tie up a dog; *yat*ˎ *kwángˋ langˋ* a number or load of things tied together.

To rub against, to run upon one in the street; *kwángˋ ˏts'an ˊk'ü*, rubbed against it; *kwángˋ lánˋ ˏshám*, to tear one's dress by catching it; *kwángˋ ˊk'ü lok*ˎ *ˏlai*, catch it (a kite) down; *ˊt'ai kwángˋ"* lookout, [lest I] run against you!—a porter's cry.

筐 ˏ Colloquially called *ˏkw'áng*, as *ˏlám ˏkw'áng*, baskets.

ˊKw'áng. A twig, a sprig, the small stems of herbs and trees; peduncles, stalks of leaves; *ˊlau ˊkw'áng*, willow twigs; *ˏchí ˊkw'áng*, twigs, stalks.

(235) Kwat.

骨 Kuh The bones of bodies; whatever is hard that is inclosed in something soft, as the ribs of leaves, sticks among leaves, knots in cloth, or seams in garments; the 188th radical of characters relating to bones; the figure, the person; *kwat*, *kák*, *tái*² a large frame or person; *yat*, *fú*' *kwat*, *kák*, a skeleton; *shü*² *kwat*, heart-wood; *kwat*, '*tsz*' particular, exact, finical; *kwat*, *yuk*, brothers, children, relatives by blood; *shau*' *kwat*, *ˌü ˌch'ái*, lean and bony as a stick; '*mò ˌiú kwat*, regardless of his promise; '*fán kwat*, to turn against one for a slight cause; *ˌsung kwat*, to crack the joints; *tsz*'² '*yau kwat*, *lik*, the characters are vigorously written; *tsán*² *kwat*, *ˌt'au*, you baseborn runt; *kwat*, *ˌp'ái*, dominoes.

汩 Kwuh The noise of waves; to confound, to mix; to unstop, to let flow out; to rise, to float; *kwat*, *ˌch'au*, to confuse. Read *Mat*,; a river in Hú-nán, called *Mat*, *ˌlo ˌkong*, which enters Tungt'ing Lake on the southeast.

橘 Kuh A small kind of orange; *ˌkam kwat*, the *Citrus madurensis*, or kumquot orange, used for sweetmeats; *ˌkam kwat*, '*tsz*' *tai*² a dear little fellow; *kwat*, *ˌhung*, dried orange-skin brought from Hwá chau in the S. W. of Kwángtung.

譎 Kiueh False, crafty, intriguing; to impose on; time-serving, wily, crooked; *kwat*, *chá*' tortuous conduct.

掘 Kiueh To dig into the ground, to excavate, to scoop, to open, to hollow out: *kwat*, *ˌlung*, to dig a hole; *kwat*, *ˌkam*, to dig for gold; *kwat*, '*ch'ung* to dig a grave; *kwat*, *ˌháng*, to open a drain. Used for the next.

崛 Kiueh Rising loftily like a solitary peak; eminent, distinguished; *kwat*, '*hi* standing alone.

倔 Kiueh Obstinate, opinionated; *kwat*, *ˌk'éung*, perverse, willful. A colloquial word: to cut off short; a dull or broken point; abrupt; a way stopped up; *lò*² *kwat*, the road is stopped; *shüt*, *wá*² *kwat*, an abrupt sentence; *ˌtsim* and *kwat*, are opposites, sharp and dull.

(236) Kwát.

刮 Kwáh To pare or scrape off, to abrade, to rub or rasp; to burnish; to even off grain; to raze; to extort; *kwát*, *séuk*, to scrape; *met.* to oppress; to cheapen; *kwát*, *ˌtséung*, to stiffen cloth; *kwát*, *ˌp'ing*, to even (grain); '*tau kwát*, a striker; *kwát*, *ˌp'ing tí*² *ˌfong*, to destroy a place; *kwát*, *muk*, *ˌséung ˌhon*, to rub one's eyes and to treat well—spoken of another's sudden prosperity; *lí*² *kwát*, a tongue-scraper. *Kwát*, is used in Canton for a *quarter*, in imitation of the English sound.

(237) Kwik.

隙, 郤, Kih — A crack, a chink, a crevice, a fissure, a cleft, a gap, an interstice; leisure-time, an interval; an occasion for, an opening for variance; suspicion, dislike; ʻ*yau kwik*ͅ split, as a board; suspicious, resenting; *ts'am kwik*ͅ to seek occasion against; ͺ*hán kwik*ͅ at leisure; *yat*ͅ *kwik*ͅ ͺ*chí* ͺ*kán*, in an instant.

洫, Hiueh — A water-course in fields; a moat; a sluice for water; overflowing.

淢, Yih — Same as the last. Read *wik*ͅ to flow rapidly; a current; water foaming and rising.

侐, Hiueh — Quiet, silent, peaceful; taciturn; *kwik*ͅ *tsing*ͅ peaceful, undisturbed.

聝, 馘, Kwoh — To take the heads, or to cut off the left ears of persons killed, or prisoners taken in battle, and send them to court—this was done in ancient times as evidence of victory; the face.

虢, Kwoh — The gash or marks made by a tiger when seizing his prey; a surname; name of a state in the Tsin dynasty, now Yungyáng hien in K'áifung fú in Honán.

虩, Kih — To terrify, to make afraid; alarmed; as when seeing a tiger; a kind of fly.

鴂, ʻKiuh — The tailor bird, called ʻ*háu* ʻ*fú* ʻ*niú*, "the cunning wife," and many other names; it sings at the equinoxes, and marks the seasons.

綌, Kih — A sort of coarse hempen fabric, made of the Dolichos; anciently used for towels and kerchiefs.

闃, Kih — Silent, from being unoccupied; empty, solitary, alone.

(238) Kwing.

扃, ͺK'iung — A door-bar or latch outside of a door; to bolt or bar a door; a bar or frame in a chariot to hold weapons; an ear or handle; ͺ*kwing* ͺ*mún*, to bolt the gate; ͺ*kwing* ͺ*kwing*, to examine.

ʻ坰, Kiung — A desert or void place, a wild remote from towns; the edge of a forest.

ʻ泂, Kiung — Distant, remote; profound, vague; an abyss; to forbid.

ʻ炯, Kiung — To examine with a clear light; brightness, lustre; ʻ*kwing* ʻ*kwing*, effulgent.

ʻ絅, ʻ褧, Kiung — A garment without any lining and of a plain color; to drag or lead one along quickly.

ʻ迥, Hiung — Void, waste, desert; remote; also, bright, lustrous; ʻ*kwing* *pit*ͅ very different.

ʻ駉, Kiung — A large and fat horse, one in good case; a pasture or paddock for horses; ʻ*kwing* ʻ*kwing* ʻ*mau* ʻ*má*, robust, fine stallions.

ʻ憬, Kiung — To advert to and understand, to be excited upon; distant, to appear remote; ʻ*kwing kok*ͅ to perceive. Also read ʻ*king* in the Fan Wan.

(239) **Kwít.**

A squeaking noise at night, called *kwít,* *‚sheng,* is thought to be the cry of ghosts; the squeaking of mice; clever, astute, sagacious; *kòm' kwít,* so smart—said of children.

(240) **Kwo.**

‚戈 Ko A kind of halberd, the cross bar of which is used as a hook; the 62d radical of characters referring to arms; warlike weapons; *'cham ‚kwo toi' tán'* laid on their arms till morning; *tung' ‚kon ‚kwo,* to take up arms, to commence war.

‚過 ‚薖 Ko To strike, to whip a horse; a switch, a lash; grass, plants; wide, easy; hunger; the first of these is also read *‚chá.*

‚渦 Ko A branch of the R. Hwái, which rises in Honán, and flows S. E. into it at Hwái-yuen hien in Ngánhwui.

'果 '菓 Ko Edible fruits, fruits with seeds or kernels in them; to overcome, to surpass; results; to conclude, to see the end of; courageous, hardy; really, truly, indeed; perfection or nigban of the Budhists; *pák,* *'kwo,* all sorts of fruits; *'kwo ‚ín,* certainly; *kít,* *'kwo 'k'ü,* finish him, make away with him,—said of criminals; *'kwo tün'* to decide finally or justly; *'kwo 'tsz'* fruit; *'kwo 'kòm,* great courage, intrepid; *‚yan 'kwo,* cause and effect; absorption into Budha; *‚ü 'kwo hai' 'kòm,* is it so, really? or as a reply, it certainly is so; *'kwo 'pan,* sorts of fruits; *‚kwai ching' 'kwo,* to reform one's conduct; *‚ní tik,* *'kwo ‚shang,* this fruit is green; *'fan 'kwo,* meat cakes steamed; *‚t'ong 'kwo,* sweet meats; *'kwo tip,* plates of fruit; *‚shí 'kwo,* fruits in season; *'kwo ‚lán,* a fruit-market; *‚k'i sz'' pat,* *'kwo,* the matter is not yet ended. The second character is commonly used for fruit.

'蜾 Ko The solitary wasp or sphex; *'kwo 'lo,* wasps, which imprison caterpillars in their nests.

'裹 Ko To bundle up, to wrap or wind around; to envelop; a bundle; the receptacle of flowers, place where the fruit sets; *'kwo kéuk,* to bind the feet; *‚páu 'kwo,* to wrap up; *‚chong 'kwo,* habiliments of the dead; *'kwo 't'ò,* a belly-wrapper, a stomacher.

過' Kwo To overpass, to exceed, to go beyond, to pass along; to pass, to spend, as time; beyond, further; to transgress, to violate propriety; an error, a transgression, an imprudence, a sin of ignorance; denotes past time, the pluperfect; a sign of comparison, great, much, too; the 28th and 62d diagrams, are called *tái' kwo'* and *'siú kwo';* *kwo' hü'* to go, to go by; *hü' kwo' ‚lai,* gone, I've been there; *tsoi' hü' kwo'* go again; *t'ái' kwo'* a great blunder; *pat,* *kwo' ‚sám ko'* only three, no more than three ; *kwo' shai'* or *kwo' ,shan*, deceased ; *,'m kwo' tak,* i' mistaken, I was in error ; *,'m kwo' tak, hü'* impassable, I can't do it ; *'hò kwo'* better, improving ; *'hò kwo' ko' tik,* better than that ; *,t'eng kwo'* I have heard it ; *shi' kwo'* I have tried it ; *kwo' ,k'i*, it is past the hour ; *,tò kwo' tak,* I can get along on a pinch ; it will do ; well, make it do ; *kwo' ,t'au*, too, very ; a common superlative, as *fút, kwo' ,t'au*, too broad ; *,nán kwo'* hard to get by, or over, or along ; *kiú' 'k'ü 'tsau kwo' ,loi*, tell him to come quickly ; *kwo' ,hiú*, gone, past ; *,p'ing kwo'* evenly balanced or matched, at quits ; *kwo' yé'* to pass the night ; *kwo' ,kwong*, to gloss over, to make a false show ; *kwo' 'há ,t'im*, wait a while ; *'yau kwo'* faulty, guilty; *kwo' tsò'* season past, as fruit ; deceased ; *kwo' shan'* too cautious ; *,'m ,ts'ang kin' kwo'* I have not seen it ; *kwo' sun' yat,* i' give me a little credit ; *,mò kwo' ,ü shi'* none better than this ; *kwo' ko' ,pín*, go on that side ; *,'m kwo' tak, 'shau*, don't give it into his hand ; *,'m kwo' tak, 'ngán*, intolerable, I can not suffer it.

(241) Kwok.

國, 国 Kwoh — A state, country, kingdom, empire ; a nation, a people ; a region ; national, governmental ; *mán' kwok,* all nations ; *kwok, ,wong*, his majesty; a sovereign ; *'pún kwok,* my country ; *,shán kwok,* a hilly country ; *kwok, ,ká*, the state ; *kwok, 'mò*, the empress ; *ngoi' kwok,* foreign countries ; *tái' ,Ts'ing kwok,* the Manchú empire ; *'ní mat, 'yé kwok, 'fan* what country are you of ? *,t'ín kwok,* the kingdom of heaven ; *,hoi kwok,* to found a state ; *chin' kwok,* the contending states, about B. C. 400–260.

蟈, Kwoh — A kind of small green frog, called *,lau kwok,* with long thighs.

幗, Kwoh — A hempen cap or kerchief worn by women when mourning ; a female headdress ; *,kan kwok, ,chi yuk,* the "disgrace of kerchiefs,"—poltroonry.

摑, Kwoh — To slap one's head or mouth; often pronounced *kwák,* in Canton.

膕, Kwoh — The popliteal space ; the calf of the leg.

郭, Kwoh — The wall inclosing the gates of Chinese cities, forming a greater security for defending the gate, commonly called *ung' ,hün* ; a surname.

鞹, Kwoh — Hide, dressed and curried skin, with the hair taken off.

槨, Kwoh — A coffin or box which incloses the true coffin ; to measure ; *shek, kwok,* a stone sarcophagus.

(242) Kwong.

光 Kwang — Light, splendor, lustre ; illustrious, brilliant, bright ; honor, éclat, glory ; *met.* one's presence; naked, smooth, bare, bald; only, barely; to illuminate, to adorn, to reflect credit on; *yat*꜁ ꜀*kwong*, day-light; ꜀*kwong* ꜀*sin*, smooth and new; ꜀*kwong* ꜀*t'au*, bald, bare-headed; ꜀*kwong* ꜂*ts'oi*, splendid; shaved clean; ꜂*fan ngoi*꜄ ꜀*kwong*, too bright; ꜀*lò* ꜀*kwong* ꜂*liú*, all consumed, bare of; ꜁*hò* ꜀*kwong*, a nimbus on the head of idols; ꜀*kwong shè*꜄ a sunbeam, a gleam of light; *fong*꜄ ꜀*kwong* ꜁*ch'ung*, a glow-worm; ꜀*kwong min*꜄ ꜀*kung* ꜁*fú*, eye-service; ꜀*kwong* ꜀*tsung*, to glorify one's ancestors, by one's good conduct; *fong*꜄ ꜀*kwong*, incandescent; *hau*꜄ ꜀*kwong*, we wait for your presence; *tsè*꜄ ꜀*kwong*, to borrow clothes (jackdaw-like) or other articles of one; ꜀*kwong* ꜀*shan* ꜁*lai*, come without any baggage; naked; ꜀*kwong* ꜂*máng*, the light is too bright.

桄 ꜀Kwáng. A kind of palm like the areca, called ꜀*kwong* ꜁*long*, of which sedan thills are made; a cut water; ꜀*ki* ꜀*kwong*, the beam of the loom.

洸 ꜀Kwáng. Water sparkling and glistening in the sun; a river in Shánsí; wide; ꜀*kwong* ꜀*kwong* martial, threatening.

胱 ꜀Kwang. The bladder is called ꜁*p'ong* ꜀*kwong*, the last word referring to its breadth.

廣 ꜂Kwáng. Broad, extensive, wide, spacious; large, ample; to enlarge, to make broader or wider, to extend; to increase; to diffuse; a body of 15 chariots; ꜂*kwong* ꜁*hang*, extensively diffused or made known; ꜂*kwong tái*꜄ large, profound, as one's learning or estate; ꜂*kwong* ꜁*yéung*, to publish everywhere; ꜂*Kwong* ꜀*tung* ꜁*sheng*, the city of Canton; ꜂*lò* ꜂*Kwong* ꜀*tung*, an old resident of Canton; ꜂*Léung* ꜂*Kwong*, the two Broad provinces; *léung*꜄ ꜂*kwong*, able to drink much.

誑 ꜂Kwang. Wild, incoherent talk; to deceive, to mislead, to lie to; ꜂*kwong* ꜁*in*, lying words; *yau*꜄ ꜂*tsz*꜄ ꜁*shéung shí*꜄ ꜁*mò* ꜂*kwong*, children never mislead one.

礦 **鑛** Kwang. The ore of iron, lead, and other metals; minerals; the lode of metals, gems in the matrix; *t'ít*꜁ *kwong*꜄ iron ore, ironstone.

(243) Kw'ong.

狂 ꜁Kwang. Mad, crazed, raging, raving, wild, incoherent; hasty; unable to judge about matters, stolid; cruel, irascible; eccentric, enthusiastic, new-fangled, precipitate, rash, imprudent,—often sneeringly applied to the acts of others; deranged, insane, delirious; ꜁*kw'ong* ꜂*mong*, extravagant, mad, vicious; ꜂*tsau* ꜁*kw'ong*, silly from liquor; *fát*꜁ ꜁*kw'ong*, raving mad; ꜁*kw'ong* ꜂*hün*, a mad dog; ꜀*shü* ꜁*kw'ong*, book-mad, pedantic; ꜁*kw'ong ts'ò*꜄ light-minded; *mok*꜁ *ko*꜄ *kòm*꜄ ꜁*kw'ong*, don't be so hasty; *kw'ong sing*꜄ headstrong.

(244) **Lá.**

喇 Lá — A final particle expressing certainty, permission, or what will do; it often follows *pá*’, as ‘*t'ai pá*’ ‚*lá*, come, let me see; ‘*hò* ‚*lá*, well; *tsau*’ ‘*kòm* ‚*lá*, that will do; *tsò*’ *sz*’’ ‚*li* ‚*lá*, to do things wrong, at sixes and sevens; ‚*lá* ‚*pá*, a long pipe or bugle, called ‚*hù* ‚*tù*.

‘揦 To take with the fingers, to grab at, to clutch up; ‘*lá* ‘*hí* ‚*lai*, take it up.

罅’ Hiá — A crevice, a cleft, a crack or very slight fissure; ‘*yau lá*’ it is cracked, opened; *lau*’ *lá*’ leaky; to escape, to elude; *lá*’ ‚*li lá*’ ‚*lung*, a cranny, a hole, by-place; *ká*’ *lá*’ ‘*sé*, write it between the lines; *lá*’ ‘*chá*, dirty, fouled; *lá*’ *kwik*, a cause of offense; a crack; *hong*’ *lá*’ a very narrow alley.

嘞’ A final particle, used when a matter is finished, or will do as it is; ‘*kòm wá*’ *lá*’ well, as you say; *tsò*’ *mat*, ‘*yé lá*’ what have you been doing?

(245) **Lai.**

‚犂 Lí — A plough; to plough, to prepare ground for crops; day-break, just before dawn; a piebald ox; forms part of the name of hordes of Huns; ‚*lai* ‘*lò*, old and grimed with dust; *yat*, ‘*pá* ‚*lai*, a plough; ‚*lai* ‚*tò*, a colter; ‚*lai* ‚*t'in*, to plough; ‚*fú* ‚*lai* ‚*yan*, a ploughman. Interchanged with the next.

‚黎 Lí — To prepare ground for rice; black, dark brown; many, numerous; ‚*lai* ‚*ming*, early dawn; ‚*lai* ‚*man*, the black-haired race—the Chinese; ‚*lai chung*’ the people, a multitude, all; ‚*Lai* ‚*yan*, tribes of aborigines in Háinán I.

‚藜 Lí — A kind of herb, whose leaves are edible when young, and the stalks fit for canes when grown; a sort of golden rod; *p'úi*’ ‚*lai*, a confused multitude; ‚*lai chéung*’ a cane; *tsat*, ‚*lai*, a spinous herb used in ophthalmia.

‚嚟 A colloquial word used for 來 ‚*loi*; to come; able; to begin; used with other verbs, to denote a command, as ‚*ning* ‚*ch'á* ‚*lai*, bring tea here; a final particle, making the present perfect tense; *yau*’ ‚*lai yau*’ *hü*’ coming and going; ‚*lai* ‚’*m* ‚*ts'ang*, has he come yet? ‘*t'ai* ‚*lai ts'au*’ ‚*lo*, see if it can do, or will suit; ‚*lai lok*, coming! —used as a reply; ‚*fán* ‚*lai*, come back; *tsò*’ *mat*, ‘*yé* ‚*lai*, what have you been doing? *ch'ut*, ‚*kái* ‚*lai*, I have been out; ‚*lai* ‘*chi* ‚*p'ái*, to play cards.

‘𠾍 A colloquial word; to turn, as ‘*lai* ‘*chün* ‚*t'au*, to turn the head; stiff, as *fan*’ ‘*lai* ‘*keng*, a stiff neck from sleeping awry; to accuse falsely; ‘*lai* ‘*k'ü tsò*’ *ts'ák*, impeached him as a robber; ‚*üü* ‘*lai* ‘*k'ü*, involved him falsely; ‘*lai* ‘*shau* ‘*pi*, gave it behind his back; ‘*lai* ‘*shau* ‚*tò* ‘*hang*, he'll take less if he is beat down.

ʻ禮 ʻ礼 Lí — Propriety, etiquette; ceremonies, rites, acts which are meet when serving the gods; decorum, manners, politeness; the rules of society, what is requisite and becoming to a station; official obeisance, worship; courtesy, prompted by good feeling; offerings, a gift required by usage; *ʻlai ˏi*, or *ˏkon ʻlai*, a present of money; *ʻlai shòʼ* requirements of politeness, rules of society; *ʻlai máuʼ* good manners; *hòpˎ ʻlai*, courteous; *ˏmò ʻlai*, impertinent, rude; *ˏkam yatˎ ʻlai páiʼ* to-day is Sabbath; *yatˎ koʼ ʻlai páiʼ* a week; *ʻlai páiʼ íʼ* Tuesday; *ʻlai páiʼ ˏt'ong*, a church; *sungʼ ʻlai*, to send a present; *ʻlai ˏkam* or *ʻlai sz'ʼ* money paid at betrothing; *shapˎ ʻlai*, a present (not of money); *ʻlai ˏto*, obsequious; *ˏshéung ʻlai*, usual etiquette; *ˏhang táiʼ ʻlai*, to perform a high obeisance; *ʻlai ˏfong*, the department or office in a yámun which attends to observances.

ʻ醴 Lí — Sweet or newly distilled spirits, made from glutinous rice; sweet, applied to fountains; *ʻhéung ʻlai*, an imperial feast; *ʻtsau ʻlai*, spirits used in sacrifice.

ʻ澧 Lí — Name of a river emptying into Tungting Lake; *ʻLai ˏchau*, an inferior prefecture in the north of Húnán.

ʻ蠡 Lí — A wood borer, bugs which eat wood; *ˏp'áng ʻlai*, a marsh in Yángchau fú. Read *ˏlai*, a calabash; *ʻi ˏlai ch'akˎ ʻhoi*, to measure the ocean with a gourd—presumptuous ignorance.

厲ʼ Lí — A whetstone; to grind, to rub, to sharpen; to inspirit, to excite, to animate; to discipline; to commence; severe, harsh, stern, majestic; raging, furious, violent, cruel, excessive, tyrannical; ugly; to ford a stream; dangerous disease; *ˏim laiʼ* severely strict; *laiʼ ˏman*, to oppress the people; *laiʼ ˏping*, to animate troops; *laiʼ ʻkwai*, an orbate spirit, a fierce demon. Used for the four following.

勵ʼ Lí — To exert; to encourage, to animate; to urge to; *ʻmín laiʼ* to rouse up to effort.

濿ʼ Lí — To cross a stream on stepping-stones, to ford a rivulet; *ˏsham tsakˎ laiʼ*, if deep then get stones to cross.

癘ʼ Lí — Foul, virulent ulcers, plague sores; a pestilence, epidemic; noxious vapors.

礪ʼ Lí — A coarse kind of sandstone, a whetstone for sharpening tools; *laiʼ shekˎ* sandstone.

糲ʼ Lí — Coarse, rough, food; unhulled or uncleansed rice; *laiʼ shikˎ* coarse food; *ˏts'ò laiʼ* plain—applied to fare.

蠣ʼ Lí — A rock oyster, called *ʻmau laiʼ*; *laiʼ ˏfong*, the shell of this mollusk used as a medicine.

麗ʼ Lí — A stag walking and then stopping; an adjective of praise; elegant, graceful, glorious, adorned, good, lovely, fair, beautiful—according to the character of the noun; luxurious, extravagant; flowery, bright; to couple, a pair; attached to, belonging to, as clothes or the heart do to the body; a boat; a beam; a number; to hit; *‚wá lai²* magnifical; *‘mí‚ lai²* beautiful; *‚Kò lai² kwok›* Corea; *‚séung fú² lai²* proportional, corresponding to, as guilt and punishment.

儷² Li A pair, a couple, as husband and wife; together with; companions, mates, fellows; *k‘ong² lai²* a match.

矖² Lí To look at, to gaze; *‘ngán lai² lai²* to stare at; *‘ní ‘mai lai² chü² ‘ngo*, don't stare at me.

郦² Lí Name of a place in the state Lú, now comprised in the prefecture of Tangchau in Shántung; a surname.

例² Lí To compare together, to classify, to adjust, to arrange; laws, rules, regulations, directions, by-laws; order, disposition of things, mode or custom of; *tsak› lai²* rules of the Boards; regulations; *‘pí lai²* to compare; *fán² lai²* or *‚wai lai²* to oppose or break the law; *‚hoi lai²* to make a rule; *‚’m hòp› sz’² lai²* it is not the way or custom; *lai² ‚t‘au*, a regulation; *lai² shau²* "would have legally been given,"—a phrase applied to titles of deceased graduates; *lai² pat› ‚fú*, not according to etiquette or law; *teng² lai²* a settled custom; *‚shing lai²* it has become a custom.

栵² Lí Trees growing in rows; a kind of wood used by cartwrights. Read *lit›* a kind of wild chestnut.

荔² Lí A fruit tree, the lichí or laichí (*Dimocarpus leche*); a kind of flag with fibrous roots; *kwá² luk› lai² ‚chi*, small-pit laichi, the best sort; *tái² ‚ho ‚páu lai² ‚chí*, the early laichí.

(246) Lái.

‚獳 Näi The last child; *‚lái ‘tsai*, the youngest child; *‚lái ‘mi*, the last one; *‚kwá ‚lái*, any small *‚kwá* or melons.

‚拉 Láh To pull, to drag along or up to one; to lead; to claw, to seize with the talons or fingers; *‚lái kü²* to saw; *‚lái tsün²* to work a bit; *‚lái ‘ch‘é*, to pull, to tear apart; *‚lái chü²* to hold to detain by force; *‚t‘o ‚lái ‘shau*, to take one's hand in walking; *‚lái lám²* to pull a boat; *‚lái tak› ‚ngan*, to borrow money; *‚lái mang²* to pull; to borrow money; *‚lái ‚ch‘ün ‚lai pái²* no one will trust me; *‚lái tak› fo²* to get goods on credit; *‚lái kwo² tik›* move it along a little; *‚lái ‘tò*, to settle a matter, to hush up or quash an affair; *‚lái ‘tò ‚yan*, to nab a man, to arrest one; *‚lái ‚fá*, open worked carving; *‚lai ko² ‚p‘ing kwo²* even now, the matter is balanced. Read *lap›* in the Fan Wan.

瀨 A colloquial word; to leave behind one, to omit, to pass over; tired, indisposed to; *‚iú ‚lái kwat› ts‘ik›* tired out, my back aches; *‚lái lau²* careless, slovenly; *‚lái ‚t‘au sát› ‘mí*, negligent in everything.

瘌ˀ Lái A virulent blotch or eruption; the leprosy or a scrofulous affection like it; now applied to the itch, the impetigo, and other chronic cutaneous diseases; *ˏkon lái*ˀ the itch; *shap*ˏ *lái*ˀ the impetigo; *ˏshang lái*ˀ to have the itch; *lái*ˀ *ˏsin*, one covered with itch; *lái*ˀ *ˏch'ong*, itch sores.

賴² 頼² Lái To depend on, to lean on; to rely on, to confide in, to trust to; to assume, to act on a falsity, to trump up; to profit one's self, to get advantage; to calummiate, to accuse falsely; to leave, to forget; *ˏt'ò lái*² to involve the guiltless in punishment; *ˏmò ˏliú ˏmò lái*² living by his wits, a haphazard living: *ˏmò lái*² *ˏchi ˏt'ò* no dependance on, a loafer, a lazy fellow, a suspicious chap; *lái*² *lok*ˎ to forget to take away; *lái*² *shò*ˀ to extort a trumped up debt; *kung*² *'k'ü lái*² *hau*ˀ very intimate with him; *lái*² *ˏhià tsz*"² to omit a character; *lái*² *shing*² *yat*ˏ *ˏt'iú*, left one behind me; *lái*² *ts'o*ˀ to accuse falsely, a groundless charge.

禲ˀ Lái Fallen in ruins; remiss in sacrificing; *ˏchü lái*² to curse, to imprecate.

藾ˀ Lái A water vegetable, a sort of celery; to cover, shaded; *ˏsám lái*² capoor cutchery.

籟ˀ Lái A musical pipe with three tubes or reeds; any arrangement of tubes or pipes; a whizzing, moaning, or soughing noise; *ˏt'in lái*² *tsz*"² *ˏming*, the whistling of the wind.

(247)

Lak.

肋ˏ Leh The ribs, the side of the body; *lak*ˏ *'ím*, the side; *lak*ˏ *shák*ˏ *kwat*ˏ the ribs; *'tá* (or *t'ül*ˏ) *ch'ik*ˏ *lak*ˏ barebacked; to strip; *lak*ˏ *kak*ˏ rugged, uneven, as a path; *lak*ˏ *ˏt'iú kwat*ˏ a spare rib; *ˏkai lak*ˏ "hen's ribs," is a useless thing or man. Often pronounced *lák*ˏ.

扐ˏ Leh To divine with fifty straws between the fingers; they are reduced to 49, and divided into two parcels at hazard, from one of which a straw is taken and put by the little finger, and four others then selected to put with it, the remainder of the parcel being distributed between the other two fingers; the other parcel is then divided in the same manner on the other hand, and the lengths of the two compared with the 64 diagrams to ascertain the luck. Also, to bind.

勒ˏ Leh A bridle-bit, a curb; a head-stall; to bridle, to rein in, to restrain; to oblige, to require, to force to do; to exact unjustly, to vex; to engrave, to cut in stone; to tie up or around, to strangle; *'má lak*ˎ a horse's bit; *lak*ˎ *sok*ˏ to extort; to compel one to take up with: *lak*ˎ *chü*² *chek*ˎ *'má*, hold in the horse; *lak*ˎ *ˏiú*, to tie by the waist; *lak*ˎ *pik*ˏ to force or insist on doing; *lak*ˎ *ˏyau*, to require to resign; *lak*ˎ *chá*ˀ to oppress in order to get money; *lak*ˎ *'sz*ˀ to strangle to death.

勒ˎ 竻ˎ Leh — A spinous and thorny kind of bamboo, used for hedges; bamboo roots; spines, thorns; *lakˎ kòmʾ ˏhái*, rough as a bramble; *lakˎ lamʾ* a bramble or quickset bush; *ʻfo ˏyéung lakˎ* a cactus; *ʻchʻái chéukˎ lakˎ* to stick a thorn in the foot. The first character is also read *ˏkan;* the second is unauthorized.

(248) Lák.

喀ˎ A final particle, implying a fullfilment, a finish of a matter; *ʻhò lákˎ* very well; so, that will do; no more; *hüʾ lákˎ* certainly, he's gone.

(249) Lam.

ˏ啉 A bud; to cover or bend down over; *kòmʾ ˏlam lutˎ* such a gabble, reiteration; *áʾ ˏlam ʻtsai*, a girl of the streets; *ʻching ˏlam tikˎ* make it sloping a little; *ˏlam ˏlam tséukˎ* a hooting owl; *ˏfá ˏlam*, a flower bud.

ˏ林 Lin — A grove, a clump of trees or bamboos; a wood, a forest; a luxuriance or abundance of; one's village or native groves; a group of, a company; *ˏchʻá ˏlam*, a tea-shop; *lukˎ ˏlam*, a mountain in Húpeh, hence a den of thieves; *lukˎ ˏlam hákˎ* a band of robbers; *shüʾ ˏlam*, a forest; *üʾ ˏlam ˏkwan*, the Imperial Guard; *ˏyam ˏlam*, an out of the way place, a bye-corner; *ˏlam háʾ ˏtsʻoi ʻchü*, an opulent retired officer.

ˏ淋 Lin — Dropping; dripping, water running off; to soak, to moisten, to wet; *ˏlam ˏfá*, to sprinkle flowers; *ˏlam ˏli*, soaked, drenched, continual dropping; *chiúʾ ˏtʻau ˏlam*, to throw water on one; *ˏlam shapˎ* wet through.

ˏ霖 Lin — Interchanged with the last; a timely rain of three days fall; incessant rains; *ˏkòm ˏlam*, an opportune shower; *ʻü ˏlam ˏtʻau*, wet in a shower; *met.* care taken after losing things.

ˏ琳 Lin — A kind of precious stone, called *ˏkʻau ˏlam*, perhaps a species of prase.

ˏ痳 Lin — A disease of the bladder or ureter; a strangury or dysury arising from any cause; *ˏshá ˏlam*, gravel; *hütˎ ˏlam*, bloody urine.

ˏ臨 Lin — To look down upon, to behold with a care for, to superintend; a superior regarding or going to an inferior; to bless or curse, by coming to; to descend upon; to go to; to commence, at the point of, about to do; during, when, time of meeting; makes the present gerundive; the 19th diagram; great; *ˏlam ʻszʾ* near death, when he was dying; *ˏlam ˏman* to superintend or govern the people; *ˏlam shaiʾ* to come into the world; *ˏtsʻan ˏlam ʻtʻai*, go and see myself; *ˏlam ˏshí ʼngʾ szʾ* to hinder a matter at the time; *ˏlam hüʾ* going; *ˏlam kapˎ ˏlam ˏmong*, to hurry one's self, be quick; *ˏlam yéʾ* nightfall; *ˏkwong ˏlám ˏmáu shéʾ* you honor my hamlet; *ˏlam ˏsham*, to face or brave danger, fearless; *ˏlam lokˎ ˏlau*, when he goes down stairs; *ˏlam ʻlò yapˎ ˏfá ˏtsʻung*, to take a young wife when old; *ˏlam tʻipˎ* to imitate a writing; *ˏlam chingˋ* to examine diseases; *ˏlam ˏchʻiú*, to be at a levee; *ˏlam ˏpʻún*, time of childbirth.

ʻ凜 Lin Shivering with cold; great cold; an awe-inspiring manner; trembling, fearing, as people should in presence of rulers; *ʻlam ʻlam*, piercingly cold; awe-struck; *ʻlam litˎ* stern, terrific; *ʻlam ˏtsun*, trembling obedience.

ʻ廩 Lin A government granary; a corn-house, a grange, a dépôt for grain; to give grain to students; *ˏtsʻong ʻlam*, a granary; *ʻlam lukˎ* the stipend for certain students; *ʻlam ˏshang*, a stipendary siútsái; *ʻpò ʻlam*, to get on the list of stipendaries.

A colloquial word; to sooth, to make sleek, to soften what is harsh, to smooth; *ʻlam ˏtsím ˏtʻiú ʻmí*, smooth its tail, *met.* polish or mollify his expressions.

ʻ懍 Lin Fear, respect; *ʻlam ʻlam*, serious, afraid of, reverentially obedient or accordant to.

ʻ稟 To nourish, to give, to sustain, to provide food or pay for; to give out grain.

啉ˀ A colloquial word; to pile up, to lay on each other; a group, to go in a crowd; to sooth, to soften what is harsh; *lamˀ ʻhí*, pile it up; *lamˀ ˏchʻá*, pile up tea; *ʻtsau ˏmái ˏyan lamˀ* to hide in the crowd; *lamˀ ˏtsʻai*, to pile or lay even; *lamˀ ˏtsʻeung*, to lay a wall.

(250) Lám.

ˏ婪 Lan Covetous, greedy of gain; to desire, to long after; *ˏlám ˏlám*, avaricious, niggardly; *ˏlám sápˎ* grasping, close; *ˏlám ˏtsong*, hoards obtained by griping dealings;

ˏ嵐 Lan Vapor or cloudy mist on a hill top is called *ˏshán ˏlám*; name of a hill near Táyuen fú in Shánsí.

ˏ籃 Lan Baskets, usually with cross handles, made of bamboo, wire, or rattan; *ˏlám ˏkwʻáng*, baskets in general; *ˏmʻ ˏchʻeung ʻí ˏlám*, to back a long-eared basket—to be a beggar; *ˏfá ˏlám*, baskets made of flowers.

ˏ藍 Lan A plant used to dye blue, the Isatis; *ˏlám shikˎ* a blue or indigo color; *ˏyéung ˏlám*, foreign indigo; *ʻlò ˏlám*, blue black; *ˏlám ˏtʻin*, the blue field, a famous place in the district of that name near Síngán fú in Shensí; *ˏlám tinˀ* native indigo. Used for the next.

ˏ襤 Lán A single coverlet; ragged, mean clothes, without collar or trimming; *ˏí ˏshám ˏlám lüˀ* tattered raiment; *ˏlám ʻlau*, dirty, as raiment.

ʻ欖 Lán *ˏKòm ʻlám*, the *Canarium*, of which the *pákˎ ʻlám* is the *Canarium album*; and the *ˏú ʻlám* is the *Canarium pimela*; *ʻlám shiˀ* or *ʻlám kokˎ* a condiment of olives; *ˏhám ʻlám*,

英華分韻撮要

salted olives; ˛hau ˈlám, Adam's apple; ˛hòm muk˛ ˈlám, to hold a wooden olive—silent; ˛tiú ˈlám wat˛ carved olive seeds.

ˈ攬 ˈ擥 Lán To grasp, to carry with a firm hold, to carry in both arms; to usurp, to interfere in; to monopolize, to hoard; grasping; an armful; ˈlám foˀ to engross goods; ˈlám ˈtsˈü, to carry in the arms, to seize all; ˈlám ˛mái pánˀ to manage alone; ˈlám ˛tˈau, head manager of an affair; ˛chˈái yat˛ ˈlám, an armful of wood; ˈlám ˈpong, the last name on the list of küjin graduates; ˈlám ˛shan ˈlám shaiˀ to wrestle and play.

ˈ覽 Lán To behold, to look at carefully, to see from a distance; to understand, to perceive; yat˛ ˈlám, at one view; ˈlám shiˀ to see; ˛kung ˛ching üˀ ˈlám sent up for his majesty's inspection; ˛pˈai ˈlám, to publish judicial cases to the people; ˈlám ˛kún ˛kam ˈkú, an extensively read man.

纜ˀ Lán A rope, a hawser, a cable, a painter; to tie on, to bind with cord; to drag with a rope; lámˀ ˛shün, to track a vessel; táiˀ lámˀ a cable; ˈtá lámˀ to twist ropes; ˈkái lámˀ to weigh anchor; lámˀ ˛tˈau pák˛ to bind on a mourning cap, a funeral garb; ˛lái lámˀ to haul the rope; lámˀ ˈkáu ˛ˈm ˛mái, a rope will not join them,—very unlike; lámˀ lòˀ a tracking path.

濫ˀ Lán A fresh, a rising of water; excess; incroaching, overflowing, violating, intruding on; to float; to soak; excessive, profuse, beyond bounds; irregular, careless, loose, or lawless, according to the circumstances; lámˀ ˛ying, illegal punishments; lámˀ yungˀ to use profusely; lámˀ ˈsé, scribbling; ˛mò lámˀ no excess; lámˀ faiˀ to waste; lámˀ ˛káu, to associate with the lowbred; lámˀ ˛hoi shòˀ muk˛ to charge higher than the settled price.

檻ˀ Hien A baluster, a railing, a row of bars below a window; a den for furious beasts; to cage; lámˀ lámˀ rumbling of carriages; lámˀ ˛chˈé, a cart with a cage on it. Sometimes read Kámˀ, and used for the last.

艦ˀ Hien A war-junk; a man-of-war with strong bulwarks, a frigate; a kind of defended round-house on deck; chinˀ lámˀ a man-of-war.

(251) Lan.

˛Lan. A colloquial word; quick, speedy; ˛pˈan ˛lan, in a hurry, quick.

(252) Lán.

ˈ欄 A colloquial word; a bazaar or row for the sale of an article; ˛hám ˛há ˛lán, the salt-shrimp row; ˛Yau ˛lán ˛mún, the Oil-row Gate on the south of Canton, called the Petition Gate; lok˛ ˛lán hüˀ gone to the bazaar; ˛mái ˛lán, to take to the bazaar, to turn peddler; ˈkwo ˛lán, the fruit market.

躝 ˛Lán To overstep, to pass over; to creep, to twine around; ˛*lán tí*² to crawl on the earth; ˛*lan* ˛*t'ang*, to twine over, as a grape vine grows.

欄 ˛Lán A railing or balustrade for a support and defense; a pen or bar for animals; to rail in; ˛*lán* ˛*kon*, a railing; ˊ*má* ˛*lán*, a horse pen.

蘭 ˛Lán A general name for gynandrous flowers, and others with a single flower on a peduncle; used in a good sense in comparisons; *met.* adopted, sworn; pleasant, delightful; ˛*chú* ˛*lán*, the *Chloranthus inconspicuus*; *tiú*² ˛*lán*, the air-plant; *kit*˒ *pái*² ˛*kam* ˛*lán*, to adopt one for a sister; ˛*lán* ˊ*tsé*, an adopted sister; ˛*lán* ˛*hing*, a sworn brother; ˛*lán* ˛*p'ún yéung*² cyathiform.

闌 ˛Lán A door-screen; a wristlet; to shut in, to seclude, to separate; late, evening; failing, fading, falling into ruins; few, rare; in limited quantitie, moderate; ˛*lán yap*₂ to go in abruptly; ˛*mún* ˛*lán*, a door-screen; *yé*² ˛*lán*, the night nearly past, very late.

攔 ˛Lán To stop with the hand, to hinder, to prevent; to embarrass; to divide, to separate; ˛*ché* ˛*lán*, to hinder, to prevent seeing or going; ˛*in* ˊ*ü* ˛*ché* ˛*lán*, to bamboozle, to dissuade, to use amphibology; ˛*lán* ˛*ü*, to stop an officer's sedan; ˛*lán lò*² ˊ*ts'éung kip*˒ to stop up the road to rob men; ˛*lán* ˛*hoi*, to part [combatants]; ˛*lán* ˛*kái hat*˒ *shik*₂ beggars blocking up the street; ˛*mò* ˛*kwán* ˛*lán*, nothing to guard it with; ˛*lán tsút*₂ to stop the way; ˛*lán* ˛*t'au chong*² to wait to meet one.

瀾 ˛Lan Swelling, continuous waves, surges; dirty rice-water; ˛*pò* ˛*lán*, rolling waves; ˛*Ui* ˛*lán* ˛*k'iú*, the Eddy (or returning current) Bridge, the bridge near the Factories.

斕 ˛Lan A mixture of colors on animals, mottled, speckled; ˛*pán* ˛*lán*, striped, brindled.

懶 ˊLán A listless, lazy lout; remiss, sluttish; sleepy; averse, disinclined to do; ˊ*lán to*² lazy; *tái*² *shik*₂ ˊ*lán*, a lazy glutton; ˊ*to* ˊ*lán*, to shirk work; ˊ*lán* ˋ*sán*, to lofe, to dawdle; ˛*shan* ˊ*lán*, to gape and stretch; *tso*² ˊ*lán* ˛*shan*, an idler; ˊ*lan* ˊ*lò ké*² ˛*kung* ˛*fú*, very easy work; *yat*˒ ˛*shan* ˊ*lán kwat*˒ incurably lazy.

爛 Lán² To cook thoroughly, to boil to rags; rotten, corrupted, putrid, over-ripe; torn, tattered, worn out, broken, spoiled, ruined; to break; splendor, bright; to oppress; many; very, a superlative, as *lán*² ˛*to*, a great many; ˊ*kong wá*² *lán*² ˊ*lò*, he speaks very well; *lán*² ˊ*tsai*, a rascal; *lán*² ˊ*hau*, a blackguard; *chü*² *lán*² worm-eaten; ˊ*tá lán*² to break; *lán*² ˊ*lin*, broken, spoiled; *lán*² ˛*hái*, old shoes; *lán*² ˛*t'ung lán*² *t'it*˒ bits of broken copper and iron; *lán*² ˛*ch'ái* ˛*t'au*, a hard knot to split, *met.* a hard matter; *lán*² *meng*² a hard fate; *lán*² ˛*t'au* ˊ*t'eng*, a reckless dare-devil; *lán*² ˛*chin* ˛*t'ò lái*² a beggarly scamp who tries to involve one.

英華分韻撮要

(253) Lang.

𡃶 A colloquial word; a jingle of tin or glass vessels is called *ˏkwang ˏlang*; *ˏmá ˏlang ˋťeng*, a kind of tanka boat pushed by two oars, common at Canton.
Lang' A lot of things tied together is called *kwáng' lang'*.

(254) Láng.

(This is read *lang* in the Fan Wan.)

ˋ冷 Lang Cold, icy, chilly; frigid, indifferent; still, clear; *ˋláng tám'* distant, neglectful, as friends; insipid, as books; dull, as trade; *ˋláng ˏts'ing ˏts'ing*, still, quiet, alone; *ˋta ˋláng chan'* to shake with cold; *fat, ˋláng*, the ague; *ˏyan ˏts'ing ˋláng ˋnün*, men's feelings are very changeable; *ˋláng t'it, t'it,* very cold; *kam' ˋláng kéuk,* "to forbid cold feet," means to prevent strangers seeing small-pox patients; *ˋláng ˏshéung ˏfung*, nose snuffling from cold; *ˋláng ngáng' ˋshau kéuk,* hands and feet benumbed; *ˋláng ˋngán ˋt'ai kin'* to look at coldly or carelessly; *ˋláng ít, ˏcham*, a thermometer; *ˋláng fán' ˏt'au*, China root.

(255) Lap.

笠, Lih A rain hat, made of splints; an open basket, a hamper; a glove; an imposition, cheat; to hoodwink; *tái' ˏfá lap,* to catch one in a basket; also, to wear a false or paper bridal coiffure; *t'án' yat, lap, lap,* each basket of coal; *lap, ˋtò ˋk'ü*, humbugged him; *ˋshau lap,* a glove; *yat, ˋteng ˋtau lap,* one umbrella hat; *lap, chü' ˋshau*, to put on gloves; *lap, chü' ˋk'ü*, to put in a basket.

苙, Lih Similar to the last: a pen or incloosure; a basket for carrying game; *ˏchü lap,* a basket to carry pigs in.

(This is often pronounced *láp*.)

立, Lih To stand erect, to stand; established, erect, fixed, upright; to establish, to found, to set up, to institute, to perfect; to agree upon, to settle, to fix, to effect; to place in order, to arrange; the 117th radical; soon, presently, the arrival of the time of; *ˋhí lap,* stand up; *lap, hák,* instantly; *lap, ˏch'un*, it is now spring—one of the 24 terms; *lap, í'* or *lap, ˏsam*, to resolve on, determined; *lap, ˏkung*, to establish one's fame; *ˋní lap, kéuk, mí' ˋwan*, have you just entered upon these duties? *lap, lün'* in disorder, all in confusion; *lap, ts'ip,* to take a concubine; *lap, ˋpan*, to reform, sown his wild oats; *lap, shat,* to set up a house, to marry; *lap, ting' kéuk,* engaged to stay.

(256) Láp.

𢴝, A colloquial word; to take up a number of things in the arms; to lump or take all together; *lápˎ ˏmái ˏchai kòʾ ch'üʾ* take and put them all there; *lápˎ ˏmái ʿyau ʿkí ˏto,* how many are there in all?

擸ˎ Lieh To hold and manage; to lump, to take together; *lápˎ ˏmái yatˎ ˏtúi,* put them all in a pile; *lápˎ sápˎ* refuse, dirt, offal; *lápˎ lápˎ tsápˎ tsápˎ* mixed up, heterogenous, disorderly.

臘ˎ Láh To sacrifice after the winter solstice; to dry flesh; *lápˎ ütˎ* the twelfth month; *lápˎ ápˎ* dried ducks; *lápˎ ˏkon,* to jerk meat; *lápˎ mi²* cured meats; *ˏChan lápˎ kwokˎ* Cambodia.

蠟ˎ Láh Wax, beeswax; waxy, waxed, glazed; *pákˎ lápˎ* insect wax obtained from bugs on the *lápˎ shü²* or wax-tree; *ˏfung lápˎ* beeswax; *lápˎ ˏün,* waxen pills; *lápˎ shekˎ* yellow or greasy quartz; *lápˎ ʿchí,* paper smoothed with a soaped stone; *lápˎ ʿpeng,* wax tapers; *lápˎ ʿtsui,* a hawfinch (the *Coccothraustes melanura.*)

(257) **Lat.**

甩ˎ A colloquial word; to let go, to leave off, to loosen; broken off, severed, come off, parted; *latˎ ʿshau,* take off your hand, let go; to part from, as friends; *ˏ'm takˎ latˎ* it won't come off; *latˎ ʿtai,* bottom fallen out, ruined; *ˏch'ü latˎ ʿk'ü,* take it down; *latˎ ˏhiú,* come apart or off; *ʿtá latˎ* broken off; *ˏtsing latˎ ˏpín,* smart enough to take his queue off; *ˏfúi latˎ ˏshan ʿi* to get rid of a business.

(258) **Lát.**

辣ˎ Lah Biting, piquant, hot, pungent, acrid, taste, like pepper; severe, heavy, as a punishment; injurious, recriminating, as abuse; *látˎ ˏtsiú,* cayenne pepper; *kamʾ ˏfiú ʿhò látˎ* the prohibitions are very strict; *ˏká látˎ* a freshwater crab; *ha² látˎ ʿshau,* to "down a hot hand,"—to punish severely; *ˏshang takˎ ʿlò látˎ* precocious, strong while yet young.

剌ˎ Lah Intractable, wicked; inhuman, harsh; to cut in twain, to mangle; a row of things with interstices between them; *ʿpí ˏtò látˎ ˏhoi,* cut it open; *chungʾ ˏhoi yatˎ látˎ látˎ* plant them in open rows; *ˏkwái látˎ* perverse, cross-grained; *ˏkáu ʿch'í látˎ* a dovetail. Often confounded with 刺 *ts'zʾ*.

(259) **Lau.**

蔞 蒟 ˏ Lau The leaf of the betel-pepper *(Piper betle)*; a plant used to catch fish; *ˏlau ípˎ* betel leaf; *ˏts'ing ˏlau,* fresh pepper leaves; *ʿHoi ˏfung ˏlau,* leaves from Háifung hien.

A colloquial word; to throw or wear over the shoulders; a cloak; to hang down, as a shawl does; *ˏlau ˏyam múi²* a girl whose hair covers her forehead; *tái² ˏlau,* a cloak; *ˏlau pokˎ ˏkan,* to wear a shawl; *ˏlau ts'oʾ ˏyan ˏp'í,* false, only the skin of a man; *ˏlau ˏyan ch'utˎ ˏkái,* constantly asking him to go out; *ʿhau ʿshui ˏlau,* a bib.

嘍 ‘Lau Loquacity; troublesome and talkative; ‹lau ‹loi ‹lau hü² urging, to talk much to get an end; ‹lau ‹yan ‘mái, to urge one to buy.

婁 ‘Lau The 16th zodiacal constellation, it is in the head of Aries; a surname; an ox tied up; a troublesome number; frequent, many; a mound; simple, stupid.

僂 ‘Lau Crooked, curved; hunchback, stooping; ‹lau ‹chau ‹yan, a beggarly fellow; ‹lau ‘chí, to bend the fingers.

慺 ‘Lau Diligent; contented, joyous, gay; to be pleased; ‹lau ‹lau ‹chí ‹sam, a sedulous disposition.

摟 Lau To drag, to draw or pull; to carry off, to elope with; to embrace, to hug; ‹lau ‘p‘ò, to fall on the neck; ‹lau chü² to hold in one's embrace.

樓 ‘Lau A loft, a staging or tower; the upper floor or story of buildings; a peak; a layer; storied, in stories; to assemble; ‘shéung ‹kò ‹lau, to go to an eating-room, to tiffin; ‹lau shéung² ‹lau, two-storied; ‘hò ‘ts‘oi, ‹lau shéung² ‹lau, good, I'm in for luck! ‹káng ‹lau, a watchtower; ‘ng ‹ts‘ang ‹lau ‹chü yuk₂ the loin of pork; ‹lau chan² sleepers of a floor; mong² ‹lau, a lookout tower; ‹lau shéung² up-stairs; ‹wóng ‹lau, green flower-boats; ‹ts‘ing ‹lau, brothels; ‘hí ‹lau kòm² ‘hí, hard to do; ‹sheng ‹lau, gateway towers; ‹chung ‹lau, a belfry; ‘Ng ‹ts‘ang ‹Lau, the Five-storied Pagoda in the city of Canton.

艛 Lau A kind of vessel, with high stern galleries or frames made in stories.

螻 Lau The mole-cricket, called ‹kú ‹lau; a kind of ant; ‘t‘ò ‹lau, a four-horned fabulous goat; ‹lau ‹lí, a small dragon-fly.

豥 ‘Lau A sow in heat; ‹lau ‹chü, a sow; a certain wild beast.

髏 ‘Lau A skull without skin or flesh; ‹fú ‹lau or tuk₂ ‹lau, a skull, the upper bones of the skull.

畱 留 ‘Liú To detain, to stop a guest; to hold on to, or keep by one, to keep back; to delay, to procrastinate; remaining; dilatory, slow; a long time; ‹lau pit₂ a keepsake, a parting gift; ‹lau lok₂ detained in a place by poverty; left by mistake; handed down from ancestors; ‹lau ‘k‘ü ‹’m chü² could not keep him; ‹lau ‹fán, to keep for future use; ‹’m ‹lau ‹sam, giving no heed to, careless; ‹lau yam² to keep in office or place longer; ‘wán ‹lau, to take by the arm to stop; ‘ts‘ing ‹lau pò² don't trouble yourself to come out—said by a visitor; ‹lau há² to leave with one for a while, to relinquish; ‹mò ‘fi ‹lau, no murderers remain; ‹lau tám² hí² keep in your breath; pat₂ ‹t‘ing ‹lau, not to stop a single moment; ‹lau ‹ü tí², leave a little space, don't be too hard.

榴 ‘Liú The pomegranate tree; shek₂ ‹lau, the pomegranate; ‘fo shek₂ ‹lau, the flowering pomegranate; ‹fán shek₂ ‹lau, a guava.

猸 ˏLiú A kind of bamboo rat; *ˊmá ˏlau (or ˏlau)*, a monkey; *ˊmá ˏlau ˊtsai*, a nickname for children.

瘤 ˏLiú A tumor, excrescence, wen, or swelling of any kind; *yukˏ ˏlau*, a tumor; *hütˏ ˏlau*, bloody tumor; *ˊhòm takˏ koˋ ˏlau*, made the swelling by a knock; *hiˋ ˏlau*, swellings in the neck from anger; *ˊfun ˏlau*, a sloughing tumor.

飀 ˏLiú The sighing or breathing of the wind; *ˏlau ˏlau*, waving in the wind.

鶹 ˏLiú A kind of owl, called *ˏlau ˏli*, which eats birds and mice.

騮 ˏLiú A chestnut or bay horse, with black mane and tail; *ˊtszˋ ˏlau*, a sorrel horse with dark mane.

琉 ˏLiú A pearl; a vitreous, glassy substance; *ˏlau ˏli*, glassy, shining, like a new mat or ice; also cups for water lamps; *ˏlau ˏkˊau kwokˏ* the Lewchew Is.; *ˏlau ˏli ˊngá*, glazed tiles, used on temples.

旒 ˏLiú Pendents of a crown, hung before and behind; *ˊmín ˏlau*, crown pendents; the narrow pendents attached to a banner, called *ˏkˊi táiˋ*.

流 ˏLiú The flowing of water; to pass along, to go from one place to another; to circulate, as news; to spread, to diffuse itself; to descend in life, to cast off restraint; to get into *ˏlau ˊngán luiˋ* to shed tears; *ˏlau ˏman*, travelers, people from another province; *matˏ kòmˋ ˏlau ˏkˊau*, why are you so rude and unmannerly; *ˏlau hütˏ* to bleed; *ˏlau ˏin*, rumor; *yatˏ ˏlau ˏmò pengˋ* I've never before been sick; *ˏchˊéung ˏlau*, continual, everflowing; *ünˋ ˏlau ˏkˊi hütˏ* willingly shed his bad habits; to shed; flowing out; to seek, to select; to beg, to intreat; a class, a low set, the vicious, low-life people; roving, vagrant; shifting, floating; to be transported; *ˏlau ˏli shatˏ ˊsho*, vagrant, without a home; *patˏ ˏlau ˏtò haiˋ ˊkòm*, it is ever so, this is usually the way; *yatˏ ˏlau ˏyan*, a class of men; *ˊnü ˏlau*, females; blood; *ˏlau háˋ* and *ˏlau ˊshéung*, ebb and flood tide; *ˊkau ˏlau*, the nine professions; *ˏlau ˏman*, vagrants, vagabonds.

硫 ˏLiú *ˏLau ˏwong mútˏ* sulphur, flowers of sulphur; *ˏlau ˏwong*, brimstone.

劉 ˏLiú To kill, to slaughter; a kind of sword; to arrange, to set in order, to lay out; *ˏLau Piˋ* a famous general of the Three States.

瀏 ˏLiú Clear, limpid, deep water; *ˏLau ˏyéung ˏkong*, a river in Húnán; a strong wind; rustling of trees.

柳 ˊLiú The willow; a groove; brindled, striped; *met.* pleasure, dissipation; slender, wasp-like; arched, crescent; *ˏshui ˏszˋ ˊlau*, the tamarix; *ˏfá ˊlau tiˋ ˏfong*, places of dissipation; *ˊlau ˏtˊiú ˏshan*, a slender person; *ˊlau ˏmí*, arched eye-brows; the 24th constellation, it is in Hydra; *iúˋ yapˏ ˊlau*, it must be grooved; *ˊlau ˊsü*, willow catkins; *koˋ ˊlau ˊshau*, that affair—a slang phrase; *ˊlau*

ʿt'iú pò' a kind of striped cloth; *ʿhi ʿlau,* to make a groove.

摺 Liú' To take up earth and daub it on, when building a wall; to level with the hand.

A colloquial word; to toss in the arms; to shake in the arms; to toy with; to fuss over; *lau² há² ʿk'ü,* dandle him, as a babe; *lau' ʿfo ˏlò,* make a fire; *lau' ˏwan ʿk'ü,* shake them up thoroughly.

ʿ簍 Lú A bamboo basket or hamper; *yat, ʿlau t'án'* a hamper of coals.

ʿ罶 Liú A trap or net of bamboo for taking fish or crabs, made like a seine.

ʿ綹 Liú A skein or knot of thread, of a hundred lengths; a fob or pocket; *ʿtsín ʿlau ké'* a cut-purse, a pickpocket.

陋² Lau A narrow, dirty residence, a vile place; a strait; low, rude, rustic, vulgar; ugly, ill-favored; uninformed, unacquainted, obscure, ignorant of things; *ʿch'au lau²* horrid-looking; *lau² ˏkw'ai,* hush-money; *lau² lüt,* vile-looking, useless; *tsoi² lau² hong²* in my poor lane—affected talk.

漏² Lau To drip, to drop on; a clepsydra; to leak, to ooze out; to lose; to disclose, to blab; to evade, to escape from; to forget, to lose sight of or let slip; to moisten; a crack, an aperture, a leak; *sham' lau²* it leaks; *chap, lau²* to mend a leak; *lau² lá'* an oversight, forgotten; *tsip, lau²* catch the water; *lau² ʿkám ˏt'iú shò'* forgot to enter in the account; *sit, lau²* to let out a secret; *lau² hi'* waste of breath; *lau² ˏhiú,* leaky; *ˏmò ko' tai' lau²* no such good news as that.

溜² Liú A river in Kwángsí; to flow; to issue; a gutter under eaves; *wát, lau²* glossy, smooth.

遛² Lau Lingering, stopping on a journey; *lau² lau²* loitering, lurking about.

(260)

Láu.

ˏ撈 Láu To drag or fish for in the water, to grapple from a deep place, to dredge for; to hook out; *ˏláu ʿhí,* to haul up; *ʿtá ˏláu,* to drag for; to make a search for; *ʿmò ˏlí ˏláu ch'áu'* no dredge, nothing to help myself with; *ˏláu ˏhò hok,* to dredge for oysters: *t'au' ʿtai ˏláu,* to price a thing dirt cheap.

(261)

Lé.

ˏ哩 Lí A final particle, like *lok,* 咯 denoting that a thing is or should be in a certain manner; rendered by surely, doubtless, so, &c., according to the scope; *ʿtím ˏlé,* [the lamps] are lighted; *hai² ˏlé,* it is so; yes, it is; *ˏlai ˏlé,* come; *hü' ˏlé,* let us go; *ʿkwo ˏt'au ˏlé,* too much, most certainly.

唎' A final and colloquial particle, implying an order; a mere final sound; *hü' lé'* gone; *mat, ʿyé lé'* what is it? *hai² ʿhòm lé' pé'* let it be so.

(262) Léuk.

掠$_2$ Lioh To rob with violence, to plunder, to take things by force; to invade, to waste, to make a foray; to punish with a stick; a sweep stroke to the left in writing a character; ꜀ch'áu léuk$_2$ to snatch the valuables; ꜀ts'am léuk$_2$ to make a raid; ʻpong léuk$_2$ to bastinado.

畧$_2$ 略$_2$ Lioh To divide or mark fields; a boundary of fields; to plan, to counsel, to contrive; astute, shrewd; to abridge, to diminish labor; a resumé, a digest of, an abridgment; a little, in general, rather, slightly, not minute; to disesteem, to slight; a path, a rule; to take or seize; to walk, to go; to offend, to transgress; to sharpen; *tái^2 léuk$_2$* for the most part, in general; *iú꜄ léuk$_2$* the radical or important parts of; *léuk$_2$ ʻyau*, only a few; *léuk$_2$ léuk$_2$ ʻhiú*, I understand this somewhat; *꜀mau léuk$_2$* clever at, foreseeing, shrewd, forecasting; *léuk$_2$ ꜀to tik꜄* rather too many; *hò꜄ léuk$_2$ mái^2 ꜀yan*, apt to seize and sell people; *léuk$_2$ ꜀chí yat꜄ i^2*, understand it a little; *léuk$_2$ ti^2* to enter or pass through a region.

(263) Léung.

꜀梁 Liáng A plank across a stream, a foot-bridge; a ridge-pole, a lintel, a beam or sleeper, a stretcher; a dam or piles to hinder a current; the fastening of the knob on a cap; *met.* the principal; trustworthy; *꜀k'éung ꜀léung*, atrocious, one worthy of death; *pí^2 ꜀léung*, bridge of the nose; *꜀ün ꜀léung*, hung himself from a beam; *ká꜄ ꜀léung*, to lay the ridge-pole; *met.* to side with the weak in a quarrel; *꜀hái ꜀léung*, he ridge-seam on shoes.

꜀樑 Liáng A mast of a boat; used for the preceding: *ʻshéung ꜀léung tái^2 kat꜄* good luck to raising the ridge-pole—a sentence written on it.

꜀粱 Liáng Large grained millet, a species of Holcus, of which there are yellow, green and white varieties; spirits are distilled from it; *꜀kò ꜀léung*, the Barbadoes or tall millet.

꜀糧 粮 Liáng Food, provision, victuals; rations or pay of soldiers; land taxes in kind; *꜀ts'in ꜀léung* taxes or their commutation; pay; *shik$_2$ ꜀léung*, in government pay, a soldier; *꜀kon ꜀léung* provender for a journey; *꜀léung tò^2* commissioner of the land-tax; *kák꜄ ꜀léung*, to stop the rations; *náp$_2$ ꜀léung*, to pay in taxes; *꜀kwán ꜀léung*, to receive rations; *꜀léung ʻts'ò*, rations and provender; food, eatables; *kip꜄ ꜀léung*, to forage.

꜀踉 Liáng To jump; *t'iú꜄ ꜀léung*, to dance and hop about. Also read *꜀long*, to go; *꜀long ꜀p'ong*, ready to go, starting.

꜀良 Liáng Goodhearted, gentle, liberal, mild, benignant; excellent of its kind, valuable, perfect, superior; a term of praise;

loyal, obedient; capable, skillful; a long time; past midnight; *léung ˏyan*, my goodman; my good wife; *ˏléung shin²* good; *ˏléung ˏsam*, devout, desirous of doing right; *'mò ˏléung ˏsam*, oppressive, bad, hardhearted; *ˏléung 'kau*, a long time; *ˏléung ˏt'in*, a fertile field; *ˏléung ˏman*, the loyal people; *ˏléung ˏkéung*, galangal; *ˏléung ˏshan*, a fortunate hour or day.

涼 涼 ˏLiáng Cool, fresh; pleasant; refreshing; cool, distant, as manners; little of, sparing; in need of, straitened; a prefecture in Kánsuh; *ˏléung ˏfung*, a fresh breeze; *ˏshing ˏléung*, to take the air; *ˏléung 'shong*, cool and pleasant; *ˏléung ˏp'áng*, an awning of mats; *ˏléung kwo' 'há chá'* cooling off a little.

'両 Liang A common contraction for the next, when meaning a tael or Chinese ounce, equal to $1\frac{1}{3}$ *oz. av.*, or $579\frac{84}{100}$ *grs. tr.*; the highest Chinese nominal money, worth $1.38, or 6*s.* 8*d.*; *ˏngan 'léung*, money, cash.

'兩 '两 Liáng Two, a couple, a pair; both, doubled, twice, again; *'léung 'léung 'chung* two taels' weight; *'léung ˏchi ˏwai*, two masts; *'léung 'fan ˏfan*, divide it equally; *ˏ'm ˏsám 'kau 'léung* undignified, degrading; *ˏsám ˏsám 'léung 'léung*, in small groups.

Read *léung²*, a classifier of chariots; a car, a chariot. The next is now used in this sense.

輛² Liáng A classifier of carriages; a car; a pair of wheels.

'魎 Liáng An elf or gnome, like a small child; *'mong 'léung*, a sprite.

'倆 Liáng Clever at, skilled in; *'ní mat, ki² 'léung*, what have you practiced, what can you do?

亮² Liáng Clear, bright, like the sun or moon; lustrous; transparent; lighted, illumined; trusting in, believing—in which senses it is used with the next; *léung² ˏshá*, transparent gauze; *ˏkwong léung²* lighted up, not obscure, as a room; *ˏt'in léung²* daylight.

A colloquial word; loud noise, distant sounds; *ˏshing ˏyam ˏtiú léung²* the music is sweet; *kòm² 'héung léung²* such a loud noise.

諒² Liáng Sincere words, faithful, veracious; to believe in, to accredit, trusting to; to know certainly; to suppose, to guess, to conjecture; to aid, to assist; *kin² léung²* to excuse, to make allowances for; *pat, ˏnang kin² léung²* inexcusable; *léung² pít, hai² 'kòm*, I am pretty certain of it; *léung² pat, 'ngo kwái²* I think he will not blame me; *ˏ'm 'pi 'k'ü léung² 'tò*, I shall not do as he supposes.

量² Liáng To measure, to judge, to estimate; to keep an account of; a measure, a capacity, a limit, a determinate point or quantity; ability to eat or drink, appetite; [illegible] enlarged, liberal mind, good feeling; opinion, views of the mind; *mat, kòm² léung² kwai²* why do you drink so little? can't you stand much wine? ˋngo léung² chüt, I don't drink much; ˋkú léung² to guess; kuk, léung² tái² a shrewd observer of men, astute; ˋmò tik, léung² no capacity; hán² léung² ˋki ˏto, what is the limited quantity? pat, tsz'² léung² an over-estimate of one's self.

Read ˏléung; to measure; to deliberate upon; ˏshéung ˏléung, to consult upon; ˋpi ˋtau ˏléung, measure it with a ˋtau, or peck.

(264) Lí.

ˏ唎 A colloquial word; in disorder, careless; tsò² sz'² ˏli ˏlà, he does things slovenly.

ˏ离 Lí Bright; elegant; the 5th diagram; interchanged with the next.

ˏ離 Lí A yellow bird of a beautiful plumage; to retire, to disperse, to scatter, to dismiss, to separate or go from; to leave, to part from; distant, absent, parted; dispersed, scattered; to divide, to cut in two; to arrange or divide off; in pairs; the 5th diagram: pat, ˏlí, engaged in, attached to, employed upon; ˏlí ˏming, the morning; ˏlí ˏhoi, parted: ˏlí ˏsün, a sister's grandchild; ˏlí ˏt'oi, to get up from table; lat, lat, ˏlí ˏli, coming off, very loose; ˏli ˋhò ˋün, very far off; ˏli ˏkw'an, to leave the company or group; ˏlí sán² to scatter, to disperse; ˏli hau² sad from one's absence; ˏli pít, to part from one; ˏlí ˏká, to go abroad; pat, ˏlí ˏfi ˋniú, [is still] nothing but a bird.

ˏ籬 Lí A fence or wattle of bamboo; to fence, to inclose; a small basket tray; ˏfán ˏli, a bamboo hedge; chuk, ˏlí, a bamboo tray; cháu² ˏlí, a strainer, an open ladle for taking out cakes; tau² ˏli, a trellice for beans to run on; ˏlí ˏpá, a hedge.

ˏ攡 Lí To stretch or open out, to spread out, as wings; to place in order, for a display. Also read ˏch'í.

ˏ漓 Lí Water dropping and soaking into the ground; the pattering of rain or hail; to instil by drops; thin and bad; mak, ˋshui ˏlam ˏlí, the letters dropped like rain from his pencil—calligraphy, beautiful penmanship.

ˏ璃 Lí A vitreous, translucent substance; ˏlau ˏlí ˏchū, glass beads; ˏlau ˏli t'áp, a bedstead with glass in the sides.

ˏ褵 ˏ縭 Lí An ornamented girdle, put on a bride by her mother; a sash; a perfumed veil worn by brides; to sew shoes; ˏkam yat, kít, ˏlí, she is married today. Read ˏch'í, sharp, like a cold wind.

ˏ醨 Lí Thin, poor spirits; weak liquor.

ˏ謧 Lí Deceitful language, sportive jokes, bantering; to ridicule; ˏchi ˏlí, verbose, exaggerated talk; not trustworthy.

ˏ魑 Ch'í A mountain elf, a hobgoblin, called ˏlí mi², regarded as malicious.

螭 ˎChʻi A dragon without horns, just molted; a term applied to cruel men; *tsun*ˀ *ˏlí*, a spirited horse.

釐 ˏ厘 ˏ厄 Lí Used for ˊli 理, to subject to, to cause to submit; to regulate; the 1000th part of a tael, nominally equivalent to the coin called a cash; the second term infractions, a hundredth; a very little, a grain, a hair's breadth; a pair; to give; *ˏli ˊtang*, a small money steelyard; *ˊmò ˏlí tsʻoˀ* no mistake at all; *ˊmò ˏli ˊkan ú*ˀ not the least attention; *ˊmò ˏli yung*ˀ useless; *ˊmò ˏli sz*ˀ quite at leisure. The last form is used only in numeration.

貍 ˏ狸 Lí A name for many small animals, like the fox, raccoon, wild cat, &c.; *ˊyé ˏli*, a sort of wild-cat; *ˏú ˏli*, the fox, thought by the Chinese to take a human shape; *ˏká ˏli*, a cat; *ˊhoi ˏli*, a seal; *ˊfú ˏli*, a yellow fox; *ˏhéung ˏli*, the civet; *ˏú ˏli ˏtsing*, a fox-fairy, a witch, a siren—a term of reproach; *tʻit*ˎ *ˏli shik*ˎ an iron gray color; *ˊkwo ˊtsz*ˀ *ˏli*, a small civet-like animal, which is eaten.

嫠 ˏLí A widow; *ˏli ˊfú*, a woman whose husband is dead.

罹 ˏLí A string; sadness, sorrow; to encounter, to incur; to meet or happen to; *tsz*ˀ *ˏli chung*ˀ *kau*ˀ to incur great punishment; *ˏli ˏkʻi ˏhung hoi*ˀ suffered his deadly malice; *mút*ˎ *ˏmò ˏli*, without any sorrow; *ˏfung pák*ˎ *ˏli*, afflicted with many griefs.

梨 ˏLí A pear; *tsing*ˀ *ˏli*, a face grimed with age; *süt*ˎ *ˏli*, a russet pear from Tʻientsin; *ˏshá ˏli*, native pear; *ˏli ˏün ˊtsz*ˀ *tai*ˀ play-actors; *süt*ˎ *ˏli ˏkò*, pear jam; *ˏfá ˏli muk*ˎ rosewood.

鸝 ˏLí A yellow bird, the *ˏwong ˏli*, or mango bird.

驪 ˏLí A fleet horse, a charger; a black horse; to drive a span of horses; *ˏli kü*ˀ a curriage and span.

李 ˊLí A prune or apricot; to get ready for a journey; *ˏhang ˊli*, luggage; *ˏnám ˏwá ˊli*, a yellow plum; *ˏtʻò ˊli ˏcháng ˏchʻun*, the peach and plum emulate each other at spring; *tsin*ˀ *sz*ˀ *ˏü ˏtʻò ˊli*, to recommend a pupil as a plum or pear.

里 ˊLí A place of residence; a neighborhood, a village, originally of 25 or 50 families; a lane in a village, a place or court in a town, a street; a measure of length of 360 paces, the Chinese mile; it is of various lengths, usually 1897½ English feet, or 27⅘ *li* to 10 Eng. miles; the geographical *li* is the $\frac{1}{250}$ of a degree or 1460 44 ft., or $\frac{1}{10}$ of a French astronomical league; mournful, alas; the 166th radical; *ˊngo ˏhéung ˊli*, my neighbor or townsman; *ˏlun ˊli*, a neighborhood; *ˊli ˏyau*, one of this place; *yat*ˎ *ˊli lò*ˀ one mile; *ˏtsʻin ˊli ˊmá*, a courier; *ˏhéung ˊli*, the country, village places.

俚 ˊLí Rustic, vulgar, gross, low-bred, vile; to protect, to support; a trust, protection, a resource; *'lí ˌin*, low expressions, vulgar talk; *'mò 'sho 'lí lái²* nothing to look to, resourceless; *'lí 'tsz'* a term for the people of Wúchau fú in Kwángsí.

'娌 Lí Brother's wives are called *chuk, 'lí*; or vulgo, *'sham 'mò*.

'悝 A mat sail; any small sail; *'ch'é 'lí*, hoist sail; *'shai tsun² 'lí*, set the whole sail; *met.* to exert one's full power; *'chün 'lí*, to wear sail; *'lí p'ò'* a sail-loft; *'lí ˌt'au*, the foot of the sail; *'lí lám²* halliards; *'kám 'lí*, take in sail; *'kám ˌfung ˌ'm 'kám 'lí*, is to profit one's self at other's expense.

'梩 Lí A basket or hod for carrying soil; a spade or narrow mattock, for lading in earth.

'理 Lí To work gems according to their veins; to polish, to burnish gems; veins or striæ; style; to govern, to regulate; to control, rule, manage, adjust, rectify, or put to rights, as circumstances require; to meddle with; a match-maker; reason in man, right principles, nature rule of action, that which is felt to be right or proper; the principle of organization or rules by which matter is kept in its essence; *'lí* follows some verbs, showing that the first verb is done properly, as *ˌsau 'lí*, to repair; *ˌt'ai 'lí*, to look to carefully; *ˌt'ín 'lí*, heavenly reason, analogous to retribution or overruling Providence; *tí² 'lí ˌt'ò*, maps; *hon' tí² 'lí ˌsín ˌshang*, a geomancer; *ˌt'iú 'lí*, regulations; the topography or capabilities of a place; *tò' 'lí*, reason, the propriety of things; *'lí lun²* to reason, to debate; *'lí sz'²* to attend to an affair; *ˌman 'lí*, style of writing; *'lí ut²* to comprehend; *'lí fát,* to dress the hair; *'lí shò' hai² 'kòm*, it should be this way, this is the manner; *'lí ˌ'm tò'* I have no time to see to it; *chiú' 'lí 'kong*, to talk reasonably; *hóp, 'lí*, reasonable; *ˌ'm yap, 'lí*, unreasonable; *ˌlin 'lí 'chi*, a marriage alliance *'ngo 'úi 'tá 'lí*, I can manage it; *'ni 'lí ˌp'ín*, you was in the wrong; *'lí chik, hi' chong'* reason is mild, anger is violent.

'裡 '裏 Lí A lining, the inside of garments; inside, within, inner; home; *'piú 'lí*, false silk, burned in ancestral worship; *'lí min²* or *'lí 'tai*, within, in; *'lí pò'* coarse cotton lining; *tsoi² ˌká 'lí*, at home.

'鯉 Lí The carp *(Cyprinidæ)*, the king of fishes, and fabled to change into a dragon; *ˌshéung 'lí*, a letter; the *ˌkam 'lí*, yellow carp, is the most common at Canton; *'lí fá' ˌlung*, the carp has become a dragon, *met.* rapid promotion in office.

'履 Lí A leather shoe; to put on a shoe; to tread on, to walk; to act, to walk in a way; actions, conduct; *met.* the body, the man; salary, a living, something to depend on, subsistence; *'lí 'tai*, the sole of a shoe; *'lí lik,* record of good acts; *'lí ˌyan*, to do humane acts; *tsin² 'lí*, to tread; *'lí ˌhang*, to walk, the conduct; *'lí 'lám*, to go and see for one's self.

利[2] Lí Sharp edge or point: acute, keen edged; advantageous, profitable, useful; smooth, fortunate, happy, beneficial; gain, profit; address, cleverness; smart, greedy for gain, covetous; trade; interest on money; to benefit others or one's self, to oblige; to nourish; *mo lí* to sharpen; *lí 'shí*, an advantageous market, prosperous; *lí hí* cutlery, edged tools; *fung lí 'shí*, (often pron. *lai 'shí*) to give cash at newyear to children, or a retaining fee to a physician, or to funeral attendants; *lí sik*, or *lí ts'ín*, interest; *náp lí* to pay interest; *pat lí* unlucky, disadvantageous, unsuccessful; *lí 'hau*, fluent speech, pleasant tasted; *lí tuk* gluttonous, mean; *lí pín* convenient; at hand; *ká yat lí* to get 10 per cent. per month; *chan chan lí hoi* truly awful or formidable, stingy; *fái lí* keen edged; *lí kin tái yan*, happy if Your Honor notices me; *ming lí 'léung tò*, two pursuits, letters and trade; *'mò pat shun lí* every thing as he wished, always prosperous; *lí 'tsui fá ngá*, talkative and specious; *lí lí 'shí 'shí lai*, done carefully and willingly.

俐[2] Lí Clever; *má lí* active, expert.

脷[2] A colloquial word for the tongue, used because the proper sound *shít* also means to lose; *shan 'ch'ú lí* put out your tongue; *'pí lí 't'ím*, taste it; *lí í*, a furred tongue; *kol lí 'kòm sheng*, thickmouthed; *lí hái*, a strumous tongue; *lí yam*, final particles.

痢[2] Lí A dysentery or flux; *sé lí* a purging, a diarrhœa; *hung lí* a bloody flux; *yau sik lí* a chronic diarrhœa; *kam 'hau lí* cholera morbus.

莉[2] Lí A flower, highly prized by the Chinese; *mút lí fá*, the white jasmine; also the name of a common song.

蜊[2] Lí A sort of clam, called *kòp lí* found on the coast of Fuhkien, and pickled by the people.

莅[2] 涖[2] Lí Water running down; water grasses, rushes; to come to, to descend towards, to arrive at; to enter upon or assume the duties of; to see; the seat or place where an officer acts; *lí yam* to go to an official post; *lí man*, to govern the people; *lí sz'* attending to business, active; *lí kún*, the rule or conduct of an officer.

詈[2] Lí To scold about, to blame or be angry with; *lí má* to rail at, to abuse; *lí yuk* to disgrace by much obloquy.

吏 Lí Officers, magistrates, rulers; deputies or secretaries in offices, any subordinate executive; to rule; *Lí Pò* the Board of Civil Office; *lí fong*, the department of a magistracy which receives officers; *shü lí* government writers; *'tin lí* head writers; *lí muk* the deputy in an inferior prefecture; *lí ün*, official attendants; *tün lí* an oppressive officer.

(265) **Lik.**

櫟, Lih A species of oak *(Quercus serrata?)* hard and tough, considered to be a useless wood, not even fit for fuel; employed as a depreciatory term for one's self.

礫, Lih Gravel, shingle, coarse sand, small broken stones or pebbles; *,tán lik,* cinnabar or ore of quicksilver; *'ngá lik,* potsherds, broken pottery.

轢, Lih Crushed under a wheel; a rut or path for wheels; *,kw'ong ,ch'é tsín' lik,* ridden over by the furious chariots.

躒, Lih To move; motion; a step, a pace. Read *Lok,* to exceed; *ch'éuk, lok,* extraordinary, surpassing.

櫪, Lih A sort of oak, of which the acorn is edible; a stable or cote for animals; *,ts'ám lik,* frames for worms to weave their coccoons on; *'má lik,* a stable; *lik, ,sz'* to squeeze the fingers between sticks.

靂, Lih A clap; *p'ik, lik,* the crashing, splitting sound of thunder; a name of the God of Thunder.

曆 Lih The heavenly bodies; the course of the spheres; to calendar times and seasons; *lik, ,shü,* an almanac; *lik, fát,* astronomy. Interchanged with the next.

歷, Lih To pass over, by, or to; to pass away, as generations do; to pass through, to experience one's self; to transgress, to overpass the laws; arranged orderly; next in order, successive; disordered, confused; to exhaust; to say all; retired, silent; wide apart, as teeth; *lik, ,ch'iú,* successive dynasties; *lik, toi'* successive generations or ages; *lik, ,loi,* from the first till now; *,loi lik,* the antecedents of, notices of; *'yá ,ts'ang ,king lik,* gone by, passed; *lik, 'kau,* long since gone; *lik, lin'* experienced in; *lik, ,nín,* for a series of years; *lik, lik, 'ho 'hán,* every item is trustworthy, all can be proven; *lik, tsun' ,ts'ai ,léung 'king,* I have passed through all evils; *lik, lik, 'ho 'shò,* I can count all to this time, all can be accounted for.

瀝, Lih A drop, a very little left in a cup; to drink the last drop; to drop or drip; *lik, hüt,* to stab one's self; *chuk, lik,* bamboo sap, thought to be a febrifuge; *'yam tsun' ,ü lik,* drank the last drop; *lik, ,ts'ing 'pan k'au'* humbly petition with the sincerest feelings; *yat, lik, ts'oi'* a row of vegetables; *,hoi yat, lik,* to make a furrow.

癧, Lih The scrofula; *'lo lik,* the king's evil; *'lo lik, 'ngán tsat,* rheumatic ophthalmia; *káp, 'pán lik,* scrofula under both ears; *lik, kòm' hing' hü' tsò'* ardent as the scrofula to do it.

鬲, Lih An incense caldron, containing about six pecks, placed in temples; the 193d radical of characters relating to boilers, or food cooked in them.

力, Lih Strength, nerve, brawn, muscular power; the full use of any organ; force, power, vigor, spirit, energy of mind; divine help or succor; assiduous, smart, diligent, active; the properties or strength of a thing; the stiffness of a bow; the 19th radical of characters relating to force; *yung² lik₂* or *ch'ut, lik₂* exert yourself; *lik₂ ʻshiú*, weakly; *Fat₂ lik₂* help of Budha; *peng² lik₂* dangerously sick; *lik₂ ˏcháng*, test of strength, to argue; *ʻtsau lik₂* the strength of wine; *lik₂ léung²* bodily vigor, aptitude; *pat, lik₂* a nervous style; heavy penmanship; *ʻshai ˏngá lik₂* ordering people, talkative and lazy; *ˏts'oi lik₂* trusting to his wealth; *ˏní ʻpá ˏkung ʻki ko' lik₂* how much (*i. e.* in catties) is the strength of this bow? *cho' yat, pi' ˏchi lik₂* to lend a hand, to assist in anything; *lik₂ yam²* to hold office beyond the usual period; *ʻngán lik₂* sharpsighted.

仂 Lih To split rocks; the veins or creases in rocks; to write, as *ˏming ling² lik,* (or *lak₂*) my name is written elsewhere,—a phrase used instead of a signature.

艻 Lih Interchanged with *lak₂* 竻; spines on plants; prickly, spinous; *túi² mín² lik₂* the *Gardenia spinosa*; *ʻlò ʻshü lik₂* a rough grass, the *Spinifex squarrosus*.

(266) Lím.

廉 Lien A corner, an angle; by the side or on one side; sparing, economical, moderate; pure, disinterested, uncorrupted; to examine; *ʻyau ˏlím ʻch'i*, modest, shamefaced, regardful of one's reputation; *ʻmò ˏlím ʻch'i*, shameless, avaricious, brazen-faced; *ˏhán ˏlím*, over-frugal; *mat₂ kòm' ˏlím*, why so close? *ʻyéung ˏlím ˏngan*, anti-extortion allowance to officers; *ˏts'ing ˏlím*, uncorrupt, integrity; *ká' ˏlím ˏí mí² ˏkò*, delicate flavored and not high priced; *ˏlím ˏming*, to examine equitably.

㡘 簾 Lien A screen of cloth or bamboo splints, hung before doors; *chuk₂ ˏlím*, bamboo blinds; *pò' ˏlím*, cloth curtains; *muk₂ ʻpán ˏlím*, venetian blinds; *noi² ˏlím ˏkún*, examiners of essays appointed by the fúyuen; *ʻkün ˏlím*, roll up the screen.

溓 Lien A mountain stream falling in a sheet of water; thin, poor; *ˏlím ˏts'ün ˏháng*, a cascade near the White Cloud hills.

臁 Lien The calf of the leg; *ngoi² ˏlím*, the shin bone; *ˏchü ˏlím ʻt'ip,* hog's spleen.

鐮 Lien A sickle or reaping-hook; *ʻfo ˏlím ˏpáu*, a tinder-case and flint; *ˏwo ˏlím*, a sickle.

鰱 A species of silure (*Arius falcatus*) of a dull green color, with a large mouth and 6 cirri.

縑 Lien The embroidered quartering on a banner on the inner edge near the staff.

磏 Lien A coarse kind of sandstone, unfit for polishing; *met.* spurious, hypocritical.

奩 Lien A lady's dressing-case, a perfumery-case or toilette-box; *ˏchong ˏlím*, a bride's trousseau, or portion; *ˏlím ˏí*, a money present to a bride; *keng' ˏlím*, a toilette-case.

帘 ˏLien A flag, showing where wine is sold; ‘*tsau* ˏ*lím*, a tavern signboard.

蘞 Lien A kind of creeper; *pák*ˌ ˏ*lím*, a drying or styptic medicine.

‘斂 Lien To gather in harvest; to amass, to collect together, to hoard, to husband, sparing of; an ingathering, a hoard; ˏ*shau* ‘*lím*, to gather in; to harvest; *tsü*² ‘*lím*, to extort; to collect; ‘*lím sz*² not to meddle with; ‘*lím kéuk*ˌ to stay at home; ‘*lím* ˏ*mái chek*ˌ ‘*shau*, to draw up the arms within the sleeves; ˏ*ts‘ün* ‘*lim*, saving, to lay up little odds. To be distinguished from ˏ*hòm* 歛 to desire.

‘襝 Lien To draw the hands in the sleeves; ‘*lím* ‘*yam*, to sleeve the hands, a curtsey; ‘*lím* ‘*yam pái*² pays her respects—a phrase on a lady's card.

‘殮 Lien To shroud a corpse, to lay out a body in all its clothes for the grave; ˏ*shau* ‘*lím*, to encoffin; ‘*siú* ‘*lím*, to shroud without coffining, as Moslems do.

臉² Lien The cheek; the face; *met.* the reputation, honor; ‘*mò lím*² shameless; *hang*² *lím*² ruddy cheeks. Read ˏ*ts‘im*, thick soup or gravy.

‘瀲² Lien Water overflowing; to overwhelm; the edge of waves; *lím*² *ím*² brimfull, just running over.

輦² Lien A barrow or hand carriage drawn by men; carriage-horses; the imperial chariot; *met.* the emperor or court; to transport, to convey; to take to, to draw; *lím*² *há*² at court, at the capital; *lím*² *tò*² a road in the palace precincts; ‘*i* ˏ*kü lím*² ‘*mò*, took his mother in a carriage; *lím*² ˏ*kü*, a sort of wheeled sedan.

(267) Lín.

ˏ連 Lien To connect, to continue, to join, to be united, as in marriage; to compromise; reaching to, conjoined, continued, contiguous, annexed; a junction, a succession of; a lumping; an adversative connective particle placed at the beginning of a sentence, even, with, also, and; *kü*ˌ ˏ*lín*, banded together, as thieves; *séung*² ˏ*lín*, close together; ˏ*t‘ung* ˏ*lín*, joined as by a thoroughfare; ˏ*lín* ˏ*ká*, a flail; ˏ*lau* ˏ*lín* uninterrupted; to hang on, tedious; ˏ*lín lui*² implication, to involve; ˏ*lín hi*² *tsò*² do it after that is done; ˏ*lín* ˏ*yan*, allied by marriage; ‘*ng* ‘*tsz*² ˏ*lín* ˏ*tang*, five sons became küjin one after the other; ˏ*lín sek*ˌ tin ore; ˏ*lín* ˏ*lín*, unceasingly, one after the other, again and again; ˏ*lín* ˏ*wán* ˏ*ts‘ung*, successive firings of guns; ˏ*lín* ˏ*mái*, taken together; ˏ*lín* ˏ*wán kai*² a plan that effects two objects; ˏ*lín yat*ˌ for several days; ˏ*lín* ˏ*mong*, speedily; ˏ*lín min*² ˏ*tò* ˏ‘*m* ‘*sai*, he does not even wash his face.

ˏ漣 Lien Ripples on the water, a rippling appearance; weeping; *yap*ˌ *t‘ai*² ˏ*lín* ˏ*lín*, unceasing crying; name of a river.

ˏ蓮 Lien The lotus or nelumbium; ˏlín ˏfá, the water lily; ˏlín ˏp'ung, the receptacle of the lotus; ˏlín ʿtsz' lotus nuts; ˏho ˏí ˏp'án ˏlín, a child climbing by the lotus—a scholar acting unworthily; ˏlín ká' the lotus seat, i. e. Kwányin; ˏnái ˏlín ʿli, the lotus with the plum—affianced; ˏkam ˏlín, "golden lilies"—ladies' feet; ʿts'oi ˏlín ˏshün, a pleasure boat; ˏlín pò' a fine lady-like gait; ˏlín ˏfá lok, a well-known song; ˏho ip, ˏlín, the nasturtium.

ˏ鏈 Lien Unrefined lead or tin; a chain; ʿso ˏlín, a lock and chain; ˏpiú ˏlín, a watch-chain; ʿshéung ˏlín, to wind up [a clock]; ˏhang ʿmún ˏlín [the watch] is run down; kwai' ˏlín, to kneel on chains—a torture.

鰱 Lien A species of carp, (the *Abramis bramula?*) called ˏpín ˏü, or broad-fish, at Canton.

ˏ憐 Lien To commiserate, to have charity for, to sympathize with, to have compassion on, to love; ˏlín sut, to pity; ʿho ˏlín tik, pitiable; pat, ˏhòm ˏlín, unworthy of pity; ˏt'ung peng' ˏséung ˏlín, those in the same disaster sympathize with each other.

ʿ璉 Lien Vases or chargers to hold grain at sacrifices in the ancestral halls.

ʿ摙 Lien To transport, to remove, to carry in the hands, to take a thing to one; ʿlín ʿhí, lift up [to a higher place]; ʿlín ˏhoi ˏlai shái' take them out and sun them; ʿlín ˏloi ʿlín hü' to take back and forth; ʿúi ʿlín lán' apt to break in carrying; ʿlín kwo' ˏyan take it to the man; ˏ'm ʿk'am ʿlín, it will hardly bear handling.

練' Lien To boil silk, and to soften its harshness; to experiment upon, to learn by practice, to drill; habituated to; to select, to choose; white, a splendent white; a piece of silk; lín' tsáp, to learn to do a thing; lín' shuk, tik, ˏsz' dressed raw silk; lín' ˏshang í' to learn business; kòm' ʿlò lín' very well skilled in; lín' tak, kòm' wái' quite spoiled by bad habits; lín' ˏ'm ˏtsing, does not become skilled in; lín' ˏí, mourning for thirteen months; ʿshui lín' the water police.

鍊' Lien To smelt ores of metals; to refine; to forge; wrought; to work upon thoroughly, applied to the mutual action of the five elements; to discipline, to test by trial; experienced, matured, exercised, disciplined, expert, practiced; a chain; pák, lín' thoroughly refined; ˏsau lín' becoming religious; the religious; lín' Fat, Budhists; lín' ˏtsing, perfect; ˏch'ui lín' well hammered or wrought, as iron; lín' ʿt'ò ˏshang muk, earth produces wood when matured.

煉' Lien Interchanged with the last; to separate dross; to test character, to discipline; lín' ˏtán, to refine the pill—and become immortal, as the Rationalists do.

楝' Lien A species of cherry or bullace, whose fruit is sour; the river dragons abhor it.

Ling.

鈴 A colloquial word; the tinkling of a bell; *ˏling ˏling ˏsheng*, the ring of money, a metallic sound; *ˏling ˏlum ʻkú*, a two-headed rattle drum used by peddlers.

靈 灵 ˏLing Spiritual, pervading, incorporeal, subtle, etherial; that which is efficacious, felicitous miraculous, or able to act upon other powers and produce effects; supernatural, effective, mysterious; a soul, a spirit, a divinity, a disembodied agency; divine influence or assistance; the type or the most excellent of a class, as man of created beings, or the unicorn, phœnix, tortoise, and dragon of all hairy, feathered, shelly, and scaly beings, which are called the "four *ˏling*;" what is opportune, subtle, ingenious or obscure, as *ˏling ʻü*, a lucky shower; *ˏling ˏki*, a curious contrivance; intelligent, perspicacious; astute, able to hold spiritual converse; *ˏling ˏshan*, an efficacious deity; *ˏling yingʼ* a divine response; *ˏsin ˏling*, one's ancestors; *ˏyam ˏling*, ghosts, the dead; *ʻmò ˏling pùnʼ* no tact; *ˏling ˏwan*, the human soul; *ˏling waiʼ* the ante-burial paper tablet; *ˏling ˏpʻai*, an ancestral wooden tablet; *wáʼ tak kikˏ ˏling*, a shrewd fortune telling; *patˏ ˏling*, inefficacious, as physic or a charm; no response, as an idol; stolid, as a dolt; *ˏtsing ˏling*, smart, wide awake; *ˏshang ˏling*, animated beings; *ˏfú ˏling*, to go by the side of the tablet in a funeral procession; *shingʼ ˏling* is used for the Holy Spirit by some; *Shingʼ ˏLing ˏlam ˏsam*, the Holy Spirit affects the heart; *ˏling ˏming*, to readily understand it.

醽 Ling Generous, rich spirits, made with great care, called *ˏling lukˏ*.

凌 ˏLing Ice; collection of ice, an ice-house; to insult, to shame, to dishonor; shameful, injurious; to advance, to exalt; *ˏling yukˏ* to disgrace, to abuse, to deflower; *ˏwai ˏling*, to intimidate; *ˏling ˏwan*, raised to the clouds, ambitious; *ˏling shatˏ* an ice-house; *ˏling ˏchʻi*, the ignominious and slow punishment—of quartering. Interchanged with the next.

陵 ˏLing A mound, a barrow; a hill; a cemetery, a mausoleum; to insult; to invade, to usurp; to desecrate; to aspire to a high place, to aim high; *ˏwong ˏling*, the imperial tombs; *ˏling yéukˏ* to treat cruelly.

稜 ˏLang An angle, a corner; a segment; a kind of rice; a classifier of fields; *ˏwai ˏling*, dignity, majesty of a god; *ʻhi ˏling*, has a ridge; *ʻki ˏling ˏtʻin*, how many fields?

棱 楞 ˏLang Interchanged with the last. A cubical piece of timber; a corner; a beam in the roof of a temple; *ˏmo ˏling ʻshau*, a trimmer, one who tries to please all, a time-server.

菱 ˏLing An aquatic vegetable, the ˏ*ling kok*ˎ or water caltrops (*Trapa bicornis*), sometimes called buffaloe's horns; ˏ*ling* ˏ*fá*, a poetical name for a mirror; ˏ*ling* ʻ*fan*, flour made of the ˏ*ling kok*ˎ; a three horned sort is called *kí*ˀ 芰 and is perhaps another species of Trapa.

綾 ˏLing Damask; a term for thin silk woven with a glossy surface, as thin satin; ˏ*fá* ˏ*ling*, damask; ˏ*hung* ˏ*ling* ˏ*sú*, a cooky with red bean flour inside.

淩 ˏLing Interchanged with ˏ*ling* 陵; name of a river in Kwángsí; to gallop over, to pass over or beyond; to tremble.

轔 ˏLing The traces of, to run over; ˏ*ling lik*ˎ the rut of a wheel, to crush under a wheel; ˏ*ling* ˏ*kwang*, the jolting rumbling of wagons.

伶 ˏLing To play the droll, to act the buffoon; musicians, posture-makers; clever, apt; to employ, to use persons; alone, single; ˏ*ling* ˏ*kún*, master of the musicians; ˏ*ling lí*ˀ smart; ˏ*ling* ˏ*ting*, lonely, deserted; the name of Lintin I.; ˏ*Ling* ˏ*ting* ˏ*yéung*, Lintin Bay; ʻ*shai* ˏ*ling*, a servant, a boy; *tuk*ˎ *tak*ˎ ˏ*ling* ˏ*ling lí*ˀ *lí*ˀ read it very distinctly.

玲 ˏLing The tinkling sound of gems; ˏ*ling* ˏ*lung*, beautifully carved, carved out hollow, made in or with grots; also, perspicacious, acute—said of men's wit.

瓴 ˏLing A long necked jar or amphora, with small ears; concave tiles used on roofs.

聆 ˏLing To try sounds, to hear, to pay attention to; to follow, to obey; *tak*ˎ ˏ*ling* ˏ*ts'ing fúi*ˀ I shall be happy to hear your clear instruction—a polite phrase; *sho*ˀ ˏ*kü* ˏ*ling* ˏ*ling*, to understand readily.

苓 ˏLing A kind of strengthening medicine; ˏ*wan* ˏ*ling*, China root from Yunnán; ˏ*ling* ʻ*i*, a sort of boletus or fungus, sometimes used for food.

蛉 ˏLing An insect; some say a grasshopper; ˏ*ts'ing* ˏ*ling*, dragonflies (*Libellulidæ*), which have many local names.

翎 ˏLing Feathers or wings, plumes; the feathers on an arrow; the tail feathers of the peacock, used in official caps; ˏ*shéung* ʻ*ngán* ˏ*fá* ˏ*ling*, a two-eyed peacock's feather; ˏ*lám* ˏ*ling*, a plain plume; *tái*ˀ ˏ*fá* ˏ*ling*, to wear a feather; *pát*ˎ *hü*ˀ ˏ*fá* ˏ*ling*, to take away an officer's feather; *tsín*ˀ ˏ*ling*, the feather of an arrow.

鈴 ˏLing A round hollow ball like a sleigh-bell; they are hung around horse's necks, also on flags, to announce approach; a little bell; a term applied to light literature; ʻ*má* ˏ*ling*, a tinkling bell to hang on horses or dogs; ʻ*héung* ˏ*ling*, small bells hung from pavilions.

零 ˏLing The last drops of a shower, small rain; what exceeds a round number; over, a fraction, a residue, a remainder; in numeration used for "*and*," or to show that one denomination is not used, a cypher; ˏ*ling sui*ˀ ˏ*ngan*, bits of silver; ˏ*ling*

ˏsing, miscellaneous, odd ends; *ˌling ˏt'au*, a little over the amount, something thrown in, the thirteenth in a dozen; *ˏsám ˊléung ˌling tˀ ˏfan*, 3 taels and 2 candareens; *yatˏ pákˏ ˌling yatˏ* 101; *ˊmò ˌling*, no remainder; *ˌling lokˌ* scattering rain; scattered, out of employment; *ˌling ˏting*, alone, solitary, an individual; *ˌling mái²* sold by retail; *ˌling ˊtsín*, to cut off for retail; *ˊkau ˊtím ˌling (or ˌleng)*, a little past nine o'clock; *ˌling ˊki ˏto*, how many over?

鴒 ˌLing A little bird; *tsikˏ ˌling*, the wagtail; some describe it like a kind of titmouse; *pákˏ ˌling*, a singing lark; *kokˏ ˌling*, a crested lark.

齡 ˌLing The front teeth; *met.* the age, years; *miú² ˌling*, young, under age; *ˏhá ˌling*, old, grayhaired; *shau² ˌling*, a sexagenary.

囹 ˌLing A prison; a place inclosed by rails; *ˌling ˊü*, a jail.

(The two next are often pronounced *leng*.)

鯪 ˌLing A species of carp, the leuciscus or dace; *ˊt'ò ˌleng ˌü*, a common kind (the *Leuciscus molitorella*), reared in ponds; *ˌwong ˊmi ˌleng*, yellow tailed dace (*L. xanthurus*); *ˌling ˌli*, the pangolin, which the Chinese suppose to be transformed from a fish, and to grow as large as a kraken.

領 ˊLing The throat; the collar of a garment, a neck ribbon or collar; a classifier of upper garments; to manage, to govern, to direct, to attend to; to receive from, to take; to take charge of; to record; *ˏfung ˊleng*, a throat band; *yatˏ ˊleng ˊmá kwá²* one pelisse; *ˊling shau²* to receive; *ˊling tsé²* received with thanks—a reply to a present; *ˊling káu²* to receive instruction, to wait on one; *tsukˏ ˊling*, I've taken enough; *ˊling ming²* to receive orders; to assent to a request—(these three are polite phrases); *ˏsam ˊling*, deeply indebted for; *ˌ'm ˊkòm ˊling*, can not think of taking; *ˊling tsau²* "collar and sleeve," a leader, a headman; *ˊling ch'utˏ ˌloi*, to take away, to go and receive; *ˏsham ˊling*, exceedingly obliged; *tso² ˊling*, an officer over 150 Bannermen, a sort of under-resident in the colonies; *yatˏ ˏpúi ˊling lokˌ* to assent to everything, to promise readily; *tái² ˊling*, to command, to head; *tái² ˊling ˊyan kin²* to introduce at court; *ˊling ˊsai ˊlai*, to be baptized; *ˊling sz² ˏkún*, an officer who receives orders, a consul; *ˊshau ˊling*, a head officer of any kind.

袊 ˊLing The inside of a dress; a bridal dress; a band or neck cloth.

嶺 ˊLing A break or pass in a mountain, where a road passes; a road over a peak; a ridge or chain of mountains; *ˊling ˏt'au*, a peak, a high summit; *ˌMúi ˊling*, the Plum ridge or Meiling, in the north of Kwángtung; *ˊling ˌnám*, "South of the Ridge," *i. e.* Kwángtung and Kwángsí; *ˏshán ˊling*, hills and mountains; *ˌhang lò² tsiú*

꜁leng ꜂ling, got to the jumping-off place, no way to turn.

令꜄ Ling. Law, rule, orders; to enjoin upon, to warn, to prohibit, to command; to cause; a cause of, to oblige to do, to occasion; a period of time; good, excellent, worthy of regard; and hence, in direct address, your, your honored; *ling꜄ ꜀tsün*, your father; *ling꜄ ꜁t'ong*, your mother; *ling꜄ ching꜄* your wife; *ling꜄ shuk꜆* your respected uncle; *ch'ik꜆ ling꜄* an imperial order; *꜁im ling꜄* the stringent laws; also, to govern strictly; *꜁shí ling꜄* divisions of time, times and seasons; *ling꜄ tsin꜄* a triangular warrant issued to a patrol, a flag stuck in the ears of criminals; *ling꜄ ꜁yan ꜀shang hí꜄* it will make people angry; *ling꜄ ꜂k'ü ꜁loi*, cause him to come, bring him here.

另꜄ Ling. Dwelling or being apart, separate, distinct; alone, particular; another, besides, furthermore; to divide in two; *ling꜄ tsz'꜄* by itself; *꜂k'ü ling꜄ tsz'꜄ hü꜄* he went by himself; *ling꜄ ꜁loi*, he came alone; *ling꜄ ngoi꜄* besides, exclusive of; *ling꜄ ꜂yau ꜂kí ꜀to*, how many more are there? *kok꜆ ling꜄ hü꜄ tsò꜄* let each do his own work; *ling꜄ yat꜇* another day; *ling꜄ ꜂ngán ꜀séung ꜀hon*, to look at amazedly.

(This character is usually pronounced *leng*.)

靚꜄ Tsing. To adorn, to prink up, to paint the face; handsome, elegant, becoming; beautiful, good-looking; clear, transparent, dazzling; *꜂shím leng꜄* brilliant; *chá꜄ leng꜄* false beauty; *꜂t'ai leng꜄ ꜁'m leng꜄* see if it be pretty; *꜀kòm ꜁t'au kòm꜄ leng꜄* fine as a fresh orange; *chí꜄ leng꜄ hai꜄ ꜂kòm*, this is the prettiest agoing.

(269) # Líp.

獵꜇ Lieh. To hunt wild animals; the chase, gunning, fowling, hunting, hawking; to pursue earnestly, to get with difficulty, to experience; to move, to shake; to bring together, to hunt up; *꜂tá líp꜇* hunting; *fong꜄ líp꜇* to go a gunning or hawking; *líp꜇ ꜂kau*, a hunting dog—must die on the hills.

擸꜇ Lieh. To smooth down, to straighten out, to take hold and arrange; *líp꜇ ꜀sò*, to stroke the beard; *líp꜇ tím꜄ ꜂k'ü*, put them straight.

躐꜇ Lieh. To stride or pass over, to leap over; to overstep, to go out of the way; to tread, to stumble; *pat꜆ ꜁nang líp꜇ ꜂tang*, must not override, can not overstep the regular order.

鬣꜇ Lieh. Bristles of a hog, a horse's mane; stiff hair on the head of an animal; bristly, stiff; long pectorals or cirri of a fish; *꜀kong líp꜇* a hog; *꜁ch'éung líp꜇* a long beard.

鱲꜇ Lieh. A name for many fishes like the perch, with spinous dorsals; *꜁ün ꜁shun líp꜇* the soft-lipped perch (the *Pristipoma grammopœcilum*); *꜀kam ꜀sz' líp꜇* the common kind (*Chrysophrys cardinalis*). Often pronounced *láp*.

(270)

Lít.

纈, Hieh — To bind, to tie silk up for dyeing. A colloquial word; a knot, a joint, a knuckle; knots in wood; an altercation, a difference, a quarrel, a lawsuit; *'shau 'chí lít,* the knuckles; *'tá ko' lít,* tie that knot; *p'o' ,hoi ,ch'ái lít,* split open the knot; *met.* solve the riddle, explain the difficulty; *'lò 'shü lít,* a slipping-noose; *'tá shat, ko' lít,* to embroil people, to egg on parties to quarrel; *'sz' lít,* a hard knot; *,shang lít,* a loose knot.

列, Lieh — To separate, to distinguish, to dispose properly, to arrange in order or spread out according to rule; to state in order; a rank, series, order; files of soldiers; *,hoi lít, ,ming pák,* to write out clearly and properly, as a bill; *'pái lít,* to set in order; *pat, 'kú pat, ,shing lít,* without beating the drums, the ranks can not be formed; *lít, kwok,* the several states, a name given the feudal states of China, B. C. 300—225; *lít, wai'* you, gentlemen—used in direct address; *lít, chan'* troops in ranks.

冽, Lieh — A cold air; cold, chilly; *,fung lít,* a harsh wind; *'tseng lít, ,hon ,ts'ün,* cold wells and fountains.

烈, Lieh — Raging fire, burning, ardent, hot; impetuous, energetic, daring, enthusiastic; irritable, fierce, cruel; high principled adherence to virtue, meritorious, excellent, eminent, dignified, majestic, imposing; *kòm' lít, sing'* very fierce; *lít, 'nü,* a chaste woman; *lít, lít,* mournful; imposing, as mountains; *lít, sz'* a patriot.

裂, Lieh — Remnants, cuttings of silk; to tear, to crack open, to split, to rive, to rend or tear in two; *tsz' 'kí lít,* split or cracked of itself; *p'o' lít,* to tear open; *tsò' pik, lít,* vein it irregularly, as cracked chinaware; *lít, ,hoi ,shám,* torn clothes; *'tá lít,* to shiver, to break; *yat, ,t'iú lít, 'hau,* a crack; *pik, lít, ,ts'ong ,múi,* made in an angular manner, irregular, like fancy windows.

(271)

Liú.

蹽, Liau — To run; to go off, to clear out; to cross the legs; *,liú ,lá,* begone! clear out! *,liú lá'* he's gone; *,liú hü' ,pin,* where's he gone or fled?

僚, Liáu — A companion, a colleague, an associate; a fellow-officer; one of the same rank, an equal; same kind or class; to hold office and serve together; *,t'ung ,liú,* comrades, of the same rank; *,kún ,liú,* a fellow-officer; the magistrates; *yat, ,liú ,yan,* a profession or class of men.

Read *'liú,* a good appearance, an easy manner.

寮, Liáu — Interchanged with the last in the sense of a fellow-officer, a fellow-student; a small window; to study at the same window or room; a cabin, a shanty, a hut made of thatch and boards; a stall; dwellings put on boats; *táp*, *yat*, *‚káu ‚liú*, put up a hovel; *tán² ‚ká ‚liú*, thatched hovels occupied by tanka boat people on the river side; *ʻshui ‚liú*, aquatic peddling-shops; *‚ch'éung ‚liú*, a brothel.

嘹 ‚Liáu The voice of a creature; *‚liú léung²* to listen to distant cries; the cry of pain.

憭 ‚Liáu Clever, smart, discriminating; to reflect upon, to examine into; *‚liú lut*, struck with alarm.

嫽 ‚Liáu To dally, to trifle, to play with; good-looking;—in which senses it is like the next; *ʻmai ‚liú ʻk'ü*, don't play with him; *‚liú ‚tiú*, playful, boisterous; *‚liú ‚shun kwá² ʻch'i*, to bother one, bothering; a maternal grandmother is called *‚liú ‚liú* (or *‚láu ‚láu)*, at Peking.

撩 ‚Liáu To take hold of, to pull about, to wield or manage a thing; to regulate; to provoke, to incite to evil, to seduce or lead into evil; to play with; *hò² ‚liú ‚yan*, playful, he likes to sport; *‚liú lung²* to move about, to lay many plans.

Read *ʻliú*, a colloquial word; to stir up, to brush away; to brush lightly, to tickle, to move along gently; *ʻpí chuk*, *ʻliú ʻk'ü*, take it off with a bamboo; *ʻliú chuk*, *tsít*, to entice crickets; *ʻliú ʻi*, to brush the ears, as barbers do; to tickle the ears; *ʻliú ʻhi ʻfo*, poke the fire; *ʻliú ʻseng ʻk'ü*, tickle him to wake up; *ʻliú ʻhi ʻk'ü ‚nau*, to touch him will make him cross.

燎 ‚Liáu To burn, to blaze; to set on fire; to enlighten; an illumination; torches placed on stands to illuminate, a link, a faggot; brightness; *‚mún ‚liú*, a light at the door; *‚liú ‚san*, faggots; *‚liú ‚ü ʻchí ʻchéung*, plain as pointing to the palm.

療 ‚Liáu To heal, to cure diseases; to stop an ailing; medical practice; *‚liú peng²* to heal sickness.

繚 ‚Liáu To bind or wind around, to wrap up; gyves, fetters; to manage; *‚liú ʻnau*, to wind in a ball; *‚liú ʻiú*, to saunter about, to pass around from one part to another, as a crowd at a feast or show; *‚liú ‚sz²* bowlines on the leech of Chinese sails; *sung² ‚liú* or *‚mái ‚liú*, slack off or haul in—the sail to the wind.

遼 ‚Liáu Remote, distant, far off; *ʻün ‚liú ‚liú*, very far; *‚ch'éung ‚liú ‚liú*, much too long; *‚Liú ‚tung*, the country of Liáutung, now Shíngking; *‚Liú ‚ho*, the River Liáu in Manchuria.

鷯 ‚Liáu A small bird, like a wren or hedge-sparrow; *‚tsiú ‚liú*, a reed or sedge wren, which lives in marshy thickets; *pák*, *‚liú*, a shrike or butcher-bird.

寥 ‚Liáu Empty, void, silent, solitary, vacant, wide, vast; unoccupied; *‚liú lok*, unoccupied, deserted; idle, disengaged; *sham² shuk*, *‚liú ‚liú*, reduced to a very little, very unimportant.

憀 ‚Liáu Confiding in, to trust; really; care, anxiety for; impatient of; commisserating; *‚mò ‚liú lái²* no anxiety, nothing to do.

聊 ˏLiáu — A ringing in the ears; to wish, to depend on; a support; in which senses it is used with the last; an initial particle, implying a diminution of, doubtful about, careless about, anyhow, then; *ˏliú ʿü ˏchi ˏmau*, then let us consult; *ˏliú ʿchʻé ˏying ˏshing*, promised it offhand; *ˏmò ʿi ˏliú ˏshang*, nothing to live by.

膋 ˏLiáu — The fat around the intestines, the fat taken out of the bowels.

了 ʿLiáu — Fixed, determined; intelligent, knowing; to conclude, to bring to an end, to finish; finished, done, a sign of the past tense; much used in the court dialect, for which *lok*ˎ is here used; before a verb, *ʿliú* means entirely, clearly, wholly, very; *ʿsé ˏün ʿliú*, written it all; *ʿsai ʿliú*, washed; *mi² ʿliú sz²²* not yet finished the affair or job; *sz²² ˏ'm tak*ˎ *ʿliú*, the matter can not be done; *shai² ˏ'm tak*ˎ *ʿliú*, strength unequal to it, impossible; *yat*ˎ *muk*ˎ *ʿliú ˏin*, clearly understood at a glance; *ʿliú pat*ˎ *tak*ˎ very, exceedingly, unequaled; *ʿliú pat*ˎ *tak*ˎ *kòm² ʿlán*, incomparably lazy; *mi² i² ʿliú*, not so easily done; *ʿliú ˏko*, a black grackle; *ʿHoi ˏnám ʿliú ˏko*, the wattled grackle or minor (*Eulabes indicus*); *ʿkòm tsau² ʿliú*, that's the end, now it is finished; *ʿliú kuk*ˎ the matter is ended; *ˏchi tò² ʿliú*, We know it; *ʿliú kín sz²²* the job is done; *ʿliú pat*ˎ *ʿho ˏtong*, can not be borne, insupportable; *ʿmò ʿliú ˏkʻi*, no end to his troubling.

瞭 ʿLiáu — A clear, bright eye; good vision, clear sighted; to see afar.

蓼 ʿLiáu — An acrid herb, a species of polygonum; *met.* sorrow, calamity; *ʿsui ʿliú*, a marsh polygonum, smart-weed.

料² Liáu — To measure, to estimate, to judge, to reckon, to calculate; to take a census; to manage, to dispose properly, to give out orderly; to reflect; stuff, materials of which things are made; glass; an employé, one who is of service, as a clever man; provender, grain; manure; clear sound of a drum; to pull; *liú² tak*ˎ *ʿki ˏto*, how many do you think there are? *liú² ˏ'm tò²* unforeseen, unexpected; *liú² ʿli*, to manage, to oversee; *ˏnán liú²* hard to say; *tsʻz²² liú² pat*ˎ *ˏnang*, I think I can not do it; *ˏshui liú²* who would have thought it? *pat*ˎ *chʻut*ˎ *ʿsho liú²* what I expected; *ˏtʻin liú²* manure; *ʿmá liú²* gram for horses; *mat*ˎ *liú²* materials; *liú² hi²* glass-ware; *liú² pʻin²* window-glass; *liú² sui²* broken glass; *ˏking liú²* superfine glass ornaments; *ˏchʻiú ˏtʻing hi² liú²* to be a statesman, a valuable employé; *ˏchü liú²* paste made of pig's blood; *ˏ'm tsò² tak*ˎ *liú² ʿshai*, I can make nothing of it, useless; *liú² sz²² ˏü kin²* I think you will find it as I say. This character is often pronounced *ʿliú*, when meaning glass.

廖² Liau — A man's name, a surname.

(272) **Lo.**

囉 Lo A final sound in singing; children's prattle; *‚lo ‚so*, troublesome, annoying, petty; *‚lau ‚lo*, banditti. A final colloquial particle, used in answers; *tsò' tak, ‚lo*, it will do; *hai' ‚lo*, yes; *‚loi ‚lo*, come on.

羅 Lo A spring-net for birds; a kind of silk, woven like gauze, used for dresses, and sometimes called *ló* or *law*; to spread out, arranged in rows; *yat, p'at, ‚lo*, a piece of law; *‚lo pò'* linen woven in stripes; *ts'z' ‚hung ‚lo*, "to give a red law-sash," is to strangle one; *‚lo 'mong*, a bird net; *‚lo chéung'* a bed-curtain; *‚chéung ‚lo*, to spread a net; *met.* to borrow money; *‚lo hon'* distinguished disciples of Budha, of whom 18 were personal; *‚lo hon' ‚ts'ung*, the yew; *‚lo hon' 'teng*, the Romish tonsure; some Budhists wear it; *tái' ‚lo*, heaven, the great canopy; *‚lo lít, shap, pát, ‚chéung*, he arranges the eighteen essays, he talks confusedly; *‚lo ‚king* (or *‚káng*) or *‚lo p'ún*, a compass; *‚Lo ‚Fau ‚shán*, famous hills near Shiklung; *‚lo ‚wai ‚kú 'láng*, to sleep alone and cold—as a deserted wife.

欏 Lo A kind of tree growing in Húnán, easy to burn; *‚lo lok,* a fence made of stakes.

[illegible] Lo A river in Húnán, in which Kinh Yuen drowned himself, called *Mat, ‚lo ‚kong*; it enters Tungting Lake.

籮 Lo Open bamboo baskets, without covers or handles, sometimes with eared holes at the top, in which to run cords, used to keep fruit or grain in, or to peddle; *‚lái ‚lo*, a "basket puller," is a nickname for the fruiterers in Fruit Row in Canton; *tso' ‚lo*, a condemned criminal, from their being carried to execution in baskets; *‚tám ‚lo ‚t'au*, a peddler; *‚ch'á 'tsai ‚lo*, peddling panniers; *‚lo 'tsai*, small baskets.

蘿 Lo Parasitic plants and twigs like dodder, convolvulus, &c., which twine around trees; small stems of plants; *‚lo pák,* a turnip or radish; *‚hung ‚lo pák,* a radish; *‚wong ‚lo pák,* a carrot; *kung' kít, ‚sz' ‚lo*, the vines and tendrils have interlaced—a marriage alliance, derived from the names *'nü ‚lo* and *t'ò' ‚sz'*, two kinds of twining plants; *‚lo pák, kòm' tái' ko' ‚sam*, heart as big as a turnip—generous and grateful.

鑼 Lo A gong; it serves in armies for wash-basins and boilers; *'tá ‚lo*, to beat the gong; *'tá ‚t'au ‚lo*, striking the gong ahead—announcing an officer's approach; *‚ming ‚lo tsü' chung'* to sound the gong to collect the people.

騾 Lo A mule; *'hoi ‚lo ‚p'í*, beaver's skin; *‚ts'ing ‚lo*, a bay mule; *‚lo 'má*, a mule.

螺 蠃 Lo A name of spiral univalves, like the Lymneus, Voluta, Helix, Murex, &c.; a conch; a volute; a screw; spiral, screw-like; *‚t'in ‚lo*, fresh water snails; ˏmò ‘t‘ai ˏlo, shells with eroded ends; ‘héung ˏlo, conches used for horns; ˏlo ˏsz’ a screw; ˏlo ˏt‘in, inlaid shell lackered-ware; ˏlo kai’ a spiral head-dress; ˏlo hok, shells in general; ˏlo kòm’ ˏlün, crooked as a screw; ˏlo ‘im, the operculum of univalves. Read ‘lo, in the name ‘kwo ‘lo, the sphex, or solitary wasp.

‘裸 Lo Naked, barebacked; nakedness; the naked; the upper part of the body stripped; to strip, to make bare; ‘lo ˏch‘ung, the "naked insect" i. e. man; ‘lo ˏshan, nude.

‘婐 Lo A maid servant, a waiting woman. Read ‘wo; ‘wo ‘ngo, delicate, slender, like a weak woman, elegant.

‘蓏 Lo Fruits ripening on the ground or growing on vines and herbs, as melons, pine-apples, tomatoes, water-caltrops.

‘瘰 Lui The king's evil, called ‘lo lik; this name refers to scrofula only as it appears in the neck.

‘攞 Lo To rend or split; to select. A colloquial word; to get for, to buy or procure, to bring to one; to vex; to injure; ‘lo ‘lò ˏp‘o, to get married; ‘ní ‘lo ‘kw‘an ‘ngo, you provoke me; ‘lo ˏlai ‘ngo, go and get it for me; ‘ní ˏloi ‘lo ˏngan, you come and get the money; ‘mò ‘yé ‘lo ˏfán ˏloi, nothing to bring back; ˏ’m tsang ‘lo ˏmái, not yet got all; ‘lo ˏmeng, to vex one's life out, bewitched; ‘lo chái’ ‘tsai, a child dying early, before he has recompensed his parents; ‘lo chái’ to get a debt; ˏkí ˏú ‘lo ‘hí, nearly took him off, he was almost done for; ‘lo ˏü, to catch fish; ‘lo ˏúi sun’ bring an answer back.

Lo’ Smell of burning animal matter; to burn, to singe; ‘shui ch‘au’ ‘fo lo’ the water is smoky.

邏 Lo² To cruise about, to patrol; to make a circuit, to spy, to inspect as a guard; to inclose and screen, as mountains do a valley; a guard; ˏts‘un lo² to patrol; lo² lo² ‘chün, playing about, here and there.

(273) Lò.

(Some of these characters are often pronounced lú.)

ˏ攎 A colloquial word; to mix up in disorder, to confuse; to hash, to chop sorts of food; to mix in; to bother, to make one trouble; trouble, care, pains; ˏlò kéuk, to poach on a friend for a meal; ˏlò lün² to turn things over in confusion, to make a bother; hü’ ˏlò ‘hü ‘k‘ü, go and bother him; ˏlò ˏlin ‘hi ˏlai ‘t‘ai, turn them out to look at, as things from a box; ˏlò ˏká ‘tsai, a blackleg; chán² tak, ‘shau ˏp‘í ˏlò, had my trouble for my pains; ˏlò ˏsín, to give false hopes, all talk; ‘yau mat, ˏlò ˏt‘au, what pay or perquisites are there? ˏlò ˏch‘éung tik, a little profit; ˏlò tik, ˏt‘ong, put in a little sugar.

勞 ꜀Lau To toil, to labor, to exert one's self, to fag; to trouble one's wearied, fatigued; service, toil, distress, exertion for; anxious, careworn; worthy deeds, merit; ꜂yau ꜀lò ꜂ní, I am troubling you; ꜀lò ꜀shan, to weary one, tired out; ꜀k'an ꜀lò, to be diligent; ꜀lò ꜂fú, toilsome labor; ꜀lò tung꜄ ꜀yan, to trouble people and engage their help; ꜀lò ꜀lò luk꜆ luk꜆ wearied and distracted; ꜀lò ká꜄ excuse me for the trouble I have given you, Sir—said to a visitor; ꜀lò ꜀sam, obliged to you for your kind thoughts.

癆 ꜀Láu Sickness and wasting of the body from toil or care; consumption, atrophy of the viscera; ꜀lò peng꜄ consumption, phthisic; a pining away from grief; in Corea, poisonous drugs; ꜀lò lát꜆ the pain of a sting.

蟧 ꜀Láu A kind of univalve shell-fish; a small species of cicada, called ꜀t'ai ꜀lò; ꜀k'am ꜀lò, a gold spotted spider.

牢 ꜀Láu An inclosure or stable for cattle, especially sacrificial animals, a corral; an aviary; domestic animals; a granary; a prison, a jail; firm, secure, strong; to take firmly, to know certainly; tso꜄ ꜀lò, in prison; t'ái꜄ ꜀lò, an ox; shiú꜄ ꜀lò, a sheep; ꜀lò ꜀lung kai꜄ a scheme to inveigle and injure one by false promises; ꜀lò ꜀lò ꜂kan kí꜄ remember it clearly; ꜀lò kú꜄ secure, strong; ꜀t'in ꜀lò, the emperor's prison; ꜀lò pal꜆ ꜂ho p'o꜄ it is too secure to be opened, it is very fast.

盧 ꜀Lú A vessel for holding rice; a pan for fire; a grog-shop; black; ꜀tong ꜀lò, a shop where warm spirits are sold; ꜀òm ꜂hau ꜀ú ꜀lò, to cover the mouth and laugh. Interchanged with the three next.

臚 ꜀Lú The skin; the abdomen; to arrange in order, to spread out; to transmit, to convey orders, to intimate to, to hand down; ꜀hung ꜀lò tsz꜄ Court of Ceremonies; ꜀ch'ün ꜀lò, a name for the fourth among the Hánlin; ꜀lò lit꜆ to put in order.

轤 ꜀Lú A windlass, a pulley, a snatch-block; luk꜆ ꜀lò, a machine on which ropes turn to haul things.

籚 ꜀Lú Interchanged with ꜀lü 簏; a rush-like bamboo; a large covered basket; a spear handle.

鑪 爐 ꜀Lú A fire-place, brazier, grate, stove, chafing-dish, chimney, or furnace for lighting a fire; an incense vase; ꜂shau ꜀lò, a hand-stove; ꜂fo ꜀lò, a vessel or place for a fire; ꜀fung ꜀lò, a fogong or portable furnace; ꜀k'ing ꜀ngun ꜀lò, a refining furnace; ꜀ming ꜀lò, an uncovered fireplace; kuk꜆ ꜀lò, a bake-pan, an oven; ꜀lò ꜀p'ing, a set of a censer and a jar, usually made of metal.

壚 ꜀Lú Black, stiff clods, not yet harrowed; yellow earth; ꜀wong ꜀lò, the yellow clods, the grave, hades; ꜂tsau ꜀lò, a wine shop.

罏 ꜀Lú Interchanged with the last; a vessel for spirits; ꜀tong ꜀lò, a shop where hot spirits are sold; also, a dram-seller.

櫨 ꜂Lû A queen-post; the peduncle of flowers; ꜂lò kwat꜃ a fruit (*Eriobotrya japonica*), the loquat or Chinese medlar. Read ꜂Lû in the Fan Wan.

瀘 ꜂Lû Name of a river in the east of Kiángsí; an inferior prefecture in Sz'chuen on the Yángtsz' kiáng; ꜂lò ꜀shui, a tributary of the Yangtsz' in Sz'chuen.

壚 Lû A gem or a kind of precious stone of a green color.

矑 Lû The pupil of the eye; to see; ꜀ts'ing ꜂lò, a clear eye.

纑 Lû Hempen threads; to hatchel flax or hemp and make it ready for weaving.

艫 Lû A name for boats; the stem or stern of a boat or vessel.

蘆 ꜂Lû High rushes along river courses, young and flowerless; reeds used to repair dikes; *muk꜃ ꜀ú ꜂lò*, wooden gourd-shaped floats strapped on children in boats; *꜂lò ꜀wai*, rushes; *꜂lò ꜀ch'ái*, reed faggots; *꜂lò wai꜄* aloes; *꜂lò wai꜄ ꜀káu*, the juice of the aloes used for the hair.

顱 ꜂Lû The skull of a man; *꜂t'au ꜂lò*, the skull; *꜀fú ꜂lò ꜂t'au*, a bare skull, a decapitated head.

鸕 Lû The fishing cormorant, called *꜂lò ꜂ts'z'*, and poetically *꜀ú ꜀kwai*, the black devil.

鱸 ꜂Lû A name for fishes like the Labrax family; *꜀pán ꜂lò*, the spotted labrax (*L. Japonicus*); *pák꜃ ꜂lò*, the white labrax (*Pristipoma pihloo*); *꜂t'au ꜂lò*, the redheaded labrax (*Pristipoma kaakan*); *꜀fá ꜀tím ꜂lò*, the spotted labrax (*Pristipoma nageb*); *꜂lò ꜀kúi*, hash or slices of the ꜂lò fish.

醪 ꜂Láu Thick dregs of spirits; *꜂shun ꜂lò*, high flavored spirits, generous wine.

獠 ꜀Láu To hunt by night by torches, as in deer-stalking. Also read *꜂liú*. This is considered the most correct form of the next.

佬 ꜀Láu Large. A colloquial and somewhat demeaning word for a man, a person, a fellow, one of a class; it is often equivalent to the termination *er*; *꜂máng ꜀lò*, a blind man; *tái꜄ ꜀lò* and *sai꜄ ꜀lò*, an elder and a younger brother; *꜀héung ꜀há ꜀lò*, a villager; *ngoi꜄ ꜀kong ꜀lò*, a notherner; *꜀lò tái꜄ ꜀lò*, an old fellow; *꜂ngoi ꜀lò*, a fool; *ch'au꜄ ꜂ch'ung ꜀lò*, a foul mouthed fellow; *mat꜃ tik꜃ ꜀lò*, what fellow is that? what does he do? *꜂nai ꜀shui ꜀lò*, a mason; *꜂k'í ꜀há ꜀lò*, a Bannerman; *ko꜄ ꜀lò*, that man, that stranger.

老 ꜀Láu Old, seventy years of age; old, out of date, used a long time; old at, skillful; venerable, aged; an officer; a term of respect and honor, Mr., your, often prefixed to relationships; to grow old; the 125th radical of characters relating to age; *꜀lò ꜀kung*, *꜀lò ꜂p'o*, husband, wife; *꜀lò ꜂yan ꜀ká* or *꜀lò tái꜄* an old man; *꜀lò tau꜄* or *꜀lò ꜀tsz'* a father; *꜀lò t'ái꜄* a mother, a lady; a tide-waiter; *꜀lò ꜀fung ꜀kwan*, a man whose son is an officer; *꜀lò shat꜃* honest; *꜀lo ꜂yé*, Sir, Your Honor; *꜀lò ꜂t'ung* one of the same age; *hok꜃ ꜀lò*, men of Cháuchau fú; *꜀lò ꜀kü*, a whore; *‘lò ˏts‘in*, versed in, no novice, cute—applied to gamesters; *‘lò chüt,* [I am] old and stupid; *‘lò lín*[2] well learned in; *‘lò ˏkwan*, Láutsz’, founder of the Rationalists; *ˏshám ‘lò*, the coat is old; *‘lò ˏhong ‘chéung*, an old trader; *‘lò Wai*[2] Mr. Wai; *‘lò ˏloi ˏk‘ung*, poor and old; *‘lò shiú*[3] the old and the young; *‘lò ‘chü kú*[3] old and firm, as a table; an old customer.

(The next six are frequently pronounced *lú*.)

‘魯 Lú Blunt, stupid, dull, obtuse; the name of a feudal state, now the province of Shántung; *‘lò tun*[2] dull of apprehension; *‘lò ˏfú*, a coarse, dull, fellow; *‘lò ‘mong*, dull and easy, bull-headed.

‘櫓 } ‘艣 } Lú A great buckler of wood; a moving tower; the scull on the stern of boats; *‘lò sut,* the scull pivot; *ˏt‘úi ‘lò*, push the scull, *i. e.* starboard the helm; *ˏmán ‘lò*, port the helm; *‘t‘ai ‘lò ‘mí*, lookout for the scull; *ˏiú ‘lò*, to scull; *‘lò p‘án*[3], the scull tie.

‘虜 Lú To seize, to capture, to take alive in war; captives, prisoners; a slave to, devoted to; *‘shau ˏts‘in ‘lò*, a slave to money; *‘lò léuk*[2] to capture; *‘lò ˏyan lak*[2] *shuk*[2] to seize and hold men for ransom.

‘擄 Lú Interchanged with the preceding; to capture prisoners; to seize people for slaves or to ransom; *‘lò ˏyan*, a kidnapper

‘鹵 Ló Salt, rock salt; salt licks, salt ponds, or lands from which salt is obtained; barren lands; the 197th radical of characters pertaining to salt; uncivil, rude; *‘lò mí*[3] meat corned with spirits; *‘lò pò*[2] order of the emperor’s traveling; *ˏshun ‘lò*, barren land; *ˏlò ‘ts‘ò*, careless, heedless.

賂[2] Lú To give a present to one, to bribe, to corrupt; to leave; a vessel used in ancestral worship; *fúi*[3] *lò*[2] *ˏt‘ung ˏhang*, bribery prevails everywhere.

輅[2] Lú A car, a state carriage; *yuk*[2] *lò*[2] the emperor’s chariot; the traces of the harness; *lò*[2] *‘ts‘am*, a post-house for the emperor.

路[2] Lú A road, a path, a way where people go and make it plain; a passage; *met.* a way of action, duty; overthrown; great, principal; a carriage; *ˏsám ˏch‘á lò*[2] a trivia; *shap*[2] *tsz*[2] *lò*[2] cross-roads; *kwat*[2] *ˏt‘au lò*[2] a cul-de-sac; *ˏhang ˏsz’ lò*[2] to act improperly; *tong*[2] *shat, lò*[2] missed the way; *man*[2] *lò*[2] to ask the way; *‘kí ‘ún ‘shui lò*[2] how far is the voyage? *‘mò lò*[2] nothing to do, out of work; *‘hò lò*[2] *shò*[2] prosperous; *mat, lò*[2] *shò*[2] what luck do you have? *yá*[2] *ts‘at, pát, lò*[2] or *hak, lò*[2] a dark way (because on the 27th and 28th days, the nights are dark), misdirected; *lò*[2] *wát*[2] a slippery way; *ˏhang ˏch‘éung lò*[2] exiled; *tsau*[2] *lò*[2] to pass or go around by; *ˏwáng lò*[2] a cross cut; *ˏyéung ˏch‘éung tái*[2] *lò*[2] a straight highway; *‘mái lò*[2] *ˏts‘in*, to give black mail; *tak, lò*[2] to commence learning; *ˏhoi lò*[2] to clear the path for a soul; *ˏt‘ung ˏkwai yat, lò*[2] both died at the same time; *pat*, *kòm*³ *tím*² *lò*² straight as a pencil; *ʿhang* *ʿpín* *ʿtʻiú* *lò*² which is the way to go? *lò*² *ʿchʻing*, an itinerary; *ʿkon* *lò*² to hasten, urgent to get on; *lò*² *pán*² a muddy road; *lò*² *káng*³ *shuk*, I know the way well.

潞² Lú A river in Shensí in the prefecture of Lú-ngáu; a river in Yunnán.

璐² Lú A valuable and beautiful gem.

簬² Lú A lithe kind of bamboo, good for making arrows.

勞² Láu To reward labor, to remember services in order to reward them; to console, to commend, to assist; *ʿkwan* *lò*² *tsak*, *pái*³ return thanks for the prince's rewards.

露² Lú Dew, mist which comes in drops; to bedew; to bless; to disclose, to divulge; to make manifest, to open, to show through, to exhibit; naked, disclosed, apparent; *lò*² *ʿtʻín*, open to the sky; *lò*² *ʿshui*, dew; *pái*² *lò*² to let out (a secret); *lò*² *ʿchʻí*, exposed teeth; *ʿm* *lò*² *mín*² not to see a visitor; *ʿtsʻong* *ʿtʻau* *lò*² *ʿmí*, the cat at last let out of the bag; *ʿfá* *lò*² *ʿshui*, cologne water; *lò*² *pò*³ general orders in an army; *lò*² *ʿying*, to see the real form or nakedness of; *ʿtá* *hám*³ *lò*² to gape; *lò*² *chʻut*, *ʿmá* *ʿcháu*, the secret is out, it is found out.

鷺² Lú A long legged bird; *pák*, *lò*² a white egret-heron; *ʿchü* *lò*² a red-headed crane; *lò*² *fuk*, a stealthy way of moving, like this bird.

潦² Láu A great rain, an inundation, a rushing torrent caused by rains; to macerate, to soak; a collection of water; *ʿhang* *lò*² a torrent.

嫪² Láu To hanker after, to dote on; concupiscence, lustful affection for; *lün*² *lò*² sick for love; *Lò*² *Tuk*, a paramour of the mother of Tsin Chí-hwáng; hence, a libertine, a Sir Francis Chartres.

(274) Loi.

來 ʿLái Same as *ʿlai* 黎 in the colloquial; to come, to reach; coming, arriving; to effect, to bring about, to obtain, to induce; denotes the future, or progress of time; *ʿloi* is often joined with *hü*³ to denote coming and going, here and there, again and again, &c.; but after this verb it is often a form of the pluperfect; after many verbs, it merely indicates their action; and if a negative is inserted between, the idea of inability of the first verb is implied, as *ʿning* *ʿloi*, bring; *ʿmái* *pat*, *ʿloi*, can not buy it; after the verbs *ʿhí* and *chʻut*, it means to begin, showing the commencement of the action indicated in a previous verb, as *ʿséung* *ʿm* *ʿhí* *ʿloi*, I can not recall it; *ʿshung* *chʻut*, *peng*² *ʿloi*, you will become sick; *tsò*² *pat*, *ʿloi*, it is impossible; *ʿtím* *tsò*² *tak*, *ʿloi*, how can it be accomplished? *ʿloi* *ʿwong*, going and coming, intercourse with, to and fro; *ˌloi ˌkwai*, to come home; *ʿní ʿkí ˌshí ˌloi*, when did you come? *ˌloi yatˌ* to-morrow; *ˌloi ˌnín*, next year; *ˌloi ʿshau*, one who brings a thing; *ˌloi lòˀ foˀ* foreign goods; *matˌ ˌloi ˌtʻau*, what did you come for? *ˌün ˌloi ˌtʻau*, the original condition of an article or a thing;—*ˌün ˌloi* is also a kind of adversative phrase, meaning yes, indeed; yet; but truly; *ˌün ˌloi ˌmò ʿtsʻzʾ ʿli*, never was there such a mode; *ʿkong ˌʼm ˌloi*, can not say it, unable to get it; *ˌloi likˌ* origin and history of, antecedents of; *ʿyau ˌloi tszʾ* there is more coming; *ˌloi yatˌ fúˀ ˌtʻim*, get another set; *ˌloi ˌyan*, reason of, cause; *ˌʼm ʿshai manˀ ˌloi ˌyau*, dont ask the reason of it; *lòkˌ ˌloi*, come down; *ʿní ʿtá ˌpín chʻüˀ ˌloi*, where did you come from? *ʿyau ˌloi likˌ* there is proof; *ˌloi ˌyan wáˀ ʿmò ʿchun*, story-tellers are not to be believed.

Read *loiˀ* to receive one, to meet one coming.

崍 ˌLái A mountain in Sz'chuen, one of the peaks of the Min Mts., near the confines of Shensí.

徠 ˌLái Interchanged with the last; also, to receive strangers with kindness.

睞 ˌLái The pupil of the eye distorted, to squint; *ʿmín ˌloi*, to glance at sideways, to look at earnestly.

秾 ˌLái A local name in Shántung for wheat.

騋 ˌLái A mare, seven cubits high; a powerful tall horse.

萊 ˌLái A thistle, wild herbs growing in waste places; waste, sterile, untilled ground; to clear up jungle; *ˌtʻín ˌloi*, a fallow, or neglected field; *ˌloi fukˌ* a turnip; *ˌloi ʿtsʻò*, a sow thistle, its leaves are esculent.

賚ˀ Lái To confer upon, to bestow on an inferior; a largess; *ˌlò loiˀ* to reward for services; *loiˀ tsʻzʾ* an imperial reward.

耒ˀ Lui The handle and beam of a plough; the 127th radical of characters pertaining to tillage; to plough; *loiˀ tszʾ* a plough; *met.* agriculture.

誄ˀ Lui A eulogy on the dead; to eulogize, to write epitaphs; *loiˀ shutˌ* to narrate one's virtues; *loiˀ ˌman*, a eulogy, or prayers for the virtuous dead, often burned at the burial.

(275)

Lok.

咯ˏ Loh Disputatious; read *kokˏ* a cock's cry. A colloquial final particle, like *ˌlo*, used in answers, implying indeed, certainly; finished, done; so; *haiˀ lokˏ* yes, indeed; *tsauˀ ʿkòm lokˏ* well, that'll do.

烙ˏ Loh To burn in, to brand; to spit, to toast, to cook by roasting; red hot; a branding-iron; *ʿtá yanˀ lokˏ* to brand; *lokˏ tʻiˏ* a spit-iron; *lokˏ ˌkon*, to toast or roast till dry; *lokˏ tòˀ ˌtsiú*, roast it thoroughly.

絡ˏ Loh Hemp not yet rotted; silky cotton fibres, staple of cotton; continuous, joined; to bind, to tie around; to encompass; a coarse net, used to carry boxes in, slings; the blood vessels; *mak₂ lok₃* the pulse; *ˌlün lok₃* mutual assistance, joined; *lok₃ ˈmá ˌt'au,* to halter a horse; *ˌsam ˌpáu lok₃* the pericardium; *yat₃ túi² ˌt'ang lok₃* a pair of rattan slings; *sín² lok₃* netted slings; *shau² ˌyan ˌlung lok₃* duped, taken in; *lok₃ ˌch'au,* a sort of sarsnet.

犖 Loh A speckled or brindled cow; open, manifested, patent; *pok₃ lok₃* a particolored ox; *ch'éuk₃ lok₃* preëminent, to excel, distinguished; *lok₃ lok₃* clearly understood; *lok₃ hok₃* hard and even, like a good road.

酪 Loh Cream; dried milk; racky made from mare's milk; fat, greasy, unctuous; *hang² lok₃* or *hang² ˌyan ˌch'á,* an emulsion of almonds; *ˈü lok₃* thickened milk, porridge.

駱 Loh A white horse with a black mane; *Lok₃ ˌt'ín,* a country near Annám; *lok₃ ˌt'o,* a camel.

雒 Loh A kind of bird; interchanged with the preceding, and with the next; *lok₃ lok₃ ˌín,* afraid.

洛 Loh A fine river in Honán, a large tributary of the Yellow River; the dazzling glare from water; *Lok₃ ˌyéung,* the ancient Lohyáng in Honán, the capital of Fuhhí; *lok₃ ˌyéung ˌfá,* a caryophyllus.

落 Loh The fall of the leaf or of rain; to scatter about; to fall, to tumble off, to let fall, to fall into; to descend, to gather at, to come down to; to lay a thing down; to put into, to enter, as an item in an account; the place to which one falls, one's gathering place; settled, fixed, arranged; *lok₂ ˌloi,* come down; *lok₂ süt₃* it snows; *ˌts'ün lok₂* a village; *tüt₃ lok₂ ti²* fell to the ground; *lok₂ ká²* the price has fallen; *lok₂ pok₂* reduced in wealth, poor; *lok₂ ˌshing,* the job is completed; *tái² ˌfong lok₂* a term for the five years in the cycle with *tsz'²* in their name; *lok₂ lik₂* be smart; *lok₂ teng²* to pay bargain money; *lok₂ mín²* to upbraid, to abuse with foul language; *lok₂ ˈpún ˌts'ín* to advance capital; *lok₂ pat₃* to begin a work, to commence writing; *lok₂ tsoi² ˌpín ch'ü²* where has it gone to? where is he at work? *lok₂ fát₃* to shave off the hair, to lose the hair; *lok₂ ˌkong,* sunset; *lok₂ ˌshün,* to go aboard; *lok₂ ˌshá,* to mix in sand; *lok₂ ˌt'au fo² ˈexport* cargo; *lok₂ ˌsam,* be easy about.

樂 Loh Pleasure, joy, happiness, ease, gratulation; to rejoice in, to delight in, to take pleasure in, to esteem a pleasure; *lok₂ ˌú ˌt'ín ming²* pleased with fate, to accord with the decrees of heaven; *ˌhang lok₂ ˌt'o,* a portrait; *tsok₃ lok₂* to make merry; *lok₂ tak₃ ˌwai,* pleased to do; *ˌho lok₂ ˌü ˌchí,* where shall I be better pleased? *lok₂ ˌsam,* contented.

濼 Loh Name of a river in Shántung. A bank, a large pool or estuary.

爍 Loh Interchanged with *yéuk₃* 鑠. Dead branches of trees; withered leaves. Read *ch'éuk₃* light, bright, splendid; brilliant, refulgent; to shine, to glisten; to embellish.

英華分韻撮要

(276) Long.

郎 ˏLáng A place or summer-house in the Lú state; a term of respect for officers and persons; a gentleman; a male; *ling² ˏlong*, your son; *ˏsan ˏlong*, a bride-room; *ts'an ˏká ˏlong*, attendants at a bridal procession; *ʻkon ˏchü ˏlong*, to lead a boar to sow; *ˏlong ˏkwan*, my husband; *pún² ˏlong*, groomsmen; *tái² ling² ˏlong*, *í² ling² ˏlong*, first young gentleman, second young gentleman; these terms are added by others to the names of sons; *tái² ˏlong* is a term a wife gives her husband's eldest brother.

廊 ˏLáng Rooms or porches on the two sides of a hong between the halls, or on the sides of court, somewhat like a gallery or corridor; chambers adjoining a hall; *ts'un ˏlong*, a portico or porch, where watchmen stay; *ˏlong miú² ˏts'oi*, distinguished talents—as of statesmen; *ˏlong ʻmò*, side galleries.

桹 榔 ˏLáng A species of palm, the wood is good for sedan thills, and the pith for food; *ʻkau ˏlong*, a species of Prunus, found in Kwángtung; *ˏming ˏlong*, a kind of rattle used to drive fish into nets.

瑯 琅 ˏLáng Ornaments made of coral, called *ˏlong ˏkon*; *ˏlong ˏtong*, a sort of necklace or clasp for the neck.

鋃 ˏLáng Interchanged with the last; a kind of locket; *ˏkam ˏlong ˏtong*, a little bell.

狼 ˏLáng A wolf or jackal, a beast whose howl scares animals; cruel, furious, oppressive; *ˏch'ái ˏlong ˏtong tò²* a wolf is in the road—said of cruel rulers; *ˏlong ˏsam*, cruel; *ˏlong tsik,* more than is wanted, scattered about, confused; *ˏlong púi²* fettered, embarrassed, involved; *ˏlong tuk,* truculent, callous and cruel.

筤 ˏLáng Young bamboos, called *ts'ong ˏlong chuk,*; a basket; a screen for a carriage.

稂 ˏLáng Weeds in rice or grain, or whatever hinders its growth; *ˏlong ʻyau*, darnel, tare; *pat, ˏlong put, ʻyau*, neither darnel nor grass—good for nothing.

螂 ˏLáng A mantis, called *ˏt'ong ˏlong*, *met.* ineffectual efforts; *ˏt'ong ˏlong pò² ˏshím*, the mantis catches the cicada, (and the shrike catches the mantis). Also read *ˏléung*; *ˏkéung ˏléung*, the tumble-dung, a kind of Ateuchus.

閬 ˏLáng A lofty door; vacant, empty, unoccupied; *ˏlong ʻün*, fairy land; *ˏkò ˏlong*, a high gateway; *ˏlong ˏlong*, extensive, waste.

朗 ʻLáng Clear, lustrous, bright, as the moon; distinct utterance; lustre, clearness; *ˏkwong ʻlong*, light; *ˏts'ing ʻlong*, limpid, pure; *ʻlong chiú²* to receive or ask assistance of, blessed of; *üt, ʻlong*, moonshine; *ʻlong ʻlong tsung² ˏking*, to recite the classics in a clear voice.

埌² Láng A cemetery, a tomb, called *ˏfán long²* in Shánsí; *fong² long²* a desert waste.

浪² Láng Waves, billows, surges; a drum; dissipated, extravagant, wasteful, profligate; impertinent, disrespectful; unsettled, unfixed in mind; *mong² long²* rude and unmannerly; *ˏfung long²* waves; *long² t'ong²* vagabondish, inconstant; *yéuk, long²* ridiculing, audacious; *long² ʻtsz'* a spendthrift; *long² yung²* wasteful; *long² ʻü ˏfá ˏin,* foolish and lewd talk.

Read *ˏlong,* in the river *ˏTs'ong ˏlong* in Shántung.

晾² Láng To dry in the sun; to hang up to dry; *long² ˏkon* hung up till dry; *long² ˏhoi* spread out to dry; *ˏyam long²* dry it in the shade.

Read *long²*; a colloquial word; to stand a thing on trestles, or on whatever will raise it from the ground; to put a thing upon a shelf or place; to chock or shore up; *long² ʻhí ʻk'ü,* raise it from the ground; *long² ˏkò tik,* raise it a little higher; *ˏshün ʻpi shek, long² chü²* the ship is stranded on the rock.

(277) Lü.

(The pronunciation of the characters under this syllable and those in the 279th and 280th is often difficult to distinguish.)

廬 Lü A thatched hovel, a cottage, a choultry by the roadside; a lodge or shed in a field, for workmen; a poor house; a term for one's own house; to pass the night; *pai² ˏlú,* my house; *ˏlü shé²* a cottage, my lodgings; *ˏt'in ˏlü,* a cabin in a field.

ˏ驢 Lü An ass; *ʻyé ˏlü,* a wild ass; *ʻkin ˏlü,* a limping or slow ass; *ˏlü ˏtúi,* ill-setting, as clothes, bulging out.

ˏ蘆 Lü A plant, used to boil with fish, in order to give it a pleasant flavor.

ˏ閭 Lü The gate of a village or lane, a gate; a hamlet of 25 houses; a habitation; to dwell; *ˏmún ˏlü,* a dwelling; *ʻi ˏlü,* leaning against the door—and hoping for one's return; *ˏlü ʻli,* a village gate.

ˏ櫚 Lü A kind of palm, with pointed, sharp leaves; *ˏlü muk,* a fine grained red wood from Annam.

ʻ呂 Lü The spine;—represented by the character; tones in music; *luk, ʻlü,* the six flat notes; *ˏsam ʻlü ˏchi ˏshan,* a loyal minister; *ʻLü sung'* Spain; *ʻsiú ʻLü sung'* Luzon or Manila.

ʻ侶 Lü A colleague, a companion, a fellow; to associate with, to accompany; *ˏhang ʻlü,* a traveling comrade; *kit, ʻlü,* to agree to go in a company, to make up a party; *pún² ʻlü,* a partner.

ʻ裏 Lí This character is often pronounced *ʻlü,* in the sense of within, inside.

ʻ旅 Lü A battalion of 500 men; a stranger, a visitor, a guest, a sojourner; a company, many; to travel about or to other provinces; to lodge; an imperial sacrifice to heaven; a path; orderly, to arrange in order; foreign; self-planted grain; *ˏhang ʻlü,* a traveler; *ʻlü hák,* or *ˏshéung ʻlü,* a traveling merchant; *ʻlü ts'z'* in order; *ʻlü tim'* a lodging-house.

英華分韻撮要

脊 ʻLü The backbone, the spine; ʻ*yau* ʻ*lü lik*ˎ he has great strength.

慮 Lü² To think upon anxiously, to expect, to care about, to feel sad for; to plan, to calculate, to devise; to cogitate, to turn over in one's mind; concern, dubious of, suspicion, anxiety; ˏ*sz'* *lü²* serious thoughts of; *lü² hau²* to think of the future; *lü² tò²* precautionary, thoughtful of; ˏ*mong lü²* not to particularize, a general view of; *lü² nim²* to have anxious thoughts.

藘 Lü² Deceitful; to deceive; a man's name, Cháu Puhlü in the Sung dynasty.

鑢 Lü² A file, a rasp; a polishing tool; to file smooth, to give lustre to; to correct or reform one's self; ˏ*mo lü²* to polish, to file.

屢 Lü² Frequently, reiterated, many times, often; continually, successively; prompt; *lü² ts'z'²* many times; *lü²* ˏ*nín*, for many years; *lü² lü²* again and again; *lü² lü² hai²* ʻ*kòm*, he is always just so—he is stupid.

窶 Lü² Usually pronounced *kü²*. Rustic, unpolished. Read *lü²* in the Fan Wan.

縷 Lü² Hempen or silken fibres not yet spun; a forfeit of cloth; a hank or knot; *pò' lü²* coarse cotton cloth; ˏ*t'iú* ˏ*fan lü² sik*ˎ to arrange and speak of points in order; *yat*ˎ *lü²* ˏ*sz'* a knot of floss.

褸 Lü² Interchanged with the last; the lappet of a coat; ˏ*lám lü²* ragged clothes, seedy garments.

(278)

Lù.

ˏ*Lù*. A colloquial word; to spit; to spit out of the mouth; ˏ*lù ch'ut*ˎ ˏ*lai*, spit it out.

Lù². A colloquial word; confused; ˏ*kù lù²* all in disorder.

(279)

Lui.

彙 ʻWei A hedgehog or porcupine; a class, a series, a collection, many of the same sort; to classify; dense, abundant; *tsz'²* ʻ*lui*, a dictionary. Also read *wai²*.

蠡 ʻLi A worm which eats wood. Usually pronounced ʻ*lai*, which see.

磊 ʻLü A heap or pile of stones; to pile or throw stones together into a pile; ʻ*lui* ʻ*lui lok*ˎ *lok*ˎ clearly understanding.

壘 ʻLui A military wall, a rampart; to pile up, to heap, to lay on each other; a pile; reiterated; graves in a row; ʻ*lui shek*ˎ to pile up stones; robust, vigorous; form, figure; ʻ*lui* ʻ*lun* ˏ*chi* ˏ*ngai*, imminent danger—as of breaking a pile of eggs; ˏ*kwan* ʻ*lui*, an intrenched camp; *yat*ˎ ʻ*lui shek*ˎ a heap of stones; ʻ*lui pik*ˎ ˏ*ch'an*, a constellation including parts of Capricorn, Aquarius and Pisces.

蕾 ʻLui A flower-bud, flowers partly opened; ˏ*fá* ʻ*lui*, a flower-bud.

ʻ儡 Lui — Interchanged with ˏlúi 擂, and often pronounced lui² To drum, to beat a drum or gong; to turn over stones; sátˎ ʻlui p'áuʾ to beat a reveille and fire a gun; ʻlui ʻkú, to drum.

ʻ儡 Lui — To destroy, to injure mutually, as in a fight; pái² ʻlui, to rout; fái² ʻlui, puppets, automatons; tsz'² ʻlui ˏk'í ˏshan, he injured himself.

ʻ藟 Lui — A kind of vine or melon; kotˎ ʻlui, a sort of gourd; ˏts'in sui² ʻlui, a sort of vine.

ʻ鸓 Lui — A flying squirrel, called ʻlui ʻshü; they are considered medicinal, and allied to the bat.

戾² Lí — To stoop, to bend, to crouch; to offend; to reach to, at; determined, set; curved, distorted, crooked; perverse, rebellious, stubborn; ungovernable, impenitent, criminal; tsui² lui² wicked; ˏün ˏfi lui² ˏt'ín, the kite flies to heaven.

盭² Lí — Like the preceding; to bind so as to force out the blood; incurable, virulent, as a disease; a plant furnishing a green dye; ts'ákˏ lui² a thief; lui² ˏfú, an unreasonable man.

唳² Lí — The chirping of a bird; ˏlíú lui² the scream of storks or herons.

淚² 泪² Lui — To weep, to cry; tears; grief; ˏlau ʻngán lui² to weep; ʻü lui² to rain tears, to weep bitterly; ʻman lui² to dry up the tears; ˏchü lui² pearly tears; lui² ʻngán, eyes red from weeping; lui² ʻmún ˏchim ˏk'am, tears bedewed the coat; ˏpí lui² tears and sorrow; lui² ˏhan, the traces of tears; lui² ˏying ˏsoi, tears wet his cheeks.

類² Lui — Good, unselfish, excellent; a species, a sort, a class, a kind; a lui² is contained in a pò², and larger than a ʻchung, as a class, genus, species; imperial sacrifice or worship; to class with, to become one with; ˏt'ung lui² of the same sort; ʻsho ʻyau matˏ lui² whatever things there are; lui² ʻts'z' similar in kind; ch'ukˎ lui² domestic animals; patˎ ˏséung lui² unlike, not of the same sort; lui² kinʾ to appear at court on succeeding to a father's title; shin² lui² the good; lui² ʻngo, become like me, make one of us; lui² ʻts'z' ʻk'ü ʻkòm ʻyéung, very much like it.

纇² Lui — Knots in silk thread; a defect, a flaw; out of sorts; perverse, unmanageable; harsh; ʻfan lui² morose.

ʻ累 ˏ累² Lui — Interchanged with lü² 屢; to bind, to detain, to tie together; to lay on or above, to heap; repeatedly, often; hai² ʻlui, to tie up; ʻlui ˏszʾ to emboss, to make raised figures on a plain surface.

To involve, to compromise, to implicate; to put an affair on another, to bring trouble to; embarrassed, oppressed, troubled with many affairs; ˏt'o lui² to involve another; lui² chui² embarrassed with; ˏlín lui² to implicate in punishment; ˏmò kwáʾ lui² no care about; lui² shaiʾ ʻkwai, a most annoying wretch; chui² lui² kéʾ shütˎ wá² constant repetitions; lui² k'apˏ ˏyan, to involve another.

Lúi.

蟕 ꜀Lui An edible salt-water oyster or clam, found in the waters off the Bogue.

雷 ꜀Lui Thunder; a deafening, thundering noise; to imitate, to do like; *'tá ꜀lúi*, or *꜀hang ꜀lúi*, to thunder; *yat꜆ ꜀shing ꜀lúi*, a clap of thunder; *꜀lúi ꜀kung*, the Thunderer, *sc.* Jupiter tonans; *fán' ꜀lúi*, killed with lightning; *꜀lúi ꜀t'ung*, to hit upon the same as another has; *꜀lúi ꜀kung ꜀ü*, a tadpole; *꜀lúi ꜀kung ꜀kwang* a peal of thunder; *꜀lúi p'ek꜆ p'ò'* a shaving shop where money is lent at high rates; *꜀lúi ꜀pín*, a flash of lightning; *꜀p'ing tí' yat꜆ ꜀shing ꜀lúi*, a clap of thunder in a field, a sudden surprise.

擂 ꜀Lui Interchanged with *'lui*, in the sense of to drum. To rub fine, to triturate with a pestle; to treat harshly; to precipitate; *꜀lúi ꜀tséung*, to make flour for starching; *꜀lúi ꜀ngán liú'* to grind paints; *꜀lúi ꜀ch'ui*, a pestle for triturating; *꜀lúi lán' 'k'ü*, grind it fine; *꜀lúi 'kú*, to drum; *꜀lúi shek꜆* to throw down stones.

縲 ꜀Lui To bind with ropes, to secure one, as a criminal; a black rope; *꜀lúi sít꜆* fetters, bonds.

纍 ꜀Lui To join together in a series, to concatenate; to place on, to superimpose, to add to; to die or be condemned, when innocent; to involve, to entangle; to bind, to detain, to arrest; to creep over and entangle; hooks or ties of armor; *꜀lúi ꜀lúi*, forlorn, forsaken; *꜀lúi hai'* to bind with cords.

罍 ꜀Lui A sort of porcelain wine-vase with looped ears, having clouds painted on it, to show its inexhaustibility; a bowl used in sacrifices.

蘽 ꜀Lui Same as *'lui* 蘲; a kind of hod or basket to carry earth; creeping plants.

蔂 ꜀Lui Interchanged with the preceding. Also read *꜀lo*, in *꜀lo 'li*, a basket.

羸 ꜀Lui Lean, meagre, emaciated, fallen away; feeble, debilitated, infirm; entangled; turned over; *꜀lúi shau'* very thin; *꜀lúi ꜀k'i kok꜆* caught by the horns; *꜀lúi fuk꜆* turned over or bottom up.

(281)

Luk.

碌 Luh꜆ A green colored stone, chrysoprase? stony, rocky, uneven, rough ground; laborsome, toilsome; small; a chunk of timber; *luk꜆ luk꜆* rough; unimportant, insignificant; following after another; *꜀lò luk꜆* unwearying, painstaking; *yat꜆ luk꜆ shü'* a length cut off from a tree; *꜀yung luk꜆* an inefficient man, a drudge; *luk꜆ luk꜆ ꜀mò ꜀nang*, a man of no parts, or force; *꜀pò luk꜆* a vulgar name for a pumelo.

摝 Luh꜆ To move; to shake, to rattle; to roll over or on the grouud; to rock; *luk꜆ lok꜆ tí'* rolled over and fell down; *'pí kéuk꜆ luk꜆*

roll it with the foot; *luk, ,mái*, rolled together, like two drops of quicksilver; *luk, ,mái ,pin ch'ü'* where has it rolled to? *luk, ,k'au*, to roll a ball; *luk, 'kú*, a rattle drum; *luk, ,nai*, to roll earth smooth; *luk, wát*, rolled smooth; also said of men well versed in; *luk, ,ngau*, a game of rolling coppers; *luk, ,loi luk, hü'* to rock to and fro; *luk, mak* to roll ink in printing; *luk, 'tò ch'ü'* slipped down.

轆 Luh The rut of a wheel; a roller or wheel; *luk, ,lò*, a windlass; *,ch'é luk*, a colloquial word for a wheel; *luk, ,ch'é*, a waggon.

漉 Luh A river in Chángshá fú in Húnán; to ooze out; water drained off, dregs; to drag from the water; *luk, chap, 'shá ti* the dripping water sprinkled the ground.

麓 Luh The foot of a hill; woody places on a hill-side; *luk, 'shau*, a forest ranger, a forester.

簏 Luh A high pannier basket for inclosing fowls; *,shü luk*, a basket for books; *met.* a stupid pedant.

鹿 Luh A deer; the 197th radical of characters relating to cervine animals; *luk, ,yung*, hartshorn; *,múi ,fá luk* or *,kam ,ts'in luk* the white spotted axis deer.

六 Luh Six; *tai luk* the sixth; *luk ,fong*, the six departments in a provincial yámun; *luk hòp* zenith, nadir, and the four cardinal points; the twelve horary stems coupled into six pairs; *luk shap ,fá káp* the cycle of sixty years; *chák luk shik*, to throw six dice; *luk luk* thirty-six.

陸 Luh High, dry land, terra firma; land, as distinguished from water; used as a complex form of the last; *luk lò* a land journey; *,hang luk* to go by land; *luk tsuk* in succession, successively; *luk lò ,ping*, land troops; *luk tsuk ,loi*, came one after another.

穋 稑 Luh Late planted grain, which yet ripens early in the season.

綠 Luh Green color; *,ts'ing luk* color of young leaves; *,mung luk* dark green; *tái luk mò* to be a cuckold; *shek luk* malachite; *luk ,fán*, green vitriol; *'Lü sung' luk* an emerald; *luk ,í ,long*, a rising man, a distinguished man.

祿 Luh Emoluments of office, salary, rations, pay, income; prosperity, the enjoyment of a thing; to enjoy an income; to salary; *pat, luk* a defunct scholar—one who died before entering office; *luk wai* an office; *'fung luk* a salary; *shik luk* pleasures of the table, gusto; *,í luk pat, tsuk*, insufficient food and raiment; *,mò luk shik* no salary; *,Kwong Luk tsz'* the Banqueting Office at Peking—also applied ironically to cooks.

淥 Luh Interchanged with *luk* 漉. clear water.

菉 Luh A plant or grass of which cloth can be made; *luk tau'* a green-colored bean.

錄 Luh A metallic lustre or color; veins on a shell; to copy, to transcribe; to record, to make a note of; a record, a narration; an order, a series, an index; the teeth; ˏ*ch'áu luk*$_2$ to copy; *luk*$_2$ *ch'ut*ˎ ˏ*lai*, to compose, to write; *muk*$_2$ *luk*$_2$ an index; ˏ*in hang*^{2} *luk*$_2$ record of one's words and acts; ʻ*ts'ü luk*$_2$ to be selected out from the candidates for a degree; *luk*$_2$ *sz'*^{2} to detail, to write an account of; *yat*ˎ ˏ*ch'éung tsuk*ˎ *luk*$_2$ one act worth noting; ʻ*ki luk*$_2$ *shap*$_2$ *ts'z*ʼ to be recorded ten times—as worthy officers are; *luk*$_2$ *tsik*$_2$ a record of a family, a register; *luk*$_2$ ˏ*wai*, to inscribe and to reject candidates for degree of küjin; *tái*^{2} *kai*ʼ *luk*$_2$ the triennial report of officers; *shi*ʼ *luk*$_2$ inscribed as a küjin; *luk*$_2$ ʻ*hau* ˏ*kung*, to take minutes of evidence.

籙$_2$ Luh A map or chart; a book; ancient records; ˏ*fú luk*$_2$ a charm, a magic writing.

醁 Luh A pleasant kind of spirit, called ˏ*ling luk*$_2$, made with the water from the Lake Ling in Húnán.

騄$_2$ Luh A famous steed called *luk*$_2$ ʻi, belonging to the emperor Muh-wáng of Chau dynasty.

僇$_2$ Luh To disgrace, to injure, to put contempt on; to act foolishly; *siú*ʼ *luk*$_2$ opprobrium, ridicule of men; *luk*$_2$ *yuk*$_2$ to act disgracefully.

戮 Luh To kill in war or for crimes, to massacre; to mangle a body, to disgrace a corpse by exposure and cruelty; to act foolishly, to disgrace; *shát*ˎ *luk*$_2$ to slaughter; *luk*$_2$ ˏ*ts'au*, to put prisoners to death; *luk*$_2$ *lik*$_2$ united effort.

蓼$_2$ Luh Long and large, like vegetation or grass; *luk*$_2$ *luk*$_2$ ʻ*ché* ˏ*ngo*, the long, large rush.

(282) **Lun.**

ˏ圇 A colloquial word; to gnaw a bone; to lie uneven; stammering; uneven, as crumpled paper; *shüt*ˎ *wá*^{2} ˏ*lun* ˏ*chun*, hesitating talk, stammering; ˏ*lun kwat*ˎ ˏ*t'au*, to gnaw a bone; ˏ*lun* ˏ*mái tik*ˎ ˏ*to*, pick your bones clean.

ˏ倫 Lun Constant, regular, that which is acknowledged by men as right, proper; a species, class, sex; relationships, affinity of things and classes with each other, a natural law; to distinguish or choose; ʻ*ng* ˏ*lun*, the five relationships of society; *yik*$_2$ ˏ*lun*, to violate these duties by inhuman and atrocious acts; ˏ*lun ts'z*ʼ a series; ˏ*t'in* ˏ*lun*, one's parents; *tsüt*$_2$ ˏ*lun*, to exterminate people.

ˏ崙 Lun A range of mountains, called ˏ*Kwan* ˏ*lun*, the Koulkoun Mts. in Koko-nor.

ˏ掄 ˏ論 Lun To choose fit persons for office; to select, to pick out; to connect with; to come in turn, to take by turns; ˏ*lun* *sün*^{2} to select fit ones; ˏ*lun* ˏ*ts'oi*, to select men of talent; ˏ*lun* ˏ*pán*, to attend to in turn; ˏ*i* ˏ*ká* ˏ*lun tò*ʼ ʻ*ní*, it is your turn now; ˏ*lun lok*ˎ ˏ*loi*, come in regular rotation. The second character also means to walk with difficulty; parsimonious.

淪 ˏLun A ripple, "white caps;" an eddy, a whirl of waters; chaos, turbulent water; to sink or be engulfed, submerged, drowned; to be lost in perdition, damned; ˏ*lun lok*ˎ sinking in destitution and vice; ˏ*ch'am* ˏ*lun*, lost for ever; ˏ*lun song*ˀ extinct, as a dynasty or family; ˏ*lun mút*ˎ destroyed utterly.

綸 Lun To arrange or twist raw silk for weaving; to wind silk; a silken cord; to compare and distinguish, to classify, to adjust; to know; ˏ*lun* ˏ*yam*, "silken sounds" are His Majesty's words; ˏ*sz*ˀ ˏ*lun*, sorted silk, fine thoughts; ˋ*mún fuk*ˎ ˏ*king* ˏ*lun*, eloquent, full of just thoughts.

Read ˏ*kwán*, in the phrase ˏ*kwán* ˏ*kan*, the cap of Kung-ming.

䑳 ˏLun ˏ*Lun ü*ˀ the name of a boat; the bow timbers of a vessel.

蜦 Lun Crawling of insects or snakes; a large frog; others say, a kind of serpent.

輪 ˏLun A wheel with spokes; a wheel; a disc; a round face; a round, a revolution, a circuit, a turn; large; to rotate, to roll round; ˏ*lun* ˋ*chün*, to turn round and round; ˏ*lun* ˏ*mún*, to go from one door to the next; *fong*ˀ *yat*ˎ ˏ*lun p'áu*ˀ to fire a volley of cannon; ˏ*lun* ˏ*úi*, transmigration; ˋ*chün* ˏ*lun*, to reënter life; ˋ*kü* ˏ*ch'è* ˏ*lun*, to lift the [stone] wheel—a trial of strength; ˏ*lun* ˏ*lau* ˏ*hon* ˋ*shau*, to watch in rotation; ˋ*kwong* ˏ*lun*, latitude and longitude, the area or expanse of a country; *lun chéuk*ˎ ˋ*k'ü*, it is his turn; ˏ*lun* ˏ*hoi tsò*ˀ do it by turns.

燐 粦 ˏLin An ignis fatuus, supposed to be an exhalation from the blood of murdered persons; shining; ˋ*kwai* ˋ*fo* ˏ*lun* ˏ*lun*, devil's fires abounding and shining.

僯 ˏLin Feeling ashamed, abashed, disconcerted.

嶙 Lin Precipitous, lofty peaks of mountains; ˏ*lun* ˏ*sun*, lofty mountain cliffs.

粼 磷 ˏLin Water murmuring over the stones; stones by the brook; clear water of a brook; ˋ*shui lok*ˎ ˏ*lun* ˏ*lun*, the water tumbling clear over the stones. Read *lun*ˀ; to rub a stone thin, to make thin; shingle, gravel.

潾 ˏLin Name of a river; clear water, issuing from rocks and running among hills.

璘 ˏLin A veined appearance, like that of agate; ˏ*lun* ˏ*pan*, chatoyant, variegated.

轔 ˏLin The rumbling of wheels, for which the next is also used; a threshold; abundant, full; *chung*ˀ ˏ*ch'è* ˏ*lun* ˏ*lun*, the noise of many chariots; *ú*ˀ ˏ*lun*, a doorway.

鄰 ˏLin Near, contiguous, proximate; connected with, supporting, assisting, as ministers do a prince; conterminous, neighboring; a neighborhood, neighbors; five families; ˏ*lun* ˋ*lí*, the neighbors; *kák*ˎ ˏ*lun*, next house, near to one's house;

kan² ˏlun, a neighboring village; *sz'² ˏlun*, neighbors; *ˏlun kwok*ˎ contiguous countries; *cham' ˏlun*, adjoining; *ˏlun kan²* near to.

驎 ˏLin A piebald horse: a horse with black lips.

鱗 ˏLin Scales of fishes, soft and overlying; scaly animals, as snakes and fishes; repeated, succeeding, like scales; *ˏü ˏlun*, fish-scales; *ˏfung sai' ˈshui ˏlun ˏlun*, the breeze raises the scaly ripples; *ˏlun pò'* scaly tribes.

麟 ˏLin The female of the unicorn; *ˏk'i ˏlun tsoi² ˈts'z'* the unicorn is here—written on bridal sedans; *ˏlun ˈchí ˏch'ing ˏts'éung*, the unicorn's hoof has brought luck—an heir is born. The idea of the Chinese unicorn may have been derived from a one-horned Tibetan equine animal.

遴 ˏLun To walk with difficulty; covetous, avaricious, grasping.

ˈ卵 Lwán An egg; the roe of fish; testicles; *ˏkai ˈlun*, hen's eggs; *ˈlun ˈtsz'* the testes; *ˈlun ˏshang*, oviparous; *ˈlun yik*₂ to bring up, to cherish; *shai' ˏü fuk*₂ *ˈlun*, like one screening or setting on eggs.

論² Lun To discourse upon, to consider about and discuss; to reason, to think upon, to consult; discourse, deliberation, counsel; a process or regular train of reasoning, a full account of a matter; according to, by the, speaking of; *lun² ˏkan mái²* sold by the catty; *ˏ'm lun² ˏto ˈshiú*, no matter how many; *ˏt'ám lun²* to converse upon; *pín² lun²* to dispute, to argue; *kok*ˎ *ˈyau ˏt'üi lun²* each maintains his own views; *ˏch'ui lun²* to infer; *tsok*ˎ *mak*₂ *lun²* to write a diagnosis of a disease; *ˈü ˏmò lun² ts'z'²* to discourse without method; *yéuk*₂ *lun²* if we admit, premising; *lun² ˈhi*, to talk about; *lun² ˏyan*, to speak about people.

吝² 悋² 恡² Lun Avaricious, stingy, mean, sordid, sparing; to dislike, to part with, to spare; to be ashamed of; *lun² sik*ˎ close, to hold on to; *ˏsau lun²* ashamed of, reddening; *lun² pò'* afraid of one's steps; *hang² mat*₂ *lun² yuk*₂ I hope you will not regret your steps—a phrase on an invitation; *pat*ˎ *lun²* unsparing, liberal.

紊² Wan Raveled, as thread; confused, intricate, involved; to embroil, to confuse; *pat*ˎ *ˏyung lun²* to disallow any confusion.

藺² Lin A rush proper for making mats; a surname; *ˈmá lun²* the iris or fleur-de-lis; *lun² shek*₂ stones on walls for throwing down upon an enemy.

躪² Lun The rut of a wheel; to run against or drive over one when riding.

(283) Lün.

ˏ攣 Liuen To bind or tie in any way, to connect; the hands or feet contracted by disease, bent over; crooked, winding; to crook or bend; to take hold of and drag along; *ˏlün kuk*ˎ

crooked; ‚*lün* ‚*mò*, curly hair; ‚*lün* ‚*iú*, bent over, as a hunchback; ‚*lün* ‚*shang*, twins; ‚*lün* ‚*kün*, winding, devious; ‚*lün* ‚*mái*, bent up, cuddled, as from cold; *wat*ˎ ‚*lün*, to bend, to warp; *sat*ˎ ‚*lün*, bandy-legged.

欒 ‚Lwán A kind of tree, slender like a spear, from which a drug called ‚*lün* ‚*king*, is procured; a sort of gynandrous plant; the ends of an angular bell.

鸞 ‚Lwán A fabulous bird, the embodiment of every beauty and grace, a phœnix; the ‚*lün* ‚*kai*, or argus pheasant, seems to have furnished the type; the cock is ‚*lün*, the hen is ‚*wo*; ‚*lün fung*² ‚*wo* ‚*ming*, the phœnixes sing in concert—a marriage; ‚*kú* ‚*lün* ‘*kwá suk*ˎ the solitary phœnix and lone star—unmarried; ‚*hung* ‚*lün*, a star lucky for marrying; ‚*chü* ‚*lün* ‘*ts‘oi*, elegantly colored. Used for the next, because the bells were suspended from a phœnix's bill.

鑾 Lwán Little bells, such as are hung on imperial cars; imperial, royal; ‚*lün* ‚*ü*, His Majesty's chair; ‚*kam* ‚*lün tín*² the palace; ‚*kam* ‚*lün* ‚*po*, a term for the Hánlin college; ‚*lün tso*² an idol's shrine; ‚*úi* ‚*lün*, H. M.'s return; also applied to the reinstalment of Shángtí; ‚*lün* ‚*i wai*² the emperor's guardsmen; ‚*lün ká*² his godship; ‚*lün* ‚*ling*, small bells.

巒 Lwán The vertex or peak of a hill, a pointed summit; to surround.

聯 ‚Lien Connected, joined to, as the ear is to the head; to combine with, to make alliance with; to associate, to assemble, to unite; to join in a regular order; a distich or parallel aphorisms; ‚*lün* ‚*kw‘an*, to crowd together, a company or flock; ‚*lün* ‚*i fuk*ˎ to baste or stitch clothes; ‚*lün* ‘*tong*, to combine in cabals; *túi*² ‚*lün*, antithetical couplets hung up in houses; ‚*lün* ‚*kü*, dwelling in a row or near to; ‚*lün* ‚*ming*, to subscribe names, as to a petition; ‚*lün* ‘*shau*, united strength; ‚*lün* ‚*sam hòp*ˎ *tsok*ˎ to do with united purpose.

戀² Liuen Ardently loving, to long for, to think of continually; to dote on, to hanker for; *lün*² *mò*² strong attachment; *lün*² *tsau*, to hanker for spirits; *lün*² *shik*ˎ lecherous; *lün*² *lün*² *pat*ˎ ‚*mong*, in tender recollection.

亂² 乱² Lwán To confuse, to disorder, to throw into trouble; discord, anarchy, insurrection, commotion; in confusion, tumultuous, out of place, disarranged, raveled; wrong; to regulate, to put in order; *tái*² *lün*² commotion, turmoil, in a house or in a state; *lün*² *chong*² to meet rudely; ‚*mong kwok*ˎ *kòm*² *lün*² all in confusion, at sixes and sevens; *tsok*ˎ *lün*² to rebel, insurrection; ‚*sam lün*² disturbed in mind; ‘*mai* ‘*tá lün*² don't mix them up; *lün*² ‚*lai*, disordered, it is all ˏwrong; *lün*² *shai*² to disturb the country, to turn the world upside down; *lün*² *tso*² to sit awkwardly.

(284) ## Lung.

窿 Lung Sometimes written 𥦗, but erroneously; a hole, an aperture, a wide cleft; *ʻlò ʻshü ˏlung*, a rat-hole; *yapˌ ˏwong ˏnai ˏlung*, gone into the clay hole—buried; *ˏhoi koˀ ˏlung*, make a hole; *piˀ fatˌ ˏlung*, the nostrils; *ˏch'ün ˏlung*, bored, has holes; *ʻhung ˏlung*, or *ˏfú ˏlung*, a hole; *ˏlung láˀ* an opening, a crack or hole.

龍 ˏLung A dragon, the chief of scaly animals, thought to have supernatural powers, and of which many kinds are supposed to exist; geomancers say much of them; an emblem or badge of imperial power and awe; the emperor's power; imperial, dragon-like; to pervade; to bud; gracious, kind; *ˏlung ˏshün*, dragon boats, so named from the carving on the bow; *ˏlung ˏhéung*, the ancestral effigy at weddings; *ʻhoi ˏlung ˏwong*, the Neptune of the Chinese; *ˏlung waiˀ* the throne; *ˏlung ʻt'ai*, the emperor's person; *ˏlung ˏngán*, His Majesty's presence; *ˏlung ʻngán ʻkwo*, the lungan (*Dimocarpus* [*Euphora*] *longan*), a fruit; *ˏp'á ˏlung*, paddling boats, that go fast; *ˏlung ˏp'ái*, the imperial tablet, adored by officers; *ˏlung tinˀ* a shed or erection for the *ʻtá tsiúˀ*; *ˏshing ˏlung*, to get married; *tiˀ ˏlung*, an earthworm; *ʻúi ˏná ˏlung*, can seize a dragon—clever; *ˏts'am ˏlung ˏü*, the sturgeon; *ˏlung makˌ* the "dragon's pulse," refers to subtle geomantic influences and tokens; *ˏlung ˏchung ˏchi ˏnin*, decrepid, old; *ˏlung luiˀ* the class of lizards, dragons, serpents, &c.; *ˏlung ütˌ* the "Dragon's Cave," or Lankeet I. near the Bogue.

嚨 ˏLung The throat; *ˏhau ˏlung*, the gullet; *ˏhau ˏlung ʻhéung*, a sound in the throat.

攏 ˏLung To grasp, to seize, to drag; to attack, to charge on; to collect or assemble; to effect an end, to exert one's self; to work on, to operate; to lay hold of, to act with; *ˏlung ˏmái ʻshau*, to sleeve the hands; *ˏlung kanˀ* bring [the boat] near; to cause to approach, to near; *ʻmá ˏlung ˏt'au*, a headstall; *ˏlung fátˌ* to tie up the hair; *ʻmò ˏlái ˏlung*, no intercourse or business with; *ʻpi ˏtò ˏlung kwoˀ hüˀ* he was cut with a knife; *ˏlung léukˌ* to capture; *ˏlung tikˌ* to charge an enemy's force; *ˏlung lokˌ chüˀ* to detain by excuses.

曨 ˏLung The rising sun obscured; *ˏt'ung ˏlung*, break of day; the sun scarcely seen.

朧 ˏLung The rising moon; *ˏmung ˏlung*, obscure, dim, as the beclouded moon or a dirty glass.

礱 ˏLung A wooden mill for hulling rice; to rub, to grind down, to sharpen; to grind; *ˏmo ˏlung*, to grind; to study hard; *ˏlung kukˌ* to hull grain; *kukˌ ˏlung*, a wooden hand-mortar; *ˏlung laiˀ* to sharpen, to rub and make bright.

瓏 ˏLung A dragon-shaped gem used in deprecating drought; *ˏling ˏlung*, the tinkling of gems; also clear; the sighing of the wind.

櫳 ˏLung A cage, stockade, or inclosure of wood for birds or animals; *ˏtsʻau ˏlung*, a cage to carry prisoners in; *ˏfong ˏlung*, to confine behind bars; *ˏlim ˏlung*, to screen off for privacy; *shauˀ ˏyan ˏlò ˏlung*, to be taken in, deluded. Interchanged with the next.

籠 ˏLung A cage, a den; an open worked basket, for holding earth or animals; a quiver; to monopolize or engross goods; *ʿtá ˏlung*, to entrap birds; *chʻütˎ ʿtá ˏlung*, to inveigle people; *púiˀ ˏlung*, a frame for drying clothes; *tséukˎ ˏlung*, a bird-cage; *ˏchü ˏlung*, a pig basket; *ˏchü ˏlung ˏfá*, the Nepenthes flower; *ˏhá ˏlung*, a shrimp net; *ˏlung foˀ matˎ* to hoard up or buy up goods; *ˏlung chául* a fish-net made like a basket to cover fish; *met.* a sentence giving the key or subject-matter of a book or essay; *ˏlung lokˎ* a bridle; *met.* to insnare by words, to get control of. Also read *ʿlung*, a trunk.

聾 ˏLung Deaf, hard of hearing; unperceived or hidden, like things covered up; *áˀ ˏlung*, a deaf person; *ˏchong ˏlung cháˀ ʿá*, feigning to be deaf and dumb; *ˏchʻi ˏlung*, silly and deaf.

蘢 ˏLung A species of water polygonum; *ˏmung ˏlung*, overgrown with weeds, concealed, hidden by something; *ˏlung ˏsú tsʻoiˀ* asparagus (?)

襱 ˏLung The leggings or overalls worn by Chinese in winter.

隆 ˏLung Grand, eminent, high above what surrounds, exalted, conspicuous; abundant, overfilled, opulent, fertile; exalting, glorious; to glorify, to exalt, to magnify; to rise up; *ˏhing ˏlung*, prosperous; *ˏlung pokˎ* generous and mean; *ˏsham ʿling ˏlung ˏtsʻing*, to receive distinguished favors; *ˏtsün ˏlung*, highly honored; *ˏlung shingˀ* affluent.

癃 ˏLung Infirm, weak in the back; *ˏlung pengˀ* diseased from age; *ˏlung paiˀ* costive.

壟 ʿLung A mound in a field; a grave, a tomb, a tumulus; to engross or buy up goods; *ʿlung tünˀ* undulating, as a road or country; to speculate in, as a broker; *ˏyáu ʿlung*, a mound, a grave, a hillock; *ˏszˀ ʿlung tünˀ* peculation, to use other's money in speculation.

A colloquial word; the inside of a thing; hollow, empty of, nothing in; *ˏkún ˏtsʻoi ʿlung*, inside of a coffin; *ˏhung ʿlung*, empty, all taken out.

隴 ʿLung A dike to prevent the irruption of waters; *ʿlung ʿmau ˏchí ˏkán*, among dikes and fields—in agricultural pursuits; *ʿlung ˏsai*, an old name for the west of Shensi, now a district in Kánsuh; *ʿlung ʿtsung*, all, the whole; *takˎ ʿLung mongˀ Shukˎ* having got Shensi he wanted Sz'chuen.

槓 ʿ An unauthorized character; a trunk, a box, a case for carrying articles; *ˏpʻi ʿlung*, a leathern trunk; ‹i ‛lung, a clothes trunk; ‹shau lok› ‛lung, pack it in the trunk; ‛fo shik› ‛lung, a case for eatables.

弄² To play with, to trifle and toy with; to dally with, to use badinage, to treat disrespectfully; to make, to handle, to do, to feel; hi' lung² to sport with; lung² ‛ngá, to bear a daughter; lung² tek› to play a fife; ‛mò lung² ‹tsün ‛chéung, to despise dignities; lung² fán² to cook rice; lung² ‛pá hi' to play tricks of hand; lung² ‛ká ‹shing ‹chan, to fullfil what was promised in joke; lung² wái² to spoil; lung² kwán' ‛liú, thoroughly practiced in; mái² lung² to show off, bragging; ‛mò lung² ts'o' ‛pi ‹yan, don't give it to the wrong man; lung² ‹shan lung² ‛kwai, to make much ado about the gods.
Lung

哢² The note or song of a bird, to chirp; tsò² sz'² kon' ‛hò lung² ch'ung' he does things very carelessly.
Lung

(285) **Lut.**

嵂› A colloquial word; out of order, morose, cross; to talk; lut› chut› disarranged, difficult to do, not rhythmical, muddy, as a style; ‹lam lut› scolding, hard to suit, sullen, selfish; lut› hi' túi² ‛ngán wat› to flach the eyes, to set the eyes on; lut› ‛hi ‹kún wá² to speak the court dialect.

聿² A pencil, style, or writing utensil; to narrate, to obey, to follow; to declare, to write; an initial word, forthwith, then, straightway, accordingly; the 129th radical.
Yuh

律² A statute, an ordinance, a fixed law or regulation, a command, a penal law; a military code; to divide, to distinguish; the sharped musical notes, or luk› lut›, are the yáng ones; a stanzas or distich; the rules of versification; to state, to record; to estimate the merits of, to adjust; to trim the hair; fát› lut› laws; ‛hò ‹yam lut› in good tune, good rhythm; yat› ‛shau lut› ‹shi, a stanzas of eight lines; lut› lai² the statutes and ordinances, the code of a country; kái' lut› precepts, commandments; lut› ‹shü, law books.
Liuh

潏² Water flowing rapidly. Also read k'üt› to gush out as a fountain; an islet.
Yuh

繘² A well rope; lut› sok› a rope for drawing water.
Yuh

遹² To follow, to comply with, to obey; to narrate; an initial particle; lut› ‹k'i ‹man ‹ts'ing, to review or examine his writings.
Yuh

驈² A black horse with white hind quarters.
Yuh

栗² A chestnut; chestnut wood, used for tablets; firm, solid, durable; severe, strict, exact; to overpass, to exceed; to respect; full grown grain; ‹fung lut› the chestnut; shek› lut› a sort of acorn; ‛shui lut› water caltrops.
Lih

凓² Cold; lut› lit› a piercing, cold wind.
Lih

慄, Lih. Afraid, pale, apprehensive, trembling, fearful; *chin' lut,* trembling from fear; *lut, lut, ,ngai kü'* quaking with dread.

溧, Lih. The name of a river in Kiáng-sú, and of a district (Lihshwui hien) near Nánking; *Lut, ,chau,* an island in the Yáng-tsz' kiáng near it.

率, Liuh. A scope, a mark; a stretch, as of a bow; the opening of the lappel of a garment.

繂, Liuh. A bamboo rope or hawser for tracking boats, or letting down into mines; cords used in lowering a coffin; *lut, ,lo,* a pulley; *lut, 'iú,* cords for letting down a coffin.

霱, Yuh. Clouds of various colors, felicitous clouds, which are tri-colored.

鴥, Yuh. To dart down upon, as a hawk does; to fly swiftly and high.

膟, Liuh. The fat around the inwards of a sacrifice, which was anciently burned in temples, called *lut, ,liú;* fat.

(286) **Lüt.**

劣, Liueh. Infirm, feeble, weak, inadequate; humble, poor, insignificant, a term used by one's self, as *lüt, ,ts'oi,* my poor talents; inadequate, a little, barely, scarcely; rustic, vulgar, vile, rude, mean, unpolished; *lüt, ,k'am,* depraved gentry, who tyrannize over the villagers; *ok, lüt,* exceedingly bad; *lüt, 'tang,* siútsái who can not pass review, and are degraded; *lüt, tak,* small virtue; *lüt yeuk,* useless; *lüt, 'má,* vicious horse.

埒, Liueh. A low dike or path dividing fields; a mound; to mark or survey fields, and designate their limits; the same, equal, alike; a mountain tarn, a pool; *'tang lüt,* same sort; *'má lüt,* a bridle-path.

捋, Liueh. To take in the fingers, to draw through the hand, to grasp; to scrape, to brighten, to rub, to exfoliate, to amass; *lüt, ,mái yat, ,tüi,* to bring together into a pile; *lüt, ,kò ,lai ,tsin,* take off the fat for trying; *lüt, ,k'ün ,t'au,* to brandish and rub the fists, as if eager to fight; *lüt, ,mái sái'* scraped everything together; *'shau lüt,* to scrape or rub off with the hand, as leaves from a twig; *lüt, wok,* to scrape a boiler of the skin left after cooking; *lüt, ,kon tseng'* rub it off clean; *lüt, 'nái,* to milk; *lüt, tim'* straighten it out; *lüt, ,sú,* to stroke the beard.

酹, Lái. To pour out a libation in worship; *'i 'tsau lüt,* (or *lái'*) *ti'* to pour out spirits on the ground. Often read *lái'*.

(287) **'M.**

唔, Wû. A colloquial word; a simple negative, not, do not, no; *,'m ,ts'ang,* not yet; *,'m hai'* no; *,'m á'* no, not at all—a reply; *'k'ü ,'m,* he wont; *,'m ,sheng,* he says nothing; *,ni 'sé ,'m hai' ,ni?* did you write this?

Also read *,'ng,* a sound in singing; *,i ,'ng,* a refrain at the end of a line.

英華分韻撮要

(288) **Má.**

孖 Tsz. A twin; to bear twins; to go halves, to divide in two; a moiety, a half; to share with, to take equal responsibility; to duplicate; *ʿk'ü ˏmá ˏshang*, he is a twin; *ˏshang ˏmá ʿtsai*, to bear twins; *ˏmá ʿfo pún*ʾ to go equal shares; *ˏmá ʿk'ü tsò*ʾ join him in doing it; *ˏmá ʿchí*, a double thumb; *ˏmá ˏt'au*, a double head, one with a large tumor on it; *ˏmá ˏmái hü*ʾ gone off together; *ˏmá ʿt'ò tí*ʾ two gods of the land, placed back to back near the treasurer's office in Canton; *hakˎ ˏmá ˏmá*, pitch dark; *ˏmá tsz*ʾʾ a duplicated expression, a repetition; *ˏmá ˏmá ˏfú*, well, no great matter, as you please. *ˏMá* is also heard at the end of a question, as a contraction for *ˏ'm ˏá*, is it not so?

媽 A colloquial word; a nurse; *ʿnái ˏmá*, a wet nurse; *ˏhon ˏmá*, a nurse; *ˏsho ˏt'au ˏma*, a tiring woman; *chapˎ ˏmá*, a midwife; *ˏmá ˏmá*, mother, mamma; *ˏkú ˏmá*, aunt, aunty.

麻 Má. Hemp, the female plant; *(Cannabis)* the linen of the Chinese; sackcloth or mourning apparel; hempen; linen or grasscloth; a kind of drum; the 200th radical; *ˏmá pò*ʾ hempen fabrics; *ˏmá sín*ʾ hempen thread; *ˏmá ˏlám*, a hamper for holding the *tsikˎ ˏmá*, or hatcheled hemp; *ˏts'ò ˏmá pò*ʾ sackcloth; *ˏmá ˏyau*, hemp oil; *ts'ò ˏí ˏmá pò*ʾ the hempen and coarse clad—poor persons; *ˏsam lün*ʾ *ˏü ˏmá*, troubled, like tangled hemp; *ˏmá ˏmá tikˎ* let it pass; *ˏmá ˏch'á*, dim, obscure; *ˏmá li*ʾ quick, prompt.

蔴 Má. An unauthorized form of the last; *ˏchi ˏmá*, or *ˏyau ˏmá*, the sesamum; *ˏchí ˏmá ˏyau*, the oil of sesamum; *ˏmá tséung*ʾ ground up sesamum seeds, used in cooking; *ˏmá kwatˎ ʿkwái chéung*ʾ a staff of hemp is useless.

痲 Má. A cutaneous disease of children, like chicken-pox or measles; torpidity, paralysis; *ch'utˎ ˏmá*, he has the measles; *ˏmá mukˎ* numb; *kéukˎ ˏmá*, foot is asleep; *ˏmá ˏfung*, leprosy.

蟆 Má. A striped frog; *ˏhá ˏmá*, the edible frog. Read *mokˎ* a sort of gnat.

媽 Má. A mare; a mother; a maid-servant, a waiting-woman; *ˏp'o ʿmá*, a grandmother, an old maid-servant, a granny; *á*ʾ *ʿmá*, a female servant.

馬 Má. A horse; the 187th radical of characters pertaining to horses; warlike, spirited; cavalry; the right foot put forward; to clamp, to stitch; to join together, a clamp, a stretcher which joins things; *ˏléung ʿmá*, a gentle horse; *ʿmá ˏt'au*, a landing place, an anchorage for boats, a ferry; *ʿcho chü*ʾ *ʿmá ˏt'au*, to stop a man, as beggars do; *ʿmá shéung*ʾ *tsò*ʾ do it immediately, as if on horseback; *ˏts'in ʿlí ʿmá*, a swift courier; *ʿtsau ʿmá ʿshéung yam*ʾ to go to an office immediately; to bury as soon as dead; *ʿmá ˏt'au*

꜀kwan, or *ʿmá ꜀fú*, an hostler or horsekeeper; *ʿteng ʿmá*, an avant courier, one on horseback in processions; *ʿmá ꜀ú*, a square wooden stool; *ʿmá cháp꜃* a camp-stool; *ʿmá táp꜃ tang*ʾ a stirrup; *꜀ch'o há*ʾ *ʿmá*, just arrived; *ʿmá ꜀lán*, a horse-paddock; *cháp꜃ ʿmá pò*ʾ to plant the foot firmly out as in boxing; *ʿhò ʿmá pò*ʾ a firm standing; *ʿmá ꜀fong*, a stable; *ʿmò ʿmi ʿmá*, "tailless horses"—a nickname for chair-bearers; *fái*ʾ *ʿmá ꜀lai*, come very quick—like a fleet horse; *ʿmá ʿt'ung*, a close chair; *꜀ts'un ꜀sheng ʿmá*, a letter-carrier; *ch'ut꜃ ʿmá*, to do a thing, to advance the money, to bear the expense; *ʿmá chü*ʾ to clamp; *ʿmá ꜀teng*, a clamp, nail; *ʿmá ʿkan ʿk'ü kai*ʾ *꜀teng*, seize him fast by his queue.

螞 ʿMa A leech; *ʿmá ꜀wong*, a blood-sucker; *ʿmá chá*ʾ a locust or grasshopper.

瑪 ʿMá The agate; *ʿmá ʿnò*, the cornelian or agate stone; *ʿmá ʿnò ꜀man*, having angular lines, like fortification agate.

碼 ʿMa Used for the last; a yard; weights for money or goods; *fát꜃ ʿmá* or *ʿmá ʿtsz*ʾ weights; *꜀sz*ʾ *ʿmá ch'ing*ʾ 16 taels to a catty; *ʿí ch'ek꜃ sz*ʾ *꜀wai yat꜃ ʿmá* 2 cubits 4 puntos make a yard; *tsuk꜃ ꜀sz*ʾ *ʿmá*, full weight.

嗎 ʿMa To scold, for which the next is now used; a final, interrogative word, denoting doubt whether it is or not; *꜀hoi p'ò*ʾ *hai*ʾ *ʿmá*, have you not opened a shop? *mat꜃ ʿyé ʿmá?* what do you want? *ʿkòm ʿmá*, so eh!—implying disapprobation.

罵 Má² To rail at, to abuse with vile language, to call names, to scold; *ma*² *pat꜃ chü*² *ʿhau*, he never ceases railing; *yuk꜂ má*² to vilify; *꜀'m ʿhang shau*² *má*² I won't be scolded so.

禡 Má² Sacrifices or auguries offered by an army to insure a victory; worship to the *dii viæ*, when journeying.

(289)

Mai.

咩 ꜀ A colloquial word; to purse up the mouth and keep still; *꜀mai ꜀mái ʿhàu*, to pucker up the lips.

迷 ꜀Mi To deceive, to delude; confused, perturbed; stupified, bewildered, blinded, beclouded, as by vice; stupidly attached to; *꜀mai wok꜂* deceived by, seduced; *꜀mai ꜀wan chan*² infatuated, enslaved by; *꜀fan ꜀mai pat꜃ ʿsing*, dead to all remonstrance; *꜀mai ꜀mung*, stupid, illiberal; *꜀tong kuk꜂ ʿché ꜀mai*, players are stupid—the lookers on see the game best; *ʿkwai ꜀mai*, possessed by a spirit, crazed.

埋 ꜀Mai To bury, to inter; *꜀mai tsong*² to bury a corpse; *꜀mai ꜀ts'ong*, to hoard or lay up. Usually pronounced *꜀mái*.

霾 ꜀Mai Storms of sand; misty, dark, cloudy sky, arising from fog or dust; *꜀mai fúi*ʾ foggy, smoky; *púl꜂ ꜀mai kin*ʾ *꜀t'in*, brush away the mists to see the sky—said of a clear writer.

海上絲綢之路文獻集成 科技與文化編

英華分韻撮要

˓米 Mí Rice after it is hulled; small grains or seeds of plants; the 119th radical of characters relating to rice; food; ˛lin ˓mai, lotus seeds; ˛há ˓mai, dried prawns; ˛shá kuk˳ ˓mai or ˛sai ˓mai, sago; ˛ngá ˛lán ˓mai, cochineal; ˓mai t'áp˳ ˛ch'ui to interfere and spoil a business; ˓mai ˓tsai, refuse, broken rice; ˛hung kuk˳ ˓mai, red rice; tek˳ ˓mai, to buy rice; t'iú˒ ˓mai, to sell it; shik˳ shat˳ ˓mai, he's not worth his food; ˛'m ˛chí ˓mai ká˒ he does not know the price of rice—inexperienced; ˓mai ˛ngau, a weevil; also, a rice-shop coolie; ˓chü ˓ní kê˒ ˓mai, to cook your rice—to slander you; ˓tò ˓mai, spilled the rice—spoiled the affair; ˓mai ˛kòm ˓shui, rice gruel; ˓mai fán² table expenses, allowance for food.

˓咪 A colloquial word like mok˳ 莫; a negative, do not, not yet; ˓mai ko˒ tsz'² don't do that yet; ˓mai ˓fán, do not play or idle; ˓mai chai˒ don't do it; ˓mai ˛loi tsz'² wait a while, stop a bit.

袂² Mí A cuff or sleeve, a wide sleeve; to take hold and open, to open out, as drawing the arm from the sleeve; ˛fan mai² to "part sleeves"—to take a leave of; ˛shám mai² sleeve of a dress; ˓pá mai² to seize the sleeves, as at meeting.

謎² Mí An enigma, a riddle, a double entendre; to puzzle, to make an allusion; mai² ˓ü, a hint, a hidden meaning; ˓tá ˛tang mai² to guess a riddle that is written.

(290)

Mái.

˓埋 Mái To secrete, to cover, to conceal; to lay by, to hoard; to harbor; to come near, to approach to; to lay hold, to annex, to connect with; to hide away to crouch; to concrete; following other verbs, it often means up, in, to, with, at, or merely a past or completed action, according to the context; ˛mái ngon˒ to go ashore; ˓tá tak˳ ˛mái, accordant with, agreeable, fit; ˛'m t'ai˒ ˛mái, not quite shaven; ch'ut˳ ˛mái, to pay out, to furnish; ˛mái műt˳ to conceal, *sub rosâ*; ˛mái ˓shau to lay hold of, to begin a job; ˛tiú ˛mái yat˳ i² kok˳ thrown into a bye-corner, indifferent to; ˛mái ˛shün ˛fung, the wind has brought us almost there—to quickly avail of; ˛mái ˛t'au, up to the wharf; ˛hang ˛mái yat˳ ˛pín, step aside a little; ˛mái ˛lai, come near; ˛hang ˛mái kòm˒ noi² long been good friends; ˛t'in ˓nün ˛'m ˛mái, it won't harden in warm weather; ˛mái ün˒ to harbor ill-will; ˓séung ˛mái, to prepare one's words beforehand; ˓mò tik˳ ˛hoi ˛mái, nothing at all to give; ˛'m ˛ts'ang ˓kong ˛mái, you've not told it all; ts'üt˳ ˛mái, to condense, to make small.

˓買 Mái To buy, to purchase; to obtain, to win; tsò˒ ˓mái mái² to trade; ˓mái mái² ˛yan, a trader; ˓mái yap˳ to buy; ˓mái ˓shui, to "buy water" at a parent's death; ‚*ling sui*^{3} '*mái,* to buy by retail; '*mái pán*^{2} a comprador, a purveyor; '*mái p'á*^{3} to "buy fear"—to give hush money, to curry favor by presents; '*mái fuk*$_{2}$ ‚*man* ‚*sam,* to win the people's hearts; ‚'*m* '*mái tsz*'^{2} I'll not now buy it; '*mái chuk*$_{3}$ to hire villains to injure or inform against one; '*mái tò*^{3} obtained by purchase; ‚*shau* '*mái,* wanted to buy; '*mái* ‚*ts'ong wai*^{2} to engage a cabin or a passage.

賣^{2} Mái To sell, to dispose of for money; to betray, to inveigle; to mock, to make game of; to vaunt, to show off; *mái*^{2} *fo*^{3} '*shau,* a salesman; *mái*^{2} *ch'ut*$_{3}$ to sell; *ch'ut*$_{3}$ *mái*^{2} for sale; *mái*^{2} *ts'iú*^{3} to show off, to trick one's self out; *mái*^{2} ‚*chü* '*tsai,* sold as a pig—into foreign servitude; *mái*^{2} '*tsui* ‚*kwái,* to talk glibly; *mái*^{2} ‚*t'au mái*^{2} '*mi,* to sell off the driblets cheap; *mái*^{2} ‚*fung,* to give another the leprosy; *mái*^{2} *fong*^{3} to allow criminals to escape; *mái*^{2} *lung*^{2} ‚*fung* ‚*ts'ing,* to set off one's charms, to catch admiration; *mái*^{2} *kwok*$_{3}$ to betray, one's country, to forsake one's flag; *mái*^{2} *min*^{2} ‚*kwong,* to keep up appearances with one.

邁^{2} Mai To wax old, to pass away; to overpass, to surpass, to exceed, to go beyond; vigorously; to go away, to travel far; old, senile; ‚*nin mái*^{2} old; *mái*^{2} *mái*^{2} indifferent to, remiss; *yat*$_{2}$ *üt*$_{2}$ ‚*k'i mái*^{2} the days and months pass away.

(291) **Mak.**

(All these characters are often pronounced like the next syllable.)

麥^{2} Meh Wheat, grain with an awn; the 199th radical of characters relating to wheat; ‚*ts'ò mak*$_{2}$ oats; ‚*sám kok*$_{3}$ *mak*$_{2}$ buckwheat; *suk*$_{3}$ *mak*$_{2}$ winter wheat; *tái*^{2} *mak*$_{2}$ barley; *mak*$_{2}$ ‚*ngá,* wheat sprouts, used in soups; *mak*$_{2}$ ‚*ts'au,* wheat harvest in July; *mak*$_{2}$ ‚*hong,* bran; *sát*$_{3}$ *mak*$_{2}$ to sow wheat.

默$_{2}$ 嘿$_{2}$ Meh Dark, cloudy, sombre; night; still, silent, retired; meditation, memory, mind; inspired, internal influence; not at ease; *mak*$_{2}$ *nim*^{2} to meditate on; *mak*$_{2}$ *mak*$_{2}$ ‚*mò* ‚*ün,* not speaking a word; *mak*$_{2}$ '*sé,* to write from memory; *mak*$_{2}$ *shi*^{2} a silent or spiritual communication, or a revelation something analogous to possession or inspiration; *mak*$_{2}$ *ü*^{2} to understand by meditation; *mak*$_{2}$ *mak*$_{2}$ *pat*$_{3}$ ‚*on,* distressed.

墨$_{2}$ Meh Ink; black, obscure, dark, like ink; *met.* letters, writings; to brand with ink; a measure of 5 cubits; a dejected countenance; *yat*$_{2}$ ‚*fong mak*$_{2}$ a cake of ink; *mak*$_{2}$ '*shui,* liquid ink; shoe-blacking; ‚*shing mak* marked and lined—all correct; ‚*t'án mak*$_{2}$ *sin*^{3} to strike a line; *min*^{2} ‚*sham mak*$_{2}$ chopfallen; ‚*man mak*$_{2}$ ‚*chi* ‚*yan,* a student; *mak*$_{2}$ '*k'ün,* first draft of essay; *lok*$_{2}$ *mak*$_{2}$ to write; '*ni lok*$_{2}$ *mak*$_{2}$ *tsò*^{2} do you begin to do it; *mak*$_{2}$ ‚*ü,* the cuttle-fish; '*kong pat*$_{3}$ *mak*$_{2}$ to talk like a book; ‚*chü mak* red ink.

縲 ˏ Meh — A cord, a two-fold cord; to cord up.

脈 2 **脉** 2 Meh — The pulse, the blood running in the veins; streaks, veins, in wood or flesh; a current of thought, a full idea; a line of succession, a descent, parentage; *hon' mak₂*, *'pá mak₂* or *'t'ai mak₂* to feel the pulse; *mak₂ 'li*, philosophy of the pulse; *hüt, mak₂* the circulation; *'tim mak₂* to hit a pulse; *ti' mak₂* the geomantic forms and marks seen on the earth, supposed to influence the luck of a place, subterranean water courses; *mak₂ ˏmún*, the pulse at the wrist; *yat, mak₂ ˏt ˏloi*, an unbroken descent.

霢 2 Meh — Misty, small rain; *mak₂ muk₂* drizzling rain, which falls silently, a slight shower.

陌 2 Meh — A raised path which divides fields; a path or street going through a market; a road; *mak₂ shéung'* on the road; *ˏkái mak₂* a market-street; *mak₂ lò' ˏyan*, disagreeable to one, not pleased with.

貘 2 Meh — A tapir, the Malacca tapir, of which many fabulous stories are told; it probably still exists in Yunnan.

貊 2 **貉** 2 Meh — Sometimes written for the last; a tribe of northern aborigines near the *tik₂*; quiet, settled; *ˏmán mak₂ ˏ'm ˏchí ˏpong*, the barbarians (the Mán and Meh) do not know their country—said of persons wholly inexperienced.

驀 2 Meh — To get on a horse; to jump; *mak₂ üt,* to leap or spring over anything.

(292) Mák.

擘 2 Pih — A colloquial word; to break in two, as a cake; to open, to split, to tear, to pull asunder; *met.* to disgrace; *'nì mák₂ ˏhoi 'hau*, open your mouth; *mák₂ fu' ˏhing mín'* to make one's father and brother blush; *mák₂ tái' 'ngán 't'ai*, open your eyes and see! *kü' mák₂* the thumb; *mák₂ 'chí*, to tear paper; *mák₂ p'o' ˏhau*, to split his throat—with crying; *mák₂ 'peng*, to break bread.

(293) Man.

ˏ**蚊** Wan — A musketo, a gnat; *'fú ˏman*, a striped musketo; *ˏman chéung'* a musketo curtain; *ˏman kòm' ˏts'ò*, a hum like musketoes; *ˏman ˏín ˏhéung*, smoke to kill musketoes; *ˏman ˏcham ˏngau kok,* like a musketo boring a horn—as hard as it is useless; *ˏman ˏlúi*, the buzz of musketoes; *ˏman fat,* a musketo whip; *ˏman nán'* a musketo bite.

ˏ**文** Wan — Strokes, lines, veins, markings, bands, spots, striæ, cloudy; what is variegated or ornamental; symmetrical lines and colors; slender, beautiful, genteel, stylish; elegant, accomplished, scholar-like; what is extraneous as distinguished from the essential; literary, letters, literature; the literary and official class; a dispatch; a classifier of coins; the 67th radical of characters denoting markings; *yatˏ ˛man*, a cash, a dollar; *˛man ʻli*, style in writing; *˛szʼ ˛man*, fine, chaste, scholarly, genteel; *yatˏ ˛pʻin ˛man ˛chéung*, an essay; *˛tʻin ˛man*, astronomy; *pákˏ ˛man*, the simple text; *˛ün ˛man*, the original text; *ʻkʻü shikˏ ˛man ˛chéung*, he is a judge of composition; *patˏ ˛man*, inelegant; *˛man ˛shü*, a governmental document; *˛man patˏ* a three-storied literary pagoda; *˛tʻau ˛man*, to deliver a dispatch; *˛man fátˏ* grammar, rules of writing; *ʻkú ˛man*, the ancient style of writing; *˛man ˛chʻéung taiʼ ˛kwan*, the God of Literature; *˛man ˛chʻéung sing*, stars θ φ υ in Ursa Major; *ʻhò ˛man ˛fung*, a good literary reputation; *˛man patˏ ˛ká ʻtím*, the style is unimprovable; *˛hü ˛man*, false, unworthy of credit; *˛ú yukˏ ˛szʼ ˛man*, to disgrace scholars; *ʻyau ˛man ˛tsʻoi*, learned, scientific.

Read *manʼ* to gloss over, to moderate; *manʼ kwoʼ* to conceal errors.

紋 ˛Wan Pattern, marks, or figures in weaving; a mark or trace of; marks in wood, lines in the hand; *˛tsʻé ˛man pòʼ* cotton drills; *˛man ˛ngan*, fine pure silver, sycee; *ʻshui ˛po ˛man*, ripples on water; *ʻyau tikˏ ˛man ʻli*, there is some regularity in the figure; rather pretty; *tsauʼ ˛man*, wrinkled, puckered; *˛man lünʼ* the pattern is awry; *ʻmò ˛man tsikˏ* no lines, a smooth surface; *˛wáng ˛man*, across the grain.

旻 ˛Min The autumnal sky, fall of the leaf; to compassionate, to feel for, to sympathize with; *˛man ˛tʻin*, autumn; *met.* heaven, the clear expanse.

魰 ˛Wan A small fish, with small scales and brilliantly marked. A Sparus?

民 ˛Min The multitude, the people, subjects, the uninstructed and unofficial part of mankind; *szʼ ˛man*, the four classes of people; *fáʼ ngoiʼ ˛wán ˛man*, the canaille, the ruffscuff; *ʻtszʼ ˛man*, you poor people; *mánʼ ˛man*, all the people; *˛man chongʼ* militia, volunteers; *˛man ˛yan*, the people; *˛léung ˛man*, loyal people; *˛man ˛fung*, popular customs or fancies; *˛man tsikˏ* a register of the people; *liúʼ ˛man*, to take a census.

緡 ˛Min A fish-line; a cord; to string cash; a string of cash; to give or use garments as bedding; abundant; *˛iú ˛chʻin yatˏ ˛man*, had a string of cash around his waist.

氓 甿 ˛Mang Simple, country-people; vassals, those who have been fugitives from other countries; ignorant, imprudent.

岷 ˛Min A range of mountains in the north of Szʼchuen province, a spur of the Pih-ling, separating the valleys of the Yellow R. and Yángtszʼ kiáng; *˛Man ˛chau*, a district in Kánsuh; *˛Man ˛kong*, a large tributary of the Yángtszʼ in Szʼchuen.

珉 ˛Min A fine kind of stone, like alabaster or marble, but not considered a gem.

英華分韻撮要

聞 ꜀Wan To hear, to perceive by the ear, to learn by report; small; to state to, to cause to hear; report, fame, news; *꜀t'eng ꜀man*, to hear; *꜀ch'ün ꜀man*, to repeat a report; a tradition, a legend; *꜀fung ꜀man*, rumor; *꜀san ꜀man*, news; *꜀man ꜀ü ꜀wong*, told it to the king; *꜀man ꜀ts'ui sik꜆* smell it; *tsok꜇ yat꜇ ꜀man tuk꜆* heard of it yesterday; *꜀nán ꜀man*, hard of hearing, hard to hear; *pat꜆ ‘yan ꜀man*, distressing to hear, heart-rending.

閩 ꜀Min A kind of snake; the ancient name of Fuhkien; the river Min in that province; *꜀Man Chít꜆ ‘tsung tuk꜆* the governor-general of Fuhkien and Chehkiáng.

閔 ‘Min Mourners at the door; to feel for, to mourn with; heart-sick, indisposed, ill; out of sorts, from grief or trouble; to exert one's self, to urge.

憫 愍 ‘Min Interchanged with the last; to mourn for, to commiserate, to feel concern for; *‘man cho²* to befriend; *꜀lin ‘man*, to pity; *pat꜆ tsuk꜆ ‘man*, not worth one's pity.

泯 ‘Min Watery, an expanse of water; to flow off; exhausted, drained; destroyed, finished; confused, obscure, distant; *‘man mút꜇* dead and forgotten; *‘man mít꜇* exterminated; *‘man ‘man ꜀fan ꜀fan*, all in confusion, anarchy.

抆 ‘Min To rub, to feel, to smooth with the hand; to dry up by rubbing; to point bricks, to pay seams, to fill up cracks; a horn spatula used in dressing the hair; *‘man ꜀t'au fát꜆* to rub pomatum on the hair; *‘man ꜀chün ‘hau*, to point bricks; *‘man lui²* to wipe away tears; *‘man ꜀fúi*, to rub in pitch or putty; *‘man mat꜇* fill it in tight.

汶 ‘Wan A river in Shántung, running west into the Grand Canal, near Wan-sháng hien; *‘man ‘man*, contumely, disgrace.

吻 ‘Wan The corners of the mouth; the lips; *met.* speech, talk; *tsip꜆ ‘man*, to join the lips, to kiss; *t'ò² ‘hau ‘man*, to pout; *mok꜇ ꜀heng k'üt꜆ ‘man*, don't be too facile with your lips—be careful of your words.

脗 ‘Wan To join; to blend as one; blending and mingling; *‘man hop꜇* joined, harmoniously blended.

刎 ‘Wan To cut one's own throat; *‘man ‘keng ꜀káu*, the tenderest friendship, close friends; *tsz'² ‘man*, to cut one's throat; *‘man ‘keng tsz'² ꜀ming*, I am quite aware of the consequences.

敏 ‘Min Active, clever, quick, smart, prompt; serious, respectful; quick at perception, witty, ingenious, skilled at, capable; the great toe; *tsít꜇ ‘man*, ready at, quick-witted; *꜀ts'ung ‘man*, ready, quick parts; *‘man tsít꜇ ꜀kung ꜀fú*, fine and quick work; *‘man lik꜇* energetic, smart; *‘man pín²* ready at retort or argument; *‘man ꜀k'au*, to earnestly beg.

鰵 ‘Min A perch-like fish common at Macao, the *Corvina catalea*, spotted dark brown.

暋 ‘Min Strong, robust, able to perform things.

ʿ黽
ʿ黾 } Min To be constrained, forced to do anything against the inclination or strength; to strive; to urge, to push; *ʿman ʿmin*, compelled, unwilling to do.

Read *ʿMang*; a toad, known in some places as *ʿt'ò áp,* or earth ducks; a kind of dark striped toad; the 205th radical of characters pertaining to *ranæ*.

呡ʾ A colloquial word; the edge of a thing, the brink; near in time, last moment; to go near to the limits of; *ˏ'm kot, kòmʾ manʾ* don't cut it so close; *ʿk'i tak, ť'áiʾ manʾ* he stands very near the edge; *manʾ ʿmí*, the last of; *ˏhang manʾ kwoʾ ˏť'au*, you go rather too near; *ʿtang tòʾ kòmʾ manʾ ˏmún*, waited till the last moment.

聞² Wan Character, reputation; place to which sound reaches; *ˏshing man² ˏü ˏť'ín*, the sound reached to heaven; *ling² man²* your fame.

問² Wan To demand, to exact of; to ask, to search into, to ascertain; to inquire of or about; to investigate, to try, to examine a case, to convict, to give sentence; to clear up a doubt; a command, a mandate; *man² táp,* a dialogue, conversation; *manʾ ˏkwan*, transported for crime 3000 *ʿlí* to the garrisons or yámun; *man² ʿhín*, exiled to the colonies as a convict; *manʾ ʿchám*, to sentence to decapitation; *manʾ ˏming pák₂* ask distinctly; *manʾ kwoʾ ʿk'ü*, then ask him [if you doubt]; *man² ˏon*, or *manʾ hauʾ* to inquire after another's health; *man² ˏnán*, to search into the reason of, to get difficulties explained; *manʾ ˏmeng*, to ascertain a girl's lineage—when betrothing; *ʿts'ing manʾ* I beg to ask; *ˏkung manʾ* a government mandate; *man² ˏmún*, to salute a bridegroom's relatives; *pat, ʿch'i há² manʾ* do not be ashamed to ask of inferiors.

(294) Mán.

擵 ˏMán A colloquial word; to turn over, to push, to pull down to or towards; to bring down, as pride; *ˏmán tik, ʿyé lok₂* take down something; *ˏmán ˏfán kwoʾ ˏlai*, to recover, as a lost case; to get back; *ˏ'm ʿkòm ˏmán ˏp'úi ʿní*, I can't venture to contest with you; *ˏmán ˏhoi ˏmún*, pull open the door.

ʿ蠻 Man A very weak worm; barbarous tribes and aborigines of the south, unreformed by Chinese civilization; *met.* the south of China; external and barbarous; fierce, brutish, unreasonable, not amenable to reproof · *ˏnám ˏmán* is an old name for people south of the Mei-ling and of Formosa; *ˏmán ˏí*, barbarians, savages; *ˏmán ˏsing*, ungovernable; *ʿfán ˏmán*, rude, willful, uproarious; *ʿní fongʾ ˏmán*, you have no fear or respect; *ʿtá ˏmán ʿkong*, you speak like a savage; *ʿhò ˏmán kéʾ* an unreasonable man; *ˏmán shek₂* rubble-stone.

饅 ˎMwán Leavened wheaten bread or cakes steamed; ˏmán ˏt'au, steamed bread; ˏmán ˏt'au ˋpeng, steamed cakes.

晚 ˋWán Evening, sunset, decline of the sun, night; late in time or in life; the last; late, tardy; afterwards; ˏkam ˋmán, this evening; ˋmán ˏts'án, evening meal; ˏái ˋmán, towards evening; yé˒ ˋmán, late at night; ˋmán ˏkán, in the evening, till midnight; ˋmán ˏshang, your pupil, your servant, I—a polite term used in both writing and speaking; tsok˒ ˋmán, last night; ˋman ˏnín, old, aged; ˋtsò ˋmán, early and late, morning and evening; ˋmán ˏwo, or ˋmán tsò˒ the last crop of rice; ˏ'm ˋmán, I am not late; sui˒ ˋmán, late in the year; ˏséung kín˒ han˒ ˋmán, I regret I did not know you before; fúi˒ ˏchí ˋmán ˋi, it is now too late to repent; ˋhéung ˋmán fuk˒ to enjoy happiness at last.

萬² 万² Wán } Bees which swarm in numbers under a queen; a myriad, ten thousand, the highest number usually employed in notation; an indefinite number, many, every one, all; a strong superlative, great, very, high; mán² pat˒ on no account, a strong negative; mán² mán² pat˒ ˏnang, I can not possibly do it; mán² sui˒ ˏyé, the emperor; káp˒ mán² a strong-box, a money chest; mán² shau² his Majesty's birthday; mán² ˏman, all people; mán² pat˒ shat˒ yat˒ wholly correct, all right; mán² pat˒ tak˒ ˋi, must not be omitted or fail in; mán² yat˒ ˋsz' a myriad to one he will die; mán² ˏyan ˏün, "all men's interest," is a name for the ˋtá tsiú˒; yat˒ pák˒ mán² a million; shap˒ mán² a lakh; mán² pat˒ k'ap˒ yat˒ not one can equal him, unsurpassed; mán² shau² ˏkung, the emperor's temple, erected in every district; ˏshing mán² ˏtò ˋyau, there's fully a myriad; ˋLò mán² ˏshán, the Ladrone Is.; mán² shau² ˋkwo, the papaw; mán² mán² ten thousand times ten thousand, innumerable; mán² ˏchung ˏmò yat˒ the very best.

曼² Mán Long, lengthened, extended; good, fine; marked with lines; an adversative particle, not yet, not, do not; without.

優² Mán Used for the two next; remiss; slow; mán² ˏsé, stop a little.

嫚² Mán To despise, to affront, to slight, to contemn, to disgrace; to scoff, to insult to reproach; ˏú mán² to vilify, to upbraid; mán² ˋkwai ˏshan, to blaspheme the gods; ˋmò wán² contemptuous.

慢² Mán Indifferent to, negligent, remiss, careless about; disrespectful to, disobliging, proud, rude, supercilious; to contemn, to treat haughtily; slow, dull, sluggish, dilatory, easy about; scales falling from light weight; mán² mán² ˏhang, go slower, easy! ˋlán mán² lazy, heedless; tsò² sz'² ˏmò kap˒ mán² he'll take his own time, he never hurries; *mok*, *ˏheng mán*² *ʿk*ʻ*ü*, don't be rude to him; *ˏt*ʻ*eng ˏchiú mán*² *mán*² tomorrow morning when at leisure; *mán*² *ʿshau*, a slow hand; *mán*² *ʿliú ʿní*, he was rude to you; *ˏsin*, *mán*² are terms used for heavy weight and light weight; *mán*² *ˏ'm kau*² the steelyard falls, it is light; *ʿsé t*ʻ*ái*² *mán*² you write very slowly; *mán*² *tò*² *ˏü ʿts*ʻ*z*, be careful how you speak so

謾² Mán Used for the last; to deceive a superior, unfaithful to a trust; to insult; *chá*² *mán*² cunning; *mán*² *ˏín*, to exaggerate.

漫² Mwán Often used for *mán*² 慢; an expanse of water, a sheet of water; breaking bounds and destroying like water devastating; spreading, diffused; reaching like water, everywhere; to let go, to set loose; color of clouds; vague, diffuse, as writing; *lán*² *mán*² scattered, all dispersed; *mán*² *mán*² long and far, like a road; *mán*² *chung*² to saw broadcast.

蔓² Mán A sort of bean (a *Dolichos*); to shoot forth as vines do, to ramify, to creep; creepers, vines; wide-spreading vegetation; intricate, tangled, abstruse; *ˏín mán*² to spread forth, to expatiate, diffusive as style; *kot*, *mán*² a sort of vine; *mán*² *mán*² *yat*, *mán*² spreading every time more vigorously.

幔² Mwán A curtain; tapestry or brocade hangings; a screen; *ʿkiú mán*² sedan curtains; *chéung*² *mán*² a screen; to curtain off.

鰻² Mán A sort of eel (*Congrus*) called *mán*² *ˏlái*, like the conger eel, with large pectoral fins.

(295) **Mang.**

(All these characters, and the last five especially, are often heard pronounced like the next syllable.)

ˏ𠱓 A colloquial word; coarse; *ˏts*ʻ*ò ˏmang ˏmang*, very coarse, inferior; *ˏmang ˏkai*, scars about the eyes; *ʿlò ˏmang*, a cull-tie.

ˏ萌 Ming To germinate, to bud, to send forth shoots; a sprout; incipient, fisrt risings of; to plough up; the starting again of old evils or habits; *ˏmang ˏngá*, to sprout; *ʿtsò ˏmang ˏü ˏsam*, thoughts rising in the heart; *ˏmang tung*² brewing trouble, incipient risings of discontent.

ˏ盟 Mang An oath, anciently taken in blood or smearing blood; a contract, an alliance, agreement; to swear, to bind one's self before the gods; to form a pact; a chulkan or corps among the Mongols; *ˏmang ˏsam*, guileless, with the whole heart; *ˏmang shai*² to take an oath; *ˏTs*ʻ*un Tsun*² *ˏchí ˏmang*, the compact of Ts'in and Tsin states—a family alliance; *ˏmang ˏshü*, a contract, an agreement in writing.

ʿ猛 Mang A fierce, strong dog; strong, resolute; determined, brave; rigid, severe, inhuman, sharp, cruel; hot, as fire; biting, as wind; to rouse, to inspirit; *ʿmang lit*, ferocious, violent; *ʿfo ʿmang*, a strong fire; *ʿmang ʿyung*, valorous, valiant; *ˏloi shai*² *sham*² *ʿmang*, his approach was terrible; *꜀wai ꜂mang*, awful, stern, majestic; *꜂mang sing꜄* a violent temper; *꜀fung ꜂mang*, the wind is high.

猛 ꜂Mang A grasshopper or locust; *꜂ts'ò ꜂mang*, a grasshopper; also called *chá꜄ ꜂mang*.

艋 ꜂Mang A small boat, a pinnace; *chá꜄ ꜂mang*, a ship's gig, a jolly-boat.

掹꜄ A colloquial word; to pull, to stretch to pull out, to pull to and fro; to pull up, to weed; *mang꜄ ꜀hau tát꜆ ꜀ts'éung*, it pulls my throat but he heaves it to the wall—a trifle to him but life to me; *꜀lái mang꜄* pull it along; *mang꜄ ꜀fung shin꜄* pull the punka; *mang꜄ lat꜆* pulled it off; *mang꜄ ꜀sho*, thin out [the grain]; *mang꜄ ꜀ch'éung*, stretch it out, pull it taught.

孟꜄ Mang Great, eminent, large; senior, the first, the eldest; first month of the quarter; to use effort, to exert; to begin, the beginning of; *mang꜄ chung꜄ kwai꜄* a triad, the 1st, 2d, 3d, of a series; *Mang꜄ ꜀fú ꜂tsz꜄* Mencius, the Chinese sage; *mang꜄ long꜄* exaggeration, bragging.

(296) Máng.

繃 ꜀ A colloquial word; to pull, as a bow; to cover, to pull over and cover; to draw over for shade; *꜀máng ꜀kung shé꜄ tsin꜄* to draw the bow and let fly the arrow; *kéuk꜆ ꜀máng*, guiters used by women; *꜀máng pò꜄ chéung꜄* to stretch out an awning; *꜂kun ꜀máng ꜀máng*, keep it (or him) very tight; also hard pressed for funds.

盲 ꜁Máng Blind from loss of the pupil or optic nerve, having eyes but no vision; blinded in heart, deceived, obtuse; *꜁máng ꜀fung*, a variable wind; *꜁máng ꜂ngán*, blind; *fát꜆ ꜀kai ꜁máng*, to have night blindness; *꜁máng ꜁múi*, a blind songstress; *꜁máng ꜀kung chuk꜆* a blindman's stick; *met.* a guide; *꜁máng ꜁nín*, a year without the *lih ch'un* term; *꜁máng tsz꜄ ꜁'m shik꜆* totally ignorant of letters; *꜁máng ꜂lò*, a blind man.

(297) Mat.

乜꜆ A colloquial word; what; who; why; in what way; a diminutive of quantity; *mat꜆ ꜁shui*, who? *mat꜆ ꜂yé* (by elision, *mi-yé*), what? what is it? *mat꜆ ꜁meng*, what is its name? *mat꜆ ꜂ní ꜂kòm ké꜄* why do you act so? *꜂mò mat꜆ ꜁yan*, not many men; *mat꜆ tak꜆ ꜂ní kòm꜄ ꜂hò*, how did you get such a good one; what, so incomparable! *꜀ní tik꜆ ꜁'m hai꜄ mat꜆ ꜂hò*, this is not very good; *꜂lò mat꜆* Mr. Such-a-one, Mr. A.; *á꜄ mat꜆* a term for boys or servants; *hai꜄ mat꜆* what is it? *꜁'m wá꜄ mat꜆* I can not express all my thoughts; *꜀shang mat꜆ ꜀lò iú꜄ ꜀lai*, you must certainly come; *wai² mat, sz'² ,'m tsò²* why don't you do it? what is the delay?

勿 Wuh A negative, do not; a banner or standard at temples; *mat₂ mat₂* in haste, diligent, desirous of; *'shau mat₂ tung²* do not touch it; *mat₂ p'à² ,nán,* do not be afraid of obstacles.

沕 Wuh A particle of dust, an atom; *mat₂ muk₂* inexhaustible, minute; abstruse.

物 Wuh A thing, a substance; an article, goods; matter; a creature, a being; a day; to discriminate, to distinguish by appearance; to have a knowledge of; *mat₂ kín²* a thing; *,kam mat₂* to-day; *tsok₂* (or *,ts'am) mat₂* yesterday; *mán² mat₂* all things (exclusive of man); *,yan mat₂* a man; *mat₂ kú²* deceased; *tái² mat₂* a tiger; *,sám mat₂* are the dog, cock, and hog; also, three leading moral duties; *fo² mat₂* merchandize; *'ch'án mat₂* natural productions; *,shan mat₂* lusus naturæ, strange things; *,shang mat₂* living things; *mat₂ ip₂* possessions, property; *mat₂ shik,* to judge of by the looks; *shik₂ mat₂* eatables.

宓 Mih Still, silent, rest; secret; to stop; *,Ts'un Mat₂* a sage noted in the Sán Kwoh Chí.

密 密 Mih Thick, close together; fine; small; intimate, friendly; hidden, not to be seen, occult, secret, still, mysterious, retired, profound; to stop, to rest; to repeat or do rapidly, to ply; *,ts'un mat₂* very intimate, constantly with one; *mat₂ tik, 'shau,* ply your hand, work sharp; *pi² mat₂* hidden, concealed; *,ch'au mat₂* placed close together, not open to the air, thickset; *,kí mat₂* a hidden cause, the secret spring of a machine or conduct; *pák, mat₂* drive it up close; *mat₂ mat₂ ti²* be a little still about it; *mat₂ 'ngán,* blind.

蜜 Mih Honey, nectar; sugar; sweet, luscious; *met.* honeyed, sweet, flattering; *,fung mat₂* bees' honey; *mat₂ tsín² ,'ong 'kwo,* sweetmeats, comfits; *mat₂ láp₂* beeswax; *,ʻí mat₂* confectionary, cakes; *,p'o ,lo mat₂* the jack-fruit; *mat₂ chap, kòm² ,t'im,* dear as honey.

謐 Mih To speak quietly, in a low tone, to whisper; careful, still, silent, quiet; *tsing² mat₂* quite still.

(298) Mát.

抹 Máh See *Mút,*. This word is often pronounced *mát,* when meaning to wipe.

襪 Wáh Stockings, socks, hose; *yat, túi² mát₂* a pair of stockings; *káp, mát₂* lined socks; *,mín mát₂* quilted socks; *tái² 't'ung mát₂* a stocking to fit all—something that is generally useful; *,chai tsoi² mát₂ 't'ung,* stick it into the stocking—as is done with pencils, foot-rules, &c.; *pò² mát₂* stockings made of cotton cloth.

(299) Mau.

踎 A colloquial word; to sit on the heels; to rest upon, to perch, to roost; to thump; ꜀mau ꜀t'au hok꜆ to rap the head with the knuckles; ꜀mau ꜂tò ch'ü' squat you there; ꜀mau ko' ung' ꜀lai, to squat in a jar—to be ignorant of the world; ꜀mau ꜀tai, to sit on the heels.

謀 ꜁Mau A stratagem, an artifice, a device, a plot; to make plans; to devise, to ponder, to forecast; to deliberate, to consult with and upon; to plot, to go about, to contrive; ꜁mau hoi' to plot against; ꜀k'i ꜁mau, a cunning scheme; ꜁mau shát꜆ to murder, to devise one's death; ꜁mau ꜀shang, or ꜀ying ꜁mau, to lay plans for a livelihood; ꜁mau ꜂fán, to plot, to cabal; ꜁mau min' to see one, to mark one's physiognomy; ꜁mau k'ap꜇ ꜂fú ꜀yan ꜀ying ꜂sz', he died for telling the scheme to his wife; ꜁mau léuk꜇ a plan, a plot; ꜁mau sz'' tsoi' ꜀yan, ꜀shing sz'' tsoi' ꜀t'in, man deviseth his ways, but heaven completes his plans.

牟 ꜁Mau To low, to bellow; to take, to usurp, to incroach, to deprive of; to surpass, to pass beyond; to like; to double; an earthen utensil. Used for the next.

麰 Mau Barley, also called great wheat: ꜁mau mak꜇ barley, or barley and wheat.

侔 ꜁Mau Equal, of the same sort or class, alike; even; to accord with; ꜂kwing pat꜆ ꜀séung ꜁mau, truly they are unlike, very dissimilar.

眸 ꜁Mau The pupil of the eye; the eye; ꜁mau ꜂tsz' the apple of the eye; ꜁ming ꜁mau shin' loi' a clear eye glances brightly.

繆 ꜁Miú Hempen threads bound around; intimate intercourse, closely bound, familiar; wrong, perverse, erring; ꜀ch'au ꜁mau, intricate, thick, closely united.

Read muk꜇, a bad name in an epitaph.

鍪 ꜁Mau An iron pan or boiler; a kind of hat casing; ꜀tau ꜁mau, an ancient helmet, worn by officers, with a flaring rim.

꜂某 ꜂厶 Mau } A certain person, time, place, or thing, used when the name is unknown; and also for I; used as a blank, when one or two of the contracted form are used instead of inserting the name; ꜂mau ꜂mau ꜀yan, a certain man; ꜂tá ꜂mau, to emphasize a passage by adding yat꜆ ꜁lin ꜂mau, a row of ꜂mau on the side, equivalent to small capitals; ꜂mau üt꜇ a certain month; ꜂mau ꜀sin ꜀shang, such a gentleman; ꜂mau hák꜆ ꜁lai, a certain stranger is here.

畝 ꜂Mau A Chinese acre, which has varied much in size at different eras; it is now estimated at 260 pò', which makes it equal to 733⅓ sq. yds., or 6$\frac{61}{100}$ ꜂mau to an English acre; met. fields, arable land; yat꜆ ꜂mau ti' an acre of ground; ꜁t'in '*mau*, fields and farms; *shui*' '*mau*, taxable fields.

'拇 Mú The great toe; *tsuk*, '*mau*, the great toe; *˛p'ing* '*mau*, a double toe.

'牡 Mau The male of quadrupeds; in a few cases applied to plants; a bolt of a door; a male screw; the part of a lock which slides in; a piston; '*pan* '*mau*, female and male; cow and bull; '*mau ˛tán ˛fá*, the mowtan pæony; '*mau ˛tán ˛ch'á*, the mowtan camellia.

茂² Mau Exuberant foliage, rank, a luxuriant growth; flourishing, thrifty, highly developed, a high rank or quality of; a term of praise, as elegant, fine, and much used in names; to exert, to endeavor, strong, vigorously; a group of five persons; *mau² shing²* exuberant, excessive; *mau² ˛ts'oi*, fine talents; all cyclic years with *sut*, 戌 in them are called *˛ím mau²*; *ú² mau² 'kòm ˛t'au*, a dolt-head; *sau² mau²* thrifty, rich foliage; *mau² 'tn*, many descendants.

楙² Mau Interchanged with the last; to exert one's mind, force of moral purpose; full, luxuriant; *pit*, *mau² 'nái tak*, with a fixed purpose, virtue will be strong.

謬² Miú Extravagant words of a fool; falsity, error; mistake; to deceive, to err, to irritate, to confound or mislead; *tái² mau²* a great error; *˛hò 'mò ˛ch'á mau²* not the least error; *˛hü mau²* fabulous, unworthy of belief.

(300)

Máu.

˛矛 Mau A spear or lance, a hooked weapon; the 110th radical of characters relating to spears; *˛máu 't'un*, "shields and spears" is a contradiction, opposing words; *tsz'² ˛séung ˛máu 't'un*. self-contradiction; *˛t'in ˛máu*, star β in Bootes.

˛茅 Mau Reeds, or high rank grass, which can be used for thatch; a kind of low palm, resembling a Thrinax, or perhaps a scrub pine; thatch; *˛máu shé²* a cottage, my humble dwelling; *˛máu ˛liú*, a lodge in a field; *˛máu uk*, a thatched house, a hut; *˛k'au ˛hoi ˛máu sak*, pray to have my mind enlightened; *˛sin ˛máu*, a sort of scrub pine; *˛máu 'ts'ò*, rushes for thatch; *t'iú² ˛máu ˛shán*, to perform prayers by Táu priests over the sick; *pák*, *˛máu ˛kan*, roots of couch grass—a febrifuge.

˛蝥 ˛蟊 Mau A grub which destroys the roots of grain; *˛pán ˛máu*, a lady-bug found on the Dolichos, and used for blistering; cantharides.

˛髳 Mau An ancient country situated in the present province of Sz'-chuen.

˛茆 Máu An aquatic vegetable, like mallows; the leaves are smooth.

˛貓 Máu A cat; *˛máu ˛i*, puss; *˛máu ˛li*, a striped fox; *mái² ˛máu 'kòm 'hau*, as smooth-spoken as a cat-seller; *˛máu 'shü ˛t'ung ˛mín*, the cat and the rat sleep together—rulers and thieves at league; ₍*máu* ₍*í* ʻ*ngán*, the cat's eye; ₍*máu pí*ʼ *kòm*ʼ *tung*ʼ cold as a cat's nose—a hopeless thing. Often spoken ₍*máu*.

ʻ卯 Máu The fourth of the "ten stems," belongs to wood and is referred to the rabbit; a horary character; morning; a time, a day, an instalment, a term; a catch on a carrying-pole; flourishing, luxuriant; ₍*káu* ʻ*máu*, 5 o'clock A.M.; *ching*ʼ ʻ*máu*, 6 o'clock; ʻ*máu üt*ʼ the second month; *wál*ʼ ʻ*máu*, a smooth catch; to fail in paying money; ʻ*mò* ʻ*máu tám*ʼ ₍*kon*, a smooth beam, a slippery fellow; ₍*hoi* ʻ*máu*, to make the first payment of a series; to begin to bamboo upon the opening of offices after new-year; ʻ*pí* ʻ*máu*, to bamboo remiss policemen or recreant debtors; *t'ai*ʼ ʻ*máu*, substitutes who sell themselves to be bambooed; *ying*ʼ ʻ*máu*, to answer the roll by a substitute; *ying*ʼ *chü*ʼ ʻ*máu*, to forego a thing to another; ʻ*tím* ʻ*máu*, to call the roll; ʻ*máu* ₍*k'í*, 3d and 8th days in a month (the 3d, 13th, 23d, 8th, 18th, and 28th), when papers are received by magistrates; *wák*ʼ ʻ*máu*, to answer a summons, to appear; *kwo*ʼ ʻ*máu*, to pass by, to overdo.

ʻ昴 Máu The eighteenth of the 28th constellations, answering to Pleiades.

貌ʼ Máu Aspect; the outward mein, manner, gait, form, look, appearance, or figure; the visage, the countenance; used in definitions to express an abstract quality of a thing; to draw a likeness; ₍*yung máu*ʼ form, figure; ₍*mín máu*ʼ countenance, expression; ʻ*mí máu*ʼ handsome; *máu*ʼ ʻ*ch'au*, ugly, homely; ₍*ying máu*ʼ outline, aspect, as of a mountain; ʻ*hò* ʻ*pan máu*ʼ good and elegant; ₍*fá* ₍*yung üt*ʼ *máu*ʼ beautiful as the moon and fair as flowers; *máu*ʼ *shin*ʼ ₍*fong* ₍*sam tuk*ʼ be careful of smooth faced fellows.

(301)

Mé.

₍孭 A colloquial word; to carry a child pickapack; to carry on the back; to back; ₍*mé* ʻ*tsai*, to carry children; ₍*mé* ₍*páu fuk*ʼ to carry a pack; ₍*mé tái*ʼ a pack-wrapper; ₍*mé* ʻ*shéung* ₍*shan*, to take the responsibility of, to acknowledge. Also, a final interrogative interjection, expressive of doubt; ʻ*kòm yéung*ʼ *ké*ʼ ₍*mé*, such a sort, eh! *hai*ʼ ₍*mé*, is it so!

₍咩 Mé The bleating of a sheep; ₍*mé* ₍*sheng*, a bleating; ₍*yéung* ₍*mé*, a sheep, a kid, a lamb.

ʻ歪 A colloquial word; awry, askew, crooked, asquint, twisted; to put or lay wrong; ₍*wái* ₍*wái* ʻ*mé* ʻ*mé*, all wrong, all awry; ʻ*mé* ʻ*tsui*, a wry mouth; ʻ*mé* ₍*t'au*, a wry neck; rather boozy; ʻ*mai fong*ʼ ʻ*mé*, don't lay it crooked; ʻ*k'í* ʻ*mé tik*ʼ to stand at ease, to loll, to lean against.

(302) **Mek.**

𠱁 A colloquial word; to throw a thing away; *mek, lok, ˏshū*, to throw a book on the ground.

(303) **Meng.—*See Ming*.**

ˏMeng. This sound is often heard as a contraction for *ˏ'm ˏts'ang*, not yet. Also *ˏts'ung ˏmeng*, rosin, gum of the pine or fir.

(304) **Mí.**

咪 To purse up the mouth; to shut, to close, as the eye or mouth; the last; small, minute; to sip; *ˏmi tik, 'tsau*, sip the wine; *ˏmi ˏmái 'hau*, silent; *lok, 'ü ˏmi*, fine rain; *'shau 'chi ˏmi*, the little finger.

微 Wi Small, insignificant, mean, trifling; minute, delicate; in a slight degree, rather; obscure, mysterious; hidden, abstruse, recondite; to fade, to dwindle, to decay, to diminish in value; to hide away, to conceal; to repress, as grief; not, without, have not; an ulcer on the calf; *ˏmi sai'* very small, fine work; *ˏmi ˏhò*, trifling, unimportant; *ˏmi miú'* exactly the thing, it just went in, minute, very small; *ˏmi pok,* too thin; *ˏmi ˏfung*, a little breeze; *ˏmi ˏch'an*, dusty, atoms of dust; *ˏmi tsin'* vulgar; inferior; *ˏmi mut,* trifling, said of a present; a thing of little or no use; *ˏmi mút,* very little, the least bit; *ˏmi ˏmi siú'* a passing smile.

溦 Wi A slight shower of rain; *ˏmi ˏmi 'ü*, fine, small rain; a torrent flowing in a ravine.

薇 Wi A kind of pot-herb; vegetables for the table, herbs; *ˏts'éung ˏmi*, a variety of rose; *pák, ˏmi*, swallow-wort. (An asclepias?)

嬍 Mei A delicate, beautiful woman; elegant, handsome.

眉 Mei The eyebrows; old, aged; brink of a well; *ˏshau ˏmi pat, 'chin*, to knit the eyebrows, contracted eyebrows, rueful; *'ngán ˏmi*, the eyebrows; *ˏngo ˏmi*, arched eyebrows; *wá' ˏmi*, a green, white-eyed thrush, a songster; *'lò ˏkwan ˏmi*, "Láu-tsz' eyebrows,"—a fine pekoe tea; *ˏmi muk, ˏkiú lai'* beautiful eyes and brow.

湄 Mei The margin or brink of a stream; water plants growing along the banks, mixed and tangled like a thicket; *ˏMi ˏú*, a lake in Honán.

嵋 Mei A famous peak, called *ˏNgo ˏmi ˏshán*, in Kiáting fú in Sz'chuen, near the Tá-tú River.

楣 Mei The lintel of a door or window; the plate of a roof; *ˏshang 'nü tsok, ˏmún ˏmi*, to bear a daughter is as a lintel [which upholds the house]; *ˏwáng ˏmi*, a cross-piece of timber in a roof or story.

郿 Mei A district town in Fung-tsiáng fú in the S.W. of Shensí, south of the R. Wei.

英華分韻撮要

麋 ˢMi An elk or large species of deer; a stag; ˏmi ˏyung, stag's horns, not deemed the best sort; ˏmi luk˯ a stag.

縻 ˢMi A halter for an ox; to tie up, to fasten. Used for the next.

蘼 ˢMi A sort of rose, called ˏts'éung ˏmi, or cinnamon rose.

醾 ˢMi A spirit made from wheat, and drank from off the dregs; double fermented spirit.

糜 ˢMi Rice gruel, thin congee; dissolved, macerated by action of fire or water; scum; entirely; ˏmi chuk˯ rice boiled to pieces; ˏmi lán² boiled to rags; *met.* oppressed, harassed to rebellion; ˏmi fai³ to waste extravagantly; ˏp'ò ˊhi ˏts'ang ˏmi, a scum floats on it; kwok˯ ˏká ˏmi pai³ the state is wholly ruined.

弭 ˢMi A bow unstrung and bent back; at ease, resting; to desist, to hinder, to stop; to forget; to destroy, to put down; ˏmi tò³ ˏon ˏléung, to put down the seditious, and quiet the loyal; pat˯ ˏnang ˏmi ˏmong, I can not forget it.

靡 ˢMi Laid out, spread abroad, dispersed; troops retreating, put to flight, scattered, defeated; overturned, inclined; poured out; profuse, showy display, prodigal luxury, extravagant; not having, not, without; to implicate, to involve; ˢmi ˢmi, slowly; private, small, insignificant; ˏmò ˢmi fai³ no waste of it; ˏt'in ming² ˢmi ˏshéung, heaven's decrees are not unchangeable.

亹 ˢWi Unwearied, indefatigable, continued exertion; willing; ˢmi ˢmi, unceasing.

尾 ˢWi The tail of animals; the end, the extremity, the tail of, the last, the remnants of, driblets; little things, the hinder part of; a stern; the bottom of; a classifier of fishes; copulation of animals; ˏshau ˢmi tai³ ti³ a very poor sort of, inferior; ˊshau ˢmi or ˏt'au ˢmi, beginning and end, head and tail, first or last; ˏshau ˢmái ˏngan ˢmi, broken and bad money bought; ˢmi ˊtai, the results of, what follows; ˏkan ˢmi, to follow one, as a lackey; ˊpái ˢmi, to wag the tail; lap˯ ˢmi, to put the tail between the legs; shò³ ˢmi, small unsettled balance; ˏ'm ˏchi ˊshau ˢmi, I don't know where it was put, I don't know about the matter; ˏmò tik˯ ˊshau ˢmi, heedless, immethodical; ˢmi hau³ afterwards; ˢmi hau³ ˊtim, what happened then? yat˯ ˢmi ˏü, one fish; ˏts'am ˢmi, look for a few more like this.

美 ˢMei Sweet, delicious, well-flavored, savory, beautiful, excellent, good-looking, handsome; happiness; good, well; to delight in, to esteem; to praise, to commend; ˢmi ˢnü, a pretty woman; ˏwá ˢmi, elegant; ˢmi mi³ good tasted; ˢmi ˏt'ám, well-said, good words; ˢmi ti³ rich lands; tsán³ ˢmi, to praise; ˢmi ˏchung pat˯ tsuk˯ his happiness is not perfect; ˢmi lai³ fine, as a gem or piece of work; yat˯ ˏch'éung ˢmi i³ a good intention, a kind thought.

未² Wí Not yet, not now; denotes the sixth moon: the eighth of the "twelve branches," and symbolized by a sheep; time from 1 till 3 o'clock P. M.; towards evening; *mí² ling²* uncertain; *mí² pít,* probably not; *mí² pít, 'kòm,* not so, I am sure; *mí² ,ts'ang,* not yet, no; *hü³ tò³ mí²* has it got there yet, have you been there? *mí² 'yau,* none yet, never has been.

味² Wí Taste, flavor, seasoning, relish; a relish, a delicacy, a dainty; the style or beauties of a book or composition; to relish, to take pleasure in, to solace or recreate in; *'hò mí² tò²* good, delicious; *'yé mí²* game, delicacies from the forest; *,shü ,mò mí² tò²* tasteless, insipid; stupid, as a book; *kang³ ,ká yat, mí²* season it more, add another taste; *'tsau mí²* lost its flavor; *,mò mí²* flavorless; *mí² lui²* aromatics, spicery, seasonings; *mí² ,k'i ,in,* relished his words; *mí² yap, mí²* not yet well seasoned; *hòp, mí²* very palatable; *'ng mí² ká³* a castor; *'hò ,tsz' mí²,* very interesting, pleasant.

寐² Mei To rest from labor, to sleep; sound sleep; stupid, sleepy-headed; *'k'ü mí²* he is asleep; *mung² mí²* to dream; *mí² 'shui,* to dive or walk under water; *mí² ,mái ,shéung 'ngán,* to shut the eyes, to keep the eyes shut tight; *'ká mí²,* to doze.

眯² Mei Dust or mote in the eye, obscuring the vision; the nightmare, called *át,* (or *'im*) *mung²*; *mí² 'ngán,* sand in the eye, an irritable eye.

媚² Mei Smirking, ogling, smiling; bewitching, engaging, attractive; to flatter, to adulate, to speak soft words to; blandishment, dalliance; *'ch'im mí²* to flatter, to toady; *'í shik, mí² ,yan,* to please people by one's looks; *,kiú mí²* fascinating, exciting love; *mí² t'ái²* the mincing gait of Chinese girls.

魅² Mei An ogre or demon brute, with four legs and human face, which frightens men; *,lí mí²* elves and ghosts.

(305) **Mik.**

覓₂ 覔₂ Mih To search for, to go about seeking; to hunt up, to seek, as quotations; *mik, 'yam shik,* on the lookout for a dining-place; *mik, tò²* to look for land; *mik, tak,* found it; *mik, kü³* to search for quotations.

冖² 冪₂ Mih A napkin to cover food with; to cover anything with a cloth; to veil; the 14th radical of characters denoting coverings.

(306) **Mín.**

眠 ,Mien To sleep, to go to sleep; the sleep of animals and plants; dim, confused vision; *,mín ,ch'ong,* a bed; *hü³ ,mín,* go to bed; *'lau ,mín,* the sleep of the willow; *,king 'sing ,mín káu³* frightened out of sleep; *,mín ,ngau tí²* a "sleepy cow's land" is a lucky spot; *,ch'éung*

ˏmín, the "long sleep"—death; *ˏmín tak*ˎ *ˈki fút*ˎ how much room do you use to sleep in?—what use is there in wrangling for such a trifle?

綿 緜 ˏMien Soft, cottony silk, like floss or raw silk; drawn out, prolonged, extended, outstretched; uninterrupted, enduring, lasting; small, weak; thick, close; *ˏsz' ˏmín*, refuse silk; *ˏmín ˏmín pat*ˎ *tsúk*ˎ unceasing flow of, continuously; *ˏch'ín ˏmín*, wound round and round, bound to by many ties; *ˈün ˏü ˏmín*, weak as floss. Interchanged with the next.

棉 ˏMien The cotton plant; *muk*ˎ *ˏmín*, the cotton tree (*Bombax ceiba*); cotton; *ˏmín ˏfú*, raw cotton; *ˏmín pò'* cotton cloth; *ˏmín ˏt'oi*, a quilt of cotton wool; *ˏmín ˏshá*, cotton yarn; *ˏmín náp*ˎ quilted garments; *ˏkung ˏmín*, bowed or flocked cotton; *tsò' ˏmín ˏfú ˏpáu*, like sitting on a bale of cotton—stable, secure.

免 ˈMien To put away or off, to free from, to dispense with; to spare, to forego, to excuse, to forgive; to avoid, to prevent, to evade; escaped from; to remove from office; a negative, do not, no need of; *ˈmín ˏkún*, to take off a cap; *ˈmín ˏloi*, he need not come; *ˈmín tsúi'* to pardon, not to judge a crime; *ˈmín kín'* he need not come in, can not see him; *ˏk'an pat*ˎ *ˈmín ˏsz'* be careful in noting, and you need not be recalling to mind; *kút*ˎ *ˈmín ˏléung*, to remit the taxes; *ˈmín tak*ˎ *ˈk'ü ˏloi*, prevented his coming; *ˈmín lai'* to elude the laws; to annul a law; *ˈmín chín'* to decline battle; *ˈk'ü kwá' ˈmín chín' ˏp'ái*, he shows the white feather; *mí' ˈmín fai' ˏshan*, he spares no labor; *ˈmín ˏlò*, don't trouble yourself, don't put yourself to inconvenience.

俛 ˈMien Same as *ˈfú* 俯; *ˈmín ˈshau*, to hang down the head.

勉 ˈMien To force one's self, unpleasant to one's feelings; constrained, compelled, urged by circumstances; to put forth effort; to urge, to animate, to stimulate, to persuade; *ˈmín ˈk'éung*, unwillingly, by constraint; *ˈmín lik*ˎ to be diligent; *ˈk'éung ˈmín ˈní*, I would urge you on.

娩 ˈMien To bear a child; *ˏfan ˈmín*, to be brought to bed.

冕 ˈMien A crown, a coronet, a diadem of the Chau dynasty, made like a Cantab's cap, with pendents; *ˏkún ˈmín*, a crown; *tsò' tak*ˎ *ˏkún ˈmín*, it will do very well, finely done—*i. e.* do for a crown.

眄 ˈMien To look askance at; to look at fixedly; to ogle, to glance the eyes; *ˈmín yat*ˎ *ˈhá ˈngán*, take a look at it.

沔 ˈMien A lake near Hányáng fú in Húpeh; a name given the Hán R. near its mouth; exuberant waters, the banks full, flowing over.

愐 ˈMien To think upon, to reflect on, to consider; to recall to mind.

勔 ˈMien To urge, to excite, to stimulate.

ˢ湎 Mien Drunk, fuddled, intoxicated; addicted to, immersed, sunk in vice; ˏch'am ˢmín, sunk in excess; ˢmín ˢtsau pat˒ ch'ut˒ so drunk he would not appear; ˏlau ˢmín, completely addicted to.

ˢ緬 Mien Fine silk thread; to think upon, to reflect, to imagine; light; obscure; ˢmín ˢséung, to ponder; ˢmín tín² kwok˒ Burmah; ˢmín ˏin, to look at what is distant.

面² Mien The face, the countenance, the visage; the front, the top, the surface, that which is forwards or anterior; a side, a face; face to face, in one's presence, openly; honor, character, reputation; to front, to show the face, to see one, to turn the face to; personally; the 176th radical of characters pertaining to the face; a classifier of mirrors, gongs, and drums; mín² máu² the expression; mín² muk₂ the face, the look of; mín² ˏchü, the cheek bone; pín² mín² a fan, a screen; pát˒ mín² the four points of compass and their halves; mín² ˏkáu, to give to personally; ˢní chat˒ mín² ˏchá, do you just look for yourself; mín² héung² ˢshéung, the top this side up; ˏtiú mín² to lose one's character; ˢlí mín² the inner surface, inside; ˢfán mín² displeased with, to turn away the face; ˏtong mín² in presence of, to his face; túi² mín² opposite; yat˒ mín² wá² hü², yat˒ mín² wá² ˏ'm hü² one while he says go, and then he says stop; yat˒ mín² keng² a looking-glass; ˏshün mín² on deck; mín² shik˒ complexion; mín² ˏts'in, before, in sight; ˏlau ˏfán tik˒ pok₂ mín² leave me some reputation; mín² shín² acquainted with; ˢtá chiú² mín² made a visit; ˏshang mín² unacquainted with.

麪² 麵² Mien Wheaton flour; mín² shik₂ pastry cakes, the dessert of a dinner; mín² ˏt'au or mín² ˏpáu, bread in loaves; ˏkon shik₂ mín² to give money instead of the dinner; mín² ˢfan, flour; ˏch'ái mín² to knead flour; ˏngán mín² to roll out dough; ˢtá mín² to fry flitters; fát˒ mín² to raise bread.

(307)

Ming.

ˏ明 Ming Bright, clear, plain; evident, open, above-board, manifest; brilliance, brightness, splendor; intelligent, astute, perspicacious; to enlighten, to illustrate, to shed light on by explanations; to distinguish clearly; ˏming pák₂ clear, intelligible; ˏchí ˏming pák₂ I know all about it; ˢní ˏming pák₂ ˏ'm ˏts'ang, do you perceive it yet? ˏkwong ˏming, light, clear; ˏshan ˏming, gods, idols; ˢk'ai ˏming, break of day; the morning-star; ˏming yat₂ to-morrow; ˏming ˏyan, an honest, trustworthy man; ˏming ˏkung, clever, quickwitted; ˏming tak˒ mental power; ˏsin ˏming, new, showy; ˏnán ˏming, hard to comprehend;

ˏming ˏming tsoi² há² inferiors (or the people) know it well; *ˏming ˏchiú ˋtsò*, early to-morrow morning; *ˏming ˋmái ˏming mái²* a lawful business; *ˏming ˋlong*, transparent; clear, like fine printing; *ˏming ˏming hai²* it clearly is so.

(This character is usually pronounced *meng*.)

名 ˏMing A name, that by which a being or thing is called; the given name of persons; *met.* a person; a title; fame, reputation, official merit; éclat, credit, merit; famous, well-known, noted, meritorious, renowned, eminent, celebrated; to name, to designate; *ˏming ˏshing*, reputation, fame; *ˋní kiú² mat˒ ˏmeng*, what is your name? *ˏyan ˏmeng ˋmò pák˒ ˋshui*, men's names have no certainty in their characters; *ˋmái ˏmeng*, to buy title or fame; *tsé² ˏmeng*, to borrow or take another's name at an examination, to pretend to; *ˏming t'ip˒* a visiting-card; *ˏmeng hò²* or *ˏmeng tsz'²* an epithet or denomination by which a person, shop, or thing is known; *ˏming há²* under or attached to a name; *ˋtím ˏmeng*, to call over the names; *wan² ˏmeng* or *ˏfá ˏmeng*, a nick-name: *mò² ˏmeng*, to forge a name, to use another's influence or name; *ˋü ˏmeng*, *ˏshü ˏmeng* or *ˏkún ˏmeng*, and *pít˒ ˏmeng*, are the infant name, the official name, and the style taken by men at different times of life; *ˏkung ˏmeng*, reputation; *ˏk'au ˏmeng*, to seek honor.

冥 ˏMing Dark, dismal, doleful, obscure; deep, dark recesses, like a cavern, night-like; approach of night; mind uninformed or immature, as a child's; the world of darkness, sheol or hades; *ˏts'ing ˏming*, heaven; *ˏyau ˏming*, lost to sight, the abode of spirits; *ˏming ˋfú*, or *ˏming ˏkán*, limbo; *ˏming ˏwán*, uninstructed, stupid; *ˏhoi ˏming lò²* to "open the dark road," is to ring bells and make incantations for the dead.

溟 ˏMing The wide and boundless sea, the deep; drizzling rain, fine mist, clouds on hill-tops; *ˋsiú ˋü ˏming ˏming*, a fine soaking rain; *ˏming ˋhoi*, the blue boundless ocean.

蓂 ˏMing A lucky plant, called *ˏming káp˒* which grew in Yú's palace, and in its foliage followed the moon—perhaps a sort of bulb, the leaves of which alternately sprouted and died.

螟 ˏMing An insect which eats grain and causes blight; *ˏming ˏling*, a caterpillar on the mulberry, which the sphex is supposed to adopt for its young; *ˏming ˏling ˏchí ˋtsz'* an adopted son.

鳴 ˏMing The cry of a bird or animal, as a crow, song, buzz, hum, yell, &c.; a sound emitted from a drum or sonorous body; to sound, to cause to yield a sound; to resound, as fame; birds calling to each other; *ˏming ˏchung*, to sound a bell; *ˏming ˏlo*, to strike a gong; *ˏkai ˏming*, cock-crowing; *tuk˒ ˋchéung ˏnán ˏming*, it's hard to clap with one hand; *ˏming ˏün*, to petition for redress.

ʻ茗 Ming Tea, tender leaves of the tea; *chi*^{3} *ʻming*, to prepare tea; *ˌhéung ʻming*, fragrant tea; *ˌchan ˌhéung ʻming*, a kind of white (Macartney's?) rose.

ʻ酩 Ming A spirit made from glutinous rice and wheat; *ʻming ʻting*, very drunk.

ʻ銘 Ming To remember, to inscribe on the memory, to record for the purpose of preserving; to engrave, to carve on metal or stone; a book of precepts for one's conduct, guides for conduct; *ʻming ˌsam*, engraven on the heart; *ˌpi ʻming*, a stone tablet or record; *ʻming ˌtsing*, an eulogistic banner carried at funerals; *ʻming ʻkòm ʻʻng noi*^{2} held in grateful remembrance.

ʻ瞑 Ming To close the eyes in death; dull vision, indistinct sight; *ˌkòm ˌsam ʻming muk*$_2$ to shut the eyes cheerfully in death; *ʻming ʻming*, obscure vision; *ʻming ˌshan*, the "blind statesman," is an epithet of Sz' Kwáng of Tsin, B. C. 540.

ʻ皿 Ming Utensils, dishes, and vessels used in eating; the 108th radical of characters relating to dishes; *hi*^{3} *ʻming*, articles used in worship or eating, &c.

(This character is often pronounced *meng*.)

命^2 Ming To order, to command, to direct; an ordinance, a behest, a rescript giving orders, a direction, a decree; in polite usage, a request, a wish; heaven, fate, destiny, lot in life; nature, natural habits of; fortune, luck; the natural life of beings; animated, living, creatures; *ʻhò meng*^{2} a happy lot; *ʻfú meng*^{2} wretched, unfortunate in life; *ˌt'in meng*^{2} will of heaven, fate; *iú*^{3} *ˌt'ú meng*^{2} he wants my life; *ˌkú tuk*$_2$ *meng*^{2} alone in the world; *sún*^{3} *meng*^{2} to tell fortunes; *fung*^{2} *meng*^{2} to get orders; *ˌch'éung meng*^{2} a long life—over sixty years; *ˌshang ming*^{2} living things, life; *ming*^{2} *on*^{3} capital cases (in law); *meng*^{2} *wan*^{3} a horoscope, and its correlative of a ruling character over 5 years; *yat*$_1$ *yat*$_1$ *ˌü meng*^{2} every thing done as ordered; *ˌwong meng*^{2} a death-warrant; *p'ún*^{3} *meng*^{2} to risk life; *meng*^{2} *ʻfú*, a titled lady; *meng*^{2} *ˌchiú*, natural bias, nature; *ˌt'in ming*^{2} to suffer capital punishment.

(308) Mít.

搣$_1$ Mieh To strike with the hand; to pull up; to feel of; to push.

A colloquial word; to tear off or up, to pull to pieces or apart; to pull off, as a scab; to pinch; to break off, to pluck, as a leaf; *mít*$_1$ *ˌho ˌlán tau*^{2} to shell pease; *mít*$_1$ *ʻi ʻto*, to pinch the ears; *mít*$_1$ *ʻchí*, to pull off paper, as when it is pasted; *mít*$_1$ *min*^{2} *ˌchü*, to pinch the cheeks.

威$_2$ 滅$_2$ Mieh To destroy with fire; to exterminate, to finish, to abolish, to cut off; to put out; *mít*$_2$ *ˌtang*, put out the lamps; *ʻtsiú mít*$_2$ to raze to the ground, to exterminate utterly; *mít*$_2$ *ʻteng*, the water is overhead;

英華分韻撮要

tám² míl₂ míl₂ perfectly tasteless, insipid; *'tá míl₂* to extinguish fire, by beating it; *tsz'² 'ts'ü míl₂ ꜀mong*, he brought on his own ruin.

蔑² Mich Interchanged with the last; not, without; small, minute, worthless; scraped thin, pared; uncivil, to show contempt to; *míl₂ 'yau*, none; *pat₃ míl₂ ꜀man ꜀kung*, not to disregard merit among the people; *míl₂ ꜀in*, dispirited; also, dull in vision.

篾² Mich Bamboos or reeds split into rods or slats; splints for weaving baskets, or for hoops; splinters, twigs, thin lath-like slips; skin of the bamboo; *chuk₃ míl₂* bamboo splints; *yat₃ ꜀'íú míl₂* a hoop.

蠛² Mich Sand flies or ephemera about stagnant water, generated in damp grounds, called *míl₂ ꜀mung*, which light and heat destroy.

(309) Miú.

苗 ꜀Miáu Shooting up of grain, the tender blade of herbs and grass; descendants, progeny; the imperial summer hunt; *꜀miú 'tsz'* aborigines still found in the south of China; *꜀miú yui²* posterity; *wo ꜀miú*, paddy sprouts; *shuk₃ ꜀miú*, the subdued Miáutsz'.

描 ꜀Miau To trace, to line, to draw, to design, to sketch; to copy paintings or drawings; *꜀miú ꜀kam* to gild, to make designs in gold; *tám² ꜀miú*, blue pattern [chinaware]; *꜀miú wák₂* to paint or sketch; *꜀miú yat₂ yéung²* take an exact copy; *꜀miú ꜀yung*, to take a portrait; *꜀miú ꜀mí*, to "paint eyebrows," alludes to conjugal affection.

猫 ꜀Mián The mewing of cats; also, a cat; *'má ꜀miú*, a cat; *꜀miú ꜀sheng*, a mewing.

眇 'Miáu One eye small or wanting; a contracted, deep sunk eye; to look at with one eye, or with drawn up eyes, to glance at; small, trifling, minute, subtile, abstruse; all, to have nothing beyond or better; *'miú shí² ꜀yan*, to regard proudly, to look down on one; *꜀sham 'miú* mysterious; *꜀mí 'miú*, minute.

渺 'Miáu The boundless, indistinct, and dazzling appearance of the ocean; *'miú ꜀mong*, immense, confounding so as to be hardly the subject of proof; doubtful, what can not be predicated on; no telling what will come; *'miú 'miú*, vast, unfathomable.

杪 'Miáu The end or point of a tree, a small branch; the tapering end of a post; the limit of, the end of a year or season; *sui' 'miú*, the close of the year; *꜀chí 'miú*, the end of a branch; *꜀lam 'miú*, the skirts of the forest.

杳 'Yau Obscure, as the sun setting behind trees, distant and indistinct, dark, dusk; profound, abstruse; confused, not perceiving clearly; *'miú 'miú mok₂ mok₂* very obscure; *'miú ꜀ming*, dull, not plain, applied to the day or the mind; *'miú ꜀mò ꜀yam*, no word from him.

˓藐 Miáu A plant yielding a purple dye; small, trifling, petty, contemptible; remote; to regard contemptuously, to slight, to look down upon; supercilious; ˓*miú shi*² to look at disdainfully; ˓*miú* ˏ*heng*, to disregard; ˓*miú* ˓*siú*, small, petty.

˓邈 Miáu Interchanged with the last. Also read *mok*₂; to look at from a distance; ˓*miú* ˓*miú*, distant; mournful.

妙² Miáu An adjective denoting excellent, capital, perfect, good, admirable of its kind; wonderful, fine; subtle, mysterious, incomprehensible, difficult to fathom; spiritual, supernatural; *miú*² *kai*³ a capital plan; *miú*² *sz'*² a fine affair; *miú*² ˓*shau*, a skillful artist; *miú*² *yéuk*₂ an excellent remedy, a wonderful medicine; *miú*² ˏ*nín*, one under age, a youth.

廟² } 庙² } Miáu A temple of ancestors or of idols, a fane; a church; the front hall of a palace; ˏ*ká miú*² or ˓*tsò miú*² an ancestral temple; *t'ái*³ *miú*² the great temple of the emperor's forefathers; ˏ*shan miú*² an idol's temple; *miú*² *kin*³ a bride's worship of her husband's ancestors; ˓*shéung miú*² ˓*í sz'*² to go to a temple to consult on business; ˏ*long miú*² ˏ*chí hí*³ an utensil for a palace—a likely, rising man; *miú*² *chuk*₁ ˏ*kung* a temple curator, a sexton.

(310)

Mo.

˓麽 } ˓庅 } Mo Minute, delicate; an interrogative adverb, what? a final interrogative, suggesting an alternative, or a surprise or doubt; ˓*ní* ˏ*loi* ˓*lиú* ˏ*mo*, have you come here? *sham*² ˏ*mo* is a common interrogative in the court dialect, like *mat*₁ ˓*yé* in the Canton dialect; ˏ*loi* ˏ*mo*, has he come? *hai*² ˏ*mo*, is it so, or is it not so? ˏ*iú* ˏ*mo*, small, minute affairs.

˓嚤 A colloquial word; slow; ˓*ní* ˏ*hang* ˏ*mo* ˏ*mo*, you walk very slowly; ˓*ní shik*₁ *tak*₁ *kòm*³ ˏ*mo*, how slow you eat!

˓摩 Mo To feel or rub with the hand, to handle, to touch, to feel the texture of; to polish, to rub; to destroy; ˏ*yam* ˏ*yéung* ˏ*séung* ˏ*mo*, the dual powers rub each other—are not harmonious; ˓*fú* ˏ*mo*, to pat gently; ˓*shü* ˏ*mo*, to pilfer, to steal like a rat; ˓*shui* ˓*tai* ˏ*mo üt*₂ to seek the moon at the bottom of the water—an impracticable thing; ˏ*mo* ˏ*so*, to play or dawdle with; ˏ*mo* ˏ*mo* ˓*há*, feel of it; ˏ*mo* ˏ*sing* ˓*ling*, the Star-scraping Ridge on the White Cloud Hills near Canton.

˓盌 Wo A cup for water or tea, a tumbler or drinking-vessel.

˓魔 Mo A malignant spirit, a devil, a demon; to possess, tormented by a demon; ˏ*mo* ˓*kwai*, the devil; a demon; *shui*² ˏ*mo*, horrid dreams; ˓*tsau* ˏ*mo*, delirium tremens; ˏ*shi* ˏ*mo*, poetic ravings; ˛mo peng² delirious, raving; ʻkwai ˛mo ʻni ˛mé, has the devil got into you?

˛磨 To rub, to polish; to powder, to grind, to sharpen by rubbing; to afflict, to be distressed, to be brought down by affliction; trials; to examine into closely; to draw out by torture; ˛mo li² ˛tò, to whet a knife; ˛mo li² grind it sharp; ˛mo mak˛ to rub India ink; ˛mo ˛ngán shik˛ to grind paints; shau² ˛tsoi ˛mo to receive trials and misfortunes; ˛mo kòm' lik˛ ˛fau, to work with utmost strength; ˛mo lai² to examine strictly; ʻtá ˛mo, to polish; ˛mo lín² to practice at, to fag at study.

˛劘 Mo To cut, to dissect, to cut open; to pare off, to slice or divide up.

ʻ莫 A colloquial word; ʻmo tsz'² stop, wait a minute!

磨² Mo A quern; a mill for grinding grain; to grind grain; ʻshui mo² a water-mill; mo² ˛tsʻéung, to make rice starch; mo² ˛fong, the mill-room; ˛fʻúi mo² to turn the mill; ˛ái mo² to push the quern; mo² ˛sam (or sut˛) the pivot of a quern.

(311) Mò.

˛巫 Wú A sorceress, a witch, an enchantress, a wise woman; to perform incantations; sorcery, magic; ʻnü ˛mò, an enchantress; ˛mò shut˛ magic arts, divination; ˛nám ˛mò, a wizard, a sorcerer; ˛mò ˛shán, a mountain and a district in Kweichau fú in Sz'chuen.

˛誣 Wú To deceive, to invent, to affirm what does not exist; to accuse the innocent, to inculpate falsely, to calumniate; false, visionary, superstitious; calumny, slander; ˛mò hám² to ruin by slander; ˛mò lúi² to implicate one by lies; ˛mò kò' a lying accusation; ˛mò níp˛ ʻhò ˛yan, to trump up a charge against innocent persons.

˛毛 Máu Hair, pelage, feathers, down, fur; the covering of brutes; the 82d radical of characters relating to hair; herbage, the covering of the earth; nap of felt; to deprive of hair; ˛ün ˛mò, round-haired *i. e.* quadrupeds; ʻpín ˛mò, flat-haired *i. e.* birds; ˛yau ˛mò, a sheep; í² ˛mò, two sorts of hair—grayhaired; pat˛ ˛mò ˛chi tí² a wilderness, a wild; *met*. savages; ˛mò ʻchung, the weight of a thing, including tare and tret; ˛mò peng² "hair disease," an idiosyncrasy, an eccentricity, a penchant, a weakness or failing; ʻhò ˛ling ˛mò, elegant birds, spirited drawings of birds; ˛mò ʻkún, the barrel of a quill; ˛mò ˛chín, a carpet; fát˛ ˛mò, to become moldy.

˛髦 Máu The human hair; the hair on the forehead; tufts on infants' heads, trimmed on each side of the fontanelle, called háu' shun² ˛mò or filial tufts; the long hairs; *met*. eminent, courageous, superior; ˛mò sz'² eminent scholars; tsun' ˛mò, superior to the rest.

꜁旄 Máu — A cow's tail, or chowrie used as a signal; a squirrel or marten's tail used at the top of a flag-staff; ꜀kon ꜁mò, a tail on a flag-staff.

꜁芼 Máu — Overgrown with grass; herbage; vegetables; ꜁mò ꜀kang, meat pottage; ꜁mò ts'oi^{3} pot-herbs, greens.

꜁模 Mú — A pattern, model, muster; a mold; a form or guide to go by; the figure; a rule; ꜀kw'ai ꜁mò, a regulation; manner, deportment; ꜁mò yéung^{2} a pattern; ꜂tá ꜂chí ꜁mò, to make a sign manual.

꜁摹 Mú — Interchanged with the last; to imitate, to follow a pattern; to feel with the hand; to sketch; ꜁mò ꜂sé, to sketch a likeness; ꜁miú ꜁mò yan^{3} sun^{3} to forge or counterfeit a seal; ꜁mò ꜁ling, obsequious.

꜁謨 Mú — Consultation, counsel, matured plan, a well settled course of conduct; a rule of action; to imitate; ꜁mau ꜁mò, to devise plans; ꜁mò ngai^{2} counterfeit.

꜁毋 Wú — A prohibitive negative, do not, don't do; a denial; an interrogative, intimating a doubt; the 80th radical; tso^{2} ꜀ú ꜀tséung ꜁mò, can I sit down? ꜁mò ꜁wai tak꜇ shí^{2} don't oppose this special edict; ꜁mò ꜂hü, to deny. Interchanged with the next.

꜁無 ꜁无 Wú — Not, none, not having, without, not possessing, destitute of, wanting; not to exist; ꜁mò yung^{2} ꜁yan, a useless fellow; ꜁mò wai^{2} ꜀chí sz'^{2} an unimportant matter; ꜁mò hán^{2} illimitable, endless; ꜁mò sz'^{2} at leisure, no business; ꜁mò noi^{2} ꜁ho, no help for it; chai^{3} ꜁t'oi ꜁mò noi^{2} ꜁ho, the governor-general can't help himself; ꜁mò mat꜇ ꜀chung yung^{2} very little use; ꜁mò sz'^{3} ꜀chung ꜂mái, bought it without deliberation; ꜁mò ꜂sho pat꜇ ꜀chí, omniscient; ꜁mò yat꜇ pat꜇ ꜂kiú, there's nothing he does not understand; ꜂nü ꜁mò ch'ut꜇ childless; ꜁mò ꜀chung ꜀shang ꜂yau, it grew out of nothing, unfounded.

꜂冇 — A colloquial word, used for the last; none, nothing; not yet, not; ꜂yau ꜂mò ꜁ní, is there any or not? ꜂mò tsò^{2} kwo^{3} never did it; ꜂ní ꜂mò ꜂pí ꜂ngo, you have not yet given it to me; ꜁mò ꜀sam tak꜇ unintentional; ꜂mò hü^{3} kwo^{3} never been there.

꜁蕪 Wú — Overrun with, rank growth; dirty, dank, stinking weeds; ꜁mò wai^{3} covered with rubbish and weeds; ꜀fong ꜁mò, uncultivated, grassy.

꜂憮 Wú — To flatter, to caress, to sooth, to comfort; an expression of love; affection; ꜂mò ꜀ü, alas! sad, sad!

꜂廡 Wú — A porch, lodge, portico, piazza or corridor near the gate; side galleries; a large vacant house. Read ꜁mò, luxuriant, abundant foliage.

꜂膴 Hú — Meat dried without bones, jerked meat used in sacrifices; ꜀chau ꜀ün ꜂mò ꜂mò, everywhere it is fertile.

꜂母 Mú — A mother; a female; she or that which produces; female of brutes; met. earth; district magistrates; the source of; inferior, small; ꜂lò ꜂mò or ꜂mò *ts'an*, a mother; *'ü 'mò*, a nurse, a foster-mother; *ngoi² 'mò* or *ngok₂ 'mò*, wife's mother; *kai' 'mò*, an adopted mother, a step-mother; *'tsz' 'mò*, great and small, as in sorts; superior and inferior; *'mò ˏting ˏhéung*, mother cloves; *kwok₂ 'mò*, the empress; *shap₂ 'mò*, the ten stems; *'tsz' 'mò ˏts'in*, interest and principal; *lung 'mò ˏnéung ˏnéung*, Amphitrite, the goddess of the seas; *ˏchü 'mò*, a sow; *'chü 'mò*, the principal wife. Distinguished from 毋 by the two dots.

'姆 Wó A childless widow of fifty, who can instruct in female duties; a schoolmistress; an elder brother's wife is called *'mò* by her *'sham*, or younger sisters-in-law; *tái² 'mò*, my sister-in-law.

'侮 Wú To insult, to despise; to hoot; to ridicule, to make fun of; neglect, disrespect; *'mò lung²* to make game of, to be humbugged; *'mò mán²* to insult, to lord it over.

'武 Wú Military, martial, relating to war; strong, warlike, brave, audacious, fierce-looking, majestic, firm; to stop anarchy by force; a vestige, a footstep, a trace; to connect with; *'mò ˏkún* or *'mò tseung'* military officers; *'mò ˏfú*, a hero, a soldierly man; *hok₂ 'mò ngai²* to study tactics; *'háu 'mò*, military examinations for küjin; *'Mò Tsak₂ ˏt'in*, a celebrated empress, A.D. 640, a Messalina, a courtesan; *'mò tün'* to threaten; intimidation; *'mò ˏká*, a cadet; *'mò ˏngau*, a stupid cadet—an epithet; *'pí 'mò*, trials of martial skill; *ˏshing ˏk'í 'tsò 'mò*, to perpetuate his forefather's deeds.

'碔 Wú A stone, called *'mò ˏfú*, of a fine grain, but not a gem.

'鵡 Wú A parrot, called *ˏying 'mò*, of a large size; a macaw, a crockatoa.

'舞 Wú To posture, to play with the body, to gesture, to dance; sleight-of-hand, pantomime, fencing, tumbling; *t'iú' 'mò*, dancing; *'tá 'mò*, boxing; *'mò kím'* fencing; *'mò ˏsz'* one in a lion's figure at play; *'kú 'mò ˏshing ˏch'au*, to excite others to play and make them enemies; *tsik₂ shai' 'mò ˏk'ün*, to affect another's authority; *'mò pai²* officers winking at delinquencies, official overlooking; *'mò 'má ˏlau*, to play with monkeys.

'儛 Wú To skip and dance; to excite; *ˏchiú 'mò ˏshán*, a mountain in Shántung.

耄² Mau An old man of ninety years; forgetful, in second childhood, decrepit, senile; *mò² tít₂* an old man; *ˏnín 'ki ˏshui mò²* aged and infirm.

眊² Mau An eye with a small iris; dim-sighted, with a dull eye; stupid, bewildered; *'fúi mò²* confused, stupefied.

務² Wú To use great effort, to bend the mind to a subject, to attend to carefully; what is attended to, business, duty, concerns; a strong affirmative, must; *sz'² mò²* what one does, business; *mò' ˏsü iú'* absolutely required *mò' ˊpún ip*, to attend to one's own duties; *mò' pít*, indispensible; *ˊpún mò'* my own affairs; *ˏ'm mò'* no application; *ˏchün mò' tuk ˏshü*, engaged in study alone; *ˏsam mò'* a project, an intention; *ˊsiú ˏyan mò' ˏü li'* petty minds are bent on gain; *ˏká mò' tái'* his domestic affairs are important.

霧[2] Wú Fog, mist; vapor issuing forth from the ground; *yat ˏt'au mò' ˊshui*, it is all a mist to me—unintelligible; *ˏwan mò'* a fog; *ˏhá mò'* a mist, smoky; *ˏwong mò'* a dense mist; *ˊk'ü tsò' sz' ˏhá mò'* he does things very blunderingly; *ˊtá mò'* to go with a paramour.

騖[2] Wú A gay horse; to prance wildly, to gallop furiously; boisterous, violent.

暮[2] Mú The evening, sunset; decline of life; end of a period of time; *ˏt'in mò'* decline of the day; *ˏchiú mò'* morning and evening; *mò' ˏnín*, aged; *mò' ˏch'un*, end of spring.

墓[2] Mú A barrow, a tumulus; a low grave, a tomb, a sepulchre; *mò' ˏpi*, a tombstone; *mò' chí'* a eulogy on a stone; *ˏcháng mò' tí'* disputes about graves; *ˏhoi mò'* to open a grave.

募[2] Mú To invite, to call upon, to ask people to do; to enlist, to give a bounty to; a public invitation, a general call; *mò' ˏping*, to levy soldiers; *ˏchiú mò' chong' ˏting*, to enlist volunteeers; *mò' fá'* priests begging alms; *mò' fá' ˏch'ung ˏsau* to circulate a subscription-list for repairing something; *ying' mò'* to respond to a levy.

慕[2] Mú To think upon with affection, fondly to recall; fond of, to long for, to hanker for; to aspire to, ambitious; *mò' fú' ˊmò*, to fondly think of one's parents; *ˊyéung mò'* to look up to, to reverence; *oi' mò'* to love ardently.

戊[2] Máu The fifth of the "ten stems," which answers to earth; a fortunate day.

冒[2] Máu A head covering; to go on blindfold, to rush heedless on; to assume, to feign, to take upon one's self without authority, to presume; to venture on, to brave out; blind to, rash, venturesome; false; to falsify, to counterfeit, to affirm what is false; *mò' ˏmeng*, to assume a name; *mò' múi'* obscure, ignorant and rash; *mò' fán'* to willfully offend; *ˊká mò' ˏkún*, to pretend to be officers; *ˊká mò' ˏchiú ˏp'ái*, to take another's label; *mò' ˊhím*, to rush into danger; *mò' ˊü*, indifferent to the rain; *ˊkòm mò'* to take a slight cold.

媢[2] Máu Envy, jealousy; to regard with ill-will, envious of other's excellence or prosperity.

帽[2] Máu A Chinese cap or hat, a covering for the head; *ˏléung mò'* a summer cap; *ˊnün mò'* a warm or winter cap; *tái' mò'* to wear a hat; *mò' tím'* a hat shop; *ˏhung ˏying mò'* cap with red fringe; *ˊts'ò mò'* a straw hat; *chuk káp mò'* a bamboo coolie-hat; *ˊpi kin' ˏkò mò' lap, chü' ˊni*, to hoodwink, to bamboozle with fair speeches; *süt, mò'* a cloth hood; *chín mò'* a felt hat.

(312) **Mok.**

摸, Moh To feel for, or after, with the hand, to feel and take, to grasp; *mok› sok›* to feel after with the hand; *‹nán ʿi chuk› mok›* not easy to tell, unlikely; *chéuk› mok›* careless, leaving things half done.

剝, A colloquial word; to pare off, to skin; to pull or take off, as clothes, from another; *mok› ‹p'í*, skin it; *mok› ‹tsing ‹kwong*, to strip bare; *mok› hok›* peel off the husk.

莫,² Moh A negative forbidding an act; do not, not, no need of; if, unless; when preceding an adjective, often denotes the highest degree of, nothing like, incomparably; to plan; ample, great; peace, tranquillity; *mok*2 *‹loi*, you need not come; *mok*2 *ʿkún ʿk'ü*, let him alone, don't meddle with him; *mok*2 *‹fi* is both an interrogative and a strong assertion; *mok*2 *‹fi ʿsé ts'o'* unless you've written it wrong; *mok*2 *yéuk*2 nothing like it, the best way, better than; *mok*2 *‹ü*, very proper, the best; *mok*2 *sham*2 *‹ü oi'* none stronger than love; *mok*2 *pat› shí*2 it can not but be so; is it not so? *mok*2 *shüt*2 don't say it, wonder not—a phrase implying comparison; *mok*2 *‹sü ʿyau*, certainly must be brought about; *mok*2 *tsò' ‹fá*, don't make marks on it, don't spoil its smoothness; *mok*2 *ko' ʿkong*, don't speak anything; *mok*2 *ko' ‹hoi ká'* don't raise the price; *mok*2 *‹wai*, don't do it; *mok*2 *kwo' ‹ü*, not more than, not more so.

漠,² Moh Moving sands, a sandy plain; dry; careless, indifferent to; *‹shá mok*2 the desert of Shamo or Gobi; *tám*2 *mok*2 simple desires; *mok*2 *mok*2 *‹in*, vast, like a desert.

幕,² Moh A curtain, a screen, a canopy; a tent, a large markee; defenses like greaves for the legs; to cover; a secretary, a private military secretary, a confidential clerk; *mok*2 *ʿfú*, an encampment, official rooms of a secretary; *mok*2 *ʿyau*, or *mok*2 *‹pan*, a private secretary, the adviser of an officer, an authorized clerk; *tsok› mok*2 to act as clerk; *luk*2 *mok*2 the universe; *‹yau mok*2 a secretary on a circuit. Used for the last.

寞,² Moh Still, silent, as at night; *tsik› mok*2 silence.

瘼,² Moh Sickness, disease; one defines it as an itching sickness.

膜,² Moh The filmy skin between the flesh and epidermis; the thin peel inside of grasses or eggs; any membrane or pellicle in plants or animals, as the cornea, the mesentery; *ʿngán mok*2 the cornea; *yat› ‹ts'ang mok*2 a thickness of skin on the eye, a pterygium.

Read *‹mò*; to bow, to make obeisance; to soothe; to receive by kneeling to; *‹mò pái'* to salute by kneeling.

鏌,² Moh A two-edged sword, called *mok*2 *‹yé*, famous in the Lieh Kwoh Chí.

(313) Mong.

檬 Wang A colloquial word; the mango; ˏmong ˋkwo, the mango fruit; the name is an imitation of the foreign word; ˏmong ˋkwo ˏfá, a mango flower—great promise and no performance; ˏmong ˋkwo ˏto ˏwo ˋshiú, when mangoes are plenty rice is dear.

亡 ˏWáng Lost, destroyed without a trace, exterminated; dead, out of mind, forgotten; to flee, to escape, to abscond; ˋsz' ˏmong, dead; ˏmong shat, lost, utterly gone; ˏmong kú' deceased; ˏká sán' ˏyan ˏmong, family utterly extinct; ˏmong ˏyan, a fugitive; one dead; ˏmong ˏwan, comatose, insensible. Used for ˏmò 無 not.

忙 ˏMáng Fluttered, distracted with care; busy, hurried, much occupied; ˏ'm ˋshai ˏmong, don't be in a hurry; ˏlong ˏmong, fidgetty, hurried; chéuk ˏmong, startled by sudden news; ˏ'm tsoi² ˏmong, no need of fear; kap ˏmong, hurried, pressed.

忘 ˏWáng To forget, to escape the mind; to neglect, to leave or disregard; shin² ˏmong, absent-minded, a slippery memory; ˏmong ki' forgot it; ˏmong ˏyan, ungrateful; fat ˏmong, negligent; tso² ˏmong, to sit vacantly; ˏmong ˋpún, to forget one's benefactor or parent; ˏmong ˏts'ing, unfriendly.

芒 ˏMáng The awn or beard of grain; a sharp or spinous point; tail of a comet; ˏmong chung' "bearded grain," one of the 24 terms; ˏmong ˏmong, grand, much crowded; ˏmong ˏmong ˏin ˏkwai, excessively fatigued, he turned back; ˏkwong ˏmong, a gleam of light, a ray, a flash.

茫 ˏMáng The immense expanse of the ocean; vast, uncertain, dazzling; ˏts'ong ˏmong, dreary, vast, illimitable.

硭 ˏMáng Name of a hill; ˏmong ˏsiú, a medicine, a kind of salts.

鋩 ˏWáng The point or edge of a sword; ˏfung ˏmong, the point of a knife or weapon.

邙 ˏMang The name of a hill and town near the ancient capital Loh-yáng.

蝱 ˏMáng A gadfly, a breeze, a fly infesting animals; ˏmong ˏch'ung a gnat; ˏwong ˏmong, a fly which attacks cows.

罔 ˋWáng A net; stopped, hindered; deceived, entangled; not, without, nothing, none; to accuse falsely, to impose upon; ˋmong kin' saw nothing of it; ˋmong mui² sagacious, intelligent; ˋmong lui² to implicate. Used for the next.

網 ˋWáng A net for fowling or fishing; a net of any kind, a web; that which arrests people, as the law; a haul of a net; to net, to catch; to implicate people. ˏch'an ˋmong, a "dusty net," the world; ˋmong ˏkan, a net cap, worn by actors; ˏt'in ˋmong the government of Heaven, fate; ˋmong ˏü, to catch fish;

‘mong ˓yau, the mesentery; *˓chi ˓chü ‘mong*, a spider's web; *tsz’ ˓t‘au ˓lo ‘mong*, to run into the net one's self; *˓t‘in ˓lo ti’ ‘mong*, sort of a rat-trap; *yat˒ ˓chéung ‘mong*, a net; *˓tséung ‘mong*, to bait nets with eggs; *sát˒ ‘mong*, to throw a net; *yat˒ ‘mong ‘tá tsun’* to get all at one haul—prompt; *lau’ ‘mong*, to escape from justice.

‘輞 Wáng The tire or felly of a wheel; the emperor's hunting car had double rims.

‘惘 Wáng Flurried, forgetful of one's duties; *‘mong ‘ch‘ong*, irresolute, disconcerted; *‘mong ˓in*, not knowing what to do.

‘魍 Wáng A sprite, a gnome; *‘mong ‘léung*, an elf, an undine.

‘莽 Máng A *dog* in the *grass;* thick grass, jungle, underbrush, weeds; a plant noxious to fishes; matted, confused, indistinct; rustic, rude; *‘ts‘ò ‘mong*, weedy, tangled; rude, clownish; *‘lò ‘mong*, careless, rough, impertinent; *‘mong chong’* intrusive, forcing one's self in, to obtrude on; *‘ts‘ò muk˒ ‘mong ‘mong*, like a thicket, tangled.

‘蟒 Máng The boa or anaconda, the largest of serpents; *‘mong ˓shé*, or *˓wong ‘mong*, the boa; *‘mong ˓p‘ò*, a court dress embroidered with boas; *‘mong ˓ch‘ung*, a caterpillar.

‘妄 Wáng Disorderly, brutish, unmannerly; false, vain, incoherent, absurd, wild; immoral; abandoned; ceasing to exist, not existing; *‘mong tsok˒ ‘mong ˓wai*, wild, unseemly behavior; *˓k‘w‘ong ‘mong*, crazy, disorderly, overbearing; *˓mò ‘mong*, the 25th diagram; *‘mong shát˒* to give no quarter, useless slaughter; *‘mong tán’* incoherent talk, absurd, fabulous; *‘mong ching’* perjury, false witness.

望’ Wáng To hope for, to expect, to anticipate; to observe, to look at, or forward, or towards; to look afar, to espy, to stare; hopes, expectations; near to, opposite, over against, fronting; the full moon; a sacrifice to hills and streams; *˓kam yat˒ mong’ yut˒* to-day is the 15th of the moon; *‘hi ch‘ut˒ mong’ ngoi’* joy beyond all expectation; *mong’ ‘tün ko’ yat˒ ‘tsz’* to expect a festival day, to look for a holiday; *hü’ mong’ ‘há*, go and see if it is so; *kwá’ mong’* to live in hopes of; *˓mò ‘sho mong’* hopeless; *shat˒ mong’* lost all hope; *˓ming mong’* a great reputation; *mong’ shé’ tò’* expecting a pardon; *‘ngo ‘chí mong’ ‘ní tsò’* I've been expecting you to do it; *mong’ luk˒ shap˒* nearly sixty years; *mong’ mong’ ˓in hü’* went off disgusted; *chák˒ mong’* to correct, to reprimand, as a child, for reform; *˓man mong’* the hope of the people; *mong’ ‘k‘ü ˓loi*, waiting for him; *mong’ ˓wan*, or *mong’ kwo’ sái’* seen it all, looked it through; *mong’ ˓ch‘ün ˓shéung ‘ngán*, bored my eyes through expecting you—tired of waiting for you.

(314)
Múi.

妹 ˏ A colloquial word; a girl, a maid; ˏmúi ˋtsai, a girl; ˋshai ˏmúi, a servant girl; ˏchong káˀ ˏmúi, a maid given a bride at marriage; ˏmáng ˏmúi, a blind songstress; ˏsám toiˀ ˏmúi, lepers (girls) of the third generation.

枚 ˏMei A small tree, a shrub; the stalk of a shrub; a cane, stick, a whip or switch; a gag; a classifier of rings, the seeds of fruit, of pears, of nails, of coins, &c.; one of, each; ˏhám ˏmúi, to gag; ˏch'ái ˏmúi, to guess the fingers, the game of morra; yatˎ ˏmúi ˏteng, one nail; yatˎ ˏmúi watˎ a kernel or pit of a fruit.

梅 ˏMei A plum, an apricot, a prune; the flowering almond; ˏsün ˏmúi, pickled plums; sour plums; ˏmúi ˋtsai, plums; ˏyéung ˏmúi, the Chinese tree strawberry (a *Myrica*); ˏmúi chéukˎ the "plum bumper," is a cup drank after weddings; lápˎ ˏmúi ˏfá, the *Chimonanthus fragrans*; ˏmúi ˏfá ˏteng, a bubo; ˏpiú ˏmúi, marriageable; ˏmúi ˏmúi, obscure; ˏmúi ˋü, spring rains.

脢 ˏMei The meat on the breast or between the mouth and heart; ˏchü ˏmúi yukˎ or kápˎ ˏsam yukˎ the brisket of a pig.

莓 ˏMei A sort of raspberry or other edible berry; moss; ˏmúi ˏt'oi, moss and lichens covering damp places; ˏlán ˋchü ˏmúi ˏmúi, the bright green herbage by the streams.

鋂 ˏMei A door-ring, having two locks, bolting the door, in it; ˏch'ung ˏmúi, a double lock.

霉 ˏMei Rain in summer, damp weather; damp, moldy, mildewed; to mildew; ˏmúi lánˀ moldy, spoiled; auˀ ˏmúi, rotten, moldy; matˎ kòmˀ shapˎ ˏmúi, why are you so dilatory?

媒 ˏMei A go-between, a matchmaker, an arranger of marriages; to covet; any thing or person which operates as a cause to produce an effect; ˏmúi ˏp'o, a female go-between; ˏmúi ˏká, to pledge girls.

煤 ˏMei Soot; coals, charcoal, embers; coal; ˏin ˏmúi, lamp-black; ˋfo ˏmúi, soot; ˏmúi t'ánˀ fossil coal; ˋlo ˏmúi, to dig coal; ˏmúi ˋch'ong, a coal dépôt; ˏchi ˏmúi, a paper match; ˋfo ˏmúi ˏyung, tinder, punk.

禖 ˏMei A sacrifice or worship offered by the emperor for a son.

腜 ˏMei To conceive, to quicken in the womb; ˏmúi ˏmúi, lusty, good looking.

玫 ˏMei A bright red stone, called ˏmúi kwaiˀ, red coral or jasper; ˏmúi kwaiˀ ˏfá, the rose.

每 ˋMei Each, every, each one, any one; constantly, usually, always; although; to covet; ˋmúi ˏshí, each time; ˋmúi ˋmúi ˏü ˋts'z' it is so each time, it is ever this way; ˋmúi ˏyan, each man; ˋmúi yatˎ kinˀ sz'ˀ each affair.

浼 浘 ˋMei } To defile, to stain with dirty water, to dirty or foul; used affectedly, to annoy, to request, to ask a favor of;

*pái*² *'múi*, to request of; *'múi* *fok*, to get one's kind offices.

妹² Mei A younger sister; a sister; one's daughter; *á*² *múi*² sister, sis; *ngoi*² *múi*² half-sisters; *hing múi*² brothers and sisters; *kwai múi*² a woman's marriage; the 64th diagram; *'piú múi*² female cousins; *ling*² *múi*² your sister.

昧² Mei No sun, twilight, dark, obscure, difficult to distinguish things; perfidious; not understanding matters; *múi*² *'shong* and *múi*² *kuk*, dawn and dusk; *mò*² *múi*² blindly, inconsiderate of results; *múi*² *léung*, self-deceived, to act falsely.

沬² Mei Name of a city; name of a stream.

韎² Mei A kind of leather defense of soldiers; a plant used to dye scarlet.

痗² Mei Anxiety, disease brought on by care; infirmity, disease; *sam múi*² sick at heart.

瑁² Mei Tortoise-shell, called *toi*² *múi*²; a red marbled color; *toi*² *múi*² *shek*, *pán*, the tortoise-shell garoupa (*Serranus megachir*).

Read *mò*² a sort of sceptre.

(315) Muk.

木₂ Muh Wood; a tree; wooden; the 75th radical of characters pertaining to wood; one of the five elements and eight sounds; stiff, unbending; honest, unpretending; *yat*, *'tíú shú*² *muk*, a single tree; *muk*, *tséung*² or *fau*² *muk*, *yan*, a carpenter; *muk*, *liú*² timber, lumber; *muk*, *'tau*, a block of wood, a billet, a stump; *muk*, *hok*, a wooden dipper; *muk*, *héung*, putchuck; *téuk*, *muk*, to chop wood; *muk*, *sing*, Jupiter; *muk*, *'k'éung*, cross-grained; *chong*² *muk*, *chung*, to "strike the wooden bell," is to get the bribe without paying it over to the ruler; *muk*, *'ngau* *yan*, an image, a dunce; *sz*² *fong muk*, a square block, a poor stick of a fellow; *muk*, *mún*, "wooden doors," *i. e.* a rich family.

沐₂ Muh To wash and oil the hair; to wash, to cleanse, to bathe; to enrich by kindness, to receive favors; favored, enriched; to rule kindly; *muk*, *yuk*, to bathe; *muk*, *yan*, received favors; *muk*, *'shau*, to wash the hands; *e. it.* to respectfully and carefully do anything.

霂₂ Muh Small rain; *mak*, *muk*, drizzling rain.

楘₂ Muh Ornamented leathern bands put around a car to strengthen it.

鶩₂ Muh Mallards or wild ducks; ducks of any kind; *hák*, *kuk*, *lui*² *muk*, to carve a stork and make it a duck—a failure.

牧₂ Muh To tend cattle, to look after flocks; to pasture, to put out to grass; a shepherd, a cowherd, a pastor, a horse-keeper; to watch over, to have the oversight of, to superintend; a ruler of a district, one who is in charge of a place; a religious teacher; *muk*, *ngau*, a cowherd; *muk*, *'tung*, a shepherd-boy; *muk*, *sz*² an overseer, a shepherd, a minister; *ˏwai ˏman mukˎ* to be a district magistrate; *mukˎ ˏman*, to rule the people; *ˏyau mukˎ* nomads, wandering shepherds of Gobi.

穆ˎ Muh The pretty appearance of grain; pleasing, beautiful, majestic, inspiring respect and admiration; grandeur, cordial regard; to revere; to gratify; *mukˎ mukˎ* admirable, royal; *mukˎ* is used for Mohammed in books; *ˏch'iú mukˎ* the order of precedence of ancestral tablets, as parents and sons, grandfathers and fathers, left and right, *ˏch'iú* being always superior to *mukˎ*; *mukˎ ˏman*, Mohammedans.

目ˎ Muh The eye; the 105th radical of characters relating to the eye; *met.* the mind, the perception; to eye, to look at; to designate, to name, to particularize; a director, the head of a body, the principal person, a leader; an index, a list, a summary; the meshes of a net; squares on a chess-board; *ʻngán mukˎ* the eye; *mukˎ lukˎ* an index, a table of contents; *ˏt'iú mukˎ* a list; *ˏfo mukˎ* literary ranks above *siútsái*, scholars in those ranks; *nòˀ mukˎ* angry; *mukˎ háˀ* now, before the eyes; *ˏmò mukˎ* blind; *mukˎ ˏchung ˏmò ˏyan*, supercilious, contemptuous towards one; *ʻfán mukˎ* to turn against, unfriendly; *shòˀ mukˎ* numbers; *szˀ mukˎ* the four quarters; *ʻch'ai ˏkwán mukˎ* to teach theatricals; *ʻi mukˎ ˏch'éung*, a well informed person.

苜ˎ Muh A herb; *mukˎ sukˎ* trefoil or clover used to feed horses.

睦ˎ Muh A kind eye, benignant, harmonious, peaceful; concord among relatives, affection; to agree with, to make peace with; *ˏwo mukˎ* harmony; *ˏts'an mukˎ* kind, affectionate.

(316) Mún.

ˏ捫 A colloquial word; to cover, to cover a thing; *ˏmún ʻkú*, to cover a drum; *ˏmún ˏshü ˏp'i*, to put covers on a book; *ˏmún ˏshá*, to cover with gauze or millinet; *ˏmún ʻkan*, pull it over tight.

ˏ捫 Mun To feel, to lay the hand on, to touch, to take hold of, to examine, to search for with the hand; *ˏmún shatˎ* to feel for lice; *ˏmún ˏsam*, to lay the hand on the heart, self-examination.

ˏ門 Mun A door, a gate with two leaves, a gateway; *met.* the house, the family in it; the 169th radical of characters relating to doors; an entrance, an opening: a harbor; a sect, a class of people, a profession; a family; a classifier of cannon and affairs; *yatˎ tòˀ ˏmún*, a single door; *ütˎ ˏmún*, a circular door; *ʻléung shinˀ ˏmún*, a two-leaved door; *ˏmún ʻhau*, at the door, doorway; *táiˀ ˏmún*, the outer gate; *ˏí ˏmún*, the medical profession; *ˏshá ˏmún* or *Fatˎ ˏmún*, the Budhists or

英華分韻撮要

Shamans; ₍mún ₍lun ʻtsz' door-posts to bar up a door; yat₎ ₍mún ₍shang í' one line of business; shap₎ ₍mún p'áu' ten cannon; ₍wáng ₍mún, a side-door; ₍kung ₍mún, a public office; ₍hon ₍mún ₍kung, a door-keeper; ch'ut₎ ₍mún, to enter upon office, to go abroad, to marry a husband; hai² ʻngo ₍mún há' he is one of my sect; ₍mún ₍yan or ₍mún ₍shang, a pupil, a disciple; ₍mún ʻshéung, a gentleman's servant, a major-domo; tái' ₍mún ʻhau, a great family; pái' ₍mún, to acknowledge one as a patron; ₍mún ₍fung, the reputation of a family; ₍t'eng ₍mún, to wait at the door by night; ʻnau ₍mún, button-hole; min' ₍mún, the cheeks; ₍mún ₍mún ₍tò ʻhiú, knows every thing, Jack-of-all-trades; kiú' ₍mún, to pry up a door; pák₎ ₍mún, to slap on the gate; mò' ₍mún, the place behind the gravestone; ₍mún ₍p'ái, the door-tablet containing names of the family; ₍mún ₍shán, a door-bar.

們 ₛMun Sign of the plural of persons; fat, plump; ʻni ₍mún, you; ʻngo ₍mún, we, us; ₍yé ₍mún, official attendants; you, gentlemen; ₍t'á ₍mún, they; á' ₍kún ₍mún, young gentlemen; ché' ₍mún, ʻná ₍mún, these, those; here, there.

墁 ₛMwan To paint or ornament walls; ornaments on walls; to cover with earth, as a wall.

鏝 ₛMwán A trowel; ₍nai ₍nún, a bricklayer's trowel. Interchanged with the last.

漫 ₛMwan A vast expanse of water, spreading and swelling like a flood. Also read Mán'.

饅 ₛMwán Steamed bread or wheaten cakes, light and leavened; ₍mún ₍t'au, loaves of bread. Usually read ₍Mán.

㒼 ₛMun A narrow entrance where a stream or frith runs between hills, like a door.

瞞 ₛMwán A flat eye, one whose canthi or cornors are nearly level with the face; dull eyes, half closed, as if drunk, obscure vision; to blind one, to deceive, to impose on, to conceal from; ʻyan ₍mún, to hide from; ₍mún p'in' to deceive; ₍páu ₍mún, deceived; ₍hi ₍mún mat₎ ₍shui, nobody is deceived by it, who does not know it? shat₎ pat₎ ₍séung ₍mún, I will keep nothing from you; Á' ₍Mún, the infantile name of Ts'áu Ts'áu.

璊 ₛMun A valuable stone of a reddish or carnation color.

滿 ₛMwan Full, filled up, surfeited, replete; bulging, full; complete, the whole, entire, all that is included in the subject; to complete, to fill, to abound, to suffice; to finish a set time; the Manchu people; ʻmún ₍shan, the whole body; ʻmún tsoi' full of cargo; fong' ʻmún, packed full; tsò' ʻmún yat₎ yam² completed a term of office; ₍chong ʻmún tik₎ fill it a little fuller; ʻmún üt₎ the month of a woman's confinement; ʻmún í' quite met my wishes; ʻmún ₍t'ong ₍kwong, a three-branch lamp; ʻmún ₍k'i fát₎ mái' time having passed, they were sold;

'*mún kwo*' ‚*t'au*, too full; '*mún* ‚*chiú* '*sün*, the self-sufficient bring on their own misfortunes; '*Mún* ‚*chau*, Manchuria; '*Mún* ‚*yan*, the Manchus.

悶懣 Mwán Sad, afflicted, grieved, sorry, melancholy; chagrined, heavy at heart; ‚*yau mún*² sorrowful, unhappy; *tsok*, *mún*² to vomit from faintness or heat; ‚*ím mún*² to disturb one, to hinder, bothering.

(317) Mung.

懞懵 Mung Dull, stupid, not intelligent; obscure; vexed, perturbed; grieved, ashamed; to cover, to blind; ‚*mung* ‚*mung pai*' you dolt; stupid; *yat*, ‚*mung* ‚*sung*, a cloudy, dull day; '*lò* ‚*mung* '*tung*, an old, superannuated fellow; '*lò tò*' ‚*mung*, in second childhood; ‚*mung chü*² '*ngán*, to cover up the eyes; ‚*t'in* ‚*mung* ‚*kwong*, day is breaking.

蒙 Mung A kind of moss; obscure perception of, beclouded, dull, simple, ignorant, immature, rash, childish; a pupil, a youth, a child; to deceive, to conceal, to cover, to behave rudely; obliged for, thankful, grateful for a favor; the 45th diagram; the Mongols; ‚*to* ‚*mung* '*ní*, many thanks for, will be obliged for, beg of you the favor; ‚*mung* '*ts'ü*, obliged for your taking—a shopman's phrase; ‚*hoi* ‚*mung*, to enter on studies; ‚*mung* ‚*sz*' a teacher; *fan*' ‚*mung*, to teach boys; ‚*mung* ‚*yan*, obliged for a favor; ‚*mung káu*' kindly tell me; ‚*mung* ‚*lung*, not bright, obscure, difficult to see clearly; ‚*mung wan*² confused, deceitful, inexperienced; ‚*mung* ‚*kwong kú*' thankful for your patronage or visit; ‚*hung* ‚*mung*, chaos; ‚*mung múi*² rash, blind to; ‚*Mung* '*kú*, the Mongols.

幪 Mung A covering; to screen off, to shelter, to defend, as against sun or rain; ‚*p'ing* ‚*mung*, to screen; ‚*mung* ‚*mung*, luxuriant.

曚 Mung Sun obscured; ‚*t'in* ‚*mung* ‚*lung*, early in the morning, daylight.

朦 Mung The moon about rising or setting. Interchanged with the last.

濛 Mung Small, drizzling rain; foggy; ‚*mung* ‚*hung*, vapory, chaotic.

檬 Mung A cassia like tree, having a yellow leaf; ‚*ning* ‚*mung*, a lemon; some write ‚*mung* '*kwo* for the mango.

矇 Mung Dimsighted, weak eyes; unable to see from a disease in the nerves, an amaurosis; unlearned, untaught, ignorant of one's self; '*ngán* ‚*mung*, bad sight.

艨 Mung A war junk, long and fast-sailing, called ‚*mung* ‚*t'ung*; a large sort of vessel.

蠓 Mung Ephemera or sandflies; small flies which fly over water; ‚*mung yui*² ephemera-flies.

霥 Mung Drizzling rain; small rain; ‚*mung* ‚*mung*, a tedious rain.

饛 Mung A dish filled with food, an abundance of food, a plentiful table.

夢² 夣² Mung } To dream, to see visions; a dream; a vanity; obscure; *mung² kin³* saw in a dream; *ʻni fát, mung² ˏmo*, are you dreaming? *fát, yat, ko³ mung²* dreamed a dream; *mung² ʻsʼéung*, empty hopes, day-dreams; *mung² chiú²* a prophetic dream, a dream which comes to pass; *mung² mí² ˏchí sz'²* a visionary affair; *mung² át,* the nightmare; *tʻok, mung²* spiritual visions; *yat, ˏchʻéung tái² mung²* "one long dream,"—this life, the world; *ʻkái mung²* to interpret a dream.

(318) Mút.

抹, Moh To rub out, to make a clean sweep, to wipe clean, to obliterate, to scrub, to blot out; to dust; to daub, to rub on, to besmear, to color, to anoint; *yat, ʻshau mút, kwo³* to refuse to pay anything; *mút, ˏyau*, to rub oil on, to paint; *mút, ʻkeng*, to rub the neck, or cut one's throat; *mút, hü³* to rub out; *mút, ngák,* a fillet worn by girls; *mút, ˏtʻoi*, to wipe the table; *ʻsai mút,* to wash and rub.

秣, Moh To feed a horse with straw, to give hay to cattle; provender of straw.

沫, Moh A branch of the Yángtsz' kiáng in Sz'chuen; froth at the mouth, to slaver in sleep; spittle; foam, bubbles on water; *tʻò³ mút,* to spit out, to sputter; *ˏfau mút,* spume on water; *ʻhau mút,* expectoration.

末² Moh The end of a branch, the outmost twigs; the end, the last, no more of, the least important part, the meanest; the opposite of the origin or root of a matter; small; weak; used for I when spoken by one's self; distant, far off; the remnants, leavings, ends, dust powder, or refuse of; the limbs; traders, as the least of the four classes; *ˏchʻá mút,* tea-remnants; *mút, shai³* end of the world; *mút, ʻyau*, no more; *ˏú ˏtsiú mút,* or *ʻkú üt, mút,* powdered pepper; *ˏchung mút,* the very last; *mút, tséung³* I the officer; *shuk, tsoi² mút, tsʻik,* it is to your humble relative's.

茉² Moh The jasmine; *mút, lí² ˏfá*, the *Jasminum grandiflorum*; the name of a song.

沒² 歿² Muh } To sink in the water, to perish, to terminate, to finish one's own prospects; to die; the dead; dead, annihilated, finished; to exceed, to transgress; to enrich one's self by swindling; a negative, implying there is nothing of, without, none at all, not the least, none, utterly; *mút, tát, sát,* at a loss what to do further; *mút, yat, ˏhò mí²* not the least taste; *ˏchʻam mút,* sunk to oblivion; *mút, yéuk,* myrrh; *ˏmái mút,* to secrete or keep back another's things; *ˏmong mút,* dead, perished; *mút, yung²* useless; *mút, shai³ pat, ˏmong*, I won't forget you in death; *chʻut, mút,* to prowl about and then retreat, as a band of robbers; *mút, noi² ˏho*, no alternative.

(319)

Ná.

瘃 A colloquial word; a scab; ˏch'ong ˏná, scab of a wound; tau² ˏná, small-pox scab; kit, ˏná, to form a scab; ˏt'ung ˏshan yat, tát, ˏná, all run into one scab.

With, together with, in company; even, alike; to join in, to take part with; to stick to, sticky; 'ngo ˏná 'ni hü' I'll go with you; ˏná ˏmái ˏtám hü' carry them all at once; ˏ'm ˏná 'ni I'll have no part with you; mak, ˏ'm ˏná, the ink will not stick; ˏná ˏchim, sticky, unctuous; ˏ'm ˏná táp, incongruous; not of the same sort; 'mò ˏná nang' no intercourse.

A final particle, drawing attention to a thing; lo! see! mat, 'yé ˏná, what is it! 't'ai ˏná, see!

ˏ拏 ˏ拿 Ná } To lay hold of, to seize, to take, to apprehend, to arrest; to get an idea of, to appreciate; ˏná ˏlai, bring it here; ˏná 'shau tsò' tak, I can take it in hand that it can be done; ˏná shat, 'chü i' it is resolved upon; ˏná sz'¹ ˏmún shéung² a clerk in charge at an office; ˏná chuk, to arrest one; ˏná 'wan, to grasp firmly, to be pretty sure of; ˏmò ˏchá ˏná, nothing to hold on by, a nickname for a Budhist priest.

ˏ詉 Ná Unintelligible talk; a wrangling, a noise; a bother; tsui' tò' ˏná ni² drunk, fuddled from liquor.

'乸 A colloquial word; a female of animals, a dam; á' 'ná, granny, old mother; ˏchü 'ná, a sow; 'ná ˏying, a girlish boy, effeminate; kòp, 'ná, a frog; shat, 'ná, a louse.

'那 Ná To point out; a certain one, that; there, then; which; what, what then; a vocative, O, alas! ˏt'in 'ná, O heaven! 'ná ch'ü' there; 'ná 'li, where? 'ná ˏnin, that year, what year? 'ná ko' that; 'ná ˏsé ˏyan, those few persons; 'ná ˏshí hau² that time.

拿² A colloquial word; a final word, implying here it is, here you have it, see, here; hai² 'ni ch'ü', ná² oh, here it is.

(320)

Nai.

ˏ泥 ˏ坭 Ní } Mire, mud; dirt, clay, soil, earth, clods; dirty, miry; yat, kau² ˏnai, a lump of dirt; ˏnai 'shui 'lò, a bricklayer; ˏnai pán² muddy, slushy; ˏnai tán² a clay ball; ˏnai 't'ò, earth, dirt; lán² ˏnai ˏnán ˏú pik, one can't plaster a wall with rotten mud—a useless fellow; ˏnai ˏkam shik, a pinchbeck color; ˏnai ˏchün, adobie, mud-bricks for making walls; ˏnai ˏts'éung, a wall made of earth pounded; ˏt'o ˏnai tái² 'shui, dragged through the mud and water—obscure, nonsensical; ˏnái ˏtiú, muk, sò' ké' spoken in derision of idols and men; ˏshau ˏmái ˏú ˏnai, "dust wanted!"—a street cry.

(321) Nái.

奶 A colloquial word; lady; ꜀nái ꜀nái or ꜀sz' ꜀nái, a lady, Madam; tái² ꜀nái, t² ꜀nái, ꜀sám ꜀nái, are compellations for the wives of three brothers, or for the wives of one man.

ˢ奶 ˢ嬭 ˢ妳 Nai The breast of a woman; udder, dugs; nipples, teats; to suckle; milk; a nurse; a term by which children often call their mother; ˢnái ˢmá or ˢnái ꜀néung, a wet nurse; ꜀ngau ˢnái, cow's milk; ˢnái ꜀p'í, cream; shik꜄ ˢnái, to nurse; ts'ü꜄ ˢnái, to wean; á' ˢnái, ma, nurse! ˢnái ꜀t'au, the nipples.

ˢ乃 ˢ迺 Nai An adversative conjunction, but, it may be; doubtless, forsooth; also, moreover; often used for the substantive verb, or as an illative particle, denoting to wit, then, thereupon, till then, certainly, if, &c., according to the scope, and often needs no rendering; your, it is your's; ˢnái yéuk꜄ but as to; ˢnái ˢho, will do then; ˢsz' á ˢnái tsong' he is dead and buried too; ˢts'z' ˢnái ꜀Chau ꜀chi fú' this is Chau's father; ꜀mò, ˢnái pat꜄ hü' if not, then don't go; ˢho ˢnái ˢfú ꜀ying ꜀t'ung muk꜄ ˢngau, how is the prefect like a wooden statue?

ˢ鼐 Nai An iron or metallic tripod of great size, with two ears.

𠹌' A colloquial word; to tie up, to fasten on; to hang on, or depend upon one, as a family; to belong to; nái' ꜀ngau, tie up the cow; nái' ꜀shün ˢmí, fasten on astern; ˢmò mat꜄ kwá' nái' nothing (or no one) depending on me; nái' ꜀in ˢfo, the fireworks are for him to give; ꜀t'o ˢshau nái' kéuk꜄ to tag after one.

疓² Nái A colloquial word; tired, weary, worn out; weak; kin' nái² I feel weak.

(322) Nak.

齺꜄ Nih The toothache; carious teeth. A colloquial word; to mouth one's words, to speak thick or indistinctly; to make a memorandum of; nak꜄ ꜀ngá, to speak thick, to muffle; nak꜄ chü² pò² make a note of, or charge it in the book; nak꜄ nak꜄ ti² a little sour or turned; rather raw, as uncooked rice.

(323) Nam.

ˢ腍 Jin A good taste, well flavored, to gormandize; well dressed, thoroughly done, mellow, ripe. A colloquial word; throughout, quite through; soft, damp; kind, good-natured, amiable; sháp꜄ ꜀nam, boiled through; ꜀nam shín² very good-natured, placable; ꜀'m ꜀ts'ang shap꜄ ꜀nam, not wet through; ꜀'m ꜀ts'ang fát꜄ ꜀nam, not soaked enough; ꜀nam ꜀nam tik꜄ a kind pleasant person; ꜀t'ín ꜀shí ꜀nam, humid air; shuk꜄ ꜀nam ting' thoroughly ripe, ready to drop.

ˏ稔 Jin — Grain fully ripe, matured in; a year, a season; laid up, accumulated; *ʿnam ˌnín*, an abundant year; *ʿòm ʿnam ˌts'oi ʿchü*, a secretly rich man; *ʿnam ok*ˀ apt in wicked ways.

淰ˀ Nien — Muddy, thick, splashy; to dredge mud. A colloquial word; sound, as sleep; slow going; to reiterate, as a throw of dice; soaked through; *shok*ˀ *nam*ˀ deep mud, slushy, sloppy; *fan*ˀ *nam*ˀ sound sleep; *nám*ˀ *ˏsám*, to successively divide threes at gambling cash; *ˌhang tak*ˀ *òm*ˀ *nam*ˀ he walks very slow; *mak*ˀ *ʿshui nam*ˀ the ink has spread; *nam*ˀ *ˌü*, a gudgeon (*Eleotris cantharius*); *nam*ˀ *ü*ˀ eaten to the full, stuffed; *ʿt'ím nam*ˀ *pat*ˀ soak the pencil full of ink.

(324) Nám.

ˌ男 Nán — The male of human species, a man; the lowest of the five ranks of nobility, a baron; *ˌnám ˏyan*, a man; a husband; *ˌnám ʿtsz'* a man; *ˏshang ˌnám*, to bear a boy; *ˌnám tséuk*ˀ a baron; *ˌfá ˌnám*, a boy; *ˌnám ʿnü*, men and women, male and female; *ʿnü ˏk'au ˌnám*, to send the girl's horoscope first by the matchmaker; *háu*ˀ *ˌnám*, a filial son—said after a parent's death; *ˌnám ʿtsz' ˏkwang ˏkwang*, a spirited man, one above low acts; *ˌnám ʿtsz hon*ˀ a high spirited man.

ˌ南 Nán — The south; to go south; to face south; southern, austral; *ˌnám ˏfong*, southern regions; *ˌnám ˏmò*, to recite prayers; to chant before idols; *ˌnám ˌmò ˏsín ˏshang*, Táu priests; *ˌnám ˌmò Fat*ˀ O Budha! to rehearse or respect Budha's name; *ˌwo ˌnám*, to clasp the hands in prayer; *ʿho ʿsz' ˌnám min*ˀ he can sit to the south—he can reign; *tso*ˀ *ˌnám*, a northern exposure; *héung*ˀ *ˌnám*, facing the south; *ˌúi ˌnám*, changed to a south wind; *ˌNám ʿhoi ün*ˀ the district of Nánhái in which the Foreign Factories at Canton lie.

ˌ喃 Nan — Incessant talk, gabbling; *ˌní ˌnám*, a twittering, as of swallows.

ˌ諵 Nán — Noise of conversation, hum of talking; to chant, to sing; to mutter, to perform incantations over, to exorcise; *ˌnám ˌnám*, incessant gabble; *ˌnám kwo*ˀ *ʿk'ü ˏt'eng*, sing it for him; *tái*ˀ *ˌnám tái*ˀ *ʿshai*, loud shoutings and great cuttings, like Baal's priests.

ˌ楠 ˌ枏 Nan — A kind of yellowish wood, very hard and suitable for furniture, beams, &c.; a sort of plum; *ʿtsz' ˌnám*, or *ˌnám muk*ˀ a kind of iron wood; *ˏk'ʿ ˌnám*, an astringent medicine brought from Annam.

ˌ蚺 Nán — A large serpent, said to be eatable. Also read *ˌím*.

ˌ揇 Nán — To grasp with the hand.
A colloquial word; to measure by spanning the fingers; a span, a finger's length; to beat, to chastise; *yat*ˀ *chuk*ˀ *ˏkò*

'nám yat, *ˏshün ˏyan*, to beat a whole crew with one stick—to rail at one as belonging to a class; *'léung 'nám yat*, *ch'ek*ˏ two spans make a foot; *'shai kwan' 'nám 'k'ü*, take a stick to him.

'腩 Nán Boiled meat, dried meat.
A colloquial word; the belly of an animal; a fat abdomen; *'t'ò 'nám táí²* a big belly; *ˏchü p'áu' 'nám*, a hog's belly.

躝' A colloquial word; to stride over, to step across; to miss, as a line in reading; *nám' kwo' hü'* step over it; *nám'* (or *lám'*) *lá' tuk*ˏ read every other line.

(325) **Nan.**

ˏ奶 A colloquial word in Macao; milk; to nurse; *shik*ˏ *ˏnan*, to nurse, to drink milk.

'撚 Lun To cut off corners, to go across; crosswise.
A colloquial word; to play with, to handle, to rub in the fingers; to dirty, to defile, to be dirtied; to train, to breed, as pigeons; *'t'ai 'nan 'ngán*, to defile the eyes—by obscene things; *'nan pák*ˏ *kòp*, to train carrier-pigeons; *p'ung' 'nan ˏshan*, to get dirty by running against one; *mok*ˏ *'ching 'nan ˏí fuk*ˏ don't dirty your clothes; *'pí 'k'ü 'nan*, let him play with it; *'tú 'nan ˏmái*, to get well dirtied.

(326) **Nán.**

ˏ難 Nán Difficult, hard, grievous, not easy or pleasant, irksome, fatiguing; distresses; to distress, to afflict, to harass, to make another do; *ˏnán tsò'* hard to do; *ˏnán 'kong*, hard to say, ashamed to say; *ˏnán ˏts'ung 'ní meng'* I can not do as you say; *ˏnán tak*, hard to get; *ˏnán wai' 'ní*, vex you, to injure another; *ˏnán 'l'ai*, I do not wish to see it; *táí² ˏnán*, a sluggard, one who takes things hard; *ˏnán tò²* hard to say, it can not or must not be; also used as an interrogative; *ˏnán tò² 'k'ü ˏ'm ˏloi*, can you think he won't come? *ˏnán tò² ˏwán 'séung 'ngo*, would he still think of me? *ˏnán tò² 'ni ˏmong 'liú*, can you have forgotten? *tsun' t'úi² 'léung ˏnán*, to be in a strait, hard to retreat or to go forward.

'赧 Nán To blush, to turn red in the face, to redden; a blush; *'nán 'ngán*, blushing; *ˏhám 'nán 'nán*, very salt, briny; *ˏkeng 'nán*, to redden when surprised.

'戁 Nán To venerate, to fear, to respect, to be in awe of.

蝻' Nán Name of an insect.
A colloquial word; the bite of gnats or insects; a sore, a pimple; *ˏman nán'* musquito bites; *'kau shat*, *nán'* flea bites; *yat*, *ˏshan nán'* covered with eruptions.
To stitch together; *nán' ˏí fuk*ˏ to baste clothes.

難 Nán Adversity, calamity, difficulty, trouble; to reprimand, to reprove; *wán' nán'* calamity; *tsoi nán'* providential affliction; *lok nán'* fell into trouble; *'fú nán'* in affliction; *tái' nán' lam t'au*, a great calamity has come upon us; *shau' nán'* to suffer; *üt nán'* death from childbirth.

(327) ## Nang.

能 A colloquial word; unlucky, ill-omened; *ch'o yat nang nang*, to meet a bad omen at the new moon; *'tsò nang nang tik* bad luck in the morning.

能 Nang A sort of deer as large as a bear; power, ability, skill, talents; apt, able, capable, skilfull, competent; to be able, may, can; *'k'ü nang kon'* he can manage it; *mò nang*, disabled, incapable, unskilled; *pat nang*, unable, can not; *nang 'fau*, can it be done? *ts'oi nang*, talents; *nang 'tá nang tit* he can fight and recover himself too; *nang yan 'sho pat nang*, can do what men are unable to do; *nang yat pat nang i'* I can do it only once.

𨂻 A colloquial word; to walk on the heels; *'nang 'nang 'há*, limp along; *chang 'nang*, to dig the heels into the ground.

Read *nang'*; to tie up; to connect with, to be attached to; to go with one; *nang' chü' 'k'ü*, tie him up.

(328) ## Nap.

粒 Lih A grain of rice; a kernel of grain; *met.* food; a small pellet or thing; a classifier of small things, like pearls, grains, buttons, pebbles, &c.; *yat nap 'mai*, a kernel of rice; *nap shik* eating rice; *'mò nap shik* nothing to eat; *yat nap tau'* a single bean.

凹 A colloquial word; sinking, hollow, concave; a cavity; a losing business; *nap tsz'* characters sunk in; *nap 'kám tik* lost a little by it.

㴸 A colloquial word; sticky or oily, as machinery; slushy, splashy, as mud; to stick or paste things together; tough, sinewy; dilatory, slow; *yun' sám üt kòm' nap* as slimy as a third intercalary month—because of the dampness and sludge; *nap no'* dilatory—as if stuck in the mud; *nap yau*, impeded by the dry oil; *shap nap nap* very muddy, as the streets.

(329) ## Náp.

納 Náh Silken threads shrinking; to enter, to collect, to obtain, to receive, to insert; to enter upon possession; silk put in soak; to pay, to give to, to offer, as presents; within; *shau náp* to receive; *náp fuk* to be well off, comfortable;

'ni kan' ˏloi náp˛ fuk˃ have you been well lately? *náp˛ shui'* to pay duties; *ch'ut˃ náp˛* to pay out; *náp˛ chik˃* to buy title or officer *mong' ˏk'í siú' náp˛* I think you will favorably (or smilingly) take it; *ˏyung náp˛* to contain, to take in; liberal, generous in feeling; *náp˛ ts'ip˃* or *náp˛ 'ch'ung*, to take a concubine; *ˏk'í ˏán pat˃ nap˛* I can not assent to his words. Used for the next.

衲² Náp To patch, to line, to overlay; a lining; lined or quilted jackets; priestly garments; *met.* a priest, a bonze; *káp˃ náp˛* a lined coat; *ˏmín náp˛* a quilted coat; *ˏiú náp˛* or *náp˛ 'tsai*, a jacket; *ˏp'í náp˛* a fur jacket; *ˏp'an náp˛* I, a poor priest; *ˏch'au náp˛* a silk lining; *chéuk˃ muk˛ náp˛* to "put on a wooden lining,"—to encoffin.

軜² Nah The reins of the inner span of a team of four horses.

(330) Nat.

𡃶˃ A colloquial word; joyful, happy, frolicsome; pleased with; *'fo ˏin nat˃ ˏnau*, the smoke irritates me; *nat˃ 'k'ü*, I like him.

(331) Nát.

鈉˃ A colloquial word; to iron with a flat-iron; to sear, to smooth; to press on, to lay over; *nát˃ ˏpai*, a flat iron; *nát˃ ˏyan kòm' ü˛* hot as if I had been ironed—feverish, dry and hot; *'mín ˏk'é nát˃ 'ngán*, to press the eyes with a nut to cool them; *ˏtsín kwat˃ nát˃ yuk˛* bones and flesh seared and blistered—pressed down, afflicted.

捺² Náh To press the hand down heavily; a sweep or dash to the right in writing; *p'ít˃ nát˛* sweeps inclined to the left and right.

A colloquial word; a pipe, called *'so nát˛* a copper clarinet.

(332) Nau.

ˏ嬲 Niáu To play with women, to pull or dally with; lewd gambols. A colloquial word; angry, cross, fretful; to scold, to be angry at; *ˏnau nat˃* irritable, cross; *chung² iú' ˏnau ˏnau ˏt'ím*, you must get a little more angry; *fát˃ ˏnau*, a fit of anger; *ˏnau nò'* angry; *ˏnau ˏts'an*, scold him; *ˏ'm 'shai ˏnau*, don't get angry.

'扭 Niú To twist, to turn with the hand, to wring, to wrench; to collar, to seize; to turn from side to side, to wriggle; cramped, as tendons; twisted contorted; to turn over in the mind; *'nau 'chün*, to turn over; to flirt, as a stick in the hand; *'nau 'chün ˏsam ˏch'éung*, to reform one's ways; *'nau kai' tái' ˏwong*, a master hand at planning guile; *'nau 'keng*, perverse, testy; *kéuk˃ 'nau*, club-footed; *'nau kit˃* to twist, to clasp and finger the hands, as priests do; ‘*nau* ‹*pin*, to seize by the cue; ‘*nau* ‘*pan*, to seize and carry to a court ‘*nau* ‹*kon*, to wring dry; ‘*nau* ‘*kwai*, a foreign key; ‘*nau lat*, twisted off; ‘*nau* ‹*man* ‹*ch‘ái*, wood with crooked grain; *met*. a crooked stick, a cross-grained fellow.

‘鈕 Niú A knob on top of a Chinese seal; a button; a hilt; a knob or process on which a thing turns or connects with another; ‘*shau* ‘*nau*, manacles; ‘*nau* *k‘au*’ a button-loop; *yat*› *nap*› ‘*nau*, a button; *kút*› ‘*nau* a corded knob; ‹*fá* ‘*nau*, ornamental buttons; ‘*nau* ‹*ch‘ü*, a pivot, the Dipper.

‘杻 Niú A thick bushy tree, like a Prunus; the wood is good for bows. Read ‘*ch‘au*, manacles, handcuffs.

‘疞 Kiáu Colic, colicky pain; ‘*nau* ‘*t‘ò*, griping pains in the bowels.

‘紐 Niú To knot, to braid up into a knob, to tie, to bind; a fastening, a knot, which easily unties; a point of junction, as the tie of a girdle.

‘狃 Niú A dog which wishes to be coaxed; proud; accustomed to, reiterated, doing repeatedly; inclined to evil; familiar with, disrespectful; to approach; ‘*nau tsáp*› used to, practiced in.

耨² Náu A kind of spade for weeding; to weed, to clear ground of weeds; to study; *nau*² ‘*ts‘ò*, to root out weeds; ‹*ch‘o nau*² to dig and weed; *pat*› ‹*kang shit*› *nau*² to plow with a pencil and dig with the tongue—to be a pedagogue.

餗² A colloquial word; eaten too much, surfeited; to lothe food; overstocked; dirty; *au*’ *nau*² dirty, muddy; *nau*² ‘*shi*, unsaleable, in no demand; *ü*’ *nau*² ‹*t‘in* ‹*shi*, dull, close weather; ‘*páu nau*² eaten to the full.

(333) Náu.

‹撓 Nau Crooked, distorted, tortuous; bigoted, prejudiced, unjust. Read *náu*²; to bend, to wrench; to break; to disperse; weak, lithe, flexible, slender; *náu*² *mán*² *mat*› to scatter things—as wind does; ‘*wong náu*² to misrepresent, an unjust judgment.

‹譊 Náu Noisy debate, contentious disputes; arguing, wrangling of opinions, as among sectaries; ‹*hün* ‹*náu*, loud-talking; ‹*náu* ‹*náu*, noisy disputing. Interchanged with the next.

‹呶 Nau Clamorous noise; wrangling, vociferation. Also read ‹*ná*; ‹*lau* ‹*ná*, the noise of voices.

‹怓 Nau Perturbation of mind; inquiet; confusion of intellect, beclouded; ‹*náu lün*² mind all in a fog, bewildered.

‹鐃 Náu Cymbals, which were used to stop the music in the army; the clang of martial instruments; *yat*› *túi*’ ‹*náu*, a pair of cymbals, commonly called *tái*² ‘*ch‘áu*, the “great clang.”

‹錨 Miau An anchor; a grappling-iron; ‹*p‘áu* ‹*náu*, to cast anchor; ‘*hi* ‹*náu*, to weigh anchor; ‹*náu* *lám*² a hawser; ‹*náu p‘au*’ a buoy.

硇 ˢNáu A natural salt from Tibet, called *˛náu ˛shá*, sal ammoniac.

峱 ˢNáu A mountain in the ancient state of Tsí or Shántung.

撓 ˢNáu To disturb, to vex, to annoy, to disarrange; to twist, to wrench; to pervert, to distort; to scratch; *ˢnáu ˛sam*, vexatious; *ˢnáu lün²* to confuse right and wrong; *ˢnáu wat˛* to shrink up, to draw in; *ˢnáu chü² ˢk'ü*, fasten it up.

鬧² 閙² Náu The noisy wrangling and confusion of a market or fair, a joyful bustle; hum, crowd, tumult, noise; obstreperous; to scold, to rail; to contend, to embroil, to make a disturbance; *ˢhò náu² ít˛* a great to-do; *náu² ˛yan*, to scold one; *náu² sz'²* to make trouble; *náu² ká² ˢtsz'* a pestilent fellow, an impracticable man; *náu² ˢtsau*, a drinking carouse; *náu² ˛páu*, to berate, to talk in an overbearing to manner; *˛ú náu²* to scold unreasonably; *náu² ˛káu*, to wrangle; *tái² náu² yat˛ ˛ch'éung*, a tumult, a brawl; *tái² náu² ˛fá ˛tang*, a great bustle with lanterns—on the 15th of the 1st moon.

淖² Náu A stream; muddy, miry; clay, loam; thoroughly wet.

(334) Né.

嚀 ˛ A colloquial final particle, used in replies; there; see! *mat˛ ˢyé ˛né*, what? see there!

(335) Neng.

ˢNeng. A colloquial word: a classifier of garments; *yat˛ ˢneng mò²* a hat; *yat˛ ˢneng ˛shám*, a jacket.

(336) Néung.

娘 ˢNéung A girl, a miss, a young lady; ladies; a mother; *˛kú ˛néung*, a young lady; *í² ˛kú ˛néung*, the younger sister; *í² ˛néung*, concubines; *á² ˛néung ˢtsai*, a little miss; *˛té ˛néung*, father and mother; *˛néung ˛néung*, the empress; her ladyship, Our Lady of; *˛sán ˛néung*, a bride; *tái² ˛néung*, the Madam,—term used by concubines; *˛néung ˢmá*, the Goddess Má-tsúpo, Amphitrite; *ˢkí wai² ˛néung ˢnü*, several ladies.

(337) 'Ng.

唔 ˛ A colloquial sound, implying dissatisfaction with, reprehension; *˛'ng, ˛'m ˢhò*, Oh, that's wrong! *˛'ng ˛'m chéuk˛* eh! that will not do!

吾 ˢWú A personal pronoun; I, my; us, we; to impede, to guard; *˛'ng ˢtang*, we, us; *˛'ng ˛fí ˢmau ˛yan*, I am not that man; *˛chí ˛'ng*, careless, confused; *˛fán sz'² ˛chí ˛'ng*, he bungles at everything he does; *˛chí ˛'ng ˢlíú sz'²* to hurry through a job carelessly.

梧 ˢWú Name of a tree, famous for its fine, even grain, and used to make lutes; *ˏ'ng ˏt'ung*, the *Eleococcus oleifera* (or *Dryandra cordifolia* of Thunberg); the fall of its leaf denotes autumn; *ˏchí ˏ'ng*, a pillar or support not quite perpendicular.

鼯 ˢWú The flying squirrel, called *ˏ'ng ˋshü*; also *ˏfi ˏshang*, because it is thought to bring forth on the wing.

吳 ˢWú Loquacious, bragging; to boast, to talk big; one of the Three States, extending over the southeast of China; *patˏ ˏ'ng patˏ ngò²* neither clamorous nor headstrong.

蜈 ˢWú An insect; *ˏ'ng ˏkung*, the centipede; *ˏ'ng ˏkung ˋts'ò*, a kind of shrub, whose branches somewhat resemble a centipede.

五 伍 㐅 ˢWú Five; a perfect number denoting all, applied to many things—the virtues, the tastes, the elements, the planets, the colors, the grains, human relations, the viscera, ranks of nobility, &c.; *tai² ˢ'ng*, the fifth; *ˋk'ü ˋtá ˢ'ng ˏkang*, he beats the five watches, he is a watchman; *ˏch'o ˢ'ng*, the fifth day of the month; *ˢ'ng ütˏ* the fifth month; *ˢ'ng mi²* all tastes; *ˢ'ng ˏshéung*, the five virtues; *ˢ'ng ˏhang*, the five elements; *ˢ'ng ˏfong*, the four points of the compass, and the centre; *ˋkau ˢ'ng hai² ˋkóm yéung²* it can't vary much. The third is the contracted, and the second the complex form.

伍 ˢWú A file of five soldiers; a squad; a company of men; a fellow, a comrade, a friend, a companion; to associate with; *ˏhong ˢ'ng*, a file of men, the ranks; *met.* a soldier; *ˋpái tún² ˢ'ng*, to parade troops, to draw up in rank; *ˏsau ˋü ˏwai ˢ'ng*, ashamed to be in his company.

仵 ˢWú An opponent, a match; a pair; an equal in rank; *ˢ'ng tsokˏ* an undertaker; a coroner. Sometimes used for the last.

午 ˢWú The seventh of the "twelve stems," answers to the horse; time between 11 A. M. and 1 P. M.; noon, midday; to oppose, to cross; crosswise, transverse; south, because *'ng* is written on the compass at that point; *ˏkáu ˢ'ng*, eleven o'clock; *ching' ˢ'ng*, noon; *ching' ˢ'ng ˏfong*, directly south; *ˢ'ng fán²* or *kwo' ˢ'ng*, a luncheon; *há² ˢ'ng*, afternoon; *shéung² ˢ'ng*, forenoon; *ˋshéung ˢ'ng*, a recess of actors; *hitˏ ˢ'ng*, a nooning, a rest at noon; *ˏtün ˢ'ng*, festival of dragon-boats; *ˢ'ng ˏshí* midday; *ˢ'ng kotˏ* to cut crosswise; *ˋlo ching' ˋtsz' ˢ'ng* get it just north and south.

迕 ˢWú To meet, to fall in with; a rencontre; to go athwart; to oppose, to resist, to go counter to, to go against; contrary, athwart; disordered, confused; disobedient; *ˢ'ng yikˏ* rebellious, disobedient; *ˢ'ng ˋchí*, to oppose the divine, or imperial will; *ts'okˏ ˢ'ng*, blended, mixed; *ˋléung ˏká ˏséung ˢ'ng*, each set in his own way, mutually obstinate.

悟² Wú To arouse and understand fully, to awake, to perceive clearly; aware of, discerning, noticing, alive to; *'sing 'ng²* to stir up, to awaken; *kok, 'ng²* first idea of, to catch the idea; *tsz'² 'ng²* to bethink one's self; *'yau 'ng sing*, he has a clear understanding; *'ng² ch'ut,* to appreciate in all points.

寤² Wú To awake from sleep; *'ng² mí²* waking and sleeping. Interchanged with the last.

誤² 悮² Wú To deceive, to mislead; to mistake; in error, wrong, misled; false, erroneous, to hinder by mistaking, to fail; *shat, 'ng²* to fail to do, to forget; *ts'o' 'ng²* mistaken; *'ng² tái² sz'* to neglect important business; *'chü kú' pat, 'ng²* well made and no mistake; *'ng² sun'* mistaken trust; *ˌtám 'ng²* to hinder by dawdling or delay; *'ng² 'liú yat, ˌk'í*, to overpass the day, to procrastinate beyond the time; *mat, 'ng²* don't disappoint by delay; *ˌwai 'ng²* heedless and tardy.

忤² 逆² Wú Interchanged with the last; obstinate, disobedient, seditious, rebellious, untoward; set in one's opinions; to run counter to, to cross another's wishes or path.

晤² Wú Light, clear, lustrous; to perceive what another says; intelligent; to make clear, to meet, to explain, to see face to face; *'kau pat, ˌséung 'ng²* not seen each other for a long time; *mín² 'ng²* a personal interview; *'ng² pít, ˌchi ˌshí,* after I left you, &c.

(338)

Ngá.

牙 ˌYá The molar teeth, the grinders, the double teeth; teeth; a process like a tooth; the 93d radical of characters relating to the teeth; jagged, scored, or toothed; a bud; ivory; *ˌngá t'ung'* the toothache; *ˌfá ˌngá li² 'tsui*, specious, seducing talk; *ˌngá ˌp'o*, a woman who acts as a broker, usually to sell girls; *ˌngá ˌká*, a broker, an agent; *ˌngá lik,* strong teeth; convincing, able to convince; *ˌngá shik,* buff, salmon color; *tséung² ˌngá*, ivory; *ˌngá shin'* ivory fans; *ˌngá ˌlán 'mai*, cochineal; *ˌngá ˌfúi*, tooth-powder; *ˌngá ts'át,* a tooth-brush; *ˌngá káu'* the jaws; *ˌngá ˌkwán 'kan pai'* the jaws immovable, dying; *ˌngá ˌch'ung*, carious teeth; *yat, fú' ˌngá* a set of teeth; *'ngáu ˌngá*, to grit the teeth, to dispute or oppose another; *ˌngá ˌkung*, a worker in ivory; *ˌngá ˌí*, an ulcerated tooth and cheek; *ˌngá 'ch'í 'tá 'kú*, the teeth chattering with cold; *t'üt, ˌngá*, to extract teeth; *ˌséung ˌngá*, to insert a tooth.

芽 ˌYá A germ, a plumule, a sprout; to bud; the beginning, the budding forth of; *mak, ˌngá*, wheat sprouts; *ˌngá ts'oi'* tender bean sprouts, used for food; *ˌngá 'sun*, bamboo shoots; *ˌwong ˌngá pák,* colewort; *fát, ˌngá*, to sprout.

䄰 A colloquial word; the day after the new and full moon; *ˌt'au ˌngá*, 1st moon, 2d day;

*tsò*² *ˏngá*, to observe these days; *ˋmí ˏngá*, 12th moon, 16th day.

ˏ衙 Yá The markee of a general, distinguished by a standard; the house of rulers, a palace, a court, an office; a tribunal; the exercise of the functions in a court; *ˏngá ˏmún*, the official residence of a Chinese officer, often called a *yámun*; *ˋtsò ˏngá*, an early court; *ˏngá yikˎ* official attendants; *ˏp'ái ˏngá*, to open the court; *ˏngá ˋshü*, an office, *ˋshéung ˏngá*, an officer's visit to his superior on the 1st and 15th days.

ˋ雅 Yá Elegant, correct, genteel, decorous; simple, pure, plain, unadorned; *ˋngá chì*² elegant, stylish; gentle, soft; *ˏman ˋngá*, correct, studious, classical, scholarly; *ˏhán ˋngá* elegant leisure; *ˋngá tám*² plain, yet stylish; *mín*² *ch'ik*ˎ *pal*ˎ *ˋngá*, impolite to scold people.

ˋ瓦 Yá Earthenware, pottery; tiles; the 98th radical of characters; pertaining to earthenware; a roof; *ˋngá ˏt'ung*, the round, upper tiles; *kon*² *ˋngá*, the bottom row of tiles; *ˋngá ˏháng*, the space between the *ˋngá ˏt'ung* on the roof; *ˏwong ˋngá*, yellow imperial tiling; *ˋngá mín*² or *ˋngá púi*² a tiled roof; *ˋngá hí*² earthenware; *ˏlung ˋngá ˏchí hing*² the joy of having a daughter; *ˋngá ˏp'ún*, a glazed earthen dish.

迓² 御² Yá To go out to receive one, to meet, to descend and greet; to see with admiration; *king*² *ngá*² to respectfully receive.

訝² Yá Interchanged with the last; to express surprise at, to exclaim.

A colloquial word; to stop the road, to obstruct; *ˋmai ngá*² *teng*² don't block up the way; *pá*² *ngá*² *ko*² *tál*ˎ *ti*² to occupy a spot while others want it; *ngá*² *chá*² to impede one's progress.

(339) Ngai.

ˏ嗎 A colloquial word; to importune, to dun and press a request, to solicit; *ˏngai ˋhá ˋk'ü*, urge him more; *ˏngai ˏloi ˏngai hü*² to beg in many ways; *ˏngai ˏp'ò sát*ˎ to weary the gods; *sai*² *ˏngai*, a very little, mean-spirited, stingy; *ˏk'am ˏngai*, incessant urging; also, to disregard importunity.

ˏ危 Wei High, precipitous; imminent, dangerous, hazardous, unsteady; inclined, not upright; an uneasy place; sick, in danger of death; to rush into danger, to endanger; to ruin; the 12th of the 28 constellations, comprising α Aquarius and η θ Pegasus; *ˏlam ˏngai*, dangerous, near danger, in danger; *ˏngai ˋhím*, hazardous; *ˏngai tuk*ˎ dangerously ill; *ˏngai ˏin*, words of caution and warning; *ˏngai ˏngám*, a dangerous ledge, a precipice; *ˏngai tsoi*² *tán*² *tsik*ˎ in imminent danger; near dissolution; *ˏngai ˏngai ˏú*, very dangerous.

英華分韻撮要

倪 ˢI' Little, feeble, weak, like children to glance at; the young and delicate; a limit, an edge, a verge; to benefit, to distinguish; *ˏtün ˏngai*, exact, the least point, the beginning; *ˈtso ˏngai yau² ˏngai*, to glance right and left, to look about.

麑 ˢI'Ni A fawn; *ˏsün ˏngai*, a lion-like animal, able to devour tigers; *ˏngai ˏk'au*, garments of deer's skin.

霓 ˢI'Ni The rainbow, specially the secondary one, called the female; *ˏwan ˏngai*, a rainbow; *ˈts'oi ˏngai*, variegated; *ˏngai ts² ˈü ˈchí*, when the rainbow appears, the rain stops.

輗 ˢI' A cross bar, to which animals are fastened when dragging the vehicle.

巍 ˢ 嵬 ˢ Wu High, elevated, lofty and alone, like a detached peak; sublime, exalted, as virtue; conspicuous; *ˏngai ˏngai ˏú*, how lofty and grand!

睨 I' To look aslant or askance at, glancing the eyes, as animals do; the sun shining athwart; *yat₂ ˈngai ˏsho ˏlam*, the sun glances through the copse; *nò² ˈngai*, an angry look.

蟻 I' An ant; a generic name for insects like the ant; a demeaning term, "as the petitioner," I, a "suppliant," used by the people when addressing their rulers; the commonalty, rabble, the lower classes; *pák₂ ˈngai*, the white ant; *ˏwong ˏsz' ˈngai*, small red ant; *ˈngai ˏman*, or *ˈngai ˈtang*, we, the people; we; *ˈngai tsü²* collected like ants, as banditti; *ˈngai ˏfau*, an ant-hill; *ˈngai ˈngáu ˏtò ˏ'm ˈhò yuk₂* don't stir, even if the ants bite; *ˈngai ˈngáu ˈkòm ˏché*, [fidgetty] as if ants were biting me; *ˏfi ˈngai*, flying ants.

艤 ˢI' To turn a boat's head to the shore; to lay a boat up to a bank.

藝² 秇² I' Ability, aptitude, the skill or art necessary for doing a thing; a craft, an art, an occupation, an accomplishment; skilled, accomplished; to distinguish; to cultivate the arts; *luk₂ ngai²* the six polite accomplishments; *ˏman ngai²* literary occupation; *ˏts'oi ngai²* ability, skill; *ˈshau ngai²* a handicraft; *hok₂ ngai²* to learn a trade; *ˈmò ngai²* military tactics.

蓺² I' Interchanged with the last; to plant, to cultivate trees; to set out with the hand.

羿² I' A famous archer, called *Hau² Ngai²*, who flourished about B. C. 1980.

毅² I' Unbending, firm, resolute, intrepid; forgetful of one's self, magnanimous; stern, wrathful; power of endurance, fortitude, patience; *ngai² ˏin*, firmly convinced, decided; *ˏkong ngai²* unappaled, undeterred by danger.

僞² Wei False, hypocritical; counterfeit, not genuine, surreptitious; to deceive; *ˏtai ngai²* not pure or real, as money; *tsok₂ ngai²* to act falsely; *ngai² fo'* counterfeit, as goods; *ngai² shín²* to act the hypocrite.

詣² I' To reach a place, to go in person; to advance, to repair to; to meet at a resting-place;

*tsò*² *ngai*² well learned, proficient; *ˏts'an ngai*² went myself.

魏² Wei High, lofty, like a mountain; name of one of the Three States, A. D. 200, over which Ts'au Tsáu ruled, including the present Honán; also one of the contending states, B. C. 350, now comprised in Shánsí.

(340) Ngái.

涯 ˏYái The bank of a river, a shore, a beach; a limit; *ˏmò ˏngái*, illimitable; *ˏshang ˏngái*, business, occupation; *ˏtsun ˏngái*, a mart on the water-side.

厓 崖 ˏYái The side of a hill, a cliff, a ledge, a precipice, a high bank; *ˏngái ngon*² a steep bank; a discrepancy, disagreement of things; *ˏt'in ˏngái*, the horizon; *ˏshán ˏngái*, a precipice; *Ngái ˏchau*, a district in Háinán; *ˏNgái ˏmún*, a place in Sinhwui hien, where the last emperor of the Sung dynasty died.

睚 ˏYái The outer corner of the eyes; to look angrily at, to stare upon; to glance at.

捱² Yái To lean against; to lounge, to loiter, to put off, to trifle with, to procrastinate; to suffer, to endure; *ngái*² *shai*³ *kái*³ to receive hardships in the world; *ngái*² *'fú*, to suffer ills; *min*³ *ngái*² *ngái*² out of countenance, can no longer refuse; *ngái*² *chü*² to suffer, can't help it.

乂² 1 To cut grass, for which it is used with the next; to govern, to regulate; clever, able, talented; *ngái*² *ˏon*, at peace, as a country.

刈² 1 To mow, to cut grass; to kill, to exterminate, to cut off; *ngái*² *'ts'ò*, to mow.

艾² 1 Mugwort, artemisia, a plant from which the moxa is made; a term for labiate plants like mint or catnip; old, fifty, waning in life; to quiet, to relax one's self; *shiú*² *ngái*² a beautiful woman; *ngái*² *ˏyung*, moxa punk; *ngái*² *ˏfú*, a charm of the artemisia, hung at the doors on 5th of 5th moon; *ngái*² *'pá*, mugwort burned to dispel odors.

(341) Ngak.

阨ˏ A colloquial word; to deceive, to swindle one; a notch, a catch; *ngakˏ 'tò 'k'ü*, swindled him; *'ní 'mai ngakˏ 'ngo kòm*³ *ˏto*, don't delude me so; *'pí ˏyan tí*³ *ngakˏ sái*² swindled out of everything; *ˏ'm ngakˏ takˏ ˏshan*, cannot deceive the gods.

(342) Ngák.

額ˎ 頟ˎ Geh The forehead; the front; incessant; the creaking of a chariot; the name of a place; a fixed number, or quantity; *ngákˎ ˏt'au*, the forehead; *ngákˎ kokˏ* the corners of the forehead; ngák, shò' a fixed number; ngák, shò' hai' 'kom, the matter is fixed; it cannot be otherwise; ngák, ngoi' beyond the amount fixed; ,wáng ngák, a tablet with an inscription upon it, suspended in houses.

嗌, A colloquial word. Opposing, contrary to; ngák, ,fung, a contrary wind; ngák, 'shui, opposing tide.

(343) Ngam.

,哈 A colloquial word. To murmur, to complain, to grumble, to talk incessantly against others; to take anything with the hand from a narrow mouthed vessel; ,ngam ,ch'am to grumble in a low tone of voice; ,ngam ,loi ,ngam hü' to grumble incessantly; ,ngam ,ho ,páu, to feel in one's purse; spoken also of pickpockets; ,ngam tik, ,t'im, take a little more out.

Ngam' A colloquial word. Old, feeble, foolish; yat, ,nin yat, ,nin ngam' 'hi ,lai, becoming more and more feeble every year; ,ngoi ,ngoi ngam' ngam' to be in one's dotage, to be childish, foolish.

(344) Ngám.

啱 A colloquial word, very frequently used in this dialect. It denotes agreement, in respect to time, manner, place, quantity, or any other particular; kòm' ,ngám, so exactly suitable! ,ngám sái' it agrees in every particular; ,ngám ,ngám ch'ut, hü' just this moment gone out; ,'m ,to ,ngám, they don't exactly agree, spoken of persons and of things.

,巖 } A high bank; a precipice; ,岩 } a rocky hill; lofty, dangerous ,ngám ,ngám ,ts'ám ts'ám, Gan very high and precipitous; ,ngám ,long a temple, a hall; ,ngám 'hím, dangerous.

譫' A colloquial word. Wild, incoherent; like a dream; raving; delirious; nonsensical; 'mai 'hai ch'ü' fát, ngám' wá' don't talk your nonsense here.

(345) Ngan.

,奀 A colloquial word; small, delicate looking, thin; spoken of persons; ,shang tak, kòm' ,ngan, born very thin and small; á' ,ngan, a nickname for a thin child; ,ngan ,ngan hiu' drawn up, crooked; also greatly vexed, and irritated.

,銀 } Silver; money; the name ,艮 } of a place; a surname; 'shui Yin ,ngan quicksilver; ,ngan ,chü vermillion; ,man ,ngan, or sai' ,sz ,ngan, Sycee silver; sui' ,ngan, broken pieces of silver, used as money; ,fá ,pín ,ngan, a spanish dollar, having a flowered edge; ,ts'in ,ngan, the general name for money; ,ngan 'shui, the difference in the value of different kinds of silver; *'fà ˏhung ˏngan*, reward money; *ˏngan ˏp'ái*, a silver medal; *'t'ai ˏngan*, to inspect money; *ˏt'ung ˏngan*, silver with brass intermingled; *'tá ˏngan ˏsz fú'* a silversmith; *ˏngan ˏho*, the milky way; *ˏngan ˏtăn*, a money order or bond; *ˏngan pokˏ* silver leaf; *ˏngan hi'* articles made of silver.

垠 ˏYin A bank; a limit; a boundary; *ˏmò ˏngan*, unlimited.

誾 ˏYin A surname; to reprove gently; to spead kindly; agreeable, pleasant.

狺 ˏYin To bark, and fight as dogs.

嚚 ˏYin The sound of persons talking; stupid; to utter things unworthy of belief; *fú' ˏwán, 'mò ˏngan*, the father is obstinate, and the mother foolish.

珢 ˏYin A stone resembling greatly the jade stone.

Ngan' A colloquial word. To tread upon; to shake violently; *ngan' ˏkò kéukˏ* to stand upon tiptoe; *'mai ngan' 't'ün ko' fái' 'pán*, dont break the board in two, by standing upon, or jarring it.

韌[2] A colloquial word. Tough; tenacious; not brittle; strong; any kind of sediment; *ˏni tikˏ yukˏ 'hò ngan'* this meat is very tough; *ˏin ngan'* very tough, hard to break or cut; *ngan' ˏp'í*, obstinate; *ˏk'ing ˏts'ing 'shui ngan'* to purify water, by letting the sediment settle.

(346) **Ngán.**

顏 ˏYen The space between the eyes and eyebrows; the countenance; hilly; color; a surname; *ˏngán ˏyung* the countenance; *ˏngán shikˏ* color; *ˏngán liu'* coloring matter, paint; *ˏtsün ˏngán*, a respectful mode of address, used in writing.

研 ˏ A colloquial word. To rub; to grind; to draw a fiddle bow; *ˏngán í' ˏin*, to play on a two stringed fiddle; *ˏngán mútˏ* to grind to powder; *ˏngán pokˏ tikˏ* roll it out thin, as of dough; *'pí kong' ˏlai ˏngán kwo' 'k'ü*, to polish, by rubbing with a piece of steel.

眼 'Yen The eye; a space; a limit; a classifier; a surname; *'ngán ˏchü*, the eyeball; *'ngán k'oi'* the eyelid; *'ngán ˏkw'áng*, the socket of the eye; *'ngán ˏyan* pupil of the eye; *ch'áng' ˏhoi 'ngán*, open the eyes wide; *'ngán ˏfá*, the eyes blurred; *ˏ'm kwo' takˏ 'ngán*, wont bear inspection, not good; also, unable to deceive a person; *ˏ'm kokˏ 'ngán*, to over-look; not to perceive; *'ngán pákˏ pákˏ* before one's very eyes; to see clearly; *ˏtiu 'ngán kokˏ* to look with a lustful eye; *'t'ai ˏ'm 'sheung 'ngán*, to look with disrespect upon; *pákˏ kòpˏ 'ngán* to have pigeon's eyes, i. e. to be proud, and insolent; *fátˏ 'ngán ch'á' ˏmé*, cannot you see? *yatˏ 'ngán ˏcham*, a needle; *ˏlung 'ngán*, the name of a fruit; *'hò 'ngán likˏ* to judge of a thing accurately; to see at a single glance.

英華分韻撮要

鴈[2] 雁[2] Yen } A wild goose, of a small size, a bird of passage, whose flight determines times; *met.* in a series, in order, orderly, alluding to their flight; marriage ceremonies; *ngán² ꜀ngo*, a wild goose; *ngán² ꜁hang*, brethren; to walk a little behind another, as brothers ought; *ngán² chát꜆* a letter; *tin² ngán²* to pour out libations to the goose—a wedding rite; *ngán² ꜁loi*, the "wild geese come"—the 9th moon; *꜀ku ngán²* a married pair.

贋[2] Yen False goods, spurious, adulterated articles. The last is sometimes used for this.

(347) ## Ngáng.

硬[2] Ngáng Hard; solid, not soft; stiff, firm, not pliable; unbending, obstinate, inflexible, intractable, perverse; dear, high-priced; nervous, terse, as style; only, indeed, must be, in fact; a disjunctive particle, denoting a settled purpose; certainly, still, however, surely, yet; to harden, to stiffen; *ngáng² kin²* hard, obstinate; *ngáng² tak꜆ tsai²* very firm, domineering; *ngáng² ꜂hò shik꜆* it is very good tasted; *ngáng² tò² ꜂tai*, good pluck to the last, fight to the death; *ngáng² iú² kau² ꜂kòm ꜀to*, must have it all; *꜀chái ngáng²* hold it firmly; *ngáng² ꜀páng ꜀páng*, very hard; *꜂shau ngáng²* strong, brawny; *ngáng² ꜂keng ꜁yan*, an obstinate man; *ngáng² ꜂hau*, foul-mouthed; *ngáng² tsz² tsò²* only I did it, 'twas me alone; *k'ong² ngáng²* mulish, fierce; *ngáng² kuk꜆ kuk꜆* the rustling of stiff starched clothes; *꜂láng ngáng²* stiff from cold.

(348) ## Ngap.

吸꜆ A colloquial word; to talk at random, to talk wildly; raving, wandering, out of one's mind; worthless; *ngap꜆ ngám² wá²* incoherent, nonsensical; *ngap꜆ ꜀sám ngap꜆ sz²* to talk without aim; *ts'ui² ngap꜆ kòm² ts'ui²* "short as pie-crust," brittle; *ngap꜆ ts'o² kü² wá²* a mistake, as in reading a sentence.

揖꜆ A colloquial word; to motion with the hand, to beckon; to nod, to bow slightly; to assent by a nod; *ngap꜆ ꜂k'ü ꜁lai*, motion to him to come; *ngap꜆ ꜁t'au*, to nod; to consent; *꜀kai ꜁t'au ngap꜆ ap꜆ ꜁t'au*, hens and ducks bobbing to each other, *i.e.* bowing like friends.

(349) ## Ngáp.

㗎꜆ To fasten the trowsers, to tuck in, to stick an end or bight in so as not to slip; to turn up the cuffs or trowsers; *ngáp꜆ ꜂t'ái* to strap the tiller when steering; *ngáp꜆ fú² ꜁t'au*, to tuck up the trowsers.

(350) **Ngat.**

兀₂ Wuh High and level at top, a height; to cut off the feet; immovable; an interjection, oh! *há² ngat₂* to descend from a high position; *ngat₂ 'ché*, the maimed; *ngat₂ ₍kò*, to stand on tiptoe; *₍t'in 'yá, ngat₂ tik₃* oh! heaven!

𡯁₂ Wuh Dangerous; disquieted; *ü₂ ngat₂* unstable, like a floating vessel, or on a giddy height; *ngat₂ kün'* wearied out; *₍pai ngat₂* limping, to halt in walking.

屼₂ Wuh An arid, bare mountain peak; *₍'ng ngat₂* name of a five peaked mountain in Kienwei hien, in Sz'chuen.

扤₂ Wuh To move; to joggle; to sway to and fro: disquieted, inconstant; *ngat₂ ngat₂ ₍iú 'kòm*, to wriggle, to sway; uneasy, fidgetty; *ngat₂ ₍hoi tik₃* move off a little; *ngat₂ ngat₂ 'há*, to shake, to sway, to rock to and fro.

杌₂ Wuh A stump or trunk without branches or leaves; a sprout just appearing; unsettled, unquiet; *₍T'ò-ngat₂* a noted bandit mentioned in the Ch'un Tsiú.

仡₂ Yih Strong, robust; warlike, like the prancing of a steed; suddenly; *ngat₂ ngat₂* martial, large, valiant; *ngat₂ ₍ín ₍í yap₃* he suddenly came in.

屹₂ Yih An abrupt isolated peak, with steep sides; the highest peak of a range.

矻₂ Kuh Fatigued, wearied; to fag at; hard, stony; *ngat₂ ngat₂ ₍k'ung ₍nín*, wearied with labor the whole year.

迄₂ Heh To reach or arrive at a place, to come or reach to; even, till, up to, at last; *ngat₂ 'king*, to the last, finally; *ngat₂ ₍kam*, to this time, even till now.

(351) **Ngát.**

Ngát₃ A colloquial word; the odor of urine, the rank smell of a privy or sty; niggardly, close-fisted; *ngát₃ ch'au'* stinking.

齧₂ Nieh To bite or chew. This incorrect pronunciation is not common; see *ngít₂*.

(352) **Ngau.**

₍鉤 Correctly read *₍kau*, but the noun often has this sound; a hook, a barb; to hook; to drag, to catch; to dig up; to sew a seam; *₍lím ₍ngau*, the hooks of a door-screen; *₍ngau yau' sai'* stitch it fine; *₍ngau ₍chí 'fan*, to lust after a painted face.

₍牛 Niú An ox; the 93d radical of characters relating to oxen, &c.; *₍ngau 'kú* or *₍ngau ₍kung*, a bull; *₍ngau 'ná*, a cow; *₍ngau tsz'²* a heifer; *₍ngau yuk₂* beef; *₍wong ₍ngau*, a common cow; *'shui ₍ngau*, a buffalo; *₍ngau ₍p'í ₍káu*, glue; *₍ngau ₍p'í ₍tang ₍lung*, a leather lantern—*i. e.* a stupid fellow; *shap₃ 'shui*

‚ngau ‚p'i, water-soaked leather; *‚ngau pák‚ ip‚ ‚ch'éung*, venetian (*lit.* tripe) blinds; *‚hon ‚ngau ʻtsai*, a herdboy; *‚ngau ‚wong*, ox bezoar; *‚ngau ‚yau*, butter; *‚ngau ‚yau chuk‚* tallow candles; *ʻt'ò ‚ngau*, a clay ox—made in the spring; *‚ngau ‚long* or *‚hin ‚ngau*, a constellation comprising parts of Aquarius and Capricorn; *long' ‚ngau ʻshai*, used like an ox.

偶 ʻNgau A pair, a match; an even number; double, paired; a companion, a mate, a partner; to pair, to unite in marriage; to mate, to accord with, as a friend; to harmonize, to fit; a statue, an image, an idol; unpremeditated, incontinently; suddenly; to happen accidentally, to occur; *p'at‚ ʻngau*, a pair, a married couple; *‚kái ʻngau*, a happy pair; *ün' ʻngau*, an ill-sorted match; *muk‚ ʻngau ‚yan*, a wooden image; *met.* a dolt, a simpleton; *ʻngau ü'* happened to meet him; *ʻngau ‚in*, accidentally, by chance; *shat‚ ʻngau*, lost his mate, widowed; *ʻngau ‚shü*, to write off hand; *pái' ʻngau tséung'* to worship images.

耦 ʻNgau Two persons ploughing; a double colter; a pair; an even number; a fellow, a mate; to pair, to match; to pervade; thorough; *p'úi' ʻngau*, to go with one; *ʻngau ‚kang*, to plow together.

藕 ʻNgau The roots of the nelumbium; *ʻngau ʻfan*, arrow-root made from the lily root; *ʻngau ‚sz'* the spiral tubes in lily roots; *‚lin ʻngau*, the lily root; *‚t'ong ʻngau*, lily roots made into comfits.

𩭹 A colloquial word; stupid; *ngau' tau'* dull, fatigued, no spirits for; *ngau' ʻtsai*, a dunce.

(353) Ngáu.

眑 ‚Kiáu To squint. A colloquial word; bo-peep; to play at hide and seek; *ʻsiú ‚i ‚chong ‚ngáu ‚ngáu*, children plying bo-peep.

摎 ‚Yáu Perverse, vicious. A colloquial word; to scratch; to collect together, to scrape up; *‚ngáu ‚han*, to scratch; *kák‚ pik‚ ‚ngáu ʻyéung*, to scratch through a wall—a useless attempt; *‚to ʻshiú ‚tò ‚ngáu ‚fán tik‚* gather up as much as can be.

爻 ‚Hiau To lay crosswise; blended, intertwisted; to imitate; *luk‚ ‚ngáu*, diagrams with mixed lines, thought to be like the mutations of nature; the 89th radical; *luk‚ shap‚ sz'' ‚ngáu*, the 64 diagrams.

肴 ‚Hiau A vase filled with sacrificial meats; to taste; prepared viands, delicacies set out at a feast; provisions for a pic-nic.

餚 ‚Hiau Interchanged with the last; a feast; meats; *‚ngáu chán'* dressed meats; *‚ngáu wat‚* meat and fruits; *ʻyau tik‚ mat‚ ʻyé ‚ngáu*, what meats have you for us?

淆 ‚Hiáu Muddy water; to mix; *wan' ‚ngáu*, turbid; a river in Honan, tributary to the Yellow river.

敲 ˢHiau Used for the three preceding; mixed, blended, confused; to mingle, as metals; to raise trouble, to excite sedition; bones and flesh mixed; food consisting of pulse; ˏngáu lit₂ arranged in order; ˏngáu ˏngáu hiú' tik, tottering, unsteady, top-heavy.

崤 ˢHiáu Name of several hills in the western part of Honán province.

ˢ咬 ˢ齩 Yáu To gnaw, to bite; to chew, as a cud, to masticate; to hold in the mouth; to set the teeth firm; to ruminate upon; to speak, to read; to cut even, to trim off; ˢngáu sin' hòm' trim off the ends; it suits to a hair; ˢngáu ts'o' tsz'² ˏyam, you've read the sound wrong; ˢngáu ˏkung, a confession; ˢngáu chü' ˏngá, to hold the jaws; ˢngáu ˏshun to bite the lips; ˢngáu ˏhoi, to bite in two; ˢngáu ˏch'ün, to bite or tear a hole; ˢngáu ˢngáu, biting and chewing; ˢngáu ˏngá, a locked jaw; ˢngáu yat, tám' to bite a mouthful, to take a bite; ˢngáu han' to clench the teeth in anger.

The first of these is also read ˏkáu, the song of birds.

樂² Yau To delight in, to choose, to take pleasure in; cháu' ngáu² elegant, handsome; that which pleases, delights; kok, ˢyau ˢsho ngáu² every one to his liking; ngáu² ngáu² pleasurable, delightsome; ngáu' tsit, ˢlai ngok₂ to delight in maintaining propriety and accord.

(354) Ngí.

A colloquial word; to lie, to deceive; chá' ˏngí ˏngoi, you are deceiving, you fib;—a child's phrase.

Note.—The sound ngí is often heard at Macao, where *i* is used at Canton.

(355) Ngít.

齧₂ 囓₂ Nieh To gnaw, to craunch, to nibble; ngít₂ kwat, to pick bones; ngít₂ ˏngá, to grit the teeth; ngít₂ ngù' creaking, as a rusty hinge.

(356) Ngo.

俄 ˢNgo Suddenly, hastily; a moment, momentarily; falling, ready to fall; ˏngo ˏín, suddenly; ˏngo ˋk'ing, an interval, a little while.

哦 ˢNgo To chant, to sing or rehearse in recitative, to hum to one's self; ˏyam ˏngo, to hum, as in reading poetry.

ˢ峩 ˢ峨 Ngo High and lofty, like a mountain; ˏngo ˏmi ˏshán, a noted peak in Sz'chuen near the junction of the Tá-tú and Min rivers; ˏngo ˏngo, high, grand; *met.* a commanding presence.

蛾 ˢNgo The silkworm moth; moths, millers, and sphinges, which fly at night; ˏts'ám ˏngo, the silkworm moth; ˏtang ˏngo, a miller ; *ˏngo ˏmí üt*ˎ the new moon, so called from Chang-ngo's arched eyebrows.

鵞 鵝 ˏs Ngo — A goose ; large water birds with habits like the goose ; *ˊts'ò ˏngo*, the common goose ; *ˏt'ong ˏngo*, a pelican ; *ngán' ˏngo*, a wild goose ; *ˊk'í ˏngo*, a penguin ; *pákˎ ˏngo ˏt'ám*, entrance to Macao Passage ; *ˏngo ˊmò patˎ* a quill-pen ; *ˏtám ˏngo ˊtsau*, one who presents a goose and wine to a bridegroom ; *ˏngo ˏmò shin'* a feather fan ; *ˏt'in ˏngo*, a crane ; *ˊshui ˏling ˏngo*, a kind of teal.

娥 ˏs Ngo — Good, excellent ; *ˏkung ˏngo*, imperial concubines ; *ˏShéung ˏngo*, the Diana of the Chinese ; *ˏkiú ˏngo*, beautiful, lady-like.

莪 ˏs Ngo — A plant, whose stalks are edible like celery ; the tender stalks of plants.

囮 ˏs Ngo — To interpret the cries of birds and beasts, to translate foreign gibberish or speech ; to transform or improve ; to inveigle, to decoy ; a decoy or stool-pigeon, called *ˊniú ˏmúi* ; *tsò' ˏngo ˏyan*, a seducer to evil.

訛 ˏs Ngo — A fabulous monster, able to speak and lie ; to *change speech*, to lie, to falsify ; to promulge error ; false, erroneous, deceitful ; to rouse, to move ; an ignis fatuus ; *ˏngo chá' ˏyau ˏts'in*, to extort money by false pretenses ; *ˏngo ˏch'ün kè' ˏché*, only an idle rumor ; *ˏfau ˏngo*, superficial ; *ˏngo ˏín*, idle stories ; *ˊi ˏngo ˏch'ün ˏngo*, to retail idle stories, to transmit error ; *chekˎ tsz'' ˏmò ˏngo*, not a single word wrong.

譌 ˏs Ngo — Interchanged with the preceding ; foolish, idle rumors, false and deceptive stories.

婀 ˊs Ngo — Handsome, excellent ; the weak, the good ; *ˊlo ˊngo*, beautiful.

我 ˊs Wo — The first person, I, my, me, mine ; we, us ; our, our's ; it is often used in the plural number, with emphasis, as *ˊngo ˏChau ˏkung*, our Lord Chau ; *ˊngo ti' ˏT'ong ˏyan*, we Chinese ; *ˊngo ˊtang*, *ˊngo ˏmún* and *ˊngo ti'* are all used for the plural ; *tsoi' ˊngo*, appertains or belongs to me ; *ˊngo tsz'' ˊki*, I myself ; *ˊngo ˏt'ung ˊní hü'* let us both go, I will go with you ; *ˊngo kú' ˊngo*, I look out for myself, I take care of number one ; *ˊngo tikˎ ˏshü*, my book ; *ˊk'ü ˏmò ˊngo*, he cuts or slights me. The men of Kiá-ying chau are nicknamed *ˊkong ˊngai*, from their peculiar pronunciation of this word.

餓 ˊ² Ngo — Starved, famished, in want of necessary food ; hungry, faint for want of food ; to fast, to go without food ; *ngo' ˊsz'* starved to death ; *ˊt'ò ngo'* very hungry ; *ngo' yatˎ yatˎ* fasted a whole day ; *ngo' ˊp'iú*, a starved beggar in the streets ; *ngo' ˊkwai*, a hungry devil, worshiped at the *ˊú-tsiú* ; also, a term of abuse to self-invited guests or libertines ; *ngo' ˊngán*, a hollow eye ; *ˊtai ngo'* to bear hunger ; *ngo' ˊtò*, fallen down from hunger ; *ˏk'ung ˏsz' ngo' ˊséung*, the poor think only how to appease hunger.

臥[2] Ngo — To rest, to desist from care or toil; to cease for a while; to go to bed, to lie down, to repose, to doze; to be changed, as in sleep; a sleeping-place; *ngo*[2] *˓fong*, a bed-room; *tso*[3] *ngo*[2] *pat*[2] *˓ning*, no ease sitting or lying; *ngo*[2] *üt*[2] *˓ming*, sleeping in the moon; *˓kò ngo*[2] "to sleep high"—to let the world wag; *shui*[2] *ngo*[2] to sleep.

(357) Ngò.

翱 ˓Ngau — To fly like a hawk; to skim; *˓ngò ˓ts'éung*, to fly in a wheeling manner, to soar to and fro.

嗷 ˓Ngau — A loud wailing or cry; mournful clamor, as if asking for food; noise, hubbub, from many voices or birds; *chung*[3] *'hau ˓ngò ˓ngò*, the clamor of many people; every one is teasing me; *˓ngò ˓ts'ò*, the hum of talking; *˓ngò ˓ling ˓ling*, incessant talking.

摮 ˓Ngau — To shake, to strike; to joggle, to rattle; *˓ngò luk*[2] *'kú*, to rattle a handdrum, as peddlers do; *˓ngò shik*[2] to throw dice; *'mai ˓ngò ˓t'oi*, don't shake the table.

獒 ˓Ngau — A large dog, four feet high, said to be able to speak; perhaps the Tibetan mastiff; a fierce dog.

璈 ˓Ngau — A sort of metallic musical instrument, which makes a jingling.

艥 ˓Ngau — The stem or cut-water of a vessel; the lowest timber in a vessel's hull.

螯 ˓Ngau — The claws of a crab or lobster, also called *'hái kong*'; *˓ch'é ˓ngò*, a variegated species of swimming crab.

鰲 ˓Ngau, 鼇 ˓Ngau — A kraken or a great sea monster, fabled to carry the mountain P'ung-lái on its back; *˓ngò ˓t'au*, the whale's head, an ornament on roofs; *tuk*[2] *chim*[3] *˓ngò ˓t'au*, to be perched on the whale's head—to attain the highest literary rank; *˓ngò ˓ü*, a species of scorpæna.

敖[2] Ngau — To saunter, to ramble; prolix, long; *ngò*[2] *ngò*[2] pleased; a tall or long appearance. Used for the three next.

傲[2] Ngau — Proud, arrogant, uncivil, neglectful, haughty; pride, rudeness; to treat rudely; to brave, to defy proudly; *ngò*[2] *mán*[2] to treat insolently, to scorn; *toi*[2] *ngò*[2] lazy; *˓kò ngo*[2] arrogant, pompous.

驁[2] Ngau — Analogous to the preceding; a vicious, spirited horse; stubborn, regardless of consequences, indomitable; *ngò*[2] *kit*[2] resolute, in a good sense; proud, overbearing, in a bad sense.

遨[2] Ngau — To ramble, to saunter, to divert one's self, to travel for pleasure; *sz'*[3] *'hoi ngò*[2] *˓yau*, to travel over the world; *ngò*[2] *hi*[3], to go and see shows.

熬[2] Ngau — To apply heat to; to boil in water in another vessel, to simmer, to distil; to brew, to decoct, to warm; *ngò*[2] *˓kò*, to boil a cake; *ngò*[2] *yéuk*[2] to decoct medicine.

鏊[2] Ngau An earthen or iron pot to boil food or cakes; a pan or boiler, now called *wok*; *shiú ngò*[2] to cook cakes.

鷔[2] Ngau An infelicitous bird, which like the owl, assembles in the deserts.

奡[2] Ngau Lofty, assuming, overbearing, haughty. A man mentioned in the Lun Yu, who rowed boats on land.

(358) Ngoi.

呆 獃 Ngai A sort of plum; foolish, silly, doltish; *'ch'un ngoi* or *chan ching' ngoi*, very stupid; *chü kòm' ngoi*, stupid as a hog; what an ass! *ngoi yan*, a fool; *chá' ngoi*, to feign or act like a fool; *kòm' ngoi*, so stupid! *ngoi pan*[2] a dunce. The second character also means the silly look of a puppy.

外[2] Wai Outside, without, beyond; another, moreover; what is extraneous, over and above; foreign, strange out of doors, beyond the village, from abroad; to exclude, to reject, to put aside or outside; relations by marriage; *ngoi*[2] *kwok*, foreign countries; *ngoi*[2] *kong 'lò*, northerners, up-country man; *ngoi*[2] *'sháng*, another province; *ngoi*[2] *'tai*, *ngoi*[2] *t'au*, or *ngoi*[2] *mín*[2] outside, in the street, *ngoi*[2] *loi*, from abroad; *ngoi*[2] *fú*[2] a wife's father—also styled *'lò ngoi*[2]; *ch'ü 'ts'z' chi ngoi*[2] besides this one; *kák ngoi*[2] *chi' 'hò*, extraordinarily good; *ngoi*[2] *'kòm*, affected by the weather; *'hau ngoi*[2] beyond the frontier; *ngoi*[2] *kuk*, another set or company; *'yau ngoi*[2] *ts'oi*, has a knowledge of the world, not book-knowledge; *hák ngoi*[2] *t'á héung*, to do business in other than one's own town; *í' ngoi*[2] unexpectedly; *ch'ut ngoi*[2] to go abroad; *ngoi*[2] *máu*[2] a man's appearance; *ngoi*[2] *yan*, a stranger; *ngoi*[2] *'má*, a postman.

礙[2] 碍[2] Ngái To hinder, to embarrass, to obstruct, to oppose, to set a limit to, to impede, to stop progress; to let, to restrain, as one's conscience does; to offend, or be an offense to; a hindrance, objection to, restraint, impediment; *ngoi*[2] *chü*[2] whatever prevents attaining an object; *mò ngoi*[2] nothing in the way, no hindrance; *'yau ngoi*[2] *ü yan*, to offend one; *chat ngoi*[2] an obstacle; *ngoi*[2] *shek* a stumbling-stone; *ngoi*[2] *chéuk* injured by, stopped.

閡[2] Ngái Analogous to the last; to shut a door to prevent entrance; stopped, headed off, obstructed; *'cho ngoi*[2] prevented; *shéung ngoi*[2] prevented by an injury.

(359) Ngok.

樂[2] Yoh Music, one of the six arts; instruments of music; *met.* elegancies of life, refinement; *ngok hi*[3] musical instruments; *tsau' ngok* or *tsok ngok* to play; *ngok₂ ʻfú*, a repository for instruments; *tái² ngok₂* large instruments.

嶽 Yoh — A lofty peak; the highest of mountains; *ʻng ngok₂* five high peaks worshiped in China, *viz.*, *₍tung ngok₂* in Shántung; *₍sai ngok₂* in Shensí south of the capital; *₍nám ngok₂* in Húnán near the centre; *pak₂ ngok₂* in the southwest of Chihlí; *₍chung ngok₂* in the west of Honán, near the Yellow R.; each of them has other names.

岳 Yoh — Used for the preceding; *ngok₂ fú² ʻmò*, a wife's parents; *₍shán ngok₂* my father-in-law.

噩 Ngoh — A grave and serious feeling, stern, rigid; awe-struck, frightened; *ngok₂ mung²* an alarming dream.

愕 Ngoh — Surprised, astonished, amazed; to wonder at; to oppose, uncomplying; *ngok₂ ₍in*, frightened.

諤 譯 Ngoh — Honest, faithful reproof, blunt straightforward, friendly advice; *ngok₂ ngok₂* plain spoken advice, of a friend or minister.

鄂 Ngoh — Used for the two preceding; an ancient principality, now the modern Húpeh; a name of Wúcháng fú; a boundary.

咢 Ngoh — Sound of two persons singing responses. A colloquial word; to lift up the head, to stretch the neck; *ngok₂ ʻfán ʻchün ₍ťau*, to turn the head round; *ngok₂ ₍ko ₍ťau*, to raise the head.

鸑 Yoh — A large eagle, called *ngok₂ tsuk₂* emblematic of marriage.

鱷 Ngoh — A crocodile, or gavial, said to have once existed in Cháuchau fú in Kwangtung; term applied to cruel, rapacious officers or gentry.

萼 Ngoh — The calyx or receptacle of a flower, called *₍fá ťok₂*.

鶚 Ngoh — The osprey or fish-eagle; a good term for the genus Haliætus; *ngok₂ lap₂* to stand watching, as an osprey does; *ngok₂ tsin³* promoted to be a *küjin*.

(360) Ngon.

岸 Ngán — A shore, a bank, a beach; margin of a stream; an edge, a brink; a high cliff or bank; steps of a palace; the end of a journey or a road; the object of effort, a goal; a country prison; to show a front, to exhibit; a valorous, high-minded man; *ngon² shéung²* on the bank; *ngon² shéung² ₍yan*, a landsman; *ʻshéung ngon²* or *₍mái ngon²* to go ashore, to disembark; *₍mò ₍ngái ₍mò ngon²* boundless and shoreless; *₍ch'í ₍loi ₍sin ʻshéung ngon²* the last aboard goes ashore first—the last is first; *₍úi ₍ťau shí² ngon²* the shore is just behind you, *i. e.* you've made little progress, a novice; *kák₂ ngon²* a beach intervenes, an obstruction is in the way.

㤅 Yen — Rude, unpolished, vulgar-looking; robust, rustic; blunt in speech, unmannerly.

(361) Ngong.

꜁卬 Ngáng Great, high; dear, high-priced; strenuous effort; to lift the head to look, an attitude of expectation; pronoun I, used by females; ꜀tai ꜁ngong, low, high; *ká*ʾ ꜀*ts'in* ꜀*kò* ꜁*ngong* the price is extravagant; ‘*k'ong k'oi*ʾ *tsz*ʾ² ꜁*ngong*, to nobly exert one's self.

꜁昂 Ngáng Analogous to the last; to rise, as the sun, to issue forth; to raise, to elevate; to look stately; raised, tall, lofty, imposing; dear in price; ꜁*ngong* ‘*shau*, to carry the head high; ꜁*ngong kwai*ʾ exorbitant; *chí*ʾ *hí*ʾ ꜁*ngong* ꜁*ngong*, satisfied, joyful from having attained one's wishes; ꜀*hín* ꜁*ngong*, a fine, erect, portly gait.

꜁駠 Ngáng A horse which carries its head high; ꜁*ngong* ꜁*ngong*, a horse frightened, a prancing steed; a white-bellied horse.

(These two characters are also read *ong*.)

戇ʾ Chun Simple, silly, rude, doltish; stupid, out of one's head; *ngong*ʾ *song*ʾ crazy, wild acting; *ngong*ʾ *kê*ʾ ‘*kòm yéung*ʾ acting as if mad; *ngong*ʾ ‘*lò*, a madman; *ngong*ʾ ‘*ch'un*, foolish; ꜁*ü ngong*ʾ half idiotic, stupid; *ngong*ʾ *hí*ʾ wild, half-witted; *mat*꜀ ‘*ní* ‘*kòm ngong*ʾ what's the matter you act so silly?

贛ʾ Kung Pearl-barley, the seeds of the *í*ʾ ‘*i* plant.

(362) Ní.

꜀閹 A colloquial word; to abscond, to hide one's self; to keep secret; *fái*ʾ *tik*꜀ ꜀*ní* ꜁*mái*, hide quick; ꜀*ní tò*ʾ *mat*꜀ *mat*꜀ keep yourself very close.

꜀呢 A colloquial word; an interrogative, final particle; a pronoun, this, the nearer of two; *mat*꜀ ‘*yé* ꜀*ní*, what is it? *hai*ʾ ꜀*ní*, isn't it so? ꜀*ní* ‘*kò*, this one, this thing; ꜀*ní tik*꜀ this; ‘*tím sün*ʾ ‘*hò* ꜀*ní*, how shall we do now, what's best now?

꜁尼 Ní To accord with, to agree; concord; near, agreeing; a nun; ꜁*ní* ꜀*kú*, a Budhist priestess; *Chung*ʾ ꜁*ní*, Confucius.

꜁妮 Ní A slave girl; ꜁*ní* ‘*tsz*ʾ a maid of work in a house. Also used for ꜁*ní* ꜀*kú*, a nun.

꜁呢 Ní A twittering, a humming; to speak low, a murmuring; ꜁*ní* ꜁*nám*, the twittering of swallows.

꜁怩 Ní To blush, to color up; *nuk*꜀ ꜁*ní*, to redden, to be ashamed.

(The three following characters are also sometimes read *mí*, as in the court dialect.)

꜁瀰 } ꜁弥 } Mí A bow discharged; to shoot an arrow; to reach or pervade everywhere; full, universal, extensive; to prevent; more, still more; long, distant; ꜁*ní* ꜀*to*, more; ꜁*ní* ‘*ün*, farther; ꜁*ní üt*꜀ a month old; ꜁*ní* ꜁*fung*, to patch; to disguise, to hide from, to screen; ꜁*ní* ꜀*tsoi*, to take measures against calamity; ꜁*ní lak*꜀ *Fat*꜀, the past Budha; ‘*yéung* ꜀*chí* ꜁*ní* ꜀*kò*, the higher every time I see it, it constantly grows more vast; *ˏní ˏfung pat˒ kwo˒* the patch is too small.

瀰 ˢMí A vast expanse of water; *ˋmiú ˏní*, vast, ocean-like; *ˏní ˏní*, everflowing waters.

獮 ˢMí A monkey; *ˏní ˏhau*, a she monkey.

麛 ˢMí A fawn; the tender young of animals; *ˏní ˏk'au*, unyeaned skins for garments. Also read *ˏmai*.

ˢ伱 Ní The second person, thou; *ˋní tik˒* or *ˋní ké˒* your's; *ˋní ti²* you; *ˋní ˋkiú mat˒ ˏmeng*, what is your name? *ˋngo ts'au˒ ˋní*, you and I, both of us; *ˋní chung˒ wai²* all you gentlemen.

ˢ禰 Ní A father's tablet in the ancestral temple; an ancestral hall; to carry a tablet about.

泥² Ní Bigoted, attached to; to doat on; *ˏk'ü ní² pat˒ ˏt'ung*, set in his way, deaf to reason; *ní² ˏü ˏfung ˋshui*, bigotedly attached to geomancy; *ní² ˏyan*, one set on gratifying his passions, one lost to reproof.

餌² Rh A kind of dumpling or pie, cakes, pastry, a tit-bit; a bait for fish; an enticement, allurement, temptation; to entice, to tempt; to take a bait; *tiú˒ ní²* to angle with bait; *ˏt'ám ní²* to love nice things; *ˋfan ní²* flour cakes.

膩² Ní Grease, hardened fat; gross, fat, smooth, oily; *ní² chai²* uneasy in the stomach, indigestible; *ní² kák˒* overloaded stomach; *ˏyau ní²* oily, greasy; *sai˒ ní² ˏchí kín˒* little ideas, notional, whimsical; *ˏfí ní²* very greasy, as food.

(363)

Nik.

匿˒ Nih A big bellied jar; to abscond, to elude search; to conceal, to hide, to secrete; to gloss over; hidden, clandestine; *nik˒ ˏming*, anonymous, to give an alias, or pseudonyme; *ˏts'ong nik˒* to hide away; *nik˒ song˒* to conceal a parent's death and not to put on mourning—a crime; *nik˒ pí²* to be concealed, to lie perdu.

暱˒ Nih The sun drawing near; time near at hand; daily, familiar intercourse with; to be near.

尼˒ Nih To be near, to draw near; to stop; settled. Like the preceding.

̂䁥˒ Nih Small eyes.

慝˒ Tih Secret vice, depraved heart; wicked, dissolute, lewd, filthy, malicious; to gloss over vice, to act the hypocrite; to plunge into vice, to do evil; the moon when seen after sunrise; *ˋyan nik˒* to hide one's evil acts; *ˏkán nik˒* profligate, licentious; *ˏsau nik˒* to reform one's wicked ways; *nik˒ ˏü ok˒ tsáp˒* to abandon one's self to vile practices.

㥾˒ Nih A feeling of shame, to be ashamed at what one has done; *ˏsau nik˒* ashamed.

搦˒ Nih To grasp, to catch hold of; to provoke, to excite to battle. A colloquial word; to carry in the hand, to bring; *nik˒ ˏlai*, bring it here; *nik˒ ˏkò tik˒* carry it higher.

英華分韻撮要

鬩, Hih Wrangling between brothers; litigations, quarrels, mutual contentions; bitter animosities; *nik, han²* reciprocal hatred; *˛hing tai² nik, ˛ü ˛ts'ĕung,* brothers quarreling in their house; *nik, tsung²* two persons bringing actions against each other before courts.

柅, Ní A break to stop or check a carriage; to chock a wheel.

惄, Nih Sorry, mournful, from hunger; to long for, to hunger after; anxious thought.

溺² Nih To sink, to drown one's self; to be drowned; to put under the water; to stifle, to suffocate; sunk in vice, lost to all reproof, reprobate; greedy, passionately fond of, given up to; *nik₂ ʿnü,* female infanticide; *hám² nik₂ ˛k'i ˛man,* to lead the people into danger; *nik₂ oi²* a blind love for, love-sick; *nik₂ ʿtsau,* given to drink, an inebriate; *nik₂ ˛ming,* ambitious of fame; *nik₂ ʿshui,* drowned, submerged, shipwrecked.

(364) ## Ním.

˛拈 Nien To take with the fingers, to handle; to carry; *˛ním ˛kwai,* to draw lots; *˛ním ʿhí tsau² tsò²* make ready and then do it; *˛ním ˛héung,* to take incense for worship; *˛'m ˛ním tak, ch'ut,* it can not be taken out; *˛ním ˛fán ˛lai,* bring it back; *hi³ ˛ním ˛ním,* panting for breath; *˛ním pi²* to catch by the nose—a vain hold.

˛鮎 Nien A silure or bull-head, a mud fish. One account describes it as a reptile like a siren.

˛黏 ˛粘 Usually read *˛Chím.*

念² Nien To reflect upon, to consider, to ponder in the mind, to think on with pleasure; to repeat memoriter; to chant in a set tone, to read loud, to drone; thoughts, reflections, intentions; *˛sz' ním²* to think of; *ním² ním² pat, ˛mong,* constant remembrance of; *˛wái ním²* to bear in mind; *ním² ˛t'au,* intentions, purpose, design; *ním² ʿsho ˛tong ním²* to bend the mind to; *ním² ˛king,* to chant prayers; *kwá³ ním²* to doubt about, in suspense; *ním² chéuk, fú² ʿmò,* to think upon one's parents; *ním² ʿhá kau² ˛ts'ing,* to recall a former affair; *ním² Fat₂* to repeat Budha's name.

(365) ## Nín.

˛Nín. A colloquial word; milk; *ʿyam ˛nín,* to suck; *chüt, ˛nín,* to take the breast.

˛年 Nien A revolution of the seasons, a year; years of one's life; *shiú³ ˛nín,* or *˛nín ˛heng,* young; *ʿlò ˛nín,* or *˛nín ʿkí tái²* aged, old; *ch'ut, ˛nín* or *˛ming ˛nín,* next year; *kau² ˛nín,* or *hü³ ˛nín,* last year; *˛nín ˛nín,* every year, yearly; *˛nín ʿtai, ˛nín ʿmí* or *˛nín ʿmán,* the close of the year; *chü² ˛nín,* yearly contract of a laborer, a servant hired by the year; *˛nín ˛t'au,* the first of the year; *tái² ʿyau* *ₛnín*, a prosperous year; *ₛmái ₛnín*, drawing to the end of the year; *pái² ₛnín*, newyear congratulations; *ₛlau ₛnín*, a dangerous year in one's fate; *tsò² ₛnín*, to perform newyear rites; *ₑkam ₛnín*, this year; *ₛ'm ʿhò ₛnín ₛtsʻing*, an unlucky, disastrous year; *ₛnín ₑkang pát, tsz'²* the eight characters of the birth hour, used in the horoscope; *kák, ₛnín ₛtʻung*, about the same age; *pat, tsun² ₑtʻin ₛnín*, has not filled up his full destiny.

ʿ臠 Lwán Read *ʿlün*; flesh cut into pieces, minced; jerked meat.

A colloquial word; a slice of meat, a slice or thin piece; *yat, ʿnín*, a slice.

ʿ撚 Nien To work over in the fingers, to roll over, to make by fingering; to play with; to tread, to follow; *ʿnín ₑsò*, to fondle the beard; *ʿnín ₑkon ʿshau ₑkan*, to wring a napkin dry; *ʿnín chü² ʿkʻü ʿkeng*, twist its neck; *ʿnín ₛmò*, to felt hair or wool. This character is sometimes read *ʿnan*.

(366) Ning.

ₑ㩞 Ning To pull and haul, to throw into confusion; *ₑtsʻéung ₛning*, to upset and tumble.

A colloquial word; to bring, to take, to carry in the hand; *ₑning ₛlai*, bring it here; *ₑning sái² hü²* taken away all; *ₑning ₑhoi*, take it off; *ₑning ₑfán ʿchün ₛtʻau*, bring it back again.

ₛ寧 ₛ寍 ₛ甯 Ning Rest, repose, tranquillity, quiet; to bring peace, to wish peace to, to salute, to quiet; to prefer, what one had rather have; rather, better, more desirable; a term of comparison, followed by a negative; *ₛning ʿho ʿsz' pat, hü²* I had rather die than go; *ₛning ün²* I prefer, I had rather; *ₑon ₛning*, quiet repose; *ₑkwai ₛning*, a bride's visit to her parents; *ₛning tsing²* tranquil times, no wars; *ʿü ₛning*, three years' retirement from office to mourn for one's parents; *ₛmò ₛning ₑhim*, humility is best, nothing like being humble.—The second form is the contraction ordered to be used when the Emperor Táukwáng reigned.

ₛ檸 Ning A tree, whose bark steeped in spirits, is used medicinally; *ₛning ₛmung*, limes, lemons; *ₛning ₛmung ʿshui*, lemon juice.

ₛ嚀 To order; *ₑting ₛning*, to caution, to reiterate orders, to charge straitly.

Read *ʿning*, a colloquial word; *ʿning ʿning ʿhá*, the tottering, unsteady gait of a Chinese lady.

佞² Ning Eloquent, insinuating, persuasive; talkative, flattering, skilled in speech, artful, specious; tart, smart, or ready in reply; *ₑkán ning²* treacherous, subtle; *ʿchím ning²* cringing; *ʿngo pat, ning²* I am unready of speech.

A colloquial word; to turn with the fingers, to twine around, to twirl, to whirl;

to twist; ˏlo ˏsz' ning^{2} a wrench, a screw-driver; ning^{2} lat˒ ko' nap˒ ʻteng, untwist the knob; ˏtiú ˏk'iú ʻnau ning^{2} flighty, hoydenish; ning^{2} ʻchŭn ˏt'au, turn your head around; ning^{2} ˏch'é ˏmé, to twirl a teetotum; ˏts'ui ˏfung ning^{2} a weather bird, a trimmer, an unstable man.

甯^{2} Ning A surname.

濘^{2} Ning Miry; ní^{2} ning^{2} muddy, slippery and slimy, as roads after a rain.

(367) **Níp.**

捏$_{2}$ 揑$_{2}$ Nieh } To collect or scratch together with the fingers; to work or pinch up with the fingers; to trump up a story, to make a pretext to injure one; to foist in, to usurp; níp$_{2}$ hám^{2} to involve others by false charges; níp$_{2}$ ˏt'iú tsúi^{2} to charge a crime on one; níp$_{2}$ hung' to inform against falsely; níp$_{2}$ tsò^{2} to insinuate against.

涅$_{2}$ Nieh Black mud at the bottom of puddles; to blacken, to muddy, to stick in the mud; defiling; níp$_{2}$ ˏp'ún, "the defiling vessel," *i. e.* the world—a Budhistic phrase; name of a river.

聶$_{2}$ Nieh To whisper, to lisp or mutter, to put the mouth to another's ear; whisperings; a surname.

躡$_{2}$ Nieh To tread on, to step upon; to ascend, to go up; níp$_{2}$ tsuk˒ to lift or point at with the feet.

鑷$_{2}$ Nieh Pincers, pliers, hair tweezers, forceps; a fish-snare; to pull out; níp$_{2}$ ʻtsz' (or káp˒ ʻtsai in colloquial) a pair of pincers.

籋$_{2}$ Nieh Interchanged with the two last; a small basket.

捻$_{2}$ Nieh To pinch up with the fingers, to take a pinch; to take up with tongs or pincers; a pinch, a pugil; níp$_{2}$ ˏsz' to shake out skeins of silk; níp$_{2}$ yat˒ níp$_{2}$ take a pinch; yat˒ níp$_{2}$ ˏhung, a "pinch of red," is the mow-tan flower.

苶$_{2}$ Nieh Fatigued, wearied out, exhausted; ˏshui níp$_{2}$ unable to perform one's duties.

(368) **Nít.**

A colloquial word; to seize, to clasp; to play with, to toy with; ʻnan nít$_{2}$ to play with; nít$_{2}$ ʻkeng, to seize by the throat.

(369) **Niú.**

杪 Tsiáu Branches of a tree even at the top.

A colloquial word; small, nice, delicate, pretty, natty, tapering; t'ái' ˏniú tak˒ ˏkwán hai^{2} too small by far; ʻshau kwat˒ ˏniú, delicate, taper fingers; ˏniú ˏsiú, attenuated, becoming small; ˏch'éung ˏniú ˏniú, ridiculously long.

ʻ鳥 Niáu A bird; general name for aves; the 196th radical of characters relating to birds; ˏfi

ʿniú, a flying bird; ʿniú ˏts'éung a fowling-piece, a gun; ʿniú ˌlán or ʿniú ˏch'áu, an aviary; kwoʾ ˏshán ʿniú, a culverin, a jingal.

ʿ蔦 Niáu A parasitic creeper, like the ivy; ʿniú ˌlo ˏchi ˏts'an, related like a parasite—said by parties negotiating marriage.

ʿ騕 Niáu An excellent horse; to tie a horse with silken fringes.

ʿ嫋 Niáu Delicate, like a girl; long, slender, easily moved, like waving willow branches; a hum; continuous sound; ʿniú ʿniú, curling upwards, like incense; ʿniú ʿno, wriggling, squirming, like a worm; the mincing gait of a lady.

尿² 溺² Niáu Urine; lái² niú² to urinate in sleep; niú² ˌú, a chamber-pot; niú² kapˎ urgent to piss; lau² niú² incontinence of urine. The second character is only used as a verb; to make water.

(370) No.

ˌ儺 No To walk in a measured pace, a genteel step; soft, yielding; to exorcise, to perform ceremonies to expel a pestilence, or the demons which cause it; ˏi ˌno, slender, graceful.

ˌ挪 ˌ挼 No To rub between the hands, to make round by rubbing; to rub, to burnish or polish by rubbing; to move; to rub off; to rub on paste or paint; to transfer, to misapply to another use; to flatter, to praise; ˌno ˌi, to move away; ˌno tséʾ to borrow of, to embezzle; ˏts'o ˌno, to rub in the hands; ˌno ˏhoi tikˎ move it away a little; ˌno ʿchün, turn it around; ˌno ˏts'oi ʿchü ʿlò, to flatter a rich man; ˌno ˏyau, to rub on paint; ˌno ˌwo, to weed grain.

ʿ那 ʿ那 No To transfer, to apply to another than the right use; in which senses and tone it is like the last. To terminate, to rest; peaceful, contented; much; shau² fukˌ patˎ ʿno, to enjoy no great happiness.

ʿ娜 No Agreeable, affable; elegant gait of a lady; ʿniú ʿno, beautiful, graceful; ˏo ʿno, handsome.

糯² 稬² No Glutinous rice, called "old man's rice," and grown in drier fields than the common kind; it is used for distilling; met. soft, without energy, no firmness; no² ʿmai ʿtsau, sweetish spirit; no² ʿmai ʿkeng, a mild, spiritless man.

懦² 愞² No Infirm of purpose, timid, apprehensive, soft; no² yéukˌ weak, fearful; ʿshui no² weak as water.

(371) Nò.

ˌ奴 Nù A slave, one bought with money or sentenced to slavery; an abject; slavish; a term of contempt; ˌnò ˌts'oi, your slave, used for I, by Manchus in addressing the emperor; ˌnò pukˌ a bond servant; ˌnò ʿp'i, a slave girl; ʿshau ˌts'oi ˌnò, a stingy fellow; chukˎ ˌnò, a bamboo bolster; ˏtong ˌnò, serving like a slave.

英華分韻撮要

孥 帑 Nú — A child; my children; a bird's tail; soft, weakly, what needs soothing; *ˏts'ai ˏnò*, my wife and children; *ˏnò ˏnò*, weakly, said by females.

駑 Nú — A weak old horse, a broken down steed; *ˏnò ˏt'oi*, a weak old horse; *met.* a worn out statesman, a term used by themselves.

惱 Náu — Vexed, annoyed, angered, indignant; to feel irritated, resentful; *ˊnò han²* irritated, resentful; *ˏfán ˊnò*, annoyed and displeased; *yat˕ ˊkú ˊnò hi²* a fit of anger, in a rage.

腦 髓 Náu — The brain; glossy, like marrow; *ˊnò ˏtséung* the brain; *ˊnò toi²* the skull; *ˊnò k'oi²* the brain-pan; *ˊnò hau² kín² ˏsoi*, to see the jaws before the brain—when looked at from behind, is a bad phrenological sign; *ˏmò ˏt'au ˊnò*, "no head or brains," inexplicable, unable to understand, no head for; imprudent.

瑙 碯 Náu — The cornelian, opal, fortification agate, and chalcedony, called *ˊmá ˊnò*; the striæ in the best sorts resemble the head of a horse.

弩 Nú — A ballista or crossbow, contrived to shoot several arrows, and set as traps for animals; *fong² ˊnò*, to shoot a crossbow; *ˏk'éung ˊnò ˏchí mút˕* like the weakness of a discharged bow —a great cry and little wool.

努 Nú — To exert strength, to agonize for, to strive, to put forth a last effort; energy, force, a desperate exertion; *ˊnò lik˕ ˏhang shín²* to do good with all one's energies.

怒² Nú — Anger, displeasure, fury, ire, passion, indignation; vigor, mettle, spirit; to be angry, to get into a passion; *nò² hi² ˏshéung ˏkon*, anger hurts the liver; *fát˕ nò²* in a rage, angry; *nò² shik˕* flushed with anger; *ˏwai nò²* sternness; *nò² hi² ˏch'ung ˏkún*, his rage lifted up his cap.

(372)

Noi.

內² Nui — Within, inside, inner, internal; in; that which is within, the inclosed; near to, personal, privy; amongst; in the midst of; the inner or female apartments; family, private; the inwards; *noi² ˏt'au*, inside of it; *noi² tí²* the Inner Land—China; *tsín² noi²* or *noi² ˏyan*, my wife; *ˏtsün noi²* your wife; *noi² kok˕* the Privy Council; *túi² noi²* the hareem; *ˏsham hák˕ ˊng noi²* deeply engraved on my bowels; *ˊyau noi² ˏts'oi*, has book-learning, theoretical; *noi² chat˕* a wife's nephew; *noi² ˏwan*, in which it is said, abovementioned—said in a letter; *pat˕ tsoi² noi²* is not included, extra; *noi² kün² ˊchí pò²* stop at the women's room.

柰² 奈² Nái — A kind of bullace or wild plum, sour yet edible; to meet with, occur; an adversative particle; how, in what way? a remedy, a resource; *noi² ˏho*, to endure, to submit to—as *noi² ˏho ˏt'in*, to be resigned to heaven; *noi² ˏho, noi² ˏho*, what shall we do now! what must be done? *'mò noi² ˏho*, there's no resource, no help for it; *ch'utˎ ˏü ˏmò noi²* must make up my mind to it; *noi² tak₂ matˎ ˏho*, what will you do then? *noi² matˎ 'ngo ˏho*, how can you help my doing it? *'mò hi' noi² ˏho*, or *ˏmò 'ho noi² ˏho*, could not help it.

耐² Nái To shave the whiskers as a punishment; to bear with, to suffer, to endure, to forbear, to undertake, to be patient with; patience; patient. In colloquial, a time, a period of endurance; *'mò 'ki noi²* not a long time; *'hò noi²* a good while; *noi² 'kau*, a long time; *kòm' noi²* so long; *'yan noi²* endurance, forbearance; *noi² kwán'* well used to it; *ˏ'm noi² tak₂* insufferable; *ˏ'm noi ˏfán*, impatient of trouble, can not be bothered; *'tang noi² tikˎ* wait a little; *noi² noi² ˏloi 'há*, come in a little while; *'hò noi² ké' ˏyan*, an old acquaintance; *noi² 'láng*, to bear the cold; *noi² sing'* patient, persevering.

(373) Nok.

諾₂ Noh A reply, a nod, an assent; an answer of approbation; *ying' nok₂* to answer a call; *yatˎ nok₂ ˏts'in ˏkam*, one word (or promise) is as a thousand taels; *nok₂ ˏmò i² nok₂* one promise and no two words; *ˏshing ˏmung ˏkam nok₂* I have received your golden (*i. e.* certain) promise.

(374) Nong.

ˏ囊 Náng A bag, a sack; a purse; *met.* property; *ˏhang ˏnong*, a traveling bag, baggage; *ˏnong ˏhung*, an empty bag—poor; *'tsau ˏnong fán' toi²* you wine sack and rice bag—you lazy lubber! *ˏp'i ˏnong*, a leather bag; *ˏts'ing ˏnong*, the Green Bag—a work on geomancy; *'kái ˏnong*, to open one's purse.

ˏ瓤 Náng The pulp of a squash or melon; a whitish pulp or pith, as is in the pith-paper plant; mucus of the nose; *'tò ˏnong ˏkwá*, poured out the melon's pulp—empty, hollow; *ˏtung kwá ˏnong*, a flaw in a gem.

ˏ曩 Náng In former times, days gone by; passed by; previously; *'nong yat₂* a few days ago, lately; *'nong sikˎ* anciently.

ˏ攮 Náng To push away by force, to drive off violently; *ˏt'úi 'nong*, to thrust away.

(375) Nü.

ˏ女 Nü A female; an unmarried woman, a girl; a daughter; feminine, female; the 38th radical of characters relating to women and vice; the 10th of the 28 constellations, part of Aquarius; *'nü ˏyan*, a woman; *'nü 'tsai*, a girl; *'siú 'nü*, my daughter; *'ch'ü 'nü*, a young lady; *ˏt'ung 'nü*, a girl under ten years; *chat₂ 'nü*, a neice; *ˏts'ing ˏt'au 'nü*, an unengaged

英華分韻撮要

girl; ʿnü ˏlau, the women; ʿfú ʿnü, wives and daughters, women generally; ʿnü ˏchung chéung² ˏfú, a masculine woman; ˏsín ʿnü, a fairy; ʿnü tán² an actor of female parts; ʿnü ˏká ˏt'au, of my wife's family; ˏkung ʿnü, maids of honor; süt˒ ˏi ʿnü, a white crockatoo.

Read nü²; to marry a daughter out; to give a daughter in marriage.

(376) Nuk.

忸˒ Nuh — To be ashamed; nuk˒ ˏní, to blush. To be accustomed to, habituated.

恧˒ Nuh — Analogous to the preceding; ashamed, a feeling of shame; ts'ám nuk˒ mortified.

衄˒ Nuh — To bleed at the nose, thought to arise from fright; a defeat, a discomfiture; to be routed.

躡₂ — A colloquial word; to work over or tread with the feet, as in rubbing or mixing things, to press under foot; nuk₂ ʿyé, to knead with the feet; nuk₂ ch'ut˒ ˏch'éung, bowels stamped out, as when pressed to death in a crowd.

(377) Nün.

ʿ煖 Nwán — To warm, to put near a fire; warm, an agreeable warmth, like a gentle fire; warmed; met. warm feelings, friendly; ʿnün hi² a warm breath; ˏyan ˏts'ing ʿláng ʿnün, people's feelings are changeable, i. e. are cold and hot; ʿnün ˏp'o, a bed-warmer, made of metal to hold hot water; ʿnün ʿnün tik˒ rather too warm; ʿpáu ʿnün, filled and warmed, well taken care of.

ʿ暖 Nwán — The genial warmth of the sun; agreeable warmth, like a pleasant spring day; warm; warmed; ˏho ʿnün ʿshau, to warm the hands with the breath; ˏfung ʿnün, a genial breeze; ˏkam yat₂ ʿnün ʿhò ˏto, it is much warmer to-day.

ʿ餪 Nwán — Food presented to superiors; ʿnün ʿnü, to send food to a daughter just after her marriage; ʿnün ˏt'ong fán² a wedding feast given at the bridegroom's house; ʿnün chéuk˒ a bridal feast—a house-warming

嫩² Nun — Delicate, tender, small young, immature, not fully grown; weak, slender; soft, fine; supple; ˏnín ki² nün² of tender years; sai² nün² fine and tender, like early leaves; nün² ʿtsai, a stripling; nün² ˏlám, a light blue; ʿni ˏshang tak˒ nün² you are very young-looking; ˏkiú nün² delicate, fresh complexion; ʿlò—nün² are opposites old—young; yuk₂ nün² flabby, soft flesh; nün² ˏp'i, soft leather.

(378) Nung.

ˏ烘 Hung — To toast.

A colloquial word; to scorch, to burn or dry up in cooking; browned, burnt, as in roasting; ˏ'm ʿchü tak˒ ˏnung, don't cook it to burn it; ˏshiú tò² ˏnung, done brown; ˏ*nung* ʻ*hi ko*ˀ *nin min*ˀ to scowl, to look cross; ˏ*ho* ˏ*páu* ˏ*nung* ˏ*teng*, not a copper in my purse;—the words ˏ*nung* ˏ*teng* are an imitation of the Portuguese words *naõ tenho*.

農 ˏNung To cultivate the ground, to delve and dig; to plant, to sow; agriculture; ˏ*nung* ˏ*fú*, a farmer; ˏ*nung* ˏ*ká*, husbandmen; *pat*ˀ ˏ*wai* ˏ*nung* ˏ*shí*, don't interfere with the times of sowing.

儂 ˏNung I; ˏ*o* ˏ*nung*, I, myself; ʻ*k'ü* ˏ*nung*, he, himself; a pronoun used in the Táng dynasty.

濃 ˏNung Thick, as liquids; spiced, seasoned; rich, strong, as infusions or flavors; heavy, as dew; nervous, terse, as style; kind, hearty; ˏ*nung tám*ˀ are opposites, as light and shade in pictures, rich and weak, in flavors; ˏ*nung* ˏ*ch'á*, strong tea; ˏ*nung shui*ˀ deep sleep; ˏ*ling* ʻ*ni* ˏ*nung* ˏ*ts'ing*, avail of your great kindness; ˏ*nung* ˏ*héung*, a high flavored aroma; ˏ*nung* ˏ*mi*, thick eyebrows; ˏ*nung* ˏ*yam*, a thick shade.

醲 ˏNung Analogous to the preceding; rich, generous, high flavored, or strong, as wine; ˏ*nung* ʻ*tsau*, good wine.

膿 ˏNung Pus, matter in ulcers; sloughing; to rot away, as stubble; ˏ*nung* ʻ*shui*, pus; ˏ*nung hüt*ˀ bloody pus; *kún*ˀ ˏ*nung*, ripe, as a boil; *nip*ˀ ˏ*nung ch'ut*ˀ to squeeze a boil; ʻ*au* ˏ*nung*, to spue pus—a vile speech.

穠 ˏNung Thick, close set, as growing grain; ˏ*nung mat*ˀ thick, luxuriant, as shrubs.

(379)

Nut.

訥ˀ 吶ˀ Nuh To stammer, to stutter; to speak slowly and hesitatingly; sparing of words; cautious, embarrassed in doing, unready; ʻ*hau nut*ˀ stuttering; *nut*ˀ ʻ*tsui*, to pout; *shit*ˀ ˏ*t'au nut*ˀ an impediment in speech; *yuk*ˀ *nut*ˀ ˏ*ü* ˏ*in*, desirous to restrain his words; ˏ*kam* ˏ*kai nut*ˀ Peruvian bark.

(380)

O.

呵 阿 ˏO A mound; an undulating ridge; the declivity of a mountain; a river bank; one side or end higher than the other; distorted, prejudiced; near to; to lean against; the beam of a house; to flatter, to cringe to; to answer, to assent; a final particle, denoting who? what? with frequently a condition or choice included in the idea; an exclamation, O! Ah! alas! used in sorrow or surprise; an initial particle, used before names, when it is usually read *á*ˀ; ˏ*o mi*ˀ *fung*ˀ ˏ*shing*, to servilely flatter one; ˏ*o* ˏ*ü fung*ˀ ˏ*shing* ʻ*ngo*, he simpers at my words, sycophancy; ʻ*pi* ʻ*ngo* ʻ*t'ai* ˏ*o*, will you let me see it? ˏ*o ngai*ˀ assafœtida; ˏ*O* ˏ*ni* ˏ*t'o fat*ˀ Amida Budha, sometimes used as an exclamation of devout recognition, as O Budha! *꜀o ꜀ko*, Sir, O Sir; *mat꜆ ꜂yé ꜀o*, Oh, what is it? *tai꜄ yat꜆ fái꜄ kwo꜅ ꜂ni ꜀o*, shan't I send you a piece?

柯 ꜀Ko A helve, an ax handle; a large branch fit for a helve, a stalk; a means, a cause; a go-between; *chap꜆ ꜀o fát꜆ ꜀o*, to cut one helve with another, to use another's agency; *꜀to tsé꜄ ꜂ní chap꜆ ꜀o*, I'll thank you to be my agent or go-between.

珂 ꜀Ko A quartzose gem, milky quartz or white chalcedony, of inferior value; a sea conch, with a white naker, used in ornamental work; *꜀o ꜀kam*, pure gold.

哿 ꜂Ko Excellent; to commend; may, might, can; to be able; to be good or well off.

軻 ꜀Ko Wheels connected with the axles, or with each other; *꜂hòm ꜀o*, carriages dragging heavily, going slowly from the roughness of the road; impeded, disappointed; *á꜄ ꜀o*, the infantile name of Mencius.

婀 婹 ꜀O Undecided; *꜀o ꜂no*, weak, delicate, like a woman.

痾 痾 ꜀O Disease, severe sickness; *꜂hau ꜀o*, sores about the mouth; convulsions or fits in little children.

魺 ꜀Ko A large fish, a kind of sciæna, called *꜀yéung ꜀sho ꜀o*, the sea comb.

屙 ꜀O To void excrements; *꜀o ꜂shí*, to go to stool; *꜀o hüt꜆* to pass blood; *o niú꜄* to make water.

(381) Ò.

熝 ꜀Yau Warm; to warm, to put fire in a vessel; to boil or stew, as in cooking meats and vegetables; to warm in water; *꜀ò yuk꜄* to stew pot-luck; *꜀ò ꜀chái*, to stew vegetables; *꜀ò shuk꜄* or *꜀ò ꜀nam*, stew it well.

敖 ꜀Ngau To bake or steam under a lid; same as the last. Usually read *ngò꜄*.

鏖 ꜂Yáu To kill, to slaughter, to exterminate; to fight in disregard of death; a pan or broadish.

擙 ꜂Ngau To grind. A colloquial word; to reach after with the hand; *꜀'m ꜀ò tak꜆ tò꜅* I can't reach up to it; *꜀ò ꜂ün tik꜆* reach out a little further.

襖 ꜂Ngau A robe, an outer garment; a sort of skin garment; *꜀ch'éung ꜂ò*, a long gown or robe; *꜀mín ꜂ò*, a cotton jacket.

懊 ꜂Ngau Vexed, angry; to regret; avaricious; *꜂ò han꜄* to hate; *ò ꜂nò*, angry, irritated; *꜂ò wái꜄ ꜀lai*, to brood angrily over a thing, so as to injure one's self, a fit of the sulks.

鰲 ꜂Ngáu A large kind of fish, eatable, and brought to market in Macao in winter.

媪 ꜂Ngau An old woman, an old granny: the goddess spirit of the earth.

奧 Ngau꜅ The south-west corner of a dwelling, where one can be retired; deep, remote; recondite, mysterious, obscure; within, further than one has penetrated; to collect, to be thick; *ò꜅ miú꜄* not easy to understand; ˏsham ò' deep, as a valley; abstruse, as philosophy. Used for the next.

澳' Ngáu A bank, a high shore; a bay, an inlet, a cove, a deep bight, in which ships can shelter; a dock for repairing ships; Ò' ˏmún, Macao; ˏK'i ò' the island of Kee-ow; ˏNám tái² Ò' Lantao; ˏshün ˏmái ò' the ship came into the cove; ˏkam yatˎ hü' Ò' he went to Macao to-day; ˏNám ò' Namoh.

奥' Ngáu Interchanged with the preceding; a square piece of ground; an even, flat, open ground like a plateau.

(382) **Oi.**

哀' Ngái To grieve for, to lament, to compassionate; to commiserate, to feel for, to condole with one; sad, pained, grieving; lamentable, grievous; urgently, heartily; pity, grief, commiseration, sorrow, lamentation; ˏoi ˏlín, to pity, to sympathize with other's griefs; ˏoi ˏtsoi, how sad, alas! ˏoi ʻtsz' a motherless child; ˏoi ˏoi fú² ʻmò, alas, my parents! ˏpí ˏoi, to sorrow; ˏoi hukˎ to wail and cry; ˏoi ʻhan, urgently request; ʻho ˏoi, lamentable; ˏoi ˏoi, shéung² kò' with bitter grief is this presented—a phrase in petitions; ˏoi ˏoi tung² hukˎ bitter sorrow and weeping.

ˏ埃 Ngái Fine dust, such as is raised by the wind; ˏch'an ˏoi, dust settled on things.

ˏ涘 Ngái Drops of water, water trickling; ˏkün ˏoi mokˎ pò' I can not requite [your kindness to the extent of] a drop of water.

ˏ欸 ˏ唉 Ngái To sigh; to respond, to answer; to belch; a sound or ejaculation of regret; ˏoi oi' hushaby! words used by nurses in quieting a child.

ʻ靄 Ngái Foggy, heavens obscured by vapor, misty; clouds and vapors commingled; ˏts'éung ˏwan ʻoi ʻoi, snowy clouds and genial vapors.

ʻ靉 Ngái Cloudy, obscure; sun hidden by clouds; ʻoi toi² dull; that which can relieve a dim sight; spectacles, said to have been brought from Malacca.

ʻ藹 Ngái Beautiful and luxuriant vegetation; thick, shady, flourishing; fine, personable, graceful; ʻoi ʻoi katˎ sz'² accomplished, scholarlike persons, who can help the sovereign; ˏwo oi, dignified, pleasing.

ʻ曖 Ngái Sun hidden by clouds; to obscure, to cloud over; ʻoi ʻoi, moon behind clouds; ʻoi mui' to do things confusedly, careless, not tidy.

ʻ僾 Ngái Like, similar; simulated; hard to see; ʻoi ˏin, as if, likely; ʻoi yapˎ to pant, short of breath.

愛' Ngái To love, to take delight in, to feel attached to; to think on joyfully; to want, to desire; to be sparing of; kind regard, love, attachment; the object of love, the beloved; sparing, forbearing of, tender of; ˏts'an oi' mutual love, friendship; t'ung' oi' to love tenderly, an

英華分韻撮要

anxious fondness for; *lingʾ oiʾ* your daughter; *‹ʿm oiʾ koʾ tik›* I don't want it; *ʿho oiʾ* lovely, amiable; *‹sam ʿsho oiʾ* what one likes, pleasurable; *oiʾ uk› kap› ‹ú,* I like your house and the crows too; *‹mung ʿní kwoʾ oiʾ* many thanks for your great kindness; *oiʾ sik› yat› ʿtszʾ* sparing of time; *ʿní oiʾ tak› ‹to,* you want too much; *oiʾ hok› ʿhò,* I want you to imitate the good; *tsʿoʾ oiʾ* "mistaken love,"—a polite phrase, meaning, I am unworthy your regard; *oiʾ ʿkí ‹sü oiʾ ‹yan,* as you love yourself, you should love others.

(383) **Ok.**

惡, Ngoh — Bad, intentionally bad; vicious, wicked, evil; vile, ugly; deformed, ungracious; filthy, coarse, sordid; unfortunate, unlucky. In colloquial, used for hard, difficult, unpleasant to do or get through with; *ok› ‹yan,* a bad man; *kòmʾ ok› ʿtá fát›* hard to send him off, such a troublesome fellow,—as a beggar; *ok› ‹hang,* not easy to go; *‹hung ok›* malicious, truculent; *ok› ʿkong,* hard to speak; under constraint in saying it; *ok› ‹in,* vile language; *kwanʾ ok›* unscrupulous and bad; *ok› ʿyau ok› pòʾ* wickedness brings a wicked retribution; *ʿchʿau ok›* vile, ugly, filthy; *ok› ‹long ‹long,* wolfish, fierce; *ok› chʿut› tat›* incomparably bad: *shínʾ ok›* the good and bad; *ok› tsòʾ* not easily done.

堊, Ngoh — Different colored clays; white or washed clay for crockery; to wash or plaster walls, to whitewash; plaster; an unplastered wall.

(384) **Òm.**

‹庵 ‹菴 Ngán — A round hut, a thatched cottage, a straw hovel for soldiers or guard; a pig-sty; a nunnery; *‹szʾ ‹kú ‹òm,* a Budhist nunnery; *yap› ‹òm,* to become a nun; *‹òm ‹tʿong,* a convent.

‹鵪 Ngán — A quail; *‹òm ‹shun,* a quail, under which two or three species of Coturnix are included; *‹lung ‹òm,* quails beaten in fight, which are then put aside for the table.

ʿ掩 ʿ揞 Ngan — To cover, to hide, to screen, by putting something on; to extinguish, to suppress; *ʿòm chüʾ ʿhau,* to put the hand over the mouth; *‹ché ʿòm pat› chüʾ* can not be hid; *ʿòm chüʾ ‹tʿau hok›* to lean the head on the hand; *ʿpí ʿshau ʿòm chüʾ* cover it with your hand; *ʿòm mat› ‹lo ʿkú,* "muffle the gong," i. e. keep it quiet; *ʿòm ‹fung ‹kʿam,* to play a piano; *ʿòm mít›* to put out, as fire; to quash; *ʿòm pák› ‹mai ‹mung,* blindman's buff; *ʿòm chüʾ ʿkʿü ‹shéung ʿngán,* blindfold his eyes; *ʿòm mak›* to feel the pulse; *ʿòm púiʾ ʿshau* to give hush-money, to bribe. The first character is read *ʿim,* but also used with this meaning in the *pʿing shing.*

‘諳 Ngán Accustomed, skilled in, versed; to know, fully acquainted with; knowing thoroughly, to commit to memory, to recite, to chant or repeat; *‘òm lin²* well practiced in, mature; *‚’m ‘òm shai³ ‚ts‘ing*, unacquainted with the world; *‘òm tsung²* to repeat exactly.

‘闇 Ngán To shut the door, to withdraw from society, to retire from; retired, dark, an obscure recess; ignorant, dark minded; badly lighted; evening; an eclipse; *‘òm ‚mún tsé² hák₃* to decline to see friends; *‘òm yéuk₂* unenlightened.

‘黯 Ngan Dark, pitch dark, dark as midnight; astonied and silent, as if lost in amazement; *K‘ap₃ ‘Òm* a distinguished statesman of the Hán dynasty.

‹欿 Kán Dissatisfied, sorrowful, discontented; humble, not presumptuous. Read *‚t‘ám*, to covet, to desire.

暗’ Ngán Sun obscured by clouds or otherwise; dark, dimly lighted, sombre; gloomy, not shining bright; clandestine, unobserved, secret, underhand; dull, not perspicacious; private, mental; *hak₃ òm³* dark; *‚t‘in shik₃ òm³* a dark day; *‚tang òm³* a dim lamp; *òm³ ‘séung*, to think over; *‘tá òm³ hò²* to give a hint; *òm³ ‚chung tsò³ sz²* to do things in the dark; *òm³ múi²* dull of perception; *‚ho ‚páu òm³ ‘nam*, a full purse, well supplied with cash; *òm³ ‚kán*, in the dark; *òm³ ‘liú*, it is now night; *òm³ hoi²* to privily injure.

(385) On.

‹安 Ngán Still, settled, quiet; repose, rest, tranquillity; peaceful, safe, calm; at ease, unconstrained; to settle, to rest, to make easy, to tranquillize; to remain at rest, to be contented; an interrogative particle, how, how could? where? A colloquial word; to place on, to lay down; to put; *‚on lok₂* joy, pleasure; *‘ni ‚on ‚sam*, make yourself easy; *‘lò ‚on*, to soothe old people; *‚on ‘héung tái² p‘ing*, to enjoy the pleasures of peace; *‚t‘au ‚on*, “to steal leisure,”—lazy; *‚on ‘hò*, to wish peace to; *‚on ‘fan*, contented with one's lot; *‚shan ‘t‘ai him³ ‚on*, indisposed, out of sorts; *‚on ‚chí hai²* how do you know it?—*i. e.* you do not know; *‚ü ‚kam ‚on tsoi²* where is he now? *‚on shí² ‚on ‚fi*, to lay down right and wrong; *‚on wai³* to console, to quiet; *‚on ‚mái ‚pín ch‘ü³* where shall I put it? *‚on chí³* put it down; *‚on ‘wan*, put it down carefully; *‚on ‚ká*, to give advance money, an allotment; *‚on sik₃ yat₂* the sabbath; *‚on sik₃ ‚héung*, gum benjamin; *‚on ‚k‘ai ‚ch‘á*, Ankoi tea, from the S.W. of Fuhkien; *‚On ‚nám kwok₃* Cochinchina; *‘shéung lok₂ ‚p‘ing ‚on*, let peace attend all going in and out; *‚on tun²* to make all ready, to provide things; *‚on tso²* to sit quietly, firmly seated; *man³ ‚on*, to inquire after one's health; *˓on ˓lai ˓kong*, to make up a story; *on˒ ˓t'in ˓shan*, the god placed in courtyards.

鞍 Ngan A saddle; *˓má ˓ón*, a saddle; *˓má ˓on ˓k'iú*, an arched bridge.

案˒ Ngán A table, an official table, a bar or bench before a judge; that which is on his table, a case in law, an action; a sentence, a decision; to examine, to try judicially, to decide cases; placed in order, serial; a limit or frontier; a cup or goblet; *on˒ ˓kün*, papers relating to a case; *on˒ ˓ts'ing*, the circumstances of a case; *on˒ ˓yau*, the merits of a case; *yat˒ kín² on˒* a case in court; *kau² on˒* an old case; *˓sham on˒* to try a case; *teng² on˒* to decide a case; *tsoi² on˒* is on record, is in court; *on˒ ˓ts'ín*, before the court, at the bar; *˓mò ˓t'au ˓kung on˒* illegal, unaccountable; *on˒ ˓shau*, first on the list of scholars at the examinations in the district and prefecture; *yat˒ fú˒ ˓héung on˒* a set of tutenague censers; *˓fán on˒* to revise a case; *tiú² on˒* to appeal; *ming² on˒* a case of murder; *pák˒ on˒* to slap the table; *on˒ ˓tai tái² ˓to*, many times brought up in court.

按˒ Ngán To put down or lower; to stop, to prevent moving, to desist; to take hold of, to press down, to lay the hand on; to grasp, as a sword; to pull in or hold, as a horse; to rub, to chafe; to examine, to try a case, to inquire into; to act in conformity to, to conform; according to, by; *on˒ ˓tit ˓kúu ˓ngan*, to pay wages by the month; *on˒ fát˒* according to law; *on˒ ˓ping*, to halt troops; *on˒ tong˒* a pledge; to pawn, to mortgage; *˓shau on˒ ˓sam ˓t'au*, to lay the hand on the heart; *on˒ ch'át˒ ˓sz˒* the provincial judge; *on˒ chü² ˓kòm tsò² fát˒* do it just like the other; *on˒ kü²* according to the evidence; *on˒ chü² ˓há*, let it be for a while.

(386) Ong.

盎˒ Yáng A basin, a pitcher, a sort of tureen; full, abundant, like the sound of water overflowing; *˓ngá ong˒* potsherds, broken pottery.

(387) Pá.

巴 ˓Pá The crust in a rice boiler; an ancient principality in the southeast part of Sz'chuen; a python; *˓pá shuk˒* a name still applied to Sz'chuen; *˓Pá ˓ling*, a district in Húnán; a blow, a clap of the hand; to gather or bring together; a sign of the optative; *˓tá ˓k'ü yat˒ ˓pá*, give him a slap; *˓chéung ˓tsui ˓pá*, to slap the mouth—a punishment; *˓pá kít˒ ˓há*, strongly linked, like dear friends; *˓pá kít˒ chéuk˒* to exert one's self for a friend; *˓pá ˓'m tak˒ ˓yau yat˒ ˓léung*, O that I had a tael; *˓pá pat˒ tak˒* how I wish,

I desire greatly ; ˓*pá* ˓*chá kwo*˒ ˏ*t'au*, too good natured.

吧 ˓Pá Dumb; large mouthed; the wrangling of infants; *á*˒ ˓*pá* ˋ*tsz*˒ a dumby; ˏ*ts'ò* ˓*pá pai*˒ *kë*˒ a great hubbub, a bobbery.

爸 ˓Pá A father; *á*˒ ˓*pá*, papa; *á*˒ ˓*pá chán*² ˏ*mái* ˋ*tsai* ˋ*héung fuk*˒ the daddy lays up pelf, and the boy enjoys himself with it.

疤 ˓Pá A disease of the joints; ˓*ch'ong* ˓*pá*, mark of a wound, a scar, a cicatrix.

羓 ˓Pá A sort of dried meat; ˏ*yéung* ˋ*mí* ˓*pá*, dried or cured sheep's tails.

豝 ˓Pá A sow; a two year old, or large hog; dried meat. Used with the preceding.

䑶 ˓Pá A floating bridge; they are usually made of boats.

葩 ˓Pá A corol, the inflorescence of a plant; ˏ*hòm* ˓*pá*, an unopened flower; elegant, flowery, as composition.

芭 ˓Pá A banana; ˓*pá* ˓*tsiú*, a plantain; ˓*pá tau*² croton tiglium; ˓*pá* ˓*tsiú* ˏ*p'ing*, a vase shaped like a plantain.

耙 鈀 ˓Pá A defense or guard to a chariot; a war chariot; a drag, a five toothed harrow; ˓*pá* ˏ*t'in*, to harrow the fields; ˋ*mò* *fái*˒ ˓*pá*, to flourish the trident—a kind of gymnastics. The next is often used for these.

把 ˋPá To take hold of, to grasp, to seize, to hold; to seize for the purpose of using; a classifier of things held in the hand, as fan, umbrella, rake, knife, &c; a bundle of, a handful, something bound together, a faggot; with, the cause by which a thing is done; to take a thing to be, to consider as, to regard as, having, for; a particle indicating the accusative of the noun which follows it, as ˋ*pá chung*˒ ˏ*yan* ˓*t'au hon*˒ he stealthily beheld the men; ˋ*pá* ˏ*mún* ˓*sháp chü*² he bolted the door; also the object of the verb following, as ˋ*pá* ˋ*ngo* ˏ*wai* ˓*ho* ˏ*yan*, whom do you take me to be? ˋ*pá* ˋ*ngo* ˋ*tím yéung*² do you think I will do so? ˋ*pá* ˏ*wai* ˏ*mò yung*² regarded as useless; ˋ*pá peng*˒ to grasp a handle, to have something to lay hold of, proof; *tak*˒ ˋ*liú* ˋ*pá peng*˒, we now have proof, something to guide one; ˋ*pá* ˏ*ch'i*, to hold fast, to take care, to control one's self; *yat*˒ ˋ*pá* ˋ*fo*, a lighted torch; *yat*˒ ˋ*pá shin*˒ a fan; *yat*˒ ˋ*pá* ˋ*tsúi*, a great talker, "all mouth;" ˋ*pá shat*² a mountebank, a posture-maker; ˋ*pá* ˏ*ngá*, bailiffs or sergeants in a court; ˋ*pá mak*² to feel the pulse; ˋ*kí* ˋ*pá* ˋ*shau*, several hands at boxing; *nip*² *chéuk*˒ *yat*˒ ˋ*pá hon*˒ to brush off the sweat, to disregard the trouble or exertion; ˋ*pá* ˋ*shau* *pút*² ˓*hoi*, push it off with your hand; *yat*˒ ˋ*pá* ˋ*pún* ˏ*ts'in*, a handful of capital—a very little; ˋ*pá* ˓*ká* ˏ*yan*, the housekeeper, whether wife or mother

霸˒ 伯˒ Pá To reign by terror and force; to incroach upon; to hold one in check through fear; a tyrant, a usurper; *pá*˒ ˏ*wong*, a valiant prince, the chief of the princes; ˓*há pá*˒ ˏ*yan*, to intimidate people; *hò* *pá' hi'*, audacious, fearless; *,hang pá' tò'* to act by force; *pá' chü'* to take to one's self, to seize; *pá' chím'* to incroach on, to infringe another's rights.

欛' Pá A handle or hilt of a sword or knife; *pá' peng'* a handle; *,mò pá' peng'* no authority, no way of acting, perplexed, no handle.

壩' 垻' Pá An embankment, a jetty, or pier to narrow and restrain waters; a name given to many towns on the Yellow River, from their position near levees; *chuk, pá'* to raise a levee.

灞' Pá A small tributary of the Wai River near Sí-ngán fú in Shensí.

弝' Pá The part of a bow grasped by the hand; *pá' 'má ,yau*, dammar, a kind of tar.

靶' Pá The reins; place where one holds the reins or bridle; the dashboard or front of a carriage; a target; *pá' 'tsz'* a mark; *shé' chung' pá'* to hit the bull's eye.

罷' A colloquial final particle, intimating that a thing is needless; *,fong mat, 'yé pá'* what do you fear? there's no need of fear.

罷' Pá To suffice, to cease from, to break off, to leave off; to discontinue, to finish, to put a stop to, to quash; to strike work; to turn out; enough, no more; a final particle, indicating no more of a thing, that will do; *pá' 'liú*, enough, very well! stop now! *pá' pá' pá'* oh! no, no! I want nothing to do with it; *pa' 'shau*, to leave work; *pá' ,kung*, to strike for wages; *pá' shí'* to foreclose the examinations for *siútsái*—by the people refusing to attend; *pá' ,kún*, to dismiss an officer; *,'m hü' pá'* I'll not go, and there's an end; *hü' pá'* be off! *'sé tsau' pá'* just write it, that's all.

(388) P'á.

,跁 P'a Walking irresolutely; to squat, to sit cross-legged; to crawl, as a child; to lie on the belly; *,p'á 'tò ch'ü'* to fall flat; *,p'á 'tò fan'* to sleep on the face.

,杷 P'a A kind of beetle to level fields and break clods; a rake to collect straw; *,p'i ,p'á 'kwo*, the loquat, (*Eriobotrya japonica*) a common fruit. Interchanged with the next.

,琶 P'a A guitar with four strings; *,p'i ,p'á*, the Chinese guitar, the belly is pear shaped; *,P'á ,chau*, Whampoa I.

,潖 P'a The name of a river.

,爬 P'á Interchanged with 耙 *,pá*; to scratch; to crawl, to creep; to rake, to scratch up, to claw; to climb, to scale, to clamber; a scratcher, a harrow-rake, a gridiron; a pick; *,p'á fán'* to eat with chopsticks; *,p'á ,hoi tik,* rake it open a little; *,p'á ,hung*, to crawl, like a tortoise; *,p'a ,t'án,* to sort the counters into fours; *,p'á 'shéung*, climb up; *'i ,p'á*, an ear-pick; *'shau ,p'á ,p'á*, to climb and scratch;

tò' ch'ü' ˏk'am ˏp'á, climbing and skylarking everywhere; *ˏngau yukˎ ˏp'á*, beefsteak.

ˏ扒 A colloquial word; to paddle; a paddle; *yatˎ ˏchí ˏp'á*, a paddle; *ˏp'á ˏsám ˋpán*, to paddle a boat; *ˏp'á ˏlung*, a "scrambling dragon," a kind of fleet-rowing boat; *ˏp'á ˏtang ˏsam*, to trim and raise a lampwick.

帕' 帊' P'á A kerchief or veil for protecting the head; a stomacher for children; *ˏt'au p'á'* a red veil worn by brides; *ˋshau p'á'* a handkerchief.

The first character is also read *makˎ* a turban or silken fillet formerly worn by soldiers.

The second character also means a bundle of clothes or roll of silk; a wrapper.

怕' P'á To fear, to dread; to apprehend, to suppose likely, to think or fear something may happen; *ˋhung p'á' tiúˎ* lest it fall; *ˏ'm p'á'* no fear; *p'á' ˋch'au* I am afraid of ridicule, I am shamefaced; *p'á' ˋk'ü ˏlai*, I fear or think he will come; *hákˎ p'á'* to frighten; *ˋngo p'á' ˏkiú ˋk'ü*, I am afraid of him; *p'á' ˋsz' ké' ˏyan*, a timid man, one fond of his ease.

(389) Pai.

跛 Pí, Halt in the feet; lame in the hand; lame, crippled, impotent; to walk lame, to stand or go on one foot; to loll; favoritism, inclination, partiality; to be partial to; *ˏpai kéukˎ* lame; *á' ˏpai*, a limping man; *ˏpai ˋshau*, lame handed; *ˏpai héung' patˎ ˏming*, unreasonable partiality.

ˋ錍 Pí A colter, an iron plough colter; the barb of an arrow; a probe with a barbed point; a lever; *t'iúˎ ˏpai*, a crowbar.

閉' Pí To shut or close a door; to shut out, to bar, to exclude; to screen, to shade; to store, to lay up; to stop, as a hole; obstructed, closed; *pai' ˏmái ˋngán*, to shut the eyes; *pai' ˏmún*, close the door, to go into privacy; *pai' ˏking*, obstruction of menses; *pai' ˏkung ˏk'i*, to checkmate in chess, to drive into a corner; *k'am' pai' ˋk'ü*, detain him, keep him close; *pai' sakˎ* stopped up.

畀' Pí To benefit, to take from one to confer on another; to augment; *í' pai' ˏí ˏloi*, they came on in order.

蔽' Pí Analogous to the preceding; brushwood covering the ground, small plants; delicate, minute, small; to repress, to hide from view, to keep back, to shade; to screen; to embrace, to include in; to cut off, to prevent advance; obscured, dulled; *ˏwan pai' ütˎ* the clouds hide the moon; *ˏché pai'* to hide from view; *ˏmung pai' chü'* to conceal from others or superiors; *ˏsz' yukˎ kú' pai'* his vile lusts stifled it (*i. e.* conscience); *tsukˎ ˋí pai' ˏkú*, it will fully expiate his crime; to atone for a sin.

贔' Pí Strong, robust, like a tortoise, which can bear great weights.

A colloquial word; to be in trouble; *pai' ai'* sad, in sorrow; what a pity! loaded with debts.

敝² Pi Tattered, bad, spoiled; vile, abject; defeated, ruined; injured, as clothes; to stop; used in affectation for my, our; *pai² ₍héung*, my poor village; *pai² wái²* ruined, lost; *pai² lau²* deficiency, imperfect in any way; *pai² tau² t'ái' ₍to*, very many deficiences, utterly unfit; *pai² ₍lò*, your servant's house; *tsz'² pai²* self ruined; *pai² tsuk₎* our customs.

弊² 獘² Pi Analogous to the above; conquered, defeated, ruined; distressed, fatigued, reduced to extremities; corrupt, profligate, vicious, bad, tricky, vile, fraudulent; deteriorated, as coin; torn, as garments, worn out; used for pronoun my, our; *tsok₎ pai²* to impose upon, to hoodwink; *₍mò pai²* to deceive, to surreptitiously alter; *pai² lok₎* an exclamation, bad! what a disappointment! *pai² ₍ká ʻfo*, a bad business.

幣² Pi Single and full pieces of silk; things given as presents; wealth, riches; pearls and gems, gold, and copper, were regarded as three kinds of *pai²*; money counters made of jade used by the Mongols; *pai² pák₎* money and fabrics; *₍p'í pai²* rich furs.

斃² Pi A violent death; to fall prostrate or dead; to slaughter, to destroy, to ruin; *tò' pai²* fell dead.

狴² Pi A wild beast, called *pai² hon'*; a prison, a jail.

陛² Pi To go up stairs; the steps of the throne; the ascent to a palace or into court; *pai² tin²* the audience-hall; *pai² há²* Your Majesty, *i. e.* we who are before the throne; *pai² kin'* to have an audience.

稗² Pi Tares, cockle, rye-grass; a noxious weed found in grain resembling rice, of a small grain; hypocrites, dissemblers, pretending to be good; *pai² ʻts'ò*, darnel; *pai² shüt₎* vicious novels, fables; *pai² fán'* a huckster.

(390) P'ai.

批 ₍P'i To strike with the hand, to cuff; to push from one, to turn round; to clean, to pare, to scrape off; to revise, to criticise, to animadvert; to assist; to give an official reply; to signify official will; to post a case, as is done at the door of the office; the notice or report of a case; a lease, a charterparty; a comment, a gloss; *₍p'ai ʻchun*, to assent to a petition; *₍p'ai ₍üi*, an official acknowledgment, a reply; *₍p'ai shí²* to publish a case; *₍p'ai ₍p'í*, pare off the skin; *₍p'ai tün²* to talk about, to canvass; *₍p'ai ₍fau*, lease money, a bonus of a month's rent; *₍p'ai ʻkò*, or *₍p'ai ₍tán*, a lease; *₍p'ai ₍ts'éung* the side walls of a house; *ʻngo ₍p'ai chung' ʻni*, I've guessed what you've been at, I can tell your ways; *ʻling ₍p'ai*, to take a lease of; ꜀p'ai ꜀tsím, to pare thin; lap꜆ ꜀p'ai, to make a contract; ꜀p'ai ꜀ming, to state clearly the terms of a lease; to criticise.

꜂砒 P'í An ore of arsenic; ꜀p'ai ꜀séung, realgar or red sulphuret of arsenic; it is applied to ulcers.

꜂披 P'í To cut in two by a blow; ꜀p'ai ꜀hoi, cut it open.

꜂睥 P'í To look about; ꜂p'ai ꜂ngai the embrasure of a wall; ꜂p'ai ꜂ngai ꜀yan, one who peeps and pries into things;—a fault finder; ꜂p'ai ꜂ngai tò꜄ ꜂ngo, your scolding reaches me too.

(391) Pái.

꜂擺 Pái To spread out, to expose, to lay out, to arrange, to set in order; to move, to shake; to strike; to strut, to swagger; to get rid of, to disembarrass; ꜂pái ꜀t'oi, to set a table; ꜂pái ꜀t'án, to open a stall; ꜂pái ꜂mi, to whisk the tail; ꜂pái pò꜄ to spread out nicely; ꜂pái pò꜄ ꜀yan, to play a trick on one, to do or fix him; ꜂pái ká꜄ ꜂tsz' a vain chap, a conceited fellow; ꜂pái túi꜄ ꜀'ng, to parade soldiers; ꜂pái pák꜆ ꜂kong, to make a clean breast; ꜀iú ꜂pái, to swing the hands, to strut; ꜂pái ch'it꜆ to set in order, to place; ꜂pái ꜂king, to make a fine show; ꜂pái ꜀fú ꜀kái, to dress out a street.

拜꜄ Pái To bow, to reverence, to honor, to make an act of courtesy to, to make an obeisance of respect or of worship; to worship religiously; to visit, to pay one's respects to, to salute; to appoint to an office, to salute a man as such an officer; a visit, a salaam, an obeisance; pái꜄ ꜀shan, to worship the gods; pái꜄ ꜀shán, worshiping the tombs; pái꜄ t'ok꜆ to request, to engage one to do; pái꜄ ꜂fong, to pay a visit; ꜀úi pái꜄ to return a visit; pái꜄ t'ip꜆ a visiting-card; tun꜄ ꜂shau pái꜄ respectfully makes his obeisance—a phrase on cards; pái꜄ kín꜄ to see a friend; pái꜄ ꜀mún, the bride's visit to her husband's relatives; to become a pupil of a teacher; pái꜄ kwai꜄ to kneel and worship; pái꜄ ꜀kon, to supplicate; pái꜄ ꜂pún, to memorialize the emperor; pái꜄ ꜀t'oi, to sacrifice at graves; pái꜄ hák꜆ to visit; pái꜄ séung꜄ a prime-minister; ꜀kòm pái꜄ há꜄ ꜀fung, willing to learn of you.

敗꜅ Pái To subvert, to destroy, to be subdued; defeated, discomfited, as in battle; broken, ruined, spoiled, as affairs or things; spoiled, tainted; a defeat, a rout; p'o꜄ pái꜅ broken, spoiled; pái꜅ ꜀ká ꜂tsai, a ruin to the family; yat꜆ pái꜅ tò꜄ tí꜄ a complete loss, an entire "smash," totally defeated; ꜂sün pái꜅ ruined; pái꜅ chan꜄ ch'ung꜄ run the last venture, take a last chance; pái꜅ ꜂shui á꜄ ꜀kún ꜂tsai, a worthless fellow; ꜂tá pái꜅ chéung꜄ defeated; pái꜅ wái꜅ wrecked, all lost; sz꜅ pái꜅ ꜂liú, the affair is ruined.

英華分韻撮要

(392) **P'ái.**

꜀P'ái. A colloquial word; to brag, to boast, to vaunt one's self or doings; *꜀shí ꜀p'ái ꜀yan*, to crow over one.

排 ꜁P'ái To arrange in order, to dispose well, to place properly; to make a show; to push open, as a door; a row, a set out; a while, a time, a chance; *꜁p'ái ꜁ch'éung*, to dress out and make a show; *꜁p'ái lúk ꜂léung ꜁hong*, arranged in two rows; *꜀fong yat꜆ ꜁p'ái*, was well frightened; *꜁p'eng ꜁p'ái*, an even row, as of houses; *yat꜆ ꜁p'ái tsín꜄* a set of five arrows; *꜀ni ꜁p'ái ching꜄ ꜀to*, much sickness at this time; *꜁p'ái ꜁p'ái tso꜄* come, sit in a row—as children do; *꜁p'ái ꜁ts'in ch'ek꜆* a tailor's foot-rule; *꜁p'ái nán꜄* to make up a difficulty; *꜁p'ái ꜀tsai*, to push and elbow; *꜁p'ái kwat꜆* the ribs; *꜀chü ꜁p'ái kwat꜆* pork chops; *꜀sín ko꜄ ꜁p'ái*, on that occasion, just lately.

俳 ꜁P'ái Dissipation; *꜁p'ái ꜀yau*, amusements, especially theatrical and other shows.

牌 ꜁P'ái A shield, a buckler; a board with a notice on it, a signboard; a notification from government; a tablet, a memorandum; a banner; a warrant, a passport, a port-clearance, a medal, a token, a mittimus, a writ; a government permit of any kind; counters dominoes, playing-cards; *꜂fo ꜁p'ái*, an express; *꜁t'ang ꜁p'ái*, rattan shields; *꜁p'ái wai꜄* a tablet having names of gods for worship; *꜀chiú ꜁p'ái*, a sign; *꜁p'ái ꜀chiú*, a notice, an advertisement; *yat꜆ fú꜄ ꜂chí ꜁p'ái*, a set of cards; *꜂tá kwat꜆ ꜁p'ái*, to play dominoes; *꜁hung ꜁p'ái*, a port-clearance; *kòm꜄ ꜂hò ꜁p'ái ꜁t'au*, such a fine parade you make! *꜁p'ái ꜀fong*, honorary gateways; *ch'ám꜄ muk꜆ ꜁ling ꜁p'ái*, an untrustworthy man, one unfit to direct; *꜀iú ꜁p'ái*, a "waist-warrant," a policeman's token; *꜂fú ꜁t'au ꜁p'ái*, tiger-head tablets, hung at the doors of yámun; *꜂shéung ꜁ngan ꜁p'ai*, a silver medal, reward to soldiers; *꜁p'ái p'iú꜄* a warrant to arrest; *꜂i ꜁p'ái*, ear-rings.

簰 ꜁P'ái A raft; *chuk꜆ ꜁p'ái*, a bamboo raft; *ch'ám꜄ ꜁p'ái*, a timber raft.

派 P'ái꜄ To branch, as a stream; to ramify, to branch off; a branch, as of posterity; a rill; to distribute, to give to each person; to appoint; a tribe; *꜀chí p'ái꜄* a tribe, a clan, a sub-family; to branch out; *tsz꜄ p'ái꜄* name given to brothers to distinguish them from others of the same sept or surname; *p'ái꜄ ꜀shü*, to distribute books; *꜀fan p'ái꜄* to appoint each his place; *꜂hò yat꜆ p'ái꜄ tí꜄ ꜀fong*, what a fine spot or place! *꜁t'ung p'ái꜄* of the same clan or branch; *p'ái꜄ ꜁wan tik꜆* give them alike to each.

憊 P'ái꜄ Exhausted, debilitated, total loss of strength; *p'ái꜄ kün꜄* languid.

(393) Pak.

北, Peh The north; to the north, the capital; to be conquered, defeated; to flee; to oppose, perverse; *pak*˒ ˓*fong*, the north, northern regions; *Pak*˒ ˓*king*, Peking; *pak*˒ *tái*² ˓*ko* ˓*lai*, Jack Frost has come; *pak*˒ ʻ*tau*, the Dipper; ˓*kung* ˓*ts'z'* *pak*˒ ˓*shéung*, to bid farewell on going to Peking; *pái*² *pak*˒ defeated; *pak*˒ *kik*˒ the north pole; *Pak*˒ *chik*˒ *tai*² ʻ*sháng*, the "northern province which directs," *i. e.* Pih Chihlí or Pechele; *pak*˒ ʻ*hau* *ngoi*² beyond the Wall.

(394) Pák.

百, Peh A hundred; a round number, the whole of a class or sort; many, numerous, all; *pák*˒ *sing*² the people; *pák*˒ ˓*chung* ˓*mò* *yat*˒ not one in a hundred; *pák*˒ ˓*pún*, all kinds of speculations; *pák*˒ *tsuk*˒ the centipede; *pák*˒ ʻ*ím* ˓*chí* *kik*˒ very disagreeable; *pák*˒ ˓*kung*, all craftsmen, mechanics; *pák*˒ ˓*ts'ín* *mán*² thousands of thousands; *pák*˒ *pák*˒ ˓*sheng*, no reckon of less than a hundred; ʻ*kong* ˓*ts'ín* ˓'*m* ʻ*kong* *pák* we 'll talk of thousands not of hundreds; *pák*˒ *fát*˒ *pák*˒ *chung*' a hundred shots a hundred hits—always lucky.

魄, Peh The animal soul, inferior to the *wan*, and partaking of the *yin* principle; the power or faculties of the senses, the nervous perception; the animal spirits, as distinguished from the reason; figure, form, manner; the dark disk of the moon; ˓*tsing* *pák*˒ vigor of the bodily senses; *lok*˒ *pák*˒ out of spirits, disheartened; ˓*shang* *pák*˒ the waning of the moon; ˓*sám* ˓*wan* *ts'at*˒ *pák*˒ the three souls and seven spirits of a man; the last are supposed to be the energy of the limbs and five senses.

伯, Peh A father's elder brother; a senior, an elder, a superior; an earl, or the third in order of nobility; an elder brother or husband is addressed as *pák*˒; to control; the word *beg* is derived from this; *pák*˒ *fú*² a paternal elder uncle; an old gentleman; *pák*˒ ʻ*mò*, the wife of an uncle; *pák*˒ ˓*kung*, a great uncle; *pák*˒ *shuk*˒ paternal uncles; ʻ*ü* *pák*˒ the god of Rain.

佰, Peh A hundred men; a centurion; a bundle or string of a hundred cash.

柏, 栢, Peh The cypress, the cedar; large; to urge; ʻ*pín* *pák*˒ the juniper (*Cupressus thyoides*); *pák*˒ ʻ*fú*, a provincial judge.

舶, Peh A sea-going vessel, a great ship to cross the seas in; *pák*˒ ˓*ts'ò* ˓*shün*, a junk from Tientsin or Siam; ʻ*hoi* *pák*˒ a ship.

珀, Peh Amber, called ʻ*fú* *pák*˒; *hüt*˒ *pák*˒ red amber; *mat*˒ *pák*˒ false amber; *mat*˒ *láp*˒ *pák*˒ yellow amber.

白 Peh White color, an unlucky hue; clear, immaculate, as white; bright, as moonlight; explicit, manifest; disinterested, freely, pure; melancholy, mournful; plain, obvious, easy to comprehend; the white part of a thing; to explain, to manifest, to make clear; the 106th radical of characters relating to white; the reverse of a coin; *pák shik* a white color; *pák chong* a thief, a sharper; to swindle; *pák ch'áu*, a pasquinade; *'sé pák tsz'* to write by the sound and not the sense; *'hiú pák wá'* to understand the local or plain talk of a place; *pák fok* careless, worthless, contemptible, as a scapegrace; *pák pák 'pí 'ni* freely give it to you; *pák shang shang hü' ts'o'* to have a thing suffer by going off or gadding; *hò' pák shat* vain, lecherous; *'ngán pák pák* eyes only could see it—unable to buy it; *pák pi' ko*, a slippery fellow, a cunning rascal; *pák í yan* or *pák ting*, one of no rank, a commoner; *pák 'shau*, empty handed, as when one starts in life; *pák kòp 'ngán*, "pigeon's eyes," one with lofty aspirations; *pák yan*, an albino; *pák yat* in open day, daytime; *kai tán' pák* white of an egg; *'hau pák* the spoken parts of a play, not recited; *hung pák sz'* red and white (*i. e.* lucky and unlucky) affairs, pleasant and melancholy events; *pák tun 'tsz'* petunse, or purified clay used for porcelain; *pák tái'* fluor albus, leucorrhœa; *pák uk ch'ut kung hing*, an undistinguished family has furnished a high statesman; *'pái pák hai'* it's so, and no mistake.

帛 Peh Plain silk, taffety; wealth generally; a present of silk; *kwá' pák* to hang long strips of paper at the graves in spring; *'pò pák* paper burnt at worship as money; *ts'oi pák* property, wealth; *ts'oi pák sing kwan*, Plutus, the god of Wealth.

匐 Peh To fall prostrate; *p'ò pák* to crawl, as children, or when making prostration to the emperor; to hasten to a friend in case of need—so as to relieve him.

蔔 Peh A fragrant white flower; called *'tám pák*; *lo pák* a general name for edible spindle shaped roots, as beets, turnips, carrots, radishes, parsnips; *shang lo pák* to have chilblains; also, raw turnips.

(395)

P'ák.

拍 Peh To pat, to caress, to clap or tap with the hand; to slap, as a table; to beat, as cymbals, or waves against a rock; *p'ák wo*, a peacemaker; *p'ák chü ün*, to "pat the hog," to induce two to close a bargain; *p'ák 'pán*, castanets; *hòp p'ák* to chime in [with the cymbals]; to rhyme; *p'ák* 'chéung ˏi siú' clapped their hands and laughed; *süt, long' p'ák, ˏch'éung ˏhung*, the snowy billows beat against the sky.

(396) Pan.

賓 賔 ˏPin A guest, one who receives attention, a visiter of another surname; to entertain, to act the host; to submit, to come under civilizing influences; *ˏpan hik*, a visitor; *ˏpan ˏp'ang* a friend; *ˏsai ˏpan*, a domestic tutor; *ˏpan 'chü*, guest and host; *sz' 'hoi ˏpan fuk*, all the country came submitting itself.

檳 榔 ˏPin The areca-nut; *ˏpan ˏlong*, the betel-nut; *ˏpan ˏlau*, the leaf and nut prepared for chewing; *ˏpan ˏtsz' shap ˏman* the postage is ten cash; *ˏkwan 'tsz' ˏpan ˏlong, hat ˏi ˏín*, betel-nut is for gentlemen, tobacco for beggars.

濱 ˏPin The bank of a stream, the brink, the margin, the shore near, contiguous; almost, at, very near; to border upon, to outlie; *ˏpan 'sz'* almost dead.

臏 ˏPin The knee-pan; the skin; to cut off the knee-pan or leg, as a punishment.

繽 ˏPin Colored silks mixed; in confusion, mixed, blended; *ˏpan ˏfan*, a multitude of affairs, bothered; *ˏpan ˏpan*, blended, a mélange of colors, as in silks or bouquets.

蠙 ˏPin A pearl; perhaps denoting those found in fresh water.

邠 豳 ˏPin Name of an ancient principality in the south of Shensi, ruled over by the family of Chau before they got the throne, B. C. 1134.

奔 ˏPan Cattle frightened and scattering; to walk fast or run, to flee, to run away; to run after, to run about in confusion; to be busy with, to fag at; to elope, to marry without observing the rites; *ˏpan 'tsau*, to run, to scamper, to flee; *ˏpan ˏch'í*, to hasten, like a courier; urged by necessity; *ˏpan ˏpo ˏlò luk*, toiling and moiling, anxious, caring about many things; *ˏpan ˏsong*, to return home to bury a parent; *ˏyam ˏpan*, a clandestine marriage; *ˏwai 'hau ˏpan ˏch'í*, to bustle about for a living; *ˏpan ˏloi ˏpan hü'* running here and there.

彬 斌 ˏPin A due mixture of plainness and ornament; well contrasted; *ˏman chat ˏpan ˏpan*, simplicity and elegance in harmony; *ˏpan ˏpan*, elegant and neat, neat but not gaudy, as the kílin's skin.

賁 ˏPun Strenuous effort, valorous, as when serving a prince.

Also read *'Fan*, to be filled with rage; to bubble or effervesce, as a spring; *'fan ˏmún*, the cardiac extremity of the æsophagus.

稟 'Pin To make known to a superior by writing or speaking, to announce, to inform a higher officer; to receive from a superior in course of duty or after requesting; to receive from heaven, endowments, disposition; to petition, to ask of; a petition, a prayer, a statement; *'pan fuk,* to reply to a superior, or a friend; *'pan kò'* to petition (by the people); *,shan 'pan,* to inform a superior; *'pan ,chí,* a petition; *'pan t'ip,* an official statement, with a blue envelop: *'pan ,on,* to ask after an officer's health; *'pan ming²,* to acknowledge, or report upon orders received; *hí' 'pan,* the natural temper or talents; *kü² 'pan,* a prepared petition; *,tong min² 'pan pák,* to complain of in person, to accuse; *'pan shau²* to receive, to receive by permission; what is natural to one; *'pan ,shan,* to implore the gods.

品 Pin — All of a kind, altogether; a series, a rank, a degree, a class, one sort out of a variety or a series; a grade, an official standing; a rule, a law or guide to go by, an example; actions, conduct; an article, a thing of a sort; a delicacy, a rare dish; to classify, to rank, to arrange; *'pan máu²* countenance, expression; *'pan hang²,* actions; *'pan kák,* the deportment or carriage of a man, his natural ways; *'mò 'pan,* no character, abandoned; *'kwo 'pan,* sorts of fruit; *'pan 'sing,* the disposition, temperament; *'kau 'pan,* the nine official ranks, are divided into *ching'* and *tsung²* principal and secondary; *'k'ü hai² lüt, 'pan,* he is a reckless fellow; *shéung² 'pan,* superior, the best quality; *,ho 'pan k'ap,* what rank is he? *'pan mat,* articles, things; *yat, ,ká 'pan,* singular, eccentric, a man by himself; *,'m lap, 'pan,* to act improperly; *'pan tí²* first state of, original parts; *kik, 'pan,* the highest of the nine ranks.

賓' Pin — To receive a guest ceremoniously; to honor, to worship, to venerate; to arrange, to set in order; to enter in; *pan' tsip,* to receive a guest; *pan' séung'* a master of ceremonies. Interchanged with the next.

擯' Pin — To put out by force, to expel, to drive off; an officer sent to the frontier to salute an envoy; *pan' hí'* to cast away.

拚' — A colloquial word; to braid; *pan' ,pín,* to braid the queue.

嬪' Pin — A lady, a woman; a maid of honor or concubine; a fairy; to marry out; a deceased wife; *,fi pan'* ladies of the palace; *pan' 'fú,* his late wife; *pan' ,in ,shing ,hong,* to make many rows.

殯' Pin — To enshroud and encoffin a corpse; to carry out and bury, to inter, to make a funeral; *sung' pan'* to accompany a burial; *ch'ut, pan'* to carry out to bury; *pan' 'lím,* to encoffin; *pan' tsong'* to bury.

鬢' 鬂' Pin — The hair on the temples and sides of the face; the sides of the face; whiskers; curls, tresses; *,wan pan'* hair on the forehead puffed out.

笨² Pin — The inside of a bamboo; coarse, not good; stupid, ignorant; *pan² ,ngoi,* thickheaded, unapt; *pan² 'tsai*, an ass, a dunderhead; *tái² pan² tsèung²* a great blockhead, fat-brained; *'k'ü tong² 'ngo pan²* he takes me for a fool; *yat, ꜀t'iú ꜀ch'ung kòm² pan²* dull as a worm.

(397) P'an.

貧 ꜀P'in Poor, having only a small portion; destitute, impoverished, indigent, pennyless; *꜀p'an ꜀k'ung*, without resources; *꜀p'an tsín²* poor and lowly, ignoble; *yat, ꜀p'an ꜀ü 'sai*, poor as if washed, quite cleaned out; *꜀on ꜀p'an*, contentedly poor; *꜀p'an tò² kik,* extremely poor; *꜀p'an ꜀hon*, wretchedly poor.

頻 ꜀P'in Urgent, pressing; urged, precipitate, hurried; continually, incessant, repeatedly; margin of a stream; *꜀p'an kap,* in a hurry; *꜀p'an ꜀p'an ꜀loi*, continually coming; *꜀p'an ꜀lan,* in a great hurry; *꜀p'an ꜀lan ꜀'m tak, yap, ꜀sheng*, he is so bewildered he won't get into the city.

蘋 ꜀P'in An aquatic plant, a large kind of Lemna or duckweed, *(Pistia stratiotes?)* with a white flower, once used in sacrifices.

蘋 ꜀P'in The apple, called *꜀p'an 'kwo*, brought from the north; *꜀p'an ꜀p'o*, the *Sterculia balanghas*, an edible fruit.

顰 ꜀P'in To smile, to simper and giggle, as women do; to knit the brows, to frown; *꜀p'an siú²* to smirk and laugh; *háu² ꜀p'an*, a poor imitation, badly copied —a polite phrase, used in speaking of one's own works; *꜀Tung ꜀shí háu² ꜀p'an*, the miserable attempt of Tungshí to imitate the beautiful Síshí, which only made her uglier.

牝 'P'in The female of birds and beasts; also applied to plants; *'p'an 'mau*, male and female of animals; *'p'an ꜀kai ꜀sz² ꜀shan*, the hen rules the morning, "the wife wears the breeches." Sometimes pronounced *'fan*.

噴 P'in To expel the breath forcibly, to hoot, to spurt; to snort, to breath strongly through the nose; to sneeze; struck, as by effluvia; *p'an² hi²* to rave and snort; a breathing or aspirate; *ling² ꜀yan p'an² fán²* to make one blurt out his food—from laughing; *p'an² 'shui*, to spurt water, as over clothes; *꜀hòm hüt, p'an² ꜀yan, ꜀sín ꜀ú ꜀k'i 'hau*, he that spurts blood upon others, first defiles his own mouth; *p'an² ꜀t'ung*, to blow a sumpitan; *p'an² ꜀fú 'shui*, to sprinkle holy water, as the Rationalists do in exorcising; *꜀hèung p'an² p'an²* very fragrant; *'tá p'an² t'ai²* to sneeze; *p'an² ꜀fá ꜀t'ung*, to let off a rocket.

濆 P'in Interchanged with the preceding; to bubble up, as a spring.

(398) Pán.

般 Pán A boat returning; to move, to remove, to separate and distribute, to divide among; Used for the two next.

頒 ˏPán To confer upon, to dotate, to distribute among all; to disperse, to divide among, as a king does; to publish abroad, to make known; gray, grisly; *ˏpán ˏhang ˏt'in há²* to publish to the world; *ˏpán tsò²* to distribute offerings. Used for the next.

班 ˏPán To confer, to distribute rewards and places to soldiers; to make known, to extend everywhere; to place in a series; an order, a rank, a row, a series, a grade; a class of persons; a turn; a classifier of groups of men and plays; a manager; variegated, striped, in which sense the next is used; *ˏmún ˏpán*, personal attendants of officers; *tsò² ˏpán*, torturers, those who bamboo culprits; *fái² ˏpán*, official messengers; *ˏch'éung ˏpán*, body servants in constant employ; *ˊshéung ˏpán*, to take one's turn; *ˊhá ˏpán*, to retire in turn; *hí² ˏpán*, a company of actors; *ˏfan ˏpán tso² lít,* to seat each one in his place; *ˊLò ˏPán*, the patron of carpenters; *ˏPán ˏmún lung² ˊfú*, to wield an ax before Lòpán, to think too well of one's self; *ˏkoi ˏpán*, comes to my turn; *ˏt'ung ˏpán púi²* of the same company or sort; *tái² ˏpán*, chief manager, a supercargo, a common address for a foreigner; *ˏpán pik, ˊché*, grayhaired, grisly, white.

斑 ˏPán Variegated, striped, streaked; *ˏpán kün²* mixed lustring; *mín² ˏpán*, pockmarked; *ˏpán ˏlán*, streaked and colored; *ˏpán shik,* variegated; *hon² ˏpán*, white marks on the skin.

斒 ˏPán Variegated, streaked, like agate; *ˏpán ˏlán*, mixed colors, veined and striped.

蟹 ˏPan A poisonous fly striped; it is found on pulse; *ˏpán ˏmau*, cantharides, any blistering fly.

板 ˊPan A board, a plank, deal; board or plate of any kind; a page; wooden blocks for books; the palm or sole; an instrument of punishment; a stroke of the bamboo; obstinate, doltish; castanet players; a stretch of adobie wall; a register; *yat, fái² ˊpán*, a board; *kwo² ˏk'iu ˏch'au ˊpán*, having crossed a bridge to pull up the planks,—said of those who needlessly injure others; *ˊtá ˊpán ˊtsz'* to bamboo; *ˊtá ˊshau ˊpán*, to punish by striking on the hand; *ˊhéung ˊpán*, castanets; *hák, ˊpán*, to cut blocks for books; *chong² ˊpán*, "impinging boards," disappointed, to disappoint; *ˏsám ˊpán*, a ship's gig, a wherry, a rowboat; *ˊkú ˊpán*, "old boards," old notioned, not up to the age; *fái² ˊpán* and *mán² ˊpán*, the quick and slow castanet players; *káp, ˊpán*, boards inclosing books when lettering them, or to support things; a flying dispatch from court; *ˊpán chéung²* a board partition; *chuk, yat, ˊpán ˏts'éung*, to build a mud wall; *ˊpán ˊkeng*, stiff-necked, mulish; *ˊpán chai²* doltish; *sing² ˊtsz' t'ái² ˊpán*, a stubborn disposition; *p'ák, ˊpán chéung² ˏsz' ˏyé*, a secretary who stops a case, one who spoils a matter.

‘版 Pán Interchanged with the last; a schedule, a register, a list; an insignia, a baton; a board; planks for building walls; to partake, to divide; *‘pán tsik* a census or registration of the people; *꜀t‘au ‘pán hí꜄ ꜀kún*, to throw down the mace and give up the office.

‘昄 Pán Great; extremely; *‘pán ꜀chéung*, the sun very bright. Interchanged with the last.

扮[2] Pán To dress up, to beautify, to adorn, to bedeck, to apparel; to disguise, to rig out, to bedizen, to counterfeit, to simulate; dress, ornament; to beat with a stick; *꜀chong pán[2]* dressed out, gay, exterior show; *‘tá pán[2] tak꜄ ‘hò*, well dressed; *pán[2] shik꜄* processions in spring; *kwan꜄ pán[2] ‘k‘ü*, take a stick to him; *‘ká pán[2] ꜀kún ꜀ch‘ái*, to counterfeit policemen; *pán[2] ‘kú sz꜄[2]* to dress up processions. Read *‘fan;* to seize with the hand, to hold; to move.

[illegible][2] Pán To tie up, to tie fast; a hand, a tie, a loop, a tether; *mò꜄ pán[2]* a hat tie under the chin; *‘tséung pán[2]* an oar-tie.

辦[2] Pán To manage, to dispose; to attend to; to prepare, to provide; to depute; to do, to transact business, to act as a factor; a sample, a muster of goods; *‘mái pán[2]* a comprador, a steward or butler; *pí꜄ pán[2]* to provide for, to arrange against; *pán[2] tsúi[2]* to give sentence; *pán[2] fo꜄* to contract for goods; *pán[2] ꜀’m ꜀loi*, can't be got for this, not enough to purchase it; *pán꜄ ‘tsau*, to prepare an entertainment; *pán[2] ‘t‘o tong꜄* all settled, well arranged; *pán[2] fán[2]* to sentence criminals; *pán[2] on꜄* to depute one to attend to a case; *꜀ch‘á pán[2]* a muster of tea; *túi꜄ pán[2]* to compare musters.

瓣[2] Pán The carpel or divisions of a melon or orange; *꜀fá pán꜄* (or *꜀fá fán[2]*) the petals of a flower.

湴[2] Pán Deep mud, mesh made by treading mud and water, the mire of the roads; to get mired, muddied; *pán[2] ꜀ú*, marshy fields; *꜀nai pán[2]* mud, slush; *tán꜄ pán꜄ ꜀fong ‘yau ts‘z꜄* beware, lest there be thorns in the mud, *i. e.* take heed how you oppress the helpless; *꜀kau ꜀k‘ü pán[2]* offal of sewers; *yat꜄ ꜀shan pán[2]* dirtied all over; *꜀ch‘á lok꜄ pán[2]* slipped down in the mud.

(399) P‘án.

꜀攀 ꜀扳 P'án To lead, to drag, to haul, to pull down or towards one; to climb up; to mount, to ascend; to drag into, to implicate; *꜀p‘án ‘shau* to lead by the hand; *꜀p‘an ꜀’m tò꜄* unable to reach with the hand; *꜀kung ꜀p‘án*, to denounce, to inform against; *‘kòm ꜀p‘án ꜀t‘oi ká꜄* I venture to drag you, Sir, [to my house]; *꜀p‘án kwai꜄* to become a *kújin;* *꜀p‘án ‘há ꜀lai*, pull it down; *꜀p‘án ‘chí*, an archer's thumb-ring; *꜀p‘án ꜀p‘úi ꜀’m ‘hí* don't draw together, unequally mated; *‚p'án ‚lau*, to civilly detain; *‚'m 'kòm ‚kò ‚p'án*, I don't deserve such distinction, I can't intrude on you.

販 ‚P'án An eye which shows much white, a turned up or distorted eye; *‚p'án ‚tsing*, a cataract.

盼' P'án A clear eye, a piercing, beautiful eye; *p'án' mong²* to look for in hope.

(400) Pang.

崩 ‚Pang The fall or slide of a mountain; to fall in ruins, to fall from a high estate or position; an emperor's death; in colloquial, a fracture, a deficiency, as a piece broken off; *‚shán ‚pang*, the mountain's rushed down, the state is ruined; *hüt, ‚shán ‚pang*, severe hemorrhage from the womb; *‚pang ‚ki ‚wai*, to make a breach in the embankment of a river; *‚pang 'hau*, a harelip; *‚pang ‚t'au*, a broken head; *á' ‚pang ‚ch'ui tek,* a harelip playing a fife—to lose one's labor; *ká' ‚pang*, the emperor is dead; *tái² ‚pang pái²* a great ruin, what a fall was there! *'tá ‚pang*, broken off.

凭² Pang To lean upon or against; to depend on, to trust to, to confide; *pang² ‚lán*, to lean on the railing; *'i pang²* to look to for protection; *‚kon ‚ch'ái pang² 'fo*, a dry stick near the fire—one in the way of temptation; *'mò pang² nang²* unstable, unworthy of trust; *‚ái pang²* to lean on; a dependance.

(401) P'ang.

烹 ‚P'ang To boil or stew; to decoct; *‚p'ang ‚ch'á*, to make tea; *‚p'ang lin²* to decoct and stew by stirring it; *tsz'² ‚p'ang ‚k'i ‚chan*, he burnt his own fingers.

朋 ‚P'ang A friend, a companion, an equal, a fellow-student, an acquaintance; to join in with, to associate with; *‚p'ang 'yau*, a friend; *‚p'ang 'tong*, a party in the state, a clique or cabal; *‚p'ang pi² ‚wai ‚kán*, to club *‚p'ang* others in intrigue; *'hò* with *‚ts'ing*, very friendly.

鵬 ‚P'ang A monstrous bird like the Arabian roc, fabled to be changed from the kraken; *tái² ‚p'ang 'chin ch'i'* the roc has flapped his wings—said of a boxer.

硼 ‚P'ang A kind of stone; *‚p'ang ‚shá*, natural borax, the sub-borate of soda.

凴 ‚ 憑 ‚ P'ang A stand for a stone; to lean on; to trust to, to rely on; confiding in, depending on; according to, as; evidence, proof, testimony; *'yau ‚p'ang*, evidence; *'mò ‚p'ang*, unfounded; *'i mat, ‚wai ‚p'ang*, what sort of proof have you? *'hau wá² ‚mo ‚p'ang*, words cannot be relied on; *‚yan ‚p'ang ‚shan lik,* men depend on the power of the gods; *‚p'ang kü'* proof; *‚man ‚p'ang*, an officer's commission; *lò² ‚p'ang*, a kind of way-bill, in which the stoppages of officials are noted; *yam' ‚p'ang 'ni*, just as you please; ˬp'ang 'ni 'kong, according to what you say, let it be as you say; ˬp'ang ˬtán, a contract note in trading, a bill of items.

馮 ˬPing To swim; ˬp'ang ˬho, to cross a stream without a boat or bridge, as a fool might try to do.

(402) Páng.

棒 'Páng A club, a staff, a cudgel, a stick; to fence; to cudgel, to thump, to take a stick to; 'páng 'k'ü ch'ut, hü' drive him out; ˬtong ˬt'au yat, 'páng, a rap on the noddle; ü, 'fo 'páng, a hot poker—can not be taken at both ends, an unmanageable affair; tò' ˬkam 'páng, an agate burnisher.

㨃² A colloquial word; bang! a report of a gun.

(403) P'áng.

彭 ˬP'ang An exciting sound, as of a drum; a chariot-scythe; to journey, to go; a road; abundant; unceasing; name of districts and a river in Sz'chuen; ˬP'áng 'lai, the west side of the Poyang Lake; ˬp'áng ˬp'áng, a beating of drums; the crash of falling things; ˬwáng ˬp'áng páng² to put in one's jaw, to rudely interfere.

蟛 ˬP'ang A land crab, found in rice-fields and along the beach; tam' ˬp'áng ˬk'i, to angle for crabs; ˬp'áng ˬk'i 'tsz' crab's eggs; ˬhung ˬsong ˬp'áng ˬkí, a small crab with red nippers; 'mò 'cháu ˬp'áng ˬk'i, a clawless crab—an inefficient fellow, a lazy lout.

澎 ˬP'ang The noise of dashing waters; ˬp'áng ˬú ün² the district of the Pescadore Is. off Formosa.

膨 ˬP'ang The belly puffed and swelled; ˬp'áng ˬhang, a big belly, like a sow; 't'ò ˬp'áng chéung' stomach distended, flatulent.

棚 ˬP'ang A scaffold or staging for plays or religious ceremonies; a framework; a hut, shed, or banksal made of atap; a covering, an awning; ˬléung ˬp'áng, an awning; t'áp, ˬp'áng, to erect a mat shed; ˬp'áng 'ch'ong a temporary shelter, a shed, mat-covering; hí' ˬp'áng, theatrical shed; shái' ˬp'áng, a drying scaffold; ˬkwá ˬp'áng, a melon frame; ch'ák, ˬp'áng tsò' kwo' take it to pieces and do it over again.

(404) Pat.

不, Puh An adverb, no, not; it usually comes before verbs; as pat, ˬnang, can not; before adjectives, answers to un, dis, in, —as pat, pin² inconvenient; pat, ˬt'ung, unlike; when repeated with tak, forms an affirmation; pat, tak, pat, hü' I must go, I can not but go; following another negative, the affirmation is stronger; as mok, pat, ˬming í' can not fail of being understood; when

海上絲綢之路文獻集成 科技與文化編

placed between a verb repeated, forms a question; as ˛loi pat, ˛loi, will he come? repeated before succeeding verbs, answers to neither, nor; as pat, ˛ká pat, 'kám, neither increases nor abates; pat, ˛sám pat, sz'² [he is] neither three nor four, an unsteady, unstable person; before ˛ü or yéuk₂, negatives the comparison, as pat, ˛ü tso² nothing like sitting, better sit; pat, yéuk₂ hü² rather go, let us go; after 'hò, it makes an affirmative question; as 'hò pat, ˛fün 'hí, good not to rejoice? i. e. we ought greatly to rejoice; pat, yat, not a few, unlike; pat, yat, not many days, erelong; pat, ˛ín, not so, on the contrary; 'yau pat, shí² ch'ü² he has some faults; 'hí pat, shí² how is it not? it is so; tái² pat, 'liú sz'² no great matter to do it; pat, sham² 'hò, not very good, tolerable; pat, ˛siú ˛t'ai, don't speak of that, let that pass; pat, yik₂ lok₂ ˛ú, will not that be pleasant?

畢, Pih To finish, to bring to an end; completed, concluded, over, terminated; the last, the end; all, entirely; the 19th zodiacal constellation, comprising the Hyades; a sort of fork or spit used in sacrifices; an iron under a carriage; a hand bird-net; a document, writings; pat, 'king, at last, after all; pat, chí² all came; sz'² mí² pat, the job is not yet done; ˛kung sz'² pat, when public business is done.

嗶, A woolen cloth; pat, ˛ki, long ells or Spanish stripes.

蓽, Pih A kind of pulse; pat, pút, 'tsz' long peppers. Used for the next.

篳, Pih A wicket; an inclosure hedged in, made of bamboo or wicker; a wood cart; pat, ˛mún, a wicker gate, a poor man's cot; pat, lut₂ a flageolet.

蹕, Pih To warn persons off the road, to make way for the sovereign; to stop, to halt; an imperial journey; 'king pat, to bid people to retire or halt.

韠, Pih Leather pads for the knees when kneeling; a sort of apron.

筆, Pih A pencil, a small brush, a pen, a stylus; to write, to compose; *met.* composition, style; drawing, penmanship, writing; direct, straight; yat, ˛chí pat, a pencil; ˛ngo ˛mò pat, a quill; ˛ün pat, a lead pencil; pat, fát, rules of composition or penmanship; lok₂ pat, to begin to write; yat, pat, ˛kau ˛siú, to finish with one stroke of the pen; t'it, pat, the "iron pen," to write the archives of the land; ˛kung pat, labored work with the pencil; í² pat, drawings quickly executed; 'hò pat, fát, fine penmanship; tái² pat, large letters, a skillful style; 'chí pat, ˛séung héung² pen and paper at each other—a great litigation; yat, pat, 'shéung hü² went straight up, rose directly up; tím² pat, lat, straight as an arrow; ˛sung pat, pat, loose, like cotton or wool; ˛man pat, a literary pagoda of 3 stories;

tik, *pat*, an autograph; *pat*, *'tsui*, *pat*, *,kon*, and *pat*, *,t'ung*, the hair, shaft, and cover of a pencil.

檡, Pih. A sort of yellow, even grained wood, very light, much used for carving statuettes; it comes from Kiángsí.

弼₂ Pih. To aid, to guide, to assist, as a statesman; a splice or support on a bow; perverse; *,léung pat*₂ a good minister; *fú' pat*₂ ministers, assistants; *'ní 'hò pat*₂ *fú'* you are a good friend; *,shün ,t'au pat*₂ a bowsprit.

拂₂ Pih. Same as the preceding; *pat*₂ *lü'* perverse, obstinate; *pat*₂ *,yan ,chí sing'* to act contrary to other people. Usually read *fat*,.

(405) P'at.

疋, P'ih. A classifier of pieces of cloth or silk; the 103d radical; *yat*, *p'at*, *pò'* a piece of cotton; *p'at*, *,t'au*, woolen and other piecegoods; *,shing p'at*, a whole piece.

匹, P'ih. A pair; one of two who have been united; a fellow, a mate, a partner; to unite, to match and pair; a classifier of horses and fledgelings; *yat*, *p'at*, *p'úi'* a married pair; *p'at*, *p'úi'* to marry; *p'at*, *,fú*, a husband, a widower; *yat*, *p'at*, *,sü*, a beard.

鴄, P'ih. A wild duck, a mallard; *shü' ,yan chap*, *p'at*, a plebeian takes a duck [as a present].

(406) Pát.

八, 捌, Páh. Eight; the 8th radical; *tai*² *pát*, the eighth; *pát*, *pát*, sixty-four; *t*² *pát*, sixteen; *pát*, *shap*, eighty; *pát*, *,yam*, music; *pát*, *pái' ,chí ,káu*, an intimate friend; *,mong pát*, or *,wong pát*, *,t'au*, a shameless cuckold—an abusive term; *pát*, *,tò*, to divide, from the composition of the word 分 *,fan*; *pát*, *,t'oi 'kiú*, "an eightborne sedan," *i. e.* a gov.-general and governor; *pát*, *kok*, *,yau*, aniseed oil; *pát*, *tsz'*² *,shang tak*, *'hò*, the eight horary characters are good—a good horoscope; *ts'at*, *'shau pát*, *pí'* seven hands and eight arms—agile.

捌, Páh. The complicated form of the preceding; to divide, to rend open; a ripping or splitting sound.

(This character is often pronounced *pat*.)

拔₂ Páh. To pull up, to pull or pluck out, to eradicate, to pull up by the roots, to extirpate; to storm, to take by assault; to elevate, to promote; quickly; eminent, conspicuous; barb of an arrow; to exclude, to brush away; *,t'ai pát*₂ to advance, to bring forward; *pát*₂ *'hí ,hái*, pull up your shoes; *pát*₂ *,teng*, to draw a nail; *pát*₂ *t'ít*, *sín'* to draw out iron wire; *yat*, *,mò pat*, *pát*₂ not pull out a hair—spare nothing; *pát*₂ *kím'* to draw a sword.

英華分韻撮要

茇 Poh[2] The roots of grass, stubble; a thatched or mat hut. Often read *pút*[2].

魃 Páh[2] The demon of drought, represented as a naked or tattered pigmy with one eye, and fleet as the wind. Deified, perhaps, from the summer-colt.

(407) **Pau.**

裒 ‹Pau To collect, to bring together; to diminish, to reduce; many; *‹pau tsü*[2] to congregate; *‹pau ‹to yik› ‘kwá*, to decrease the surplus and add to the deficient. Also read *‹fau*.

吥 Pau[2] To draw in the breath. A colloquial word; flabby, puffy, spongy, tumid, swelled, fatty; empty, deceptive; *lau*[2] *pau*[2] not firm; soft, like flesh; *yat› ‹f'ün yat› pau*[2] a sinking and a swelling; *yat› pau*[2] *‹nai*, a clod of earth; *‹sung pau*[2] *ké*[2] flabby, a want of substance.

(408) **P'au.**

剖 ‹P'au To cut in two with a knife, to split, to divide, to halve; to judge, to decide; to expose, to lay open; *‘p'au ‹hoi*, to rive, to rip open; *‹fan ‘p'au ‹'m ‹hoi*, can not cut it open.

掊 ‘P'au Interchanged with *‹pau* 裒; to add; to grasp, to take to one; to exact; to get salt out of seawater; *‘p'au hak›* to rigorously exact, as duties.

(409) **Páu.**

包 ‹Páu To wrap around, to wrap up, to enwrap, to infold, to envelop; to comprehend, to contain, to hold, to be included in; to be patient; to undertake, to contract, to manage a whole matter, to assume, to do for another; to promise, to engage, to warrant, to insure; a bale, a bundle; a wrapper, a roll; *‹páu ‹kung liú*[2] to take a job and find the materials; *‹páu pán*[2] *‘kún*, a shop which provides entertainments; *‹páu kok›* to bind or rabbet a corner to strengthen it; *‹páu ‘tam ‹páu cháp*[2] I'll let you pound or cut it, for it is good; *‹páu ‹chi ‹páu kít›* I can assure you that it is accurate; *‹páu ‹t'au*, a fillet or head-band; *‘tá ‹páu*, to wrap; to mat, as a box; *‹páu sok›* matting twine; *‹páu pán*[2] *‹ch'á* to take contracts for tea; *yat› ko*[2] *‹páu*, a bundle; *‹nang ‹páu ‹yung*, patient, forbearing; *‹páu pí*[2] to screen; to harbor, as a criminal; *‹páu ‘lám*, to take the whole conduct of, to monopolize a commodity; *‹páu ‘chung ‹ch'á*, Powchong tea; *‹páu ‘kún tsò*[2] *tak› ‹lai*, I assure you I can get it done; *‹páu ‹mái yat› ‹páu*, do them up in a bundle; *‹páu tsoi*[2] *noi*[2] it is included or reckoned in; *‹páu fuk*[2] a knapsack, a bundle; *‹páu ‘tá ‹kún ‘fú*, to assure the success of a case; *‹páu ‹ch'éung* a procurer; *‹páu ‘ni ‹mò sz*[2] I can assure there's nothing to to fear; *ˌmín ˏfá ˏsám ˏpáu*, three bales of cotton.

胞 ˏPáu The placenta or after-birth; uterine; brotherly; a fish's air-bladder; the crop of birds; a vesicle, a pustule, blister; to swell, to puff up; *ˏpáu ˏí*, the after-birth; *ˏt'ung ˏpáu ˏhing tai²* brothers of the same mother; *niú² ˏpáu*, the bladder; *ˈshui ˏpáu*, a water-blister; *ˏü ˏt'ung ˏpáu*, like my own brothers.

苞 ˏPáu Rushes or grass fit for making mats or sandals; the covering of grain; luxuriant, rank; presents of food folded up in leaves; roots of the mulberry; *chukˀ ˏpáu ˏts'ung mau²* the luxuriant bamboo and thrifty firs; *ˏpáu ˏsong*, stable, secure.

鮑 ˏPáu A kind of dried fish regarded as a delicacy; pickled fish; dry salted fish; stinking, rank fish.

飽 ˈPáu To eat enough; satiated, fed, satisfied; gratified, pleased, as with flattery; *shik₂ ˈpáu* or *yákˀ ˈpáu*, eaten enough, I have dined; *ˈpáu hok₂ ˏchí ˏyan*, a very learned man; *ˈt'ai ˈpáu ˈngán*, satisfied with seeing; *ˈpáu ˈmún*, or *ˏsung ˈpáu*, fat, obese; *ˈpáu ˈnün*, fed and clothed; *ˈt'ai kínˀ ˈní tsau² ˈpáu* the sight of you is enough; *ˏkí ˈpáu ˏyau ˏyan*, hunger and satiety are as men please.

爆ˀ Páu To burn, to scorch; to snap, to pop; to crackle, as a fire; to chap; to burst, to shrink from heat or dryness; hot, sputtering, crackling; to dry by the fire; *ˏshiú páuˀ chukˀ* to let off fire-crackers; *páuˀ tséung²* fireworks; *ˈt'ung ˏfú páuˀ ˈliú*, the tub's hoops are burst; *páuˀ kukˀ* parched rice; *páuˀ ch'ákˀ* chapped; *páuˀ ˈfo*, a crackling fire. Also read *puk₂*.

(410)

P'áu.

拋 ˏP'áu To fling, to throw down; to reject, cast off, throw away; to throw abroad; to toss up; *ˏp'áu ˏnáu*, to anchor; *ˏp'áu ˏso*, to throw a shuttle; *ˏp'áu ˏt'au lò² mín²* to appear in public; *ˏp'áu híˀ* to abandon, to reject; *ˏp'áu pít₂* to flee, to abscond.

庖 ˏP'áu A slaughter-house; a cook-room, a kitchen; *ˏp'áu ˏyan*, a cook, a butcher; *ˏp'áu ˏch'ü*, a kitchen.

咆 ˏP'áu To roar, as a tiger or bear; to bluster; *ˏp'áu ˏháu*, to roar, an angry cry; *ˏp'áu ˏháu ˏkung ˏt'ong*, the angry blustering of officials at the tribunals.

包 ˏP'áu 炮 Interchanged with the preceding, but more used for *p'áuˀ* a gun.

匏 ˏP'áu A calabash or bitter squash, once used for musical and drinking utensils; any gurglet-shaped vessel; the hard shell of gourds; *ˏp'áu ˏkwá*, a gourd.

鉋 刨 ˏP'áu A plane; to plane, to shave, to smooth; *ˏp'áu ˏch'ái*, shavings; *ˏp'áu ˈhau ˏch'ái*, chips; *ˏp'áu ˏfá*, resinous shavings for the hair; *ˏsai ˏkwá ˏp'áu*, a smoothing knife; *ˏp'áu wát₂ tikˀ* plane it smoother.

䩝 P'au A currier, a leather-dresser.

'跑 P'áu To run, to gallop; to paw the earth, to scratch up; to prance, to gambol; to ride rapidly, as a courier; *'p'áu 'má*, to gallop; *'p'áu 'tsau*, to run off, to race; *'p'áu ꜀loi 'p'áu kü'* running about.

'趵' P'áu Interchanged with the last. Also read *pok꜄* to strike the feet together.

豹' P'áu A leopard, panther, ounce, or other spotted felinæ; the panther is the official embroidery; spotted; *p'áu' shik꜄* prettily ornamented.

炮' P'áu To bake or roast in the ashes; to wrap up and roast; *p'áu' chai'* to mix and infuse—as medicines; *p'áu' ꜀ch'á*, mix to tea with condiments. Used for the next.

礮' 砲' P'áu Interchanged with 爆 *páu'*. A balista, once used in war; a cannon, great guns; fireworks; *yat꜄ ꜀mún p'áu'* a cannon; *p'áu' ꜀ts'ang*, a battery; *p'áu' 'ngán*, a touchhole, a port-hole; *fong' p'áu'* to fire a gun; *p'áu' ꜀t'oi*, a fort; *꜀shiú ꜀fá p'áu'* to burn the flower gun—when worshiping Ceres; *p'áu' 'héung*, report of guns; *p'áu' 'shau*, a gunner; *'sai p'áu'* to scale guns; *fong' ꜀king p'áu'* to fire a salute; *p'áu' ꜀t'au*, a rocket.

泡' P'áu A bubble, froth, spoon-drift, spume; a bubbling, murmuring noise; name of a river; to dip, to wet, to soak, to steep in; *'shui p'áu'* a pustule, a blister, bubbles on water; *p'áu' chai'* to decoct, as medicines; *p'áu' shap꜄* to dip, to moisten; *꜀ch'á p'áu'* relishes put in tea.

(411) Pé.

꜀啤 *꜀Pé 'tsau*, a Canton word for beer; *tái² ꜀pé*, porter.

嗶² An adversative colloquial particle, expressive of dissatisfaction or mistrust; *'kòm pé² 'tím ꜀ní*, well, and what then? Also, a final particle; *'héung fuk꜄ ꜀lé pé²* in short, he is enjoying himself.

(412) Pí.

꜀卑 Pí Base, low, vulgar, mean, inferior, menial, contemptible; humble, yielding, respectful; to humble, to abase; *꜀pí lau²* vulgar, low-lived; *꜀tsün ꜀pí*, noble and plebeian; *꜀pí tsin²* vile; *꜀pí ꜀ú*, dirty, mean; *꜀pí chik꜄* I, the magistrate; *꜀pí ꜀pí pat꜄ tsuk꜄ tò²* too unimportant, not worth mentioning.

꜀碑 Pí A pillar to which victims were tied; a tablet; *꜀pí mò²* a grave-stone; *shek꜄ ꜀pí*, a stone in memoriam; *꜀pí ꜀man*, the epitaph, an inscription; *lò² 'shéung ꜀hang ꜀yan 'hau 'ts'z' ꜀pí*, traveler's words are like tablets.

꜀䃾 Pí Same as *꜀p'ai* 砒. An ore of arsenic, realgar, the red sulphuret of arsenic. Also read *꜀fí*.

悲 ꜀Pí Compassion, feeling for, sympathy, grief at another's woe; to feel for, heartfelt sorrow; tragic, as plays; *꜀pí ꜀oi*, grief; *꜀pí ꜀fú*, to bewail a husband; *꜀pí ꜀tsoi*, alas, woe worth! *꜁ts'z' ꜀pí*, compassion; *꜀pí t'án'* to sigh in grief.

陂 ꜀Pí A bank, a side; to bank in, to inclose and drain; a pool, a fishpond; *꜀pí ꜁ch'í*, a pool.

羆 ꜀Pí A bear of great size; an arctic or grisly bear, found in Liáutung; *꜁hung ꜀pí*, a bear, —when dreamed of, is ominous of a son.

屄 ꜀Pí The female organs, the vulva.

比 ꜂Pí To compare, to classify, to sort, to judge of; to equal, to correspond, to select; a comparison, an illustration; the 81st radical; *'pí káu'* to compare; *'pí túi'* to pair, match; *꜁mò ꜁yan 'pí tak꜄ 'sheung*, no one can compare with him; *꜁mò 'pí ping' ꜁'m ꜀chí 'hò 'ch'au*, good and ill cannot be known without comparison; *'pí yat꜄ 'pí*, make a comparison; *'pí ꜀fong*, analogy, a simile; to measure; to suppose.

妣 ꜂Pí A deceased mother; *'háu 'pí*, deceased parents or ancestors.

彼 ꜂Pí A distributive pronoun; that, the further of two, the opposite; to exclude, to leave out of the question; *'pí 'ts'z'* that, this; then, now; there, here; the former, latter; *'pí ꜀tsoi*, him, indeed!

畀 ꜂Pí To give, to confer, to bestow, to distribute amongst. Interchanged with the next.

俾 ꜂Pí To give, to benefit; to cause, to enable; to follow, to accord; to let, to allow; to employ; a janitor; a conjunction, that, so that if, to the end that; by, with; *'pí shek꜄ kik꜄ ꜁yan*, to strike one with a stone; *꜁'m 'pí ꜁yan ꜀hang*, don't let people go; *'pí 'k'ü ꜀chí tò'* let him know; *sung' 'pí 'k'ü*, give it to him; *'pí ꜀to yat꜄ ꜁k'í*, allow more time.

捭 ꜂Pí To throw down. Same as 擺 *'pái*. Also to strike the hands together.

賁 Pí' To adorn; ornamented, variegated, as herbage; the 22d diagram, connected with fire.

庇 Pí' To shelter, to cover; affording protection or shadow; to shield, to protect; to lodge; *pí' yau'* to protect, as by gods; *'pò pí'* to shield with one's assistance; *'wing pí'* continual protection; *tsik꜄ pí'* to trust to for aid; *꜀páu pí'* to assure one protection.

泌 Pí' Water flowing, as from a torrent or fountain, between banks; running water; name of a river in the southwest of Honán, a branch of the River Hán.

祕 秘 Pí' Abstruse, secret, mysterious, divine; inspired, as by an afflatus; unaccountable, inexplicable; *pí' ꜁ch'ün*, mysteriously conveyed, like mesmerism; *pí' mat꜄* undivulged, close; *pí' ꜀shü*, a mysterious book.

苾 Pí' Fragrant, odoriferous; the perfume of flowers; *pí' ꜀fan*, grateful to the smell, like food. Also read *pit꜄* a kind of potherb.

祕³ Pí To treat rudely or disrespectfully, as when one is flustered with drink. Same as the next.

佖³ Pí Majestic, grave; full, filled up with; a man's name. Usually read *pit*.

毖³ Pí Laborious, painstaking; fatigue, care; attentive, careful, heeding; to counsel, to warn; water flowing from a spring.

閟³ Pí A closed door; to shut, to secrete; to skulk, to hide; hidden, secret, deep, profound, mysterious, spiritual; careful, attentive; *ˌsham pí³* occult, very secret; *pí³ sz'³* a secret affair; *pí³ nik*ˀ to keep out of the way.

駜³ Pí A strong, well-fed horse; a fat, robust horse.

痺³ Pí Rheumatism, weakness or paralysis of the limbs, arising from dampness; numbness in the joints; *kéuk*ˀ *pí³* my foot is asleep; *ˌhang pí³* a sudden twinge in the legs; *chéuk*ˀ *pí³* rheumatism from damp.

臂³ Pí The fore-arm; the cubit; the arm; the shoulder or leg of an animal when killed; the power or strength of an arm; in colloquial, to pour off from dregs; *ʻshau pí³* the arm; *pí³ ch'ün³* a bracelet; *pí³ tsʻit*ˀ the elbow-joint; *ˌyéung pí³* a leg of mutton; *ʻfán pí³* to throw the arms backward; *ˌpong yat*ˀ *pí³ ˌchí lik*ˀ lend us a hand, help here; *pí³ tò³ ˌts'ing*, pour it off clear; *ʻpá pí³ ˌí ˌt'ám*, to seize the arm and converse, to take by the button; *mái² tiú² pí³ ˌü*, nothing at all to do.

鼻² Pí The nose; nasal; to bore the nose; the 209th radical of characters relating to the nose; the first, original; in colloquial, a thing; *pí² ˌlung*, the nostrils; *pí² ˌléung*, the bridge of the nose; *á³ pí²* a fool, an ass; *pí² ˌko*, the nose; *pí² t'ai³ ˌch'ung*, a slug; *ˌlau pí² ʻshui* running at the nose; *ʻch'é pí² ˌhon*, to snore; *pí² ˌko ˌtò ʻmò yuk*ˀ his nose has no flesh—he is greatly afraid; *ˌang ˌko pí²* a Roman nose; *ʻhò pí²* a good article, a good thing; *pí² ʻtsò*, the first ancestor in a genealogy; *pí² sak*ˀ nose stopped up, the snuffles; *pí² ˌin* snuff; *pí² ˌtün*, the end of the nose; *pí² t'ai³* mucus from the nose; *sang³ pí²* to blow the nose; *chong² pí² ˌko hü³* follow your nose, go on straight.

篦² Pí A fine toothed comb, single or double; to comb; to lead; a kind of toothed net to catch shrimps; *tséung² ˌngá pí²* an ivory comb; *pí² ˌt'au fát*ˀ to comb the hair.

避² Pí To flee from, to escape, to avoid, to shun, to shirk, to get out of the way; to stand aside, to retire, to withdraw; to abscond, to hide one's self; *pí² kwo³ ˌní chéung³ ʻhím*, escape from this present danger; *ˌt'ò pí²* to abscond; *pí² shai³ ˌlau*, to shirk one's duty; *pí² chái³* to avoid one's creditors; *ˌúi pí²* to stand aside—as when officers pass; *pí² ʻshü*, to avoid the hot weather; *pí² ʻhá ʻk'ü*, get out of his way; *pí² ˌʻm ch'ít*ˀ did'nt dodge it.

備꜄ 㒐꜄ Pí } To prepare, to have, to provide for, to make ready, to arrange, to guard against; to retain; prepared, provided, complete, ready; sufficient, enough; entirely, wholly, all; *ü꜄ pí꜄* provided against; *tsuk꜆ pí꜄* enough is prepared; *꜀ts'ai pí꜄* all is ready; *꜂yau pí꜄ ꜁mò wán꜄* calamity is avoided by forethought; *pí꜄ lik꜇ ꜀on ꜁ngai,* he has experienced both felicity and misfortune; *pí꜄ ꜀chi ꜂tai sai꜄* he knows it all minutely.

嬖꜄ Pí A favorite, a vile but beloved person, a familiar; partial to, blinded for; depraved, lecherous; *pí꜄ ts'ip꜆* a favorite concubine; *pí꜄ hang꜄* or *pí꜄ ꜁yan* a catamite; *꜀p'in pí꜄* entire trust in, to adulate.

比꜄ Pí To harmonize, to equal; according with, even, equal, regular, uniform; party-spirited, intimate; *pat꜆ pí꜄* peerless, not comparable to; *pí꜄ ꜀yau ꜁ní,* a nun; *꜀o pí꜄* selfish, mean, partizan-like; *pí꜄ ping꜄* equal.

被꜄ Pí To reach to, to add to, to protect; to dress; to provide or prepare; to suffer, a sign of the passive voice; by, from; *pí꜄ k'ap꜆ ꜀t'in ꜀yan,* heaven's blessings reached him; *pí꜄ ꜂k'ü hoi꜄* wounded by him; *pí꜄ ꜀fung shi꜄ ꜀ts'an,* made ill by wind—when sleeping; *pí꜄ kò꜄* a defendant; *pí꜄ lái꜄* implicated in; *pí꜄ ꜁yan ꜀hi fú꜄* to be imposed on, to suffer mockery; *pí꜄ kü꜄* all ready; *pí꜄ ꜂shui ꜀tsoi,* suffered by a flood.

轡꜄ Pí The reins attached to a headstall or bridle; *chap꜆ pí꜄* to hold a horse.

啵꜄ A colloquial word; or, one of two; a final word, expressing certainty; *hai꜄ pí꜄* yes it is; *꜁'m hai꜄ pí꜄* not at all so; *꜀kung pí꜄ ꜂ná,* is it a male or female? *꜀p'eng pí꜄ kwai꜄* is it cheap or dear now? *pí꜄ ꜂tím yéung꜄* then, how will it be? then what?

庳꜄ Pí Low, like a house or palace, humble, unpretending, mean; short; the nose; *꜂Yau pí꜄* the name of a principality which the brother of Shun governed.

(413) **P'í.**

꜀丕 Pei Grand, great; first; distinguished; to offer up, to present to; to receive; *꜀p'í ꜂tsz'* the eldest son.

꜀伾 P'ei Strong, robust; valiant; many, a multitude; *Tái꜄ ꜀P'í,* a mountain in Weihwui fú in Honán.

꜀豾 Pei A fox's cub; *꜀p'í ꜁lí,* a young fox.

꜀駓 Pei A white and yellow speckled horse, a bright chestnut horse; *꜀p'í ꜀p'í,* pressing, hurrying along.

꜀披 P'í To open, to spread out, to extend, to uncover; to unroll, as a scroll; to rive, to break; to throw on, as a cloak; to cast or throw off clothes; to oppose; slazy, as cloth; disheveled; *꜀p'í ꜀so,* to put on a leaf-cloak; *꜀p'í fát꜆* to dishevel the hair; *꜀p'í ꜀hoi,* to open or split; *꜀p'í káp꜆* cavalry, a cuirasser; *꜀p'í ꜀ká ꜀shá,* to put on a surplice; *꜂í ꜀p'í,* a chair cover, a tidy; ʻshau ꜀p'í, open with the hand; ꜀p'í ꜀shü, to look at a book; ꜀p'í ꜀sing tái' üt꜄ to cloak the stars and put on the moon—to travel by night.

被 ʻP'í To put on garments on the shoulders; to dishevel, to undo; ꜀p'í fát꜄ to loosen the hair. Same as the preceding, in this sense.

⿰皮刂 ꜀P'í To peel, to flay, to pare off the skin; to trim, to hew; ꜀p'í ʻshau káp꜄ to trim the nails; ꜀p'í ꜀hiú ꜀p'í, pare off the skin.

皮 ꜁P'í The skin, the undressed hide; leathery, leathern; furs; bark, peel; a wrapper, the case around goods, the tare; a quartering in gambling; temper, character; to skin; to cover, as skin does; the 107th radical of characters relating to skin; ꜁p'í ꜀fú, the skin; ꜁ngau ꜁p'í, cow-hide; ꜁p'í ʻts'ò, dressed furs; kwai' ꜁p'í, cassia; ꜁p'í ʻpán, furs not made up; ꜁'m kú' min' ꜁p'í, regardless of reputation, shameless; ʻhò ꜁p'í hí' a good disposition; ʻpiú ʻchí ꜁p'í, to paper over; ꜀fung ꜁p'í, to seal up, to paper the cracks; ꜁p'í ꜁lü, mulish, obstinate; ꜀p'ai ꜁p'í, to peel, as an orange; chám' ꜁p'í, to curry leather; ip꜄ (or ꜀im) ꜁p'í, to tan; ꜀hoi ꜀t'án ꜁p'í, to open the quartering—in gambling; ꜁p'í ꜁lui, or ꜁wán ꜁p'í, fidgetty, willful, as children; ʻhò ꜁p'í shik꜄ a clear, good complexion; ʻch'é ꜁p'í ꜁t'iú, unstable, not to be depended on; mok꜄ ꜁p'í, to flay, to pull off the wrapper or peel; ꜁ch'ü ꜁p'í, without the case.

疲 ꜁P'í Lassitude, fatigue, weariness; inability, loss of strength; ꜁p'í kün' tired out; ꜁p'í ʻmá, a worn out house; ꜁p'í ꜁nán, drudging, tiresome, as an office.

罷 ꜁P'í Fatigued, ill, worn-out, tired; ꜁p'í ꜁lò, harassed; same as the last in this sense.

詖 ꜁P'í To flatter, to adulate; to dispute; artful, specious debate intended to flatter and win over; ꜁p'í ꜁ts'z' to beguile, to coax to do wrong.

仳 ꜁P'í To take leave of, to separate from; ugly; ꜁p'í ꜁wai, ugly, plain, as a woman.

枇 ꜁P'í A fine toothed comb; forks with which victims were lifted from the boiler; a fruit; ꜁p'í ꜁p'á, the loquat or medlar (*Eriobotrya japonica*); ꜁p'í ꜁p'á ʻt'ung, a barrel.

琵 ꜁P'í A musical instrument; ꜁p'í ꜁p'á the Chinese guitar or viol; name of a scaleless fish; to push with the hand.

毗 ꜁P'í Contiguous, as fields; clear, manifest; thick, substantial; cringing; kind, to treat kindly, liberal; to assist; ꜁p'í ꜁lin, adjoining, conterminous; ꜀kw'á ꜁p'í, servile.

媲 ꜁P'í To pair, to couple, to marry; equal, paired, matched; ꜁p'í ʻmí, alike pretty.

膍 ꜁P'í The stomach or tripe of a cow, the manyplus; the navel; thick, substantial, abundant; ꜁p'í ꜀ch'í, the entrails of birds.

貔 ꜁P'í A sort of feline beast from Liáutung, like a leopard; some say a spotted bear or badger; ꜁p'í ꜁yau, a flag with a leopard on it.

埤 ˎP'í A low wall; to add to, to augment; attached to; thick, liberal, abundant; low, marshy, damp, places; ˏp'í shapˎ damp.

粃 ˎP'í Grain which does not mature; the chorion or immature seed; chaffy grain; tares found in grain; ignorant; ˏp'í ˏhong, chaff, husks, refuse.

脾 ˎP'í The stomach, the internal tunic which digests the food; the digestion; the temper; to stop; ˏp'í hi' the gastric effluence, the temper; ˏp'í wai² the stomach; ˏp'í wai² sham² wong² an excellent digestion; ˏp'í ˏhü, languid, feeble; mat₂ ˏp'í, the cells of a comb; ˏp'í hí' ngáng² obstinate, willful.

Also read ˋpí, full, ample, as a dress.

粺 ˎP'í Good, white rice, well hulled and washed.

裨 ˎP'í Small, as caps used by lords in worship; inferior; beneficial; to assist, to supply deficiency; to reinforce, to be useful; to enable or give permission to do; to give over to; ˏp'í fú² to assist; tái² ˋyau ˏp'í yikˎ of great benefit.

陴 ˎP'í A parapet or breastwork, in which embrasures are made; to benefit; ˏts'éung ˏp'í, a parapet; ˋshau ˏp'í, an officer who guards the walls.

鼙 ˎP'í A drum or cymbal used on horseback, and sounded in battle near the general; to drum.

蚍 ˎP'í A large species of ant, called ˏp'í ˏfau; a flower of a reddish color, like a hibiscus.

痞 ˋP'ei A stoppage in the bowels, constipated; disease or pain from costiveness.

否 ˋPei To obstruct, to hinder, to bar the way, to interrupt; vile, wicked, bad, as mankind; ˋp'í shai' the wicked world; ˋp'í sakˎ impeded, way blocked up; ming² ˋp'í, a hard lot; ˋp'í kik t'ái' ˏloi, it is so bad that it must soon better.

鄙 ˋP'í A frontier or country town, a small place; a border, a frontier; a town of 500 houses, five of which made a *hien* or district; low, country-like, vile, rustic, mean; to despise, to contemn; ˋp'í lau² vulgar, the lower classes; ˋp'í lun² niggardly; ˋp'í lütˎ brazen-faced; ˋhò ˋp'í ˋk'ü, I utterly despise him; ˋho ˋp'í, despicable; ˋp'í pok₂ to vilify; ˏpín ˋp'í, on the borders, the frontier.

圮 ˋP'í To destroy, to subvert; to prostrate, as a city; ˏk'ing ˋp'í, to cast down.

被 ˎP'í A coverlet, a covering for a bed; to cover; ˋp'í ˏtán, a sheet, a single covering; kápˎ ˋp'í, a double coverlet; ˏmín ˋp'í, a quilt; ˋp'í mín² a counterpane; ˋk'am ˋp'í, to pull the clothes over one; ˋp'í ˏp'ò, bedding; ˏnt ˋp'í, a red woolen coverlet.

婢 ˎP'í A maid-servant, a female slave, one bought or condemned to servitude; ˋp'í ˋtsz' a slave maid; ˋp'í ˋnü, a term for a daughter; also used by women for themselves; ˏkún ˋp'í, condemned women; shi² ˋp'í, handmaids; ˏnò ˋp'í, slaves.

英華分韻撮要

譬ˀ P'í To compare, to make an illustration; to understand; a simile, an illustration, a parable, a comparison; *p'í' ˌü*, for instance, a comparison; *'ts'ü p'í' pat, 'ün*, to take a common illustration; *p'í' pat, tak,* incomparable; *mí' p'í'* unexplained, unintelligible.

屁ˀ P'í To break wind; *p'í' 'kú*, the posteriors; *fong' p'í'* to fart; used as a contemptuous expression for what another says.

(414) Pik.

碧, Pih A valuable stone, translucent like prase or jade; some are bluish, and others greenish, like the deep sea; *pik, ˌwan*, the azure clouds; *pik, shü'* a coralline tree, fabled to grow in the Kwanlun Mts.

偪, 逼, Pih To oppress, to harass, to ill-use, to force, to reduce to straits; to crowd on; to approach near, to press upon; to distend, to fill; near, urgent; *ˌchan ching' pik, ˌyan*, really, what a crowd! *pik, tak, 'hò 'kan*, a great press, a jam; *pik, 'sz'* to ill-use so as to cause death; *'hò pik,* very crowded; *pik, 'kan*, near to, bordering; *pik, tò' hi' ˌtò ˌ'm 't'au tak,* I am so squeezed I can't breathe; *pik, pik,* to force, to compel another, to tyrannize over; in straits; *pik, ˌü ˌmò noi'* necessitated, obliged to do; *ˌts'úi pik,* to dun, to hurry; *pik, há'* to oppress the poor; *pik, kü'* a buskin.

煏, Pih To dry at the fire; fire dried; *pik, ˌnam ˌngau yuk,* to bake beef thoroughly; *pik, 'tsau*, to distil spirits; *pik, ˌnung*, overdone.

壁, Pih A mud wall; a partition wall, wall of a house; a screen, an obstruction, a military defense; a steep ridge; the 14th zodiacal constellation, of γ in Pegasus and α in Andromeda; *ˌts'éung pik,* a wall; *chiú' pik,* a curtain wall before yámun; an opposite wall; *kák, pik,* a partition wall; *kák, pik, ˌyan*, a next door neighbor; *ˌká ˌt'ò pik, lap,* a poor family, only bare walls; *ˌmún pik,* a partition to screen a room; *mín' pik,* facing the wall, *i. e.* hard study; *pik, lap, ˌts'in yan'* the ridge rises in lofty peaks.

璧, Pih A badge of office, made of gem, round, with a hole in the centre, and carried into audiences; the *ˌkwai* and *pik,* were a sort of letters-patent; to decline; *pik, tsé'* to decline with thanks—written on cards; *'fán pik,* to return a present.

(This character is often pronounced *pák.*)

迫, 廹, Peh To urge, to insist upon; to press, to vex, to reduce to straits; urgent, pressing; to force one to extremity; *kap, pik,* urgent, as work; hurried, pressed; *kw'an' pik,* miserable, straitened, as a poor man; *ˌwai shai' 'sho pik,* forced by circumstances; *pik, 'sz'* jammed to death.

愎, Pih Perverse, bad, pertinacious, self-willed, disobedient.

(415) **P'ik.**

辟, P'ih A prince, a ruler; heaven; a law, example, rule; clear, to perceive fully; punishment, to punish, to castigate, to kill; partial to; *tái² p'ik,* a severe punishment, death; *p'ik, ˏming* nominal, by false pretenses; *ˏwong p'ik,* an emperor; a widow worships her dead husband by this title. Occasionally used for the four next.

僻, P'ih Mean, low-live, vulgar; depraved, licentious; prejudiced, partial; *p'ik, lau²* rustic, mean; *ˏp'in p'ik,* depraved, bad hearted; rough, uneven, as a path; *fong² p'ik,* dissolute; *p'ik, kin²* prejudiced, narrow-minded.

(This character is often pronounced *p'ek.*)

擗, P'ih To open, to cleave, to rive; to beat the breast; to throw down on, or at; to drive aside; *p'ek, shek, fong² 'fo,* to throw stones and set on fire; *p'ik, ˏhoi,* to break open; *p'ik, 'yung huk, yap,* to bare the feet and wail—as for a death.

闢, P'ih To burst forth, to disclose, to appear; to set in order; to develop, as nature does; to retire to, to shun; *ˏhoi p'ik, ˏt'in ti²* the creation; *yat, hòp, yat, p'ik,* an opening and shutting, a culmination and decline; *ˏch'o p'ik, ti² ˏfong,* to occupy new land.

霹, P'ih A clap of thunder; *p'ik, lik, ˏsheng,* a splitting clap; also applied to a crashing noise, the rumbling of wheels; *chan² p'ik,* a trembling, a shaking.

劈, P'ih To rive, to split, to open, to rend, to cut; *p'ik, lim² tik, ˏyan,* a harsh man.

癖, P'ih Indigestion; a morbid appetite; a penchant, a fancy for, great partiality; *shik, p'ik,* a craving appetite; *sing² p'ik,* a propensity, a passion for.

甓, P'ih A sort of tile which is to be partly covered by other tiles, and in which lines are made.

襞, P'ih Clothes folded up and laid in a pile; *p'ik, tsik,* the plaits or folds in the skirt of a petticoat; the gathers in a dress.

躄, P'ih Lame, unable to walk; upset, overturned, prostrate; *ˏpai p'ik,* lame of both feet.

(416) **Pín.**

邊, ˏPien The side; an edge, a bank, a margin; a border, the frontier, confines, boundary. In colloquial, which, where; what place; *ˏpín tik, chí² 'hò,* which is the best? *ˏpín yat, ch'ü²* in what place? *'séung ˏpín yat, yéung²* which one do you fancy? *ˏpín tak, ˏlai,* where did you get this? *ˏpín 'há* where? *ˏái ˏpín ch'ü²* near what place? *ˏpín ngoi²* beyond the frontiers; *ˏpín ˏkéung,* the boundary; *ˏchung ˏpín,* within and without; *ˏfá ˏpín,* an embroidered edge, as of a dress; *ˏfá ˏpín ˏngan,* a milled dollar; *ˏpín 'sháng,* which province? *'hoi ˏpín,* the seaside; *ˏmò hü² ˏpín ch'ü²* don't go away; *ˏpín ˏlán,* the raised edge of a coin;

英華分韻撮要

'k'i 'tò ,shan ,pín, stand by my side; 'hau tsoi' lò' ,pín, way-side talk—truth; 'lü ,pín, inside, within; ,t'in ,pín, the horizon; ,pín ko' which one?

籩 Pien A bamboo basket, called ,pín tau' made like a dish, used in worship to contain fruits; ,pín ,yan, an eunuch, who brings the server at sacrifices.

蝙 Pien A bat, called ,pín fuk, or ,sín 'shü, the fairy rat.

編 緶 Pien To connect or string on a cord; a ligature, a band; a cord to fasten bamboo books together; to arrange materials in order, as when preparing a book; to compose; records, books; to twist, to plait; a sort of turban; 'kán ,pín, a book; ,pín ,nín, annals; ,pín ,sau, a revisor of books—the lowest title in the Hánlin; ,pín lüt, tsz' hò' to arrange marks or letters in order.

箯 Pien A bamboo cart or barrow for transporting earth.

胼 Pien The hard skin of a laboring man's hand; callous, indurated, hard, firm; loose skin. Read ,p'ing in the Fan Wan.

鞭 Pien A whip, a lash; an iron cudgel; a cut or lash of a whip; to whip, to flog; 'má ,pín, a horsewhip; ,pín t'át, to chastise, to flog; ,pín ,kon, a whip-handle; ,tá 'k'ü shap, ,pín, give him ten lashes; chap, ,pín ,ts'ung sz' to take measures to do a thing; t'it, ,pín, an iron bludgeon; yat, ,chí ,pín ,kon, a walking-stick; ,p'í ,pín, a lictor's lash; ,t'ang ,pín, a rattan scourge.

鯿 Pien A bream (*Abramis bramula*); one or two species are reared by the Chinese to a great extent.

辮 Pien To plait, to braid, to twist, to intertwine; a cue; ,tá ,pín or pan' ,pín, to braid the cue; tái' ,sung ,pín, a loose plaited cue; ,lau ,pín, left for a cue—as when boys are first shaved; 'iú ,pín, to wind the cue round the head; ,pín 'teng, the hair left on the head; ,pín ,p'ái, a false cue.

扁 Pien Flat, round, low, not globular; a tablet; a lighter or small boat; ,p'ái 'pín or 'pín ngák, honorary tablets placed over doors by graduates; sai' ,kwá 'pín, a chopboat; 'shéung 'pín, to put up a tablet; 'pín pák, the juniper; kam' 'pín, to press flat.

匾 Pien Like the last. Flat, thin; a slice; a board or tablet; 'pín ngák, a door tablet.

褊 Pien Cramped, contracted, narrow, petty, small; strait, as a territory, garments, or the mind; 'pín 'siú, small, mean; 'pín lau' mean; 'pín ,sam, fearful, pusillanimous, timid.

惼 Pien Hasty, narrow-minded; 'pín kap, impertinent, covetous. Same as the last.

貶 Pien To detract, to criticise, to censure, to dispraise; to diminish, to abate; to vilify; ,pò 'pín, to praise and blame—as critics do; 'pín há' to degrade—as an officer; to humble; 'pín 'sün, to disparage, to do injury to by blaming; 'pín chut, to take away a dignity.

'窆 Pien To bury, to put the coffin into the grave; burial; 'pin hi' implements for interment.

變' Pien To change, to alter; to transform, to metamorphose; a change in things, a mutation from one condition or being to another; a turn of affairs, an insurrection, a revolution in the state; a calamity, a judgment from Heaven; 'koi pin' to reform; an alteration in affairs; pin' ˏt'ung, perspicacious, smart; pin' ˏsam, to alter one's views or feelings; pin' fá' to change by influencing; the changes in nature, to alter the substance of a thing; pik, pin' to excite to revolt—by oppression; pin' mái² to change hands by selling; pin' ching' a change in a disease; ˏt'in pin' providential calamity; pin' shik, change of countenance; pin' ún² change it.

便² Pien To put one who is irksome at ease; to accord with; rest, convenience; convenient, expedient, opportune, advantageous; ready, handy, at hand, at pleasure, readily; accustomed to, ready at; offices of nature; an adverb, then, so, thus; forthwith, immediately, straightway, just as; that is; shun² pin² to be convenient, to avail of a good chance; li' pin² serviceable, advantageous; pin² ˏchung tsau' wá² said it unpremeditatedly; 'ching pin² all made ready, finished; mi² 'yau pin² not yet ready; 'ki ˏshi tak, pin² when will it be ready? ˏch'á pin² tea is ready; ˏts'ui pin² as you please, any how, of no consequence; ˏ'm pin² inconvenient, unhandy, not ready; pin² shi² is just so, of course, that is it; pin² ˏon, at leisure, otium; 'siú pin² to make water; pin² ˏú, a chamber-pot; pin² ˏchung ˏhang ˏmái ˏloi, come in at your leisure; 'k'i ˏmái yai, pin² stand a little one side; mat, tak, kòm' pin² how is it you have it so handy? pin² tong' well arranged, in its place, all right; pin² chéuk, then it will do; ˏts'in ˏngan pin² ún² cash and silver readily exchanged; ˏfong pin² what is beneficial, of public or private advantage; tsau² pin² will be ready presently; pin² tsiú, no trouble, in one's way; tái² pin² há² hüt, the bloody piles; hòm² 'yé ˏts'ai pin² all is ready.

辨² Pien To separate or cut asunder; to divide, to distinguish, to discriminate, to dispute and discuss, in order to ascertain; to inquire into; frame of a bedstead; an ancient land measure; pin² ˏhoi ˏkò ˏtai, to distinguish between the dear and cheap; pin² shik, to discriminate colors; pin² tò' ˏts'ing, to thoroughly examine; ˏfan pin² to explain, to distinguish.

辯² Pien Analogous to the last; to dispute, to debate, to quarrel; to set in order; to review, to criticise; to insinuate; wrangling, artful; pin² pok, to contradict; ˏcháng pin² to wrangle; pin² lun² to debate; pin² ˏming pák, to argue or distinguish a point clearly; pin² 'chün, skillful at cajoling, to coax or cajole.

卞² Pien Hurried; a rule, a law; to put the hands to in a confused way; name of a district; *pín² kap*, perturbed.

忭² Pien Delighted, pleased, gay, joyous.

汴² Pien A river in Húpeh, a branch of the River Hán; *Pín² ˌléung*, the former name of K'áifung fú in Honán.

弁² Pien A casque, a leathern helmet; a bonnet of ceremony used in the Chau dynasty; military officers; quick, hasty, alarmed, trembling; to clap the hands; *ˌman ˌún ˊmò pín²* civilians and army officers; *ˊkú pín²* to clap and urge on to battle.

拚² Pien To grasp, to put the hand on; to sweep or brush away; to throw away; to reject; *pín² meng²* to risk or disregard one's life.

(417) P'ín.

偏 ˏ P'ien Inclined to one side, a side, at or by the side; partial, excessive, bent on having, longing for; selfish, secluded; a half; 25 chariots; fifty men; *ˏp'ín iú² ˊkòm*, I must have it so; *ˏp'ín ˊlíú ˊk'ü*, neglected or overlooked him; *ˏp'ín ˏfong*, a concubine; *ˊyau ˏp'ín* or *ˏp'ín kwo²* I have, thank you—a reply when asked if one has eaten; *ˏp'ín kwai yat, pín²* leans one side—as an unsteady boat; *ˏp'ín ˏp'ín áu²* willful, opinionated, determined; *ˏséung ˏp'ín*, to pass on a present to a third person; *ˏp'ín oi²* undue partiality; *ˏp'ín kín²* prejudiced; *ˏlò ˏp'ín ˏmún*, to go in a side door; *met.* dissipated, to follow evil ways.

篇 ˏ P'ien A slip of written bamboo, as anciently used; a red skinned bamboo, with delicate tasted shoots; a leaf of a book; a publication, books; *yat, ˏp'ín*, one leaf; *ˏp'ín shap,* a section in the Book of Odes; *yat, ˏp'ín ˏshü ˊt'ai ˊtò ˊlò*, has looked at one book till he's old—is only partially informed.

翩 ˏ P'ien To fly swiftly, to run to and fro quickly; fluttering, hovering; bustle and running, as at a parade; fluttering pennons; *ˏp'ín ˏp'ín*, flying about.

扁 ˏ P'ien Small, as a boat; *ˏp'ín ˏchau*, a skiff, a little flat boat. Same as the next in this sense.

艑 ˏ P'ien A flat bottomed boat, a shallop, used in eastern China; a scow.

便 ˏ P'ien Urgent; *ˏp'ín ˏp'ín*, diligent, in a hurry; also, to discuss.

徧 遍 ² P'ien Everywhere, all around, the entire, the whole, throughout; to go around, to make a circuit or tour; to pervade; a visit or walk; *p'ín² ˏshan*, the whole person; *p'ín² kwok, ˏchung*, to travel to the ends of the land; *yat, p'ín²* a visit, one walk or trip; *ˏch'üm p'ín²* to inform all.

騙² P'ien To vault into a saddle, to mount a horse; to take advantage of, to deceive, to cheat; *ˏhong p'ín²* or *ˏhí p'ín²* to lie to, to delude; *shau² p'ín²* deceived; *p'ín² kuk,* a plan for cheating; *ˏshui p'ín² ˊní*, who took you in?

片' Anything thin and small, as a leaf, slip, splinter, strip, bit, chip, fragment; a short time; petals of a flower; to split, to slice, to cleave, to divide; a half, a section of; the 91st radical; *yat,* *p'in'* *'chí* a slip of paper; *p'in'* *,hám,* a note, a chit; *yat,* *p'in'* *'fú* *,sam,* the whole heart engaged in it; *p'in'* *,ín,* half of the story, one side of a question, a word; *p'in'* *,shí,* a little while, an interval; *,ping p'in'* Baroos camphor; *,ch'á p'in'* a leaf of tea; *yat,* *p'in'* *,fau ,ín,* a lie, the whole of it; *,á p'in' ,ín,* opium; *,lau p'in'* a note left as a card; *p'in' tsau'* a memorial; *ts'ít,* *p'in'* to slice up.
P'ien

(418) Ping.

,兵 A weapon, arms; a soldier; an army, troops, forces, soldiers; military, martial, used in war; to fight, to use arms; *,ping ,ting,* a soldier; *,Ping Pò'* the Board of War; *tái² ,ping,* the great army, the main body of troops engaged; *,ch'éung ,ping,* "long arms," are spears, muskets; *'tün ,ping,* "short arms," are swords; *'hí ,ping,* to raise or marshal troops; *ch'ut,* *,ping,* to lead men out to battle; *,ping hí'* arms, military stores; *fuk, ,ping,* an ambush; *pái² ,ping,* defeated; *'Mán ,ping,* Manchu troops; *yat, ,chí ,ping,* a detachment or wing of an army; *'má ,ping,* *pò² ,ping,* cavalry and infantry; *,ping ,t'au,* a commanding officer; a foreign officer, as the governor of Macao, is also so called; *,ts'án ,ping,* discomfited troops; *,ts'ò ,ping,* to review troops; *kau' ,ping,* to save troops, to succor troops; *,ping 'fán ts'ák, ,lün,* seditious troops and rebellious banditti; *,kún ,ping,* government troops; *,ping ,k'ün,* military power; *,chiú ,ping,* to enlist soldiers; *,tò ,ping,* arms, an equipment; *ping ,shün,* a man-of-war.

冰 Ice; clear, pure; crystallized; frozen; icy, cold as ice; to freeze; *,ping ,ho,* a frozen river; *,ping tung'* ice; *,ping 'shui,* melted ice-water; *,ping süt,* ice and snow; *,ping 'láng,* as cold as ice, very cold; *,ping shat,* an ice-house; *,ping ,t'ong,* sugar-candy; *,ping ,ts'ing yuk, kít, ,yan,* a pure-minded good man; *,ping ,kí yuk, chat,* clear complexioned and faultless—said of a woman's person; *,ping ,yan,* or *tái² ,ping ,yung,* a go-between; *,ping ,fá ,t'ong,* pounded sugar-candy.
Ping

掤 A quiver, a case for arrows; to put the hand on the quiver so as not to let the arrows drop out.
Ping

'丙 The third of the ten stems; inferior, the last; a fish's tail; *,ping* and *,ting* belong to fire and the south, and hence mean bright; *,ts'ing 'ping,* heaven; *,yam 'ping tso' héung'* facing north and south—as a house or grave.
Ping

'柄 Sad, deeply afflicted; *,yau ,sam 'ping 'ping,* mournful, sorry.
Ping

'昺 Ping Bright, clear, like the daylight.

'炳 Ping The light of fire, bright; perspicuous, luminous, as a style. A colloquial word; to burn; *'ping 'liú 'ki ,ká,* burned several houses.

'邴 Ping A city in the ancient principality of Sung; also in that of Ching, in the east of China.

'迸 Ping To be scattered, to expel, to dissipate, to drive off; to idle about, to wander.

'秉 Ping A handful of grain; both hands full; an ancient dry measure of grain containing 2 *shek,* or 160 *'tau;* to seize or grasp in the hand, to maintain, to uphold; *'ping tak,* to adhere to virtue; *'ping ,kung,* to act justly, to maintain equity; *'pá 'ping,* to administrate, to direct; *'ping chuk, toi² tán²* to hold a light watching for the dawn.

'箳 Ping The covering or screen over a carriage, a mat to put over a wagon.

'摒 Ping To drive off, to expel; *'ping ,páng 'ping ,páng,* the crashing noise of broken crockery—a colloquial expression.

'鞞 Ping A scabbard, called *'ping 'pung;* name of a village.

(This and the next are often pronounced *peng.*)

'餅 Ping A cake, a biscuit; pastry made of flour, water and fat, dumplings; *min² 'peng,* cakes; *'peng ,kon,* dry biscuit, crackers; *'peng shik,* pastry; *,ngau 'nái 'peng,* cheese, cheese cakes; *'tsau 'peng,* yeast cakes; *üt, 'peng,* moon cakes, made at full moon of the 8th month; *,t'ong 'peng,* cakes sent to infants as presents.

柄' Ping A handle, a haft; the root, the source; *met.* authority, power, influence; having the control; *'pá peng'* to hold by the handle; *'yau 'pá peng'* powerful, influential, wise, having authority; having a basis of action; *'mò wá² ping'* nothing to talk of, nothing to make a story plausible; *,k'ün ping'* power; *,chá chü² ko' ,t'iú peng'* take hold of the handle; *peng' ch'ek,* a foot-rule.

幷' 并' 竝' 並' Ping Two standing or going together—the leading idea is dual; together, moreover, also, with, and; at once, even with, united, unitedly; really; to copulate; in colloquial, to compare; *ping' hòp,* united; *ping' ,fi,* by no means; *ping' ,t'an,* to seize all, to usurp another's; *ping' tso²* sitting together; *'ní ping' kwo'* compare them together; *yat, ping'* a single comparison; *ping' lap,* two standing together; *,'m ping' tak, chü²* they are very unlike, not to be compared; *ping' chung²* equally heavy. Also read *ping²* with the same meaning.

併' Ping Used for *'ping* 屏 and the preceding. On a line with, equal; to make one, to reduce to a uniform size or appearance; to expose, to be regardless of; *ping' kü²* oppose to; *'ping meng'* careless of one's life—as in battle; *ping' pát, pò² ˌwai yat˒ pò²* reduced the eight books to one.

(The three next characters are often pronounced *peng*.)

病² Ping Sickness, illness, disease; infirmity, malady; vicious, vice; defect, fault; sadness, sorrow, affliction; to damage, to injure, to render worse; to criminate, to vitiate; to hate, to dislike; to distress, to disgrace; *tsat˒ peng²* diseases; *ˊyau peng²* sick; *peng² ˊhò chung²* dangerously ill; *peng² ˌwong ˊngán*, you've jaundiced eyes—a railing phrase; *peng² fuk˒ fát˒* a relapse; *peng² ü²* convalescent, well; *ngo² peng²* sick abed; *pò² peng²* to plead sickness, so as to get a furlough or excuse; *peng² tak˒ ˌkáu ˌkwán*, very ill; *peng² kwok˒* to injure the state; *ˊm* (or *ˊhí*) *peng²* infected, to catch a disease; *hoi² ˌshéung peng²* an inward malady.

(419) P'ing.

抨 To grasp, to raise. A colloquial word; to set to rights, to arrange; *ˌp'ing ˊhò*, to put in order; *ˌˊm p'á² chít˒ ˌp'eng kwat˒* don't fear breaking your ribs; *ˌp'ing ˌmái áp˒ tán²* to hatch eggs artificially; *ˌp'ing ˌmái ˌp'i ˊts'ò* to sew furs together.

平 ˌP'ing Even, level, uniform, plain; just, equitable; common, ordinary, usual, daily; cheap, not high-priced; tranquil, peaceful, undisturbed; to tranquillize, to subdue; to even, to adjust, to harmonize, to pacify, to conciliate; plenty; a plain; *ˌkung ˌp'ing*, just, honorable; *ˌp'ing ˌwo*, at peace; pleasant weather; *ˌt'in ˌp'ing*, a pair of balances; *t'ái² ˌp'ing*, a state of peace; *ˌp'ing ti²* a level place; *ˌp'ing ˊshéung*, common, usual; *ˌp'ing yat˒* heretofore, constantly, daily; *ˌp'ing ˌyéung tái² lò²* an even highway; *ˌp'ing ˌming*, dawn, daylight; *ˌp'ing ˌpán* or *ˌp'ing ˊtong*, of equal rank, compeers; *ˌp'ing ˌman pák˒ sing²* the untitled and common people; *ˊsí ˊching ˌkwan ˌp'ing*, make them all even; equalize them; *ˌp'ò pat˒ ˌp'ing*, distressed, ill at ease; *ˊhò ˌp'eng*, very cheap; *ˌp'ing fuk˒* to subjugate; *ˌp'ing ti² ˊhí ˌfung ˌpo*, to raise a needless disturbance; *ˌp'ing ˌon*, well, happy, contented, prosperous; *ˌp'ing ˌshing*, the even or first of the four tones; *ˌp'eng tik˒ tsò² tak˒* a little cheaper 'twill do; *ˌp'ing ˌfan*, equally divided; *chí² ˌp'eng hai² ˊkòm*, that's as cheap as it can be got.

屏 ˌP'ing A screen; a wall made to screen a doorway; ornamental or carved tablets; to cover, to screen, to hide from view, to keep out of view; *ˌp'ing ˌfung*, a door-screen; *ˌwai ˌp'ing*, a folding-screen; *keng² ˌp'ing*, a pier-glass in a standing frame; *ˌp'ing chéung²* a hanging screen; *ˌp'ing ˊtsai*, small carved frame ornaments of stone, porcelain, &c.; *ˌp'ing hon²* servants, agents for another—the emperor, and magistrates are so called; ˏ*p'ing lap*ˌ standing like a screen—*i. e.* a servant; ˋ*i* ˏ*p'ing*, the back of a chair; ˏ*iú* ˏ*p'ing*, a purse.

Also read ˋ*ping;* to expel, to drive off, to scatter; to spoil, as robbers; to reprehend; to reject.

伻 ˏP'ang To conduct, to convoy, to send a messenger; a messenger; following, according; ˏ*séung* ˏ*p'ing* ˏ*wai pún*² will accordingly be his fellow.

抨 ˏPang Hasty, warm-hearted, impetuous; earnest, eager in feeling and action; *kap*ˎ ˏ*p'ing* earnest, vehement—used in a good sense.

枰 ˏP'ang A kind of wood proper for tables and footstools; made plane and smooth; a game of chess, a chess-table.

苹 ˏP'ing A sort of edible celery or cress, of which deer are fond, called ˏ*p'ing lái*² ; the leaves are whitish and the stalk straight; ˏ*p'ing* ˏ*p'ing*, grassy, herbaceous. Used for the next.

萍 ˏP'ing A kind of duckweed, a floating plant grown in fishponds, called ˏ*p'ò* ˏ*kiú*, a sort of Azolla; *met.* busy, here and there, wandering about, traveling; ˏ*p'ing* ˏ*tsung* ˏ*mò téng*² it's uncertain where he's gone; ˏ*p'ing* ˋ*shui* ˏ*séung* ˏ*fung*, to meet accidentally, as floating weeds.

評 ˏP'ing To discuss the merits of, to settle the order of; to dispose, to arrange; to deliberate, to fix fairly; to criticise a book, to revise before publication; a moral; ˏ*p'ai* ˏ*p'ing*, to make notes on a MS.; to review a book; ˏ*p'ing lun*² ˋ*kú* ˏ*kam*, to compare ancient and modern times; ˏ*p'ing chü*² notes or comments; ˏ*p'ing üt*ˌ to look over a book, to revise it for the press; *shéung*² ˏ*p'ing*, to praise; ˏ*p'ing* ˋ*há ko*² *tò*² ˋ*li*, decide upon that rule or opinion.

帡 ˏP'ing A screen on the side; a protection; ˏ*p'ing* ˏ*mung*, a curtain, a protection, as an awning over a house.

(This character is usually read *p'eng.*)

瓶 ˏ
缾 ˏ P'ing } A pitcher to draw water; a vase, a jar, a cruet, a vessel with a tubular neck, and small mouth, and usually without an ear or nose; a pitcher; ˏ*fá* ˏ*p'eng*, a flower-vase; ˋ*tsau* ˏ*p'eng*, a wine bottle of tutenague.

駢 ˏPien A span of horses; overplus, a redundance; to associate, to reach together, to arrive simultaneously; to join or clan together; *pák*ˎ *fuk*ˌ ˏ*p'ing* ˏ*tsun* many blessings coming at once; ˏ*chí* ˏ*p'ing*, a double thumb.

娉 P'ingˋ Elegant, as a women; *p'ing*ˋ ˏ*t'ing*, a graceful, lady-like carriage. Used for the next.

聘 P'ingˋ To ask, to inquire of; to send an envoy to a suzerain to make inquiries; to demand information; to invite with a present, to request; to negotiate a marriage, to espouse, to betroth; a portion; presents sent before wedding, or by a ruler when inviting one to office; *p'ing*ˋ ˏ*kam*, money paid at marriage; *p'ing*ˋ ˋ*ts'ing*, to invite a teacher; *kwo' p'ing' 'lai*, to send presents of marriage or invitation; *hau² p'ing'* a generous dowry; *˛sám p'ing'* thrice invited—as an ancient hero was; *p'ing' ˛in*, to invite good men to serve the state; *k'éuk˒ p'ing'* to decline taking a present.

騁' P'ing To run swiftly; to fly, as when defeated, in a direct course; *˛ch'i p'ing'* to ride swiftly, as a courier; *p'ing' ˛wái*, pleased, elated, gratified.

(420) Pít.

必˒ Pieh Minutely divided; certainly, absolutely, decidedly; it is necessary, must; determined on; *pat˒ pít˒* unnecessary; *mí² pít˒* not necessarily so, not quite certain; *˛ho pít˒* what necessity, why must it be so? *pít˒ teng²* certainly; *pat˒ ˛ho pít˒* uncertain, unsettled; *˛k'i pít˒* decided on; *pít˒ hai²* indisputable, certain; *pít˒ tak˒* doubtless; *pít˒ ˛'m tak˒* you can't do it, it is impossible; *pít˒ iú'* indispensible.

鼈˒ 鱉˒ Pieh A turtle, supposed to hear with its eyes; all marine cheloniæ; the stars Corona Australis; *náp₂ pít˒* a kind of turtle unable to retract its head; *pít˒ ˛yan*, fishermen.

觱˒ Pieh A horn, called *pít˒ lut₂* blown by the Tartars to frighten horses; pouring out; *pít˒ fát˒* a cold wind; *pít˒ fat˒* water issuing, as from a fountain.

A colloquial word; to issue forth, to sprout as plants; *'sun pít˒ kòm' nün²* as tender as a bamboo just sprouted; *pít˒ ch'ut˒ ˛lai*, it leaks out, a dropping.

鷩' Pieh A species of pheasant or francolin, called *pít˒ chí'* like the gold pheasant; it is fond of seeing itself in the water.

別₂ Pieh To separate, to divide, to distinguish; to part, to put assunder; to leave, to recede from, to go off; different, another; a separation, a parting; a negative, not, don't; *pít₂ yéung²* another sort; *pít₂ tik˒* another one; *˛fan pít₂ ˛sin hau'* to distinguish the former from the latter; *kò' pít₂* to announce one's leaving; *'mí pít₂ ˛kún 'ngo*, don't interfere with me; *pít₂ hau²* after we parted; *pít₂ ˛lun*, immaterial; *sung' pít₂* to see one out on leaving; *pít₂ í² ˛yan*, another person; *kák˒ pít₂ yat₂ 'kau*, have not seen each other for a long time; *pít₂ wá²* said something else; *pín² pít₂* to discuss the difference; *pít₂ ip₂* to leave one calling for another.

(421) P'ít.

撇˒ 撆˒ P'ieh To strike lightly, to tap; to brush away or along, to wipe; to divide or knock apart; to skim, off; to brandish; to lead, to drag; somewhat, a modicum, gently; the dash to the left in Chinese characters; a down-stroke;

英華分韻撮要

p'ít, 'ü yap, ₍loi, a dash of rain drove in; p'ít, shap, ko' ₍shan, wet through by rain; p'ít, t'üt, to reject, to skim off; tsò² sz'² p'ít, t'üt, to attend to affairs promptly, to clear off business; p'ít, hü' to clean off, to brush; p'ít, ₍hoi, to set aside, to push away; yat, ₍lò p'ít, tün² drove them apart at one blow of his sword; p'ít, ₍ts'ing, to push aside, to leave off entirely, as gambling or smoking.

憋, P'ieh A hasty temper, a hurried manner; vicious; p'ít, sing' a bad disposition.

瞥, P'ieh To glance at, to pass the eyes over, to look at slightly; p'ít, kin' a hasty glance.

蹩, P'ieh Lame, halt, hobbling; club-footed; to lean on one foot; p'ít, p'ik, to go round; p'ít, tsuk, lame.

(422) **Piú.**

標 Piáu A topmost branch, the opposite of the root; a signal, a signal-post; a flag, a banner, a streamer, a marking-flag when used as a signal; a spear; a sign-board; a ticket, a card; a warrant, a mittimus; to raise a signal; to post a card, to put up a notice; to write, to inscribe in; to appear, to exhibit, to become conspicuous; to rise; extremely fine or pretty; ₍piú ₍k'í, a signal-flag; to raise a flag; ch'áp, ₍piú, to set up a signal, to put out a sign; ₍piú 'hí ₍chéung tsz'² put up a notice; ₍piú min² the finest flour; ₍piú ₍ká, first rate, excellent; pák, hòp, ₍piú, a lottery-ticket; ₍piú ch'ut, ₍lai, to appear conspicuous; 'tang 'ngo ₍piú ₍sín pò² let me go ahead a step or two; ₍piú chí' very pretty, unusually fine; ₍t'au ₍piú, a ticket of the first prize; ₍lung ₍piú, a banner given to a successful dragon boat; ₍piú ₍ming to placard the names; ₍piú ₍yéung, to exhibit as an example to all; ₍hoi ₍piú, to open the lottery.

₍縹 Piáu Blue, azure, greenish; a sort of fine blue silk; ₍piú ₍piú, buoyant, rising and sailing away, like a phœnix; pik, ₍piú, amethystine, cerulean; ts'ui' ₍piú, leek green; ₍piú pák, a pure white, as cloth.

₍鏢 Piáu The end or mouth of a scabbard covered with copper, and ornamented.

₍麃 Piáu To hoe up weeds; a raspberry; feathers changing color, as the ptarmigan does; a martial look; ₍piú ₍piú, military looking.

₍鑣 Piáu The bit on a bridle; ₍piú ₍piú abundant, in numbers, as a stud of horses.

₍儦 Piáu A company of men; a crowd, a group; herds in motion; ₍hang ₍yan ₍piú ₍piú, crowds passing along.

₍瀌 Piáu The noise of sleet, rain and snow falling; 'ü süt, ₍piú ₍piú, rain and snow falling abundantly.

₍臕 Fat, gross; ₍fí ₍piú, fat; ₍chí ₍piú, obese, full; ₍ch'éung ₍piú, a long slice; hau' ₍piú, thick fat, collops of fat.

猋 ꜀Piau Dogs running about and returning, dogs racing around; applied to a whirlwind; ꜀piú ꜀fung, a whirlwind.

髟 ꜀Piú Long hair, locks hanging down the face; the 190th radical of characters relating to the hair; ꜀ch'éung fát꜇ ꜀piú ꜀piú, long bushy hair.

彪 ꜀Piú The stripes on a tiger; a small beast, striped like a tiger; streaks, veins; ornate; ꜀man ꜀piú, elegant composition; ꜀piú ꜂ping, perspicuous, as a style.

滮 ꜀Piú A flowing stream, water running north; ꜀piú ꜁ch'í, name of a pool.

表 ꜂Piau The outer or upper garments; exterior, outer, external; beyond the borders; to manifest, to show, to make known; that which makes known, a guide, a signal; a watch; statement sent in to the emperor; a permit, a manifest; relations of a different surname, cousins; yat꜇ ꜂piú ꜀yan ꜁ts'oi, altogether a clever man; ꜂piú ꜀hing, cousins of a different surname; ꜂piú ꜀ts'an, relatives of another surname; ꜂piú ꜁t'oi or ꜂lò ꜂piú, stranger, Sir, friend—a term of address; ꜁shí ꜁shan ꜂piú, a watch; ꜂piú lín^{2} a watch chain; ꜂piú ꜂lü ꜁ü yat꜇ inside and out are alike—heart and hand are the same; ꜂piú ch'ut꜇ to show through—as at a hole; ꜂piú ꜂piú ché, distinguished, renowned; ꜂piú ꜁ming pák$_{2}$ to represent fully.

裱 ꜂Piau A lady's neckerchief, a sort of comforter; to paste two pieces of paper, to mount pictures or scrolls; ꜂piú má^{2} p'ò^{2} a picture-framer's shop; ꜂piú ꜂hò, repair it good—as a book.

⿰身坒^{2} Pi The body pliant; cringing, fulsome. A colloquial word; to lean against, to crowd, to press upon; tái^{2} ꜀ká tan^{2} piú^{2} all are pushing and crowding; piú^{2} piú^{2} ꜂há, rather crowding against; piú^{2} lok$_{2}$ tí^{2} push it to the ground.

(423) P'iú.

飄 ꜀P'iáu A spiral gust, a whirlwind; a brisk gale; noise of the wind; swayed by the wind, blown by the wind; a light, easy manner, like sailing along; to fall; ꜀p'iú tong^{2} rocking, rolling, as on a wave; ꜀p'iú ꜁ling, wandering off alone, as a stranger; a tree bare of leaves; ꜀p'iú p'ik꜇ tí^{2} ꜀fong, a deserted place; ꜂hò ꜀p'iú ꜀p'ang imminently dangerous, as racing on a horse, or sailing in a boat; ꜀p'iú ꜁yéung, sailed or blown over the seas.

漂 ꜀P'iáu Analagous to the last; to float; to be moved, as by the wind or waves; cold, dreary-looking; to bleach, to whiten; ꜀p'iú pák꜇ to bleach; ꜀p'iú shái^{2} to whiten in the sun; ꜀p'iú ꜀p'iú, soaring aloft.

嘌 ꜀P'iáu A carriage thundering along, swift; without rule, irregular; ꜀p'iú ꜁iú, unquiet.

薸 ꜁P'iáu A water plant, like a Riccia, which floats on fish-ponds; ꜁p'ò ꜁p'iú, duckweed.

瓢 ˏP'iau A calabash; a drinking vessel formerly made of a gourd; a dipper; *yatˎ ˏp'iú ˋyam*, only a gourd for drinking; *ˏyé ˏp'iú*, a cocoa-nut dipper.

嫖 ˏP'iáu Light, trifling; giddy, wanton, lascivious; lewdness; given up to lewdness; a whore-master; to go a whoring, to follow women; *ˏp'iú shé'* a brothel; *hò' ˏp'iú*, lecherous, salacious; *ˏp'iú hákˎ* a fornicator.

殍 莩 ˋP'iáu Famished, to die of hunger; trees rotting and falling down; *ngo² ˋp'iú*, died of famine.

剽 ˋP'iáu Often used for ˏpiú 標. A small bell; to strike, to pierce, to stab; to puncture, as with needles; to rob; to cut off; swift, nimble; *ˋp'iú ˏts'éung*, a spear, a dart; *ˋp'iú léuk₂* to plunder; *ˏheng ˋp'iú*, fleet, active, as soldiers.

摽 ˋP'iáu Also interchanged with 標 ˏpiú. To beat the breast; to lay the hand on the heart; to strike; to fall, as leaves; to beckon, to signalize; point of a sword.

A colloquial word; to throw, to heave away; to push off; *ˋp'iú ch'utˎ ˏmún ˋhau*, show him out of the door; *ˋp'iú kwo' kákˎ ˏlí*, throw or push it to the next door; *ˋp'iú lok₂ há² ˋtai*, throw it down.

鰾 ˋP'iáu A fish's sound or air-bladder, called *ˏü ˏpáu*, from which fish's glue is made.

票 P'iau' Used with and for ˏpiú 標. Like fire, rising swiftly; to singalize by fire; light, airy, soaring, waving, as a pennant; a mittimus, a warrant; a bill; a ticket, a passport; *tong' p'iú'* a pawn-ticket; *ch'utˎ p'iú'* to issue a warrant; *ˏts'in ˏp'iú'* a bill, paper-money; *ˋtá p'iú'* to seal or issue tickets; *p'iú' ˏkam* a bribe to policemen not to be seized; *chün' p'iú'* to prolong a pawn-ticket; *ˏshün ˏp'ái p'iú'* a ship's manifest; *ˏch'ái p'iú'* a policeman's warrant.

(424) Po.

波 ˏPo A wave, a ripple; moved, ruffled, as water by wind; a glance of the eye; a glare; bright, shining, glossy; to communicate, to flow along; old; sometimes used as an interrogative particle, in the sense of thus; *tsakˎ ché' ˏp'ún pá² ˏpo*, shall it be then thus? *ˋho patˎ shi² ˏpo* it is not thus? *ˏts'au ˏpo*, bright eyes; *ˏkam ˏpo*, the bright moon; *ˏpo k'ap₂* to compromise; *ˏyan ˏpo*, to benefit; *ˏü ˏpo*, remnants, left over; *ˋshui ˏpo ˏman*, ripples; *ˏpo ˏlo ˋkwo*, pine-apple; *ˏpo ˏlo mat₂* jack fruit; *ˏpo ˏtím long² tsing²* smooth water. A colloquial word, to imitate the English word *ball*; a ball; billiards; *ˏpo ˏlau*, a billiard-room; *ˋtá ˏpo*, to play billiards; *ˋtá ti² ˏpo*, to roll nine-pins.

陂 陀 ˏPo Uneven, as a road; sides of the road; *ˏpo ˏt'o*, irregular, not level. The second is also used for the next.

陂 ˛Po A declivity, side of a hill, a hill; hills which contain gems or mines; a tumulus thrown up, a pile of dirt, a mound; *˛po ˊfán*, a bank, an embankment; *˛p'ing ˛po*, a hill with a level top; *ˊhí yat˳ ko˒ ˛po*, to raise a pile.

玻 ˛Po A vitreous, clear substance, like a gem; *˛po ˛li*, glass, said to have been brought hither by Sánpáu, a eunuch; *˛po ˛li keng˒* a looking-glass; *˛yéung ˛po ˛lí*, foreign glassware; *˛po ˛lí p'in˒* window-glass; *˛po sui˒* broken glass.

碆 ˛Po Stones seviceable for arrow-heads, perhaps a sort of obsidian.

菠 ˛Po A vegetable introduced from abroad; *˛po ts'oi˒* winter coarse greens; otherwise called *˛po ˛ling*, and *ch'ik˳ ˛kan ts'oi˒* the "red rooted greens;" *˛po ˛lo ˛má pò˒* coarse gray grasscloth.

播˒ Po To sow seed, to throw broad cast, to disseminate, to scatter; to promulgate, to publish, to divulge; to disperse; to throw aside, to reject; to flee; to shake; *po˒ ˊchung*, to sow seed; *ˊün po˒* to make known afar; *po˒ ˛yéung*, to winnow in a fan; to promulge; *po˒ lung²* to act as agent for another, and get information; *chün² po˒* to publish abroad.

𠹳˒ A colloquial final particle, sometimes expressive of doubt, at others of certainty; *pat˳ ˊho lün² sun˒ ˛yan po˒* it is not well to believe everybody; *˛'m hai² lo˒ po˒* certainly not; *hai² ˊkòm ké˒ lo˒ po˒* it is so, doubtless.

(425)

P'o.

˛𥫱 A colloquial word; a classifier of trees; broad, said of soles; *yat˳ ˛p'o shü²* a single tree; *yat˳ ˛p'o ts'oi˒* a root of greens; *˛hái ˊlai tsò² ˛p'o tik˳* make the soles rather broader.

皤 ˛P'o White, plain; gray, like old age; white haired, silvery hair turning gray; a white belly; abundant.

鄱 ˛P'o A district in Kiángsí; *˛P'o ˛yéung ˛ú*, the Poyáng lake in the north of Kiángsí.

婆 ˛P'o An old woman, a mother, a wife; a dame, a gammer, a granny; motherly, matronly; used by the Budhists to express immortality; *ˊlò ˛p'o*, a wife; *˛kung ˛p'o*, husband and wife; *˛p'o ˛néung*, an old lady; *˛múi ˛p'o*, an old matchmaker; *á˒ ˛p'o*, old lady—a term of address; a grandmother; *tsip˳ ˛shang ˛p'o*, a midwife; *˛fán ˛t'au ˛p'o*, a stepmother; *˛fá ˛p'o* a flower-girl; *hí˒ ˛p'o ˊtsai*, an actress; *tái² ˛p'o*, the legal wife; *ˊkwá ˊmò ˛p'o*, a widow; *á˒ ˛p'o ˛chü yat˳ chek˳* how much for the whole lot? *ˊlo ˊlò ˛p'o*, to get married; *tán² ˛ká ˛p'o*, a boat-woman; *˛chí ˛t'au ˛p'o*, the sticking wife—a sort of fly; *˛p'o ˛so shai˒ kái²* a happy world.

ˊ叵 ˊ尀 P'o The reverse of *ˊho* 可; a negative; it will not do, can not, ought not; do not; then, forthwith; *ˊp'o sun˒* unworthy of belief; *ˊp'o noi² ˛sam ˛fán*, I can not bear his impertinence.

'頗 P'o The head inclined; uneven, leaning; an excess; rather, considerable; somewhat, a degree, a little; doubtful; *'p'o 'ho,* it must do, take this; *'p'o ˏto,* a good deal, rather much; *'p'o 'yau,* have some, supplied, not too much; *'p'o ˏchí yat,* *í²* only know a little; *'p'o 'kau,* rather a long time; *'p'o hòp,* can be made to serve; *'p'o 'p'o tik,* slightly.

破' P'o To rend, to break, to split open, to rip, to rive; broken, torn, tattered, ragged, split; injured, wounded; to ruin, to defeat, to take by storm, to occupy by force; to detect, to lay bare, to open up; to explain, to find out; detected, as a scheme; understood, seen through, perceived, as plots; to resolve, as a doubt; *p'o' wái²* destroyed, injured; *p'o' sui'* smashed to pieces; *p'o' lít,* cracked; *ˏkeng p'o' 'tám,* "fear has split his gall"—lost all courage; *p'o' ˏhoi,* break it open; *'tá p'o'* to break; *ˏhon p'o' 'liú,* I see through it all; detected; *p'o' pái²* defeated, as a foe; *p'o' ˏch'ái,* to split wood; *p'o' ˏts'oi,* to lose property; *'t'ai tak, p'o'* perceives it all at a glance; *shik, p'o' tsz'² 'tám,* yes, you understand letters fully; *p'o' fai'* to spend, to waste, to use up; *p'o' kai' ch'ák,* to find out a plot, to detect treachery; *p'o' ˏká 'tsz' tai²* he's a ruin to the family; *p'o' keng' ˏch'ung ˏün,* the mirror was broken, and he has made it round—said of a second marriage; *p'o' ˏkwá,* to get a maidenhead; *p'o' lok, ú²* a decayed family; *p'o' on'* confessed his crimes; *p'o' ˏt'ai,* the first theme for an essay; *p'o' tí² yuk,* to "open hell"—to deliver spirits at a *'tá tsiú'.*

簸' P'o A winnowing fan; to fan grain in the wind; *p'o' ˏkí,* a fan; *p'o' kuk,* to clean grain.

(426) PÒ.

ˏ哺 Pú To feed an infant with a spoon, to mumble for a child; to give to eat; to chew, to cranch, to masticate; a mouthful; *ˏpò 'ü,* to feed with pap; *t'ò' ˏpò,* to spit out food; *ˏá 'fán ˏpò,* crows feed by disgorging.

ˏ餔 Pú Used for the last; an afternoon meal or tiffin; to eat; gruel; bait; *'mán ˏpò,* an evening or late meal.

ˏ晡 Pú Time from three to five P.M.; the sun declining; the afternoon; *há² ˏpò,* sunsetting; *yat, ˏtséung ˏpò,* the sun is nearly down; *p'ún' ˏpò,* 4 o'clock P.M.

ˏ逋 Pú To flee, to abscond; to suspend, to hang; to owe government, to be a defaulter; a peculator, a debtor; *ˏpò hím'* owing government; *ˏpò fú²* debts; *ˏpò ˏt'ò,* to escape from arrest.

ˏ酺 Pú To drink largely, to quaff; exhilirated by drinking, joyful, merry.

ˏ煲 A vulgar character. To heat, to boil, to cook with water; a cheap earthen pot; a kettle, used for boiling water; a grenade; *ˏpò 'shui,* to boil water;

‚pò chuk, to make congee ; *‚pò t'ám² ‚t'ong,* to boil thin soup ; *‚ch'ün ‚pò,* burst the pot ; *‚fúi ‚pò,* a stink-pot; *‚shá ‚pò* or *'ngá ‚pò,* a kedgeree-pot ; *yat, ‚pò 'shui,* a kettle of water ; *‚pò ‚nam,* to boil soft ; *‚pò ‚ch'á,* to make tea.

褒 ‚ 褎 ‚ Páu } Long garments, long skirts ; to set off the beauties of, to proclaim the excellence of ; to praise, to laud, to commend, as good actions ; *‚pò 'mí,* to extol ; *‚pò 'tséung,* to speak well of.

保 ' Páu To protect, to defend, to preserve from danger, to guard ; to feed, to nourish ; to be surety for, to warrant, to guaranty, to be answerable for, to secure, to keep entire ; a protector, a guardian ; a security, a bail ; an advocate, a mediator ; *'pò yau²* to bless, to protect, as God does ; *'pò 'yéung,* to nurse tenderly ; *lí² 'pò* or *'pò 'chéung,* a constable of a street ; *‚káng 'pò,* a watchman ; *'pò chung² ‚shan 't'ai,* to take good care of one's health ; *‚chung 'pò ‚yan,* a midsman ; *káp, 'pò,* a village elder or constable ; *'pò ‚lau,* to detain in a yámun ; *'wing 'pò ‚mò ‚ü,* ever to preserve from injury ; *'pò ching²* the highest elder in a village ; *'pò 'ling,* to stand bail for ; *‚lün 'pò,* to get a village or street to be bail ; *'pò 'kü,* to recommend, as a servant ; *t'ái 'tsz' t'ái² 'pò,* chief guardian of the heir-apparent; *'pò ‚ts'ün,* to preserve entire, to place in easy circumstances.

葆 ' Páu Luxuriant herbage, thick, bushy ; mulberry sprouts ; to shade, to cover, as a tree; even, level ; to store up ; a leguminous wild vegetable. Used for the three next.

堡 ' Pau A small and low wall, raised for defense ; a battery, post for troops, a small fortified town ; a citadel or house of refuge in the country ; a council-house ; a division of a *‚sz'* or township ruled by elective officers ; *sz² shap, pát, 'pò,* "the 48 hundreds," is one name for Honam I.

褓 ' Pau A swaddling-cloth ; *'k'éung 'pò,* a swathe to carry infants on the back ; a clout.

寶 ' Páu Precious, valuable, as a jewel; value, worth; a term of address; honorable, noble, respected ; to regard as precious, felicitous, or happy ; to esteem, to value ; *met.* the great seal, the throne ; *'ní 'pò hò²* what is your shop's name ? *Shéung² tai² 'pò tán²* the honorable birthday festival of Shángtí ; *‚man ‚fong sz² 'pò,* the four valuables of the study; *'pò púi²* precious, costly ; *‚chan 'pò* jewels, trinkets ; *‚mò ká² 'pò,* priceless, invaluable; *kwok, 'pò,* the precious metals ; *‚tang tái² 'pò,* to mount the throne ; *‚sám 'pò Fat,* the three honorable Budhas ; *'pò ‚shá,* emery or corundum sand ; *‚ká ‚chü 'pò,* a family library ; *'mái ‚t'ung 'pò,* to guess the characters on a cash—a mode of gambling ; *'pò shin²* to value goodness, to esteem the good ; *shik, 'pò,* to know the merits or value of.

'甫 Pú A place for planting vegetables; a league; a ward, of which there are ten or more in Canton so called; *shap₂ 'lí ˌwai yat₂ 'pò*, ten *lí* make one league. Used for the next, and often pronounced with an aspirate.

'圃 Pú A kitchen-garden, an orchard; a place for recreation; a gardener; *'lò 'pò*, a gardener; *ˌún 'pò*, a garden; *ˌnung 'pò*, a small farmer.

'埔 Pú An unauthorized character. An open level place; an arena; *ˌWong 'pò*, Whampoa. Also read *ˌp'ò*. The next is often used for this.

'浦 Pú A bank, margin of a lake; a creek, a rivulet, an inlet or streamlet running into a larger; *'Pò ˌshing*, a district in Kienning fú in Fuhkien; *Hòp₂ 'pò*, a district in Lienchau fú in Kwángtung.

'補 Pú To repair, to restore, to mend, to close up a breach; to supply, to complete, to make up a deficiency; to aid, to assist; to strengthen what is weak, to recruit, as the body; a supplement, addenda; a term for a thousand millions; *'pò ˌshan*, to recruit the body; *'pò ˌí fuk₂* to mend clothes; *'pò fuk₂* an embroidered official robe; *'pò 'tsz'* an embroidered official stomacher; *'pò shuk₂* to redeem; *'pò hüt₂ hí'* to strengthen the bodily energies; *'pò ˌngan ˌt'ím*, put in more money; *'pò ˌngan 'shui*, to make up the discount; *'pò ˌp'ing ˌt'au*, to make up the light weight of money; *ˌsau 'pò*, to repair, to put in order, as a house; *'pò ˌkwan ˌwong sz'²* to reprove a prince—that he may amend his faults; *ˌp'úi 'pò*, to supply a new one; *'pò ˌlün ˌp'o*, a seamstress; *'pò chí'* to make it up to one, to pay for an accident or a casualty; *'pò ˌ'm 'fán ˌlai*, it did not make up for the loss; *'pò ˌsé lá' lau'* mend this little crack or hole.

'鴇 Páu A bird like a goose, having spotted plumage, and flying in flocks; described as without a hind toe.

布' Pú Cotton or hempen cloth; nankeen, linen, grasscloth; to spread out, to arrange, to display; to diffuse; to publish abroad, to make known; to infer; to worship the stars; a spring, a source; *ˌts'é ˌman pò'* drilling; *pák₂ pò'* longcloths; *'tsz' ˌfá pò'* nankeen; *há' pò'* grasscloth; *pò' ˌí*, "cotton clothed," *i. e.* common people; *pò' ˌshí*, to disburse in charity; *ˌking ˌts'ing pò'* dark blue nankeens; *chuk₂ pò'* linen; *pò' chí' tak₂ ˌí*, well arranged, all is done properly; *ˌyau pò'* oiled cloth; *pò' ching' ˌsz'*, the provincial treasurer; *'fo 'ún pò'* asbestos cloth; *kwai' ˌfá pò'* figured shirtings; *ch'ik₂ pò'* gray shirtings; *ˌfá pò'* or *láp₂ pò'* chintzes; *shik₂ pò'* colored cottons; *'ü pò'* bunting.

佈' Pú Used for the last and the next. On all sides, everywhere; reaching, spreading, filling the whole space; *ˌfú pò'* extending everywhere.

抪' Pú To expand, to extend, to open out; to disperse, to scatter, to strike; *pò' sán'* scattered about, sprinkled.

怖' Pú Afraid, alarmed, surprised; to cause fear, to frighten; terrified, as on account of crime; *ˌking pò'* frightened; *chá' pò' ˏü ˌman,* to scare silly people—as wizards do.

報' Pú To recompense, to requite, to make a return for benefits received or injuries done; to avenge, to requite; a retribution, a reward, a recompense; to state, to inform an equal, to tell, to report, to give an account of; a messenger; a report, an advertisement, a gazette; to debauch a superior; *ˋyau ˌyan po' ˌyan,* he who receives favors must requite the same; *pò' ˏch'au,* to be revenged on an enemy; *mong² pò'* I hope to recompense you; *ˌyam pò', ˏyéung pò'* a secret reward, an open reward; *pò' táp,* to recompense; *ˏúi pò'* an answer; *ˋtsau pò'* fleet messengers; *ˌt'ung pò'* general notification, public information; *ˌking pò'* Peking Gazette; *yat, pò'* daily Court Circular; *pò' ˏt'iú,* a notice put up at doors to announce honors received; *tsiú, pò'* a quick announcement; *pò' pat, ˏp'ing,* to redress the weak or injured; *ˌyan ˌtséung ˏch'au pò'* to requite evil for good; *pò' sun' ˋché,* a messenger; *pò' ˋlò,* to plead age for retiring from office; *tsip, tò' ˌká pò'* received my family letters.

步² Pú To walk, to march, to go afoot, to step; a step, a stride; to go leisurely or by steps; to travel in a barrow; to train a horse; a pace, reckoned at five *ch'ek,* in land measure, makes 3.055 square yards; in long measure, 5 *ch'ek,* is a *pò²* or about a fathom; footmen, infantry; a way, a course, a manner; a landing-place, a jetty, an anchorage-place for boats; a god which injures men and animals; *pò² lò²* or *pò² ˌhang,* to walk, to go afoot; *pò² ˌt'au,* a landing-place; *p'á' ˏshang pò²* afraid of strangers—as dogs are; *pò² ˌkam* or *ˏtsé pò²* doctor's fees; *pò² pò² ˌloi,* the first visit; stepping along; *ˏhang ˌts'in pò²* to travel much; *pák, pò² ˌch'ün ˏyéung,* to hit the bull's eye at a hundred paces; *kín' pò²* still in sight, not far off; *yat, pò² yat, pò²* gradually, step by step; *ˌlau ti² pò²* leave a few paces, *i. e.* do not use it all now, reserve a little; *ˌt'in pò²* the course of nature, ways of heaven; *pò² ˌping,* foot soldiers; *ˋtsau ˋts'iú pò²* a practiced runner; *pò² pò² ˌkò ˌshing,* gradually rose to eminence; *táp, ˋwan kéuk, pò²* look well to your steps; *ˏfá ˏi kwai² pò²* may I trouble you to step in, or to do something; *yuk, pò²* your steps—a polite phrase; *ˋchí pò²* or *ˏlau pò²* restrain your steps, stop; *pò² ˌtung ˏwan lò²* to become a Hánlin.

簿' Pú A register, a tablet; a book for notes or memoranda; ivory tablets used by officers at audiences; an account-book; to record; *pò*^{2} *tsik*$_{2}$ a clan register; *ʻchü pò*^{2} a revenue officer in a township; *ʻtín pò*^{2} or *ʻchü pò*^{2} a recorder, a keeper of the records in courts and offices; *꜀tang kí*^{3} *pò*^{2} put it in the note-book; *shò*^{3} *pò*^{2} account-books; *mái*^{2} *fo*^{3} *pò*^{2} a sales-book; *꜀lau ʻshui pò*^{2} a blotter; *tsun*^{3} *꜀chí pò*^{2} a cash-book; *chéung*^{3} *pò*^{2} a ledger; *꜀tang pò*^{2} to charge in account; *yat*$_{2}$ *kí*^{3} *pò*^{2} a diary, a journal.

部^{2} Pú The sum, the totality, the general amount of, the entire; to take a general control of affairs; a tribe, a sort; a class in an arrangement, as a family in natural history, the elements, the radicals in the language, the constellations, &c.; a tribunal, a bureau, a board; a public court; an officer in a board; a division of a book larger than a *ʻkün*; often used for the last when meaning an account-book; a classifier of books; a tribe, a horde, a clan; to divide; to spread abroad; *luk*$_{2}$ *pò*^{2} the Six Boards; *꜀kwai pò*^{2} *꜀ká*, belongs to the Boards; *pò*^{2} *꜀t'ong* and *pò*^{2} *ün*^{2} are titles of a governor-general and fúyuen; *ʻ'ng pò*^{2} the five elements; *yat*$_{2}$ *pò*^{2} *꜀shü*, a ~~volume~~; *꜀ní ko*^{3} *tsz*^{2} *yap*$_{2}$ *mat*$_{2}$ *pò*^{2} what radical is this character under? *pò*^{2} *há*^{2} officers not in the Boards; *kok*$_{2}$ *ʻyau pò*^{2} *shò*^{3} each thing has its classification; *kok*$_{2}$ *ʻyau pò*^{2} *wai*^{2} each one has his own jurisdiction; *pò*^{2} *tséung*^{3} officers below and under a general; *꜀úi pò*^{2} Mohammedan tribes.

蔀^{2} Pau A luxuriant plant; a screen, an awning; a plant eaten by fish; a period of 72 years; *pò*^{2} *uk*$_{2}$ a mat house, a hut.

暴^{2} Pau The dry, scorching sun, hot rays; cruel, violent, injurious, destructive, fierce; to strike with the hand; to seize; tempestuous, stormy; an intensitive of the following adjective; suddenly, abrupt; to discover, to bring to light, to display; *pò*^{2} *yéuk*$_{2}$ to oppress, as cruel officers do; *pò*^{2} *꜀fung*, a fierce wind; *꜀wáng pò*^{2} outrageous; *pò*^{2} *ʻfú*, to beat a tiger with the fist—as Fung Fú did; a truculent, fearless man; *pò*^{2} *nò*^{2} very angry; *pò*^{2} *pò*^{2} suddenly; *pò*^{2} *ʻü*, a violent rain.

鏢^{2} An unauthorized character, defined in the Fan Wan, an instrument to cut grass, a scythe.

菢^{2} 勽^{2} Páu To cover over, as a bird sets on her eggs; to incubate; *pò*^{2} *꜀kai tán*^{2} to hatch hen's eggs.

捕^{2} Pú To catch, to pursue and capture, to seize; to chase, to hunt, to fowl; to search for in order to arrest; *ts'up*$_{2}$ *pò*^{2} on the search for, as thieves; *pò*^{2} *꜀ü*, to angle; *ʻhò pò*^{2} *ʻfo*, to put a fictitious value on an article; *pò*^{2} *꜀t'eng*, a police-office, the superintendent of police in a yámun; *pò*^{2} *chuk*$_{2}$ to arrest; *pò*^{2} *yik*$_{2}$ constables; *pò*^{2} *ʻniú*, to fowl; *pò*^{2} *tò*^{2} to seize villains; *pò*^{2} *꜀fung chuk*$_{2}$ *ʻying*, to chase the wind and seize shadows—a vain search; *꜀tong pò*^{2} to set a watch for thieves.

(427) P'ò.

鋪 ˏP'ú Properly used for 舖 p'ò' A door-knocker, called ˏkam ˏp'ò, made like a tortoise; to spread out, to extend, to arrange; to lay, as a table-cloth; to make up, as a bed; a shop, where things are displayed; to make known, to extend, to pervade; diseased, to make ill; to sleep with; bedding; ˏp'ò ˏt'án, to spread the altar—as at a 'tá tsiú'; ˏp'ò ˏt'oi, to spread a table; ˏp'ò ch'ut, or ˏpò ˏch'an, to lay out in order, to arrange; shui² ˏp'ò, bedding taken in traveling; 'tá ˏp'ò k'oi' tie up the bedding; ˏp'ò tsek, to "spread a mat," i. e. to prepare a feast; ˏp'ò 'pái, to set out in order; ˏp'ò ˏkái ˏchün to lay tiles; ˏt'ung ˏp'ò, a bed-fellow; ˏp'ò tin' to fee officers, to defray the expenses of officers; 'tá ti² ˏp'ò, to make up a bed on the floor; ˏp'ò ti² 'kam, spread like a carpet on the ground—as fallen flowers.

舖 ˏP'ú The prints of a horse's feet, a hoof mark.

莆 ˏP'ú A water plant, the sweet flag; name of a district in Hinghwá fú in Fuhkien called Pútien.

蒲 ˏP'ú Interchanged with the last. The cat-tail reed; a water rush, the sweet flag (*Acorus gramineus*); a fine grass or sedge, of which sandals are made; ˏp'ò kim' leaves of the flag, hung as a charm over doors; ˏp'ò 'tsò ˏhái, grass sandals; ˏp'ò tsít, the "flag festival"—the 5th of the 5th moon; ˏp'ò ˏpin, a grass scourge made of rushes; ˏp'ò ˏkung ˏying, the dandelion.

匍 ˏP'ú To crawl, as a child does; ˏp'ò pák, to go on the hands and knees; to strive for.

葡 ˏP'ú The grape; ˏp'ò ˏt'ò 'tsau, grape wine; ˏp'ò ˏt'ò, a kind of rose-apple is so called in Canton.

菩 ˏP'ú A kind of tree brought from Magadha, called the ˏp'ò ˏt'ai; ˏp'ò ˏt'ai 'tsz' raisins; pák, ˏp'ò ˏt'ai, sultana raisins; ˏp'ò ˏt'ai ˏshá, a macerated leaf used for painting; ˏp'ò ˏt'ai wá² leaf paintings; ˏp'ò ˏt'ai sát, 'to, (from Sanscrit *Budhisatwa*,) an inferior Budha; contracted to ˏp'ò sát, a demigod, or deified hero, of the Budhists; an idol; ˏp'ò sát, ch'ut, ˏyau, an idol's procession; tái² ˏts'z' tái² ˏpi ˏp'ò sát, is Kwányin; ˏp'ò sát, ˏt'ám 'yé shik, the idols are greedy of food; ˏshang ˏp'ò sát, a living Budha—a skillful doctor.

Read 'p'ú, grass, herbage; thatch; a small mat.

袍 ˏP'au A robe, a court dress; a long garment of ceremony; a quilted gown; the front skirts; ˏp'i ˏp'ò, a fur robe; 'mong ˏp'ò, an embroidered robe; ˏt'ung ˏp'ò, a compeer; kot, ˏp'ò tün' i' to disrupt friendship; chin' ˏp'ò, defensive armor; tò' ˏp'ò, a priest's robe.

溥 ˏP'ú Used for the next; large; pervading; everywhere; to smear, to bedaub; 'p'ò pok, vast, as the sea.

'普 P'ú The sun undistinguished in the sky; daylight everywhere alike; great, large; wide-spreading, all, whole, universal, like light, filling, pervading; everywhere; *'p'ò ,t'in há'* the whole world, under the heavens; *'p'ò tsai' 'ün*, a hospital, an asylum, a retreat, a place for relieving the poor or sick; *'p'ò ,shí*, to disburse to all, to give freely; *'p'ò kau' chung' ,shang*, to save all the living, as Christ does; *'P'ò ,t'o ,shán*, Púto I. near Chusan; *'p'ò p'in'* universally diffused—as the air.

'譜 P'u A list, a record; a chronicle; a treatise to teach an art; heraldry, an escutcheon; a genealogical table; a register of a census; a biographical work; to inscribe in a register, to insert in a genealogy; to arrange, to put in proper place; to pertain to, belonging to; *,ts'in hau' 'p'ò 'tsz'* the official escutcheon on the breast and back; *'p'ò 'tm*, a patch—said in sport; *'p'ò fuk,* official robes; *,shang 'p'ò*, a genealogy; *tsuk, 'p'ò*, a book of kindred or families in a clan; *,k'am 'p'ò*, a music book; *,k'i 'p'ò*, a treatise on chess; *lik, 'p'ò* or *'p'ò hai'* historical annals, a genealogy; *'yau tik, 'p'ò*, pretty near, not far off; *,mò 'p'ò*, a great mistake; you're far out; extravagant!—said when one makes a poor offer or a wide guess; *'p'ò ,mò*, a pattern; *,ká 'p'ò*, a family record; *wá' ko' 'pò ,lai*, set an upset price, mentioned the rate.

'泡 A colloquial word; a bubble; froth; to float, to drift; *,mò kv' 'p'ò hi'* there's no froth on it; *'shui 'p'ò*, a bubble.

'抱 P'áu To infold, to hold in, to contain; to embosom, to carry in the arms, to embrace; to grasp, to compress; to encircle; to feel, to have in the heart or will, to adhere to; the lap, the bosom; *'p'ò 'tsai*, to carry a child; *,wái 'p'ò*, pregnant; to have thoughts for, thinking of; *'p'ò chü'* to lullaby, to carry; *'p'ò han' ,chung ,shan*, to feel angry as long as I live, never can forget it; *'p'ò peng'* to be sick; *kíp, 'p'ò* to hold tight—as under the arm; *'p'ò sat, ,ch'éung ,yam*, to hold the knees and sing away—literary leisure; *'pá 'p'ò*, to grasp; *yau' 'tsz' tsoi' 'p'ò*, a tender child in the lap; *'p'ò kò' ,yan*, one who accuses instead of the plaintiff; *,wan 'p'ò yat,* a halo encircles the sun; *'p'ò hòm'* to feel regret; *'p'ò fú' ,fi ,shéung*, a rarely clever man.

舖' Altered from *,pò* 鋪. A shop, a store, a workshop; *p'ò' 'tsai*, a small shop; *'lò p'ò'* the old shop; *ching' p'ò'* the right stand; the office, and not the warehouse; *yat, ,kán p'ò' ,t'au*, a shop; *,hoi p'ò'* to open a shop; to open shop; *p'ò' ,ká*, tradesmen; *p'ò' 'tai*, stock on hand and shop fixtures; *,shau p'ò'* to wind up a business; *kü' p'ò' ,t'o ,tsò*, to stay in the shop and pay no rent; *kok, ,kái p'ò' ú'* the shops in every street; *p'ò' hák,* a shopkeeper.

(428) **Pok.**

博, Poh. Ample, extended, spacious, great; general, universal; intelligent, versed in, practiced, well informed; to barter, to exchange; to game, to play, as at chess; *luk₎ pok₎* to play dice; *pok₎ hok₂* well-read, a general scholar; *ʻtò pok₎* to game; *pok₎ ꜀man*; extensively informed; *pok₎ ʻngo ʻi ꜀man*, teach me letters; *pok₎ mat₂ ʻün*, a museum; *pok₎ lám²* well informed.

搏, Poh. To seize, to spring upon, as a tiger does; to lay the hand on; to play, as on a lute; to wrest from, to fight with, to strike; *pok₎ kik₎* to strike; *pok₎ chap₎* to seize hold of.

鎛, Poh. A kind of hoe; a bell; a small bell, used to respond to a large bell; *pok₎ ꜀lun*, brazen ornaments on a bell's frame.

膊, Poh. A slice of flesh, a collop, dried sliced meat; the shoulder, the upper arm; to slice, to shred; to strip and mangle, as a carcase; the clinking of stones striking; *pok₎ ꜀t'au ꜀shang i²* peddling, to hawk articles; *꜀kin pok₎* the shoulder; *táp₎ pok₎ ꜀kan*, a shawl, a wide scarf; *ʻhi pok₎* to shoulder; *yat₎ pok₎ t'ok₎ sái²* shoulder them all at once; *ʻchün pok₎* to change shoulders.

剝, Poh. Usually pronounced *mok₎*. To flay, to peel, to skin, to exfoliate, to scrape off; to split off; to uncover; to wane, as the moon; to fall, to let fall; to extort, to oppress, to exact by force; one of the 64 diagrams; *ʻní p'á² pok₎ ꜀kòm*, are you afraid of being robbed?

駁, Poh. A piebald, particolored horse; mixed, impure; to dispute, to contradict; to oppose; to find fault with, to criticise; contradictory, impracticable; to graft; to tranship; to continue a series, to take up where one left off; suddenly; *pok₎ ʻtsui*, to find fault, to deny; *pok₎ ká²* to cavil at the price; *꜀p'ai pok₎* to reverse a decision of a lower court; *pok₎ shik₎* particolored; *pok₎ shü²* to graft trees; *pok₎ ꜀t'ung kü² wá²* to correct the language; *pok₎ fo² tò² ꜀lai*, transhiped the goods here; *pok₎ tò² ʻk'ü ʻmò ꜀sheng ch'ut₎* argued with him till he had nothing to say in reply.

亳, Poh. Name of a district in Yingchau fú in Ngánhwui; a place in Honán, the capital in the first days of the Sháng dynasty.

㙐, Kioh. Usually pronounced *kok₎*. Stiff, hard soil; boulders and cliffs on a hill; cracks in a jar or vessel.

薄₂ Poh. Trees appearing singly, no brushwood; bushy, jungle; thin, subtle, attenuated, made thin; slight; poor, bad, unfortunate; economical; light, few; to near, to approach; to slight, to dislike, to treat disrespectfully, cold, inattentive to; careless, vain and light; by; a screen, a curtain; thin leaf or plate, a pellicle; *pok₂ tsui²* a slight offense; *hau² pok₂* thick and thin, gross or fine, liberal and stingy; *pok₂ meng²* unfortunate; *pok₂ ꜀ts'ing,* indifferent to, unfriendly; *pok₂ hang² ꜀yan,* a heartless man; ꜀*kam pok₂* gold leaf; ꜀*yan* ꜀*ting* ꜀*tán pok₂* a few descendants; *pok₂* ꜀*ho* ꜀*yau,* essence of peppermint; *pok₂* ꜀*p'í,* thin-skinned bashful, irritable, no pluck; *lok₂ pok₂* reduced, needy, spent all, as a wasteful man reduced to poverty; *pok₂ mò²* nearly dark, dark; ꜀*mò* ꜂*sho* ꜀*í pok₂* no refuge, no reliance; *yat₂ pok₂ shik₂* sun partly eclipsed; ꜀*ká* ꜀*shán fuk꜄ pok₂* an unlucky place or person; *pok₂* ꜂*lai,* poor, contemptible, presents; *tí²* ꜀*p'í pok₂* without energy, a spiritless race.

泊₂ Poh The glare on the water; a ripple; to stop; to arrest; to anchor; to fasten a vessel to the shore, to moor; at leisure; ꜀*wán pok₂* to anchor; ꜀*ká sz'²* *tám² pok₂* the family is unemployed; *pok₂* ꜀*shün,* to anchor a ship.

舶₂ Pih Usually prounounced *pák꜄* a large junk. Read *pok₂* in the Fan Wan; a boat used to cross shallows, a flat boat.

箔₂ Poh A door-screen, a curtain for doors; ꜀*ts'ám pok₂* a frame on which worms spin coccoons; ꜀*ü pok₂* a fish seine or weir. Used for the next.

鉑₂ Poh Gold leaf; brass leaf, tinsel; foil of tin or gold; ꜀*t'ung pok₂* brass-leaf.

礴₂ Poh To fill up, to cram; a multitude; ꜀*p'ong pok₂* filled, as the air fills the heavens; a vast number.

(429) P'ok.

撲꜄ 扑꜄ P'oh } To lean, to recline against; to strike, to flog, to beat; to pat, to brush; to impinge, to strike or rush against; to flap, to flutter, as birds do their wings; *p'ok꜄ yik₂* to clap the wings; ꜀*fá p'ok꜄ pí²* the fragrance strikes the nose; *p'ok꜄ mút₂* ꜀*tang,* to puff out the lamp; *p'ok꜄ kwo²* ꜀*lai,* came flying against me; *p'ok꜄* ꜂*má,* to whip a horse; *p'ok꜄* ꜀*kon tseng²* to shake clean, as clothes from dust; *shai²* ꜀*hung p'ok꜄* ꜀*lai,* furiously rushed against him, as in anger.

樸꜄ P'oh Hard, fine-grained wood; unwrought wood, lumber; an unfinished vessel; plain, sincere; the substance of, the material, the body, without gloss or ornament; *p'ok꜄ shat₂* simple-minded, sincere, unpolished, rustic; *p'ok₂ sò²* unadorned, plain, as dress; *p'ok꜄ kim²* frugal, what is necessary.

朴꜄ P'oh The bark of a tree; used for the preceding; sincere, plain; ꜀*man p'ok꜄* the notes informing friends of a parent's death; *pò² p'ok꜄* to announce a death; *hau² p'ok꜄* a medicinal kind of bark; *p'ok꜄* ꜀*siú,* sulphate of soda; ꜂*mai p'ok꜄* coarse rice, unhulled rice.

璞꜄ P'oh The crust of a gem; an unpolished stone; *p'ok꜄ yuk₂* an unwrought gem, a stone in the rough.

粨 ‹P'oh› The grains of liquor; ‹tsò p'ok› the sediment floating in a vat.

(430) Pòm.

‹Pòm. A colloquial word. The sound of a cannon; ‹ping ‹pòm, a glass toy, so called from its sound when blown upon.

(431) Pong.

邦 ‹Páng A feudal state, a fief, a principality, a dependant state; to confer the rule of a state on one; a vast lot, a huge quantity of; ‹pong ‹ká, the nation, the state; ‹pong kwok› a country; tái² ‹pong ‹ngan, a great treasure; fát› tái² ‹pong ‹ts'oi, to make a great speculation.

鎊 ‹ An unauthorized character; a hoe, a mattoc; yat› ‹chéung ‹pong, a hoe; ‹pong ‹t'in, to hoe the fields.

魍 ‹Páng An elf or sprite, coming out of the ground; it is greedy to eat, and has no fingers.

搒 ‹ 挷 ‹Pang To screen or protect from view; to propel a boat; a boatman; a colloquial word—to move one's residence; ‹pong ‹yan, a boatman; ʻni ʻki ‹shi ‹pong uk› when do you move? The second is also used for the last.

梆 ‹Pang Name of a tree; a wooden cylinder used in offices to call people; a bamboo carried by watchmen to strike the hours on; ‹pong ‹pong ʻlò, a watchmen.

幫 ‹ 幇 ‹Pang To bind the rim of a shoe; a binder, a support; a substitute; a fleet; a picking of tea; to shore up a thing; to assist, to help, to lend a hand; to second, to succor, to defend; ‹pong chò² to assist; yat› ‹pong ‹shün, a fleet of ships; ‹pong ʻpò, to supply a deficiency, as in one's expenses; ‹pong ch'an² to patronize, as a shopman; ‹pong ‹ch'ái, a substituted police-man; ‹pong ʻkau, one who talks for another; áp› ‹pong, guards, protectors; ‹pong ʻshau a substitute, an assistant; to help, as in lifting; ‹t'au ‹pong ‹ch'á, the first gathering of the tea; ‹pong ʻkú, a subsidiary drum.

鞤 ‹Páng The leathern heel-band of a shoe, put in to strengthen the back.

榜 ʻPang A support put on a bow; to propel a boat; a fleet; to bamboo criminals; a splinter or slip of wood; to praise; rule for selecting küjin; a list of graduates; the list of successful küjin; ‹hoi ʻpong, to announce the names of küjin or tsinsz' graduates; ‹kam ‹pong or ‹lung ʻfú ʻpong, the official list of graduates; ‹t'ung ʻpong chung² fellow-graduates; ʻpong shéung² ‹mò ‹meng, name is not in the list; ʻpong ʻngán, the second on the list; ʻléung ʻpong ch'ut› ‹shan, a tsinsz' entering upon office; ‹piú ʻpong to praise, to become celebrat.

ed; *'hò 'pong ,t'au*, good archery, a firm attitude when shooting.

綁 'Pong To tie, to bandage, to bind with cords; a bandage; *'pong 'kan*, tie it tight; *'pong chü²* tie it; *,sung 'pong*, loosen the bandages; *púi² ,shan 'pong chü²* his hands are tied behind his back.

髈 'Pong The pelvis, the hip-bone, the bones of the groin.

(431) P'ong.

旁 ,P'ong Great, extensive; the side; on all sides, everywhere; lateral, sideways; side of a thing; *,p'ong ,pín*, the side; *ch'uk, lui² ,p'ong ,t'ung*, to perceive one thing when examining another; *tsau² 'shau ,p'ong ,kún*, to fold the hands and look on—regardless of another's needs; *,kan 'k'éung ,p'ong ch'ut,* side roots diverging; *,p'ong ,mún*, a side door. Also read *p'ong²*; approaching, nearly; to approach; *p'ong² 'ng*, nearly noon.

傍 ,P'ong Analogous to the last; near, by; to approach; to depend on, to lean against; *,p'ong ,yan*, a byestander; another person, others; *mok, sun² ,p'ong ,ín*, don't heed people's talk; *,p'ong ,pín shi² ,fi*, side remarks captious words, detraction; *,í chü² ,p'ong*, lean against the side; *,p'ong ,kún 'ché ,ts'ing*, a looker-on sees clearly—as in a game; *'hoi ,p'ong*, the seaside.

膀 ,P'ong The ribs; the region of the groin; *,p'ong ,kwong*, the bladder; *,p'ong ,kwong kít, ít,* inflammation of the bladder.

磅 ,P'ong The noise of stones falling; *,ping ,p'ong*, the crash of falling rocks. Used in Canton for a pound weight and a pound sterling; to weigh in pounds; *shap, í² 'léung ,wai yat, ,p'ong*, 12 taels make a pound; *,p'ong ch'ing²* scales for weighing; *,p'ong ,ch'á*, to weigh tea; *,cham ,p'ong*, foreign scales.

滂 ,P'ong Great rain; the noise of falling rain; roar of running waters; soaked, wet with the rain; *,p'ong ,t'o tái² 'ü* a heavy rain; *,p'ong p'úi²* a vast expanse of waters, a flood.

霶 ,P'ong Same as the last, when applied to a rain storm.

雱 ,P'ong A heavy fall of snow and sleet; the noise of a driving storm, abundance of snow.

螃 ,P'ong A crab, a sea crab; *met.* a harpy; *,p'ong 'hái*, a swimming or seashore crab.

徬 ,P'ong To go quick and wildly; to appear as if going; *mat, 'ní ,hang kòm² ,long ,p'ong*, why do you rush on so?

龐 ,P'ong A high house; filled full; confused, mixed; a surname.

厖 ,Mong Large rocks; bulky; abundant, liberal; numerous; *,p'ong hau²* liberal.

尨 ,Mong A shaggy dog; the long pelage of a dog; mixed, variegated, different furs mixed; *,p'ong tsáp,* mixed, blended, confused. Interchanged with the last; and both of them are often pronounced *,mong*.

胖 P'áng. Fat, obese; ꜀fí ꜂p'ong, corpulent; ꜂p'ong chéung꜄ swollen, puffed up.

蚌 P'áng. A muscle (*Uniones*) like the oyster, long and thick-shelled; the pearl oyster; ꜂p'ong kòp꜅ a thin shelled freshwater clam; ꜂p'ong ꜀tsing, the naiad in an oyster; ꜂lò ꜂p'ong ꜀shang ꜀chü, the old oyster has a pearl—said when an old man has a child; *wat꜆ ꜂p'ong ꜀séung ꜀ch'í, ꜀ü ꜀yan tak꜅ lí꜆* when the snipe and oyster catch each other, the fisherman is the gainer—said of going to law.

謗 P'áng. To murmur against, to detract; to vilify, to injure one's good name; ꜂wai p'ong꜄ to backbite one; shán꜄ p'ong꜄ to speak evil of others; p'ong꜄ ꜀shü, a scurrilous paper or book.

(432) Púi.

杯 桮 盃 Pei. A cup, a glass, a goblet, a drinking-bowl; the divining blocks; *yat꜅ chek꜅ ꜀púi*, a tumbler; *king꜄ ꜂tsau ꜀sám ꜀púi*, offered him three cups of wine; *꜂tsau ꜀púi*, a wine-glass; *꜀ning yat꜅ ꜀púi ꜂shui*, bring a tumbler of water; *yat꜅ ꜀púi ꜁k'í ꜂chun*, prayed and was heard at the first fall of the blocks; *꜀púi ꜂tá ꜀chí ꜁in*, irony, jokes, double-entendre; *꜂ts'eng shiú꜆ shing꜄ yat꜅ ꜀púi*, give me the pleasure of a glass of wine with you; *꜀púi ꜀p'ún*, a salver; *꜂k'ü ꜀púi*, to take a glass.

貝 Pei. Tortoise-shell or other fine shells from the sea; cowries, used as money before Tsin Chí-hwángtí; a conch; precious, valuable; money, riches, property, jewels, valuables; name of a silk; the 154th radical of characters denoting riches or trade; *púi꜄ ꜂kam*, rich dresses or silk; *púi꜄ lik꜆* and *púi꜄ ꜂tsz*, a beile and peisse, titles of nobility among the Manchus.

背 Pei. The back; behind, rear, the back part; the opposite of the face or front; the cover of a book; roof of a house; rays from the sun; north side of a hall; to turn the back on; to carry on the back; to oppose, opposed to; to recite memoriter; unusual, rare; *꜂shau púi꜄* back of the hand; *púi꜄ tsek꜅* the back; *púi꜄ ꜀sam*, a vest; *꜁hon púi꜄* cuddled with the cold; *꜁t'o púi꜄* humpbacked; *꜁hon ꜁hon tik꜅ púi꜄* round shouldered; *꜂kong púi꜄ ꜂ü*, to make signs, a secret word; *héung꜄ púi꜄* front and rear, as of a house; *꜂ní chü꜆ tak꜅ kòm꜄ púi꜄* you live in a very retired place; *shap꜆ ꜁fan púi꜄* very uncommon, as a word; *꜁wai púi꜄* to oppose; *púi꜄ ꜀shü*, to con a book; *púi꜄ hau꜆* the back of, behind; *꜂fán púi꜄* to turn the rear forward; *púi꜄ sun꜄* to apostatize; *púi꜄ tí꜆ ꜂kong*, to take one aside to talk with; *púi꜄ hau꜆ ꜂kong*, to speak of one behind his back; *꜀séung púi꜄* mutual double-dealing; back to back; *꜁foi púi꜄* aged, growing old.

悖' Pei To rebel, to oppose government; low, vicious, vulgar; *púi' pún'* to raise sedition; *'p'í púi'* vulgar, unseemly.

蓓' Pei A flower bud; an opening blossom, colloquially called *˛fá ˛lam*.

悖' Pei To rebel, to resist superiors; contumacious, rebellious, seditious; unreasonable, opposed to nature or usage, perverse; *púi' yik,* rebellious; *púi' 'lai,* uncivil; perversely civil, as kind to strangers, but rude to friends.

輩' 軰' Pei A hundred chariots made one *púi'*; chariots placed in line; a phalanx, a company; an order, a generation, a class, a sort; alike; things, kinds; to compare, to class; sign of the plural; *'ngo púi'* we, our kind; *'mán púi'* young people, juniors; *˛t'ung púi'* alike, same sort; a comrade, an equal; *˛pí púi'* we of this class—a depreciating phrase; *˛tsün púi'* you all—a polite phrase; *˛mò púi'* incomparable; *˛t'ung ˛pán púi'* of the same rank; *tò' tak, ˛chí púi'* the virtuous; *˛ying li' ˛chí púi'* traders, merchants; *kwo' púi'* to leave one's place.

狽' Pei An animal, perhaps like a kangaroo, born with short fore or hind legs, so that one rides the other to get along; *˛long púi'* this animal, *met.* an embarrassed condition.

棑' P'ei A high tree, growing in Birmah and India, of whose leaves books are made; the talipot palm?

焙' Pei To dry by a fire, to dry over a fire; to hatch artificially; *púi' ˛ch'á,* to fire tea; *púi' ˛kon tik, 'yé,* fire dried things; *púi' áp, ˛miú,* to hatch ducklings; *'fo púi' áp,* fire hatched ducks; *'fo púi'* fire-dried, kiln-dried; *hong' púi'* to make fretted work, as with metals; *'òm púi' 'shau,* hush-money.

(433) P'úi.

胚 ˛Pei A fœtus one month old; an embryo; any unformed mass, an unfinished thing; vapor not condensed into clouds; *˛p'úi ˛t'oi,* pregnant; *'‍‍‍‍‍‍‍‍‍ ˛p'úi,* hard of hearing; *˛shan ˛p'úi,* in good liking, fat.

坏 ˛Pei A mound; unburnt tiles or pottery; to plaster a seam; a fashion, mold; *˛nai ˛p'úi,* crude earthen; *'ts'ü shek, ˛p'úi,* to get out a rough block, as for carving a jewel; *'ching 'hí ko' ˛p'úi,* to make a mold; *˛chün ˛p'úi,* unburnt bricks; *˛p'úi ˛mò,* a model, a copy, a sketch or an outline for a copy.

徘 ˛P'ei To fly or walk; *˛p'úi ˛úi,* flying to and fro, irresolute, walking back and forth.

裴 ˛P'ei A long robe; a surname. Also used for the last. *˛P'úi ˛úi 'lò,* wild people in Háinán I.

賠 ˛P'ei To make up a loss, to indemnify; to restore, to supply a deficit; to confess; to cover, as in gambling; *˛p'úi ˛fán ˛lai,* to make good, to replace; *˛p'úi ˛wán,* to repay; *˛p'úi ˛ts'in fo'* goods bringing a loss; *˛p'úi* *tin'* to pay, as a surety; to equalize or make up a loss; *꜀p'úi ꜂lai,* to return a compliment; *꜂yau shát꜇ ꜂mò ꜀p'úi,* no repayment for losses; *꜀p'úi ꜀fán teng² ꜀ngan,* to repay the bargain money; *꜀p'úi pat꜇ shí²* I acknowledge that I am in the wrong; *꜀p'úi ꜀wán ꜀t'ong yéuk꜆* I'll give you to buy a poultice—as when wounding one in a scuffle; *꜀p'úi tsúi²* to own a fault.

培 ꜀P'ei To add earth, to heap dirt around; to hoe, as corn; to cultivate, to till; to assist, to nourish, to add energy to; to dam up a sluice; *꜀tsoi ꜀p'úi,* to patronize, to make one a protegé; *꜀p'úi ꜂yéung,* to strengthen the body; *꜀p'úi ꜀kò uk꜇ kai'* raise the ridge-pole higher; *꜀p'úi ꜀chün,* to lay or pile up bricks.

陪 ꜀P'ei Analogous to the last and next. To add mold to plants; attached to, subordinate; to assist, to benefit, to aid; to accompany, to associate with, to fellowship, to bear one company, to attend upon; to double, to match; to fill; *꜀p'úi ꜂ní ch'ut꜇ ꜀kái,* I will go out with you; *꜀p'úi ꜀shan,* "subsidiary ministers," a term taken by princes in feudal times; *꜀p'úi hák꜇ tso²* to entertain a visitor; *꜀p'úi sung'* to escort; to see a guest out; *꜀p'úi pún²* a companion; *hím' ꜀p'úi,* excuse my leaving you—a polite phrase; *꜀ká ꜀p'úi,* to multiply; *꜀p'úi cho²* to take a part in, to assist.

倍 Pei To double, to multiply; to increase; a time, as in repetition; *꜀ká yat꜇ ꜂p'úi* add as much again; *꜀sám ꜂p'úi lí² ꜀ts'in,* profited threefold.

配 P'ei' The color of liquor; a fellow, an equal, a companion; conjointly, equal to, comparable; to unite with, to accompany; to pair, to contract, to join together, to mate; to copulate; to equal, to compare to; *p'úi' ꜂má,* mated horses; *p'úi' hòp꜆* to join, to betroth; *pat꜇ p'úi'* no match, ill assorted; *p'úi' ꜂ngau,* a pair, husband and wife; *hòp꜆ p'úi'* to fit, to match; *man² p'úi'* banished; *p'úi' shik꜇* to match colors; *p'úi' ꜀fan,* to marry; *꜀séung p'úi'* to couple, equaled; *꜂hü p'úi* to consent to a match.

沛 P'ei' A river in Liáutung, and in Kiángsú; copious, abundant; humid, showery; moving, progressing, increasing, expanding; to run, to flow; laid prostrate; suddenly; to irrigate, to dam up water for watering; *p'úi' ꜀in tsz'² tak꜇* proud, vainglorious; *p'úi' chák꜆* beneficent, kind, as good officers; blessing, fertilizing; *p'úi' ꜀in há² ꜂ü,* it suddenly rained; *꜀t'ín p'úi' ꜀k'ing fuk꜇* all in disorder, a disregard of all law.

霈 P'ei' Copious rain; water flowing; *꜀p'ong p'úi'* showery, sloppy, very rainy, flooded.

邶 P'ei' A city or a small region known in the Sháng dynasty; *p'úi' ꜀fung,* name of an ode in the Book of Odes.

佩ʾ P'ei Things worn on the girdle, pendents, ornaments on the girdle; to gird about one, to hang on the girdle; to keep by one; to carry; to remember, to hold in mind; *p'úiʾ kímʾ* to wear a sword; *p'úiʾ fuk₂ pat₃ ꜀mong*, I'll gird my clothes and will not forget—I shall ever bear it in mind; *ʻkòm p'úiʾ ꜀sham ꜀yan*, to bear your favor in grateful remembrance.

珮ʾ P'ei Girdle ornaments, gems worn by women on their girdles and persons; tinkling things hung in the wind.

旆ʾ P'ei To fly; *p'úiʾ p'úiʾ* fluttering, as of flags; flapping in the wind.

(434) **Puk.**

卜₃ Puh To divine by rattling cash in a tortoise's shell; to conjecture, to guess; sortilege, divination; to give; the 25th radical; *puk₃ kwáʾ* to divine by lots; *꜀chím puk₃* to cast or draw lots, to prognosticate in any way; *puk₃ ꜁ü*, a wooden block, like a skull, used to beat on when chanting; *꜀púi puk₃* to divine by throwing the blocks.

僕₂ Puh To follow, to serve; a vassal a retainer, a servant, a menial, one who helps in laborious duties; a charioteer; a disciple, a term for one's self, as "your servant;" to belong to, to appertain; to hide; *꜀ká puk₂* domestics; *ʻchü puk₂* master and servant; *puk₂ taiʾ* menials or criers of an officer; *puk₂ puk₂ ꜀fung ꜀ch'an*, troublesome, impertinent matters; *puk₂ ʻp'í*, the servants in a house.

濮₂ Puh Name of a river; a kind of large bamboo; *Puk₂ ꜀chau*, an inferior district in Tsau-chau fú in Shántung.

樸₂ Usually pronounced *p'ok₃*; a club.

幞₂ Puh A sort of cowl or hood worn by the military; a kerchief to wind round the head; the skirts trimmed off.

暴₂ Puh To dry in the sun, to sun; to manifest, to display; to make known, to proclaim.

曝₂ Puh Same as the last, and more often used in the sense of to dry, to sun; *sháiʾ puk₂* to air, to put in the sunshine.

瀑₂ Puh A cascade, a waterfall; water rushing down a hill; *puk₂ pòʾ* a cataract, a roaring cascade among the mountains; *puk₂ ʻshui*, a mountain torrent; *puk₂ ꜁ts'ün*, a pool or tank fed by a torrent. Also read *pòʾ* name of a river; great rains, flooded.

襮₂ Puh A collar of a red color worn outside of the dress at court or sacrifices; to show outside.

雹₂ Puh Hail; to hail; *lok₂ puk₂* to hail; *sinʾ puk₂* sleet and hail.

蹼₂ Puh The web of geese and other water-fowl; web-footed; in colloquial, to lie down, like a beast; to lean on or over, as on a table; to turn over; *꜀ch'am ꜁shün puk₂ ʻhoi*, the vessel sunk and turned keel up; *puk₂ ʻtò ti² ꜁lai*, fell all long on the ground; *puk₂ ʻchün*, turn it bottom up ward.

(435) **Pún.**

般 ‹Pan To drive back water by a boat turning; to transport by water; a sort, a manner, a way, a kind; an affair, a business; *‹to ‹pún*, many ways; *shap› pát› ‹pún ‘mò ngai*^{2} the eighteen sorts of military fencing; *yat› ‹pún*, same as, like, similar to—an adjective of comparison, at the end of a sentence; *ché› ‹pún*, that sort, such, these, thus, so; *‹pún ‹pún*, or *mún*^{2} *‹pún*, in all ways.

搫 擮 Pwán To remove from one place to another; to move, to transport; to put away; to bandy, to discuss; in colloquial, to cleave, to split; *‹pún uk›* to move house; *‹pún ‘yé lok› ‹shün* take the things on board; *‹pún ‹mái ‹t‘ung chü*^{2} move our residence to the same place; *‹pún shi*^{2} *‹fi*, to tell-tale, to cause heartburning among friends; *‹pún ‹loi ‹pún hü*› taking things here and there; *‹pún wan*^{2} *‹léung ‘héung*, to transport provisions, &c., for the army; *‹pún ‹hoi kau*^{2} *‹ch‘ái*, to cleave a block of wood open; *‹pún sai› tik›* split it smaller.

瘢 ‹Pan Often pronounced *‹pán*. A scar, a cicatrix; pimples, marks, or pits, on the skin, not very dark; *‹ch‘ong ‹pún*, mark of a sore.

本 ‘Pun The root of a plant; the origin, the fundamental part of, source, root, cause; at first; that which causes, the beginning of; native, one's ancestors; proper to, appropriate; capital, principal; a classifier of novels, books, volumes, or documents; used for I, my, our, own; *‘pún kwok›* my native land; *‘pún ‹ts‘in*, capital in trade; *‘pún ‹ngan*, the principal, not the interest; *‘shéung ‘pún*, to present a petition; *pái› ‘pún*, to memorialize the throne; *‘pún sz*^{2} able, clever capable for business; *‹kan ‘pún*, the fundamental part; *‹mong ‘pún*, to forget one's parents; *yat› ‘pún ‹shü*, a single volume; *‹mong ‘pún ‹sam*, an ungrateful disposition; *‘pún ‹loi mín*^{2} *muk›* the original complexion; *‘mò ‘pún*, no capital; *‹ch‘áu ‘pún ‘tsz’* a plagairist; *‘pún ‹shan*, I myself; *‘pún ‘fú* I, the prefect; *‘pún ‹ying*, what is proper, requisite; *‘pún fan›*, what is one's duty, or belongs to one; *‘pún tí*^{2} *‹yan*, the natives; *ch‘ut› ‘pún*, to advance capital; *‘pún sing› kap›* his temper was hasty; *‘pún lí*^{2} *túí*^{2} *‹t‘ing*, to square off accounts, as at a banker's; *‘shau ‘pún*, a visiting-card sent to a superior; *shít› ‘pún*, to lose on a trade; *‹ün ‘pún ké› ‹sam*, my original desire, the first intention.

半 Pwán To divide in two; a half, a moiety; the greater portion of, a large piece; a small part, as *pún› pò› ‘tsau pat› tak›* he can not move a step; *pún› ‹yan pún› ‘kwai*, half dead with fear; *túí› pún›* to divide equally, to split the difference; *yat›* pún3 a half; tái2 pún3 the greater part, the largest piece; pún3 yé3 mid-night; pún3 shai3 ˛yan, a middle-aged man; tái2 ʻní yat˶ pún3 as old again as you are; pún3 ch'ám3 ˛chung ˛ʻt'ò, came back from half way; tsò3 sz'2 pún3 lak˶ kak˶ doing things by halves, unsteady; ˛ńm ˛tséung pún3 pák˶ about fifty years old; pún3 lò3 ˛fan ˛ts'ai, to divorce a wife after having her half one's life.

叛2 Pwán To revolt, to rebel against rulers; to depart from their government, to go away; pún2 yik˷ rebellion; ˏlí pún2 to disavow the authority of a government.

畔2 Pwán Interchanged with the last. A path dividing fields, a landmark; to disobey rules for dress; to separate from, to revolt, to rise up against; ˛kang ʻché yéung2 pún2 the farmers yielded the landmarks.

伴2 Pwán An associate, a comrade, fellow, companion; to follow, to attend on; ʻfo pún2 a partner in business; ˏt'ung pún2 an equal, a fellow, one in the same position; ˏmò pún2 no fellow, no one with me; ˏp'ú pún2 to accompany one, as a friend; pún2 ˏnéung, a kind of bridesmaid.

絆2 Pwán A lasso, a rope for catching a horse; to lasso, to catch; to restrict, to hamper; an obligation, a restraint; pún2 sok˷ chü2 ʻk'ü, tie him fast; pún2 hai2 to tie to, as a tree; ˏwai tò2 ʻsho ˏkí pún2 restrained by reason.

(436)

P'ún.

番 ˏP'wán The name of a place; ˏP'ún ˏü, the district of Pw'ányü, comprising the part between Canton and the Bogue.

潘 ˏPw'án A river in Yungyáng hien in Honán; dirt on the face; dirty rice-washings, swill; a surname.

盤 / 盆 ˏPw'án A platter, a trencher, a basin, a deep dish; a tub; a deep vessel to contain liquids, grain, &c.; a press, a frame, a machine; a receptacle, like the pelvis; an affair, business; curved, winding, coiled, curled up; to examine; a market; ˏp'ún fai3 traveling expenses; ˏkáu ˏp'ún, to hand over a business to another; ʻkáu ˏp'ún, a windlass; ˏshau ˏp'ún, to wind up a business; ʻsai ˏshan ˏp'ún, a bathing-tub; ˏhoi ˏp'ún, to open the market; ˏp'ún tò2 ch'ü2 coiled up, as a snake; ˏshá ˏp'ún, a coarse dish for cleaning rice; ˏlam ˏp'ún, a childbirth; ˏp'ún ʻkú shi Pw'ánkú, the first man; wat˶ ˏshiú ˏchü ˏp'ún, bound up like a roasting pig, said of persons punished by Lynch law; ˏp'ún sat˶ to sit crosslegged; ˏp'ún ˏch'á, to examine into; ˏfá ˏp'ún, a flower-pot; ˏying ˏp'ún, an encampment. Some of the following are used in these senses.

槃 ˬPw'án Used for the last. A tray, a waiter; a tub, a wash-basin; to rejoice; to turn around; *ˬp'ún lok*ˬ to rejoice; *ˬp'ún ˬt'ing*, to revolve, so as not to advance.

磐 ˬPw'án A large rock, a foundation-stone; a great and remarkable rock, like the Rock Etam; stable, firm, as a rock; *ˬp'ún shek*ˬ *ˬchí ˬon*, peaceful, as if settled on a rock; *ˬp'ún ˬngá ˬlín sui*ˀ [bandits have been] for a series of years.

鞶 ˬPw'án A leathern girdle; a large ornamented girdle; *met.* a purse, because the money was put inside of it; *ˬp'ún tái*ˀ a leathern belt.

𨄊 ˬPw,án To curl up the legs, to sit crosslegged; *ˬp'ún sat*ˬ *ˬí tso*ˀ to sit with the feet under one; *ˬp'ún wat*ˬ curled up; *ˬp'ún ˬmái tso*ˀ to sit like a tailor.

跘 ˬPw'án Interchanged with *ˬmún* 蹣. to jump a wall; to walk lame.

弁 ˬPw'án To rejoice, to be glad; *ˋsiú ˬp'ún*, name of an ode in the Shí-King.

磻 ˬPw'án A mountain stream in the west of Shensí, a tributary of the River Wei, in Fung.

蟠 ˬPw'án Read *ˬfán*, meaning sow-bugs, found under things. Read *ˬp'ún*, curled up, writhing, coiled; wreathing, curling around; to bend, to coil up in, to crouch in; to intrust to; *ˬwan ˬp'ún tái*ˀ *ti*ˀ the clouds encircled the land; *ˋp'ún ˋiú*, to encircle, spirally; *ˬp'ún ˬlung kwan*ˀ a cane with dragons carved around it; *ˬlung ˬp'ún ˬü ˬnai*, a serpent crouching in the earth.

胖 ˬPw'án Fat, gross, obese, corpulent, as if one had nothing to disturb him; half of a carcase; a slice, the collops on the ribs; *ˬsam ˋkwong ˋt'ai ˬp'ún*, good-natured and fat.

判ˀ Pw'án To divide, to halve, to distinguish; to decide, to judge, to sentence; to join two halves; to marry; *p'ún*ˀ *hòp*ˬ to conjoin in bands of wedlock; *ˋsham p'ún*ˀ to judge and convict; *ˬp'ai p'ún*ˀ an official verdict, a decision; *p'ún*ˀ *ˬkún*, the decider of one's life. Atropos; *ˬt'ung p'ún*ˀ a syndic in an inferior department; *chiú*ˀ *chik*ˬ *p'ún*ˀ to decide directly.

泮ˀ Pw'án A semicircular pool near the colleges of princes; a stream in Shántung, near Tá-ngán fú, an affluent of the Grand canal; to dissolve, to scatter; *ˬyau p'ún*ˀ *ˋshui*, to "pass the college pool," *i. e.* to become a *siútsái*; *p'ún*ˀ *ˬkung*, the college of a prefecture; *p'ún*ˀ *ˬch'í*, the college pool.

頖ˀ Pw'án Interchanged with the last; the colleges of the princes; to break, to scatter.

拚ˀ } 拌ˀ } Pw'án To reject, to disregard, to remove from one; to separate, to divide, to cut off, to halve; to throw away, to throw down; *p'ún*ˀ *ˋsz*ˀ to venture to the death; *p'ún*ˀ *meng*ˀ to risk one's life; *p'ún*ˀ *ˬkung*, to contract for work; *p'ún*ˀ *ˋcho ˬ'm iú*ˀ to waste, to lavish, to hold lightly by; *p'ún*ˀ *lán*ˀ to give up the reins; *p'ún*ˀ *ˋsz*ˀ *hü*ˀ *tsò*ˀ to do at the risk of life; *p'ún*ˀ *ˬts'oi*, prodigal.

国家出版基金项目
NATIONAL PUBLICATION FOUNDATION

海上絲綢之路文獻集成

總主編　陳支平　陳春聲

科技與文化編 82

主編　王揚宗　葉農

海峽出版發行集團
THE STRAITS PUBLISHING & DISTRIBUTING GROUP
福建人民出版社

本册目次

英華分韻撮要［二］

（*A Tonic Dictionary of the Chinese Language in the Canton Dialect*）

〔美〕衛三畏（Samuel Wells Williams）編譯

英華分韻撮要

(437) Pung.

(The first three are read *fung* in the Fan Wan.)

'琫 Pung A loud, boisterous laughing; great merriment.

'琫 Pung Ornaments of gold, gem, or metal, on a scabbard or hilt of a sword or dagger; an emperor has gems, a prince has gold.

'菶 Pung Grassy, herbaceous; *'pung 'pung*, abundant, luxuriant, as the vines of a melon; laden with fruit.

'捧 Fung A colloquial word. A handful; to hold in the hand, to scoop up in the hand; *'pung chü'* to hold by the sides or rim; *'pung 'shui 'yam*, to drink out of the hands.

掽' 碰' Ping } To run against, to run upon, to bump; to meet a person or thing unexpectedly; a thump, a knock; *'t'ai pung'* lookout for knocks!—a cry of porters in the street; *pung' 'tò 'k'ü* or *pung' chéuk,* hit against him; *pung' ˏts'an ˏt'au*, to bump one's head; *pung' 'k'ü*, hit him; *pung' kin'* to meet one, as in the streets. The second character is a common but unauthorized one.

Pung' A colloquial word. The classifier of walls, cliffs, ledges, &c.; a puff of smoke or smell; *yat, pung' ˏts'ui*, a stink; *yat, pung' ˏts'éung*, a wall; *yat, pung' ˏin ˏts'ui*, an offensive smoke, as of burning hair; *yat, pung' hi'* a bad odor.

(438) P'ung.

ˏ𨄮 P'ung A colloquial word; it is also pronounced *ˏfung*. To fill the eyes with smoke or dust; *ˏin ˏp'ung ˏp'ung*, the smoke is very smarting.

Read *ˏp'ung*, dust raised by the wind.

ˏ篷 P'ung Mats made by interlacing bamboo leaves within splints; used as coverings for boats, awnings, stagings, &c.; a sail; a roof; an awning; *ˏp'ung ˏliú*, mat houses; *ˏp'ung ˏsung*, to walk rapidly; *'kung ˏp'ung*, an arched roof, as over a terrace; *táp, ˏp'ung*, to put up an awning; *ˏp'ung 'ch'ong*, a mat shed, used for plays, rest-houses, &c.; *pún' ˏp'ung üt, shik,* under easy sail enjoying the moonlight; *'chün ˏp'ung*, to go on the other tack; *ˏk'au ˏp'ung*, to beat or sail on the wind.

ˏ蓬 P'ung A straight, medicinal, plant growing among hemp; a species of flag; disorderly, tangled, overgrown, like jungle; waving, as grass by the wind; disheveled, as the hair; a malign star; *ˏp'ung ˏloi*, fairy land, the abode of genii, a paradise far from men; name of a district in Shántung.

ˏ鬔 P'ung The hair in disorder, disheveled; *ˏp'ung ˏsung*, hair uncombed and tangled.

ˏ芃 P'ang Grassy, luxuriant, flourishing; bushy, as a squirrel's tail; *ˏp'ung ˏp'ung*, abundant, as a field of grain.

(439) Pút.

鉢, Poh An open dish, usually of earth, to cook in; a spherical, narrow-mouthed dish, used by priests; a stoneware dish to grind paint or medicine on; a beggar's clapdish; *met.* Buddhism; *pút*ˏ *ˏt'au*, an earthen dish; *lau' pút*ˏ a funnel; *ˏch'ü ˏi pút*ˏ to hand down the robe and dish—to leave one's office and place to a disciple; *ˏt'ung ˏlo p'út*ˏ a large earthen pan.

撥, Poh To spread out, to place in proper posts; to allot, to dispose; to detach, as troops: to root out, to expel, to abolish, to abrogate, to do away with: to rid, to exclude; to get rid of; to dissipate, to scatter, as wind does clouds; to cut up grass; the dress fluttering; to flirt, as a fan; to extend; to separate; ropes for a hearse; *pút*ˏ *ˏkung*ˏ to pull a bow; *pút ˏman*, to drive away musquitoes; *pút*ˏ *ˏhoi ˏín*, to dissipate smoke; *pút*ˏ *shin'* to fan; *pút*ˏ *tung' ˊk'ü*, cool it by fanning; *pút*ˏ *chéuk*ˏ *ˊfo*, to start a fire by fanning; *pút*ˏ *ˏshá*, to reel thread; *pút*ˏ *ˊmá ˊmi*, a hanger-on, a lick-spittle; *pút*ˏ *ˏkwai ˏpin*, prejudiced for or against one, strong dislike; *ˏfan pút*ˏ *ˏping ˏling*, to detach troops; *ˏpún pút*ˏ to apportion each one's duties; *pút*ˏ *ˏmái ˏsam ˊshui*, to disregard, to have nothing more to do with; *ˏfung pút*ˏ *ˏwan*, wind scatters clouds.

襏₂ Poh A rain garment, made of leaves or coarse cloth, worn by laborers.

勃₂ Poh To change color, fluttered, confused, to appear disconcerted; suddenly, furiously, to arrange hastily; *pút*ˏ *ˏin*, suddenly.

孛₂ Puh Pei Interchanged with the preceding. Plants suddenly shooting up; disobedient, untractable, unreasonable; *pút*ˏ *ˏsing*, a comet.

浡₂ Poh A spring bursting up, or a plant shooting up; copious; sudden; *pút*ˏ *küt*ˏ gurgling, bubbling; *ˏying hi' pút*ˏ *pút*ˏ valorous, brave, boasting; *pút*ˏ *ˊli* (or *ˊní*) name of a country, thought to be Borneo.

紼₂ Puh Silken cords which are used to carry coffins by; *met.* fine, elegant, applied to the emperor's words; *ˏlun pút*ˏ eloquent, persuasive, as imperial sayings.

荸₂ Puh The water chestnut, called *pút*ˏ *ˊts'ai*, or *ˊmá ˏt'ai*; the *Eleocharis tuberosus*, an edible tuber.

跋₂ Poh To travel by land; to walk through grassy paths; to draggle, to trudge, to go slowly; to stumble; to slip; the stand for a candle; an addenda or preface of a book, put in a new edition; the heel; the root, base, foundation; *pút*ˏ *ship*ˏ to slip; *kéuk*ˏ *pút*ˏ the heel.

鈸₂ Poh A small bell, like a sleigh-bell, used in chanting or in music to make a response; small cymbals.

(440) **P'út.**

潑 P'oh — To sprinkle, to throw water about; to scatter; to drip, to ooze, to shower down; dissipated; a shower; *p'út* *'shui*, to throw water, as on one. A colloquial word; slender, acute; *p'út mak* to write boldly; *út p'út*, lively, revived, enheartened; *nung p'út* vigorously written characters; *p'út 'fú*, an adulteress; *tiú p'út* perverse; *tsim p'út kòm' tsím*, beautiful, tapering, as fingers; *tsím p'út tí'* very sharp-pointed; *p'út sái' shang í'* to lose custom by rudeness; *sál p'út yan*, a careless man, one who wastes things.

(441) **Sá.**

卅 Sah — A contraction for thirty; *sá sám*, thirty-three.

Pronounced *'sá*, a colloquial word. Confused, at sixes and sevens; *'sá kòm' lün'* all in disorder; *'sá ch'an wan ti'* what a brag! a bag of wind.

(442) **Sai.**

西 Si — The west; in divination belongs to metal; western, foreign, European; enters into many names of places; among the Budhists, refers to heaven; *sai pan*, a private tutor; *sai 'shui 'tung*, restless, to sit uneasily; *sai kwá 'pín*, a chop-boat or lighter; *sai t'in*, paradise of Budha; *sai yéung yan*, a Portuguese;—at first applied to all Europeans; *sai kwán á' kún 'tsai*, nickname for a rich and silly youth from the western suburbs of Canton; *sai 'mai*, sago; *sai pak* north-west.

粞 Si — Bruised rice, the rice left in a mortar, broken to dust after hulling, called *'mai shá*.

犀 Si — A rhinoceros; hard, good metal, as a sword; a carpel of a melon; *sai kok* a rhinoceros' horn; *sai ngau*, a rhinoceros; *sam 'yau ling sai*, astute, acute at perceiving.

樨 Si — A diminutive sort of the *Olea fragrans*, with reddish flowers, called *muk sai fá*; cultivated at Canton.

荽 Sui — Often confounded with 茜, *sín'* which is then pronounced *sai*, while this character is also called *sui*, in the name *ú sui* or *ün sai*, the coriander or caraway plant.

嘶 Si — The neighing of a horse; the chirping of the mole-cricket and cicada; a hoarse, broken noise, hiccuping; a crashing, clattering, rushing noise; *sai sai sheng*, a cricket's chirp; *sai shát* a furious onslaught, the din of battle.

撕 S', Sz' — To bring to notice, to direct the attention to; to put one on his guard, to rouse up; to split, to rive; *t'ai sai*, to point out; *sai 'seng*, to nudge, to hint.

洗 'Sí To wash, to wash the feet; to purify, to rinse, to clean; to cleanse morally; a washing vessel; *met.* to wash out, to exterminate; *'sai min'* to wash the face; *'sai kwát,* to wash and scrape; *'sai ,shan* or *'sai yuk,* to bathe; *'sai 'lai,* baptism; *'sai ,sam,* to cleanse or change the heart; *'sai shap, ,t'au ,'m t'ai' ,mé,* are 'nt you going to shave now you've washed your head?—you must finish what you've begun; *,ká ,p'an ,ü 'sai,* as poor as if clean washed out.

洒 'Sí To wash out, to avenge one's wrongs, to wipe off a reproach, as by the death of a enemy.

枲 'Sí A plant, allied to hemp in its fibres, and used for weaving; linen, fine hempen or grasscloth.

細 Sí' Fine, small, minute; delicate, finely made; soft in texture; subtile; trifling, petty, unimportant, vexatious; thoroughly, carefully; *sai' ,sam,* careful, be careful; *sai' pò'* fine cloth; *'tsz' sai'* attentive to, heedful; *sai' hang'* a peccadillo, trifling; *sai' sz'* a small matter; *sai' tak, tsai'* far too small; *sai' ,sz' ,ngan,* sycee silver; *sai' 'lò ,ko,* a term for a lad, my boy! *sai' ,t'ám,* conversation, small talk; *sai' ch'át,* to thoroughly examine; *sai' 'lò,* a younger brother; *'hò sai'* very small; *'ai sai'* not so tall, rather under size; *sai' ,man 'tsai,* a child, children; *sai' 'lò,* a younger brother.

壻 婿 Sí' A son-in-law; a husband is sometimes so called; *'nü sai'* a son-in-law; *,in sai'* a worthy son-in-law.

(443) Sái.

,Sái. A colloquial word. To throw away as useless, to waste; *,sái t'át,* utterly wasted; *'mai ,sái 'yé,* don't waste things; *mat, ,sái 'k'ü,* don't waste it; *,sái sái' hai' ,lé,* all thrown away, it is all used up; *,sái fú' ,hing min'* a disgrace to one's family; *pák, pák, ,sái,* uselessly spent; *,sái tak, chung'* extravagant, using more than is necessary.

徙 'Sí To move, to shift one's abode or things; to be transported by order of the king; to exceed, to incroach on or overpass, as time; *'sái shin'* to change for the better, to reform; *'sái ,kü,* to live elsewhere; *'sái üt,* to overpass the month; *'sái yam'* to go to take another office.

躧 屣 'Sí Straw sandals, slippers, grass shoes worn by posture-makers; to go barefoot; *t'üt, 'sái,* to throw off the slippers; *,yau hi' pai' 'sái,* [to contemn the world] like rejecting a pair of old sandals.

纚 'Sí, Lí A kind of gauze kerchief for the head, a cap, a turban; strings of a cap; a hair-band; a crowd passing along; to bind together or upon neatly; banners flowing bravely. Read *,Lí,* a kind of fine cord.

'葸 Si Afraid, dispirited, fearful, craven, cast-down; timid, bashful and awkward; thrown off one's guard; *wai² 'sái*, fearful, abashed; *'sái ˏyung*, looking scared.

'璽 Si The royal signet or imperial seal; the great seal, now usually called *'pò;* the seal of the signet.

晒' A colloquial word. All, the whole, complete, entire; *hü² sái²* all are gone; *'mò sái²* none at all; *shap, ˏfan ˏt'ung sái²* thoroughly understands all; *ˏsang sái²* let it all go, as a rope; *'pí sái²* all given away; *kín² kwo² sái²* seen everything; *hòm² pá² láng² shik, sái²* all completely eaten up.

(444) **Sak.**

塞, Seh To stop up, to fill up, to close; to obstruct, to hinder, to prevent by obstacles; to spike a gun; obstructed, stopped up; solid, sincere; unintelligent, stupid, hard to apprehend; an important pass; *mat, 'kòm sak,* how can you be so stupid? *sak, chü² 'k'ü,* stop it up; *ˏt'ín sak,* to fill up, as a hole; *sak, 'hau,* to stop a hole, to gag, to bribe, to stop one's answering; *'yung sak, ˏkái tò²* streets much crowded; *ˏhoi ˏmáu sak,* to make a person understand; *pí² sak,* the nose stopped up, snuffles; *ˏch'ung sak, ˏt'ín tí²* to pervade and fill the world—as the gospel will.

(445) **Sam.**

ˏ心 忄 㣺 Sin The physical heart, considered as the *ˏchü* or lord of the body; the centre, the middle; inside of a thing, as a wick, heart-wood; the affections, the heart, the will; the mind, understanding; the intention, desire, motive; the origin or source; the fifth of the 28 constellations, answering to Antares, ς and τ in Scorpio; the 61st radical of characters relating to the feelings; *ˏsam ˏkon,* the heart and liver, *met.* that which is doated on; *ˏsam 'shui ˏts'ing,* imperturbable, not alarmed; *'yau ˏsam ˏkí,* clear-headed and attentive; *ˏmò ˏsam ˏkí,* indisposed, ailing; *ˏsam teng²* not in error, certain of; *ˏsam fuk, ˏyan,* a trustworthy man; *ˏsam ˏshan,* the animal spirits; *'hò ˏsam ˏt'in,* tender, compassionate; *ˏsam ˏ'm tsoi² ch'ü²* absent-minded; *ˏsam ˏwái pat, 'kwai,* I can't understand his intentions, scheming; *ˏsam ˏt'au ˏkò,* ambitious, in haste to reach, highminded, a high-toned feeling; *ˏsam ˏto,* suspicious, capricious; *ˏsam ˏsam ˏsz'* bent on, constantly desiring; *ˏsam puk, puk, t'iú²* palpitation from fear; *yap, ˏsam,* to remember, familiar with; *ˏt'ín ˏsam,* the zenith, meridian; *ˏsam ˏhung chák,* contracted, narrow minded, views; *ˏpún ˏsam,* my view, my notion; *yung² ˏsam tsò²* be diligent, be careful in doing things; ‹sam ‹fá ‹hoi, in hopes, in high spirits, one's hopes blossoming; ‹t'ung ‹sam ʿyé, a hollow, tubular thing; ʿyau ‹sam, much obliged, thank you; ʿní fai' ‹sam, I am obliged for your kind care; ‹súi ‹sam, to recover one's senses, to reform; ‹sam ‹sz' desire for, discontent.

ʿ滲 San To drip, to ooze out; to steep. A colloquial word; to sprinkle dry things; ʿsam tik, ‹ím ‹lai, sprinkle a little salt on; ʿsam ‹'m ‹wan, sprinkled unevenly; nik, ‹fúi ʿsam chü' bring ashes to lay on it.

Pronounced sam'; bad, inelegant, worthless; ʿkòm sam' ké' so vile; so mean-looking—applied chiefly to things.

(446) Sám.

三 ‹叄 ‹川 Sán Three; thrice; ‹sám shap, thirty; tai' ‹sám, third; ‹tsoi' ‹sám, again and again; ‹sám ‹súi or ‹sam ts'z' thrice; ‹i' ‹sám ʿtsz' you two or three people; pat, ‹sám pat, sz' neither one thing nor another, unsteady; ‹sám ʿléung yat, in a few days; ‹sám ‹á lò' ʿhau, a cross roads; ‹sám k'ap, tai' the three highest Hánlin; ‹sám chek, ʿshau, a thief, a shoplifter; ‹sám ‹kw'an i' túi' knots and groups of people. Read sám' to reiterate, to do thrice; sám' ‹sz' to think thrice, maturely thought of, deliberate.

(447) San.

‹新 Sin Wood cut down; to renew, to restore, to improve; to add something to, to increase; new, fresh, the latest, just made or gathered; the new, the best; occurs in many names of places; ‹san ʿsín, fresh, as catables; ‹san ch'ut, mat, just in market; ‹san ‹long, ‹san ‹néung, a bridegroom and bride; ts'ü' ‹san ʿp'ò, to get a wife; ‹san ‹nín, newyear; ‹san ‹man, news; tak, fá' yat, ‹san, his virtuous example daily renovates others—said of a good ruler; ‹san fau' a new port—a name for Singapore; ‹san yéung' new-fashioned.

‹薪 Sin Fuel, brambles, wood fit only for the fire, firewood; to collect fuel; ‹ch'ai ‹san, firewood; ‹san ʿts'ò, grass cut for fuel; fú' ‹san to carry faggots.

‹辛 Sin Pungent, warm, piquant, slightly acrid or bitter; met. irksome, bitter, hard, toilsome, grievous; mournful, sad; the eighth of the ten stems, corresponds to metal and the west; the 160th radical; ‹san ‹fú, grievous, afflicted; ‹san lát, biting, hot, like cayenne.

‹莘 Sin A marshy plant, like sweet-flag or the asarum; long; ‹san ‹san, numerous; ‹san ün' a district in Shántung; ‹san ʿyé, desert, marshy.

‹侁 ‹駪 Sin Men and horses in company, a large crowd of people; ‹san ‹san, the noise and tramp of a crowd.

英華分韻撮要

誂 ˓Sin To ask information, to converse, to inquire; ˓san ˓san, a crowd, many talking together.

甡 ˓Sin A multitude standing or going together; ˓san ˓san ˓k'i luk˽ how numerous are the deer!

(448) **Sán.**

'糤 '饊 San A wheaten cake, fried in oil or fat till it is dry; ˓yau 'sán, wheaten cakes.

'桚 Tsán Strips of wood placed between the fingers to squeeze them; a mode of torture like the thumb-screws; to torture; narrow; 'sán 'shau, to squeeze the fingers.

'散 A wine vessel, an amphora; a medicinal powder; name of a song; slatternly, untidy, careless, disheveled, as one's dress or hair; scattered, tangled, put in confusion; not in order; miscellaneous, odds and ends; 'sán ˓kung, day-laborers; 'tá 'sán ˓kung, to work by the job; 'tá 'sán ˓ts'in, to break a string of cash; yéuk˽ 'sán, a powder; 'lán 'sán, heedless, lazy; 'tá 'sán fú' kéuk˒ to loosen the trowsers from the stockings; 'sán sok˒ sok˒ shiftlessly, loosely done; ˓hán 'sán, leisure, otium; ˓mo 'sán, to grind to powder; 'sán 'kòm 'séung, wandering thoughts; sát˒ 'sán ˓yan 'má, sent out men and horses, or dispersed them, as in searching, or when posting troops.

散' San To scatter, as by the wind or by force; to separate, to take apart; to dissipate; to spread abroad; to disperse, to break up; to distribute, to apportion; sán' ˓ch'éung, to disperse, as an audience; sán' ˓pán, to break up, as a party; sán' 'há pò' to relieve one's grief by walking or otherwise; sán' tsáp˽ to scatter clothes (to the spirits); fát˒ sán' to dissipate, as a vertigo or cold; ˓ká sán' ˓yan ˓mong, the family is scattered and dead; shat˒ sán' driven off, expelled by force; pò' sán' ˓lau ˓in, to spread false reports; sán' 'wong sz'' ˓fong, scattered in all directions, dispersed.

傘' 繖' Sán To cover or shade from the rain or sun; an umbrella, a parasol; ˓lo sán' a state canopy, carried behind high officers, of which the red color is the most honorable; 'ü sán' an umbrella; long' sán' a sunshade.

(449) **Sang.**

˓僧 Sang A Budhist priest; a religious life; ˓sang ˓yan, a priest, a bonze; ˓hò ˓sang, a strict, conscientious priest; ˓wan ˓yau ˓sang, a begging priest; ˓p'an ˓sang, I, a poor priest; ˓sang ˓ká, Budhist priests, the priesthood; ˓sang tsuk˽ pat˒ ˓t'ung, a religious and worldly life are unlike; ˓ka ˓lá ˓sang, lama priests; ˓shán ˓sang, recluses.

˓鬙 Sang Short hair; ˓pang ˓sang, the hair in disorder, tangled.

蹭 Tsang. To lose the way, to wander; *sang' tang'* in a hurry, fidgetty, acting foolishly, unapt, spoiling what one undertakes. A colloquial word. *Sang' pí'* to blow the nose with the fingers; *sang' ʻhá ʻshau,* to shake the hands, as when wet or dusty; *hò' sang'* or *sang' kéuk,* lecherous; *sang' pí' t'ái' ʻtsz'* a rich fool.

(450) Sap.

哂 Tsáh. To enter the mouth; a fish sucking. A colloquial word. A deceit, a take in; wheedling, coaxing; *ˌt'eng ˌyan sap,* to be deluded, overreached, diddled; *ˌyan sap, ʻni hü'* people will coax you to go away; *ˌ'm shau' ˌyan sap,* not minding people's blarney; *sap, ʻtò ʻk'ü* took him in; *sai' sap, sap,* very much broken or cut up, minced; *sap, sui'* little things, rubbish.

(451) Sáp.

颯 Sáp. The sound of wind, a breeze, a gust, a blast; suddenly, for a minute; *pak, ˌfung sáp, sáp,* gusty north wind; *ˌshui sáp,* declining, going down, unsuccessful, losing ground; *sáp, ˌshí ˌkán,* for a minute, a little while.

霎 Sháh. A slight shower, a drizzling, passing rain; *sáp, ˌshí,* momentarily; *sáp, ˌín ˌkán,* on a sudden.

匝 Tsáh. To make a circuit, to go the rounds, like a watchman; pervading; a revolution; a side, a row; *ˌchau sáp,* to go about everywhere; *ˌsám sáp,* on three sides; *yat, sáp,* a row. A colloquial word. To please, to delight; shining, lustrous, as silk; when repeated, it is a strong affirmative; *ˌ'm sáp, ʻngán,* does not please the eye, makes no display; *ˌhái sáp, sáp,* exceedingly rough; *ˌlám sáp, sáp,* very blue.

翣 Sháh. Feathers used to adorn coffins; a flabellum or great fan, carried behind the sovereign, painted with flowers or feathers. The state umbrella is now usedinstead.

㩉 Sáh. Mixed up; sound of breaking things. A colloquial word; *láp, sáp,* refuse, dirt, sweepings.

(452) Sat.

膝 Sih. The knee; to surround the knees, as children do; a long thin spear; *wat, sat,* to kneel, to bend the knee; *ʻp'ò sat, ˌch'éung ˌyam,* to hold the knees and sing away; *sat, ˌt'au ˌko,* the knee; *sat, ʻhá,* your servant; also, one's children; *ʻp'ò sat,* a knee cap used by surgeons; *ˌpáu sat,* knee-pads; *ˌshang hok, sat,* enlargement of the knee-joint; *sat, ˌhang,* to creep; *ʻtá pún' sat,* to bend one knee; *sat, ʻhá sat, ʻhá,* hesitatingly, going and stopping; *tsuk, sat,* holding both knees.

英華分韻撮要

(453) Sát.

撒, Sáh To scatter, to disperse; to throw one side and the other; to set loose; *sát, p'út,* to waste, as money; *sát, 'shau,* to throw the arms about, to cast off; *sát, 'shau 'tsung ,'m 'lí,* I'll have nothing more do to with it; *sát, kuk, 'chung,* to sow grain; *sát, lái²* to implicate another, to make much out of a little mistake or fault; *sát, 'mong,* to throw a net; *sát, ,hoi 'k'ü,* spread it out, scatter it; arrange it amicably, as a lawsuit; *sát, tau² ,shing ,ping,* to make soldiers by throwing up beans—a sort of sorcery in battle; *sát, 'shau pat, k'ap,* unexpectedly; *sát, 'mai,* to shed rice on a bridal sedan.

撒, Sáh To strike a back handed blow; to rub or wash out; *mút, sát,* to wipe off.

薩, Sáh A religious word, introduced by Budhists; to assist, to see everything; *,p'ò sát,* an idol, an image. The word is a contraction of *Bodisat,* a candidate for a Budhaship.

(454) Sau.

羞 Siú Viands, savory food, delicacies; to offer up, to send in, to present; to feel ashamed, to blush, to redden; ashamed, confused; bashful, I am unworthy; conscious of guilt; *,sau yuk,* feeling guilty; insulted, disgraced; *,sau kw'ai'* shamefaced, blushing; *,sau 'ch'i,* ashamed; *,'m ,chí ,sau,* brazen-faced, no honorable feeling; *,sau ,ká sz'²* ashamed of an affair; *,sau ,sau 'sán,* slovenly; *,hòm ,sau,* to redden.

饈 Siú Viands, savory delicacies; to offer food; *,sau shin²* presents of food; *,chan ,sau pák, mí²* all sorts of delicacies.

修 Siú To adorn, to renovate; to repair, to mend and make as new; to clean up; to adjust, to direct; to regulate; to cultivate, to practice, to study, as virtue; to chasten, to exercise, as the heart; *,sau shik,* to beautify, as the person; *,sau ts'ap,* to make as new; *,sau ,kam,* a teacher's stipend; *,sau ,shan,* to practice correct conduct; *,sau 'ching,* to restore, to mend; *,sau ,shü,* to write a letter; *,sau tak, tò'* availing virtue, that which has induced bliss; *,sau tak,* to act virtuously; *'kín ,sau,* a go-between; *,sau ,yam ,kung,* to do good works privately; *,sau ,sam 'mai 'kòm,* don't do so for your own sake and peace.

颼 Sau The sound of the wind; chilly, windy; the whirring of an arrow; *,sau ,sau,* a gust.

廋 Sau To conceal; to hide away; to search a house, to seek for hidden things; to examine into; crafty; *,sau ,k'au,* to seek.

痩 Sau Interchanged with the last; to hide. Read *,ch'au* in the Fan Wan.

'叟 '傁 Sau } An old man, a senior, a venerable person; *'lò 'sau*, old gentleman! *'sau 'sau*, the sound of washing rice.

'捜 '搜 Sau } To search a house, as by the police; to toss and throw about when searching; to inform one's self; to investigate, to search out; to inquire into the meaning of; researches into books; swift, as an arrow; to assemble; popular opinion; *'sau 'kim* or *'sau ꜀shan*, to search the person; *'sau tò² ts'ák₂* to search for banditti; *'sau ꜀ts'am*, to seek and find, as secreted things.

'溲 Sau To steep in water; to infuse, to soak meal or flour; to macerate; to urinate; *'sau 'tsau* to make or decant spirits; *'sau nik₂* to make water; *'sau pin²* calls of nature.

'艘 Sau A vessel; a ship or boat; the poop or stern of a vessel.

'瞍 Sau Eyeless, blind from having no pupil; a term applied to old men; *꜀mung 'sau*, blind, said of musicians; *'kú 'Sau*, blind Sau, who was Shun's father.

'蒐 Sau A plant used in dyeing red, and also edible; perhaps a sort of Rumex; the hunt in spring, when pregnant animals were not to be killed; to collect, to assemble, as for a hunt; to provision cavalry for war; to order soldiers; to hide, to screen; to search, to inquire.

'藪 Sau A marshy preserve in which game is kept and fish reared; a thicket; skirt of a hill; fat, rich, profitable, gainful; a measure of 16 *'tau*; *lü² 'sau*, a sort of pad used when carrying burdens on the head.

秀' Siú Grain in seed; beautiful, gay, as flowers; to flourish, to grow; flourishing, elegant, adorned; comely, fair, beautiful; accomplished; the first, the best; *sau' mau²* green, charming, as a field; *sau' mau² ꜀man*, beautiful, as a landscape; *sau' ki'* a fine person, elegant manners; *sau' ꜀ts'oi*, accomplished talents—the lowest of the four literary degrees; *tak₁ ꜀t'in ti² ꜀chí sau'* [man is] the best in heaven and earth; *sau' ꜀i*, fine raiment—a scholar.

琇' Siú A gem or prettily colored stone; a pebble, which can be used for ear-drops.

繡' 綉' Siú } To embroider, to adorn with various colored silks; ornamented, embroidered, worked; to embellish, to variegate, to beautify; to illustrate a book with prints; *sau' ꜀fá*, to embroider flowers; *sau' ꜀kan*, an embroidered handkerchief or scarf; *'kam sau'* worked in colors, variegated; *꜀miú ꜀lung sau' fung²* pictured dragons and embroidered phœnixes—praise of fine needlework; *kú' sau'* to embroider. The second character is an erroneous form, commonly used as a contraction of the other; it is rightly read *t'au'* a carpel of the cotton fruit.

鏽' 銹' Siú } The rust of iron, steel, tin, or other metals; oxides; *꜀shang sau'* to get rusty; *keng' sau'* mist on a mirror.

嗽 Sau — To cough; to expectorate, to raise phlegm; a cough, coughing; *ˌkon sauˀ* a dry cough; *ˌt'ám sauˀ* to raise phlegm; *'kòm ˌheng k'atˌ sauˀ* a slight cough, to clear the throat. Also read *ts'ukˌ* to lick, to lap.

漱 Sau — To rinse the mouth, to wash out a thing; to purify, to correct; to gnaw; *sauˀ 'hau*, to wash the mouth; *sauˀ 'fún*, to wash.

(455) Sé.

些 Sié — A little, like *tikˌ* or *tiˀ* in colloquial; it is usually compared with something just expressed, making it an adjective of comparison, answering to the termination *er;* short, said of time; few, small in number; a word of comparison, as somewhat, partly, imperfectly, rather, measurably; *chéˀ ˌsé, 'ná ˌsé*, this, that; these, those; *ˌsé 'siú ˌchi mat*, a trifling matter, unimportant; *yatˌ ˌsé*, a few; *fáiˀ ˌsé*, quicker; *'mò ˌsé miˀ* disagreeable, disgusting; *ˌsé ˌsü*, trifling, a few of, a little while or quantity; *takˌ ˌsé 'hò iˀ ˌsü ˌúi 'shau*, better retire when you have made a little money; *léuk léuk 'hò ˌsé*, it is a very little better; *ˌsham òˀ ˌsé*, rather obscure; *tsòˀ ˌsé shamˀ ˌmo*, what are you doing? *ˌsé 'siú szˀ* only a little matter, a very trifle; *ˌsé 'shiú*, rather little; *mút ˌsé iˀ ˌszˀ* not the least meaning; *'yau ˌsé patˌ shiˀ* not very proper.

寫 寫 Sié — To write, to draw, to paint; to design, to limn; to write one's thoughts; to make out, as an account; to remove, to put aside, to overturn; to quiet, as one's passion, to disburthen, to compose the mind; to found, to cast, as an image; to leak, to spill over; *'sé tszˀ* to write; *'sé sunˀ* to write a letter; *'sé ˌchan*, to draw a likeness; *'sé ˌshang*, to draw natural objects; *ˌch'áu 'sé*, to copy; *'sé wáˀ* to draw pictures; *'sé chüˀ* to cast; *sitˌ 'sé*, to give vent to, to disburthen; *'ngo ˌsam ˌshü 'sé*, my mind is calmed; *'sé lok* write it; *'sé ˌt'iú ˌtán*, make out an account; *'sé tszˀ ˌtün 'k'ái*, he writes evenly and uniformly; *'sé tszˀ ˌyun*, a clerk, a writer; *'sé takˌ 'hò*, it is written well; *'sé 'liú*, written; *ˌch'áu 'sé*, to copy out; *tsoiˀ 'sé kwoˀ* rewrite it; *'sé chingˀ ˌkún 'pán*, write plain.

瀉 Sié — To let water flow off; to drain land; to leak, to ooze; a diarrhœa, a flux, a looseness, a purging; to purge; to eliminate; *'t'ò séˀ* a dysentery; *séˀ yéukˌ* a purgative; *'fún ˌkan fukˌ séˀ* spasms and gripes, cholera morbus; *séˀ 'fo*, or *séˀ 'há it* to purge out feverish feeling; *sitˌ séˀ* to leak out; *séˀ 'tai szˀ* hollow, having no foundation to go on; *'tá séˀ ˌch'á*, spilled the tea—to lose a betrothed husband before marriage; *ˌk'ing ˌt'ám ˌü séˀ puk* to talk like a flux—to tell all; *séˀ ˌsám ˌúi*, purged thrice; *séˀ 'shui*, a watery stool.

卸' Sié To lay aside, to leave, to relinquish, to cast off; to lay off, as clothes; to vacate, as an office; to land, as cargo; *sé' sz'²* to throw up a business; *sé' yam'*, to leave an office; *sé' fo'* to deliver goods; *sé ˏshan*, to abscond; *sé' pokˎ* to bare the shoulder; *sé' lokˎ tám' ˏkon*, to throw off the pole—to give up a calling; to retire from; *ch'ákˎ sé'* to destroy, to throw down, as a house; *sé' kápˎ ˏi ˊtsau*, to throw away one's armor and flee.

(456) Seng.

(For other words pronounced *seng*, see the syllable *sing*.)

ˏSeng. A colloquial word, often used as a contraction for *ˏsin ˏshang*, a teacher or Sir; *ˏLo ˏseng*, Mr. Lo.

Seng'. A colloquial word, denoting a place, a path; *ˊcho teng' ˊcho seng'* how you are stopping up the way here!

(457) Séuk.

削ˎ Sioh To cut, to pare, to shave off, to scrape; to erase by scraping; to despoil, to invade, to seize territory of another; to deprive of title or rank; impoverished; a graver; debility; *ˊkoi séukˎ* to correct or erase a writing; *séukˎ chikˎ* to degrade to a lower rank; *séukˎ ˊlú chikˎ* turned out of office; *kwátˎ séukˎ* to scrape off; *séukˎ fátˎ* to shave the whole head; *ˏp'ai séukˎ* to trim, to mend, as a pen; *ˏhi séukˎ* threads wide apart, slazy, said of cloth; *séukˎ kwatˎ ˏnán ˏt'in*, I could not make it up if I scraped my bones; *séukˎ tò' pokˎ* scraped thin; *kwátˎ séukˎ ˏyan ˊká*, to deduct from the price agreed on; *séukˎ ˏping ˏk'ün*, to degrade a military officer.

(458) Séung.

襄 ˏSiang To disrobe in order to plough; to assist; to effect, to accomplish; to animate, to praise; to remove, to take away; the fore horses of a car: an equipage; *ˏSéung ˏyéung ˊfú*, name of a prefecture in the north of Húpeh; *ˏséung tsán'* to encourage by praise.

鑲 ˏSiáng Jáng To inlay, to enchase, to let in; to coat or plate with another metal; to insert, to set, as a gem in gold; to connect two things, to rivet, to weld, to mortice or clamp on; bordered, as one color on another; *ˏséung ˏpúi, ˏséung ˊchán*, the inlaid cup and saucer used at weddings; *ˏséung ˊngán*, to put in a false eye; *ˏséung ˏngá*, false teeth; *ˏséung ˏpo ˏlí*, to glaze window-glass; *ˏséung pákˎ ˏk'í*, a bordered white banner; *ˏséung fái' ˊtsz'* chopsticks inlaid with silver.

勷 ˏJáng Urgent; *ˏhong ˏséung*, in haste, hurried; to assist one in need. This character is usually read *ˏyéung*.

纕 ꜂Siang A cord to tie up the sleeves; a surcingle or belly-band; to take by the arm.

驤 ꜀Siang A spirited horse, shaking his head; a horse whose right hind leg is white; to gallop; to elevate; distant, to go far; *꜀séung ꜁t'ang*, to canter.

相 ꜀Siang Looking among trees; to examine, to inspect; to blend with; mutually, reciprocally, by turns, interchangeable, from one to another; often denotes merely a reflective form of the verb; the substance or essence, distinguished from the accidents; *꜀séung ꜂ü*, acquainted; *꜂hò ꜀séung ꜂ü*, intimate, obliging, courteous; *꜀séung kan²* near, contiguous; *꜀séung ꜂tso*, at variance, having different views; *꜀séung ꜂ts'z'* somewhat alike; *꜀séung ꜀sz' peng²* love-sick; *꜀séung wai²* to help each other, log-rolling; *꜂lò ꜀séung ꜂ü*, an old friend; *꜁mò ꜀séung ꜀kon*, no matter; *꜀séung ꜁fán ꜂ní*, I will trouble you; *꜀séung ꜀sz' tséuk꜄* a sort of robin; *꜀séung ü²* to meet, to come across one; *꜀séung ꜀p'in kwo꜄ ꜂k'ü*, pass it on to him, said of presents; *꜀séung kin꜄ han² ꜂mán*, I am sorry I am so late in seeing you—a polite phrase; *꜀séung kák꜄ ꜀t'in ꜀ün*, separated as wide as the heavens; *꜀séung ꜂hò ꜀kán*, friendly, well inclined to; *꜀séung kín꜄ ꜂hò, ꜁t'ung chü² ꜁nán*, it is easy to visit people, but hard to live with them; *꜀séung ꜀sz' tau²* a red bean, the *Abrus precatorius; ꜀séung ꜂hò ꜁p'ang ꜂yau*, a dear friend.

廂 ꜀Siang A side apartment, a retiring-room off the hall; *꜀séung ꜁fong*, a side chamber; *꜁shing ꜀séung noi² ngoi²* inside and out of the city [of Canton]; *꜀séung ꜁long*, lodge on the sides of a court. This is used in the Red Book for the second character above, as *꜀séung ꜁wong ꜁k'i*, a bordered yellow banner.

湘 ꜀Siang A large confluent of the Yángtsz' kiáng in Húnán; name of three districts in Húnán and of a lake; to cook, to roast or fry; *꜀séung ꜁fí*, a spotted variety of bamboo, named after Shun's princess.

箱 ꜀Siáng A box, a coffer, a casket, of wood or bamboo; a closet or storeroom; boot of a carriage; *yat꜄ ko꜄ ꜀séung*, one box; *꜀séung ꜂lung*, a clothes' trunk; *꜂fo shik꜆ ꜀séung*, a sort of partition tray for carrying food in processions; *꜀chong ꜀séung*, to pack a box; *lok꜆ ꜀séung*, to take one's trunk; *lok꜆ ꜀séung ꜂ch'é*, pack up and be off! clear out! *꜀tong min² lok꜆ ꜀séung*, told him to his face to go; *꜀séung ꜁fong*, a closet, a storeroom; *꜀kún ꜀séung*, paper boxes for burning, containing paper clothes; *꜂chí ꜁múi ꜀séung*, a sort of tinder and match-box; *꜂sé tsz'² ꜀séung*, a writing-desk; *꜀séung ꜂tsai*, a little box; *꜂shéung ꜀séung*, to make ready for a theatrical play; *꜀séung ꜁t'au*, the top of a box.

緗 ꜀Siang A light yellow color, like the budding leaves of the mulberry; *꜀séung ꜀piú*, blue and yellow, said of silks.

‚霜 Shwáng Hoarfrost, rime, congealed vapor; frigid, cold, grave; *‚séung süt,* frost and snow; *lok₂ ‚séung,* frosty; *‚séung kong'* the 20th *tsít,* or term, from Oct. 24th to Nov. 8th; *‚séung ‚wai,* majestic; *ʻlí ‚séung,* to step on the frost—to use great care; *‚tsʻz' ‚séung,* a sort of sweet cruller.

‚礵 An unauthorized character, sometimes written for the last, in the phrase *‚pʻai ‚séung,* arsenic.

‚孀 Shwáng A widow; to live alone, as a widow; *‚séung ʻfü,* a widow; *‚kú ‚séung,* an orphan and widow, a lone widow.

‚驦 Shwáng A famous Bucephalus belonging to Kwoh Poh of the Tsin dynasty, called *Suk, ‚séung.*

ʻ想 Siáng To think upon, to meditate, to consider; to reflect, to turn over in one's mind; to plan; to hope, to expect; to desire, to anticipate; a thought, an idea, a conception; *ʻmò tik, ʻséung ‚tʻau,* no hope to get it, impossible; *ʻní ʻséung ‚tʻau tái²* your notions are too large, you are extravagant; *shik₂ kwo' chung² ʻséung,* I want more of what I ate; *ʻngo ‚sam ʻséung,* I think of it, I think so; *ʻséung ‚ʻm ʻtò,* impracticable, an impossibility; *ʻséung yat, ʻséung,* think a little; *ʻséung ‚ʻm chʻut,* unable to recall, mind is confused; *ʻséung yap, ‚shan,* in a reverie, day-dreaming; *ʻyau tik, mong² ʻséung,* some hopes for; *ʻséung wái² fai'* the idea will hurt your lungs—a useless plan; *ʻséung sün' kai² ‚yan,* thinking how he can circumvent one, his thoughts are evil; *ʻséung ʻhí,* to call to mind.

相' Siáng To assist, to help; a minister of state, a prime-minister; to support; to select, to choose, to direct, to lead, to encourage; to watch the times, as a trader does; to receive an envoy; physiognomy, the art of physiognomy and palmistry; a name for the 7th month; small stars near δ in Ursa Major; *séung' ʻché,* leader of a blind man; *pái² séung'* a premier; *hon' séung'* to foretell by the lines in the face; *séung' fát,* rules of physiognomy; *tái² séung' ‚kung,* noble Sir—a polite expression; *séung' ‚tʻau séung' ʻchü,* peeping and prying about; *séung' ‚shí ‚í tung²* act when it is a favorable time; *noi² séung'* eunuchs in the palace—formerly, a privy councillor.

(459) Shá.

‚沙 Shá Sand, gravel; pebbles, shingle; sandy, gritty; granulated, as sugar; comminuted, broken to pieces, like sand; mealy, as a fruit; *‚shá ‚lí,* a russet pear; *‚shá ‚tʻong,* grained sugar; *‚Shá min²* a part of the western suburbs of Canton; *‚shá ʻmí,* a sand spit—name of a place near Napier's fort; *‚shá pák,* a sand clam, a kind of Mactra; *‚Shá mok,* Desert of

Gobi; ˏshá ˏsheng, hoarseness; ˏlau ˏshá, moving sands; ˏshá ˏshui, the snipe, sandpiper; ˏʼm kwoʼ takˎ ˏshá, cannot bring it about, impracticable; ʻkáu ˏchʻéung ˏshá, the cholera; ˏshá ˏchʻung, larva of musketoes; ʻtsui ˏshá, a small fish, a sort of sardine; ˏshá ˏmún, Budhist priests; ˏshá ʻtʻeng, a flat mud boat; ˏshá lauʼ a water filter of sand; ˏshá kòmʼ ʻsán, scattered all about; ˏshá ngüˎ ngüˎ gritty; ˏshá ˏchʻan táiʼ clouds of dust; ˏshá ˏkú ʻtʻeng, green flower-boats; ˏShá kokˎ pʻáuʼ ˏtʻoi, the fort below Anunghoy fort.

ˏ砂 Shá Used for the last; pebbles; ˏchü ˏshá, cinnabar; ʻpò ˏshá, emery; ˏkam ˏkong ˏshá, corundum; páiʼ ˏshá, to winnow hulled rice; ʻtá ˏshá toiʼ to learn boxing by beating a bag of sand; kwátˎ ˏshá, to scrape; ˏtʻiú ˏshá, to pick pustules out of the skin.

ˏ桬 Shá Name of a fine wood, called ˏshá ˏtʻong, brought from Tibet; ˏshá ˏlí, a pear.

ˏ紗 Shá Gauze, thin silk; transparent in texture, gauzy; a fibre, a thread not twisted; tsauʼ ˏshá, crape; pákˎ ˏshá, white gauze; ˏshá ˏtang, gauze lanterns; ˏú ˏshá mòʼ a black gauze hat, worn in the Ming dynasty; tʻütˎ ˏshá mòʼ to be turned out of office; ˏmín ˏshá, mull, fine muslin; ˏpʻún ˏshá, to reel thread; ˏkang ˏshá, to lay a warp; ʻü ˏshá, bombazine; ˏpʻò ˏtʻai ˏshá, macerated leaves varnished for painting; ˏshá ˏhung, a scarf worn by bridegrooms.

ˏ裟 Shá A surplice; ˏká ˏshá, a priest's robe; ˏká ˏshá pòʼ fine muslin, cambric.

ˏ鯊 Shá The shark, so called from its rough skin; ˏlai ˏtʻau ˏshá, the shovel-nosed shark; ˏpʻí ˏpʻá ˏshá, the *Rhina acylostoma* or spotted ray; ˏkung ʻtszʼ mòʼ ˏshá, the *Sphyrna zygæna*, or hammer-headed shark; ˏshá ˏü ˏpʻí, shagreen, sand-paper.

ʻ灑 ʻ洒 Shá To sprinkle, to scatter, as the wind does leaves; to divide; to cast in, as hooks for fish; ʻshá ʻshui, sprinkle it; ʻshá ˏwan, sprinkle evenly; ʻshá ˏhoi, to sprinkle; ˏsín ʻshá tikˎ ʻshui, first sprinkle a little water; ʻshá ˏʼm ˏhoi, not enough to go around; ʻshá shapˎ ˏü, got wet by the rain; ʻshá sòʼ to sprinkle and sweep; ʻshá ˏfúi ʻshui, to whitewash.

ʻ耍 Shwá To sport, to play with, to amuse; to trifle with, as one can with opium at first; to exercise, as in fencing; play, jollity, sport; games; ʻshá kwanʼ to fence with poles; ʻshá ˏtò ˏpʻái, to play with foils and shields; ˏwán ʻshá, to play, as children do; ʻshá híʼ to play, as actors do; ˏtsim ʻshá, expert at; patˎ shíʼ ʻshá tikˎ don't meddle or play with it; ʻshá híʼ ˏin, a pleasant tale; ʻshá ˏfá ˏtsʻéung, a man and wife's sportive talk.

ʻ𠺢 A colloquial word; to waive off; ʻshá ʻshau, to motion off or away, by shaking the hand. A contraction for the superlative shatˎ ʻshau; as ʻshá ʻhò, first rate.

(460) **Shai.**

篩 ˛Shai A huge bamhoo; a seive; to sift, to strain, to pass through a seive; *yat˒ ko˒ ˛shai ˊtau,* a seive; *ˊmai ˛shai,* a rice-seive or fan; *˛shai ˊfan,* a flour seive; *˛shai t'üt˒* to sift and throw away: *˛shai ˛kí,* a corn-seive; *˛fá ˛shai üt˒ ˊying,* the flowers sift the moon's light; *˛shai ˊtsau,* to pour out wine; *˛shai ˊfan ˊü* a mizzling rain.

駛 駛 ˊShí A horse running swiftly; strong, as a wind; promptly, speedily, unceremoniously; to sail a vessel; to hasten; *ˊshai ˛shün,* to sail a boat; *ˊshai ts'o˒ ˊkong ˊhau,* to miss one's port; *ˊshai fát˒* rules of navigation; *ˊshai ˊli,* to set sail.

使 ˊShí To order, to command; to send, to use, to employ, to commission; to cause, to make succeed, to effectuate; to occasion; to permit, to serve one's self of; expense, use, service; *ˊshai tak˒* serviceable, it will answer; *ˊshai fai˒ tái˒* it will be expensive; *ˊshai yung˒ ˛ts'ò,* it was costly; *ˊshai ˊp'í,* a maid-servant; *ˊshai fún˒* to call, at one's beck; *ˊshai ˊkeng,* pettish, sulky; *ˊshai ˛'m lán˒* not easily broken; *ˊshai ˊshau kéuk˒* to bribe, to use underhand influences; *ˊtím ˊshai,* how is it used, how can it be done? *ˊshai ˊk'ü hü˒* make him go; *ˊshai yung˒* necessary expenses, an outlay; *˛t'eng ˊshai,* to be in waiting; *ˊshai sing˒ ˊtsz˒* spunky, irritated; *˛'m ˊshai,* no occasion, unnecessary; *ˊshai ˛hoi,* just begun to use; *ˊshai ˛mán,* outrageous, unreasonable; *ˊshai mat˒ ˊkong ˛ní,* what's the use of talking about it then? *ˊshai ˛ts'in ˛sz˒ fú˒* a spendthrift; *ˊshai ˊkám tik˒ hü˒* take off a little; *ˊshai kwán˒* skillful at using; *pák˒ ˊshai ˊhau,* nothing but talk, talks a good deal—but gives nothing.

世 Shí˒ The world, mankind; times, seasons, life; a generation, an age; experience of life; hereditary; *yat˒ shai˒* one generation; *shai˒ shai˒* for ever and ever, for ages; *hí˒ shai˒* or *kwo˒ shai˒* to die; *ch'ut˒ shai˒* to be born; *˛kam shai˒* this age, the present time; *ch'ong˒ shai˒ kái˒ kè˒ ˛yan,* one who has made his own fortune; *shai˒ ˛mò ˛k'í ˊpí,* unequaled in the age; *tsò˒ shai˒ kái˒* to go through life, doing business; *˛'m yap˒ shai˒* a dolt, a raw chap, verdant; *shai˒ ˛ká,* an old family of literary fame; *shai˒ ˛yan,* people now living; *˛'m ˊhò shai˒ kái˒* bad times; *shai˒ sz˒* business, a calling; *shai˒ ˛hing,* a friend's brother; *shai˒ chat˒* a friend's son; *shai˒ tsáp˒ ˛nám tséuk˒* a hereditary baron; *ˊkí shai˒ ˊtsò,* how many generations in the family? *shai˒ kái˒ ˛lun ˛lau ˊchün,* the ups and downs of life, vicissitudes; *shai˒ ˛ts'ing pok˒* the world's contempt, as for poor people; *shai˒ kái˒ ˛kí ˛mí,* unsuccessful in life; *˛loi shai˒* the next world, a future life; *˛mò shai˒ kái˒* in no business, disengaged.

貰' Shi To get credit for, to buy on credit; to borrow; to forgive, to show lenity to a criminal; *shai' shé* to pardon.

勢' 势' Shí Power, authority, influence, pomp, dignity, grandeur; strength, that in which the strength resides; the resources of a country; the virility of males, the testes; exterior, air, figure; state of, condition; *˛k'ün shai'* official authority, great influence; *shai' lik˛* personal prowess or standing; *shai' wai' tái²* great authority: *'hò shai' ˛t'au*, a good omen, auspicious; *hák˛ shai'* to scare, to pretend to browbeat; *shai' li²* to fawn on the rich; *shai' ˛kú*, waning power; *'mò shai' ngai²* no occupation, no work; *tsoi² shai'* in authority; *kot˛ shai'* to castrate; *shai' ˛'m tak˛* impossible, beyond your ability; *shai' pat˛ 'ho ˛úi*, he is afraid he can't return home, he won't forgive; *shai' 'sho pít˛ ˛in*, it must be so, I am compelled by circumstances; *shai' ˛hung*, fierce, irascible; *shai' át˛* to put one down with authority; *˛ying shai'* aspect, figure.

誓² Shi To swear, to take an oath, to vow; to bind one's self; to bind another, to promise solemnly; an oath, a vow, an imprecation; to caution, to order; to receive orders from a superior; clandestine espousals; *fát˛ shai²* to swear; *˛mang shai²* to take an oath; *shai² ün²* to adjure; *˛shiú shai² ˛chéung*, to burn a written oath—as testimony sent to the gods; *shai² ün² 'chü*, one in his dotage; *'wong shai² ün²* to perjure; *shai² ün² tong' ˛shang yat˛* to love to swear.

逝² Shi To go away, to pass away, to depart; lost to life, to die, gone to oblivion; *shai² 'ché ˛ü ˛sz'* such are the dead—as flowing water; *˛ch'éung shai²* gone for ever.

筮² Shí To divine with slips of milfoil; the most efficacious is from the grave of Confucius; an exclamation, alas! *shai² ˛sz'* to cast lots whether to fight or not; *puk˛ shai²* sortilege, divination.

噬² Shí To eat, to gnaw, to bite; grief; reaching to; *shai² ˛ts'z' ˛ho k'ap˛* how can you bite your navel? *met.* an impossibility; *shai² hòp˛* name of the 21st diagram, denoting punishment; *shai² ˛ngá 'kòm tsò²* to work with great zeal.

(461) Shái.

'舐 Shí To lick; to lap; to take up with the proboscis; *'lò ˛ngau 'shái tuk˛* the old cow licks her calf—parental love; *'shái chi²* to lick the piles—fawning, sycophantic; *'shái tak˛ 'k'ü tò'* licked up to him—got his favor.

曬' 晒' Shái To dry in the sun, to air and sun; to shine on; to cure in the sun; *shái' ˛kon*, dry it in the sun; *˛shang shái'* to dry fresh fruit; *shái' ˛i fuk˛* to sun clothes; *shái'*

ˌp'áng, a drying terrace or loft; *shái' 'há ü, ˌt'au*, put it in the sun; *shái' tak, ké' pò'* it can be sunned. The second form is unauthorized.

殺' Shái To pare off, to reduce; to descend; to clip or shear; to bend or come down in order to effect an object.

鎩' Shái A halberd or spear; to clip the wings of birds, to prevent them flying.

(462) Shák.

索, 摍, Soh To get, to obtain; to pull out; to feel, to seek; to select. A colloquial word; the division of a melon, an orange, or other fruit; a quarter of, as of a duck; a part of; *kái' ˌsám shák*, cut it into three parts; *hai² ko' shák, ˌlai*, he came from that part [of the house]; *'pí shák, ˌt'ím*, give us another piece; *òm' ˌchung 'mo shák*, to feel for in the dark. In this last sense, also pronounced *shok*.

(463) Sham.

深 Shin Deep; profound, abstruse, deep; intimate; ardent, as affection; well read, learned; retired, far back, as an apartment; late at night; deep-tinted; an adverb, very, extremely, well; to secrete; a long robe; *'yau 'kí ˌsham 'shui*, how deep is this water? *ˌsham ˌch'am*, abstruse, profound, crafty; *m² ˌchí ˌsham 'ts'in*, I don't know its depth, I am not very familiar with it; *ˌsham ˌlám*, a deep blue; *ˌsham hau'* very intimate with, on the best of terms; *ˌsham ˌyan*, great kindness; *ko' tsz'² 'hò ˌsham*, that's an unusual character; *ˌsham 'i ˌwai ˌin*, it is very true; *ˌsham ˌsham yap*, a profound bow; *ˌsham ˌlam ˌlam*, very deep, as a house or well; *'hò ˌsham tsz'² mak* very well read; *ˌsham 'ming 'ng soi'* deeply engraved on my heart.

ˌ琛 Shin A beautiful, precious stone; a treasure; *ˌt'in ˌsham*, gems of nature, rarities.

ˌ森 San The *Melia azéderach* or Pride of India; an abundance of trees, thickly wooded, overgrown; sombre, as a forest; severe, as the laws; to plant trees; *ˌsham muk* china mahogany; *ˌsham ˌim*, majestic, dignified, rigorous.

ˌ參 San The root of the *Panax quinquefolia*, ginseng; *ˌyan ˌsham*, ginseng; *ˌhung yuk ˌyéung ˌsham*, clarified ginseng; *pák yuk ˌyéung ˌsham*, crude ginseng; *ˌkò lai² ˌsham*, Corean ginseng; *'hoi ˌsham*, biche-de-mer.

ˌ郴 Chin Name of an inferior department in the S. E. of Húnán, on the borders of Kwángtung.

ˌ忱 諶 ˌ諶 Chin Faithful, sincere, trustworthy; true, devoted; to speak honestly. The last is a man's name; and also that of a small state during the Hán dynasty.

岑 ꜀ Chin — A high, sharp, tapering peak, like an aiguille; a steep bank or cliff; a surname; name of an edible root.

涔 ꜀ Tsin — Pure, crystal, limpid, as water; mountain rills; to soak, to macerate; a fish pool; to rear fish; puddles after a rain, puddles in footmarks; *'ü ꜀sham ꜀sham*, a heavy rain; *꜀t'ai ꜀sham*, tracks of a cow.

鮗 ꜀ Tsin — A small fish, good for eating.

煁 ꜀ Shin — A portable furnace; a three-cornered stove, used for warming apartments.

葚 ꜀ Shin — The berries of the mulberry, called *꜀song ꜀sham*.

鴆 ꜀ Chin — A bird which eats vipers and other snakes, the drawing of which is like the secretary; deadly, virulent, mortal, venemous; *꜀sham 'tsau*, poisoned wine; *꜀sham tuk₂* deadly, as a poison.

'審 Shin — To investigate, to scrutinize, to inform one's self of, as a judge; to discern between, to judge, to discriminate; a bundle of ten plumes; *'sham p'ún'* to judge; *'sham man²* a judicial inquiry; *'sham kwá'* to inquire by lots; *túi' 'sham*, to compare opposing witnesses; *꜀hoi ꜀t'ong 'sham*, to open a court for trial; *꜀shing 'sham ꜀kún*, an officer who specially sits on a case; *tiú' 'sham*, to issue a summons; *'sham shat₂* a final judgment; *'sham tik₁ k'ok₁* a full examination; *'sham ꜀shi tok₂ shai'* observe the times and then act; *'sham ko' ꜀tsung on'* try that case.

'嬸 Shin — The wife of a father's younger brother is *shuk₁ 'sham*; one's younger brother's wife is *'sham 'mò*; a nurse or respectable middle aged woman is called *á' 'sham*.

'諗 Shin — To consult upon maturely; to reprove, to reprehend; to signify, to make known one's views; to go into a deep, or abyss; *'sham nìm²* to reflect; *'sham kán'* to admonish.

'沈 Shin — Interchanged with *꜀ch'am* 沉, while this, when read *'sham*, means the name of a state; a surname.

'瀋 Chin — Gravy; *mak₂ 'sham*, the place on an inkstone where water is held. Read *sham'*, a vessel to pour out water from.

'怎 Tsang — How? in what way? *'sham ꜀mo*, what, which way? *'sham ꜀mo 'hò ꜀ní*, which way is the best? This character is pronounced *'sham* only before *꜀mo*. See *'cham*.

滲' Shin — To run off, to leak, as water; to flow down, with noise; *sham' 'tseng*, a hole for water to run into a sewer; *sham' 'shui ch'ut₁ ꜀lai*, the water oozes out; *sham' lau'* to leak; *꜀tám sham' 'tseng*, clean out your sewers!—a street cry.

甚² Shin — Social delights, pleasure; an inadvertence; forms the superlative; very, extremely, excessive, in the highest degree; *sham² 'hò*, very good; *kik₂ sham²* to the highest pitch; *mok₂ 'ts'z' ꜀wai sham²* never went to such a pitch; *pít₁ 'yau sham² ꜀in*, there is even worse than this; *sham² ꜀ts'am ꜀shéung*, of a good sort, not the best nor the worst; *sham*^{2} *tái*^{2} huge, vast; *tái*^{2} *sham*^{2} too bad, or excessive in any way; *sham*^{2} *chí*’ ‘*kòm*, it is even now in excess; *sham*^{2} *꜀mo* *꜀ün* *kú*’ what's the cause; *sham*^{2} *chí*’ ‘*kòm* *ké*’ it is even so bad.

(The two following are usually read *lam*^{2}).

罧^2 San — A trap for fishes, made by digging a hole in a tidal creek, covering it with sticks, and collecting the fish caught in it at low water; *꜀kon ko*’ *sham*^{2} (or *lam*^{2}) clean out the trap; *fú*’ *sham*^{2} (or *lam*^{2}) bail out the trap.

槮^2 San — Used for the preceding. Stakes so placed as to catch fish; trees in winter, leafless trees, which look tall and bare.

(464) Shám.

꜀彡 Sán — Feathers or long hair used as ornaments; the 59th radical of characters alluding to stripes; a kind of fish.

꜀衫 Sán — Clothes for the body, as a coat, a shirt, a spencer, a jacket; garments generally; *꜀ch‘éung ꜀shám*, a robe; *꜀chung ꜀shám*, a round jacket; *hon*^{2} *꜀shám*, a shirt, an under-shirt; *tái*^{2} *꜀shám*, a dress coat; *꜀i ꜀shám*, garments; *chéuk*꜀ *꜀shám*, to dress; *tsò*^{2} *꜀shám ké*’ a tailor, a seamstiess.

꜀芟 Shán — To cut grass, to mow, to cut herbs; to erase; to root out; a scythe, a large reaping-hook.

(465) Shan.

꜀身 Shin — The body, the trunk; the main part of a thing; the hull; one's self, I, myself, personal, my own person; the 158th radical of characters relating to the body; *꜀shan* ‘*t‘ai*, the whole body; *꜀ts‘an ꜀shan*, myself; ‘*pún ꜀shan*, my body; *ch‘ut*꜀ *꜀shan*, to enter on life; ‘*yau ꜀shan ꜀ká*, has some property; *pat*꜀ *ch‘ing*’ *꜀k‘i ꜀shan*, does not fit him, as dress; is very unsuitable, as an occupation; *꜀shan* ‘*tsz*’ ‘*yau peng*^{2} sick, ill; *꜀fan ꜀shan ꜀’m ꜀hoi*, I can't divide myself, can't do but one thing at a time; ‘*yau ꜀shan* ‘*ki*, pregnant; *p‘o*’ *꜀shan*, to take a maidenhead; *꜀shan* ‘*fan*, an obligation, proper business, calling; *mái*^{2} *꜀shan*, to go out to work as a cook; ‘*ki ꜀shi ꜀hoi ꜀shan*, when do you weigh anchor? ‘*lò ꜀shan*, I, said by old women; your father; *꜀mong ꜀shan*, to forget one's duty, reckless; *yat*꜀ *꜀shan kwai*’ *kwat*꜀ you worthless baggage! *꜀shang yat*꜀ *꜀shan ꜀ch‘ong*, the body covered with sores; *꜀shan ꜀kò tái*^{2} rather tall; *꜀tán ꜀shan* ‘*tsai*, a bachelor; *ün*’ *꜀shan*, to change one's dress; *꜀on ꜀shan*, got a place, found employment; *kwo*’ *꜀shan*, to die; *ch‘ik*꜀ *꜀shan*, nude, naked.

꜀申 Shin — To extend; to stretch, as when tired; to reiterate; to state to a superior; the 9th of the 12 stems, the hour from 3 to 5 P. M., over of which the monkey has sway; ꜀*shan* ꜀*shí* or ꜀*shan hák*꜁ the 9th hour; ꜀*shan üt*꜁ the 7th month; ꜀*shan* ꜀*shan* ꜀*ü* ꜂*yá*, easy, comfortable, careless of; ꜀*shan shik*꜁ to reprimand, to straitly charge.

伸 ꜀Shin Used for the preceding. To stretch and yawn; to dilate, to stretch out, to straighten; to explain, to state; to exhibit, to elucidate; to right, to redress, to clear up a cause; redressed, righted, vindicated; to be worth, valued at, equal to, as in pricing things; ꜀*shan tím*꜃ ꜂*shau*, to stretch out the hand; ꜀*shan* ꜀*t'iú lí*꜃ put out your tongue; *hím*꜃ ꜀*shan* or ꜀*shan* ꜂*há* ꜀*iú*, to stretch; ꜀*shan* ꜂*lán*, to stretch when weary; ꜀*shan* ꜀*ün wat*꜁ to redress a grievance; ꜀*shan* ꜀*ch'an*, to state a matter to a superior; ꜀*shan* ꜀*man*, a statement; ꜀*shan chik*꜁ *kéuk*꜁ dead, laid out; ꜀*shan kwo*꜃ ꜂*ki* ꜀*to* ꜀*ngan*, how much is it worth? ꜀*shan ch'ut*꜁ ꜀*lai*, push it out.

呻 ꜀Shin To groan, to lament; to read in a chanting way; ꜀*shan* ꜀*yam*, to recite, as books; to sigh; ꜀*ch'éung* ꜀*shan* ꜂*tün t'án*꜃ whining and complaining.

紳 ꜀Shin A large sash, a girdle with ornamented ends; to gird; those who are privileged to wear sashes, the gentry; ꜀*shan* ꜀*k'am*, or ꜀*héung* ꜀*shan*, or ꜀*shan sz'*꜁ the literati, the gentry and graduates; *tsun*꜃ ꜀*shan*, the Red Book.

辰 ꜀Shin To excite motion, moving; time; heavenly bodies, which mark time; a twelfth of a day, a Chinese hour; hours, times, seasons; the hour from 7 to 9 A. M., the 5th of the 32 stems, over which the dragon has sway; ether, a place where no stars are; the 161st radical; *yat*꜁ *ko*꜃ ꜀*shí* ꜀*shan*, a Chinese hour; ꜀*shí* ꜀*shan* ꜀*héung*, a time incense stick; *pat*꜁ ꜀*shan*, ill-starred, unlucky; ꜂*hò yat*꜁ ꜀*shan*, a lucky day.

晨 ꜀Shin The sun beaming forth; morning, day, dawn; clear; ꜂*tsò* ꜀*shan*, good morning; ꜀*léung* ꜀*shan*, a fortunate day; ꜀*shan* ꜀*fan* ꜀*tín* ꜂*tò*, to turn night into day; ꜀*shan* ꜂*tsò tò*꜃ I came at dawn.

宸 ꜀Shin A retired apartment, where the emperor dwells; ꜀*fung* ꜀*shan*, the maple palace, *met.* the emperor.

神 ꜀Shin That which operates by its own subtle energies, invisible and intelligent, causing things to develop, yet formless and inscrutable; the powers above, the gods, the divinities who are worshiped; God, in the usage of pagans; a spirit; the human spirit, that which is the stimulating principle of the body, the animal spirits; divine, godlike; spiritual, as being higher than man; ꜀*shan* ꜀*ming*, the gods; ꜀*shan*, ꜂*kwai*, ꜀*sín*, *fat*꜁ gods, demons, genii, and Budhas—are four orders of beings above man; *pái*꜃ ꜀*shan*, to worship God or the gods; *sz'*꜁ ꜀*shan*, to serve the gods, as an acolyte; *ₑmún ₑshan*, gods placed near the door; *ₑon ₑshan*, to quiet and content the gods, to set up gods to be worshiped; *ₑshan tséung²* idols; *ₑshan muk₂ ₑü tín² ₑkwong ₑying*, the eye of a god is like the lightning's flash; *ₑwán ₑshan*, to requite the gods; *ₑká ₑshan*, the lares or ancestral divinities; *ₑts'é ₑshan*, malicious gods, evil spirits, demons; *ₑshan ₑwan*, the spiritual soul; *ₑshan háu²* divinely efficacious—as a pill; *ₑshan miú²* divinely superior, as a physician; *ₑshan ch'ut₂ 'kwai yap₂* [he is like] a spirit going or a devil entering—wily; *ₑshan wai²* the seat of an idol; *ₑshan ₑsín ₑngá kòm' ₑkon tseng²* clean as a fairy's teeth—nothing at all; *ₑshan ₑhám*, the title of a god; *ₑts'oi ₑshan*, the god of wealth; *ₑsam tung² ₑshan ₑchí*, the heart moves, and God perceives it; *'hò yung² ₑshan*, keep your wits about you, be careful; *ₑshan 'chü ₑp'ái*, a wooden tablet in honor of ancestors; *ₑshan ₑyan*, a shrewd guesser, a prophet; *ₑshan ₑsam*, devout, religiously inclined; *ₑmò mat₂ ₑtsing ₑshan*, out of sorts, low-spirited; *ₑshan ₑshui 'kwai lung² ₑtang*, when in the blues, the devil plays with the lamp—to take advantage of.

臣 ₑChin A servant, one who is subject to another; a minister of a prince, an officer, a vassal; to serve in office; the 131st radical; *ₑchung ₑshan*, a loyal minister; *ₑman ₑshan*, civilians; *mok₂ ₑfi ₑwong ₑshan*, the king's power and officers are everywhere; *pat₂ ₑshan* an unfaithful minister; *'pún tái² ₑshan*, I, the high officer; *mán² kwok₂ ₑshan fuk₂* all nations submitted.

腎 'Shin The kidneys of men; the gizzard of fowls; the kidneys of beasts are called *ₑiú*; the one of the five viscera, which is connected with water, and presides over wisdom and force; to lead; hard; *noi² 'shan*, the kidneys; *ngoi² 'shan*, the testes; *'shan ₑnong*, the scrotum; *áp₂ 'shan*, ducks' gizzards; *ₑngo 'shan*, gizzard of a goose.

呻' A colloquial word. To constantly lament, to complain of, to whine about; *mok₂ ₑloi shan' á'* dont come here with your whinings.

愼² Shin To act carefully and seriously; attentive, cautious, sincere, quiet; *'kan shan²* attentive; *shan² chung²* to be circumspect; *pat₂ shan²* heedless, inattentive.

(466) **Shán.**

山 ₑShán A hill, a mountain; hills, heights, ranges of peaks; wild, not domesticated or cultivated; hilly, brought from the forests; the 46th radical of characters relating to hills; *met.* graves; *ₑshán ₑfung*, a peak; *ₑshán ₑk'ai*, a mountain creek; *ₑshán tuk₂* rustic, countrified; *ₑshán fo'* wood and bamboo ware, such as baskets, brooms, tubs; ꜀shán ‘kau, people who dig and watch graves; pái² ꜀shán, to worship graves on the hills; tsong² ꜀shán, to bury, to inter; ꜀shán ‘fí, hill robbers; ꜀shán ‘shui, spring water; ꜀shán ꜀yan, a mountaineer, hermits; hai² ꜀shán shéung² ꜀kò ꜀lai, got it on the hilltops; ꜀shán ꜀lám chéung² hi² malaria, noxious gusts; ꜀shán ‘shui ꜀séung ꜀fung, the hill and water will yet meet—you will yet see him; yap꜀ ꜀shán, to retire into obscurity; ‘hò ꜀ká ꜀shán, a flourishing family; ꜀shán ꜀iú, side of a hill; ꜀shán ꜀k‘am, wild fowl; ꜀shán ꜀t‘au, a hill; pái² ꜀lung ꜀shán, to worship a dragon (i. e. a lucky or propitious) grave; ꜀shán ‘tsai, a hillock.

刪 ꜀Shán To pare off; to amend, to correct, to expunge, to edit and settle a text; ꜀shán ‘koi, to alter and reject; ꜀shán hü² to expunge, as bad phraseology; ꜀shán ‘kám tik꜀ reduce it a little; ts‘at꜀ ꜀shán, a stiff painting brush.

珊 ꜀Sán Coral; ꜀shán ꜀ú, fine coral, which can be made into ornaments; ꜀shán ꜀ú ꜀chü, coral beads; ꜀lán ꜀shán, scattered about, as fallen flowers; ꜀shán ꜀ú ‘teng, a red coral button, the highest in rank; ꜀shán ꜀ú shü² branched coral.

姍 ꜀Shán Good, beautiful; to ridicule, to laugh at; ꜀shán siú² to make sport of.

Read ꜀sín, to go; ꜀sín ꜀sín, to walk, a gait, a manner of walking.

蹣 ꜀Shan To hobble, to halt; ꜀mún ꜀shán, to walk lame, not to make progress. Used for the two last.

拴 An unauthorized character; to bolt a door with a cross bar; ꜀shán ꜀ch‘éung ꜀mun, to bar a window.

閂 ꜀Swán The bar which bolts a door or gate; to bolt; a cross-pin or key, a bar; ꜀shán cháp꜀ to bolt a street gate; ꜀mún ꜀shán, a door bar; ꜀shán p‘ò² to shut up shop.

潸 ꜀Sán To weep, to cry piteously; ‘léung muk꜀ ꜀shán ꜀shán, both eyes streaming with tears.

孿 ꜀Sán To bear twins; to suckle two children at once; to change; ꜀shán ‘tsz’ twins.

孱 ꜀Tsán Timid, afraid; weak; embarrassed; ꜀shán yéuk꜀ feeble; ꜀shán lüt꜀ incapable, unfit, as for an office.

孱 ‘Chan To rail at; to manifest; ꜀shán ꜀tsau, to abuse, to scold.

潺 ‘Chán The murmur of water; running water; phlegm; ꜀shán ꜀ún, a current; ‘hau ꜀shán, phlegm; t‘ò² ꜀shán, to spit out phlegm; ꜀shán ꜀in, slaver, to slobber.

汕 Shán² Fish jumping on the water; frisky; to snare fish in a wicker net; name of a river in Corea.

訕 Shán² To vilify, to slander; to murmur against, to traduce; shán² siú² to mock; kán² ꜀i ꜀mò shán² do not scold when you reprove.

疝 Shán² Gripings or wind in the stomach, something like angina pectoris; swellings of the testicles; *shán꜄ hi꜅* pain in the bladder, a stricture; *꜀sam shán꜄* angina pectoris; *ʻmau shán꜄* one testicle swelled large; *ʻyung shán꜄* inflammation of the testes.

篡꜄ Tswán To seize violently, to usurp; to turn traitor, and seize the throne; *shán꜄ wai꜅* to usurp the throne; *shán꜄ shi꜅* to murder the sovereign.

(467) ## Shang.

(This character is almost always pronounced *shàng*.

꜀生 Sang To bear, to produce, to bring forth; to live; to spring up, to arise; causing to grow, to excite; to come forth; life, vitality, living; a live person; born; birth; raw, unripe; unacquainted; unsubdued; the 100th radical; *꜀kam ꜀shang*, this life; *꜁p'ing ꜀shang*, the whole life; *꜀shang ꜁p'ing ꜀chí lik꜇* the entire strength; *hok꜇ ꜀shang* or *꜁mún ꜀shang*, a young man, a pupil; *꜀sín ꜀shang*, a teacher, Sir, Mr.; *꜁Léung ꜀shang*, Mr. Léung; *꜀shang hi꜄* to get angry; *꜀shang ʻngán tsz꜅* unusual characters; *꜀shang í꜅* occupation, business, trade; *꜀shang tak꜆ ʻki ʻhò*, rather pretty, as a child; *꜀shang ting꜅ hai꜅ ʻkòm*, it must be this way; *꜀shang mín꜅ ꜁yan*, a stranger; *꜀shang ꜁ngái*, a calling, a profession; *꜀shang ꜁ch'ung ꜀kai*, a bare-skinned pullet—a pot-bellied child; *꜀shang ꜀sho*, not much used to, not seen one for a long time; *꜀shang po꜅ ꜁yan*, a new acquaintance; *꜁ü ꜀shang*, a preparation of raw fish; *꜀shang ꜁ü*, the *Ophicephalus*; *꜀shang sik꜆* to get interest, to make profit; *꜀shang ꜁ngan*, to borrow money; *fong꜄ ꜀shang*, to let living things go; *꜀shang ngoi꜅* odd, singular; *꜀shang tsò꜅ ké꜄* all made up, unreal; *꜀shang ꜀shang put꜆ ʻí*, age after age, unceasing succession; *꜀shang ʻkwo ʻtsz꜄* unripe fruit; *꜀shang tak꜆ ꜀t'ín ꜁in*, made so by heaven; *꜀shang shát꜆ ꜀chí ꜁k'ün*, power of life and death; *꜁loi ꜀shang*, the life to come; *t'ok꜆ ꜀shang*, the doctrine of metempsychosis; *꜀shang sz꜅* to make trouble; *꜀shang yat꜇* a birth day; *꜀shang ꜀kai*, an unaltered cock; *ch'uk꜆ ꜀shang*, animals of all kinds; *ʻsz꜄ ꜀shang ʻyau ming꜅* life and death are appointed.

꜀笙 Sang A musical instrument, of the organ kind, made of 13 reeds inserted into a bulb; the music is made by drawing in the breath; small, slender; *꜀shang ꜀ko*, to play and sing, *met.* peace and plenty.

꜀牲 Sang Sacrificial animals, of which there are six; victims; *꜀sám ꜀shang*, pork, greens and poultry; *luk꜇ ꜀shang*, the six sorts of victims; *꜀shang ʻkau*, cattle, draught animals.

甥 Sang The children of one's daughter; *ngoi꜅ ʻshang*, a sister's children; *ngoi꜅ ꜀shang sai꜄* a niece's husband; *ʻkún ꜀shang*, a son-in-law; *꜁í ꜀shang*, children of a wife's sister.

英華分韻撮要

(468) Sháng.

(These two, though read *shang* in the Fan Wan, are always pronounced broad.)

省 Sang — To diminish, to abridge, to lessen; to use sparingly; frugal of; saved, avoided; to examine, to inspect; a spot guarded for officers; a province; *ʻsháng ˏshing*, the provincial city, as Canton; *shapˎ pátˎ ʻsháng*, the eighteen provinces or China Proper; *kokˎ ʻsháng*, every province or part of the country; *ʻsháng ʻkám tikˎ* take off a little; *ʻsháng szʼ* to avoid trouble; to prevent the necessity of doing a second time; *ʻsháng takˎ yauʼ ˏlai*, have it done out of hand; *ʻsháng ˏman*, an abridged phrase, terse; *ʻsháng takˎ ʻngo hüʼ* saved my going; *ʻsháng ʻhò ˏto szʼ* diminish the forms of proceedings, to lessen the details.

ʻ**眚** Sang — Interchanged with the preceding, when meaning to lessen, to circumscribe; meagre, emaciated. Also, a film or staphyloma, which obscures the vision; a disease caused by demons, a sort of black vomit or plague; a crime, a fault; calamity.

ʻ**㨘** A colloquial word; to scour, to rub bright; to whet the appetite; *ʻsháng ˏkwong*, scoured bright; *ʻsháng ʻhau*, to rub or clean the mouth; *ʻsháng waiʼ* to excite the appetite; *ʻsháng tsingʼ* or *ʻsháng lengʼ* to scour bright.

(469) Shap.

濕ˎ **溼**ˎ Shih — Wet, humid, moist, damp, slimy, watery; hurried; disappointed, dejected, depressed; *shapˎ hiʼ* humid exhalations, which cause disease; swelled and sore legs; *tsamʼ shapˎ* to soak; *ʻtá shapˎ* moistened, wet; *shapˎ ˏshang*, all animals produced in the water; *ˏhám shapˎ* saline efflorescence, dampness; *kòmʼ ˏhám shapˎ kéʼ* such a blackguard; *shapˎ ˏmúi*, doing things by halves, spoiling what he undertakes; *ˏfung shapˎ* rheumatism; *tapˎ shapˎ ˏshan*, to get wet with rain; *shapˎ sáiʼ* wet through; *shapˎ ʻshui*, wet; *fátˎ shapˎ* to gather dampness; *tìtˎ shapˎ* fell and got wet. The second form is erroneous.

十ˎ **拾**ˎ Shih — Ten; perfect, complete; the 24th radical; the second form is the complex one; *shapˎ ˏfan*, entire, the whole, excellent, very, a strong superlative; *shapˎ ˏfan ˏchʻing tsánʼ* to lavish praise; *shapˎ ˏfan okˎ* very wicked; *shapˎ tszʼ ˏkái*, a cross street; *shapˎ ˏtsʻün*, complete, as a recovery; *shapˎ ʻszʼ yatˎ ˏshang*, ten to one he'll die; *shapˎ iʼ ˏfan chéukˎ* exactly right, altogether correct; *shapˎ ˏshé patˎ ˏü ʻkau inʼ* it's better to sell nine things for ready money than ten for credit; *ˏʼm haiʼ shapˎ ˏfan ʻhò*, not so very good, a poor sort; *shapˎ tsukˎ* complete, perfect; *shapˎ*

tsz'² *ká'* a cross; *shap₂ yat₃* eleven; *shap₂ ₍fan ₍chí yat₃* a tenth; *₍ch'o shap₂* the tenth of the month; *kák₃ shap₂* after ten days; *shap₂ shing² tak₃ pát₃* got eight out of ten.

什² Shih A file of ten men, or two sections of five; sundries; *shap₂ mat₂* things, *shap₂ mat₂ ₍'m oi²* want for nothing; *₍p'in shap₂* verses of ten lines, books generally; *shap₂ shap₂ ₍shang í²* a petty retail trade; *shap₂ hí²* chattels.

This character is sometimes used in the court dialect in the word *shih-mo*, what?

拾² Shih To collect with the hand, to gather; to bring together, to arrange; to pick up; a sort of armlet; *shap₂ 'hi₂* to take up; *₍shau shap₂* to put up and arrange, as baggage; *met.* to revenge; *chap₃ shap₂ mat₂ kin²* put all the things together.

(470) Sháp.

箑, Sháh A fan; the word is usually seen on formal cards. Also pronounced *sáp₂*.

烚, Hiáh Fiery, flaming. A colloquial word: to provoke; *sháp₃ hí²* to provoke, bickerings; *sháp₃ p'o² 'hau ₍lung*, [scolded till] he has made himself hoarse.

Also read *sháp₂* to boil in water, to cook by boiling; *sháp₂ ₍nam tik₃* to boil thoroughly; *sháp₂ ₍ngau yuk₂* boiled beef; *sháp₂ ₍t'ong*, to boil soup; *sháp₂ lán²* boiled to pieces.

(471) Shat.

失, Shih To lose, to mislay; to omit, to neglect, to fail; to err, to miss the road; to jeopardize; to leave behind; to slip; failure; accidental; a fault, an omission; *shat₃ kok₃* not to pay attention; I beg pardon!—a polite phrase; *shat₃ mat₂* to lose anything; *kwo² shat₃* error, guilt; *shat₃ sun²* to forfeit one's word; *shat₃ 'shau*, to miss one's object; *shat₃ 'shau 'tá lán²* let it slip and broke to pieces; *shat₃ kéuk₃* to lose one's foot-hold, to slip up; *shat₃ 'liú*, lost; *shat₃ 'pún*, to lose in trade; *shat₃ ch'át₃* to neglect to look into; *shat₃ ₍shí*, to overpass time, to miss the hour; *shat₃ ₍wan*, to faint, to become insensible; *met.* stupid, inattentive; *shat₃ 'shui*, lost overboard, gone to the bottom; *shat₃ kí²* forgot it; *shat₃ 'tá 'tím*, lost the clue, failed to give a bribe; *shat₃ 'hau*, dying; spoke wrong, mistaken; *shat₃ tsip₃* I missed your call; *shat₃ ₍ü káu² fan²* lost the proper period for instruction; *shat₃ ₍shan*, lost her virtue; *shat₃ ₍in*, a lapsus linguæ; *shat₃ 't'ai min²* disgraced; *shat₃ kwok₃* lost the crown.

瑟, Shih A sort of harpsichord or psaltery, with silken strings; numerous; stern; elegantly; *₍k'am shat₃ ₍t'iú ₍wo*, lutes and harps in concord—conjugal union; *shat₃ shat₃* humming

英華分韻撮要

of the wind. In colloquial; *shat, shat, ʻhá,* walk slowly, said to a child.

虱, 蝨, Sih A louse; *shat, ʻná,* a louse; *t'iú' shat,* or *ʻkau shat,* a flea; *‹shá shat,* sand-fleas; *‹ngau shat,* an ox-tick; *‹teng shat,* to crack a louse; *muk, shat,* bed-bugs, cimicidæ.

室, Shih A house, a dwelling, an abiding place; a room, apartment; a wife, a woman taken to one; to marry; kindred, family; a cavern; the 13th of the 28 constellations, consisting of α and β in Pegasus; *ching' shat,* and *ch'ák, shat,* wife and concubine; *shau² shat,* to marry, a marriage; *shai' shat,* an ancestral hall; *‹ká shat,* a family; *‹ping shat,* an ice-house; *‹kung shat,* emperor's palace.

實, 寔, 実, Shih Real, solid; full, stuffed, compact; hard, as a knot; true, real, honest, sincere; fixed, as a price; the reality; to fill, to cram; fruit of plants; the results, the fruit of, effects, the facts of; *shat, tsói²* or *shat, ʻshau,* are superlatives, really, very, in fact; *kít, shat,* or *‹shing shat,* the fruit has set; *‹shing shat,* without fail, true; *²lò shat, ‹yan,* a real honest man; *shat, shat, lok, lok,* securely, really; *t'ít, kòm' shat,* solid as iron; fixed, as a price; *shat, ká'* fixed price; *shat, sz'²* a real affair, the facts of a case; *shat, ʻshau kwai'* it is extremely dear; *shat, ‹sam ‹séung ʻü,* a real sincere friend.

(472)

Shát.

殺, Shah To kill, to slay, to put to death; to murder; to die from famine; to be destroyed; killed by frost; to seize, to hunt and kill game; to fight; to wound one with intent to kill; used in exaggeration, as furiously, to death, murderously; *shát, ‹t'au,* to decapitate; *shát, ʻshau,* a headsman; to throw up an affair; *shát, ‹shang,* to kill animals; *shát, hí'* a furious, awe-inspiring manner; *‹chan ching' fái² út, shát,* I shall die with joy; *shát, yap, chan²* fought his way into the camp; *shát, ‹sing,* a deadly star—a merciless robber; *shát, ‹ts'oi,* good for nothing, you worthless fellow.

煞, Shah Interchanged with the preceding; to strike dead, as by the sun; to kill, to murder; noxious, baleful, malign; to end, the last; very; *shát, hí'* deadly vapors; *‹shan shát,* divine or supernatural effluences; *shát, ‹sing,* a malign star; *ʻtong shát,* to ward off baleful influences—by the *pát, kwá'* and the inscription *shek, ʻkòm ‹tong* or Stone Warden; *tso' shát,* unlucky, haunted.

刷, Shwáh A brush, a scraper; a curry-comb; to brush; to cleanse, to scour, to scrub; a card for cotton; to print, as the Chinese do; *ʻhon shát,* to cut and print books; *shát, ʻch'í ʻkoi hang²* to wipe off disgrace by reforming.

(473) **Shau.**

收 收 Shau } To receive; to collect, to gather; to harvest; to seize; to take; to bind, to restrain; to bring to an end, to conclude; to be annoyed by, to be moved, to receive the effects of, in which cases it takes the sense of the passive; a cross bar in a carriage; an ancient hat made to receive the hair; *shau shap* to make things ready; *shau kot* to cut and harvest; *shau 'lim*, to collect in, as interest; *shau shap 'ni*, I'll fix you, I'll pay you up—as by imprisonment; *shau mái*, to put by, or lay up, or in its place; *shau yap* to receive, as a letter or money; *shau p'ò'* to shut up shop; *shau kám*, to incarcerate; *shau chéung'* to collect accounts; *shau tán*, a receipt; *shau sam*, to reform, to call in one's thoughts; *shau shap sám kwan*, to involve and endanger one's life; *shau kw'ai*, to collect the fees; *shau kung*, to cease work; *'hò shau shing*, a good harvest; *shau 'mí*, the last, the rear; *shau 'mái yan sam*, to get people's hearts, as by largesses; *shau 'mái ngan 'mí*, to buy in bad money; *shau ping*, to recall troops; *shau chéung' hák* one who collects money.

愁 Tsau Mournful, sorry, sad, fearful, chagrined; *shau mán'* disappointed, sorrowful; *hòm shau*, silent and sad, gloomy; *shau 'k'ü 'm ii'* I am afraid he won't wish them; *shau ch'éung pák kit*, my sorrowing bowels are tied in a hundred knots—distressed.

手 Shau The hand, the arm; an autograph; handy, quick; to handle, to hold in the hand; the 64th radical of characters relating to crafts; *met.* a person; actions; skill; *yat 'pá 'shau*, a hand; *'shau há'* under one's order; *há' 'shau* or *lok 'shau*, to begin a work; *hán 'shau*, an idler, unoccupied; *'shau 'pán 'tong*, the palm; *'shau tsuk*, brothers; *'hò tsok 'shau*, elegant writing; *'shau tsok*, handicraft, an art; *'lò 'shau*, an old hand at it; *'shau tün'* a trick, cleverness, clever at; *ch'á 'shau*, to interlace the fingers; *'shau áa'* the inner side of the elbow; *'shau 'kan*, penniless; *'shau fan*, a hand-stove; *pong 'shau*, a helper; *kwo' 'shau*, to give to another; to transfer; *'shau t'ip*, a visiting-card; *p'ák 'shau tsò'* to do a thing off-hand; *'shau to to ti'* to take things off, to look at this and that; *'shau 'chí lá' sho*, open fingers—will never hold money; *'shau kím' i lap* held his sword and stood; *yau 'shau*, a lazy fellow, idler; *tai' 'shau 'pún*, present a card—as inferiors to their superior officers; *'shau shang*, a raw hand; *'shau shuk* skillful at; *fán 'shau lai*, to examine a thing over and over; *'shau han*, lines on the palm, turning things over, fussing.

'守 Shau To hold fast, to have custody of, to maintain; to guard, to defend; to protect, to ward off; to supervise; steadfast; a charge, a post; *'shau tak, 'kan*, keep close watch over it; *'shau sui'* to watch for the new-year; *'shau pí²* a major; *'shau chai'* to mourn for one's parents; *'shau tsít,* a widow refusing to marry; *'shau 'pá chü²* to stop people entering; *‚kún 'shau*, to exercise an office; *'shau yé²* to watch at night; *'shau ü²* or *‚fong 'shau*, to keep watch; *'shau ‚k'ung*, to remain poor; *'shau 'pún fan²* to keep to one's own business; *'shau ip, ‚nán*, it is hard to retain an estate; *'shau háu'* to mourn for parents.

'首 The head, a chieftain, the chief, the head, the leader; the heads of a matter; foremost; kinds, sorts; the beginning, the origin; to place in the van; to manifest, to display; the 185th radical of characters relating to the head; *tun² 'shau pái'* bow the head in respect; *‚wai 'shau*, acts as leader; *'shau ‚sin hü'* to go first; *'shau ‚ming*, the first name; *'shau 'ling*, the leader, the acting man; *on' 'shau*, the first on the list of *siúts'ái* graduates; *'shau 'mí ‚séung kú'* look after both ends, examine everything; *'shau ‚'m ‚sin 'kòm*, we must not do this way.

首' Shau To acknowledge, to take upon one's self; to confess a crime; to put at the head; *shau' tsúi²* to confess a crime.

瘦' Sau Lean, emaciated, poor, thin, having little flesh; meagre, from disease; *shau' mák, mák*, very lank; *kwat, shau' ‚ü ‚ch'ái*, bones stick out like sticks; *mín² shau'* hatchet-faced; *‚fí shau' tak, ‚i*, well proportioned, not too lean or too fat.

狩' Shau A hunting dog; a hunt in winter on grounds burnt over; *‚ts'un shau'* an imperial inspecting tour.

受² Shau To receive, to accept of; to admit, to contain; to inherit, to succeed; to endure, to suffer, to bear, a form of the passive; susceptible of; a charge, a thing given to be kept; *pat, 'kòm shau²* how can I presume to accept it—a polite phrase; *'ngo ‚'m shau² tak,* I can't eat it, I won't receive it; *'mái shau²* to buy, bought; *'tín shau²* to lend money on a real estate; *‚'m shau² yung²* indisposed, ill; *shau² tsúi²* suffering for past errors; *shau² ‚ying*, punished; *tái² shau²* of great patience; *shau² fuk,* blessed; *shau² tsín²* to be poor, willing to be poor; *shau² nán²* to be ill-treated, suffering; *shau² káu'* to hear instruction, teachable; *shau² ip,* to be taught, as a pupil; *shau² ‚kò mò²* to get the high cap—fond of praise; *shau² ‚chong pán'* one who is improvable by dress; *shau² ‚yan chai'* *'chau*, to be hampered by others; *shau² nán² ‚ts'oi 'chü*, a miserly wretch, who stints himself; *'hò tam' shau² ké'* very stupid, like a beast—a vulgar phrase; *shau' náu'* to be scolded.

授^{2} **Shau** To give; to communicate; *shau*^{2} *shau*^{2} giving and receiving; *ˏch'ün shau*^{2} to impart instruction.

綬^{2} **Shau** The cord attached to a seal to carry it by; a bag for a seal; a tent or curtain cord; knee-ties.

壽^{2} **Shau** Age, years, longevity, long life; *met.* birthday; the dead; *shéung*^{2} *shau*^{2}, *ˏchung shau*^{2} and *há*^{2} *shau*^{2} are respectively 80, 70 and 60 years of age; *shau*^{2} *ʻpán*, *shau*^{2} *muk*$_{ˌ}$ and *ˏt'ing shau*^{2} are all terms for a coffin; *pái*^{2} *shau*^{2} to congratulate on a birthday; *ˏkò shau*^{2} what is your age? *ˏch'éung shau*^{2} aged; *shau*^{2} *tán*^{2} a god's birthday; *shau*^{2} *ˏí*, grave clothes, a shroud; *shau*^{2} *ʻtsau*, a brithday cap; *shau*^{2} *ˏts'ín*, coin given by old people, which is hung around children's necks.

獸^{2} **Shau** A beast, a wild animal, a hairy brute; a gamekeeper, a forester; brutal, violent, ignorant; *shau*^{2} *ˏsam*, ferocious, cruel; *ʻtsau shau*^{2} quadrupeds; the *luk*$_{ˌ}$ *shau*^{2} are the musk, antelope, moose, bear, boar, and hare.

(474) Sháu.

ˏ梢 Sháu The extreme end of a branch, a twig; a staff used in pantomimes; small; small sticks for fuel; a rudder or tiller; a steersman, a sailor; to knock a thing off, as when it sticks; an agricultural tool; *ˏsháu ˏkung*, a steersman; *ˏsháu ʻtsz'* a sailor; *mút*$_{ˌ}$ *há*^{2} *ˏsháu*, unlucky to the end, always unsuccessful; *mút*$_{ˌ}$ *ˏsháu*, the end of a thing; *ˏkò ˏsháu*, poles for poling; *ˏshéung ˏsháu*, a ship's crew; *ˏsháu tái*^{2} *ʻhá*, give me a lift; to assist one, as in his business; *ˏmán ˏsháu*, to protect, to secure against harm.

ˏ筲 Shau A basket or hamper to carry grain in; *ˏsháu ˏkí*, a rice basket; *ʻtau ˏsháu ˏchí ˏyan*, a rustic, one who only knows about eating.

ˏ弰 Shau A bow shooting an arrow; the ends or points of a bow.

ˏ蛸 Sháu A sort of long-legged spider, or perhaps tipula, called *ˏsiú ˏsháu*. Also read *ˏsiú*; a kind of caterpillar found on the mulberry; *ʻhoi ˏp'iú ˏsiú*, the bone of the cuttlefish.

ˏ莦 Sháu A coarse weed, of which wild boars make themselves lairs or dens, in form like a house. Read *ˏsiú*, the roots of grass.

ˏ鞘 Sháu A sheath; a scabbard of a sword; *tò ˏsháu*, case for a knife or sword; *ˏping pat*$_{ˌ}$ *ˏlí ˏsháu*, the arms did not leave their scabbards—a time of peace.

ʻ稍 Shau Grain gradually expanding; a ration of grain from the government stores; gradually, slowly, by degrees; an adjective denoting slightly, for the most part, partially; *ʻsháu ˏnang*, has some ability, able to do most of it; *ʻsháu ʻsiú*, rather small; *ʻsháu sz'*^{2} an unimportant thing, like eating; *ʻsháu ʻshāu tsò*^{2} *tak*$_{ˌ}$ a very little of it won't matter; *ʻsháu*

英華分韻撮要

'yau pat, hòp, it is not exactly the thing, does'nt quite match; 'shau 'yau tik, ,t'au lò' I have some prospect of work; 'shau ,kon, dried partly; tide ebbing somewhat; 'shau 'ho, it will do pretty well, probably.

哨 Shau A small or crooked mouth, as of a jug; a distorted mouth; loquacious, gabbling; lictors who cry before officers; a guard, a guard-station to warn against thieves; to patrol, to walk about; to ramble. A colloquial word; to smear; teeth sticking out; shau' ,shün revenue boats to suppress piracy; shau' ,ngá 'mò shau' ,yung those with projecting teeth are shortlived people; ,ch'ui shau' to signalize the guard boats; shau' ,yau, to rub on oil, as on boats; shau' t'ám' a spy; shau' 'hau, a wry mouth; shau' kwo' ko' tát, teng' I'll walk about there; shau' yat, ,t'iú hi' I've been there once; 'tso' shau', yau' shau' guards, a guard of honor; shau' há' stationed at a guard; shau' ,yan, a guard, sentry.

(475) Shé.

賒 Shié To buy or sell on credit; to borrow, to get a loan; slow, negligent, remiss; distant; to defer, to procrastinate; ,shé 'mái, to buy on credit; ,shé ,ts'in, to borrow money; ,shé fo' to get credit for goods; yéung' ,ning pat, ,shé, better cheapen it than credit it; ,shé chéung' credits; ,shé chü' 'há, credit me for a little while; ,shé ,mái yat, ,shan chéung' I'm loaded down with unpaid accounts.

蛇 ,Shié A serpent, a snake; serpentine, crooked; malicious, designing, treacherous, subtle; the constellation Hydra; yat, ,t'iú ,shé, a snake; tuk, ,shé, a venemous serpent; ,lung ,shé, like dragons and snakes—so is fine penmanship; 'nan ,shé, to play with a snake; ,shé tsuk, a snake's legs—an unnecessary appendage; ,ch'éung ,shé chan' the long serpent volution—in strategy; ,lui ,kung ,shé, a gecko; pák, ,fá ,shé, a spotted snake; ,shim ,shé, a lizard; ,shé hok, a snake's skin; ,shé ,t'au 'shü 'ngán, a snake's head and rat's eyes—wily; ,shé 'yau ,shé lò' a serpent knows his own tricks; ,shé 'kòm 'lán, lazy as a snake; Fat, 'hau ,shé ,sam, Budha's mouth and a snake's heart.

Also read ,i, a wriggling gait; to squirm.

佘 ,Shié A proper name, the surname of a clan.

闍 ,Shié A Sanscrit word; a recluse; ,shé ,lai, a nun; 'hoi ,shé ,lai, a Budhist priest; ,shé ,wai, to burn a priest.

捨 Shié To let go, to relinquish, to part with; to leave, to abandon; to desist from, to renounce; to spend, as one's energies: to give alms, to bestow; to reject, to impugn, as the authority of; 'yau 'shé ,sam, charitable, benevolent; 'shé tak, hü² to leave behind, as one's friends; ˌnán 'shé, hard to part with; kot, 'shé, to part with strong self-denial; 'shé tak, 'kòm, be willing to do so; 'shé tak, ˌmo, will you part with this? 'shé ˌshan yap, tsz'² to abandon one's family and become a priest; ˌYé ˌsú 'shé 'ki meng² kau' shai' Jesus gave his life to save the world; 'shé 'pán, to bestow coffins.

A colloquial word; very, immediately; pin' min' 'shé fái' he changed his countenance instantly; 'shé 'hò, very best, excellent.

社 Shié The god of a particular place; the tutelary deities, the lares rustici; a hamlet; a society or company of persons; sacrifices to the gods of the land and their altars; 'shé tsik, gods of the land and grain, worshiped by the sovereign as patron gods—their altars have no roofs; 'shé yat, two festivals, like the compitalia, for worshiping the lares, about the 16th of March and 18th of September; ˌt'in 'shé, 10 or 25 houses; a field altar to the lares; lap, 'shé ˌt'án, to set up an altar to the gods of the land.

舍 Shié To dwell, to lodge; to halt, to rest; a rest, a breathing spell; a stage of 35 lí; a lodge, a hospice; a booth, a shed, a stall in a market; a cottage; lodgings; used for the pronoun my, when speaking of one's junior relatives; shé' ˌkü, to lodge; ˌmáu shé' or shé' há² my house; shé' tai² my brother; shé' ˌts'an, my relatives; shé' chat, my neice; tsik, shé' a cell in the examination hall; chuk, shé' to build a house; uk, shé' houses, tenements; shé' lí² 'tsz' a relic of Budha; shé' lí² t'áp, a dagoba erected over a relic.

Read 'shé, and used for 捨: to give, to part with.

赦 Shié To forgive, to remit punishment, to pardon, to excuse; to pass over, to reprieve; to let go; pardon, amnesty; shé' tsúi² to pardon sins; ˌt'in shé' three days in the year, when heaven forgives sins; tái² shé' ˌt'in há² a general amnesty; shé' kwo' ˌni ts'z'² pass it over this time; shé' 'min, to forgive.

射 Shié To shoot, as a bow; to issue forth, to dart out, as rays; to glance at; to counterfeit and undersell; to issue forth, as evil influences of a place; shé² tsin' to shoot an arrow; yat, shé² ˌkwong yap, ˌlai, the sun shines in here; 'pi 'ngán shé² 'há, to cast sheep's eyes, to glance at sidelong; shé² 'ying, to shoot a shadow—to implicate one, to blame one unjustly; shé² chung' 'pá, to hit the mark; lün² shé² to shoot wide; shé² lí² to counterfeit another's mark in order to undersell; shé² ˌin, to sound, to try with words.

麝 Shié The musk deer, found in Sz'chuen and Tibet; shé² ˌhéung, musk; 'ká shé² ˌhéung, adulterated musk.

英華分韻撮要

(476) **Sheng.**

(See also words under *Shing*.)

聲 A colloquial word; careful, cautious, steady, as when carrying things; *'hò ˏsheng*, take good care, be very cautious.

(477) **Shéuk.**

汋 Choh The noise of dashing water; a river in Kiángnán. A colloquial word; soft, like thin mud or lime; thin, like milk; lean; *'ni kòm' shéuk,* you are very cowardly, careless of your reputation; *'chü shéuk, tik,* cook it very soft.

(478) **Shéung.**

商 ˏShang To consult, to devise, to deliberate, to arrange; to adjust by consulting; a merchant, a traveling dealer; to trade; one of the five musical notes; an hour or more before sunrise and sunset; an ancient dynasty, dating B. C. 1766 to 1122; *hák, ˏshéung*, a traveling merchant; *ˏshéung 'lü*, a merchant from abroad; *ngoi² kwok, ˏshéung ˏyan*, a foreign merchant; *ˏyéung ˏshéung*, the old hong-merchants; *t'it, ˏshéung*, an ironmonger; *ˏshéung chéuk,* or *ˏshéung ˏléung*, to consult about; *ˏim ˏshéung*, a salt merchant.

謪 ˏShang Interchanged with the preceding, when meaning to consult; to deliberate.

雙 双 ˏShwáng A pair, a brace, a couple, a doublet; two or a match of anything; an equal, a mate; to go with, to mate; a parcel of land of five acres; *ˏshéung 'ngán ˏfá ˏling*, a two-eyed feather; *ˏmò ˏshéung*, no mate; unequaled; *ˏshéung ˏts'an*, one's parents; *ˏshéung ˏtò*, two swords in one sheath; *ˏShéung ˏMún 'tai*, the Double Door, a sort of Temple Bar in Canton; *ˏshéung 'shau pák, fát,* an old grayheaded couple.

傷 ˏShang To wound, to bruise, to injure, to hurt; a wound, an injury, a hurt; to grieve, to mourn; to cause grief, to distress; to waste, as property; to lavish, as strength; injured, grieved, sad, in heart, chagrined, mortified; wounded; harm, objection; *ˏshéung hoi²* to injure, to take revenge on; *ˏshéung ˏhon*, an ague; *ˏshéung ˏfung*, to take cold; *noi² ˏshéung peng²* spitting of blood; *ˏmò ˏshéung*, there's no harm done; *ˏho ˏshéung*, what objection? *shau² ˏsám ˏshéung*, got three wounds; *shát, ˏshéung*, a mortal wound; *ˏshéung ˏts'oi*, to waste money; *'tá ˏshéung*, wounded; *ˏshéung ˏsam*, to be grieved; *ˏshéung 'hau*, lips of a wound; *ˏshéung ˏwo hi'* to violate confidence; *ˏshéung ˏsam sz²* a bad business, a misfortune; *ˏpi ˏshéung*, to weep bitterly; *im² ˏshéung*, to inspect wounds; *chung² ˏshéung* severely wounded: ꜀shéung ꜀fung pái² tsuk꜀ a degrading, ruinous custom.

殤 ꜀Shang An untimely death under 19 years, to die before puberty; to die; kwok꜀ ꜀shéung, soldiers killed in battle; ʽtün ꜀shéung, a premature death; ká² ꜀shéung, to wed the effigy of a betrothed husband.

觴 ꜀Shang A horn, a cup, a goblet; a bumper; a feast, a banquet; to give to drink; ʽtsau ꜀shéung a wine cup; chi² ꜀shéung, or kit꜀ ꜀shéung, to prepare a feast; ꜀ch'ing ꜀shéung, to take wine with; tsun² ꜀shéung, to offer the glass; lám² ꜀shéung, to overrun, to exceed bounds.

瀧 ꜀Shwáng A place in Loting chau in Kwángtung; a stream in Kweiyáng fú in Kweichau. Also read ꜀lung. A pelting rain; moistened, soaked with rain.

常 ꜁Cháng Constant, ordinary, ever, frequent, common, usual; long continued, habitual, in usage; to keep, to maintain; a rule, a law; a stint; a spear 16 cubits long; ꜁shéung ꜁shí, ever, always, constantly; ꜁p'ing ꜁shéung, usual; ꜀fí ꜁shéung, unusual; ꜁mò ꜁shéung, not common, happens rarely or but once; ʽ'ng ꜁shéung, the five constant virtues; ꜀ká ꜁shéung fán² a common meal; ꜁shéung ʽyau, keeps it always, as a shopman has an article; chiú² ꜁shéung, as usual, customary; ꜁shéung ꜀shang, never dying, everliving, eternal; ꜁shéung yat꜀ before, on a former day; ꜁shéung ꜀yan, of ordinary capacity; ꜁shéung ꜁shéung kwá² nim² to think of all the time.

裳 ꜁Chang The skirt, the lower garments; petticoats; ꜀i ꜁shéung, garments; ʽmò mat꜀ ꜀i ꜁shéung, have not many clothes.

嘗 嚐 ꜁Chang To taste, to test by tasting; to try, to essay, to prove; to deliberate; usually, ever, always, formerly; sign of past time, when it precedes the verb; the autumnal sacrifice of first fruits; ꜁shéung yat꜀ ꜁shéung, taste it; ꜁shéung shi² tried it; shi² ꜁shéung, to try, to attempt; mi² ꜁shéung, not occurred, not yet happened to me; ꜁shéung ꜁man, I have ever heard; ꜁mò ꜁shéung, changeable; ꜁shéung kwo² tasted it; ꜁shéung ip꜀ hereditary property whose proceeds are applied to ancestral sacrifices.

鱨 Chang A sort of flying gurnard, with orbital spines and jaws with large plates.

償 ꜁Cháng To restore, to make amends, to replace, to recompense; restitution; to pay, as a debt; to forfeit; to suffer, as a penalty; ꜁shéung meng² to forfeit one's life; ꜀fín ꜁shéung, to forfeit; ꜁p'úi ꜁shéung, to make good; ꜁shéung ꜀sam ün² a desire gratified; ꜁shéung ꜁wán, to pay back.

孀 ꜁Ch'ang ꜀Shéung ꜁ngo, the goddess of the moon, the Diana of the Chinese; met. the moon.

賞 ʽShang To give to an inferior; to bestow, to afford, to confer; to grant, as heaven; to make largesses, to reward, to recompense; to celebrate, as a day to praise, to congratulate, to rejoice with, to take pleasure in; to exhort; *ʿshéung üt*, to celebrate the harvest moon; *ʿshéung hò*ʾ to give largesses to troops; *ʿshéung ˏsam*, to delight one's self in; *ʿshéung ˏngan ˏp'ái*, to confer silver medals; *ʿtséung ʿshéung pat, tong*ʾ an inadequate recompense; *ʿshéung tip*, a bill offering a reward; *ʿshéung tsé*ʾ *ˏfá ˏhung*, to bestow the reward; *kám*ʾ *ʿshéung*, to look over with pleasure, as a book; *ʿshéung ˏfá*, to enjoy flowers and drink, as with friends; *ʿshéung kák*, scale of rewards; *ʿshéung k'ap*, to bestow a reward.

上 ʿ Sháng To go up, to ascend; to go to, as to court; to write in; to advance; to hand up; to esteem, to honor, to exalt; *ʿshéung ˏshün*, to go aboard ship; *ʿshéung hü*ʾ go up; *ʿshéung ˏking*, to go to Peking; *ʿshéung ˏlau*, to go upstairs; *ˏ'm ʿshéung yat, üt*, not quite a month; *ʿshéung ngon*ʾ or *ʿshéung ˏkái*, to go ashore; *ʿshéung ʿpún*, to send a memorial to court; *ʿshéung hok*, to begin to go to school; *ʿshéung ˏp'ing*, to weigh money in the scales; *ʿshéung pò*ʾ to credit in account; *ʿshéung ʿkan yan*ʾ urgent to have it printed; *ʿní ˏ'm ʿshéung ˏsam*, you did'nt bear it in mind; *ʿshéung p'ò*ʾ *ˏmún*, to put up the shop doors; *ʿshéung ˏyau tong*ʾ to be swindled; *ʿshéung fo*ʾ to land goods; *ʿshéung ˏmái ˏch'éung ˏshung*, to get a coffin beforehand.

上 ² Sháng Top, on top, above, on, upon; facing; high, above; remote, ancient; before, as in time; superior, as goods; exalted, honorable; supreme; the emperor; ascending, rising; *ʿchü shéung*² the emperor; *shéung*² *há*² above and below, high and low, up and down; *ʿkòm shéung*² *há*² about so much; *shéung*² *há*² *lò*ʾ nearly here, at hand; *ˏt'ín shéung*² in heaven, in the sky; *shéung*² *yat*, the other day; *chí*ʾ *shéung*² the highest; *shéung*² *ʿng*, forenoon; *shéung*² *ü*² an imperial mandate; *shéung*² *ˏt'au*, the head, the chief; *ˏon shéung*² *min*² put it on top or above; *tsoi*² *shéung*² *ˏkò*, is above, as on the roof or on deck; *ˏwong shéung*² his Majesty; *shéung*² *shéung*² or *shéung*² *ʿting*, the very best quality; *ˏkái shéung*² in the streets; *ˏshan shéung*² on me, about one's person; *shéung*² *chéuk*, the best plan; *shéung*² *ˏshing*, the rising tone.

尚 ² Sháng To add; to honor, to adorn; desirous of; to esteem, to value; to boast; to have a care of; to control, to direct, —in which senses it forms a part of official titles; to get a princess for wife; used for the preceding in the senses of high, noble; a conjunction, still, but, yet, probably, perhaps; *shéung*² *ʿch'é ʿkòm*, still do it so; *shéung*² *ʿhá ʿk'ü*, esteem him; *shéung*² *ʿyau*, there is still some; *shéung*² *iú*ʾ *tik*, it is still wanted; *shéung*² *ʿhò*, the best; *shéung*² *ˏkung ʿchü*, to marry a princess.

(479) **Shí.**

詩 ‚Shí To express the feelings in set words; poetry, rhymed lines of the same length; an ode, a poem, verses, hymns; to receive, to accept; ‚*yam* ‚*shí*, to make verses; ‚*t'ai* ‚*shí*, to improvisatrize a sonnet; *tsok*, ‚*shí*, to write poetry; ‚*Shí* ‚*King*, the Book of Odes; ‚*shí* ‚*yung*, a bard; ‚*shí* ‚*yan*, a poet; *yat*, ‘*shau* ‚*shí*, a verse, a stanza; ‚*shí wan*² the rhyme of poetry.

施 ‚Shí A banner unfurled; granted; expanded, exhibited, spread out; to confer, to relieve, to give, to bestow, as in charity; to afford, to diffuse; to permit, to concede, to grant, to suffer; to add to, to use; to move slowly; ‚*shí tsai*’ to give in charity; ‚*shí* ‚*yan*, to show kindness; ‚*shí* ‚*hang*, grant that it may be; to allow; ‚*shí* ‘*chü*, a benefactor to temples; ‚*shí shik*, to feed the poor; ‚*shí* ‚*shí shuk*, *shuk*, hesitating, embarrassed; ‚*shí* ‚*shí*, pleased, easy, happy; ‚*shí* ‘*chín*, independent, confident; ‚*shí* ‚*p'ái*, to boast, to act vauntingly; ‚*shí* ‘*shé*, to aid, to bestow. Also read ‘*ch'i*; to leave to; to remove. Read ‚*í*, to change, to transfer.

絁 ‚Shí Interchanged and used for 紬 coarse threads for weaving; a sort of sarsnet.

蓍 ‚Shí A sort of labiate plant like verbena, anciently used in divination; the stalks also served for hairpins.

尸 ‚Shí A corpse, for which the next is used; an image, an effigy; useless like a statue, to make a sinecure of; to arrange; to preside, to order; the 44th radical of characters relating to corpses; ‚*shí wai*² *sò*’ ‚*ts'án*, to neglect the duties but get the pay of an office.

屍 ‚Shí A corpse laid out, a carcase; ‘*sz*’ ‚*shí*, a dead body; *im*² ‚*shí*, to hold an inquest; ‚*shí* ‘*shau*, a corpse; ‚*í* ‚*shí t'ú*’ *hoi*² to implicate by laying a corpse to one's door; *hòm*’ ‚*shí*, to inspect the wounds on a corpse.

鳲 ‚Shí A turtle dove, called ‚*shí* ‚*kau*, but more usually ‚*pán* ‚*kau*; the wood pigeon.

匙 ‚Shí A spoon; a key, which in China resembles a spoon; ‚*ch'á* ‚*shí*, a tea-spoon; ‘*so* ‚*shí*, a key; ‘*nau* ‚*shí*, turn the key; ‚*mún* ‚*shí*, a door-key; ‚*shí* ‚*t'iú*, a ladle-like spoon.

時 **旹** ‚Shí Time; a season, an hour, a period; a Chinese hour; a quarter of a year; an occasion, an opportunity; proper, suitable, convenient, timeous; seasonable, recent, in season; to time; to be, is; after a verb, means when, as, while, during; at the beginning of a sentence, means at that time, then; to observe, to see; *shap*, *í*² ‚*shí* ‚*shan*, a day, twelve hours; *sz*’ ‚*shí*, the four seasons; *yat*, ‚*shí tsau*² *iú*’ I want it at once; ‚*ni ko*’ ‚*shí hau*² this time; ‚*'m tak*, ‚*shí*, an unsuitable time or market; ‚*shí p'ái*’ fashionable; ‚*shí* ‚*hing*, in demand; *tsik*, ‚*shí*, instantly; ‚*tong* ‚*shí*, at that time; ‘*kí* ‚*shí*, when? ‚*mò*

ˏshí, all gone; never, no opportunity; *ˏshí ˊkwo*, fruit in season; *ˏts'ui ˏshí*, whenever convenient, at a good time; *ˏshí ˏshí*, always, constantly; *pat˒ ˏshí*, incessantly; *in² ˏshí*, now, at this time; *ˏsin ˏshí*, before, the former time; *ˏto ˏshí*, a long time; *ˏt'in ˏshí*, weather; also the favorable juncture.

塒 ˏShí A hen-roost, made by cutting a hole in a wall, and fitting sticks in for the fowls.

鰣 ˏShí A fish which enters the rivers from the ocean in May, and returns in September; probably the shad.

屎 ˊShí Ordure, excrement, dung; *ˊshí ˏháng*, a public necessary; *chap˒ ˊshí ˊlò*, scavengers; *ˊtá ˊshí fat˒* to bamboo; *ˊshí ˊt'ung*, a close stool.

Read *ˏhí*, a sighing, moaning sound; a murmuring noise.

市 ˊShí A market-place, a square or open place where people trade; a crowd, groups of marketeers; crowded; vulgar, billingsgate; marketable, saleable; to buy, to trade in the market; to bid, to offer a price; to encourage, as talent; *ˊshí ká˒* the market price; *ˊshí ˏt'au*, a market-place; *ˊshí ˊtseng ˏchí ˏyan*, low people, market people; *lan² ˊshí fo˒* poor goods, second-rate goods; *pá² ˊshí*, to stop trade, to refuse to expose goods; *ˊshí chan˒* a great mart, like Fuhshán; *ˊhò ˊshí tò²* a ready sale; *ˏhü ˊshí*, a country market; *ˊshí tò² ˊch'au*, a dull sale for, unsaleable; *ˊshí ˊtseng sz²* a dirty affair; *fát˒ ˊshí*, to commence selling; *ˊhí ˊshí*, saleable; said also of a man who puts a high value upon his services.

試 Shí˒ To use, to serve of; to try, to experiment, to test; to compare and find out; to endeavor; to examine, as the literary graduates; a trial, a test; *shí˒ yat˒ shí˒* try once, make a trial; *ˏshéung shí˒* to taste; *shí˒ ˊt'ai ˊhá*, try it; *t'ám˒ shí˒* to make a trial; *shí˒ ˏch'éung*, an examination for *kǚjin*; *shí˒ tm²* to verify; *lap˒ shí˒* to institute a trial; *shí˒ ˊshau shai˒* to try one's skill; *shí˒ ˊhau ˏkí*, see how he will talk.

是 Shí² Right, straight, direct; that which is right, that which the mind approves; the substantive verb, is, am, to be—*i. e.* it is so, it is right or certain; this, these, that; *pat˒ shí²* not so, no; *shí² yat˒* on that day, then; *yéuk˒ shí²* if it be so; *shí² ˊyá*, yes, surely; *shí² lok˒* yes; *shí² pít˒* certainly; *shí² ˊí*, therefore, by this means; *ˊyau pat˒ shí²* in error, partly wrong; *shí² ko˒ ˊhò ˏyan*, he is a good man; *shí² ˊká shí² ˏchan*, is it false or true? *tsau² shí² ˏlai*, he will come soon.

諟 Shí² Formerly used for the above; right, proper; good principles; to judge.

氏 Shí² A family, a clan, a gens; a sect; the 83d radical; an ancient title of honor; added to names, denotes a female; *ˊLí shí²* Madame Lí; *ˏWong ˏmún ˊLí shí²* Madame Wong *née* Lí; *Shik˒ shí²* the Budhists.

嗜[2] Shí To delight in, to be fond of, to relish; to have an appetite for, gourmandizing; greedy for, addicted to; to indulge the animal desires; *shí*[2] *'yam shik*, fond of the table; *shí*[2] *hò*[3] to love, as a dish; *pat*, *shí*[2] *˓yam*, to disrelish music.

豉[2] Shí Salted eatables, as beans, oysters, olives, which are afterwards dried and used as relishes; *tau*[2] *shí*[2] salted beans; *shí*[2] *˓yau*, soy; *mín*[2] *shí*[2] salted flour and beans used in cooking; *'lám shí*[2] stoned and pickled olives; *tau*[2] *shí*[2] *˓kéung*, salted beans and ginger—a relish.

示[2] Shí To show, to declare; to manifest, to make known, as the will of heaven; to instruct, to signify, to proclaim for information to the people; an edict; a manifestation, an admonition, a prognostic, a revelation, a sign, as from heaven; in polite phrase used for another's wishes; a letter; to see, to show to the sight; the 113th radical of characters relating to religion; *kò*[3] *shí*[2] to publish; a proclamation; *ch'ut*, *shí*[2] to issue an edict; *˓úi shí*[2] to wait an answer; *˓loi shí*[2] an answer; *shí*[2] *há*[2] to let me know—an epistolary phrase; *fan*[3] *shí*[2] to be informed, teach me; *shí*[2] *chung*[3] to admonish the people—as by an execution.

Read *˓k'í*, a spirit; same as 祇.

視[2] 眎[2] Shí To see, to inspect, to observe, to examine; to see and imitate, to take knowledge of; to behave to; to compare, and regard; to cause to be seen, to view as; *hon*[3] *shí*[2] to look at; *˓ts'é shí*[2] to glance at sideways; *pat*, *shí*[2] *˓k'í kwai*[3] he disregarded his offering; *kan*[2] *shí*[2] nearsighted.

諡[2] Shí The results of conduct; a name or honorary title given after death; a posthumous title, an epitaph; a memoir or eulogy of a defunct; peace, quiet.

侍[2] Shí To receive, as orders; to accompany; near to, attending, waiting on, following, at the side of, as officers or serants are; *shí*[2] *wai*[2] the imperial guards; *shí*[2] *˓long*, a vice-president of a Board; *fuk*, *shí*[2] to wait on, to serve; *shí*[2] *lap*, to stand and serve.

恃[2] Shí To lean upon, to trust to, to rely on; looking up to for support or protection; *met.* a mother; to presume on; assuming; dull, unintelligent; *'í shí*[2] to depend on; *shí*[2] *shai*[3] to presume on one's power or station; *shat*, *shí*[2] to lose a mother; *˓'m shí*[2] *tak*, untrustworthy; *shí*[2] *'ch'ung*, to count on another's love; *shí*[2] *'shau tsuk*, to lean on one's relatives.

峙[2] Chí A high, isolated, steep, peak; provided, supplied with, as provisions; *˓kung shí*[2] to prepare stores for public service.

蒔[2] Shí To plant, to transplant, to set out; to erect or perpetuate, as a reputation; *'chung shí*[2] like his father, a chip of the old block; *shí*[2] *˓lo 'tsz* anise or fennel seed.

弒[2] Shí To murder a king or superior; *shí*[2] *fú*[2] a parricide; *shí*[2] *˓kwan*, a regicide,

英華分韻撮要

(480) Shik.

色, Sih The shades of color and expression in the countenance; air, appearance, form, manner; color, hue; mode, quality, sort, description of, kind; a beauty; glory, beauty, radiance of; a show of dressed up women; sexual pleasure, lust; the 139th radical; *shik*, *chák*, or *shik*, *'shui*, color, tint; *ngán shik*, hue; *hü' 't'ai shik*, go and see the show; *ch'ut*, *shik*, a fine color; *kwok*, *shik*, famous beauties; *mat*, *shik*, a beau ideal, a strong fancy for; *tsok*, *shik*, to bridle up, angry; *'ts'oi shik*, variegated; *''ng shik*, the five colors are azure, black, white, yellow, red; *'king shik*, a landscape, the aspect of a country; *shing shik*, or *tsuk*, *shik*, pure, as gold or silver; *'hi shik*, pleased, laughing; *shik*, *'shui tai*, an inferior color, alloyed; *'nü shik*, venery, sexual intercourse; *pán' shik*, to dress up, as persons do who are carried in processions; *hò' shik*, lustful, libidinous, salacious; *shik*, *'tám ü t'in*, courageous, valorous; *shik*, *hung ngo' 'kwai*, a miserable whoremonger; *tsáp*, *shik*, various sorts; *ching' shik*, a sedate manner; *chák*, *shik*, *'tsz'* to throw dice with the hand; *shing shik*, *fo' li'* music, lewdness, riches, and desire of gain—are four snares to mankind; *shik*, *yuk chung'* addicted to venery.

飾, 餝, Shih To adorn, to paint, to ornament; to gloss over, to patch up, to pretend, to make believe; to excuse; to wipe, to rub and brighten; concord, harmony of music; to dress a victim for sacrifice; ornaments for the head; weapons; a collar, a handsome binding or facing; *'shau shik*, a headdress; *'im shik*, or *'im 'im shik*, *shik*, a pretense, a made up story; *sau shik*, to adorn; *chong shik*, tricked out, specious; to impose on; *'fan shik*, to whitewash; to color, to gloss over; a fair show.

飭, Chih Sometimes interchanged and confounded with the last. To enjoin, to direct, to command, as an inferior; to strengthen, to repair; to adjust, to prepare and arrange; ready, prepared; compact, firm; reverent, careful, respectful; *shik*, *ch'ái*, to dispatch on public service; *shan shik*, to strictly charge, to order; *'ching shik*, *'hò 'k'ü*, put it in order, arrange it properly; *shik*, *fong*, to direct the proper office or department; *shik*, *ling'* to command, to direct.

嗇, Sih The harvest, the crops; to amass, to desire and accumulate; to begrudge; sparing, frugal; avaricious, mean, stingy, parsimonious; *shik*, *fú*, a farmer; *lun' shik*, closefisted, niggardly.

穡, Sih Interchanged with the last. To reap, to gather in grain; grain ready for harvest; careful, not wasteful; *ká' shik*, sowing and reaping.

澁, Sih. Water running over stones; rough, rugged; not even or smooth; harsh; difficult of performance.

識, Shih. To know by learning, to learn, to recognize; to distinguish; to be aware of, acquainted with; experienced, versed; an acquaintance; *ˌchí shik*ˌ knowledge; *ying^2 shik*ˌ acquainted with; *ˎ'm shik*ˌ *ˊk'ü*, unacquainted; *ˎ'm shik*ˌ *ˌsau*, brazen-faced, unabashed; *shik*ˌ *ˊlai*, polite; *shik*ˌ *p'o^3 tsz^{2} ˊtám*, mistook the character's sound; *shik*ˌ *t'au^3* I know him thoroughly; *hok*ˌ *shik*ˌ learning.

適, Shih. To go to, to reach, to arrive at; to pass over a long distance; a bride going to a husband's house; to marry out; to happen, to occur; to suit, to accord with, to chime in with; to follow; what happens suddenly, recent, presently, just now, coming to pass; usual, common; pleased, contented; of a good quality, accomplished; in the west of China, means to supply a deficiency, as in an army; *shik*ˌ *ˌin*, suddenly; *shik*ˌ *ˊwong* just gone; *mi^2 shik*ˌ *ˌyan*, an unmarried woman; *shik*ˌ *ˌloi*, just come; *shik*ˌ *chik*ˌ *ˊk'ü tsoi^2 ch'ü^3* luckily met him in, or just as he was going; *pat*ˌ *í^2 shik*ˌ not to marry a second husband; *shik*ˌ *ˌts'ung*, to come from, to follow, or adhere to, as a party; *shik*ˌ *ˌkán*, just then, a little while ago.

Read *tik*ˌ and then used for 嫡, a wife; to direct.

釋, Shih. To unloose; to free, to acquit, to forgive, to liberate; to open out, to explain, to relax; to slight, to let alone, to put away; to leave behind; to melt; to dissipate, as ice in the sun; to submit; to make soft, to soak; the Budhists; *shik*ˌ *ˌüi*, to liberate, returned from exile; *shik*ˌ *fong^3* to let out of prison; *shik*ˌ *tsúi^2* to forgive an offense; *shik*ˌ *han^2* no longer to hate; *shik*ˌ *ˊshau*, to unhand, to let go; *ˌping shik*ˌ melted away, as one's strength or forces; *shik*ˌ *ˌká ˌmau ˌní*, a Sanscrit term, Sakya-muni, or Budha; *shik*ˌ *ˌmún* or *shik*ˌ *ˌká*, Budhist priests; *shik*ˌ *káu^3* Budhism.

奭, Shih. To abound; to flourish; plentiful; to color up, to grow angry; flushed, crimsoned; a carnation or carmine color.

襫, Shih. A rain cloak; *púl*ˌ *shik*ˌ an overcoat or cloak of leaves, worn by husbandmen.

式, Shih. A form, fashion; a specimen, an example; a rule, a law, a pattern; to measure, to make like a copy, to imitate; to respect, to honor, to look up to; to use; an initial particle, Oh! a cross-bar in a carriage, for which the next is used; *shik*ˌ *yéung^2* a pattern; *hòp*ˌ *shik*ˌ it corresponds, is like the muster; *tsz^2 shik*ˌ a copy-slip; *chiú^2 shik*ˌ *tsò^2* make it like the sample; *ˌwai ˌkung shi^2 shik*ˌ taking your honor as a model; *ˊfún shik*ˌ this very sort; *ˌying ˌin yat*ˌ *shik*ˌ *ˌchi*, Ah! it is exactly like it.

英華分韻撮要

軾, Shih A stretcher before a carriage or sedan, to lean on when bowing to others, called a ꜀fú ‘shau ‘pán, or leaning board.

拭, 帓, Shih } To wipe, to rub and dust with a cloth, to clean up; to brush away; to wash sheep; a duster; *fat꜄ shik꜄* to dust; *shik꜄ t'ai꜄* to wipe away tears.

栻, Shih A kind of tree, anciently used in sorcery or for making lots.

食² Shih To eat, to drink, to swallow, to take food; to smoke; to give to eat; to take back, to undo, to retract; to enjoy, to be in the receipt of; food; an eclipse; to befool, to impose on; to take, as in playing chess; the 184th radical of characters relating to food; *‘yam shik꜆* eating and drinking; *shik꜆ mat꜆* food; *‘fo shik꜆* the supplies of food, daily bread; *shik꜆ tsz² ‘ki*, to find one's self; *tái² shik꜆ ‘lán ꜀yan*, a lazy lout; *shik꜆ ‘páu ꜀tsin ꜀t'úi*, eaten enough dough-nuts—old goods left over, remnants; *shik꜆ luk꜆* to be under pay; *‘i shik꜆ pat꜄ fá꜄* to bear and not understand; *‘siú shik꜆* a lunch; *kák꜄ shik꜆* food does not set well; *ü꜄ shik꜆* to disgorge, to spit out food; *shik꜆ ts'ut꜄ kòm꜄ shik꜆* a glutton, to gourmandize; *shik꜆ ꜀yün ‘hau ‘shui*, a lickspittle; *shik꜆ fán꜄ ꜀shung yuk꜆* eat and grow fat; *shik꜆ ꜀yan ꜀wong*, a thorough rascal; *shik꜆ ꜀in*, to smoke tobacco; *shik꜆ kuk꜆ ‘chung*, to eat it clean up; *muk꜆ shik꜆* ornamental dishes; to look at wistfully; *shik꜆ ꜀hoi ꜀lai*, to spread and injure, as oil on a book; *shik꜆ ꜀ün*, done eating; *‘hò shik꜆* well tasted; *꜀’m shik꜆ tak꜄* I can't eat, or it can't be eaten; *shik꜆ tak꜄ ꜀to*, to eat a great deal; *shik꜆ chai²* to have the dyspepsia; *shik꜆ ꜀chái*, to fast.

蝕² Shih To injure gradually, to eat away, as a worm does; to incroach on; to eclipse; *yat꜆ shik꜆* a solar eclipse; *üt꜆ shik꜆* an eclipse of the moon.

(The next three characters are usually pronounced *shek.*)

石² Shih A stone, a mineral, a rock; stony, rocky, as land; made of stone; petrified; ringing, sonorous stones; firm, decided; a stone, a dry and liquid measure of 100 and of 120 catties, but it has varied at times; an ærolite; the 112th radical of characters relating to minerals; *yat꜄ kau² shek꜆* or *shek꜆ ꜀t'au*, a stone; *‘fan shek꜆* soft stone, almagatholite, used to cut seals; *shau² ꜀shán shek꜆* red breccia marble; *shek꜆ ꜀kò*, gypsum; *sun² shek꜆* arsenic; *láp꜆ shek꜆* greasy quartz; *꜀ts'ing shek꜆* common granite; *‘t'ai ꜀ch'ün shek꜆* sharpsighted, can see through a rock; *꜀ying shek꜆* limestone for rockwork, because it comes from Yingteh district; *shek꜆ ꜀kái*, a paved street; *‘tá shek꜆ ‘lò*, a stonecutter; *shek꜆ ꜀ch'un*, pebbles; *‘lò ꜀háng shek꜆* argillite, used for inkstones; *꜀ts'ing ꜀t'oi shek꜆* mossy, dank rocks; *꜀wan shek꜆* blue clouded marble; *lai² shek꜆* or *꜀hung shek꜆* freestone; *꜀pi shek꜆* black marble.

碩 Shih₂ Great, corpulent; full, ripe; replete, to fill; eminent, high-minded.

鼫 Shih₂ A burrowing rodent, destructive to grain; the description allies it to the dormouse, or field mouse.

(481) Shím.

蟾 ₛChen A striped toad, called ₛshím ₛch'ü, fabled to be in the moon; *met.* the moon, a month; ₛshím ₛkwong, moonlight; ₛshím ₛkung Diana's hall, the lunar palace, the moon.

贍 ₛShen To give, to supply, to aid; liberal, plentiful, sufficient; 'hung pat, ₛshím, I'm afraid there's not enough.

閃 Shen To peep out of or suddenly cross a door-way; to shun, to evade, to avoid; to glisten, to flash; to squirm, to wriggle; to slip aside, as on ice; glittering, flashing; chatoyant, iridescent; adulatory; 'shím ₛmái pin² to slip aside or out of sight; 'shím tin² a flash of lightning; ₛhò ₛkwong 'shím 'shím, glimmering, dazzling, shining; 'shím ₛhoi, to turn aside; 'shím 'ngán, to dazzle the eyes; 'shím 'shím shuk, shuk, dodging about, in and out; 'shím shik, changeable, as silk; 'shím lik, to slip and sprain, as the ankle; ₛtung ₛché ₛsai 'shím, squirming right and left.

'陝 Shen The region west of the Yellow river, now the province of Shensí. Also read *Háp*₂; narrow.

(482) Shín.

(Some of these first characters are often pronounced like the last.)

搌 ₛChen To strike. A colloquial word; to beat with a rattan; ₛshín 'tá, to whip; ₛshín ₛyan, to give a man a rattaning.

禪 ₛShen To level an area for an altar; to sacrifice to the earth; to resign or transfer the throne to another family, as Trajan and Yáu did; to sit and meditate, as Budhists do; abstraction, deep contemplation; the Budhists; ₛshín miú² a Budhist temple; ₛshín fát, Budhism; ₛshín ₛsz' a priest; ₛshín ₛshán, the town of Fuhshán.

嬋 ₛShen Beautiful, graceful, bewitching, as a fine woman; ₛshín ₛkün, elegant, as flowers or falling snow; waving, like bamboos; ₛshín ₛlin, relatives.

單 ₛShen A famous chief of the Huns, called ₛShín ₛü, about B. C. 25; *met.* vast, like the deserts this man lived in.

Also read 'shín, a surname.

澶 ₛShin Still water; name of a river, ₛshín ₛün, in the state of Sung. Also read tán²; slow, indolent.

蟬 ₛChin A cicada or broad locust, called 'tiú ₛshín, ₛts'au ₛshín, and ₛshá ₛshín; ₛshín t'ui' the exuviæ of a cicada; ₛts'au ₛshín hám' the chirp of the cicada; ₛshín pan' hair dressed in puffs on the temples.

蟮 ₛShen An earthworm, vulgarly called ₛwong 'hün, or the yellow dog. This character is constantly used for the following.

鱓 鱔 Shen An eel; *pák₂ ʻshín*, a white eel; *ˏwong ʻshín*, a small yellow mud eel; *chuk₂ pák₂ ʻshín*, to snare eels; *ʻshín ˏkang* fried eel and pork stew; *ʻch'áu ʻmá ˏon ʻshín*, fried split eels; *ˏt'ang ʻshín*, the rattan eel, common in Macao; *ˏú ʻí ʻshín*, the "black ear eel," a good sort.

扇ʼ Shen Leaves of a door, a door; a fan, a fire screen; to fan, to move to and fro; *ʻtá shín'* or *p'úi₂ shín'* to fan; *ˏfung shín'* a punka; *ʻchí shín'* a paper fan; *ˏkw'ai shín'* a leaf fan; *ˏmò shín'* a feather fan; *shín' kwat₂* the ribs of a fan; *tsz'² shín'* it fans itself— as a butterfly; *yat₂ shín' ˏmún*, a single leaved door.

搧ʼ Shen To brush off; to fan, or strike with a fan; *shín' ʻní cham' ˏp'í*, I'll skin you, I'll take your hide off.

煽ʼ Shen To fan a flame, to make a blaze; a fierce fire; to excite people, to make a ferment; *shín' wák₂ ˏyan ˏsam*, to incite and agitate people's minds, to stir up sedition.

謆ʼ Shen To seduce people by fair speeches; to delude and effect one's plans.

騸ʼ Shen To geld a horse; to cut, to castrate; *shín' ʻkú*, a steer, an ox; *shín' ˏkai*, a capon.

碾ʼ Shen To work and polish gems; a calendering stone; to calender cloth; to slip, as when walking; *shín' pò' shek₂* a calendering stone; *shín' ʻtò*, to slip down; *ˏcháng tik₂ shín' ʻtò*, nearly fell down; *shín' wut₂* to calender smooth.

善² Shen Good from principle, excellent; virtue, goodness; great, well, eminent; wise, virtuous, meek; mild, gentle, docile; clever, skillful, good at, ready, expert, handy, dexterous, *au fait*; in a high degree, much; to do a thing well; to expedite, to bring about well; to approve of, to admire; *shín² ok₂* good, evil; *shín² sz'²* a good act; *pat₂ shín²* unskillful; vicious; *shín² chák₂* a clever plan; *shín² ˏtsing*, apt at, smart, both in good and evil; *ˏséung shín²* well acquainted, as old friends; *shín² ʻyau shín² pò'* he who does well shall be well rewarded; *shín² ˏyan*, a good man, a man of probity; *shín² tak₂* moral; virtue; *shín² ʻsz'* to die in a good cause.

膳 饍 Shen Provisions dressed for the table; savory food, viands; delicacies; a meal; *ʻtsò shín²* breakfast; *ʻmán shín²* dinner; *ˏkung shín²* to furnish food to a tutor; *yung² shín² mí²* have you dined?

繕² Shen To mend, to repair; to put in order, to furbish, as weapons; to prepare; to copy, to state on paper, to correct and state properly; a scrivener; *shín² ʻsé*, to write out; *shín² luk₂* to transcribe; *shín² ˏsau*, to make ready.

墡² Shín White clay or earth used to put on walls as plaster.

擅² Shen To act as one pleases; to assume, to usurp; to take the responsibility of doing without orders; willful; pertinacious in; illegally, arbitrarily, presumptuously, despotic; *shín² ꜀ch'éung*, to manage skillfully; *shín² tsz'² tsò²* to do of one's own will; *shín² ꜀k'ün*, to act hastily, to usurp authority; *'tám 'kòm shín² ꜀hang*, to act boldly without orders.

(483) **Shing.**

升 ꜀Shing A Chinese pint, measuring ten *kòp₃*, and once made to hold a catty of rice; a pint measure; a large cup to hold pencils; a skein of 80 threads; the 46th diagram, denoting advancement; to complete; to advance, to rise, as in office; to go up; to accumulate. A colloquial word; a thill of a sedan; a bamboo carrying-pole; to slap with the hand; *chuk꜄ ꜀shing*, a bamboo pole; *yat꜄ túi² 'kiú ꜀shing*, a pair of thills; *pat꜄ ꜀shing*, a pencil-cup; *꜀shing 'ki ꜀pá*, to slap several times; *꜀shing 'mai 'p'á ꜀ch'ái ngái²* to exist on a pint of rice and a faggot of sticks; *꜀shing ꜀wai 'tá shai²* to exercise power haughtily.

昇 ꜀Shing To ascend, as the sun in the sky; to rise; tranquil; *꜀shing ꜁p'ing shing² shai²* an age of tranquillity and plenty.

陞 ꜀Shing To ascend stairs; to mount; to rise, to be promoted in office; to advance; *꜀shing p'áu²* to fire a salute; *꜀shing ꜀t'ong*, to go into court and open it; *꜀shing ꜀kún*, promoted in office; *꜀kò ꜀shing*, may you rise high; high dignity.

勝 ꜀Shing To be adequate to, to bear, to sustain; worthy of; to raise, to elevate; *pat꜄ 'ho ꜀shing ꜀in*, cannot all be told, inexplicable; *pat꜄ ꜀shing*, the highest degree, unsurpassible; *pat꜄ ꜀shing ꜀fún 'hí*, exceedingly happy; *pat꜄ ꜀shing yam²* unequal to the office.

(This and the next are often pronounced *sheng*.)

聲 ꜀声 Shing A sound, a noise; a voice, tones of speaking; a tone in music; music; the tones of words in speaking; verbally; fame, celebrity; to promulgate, to declare; to praise; to exhibit, to make an example of; *꜀shing ꜀yam*, a sound, a voice; *꜀sheng hí²* a report, an answer; *꜁'m 'hò ꜀sheng hí²* an unlucky report, bad news; *꜀sheng 'mí*, final particles in talking, drawling tone, last words; *꜀kò ꜀sheng*, *꜀tai ꜀sheng*, high tone, low tone, as in speaking; *꜁p'ing ꜀shing*, *chak꜄ ꜀shing*, the even tone and the (three) deflected tones; *'hò ꜀kún ꜀sheng*, in good repute, as an officer; *꜁man ꜀sheng*, to hear a noise; to listen to your words; *꜀shing ká²* making a parade of one's attainments, grandiose; *꜀shing ch'ák꜄* hoarse, gruff; *꜀shing ꜀kon*, a weak voice; *꜀shing shai² tai²* having an influential voice; *꜀shing ꜁ming ꜀long tsik꜄* has a reputation for avarice.

城 ꜁Shing A wall; a wall of a city; a sepulchre; a walled city, a citadel; a provincial capital; completed, done; to mend, to repair; *yat꜄ tsò² ꜁shing*, a wall;

chuk꜁ *꜀shing*, to build a wall; *yap*꜁ *꜀sheng*, to go into the city; *꜀sheng ꜀ch‘i*, a moat; *kam*' *꜀sheng*, the ‘forbidden city,’ the emperor's palace; *꜀San ꜀sheng*, *‘Lò ꜀sheng*, the New city and Old city, in Canton; *꜀sheng ‘lü*, inside the city; *꜀kai yik*꜁ *꜀sheng*, two curtains on the southern wall of Canton; *‘shéung ꜀sheng*, to go to Canton; *꜀sheng ꜀yan*, embrasures on the wall; *꜀sheng shéung*' on the wall; *꜀sheng ꜀lau*, a lodge on the wall; *꜀sheng ꜀mún ‘hau*, at the city gate; *ch‘ut*꜁ *꜀sheng*, to go out of the city; *pai*' *꜀sheng*, to close permanently the gates; *꜀lau ꜀sheng*, to defer locking the gates; *꜀kung ꜀sheng*, to attack the city; *‘shau ꜀shing*, to guard the city; *kw‘an*' *꜀sheng*, to surround a city, to beleaguer; *mán*' *‘li ꜀ch‘éung ꜀shing*, the Great Wall; *꜀nán ‘há ꜀shau ꜀shing*, hard to reduce the fortress of your grief; *꜀kái ꜀sheng*, the happy city—a tomb.

꜀成 Ching To finish, to effect, to perfect, to complete; to become, to fullfil one's part, to do one's duty; to rise to; to make, to bring about; to terminate, to accomplish; to assist in; to tranquillize; perfect, good, completed; whole, filled, overwhelming; entire; doubled; a compact, a league; a rest in music; duties to be done; a field ten *li* square; a tenth; a district in Kánsuh; *yat*꜁ *꜀shing shò*' one tenth of it; *꜀'m tak*꜁ *꜀shing*, unable to do, impracticable; *‘kí ꜀shing*, what percentage of it? *꜀shing yat*꜁ a whole day; *꜀shing p‘at*꜁ a whole piece, as of cloth; *꜀shing ꜀ting*, of age, 15 years; *꜀shing ꜀yan*, to become a man—to take a wife; *꜀'m ꜀shing ꜀yan*, incapable, inefficient; *꜀shing tsau*' to bring about; *lok*꜁ *꜀shing*, to settle on the price; *꜀'m ꜀shing yat*꜁ *kü*' does not make sense; *pat*꜁ *꜀shing* following *꜀nán tò*' makes a question—as *꜀nán tò*' *hung*' *‘ni pat*꜁ *꜀shing*, do I wish to cheat you? *꜀shing ꜀fúi*, reduced to ashes; *꜀shing peng*' will get sick; *꜀shing mat*꜁ *sz*' *‘t‘ai*, what do you ever finish, what good are you? *꜀shing ‘hí hü*' the whole lot is gone, all delivered complete; *꜀shing ꜀ts‘an*, betrothed.

꜀誠 Ching Guileless, sincere, pureminded, honest; perfect in virtue; unalloyed, unmixed; real, truthful; as an adverb, in fact, really, verily, you are aware of; *꜀shing shat*꜁ sincerity; *꜀shing ꜀sam*, devout, upright; *꜀'m chí*' *꜀shing*, no genuine virtue.

꜀晟 Shing The brightness of the sun; light; splendor; the glory of the sun.

꜀郕 Shing The name of an ancient feudal state lying in the present Shántung.

꜀盛 Shing A vase of rice used in sacrifices; a cup; to receive into a vessel, contained in; arrayed in full costume; heaped up, as grain in a measure; *꜀'m ꜀shing tak*꜁ *‘hí*, I am unworthy of it, you overcome me.

承 ˏChing To receive, to accept; to succeed to a post, to exercise a function; to take in hand, to undertake, to receive orders, as a shopman does; to contest, to compete with; to assist, to second, to act as deputy to, in which senses, it is interchanged with the next; to support, to uphold; *ˏshing tsipˎ* to take in, as jobs; *ˏshing ˋni kwaiˀ ˏin,* I hear your requests; *fungˀ ˏshing,* to adulate, to flatter; *ˏpáu ˏshing,* to assure that an affair will be done; *ˏshing ˋting,* to take a a business off another's hands; *ˏshing shauˀ takˎ ˋhi,* he accomplished the job; *shéungˀ chungˀ háˀ ˏheng, ˏ'm ˏshing takˎ ˋhi,* the top is too heavy for the bottom, and can't be held up.

丞 ˏChing To aid, to assist; second, a helper; a coadjutor, a deputy, an assistant; *ˏshing séungˀ* a prime minister; *ünˀ ˏshing,* a *tsotáng,* or deputy of a district magistrate.

乘 ˏChing To mount, to ride in, as a chariot; to avail of, to take advantage of, to seize; to put in order; to get advantage of; to add to, to multiply, as in arithmetic; to plan, to calculate; *ˏshing ˏshi,* to improve a favorable time; *ˏshing ki úiˀ* to seize an opportunity; *ˏshing ˏlung,* to take a wife; *ˏshing shaiˀ* to embrace a good chance; *ˏshing ˏfung tsungˀ ˋfo,* to set on fire when there's a fair wind; *ˏshing ˏwan ˋshéung ˏt'in,* to ride on a cloud up to heaven.

繩 ˏShing A cord, a string, a line, a rope; line stretched taut; to mark out by a line; to adjust, to make right; to cause to conform, to restrain and warn; to continue, to succeed; to praise: *yatˎ ˏt'iú ˏshing,* a cord; *ˏmá ˏshing,* a hempen line; *ˋchun ˏshing,* to make exact, up to the mark; *ˏmang ˏshing kòmˀ ˋkan,* pulled very taut—an urgent affair; *haiˀ ch'ikˎ ˏshing,* to bind the red cord—to betroth; *ˋtá ˏshing,* to twist a cord; *ˏshing ˏshing,* continuous, many, like a procession.

澠 ˏShing Name of a river in the state of Tsí, now Shántung, a branch of the Tsing-shwui R.

塍 ˏShing 堘 ˏChing A dyke, a ridge between fields, a high path on which the farmers pass from one field to another.

(This character is seldom heard shing.)

ˋ覡 A colloquial word; a sorceress; a necromancer; *ˋsheng ˏkung,* a wizard; *ˋsheng ˏp'ò,* a witch; *manˀ ˋsheng,* to inquire of witches.

聖ˀ 垩ˀ 圣 Shing The highest style of moral and intellectual powers; intuitively wise and good; possessing universal knowledge; holy, sacred; perfect, supereminent; *met.* the emperor, imperial; Confucius; a tree of knowledge; *shingˀ ˏyan,* a sage, Confucius: *shingˀ ˏmún,* Confucianists, the literati; *shingˀ ˏt'in ˋtsz'* or *shingˀ ˋchü,* the emperor; *shingˀ üˀ* his Majesty's commands; *áˀ shingˀ* the second sage, is Mencius; *shing² ˏwong*, the sage kings, as Yáu, Shun and others; *shing² miú²* a temple to Confucius; *shing² ˏling, shing² ˏking*, and *shing² yatˌ* are terms for the Holy Spirit, the Bible, and the Sabbath.

勝² Shing To conquer, to beat, to get the victory, to win; to overcome, superior to, excelling; first rate, best, excellent; to add; an ornamental headdress representing flowers, formerly worn on the 7th day of 1st moon; *ʻtá shing² chéung²* to get a victory; *hò² shing²* to love to be preëminent, Diotrephan; *takˌ shing²* victorious; *shing² í²* your excellent thoughts—a polite phrase; *shing² kwo² ˏyan*, he is superior to common men.

盛² Shing Great, abundant, plenteous, affluent, exuberant; in full quantity, in excellent condition, flourishing, blooming; prosperity; used in polite phrase for another's residence; *shing² ch'ü²* your dwelling-place; *shing² wai²* your great kindness; *Shing² ˏking*, the country of Mukten; *shing² shai²* a prosperous time, general plenty; *shing² sz'²* a fine affair, a generous action.

乘² Ching A classifier of a span of horses, a chariot, a sedan; a team of four horses; a chariot.

剩² 賸² Shing An overplus, a residue; fragments, leavings; a surplus, a remainder; to retain, to keep back part; not only; *ʻyau shing²* there is something left over; *shing² ˏfán tikˌ* keep back a little; *shing² ˏká tong²* property left at death; *shing² ʻyau hán²* only a little is left; *shing² ch'utˌ* to set aside out of; *shing² ˏts'in*, money remaining; profits; *shing² fo²* driblets, fragments; *á² shing² á²* is a phrase used after an enumeration, meaning &c., &c.; so and so, such as.

(484) Shíp.

涉, Sheh To wade across, to ford; to pass through, as the world; to pass, to spend, as time; to pore, to investigate, as books; acquainted with; to implicate, to concern; having a tendency to; *shipˌ ʻshui*, to wade in water; *shipˌ shai² ˏyan*, a man of the world, one who likes to spend money; liberal; *ˏchau shipˌ* to be ferried over; *shipˌ sz'²* to intermeddle in a matter; *shipˌ k'apˌ ˏfi ʻlai*, tending to indecency; *shipˌ nipˌ shai² ˏts'ing*, acquainted with the world; *ˏ'm shipˌ* I'll have nothing to do with it.

拾, Sheh Similar to the preceding; to cross over; to ford on stepping stones; approaching, inclining to, advancing; *shipˌ k'apˌ* an approximation, an aid to, as in study.

攝, Sheh To take; to collect, to gather; to inspect, to direct, to control, to take the management; skilled, capable of managing matters for others; to put in order; to act for, to usurp; to pursue and seize; at a loss; *ship* *'kún* *sz'* to control affairs; *ship* *ˌshi*, to draw straws; *ship* *shek* the loadstone.

Read *níp*; to be peaceful; to pacify; to take up, as from the ground.

懾 Sheh To fear, to dread; to lose one's courage, subdued, downhearted; *ship* *ˌts'ing* *'kwai*, a sort of ghoul, which can wander among men without being seen.

曄 燁 Yeh The flash of lightning; the splendor of the sun; a great blaze; the second character is the personal name of Kánghí, and is usually written without the perpendicular stroke; *ship* *ship* abundant; *ship* *'ngán*, it dazzles the eyes.

(485) Shít.

舌 Sheh The tongue, vulgarly called *lí*; the rim of a target; the clapper of a bell; the hook of a clasp; talkative, wordy; the 135th radical of characters relating to using the tongue; *yat* *ˌt'iú* *shít* a tongue; *shít* *ˌkang*, tongue ploughing—to teach; *wát* *shít* smooth-tongued; *'hau* *shít* *shí* *ˌfi* *ˌto*, talebearing is mischievous; *ˌch'ung* *shít* thick tongued; *shít* *ˌt'au*, tip of the tongue; *hok* *'hau* *hok* *shít* to mock, to mimic; *shít* *ˌt'au* *nat* to stammer.

賖 A colloquial word; for it 蝕 is often used. To lose in trade; to be imposed on; *shít* *'pún*, to lose money on; *pat* *shít* *'ngán* *ˌts'in* *ˌfai*, I will not be cheated this time; *shít* *'liú* *ˌfai*, to be swindled.

(486) Shiú.

燒 Sháu To burn; to ignite, to light, to set fire to; to burn ground over; to put over the fire, to roast; roasted; fired, distilled, as spirits; *ˌshiú* *'tsau*, ardent spirits; *ˌsám* *ˌshiú*, thrice distilled, samshoo; *'pi* *'fo* *ˌshiú*, put it in the fire; *ˌ'm* *ˌshiú* *tak* *chéuk* *'fo*, it will not catch fire; *ˌshiú* *ˌin* *'fo*, to exhibit fireworks; *ˌshiú* *p'áu* *tséung* to let off fire-crackers; *ch'áp* *ˌshiú* *'tsai*, a concubine's child; *ˌshiú* *fá* to burn up; *ˌshiú* *ˌí* *tsít* the festival for burning clothes for the dead; *fát* *ˌshiú*, got a fever; *ˌshiú* *ˌngo*, a roasted goose; *ˌshiú* *ˌshán*, to burn over the hills; *ˌshiú* *uk* a house on fire; *ˌshiú* *'chí*, to worship the tombs, when paper is burned; *ˌshiú* *ˌchü*, a roasted hog; *ˌshiú* *ˌnung*, burned in roasting; *ˌshiú* *ˌnung* *ˌpáu*, a pockmarked man; *'tá* *ˌshiú* *'chí*, men torturing other prisoners to get money.

韶 Sháu An ancient musical instrument; the music of Shun; to continue; voices in harmony; mild; *ˌShiú* *ˌchau* *'fú*, a department in the north of Kwángtung.

少 ʿShiú } Little, not much; few, not many; briefly, a little while; seldom; in a slight degree, limited; to owe; wanting, insufficient, deprived of; to disparage, to detract; *ʿshiú kin' ˌki*, ignorant of things, raw, gullible; *ʿshiú pat˒ ʿmín*, unavoidable, very necessary; *ʿshiú pat˒ tak˒* can not do without it, it is indispensible; *ʿshiú ʿtün*, limited supply of, inadequate; *ˌto ʿshiú*, how many? *ˌʾm ˌchí ˌto ʿshiú*, I don't know the quantity; *ʿshiú ʿshiú ti²* a very little; *ʿshiú hau' tak˒* I have failed in calling on you—a polite phrase; *chí' ʿshiú*, the very fewest; *ˌʾm ʿshiú*, not a few, a great many; *ʿshiú ʿho*, it is but seldom; *ʿshiú ˌchí*, to disesteem; *ˌto ʿshiu ˌtò ʿhò*, much or little will answer; *ʿshiú him'* to owe.

少' Shiú } Young, juvenile; a youth; to assist, to second; *shiú' ˌnín*, young in years; *ʿlò shiú'* the old and the young; *shiú' ʿtsz'* the youngest son; *shiú' ˌyé*, a young gentleman; *shiú' ʿfú*, a young wife; *ˌyan shiú' tsak˒ mò² fú² ʿmò*, young people cleave to their parents; *shiú' ʿngo*, treats me as a child.

紹² Shau To connect, to tie, to join, as a cord; to continue, to hand down, as a trade; to imitate or equal a predecessor; *shiú² kái'* a midsman, a sponsor; *Shiú² ˌhing ʿfú*, a department in Chehkiáng famous for its silk; *shiú² ˌki ˌk'au*, to follow a father's business.

卲² 邵² Sháu } High, eminent, as in virtue and character; *ˌnín ˌkò tak˒ shiú²* aged and highly virtuous; the second means a city in the ancient state of Tsin (now Shánsí), and is wrongly used for the first.

肇² Cháu To strike; to commence, to institute, to lay the foundation; to rectify; to extend; to devise; the beginning of; capable, intelligent; *Shiú² hing' ʿfú*, a department west of Canton, once the provincial capital.

劭² Sháu Exertion, effort; to animate, to stimulate; to take courage, to exert one's self; beauty; excellent; *shiú² ˌnung*, to encourage the husbandmen.

(487) Sho.

ˌ疎 ˌ疏 Sú } Open, distant, wide apart, coarse; pervious; slazy, as cloth; remiss, easy, free, lax, careless; distant in relationship; sundered, widened; to divide, to lay out, to partition off; to part with; to rule; to engrave, to carve; ornamented, painted; to discard; to spread out; to enlarge; also used for the next; *ˌsho ˌlang ˌkwong*, very slazy, coarse; *ˌsho ˌt'ung ˌhò*, to clear out a ditch; *ˌsho lá'* an interstice, a crack; *ˌtiú ˌsho*, not tried my hand at it for a long time, out of practice; *ˌsho ˌts'oi*, to disburse, generous in giving; *ˌsho ˌü*, to divulge, to injure by inattention; ˏsho ʻün, distantly related; ˏsho ˏchʻéung, a lattice, a jalousie; ˏsho ʻngán, slipped out of sight; ˏsho fút˒ not met for a long time; ˏsho ˏsho tí² not very closely related; rather coarse.

蔬 ˏSú A general term for greens and edible herbs; ˏká ˏsho, fine rice; ˏsho tsʻoi² greens; ˏsho shik˒ coarse food.

梳 ˏSú A one-sided coarse comb; to comb, to dress the hair; *yat˒ chek˒ ˏsho*, a comb; ˏsho ʻchʻi, teeth of a comb; ˏsho ˏpin, to braid the queue; ˏsho ˏtʻau, to comb the head; ˏsho ˏchong, to dress up, as women; *tséung² ˏngá ˏsho*, an ivory comb; ˏfan ˏsho, to "divide a comb," is to send one to put into the coffin of a deceased betrothed.

ʻ所 So The sound of chopping wood; the place it falls in; a place, a spot; a classifier of houses, parcels of ground; a town or post; a building; a means or cause by which; a relative pronoun, that which, the things which, what, and usually precedes the noun; ʻsho ʻi ʻkòm, therefore it is so; ʻsho ʻyau, whatever there is; ˏyan ˏyan ʻsho ˏtʻung, men are everywhere alike; ʻsho wai² through this, on account of; ʻshò wai² ˏho sz² ˏlai, why has he come? ʻsho tsoi² the place in, wherever; *uk˒ yat˒ ʻsho*, one house; ˏkung kʻap˒ ʻsho, the examining hall where the graduates assemble; ˏkung ʻsho, an assembly hall; ˏmò ʻsho pat˒ tsoi² omnipresent; ʻni ʻyau ʻsho pat˒ ˏchí, you are ignorant of some things; chʻü² ʻsho, the place, the locality; ʻkí ʻsho, how many places or houses? *tak˒ ˏkʻi ʻsho*, to get easy, to get an occupation; ˏmò ʻsho sz² sz² nothing to do, no business: ʻsho ˏkwán hai² chʻü² it is a very serious matter.

疏 Sú' To state to a superior, to relate distinctly; a statement; to disuss, to record; *tsò² ˏkwan sho²* an annual statement to the God of the Furance; *sho² ˏman*, a clear statement.

(488) **Shò.**

ʻ數 To enumerate; to recapitulate, as a person's faults; to blame, to find fault; to count, to deal out; to find out the number, to count up; ʻshò ˏchí pat˒ tsun² it can not be reckoned; ˏmò ʻshò ʻkòm ˏto, do'nt count out so much; ʻshò hang² tak˒ to blame one's conduct; ʻshò ʻki ˏto, how many do you reckon? ʻshò tsʻo² you have counted wrong.

數' Sú An account, a bill; a list; a number, several, a few; a classifier; a lot, a destiny, a fate; *shò² yat˒* a few days; *sho² ʻmí*, balance of an account; ʻshéung chʻü² shò² charge it in account; ʻyau mat˒ kò² sho² what have you for me to do? what opening is there? ʻnan shò² ʻhau, to strike an average

英華分韻撮要

of accounts, so that no loss is felt; *fan' shò'* a dividend, a share; *túi' shò'* to compare accounts; *꜀mò shò'* innumerable; *'mò shò'* no account with you; *'tá shò'* to strike a balance; *yat꜂ ꜀t'iú shò'* an account; *lik꜀ shò'* the disposal of times, destiny; *pat꜂ shò' ꜀nin*, not many years; *kai' shò'* to reckon; *꜀shau shò'* to collect moneys; *꜀ts'ing shò'* to clear off an account; *shò' ts'z'* several times; *shò' muk꜀ ꜀li ꜀lá*, the account (or list) is confused; *shò' tak꜂ 'yau hán'* he only got a few.

(489) **Shok.**

數, Soh In a dilemma, hurried; troublesome, numerous; frequent; irreverent, fluttered; *꜀fán shok꜂* reiterated, too often, troubled with many things.

朔, Soh The first day of the moon; the new moon; to begin; a beginning; the north; *ching' shok꜂* newyear's day; *shok꜂ yat꜀* the first day of the month.

槊, Soh A great spear, 14 feet long, such as Tsáu Ts'áu wielded; *ak꜂ shok꜂* to play chess; *꜀k'i shok꜂* a game of chess.

稍, Soh Same as the last; a long spear; also a harpoon or long fish-spear.

欶, 嗽, Soh To suck; to draw in the breath; to inhale, to inspire; *shok꜂ pí'* to snuff, to snivel; *shok꜂ 'hau*, to hold water in the mouth; *shok꜂ hí'* to whimper.

(490) **Shong.**

'爽 Shwáng To admit the light, to render cheerful; to please; light, pleasant, delightsome, sunny, cheering; grateful; easy, healthy, vigorous; happy, comfortable; impetuous, noble, forcible; crisp, tender; to miss, to be in error; *'shong fái'* in good spirits; *꜀sho 'shong*, noble minded, generous; *꜀kon 'shong*, clean, dry; *'hau 'shong*, quick, ready to promise; *'shong ꜀t'ím*, crisp and sweet; *'shong yéuk꜂* to fail in an engagement; *'shong ꜀shan*, in good health; *'yau ti' ꜀'m 'shong*, not feeling very well, downhearted.

(491) **Shü.**

舒 Shú To unroll, to open out; to expand, to make room; to disburden the mind; exhilirated, tranquil; at ease; lax, remiss, easy, slow, leisurely; order, comfortable; *꜀shü 'chín*, to spread out, as a roll; easy, indifferent about, careless; *꜀shü fuk꜀* to give in to, to accord with; *꜀shü ꜀shan yat꜂ ko' 'lán*, to stretch once; *꜀shü ꜀yung*, roomy, stretched out; *꜀shü ch'éung'* cheerful; *꜀shü ꜀ts'ü*, in order, carefully.

꜀紓 Shú Slow, remiss; insensibly, little by little, to free from or remove, as calamity.

抒 Chü To decant, to strain or drain off liquids; to scoop out; to lay open one's mind, to state one's feelings, to disburthen; to explain.

書 Shü A book, a volume; a record, a letter, a writing; documents, dispatches; to write; style of writing; *yat pò shü*, one volume; *shü kwai* a book-case; *shü ká*, a book-shelf; *kwán shü*, engagement for a tutor; *shü pan*, to write petitions; *tso shü pan*, a writer of petitions; *shü fong*, a bookstore; *fan shü*, a bill of divorce; *shü pán* a clerk or writer in a yámun; *shü kam*, money for schoolbooks; *shü kún*, a school-house; *man shü*, dispatches on service; *shü sun* a letter; *Shü King*, the Book of Records; *shü káp* a book envelop; *shü tái tsz* a book pedant; *shü shang*, a scholar; *shü hèung chí ká*, a literary family.

攄 Shü To extend; to spread abroad; to scatter, to disperse; to ascend; to decide, to settle.

輸 Shü To rotate; to make a present, to send tribute; to submit one's self; to send in, as revenue; a present, an offering; to lose, to be beaten; to exhaust; ruined, decayed; a skirt of a garment; *shü náp* to send in taxes; *shü tò*, to bet; what'll you bet? *shü pái* to be discomfited; *tá shü*, to get a thrashing; *kün shü*, to subscribe to the government; *shü ts'in*, to lose money; *shü k'ü yat chéuk* I lost one game with him; *shü tá yeng ü* if he loses he will thrash you, and if he wins he wants the wager.

樗 Chü A tree with shining bark and stinking leaves, whose wood is fit only for the fire—perhaps a sort of smilax; *shü lik* ordinary stuff—*met.* a useless officer—said by themselves.

殳 Shü A long spear or pole; to kill with a weapon; a spear handle; the 79th radical of characters, mostly relating to striking.

殊 Shü To kill, to slaughter; to cut off, to put an end to; to distinguish, to make different; to wound; differing, unlike; to exceed; an adverb of the superlative; *shü sz* to put to death; *shü mò pún sz* not the least talent; *nín shü ts'at shap* just seventy years old; *shü pat ín*, it certainly is not so; *shü shuk ho lín*, it is truly lamentable; *shü mò mí tò* not the least taste, disgusting; *shü shik* exceedingly beautiful.

薯 Shü An esculent root, or tuber; *nai tung shü* or *tái shü*, the yam; *ho lán shü* or *shü tsai*, Irish potatoes; *hung shü*, or *fán shü*, sweet potatoes; *shü léung*, a root used for dyeing a brown color; *shü ü* a medicinal tuber, whitish and bitterish, for which *pák chéuk* is another name; *shü fan*, sweet potatoe flour; *shü leung kòm t'au*, an ugly face; *yat luk shü*, rough, ugly, doltish, as a potato.

海上絲綢之路文獻集成 科技與文化編

英華分韻撮要

'暑 Shü Summer heat, hot weather; the sun's heat; *ˏt'ín ˏshi 'shü it,* very hot weather, sultry; *chung' 'shü*, sunstruck; *shau' 'shü*, affected by the sun; *'shü ˏt'ín*, the dog days; *pí' 'shü*, to escape the heat by going into the country.

'黍 Shü Millet, the panicled millet, *(Milium nigricans)*; the 202d radical of characters relating to millet and to pasting; *kok, 'shü*, a preparation of millet or glutinous rice, made on the 5th day of the 5th moon, and done up in bamboo leaves.

'鼠 Shü A rat; rodent animals in general; the 208th radical of characters relating mostly to rodents; *met.* timorous; thieving; skulking, lurking; a rascal, a mean fellow; *'lò 'shü*, a rat; *'lò 'shü kúp,* a vice; *ˏtsò 'shü*, a screw-mole; *ˏk'ü 'shü*, a wharf-rat; *ˏsung 'shü*, a squirrel; *shek, 'shü* a mouse; *ˏfi 'shü*, a bat; *ˏt'in 'shü*, a mole; *chuk, 'shü*, bamboo rat *(Rhizomys Sinensis)*; *pák, 'lò 'shü*, white mice; *'kwai 'shü*, a skulking thief; *'shü sít, 'kau ˏt'au*, thieving and pilfering, like rats and dogs; *ˏkún ˏts'oi 'lò 'shü*, a "coffin rat"—a hanger-on, a table leech; *'shü ˏmo ˏshá ˏpò*, a decoy used in housebreaking; *met.* try him first; *'shü 'ngán*, rat-eyed, timorous; *'lò 'shü tit, lok, ˏt'in ˏp'ing*, the rat fell into the scales [to weigh himself]—self-praise.

'癙 Shü Sick from grief; a settled melancholy; moping, diseased by sorrow.

'署 Shü A public court, the office where rulers officiate; a tribunal; to place, to appoint in office; acting, substituted; to hold a post temporarily; *ˏngá 'shü*, a court or yámun; *'shü yam'* an acting officer; *ˏkung 'shü*, a public office; *'shü 'li*, to manage, to oversee.

'墅 Shü A house in the country, a cottage; a garden lodge; a shed; a hamlet, a village; a side hall or waiting room; *pít, 'shü*, a country house.

庶' Shü A multitude, a great number; the people; the whole; near, nearly about; thus, in this wise, so; fat, sleek; a concubine; *shü' mat,* all things; *ˏlai shü'* or *shü' ˏman*, the people; *shü' 'tsz'* a concubine's son; *shü' ˏkí*, nearly, not far from, probably; *shü' kat, sz'*' a Hanlin graduate.

戍' Shü To be distinguished from 戌 *sut*. To be exiled to guard the frontier; to defend against inroads; soldiers on guard; *shü' ˏpín*, to guard the frontier; *shü' ˏpín ˏkwán*, a frontier post.

恕' Shü Benevolent, excusing others, considerate; merciful, treating others as one wishes to be treated, sympathizing; to pardon, to excuse; to bear patiently; *shü' tsúi'* gracious to other's faults; *shü' 'ngo ˏ'm ˏp'úi*, excuse me for not stopping longer to wait on you; *ˏiú shü'* to pass over, to excuse; *shü' kwo' 'há*, let it pass, don't scold him; *shü' kwái'* don't think it strange, don't be angry; *ˏfún shü'* indulgent, not very strict; *chung shü²* sincere and forgiving, kind-hearted.

澍² Chú Water which falls seasonably, timely rains; to enrich or fertilize by rains; well-watered; rushing waters.

樹² 尌² 樹² Shú A tree, plants that grow erect; plants in general; to plant, to set out; to set up, to establish, to erect, to screen, for which the next is the most proper; *shü² 'tsz'* the on heir-apparent of a feudatory; *yat po shü², yat t'ü shü²*, or *yat kan shü²* a tree; *shü² muk* trees; *shü² sak mún*, to set a screen in the doorway; *shü² t'au*, a stump; *shü² chi*, the sap or resin of trees; *shü² p'i*, the bark; *shü² shan*, the trunk; *shü² lam*, a grove, a forest; *tái² shü² 'hò ché yam*, a large tree gives good shade—a rich man's patronage; *shü² 'tsai*, a shrub; *shü² ip* leaves; *'kú shü²* dwarfed trees; *ts'im shü²* to graft trees.

竪² Shú To erect, to set up, to raise on end, to stand upright; to establish, to render sure; upright, chaste, principled; *shü² wai kon*, to set up a mast; *shü² lap* to stand up; to establish; *shü² 'k'i*, to set up, to raise.

豎² Shú Same as the preceding, but more specially used to denote a lad, a youth, a waiting boy; a mean, low person; *noi² shü²* an eunuch; *muk shü²* a shepherd boy; *shü² 'tsz'* a low person, a menial.

(492)

Shui.

衰 Shwái To fade like a garment; debilitated, growing old, worn out; adversity, decadence; weakened, declining; failing, unprosperous, decaying; to lessen, to decline; weak, fine; *shui t'üi'* all vigor gone, debilitated, blasé; *shui shai²* a vicious age; *sám shui luk wong²* more prosperity than adversity in life, the ups and downs of life; *'ni 'kòm shui*, how unfortunate you are! such ill-luck! *shui kwo' t'au máu*, more unlucky than having a cat stolen; *shui 'lò*, old and feeble.

榱 Shwai A row of curved sticks called *shui t'ai*, which project from the plate in imperial buildings; *wá shui*, a carved or ornamented plate.

誰 Shwui Who, what person? whose, whom? *mat shui*, who, what man? *shui yan*, who? *shui 'kòm*, who dares? *mat shui ké'* whose is it? *noi² tak shui ho*, what matters it? *i.e.* do your worst! *shui 'séung*, who would have thought it? unexpected; *'ná chi shi² shui*, who knows him, or what use is it if I do know him? *shui chi 'kòm*, who could have known of this? *shui pat chi*, who doesn't know it? *shui 'ho lin*, who do you think pities you? *shui nang kau'* who is able to do it? *shui shi² 'tsz'* whose son is this?

垂 ꜀Chui 埀 ꜀Chui To suspend, to hang down, to let fall; to drop, as the hands; to leave, to reach from olden time, to hand down; to condescend, to bow; to regard; suspended, reaching to; nearly, almost, immediately; a lodge near the main door; a boundary; *꜀shui ꜀ü hau²* to hand down to after ages; *꜀shui ꜀t'ai ꜀t'au*, to hang down the head; *꜀shui ꜂shau ꜀ɫ tak꜆* to drop the hands and get it—to acquire easily; *꜀shui kú'* to regard kindly; *꜂wing ꜀shui pat꜆ ꜂yau*, to perpetuate without decay; *꜀shui lok꜆ ꜀loi*, it came down; *꜀shui ꜂sz'* is near death; *꜀'m ꜀shui kú'* inattentive, careless of; *꜀shui ꜀t'au song' hi'* a doleful, downcast look; *꜀shui ꜀ngai*, in great danger, imminent; *꜀shui oi'* to show tender regard for.

陲 ꜀Chui A boundary, a limit, a frontier; near a precipice, dangerous.

水 ꜂Shwui Water, liquids, fluids; fluid, running; clear, watery, limpid; aquatic; a stream, a river; a tide, the tide; a passage, the time of going by water from one place to another; danger by flood, an inundation; the first of the five elements; a discount on coin or bullion; trivial, common as water; easy, unstable, gentle; the 85th radical of characters relating to water; *yat꜆ tik꜆ ꜂shui*, a drop of water; *꜀shán ꜂shui*, spring water; *꜂shui tái²*, *꜂shui ꜀kon*, *꜂shui mán²* are the flood, the ebb, and slack tide; *ngák꜆ ꜂shui* and *shun² ꜂shui*, head tide and fair tide; *꜂shui ꜀kon t'üt꜆* tide all run out, dry beach; *꜂shui ꜂ts'ín*, shallow; *pái² ꜂shui*, to spoil a business, to lose money; *꜂tá ꜂shui*, to draw water; *꜀ch'ui ꜂shui*, to blow water into meat; *shap꜆ yat꜆ ꜂shui lò²* a passage of ten days; *꜂shui kéuk꜆* freight money, passage money; *kin' ꜀ts'oi fü' ꜂shui*, to see one's expected profits just slip away; *꜂kú ꜂ngo hai² ꜂shui*, do you think I'm water—*i.e.* a simpleton; *꜀ts'ín ꜂shui*, discount on cash; *꜂kau ts'at꜆ ꜂shui*, 3 per cent. discount; *꜀hoi ꜂shui*, to add more water to tea; to open the rice market; *꜂shui ꜂fan*, cosmetic powder; *꜀ch'au ꜂shui*, to deduct the percentage, as in gambling; *shat꜆ ꜂shui*, drowned, lost at sea; *꜂t'ai ꜂shui*, to be on the watch; *꜂shui chuk꜆* the water is dirty—a slang phrase of thieves for somebody's coming; *꜂shui ꜀p'í*, buffaloe's hide; *꜂tá ꜀p'ing ꜂shui*, neither party losing; to level, to make equal; *꜂shui ꜂shau*, a sailor; *꜂shui ꜂kwai*, a water kelpie, spirit of a drowned man; *꜂shui ꜀po ꜀mun*, ripples; *꜀sai ꜂shui*, a flood, which at Canton comes from the west.

稅 Shwui' Rent for land or houses; taxes in kind; duties on goods; to bequeath, to leave by will; to lay at rest; to halt at a post-house; *náp꜆ shui'* to pay taxes; *꜀shau shui'* to receive taxes; *tí² shui'* ground rent; *lau² shui'* to smuggle;

shui' ʻkún, a custom-house; *kot˒ shui'* to deduct the tax from land; *shui' ʻhéung*, duties; *shui' ngák˒* the stated or usual revenue of a place.

Read *túi²*, to mourn for friends who die at a distance.

說' Shwui To persuade men to a course, to urge, to plead for; to incite, to bring about a purpose; *˓yau shui'* to go around and stir up.

帥' Shwai A leader, a general, a commander-in-chief; to lead, to take the command; *˓ün shui'* a generalissimo; *kwá' shui'* to wear the seal of a general.

睡² Shwui To sleep; to nod or snooze in one's chair; *ʻtá shui²* to sleep; *shui² káu'* sound asleep; *˓séung shui²* sleepy; *shui² ʻsing*, to wake up; *shui² ʻí*, an easy lounge; *shui² ˓tai*, in bed asleep; *shui² yap˒ ʻngán*, he is falling asleep; *shui² chéuk˒ ʻsz' yat˒ yéung²* sleeping like a log.

(493) **Shuk.**

叔˒ Shuh To collect, to hoard up, to amass; a father's younger brother, an uncle; a respectful term applied to persons, either older or if slightly acquainted with; a sort of young squire; *tái² shuk˒* the eldest of a father's younger brothers; *á' shuk˒* an uncle; *shuk˒ fú²* and *˓ká shuk˒* an uncle—used in letters; *shuk˒ ˓kung*, a father's uncle; *shuk˒ ˓p'o*, wife of the last; *shuk˒ chat˒* uncles and nephews—relatives; *ʻlò shuk˒ fú²* a father's old friend; *shuk˒ ˓t'oi*, a family friend; *ʻsiú shuk˒* a husband's younger brother; *˓piú shuk˒* a father's younger male cousin of a different surname.

縮˒ Shuh To confuse, to disorder; to drew in, to retract, to pull back; to collect again; to coil up, to curl up, as a snake; to creep in; to draw back from, to back out; to cease from; to pucker up, to shorten, to shrink; to strain, as wine; tangled, snarled; retractile; straight, upright; diffident, fearful; *shuk˒ ˓shá*, to refuse to perform, to back out of an engagement; *kuk˒ shuk˒* silent and dissatisfied; *kuk˒ shuk˒* come fall to and eat! *˓chong ˓chong shuk˒ shuk˒* to peep and dart back, to dodge about; *shuk˒ ʻtün*, to shrink up; *shuk˒ ˓mái*, to shrink; to avoid being seen; *shuk˒ ʻshau*, to pull in the hand, to decline having anything to do with an affair; *ʻyan shuk˒* to keep out of the way; *shuk˒ ˓mái yat˒ ˓t'ün*, cuddle yourself up in a heap, keep close; *shuk˒ ʻhá shuk˒ ʻhá*, crawling along, as a worm does; *shuk˒ ˓mái tsan² ʻk'ü*, afraid in one's presence; to draw up, as in fear; *shuk˒ ʻkám ʻléung ˓nín*, to shorten two years, as one's age; to discount two years' [interest]; *shuk˒ ˓fán ˓t'au*, to turn back; *shuk˒ ˓t'au*, to draw in the head, as a tortoise.

英華分韻撮要

倏, 倐, Shuh On a sudden, quickly; a change; *shuk, fut,* sudden, unexpected; *shuk, shuk,* fatigued, weary.

孰, Shuh Who, what? a crop, a harvest; plentiful; to examine; the original form of the next; *shuk pat, chi 'lai,* who doesn't know propriety? *i.e.* we know each other very well.

熟, Shuh Ripe, mellow, mature; well-done, well cooked; thorough, acquainted with, perfect at; intimate, on friendly terms; skilled, ready at, experienced; soft, pliable, as silk; a crop; to succeed in; sound, as sleep; *sháp shuk* boiled through; *shuk shik* well acquainted with, profound in; *shuk 'shau,* skillful at, handy; *yat, nín yat, shuk* one crop yearly; *yap shuk* somewhat acquainted; *shing shuk* ripe, mellow, as fruit; *tsáp shuk* to practice till perfect in; *'k'ü chau wai shuk mat, 'yé,* what *does* he know about? *shü' shéung' shuk* ripened on the tree; *shuk ín,* cured tobacco.

塾, Shuh An ante-room, a vestibule; study-rooms let at the examinations; a place for teaching the children; a domestic school; *ká shuk* or *shü shuk,* a private school.

蜀, Shuh A worm; a sacrificial utensil, a tripod; a quadruped, called *luk shuk* the onager? *pá shuk* the western of the three states into which China was divided, A. D. 220; now applied to the province of Sz chuen.

蠋, Shuh The caterpillar of the sphynx moth, green, and large as one's finger; *ts'ám shuk* a worm found on the mulberry.

俶, Shuh Good, excellent; to begin; to do, to act, to perform; to repair, to put in order.

淑, Shuh Clear, limpid; good, uncorrupted, virtuous, correct; *shuk yan,* wives of third class officials; a virtuous person; *shuk 'nü,* an accomplished female; *shuk tak,* female virtue; *shuk hi'* genial, balmy, like spring weather.

菽, Shuh A general term for pulse, especially edible sorts; *shuk 'shui shing fún,* with pulse and water [the poor] offer gratification [to their parents].

贖, Shuh To give a pledge for, to give security, to mortgage; to compound for punishment by money, to commute for a fine; to atone by after merit; to ransom, to redeem; *shuk úi,* to take out of pawn; *shuk tsúi'* to commute a punishment, a satisfaction for guilt; *tséung kung shuk tsúi'* to remit a punishment for subsequent merit; *shuk t'in,* to pledge a field; *shuk shan,* to ransom one's self; *'ü tong' 'm 'ü shuk* redeeming a thing is not as easy as pawning it; *'lò yan lik shuk* to seize and hold men for ransom.

屬, 属, Shuh Attached to, as an animal's tail; belonging to, connected with; to pertain to, depending on; allied, related, of kin; the degrees of relationship; subject to, dependent, under orders, as a deputy; is, actual, existing; a sort, a rank, a grade; to direct, to overlook; to cause; ₍ts'an shuk, one's relatives of every grade; ₍ká shuk, family relations; há shuk, inferiors, underlings; shat, shuk, really is, verily; shéung' shuk, still is; ün' shuk, belongs to the district; shuk, ʻngo ʻsho ʻkún, this belongs to me to do; shuk, tsoi' ₍séung ʻhò, intimate, as friends; shuk, kwok, colonies, the tributary states; shin' shuk, ₍man, he is skilled at composition; sz' shuk, ʻléung ₍nán, to act either way in the business is difficult; shuk, ₍ün, a subaltern, a lower officer; ʻts'ò muk, ₍chí shuk, it belongs to plants, or is a sort of plant.

(494) Shun.

純 ₍Shun Pure silk; pure, unmingled, unspotted; best, fine, great, according to the context; simple, guileless, sincere; entire, perfect, whole; a measure of 15 ch'ek,; ₍shun hau' honest, upright; ₍shun shik, a pure color; ₍shun yat, it is uniform throughout; singleness of purpose; ₍shun ʻpan ₍yan, a first rate man; yat, ₍shun kwo' all even and uniform.

Read ʻc'un; a fringe or selvedge on a dress.

醇 ₍Shun Interchanged with the last. Generous, pleasant, rich, as wine; thick, good, as syrups; single minded, undivided; generous in feeling, liberal; clear, not sickly, as a complexion; subtle, essential, seminal; careful, observant; ₍shun ʻtsau, generous wine.

淳 ₍Chun Pure, limpid; genuine, honest; to wash, to cleanse; to sprinkle; a double banked war-chariot; saltish, barren, land; ₍shun ₍shun, flowing, rippling; ₍shun hau' ₍fung tsuk, plain and correct in manners.

焞 ₍Chun Bright, fiery, as a blazing fire; the color or appearance of fire.

Read ₍t'ün; to scorch or burn, without any blaze; a torch to burn a tortoise on its shell.

犉 ₍Shun A yellowish bullock with black lips; an ox seven ch'ek, in height, suitable for sacrifices.

鶉 ₍Shun A quail; ₍òm ₍shun, a quail, which the Chinese have a notion is transformed from a mouse; ₍shun ₍í, poor raiment.

蓴 ₍Shun A kind of water vegetable or cress, whose stalks are eaten in summer; perhaps a sort of aquatic convolvulus.

唇 脣 ₍Shun The lips; ʻhau ₍shun, the lips; ₍shun ʻch'í ₍chí ₍pong, "lip and teeth countries," i.e. states which are mutually dependent; fai' ₍shun shit, to spend the lips and tongue—loquacious; ₍chü ₍shun, vermilion lips, ruby lips; ₍pung ʻhau ₍shun, a harelip.

漘 ₍Shun The margin of a stream; a beach, a brink; a high bank with deep water; ʻhoi ₍shun, the sea beach.

英華分韻撮要

瞬 Shun To roll the eyes, to look here and there; to dart a look, to flash; a glance; *yat*, *'shun* *chi* *kán*, in a twinkling; *'shun* *sik*, an instant.

舜 Shun An ancient monarch or chieftain, called *ü Shun* who swayed the blackhaired race B. C. 2285; in epitaphs, it means sage, holy, intelligent.

蕣 槿 Shun A plant, also called *muk* *'kan*, whose pretty flowers open in the morning and fade at night; an emblem of what is transitory and fading.

順 Shun To accord with, to follow, to acquiesce, to agree to; to obey, to comply, to yield; to let a thing pass, not to hinder; retiring, compliant, harmonizing, agreeable, not resisting; filial; convenient, as one can do; fair, available, with one, as the wind or tide; flowing, rhythmical, as a style; free, easy, as penmanship; *shun' li* prosperous; *shun' shun'* resigned to, submissive; *shun' pin'* when it is convenient, no hurry; *shun' shun' tik*, gently! said in a crowd; *tsé' shun' 'há*, a little one side! said by sedan-bearers; *pák*, *shun'* to agree to everything; *shun' tak*, *yan*, a mild person; *shun' 'li*, reasonably, to act properly; *shun' fung*, a fair wind; *shun' lò'* taking it in one's way; *kwai shun'* to return to obedience; *t'im shun'* palatable, slips down easily; *shun' pat*, *'sé*, he writes a free hand; *shun' k'i tsz'' in*, let it pass, let them go, such is the luck; *shun' t'in*, resigned to; *shun' 'hau*, to speak without reflection, to babble; *shun' 'shui t'úi shün*, to push the ship with the tide, *i.e.* to agree with one; *man 'li 'm shun'* a harsh style.

(495) Shün.

船 舡 Ch'uen A ship, a junk, a vessel, a revenue cutter, a bark; a saucer; collar of a coat; a sort of mortar; *yat*, *chek*, *shün*, one vessel; *ín shün*, a wheel and trough for grinding medicine; *'há shün* or *lok*, *shün*, to go aboard; *'shéung shün* to go ashore; *táp*, *shün*, to take passage; *shün 'chü*, a captain; *shün ká*, the whole crew; *ch'ut*, *sz' shün*, an imperial junk; *chin' shün*, a man-of-war; *yat*, *'hoi tò hai' 'lò yé shün*, the whole is his affair, I've nothing to do with that; *tò' shün*, a passage-boat; *hang shün*, to serve aboard ship; *shün t'au kún*, a harbor master; the vice-consul at Whampoa is also so called; *t'am shün*, to bream a boat; *ch'á shün*, a saucer like a boat; *hoi shün*, to go aboard; to weigh anchor; *'léung chi wai shün*, a brig; *'léung wai pún' shün*, a barque; *'fo lun shun*, a steamer; *k'i shün*, to go with and watch cargo.

吮 Tsien To suck, to draw the breast; to lick, as a sore; *'shün kon tseng'* sucked dry; *'shün yung*, to suck a sore; *met.* to flatter.

(496) Shung.

崇 Ts'ung — Lofty, eminent; in the highest degree estimable and honorable; noble, exalted; worthy of worship; to adore, to extol, to reverence; to collect; to fill; to end; *꜀shung pái'* to worship; *king' ꜀shung*, to reverence and adore; *꜀shung tái'* most exalted; *꜀shung ꜂tsau*, to pledge in a bumper.

(497) Shut.

术₂ Shuh — A glutinous grain; a bitter vegetable, like a Sonchus, used as a medicine; *pák₂ shut₂* a sweetish root; *ch'ik₂ shut₂* a bitter sort of root.

秫₂ Shuh — A species of glutinous grain, a sort of millet, used to distil spirits; *꜀tán shut₂* red millet.

術₂ Shuh — A path through grain; a path; a ward in a city; the means of effecting an end, a way of doing things; an art, a plan, an artifice, a trick, hocus pocus, a device, a contrivance; a precept, a mystery, a rule, both in a bad and good sense, but usually something demonaical, magical, or superstitious; a profession, a craft, an occupation; *fát₂ shut₂* magical or astrological rules; *kim' shut₂* sword magic; *꜀t'ung shut₂* similar doctrine, of the same craft; *꜀sam shut₂* designs, plans, schemes; *꜂shau shut₂* sleight of hand; *hok₂ shut₂* rules of study; *shut₂ sz'* a conjurer, a profound scholar.

述₂ Shuh — To follow another's steps, to comply with, to practice what another has invented; to narrate, to recite, to tell, to state the particulars; to put into another idiom; to compile books, to arrange materials; to publish; to tell one's rank; *꜀sau shut₂* to revise a work; *shut₂ kí'* to draw up a narrative; *tsok₂ shut₂* to invent and practice; *shut₂ ꜀yan ꜀chi ꜀tá*, to record the words of others.

(498) Shüt.

說 Shwoh — To stir up another by speaking; to say, to talk, to speak, to converse; to discourse upon, to teach, to set forth, to narrate, to explain; speech, discourse, talk; *shüt₂ wá'* words, speech, a tongue; *꜂kái shüt₂* to explain words or speech; an explanetion, a commentary; *shüt₂ ꜀yan shí' ꜀fí*, to talk scandal; *shüt₂ ꜀shan shüt₂ ꜂kwai*, to talk of gods and demons, set forth mysteries; *shüt₂ pat₂ tak₂* can not be described; *shüt₂ p'o'* to blab, to divulge; *꜂yau ꜀shing shüt₂* it is all settled, the die is cast, we are in for it; *shüt₂ ꜀fong*, to lie; *shüt₂ mung' wá'* to dream, to tell big stories; *shüt₂ ꜀chi*, to state verbally; *shüt₂ ts'ò ꜂liú*, told it wrong; *꜀t'ám ꜀t'in shüt₂ tí'* to talk about everything.

(499) **Sik.**

昔, Sih Dried meats; olden, formerly, anciently, a long time ago, whilom; former, the previous; a night; *sik*ˀ *ˏshi*, in former days; *sik*ˀ *yat*ˀ on a former day; *yat*ˀ *sik*ˀ the whole night; *sik*ˀ *ˋché*, formerly; *ˋkú sik*ˀ of old; *ˏkam sik*ˀ *pat*ˀ *ˏt'ung*, it is not now as it used to be; *ˋnong sik*ˀ yesterday.

息, Sih A breath, a gasp, as of one dying; a respiration; to breathe, to respire, to sigh; to stop, to rest, to desist, to repose; to live; the starting of nature to life, as in the spring; progeny, offspring; usury, interest, increase of property; to labor at; to stop, to obstruct, to put a stop to repose, rest, quiet, a breathing-spell; a moment, a breath; *hi*ˀ *sik*ˀ a smell; *yat*ˀ *ˏt'ung sik*ˀ *ˏhéung*, a paper of incense sticks; *ˋtsz' sik*ˀ one's children; *yat*ˀ *sik*ˀ *ˏkán*, in a minute; *hít*ˀ *sik*ˀ to take a spell; *ˏon sik*ˀ *yat*ˀ the sabbath; *ˏon sik*ˀ *ˏhéung*, gum benzoin; *t'ái*ˀ *sik*ˀ a long sigh; *ch'ut*ˀ *sik*ˀ to pay interest; *sik*ˀ *ˏsam*, to think no more of; *ˋtá t'ám*ˀ *ˏsiú sik*ˀ to ask the news; *ˏkú sik*ˀ to over indulge, as a child; *sik*ˀ *ˏping*, to withdraw from a campaign, to retire into quarters; *sik*ˀ *nò*ˀ to be pacified.

熄, Sin To cover a fire, to bury it in ashes; to put out fire: to quash; *sik*ˀ *ˏtang*, to extinguish a lamp; *ˏlam sik*ˀ to throw water on a fire; *ˋtá sik*ˀ to knock out the fire as from a link; *kau*ˀ *sik*ˀ *ˏ'm ˏts'ang*, is the house on fire put out yet?

媳, Sin A son's, grandson's, or nephew's wife; *sik*ˀ *ˋfú*, or *ˋtsz' sik*ˀ a daughter-in-law; *ˏsün sik*ˀ a grandson's wife.

惜, Sih To compassionate, to regard, to love; to regret, to be sparing of, to scrimp; affection for; parsimonious, close, sparing; *ˋho sik*ˀ lamentable, alas! how sad! *lun*ˀ *sik*ˀ stingy, griping; *pat*ˀ *sik*ˀ *ˏkung ˋpún*, reckless of his money and labor: *sik*ˀ *ˏshan*, careful of one's self, not to lay one's self out; *sik*ˀ *ˏkwong ˏyam*, careful of one's time; *sik*ˀ *mat*ˀ not to waste things, careful; *sik*ˀ *ming*ˀ kind to living beings; *ˏ'm sik*ˀ *ˏlò ˋfú*, not afraid of being troubled.

腊, Sih Dried meat; used for *láp*ˀ 臘 and in the same sense; jerked meat, slices of meat dried for journeys; a long time; extreme; quick, hasty; to put down, to lay aside; *sik*ˀ *ˋtsau*, old wine; *sik*ˀ *yuk*ˀ dried meat.

悉, Sih The whole knowledge of, to investigate throughout, thorough comprehension of; altogether, minutely, complete, entirely; both, unitedly, all; *sik*ˀ *ˏchi*, to acquaint one's self with; make yourselves fully informed; *ˏsham sik*ˀ *yat*ˀ *ts'ai*ˀ knows it perfectly, in all its details.

蟋, Sih The cricket; *sik*ˀ *tsut*ˀ a house cricket; *ˋtá sik*ˀ *tsut*ˀ to fight crickets.

蜥 Sih A ground lizard, called *sik yik*, livid like a chameleon, vulgarly called *'kau 'ná ˏshé*, or a slut's snake.

析 Sih To split wood, to billet wood; to separate, to discriminate, to solve doubts; *sik ˏsan*, to split firewood; *sik ˏkü*, to live in separate houses; *sik 'ts'ün*, to live in separate messes.

晳 晰 Sih Clear, bright, brilliant; to distinguish clearly, to discriminate.

淅 Sih To wash and scour rice for eating; the water in which rice has been washed; *Sik ˏch'ün*, a district in Honán; *sik lik* the pattering of rain.

舄 Sih Wooden shoes, clogs, pattens; the sole of a shoe, a thick sole to keep one out of the mire; great.

Used for *sik* 潟 salt, barren land, marshy; and for *ts'éuk* a magpie.

(When meaning *tin*, this character is often pronounced *sek*.)

錫 Sih Tin, block tin; pewter, an alloy of lead and tin; an alloy like white copper, but its constituents vary according to the uses it is to be put to; to give, to confer, to bestow; to spare, as life; a fine kind of linen; *sek hi'* pewter utensils; *sek ˏhéung on'* pewter incense jars; *'fan sek* white lead; *sik fuk* to confer happiness; *sek chéung'* an abbot's crosier or staff; *'tau sek* or *mong' 'tau sek* Straits' tin; *ˏfá sek* Banca tin; *láp sek* lustrous pewter; *'fan sek* white lead.

(500) **Sín.**

先 Sien To go ahead, to precede, to go first; leading; to surpass; to begin, in the first place, firstly; previous; gone before, deceased, late; before, first; soon, early; formerly, past; the ancients; *ˏsín hau'* before, after, both in time and place; *ˏsín mán'* light, heavy, as in balancing scales, the weight being called *ˏsín*; *ˏsín ˏkwan* or *ˏsín fú'* my late father; *ˏsín ˏt'ín tsuk* in full vigor, has a strong constitution; *ˏsín ko' pín'* at the other time; *ˏsín ˏshang*, a teacher, a schoolmaster, a doctor; a Rationalist; suffixed to names or in address, it means Sir or Mr.; *ˏtong ˏsín*, in front; formerly; *ˏsín ˏshí*, before; *ˏsín ˏchí*, a prophet; foreknowledge; *'ni ˏsín ˏhang yat pò'* you step ahead a little; *ˏsín ˏyan*, one's ancestors; *ˏsín ˏnín*, a year or two since; *chím' ˏsín ˏt'au*, step ahead a little; *ˏcháng ˏsín*, to strive to be first; *ˏsín 'tsau ˏsín chéuk* first come first served; *ˏsín 'tsò shing' lok* my grandfather bequeathed it; *ˏsín ˏ'm ˏsín 'kòm?* how could you do it before being told—the more haste the worse speed; *ˏsín 'má*, a forerunner.

Also read *sín'*; to lead the way, to lead on before; to put first; to assume the precedence.

硄 Sien A fine pebble, but inferior to a gem, such as a red jasper or rose quartz.

仙 僊 Sien An immortal; an old man who changes and does not die; a fairy, a genius; a familiar spirit; the abode of the departed, hades; to become immortal; deathless; *shan sín* gods and genii; *sín gau*, to ramble among the genii—to die; *sín kwot* a lean thin man; *pát sín*, the eight genii, are Cháng Ko-láu, Lí Tiehkwái, Lán Tsáiho, Hán Siángtsz', Lí Tungpin, Tsáu Kwohkau, Ho Sienkú, and Hán Chunglí; *í sín káu*, the "two genii glue," a medicine; *sín 'king*, elysium; *fung sín fá*, the impatiens or touch-me-not; *shing sín*, to mount and be a fairy, to die; *sín sín*, to dance and waltz.

褼 Sien To dress; *'pin sín*, dressed, having clothes on.

(This character is usually read *ín*.)

涎 Sien Spittle, the watering of the mouth; flowing water; continued, flowing, succeeding; *lung sín (or ín)* a medicine; *'shui sín (or ín)* mouth watering, drooling; *sín (or ín) í*, a child's bib.

鮮 Fresh fish, a live fish; fresh, raw, as meat; bright, new, as colors; clean, pure, in good order; *sín ü*, fresh fish; *'hoi sín*, fresh from the sea; *sín ming fo mat* new goods; *sin t'im*, savory, fresh and sweet; *sin í*, new clothes; *sin fá*, fresh flowers.

鮮 尠 Sien Rare, seldom; a few persons; rarely; all, finished; *t'in há 'sin 'í*, few such in the land! *'sin 'shiú*, very few.

The second character is an unusual form.

蘚 Sien Moss: confervæ which grows in damp places; *t'oi 'sín*, green moss on walls; *'sin han*, "moss scar," *met.* a vestige.

癬 Sien A granary, where rice is stored; *'lam 'sín*, a storehouse for grain.

癬 Sien Tetter, ringworm; scaldhead; scrofulous or scabby diseases; *kam ts'in 'sín*, a leprous patch; *pák mín 'sín*, white face; *ngau p'í 'sín*, a sort of lepra; *túi mún 'sín*, a sort of shingles; *wán 'sín*, an incurable morphew, *met.* an intractable disposition; *hung wan hüt 'sín*, a red ringworm; *shang sín*, to have a ringworm.

洗 Sien To wash the feet, to cleanse; a surname.

獮 Sien To kill; the autumnal hunt, taken by the ancient emperors, which was also a sort of judicial progress through the land; deleterious influences.

跣 躚 Sien Barefooted, to walk without shoes; *'sín tsuk* naked feet; *p'in 'sín*, to walk round and round, to whirl, as the dervishes do, to wriggle and writhe.

銑 Sien Burnished, bright, lustrous, as metals; a small chissel; chilly, grating; the corners of on oblong bell; the clamps on the ends of a bow.

毨 Sien To molt, to renew the hair or feathers; glossy, well fed, sleek, as newly molted birds.

燹 Sien A fire on the moors, a signal fire to give alarm, a beacon; a fire; fiery.

綫' 綫' Sien } Thread of silk or hemp, for sewing; fine cord or lines; a clue, a trace; a way for, a faint hope, an even chance for; a little remnant, like an orphan to continue a family; a spy; ˏsz' sin' silk thread; *shuk*ˎ *sin'* prepared silk cord; *yat*ˎ *'tsz' sin'* a skein of silk; *yat*ˎ *sin'* ˏ*chi lò'* a slight chance for; *sin'* ˏ*kung*, a spy; *'fong sin'* to spin thread; ˏ*lün sin'* to sew; *sin' pò'* ˏ*sho*, the stitches are far apart; ˏ*t'ung sin'* to get a clue of; *tsok*ˎ *sin'* to act the spy.

鐵' 剸' Sien } To castrate; *sín'* ˏ*kai*, a capon; *sin'* *'kú*, a steer; *sin'* ˏ*shang* ˏ*kai*, a half castrated cock. The first character also means the catch or trigger on a cross bow.

霰' Sien Sleet, snow and sleet falling, freezing rain; *sín' sūt*ˎ sleety snow; *sin'* ˏ*ni*, an expelled nun.

羨² Sien To desire, to long for; to covet; an overplus, a remainder, an excess; to laud, to estimate higher than others; name of a fairy; ˏ*yan sin'* joyfully expecting, to look for; ˏ*ch'ing sin'* to praise; *sin'* ˏ*ú*, an excess, a surplus.

Read ˏ*in*, the path leading down to an excavated tomb.

倩² Ts'ien Beautiful, good, comely, fair, personable, as youths; a pretty mouth, smiling; a daughter's husband; to borrow for a purpose, to serve an occasion; *'mi sin'* a fine looking man; *'hau siú' sin'* ˏ*hai*, what a bewitching smile she has; *toi' sin'* instead of.

蒨² Ts'ien Luxuriant herbage; finegrowing grain; a sort of wood; used for the preceding, as fresh, new, fine, illustrious.

茜² Ts'ien A sort of plant, the roots are used to dye red or madder; one sort gives a carnation color, which was once used to dye the imperial robes. This character is often read ˏ*sai*, and is then applied to the ˏ*kam* ˏ*ū* ˏ*sai*, a plant reared in fish ponds; ˏ*ün* ˏ*sai*, caraway or cummin.

(501) Sing.

ˏ星 Sing A star, a planet; a meteor; a spark; a dot, a point; spotted, dotted; miscellaneous; an islet; quick, shooting; a classifier of lights; *yat*ˎ *nap*ˎ ˏ*sing*, one star; *yat*ˎ ˏ*sing* ˏ*chi 'fo*, a single fire, as of incense sticks; *'ng* ˏ*sing*, the five planets, are ˏ*kam* ˏ*sing* (Venus), *muk*ˎ ˏ*sing* (Jupiter), *'shui* ˏ*sing* (Mercury), *'fo* ˏ*sing* (Mars), and *'t'ò* ˏ*sing* (Saturn); ˏ*sing suk*ˎ constellations; ˏ*hang* ˏ*sing*, planets; ˏ*king* ˏ*sing*, fixed stars; ˏ*sing* ˏ*ch'i*, a fleet courier; ˏ*lau* ˏ*sing*, a shooting star; ˏ*sing* ˏ*sing*, spotted, numerous, starry; silvery hairs; ˏ*sing sán'* scattered like stars, sprinkled over; ˏ*sing 'wan*, an ærolite; *ts'ák*ˎ ˏ*sing*, a robber; ˏ*shan* ˏ*sing 'ki tim*, only a few scholars; *'fo* ˏ*sing*, sparks; *yat*ˎ *nup*ˎ ˏ*sing*, a star.

猩 ₍Sing A species of ape; the ₍sing ₍sing is probably a species of a chimpanzee; it is found in Yunnán, and fabled to be able to talk.

騂 ₍Sing A bay or sorrel color; ₍sing ₍ngau, a red cow; ₍sing ₍sing, nicely adjusted, as a bow.

(The two next are often read seng.)

腥 ₍Sing Small tumors growing on the body; measly flesh; raw meat; strong, rank, frouzy, stinking; the peculiar smell of newly killed meat; ₍ü ₍seng, fishy; ‘tsau ₍sing, odor of spirits; ₍sing ₍ü, raw fish; ₍sing ₍chin, smell of a he-goat; ₍seng ₍wan ₍wan, a rank, fishy taste.

醒 ‘Sing To recover from intoxication, to become sober; to awake, to arouse, to bestir one's self; to incite, to stir up; awakening, stirring; tsui’ ‘sing, to get over a debauch; kiú’ ‘seng ‘k‘ü ‘hi ₍shan, call him to awake and get up; ₍t‘iú ‘seng muk₎ tik₎ put it where it will catch your eye; ‘tá ‘seng, to awaken, to strike in order to arouse the attention; ‘tang ‘seng teng² chü² wait till you're wide awake; ‘sing shai’ to arouse the age; ‘sing kok₎ to give attention to, to comprehend; ₍’m ₍chi ‘seng, did not awake; ‘mai ₍ts‘ò ‘seng ‘k‘ü, dont make a noise to wake him.

省 ‘Sing To look narrowly at, to examine into, to inquire into, to inspect; to discern, to understand the difference; to regard as good, to deem excellent; a fault; watchful; used for the last; to awaken; ‘sing ₍sam, to examine one's heart; ‘sing ch‘át₎ to investigate; ‘sing ₍tsz² ‘ki kwo’ self examination; ‘sing ₍ts‘an, an officer visiting his parents.

惺 惺 ‘Sing Intelligent; to consider, to comprehend; tranquil, still, quiet, as a starry night; imperturbable, passionless; ‘sing ’ng² to recall to mind. Also read ₍sing.

姓’ Sing A surname, name of the clan or family; a clan; to bear a son; ₍t‘ung sing’ of the same clan; ₍kò sing’ á’ or kwai’ sing’ what is your name? tsin² sing’ ₍Wong, my name is Wong; ‘mái ₍wai sing’ to gamble on the names of candidates; ‘yan sing’ to conceal one's name; pák₎ sing’ the people; ₍shéung sing’ a double surname; sing’ shi² the surname of a sept.

性’ Sing Natural disposition, temper, ability, spirit; properties of; innate qualities, natural faculties; naturally, unconstrainedly; timorous; sing’ ₍ts‘ing, temper, disposition; ngáng² sing’ obstinate; ‘mò sing’ no faculty of remembering; ₍mò ting² sing’ flighty, unsteady; ‘hò ki’ sing’ a good menory; ‘mò ‘i sing’ he forgets easily; ‘yau hüt₎ sing’ sensitive of doing wrong, tender; sing’ chüt₎ dull of learning; sing’ it₎ exciting, excitable, of a heating quality; sing’ luk₎ ₍ü ₍ho, what is his mind? what are its properties? sing’ ming² life, existence of man or beast; ₍t‘in sing’ natural gifts; ₍p‘i sing’ idiosyncrasy.

(502) **Síp.**

揳, Sieh To project, to jut out; projecting, as a peg.

A colloquial word; to fasten, to wedge, to insert something to steady or tighten a thing; *síp, cheng*' to wedge up, to even by wedging; *síp, chü*^{2} *'k'ü*, wedge it tight; *síp, 'mé*, it is not tightened evenly.

(503) **Sít.**

屑, Sieh Fragments, crumbs, broken bits; to break in pieces, to reduce to powder; pure, upright; diligent, respectful, observant; to regard, to take pains for; *'wong ,loi sít, sít,* to gad about, unsettled; *'so sít,* trifling, vexatious; *pat, sít,* to disregard, unworthy of much thought.

竊, 窃, Tsieh To steal, to take slily; clandestine, underband, privately; to regard privately, what one does one's self; I, my; when used alone, means I was there, it was my opinion, I did so; to have a place, to offer an opinion; unfit for, usurped, assumed; tinged, colored; *sít, ,man*, I have heard; *,sz' sít,* to take without leave; *,t'au sít,* to steal; *sít, í*' my humble opinion; *shat, sít,* stolen; *sít, ch'át,* my private observation, my own inquiry.

洩, Sieh To leak, to drop, to ooze out; to divulge, to tell privately; to drip out and soak through; to rest, to desist from; to exhaust; to diminish, to reduce, as an offense; a stream in Chehkiáng; *,nau mí*^{2} *sít,* he is still angry; *sít, hí*' lost all its smell, as bottled essences; *sz'*^{2} *sít,* divulged the matter; *sít, tám*^{2} *hí*' to get over one's passion; *,ü 'yé ,t'in sít, hí*' like a puff from off a moor; *sít, ,hiú hí*' expended his wrath; *mung*^{2} *sít,* nocturnal emissions.

泄, Sieh Interchanged with the preceding; to issue; mixed, disorderly; purged, loose in the bowels; *fát, sít,* to burst forth with renewed energy, as in spring; *'shui sít, pat, ,t'ung*, not a drop can leak out, it is completely closed.

絏, Sieh To tie up, to fasten; to secure, to put in fetters; tied; a halter, a bridle; *,lúi sít,* to bind with cords, fettered.

紲, Sieh Interchanged with the last; bonds, fetters; to halter an animal, to fasten with cords.

媟, Sieh To treat disrespectfully, to insult females; to lust after, to act lewdly; to outrage. Interchanged with the next.

褻, Sieh Undress, dishabille; ordinary or dirty clothes, garments worn at home; dirty, impure; rags, tatters; to treat disrespectfully, to revile; to treat irreverently, as gods or dignitaries; *sít, tuk,* to profane the gods by improper worship; *sít, mán*^{2} disrespectful or insulting conduct; *sít*, *ʿí*, in undress; *sít*, *wai*ʾ filthy, indecent.

褻, Sieh Dark, obscure; female attendants; same as the preceding, to despise, to treat contumeliously.

契, Sieh An ancient statesmen, Sieh Chih, in the days of Yü the Great; *sít*, *fút*, not to see a friend for a long time.

燮, Sieh To dress by fire, to mature by heat; harmonious, friendly, in concord; united; to regulate kindly.

薛, Sieh A climber; *sít*, *ʿso*, perhaps a sort of Malaxis; name of a feudal state, the present Yenchau fú in Shantung; a surname.

揳, Sieh To rub off, to wipe over; *mít*, *sít*, irregular, not square, angular, cornerwise; queer, eccentric; to place or press a thing square and correct.

(504) Siú.

消 ʿSiáu To melt, to liquefy, to flow away, to thaw; to lessen, to do away with; to annul; to use up, to need and consume, as food; to exhaust; to allay, to quench thirst; to digest; diminished, dispersed, dissipated; sold out, saleable, in demand; transpiring; *ʿsiú ʿlau*, good traffic; *ʿsiú fá*ʾ digested; *ʿsiú hot*, *peng*ʾ an intolerable thirst; *ʿsiú mít*, to exterminate; *ʿsiú ít*, to abate the fever; *ʿsiú ʿch'ong*, to reduce a boil; *ʿsiú moʾ suiʾ üt*, to pass and kill the time; *ʿsiú shik*, melted away; *ʿsiú ʿtung toʾ* "to melt the eastern road," is to eat at another's expense; *ʿsiú ʿhá múnʾ* dissipate your grief, cheer up; *ʿsiú shauʾ* to sell out, it sells readily; *ʿsiú shauʾ* to obtain; digestible, agrees with one; *ʿsiú ʿts'oi kongʾ fuk*, to remove judgments and induce blessings.

宵 ʿSiáu Night, the night; dark; traveling by night; small, few; *ʿün ʿsiú*, full moon of the 1st moon; *ch'ut*, *ʿnín ʿsiú*, to celebrate the feast of lanterns; *ʿsiú yéʾ* to sit up and carouse; *ʿt'ung ʿsiú*, throughout the night; *ʿsiú ʿshang*, the glow-worm; *ʿsám chauʾ ʿlín ʿsiú*, for three days and nights.

硝 ʿSiáu Nitre, saltpetre; saline exhalations or efflorescing in rocks; *ʿsiú ʿch'ong*, saltpetre depôt; *ʿhám ʿsiú*, saltpetre; *p'ok*, *ʿsiú*, epsom salts; *ʿsiú ʿp'í*, to taw leather.

綃 ʿSiáu Plain silk woven from raw or unworked silk; the woof of silk fabrics; *ʿkáu ʿsiú*, a kind of byssus.

Also read *ʿsháu*, to comb the hair in a tuft on the head.

逍 ʿSiáu To saunter and idle about; *ʿsiú ʿiú*, to roam, to ramble in joyance, as the immortals do.

銷 ʿSiáu To melt metals, to fuse; to dissolve, to dissipate, to finish; to spend, as time; to exhaust; to be deficient in politeness; small, attenuated, as a voice; a spade; *chüʾ ʿsiú*, to clear off, as an account; *ʿsiú onʾ* to decide a case in court; *ʿsiú*

꜀kam, to wash with gold, to gild; *꜀siú hò'* to give back the export permit on goods shipped; *꜀siú 'wái*, to dissolve, to ruin, to destroy what is useless; *꜀k'ing ꜀siú*, to assay, as bullion.

霄 ꜀Siau The highest region of the air, the empyrean, heaven; a halo; fleecy clouds, vapory haze; misty snow, which melts as soon as it drops; *꜀wan ꜀siú*, fleecy clouds; *꜀ts'ing ꜀siú*, the pure vapors, heaven; *꜀ch'ung ꜀siú*, vapors ascending; *꜀siú süt꜄* half melted snow.

蠨 ꜀Siáu A sort of spider or crane-fly (*tipula*), called *꜀siú ꜀sháu*; the name is applied to several long-legged insects.

蕭 ꜀Siau Name of a plant, bitter like rue; an ancient state, now the district of Siáu in Süchau fú; *꜀siú ꜀t'iú*, lonely, silent, desolate, penniless, poverty-struck, at the last extremity; *꜀siú 'fú*, a pruning hook; *꜀siú tsz'* a Budhist monastery; *꜀siú ꜀siú*, neighing; *꜀siú ꜀in*, troubled.

彇 ꜀Siáu The end or tapering points of a bow.

瀟 ꜀Siáu Stormy; a river in Yunnan, a tributary of the Pearl River; also, a branch of the R. Siáng in Húnán; *꜀siú ꜀siú*, driving rain; *꜀siú 'shá*, fine looking, a pleasant place; to take amusement, to enjoy one's self.

簫 ꜀Siau The pandean pipes; a flageolet; ends of a bow; *꜀ch'ui ꜀siú*, to blow an orphic pipe; *tung' ꜀siú*, an instrument like a flageolet.

熇 ꜀Siau To burn; to scorch.

翛 ꜀Siáu The sound of flying; the molting of birds, or their feathers rubbed off; *꜀siú ꜀siú*, the rushing of wings; *꜀siú ꜀in*, suddenly, impromptu.

小 'Siáu Small, little; petty, mean, trifling; narrow, contracted; what belongs to one's self, my; inferior, in rank or quality; young; uneducated, vile, lowlive; subtle, minute; to disesteem, to think little of; the 42d radical; *'siú ꜀yan*, a mean man; my humble self, said by a poor man; *'siú 'tsz'* my pupils; my servant; *꜀kw'an 'siú*, a number of concubines; *'siú 'tsé*, a Miss, a young lady; *yat꜄ ko' 'siú ꜀ch'ung*, my only son; *'siú kái'* my attendant, a follower; *'siú ꜀sam 'fo chuk꜄* be careful of setting fire to things; *꜀mò tái' 'siú*, not illiberal or petty; it fits any body, said of socks; *'siú i' sz'* a little matter; *'siú sz'* a trifling affair; *'siú hi'* a "small vessel," a contracted, unapt mind; *'siú 'shau*, a pilferer; *'siú ꜀sz'* a waiting boy; *'siú tím'* my shop; *ti' ꜀fong 'siú*, the place is too small; *sai' 'siú*, small; *'siú 'nü*, my daughter; *'siú ꜀ká 'chung*, little-minded, finical; *'siú 'fo*, a body servant on a journey; *'siú tik꜄* I, said by menials; *'siú ꜀i ꜀kan ꜀ki*, children have got unimpaired vigor; *'siú ꜀sam 'siú 'tám*, careful and cowardly, frightened at little things; *'siú ꜀yung*, flannel.

‘篠 Siáu A small sort of bamboo, suitable for making arrows, very firm and smooth.

笑’ 咲’ Siáu To laugh, to giggle; to be pleased; glad, joyful; smiling, laughing; pleasant, jolly; a smile; to laugh at, to ridicule; *‘ho siú’* laughable, ridiculous; *‘hí siú’* joyful; *‘yé ꜀yan siú’* to act ridiculously; *‘kong siú’* to talk pleasantly; *siú’ ‘sz’ ꜀yan*, to laugh immoderately; *꜀ho ꜀ho tái² siú’* a horse-laugh; *kin’ siú’ tái² ꜀fong*, laughed at by all respectable people; *siú’ wá²* ridiculous talk, amusing stories; *‘hò siú’* truly laughable; *siú’ náp꜆* to receive smilingly; *siú’ ꜀hí ꜀hí*, giggling; *siú’ tái² ꜀yan ‘hau*, to get well laughed at; *siú’ ꜀yam ꜀yam*, smirking and laughing; *꜀t‘au siú’* to smile at secretly; *siú’ ts‘ek꜆ ‘t‘ò*, or *siú’ ꜀lün ꜀ch‘éung*, to split one's sides laughing.

嘯’ 歗’ Siau A whistling, hissing sound, like a driving wind or letting off steam; to scream, to roar; to whistle; *‘fú siú’* a tiger's scream; *shín² siú’* good at whistling.

(505) So.

‘梭 So A shuttle; swift as a shuttle; to and fro, like a shuttle; *꜀p‘áu ꜀so*, to throw the shuttle; *꜀ch‘ün ꜀so*, to pass the shuttle through; *yat꜆ üt꜆ ꜀ü ꜀so*, the days and months pass like a shuttle; *꜀lung ꜀so*, a long punt, paddled rapidly; *꜀ü ꜀so*, a fish darting through the water. Read *tsun’* a sort of wood.

‘唆 So The prattling of children; to incite, to instigate; to set at variance; to talk to, to importune; *꜀t‘iú ꜀so*, to intrigue, to sow discord; *꜀so ‘sung*, to anger, to enrage; *‘shai ꜀so*, to provoke to evil.

‘蓑 So A rain cloak made of bamboo or palm leaves; hanging loose, like a ruff; to thatch; to cover, to screen from the rain; *꜀so ꜀í*, rain garments; *꜀so lap꜆* a woven leaf hat; *꜀lau ꜀so ꜀í kau’ ‘fo*, to throw on a leaf cloak to put out a fire—to run into danger; *꜀so ꜀í ꜀ché*, a leaf umbrella; *꜀so ꜀í hok꜆* a white crane with pendent neck feathers.

‘挱 ‘挲 So To rub in the hand; *꜀mo ꜀so*, to finger, to toy with, to play with in the hand, for which the next is also used.

‘莎 So A triquetrous plant with hairy roots; *꜀hau ꜀so*, a sort of cyperus; to rub in the fingers; *꜀lo ꜀so*, to fritter or rub away, vexatious; *꜀so ꜀kai*, a sort of cricket.

‘蔢 So Abundant vegetation; *꜀p‘o ꜀so*, or *꜀p‘o ꜀p‘o ꜀so ꜀so*, flourishing and thrifty; *꜀so ꜀p‘o*, roots.

‘娑 So To dance, to frisk; to trip, to skip; to play with the dress; to sit easy, to lounge; *꜀p‘o ꜀sò*, to gambol, to make antics; idle, dissolute.

‘瑣 So Fragments of gems; the tinkling of precious stones; continuous, connected; minute, fine; troublesome, impertinent, petty, annoying; *‘so sui’* trifling, needless, unimportant cares; ‹fán ‘so, vexatious; ‘so ‹lin, following, connected.

‘鎖 So A lock, a clasp; to frown; to lock; to fetter; to detain; a chain, rings or chains for locking; yat› ‘pá ‘so, a lock; sho ‹páu ‘so, a padlock; ‘so ‹mún to lock the door; ‘so ‹shi, a key; ‹fung ‘so, to seal and lock, as when closing a yámun; yat› ‹t‘iú ‘so lin² a chain; ‘so ‘tsz’ káp› chain armor; ‘nan ‘so, to turn a key; ‘so ‹mái ‹mí ‹t‘au, to knit the brows; ‹t‘oi ‹ká tái² ‘so, wearing the cangue and chained—a prisoner; ‘so káu’ butts and locks; ‘so pat› chü², ‹sam ‹ün i² ‘má, I cannot be fettered, my heart is like an ape, and my thoughts swift as a horse; ‘so nát› a clarinet, also called tí² tá’ and tái² tek₂; ‘so ‹sò, "lock beard," the inner part of a Chinese lock; ‘shau ‘so, a lock which can be opened without a key.

(506) Sò.

(The characters under this syllable and the 510th are placed together in the Fan Wan, and their pronunciation does not vary much.)

‹騷 Sáu To rub down a horse; to disquiet, to disturb, to agitate; perturbed, mournful, sad; lame; sorrows, afflictions; ‹lò ‹sò, grieved, depressed; ‹sò ‹yan, a bard; ‹fung ‹sò, bewitching, winsome; ‹lí ‹sò, the Dissipation of Sorrows—name of a poem; ‹sò shát› fluttering loose in the wind; ‹sò ‘fú, to harrass; ‹sò ‹yan mak₂ hák› a bard of high renown.

‹慅 Sau Moved, aroused; sad; to afflict; ‹sò ‹sò, toiling and suffering.

‹搔 Sau To scratch with the nails; to rub gently, to titillate; the nails, claws; ‹sò ‘shau ‹ch‘i ‹ch‘ü, to scratch the head in doubt or grief; ‹sò ‘yéung, to scratch an itching place.

‹鰠 Sáu A fish like a sturgeon; in Canton, a sort of bream or leuciscus is so called.

‹颾 Sáu The sound of the wind.

‘繅 Sau To reel off silk from the coccoons; a piece of variegated silk for placing a gem or seal on.

‹臊 Sáu Rancid, rank, fetid as putrid fat; smell of he-goats; reeking, strong, as a negro's perspiration; ‹kò ‹sò, rank pork fat; ‹seng ‹sò, noisome, strong; ‹sò ngát› offensive; ‹shan ‹sò, redolent of perspiration; ‹sò ‹sò, strong, as newly killed meat.

‹鬚 Sü The hair on the chin; the beard; bearded, hairy; whiskers of animals; ‹fá ‹sò, the stamens of flowers; ‹ch‘ui ‹sò, puffing and blowing, as an actor; ‹man ‘kòm ‹sò, techy, angry; t‘ai’ ‹sò, to shave the beard; ‹lau ‹sò, to wear the beard; ‹ú ‹lim ‹sò, a beard around the face; yun² ‹sò, to salute the beard—when one begins to let it grow; nip› ‘há ‹sò, to twirl the whiskers; t‘uk› ‹sò, I'll pull out your beard, [you old liar]!

'嫂 'Sau } An elder brother's wife; a sister-in-law; a goodwoman, a wife; *á'* '*sò*, goodwife, goody, a term of address for women; *˛kú* '*sò*, sisters-in-law; *˛ká* '*sò*, I, the goodwife; '*sò* '*sò*, or *˛hing* '*sò*, my sister-in-law; '*piú* '*sò*, goodwoman! my good lady!

掃' Sáu To sweep, to brush; to clean and sweep up; broom, besom, brush-broom; to dampen, as one's ardor; to clear off, to rid, to make a clean sweep; *yat˒* '*pá sò'* '*pá* a broom; *˛yé ˛í sò'* a coir broom; *sò' ˛kon tseng'* sweep clean; *˛kai ˛mò sò'* a feather broom; '*tá sò'* to sweep; *sò' hing'* to chill one's anticipations; *sò' uk˒* to clean house; *sò' ˛ts'ong*, "sweepings of the hold,"—the last chopboat of a cargo; *sò'* '*pá ˛sing*, a "star-sweeper,"—a slovenly, wasteful man; *sò' ˛p'eng* '*k'ü*, make it even; even it off, as a pile of grain; *sò' tseng'* '*hoi ˛fan*, "to sweep the sea-mist,"—to destroy pirates; *sò' ˛ch'ü ˛kán* '*tong*, to dismiss traitors [from court].

埽' Sáu Interchanged with the last; a dyke or bank made of bamboos and earth; *chuk˒ sò'* a bamboo broom; *˛t'ang sò'* a rattan broom.

塑' Sú To model things in clay, to mold into shape; to make an idol or statue; molded, modeled; *sò' tséung'* a clay image; *˛ngai ˛tiú muk˒ sò'* [stupid as] carved wood or molded clay—a dolt; *sò' ˛ngai séung'* a clay statue of a man.

泝' 遡' Su } To go against the current; to go with the stream; to meet one; formerly, in past time; to revert to, to carry one's thoughts back; to accuse, to report; *sò' ˛fung*, a strong headwind; *sò' ˛ûi*, to go against the current; *sò' ˛yau*, to go with it; *˛ú sò' ˛ts'ung ˛ts'in*, generations past; *sò' tsz'* on reverting to, since.

(507) Soi.

顋 ˛腮 Sai } The chops, the sides of the jaws, the lower part of the face; gills; *˛soi káp˒* the jaws; *˛mái ˛soi*, plenty, a full table; *chéung' ˛soi*, or *kuk˒ chéung' ˛p'áu soi'* to blow out the cheeks, to puff; *˛ch'ün ˛soi*, "bored cheeks," are ulcers in the jaw breaking through the cheeks; *˛soi káp˒ níp˒* lantern-jawed; '*nò hau' kín' ˛soi*, seeing the jaws from behind—is a bad indication.

˛鰓 Sai The gills of a fish, the bones supporting the gills; *˛soi ˛soi*, alarmed.

˛鰓 Sai The bony marrow or column in horns; the burr at the base of antlers; the velvety covering of antlers.

˛偲 Sai Hesitation; uncertainty; the mind not settled in its own conclusions.

˛毸 Sai To extend the wings; to spread out the wings; the gambolings of a phœnix.

˛鬆 Sai A long beard; a bushy beard.

(508) **Sok.**

索, 絭, Soh. Stalks or plants from whose fibres strings can be made; a string, a line, a rope, a cord; to bind, to cord up; to get, to obtain, to pull about or from; a law, a precept, an obligation; to demand; to search, to seek for, to inquire into, to study; disquietude, apprehensions; *yat˒ ˛t'iú ˛shing sok˒* a piece of string, a cord; *'li sok˒* sails and ropes; *'tá ˛shang sok˒* to tie in a bow knot; *'ch'ái 'ün sok˒* to tread on slack rope; to go up rope ladders, as thieves do; *sok˒ 'ts'ü*, to procure a thing; *˛ch'ün ˛t'au yap˒ sok˒* to get noosed, to inveigle; *sok˒ chá'* to extort; *pik˒ sok˒* to threaten and get money; *sok˒ sok˒* afraid; *sok˒ ˛sz'* to comprehend.

(509) **Song.**

˛喪 Sáng. To mourn, to lament for the dead; mourning apparel; time of mourning; a funeral; funereal, mourning; *˛song sz'* funeral affairs; *sing' ˛song* to accompany to the grave; *˛song fuk˒* mourning; *kwok˒ ˛song*, mourning for the emperor; *tiú' ˛song*, to mourn over the dead; *huk˒ ˛song 'p'áng*, staff used at funerals by chief mourners; *˛kü ˛song* or *'shau ˛song*, to mourn for parents three years; *ch'ut˒ ˛song*, to inter.

˛桑 Sáng. The mulberry tree; *met.* peaceful retirement; *˛song 'tsz'* mulberries; *˛song 'tsz'* my native village; *'ts'oi ˛song*, to pick the leaves; *˛song pák˒ ˛p'í*, the bark of mulberry roots; *˛song kí' ˛shang*, an epiphyte on the mulberry, a medicine; *˛song ˛chung ˛chi yéuk˒* illicit intercourse.

'顙 Sáng. The forehead; the front, the middle of the forehead; *˛kai 'song*, to bow to the ground; *'kwong 'song*, a high forehead.

'磉 Sang. The stone base or plinth of a pillar.

喪' Sáng. To lose; to fail of getting; bereaved of; to pass into obscurity; to ruin; failure; forgotten, lost, out of mind; to die; *song' ˛ming*, blind; *song' ˛léung ˛sam*, lost all conscience; *˛yan ˛ts'oi song' ming'* lost his life in getting a fortune; *song' kwok˒* lost his kingdom; *song' ˛sam peng'* out of his head; *song' shat˒ ˛ká ˛ip˒* ruined his family.

(510) **Sú.**

˛穌, ˛甦, Su. To collect, as grain; to desist, to rest, to enjoy ease; to take; to resuscitate, to revive from apparent death, to come to life, as submerged persons do, to breathe again; to rise from the dead; a resurrection; *˛Yé ˛sú*, Jesus.

蘇 ‹Sú Used for the preceding; a sort of sage or clary; cheerful, happy; ʻ*tsz* ‹*sú*, sweet basil; ‹*sú hòp*› ‹*yau*, rose maloes; ‹*sú muk*› sapan or brazil wood; *t'ò* ‹*sú* ʻ*tsau*, medicated wine drank on newyear; ‹*Sú* ‹*chau* ʻ*fú*, the capital of Kiángsú; ‹*sú séung*ʼ the features of the Kiángsú people, regarded as the comeliest in China; *á*ʼ ‹*sú* or ‹*sú* ʻ*tsai*, a new born babe.

酥 ‹Sú A preparation of curd like butter, made at the north; tender, crisp, flaky, short, like crust; ‹*sú* ‹*yau*, butter or ghee; ‹*sú* ʻ*peng*, short cakes; ‹*sú ts'ui*ʼ ‹*fá* ‹*shang*, baked ground-nuts; ‹*sú lok*› kumiss, brandy from milk.

[illegible] ‹Sú A nunnery, a convent.

訴ʼ **愬**ʼ Sú To accuse, to tell; to inform of, to expose; to state in one's defense, to reply; an explanation, a defense; to defame, to detract; calumny; *sú*ʼ ‹*ch'ing*, *sú*ʼ ʻ*pan*, or *sú*ʼ ʻ*chí*, a plea, a reply to an accusation; *sú*ʼ ‹*ün*, to state one's wrongs; ‹*t'au sú*ʼ to report on, to complain, as to the guild; *sú*ʼ ʻ*pan*, to petition in reply; *tsun*ʼ *sú*ʼ ‹*ch'ung huk*› to relate all one's griefs.

素ʼ Sú Pure white silk; plain, uncolored, unornamented; white and coarse, such as is used for mourning; empty, clean gone; plainness, simplicity in dress or manners; contented in; the original state of; original color; formerly, usually, heretofore, as at first: *shik*› *sú*ʼ a plain diet, vegetables; ‹*p'ing sú*ʼ formerly; *p'ok*› *sú*ʼ honest, plain; *chéuk*› *sú*ʼ to wear mourning; *kwá*ʼ *sú*ʼ to wear a rosary; *sú*ʼ ‹*chong*, plainly dressed, said of women; *sú*ʼ ʻ*shau* ‹*mò* ‹*p'ang*, empty handed, and nothing to act with; *sú*ʼ *fú*ʼ *kwai*ʼ ‹*hang* ‹*ú fú*ʼ *kwai*ʼ when you are rich act as becomes a rich person; *sú*ʼ ‹*p'an*, always poor.

Also read *shák*› same as 索 *sok*›, to search into, to seek.

愫ʼ Sú Sincere, guileless; one's real intentions, an honest purpose.

(511) Sü.

胥 ‹Sü Salted mince crabs; to wait, to expect; to help; mutually, alternately; all, altogether; a final particle; to store up, to have in readiness; *li*ʼ ‹*sü*, a head clerk in a yámun; now designated by another term.

糈 ʻSü Rations, food; fine rice used in offerings to the gods; income, salary received from the government.

諝 ʻSü To know, possessing learning and talents; sage, prudent, learned, scholarly; *chá*ʼ ‹*sü*, fallacious, to deceive.

須 **鬚** ‹Sü The beard on the chin; the cirri of fish; to wait for, to expect; slow, dilatory; to get what is wanted or is demanded, ought, must, is well to be done; necessary, requisite, serviceable, good for use;

‹sü ‹ü, momentarily, for a little while; ‹sü yung² necessary for use; pit› ‹sü, absolutely wanted; ‹mò ‹sü, needless; ‹sü toi² ‹shi, you must wait awhile; ‹sü yung² ‹sam, pray be very careful; ‹sü ‹ü ‘ts‘z’ it must be this way; ‹chung ‹sü, always is necessary; ‹sü iü² ‘tsz’ sai² you must be very careful. The second form is erroneously, but commonly used.

需 ‹Sü Stopped by the rain, falling rain; to doubt, to hesitate; compelled to stop; to search; fixed on, obstinately bent on; necessary, what is required, in which sense it is interchanged with the last; the fifth of the 64 diagrams, appertaining to water; ‹pong ‹kwan ‹sü, supplies wanted by the army; ‹sé ‹sü, a little of a thing; kap› ‹sü, waiting for it, is wanted soon.

嚅 ‹Jü Chattering, talking, the indistinct hum of talking; chip› ‹sü, unmeaning gabble, vulgarly called ‹ngé ‹ngé ‹sheng, a muttering; also, to restrain the expression of one's views.

濡 ‹Jü To steep, to immerse, to soak; thick, jelly-like, viscid; to moisten; damp, wet; glossy, fresh; to urinate; patient, enduring, forbearing; ‹chim ‹sü, wet, soaked; ‹sü chai² stopped, obstructed, flowing slowly, embarrassed; ‹sü ‘yan, patient.

繻 ‹Sü Fine variegated silk like balzarine; the selvedge of cloth, the edge, frayed out, a loose fringe or raveled edge.

湑 ‘Sü To settle or clear wine by infusing herbs in it to give it a flavor; to disclose the figure through, to make manifest; full, supplied; rich, as a dress.

緒 ‘Sü The clue or beginning of a ball or cocoon; a thread, a clue, a hint; the commencement, the beginning; the rule guide and to what follows; the course of events; what is handed down in a family, a calling; a patrimony; to succeed, as to an office; to perfect what others began; to search into; ‹t‘au ‘sü, the beginning, the first principles; tsip› ‘sü, to connect with what precedes; ‘sü ‹ü, a remnant, an addenda, a tag end; ‹mò ‹ts‘ing ‹mò ‘sü, unpleasantly situated, embarrassed, nonplused; ‹ki ‘sü, a patrimony.

絮 ‘Sü Coarse, refuse silk or cotton fibres, left after the best is gathered; coarse silk; to mingle, to mix, to compound; to reiterate, to repeat; verbose, wordy; pendent; ‘sü tò² tautological; ‘lau ‘sü, catkins of the willow; ‘sü ‘sü ‹t‘ò ‹t‘ò, incessant jabbering, loquacious.

曙 ‘Shü Bright; the light of the rising sun; sunrise, the dawn of day; manifest.

醑 ‘Sü To strain wine or spirits; dregs, lees, grounds; fine, pure liquor, good flavored spirit.

嶼 ‘Sü An island, a small islet or rock in the sea; a detached hill near the shore; ‘kú leng² ‘sü, the island of Kúlángsü near Amoy.

(512) **Sù.**

꜀*Sù*. A colloquial word. Ignorant of, not knowing how to do things; ꜀*ú* ꜀*sù* ꜀*sù*, all at loose ends, no regularity,

(513) **Sui.**

雖 ꜀Sui A sort of ground lizard; an animal, whose description resembles that of the proboscis monkey; a dubitative conjunction, although, if, supposing, even if, though, allowing that; to push off; ꜀*sui* ꜀*ín*, although, albeit; ꜀*sui tsak*꜇ *hai*꜉ even if it be so; ꜀*sui tsik*꜇ ꜂*kòm*, although it is thus; ꜀*sui shuk*꜇ *tsám*꜉ ꜀*shí* ꜂*hò*, if you do it now it may be well.

綏 ꜀Sui The traces of a carriage; reins; a hand strap to hold by in a coach; steady, quiet, tranquil; ꜀*sui* ꜀*kwan*, to draw off troops; ꜀*sui pí*꜄ traces; *chap*꜇ ꜀*sui*, to seize the reins; ꜀*sui* ꜀*sui*, tranquil; ꜂*wing* ꜀*sui kat*꜇ *chiú*꜉ a happy omen of lasting peace.

衰 ꜀ A colloquial word; to ravel out, to fray out; ꜀*sui* ꜂*kau*, a raveled border.

髓 ꜂Sui The marrow; the medullary matter in bone; ꜀*ngau kwat*꜇ ꜂*sui*, beef's suet; ꜀*sham yap*꜊ *kwat*꜇ ꜂*sui*, [your kindness] penetrates my bones; *chüt*꜇ ꜀*k'i* ꜂*sui*, to suck his marrow, i. e. to be revenged.

歲 嵗 Sui꜄ To pass a limit, to pass over; a year of one's age; the revolution of the seasons; a harvest, the year's produce; a year; age, years; ꜂*kí* ꜀*to sui*꜄ how old is he? *sui*꜄ *ts'z*꜉ the characters for the cyclic year; ꜀*san sui*꜄ the newyear; ꜂*shau sui*꜄ to keep newyear's eve; *mán*꜉ *sui*꜄ His Majesty; *mán*꜉ *mán*꜉ *sui*꜄ may the king live for ever! ꜀*ts'in sui*꜄ a feudal prince, the heir-apparent; *chong*꜄ *sui*꜄ robustious, sinewy; newyear's present of money, also called *át*꜇ *sui*꜄ or "year's settler;" *t'ái*꜄ *sui*꜄ a boy or an image to represent the Chinese Cybele, carried in procession when "meeting the spring;" also a great period of 1728 years; *kwo*꜄ *sui*꜄ to pass newyear; *hü*꜄ *sui*꜄ last year.

碎 Sui꜄ To break in small pieces, to smash, to pound to bits, to comminute; bits, fragments, pieces, endings; troublesome, petty; disheartened, broken down; ꜂*tá sui*꜄ to break in bits; *p'o*꜄ *sui*꜄ smashed to pieces; *sui*꜄ *fo*꜄ retail goods, driblets; *sui*꜄ *yuk*꜊ meat cakes; *shap*꜊ *sui*꜄ miscellaneous, odds and ends of work or things; *sui*꜄ ꜀*ngan*, broken silver; ꜂*so sui*꜄ vexatious; ꜀*sam* ꜀*keng* ꜂*tám sui*꜄ disheartened and chopfallen.

繀 Sui꜄ A spinning wheel, called *sui*꜄ ꜀*ch'é*; a spool of thread.

祟 Sui꜉ Calamities sent from heaven, misfortunes which men can not prevent; *kwái*꜄ *sui*꜉ a monstrous calamity, a judgment from the gods.

遂^{2} Sui To accord with: to follow; not to oppose, not to hinder; then, after that, next, presently, incontinently, finally, forthwith; to go through, to complete, to accomplish, to effect; to do of one's own accord; a moor; a canal or sluice for irrigation; *sui^{2} i^{3}* or *sui^{2} ün^{2}*, to have it as one wishes; *pat˒ sui^{2} ˓k'i yuk˒* discouraged his requests; *pat˒ tak˒ sui^{2} ˓sam*, disappointed in his hopes; *pat˒ sui^{2}* not to speak of, unyielding.

邃^{2} Sui In the rear, as a back apartment of a house; deep, far back, as banners in the rear.

璲^{2} Sui A gem hung upon the girdle, for its lucky qualities.

燧^{2} Sui A sun-glass; a speculum or mirror, for setting fire to things; a wooden fire-frictor; *t˓ün^{2} sui^{2}* to make fire by rubbing wood; *Sui^{2} ˓yan shi^{2}* the Chinese Prometheus; *'fo sui^{2}* a match.

穟^{2} Sui The fine appearance of growing grain; *sui^{2} sui^{2}* laughing fields of corn.

墜^{2} 隧^{2} Sui } A path leading down to a tomb, an underground road; a bye-path; a lane, a path; to revolve, to return, to turn round; *sui^{2} tò^{2}* a way, a road; *mò^{2} sui^{2}* a path to a sepulchre.

繸^{2} Sui A string to hang things to the girdle; a fringe, a tassel; a loose bordering of threads; *chéung^{2} sui^{2}* a curtain valance; *yat˒ ˓p'o sui^{2}* a tassel; *mò^{2} sui^{2}* the fringe of hair on Chinese caps; *˓tang sui^{2}* lantern tassels; *˓chü sui^{2}* knotted fringes.

襚^{2} Sui A shroud; to present a shroud or grave-clothes to a family, or money to buy one; apparel presented to friends; *sui^{2} ˓i*, grave-clothes.

啐^{2} Ts'ui To call out, to alarm; to taste, to eat; *tut˒ sui^{2}* to call at, to hist.

悴^{2} Sui Sad, chagrined; downcast, sorry-looking; *˓ts'iü sui^{2} ˓yung ˓ngán*, countenance fallen, melancholic.

淬^{2} 焠^{2} Ts'ui } A thing to put out fire with, an extinguisher; to temper metals in water; to dip; to dye, to color; to bring into contact with, as fire to water. The second character also means to burn.

瘁^{2} Tsui Diseased, infirm, suffering; doleful, dumpish, indisposed; worn out, destroyed.

睟^{2} Sui The angles or canthi of the eye; a clear bright eye; clear, pure; to look directly at; *sui^{2} ˓t'in*, the fifth heaven.

粹^{2} Sui Unmixed, sound grain; pure, alike, mere, all of the same quality; broken, shattered; *˓shun sui^{2}* unadulterated, unmingled.

萃^{2} Tsui Thick, tufted, like tussocks of grass; a sort of honeysuckle; to collect, to assemble, to flock together, to be with; a collection, a selection; rustling of bushes or apparel; *sui^{2} ˓sü yat˒ ˓t'ong*, derived from the same hall or school.

誶^{2} Sui To rail at, to scold, to vilify, to abuse; to impeach, to accuse; petulant, angry; *'kau sui^{2}* to brawl; opprobrium; *˓ling sui^{2}* to disgrace.

瑞^{2} Shwui A sign of authority held by feudatories, a signet; a favor, a keepsake, a token; a happy omen, a sign for good; auspicious, felicitous; *ts‘éung^{2} sui^{2}* a lucky sign; *sui^{2} mat,* a fortunate thing; *Sui^{2} kwok,* Sweden.

穗^{2} Sui An ear of corn, a spike of wheat; the heads of grasses; a spikelet, a tufted ear; elegant, graceful; *sui^{2} ,sheng,* a name of Canton, especially for the New City; *yat, ,wo ‘kau sui^{2}* nine heads on one stalk—a time of abundance.

繐^{2} Sui Fine cloth or linen brought from the west, open and loose in texture perhaps a kind of Decca muslin. This character is correctly read *wai^{2}* with the same meaning.

(514) Suk.

宿, Suh A halting place or choultry every three leagues; a stage to rest overnight, a lodging-place; a night's rest; a night; to lodge over night, to pass the night; to lodge, to dwell, to sojourn; a constellation, stars; a libation of spirits: former, long continued, old. A colloquial word, meaning moldy, sour, turned, musty, as food or things lain by too long; *,lau suk,* to ask one in to lodge, to stop and stay a night; *yat, suk, ‘léung ,ts‘án,* a bed once and two meals—is a rule of hospitality to visitors; *suk suk, tik* rather musty; *i^{2} shap, pát, suk,* the 28 zodiacal constellations; *suk, ün^{2} ‘i ,ch‘éung,* my long cherished desire is now gratified; *kák, yé^{2} fán^{2} hai^{2} suk,* rice left over night turns; *,k‘au suk,* to ask for a night's lodging; *suk, ,ch‘au,* old enemies.

夙, Suh Sometimes used for the last; early dawn, morning; a morn; early; careful attention to one's business; *suk, yé^{2}* morning and evening, early and late.

蹜, Suh To walk mincingly, to shuffle along; to walk carefully, where it is narrow.

踧, Tih To walk with circumspection; to walk. This character is also read *tik,*

粟, Suh A general name for glumaceous grain, now applied to millet *(Setaria)* and maize; also the seeds of panic grasses; a grain of millet; rent in kind, tithes; *suk, ‘mai,* maize; *,páu suk,* an ear of maize; *suk, ‘mai ‘fan,* Indian meal; *suk, yuk,* cleaned millet; *,ang suk, ,fá,* the poppy; *tséuk, shik, suk,* bird-seed.

肅, Suh Respectful, reverential; fear, dread, awe, caution; tremblingly alive, as to duty; religious veneration; to recede, to draw back; to render severe, stern, or majestic; to receive a guest courteously; rapid; *,im suk,* commanding, awful; *suk, suk,* quick; decorous.

驌, Suh A famous charger, called *suk, ‘song,* the Bucephalus of T‘áng Ch‘ing-kung, B. C. 250.

蓿, Suh A grass for cattle; *muk, suk,* a clover, grown for fodder.

(515) **Sun.**

峋 Siun — ꜀*Lun* ꜀*sun*, hills rising over hills; deep ravines among hills.

徇 ꜀Siun — All around, to go or pervade everywhere; to cast about, to consider all points, as merchants do; to cause; quick, instantly, in haste; somewhat, generally. Used for the next.

殉 ꜀Siun — To bury the living with the dead; to comply with, to follow; to seek, to pursue an object inordinately; engrossed in, given up to, greedy for; to exhibit; ꜀*sun tsong*꜄ to follow to hades; ꜀*sun* ꜀*ü fo*꜄ *shik*꜆ addicted to gain and pleasure; ꜀*sun* ꜀*ts'ing*, obsequious to other's whims; ꜀*sun kwok*꜆ to risk and lose life for one's country; ꜀*sun* ꜀*k'au*, to pursue greedily; *lit*꜆ *sz*'² ꜀*sun* ꜀*ming*, the hero is ambitious for fame.

恂 ꜀Siun — Sincere, conscientious; devoted, respectful, kind; pleased; to exert a good influence; fearing, apprehensive.

洵 ꜀Siun — Name of a branch of the R. Hán in the south of Shánsi, the town of Siun-yáng stands at its embouchure; to cry; true; distant; ꜀*sun t'ai*꜄ to weep silently.

珣 ꜀Siun — A species of gem from Liáutung, of which there are three varieties; a sort of utensil.

荀 ꜀Siun — A kind of plant, which fattens those who eat it; a surname; a feudal state, in which sense it is the same as the next.

郇 ꜀Siun — A feudal state in the Chau dynasty, now Púchau fú in the southwest of Shánsi and that region.

詢 ꜀Siun — To ask about, to inform one's self of; inquiry, investigation; to inform, to communicate; to deliberate; ꜀*sun k'ap*꜆ ꜀*yan*, to ask about a person.

逡 ꜀Ts'iun — To recede, to retire; to act as if returning; to go back; to follow; a revolution of the moon; self-abashed, self-humiliated; ꜀*sun* ꜀*ts'un*, not advancing, shrinking back, to desist; ꜀*sun ts'z*'² following seriatim, in order.

筍 ꜂Siun, 笋 ꜂Siun — The young and edible shoots of bamboo; a tenon, a dovetail; conical, pointed; projecting; a sprout; a sort of fine bamboo or making mats; *chuk*꜆ ꜂*sun*, bamboo sprouts; ꜂*sun* ꜀*há*, dry, salted prawns; ꜀*ming* ꜂*sun*, slips of bamboo sprouts ready for cooking; ꜂*fo* ꜂*sun*, split sprouts dried for keeping; ꜂*sun tsz*'² *yéung*² conical; *ch'ut*꜆ ꜂*sun*, bamboos are sprouting; *met*. to guess one over in playing morra.

榫 ꜂Sun, 槫 ꜂Sun — To point a piece of wood and fit it into a hole; a tenon; ꜂*sun* ꜂*máu*, a catch on a carrying-beam; *tau*꜄ ꜂*sun*, to dovetail in; ꜂*sun* ꜀*t'au*, a tenon; a wooden spike; *tau*꜄ ꜂*sun hòm*꜄ it dovetails in well, it is very opportune; ꜂*sun* ꜀*ngá*, a dovetailed edge of a board.

栒 ꜂Siun, 簨 ꜂Siun — The cross beam of the frame on which bells are hung in temples; a sort of tree; name of a district.

信' Sin — Sincere, faithful, unsuspicious, truthful; a man of his word, as the two parts of the character intimate; faith, belief, truth; to believe in, to credit, to follow, to confide in, to trust, to have faith in; a seal, a stamp, which gives ground for trust; a letter; two nights' lodging; a messenger or envoy; *‚'m yap‚ sun'* beyond belief, incredible; *sun' ‚t'ung*, an envelope; *mi^{2} sun' tak‚ ‚chan*, can not altogether believe it; *shat‚ sun'* authentic, worthy of belief; *sun' tak‚ shat‚* he thinks it is true; *‚heng i^{2} sun'* credulous; *yat‚ ‚fung sun'* a letter; *yan' sun'* a seal; *‚'m sun' ‚ts'é*, I don't believe in newfangled notions; *kwo' sun'* to give credit in accounts; *shat‚ sun'* to falsify one's word; *sun' pò^{2} ‚hang*, to follow one's feet, to gad; *‚yam sun'* news, talk of the day; *ki' sun'* to send a letter; *sun' tak‚* faith, belief; *sun' pat‚* a ready penman; *sun' ‚'m sun'* do you believe it? *kat‚ sun'* a pleasant letter; *‚ngan sun'* a letter inclosing money; *sun' shek‚* (also called *‚yan ‚in*) arsenic; *sun' 'ché ‚yan ‚chi ‚kan 'pún*, honesty is the foundation of character.

囟' 顖' Sin — The place on the heads of infants where the skull unites; the sinciput; *sun' ‚mún*, the fontanelle; *sun' mò^{2}* a skull-cap, a common Chinese cap; *‚shang ‚mái 'nò sun'* the fontanelle is closed—you can't hoax him now.

汛' Sin — To sprinkle; watery, wet; speedy, quick, as a courier or the wind; a military station, a guard-house; *sun' sò'* to sprinkle and sweep; *'shui sun'* a water-side post-station; *yat‚ ‚t'ong sun'* a stage between the stations, reckoned to be ten *li*, or a league; *sun' ti^{2}* a guard-house; *‚ying sun'* a military guard-house.

迅' Sin — Quick, swift, hasty, fleet; to go with speed, to hurry; a wolf's cub; *sun' ‚lui pat‚ k'ap‚ 'im 'i*, a quick clap which gives no time to stop the ears—quick, as a word and a blow.

訊' Sin — To inquire into, to search out, to investigate; to interrogate judicially, to try; an examination; to wrangle, to speak sharply to, bickerings; to inform; to accuse; to direct; to agitate; *man^{2} sun'* to make a bow, as Budhists do with flat hands; *sun' man^{2}* to question, as a judge does; *'sham sun'* to try; *chap‚ sun'* to catch people's words; to seize and question; *sun' tsat‚* to cure ailments.

巽' 巺' Siuen — A stand; to grasp and place firmly; to select; the 8th diagram, relates to wind, and denotes mildness; bland, insinuating, gently; to enter, to ingratiate.

遜' Sun — Complaisant, conciliatory, humble, docile, mild; retiring, respectful, obsequious; to venerate, to give in to, to obey; *sun' yéung^{2}* to give place to, to respectfully yield; *‚him sun'* yielding; *yap‚ sun'* obeisance.

(516) **Sün.**

孫 Sun A grandchild; whatever grows again or is reproduced; *'tsz' ꜀sün*, children and grandchildren, posterity; *꜀tsang ꜀sün* or *꜀sün sik꜆* a great-grandson; *꜀ün ꜀sün*, a great-great-grandson; *꜁loi ꜀sün*, a great-gr.-gr.-grandson; *ngoi² ꜀sün*, a daughter's child; *꜀sün 'nü*, a granddaughter; *꜀kung ꜀sün*, grandfather and grandson; *꜁mi ꜀sün*, a sister's children.

Also read *sun'*, and interchanged with the preceding.

猻 Sun A monkey; *꜀hau ꜀sün*, a species of small monkey.

蓀 Sun A sort of pretty and fragrant grass or herb; *꜀k'ai ꜀sün*, a water plant, a kind of iris?

飧 Sun An evening meal, tea, supper; a meal; to eat; to soak or separate rice, in cold water; *꜀yung ꜀sün*, breakfast and supper; *꜀yung ꜀sün ꜁nán kai²* hard to keep up breakfast and dinner—poverty-struck.

宣 Siuen To publish, to proclaim, to promulge by the highest authority; to circulate, as the wind does; to pervade, to revolve, to expand; extended, manifested, expansive; to summon, as a ruler does; slow; perspicacious; beginning to be bald; *꜀sün chiü²* to summon, as to court; *'hau ꜀sün*, to proclaim by the voice; *put꜆ ꜀sün*, not to say more—used in letters; *꜀sün pò' fuk꜆ ꜀yam*, to preach the gospel, *꜀sün tuk꜆ shéung² ü²* to read aloud the emperor's orders; *꜀sün kò'* the emperor's proclamations.

瑄 Siuen A jade stone, six *ts'ün'* broad, anciently held in the hands by princes as insignia.

悛 Tsiun To stop; to change; next in order, to succeed; to rest or trust in one's opinion, willful.

痠 Swan In pain; aching, painful; *꜀sün shek꜆* a sort of stone; *꜀sün ꜀sün 'ün 'ün*, prickling, aching; *kwat꜆ ꜀sün*, shooting, rheumatic pains.

酸 Swán Acid, sour, sharp, tart, vinegarish; prickling, harsh to the skin; irritating, distressing; grieved, afflicted; loitering from debility; *꜀sün ts'ò'* vinegar; *꜀sün 'kwo*, pickles; *꜀sün pi²* a grieved nose—afflicted at, as bad news; *꜀sam ꜀sün*, to commisserate, sympathizing: *꜀hám ꜀sün*, sour; begrimed, lothsome as a dirty man; *꜀sün chi muk꜆* Chinese ebony; *꜀sün mi²* acid.

霰 Swán A slight shower.

旋 還 Siuen To wave a flag as a signal; the motion of soldiers' legs, as they march; to revolve, to go around, to go in an orbit; to return, to come back to the same point; curling, rippling; quick, ready; then, forthwith, next; *꜁sün 'chün*, to go around; *꜀héung ꜀sün*, to go to one's village; *'kam ꜁sün*, a new graduate going home; *꜁sün fung*, a whirlwind; *꜀p'ün ꜁sün*, to visit among one's friends; *꜀chau ꜁sün*, to follow round; to greet and entertain several friends; *'ho 'shi ˏsün chi'* make it come forthwith, quickly bring it about; *ˏsün ˏlun*, revolving, as the moon.

漩 ˏSiuen An eddying fountain, a circling eddy; a little whirlpool.

璿 ˏ 璇 ˏ Siuen A beautiful gem; *ˏsün kwai'* an ornament worn by ancient monarchs; *ˏsün ˏki*, a kind of armillary sphere or planetarium, by which the motions of the stars were anciently noted.

鏇 ˏSiuen A pulley, or something which revolves; a pewter vessel, in which water is put to warm the wine; a wine-warmer.

'損 Sun To diminish, to lessen; to injure, to spoil, to wound, to cause damage; to lose; to reprove, to blame, as a critic does; detrimental, injurious; damage, ill luck; the 44th diagram; *'yau 'sün ˏmò yik,* it is wholly bad without any advantage; *ts'it, 'sün 'shau*, to cut one's fingers when chopping; *'sün p'o'* spoiled, broken; *ˏpang 'sün*, cracked, or a bit broken out; *'mún ˏchiú 'sün*, a display of riches invites misfortunes; *'sün ˏyan li' 'ki*, to benefit one's self by other's injury; *'sün lán'* all spoilt; *'kám 'sün ˏkwan ˏléung*, to peculate in the rations of the army; *'tá 'sün*, to wound, to spoil; *'sün ˏshéung*, wounded; *'sün 'shau 'sün kéuk,* hurt his hands and feet; *'sün wái'* spoiled or ruined.

'僎 Chuen The governor at a village feast; household gear, utensils; numbers; to arrange.

'選 To select, to choose out, to elect; to appoint proper men to office; to dance in a ring, like N. A. Indians; an instant, a moment; a lakh, or one hundred thousand; apprehensive, undecided, timorous; *'kán 'sün*, to pick; *'sün chák,* to select; *pák, 'sün*, a coin of the Hán dynasty with a dragon on it.

選' To number, to reckon; to take to task, to reckon with; *fat, hü' kü' sün'* don't go, lest he reckon with you.

選' Siuen To be selected for office; *hau' sün'* candidates waiting for appointment; *'pò sün'* appointed to supply a place.

算' 筭' Swán The counting board or abacus; to reckon, to cypher, to calculate; to estimate, to regard; to plot; numbers, figures; a calculation, a plan; a scheme; slips of bamboos to reckon with; *'ni kòm' tsau' sün'* just as you can manage it; *kau' sün'* quite enough; *sün' 'ngo p'á'* I'll give in, I'll knock under; *sün' ˏp'ún*, the counting-board; *sün' fát,* arithmetic; *'hò 'tá sün'* a good speculation, to guess well; *sün' ming'* to calculate destinies; *hòp, sün'* to reckon correctly; *sün' kai' ˏyan*, to lay schemes against others, to counterplot; *sün' lán' ˏt'iú ˏch'éung*, a most painful scheme; *'k'ü 'úi sün' ˏp'ún*, he is a ready reckoner; *sün' tok,* to calculate; *sün' 'ni ˏfi*, I guess you're a rare one; *sün' ˏp'ún mat,* very sharp, closefisted; *sün' 'sz' 'ts'o*, he would kill plants, [he's so cute]; *sün' ˏloi sün' hü'* contriving about this and that, full of schemes; *sün' kwo' ˏming pák*ˀ it has already been all reckoned.

蒜' Swan Garlic, chives; *sün' ˏt'au*, garlic bulbs; *ˏts'ing sün'* fresh garlic; *sün' ʻtsai*, the shoots inside the bulbs.

篆² Chuen Square, intricate characters, called seal characters from their use; any fanciful form of Chinese characters; to engrave old forms of characters; ornaments on bells; *sün² ˏshü* or *sün² tsz'* the seal character.

瑑² Chuen An ornament, like a seal character, on the top of the tablets held by officers and princes, in ancient times.

(517)

Sung.

ˏ嵩 ˏ崧 Sung } The highest of the five great mountains, which the ancient emperors worshiped; it lies in Honán fú in Honán, a high peak on the watershed of the Yellow River and R. Hán; a lofty mountain; eminent, high, as statesmen.

ˏ鬆 Sung Disheveled hair; shaggy, undressed hair; confused, disordered; to relax; to let go the hold of, to cast off, to unloose; loose, flabby, movable, slack, easy; unimportant, not urgent; not careworn, easy; spongy, soft, as some cakes; *ʻki ˏsung*, not much matter; *ˏsung tung²* in funds, moneyed; *ʻshau ˏt'au ˏsung*, rich, able to gratify one's self; *ˏsam ˏsung*, contented, easy about it; *ˏsung ʻsong*, elated, pleased, as at seeing friends; *ˏshan ˏtò ˏsung*, I feel relieved, the job is off my hands; *ʻpong tak*ˀ *ˏsung*, tie it loosely; *ˏsung ˏfá*, flocked cotton; *ts'ui' ˏsung*, crisp and soft, as boiled groundnuts; *ˏsung ˏkò*, a species of light cake; *ˏsung tik*ˀ *ʻshau*, do it quickly; *ˏsung ˏmò ʻkau*, a dog with shaggy hair; *lün² ˏsung*, disheveled; *ˏsung ˏhoi tik*ˀ ease it some, loosen it a little, slack off; *ˏsung p'at*ˀ *p'at*ˀ too loose, too open.

ʻ從 Sung Easy, bland, complaisant, calm, gentle; *ˏsung ˏsung ˏyung ˏyung*, graceful, not hurried—said of manners.

ʻ悚 Sung Fearful, agitated, swayed by hopes and fears; *ʻsung ˏún*, on the *qui vive*, excited, timorous.

ʻ竦 Sung To stand stiffly and precise; to fear; to elevate, to bring forward, as good people; moved, excited; the flesh creeping from dread, horrified; *ʻsung lap*ˀ to stand in a formal attitude; *ˏso ʻsung ˏyan ˏkú*, to slander people.

ʻ聳 Sung Interchanged with the last two. Deaf, born deaf; to urge on, to excite, to stir up; to astonish; high, elevated, as a mountain; to rise, as bread does; to respect; *ʻsung tsung'* excited; to urge on; *ʻsung t'ing'* horrified, astonishing; *ˏkò ʻsung*, lofty; puffed out; *ʻsung ˏyan ʻi muk*ˀ to make one's ears tingle.

'㨘 Interchanged with 'sung 竦 Sung to push; to hold, to seize; to stretch one's self out.

送' To send a present, to give; Sung to send with, to accompany, to attend, to go with; to see a guest out; a present, a gift. A colloquial word: viands, vegetables, whatever is on the table besides the rice: *sung' ꜀hang*, to go with; *꜀séung sung'* to make a present of; *sung' há² ꜀ch'ing*, food given for a journey; *sung' yat꜀ ꜀ch'ing*, to go with one a little; *sung' 'lai*, presents; to give gifts; *'mái sung'* to buy the accompaniments; *sung' ts'oi' tái² 'pá*, a good lot of viands, &c.; *sung' ká'* to attend a marriage; *sung' yuk꜀ 'shéung ꜀cham*, to go with the meat to the chopping-board—to run into danger; *sung' 'pi 'ni*, I'll give this to you; *muk꜀ sung'* to follow with the eyes; *shun' ꜀fung ꜀séung sung'* may you have prosperous breezes; *꜀ying sung'* to receive guests, and to accompany them to the door; *sung' fo'* to send goods to the purchaser; *pái' sung'* to go and see a friend off; *sung' ꜀shang ꜀sz' 'má*, Jupiter's messenger who brings down children; *sung' ꜀kún*, to hand up a prisoner.

宋' A dwelling; to dwell; a Sung feudal state lying in the prefecture of Kwaiteh in the east of Honán; name of a famous dynasty, which lasted from A.D. 970 to 1280; also a shorter one from A.D. 420 to 477.

(518)

Sut.

恤, 卹, Siuh } To feel for, to compassionate, to commisserate; to have affection towards, to love; pity, affection, sympathy, sorrow for; *꜀séung sut꜀* mutual sympathy; *'t'ai sut꜀* to assist; *꜀lın ꜀kú sut꜀ 'kwá*, to relieve and pity orphans and widows; *chan' sut꜀* to give alms to the poor; *sut꜀ ꜀p'an 'lò*, to feel for the poor and aged.

戌, Siuh To be distinguished from 戍 *shü'*. The eleventh of the 12 branches, denoted by a dog; *sut꜀ ꜀shí* the 11th Chinese hour, from 7 to 9 P. M.; nature fading, fall of the year; *sut꜀ üt꜀* the ninth moon.

率, Suh A bird-net; to follow, to conform, to imitate; to lead, to command, to head, to bring, to conduct, to direct; to cause to follow; to receive under one's orders; generally, for the most part, in the gross: a resumé; active, spry; suddenly, hastily; from; a leader, a high ruler, a captain; a mark, a guide; *꜀'m sut꜀ káu'* he won't hear your advice; *mok꜀ sut꜀ 'k'ü*, don't order him; *tái² sut꜀ lui² 'ts'z'* for the most part they are like this; *sut꜀ ꜀kw'ai 'kü*, to regulate the usage; *'piú sut꜀* a leader, an example, a muster; *꜀ts'ò sut꜀* carelessly, not exact; *'i 'ts'z' ꜀wai sut* let this be a pattern; *sut꜀ 'l ı g*, to take the lead; *sut꜀ sing* to conform to the light of reas n.

帥, Suh Interchanged with the last; to lead, to conduct on, as a standard-bearer does; *sut› ‹sz'* to lead troops.

榫, Suh Name of a tree. A colloquial word; a catch, a fastening, a button; to fasten, to latch; *‹mún sut›* a door latch; *sut› chü² ʻk'ü*, fasten it well.

(519) Süt.

雪, Siueh Snow; in Canton, often applied to ice; and to whiten, to blanch, to make like snow, to wipe or wash clean; snowy, frosted, white; to wipe out, as an injury; to revenge; to clear one's self; *süt› ‹fá*, flakes of snow; *lok₂ süt›* it snows; *süt› kòm' tung'* cold as ice; *süt› han²* to take revenge; *süt› ‹lí*, the T'ientsin pear; *k'au' ‹t'au ‹ü ʻtò süt›* to kneel and knock head often; *‹fan ‹fan tái² süt›* a fine fall of snow; *süt› pák₂* snow white; *‹chá ‹mái yat› pau² süt›* to make a snowball.

(520) Sz'.

‹師 Sz' Part of an army, a company, a legion of 2500 men; troops; to marshal a force, to call out the troops; a metropolis or capital; a leader, a general, one who collects and orders people; a master, an instructor, a professor, one skilled in; a sage, a pattern to the world; to teach; to imitate; *‹sz' fu²* a workman, one skilled in an art; *‹sín ‹sz'* ancient wise men; *‹sz' ʻpiú*, patterns of the world; *‹sz' ‹kú*, a nun; *‹king ‹sz'* the court, the capital; *kín' ʻlò ‹sz'* to visit a learned scholar; *‹sz' ‹yé*, a private secretary of high officers, one who writes their papers; *ʻshui ‹sz'* naval troops, marines; *‹sz' ‹hing*, a chum, a schoolfellow; *‹pán ‹sz'* to recall troops from foreign service; *‹sz' ‹yé ʻkòm ʻfún*, taking on airs like a secretary; *ch'ut› ‹sz'* to march out the troops; *‹sz' ‹shün*, a war-junk.

‹螄 Sz' A murex, a spiral shell; crenulated shells; *‹sz' ‹hòm*, an Arca; a scallop, or Pecten.

‹獅 Sz' A lion; a dog that whelps two pups; *‹sz' ʻtsz'* a lion; *‹sz' ʻkòm ‹t'au*, hair neglected and long; *shek₂ ‹sz'* stone lions placed at doorways of yámun; *ʻmò ‹sz'* to play masked lions; *‹ts'in ‹sz'* a figure of a lion stuck over with cash; *ch'ung' ‹ts'an ‹sz' pi²* you've just tweaked the lion's nose, *i.e.* he's now cross enough.

‹司 Sz' To control, to preside, to rule, to manage; to attend to; a commissioner, a manager, an officer; an office for a court; a township or a subdivision of a district; *‹sám ‹sz'* the three commissioners (of salt, revenue, and justice) in a province; *‹t'ung ching' ‹sz'* the Court of Representation at Peking; *ʻtá ‹kún ‹sz'* to go to law; *‹ts'un ʻkím ‹sz'* the chief

英華分韻撮要

officer in a township; *kok*, *'yau 'sho* ,*sz'* each has his own business.

思 ,Sz' To be distinguished from 恩 ,*yan*. To think, to consider, to reflect; to desire, to wish; to commisserate; an auxiliary euphonic particle; ,*sz' 'séung*, to reflect upon; ,*sz' ním'* to consider; thoughts, opinions; *'hò* ,*sam* ,*sz'* a good design; ,*sam* ,*sz'* ,*sz'* dwelling on often, continually planning; ,*sz'* ,*ká*, to think of one's family; ,*sz'* ,*ts'in*, to recall former days.

偲 ,Sz' To reprove, to admonish, as a friend ought; to urge one's self on in duty.

Read ,*soi*, a large beard.

榍 ,Sz' A tree with hard wood; ,*séung* ,*sz' shü'* the *Abrus precatorius*, whose red beans are gathered as playthings.

緦 ,Sz' A coarse sort of unbleached grasscloth or hemp, used as half mourning for distant relatives; hempen, flaxen; ,*sz'* ,*má fuk*, light mourning worn at funerals.

罳 ,Sz' A board screen put before the door to intercept the gaze of passers, or to make a sort of vestibule, called ,*fau* ,*sz'*; a stand-in-the-way.

颸 ,Tsz' A cool breeze; ,*ts'ang* ,*sz'* a high wind.

鷥 ,Sz' A wader, a sort of heron; *lò'* ,*sz'* an egret, with whitish plumage, and a pendent crest.

絲 ,Sz' Silk as it comes out from the worm; silken, fine, silky, flossy; silk in general; to reel off coccoons; small, minute; a decimal, the hundred thousandth, or the hundredth part of a cash; stringed instruments of music; ,*sz'*, *fát*, silk goods, raw silk; ,*Ú* ,*sz'* raw silk from Kiángsú; *'t'ò* ,*sz'* Canton raw silk; ,*sz'* ,*mín*, silk batting used to wrap bodies in, or for lining; ,*sz'* ,*hò* ,*mò ts'o'* not the least error; ,*sz' chuk*, stringed and wind instruments of music; ,*mí* ,*sz' sai' 'ü*, fine, drizzling rain; ,*hín* ,*sz' kau'* exactly enough.

私 ,Sz' Private, peculiar, personal; illiberal; selfish; secret, partial; clandestine, treasonable, underhand; sisters call each other's husbands ,*sz'*; contraband, smuggled, illicit; plebeian, below the throne; *'tsau* ,*sz'* to smuggle; ,*sz' 'há fo'* smuggled goods; ,*sín* ,*kung hau'* ,*sz'* public before private interests; ,*sz' hák*, a trader who smuggles; a private merchant; ,*sz'* ,*sam*, partial, unjust; ,*sz' 'há*, secretly; ,*sz'* ,*o*, favoritism, to uphold one at any rate; *ts'ap*, ,*sz'* to watch for smugglers; *ts'ap*, ,*sz'* ,*shün*, a revenue cutter; ,*sz'* ,*ím*, smuggled salt; ,*sz'* ,*ká*, private, my own; ,*ká* ,*sz'* personal effects, household gear; ,*sz'* ,*ts'ing 'kau hòp*, illicit intercourse.

(This and the next are also read *shái*.)

蓰 'Si Name of an herb; to quintuple; fivefold; *'p'úi* ,*sz'* to raise five times, as a price.

釃 ,Si To decant and strain liquors; to pour out a libation; to divide; ,*sz' 'tsau*, to pour off spirits.

斯 ꜀Sz' To split with an ax, to rive; a pronoun, this, that, these, those; this very one, this place; forthwith, presently, then; a euphonic particle; white; mean, base, low, inferior; ꜀sz' ꜀shi, at this time; ꜀sz' sz'² this affair; ꜀sz' ꜀man, literary, polished, scholarly; ꜀ch'ú ꜀sz' tsik꜆ ꜀sz' morning and evening here, constant; ꜀po ꜀sz' kwok꜆ Persia; 'pí ꜀ho ꜀yan ꜀sz' what sort of a fellow is he?

廝 廝 厮 ꜀Sz A menial, a camp-follower, a horseboy, a forager or woodcutter; a servant, an attendant, a waiter; to feed, to take care of; broken, in pieces, as firewood; a melée, in confusion, as in a battle; 'siú ꜀sz' a servant boy; ꜀sz' ꜀t'ò soldiers, privates; ꜀sz' 'yéung tsut꜆ a camp-follower.

撕 ꜀Sz' To tear apart as paper; to split, to rend; ꜀sz' ꜀hoi, pull it in two; ꜀t'ai ꜀sz' to nudge, to direct attention to; 'shau ꜀sz' to tear with the hand.

澌 ꜀Sz' To immerse, to sink in the water; water exhausted, dry, run out; ꜀sz' mút꜆ thrown into the water, lost in the water. Used for the next.

嘶 ꜀Sz' The neighing of a horse; to belch, to eructate; a hoarse broken voice; 'tá ꜀sz' yik꜆ to hiccup; 'mí ꜀sz' a neigh; to hinny, to whinny.

死 'Sz' End of animal life, death of young persons; to die; dissolution, dying, death; pale, deadly, ghastly; dangerous, mortal; to the death, fearless, to die for, a martyr to; urgent, intense; 'sz' ꜀kung ꜀fú, a work to which one is completely devoted; hí' 'sz' ꜀yan, one who cares nothing for an other's anger, insolent; ꜀'m ꜀chí 'sz' reckless, regardless of consequences; 'sz' tso' dead; 'sz' 'kan ꜀t'au, near death; ei' 'sz' dangerously ill; ꜀sam 'sz' indifferent to; 'sz' ꜀sam, intensely desirous of; 'sz' pák꜆ a livid, pale complexion; shí' 'sz' ꜀ü ꜀kwai, to regard dying as going home; 'sz' tsít꜆ to die in defense of one's loyalty or chastity; 'sz' sing' pat꜆ 'koi, death won't make him change; 'sz' 'hau 'ngáu shat꜆ maintain it fixedly, irrevocable; 'sz' sz'² one fearless of death, a hero or a ruffian; 'sz' ꜀tò 'ngán pai' died with closed eyes, a peaceful end; 'sz' ꜀ü ꜀fi ming' a premature death; 'sz' lò' a dangerous road; 't'ai 'sz' 'k'ü, I look upon him as lost, as an abandoned fellow; to read one clearly, to see perfectly; ai' 'sz' to hang one's self; hák꜆ 'sz' scared to death; 'tá 'sz' lít꜆ to tie a hard knot; tsam' 'sz' drowned; peng² 'sz' died from disease.

史 'Shi A narrator of events; a historian, an annalist; a history, a register of events, chronicles, acts; kwok꜆ 'sz' historical records; 'sz' ꜀kún, a historiographer; 'sz' ki'· history; ꜀í' shap꜆ yat꜆ 'sz' histories of the 21 dynasties; 'tso 'sz', yau²'sz' the two court historians; ü' 'sz' censors.

'使 } To send, to order on some service; *'sz' tak,* it will do, enough; *'tsau 'sz'* a runner. This character is pronounced *'shai*, because the preceding is an unlucky word.

使' Shí } A messenger, a servant sent with presents to inquire about, an agent; *ch'ut, sz'* a servant; *sz' ₍shan*, a legate, an envoy, *sz' 'ché*, one who is sent.

四' 肆' 乂' Sz' } Four; everywhere; the second is the complex form, and the third the abbreviated form; *sz' 'há*, all about; *sz' ₍fong*, the four points, everywhere; cubical, square; *sz' 'hoi*, the "four seas," *i. e.* China; the world; *sz' 'ngán*, pregnant; *sz' 'ngán 'lò*, one who wears spectacles; *sz' pat, séung'* very ignorant; *tai² sz'* the fourth; *sz' á² luk,* forty-six; *'ní kòm' sz' 'hoi ché'* what a courteous man you are! *'hiú tak, sz' sz' luk, luk,* he knows only a little; *sz' lò' ₍mò ₍mún*, no resource whichever way I turn; *sz' kwai² chéung'* four seasons or periods for settling accounts; *sz' 'há ₍'m kín'* I can find it nowhere; *pák, sz'* one hundred and forty; *sz' ₍fong muk,* a block of wood, [goes no further than it is pushed] *i.e.* a dolt; *₍'m ₍sám, ₍'m sz'* not one thing, nor another; *sz' kok,* four cornered; *₍ch'o sz'* the fourth of the month.

泗' Sz' Mucus, snivel; a large feeder of the Grand Canal near Yenchau fú in Shántung; *t'ai' sz' ₍wáng ₍lau*, tears and snivel flowing down.

駟' Sz' A team of four horses, four horses abreast; *sz' 'má ₍kü*, a chariot and four; *₍t'in sz'* the four stars β, δ, π, ρ in Scorpio; *sz' shing²* a war chariot.

思' Sz' To be anxious about; pure intention, pure-minded; *í' sz'* thoughts, wishes; *₍'m 'hò í' sz'* disreputable, indecent, impolite, vile, corrupting.

肆' Sz' To expand or exert to the utmost; great, large, to the utmost; reckless, ruinous, excessive, profligate, unrestrained, dissolute; a point or position of the heavenly bodies; to refuse; a market-place, a shop for exposing goods; to spread out, to arrange; to expose, as an executed carcase; abruptly; now, formerly; *fong' sz'* profligate, disorderly; *sz' ₍mò kí² tán²* he fears nobody; *'tsau sz'* a wine shop; *kwá' sz'* a conjurer's office; *sz' ₍hang kíp, léuk,* to rob without any check.

士² Sz' A learned man, an upright man, a doctor, a scholar; a male, a gentleman, able bodied men; soldiers, officers, statesmen; one who manages a particular department; the 33d radical; *tsun' sz²* a doctor, the third literary degree; *tái² hok, sz²* a title of cabinet ministers; *₍shan sz²* the gentry; *shü² kat, sz²* a Hánlin doctor without office; *sz² tsut,* a soldier, a man-at-arms; *₍k'i sz²* a stout horseman; *₍man sz²* a student; *₍kü sz²* a private scholar; *'tsau sz²* a chief butler; *tai' sz²* a title of Kwányin.

仕[2] Sz' To act as a magistrate, to fill an office; to serve, to fill a station, as a menial or officer; a public officer; *ch'ut, sz'*[2] to enter on office; *chí' sz'*[2] to resign a public post; *sz'*[2] *wán*[2] *chi ká*, an honorable family.

事[2] Sz' An affair, a matter, a concern; business, traffic; an occupation, an employment, a pursuit, a service; that which is done, an action; a subject, a theme; to serve, to obey; to manage a business; *kung sz'*[2] public matters; *ch'ut, sz'*[2] to go out to service; *sz'*[2] *shat*, a fact, a truth, is well known; *sz'*[2] *lai*[2] rules of business; *mò 'sho sz'*[2] *sz'*[2] nothing to do; *'kan sz'*[2] very important; *'hò sam sz'*[2] good natured, friendly; *sz'*[2] *t'au*, master, boss, the head of the concern; *sz'*[2] *'tsai*, assistants, clerks; *'yau sz'*[2] busy, engaged; something going on; *'yau mat, sz'*[2] *kon'* what have you in hand? *chap, sz'*[2] each one having his own post; the attendants of officers; to accuse one; *náu*[2] *sz'*[2] to make trouble; *'chü sz'*[2] a grade of scholars below the Hánlin; *pat, sz'*[2] *sz'*[2] not to attend to business; *sz'*[2] *to kwò' 'mai*, overrun with cares and business; *sz'*[2] *t'au kéuk, shik*, above doing manual labor; *k'í sz'*[2] a strange affair; *sz'*[2] *fú*[2] *'mò*, to assist one's parents.

傳[2] 剚[2] Tsz' To transfix, to stab, to pierce with a sword; to put a ploughshare in the soil; to stick into the ground, as a stake; to erect.

(521) **Tá.**

打 'Tá To strike, to pound, to knock, to beat, to maul; to fight; to attack, to pummel; to set a fighting; to excite; to do anything; to add; to play with or on; a blow; punishment by blows; an auxiliary word, placed before verbs to denote action, simply to do or showing present time, according to the scope; a preposition, by, in, at, through; *'tá ní ch'ü' chang*, go by this way; *'tá ka'* to squabble and fight, a brawl; *'tá 'm tò'* it will not reach, as a shot; *'yau ch'ung 'tá*, the worms have eaten it; *t'ít, 'tá ké'* made of iron; *'tá t'ít, 'lò*, a blacksmith; *'tá p'á'* to frighten; *'tá sün' ts'in ngan*, to try to raise the wind; *'ng ko' 'tá ts'at, ko'* add seven to the five; *'hò 'tá pán*[2] elegantly dressed; *'tá shek, t'au*, to throw stones; stonecutting; *'tá 'chí p'ái*, to play cards; *'tá t'ung*, to work in copper; *'tá pái*[2] *chéung*[2] to be defeated in battle; *'tá pín ch'ü' lai*, which way (or where) did he come? *'tá yéung k'am*, to play on a piano; *loi 'tá*, to come to blows; *'tá mung*[2] to dream; *'tá kung*, to work for; *'tá 'sz'* killed; *'tá teng*, to drive a nail; *'tá 'tsui pá*, to beat on the mouth; *'tá má*[2] *'k'ü*, beat and reviled him; *'tá ko' chün'* to take a turn or little walk;

英華分韻撮要

'*tá* '*shau* '*ngán*, to bribe; '*tá fát*, '*k'ü hü'* send him there; '*tá* ,*ü*, to fish; ,*lúi* '*tá*, killed by lightning; '*tá t'ing'* to listen; '*tá* ,*páu*, to mat anything; '*tá* '*t'eng hü'* to go in a boat; '*tá* '*li*, to attend to, to manage; '*tá* '*shui*, to draw water; '*tá* ,*ngan kè'* ,*yan*, a silversmith; '*tá* ,*kai* ,*kung*, to fight cocks; '*tá* ,*k'ün*, to fisticuff; '*tá* ,*shing*, to twist cords; '*tá* '*ngán*, to perforate.

(522) T'á.

,他 ,它 T'á A personal pronoun; he, she, him, her, it; that, the other; another; ,*t'á yat*, another day; *pat*, '*kún* ,*t'á*, I have nothing to do with him; ,*t'á* ,*mún*, they; ,*t'á tik*, his, her's; *ching' shí'* ,*t'á*, it is certainly him.

(523) Tai.

,堤 Tí A bank, a dike, a levee to defend against water; to stop, to fill up with earth; to prepare against; to oppose a barrier; to place firmly.

,隄 Tí Interchanged with the last; a fence, a ridge, a barrier; to dike off, bridged; a heaped up way to cross on; *chuk*, ,*tai*, to build a dike; ,*tai ngon'* a diked bank or shore; ,*tai* ,*fong*, a defense, as against floods.

,鞮 Tí Leathern or skin shoes; *lok*, ,*tai*, leathern greaves or shinplates; ,*tai kü'* buskins worn by actors.

,氐 Tí Reaching, arrived at; radical, fundamental; an origin; base, mean; to return, to revert to; a lodging place for the night; the third of the 28 constellations, consisting of α, β, γ, ι, in Libra; ,*tai* ,*yan*, a certain foreign country.

,低 Tí To bend down, to droop, to hang down; to incline, as the head; to sink, as money; in a low place, down; low, as a tone; cheap; low, base, humble; vulgar, common; ,*kò* ,*tai*, high and low; ,*tai*, ,*ngong*, looking down—looking up; ,*tai ngai'* counterfeit; ,*tai* ,*t'au*, to droop the head; ,*tai kà'* low-priced, cheap; *ch'ut*, ,*shan* ,*tai*, humble origin, low born; ,*tai* ,*sam*, downhearted; ,*tai* '*shui*, gone to the bottom; sunk the capital; ,*tai* ,*sheng*, in a low voice; *k'uk*, ,*tai*, to stoop over; ,*tai ngai' sz'* a low business; '*shui héung'* ,*tai* ,*lau*, the water is running out; ,*tai ch'ü'* a low place.

,羝 Tí A ram, a buck, a he-goat; a ram three years old. Interchanged with the next.

'抵 Tí To gore, to push with the horns; to oppose, to strive against; to push, as off a shore; '*tai ch'uk*, to butt and gore; '*tai hi'* pushing with the arms, a sort of wrestling.

'弤 Tí The famous bow of the emperor Shun; a red bow; a bow with carvings on it.

‘底 Tì At the base of, under the shadow of; the bottom of; below, underneath, beneath; at the bottom, below the level; low, mean, menial; a servant; to stop at, to reach the bottom; to impede, to obstruct; a first copy of; to fall to the bottom, as sediment; but, only; natural vigor, constitution; a classifier of cakes; *‘tai min²* the lower side, the bottom; *ˏ‘m tò’ ‘tai*, it dont touch the bottom; *tò’ ‘tai ‘tím yéung²* how will it turn out at last? *há² ‘tai*, down stairs, below; *‘tai há²* under; *ˢmò ‘tai*, bottomless; *ˌshün ‘tai*, a ship's bottom; *‘siú ‘tai*, waiting-boys; *‘tá ‘tai*, to prime, as in painting; *mat˒ ˢyé ‘tai ‘tsz’ ch‘ut˒ ˌshan*, what calling (or grade) did he start life with? *ˢngán ‘tai ˌmò ˌyan*, supercilious, an upstart; *‘hò ‘tai ‘tsz’* vigorous, hearty; well principled; *ˌí ˌü ˌú ‘tai*, what do you rest upon for its completion? *‘tai ‘tsz’ ˢí wái²* his constitution is all gone; *tí² ‘tai*, on the ground: the earth's centre; *‘tai sái² tsun² ˌchí*, knows all about it; *ˌká ‘tai*, family property; *‘tai ‘shui*, the tide against one; *hau² ‘tai*, back, rear, behind; *yat˒ ‘tai*, you've offended altogether; *yat˒ ‘tai ˌkò*, a large cake.

‘抵 Tì To oppose, to stop, to ward off, to rush against, to butt; to slap, to hit together; to substitute; to forfeit a pledge; to transgress, to offend; to sustain, to bear, to have what one deserves; to reach; to value; up to, reaching; worth, valued at; cheap, a bargain; *‘tai ˌtong*, to be worth; *ˏ‘m ‘tai ko’ lán² kat˒* not worth a rotten orange; *ˏ‘m ‘tai ˌts‘in*, not worth a cash; *‘tai ‘shau sái’* clever at everything, jack of all trades; *‘tai chü²* hold it up, stop it; *‘tai ngái²* to bear as well as I can; *ˌchan ching’ ˏ‘m ‘tai* truly I was deceived, I was not up to him; *‘tai ˌts‘in ˢyé*, a very precious article; *‘tai tak˒ ˌlá*, well worth it; *‘tai lái²* to take or have an equivalent; *tái² ‘tai*, in general, for the most part; *ˌchan hai² ‘tai ké’* it was very cheap; *ˏ‘m ‘tai*, dear; *‘tai ün²* to swap, to exchange; *‘tai tik˒ tak˒ chü²* able to stand against them, as an army; equal in value; *‘tai tsúi²* to atone for crime; to bear the blame.

‘柢 Tì The trunk of trees, the part of a tree near the ground; the root, the foundation.

‘邸 Tì A hotel where feudatories lodged at the capital; a court, a royal residence; a lodging-house, a hotel for travelers; the basis, the bottom, the support of a thing; the stand for a sceptre; a screen outside the door; fundamental; to arrive at, to reach; *ˢlü ‘tai*, a tavern; *‘tai ˌking*, to reach the capital.

‘詆 Tì To vilify, to defame, to slander; to scold, to blame; to accuse falsely; *‘tai hám²* to implicate and injure; *‘tai yuk˒* to insult and reproach; *‘tai ‘wai*, to calumniate.

英華分韻撮要

‘砥 Chí A grindstone, a millstone; a hone, a whetstone; smoothed, level, as a whetstone; to polish one's conduct, to regard rules and civilities; *‘tai lai*[2] a grindstone; to reform one's self.

帝’ Tí One who judges; celestial virtue; one whose virtue is like that of heaven and earth, and made their vicegerent among men; *ergo*, a sovereign, a judge, a prince, a potentate, an autocrat, an emperor, of whom the world can only have one; it is applied to several deities denoting their supremacy in their peculiar attributes, as *‹Kwán tai’* Mars; *‹Man tai’* Apollo; *‹Wá tai’* God of Fire; *Shéung*[2] *tai’* the Supreme Ruler, one at the head of Olympus; there are now several of them; *‹wong tai’* the emperor; *tai’ ‹wong*, a sovereign; *tai’ hau*[2] an empress; *‘’ng tai’* the five rulers of the five regions; the five elected emperors, before Yú the Great, B. C. 2597–2255.

諦’ Tí To judge, to examine into; to scrutinize; *‹sham tai’* to examine and decide upon.

蒂’ Tí The peduncle of a flower, the foot-stalk of a flower or fruit; stem of a melon; rootlets; *met.* rootless, unfounded; *‹fá tai’* a flower-stalk; *ping*[2] *tai’ ‹lín*, a double flowered lotus; *tai’ kái’* little prickles, motes, straws, trifles.

禘’ Tí A quinquennial sacrifice to the manes of the emperor's predecessors; a worship of royal ancestors.

螮’ 蝀’ Tí Small insects, like ephemera, generated in the ether; it is supposed the rainbow is made of them; *tai’ tung’* the rainbow. The first also means a snake; and the second, when read *chüt›* a spider.

弟[2] Tí To twine and bind with leathern straps; rising by degrees; a younger brother; to act as becomes a younger brother; a junior, a friend, a scholar; *á’ tai*[2] a boy, a lad; *‹hing tai*[2] brothers, younger brothers; *ling’ tai*[2] your younger brother; *shé’ tai*[2] my own brother; *‘nü tai*[2] a younger sister; *tai*[2] *‘tsz’* scholars; *‘siú tai*[2] I, my humble self; *ngoi*[2] *‹hing tai*[2] brothers-in-law.

悌[2] Tí Used for the above as a verb; to act brotherly, to act as a younger brother should.

第[2] Tí To wind around in ascending order; a consecutive series, an order, a rank, a gradation; to gradate, to make in a series; arranged in order; a literary degree; a mansion, a house; makes the ordinal numbers; a conjunction, but, however, yet, merely; *ts‘z’’ tai*[2] rank; *tai*[2] *yat›* number one, the first; *tai*[2] *yat› ‘hò*, the best; *tai*[2] *‹sám ‹kán*, the third house; *tai*[2] *‘ki hò*[2] which number? *tai*[2] *chák›* an an officer's house; *tak› tai*[2] to get a higher degree; *k‘ap› tai*[2] a doctorate, a Hánlin; *‘k‘ü ‘yau mat› ‹kò tai*[2] *‘hí*, what high grade has he reached—what cleverness has he? *ts‘z’’ tai’* to confer a mansion on a a deserving officer.

弟² Tí Used for the preceding as a conjunction; but, yet, only; name of a plant; *pat˒ tai²* a double surname.

遞² 遆² Tí To transmit, to send on, to convey, to pass from hand to hand; to hand up or in; to exchange, to alternate; for, instead of; distant; *tai² ʿhi kéuk˒* to change the legs over; *tai² ˓nín*, next year; *˓ch'ün tai²* to send on, as by post; to remit intelligence; *tai² ʿpan*, to petition for; *˓t'iú tai²* to go far, distant; *tai² ˓séung ʿwong ˓wán*, alternating, neighbors seeing each other; *˓lán ˓ü tai² chong²* to stop an officer's sedan and hand up a paper; *˓fán ʿní tai² ʿchün*, may I trouble you to take this for me?

棣² Tí A sort of small plum, not larger than a cherry; a wild cherry, common in Shánsi; a piece of wood put under a carriage.

隸² Lí Attached to, belonging to, joined; attendants in offices, underlings; menial, abject, base, vile, ignoble; *puk˓ tai²* servants, suite; *tai² ˓shü*, the square, plain character; *chik˓ tai²* attached to directly, as the superior *˓chau* and *˓t'ing* departments are under the governor; *chik˓ tai² ʿsháng*, the province of Chihli, so called because it is the metropolitan province.

杕² Tí Standing alone, as a tree; solitary; exuberant, flourishing; distinguished, eminent.

Read ʿ*to*: a tiller to steer with, a scull.

(524) **T'ai.**

˓梯 T'í A ladder; stairs, steps; to recline against; a means to reach an end; *yat˒ tô² ˓lau ˓t'ai*, a pair of stairs; *˓lau ˓t'ai ˓fong*, closet under the stairs: ʿ*shau ˓t'ai*, a hand ladder; *˓t'ai tang²* a step-ladder; ʿ*pán ˓t'ai*, board steps; ʿ*ün ˓t'ai*, a rope-ladder; ʿ*shéung ˓wan ˓t'ai*, to mount the cloudy ladder—to become a high scholar; *˓t'in ˓t'ai*, a ladder leading up a roof, a scaling rope ladder; ʿ*shéung ˓t'in ˓t'ai kòm² ˓nán*, as difficult as to climb up the sky; *˓t'ai ʿhau, ˓t'ai kéuk˒* head of the stairs, and foot of the stairs.

ʿ稊 ʿ荑 T'í Tares found among rice, like that grain with small seeds, and not easily distinguished; rice cockle; shoots on a willow trunk.

˓綈 T'í Lustrous pongee, used to make robes or gowns, which were given as presents; a coat or pelisse.

˓鵜 T'í A water-fowl, called *˓t'ai ˓ü*, a species of gregarious pelican, having a red bill, and plumage like an owl.

˓啼 T'í To bewail, to howl and cry; the cry of birds; to crow, as a cock; to coo and call, as a pigeon; to scream, as a parrot or an ape; *˓t'ai huk˒* to cry and weep; *˓kai ˓t'ai*, a cock's crow; *˓kai ˓ch'o ˓t'ai*, first cockcrowing—at the 3d watch; *˓kai lün² ˓t'ai*, general cockcrowing at dawn.

蹄 ˏT'i A hoof, both solid and cleft; the feet of pachydermatæ, solidungula, and ruminantia; to kick; a trap to catch hares; *met.* a horse; *ˊmá ˏt'ai*, a horse-hoof; the water-chestnut; *áp*ˎ *ˊná ˏt'ai*, a flat foot like a duck—sign of a poor man; *ˏt'ai kok*ˎ hoofs and horns, *i. e.* horses and cattle.

媞 ˏT'i At ease; *ˏt'ai ˏt'ai* beautiful, fascinating, as Sí-shí was. Read *ˏchí*, a mother.

提 ˏT'i To lift in one hand, to lift up, to take up; to hold, to raise, to carry; to bring forward, to bring into notice; to bring before a magistrate; a drum or sounding-tube, used on horseback; a syllable used by Budhists; *ˏt'ai ship*ˎ *ˏtsing ˏshan*, to rouse one to action; *ˏt'ai ˏfong*, to watch; *ˏt'ai ˏshing*, to lift on high; *ˏt'ai ˏkw'ai*, to lead by the hand; to bring up, to nourish; to lead forward, to help on; *ˏt'ai ˏying*, the sentencer of punishment, a provincial judge; *ˏt'ai tuk*ˎ a major-general; *ˊshui ˏsz' ˏt'ai tuk*ˎ an admiral; *ˏt'ai ˏt'ong*, a courier; *ˏt'ai ˏsz' ˊking kok*ˎ to bring to notice fully; *ˏt'ai ˊhi*, to bring to notice, to suggest; *ˏt'ai ˏlung*, to carry a lantern; *ˏt'ai tiú² ˏkún*, overseer of the candidates; *ˏt'ai ˏkon tiú² ˊtám*, in a flutter, scared.
Read *ˊtai*; to throw away.

瑅 ˏT'i Name of a gem, called *ˏt'ai ˏt'ong*.

睼 ˏT'i To go out to see; to sit and observe; to look at from a distance.

蝭 ˏT'i Name of an insect; *ˏt'ai ˏlò*, a kind of cicada.
Also read *ˏshí*, name of a bird.

醍 ˏT'i Reddish spirits, clear pure liquor; the essential oil of milk, a liquor refined from the coagulum of butter, elain; *ˏt'ai ˏú*, an unctuous liquor flowing from cream; *met.* the beneficent temper of Budha.

褆 ˏT'i Fully, handsomely dressed; *ˏí hau² ˏt'ai ˏt'ai*, properly clothed in an elegant manner. Also read *shí²*, with the same meaning.

題 ˏT'i The forehead, the front; the head, the forefront; conspicuous; a theme, a proposition, a subject for writing, a preface; title of a book; to look at; to notice, to discuss, to praise, to bring forward; to subscribe; to do, to attempt; to compose, to write; *ˏt'ai muk*ˎ a theme; an authority for; *tái² ˏt'ai muk*ˎ an important matter, an urgent order from high officers; *ˏt'ai ˊseng*, to bring to mind; *p'o² ˏt'ai*, the exordium of an essay; *ˏshing ˏt'ai*, the enforcement of the subject; *ˊsiú ˏt'ai tái² tsò²* to make too much of a little matter; *ˊní ˏt'ai ˊhá ˏt'au*, do you broach the matter, you try first; *ˏts'ím ˏt'ai*, to subscribe money; *ˏt'ai ˏshí*, to indite verses; *ˏt'ai tsau²* to write a memorial to court; *ˏshü ˏt'ai*, the title to a book; *ˏnán ˏt'ai*, hard to do, impossible; *pat*ˎ *ˏsiú ˏt'ai*, don't say any more about it, keep still; *ˏ'm ˏt'ai*, to forget all about.

騠 ₛT'i A frisking, fine horse; *k'üt*ₔ *ₛt'ai*, a nimble palfrey; *ₛt'ai ₛtsz'*, a place in Sh*á*ntung.

荑 ₛT'i Weeds, tares; plants just sprouting.

Read *ₛi*; to cut down grass; name of a flower; *ₛsan ₛi ₛfá*, the *Magnolia purpurea.*

霴 ₛT'i The sky clearing up; fair weather, cessation of rain.

鵜 ₛT'i A sort of pheasant; *ₛt'ai ₛú*, a kind of pelican. Read *ₛi*; *ₛi ₛyau*, a flying squirrel.

鯷 ₛT'i A sort of cottus or bullhead, with projecting eyes; the sour things found in fish's stomach.

ʿ體 ʿ体 T'i The body, the frame, the whole person; a body, a trunk; a class, a body of officers; real, substantial; the important parts of, the essentials; decorous, dignified, becoming, decent, proper; respectable, reputable, influential; to realize, to embody, to make substantial, to represent in action the views of another; to partition; to join, to attract, related to; to receive courteously; *ₛshan ʿt'ai*, the human body; *tái² ʿt'ai mín²* having a great reputation; *yat*ₔ *ʿt'ai*, the whole, all concerned, accordant; *ʿlai ʿt'ai*, courtesy, politeness; *sz'' ʿt'ai*, the four limbs; *shik*ₔ *tái² ʿt'ai*, to understand the great rules of propriety; *ʿhò ʿt'ai ₛts'oi*, personable, well limbed, elegant; *shat*ₔ *ʿt'ai*, unbecoming, rude, impolite; *kwai' ʿt'ai ₛwai ₛwo*, I fear your good self is indisposed; *ʿt'ai sut*ₔ to befriend; *fú ʿfú yat*ₔ *ʿt'ai*, husband and wife one flesh; *ʿt'ai ₛhang*, to put in practice; *ʿt'ai kú'* to regard, to assist; *ʿt'ai pák*ₔ *ʿkòm tsò'* do it this way and no other; *ₛ'm kòp*ₔ *ʿt'ai shik*ₔ inelegant, as style; indecorous, unusual, as dress.

ʿ睇 T'i Read *tai²*; to view slightly, to glance at.

A colloquial word. To see to, to look after; to deem, to regard; to keep watch, to look-out for, have an eye on; to conclude, to suppose, to think; *ʿt'ai ʿk'ü ₛ'm ʿhí*, I think he will not answer; *ʿngo ʿt'ai tak*ₔ *ʿyau*, I think there is some; I guess it is so; *ʿt'ai ₛkang*, to watch, as a watchmen; *ʿt'ai kéuk*ₔ look to your footing, be careful how you walk; *ʿt'ai kwán'* used to, seen such before; *ʿpi ₛyan ʿt'ai ʿsiú*, you'll make men contemn you; *ʿt'ai tak*ₔ *ₛ'm ʿt'ai tak*ₔ do you think he will pass? can such things do? *ʿt'ai kwo'* I've seen it; *ʿt'ai ₛchap*, look sharp; *ʿt'ai ₛngan*, to shroff money; *ʿt'ai ₛch'ün shek*ₔ to look through a stone, sharp-sighted; *ʿt'ai ʿtsz' sai'* look very carefully after it; *ʿt'ai ʿhá ₛt'in*, look to heaven [for help]; *ʿt'ai kwo' ₛlung*, to look beyond the mark; *ʿt'ai ₛt'au ʿt'ai ʿmí*, I've seen they are all right; *ʿt'ai pung' kat*ₔ *ʿshau*, lookout for your empty hands!—a street cry; *ʿngán ʿt'ai ʿt'ai*, staring at, not taking his eyes off; *hü' ʿt'ai hí'* gone to see the play; *ʿyau mat*ₔ *ʿyé ʿhò ʿt'ai*, what fine things have you?

娣 T'i — A younger sister; *'t'ai 'ts'z'* sisters-in-law; *'t'ai fú*, a younger brother's wife; *'t'ai 'tsai*, a waiting-boy; *ká ˏshang 't'ai*, a slave boy: *á' 't'ai*, my boy, my little fellow.

涕 T'i — To weep, to shed tears; name of a lot; *yap˒ t'ai'* to lament and weep; *yat˒ ˏt'ung pí' t'ai'* a foolish blockhead.

髯 剃 薙 T'i — To shave; to eradicate grass, to clear off land; rubbish, underbrush; *t'ai' ˏt'au 'lò*, a barber; *t'ai' ˏsò ˏtò*, a razor; *ˏch'ü t'ai'* to root out; *t'ai' fát˒ ˏsau ˏhang*, to turn priest; *üt˒ há' t'ai' ˏt'au*, to shave in the moonshine.

揥 T'i — To reject, to cast away from one.

Read *chái'*; a hair-pin to secure the hair in a knot.

締 T'i — An indissoluble knot; *t'ai' ˏkáu*, inseparably joined, as when married; closely shut.

替 T'i — To change, to put another instead of, to substitute; to abolish, to reject, to set aside; to wait; to stop; for, instead, in place of, in behalf; a sign of the dative; *toi' t'ai' 'ní hü'* I'll go for you; *t'ai' ˏshan*, a substitute; *t'ai' tak˒ ch'ut˒ ˏ'm*, doubtful if it (or he) will do instead; *ˏYé ˏsú t'ai' ˏyan shau' tsúi'* Jesus suffered for men's sins; *shai' t˒áp˒ 'mong t'ai'* hereditary titles are not destroyed; *t'ai' 'k'ü 'kong*, tell him; *ˏmò t'ai'* unchangeable; *t'ai' 'sz' 'kwai*, a criminal's substitute.

嚏 T'i — To sneeze; a sneeze; *'tá p'an' t'ai'* to sneeze; *ˏk'au t'ai'* catching cold.

(525)

Tái.

獃 — A colloquial word. Silly; acting like a fool; *ˏshü ˏtái 'tsz'* a silly booby; *ˏlái ˏtái*, dress out of order, slovenly.

歹 歺 Tái — Bad, vicious, evil, perverse; the 78th radical of characters denoting misfortunes, death, corpses; *ˏ'm ˏchi 'hò 'tái*, he does not know good from bad; *ˏwai ˏfi tsok˒ 'tái*, to make confusion and evil; *ˏléung 'tái ˏnán ˏfan*, not easy to tell the bad from the good.

袋 — A colloquial word. A pipe; *ˏin 'tái*, a tobacco pipe; *'shui ˏin 'tái*, a hubble-bubble, a water pipe; *shik˒ 'tái ˏin*, to smoke one pipe.

帶 縹 Tái — A sash, a girdle; a belt, a region of country, a zone; a bandage, a compress; a band, a tape, a ribbon, a scarf, a narrow kerchief; to take, to carry; to take along with one, to pilot, to conduct, to lead and guide; to remind; belonging to, related, implicated; places connected with each other, as a neighborhood; a colloquial word, overmuch; *fú' ˏt'au tái'* a girdle; *mat˒ tái'* garters; *ˏsz' tái' p'ò'* tape and ribbon shop; *tái' 'ní ying' shik˒* go with you there to introduce you; *tái' üt˒ tik˒* rather too warm; *tái' ˏcháng lok˒* it does not exactly suit; *ˏfán tái'* trouble you to take this—as a letter; *tái' lui'* involved, as in a ruin; *'kwái tái' ˏyan 'hau*, to entrap and carry off girls; ʻmò kwá' tái' no cares on my mind; tái' ʻshui ʻt'eng, pilot boats.

蔕' Tai The rootlets of plants; unimportant, trifling; kái' tái' a little matter, a mote.

戴' Tái To carry or wear on the head; to bear, to sustain, to uphold; to have over one, as the sky; to respect; to meet, to occur, to happen; tái' mò' to put on a cap; tái' ʻngán keng' to wear spectacles; oi' tái' ʻk'ü, I respect and like him; pat, kung' tái' ,t'in, the same sky shall not cover us; ʻteng tái' a button or knob; ,tám tái' to undertake for; tái' üt, ,p'i ,sing, to wear the moon and wrap in the stars, i. e. to travel and peddle.

大' Tá Great, big, grand, large; noble, old; chief, distinguished; fat, plump; important, prominent; a common superlative, much, very; to enlarge, to exceed, to surpass; to grow large; the 37th radical; tái' ,'m ,t'ung, very different; tái' ʻü ʻsiú pat, ,t'ung, the large is unlike the small; tái' tak, how fast he grows; tái' ,mún, the front gate; tái' ,ts'in, the "great thousand," the world; tái' ,t'au ,há, "a big headed prawn," you booby! tái' ,hoi ,mún tsò' do it with open gates, i. e. let every body know it; ʻhò tái' mín' á' you think yourself rather great; tái' ká' ʻtsz' a vain fellow; tái' ,fong tik, be more lenient, don't gripe him; á' tái' my elder brother; tái' léuk, in general; tái' ,ts'in yat, day before yesterday; ,léung tái' ʻsiú, wife and concubine; tái' hán' the "great limit,"—death; ,hang tái' sz' to kill the emperor; tái' kuk, a fine appearance; ʻshui tái' high water; tái' ʻséung ,t'au, a grand plan; tái' ʻyau ʻsho yik, he has made a great gain; it will be very advantageous; tái' ,to, too many; tái' pat, ʻho, impossible.

(526) T'ái.

ʻ艉 T'ái A colloquial word. A rudder; ,chá ʻt'ái, to steer, to hold the tiller; ,sung ʻt'ái, to crane up a rudder; to let go the tiller; ,mán ʻt'ái, to luff; ,t'úi' t'ái, to ease the helm; ʻt'ái ,t'ung, a tiller.

Read tái'; a long narrow boat.

太' T'ái Great, excessive; too, very; broad and extensive; slippery; a title of honor for men and women; á' t'ái' the old lady, Madam; ʻlò t'ái' t'ái' an officer's lady, her ladyship; t'ái' ,to, overmuch, excessive; t'ái' kwo' overstepping his place, intrusive; more than enough; t'ái' pat, k'ap, insufficient, will not do at all; t'ái' ,kung, a great-grandfather; t'ái' ʻtsz' the crown-prince; t'ái' ,p'ing, general peace; ʻlò t'ái' custom-house examiners; t'ái' ,'m ,koi, truly I am to blame, I beg pardon.

英華分韻撮要

泰 T'ái Interchanged with the preceding; exalted, high, honorable; superior in station or excellence; extreme; pervading; peaceful; the 11th diagram; *t'ái' 'á pat, ˎkiú*, high and still condescending, as the emperor; *T'ái' ˎshán*, a famous peak in Shántung; *kwok, t'ái' ˎman ˎon*, the country prospering and the people at peace.

汰 T'ái Slippery; waters rushing and overflowing; excessive, overpassing; to wash, to rinse and clean; *ˎshá t'ái'* to scrub with sand; *ˎch'é t'ái'* extravagant; fond of women.

貸 T'ái To lend; to loan on interest; to intrust to another; a loan; to confer, to give; to release, to pardon; *tsé' t'ái'* to lend, to use a while; *ˎp'ong t'ái'* to borrow for another; *hat, t'ái'* to beg a loan; *chák, fát, pat, t'ái'* to punish and not pardon.

態 T'ái Figure, form; the habit of a person, his gait, air, motions; the expression of an idea; configuration, circumstances; manner; *ˎkiú t'ái'* haughty; *shai' t'ái' ˎim ˎléung*, the cordiality or the disregard of the world; *mi' t'ái'* seductive way, ogling; *t'ái' tò'* behavior.

(527) **Tak.**

德, 悳, Teh Virtue, goodness, moral excellence; accomplishments; benefit, favor, kindness; virtue, quality, energy, efficacy good examples, sensible o

a favor, grateful; to increase; happy; *tak, hang'* virtuous actions; *sz'' tak,* four [female] duties; *'yau tak,* he is worthy; *ˎyan tak,* beneficence; *tái' tak,* great kindness; *tsò' ˎkung tak,* to perform meritorious acts, as Budhists do; *ok, tak,* a bad efficacy; *ˎchí ˎyan 'kòm tak,* to be grateful.

得 Teh To obtain, to attain, to succeed, to get what one wishes; to get from heaven; to wish, to desire; special; an auxiliary verb, can, may; able to be done; often forms the past tense in colloquial: *ˎ'm tak,* impossible, very difficult; *ˎ'm kwo' tak, í'* I am truly sorry, mortified; *tak, ˎts'in mái' fong'* to take bribes to let a thief go; *ˎkam yat, tak, kín'* I had a sight of him to-day; *'t'ai tak, kín'* able to see it; *pat, tak, ˎk'í 'sz'* a premature death; *ˎ'm 'kong tak, ch'ut,* inexpressible, I will not say it; *ˎ'm 'tang tak,* I cannot wait; *ˎháng tak, ˎto,* walked much; *lok, tak, ˎü ˎto*, it rained much; *'sé tak, 'shiú*, you've written but little; *tsò' tak,* very well, it can be done; *tak, tsüi'* to sin, to offend; *sz'' ˎ'm tak, ˎfán*, the thing may not be done; *kái' ˎchí tsoi' tak,* repress your covetousness; *ˎséung tak,* mutually agreeable, coinciding; *tak, yat, shat, yat,* to get one and lose one; *tái' tak, tsai'* much too large; *tak, 'shau 'fo ki'* a fellow-workman.

淂 Teh Erroneously used for the preceding; water; watery, the appearance of water.

特₂ Teh. A bullock fit for sacrificing; a three-year stallion; male of beasts; team of four; to pair, to match; to stand forth; alone, single, separately, insulated; special, purposely; *tak₂ ˏtang ˏloi*, I came on purpose; *pat₂ tak₂ ʻkòm*, not so alone; *tak₂ iú'* specially; *tak₂ í'* a special design; *ˏk'í tak₂* truly unique, a strange thing; *tak₂ tì'* purposely; *lak₂ tak₂* brusque, eccentric, peculiar; *tak₂ ü'* a special edict.

杙₂ Yih. A pear from Annam; a post to tie animals to; a pillar; a spike; *shek₂ tak₂* a stone which divides lands; *ˏch'éung ˏteng tak₂* a long spike, a nail to hang things on; *ʻtam tak₂* to drive down a post or stick.

the lead; *tam' tam' chung'* very heavy, burdensome; *chán' chung' tam'* to make a large fortune; *tam' lok₂ ˏtai*, to hang down, suspended; *tam' ˏü*, to fish with a line; *tam' ˏp'áng ˏk'í*, to angle for crabs; *tam' shau' ké'* stupid, gloomy; *tam' ˏtúi*, sad looking, melancholic; *tam' lám'* to drop a hawser so that a boat can cross it.

窞² A colloquial word. A low place, a bog; to press down, to crush; to stamp on; *ˏtai tam²* a low spot, as in a yard; *tam² ʻk'ü*, crush it, as with the foot; *ʻmá tam² ˏt'ai*, the horse paws; *hau² tam² tam²* very thick; *yung² kéuk₂ tam² ʻpán*, push the board down with the foot.

(528) Tam.

ʻ泵 A colloquial word. To pound, to hammer; to strike with the fist; to rap; to throw at; to throw away; *ʻtam áp₂* to stone ducks; *ʻtam ˏnáu*, to drop anchor; *ˏpáu ʻtam ˏpáu cháp₂* I'd let you pound or cut it—for I know it to be good; *ʻtam yan'* to "chop" dollars; *ʻtam kwat₂* or *ʻtam ˏshan*, to pommel, to shampoo; *ˏch'ui ˏt'au ʻtam ʻnò*, to hammer and beat one harshly; *ʻtam hü'* to throw away.

泵' A colloquial word. To drop down; to drool, as saliva; to hang down, as a laden pocket; to sound; *tam' ˏt'o*, to throw

(529) T'am.

ˏT'am. A colloquial word. To revolve, to whirl; round, rolling over; *ˏt'am ˏt'am ʻchün*, to whirl round and round; *ˏt'am ˏt'am ˏhün*, the circuit of, as an islet; a round plat; *ˏt'am ˏt'am ˏsheng*, a rumbling sound.

ʻ氹 A colloquial word. A cesspool; a pit, a tank; *ʻshui ʻt'am*, a tank for manure; *ˏnai ʻt'am*, a hole, dug for transplanting in.

賧' A colloquial word. To deceive, to swindle, to play a trick on; to try; an imposition; *ʻk'ü t'am' ʻní*, he is deluding you; *t'am' t'am' ʻhá*, try once; *ˏ'm ˏteng ʻní t'am'* I'll not be taken in by you.

(530) **Tám.**

擔 擔 担 Tán } To carry on a pole across the shoulders; to bear, to undertake, to sustain; to grab at; responsible for, to be security for; *tám ní ko' séung*, carry this box; *tám pò*, to be security, to insure; *tám tak 'hí*, you can lift it; *tám kon 'ki*, to stand security for; *tám t'au*, a patron, one's security; *tám 'shéung shan*, I'll take the responsibility; *tám sam chü'* to remember carefully; *tám lo t'au*, peddlers, hawkers; *tám tak ngáng'* can certainly be assured of it; *tám chan 'fú*, or *tám tám' 'lò*, a coolie, a porter; *tám kok* to retard, as by delay; *'kau tám 'tsung*, the dog grabbed the pudding, *i. e.* he does not take the hint; *tám ying'* to stake one's credit.

儋 Tan Interchanged with the last and the next; a load of two peculs of grain; the name of a large town in the northwest of Háinán I.

耽 Tán Interchanged with the next; also pendent ears, long ears, regarded as a sign of wisdom.

眈 躭 Tán } To look at and yet think of something else; to look about, as a tiger when eating; given to pleasure, lustful; *'fú shí' tám tám*, eyeing fiercely like a tiger.

聃 Tán Dull of hearing; a man's name; *'Lò Tám*, or Lán-kiun, founder of the Rationalists.

紞 Tán Fringes or pendents hanging on the border of crowns or coronets, to conceal the ears; flaps on caps; sound of a drum.

酖 Tan Interchanged with *sham* 鴆 a poison; exhilirated by drink, given to wine; *tám ü 'tsau*, fond to drink.

膽 胆 Tan } The gall, the gall-bladder; courage, bravery; fortitude, endurance; *'tám 'shui*, the bile; *'tam sai'* timid, fearful; *chan 'hò 'tám*, really brave; *hák p'o' 'tám*, scared so as to split his gall-bladder; *kon 'tám*, liver and gall—very intimate; *'tám chí'* moral courage; *'tám tsok 'tám wai*, as we plan we will do, to carry out a purpose; *'tám shang mò*, "his gall has got hairs,"—audacious, dauntless; *wong 'tám*, gall.

噆 Tán The hum of a full table; the noise of many eating; craunching, grinding of the jaws.

擔' 担' Tán } A burden, a load; a pecul or 100 catties; *'hò tái' tám'* a very heavy load; *yat t'iú tám' kon*, a carrying-pole; *tám' t'iú t'au shang í'* to get a living by carrying burdens; *yat tám' chung'* weighs a pecul; *tám' kon tsò' ch'ek* the beam makes a cubit, *i. e.* it's as long as it is broad; *tám' t'au*, a peculage levied by the hoppo's office; *tsip 'chün tám'* I'll relieve your load; *yat tám' tám*, take it all at one load.

啖² 啗² Tán } To eat, to taste, to chew, to masticate, to swallow; to entice, to hold out baits; a bite, a morsel, a mouthful;

a swallow; wild, incoherent; *yat*, *tám*² *fán*² a mouthful of rice; *ˌshí* ˈ*shé* *tám*² *fán*² give a mouthful of rice [to a poor man]; *chap*, ˈ*mò* *tám*² *háp*, not even a suck of gravy—a bare board; ˈ*ngáu* *tám*² ˈ*ní*, I'll bite you; *ˌt'au* ˈ*kòm* *tám*² to steal a bite; ˈ*ní* *yák*, *tám*² take a bite.

淡² 澹² Tan } Fresh, tasteless, flat, insipid; thin, weak, watery; light, volatile, heartless; distant, as a friend; light, as color; indifferent to, temperate; dull, as trade; *tám*² *ˌshái*, detestably flat; *ˌsam* *tám*² no liking for; *tám*² *tak*, *tsai*² very weak, as tea; *ˌts'ing* *tám*² poor; *ˌshang* *í*² *tám*² business is dull; ˈ*láng* *tám*² abstinent; no cordiality for; no trade, a dull market; *tám*² ˈ*shui*, fresh water; *tám*² *pok*, poor, thin.

菼² Tan Marshy plants, low sedge; a sort of reed useful for making brooms.

萏² Tan Opening flowers; mallows; budding flowers; ˈ*ám* *tám*² the *Hibiscus mutabilis*.

禫² Tan A sacrifice offered to the manes of parents at the end of the three years' mourning.

(531) T'ám.

貪 T'an To covet, to long for, to desire inordinately; ambitious of, bent on; avaricious; *ˌt'ám* *ˌsam*, a covetous disposition; greedy, *ˌlám*, *ˌt'ám* covetous; *ˌt'ám* ˈ*t'ai* *min*², fishing for praise; *ˌt'ám* *ˌts'in*, anxious to get on; *ˌt'ám* *ˌtsong*, open to bribes; *ˌt'ám* *ˌt'au*, the object of desire; *ˌt'ám* ˈ*yam* *ˌt'ám* *yák*, a gluttonous drunkard.

A colloquial word. The quadruped drawn on the screen in front of offices, for good luck; it is like a unicorn, and should warn officials against bribery.

痰 ˌT'an Phlegm, thick mucus from the lungs; *chung*² *ˌt'ám*, to fall dead; *t'ò*² *ˌt'ám*, to cough up phlegm, to spit; *ˌt'ám* *ˌún*, phlegm; *ˌt'ám* *t'ò*² or *ˌt'ám* *kún*² a spittoon, a cuspidor; *fá*² *ˌt'ám*, an expectorant; *ˌt'ám* ˈ*shéung* ˈ*keng*, in the death rattle.

談 ˌT'an To converse, to discuss, to talk about, to speak upon; to prate, to cavil; a patois, any peculiarity of speech; conversation, talk, chitchat; *ˌhán* *ˌt'ám*, small talk; ˈ*shau* *ˌt'ám*, to play chess; ˈ*t'ò* *ˌt'ám*, a local dialect; *ˌt'ám* *siú*² to laugh and chat; *ˌkò* *ˌt'ám*, loud talk; *kung*² ˈ*ní* *ˌt'ám* *ˌt'ám*, let us talk a while.

餤 ˌT'an To serve up food; cakes with flesh rolled in them, and sliced, a sort of sandwich; to bait, to allure.

覃 ˌT'an Reaching, extending to; to arrive at; great, extensive; *ˌt'ám* *ˌyan*, royal favor.

燂 ˌT'an To burn in the fire; to scorch, to bream; to dry at a fire, to put in the blaze; to warm, to boil; *ˌt'ám* *ˌshün*, to bream a boat's bottom; *ˌt'ám* ˈ*ki* *tsò*² ˈ*fo*, burn some faggots of grass; *ˌtang* *ˌt'au* *ˌt'ám* ˈ*há*, dry it in the lamp; *ₛt'ám ʿshui*, to warm some water, as in a boiler; *ₛt'ám tám² ₛch'á*, warm a cup of tea; *ʿfo ₛt'ám wokₒ ʿtai tsau² ₛchí ₛk'ung*, when the fire scorches the boiler, you'll know what poverty is. Also read *ₛts'am*.

譚 ₛT'an To converse, to discuss; to manifest; large, big; to talk big; an ancient feudal state, lying east of Tsínán fú in Shántung; a surname.

潭 ₛT'an Name of a river; deep, bottomless; an expanse of water, with deep holes; *ₛkon pákₒ ₛngo ₛt'ám*, as well dry up the Macao Passage! *i. e.* you talk extravagantly; *ₛt'ám ʿtsz' ₛyéung mín²* passage between the Bar Fort and Typa; *mán² chéung² ₛsham ₛt'ám*, very deep, no bottom; *met.* I can't see the end of it.

罎 罈 ₛT'án A wine jar, an earthen vase to contain spirits; *yatₒ ₛt'ám ʿtsau*, a jug of spirits. Often pronounced *ₛt'án*.

曇 ₛT'án Clouds spreading themselves; *ₛt'ám ₛt'ám*, lowering, the sky overcast.

醓 ʿT'an Minced meat salted; salted or cured delicacies; brine; gravy, the serous juice oozing from meats; *ʿt'ám ʿhoi*, preserved or salted meats.

探 T'an' To feel for with the hand, to search for; to go to discover; to explore, to sound; to try, to essay; to make inquiries about, to visit, to ask after; to examine, to spy, to investigate; *ʿtá t'ám'* to learn about; *t'ám' mong² ₛts'an ts'ikₒ* to visit relatives; *t'ám' ₛshá ʿshui*, to sound; *t'ám' ₛfá*, the third on the list of the Hánlin doctors; *t'ám' t'eng'* to seek news of; *ₛloi t'ám' ʿhá ʿni*, just came in to see how you are; *t'ám' ʿtsz'* a spy; *t'ám' ₛt'ong*, to try the heat of water; *t'ám' yatₒ t'ám'* try it once.

(532) ## Tan.

墩 墪 ₛTun A heap, a tumulus, a mound, a barrow; a pile; a hillock on a stepp; a square pillar of bricks; the base of a post, a plinth; a company of boat-people settled ashore; a ton, used to imitate the English word; *ₛhò ₛtan*, Oyster Heap, or Second Bar; *ápₒ ₛtan*, Duck Hillock, opposite French Folly; *ₛtan kéukₒ* a settlement near Macao Passage Fort; *lápₒ chukₒ ₛtan*, a candle-stand; *ₛin tan*, a fire-signal; *ʿhí ₛtán ₛü iú' ʿtá ₛtan*, pillars must be made in single brick walls; *sau' ₛtan*. cushions used by courtiers; *p'áu' ₛtan*, a bundle of straw; *met.* a squat, strutting fellow. The second form is vulgar.

ʿ躉 A colloquial word. To stop when it ought to go on; to put down; a dépôt for opium; *ₛá p'in' ʿtan*, an opium ship; *ʿtan ₛká*, opium dealers; *chái² ʿtan*, an insolvent; *ʿtan tsoi² ₛmún ʿhau*, put it in the doorway a while; *ʿtan fo'* goods left on hand; *ʿtan p'ò'* a small flower boat.

(533) T'an.

吞 ‹T'un To swallow, to gulp, to bolt; to devour, to swallow up, to seize, to ingulf, to grasp, to appropriate; to merge in one; *‹t'an ‹ün*, to bolt a pill; *‹t'an ‘hau ‘shui*, to swallow one's spittle; to make one's mouth water; *‹t'an ‹t'in*, to swallow the sky, *i. e.* grasping; *‹t'an ‹t'in há²* to seize the empire; *‹t'an ping'* to engross all; *‹t'in lok₂ hü'* swallowed; *‹t'an ‹'m lok₂ ‘keng*, I can't swallow it down; *‹t'an ‹kam*, to swallow gold-leaf—a Chinese mode of suicide; *‹t'an p'in'* to over-reach; *wóng ‹t'an ‹fán t'áp₃* to gulp a pagoda crosswise, *i.e.* inordinately greedy; *‹t'an ‹sheng*, to keep silent; *‹t'an tám'* to take a swallow; *pún' ‹t'an pún' t'ò'* to tell only half.

飩 ‹T'un A sort of meat cake or nut, made of flour and boiled; *‹wan ‹t'an*, meat dumplings, eaten with sugar.

褪 T'un' To undress, to disrobe; flowers fading and falling off. A colloquial word. To pull the arm within the sleeve; to take out bones; to push along; *t'an' kwat₃ ‹kai*, a boned chicken; *t'an' há² ‹hong*, drive it into the next line; *t'an' ch'ut₃* overrun it, as in correcting types; *t'an' lut₃* to slip out of, as from a jacket; *‘tá tò' t'an'* the food rising on the stomach; *t'an' yuk₂ ‘hái*, scolloped crabs.

(534) Tán.

丹 ‹Tan A carnation or cinnabar color; sincere, honest; medicines or other substances decocted or distilled; a prescription, a remedy; *‹ling ‹tán*, an efficacious remedy; *‹tán ‹fong*, a good recipe; *lin² ‹tán*, to distil medicines; *‹tán ‹shá*, cinnabar ore; *‹tán ‹sam*, pure-minded; *‹sin ‹tán*, a divine medicine; *‹tán ‹t'in lik₂* constitutional energy; *yat₃ p'in' ‹tán ‹sam*, entirely devoted to.

單 单 ‹Tán Single, alone, isolated, by itself; odd numbers; a single garment; individual, an orphan; only, entirely; thin, poor, bad; debilitated, exhausted; to surround, around; sincere, credible; a check, an agreement, a bill, a receipt; an adverb, but, only, nothing but; *‹shéung ‹tán*, double, single; even, odd; *‹tán tuk₂* only one; *‹kú ‹tán*, orphaned, isolated; *‹tán hai²* only that, merely, just; *‹tán ‘ngán*, one-eyed; *‹hoi ‹tán*, to make out a bill; *‹shau ‹tán*, a receipt; *ü² ‹tán*, a draft, a promissory note; *‹tán pok₂* thin, deficient, poor; *‘tà ‹tán ts'ák₂* blackmail paid; *‹tán ‹pín lò²* only one way there; *fo' ‹tán*, an invoice; *him' ‹tán*, money owing; *‹tán ‹ting yat₃ ko'* only one; *‹chi ‹tán*, an order to pay money; *cháp₃ ‹tán fo'* to keep goods out of market; *‹tán ‹tò tip₃* a rattan shield and sword; *‹tán*

英華分韻撮要

꜀shan *ʻtsai*, only myself; *꜀tán yat꜀ ʻhi*, do it on the odd days; *꜁ngan ꜀tán*, a check.

꜀殫 Tán The extreme, the last stage of, to the utmost; *꜀tán kau'* to dive to the bottom of a subject; *꜀tán lik꜀* the entire strength.

꜀簞 Tán A small open basket for holding boiled rice; a pannier; *꜀tán ꜁p'iú lü² hung²* the baskets and gourds were often empty—in a famine; *kwá' ꜀tán ꜁wo shéung²* a begging priest.

襌 Tan A garment without lining; a single garment; *꜀tán mat꜀* stockings without lining; *ʻp'í ꜀tán*, a sheet.

꜀鄲 Tán A region in the south of Chihlí province, now the district of Hántán in Kwángping fú.

꜀旦 Tán Men who act the parts of females; *꜁fá ꜀tán*, those who act girls; *ʻtá ʻmò ꜀tán*, those who act as female warriors; *ching' ꜀tán*, actors of elderly ladies; *꜁shang ꜀tán hi'* a play of a love affair.

誕' 譠' Tán To talk wild, to boast, to brag; fabulous, incoherent, unfounded, nonsensical; to enlarge; great, wide; to bear children; to nourish, to bring up; *fong' tán'* to lie, to brag; *kwái' tán'* strange, boasting; *tán' ʻtsz'* to bear a son; *tán' yat꜀* a birthday; *ʻpò tán'* or *꜁p'ò sát꜀ tán'* an idol's birthday; *ho' tán'* to congratulate one on his birthday; the second character only is used in this sense.

旦² Tan The morning, the dawn; a morning; light, dawn; clear, bright; used for *꜁shan*, a god; *꜁ün tán²* newyear's day; *꜁ming tán²* to-morrow morn; *tát꜀ tán²* to watch for the morn; *tso² ʻí toi² tán²* to sit waiting for the dawn; *yat꜀ tán²* in a morning, instantly.

但² Tán But, only, simply; but very; whenever, as soon as; unrestrained, set at liberty; often placed at the beginning of a sentence to add force; *tán² ʻkong ꜁'m p'á'* speak boldly; *tán² pat꜀ ꜀chí*, but I don't know; *tán² kin' ꜁yan ꜀shán ꜁yan ʻhoi*, he sees men like hills or waves—a vast multitude; *tán² ꜁fán*, but, however; whosoever; *tán² tak꜀* how then; *tán² ün² ꜁ü ʻts'z'* I simply wish it so; *pat꜀ tán² ʻkòm*, he not only does so, but....

彈² Tán A pill; a bullet, a shot, a ball; a pellet; to shoot, to snap; to fillip; to hit; to draw a bow; *tán² ꜁ün*, a pellet; *met.* a little plat of ground; *ʻtá tán²* to shoot balls with a bow; *p'áu' tán²* a cannon ball; *tán² ꜁máng ʻngán*, to have an eye shot out; *p'áu' tséung² tán² ꜀ts'an*, the fire-crackers snap against one.

憚² Tán To dread difficulty or pain; tired out, sore; fearful; *sz'' ꜁mò ki² tán²* no fear of any body, reckless; *pat꜀ tán² ꜁fán*, don't be afraid of duty.

蛋² Tan A tribe of the Miáutsz'; an egg; *tán² ꜀ká*, the boat-people about Canton; *tán² ü²* boat-people; *꜀kai tán²* a hen's egg; *tán² ꜀ká ʻtsai*, a boat child—a reproachful term; *tán² ꜀ká ꜁p'o*, tanka-boat women.

(535) **T'án.**

攤 ˏT'an To open and spread out, as for sale; to spread and make thin; to gesture; a stall, a mat or shelf on which goods are displayed; to pay in instalments, to pay dividends; to share, to apportion, to divide amongst; slow, remiss; to prorogue, to defer to another time; *ˏt'án ˊpán*, negligent, as in working; *ˏt'án tung'* the food will grow cold; *ˏfan ˏt'án ˊkún*, gambling shops; *ˏp'á ˏt'án*, to quadrate cash—a mode of gambling; *ˊkwo ˏt'án*, fruit stalls; *ˏt'án ˊshau ˏt'án kéukˎ* to gesticulate much; *ˏt'án ˊfan*, to pay the shares; *ˏt'án tin'* to make up a loss in proportion, as in insurance; *ˏt'án ˏhoi ˏt'án pokˎ* to spread out thin, as to dry; *ˏt'án ˏp'í*, gambling cash: *ˏchá ˏt'án*, to grab a handful of cash for the game; *shikˎ ˏt'án*, dice: *ˊmái ˏt'án*, to bet at quadrating.

灘 ˏT'án Rapids, the water rushing through a rocky pass, a torrent; *ˏshá ˏt'án*, rapids and shoals; *ˏt'án ˏsz'* a pilot through the rapids.

嘽 ˏT'an To pant, to breathe hard; asthmatic, broken-winded, as a horse; easy; *ˏt'án ˏt'án*, full, vigorous, many; to rejoice.

彈 ˏT'an To fillip, to play with the nails; to snap, to throw at; to mark straight, as with a marking-line; to depreciate; to report against; *ˏt'án ˏmín fá* to bow. cotton; *ˏt'án ˏchéung*, an accusation: *ˏt'án ch'éung' ˊtsai*, a singing girl; *ˏt'án ˏk'am*, to thrum the lute; *ˏt'án ˊim*, to dye by sprinkling; *ˏt'án ˊchí ˏsü ˏü*, a very little while: *shau' ˏt'án*, to be blamed; *ˏt'án makˎ sín'* a marking line; *ˏt'án átˎ* to put down by authority, as a mutiny.

壇 ˏT'an An altar on which to offer sacrifices; the altar before shrines; a terrace or high place for worship or meeting on; an arena for a gathering, like Olympia; *ˊshé tsikˎ ˏt'án*, altar to Ceres; *ˏhoi ˏt'án*, to begin the ceremonies of the lemuria; *pái' há' ˏt'án*, to worship wandering spirits; *ˏman ˏt'án*, a hall for literary meetings; *tán' ˏká ˊtá tsiú' ˊmò ˏt'án* the tánká people erect no altars for worship, *i. e.* there's no good in accusing him; there is a play on the last word in this phrase, as it refers both to this and the last character.

檀 ˏT'an A tough wood fit for axles; sandal-wood; *ˊts'z' ˏt'án*, a kind of rosewood; *ˏt'án ˏhéung*, sandal-wood; *ˏt'án sikˎ* incense sticks of sandal-wood.

亶 ˊT'an True, sincere; to trust; plenty, abundant; name of a far country beyond sea.

癉 ˊT'an Disease arising from overwork; fatigued, worn out; to reprove; ulcerated, inclined to sores; the erysipelas; *ˏwong ˊt'án*, the jaundice. Also read *ˏtán*, a disease in children like the piles or strangury.

英華分韻撮要

'坦 T'án Plain, level, even; composed, quiet, tranquil; a son-in-law; *ˏsam 't'án ˏin*, gratified, at peace; *'t'án fukˎ ˏtung ˏch'ong*, a son-in-law; *ling' 't'án*, your son-in-law; *'li tò' 't'án 't'án*, a fine, level road.

'妲 T'án A vile woman, *'T'án 'kí*, the concubine of the tyrant Chausin, B. C. 1130.

'袒 T'án To bare the arm, to strip up the sleeves; to bare the body; next to the skin; to disclose; *yukˎ 't'án*, a naked breast; *'tso 't'án*, to help one even when in the wrong.

'毯 '菼 T'án To strike, to brush away; a small basket; bamboo mats for roofs; a kind of felted hair ratteen or serge, very rough, used under beds, for which the first character is the most correct; *ˏch'ong 't'án*, a bed wrapper; *ˏtsung 't'án*, coir mats.

'僤 T'an Quick, hasty; the whole heart engaged; to move, to annoy; urgent; *'t'án nò'* dire anger; *'ngán 't'án 't'án*, to look at sharply, flashing eyes.

'癱 T'an A numbness of the tendons; *ˏfung 't'án* or *'t'án ún'*, palsy or paralysis; *'t'án 'shau*, a crippled arm.

'灘 A colloquial word. Beach covered at high tide; a flat beach; reclaimed land lying along river banks; *'t'án ˏt'in*, reclaimed paddy fields; *ˏt'úi 'shéung 't'án*, push [the boat] up the beach; *yatˎ fukˎ 't'án*, a line of beach; *'shai 'shéung 't'án*, sail her ashore; *ˏnai 't'án*, a mud flat.

歎' 嘆' T'án To sigh, to moan; to admire, to applaud; a drawl, an expiration after singing. A colloquial word. Given to vicious courses, licentious, drunken, or gambling; *ˏhoi t'án' ˏts'ing*, to bewail before marriage, as a girl does; *t'án' sikˎ* a sigh; *t'án' hi'* a moan; *hò' t'án'* lecherous; *t'án' ˏá p'in'* given to opium smoking.

炭' T'án Charcoal, charred wood; fossil coal; *ˏch'ái t'án'* charcoal; *ˏmúi t'án'* coal; *chéukˎ t'án'* burning coals; *ˏkin t'án'* best coal; *t'án' ˏki*, coal cakes; *ˏshang ˏman ˏt'ò t'án'* the people suffer calamities and outrages; *'tam t'án' ˏki*, to make coal cakes.

(536)

Tang.

ˏ登 Tang To step up, to ascend; to advance, to go up higher; to attain; to record, to note; to commence, to start; to ripen, to complete; when done, as soon; *ˏtang ˏshí*, at present, immediately, at the time; *ˏtang ˏt'in*, to go on the roof; *ˏtang pò'* charge it to account; *ˏtang ˏfo*, to become a graduate; *ˏtang ˏkò*, to ascend heights on the 9th of the 9th moon; *ˏtang ˏch'ing*, to start on a journey; *takˎ ˏtang ˏloi* or *ˏchün ˏtang ˏlai*, came purposely; *'ng kukˎ ˏfung ˏtang*, an abundant harvest; *ˏtang túi'* suitably matched; *ˏtang ˏshi pin' séung'* inoon.

tinently he changed his countenance; ꜀tang ꜀kung tsò꜃ doing it for a special purpose.

A colloquial word. To push off with the foot; ꜀tang ꜀hoi ꜂k'ü, push it aside.

꜀燈 ꜀灯 Tang } A lamp; a lantern; *met.* laws or precepts of Budha; *yat꜁ ꜂chán ꜀tang*, a lamp; *꜀tang ꜀lung*, a lantern; *꜀t'in ꜀tang*, a mid-street lantern; *꜀fung ꜀tang*, a screened lamp; a safe to keep meats in; *kuk꜁ ꜀tang*, an opium-lamp; *꜀tang ꜀t'ai*, a riddle, a conundrum; *꜀hoi ꜀tang*, to make a display of lanterns; *꜂tsau ꜂má ꜀tang*, a horseracing lantern; *꜂lí ꜀ü ꜀tang*, fish-shaped lanterns; *꜂tím ꜀tang*, to light a lamp; *꜀tang ꜀sam ꜂ts'ò*, the *Scirpus capsularis*, Lour., pith is used for wicks; *꜀tang ꜀fá*, the snuff of a lamp; *꜀tang cháu꜃* a lamp-globe; *꜀shau ꜀tang*, put out the lights; *꜀tang shü꜃* a lantern handle; *꜀tang ꜀ngo*, a miller, a moth; *꜀yéung ꜀tang*, a chandelier; *꜀tang ꜀hoi ꜀fá ꜀ngan ꜀kwai ꜀ká*, the flowers on the lampwick indicate good luck.

꜀簦 Tang A bamboo mat shade or umbrella, like those made to shelter hucksters.

꜀䔲 Tang A sort of plant; *꜀kam ꜀tang*, a kind of golden-rod or hypericum.

꜂等 Tang A comparison; to compare; an order, class, quality, kind, degree, species, sort; equal, like, same; a grade, a rank; to wait, to attend; sign of the plural; to allow, to permit, to let; after a verb, *꜂tang* often gives it the force of a noun; *꜂tang ꜂kan ꜂shai*, instantly wanted; *꜂tang ꜂há*, wait a little; *꜂tang hau꜃* to wait for; *꜀t'ung ꜂tang*, same sort or class; *꜂tang k'ap꜁* official grade; *pat꜁ ꜂tang*, unlike, as in price; a variety; *꜀koi yik꜁ ꜂tang*, those seditious persons; *꜂tang tak꜁ noi꜃* waited a long time; *shéung꜃ ꜂tang ꜀kung ꜀fú*, the best workmanship; *꜂tang ꜀chán pat꜁ ch'ut꜁* ordinarily she did not go out; *꜂tang ꜀ts'ai*, wait and go together; *há꜃ ꜂tang*, inferior; *꜂tang ꜀yan* or *꜂tang ꜀yau*, such circumstances; *꜂ngo ꜂tang*, we, us, ourselves; *꜂tang ꜂shui kwo꜃ káu꜃* when there's water we can cross the creek; *꜂tang ꜂ngo tsò꜃* let me do it.

凳꜃ 櫈꜃ Tang } A form, a stool, a bench; a seat without a back; *꜂tau tang꜃* square stools; *꜀k'ü tang꜃* long benches; *kéuk꜁ táp꜁ tang꜃* a footstool, a cricket; *꜀t'ai tang꜃* a step-ladder; *꜀sám kéuk꜁ tang꜃* a three-legged stool—a cheat.

A colloquial word; a stem, a petiole; *꜀ts'z꜃ tang꜃* stem of a persimmon; *꜀tiú tang꜃* intractable, perverse.

鄧꜃ Tang An ancient feudal state, now the superior district of Tang in Nányáng fú in Honán; a surname.

蹬 Tang To miss a step; to tread, to step; at one's wits' ends; exhausted, to give up in despair.

A colloquial word. To pity; *tang꜃ ꜂ni pai꜃ ai꜃* I pity your misfortunes; *꜂ni tsang꜃ tang꜃* you act as if you was possessed.

戥 ˀ A small sized steelyards used
Tang for weighing money; *ˏlí tangˀ* a money yard; *tangˀ ˏsing*, the marks on the beam; *kauˀ tangˀ ˏp'ún*, to test the yard.

(537) T'ang.

騰 To leap, as a horse; to run,
ˏT'ang to gallop; to ascend, to mount; *ˏt'ang ˏwan káˀ mòˀ* to rise to the clouds and ride the mist—unusually clever.

謄 To copy, to transcribe; to
ˏT'ang copy out; *ˏt'ang luk* to copy out; a copyist of essays; *ˏt'ang ˏch'áu*, to copy off.

螣 A flying serpent, fabled to
ˏT'ang be able to rise to the clouds and cause rain.
Also read *tak* a locust.

滕 Water dashing up, spurting
ˏT'ang about; to mouth words; empty; name of a feudal state, now the district of T'ang in Shántung.

藤 籐 } Vines, trailing stems, creepers; especially, the rattan;
ˏT'ang a district in the east of Kwángsi; *ˏshá ˏt'ang*, rattans; *ˏt'ang ˏwong*, gamboge; *ˏt'ang ˏsz'* rattan shavings; *'tá ˏt'ang*, to bind with rattan; *ˏt'ang ˏts'ung* the skin of rattan; *ˏt'ang ˏt'iú*, a rattan whip; *ˏt'ang 'peng*, a braided whip; *ˏmò ip ˏt'ang*, dodder; *ˏt'ang kòmˀ nganˀ* tough as rattan.

疼 Pain, an ache; affection for,
ˏT'ang extreme regard for; *ˏt'ang t'ungˀ* dolorous pain; *ˏt'ang oiˀ* ardent love; *ˏt'ang 'chung*, a painful swelling.

(538) Tap.

Tap A colloquial word. A little pot like a teapot, used to heat spirits or water in; *'tsau tap*, a wine-pot; *lap lap tap tap* very dirty; mean and old. To hang the head, to hang down, as an animal's tail; *tap ˏtai*, to hang down; *tap ˏt'au ˏkai*, a drooping cock—a man without spunk, a dastard.

Tap A colloquial word. Driving rain; to be rained on; to throw away; to let fall; *yat tap lok tiˀ tsauˀ lánˀ* if it falls it will smash; *'mai tap shap 'k'ü*, don't let the rain wet it.

T'ap A colloquial word. Muttering, sulky; *'kún tak 'k'ü t'ap t'ap ˏsheng*, let him alone in his sulky grumbling.

(539) Táp.

答 荅 } A bamboo hawse for dragging boats; an answer, an echo; to answer, to respond,
Tah to reply, to echo, to rejoin; to recompense, to feel an obligation; suitable, congenial; thick, coarse; *manˀ táp*, question and answer; *táp 'tsui*, to interfere; *pòˀ táp*, to requite favors; *táp yingˀ* to reply to; *ˏch'au táp ˏt'in ˏyan*, to give thanks for heaven's kindness—as in saving a house from fire; *'tsung ˏ'm táp*, made no reply at all; *ˏ'm táp ˏ'm sáp* no satisfactory answer; there's not enough for any use.

苔, Tah Used as a contraction for the preceding; a sort of pulse; to take upon one; ‹k'ü táp› a sort of chevaux-de-frise; 'chá táp› cow's bezoar.

搭, Tah To touch, to handle; to strike; to place on, to pile up; laid on, made higher; to join to; to lodge at, to become a guest; to suffix, to add to; to suspend; to lean against; táp› ‹shün, to take passage; táp› hák› passengers; táp› chü² to lodge, to stay at; táp› 'ká, to make a scaffolding; táp› pok› to lay on the shoulder, as a scarf; táp› ch'ing² ‹t'au, to add for loss or tare, in weighing goods; táp› ‹tán, additions to a manifest; táp› ‹tán ‹ning hü² take this along also; táp› 'shau ‹k'iú, a kind of fisticuffs with crossed arms; ‹'m kau² táp› ‹t'au, that'll never make up enough; táp› sui² to make full weight of specie with bits; táp› ‹p'áng, to put up mat awnings; táp› ‹fau ‹k'iú, to put up a foot-bridge.

沓, Tah Bubbling, rippling water; jabbering, prattling; to join, united; to pile on; greedy, avaricious; blindfold; to backbite; foolhardy; a pile, as of books; a roof of a hong; 'tá táp₂ to put on top; yat› táp₂ uk› one division in a hong; i² táp₂ the second division; yat› táp₂ 'chí, a pile of paper; táp₂ táp₂ slow, remiss; táp₂ 'hí, pile them up.

踏, Tah To tread, to step on; to walk in step when singing; a step; táp₂ shat₂ ti² pò² to feel a firm tread, *i. e.* look before leaping; tsin² táp₂ to trample on: táp₂ hòm² to go around on an examination; táp₂ ‹ts'ing, to worship the tombs; yat› k'uk› táp₂ 'léung ‹shün, one foot on two boats, *met.* two irons in the fire; táp₂ p'o² broke it by stepping on it.

遝, Tah Abundant; repeated, reiterated; mixed; tsáp₂ táp₂ things mixed up, a medley.

(540) T'áp.

塔, 墖, T'ah Sound of things falling; a pile of earth; a pagoda, a tower; a dagoba; ‹man t'áp› a three-storied literary pagoda; yat› tso² t'áp› one pagoda; ‹Fá t'áp› the Ornamented pagoda; ‹Kwong t'áp› the Plain pagoda; Ch'ik› ‹kong t'áp› Lob-creek pagoda; ‹P'á ‹chau t'áp› Whampoa pagoda; ‹Lin ‹fá t'áp› Second Bar pagoda; t'áp› 't'ò, a fearless man; ‹fán t'áp› a pugoda; pát› 'pò t'áp› a dagoba at Honam temple.

榻, 橡, T'áh A long bed; a sort of wooden couch; 'shéung t'áp› to go to bed; há² t'áp› "to let down the bed,"—refers to a story of Tsü Jú in the After Hán dynasty; ‹ch'ong t'áp› a bed.

碍, An unauthorized character, for which the last is often used; a large unglazed jar, used to warm things in, or to hold flour; ‹ch'ing t'áp› earthen jars and jugs.

嗒 Táh. To forget; to lose one's self possession, to get in a flurry, to throw off care; to sip, to taste, to lick; *t'áp* *ín yéuk* *song* bewildered, as from intense grief.

漯 T'ah. Name of a stream in Shensí; also of an ancient district in that region; rushing waters.

鰨 T'áh. A plaice, a flounder, a sole fish; *t'áp* *shá* *ú*, the sole fish.

塌 T'áh. Low ground, ground settling; a first ploughing; to fall in ruins, to fall down; *'tò t'áp* sinking and falling, as a house; *tsò t'áp* to waste wantonly, to throw about.

搨 T'áh. To make a fac-simile by transfer; a fac-simile; to echo; *kau' t'áp* an ancient fac-simile; *t'áp* *tí'* *ts'ín*, transit duties on tea; *t'áp* *'ying*, to get a thing by false pretences.

(541) **Tat.**

突 Tuh. Abruptly, suddenly, furiously; to rush out, to bolt; to rush against; to despise; inconsiderate, precipitate; offensive, insolent; perforated; to make a hole through; *tat* *ín* *sí* *loi*, came upon suddenly; *tat* *ngat* to stick up higher; to speak or act rudely, overbearing; *ch'ung tat* to rush against; *t'ong tat* to arrogantly offend.

⿰亻突 Tuh. To offend by pride; *t'ong tat* arrogant, haughty in manner and words.

堗 Tuh. The door of a kitchen range, the place where the fire is put.

凸 Tuh. A tenon; anything jutting above the surface, as a wen, a hillock; protuberant, convex; a surplus, over; *tat* *'ngán*, protruding eyes; *'yau tat* more than enough; *tat* *tsz'* letters cut in relief; *'au tat* to disgorge more than was taken, to lose money; *fau tat* projecting, as carvings; *tat* *'tsui*, to pout; *tat* *ch'ut* to push out, exposed; *tat* *ch'ut* sticking out, extruding.

(542) **Tát.**

達 Táh. Open, permeable; to reach all around; to permeate, to pervade; to perceive, to see through, as a subject; to enter into, as the water; intelligent; intelligible; to inform, to communicate, to make known to; to give to, to transfer to; to promote, to bring forward, to advance; to spring, as a plant; suitable; all, every; *tát* *yan*, a shrewd man; *t'ung tát* passable, as a road; clever, ready, intelligent; *shéung' tát* rising, as in office or fame; *tát* *pò'* to inform the Boards; *mí' tát* *yat* *kán'* not yet learned anything to speak of; *tát* *chí*, let him know; *tát* *'tsz'* a name for the Tartars; *fát* *tát* rising, prosperous; *'shéung tát* to inform the throne.

薘 Táh. Name of a plant, a beet; *kún tát* *ts'oi'* a coarse winter greens; *p'ò tát* the brinjal or egg plant.

(543) **T'át.**

撻, T'áh To punish, to chastise, to castigate; to strike, to beat; a slap, a blow. A colloquial word. A dead loss, to get nothing back; *ˏpín t'át*ˎ to horse-whip; *t'át*ˎ *ˏkon tseng*ˀ I've lost the whole, has not repaid me a cash; *t'át*ˎ *ˏshá ˏü*, the sole fish; *t'át*ˎ *ˏchaung ˏhái*, slip-shod; *t'át*ˎ *ˏshan ˏká*, to run through one's patrimony, to injure one's self; *t'át*ˎ *chéung*ˀ *muk*ˎ a bad account; *lát*ˎ *t'át*ˎ *ké*ˀ dirty, filthy; *ˏshái t'át*ˎ to throw away the leavings; *t'át*ˎ *ˏyan ˏngan ˏ'm ngap*ˎ *ˊngán*, he thinks nothing of swindling people; *t'át*ˎ *ˏmái ˏts'éung*, throw it against the wall.

闥, T'ah A door, a gate; an inside door, door of the hareem; a screen; *ˏkwai t'át*ˎ door of hareem; *ngo*ˀ *t'át*ˎ a bed, a nook where the bed stands; *met*. the recesses or nooks of a country.

怛, Táh Moved, grieved, distressed; urged by oppression; alarmed, dreading; to pity, to feel for. Also read *tán*ˀ to compassionate.

笪, The heavens suddenly becoming dark. A colloquial word. A patch, a spot, a daub; a classifier of patches, spots, &c.; a bamboo mat; *lán*ˀ *tak*ˎ *tái*ˀ *t'át*ˎ tore out a large piece; *ˊün t'át*ˎ flexible mats; *yat*ˎ *t'át*ˎ *yan*ˀ a daub, a grease-spot; *chuk*ˎ *t'át*ˎ heavy mats used for fences or sheds; *ko*ˀ *t'át*ˎ *tí*ˀ *ˏfong*, that spot or place.

(544) **Tau.**

兜 ˏTau A sort of helmet, a morion; helmet-shaped; to incite, to irritate; to doubt; *ˏtau ˏmau*, an iron helmet; *ˏtau táp*ˎ an impolite interference; *ˏt'ong ˏtau*, a soup-turren; *ˏtau ˊt'ò*, a large bag carried at the girdle; *há*ˀ *ˏp'á ˏtau*, an old man's chin; *ˏtau ˏmau*, repulsive, as an ugly face.

𢭃 ˏTau To correct, to criticise; to clip, to cut smaller; to lift up, to raise by the hands; to retain, to scheme after; *ˏtau ˊlám*, to engross, to meddle with, to grasp after; *ˏtau ˏhoi*, to lift aside, to raise and put elsewhere; *ˏtau ˏshau*, to keep wrongfully what is received; *ˏtau ˏt'an*, to make off with; *ˏtau tak*ˎ *ˊshui*, to throw or take up water in the hands; *ˏtau ˊkai*, to receive in hand, as money; *ˏtau ˊtò lok*ˎ I have got it; *ˏtau ˊhí kiú*ˀ to lift a sedan; *ˏtau ˊkan*, lift it carefully.

篼 ˏTau A horse-trough, a pail for giving a horse drink; an open bamboo sedan; a classifier of trees; *kwo*ˀ *ˏshán ˏtau*, a mountain chair; *yat*ˎ *ˏtau shú*ˀ a single tree.

斗 ˊTau A dry measure of ten *ˏshing* or pints,—it varies in size; vessels like pecks; small, contracted; the eighth of the 28 constellations, composed of μ, λ, σ, ς, τ and ξ in Sagittarius; also ω, η, γ, ν, and o, in Her-

英華分韻撮要

cules; the 68th radical of characters relating to measures; a wine vessel; *shui*' '*kún* '*tau*, the customs' peck, containing 14 catties; *₍ts'ong* '*tau*, the granary peck, contains 6½ catties, and measures 309.51748 cubic inches, or 1 1/32 gallons; '*tau* '*tám*, great courage; *pak₎* '*tau*, the Dipper; '*mún* *₍t'in* *₍sing* '*tau*, sky is covered with constellations; '*tau* '*tai* *₍fong*, a very small room; '*tau* *shat₎* a little house; '*fán* '*tau*, playing, rollicking; *pái*' '*tau*, to worship the Great Bear; *fat₎* '*tau*, a dust-board; '*shui* '*tau*, a dipper; *déung* *₍shing* *kwo*' '*tau*, to live from hand to mouth; '*tau* *kok₎* a carpenter's bevel; *₍fúi* '*tau*, a hod.

枓 Tau. The capital of a pillar; the square block put on top of a pillar. Also read '*chü*, a long handled ladle.

'蚪 Tau. A tadpole; '*tau* *₍man*, called the tadpole headed. An ancient form of characters.

'斜 Tau. A yellow silk; to announce; to propose, to agree; '*tau* *mán*² *₍man*, to inform the people; '*tau* *hòp₂* to make a coalition; *₍shing* *₍hin* '*tau* *mau*² to warn a friend of his misdeeds.

鬥' 鬭' 鬪' 鬦' Tau. To fight, to contest, to wrangle, to squabble; to battle; to strive for superiority. to compete for; to discuss sharply; the 191st radical. A colloquial word. To make furniture, to work at cabinet-making; to meddle or play with, to touch; *tau*' *hi*' belligerent, pugnacious; *tau*' *₍sám* '*pán*, a regatta; *₍cháng* *tau*' a brawl, to fight; *tau*' '*au*, to fight together, as villages do; *tau*' *₍sam* *₍sz*' to debate about; *tau*' *fan*² to squabble about the shares; *tau*' ''*ng*, to go snacks; '*shéung* *₍mún* *tau*' *tong*' to go to one and ask for work; *tau*' *lün*² *sái*' thrown all into disorder; *tau*' *muk₂* '*lò*, a carpenter; '*mai* *tau*' don't touch it; *tau*' '*ni* '*mò* '*chü* *i*' I don't care much about buying it; *tau*' *₍'m* *chü*' I can't stand with you, I'll knuckle under; *tau*' '*sun*, to mortise; *tau*' '*p'áu* '*má*, to race horses; *tau*' *ts'ü*' pleased, joyous.

料' Tau. To arouse, as one's spirits. A colloquial word, for which the preceding character is preferable. To touch; to work in wood.

豆² Tau. A trencher, a charger, a platter; a sacrificial dish; an ancient weight equal to 16 grains of millet, and the 144th part of a tael; to measure out; a peck; pulse, beans; the 151st radical of characters relating to leguminosæ; *muk₂* *tau*² a wooden trencher.

A colloquial word. A father; '*lò* *tau*² my father.

荳² Tau. Used for the preceding; pulse, peas, beans, legumes; *₍hung* *tau*² red pulse, lentiles; *₍ts'ing* *tau*² green peas; *tau*² *káp₎* bean pods; *tí*² *tau*² ground-nuts; *tau*² *kok₎* beans in the pod; *tau*² *fú*² bean curd; *tau*² *fú*² *₍fá*, bean curd jelly; *tau*² *fú*² *₍kon*, curd cakes; *tau*² *k'au*' nutmeg.

痘^{2} Tau The small-pox; *ch'ut*ˎ *tau*^{2} sick of the small-pox; *chung*^{3} *tau*^{2} to inoculate; ˏ*im tau*^{2} to vaccinate; ˏ*t'in* ˏ*hung tau*^{2} sporadic cases of small-pox; *tau*^{2} ʿ*mò*, goddess of small-pox; *tau*^{2} ˏ*tséung*, vaccine virus; *tau*^{2} ˏ*ch'ong*, pox pustules; *tau*^{2} ʿ*im*, the scabs; *tau*^{2} ˏ*p'i*, pock-marked; *tau*^{2} ˏ*páu* ʿ*shau*, a crippled hand.

逗^{2} Tau To detain; to delay, to stop, to loiter about; to remain, to stay without permission; to peer and peep, to skulk around, in order to escape; *tau*^{2} ˏ*lau*, to delay and loiter, to skulk about, not to go when ordered; to stop, as a clock.

竇^{2} Tau An aperture, a hole, a den, a burrow; a cavern; to burrow, to dig through a wall; an aqueduct, a drain; a waste-weir; ʿ*shui tau*^{2} an aqueduct; ʿ*kau tau*^{2} a dog's kennel; *tau*^{2} *üt*ˎ a burrow, a hole; *sak*ˎ *tau*^{2} to let down the water gate; *fong*^{3} *tau*^{2} to drain the water off, as from a field.

讀^{2} Tau A period, a full stop in the meaning; ˏ*fan kü*^{2} *tau*^{2} to divide and punctuate a writing.

(545) T'au.

偷 ˏT'au To steal, to pilfer; to obtain unfairly; to make a pretext for getting; remiss; stealthily, underhand, clandestinely; privately, secretly; disrespectful; ˏ*t'au* ʿ*yé*, to steal; ˏ*t'au* ˏ*hán*, to laze about, to shirk work; ˏ*t'au* ˏ*t'au hü*^{3} to steal away; ˏ*t'au* ˏ*t'au shí*^{3} ʿ*há*, just try it secretly; ˏ*t'au* ˏ*shang*, to shamefully save one's life; ʿ*kau* ˏ*t'au*, a petty theft, a shop-lifter; ˏ*t'au* ʿ*tsau*, to go along silently; ˏ*t'au* ˏ*kai man*^{2} ˏ*t'ò*, to be banished for stealing a chicken—a disproportionate punishment.

鍮 ˏT'au An ore resembling gold, and which forms an amalgam with quicksilver; perhaps it is gold quartz, said to come from Persia.

頭 ˏT'au The head, the skull; the chief; the front, the top; the first, the best; the end of a stick; the entrance of a matter; a classifier of affairs, acts, &c.; it is added to many words, in some cases because they are roundish like a head, and in others merely to make a dissyllable; ˏ*t'au hok*ˎ the skull; ˏ*t'au* ˏ*wan*, the vertigo; *kok*ˎ ˏ*t'au*, a corner; ˏ*úi* ˏ*t'au*, to turn the head; *ú*^{2} ˏ*t'au*, taro; *yat*ˎ ˏ*t'au* ˏ*ts'an sz'*^{2} a marriage affair; ˏ*'m* ʿ*hò* ˏ*t'au shai*^{3} an unlucky omen; *kwo*^{3} *ko*^{3} ˏ*t'au*, go around that way; *shéung*^{2} ˏ*t'au*, *há*^{2} ˏ*t'au*, above, below; high, low; ʿ*wan* ˏ*t'iú* ˏ*t'au lò*^{2} seeking for work; *chit*ˎ ˏ*t'au*, discount on specie; ˏ*mò* ˏ*t'au* ˏ*kung on*^{3} a doubtful case at law; *kung*^{2} ʿ*k'ü yat*ˎ *ko*^{3} ˏ*t'au*, an intimate friend; ˏ*ping* ˏ*t'au*, a military officer, very generally applied to all foreign officials; *tsò*^{2} *sz'*^{2} ʿ*yau* ˏ*t'au* ˏ*mò* ʿ*mi*, he begins things he never finishes; ˏ*t'au muk*ˎ leader of

英華分韻撮要

banditti; *'tá ˌt'au chan'* the van in a battle; *ˌmò 'séung ˌt'au*, no other way; *ch'ut, ˌt'au*, distinguished, successful, rising; to take the lead; *ˌt'au tim'* all right; a straight road; *ˌt'au ˌt'au ko' ˌshi*, that first time; *ˌt'au yat, ko'* the leading man, the most famous; *'ngo ˌtong ˌt'au*, I am the manager; *ˌt'au ˌwui ˌt'au shai'* the first thing one meets — auspicious or unlucky; *kwo' ˌt'au*, over head, *i. e.* too, too much, in excess, very.

投 ˌT'au To throw at or down: to cast away, to reject; to lay down; to give, to present; to receive; to engage one to do, to intrust; to have recourse to, to go to, to give one's-self up to; to dip; to suit, to agree upon; to raffle, to bid for; towards, inclining to; *ˌming ˌt'au*, to bid at auction; *ˌt'au mak,* a written offer for; *ch'ut, ˌt'au fo' mat,* to sell by auction; *shüt, wá' ˌt'au ˌki*, to agree in opinion, unanimous; *ˌt'au ˌpan ˌlong*, to consult with the neighborhood upon a matter; *ˌt'au ˌshing*, to return to allegiance, as rebels; *ˌt'au ˌman ˌshü*, to hand in a dispatch; *tsz' ˌt'au ˌlo 'mong*, fell into his own snare; *ˌt'au t'ip,* to leave a visiting-card; *ˌt'au ˌsai*, westward; *ˌt'au 'shui*, to throw one's self into the water; *ˌt'au ˌk'i 'sho hò'* to like what he likes, sycophantic; *ˌt'au ˌkwan*, to enlist.

骰 ˌT'au Dice; often used for *'kú* 股 the thigh; *ˌt'au 'tsz'* dice.

'抖 A colloquial word. To pant, to take breath; to rest; *'t'au hi'* to pant, to gasp for breath; *'t'au ˌlo*, go to sleep; I'll take a nap; *'t'au 'há 'shau*, hold up a while; *'t'au yat, yat,* to rest a day; *ˌt'án 't'au*, to rest; *'t'au ˌléung*, to take an airing.

透' T'au To pass over, to leap over, to go from this to that; to pass through, to penetrate, as light does glass; to comprehend; thoroughly, throughout; to fear, alarmed. A colloquial word. To light a fire; to offer, as a price for; *t'au' ˌts'ing 'kong*, to tell all one's feelings; *t'au' ˌsam ˌléung*, to chill one through, as ice-water; *'t'ai t'au'* to see a thing clearly; *t'au' fa' ˌyan ˌsam*, to thoroughly convert the heart; *t'au' ch'it,* to understand fully; *t'au' ˌkwong*, a skylight, an opening for light; *t'au' 'fo*, to light a fire; *t'au' chéuk, t'án'* the coal has kindled; *t'au' 'fo ˌlò*, make a fire in the grate; *t'au' 'tai ˌláu*, to offer a very low price for; *ˌt'ung t'au'* thoroughly.

(546)

Té.

爹 ˌTié A father; *á' ˌté* or *ˌté ˌté*, daddy! papa! *'lò ˌté*, venerable sir! addressed to old men; *ˌkon ˌté*, an adopted father.

'哆 A colloquial word. Remiss, slovenly, lazy, inattentive to one's duties; *'té 'té tiú'* very careless and untrustworthy.

(547) **Téung.**

˛啄 A colloquial word. To peck at, as a bird does; to thump one's head and wound it; *ˊni ˋt'ai ˛kai ˛téung*, see lest the hens eat it; *˛téung ˛t'au hok˒* to get money by threats of self injury.

(548) **Téuk.**

啄˒ Choh To peck; to pick up grain with the bill; a fowl eating; to preen the feathers, to plume; *téuk˒ ˛mò*, to dress the plumage, as ducks do; *téuk˒ muk˒ ˊniú*, a woodpecker; *mok˒ téuk˒* to knock at a door.

椓˒ Choh To push; to strike; to carve, to cut, as letters; a sound of rapping; to reverberate; to throw down.

椓˒ Choh To pound on wood, to strike, to bang; to castrate, as a punishment; *téuk˒ ˛chi ˛ting ˛ting*, striking it with repeated blows.

涿˒ Choh To drop, to fall in a stillicidum, to trickle; to strike on the water; a small stream southwest of Peking; a district in Shuntien fú.

琢˒ Choh To work in gems; to cut, to carve, to dress, as stones; to choose; *˛tiú téuk˒* to polish and cut gems; *yuk˒ pat˒ téuk˒* a gem unwrought — is a useless thing; *téuk˒ ˛mo*, carving and polishing; *˛tun téuk˒* to select.

斲˒ Choh To cut, to sever, to hew, to chop, to hack, to rive, to split; to hash, to mince; *téuk˒ ˛kún*, to split open coffins; *téuk˒ lán²* to hash up; *téuk˒ ˛cham ˊpán chau˒ ˛yan*, to curse one wishing him to be chopped on the block; *téuk˒ yuk˒ tséung˒* to mince meat.

(549) **Tí.**

˛Ti. A colloquial corruption of 的 *tik˒*; a diminutive adjective, a little; *ˊhò tak˒ ˛ti*, a very little better; *ˊpi ˛ti ˛t'im*, give a little more; *fái˒ ˛ti ˛hang*, go quicker; hurry! *˛ch'ui ˛tí tá˒* to blow a trumpet; *˛tí kòm˒ ˛to*, a very little.

地² Ti The earth, the globe; one of the three powers; a place, a territory; grounds, a spot; terrestrial; earthy; in the ground; the ground, the bottom, the support of; only, merely; *ti² há²* on the ground; *ti² ˛fong*, a place, a space, a region, a locality; *˛shán ti²* burial places; *ti² ˛lò*, an underground refuge, a souterrain; *ti² ˛sín*, sorcerers, villains, loafers; *ti² kéuk˒* a spot; a reputation, connections; *ti² ˊchü*, a landlord; a god of the land; *ti² ˛fong ˛kún*, the local authorities; *ti² ˛tsò*, ground rent; *˛sam ti²* the disposition, the nature of; *ˊtá ti²* to prime in painting; *ˊni ˛sin ˊtà ti²* do you broach the matter; *ˊk'ü ˊyau ti²* he is a man of substance; *'pún ti[2] ‹yan*, a native of the place; *tsò[2] tò[3] 'kòm ‹t'in*, *ti[2]* has it come to such a pass! *ti[2] 'li ‹t'ò*, maps, charts; *lok[2] ti[2]* fell down, as on a floor; *'hò ti[2] wai[2]* a good situation, a fine locality; *ti[2] li[2]* products of the earth; *'k'ü ‹chan hai[2] ti[2] li[2]* he has great influence; *òm[3] ti[2]* in secret, *sub rosâ;* a dark place; *‹kam ti[2]* a gilt ground.

哋[2] A colloquial word. A sign of the plural of persons; a sign of the possessive, in which sense it is a contraction of the next; *‹ngo ti[2]* we; *'k'ü ti[2]* they; *‹chung ‹chung ti[2]* so so, ordinary; *'k'ü ti[2] ‹ts'in*, it is his money.

(550) Tik.

的, Tih Clear, bright; evident, real; a target, the bull's eye; an important circumstance; a red or white spot which shows distinctly; after pronouns, *tik›* makes a possessive case, after nouns the genitive, and after verbs a participle; a person; a small quantity; an adjective of comparison or implying a quality; *kwai[3] tik›* dearer; *yat› tik›* a very little; *'yau tik›* there is some; *tik› k'ok›* fully substantiated, really; *tik› tong[3]* careful, trustworthy; *‹cháng tik› ‹yam*, the tones differ; *‹mò 'tim tik›* you do not take care; *pák› tik›* whitish; *tik› sik›* neat and small; miniature; *'siú tik›* the little one, *i. e.* I; *'ngo tik›* mine; *tik› pat›* my own handwriting; *'tá t'it› tik›* a blacksmith; *oi[3] tik›* loving; *tik› kòm[3] noi[2]* in a little while; *kan[2] tik›* the nearer; come near.

靮, Tih A bridle; *chap› ‹ki tik›* to seize the reins.

揚, Tih To stir up by the hand, as with a ladle. A colloquial word. To lift up, to bring with both hands; to excite, to animate one's spirits; *yat› lik› tik›* raise it with all your strength—it is heavy; *tik› 'hi hü[3]* hurry off with it; *tik› 'hi ‹sam ‹kon*, to rouse one's spirits, to inspirit.

嫡, Tih The wife, a consort; *tik› shat›* the wedded wife; *tik› 'tsz'* children of the wife; *tik› ‹ts'an*, blood relatives; *tik› ‹t'ong ‹hing tai[2]* cousins german of same surname; *tik› 'mò*, the wife-mother.

滴, Tih To drip, to ooze; a drop, a very little; *yat› tik› 'shui*, a drop of water; *'pi tik› ‹yau*, put in a little oil; *tik› lik›* dripping out; *'tím 'tím tik› tik›* drizzling and dropping, as the rain; *tik› hüt›* to drop blood — into water, thought to be a proof of relationship; *‹t'iú yat› tik›* take up a little in a spoon.

甋, Tih A tile; *‹ling tik›* jars or amphora with ears on the long neck; large tiles.

蹢, Tih The hoof of an animal, of a pig or horse in particular; a foot; to join a party, to enlist, to go over to.

鏑, Tih The barb of an arrow, the point of a dart; a sharp point; *ₛming tik*ₒ a whirring arrow.

敵₂ Tih An opponent, an antagonist, a person matched against one, a competitor; an enemy, a foe; the enemy; an equal; to oppose, to fight, to withstand; to compete, to contest, to strive for; *ₛch'au tik*₂ an enemy; *tik*₂ *tak*ₒ *chü*² well able to match him; *pat*ₒ *tik*₂ unequal, not matched; *tik*₂ *ₛshün*, the enemy's fleet; *ₛk'éung tik*₂ a powerful foe; *tik*₂ *'t'ai ₛt'ung ₛtsün*, equally honorable—said of a married pair; *tik*₂ *'shau*, a foe, a competitor; *ₛséung tik*₂ opposed, inimical.

狄₂ Tih Name of Scythian tribes on the north of China, in the Desert; a stag or great deer; musical officers. Used for the next.

逖₂ Tih To remove to a distance; to put away; remote; *tik*₂ *tik*₂ zealous, earnest to succeed.

荻₂ Tih Delicate water plants, with whitish fragrant flowers; a sort of arrow-leaf: *ₛlò tik*₂ a tall species of arundo.

覿₂ Tih To see a person, two persons seeing each other; to have an audience; *tik*₂ *min*² to see one face to face; *ₛsz' tik*₂ a private interview.

滌₂ Tih To wash, to cleanse vessels; to purify; to reform, as the heart; to dilute spirits; stall for keeping cattle in; *tik*₂ *hü*² to wash away; *tik*₂ *tik*₂ warm, dry, breezes; *tik*₂ *tu*² to wash the inkstone — and be ready for study.

廸₂ 迪₂ Tih To tread in the way of others, to follow, to advance in knowledge; to obtain; to direct, to teach; to go to a place; the right path; *tik*₂ *kat*ₒ to be happy; *ₛyau tik*₂ to admonish, to put in the right way; *'k'ai tik*₂ to set a good example, to point out a right way.

翟₂ Tih The Tartar pheasant; dresses ornamented with feathers; a flabellum of feathers, a panache held by worshipers; an ancient state, now Yen-gán fú in Shensí; *yau*² *'shau 'ying tik*₂ their right hands held the feathers.

籊₂ Tih Long, tapering, bamboo rods, cut off at the point, and suitable for fishing-poles.

(The four next are often pronounced *tek*.)

笛₂ 篴₂ Tih A flute, a fife; *ₛch'ui tek*₂ to play the flute; *ₛwáng tek*₂ a fife; *ₛshéung tek*₂ flutes in pairs.

糴₂ Tih To buy rice, to lay in grain; to wash rice; quick; *tek*₂ *'mai*, to purchase rice; *át*ₒ *tek*₂ to forbid buying grain; *ₛp'eng tek*₂ to buy rice cheap.

(551) T'ik.

剔, T'ih To cut the flesh from the bones, to scrape off, to hew away; to pick up or dig out; *ₛt'iú t'ek*ₒ to cut, as with a graver; *t'ik*ₒ *'ch'í*, to clean the teeth; *t'ek*ₒ *'sing 'k'ü*, hint it to him, as an impending danger.

踢ˀ T'ih To kick; to kiak up; *t'ek*ˀ *'in*, to kick the shuttlecock; *yat*ˀ *kéuk*ˀ *t'ek*ˀ "at a kick," *i. e.* lumping the lot; *t'ek*ˀ *'sz'* *ˌyan*, to kill by a kick; *ˌfúi* *ˌsing t'ek*ˀ *'tau*, Boötes kicking at Ursa Major—a picture; *ˌkai t'ek*ˀ a cock's spur; *t'ek*ˀ *ˌk'au*, to roll iron balls with the foot—a sort of game.

惕ˀ T'ih Respect, regard for; sorrowful; quick, careful of giving offense, diligent in duties; *t'ik*ˀ *t'ik*ˀ love for.

A colloquial word. To place on, to lay down; *t'ik*ˀ *lok*ˀ *pok*ˀ *ˌt'au*, to put on one's shoulders, as a shawl; *t'ik*ˀ *ˌmái*, to put aside.

裼ˀ T'ih To expose the arm and breast; a vest or waistcoat; *'t'án t'ik*ˀ to expose the bosom; to bare the arms and square off; *t'ik*ˀ *ˌk'au*, to turn a fur garment inside out.

倜ˀ T'ih Free, unrestrained; *t'ik*ˀ *'t'ong*, noble manners, fine bearing; *t'ik*ˀ *ˌín*, free, easy.

忒ˀ T'eh An excess, an error; to alter, to change; to doubt; to err; very, extremely; *t'ik*ˀ *'máng tik*ˀ very furious; *hò'* *ˌt'ín pat*ˀ *t'ik*ˀ high heaven errs not; *pat*ˀ *t'ik*ˀ no error or doubt.

(552) Tím.

'點 '点 Tien A black spot, a dot; a little, a mite; point in punctuation, a comma; the stroke of a clock; dotted, spotted, starred; to punctuate, to italicise with dots; to blot out, to dot out, to mark for correction; to see that all are correct; to point out; to soil or spot; to disgrace one's self; to designate, to prick off; to light, as candles; to nod in assent. A colloquial word. How, in what manner? what? *'tím ˌní* how shall it be done? *'tím á'* how! *'tím 'kái*, what is its meaning? what does he say? *'chí 'tím*, to point out, to show; *'tá 'tím*, to arrange, to sort; to bring to mind; *'tím yéung'* how, in what way? *'tím sün' 'hò*, which do you think will be best? *yat*ˀ *'tím ˌchung*, one o'clock; *'tím ˌsam*, a luncheon; *'tím ˌsam sz'* what does he intend to do? *'tím ˌping*, to detail troops; *'tím 'fo*, to light a fire; *ˌyam 'tím*, advanced to be a Hánlin doctor; *'tím ˌt'au*, to give assent; *yat*ˀ *'tím yat*ˀ *wák*ˀ a point, a line; *'tím tün' kü' tau'* to mark the sentences and periods; *'tím kwo' shò'* make out the list; *'tím 'ím 'há*, how shall it be beautified? *yat*ˀ *'tím ˌsing*, a mark, as on a steelyard; *'tím tsò' tak*ˀ how shall it be done? *yat*ˀ *'tim hí' ˌt'au*, a little angry; *ˌkáng 'tím*, one fifth of a watch, or 24 minutes; *'tím ˌchí*, how do you know? *'tím ˌshü*, to punctuate.

坫' Tien A screen in a doorway; a sort of earthen teaboard or stand, used at feudal treaties; a buffet or cupboard; *'fán tím'* to turn down the cups on the stand.

店' Tien A place to put goods in; a shop, a stand; an inn; *hít, tim'* lodgings, an eating-house; *'tsau tim'* a wine-shop; *'lò tim'* the old stand; *'kún tim'* a porter in a shop, a coolie; *ch'ut, tim'* perquisites to clerks; *tim' ,ká*, boys in eating-shops; *'yé tim'* a rest-house.

玷' Tien A flaw in a gem; a defect, a bad spot; to split, to injure; chipped, spotted; disgraced. A colloquial word. To run against; *,shün tim' shek, yap, 'shui*, the water runs in when the ship strikes; *tim' yuk,* to disgrace one's self; *tim' ,ts'an 'k'ü*, run on it, hit against it; *'t'ai tim'* lookout for yourself! — a street cry; *shi' tim' shi' chéuk,* it is a good hit for you; *tim' ,t'au hok,* to bump one's head; *'t'ai tim' kéuk, ,cháng*, I'll hit your heels, lookout! *pún' 'sz' tim' 'k'ü*, to threaten self-destruction in revenge.

阽' Tien Dangerous, imminent, as a tottering wall; disagreeable, harsh, as a sound: *tim' ,ü 'sz' ,mong*, in danger of death.

掂' Tien Read *,tím*, to try the weight of a thing with the hand. A colloquial word. To lay up and down, to lay straight; straight, direct; ahead; *kai' ,'m tim'* innumerable, can't be reckoned up; *pat, kòm' tim' lò'* a road straight as a pencil; *'tá tim' fong'* to lay along; *tim' pat, lut,* go on straight ahead; *tim' sín'* straight; *,'m tak, tim'* I can do nothing; I am quite shut up; *,'m tim'* they are not straight.

(553)

T'ím.

添 T'ien To add, to increase, to augment; to put in more, to throw in; additional, extra, more than was counted on; *,ká ,t'im*, to add more; *,t'im ,ting*, to have a son born; *'pi tik, ,t'im*, give a little more; *,t'im ká'* to raise the price; *'shéung 'há ,t'im*, put on more, as coloring; *,t'im 'pò tik,* make it a little more; *,mò 'kái ,t'im*, has no meaning either; *'yau 'ü ,t'im*, the rain is coming too; *,t'im shat, ,doi*, make your real offer.

恬 'T'ien Peaceful, tranquil, contented; to pass life tranquilly; *,t'im tsing'* at rest, quiet.

湉 'T'ien Water flowing along without noise or murmuring; a gentle, still stream.

甜 餂 T'ien Sweet, pleasant; agreeable, excellent, well-tasted, savory; to like; *,t'im shun'* smooth, oily, as wine; *,sam ,t'im*, gratified, appeased; *,t'im ,in mat, 'ü*, smooth and honeyed words — but deceitful; *,t'im shui'* a sweet sleep; *tak, ,ti ,t'im ,t'au*, pleased with a little advance, had winnings at first; *,t'im nam' nam'* very sweet; *,t'im ,ch'áng*, sweet oranges.

忝 'T'ien Ashamed, humiliated; to disgrace, to dishonor; to bring infamy on; in disgrace, out of favor; *'t'im tsoi' ,séung 'hò*, to be intimate with — a polite phrase; *'t'im yuk,* disgraced by guilt; *'t'im pat, ,chí ,san*, brazen faced.

簟 Tien A fine slender sort of bamboo; fine bamboo mats, elegantly woven with flowers.

舔 A colloquial word. To taste, to try with the tongue; *'t'im yat,* *'t'im*, see how it tastes; *'t'im mak,* take some more ink in the pencil.

(554) **Tín.**

顛 Tien The top, the apex, the summit, the head; the beginning of; to overthrow, to cast down, to subvert; to fall, to upset; to die, to perish; often used for the next; *‚tin 'ting*, the crown, the vertex; *‚tín 'tò*, turned upside down, to invert; *‚tin p'ok,* to fall over; *‚tín ‚tín*, devoted to, single-minded.

癲 瘨 Tien Crazed, deranged, foolish, the mind overthrown; head turned, mad after, frantic; giggling, silly, out of one's wits, infatuated; in convulsions, fits; *fát, ‚tin*, insane; *‚tin ‚kwong*, raving mad; *‚fá ‚tin*, nymphomania; *‚tin 'kau 'kòm yéung²* acts like a mad dog; *'séung ‚ngan ‚tin*, money mad; *‚tin hi²* hot headed, rash; *‚tin ‚tin fai² fai²* acting wildly; *‚tin 'kan ‚t'au*, going mad, beside himself.

巔 Tien The summit of a hill, the apex or highest peak of a mountain.

滇 Tien A lake near Tá-lí in Yunnán; tribes of the Lolos near Yunnán; *'Kú ‚tin*, a name for Yunnán.

Read *‚t'in*, full, wide, like an expanse of waters; vast.

蹎 Tien To fall, to stumble, to trip up; *‚tin p'ok,* to slip and fall down.

馰 Tien A horse with a white spot in his forehead.

典 Tien A canon, a ritual, a classic, a standard; a code, a collection of statutes; documents, records; a rule, a law; to rule, to manage by law; ordinances, acts; to put in charge of another, to mortgage; *tsz² 'tin*, a dictionary; *'tin uk,* to mortgage a house; *‚shing 'tin*, to take in pledge; *'kú 'tin*, ancient records, notable acts; *ch'ut, 'tin*, to mortgage; the mortgagor; *'tin 'chú*, the mortgagee; *'tín ‚ying*, a penal code; *‚yan 'tín*, great favor, kind bounty; *'tín tsik,* books, papers.

殿 Tien A lofty hall; the hall of audience; a palace, a royal residence; a temple, a fane; to bring up the rear of a flying army; fixed; having little merit; *yat, tsò² ‚kung tin²* a palace; *‚kwong ‚ming tin²* the Resplendent Hall at Peking; *tín² há²* your Royal Highness—said to the empress and crown-prince; *tái² ‚kung 'pò tin²* the vast precious hall in Budhist temples.

墊 Tien To lay down, to place on; to fall down, to sink into; engrossed with; merged in; to pay back money; to remunerate, as for a casualty; to place under, to wedge; *'i tin²* a chair cushion; *‚t'ang tin²* rattan table mats; *k'ong² tin²* a long sofa cushion; *tin*^{2} *chái*ʾ to repay a loan; *tin*^{2} *yuk*$_2$ a mattress; *kung*^{2} ʻ*ngo tin*^{2} ʻ*chün*, please pay him for me; ˓*t'án tin*^{2} to pay the shares.

奠^2 Tien Fixed and settled, as mountains and streams are; to set up, as a god; to offer libations to the gods; to lay down; *tin*^{2} ʻ*tsau*, to pour out a libation; *tin*^{2} ʻ*t'ò*, to put up the terminalia; *tsai*ʾ *tin*^{2} sacrifices and libations; *tin*^{2} *ngán*^{2} to worship the geese at marriages.

佃^2 Tien To till the ground; to cultivate and dress fields; to fowl, to fish; *tin*^{2} *ü*^{2} or *tin*^{2} ˓*ting*, a farmer, a ploughman; ˓*kún tin*ʾ government lands.

甸^2 Tien Royal domains extending 500 lí around the capital; government lands measuring 64 square roods, which furnished a war chariot, three men-at-arms, and 71 soldiers; to cultivate, to plough; to extend; frontier lands; ˓*ü tin*^{2} the empire; *tin*^{2} ˓*yan*, royal foresters.

蜔^2 Tien Inlaid shell work; inlaid work with figures; ˓*lo tin*^{2} lackered-ware with shells and figures inlaid.

電^2 Tien Lightning; a flash of lightning; electricity; *tin*^{2} ˓*kwong*, glare of lightning; ʻ*shim*, *tin*^{2} a flash; *tin*^{2} ʻ*mò*, Lightning Mother, the goddess of lightning.

靛^2 Tien Indigo; to dye blue; indigo color; ˓*yéung tin*^{2} prussian blue; *tin*^{2} ˓*lám*, an indigo dye made from the Isatis; *tin*^{2} ˓*fá*, indigo leaves; *tin*^{2} ˓*kong*, dyeing jars.

(555) **T'ín.**

˓天 ˓靝 T'ien The highest of things; the sky, the heaven, the air, the empyrean, the firmament; a day; a season; ages of the world; weather; heavenly, celestial; the powers above, Providence, Nature, Heaven, the overruling power, but the Chinese give it no personality; *met.* the emperor; to regard or honor as heaven; ˓*t'in ti*ʾ ˓*yan*, heaven, earth, man — are the three powers; ˓*t'in há*^{2} the empire; the world; ˓*t'in* ʻ*tsz* the emperor; ʻ*hò* ˓*t'in*, fair weather; ʻ*mún* ˓*t'in* ˓*shan fat*$_2$ gods and Budhas enough to fill the sky; ˓*t'in hi*ʾ vapors, air; ˓*t'ung* ˓*t'in há*^{2} the world over; ˓*fi* ˓*t'in* ʻ*pún sz*^{2} extraordinary talent; *luk*$_2$ ˓*t'in* ʻ*shui lò*^{2} a passage of sixteen days; ˓*t'in kong*ʾ descended from heaven, an advent, as of Jesus; ˓*t'in* ʻ*ngán kan*^{2} Heaven's eye is near, *i. e.* the gods know it; ˓*t'in* ˓*hoi* ʻ*ngán*, heaven has observed it; ˓*t'in* ˓*man*, astronomy; ˓*t'in* ˓*shang* ˓*t'in* ʻ*yéung*, nature bore him and takes care of him; ˓*t'in kwai*ʾ *chi*ʾ marriageable; ˓*t'in* ˓*ín*, naturally; ˓*t'in* ˓*t'ong*, paradise; ˓*t'in fan*ʾ ˓*kò*, he has noble endowments; ˓*t'in* ˓*t'in* ˓*loi*, comes every day; ˓*t'in* ˓*ngán*, the emperor's face; ˓*t'in* ˓*fá shing*ʾ ʻ*mò* the goddess of small pox; ˓*chung* ˓*t'in*, the middle ages, the Chau dynasty; *há*^{2} ˓*t'in* summer.

田 ꜀T'ien A field, a patch laid out in plats; to plant grain in rows; land, cultivated fields; lands; a plantation of; to cultivate; to hunt; the 102d radical of characters relating to land; *꜀t'ün ꜀t'in*, lands occupied by soldiers; *'shui ꜀t'in*, fields overflowed; *꜀t'in ꜀ki pok꜄* the dykes between fields; *shí꜄ ꜀t'in*, to transplant a field of grain; *shap꜆ 'mau ꜀t'in*, a field of ten acres; *chuk꜄ ꜀t'in*, a bamboo plantation; *꜀kwai ꜀t'in ꜀kún*, a retired officer; *꜀t'in fú꜄* the crown tax; *꜀t'in ꜀tsò*, the ground rent; *꜀háng ꜀t'in*, high-lying fields; *꜀sam ꜀t'in*, the natural disposition, the propensity; *꜀shü ꜀t'in*, fields whose rental is given to scholars; *'yau 'ki ꜀to ꜀t'in 'mau*, how many acres in all? *꜀t'in ꜀kau*, a drain; *'tsò ꜀wo ꜀t'in*, fields for bearing two crops; *꜀mún 'hau ꜀t'in*, village fields; *kwat꜆ ꜀t'in*, to hoe fields; *mái꜄ ꜀t'in ꜀'m 'mái shui꜄* to sell ground and not deduct the rental, *met.* not to think of the future.

畋 ꜀T'ien To cultivate, to level lands for cultivation; to hunt, to fish; *'tá ꜀t'in lip꜆* to go a hunting.

鈿 ꜀T'ien Flowers, or inlaid work for headdresses; *꜀ch'ái ꜀t'in*, hair-pins and inlaid work in gold, nacre, or feathers.

填 ꜀T'ien To fill up, to fill in; to make up a deficiency, to supply a lack, to add to; to pay, as a debt; to forfeit, as life; compliant, flowing along; a rumbling sound, as of a drum; noted for, characteristic of, said of officers; *꜀t'in wán꜄ ꜀fai kung꜄* to repay a deficit; *꜀t'in 'pò*, to make complete; *꜀t'in ꜀fong*, to take a new wife; *꜀t'in 't'am* to fill in a hole; *꜀t'in ꜀nin. 'lò*, noted as superannuated; *toi꜄ ꜀t'in*, to pay for another; *꜀t'in chái꜄* to liquidate a debt; *꜀san ꜀t'in ti꜄* the new filled up land, a place in Canton; *꜀t'in ꜀mún 'lo chái꜄* duns filling the door; *꜀t'in ꜀fán 'mún*, fill it up entirely; *꜀t'in kau꜄* filled up full, cancalled.
Read *꜀tin*. Diseased, infirm.

磌 ꜀T'ien The sound of stones or rocks falling down.

闐 ꜀T'ien To fill up, to stuff; abundant; a sound; *꜀t'in ꜀t'in*, rattling of drums; the rumbling of carriages; *꜀t'in ꜀mún*, filling up the door.

㥏 'T'ien Ashamed; to blush from shame, to feel disgraced.

淟 'T'ien Dirty, muddy; to sink in the water; *'t'in 'yan*, filthy.

腆 'T'ien Abundance, much, plenty, enough of; skilled at; excellent; thick, rich, good, as food; to forget; a long time; *pat꜄ 't'in*, deficient, trifling, unworthy of receiving; *꜀ts'z' ꜀mò pat꜄ 't'in*, well able to speak.

䩄 'T'ien, 靦 'T'ien A blushing face; to redden, as from shame, or sense of insult.

殄 'T'ien To terminate, to finish, to make an end of; to exterminate; *'mi 't'in*, no end to, interminable; *'t'in tsüt꜆* to destroy utterly.

(556) Ting.

丁 ˎTing A sting; a nail, a pin; the fourth of the ten stems, connected with fire; a person, an individual; robust; a strong fellow, a brave; to bear, to sustain, as an office; to order; ˎting ˎkán or ˎting ˎyau, to lose a parent; *muk˃ pat˃ shik˃ ˎting*, does'nt know a single character; *ˏshing ˎting*, of age; *ˏyan ˎting*, a man; *ˊsiú ˎting*, a youth; *ˏü ˎting*, camp-followers; *ˎting tsz'² lò² ˊhau*, a corner where a cross street ends; *ˏling ˎting*, lonely, disconsolate; *ˏün ˎting*, a gardener; *fát˃ ˎting*, fortunate, as a grave; *ˏcháng ˎting*, differs a very little; *ˎting ˏhéung*, a clove.

叮 ˎTing To enjoin; *ˎting ˏning*, to charge; *ˎting ˏning kò' kái'* repeatedly bid him to be careful; *ˎting chuk˃* to order.

仃 ˎTing Alone; *ˏling ˎting*, solitary; *ˏling ˎting ˏyéung*, the Bay of Lintin, south of the Bogue; *ˎkú ˎting ˎting*, alone by itself.

玎 ˎTing The noise of jingling stones; a hand gong; *ˎting ˏling*, a jingling sound; *ˎting ˎtong*, a hand gong hung in a hoop, used by peddlers; *üt˃ ˎting*, a blind fortune-teller's gong; *ˊsiú ˎting ˎtong*, a silk-thread peddler's call.

疔 ˎTing A venereal ulcer, a bubo, a chancre; pox, syphilis sores; *ˏshang ˎting*, to get syphilis sores; *ˊfo ˎting ˏch'ong*, a pimple, a tetter sore.

(The two next are often pronounced *teng*.)

釘 ˎTing A nail, a spike, a bolt, a brad; to purify gold; to nail, to fasten up with nails; to bind, as books; *ˏlo ˏsz' ˎteng*, a screw; *t'it˃ ˎteng*, iron nails; *ˎteng ˏshü*, to bind books; *ˎteng ˊsz'* nail it firmly; *ˎteng ˏfung*, an important dispatch from the throne; *pát˃ hü'ˊngán ˏchung ˎteng*, take away that nail (or eyesore) from my eye.

頂 ˊTing The top, the summit; the peak; the crown; a knob, a ball or a button worn by officers; to carry on the head or top of a thing; to point the head at, to interfere; to substitute, to put instead; a classifier of hats, caps, and sedans; rising on the stomach; *ˊpi ˏt'au kok˃ ˊting chü²* carry it on your head; *chiú² ˊteng*, to treat about selling out a shop; *ˊting shau²* to take the stock of a shop; *ˊting ˏpáu*, to slily put a worse instead; *ˊteng ˏt'in lap˃ ti²* one who can reach to heaven — very talented; *ˊting shau² ˏngan*, purchase money of a stock; *yat˃ nap˃ ˊteng*, an official button; *ˊting ˎtsim*, curious in, seeking strange things; *chák˃ ˊteng*, to degrade from office; *ˊting lán² ˊshi*, to spoil the market by underselling; *ˊting ˏsam muk˃* highly displeased at, as at what one says; *ˏhung ˊteng*, the red button; *ˊting ˊhò* the very best; *ˊting ˏ'm chü²* unable to carry it on, as a business; *ˊting ˏt'au ˏfung*, a head wind.

英華分韻撮要

'町 Ting Waste land; a dyke or footpath between fields; a parcel of land; a lane near a house.

酊 Ting Drunk, reduced to stupor; *'ming 'ting*, dead drunk.

'鼎 '鼑 Ting } A tripod or caldron with ears; a three legged kettle; firm, stable, settled, secure; *met.* the state; to establish, to fix; the 206th radical; the 50th diagram; *lap, 'ting* or *ting' 'ting*, to get and settle the empire; *'ting tsuk,* tripod, an equal trio; *,sám 'ting káp,* the three highest of the Hánlin.

訂' Ting To criticise, to compare; to edit, to collate; to settle terms of, to arrange, to deliberate and adjust; to adjust taxes; to loiter; a consultation, a meeting; *'háu ting'* to examine and edit a work; *ting' ,ming*, to settle upon, to promise; *ting' ,k'i*, to fix a time.

矴' 碇' Ting } Ballast to steady a ship; a stone used for an anchor; a grapnel; *há' ting'* drop the anchor.

䅍' Ting High, stout grain. Incorrectly used for the last in the Fan Wan. A colloquial word. The stem of a fruit; *lut, ting' luk, ,yau*, a pumelo with a broken stem—a worthless fellow; *,hau ,lung ting'* adam's apple; *ting' ,ling yuk,* a little tumor.

錠² Ting A platter or trencher with feet, used in sacrifices; an alloy of tin or tutenague; an ingot or shoe of bullion, *,ngan ting²* an ingot of sycee; *'tsz' ,kam ting²* a sort of medical preparation used to rub on sores; *shap, 'léung yat, ting²* ten taels make an ingot; *i. e.* the matter is a certainty; *,ün 'pò ting²* an ingot.

(The four next are often called *teng*.)

定² Ting Tranquil, secure, steady, fixed; certainly, really, surely; absolutely; brought to a proper state, a state of rest, set; to fix, to settle on, to stop; to decide, to adjust. A colloquial word. A place, a certain spot; *yat, ting²* positively; *pít, teng²* it must be, certainly; *teng² ,ts'an*, to betroth; *teng² fo'* to contract for goods; *mi² teng²* or *,'m teng²* uncertain; *teng² ,ngan*, bargain money; *'mò teng² 'chun*, undecided, not fixed; *,kám ting² iú'* I must have it at any rate; *teng² ,tán*, particulars of a contract; *ko' tat, teng²* that place; *,'m ,chí teng²* I don't know the spot; *'yau teng² 'mò ,ní*, is there a place for it? *ting² kuk,* in a fix; *tám² teng²* deliberate, slow and sure; *lok, teng²* to pay the earnest money; *,chí tak, teng²* I know it certainly; *yap, teng²* in a trance, lost in abstraction, as Budhists pretend to be.

掟² Ting To throw away, to throw down in a pet; *teng² 'k'ü*, throw it at him; *teng² ,ch'á ,púi shai² ün²* to smash a teacup as an oath; *teng² p'o' ,t'au hok,* to get one's head broke in a fray; *teng² lok,* a top; *'mò ,ngan teng² 'hau*, no silver has been thrown into his mouth, *i. e.* there is no trusting in what he says; the phrase refers to putting quicksilver into a corpse's mouth.

(557) T'ing.

廳 ˌT'ing A hall, a drawing-room, a parlor; a court, a place where causes are heard; *tái² ˌt'eng*, the great hall; *hák˃ ˌt'eng*, a reception room; *ˌmún ˌkún ˌt'eng*, a porter's lodge; *ˌking ˌt'eng*, a deputy assessor in a prefect's office; *pò² ˌt'eng*, a superintendent of police in a district magistrate's; *ˌho ˌt'eng*, the superintendent of boats on the river at Canton.

聽 听 ˌT'ing To hear, to listen; to understand; quiet, still; to decide cases. A colloquial word. To-morrow; according to; *ˊngo ˌt'eng ˌlai kè²* I heard it said; *ˌt'eng ˌman*, heard about it; *ˌt'eng ˌ'm ˌman*, I can not hear it; *ˌt'eng kín²* to hear; *ˌt'eng tak˃ kín²* I can hear, I have heard it; *ˌt'eng tak˃ch'ut˃* I can understand him; *ˌt'eng ˊkan ˊk'ü wá²* I've just heard what he said; *ˌt'eng yat˃* to-morrow; *ˌt'eng ˊmán*, to-morrow night; *ˊhò ˌt'eng wá²* docile, teachable.

Read *t'ing²*; to hearken to, to receive, to comply with; to wait, to tarry for; *ˊtá t'eng²* to learn the news about; *t'eng² ˌts'ung ˊní*, I agree with you, I'll obey you; *ˌch'ung t'eng²* hard of hearing; *t'ing² ˊk'ü ˌléung ˌsam*, as his kindness prompts, as he is willing to do; *t'ing² tsung²* to decide cases; *t'eng² ˊhá ˊk'ü*, wait for him.

亭 ˏT'ing A portico, a pavilion; a cupola, a roof or dome supported on pillars; a shed for travelers; equal; straight; to stop at; to fashion; *pat˃ ˏt'ing*, in disorder; *ˏt'ing ˊ'ng*, high noon; *ˏch'á ˏt'ing*, a tea-stall on a roadside; *pái² ˏt'ing*, a porch in a temple-court; *ˏléung ˏt'ing*, a summer-house.

停 ˏT'ing To rest, to cease; to delay; to stop, as when there is enough; *ˏt'ing ˌkung*, to rest from work; *ˏt'ing ˊt'o* or *ˏt'ing tong²* arranged well, everything in its place; *ˏt'ing ˊhá* rest a while; *ˏmò ˏshí ˏt'ing*, ceaseless.

婷 ˏT'ing Handsome; *p'ing² ˏt'ing*, beautiful, graceful, said of a woman.

汀 渟 ˏT'ing Water stopping; stagnant, as a pool in a stream; a level bank along a stream, the low banks.

廷 ˏT'ing A court, the place where audiences are held; straight, correct, regular; *ˏch'iú ˏt'ing*, the court; *met.* the emperor.

庭 ˏT'ing An open court in a palace, a vestibule before a hall; a hall; straight; *ˌká ˏt'ing lok˃* domestic felicity; *ˏt'ing fan²* parental instruction; *ˏmún ˏt'ing ˏü ˊshí*, his doorway is like a fair, *i.e.* as a statesman's beseiged by applicants.

蜓 ˏT'ing A dragon fly; *ˌtsing ˏt'ing*, the Libellulidæ, vulgarly called *ˏt'ong ˏmí*.

Read *ˊtím*, a sort of lizard.

霆 ˏT'ing A thundering; *ˏlui ˏt'ing*, rumbling thunder; *tín² ˏt'ing*, a flash of lightning; *ˏlui ˏt'ing ͺchí nò²* the king's wrath; thundering mad.

ʿ挺 T'ing To pull up, to pluck forth, to draw out; straight, to hold straight; to relax a little, as with prisoners; to lead out; to rush forth, to stand forward, to bolt out; *ʿt'ing ͺshan*, to take upon one's self, to assume; *ʿt'ing ch'ut͵* to rush out; *ʿt'ing ͺhung*, to stretch the arms; *ʿt'ing ngáng²* to push against firmly.

ʿ梃 T'ing A single branch; a staff, a club, a stick; *chai² ʿt'ing*, to brandish a club.

ʿ脡 T'ing Meat or fish dried in the sun after it has been salted; jerked meat.

(This character is usually read *t'eng*.)

ʿ艇 T'ing A boat, a punt, a canoe; small craft; long and narrow boats; a boat to live in; *ʿsiú ʿt'eng* or *ʿt'eng ʿtsai*, a small boat; *ͺhá ʿkau ʿt'eng*, a pull-away boat; *fái² ʿt'eng*, a fast boat; *ͺhong ʿt'eng*, hong boats; *ͺmá ͺlang ʿt'eng*, a covered coracle; *ͺshü sun² ʿt'eng*, a letter-boat; *mái² ͺü ʿt'eng*, fish boats with water in; *ͺwá ʿt'eng*, a lorcha; *ͺfá ʿt'eng*, flower boats; *ʿtan ͺp'ò ʿt'eng*, brothel boats; *ͺp'á ͺlung ʿt'eng*, fast paddling-boats, used by thieves; *sò² ͺts'ong ʿt'eng*, the last chopboat of a ship's import cargo; *ʿt'eng ͺká*, boat-people.

ʿ鋌 T'ing Copper or iron ore; the barb of an arrow; empty, hollow, all exhausted.

ʿ頲 T'ing A straight, narrow head; straight, as a road; correct.

(558) # Típ.

疊₂ 叠₂ Tieh To redouble, to pile upon, to make a heap; to repeat, to reiterate; to fold; to add; to fear, to tremble with dread; a fold, a doubling; *ͺch'ung ͺch'ung típ₂ típ₂* to reiterate tiresomely; to pile up in a pile; *ʿtá típ₂ ͺhang ʿlí*, put the luggage in a pile; *típ₂ ʿhí*, pile it up; *típ₂ cheng²* pile it up straight; *típ₂ ͺmái ͺsam ʿshui*, don't give yourself any trouble on that point; *típ₂ ͺmái ko² ͺkán p'ò²* that shop's business is to be closed; *típ₂ ͺmái*, pile it up well; *típ₂ ts'z²* repeatedly, as visits.

喋₂ Tieh Loquacious, fluent; to taste blood, to smear with blood; *típ₂ típ₂* wordy, talkative.

牒₂ Tieh Tablets for writing on; a diploma, a warrant; records, genealogical registers; instructions, acts, dispatches; *yuk₂ típ₂* royal genealogies; *tò² típ₂* a priest's diploma or certificate, entitling him to three days' lodging; *ͺman típ₂* dispatches of government; *ʿpò típ₂* family records.

諜₂ Tieh Interchanged with the two last; to tamper with soldiers; to spy, to intrigue, to sound the views of others; to inform the enemy; a minute, a paper; *típ₂ ʿlò* or *ͺkán típ₂* a spy, a secret agent of another party.

堞₂ Tieh A parapet with embrasures, a battlement on a wall; to surround with a parapet.

屧, Sieh The lining or stuffing of the soles of shoes; a model for a shoe; a patten; *'héung tip, ,long*, the Clattering Patten Corridor, refers to an ancient story.

揲, Sheh Similar to *ship,* 攝; to take up and count; to fold; to grasp. Usually pronounced *ship,* in the phrase, *ship, ,shi*, to divine by marked straws; *ship, tip,* to fold up in the hands.

楪, Yeh Interchanged with 葉 or 枼 *ip,* a thin plate or leaf; also a window. Read *tip,*, a bed mat.

渫, Sieh Waves surging along. Also read *sit,*, like 泄 to exclude; to clean a well; to scatter; to stop and rest; to disclose, to leak; to dirty.

碟, Sieh To curry leather. A colloquial word. A plate, a platter, a flat dish; *'ún tip,* bowls and plates; *,ping tip,* a platter; *shi' ,yau tip,* sweetmeat or side plates; *ts'at, tip,* lacquered plates; *'shéung tip,* a douceur to a waiter.

艓, Tieh A little boat, a punt, used by poor people.

蝶, Tieh A butterfly; *,ú tip,* a butterfly; *háp, tip,* butterflies and moths; *,ú tip, kau'* a broad hinge or butt; *,ú tip, ,fá*, an iris or fleur-de-lis; *,lo ,fau ,sin tip,* gigantic butterflies from the Lofau hills.

蹀, Tieh To walk along, to step, to stir the feet; to put the foot down, to stamp.

鍱, Yeh Plates of metal used in making plate armor; the end of an arrow.

韘, Sheh A thumb ring of gem or ivory, an archer's thimble, commonly called *,kung 'chi; tip, ,kau*, a quiver.

(559)

T'ip.

帖, T'ieh Written scrolls; a writing, a document, a manuscript, a billet; a visiting card; a copy-slip; a card, a placard; *'pan t'ip,* a petition; *,chiú t'ip,* proposals for a contract, to invite proposals; *fát, t'ip,* black paper copyslips; *,ming t'ip,* a visiting card; *,tán t'ip,* a single folded card; *'ts'ún t'ip,* a five fold card; *ch'ut, pák, t'ip,* an anonymous placard; *,hang t'ip,* to send a card; *'t'o t'ip,* settled, decided; *'shéung t'ip,* cards offering a reward; *t'ip, t'ò'* envelope or case for cards; *shi' t'ip,* an examination of essays in poetry.

貼, T'ieh To leave as pledge, to give in gage; to cover or throw over one, as a cloak; to supply, to make up; to paste up, to post; to lean on, attached; *,nim t'ip,* to paste on; *'t'ai t'ip,* to assist another, to patronize; *t'ip, ,sam*, intimate, fellow-feeling; *t'ip, ,shan*, attached to, as a servant; *t'ip, 'kan kák, ,li*, near neighbors; *t'ip, kò' shi'* to paste up an edict; *'pò t'ip,* to make up a deficiency.

怗, T'ieh Quiet, still, peaceable; to be resigned, submissive; *,on ,sam t'ip, fuk,* quietly resigned, as to God's will.

(560) **Tít.**

跌, Tieh To slip, to stumble and fall; to fall over or down; to kick out; reduced, as in price; to pass or jump over; to make a false step; to walk quickly; *'tá tít,* to fall down; *tít, chéuk,* to slip down; *tít, 'tá 'sün ˌshéung,* to get hurt by a fall; *tít, lán'* it fell and broke; *ˌsháng tik, tít, lok,* came very near falling; *tít, 'kám 'léung ko'* two fell out and were lost; *tít, ká'* the price has fallen; *tít, 'tò,* fell over; *tít, tsuk,* to stamp the feet with vexation; *tít, yat, ˌkáu,* had a tumble.

迭, 軼, Tieh } To alternate, to change; reciprocal, alternate, changing; to take each other's places; rotation; *tít, yung' ˌyau ˌkong,* alternately use kindness and severity; *tít, ˌhing tít, fai'* now rising and then declining.

帙, Chih A cloth or paper case to cover Chinese books; a book wrapper; a little bag, a satchel; to arrange in order; *ˌshü tít,* a book envelope.

袠, Chih Interchanged with the last: to stitch, to pierce with a needle; a period of ten years; *ˌhoi ts'at, tít,* entered the seventh decennium, as at 61.

秩, Chih Order, in a series, regular; to dispose in order; to multiply; a station, a post, an office; usual; skillful in, acquainted, wise; a decennium; clear and explicit, as teaching; *luk, tít,* official salary; *ˌhang ˌk'i tít, tít,* each one went in his order.

瓞, Tieh Melons just set, young cucumbers or melons, gherkins; *ˌkwá tít,* large and small melons, *met.* posterity.

垤, Tieh High, raised ground; an ant-hill; a cavern.

絰, Tieh Badges of coarse cloth worn on the head and waist, for mourning; mourning scarfs; *ˌiú tít,* funereal waistbands.

耋, Tieh Age of eighty, an octogenarian; old, infirm; hard featured, as old people are; the setting sun.

(561) **T'ít.**

鐵, 鉄, T'ieh } Iron, called *hak, ˌkam,* the black metal; made of iron; firm, decided; *t'ít, hí'* iron tools; *t'ít, shek, ˌsam ˌch'éung* immovable, firm; *t'ít, 'shi kòm' shat,* hard as iron cinders; *t'ít, ˌshá,* iron filings; *'tá t'ít,* to work in iron; *'tá t'ít, 'lò,* a blacksmith; *pák, t'ít,* or *ˌyéung t'ít,* tin plates; *t'ít, p'ín'* hoop iron; *t'ít, ˌt'iú,* rod iron; *t'ít, sín'* iron wire; *t'ít, pat, pat, 'koi,* an unalterable writing, like a decided officer's verdict; *t'ít, ˌshá ˌli,* "an iron pear," one who will not fork out; *'láng t'ít, t'ít,* very cold.

餮, T'ieh Greedy, gluttonous; *ˌt'ò t'ít,* avaricious, inordinately greedy; an emblem of avarice, a monster drawn as a head without a body. Read *'t'in* in the Fan Wan.

(562) Tiú.

刁 Tiau The original form of ˏtò 刀; perverse, recusant, seditious; restless, cabaling, artful, incroaching by falsities; ˏtiú ˏfung, depraved manners; seditious cabals; ˏtiú patˎ rabid writings; ˏtiú ˏtiú, lightly moved by the wind; ˏtiú okˎ malignant; ˏtiú ˏmán, outrageous, violent; ˏtiú ˏk'iú ˋnau ning² willful, one who can't be pleased; fong² ˏtiú, dogged, uncontrite; ˋch'ing ˏtiú, dictatorial, assuming and overbearing; ˏtiú ˏwán, reckless of consequences.

丟 Tiú To cast away, to throw away; to lay down; to rid, relieved of; to cast off; ˏtiú ˋláng, let him cool off; ˏtiú lokˎ lay it down; ˏtiú lokˎ ˋshui, thrown into the water; ˏtiú min² to blast one's credit; ˏtiú t'átˎ wasteful, careless of things; ˏtiú ˏshü ˏp'áu, to quote a maxim against one, to bring up a wise saw; yéung² sz'² ˏtiú ˏhoi, cast your cares to the wind; ˏtiú hi' to reject, to heave away; ˏtiú ˏ'm há² I can't get them off my hands; ˏtiú ˋngán kokˎ to ogle.

雕 彫 Tiau To engrave, to cut figures on, to carve and adorn; to polish, as a composition; ornamented, engraved; to tattoo; sometimes used for the next; ˏtiú ˏfú, to adorn with carvings; ˏtiú hakˎ engraving; ˏtiú ˏts'éung, a wall adorned with sculptures.

凋 Tiau Fading, falling, as the sere leaf; exhausted, injured; ˏtiú ˏling, fallen and scattered; dying, as plants; ˏtiú tsé² fallen, withered, as flowers.

琱 Tiáu To cut and work gems, to engrave precious stones; ˏtiú téukˎ to polish gems.

鵰 Tiáu An eagle, a lammergyr; a large bird of prey, whose presence even makes other birds cast their feathers; ˏtiú ˏtiú, clear, bright.

貂 Tiau The marten or sable; ˏtiú ˋshü ˏp'i, marten fur; ˋkau ˋmi tsukˎ ˏtiú, a dog's tail tacked on a sable—incongruous; ˏtiú ˋmi, fur tails, worn by military officers.

弔' 吊' Tiau To condole with mourners, to ask respecting the dead; to wail, to assist at a burial; condolence, sympathy; to compassionate others, feeling for; suspended; to hang up, to suspend; to take, to move; to order a rehearing; t'iú' ˋsz' mourning, sorrowing for friends; tiú' on' to order a second trial; tiú' ˏsong, to wail for the dead; fátˎ ˏyéung tiú' a paralytic fit; ˏhoi tiú' to prepare for a funeral; tiú' fán' to remove a criminal to another court; tiú' ˋkí, hang it up; ˋté tiú' flighty, having no application; tiú' ˋkeng, hung by the neck; tiú' ˋt'ung, a hanging bucket; a fortune-teller's sign; yutˎ tiú' ˏts'in, a string of 1000 cash.

窵' Tiau Deep, profound; ˋiú (or ˋmiú) tiú' in a deep place. Read ˋniú in the Fau Wau.

弔' **Tiáu** To hang up, to suspend; to tie things, to bind or confine a person.

釣' **Tiáu** A hook, a fish-hook; to fish, to angle; a device; to bait, to set a trap for; to seek after, to fish for, as praise; to use something as a means; *₍'m 'shéung 'ní tiú'* he don't take your hook, he'll not be gulled; *tiú' ₍ü*, to angle; *tiú' t'át₎ ₍shá*, to hook soles—a slang phrase for stealing shoes.

窕² **Tiáu** Profound, retired; elegant, reserved, lady-like; *'iú tiú²* admirable, beautiful, enchanting.

銚² An unauthorized character. A small black glazed earthen jar, having no ears; *₍áng tiú²* jars; *'shui tiú²* a water jar.

掉² **Tiáu** To move, to shake; to clash, to strike against; correct, properly placed; often used erroneously for the next; to change, to interchange; *tiú² hing'* to strike stones together, people's opinions clashing; *tiú² shit₎* to wag the tongue; *tiú² pí'* to swagger; *tiú' ₍fong*, to lie.

調² **Tiáu** A tune, a song; the tone of an instrument; a ballad; to select; to move, to transfer, to change about, to exchange; to seek. A colloquial word. A classifier of meals and whippings; *yat₎ ₍chi tiú²* a tune; *tiú² 'shéung tiú² lok₎* change this higher and bring that down; *tiú² ún²* to exchange, to transpose; *₍ts'oi tiú²* clever, capable; *₍to tiú² tò²* never satisfied, many alterations; *₍hong tiú²* a tune, a ballad; *tiú² 'chün*, to transpose; *₍t'ai tiú²* the usher in the examination hall; *tiú² ₍fán 'chün ₍t'au*, turn your head around; *shik₎ tiú² ₍kung*, had a good meal; *'tá tiú² 'k'ü*, gave him a beating.

(563) T'iú.

佻 ₍ **T'iáu** Weakly, young and tender; unable to travel far; impatient of labor, envious of others; to appropriate to one's self; *₍t'iú ₍t'iú ₍kung 'tsz'* a weakling.

刟 ₍ **T'iáu** To cut, to pare, to scrape off; *₍t'iú kéuk₎ ₍kan*, to hamstring, for a punishment.

恌 ₍ **T'iáu** Mournful, sorry; to despise, to disesteem; to have little kindness for.

挑 ₍ **T'iáu** To carry on the shoulder or the end of a stick; to lift; to mix, to stir about; to take out of, to select; to irritate, to provoke, to stir up, to give trouble; to sew in an edge, to baste, to sew together; to lead; to play with, to trifle; quickly; a spoon; *tám' ₍t'iú*, to carry with a beam; *₍t'iú ₍so*, to stir up, to make mischief; *₍t'iú t'át₎* untrustworthy; light minded, *₍t'iú ₍hoi*, to scatter, to spread out; *₍t'iú 'sün*, to select out; *₍t'iú ₍fú*, a porter; *₍t'iú ₍shám kiut₎* to sew clothes; *tái² ₍t'iú yat₎ 'tang*, a general selection of graduates for district magistrates; *₍t'iú ₍tang*, to raise the wick; *₍t'iú 'yan*, to lead on, to take the lead in doing evil; *₍t'iú pút₎*

to sow discord; ꜀t'iú ꜀'m ʻhí, too heavy to lift; there are none fit to choose; ꜁t'iú ꜀hoi, to lift off, to put aside.

祧 ꜀T'iáu To move or replace the family tablets; the ancestral hall; ꜀tsung ꜀t'iú, an ancestral temple, a patrimony; ʻshau ꜀t'iú, to guard the lares.

調 ꜁T'iáu To harmonize, to blend; to restore the peace, to bring about an end, to adjust properly; to mix up, to compound, as medicine; to attend to, as one's health; to temper, to regulate, to moderate; to tune an instrument; to try notes, to find the tone of a character; to unite, as syllables; to spell; ꜁t'iú ʻhá ko' tsz'² run through that word; ꜁t'iú ꜀yam, to harmonize sounds; ꜁t'iú mí² to blend tastes, to spice; ꜁t'iú chí² to cure a disease; to put to rights; ꜁t'iú ʻch'ü, to manage; ꜁t'iú ꜀t'au ʻhang ʻhang, to act sullenly, to refuse obedience; ꜁t'iú ꜀kang, to season soups; an earthen spoon; ꜁t'iú ꜀ín, to tune a fiddle; ꜁t'iú ʻyéung, to nurse one's health; ꜁t'iú hí' lewd dalliance.

蜩 ꜁T'iáu A cicada or broad locust; ꜁t'iú káp꜀ the cast-off skin or exuviæ of the cicada.

芀 ꜁ 苕 ꜁ T'iáu Clover; a reed, whose tops are fit for brooms; ꜁ling ꜁t'iú, a marshy plant whose juice dyes the hair black, also called "rat-tail grass;" a sort of ivy or vine cleaving to walls; ꜁t'iú ꜁iú, clover, turned in for a subsoil in Chehkiáng; ꜁t'iú ꜁t'iú, high, lofty.

迢 ꜁T'iáu Distant, remote; to go far away; ꜀ts'in ʻlí ꜁t'iú ꜁t'iú, thousands of miles away; ꜁t'iú ꜁iú, remote.

髫 ꜁T'iáu Ringlets, hair of children falling down; ꜁t'iú ꜁nín, young, youthful.

齠 ꜁T'iáu To shed teeth; young, childish; ꜁t'iú ꜁nín, a lad; ꜁t'iú ʻch'an, to get the new teeth.

鞗 ꜁T'iáu A pair of reins, made of leather; a bridle.

鰷 ꜁T'iáu A long narrow fish, called pák꜀ ꜁t'iú, perhaps a species of Thryssa or Engraulis.

條 ꜁T'iáu A branch, a twig; anything long and slender; a classifier of long things, as a cane, a chain, a string, a snake, a bill, a queue, a worm, a river, a rainbow, a feather; an item, a section; an article, a division; a law; a manner; kák꜀ ʻkí ꜁t'iú ꜀kái wai² only a few streets off; yat꜀ ꜁t'iú ꜁t'ai muk꜀ one thesis; fát꜀ ꜁t'iú, a main spring or hair-spring; yat꜀ ꜁t'iú ʻshau ꜀kan, a handkerchief; ʻkí ꜁t'iú, several items; ꜀kw'ai ꜁t'iú, regulations; yat꜀ ꜁t'iú ʻts'ò, a spear of grass; ꜁t'iú ꜁t'iú ʻyau ʻlí, every sort of thing has its rules.

꜁蓧 T'iáu A bamboo basket for carrying hay or muck, used by husbandmen; ho² ꜁t'iú, to carry a basket.

跳' 趒' T'iáu To leap, to skip, to bounce, to jump; to dance, to hop about; to palpitate, to beat; to intrude upon; to advance, to shoot, as sprouts; to fling, to cast; t'iú' hoi² to lay a crime to another's charge; t'iú' lok꜀ ꜁loi, jump down; t'iú' ‹kò› to jump up; ‹ts'ui ch'ü' t'iu' hopping and skipping about; ‹sam puk› puk› t'iú' my heart beats with terror; t'iú' 'fan ‹ts'éung, to leap a wall — an assignation; t'iú' ‹lung ‹mún, to jump the dragon's gate — to rise rapidly in degrees; ‹há kòm' t'iú' techy as a crab; t'iú' ‹ts'ò, jumps from his manger — to leave an employ causelessly.

眺' T'iáu To look aslant, to glance furtively at, to peep; to look afar; t'iú' mong' to gaze at.

頫' T'iáu High officers sent to visit the court from princes; to have an audience; to send envoys to the princes.
Read 'fú; to incline the ear, to look at closely; 'fú 'shau, hanging the head and skulking away.

糶' T'iáu To sell rice, to dispose of grain; ch'ut› t'iú' to sell corn; ‹p'eng t'iú' to sell cheap, as from granaries.

(564) **To.**

‹多 To Many, much; often, numerous; more; a superlative, far, very, too, much; to admire; to praise; to crave for more, to add; exceeding, excessive; ‹to sz'' busy; officious; 'ki ‹to, how many? ‹to 'shiú, how much? ‹to tak› 'ní, much obliged to you; ‹to kwo' ‹t'au, far too many; chung' tak› ‹to, this is the heaviest; hü' ‹to 'ki ‹ùi, go again many times; ‹mò ‹loi kòm' ‹to, not so much has come; 'mai ‹lai kòm' ‹to, don't come so often; I don't want so many to come; t'ai' 'ngo ‹to ‹to man' hau' make my best respects to him; 'hò ‹to, a great many; ‹to ‹chí, to admire him; ‹to tsé' many thanks; ‹'m ‹to, not overmuch; chuk› ‹sàm ‹to, to pray for the three manies, *i.e.* sons, wealth and age; ‹to 'shau, meddling; ‹to kai' ‹wong, a scheming fellow; ‹to ‹mung lok› I am much indebted to you.

'埵 To Hard, compact earth, clods; firm ground.
(This is often pronounced *tù*.)

'朵 '朶 To } Branches hanging; a classifier of flames and flowers; to lead by the hand; to move; yat› 'to 'fo, one flame; ‹fá 'tù, flowers, bouquets; 'i 'to, the ear; 'to ‹í, the chops; 'tù 'tù, all sorts of flowers.

'垛 To A target; side apartments used as school-rooms; shé' 'to or tsin' 'to, a target for arrows; ‹sheng 'to, an esplanade walk on a wall.

'躱 To The body; to conceal one's self, to hide away; to skulk, to slip off, to secrete; 'to nik› to lie hid, to be out of the way; 'to 'lán, shirking work, lazy; 'to ‹mái yat› ch'ü' hid away snugly; 'to chái' to abscond from one's creditors; 'to pi' to evade, to shun; 'to 'shim, to dodge out of one's sight; 'to ‹ts'ong, to secrete.

剁' To To chop fine, to hash, to cut into mince meat; to' ‹wui yuk› tséung' to cut up flesh, to hack in pieces.

惰² To — The mind flagging; nerveless, indolent, lounging, lazy; rude; *'lán to²* loitering, lazy; *toi² to²* remiss, cold and rude.

墮² To — To fall in ruins; fallen, ruined, dilapidated, destroyed; decayed, reduced, poor; to fall over, to fall down; to hang down, to sag; to flow down, as tears; disused, effete, worn out; setting, as the moon; occurs for the preceding; *to² lok₂* to fall down; degraded, fallen, poor; *to² lok₂ ₍kai*, damn you! *chít₂ to²* may you be cursed! *₍t'úi to²* push it over; *tsui² to²* fell down drunk; *to² lok₂ ú²* a reduced family; *to² 'má*, to fall off a horse; *to² lok₂ hau²* to fall behind.

隓² To — The undulating line of a range of hills, having peaks and hollows.

(565) T'o.

₍拖 ₍扡 T'o — To pull, to drag along; to draw; to draggle; to lead, to take by the hand; to drag into, to implicate: to protract; *₍t'o ₍lái 'shau*, to join hands in walking; *₍t'o ₍shün*, to track a boat; a fishing smack that drags nets; *₍t'o ₍nai tái² 'shui*, draggled through the mud, *met.* verbose, turbid, as a style; *₍t'o lui²* involved, as in loss or danger; *₍t'o ₍kú ₍shün*, a fishing smack; *tái² ₍t'o*, a large smack; *₍t'o sat₂* as if bending the knee; *₍t'o chü² 'k'ü*, lead him along; *₍t'o ₍in*, to put off; *₍t'o tái² 'há*, help me on a little; *₍t'o t'ip₂ kwo² 'k'ü*, I was obliged by a loan from him; *₍t'o ₍t'au kòm² 'hò*, mutually pleased; *₍t'o ₍ling*, to wear a peacock's feather

₍佗 T'o — Often used for *₍t'o*, 馱 to carry on the back; *₍t'o púi²* humpbacked; *₍wai ₍t'o*, elegant, genteel.

₍疕 T'o — A crookbacked person, a humpback; having a diseased spine.

₍他 T'o — A man's name; *'Wan ₍kung ₍chi ₍t'o*, a general in the days of Mencius.

₍沱 T'o — Streams diverging, a tributary; a heavy rain; falling tears; the *₍Fú-₍t'o ₍ho* is a branch of the Tsz'-yá, one of the affluents of the Pei-ho.

₍塼 T'o — To sling stones; *'tá ₍fi ₍t'o*, to play at throwing slung stones and pulling them back. The next occurs in this sense.

₍鉈 ₍砣 T'o — A stone roller; the balance-weight on a steelyard; *'tá ₍fi ₍t'o*, to throw slung stones; *ch'ing² ₍t'o*, steelyard weight; *tam² ₍t'o*, to throw the lead.

₍紽 T'o — A skein or hank of silk or floss; silken tassels used as ornaments on furs.

₍羘 T'o — A fabulous animal like a sheep with four ears and nine tails; *₍t'o ₍lo ₍yung*, or *₍t'o ₍lo ₍nt*, velvet.

₍訑 T'o — To deceive, to insult; lying boasting. Read *₍í*, in the phrase *₍í ₍í*, self satisfied.

₍跎 T'o — To slip; *₍ts'o ₍t'o*, to stumble in going uphill; to miss a good chance, to let an opportunity slip.

酡 ˏT'o Face flushed with drink, rubicund; *ˏt'o ˏt'o ling'* dizzy, giddy, half-drunk; *ˏt'o ˏngán*, flushed, red in the face.

陀 ˏT'o Steep, dangerous, as a path; a common Budhist syllable; *ˊp'o ˏt'o*, rugged; a road along a cliff; *ˊpò ˏt'o ˏshán*, the island of Pooto near Chusan; *ˏshá ˏt'ò*, sandy stepps.

駝 ˏT'o A camel; to carry on the back; *lokˎ ˏt'o*, a camel; *ˏt'o púi'* hunchbacked.

馱 ˏT'o A horse carrying burdens; to ride or carry on horseback; to back a burden; *fú' ˏt'o*, to carry a pack, a packhorse.
A colloquial word. To hang upon, to suspend, as from the neck or girdle; *ˏt'o tsoi' ˏk'am ˏt'au*, hang it on the lappel; *ˏt'o ˏt'ò*, with child.

鮀 ˏT'o A sort of water gavial, which burrows in the sand; also a small species of dog fish or lámprey.

鼉 ˏT'o Like the preceding; a dragon, a large iguana, whose skin was used for drums; *ˏt'o ˊkú ˏp'ung ˏp'ung*, the rattling drums.

ˊ舵 ˊ柁 T'o A rudder; *ˊt'o ˏkung*, a helmsman; *ˊt'o ˏt'ung*, a tiller; *ˊt'o ˊmí*, the rudder; *ˏt'úi ˊt'o*, to port the helm; *ˊpá ˊt'o*, to steer.

ˊ妥 T'o Secure, safe, stable, fixed, firm; quiet, at ease, settled; *ˊt'o tong'* all proper, secured, everything right; *ˊt'o t'ipˎ* well arranged, secured; *ˊyau tikˎ ˏ'm ˊt'o*, there's something unsafe, there's a screw loose; *ˊkong ˊt'o*, well said.

唾' T'o To spit; saliva; *t'o' ˏyan*, to spit at one; *t'o' má'* to revile; *ˊhau t'o'* to expectorate and spit; *t'o' mútˎ* phlegm.

(566) Tò.

ˏ刀 Táu A knife; a sword with one edge; a knife-shaped coin current in the Hán dynasty; a punt, a canoe; a classifier of quires; the 18th radical of characters relating to weapons, cutting, &c., *yatˎ ˊpá ˏtò*, a knife; *ˏtò ˊtsui*, a penknife; *ˏtò yukˎ* the blade; *ˏtò ˊhau*, edge of a knife; *ˏtò ˊtsui*, point of a blade; *ts'oi' ˏtò*, a cleaver; *ˏch'ái ˏtò*, a chopper; *shun' ˏtò*, a stiletto; *ˊtsín ˏtò*, shears, scissors; *tau' fú' ˏtò* or *ˊl'ung min' ˏtò*, a bean-curd knife; *met.* a doublefaced sycophant; *ˏtò hokˎ* a scabbard; *ˊmá ˏts'in ˏtò*, a guard of swordsmen; *ˊshá ˊhá ˊmá ˏts'in ˏt'ò*, make a fair show of it; *lukˎ ˏto ˊchí*, six quires or folds of paper; *ˊmò ˏtò ˏfú*, to fence; *ˏkwán ˏtò*, a claymore, such as Kwántí wielded; *tái' ˏts'án ˏtò*, a case knife.

舠 Táu A long narrow boat, a punt; a load of 300 *hukˎ* or 1500 *ˊtau* or pecks, probably because this sort of boat carried that quantity.

ˏ都 Tú A metropolis, the residence of the court, the capital; spot where is an imperial temple; a fief granted to princes; an imperial city whose rents were granted to statesmen; the state, the empire; abundant, fine, full; an exclamation of delight, excellent! to dwell; to occupy; all, altogether, the whole, in general; also, together with; still, not at all, may possibly be, probably; *ₒtò mí² kin³ kwo³ ʿk'ü*, I've not seen him at all; *tái² ₒtò ₛü shí²* all are about the same; *sung³ ₒtò ₛ'm iú²* I don't even wish it as a gift; *ʿngo ₒtò hü²* I will go too; *ₒking ₒtò*, the metropolis; *hai² ₒtò ʿhò*, all are good; *ₒtò kwo³ tak₃* can manage to get by; I can get along, I think; *ₒtò hai² chán² wan²* had nothing but trouble; *ₒtò ʿt'ung*, a major-general; *ₒtò ch'át₃ ün²* the Censorate.

闍 ʿTú A tower or watchman's turret over a city gateway; a doubled door at a city gate.

睹 覩 ʿTú To look, to see, to observe, to view; perceived, manifested; *ʿtò mat₃ ₛsz' ₛyan*, to remember people by looking at what they left one.

堵 ʿTu To obstruct, to close, to shut; to guard, to ward off; a wall, as around a yard; 50 cubits of wall; at peace, settled, as if at home; *ʿtò sak₃* to close against; *ʿtò tsít₃* to guard; to wall off the way to; *ₒo ʿtò*, coin, pelf, lucre — an old term; *ʿtò ü²* to defend.

賭 ʿTú To gamble, to play, to wager, to game; to risk, to stake; gaming, play; *ʿtò kwan³* a gambler; *lán² ʿtò ₛmò ₛwai*, a confirmed gambler is useless; *ʿtò pok₃* to play; *ₒhoi ʿtò ₛch'éung*, to open a table; *ʿtò ming²* to risk one's life, as in war; *ʿtò meng² t'ít₃* try the chance, as in trading; *ʿtò ts'in* to game; *ʿtò ʿts'oi*, see how it will turn out; *ʿtò chau³* to swear, to take an oath; *ʿtò tong³ ₒt'au*, to leave security for a debt of honor.

島 ʿTau An island in the sea, an islet; *ʿhoi ʿtò*, an island; *ₛp'ung ₛloi ₛsin ʿtò*, fairy isles.

擣 搗 ʿTau To beat, as clothes; to pound, as in a mortar; to ram down, to make solid, as a wall; to lean against; to collect; *ʿtò lán²* to beat fine; *ʿtò ch'ut₃ chap₃* to pound out the juice; *ʿtò ₒi*, to beat clothes in washing.

禱 ʿTau To pray, to make supplications, to intreat the gods; to request, in courteous phrase; *ₒk'i ʿtò*, to pray; *ʿtò kò³* to make known to the gods; *shí² ʿtò*, thus I request — used at the end of letters.

倒 ʿTau To fall down, to fall prostrate; to invert, to subvert; to throw one's self down; sign of the past tense, in which it is like the next; an adverb, still, yet, indeed; *ʿtò ₛch'á ₛlai*, pour out tea and bring it; *ʿsz' ʿtò tí²* he fell dead; *ʿtò ₛnong ₒkwá*, a rotten melon, one who is bloated; *ʿtá ʿtò*, fallen over; tip it over; *ʿtá ₛ'm ʿtò*, you did not hit him; *shí² ₒfi ₒfìn ʿtò*, to confound right and wrong; *ʿtò ₛch'ong*, to take to one's bed; *ʿkong ʿtò ʿk'ü*, convinced him, made him see it so; *tsüt₃ ʿtò*, very laughable;

*chuk*ˀ ˋ*tò*, seized him; ˋ*k'i* ˋ*tò ch'ü*ˀ stand there; ˋ*tò ti*ˀ ˏ*ú* ˏ*lò*, a sot rolling on the ground: ˋ*tò shüt*ˀ *tik*ˀ ˋ*hò*, indeed you speak well; ˋ*tò* ˏ*shong*, bankruptcy of a house; ˋ*tò wan*ˀ unlucky.

到ˀ Táu To arrive at, to attain, to reach, to extend to; to go or come to; to, at, up to; finished, completed; still, but, yet; till. on the contrary; sign of the past tense; *hü*ˀ *tò*ˀ ˏ*pín ch'ü*ˀ where's he gone? *tò*ˀ *ch'ü*ˀ *yat*ˀ *yéung*ˀ everywhere the same; ˏ*loi tò*ˀ he has come; *tò*ˀ ˏ*ü* ˏ*kam* till now; ˋ*t'ai tak*ˀ *tò*ˀ he will be on the watch; ˋ*séung tak*ˀ *tò*ˀ have thought all about it; *tò*ˀ ˋ*tai*, to the bottom; however, after all, finally, at last; *sz'*ˀ *tò*ˀ ˏ*t'au* ˏ*loi*, the matter is even now pressing; ˏ*mò* ˋ*sho pat*ˀ *tò*ˀ omnipresent, it reaches everywhere; ˏ*chau tò*ˀ all around, complete; ˏ*shau tò*ˀ received; *tò*ˀ ˏ*ká*, reached home; ˋ*hò tò*ˀ ˏ*ká kè*ˀ one who does not take offense; *tò*ˀ ˋ*yá pá*ˀ well, let it pass—*tò*ˀ ˋ*yá* is an adverbial phrase, like indeed, just so; *tò*ˀ *tò*ˀ *iú*ˀ *hü*ˀ still you wish to go against all reason; *tò*ˀ ˋ*ngán kè*ˀ a squinting man; *tò*ˀ *tiú*ˀ ˋ*mò tik*ˀ *mak*ˀ ˋ*shui*, when hung up, not a drop of ink would come out of him, *i.e.* he knows nothing; *tsò*ˀ *tò*ˀ *shap*ˀ ˏ*fun shap*ˀ done excellently well.

蠹ˀ Tú Small worms; grubs in wood; the tinea, a book-worm; the cheese mite; weevil grubs; *tò*ˀ ˏ*ü*, a bookworm, a student; *tò*ˀ *yik*ˀ extortionate policemen; *tò*ˀ ˏ*mò* ˏ*ch'ung*, hairy caterpillars.

妒ˀ 妬 Tú Jealous, as a wife; envious, feeling ill will towards, one averse; *tò*ˀ ˋ*fú*, a jealous woman; *tò*ˀ *ki*ˀ jealous; *tsat*ˀ *tò*ˀ envy, jealousy.

斁ˀ Tú To fall in ruins, destroyed; to besmear, to dirty; *hò*ˀ *tò*ˀ *há*ˀ ˋ*t'ò*, to do detriment to earthly things.

道ˀ Táu A road, a path, a way; a thoroughfare; azone; a circuit; virtue, rectitude; reason, doctrine, principle, what common sense approves; the Reason or the Logos of the Rationalists; a principle, a reason; to follow out; to accord with, to lead in the way, to direct, in which it is like the next; to speak, to talk, to converse; by, from, the way a thing comes; a classifier of dispatches and edicts; *tò*ˀ ˋ*lí*, reason, doctrine, propriety; *tò*ˀ *tak*ˀ virtue; *tò*ˀ *tám*ˀ to talk about; *tò*ˀ *lò*ˀ a road, a way; ˋ*yau mat*ˀ *tò*ˀ *lò*ˀ have you any thing for me to do? *tò*ˀ *tip*ˀ a priest's certificate; *ching*ˀ *tò*ˀ true reason; *tò*ˀ ˏ*ká*, the sect of the Rationalists; *tò*ˀ *sz'*ˀ a Táu priest; *tò*ˀ ˏ*t'oi*, an intendant of circuit, or *táut'ái*; *tak*ˀ *tò*ˀ to become perfect and enter nigban; *ch'ik*ˀ *tò*ˀ the equator; ˏ*wong tò*ˀ the royal road, that which is perfect, and operates per se; ˏ*kung tò*ˀ honorable, just; *tsz'*ˀ ˋ*kú tò*ˀ the proverb saith; *yat*ˀ *tò*ˀ *shing*ˀ ˋ*chi*, one imperial order.

導[2] Tau To lead, to conduct; to point out the way, to induce to do right; to regulate; to exhort, to teach; *'yau tò²* to show the way; to direct in right courses; *fan' tò²* district instructor; *ˌhoi tò²* to teach first principles; *ˌhéung tò²* a village guide.

度[2] Tú A measure; a degree, a limit; capacity, endurance; a degree of latitude or longitude; a rule, a regulation; to measure; to arrange, to spread out; to pass, as time; *tok, yat, ˌt'iú tò²* take a measure of it; *'léung ˌsám tò² ˌyan ˌts'úi 'k'ü*, sent two or three messengers to hasten him; *'kí ˌch'éung tò²* how long is it? *ˌmò tò²* no limit, unlimited; *fát, tò²* a regulation, a law; *tò² yat,* to pass the day; *shik, kwo' tò²* eaten too much, stuffed; *ˌch'iú tò²* to get souls out of hell; *'hò tái² tò² léung²* very liberal, generous in feeling; *tò² huk,* to keep time in a tune; *tò² út,* to support one's self.

渡[2] Tú To pass over a stream, to ford, to cross; to go through, as a road; a boat; *tò² ˌshün*, a passage-boat; *ˌwáng 'shui tò²* a ferry-boat; *tò² ˌt'au*, a ferry; *lok, tò²* to go aboard the passage-boat; *tò² 'ts'in*, to ford shallows; *tò² 'hoi*, to cross the seas; *'fan tò² ˌts'in*, to divide the ferriage.

鍍[2] Tú To gild, to adorn with gold, to wash with gold; to plate; *tò² ˌkam*, to wash with gold; *tò² 'shau shik,* gilded ornaments; *tò² ˌngan*, silvered over.

杜[2] Tú A sort of bullace or plum; to stop, to shut out, to restrict, to impede; a surname: *tò² tsüt,* to stop the way; to put an end to; *tò² ˌmún pat, ch'ut,* to shut one's door, and remain at home; *tò² ˌwing*, a sort of grass, whose fibres can be made into cords; *tò² ˌkün*, a goatsucker.

稌[2] Tú A sort of glutinous rice, or millet, growing in marshy places.

稻[2] Táu Rice in the plant, paddy; *luk, tò²* upland rice; *sát, tò²* to sow rice; *'ts'ò tò²* early rice.

蹈[2] Táu To step down, to tread on, to walk, to put down the foot; to tread under foot, to violate; *tò² fát,* to disregard laws; *'shau 'mò tsuk, tò²* to move the hands and feet, gesticulation; *tò² ˌkò*, to walk far.

悼[2] Táu Wounded in mind, afflicted; to grieve for, to pity an ignorant offender; to fear; to die early in life; *tò² huk,* to bewail for; *tò² t'án'* to sigh for; *tò² ˌmong*, grieving for one's relatives.

盜[2] Táu To covet, and take by force; to rob, to plunder; to abduct; to commit piracy; a pirate, a footpad, a highwayman; to appropriate another's goods or country; *ˌk'éung tò²* a bandit; *pò² tò²* to seize robbers; *ˌyéung tò²* pirates; *tò² ts'ák,* a thief; *tò² ˌming*, to rob one's good name; *tái² tò²* a robber; *ü² tò²* to be waylaid; *shat, tò²* robbed of; *tò² ˌkwan hí'* to steal arms; *'siú tò²* a thief, a pilferer.

(567) T'ò.

滔 ꜀T'áu Waters rising and swelling; overflowing, rushing waters; to overpass bounds; to be rude to; a branch of the R. Hán in Shensí; *꜀t'ò ꜀t'ò pat꜆ tün²* flowing without cessation; *li² yik꜆ ꜀t'ò ꜀t'ò*, making money fast.

慆 ꜀T'áu To rejoice, greatly pleased; indulgent, in excess; to treat disrespectfully; to doubt; suspicion; a long time; to refrain from, as grief; *꜀t'ò ꜀t'ò pat꜆ ꜀kwai*, did not return for a long time; *꜀t'ò ꜀sam*, reckless, insolent.

韜 絛 ꜀T'áu A plaited sash; a cord; a tassel or fringe of threads; occurs used for the next; *'tá ꜀t'ò*, to twist or braid silk fringe.

韜 弢 ꜀T'áu A sheath or case for a bow; a scabbard; a covering for weapons; a vantbrace; just; liberal; *꜀t'ò léuk꜇* plans for fighting, strategy, tactics.

叨 ꜀T'áu To desire food, to love honor; to long for, to covet; inordinately desirous of, addicted to; ashamed of having had, to feel deeply grateful for, as unworthy of; *꜀t'ò ꜀mung*, to be greatly thankful for; *꜀t'ò ꜀kwong*, desirous of your kind favor, ashamed of asking your countenance; *꜀t'ò káu²* very desirous of seeing you; *꜀t'ò 't'im*, ashamed of having so many favors; *꜀t'ò lám²* insatiable of your kindness;—all polite phrases; *hang² ꜀t'ò ꜀t'in kün²* all enjoyed the kind care of heaven; *꜀t'ám ꜀t'ò*, greedy of, addicted to— as lust.

忉 ꜀T'áu Grieved, sorrowful; *꜀sam ꜀in ꜀t'ò ꜀t'ò*, the heart bursting with grief.

饕 ꜀T'áu Gluttonous, gormandizing; rapacious; *꜀t'ò shik꜇* to eat and drink voraciously; *꜀t'ò t'it꜆* avaricious and gluttonous; *꜀t'ò fuk꜆* one who makes a god of his belly.

咷 ꜁T'áu To cry and weep; *꜁hò ꜁t'ò*, bawling and screaming; *kiú² ꜁t'ò*, squalling, as children do.

桃 ꜁T'áu A peach; a flower bud, so called from their plumpness; *꜀ying ꜁t'ò*, the beaked peach; *'pín ꜁t'ò*, or *hòp꜇ ꜁t'ò*, the flat peach; *꜀há mat꜇ ꜁t'ò*, the Khamil peach; *hat꜇ ꜁t'ò*, a walnut; *꜁t'ò ꜁yan*, peach-meats; *꜁t'ò shí²* a sword cutler; *꜁t'ò ꜁fú*, the peach charm, hung on door lintels; *꜁t'ò 'kòm 'tsui*, pouting, impudent; *꜁t'ò 'ü*, gum olibanum; *꜁yéung ꜁t'ò*, sweet carambola; *꜁t'ò ꜁ch'ung*, the "peach bug," the wren; *꜁fi ꜁t'ò* or *shau² tái² ꜁t'ò*, flowering almond; *p'ik꜆ ꜁t'ò ꜁fá*, white double flowering peach; *꜁t'ò ꜁hung*, peach bloom; *꜀ying ꜁t'ò*, a cherry; *mut.* a woman's lips; *꜁t'ò ꜁ün*, the peach garden, where Liú Pí made his compact; *'lang fún² ꜁t'ò*, the bitter peach.

逃 迯 ꜁T'áu To abscond, to run away, to desert, to elude search, to flee, to escape; *꜁t'ò 'tsau*, to run away; *꜁t'ò hok꜇* to play truant; *'kwái ꜁t'ò*, to abduct, as a child; *t'üt*, *ᶊt'ò*, to get clean away; *ᶊt'ò ᶊyan*, a deserter, a fugitive; *ᶊt'ò pi²* to avoid, to get out of the way.

桃鼗 ᶊT'áu A hand-drum with two buttons tied to strings, twirled by silk peddlers, as they go through the streets, commonly called *ᶊling ᶊlam ᶊkú*, or rattle drum.

涂 ᶊT'ú Name of a river in Sz'chuen, and one in Shántung; the last flows into the Gulf of Chihlí; *ᶊt'ò üt*, the twelfth month; *ᶊt'ò ᶊt'ò*, a heavy dew.

塗 ᶊT'ú Mud, mire; a miry road; to daub, to defile, to besmear, to dirty; to plaster, to whitewash; to blot out, to efface; to fill up a hole; thick-headed, dull; thick; *ᶊú ᶊt'ò*, inapt, stupid; *ᶊch'an ᶊt'ò*, dirt and dust; *met.* the world, the age; *ᶊt'ò mút*, to blot out, to erase; *lò² ᶊt'ò*, a muddy road; *ᶊt'ò ᶊts'éung* to plaster a wall; *ᶊt'ò mín²* to discolor the face, as actors or robbers do.

途 ᶊT'ú A path, a way; a pursuit, a mode; interchanged with the two last; *ᶊch'éung ᶊt'ò*, a long road; *pún² ᶊt'ò ᶊt fai²* to fail in a pursuit, to stop half way; *ᶊün ᶊt'ò*, along the road; *ᶊch'ing ᶊt'ò*, the road, the distance.

梌 ᶊT'ú A fine and solid variety of pine wood used for making furniture.

荼 ᶊT'ú A bitter herb, perhaps a sort of colt's foot (*Tussilago*); the tea shrub; a weed; *ᶊt'ò ᶊmáu*, light, lithe, graceful, as a girl; *ᶊt'ò tuk*, bitter troubles; *ᶊshan ᶊt'ò*, a god, whose name is written on doors, as a charm; *sin² ᶊt'ò*, to borrow; *ᶊt'ò ᶊmi ᶊfá*, a red rose.

酴 ᶊT'ú The lees of spirits, the sediment of wine; *ᶊt'ò ᶊmi*, a sort of gin; *ᶊt'ò ᶊsú ᶊtsau*, mulled wine, medicated spirits, anciently drank.

駼 ᶊT'ú A gentle palfrey; *ᶊt'ò ᶊt'ò*, a well-trained horse.

鵌 ᶊT'ú A bird which burrows with marmots or rats; the notice of its habits resembles those of the burrowing owl.

匋 ᶊT'áu An earthen vessel of any kind. Read *ᶊiú*, a kiln for burning earthen or other ware. Interchanged with the next.

陶 ᶊT'áu A furnace for burning pottery; earthenware; mournful thoughts; to nourish; to please, to exhilirate; to give vent to the feelings; correct, straight; *ᶊt'ò ᶊyan*, a potter; *ᶊt'ò ᶊyung*, to melt; to reform or transform; *ᶊp'ò ᶊt'ò*, grapes; *ᶊt'ò ᶊyan*, a kiln.
Read *ᶊiú*; a man's name, *ᶊKò ᶊIú*, a minister of Shun; *ᶊiú ᶊiú*, well satisfied.

淘 ᶊT'áu To scour, as rice; to wash out, to sift, to stir about, to cleanse and search for, as for gold dust; *ᶊt'ò ᶊmai*, to scour rice; *ᶊt'ò ᶊkon tseng²* to wash out clean; *ᶊt'ò ᶊshá*, to wash out the sand; *ᶊt'ò ᶊshá ᶊlò*, scavengers who wash out rubbish; *ᶊlau ᶊshui ᶊt'ò ᶊt'ò*, gently flowing waters.

綯 ᶊT'áu To braid cord; to bind; a cord, a twisted string; *ᶊt'ò chü²* to tie up, as a dog.

萄 ˏT'àu The vine; ˏp'ò ˏt'ò ˋkwo, grapes; in Canton, a kind of rose-apple is so called; ˏp'ò ˏt'ò ˋtsau, wine from grapes; spirits flavored with rose-apples.

裪 ˏT'àu The cuff of a coat, the end of the sleeve; it is often embroidered and shaped like a horsehoof.

醄 ˏT'áu Drunken, tipsy; ˏmò ˏt'ò, reeling, tipsy, drunk, staggering along.

鞉 ˏT'áu The wood used in a drum; the wooden part of a drum. Read ˏtiú, a drum.

檮 ˏT'áu A block of wood, a useless stick; an auspicious animal; ˏt'ò ngatˎ perverse, intractable, doggish; ˏt'ò múiˀ ˏchi ˋngˀ passed it over ignorantly.

濤 ˏT'áu Waves, billows; angry waves dashing on the shore; ˏpo ˏt'ò, dashing waves.

翿 ˏT'áu To cover with feathers; a kind of feather flag or fan, used by dancers or actors; a funereal banner; ˏk'í ˏt'ò, standards of the army.

飀 ˏT'áu A strong wind. Read ˏch'au, a gentle rustling breeze.

徒 ˏT'ú To go afoot, to walk; a footman, a soldier; a disciple, a follower; a crowd, a multitude; a sensualist, a low fellow: banditti, ruffians; servants about an office; empty, as an open hand; in vain, futile, to no purpose; only, barely; to transport for three years: ˏt'ò taiˀ a disciple, an apprentice; ˏmò láiˀ ˏchi ˏt'ò, a faithless fellow; ˏt'ò pòˀ to foot it; ˏm haiˀ ˋhò ˏt'ò, a vile fellow; ˏt'ò ˏlò ˏmò ˏkung, all trouble and no gain; lánˀ ˏt'ò, a rascal; ˏt'ò ˏin, in vain, uselessly; manˀ ˏt'ò, transportation for three years; ˋfi ˏt'ò, banditti.

圖 ˏT'ú A map, a drawing, a chart, a diagram; to delineate, to sketch on paper; to scheme, to contrive; to plan how to get out of trouble; to plot, to intrigue; to estimate, to calculate; to wish for, to try for; ˏt'ám ˏt'ò, to earnestly wish; ˏt'ò tsikˎ books and drawings; ˏt'ò ˏying, the form of, the contour; a plate of; ˏt'ò ˏshü, a stone or metallic seal; ˏt'ò ˏchéung, one's seal; ˏt'ò koˀ ch'utˎ ˏshan, to contrive how to get the situation; ˏt'ò liˀ to scheme after gain.

屠 ˏT'ó To butcher, to kill and dress animals; to kill, to rip up, to rend; ˏt'ò ˏfú or ˏt'ò ˏyan, a butcher; kamˀ ˏt'ò, to prohibit butchering animals.

瘏 ˏT'ú An animal when sick; worn out by travel; ˋmá ˏt'ò, a jaded horse.

土 ˋT'ú Earth, soil, clods, ground; the fourth of the five elements; a region, a place, a country; possessions; lands; a clayey, sallow, or earthy, color; on the ground; made of clay; local, peculiar, native to the place; the 32d radical of characters relating to earth; ˋt'ò ˏsing, Mercury; ˋshui ˋt'ò, the climate, the peculiarities of a place; ˏfung ˋt'ò ˏyan ˏts'ing, local manners, spirit of a people; ˋt'ò ˋch'án, productions of a country; ˋt'ò ˏyan, the natives; ˋt'ò ˏt'ám, a patois; ˋt'ò fúˀ a go-down, the ground story; *t'ám'* *'t'ò*, to test the soil for a grave, as geomancers do; *'t'ò ₍shan*, the terminalia; *hau'* *'t'ò*, the guardian of graves — a dragon; *'t'ò muk₂ 'ngau ₍yan*, a blockhead, a statue, a dolt; *'t'ò ₍sz'* Canton raw silk; *₍kwai* *'t'ò*, to bury, to return to dust; *'t'ò 'kwai*, traitors, fellows in league with the enemy; *kú'* *'t'ò*, one's native place; *'t'ò* *'fi*, local banditti; *'t'ò pá'* a village tyrant; *'t'ò ti² ₍p'ò sát₂* gods of the land; *'t'ò ti² tán'* festival of the gods of the land on the 2d of the 2d month.

'討 T'áu To manage, to govern; to make war on, to punish criminals, to destroy the seditious; to kill, to put to death; to investigate, to search; to put away, to put down; to ask for, to seek; mixed; to bring upon one's self; *'t'ò ts'ák₂* to attack the enemy; *'t'ò chái'* to dun for a debt; *'ts'ü 't'ò*, to dun, to demand; *'t'ò 'hò*, to get a good opinion for one's self, to toady; *'t'ò im'* to make people dislike one; *t'ám'* *'t'ò*, to search out, to explore.

'肚 T'ú The belly, abdomen; a belly-full, a good deal; the mind, the understanding; *'t'ò fuk₂* the stomach; *₍ch'éung 't'ò*, the bowels; *yat₂ 't'ò 'fo*, irascible, angry; *'ngo 'tsau tak₂ yat₂* *'t'ò hi'* I ran myself out of breath; *₍chi ₍chü 'kòm 't'ò*, fat, big-bellied; *'t'ò t'ái² 'hò ₍ch'áng ₍shün*, a liberal minded man, patient; *'siú 't'ò* the bladder of animals; *'yau t'ò*, pregnant; *'t'ò 'lü ₍ming pák₂* intelligent; to comprehend; *'nün 't'ò*, a stomacher; *'fán 't'ò t'ung'* a colic.

吐' T'ú To vomit, to spew; to open, as flowers; to spit out; to disgorge; to disclose, to tell all, to confess, to make a clean breast; *'au t'ò'* to puke; *t'ò'* *ch'ut₂ ₍lai*, to vomit; to tell; *t'ò' shit₂* to run out the tongue, as in surprise; *t'ò' sé'* vomits and purges; *₍ts'ám t'ò' ₍sz'* the silkworm voids the silk; *t'ò'* *₍fá*, to blossom; *pún' ₍t'an pún'* *t'ò'* not to tell all.

兎' T'ú A rabbit, a hare; *pák₂ t'ò'* a rabbit; *'yé t'ò'* a hare; *t'ò'* *'tsz'* a rabbit.

菟' T'ú A medicinal plant like sesamum, called *t'ò' ₍tsz'*; *t'ò'* *₍kwá*, a gourd.

套' T'ú Large, wide, what envelopes; to envelope, to enwrap; to add, to superadd; to include in the whole, of general use; a scabbard, an envelope, a wrapper; a bend in a river; a snare, a trap; a cave; a classifier of sets of books, of plays, and suits of clothes; *₍'m lok₂ t'ò'* did not fall into the trap; *₍fung* *t'ò'* a letter envelope; *yat₂ t'ò'* *₍shü*, the whole set; *t'ò' fú'* overalls, leg wrappers; *t'ò' chü'* put it in the case; *t'ò' tsau'* arm coverings; *yat₂ t'ò' ₍i fuk₂* a suit of ceremonial robes; *₍hün t'ò'* a noose, a snare; *t'ò'* *wá'* polite and general talk; *₍ho t'ò'* the great bend in the Yellow R.; *t'üt₂ t'ò'* to disregard usage; *ngoi² t'ò'* great-coats, over-coats.

英華分韻撮要

(568) Toi.

代² Tái A generation, an age; a dynasty; delegated, vicarious, deputed; to change, for, instead of, in the place of; *shai² toi²* an age; *ˢ'ng toi² ˏt'ung ˏt'ong*, five generations alive at once; *ˏts'án ˏT'ong ˢ'ng toi²* the Five Dynasties (A.D. 907–959) trode down China; *hau² toi²* posterity; *toi² pán²* to manage for one; *lik₂ toi²* successive ages or reigns; *toi² ˢ'nt hü²* I'll go for you; *toi² üt₂ ˏkwong ˏming*, a fancy name for a lantern; *toi² ˏshü*, one who writes for another, a clerk; *toi² ˢshü* a deputy.

岱² Tái The high peak in Shántung, the easternmost of the five mountains, called also *t'ái² ˏshán* or Great Mt.

玳² 瑇² Tái Tortoise-shell; *toi² múi²* precious tortoise-shell, brought from the south; *toi² múi² ˢngán keng²* spectacles with shell bows.

袋² Tái A bag, a sack, a case, a purse, a pocket; a covering to inclose and protect things; *ˢmai toi²* corn bags; *ˏshü toi²* a book-sack, a pedant; *ˏfung toi²* a windsail; *ˏshám toi²* a pocket; *ch'an² toi²* embroidered pockets hanging from the girdle; *ˏho toi²* a purse; *táp₂ toi²* a fob hung in a band; *sát₂ toi²* a quiver; *ˢtsau ˏnong fán² toi²* a wine-sack and rice-bag, i. e. one given to eating; *ˏngan toi²* a money bag.

黛² Tai To blacken the eyebrows, or paint black ones; *ˏts'ing toi²* a tint of invisible green.

靆² Tái Cloudy; *ˢoi toi²* dull, obscure, as when clouds cover the sun; perplexed, as a business.

待² Tái To wait for, to expect, to wait upon, to wait till; to behave to, to treat; provided against; *ˢtang toi²* to wait for one; *toi² ˏshi ˏú tung²* act when the right moment comes; *toi² ká²* watch the price; *ˢkún toi²* to behave towards: *toi² mán²* disrespectful towards; *toi² tak₂ ˢngo ˢhò*, he treated me well.

怠² Tai Impertinent, careless; disliking, remiss, lazy; self indulgent, inattentive; wanting in courtesy, sluggish; *toi² to²* indolent; *toi² kün²* tired out; *tak₂ ˏshi ˏmò toi²* do not hesitate when the time comes.

埭² Tai A dam; a lock or inclined plane on a canal where boats can be passed by a windlass; *toi² kák₂* the scale of charges at a lock.

迨² 逮² Tái An adverb of time, till, even till, to; *toi² k'ap₂* till, even to; *toi² hau²* till afterwards; *mi² toi² ˏping*, not yet married; *toi² ˏkam*, till now.

隶² 逮² Tái To follow after; to reach to, to be at, to come before or in contact; equal to a duty; the 171st radical; *ˢngo mi² ˏchi toi²* I am unequal to it; *pat₂ toi² ˢkún hat₂* it does not pertain to his jurisdiction. Read *tai²*; to blend; to bind, to put in ward, to parole; *fát₂ toi²* to bring up, as a felon; *toi² toi²* pleasing, agreeable.

(569) T'oi.

胎 ꜀T'ái The womb; a pregnant womb; to commence; congenital; to resist, to rebel; *'yau ꜀t'oi* or *꜀wái ꜀t'oi*, with young; *꜀t'oi ꜀í*, the placenta; *mò' ꜀t'oi*, an official cap without fringe; *shek꜀ ꜀t'oi*, barren; *lok꜀ ꜀t'oi*, a miscarriage; *꜀t'oi ꜀kò*, unyeaned lamb's-wool; *꜀t'oi ꜀shang 'shau*, born with a stiff hand; *lì' ꜀t'oi*, a white, furred tongue; *꜀mín ꜀t'oi*, a cotton quilt; *꜀on ꜀t'oi*, to still the womb; *꜀t'oi ꜀shang*, viviparous; *꜀sz' ꜀t'oi*, illicitly pregnant; *꜀má ꜀t'oi*, twins.

駘 ꜀T'ái A miserable hack of a horse; jaded, lame, weak and useless; *꜀t'oi tong'* wide, vast—said of opening spring.

台 ꜀T'ái Eminent, exalted; your worship, your honor; venerable; *'lò ꜀t'oi*, great sir; *꜀hing ꜀t'oi*, exalted sir; *'lò fú' ꜀t'oi*, our district magistrate; *꜀t'oi ká'* eminent sir.

Read *꜀í*; I, me; pleased; grateful; to rejoice.

臺 ꜀T'ái Interchanged and contracted to the preceding. A square high terrace or platform built up; a turret, a lookout staging, an observatory; a gallery, a stage; on open terrace; a fort; a watchman's lookout over a gate; an appellation of officers; a term of compellation; a menial, a servant; *꜀t'in ꜀t'oi*, a roof terrace, a verandah: *shái' ꜀t'oi*, a drying terrace; *p'áu' ꜀t'oi*, a fort; *꜀sho ꜀chong ꜀t'oi*, a woman's dressing-case; *꜀t'oi tsé'* a pic-nic house in a garden; *tsò' yat꜀ ꜀t'oi hí'* to have a play; *hí' ꜀t'oi*, a staging for plays, the boards; *'kí ꜀shí ꜀hoi ꜀t'oi*, when will the play begin? *chai' ꜀t'oi*, *'fú ꜀t'oi*, and *꜀fán ꜀t'oi*, are the three highest civilians in a province; *hok꜀ ꜀t'oi*, the literary chancellor; *꜀chung ꜀t'oi*, a president of a Board; *hín' ꜀t'oi*, a censor; a magistrate; *꜀t'oi ꜀ts'in*, in your presence, in court; *꜀fá ꜀t'oi*, the receptacle of a flower; *꜀t'oi ꜀wán 'fú*, Formosa.

檯 枱 ꜀T'ái Name of a tree; a table; a theatre, the boards — and then interchanged with the last; *yat꜀ ꜀chéung ꜀t'oi*, a table; *'sé tsz'' ꜀t'oi*, a writing-table, a desk; *'pái ꜀t'oi* or *꜀hoi ꜀t'oi*, to set a table; *꜀k'am ꜀t'oi*, the table or altar before a shrine; a magistrate's table; *꜀lí ꜀t'oi*, to leave the table; *꜀shau ꜀t'oi*, clear the table; *yat꜀ ꜀t'oi sung'* a tablefull of viands; *pát꜀ ꜀sín ꜀t'oi*, a table for eight sitters; *꜀t'oi pò'* a table-cloth; *yat꜀ tsz'' ꜀t'oi*, a sofa table; *shek꜀ ꜀t'oi mín'* a marble top table.

擡 抬 ꜀T'ái To carry between two; to to raise, to lift; to move, to shake; *꜀t'oi 'kiú*, to carry a sedan; *pát꜀ ꜀yan ꜀t'oi*, he has eight bearers to carry him; *꜀t'oi 'kiú 'lò*, chair-bearers; *꜀kò ꜀t'oi ꜀shí ká'* to raise the current price; *꜀t'oi ꜀fán hü'* carry it back; *꜀'m ꜀t'oi tak꜀ 'hí*, we cannot carry it; *꜀t'oi 'kü*, to advance, to recommend.

臺 ₛT'ái A sedge or rush growing in damp places; a vegetable which can be eaten.

邰 ₛT'ái An ancient feudal state, situated in the modern superior department of Kien chau in the centre of Shensí.

炱 ₛT'ái The soot from fire, dust arising from cinders and fire; smoky soot.

苔 ₛT'ái Moss, lichens, confervæ; the small plants growing upon damp places; mossy, mossgrown; *ₛts'ing ₛt'oi*, fucus on water, green mold; *ₛts'ing ₛt'oi shek₂* a mossy stone; *met.* one who inveigles others; *ₛt'oi ˊsín*, mosses; *ₛt'oi ts'oiˀ* a sort of lichen used for food.

ˊ殆 T'ái Dangerous, imminent; to expose, to hazard; beginning, approaching, familiar; nearly at, about, on the limits, almost; lazy; *ₛhang ˊt'oi*, to run into danger; *ₛngui ˊt'oi*, hazardous; *ˊt'oi chiˀ yat₃ ˊtsoi*, nearly a whole year; *ˊt'oi k'ap₃* nearly, about.

(570) Tok.

度₂ Toh To guess, to conceive, to conjecture; to estimate, to reckon, to calculate; to throw in, as into a caisson; *tok₂ ₛt'iú tòˀ* measure the size; *ₛch'ái tok₂* to guess.

鐸₂ Toh A bell or cymbal, used in the army to convey orders; one who arouses the age; *muk₂ tok₂* a bell with a wooden clapper; *ₛfung tok₂* wind jingles.

(571) T'ok.

托ₒ T'oh To carry on the palm, to bear up, to take on the hand; to carry on the shoulder; erroneously used for the next; *t'okₒ ˊshau ˊkeng*, to waive off, to refuse; *t'okₒ ₛp'ún*, a waiter, a tray; *t'okₒ ˊshéung pokₒ ₛt'au*, take it on your shoulder; *lok₂ lok₂ t'okₒ t'okₒ* disheartening, unsocial, unfavorable times; *pokₒ t'okₒ* to shoulder a thing.

託ₒ T'oh To charge with, to intrust with, to confide to, to commit in trust to; to commission, to engage one to do, to depend on, to ask of; to trust, to rely on; to make an excuse of, to use as a pretext; *páiˀ t'okₒ* to request as a favor; *t'okₒ láiˀ* by your favor, I've been well —a polite phrase; *t'okₒ ˊní tsòˀ szˀ* I request you to do this; *t'okₒ mungˀ* to see in dreams, to be requested by an apparition; *t'okₒ kúˀ* to make an excuse for; *t'okₒ ₛkú*, to commit an orphan in charge; *kiˀ t'okₒ* to send by one; *ₛshau ₛyan t'okₒ* engaged by another; *kat₃ t'okₒ* the cackling of a hen — a colloquial phrase.

飥ₒ T'oh A bun made of wheaten flour; *pokₒ t'okₒ* baked meat cakes.

蘀ₒ T'oh Faded, withered, fallen, as leaves or bark; rotten, dead, as trees; split and dead bark.

籜ₒ T'oh The sheath of the bamboo, which covers the joints of the plant.

橐, T'oh A bag or sack open at both ends; a porte-monnaie, worn around the waist; an implement of potters.

柝, T'oh A watchmen's rattle or stick which he beats on; to mark the watches; *kik, t'ok,* to strike the hours.

驝, T'oh A camel with one hump on its back; *t'ok, ,t'o*, or *lok, ,t'o*, the Bactrian camel.

(572) Tòm.

'窞 Erroneously used for *'t'am* 氹 a tank, a pit, in the Fan Wan.

(573) Tong.

當 ,Táng A proper value set on a field; what is suitable, opportune, convenient, proper, just; adequate to, competent; to bear, to sustain, to take the responsibility; to be equal to, to stand over against or in contrast, to match, to mate; to meet, to occur; at the time of, when, a certain time — in which sense it is often the present participle; to manage, to decide upon, to meet out justly, to superintend; to act as, to be; to bear against, to withstand; to screen, to protect; *,tám ,tong*, I'll assume the matter, I'll be security for it; *,'m 'kòm ,tong*, I cannot presume, *i.e.* you are too kind; *,tong ,ká*, to be head of a family; *,tong ,ying*, to be a soldier; *,ying ,tong*, ought, is proper; *,tong ,'m 'hí*, inadequate to; *,tong ,shí*, at that time; *,tong ,kam*, now, at this present time; *,tong tak, ,to ,yan*, equal to many persons; *,kau ,tong*, a business, an intrigue, a job; *,tong pai'* falling away, declining; *,tong ,kái*, in the street; *,tong ,t'in*, out of doors, open to the sky; *,tong ,chung* to act as a midsman; *'li 'sho ,tong ,in*, what propriety requires.

璫 ,Táng Ear-rings, ear-pendents; jewels used on the head; *,ting ,tong*, jingling stones hung in the wind; *,kam ,long ,tong*, a silk peddler's gong; a gold locket.

鐺 ,Táng Interchanged with the last; a clasp or lock, called *,long ,tong*; sound of a drum.

'黨 } '党 } Tang Not a few; a village of 500 houses; the elder of such a village; to fraternize, to club, to form cabals against government; to assist in doing evil; associates, companions; a cabal, a faction, a brotherhood, a league, a club, a banded company, seditious junto; to compare; to intrigue; to side with, to bring to mind; a place; *,héung 'tong*, a village; *,t'ung 'tong*, of the same party or faction; *ts'ák, 'tong*, banditti; *kit, 'tong*, to band together; *'fi 'tong*, a clan of thieves; *'tong ching'* the village headman; *kok, ,ü ,k'i 'tong*, each in his place; *'tong 'ü*, adherents of a faction; *,p'ang 'tong*, a brotherhood.

檔 Táng A waistcoat or wrapper, an undershirt; the crutch of a pair of breeches, called *fú³ ˌtong*; *ˌkwan ˌtong*, a pair of trowsers.

讜 ʻTáng Right, forcible words; honest, faithful advice; to exhort to virtue.

鐺 ʻTáng An unauthorized character. A sort of poleax made crescent shaped; *dau ˌkam ʻtong*, a halberd with side hooks.

擋 攩 ʻTáng To strike; to impede, to stop, to obstruct, to resist; to cover, to screen; to push; *ʻtong chü²* to hinder one; *ʻtong ká³* to stop the coach — of a visitor, *i. e.* to take his card instead of his visit; *ʻtong ˌt'au chan²* the vanguard in a battle; *ʻpí ʻshau ʻtong chü²* stop or brace it with your hand; *ʻtong ˌchung*, a screen or something to stop the way.

擋 Táng³ Constantly used for the last; to screen, to cover over; *ʻping tong³* to put aside securely; *tong³ ʻmong*, a scoop to take fish out of a net.

當 Táng³ Suitable, favorable; to pawn, to pledge; to consider, to look upon as, reputed as; instead of, for, as; to deceive, as a pawnbroker does; basis, foundation; safely, properly; *tong³ p'ò³* a pawnbroker's; *on³ tong³* to pledge; *shuk˭ tong³* to get out of pawn; *tong³ p'iú³* a pawn-ticket; *ʻní mok˭ ʻshéung ʻk'ü tong³* don't let him take you in; *tong³ ʻngo fan³ ˌm⁴*, do you think I'm asleep? *ʻk'ü tong³ ʻngo ˌngoi*, he thinks I am a fool; *ʻhéung tong³* a licensed pawnbroker; *ʻshai ˌngan tong³ ʻshui*, to spend money as water; *ʻt'o tong³* suitably done; *tong³ ˌnò puk˭* to treat you as a slave; *tong³ ˌwai ˌmò sz²* he thinks I've nothing to do; he acts as if it was of no importance.

櫎 Táng³ A wooden bed or couch; purlines on a roof; a sort of tree. A colloquial word. A heat on a course; *ʻp'áu yut˭ tong³ ʻmá*, to ride once round the course; *tong³ ʻtsz³ ʻmá*, a racehorse, one used at the military examinations.

碭 Táng² A stone with streaks, veins, or striæ running through it; to overrun; an excess; *ˌmong tong²* hills in the district of Pei in Kiángsú.

蕩 宕 Táng² Large, level, vast, magnificent; still; agitated, driven here and there, ready to spill over, shaking; unsettled, dissipated, vagrant; to squander, to wantonly waste; *ʻtò tong²* *ˌfá ˌsiú*, to waste riotously; *ˌ'm ˌchí tong² hü³ ˌpín*, I don't know where he has wandered to; *tong² ʻch'án*, to spend an estate; *fong³ tong²* careless, dissolute, profligate; *tong² shat˭* lost his way, out of his reckoning; *tong² tong²* vague, deep; to overturn, as the laws; *ʻsáu tong²* wandering; *tong² ˌtin*, all wasted, spent; *ʻt'ai tong² sé³* take care lest you spill it over; *ˌlau ˌtí ʻlong tong²* gadding about and out of employment. The second character also means a house made like a cave.

盪² A tub to wash in; large, Tang great; moved, disturbed; to shove a boat on land. A colloquial word. To smear, to rub over; *tik*ˎ *tong*² to shake about, as when washing; *t'iú*² *tong*² in a panic; *tong*² ˏ*fúi*, to plaster, as a wall; *tong*² *hak*ˎ *min*² to blacken the face of one who passes bad money.

(574) **T'ong.**

湯 ˏT'ang Hot water; broth, soup; clouds passing in showers; to bathe in warm water; ˏ*chü yuk*ˎ ˏ*t'ong*, pork soup; ˏ*t'ong* ᶜ*shui*, broth of meat; ˏ*pò* ˏ*t'ong*, to make soup; ˏ*t'ong* ˏ*t'au*, a recipe for medicine; ˏ*t'ong min*² vermicelli soup; ˏ*t'ong* ᶜ*páu* ᶜ*tsai*, meat dumplings; ˏ*t'ong* ˏ*tau*, a soup turreen.

劏 An unauthorized character. To butcher, to cut open, to kill and dress meat; to dissect; ˏ*t'ong* ˏ*ngau*, to butcher an ox; ˏ*t'ong* ˏ*yan*, to dissect a body; ˏ*t'ong* ˏ*hoi*, rip it open; ˏ*t'ong* ᶜ*t'ò*, to cut up; ˏ*shang* ˏ*t'ong*, to cut up alive.

塘 ˏT'áng A pool, a pond, a tank; a stagnant pool or ditch; a classifier of leagues; ˏ*ü* ˏ*t'ong*, a fish-pond; ˏ*ch'i* ˏ*t'ong*, a pond; ˏ*lin* ˏ*t'ong*, a lily-pond; *yat*ˎ ˏ*t'ong sun*² a league; ᶜ*hin* ˏ*t'ong* a muscle tank; ˏ*kon* ˏ*t'ong*, to drain a pond; ˏ*t'ong* ˏ*hò*, celery.

螗 ˏT'ang A kind of locust; ˏ*t'iü* ˏ*t'ong* a species of cicada or broad locust.

傏 搪 ˏT'áng Wayward; to stretch out; ˏ*t'ong tat*ˎ abrupt, brusque, rude, froward, lacking in proper humility; ˏ*t'ong sak*ˎ to stop one's mouth, to answer.

唐 ˏT'áng Boasting language, gasconade; a path to an ancestral temple; a dynasty which flourished A.D. 618—913; a Chinese; ˏ*T'ong* ˏ*shán*, China; ˏ*T'ong* ˏ*yan*, a Chinese; ˏ*t'ong* ˏ*fán* ˏ*wo hòp*ˎ natives and foreigners at peace; ˏ*fong* ˏ*t'ong*, exaggeration.

餹 糖 ˏT'áng Sugar; honey; candy; sugared; ˏ*shá* ˏ*t'ong*, granulated sugar; *pák*ˎ ˏ*t'ong*, white sugar; ˏ*ping* ˏ*t'ong* ᶜ*fan*, pingfa sugar; ˏ*wong* ˏ*t'ong* or *p'in*² ˏ*t'ong*, sugar in cakes; ˏ*ping* ˏ*t'ong*, sugar candy; ˏ*t'ong* ᶜ*shui* molasses, syrup; *kit*ˎ ˏ*t'ong*, unclarified sugar; ˏ*t'ong* ˏ*kán* half candied molasses; ˏ*ui* ˏ*t'ong*, lost its sweetness; *met.* losing one's powers of mind; *chá*² ˏ*t'ong*, to press the cane; ˏ*t'ong* ᶜ*kwo*, sweetmeats; ˏ*t'ong* ˏ*kwá*, a sort of sugar plums; ᶜ*héung* ˏ*t'ong*, sugar images carried in marriage processions.

堂 ˏT'ang A hall, a mansion, a seat; a palace; a temple; a courtroom; a public hall or establishment; a hall in a house, the principal chamber; the officer who presides in a hall or on the bench; high, illustrious, venerable; to control, as with authority; distant relatives of the same clan: a designation of a single family or household, a plateau among hills; a classifier of graves and of trials; *yat*, *kán* *t'ong*, a mansion, a hall; *ch'iú* *t'ong*, the hall of audience; *fat*, *t'ong*, a Buddhist temple; *kung* *t'ong*, the court-room in a yámun; *ching'* *t'ong*, *'tso* *t'ong*, and *yau'* *t'ong*, are the district magistrates and his two assistants; *woong* *t'ong*, the prefect's office; *ming* *lun* *t'ong*, the general assembly hall in the examination hall; *ling'* *t'ong*, your mother; *t'ong* *king* *tai'* remote second cousins; *t'ong* *hák*, a lady, a gentlewoman; *'sham* *kwo'* *yat*, *t'ong*, I have examined the case once; *yat*, *t'ong* *fan* *mò'* one grave; *tong* *t'ong* *fan* *hoi*, divided it in the open hall, *i. e.* fairly; *t'eng* *t'ong*, a large house; *yuk*, *ying* *t'ong*, a foundling-hospital; *hák*, *t'ong*, visitor's rooms in a monastery; *hung'* *t'ong*, a general laugh; *pái'* *t'ong*, a bride's worship of her new parents; *t'ong* *t'ong*, upright, integrity, just; *t'ong* *meng*, the particular name of a single family; *chung* *t'ong*, a prime minister; *kò* *t'ong*, my parents; *t'ong* *ch'i*, to control.

棠 T'ang — A sort of sorbus or service, the wood is used in ships; the side boards of a cart; *'hoi* *t'ong* *fá*, the *Cydonia Japonica*; *ch'un* *'hoi* *t'ong*, the *Begonia discolor*; *t'ong* *tai'* *chi* *í*, a brother on whom one can rely.

膛 T'ang — Fat and fleshy, corpulent; *hung* *t'ong*, the breast, the bosom.

鏜 T'ang — The sound of striking drums; a drumming; to bore through and bind with iron.

螳 T'ang — A mantis; *t'ong* *long*, the praying mantis; *t'ong* *mí*, a dragon-fly.

幢 — A curtain; *'Hoi* *t'ong* *tsz'* the Honam temple. Correctly pronounced *ch'ong*.

瞠 Ts'ang — To look straight forward, to stare and gaze at closely.

帑 T'ang — A treasury, a repository of gold, silver, precious cloths; *kwok*, *'t'ong*, the national treasury; *'fú* *'t'ong*, a treasury.

倘 儻 T'ang — If, supposing, should; suddenly, unexpectedly; *'t'ong* *yéuk*, if; *'t'ong* *hai'* *'kòm*, if it be so; *'t'ong* *loi* *chí* *mat*, what comes unexpectedly; it comes fortuitously, as profits; *'t'ong* *sak*, *wá'* plausible talk, blarney, to throw dust in one's eyes; *t'iú* *'t'ong*, to put off, to make frivolous excuses.

熨 Wai — A smoothing iron or flat-iron, made like a cup to hold coals; to smooth with hot iron; to push or rub from side to side; *t'ong'* *'tau*, a chafing-dish used to smooth clothes; *t'ong'* *í* *fuk*, to iron clothes; *t'ong'* *'shau*, to feel for gently with the hands; *t'ong'* *t'ip*, just the thing, like the sample.

(575) **Tsá.**

咱 Tsáh — A colloquial word in the north; I, myself; *tsá* *ká*, I, me; *tsá* *mún*, we.

(576) **Tsai.**

劑 ˏTsai To pare, to cut even, to trim; to equalize, to portion, to adjust; to compound, as pills; a dose, a recipe; *yatˎ ˏtsai yéukˎ* a dose of medicine; *ˏt'iú ˏtsai*, to arrange amicably; *chatˎ ˏtsai*, a check, a bond, made so as to cut in twain for evidence.

擠 ˏTsai To push, to push over, to upset; to press upon, to crowd; *ˏtsai ˋyung*, to crowd and press upon.

穧 ˏTsai To reap grain; a handful of rice, as it is cut; to put it together to bind into sheaves.

躋 隮 ˏTsai To ascend, to go up, as stairs, to mount a steep hill; to reach; to rise, as vapor; a rainbow.

賫 賷 ˏTsai To take or send a present; to present to, to offer; to dispatch, as documents; to send up to; *ˏts'an ˏtsai*, to give to personally; *ˏtsai sungˀ* to send, as a present.

齎 ˏTsai Interchanged with the preceding. To take in both hands, to offer; to give to; to prepare necessaries for a journey; to supply, to leave and store up; a sigh; *ˏtsai tsauˀ ˏkún*, a courier, a bearer of dispatches; *ˏtszˀ ˏtsai*, to confer on; *ˋfung ˏtsai*, to hand up to.

齏 ˏTsai A sort of leek; to prepare and compound, to blend, to mix, as tastes; to make dishes of vegetables as the poor have; compounded, mixed; to compare, as opinions; *ˏwo ˏtsai*, to blend, as when mixing the tastes of spices.

ˋ仔 A colloquial word. A child, a son; a diminutive; a little thing, the smaller of two; *ˋtsai ˋnü*, sons and daughters, children; *ˏkwái ˋtsai*, a good boy; *ˋtsai táiˀ ˋtsai shaiˀ káiˀ* when a son is old he must take care of himself; *saiˀ ˏman ˋtsai*, children, lads; *ˏchü ˋtsai*, a pig; *ˋkau ˋtsai*, a puppy; *ˏkung ˋtsai*, images, pictures, playthings; *szˀˀ ˋtsai*, a servant boy; *ts'auˀ ˋtsai ˋmá*, a nurse.

祭ˀ Tsai To sacrifice, to offer slaughtered victims before the gods or penates, which are also usually cooked; to bring an oblation, to approach before the gods; the time of worship; a sacrifice, an offering; *tsaiˀ shingˀ* to worship the sages; *tsaiˀ tszˀˀ* to present sacrifices; *tsaiˀ ˏman*, a prayer; an elegy hung up during the 49 days of mourning; *ˋpái lòˀ tsaiˀ* to scatter or lay out offerings along the road — as at the funerals of worthy men; *tsaiˀ ˏyau*, to appease ghosts by oblations.

穄ˀ Tsai A sort of panicled millet which is not glutinous, and resembles wheat; it grows in Shensí.

際ˀ Tsai A limit, a border, a region, the line of junction of two things; the time or place where another begins; to join, to begin; the time of occurring, now, since; *ˋszˀ ˏshang ˏchi tsaiˀ* between life and death; *tsai² tsip*, to receive, to blend; to meet; *ʻhò tsai² ú²* a good opportunity, a favorable juncture; *ʻtsʻz² tsai²* this time; *ˏfung ˏwan tsai² ú²* the winds and clouds have met; *met.* to receive a favor.

濟ʾ Tsai — Name of a river; to assist, to succor, to benefit; to furnish gratuitous aid; to relieve; to cross a stream; to make successful, to further, to bring about, to complete; able, apt, clever; used for the next; *kau² tsai²* to save and relieve; *ʻm tsai² sz²* he will not do, he is inefficient; *tsai² mat, sham² sz²* what is he good for? *ˏtʻung ˏchau kung² tsai²* to cross a river in the same boat; *tsai² ˏki*, to feed the hungry; *tò² tsai² ˏtʻin há²* to reform the world; *ˏchau tsai²* to supply another's wants; *tsai² tsai²* abundant; a concourse.

霽ʾ Tsai — The rain stopping, the clouds clearing away and the blue sky appearing; *ˏtsʻing tsai²* a fair sky.

懠ʾ Tsai — Angry, enraged; suspicious, envious of; to doubt; *ˏtʻin ˏchí ˏfong tsai²* when heaven is angry.

嚌² Tsai — Read *ˏtsai*. To taste, to sip, to wet the lips; a plaintive sound.

A colloquial word. A superlative, denoting that the extreme has been reached; *tám² tak, tsai²* excessively weak, as tea; *ʻmò mat, tsai²* not much there, nothing to speak of; *tái² tak, tsai²* far too large; *hai² tak, tsai²* certainly.

(577) Tsʻai.

妻 ˏTsʻai — A wife, a partner, a spouse, a consort who is taken with legal ceremonies; *ˏtsʻai ʻtsz'* a wife; *ling² ˏtsʻai*, your wife; *hák, ˏtsʻai*, a courtesan; *lò² ˏtʻau ˏtsʻai*, a wayside wife, one taken while sojourning elsewhere; *ˏpʻing ˏtsʻai*, equal to a wife, *i. e.* a concubine; *tsʻü² ˏtsʻai*, to take a wife; *án ˏtsʻai* my good wife, a virtuous wife; *ˏkiú ˏtsʻai ʻmí tsʻip,* an accomplished wife and handsome concubine.

Also read *tsʻai²*; to give a daughter as wife to one.

淒 ˏ / 凄 ˏ Tsʻai — Intense cold; bleak, cloudy, wintry; a cold wind; shivering, freezing; calamitous, afflicted, grievous; *ˏfung ʻü ˏtsʻai ˏtsʻai*, sleety rain and wind; *ˏtsʻai tsʻit,* bitter suffering; *ˏtsʻai ˏléung*, grievous; *kòm² ˏtsʻai ˏléung*, so sad; so serious, as consequences; *ˏtsʻai ʻtsʻám*, oppressed, borne down; *ˏtsʻai ʻchʻo sham²* in urgent case, needy. The second also means gathering clouds.

悽 ˏTsʻai — Similar to the last; grieved, afflicted, sorrowing; suffering from hunger; *ˏpí ˏtsʻai*, pitiable, suffering; *ˏtsʻai ˏtsʻai*, gaunt, famishing.

緀 ˏTsʻai — The stripes, colored or plain, in silken fabrics; ornamented, blended colors and stripes.

萋 ˏTsʻai — Luxuriant foliage; *ˏtsʻai ˏtsʻai*, moving clouds; a man exerting himself.

悽 ˏSí To look angry, frowning; ˏts'ai ˏwong, vexed, sorry, disappointed.

棲 栖 ˏTs'í To roost, to perch, to nestle; to sojourn, to stay at, to reside; to settle down, to rest, to repose; at peace; a perch, a roost; a sleeping-place; a lodging-place; ˏkai ˏts'ai, a hen-roost; *tsám² ˏshí ˏts'ai chü²* to live here for a while; *ˏmò teng² ˏts'ai ˏshan*, no place to stay at; *ˏts'ai sít*, to and fro, like a stranger.

齊 ˏTs'í Even, equal, uniform; to equalize, to tranquillize; to adjust, to classify, to arrange methodically or according to rank; at once, all, together, alike; quick, smart; good; to discriminate; an ancient feudal state comprising the part of Shántung east of T'ái shán; the 210th radical; *'ching ˏts'ai*, well arranged, properly placed; *ˏts'ai ˏchau*, an old name for China; *yat, ˏts'ai hü²* all go at once; *ˏshau ˏts'ai chéung² muk*, to collect all the accounts; *ˏts'ai ˏmí*, an old couple; *ˏ'm pín² tak, ˏyan ˏts'ai*, he was not turned out a full man—said of a young scapegrace; *ˏtò ts'ít, kòm² ˏts'ai*, trimmed even, all of a size; *ˏts'ai ˏsam*, of one mind; *'tang ˏts'ai*, wait till all come; *ˏts'ai pí²* all are ready, fully prepared; *pat, ˏts'ai*, incomplete, unequal; *ˏts'ai ˏká*, to govern a family.

蠐 ˏTs'í A maggot; *ˏts'ai ˏts'ò*, worms in carcases; *ˏyau ˏts'ai*, a grub, larvæ in mulberry and other trees.

薺 'ʦ'ʑ' Cress, shepherd's purse; a term for small esculent plants like pepper-grass, cress, mint.

鱭 鮆 ˏ A thin fish, with a silvery belly; a mullet; *'má 'ts'ai*, a kind of anchovy (*Coilia playfairii*); *ˏwong 'mí 'ts'ai*, yellow tail mullet (*Mullus xanthurus*); *pák, 'ts'ai*, greenish mullet *Mugil ventricosus*.

泚 'Ts'z' Perspiring, sweating on the forehead; clear water; fresh, clean; name of a stream.

切 Ts'í All, every, the whole; *yat, ts'ai²* the entire lot; *chiú² kü² yat, ts'ai²* I thank you for all your kindness.

砌² Ts'í A stone step; ornamented tiles laid for steps; to lay, as tiles; to place regularly, to fit in; *ts'ai² 'hò*, lay them even, as bricks; *ts'ai² ˏmái*, place them straight; *ts'ai² shek, lò²* to pave with stones; *ts'ai² ˏts'éung*, to lay a wall; *ts'ai² 'ngá*, to tile roofs.

(578)

Tsak.

則, Tseh A rule, a precept, a law, a regulation; a principle; a pattern, an example; a standard, a measure by which to test an act; to conform to rule, to imitate, to walk by; an illative particle, denoting a result, a reason for, a cause for; wherefore, immediately, then; a conditional particle, after that, in that case; therefore, next, consequently; *fát, tsak,* a rule, a pattern; *'chun*

英華分韻撮要

tsak, the pattern, at the time, like the rule, as a carpenter's line is; *₍ho tsak₎* how then? *tsak₎ ko'* in the court dialect is like *pá' lok₎* well, then; *e. g. shü' tsui' tsak₎ ko'* well, then I'll pardon the fault; *ʻyau mat₎ ʻyau tsak₎* both the substance and the immaterial principle; *₍in tsak₎* if so, then; *yat₎ tsak₎ ʻi ʻhi, yat₎ tsak₎ ʻi kü'* to excite both our joy and fear; *tsak₎ yat₎ ʻyá*, then they are alike; *₍sui tsak₎ ʻkòm*, then I shall venture.

鰂, Tsih A species of bream *(Cyprinus gibelioides)* with a long dorsal, called *tsak₎ ʻná ₍ü₎ shuk₎ kwat₎ tsak₎* the blunt headed bream *(Cyprinus abbreviatus)*; *₍kam tsak₎* the red tailed bream *(Cyprinus auratus)*.

(579) **Ts'ák.**

賊, Ts'ih A thief, a robber, a highwayman; a bandit; seditious, those who rise against the government; the enemy; a term of contempt; to rob, to murder; to maltreat, to oppress; a fly in grain; *ʻlò ts'ák₎* an old robber; *ts'ák₎ ʻkòm ʻngán*, eyes sharp as a thief's; *ts'ák₎ ₍ping*, the enemy's force; *ʻhoi ts'ák₎* a pirate, corsair, freebooter; *ts'ák₎ ₍t'au*, a ringleader of robbers; *ts'ák₎ ʻtsai*, a rascal, a pilferer; *tsò' ts'ák₎* to turn robber; *ts'ák₎ ₍chong*, booty; *ts'ák₎ ₍ying*, a suspicious looking fellow.

蠈, Ts'ih A fly which eats the grain at its joints; a sort of Hessian fly, commonly called *₍wong ₍ch'ung* or the yellow bug.

(580) **Tsam.**

ʻ怎 Tsang What? *ʻtsam ₍mo*, what? *ʻtsam ʻkong*, what does he say? used in the court dialect. This is usually read *ʻsham.*

浸' Tsin To soak through, to penetrate; to saturate, to steep in, to macerate, to wet; to submerge, to immerse; to flood, to lay under water, as fields; drenched, wet, imbued with, watered; gradually, gently; *tsam' ʻsz'* drowned; *tsam' ₍t'ong* soaked in syrup; *tsam' yun'* to imbue with, to prejudice against, to bias; *tsam' chá'* niggardly, closefisted; *ʻshui tsam'* overflowed; *hon' tsam' ₍hung ₍ngán*, the perspiration rolled down his face; *tsam' shap₎* wet it, soak it; *ʻpí ʻshui tsam' chü'* cover it with water; *₍k'i shüt₎ tsam' ₍yam*, his words are insidious and persuasive; *tsam' ʻtsau*, spirits in which fruits have been soaked; *tsam' yap₎ ₍sam*, it is wet through.

沁' Tsin To sound, to fathom, to ascertain the depth of water; *met.* to comprehend; a large affluent of the Yellow River, and an inferior department in S. E. Shánsí; *tsam' tsam' ʻhú*, try its depth. This character is sometimes used for *tap₎* to get wet; and for *tam*, to sound.

(581) **Ts'am.**

侵 To usurp, to incroach upon, to enter gradually; to appropriate, to plunder, to invade; possessed, by as a spirit; bad, calamitous, as a year; *ts'am hoi* to injure insensibly; *ts'am chím* to unjustly incroach on; *ts'am 'pún*, to draw on the principal; *ts'am tik yap hü* stick in a few bad ones; *ts'am pín p'ái*, to braid in false hair; *tái ts'am chí nín*, a bad year; *ts'am ling*, to intimidate, to oppress.
Ts'in

Read *'ts'am;* diminutive, small.

駸 Occurs used for the preceding; properly a swift horse; *ts'am ts'am*, a fast running courser.
Ts'in

祲 To influence, to act upon; a malign halo; abundant, great, full.
Ts'in

鋟 To cut, to engrave; sharp-pointed; a point; an awl, a graver.
Ts'in

蓡 Used for *sham* 參 ginseng, but erroneously.
San

尋 To hunt after, to search, on the track of; to seek, to investigate; to use, to employ; to continue, to connect with; usually, ordinarily; temporary, unexpectedly; for a long time; common; a measure of eight cubits, or like the outstretched arms; *ts'am 'm chéuk* I can not find it; *ts'am mí* to wish more of, as of a tidbit; *ts'am t'au lò* seeking for work; *ts'am sheung*, usual, common; *kau ts'am*, to hunt after one; *ts'am mút* died unexpectedly; *ts'am t'iú kai* to think out a plan; *'cháu ts'am*, to seek everywhere for; *ts'am ch'an tò 'k'ü*, I've got track of him; *ts'am kan man 'tai*, to investigate thoroughly; *ts'am sz* to meddle with; *ts'am mat* a colloquial phrase for yesterday.
Sin

燖 To scald, as a fowl, in order to pluck it; to steep in hot broth, to make a broth of.
Ts'in

鱘 The sturgeon; *ts'am lung ü*, the sturgeon.
Ts'in

鱏 An enormous fish, with a long nose, found in the Yángtsz' kiáng; probably a sturgeon.
Ts'in

鐔 The guard on the hilt of a sword; a dagger, a dirk; the edge of a sword.
Sin

鬵 A vase with a large belly and small mouth; a large kettle or boiler.
Tsin

寢 To sleep; rest, sleep; to rest, to desist, to repose; a back chamber, a bed-chamber; an adytum in a temple; a retiring-room in a palace; a dwelling-house; a mausoleum or house near a grave; *on 'ts'am*, to sleep quietly; *k'i sz sui 'ts'am*, the affair then terminated; *'ts'am shat*, a dormitory; the ancestral hall in a mansion; *nán 'ts'am*, I cannot get asleep; *'ts'am ping*, to give rest to troops; *ling 'ts'am*, the imperial mausolea near Mukten; *ching 'ts'am*, room behind the hall.
Ts'in

(582) **Tsám.**

簪 ꜀Tsán A hairpin, clasp, or bodkin, used to confine the hair or fasten the coiffure; to insert in the hair, to stick on the head; quick, brisk, to collect speedily; *꜀tsám ꜂p'áng*, a hairpin; *꜀tsám ꜀fá*, to stick flowers in the hair; *꜂niú ꜀tsám*, a gay headstall; *yuk꜆ ꜀tsám ꜀fá*, the tuberose; *꜀kai ꜀tsám ꜂mai*, the fowl pecks the rice—a colloquial phrase.

鏨 ꜂Tsán A stone-cutter's chissel; a small cold chissel; to pierce, as a thorn; to cut in, to cut or chissel out; to carve, as flowers; *꜂tsám ꜀fá*, to carve flowers; *꜂tsám ꜀tò*, a stone chissel; *꜂tsám ꜀hoi ꜀pín*, to split open an edge; *꜂pi lak꜆ ꜂tsám*, the thorn pierced me.

暫 Tsán² A part of a day; for the time being, briefly, shortly, for a short time, in the interim, meanwhile; suddenly; *tsám² ꜁shí*, a little while; *tsám² ꜂yan*, be patient; *tsám² ü²* suddenly met him; *tsám² chü²* a temporary lodging; *꜂ho tsám² pat꜆ ꜂ho ꜁shéung*, it will do for a temporary arrangement.

(583) **Ts'ám.**

參 叅 ꜀Ts'an To be concerned with, to join with for consultation, to advise, to give counsel to; to blend, to mix, to form one of three; to have an audience, to salute, to see one; to impeach, to report to the throne on other officers; confused, mixed, as colors; a deposition, an impeachment; the 20th constellation, consisting of stars α, β, γ, δ, η, ξ, ε and $\varkappa$ in Orion; *꜀ts'ám tsau꜄* to memorialize against; *꜂tá ꜀ts'ám*, to make an obeisance; *꜀ts'ám pái꜄* to visit one; to worship; *꜀ts'ám꜀ts'ám꜀ts'z'꜀ts'z'* uneven, not well ranked, unassorted; *꜀ts'ám kák꜆* to degrade an officer and report it; *꜀ts'ám tsáp꜆* to throw into confusion; *꜀ts'ám tséung꜄* a colonel; *꜀ts'ám ꜁ts'éung*, to consult upon; *꜁ch'iú ꜀ts'ám*, admitted to a levee; to worship the Supreme; *꜀ts'ám ting꜄ ꜁mò ꜁ngo*, I've examined it and found no mistakes.

驂 ꜀Ts'án Three horses abreast in a chariot; the horses outside of the thills; *꜀ts'ám shing²* three sitters in a carriage; *t'üt꜆ ꜀ts'ám ꜀i tsang²* he unhitched the wheelhorse and gave it to him.

蠶 蚕 ꜁Ts'an The silkworm; caterpillars which weave coocoons; *꜁ts'ám ꜁ch'ung*, the silk-worm; *꜁ts'ám ꜁ch'ung ꜀kon*, dried silkworms used for food; *꜁ts'ám ꜀kú*, goddess of silkgrowers; *꜁ts'ám ꜂kau*, silken, silk fabrics; *꜁ts'ám shik꜆* to gnaw like a silkworm, to incroach on other's domains; *꜁ts'ám ꜂kán*, a coccoon.

劖 ꜁Ts'án To cut apart, to chop; to chissel off; to cut with a burin; *꜁ts'ám ꜀tò*, a beveled knife or chissel.

TON. DICT. 70

巉 ꜀s | 嶃 ꜀s Ts'án } A high, inaccessible peak or cliff; a cloud-capt summit; ꜀ts'ám ꜀ngám, a lofty, craggy summit; also high piled up rocks.

毚 ꜀s Ts'án Crafty, wily, artful, as a hare, which has many ways of escape; ꜀ts'ám t'ò' a crafty rabbit.

讒 ꜀s Ch'án To adulate, to humor, to flatter; to misrepresent, to gloss over, to calumniate, to asperse, to traduce, to detract; servility; detraction, malignity; ꜀ts'ám ning² to cajole and asperse; ꜀ts'ám ʿchím, to intrigue against, to slander; ꜀ts'ám ꜀yan, a backbiter; ꜀ts'ám ꜀ín ʿyé wo² calumnies induce troubles; ꜀ts'ám ꜀shan, an intriguing officer; ꜀ts'ám ʿhau ꜀káu ꜀ká, he is everywhere spoken against.

饞 ꜀s Ts'án To gormandise, to be fond of eating; greedy, gluttonous, voracious; ʿhau ꜀ts'ám, omniverous.

慚 ꜀s | 慙 ꜀s Ts'án } Ashamed, mortified, chopfallen; to feel ashamed of, to blush for; to be sensible of one's defects or failure; ꜀sau ꜀ts'ám, to redden from mortification; tái² ꜀ín pat꜀ ꜀ts'ám, he does not blush for a lie, he has no modesty; ꜀ts'ám tak꜀ conscious of one's defects.

慘 ʿ | 憯 ʿ Ts'án } Cruel, hard-hearted, inhuman; to be afflicted, injured, wounded in the mind; a superlative, applied to sufferings; ꜀pí ʿts'ám, extreme grief; ꜀shéung tak꜀ ʿts'ám, horribly wounded; ʿts'ám huk꜀ unfeeling, callous; ʿhò ʿts'ám, very shocking; ʿts'ám hak꜀ oppressive, fleecing the people: ʿts'ám ꜀tsò ꜀wáng wo² to meet with cruelty and misfortunes.

憯 ʿ Ts'án Pained, feeling acutely, grieved; distressed; sickened from former sufferings; already.

摻 ʿ Sán A delicate hand, a hand with tapering fingers; fine, tapering, small; to take up with the hand.

篸 ʿ Ts'án Bamboos varying in length; a pandean pipe; a hair-pin; an open basket like a fan; fat꜀ ʿts'ám, a basket scuttle; ꜀fúi ʿts'ám, a mortar-hod; luk꜀ ꜀tau ʿts'ám, a grain fan; láp꜀ sáp꜀ ʿts'ám, a dirt basket.

(584) **Ts'an.**

親 ꜀ Ts'in To love, to be attached to; liking, pleased with; near, intimate; near to, belonging to one's self, personal, myself; a relative, related to, having affinity, kindred, kin, kith; parents; a wife; affianced; used for ꜀san, new; ꜀ts'an ts'ik꜀ one's relatives; ts'ü² ꜀ts'an, to take a wife; ꜀shing ꜀ts'an, to consummate a marriage; ꜀ím ꜀ts'an or fú² ꜀ts'an, a father; ꜀ts'z' ꜀ts'an or ʿmò ꜀ts'an, a mother; ꜀ying ꜀ts'an, to escort the bride; teng² ꜀t'au ꜀ts'an sz'² contracted the marriage; ʿyau ꜀ts'an, related to him; ꜀ts'an pat꜀ ʿsé, wrote it myself; ʿkong ꜀ts'an ʿhò ʿhau lán² split my mouth if I ever said so.

ₑts'an ŭtₗ very intimate; *ₑts'an oi'* to love much; *ₑts'an kan²* near to one; nearly related; *ₑts'an 'tsui*, to kiss; *p'ung' ₑts'an*, to run against; *kwán' ₑts'an*, to slip down; *ₑts'an 'ngán kin'* I saw it myself; *ₑts'an shéung² ₑká ₑts'an*, to be doubly connected; *ₑp'an ₑk'ung tün² lukₗ ₑts'an*, nobody knows his poor relations.

(585) **Tsán.**

'儹 Tsán To accumulate, to collect together, to hoard up, to store.

'趲 Tsán To walk, to get on; to flee, to run away, to scatter, to put to flight; to hasten, to urge, to quicken, to press; *'tsán pò'* to walk quicker; *ₑts'úi 'tsán*, to urge on; *yatₗ yatₗ ₑloi 'tsán*, he comes urging me daily: *'tsán 'k'ü 'hí ₑshan*, urge him to get out of bed.

'疌 Tsán Promptly, quickly; with haste; to hasten, to accelerate.

'昝 Tsán Sometimes used for *ₑtsá* 咱 I, me, in the north. A surname.

贊' Tsán To visit a superior, to come before a god; to second, to assist in bringing forward, to introduce, to bring a present to one; to make clear, to bring to light; to go out; to give evidence; to praise, to commend, in which sense it is interchanged with the next: *tsán' cho²* to aid in, to further; *tsán' ₑt'ong*, to still a court, as the crier does; *tsán' ₑshing*, to assist in bringing about; *tsán' kin'* to visit.

讚' Tsán To praise, to commend, to laud; to sing praises to; to record the praises of; to assist; to explain; *takₗ ₑyan tsán'* to be praised, praiseworthy; *tsán' 'mí*, to praise; *tsán' sín'* to commend; *tsung² tsán'* to extol, to sing praises to; *tsán' takₗ kwo'* laudable.

濺' 濽' Tsán To stir up muddy water; turbid water; to spatter; to rebound, to recoil; resilient; *tsán' 'nan ₑshan*, dirtied and splashed; *tsán' 'hí*, to bound back; *tsán' lokₗ ti²* bounded back on the ground; *tsán' shapₗ ₑshan*, spattered against me.

瓚' Tsán A sort of stone sceptre made with a cup, used in pouring out libations; a kind of bottle used in worship.

(586) **Ts'án.**

ₑ餐 ₑ飡 To swallow, to eat; a meal; a classifier of meals; to gather and to select; *yatₗ ₑts'án fán²* a meal; *'tsò ₑts'án* breakfast; *tái² ₑts'án*, dinner; *'mán ₑts'án* supper; *yatₗ shikₗ ₑsám ₑts'án*, three meals a day; *ₑts'án ₑt'au fan²* a common meal; *chán² ₑts'án shikₗ* works for his food; *sau' shikₗ ₑhòm ₑts'án*, handsome enough to be eaten; *'páu ₑts'án*, a good meal; *ₑts'án* *‹wan ‹mín üt›* dines in the clouds and sleeps on the moon — an enthusiast; *‹ch'i fán²* *‹ts'án*, a diner out; *‹ts'án chuk›* *‹ts'án fán²* a meal of congee and of rice — poor.

殘 ‹Ts'án To ruin, to destroy; to injure, to spoil; to mangle, to tread on; to kill, to slaughter; mischievous, wicked, cruel; spoiled, pillaged; withered; broken food, leavings; deficient, nearly used up, ready to vanish away; *‹ts'án hoi²* truculent, savage; *ʻshau tsuk› ‹séung ‹ts'án*, fraternal strifes; *‹ts'án ‹fá*, a withered flower—a prostitute; *‹ts'án ‹nín*, year going out; an old man; *shik› ‹ts'án*, leavings, orts; *‹ts'án ‹yan*, to injure people; a villain; *‹ts'án ‹púi*, heeltaps; *‹ts'án k'üt›* deficient, injured; *‹ts'án ʻyan*, cruel, unfeeling.

粲' Ts'án Half a *ʻtau* or peck; a meal; many, much, a multitude; clear, bright; to agree upon; fine, excellent; beautiful, as a woman; to laugh, smiling; fine rice; *pák› ts'án'* white rice, anciently picked over by criminals; *ts'án' ts'án'* elegant, as dress; *ts'án' ‹in ú siú'* he laughed outright; *ts'án' ‹t'au*, a worthless fellow — a colloquial phrase.

燦' Ts'án Resplendent, clear; attractive, bright, gay; *ts'án' lán²* lustrous, brilliant; *ts'án' ‹t'au*, you're a bright one!

璨' Ts'án The lustre of a gem, a bright gem; *‹ts'úi ts'án'* pendent gems, said of hanging flowers, like the Vanda.

(587) **Tsang.**

曾 ‹Tsang To duplicate, to add; *‹tsang ‹sün*, a great-grandson; *‹tsang ‹tsò ʻmò*, a great-grandmother; *‹tsang ʻtsò*, a great-grandfather.

增 ‹Tsang To add, to double, to increase; repeated, doubled; *‹ká ‹tsang*, to augment; *‹tsang ká'* to raise the price; *‹tsang ‹mái*, to give a higher price, to throw in the difference.

憎 ‹Tsang To hate, to dislike, to abominate; *ʻho ‹tsang*, hateful; *tak› ‹yan ‹tsang*, to be hated; *hat› ‹yan ‹tsang*, to act so as to be hated; *ʻngo ʻhò ‹tsang ʻk'ü*, I perfectly detest him; *‹tsang hò' pat› ‹t'ung*, capricious, now hating and then loving.

罾 ‹Tsang A lifting net, suspended by the corners; *kwá' ‹tsang*, to let down the net; *‹há ‹tsang*, a crab-net made of cloth; *ʻau ‹tsang*, to raise the net; *ʻau ‹tsang ‹'m ki' tak› t'ong' ‹lo shí*, he don't like to remember when he dragged for shrimps.

繒 ‹Tsang A general name for common silken fabrics, as pongee, sarsnet, lutestring.

甑' Tsang A boiler for distilling, an alembic, a still made of pewter; a boiler for steaming rice. to steam, to distil; *lok› tsang' ‹ching*, put it in the still and steam it.

蹭' Tsang To miss the road; *tsang' tang²* confused, in a flurry, lost his clue.

英華分韻撮要

贈[2] Tsang To present, to give to, to bestow on; to confer, as by the crown; to add to; *tsang² sung²* to give a present to; *kò² tsang²* to honor an officer's parents for his merits; *tsang² ˏkún hi² shik₂* to give a look at one's complexion—a sign of physiognomists; *chít₂ ˊlau tsang² ˏhang ˏyan*, to give a willow-twig at parting; *toi² tsang²* waiting for promotion, as expectant graduates do, at sixty.

(588) Ts'ang.

曾 ˏTs'ang An adverb of time; past, already, done; how? a sign of past time; *ˏ'm ˏts'ang* or *mi² ˏts'ang*, not yet; often a polite way of saying no; *ˊyá ˏts'ang tsò² kwo²* it is already done; *ˏho ˏts'ang*, when will it be? *ˏts'ang kin²* I have seen it; *tsò² ˏ'm ˏtsang*, is it done yet?

層 ˏTs'ang A story of a house; a layer, a strata, a tier, a stage; a lamina, a plate, or whatever is piled or laid on; still more, added to; a step, a degree above; a classifier of stories; *ˏkò ˊk'ü yat₂ ˏts'ang*, one peg higher than it; *ˏmò ˏts'ang*, no progress, it can't be done; *ˏts'in ˏts'ang ˊchi*, foliated mica; *ˊshéung tai² ˏsám ˏts'ang*, go up to the third story; *chung² yat₂ ˏts'ang*, one degree heavier; *ˊyau ˏts'ang ˊyau ts'z²* there are proper gradations.

(589) Tsap.

戢₂ A colloquial word. A heap, a handful, a pile; a group, a knot; *chü² ˏmái yat₂ tsap₂* living in a single community; *tso² ˏmái yat₂ tsap₂* sitting together in a group; *sò² ˏmái yat₂ tsap₂* sweep it up into a pile; *ap₂ tsap₂* stingy, craven, slovenly; *yat₂ tsap₂ ˊmai*, as much rice as the fingers can grasp; *ˏt'au tsap₂* to make a little money.

(590) Ts'ap.

戢₂ Ts'ih To collect in an arsenal, to store up weapons; to gather; to desist from, to lay aside, as arms; to fold, as wings; *ˏts'ai ts'ap₂ ts'ap₂* to cut off evenly; *ˊch'ái ts'ap₂ tò² shut₂* tread it, press it down very solid; *ˊtsoi ts'ap₂ ˏkon ˏkwo*, to lay by shields and spears.

濈₂ Ts'ih Water rapidly flowing out; rapid; cordial, harmonious, agreeing; to accord with.

緝₂ Tsih To twist a cord; to join, to continue; to come after, to follow, to succeed; to pursue, to follow after, to be on the search for; to apprehend; *ts'ap₂ wok₂* to pursue and seize; *ts'ap₂ ˏsz²* to watch smugglers; *ts'ap₂ ˏsz² ˏshün*, revenue cutters; *ts'ap₂ chéuk₂* caught him; *ˏch'á ts'ap₂* on the search; *ˏts'un ts'ap₂* to get on the trail.

輯, Ts'ih To collect the materials to form a chariot, a car well arranged; union, concord, agreement; to make every thing agreeable, put in its proper place; to compile; to act gently and cordially; to collect, to congregate; ꜀wo ts'ap꜄ in good accord, to pacify; ꜀ning ts'ap꜄ peaceful; ꜀sau ts'ap꜄ ꜀lun ꜀pong, to induce the neighboring states to be at peace.

葺, Ts'ih To put in order, to repair; to cover, to thatch; a spinous grass; ꜀sau ts'ap꜄ to refit, as a house; ts'ap꜄ ꜂pò, to repair.

(591) Tsáp.

雜, 襍, Tsáh A mixture of different colors or ingredients; particolored, streaked; mixed, unassorted, blended, mingled, confused; various, all sorts, miscellaneous, heterogenous, fragmentary; to mix, to confuse; to repeat; to revolve; to bore through; *tsáp₂ fo'* miscellaneous goods; *tsáp₂ fo' p'ò'* a variety store; *tsáp₂ shik꜄* variegated; *꜀sam tsáp₂* distracted, not keeping long at a purpose; *tsáp₂ ꜂chung ꜂tsai*, a bastard; *tsáp₂ ꜀t'ong ꜂kwo*, chowchow sweetmeats; *ʼng ꜀fong tsáp₂ ꜂ch'ü*, a place where all sorts of people live; *tsáp₂ lün'* confused, put in disorder; *꜀hán tsáp₂ ꜀yan ꜂tang* loafers, idlers; *꜂tá tsáp₂* man of all work; *shik₂ tsáp₂* to eat anything, not to fast; *láp₂ tsáp₂* miscellaneous, a medley

集₂ Tsih To flock together; to gather, as clouds; to assemble, to come together, to congregate, to collect; to bring together; to go directly to the mark; to mix properly, to blend; to make a collection, to compile; a miscellany, ana; a place where people collect, as a market; often interchanged with the last; *꜀ts'ai tsáp₂* all came together, a full concourse; *꜀man tsáp₂* a miscellany; *yat꜄ tsáp₂* one division of a book, what is collected under one head; *tsáp₂ hi' ki'* a varied bill, as at a theatre; *꜀chung yat₂ háp₂ tsáp₂* friends here the whole day; *꜀t'in há' ꜀wan tsáp₂* crowded together from all quarters; *tsü' tsáp₂* to assemble, to collect.

襲₂ Sih Double garments, lined robes, a court dress; a suit; a robe fastened on the left side; collected; repeated; to make a foray, to invade, to steal into; to receive, to inherit; hereditary, descending in a family; *shai' tsáp₂* hereditary; *tsáp₂ yam'* hereditary protection and pension — for the merit of ancestors; *yat꜄ tsáp₂ ꜀i*, a suit of clothes; *shai' tsáp₂ ꜂tsz' tséuk꜄* a hereditary baron.

習₂ Sih A continued flight; to repeat the same act, to practice, to get accustomed to, to become skilled in; practice, use, custom, habit, exercise, repetition; *hok₂ tsáp₂* apprenticed to; to learn about; *tsáp₂ kwán' ꜀shing tsz' ꜀in*, practice makes it natural; *tsáp₂ shuk₂* well versed in, habituated to; *tsáp₂ lin²* practice; *tsáp₂ ˊhau ˏyam*, to practice speaking; *tsáp₂ ˏú pat₂ ch'át₂* to take without examination, careless practice; *tsáp₂ ˏ'm tò²* cannot learn the use of it; *tsáp₂ tsuk₂ ˊshi ˏsin*, I've learned the usages.

熠, Sih ² Firm, hard wood; durable timber; *tsáp₂ muk₂* any kind of hard wood.

隰, Sih ² Low, marshy land; a pool, a morass, wet meadows at the base of hills; *tsáp₂ ˏt'in*, low wet fields, marshes.

霫, Chih ² A great shower, rainy; an ancient tribe of northerners near Corea or Manchuria, spoken of during the T'áng dynasty.

(592) **Tsat.**

疾, Tsih ² Sickness, a disease which comes suddenly on one; calamities, afflictions; urgent, pressing, prompt, hasty; unlucky, infelicitous; to hate, to dislike, to envy; used for the next; *tsat₂ peng²* disease, ailments; *man² tsat₂* to inquire after a sick person; *tsat₂ ˏmong*, testy, hasty, quick; *tsat₂ shi²* to scowl at; *ping² ˏmò tsat₂ ˏin*, still he never spoke boisterously; *tsat₂ ˏlúi*, a crashing clap of thunder; *tsat₂ ˏyan*, a leper; *tsat₂ tsuk₂* impetuous, in haste; *ˏts'án tsat₂ ˏchi ˏyan*, thoroughly diseased.

嫉, Tsih ² Envy, jealousy; to envy, to dislike, as a competitor; *tsat₂ ˏin*, to hate the worthy; *tsat₂ tò²* jealousy.

蒺, Tsih ² Gorse, furze; a thorny shrub, whose seeds are biting and spicy; *tsat₂ ˏlai*, a very spinous plant, the seeds are used in diseases of the eye.

(593) **Ts'at.**

(These are often pronounced like the next.)

七, 柒, Tsih } Seven; *ts'at₂ shap₂* seventy; *shap₂ ts'at₂* seventeen; *ts'at₂ ˏling pát₂ lok₂* near destruction, devastated, almost ruined; *ts'at₂ ˏts'ang ˏkung ˏfú*, a work nearly done; *ts'at₂ tsik₂* 7th evening of the 7th month, a festival; *ts'at₂ tsüt₂* a pentameter of four lines; *ts'at₂ lut₂* one of a eight lines; *yat₂ yat₂ ts'at₂* I don't think much of that, so so; *tsò² ts'at₂* to attend to the funereal rites on every seventh day; *tsok₂ ts'at₂ ˏp'in*, to write seven essays. The second, used for the compound form, is also a sort of tree, and a contracted form of the next.

漆, Ts'ih Varnish, lacquer; viscid or resinous juices which can be used in painting; to paint, to varnish; black, as lacquer; adhesive; exceedingly friendly, doating on; *ˏyau ts'at₂* to paint and varnish; *ˏyau ts'at₂ ˊlò*, a house-painter; *ts'at₂ shik₂* poisoned with lacquer; *ts'at₂ hi²* lacquered-ware; *'fo ts'at,* sealing-wax; *'fo ts'at, p'in'* wafers; *'hò ts'at, 'shui*, lustrous varnish; *ts'at, ,tsing*, fine varnish; *,ts'ing ,ü ,kàu ts'at,* his disposition is very affectionate; *,kam ts'at,* gilt lacquer; *yap, ts'at,* been varnished; *ts'at, shü'* the varnish tree.

(594) **Ts'át.**

擦, Ch'áh To rub hard, to brush; to feel for; a brush; *,ngá ts'át,* a toothbrush; *ts'át, ,ni túi' ,hái* brush this pair of shoes; *,mo ts'át,* to make smooth; *ts'át, ,kon tseng'* brush it clean; *ts'át, láp,* to wax and brighten.

甲, A colloquial word. *,Ká tsát,* a cockroach.

(595) **Tsau.**

,諏 Cháu To whisper, to speak into one's ear; to speak in a low tone.

,騶 Tsau A fabulous feline beast, called *,tsau ,ü*, emblematic of kindness to animals and gentleness; a royal groom or hostler.

,鄒 Tsau A district in the southwest of Shántung on the Yellow River; an ancient city in Lú, where Mencius was born.

,郰 Tsau The district in Lú where Confucius was born, now in Yenchau fú in Shántung; it is not far from the preceding.

,陬 Tsau An angle or corner of a city wall, where it is retired; a bastion; a nook, a corner; to live together; abashed, ashamed; *mang' ,tsau*, the first month; *òm' ,tsau*, a dark corner; *,shing ,tsau*, the corner of a wall; *,tsau yap,* the residence of Confucius, and interchanged with the preceding.

,啾 Tsiú The wail of infants; the hum of insects; *,tsau tsik,* the cry of small children; *,tsau ,tsau*, the chattering of birds, squeaking of rats.

,掫 Tsau To strike the rounds at night, to pace the beat at night; to seize, to take with the hand; *'kan ,tsau ,tsau*, tie it up very tight,—a colloquial phrase.

,棷 Tsau A kind of wood suitable for fuel; it is used for making watchmen's alarms; a surname.

,緅 Tsau Silk first dyed red thrice, and then twice dipped in black; a dark red-like puce.

,諏 Tsü To consult with, to take advice, to inquire into matters of government publicly; to choose; *,tsau kat,* to select a lucky day; *kung' ,tsau ,k'i ching'* to jointly discuss the right of the matter; *,tsz' ,tsau*, to take counsel.

,鯫 Tsau Minnows, white fish which skip over the water; *met.* a simpleton; *,tsau ,shang*, a foolish fellow.

,㥮 Tsau To scold, to rail at; abusive, scurrilous language; *,shán ,tsau*, to say outrageous things, to irritate.

'走 Tsau To go; to sail; to travel; to run, to hasten, to quicken one's steps; to flee, to run off, to clear out; the 156th radical of characters relating to going; *'tsau kwo' 'ki 'sháng*, he has been over several provinces; *'tsau ꜀'m lat꜆* could not get away; *'tsau pák꜆ tí'* all cleared out; *'tsau tak꜆ mán'* she sails slowly; *'tsau kü'* to run off; *'tsau 'shai*, a servant; *tau' ꜀kai 'tsau 'kau*, to fight cocks and race dogs; *'tsau ꜀sz'* to smuggle; *'tsau lau'* to disclose, to let out, as a secret; *'tsau 'shui*, to voyage; *'tsau lok꜆* I'm going; *'tsau ꜀lo*, clear out! *'tsau tak꜆ fái' ts'ui'* he runs very fast.

'酒 Tsiú Spirits; distilled liquor made from rice; it is applied also to beer, wine, and other liquors; given to drink; to redden; *꜀shiú 'tsau*, whiskey, samshoo; *'tsau tsik꜆* a banquet; *꜀wong 'tsau*, sweet spirits; *꜀mò 'tsau léung'* I have no ability to drink; *fát꜆ 'tsau ꜀fung*, irascible from drink; *'tsau ꜀fung kéuk꜆* gouty; *'tsau ꜀fong*, a groggery, a wine room or cellar; *꜀hung 'tsau*, claret; *pák꜆ 'tsau*, sherry; *'p'é 'tsau*, beer; *'shui 'tsau*, weak spirits; *꜀t'in 'tsau*, genial dews; *shik꜆ 'tsau*, mulled spirits; *tsui' 'tsau 'lò*, a drunkard; *'tsau ꜀shan kong'* to like the flavor of wine; *tsam' 'tsau*, to steep things in spirits; *꜀kò ꜀léung 'tsau*, spirits from millet, a pungent sort; *'mí 'tsau*, good spirits; *'tsau ꜀púi*, a wine-glass.

奏' Tsau To report to the throne, to memorialize the emperor, to tell the sovereign, to cause him to hear or know; songs or tunes; to play music; *tsau' 'pún*, a memorial; *tsau' 'shéung* to send up a report; *p'in' tsau'* a slip handed up; *tsau' ꜀lau*, to report that an officer is detained; *tsau' ngok꜆* to play music, to strike up the band; *tsit꜆ tsau'* to mark the time; *min' tsau'* to state to the emperor; *'chun tsau'* to assent to a memorial.

縐' Tsau Crape; rumpled, crenulated, crinkled, crisp, frizzled; to corrugate, to wrinkle; used for the next; *tsau' ꜀shá*, crape; *sín' tsau'* camlet; *tsau' ꜀mái*, puckered, shriveled up, wrinkled; *tsau' ꜀ch'au*, wrinkled silk; *tsau' ꜀shá 't'ò*, a capacious paunch; *꜀ú tsau'* Nanking crape; *tsau' ꜀man*, marks of wrinkles.

皺' Tsau The skin wrinkled from age; frowning; *tsau' ꜀mi ꜀t'au*, to scowl; *min' ꜀p'í tsau'* a wrinkled face.

就' Tsiú The place to which things tend or culminate at; to go towards, to approach, to draw near; to accompany, accommodated to, to follow; to complete, to make a circuit, to meet; completed, finished; to come near in point of time; an adverb, then, immediately, just, just now, presently, forthwith; a conjunction, then, if, as if; able to do, willing; *tsau' ching' ꜀loi*, he has just come; *tsau' ching' ꜀loi kwo'* he's just come and gone; *tsau' 'kòm lok,* let it go, that'll do; *'kòm tsau' 'hò*, this is right; *tsau' ˏká hü'* then I'll go; he's about going; *tsau' ˏsín*, just a little while ago, just now; *tsau' chí' hü'* he's just gone; *tsau' 'shau*, came to one's hands, as profits; *tsau' ˏloi*, presently, in a little; coming forthwith; *ˏtung ˏshing ˏsai tsau'* the east is done and the west finished, everything is correctly done; *tsau' hai' ko' tik,* it is just that; *tsau' ti' 'ts'ü ˏts'oi*, this will serve the purpose; he will do for the occasion; *tsau' ˏmái 'ní*, to bear with, to humor one; *tsau' 'kòm yéung' lé'* well, let it pass; *'yan 'keng tsau' ˏying*, to offer his neck to the axe.

鷲' Tsiu — A large accipitrine bird; perhaps a harpy eagle, or a whitish headed condor.

袖' Siú — The sleeve; to put into the sleeve, to receive in the hand; *tsau' 'hau*, a cuff; *tsau' 'shau*, to hide the hands in the cuffs; *tsau' ˏt'au*, official cuffs shaped like a horsehoof; *'ling tsau'* a chief, one born to command; *t'ò' tsau'* sleeve-covers; *tsau' 'shau ˏp'ong ˏkún*, to fold the hands and look on.

岫' Siú — A den, a cave among the hills; a glen, a ravine, gorge, or defile.

驟' Tsau — A fleet horse; to run; quick, fleet; pressing, urgent; frequently, repeatedly; *tsau' ˏin ˏt ˏloi*, arrived very quickly; *pat, 'ho tsau' tak,* it can not be done in an instant.

(596)

Ts'au.

ˏ秋 Ts'iú — Autumn; harvest, the time of reaping; the return of the year, a year; autumnal; sorrowful, unhappy; *mak, ˏts'au*, wheat harvest; *ˏts'au ˏfan*, autumnal equinox; *ˏchóng ˏts'au ts,* heat of dog-days; *ˏts'au ˏt'in* autumn; *ˏts'au ˏhò ˏmò fán'* not the error of an autumn's down; *ˏts'in ˏts'au*, a thousand autumns — a birthday; *ˏts'au ˏkún*, a judge, because cases are decided in autumn; *ˏts'au ˏshau*, harvest; *ˏts'au hau' shin'* a fan in winter — a useless thing; *ˏts'au hi'* cool autumnal weather.

ˏ湫 Ts'iú — Malevolent; ill-natured; *ˏ'm ˏts'au 'ts'oi*, not to speak to, the cut direct.

ˏ揫 ˏ揪 Ts'iú — To bind, to gather in sheaves; to compress in binding; to collect, to assemble; to lift, to grasp, to clutch; to gripe; *ˏts'au chü'* to seize fast; *ˏts'au 'í*, to nab by the ears; *ˏts'au ch'uk,* to bind up, as a sheaf is.

ˏ楸 Ts'iú — A strong wood; the tree is like a yew or cypress; *ˏts'au ˏp'ing*, a chess-board.

ˏ愁 Ts'iú — To blush, to redden, to change color; downhearted, sad.

ˏ湫 Ts'iú — A pond, a fish-pond, a pool; a small tributary of the Yellow R. near Lin hien in Shansi. cool; mournful, to excite sad feelings.

英華分韻撮要

皺 To change the color of; to Ts'áu colly, to blacken, as with smoke; *'fo ₍t'ám ₍ts'au*, the fire blackens it; *₍ts'au hák₎* smoked and blackened.

甃 The brick lining of a well; Ts'au to lay, as bricks; to pile up; to finish off a well.

鞦 The traces of a carriage; Ts'ió *₍ts'au ₍ts'in*, a swing, a whirligig, a see-saw; *'tá ₍ts'au ₍ts'in*, to swing.

鰌 鰍 Ts'iú An eel; the mud or conger eel; *₍nai ₍ts'au*, a freshwater eel; *'hoi ₍ts'au*, a sea-dragon, myriads of miles long; a long, narrow boat; *₍ts'au ₍ü kwat₎* whalebone.

鶖 Ts'iú A long legged bird like an adjutant, having red eyes and bare neck; it eats snakes.

(The three next are often read *ch'au.*)

囚 Ts'iú To imprison, to confine, to cage; to handcuff; a prisoner, a felon; a prison; *₍ts'au ₍lung*, a cage in which criminals are carried; *yap₎ ₍ts'au*, to imprison; *₍ts'au fán²* a criminal.

酋 Ts'ió Spirits which have settled; wine after the fermentation is over; to finish, to come to perfection; the end; valiant; accustomed to.

遒 Ts'ió To urge, to constrain, to press upon; a crowd, a throng; to exhaust, to carry to the utmost, to end; brave, strong, unyielding; to bring together; *₍ts'au ₍yan*, a herald.

湊 凑 Ts'au To collect, to gather; to run together; to run into each other; a gathering on the water, as at a regatta; a reunion; to go with one, to take care of; with, together; a concurrence of circumstances, to estimate the probabilities of; to strive to excel; for; *'ni hü' ts'au' 'ngo 'tá t'eng'* will you go and learn about it for me; *ts'au' 'háu*, a lucky guess, a fortunate coincidence, just as; *ts'au' ₍ngám*, a lucky hit; just the thing; *'pi ₍sam ₍kí ts'au' 'k'ü*, look carefully after him; *'t'ai ₍lai ts'au'* I'll see how I can do; *ts'au' kau'* to make up enough; *₍'m ts'au' 'ni 'hò*, I'll have nothing to do with you; *ts'au' ₍mái yat₎ hi'* lump it all in one; *ts'au' hòp₎* to group.

輳 Ts'au Similar to the preceding; centre of a wheel, place where the rays centre; to collect, to bring together; concentrated.

(597) **Tsé.**

嗟 Tsié To sigh, to lament; painful regrets; an interjection of admiration; ah! alas! *₍tsé t'án'* to sigh; *₍tsé ₍loi ₍chí shik₎* to groan and beg one's bread.

罝 Tsié A net with which hares are caught; a net for beasts; to stop the way, as a net does.

姐 Tsié An elder sister; a miss; formerly applied to one's mother; proud, saucy; *'tsé múi²* sisters; *tái² 'tsé*, my elder sister; also, a marriageable maidservant; *'siú 'tsé*, a young miss; *ling² 'tsé*, your sister; *'tsé fu*, a sister's husband; *a* '*tsé*, sister; also a term for a father's concubine.

借' Tsié To assist; to lend, to borrow; to ask for, to beg of; to make a pretext of; to pretend, to assume, to suppose; if, for example, supposing, assuming; to use for illustration; to praise; *tsé' ˛loi*, to borrow; *tsé' kü'* to lend; *tsé' ˛ngan*, to ask for money; *tsé' ˛tán*, a borrower's note; *tsé' ˛shám*, to borrow a jacket; *˛séung tsé'* to borrow of; *tsé' ˛ü*, supposing that; *tsé' shai' ˛wai ok˒* to avail of power to do wickedly; *tsé' chéuk˒ 'ngo sz'* he's got my business, he's stole my thunder; *tsé' ko' ˛kwong*, to use another's name, *e. g.* to get a letter of introduction; *tsé' 'mé tik˒* please step aside a little; *tsé' lò' ˛hang*, to beg a way through; *tsé' í'* metaphorically; *tsé' ˛lai 'kong*, said it for illustration, meant nothing by it; *tsé' k'it˒* to get a loan on interest.

謝^2 Sié To decline, to withdraw from, to refuse, to go away; to resign, to throw up; to stop intercourse with; declining, fading, as flowers; to express, to inform; to thank, to express gratitude; to acknowledge, to confess; to excuse one's self; *˛to tsé^2* many thanks; '*ling tsé^2* to receive with thanks; *tsé^2 sz'* to retire from office; *tsé^2 t'ip˒* a reward offered; *pik˒ tsé^2* to decline a present; *˛fá tsé^2* fading flowers; *tsé^2 tiú'* to decline mourners; *tsé^2 pò'* a doctor's fees; *tsé^2 hák˒* to excuse one's self to visitors; *tsò' tsé^2 'tsau*, to give one a dinner; *tsé^2 'tsau*, to take wine with; *tsé^2 shai'* to die; '*kòm tsé^2* feeling grateful for; *táp˒ tsé^2* to return thanks, to make a present in return; *˛ch'au tsé^2* to requite in kind.

榭^2 Sié A terrace having trees around it, an arbor; a place for storing musical instruments; a high lookout, a keep, a turret; a military school; a fencing-room; *üt˒ tsé^2* an open arbor.

灺^2 Sié The snuff of a candle; the expiring wick of a lamp.

(598) **Ts'é.**

邪 ˛ Sié Deflected, inclined, swerving from the right line; whatever leads astray; depraved, bad, crooked, vicious, corrupting, obscene; specious, deluding; heretical, illegal, not acknowledged by the state, or in the classics; *˛'m sun' ˛ts'é* don't believe heresies; *˛ts'é tò'* erroneous doctrines; *˛ts'é peng^2* epileptic sickness; *˛ts'é fát˒* sorceries, tricks; *˛ts'é ˛shan*, illegal, unacknowledged gods, those whose worship corrupts; *˛kán ˛ts'é*, malicious, fornicating, illicit; '*koi ˛ts'é ˛kwai ching'* forsake errors and cleave to the right; *˛ts'é shut˒* charms, philtres, black art; *˛sam ˛ts'é*, impure, lewd in mind; *˛ts'é ˛yam*, obscene, licentious.

斜 ꜂斜 Slanting, inclined, oblique, across, crisscross, diagonal, aslant, not with the rule; distorted, scattered; often used for the preceding; ꜀ts'é ꜀man pò꜄ drillings, twilled cloth; it꜆ ꜀t'au ꜂pái ꜀ts'é, the sun is declining; ꜀ts'é shí꜄ to look askance; ꜀ts'é ꜀ts'é tik꜆ it is rather awry; ꜀sai ꜀ts'é it꜆ the afternoon sun is hot; ꜀ts'é ꜀fung, an unsteady wind; ꜀ts'é ꜂ngán, cross-eyed.

斜꜄ Sié A colloquial word. Not level, rising, as a road; fong꜄ ts'é꜄ lay it one end higher; ts'é꜄ ts'é꜄ lok꜆ go down winding; ts'é꜄ ꜀po, an ascending plain; ꜀hau ꜀t'au ts'é꜄ greedy.

Tseng.—*See* Tsing.

(599) Tséuk.

雀꜆ Tsioh A sparrow; a term for small birds, like the finch or lark; a kind of cap; a kind of wheat; *tséuk꜆ lap꜆* to skip, to hop, as a sparrow; *꜂hung tséuk꜆* a peacock; *꜀má tséuk꜆* a sparrow; *꜀shán ꜀má tséuk꜆* a lark; *tséuk꜆ kok꜆* litigation; *꜀wo ꜀fá tséuk꜆* rice-birds, ortolans; *꜀múi ꜀fá tséuk꜆* the avedevat *(Fringilla amanduva)*; *꜀shi ꜀shan tséuk꜆* a canary-bird; *tséuk꜆ shit꜆ ꜀fá*, the *Gardenia radicans.*

爵꜆ Tsioh A cyathus with three legs, a cup for libations, a metallic wine cup; a bamboo wine pottle; a degree of nobility, rank, station; nobility; occurs for the preceding; *tséuk꜆ ꜀púi*, a wine cup; *꜂ng tséuk꜆* the five orders of nobility; *tséuk꜆ wai꜄* of noble rank; *꜀t'in ts'éuk꜆* heaven's nobility — is a love of virtue; *tséuk꜆ luk꜆* income of a nobleman.

嚼꜆ Tsioh To chew, to bite, to ruminate, to craunch, to mumble, to munch, to masticate; a mouthful, a bite; *꜂ngáu tséuk꜆* to chew; *tséuk꜆ làn꜄* chewed it to pieces; *꜀hòm ꜀ch'á tséuk꜆ fán꜄* to mumble for a child; *꜂ngáu ꜀man tséuk꜆ tsz꜄* to bite and chew phrases—pedantry.

爝꜆ Tsioh A flambeau, a torch, a link; a lighted match burned at night on an alarm.

皭꜆ Tsioh A white color, pure, unsullied, clean; nice, clean looking.

(600) Ts'éuk.

鵲꜆ Ts'ioh A magpie, a jackdaw; a jay; *꜂hi ts'éuk꜆* or *꜀kon ts'éuk꜆* a magpie; *꜀shán ꜂hi ts'éuk꜆* a magpie with a gradated tail; *꜀ú ts'éuk꜆* a raven.

(601) Tséung.

將 ꜀將 Tsiang To take, to hold in the hand; sign of the future, shall, will, about to go; sometimes a form of the accusative; then, soon, presently; to help, to accommodate; to use, to avail of, to go with, to escort, to accompany; great, stout; long, large; to receive and act upon, endued with; to act; to progress, to increase, to approach, to advance towards a mark; to follow; going, passing, as time; the side; *꜀tséung ꜀loi* presently; *꜀tséung ꜂sz'* dying; *꜀tséung kan² án' chau'* it is nearly noon; *꜀tséung ꜂ho ch'ut꜆* then he can go; *꜀tséung ꜀kwan*, a commander-in-chief, all of whom are Manchus; *met.* the best, the principal; *꜀tséung sü ꜀chi ꜀ho*, how shall we then act? *꜀tséung ꜀loi ꜀ch'ung ꜀kung*, to confiscate effects; *꜀tséung ꜀kam pok꜆ ꜂pò*, to value a rarity with gold; *꜀tséung ꜂pún ꜀k'au li²* to make money on a capital; *꜀shü ꜀tséung*, to aid the government; *꜀tséung ꜀iú ꜀in ꜀ch'ün pò'* to avail of strange words to make it known.

漿 ꜀ 漿 ꜀ Tsiáng } Thick, half fluid, pasty, starch, syrup, pus, or matter; to starch; broth boiled down thick, congee; *꜀nai ꜀tséung*, mire; *꜂tsau ꜀tséung*, a banquet; *꜀tséung ꜀i fuk꜆* to starch clothes; *꜀tséung ꜀ú*, paste; *mò² ꜀tséung*, to prepare starch. The second form is unauthorized.

蟼 ꜀ Tsiáng Small species of cicada or grasshopper, whose elytra are green.

獎 ꜂ Tsiang To exhort, to animate, to excite, to encourage; to laud, to praise, to commend; to vindicate, to give efficacy to; to set on, as dogs; *꜂tséung hün'* to exhort; *꜂tséung ꜂shéung* to hold out rewards to; a reward; *꜀ho yung² kwo' ꜂tséung*, why so much overpraise?

槳 ꜂ Tsiáng An oar; *cháu² ꜂tséung*, to row; *꜂tséung ꜀shün*, a revenue cutter, because it has many oars.

蔣 ꜂ Tsiang A surname; *꜀kú ꜂tséung*, an aquatic grain; wild rice; *꜂tséung ꜀mau*, stubble, straw.

醬' Tsiang A sort of sauce, pickle or condiment, made of salt and sugar; relishes, seasoning, like oilmen's stores; salted preparations; *꜀kon tséung'* dried seasoning; *tséung' ꜀ün*, a shop where condiments are sold; *tséung' liú²* materials for preserves; *꜀lúi tséung'* to mix sauces; *꜂ng mi² tséung'* a compounded sauce; *min² shi² tséung'* a sort of bean relish.

將' Tsiáng To take charge of troops, to lead troops into the field, to act as a general; a general, a leader; *꜂lò tséung'* a soldier.

象 Siáng An elephant; a figure, a form, an image; the shape things take; superstitious auguries or fancy; imagination, resemblance; a law; to imitate; pantomime; *tséung² ꜀ngá* ivory; *tseung² pat꜆* a proboscis; *tséung² ꜀p'í*, elephant's skin, a medicine; a name for india rubber; *tséung² kòm' tái² chek꜆ kéuk꜆* my leg is as heavy as an elephant's — I'm ashamed to go back; *tai² pan² tséung'* stupid, dull.

像² Siang Interchanged with the preceding; like, similar; a figure, image, likeness; a statue, an idol; to resemble, to imitate; *'ngau tséung²* a statue; *ˏshan tséung²* an idol; *tséung² ˏshang* like life; *ˏmò tséung²* to limn a copy; *ˏyan tséung²* a portrait; *'séung tséung²* an idea, an illustration; *ˏ'm tséung² yéung²* not according to rule.

匠² Tsiáng A workman, a mechanic, an artisan of any kind; *'tá ˏngan tséung²* a silversmith; *mukˎ tséung²* a joiner, a carpenter; *ˏnai 'shui tséung²* a bricklayer; *ˏkung tséung²* a mechanic.

(602) Ts'éung.

ˏ搶 Ts'iáng To defend, to withstand; to thrust at; to rush against; a comet; *'i ˏt'au ˏts'éung ti²* to knock the head against the ground.

ˏ蹌 Ts'iáng To walk rapidly; to move towards a superior quickly; to gambol, to skip about.

ˏ蹡 Ts'iáng Similar to the preceding; to move irregularly, to go across, to walk awry.

ˏ鏘 Ts'iáng The sound of stones, bells and drums; a noise; a tinkling; *ˏhang ˏts'éung*, the ring of metallic things.

ˏ鎗 Ts'iáng Interchanged with the last; the tinkle of bells, a jingling sound; a sort of pot to hold spirits; a gun; a spear; *'niú ˏts'éung*, a fowling-piece, a matchlock; *shikˎ ˏts'éung ˏléung*, to be a soldier; *'shau ˏts'éung*, a pistol; *fung ˏts'éung* an air-gun.

ˏ槍 Ts'iáng Interchanged with the last; a spear, sharp at both ends; a lance, a boarding-pike; to bow the head low; *ˏts'éung fátˎ* the hand manual; *ˏts'éung ˏt'au*, a spear head; *há² 'má ˏts'éung*, to give a back thrust when unhorsed, to leave in the lurch, to outwit.

ˏ斨 Ts'iáng A sort of broad-ax; a pole-ax made square, a bill; to hack, to chop; *ˏShü ˏts'éung*, a statesman in the days of Shun.

ˏ庠 Ts'iáng An asylum for aged people in ancient times, a village school, a college, a gymnasium, an academy; to teach; *ˏts'éung ˏshang*, a siúts'ái; *tsun² ˏts'éung*, to become a siúts'ái; *yapˎ ˏts'éung*, the graduates of a district.

ˏ祥 Ts'iáng Happiness, felicity, fortune, goodness; an omen, a sign, a prognostic; *ˏts'éung sui²* lucky omens; *katˎ ˏts'éung*, a happy sign; *'siú ˏts'éung* and *tái² ˏts'éung*, are the sacrifices to ancestors at the end of one and two years, when the mourning is altered; *patˎ ˏts'éung ˏchí chiú²* a most unlucky omen; *ˏts'z² ˏts'éung*, kind-hearted.

ˏ詳 Ts'iáng To examine carefully, to learn and report upon, to inquire fully into; to discourse upon, to reason upon; to state the circumstances, to minutely narrate; the detail, the particulars, the facts, the arguments; minutely, fully; *ˏts'éung 'há*, examine into it; *ˏts'éung sai² 'kong*, told every particular; ‹ts'éung ‹man, an official report; ‹'m ‹chi ‹ts'éung sui' I don't know all the facts; ‹ts'éung sik› a luminous account of, intelligible.

翔 ‹Ts'iáng To soar, to hover over; to look back; dignified, severe, stern; ‹úi ‹ts'éung, to look back regretfully.

戕 ‹Ts'iáng A spear, a wooden lance; a post; to kill; to rob, to maltreat; ‹ts'éung ‹shéung, to wound; ‹ts'éung ts'ák› to kill and rob.

牆 墻 ‹Ts'iáng A wall made of stone, brick, or mud; a defense or wall; ‹chün ‹ts'éung, a brick wall; ‹nai ‹ts'éung, an adobie wall; chuk› ‹ts'éung, to build a wall; tong² ‹ts'éung, to plaster a wall; mí² 'shui ‹chung ‹ts'éung, to crawl under water, and build a wall, *met.* hard labor; ‹tiú ‹ts'éung, to adorn and paint a wall; ‹ts'éung pik› a wall; yat› ‹t'iú ‹ts'éung kwo' a single back wall for several houses.

嬙 ‹Ts'iáng Female officers in the imperial hareem; pan' ‹ts'éung, a lady of the bedchamber.

檣 ‹Ts'iáng A mast, any spar or mast which sustains the sails; ‹fán ‹ts'éung, masts and sails.

薔 ‹Ts'iáng A rose; ‹ts'éung ‹mí ‹fá, the cinnamon rose. Also read sik› an aquatic vegetable.

搶 'Ts'iáng To take, to extort, to force away, to ravish, to snatch; to dispute for, to struggle for; sudden, abrupt, rude; to rob, as bands do; 'ts'éung pák› 'ki kü' he denounced him in many phrases; 'ts'éung kip› to take by force; 'ts'éung ‹sin ‹hang, to thrust one's self forward; 'ts'éung p'au' ‹t'au, to struggle for the rocket stick on the 2d of 2d month; 'ts'éung tüt› to snatch; tüt› 'ts'éung, to grab at all. Read ‹ts'ong; to saw.

(603) Tsik.

即 Tsih Eating, about to eat; an adverb, now, immediately, soon, presently, when, then, forthwith; now; near; if, perhaps; this, that is, or, alias; the snuff of a candle; tsik› tsik› an abundance, full of; tsik› hak› instantly; tsik› yat› the same day; tsik› hai² just that, it is so; tsik› ‹kam, just now; tsik› ‹shí ‹kán, supposing it to be; ‹nin 'mán tsoi² tsik› the end of the year is near; tsik› tsik› ‹fán ‹loi, come back immediately; tsik› ‹shi 'tang 'kun, it is wanted very soon; tsik› tsik› in² money on the nail.

喞 Tsih The noise of a crowd; the hum of insects; ‹tsau tsik› a hubbub.

堲 Tsih To make bricks; to make an arched grave; the snuff of a candle, embers; to dislike, to have a horror of, to snuff at.

瘠 Tsih Lean, thin, reduced to a bone, emaciated; poor, as land; to make lean; to impoverish: to retrench, to bring down; tsik› 't'ò, meagre soil.

蹐, Tsih To step carefully; short steps, a mincing walk; to walk here and there.

鶺, Tsih A wagtail, called *tsik*, *ling*; it has a mottled, black neck; another name for it is *ts'in* *mò*, or money mother.

勣, Tsih Merit, praiseworthy acts; meritorious deeds, conduct worthy of reward. Interchanged with the next.

績, Tsih To twist hempen threads on the knee; to split hempen fibres; merit by laudable works; an affair, a business; to complete, to bring to a conclusion; to join, to piece; *tsik*, *má*, to twist hemp; *kung* *tsik*, works of public merit.

積, Tsih To gather, to hoard up, to accumulate, to store; to increase, to add to, to pile upon; increasingly; *fát*, *tsik*, to accomplish, to succeed in; *'shui* *tsik*, *mái*, water standing, as in puddles; *túi* *tsik*, to heap up, as rubbish; *tsik*, *fuk*, much happiness derived from good works; *tsik*, *nin*, during many years, for a long time; *tsik*, *ch'uk*, to hoard or lay by.

嘖, 賾, Tsih To bawl, to cry after; to dispute about, noisy quarreling; distant, retired, hidden; garrulous, impertinent or meddlesome; to assent to; *tsik*, *tsik*, *tsán'* to chuckle admiringly.

迹, 跡, 蹟, Tsih A trace, a foot-mark, a foot-step; vestiges, effects, consequences, signs; the results of previous conduct; to trace out, to follow up, to search for the effects of; *kéuk*, *tsik*, a foot-print; *shan* *tsik*, evidences of divine power, miracles; *'ying* *tsik*, *'ho* *si*, a suspicious appearance; *mò* *'ying* *tsik*, no clue of him; *shing'* *tsik*, renowned, magnificent, as a view; *ping'* *mò* *tung* *tsik*, I can find out nothing about him; *yan'* *tsik*, a stain; *han* *tsik*, a streak, as of dirt; bad feelings left in the mind.

幘, Tsih A turban or cloth wound around the head: a kerchief used instead of a cap.

磧, Tsih Rocks under water, half-tide rocks, a stony bottom; covered with sand and stones.

畟, Tsih A sharp agricultural instrument like a mattoc; to attend to husbandry.

稷, Tsih Panicled millet (*Milium*), one of the five grains; quick, rapid: the god of agriculture; *'shé* *tsik*, the Ceres of the Chinese; its altars have no roofs; *hau'* *tsik*, a god of harvests; *há'* *tsik*, afternoon.

踖, Tsih To stride; to straddle or step over a thing; to walk reverently, to step in a formal manner, to measure one's steps.

(This and the next are often read *tsek*.)

脊, Tsih The back-bone, the spine; the back; convergent, as the ribs; the ridge of a house; a sierra, a ridge; a bone; a principle; *púi'* *tsek*, *kwat*, the spine; *uk*, *tsek*, the top of a roof; *mò* *tsik*, *kwat*, no dependance can be put in him; *'hí* *yat*, *t'iú* *tsek*, raise a ridge; *'mái* *ü* *tsek*, buy the fish's back.

席² Sih Interchanged with the next, meaning a mat; flowing; wide, large, as garments; ample; *'ts'ò tsek,* grass mats; *ʿt'ang tsek,* rattan mats; *chik, tsek,* to weave mats; *ʿkái ʿman tsek,* fine mats; *ʿfä tsek,* colored mats; *tsek, ʿpáu,* a mat bag.

蓆² Sih Mats; a mat spread for eating on; a repast, a meal, a table; pliable, without force of character; affection for; to depend on; rest, quiet; to spread upon, to lay out, as a mat; *'tsau tsik,* a banquet; *tsik, ʿkán ʿt'ám k'ap,* speaking while at table; *ʿsai tsik,* a teacher; *'i tsik,* to lean on the table; *ch'ü, tsik,* to spread an entertainment; *ʿmái tsik,* to sit at table; *tsik, ti² ʿi tso²* to spread a feast and sit down; *ʿkam 'mán ʿt'ung tsik,* I dine with you this evening.

籍² Tsih A book for records, a tablet; a list, a register of the people; the place for enroling, one's native place; *ʿshü tsik,* books; *ʿúi tsik,* to return to one's home; *ʿün tsik,* place where one's family originated; *lok, tsik,* to be registered; *ʿshéung tsik,* enrolled in two places; *ʿlong tsik,* notorious, infamous; *ʿmò tsik, ʿyau ʿman,* vagrants, gypsey-like, without origin.

藉² Tsih A mat on which things can be presented; to borrow; to assist, to help; to use for a while; to borrow from, to avail of, to make a means; by; in all which senses it is often read *tsé²*; in confusion, disturbed; liberal, generous; to lead, as by a string; *tsik, fuk,* by your kindness, I am well; *tsik, 'hau,* to make a pretext, to gammon; *tsik, ʿshan ʿyau²* he relied on Divine help; *tsé² tsik,* to rely on for assistance; *tsik, shai²* to use the authority of others.

夕² Sih Evening, dusk; late; last day of, as a year or month; out of the perpendicular; the 36th radical; *ʿchiú tsik,* morning and evening; *ʿch'ü tsik,* last day of the year; *ʿkam tsik,* this evening.

汐² Sih The evening tide, high tide at sunset; the name of a stream.

窀² Sih Dark, obscure, as a winter night; a vault; a niche or recess in a sepulchre; *ʿchun tsik,* the tomb, the grave.

寂² Tsih Still, silent, as an uninhabited house; quiet, unmoved, like a recluse; solitary, desolate, lonesome; *tsik, tsing²* a dead silence; *ʿün tsik,* completely silent, said of a priest's death.

(604)

Ts'ik.

戚, Ts'ih A sort of pole-ax; to compassionate, to pity; mournful, sorry; angry, aroused, vexed; deformed, marked in any way; near, related to, dear to; relatives; *ʿts'an ts'ik,* one's kindred; *ʿyau ts'ik, ʿséung ʿkwán,* to feel for other's woes, mutually effected; *ts'ik, ts'ik,* melancholy.

慼, Ts'ih Grief, sorrow; to be afflicted, to be sad; pained, mournful. Used for the preceding.

鏚, Ts'ih A sort of pole-ax, a bill; an ornamental kind of ax carried in processions.

刺, Ts'ih To bore through; to stab; to embroider; to tattoo, to mark the skin; a prickle, a thorn; *ts'ik, ts'ik, pat, ꜀yau*, incessant talking.

瘠, A fullness in the stomach; a pain from laughing; rheumatic twinges, pain in the bones: *siú' tò' ʻt'ò ts'ek*, laughed till he ached; *kwat, ts'ek*, shooting pains; *꜀sam ts'ek*, sorry for, deeply pained for; *꜀t'au ts'ek*, nervous headache.

(605) Tsím.

꜀尖 Tsien Sharp, pointed, acute, tapering to a peak or point; wedge-like, pyramidal, conical, or needle-shaped; clever, ingenious; *ʻting ꜀tsím*, ready at, smart; *yuk ꜀tsím*, a lady's fingers; *꜀tsím li'* sharp, quick-witted; *ʻtá ꜀tsím*, to wedge in, to work one's self in; *꜀pán ꜀tsím ꜀hái*, to dress in women's shoes, to act the female parts.

漸 Tsien Name of an affluent of the Yángtsz' kiáng near Ngánking fú; to find its way in, as water does; to advance by degrees, slowly, by little and little; stealthily, as decay; to flow; to imbibe, to tinge, to soak, to penetrate; *tsím' tsím' ꜀loi*, came on gradually; *tsím' yap ꜀kái ʻking*, opens up a fine prospect; gradually improving, as one's prospects; *tsím' ts'z'* many times, gradually; *꜀ts'un tsü' tsím' tsun'* to follow on regularly, to advance in order.

(606) Ts'ím.

꜀僉 Ts'ien All, the whole; an unanimous voice, the general opinion; a flail; *꜀ts'ím áp* all signed it.

꜀簽 Ts'ien Slips of bamboo written on for lots, for which the next one is used; to subscribe, to write one's name; a sort of basket; *꜀ts'ím tsz'* a circular, a subscription paper; *꜀ts'ím ꜀meng*, to write one's name; *꜀ts'ím ꜀t'ai*, to subscribe to; *꜀ts'ím ꜀kwán*, to join in engaging a teacher; *꜀ts'ím ʻü*, to draw lots for a response.

꜀籤 Ts'ien Similar to the above; a slip, a lot; a warrant, a permit, a ticket having the officer's name on it; to probe, to bore through; sharp-pointed; *chai' ꜀ts'ím* or *꜀chá ꜀ts'ím*, to lot out officers to their stations; *꜀ngò ꜀ts'ím*, to draw lots before idols; *꜀ts'ím ꜀t'ung*, a cup to hold the slips; *ch'ut ꜀ts'ím*, to issue a warrant or permit; *꜀k'au ꜀ts'ím*, to divine.

꜀鑯 Ts'ien To cut; to stick in the throat; *꜀ts'ím ʻk'ü ꜀hau ꜀lung*, pierce his weasand; *꜀ts'ím ꜀chü*, to stick a pig; *꜀ts'ím shü'* to ingraft by slips.

憸 Sien — Disputatious, skilled at arguing; insidious, lying flattery: *‹ts'ím ‹yan*, a flatterer.

瀸 Tsun — To soak, to moisten, to dampen; to overflow; a spring appearing and reäppearing; occurs used for the next; *‹ts'ím mít›* to extirpate.

殲 Ts'ien — To destroy utterly, to exterminate, to pierce, to kill; *yat› tò ‹ts'ím 'sz' 'k'ü*, stabbed him dead at a blow; *‹ts'ím k'üt› ‹k'ü ‹fúi*, killed the chief himself.

纖 𦆭 Sien — Fine silk; small, delicate, like silken fibres; silk woven with a white woof and black warp; niggardly, stingy; *‹ts'ím ‹hò*, like a fibre, minute; *‹ts'ím ‹ts'ím yuk› 'shau*, a delicate hand; *‹ts'ím ‹iú*, a slender waist.

孅 Sien — Similar to the preceding; slender, sharp-pointed, acute; crafty, subtle; *‹ts'ím yéuk›* weak and delicate.

潛 潜 Ts'ien — To ford, to wade across, to cross water; to dive, to walk on the bottom; to hide away, to abscond, to secrete one's self; an ancient name for the River Hán; carefully, feeling one's way, heedfully; a cess-pool; *‹ts'ím pò²* careful steps; *‹ts'ím ‹hang 'shui ‹chung*, to walk in the water; *‹ch'am ‹ts'ím*, reserved, diligent.

撍 Ts'ien — To move with the hand, to take up; to select, to pull out, as from a pile; to draw, as lots; quick, rapid, urgent; *‹ts'ím ‹'m 'tò*, I drew a blank lot; *‹ts'ím ch'ut›* pull it out; *‹ts'ím ‹ch'au*, to draw a slip.

僭 Ts'ien — To arrogate to one's self, to usurp, to assume; to overstep one's limits or rank; dubious, false; usurped, despotic, assuming; *ts'ím' fan²* to assume to one's self; *ts'ím' wai²* to aspire to the throne; to take another's rank; *ts'ím' ‹sin 'kong*, to speak before his turn.

塹 壍 Ts'ien — The moat around a wall, a fosse, a ditch; a sluice to lead water upon trees; to deepen, to dig out; *kwat› ts'ím'* to dig a sluice; *‹hàng ts'ím'* a gutter.

槧 Ts'ien — Boards for cutting books on; tablets for memoranda, tablets to be written on with a pencil.

暹 Sien — The increasing light and splendor of the sun; advancing, rising higher and higher; *Ts'ím' ‹lo kwok›* Siam, a word probably corrupted from *Sien* through the Portuguese language.

(607) Tsín.

煎 Tsien — To fry, to roast in a pan; to vex, to harass; *‹tsín ‹kò*, to express lard; *yung² ‹yau ‹tsín*, use fat in frying it; *mán² 'fo ‹tsín ‹ü*, a slow fire fries fish; *i. e.* small bets will erelong drain the purse; *‹tsín ‹mung*, to fry brown; *ngo ‹tsín*, to simmer, to decoct, vexed, irritated.

Read *tsín'*; to decoct, to boil, to digest with heat; to simmer; *tsín' chap›* to fry in its own

英華分韻撮要

juices, as fruit; *tsín' ₍t'ong*, to boil slowly; *tsín' yéuk₎* to decoct medicines.

‚湔 Tsien 'To sprinkle with the hand, to bespatter; name of a river in Sz'chuen.

‚戔 Tsien Used for ₍*ts'án* 殘 cruel Small, narrow, cramped; contracted, as one's mind.

‚箋 Tsien Tablets or slips on which to make memoranda; a letter, a writing; note paper with water-line or stamped pictures; writings handed to the monarch; ₍*tsín 'chí*, fancy note-paper; *ts'at₎ ₍shong ₍tsín*, seven lined billet paper; *láp₂ ₍tsín*, glazed billet paper.

‚籛 Tsien A man's name, called ₍*Tsín ₍Hang*, or Tsien Hing, who lived in the Sháng and Chau dynasties, to the age of 767, and then vanished.

'諓 Tsien To flatter; pleasant, kind words; sly insinuations; *'tsín 'tsín*, shallow, artful talk.

'翦 '剪 Tsien Even, regular, as feathers grow; to cut off smooth, to clip even; to shear; shears, scissors; to kill, to destroy; to reduce, to clip off; light, as a dye; *yat₎ 'pá 'tsín ₍tò*, a pair of scissors; *tái² káu' 'tsín*, shears; *cháp₎ 'tsín*, betel-nut shears; ₍*ts'oi 'tsín*, to cut out garments; to manage, to plan; *'tsín 'tsín*, subtle at argument; *'tsín tí² ₍k'au ₍wo*, to give up territory and beg for peace.

'譾 Tsien Shallow-pated, superficial, not profound; unskilled, shallow, not deep; ₍*ts'oi 'tsín*, mediocre, of small capacity; *'tsín lüt₎* mean, insignificant.

'戩 Tsien To destroy, to kill, to exterminate; to finish, to exhaust; to clip, to shear; entirely; *put₎ 'tsín*, unlimited.

箭' Tsien An arrow; an archer; a bowshot; to dart out very quickly; swift, like an arrow; a slender sort of bamboo; bristling; *shé² tsín'* to shoot an arrow; ₍*kung tsín'* bow and arrow; *lau² tsín'* the gauge in a clepsydra; *'fo tsín'* a fire arrow; *'héung tsín'* a whirring arrow; *'hò tsín'* a good shot; *'má tsín'* mounted archers; *òm' tsín' ₍shéung ₍yan*, to injure one with a secret arrow —slander; *fong' 'lang tsín'* to shoot at privily; *yat₎ tsín' ₍chí tí²* a bowshot, or 120 *ch'ek₎*.

薦' Tsien Grass eaten by animals; pasturage; to lead animals to good pastures; to introduce, to recommend; to lay out food; to adore, to worship without a victim; to wedge, to wedge in; *tsín' ₍t'oi kéuk₎* to wedge the table; *tsín' 'tsò*, to worship ancestors; *'kü tsín'* to recommend one; *'sé tsín' ₍shü*, to write an introductory letter; *'yau tsín' ₍t'au*, there is some opening; *fu² tsín'* to get a soul out of purgatory by priests; *tsín' ts'oi²* take a little greens—with your wine; said to a guest; *tsín' 'hí* raise it up.

荐' Tsien Interchanged with the last; also to continue; some; to succeed, to recur repeatedly, as a famine; repeatedly, again.

洊' Tsien Water flowing on; a stream bursting forth again; repeated; *tsín lik₎* successively.

栫' Tsien A prop to shore up a leaning house; a sluice or weir of earth or stone to lead water.

餞' Tsien To present food to one, to give a farewell dinner to; to send food to; parting present of money or food; comfits; *tsin' ˳chang*, to give a dinner to one traveling; *tsin' pit˳* a leave-taking dinner; *mat˳ tsin' ˳t'ong ˊkwo*, comfits and sweetmeats; *tsin' ˊlai*, presents to a traveler.

濺' Tsien A swift current; a raceway; to spatter up, to dash against; to squirt out, to spurt, as blood.

賤² Tsien Worthless, vile, mean, low, ignoble, base; cheap, low-priced; to disesteem, to depreciate, to lower; used for what belongs to one's self; *˳p'an tsin²* poor and mean; *tsin² noi²* my wife; *tsin² sing' Wai²* my surname is Wai; *tsin² séung'* a poor physiognomy, a thief's face; *tsin² kwat˳ ˳t'au*, a miserable stick; *tsin² ˳yan*, you poor baggage! said of women; *ká' ˳ts'in ˊhò tsin²* the price is very low; *tsin² kák˳* a miserable lot, of poor talents; *tsin² mat˳ tau' ˳k'ung ˳yan*, the poor may meddle with cheap things; *tsok˳ tsin²* he disgraced himself.

踐² Tsien To tread upon, to trample on or over; to walk, to step; to arrange out; *tsin² ˳in*, to fulfill one's promise; *tsin² táp˳* to tread down or in; *tsin² kü'* to tread down the heels; *tsin² wai²* to ascend the throne; to walk in another's steps. Often read *ˊts'in*.

(608) **Ts'ín.**

˳千 Ts'ien A thousand; many, an indefinite number; *˳ts'in mán² ˊtsò'* it must by all means be done; *˳ts'in ˳k'i ˳fán ˳lai*, I earnestly beg you to return; *˳ts'in ˳kam*, your daughter; *˳ts'in ˊli ˊmá*, a racehorse; a courier; *˳ts'in ˊtsung*, a lieutenant; *ˊlò ˳ts'in*, an old blackleg; name of a card; *ˊtá ˳ts'in*, to bend one knee; *˳ts'in ˳kan*, a wrench to extract nails; *˳ts'in sui²* your Highness, said to princes; *˳ts'in ˳kam kwai'* *ˊt'ai*, your honorable self, said to any one; *˳ts'in ˊkú ˳k'i sz'²* exceedingly strange; *˳ts'in yat˳ pat˳ ˊkoi*, a thousand to one he'll not reform.

˳芊 Ts'ien Exuberant foliage, flourishing vegetation; green, like jade; *˳ts'in ˳ts'in*, luxuriant.

˳阡 Ts'ien A road going north and south; a cross-way through a field, a path to a grave.

˳遷 迁 Ts'ien To move, to remove, to place elsewhere; to ascend; to be promoted; to change, to transpose, to improve; to banish, to deport, to drive off; *˳pún ˳ts'in*, to move, as one's residence; *˳ts'in ˳kü*, to change one's lodgings; *áp˳ ˳ts'in*, to eject, as a tenant; *ˊtso ˳ts'in*, to degrade to a lower place or rank.

˳蹮 Ts'ien Interchanged with *˳sín* 躚. To walk round and round; to dance, to amble; pantomime.

韆 ꜀Ts'ien To swing to and fro, to play upon the whirligig; *꜀ts'au ꜀ts'in*, a swing.

꜁前 Ts'ien Before, in front of, in presence of; in advance; previously; formerly, anciently; the former; to advance, to lead forward; *꜁ts'in hau²* before, after; *꜁ts'in yat꜀* day before yesterday; *tái² ꜁ts'in yat꜀* three days ago; *꜁ts'in ꜁t'au*, in front; *꜁ts'in üt꜀* last month; *꜁ts'in ꜀yan ꜂tá p'á' hau² ꜀yan*, I am afraid, I have been once deceived; *꜂ngán ꜁ts'in*, before one's eyes; *꜁ts'in ꜁loi*, come here, advance; about coming; *tsoi² ꜁ts'in*, before, then; *꜂shéung ꜁ts'in hü²* go ahead, go on; *꜂tsau tung² pat꜀ ꜁ts'in*, I can't well get on with it; it's a difficult job to manage; *꜁ts'in ꜁ch'ing ꜁nán liú²* it's not easy to guess how it will turn out; *꜁ts'in ꜀king*, already, before done.

꜁錢 ꜁泉 Ts'ien Copper coin, cash, coppers; coin, a piece of money; cash, wealth, money, property; a tenth of a tael, or mace, which the cash once weighed; *꜁t'ung ꜁ts'in*, copper cash; *꜀kam ꜁ts'in*, gold coins; *꜂yau ꜁ts'in*, rich, wealthy; *꜁ts'in kuk꜀* a mint; *꜂chán ꜁ts'in*, to exchange into cash; *꜂ki ꜁ts'in chung²* how many mace does it weigh? *fong² lò² ꜁ts'in*, to scatter paper money at burials; *tái² ꜀kong ꜁ts'in*, large coins of Kánghí; *lán² ꜁ts'in*, bad cash; *꜁ts'in ꜂pán kòm² hau²* thick as a cash board; *lí² ꜁ts'in*, interest; *꜂shau ꜁ts'in ꜁nò*, a miser; *꜂nan ꜁ts'in*, to gamble; *꜁ts'in ꜁léung*, taxes, revenue; *꜁ts'in ꜂léung ꜂tsz'* shot, bullets; *꜀cháng ꜁ts'in*, disputing about money; *꜁ts'in ꜀shan ꜂púi pò'* money serves for everything; *꜁ts'in ꜂shui ꜀tai*, the rate of exchange is low.

꜂淺 Ts'ien Shallow, not deep; superficial, not profound; light, as coloring; easy, having few strokes, simple, as characters; short-haired; dripping; *꜀sham ꜂ts'in*, deep—shallow; hard—easy; *꜂ts'in kan² ꜀chí ꜁t'ò*, a superficial scholar; *꜂ts'in ꜁wong*, a light yellow; *꜂ts'in ꜂ts'in ꜂ho ꜂kung*, he can understand a very little; *꜂ts'in sut꜀* vulgar and superficial, as a scholar; *꜂hò ꜂ts'in*, very shallow, very easy; *꜂ngán ꜂ts'in*, impatient, having respect to persons; *hoi² ꜀yan pat꜀ ꜂ts'in*, to endamage one seriously.

꜂俴 Ts'ien Shallow, thin, beaten out, as a piece of metal; superficial, ignorant.

(609) Tsing.

꜀旌 Tsing A banner, a standard having plumes, which when waved encourage the troops; to make signals; insignia, signals; to discriminate, to make manifest, to prove, to show forth; *꜀tsing ꜁k'í*, flags; *꜁ming ꜀tsing*, red banners hung by a corpse; *꜀tsing ꜂piú*, testimonials of merit granted by the sovereign, and often placed over the door.

晶 ˓Tsing Lustre, brightness; clear, pure, light; crystal; crystalline; *ʻshui ˓tsing*, quartz crystal; *˓ch'á ˓tsing*, tea-stone, cairngorm stone; *fát˒ ˓tsing*, moss agate; *mak˒ ˓tsing*, smoky quartz; *˓hung ˓tsing*, rose quartz; *˓t'in hí' ˓tsing*, clear weather; *ʻshui ˓tsing ˓kung*, Neptune's palace.

睛 ˓Tsing The ball of the eye; the pupil; *ʻngán hak˒ ˓tsing*, the iris; *pák˒ ˓tsing*, the white of the eye; *fát˒ ˓tsing ˓kwong*, night blindness; *muk˒ pat˒ ʻchün ˓tsing*, eyes fixed.

菁 ˓Tsing Scallion blossoms; a kind of three ribbed rush; flowery, elegant, flourishing; *˓mò ˓tsing* a sort of greens like mustard.

蜻 ˓Tsing A dragon-fly, called *˓tsing ˓t'ing*, which sips the water; *˓tsing lit˒* a sort of cricket; *˓tsing ˓ling*, a kind of locust.

(The three next are often pronounced *tseng*)

精 ˓Tsing Cleaned rice; selected, ripe, mature; fine, subtle, delicate; the best, the finest; unmixed, devoted to, accustomed to, expert at; skillful, as in strategy; the pure parts of anything, etherial, subtle; the essence of things; it is prefixed to other adjectives to show a high degree of; the animal spirits; the semen, the germinating principle of nature; an apparition, form taken by spirits; *ʻhò ˓tsing ˓shan*, in good spirits, smart; *˓tsing ˓ping*, flower of the troops, picked men; *˓lung ʻmá ˓tsing ˓shan*, bright as a steed or dragon; *˓tseng kong' tái' wá'* very clever at lying; *ʻk'ü kai' ˓tseng* he's smart enough; *˓tsing yuk˒* lean meat; *˓tsing hí'* ether, the essence of; influence, pure, the quintessence; *˓tsing chí'* beautiful, handsome; *˓tsing ˓kwái*, very clever at; *˓tsing kwái'* an elf; spirit rappings, prodigies; *˓wai ˓tsing*, involuntry emissions; *ʻní ˓tseng ʻngo ˓'m ˓ngoi*, if you are cute, I'm not a fool; *˓tseng lut˒ ˓pín*, smart as a steel-trap; *˓tseng ʻtsai*, a shrewd fellow; *˓tseng tau' ˓tseng*, met his match.

井 ʻTsing A well; a deep pit; a field laid out regularly; to draw water; arranged, laid out regularly; *ʻtseng ʻshui*, well water; *ʻshí ʻtseng*, a public market; *ʻshí ʻtseng ˓chí ˓t'ò*, a worthless loafer; *˓t'in ʻtseng*, an open court; *tso' ʻtseng ˓kún ˓t'in*, to look at the sky from a well—inexperienced; *ʻtseng ˓lün*, a well-curb; *ʻtseng ʻtseng ʻyau ˓t'iú*, all in order, do it methodically; *˓hoi ʻtseng*, to dig a well; *yat˒ ʻtseng tí'* a square rood of land; *˓t'ò ʻkü ʻtseng*, to rinse the old well, *i. e.* to marry a rich widow.

淨² Tsing Clean, pure, spotless, undefiled; upright, guileless; to wash clean, to cleanse; only; all; a rapids in the R. Hán; *˓kon tseng²* clean, pure; *kit˒ tseng²* clean, to purify one's heart; *tsing² chung²* the nett weight; *tseng² ʻshui ˓fú*, a cleansing charm, used in houses; *yat˒ ko' ˓tò hü' ˓kon tseng²* every one has gone.

靜^{2} Tsing Still, silent, impassible, imperturbable; at rest, quiet; peaceable, mild; pure, like a pool; no bustle; to judge; to ponder, to meditate on; to desist; *˛sam ˊshui tsing*^{2} contented, patient; *tsing*^{2} *tò*^{3} *ˊliú pat˒ tak˒* very still; *tsing*^{2} *ˊyéung*, to cultivate quiet, to nurse one's self at home; *tsing*^{2} *tsing*^{2} *ti*^{3} keep quiet; *tsing*^{2} *˛siú ˛siú*, solitary; no business, no bustle; *˛p'ing tsing*^{2} at peace, as a country; *yè*^{2} *tsing*^{2} the stilly night.

靚^{2} Tsing Often pronounced *leng*^{2} in Canton. To call, to invite; to allure; to ornament, to bedizen; still; *tsing*^{2} *shik˒* dark eyebrows and clear skin.

靖^{2} Tsing To become clean and quiet; small, fine; to plan, to think carefully on; to tranquillize, to restore peace, to clear, as the sea from pirates; to regulate, to settle disturbances; *ti*^{2} *˛fong ˛on tsing*^{2} the land is now quiet; *tsing*^{2} *yik˒* to put down the rebels.

穽^{2} 阱^{2} Tsing } A pit, a pitfall, a hole to catch beasts in; to fall into a pit; *hám*^{2} *tsing*^{2} to tumble into a hole.

(610) Ts'ing.

(All these characters are often pronounced *ts'eng*.)

青 ˛靑 ˛青 Ts'ing } The color of nature, as the azure of the sky or the green of growing plants; a very light green or blue tint; wan, fading away, pale; the 174th radical; *ts'ing ˊkwo*, the olive; *fat˒ ˛ts'ing*, ultra-marine; *˛ün ˛ts'ing*, black; *˛ts'ing ˛kam*, lapis-lazuli color; *luk˒ ˛ts'ing*, copperas; *˛ts'ing ˛fán*, blue vitriol; *˛yéung ˛ts'ing*, smalts; *˛ts'ing ˛t'oi*, mossy, slippery, as stones; *˛ts'ing ˛t'in pák˒ yat˒* a clear bright day; *˛ts'ing ˛nín*, young in years; *mít˒ ˛ts'ing*, bamboo splints; *˛t'ang ˛ts'ing*, rattan cords; *kòm*^{3} *ˊngán ˛ts'ing* in such a fury, outrageous; *˛piú ˛ts'eng*, new style, fine; *táp˒ ˛ts'eng*, to worship the tombs; *˛ch'á ˛ts'ing*, a yellowish green; *˛k'i ip˒ ˛ts'eng ˛ts'eng*, tender and green are the leaves.

˛清 Ts'ing Pure, limpid, clear, unsullied, sharpsighted; clean, incorruptible, right principled; clear, ringing, as a sound; to settle, to become clear; to purify; to settle an account; style of the present Manchu dynasty; Manchu; *ˊshui ˛ts'ing* pure water; *˛ká shai*^{3} *˛ts'ing pák˒* a family of unsullied reputation; *˛ts'ing ˛kún*, an honest magistrate; *ˊshau ˛ts'ing*, a betrothed girl refusing to marry; *˛ning ˛ts'ing*, taken all away; *˛ts'ing ˊkám*, sallow, poor; *˛ts'ing ˊch'o ˊliú lì*^{2} the whole matter is done; *˛ts'eng shò*^{3} to settle an account; *shò*^{3} *ˊmí ˛'m ˛ts'ing*, some unbalanced accounts; *˛ts'ing tò*^{3} *˛k'i*, a banner to clear the way; *˛ts'ing sau*^{3} elegant, well formed; *˛ts'ing ˛ts'ing tik˒* take a little; *tsám*^{3} *˛chung ˛ts'ing*, occasionally, when at leisure;

'shui 'sai ꜀'m ꜁ts'ing, it cannot be washed out; *e. g.* a sullied name; *꜁ts'ing ꜁t'au 'lò*, an old bachelor; *꜁ts'ing ꜁sam*, to clear one's character, to purify the heart; *꜁ts'ing ꜁ch'iú*, the Pure or Manchu dynasty; *꜁ts'ing tsz'* Manchu words.

情 ꜁Ts'ing The passions, reckoned to be seven; the feelings, the desires; temper, passion, affection; lust, concupiscence: the circumstances, the facts of a case; an affair, a matter; *sing' ꜁ts'ing*, temper, disposition; *yung' ꜁ts'ing*, to assist one heartily; *꜁mò ꜁ts'ing* or *pok꜀ ꜁ts'ing*, ungrateful; *꜁to ꜁ts'ing*, or *꜁ts'ing ꜁sham*, very grateful; *kwat꜀ ꜁ts'ing*, thankless; *sz' ꜁ts'ing*, an affair, a concern; *shat꜀ ꜁ts'ing*, the real facts; *꜁mò ꜁ts'oi ꜁ts'ing*, inapt, stolid; *꜁ts'eng ꜁yau*, circumstances or causes of a thing; *꜁sz' ꜁ts'ing*, illicit, fornicating; *꜁ts'ing ün' tsò'* I'll willingly do it; *꜁ts'ing shéung' ok꜀ kwo'* a hard temper; *꜁ts'ing 'li*, common sense, reasonable; *꜁ts'ing ꜁t'au*, a mutual liking.

晴 ꜁Ts'ing The sky clearing up after rain, the clear blue sky; the stars coming out; *꜁t'in ꜁ts'ing*, a clear sky; *'ü ꜁ts'ing*, it has stopped raining.

請 'Ts'ing To request, to ask courteously, to pray, to beg; to request liberty to do, to ask, as for orders; to invite, to bid, to engage; to confess, to acknowledge; to inform; *'ts'ing tso'* please be seated; *'ts'eng 'tsau*, to ask to a dinner; *'ts'ing 'tsau t'ip꜀* an invitation to dinner; *'ts'eng káu'* please tell me; *'ts'ing ꜁k'i*, to appoint the time of marriage; *'ts'ing pin'* don't let me take your time; *'ts'eng 'liú*, has been invited; *'ts'eng ꜁sin ꜁shang*, to engage a teacher; *'ts'ing ꜁ch'á*, please take your tea; *'ts'ing ꜁ts'ám*, to request dismissal from office, to throw it up; *'ts'ing ká'* please go, Sir; *'ts'ing ming'* what do you wish? *'ts'ing á'* please; your good health; *'ts'ing tsúi'* to apologize, to confess; *'ts'eng yik꜀* please let me know; *'ts'eng man'* to beg, to ask; *'ts'ing 'ts'ing*, thank you; good bye; (the word *chin-chin* is derived from this phrase;) *'ts'eng hü' shik꜀ fán'* invited out to dine.

(611)

Tsíp.

楫 Tsieh An oar, a paddle, or whatever is used to propel a boat; to row; to avail of for one's purposes.

(This character is also read *háp* and *hip*.)

浹 Tsieh Interchanged with *hip* 挾 to assist. Water flowing through; moistened, imbibed, damp; to instil, to penetrate; a complete turn of, a circuit; *tsip꜀ yat꜀* a decade; *tsip꜀ ꜁shan* twelve days or hours, a circuit of the 12 branches; *tsip꜀ háp꜀* fully imbued with, to interpenetrate; to treat cordially, as friends.

英華分韻撮要

睫, Tsieh The eye-lashes; *met.* the eye; *shéung² tsíp₃* the upper eye-lashes.

接, Tsieh To receive in the hand; to receive, to connect, to join, to succeed; combined with, united to; to take in, as jobs; to meet, to associate with; to take, as reflected light; quick; *₍ying tsíp₃* to greet, to go and meet, as a visitor; *tsíp₃ ₍p'ú*, to conduct a visitor to a seat; *tsíp₃ tsuk₃* to succeed to, to continue; *₍mò tak₃ tsíp₃ tsuk₃* nothing comes after it; *tsíp₃ yan²* to receive the seals; *tsíp₃ ₍fung*, to welcome a friend back; *₍shing tsíp₃ ₍nai ʿshui*, orders received for mason-work; *tsíp₃ ʿlám ʿní*, I'll divide the present with you; *tsíp₃ ká² ʿmá*, paranymphs sent for the bride; *kwai² tsíp₃* to kneel and receive, as a subaltern does; *ʿngo tak₃ tsíp₃* I have got it; *tsíp₃ ₍kún ₍t'eng*, a porch for receiving officers on landing.

(612) Ts'íp.

妾, Ts'ieh A concubine, a wife taken without the legal ceremonies, a secondary wife; term by which ladies call themselves; *ts'íp₃ shí²* or *shí² ts'íp₃* a concubine; *lap₃ ts'íp₃* to bring in a concubine; *ts'íp₃ ₍shan*, I, your handmaid; *ʿsiú ts'íp₃* my concubine; *oi² ts'íp₃* your concubine; *shiú² ts'íp₃* my young concubine.

(613) Tsít.

節, Tsieh The joint of bamboos; a joint, a knot, a node; an article, a verse, a section of a chapter; a limit, a term; a holiday, a festival; a time, a regular interval; an emergency, the period or manner of doing a thing; economy, temperance, moderation; chastity, virtue, in widows; to limit a thing, to maintain, to restrain one's passions; to mark, as music; a classifier of joints, limbs, affairs; *tsít₃ ʿyam shik₃* temperate in eating; *₍fan ʿléung tsít₃* do it two ways, pay it at two times; *₍mò tsít₃ chai²* no limits to his outlay, careless; *₍fú tsít₃* tally, passport, credentials; *tsít₃ í²* chaste, in not remarrying; *shat₃ tsít₃* lost her virtue; *tsít₃ ling²* the 24 solar terms; *tsò² tsít₃* to keep holiday; *pái² tsít₃* holiday visits; *hí² tsít₃* anger, feeling; *yat₃ tsít₃ sz²* an affair; *ʿmái ₍kwán tsít₃* to get degrees by bribery, to bribe; *tsít₃ tsau²* to mark the time in music; *₍to ₍shang ₍chí tsít₃* full of cares and business; *ʿná ₍shí tsít₃* on that occasion; *₍t'in ₍chung tsít₃* dragon-boat festival; *₍shau tsít₃ chéung²* to collect bills at four terms; *tsít₃ tsít₃ ₍kò*, gradually rising in rank or wealth; *tsít₃ kim²* frugal, within the limits.

櫛, Tsieh A comb of any kind; to comb, to clean; *₍kan tsít₃* towels and combs.

癤, Tsieh A small boil, a pimple, a sore.

截, Tsieh To cut in pieces, to cut up; to cut off, to amputate; to intercept, to cut off; to obstruct; to discriminate, to make nice distinctions; a portion, a half; *ján tsít* or *tsít chü* *'k'ü*, to stop, to arrest one's progress; *fan 'léung tsít* cut it in two; *tsít á*, a robe whose body and skirt are of two colors; *tsít tün'* to cut apart.

捷, Tsieh To obtain a victory; successful, victorious; a victory; to complete; to announce, as a victory or promotion; hastily, prompt, quick, as a herald; joyful news; *kap tsít* nimble, fleet; *tsít king'* to take a short cut, a compendious way; *tsít pò'* to hasten with good tidings; *lin tsít* to attain degrees at successive examinations; *fái' tsít* quick. This is also read *tsip*.

(614) **Ts'ít.**

切, Ts'ieh To cut, to carve, to mince, to slice; to urge, to press; a superlative, very, vehement, earnest, eager, pressing, important, serious, momentous; the important parts, a resumé; sincere; to feel, as the pulse; to spell, to express a sound by joining initials and finals; *ts'it iu'* important; *t'au' ts'it* plain, lucid; *ts'it yuk* minced meat; *ts'it mat hü'* stay, don't go; *ts'it mak* to feel the pulse; *ts'it oi'* warm love; *ts'it ts'ui* cut to pieces, cut fine; *ts'it ts'o*, to turn in a lathe; to work and carve; to dehort, as a friend; *ts'it yam*, to spell, to join an initial and a final; *k'ok ts'it pat í*, unchangeably fixed.

(615) **Tsiú.**

椒 Tsiáu Pepper; peppery, hot; *ü tsiú*, black pepper; *fá tsiú*, cayenne or red pepper; *tsiú fong*, the "pepper room," is a term for a queen; *tsiú mút* ground pepper; *ch'ün tsiú*, Sz'chuen pepper.

蕉 Tsiáu The banana or plantain; *héung ngá tsiú*, green plantains; *tsiú 'tsau*, spirits with plantains steeped in it; *'kü ch'ui tsiú*, large plantains; *'mí yan tsiú*, thin skinned plantains.

焦 Tsiau Scorched, burned; blackened, charred; smell of burning; vexed, harassed, anxious; *tsiú pá kon*, dry, at the last extremity, starving; *fán' tsiú*, crust left after boiling rice; *tsiú t'au lán' ngák* head burned and scorched, as by powder; *sam tsiú*, in great distress. Used for the next.

膲 Tsiáu The parts of the body between the heart and groin, three imaginary organs which regulate the secretions.

噍 Tsiáu A husky, suppressed voice, the chattering of birds; harsh, dissonant cry.

鐎 Tsiáu A soldier's brass kettle or skillet, about the size of a peck measure; a brass pan.

礁 An unauthorized character; half tide rocks, rocky islets, rocks in the stream; stones for fording; ˏch'uk ˏtsiú, to run on a rock.

鷦 Tsiáu A wren; ˏtsiú ˏliú, a wren, tarin, tody, or some such small bird, which nestles on high grass; hokˎ takˎ kòmˋ ˏtsiú ˏliú, playful, skittish, inattentive.

剿 勦 Tsiáu To destroy utterly, to exterminate, to devastate; ˊtsiú mitˎ to extirpate, to rase, as is done to rebels or their towns; ˊtsiú tsütˎ ˊtong ˊü, to extirpate all the adherents of a cabal.

醮 Tsiáu To sacrifice to ancestors and spirits; a sacrifice, a requiem; to give a cup of wine to a son at his wedding; finished, used up; to complete; to burn moxa; ˊtá tsiúˋ or kinˋ tsiúˋ to celebrate the all-souls' festival; ˏwán ˏt'in tsiúˋ a thanksgiving service for heaven's mercy; tsoiˋ tsiúˋ to remarry, said mostly of widows; ˊtá ˊfo ˏsing tsiúˋ the autumnal festival to the God of Fire.

燋 Tsiáu Properly used for the last, in the sense of burning the moxa; to char wood, to sear, to scorch; kauˋ ˏsâm tsiúˋ to apply the moxa thrice; tsiúˋ mukˎ to char wood to bend it.

噍 Tsiau To bite, to chew, to gnaw; ˏngau tsiúˋ ˊmau ˏtán, the ox eats the peony, (not knowing it from grass); tsiúˋ lánˋ to chew fine.

(616) Ts'iú.

樵 Ts'iáu Wood fit for fuel; scattered wood; to cut fuel; a lookout terrace, for which the next is used; ˏtsiú ˏfú, a woodcutter; ˏts'iú ˏlau, a watchman's tower; ˏts'iú kingˋ a bridle path, a goat path; ˊts'oi ˏts'iú, to cut wood; ˏSai ˏTs'iú, a hilly district southwest of Canton.

譙 Ts'iáu Often used for ts'iúˋ 誚, to scold. A lookout tower or loft; to ridicule; to bawl out at; to reprehend; ˏtsiú ˏkü, a high turret laid on wheels for archers.

憔 Ts'iáu Lean, anxious and starving; ˏts'iú suiˋ distressed from a want of food.

瞧 Ts'iáu To look at, to see; to look at furtively, to glance at; ˏts'iú yatˎ ˏts'iú, I had a look at it. Chiefly used in the court dialect.

俏 Siáu Like, as if, similar; handsome, pretty, beautiful; superior; ˊts'iú ˏp'i, pretty; máiˋ ˊts'iú, to show off one's pretty face, as by standing in the door; ˏshang takˎ ˊts'iú, bright, as eyes; ˊhò ˊts'iú túiˋ ˊngán, sparkling eyes; ˊts'iú ˏshang, like life, as puppets or images.

峭 Ts'iau A steep, abrupt hill; a cliff, which obstructs the way; severe, strict, vehement; ˊts'iú pikˎ ˏkò, a perpendicular cliff.

悄 Ts'iáu Sad, downcast, sorrowing; ˏyau ˏsam ˊts'iú ˊts'iú, sick at heart, quietly sad, sorrowing in secret.

'鞘 Siáu A scabbard, a sheath, in which sense this is often called *‚sháu*, while that sound more properly means a whip.

鍫' Ts'iáu A spade or pick; an implement for turning up the ground; to dig deep; *ts'iú' ‚t'ong*, to dig out a fishpond; *tái² tung² ts'iú'* a crowbar.

肖' Siáu To assimilate, to imitate; a likeness or relationship between parent and child, said to be proved by mixing their blood; resembling, like; small; a class; alike; dwindling, deteriorating; scattered, lost; *pat‚ ts'iú'* not like it, inferior, degenerate; also used by a son to his father; *ts'iú' 'ní ko' yéung²* resembles you, as a bust or child; *ts'iú' ‚p'i*, pretty; *shap‚ í² ‚shang ts'iú'* the twelve animals which are thought to be like the twelve branches.

誚' Ts'iáu To ridicule; to blame, to reprehend; to speak harshly against; *‚ki ts'iú'* to satirize.

(617) Tso.

'左 Tso The left, the left hand; second; an assistant; deflected; depraved, bad; to degrade, to reduce in rank; *'tso ím²* to verify, to prove, as a coadjutor can; *'tso pín²* on the left; *'shai kwán' 'tso 'shau*, left-handed: *'tso sing'* crotchetty, set in his way; *'chün ‚wán 'tso pín²* turn to the left hand; *‚séung 'tso*, a mutual mistake; not to suit, disagreeing; *min' 'tso 'tso*, to dislike; *'tso ‚sz' yau² 'séung*, thinking of this way and that; *'tso 'shau ‚káu yau² 'shau*, to exchange from hand to hand, *i. e.* not to give credit; *hit‚ ‚ü 'tso*, written as follows.

佐' Tso To assist, to second; an assistant, a deputy, a second, a substitute; *tso' 'ling*, a major-general, a resident among the Mongols; *‚wong tso' ‚chi ‚ts'oi* talents of the prime minister; *tso' tsáp‚ ‚kún*, low officers assisting in a yámun.

坐² Tso To sit; to sit on the heels; sitting, remaining; a session; a seat, a place; to maintain, to hold; involved in, implicated; to sit in judgment on, to judge; to place, to set down; to kneel; *'ts'ing tso²* please be seated; *tso² ‚iú*, to curtsey; *'ní tso²* or *tso² ché²* good bye, said to the host; *tso² 'fá*, to let down sail; *tso² kiú²* to ride in a sedan; *tso² tsúi² ‚ü 'ní*, to bring the punishment upon you; *tso² üt‚* the month after confinement; *tso² wai²* a seat, a station; *tso² shat‚* put it in securely; *tso² sok‚* to quarter on one to force him to pay; *tso² ‚'m lok‚* no place to sit in; *tso² héung'* the prospect, as of a grave; *tso² 'há ‚t'ím*, sit a while longer; *t'it‚ tso²* to squat, as a tailor; *tso² ‚kám*, in prison; *tso² shéung²* sit up higher; *tso² ‚t'ong*, in court, on the bench; *tso² 'láng fán² kóm' tso²* to sit till the rice is cold, *i. e.* to take French leave; *'tá tso² ‚ts'ám ‚shín*, to squat and contemplate, as Budhists do

英華分韻撮要

座[2] **Tso** A seat, a throne; a shrine; a classifier of houses, towers, hills, cities, pagodas, movable pavilions, &c.; *˛hoi ˛kwong ˛shing tso*[2] to vivify and enshrine an idol; *yatˎ tso*[2] *'t'ápˎ* one division of a hong; *hi' takˎ ˛sám tso*[2] *ukˎ* can build three houses there; *˛kung tso*[2] *'í*, an easy chair; *pátˎ tso*[2] eight chair-bearers.

(618) Ts'o.

˛傞 **So** The drunken frolics of a man in liquor; *˛ts'o ˛ts'o*, drunken antics.

˛嵯 **Ts'o** Uneven hills; *˛ts'o ˛ngo*, the inequalities of hills, the undulating outline of mountains.

˛搓 **Ts'o** To twist by rubbing on the knee; to rub or roll between the palms; *˛ts'o ˛mái yatˎ ˛t'ün*, roll it into a ball; *˛ts'o sín'* to twist thread; *˛ts'o ˛héung*, to cover incense sticks by rolling; *˛ts'o ˛ün kam*[2] *'pin*, can be rolled or flattened; *met.* an easy obliging man; *˛ts'o ˛no*, to roll and mix between the hands; rustling, flexible, like willow twigs.

˛艖 **Ts'o** A skiff; *˛im ˛ts'o*, a salt boat, vessels used in salt transportation. Also read *˛ch'á*.

˛蹉 **Ts'o** To slip; to err; *˛ts'o ˛t'o*, to miss the time, to lose the opportunity.

˛瑳 **Ts'o** A white, lustrous, stone; fresh, beautiful; to smile, to look fascinating. Used for the next.

˛磋 **Ts'o** To polish, to work on; to cut and polish; to work at, to make good, as composition; *ts'itˎ ˛ts'o*, to cut and polish.

˛瘥 **Ts'o** To get convalescent, to recover; a slight ailment, slight epidemic, like influenza.

剉' **Ts'o** To cut, to lop off the corners and sharp points, to trim and prune; to cut up, to cut to pieces. Often used for the next.

銼' **Ts'o** An iron pan or boiler; a file, a rasp; to rasp, to file, to smooth off the sharp or rough points; to rub down; *yatˎ 'pá ts'o'* one file; *ts'o' wátˎ* file it smooth; *˛kai ˛ch'un ts'o'* to file eggs, or *˛chí ˛má ts'o'* to scrape sesamum seeds, both mean a skinflint; *ts'o' kokˎ* to file off corners.

挫' **Ts'o** To break, to wound; to take off the edge, to humble; to oppress, to treat harshly; to trim, to file off; *ts'o' ˛k'í yui*[2] *hi'* to bring down his valor; *ts'o' chitˎ* to improve, to polish rude ways; tried by afflictions.

脞' **Ts'o** To mince up meat; broken to bits, minced; small; to attend to trifles.

錯' **Tsoh** In disorder, confused; to mistake, to err, to do wrong; to slip; erroneous, mixed, wrong; *'mò ts'o'* no mistake, right; *ts'o' 'ngám*, a lucky hit, an error which is fortunate; *˛'m ying*[2] *ts'o'* will not confess the wrong; *ts'o' kéukˎ ˛nán ˛fán* a slip may be hard to retrieve; *ts'o' kwo' pitˎ 'koi*, error must be corrected; *'sé ts'o'* written wrong.

(619) Tsò.

‘租 Tsú Rent in kind; rental, rent; tribute, taxes; to rent; ˏtsò ˏngan, the rent; ˏshau ˏtsò, to collect rents; *kotˎ ˏtsò*, to deduct from the rent; ˏtsò yam² to lease; ˏtsò ukˎ chü² to live in a hired house; shéung² ˏk'i ˏtsò, to prepay the rent; ˏtám ˏtsò, security for the rent; ‘hi ˏtsò, to raise the rent.

糟 Tsáu The sediment; grains left after distilling spirits; dregs; ˏtsò ˏhong, dregs and husks; ‘tsau ˏtsò, distiller's grains; ˏtsò ˏü, fish laid in grains of glutinous rice; ˏtsò ˏhong ˏchi ˏts'ai, a wife who has passed through poverty with one.

‘遭 Tsau To encounter, to meet; to suffer, to endure, to occur, to happen; to cruize, to go about; to make a revolution; an occasion, a time; ˏtsò ts'ákˎ kipˎ to be robbed; ˏtsò kipˎ time of a great affliction; ˏtsò t'otˎ matˎ kin² to waste and misuse things; ˏtsò t'átˎ ˏyan, to abuse, to treat harshly; pákˎ ‘tsau yatˎ ˏtsò, went once for nothing; ˏtsò wo² to suffer calamity; ˏ'm ˏtsò t'átˎ ‘k'ü, be patient with him, don't berate him.

‘早 Tsáu The morning; early, soon; betimes, beforehand, early, previously; just commenced, unskilled; then, presently; ‘tsò ˏshan, good morning; ‘tsò yatˎ ˏfán ˏlai, come back soon; ˏkam ‘tsò, this morning; tái² ‘tso wa² ‘ni, I told you in good time; ‘tsò ˏwo, the first crop; ˏchiú ˏt'au ‘tsò, early dawn; ‘tsò fán² breakfast; ch'an² ‘tsò start early, and not be hurried; ‘tsò ˏt'oi, the morning play; ˏwán ‘tsò, still early; ‘tsò ‘tsò very early.

‘蚤 Tsáu Used for the preceding. A flea; sand fleas, or those produced in sandy ground; the rut or trace of a wheel.

‘祖 Tsú A grandfather; a progenitor; ancestors; the founder of a family; an ancestral temple; the beginning, the origin, the first, as of a family; to do like, to imitate a founder; accustomed to; to worship wayside gods; ˏsin ‘tsò or ‘tsò fú² a grandfather; ˏtsung ‘tsò, my ancestors; ˏtsang ‘tsò, a great-grandfather; ˏkò ‘tsò, a great-great-grandfather; the first emperor of a dynasty; ‘tsò miú² a temple of Shángtí; an ancestral temple; ‘ai ling² ‘tsò, your grandfather; ˏká ‘tsò, my [live] grandfather.

‘組 Tsú A band, a fillet, a string, a tape, for tying the dress or hair; a fringe or tuft of silk; ‘kái ‘tsò ˏkwai ˏt'in, to untie the cord and go home—to resign office.

‘棗 Tsáu The fruit of the Cannarium or jujube tree; matˎ ‘tsò, dried dates, the fruit of this tree; ˏhung ‘tsò, red jujube plums; the ‘tsò and lutˎ are emblematic of female virtue.

‘澡 Tsau To bathe, to wash the person; to cleanse the heart, to reform; ‘sai ‘tsò, to bathe.

'璪 Tsáu Pendents of precious stones or pearls hung like beads around the edge of a coronet.

'藻 Tsau A sort of aquatic grass (a Vallisneria ?) which ducks delight in; to joy in, delighted with; *met.* fine composition, because this grass is marked; *ˏfú 'tsò ˎchí sz'²* officers mutually pleased; *'hoi 'tsò*, conferva or algæ.

竈' 灶' Tsáu } A furnace; a place for cooking, a kitchen-range; a bunch of grass for fuel; *tsò' kwat, ˎlung*, the hole for the fuel; *'ki tsò' 'fo*, fired up several times, as in cooking with twigs or grass; *'tá tsò'* to build a cooking-place; *'tò tsò'* upset the furnace, *i. e.* failed, bankrupt; *ˏhang ˏshün tsò'* portable furnaces, cabooses; *tsò' ˏshan* or *tsò' ˎkwan*, God of the Furnace.

做² Tso To do, to make, to act; to be, to perform the duties of; much used for the next; *tsò² tak,* very well, it will do; yes; I can do it, I will do it; *tsò² ˎkún*, to be an officer; *tsò² muk,* is a carpenter; *tsò² 'tsau*, to prepare a feast; *tsò² 'hí ˏyan*, a prosperous man; *tsò² ˎshang í'* is in business, he trades; *'úi tsò² ˏyan*, he understands the world, popular; *ˏ'm tsò² tak,* it will not do, isn't the thing; *'ní tsò² tak, ˏ'm tsò² tak,* can you undertake this, can you do it? *'ní tsò² mat, 'yé* what are you doing? *tsò² tak, ˏ'm ˏhám ˏ'm tám²* it's neither salt nor fresh—unsatisfactory; *tsò² mat,* wherefore, why?

造² Tsáu To build, to make, to construct; to create; to act; to do; to begin, to commence; a crop; *kín' tsò²* to build; *tsò² fá'* to create; *'hò tsò² fá'* good fortune; *kot, ˏwo tsò²* to cut the rice harvest; *ˏshang tsò² ch'üt, ˏlai*, an entire fabrication, made out of whole cloth; *tsoi' tsò²* do it over again; *tsò² 'pún*, to get some capital; *mút, tsò² tong' ˏsan ch'ut,* the last of the season is as good as a new crop; *'tsò tsò² 'mán tsò²* the early crop, the late crop; *'háu tsò²* skillful work.

阜² 皂² Tsáu } A black color; underlings, lictors, low officers who execute commands; a stud of twelve horses; a manger or pen; *tsò² ˎpán*, torturers; *tsò² tai²* lictors, understrappers; *ˏfí tsò²* a sort of fragrant soap; *tsò² ˏfán*, copperas.

祚² Tsú Happiness derived from wealth or office; dignities, felicity; a year; *fuk, tsò²* good fortune; *kwok, tsò²* long duration, as of a dynasty; *'pò ˏmín tsò²* to recreate in one's old age.

胙² Tsú Roasted flesh offered in sacrifices; to set up an altar to Ceres; to recompense, to reward; blessings, happiness; to bless; a seat, a place; *tsò² yuk,* sacrificial flesh; *kák, tsò²* to reject the oblation of an undutiful son.

阼² Tsú The steps on the east to ascend to the hall; steps; landing where the host receives his guest at the top of the stairs.

(620) Ts'ò.

操 To take, to hold, to grasp; to manage; to exercise, to drill; expert, used to; to maintain, to restrain one's self, to moderate one's desires; a purpose, a design, self-imposed rule; consistent, principled; *ₒts'ò* *ᶜin* or *ᶜhá* *ₒts'ò*, to drill troops; *ᶜt'ai* *ₒts'ò*, to see a review; *tái²* *ₒts'ò*, the triennial review; *ₒts'ò* *ₒch'i*, resolute, adhering to right; *ₒts'ò* *ₒsam*, anxious, careworn.
Ts'áu

粗 麤 Coarse, uncleaned, dirty, as rice just thrashed; large, open, coarse; rude, vulgar, boisterous, unpolished; gross, indecent, dirty; harsh, as a voice; partially, rudely; *ₒts'ò* *yau²* coarse or fine, as cloth; *ₒts'ò* *tsuk₂* *ₒyan*, a rough vulgar man; *ₒts'ò* *ᶜlò*, rough, unmannerly; *ₒts'ò* *ₒchi*, partly knew it; *ts'ò* *wá²* obscene language; *ₒts'ò* *shik₂* coarse food; a gross eater; *ₒts'ò* *ₒün*, nearly done; *ᶜshau* *ₒts'ò*, a large hand; *ts'ò* *ₒsam* *ₒfau* *hi²* light, inattentive, giddy; *ₒts'ò* *ᶜshai* *tái²* *yung²* careless in spending money; *ₒú* *ₒts'ò*, dirty, unwashed.
Ts'ú

The second form also means to take long leaps as a deer; to take precautions.

徂 To go up; to proceed, to travel; to preserve, to lay up; *ₒts'ò* *tsé²* to fade, as flowers.
Ts'ú

殂 To die; dead; a path to the grave; *ₒts'ò* *luk₂* to pass away, to die.
Ts'ú

曹 A sort of revising judge a judge of appeals; a place where officers meet; a company, a class; denotes the plural of persons; *luk₂* *ₒts'ò*, the six Boards; *ₒt'in* *ₒts'ò* and *ₒyam* *ₒts'ò*, gods and devils; *ᶜi* *ₒts'ò*, you; *ₒkún* *ₒts'ò*, officers *ₒTs'ò* *ₒTs'ò*, a famous general A.D. 250.
Ts'áu

嘈 Noise, clamor, hubbub; an outcry; to make a din; to vociferate; *ₒts'ò* *náu²* wrangling, squabbling; *ₒhü* *kòm²* *ₒts'ò*, noisy as a market; *ₒts'ò* *ₒts'ò* *pai²* a brawl; *ᶜmai* *ₒts'ò* *ₒyan* *ᶜi*, don't deafen people with your noise; *ₒlò* *ₒts'ò*, rude, rough, unmannerly; *shap₂* *ₒfan* *ₒts'ò* *hi²* panting after an angry brawl; *ₒts'ò* *ₒts'ò* *ᶜch'áu* *ᶜch'án*, a tumult, squalling, as tanka women do; *ₒ'm* *ᶜhò* *ₒts'ò*, don't make a noise.
Ts'áu

槽 A trough, a log channeled out, a manger; a vat, a tub for spirits; a sort of fruit; *ᶜmá* *ₒts'ò*, a manger; *ᶜt'ₒau* *ₒts'ò*, a wine vat; *ₒts'ò* *ₒfong*, a grogshop; *ᶜshui* *ₒts'ò*, an eaves-trough, a horse-trough.
Ts'áu

漕 A mill-race, a sluice through which water runs; a gulf, a gorge; a canal; to lead on water, to turn a water course; to convey revenue to Peking; occurs used for the next; *ₒts'ò* *wan²* to transport grain, to take it to the army; *ₒts'ò* *ₒho*, the Grand Canal; *ₒts'ò* *wai²* a fortified city.
Ts'áu

艚 A junk, a smack; *pák₂* *ₒts'ò* *ₒshün*, sea-going junks; *ₒts'ò* *ᶜtsai*, small junks.
Ts'áu

英華分韻撮要

螬 Ts'áu Maggots in ordure; ꜀ts'ai ꜀ts'o, grubs found in filth, which curl themselves up.

꜂草 ꜂艸 Ts'áu Herbs, grasses, plants with herbaceous stems; plants in general; hastily, carelessly; the running hand; a rough copy, original draft; the 140th radical of characters relating to herbs; to cut grass, to mow; ꜂ts'ò muk꜆ plants; ꜂tá ꜂ts'ò ꜀ts'am ꜀shé, to beat the grass for snakes, i. e. to devise evil; ꜂ts'ò ꜂ts'ò ꜂liú sz' to finish up jobs heedlessly; ꜂ts'ò ꜀shü, running hand; ꜂ts'ò ꜂ts'ò, toilsome troublesome, careless, lenient; ꜂ts'ò ꜂kò, first proof, a rough copy; ꜂ts'ò ꜀páu, an irascible man; ꜀wo ꜂ts'ò, rice straw; ꜂ts'ò ꜀kan ꜀fúi, mortar with straw; ꜀fá ꜂ts'ò, flowers, adorned with plants; ꜀'m ꜂hò ꜀fá ꜂ts'ò, not well carved; ꜂ts'ò ꜀p'áng, a thatched roof, any thatch; ꜂ts'ò ꜂kún ꜀yan meng² to trifle with people's lives, as charlatans do.

꜂造 A colloquial word. To collect, to lay up, to heap up; to lay by, to pay instalments, to pay in savings; yat꜆ ꜀ts'in ꜂ts'ò yat꜆ ꜀ts'in, for one mace lay up another; ꜂siú ꜀ts'in ꜂ts'ò tái² ꜀ts'in, a little farthing will grow to a large penny; ꜂ts'ò ꜀mái, to lay up.

造꜄ Tsáu To go to, to arrive; to advance, to enter; to contain; ts'ò꜄ ts'z'' hurried, thoughtless.

糙꜄ Ts'áu Coarse rice, paddy which has only been hulled, and not cleaned; ts'ò꜄ ꜂mai lún, Coarse Rice street, in Canton.

噪꜄ Sáu The chirping and singing of many birds; the hum of men; to cry out.

慅꜄ Ts'áu Chagrined, thoughtful, sad, vexed; covetous; affected by; ꜀tsiú ts'ò꜄ discontented and anxious.

燥꜄ Sáu Dry, scorched, chapped, parched; to dry by the fire; fierce, untameable; ꜀kon ts'ò꜄ parched up, drought; ꜀fung ꜀kò ts'ò꜄ mat꜆ the [north] wind dries or splits things; ꜀ts'au ts'ò꜄ heats of autumn.

躁꜄ Tsáu Hasty, heedless, precipitate; to go quickly; dried up by the heat, and therefore light; fierce, violent; ts'ò꜄ pò² outrageous, prone to anger; bustling, fussy; ꜀fau ts'ò꜄ light, testy, wavering.

厝꜄ Tsoh A large flat stone, fit for a gravestone; to place, to put a body away properly; interchanged with the next; ꜀on ts'ò꜄ to put a coffin in the grave or under a lodge; quietly reposing; ts'ò꜄ chü꜄ to cut an epitaph.

措꜄ Ts'ó To cast away, to throw down, to place, to put in its place; to make known, to show abroad; to conceal, to set aside; to bury; to take at unawares; to use, to employ; to relinquish; arranged, well ordered: a rule; ꜀mò ꜂sho ts'ò꜄ ꜂shau tsuk꜆ no place for my hands or feet, i.e. at a loss, perplexed; ts'ò꜄ ꜀ts'z' tái² ꜂ngá, elegant phraseology, words well spoken

Read ch'ák꜆. To pursue after, to chase, to ferret out.

錯' Tsʻú Interchanged with the two last. To cut or work stones; to place; to hide, to store away.

醋' Tsʻú Vinegar; pickle; pickled; *ʻtsau tsʻò'* vinegar of spirits; *pák, tsʻò'* clear vinegar; *háp, tsʻò'* female rivalry, as between two concubines; *lok, tik, ʻím tsʻò'* be more severe with him, as with a pupil; *tsò² tsʻò' ʻm ˏsün*, your vinegar has no sourness, *you* can do nothing; *yák, ˏkéung tsʻò'* to bear a child, because ginger and vinegar are given to the mother; *ˏyéung tsʻò'* foreign vinegar.

(621) Tsoi.

ʻ哉 Tsái An interjection of praise or surprise; an interrogative particle, intimating doubt or conviction, according to the scope; a superlative; a particle placed after important words to draw attention, but the regimen alters its meaning much; to begin; to burst forth, as plants in spring; *ˏkʻí kú' ˏho ˏtsoi*, on what account, pray? *ˏho ʻyau ˏü ʻngo ˏtsoi*, what is this to me? *ʻhí ʻho sik, ˏtsoi*, would you pity him! *ˏyan ʻün ˏú ˏtsoi*, has humanity so far gone! *ˏon pat, ˏpi ˏtsoi*, how could I forbear pity? *sik, ˏtsoi*, sad indeed! *tái² ˏtsoi man²* ah! truly an important question; *tái² ˏtsoi ʻHung ʻtsz'* Confucius, oh, how great! *ˏú ˏfú ˏoi ˏtsoi*, alas, sad indeed! *ʻye ˏtsoi ˏYau yá²* what a clown is Yau! *ˏkú ˏchí ˏtsoi, ˏkú ˏchí ˏtsoi*, sell it! sell it!

ˏ栽 Tsái To plant seed; to set out saplings, to put suckers in the ground; to hill, to heap up earth at the roots; a sapling; to assist; *ˏfá ˏtsoi*, flower suckers; *ˏtsoi ˏpʻúi*, to put earth to, as to roots; *ʻho ʻi ˏtsoi ˏpʻúi*, he is worthy of your care.

ˏ災 ˏ灾 ˏ烖 Tsái Natural calamities, as floods or drought; divine judgments, plagues; misfortunes, miseries, dangers; adverse, calamitous, unfortunate; *ˏtsoi hoi²* injurious, afflictive; *ˏtsoi wo²* miserable; afflictions; *kau' ˏtsoi*, to relieve sufferings; *ˏchiú ˏtsoi*, to bring evil on one's self; *ˏtʻin ˏtsoi ˏwáng wo²* divine and unforeseen judgments; *sung' ʻfo ˏtsoi*, to dismiss all risk of fire, as is done at a *ʻta tsiú'*; *ʻshui ˏtsoi*, a flood; *ˏtʻin ˏtsoi ˏlau ˏhang*, an epidemic; *ˏtsoi ˏyéung kok, tí² ˏtʻau*, each place has its own calamity.

ʻ宰 Tsái To govern, to rule, to superintend; to fashion to one's liking; a ruler, a headman, a governor; to slaughter animals, to butcher, to skin and dress animals; to cook; *ʻtsoi séung'* a prime-minister; *ʻchü ʻtsoi*, the ruler of all, the chief governor; the mind; *ˏká ʻtsoi*, a steward; *kam' ʻchí ˏtʻò ʻtsoi*, prohibited the butchering of animals, as in time of drought; *ün² ʻtsoi*, a district magistrate; *ʻtsoi ˏngau*, to kill an ox.

ʻ載 } A year; to commence, as after a full revolution; *pún*ʼ *ʻtsoi*, half a year; *ˏts'in ʻtsoi há*ʼ handed down a thousand years; *ʻkí ʻtsoi*, several years.

戴ʼ To contain, to hold, as a carriage or ship; to fill in,
Tsái to load on, to bear, to sustain; to act, to do, to fullfil, to effect; to record; to adorn, to beautify; to load in and transport; written, recorded; filled, loaded; an auxiliary word, then, thereupon; an incalculably high number; *ˏchong tsoi*ʼ to store, to load, as a carriage; *tsoi*ʼ *ʻmún*, loaded full; *tsoi*ʼ *lok*ˎ *ˏsho ˏshü*, in what book is it recorded? *ˏ'm kau*ʼ *tsoi*ʼ not enough to load it; *ʻmò ʻyé tsoi*ʼ *chü*ʼ I've nothing to put it in; *ʻpí ko*ʼ *ʻt'ò tsoi*ʼ he lays it up in his mind, he'll remember it; *ˏmang tsoi*ʼ *ʻkí tám*ʼ she carries several peculs.

再ʼ Again; doubled, repeated;
Tsái a second time; then, further, continued, longer; to repeat; *ʻts'ing tsoi*ʼ *ʻkong*, please say it again; *tsoi*ʼ *iú*ʼ *ˏt'im*, I shall want some more; *ˏming yat*ˎ *tsoi*ʼ *ˏloi*, come back to-morrow; *tsoi*ʼ *kwo*ʼ *ʻkí yat*ˎ again some days elapsed; *tsoi*ʼ *ˏshang* another life; *tsoi*ʼ *ˏsám tsoi*ʼ *sz*ʼ again and again [I ordered him]; *tsoi*ʼ *ˏ'm ʻkú tò*ʼ I should not have guessed it; *tsoi*ʼ *hai*ʼ *ʻkòm ˏ'm tak*ˎ it will not do for you to do so again; *tsoi*ʼ *ʻché*, further; *tsoi*ʼ *tuk*ˎ *kwo*ʼ read it again; *tsoi*ʼ *pat*ˎ *ˏloi*, I shall not return.

儎ʼ A colloquial word. The cargo, the loading of a boat; the tonnage or capacity of a vessel; *ʻkí shap*ˎ *tsoi*ʼ several scores of cargoes; *ˏshün ʻmún tsoi*ʼ the ship is loaded; *chák*ˎ *tsoi*ʼ *shek*ˎ stone ballast; *tsoi*ʼ *kéuk*ˎ freight money; *ˏchong mán*ʼ *pát*ˎ *tsoi*ʼ she carries 18,000 catties.

在ʼ To be in, to pertain to, to
Tsái be at; to reside, to remain, to live, to dwell at; to belong to, to consist in; involved in, depending on; to be preserved or continue; existing, being, alive; is in, in, at; to examine; a place, a home; *ˏ'm tsoi*ʼ *uk*ˎ not at home; *ˏ'm tsoi*ʼ *ch'ü*ʼ not in, not here; *ín*ʼ *tsoi*ʼ at this moment, now; *ˏwán tsoi*ʼ still here; *tsoi*ʼ *hok*ˎ *ˏt'ong*, at school; *tsoi*ʼ *wai*ʼ *ʻkí noi*ʼ *ˏní*, how long has he reigned? *fú*ʼ *ʻmò tsoi*ʼ parents are alive; *tsoi*ʼ *há*ʼ *ʻtai*, is down stairs; *ˏ'm tsoi*ʼ he's not in; dead; no occasion, no need, — a polite phrase; *tsoi*ʼ *ˏká ˏto*, remains much at home; *ʻní tsoi*ʼ *ˏsam*, remember it; *ˏ'm tsz*ʼ *tsoi*ʼ not feeling well; *tsoi*ʼ *ʻngo tsau*ʼ *ʻkòm yéung*ʼ I've made up my mind; *ˏnín ʻmán tsoi*ʼ *tsik*ˎ newyear's eve is at hand; *ʻsho tsoi*ʼ *pít*ˎ *ʻyau*, it is everywhere, they are in all places; *ts'o*ʼ *tsoi*ʼ *ʻngo*, it is my fault; *ʻsz*ʼ *tsoi*ʼ *ʻtsò ʻmán*, his ailment is imminent; he does things blunderingly; *pat*ˎ *tsoi*ʼ *ˏú*, does not consist in; *tsoi*ʼ *ˏpin ch'ü*ʼ where is it? *tsoi*ʼ *ʻni*, it's your affair.

(622) **Ts'oi.**

‹睬 A colloquial word. An interjection of contempt, tush! pish! to pish at; *‹ts'oi, fât› ngâm² wá² ‹mé*, pshaw, what a lie! said by women; *‹ts'oi, ‹wan 'ní*, pox take you!

Read *‹kiú;* agitated, not at ease; vulgar talk.

‹才 Ts'ái Materials, stuff, or the substance of things, for which the next is used; talents, capacity, ability, powers; endowments, genius, gifts; a person, a graduate; *‹ts'oi 'tsz'* a genius; *‹man ‹ts'oi*, literary talents; *‹sám ‹ts'oi*, the three powers—are heaven, earth, man, who rule all things; *yat› 'piú ‹yan ‹ts'oi*, a fine looking man; *‹nò ‹ts'oi*, a slave; *‹ts'oi kü²* parts, talents; *‹ts'oi ‹nang*, ability; *‹léung ‹ts'oi*, goodness, rectitude; *‹ts'oi chi'* talents and knowledge; *'ch'un ‹ts'oi*, you goose! *‹wai ‹ts'oi*, the unsuccessful siúts'ái; *'hò 'hau ‹ts'oi*, eloquent.

‹材 Ts'ái Materials of which things are made; nature, qualities; timber, lumber, wood; materièl, stuff; *‹ts'oi liú²* materials, as wood, stone, &c.; ingredients; *‹léung ‹ts'oi*, good stuff; *met.* upright ministers; *'hò ‹shan ‹ts'oi*, likely, well formed; *'ng ‹ts'oi*, the five elements.

‹財 Ts'ái Wealth, riches, valuables, property, possessions, goods, whatever men can use; profits; bribes; presents; *‹ts'oi chü 'lò*, a rich man; *‹ts'oi ‹tung*, a capitalist, a moneyed man; *k'ap› ‹ts'oi*, quick at money making; *fât› ‹ts'oi*, to get rich, to make money, *'t'im ‹ts'oi*, good luck, as a prize in a lottery; *‹ts'oi pák› ‹sing ‹kwan*, or *‹ts'oi ‹shan*, god of wealth, Plutus, Mammon; *‹t'au ‹kü ‹ts'oi*, a thief of a cook; *‹ts'oi 'lai*, presents, complimentary gifts; *p'o' ‹ts'oi 'tong ‹tsoi*, to lavish money to ward off (or remedy) calamity; *‹ts'oi 'ho 'í ‹t'ung ‹shan*, money can move the gods; *'ní ‹'m hai² ‹ts'oi ‹shan*, you've bought nothing of me, you've given me no custom.

‹裁 Ts'oi To make clothes, to cut out garments; to tear, to cut off; to moderate, to reduce, to deny, to diminish; to guess, to plan; to regulate; *‹ts'oi ‹fung 'lò*, a tailor; *tsz'² ‹ts'oi*, suicide; *‹ts'oi ‹í*, to cut out clothes; *‹ts'oi 'tsin*, to cut off with shears; *'siú ‹ts'oi* and *tái² ‹ts'oi*, a scant pattern, a full pattern.

‹纔 Ts'ái An adverb of time; near to, at hand, nearly reaching to; in a short time, thereupon, presently, then, just then, just now, scarcely; *‹fong ‹ts'oi*, then, a little while ago; *‹ts'oi 'hò*, then it will do; *‹ts'oi kü'* just gone.

Read *‹shâm;* a reddish black color.

'釆 Ts'ái To be distinguished from 釆 *pin'* to divide. To pluck, to choose, to take with the hand; variegated, adorned with colors; cities allotted to officers for revenue; in these senses the three next are used; a business, an employment; *'ts'oi yap,* territory set apart for the support of grandees, an ancient usage; *náp, 'ts'oi,* to choose and send the betrothal presents.

'採 Ts'ai — To select, to choose, to pick, to pluck, as leaves; to take with the hand; *'ts'oi ˏsong,* to pick mulberry leaves; *'ts'oi 'mái,* to buy the choicest; *'ts'oi ˏfá,* to gather flowers.

'寀 Ts'ai — Lands or cities allotted for the revenue of officers; *'ts'oi ti'* territory set apart for grandees; *ˏliú 'ts'oi,* officers exercising jurisdiction over the same circuit.

'彩 Ts'ái — Variegated, mixed or ornamented with different colors; elegant, gay, colored; beautiful, as the figures in silks or gems; lucky, pleased; *ˏkwong 'ts'oi,* brilliant; smooth, as a shaven head; *'hò 'ts'oi,* fortunate, a good chance; *'mò 'ts'oi,* unlucky, unprosperous; *'lo 'ts'oi,* to get eclat, as actors do; *hot, 'ts'oi,* to clap, to encore actors; *ˏkam ˏfá 'ts'oi ˏchung,* tinsel and red silk, such as is used on joyful occasions; *'hi kwo' 'ts'oi,* let us have a rejoicing, as after one is out of prison; *tüt, 'ts'oi,* to get to the goal, to win the praise; *'ts'oi ˏts'in,* the winner's douceur, the lucky man's present; *'ts'oi ˏk'i,* variegated banners, as those used at weddings; *'ng 'ts'oi,* variegated, colored.

'綵 Ts'ái — Interchanged with the last. Variegated, colored silk; particolored; *kit, 'ts'oi,* or *kwá' 'ts'oi ˏch'au,* to hang festoons of silk, as is done at the *'tá tsiú';* *'ts'oi ˏk'au,* a many colored ball; *ˏling 'ts'oi,* colored sarsnet, used for linings.

'棌 Ts'ái — A sort of tree, whose wood is hard and durable, like that of the chestnut or locust.

'睬 Ts'ái — To pay attention to, to notice, to greet; *ˏ'm ˏts'au ˏ'm 'ts'oi* the cut direct, not to recognize; *ˏ'm 'ts'oi,* not to acknowledge.

菜' Ts'ái — Vegetables, edible herbs, greens; food, viands; *'hò ts'oi'* good eating; *ˏts'eng ts'oi'* greens in general; *sung' ts'oi'* dishes on the table, not rice; *ts'oi' shik,* lank, half starved, like one who has lived on greens; *hü' 'mái ts'oi'* gone to market; *pák, ts'oi'* broccoli, the pehtsai; *ˏshám ts'oi'* sour crout; *ˏshang ts'oi'* lettuce; *ˏyé ts'oi'* cabbage; *tám' ts'oi'* a small kind of oyster; *ts'oi' ˏyau,* rape-seed oil; *ˏngá ts'oi'* bean sprouts; *ts'oi' ˏfá,* a kind of rape of which the *ts'oi' ˏyau,* or herb oil is pressed; *'siú ts'oi'* condiments of leaves and greens; *'hoi ts'oi'* seaweed; limpets.

蔡' Ts'ái — Grass, herbs, esculent herbs; a law, a rule; name of a feudal state, now Júning fú in the southeast of Honán.

塞' Sai — A boundary, a frontier, a limit; *ch'ut, ts'oi'* to travel abroad; *ts'oi' ngoi'* beyond the frontier.

賽' To recompense, to thank; to strive to surpass, to contest for, to emulate, to match; excelling, contesting; to announce a thank offering, to make an offering; a show of; *ts'oi' ˏtang*, to show lanterns, on the festival of lanterns, at 15th of 1st moon; *ts'oi' ˏshan*, to get up religious processions; *ts'oi' shik,* to show figures, to emulate in making a fine display in processions; *'tò ts'oi'* to wager.
Sái

(623) Tsok.

作, To act, to do, to make; to begin, to discover, to invent; to arise, to appear; to rouse, to animate, as to a reform; work, workmanship; *tsok ˏwai* acts, conduct, doings; *tsok, fuk,* to supplicate blessings; *peng' fát, tsok,* my ailment has come again; *há' tsok,* mean acts; *tsok, ˏká*, a writer, an essayist; *'hò tsok, ˏká*, fine, delicate work; well set out; *sai' tsok,* a spy; *tsok, ˏman ˏchéung*, to compose essays; *tsok, 'fán*, to turn rebel; *tsok, hai' 'kòm*, well, let it be this way; *tsok, 'sz' ˏlai lok,* you wish to die, I think, said in anger to a careless man; *ˏkung tsok,* workmanship.
Tsoh

昨₂ Yesterday; time past; recently; *tsok₂ yat,* yesterday; *tsok₂ 'mán*, last evening, last night; *tsok₂ ˏman*, I recently heard it.
Tsoh

怍₂ Ashamed, disconcerted, out of countenance; to blush, to redden; blushing, shamefaced.
Tsoh

柞₂ A spinous tree of firm wood, whose new leaves appear as the old ones fall; a locust? Read *chák,* to root up trees; to fell trees; narrow, confined.
Tsoh

酢₂ To pledge a host, to return health; to recompense, to return a compliment.
Tsoh

鑿₂ A chissel, a punch; a cold chissel; to cut, to bore into, to chissel; to dig, as a well; to open out, as a road; to brand, to mark, as a thief; *shek₂ tsok₂* a stone chissel; *tsok₂ shek₂* to cut stone; *tsün' tsok₂* to bore a hole, to punch the face; *ˏkún ˏts'oi tsok₂* you coffin chissel! you impertinent fellow! *ˏngo ˏmí tsok,* a half-moon gouge; *ˏin ˏchí tsok₂ tsok₂ 'ho t'eng'* he will believe if he has repeated proofs.
Tsoh

(624) Ts'ok.

錯, To wash or plate with gold; the stripes, striæ, streaks, &c., in stones or fabrics; to file or polish; to tattoo; a stone for grinding gems or glass; mixed, crossed, barred, confused; *ts'ok, pí'* to tattoo the arm.
Ts'oh

A colloquial word. A hacking in the throat, a difficulty or stoppage in the throat; *ts'ok, hí'* the heart in the throat; *ˏch'au ts'ok,* a retching cough; *ts'ok, ts'ok, ngok₂ ngok₂* amazed, alarmed and amused.

英華分韻撮要

(625) Tsong.

臧 Good, generous; virtuous, faithful; to scold slaves; *ₒtsong wokₒ* to berate slaves.
Tsang

贓 } Booty, plunder, loot, stolen goods; to receive bribes; to suborn, to bribe; to hide, to secrete; *ₒtsong ₒkún*, an officer who takes bribes; *'hí ₒtsong*, to seize the booty; *ₒtsong matₒ* spoil, things secreted; *ₒt'ám ₒtsong*, sordid, covetous of bribes; *tso' ₒtsong*, to take bribes; bribery.
賍 }
Tsáng

牂 A ram or ewe; full, plenty; *ₒtsong ₒtsong*, flourishing, as foliage.
Tsáng

葬' } To bury, to inter, to put under the ground; *tsong' ₒmái*, to bury; *sung' tsong'* to carry to the grave; *'koi tsong'* or *ₒts'in tsong'* to change bodies to another grave; *hau' tsong'* a deep grave; to bury in rich dresses; *'fo tsong'* to burn the dead, cremation; *'kò tsong'* buried in a mat; *'pá 'k'ü kám' ₒshang tsong'* to be buried alive.
塟' }
Tsáng

臟² The viscera; the entrails; *''ng tsong²* the five viscera—heart, lungs, stomach, liver, and kidneys; *ₒchü tsong² tukₒ* the cæcum of hogs; *''ng tsong² lukₒ 'fü*, all the inwards; *ₒmò tsun² tsong²* a great eater, gluttonous.
Tsáng

藏² A store-house, a retreat; a strong-box, a casket; *ₒmò tsun² tsong²* exceedingly avaricious or greedy; *ₒsai tsong²* Tibet; *yapₒ tsong²* to lie torpid; to keep out of sight; *ti² tsong² ₒwong*, name of a deified Budhist.
Tsáng

(626) Ts'ong.

倉 A granary of the government; a storehouse; a box, a bin, a compartment, a pigeon-hole; *kukₒ ₒts'ong*, a rice storehouse; *ₒts'ong ₒséung*, bins or partitions in a granary; *fo' ₒts'ong*, a pack-house, a go-down; *ₒhoi ₒts'ong*, to dispense rice from the granaries; *yatₒ ₒts'ong ₒts'ong*, one bin or stall; *ₒts'ong ts'ütₒ* flurried, perturbed, alarmed.
Ts'ong

蒼 Occurs used for the last, hastily; the green tint of plants, or the azure of the sky; flourishing, prospering; hoary, aged, old in service; *ₒts'ong ₒt'au*, soldiers, so called from their green caps; an old slave; *ₒts'ong ₒts'ong 'ché ₒt'in*, the empyrean; *met*. Providence; *ₒts'ong 'lò*, old, waning; an old man; *ₒts'ong ₒshang* the people, living things; *ₒts'ong ₒwong*, hurried, flighty; *ₒts'ing ₒts'ong*, a greenish bluish color.
Ts'áng

滄 Vast like the sea; name of a river and lake; a superior district in Tientsin fú; *ₒts'ong 'hoi ₒchí léung'* to drink like the sea, able to drink much.
Ts'áng

瑲 Color of gems; a musical sound; *ₒts'ong ₒts'ong*, the jingling of stones.
Ts'áng

艙 ‹ An unauthorized character. The compartments in a ship's hold; a hold; ‹shün ‹ts'ong, the hold of a vessel; ‹hoi ‹ts'ong to begin to unlade; sò' ‹ts'ong, the last lighter; ‹ts'ing ‹ts'ong, cargo all discharged; ‹fung ‹ts'ong, to forbid trade; tái² 't'ò ‹ts'ong, the main hold; ‹ts'ong wai² the stowage.

鯧 鱠 Ch'áng } The second character is unauthorized. The pomfret; pák› ‹ts'ong ‹ü, the silver pomfret (*Stromateus argenteus*); hak› ‹ts'ong, the black pomfret (*Stromateus niger*); ‹wong lap› ‹ts'ong, the yellow pomfret (*Trachinotus auratus*); ‹fá ‹ts'ong, small pomfret (*Caranx malabaricus*); ‹kwá 'tsz' ‹ts'ong, long-finned pomfret (*Trachinotus asper*).

鶬 Ts'ong A kind of crane, plumage ashcolored, and cheeks red; ‹ts'ong kút› the black crane, called ‹t'in ‹tam ‹kai, or field tank hen.

藏 Tsáng To store away, to put in safety; to contain; to hide, to conceal; to accumulate; to gather knowledge; ‹ts'ong ‹mái, to lay by; ‹ká ‹ts'ong, heirlooms laid by, family treasures; 'mò ‹ts'ong ‹t'au, no chance for profit; ‹ts'ong 'pán, to keep the blocks, to publish a book; ‹páu ‹ts'ong, to keep from, not to divulge; ‹shau ‹ts'ong, to receive, as in trust; ‹'m hai² ‹ts'ong ‹dung ‹chi 'sho, I'm not to be cribbed in this place; 'yan ‹ts'ong, to conceal; ‹ts'ong ‹t'au lò' 'mi, to give a partial account of, an inkling.

(627)

Tsü.

且 Tsü A phonetic particle, used in the Shí King at the end of sentences, as an affirmative.

疽 Tsü A deep-seated ulcer; a carbuncle or anthrax; ‹yung ‹tsü, an old ulcer; 'shün ‹tsü, to suck out an ulcer.

睢 Tsü Wei To stare at in a fright, to gaze up at, to look angrily at. Read ‹sui; self-satisfaction; a large stream into Lake Hungts'eh in Kiángsú; a district in Kweiteh fú in Honán.

苴 Tsü The female hemp plant; sackcloth; a rush, a sedge used for sandals; coarse, unpolished; ‹tsü pò' mourning sackcloth; 'pò ‹tsü, to correct bad composition; ‹tsü chéung² the mourner's staff.

菹 Tsü Pickled fruits, like melons; salted vegetables; a marshy plant or sedge; a marsh.

趄 Tsü To walk slowly, impeded in going; ‹tsz' ‹tsü, hobbling, walking step by step.

沮 } The name of an affluent of the Yángtsz' kiáng west of K'ingchau fú in Húpeh; an ancient district now the extreme southwest of Shensi.

沮 Tsü To stop, to prohibit; to pass over; to divulge; to destroy; to discomfit; to scare; 'tsü 'chí, to quash, to stop; to intrigue against; 'tsü tsok› ashamed, awkward, as a rustic; 'tsü sit› to let out, to blab; to issue, as malaria; shap› 'tsü, damp, dank.

英華分韻撮要

咀 'Tsü To taste; to chew, to bite in order to taste; *'tsü tséuk›* *'há*, take a bite of it; *‹hòm ‹ying 'tsü ‹wá*, to learn and relish the beauties of a style.

齟 'Tsü Irregular teeth, which do not interlock easily; discordant, as opinions, incongruous; to bite, to chew.

序² Sü Eastern and western walls or rooms; a college, a school; an asylum for old men; a preface, an introduction, an exordium; order, precedence, series; to follow in order; *ts'z'' tsü²* in order, seriatim, regularly; *tsok› yat› ‹p'in tsü²* to write a prefaee; *tsü² 'ch'i*, to go by ages; *tsü² ‹ts'éung*, a district college; *tsü² sz'² 't'o tong'* everything in its order.

敘² 叙¹ Sü Similar to the preceding; to arrange, to order, to set in their proper places; to meet, to converse; to discourse or argue upon; order, series, rank; *‹séung tsü²* or *tsü² ‹t'ám*, to converse; *'i tsü²* to deliberate upon the proper rewards; *‹'ng tsü²* the five social relations.

聚² Tsü To assemble, to congregate, to gather; to meet; to tend to, to concur; to incline towards, popular; to collect, to dwell together; a dwelling-place, a village; a conjunction, a meeting; a place of meeting; *tsü² 'shau*, a concourse, a gathering of friends; *‹'m tsü² ‹ts'oi* not a lucky place; not a moneymaking man; *tsü² 'pò ‹t'ong*, the shrine of Plutus at the door; *tsü² üi²* to call a meeting.

藇² Sü Good, agreeable, pleasant, as liquor. Read *‹ü*, name of a fragrant plant.

鱮² Sü The tench or roach; a large, coarse species of carp found in the rivers of Kiángsú.

(628)

Ts'ü.

‹趨 ‹趋 Ts'ü To hasten to one's place, to stride off, as in a superior's presence; to run, to walk quick; *‹ts'ü ‹shí*, to run after, as a fashion; *‹ts'ü pò²* to straddle off, as a courier does; *‹ts'ü ‹ím fú² shai'* to run to the flame and stick to the strong — a parasite.

‹蛆 Ts'ü Maggots in putrid flesh; fly-blows, eggs of flies; *‹shang ‹ts'ü*, it has bred worms; *süt› ‹ts'ü*, worms found in snow in Sz'chuen, a sort of Protococcus. Read *‹tsü*, a millipede; *tsik› ‹tsü*, a centipede.

‹徐 Sü Grave, serious, leisurely; tardy, slow; composed, majestic, dignified; to walk carefully and formally; *‹ts'ü pò²* to walk gracefully; *‹ts'ü ‹ts'ü*, gravely, tranquilly, as a gait.

'取 Ts'ü To take, to lay hold on, to use; to exact; to seize on, to take away; to assume, to appropriate; to receive, to apply to one's use; to take, as a wife; to get, to induce, to bring upon; taken, applied, selected; *‹shau 'ts'ü*, to receive; *'ts'ü ‹'m 'shéung*, not needed, unfit; *'ts'ü chung'* promoted, chosen, selected *tái*² *'yau 'ho 'ts'ü*, estimable, one who is liked; *'ts'ü ch'ut*, taken out; *'ts'ü yap*, brought in; *t'ám*' *ˌnong 'ts'ü mat*, [as easy as] taking a cash out of the purse; *sok*, *'ts'ü*, to beg earnestly for, as a loan; *'ts'ü siú*' *'k'ü*, to get the joke on him; *tsz*'² *'ts'ü wo*² to bring down misery on one's self; *tsau*² *ti*² *'ts'ü ˌts'oi*, happily I just then turned it up, as something that was wanted; *ˌ'm ˌshing kwo*' *'ts'ü*, I don't want much; *hip*, *'ts'ü*, to force from, to extort; *ˌp'ang ˌman 'ts'ü luk*, to select the compositions according to their style; *ˌmung 'ts'ü fo*' obliged to you for taking goods,— as shopmen say.

娶' Ts'ü To marry a woman with the legal ceremonies; a marriage; *ts'ü*' *ˌts'ai*, or *ts'ü*' *'lò ˌp'o*, to take a wife; *ts'ü*' *ˌsan 'fú* or *'ts'ò ˌsam 'p'ò*, somebady marrying; *ˌwing ts'ü*' *ˌ'm ˌts'ang*, have you been married yet? *ts'ü*' *ts'ip*, or *ts'ü*' *ˌp'in ˌfong*, to take a concubine home to one.

趣' Ts'ü Similar to *ˌts'ü* 趨 to run; to go, to advance quickly; to see what is proper and agreeable, and hasten to do it; to show alacrity or haste to please; to regard pleasurably; sprightly, playful, graceful; amusing, pleasing; *ˌ'm shik*, *ts'ü*' unaccommodating, mulish; *tak*, *kòm*' *ts'ü*' very agreeable, humorous; *'hò ts'ü*' very lively, gleesome; *ts'ü*' *mí*' entertaining, as a friend; *ts'ü*' *tik*, rather pleasing, novel; *chí*' *ts'ü*' *hai*² *kòm*' *ts'ü*' *tik*, this is truly exhilirating, this is exquisite.

覷' Ts'ü To spy, to look at; to peep, to descry, to reconnoitre; *ts'ü*' *ˌpín*, to look after the frontiers closely.

蜡' Ts'ü Used as a form of 臘 and 蠟 *láp*, dried meats and beeswax. A flyblow, eggs of the common fly.

Read *chá*'; the sacrifice made at the winter solstice, when the cold binds everything close.

(629) Tsui.

嘴 'Tsui The lips; a beak, a bill of a bird; a spout, a nozzle, an aperture, an adit; to wrangle, to chatter, to talk much and impudently, to give lip; *mát*, *'há ˌt'iú 'tsui*, wipe your lips; *ˌts'an 'tsui*, to kiss; *tséuk*, *'tsui*, a bird's bill; *ˌin ˌt'ung 'tsui*, mouthpiece of a pipe; *'hò 'tsui 'má*, or *ˌyau 'tsui*, glib at talking, garrulous; *ˌmò táp*, *'tsui*, don't interfere, as in a dispute; *'tá 'tsui ˌpá*, to beat the lips; *sung*' *'siú 'tsui*, to tell tales, to stir up ill feeling; *ˌpong 'tsui*, to take the part of; *ˌch'á ˌú 'tsui*, a teapot spout; *hò*' *shik*, *'tsui ˌt'au*, loving to eat this and that; *'ni 'mò ˌto 'tsui*, don't you talk so much; *'tsui 'kong i*' it's all very easy to talk; *'tsui 'hò ngáng*' he wont confess at all.

醉' Tsui Exhilirated with drink; intoxicated, fuddled, drunken; a debauch; fascinated, enchanted, devoted to, stupefied with; completely engrossed with; *'yam tsui'* drunken; *꜀'m ꜀chi tsui'* not affected by liquor; *tsui' 'tsau 'lò* a drunkard; *꜀mò 'tsau ꜀sám ꜀fan tsui'* he is half drunk, and has had no wine, *i. e.* he is very stupid, he does not know what he's about; *tsui' ꜀héung*, a drunken sot; *tsui' ꜀ü ꜀nai*, drunk as a clod; *tái² tsui'* dead drunk.

最' Tsui To come together, to assemble; an adjective denoting the most important, the highest degree of; very, extremely, exceedingly; altogether; *tsui' shin²* very good; *tsui' ꜀nán*, very difficult; *tsui' 'kan iú'* highly important; *tsui' ꜀sín*, first, in the first place; *tsui' pin² tong'* the most convenient, very handy.

(630) Ts'ui.

꜁隨 Sui To follow, to accord with, to yield, to comply obediently; to permit, to let; the way or usage of; an adverb, according to, as, like, wherever; forthwith, presently; a feudal state now ꜁*Ts'ui ꜀chau* in the northeast of Húpeh; *꜁ts'ui ꜁shi tsò²* do it as I have time; *꜁ts'ui pin²* as you please; very well; *꜁ts'ui 'ngo ꜁lai*, come after me; *꜁ts'ui tsoi² 'ngo*, the decision is with me; *꜁ts'ui tak꜄ 'k'ü*, let him do as he likes; *꜁ts'ui yat꜄ tò' i²* do the second like (or after) the first; *꜁ts'ui ká' múi²* a waiting-maid given at marriage, like Zilpah; *꜁ts'ui ch'ü' 'kong*, talking about it everywhere; *꜁ts'ui 'shiú ꜁loi*, bring a little of it, as you can get it; *꜁ts'ui tsik꜄* immediately; *꜁ts'ui ch'ü' ꜀kái ꜁ín*, it is all about, they are everywhere.

A colloquial word. A smell, a stench; bad breath; *yat꜄ pung² ꜁ts'ui*, a stench; *'yau tik꜄ ꜁ts'ui sik꜄* there is some bad smell.

꜁隋 Sui A dynasty, which ruled from A. D. 590–620, preceding the T'áng dynasty.

翠' Ts'ui The female of a kingfisher, whose feathers are used in plumagery; *ts'ui' kiú²* a bridal chair covered with feathers; *ts'ui' ꜁t'ing*, a feathered shrine or car; *'tím ts'ui'* to put on feathers; *ts'ui' ꜁mò*, the kingfisher's feathers; *ts'ui' shik꜄* a purplish blue.

毳' Ts'ui The down on birds, the fine undergrowth of hair on animals; birds molting; furry, downy, soft, fine, delicate; like felt, velvety; *꜁min ts'ui'* cotton staple; *'fo ts'ui'* asbestos cloth; *ts'ui' mok꜄* a felt tent.

脃' 脆' Ts'ui Delicate, easily broken; brittle, crackling; shivery, crumbling; crisp, light, as crust; trifling, unsteady in character; *'shong ts'ui'* delicate, as cakes; *꜀kon ts'ui'* cracks when dry; *꜁hám ts'ui' ꜀fá ꜀shang*, baked salt ground nuts; *꜁t'iü meng² ap꜄ ap꜄ ts'ui'* life snaps asunder like crust.

(631) **Tsúi.**

罪² 辠² Ts'ui — A bamboo net for fish; to become entangled in the net of the law; trespass, crime, sin, fault; a violation of the rules of the land or decorum; to criminate, to regard as a criminal; punishment, retribution; *tak˒ tsúi² ˓ü ˓t'in*, to sin against Heaven; *tsúi² kwo˒* a fault, a crime; *˓ün tsúi² ˓yau ˓ko ˓ün*, the crime can be exculpated; *fát˒ tsúi²* to punish crime; *shé˒ tsúi²* to forgive sins; *˓kwan tsúi²* exile to Íli; *shü² tsúi²* excuse me; *fán² tsúi²* to offend the laws; *shuk˒ tsúi²* to redeem or ransom criminals; *fú² ˓king ˓ts'ing tsúi²* to take a rod and request punishment — an affected phrase of officers; *fúi˒ tsúi²* to repent of sins; *tsúi² ˓sho ˓ying tak˒* a punishment well deserved.

(632) **Ts'úi.**

嶉 Ts'ui — Lofty, mountainous; rugged, as a hilly country; *˓ts'úi ˓ngai*, lofty, rocky hills and peaks.

催 Ts'ui — To urge, to press, to egg on; to importune; to hasten, as the payment of a debt; to reiterate; *mok˒ ko˒ ˓ts'úi ˓ngo*, don't hurry me; *˓ts'úi pik˒* or *˓ts'úi ˓kam*, to urge on, to stimulate; *˓ts'úi ˓k'ü fái˒ tik˒* hurry him on a little; *fát˒ kái˒ ˓tsau ˓ts'úi*, I've no servant to send to hasten you — a phrase on invitation cards; *˓ki shai˒ kòm˒ ˓ts'úi*, hurrying and urging one rather causelessly.

璀 Ts'ui — The lustre of a gem; a gem hanging down, as from the girdle.

衰 縗 Ts'ui — The unhemmed, frayed edges of mourning clothes, which are left so; to ravel out, frayed out; *˓chám ˓ts'úi*, clipped, unhemmed.

摧 Ts'ui — To stop, to drive back, to repress; to overpower, to set down; to push upon, to thrust forward, to crowd against, to impel; to break, as the wind does trees; to reach; to put out, to extinguish, as a family; *˓ts'úi yik˒* to abate, to put down; *˓ts'úi chit˒* to break off by pushing against.

漼 Ts'ui — Deep, clear water; tears trickling down; fresh, new, clean; spoiling, ruining; snow drifted; name of a stream.

(633) **Tsuk.**

足 Tsuh — The leg, the foot; enough, sufficient; full, satiated, no deficiency; entirely, in full, wholly; to satisfy, to please; to satisfy the wants of; pure, as silver; actions, conduct; the 137th radical of characters relating to going; *shap˒ tsuk˒* complete in all respects; *˓shau tsuk˒* hands and feet, brothers; *tsuk˒ ˓ling*, enough! no more, I beg of you! *tsz² tsuk˒* self-sufficient, conceited; *tsuk˒*

*tsuk*ˎ *ˊwan ˊní pún*ˋ *yat*ˎ I've annoyed you half a day; *shat*ˎ *tsuk*ˎ to slip and fall; to make a blunder, a faux-pas; *tsuk*ˎ *há*² your presence, said to a friend; *ˏ'm ˏchí tsuk*ˎ discontented, never satisfied; *pat*ˎ *tsuk*ˎ *tò*² beyond description, can not be spoken of; *tsuk*ˎ *shò*ˋ *ˏ'm tsuk*ˎ is the number just right? *ˏfung tsuk*ˎ prosperous, to the heart's content; *ˏyan ˏsam ˊmò ím*ˋ *tsuk*ˎ the heart is never satisfied; *ˏshing ˏün tong*ˋ *tsuk*ˎ *ˊtsz*ˋ whole dollars alone are reckoned to be full coin.

Read *tsü*²; to act respectfully in order to flatter one; careful of one's words; to increase; *tsü*² *ˏkung ˏü ˏyan*, to humor and flatter people.

俗₂ Suh What common people desire; inelegant, uneducated, common, vulgar, unpolished, rude; the groveling, common, low, business of life; the laity; *tsuk*₂ *wá*² common talk, colloquial, in distinction from the book style; *ˏfung tsuk*₂ manners, customs of a place; *shai*ˋ *tsuk*₂ manners of the age; *tsuk*₂ *tsz*² *ˊngán*, a vulgar expression; *ˏwán tsuk*₂ to again become a layman; *ˏch'an tsuk*₂ the busy world; *tsuk*₂ *ˏká*, the laity; *t'üt*ˎ *tsuk*₂ to eschew vulgarity; *tsuk*₂ *ˏyan*, a vulgar person.

族₂ Tsuh A barb of a dart; to collect, to draw together, as a banner does; a clan, a tribe; a family or kindred of the same surname; degrees of kin; a class, a kind; *ˏtsung tsuk*₂ of the same clan; *tsuk*₂ *ˊp'ò*, a genealogical register of the clan; *ch'ut*ˎ *tsuk*₂ to disown, to turn out of the clan; *tsuk*₂ *ˊlò*, a senior in a clan; *ˏsám tsuk*₂ father, self, and son; father, mother, and wife's kindred; *ˊshui tsuk*₂ aquatic animals.

蔟₂ 簇₂ Tsuh These two are used interchangeably. Tufts of small bamboo; to collect, to crowd together; a crowd of people; a nest; a framework or whisk on which silk-worms spin coccoons; a mold for cakes; head or barb of a dart; *tsuk*₂ *ˊyung ˏts'ín ˏloi*, came pressing on in a crowd. Also read *ts'au*ˋ.

鏃₂ Tsuh The barb of a dart or arrow, the iron head of a dart; sharp pointed.

鷟₂ Tsoh A phœnix of a carnation color; a large species of duck near river banks; an albatross.

續₂ Suh To continue, to join on, to succeed; to keep up; tied together, ligatured; following, continuous, successively; carrying on what another has begun; *tsip*ˎ *tsuk*₂ to join on, as a short cord; to take up and carry on; *tsuk*₂ *ts'ü*ˋ or *tsuk*₂ *ˏin*, to join the guitar string—to take a second wife; *luk*₂ *tsuk*₂ *ˊyau ˏlai*, coming one after another; *ˏch'ün tsuk*₂ to continue a family; *tsuk*₂ *chü*ˋ *ˊmí tsò*ˋ to work by spells.

藚₂ Suh A marshy, grassy and climbing plant, with leaves like purslane, called also cow's lips.

(634) **Ts'uk.**

速, Suh Hasty, quick, hurried; fleet, as a deer; with haste; to call, to invite; *tsik ts'uk* instantly, presently; *ts'uk hü'* go quickly; *ts'uk ts'uk* no connection with; friendless; *'m tsoi² kòm' mong ts'uk* don't be so precipitate, flurried; *ts'uk yuk* to hurry the steps [of a guest]; *'fo ts'uk* as quick as possible.

餗, Suh The prepared contents of a boiler or kettle; pot-luck, dressed food.

觫, Suh Horns beginning to start; to start, to tremble; *huk ts'uk* frightened, as oxen are in presence of lions; in a terrible fright.

樕, Suh A small tree, a shrub, a sapling; *puk ts'uk* small trees, suitable for posts.

簌, Suh To sift, and cause to shower down; close, thickset; showering down, like autumnal leaves blown by the wind.

蔌, Suh Vegetables, legumes, kitchen herbs; *ts'oi' ts'uk* vegetables; *ts'uk ts'uk* mean; *ts'uk ts'uk fung wai*, the stern wind whistling along.

遬, Suh Similar to the next. To step smartly to one's place; to dispatch, to hurry through; attentive, respectful; alert, speedy.

蹙, Ts'uh Pressed upon, urged, impelled; cramped, cribbed; embarrassed; to wrinkle, to rumple, to draw in; retractile; disquieted, uneasy, reduced to extremity; *pik ts'uk* to press or urge vehemently; *ts'uk ts'uk* contracted.

顣, Ts'uh Interchanged with the last, to frown; to wrinkle the forehead; anxious, careworn.

蹴, Ts'uh Similar to the last two. To tread on, to press with the foot; to kick; *ts'uk tsin*, reverential.

促, Ts'uh To constrain; near, short, close; urgent, pressed upon; small, shortened; hampered; *kuk ts'uk* a narrow, small space; *ts'uk sat t'ám sam*, to draw together and talk, as long absent friends.

(635) **Tsun.**

津, Tsin A ford, a ferry; a landing-place, a ghaut; to ford, to cross a stream; to imbue, to moisten, to soften by soaking; to split wood by the hands; spittle; *tsun léung*, ends of a bridge; *tsun yat* saliva; *tsun 'hau*, a ferry; *kwán tsun*, excise stations, guard-houses; *man² tsun*, to ask the way; *shang tsun*, to produce saliva; *t'in tsun*, the constellation Cygnus; the port of Peking; *tsun tsun 'yau mi²* I relish it more and more.

樽 罇 尊 Tsun A vase for libations; a vase for wine; a bottle, a decanter; a vase, a jar; full, flourishing foliage; to stop; *yat tsun 'tsau*, a bottle of spirits; *fá tsun*, a flower-vase; *hoi tsun*, open the bottle.

英華分韻撮要

遵 ˏTsun To follow a superior; to comply with, to obey, to conform to, to act as required, to yield; to induce to follow, to influence to obey; obedience, acquiescence; *ˏtsun ˊchí*, to obey the emperor's behests; *ˏyam ˊts'z' ˏyam ˏtsun*, to stand in awe and obey; *ˏtsun fát*ˎ to obey the laws; *ˏtsun ˏí*, to cordially receive.

榛 ˏTsin A fruit like the hazel or filbert, smaller than the chestnut; wood, brushwood; thorny bushes, as in thickset hedges.

溱 ˏTsin A small stream in Honán, one of the headwaters of the R. Hwái; to reach to; *ˏtsun ˏtsun*, numerous, abundant; at ease, loose.

臻 ˏTsin To arrive or extend to; the utmost, the highest degree; many, a multitude; to collect, to congregate; *pák*ˎ*fuk*ˎ *ˏp'ing ˏtsun*, may all happiness come here.

蓁 ˏTsin Abundant, exuberant herbage; bushy trees; collected, an accumulation of; *ˏk'i ip*ˎ *ˏtsun ˏtsun*, how abundant is the foliage.

ing **儘** ˊTsin Same as *tsun'* 盡 to finish; empty; all; the utmost degree; *ˊtsun ˊho ˊi*, it can be done; *ˊtsun kin'* seen it through, seen the whole.

燼 ˊTsin The ashes, embers, snuff, or residue after combustion; a quenched brand; the residuum; the relics, what is left, as of a conquered people; *fu' ˏwai ˏfúi ˊtsun*, all turned to ashes; *ˏü ˊtsun*, the remains, as of embers.

藎 ˊTsin Similar to the last; a plant whose roots afford a yellow dye; a residue; to advance constantly; sincere, as in attachment to; *ˊtsun ˏshan*, or *ˏchung ˊtsun*, a loyal minister.

贐 ˊTsin Precious things; presents given to friends going on a journey; *ˊtsun ˏí*, parting gifts of ceremony.

進' Tsun To advance, to enter, to go up or on, to get on; to present, to bring forward, to introduce, to promote, to recommend; to make progress in; to come near; a promotion, an advance; a division of a hong; *tsun' kung'* to bring in tribute; *ˏch'o tsun' pò'* the first step ahead — to be a siúts'ái; *tsun' hok*ˎ to enter school; *ˊki tsun' ˏsham*, of how many divisions deep? *tsun' t'úi' ˊléung ˏnán*, hard to advance or retreat, embarrassed; *tsun' ˏshan ˏchí kai'* a contrivance to advance one's self; *ˏkò tsun'* high attainments, as in degrees; *chung' tsun' sz''* to reach the third literary degree; *tsun' ˊfu thái' kat*ˎ let prosperity come on the new house — said when moving into another dwelling; *ˊyan tsun'* to bring foward; *ˊmò ˊchéung tsun'* he makes no headway, he does not improve; *ˏtsín tsun'* to make progress.

鐫' Tsiuen To engrave, to carve; to cut, to chissel; to censure or degrade an officer; *ˏsan tsun'* a new edition, as of blocks; *tsun' k'ap*ˎ to reduce an officer in rank; *tsun' shek*ˎ to cut in stone, as an epitaph.

雋' Siuen Fat, fleshy, as a bird in season; fat flesh; racy, pleasant discourse. Also read *tsui'* a hero.

儁' Tsiun Valiant, brave; superior, excelling others in skill or wisdom; to overcome; unusual, strange.

俊' Tsiun Similar to the last; superior, remarkable, one of a thousand; eminent; *ˏying tsun'* a brave man, a young hero; *ˏkwʼan kwai' tsun' sau'* all distinguished for accomplishments and beauty.

峻' Tsiun High, lofty, steep, as mountains; impetuous, hasty, stern, severe, as one's temper; *tsun' ˏtsai*, a powerful medicine.

浚' 濬' Siun Deep, profound, as water; to dig a channel, to deepen a water-course; deep, serious, as reverence; abstruse; well read; to use part of, to employ; a district in Honán; *tsun' ʻtseng*, to deepen a well.

睃' Tsiun To see; a man's name; *Tsun' tsun' chéukˎ* a hero who lived in the Hán dynasty.

畯' Tsiun An officer who superintended the fields; a land-office; a husbandman, a peasant.

竣' Tsiun To stop work, to finish, to complete a task; completed, done; to stand still, to wait aside, to retire; proud; *ko tsun'* to make known the completion; *tsun' ˏkung*, to finish the work; *sz'² tsun'* the affair is completed.

駿' Tsiun A steed, a stately, fine horse; dignified, majestic; large; excelling; rapid; *tsun' fátˎ* quick, as in getting rich.

朘' Siuen Shriveled up, as flesh; puckered, lessened; to diminish, to reduce by oppression.

餕' Tsiun Hot food; to eat the remnants of an offering or a meal; the leavings on the table.

晉' 晋' Tsin To increase, to flourish, to grow, as the sun makes all things; to stick, as into a case or about the person to curb in a horse; name of a dynasty, divided into the Western and Eastern Tsin, A. D. 265–419; a feudal state, now the southern part of Shánsi.

搢' Tsin To stick into, to insert; to put in, as into a socket; to shake. Used for the next.

縉' Tsin Carnation colored silk, a light red; to wrap around: to gird, as with a sash; *tsun' ˏshan*, the "red sashes" are the gentry or literati; *tsun' ˏshan ˏtsʻün ˏshü*, the red book; *tsun' ˏshan ˏsin ˏshang*, a literary gentleman.

瑨' Tsin A pebble or secondary gem; a stone which may be considered precious.

盡' 尽' Tsin An empty vessel; to exhaust, to use all; to indulge, as one's grief; a quantity used up, a work brought to an end; made an end of, as life; finished, achieved, empty, exhausted; all, entirely, fully, wholly; to do to the utmost, with the whole of; a superlative, the uttermost, extreme; *tsun' ʻngo ˏsam*, [obeying] with my whole heart; *tsun' ti² kòm' ˏto*, there's only so much; *tsun' ti² tsö'* use it all up then; *yung² tsun² ˓sam ˓ki*, employing all my abilities; *˓ká ˓ts'oi sán² tsun²* the whole estate is dissipated; *shát˒ ko² tsun² tsüt˒* slew them all; *tsun² üt˒* the twelfth month; *tsün² üt˒ ˓pí ˓ni*, I'll pay you at the at the month's end; *˓kòm tsé² pat˒ tsun²* I cannot express all my thanks; *tsun² chik˒* to perform one's official duties fully; *˓hang tsun²* gone through the whole, gone all over; *tsun² ˓ni ˓pò*, try this one chance; one chance left; *tsun² hai² ˓shui tsik˒* all are water-soaked; *tsz'² tsun²* put an end to himself; *tsun² ˓t'au*, gone to the end, at the extreme; *˓mò ˓k'ung tsun²* inexhaustible; *tsun² tsit˒* died a martyr to chastity.

(636) Ts'un.

循 ˓Siun To follow a leader; to comply with; to accord, to follow or go round with; to revolve; to inspect, to go the rounds, to perambulate, to go on the circuit; good, easy, docile; leisurely; to soothe, to console; to explain; *˓ts'un ˓kwai tò² ˓kü*, to accord with and follow instructions; *˓ts'un fát˒* to obey the laws; *˓yan ˓ts'un 'ng² sz'²* lazily hindering the prosecution of business; *˓yan ˓ts'un*, not interfering with, indifferent to; *˓ts'un ˓ts'un shin² ˓yau*, gradually and gently lead him on, as to good habits; *˓ts'un ˓hang kò² sz'²* act as has been formerly done.

揗 ˓Siun To pat, to stroke; to encourage, to soothe; to take a sympathizing interest in.

巡 廵 ˓Siun To cruize; to go on circuit, to examine what is doing, to go on a tour of inspection; a course at a feast; *˓ts'un ˓fú*, the governor of a province; *˓ts'un ˓kim*, the supervisor or judge of a ˓sz' or township; *˓ts'un ˓shün*, revenue cruizers; *˓ts'un pò²* special aids of the governor-general and governor; *˓ts'un ˓káng*, on post, as a watchman; *˓ts'un ˓chün ch'ü²* to go about and examine; *ch'ut˒ ˓ts'un*, to start on a circuit; to reconnoitre; *˓ts'un ˓ting*, tidewaiters, cruizing officers.

紃 ˓Siun Fine, silken cords or bindings; tassels, ornaments; a model, a pattern; *tit˒ ˓ts'un*, the spindle of a spinning-wheel — a colloquial term.

馴 ˓Tsiun A tame, docile, well-bred horse; yielding, gentle, amiable, mellow, harmless, kind; to tame; to attain to gradually; *˓ts'un ˓léung*, docile, good natured; *˓ngá ˓ts'un*, elegant, polished, as diction; *˓ts'un fuk˒* docile, ready to obey.

秦 ˓Ts'in A kind of rice; a feudal state occupying the region of the rivers Wei and King; the range of mountains in south of Shensí; *˓Ts'un ˓ch'iú*, the Ts'in dynasty, B. C. 186–120; *˓ts'un ˓Chí ˓wong tai²* the emperor First of this Ts'in dynasty, who centralized the Chinese empire.

蠓 ˏTs'in A small species of cicada; eggs of the mantis; a breeze or large blue-bottle fly.

旬 ˏSiun A decade of years or days; a complete number finished completed; the whole of; in mourning, seven days make a *ˏts'un*; *ˏts'un sui'* a complete year; the *shéung'*, *ˏchung*, and *há' ˏts'un*, are the first, second, and third decades of a month; *ts'at, ˏts'un*, the 49 days of mourning: also 70 years; *'hò 'shui ˏts'un*, the tide will serve you well.

(637) Tsün.

尊 ˏTsun Honorable, eminent, respected, noble; a term of respect, your; to honor, to respect, to dignify, to venerate; *ling' ˏtsün* your father; *ˏtsün ká'* your honor; you, Sir; *ˏtsün sing'* your surname; *ˏtsün 'fú*, your house; *ˏtsün ˏfú ˏyan*, your wife; *ˏwai 'lò pat, ˏtsün*, old but without self-respect; *ˏtsün king'* to venerate; *chí' ˏtsün*, the emperor; *ˏtsün 'chéung*, respected, elderly persons; *yat, ˏtsün fat, 'kòm yéung'* stupid as a statue of Budha.

纘 'Tswan To tie things together; to continue, to carry on; to take up where others left off; to imitate, as virtues.

纂 纂 'Tswán A kind of carnation band or cord; to connect; to collect together; to compile a work, to edit, to abridge; a resumé, a compend, a digest, a collection, a compilation; *'tsün ˏsau*, to arrange literary materials; *'tsün tsáp,* a collectanea; *'tsün ts'ap,* to prepare and publish.

鑽 鑽 Tswán' An awl, a gimlet, an augur, a borer; an instrument for perforating; point of a weapon; to bore, to pierce, as a sting; to worm one's self into, to search into secrets; *tsün' 'ngán*, to bore a hole; *t'it, tsün'* an awl; *ˏkam ˏkong tsün'* a diamond or corundum borer; *tsün' ling'* to seek into, to act wilily; *ˏshing tsün'* a centre-bit; *tsün' ˏlung tsün' lá'* to pry into every nook and corner, to search thoroughly; *ˏchi ˏmá tsün'* a flaxseed awl, —a skinflint; *ˏman 'tsz' tsün'* a hardhearted villain.

(638) Ts'ün.

村 邨 ˏTs'un A hamlet, a village; *ˏhéung ˏts'ün*, a village, the country; *ˏts'ün tsuk,* rustic, unpolished; *ˏts'ün ˏfú*, a villager, an uneducated man.

全 ˏTs'iuen Complete, entire, unbroken, perfect; all, the whole; to finish, to do all that is required; *ˏts'ün ˏnang*, almighty; plenipotentiary, having full powers; *ˏts'ün fú' ˏtsing ˏshan*, with undivided energies; *ˏts'ün sái'* all complete; *ˏts'ün 'hò*, all right; *ˏts'ai ˏts'ün*, complete throughout; *ˏts'ün ˏká li' sz'* may your whole family prosper; *ˏts'ün ú'* entirely well

詮 ˢ Ts'iuen To select from, to pick out from with the hand.

痊 ˢ Ts'iuen Cured, healed, convalescent, recovered; *peng² ˢts'ün*, recovered from illness.

筌 ˢ Ts'iuen A crab-trap; a bamboo trap for fish, having a small entrance; *tak˒ ˢü ˢmong ˢts'ün* to get the fish and then forget the trap—ungrateful for benefits.

詮 ˢ Ts'iuen To explain, to comment on; select sayings; to illustrate, to expound books; to discourse upon, to set forth and enforce; *chü² ˢts'ün*, explained by notes.

跧 ˢ Ts'iuen Stooping, creeping, bent down; to kick; to go along doubled over; decrepit.

銓 ˢ Ts'iuen To weigh, to measure; to estimate the quantity of things, to value; to choose according to merit or value; a carpenter's plane; *ˢts'ün ˢsün*, to select, as proper officers.

攢 ˢ Tswan Interchanged with 欑; to collect, to come together, to assemble; to lay a coffin under a shed, and not bury it; poles and thatch to cover a coffin; *ˢts'ün hòp˒* a box with partitions, used for sweetmeats

泉 ˢ Ts'iuen A fountain, a spring; the headwaters of a river; a department in Fuhkien, Ts'iuen-chau fú or Chinchew; *ˢtsing ˢts'ün*, a well; *lap˒ ˢts'ün* a cascade; *ˢwong ˢts'ün*, elysium; *ˢkau ˢts'ün*, hades; *fo² ˢts'ün*, money, cash; *ˢts'ün lò²* the shades; *ˢlau ˢts'ün ˢyéung ˢlò*, to cherish one's old age.

存 ˢ Ts'un To preserve, to defend from injury; alive, to exist; to lay by; to take care of, as of one's life; to inquire after, as one's health; to heedfully look after; *ˢts'ün há²* lay this aside; *ˢts'ün ˢsam*, to be of the same mind; *ˢts'ün ˢfán yat˒ ˢtím hau² yui²* there remains one descendant only; *ˢts'ün ˢmong*, to preserve and to ruin; to continue and to lose; *í² ˢts'ün*, a settled purpose; *ˢts'ün ˢlau*, to detain, to keep back; *kò² ˢts'ün*, to inform the emperor of one's health, as old or octogenarian officers should.

蹲 ˢ Ts'un To sit cross-legged; to sit cuddled up, to sit on the heels; to make antics; to sit haughtily; placed together, as scales of armor.

忖 ˢ Ts'un To consider, to reflect on; to guess, to surmise; *ˢts'ün tok˒* to conjecture, to calculate.

爨 ˢ Ts'wán A furnace or cooking-place; a mess, a table; to cook gently; to steam; *ˢch'ui ˢts'ün* to cook; *tsz² ˢkí ˢhoi ˢts'ün*, eats by himself; *ˢfan ˢts'ün*, to eat at separate tables; *ˢt'ung ˢts'ün*, at the same table, messmate; *táp˒ ˢts'ün*, a boarder.

鱒 ˢ Ts'ün A fish like the roach, with small scales. In Japan, this character denotes the salmon.

噂 ˢ Ts'un Many persons conversing amicably; to talk agreeably to one; unitedly, as a chorus; *ˢts'ün táp˒* to flatter and then traduce; *ˢts'ün táp˒ ˢmái sái²* lay them all aside; — a colloquial phrase, in which the word is also pronounced *ˢtsun*.

寸' Ts'un The Chinese inch, regarded as long as the middle joint of the finger; the tenth of a foot, and varies according to the *ch'ek*; a very little; the 41st radical; *ts'ün' ˌsam* or *ˌfong ts'ün'* the heart; *ts'ün' 'kau*, place of the pulse; *sik ts'ün' ˌyam*, improve every moment of time; *yéuk 'yau ts'ün' tsun'* have got on a little — a depreciating phrase; *ts'ün'*, *ˌkwán*, *ch'ek* are three locations of the pulse; *tak ˌsau ts'ün' tsz'* I have written a little note; *'lo ch'ek ts'ün'* get its measure. In accounts, often used as a contraction of *sün'* 算 to reckon.

(639) Tsung.

宗 ˌTsung An ancestral temple; an ancestral tablet; what is honored; to honor, to reverence; that which men recur or resort to; to revert to; the natural centre, an origin, the source; a clan, those of the same surname; a sort, a matter, a manner; *ˌtsung miú'* an ancestral temple; *ˌt'ung ˌtsung* clansmen; *ˌt'in ˌtsung*, heavenly bodies; *ti' ˌtsung*, rivers, seas and mountains; *tsò ˌtsung* ancestors; *ˌtsung ˌyan 'fú*, the Board of the Imperial Kindred; *ˌtsung shat* the Imperial Clan; *ˌtsung ˌts'an*, all the kindred; *ˌtsung 'tsz'* the lineal descendant in the eldest son; *yat ˌtsung 'mi sz'* a noble act; *'k'ü ˌtsung 'pan sing'* his whole disposition; *tái' ˌtsung fo'* a great lot of goods; *ko' ˌtsung sz'* that single affair; *ˌni ˌtsung*, this thing.

悰 ˌTsung To rejoice; pleasure, delight; to think over, to consider.

椶 欆 ˌTsung A kind of gomuti palm, the *Chamærops*, whose bracts furnish coir for ropes, mats, &c.; the coir from the *Borassus gomutus*; a dark brown color, umber; *ˌtsung ˌséung*, a coir trunk; *ˌtsung sò'* a coir broom; *ˌtsung chuk* a blackish bamboo, whose roots furnish canes; *ˌtsung 'tin*, a coir mat.

淙 ˌTsung The noise of water; murmuring, flowing water; bubbling as a fountain.

琮 ˌTsung An ancient badge of princely dignity, eight or nine inches wide, octagonal, and having a hole in it.

綜 ˌTsung The harness of a loom; to work the slaie, and arrange the patterns in weaving; to grasp threads; to hold the reins of authority.

踪 蹤 ˌTsung A vestige, a trace, a footstep; to follow in the track of another; *ˌtsung 'ying*, a shadow; *ˌtsung tsik* a trace; *ˌchui ˌtsung*, to follow out a clue, on the scent; *ˌmò ˌtsung*, no trace of him.

縱 ˌTsung Perpendicularly, downward; a meridian line; a vestige, a step; *ˌtsung ˌwáng*, crosswise, up and across; versatile, pettish, cross-grained.

鬃 ‹Tsung A mane; the ridge of bristles on the neck of hogs; a high headdress; the back lappet of a Chinese lady's headdress, which extends over the neck; *‹chü ‹tsung ‹mò*, hog's bristles; *'má ‹tsung*, a horse's mane; *'man ‹tsung*, to put up the lappet with gum; *'ká ‹tsung*, a false lappet, or lady's periwig; *‹sho ‹tsung*, to comb back the lappet.

豵 ‹Tsung A pig six months or a year old; a pig, a shote; the last of a litter, a litter; *met.* a large family.

鬷 ‹Tsung A kind of boiler; a run, a hank, as of hempen threads; to count; name of a place.

樅 ‹Tsung A sort of tall thuja or yew, which furnishes timber; to beat, as a drum.

'粽 '糉 Tsung Dumplings made by boiling glutinous rice first soaked in weak lye, and then wrapped in leaves, with a piece of sapan wood in the middle to color it; they are eaten on the fifth of the fifth month; *'ká 'tsung*, the dumplings not wrapped in leaves; *‹hám yuk›* *'tsung*, salt-meat dumplings; *'kau ‹tám 'tsung*, a dog eating dumplings — a fool not relishing an allusion.

'總 '揔 Tsung To collect and tie up; to unite the whole; to combine or comprehend in one; all, altogether, the whole; still, nevertheless; a supervisor one who controls all; a general or generic term; generally; *'tsung kung²* or *'lung 'tsung*, all, the whole; *'tsung pat› ‹nang ying' yat› 'tsz'* he never once came on the promised day; *á' 'tsung* or *'tsung ‹t'au*, boss, a head workman; *'tsung kok›* tufts of hair on young children; *yat› 'tsung 'kí ‹to ‹ts'ín*, how many cash for the whole? *'tsung iú' hü'* still I must go; *'tsung ‹'m 'hang*, after all he refused; *'tsung ‹lái ‹mái*, lump or bring them all together; *'tsung ‹'m ‹t'ung* not all the same; *'tsung ‹ch'am ‹yam*, not the least answer; *'tsung tuk›* a governor-general; *'tsung ‹ping*, a major-general; *‹ts'ín 'tsung*, a chiliarch, a colonel; *'tsung 'kún*, a general manager or clerk; *'tsung 'ch'é ké' ‹ngan*, an average price.

縱' Tsung Remiss, careless; extravagant, as in speech; to allow, to wrongfully permit, to connive at; to let things take their course; to indulge in; to let go, as a mouse; although, allowing, perhaps; to shoot an arrow; *tsung' ‹yung*, not to check, unfettered, unrestrained; *kú' tsung'* purposely conniving at; *tsung' ‹ín 'kòm yéung²* although it is so; *tsung' kwán'* overindulgence, as by parents; *tsung' tái² 'k'ü kó' 'tám*, not to restrain.

訟² Sung To contend before rulers; to demand justice; litigation, pleadings, contention, wrangling,—it mostly refers to legal strifes; law cases; *tsung² ‹ts'z'* an indictment; *‹cháng tsung²* disputes; *t'eng' tsung²* to hear a case; *'nau tsung²* to grapple a man and carry the dispute into court; *sik*, *tsung*² to settle a dispute, to quash a case; *ˌkún tsung*² cases in court; *tsz'*² *tsung*² self reproach; *tsung*² *kwan*² pettifoggers.

誦² Sung To hum, to recite over, to read in a humming tone, as priests do; a murmuring, recitative way of reading; disputing, reviling; *púi*² *tsung*² to say memoriter; *tsung*² *ˌking*, to recite the liturgy; *tsung*² *tuk*, to read in a singing way, as children do in school.

頌² Sung The face, the visage; easy; public, free; to praise publicly, to make known the virtues of, to eulogize; *tsung*² *tsán*² to laud and praise.

從² Tsung A clan or family, a succession of, as posterity; to be second to, to follow after; attached to; subordinate, secondary in rank; *ˌts'ui tsung*² an aid or follower; *tsung*² *ˈkau ˈpan*, secondary ninth grade; *tsung*² *pák*, uncles descended from the same great-grandfather; *ˈshau tsung*² principal and accessories; *tsung*² *ˈché*, followers.

(640) Ts'ung.

聰 聦 ˌ Ts'ung Quick at hearing, astute, ready, quickwitted; to perceive clearly; to discriminate intelligently; *ˌts'ung ˌming*, perspicacious, clever; *ˌt'in ˌts'ung*, natural gifts; *ˈi ˌts'ung* quick at hearing; *sing*² *ˌts'ung* ready at learning.

悤 ˌ Ts'ung Hurried, alarmed, agitated; *nò*² *hí*² *ˌts'ung ˌts'ung*, excited to anger, exasperated; *ˌts'ung ˌmong*, precipitate.

璁 Ts'ung A pebble or stone, resembling a precious gem.

驄 ˌ Ts'ung A dapple-gray horse, a bay horse: *ˈng ˌfá ˌts'ung*, a piebald, fancy horse.

葱 ˌ Ts'ung An onion, garlic; a general name for alliaceous vegetables; a leek or light green; a vent, a tubular passage, a draft; *ˌts'ung ˌt'au*, onions; *ˌts'ung luk*, a pea green; *ˌsí ˌts'ung*, small onions; *ˌts'ung pák*, the onion bulb; *ˌts'ung ˈling*, the Karakorum Mts.

從 ˌ Ts'ung To follow, to listen to, to comply with, to agree; to believe in; commencing from, the place of origin; a preposition, from, by, through, in; since, whence; a way, a manner; compliance; a follower; *ˌts'ung ˌsam ˈsho yuk*, what my heart desires; *ˌ'm ˌts'ung*, uncompliant, obstinate; *ˌts'ung ˌloi*, heretofore; *ˌmò ˌts'ung yap*, *ˈshau*, no way to begin; *yam*² *ˌts'ung ˈni*, as you please, do as you like; *ˌí ˌts'ung*, according with; *huk*, *ˌts'ung*, constrained to obey; *ˌts'ung ˌyau*, to follow about, as a teacher; *ˌts'ung ˌkam ˈi hau*² hereafter; *ˌts'ung mí*² never, not at all; *ˌts'ung ˌléung*, a reformed prostitute, one who enters a family; *ˌts'ung ˈsiu*, since childhood; *ˌsám ˌts'ung*, three compliances of a female to her father, husband and son.

英華分韻撮要

松 ˎSung The fir tree; an emblem of longevity; *ˏts'ung ˏcham*, pine leaves; *ˏts'ung ˏhéung* or *ˏts'ung shü' ˏkáu*, rosin, pitch; *ˏts'ung ˏming*, concrete pieces of rosin picked from pines; *ˏts'ung ˏmáu*, bunches of pine leaves; *'shui ˏts'ung 'k'éung*, corky roots of cedar; *ˏts'ung 'tsz'* pine aments; *ˏts'ung chuk˒ ˏmúi*, the fir, bamboo, and plum, *met.* like three friends; *ˏTs'ung ˏkong 'fú*, the prefecture of Sungkiáng, in which Shánghái lies.

淞 ˎSung Name of a river in Kiángsú; sometimes written as the last.

叢 Ts'ung A thicket, a bushy place; crowded, as trees; collected, assembled in numbers; bushy; *ˏshang ˏts'ung kòm' ˏto*, crowded like a grove, jammed, crowded; *ˏts'ung ˏlam*, a wood, a grove, a place of concourse; *sz'' tái' ˏts'ung ˏlam*, the four large Budhist temples in Canton; *ˏlam 'lò yap˒ ˏfá ˏts'ung*, to become depraved when old.

潨 ˎTs'ung Smaller streams flowing into the main river; tributaries; the meeting of waters.

(641) Tsut.

卒˒ Tsuh Those who execute orders; lictors, soldiers, underlings, menials; to conclude, to finish; to die, to come to an end; to the end; *ping tsut˒* soldiers; *'siú tsut˒* camp followers; *peng' tsut˒* disease is mortal; *tsut˒ ˏwai shin' sz''* to the last he was a good man.

蟀˒ Tsuh A cricket; *tsik˒ tsut˒* the hearth cricket; *tau' tsik˒ tsut˒* to fight crickets.

(642) Tsüt.

啐˒ Tsuh To taste, to craunch; to suck, the noise of sucking, or swallowing with a gusto; *tsüt˒ ˏkon tseng'* sucked it dry.

絕˒ Tsiueh To interrupt a connection with, to cut off a thread; to interrupt; to sunder, to break off, to terminate; to exterminate, to utterly destroy; to renounce, to abjure; to cross water; to overpass; shooting athwart, like a meteor; a superlative, very, extremely, entirely, most; a stanzas of four lines; *shát˒ tsüt˒* to kill every one; *miú' tsüt˒* superior to all, finest; *tsüt˒ shik˒* exceedingly beautiful; *tsüt˒ ú'* or *tsüt˒ hau'* leaving no heir, posterity cut off; *tsüt˒ ˏmò 'hò ch'ü'* no good luck at all; by no means a good place; *tün' tsüt˒* to stop, as a ration; *tsüt˒ lò'* the road is stopped; resources are all cut off; *'kon tò' tsüt˒ ˏlung 'ling*, I am driven to the edge, reduced to the last extremity; *'ng tsüt˒* a stanzas in pentameters; *má' pat˒ tsüt˒ 'hau*, he never ceases to rail; *ˏt'in ˏmò tsüt˒ ˏyan ˏchí lò'* heaven never intends to cut off men's resources; *tsüt˒ mái'* a final sale, as land never to be redeemed

(643) Ts'üt.

撮, Ts'oh To take a pinch with two or three fingers; a pinch, a pugil; to take up a little; to snatch, to bring together; a little, a handfull; a measure of 256 (some say 60) grains of millet; brought together, selected; *ts'üt, iü'* a selection of what is important; *yat, ts'üt, kòm' ,to*, as much as a pinch, a little; *yat, ts'üt, 't'ò*, a piece of land; *ts'üt, ,mái yat, pò'* make them all into one book; *ts'üt, 'shéung 'kiú*, to force one into a sedan; *ts'üt, hòp,* to make, an affiance, a partnership.

蕝, 蕞, Tsiueh A bundle or sheaf of coarse sedge used for straining or pouring spirits through. The second is otherwise read *tsui'*: small, vile, base, insignificant; *tsui' tsü'* to collect together.

卒, Tsuh An adverb, hastily, suddenly, abruptly; urgently; *ts'üt, kap,* in a hurry; *ts'üt, ts'üt,* expeditiously; *ts'üt, ,in ,toi tò'* he suddenly came upon one; *ts'üt, ,in ,kán*, all in a hurry.

猝, Tsuh Similar to the last. A dog rushing from a cover; abrupt: fierce, precipitate; *,ts'ong ts'üt,* impetuous; perplexed driven by many affairs.

捽, Tsuh To grasp, to clutch, to seize, as by the nape; to butt, to push; to pluck out; *ts'üt, ,k'i fát,* to clench his hair; *ts'üt, 'keng*, to take by the nape.

(644) Tsz'.

,茲 ,兹 Tsz' Herbs and shrubs in great abundance; a mat; an adjective, this; an adverb, here; a conjunction, but, still; *,tsz' 'ché*, the following—a phrase used at the beginning of a notice; *tsoi' ,tsz'* here; *,tsz' ,kam*, now; *nim' tsz' tsoi' ,tsz'* thinking of a thing without distraction; *,ü ,tsz'* hereupon, now then—an illative phrase.

,滋 Tsz' Occurs used for the last, sweet, pleasant, rich; humid, soft; to increase, to grow; to enrich, to moisten, to fertilize; to rise, to overflow; moisture, juices, sap; numerous, many; muddy; *,tsz' sz'* to get up a row, to make trouble, to embroil; *,tsz' mán'* a sprouting tendril; something left, as of a seditious band; *'hò ,tsz' mí'* a fine flavor; *,tsz' yun'* to mollify, to increase the juices; *,tsz' 'pò*, to strengthen, as a tonic; *,tsz' 'iú*, to make trouble, to provoke.

,𧏖 ,螆 Tsz' A louse, a nit; insects that irritates the skin; an itching, prickling; *lái' ,tsz'* the itch; *yat, ,shan ,tsz'* whole person is frowzy; *,shang ,tsz' 'kau*, a mangy dog; *,shang ,tsz' 'kau 'kòm ,sheng*, a peevish child, always whining for something to eat; *'shui ,tsz'* water spiders, *,mò ,tsz'* hairy worms.

,鎡 Tsz A hoe for removing weeds, called *,tsz' ,ki*, having a long narrow blade.

꜀**孳** Tsz' To bear, to produce: to suckle, to nourish, said of animals; to grow, to increase; ardent, affectionate, loving; strong love, like a mother's; unwearied, repeated, diligent, in which it is the same as the next; *꜀tsz' sik꜇* to bear young; *mán' mat꜇ ꜀tsz' ꜀shang*, all things gradually multiply.

꜀**孜** Tsz' Unceasing, unwearied effort, untiring diligence; self-denying attachment; *꜀tsz' ꜀tsz' ꜀wai shín'* ever striving to be good.

꜀**胾** Tsz' To cut up meat into steaks or morsels for eating; slices, steaks, bits of meat.

꜀**淄** Tsz' A river in the northeast of Shantung flowing into the sea; *Tsz' ꜀ch'ün*, a district in Shantung; a dark color.

꜀**緇** Tsz' Dark colored silk, dyed many times; the dark color of a sediment; black; *꜀tsz' ꜀í*, black garments.

꜀**甾** ꜀**菑** Tsz' Waste, untilled land, overgrowth, jungly; to clear new or waste land; ground under cultivation one year; to open a road; to cut, to rend; a dead tree still standing. Occurs used for the next.

꜀**輜** Tsz' End of the axle within the nave; treasure wagons, or such as carry arms and spoil; large wagons with places for sleeping and carrying stores; manure carts; *꜀tsz' chung'* baggage wagons of an army.

꜀**錙** Tsz' A weight equal to six *꜀chü* 銖 or the fourth part of a tael, not now in use; *tsz' ꜀chü*, a little trifle, a mere penny, a mite.

꜀**貲** Tsz' A fine paid to redeem one's self; riches, goods, wealth; *꜀tsz' ꜀ts'in*, money; *꜀tsz' ꜀ts'oi*, property; *꜀ká ꜀tsz'* family possessions. Used for the next.

꜀**資** Tsz' Property, riches, things of value; necessaries, articles wanted; a fee, a douceur, a treat, a present; to take; to depend on another; what belongs to one, what is natural, as disposition; what was had at the first; *ʻtsau ꜀tsz'* or *꜀pan ꜀tsz'* postage; *꜀héung ꜀tsz'* a subscription to a festival or to build a temple; *꜀tsz' ʻpún*, capital; *꜀tsz' ʻfú*, necessary things, as for a journey; *꜀tsz' kák꜇* talents, capabilities, said of officers; *꜀tsz' chat꜇* natural disposition; a habit; *꜀mò tik꜇ ʻtsz' tsik꜇* without any resources or dependence. Occurs used for the next.

꜀**漬** Tsz' Usually pronounced *tsik꜇*. To soak, to steep; to dye; water-soaked, moldy, damaged by soaking; *tsam' tsz'* under water; *ʻshui tsik꜇* damaged by wet, as cargo; *yan' tsik꜇* discolored, spotted, marks of wetting.

꜀**咨** Tsz' To deliberate, to plan, to consult; to state or ask in writing; a document, a dispatch between equals in rank; an interjection, ah, oh! to sigh; *꜀tsz' ꜀man*, an official paper; *꜀ho ꜀wai ꜀tsz' ꜀tsé*, why do you lament so? *í ꜀tsz'* to send a dispatch.

꜀**諮** Tsz' Used for the last. To deliberate, to consult, to devise a way; to ask about.

姿 ˓Tsz' Manner, gait, form, carriage, air; beautiful, graceful; agreeable parts; natural endowments; ˓fung ˓tsz' a fine figure, shapely; ˓tsz' shik˒ a beauty; ˓t'in ˓tsz' kwok˒ shik˒ a beauty who can overthrow a state, like Yáng Kwei-fei of the T'áng dynasty.

粢 ˓Tsz' A common name for grains and pulse; rice used in sacrifices, which must be of the best; a cake of glutinous rice.

趑 ˓Tsz' Unable to advance, either from fear or disability; to go awry; ˓tsz' ˓tsü, impeded.

觜 ˓Tsz' The 21st zodiacal constellation, consisting of λ and 2 π in Orion's head.

Read ˓tsui; the horns of an owl; the curved corners of a roof or ridgepole; to raise the egret on the head; to bristle up, to look incensed, to pout the lips in anger.

髭 ˓Tsz' The mustaches, which the Chinese wear long; beautiful, good-looking; ˓tsz' ˓sò, the mustaches.

鼒 ˓Tsz' A small round tripod; a round lid or cover of a tripod.

子 ˊTsz' A son, anciently it meant a child; a boy, a lad, a person; an heir, posterity, issue; interest on money; seeds of plants; a sage, a philosopher, a venerable and worthy man; Confucius; you, Sir, a term of address, somewhat like comrades; a degree of nobility, a viscount; the first of the twelve stems, denoted by the rat; the third watch, from 11 P. M. to 1 A. M; the people, in distinction from their prince; a spot, as of dirt or on dice; added to many nouns, it indicates that they are smaller than others of the same sort; the 39th radical; ˊtsz' ˓sün, children, descendants; t'ái' ˊtsz' the heir-apparent; ˊtsz' tséuk˒ a viscount; ˊchéung ˊtsz' the eldest son; ˓shü ˓tái ˊtsz' a stupid scholar; ch'ik˒ ˊtsz' an infant; hi' ˊtsz' a play-actor; háu' ˊtsz' a son in mourning; a dutiful son; ˊtsz' ˓mò ˓ts'in, cash marked with blood of mother and child; ˓sín ˊtsz' my deceased father; ˓fú ˊtsz' a teacher, a rabbi, a sage; ˓ting ˓héung ˊtsz' best cloves; ˊsiú ˊtsz' a boy, a pupil; my lad, my child; noi' ˊtsz' my wife; ˓fá ˊtsz' a beggar; ˊlò ˊtsz' father, your father; long' ˊtsz' a prodigal son; ˊyéung ˊtsz' a foster-child; ˊtsz' sik˒ children; ˓kung ˊtsz' a rich man's son; ˊchéung ˊtsz' the eldest son.

仔 ˊTsz' To bear, to carry; to undertake, as an officer; ˊtsz' sai' careful; discriminating; ˊtsz' ˓kin chung' yam' able to sustain important offices.

耔 ˊTsz' To weed and hoe earth around the roots of plants, to hill.

梓 ˊTsz' A sort of tree, considered to be the best of all trees (a sort of cedar?); to cut blocks for books; one's village; ˊtsz' ˊlí, my village; ˓song ˊtsz' one's birthplace; ˊtsz' ˓hang, printed by....; ˊtsz' ˓t'án, a solid kind of black wood.

'滓 Tsz' Sediments, dregs; *chap, 'tsz'* grains from spirits; *,chá 'tsz'* grounds, residuum, dregs; *,nai 'tsz'* muddy settlings.

'姊 Tsz' An elder sister; a school-mistress; *'tsz' múi²* sisters; it sometimes includes all the children, as *pát, 'tsz' múi²* eight of us in all; *tái² 'tsz'* an elder sister; *ts'at, 'tsz' múi²* a sort of rose; a kind of snake.

'泲 Tsz' Name of a river on the east of China; to strain spirits; a strainer made of plants.

'秭 Tsz' A stack of corn; to number; the ninth place in notation a hundred millions; a weight of 640 peculs.

'胏 Tsz' The remnants of a meal; dried meat with the bones in it; *,kon 'tsz'* dried meat.

'呰 Tsz' To molest, to be needlessly strict; to revile; weak; a defect, a flaw.

'紫 A reddish blue, a clay color, a nankeen tint; a fugacious, undecided hue; *'tsz' ,t'ong shik,* a dark complexion; *'tsz' 'fan*, purple; *'tsz' ,t'án*, orange red; *'tsz' ,fan*, cudbear; *'tsz' ,lí 'kòm shik,* black and blue, like a bruise; *'tsz' ,piú*, a violet; *'tsz' ,fá pò'* nankeen cloth; *'tsz' ,shan*, the court or palace, the rising sun; *'tsz' ,mí*, the *Lagerstrœmia*, or crape myrtle; a god worshiped for protection against malaria.

自² Tsz' A preposition, from, commencing at; a pronoun, self, I; my own, myself, personally; to use; to lead; the 132d radical; *tsz'² 'kí*, myself, my own; *'ni tsz'² 'ki*, you yourself; *tsz'² ,wai*, I did it; *tsz'² Ò' ché' ,sheng*, from Macao to Canton; *tsz'² ,ín*, natural, spontaneous, self-existent; certainly, surely; *tsz'² tsz'² ,ín ,ín 'úi 'hiü*, it will soon become natural and easy to understand; *tsz'² ,ín ,t'ung*, native copper; *pat, 'ts'ing tsz'² ,loi*, he came uninvited on his own lookout, *i. e.* the responsibility is his own, as a patient undergoing an operation; *tsz'² 'ng²* my fault; *tsz'² shí²* self-confident, self-righteous; *tsz'² tsò²* our own manufacture; *'mai tsz'²* stop, hold up! *,'m 'hò hü' tsz'²* don't go away, wait here a while; *tsz'² tsz'² tsoi² tsoi²* in high spirits; *tsz'² hau²* henceforth; *tsz'² 'yau 'chü i'* I will manage it; *tsz'² ,ts'am 'tün kín'* self destruction, suicide; *tsz'² tsok, tsz'² shau²* he gets what he gave; *tsz'² shik, tsz'²* I find my own food; *tsz'² ,loi ko' ,shí*, ever since that time; *tsz'² ,chí t'ái' kwo'* presumptuous.

字² Tsz' A character, a letter; lettered, marked, written on; a writing, a letter, an order; a word, a symbol of thought; to bear, to nourish, to love, to suckle; the style or title taken at marriage; a name, a designation; to betroth a daughter; *'sé tsz'²* to write; *tsz'² 'mò, tsz'² ,t'au*, finals and initials, as used by the Chinese to express a third sound; *tsz'² 'mò*, letters of an alphabet; *'mò tsz'² mak,* unlearned, unskilled in writing; *,man tsz'²* composition, writing; *yat, ,chéung tsz'²* a note, an order; ʿmò tsz'² ün, no mind for learning; ꜀fà ʿmá tsz'² contracted forms of the ten digits; tsz'² hò² name of a shop; a "chop," as of tea; chuk꜆ tsz'² shat꜆ to seek flaws in a writing; tsz'² ʿngán, a set phrase, an expression; pat꜆ tsz'² not betrothed; út꜆ tsz'² or tsz'² nap꜆ a type; ꜀tsün tsz'² what is your respected style? pít꜆ tsz'² the familiar style, taken on entering life; yan² tsz'² kák꜆ a copy-slip; tsz'² kák꜆ black lines; tsz'² tsik꜆ a mark, traces of writing.

牸² Tsz' A cow; the female of domesticated animals; tsz'² ʿmá, a mare.

俟² 竢² Sz' To wait, to stay; to wait upon; to expect, to look for, to hope; to prepare for; until, expecting; tsz'² hau² waiting for; lap꜆ tsz'² ꜀úi ꜀yam, wait for an answer; tsz'² há² üt꜆ till next month.

涘² Sz' The banks of a river, the shores or mouth of a stream; ʿshui tsz'² the bank.

伺² Sz' To wait upon, to wait for; to spy, to narrowly examine; tsz'² hau² in readiness, waiting.

嗣² Sz' To connect, as a family; to adopt; to inherit, to succeed to; children, posterity, heirs, descendants; an adopted heir; to practice, to learn fully; till; hereafter, then; hau² tsz'² descendants; kai² tsz'² an adopted heir; tsüt꜆ tsz'² posterity cut off; ꜀mò tsz'² ꜀t'án, an orbate temple; tsz'² wai² to succeed to the throne; tsz'² yan pit꜆ ká² from other causes following it.

笥² Sz' A hamper, a basket; ꜀shü tsz'² a portable book and writing-case; fuk꜆ tsz'² learned, well read.

飤² 飼² Sz' To feed, to nourish; to set food before; to rear, as animals; feed, provisions, eatables. Interchanged with the next.

食² Sz' To feed, to set food before; to bring up; food, provision; ꜀ngau ꜀yéung ꜀yan ʿsho tsz'² men rear sheep and oxen.

巳² Sz' The sixth of the 12 branches, denoted by a snake, and corresponding to 9—11 A.M.

祀² Sz' To sacrifice to gods or devils, to offer sacrifices; sacrificial; a sacrifice; a year; like, as if; ꜀mò tsz'² no descendants; ꜀ün tsz'² first year of a reign; tsz'² ꜀shan, to sacrifice to the gods; tsz'² ʿtsò, to worship ancestors.

耜² Sz A ploughshare; a colter, the part of a plough which enters the earth; a plough.

寺² Sz' An official residence, chambers about a court; a court, an office, a hall; an eunuch; a monastery, a Budhist temple; Budhists; tsz'² ꜀mün, Budhists; yap꜆ tsz'² to become a priest; tái² ʿli tsz'² the Court of Appeal at Peking; tsz'² ꜀shing, chief clerk in a court; ꜀yau tsz'² to be changed from one office to another; to saunter in a monastery. Used for the next.

閈 Sz A court, a hall where officers hold sittings; an eunuch; a chamberlain, an officer in waiting; tsz'² ꜀yan, an eunuch.

(645) **Ts'z'.**

꜀雌 Ts'z The female of birds, a hen bird; *met.* weak; *kin*' *ko*' ꜀*ts'z'* *shung*, see which of them will beat.

꜀差 Ts'z' Uneven, projecting irregularly; ꜀*ts'ám* ꜀*ts'z'* irregular, not uniform; ꜀*ts'z'* ꜂*ho* ꜁*yan* *i*' like what most men think.

꜂訾 Ts'z' To speak hastily, to utter things unadvisedly; to slander, to detract from; to think, to consult; to restrict, to limit; faulty, licentious; impertinent, evil; its meaning varies according to the one joined with it.

꜁疵 Ts'z' Malady, disease, infirmity; an imperfection, as a mole; a failing, a fault; an eccentricity; ꜁*há* ꜁*ts'z'* a flaw, any fault which renders a thing imperfect; ꜂*siú* ꜁*ts'z'* a little fault, as in a man's character; *hak*꜇ ꜁*ts'z'* a black spot.

꜁祠 Ts'z' To sacrifice to ancestors in the spring; a family shrine, an ancestral temple; a temple, a shrine; to get a blessing; ꜁*shan* ꜁*ts'z'* shrine to the gods, said of the national ones; an ancestral tablet; ꜁*ts'z'* ꜁*t'ong*, an ancestral temple; *fuk*꜇ *tak*꜇ ꜁*ts'z'* shrine of street gods; *tsit*꜇ *háu*' ꜁*ts'z'* a temple to virtuous women.

꜁詞 Ts'z' An expression, a phrase, a sentence, a word; a particle; a writing, an accusation; to speak, to tell the thoughts, to say,; to accuse; to request, to ask; ꜁*ts'z'* *pat*꜇ *tút*꜆ *i*' the sentence does not fully convey the idea; ꜁*ts'z'* ꜁*lam*, the Hánlin Academy; ꜁*man* ꜁*ts'z'* writings; *chong*' ꜁*ts'z'* an accusation, a petition.

꜁辭 ꜁辞 Ts'z' Similar to the last; an expression, a word, a particle, a part of speech; evidence, speech, words; to refuse, to decline with thanks; to resign, to leave, to go, to retire, to depart; ꜀*t'úi* ꜁*ts'z'* to decline, as an office; ꜁*ts'z'* *hü*' to leave, as one's service; *kò*' ꜁*ts'z'* to take leave, to bid good bye; ꜀*sam* ꜁*ts'z'* to dislike, averse to; ꜀*kung* ꜁*ts'z'* *pak*꜇ ꜂*shéung*, a respectful adieu on going to Peking; *kok*꜇ *chap*꜇ *yat*꜇ ꜁*ts'z'* each held to his own argument; ꜁*ts'z'* *t'ip*꜆ to send a card of invitation back; ꜁*ts'z'* ꜁*hang* *t'ip*꜆ a card to take leave; ꜁*hü* ꜁*ts'z'* a falsehood; *t'án*' ꜂*ü* ꜁*ts'z'* an interjection; ꜂*hò* ꜁*ts'z'* *kü*' a good style.

꜁慈 Ts'z' Maternal affection; love, kindness, mercy, compassion; gentle, soft, tender to; a mother; ꜀*ká* ꜁*ts'z'* my mother; ꜁*ts'z'* ꜀*sam*, kindhearted; ꜁*ts'z'* ꜂*mò*, kind mothers—often spoil their children; ꜁*shing* ꜁*ts'z'* *ming*' I received my mother's orders; ꜁*ts'z'* ꜀*pí*, compassionate; ꜁*ts'z'* ꜁*ts'éung*, long-suffering, forbearance; ꜁*ts'z'* *oi*' loving affection.

꜁磁 Ts'z' The loadstone; porcelain, chinaware; ꜁*ts'z'* *shek*꜇ the loadstone; ꜁*ts'z'* *hí*' crockeryware; ꜁*yéung* ꜁*ts'z'* foreign chinaware.

鷀 ꜀Ts'z' The fishing cormorant, the *Phalacrocorax ;* ꜁*lò* ꜁*ts'z'* the cormorant, poetically called ꜂*shui* ꜂*lò* ꜀*á*, or the old water crow.

臍 ꜀Tsi The navel; to cut off even; ꜁*ts'z' tái*ꜗ the umbilical cord; *shai*ꜗ ꜁*ts'z' mok*꜆ *k'ap*꜆ [hard as] for one to bite his own navel; ꜂*t'ò* ꜁*ts'z'* the navel; ꜂*nün* ꜁*ts'z'* ꜀*kò*, a plaster to keep the navel warm.

茨 ꜀Ts'z' To thatch; grass on a wall; a spinous trailing plant with triangular seed; to collect; ꜁*ts'z'* ꜀*kú*, the *Caladium sagittifolium*, a species of Arum.

餈 ꜀Ts'z' Unleavened cakes; pancakes, or dumplings made of rice flour; ꜁*yau* ꜁*ts'z'* cakes fried in fat; ꜁*yé* ꜁*ts'z'* cocoanut flour cakes.

柹 ꜀Thí The persimmon, the Diospyrus or China fig; ꜀*kon* ꜁*ts'z'* or ꜁*ts'z'* ꜂*peng*, dried persimmons or figs, prepared for exportation; ꜁*ngau* ꜀*sam* ꜁*ts'z'* the large sort; ꜀*kai* ꜀*sam* ꜁*ts'z'* the small sort; ꜂*shui tsam*ꜗ ꜁*ts'z'* the yellow persimmon.

此 ꜂ A pronoun, this; here, now; this, the last spoken of; the thing in hand; ꜂*pí* ꜂*ts'z'* that, this; you, I; there, here; ꜁*ü* ꜂*ts'z'* like this; ꜁*'m tsoi*ꜗ ꜂*ts'z'* not here; ꜂*i* ꜂*ts'z'* by, or on this account; ꜂*ts'z* ꜁*yan* ꜂*ts'z'* *tak*꜆ for this very kindness.

仳 ꜂Ts'z' Small, contracted, diminutive; ꜂*ts'z'* ꜂*ts'z'* ꜀*chi mat*꜆ a very little thing.

似 ꜁Sz Like, similar; as, as if, as it were, appearing, resembling; to appear, to have the aspect of; ꜂*hò* ꜂*ts'z'* like; ꜂*ts'z'* ꜁*'m* ꜂*ts'z'* is it like or not? ꜁*'m to* ꜂*ts'z'* not very similar; ꜂*ts'z' tsuk*꜆ ꜂*ni*, just like you; ꜂*ts'z' shi*ꜗ ꜁*i* ꜀*fi*, somewhat of right, but still wrong; ꜂*yau sking*ꜗ ꜂*ts'z'* ꜂*ngo tik*꜆ there are those superior to me; ꜁*yan* ꜂*yau* ꜀*séung* ꜂*ts'z'* they resemble each other.

姒 ꜂Sz' An elder brother's wife; ꜂*ts'z taꜗ* sisters-in-law; ꜂*ts'z'* ꜂*fú*, an old lady—a term used by the young.

汜 ꜂Sz' A stream leaving the main branch, and afterwards flowing into it again; ꜂*ts'z'* ꜂*shui*, a small river in Honán, west of K'áifung fú, having a town of the same name.

次 Ts'z'ꜗ Neither first nor best; coming after, second in order, inferior, secondary; next, succeeding; to put in order; a halting-place, an encampment a rest-house, an inn, a shed or stall; a mansion; a position, as of the stars; a time, a place, a stated post; to halt, to reach; *ts'z'*ꜗ *tai*ꜗ in order, regularly; *tsoi*ꜗ ꜁*k'i ts'z'*ꜗ in that place; next in order; ꜁*t'au ts'z'*ꜗ the first time; ꜁*ts'ang* ꜁*ts'ang ts'z'*ꜗ *ts'z'*ꜗ rising gradually like a gallery; *ts'z'*ꜗ *yat*꜆ next day; *tsò*ꜗ *ts'z'*ꜗ flighty, flurried; ꜂*lui ts'z'*ꜗ repeatedly; *ts'z'*ꜗ ꜁*ngan*, inferior silver; *wai*ꜗ *ts'z'*ꜗ a seat, a position; *hák*꜆ *ts'z'*ꜗ a stranger's lodging, travelers' houses.

佽 Ts'z'ꜗ Light, nimble, sprightly; to help, to assist; to compare; for, instead; *ts'z'* *cho*ꜗ to aid.

英華分韻撮要

恣' Ts'z' Relaxation, dissipation; licentious, gay, loose; to follow one's passions, to throw off all restraint; *fong' ts'z'* profligate, dissipated; to give the rein to one's lusts; *tsung' ts'z'* unrestrained.

眥' Ts'z' The canthus or corner of the eye; a fierce look; to look at angrily; a lappel, the place where it folds over.

骴' Ts'z' An old bone of men or beasts; putrid bones, having some flesh on them.

朿' Ts'z' To be distinguished from 束 *ch'uk,* to bind. A thorn, a prickle, a sliver, a sharp slit.

刺' Ts'z' A thorn; a sting; to pierce, to prick, to thrust a sharp point into; to embroider; to brand, to tattoo; to cut into; a visiting-card, because it was once cut in wood; to stab and kill; to spade up, as plants with a trowel; to pole, as a boat; to reprehend, to blame; to criticise, to lampoon; satire; to pry into, to overhear; to examine; *ts'z' ꜀ngá,* to pick the teeth; *꜁hang ts'z'* to stab to death; *tsok, ꜀shi ts'z' ꜂k'ü,* to pasquinade in verse; *꜂tsám ts'z'* to engrave, to prick; *꜁t'au ts'z'* to send in a card; *shüt, ts'z'* or *꜀ki ts'z'* a sarcasm, an inuendo, a taunt; *ts'z' ts'z'* to talk much.

賜' Ts'z' To confer; bestowed by a superior, usually refers to the emperor; imperial grants; a favor; a benefit; *꜂shéung ts'z'* to reward; *꜀yam ts'z'* imperial favors; *shau' ts'z'* to receive a benefit; *꜀t'in ꜀kún ts'z' fuk,* may heaven send down blessings; *ts'z' muk,* to look at; *pái' ts'z'* to thank; *꜁mung ts'z' kú'* obliged for your patronage—a phrase on bills; *ü' ts'z' ꜀fá ꜁ling,* an imperial gift of a peacock's feather.

廁' 厠' Ts'z' To cleanse, to wash; a place which must be kept clean; a privy, a necessary; in order, to put in proper places, as guests; a gorge, where a stream forces its way; *ts'z' ꜀háng* or *ts'z' ꜂sho,* a privy.

(646) Tui.

帨' Shwui A napkin or handkerchief hung at the girdle; *꜀kan tui'* a napkin. Often read *shui'.*

(647) Túi.

꜀堆 Túi A heap, a mass, a mound, a stack, an accumulation of; a guard-house; a crowd; to heap up, to pile; to store up, to accumulate; to crowd; *꜀kún ꜀túi,* a police-station; *꜁wo ꜂kon ꜀túi,* a pile of straw; *꜀túi ꜁mái yat, ꜀túi,* throw it all in a pile; *püt, ꜁mái yat, ꜀túi,* gather them all in one heap; *yat, ꜀túi ꜁yan,* a crowd of people; *꜀túi tsik, ꜀ü ꜀shán,* a great quantity together, as goods in a market; *꜁yau ꜀túi,* hollow globular cakes, for which the next is also used.

餽 Chui Tui Dumplings made of flour, which are then steamed; bait made of flour; *kák ˏnín ˏtsín ˏtúi*, hollow cakes left from last year; left of an old stock; not inclined to anger, placable.

對 Parallel sentences; scrolls hung up in Chinese houses, for ornament; *yat tui' 'túi*, a pair of scrolls; *'túi ˏlün*, parallel sentences; *kit 'túi*, the close of a discourse.

A colloquial word. To push towards, to bridge or hand along to another; to coalesce, to have a batch, to make up a certain amount: *'túi kwoˀ ˏlai*, hand it on to him; *'túi ˏmái yat hiˀ* lump it all in one, make up a lot.

對 对 Túi To front, to be opposite to; to correspond, to suit, to pair; consistent with, agreeing; to answer, to respond; opposite, fronting; opposed to, inimical; a pair; sign of the dative, as *túiˀ 'k'ü 'kong*, speak to him; *túiˀ ˏt'au*, hostile; a foe, an enemy; *túiˀ ˏts'an ˏká*, to form marriage alliance; *ˏk'i lok ˏmò túiˀ* incomparable pleasure; *túiˀ mín²* opposite, face to face, over against; *yat túiˀ ˏhái*, a pair of shoes; *túiˀ shòˀ* to compare accounts; *ˏtang túiˀ* a well matched couple; *túiˀ kín' lí²* cent. per cent. profit; *túiˀ 'ngán*, agreeable to, to like; *túiˀ ˏyan kwoˀ* equal to men's remarks, not afraid of being found guilty; *'chü túiˀ 'k'ü 'kong*, forced him to out with it, as an accusing conscience.

碓 Túi A foot-pestle, a machine to hull rice; to pound in a mortar; a beat of a pestle; *túiˀ 'tsui*, weight on the pestle; *túiˀ ˏch'ong*, the mortar frame; *túiˀ ˏshan*, the pestle treddle; *'shui túiˀ* mortars turned by water; *ˏchung ˏto 'ki pák túi* pound it hundreds of times more; *ˏchung túiˀ ˏü*, the white porpoise.

兌 Túi To exchange, to barter; to weigh against, to give an equivalent; satisfied, pleased with; straight, permeable; the 58th diagram; *túi² ún²* exchanged, said of jewelry or coin; *túi² ˏngan*, to weigh silver; *fát túi²* for sale; *ts'at t² túi²* it weighs seven mace two candareens [to the dollar].

駾 Túi A horse going very rapidly; *túi² tut* to rush out suddenly upon.

懟 憝 Túi To hate, to abhor; disliking, displeased, angry with; inimical; an adversary; *ˏün ok túi² túi²* great hatred to the chief criminal.

隊 Túi A crowd, a rank, a group, a bevy, a flock, a herd; a file, a band; a company of 100 men; to fall or slide from a higher place, losing one's footing; *túi² 'ng*, in ranks, by platoons, met. the army; *yat túi² ˏyan*, a crowd of men; *'pái túi²* to dress ranks, to call out the companies; *ˏping túi²* a detachment of troops; *ˏch'ung túi² thi²* to consort with the great; *yat túi² túi²* groups and knots of people; *yat túi² ap* a flock of ducks.

(648) T'úi.

推 T'úi — To push away, to expel, to push from one, to abstain from, to remove from; to shirk, to shift, to throw off, as responsibility; to arrange, to lay out; to extend to, to carry out, to infer; to refuse, to decline; to secede, to resign; to give up to, to deny one's self; *t'úi ts'z'* to decline; *t'úi ch'ut hü'* to throw off on, to escape from, as a duty; *t'úi sün'* to prognosticate; *t'úi shik* to yield a dainty, as to a guest; *t'úi mo kòm' t'úi*, to push here and there, as in raising a loan; *t'úi mo*, to grind a handmill; *t'úi hoi*, to enlarge on, to comment; to evade; to push away; *t'úi 'm lat* it can not be evaded; *t'úi k'éuk t'á*, to refuse him; *t'úi hiú k'ü*, I have got rid of him; *t'úi shá*, pushed over the sand; *t'úi 't'ong*, to put off with excuses; *yat t'úi*, an impulse, an inference: *shai' p'áu' lai t'úi*, rase them with cannon; *t'úi mái k'ü*, put the blame on him; *t'úi sam chi' fuk* I'll put my heart in your belly — sincerity.

焞 T'úi — Full; *t'úi t'úi*, abundant, in great quantities; a high degree of.

隤 T'úi — To fall in ruins; to overthrow, to ruin; to involve in ruin, to cause to fall or descend; to push over; lost; ruined, irremediable.

頹 穨 T'úi — Interchanged with the preceding. The jaws; a bald head; a rapid gust of wind; flowing, yielding, obedient; *yuk shán t'úi*, a drunkard's rubicund visage; *shui shui t'úi t'úi*, failing, infirm; *t'úi to'* lazy.

蘈 T'úi — A kind of flower, a foot high, with square culms, from whose spathes water can be drunk, called *ngau t'úi*; the pitcher-plant?

魋 T'úi — A marvelous animal like a bear, having short yellow hair. Read *ch'ui*, the hair bound in a knot; *ch'ui kai'* hair coiled in a ball, like Táuists.

腿 T'úi — The thigh, the ham; *chü 't'úi*, a hind-quarter of a hog; *'fo 't'úi*, a cured ham; *'tá po 't'úi*, to strike with the leg, a practice of the Bannermen; *kam 't'úi*, hams from Kinhwá in Chehkiáng; *'siú 't'úi*, the leg.

退 T'úi — To retreat, to withdraw, to retire, to draw back, to recede; to decline, to refuse; to excuse one's self; to yield, to give up to; *t'úi' ts'un*, to break a betrothal; *t'úi' yéung'* to cede kindly; *t'úi' ts'oi*, to lay out money; *t'úi' ping*, to draw off troops; *t'úi' shuk* to back out, to show the white feather; to shrink; *t'úi' shik*, faded, as colors; *t'úi' shò'* the debt is canceled; *t'úi' kang*, to throw up ploughing.

蜕 Shwui — The exuviæ or cast off skin of snakes, crabs, or insects; *shim t'úi'* a cicada's cast skin.

(649) ## Tuk.

督, Tuh To conduct, to head, to lead, to command; to examine, to search out; to urge, to follow and see how an order is done; to warn, to reprove; correct, in order; an overseer, a general; sore eyes; *tuk͵ ͵yan tsò᾿ ͵kung*, to lead men on to work, to oversee workmen; *tuk͵ ʿli*, to direct; *tuk͵ ͵ping*, to command troops; *tuk͵ chü² ling² tsò²* order him to do it now; *ʿhoi ͵kwán ͵kám tuk͵* the collector of customs at Canton; *tuk͵ ʿfú*, the governor-general and governor of a province; *ʿshau ʿchi tuk͵ tuk͵* to shake the finger at, as to a child in reproof.

A colloquial word. To prick in, to take up on a stick, to fork; to point the finger at, to ridicule; *͵hang ͵tsʿin tuk͵ hau²* to be pointed at by others; *tuk͵ ʿngo ʿngán ͵yan*, he is an eyesore to me; *tuk͵ kwo᾿ ʿki ͵sham*, pole its depth.

篤, Tuh Real, sincere, simple, earnest; severe, as disease; firm, stable, strong; unmixed, pure; to augment, to establish; to give importance to, to regard seriously; a sick horse; makes the superlative; *tuk͵ hok͵* diligent at study; *tuk͵ sun²* sincere belief; *peng² tuk͵* dangerously sick; *tuk͵ shat͵* trustworthy; honest, *tuk͵ ͵hang pat͵ kün²* to work diligently without weariness.

启, A vulgar form of ͵tʿün 臀; the anus, the cœcum; the buttocks; the end, the bottom, the adit; *͵'m ͵mún tuk͵* you can't conceal your guile; *͵'m ͵mún tak͵ tuk͵ kwo᾿* he has not enough for his own expenses; *tuk͵ ʿtai*, the bottom of, as a hong; *sak͵ tuk͵ ͵kai*, half-witted, unable to learn; *kwat͵ tuk͵ lò²* a cul-de-sac, a street stopped up.

獨₂ Tuh Solitary, alone, as dogs; a species of baboon; one's self; single; widowed, childless; one's consciousness; *tuk₂ hai² ʿkòm yéung²* only that sort; *tuk₂ ʿtsz'* an only child; *tuk₂ ͵tʿau ͵kung*, a widower; *tuk₂ tsz'² ʿki*, only myself; *͵tán tuk₂* only one, by itself; *tuk₂ ʿyau*, but there are; *tuk₂ hai²* only is; *tuk₂ ʿshi ʿyé*, the only one in the market; *pat͵ ʿchi tuk₂ yat͵* not one only.

韣₂ Tuh A case for a bow; a covering or sheath to preserve a bow.

瀆₂ 濱₂ Tuh } A river which drains a land; a sewer, a sluice, a ditch; foul, muddy; to defile, to desecrate, to despise, to treat contumeliously; to annoy, to bother, to trouble, as by reiteration; *͵kau tuk₂* a sewer; *sz' tuk₂* the four sluices, are the Yángtsz', the Yellow, the Hwái and the Tsi rivers. *sit͵ tuk₂* to profane, to blaspheme; to insult superiors; *tuk₂ tʿeng᾿* you bother my ears—said by magistrates; *fung² tuk₂* I have presumed to annoy—a polite phrase. The first only is used in these senses.

英華分韻撮要

牘[2] Tuh Boards or tablets for writing on, blocks for books; books, documents, registers; a bamboo beaten to keep time; *ch'ek*, *tuk* a card, a note, a tablet; a brief; a letter-writer; *on' tuk* law cases, a record of precedents.

犢[2] Tuh A calf, a heifer; a victim for sacrifice; *'lò ,ngau 'shái tuk* the old cow licks her calf — parental love.

匵[2] 櫝[2] Tuh A case, or covering for, as a sword or tablet; a coffin; a drawer, a casket; a receptacle, as for books; *wan' tuk ,i ,ts'ong*, store it up carefully, as a gem.

讀[2] Tuh To read aloud, to study; to read so as to get the meaning, to read attentively; to recite, to chant; a reader; *tuk ,shü*, to study; *tuk 'lai*, reading the ritual — a notice to decline visits when mourning for parents; *túi' tuk* to read and compare, as a copy; *ok, tuk* hard to understand; *pái' tuk* thanks for the perusal; *tuk shuk* able to recite it off; *shì' tuk* imperial readers; *tuk, tak, ,ming pák* read it clearly; *tuk 'ki noi' ,shü*, how long has he studied?

讟[2] Tuh To hate; dissatisfied, discontented, seditious, as people; complaints, slanders, murmurings, as against rulers.

黷[2] Tuh To blacken, to dirty; black, dirty, soiled, filthy; to annoy, to insult; *,mung tuk* to defame, to blast, as a name; *,fán tuk* to importune; *,ú tuk* to defile.

纛[2] Tuh A standard, a large triangular banner, carried before the general, made of feathers, hair or silk; a sort of flag carried at funerals; *tái' tuk ,k'i*, the general's standard.

毒[2] Tuh Poisonous, noxious, venemous; hurtful, destructive; cruel, malevolent, baneful, malignant; a poison, a bane; an injury; to hate, to abominate; *,sam tuk* cruel; *tuk yéuk* a poison, a violent remedy; *fuk tuk* poisoned; *,lau tuk* a pervading, general injury; *tuk 'shau*, a flagitious villain; *há' tuk 'shau*, to be beforehand with, to strike first; *tuk tau' tuk* to mutually injure; *pat, tuk, pat, t'uk*, not a rascal, not a priest; *tuk 'sz' ,yan*, to poison one; *tuk hí'* a noxious vapor; *pín' tuk* venereal ulcers; *,máng ,tseng 'á tuk* the blind are shrewd, and the dumb dangerous.

(650)

T'uk.

禿[1] T'uh Bald, hair entirely gone; bare, blunt; to make bald, to injure; a Budhist priest; *'lò t'uk*, a priest; *t'uk, ,t'au ,kwong kwan'* an unscrupulous rascal; *t'uk, ,kan* to let the cap fall off; *t'uk, ,t'au ,kung*, a bachelor; *'nau tak, ,yan 'hò t'uk, kê'* to injure others much.

鵚[1] T'uh The bald headed crane; *t'uk, ,ts'au*, a sort of adjutant or buzzard.

(651) **Tun.**

敦 惇 Tun. Angry, enraged; great, consequential; big, substantial; generous, simple, honest; firm solid; to urge, to impel; to make real, to reduce to straits, to deem important; to compel to do; who? A colloquial word; to swallow, to eat; *ˌtun háuˀ taiˀ* give great weight to filial and fraternal duties; *ˌtun takˎ ˈhò ˌtò*, he's swallowed a great deal; *ˌtun hauˀ* honest, faithful; *ˌtun ˈts'ing*, a cordial invitation; *ˌtun ˈhi koˀ tikˎ ˈfún*, he's stretched himself out to that degree, *i.e.* he is in borrowed plumes; *ˌtun pikˎ* to hasten the completion of; *ˌtun ü ˈyau iˀ* sincere to his friends.

Read *ˌtúi*; to sleep alone; solitary, as a traveler; to cut in two.

ˈ不 A word used for *ˌtan* 墩 a tumulus, a base of a pillar; *chái² ˈtun*, an unlucky day for lending money; *pákˎ ˈtun ˈtsz²* petuntse, feldspar powder used by porcelain makers.

燉² Tun. A blaze, a raging fire; fiery, lurid; to dress by steam, to boil in a vessel put in the water; *tun² fán²* to steam rice; *tun² katˎ ˌsz²* boiled custards; *tun² ˈshui*, boiling water; *tun² ˌkai*, a steamed fowl; *tun² ˌch'á*, to make tea.

頓² A colloquial word. To lay down, as a burden; half-witted, absent-minded, superannuated; *tun² lokˎ ti²* lay it on the ground; *ˈtò tun²* turned about, beside himself; *tun² ˈwan*, place it securely.

頓² Tun. To bow the head, to prostrate, to fall before; to respectfully salute; a resting-place, an inn; a meal; a spell, the time of a meal, a turn; to stop, to rest, to put in order, as at a halt; in baste, hurried; to injure; to reject; used for the last; *tun² ˈshau pái²* I respectfully bow my head—on visiting cards; *tukˎ ˈtá yatˎ tun²* gave one violent blow; *ˈching tun² ˌping ˈmá*, to get ready troops; *ˈch'ü tun² fo² mat*ˎ to store up goods; *tun² chü² ˈhá*, rest a little, put it down a while; *ˌmò tun² fán² ˌkung ˌfü*, a job not as long as a meal; *yatˎ tun² fán²* a meal; *ˌon tun²* to put up, as a sleeping-place; to prepare a room, as for a guest.

遁² 遯² Tun. To hide one's self, to skulk, to run away; concealed, hid; to escape, to fly, to abscond; *tun² shai²* to abjure society; *tun² ti²* to vanish into the earth; *tun² fátˎ* a means for becoming invisible.

沌² Tun. Confused, mixed; the rush of a torrent; *wan² tun²* chaos, without form; one of four bad men in the days of Shun.

鈍² Tun. Often pronounced *tün²*. Dull, edge turned, blunt; stupid, deficient in wit, obtuse; *ˌshang takˎ ˈhò tün²* a natural blockhead; *ˈlò tun²* rude, can not understand; *ˌwán tun²* obstinate, mulish.

(652) **T'un.**

湍 Water gushing out, a rapid current; *k'ap, lau üt, t'un*, a rapid flow is called a torrent.
Tw'an

盾 A shield, a buckler; to secrete one's self, to skulk; *máu t'un*, opposing sentiments, contradictory views.
Tun

楯 A parapet, a balustrade; a shield, a defense; to raise the eye up; *yan t'un*, to direct, to lead on; *lán t'un*, a railing.
Tun

腯 Obese, fat; shielded by fat; plump; to drag the heels; *fi t'un*, very fat, as a boy.
T'un

彖 A hedgehog; a pig in motion; *t'un tsz'* the explanation of the *kwá* or diagrams.
Tw'an

(653) **Tün.**

端 Strait, correct, upright, direct; modest, decent, grave, properly; springing forth, commencing, sprouting; the end; the origin, elementary principles, originating cause; to carefully examine; a classifier of business, mysteries, subjects, and pieces of silk; *tün ching'* correct, properly; *chap, k'i 'léung tün*, to hold both ends, to attend to all; *mò tün shang 'yau*, no sufficient reason for it; *tsò' tün shi' fi*, to start a slander, to rumor a matter; *tün t'au*, the incipient cause; *'m chi yat, tün*, not one affair only; *yat, tün ch'au*, one piece of pongee; *'pan hang tün fong*, naturally modest and correct; *tün 'ng*, the dragon boat festival; *tsò' pat, tün chi sz'* she has lost her virtue.
Twan

短 Short, not long; brief, contracted; to come short, to be in fault, to shorten, to curtail; shortcomings, failures; *'tün kin'* not of much experience; *tsz' ts'am 'tün kin'* to seek self destruction; *ch'éung 'tün*, the good and bad; for and against, both views of a matter; *'tün ming'* short life, to die before 16; *hoi 'tün*, to decapitate; *'tün ch'ü'* a defect, faults, mean conduct; *'tün 'shiú*, to reduce, to diminish; less than enough; *hi' 'tün*, asthmatic, short-winded; *'tün kung*, day's work; *'tün hang*, to treat rudely, to act overbearingly; *'tün ch'it, kòm' 'tün* much too small; *'m ch'éung 'm 'tün*, just right, as a shoe; *'shau ch'éung, shám chau' 'tün*, my sleeve is shorter than the arm—I'm ashamed to go.
Twan

煅, 鍛 } To forge metals, to heat and hammer; to found, to cast; to work upon, to practice, to make perfect; mature, practiced; *tün' lin'* practiced, skilled; *tün' fái*, to calcine, to drive off the moisture by fire, as medicine; *tün' lin' yap, yan tsüi'* to bring in one guilty, to make out a case against by cross-examining.
Twan

斷' To decide, to settle, to solve; to judge, to give an opinion; a doubt, a dilemma; certainly, decidedly, surely; *k'üt, tün'* to decide, to give sentence; *tün' tün' ꜀'m ꜂kòm*, I certainly can't do so, I must not presume; *tün' tak, teng'* finally settled; *tün' ꜂kú*, to guess, to estimate; *tün' ꜀hoi*, to make a division, to average, as losses; *tün' sz'* to decide a matter; *p'ún' tün'* to judge, as a magistrate.

斷² This is usually read ꜂*t'ün* with the same meaning.
Twán To cut asunder, to divide; to snap, to cut or break in two; to prohibit, to put a stop to; cut, broken, split, sundered, snapped; to cut off; *tün² ꜂shui ꜂mai*, to stop supplies of food; ꜂*wong ꜀loi pat, tün²* uninterrupted intercourse; *tün² tsüt,* disconnected, cut off; ꜂*au tün²* to break, as across the knee; *tün² ꜀ch'éung ꜂ts'ò*, a virulent medicine; *tün² ꜀ch'éung ꜀yan*, a greatly afflicted man; *tün² ꜀t'ò*, to forbid killing for meat; *tün² hi'* dead; *tün² ꜀in*, death of a wife; ꜂*ngáu tün² ꜀chum sin'* to bite the thread and snap the needle — new garments; *tün² lò²* to break off intercourse; *tün² hau²* to bring up the rear in a retreat.

段² To push apart; a fragment, a piece, a section; a classifier
Twán of sections of books, stories, pieces, slices of meat, acts of play, of affairs, of plats; *tái² tün²* the largest piece; *yat, tün² ti²* a plat of land, a spot; *yat, tün² sz'²* an affair; ꜂*hò* ꜂*shau tün²* good work; *yat, tün² ꜀ts'ing ꜀yau*, a series of affairs, a matter.

緞² Satin; glossy silk; ꜀*ch'au tün²*
Twán silks of all kinds; ꜀*fá tün²* or *kuk, tün²* brocade; ꜂*shim tün²* changeable satin; ꜀*ts'ê ꜀man ꜂ng ꜀sz' tün²* twilled levantine silk; *pát, ꜀sz' tün²* thick satin.

鍛² A heel of a shoe, a shoe
Twán lining. Interchanged with the last.

(654) T'ün.

꜀團 A globular mass, a lump, an
Tw'án agglomeration; united, harmonious, as a company; round, globular; to collect into one; to dwell together; to surround, to environ, to inclose; to round off, to end; a classifier of pellets, harmonies, collections, lumps, and round things; *yat, ꜀t'ün ꜀wo hi'* a harmonious spirit; *yat, ꜀t'ün min²* a lump of dough; ꜂*tá ꜀mái yat, ꜀t'ün*, a knot of men squabbling; *shuk, ꜀mái yat, ꜀t'ün*, shrunk up into a lump; *yat, ꜀t'ün mak,* a roll of ink; ꜀*t'ün ꜀ün*, circular; full, as the moon; closely united, as husband and wife; ꜀*t'ün ꜀lung ꜀fá*, flowered round dragons on, crape; ꜀*t'ün ꜀t'ün ꜀wai chü²* hemmed in on all sides.

꜀摶 To roll into a ball, to roll in
Tw'án the hand; to push or drive together; ꜀*mò ꜀t'ün fán²* don't roll your rice into a ball.

潬 ꜀Tw'án Dew descending in great abundance; name of a river in Shántung.

屯 ꜀Tw'án To collect together, to station troops; to bring under one control; ꜀t'ün ꜀ping, troops stationed at a place, where they till the land; ꜀t'ün ꜀t'in, fields allotted to soldiers; ꜀t'ün tsik꜁ to engross, as a commodity; ꜀fan ꜀t'ün iü' hoi² to detail troops to important posts; ꜀t'ün ꜂yéung, to support each other in a strike.

囤 ꜀Tw'án A large hamper to hold rice; a bin; ꜂mai ꜀t'ün, a receptacle for rice. Often interchanged and used for the last.

豚 ꜀T'un A pig, a porker, a sucking-pig; to draggle along, to drag the heels; ꜀fi ꜀t'ün, a fat pig; ꜀t'ün ꜀t'ai, pettitoes; ꜀t'ün ꜀i, my son; ꜀ho ꜀t'ün, a porpoise.

臀 ꜀T'un The buttock, the seat, the nates; the rump; the lower side; hau² ꜀t'ün, the hind quarters; p'ák꜁ ꜀chü ꜀t'ün, a pig merchant or broker; ꜀t'ün ꜀tan, the seat.

(655) Tung.

東 ꜀Tung The east, the place of sun-rising; the place of honor; the person in it; a master, a friend; a feast, a treat; towards, presence of; ꜀tung ꜀pin, or ꜀tung ꜀fong, the east; ꜀tung ꜀ká, the master of a house; hai² mat꜁ ꜂yé ꜀tung ꜀tung, what thing is this? ꜂ngo ꜀ts'oi ꜀tung, our master; ꜂tá ꜀ts'ing ꜀tung, it blows a tyfoon; ꜂siú ꜀tung, the young master; ꜀tung ꜀nám ꜁'m p'a' no fear [of gales] from the southeast; towards the southeast there's no evil; tsò² ꜀tung, to make a feast; ch'ut꜁ ꜀tung, to foot the bill; tim' ꜀tung, the head of the shop; fu' ꜀chi ꜀tung ꜀lau, gone drifting eastward — irrecoverably lost; ꜀tung tò² ꜂chü, one who will or advance mon-ey; ꜀tung tò² ꜀ngan, bribes paid turnkeys for privileges; money spent by a bridegroom in treating; ꜀tung ꜀sai, a thing; ꜀tung ꜀lái ꜀sai ꜂ch'é, pulling here and hauling there (to borrow money); ꜀tung t'ò, China—a Mohammedan name.

冬 ꜀Tung The winter season; the winter solstice; the close, the end; to store up; to fall into winter torpor; ꜀lúng ꜀tung ꜀shí hau' cold winter weather; ꜀tung ꜂sun, winter bamboo shoots; au' ꜀tung, a rainy solstice; tsò² ꜀tung or kwo' ꜀tung, to keep the solstice; ꜀tung ꜀t'in or ꜀tung ling² the winter season; ꜀tung ꜀kwá, a pumpkin.

董 ꜂Tung To rule correctly; to lead on, to influence for good; to clap the hands; to withdraw, to keep back; to store up, to hold firmly; roots of the nelumbium; mái² ꜂kú ꜂tung, to buy curiosities or antiques. Used for the next.

懂 ꜂Tung Disturbed, out of one's wits; to understand, to have a clear idea of; ꜂mung ꜂tung, confused, mind bewildered; ꜂ní ꜂tung tak꜁ do you understand me?

ʻtung ˌts'ing ʻlí, to understand the fitness of things; ˌʻm ʻtung ʻní wá² I don't know what you are saying.

畽 Twán Also read ʻtün. Wild land near towns; places where deer and wild animals range, paths of beasts; ʻting ʻtung, a deer park.

ʻ挏 Tung To beat, to churn, to bring butter from milk; ʻtung ʻmá, an officer who superintended the preparation of quass.

凍ʼ Tung Cold, freezing, icy; to freeze, to congeal; to cool; ˌt'án tungʼ to spread out to cool; tungʼ ˌping kòmʼ túngʼ cold as ice; tungʼ tungʼ tí² rather cold, ˌk'ing tungʼ to thicken, to congeal; tungʼ ʻshui, cold water; tungʼ ʻszʼ frozen to death.

棟ʼ Tung The main supports in a house, posts, joists, columns; a pillar, as of a state. A colloquial word; to stand on end, to stack, to put upright—in this sense it is spoken tung²; tungʼ ˌléung ˌchí ˌts'oi, one who can be depended on, who has talents to uphold a state; tung² ʻk'i, place it upright; ukˌ tungʼ the rafters, the plate.

蝀ʼ Tung The rainbow; taiʼ tungʼ the rainbow, supposed to be made of insects.

動² Tung To excite, to agitate, to move; to shake, to touch; to come forth, as spring; to influence, to move the mind; to set on foot; excited, agitated, surprised, moved; restless, irritable; motion; tung² nò² to irritate; ʻki ˌshi tung² ˌshan, when do you start? tung² tsokˌ work, workmanship; ˌhang tung² behavior, conduct; tung² támʼ ˌkon, no more things to carry, out of work; ʻlan toi² tung² hard to stir, indolent; ʻtsau tung² patˌ ˌts'in, unable to move from age, infirm; ʻkòm tung² moved by, as the Spirit; tung² patˌ tung² continually moving, restless; tung² ʻt'ò, to commence digging or building; ˌking tung² startling, fearful, as bad news; ʻki tung² ʻní lokˌ thank you; tung² ˌkon ˌkwo, to go to war; ˌʻm ʻhò tung² tsing² his conduct is improper, he acts rudely; yukˌ tung² to move about, restless.

慟² Tung The feelings deeply moved, greatly excited; ˌsam tung² extreme grief; ˌoi tung² greatly distressed.

戙² Tung The boards or timber used in the construction of a boat.

洞² Tung A rapid current; a grotto, a cave; a dell, a gorge, a ravine; profound, deep; to understand thoroughly, to perceive mysteries, to see clearly; tung² chukˌ ˌk'i ˌkán, to see through his villainy; tung² ˌt'ing ˌú, the lake Tungt'ing in Húnán; ʻshui tung² a deep spot or hole in the water; ˌsín tung² a fairy's grot; tung² ˌfong, a nuptial chamber, to consummate a marriage; tung² shikˌ I see it all; tung² ch'átˌ a full examination.

衕² Tung A lane or street in Peking is called ˌú tung²; the term seems to be confined to the capital.

英華分韻撮要

(656) **T'ung.**

通 ˏT'ung. To go through, to see clearly, to perceive; to go through with, to succeed; to make known to others; to have dealings with; to communicate with; pervious, permeable, intercommunicable, pervading, perspicuous, as style; current, as money; successful, prosperous; reaching throughout; the whole, complete, generally; illicit, adulterous; uniform in color; a beat of a drum, a report of a gun; *ˏt'ung hai' ‘ngo*, all are mine; *ˏsam ˏt'ung ˏdung*, I fully understand it; *ˏt'ung iú' kòm' tsò'* do them all in this way; *ˏt'ung takˎ ‘tim*, it is punctuated entirely; *ˏt'ung ˏshü*, an almanac; *ˏt'ung ‘pò*, current in value; *ˏt'ung ‘hiú*, fully understands it; *ˏt'ung ˏchí*, inform him of it; *ˏt'ung sz'* an interpreter, a middleman who transacts business; *ˏt'ung sz' ‘kún*, a linguist's hong; *lò' patˎ ˏt'ung ˏhang*, this road is blocked, this way is not a public one; *ˏt'ung chí'* a general topography; *ˏt'ung ˏfung*, a draft of wind; *ˏt'ung ˏkwán tsitˎ* to bribe, to give a sign whom to favor; *‘tá ˏt'ung ‘kú*, three taps of the drum; *‘tá ˏt'ung*, to bring a thing about, to bribe; *ˏin ˏt'ung*, a chimney, a smoke pipe; *ˏsz' ˏt'ung*, illicit intercourse; *fo' patˎ ˏt'ung ˏdau*, the goods have no sale.

蓪 ˏT'ung. A species of Araliaceæ whose pith, sliced into sheets, is erroneously called rice-paper; pith; *ˏt'ung ‘chí ˏfá*, artificial pith flowers; *ˏt'ung ‘chí wá'* pith paper pictures; *ˏt'ung ‘ts'ò*, lampwick grass.

痌 ˏ **恫** ˏT'ung. Pained; in pain, aching; groaning, moaning from pain; an ulcer breaking; *ˏts'ung ˏt'ung*, disappointed.

同 **仝** ˏT'ung. Together, all, united; to bring together, to unite, to harmonize, to assemble; with, and, together; same, alike, in the same place or time, agreeing, as one; *ˏt'ung yatˎ ˏts'ai hü'* let them all go together; *ˏt'ung ukˎ chü'* they live in the same house; *‘k'ü yatˎ tikˎ ˏt'ung sái'* just alike in all respects; *ˏt'ung yatˎ yéung'* the same sort; *‘ní ˏt'ung ‘k'ü hü'* you and he go there; *patˎ ˏt'ung*, different; *ˏt'ung ˏliú*, fellow officers; *ˏt'ung ˏchí*, a sub-prefect; *ˏt'ung ˏpáu ˏhing tai'* uterine brothers; *patˎ ˏt'ung ˏyan*, strange, eccentric; *ˏlúi ˏt'ung*, identical, same.

侗 ˏT'ung. Plain, ignorant, rude; having no learning or abilities; *kung' ˏt'ung*, an ignorant boy.

峒 ˏT'ung. A cavern in a hill, a den; *ˏhung ˏt'ung*, a mountain in Pingliáng fú in Kánsuh; a group of islands off Shántung.

桐 ˏT'ung. A large tree that produces oily seeds; *ˏng ˏt'ung*, a tree (*Elæococcus oleifera*), considered by the Chinese as the most elegant of trees; *ˏt'ung shü'* the *Jatropha curcas*, which produces *ˏt'ung ˏyau*, or wood oil; ꜁t'ung ꜀yau ꜀fúi, putty, chunam for seams; ꜁t'ung ip꜆ ꜀fúi, fine ashes put in censers.

筩 筒 ꜁T'ung A tube, a hollow cylinder, a pipe; a measure made of bamboo; a tubular cup; shé² ꜁t'ung, a sumpitan; hò² ꜁t'ung a trumpet, a speaking trumpet; ꜀in ꜁t'ung, a tobacco pipe; tái² ꜀fá ꜁t'ung, a Roman candle; mán² ꜀fá ꜁t'ung, a kaleidiscope; yat꜆ ꜁t'ung pí² t'ai² a blubbering booby.

銅 ꜁T'ung Copper, brass, called the red metal; made of copper, brazen; ꜁t'ung pok꜆ brass foil; ꜁t'ung ꜁lo, a copper gong; ꜂tá ꜁t'ung p'ò² a copper smith's; ꜁t'ung ꜀ngan, counterfeit or copper dollars; shik꜆ ꜁t'ung, eats the brass—covetous; ꜂mún ꜀shan ꜁t'ung ch'au² body smells coppery—purse-proud; lím² ꜁t'ung ꜀tsing, a lick copper sprite—covetous; ꜁t'ung luk꜆ verdigris; pák꜆ ꜁t'ung, tutenague, white copper; ꜀wong ꜁t'ung, brass; ꜁t'ung ꜀ch'i, water spouts.

鮦 ꜁T'ung A sort of silure or mudfish, small and resembling a blenny.

童 ꜁T'ung A boy, a lad, an unmarried youth; a student, a bachelor, a slave boy; a girl, a virgin; youthful, boyish, fair; bare, as land; undefiled, virgin; ꜀shing ꜁t'ung, at puberty; muk꜆ ꜁t'ung, a herdboy; ꜁t'ung ꜀ngán a fresh complexion, looks young; ꜁t'ung ꜁t'ung, flourishing, as trees; ꜀shan ꜁t'ung, a bright boy; ꜀man ꜁t'ung, a student.

僮 ꜁T'ung A slave girl or boy; a lad; a concubine; doltish, ignorant, rude; ꜀shü ꜁t'ung, a serving boy in a school; ꜀ká ꜁t'ung a house-boy, a waiter.

橦 ꜁T'ung A tree in Yunnán from whose flowers cloth can be made—the cotton tree? a piece of squared timber.

曈 ꜁T'ung The rising sun, the sun obscured; ꜁t'ung ꜀lung, scarcely able to see the sun.

潼 ꜁T'ung A tributary of the Yellow River in Shensí, at the elbow; ꜁t'ung ꜀kwán, a celebrated pass and town on this stream; lok꜆ ꜁t'ung, quass.

瞳 ꜁T'ung The pupil of the eye; to stare at, a vacant look; luk꜆ ꜂shui kún² ꜁t'ung ꜀yan, a cataract; ꜁t'ung ꜀yan, the baby in the eye.

穜 ꜁T'ung Grain which requires a long time to ripen; late, autumnal grain.

艟 ꜁T'ung Long and swift boats, used in fighting; ꜀mung ꜁t'ung, war boats, like revenue cutters.

佟 ꜁T'ung A surname; ꜀T'oi ꜁t'ung, a sorcerer in the Hán famous dynasty.

鼕 ꜁T'ung The noise of drums; ꜁t'ung ꜁t'ung, drums beating, the din of drums.

彤 ꜁T'ung Red, peach red; rosy, as cheeks; ꜁t'ung ꜂kún, a red pencil.

捅 ꜂T'ung To lead on, to advance; to run one thing into another, as two sleeves; to pierce, to stick into; to baste; ꜂t'ung ꜂hò ko² kín² ꜀shám, put those jackets into each other; ꜂t'ung kwat꜆ a basted edge.

'埇 A colloquial word. A pit, the hole into which the coffin is put; ˌhoi 't'ung, to dig a grave; ˌshán 't'ung, a grave.

'桶 A cask, a tub; square wooden vessel, a case; 'shui 't'ung
T'ung a pail; tiú' 't'ung, a bucket; kwai' 't'ung, a drawer; ˌyau 't'ung, an oil tub; ˌpí ˌp'á 't'ung, a barrel; t'ái' ˌp'ing 't'ung, water hogsheads kept against fires; 'pún 't'ung 'shui half drained the tub — half educated, shallow.

'統 A beginning, origin; beginning of a thread, first of a sub-
T'ung ject, a clue, a hint; the whole under one head; the whole, general, entire; the head, the chief; to rule, to control; yatˌ 't'ung, the whole; 't'ung 'ling a general control; a commander-in-chief; 'tsung 't'ung, managing the whole; entirely, in fine, all; ˌkwai yatˌ 't'ung, to come under a monarch; yatˌ 't'ung ˌshán ˌho, one government over the empire; 't'ung kai' the whole sum.

痛' A pain, an ache, a twinge; a disease which gives pain;
T'ung acute feelings, heartrending, miserable, distressed; to feel for, to commisserate, to love; a superlative; ˌngá t'ung' the toothache; ˌsam t'ung' 'hau ˌ'm t'ung' to grieve for but not to show it, as to erring children; ˌ'm t'ung' 'ni, I don't like you; t'ung' 'yam, drinking to excess; t'ung' fúi' bitter repentance; 't'ò t'ung' a bellyache; 'tá takˌ 'hò t'ung' a very painful blow; ˌ'm kin' t'ung' it does not hurt; t'ung' han' detestation of; 't'ai kin' 'hò yukˌ t'ung' I felt sorry to see it, as one's things wasted.

(657) Tüt.

奪, To take by force, to seize;
Toh to oppress and fleece; to carry off, as a prize; to take away, as rank; to criticise, to lop off, to prune, as composition; a narrow path; 'ts'éung tütˌ to rob; tütˌ ˌch'un ˌfúi, to become first of the Hánlin; tütˌ ˌpiú, to take the prize; ˌkwong 'ts'oi tütˌ mukˌ its elegance ravished the eyes; tütˌ ˌt'au ˌch'au, to get the first prize.

(658) T'üt.

脫, Emaciated; spoiled and dissolving; to relinquish; to un-
T'oh dress, to strip; to be born; to get out of; to avoid, to evade, to escape from; if, perhaps, should; a suit, as of clothes; succession, as of messengers; a pattern; t'ütˌ ˌshan, to slip away from; t'ütˌ ˌshám, to take off the coat; yatˌ t'ütˌ ˌí fukˌ a suit of clothes; t'ütˌ ˌp'í, to skin; to cast the skin; 'kí t'ütˌ ˌyan ˌloi, several messengers came; t'ütˌ ˌngá, to pull a tooth; t'ütˌ ˌtsing ˌkwong, stark naked; t'ütˌ léukˌ liberal, not exacting; t'ütˌ ˌin ˌi 'hi, he suddenly rose up.

(659) Ú.

烏 Wú A crow, praised for its filial care; filial; black, inky, dark; to blacken; promiscuous, not reduced to order: what? how? the obverse of a coin; ú á, a black crow; ú hòp the lawless, dark-dealing Triads; ú muk or ú múi muk ebony; ú 'yau, all gone; ú sò yéuk a hair-dye; king ú pò' black nankeen; kam ú, the [three-legged] golden crow, fabled to live in the sun; kwai chí ú 'yau, it returned nothing at all, as an adventure; ú sù sù, heedless, blundering; sám tsuk ú, the sun; ch'ui ú, to blow out a lamp; ú tang, a lamp not lighted; ú mang mang, pitch dark; tong' ú 'k'ü min' smudge his face, as a counterfeiter's; kwo' ú, too black; to change the tint; fong' ú 'hau min' to look cross; ú ü, the black fish, a sort of blenny, the *Philypnus sinensis*; ú t'au ch'ung, an unshaven lout; ú á meng' a raven's luck—said of unlucky persons.

嗚 於 Wú An interjection; a sigh, a groan; a sign of admiration or esteem; ú fú, alas; to sigh; ú wá, tush! ú in, to sob, to whimper.

圬 Wú To cover a wall with plaster, to adorn walls, to stucco; ú yun, a bricklayer, a plasterer.

杇 Wú A trowel; with which to plaster, to daub on mortar.

污 汙 Wú Stagnant water; dirty, foul, filthy, muddy; impure, unclean, obscene, depraved, vile; abominable; to defile, to stain; to insult, to debauch; ú yuk to debauch; obscene; ú wui' filthy, defiled; ú tsò, vile; to dirty; t'ung lau hòp ú, to go with the vulgar herd.

胡 Hú A dewlap; how, why, wherefore? dark, blackish; reddish; the Tartars, the Mongols or Huns; long, lasting, eternal; a spear; ú tsiú, pepper; lò ú tái' siú' a gurgling, laughing sound; ú 'fan, a sort of rouge; ú wai ü 'ts'z' how is this?

湖 Hú A lake; ú 'kwong, the old province of Húkwáng, now divided into Húnán and Húpeh; ''ng ú, the five lakes, are the Poyáng in Kiángsí, the Tungt'ing and Tsingts'áu in Húnán, and the Tái and Tányáng in Kiángsú; 'tsau kong ú, to travel through the land, to travel much; ú sz' Nanking raw silk; kwo' ú, to cross the lakes; ú p'ái, playing-cards.

瑚 Hú Coral; ú 'lin, wooden vases used in sacrifices; shán ú coral.

糊 Hú Paste, gluten; thick porridge; to paste, to stick; mendacious, foolish, nonsensical; ú t'ò, confused, stupid, muddy; tséung ú shüt foolish, ridiculous talk; 'chi ú t'au, a "pasted head," a booby; 'piú ú, to paste; shòm ú, to beguile, to lead off the scent, to mystify.

˓餬 Hú Interchanged with the last; congee; to seek a living; ˓ú ʻhau, to get a livelihood; ˓ú ʻhau sz'ʼ ˓fung, to go about for employment.

˓蝴 Hú A butterfly; ˓ú tip˒ a butterfly, it includes all the papilionidæ.

˓葫 Hú A gourd; ˓ú ˓lò, a bottle calabash, the Lagenaria; ˓ú ˓lò yéung' pear shaped, calabash like; ˓ú sün' a sort of leek; ˓mé ˓ú ˓lò, to carry a gourd, as children in boats do, to save them if they fall overboard.

˓瓠 Hu Interchanged with the last; ˓ú ˓lò, the bottle-gourd or gourd squash.

˓醐 Hú A spirit fermented from mare's cream, called ˓t'ai ˓ú; also butter, or oil of milk.

˓衚 Hú A street in Peking is called ˓ú ˓t'ung; the term is mostly confined to the capital.

˓鶘 Hú A sort of water bird, much dreaded by the fish; ˓t'ai ˓ú, a bird like the pelican.

˓鬍 Hú The beard; ˓ú ˓tsz' the mustaches; ˓ú ˓sò, the beard on the chin; ˓ú ˓im, the whiskers.

˓弧 Hú A wooden bow; a stretcher to display a flag; a span; an arc in mathematics; curved, arched.

˓狐 Hú An animal which can change its form, or be possessed; suspicious, mistrusting; ˓ú ˓lí, the fox; ˓ú ˓í, distrustful; to suspect; ˓ú ˓lí ˓tsing, an elfin in form of a fox; ˓ú mí' an enchantress; ˓ú ʻká ʻfú ˓wai, the fox borrows the tiger's terror; ˓ú ˓k'au, fox-skin furs; ˓ú ˓sín, a good fairy, a repentant peri.

˓壺 Hú A cup, a vase or pot; a tankard, a wine jug; ˓ch'á ˓ú, a teapot; tsz'' ˓cham ˓ú, a small wine-pot; tso' ˓ú, a hot water pot; ˓kwai fú' ˓ú ˓tséung, to show fealty by a banquet; yat˒ ˓ú ʻtsau, drank a pot of wine; ˓t'au ˓ú, to throw darts into the vase's mouth—an ancient game.

˓乎 Hú An interrogative adverb; an interjection of doubt, admiration, or inquiry, and placed at the end of sentence; after nouns, sign of the vocative; after verbs, it is a preposition, in, towards, to, with, from, up to; in respect to, as, like; a sign of the accusative; an expletive; húu' ˓ú ʻkwai ˓shan, dutifully regard your ancestors; ˓mò ʻyan ˓ú ʻi, I've concealed nothing from you; ʻho ˓ú, can we do it? ʻhi ʻho tak˒ ˓ú, can we possibly get it? ˓yan ʻün ˓ú ˓tsoi, can benevolence be so far gone! pat˒ yik˒ lok˒ ˓ú, is it not even pleasant? mok˒ ˓kò ˓ú ˓t'in, there's nothing higher than heaven; ˓í ˓ú ʻfau ˓ú, is it right or not? shü' ˓ú ˓k'i ʻho ʻi, then it is thus allowed; ˓kí ˓ú, perhaps, nearly, about; hòp˒ ˓ú ʻtsz' agrees with this; ˓chí ˓ú ʻché ʻyá, eh! ah! oh! ugh! met. it is all moonshine; wai' ˓ú ʻshéung ʻché, his place is on high; ʻpò ˓ú ˓man, to preserve the people; ˓i shik˒ ˓ú shí' ˓ú tsuk˒ food and raiment thereupon were plenty; ˓yéung ˓yéung ˓ú, how vast! tsoi' ˓ú, consists in; ˓shü pat˒ ˓wan ˓ú, is it not so written?

'祜 Hú Happiness, favor of heaven; heavenly blessing; to persevere in wicked courses, lost to all reason and rectitude.

'滸 Hú The bank of a river, the sloping descent or lawn down to a stream; a branch of the R. Hwái in Ngánhwui.

'塢 Wú A dike, a low wall; barracks, cantonments, a fortified camp; a compound or village defended by a wall; winding roads among hills; *ˌying ˌú*, an entrenchment.

'鄔 Wú An ancient city in the west of Shánsí, near the Yellow River.

惡' Wú To hate; to loathe, to dislike; to blush, to be ashamed of; hard to express; averse to, detestable, repulsive; why, how? an exclamation of regret; *'ho ú'* detestable; *ˌsau ú'* shamefaced; *ˌtsang ú'* to hate.

噁' A colloquial word. To stoop; to bend the head, as when going in a low place; *ú' ˌtai ˌt'au*, stoop down to it; *ú' ˌlün ˌiú*, to bend down low, as when in a boat.

戶² Hú To protect, to screen, to close upon; to stop further progress; a chamber door, an inner door, a one-leaved door; a hole, an opening; the nidus of larvæ; master of a family, a ship, or shop; a person; people in a certain calling; a family, a household; the 62d radical of characters relating to spaces; *ú² 'kau*, the population; *ú² pò²* the Board of Population and Revenue; *ú² ˌfong*, the revenue department in a yámun; *ˌmún ú²* a door; *tái² ˌmún ú²* a great family; *ˌká ˌká ú² ú² ˌü shi²* every household does so; *p'o' lok, ú²* a beggared family; *pò' tái² ú²* to report the rich families; *tán² ú²* the tanka people.

芋² Yú The taro, the *Arum aquaticum; ú² ˌt'au*, taro; *ú² ip,* taro leaves, to feed pigs; *'tsò ú²* early taro, a good sort.

互² Hú Interlocking, as serrated edges or cog wheels; fitting into each other; with, together, each to other; reciprocal, mutual, blended, interchangeable, responsive; a butcher's double hook; *ˌkám ú²* united; *ú² ˌséung oi'* a mutual love.

冱² Hú Closed up by the ice, icebound, frozen, congealed; a glazed, icy appearance.

護² Hú To aid, to deliver; to guard, to preserve; to save, to succor, to patronize; the flank of an army; *kau' ú²* to save; *ú² ˌshan ˌfú*, a charm, an amulet; *ú² ˌfung*, safely sealed — written on the envelope of a letter; *ú² sung'* to convoy; *ú² fát,* to support Budhism.

濩² Hú Rain flowing in torrents, rushing rivulets and torrents; boiling, bubbling; *pò² ú²* diffused generally, as education.

岵² Hú A hill covered with trees and vegetation; others say, a bare hill.

怙² Hú To look to for care and help, as to a father; a father, a parent; a helper, a support; *ú² shi²* one's parents; *shat, ú²* to lose a father.

海上絲綢之路文獻集成 科技與文化編

(660) Ü.

於 于 Yú — A preposition of relationship, in, at, on, with, through, by; at the beginning of a sentence, it means respecting, relating to; it often denotes only the accusative, or particularizes the exponent of the verb; sometimes makes a passive form of the verb; after the possessive *chí* 之 it means respecting, in case of; forms the comparative degree, than, more than; before pronouns, as, as to, referring to; *ü sám nín*, in the third year; *ü kam* at this time; *ü sam ho 'yan*, where's your patience? *chí' ü chí' shin'* to rest in the highest good; *ü chün' 'yau chí*, it is in the record; *man' ü 'ngo*, he asked me; *pat k'au ü yan* ask advice of no man; *lit ü 'tso*, detailed on the left, *i. e.* below; *i 'ché chí ü peng' 'yá*, doctors are for sickness; *mok tái' ü t'in fú'* nothing greater than God; *ü shí'* thus, hereupon; *'yau yik ü yan*, it is advantageous to people; *üt ü ts'an*, to gladden one's parents; *kún' ü 'hoi 'ché*, he who looks at the sea; *ü man 'yá yan chí*, he treats the people humanely; *'sz' chí ü tò*, died by his sword.

于 Yú — Constantly interchanged with the preceding; to speak, to say; to go; *ü ü*, self-satisfied, pleased.

如 Jú — A conjunction, like, as, as if, according to; if, perhaps; at the beginning of a sentence, means as it regards, but as to; like, seeming; to permit; to go to; after adjectives, it has an intensitive force; *ü 'ts'z'* as this, like, thus; *ü kam*, now; *sz' sz' ü í'* everything according to your wishes; *í' í' ü sz'* two into two make four; *mò ü chí ho*, could do nothing with him; *ü 'yau*, if any one has, if there should be; *mò ü*, nothing like, better so; *hung hung ü 'yá*, really nothing; *ü chí ho, k'í 'ho 'yá*, if so, what can be done? *ü tso' cham chin*, like sitting on a carpet [filled] with needles.

洳 Jú — To become moist, to soak in; to dampen; name of a stream; *'tsü ü*, watery, soaked through, as a bog.

余 予 Yú — I, myself; we, ourselves; said in a humble style, and often put in a smaller sized type by the side. The first is also a surname; *k'í ü ü ho*, what can he do to me?

餘 Yú — Remnants of food; residue, an overplus; the rest, the remainder; a surplus of anything, superabundant; *ü tí'* vacant ground; *lau ü tí'* spare or lay by a little, as of wages; *'yau ü*, more than enough; *ü nai*, rubbish, debris left after building; *k'í ü*, the overplus, what remains; *ü hán*, leisure days; *ü shing'* what is left over; *ü lik* spare moments and energy.

魚 ꜀Yú A fish; fishy; *yat꜆ ꜀t'iú* ꜀*ü* or *yat꜆ ꜂mi* ꜀*ü*, one fish; ꜂*tá* ꜀*ü* or ꜂*lo* ꜀*ü*, to fish; ꜀*ü* ꜀*lán*, the fish market of Canton; *muk꜆* ꜀*ü* the wooden fish, on which priests beat responses; ꜀*háu puk꜆* ꜀*ü*, to beat the divining fish, as is done by Táu priests; *ch'éung꜄ muk꜆* ꜀*ü*, to sing ditties and ballads; ꜀*ü* ꜀*ch'i*, shark's fins; ꜀*ü* ꜂*t'ò*, fishmaws; ꜀*ü* ꜀*ch'un* spawn; ꜀*ü muk꜆ wan*꜄ ꜀*chü*, fish eyes mixed with pearls; ꜀*ü* ꜀*ch'á*, a fizgig; ꜀*ü* ꜀*ngá*, sea-horse teeth; ꜀*ü* ꜀*shü*, a letter; *shat꜆* ꜀*wan* ꜀*ü*, all in a fright; *ch'ut꜆* ꜀*ü* ꜀*tang*, a procession of fancy lanterns, many of them shaped like fish.

漁 ꜀Yú To fish; to seize; immoderate, indiscriminate; ꜀*ü shik꜆* inordinate lust; ꜀*ü* ꜀*k'i li*꜄ selfish desire for gain; ꜀*ü* ꜂*fú*, a fisherman.

輿 ꜀Yú The box or body of a cart; a chariot; a barrow; to hold, to sustain, to bear, as the earth does; the earth; a substratum, a foundation; to carry; many; ꜀*lün* ꜀*ü*, the imperial carriage; ꜀*ü* ꜀*yan*, a carriage-maker; ꜀*hòm* ꜀*ü*, heaven and earth; ꜀*hòm* ꜀*ü* ꜀*sín* ꜀*shang*, a geomancer; *ti*꜄ ꜀*ü* ꜀*t'ò*, a general map of a country or the globe.

歟 與 ꜀Yú A final particle, indicative of surprise and admiration; an interrogative or dubitative particle; a sign of the vocative; to breathe easy; ꜀*kwan* ꜂*tsz'* ꜀*yan* ꜀*ü*, is he a philosopher? ꜂*ho pat꜆ shan*꜄ ꜀*ü*, must we not be careful? ꜀*k'i* ꜂*ts'z'* ꜀*chi wai*꜄ ꜀*ü*, this is as I say.

舁 ꜀Yú To bear up, to raise aloft on the hands, to sustain with all the strength.

禺 ꜀Yú A term for quadrumanous animals, more especially gibbons; the hour from 9 to 11 A. M.; things beginning to develop; ꜀*p'ún* ꜀*ü*, the district of Pwányú.

嵎 ꜀Yú A mountain where the sun rises; ꜀*ü* ꜀*i*, the orient, the land of the sun.

愚 ꜀Yú Having a monkey's wit; simple, uninstructed, rude; silly, unwise, confounding right and wrong; used for "I," "your's humbly," &c., at the end of letters; ꜀*ü* ꜂*ch'un*, stupid; ꜀*ü chüt꜆* unskilled, foolish; ꜀*ü* ꜀*man*, the common people, the mob, the canaille;—used by officials; ꜀*héung* ꜀*ü*, rustics; ꜀*ü kin*꜄ in my humble opinion; ꜀*ü tai*꜄ your humble servant; *há*꜄ ꜀*ü*, the vulgar; *yéuk꜆* ꜀*ü*, appearing foolish, but not so; sapient; *shau*꜄ ꜀*yan* ꜂*sho* ꜀*ü*, deluded, taken in.

隅 ꜀Yú An angle, a corner; a nook, a secluded spot; a cove, a bay, an inlet; a part, a little; accurate, rigid, as a corner; ꜂*hoi* ꜀*ü*, a lagoon; ꜀*ü tso*꜄ to sit at the corner [of the table]; *yat꜆* ꜀*ü* ꜀*chi ti*꜄ a parcel of land.

儒 ꜀Jü Literary men, philosophers, scholars, the learned; scholarly; ꜀*ü káu*꜄ the literati, Confucianists; ꜀*hon* ꜀*ü*, an indigent scholar; ꜀*ming* ꜀*ü*, a renowned scholar; ꜀*ü hok꜆* a director of graduates, name of an office; ꜀*chan hai*꜄ *fü*꜄ ꜀*ü*, he's a complete pedant.

孺 ₛJú A suckling, an infant at the breast; attached to, intimate; a surname; ₛü ˊtsz' a child; ₛü ₛyan, wives of the seventh rank of officials.

蠕 ₛJü To crawl like a snake, the wriggling crawl of worms; a tribe or horde of Huns. Also read ˊün.

虞 ₛYú A fabulous benign white and black tiger, called ₑtsau ₛü; it is said to have appeared in Wan-wáng's day; to consider, to be anxious about; to expect; an impediment, mishap, accident, damage; a designation of Shun's reign; prepared for, vigilant, provided against, waiting, ready; to help; to select; a period of seven days' mourning; pleased; ₛmò ₛü, nothing to fear; patₒ ₛü, an unforeseen accident; ₛfong ₛü, on guard, watching; ₑsho ₛü, remiss, unprepared; ˊi pì' patₒ ₛü, to guard against casualties; ₛü ₛyan, warden of the parks and ponds.

娛 ₛYú Joy, pleasure; to amuse, to divert, to please one's self or others; relaxation, diversion; ₑfún ₛü, pleasure; the nuptial act; tsz' ₛü, to enjoy one's self; ₛü ₑts'an, to please one's parents; kikₒ ₛü, extreme joy, in an ecstasy.

好 ₛYú A sort of female chamberlain in a palace called tsipₒ ₛü; known in the Táng dynasty.

臾 ₛYú A moment of time; ₛsü ₛü, momentary, presently, in a little while. Read kwai' a basket for grass.

庾 ₛYu A receptacle for grain in the field, a stacking-floor; a pile, a stack; abundant, affluent; ˊyé ˊyau ₛü tsikₒ shocks piled in the field; tái' ₛü ˊling, the Great Stack Mts., between Kwángtung and Kiángsí, better known as the Mei-ling.

楰 ₛYu A kind of tree, whose wood is tough in dry weather, and brittle in wet weather.

腴 ₛYú Fat on the belly; corpulent, fat, soft and flabby; savory; rich, fertile; entrails of dogs and pigs; the belly; ₛfi ₛü, fat, in good condition; ₑkò ₛü, fertile, rich, as land.

萸 ₛYú A bitter, warm sort of umbelliferous seed, called ₑchü ₛü, prescribed as an alterative.

諛 ₛYú To flatter, to praise, to adulate; to caress; adulation; a flatterer, a sycophant; ˊch'im ₛü, to flatter; ₛü shikₒ a simpering, ogling, countenance; ₑo ₛü fung' ₛshing, to cajole and flatter.

榆 ₛYú The elm, of which ten sorts are reckoned; ₑsong ₛü, mulberry and elm, met. the evening of life, because these trees grow firm with age.

愉 ₛYú A contented, happy, pleased air; joyfully, willingly; self-satisfied, well brought up; to please, to rejoice; ₛü shikₒ a happy, delighted countenance.

渝 ₛYú Name of a stream near the eastern end of the Great Wall; water becoming muddy; to grow worse, to deteriorate.

窬 ₛYu A small door cut in a large gate, or in the wall near it; a hole in a wall; to bore a hole.

a row of bricks in a wall: *ˏsám ˏü ˏchün*, a wall three bricks thick; *ˏch'ün ˏü*, to cut through a wall to steal; *ˏtán ˏü ˏchün*, a wall of one brick.

蝓 ˏYü A garden slug, a limax; *ˏí ˏü*, a garden snail; others say a garden spider.

盂 ˏ 盃 ˏ Yü A basin, a dish of wood or metal; a vessel for holding food or liquids; a clapdish; *pút ˏü*, a vegetable dish; *ˏt'ám ˏü*, a small spit-box; *ˊfo ˏü*, a dish cooked by spirits; *ˏü ˏlán shing' úi²* the All-souls' festival in the first half of the 7th moon.

竽 ˏYü A sort of organ, having 36 tubes of different lengths meeting in a bulb, and played by suction; it is called *tò² ˏü*, the thieving *ˏü*, because it leads the choir.

雩 ˏYü To pray for rain; name of a sacrifice. to implore rain. Read *ü²* the rainbow.

濡 ˏJü Name of a river in the east of Kwángsí. Usually read *ˏsü*. Also read *ˊnün*, sediment, dirty water.

嫗 ˊYü A mother; *ü' ˊü*, the fructifying effects of the sun; *ˊlò ˊü*, an old granny; *ˏts'ün ˊü*, a village dance.

雨 ˊYü Rain, water from the clouds; a shower, a rain; to come fast and furious like rain; the 173d radical of characters relating to meteorology; *ˊch'i shek² ˊü há²* the darts and stones came raining on us; *ˏmí ˏsz' ˊü*, a mist, drizzling; *ˏp'ing ˏt'in ˊü*, a general rain; *ˊü ˊshui ˏto*, too much rain; *lok² ˊü*, it rains; *kwo' ˏwan ˊü*, a passing shower; *pák² chong² ˊü*, a sun-shower; *tsat² ˊü*, a smart shower: *au' ˊü*, dark, rainy, weather; *fung ˊü pat² ˊkoi*, he never minds the weather; *ˊpí ˊü tap² shap²* wet through by the rain.

Read *ü'* to rain, to descend from the sky; *ü' ˏkam ˏsám yat²* it rained metal three days.

宇 ˊ 寓 ˊ Yü Sides of a roof; to cover, as the eaves; to shelter, as a bird; to protect, to regard; wide, extensive, reaching everywhere; the canopy of heaven; the world, under the canopy; *ˊü há²* under the roof; the world; under one's protection; *ˊü noi²* in the universe; *ˊü chau'* the wide world; *tung' ˊü*, a roof, a house.

禹 Yü The name of an insect; to expand, to feel easy; name of the founder of the Hiá dynasty, called *Tái² ˊü*, B. C. 2205.

瑀 ˊYü A pebble which resembles a gem.

予 ˊYü Similar to the next; to give, to confer, to transfer to, to grant.

與 ˊ 与 ˊ Yü A company, a band, a combination; to consort, to join. good, liking; a preposition. with, by, to; a conjunction. and, together; as, as if; when repeated, it has a disjunctive sense, either, or; when followed by *ˏning*, denotes a comparison; to give, to commit. to transfer to; to comply with, to promise, to agree; to grant to permit, to wait, to delay

英華分韻撮要

for; to concede to; to use, to employ; before verbs, often denotes the dative; after verbs, often merely marks a transitive sense; ˊü ˏyan patˎ ˏt'ung, unlike other people; ˊü ˊni ˊhi I'll rise with you; patˎ ˊü man² I will not ask him; ˏséung ˊü, acquainted with; to treat kindly; ˊhò ˏséung ˊü, very good friends; ˏt'in ˊü ˏchi, heaven gave it him; shukˎ ˊü ˊngo, who is like me? ˊtong ˊü a clan, a company, confederates; ˊü ˊngo ˏmò ˏkon, none of my business; ˊü ˏt'á tsokˎ túi² I can match him; kápˎ ˊü ütˎ shukˎ ˊmí, which is the finest, kupˎ or ütˎ this or that? ˏsong ˊü ˏk'i i² ˊyá ˏning ts'ikˎ in mourning true grief is better than show; ˏman ˏi patˎ ˏhang ˊü patˎ ˏman ˏt'ung, to hear and not to do is the same as not to hear.

ˊ窳 Yú A vase with a hole or flaw; defective, weak, feeble; sick, invalid; idle, vicious, useless, listless.

ˊ羽 Yú Feathers, the large quill feathers; wings, plumes; having feathers, made of feathers, feathered; a feather banner or signal; quick, as if flying; the 124th radical of characters relating to feathers; ˊü yikˎ feathers and wings; appendages; assistants; an excerpt or compilation; ˊü ˏmò shin² feather fans; ˊtong ˊü, small predatory detachments; ˊü ˏshá, English camlets; ˊü tün² Dutch camlets; ˊü ˏling, lastings; ˊü pò² bunting; ˊü ˏch'au, bombasin; ˊü ˏts'é, merino; ˊü lui² birds; ˊü ˏlam ˏkwan, the emperor's body-guard.

ˊ圄 Yú To detain, to imprison, to hold fast; ˏling ˊü, a prison, a lockup.

ˊ敔 Yú To stop or keep time, as in music; an instrument resembling a tiger, struck to stop the music.

ˊ語 Yú To converse, to talk with, to tell, to inform, to discuss; words, conversation, speech; expressions, language, words, phrases, sentences; púi² ˊü, double entendre; òm² ˊü, whispering, talking low; lun² ˊü, Conversations of Confucius; ˏts'im ˊü, oracular responses; ˊhi ˊü ˏts'z' initial particles; ˊchün ˊü, words which give a turn to the sentence; ˏshing ˊü, proverbs, sayings; tsukˎ ˊü, a vulgar phrase; siú² ˊü, triflings, chitchat; ˏin ˏsám ˊü sz²' loquacious; ˏin ˊü, words, conversation; ˊng ˊü ˊü I tell you plainly.

ˊ鋙 Yú Unsuited, unmatched, unfitted for each other, as a round handle into a square hole; ˏch'o ˊü, uncongenial, forced. Read ˊng: ˏkwan ˊng, name of a hill, which produces steel.

ˊ齬 Yú Distorted, ill arranged, as teeth; ˊtsü ˊü, unequal, jaws not matching; contradictory, discordant, as reports.

ˊ圉 Yú A groom, a stable boy, a hostler; to oppose, to defend; a prison; a frontier, a place where the territory ends; ˊü ˏyan, a horseboy; ˊshau ˊü, to guard the borders.

ˢ麌 Yú A buck, the male of deers; to herd together; ˏyau luk₂ ˢü ˢü, stags and does in a herd.

ˢ乳 Jú The breasts, the nipple; an udder; milk; milky; soft, tender; to suck; to nurse; ˢü ˢtsz' to suckle; a suckling; ˏngau ˢü ˢpeng, a curd cake; tün² ˢü, to wean; ˢü ˏhéung, olibanum; ˢü ˏkam, liquid gold, used for writing; ˢü ˢmò, a wet nurse; ˏyéung ˏkò kwai² ˢü, the lamb kneels to suck.

ˢ俁 Yú Persons with large features; a large, imposing appearance.

ˢ汝 ˢ女 Jú A tributary of the R. Hwái, and an inferior department in Honán; a personal pronoun, you, your; ˢü ˏho ˏyan, who are you? ˢü ˏmún, you all.

淤ˀ Yú A muddy, sedgy bank rising in the water; a bar which stops the flow, a deposit of filth in a stream; üˀ sak, pat, ˏt'ung, the mud stops the flow.

瘀ˀ Yú Extravasated blood, the black blood settled in a sore or bruise; a bruised place; a dull color; üˀ hüt, effused blood; üˀ ˏshéung, a bruise; üˀ hak, shik, a black and blue sore; no lustre; shik, chák₂ ˢhò üˀ there is no lustre to it.

飫ˀ Yú To eat much, to gormandize; to give; gluttonous; satiated, glutted, filled, surfeited; loathing, saturated; üˀ ˏchau, full fed, loathing; shik₂ tòˀ üˀ eaten to the full; ˢpáu üˀ eaten too much; mat, kòmˀ üˀ why do you loathe the food? tsuk₂ mat₂ pat, üˀ muk₂ vulgar things never satisfy the eye.

酗ˀ Hü Mad with drink, raving drunk, furious; üˀ ˢtsau, delirium tremens.

煦ˀ Hü The genial warmth of the sun; hot, vivifying, nutritive; soothing, kind, gracious; to steam; to heat, to warm; to mature; to vivify; a red, warm color, carnation; ˏwo ü genial, warm, as the weather.

俞² Yú To answer, to assent; to respond; to reply willingly, yes, good, well, quite so; ü² ˏwan, to promise, to agree.

喻² Yú To make known, to proclaim, to manifest; to declare, to explain, to instruct, to teach, to compare, to illustrate; to understand the import of; instructed; manifested; instruction; ˢhiú ü² to cause to know; to comprehend, to appreciate, as teaching; ˢsham ü² ˏchí, to explain fully; to see through, as a subject; káuˀ ü² instruction; to teach; ü² ˏsín, an illustration, a parable, an allegory.

諭² Yú Interchanged with the last. Orders, commands, injunctions, edicts, official notifications; to signify, to proclaim to the people, to order; to reprove; to compare; a comparison; shéung² ü² His Majesty's commands; shingˀ ü² the Emperor's orders; chát, ü² a mandate; p'iˀ ü² a comparison; for instance; káuˀ ü² a district superintendent of colleges; ˢshau ü² a letter; ˏming ü² your instructions.

愈² Yú To surpass, to exceed, to overcome, to prevail; to get the better of; to cure; to get well, healed, convalescent, cured; getting well; more, better, in a further degree, still more; *peng*² *ü*² disease cured; *lap*₂ *ü*² an immediate cure; *ˌts'ün ü*² *shau*². *tsé*² no pay no cure; *ˌyau ˌsum ü*² *ü*² lamenting more and more; *ü*² *ˌto ü*² *pat*₎ *tsuk*₎ the more he has the less he is satisfied; *ü*² *'hò*, mending, recovering.

瑜² Yú Lustre of gems; a beautiful stone; excellencies, good qualities; *'kan ü*² a fine gem; *ü*² *ˌhá* are opposites—virtues, defects.

覦² Yú To desire, to long for, to covet; *ki*³ *ü*² to wish earnestly, to hope for.

踰² 逾² Yú To pass over, to cross; to advance, to get beyond; to exceed; to go beyond, to pass by, as time; *ü*² *ˌts'éung*, to leap a wall; *ü*² *tsít*₎ to exceed a limit, as in expenses; *ü*² *ˌhán*, to overpass the mark; *ü*² *üt*₂ next month.

豫² 預² Yú A large elephant; easy, contented, idle, indulgent, taking one's pleasure; a jaunt, an excursion; to prearrange, to get ready for; beforehand, already; prepared for; provided, ready; to confer with; *ü*² *pí*² ready, early arranged; *ˌyau ü*² irresolute, undecided; *ü*² *ˌsin*, previously, beforehand, *ˌ'm ü*² *tò*³ unexpectedly; *ü*² *teng*² well fixed; *ü*² *ˌfong*, guarded against; *ü*² *ˌman*, I let you know before; *ü*² *ˌín*, prediction, prophecy; *ˌkon ü*² to interfere in, to meddle, to go out of one's line.

蕷² Yú A tuber or esculent root, called *ˌshü ü*² resembling the yam, but with a coarse fibre; it is used as a stomachic.

裕² Yú Rich in clothes and chattels; to enrich, to leave to; plenty, superabundant, in excess; supererogation; liberal, generous; *ˌfún ü*² magnanimous; having enough, well off; *ü*² *kwok*₎ to make the state prosper.

澦² Yú Name of a stream in the east of Sz'chuen.

鸒² Yú The blackbird, pie, or jay; small birds of this sort, which assemble in flocks.

茹² Jú Also read *ˌü*. Roots intertwisted and tangled; joined by the roots; interlaced; to take, to receive; to eat, to gobble down, to eat and drink much; to conjecture; soft, pliant, flexible; putrid; dried, as herbs; things dying of themselves; *ˌt'ám ü*² a great appetite; *put*₂ *ˌmau ˌlin ü*² to pull up stem and roots.

譽² Yú To praise, to extol, to laud, to eulogize; to cajole, to flatter; to overpraise; *hò*³ *min*² *ü*² *ˌyan*, fond of flattering people to their face; *ˌkú ˌmeng tiú*³ *ü*² to seek people's praise by one's deeds; *ü*² *ch'ü*² delight received from flattery; *ˌch'ing ü*² to bespatter with praise.

御² Yú To drive horses, to act the charioteer; to manage all, to govern, to superintend; to rule, to break in, as a horse; to extend everywhere, as imperial power does; an epithet applied to the emperor and whatever belongs to him, imperial, royal; to wait on, to help; to urge to drink, as to a guest; the management, the rule; *ü² ˌts'in*, in court, in the emperor's presence; *ü² chai²* the emperor's composition; *ü² ˌshü*, imperial autograph; *ü² ˌkü*, to drive a chariot; *ü² 'sz²* censors; *ü² ˌhon*, to stand the cold; *ü² ngai²* charioteering; *ˌlam ü²* to begin to reign; *ü² ká²* the emperor himself.

馭² Yú Interchanged with the preceding. To drive a chariot; to rule, to oversee; to rely on; *ká² ü²* to guide, as a chariot; to direct, to govern; *ˌsín ü²* or *ü² hok,* to ride to the genii, or to stride a stork—phrases for dying.

禦² Yú Similar to the above. To withstand, to resist, to stop; to forbid, to cause to desist, to bring to an end; to sacrifice; *ü² ˌki*, to satisfy hunger; *ˌfong ü²* to guard, to watch against.

寓² Yú To lodge, to sojourn in, to dwell at; to attach to, to hang on; a lodging-place, a shelter, a temporary abode; a house, a home; to pertain, to belong to; to borrow, as a metaphor; a hidden meaning; *tsám² ü²* staying at for a while; *tsé² ü²* to use a dwelling; *ü² 'sho*, a house, dwelling; *ˌtsün ü² ˌho ch'ü²* where's your home? *ki² ü²* attached to, as a parasite; lodging at; *hák, ü²* a hotel; *ˌlau ü²* people who are not yet entered as citizens, their register being in another prefecture: *ü² ˌin*, a metonymy, metaphorical.

遇² Yú To meet, to come upon one; to occur, to happen; to entertain, to intreat; whenever, happening; *ü² ˌshi yat, 't'ò ki²* always sour, ever cross; *ü² sz²² 'kòm ˌwai*, he's ready for anything; *ü² ˌts'an*, 'ni I met you; *ü² 'ngo hau²* he treated me well; *ü² 'yau sz²²* I happen to be busy; *ü² hòp,* it happens, it fits very nicely; *pat, ü²* not to meet; unlucky, unsuccessful; *ü² chéuk,* to happen, to encounter; *ü² ˌshi tái² kat,* fortunate if you go at any time; *ü² ˌsin kòm² ü²* like an angel's visit—to see you.

(661) Úi.

ˌ根 Wei The pivot or projection on the top and bottom of a door on which it turns.

ˌ渨 ˌ隈 Wei A bend or cove in a shore; a winding stream; *ò² ˌúi*, a deep bay, a sinuous shore.

ˌ煨 Wei To put fire into to warm things; to cook in the ashes; to burn under ashes; to roast; *'pi 'fo ˌúi*, roast it in the embers; *ˌúi ˌnung*, roasted brown; *ˌúi t'án²* to burn charcoal; *ˌt'ong ˌúi*, to bury in ashes so as to roast slowly; *ˌkoi ˌúi*, to be roasted, *i. e.* unlucky, a mishap; *ˌúi ˌfán ˌshü*, roasted potatoes.

喂 ꜀ A colloquial word. A word of address, when calling out to a man; ꜀á ꜀úi, halloo! here!

猥 Wai Dogs barking; a slut whelping three puppies; many, plentiful, accumulated; mixed up, ill assorted; low, rustic, vile; ꜀pi ꜀úi, vulgar.

回 ꜁ Hwui To revert to, to revolve, to turn around; to return back; returning, repenting, changing the mind; crooked, deflected; a time, a turn, an effort; a chapter in a novel; ꜁úi sun꜄ an answer; ꜁ni ꜁úi, this time; shéung² yat꜆ ꜁úi, the previous time; ꜁úi tsz'² ꜁mún 'hau, a framed gateway; ꜁úi ꜁yam 'ni, to answer you; ꜁úi 'chün, to return; ꜁úi ꜁t'ong, lost its sweetness, as fruit; fung² ꜁úi, to give back; 'yau ꜁úi mi² it long retains a relish; always pleasing, as fine writing; ꜁úi luk꜆ a fire, incendiary; title of the God of Fire; ꜁lun ꜁úi, transmigration; ꜁úi ꜁úi káu꜄ Mohammedanism; ꜁úi 'tsz' the Mongols, or Ouigours; ꜁úi ꜁lò, to send back, as useless; ꜁loi ꜁úi, come and gone, coming and going; ꜁úi ꜀sam 'chün i꜄ to change one's mind, to forgive; t'úi꜄ ꜁úi 'ki ꜀to, how much do you send back (or reject)? ꜁úi ꜁mún, the first visit to the bride's parents; ꜁úi ꜁nám, veering to be a south wind.

廻 迴 ꜁ Hwui Interchanged with the last. To curve, to bend; to turn round, to double, as a fox; ꜁úi pi² to skulk off, to avoid one's sight.

徊 ꜁ Hwui To pace to and fro; to hover, to go and return; ꜁p'úi ꜁úi, irresolute; back and forth.

洄 ꜁ Hwui Water flowing round and round; an eddy, a whirlpool; name of a lake in Húpeh; indistinct, as eddying water.

茴 ꜁ Hwui Fennel, or caraway seed; 'siú ꜁úi ꜀héung, a small fragrant seed like dill; tái² ꜁úi ꜀héung, star aniseed.

噲 ꜂ A colloquial word. To know how to do; skilled in, expert at; apt, likely to cause; a form of the future tense; ꜁'m 'úi ꜁mong ki꜄ I shall not be apt to forget it; 'úi ꜀shang peng² it will probably make you sick; 'ngo 't'ai tak꜆ 'k'ü 'úi 'sz' I think he will die; ꜀sé ꜀sü 'úi tik꜆ I can do it a little; 'úi ꜁'m 'úi, do you know how to do it? hok꜆ 'úi, learn to do it well; 'úi 'au long² apt to be seasick; 'úi 'tá 'li, knows how to manage it; 'úi ꜀t'au 'yé, he's apt to steal; 'úi 'tá sün꜄ he can contrive; 'k'ü 'úi ꜀shing ꜀t'in, he will go to heaven.

會 ² Hwui To collect, to assemble, to convoke, to bring or call together; to make a compact, to unite by agreement; a blending, a joining; an association for any purpose, a club, a society; a meeting, a cabal; a church, a congregation; a joint stock company; to meet, to visit; an occasion, a meeting; to communicate, to let all know; to understand, to know; a seam in a cap.
A colloquial word. To stew, to simmer in flour and water;

úi² ‚shü ‚kai, an Irish stew; úi² ín² ‚wo, stewed birdsnests; ch'ut‚ úi² to get up a procession; úi² 'king, a fine procession; pái² úi² to visit one; to join an association; úi² 'tsui, members of a company; ‚sám hòp‚ úi² the Triad Society; úi² hák‚ to receive a guest; ín² úi² a dinner party; úi² ‚tán, a letter of credit; tsáp‚ úi² hí² a sort of joint theatricals; 'hò ‚kí úi² a good opportunity; úi² hong² the funds of a company; to give an order for money on another; ‚man úi² a literary club; ‚hoi úi² and ‚shau úi² is to form a company, and to wind up its affairs; úi² ‚t'au, manager of a company; úi² 'fi, banditti.

匯² Hwui Water gurgling and eddying; a whirlpool; a vase; ‚shá úi² quicksands, the sand stirred up by water; sz'' ‚shü úi² ‚ts'ám, an edition of the Four Books with all the comments.

(662) Uk.

屋‚ Uh A house, a dwelling, a habitation; a building; covering or tent of a carriage; yat‚ ‚kán uk‚ one house; 'hí uk‚ to build a house; uk‚ shé² habitations; uk‚ ‚ch'éung, a house lot; tsoi² uk‚ 'k'i, at home; uk‚ púi² a roof; ‚mò uk‚ yam² no house to be rented.

剭‚ Uh To put to death privately, to execute a criminal in his own house.

(663) Ún.

‚垣 Hiuen A low wall, such as surrounds a yard; 'tseng ‚ún, the curb of a well; 'sháng ‚ún, a city wall.

‚桓 Hwán A tree which produces hard black seeds used for beads; sign-boards placed between two posts before a hong; pillars before graves; posts to steady a coffin on trestles; a title of defunct grandees; ‚ún 'pií, tablet pillars; ‚p'ún ‚ún, to advance with difficulty; ‚ún ‚ún, warlike; mournful.

‚洹 Yuen Name of a small branch of the R. Wei in the northeast part of Honán, near Cháng-teh fú.

‚爰 Yuen To lead on, as to another subject, for which the next is also used; therefore, on this account; at, in, up to; even to, arriving at; to deduce; to remove, to change; sad; ‚ún ‚ún, slowly.

‚援 Yuen To take by the hand; to draw out, to pull up higher; to assist, to rescue, to relieve; to put forward, to elevate; ‚ún 'yan, to lead on; kau² ‚ún, to come to the rescue; ‚ún ‚ping, a relieving force; kit‚ ‚ún, to bring one forward, to draw together; log-rolling; ‚p'ún ‚ún, to combine for mutual help; 'shau ‚ún, to help out, as from the water.

‚湲 Yuen Water flowing or drawn off; the purling noise of a rapid current.

英華分韻撮要

‘碗 ‘盌 ‘椀 Wán — A bowl, a dish; a wooden trencher; the quantity in a bowl; ‘*ún típ*› plates and dishes; *fán*² ‘*ún*, rice bowls; ‘*pò* ‘*ún*, to clamp or mend dishes; ‘*ún* ‘*hau kòm*’ *tái*² big as a bowl; *tái*² ‘*hoi* ‘*ún*, a punch bowl; ‹*shí* ‘*shé* ‘*ún fát*› ‹*ts*‘*oi fán*² give me a bowl of your surplus rice—a beggar's cry.

‘腕 Wán — The wrist; to grasp, to twist; ‘*shau* ‘*ún*, the wrist; *kéuk*› ‘*ún*, the ankle-joint; *ak*› ‘*ún*, to take by the hand.

‘睆 Wán — Bright, brilliant, as a star; real; large, rolling, lustrous eyes; to see clearly, to look around; beautifully formed, finely moulded; pared nicely; to wheedle.

‘澣 ‘浣 Hwán — To wash clothes; to bathe, to purify one's self; a decade of days; ‘*ún* ‹*í*, to wash one's garments; ‘*ún* ‹*shá* ‹*k*‘*ai*, a stream in Chehkiáng.

奐² Hwán — Great; beautiful, handsome; at ease, leisurely; variegated; to take one's pleasure.

換² Hwán — To change one for another, to interchange, to commute; to move from one place to another; ‘*cháu ún*² to exchange, as coins; *ún*² ‘*chün*, to interchange; to transpose; ‘*koi ún*² to make in another style; *ún*² *kwai*’ to change the [official] garb; ‹*úi ún*² to send back; *ún*² *t*‘*íp*› ‹*hing tai*² sworn friends; *pín*² *ún*² exchanged as wanted, as coin; *túi*’ *ún*² to barter; ‹*páu ún*² I agree to change it (if bad); ‘*mò tak*› *ún*² I'll not take it back; ‹‘*m* ‘*shai ún*² need not change it; *ún*² ‹*shám*, to change one's clothes; *túi*² *ún*² to exchange; *ch*‘*ut*› ‹*mún pat*› *ún*² it will not be taken back: *ún*² ‹*ying* ‹*ngan*, to change Mexican dollars.

渙² Hwán — A branch of the R. Hwái in east of Honán; to spread abroad, to expand, to dissipate; the 59th diagram, denoting dispersion; *ún*² *lán*² variegated, elegantly decorated.

煥² Hwán — The brilliance of fire; refulgent, splendid; *ún*² ‹*ú* ‹*k*‘*í* ‘*yau* ‹*man* ‹*chéung*, how elegant it is! *ún*² ‹*ín yat*› ‹*san*, how fine and new it all is!

玩² Wán — Gems for playing; to play with, to toy with; to practice with; to trifle with, to delight in; to ramble and divert one's self, to linger around; a child's play; ‹*yau ún*² to recreate and ramble; ‘*kú ún*² articles of virtu; *ún*² *mí*² to relish, as a book; *ún*² *hí*’ toys, delectable things; *ún*² *lung*² to trifle with, to laugh at.

翫² Wán — Similar to the last; to study till weary of; to look at or do, till disgusted with; *tsáp*› *ún*² perfect in; prosperously.

緩² Hwán — Slow, tardy, leisurely; carelessly; lax; easily, gradually, gently; to let things take their own way; to delay, to dawdle, to take matters easily; ‹*fún ún*² easy with, to talk kindly to; not pressing; *ún*² *kap*› slow, fast; adverse, prosperous; *pat*› ‘*ho ún*² it does not admit of delay; *ún*² *kap*› ‹*séung tsai*’ to help each other in emergencies.

(661) Ün.

冤 寃 Yuen } To injure, to ill use, to oppress; to make one stop, to force one to crouch; to implicate; a grudge, enmity; injury, wrong, ill-treatment, oppression; *sò' ˓ün*, to state a grievance; *˓ün 'wong*, to falsely accuse; unjustly implicated; *˓hòm ˓ün*, to bear a grudge, he cherished the injury; *˓shan ˓ün*, to get redress, to have justice; *˓ün ˓wan pat˒ sik˒* the injured ghost is unappeased; *'sai ˓ün*, to be revenged; *kit˒ ˓ün*, to become at variance; *˓ün it˒* vengeance of heaven, sudden destruction.

鴛 Yuen The drake of the mandarin duck; *˓ün ˓yéung*, mandarin ducks, *(Anas galericulata)* an emblem of conjugal love.

鵷 Yuen A strange bird, which may perhaps be intended for the peacock or Tartar pheasant.

淵 Yuen An eddy, a whirlpool; a deep pool; a deep, an abyss, a vortex, a gulf; *˓sham ˓ün*, the vast deep, unfathomable; *˓t'in ˓ün ˓séung kák˒* as far apart as the sky and the abyss; *˓ün ˓ün*, a concert of drums.

完 Hwan To finish, to conclude; completed, done, finished, brought to a satisfactory termination; strong, well done; wholly, entirely; *yák˒ ˓ün*, done eating; *˓ün ˓ün ˓ts'ün ˓ts'ün*, it is all completed; the whole is in good order; *yung² ˓ün*, all used up; *˓ün shò'* settled the account; *'kong ˓ün*, done speaking; *tsò' ˓ün 'shau 'mi*, finished throughout.

玄 玄 Hiuen } Dark, sombre, blackish, like the deep sky; to manage; deep, still, silent; abstruse, profound; the name of Kiáking, for whom alone the first form should be used; the 96th radical; *˓ün ˓ming 'fan*, glauber's salts; *˓ün ˓tsing shek˒* carbonate of lime; *shéung² ˓ün*, heaven; *˓ün ˓ü*, old fox-fur garments; *˓ün shik˒* blackish; *˓ün ˓t'in shéung² tai'* the highest Shángtí.

泫 Hiuen Glistening dewdrops, pendent dewdrops; falling tears; deep flowing water, a wide sheet of water; name of a river in southwest of Shánsi.

眩 Hiuen Also pronounced ün'. Confused vision, dizzy, wandering eyes; defective, squinting sight; confused, mixed, out of order; unable to see clearly, mistaken.

衒 Hiuen Bragging, puffing, vaunting, boasting; to display for sale; *tsz'' ˓ün*, to praise one's self; *˓ün yuk˒ ˓k'au shau'* to offer a gem for sale, *met.* to seek a market for one's talents.

員 Yuen A classifier of officers; round, a round thing; a dollar; to circulate, to reach all around; *˓kún ˓ün*, officers, grandees; *yat˒ ˓ün ˓kún*, an officer; *˓shang ˓ün*, a siútsái; *fuk˒ ˓ün*, the area, the superficies, as of a country; *˓nang ˓ün*, a clever officer; *˓ün ˓ch'ái*, a policeman; *˓ün ngoi² ˓long*, clerks in the Tribunals.

圓 圜 ꜀Yuen — Round, circular; a circle; a round lump, a globe, a ball, a sphere; to interpret, as a dream; to make round; to cut off corners, to accommodate; *꜀fong ꜀ün*, a square, a circle; *꜀ün mung²* to explain a dream; *꜀ün ꜀hün*, a ring, a circle; *꜀t'ong ꜀ün*, forced meat balls; *꜀ts'o ꜀ün*, to roll round in the hands; *꜀ün ˋmún* finished up, as a job; *yat꜀ tái² ꜀ün*, a whole dollar; *pún² ꜀ün* or *꜀chung ꜀ün*, half a dollar, in which sense the next is also used.

元 ꜀Yuen — The commencement, the origin, the first cause, the incipient steps; the first, the head, the chief, the principal; original, primary; *꜀ün tán²* or *꜀ün yat꜀* new-year's day; *꜀ün ꜀nín*, first year of a reign; *꜀ün hí² ꜀m ˋhò*, his constitution is bad; *꜀ün ꜀shan*, the stamina, or the bodily powers, virility; *꜀ün ˋch'i*, first cause; *꜀ün ˋpò*, gilt paper burned in worship; *shéung² ꜀ün, ꜀chung ꜀ün, há² ꜀ün*, festivals on the 15th of the 1st, 7th, and 10th moons; *kái² ꜀ün, úi² ꜀ün, chong² ꜀ün*, senior wrangler at the examination of the three degrees of *küjin, tsinsz'* and *hánlin*: *꜀ün ꜀ch'iú*, the Yuen (Mongolian) dynasty, A.D. 1280–1368.

刓 园 ꜀Yuen — To cut off the corners, to pare off, to round; to equalize, to trim; *꜀ün kok꜀* to clip or rub off the corners.

芫 ꜀Yuen — A noxious plant, whose flowers kill fish; hemlock? *꜀ün ꜀sai*, a vegetable, coriander or caraway.

鳶 ꜀Yuen — A kite or fish-hawk; its scream heard at night indicates rain; *꜀fung ꜀ün* or *ˋchí ꜀ün*, a paper kite.

沿 ꜀Yuen — To flow along; to follow a stream; to go along a shore, to sail with; continuous, successive; accommodating, obsequious; to conform to the wishes of others; to make a tour, to go through; *꜀ün lò²* through the whole way or journey; *꜀fung tsuk꜀ ꜀séung ꜀ün*, the custom has been perpetuated; *꜀ün ngon²* along the shore.

鉛 ꜀Yuen — Lead, the *꜀ts'ing ꜀kam*, or blue metal: leaden; *hak꜀ ꜀ün*, lead; *꜀ün kún²* lead canisters for tea; *꜀ün ˋfan*, white lead; *꜀ün ˋmá*, a leaden bullet; *pák꜀ ꜀ün*, pewter; *꜀wo ꜀ün*, pig lead; *꜀teng ꜀ün* or *káp꜀ ꜀ün*, bored or leaded dollars; *꜀k'au ꜀ün*, alloyed with lead; *꜀ün pat꜀* a lead pencil.

懸 ꜀Hiuen — To suspend, to hang down; to be anxious; in suspense, undecided; anxiously; *꜀ün kwá²* to hang up, as on the lintel; *꜀ün mong²* anxiously looking for; *꜀ü ˋkái ˋtò ꜀ün*, like letting down one hung by the heels; *꜀ün tsüt꜀* very unlike; *꜀t'au ꜀ün ꜀léung*, tied his head to a beam — lest he should fall asleep.

丸 ꜀Hwán — To be distinguished from 凡 all. A small ball, a pellet, a pill; *yéuk꜀ ꜀ün*, a medicinal pill; *láp꜀ ꜀ün*, pills inclosed in wax; *꜀t'an ꜀ün*, to swallow a pill; *꜀mái ꜀ün*, to concoct pills; *꜀ts'o ꜀ün ˋtsai*, to roll pills.

莞 ꜀Hwán A creeping plant, called ꜀ün ꜀lán, probably an orchideous sort, of which mats can be made.

紈 ꜀Hwán A plain white sort of sarsnet; plain, not figured; fine, close, white, as silk; ꜀ün shin˒ silk fans; ꜀ün fú˒ ꜀chí tai˒ a fellow with white breeches, i. e. a rich fool.

椽 ꜀Ch'uen A round plate in a roof, serving to support the heavy eaves; a round rafter; a classifier of houses: ꜀héung ꜀ün (or ꜀ün), dried citron; uk˓ ꜀ün, a round plate; shò˒ ꜀ün, several houses.

緣 ꜀Yuen A binding on the hem of a dress, a trimming or facing: to correspond with, to harmonize with something previously existing; a recondite influence, sympathy; because, since, therefore, for this reason; a cause, a circumstance; an account; to climb; a connection, an affinity; connected with, a relationship; ꜀yan ꜀ün, a marriage; ꜀ün ꜀yau, causes, reasons; ˋyau ꜀ün, there are reasons, underhand causes; ꜀t'in ꜀ün ts'au˒ ˋháu, a providential or fortuitous meeting; ˋyau mat˓ ꜀ün kú˒ what's the reason? ꜀mò ꜀ün fan˒ no sympathy for, no fitness with; ꜀ün pò˒ a subscription book; ꜀ün ˋling, tha collar of a coat; ꜀ün muk˓ ꜀k'au ꜀ü, to climb a tree to catch a fish—a useless search; ꜀léung ꜀ün, a harmonious union; a good chance; ꜀ün fan˒ ˋts'in, not much intimacy; ꜀ün hai˒ ˋkòm, it is thus.

園 ꜀Yuen A garden, a yard, an orchard, an inclosure for flowers or vegetables; met. a fine shop; imperial sepulchres; ꜀fá ꜀ün, a flower-garden; ts'oi˒ ꜀ün, a kitchen-garden; ꜀ün ꜀ting, a gardener; hí˒ ꜀ün, a play-garden, public grounds where amusements are seen; ꜀lí ꜀ün, the pear garden—theatricals; kú˒ ꜀ün, the old garden—one's native village.

袁 ꜀Yuen Long robes; a prefecture in the west of Kiángsi; a surname.

轅 ꜀Yuen The thills of a chariot; a whipple-tree; a tongue or shaft of a wagon; the side gates of the yard of a yámun or a general's marquee; ꜀ün muk˓ the thills; ꜀ün ꜀mún, gates of an office; ꜀ün ꜀mún pò˒ the provincial court circular; ꜀hin ꜀ün, a constellation of 12 stars in Leo; the Yellow Emperor.

猿 猨 ꜀Yuen A monkey, as distinct from apes; ꜀ú ꜀ün, a black monkey; pák˓ ꜀ün, a white monkey; ꜀t'ung pí˒ ꜀ün, a monkey that stretches one arm as he shortens the other.

黿 ꜀Yuen A fabulous tortoise which was made at the creation; ꜀ün pít˓ a tortoise, ten feet across.

原 ꜀Yuen A plateau, a terrace, a high level space; a waste, a common; an origin, a source, a beginning, a foundation; natural, proper, innate; the true condition or account of; originally, primarily; really, honestly; to trace a matter to its source, to examine into

英華分韻撮要

the origin; to retrace, to repeat; again, a second, another, a repetition; to forgive, to remit; *꜀p'ing ꜀ün*, a common; *꜀t'in ꜁ün*, a plain; *꜁ün 'pún*, at first, originally; *꜀t'úi ꜁ün*, to analyze, to infer from premises; *꜁ün 'chü*, the first owner, the proprietor; *꜁ün kau'* like the old way; *꜁ün ꜁loi ꜀ü 'ts'z'* it was so at first, it is really so; *꜁ts'ing 'yau 'ho ꜁ün*, there are extenuating circumstances; *꜁ün pat꜄ 'séung tsò'* I really did not think of doing it; *yat꜄ sín' 'ho ꜁ün*, there is the least reason for pardoning him; *꜁ün léung'* to excuse, to be lenient; *꜁ün ꜁yau*, the causes of, circumstances; *꜁ün ꜀ch'ái*, a police-runner; *꜀chung ꜁ün*, Honán; also by extension, China; *꜁ün ꜁loi ꜁t'au*, the original lot, the genuine article; *꜁ün tsik꜄* one's family seat, a native place.

源 ꜁Yuen A fountain, a spring; a source,—in which it is like the last; *'shui ꜁ün ꜁t'au*, head-waters; *꜁ts'oi ꜁ün 'kwong tsun'* money rapidly coming in; *꜁ün ꜁ün ꜁í ꜁loi*, incessantly coming, as customers; *꜁ts'am ꜁ün*, to seek the cause; *'yam 'shui ꜀sz' ꜁ün*, think of the fountain when you drink.

嫄 ꜁Yuen A woman, named *꜀Kéung-꜁ün*, the ancestress of Wan-wáng and Duke Chau.

縓 ꜁Yuen A reddish color, or a pale yellow carnation tint, made by once dyeing.

騵 ꜁Yuen A bay horse with a white belly.

螈 ꜁Yuen A species of small lizard; *꜁ün ꜁ts'ám*, wild silkworms, which produce no silk.

'苑 '院 Yuen A pasture, a paddock; a menagerie, a park; a collectanea; a college, for which the second is used; luxuriant, fine herbage; delicate, soft; *hon' 'ün ꜀chí ꜁ts'oi*, the talents of the Hánlin; *꜁man 'ün*, a library; a cyclopedia.

A colloquial word. The thing in which articles are weighed, the tare; *꜁ch'ü 'ün 'mò 'shín*, there are no eels when the basket is gone, *i. e.* I've nothing left, as no profit; *'kí chung' 'ün*, how much tare is there?

'宛 Yuen To hide or screen one's self in the grass; to yield, to give in; obliging, accommodating, in which senses it is like the next; *'ün ꜁ín*, as if, accordingly; *'ün ꜁ü*, as, like.

'婉 Yuen Yielding, obedient, docile; beautiful, youthful; winning, complaisant; *'wai 'ün 'ün 'chün*, a trimmer, an obliging person; *'ün ꜁yung*, obliging, kind.

'捥 Wan The wrist; to bend with the hand; to lift up and carry a thing.

'琬 Wán A round or oval shaped tablet or sceptre given to princes, made of jade or gem.

꜁阮 Yuen Name of a hill; a feudal state in the days of Wan-wáng in the southeast of the present Kánsuh.

꜁撋 Yuen To rumple a thing, to rub between the hands, as in washing; to push or shake.

軟輭耎 ʿ ʿ Yuen } Muffled wheels, which go softly; soft, weak, pliable, tender; pliant, limber, lithesome, yielding; *꜀yau ʿün*, flexible, giving; *꜀hi ʿngo ʿün*, he takes advantage of my weakness; *ʿün yéuk꜆* he is infirm, not strong; *ʿün kéuk꜆* a soft leg, *i.e.* a ninny; *꜀nam ʿün*, soft, tender, said of cooked dishes; *꜀nam ʿün ꜀kwong kwan'* a smooth faced villain; *tsam' ʿün tik꜆* soak it softer.

遠 ʿ Yuen Distant, remote, far off, in time or place; to consider as distant. Read *ün²*; to keep at a distance, to put away, to remove, to send off; *ʿün kan'* far, near; to put far, to bring near; *lò³ ʿün*, a long way; *ʿwing ʿün*, for ever; *꜀ch'á tak꜆ ʿün*, very unlike; *ʿmò ʿki ʿün*, not very far off; *pat꜆ ʿün ꜀ts'in ʿli*, not regard a thousand miles as far; *ʿün ꜀nin*, a long time ago; *ʿün hák꜆* a friend from afar; *꜀li ʿün tik꜆* keep away from it, take it off; *ʿün tak꜆ tsai²* very far.

薳 ʿ Yuen Wei A leaf bud, the buds which come in spring. Read *ʿwai*; grass, plants; a surname; *ch'ut꜆ ʿün*, the buds are starting; *꜀fá ꜀ch'au ʿün*, the flowers are budding; *꜀song ʿün*, mulberry buds, a medicine.

怨 ² Yuen To hate, to dislike, to feel resentment; dissatisfied, murmuring, repining; inimical to, hating; wrong, injury, cause of hate; ill-will, hatred, malice; ashamed, regretting; to hoard up; *ün' han'* to hate, to dislike; *kit꜆ ün'* a mutual animosity; *pò' ün' ꜀yan*, to be revenged on; *ʿi tak꜆ pò' ün'* to requite injury with kindness; *꜀mái ün'* to charge home one's wrongs to their cause; *tsz³ ün'* to blame one's self; *ʿhò ün' ch'éung'* always grumbling at him; *꜀'m ʿshai ün'* don't murmur; *꜀sam ün'* hating; *ʿyau ün' ꜀tin*, bitter words.

媛 ² Yuen A beauty, a Hebe; beautiful, winning, attractive; *shuk꜆ ün²* a chaste and pretty woman; *ling² ün²* your daughter.

瑗 ² Yuen A ring of gem-stone, which two princes clasped as they approached the throne to show their friendship.

縣 ² Hien A district, the fifth in order of territorial divisions; a district magistrate; the district city; *꜀chi ün²* or *ün² ʿchü*, the district magistrate; *ün² ꜀sheng*, the capital of a district; *꜀'m ꜀t'ung ün² fan²* not in the same district; *ʿháu ün² shi²* district examinations for *siùtsái*; *ün² ꜀shing*, a deputy magistrate; *tsik꜆ yung² ün²* temporarily acting as magistrate; *꜀shán ꜀chau ʿts'ò ün²* a poor district; *ün² ꜀tsün*, his honor the district officer.

Read *꜀ün*; same as 懸 to suspend.

院 ² Yuen A walled inclosure, in which a house is placed; a court yard; an office of a magistrate; any public establishment; a court, a hall, a college, a monastery, a hospital; the body of officers in a court; *꜀tò ch'át꜆ ün²* the censorate; *꜀shü ün²* a college; *kung' ün²* public examination; *'lò ˏyan ün²* asylum for the aged; *fát˒ ˏfung ün²* a lazaretto; *'kú muk˒ ün²* asylum for the blind; *pò² ün²* or *'fú ün²* the governor of a province; *hok˒ ün²* the literary chancellor.

愿² Yuen Sincerely devout, reverential, moral, virtuous, respect for morality; thankful, sensible of mercies; attentive; faithful; *'hü ün²* to vow, as when in distress; *ˏch'au ˏwán kau² ün²* to fulfill a vow; *ˏp'ing ˏon ˏléung ün²* thankful for peace and prosperity. Used for the next.

願² Yuen A large head; to stretch the neck in looking; to expect; to desire, to wish; to hope: the object of desire, a wish; a preference; a vow; a conscientious promise; every, each; *ˏts'ing ün²* voluntary, willingly; *ˏts'ing ün² 'sz'* I'd rather die; *tsz'² ün² tsò²* a wish, a willing act; *shai² ün²* a compact on oath, applied to bandits; *ˏwán 'liú ˏsam ün²* it has gratified my heart's wish: *sui² ün²* favorable to my wishes; *suk˒ ün² 'i ˏch'au*, my long desire is gratified.

(665) Ung.

壅 Yung To manure; to put earth to the roots of plants; *ˏung ˏt'in*, to manure a field; *ˏung ˏfá*, to pour manure to plants; *'p'i ˏp'i ˏung kwo² ˏt'au*, to cover the head up, as from wind.

'擁 A colloquial word. To push, to shove; *'ung chü² 'k'ü*, push him out; *'ung ˏhoi tik˒* push it away a little; *tái² ˏfung 'ung 'tò ˏyan*, the gale will throw a man down; *'ung ˏmún*, push open the door; *'ung ˏhoi ˏt'au*, shove off.

甕², 瓮² Ung A jar, a water amphora, having no handles or spout; a round window; *ung² ˏhün*, a small arched gate; *ung² ˏkong*, a standing water-jar; *'tám tái² kwo² ung² ˏkong*, gall bigger than a jar — a braggadocio; *'tá 'mún ung² 'shui*, fill up the jar; *'mai ung²* a rice jar.

齆² Ung A disease in the nose; a stoppage or catarrh in the nose.

(666) Út.

活² Hwoh A river in the southeast of Shánsi; running, like water; lively, living, moving, active; bright, cheerful; to vivify; life, motion; *fuk˒ út˒* to revive; a resurrection; *ˏts'ing út˒ kòm² ˏts'ing*, all nature green and bright; *ˏlám út˒ út˒* a bright blue; *út˒ p'út˒* kind, bustling, generous; *kwo² út˒* in active life; *út˒ ˏshan*, the living God; *út˒ tsz'²* verbs; movable types; *fái² út˒* joyful, pleased; *út˒ kai²* an employment; *ˏün út˒* tractable, accommodating; *'m ˏchí 'sz' út˒* careless of life, heedless of consequences; *út˒ tung²* handy, movable, quick.

(667) **Üt.**

乙, Yih. Bent, curved as a bud; the second of the ten stems, related to wood; one; the 5th radical; *t'ái'* *üt,* the first cause; *꜀t'ò üt,* to erase and correct, as a manuscript; *káp,* *üt,* first, second; good, inferior; this, that.

曰, Yueh. To speak, to say, to talk; called, termed, designated, said, denominated; the 73d radical; *túi' üt,* answered saying; *yat, üt,* one says; one is called, as in a list; *ʻkong mat,* *ʻtsz' üt,* what smart saying has he now?

鳦, Yih. A house-martin, with bluish plumage; the twitter of a swallow.

月, Yueh. The moon; a moon, a lunar month; monthly; the 74th radical of characters relating to the moon; *üt, tái'* a month of 30 days; *üt, ʻsiú,* a month of 29 days; *꜀ngo ꜀mí üt,* moon a few days old; *üt, shik,* an eclipse of the moon; *ʻhò üt, shik,* bright moonlight; *üt, ꜀king,* menses; *üt, ʻpeng,* cakes made to Diana; *üt, nán'* to die in childbed; *chü' üt,* the month after delivery; *tsò' ʻmún üt,* to get over confinement; *lun' üt,* reckon it by the month; *üt, ꜀lun,* moon's disk; *꜀sín ko' üt,* last month; *há' üt,* next moon; *on' üt,* by the month; *üt, ʻlò,* a male go-between, a marriage broker; *ʻshui üt, ꜀kung,* temple of Kwányin; *ʻshui ʻtai ꜀láu üt,* to seize the moon in the water — unreal pursuits; *ʻmúi üt,* monthly; *üt, ʻmún,* full moon.

刖, Yueh. To cut off the feet at the ankles; to disable from walking.

粤, Yueh. An initial particle, see, behold, now then, implying attention to the subject; in; an old name for the south of the Meiling; *üt, ʻhoi ꜀kwán,* the hoppo at Canton; *ʻléung üt,* Kwángtung and Kwángsí; *üt, ꜀wá ꜀shü ün'* a college under the governor's care.

軏, Yueh. A bar across the tongue of a carriage, by which it is drawn.

悅, 說, Yueh. Contented, gratified, feeling happy; delightful, gladdening; to agree willingly; *꜀'m üt,* displeased; *꜀'m ꜀to üt,* *ʻí'* it is not very gratifying; *üt, muk,* pleasing to the eye; *꜀fún üt,* delighted with.

閱, Yueh. To look at the notice on a gate; to examine, to inspect, to review, to pass in review, to take an account of; to look over, to read, to criticise; to compare so as to vouch for; *üt, ꜀ping,* to review troops; *üt, ʻkün* or *꜀p'ing üt,* to revise compositions; *üt, lik, ꜀sham,* well versed in, seen much of the world; *꜀p'i üt,* to look over, as a book; *üt, ꜀ts'ò,* to inspect the condition of troops; *tái' üt,* a general review.

越, Yueh. To pass over, to exceed, to overstep; to jump over; to go beyond one's place, to overpass, to transgress; far, remote; to waste, as one's bodily powers; more, a sign of the comparative; hole in a lute; a feudal state once in east of Chehkiáng; a name of Annam; *ütₗ wai²* to intrude into another's place; *ütₗ ʿlai*, to overstep propriety; *ch'éukₗ ütₗ ₍yan ₍kw'an*, to surpass the multitude; *ütₗ fái² ütₗ ʿhò*, the sooner the better; *ütₗ sukₗ patₗ hau²* I'll not wait for you beyond tonight; *ütₗ fátₗ ʿhò*, still better; *ütₗ tsò² ütₗ ₍yai*, your ware are constantly depreciating; *ütₗ ₍nám*, Annam, called Vietnam by the people; *₍ü ütₗ tsítₗ* a name for the passover.

戊₂ 鉞₂ Yueh } A military, crescent-like axe, a battle-axe; a lictor's axe, a sign of authority; the star η in Gemini and ↓ in Capricorn; *ʿfú ütₗ* a long handled hatchet.

穴₂ Hiueh A cave, formerly used for dwellings; a den, a cave, a hole, a grotto; underground cavities; a grave; a lurking-place for men or beasts; a sinus in the body; to bore a hole, to dig a hole; to dig through; empty; the 116th radical of characters relating to holes; *yatₗ ütₗ ₍shán*, a single chair-shaped grave; *₍t'ung ütₗ* in same grave; *mò² ütₗ* a grave, the open grave; *ʿtim ütₗ* to point out a good burial spot; *ütₗ ₍ts'ing ʿhò*, a lucky orifice; *ütₗ ₍kü*, to live in caves, as troglodytes; *ʿhung ütₗ* a cavity, a recess, a hole; *ʿwai ₍k'i ₍ch'áu ütₗ* burn out their dens — as of banditti.

(668) **Wá.**

₍呱 Wá Kú To cry out, as children do when in distress; *₍wá ₍wá ₍tá yapₗ* crying and screaming. A colloquial word. A final particle implying doubt, as *ʿtá ₍yeng lò² ₍wá*, I think we've beaten; also an intensitive, as *shikₗ fán² lò² ₍wá*, straight come in to dinner.

₍哇 Wá Wanton, affected sounds, lascivious music; a droning tone; to vomit, to retch; sobbing, whining; *ch'utₗ ₍ü ₍wá ₍chi*, he went out and vomited it up.

₍娃 Wá A beautiful woman; a pretty girl; *ʿnü ₍wá ʿtsz'* pretty little girls; *ʿsiú ₍wá ₍wá*, small children; *ʿnü ₍kiú ₍wá*, a fine woman.

₍蛙 ₍鼃 Wá } A frog, green and striped, with a line down the back; exciting, wanton sounds; *nò² ₍wá*, the enraged frog, refers to the story of the king of Tso; *ʿtseng ʿtai ₍wá*, a frog in a well — inexperienced.

₍漥 Wá A deep ditch; a puddle, dirty water collected in footsteps; deep, clear water; *₍tai ₍wa*, a low puddle.

₍窊 Wá The bottom of water; a depression in a plain, a puddle, a low muddy spot; a hoof-print; *₍wá ₍lung*, low, high; contemptible, elevated.

₍騧 Kwo A yellowish or cream colored horse with a black mouth; *Kwai² ₍Wá*, one of Wan-wáng's statesmen.

꜀嘩 ꜀譁 } Clamor, noise, hubbub, vociferation; ꜀*hün* ꜀*wá*, a noise, as of a row; ꜀*wá* ꜀*in*, hurrah, a simultaneous shout; ꜀*mò* ꜀*wá*, don't make a noise.
Hwá

驊 A fine shaped steed; of eight belonging to Muh-wáng B. C. 930, one was called ꜀*wá* ꜀*lau*, or Beauty.
‘Hwa

꜁華 ꜁蕐 } The elegance of flowers; abundance of flowers, blooming, flowery, charming, ornamented, adorned; splendid, glorious; a designation of China; to cut a melon in quarters; ꜀*ying* ꜁*wá*, glory, splendor; ꜁*wá* ꜀*kwong*, the God of Fire; ꜁*wá* ‘*mí*, beautiful; showy; ꜁*wá* ‘*ts‘oi*, flowered, colored; ꜁*wá* ‘*piú* ‘*ch‘ü*, carved pillars before tombs; ꜀*chung* ꜁*wá* or ꜁*wá* *há*² China; ꜁*wá* ꜁*in*, Chinese language; ꜁*wá* ꜁*lam* *tsz*'² a Budhist monastery in Canton; ꜁*nín* ꜁*wá* *t*² ‘*lò*, his years are waxing old; ꜁*wá* ‘*shau*, hoarheaded; ꜁*ün* ꜁*wá*, white lead; ꜀*kwong* ꜁*wá*, fine, brilliant, as a show. Occurs used for ꜀*fá*, a flower.
Hwa

꜁划 A boat, a pinnace; ꜁*wá* ‘*t‘eng*, a lorcha, such as are used at Macao. The preceding is often used for this.
Hwá

꜁樺 A tree, of whose resinous bark, links are made; caps are made of its wood.
Hwá

‘剮 To cut a man in pieces, to punish by cutting the flesh off; *man*² ‘*wá* ꜀*chi* *tsüi*² the punishment of quartering.
Kwá

‘咼 A distorted mouth, a wry mouth, either born so or diseased.
Kwa

‘搲 To scratch a thing in pieces, to grab it out, to grasp or haul, to claw a thing; to seize a handful of; to grapple, to pull back; ‘*wá* *lán*² *min*² to scratch the face, to lose one's character; ‘*pí* ‘*shau* ‘*wá*, grab it; ‘*wá* ꜀*hoi* ꜀*hung*, to expose the breast; ‘*wá* ‘*ngán*, a wry eye; ꜁*p‘á* ꜁*p‘á* ‘*wá* ‘*wá*, pulling and hauling, the strife of life.
Wá

‘[illegible] A colloquial word. A rumor, report, an *on dit*; a final, which indicates that the previous affirmation is public rumor; ‘*hò* ꜀*to* *ts‘ák*꜄ ‘*wá*, they say there are many robbers; *wá*² ‘*k‘ü* ‘*shiú* ‘*k‘ü* ꜀*ngan* ‘*wá*, they said each had the other's money.

畫² 畵² } A picture, a drawing, a painting; a mark, a division, a line, a boundary; to mark, to draw; *wá*² ꜀*kung*, painters, as house-painters; *wá*² ꜀*sz*' an artist; ꜀*shán* ‘*shui* *wá*² landscapes; ꜀*t‘ung* ‘*chí* *wá*² pith pictures; *yat*꜄ *fuk*꜄ *wá*² one picture; ‘*sé* ꜀*chan* *tsek*꜄ *wá*² to paint a portrait with background.
Hwá

話² To speak, to converse, to say, to talk; to narrate, to tell; to speak well; to talk loud, to clamor; to put to shame; language, speech; words, discourse, conversation; ‘*hò* *wá*² thank you; *wá*² *shüt*꜄ now it is said, — an initial phrase; *tái*² *wá*² a lie, a brag; *wá*² *kw*… ‘*ní* ꜀*chi*, I tell you plainly; … *wá*² an answer; ꜀*kún* *wá*² … *kau*', *pák*꜄ *wá*² *ts‘au*' if you don't know the court dialect,
Hwá

英華分韻撮要

help it out with this patois; *shüt*, *wá²* *ch'éung*, it's a long story; *'m tsoi² wá²* you need not speak of it; *fát*, *ngám² wá²* what a lie! *'m wá² tak*, *ch'ut*, I won't (or can't) say it; *wá² pat*, *t'au kí*, you don't speak to the point; *wá² ping²* no reason (or clue) for speaking of it; *mung² wá²* nonsense; *tsuk*, *'wá*, popular talk; *mat*, *'yé 'wá*, what's the matter?

(669) Wai.

威 Wei — The stern composure, suitable to an office; dignity, majesty, pomp; awful, intimidating, august, grave, overawing; the bravery of a new dress; *wai 'máng*, ferocious, terrible; *tsok*, *wai*, to feign power; *wai shai²* authority, power; *wai fung 'lam 'lam*, awfully overawing; *há² 'má wai*, instant severity, prompt reprisal; *'hò wai*, finely dressed up; *'ní kòm² wai*, you are finely bedecked; *wai fung 'tsz²* a slap on the table, to command attention; *fát*, *wai*, threatening; *kún wai pat*, *ü ngá 'cháu wai*, the officer himself is not so fearful as his minions; *wai im*, sternly severe.

葳 Wei — Flourishing, luxuriant; *wai yui²* a medicine, the roots are sudorific.

逶 Wei — To walk awry, to reel, unable to walk straight; tortuous; *wai í*, swaggering, reeling; an affected strut.

偎 Wei — Attached to, loving; to love women, to be fond of, to be attached to females. Also pronounced *úi*.

爲 Wei — To do, to effect, to make, to act; at the first of a sentence, the substantive verb; to manage, to attend to; to administer; for, because, on account of, for the sake of, to cause; *wai yan tsoi² shai²* he is in active life; *'sho wai*, that which is done; *ho wai*, what will he do? *'sho wai ho sz²* what are you doing? *mò 'sho pat*, *wai*, he is ready for anything; *wai sz² wai nang*, only wise men are able; *wai kún*, to act as a magistrate; *'hò wai nán*, very difficult to effect; *wai shan pat*, *í²* it's not easy to be a magistrate; *wai fí tsok*, *'tái*, the wicked act wickedly; *wai kam chí kai²* a plan for the present juncture; *mò nang wai*, no way of effecting it; *'ngo 'm wai*, I'll not do it; *yam² k'í 'sho wai*, let him do as he pleases.

惟 Wí — To think on, to consider, to plan; to have, to be, is, consists in; just, precisely; but, only, only that; *'hí wai*, only one! *wai shí²* but that; *wai tong*, indispensable, it is proper; *wai yat*, but one.

唯 Wí — Used for the preceding, as a conjunction; but, only; simply, merely.

維 Wí — A carriage curtain; attached to, connected with; to tie, as a boat; a boat's painter; a net; a curtain; a conjunction like the two preceding, and used for them; but, only; is, belongs to; *ᶜwai ᶜshí*, at that time, then; *ᶜwai ᶜkam*, now, just now; *sz'' ᶜwai*, the four cardinal virtues (propriety, right, integrity, and modesty); also, the four cardinal points; *tsoi' sz'' ᶜsz' ᶜwai*, to pander a subject in all views; *ᶜwai hai'* to tie up.

帷 ᶜWí A curtain, a cloth screen; a tent; a veil; an apron, a skirt; *ᶜch'ong ᶜwai*, a bed curtain; *ᶜwai mok*, a cloth partition; *ᶜwai pok pat ᶜsau*, the curtain became thin, *i. e.* women lost their modesty.

幃 ᶜWei Used with the last; a mother's apartment; *met.* a mother; a bag to hold perfumes; *ᶜts'z' ᶜwai*, the loving curtain — a mother.

濰 ᶜWei A river near Shántung promontory; a district on its banks.

韋 ᶜWei Tanned leather, soft leather; the 178th radical of leathern articles; leathern thongs or straps; perverse, refractory, rebellious: a surname; *ᶜí ᶜwai*, in concord; *p'úi' ᶜwai*, a girdle thong, used by Símun Páu.

圍 ᶜWei To inclose, to surround; to limit, to circumscribe; to beseige, to hem in, to invest; to encircle, as at a hunt; to confine, as a mold does its casting; an inclosure, a snare; measure of half a cubit; an embankment around fields, a mound, a dam; a circumference, a periphery; a party around a table; *ᶜwai chü' ᶜk'ü*, keep them close, as prisoners; *kuk ᶜwai*, a temporary bin for grain; *ᶜwai kw'an'* besieged; *ᶜchau ᶜwai*, everywhere, all around; *ᶜwai ᶜts'éung*, an inclosing wall; *ᶜki fút ᶜfú ᶜwai*, what is the rondure [of the stick]? *ᶜt'oi ᶜwai*, a table valance; *ᶜtá ᶜwai*, to drive animals into a circle; *ᶜhoi ᶜki ᶜwai*, how many tables shall you set? *ᶜwai ᶜk'i*, squares on a chessboard; *ᶜmái ᶜwai sing'* buying graduates' surnames—a mode of gambling; *ᶜwai tau' ᶜhau*, to surround a rendezvous of thieves or smugglers; *ᶜwai hòm'* keep them in safe, as crabs; *ᶜwai pok* a dam; *ᶜpang ᶜwai*, the embankments are broken away.

違 ᶜWei To oppose, to disobey, to give no heed, to turn the back on; to leave, to give leg-bail; to relinquish, to vacate; to avoid; perverse, seditious, obstinate; *ᶜwai p'úi'* contumacious, ugly; *ᶜmò ᶜwai*, let none disregard this [edict]; *ᶜyéung fung' ᶜyam ᶜwai*, to agree to one's face and oppose in his absence; *ᶜ'm ᶜkòm ᶜwai meng'* I dare not disregard the orders; *ᶜwai ᶜwo*, indisposed, out of sorts; *ᶜkw'ai ᶜwai*, at antipodes, long sundered, as friends; *ᶜwai káu'* I've been heedless of instruction, *i. e.* I've not seen you for a long time.

闈 ᶜWei The door of the hareem; side doors of the palace: the examination hall; *met.* a *kü-in* or *tsinsz'*; *yap ᶜwai*, to try at the examination; *ᶜkü ᶜhéung ᶜwai*, to lift the village gate, to be a *küjin ; ₍ts'au ₛwai*, the examination for *küjin ; ₍ch'un ₛwai*, the examination for *tsinsz'; ₛwai mak₎* essays of graduates; *ᶜmò ₛwai*, military examinations.

桅 ₛWei The mast of a vessel ; a javelin; *₍sám ₍chi ₛwai*, three masts; *tái² ₛwai*, the mainmast ; *ᶜhi ₛwai*, step the mast ; *ₛwai ₍kon*, a mast ; *ₛwai káp₎ ₍ts'ong*, hold where the mast is stepped; *ₛwai ᶜmí*. the masthead ; *ₛwai ₍t'au ₛk'i*, a pennant ; *₍sai ₛwai*, the great mast ; *ᶜfi ₛwai kwoᵓ ᶜtau*, to leap over the main truck—clever ; *ₛwai ₛp'ún*, the tops on a mast.

遺 ₛWei ᶜ To leave, as at death ; to leave behind, to forget, to lose; to emit, to lose unconsciously; to omit, to keep back ; to will, to entail, to bequeath ; a will, a testament ; a residue, leavings, surplus ; *ₛwai há²* left to me, bequeathed ; *ₛwai ₛmong*, forgotten ; *ₛwai lok₎* left behind; *ₛwai ₛín*, dying words ; *ₛwai ch'au²* notorious, detested, as a Nero ; *ₛwai shat₎* lost ; *kwai² ₛwai*, presents ; *ₛwai chuk₎* dying behests ; *ₛwai ₍shü*, a will ; *ᶜsiú ₛwai*, to urinate ; *ₛwai ᶜt'ai*, the body left—by my parents.

壝 ₛWei A low mud wall, a low dyke around an altar ; *ₛwai ₍kung*, a mud wall house.

偉 ᶜWei Great, extraordinary, admirable, rare, surprising ; *ᶜwai ₛnám ᶜtsz'* a brave, fine fellow ; *ₛk'i ᶜwai*, curious, remarkable.

煒 ᶜWei A raging blazing fire ; light, bright, glowing ; lurid, colored.

緯 ᶜWei The woof of cloth ; degrees of latitude ; cross, transverse lines ; to weave, to entwine ; *₍king ᶜwai*, warp and woof; *ᶜwai mò²* a fringed ceremonial cap ; *ᶜng ᶜwai*, the five planets; *ti² ᶜwai*, geographical divisions.

瑋 ᶜWei A gem of a red color ; valuable or curious gems ; a rarity, a plaything.

葦 ᶜWei A reed, a rush ; sedge grass, tall like the arundo ; *ₛlò ᶜwai*, reeds, grass fit for tying things; *yat₎ ᶜwai ₛhong ₛchí*, crossed [the river] on one reed.

韙 ᶜWei Right, proper, correct ; to praise, to commend ; to show the right ; *pat₎ ᶜwai*, an impropriety.

韡 ᶜWei Flourishing, luxuriant, many flowers and leaves ; showy, bright, splendid.

喟 ᶜWei To lament, to sigh, to groan from regret ; *ᶜwai ₛín ₛi ᶜt'án²* groaning.

唯 ᶜWei To answer smartly, to echo, as in answering ; an answer ; *ᶜwai ᶜwai*, aye, aye ! Yes, Sir ! *ᶜwai ₛi ᶜhi*, to answer and come quickly.

卉 ᶜHwui A general name for plants ; herbs, plants, vegetables ; *₍fá ᶜwai*, flowers and plants.

委 ᶜWei Bending under a burden ; to sustain, to bear ; to reject, to send off ; to confide to, to put in charge of, to trouble, to commit to ; to depute ; to delegate ; deputed, delegated, commissioned on public service ; a grievance, a wrong, injustice ; the end, the last ; really, indeed ; *ᶜwai ₛün*, a deputed officer ; *fung² ᶜwai*, to get orders: ‘*wai shat*꜀ ‘*hò*, very good, first rate; *kí*’ ‘*wai*, a corporal; ‘*wai ím*’ sent to examine goods; ꜀*ts'ín* ‘*wai*, first and last, the circumstances; ‘*wai* ꜀*k'am*, to send the betrothing presents; ‘*wai kuk*꜀ a grievance.

‘痿 Wei — Rheumatism or paralysis of the legs arising from dampness; numbness, or stiffness of the extremities; weak, lame, impotent, crippled; ‘*wai pí*’ no use of limbs, as from gout; ꜀*yam* ‘*wai*, loss of virility.

‘萎 Wei — A creeping cucumber-like plant, called ‘*wai* ‘*yui*, having small white flowers; the roots are used; a momordica? leaves falling; withering, blasted, dried, wilted; rotten, dying; ‘*wai lok*꜀ plants withering; drooping, failing, as from illness; ‘*wai tsé*’ flowers drooping.

‘諉 Wei Jui — To involve others, to implicate, to lay the blame on others; to repeatedly apologize and decline; to give over to another, to shirk one's duty; ꜀*t'úi* ‘*wai*, to evasively excuse, to retract from an engagement; ‘*wai tsé*’ to ceremoniously decline; ‘*wai t'ok*꜀ to lay on another, to shirk off.

‘毀 ‘譭 Wei — To break down, to throw down, to level, as a house; ruined, destroyed, dilapidated, fallen; abolished; cast down; to vilify, to defame, to reproach, to slander; to deprecate calamities by prayer; to shed the teeth; ‘*wai p'ong*’ to backbite; *ch'ák*꜀ ‘*wai*, to pull down; *pat*꜀ ‘*kòm* ‘*wai* ꜀*shéung*, you must not injure your body; ꜀*oi* ‘*wai*, sick from grief; ‘*wai lán*’ destroy it.

燬 Wei — Fire; blazing, flaming; bright, splendid; ꜀*shiú* ‘*wai*, burned up.

‘虺 Hwui — A large snake, with a huge head and small neck; ‘*shui wai*, a sea serpent; *fuk*꜀ ‘*wai*, a viper.

尉’ Wei — To press smooth; tranquil, at ease, quietly settled down; military officers.

Read *wat*꜀ a smoothing iron; *t'ái*’ *wai*’ an ancient officer, like a lieutenant-general; *wan* ꜀*k'í wai*’ a major.

慰’ Wei — To soothe, to console, to comfort; to tranquillize the feelings; ꜀*on wai*’ to appease, to calm; *wai*’ *man*’ a visit of condolence; *tiú*’ *wai*’ to mourn with; *shau*’ *wai*’ comforted; *wai*’ *ním*’ comforting reflections.

蔚’ Wei — A large sort of southernwood; luxuriant, rank foliage; finely veined, close grained, as wood; numerous, as population; elegant, classic, as composition; *sau*’ *wai*’ beautiful, flourishing; ꜀*man* ꜀*yan wai*’ *sui*’ people in numbers came forth.

螱’ Wei — The perfect ant with wings, usually called ꜀*fí* ‘*ngai*, or winged ants.

噦’ Hwui Yueh — To eruct, to belch; to keck, to retch; deep or retired parts of a mansion; wind on the stomach; *wai*’ *wai*’ voices of birds, tinkling of bells, rumbling of carriages.

英華分韻撮要

薈' Wei — A pot-herb, a sort of leek or garlic; to screen, to ward off; to rise, as vapor or clouds.

濊' Wei — Deep, vast, like the abyss; name of a river in Honán; dirty, turbid; *‚wong wai'* deep; numerous.

穢' Wei — Plants growing in disorder, weeds; dirty, filthy, unclean; licentious, obscene, indecent, lewd; to disgrace, to defile, to debauch; *‚mò wai'* overrun with weeds; *‚ú wai'* dirty; *wai' hi'* a stench, effluvia; *wai' lün2 ‚kung ‚chung*, the hareem in lewd disorder; *'kái wai'* to make a lustration in a house after a death; *'ch'án wai'* to weed; *‚ú wai' pat, ‚hòm*, noisome, intolerably dirty.

翽' Hwui — The sound of flying, the clapping, rushing noise made by a flock of birds.

畏' Wei — To fear, to venerate, to stand in awe of; to respect and dread; fear, awe; devotion, submission; the carefulness of fear and respect; *'ngo wai' 'k'ü*, I am afraid of him; *sham2 wai'* very dreadful; *wai' 'shau wai' 'mi*, I wish to have nothing to do with it; *wai' 'ch'au*, bashful, retiring; sensitive to shame; *wai' it,* afraid of the heat; *wai' shuk,* shrinking, cowardly; *mong2 ‚ti ‚shang wai'* afraid when they see him, as truants a teacher; *wai' kü'* apprehension.

喂' A colloquial word. To feed, to rear, to give to eat; *wai' ‚chü*, to feed pigs; *wai' 'tsai*, feed the baby; *wai' 'páu 'k'ü*, give him all he wants to eat.

位2 Wei — To sit erect, as in a gateway; a place, a seat; a throne; a post, a trust, a dignity, a situation; to begin to reign, to enthrone; right, proper, what is correct; established, placed; the room which a thing takes up, the place it ought to be in; a classifier of gentlemen; *‚tang wai2* to ascend the throne; *shat, wai2* dethroned; *‚lung wai2* the dragon's seat; *‚shan wai2* the shrine; *'kí wai2 ‚p'ang 'yau*, how many friends? *'mái teng2 ‚ts'ong wai2* engaged freight room; *‚chai ‚kwai wai2 'k'ü*, put it back in its place; *hák, wai2* the guest's seat; *lit, wai2* you, sirs; gentlemen! *tái2 ti2 wai2* a high situation; *‚sám wai2 yat, 't'ai*, three persons in one, triune; *tsoi2 wai2* reigning; a reign; *wai2 ts'z'* placed in order; *tsŭk, wai2* a nobleman.

爲2 Wei — For, because, wherefore; a motive, a reason; to help, to give; to receive, to suffer, a sign of the passive; reputed, reckoned, is esteemed; *hok, wai2 ‚yan*, to study for others; *tái2 ‚mò wai2* surely there's no occasion for it; *wai2 ‚ho*, why? *‚yan wai2* because, on account of; *wai2 kwok, chí' meng2* to risk life for one's country; *wai2 'ngo ‚k'í 'tò*, pray for us; *‚mò wai2* unnecessary, quite useless; *wai2 mat, sz'1 kon' ‚lai*, what have you come for? *wai2 mat, ‚'m 'hò*, why will it not do? *wai2 ‚ho ‚ü 'ts'z'* why is this so?

胃² Wei The stomach; the appetite, the digestion; the 17th zodiacal constellation, the three large stars in Musca Borealis; *'fán wai²* turns the stomach; *˓p'í wai²* the stomach; *wai² mak₂* the pulse in the right wrist; *˓mò wai² 'hau*, no appetite; *'sháng wai²* to settle the stomach; *˓hoi wai²* to take bitters to excite the appetite; *wai² 'fo shing²* a morbid stomach; *hü² wai² 'fo*, to cool the blood, to remove bad humors; *wai² ˓ch'ung* worms in the bowels.

渭² Wei A large tributary of the Yellow River, flowing through Shensí, famous for its turbid waters; roaring, hurrying, as a torrent; perplexed.

蝟² 猬² Wei A hedgehog, whose spines are said to be forked, and its skin stomachic; it is perhaps a species of tenrec, as it is likened to a rat in size.

謂² Wei To address, to inform, to speak to, to report on something to a person; to say, to speak of; to send with a message; designated, refers to, termed; *'yau wai²* to have a reason for, commendable, excusable; *sham² ˓mò wai²* really inexcusable, speechless; of no use, unavailing; *wai² ˓chi üt₂* addressing him said; *˓ho wai²* what do you say? what do you call it? how is this explained?

彗² Wei A besom, a brush, for which the next is used; *wai² ˓sing*, a comet, also called *lák₂ ˓ch'á ˓sing* or *sò² 'pá ˓sing*, *i. e.* a broom star.

篲¹ Sui A broom made of the end twigs of the bamboo to sweep fields of stubble; a bamboo broom; *'yung wai²* to sweep.

嘒² Hwui A sweet, clear, low sound; harmony of flutes; *wai² wai² ˓in*, a sweet melody, as a concert of instruments.

慧² Hwui Perspicacious, intelligent, wise; clever, shrewd, quick-witted, subtle, ingenious, adroit, skillful; *chí² wai²* ready, discerning; *'yau wai² sing²* he has a bright mind.

恚² Hwui Rage, anger; to hate, to dislike; irritated at, indignant, angry.

惠² Hwui Kind, gracious, forbearing; benevolent, liberal, charitable; to show kindness, to give in charity; compliant, complaisant; to give, to concede; to adorn; benefit, grace, charity; presents; *˓mung wai²* obliged for your kindness; *kin² wai²* exhibit your kindness, *i.e.* pay your debts; *shing² wai²* thanks for kindness; *˓yan wai²* kindness, mercy; *˓hü wai²* mere show of kindness; *hau² wai²* continued favors; *˓shing ˓mung hau² wai²* thanks for your many favors; *'ling wai²* I am obliged for the favor.

譓² Hwui To investigate; to discern; ingenious, full of plans and shifts, knowing, successful.

蕙² Hwui A fragrant species of marshy orchid, like a Habenaria, called *˓lán wai²* with many flowers on one stalk.

蟪² Hwui A species of insect, a sort of cicada or beetle, which lives only half a year.

衛² 衞² Wei } To escort, to go with and protect; to guard, to defend, to restrain; a military station, an outpost, a frontier town; an ancient feudal state, in south of the present Chihl and east of Honán; *ú² wai²* to protect; *hon² wai²* to oppose, to withstand, as rebels; *shi² wai²* the household guards; *₍ying wai²* a garrison or cantonment; *wai² ₍shang ₍ün*, life-protecting pills; *wai² ʻshau ʻfú*, a captain.

(670) Wái.

₍歪 Wái Out of the perpendicular; aslant, askew, awry, distorted; depraved, wicked; *₍t'au ₍wái*, a wry neck; *₍wái ʻtsui*, a wry mouth; *pán² ₍wái sz'²* to spoil a business; to live high and dissipated; *₍wái ₍wái ʻmé ʻmé tik₎* crooked, tilted; *₍wái fo'* a rascal; *₍wái ₍sam sz'² kè'* a bad business, hurtful.

₌懷 ₌怀 Hwái } To cherish in the heart, to dwell on, to think of; to carry in the womb; to embrace, to favor; to come to, to return; to put in the bosom, to store up, to lay by; to remember, to cherish, as ill will; wounded feelings; private, selfish; the heart, the affections, kind thoughts of; the bosom, the lap; *ʻk'ü ₌wái ₍sz'* to seek selfish ends; *₌wái nim²* thoughts of, to long for; *₌wái ₍yan*, to remember one; *₍hoi kwo' ₌wái ₌'m ₍ts'ang*, has she a child yet? *₍hoi ₌wái ch'éung' ʻyam*, throw off grief and recreate a little; *₌wái ok₎ í'* to harbor ill will; *₌wái ʻkwai ₍t'oi*, to conceal a dreadful secret, to scheme rascality; *ʻkò ₌wái tak₎* a beggar; *fong' ₌wái*, to relax the mind; *₌wái ʻp'ò*, to carry, as a babe; *₍hung ₌wái*, the bosom.

₌槐 Hwái A species of cassia, resembling senna (*Cassia sophora* and *Cassia alata*); the yellow flowers are used as a dye; *₍sám ₌wái*, three cassia trees, *met.* high statesmen.

₌淮 Hwai Even, equable flow; a large affluent of the Yellow River, which drains the provinces of Honán and Ngánhwui, emptying into it through the Hungtsih Lake; *ʻléung ₌wái ₌ím ün²* superintendent of the gabel in Kiángnán.

壞² Hwái To spoil, to injure, to destroy, to ruin; broken down, fallen in ruins; dilapidated, ruined, injured, spoiled; rotten useless; *au' wái²* mildewed, sour, spoiled; *wái² kwat₎* utterly depraved; *hok₎ wái²* or *lin² wái²* dissipated, vicious; *ʻmò ʻnan wái²* don't spoil that; *ʻt'ò wái²* a diarrhœa; *p'o' wái²* broken down, ruined; *ʻní wái² ʻngo sz'²* you have spoiled my affair; *wái² sui'* totally spoiled; *ʻt'ai ʻkan ʻní wái²* I have watched you learning bad habits; *wái² ʻkwai kéuk₎ shik₎* acts the rascal in everything; *mat₎ kòm' wái²* how came this spoiled? *lung² wái²* to misuse; *ʻching wai²* to break, to mar.

(671) **Wák.**

畫₂ Hwah To draw a line, to mark; to line off, to divide by a line; to paint, to sketch a picture, to draw; to devise, to draw a plan; a mark, a line; *yat₂ wák₂* one line; *ʿm tak₂ wák₂ yat₂* not even, incongruous, not up to the mark: *ʿm ʿts'ang ʿyau wák₂ ʿiú*, he has no son yet; *tái² wák₂* a heavy mark; *yat₂ wák₂ wák₂* marks and lines; *pat₂ wák₂ kòm³ ʿtsing chí³* handsome as a picture.

劃₂ Hwah To carve, to engrave, to out with a graver; to cut glass; to cut open; a graver, a burin; *wák₂ ʿhoi*, mark it; cut it in two; *wák₂ p'o³ ti² ʿp'í*, just scratched the skin open.

砉₂ Heih The ripping sound heard when tearing the skin off the bones.

澅₂ Hwah The sound and roaring of waves dashing and breaking on each other; name of a stream.

或₂ Hwoh A place that needs defense; uncertain, doubtful; perhaps, if, perchance, it may be so; a certain person; when repeated means either, or; this, that; *wák₂ ʿché*, probably, perhaps; *yik₂ wák₂ hü³ ʿm hü³ ʿní*, are you going or not? *wák₂ ʿyan*, a certain one, somebody; *kán³ wák₂ ʿyau ʿchi*, see whether there are any? *wák₂ ʿwong wák₂ ʿloi*, comes and goes, to and fro; *wák₂ mí² teng²* not yet settled, doubtful.

惑₂ Hwoh To lead in error, to delude, to blind the mind; to excite doubt, to lead astray, to unsettle other's opinions; suspicion, doubt; deceived, blinded; *ʿí wák₂* suspicious of; to excite doubt; *ʿkú wák₂* to deceive and inveigle; *shau² wák₂* deluded, led astray; *ʿmai wák₂* besotted, befooled; *ʿmo wák₂* instigated by the devil.

蜮₂ Hiueh A sort of seal; in Canton, the *wák₂ ʿü*, or *wák₂ ʿfau*, is a species of perch *(Corvina grypota)* which is dried for stockfish.

(672) **Wan.**

ʿ温 Wan A river and district in Honán; warm, temperate, genial, tepid, lukewarm; placid, gentle, mild, kind; bland, soothing; to revive, as a passion; matured, acquainted with; *ʿwan ʿwo*, benign; tepid; *ʿwan ʿwo ʿshí hau³* temperate weather; *ʿwan ʿshü*, to review lessons; *ʿwan kú³ ʿchí ʿsan*, be thorough in what is learned, and then go ahead; *ʿwan ʿpáu*, filled and clothed; *ʿchon ʿwan*, adversity and success; small talk, as about the weather; *ʿwan kau³ ʿts'ing*, the old affection revived.

ʿ熅 Yun Smoke without any blaze, a smothered fire; soot; warm steam, vapor.
Read *wan³*; to stretch things by a fire; to make a stiff thing limber or longer by heat.

瘟 ˏWan A pestilential or epidemic disease; a slight pain, giddy; *ˏwan yikˎ* a plague, a distemper; *ˏwan ˏwan tun² tun²* dizzy; blundering, as if sick; *ˏwong ˏwan peng²* plague take you! an execration.

氲 ˏYun Vapor; the genial life-giving influences of nature; procreative aura or power.

緼 ˏYun Interchanged with the last; raveled silk; confused; a dark red or purple color; hempen; *ˏwan ˏp'ò*, a tattered, or hempen robe.

鰮 ˏ A little fish, like a minnow, called *ˏt'ín ˏwan*, taken in shallow water at Whampoa.

云 ˎYun To say, to declare; to speak; to move around; *ʻkú ʻü ˎwan*, the old saying is; *ˎú patˎ ˎwan*, why don't you say so? *ˎwan ˎwan*, thus and so, this thing and that; &c., &c.; abundant; *ˎyan ˎwan yikˎ ˎwan*, what is said, I will say; I'll not dispute it.

紜 ˎYun Confused, raveled; mixed up, embroiled; *ˎfan ˎwan*, all in disorder.

耘 ˎYun To weed, to remove nuisances from fields; to take away harmful things.

芸 ˎYun Used for the preceding; a fragrant herb like rue or smallage; its leaves are thought to keep insects out of books; *ˎwan ˏhéung*, a perfume like benzoin, or sandarac; *ˎwan ˏch'éung*, a library; a student.

雲 ˎYun Clouds; fog on hills; a cloud; shaded, cloudy; numerous, like the clouds; a fructifying principle, *ˎfau ˎwan*, the clouds; *ʻmún ˏt'ín ˎwan*, the sky is overcast; *ˎwan mò²* a fog; *ˎwan ˏt'ai*, a scaling-ladder; *met.* literary promotion; *ʻmún min² ˏú ˎwan*, sour-looking, morose from disappointment; *ˎwan ʻmò hokˎ* mother-o'-pearl shell; *ʻtá ˎwan ʻpán*, to "strike the cloudy board," *i. e.* to announce that mourners have come; the meal gong in a yámun; *ˎwan ˏí*, robes of priests; *ˎwan ʻü*, clouds and rain, to copulate.

魂 ˎHwan The soul, the spiritual part of the ghost, the ethereal manes, which ascends; *ˎling ˎwan*, the spiritual soul — a foreign term; *ˎwan p'ákˎ* the manes; *ˎwan mung²* dreaming; *shatˎ ˎwan*, lost your wits; *ʻyan ˎwan*, to invite the spirit to return home; *ˎúi ˎwan*, the soul rejoining the ghost; *shatˎ ˎwan ˎü*, a sodomite; *ˏkau ˏshang ˎwan*, to "hook live souls," to invoke ghosts.

匀 ˎYun Equal, even, alike; a time; a little; *yatˎ ˎwan*, once, on one occasion; *ʻki ˎwan*, several times; *ˎ'm ˎch'á takˎ ˎwan*, not rubbed on evenly; *ʻkáu ˎwan*, stir it up thoroughly; *ˏk'au ˎwan*, mix them evenly or together, as molasses and water; *ˏkwan ˎwan*, equally divided.

畇 ˎYun Cultivated land laid out in regular plats or fields; to till the land.

餫 ˎHwan A sort of pork balls, called *ˎwan ˏt'an*, rolled in flour and boiled in soup of fat, soy and onions.

'穩 Wan To tread out grain on the floor; to bind faggots of grass; firm, constant; trusty, sure; well placed, steady, immovable; to rest, to put down securely; repose, confidence; assured, implicit; *˛on 'wan*, quietly settled; placed securely; *˛tiú 'wan*, put it down safely; *'wan tong'* out of danger, no fear now; *˛'m ˛to 'wan*, not quite solvent, as a merchant; riskish; *tso' 'wan*, sit in the middle; *táp˛ 'wan ti' pò'* stand firm on your feet; get good backers; *'wan ˛p'o*, a midwife; *'wan 'wan chan' chan'* good credit, as a firm.

'媼 Wan An old maid; an old woman; I, the old dame. Read *wat˛* a fat child.

'搵 Wan To place the hand on; to dip or thrust in the water, to immerse, as in a dye.

A colloquial word. To search, to look for, to hunt after; to seek, as for a lost thing; *'wan ˛'m kin'* I can't find it anywhere; *'wan chéuk˛* found it; *'wan p'at˛ ˛t'ím*, get me out another piece; *'wan kai'* looking for employment.

ˢ尹 Yin To hold, to grasp; to govern, to rule; to advance; true, faithful; dried meat used in offerings; *'fú 'wan*, the mayor of Peking; *˛I 'wan*, a celebrated statesman, B. C. 1700.

ˢ允 Yun To permit, to assent to; to promise; permitted, allowed; really, guilelessly, honestly; *'wan 'chun*, granted; *ying' 'wan*, liberty given; *˛'m 'wan*, disallowed; *'wan hip˛* to cooperate, goodwill has been restored; *'wan hòp˛* it is wanted just so; *shí' pít˛ 'wan*, you'll certainly get it allowed.

ˢ狁 Yun A tribe of Huns or Scythians, called *'hím 'wan*, which was troublesome to the emperors of Chau.

ˢ殞 Yun To die, to give up the ghost; to perish, to fall, to fail, to become extinct; *˛ts'ün ˛ká 'wan mit˛* the entire family is extinct; *'wan meng'* to die. Interchanged with the next.

ˢ隕 ˢ磒 Yun To fall from a height; to roll down, to crash down; to fall or go into utter ruin; *'wan lok˛* to fall as a meteor; *'wan ˛ü ˛sham ˛ün*, to go to utter ruin.

慍' Wan Suppressed anger, indignant feelings; wrathy; *wan' nò'* angry; *wan' shik˛* flushed with anger; *˛yan pat˛ ˛chí ˛i pat˛ wan'* not to feel angry at men's slight—is to be a great man.

醞' Yun Fermented spirit; liquor which has fruit soaked in it to give it flavor; *wan' tsik˛* to ponder on, to excogitate, to keep in the mind.

蘊' Yun A sort of water vegetable; luxuriant; collected, assembled; profound, as learning; heaped, like plants when cut; to hoard; *wan' kit˛* irritated, oppressed at heart; *wan' 'ts'ò*, the clumpy tussocky grass.

韞' Yun To guard carefully, to lay up, to conceal; to keep quiet; an orange color; a bow-case.

A colloquial word. To shut up, to catch, to entrap, to lockup, to imprison; *wan² chü²* keep him fast; *wan² ˌmái*, drive them in, as pigs for the night.

惲² Yun Liberal, kind in feeling; to deliberate, to devise the best plan; sincere.

渾² Hwan A roaring, dashing torrent; the noise of many waters; turbid, foul, polluted; sordid, dirty; great; confused, blended; the mass, the entire, the whole of; *wan² ˌká*, my wife; *wan² ˌshan ˊláng hon²* my whole body is cold; *wan² ˌt'in ˌk'au*, the heavenly spheres; *wan² chuk₃* turbid; *wan² ˌün*, undistinguished, formless, undeveloped.

Read *ˊkw'an*; to revolve; to circulate, as goods; to roll along in a continuous stream.

暈² Yun A halo around the sun or moon; the obscurity of a fog; thick, as smoke; to condense; *wan² hi²* foggy vapors; *üt₃ wan²* halo round the moon; *ˊtsau wan²* flushed from drink; *ˌt'au hok₃ wan²* vertigo, dizziness.

運² Yun To revolve, to turn, to move around or make a circuit; to go in an orbit, to gyrate; to travel around; to transport, take from place to place; a revolution, a circuit, a period of 5 or 10 years; constant use; length from north to south; turn, chance; calculations, a conjunction, as in a horoscope; what is done in succession, the course of nature; luck, lot, a run, times; *ˌp'ún wan²* to make certain as by recounting; *wan² lò²* a circuitous route; *yut₃ üt₃ wan² ˌhang*, movements of the sun and moon; *wan² kéuk₃* traveling expenses, freight; *wan² kau²* to take a coffin home; *wan² ˌho*, the Grand Canal; *ˌt'in wan²* course of events; motions of heavenly bodies; *ˌhang tái² wan²* to get rich, highly prosperous; *ˌ'm ˊhò ˌshí wan²* hard times, unfortunate, as from sickness; *yap₃ wan²* had a turn of affairs; *wan² ûi²* hap, times; *ti² wan²* nature or luck of land; *wan² yung²* one's usual expenses; the usage of words; *ˊmán wan²* succeeded at last, as an old student; *ˊyau ti² ˌshan wan²* somewhat ill, ailing; *tsz'² wan²* times of one's horoscope; *shun² tsz'² wan²* a lucky conjunction; to drink a cup around a table from the right; *ˌlau ˌnín wan² hán²* the conjunctions of a year.

鄆² Yun A city in ancient Lú, now the district of Yunching in Shántung; a village in Shánsí.

混² Hwan A chaos of waters; roiled, turbid, muddy, as a torrent; foul, confused; mixed, ill assorted; dark, underhand.

A colloquial word. To make game of, to diddle; to trouble; *wan² tun²* chaotic; acting like a fool, muddled; *wan² ˌmeng*, a nickname; *ˌmung wan²* to put off on, as bad money; *wan² chéung² ˌtung ˌsai*, a confounded fool; *wan² p'í² chéung²* a troublesome fellow; *mok₃ wan² ˊngo*, don't play off your fun on me; *wan² shai² kái²* in the turmoil of life; *ˊtá wan²* to confuse; *ˌnám ˊnü wan² tsáp₃* men and women mixed up.

溷[2] Hwan. Like the preceding; confused; dirty, turbid; unclean, as animals; filthy, foul, like a sewer; a privy.

慁[2] 慁[2] Hwan. To disgrace, to dishonor, to distress, to bring reproach on; grieved, ashamed, mortified; to excite, to trouble; *wan² ꜀kwan*, to dishonor the prince.

韻[2] 韵[2] Yun. Sounds which rhyme in their tones; an even and an oblique tone are not rhymes; the rhyming syllable; a line of poetry; the tone, the rhyme; a harmony, a musical chord; *꜀yam wan²* a chord; *áp꜄ wan²* to make the rhyme; *꜂p'ing wan²* rhymes in the even tone; *chak꜄ wan²* oblique rhymes; *꜂t'ung tsz'² wan²* perfect rhymes; *꜂'m hòp꜄ wan²* a discord; unlike in disposition; *hip꜄ wan²* rhyming.

諢[2] Hwan. Low jests, vulgar mirth, lewd allusions, scurrilous merriment; *'tá wan²* to joke; *wan² ꜀í*, a harlequin dress, a masquerade.

(673) **Wán.**

彎 Wán. To draw a bow; to bend, to curve; bent; curved, bowed; *꜀wán ꜀kung*, to bend a bow to shoot.

灣 Wán. A cove, a bay, a winding bank; a bend, a corner; a low, sandy beach; an anchorage; to anchor, to moor; *꜀nám ꜀wán*, the Praya Grande at Macao; *꜀wán ꜀wán huk꜄ huk꜄* winding, serpentine, tortuous; *꜀wán cháp꜄* or *꜀wán pok꜄* to anchor; *'chün ꜀wán*, to turn, as a corner; *꜀wán ꜀wán tik꜄* rather bent; *꜀shá ꜀wán*, a sandy beach.

儇 ꜀ Hwán. Ingenious, clever, expert, smart, nimble; *꜀wán 'tsz'* a useful ready fellow. Not read *꜀hün* in these senses.

圜 ꜀ Hwán. To encircle, to go around, to environ; to start, to look alarmed; *꜀wán 'iú*, to surround; *꜀wán shí² ꜀sí 'kí*, he started up and looked around.

寰 ꜀ Hwán. A wall around a palace; the emperor's domain; a circuit; *꜀wán 'ü*, the world; *꜀wán nui²* in the emperor's land.

環 ꜀ Hwán. A ring, a circlet, a bracelet; to surround, to encircle, to ring; *꜀sàm ꜀lin ꜀wán*, a three-link ear-ring; *'í ꜀wán*, an ear-ring; *꜀wán 'p'ò*, to embrace; *'kau ꜀lin ꜀wán*, a chain-puzzle; *꜀wán p'úi²* girdle chatelaines or jingles; *꜀ts'un ꜀wán pat꜄ tün²* an unceasing revolution.

還 ꜀ Hwán. To return, to revert, to come back; to restore, to give back, to repay; to regard, to look at, to give attention to; to look back; still, furthermore, even to this; now, forthwith, immediately; or; *꜀wán iú²* more are wanted; *꜀wán ꜀ká*, to return home; *꜀wán ꜀ngan*, to repay money; *꜀wán ꜀shan*, to thank the gods; *꜀wán tsoi²* he is still here; *꜀wán 'shau*, to return the blow; *꜂p'úi ꜀wán*, to indemnify, to make good a loss; *꜀wán ꜀chung*, to invite to dinner in return; *꜀chung*

ʿ‐ ˋlò, ˏwán shíˀ ˏchung ʿ nünˀ which do you like, the hard or the soft [eggs]? ˏwán ʿyau, there are more; ˏshau ˏwán, got them back; ˏwán ˏfán kwoˀ ʿk'ü, he has been paid back; ˏwán fuk˲ ˏá fuk˲ redyed clothes; ʿyau fuk˲ ˏá ˏwán tsoiˀ I shall have better luck next time; ˏts'ing ˏwán or ˏp'úi ˏwán, to pay up in full.

環 ˏHwán An iron or gold ring; a ring, a link; ˏmún ˏwán, a door ring, by which to pull it.

鐶 ˏHwán Used for the preceding; a ring of iron; also a weight of six taels.

闤 ˏHwán A market-place; the gate or wall leading into it; ˏwán ʿfúi, entrance to a market.

鬟 ˏHwán To dres the hair in rings on the crown; a tuft, a knob; the rounded tops of mountains; ˏá ˏwán, a slave girl, a maidservant; ˏwan ˏwán, a lady's coiffure; ˏshui ˏwán, falling tresses.

頑 ˏHwán A simple, stupid person; immovable, impassable, obstinate, mulish; to push with the head, to butt; to play, to sport with, as a fool or a child does; ˏwán ˏp'í, doltish, incapable; ˏkán ˏwán, a sly rascal; ʿyau mat˲ ˏwán ˏt'au, that is a silly sort of a play; ˏwán ʿshá, play, sportive dalliance; hòˀ ˏwán, fond of play; ˏwán ʿkang, stupid; ˏwán ˏman, the rude people; ˏwán lungˀ to play with, to toy with.

娩 ʿWán Used for ʿmin, 娩 to bear. Flattering, obliging, complaisant; trying to please, agreeable.

挽 ʿWán To draw, to pull, as a bow; to lead, as a child; to carry on the arm; to draw back, to restore, to make good; ʿwán ˏch'éung ʿ‐ ˏlám, to carry a long-baled basket, i. e. to beg; ʿwán chüˀ to grasp; ʿwán ˏt'úi ˏfung, to reform the degenerate age; ʿwán ˏyau ˏp'ing, to carry the oil jar, i. e. to live at a stepfather's; ˏ'm ʿwán tak˲ ˏúi, can not be restored, lost wholly; ʿshau ʿwán, take it in your hand; ʿwán kaiˀ to dress the hair; ʿwán kauˀ to lay the hand on the bier.

輓 ʿWán To drag a hearse, to pull a carriage; ropes to drag a bier; ʿwán ˏko, songs sung by the hearse-men; tsaiˀ ʿwán, elegiac sayings; ʿwán chuk˲ funeral scrolls hung in the hall.

綄 ʿHwán To wrap around, to bind, to tie up. Also read ˏún; a weathercock, a wind vane.

綰 ʿHwán Like the last; to sew, to hem; to tie, to bind together; to keep securely, to hold fast, to see that there be no loss.

鯇 ʿHwán The tench, (*Leuciscus idella*) with dark green fins, spinous ventrals and dorsals; hak˲ ʿwán, (*Leuciscus piceus*) has no cirri, lateral line white; hak˲ shek˲ ʿwán (*Leuciscus curriculus*) red-green finned tench.

官 Hwánˀ One who serves; an officer, a servant of the crown; ˏhéung wánˀ one of the gentry; ˏkún wánˀ officials; wánˀ ˏkún or ˏim wánˀ an eunuch; wánˀ ˏká ʿtszˀ taiˀ of an honorable family; wánˀ ˏnong, salary, perquisites of office.

患[2] **Hwán** Evil, trouble; distress, calamity, misfortune; grief, sorrow, affliction; sad, unhappy, vexed, distressing, fearful; to grieve, to sorrow for or with; *wán² peng²* a distressing malady; *pi wán²* to escape from calamity; *wán² nán²* troubles, distresses; *ˏho wán² ˏchí ‘yau*, why do you lament it? *wán² takˀ wán² shatˀ* hard to get it and hard to lose it, as money; *wo² wán²* calamities; *‘yéung ‘fú ˏwai wán²* [like] rearing a tiger to make yourself trouble.

豢[2] **Hwán** To rear and feed domestic animals, to bait; to befriend, to give presents to, as if to get favor or kindness.

幻[2] **Hwán** A trick, a sleight of hand; magical arts, sorcery; apparition, dream, vision; false, deceptive; to delude; *wán² ‘king* a trance, visionary things; *mung² wán²* dreamy, unreal.

(674) **Wang.**

ˏ宏 **Hwang** The echoing noise in a large hall; wide, vast, extensive; ample; grand, as a prospect; *ˏwang ‘ün*, very prosperous; *ˏhoi ˏchéung ˏwang fátˀ* may we have good prospects, for a fortune; said by shopmen.

ˏ弘 **Hung** Like the preceding; great; to enlarge, to act liberally; the twang of a bowstring; the flapping of curtains.

ˏ閎 **Hwang** The gate across a street; gate of heaven; the bar of a gate: wide, vast and vacant.

(675) **Wáng.**

ˏ横 } ˏ衡 } **Hung** A cross-bar; transverse, crosswise, athwart, across; perverse, grim, unreasonable, mulish, disagreeing from others; the narrowest width, unlucky, untimely, unfair, disrespectful; to cross, to go athwart; *ˏtsung ˏwáng*, agreeing and disagreeing; along and across; by fair or foul means. *ˏwang hon²* to look across, as at silk; *‘tá ˏwáng ‘kong*, to talk unreasonably; *ˏwáng ˏts‘oi* unfair or unjust gains; *ˏwáng ˏmún*, a side door; *ˏwáng ˏlau*, flower boats; *ˏwáng ˏp‘ai*, tablet in a room, stretched along; *ká² lá² ˏwáng*, lengthwise, lay it along; *ˏwáng wo²* an unexpected or great calamity; *‘tá ˏwáng*, place it across; *ˏwáng ‘shau ‘mái* to buy underhand through another; *ˏwáng ˏtéung* measured across, as a lady's foot; *ˏwáng ˏhong ˏch‘ong, tím² ‘k‘am ‘p‘i*, a long bed must stretch the coverlet — it's as long as it's broad; *ˏwáng ˏpáng páng²* dogged, impertinent; put in wrong or crisscross; *ˏwáng ‘shui tò²* ferry-boats; *ˏwáng takˀ tsai²* crabbed, impracticable; *ˏwáng fútˀ* the length and breadth; *ˏwáng ˏshang*, a cross presentation at birth; *ˏwáng kwo² ˏsám ˏkán*, he passed over three houses, *‘pái ˏwáng*, spread them along; *matˀ ‘kòm ˏwáng*, what makes him so uppish?

(676) Wat.

屈, K'iuh Bent, turned down; to stoop, to crouch; to kneel, to bend over; to submit, to give in to necessity; to adapt to circumstances; to invite to one's house; to subject; grievance, wrong; affliction; *˓nang wat˒ ˓nang ˓shan*, he can stoop or resist; *˓chí put˒ ˓shing wat˒* the fingers can't count them—innumerable; *˓tai ˓t'au wat˒ wat˒* to stoop in walking; *tí˒ ˓fong wat˒ chat˒* a contracted, scrimped place; *wat˒ sat˒* to kneel; *wat˒ ˓shiú ˓chü ˓p'ún*, to trice up by the hands and feet tied together; *wat˒ ˓shan*, to bend to circumstances; *wat˒ hí˒* crouching, meanspirited; *˓ün wat˒* oppressed, forced; *wat˒ ká˒* I invite you, Sir—*i. e.* you must bend to come to my house.

詘, K'iuh Like the preceding; forced to act against one's will; to conceal; a stammering; to rumple.

鬱, 欝, Yuh } Fragrant herbs used in offerings; bushy, close-growing trees; irritated, vexed; feelings which cannot be uttered. careworn, desponding; mildewed, putrid; *wat˒ hí˒* repressed feeling; steam kept in, vapors smothered up; *wat˒ ˓tsung*, flourishing, like a fine crop; *yik˒ wat˒* secret grief; *wat˒ ˓lúi*, a door divinity, whose effigy is pasted on gates.

爩, Yuh Smoke; to close up a hole and fumigate it; to bleach with brimstone; *wat˒ pák˒* to bleach, as straw; *wat˒ ˓lò ˓shü*, smoke the rats out of their holes.

菀, Yuh Used for ˓Ün 苑˒ Luxuriant, abundant; *˓tsz˒ wat˒* a root, used as an expectorant.

鷸, Yuh To fly swiftly; a water bird, which knows the time of rain, and appears to be a species of kingfisher; an oyster-catcher; *wat˒ ˓p'ong ˓séung ˓ch'í*, when the oyster-catcher and oyster caught each other,—the fisherman profited.

鶻, Kuh A sort of turtle or wild pigeon, having a short tail; perhaps a francolin: also a kind of kite or glede; a sort of war-boat; *wat˒ tat˒* dirty, disgusting, filthy—a colloquial phrase.

核, Heh The stony seed of fruits; nodules in soft stone or clay; hard ganglions in flesh; *˓lung ˓ngán wat˒* the nuts of the lungyen; *˓t'ò wat˒* peach-pits; *yat˒ ˓t'ò wat˒* a schemer, a shrewd lad; *˓shang wat˒* to have a hard lump grow up.

(677) Wát.

空, Wáh To dig out a hole with the hand, to feel in a hole; a deep hollow a hole in a hill.

挖, Wáh To scoop out, to excavate, to dig out a hole; to gouge; to dredge, to clean out; to stir up, as an old grudge; *wát,* '*í*, to clean the ear; '*í wát,* an ear-pick; *ṃ'á wát,* to scratch a hole; *wát,* '*ngán ,tsing*, [like] plucking out my eye, I am so disappointed; *wát, yuk, ,í ,ch'ong*, to gouge out flesh to cure an ulcer — to have one's labor for his pains; *iú' wát, ,cho ,páu*, you must fork out the money.

斡 Woh A handle, a winch; a grain-striker; to turn round by a handle; to circulate, to move about. Read '*kún*; to rule.

滑 Hwáh Smooth, slippery, polished; glassy, glairy, soapy, sharp, knavish, oily, flattering, cunning; *lò' wát,* a slippery street; *,lò wát,* an old stager, up to all the quirks; *wát, lut,* to slip off, as a thief; *wát, kwan'* a knave; *,kwong wát,* shining, smooth; *,mo tò' wát,* grind it smooth; *wát, shek,* soapstone.

猾 Hwáh A boneless animal which is fabled to get inside of tigers and gnaw them; crafty, tricky deceitful; treacherous, lying; clever, artful, as children; to disturb, to cause trouble; '*káu wát,* or *,kán wát,* traitorous, false; *wát, ts'ák,* a slippery rascal.

(678)

Wik.

域 Yih A frontier, a boundary; a place; a region, a country, a territory; lands, states; the borders of a grave; *,sai wik,* western regions, states over the western frontier; *shing' wik,* Confucian groves; *tsüt, wik,* remote regions.

緎 Yih A seam in fur dresses; to stitch, to hem, to sew fur garments.

罭 Yih A drag net having nine satchels woven in it, which is drawn along by boats.

蜮 Yih A marine animal, fabled to spurt sand at people or bite their shadow, and so injure them; crafty; a masked enemy; *,wai* '*kwai ,wai wik,* plotting, traitorous.

閾 Yih The threshold of the door, not to be trod on; *,mún wik,* the bar at the bottom of a door.

(679)

Wing.

,Wing. A colloquial word. To throw away as useless; to throw aside, to throw down; *,wing cho' ,'m iú' lok,* heave it away! *,wing ,mái yat, í' kok,* throw it into a corner; *,wing ,hoi,* throw it away; *,wing ,loi ,wing hü'* taking it up and throwing ⊕ down.

榮 Yung Beams of the *,'ng ,t'ung* tree; king-posts for turned up corners of temples; glory, fame, honor; splendid, glorious; beautiful, as flowers; prosperous; *,wing ,wá*, glorious, famous; *,yan ,wing*, honored, distinguished; *,wing ts'ü'* to get married; *,k'au ,wing* '*fan yuk,* to seek fame yet be disgraced.

瑩 Yung — Lustre of gems; a pebble like unto a real gem; bright, lustrous; intelligent.

永 Yung — Ever flowing water; perpetual, enduring, everlasting; final, complete, as a cure; distant, long continued, for ever; *‘wing ün²* eternal; *yat› ‘wing*, long days; *‘wing shai² ‚tò kwán²* I've never had any practice; *‘wing ‘chí*, a final stop, as to a cough; *‘wing pat› iú²* never want it; *‘héung ‘wing fuk›* to enjoy eternal bliss; *‘wing pít›* a final separation.

咏² 詠² Yung — To sing or hum in a recitative, to chant or drawl out the words; melody of birds; *wing² ‚shí*, to recite verses; *‚yam wing²* to sing; *wing² t‘án²* sighing and singing.

泳² Yung — To walk under water; to dive and seek under water; flowing, meandering.

穎² 頴² Ying — A full head of grain; a spike of grain; awn of grain, a sharp point as of a pencil; an awl; a ring on a scabbard; a fine critical taste; *t‘üt› wing²* to stick through, as a pin through a bag; *‚mò wing²* a ready pen—*met.* a well read scholar; *wing² ’ng²* versatile.

(680) Wít.

A colloquial word. The creaking of a door; to call; *wít› ‘sing ‘k‘ü*, call him to wake up.

(681) Wo.

堝 Ko — A crucible of earth, used by goldsmiths; *‚ngan ‚wo*, a crucible for silver.

窩 Wo — A nest on the ground or in a hole; a hole, a grot; a lonely house; a den, a retreat for robbers, a nest of thieves; to shelter, to harbor thieves, to receive plunder; *‚wo ‚ts‘ong*, to harbor, as thieves; *in² ‚wo*, edible birdsnests; *‚wo ‚ká*, a receiver of stolen goods; *‚mái ‚wo tsò² fán²* messes around their fires eating; *‚sam ‚wo*, place over the breastbone; *‘kwai ‚wo*, a devil's nest — an owl-hole.

媧 Kwá — The Chinese Pandora, called *‘nü ‚wo*, who is said to have repaired the heavens; some think it is Eve, others deny her to be a woman

筩 Kwá — A spool on a stand, called *‚sz² ‘tan*, having sticks on the four corners and the spool in the centre; shallow trays; *‚wo ‚lám*, bamboo trays; *‘pái ‘tò yat› ‚wo ‚wo*, spread out the trays singly.

鍋 Ko — A deep boiler, for frying; a sort of caldron for trying fat; the rim or tire of a wheel; *‘nün ‚wo*, a copper heater to warm food; *t‘it› ‘fo ‚wo*, an iron broadish.

腡 Kwá Lo — The striæ on the ends of the fingers; usually pronounced *‚lo*; *‘shau ‘chí ‚mò ‚lo*, have your fingers no marks,—that you let this slip and break!

蝸 Kwá A garden slug; a snail; low, poor huts, or hovels; ˌwo ˌngau a snail; ˌwo shé² my snail shell of a house.

倭 ˌWo The Japanese; Japan; ˌwo ˌyan, a Japanese; the name is used by them.

Read ˌúi; a yielding spirit; ˌúi ˌch'í, coming from a distance.

禾 ˌHo Growing grain, especially paddy and wheat; grain, corn; occurs for the next; the 115th radical of characters relating to grain; kotˌ ˌwo, to reap rice; ˌwo ˊmai, paddy, grain; ˌwo ˌch'ung, a worm like a Nereid, used for food; ˌwo ˊkon, rice straw; ˌwo ˌmiú, rice in the blade; ˊtá ˌwo, to thresh grain; yatˌ ˌwo ˌshang ˊkau sui² one stalk bears nine heads — in a good year; ˌhon ˌwo, to watch grain; ˌwo shukˌ ˊkòm ˌt'au, bent over like a head of grain; ˌwo kukˌ a paddee bird or ortolan.

和 咊 龢 ˌHo } Harmony, union, concord, agreement, peace after strife; mild; kindly, agreeing with, as medicine; inclined to; to agree, to be at peace, to unite, to harmonize; to go with; to join, to accompany; to conform to; a preposition, with, to; ˌwo ˌt'á shütˌ speak to him; ˌwo mí² well flavored; ˌwo yéukˌ a compact giving peace, a treaty; ˌwo shéung² a Budhist priest; tsò² ˌwo ˌt'au, to be a peacemaker; yatˌ ˌt'ün ˌwo hí² cordial harmony between them; ˊkong ˌwo, to treat of peace; ˌwo ˌngán ütˌ shik a pleasant countenance; ˌsam ˌt'im hí² ˌwo, cordial and gratified; ˌp'ing ˌwo, mild, as food; ˌwo ˌp'ún t'okˌ ch'ütˌ to make a clean breast, a cordial agreement; ˌt'án ˌwan ˌwo, stir it to cool it; ˌwo ˌí ˌí shui² to sleep in one's clothes; ˌwo ˊk'ü hü² go with him.

ˊ膼 A colloquial word. To waste a thing, to apply it uselessly; to throw away, as for a fine woman to wed a wretch; watˌ ˊwo, wasted, as energies or precious things; ˊwo ˊt'o, to spoil an affair.

Also read ˊwo; rotten, as eggs; ˌkai tán² ˊwo ké² this egg is addled.

和² Ho To accord, to respond, as in singing; to conciliate; to mix up, to blend, as tastes; wo² ˌshí, an anti-strophe; to respond, as in a refrain; wo² ˌfán, to conciliate the barbarians; wo² mái² or ˌt'iú wo² to compound, as dishes.

盉² Ho Like the preceding; to mix and season, as a cook does; dishes for mixing food.

禍² Ho Evil, misery, suffering, calamity, adversity, sorrow, judgment, woe, more especially those beyond one's control; unhappy, unfortunate; to curse, to injure; wo² wán² calamity; pí² wo² to flee from danger; ˊyé wo² to induce calamities; ká² wo² to implicate another for one's crimes; wo² patˌ ˌtán ˌhang, calamities never come alone; wo² patˌ ˊün ˊí, sorrow is not far off; chong² wo² to meet an unlucky thing.

(682) Wok.

獲, Hwoh. A sort of beast; to take in hunting; to catch, as a thief; to get, to obtain; to receive; an epithet for a slave, like slut; *wok› tsúi*^{2} to sin; *tái*^{2} *ʿyau ʿsho wok›* he made large gains, has been very successful; *‹ná wok›* caught, as a thief; *shat› wok› ʿngo ‹sam,* he has just suited my wishes.

Read *wá*^{2}; to strive to obtain.

矱, Hwoh. A measure, a marking-line; to adjust by a line; to measure by a rod or line.

擭, Hwoh. To seize or grasp in the hand, to secure, to lay hold of.

Read *ú*^{2}; to divide.

穫, Hwoh. To cut grain, to reap the fields; a harvest, a reaping; *ʿwan wok›* at the last extremity, distressed.

蠖, Hwoh. Geometrical worms, which curl up and stretch out as they go; hampered, repressed, cowed down; *ch'ek› wok›* a worm called a looper, or geometrician; to span with the thumb and forefinger.

鑊, Hwoh. A boiler, flat and without feet, like the segment of a sphere; a grave; *t'ít› wok›* an iron pan; *ʿní ʿúi ‹fú wok›* you're smart enough to hoop a frying-pan; *wok› ʿch'án,* a shovel to stir up the frying food; *‹ch'é tái*^{2} *wok›* to wheel a great pan —a feat of tumblers; *ʿchü tái*^{2} *wok› fán*^{2} to cook a great dinner; *wok› ʿtai kòmˀ hak›* black as a boiler's bottom.

(683) Wong.

‹汪 Wáng. A deep, wide expanse of water; vast, still, as a deep; great capacity; a lake, a pool, a pond; *‹wong ‹yéung,* the wide ocean; *ʿléung lui*^{2} *‹wong ‹wong,* two deep tears in the eyes.

‹尢 ‹尪 Wáng. Feeble, weak; a person with crooked legs, deformed; emaciated, diminutive; the first is the 43d radical of contorted things.

‹黃 Hwáng. Yellow, ocherous, the color of clay; the imperial color; the 201st radical of characters relating to yellow; *‹wong fát›* an old man; *‹wong ʿhau,* a child; *tái*^{2} *‹wong,* rhubarb; *‹wong ‹kéung,* turmeric; *‹wong ‹ho,* the Yellow River; *‹wong pò*ˀ Whampoa; *‹wong ʿhün,* an earthworm; *‹kai tán*^{2} *‹wong,* yolk of an egg; *‹wong kéuk› ‹kai,* a yellow foot cock —is a hanger-on; *‹wong ʿmá kwáˀ* a yellow tabard — given to high officers; *‹ngá ‹wong* ivory yellow; *‹wong shauˀ* cadaverous, jaundiced; *‹wong ‹wong shuk› shuk›* sickly, pale; *‹wong ‹p'í,* the whampee; *‹wong ‹ü,* a kind of herring; *‹wong ‹ngau,* a domestic cow; *‹wong ‹yéung muk›* mango wood.

‹潢 Hwáng. A lake having no outlet; a pool; a dyke; name of a river flowing into Chihlí Gulf, the Sira-muren R.; *‹t'in ‹wong,* the stars μ, ξ, σ and λ

in Auriga; ˏchong ˏwong, the cushion to lay jewelry in a box; ˏt'in ˏwong yatˎ p'ái² of the same imperial generation. Read wong² to dye paper yellow.

璜 ˏHwáng A gem shaped like a semicircle hung at the girdle, called a half-signet.

癀 疸 ˏHwáng The jaundice or icterus; ˏwong ʿt'án, the jaundice, but forms of dropsy are also included; tái² ˏwong shikˎ yellow-skinned, jaundiced.

礦 ˏHwáng The gang or ore of copper or iron; strong; ˏlau ˏwong, sulphur.

簧 ˏHwáng The mouth-piece of the reed organ or ˏshang; the reed of a flageolet; ˏwong ʿhau ˏin ˏü, gibbering, mumbling, as a witch.

鰉 ˏHwáng The sturgeon, the species found in the Yángtsz' kiáng of great size.

皇 ˏHwáng High, exalted, supreme, honorable, imperial; an autocrat, a monarch, a potentate, an emperor; heaven; to act right; ʿwong tai² the emperor, of whom there can be only one in the world; ˏwong shéung² his Majesty; ˏwong hau² the empress; ˏwong ˏt'in, high Heaven; often used like the petition, Good Heaven! ˏwong ʿháu (or ʿpí) my departed father (or mother); ˏwong ˏt'in shéung² tai² the perfect high Shángtí.

凰 ˏHwáng The female of the Chinese phœnix, or fung² ˏwong, a fabulous bird; fung² ˏwong ˏmò ʿpò patˎ lokˎ phenixes alight only where jewels are found; i. e. he only comes where money's to be made.

喤 ˏHwáng To sob; ˏwong ˏwong, bitter crying, wailing, as a child; harmony of drums and bells.

徨 ˏHwáng Hesitating; ʿfong (or ˏp'ong) ˏwong, timid, irresolute, going back and forward, as if one had lost his way.

惶 ˏHwáng Fear, apprehension; tremor, respectful dread; ʿkung ˏwong afraid, trembling with alarm; ˏwong ˏwong, scared.

湟 ˏHwáng A river in Kánsuh, a tributary of the Tá-t'ung and Yellow rivers, near Sining fú; cold water; a turbulent torrent.

煌 ˏHwáng A great blaze; splendid, bright, luminous, glorious; a brick bed-place; ˏwong ˏwong, exceedingly brilliant; ˏfai ˏwong, shining bright.

獚 ˏHwáng A dog.

篁 ˏHwáng A field of bamboos; a grove of bamboos; a sort of bamboo with a white skin.

蝗 ˏHwáng The locust; ˏwong ˏch'ung, the locust; chá² ˏwong, the migratory locust — is a plague.

隍 ˏHwáng A dry moat or fosse around a city; an empty ditch; ˏshing ˏwong miú² the palladium or municipal temple in every walled town.

遑 ˏHwáng Leisure, vacant time; disengaged, indifferent; patˎ ˏwong há² shikˎ not even time to eat; mokˎ ʿkòm wákˎ ˏwong, I dare not have any idle time.

ˍ王 Wáng. A king, a ruler, one who is looked up to by all; a title of emperors before the Tsin dynasty; royal, princely; imperial uncles and brothers; a regulus, a beg; *wong fú²* a deceased grandfather; *kwan wong*, the prince; *wong yé*, emperor's uncles; *fán wong*, Tartar chiefs; *shik yan wong* a mere beefeater; *pá' wong*, a tyrant; *wong tò²* the royal road, the path of honor; *fát wong*, Budha; *shán tái² wong* a blackamoor devil in theatres.

ˋ枉 Wáng. To rule with club law; to force; compelled; bad, illegal, not upright; crooked, awry, distorted; needlessly, to no purpose; *ün 'wong*, to implicate or accuse unjustly; *'wong wat* needlessly wasted; *'wong ká'* you must force or humble yourself to come — a polite invitation; *'wong fai' sam ki*, lost all my pains; *'wong kū yan shai'* you are of no sort of use in the world; *'wong tsok 'siú yan*, he has maligned him for nothing.

ˢ往 ˢ徃 To go, to go away, to depart; to send by; formerly, gone, past; *'wong loi*, going and coming; *'yau loi 'wong* intercourse with; *'wong nin* or *'wong yat* formerly; *'wong fán*, gone and come back; *'wong 'wong sü 'ts'z'* constantly so, it frequently happens; *'wong tsúi²* past offenses; *héung' 'wong*, hitherto; *sho 'wong*, where are you going? *mò 'wong pat lí²* he makes money with everything.

Ton. Dict. 85.

王² Wong. To rule, to reign, to govern, as a king; to rule properly; a reign; *yau wong²* exceeds, it superabounds, more than others of the same class.

旺² Wáng. The sun becoming glorious; brightening into full day; to lustrate a house with fire; rising, prospering; brilliant, flourishing; good, in a high degree; *wong² séung' ts'ong*, the shrine of Plutus; *ting ts'oi 'léung wong²* prosperous both in family and purse; *chong' wong²* fat and hearty; *wong² uk* to purify a house by rites; *wong² üt* the best business months; *hing' wong²* flourishing, rising.

迋² Wáng. To go about; to fear; to deceive; *wan wong² wong²* he was nearly scared to death.

(684) Yá.

ˏ吔 A colloquial word. An exclamation of suprise or of pain; *ái yá*, whew! *ái yá, t'ung' lé'* Oh! you hurt me! *yá yá sheng*, the cry of pain.

ˢ也 Yé. A final particle, difficult to translate, and serving to close the idea and round the period; after a proper name, makes the vocative; a connective, beginning a sentence, even, also, and, likewise, further; before a negative, it makes a question, or implies an alternative; before the substantive verb *shi²* merely intensifies the expression; when repeated with ʿ*yau*, means too, also; often used after verbs to arrest the attention; ʿ*yá* ʿ*yau* ˏ*sho*, ʿ*yâ* ʿ*yau mut*ˎ there were open places and also denser parts; *hon*ˀ ˏ*t'á* ʿ*hang* ʿ*yá pat*ˎ ʿ*hang*, is he willing or not? *mí*² ˏ*chí* ʿ*yau* ʿ*yá*, there's no such thing; *pat*ˎ *t'eng*ˀ ʿ*yá* ˏ*yau* ʿ*ní*, the consequences of neglect will all lie with you; ˏ*shan* ʿ*kwai* ʿ*yá pat*ˎ ˏ*chí*, even the spirits don't know it; ʿ*yá pat*ˎ ʿ*kong* ʿ*yá pat*ˎ ʿ*sé*, he neither would speak nor write; *yat*ˎ ˏ*sé* ʿ*yá pat*ˎ ˏ*ch'á*, there is not the least error; *yat*ˎ *kin*ˀ ʿ*sz*ˀ ʿ*yá* ˏ*kòm* ˏ*sam*, I would willingly die if I could see him once; ʿ*yá* ˏ*ch'á pat*ˎ ˏ*to*, you have nearly hit it; ʿ*yá pá*² is used after an assertion, like "that's all;" ʿ*yá* ˏ*ts'ang*, already; *yat*ˎ ʿ*yá*, just alike; *tái*² *pat*ˎ ʿ*ho* ʿ*yá*, it certainly will not be permitted; ˏ*ho* ʿ*yá*, why? what is meant?

廿² 卄² Jih } Twenty; *yá*² ˏ*sám*, twenty-three; ˏ*kam yat*ˎ *yá*² ʿ*kí*, what twentieth day of the month is it? *yá*² ˏ*t'au* ˏ*lai*, come between the twentieth and thirtieth days of the month; ʿ*tá yá*² ʿ*pán* give him twenty strokes; *yá*² ˏ*to ko*ˀ more than a score.

(685) Yai.

ˏ吟 f Read *í*²; yes, it will do; let it pass.

A colloquial word. Poor, inferior, as goods; ungarbled, in a bad condition; not to speak up, timid; ˏ*ch'ai* ˏ*yai*, acting silly, down in the mouth; ˏ*yai fo*ˀ inferior goods.

曳² 拽² f } To trail, to drag after one; to leave a trace; to saunter, to drag the heels after; to take by the hand; ʿ*ün* *yai*² limber, flimsy, as crape; ˏ*ú* *yai*² supple, like a rope.

泄² f A tributary of the R. Hwái in Ngánhwui; to disperse, to spread abroad, to scatter; easy, leisurely, many; *yai*² *yai*² gently, gracefully, as a hawk's flight; numerous and busy, as workmen in a factory.

栧² f A long oar. Read *sít*ˎ a machine for adjusting a bow or crossbow.

澨² f Rough water; ˏ*yung yai*² the troubled or ruffled water; many, crowded, as people.

(686) Yák.

喫ˎ K'ih To eat, to drink, to take food; to swallow; to suffer, to bear; a form of the passive; *yák*ˎ ʿ*kan fán*ˀ eating; *yák*ˎ ˏ*wong* ʿ*mong fán*ˀ, *tsò*² ˏ*Lau Sau*ˀ ˏ*kung* ˏ*fú*, eating the emperor's rice, and doing Lau Sau's work — a traitor; *yák*ˎ *wái*² injurious, if eaten; *tái*² *yák*ˎ *shau*² a great glutton; *yák*ˎ ˏ*hiú* ʿ*mai*, a rice-eater, a lazy fellow; *yák*ˎ ʿ*kan*, urgent, necessary.

吃ˎ K'ih To stammer, to stutter. Interchanged with the preceding; *yák*ˎ *fán*ˀ ˏ*'m* ˏ*ts'ang*, how are you?

(687) ## Yam.

陰 陰 Yin Obscure, dark, sombre, shady; the shades; the lesser of the two dual powers, the female or recipient in nature; matter quiescent; the inferior of two states or things in contrast, as the moon, earth, water, night, female, secret, shady, rear, private, &c.; to cover; *ts'ün'* *꜀yam*, a moment; *꜀kwong ꜀yam*, time; *꜀yam ꜀kán*, hades; *꜀yam 'shau*, secretly, underhanded; *꜀yam 'hi*, effeminate; *꜀yam ꜁léung*, chilly, shady; *꜀t'in ꜀yam*, cloudy; *꜀yam ꜀kon*, to dry in the shade; *t'ái' ꜀yam*, the moon; *꜀yam chat꜇* secret blessings; *꜀tong ꜀yam*, declining, failing; *꜀yam ꜀yam ꜁ch'am ꜁ch'am*, gloomy, dank; *꜀yam tuk꜇* to harm slyly, to injure; *há' ꜀yam*, the privates; *꜀yam mat꜇* the female organs; *꜀yam ꜁ling*, the departed spirit; *꜀yam 'ying*, a shadow.

音 Yin A sound of any kind; a musical note or tone; news, reply, order, an intimation; the 180th radical, relating to sounds; *ch'éung' ꜁nám ꜀yam*, to sing southron ditties; *shat꜇ ꜀yam*, speechless; *꜁úi ꜀yam*, an answer; *'mò ꜀yam*, no sound, no reply; *꜀yam wan'* the initial and final in Chinese spelling; *pát꜇ ꜀yam 'tsai*, eight children playing as a band; *'pi ꜀yam 'ngo*, return me an answer; *꜀yam sun'* news of or from; *'t'ò ꜀yam*, local pronunciation; *꜀kái ꜀yam*, sweet sounds; *'hò ꜁ngá ꜀yam*, loquacious; a fine spoken man.

喑 Yin The wailing, incessant crying of a child; dumb from sobbing or grief.

愔 Yin Tranquil, peaceful; *꜀yam ꜀yam*, harmonious; solemn, as slow music; still.

歆 Yin To receive the savor of offerings, to accept the fumes of incense; to enjoy food, to relish; to desire, to extol; *꜀yam sín'* to covet, to long for.

欽 K'in To stretch, to yawn and gape; thoughtful, respectful; to respect, to reverence; that which is to be respected and reverenced; imperial, governmental; to consider as from or by the emperor; *꜀yam ming'* a ukase; by order of government; *꜀yam ꜀ch'ái*, an imperial commissioner; *꜀yam ts'z'*, a present from the crown; by royal grant; *꜀yam fung'* respectfully received from the throne; *꜀yam 'ts'z'* let this be regarded as from the throne; *꜀yam 'tim hon' ꜁lam*, to designate academicians.

嶔 K'in A high peak, shooting up on high; the peaks of mountains; gaping, yawning.

髧 T'an Prōnounced *tám'*, but used for the colloquial word tresses, curls on children; a fringe of hair along the crown; the hair falling on the forehead or cheeks; *꜁lau ꜀yam*, falling tresses; *'chéung t'ong' ꜀yam*, a long fringe on the crown.

Also pronounced *꜁yam*, a fringe or valance, ornamented carving under the eaves; a fathom; ˛man chéung' ˛yam, a curtain round the tester; ˛yam 'hau, the eaves; 'ching yat˒ fuk˒ ˛yam, make a valance; 'kí ˛to ˛yam 'shui, how many fathoms deep?

˛吟 } ˛唫 } Yin To hum, to sing; to repeat over, to say over quickly, to talk very fast; to sigh, to groan; mournful voices; ˛yam ˛shí, to hum poetry; síú' 'hau ˛yam ˛yam, smiling and humming; ˛lün ˛yam, a concert.

The second is also read kam'; closed up; shut, as the mouth; congealed, dormant, torpid.

˛壬 Jin The ninth of the ten stems, connected with water; great, to flatter, to adulate; 'nau luk˒ ˛yam, to lay a scheme.

˛婬 Yin Luxurious, going about for amusement; theatrical, stage plays; debauched, lewd, obscene, lascivious; to commit adultery; ˛kán ˛yam, adultery.

˛淫 Yin Interchanged with the last. The rising of water; to soak, to drench, to go to excess; to lust after; lewd, immoral, licentious; lewdness; excess in calculations; very, great, as faults; to incroach; a long time; ˛yam lün' debauchery and anarchy; ˛yam ˛fung, depraved manners; ˛yam tsz'' ˛mò fuk˒ there's no good got by excessive or superstitious worship; ˛yam ˛yan 'nü, to debauch people's wives; ˛yam ˛shü, lewd books.

˛霪 Yin Excessive showers; to rain for more than ten days, long drenching rains.

'飲 Yin To drink; to suck in, to draw in the breath; to rinse the mouth; drink, drinking; to receive, a sign of the passive; concealed, secret; 'yam ˛pùi, take a glass; lán' 'yam, drinking to excess; 'yam hi' drinking vessels; a chamber-pot; 'ts'ing 'yam, please drink; 'yam han' to have a cause for hatred; ˛héung 'yam tái' ˛pan, the village banqueter; 'yam ˛san 'p'ò 'tsau, to attend a wedding; 'yam 'páu shik˒ tsúi' he does nothing but stuff and swill; t'ung' 'yam yat˒ ˛ch'éung a mad drinking bout; 'yam 'yá 'kún a tavern, a grogshop; 'mò 'yam, good to drink.

Sometimes read yam' to give to drink; yam' 'má ˛t'au ˛ts'in, he watered the horse, and threw down some cash.

'妊 Jin Pregnant; ˛shan ˛mái 'yam, with child; 'yau 'yam, to conceive.

'恁 Jin To consider, to think, to dwell upon with satisfaction, delightful, gladsome; thus, in this way.

'紝 Jin To lay the warp of a piece; to weave, to make a fabric of cloth.

'荏 Jin A kind of large oily bean, like windsor beans; kindhearted, gentle, kind; 'yam 'im, to and fro, a gradual advance, twisting, flexible; shik˒ lai' ˛í noi' 'yam, stern looking but kindhearted.

'飪 Jin To season and dress meats very thoroughly; 'yam shuk˒ cooked through; shat˒ 'yam, done to rags.

衽 衽 Jin — The lappel or flap in front of a coat, buttoned under the right arm; the skirt; a single mat; *ˊlím ˊyam pâiˋ* to make a curtsey; *szˀˀ ˊyam ˏts'ai*, the four points of the skirt are even; *met.* to indulge in four kinds of excess.

浸 A colloquial word. To dip, to immerse, to rinse in the water; *ˊyam ˊhá*, souse it in.

蔭 陰 Yin — To shade, to overshadow, to protect, to shelter; shade; shadow; shady, cool; the hereditary care of the state; *ˏché yamˋ* to shade; *píˋ yamˋ* to protect; *tsápˎ yamˋ* to inherit a title; *yamˋ ˏshang*, born to a title, nobly born.

任 Jin — Sincere, worthy of trust, sure; friendship, confidence; trusted, relied on; trust, office, a responsibility; to bear, to sustain, to execute, to undertake, to be responsible; that which is imposed on one; *ˊshéung yamˋ* to enter on an office; *yamˋ ˊní íˋ* as you please; *yamˋ yungˋ* to engage, to employ; *yamˋ ˏp'ang*, to allow; *yamˋ chungˋ* responsible trust; *ˏlau yamˋ* to detain in office; *tsipˎ yamˋ* to receive the office; *inˋ yamˋ* in office; *ˏün yamˋ* former post.

賃 Jin — To rent, to lease, to hire, to charter, said of houses, furniture, vessels; *ch'utˎ yamˋ* to lease to another; *ˏtsò yamˋ* to take on lease; *chiúˋ yamˋ* for rent.

鵀 Jin — A bird with a crest, likened to a woman's headdress; perhaps it is a species of hoopoe.

(688) **Yan.**

因 Yin — A cause, a reason; to avail of, to take occasion; because, for, why, wherefore; for the sake of, on account of, the circumstances from which; often makes a participial form of the following verb, or an ablative absolute; as an illative particle, then, next, and, so; *ˊyau ˏyan*, there's a reason; *ˏyan matˎ ˊyé szˀ* what's the cause? *ˏyan ˊts'z' shikˎ ˊpí*, to infer this from that, to learn one from the other; *ˏyan ho*, why? *ˏyan ˏün*, a latent cause, reason, sympathy; *ˏyan ˏshing*, to multiply; *ˏyan ˊsiú shatˎ táiˀ* to miss the great for the less; *ˏyan tikˎ szˀ konˋ* on account of some business; *míˀ pítˎ ˏmò ˏyan*, doubtless there's a reason; *ˊyau matˎ ˏyan ˏyau*, what were the circumstances or causes?

姻 Yin — A bride; connection, affinity, relationship on the female side; *ˏyan ˏts'an*, relations by marriage—the phrase is used by a man; *kitˎ ˏshing ˏfan ˏyan*, to betroth, to have a wedding; *ˏyan taiˀ* your relative, said to one's son-in-law's father or uncles; *ˏyan ˏká taiˀ* your relative's brother, said by the brothers of the last.

絪 氤 Yin — The elements; *ˏwan ˏyan*, the genial, productive stimulus of nature, which brings forth things; the first also means the male hemp.

恩 Ngan Favor, kindness, mercy, grace; benefits, obligations; gracious, as from the emperor; kind, charitable, compassionate; to favor, to be kind to, to oblige, to enrich; to love, to be partial to; private, concealed; *shau² ˌyan*, benefited; *ˌyan ˌts'ing*, fond of, lusting after; *ˌwong ˌyan*, royal favor; *ˌyan tak, ˌü pák, sing²* kind towards the people; *ˌmong ˌyan*, ungrateful; *ˌyan ˌt'éung ˌch'au pò²* to requite evil for good; *'kòm ˌyan*, feeling grateful; *ˌhoi ˌyan*, to show favor, easy with.

茵 Yin The padded mats used on floors; cushions or mats in a carriage; a commodious seat; a tiger's skin cured to sit on; *ˌyan ˌch'an ˌhò*, a medicine plant like marjoram; *'ts'ò ˌü ˌyan*, a cushion-like turf, a thick greensward.

裀 Yin Used for the preceding; a mattrass; lining of a garment; plaits of a garment; *'lui ˌyan ˌi tso²* to sit on piled up mats, *i. e.* rich; *ˌch'ung ˌyan*, doubled cushions.

駰 Yin A piebald horse, spotted white and black, with brindled streaks.

垔 堙 Yin To stop up, to close; to raise an earthwork before a wall; to dam or turn a watercourse; the second also means a mound within the city raised to overlook the enemy.

湮 Yin To dam up, to dyke; to fall into the water, to be drowned, lost in the water; *ˌyan mút,* drowned.

闉 Yin The wall which surrounds the gates of cities inside; the gates of the inner wall; to stop, to shut off, to hem in; impeded, in straits, poor.

殷 Yin An adjective denoting the highest degree of, as full, flourishing, complete; many; a full band; a name for part of the Sháng dynasty, B. C. 1401 — 1137; *ˌyan shat,* trustworthy; *ˌyan ü²* a substantial family. Used for the next.

慇 Yin Mournful, melancholy; *ˌyan ˌyan*, sorrowful; *ˌyan ˌk'an*, anxiously diligent, tremblingly careful.

禋 Yin Worship made with sincere heart, a pure sacrifice made to heaven by the emperor; *ˌyan tsz'²* a sweet smelling sacrifice to the Highest.

忻 欣 訢 Yin Joy, delight, happiness; gay, jolly, delighted, pleased at doing or getting something; laughing, merry; *ˌyan ˌin*, with pleasure, readily; *ˌfún ˌyan*, with joyful heart; *ˌyan wai²* satisfied; *ˌyan hang²* in ecstasy.

昕 Yin The morn, the dawn, the sun rising in brightness; *tai² ˌyan*, very early, too dark to see plainly.

盺 Hin Joy; to be pleased; to see indistinctly; *'t'ai ˌyan 'ngán*, to look at fixedly, as nearsighted people do.

貧 Yin Similar to the next; to respect; to advance, to get on; a money girdle; a colleague; *ˌyan ˌün*, to get a cause by bribery, to intrigue; *ˌyan yé²* eventide.

꜁寅 Yin To reverence, to respect; a colleague, a fellow officer; the third of the twelve branches, from 3 to 5 A. M., denoted by a tiger; *꜁yan ꜁shi*, in early morning; *꜁t'ung ꜁yan*, a colleague; *꜁yan ꜀pan*, to treat a guest well.

꜁人 Jin A man, a human being; a person; human, belonging to mankind; placed after many nouns indicates a laborer, an artist, a person engaged in a calling; the 9th radical of characters relating to humanity; *꜁nám ꜁yan*, a male; *‘nü ꜁yan*, a female; *noi꜅ ꜁yan*, my wife; *꜀tsün ꜀fú ꜁yan*, your wife; *꜁yan ‘ki*, you and I; *꜀ká ꜁yan*, slaves, domestics, official retainers; *‘hò ꜁yan ꜀ká*, a good man; *tái꜅ ꜁yan*, a compellation like Excellency, given to officers above prefects; *‘k'ü hai꜅ tái꜅ ꜁yan*, he's a full-grown man; *‘siú ꜁yan*, a boy, a waiting lad; *꜀chung ꜁yan*, a midsman, a broker; *꜁yan ꜀shang ꜁'m hai꜅ ‘kòm*, people in life don't act so [badly]; *꜁shing ꜁yan ‘chéung tái꜅* he is now of age; *꜀t'ín ꜀shang ꜁yan, ꜀t'ín ‘yéung ꜁yan*, heaven gives mouths, and finds food for them; *꜁yan ꜁ts'oi* the animal strength, vigor; *꜁yan tí꜅ ꜀tsang ‘k'ü*, people hate him; *hò' ‘t'ai ꜁yan*, he likes to gaze at people; *‘hí ꜁mang wai꜅ ꜁yan*, how can he look after another? *꜁yan ‘pan*, a man's disposition; *í꜅ ꜁yan*, one's parents; *꜁yan ꜁yan*, everybody, all; *꜁yan ꜀shang ꜁ü mung꜅* life is as a dream; *꜀hán ꜁yan*, an idler; *꜁yan mat꜆* men, people; *fún' mái꜅ ꜁yan ‘hau*, to traffic in human beings.

Pronounced *‘yan*, in the colloquial phrase *tái꜅ ‘yan*, a lady.

꜁仁 Jin Humanity, regard for others, fulfilling one's social duties; benevolent, kind, considerate, merciful; numb, insensible, paralized; a kernel, a pit, a small seed; *꜁yan tak꜆* charity, kindness; *꜁yan ꜀sam*, a kind heart; *pat꜆ ꜁yan sham꜅ ‘i*, exceedingly malevolent; *pat꜆ ꜁yan*, unkind, unfeeling, shortcoming;—a phrase of wide application; *hang꜅ ꜁yan ꜁ch'á*, almond milk tea, an emulsion; *‘kwo ꜁yan*, the meat of a seed; *‘shau tsuk꜆ pat꜆ ꜁yan*, hands and feet withered or senseless; *꜁yan í꜅ ‘lai chí' sun'* humanity, integrity, courtesy, wisdom, and truth, are the five virtues.

‘忍 Jin Patience, endurance; fortitude; able to sustain; to bear, to repress, to endure, to suffer or support patiently; to allow, to give way to, as anger; hard, severe, harsh, hardhearted; *‘yan noi꜅* patience; *‘yan hí'* to keep in one's anger; *‘yan noi꜅ ‘há*, don't fret, wait awhile; *‘yan siú'* to keep one's countenance; *꜁hòm ‘yan*, to curb one's feelings; *‘yan yuk꜆ pò' ꜁ch'au*, to bear the disgrace in order to revenge the insult, as a violated woman; *꜁'m ‘yan tak꜆ chü꜅* I can't bear it.

‘涊 Jin A stream in the southeast of Shánsí. Also read *‘nin*; muddy water; perspiring; horribly drunk, dirty and drunk.

'隱 Yin Small, minute; retired into privacy; screened, covered, hidden, obscured, put away; private, secret; in private life, not in office; to keep out of view, to withdraw, to keep back; fixed, settled; sorry, sad; to compassionate; to lean down the head; *'yan tun' ꜀shán ꜀lam*, to hide away in obscurity; *'yan chü' ko' kü'* the sentence is elliptical; *'yan sz'²* a retired officer; *'yan mút꜆* unknown to fame; *'yan sz'²* secret; *꜀kwai 'yan*, to retire from active life; *'yan 'shau*, to refrain from; *'yan 'yan shuk꜆ shuk꜆* undecided.

'檃 Yin The hidden framework of a roof; *'yan kút꜆* a machine for straightening wood, perhaps by steaming and pressing it.

'蚓 Yin An earthworm, the lumbricus: *꜀yau 'yan*, a worm; also called *tí' ꜀lung*, or earth-dragon.

'癮 Yin A blister, a pimple, a boil; *'yan 'ch'an*, little sores, pustules.

'引 Yin To draw a bow; to lead on, to show; to induce, to point out, to precede; to introduce, to recommend, to bring forward; to seduce, to influence to wrong; confirmed, in for it, as a habit — for which the last is also used; to quote, as in proof; a halter for a cow; a prefatory notice; a fuse, a match; a measure of 100 feet; *'yan 'shui*, to lead on water; *'yan 'shui ꜀ü 'tseng*, to draw water; *꜀á p'in' 'yan*, a confirmed opium-smoker; *'shéung 'yan*, besotted, victimized; *'yan 'hi*, an opium sot; *'yan tò'* to show the way, to lead on; *'yan ꜀t'au*, a leader, to take the lead, as in subscribing; *'hò 'yau 'yan*, very entertaining, pleasant; *'chí 'yan*, to point at; *p'áu' 'yan*, match of a cracker; *'yan 'fo*, to light at; *huk꜆ 'yan*, a tune; *'siú 'yan*, a recommendatory notice; *'yan sín'* a spy, a guide; *tün' an*, to reform a sot.

癮 Yin Used for the last, a sot, but erroneously; a disease or grief of the mind.

印' Yin A seal, an official signet, a stamp; a stain, a spot, a mark; to seal, to stamp, to affix the credentials; to print, to take off an impression; to trace, to write over a copy; *'tá yan'* to put a mark on; to chop, as dollars; *k'ap꜆ yan'* to affix a seal; *꜀fung yan'* and *꜀hoi yan'* to close and open the offices ten days before and twenty days after newyear; *yan' ꜀shü* to print books; *꜀chá shui' yan'* to act as generalissimo; *yan' shik꜆* red pigment for sealing; *'yau yan'* stamped, as dollars; *yan' tsz'² kák꜆* to trace characters; *yan' ꜀t'ong*, the frontal sinus; *yan' tsik꜆* a dirty stain; *yan' chü' 'kú 'pán*, to reprint from the old blocks.

孕² 娠² Ying Pregnant; *꜀wái yan²* with child; *꜀sz' ꜀t'oi kwái' yan²* a strange birth and illicit conception. The second character is used for the first, but is properly read *꜀shan*.

胤[2] Yin A succession of descendants, a line of posterity; heirs, generations, ages; accustomed, practiced; *Chiú*[2] *‹Hong-yan*[2] the founder of the Sung dynasty.

刃[2] Jin A sharp weapon, a knife, a sword, the edge or point of a knife; sharp, strong, to cut, to kill; *‹ping yan*[2] warlike weapons; *ʻshau yan*[2] *‹k'i ʻtsz'* with her hand killed her child.

仞[2] Jin A measure of eight cubits or ten feet English; to fathom, to measure the depth of; full, to fill.

牣[2] Jin Filled, stuffed, crammed, made solid; overflown; *shat›* *yan*[2] stuffed solid.

訒[2] Jin Slow of speech, unready, hesitating lest he speak unadvisedly; to stammer, to speak with difficulty; cautious remarks; *‹yan ʻché ‹k'i ‹in ʻyú yan*[2] the words of the humane man are well considered.

軔[2] Jin To stop a carriage, to block a wheel; a chock, a catch; a length of eight cubits; *fát›* *yan*[2] to remove an obstruction or catch, as of a windlass; to commence, to set agoing, to begin, to unstop.

靭[2] Jin Same as *ngan*[2] 肕 tough; soft and flexible, but tenacious; *‹ngau ‹p'i kòm*[2] *yan*[2] strong as leather.

釁[2] 衅[2] Hin To offer blood in sacrifice; to smear and sprinkle sacrificial vessels with blood; to consecrate with blood, as temples are; an offense, a wrong, a cause of quarrel between nations; a presage, a pretext, a handle for a quarrel; to perfume one's self with oil when worshiped as an ancestor; to fumigate; excited; a tiger's skin to wrap arms in; *ʻhí yan*[2] to give cause of offense; *ʻi hüt› yan*[2] *‹chí*, to rinse or smear with blood; *yan*[2] *kwik›* a slight, a pretext.

認[2] Jin To recognize, to know well so as to know it again; to acknowledge, to confess; to act as one knows.

(689) Yap.

泣› Kih To weep, to shed tears; *huk› yap›* to cry silently; *yap› hüt› ‹k'ai ʻsong*, to weep bitterly and knock the head; *yap› shò*[2] *‹hong há*[2] tears coursed down her cheeks.

揖› Yih To make a bow with the hands on the breast, à la Chinoise; a bow, a salutation, to give way to, to cede, to resign, to yield; to bow in; *tsok› yap›* to make a bow; *‹ch'éung yap› pat› pái*[2] a low bow is not worship; *ʻkung yap›* a formal bow, hands to the forehead; *‹wán yap›* to return a bow.

挹› Yih Used for the last; to bale out, to pour out, to lade, to transfer liquids; *yap› ʻtsau ‹tséung*, pour out the wine.

悒› Yin Discontented, disquieted; looking sad and feeling forlorn.

浥› Yin Damp, dewy, moist, soaked through; to steep, to soak; water running down.

邑ˎ 阝ˎ Yih. A city, a place where many people assemble; a domain, a feudal state, a principality; a fortified camp; a capital city; a district or its walled city; a stoppage of the breath; the 163d radical of characters denoting places, contracted on the right of the primitive; *pai[2] yapˎ* — *shing[2] yapˎ* my district — your district or town; *yapˎ ʿtsoi*, the district magistrate; *shikˎ yapˎ* to eat the district, *i.e.* to enjoy the revenue from it; *ʿshau yapˎ* the chief district in a prefecture; *yapˎ ˏts'éung ˏshang*, a *siúts'ái* graduate of the district.

唈ˎ Yih. A sobbing, a catching of the breath; *ˏsam yapˎ* a palpitation of the heart; *ˏú yapˎ* a hiccup, asthmatic breathing.

翕ˎ Hih. To reässemble, to unite, to collect; to rise up; to loll out, as the tongue; to revile, to slander; *ˏwo yapˎ* in union; *yapˎ hòpˎ* joined; to reunite, as diverging streams.

潝ˎ Hih. The noise of flowing water; running, gurgling, murmuring, as a torrent.

熠ˎ Yih. Brilliant, splendid, glistening; to sparkle; *yapˎ iú[2]* shining, as fireflies; refulgent.

入ˎ Jih. To enter, to go into, as a house, to penetrate; to become a member of; to enter a family; to recede from view; to receive, to take in; to put into; receipts, income; the 11th radical; *ch'utˎ yapˎ* outlays and income; to go out and in, to and fro; *yapˎ ʿhau fo[2]* imports; *ʿhò yapˎ ˏtʿm*, easy of access, as a friend; *yapˎ takˎ ʿngán*, agreeable, takes one's fancy; *ˏshau yapˎ* received; *ˏmò yapˎ lò[2]* not making any money; *yapˎ shukˎ ʿni* wishes to make your acquaintance; *yapˎ ˏch'éung*, to become a scholar; *yapˎ yé[2]* by night; *ngau[2] yapˎ ˏ'm ngau[2] ch'utˎ* he's stupid enough when he gets, but sharp when he pays out; *patˎ ˏséung yapˎ* discordant, incongruous; *ˏsham yapˎ chung[2] ti[2]* to penetrate the country; *yapˎ hü[2] ˏlá*, go in; *yapˎ shò[2]* put it in account; *kú[2] yapˎ ˏyan tsui[2]* to charge guilt on one; *ʿni iú[2] yapˎ ˏhong ˏmé?* do you wish to learn this trade? *yapˎ ʿfo*, a house-warming.

(690) Yat.

一ˎ 壹ˎ 弌ˎ Yih. One; the first; the same, as one, alike; the whole, at once; a few; a, an; sincere, real, honest, perfect; to harmonize; to unite, to even, to make one or uniform; the 1st radical; *tai[2] yatˎ* the first, the best; *yatˎ tikˎ kòm[2] ˏto*, only a very little; *yatˎ yatˎ ts'atˎ ts'atˎ* not to my liking, very ordinary; *yatˎ yatˎ ˏning ˏlai*, bring them singly; *yatˎ chikˎ hü[2]* go straight on; *ˏts'ung yatˎ ˏi ˏchung*, faithful to one [husband] till death; *yatˎ ʿha*, presently, in a minute; *fong[2] ˏmai yatˎ ʿha*, put them in one

英華分韻撮要

place ; *pat yat* unlike ; *wák yat* make them alike ; *yat t'ong* a horizontal row ; *yat kü tsau yat kü* a word is a word, there's no retracting ; *ngáng yat* dead, stiff; *chün yat* devoted to, single minded in the pursuit of; *mán yat p'á 'yau*, most probably there is ; *yat yat í í tsò* do them all in order, methodical ; *yat wán yat í wán í* let one be one and two two, the things are not alike ; *yat pò pò* step by step ; *yat tik tò hai hü* every single one has gone ; *yat 'tsung*, the whole ; *yat ts'ai*, at once ; *yat ch'ü ch'ü yan*, people of different places [have their peculiarities]; *yat mí* one taste, one feeling, pertinacious; *yat sam*, the whole heart ; *yat t'eng tsik táp* replied as soon as he heard ; *pín yat ko* which one? *yat loi, í loi*, firstly, secondly ; *yat ting* certainly; *yat mín 'yam, yat mín 'séung*, while drinking he was pondering ; *hák yat t'iú* scared him dreadfully ; *hü kín yat kín* go and take a look.

日 Jih The sun ; a day, daily, daytime ; days, time ; the emperor, his day, his reign ; sorcerers ; *yat t'au*, the sun, in the sun, noontide heat ; *yat tí t'au*, daytime ; *kam yat* today ; *tsok yat* yesterday ; *yat yat* every day ; *pat yat* erelong ; *yat lun*, the sun ; *hau yat* day after to-morrow ; *ming yat* to-morrow ; *'wong yat* a while ago ; *shang yat* a birthday ; *kí yat* the anniversary of a deceased friend's birth ; *ní chan hai 'ngo yat üt* I am the head now ; *ko ko tò 'yau sám chiú 'léung yat* every body has ill turns ; *mat 'yé yat 'tsz* what is the day ? *chák kat yat* to choose a lucky day ; *yat yung* daily use ; *yat ch'éung*, days are lengthening ; *yat lok* sunset ; *yat túi ts'in kam*, a day is worth a thousand pieces ; *yat chung yat yat* daily becoming worse ; *yat tsik üt 'lui*, [hoarding like] the days and months multiplying.

逸 Yih To escape, to get off; to let loose, to get loose ; to retire, as into quiet ; to run to excess ; ease, leisure, idleness; to indulge one's ease or temper; kind, easy, careless about; *hü kwai 'yan yat* gone home and retired from active life ; *on yat* quiet leisure ; *yat lok* pleasant retirement.

佚 Yih Interchanged with the last. Ease, leisure, repose, idleness; crime ; sinful ; luxury, voluptuousness ; to omit, as a duty; *yam yat* vicious indulgence.

泆 Yih Overflowing waters, rising floods ; *tong yat* excessive, unrestrained, as a spendthrift ; *yam yat* licentious, immoral dissipation.

溢 Yih Full even to overflowing ; still, as a full vessel ; to overflow, to run over ; to spread abroad ; a handful ; *yéung yat* to extend, as into neighboring regions ; to overflow ; *yat ch'ut* an overplus, a good measure ; ʻmò tak˒ yat˒ nothing over ; yat˒ shò' the overplus.

軼˒ Yih Racing of chariots ; carriages rushing by ; rushing into battle ; to make an irruption, to invade. Used for the last.

鷁˒ Yih The sea eagle or hawk drawn on the sterns of junks, to denote their swift sailing.

鎰˒ Yih A piece of gold in the Chau dynasty weighing 30 taels ; in the Hán dynasty 24 taels, and 20 taels in the days of Liáng.

肸˒ Hih Sound reverberating and spreading ; a buzz of flies ; a soughing among trees ; a report going abroad ; fat˒ yat˒ great, disproportional.

佾˒ Yih The arranging of musicians, a band of eight musicians, a player ; yat˒ ˓shang, a musician ; graduates who could not be entered as siúts'ái, and are reserved.

(The three next are often read yik.)

掖˒ Yih To throw one down ; to sustain or support by the arm, to lead or raise up by the arm ; side apartments, like retiring rooms ; ˓fú yat˒ to uphold ; ˓fung yat˒ scholars' robes ; ʻyau yat˒ to persuade and lead on.

液˒ Yih Fluid secretions, as saliva, sap, sweat, pus, milk ; thick dregs ; ˓in yat˒ saliva ; ˓kò yat˒ rich juices ; yuk˒ yat˒ the pearly secretion, i. e. pure water.

腋˒ Yih The armpit ; the side ; the part under the forelegs of animals ; tsap˒ yat˒ ˓shing ˓k'au to collect fox's shoulder pieces to make a fur coat ; yat˒ hú' under the arm.

(691). Yau.

˓憂 Yú Sorrowful, grieved, mournful, sad ; thoughtful, anxious, to think of with sorrow ; to act so as to bring disgrace ; grief from neglect or dispraise ; low spirited, melancholic, nervous ; grieving for parents' death ; sickness of pregnancy ; ˓yau mún' sad, heartsick ; ˓ting ˓yau, in mourning ; — said by gentry ; mat˒ kòm' ˓yau ˓sam, who do you feel so cast down ? ˓yau ˓yan ˓shau ˓shau, afflicted, disappointed ; ˓tám ˓yau, to sympathize with, to condole with ; ˓mò ˓yau, had no sorrow ; pat˒ ˓yau, careless of grief caused to others ; kák˒ yé' ˓yau to borrow trouble ; ʻm ˓yau ʻm ʻhò lok˒ don't fear they'll not be good ; ʻm ˓chi ˓yau, stolid, indifferent to sorrow ; ʻyan ˓yau, concealed grief.

˓優 Yú Abundant, extra, excessive, an overplus ; satisfied, tranquil, joyous ; leisurely, easy, unconcerned ; to excel, more than able for or competent ; superoragatory ; to trifle, to play, to dally ; to be on free terms with ; ˓yau ˓yan, comedians, play-actors ; hok˒ ˓yau, very learned ; ˓yau ˓yau ʻyau ˓ü, enough and more than enough ; ˓yau lüt˒ capable and incapable, too much or wanting ; ˓yau ʻlai ˓séung toi' to treat with extraordinary politeness ; ˓yau ˓yau, to enjoy one's self.

‹耰 Yú A harrow to turn in the seed; to harrow in seed, to cover seed when sown.

‹休 Hiú To cease, to rest from; to desist; to resign; to repudiate; a negative, don't, stop, let that alone, don't trouble yourself; to praise, to commend; to felicitate; to forgive, to let off. A colloquial word. To move off, as a table; to tighten, as a waistband; ‹*yau* ‹*ts'ai*, to divorce a wife; ‹*yau sik*› to rest from; ‹*yau chí*' to remove from office; *shai*' *pat*› ‹*kon* ‹*yau*, I swear I'll not forgive you; *kau*' *sz*'' ‹*yau* ‹*t'ai*, don't rake up old scores; ‹*yau káu*' ‹*t'á* ʻ*tsau* ʻ*liú*, don't let him escape; *kò*' ‹*yau*, to request leave to resign office; ‹*yau* ‹*yau*, to retrench, to give up; ‹*yau* ʻ*shau*, to desist from work; ‹*yau* ‹*hoi*, to move off; ‹*yau fú*' to hitch up the trowsers.

‹咻 Hiú To call out, the confused cries of a crowd; the shriek of pain.

‹庥 Hiú Shade, shelter; protection, kindness from superiors; to protect, to sustain; a place for sheltering; ‹*shan* ‹*yau*, divine care and assistance; *shing*' ‹*yau*, imperial or celestial kindness; ‹*hung* ‹*yau*, your great favor.

貅 ‹貅 Hiú A powerful beast, said to devour tigers; ‹*p'í* ‹*yau*, a ferocious monster; [valiant as] lions, said of troops.

‹鵂 Hiú An owl; ‹*ch'i* ‹*yau*, a horned owl, regarded as a bird of evil omen.

‹髹 Hiú Name of a certain war-horse; a fine, high spirited steed.

‹丘 ‹坵 K'iú A low hill, a hillock, a hollow-top hill; a leveled hill for worshiping, a high place; to collect; great, empty; a plat of land; the infantile name of Confucius, for which the first only is used; ‹*ün* ‹*yau*, ‹*fong* ‹*yau*, round and square places for adoring heaven and earth: ‹*sám* ‹*yau*, hills of the immortals; *yut*› ‹*yau*, a plat.

‹邱 K'iú Used for the preceding; a tumulus; ‹*yau* ʻ*lung*, a high mound; a wasteful deed or work, which gives trouble to others, a useless toil.

‹蚯 K'iú An earthworm; ‹*yau* ʻ*yan*, a worm; it makes humps as it crawls.

‹麀 Yú A doe, the female of the stag or of any other deer.

‹呦 Yú The bleating or cry of deer; ‹*yau* ‹*yau*, the baying or bleating of deer.

‹幽 Yú In a ravine or shady dell; dark, shady; solitary; secret, retired, far back, deep, hidden from view; obscure, mysterious; the shades; the spirits gone to the shades; to go or be sent into retirement, to rusticate; ‹*yau* ʻ*ngá*, elegant, retired and tasteful; ‹*ch'iú* ‹*yau* to deliver spirits by masses; *tsai*' ‹*yau*, to appease the ghosts; ‹*yau* ʻ*kwai*, you imp of darkness! ‹*yau òm*' dark; *tsai*' ‹*yau* ‹*fung*, a gust that blows burning paper clothes about, *i.e.* an object of scorn; ‹*yau* ‹*sham*, wild, deep, dismal; ꜁yau ꜁mún, gates of hades; the pylorus; ꜀yau ꜀kü, in retirement.

斿 ꜁Yú The scollops on the edge or end of a flag; a fluttering of flags.

遊 ꜁Yú To ramble, to roam, to walk, to take a jaunt, to idle, to saunter; to travel incog., to go about for information; to go on a circuit; voyaging, traveling, absent; ꜁yau ún² to take a play-day; ꜀káu ꜁yau, a friend, a chum; ꜁wan ꜁yau sz'² ꜀fong, to go on a begging trip, as priests do; ꜁yau ꜁wan, wandering, uneasy ghosts; ꜁p'ò sát꜆ ch'ut꜆ ꜁yau, an idol taking an airing, a procession; ꜀sin ꜁yau, dead; ꜁yau ꜁yau, ramblers, idlers; ꜁yau tsz' traveling merchants, or scholars; ꜁yau kik꜆ or ꜁yau 'fú, a lieutenant-colonel; ꜁yau 'shau hò' ꜁hán, the idler loves leisure; ꜀ts'ing ꜁yau, to follow about, as a teacher.

游 ꜁Yú A tributary of the R. Hwái; to float, to drift, to swim; used for the last, to travel, to rove, to go abroad; to go with the crowd; to take pleasure in, to enjoy one's self; satisfied, self-pleased, an air of content; ꜁yau ꜁man, lazy people; ꜁yau ꜁yau tong² tong² dissipated; ꜁yau ꜁yau tsz'² tsoi² at one's ease.

由 繇 ꜁Yú The antecedents of a thing; a preposition, through, by, from; a way, a means; cause, instrument by which a thing is done; from or by permission of; to let, to permit; at liberty, to enter by; to pass through, as the hands of; to follow; to serve of; pat꜆ ꜀chi ꜀k'i ꜁yau, I don't know the reason; ꜁yau 'ts'z' ꜁mún tsun' go in at this door; ꜁yau ꜁loi, heretofore, from the first; 'tim ꜁loi ꜁yau, why was it so? how came it about? what were the reasons? ꜁mò ꜁loi ꜁yau, there really was no reason for it; ꜁yau tak꜆ 'k'ü, let him alone; ꜁yau tak꜆ 'ngo tsz'² pin² let me do as I like; ꜁yau tsoi² 'ni, it lies with you; ꜀king ꜁yau ꜀ni ch'ü' it will pass by here; ꜀ün ꜁yau, a cause; ꜁yau 'ts'z' ꜁í ꜁loi, from this to the next, hence, therefore; ꜁yau ꜀t'in pat꜆ ꜁yau ꜁yan, it depends on heaven, not on man; ꜁yau ꜁yau 'pái pò' let them put them as they like; he lets people turn him round as they like; ꜁yau ꜁sheng chí' ò' from Canton to Macao.

油 ꜁Yú A branch of the R. Pá, which flows into the Yángtsz' east of Wúcháng in Húpeh; oil, fluid grease; paint; oily, unctuous, greasy; fat, shining, sleek, glossy; easy, gliding; thick weather; cordial, agreeing; to oil, to paint; ꜀chü ꜁yau, lard, pork fat; ꜁yau 'tsúi ꜀kwong kwan' an oily tongued rascal; ꜀fá ꜀shang ꜁yau, or ꜀ts'ing ꜁yau, ground-nut oil; ꜁ch'á ꜁yau, tea nut oil, ꜁múi kwai' ꜁yau, attar of roses; pok꜆ ꜀ho ꜁yau, essence of peppermint; ꜁t'ung ꜁yau ꜀fúi, chunam for calking; ꜁ngau ꜁yau, butter; ꜁yau ts'at꜆ oil paints; lok꜆ ꜁yau wok꜆ to fall into the oil caldron — in

英華分韻撮要

hell; ˏshang ts'oi˒ ˏyau, sweet oil; yatˎ ˏch'ing ˏyau, a jar of oil; shekˎ ˏyau, petroleum; ˋmang ˋfo ˏyau, naphtha; ˏyau kòm˒ wátˎ smooth as oil.

鼬 ˏYú A kind of weasel or ferret, of a yellowish color, which destroys rats; perhaps a polecat.

柚 ˏYú A pumelo or shaddock *(Citrus decumana)*, called lukˎ ˏyau or ˏyau ˋtsz' a pampelmouse.

蘨 ˏYáu Luxuriant, as vegetation, plants growing thick and abundantly.

攸 ˏYú To go on the water, to dart through the water; a place; a relative pronoun, what, that which, who; a euphonic particle; fukˎ ˋyau ˏyau ˏkwai, whence the felicity comes; ˏyau ˏin, instantly, cheerfully; séung˒ ˏyau, to seek a son-in-law.

悠 ˏYú To think of, to grieve for; discontented at, mournful, sorry; boundless, remote; to go far; leisurely; ˏyau ˏyau, vast, as heaven; prolonged, perpetual; ˏyau ˏyau ˏchí lun˒ common talk; ˏyau ˏtsoi, think over it.

滺 ˏYú Water flowing along with rapidity.

泅 ˏTsiú To swim; ˏyau ˋshui, to swim in the water; ˏyau kwo˒ ˋhoi, to swim across the river; ˋngo ˋúi ˏyau, I can swim.

猶 ˏYú A suspicious monkey; a lapdog, a puppy; doubtful, suspecting; still, even; as if, like, alike, rather, same, resembling; thus, so; used for the next; ˏyau ˏin mí˒ teng˒ it seems unsettled; ˏyau ˋch'é, still further; ˏyau ˋtsz' a nephew; ˏyau ˋyau, still more are to be had; ˏyau ü˒ mí˒ k'ütˎ it looks still undecided.

猷 ˏYú Similar to the last; a scheme, a plan; a drawing; to plot, to contrive; to draw, to make a likeness; a rule, a way, a mode of action; cheerful; ˏká ˏyau, a fine plan; ˏmau ˏyau, a plan; tái˒ ˏyau, a great scheme.

蕕 ˏYú A bad smelling plant; stinking, fetid plants; the heavy smell of rotten wood.

蝤 ˏTsiú The larvæ of a beetle; ˏyauˏ ˏts'ai, long and white grubs, which eat trees, to which a graceful neck is likened.

蝣 ˏYú Used with the last; ephemeridæ, flies which collect about offal; ˏfau ˏyau, dung flies.

輶 ˏYú A light carriage, like a curricle or chaise; light, trifling; takˎ ˏyau ˏü ˏmò, virtue light as a feather; ˏyau ˏí, a trifling present—said in depreciation.

尤 ˏYú Extraordinary, remarkable, exceeding; singular, strange; odd, differing; an adverb of comparison, very, excessively, still more; to exceed, to surpass; to dislike, to resent; hán˒ ˏyau, to surpass one's example; to go beyond, as in crime; ˏyau í˒ surprisingly odd, very singular; ˏyau matˎ a beautiful woman; patˎ ˏyau ˏyan, don't hate people; ˏyau sham˒ vastly more or greater.

疣 ˏYú A protuberance, a gathering, a swelling, a tumor; ganglionic swellings in the neck.

訧 ꜀Yú A fault, a crime, an error: wickedness; *ok*› ‹*yau*, guilt, crime.

蚘 ꜀Yú Occurs used for the last in the name ꜀*Ch'i* ‹*yau*, a prince in the days of Hwángtí; worms in the belly, and also read ‹*úi* in this sense.

褎 ꜀Yú Elegantly dressed, embroidered garments; the blade of grain springing up: easy, quiet enjoyment; plenty. Also read *tsau*² a sleeve.

郵 ꜀Yú A post-house; a place for getting relays of horses and sending on dispatches; lodge for watching fields; to err; very, exceedingly; ‹*yau* ‹*ch'ün*, a post for transmitting letters.

柔 ꜀Jau Wood that is pliable, easy to bend; easy, flexible, not stiff; complaisant, condescending; bland; compliant, meek, soft, gentle, mild; fawning, flattering; tender, as budding plants; to show kindness, to be gentle with; to cause to submit, to subdue by kindness; ‹*yau* ‘*ün*, mild and easy; ‹*yau* ‘*ün* ‹*yan*, to act benignly to strangers from afar; ꜀*kong* ‹*yau* *ping*² *tsai*² to temper severity with kindness; ‹*yau* *yéuk*› soft and weak.

揉 ‘Jau To bend, to make pliable, to twist, to work about, to contort; to make wood supple by heat; used for the last; to subdue, to bring under; *lán*² ‘*yau*, to twist in pieces.

禸 ‘Jau The step of a brute, which makes a roundish hole, as a fox's paw; the marks of a paw; the 114th radical.

蹂 ‘Jau To tread, as a beast; steps of animals, foottracks, traces; to tread over; to dampen grain to free it from the chaff; to winnow; ‘*yau lun*² trampling of animals; oppressive, harassing exactions; ‘*yau* ‘*ts'in*, to trample down, to tread in the mire.

朽 ‘Hiu Rotten wood; decayed, putrid, putrescent; failing, rotten, forgotten, out of mind; ‘*yau lan*² decayed, as wood; ‘*yau pai*² stinking, offensive; ‘*yau* ꜀*ts'oi*, unserviceable, a useless officer or man; *tak*› ꜀*yam pat*› ‘*yau*, his virtuous reputation will not be forgotten; ‘*yau muk*› *pat*› ‘*ho* ꜀*tiú*, rotten wood can't be carved.

黝 ‘Yú A dark green, a sort of invisible green color; to smear and blacken.

懮 ‘Yú Relaxing from labor, and taking one's ease; grief; sorrowing.

有 ꜀Yú To have, to possess; to be, to be in possession; often forms the past tense; in replies is equivalent to yes, I have, it is; to attain, to get; farther, and, also, more, in addition; ‘*yau* ꜀*sam lok*› much obliged; thank you; ‘*yau hán*² not many; ‘*yau* ‘*mò* ꜀*ní*, are there any or not? ‘*yau mat*› *ch'ut*› *ch'ek*› I'll see what pluck you are of; ‘*yau* ꜀*shan* ꜀*ká* ‹*yan*, or ‘*yau* ꜀*ká tong*² a man of substance; *tái*² ‘*yau* ꜀*chí* ‹*nin*, a very fertile year; *yéung*² *yéung*² ꜀*tò* ‘*yau*, we have all sorts; *mí*² ‘*yau*, not yet; *tsz*² ‘*yau*, self-originating, is of itself, ‘*shiú*

英華分韻撮要

ʽyau, there are few such; ʽyau í᾽ ꜀loi, I came purposely; ʽsz᾽ ꜀shang ʽyau ming² life and death are determined; ʽyau sz᾽² engaged, busy; ʽyau ꜀shí, sometimes; shap₂ ʽyau ꜀sám, thirteen; ʽyau shò᾽ there are not many; ʽyau ꜀tí, rather, somewhat, only a few; ʽyau mat₂ ʽkí ꜀ho, how many have I? *i. e.* only a few; ʽyau peng᾽ sick; ʽyau tsʽü᾽ chí᾽ amusing, entertaining; ʽní ʽyau ʽmò? ʽyau lok₂; have you any? Yes.

ʽ友 Yú A friend, a companion, an associate; attached to, fond of; to be friendly with, to unite cordially; to blend; to cotton with, to act as a friend; fraternal, hearty, friendly; friendship; ꜀sam ʽyau ʽkú ꜀yan, fond of the ancients; ʽtsau yuk₂ ꜀pʽang ʽyau, a mercenary friend; ꜀shü ʽyau, a schoolmate; ʽlò ʽyau, an old friend; úi² ʽyau, a fellow member; ʽhò ʽyau, a good friend; ꜀liú ʽyau, a fellow-officer; ʽyau tò᾽ rules or intercourse with friends; ꜀mong ꜀nín ʽyau, friends who disregard disparity of ages; háu᾽ ʽyau, filial and fraternal regard.

ʽ牖 Yú A hole in a wall, a square window; a lattice, with sliding doors; to lead on, to instruct, to bring up; ꜀chʽéung ʽyau, a window; ʽyau ꜀man, to instruct the people.

ʽ誘 Yú To speak to pleasantly, to advise; to allure, to entice, to draw on; to animate, to encourage; to tempt, to mislead; ʽyan ʽyau, to entice, to lead on, usually to evil; ʽyau wák₂ to seduce, to tempt; ꜀tsʽun ꜀tsʽun shin᾽ ʽyau, to lead one gradually into good practices; kung᾽ ʽyau, to befool, to diddle.

ʽ羑 Yú Used for the last; reason, right; just, proper; to lead in the path of rectitude; ʽyau ʽlí, place where Wan Wáng was imprisoned.

ʽ莠 Yú Useless grass among grain, like the panic grass; tares, darnel, weeds; riffraff of society; vicious, mischievous; ʽmá hí᾽ ꜀léung ʽyau, weeds form the horse's salary; ʽyau ꜀ín, vile words.

ʽ卣 Yú An ancient sacrificial vessel, made with a cover and a bail, to hold fragrant wine.

ʽ酉 Yú Ripe, matured, finished; ripe, mellow, as grain for making spirits; elegant; satisfied; the tenth of the twelve branches, represented by a cock; the 164th radical of characters relating to liquors; ʽyau ꜀shí, hour from 5 to 7 P. M.; ʽyau üt₂ the 8th moon.

ʽ槱 Yú To collect fuel to make a sacrificial pyre.

幼᾽ Yú Young, tender, growing, immature; small, delicate; youthful, under ten or twelve years; to treat kindly; yau᾽ ꜀nín ké᾽ a lad, a mere boy; during my youth; yau᾽ tak₂ tik₂ rather small; yau᾽ sai᾽ delicate, fine, pretty; yau᾽ hok₂ scholars, young pupils; ꜀chʽan kòm᾽ yau᾽ fine as dust; yau᾽ tung᾽ fine, smooth, as a polish ed agate; *'chéung yau'* old and young; *yau' nün'* smooth, sleek and soft.

右² The right hand; on the right; to honor, to give the precedence to, as it once was the place of honor; to encourage, to aid, to support; high, honorable, noble; strong, violent, high tempered; a second in rank or command; *yau' 'shau,* the right hand; on the right side; *lit, yau'* as above written; *ˌmò ch'ut, ˌk'i yau'* no one could excel him; *ˌfan fú' 'tso yau'* ordered the attendants; *'léung yau' á'* both of us to the right! — a street cry; *yau' ˌlai,* to the right! *tso' yau'* let this come to the right of your seat—used in letters; *yau' ˌtò 't'ung,* a lieut.-general.
Yú

佑² To aid, to help, to protect, to succor, to lend a hand to; *chò' yau'* to aid kindly.
Yú

祐² Divine protection; assistance, care, and kindness of the gods; to protect, to shield, to assist, to defend; *'pò yau'* protection of superiors; *ˌshan ˌyan mak, yau'* secret blessing of the gods.
Yú

又² An old form of the hand; a conjunction, more, also, further, moreover, and, and then, still again; in a higher degree; before a negative, answers to but, not yet; placed between two verbs, it makes the former a present participle; the 29th radical; *ˌkam 'mán yau' ˌmò üt,* there's no moon to-night too; *yau' ˌloi ˌú shüt,* still you are talking nonsense; *má' 'liú yau' 'tá, 'tá 'liú yau' má'* he rails and then beats, and then beats and rails again; *tsò' yau' pat, ˌon,* as he sat, he was not at rest; *yau' 'yau,* there are more, or another; *man' kwo' yau' man'* asked and asked again; *yau' ˌloi lok,* there you are again! *yau' shí'* still again; *yau' ˌloi tsò' mat,* what have you come again for? *yau' 'láng, yau' lok, 'ü,* it is cold and rainy too.
Yú

宥² To be indulgent to, to forbear with; lenient in punishing; to relax, to give scope to; to tolerate; to encourage; crimes of ignorance; a permanent benefit, a far-reaching advantage; *shé' yau'* to forgive; *yau' tsüi'* to remit a punishment; *ˌün yau'* a mitigating cause; *ˌsám yau'* three extenuating reasons; *ˌk'i ˌwai ˌün yau'* I beg you to excuse the faults — a polite phrase.
Yú

侑² Used for the last; to encourage guests to eat by music; to do the honors of a table, to urge to eat, to wait on; *yau' 'tsau,* to take wine with; *yau' shik,* to invite to eat; *'i 't'o 'i yau'* to invite an ancestor to accept offerings.
Yú

囿² A park, an inclosure for animals; an aviary, a menagerie; a walled paddock; a limited acquaintance with, a superficial knowledge of; inclosed, confined, restrained, pent up; *luk, yau'* a deer-range; *'ts'in yau'* a partial knowledge of; *ˌün yau'* gardens and parks.
Yú

(692) **Yé.**

꜀耶 ꜀邪 Yé An appellation of a father; an interrogative particle, usually in regimen with ꜂*hi*; ꜀*yé* ꜀*sú*, Jesus, called in the West, according to Kánghí's Dictionary, the Savior of the world; *shi*꜄ ꜀*yé* ꜀*fi* ꜀*yé*, is it true or false? ꜂*ts'z'* ꜂*hi* ꜀*ü kan*꜄ ꜀*yan* ꜀*ts'ing* ꜀*yé*, how can this accord with human feelings? ꜂*kwo pat*꜅ *lok*꜅ ꜀*yé*, am I not pleased? ꜀*ho* ꜀*yé*, what does it mean?

꜀揶 ꜀椰 Yé A cocoanut; ꜀*yé* ꜂*tsz*' a cocoanut; ꜀*yé* ꜂*shui*, cocoanut milk; ꜀*yé yuk*꜅ cocoanut meat; ꜀*yé hok*꜅ cocoanut shells; ꜀*yé* ꜀*i sò*꜄ a coir broom; ꜀*yé* ꜀*fá* ꜂*tsan*, toddy; ꜀*lung fung*꜄ ꜀*fá* ꜀*yé*, a cocoanut pulp halved and carved with a dragon and phœnix; ꜀*yé ts'oi*꜄ a cabbage.

꜀琊 Yé Name of a place, ꜀*long* ꜀*yé*, in the promontory of Shántung, now part of Ts'ingchau fú.

꜀鋣 Yé A celebrated two-edged claymore, called *mok*꜅ ꜀*yé*, from its maker's wife.

꜀爺 Yé A father, a sire; a title of respect given to officers and gentleman; *á*꜄ ꜀*yé*, father! ꜀*yé* ꜀*néung*, my parents; *pák*꜅ ꜀*yé*, an uncle; ꜀*kung* ꜀*yé*, a grandfather; ꜂*lò* ꜀*yé*, Sir; your honor; ꜀*sz*' ꜀*yé*, scholars, a private teacher or secretary; *t'ái*꜄ ꜀*yé*, style of address for district magistrates; *tái*꜄ ꜂*lò* ꜀*yé*, your worship, said to prefects; ꜀*yé* ꜀*mún*, officer's servants; *shiú*꜄ ꜀*yé*, a young gentleman; ꜀*hau* ꜀*yé*, noblemen under a duke; ꜀*wong* ꜀*yé*, a prince royal.

꜂野 Yé Wastes, neglected places outside of a city; a moor, a common, a wilderness, a desert or wild; savage, wild; uncultivated, as plants; rustic, rude; ꜂*yé* ꜀*yan*, a clodhopper; ꜂*yé* ꜀*shang*, wild, growing spontaneously; ꜂*yé* ꜂*tsai*, a bastard; ꜂*lò* ꜂*yé* ꜂*tsai*, a cute chap; ꜂*yé ngoi*꜄ savage wilds; ꜂*yé sing*꜄ a wild disposition, skittish, restive; ꜂*yé* ꜀*fá* ꜀*héung* fragrance of wild flowers; ꜂*yé mi*꜄ game flavor.

A colloquial word. A thing, an object; any topic or subject; twenty; *mat*꜅ ꜂*yé*, what? what is it? ꜂*ni* ꜂*kong mat*꜅ ꜂*yé*, what are you talking about? ꜂*hò* ꜂*yé*, a good article; *kiú*꜄ *tsò*꜄ *mat*꜅ ꜂*yé*, what's this called? what does he want me to do?

꜂冶 Yé To fuse metals, to melt; to compound or alloy; a furnace; a smelter, a founder; bedizened, false glitter; ꜀*siú* ꜂*yé*, to melt; ꜂*yé tséung*꜄ a fuser of metals; ꜂*iú* ꜂*yé*, mincing, bewitching, as a woman; ꜂*yé* ꜀*yung fúi*꜄ ꜀*yam*, meretricious arts incite to lust.

꜂惹 Yé To provoke, to irritate, to stir up, to excite; to produce, to elicit, to bring down on one; ꜂*yé wo*꜄ to bring evil on one's self; ꜂*yé* ꜂*fo* ꜀*shiú* ꜀*shan*, to take fire to burn one's self; ꜂*yé* ꜀*ü* ꜀*tsò*, to contract dirt; ꜂*yé sz*꜄ to make trouble; ꜂*yé* ꜂*ngo* ꜀*séung* ꜀*sz*' it sets me a thinking.

諾 Jé — Respectful language; a word used in assenting or replying; *ch'éung' 'yé*, a profound bow.

夜 Yé — Night, after daylight; late at night; *chau' yé* day and night; *‹kam yé* to-night; *tsok› yé* last night; *'hò yé* very late; *‹shang yé* abroad late at night; *yé ‹t'oi*, the night terrace, the grave; *‹'m tak› yé yé ‹sün ‹siú*, we can't have the lantern feast every night! *yé ‹mo*, a night prowler, a thief; *‹sking yé* the whole night; *kòm' yé* so late now! *yé pat› ‹shau*, never stops, even night don't stop him; *‹ngái 'liú yat› yé* up the whole night; *yap› yé* by night, as at work; *‹'m kák› tak› yé* it will not keep over night; *yé ‹kán*, in the night; *yé 'mán hak›* late, dark; *‹ch'á yé* a night patrol; *yé ‹lín ‹héung*, *Pergularia odoratissima.*

(693) Yéuk.

約 Yoh — To bind, to cord up; to bind by contract, to agree; to retrench, to moderate; to spare, to restrict, to economize; to restrain; to stoop, to bend down; to cause to submit; a confederation; a promise, contract, or agreement; a treaty, a compact; an association of streets; also in a restricted sense, a single neighborhood; agreeing with, engaging; poor, reduced; to divide, as in arithmetic; brief, condensed; *tái yéuk›* for the most part; *lap› yéuk›* to make an agreement; *yéuk› mok› luk› pák› ko'* about six hundred; *yéuk› sun'* a promise, a solemn engagement; *‹héung yéuk›* a village council-house; *yéuk› ting' 'k'ü ‹loi*, he agreed certainly to come; *yéuk› ‹tán*, the contract; *t'úi yéuk›* to withdraw from a contract; *púi yéuk›* to violate a contract; *fü yéuk›* to go or do as was promised; *pat› yéuk› ‹i ‹t'ung*, to meet undesignedly; *shat› yéuk›* to forget an engagement; *‹ch'iú ‹ü 'yau yéuk›* the tide is trustworthy, —is like a compact; *k'ai yéuk›* a mortgage or deed of sale.

躍 Yoh — To hop, to jump; to leap for joy; to sport, to frisk, to gambol; *t'iú yéuk›* to leap about; *‹ü yéuk› ‹lung ‹mün*, the carp has leaped the dragon gate — rapid advancement.

瀹 Yoh — To boil, to dress, to cook in soup; to wash, to cleanse out; boiling, bubbling; *‹sho yéuk›* to open and clear, as a sewer; to enlarge.

禴 Yoh — Sacrifices offered in the spring season; a poor, mean sacrifice.

龠, 籥 Yoh — A reed or pipe with three or more holes, resembling a flageolet; the first is the 214th radical of pipes; a measure of 1200 grains of millet, two make a *kòp›* or gill. Also used for the next.

鑰 Yoh — A key; a bolt or catch of a door; to enter, to go in at; *yéuk› ‹shi*, a lock and key; *'tsau yéuk›* a sort of tankard.

籲, 龥, Yoh. To invoke, to importune, to cry out in supplication, to implore; to groan with pain; *˛fú yéuk˒* to call on; *yéuk˒ ˋtò,* to pray to; *ˋhan yéuk˒* to urgently invoke.

謔, Hioh. To trifle with, to jest with, to play; to mock, to ridicule; to make sport of; *hí˒ yéuk˒* to laugh at; *yéuk˒ yéuk˒* trifling.

鑠, Lih. To melt metals, to fuse or found; to urge; impelled, as by a multitude; handsome; lustrous, shining, as gold.

藥₂ 葯₂ Yoh. Medicinal herbs; medicines, physic; compounds, preparations; to heal, to give medicines to; medical; healing; *yéuk₂ ˛ts'oi,* medicine; *yéuk₂ ˛ká,* apothecaries; *pat˒ ˋho kau˒ yéuk₂* incurable, unreformable; *yéuk₂ ˛fong,* a prescription; *sáp˒ yéuk₂* priming powder; *hòp₂ yéuk₂* to put up medicines; *yéuk₂ sing˒* nature of medicines; *yéuk₂ ˋyan,* a disguise given with a dose; *yat˒ ˛tsai yéuk₂ ˋshui,* a liquid potion; *yéuk₂ kuk₂* a free dispensing shop; *yéuk₂ ˛ts'oi p'ò˒* a physic shop; *˛kwan ˛shan yéuk₂* a preparation of different qualities of physic, important and inferior; *shing˒ yéuk₂* an excellent remedy; *ˋlò ˋshü yéuk₂* ratsbane; *chap˒ yéuk₂* to compound a prescription; *yéuk₂ ˋtsau,* medicated spirits; *˛shang shuk₂ yéuk₂* raw and prepared drugs.

若₂ Joh. To select plants; to accord with, to follow; according to, as, like; then, as to; a conjunction, if, perhaps, should it be, supposing; denotes the second personal pronoun, or the person spoken of; a euphonic particle; *yéuk₂ ˛ü,* if, as, since, it seems; *yéuk₂ ˛án ˛loi,* if he come; *yéuk₂ hai₂ tak˒ ˛wai ˛kún,* if I should become an officer; *pat˒ yéuk₂* the best way; *yéuk₂ ˛man tsak˒ ˋhí,* as to the people, they are pleased; *ˋyau yéuk₂ ˛mò,* to possess as if not having; *˛séung yéuk₂* similar, probably; *ˋt'ong yéuk₂* if; *yéuk₂ tsz˒˒ ˛ho ˛loi,* where did you come from? *yéuk₂ ˛ch'í pat˒ k'ap₂* if you are late you'll not catch him; *yéuk₂ ˋlò yéuk₂ yau˒* of old and young [scores died]; *yéuk₂ üt₂* some one said so, it was said.

鄀₂ Joh. A feudal state, now the town of Iching hien in Siángyáng fú, in the north of Húpeh.

箬₂ Joh. The cuticle of the bamboo; a kind of grass, *(Arundo?)* whose broad leaves are woven into hats, or made into shoe soles, or used to line tea-chests.

弱₂ Joh. Weak, feeble, languishing, not strong; delicate, pliable, slender, fragile; ruined, destroyed, decayed; *yéuk₂ kún˒* a young man; *ˋün yéuk₂* no strength; *yéuk₂ chat˒* a weak constitution; a lady, a female; *yéuk₂ ˋshui,* a fluid between air and water, found in fairy land; *˛chan ching˒ ˛shán yéuk₂* he is really very weak; *˛cháng mat˒ ˛k'éung yéuk₂* what's the use of quarreling? let's try our strength; *yéuk₂ pat˒ ˛shing ˛í,* too weak to carry a coat.

蒻 Joh — A sort of rush, like a flag, of whose tender plants, mats can be woven.

瘧 Nioh Yoh — Unfeeling, tyrannical, harsh, cruel, fierce; to maltreat, to oppress; natural calamities; *yéuk*ɔ *ɕman*, to tyrannize over the people; *ɕts'án yéuk*ɔ inhuman; to ravage.

瘧 Nioh Yoh — Fever; fever and ague; febrile complaints; *yéuk*ɔ *tsat*ɔ an intermittent or remittent fever; *'mau yéuk*ɔ hot fits; *'p'an yéuk*ɔ ague fits.

(694) Yéung.

央 Yang — In the midst, as of night; the middle, the centre; the half; to finish, to conclude; wide, ample; *ɕyéung ɕk'au*, or *ɕyéung 'múi*, to request, to intercede for a favor; *ɕchung ɕyéung*, the centre; *mí² ɕyéung ɕkung*, a seraglio in the days of Hán.

殃 祆 Yang — Misfortune, punitive calamity; a visitation, a judgment, a punishment, a retribution; to punish, to disappoint; unhappily, unluckily; *tsat*ɔ *ɕyéung*, a sickness; *ɕtsoi ɕyéung*, a calamity; *kong*ɔ *ɕchi pák*ɔ *ɕyéung*, visited him with many calamities; *ɕyéung tsun² pít*ɔ *ɕch'éung*, prosperity will come after the judgments are done.

秧 Yáng — The blade of grain; shoots, young plants; *ch'áp*ɔ *ɕyéung* or *shí² ɕyéung*, to transplant rice shoots; *'tá ɕyéung*, to bind shoots; *sát*ɔ *ɕyéung*, to sow for shoots.

泱 Yáng — Moving clouds; rapid, babbling, as a current; agitated; wide; *ɕyéung ɕyéung*, vast, as an ocean; violent, as a wind; *ɕwai 'shui ɕyéung ɕyéung*, the wide and open sea.

鴦 Yáng — The female of the mandarin duck; *ɕwong ɕyéung*, a yellow macaw; *ɕún ɕyéung 'ngá*, two sorts of roof tiles, the flat and semi-cylindrical.

揚 Yáng — To raise and dash, as waves; to splash; to display, to spread out, to extend widely; to publish abroad, to render famous, to make known, to divulge; to raise, as the voice; to open, as the eyebrows; to stare, as at news; *ɕyéung ɕshing*, to cry out, to raise the voice; *ɕyéung ɕfán*, to make sail; *yat*ɔ *yik*ɔ *yat*ɔ *ɕyéung*, now a loss and then a gain; now down, then up; *ɕying ɕyéung* [brave as a] fluttering eagle; *'hoi pat*ɔ *ɕyéung ɕpo*, no waves were on the sea [in Wan Wáng's day]; *ɕyéung ɕpín*, to flourish a whip; *ɕyéung ch'ut*ɔ *ngoi²* to tell people; *ɕyéung ɕch'an*, to raise a dust, to bluster; *ɕyéung ɕyéung tsz'² tak*ɔ everything to one's wish.

颺 Yang — Similar to the last; driven about by the wind, tossed; whirled; sailing along; winnowed; *ɕyéung ɕin*, loud, hasty words: *p'o' ɕyéung*, winnowed in a fan.

暘 Yáng — The rising sun; the clear shining sun; serene; to dry in the sun; *ɕyéung kuk*ɔ the place where the sun rises; the orient.

楊 ꜀Yáng The willow; ꜀yéung ʻlau, the willow; ꜀yéung ꜀múi, a tree which produces a fruit like an arbutus (a Myrica?) ꜀yéung ꜀múi ꜀ch'ong, a bubo; ꜀yéung ꜀t'ò, the sweet carambola; ꜀yéung shü² a sort of alder or banian; ꜀wong ꜀yéung muk₂ a sort of boxwood.

煬 ꜀Yáng To roast, to scorch, to warm, or dry at the fire; opposite a fire; to refine, to assay, to melt and purify, as wax; hot, blazing, vehement.

瘍 ꜀Yáng Wounded, sore; a wound, an ulcer, a sore head; lán² ꜀t'au ꜀yéung, a scald head.

痒 ꜀Yáng Same as ʻyéung 癢; and used for the last. An itching; to itch; to scratch, to titillate.

陽 ꜀Yang Lofty, clear, manifest; the greater of the dual powers, matter in motion; the pure, etherial, subtle parts of matter; the superior of two things in contrast, as the sun, heaven, day, male, open, front, sunny, light, &c.; the male member, virility; ꜀tong ꜀yéung, in the sun; t'ái² ꜀yéung, the sun; ꜀tün ꜀yéung, the 5th of the 5th moon; ꜀ch'ung ꜀yéung, the 9th of the 9th moon; tsik₂ ꜀yéung, the declining day; ꜀yéung mat₂ virile member; chong² ꜀yéung, an aphrodisiac; fü² ꜀yéung ꜀t'oi gone to the land of dreams; ꜀wan ꜀yéung, hamadryads; ꜀yéung ꜀kán, this world; ꜀ts'z' ꜀yéung, to depart this life; ꜀yéung ʻshau, the palm upwards; ꜀yéung fung² ꜀yam ꜀wai, to agree openly and secretly (or afterwards) oppose.

羊 ꜀Yáng A sheep, a goat; animals of this sort, as the gazelle; to saunter, to roam; ꜀mín ꜀yéung or ꜀yéung ꜀mé, a sheep; ꜀shán ꜀yéung or ʻts'ò ꜀yéung, a goat; ꜀yéung ʻtsai or ꜀kò ꜀yéung, a lamb; ꜀yéung ꜀mò, wool; ꜀yéung ʻpí, a shoulder of mutton; ꜀yéung ʻt'úi, a hind quarter; ꜀ling ꜀yéung, a gazelle; ꜀yéung ʻtsau, a sheep and a jar of wine — are wedding gifts; ꜀yéung ꜀lán, a sheep-cote; ʻkon ꜀mín ꜀yéung, to throw dice.

佯 ꜀Yáng To feign, to simulate; false, unreal, pretended; a feint, a ruse, a dodge; ꜀yéung ꜀wai pat₂ ꜀chí, he pretended not to know; ꜀yéung tsui² appeared to be drunk; ꜀yéung ꜀kw'ong, made believe he was mad.

洋 ꜀Yáng Two small streams in north of Shántung, also a stream in the southeast of Kánsuh; the ocean, the sea; vast, broad; overflowing, extensive; foreign, from over the sea, European; ꜀yéung ʻhoi, the wide sea; ngoi² ꜀yéung, the outer seas, beyond the coast, outside the Bogue; ꜀yéung mín² an offing, a roadstead; ꜀yéung fo² p'ò² a shop to sell foreign goods; ꜀sai ꜀yéung, Portugal, Portuguese; mán² ʻlí ꜀ch'ung ꜀yéung, over the wide ocean; ꜀tung ꜀yéung, the eastern sea; Japanese; ꜀yéung ʻtsz' ꜀kong, the Yángtsz' kiáng; ꜀yéung ꜀in, opium.

徉 ꜀Yáng To ramble, to rove; to wander, to stray, as a sheep; ꜀séung ꜀yéung, to take exercise, to stroll.

壤 ꜀Jáng Soft, loamy, fat soil; mold, humus, earth, soil; land, place, earth, region; a hill, a mound; good, loveable, as a fine child; confused, disorder; an ancient game; *k'oi*² *꜀yéung*, cover and ground, *i. e.* heaven and earth; *‘ngai ꜀yéung*, an ant-hill; *꜀t'ung ꜀yéung*, of the same place; *noi*² *꜀yéung*, *ngoi*² *꜀yéung*, the inner and outer limb, as in an eclipse; *yuk*꜆ *꜀yéung*, a rich soil; *꜀t'in há*² *꜀yéung ꜀yéung*, the crowds of people in the empire.

攘 ꜀Jáng To push with the hand; to poach; to appropriate, to take possession of, to seize, to retain by force; to reject, to exclude; to bare, as the arms; to embroil; to stop; *꜀yéung tüt*꜆ to seize by force; *꜀yéung pi*² to bare the arms; *üt*꜆ *꜀yéung yat*꜆ *꜀kai*, [only] poached one hen a month.

瀼 ꜀Jang Name of a river in the eastern corner of Sz'chuen; running, sparkling water; dew falling in drops; muddy water; *꜀ling lò*² *꜀yéung ꜀yéung*, heavy dew.

穰 ꜀Jang The culm or stalk of grain; luxuriant, as a field of grain; abundant, fruitful; *꜀yéung fuk*꜆ good fortune.

禳 ꜀Jáng To fast and pray in order to avert calamity; to deprecate evil; *꜀yéung ꜀sing*, to intercede with one's star for better luck; *꜀yéung wo*² seeking to avert woe.

鬤 ꜀Jáng The hair in the utmost confusion; disheveled, uncombed.

怏 ‘Yáng Discontented, uneasy, dissatisfied, not at rest, restive; *‘yéung ‘yéung ꜀sam*, fastidious, disgusted; *‘yéung ꜀in*, self complacent.

鞅 ‘Yáng The martingale; trappings on a bridle; a halter; a trace to draw a cart; to tie, to halter; used for the last; *‘yéung ‘chéung*, embarrassed, as when carrying a burden; harassed by cares.

映 ‘Yang The sun past the meridian; to shine on; to reflect, as an image; to favor, to countenance; the sunlight, the glare, the bright light; a reflection, an image; open, apparent, all in sight; to show, not to keep out of view; *yat*꜆ *‘yéung*, the sun shines on you; the afternoon; *‘yéung yat*꜆ to expose in the sun; *‘yéung chiú*² a reflection; *‘yéung süt*꜆ the reflection of snow; *‘yéung ‘chün ch'ü*² to try to show off, as one's ornaments; *‘yéung ‘ngán*, [the glare] shines in my eyes.

抰 ‘Yáng To beat, to whip with a strap. A colloquial word. To shake, as a cloth; to dust, to clear from dust; *‘yéung ꜀kon ‘tseng*, shake it clean; *‘yéung tsik*꜆ *kok*꜆ to shake the corner of the mat, *i. e.* to lose a wager.

仰 ꜀Yáng To look up, to look towards heaven: to look to a superior, to regard with respect, to admire; to think of kindly; to command a subaltern, to transmit orders to an inferior; to wait on, to rely, to trust on; *‘yéung mong*² to expect, to long for; to look up at; ʿyéung pat, kw'ai' ,ü ,t'in, not ashamed when looking up, i. e. conscious rectitude; ʿyéung ,í ,sz' ,chí, in a brown study, puzzled.

ʿ癢 Yang To itch, to scratch an itching place; a sore, an itching; a desire to scratch; ,'m ,kwán t'ung' ʿyéung, of no importance, not worth a scratch; ʿhò ,han ʿyéung, it itches; ,sò ʿyéung, to scratch.

ʿ養 To nourish, to rear; to bring up, to provide for, to support, to maintain; to take care of one's self, to take relaxation; to keep alive, to tame, to improve, as a breed; to raise, as plants; to educate, to bring out, as parts; aliments; a support; a cook; used for the last, to itch; ʿyéung ,shang, to nourish one's health; ʿyéung yuk, to rear, as young; ʿyéung ,shan, to refresh the spirits; ʿyéung ʿngán ,shan, to rest the eyes; ʿyéung ʿhau, to support; ʿyéung ,hán hon' to maintain indigent persons; ,'m ʿyéung tak, chü² not enough to live on; ʿyéung tak, shuk, tame; ʿyéung ,ngán, to grow full faced; ,t'an ʿhau ʿshui ʿyéung ming² to support life by swallowing the spittle, i. e. living on a pittance.

養² Yang To attend on one's parents; to feed animals; ,kung yéung² fü² ʿmò, to support father and mother; kò' ,chung yéung² to retire from office to attend on one's parents.

瀁² 漾² Yáng A river in the south of Kánsuh; water in commotion, rough water; large, vast, deep; waves, ripples; tong² yéung² ,chi kin' vague, crude notions; ,iú yéung² roughened into waves.

樣² Yáng A rule, a pattern, a muster; manner, style, way, mode; yéung² yéung² sz'² every sort of business; tsò' ,ní yéung² ching' sün' it will do if made this way; tsò' mat, ʿyé yéung² which way shall it be done? ,'m ʿts'z' yéung² unlike the pattern; ,mò yéung² a guide; ʿtsau yéung² lost its shape; ch'ut, ,fá yéung² to draw a pattern; chiú' yéung² ʿchü ʿún, cook another dish like it, i. e. make another, or do it again; ,chong ,mò tsok, yéung² to put on airs, to mimic, to pretend.

釀² Niáng To make spirit from boiled glutinous rice with yeast cakes, to brew rice spirit; to stuff, as a sausage; to fill with stuffing; to foment sedition, to breed disturbance; yéung² ʿtsau, to distil spirits; yéung² ,wong ,kwá, a cucumber stuffed with meat; yéung² ,chü ,ch'éung, pork sausages; yéung² ,shing tái² wán² to cause calamity to a state.

讓² Jáng To cede, to give place to, to give up, to yield, to recede from one's rights, to waive; to prefer others to one's self; to reprove, to wrangle and scold, to recriminate; complaisant, retiring, courteous, yielding, kind; ,him yéung² humble; ,séung yéung² há² give in a little [and let us pass]; *tsau*^{2} *yéung*^{2} *ˏfán*, cede the room a moment, a porter's cry; *yéung*^{2} *kwo*^{3} *‘ngo*, let me have it; *yéung*^{2} *wai*^{2} to give up a seat; to vacate the throne; *ˏ’m ‘hang yéung*^{2} *ˏyan*, discourteous; *yéung*^{2} *‘k‘ü ˏsín ˏhang*, let him take the precedence.

恙^{2} Yáng A worm that gnaws men's hearts; nervous, out of sorts, melancholy, chagrined, low spirited: indisposed, ailments, sickness, complaints; *pít*ˎ *ˏlot ˏmò yéung*^{2} have you been well since I saw you? *‘p‘ò yéung*^{2} to nurse one's self; *ˏtsün yéung*^{2} or *kwai*^{3} *yéung*^{2}—*tsín*^{2} *yéung*^{2} your ailment — my malady.

(695) Yik.

益ˎ Yih To pour in more, to augment, to increase; to benefit, to prosper, to advantage; advantageous, beneficial; full, superabundant; restorative, strengthening, as a tonic; more, in a higher degree; the 42d diagram; *li*^{2} *yik*ˎ interest on money; pecuniary advantage; *‘hò tái*^{2} *‘yau yik*ˎ very great advantage; *yik*ˎ *ˏká ‘hò*, much better; *‘yau ‘sün ˏmò yik*ˎ injurious without the least benefit; *yik*ˎ *‘mò ˏün*, a pill good in pregnancy; *ˏ’m ˏts‘ang ‘ts‘ing yik*ˎ *kwo*^{3} I've not yet asked your name; *‘ts‘ing yik*ˎ to ask for more; *yik*ˎ *‘ün ˏi yik*ˎ *pok*ˎ the further [from the sages] the more degraded.

抑ˎ Yih A conjunction, or, either, moreover; further; to press down with the hand, to settle; to stop, to cause to desist, to keep back, to keep down, to abate; to rule; to keep one's self possession, to repress, to restrain; handsome; *yik*ˎ *yik*ˎ careful and reserved; *yik*ˎ *wák*ˎ or else; *yik*ˎ *wat*ˎ grieved, desponding; *yat*ˎ *yik*ˎ *yat*ˎ *ˏyéung* now depressed and then encouraged; *yik*ˎ *ˏchí*, and is it known?

鷁ˎ Nih Same as the *yat*ˎ 鷁 or ship-bird; they conceive by looking at each other; a goose; *yik*ˎ *yik*ˎ the cackling of geese.

億ˎ Yih A hundred thousand, a lakh or ten myriads; quiet, repose of mind; to supply and make quiet; to contrive, to calculate; to guess, to bet; *yik*ˎ *tok*ˎ to plan, as a money-making scheme; *yik*ˎ *chiú*^{2} *ˏchi chung*^{3} millions of people.

憶ˎ Yih To recall, to bring to mind, to recollect; to think upon, to reflect on; *yik*ˎ *‘hí* to recall to mind; *yik*ˎ *chéuk*ˎ recollected it; *yik*ˎ *ním*^{2} or *ˏsz*^{3} *yik*ˎ to think upon; *pat*ˎ *fuk*ˎ *ki*^{3} *yik*ˎ forgot all about it.

檍ˎ Yih A tough wood suitable for making bows, a sort of ash or alder.

臆ˎ Yih The breast, the pit of the stomach; the flesh on the breast; the heart, the bosom; the thoughts, the opinions, the feelings; *yik*ˎ *kín*^{3} my opinion; *ˏhung yik*ˎ the breast, the desires; *ˏshau ˏwái ‘mún yik*ˎ heart filled with anxiety.

亦[4] **Yih** A conjuuction, and, also, too, moreover; likewise, further; an adversative particle, as not; *ˏü ˏmò yikˌ ˊho*, either will do; to have it or not; *yikˌ hai²* that is also; *yikˌ hòpˌ tò² ˊti*, that is also right; *yikˌ ˏtò chéukˌ* that will do too; *yikˌ patˌ pítˌ man² yikˌ patˌ ˊkòm ˏin*, don't ask, for I dare not tell.

奕[2] **Yih** Large, great; abundant, flourishing; adorned, beautiful; in order; enduring, as generations or a family; used for the next; *yikˌ yikˌ* sad, gloomy; *yikˌ ípˌ* an old family, many generations.

弈[2] **Yih** Confounded with the last; game of chess; handsome; a curtain; *pokˌ yikˌ* to play at at chess; *yikˌ ˏts'au*, the Philidor of China, who lived B.C. 450.

易[2] **Yih** The mutations or alternations in nature, as of the sun and moon; the theory of combinations and permutations, exhibited by diagrams; to change, to exchange, to barter; a market; lots; *mau² yikˌ* to trade; commerce, trade; *ˏkung ˏp'ing ˏkáu yikˌ* to exchange fairly; *Yikˌ ˏKing*, the Book of Changes; *pukˌ yikˌ* to cast lots; *yikˌ kwá²* the diagrams of the permutations; *yikˌ ti² tsakˌ ˏkái ˏin*, 'twill be the same if we change places; *pín² yikˌ* to sell; *patˌ yikˌ* immutable.

焬[2] **Yih** Bright, as flame; clear, brilliant, splendid; Also read *sikˌ* dry.

蜴[2] **Yih** A small species of spotted lizard or eft, called *ˊts'ò ˏdung*, or grass dragon, fed to larks.

弋[2] **Yih** To shoot; an arrow, having a thread tied to it; to seize, to take; a perch or roost; black; the 56th radical; *yikˌ ˏyéung ˏkong*, a river in the northeast of Kiángsi; *yikˌ patˌ shé² sukˌ* don't hit sleeping birds when hunting.

翌[2] **Yih** Interchanged and used for the next, in the phrase *yikˌ yatˌ* to-morrow.

翼[2] **Yih** Wings of a bird; sails of a ship; flanks of an army; side horses; a counsellor; to assist, to support; to shelter, to brood over, to defend; to-morrow; leisure; cordial; vigorous, daring; *yikˌ yikˌ* respectful; flourishing, affluent; quite at ease; *ˊü yikˌ* wings; adherents; *ˊchéung ˏts'ai ˏmò yikˌ* his feathers and wings are full grown, said of a boy at 16; *ch'ápˌ yikˌ ˏnán ˏfi*, you'd find it hard to get away, if I should give you wings — said to a thief; *ˊmò yikˌ ˊshéung ˏt'in*, you can't fly without wings; *p'okˌ yikˌ* to clap the wings.

翊[2] **Yih** Like the last; wings; ready to fly; to help; *fú² yikˌ* assistants, counsellors.

役[2] **Yuh** Persons sent to guard the border; feudal or government service; sent on service; to serve, to minister to; official underlings, hangers-on at offices, policemen; a servant; to put in rows; *ˏch'ái yikˌ* a police-runner; *yikˌ ˊsz'*, to employ, as a servant; *há² yikˌ*

lowest menials; *shan yik* occupation; *shai yik* underlings who are bought; *yik yik* incessant, as labor; *hang yik* to go to the wars; *'ni tsò mat chik yik* what employment have you?

疫 Yih A pestilence, a contagion, an epidemic, a distemper; a disease that has something supernatural in it; *wan yik* a plague; *chuk yik* to expel a plague; *p'ik yik tán*, an amulet against contagion.

睪 Yih To be on the lookout for, to spy, to be on the track for criminals, to peep; to lead on; *yik yik* pleased, lively.

懌 Yih To like, to be pleased, to rejoice in, to have joy of; happy, contented, pleased.

斁 Yih To dislike, to put away, to discharge, to weary of; to put an end to, to finish; to suffice; to destroy, to enjoy; *mò yik* not to tire of, to relish. Also read *t'ò*, to smear.

射 Yih Similar to the preceding; an ancient officer, a sort of fugleman or drill sergeant.

繹 Yih To draw out, or unravel silk; to get a clue; to state in order, to lay before, to explain, in which it is like the next; continued without intermission; long; great; at the last extreme; to exhaust; the utmost; *ch'au yik* to get the clue; to unravel or extricate an affair.

譯 Yih To explain, to make clear; to interpret, to translate; to make parties understand each other; to transfer from one language to another; to transcribe; an interpreter, a translator; *ch'ün yik* to interpret; *fán yik* to translate; *yik ch'ut hon man*, to translate into Chinese; *yik kún*, an official translator.

驛 Yih A post for the government, a place where couriers rest or exchange; a hostlery; a post-house; a stage; a courier; to praise, to extol; uninterrupted, incessant; *lok yik pat tün* uninterrupted, never done, as cares; *yik chám* a post, a stage; *yik 'má meng* fidgetty, always in a hurry; *yik kún*, post-master; *yau 'ün yik* the hotel of the Siamese envoys at Canton; *yik t'ing*, a way-side rest-house.

馹 Yih Interchanged with the last; a fleet horse, a racer, a post-horse; *yik 'má*, a post-horse.

逆 Nih Rebellious, seditious, illegal; contrary, opposed, contumacious, refractory; against one, as the tide; to resist, to disobey, to oppose; to go to meet, to encounter; to receive; to report on; to reckon on, to know or calculate beforehand; *'ng yik* disobedient, willful; *'fán yik* to rebel; *yik chi*, knew beforehand; *wáng yik* outrageous, rude; *yik hang*, perverse; to go backwards; *pat yik* mulish, obstinate.

鷊 Yih The medallion pheasant (*Tragopan satyrus*) called also *t'ò shau kai*, or cock that ejects the comb.

虉 Yih Small plants or grass with ribbon like marks on the leaves.

(696) **Ying.**

英 ˏYing Flowers without fruit; foliage; flourishing, luxuriant; excellent, superior, beautiful, eminent, having high talents, brave, nobleminded, adhering to virtue; a tassel; name of an ancient state in west of Ngánhwui; a word used for England; *ˏying ˋhung*, a hero, a manly, noble person; *ˏying kitˎ* disinterested, one who helps the weak; *ˏying shekˎ* the limestone used in rockwork: it occurs in Yingteh district; *ˏying ˏts'oi*, superior parts; *ˏkwá ˏying*, a salad of vegetables used as bitters; *ˏying ˏshang ˏying 'tsz'* a hero's son will be a smart man; *ˏying wá*, beautiful, comely; English and Chinese; *pákˎ shekˎ ˏying*, quartz crystal.

瑛 ˏYing The lustre of gems, the polish of stones, as of crystal; *'tsz' shekˎ ˏying*, rose quartz.

應 ˏYing That which is proper and right; suitable, ought, should be; that which is likely to take place; *ˏying ˏtong* or *ˏying ˏkoi*, ought to be, proper; *ˏ'm ˏts'ang ˏying ˏshing*, I have not promised you; *ˏying takˎ* suitable, due, belongs to him; *'pún ˏying hai² 'kòm tsò²* that's the proper way to do it; *patˎ ˏying*, unsuitable; *ˏying 'chám 'sz'* worthy of decapitation; *ˏying 'li hai² 'kòm*, propriety requires it; *ˏying 'cháu ˏngan*, a balance still due.

膺 ˏYing The breast; personally, self; to strike; to sustain, to bear, to take upon one, to receive; a surcingle; stoppage of the breath; *ˏnán ˏying chung² yam²* hard to fullfil a high office; *ˏk'ün ˏk'ün fukˎ ˏying*, to clasp it carefully to one's breast, as a precept. Also read *ying'* to answer, to respond.

鷹 ˏYing Accipitrine birds; the falcon, the hawk, the owl; *ˏshan ˏying*, the eagle; *ˏmáu ˏá ˏt'au ˏying*, a barn owl; *ˏmá ˏying*, an osprey; *ˏmá ˏying*, a double-eagle, applied to Prussia and Austria, from their royal arms.

嬰 ˏYing An infant, a babe, a suckling, a child; a new born girl; to rush against; to surround, to threaten; entangled, inclosed, hampered, restrained; female ornaments; *ˏying ˏi*, a baby; *yukˎ ˏying ˏt'ong*, an orphan asylum, foundling-hospital.

攖 ˏYing To take in the hand; audacious, provoking; to run against, as a sword; to assail, to provoke, to excite the ire of; to confuse; *mokˎ 'kòm ˏying* don't be foolhardy.

櫻 ˏYing A cherry; *ˏying ˏt'ò*, or *ˏchü ˏying*, a red cherry; *ˏying ˏt'ò 'han*, cherry lips.

瓔 ˏYing A fine pebble; necklace ornaments, gems or jewels hanging from the neck.

癭 ˏYing The goitre; a wen or ganglionic swelling on the neck; a tumor; *hütˎ ˏying*, the turgid veins in a tumor; *hi' ˏying*, a glandular swelling, which swells when in a passion.

‹纓 Ying. A cord or throat-band to tie a hat; the dyed hair which covers an officer's cap; tufts, tassels, fringes, or pendents on a bridle; tassels once worn on the breast; ‹*ying mò*² fringed summer hats; ‹*lung* ‹*ying mò*² winter or summer official hats.

‹蘡 Ying. A vine which produces berries; ‹*ying yuk*› a wild grape, or a plant like it; ‹*kam* ‹*ying* ‹*kò*, a sort of sugar candy.

‹鸚 Ying. A parrot; ‹*ying* ʿ*mò*, the macaw; ‹*ying* ʿ*mò* ‹*lo*, the buccinum or nautilus shell; the name is applied to many shells.

‹迎 Ying. To go out to meet, to receive a guest; to occur, to meet, to receive; to calculate, as a day; a meeting, reception, an interview; *shat*› ‹*ying*, to lose an interview; to omit going out to receive; to miss a visit; ‹*ying tsip*› to greet one; ‹*ying* ‹*ts'an*, to escort a bride in.

‹仍 Jing. According to, as, as before, again; in consequence of, in imitation of, just, so, thus, in like manner; ‹*ying kau*² as of old, as customary; ‹*ying* ‹*in* or ‹*ying fuk*› repeating, still, again; ‹*ying hai*² still is; ‹*ying shéung*² ʿ*wong* ʿ*pí*, still he goes there.

‹盈 Ying. A full vessel; full, completed, replenished, overflowing; fullness; arrogant, audacious; filling, increasing, as the moon; to overpass, to stretch beyond, more than enough; *üt*› ‹*ying*, full moon; ‹*ying* ʿ*mún* full; complacent pride, self-satisfied; ‹*ying k'üt*› waxing, waning; ‹*ying shuk*› exceeding or insufficient, as one's expenses and receipts; *tsúi*² *ok*› *kín*² *ying*, his iniquities are full.

‹楹 Ying. A column, as of a palace; a pillar which upholds the roof; a support; a kind of tree, the heart-wood is red, the outer grayish like beech.

‹刑 ‹刑 Hing. Punishment by officers; to castigate; legal punishments, torture; penal, criminal, as laws; inimical to, destructive of, said of one's destiny or the elements; a law, a constant practice; to sacrifice victims; ‹*ying pò*² Board of Punishments; ‹*ying sun*² to put the question; *yung*² ‹*ying hak*› ʿ*k'ü* to intimidate by threatening punishment; ‹*ká* ‹*ying fat*› to inflict punishment, as a bambooing; ‹*kang* ‹*ying*, to decapitate; ‹*yau* ‹*ying*, to whip one through the streets; ‹*lam* ‹*ying*, at the execution ground; ‹*fí* ‹*ying*, cruel, illegal torture; ‹*kung* ‹*ying*, castration.

‹侀 Hing. A thing perfectly formed; to form; a figure, a form, a body; a law, a statute, which should be fixed; perfect, fixed.

‹形 ‹形 Hing. Form, shape, figure, appearance, contour; material, bodily; manner, visage, air; site, aspect, a landscape; an apparition; to imitate, to give form to; to appear, to make manifest; to show, as the bones when lean; ‹*ying* ‹*yung*, the countenance; ‹*ying* ʿ*t'ai*, the person, substance of; ‹*ying shai*² the outline, as of hills; aspect, as of a grave; the appearance of a country; *˛ying ˛ká*, geomancers; *˛mò ˛ying*, invisible, spiritual, immaterial; *˛ying ˛yung ˛chí*, to shape; *˛ying ʻying ˛séung tiú'* body and shadow encouraging each other—very poor; *˛ying ˛tán*, alone; *ʻchí ˛ying kòm' pok˛* thin as paper; *˛ün ˛ying ch'ut˛ ín'* his original shape appeared.

型 ˛Hing A mold of earth; an example, a formulary, an ensample; to mold, to be an example; *ʻtin ˛ying*, a law, a precedent.

硎 ˛Hing A whetstone; a square or oblong stone for sharpening tools.

邢 ˛Hing An ancient principality, now Hingtái district in the southwest of Chihlí.

鉶 ˛Hing An earthen vessel resembling a skillet or tripod, used to contain broth when sacrificing to ancestors.

蠅 ˛Ying A house-fly; *met.* a turbulent fellow; *˛ú ˛ying*, a house-fly; *˛ts'ing ˛ying*, a blue-bottle fly; *˛ying ʻfú*, a spider which jumps on flies; *˛ying ˛t'au ˛mí lí'* petty gains like a fly's head.

塋 ˛Ying A tomb, a burial-ground; *˛fan ˛ying*, a cemetery; *˛sín ˛ying*, the family graveyard.

熒 ˛Yung The sparkling brilliancy, as of an illumination; dim, twinkling, shimmering; a doubtful, intermitting light; to illuminate; *˛ying ˛t'oi*, a volcano; *˛ying wák˛ ˛sing*, a twinkling star; *t'eng' ˛ying*, to hear indistinctly.

營 ˛Ying To dwell in a market; to lay out, to measure; to cast about, to scheme, to plan, to attend to business; to travail in a business, to seek a living; to build, to erect a dwelling; a cantonment, an intrenchment, a camp; military; the infantry, troops of the line, the army; *˛king ˛ying*, to deliberate; to seek a living: *˛king ˛chí ˛ying ˛chí*, he measured and built it; *˛kwan ˛ying* or *˛ying ʻʻng*, the army; *˛ying sun'* an outpost, a guardhouse; *ʻtso ˛ying*, the left wing; *˛ying ˛shang*, a livelihood; *yap˛ ˛ying*, to enlist; *˛ying ˛p'ún*, a camp; *sz'' ˛ying* (or *ʻying*) *˛p'o*, a virago, a bannerman's wife; *cháp˛ ˛ying*, to encamp; *ʻmò ˛ying*, military officers; *˛t'au ˛ying*, to surprise a camp; *˛ying shat˛* to build a house; a star near Aquila; *ʻtá t'ám'* *˛ying ˛p'ún*, to spy out a camp; *˛ying ˛mau*, to trade.

縈 ˛Ying To wind, to tie around, to roll up; to go around; *˛ying ʻiú*, to tie up; *˛ying ˛úi*, to go back and forth, confused.

螢 ˛Yung A glowworm, a fire-fly; the luminous insects in wood; *˛ying ʻfo*, a fire-fly; *fú' ʻts'ò ˛wai ˛ying*, glowworms proceed from rotten herbs.

凝 ˛Ying To congeal, to freeze, turning into ice; to coagulate, to turn; frozen, stiffened; fixed, finished, determined, settled; collected, abundant; *˛ying kü'* stern, rigorous; set, unaccommodating, adhering to old usage; *˛ying kít˛* to freeze; *˛ying ˛shan ʻün shí'* to look afar with fixed gaze; *˛ying ˛hí*, much happiness.

嬴 ꜀Ying To bud, to expand, to start forth; to fill; erroneously used for the next; *‹ying shuk›* to expand and contract; *‹ying shí²* a famous belle.

(This character is usually read *yeng*.)

贏 ꜀Ying Gain, profits; abundance, overplus, superfluity; to win, to conquer, to beat, to excel; *ʿngo ‹yeng ʿní ‹shü*, I've won and you've lost; *‹yeng sái²* to win the wager; *‹yeng tsüt›* to take the prize from all; *‹yeng ʿtò ʿk'ü*, I've beaten him; *‹ying shuk›* overripe; *ʿk'ü ‹yeng kwo² ʿngo*, he is superior to me.

瀛 ꜀Ying The wide ocean, the circuit of the seas; a place in Tsí, now Hokien fú in Chihlí; *‹ying ‹chau*, fairyland.

陾 ꜀Jing The pattering of the pestles when pounding a mud wall; *‹ying ‹ying*, many, a crowd.

陘 ꜀Ying A declivity in the contour of hills; an abrupt precipice; a defile, a ravine, a gorge; a place in Húkwáng.

影 ʿYing A shadow; a picture, an image of a thing; a vanishing appearance; *ʿying ʿhéung*, shadow and echo; *met.* attention to, obedience; *ʿyau tik› ʿying ʿhéung*, some inkling of him, something that sounds like him; *yat› ʿying*, a shade; *yat› ʿying wá²* a daguerreotype; *ʿying shé²* to counterfeit or forge, as a label; *‹fúi ʿying*, a mason's finishing board; *‹mò ʿying tsik›* no trace left; *wák› ʿying*, a painting; *táp› ʿying*, to palm off, to pass for another person.

暎 ʿYing Same as 映 *ʿyéung*, and most commonly read as that character is.

應 Ying² To answer, to respond, to fulfill, to come up to expectations; correspondent, answering to; correlative, proportionate, retributive; a lot, a number; *táp› ying²* to reply; *ying² im²* answering to, as a prediction; *ying² im² ‹léung ‹fong*, a specific, a good prescription; *yat› fú² ying² tong²* the whole lot together; *ying² ling²* orders, behests; *‹kung ying²* to entertain a high officer; *tsip› ying²* to reinforce, to support, as in battle; *ying² tsip›* familiar intercourse; *ying² kwan²* to get a quick response; *ɕt'ung ‹shing ‹séung ying²* the echo answers, *i. e.* people of kindred tastes, birds of a feather; *ying² kwo²* promised.

認 Jin² Also pronounced *yan²*. To know well, to discriminate between; to recognize, to know again; to confess, to acknowledge; a mark, a criterion; *ying² tsúi²* to confess guilt; *ʿyau shik› ying²* he has a mark to know him by; *ying² shik› ʿk'ü*, I recognize him; *ying² ‹ʿm ‹chan*, did not know it certainly; *‹tám ying²* a surety; to enter into recognizances; *‹ʿm ying² ʿní tsò² ‹p'ang ʿyau*, I know you no longer as a friend; *ying² chü² ʿk'ü*, have an eye on him, as a thief; *ying² shat› ‹ní tik›* I recognize this well; *ying² ‹ʿm ch'ut›* I am not sure whether I know it.

(697) Yui.

桵 Jui — A low thorny bush, which produces fruit shaped like an ear-pendent; a hazle-nut or filbert ?

ʿ蕋 ʿ蘂 Jui — The stamens or pistils of a flower, the pointals; plants growing finely; flowers in a spikelet, opening one after another; a leaf bud; *met.* virginity. A colloquial word; sap, juice; pus, ichor; *fát*ˎ *ʿyui*, buds starting; *ˏfá ʿyui*, the pointals of a blossom; *shek*ˎ *ʿyui*, lichen; *ˏá p'ín*^{2} *ʿyui*, the drippings of opium.

Yui^{2} A colloquial word. The motion of a duck's head when seeking its food in the water; wriggling, squirming.

蜹^{2} 蚋^{2} Jui — A musquito, a gnat; a venomous snake; *ˏman yui*^{2} musquitoes: *ˏying yui*^{2} flies which gather in swarms over the water.

汭^{2} Jui — A branch of the R. King in the SE. of Kánsuh, near the town of Hwáting.

睿^{2} 叡^{2} Jui — Perspicacious, clear-minded, astute; the divine or superior intelligence of sages; sagacious, profound judgment; *yui*^{2} *chi*^{2} intuitive wisdom; *shing*^{2} *yui*^{2} divine perception.

芮^{2} Jui — Rocky plants, short, alpine herbs; growing, shooting, budding, as plants; fine, delicate; a bank, a brink; a feudal state, now Juiching in the SW. of Shánsí.

蕤^{2} Jüi — Pendent twigs, weeping plants, fringed flowers; hanging ends or fringes, as of a cap band; a flag; *yui*^{2} *ˏpan*, the fifth moon; a musical tone; *ʿwai yui*^{2} knot grass.

銳^{2} Jui — Sharp-pointed, lanceolate, acute, acuminate, peaked, conical; zealous, ardent, subtle, courageous, valiant; quick-witted, keen, cunning; small, trifling, insignificant, as a spear's point or an offense; *ˏtsím yui*^{2} acute, sharp; *ʿhau yui*^{2} talkative, detracting, pert; *yui*^{2} *li*^{2} sharp edged; *shat*ˎ *yui*^{2} dull; chopfallen, crestfallen; *yui*^{2} *hi*^{2} hasty, ready for a fight.

緌^{2} Jui — Fringe on a cap; lappets or a throat-band of a cap; female head pendents; to bind.

裔^{2} I — The skirt or tail of a robe; the frontiers of a country, an extreme point; descendants, posterity; *hau*^{2} *yui*^{2} or *ˏmiú yui*^{2} the family of an ancestor, the persons descended from one; *tik*ˎ *yui*^{2} direct descendants; *tsüt*ˎ *yui*^{2} name extinct.

(698) Yuk.

郁ˎ Yuh — An ancient region, now in the SE. of Kansuh, and SW. of Shensí; an ancient town in Shántung; elegant; *yuk*ˎ *yuk*ˎ *ˏfan ˏfan*, brilliant, pompous; *ˏman yuk*ˎ fine, ornamental.

A colloquial word. To move, to shake, to joggle; to move rapidly, to quiver; *mai yuk*ˎ

ct'oi, don't joggle the table; *yuk͵ 'shau 'chi*, to talk with the fingers, to shake the finger at, to reckon with the fingers; *yuk͵ tung²* to shake; *yuk͵ yuk͵ 'hi*, moving about, is not dead; *'mò yuk͵ 'shau yuk͵ kéuk͵* don't fidget so; don't you touch me.

彧͵ Yuh Like the last; accomplished, beautiful; colored; brilliant: elegant, said of a polished gentleman; *yuk͵ yuk͵* flourishing.

昱͵ Yuh The light of the sun, the sun shining out in its full strength.

煜͵ Yuh The brightness of fire; glorious, shining, blazing; the lustre of a good name; to flourish, as a reputation.

毓͵ Yuh To nurture, to bring up a son, to educate a child in good habits; used for the next; to rear, to raise; *yuk͵ ͵lun*, to give birth to a fine son.

沃͵ Yuh To water, to irrigate; to bathe, to wet, to soften by water; to enrich, to mollify; to cleanse; *met.* to reform; fat, fertile, rich; abundant, luxuriant; *yuk͵ ͵yéung*, loamy soil; *yuk͵ 'shau*, to wash the hands.

鋈͵ Yuh To wash with silver or gold; to plate base metal; to overlay with finer metal, as the ornaments of a harness.

薁͵ Yuh A sort of fruit, called *͵ying yuk͵ 'li*, a fruit like a plum.

隩͵ Yuh Same as 澳 *ò'*, and also pronounced *ò'*; a steep cliff or bank; a cove, a bay, an inlet.

玉₂ Yuh A gem, a precious stone, a valuable mineral fit for the lapidary; beautiful, delightsome, precious, valuable; gemmeous, pearly, gemlike; to perfect, to bring about; best; the 95th radical of characters relating to gems: perfect, of the highest grade—applied to gods and the emperor; happily, pleasantly; used for your; *yuk₂ 'nü*, your daughter, a lovely girl; *yuk₂ shek₂ ͵k'ü ͵fan*, stones and gems all consumed together, indiscriminate destruction; *yuk₂ ͵shing ͵k'i sz'* to complete the affair; *yuk₂ t'ò'* or *yuk₂ keng'* the moon; *'kam ͵i yuk₂ shik₂* fine clothes and sumptuous fare; *meng' ͵k'i ͵t yuk₂* trouble you to take some steps; *yuk₂ shek₂* jade, prehnite; *yuk₂ 't'ai*, yourself; *͵ping ͵ts'ing yuk₂ kit͵* limpid as an icicle and pure as a gem—integrity or chastity; *yuk₂ ͵hü ͵kung*, temple of the Yuhhwáng Shángtí; *yuk₂ ͵p'i*, open [this letter] yourself; *͵kan yuk₂ ͵k'i ͵sam*, a pure and good man; *yuk₂ sút͵* broken gems, white sugar; *sút͵ yuk₂* a book of antitheses.

肉₂ } 月₂ } Juh Jau Flesh, the meat of animals; the pulp or meat of fruits, fat, fleshy; corporeal, fleshly; the 130th radical, contracted in composition; the rim of a cash or ring; *kwat yuk₂* brothers and children; *͵shang yuk₂* or *'chéung yuk₂* fleshy; in flesh, in season, as fish: *fú' yuk₂* sloughing flesh, *yuk₂ ͵lau*, a tumor; *͵yéung*

英華分韻撮要

yuk mutton; *yuk ‹ün*, meat balls; *yat ‹t'au shau' yuk* a lump of meat — a dolt; *‹'m yap yuk* does not chill one through, as a vernal breeze; you don't spend your own money; *'mò mat ‹shang yuk* no advantage to me, I've no profit in it; *tong' 'k'ü hai' shuk yuk* look on him as a piece of cooked meat — as a rich man; *yat ‹shan yuk* fat, obese; *‹kon 'shui yuk* clear meat, not water-blown; *shin' yuk* the flank pieces; *‹chü yuk* pork; *‹ngau 'tsai yuk* veal.

獄 Yoh A prison, a jail; harsh, hypocritical; *yuk li'* a jailer; *yuk tsut* a turnkey; *tün' yuk* to decide criminal cases, jail delivery; *‹kám yuk* a prison; *lok ti' yuk* to go to hell; *üt yuk* to break out of prison; *'tá lok 'kau ‹ch'ung ti' yuk* he deserves the deepest hell; *‹ngau ‹t'au yuk tsut* lictors of Pluto.

辱 Juh To disgrace, to dishonor, to insult, to bring reproach on; to pour contempt on, to rail; to shame, to defile, to debauch; degraded, disgraced, shamed, dishonored; *yat ‹fán ‹sau yuk* berated him roundly; *shau' yuk* insulted; *wat yuk* to submit to ignominy; *yuk tak 'ngo kòm' ‹kwán hai'* scolded me harshly; *'yan yuk* patient under obloquy; *yuk ‹lom pai' yap* demean yourself to come to my town; *tím' yuk 'ngo*, he disgraces me; *yuk kwok* dishonored his country.

溽 Juh Damp, wet, moist; hot and reeking; fat, rich, savory; a certain river; *pat yuk* poor, meagre, as fare.

縟 Juh Adorned, beautified with many colors; ornate, elegant, pretty, gay; to adorn; ornament.

蓐 Juh Suckers, shoots, herbs or sprouts springing up again; a rush for making mats; silkworm frame; thick; *'má yuk* straw for horses; *chuk yuk* a fungus on the bamboo.

褥 Juh A thick, stuffed mat; a mattress, a cushion, a wadded seat; a child's dress; *yuk 'tsai*, a small mattress; *'p'i yuk* coverlet and bed; *'má yuk* cushion of a saddle; *‹t'ang ‹sz' yuk* mattress stuffed with rattan shavings; *tsin' ‹chéung yuk* spread on a mattress.

欲 Yuh To breathe after, to wish for, to desire, to long for; to covet, to seek ardently; to love; aspirations, desires; passions, inclinations; lust; desirous of, about to be, ready, on the point; *‹sz' yuk* private ends; *ün' yuk* to wish; *‹ts'ui ‹sam 'sho yuk* it is what I desired; *i' yuk 'kòm tsò'* I wish it to be so; *yuk 'wong yuk ‹loi*, undecided as to going; *‹tséung yuk hü'* I was about going; *yuk ts'uk pat tát* haste will hinder you.

慾 Yuh Inordinate desire, covetous; concupiscence, appetite, lust; lascivious, lustful; *shi' yuk* unrestrained desire; *yuk 'fo*, lust; *yuk 'kan*, to fondle lovingly; *yuk ‹ts'ing*, passions.

浴[2] Yuh. To bathe, to make ablution, to cleanse; to purify, to correct the mind; used by some for baptism; to fly up and down, to warp, as insects do; *muk› yuk›* to wash clean; *yuk› yat› ‹t'ing*, an arbor for seeing the sun rise from the sea, at the Po-lo temple; *yuk› shat›* a bathroom.

育[2] Yuh. To bear; to nourish, to rear, to support; to bring forward, to make to increase; to bring up, to nurture; to educate in virtue; *ʻyéung yuk›* to support; *yuk› tak›* deep regard for virtue; *yuk› ‹ts'oi*, to educate the talented; *fát› yuk› mán[2] mat›* [God] produces and rears all things.

鬻[2] Yuh. Used for the last; to nourish; to sell; *yuk› mái[2]* to sell. Also read *chuk›* congee, gruel.

(699)

Yun.

ʻ*Yun*. A colloquial word. The liver; *‹chü ʻyun*, a pig's liver.

潤[2] Jun. To moisten, to wet; to enrich, to fatten; to benefit, to increase; moist; rich, fat; glossy, shining, sleek, in good liking; *yun[2] chák›* fertile; to do good to, to enrich; *fù[3] yun[2] uk›, tak› yun[2] ‹shan*, wealth adorns the house, virtue the person; *yun[2] pat›* a douceur for writing; to drink to the success of a candidate; *yun[2] ‹sam ʻyéung ‹ngan*, to comfort and fatten the heart — with good living; *tau[2] fú[2] yun[2]* yellow bean curd cakes; *yun[2] ‹fán ʻhú*, moisten it again; *yun[2] wát›* smooth and lustrous; *‹fán yun[2]* it has turned about to be warm and muggy.

閏[2] Jun. An intercalary month; *yun[2] üt›* the intercalary month; *yun[2] yat›* an intercalary day —a foreign phrase; *yun[2] shau[2]* a birthday in a leap month.

瞤[2] Jun. To blink the eyes, to sparkle, as when pleased; nervous twitching of the eyes or flesh.

(700)

Yung.

‹雍 ‹邕 Yung. Harmony in purpose or sounds; union, concord; at peace, agreeing; to protect; *‹yung ‹hí*, to appease, to gladden; *‹yung ‹yung*, affable, easy of access.

‹雝 Yung. A sort of sparrow; similar to the last; *‹yung ‹yung*, the cry of geese, the agreeable harmony of birds; *‹yung hòp›* pacified.

‹廱 Yung. In harmony; *p'ik› ‹yung*, a sort of college or gymnasium in the capital, where government pupils were taught.

‹灉 Yung. A side sluice or waste-weir of the Yellow River, which having overflown the banks, flows into it again.

‹癰 Yung. An ulcer, a boil, a swelling like an abscess; an offensive running sore; *púi[2] ‹yung*, a carbuncle on the back; *ʻshün ‹yung*, to suck a sore, — a lickspittle; *yung ‹tsü*, a sluggish ulcer.

英華分韻撮要

饔 Yung Breakfast, an early meal; dressed or cooked food; to prepare food; *꜀yung ꜀sün*, breakfast and dinner; *꜀yung ꜀yan*, a cook.

翁 Ung Plumage on the neck, a ruff, neck feathers; flying; an old man, venerable from his beard; a graybeard, a term of honor; *ʻlò ꜀yung*, an old gentleman; *꜀t'ong ꜀yung*, a term of honor for the chihien; who himself also so calls the prefect; *꜀tsün ꜀yung*, your respected father; *꜀yung ꜀kú*, my husband's parents; *꜀ká ꜀yung*, my husband; *꜀ts'an ꜀yung*, parents of wedded children so address each other; *pák꜆ ꜀t'au ꜀yung*, a white-cap thrush; an old man; *꜀ü ꜀yung sát꜆ ʻmong*, the fisherman casts his nets; *ho' ꜀san ꜀yung*, to congratulate a bridegroom.

䈵 Ung The lowing of cattle, the low grunt of cattle; *꜀yung ꜀yung*, the hum of insects.
Read *꜁yung*, a colloquial word; rotten-ripe, over-ripe; *lán' ꜁yung ꜀yung*, soft from ripeness.

庸 ꜁Yung To employ, as servants; constant, common, usual; meritorious, deserving; laborious, toilsome; kind, cordial, pleasant, accommodating; unmannered, rude; how? labor paid instead of taxes; *꜁yung ꜁ts'oi*, ordinary capacity; *꜁p'ing ꜁yung*, common, not of the best sort; *꜁mò ꜁yung*, no occasion for, unnecessary; *꜁yung ok꜆ lau' lüt꜆* worthless and bad; *꜁yung hòp꜆* if, for example.

傭 ꜁Yung To hire, to engage one's self as a laborer, to serve for wages, hired.
Read *ʻchung;* equal, of the same rank; to treat alike, impartial; to do, to use; *꜁yung ꜀kung*, engaged as a laborer; *꜁yung ꜁yan*, workmen; *꜀ká ꜁yung*, domestics; *mái' ts'oi' ꜁yung*, a green-grocer.

墉 ꜁Yung A wall, a rampart; a defense thrown up, a redoubt, a mud wall; to build adobie walls; *꜁yung ꜁ts'éung*, to build a wall.

鄘 ꜁Yung A small feudatory in the Chau dynasty, now the prefecture of Wei-hwui in the N. E. of Honán; a place among the southern barbarians.

鏞 ꜁Yung A large bell.

慵 ꜁Jung Lazy, indolent, easy-going, dilatory, careless; *꜁yung ʻlán*, negligent.

容 ꜁Yung To find a place for; to receive kindly, to bear with, to endure, to tolerate; the way in which one receives things; manner, air, habitual conduct; face, countenance, attitude, looks; a screen before a privy; perfumed amulets; *꜁yung máu'* the presence of a person, form; *꜁ngán ꜁yung*, visage; *꜁nán ꜁yung*, or *pat꜆ ꜁yung*, inexcusable, unendurable; *꜁yung shü'* to be lenient to his faults; *꜀páu ꜁yung*, contained in; affable, patient; *꜀fá ꜁yung*, pretty, as a girl; *siú' ꜁yung*, simpering; *꜁yung sat꜆* in easy circumstances, just enough, a competency; *꜁yung náp꜆* to contain;

to behave towards; *ˏchan ˓yung* a portrait; *˓yung tsung'* careless about, indifferent to; *shatˀ ˓yung*, to blush, suddenly disconcerted; *˓yung í²* easy; *ˏ'm ˓yung takˀ ˋk'ü kwo'* I can't suffer his misdeeds longer.

榕 ˓Yung The bastard banian; it is worshiped for longevity; the wood is used for chopping blocks; *˓yung shü² ˏkung*, banian with long rootlets.

溶 ˓Yung Water flowing full and gently in its banks; a leisurely manner; to fill.

鎔 ˓Yung A mold or matrix in which metal is cast; die for coining; the melting-pot; to smelt, to fuse metals; to influence, to transform, as by doctrine; *˓yung fá'* to melt; *˓yung chü'* to mold, to cast; *ˏt'in ˓yung tí² lán²* all in ruins, gone by the board; *ˋch'é lán² ˓yung ˓yung*, spoiled, pulled to pieces —a colloquial phrase; *˓yung sái'* or *tsin' ˓yung ˏhiú*, fluid, quite melted.

蓉 ˓Yung The Hibiscus; *˓fú ˓yung ˓fá*, *Hibiscus mutabilis*; *˓o ˓fú ˓yung*, the poppy; *tsui' ˋtsau ˓fú˓yung*, maple-leaf Hibiscus.

茸 ˓Jung Plants growing luxuriantly and thick; *˓mung ˓yung*, thick utterance; *lukˀ ˓yung*, hartshorn; *˓yung ˏkáu*, deer's horn jelly; *˓yung ˋtan*, the base of the horn; *˓yung p'in'* the horn shavings; *˓mí ˓yung*, stag's horns.

肜 Yung A worship which is daily or continual, as to ancestors; *˓yung ˓ü shi²* a concubine of Hwangti.

戎 ˓Jung A weapon, arms, an implement of war; soldiers; military; a war chariot; large, great; thou, you; to assist; to pull out; an ancient region, in the NW. of Yunnan; *˓yung ˓hong*, troops drawn out, the army; *yatˀ ˓yung ˏí*, [easy as putting on] a suit of armor; *˓ün ˓yung*, a general; *˓yung ˓tik* tribes in Turfan.

絨 ˓Jung Floss, fine silk like wool; a nap; punk; down, fine silky hair or feathers; egret on plants; woolen cloth; *ˋtá ˓yung ˏhün*, to work chain embroidery; *˓yung sín' p'ò'* a floss and thread shop; *ˋhò ˓yung ˏt'au*, fine and close, as a fur; *ˋfo ˓yung*, punk; *˓yung ˏch'é*, a silk winder; *ˏto ˏlo ˓yung* or *ˏt'in ˓ngo ˓yung*, pilot cloth; *ˏts'é ˓yung*, kerseymere; *ˋsü ˓yung*, flannel; *tái² ˓yung*, broadcloth.

毧 ˓Jung The fine down on birds; *hokˀ ˓yung*, the down of storks, used to stanch blood.

喁 ˓Yung The motion of a fish's mouth when breathing; the gasping of a fish.

顒 ˓Yung A large head; a dignified, serene presence, portly and imposing, yet benign.

融 ˓Yung Vapor rising up, the steam of melted things; melted, liquefied, thawed; blending, mixing, combining, harmonizing, interpenetrating; high and large; clear, bright, intelligent; *˓yung ˓woo*, blending; pleasant temperature; *˓yung ui² kún' ˏt'ung*, well versed in, I made it wholly my own.

英華分韻撮要

濃 A colloquial word. Strong, as tea or tobacco; thick, close together; *'ngai kòm' ˏyung*, thick as ants; *ˏyung mat*ˏ close, tangled, as bushes; *ˏyung kwò' ˏt'au*, too strong, as tea; *ˏyung yai'* very rich, as soup; *ˏch'á ˏyung tò' kip*ˏ tea is so strong as to be bitter.

甬 Yung Bubbling, as of a fountain; bursting, as of plants; a measure of ten *'tau* or pecks; middle, constant; *'yung tò'* the raised or main path to a hall; in which sense it is also written 埇.

俑 Yung A human puppet with springs; a human effigy formerly buried with the dead; *tsok*ˏ *'yung* an inventor; *'yung ˏyan*, a human effigy.

蛹 Yung The pupa or chrysalis of the silkworm; an aurelia, a pupa; *ˏkán 'yung*, the silkworm coccoon; *'t'ò 'yung*, a singing grub

踴 Yung To exult, to leap for joy; to stamp; to excite by leaping; *t'iù' 'yung*, to jump; *'yung yéuk*ˏ to skip for joy, highly pleased; *p'ik*ˏ *'yung*, to beat the breast and stamp, for sorrow.

壅 Yung To stop with earth, to close up, to dam; to obstruct, to hinder, to prevent; to heap earth to plants; to conceal from; *'yung sak*ˏ to shut, to block up; *'yung shéung'* to prevent superiors knowing it; *tò' lò' 'yung tsai'* road is quite blocked up; *ˏkún ˏshan 'yung pai'* a bad officer hides the truth.

擁 Yung To embrace, to hold or clasp to the bosom, to carry in the arms; to tuck up the dress, as in running; to screen, as the face; to conceal from; to gather around, as a throng; to push forward, to crowd; *'yung 'shéung ˏts'in*, to crowd those before; *ˏtsai 'yung*, crowding, as in a full street; *'yung tsung'* crowding behind, the rear urging on; *'yung 'p'ò* to hug; *ˏts'in ˏfú hau' 'yung*, those in front are crying out, and the rear is crowding.

臃 Yung To swell; swelling, swollen; *'yung 'chung*, fat, pursy, bulging out; also a boil, a swelling.

冗 冗 Jung Scattered, gone home, dispersed, as officers off duty; furlough allowances; an occupation, a calling, affairs, duties; hurried, confused; having no fixed residence, gipsey-like; *'yung shik*ˏ a sinecure; *ˏfán 'yung*, much business; *kwai' 'yung*, your duties; *'yung ˏkún*, supernumeraries; *tsin' 'yung*, my affairs; *'yung fai'* needless expense; *ˏkung 'yung*, public matters; *ˏlau 'yung tò' lò'* wandering, houseless vagrants; *tsuk*ˏ *'yung*, low, mean duties.

湧 Yung Water welling up in a spring; bubbling; rising up, protruding; an affluent of the Yangtsz' kiáng in the north of Húpeh; *ˏt'ám 'yung*, phlegm rising in the throat; *'yung ch'ut*ˏ rising up, issuing; *'yung ˏkon tseng'* rinse it clean — a colloquial phrase.

ʿ勇 Yung — Bravery, courage; fearless, brawny, intrepid, courageous, daring; to advance fearlessly, to resist manfully; *chongʾ ʿyung*, bold; *ʿyung ʿmang*, valorous; *ʿyung sz'*^{2} a brave, a daring fellow; *ʿsiú ʿyung*, hasty, ready to fly into a passion, touchy; *tai*^{2} *ʿyung*, undaunted valor, truly brave; *ʿtá kí*^{2} *ʿyung*, to exhibit prowess, strong, as at lifting; *ʿyung likˀ* very strong; *ʿyung ʿkòm*, imprudent daring; *ʿfan ʿyung héungʾ ˏts'in*, the bravest take the van.

ʿ衕 Yung — A lane, a small alley in a town; a path going up to a stairway.

用^2 Yung — To use, to employ, to serve of; to cause; exercise of a thing; use, efficience, serviceable; using, availing; by, with, by means of; commonly, generally; expenses, outlays; the 101st radical; *faiʾ yung*^{2} necessary expense; *yatˀ yung*^{2} daily bread; *ˏmò yung*^{2} unserviceable: *ˏ'm ˏchung yung*^{2} useless; *ˏ'm kauʾ ʿshai yung*^{2} does not meet expenses; *ʿmò mat yung*^{2} *ch'üʾ* not well suited; *ˏt'ung yung*^{2} in common use, is generally understood; *tsokˀ yung*^{2} handy, usefully; *yung*^{2} *patˀ ʿsé*, written with a pen; *yung*^{2} *ˏsam*, carefully, cautiously, heedful; *ʿni yung*^{2} *ˏchiú mi*^{2} have you breakfasted? *yung*^{2} *takˀ chéukˀ* employed properly, it is fitting; *yung*^{2} *ʿwong ˏkiú*, thrown away; *yung*^{2} *ˏts'in*, commission; *yung*^{2} *kaiʾ* to use care, wary; *ˏ'm ʿhiú yung*^{2} *ˏyan*, ignorant of human nature; *tái*^{2} *ˏká yung*^{2} common articles; for general use; *ˏ'm ˏhòm yung*^{2} not worth using; *ˏ'm shauʾ yung*^{2} indisposed; *patˀ ˏshing yung*^{2} more than can be used; *patˀ ˏhòm lukˀ yung*^{2} an inefficient officer; *ʿngo sunʾ yung*^{2} *ʿk'ü*, I put confidence in him; *ʿhò pín*^{2} *yung*^{2} very useful; *yung*^{2} *ʿpún ˏshéung ˏyan*, to injure others with one's money; *ˏmò yung*^{2} *kéʾ ˏyan*, a worthless fellow; *shiʾ yung*^{2} a trial experiment; *í*^{2} *ˏwai ˏmò yung*^{2} regarded as useless; *ˏshí ˏshí iúʾ yung*^{2} in constant use.

ADDITIONS AND CORRECTIONS.

Note.—It will be convenient for the student to make a note or mark near the headings of the sections to show that there are corrections in the Appendix.

(55) **Chik.**

隻, This character is constantly contracted to 只 in Canton.

(83)[bis] **Ch'ung.**

'寵 } The second form of this
'竉 } character is the most correct. *Ling² 'ch'ung*, your concubine; *tak, 'ch'ung*, to win [a husband's] love.

沖' To leap, to jump.
Ch'ung A colloquial word. At once, altogether; to push, to hit; *ch'ung' ,ts'an*, to run upon, to thump against; *yat, ch'ung' ,sám 'tau ,yau*, I don't know why he is all at once so very angry.

(84) **Chut.**

絀, This word also means obstructed, bent; withdrawn, as money from circulation; *,ts'oi yung² ,chi chut,* obstructions in the way of trade.

(87) **É.**

,唉 A tone, a whine; *,é ,é ,sheng*, the whining moan of a sick child. Also pronounced *,ngé*.

(89) **Fai.**

痱' Pimples, small boils; sores
Fi from heat; *it, fai'* or *fai' 'tsz'* prickly heat.

Fák.

A colloquial word. To whip; to beat with a flat board; to beat up, as eggs or jelly; *fák, ,kon tseng²* thrash it clean, as a carpet; *fák, 't'ung*, the tub into which grain is thrashed.

(91) **Fan.**

纁 A light red, produced by a
Hiun trine immersion in the dye; a scarlet tint.

'粉 The white pus of sores; *'fan ,lau*, the sloughing from tumors.

'份 An old form of 彬 *,pan*. The proper sound in colloquial is *fan²*, though sometimes read *'fan*. It is the same word as 分² when used as a noun.

'憤 Under this character, for *'fan kit,* read *'fan lit,*.

噴' This character is also pronounced *'fan* and *fan'* as well as *p'an'*.

(92) **Fán.**

蹯 ꜀Fán A paw of a plantigrade animal, as a badger; *hung* ꜀*fán*, a bear's paw, which is esteemed a delicacy.

(94) **Fát.**

泼꜄ Fáh Cold; to open sluices, to let water in over fields, for irrigating them.

(95) **Fau.**

蜉² Fau A kind of grasshopper or cricket; *fau*² ꜀*chung*, a sort of green locust; *met.* many children.

(96) **Fí.**

淝 ꜀Fí Diverging streams; a river in Ngánhwui running into Lake Ch'áu by Lúchau fú.

肥 ꜀Fí As a verb. To fatten; fattened; to advantage one; *chat*꜄ *kú*' ꜀*fi* ꜂*ki*, he only thinks of benefiting himself.

Fít.

A colloquial word. To whip, to spank, to punish.

(97) **Fik.**

蚸꜄ Read *ít*꜄; wrangling, noisy. A colloquial word. Seems to be a mispronunciation of *fat*꜄; ꜀*fá* ꜀*fá* *fik*꜄ *fik*꜄ fickle, inconstant, fitful, never finishing anything.

(98) **Fing.**

꜀*Fing.* A colloquial word. Confused, tangled; ꜀*fing kòm*' *lün*' all in disorder, as one moving; touzled, as hair.

Fing'. A colloquial word. A slap with the hand; *tát*² ꜂*po* *fing*' a smart slap.

*Fing*². A colloquial word. To vibrate, to swing, to dangle, as the end of a rope; to sprinkle; to snap away; to shake off, as ink out of a pen; *fing*² *kau*' ꜀*lai*, yerk it (as the cue) forward.

The character 拚꜄ has no authority; it is read *pan*'; the hands rapidly moving.

(99) **Fo.**

窠 ꜀K'o A hole; a nest in the ground or a cliff; a nest of clay; a burrow; a roost of pheasants; ꜂*shü* ꜂*niú* ꜀*t'ung* ꜀*fo*, rats and birds in the same nest, *i. e.* all villains in that place. This is sometimes pronounced ꜀*wo*.

(101) **Fong.**

The last three characters under this syllable FONG are often pronounced KWONG.

꜂恍 ꜂怳 Interchanged with 慌 ꜀*fong* Wild, mad, fluttered; disturbed, unable to collect one's thoughts; ꜂*fong fat*꜄ half crazy.

꜂幌 Hwáng A curtain; an ornament for the head; a gust, a whirl of wind; ꜀*shü* ꜂*fong*, a screen to shade a schoolroom.

(102) **Fú.**

꜀骺 K'ú — The shoulder-blade, the thigh bone; a skeleton; *꜀fú ꜀lò ꜀t'au*, the skull of a dead man.

꜀滹 Hú — A river in the southwest of Chihlí, the *꜀Fú ꜀t'o ꜀ho*, flowing into North Lake, and thence to T'ientsin.

꜀郛 Fú — The outermost wall beyond the citadel; the suburbs, the purlieus of a city.

꜀刳 K'ú — To cut open; to rip up, to kill; to hollow out; to hew timber, to cut down; *꜀fú ꜀sam* to make a clean breast.

꜀怤 Fú — To think upon with pleasure; pleased, gratified with, as a friend.

稃 is the same as ꜀麩; ꜀稃 is also the capsule or pericarp of a seed, the calyx of a flower.

꜀[illegible] Also means a faggot; *yat꜆ ꜀fú ꜀ch'ái*, a faggot or bundle of firewood.

꜀玞 Is the same as 砆 *꜀fú*; it is probably a veined jasper.

꜀芙 Fú — A flower; *꜀fú ꜀yung ꜀fá*, the *Hibiscus mutabilis*; *꜀o ꜀fú ꜀yung*, the poppy.

꜀颫 Fú — A gust of wind; the wind blowing downwards; *꜀fú ꜀fung* a storm.

‘俛 Fú — Interchanged with 頫 *t'iú'* in the senses of hanging down the head; to look down; to condescend, to examine into.

富’ The phrase *hok꜆ fú' ꜀ché* should be *hok꜆ fú' ‘ng ꜀ch'é.*

跗² Fú — The instep of the foot, where sandals are tied; the toes; *fú' chü'* stocking overalls used by soldiers.

(103) **Fúi.**

꜀灰 As a verb, to turn pale, to faint, to sink from amazement: *꜀sam ꜀fúi*, the heart turned to ashes, disheartened.

꜀虺 ꜀虫 Hwui — The second is used for 蟲 *꜀ch'ung*; a large species of adder; *‘shui ꜀fúi*, a sea-serpent.

‘繢 Is the same as 繪 *‘fúi*. Also the thrums left out in weaving; red colored threads.

靧’ Hwui — To wash the face.

(104) **Fuk.**

福꜆ For "wealth, virtuous" in the list of five blessings, read "honor, posterity;" there is some discrepancy respecting the particular blessings included in the five.

複꜆ Fuh — A wadded or lined garment; doubled; the second; *꜀ch'ung fuk꜆* again, repeated.

(105) **Fún.**

꜀懽 Interchanged with 歡 *꜀fún*. It is also read *kún'* sad, grieved, as one is for want of a bosom friend.

(106) **Fung.**

꜀豐 Is the full form of 豊; the latter is the least used.

꜀渢 Fung — The noise or roaring of water or waves; floating. Read *fán'*, in the phrase *fán' fán'* an easy, even sound.

(108) **Há.**

假 Is also a word of regret, an exclamation of dissatisfaction

蝦 Hia The leaves of the water lily. Also read ‹ká ; green growing rushes or sedge.

(113) **Hám.**

鹹 In a figurative sense, bitter, distressing, hard to bear; *shau' kwán' ‹hàm 'fú*, he has long been used to hardships.

(115) **Hán.**

閒 Should be changed to 閑; the first is read ‹long.

(116) **Hang.**

脝 Hang A puffed belly; *‹p'áng ‹hang*, a swelled belly, one distended by wind.

行 Temporary, for the present; *‹hang ‹ying*, a movable or flying camp.
Read *hang'* in colloquial. Tense, taut, drawn tight, as a drum or umbrella.

(119) **Háp.**

蛺 Kieh A butterfly; *háp₂ tip₂* a small butterfly, such as the cabbage or sulphur butterfly.

洽 Hiah See *ap₂*. To join pleasantly, to harmonize; blending, united; to instil into; imbued, pervaded with; *‹séung háp₂* agreeing, agreeable; *háp₂ ‹ü ‹man ‹sam*, the people generally feel it.

(121) **Hau.**

鍭 Hau An iron arrow, the barb of a dart, which has feathers on the shaft.

Hau'. A colloquial name for a weaver's reed or slaie.

堠 Hau A bank or tumulus, used to make fire signals on; mile stones, a half or a whole league apart.

(124) **Héung.**

晌 Perhaps this should be 餉 Occurs used for a plat of land of six 'mau in size, military lands given to soldiers.

(125) **Hí.**

蹊 Hi Same as 徯 ‹hai, but read ‹hi in the phrase ‹hii ‹ki, ominous.

(127) **Hín.**

幰 Hien A curtain drawn over or around a carriage to keep the sun off; the curtain of a sedan.

(129) *yah* **Híp.**

All the characters under this syllable are more frequently heard pronounced *hip₂* than *híp₂*.

勰 is also read ‹sz'.

拹 should be 協 *kip₂*. The former means to fold; to pull, draw, to drag.

劦 is another form of 協 *hip₂*.

(131) **Hiú.**

ˏ蹺 K'iau To walk high, to lift up the foot; to prance; *sz'*² *ʿyau ˏhiú ˏhí*, extraordinary; ominous, there's something strange in it.

---

(123) **Hò.**

號² Háu A day, but applied only to the foreign month; to call; *hò*² *ˏt'ung*, a speaking trumpet.

---

(135) **Hok.**

殼ˏ A skein or hank of raw silk, generally only a skein or knot.

學ˎ Often used as an adjective, like, similar; *hokˎ ʿní ʿkòm tsò*² do it as you do; *hokˎ shikˎ ˏní ko*² learn it like this.

---

(136) **Hòm.**

ʿ轗 K'án Impeded, hard to get on; *ʿhòm ˏo*, a bad fate, passing through troubles; lost money.

---

(137) **Hon.**

看ˀ Colloquially. To look after, to see to; aspect, meaning, similarity; *hon*ˀ *ˏch'á ˏlai*, bring tea; *tsokˎ ˏyan tsz'*² *hon*ˀ it has the meaning of the character *ˏyan*.

---

(138) **Hong.**

ˏ頏 Hang To fly or dart down, as a bird; the neck, the throat. Read *hong*²; the neck of a bird.

(139) **Hòp.**

合² Occurs as a classifier; a bout, as at boxing; a round, as in fighting; a turn, a time; *ˏúi hòp*² a trial of strength.

---

(141) **Hü.**

ʿ去 To throw off, as clothes; distant from, as one place from another.

---

(148) **Í.**

ˏ依 A colloquial word. Well, just; *ˏí ˏlá*, well then, supposing, if he likes.

ˏ椸 í A clothes-horse; *ˏí ˏí*, a rack for clothes, which the sexes must not use together.

ʿ儗 í Interchanged with 擬 ʿí. To compare, to assort; doubtful, suspicious of each other. Read *hoi*²; stupid, foolish. Read ʿí; to usurp, to incroach.

ˏ議 í To consult, to talk about in council, to decide on the best course; to arrange; to blame; to select; rules, laws; deliberation, consultation; *ˏkung ʿí*, a public conference; *shü*² *ˏman patˎ ʿí*, the people must not discuss [politics]; *ʿí lun*² to deliberate upon; *mín*² *ʿí*, a personal consultation; *pokˎ ʿí*, to refute, to call in question.

ʿ迤 í To go by the side of the road; *ʿí ʿlí*, walking, going; *ʿí ˏnám*, going south.

劓ˀ í To cut off the nose as a punishment, now quite disused if not illegal.

(164) **Ká.**

架 Should be written 枷 the former being pronounced *ká'* though the two are sometimes interchanged.

(155) **Kai.**

偈² Should be written 偈. It is also used colloquially for a hinge, a pivot, a joint of the body; *kwat, kai²* a joint.

(156) **K'ai.**

蟿 K'i A locust; *k'ai' ,chung*, a large grasshopper. Read *kai'* a sort of frog.

K'ak.

A colloquial word. Uneven, interrupted; *lak, k'ak,* difficult, not smooth; *lò' 'hò lak, k'ak,* the road is very rough; *'kong tak, lak, lak, k'ak, k'ak,* to stammer, to hesitate.

(163) **Kan.**

釿 Kin Once used for 斤, but now usually means an adz or ax to trim wood.

(171) **Káp.**

跲 Kiáh To stumble; to hesitate in speaking; for, instead of; *káp, hau'* to fall backwards; *,in ,ts'in ting' tsak, pat, káp,* consider well your words, and you will not hesitate.

甲, The last word under this character should read "mail-clad bannermen," instead of "cavalry."

(175) **Kau.**

臼 This is also applied to bowls, to deep and broad dishes; *'ngá 'kau* is a name for selters' water bottles.

(181) **Kí.**

乩 Kí To divine, to seek counsel of genii; the willow twig a child uses to write charms; *'ts'ing ,ki*, to ask of the gods; *,fú ,ki*, to prepare a charm.

錤 Kí An implement of husbandry like a hoe, called *,tsz' ,ki*, and made of iron.

鐖 Kí A barb on a hook, or an arrow; a fluke; *,tin ,ki*, a catch, a spring, as in machinery.

惎² Kí Angry with, enraged against; jealousy of a woman; jealous; *tò' ki²* jealous of.

跽² Kí To kneel on all fours; to feel dread; awe struck, discomposed; *,k'ing ki²* to kneel with folded hands, as before the emperor.

芰² Kí A variety of the Trapa or water caltrops, with three or four points; *ki² ,ho*, caltrops and nelumbiums.

(182) **K'í.**

犄 K'i Interchanged with 犄 ,á, fierce. A kind of ox with diverging horns; *,k'i kok,* to help each other, as in a battle.

(190) **Kín.**

見' A colloquial word. To temper; *kin' 'shui*, to harden iron, to temper tools.

(195) **Kít.**

傑 A colloquial word. Excellent, well done; to raise higher; *kit tsok* finely written.

(197) **Kiú.**

'撬 Kiáu To pry up, to raise with a lever. A colloquial word, and often pronounced '*k'iú*. To wind around; '*kiú* ,*pín*, to coil the cue around the head; '*kiú* '*sín*, to wind thread.

'轎 This character is properly read *kiú'* though also pronounced '*kiú*.

噭' Kiáu To call, to cry after; to roar; a classifier of horses, from their neighing; *kiú' kiú'* a deep tone.

(200) **Kò.**

'犒 K'au To reward; to give extra pay; '*kò* ,*sz'* to reward victorious troops; '*kò* ,*ngau*, cattle given as rewards; '*kò* ,*kung*, extra pay to workmen.

(201) **Koi.**

,侅 ,賅 Kai } Unusual, strange; to present; ,*koi mat* rare, uncommon articles.

'欬 K'ai To cough, to hack; to belch; to call aloud; '*k'oi* '*king*, a little while.

(207) **Kong.**

,崗 is a common form of 岡, a hill.

,網 should be 綱, the first being read '*mong*.

抗' A colloquial word. Obstinate, willful; *kong' 'keng kè'* ,*yan*, an obstinate fellow; *kong'* ,*lui*, perverse.

(212) **Kü.**

,据 Kü The grip of the hand between the thumb and fingers; a hand diseased, restrained, or embarrassed; stiffnecked; imperturbable, supercilious, prim; *kat* ,*kü*, embarrassed, as for want of funds.

炬' K'ü A link, a torch made of old bamboo cables cut up, commonly called '*fo* ,*chí*, or fire twigs.

埧' Kü An embankment, a dyke to confine water; *chuk kü'* to build a bank.

The three characters 具, 遽, and 簴 on page 184 should all be read *kü'* and not *kü'*.

(213) **K'ü.**

,痀 K'ü A crooked back; a humpback, a curved spine; ,*k'ü chéung'* an old man bent over with age.

,朐 K'ü Pork cut in strips and dried in the wind; ,*k'ü 'fú*, curled bacon, jerked cutlets of pork.

'嶇 K'ü A rugged or peaked mountain, a steep ascent; ,*k'í 'k'ü*, a rough road.

(216) **Kuk.**

Kuk. A colloquial word. To excite, to swell, to start up, to irritate; *kuk, yat, ˏshan hon²* wrap yourself up to get a sweat; *ˊpí ˊk'ü kuk, wái² ˊngo*, he has greatly angered me; *kuk, tái² ˏp'áu ˏsoi*, he looked very glum.

局² Also an office or head-quarters where people assemble to manage public affairs.

(219) **Kún.**

ˊ逭 Kwán To run away, to escape from; to turn round, to step off; to revolve; *fát, pat, ˊho ˊkún*, he cannot escape the law. Also read *ún²*.

ˊ館 As a verb; to lodge, to rest at.

(220) **Kung.**

ˏ供 A colloquial word. To eat much, to eat to satiety; *shik, tiú² ˏkung*, had a plenty, eaten to the full; *ˊtá tiú² ˏkung*, to have a fight, to try a bout.

(221) **K'ung.**

ˏ夐 Hiuen Read *hün²*. To scheme for, to seek, to undertake. Read *ˏwing;* far; to go to a distance.

A colloquial word. A bunch, a cluster; *yat, ˏk'ung ˏtsiú*, a bunch of plantains; *yat, ˏk'ung shü² ip,* a branch of leaves; *yat, ˏk'ung ˏfá*, a clump of flowers.

(222) **Küt.**

抉, Kiueh To dig, to rake; to pluck out, to gouge; to snatch; to play with the tassel of a bow; *küt, ˊngán*, to gouge out an eye.

潏, Kiueh Water bubbling up; an islet or bank formed by labor in a stream, for placing a house on; a river in Shánsí.

鱖, Kiueh A sort of ray or skate, whose flesh is like pork; a spotted fish like a bream, in which sense the character is read *kwai²*.

(223) **Kút.**

All the characters under this syllable are read *k'út*.

鶻, Kwoh A species of crane; *ˏts'ong kút,* the black crane; it has red cheeks.

(226) **Kwai.**

庋, Kwei A pantry, a cupboard for keeping provisions in.

(241) **Kwok.**

國, As a verb; to maintain the dignity of a state; *ˏho ˊi ˏwai kwok,* how can the majesty of the country be maintained?

(245) **Lai.**

捩² Lí A plectrum for thrumming a guitar; to snap the strings; to snap asunder, to twitch; to guide, as a helm.

英華分韻撮要

(250) **Lám.**

蠄 Lan — Read *ₛlám*; to walk fast. A colloquial word; see NÁM². To overpass, to skip; to leap over; an interval; *lám² yatₒ* every other day; *lám² ch'utₒ ₛmún 'hau*, he went out doors; *lám² ₛkò*, to step high; *tái² pò² lám²* give a good leap and cross it.

(252) **Lán.**

囒 Is used in writing foreign words; as *ₛHo ₛlán kwokₒ* Holland; *fátₒ ₛlán ₛyan*, flannel; *fátₒ ₛlán ₛsai*, France; *ₛngá ₛlán 'mai*, cochineal. Read *ₛlán*; a jargon, an unintelligible talk.

欄 Is also applied to a hong; *ₛlán 'mí*, the river front of the hong, the water side.

(255) **Lap.**

Lapₒ. A colloquial word. To repeat, to reiterate; *lapₒ tapₒ 'kong*, a needless repetition; *lapₒ lapₒ tí²* a little ailing; *lapₒ lapₒ tapₒ tapₒ* dirty, sordid, begrimed.

(259) **Lau.**

瘺² 瘻² Lau — A scrofulous swelling on the neck; running ulcers of long standing; *'lò 'shü lau²* gangrenous ulcers, thought to proceed from eating rats; *ₛkòm ₛting chí² lau²* syphilis, buboes, piles and scrofula [are external ailments].

(263) **Léung.**

ₛ莨 Láng — A colloquial word. A tuber used to dye dark red; *ₛshü ₛléung*; a brown dyestuff, used instead of gambier; *ₛshü ₛléung kòm² ₛt'au*, ugly as a potato. Read *long²*; a kind of rush or sedgy grass; *long² tong²* scammony or cumfry, whose seeds are said to craze people.

Lek.

Lekₒ. A colloquial word. To rip open, to cut flesh apart; *lekₒ ₛhoi ₛpín*, cut off a slice.

瀝ₒ Under LIK, is pronounced *lekₒ* when meaning shallows, a roadstead; *ₛshá lekₒ* Macao Roads; *yatₒ lekₒ tí²* a heaped bed or row, as in a garden.

(265) **Lik.**

翮ₒ Lih — Interchanged with 鬲 meaning the hollow legs of a tripod. The quill or stem of a feather; a quill.

(266) **Lím.**

'舔 T'ien — Read *'t'ím*, to lick with the tongue. A colloquial word. To lick the chops after eating; to long for; mouth watering, lickerish, liking; *'lím ₛt'ung ₛtsing*, to covet money.

ₛ斂 Lien — Used as a medical term, to repress, to neutralize; *mí² ₛsün sing² 'lím*, acid tastes are neutralizing, *i. e.* they repress heat; *'lím ₛmái*, to take up, as a skirt.

(268) **Ling.**

ˏLing or *ˏLeng*. A colloquial word. A fender on ships; a buffer; *ˏt'o ˏleng*, hang the fender; *ˋk'ü hai² ˏt'o ˏleng*, he is a hanger-on or an extra hand.

ˏ羚 ˏ羚 Ling } A mountain sheep; an argali or chamois, whose horns are used for medicine; *ˏling ˏyéung kokˎ* chamois horns.

ˏ櫺 Ling Wooden lattices or bars in windows; beams over doors, a plate under the eaves.

---

(273) **Lò.**

ˏ嘮 Liáu Verbose; *ˏlò ˏcháu*, talkative, wordy.

ˋ老 Láu Is used in a metaphorical sense; inert, not zealous, lacking spirit, backing out.

ˋ潦 ˏ澇 Láu } A heavy rain; water collected in the streets from rain; an inundation, a torrent; to soak, to macerate; *chéukˎ ˋpi ˏhang ˋlò*, he swilled the bottle like a torrent.

路² Lú A colloquial word. To pour from one vessel into another, to decant; *lò² yatˎ ˏch'ing ˏyau*, to pour out oil from a standard jar (*i.e.* in order to save weighing it).

---

(274) **Loi.**

ˏ來 Lai Is occasionally put in for rhythm; as *shapˎ ˏloi ˋpá ˏkung*, ten and more bows; *yatˎ ˏloi —i² ˏloi*, now because—therefore; *i² ˏloi ˏloi*, common, not fine.

(276) **Long.**

ˋLong. A colloquial word. To rinse, as the mouth; to rub around in the water; *ˋlong ˏkon tseng²* rinse it clean, as a plate; *ˋlong ˏfan*, to make thin fritters by rolling the griddle.

ˋ塱 An unauthorized character. A bank raised around a field, a raised field, a plateau or terrace; *ˏtung ˋlong*, a village near Fá-tí.

---

(277) **Lü.**

濾² Lü To filter, to strain liquids through a cloth; to cleanse, to wash; to purify; *lü² ˋshui ˏlo*, a straining cloth.

---

(281) **Luk.**

𤆰² A colloquial work. To scald, as a fowl for plucking; to steep in boiling water; *luk ˏü chukˎ* a kind of fish soup, congee and fish, chowder.

---

(283) **Lün.**

ˏ孌 Liuen Handsome, beautiful, as a female; to long after, to love; attached to; *ˋim ˏlün*, elegant, graceful.

ˏ臠 Liuen To mince meat, to slice it into thin strips; a fish's maw or stomach cut into strips.

---

(286) **Lüt.**

Lütˎ. A colloquial word. To gobble up, as a goose or duck.

*Lüt*₂. A colloquial word. To bare the arms or legs; *lüt*₂ *ˏk'ün*, to roll up the sleeves.

(294) **Mán.**

熳² Probably used for 漫²; *lán*² *mán*² large clusters of flowers. An unauthorized character.

(299) **Mau.**

貿² Mau To barter, to exchange, to trade, to deal; to do business, to carry on commerce; *mau*² *yik*₂ trade, commerce; *mau*² *mau*² obscure vision,

瞀² Mau To look down intently at, as nearsighted people do; dim, indistinct vision; disheveled, confused, as hair.

(308) **Mít.**

搣₂ Mieh To strike; *mít*₂ *sít*ₒ irregular, awry, distorted, not exact, not cut square.

衊₂ Mieh Blood, gore: the nosebleed; to smear with filth, to defile; *ˏú mít*₂ defiled, desecrated, polluted.

(311) **Mò.**

ˏ嫫 Mú The fourth concubine of Hwángtí, B. C. 2600; plain, ordinary; *ˏmò ˈmò yat*ₒ *yéung*² ugly as Mú-mú.

ˏ酕 Mau Drunk; *ˏmò ˏt'ò*, overcome with liquor, dead drunk.

ˏ旄 Mau The horse hair attached to halberds and spears, long and usually dyed.

(321) **Nái.**

[口乃]ˀ A colloquial word. Used for *tái*ˀ in the term *nái*ˀ *ˈshui ˈlò*, a pilot; *nái*ˀ *ˏmáu*, one who refuses to confess his debts.

(328) **Nap.**

湆₂ Also means indisposed, ailing; *nap*₂ *ˈki yat*₂ out of sorts for some days; *nap*₂ *ˏyau*, the oil sticks, as in a watch; *met.* a general atrophy.
Read *yap*₂; dark and damp.

(331) **Nát.**

鈉ₒ Also means to fire a cannon; *nát*ₒ *p'áu*ˀ to touch off a cannon.
Read *náp*₂; to sharpen wood as for a handle; to hammer out iron, to point it.

(332) **Nau.**

縟² A colloquial word. Sleek, smooth; *yau*² *nau*² smooth, fine, as furs; *shik*ₒ *chák*₂ *ˈhò nau*² its color and lustre are fine, as a gem.

(337) **'Ng.**

ˏ啎 Wú Is sometimes used for 悟² obstinate, which is the same as the two given below. A sort of deer; to oppose, as two oxen; *ˏtui ˏ'ng*, a collision, a rencontre.
The two characters 啎 and 逜 should be transposed to the top of the column.

(339) Ngai.

鯢 ꜀ A hairy marine animal, probably intended for a species of seal or lamantin; ꜀k'ing ꜀ngai, the male and female whale; *met.* a violent oppressor, *e. g.* a Verres.

猊 ꜀ A fabulous beast, called *tsun'* ꜀*ngai*, like a lion (some say a horse), which can go very fast.

(350) Ngat.

扤 A colloquial word; see AT꜃. To stuff in, to fill a crevice; to move in a socket, to work to and fro; to fret and rack; *ngat꜃* ꜂*mún*, stuff it full; *ngat꜃* (or *at꜃*) *shat꜃* push it down hard; *ngat꜃ sat꜃* stingy, giving a little.

Ngé.

꜀*Ngé*. A colloquial word. A low tone; ꜀*ngé* ꜀*ngé* ꜀*sheng*, a grumble, indistinct muttering.

(362) Ní.

呢 ꜀ A word used for woolens; *tái'* ꜀*ní*, broadcloth; ꜂*siú* ꜀*ní*, Spanish stripes, habit cloth.

(366) Ning.

獰 ꜀ Ning. Hairy dogs; fierce, savage looking; repulsive, like the guardians of temples; clamor, like the baying of dogs.

佞' To shake; *ning'* ꜀*t'au*, to refuse by shaking the head.

(367) Níp.

Nip꜃. A colloquial word. Lean in the face, lantern-jawed; to press down, to squash, to make thin; ꜀*shang tak꜃ nip꜃* he has become so poor; *kam' nip꜃* to press flat.

(370) No.

挼 No. Pronounced both ꜀*no* and ꜀*no*. To roll, as when making a pill between the hands; ꜀*no* ꜀*so*, to rub and clean, as the hands.

(371) Nò.

㑚 ꜀ Nò. Great strength; to exert, to put forth the strength.

Nui.

餧 ꜂ Nui. Famished, destitute, hungry; famine; putrid fish; ꜂*nui* ꜀*tí*, destitute, neglected, as an orbate spirit.

(384) Òm.

唵 ꜀ Ngàu. To snore; ꜀*òm mak꜃* to be silent; to give no answer, as one whs is very sleepy.

(385) On.

安 ꜀ Sometimes used colloquially. To substitute, to use or put for, as a character for a colloquial sound; ꜀*on shí'* ꜀*on* ꜀*fi*, to make up a story, to fib; ꜀*on tsok꜃ mat꜃ tsz'* what character will you put for it?

(387) Pá.

笆 ˓Pá A very spinous species of bamboo; a fence; *˓pá ˓lí*, bamboo wattles.

把 ˓ In colloquial; over, upwards, an excess; *ko˒ ˓pá üt˒* a month and more; *shap˒ ˓pá yat˒* upwards of ten days; *pák˒ ˓pá ˓ngan ˓tsz˒* over a hundred dollars.

(391) Pái.

湃˒ Pai The sound of a raging torrent, dashing waves; *˓p'áng pái˒* the roar of waters.

唄[2] Pái In the Budhistic books (*i. e.* in Pali), to praise, to recite prayers.

(398) Pán.

˓扳 should be written ˓板 on page 355.

辦[2] Pán To go on with, as an execution; *pán˒ á˒* proceed! said to the headsmen; *tái[2] pán˒* the lingering punishment.

(401) P'ang.

綳 P'ang A cloth for carrying infants pickapack; to fasten, to bind, to strap up.

˓朋 Under this word, transpose "with" and "*˓p'ang.*"

(407) Pau.

咘[2] A swelling; spotted, flaking off, as a damp wall. This character is read *˓pau*, but colloquially spoken *pau˒*.

(411) Pé.

˓*Pé.* A colloquial word. The reeling of a tipsy man; *˓hang tak˒ ˓pé ˓pé ˓há*, reeling and staggering, as he goes.

(412) Pí.

˓匕 Pí A spoon or ladle, with which sacrifices are taken out; a stiletto; the 21st radical; *˓pí ˓chü*, chopsticks.

˓萆 ˓蓖 Pí A medicinal plant, *˓pí ˓hái*, used as a diuretic; *˓pí ˓má*, the castor oil plant; *˓pí ˓má ˓yau*, the oil used in making stamping red ink.

˓痞 Pé A constipation in the bowels; weak, dizzy; stoppage in the urethra; *˓pí ˓mún*, constipated.

(415) P'ik or P'ek.

劈˒ A colloquial word. To meet one suddenly; *p'ek˒ mín[2] chong[2] kín˒* abruptly met face to face; *p'ek˒ ˓hung ˓ts'au chü[2]* grabbed him by the collar.

(418) Ping.

˓浜 Pang A sluice or creek into which boats can be run; a sort of wet dock for repairing boats.

(419) P'ing.

˓泙 P'ing A cave on the seashore, where the waves rush in; a certain stream; *˓pang p'ing˒* roaring of surges or torrents.

(422) **Piú.**

驃 Piau A cream colored-horse; a brave, fleet charger; *꜀piú ꜀k'i*, a general in chief.

(423) **P'iú.**

螵 P'iau A chrysalis; *꜀song ꜀p'iú ꜀siú*, the chrysalis of insects which are covered with a woolly envelop, as a mantis; *'hoi ꜀p'iú ꜀siú*, the cuttle fish bone.

(425) **P'o.**

婆 P'o Luxuriant vegetation; *꜀p'o ꜀so* or *꜀p'o ꜀p'o ꜀so ꜀so*, exuberant; *꜀p'o ho'* peppermint.

跛 P'o Lame in one foot, leaning on one side as if lame; to walk awry. See ꜀PAI.

(426) **Pò.**

鯆 Pú A stingray or skate; *꜀pò 'lò*, a spinous ray; *꜀wong 'tim ꜀pò*, a reddish brown ray.

菢² should be written 抱² on page 287.

(429) **P'ok.**

仆 P'oh This is more often pronounced *p'ok꜄* than *fú²*, as given on page 61; *꜀tin p'ok꜄* slipped down; *꜀kéung p'ok꜄* fell down stiff, as if dead.

(432) **P'ong.**

徬 P'ong See *'fong* 彷 which is also read *꜀p'ong*. To run by the side of a carriage; *꜀p'ong ꜀wong*, perturbed, agitated.

Pòp.

Pòp꜄. A colloquial word. To blister, as lacquered ware; to raise vesicles; a thumping, rapping sound, as under a boat; a rap; *pòp꜄ pòp꜄ ꜀sheng*, a knocking.

(433) **P'úi**

旆' P'ei A pennon or streamer attached to a staff above the the large flag; to join on to a streamer; *p'úi' p'úi'* streaming and flapping like a pennon.

(461) **Shái.**

꜀Shái. A colloquial word. A final particle, referring to tastes, denoting intensity; *tám' ꜀shái*, flat, unsavory; *꜀shái ꜀shái tik꜄* how rough it tastes!

(473) **Shau.**

首 Also used as a classifier of stanzas of poetry.

'手 Also used as a classifier of quires or half quires of paper, as much as is folded at once; a handful, a lot, such as can be carried in the hand; *'mái yat꜄ 'shau áp꜄* bought a lot of ducks; *yat꜄ 'shau 'ki ꜀to chek꜄* how many are there in a lot? — as of eggs.

售² Shau To sell, to part with, to dispose of; to restore, to pay back; *ch'ut꜄ shau²* to sell out; *shau² ká'* the price of an article; *꜀chün shau²* to change hands.

(451) **Sáp.**

鞢, Children's shoes; a hide shoe, like a slipper; a sandal, such as the Japanese wear.
Siah

(465) **Shan.**

蜃² A huge frog, a marine animal which can change its shape, or comes in the rain; a mirage or water-spout? *shan² ˏkéung*, the mirage land, a term used by the Lewchewans for their country.
Shin

(475) **Shé.**

ˌ余 should be 佘 the first being read ˌ*ü*, a surname.

ˌ畬 Something to bring fire, as tinder.
Shé Yü Read ˌ*ü*; to cultivate to till; a field under tillage two years.

射² A colloquial word. A time, a payment, an issue; ˌ*fan* ˌ*hoi* ʻ*ki* ˌ*to shé²* how many times (or places) do you divide it into?
Shié

(484) **Shíp.**

泄, This character should be 涉, the first being read *sit*ˏ.

(493) **Shuk.**

謖, To arise, to get up hastily; to draw up, as the garments; to draw together; *shuk*ˏ *shuk*ˏ decided, stern, peremptory; *shuk*ˏ ˌ*ín*, to draw around one, as a dress. Read *tsik*ˏ in the Fan Wan.
Suh

(509) **Song.**

ʻ顙 A colloquial word. A dialect, a patois; *pak*ˏ ʻ*song*, the Peking dialect; ʻ*kong* ʻ*Kwong* ʻ*song*, he talks the Canton patois.

(513) **Sui.**

*Sui*ʾ. A colloquial word. The crop of a fowl; ʻ*hò tái² ko*ʾ *sui*ʾ her crop is full; *ngo² sui*ʾ an empty crop.

(516) **Sün.**

鐫² To cut or engrave letters on wood; to cut, to chissel; *sün² k'ap*ˏ to degrade or reprimand an officer; ˌ*t'iú sün²* to cut characters, to carve.
Tsiuen

(517) **Sung.**

ʻ慫 To alarm, to arouse, as by a remonstrance or warning; ʻ*sung* ʻ*yung*, to stimulate to action, to excite.
Sung

(524) **T'ai.**

ˌ梯 As a verb, to mount, to go up; ˌ*t'ai* ˌ*shán* ˌ*hong* ʻ*hoi*, to mount hills and voyage upon the seas, *i. e.* to trade.
T'i

(544) **Tau.**

竇ʾ A colloquial word. A rendezvous for thieves, a storeroom for plunder; ˌ*wai tau*ʾ ʻ*hau*, to beset a lurking-place; *ts'ák*ˏ *tau*ʾ a den of thieves.

(573) **Tong.**

檔' A colloquial word. A row of characters written horizontally; *'sé ₍sám tong'* write three.

(603) **Tsím.**

魙² Tsien A prince of demons, at the sight of whom ogres and vampires flee; used as a charm.

(620) **Ts'ò.**

譟' Táu The noise of a crowd; a clamor, a disturbance; *₍yan ₍to 'kú ts'ò'* a great hallooing.

(613) **Tsít.**

婕, Tsieh Handsome, elegant; a female officer, called *tsít₎ ₍ü*, a sort of palatial housekeeper.

(653) **Tün.**

斷' A colloquial word. By, as in buying; *tün' ₍kan mái²* sold by the catty.

(656) **T'ung.**

₅獞 T'ung A sort of dog; *₍t'ung ₍tiú*, a name given to a tribe of the Miáutsz' in Kweichau, because they were savage like dogs.

(657) **Tüt.**

Tüt₎. A colloquial word. Tapering, conical, to a point; to taper off; *₍fan tüt₎* a conical barrow or grave.

(661) **Úi.**

會² To compare accounts; *ti² kai'* to reckon with, to settle. Sometimes read *'k'úi*.

(663) **Ún.**

'剜 Wan To pare, to cut off, to scrape or thin; *'ún yuk₂ 'i ₍ch'ong*, to cut out a piece of flesh to cure a boil, *i. e.* to make additional damage.

(687) **Yam.**

'飲 A colloquial word, see 蘸 *chám'*; to dip; *'yam láp₂ chuk₎* to dip candles; *'yam shí² ₍yau*, dip it in the soy.

₍瘖 Yin Dumb from disease; an ailment which renders one unable to talk. Also read *'òm* in Canton.

(688) **Yan.**

₍紉 Yin A cord, a single thread; to thread a needle; to tie together with threads.

(696) **Ying.**

₅嶸 Yung Conspicuous, as a peak; mountainous, high; *₍cháng ₍ying*, preëminent, famous, as a statesman.

(700) **Yung.**

'慂 Yung To inspirit, to exhort; *'sung 'yung*, to stir up, to exasperate.

LIST OF THE 百家姓 PÁK-KÁ SING,

OR

FAMILY SURNAMES OF THE CHINESE,

ARRANGED ALPHABETICALLY.

晏	Án	招	Chiú	方	Fong	侯	Hau	伊	Í
區	Au	趙	Chiú	房	Fong	後	Hau	齮	Í
查	Chá	晁	Ch'iú	符	Fú	鄉	Héung	嚴	Ím
柴	Ch'ái	莊	Chong	扶	Fú	向	Héung	閻	Ím
翟	Chák	朱	Chü	庫	Fú	郗	Hí	冉	Ím
湛	Chám	諸	Chü	富	Fú	何	Ho	燕	Ín
陳	Ch'an	儲	Ch'ü	傅	Fú	賀	Ho	葉	Íp
周	Chau	褚	Ch'ü	伏	Fuk	韓	Hon	姚	Iú
巢	Ch'áu	祝	Chuk	封	Fung	康	Hong	饒	Iú
車	Ch'é	竺	Chuk	豐	Fung	匡	Hong	家	Ká
卓	Ch'éuk	束	Ch'uk	酆	Fung	杭	Hong	賈	Ká
章	Chéung	終	Chung	逢	Fung	項	Hong	計	Kai
張	Chéung	鍾	Chung	馮	Fung	許	Hü	薊	Kai
昌	Ch'éung	仲	Chung	鳳	Fung	禤	Hün	稽	K'ai
支	Chí	充	Ch'ung	夏	Há	空	Hung	解	Kái
池	Ch'í	花	Fá	奚	Hai	紅	Hung	金	Kam
植	Chik	費	Fai	黑	Hak	洪	Hung	靳	Kan
詹	Chím	樊	Fán	咸	Hám	熊	Hung	簡	Kán
程	Ch'ing	范	Fán	衡	Hang	孔	Hung	耿	Kang
鄭	Ching	霍	Fok	幸	Hang	闕	Hüt	汲	K'ap

郟	Káp	葛	Kot	郤	Kwik	列	Lít	文	Man
吉	Kat	古	Kú	郄	Kwik	廖	Liú	聞	Man
勾	Kau	顧	Kú	戈	Kwo	羅	Lo	閔	Man
仇	K'au	居	Kü	國	Kwok	勞	Lò	萬	Mán
裘	K'au	瞿	K'ü	郭	Kwok	盧	Lò	孟	Mang
寇	K'au	璩	K'ü	廣	Kwong	老	Lò	乜	Mat
姜	Kéung	谷	Kuk	鄺	Kw'ong	魯	Lò	宓	Mat
强	K'éung	鄐	Kuk	黎	Lai	路	Lò	繆	Mau
姬	Kí	麴	Kuk	厲	Lai	駱	Lok	茅	Máu
紀	Kí	鞠	Kuk	酈	Lai	郎	Long	糜	Mí
祁	K'í	官	Kún	賴	Lái	呂	Lü	明	Ming
暨	K'í	管	Kún	林	Lam	雷	Lúi	苗	Miú
冀	K'í	權	K'ün	藍	Lám	祿	Luk	毛	Mò
經	King	弓	Kung	冷	Láng	逯	Luk	巫	Mò
荆	King	公	Kung	劉	Lau	陸	Luk	毋	Mò
景	King	宮	Kung	婁	Lau	倫	Lun	武	Mò
喬	K'iú	龔	Kung	柳	Lau	藺	Lun	慕	Mò
高	Kò	鞏	Kung	梁	Léung	欒	Lün	莫	Mok
蓋	K'oi	貢	Kung	李	Lí	龍	Lung	梅	Múi
郝	K'ok	桂	Kwai	利	Lí	隆	Lung	牧	Muk
甘	Kòm	季	Kwai	廉	Lím	麻	Ma	穆	Muk
干	Kon	夔	Kwai	連	Lín	馬	Má	滿	Mún
幹	Kon	蒯	Kwai	練	Lín	米	Mai	蒙	Mung
江	Kong	關	Kwán	凌	Ling	麥	Mak	能	Nang

鈕	Nau	賁	Pan	僕	Puk	成	Shing	戴	Tai
吳	'Ng	班	Pán	濮	Puk	盛	Shing	談	T'ám
伍	'Ng	彭	P'áng	暴	Puk	韶	Shiú	譚	T'ám
危	Ngai	畢	Pat	潘	P'ún	邵	Shiú	鄧	Tang
倪	Ngai	包	Páu	蓬	P'ung	舒	Shü	滕	T'ang
羿	Ngai	鮑	Páu	辛	San	殳	Shü	沓	Táp
魏	Ngai	皮	P'í	莘	San	水	Shui	鈄	Tau
艾	Ngái	邊	Pín	薩	Sát	帥	Shui	竇	Tau
顏	Ngán	卞	Pín	相	Séung	先	Sín	狄	Tik
牛	Ngau	弁	Pín	沙	Shá	薛	Sít	田	T'ín
敖	Ngò	邴	Ping	岑	Sham	蕭	Siú	丁	Ting
鄂	Ngok	并	Ping	沈	Sham	索	Sok	刁	Tiú
樂	Ngok	平	P'ing	申	Shan	桑	Song	都	Tò
年	Nín	別	Pít	愼	Shan	蘇	Sú	堵	Tò
甯	Ning	布	Pò	山	Shán	須	Sü	杜	Tò
聶	Níp	步	Pò	壽	Shau	胥	Sü	屠	T'ò
那	No	暴	Pò	佘	Shé	宿	Suk	涂	T'ò
農	Nung	蒲	P'ò	雙	Shéung	荀	Sun	陶	T'ò
柯	O	浦	P'o	常	Shéung	孫	Sün	邰	T'oi
闞	Òm	薄	Pok	尙	Shéung	宣	Sün	党	Tong
安	On	龐	P'ong	施	Shí	宋	Sung	湯	T'ong
巴	Pá	貝	Púi	時	Shí	司	Sz'	唐	T'ong
栢	Pák	裴	P'úi	石	Shik	師	Sz'	齊	Ts'ai
白	Pák	卜	Puk	單	Shín	史	Sz'	昝	Tsán

曾	Tsang	宗	Tsung	桓	Ún	王	Wong	翁	Yung
習	Tsáp	松	Ts'ung	元	Ün	黄	Wong	雍	Yung
漆	Ts'at	從	Ts'ung	源	Ün	皇	Wong	融	Yung
鄒	Tsau	訾	Ts'z	袁	Ün	陰	Yam	戎	Yung
秋	Ts'au	段	Tün	阮	Ün	任	Yam	容	Yung
謝	Tsé	東	Tung	越	Üt	甄	Yan		
蔣	Tséung	董	Tung	華	Wá	殷	Yan		
席	Tsik	通	T'ung	韋	Wai	印	Yan		
籍	Tsik	童	T'ung	蔚	Wai	邱	Yau		
戚	Ts'ik	烏	Ú	惠	Wai	尤	Yau		
錢	Ts'ín	胡	Ú	衛	Wai	游	Yau		
井	Tsing	鄔	Ú	隗	Wái	羊	Yéung		
焦	Tsiú	扈	Ú	懷	Wái	楊	Yéung		
左	Tso	于	Ü	溫	Wan	仰	Yéung		
祖	Tsò	於	Ü	雲	Wan	養	Yéung		
曹	Ts'ò	余	Ü	尹	Wan	益	Yik		
宰	Tsoi	魚	Ü	宦	Wán	易	Yik		
蔡	Ts'oi	茹	Ü	弘	Wang	英	Ying		
臧	Tsong	庾	Ü	屈	Wat	刑	Ying		
蒼	Ts'ong	俞	Ü	鬱	Wat	邢	Ying		
徐	Ts'ü	虞	Ü	滑	Wát	應	Ying		
崔	Ts'űi	禹	Ü	榮	Wing	芮	Yui		
秦	Ts'un	喻	Ü	和	Wo	沃	Yuk		
全	Ts'ün	御	Ü	汪	Wong	郁	Yuk		

海上絲綢之路文獻集成　科技與文化編

LIST OF
THE 雙姓 SHÉUNG SING,
OR
DOUBLE SURNAMES OF THE CHINESE.

歐陽	Au-yéung	公羊	Kung-yéung	司空	Sz'-hung
長孫	Ch'éung-sün	令狐	Ling-ü	司馬	Sz'-má
諸葛	Chü-kot	聞人	Man-yan	司徒	Sz'-t'ò
鍾離	Chung-lí	万俟	Mak-k'í	大叔	Tái-shuk
仲孫	Chung-sün	慕容	Mò-yung	澹臺	T'ám-t'oi
夏侯	Há-hau	濮陽	Puk-yéung	宗政	Tsung-ching
赫連	Hak-lín	申屠	Shan-t'ò	東方	Tung-fong
軒轅	Hín-ün	上官	Shéung-kün	宇文	Ü-man
公冶	Kung-yé	單于	Shín-ü	尉遲	Wat-ch'í
公孫	Kung-sün	淳于	Shun-ü	皇甫	Wong-fú

LIST OF THE 214 RADICALS,

FOUND IN KÁNGHÍ'S DICTIONARY,

WITH THEIR SOUNDS AND MEANINGS.

The letter C. attached to some of the Radicals denotes that they are generally used in combination; the contracted forms given others of them are always found in combination.

Radical	No. and Sound	Meaning
	RADICALS formed with 1 Stroke.	
一	1. Yat.	One; unity.
丨	2. Kw'an. C.	To pass thro'
丶	3. Chü. C.	A point.
丿	4. P'ít. C.	A left stroke.
乙	5. Üt.	One, curved.
亅	6. Küt. C.	Hooked.
二	**2 Strokes.**	
二	7. Í.	Two.
亠	8. T'au. C.	A cover.
人 亻	9. Yan.	Man.
儿	10. Yan. C.	A man.
入	11. Yap.	To enter.
八	12. Pát.	Eight.
冂	13. Kwing.	A limit. C.
冖	14. Mik. C.	To cover.
冫	15. Ping. C.	Ice; cold.
几	16. Kí. Í. C.	A bench.
凵	17. Hòm. C.	A receptacle.
刀 刂	18. Tò.	A knife.
力	19. Lik.	Strength.
勹	20 Páu. C.	To infold.
匕	21. Pí. C.	A spoon.
匚	22. Fong. C.	A chest.
匸	23. Hai. C.	To conceal.
十	24. Shap.	Ten.
卜	25. Puk.	To divine.
卩 㔾	26. Tsit. C.	A seal.
厂	27. Hon. C.	A shelter.
厶	28. Mau. C.	Deflected.
又	29. Yau.	Moreover.
三	**3 Strokes.**	
口	30. Hau.	The mouth.
囗	31. Üi.	To inclose.
土	32. T'ò.	Ground, earth
士	33. Sz'.	A scholar.
夂	34. Chí. C.	To follow.
夊	35. Shui. C.	Walk slowly.
夕	36. Tsik.	Evening.
大	37. Tái.	Large.
女	38. Nü.	Female.
子	39. Tsz'.	A child.
宀	40. Min. C.	A cover.
寸	41. Ts'üe.	An inch.
小	42. Siú.	Small.
尢 尣 兀	43. Wong.	Distorted; lame.
尸	44. Shí.	A corpse.
屮	45. Ch'ít.	A sprout. C.
山	46. Shán.	A mountain.

巛 川 巜 47. Ch‘ün. A stream.

工 48. Kung. Work.

己 49. Kí. One's self.

巾 50. Kan. A napkin.

干 51. Kon. A shield.

幺 52. Iú. C. Small.

广 53. I'm. C. Shelter; roof.

廴 54. Yan. C. A journey.

廾 55. Kung. C. To join hands

弋 56. Yik. An arrow.

弓 57. Kung. A bow.

彐 彑 58. Kai. C. A swine's head.

彡 59 Shám. C. Feathers, hair

彳 60. Ch‘ik. C. A short step.

4 Strokes.

心 忄 㣺 61 Sam. The heart.

戈 62. Kwo. A spear.

戶 63. Ú. A door.

手 扌 64. Shau. A hand.

支 65. Chí. A branch.

攴 攵 66. P‘ok. C. A blow.

文 67. Man. Letters.

斗 68. Tau. A measure.

斤 69. Kan. A catty.

方 70. Fong. Square.

旡 无 71. Mò. C. Without.

日 72. Yat. The sun.

曰 73. Üt. To speak.

月 74. Üt. The moon.

木 75. Muk. Wood.

欠 76. Hím. To owe.

止 77. Chí. To stop.

歹 歺 78. Tái. Evil.

殳 79. Shü. C. Weapons.

毋 80. Mò. Do not.

比 81. Pí. To compare.

毛 82. Mò. Hair.

氏 83. Shí. A family.

气 84. Hí. C. Breath.

水 氵 氺 85. Shui. Water.

火 灬 86. Fo. Fire.

爪 爫 87. Ch‘áu. Claws.

父 88. Fú. A father.

爻 89. Ngáu. C. To imitate.

爿 90. Ch‘ong. A couch. C.

片 91. P‘ín. A splinter.

牙 92. Ngá. Teeth.

牛 93. Ngau. A cow.

犬 犭 94. Hün. A dog.

5 Strokes.

玄 95. Ün. Sombre.

玉 王 96. Yuk. A gem.

瓜 97. Kwá. A melon.

瓦 98. Ngá. Earthen.

甘 99. Kòm. Sweet.

生 100. Shang. To produce.

用 101. Yung. To use.

田 102. T‘ín. A field.

疋 103. P‘at. A roll, a piece

疒 104. Nik. C. Diseased.

癶 105. Püt. C. To separate.

白 106. Pák. White.

皮 107. P‘í. Skin.

皿 108. Ming. A dish.

目 罒 109. Muk. The eye.

矛 110. Máu. A spear.

矢 111. Ch‘í. An arrow.

石 112. Shek. A stone

示 礻 113. Shí. To admonish.

禸 114. Yau. C. To creep.

禾 115. Wo. Grain.

穴 116. Üt. A cave.

立 117. Lap. To stand up.

6 Strokes.

竹 118. Chuk. Bamboo.

米 119. Mai. Rice.

糸 120. Sz. C. Silk.

缶 121. Fau. Crockery.

网 罒 冗 } 122. Mong. A net.

羊 123. Yéung. A sheep.

羽 124. Ü. Wings.

老 125. Lò. Aged.

而 126. I'. And, still.

耒 127. Loi. A plough.

耳 128. I'. An ear.

聿 129. Lut. A pencil. C.

肉 月 } 130. Yuk. Flesh.

臣 131. Shan. A minister.

自 132. Tsz'. Self; from.

至 133. Chí. To extend to.

臼 134. K'au. A mortar.

舌 135. Shít. The tongue.

舛 136. Ch'ün. Error.

舟 137. Chau. A boat.

艮 138. Kan. Perverse. C.

色 139. Shik. Color.

艸 卄 } 140. Ts'ò. Shrubs.

虍 141. Fú. A tiger.

虫 142. Ch'ung. Reptiles.

血 143. Hüt. Blood.

行 144. Hang. To walk; do.

衣 衤 } 145. I'. Clothing.

襾 西 } 146. Há. To oversee, west.

7 Strokes.

見 147. Kín. To see.

角 148. Kok. A horn.

言 149. I'n. Words.

谷 150. Kuk. A valley.

豆 151. Tau. Pulse.

豕 152. Ch'í. Swine.

豸 153. Ch'í. Reptiles.

貝 154. Púi. Pearls.

赤 155. Ch'ik. Flesh color.

走 156. Tsau. To run.

足 157. Tsuk. The foot.

身 158. Shan. The body.

車 159. Kü. A carriage.

辛 160. San. Bitter.

辰 161. Shan. Time.

辵 辶 } 162. C. Ch'éuk. Motion.

邑 阝 } 163. Yap. A city. Placed on the right.

酉 164. Yau. Spirits.

釆 165. Pín. C. To separate.

里 166. Lí. A mile.

8 Strokes.

金 167. Kam. Metal.

長 镸 } 168. Ch'éung. Long, old.

門 169. Mún. A door.

阜 阝 } 170. Fau. C. A mound. Placed on the left.

隶 171. Toi. C. To extend to.

隹 172. Chui. Fowls. C.

雨 173. Ü. Rain.

青 174. Ts'ing. Green, azure.

非 175. Fí. Not; wrong.

9 Strokes.

面 176. Mín. The face.

革 177. Kák. Skin, hide.

韋 178. Wai. To oppose.

韭 179. Kau. Leeks.

音 180. Yam. Sound.

頁 181. I'p. The head.

風 182. Fung. Wind.

飛 183. Fí. To fly.

食 184. Shik. To eat.

首 185. Shau. The head.

香 186. Héung. Incense.

10 Strokes.

馬 187. Má. A horse.

骨 188. Kwat. Bones.	鳥 196. Niú. A bird.	黹 204. Chí. To embroider	齊 210. Ts'ai. Even, correct
高 189. Kò. High.	鹵 197. Lò. Salt.	**13 Strokes.**	**15 Strokes.**
髟 190. Piú. Long hair.	鹿 198. Luk. A deer.	黽 205. Mín. A frog.	齒 211. Ch'í. The teeth.
鬥 191. Tau. To quarrel.	麥 199. Mak. Wheat.	鼎 206. Ting. A tripod.	**16 Strokes.**
鬯 192. Ch'éung A pant.	麻 200. Má. Hemp.	鼓 207. Kú. A drum.	龍 212. Lung. A dragon.
鬲 193. Lik. A tripod, urn	**12 Strokes.**	鼠 208. Shü. A mouse.	龜 213. Kwai. A tortoise.
鬼 194. Kwai. A demon.	黃 201. Wong. Yellow.	**14 Strokes.**	**17 Strokes.**
11 Strokes.	黍 202. Shü. Millet.	鼻 209. Pí. The nose.	龠 214. Yéuk. A flute.
魚 195. Ü. Fish.	黑 203. Hak. Black.		

The groups of characters under most of these radicals naturally refer to the leading idea; about one-third of them are more arbitrary, a large part of the characters under them having no reference to their radical. Those of the latter sort are usually primitives, of which there are about 1700 in the whole language. The selection of radicals is quite modern, and might be improved; but having come into general use, it would be more difficult to introduce a new one than is to learn the difficulties of this. The radicals are here further arranged into something like natural groups.

Parts of bodies.—Body, corpse, head, hair, down, whiskers, face, eye, ear, nose, mouth, teeth, tusk, tongue, hand, heart, foot, hide, leather, skin, wings, feathers, blood, flesh, talons, horn, bones.

Zoological radicals.—Man, woman, child; horse, sheep, tiger, dog, ox, hog, hog's head, deer; tortoise, dragon, reptile, mouse, toad; bird, gallinaceous fowls; fish; insect.

Botanical.—Herb, grain, rice, wheat, millet, hemp, leeks, melon, pulse, bamboo, sacrificial herb; wood, branch, sprout, petal.

Mineral.—Metal, stone, gems, salt, earth.

Meteorological.—Rain, wind, fire, water, icicle, vapor, sound; sun, moon, evening; time.

Utensils.—A chest, a measure, a mortar, spoon, knife, bench, couch, clothes, crockery, tiles, dishes, napkin, net, plough, vase, tripod, boat, carriage, pencil; bow, halberd, arrow, dart, ax, musical reed, drum, seal.

Qualities.—color; black, white, yellow, azure, carnation, sombre high, long, sweet, square, large, small, slender, old, fragrant, acrid, perverse, base, opposed.

Actions.—To enter, to follow, to walk slowly, to arrive at, to stride, to walk, to reach to, to touch, to stop, to fly, to overspread, to envelop, to encircle, to establish, to overshadow, to adjust, to distinguish, to divine, to see, to eat, to speak, to kill, to fight, to oppose, to stop, to embroider, to owe, to compare, to imitate, to bring forth, to use, to promulge.

Parts of the world and dwellings; figures; miscellaneous.—A desert, cave, field, den, mound, hill, valley, rivulet, cliff, retreat. A city; roof, gate, door, portico. One, two, eight, ten. Demon. An inch, a mile. Without, not, false. A scholar, statesman, letters; art, wealth; motion; self, myself, father; a point; wine; silk; joined hands; a long journey; print of a bear's foot; a surname; a classifier of cloth.

INDEX TO THE CHARACTERS

IN THE FAN WAN.

In this Index, the characters under each radical having the same number of strokes, are arranged alphabetically, in order to facilitate reference to them as much as possible. A very few, which are printed in italics, are found only in the Appendix. Where a character has two sounds in the same tone, it is not repeated. Contractions of common characters are placed under the radical most prominent in them, and not with the full form.

英華分韻撮要

乙 Üt	亅 Küt	二 Í	亠 T'au	人 Yan	5 乙
九 Kau	了 Líú	于 Ü	亡 Mong	2	6 亅
乜 Mat	3	亐 Ü	亢 K'ong	仄 Chak	7 二
乞 Hat	予 Ü	2	4	仇 Ch'au, K'au	8 亠
也 Yá	予 Ü	五 'Ng	亥 Hoi	仆 Fú, *P'ok*	9 人
乩 *Kí*	7	井 Tsing	交 Káu	介 Kái	
6	事 Sz'	互 Ú	亦 Yik	今 Kam	
乱 Lün		云 Wan	亨 Hang	什 Shap	
乸 Man		4	6	仃 Ting	
乳 Ü		亙 Kang	享 Héung	仁 Yan	
亀 Kwai		况 Fong	京 King	仍 Ying	
10		些 Sé	亮 Léung	3	
乾 K'ín		亞 Á	亭 T'ing	仗 Chéung	
乾 乾 } Kon		亟 Kik	亳 Pok	付 Fú	
12			亶 T'án	以 Í	
亂 Lün			亹 Mí	令 Ling	
			亹 Mún	仡 Ngat	
				仙 Sín	
				仕 Sz'	
				他 T'á	
				他 T'o	
				代 Toi	
				仔 Tsai, Tsz'	
				仝 T'ung	
				仞 Yan	
				4	
				仲 Chung	

9 人亻

份 Fan	佢 K'ü	佌 Ts'z	併 Ping	俚 Lí
伐 Fat	估 Kú	似 Ts'z'	佩 P'úi	俐 Lí
伙 Fo	伶 Ling	佟 T'ung	侁 San	侶 Lü
伏 Fuk	你 Ní	余 Ü	使 Shai Sz'	俛 Mín
伊 Í	佞 Ning	位 Wai	使 Sz'	侮 Mò
价 Kái	伮 *Nò*	佚 Yat	侍 Shí	俄 Ngo
伋 K'ap	伯 Pá	佑 Yau	佻 T'iú	便 Pín
伎 Kí	伯 Pák	6 侜 Chau	佽 Ts'z'	便 P'ín
企 K'í	佖 Pí	侈 Ch'í	侗 T'ung	保 Pò
件 Kín	伾 Pí	侏 Chü	佾 Yat	信 Sun
伉 K'ong	伻 P'ing	侃 Hon	侑 Yau	侵 Ts'am
仵 'Ng	佈 Pò	依 Í	佯 Yéung	俏 Ts'iú
伍 'Ng	伴 Pún	佳 Kái	侀 Ying	俗 Tsuk
仳 P'í	伸 Shan	佶 Kat	7 侲 Chan	促 Ts'uk
任 Yam	佘 Shé	侅 *Koi*	俎 Cho	俊 Tsun
休 Yau	低 Tai	供 Kung	俘 Fú	俟 Tsz'
仰 Yéung	体 T'ai	佸 K'út	俛 *Fú*	俁 Ü
5 佔 Chím	但 Tán	侐 Kwik	係 Hai	俑 Yung
住 Chü	佃 Tín	例 Lai	俠 Háp	8 倀 Ch'áng
佇 Ch'ü	佗 T'o	佬 Lò	俙 Hí	倬 Ch'euk
佛 Fat	佐 Tso	來 Loi	俔 I'n	倡 Ch'éung
何 Ho	作 Tsok	侔 Mau	俅 K'au	値 Chí
伽 K'é	伺 Tsz'	佰 Pák	俓 King	値 Chik

英華分韻撮要

9 人 亻

倣	Fong	修	Sau	偪	Pik	傾	K'ing	僝	Shán
俯	Fú	倏	Shuk	偏	P'ín	僂	Lau	僎	Sün
俸	Fung	俶	Shuk	偲	Sz'	僇	Luk	[illegible]	Sz'
倖	Hang	倩	Sín	[illegible]	Tat	僈	Mán	僤	T'án
侯	Hau	倳	Sz'	偷	T'au	傲	Ngò	像	Tséung
倥	Hung	倜	T'ik	停	T'ing	備	Pí	僭	Ts'ím
倚	Í	倒	Tò	偢	Ts'au	傷	Shéung	僮	T'ung
倃	Kaú Nau	倘	T'ong	做	Tsò	僊	Sín	13	
個	Ko	借	Tsé	偎	Wai	僉	Ts'ím	儃	Chín
俱	Kü	倩	Ts'ín	偉	Wai	催	Ts'üi	儇	Hün
倨	Kü	倉	Ts'ong	10		傭	Yung	儀	Í
倌	Kún	倭	Wo	傀	Fái	12		價	Ká
倦	Kün	9		傅	Fú	僨	Fan	僵	Kéung
倔	Kwat	側	Chak	傚	Háu	僩	Hán	儉	Kím
倆	Léung	偵	Ching	傑	Kít	僛	Hí	儆	King
倫	Lun	候	Hau	傍	P'ong	僖	Hí	儈	Kúi
們	Mún	偃	I'n	傘	Sán	僥	Iú	儂	Nung
倪	Ngai	假	Ká	傁	Sau	僑	K'iú	僾	Oi
俳	P'ái	假	Ká	傏	T'ong	僱	Kú	僻	P'ik
俾	Pí	偈	Kai	傞	Ts'o	僚	Liú	儋	Tám
俻	Pí	偕	Kái	11		僯	Lun	僽	Tsau
倍	Púi	健	Kín	債	Chái	僞	Ngai	儎	Tsoi
倍	P'úi	偈	K'ít	傳	Chün	僕	Puk	儁	Tsun
		偶	Ngau	傳	Ch'ün	僧	Sang	儇	Wán
				僅	Kan				

英華分韻撮要

25 卜 | 26 卩 㔾 | 27 厂 | 28 厶 | 29 又

卜 Puk	卩 Tsít	厂 Hon	厶 Mau	又 Yau
卞 Pín	卬 Ngong	2 厄 Ak	2 厹 K'au	叉 Ch'á
3 占 Chím	3 卮 Chí	6 厓 Ngái	3 去 Hü	2 反 Fán
占 Chím	卭 K'ung	7 厚 Hau	去 Hü	及 K'ap
卡 Ká	卯 Máu	厘 Lí	叁 Sám	収 Shau
5 卣 Yau	4 危 Ngai	厐 P'ong	9 參 Sham Ts'ám	双 Shéung
6 卦 Kwá	印 Yan	8 厝 Ts'ò	10 叅 Ts'ám	友 Yau
	5 却 K'éuk	原 ün		6 受 Shau
	卵 Lun	9 厠 Ts'z'		叔 Shuk
	卲 Shiú	10 厨 Ch'ü		取 Ts'ü
	6 卺 Kan	厦 Há		7 叛 Pún
	卷 Kün	厥 Küt		叙 Tsü
	卸 Sé	11 厩 Kau		8 叟 Sau
	卹 Sut	12 厭 Ím		11 叠 Típ
	7 郤 K'éuk	厮 Sz'		叡 Yui
	卼 Ngat	13 厲 Lai		16 叢 Ts'ung
	即 Tsik			
	9 卿 Hing			

30
口

咽	Ít	唉	É	唐	T'ong	商	Shéung	喜	Hí
咳	K'at	哼	Hang	員	Ün	啐	Sui	喝	Hot
咯	Lok	哮	Háu	唈	Yap	啐	Tsüt	喧	Hün
嗶	Lut	唅	Hòm Ngam	啞	Á 8	啗	Tám	喓	Iú
咩	Mai	哭	Huk	唵	Am	啖	Tám	喈	Kái
咪	Mai	唁	Ín	啁	Cháu	啄	Téuk	喬	K'iú
咻	Mí	哥	Ko	啻	Chí	啄	Téung	喇	Lá
咬	Ngáu	呤	Lang	唱	Ch'éung	唾	T'o	喀	Lák
咢	Ngok	哩	Lé	啍	Chun	啋	Ts'oi	喃	Nám
哀	Oi	唎	Lé	啜	Chüt	唯	Wai	喭	Ngon
品	Pan	唎	Lí	唲	Í	惟	Wai	喑	Òm
咲	Siú	哢	Lung	啓	K'ai	唫	Yam	嗄	Shá
哋	Tí	唔	'M	啩	Kwá	啫	Ché 9	嘗	Shéung
咷	T'ò	哶	Mé	啉	Lam	啻	Ch'í	單	Shín
咱	Tsá	哦	Ngo	啀	Lui	喆	Chít	善	Shín
哉	Tsoi	哿	O	啯	Lun	喘	Ch'ün	喪	Song
咨	Tsz'	唉	Oi	問	Man	喚	Fún	喪	Song
哇	Wá	唄	Pái	啮	Mang	嘏	Há	啼	T'ai
咼	Wá	哺	Pò	啎	'Ng	喺	Hai	單	Tán
咻	Yau	哨	Sháu	啱	Ngám	嘁	Hám	喋	Típ
哽	Ang 7	嗽	Shok	啤	Pé	喊	Hám	啾	Tsau
哲	Chit	唇	Shun	唪	Pung	喊	Hòm	喞	Tsik
咀	Ch'o	唆	So	售	Shau	喉	Hau	喩	Ü

英華分韻撮要

30 口

32 土

英華分韻撮要

英華分韻撮要

38 女

女 Nü Ü	5 始 Ch'í	姣 Káu	娼 Ch'éung	10 媸 Ch'í
2 奶 Nái Nan	妯 Chuk	姜 Kéung	婚 Fan	嫌 Ím
奶 Nái	姑 Kú	姬 Kí	婦 Fú	嫁 Ká
奴 Nò	姆 Mò	姱 Kw'á	婪 Lám	媾 Kau
3 奼 Ch'á	妹 Múi	娿 Ngo	婁 Lau	媿 Kw'ai
妁 Chéuk	妹 Múi	姿 Tsz'	婐 Lo	媽 Má
妃 Fí	妳 Nái	娃 Wá	婀 O	媽 Má
好 Hò	妮 Ní	威 Wai	婢 P'í	媺 Mí
好 Hò	妸 O	姻 Yan	婆 P'o	嫐 Nat
奸 Kán	姍 Shán	娀 Yung	婕 Tsít	嫋 Niú
妄 Mong	姓 Sing	7 娸 Kí	娶 Ts'ü	媼 Ò
如 Ü	妲 T'án	娟 Kün	婉 Ün	媲 P'í
4 妝 Chong	妬 Tò	娌 Lí	婬 Yam	媳 Sik
妨 Fong	妻 Ts'ai	娘 Néung	9 媚 Mí	嫂 Sò
妍 Ín	姐 Tsé	娥 Ngo	媢 Mò	嫉 Tsat
妖 Íú	妾 Ts'íp	娜 No	媒 Múi	嫄 Ün
妓 Kí	姊 Tsz'	娉 P'ing	婿 Sai	媪 Wan
妗 K'am	姒 Ts'z'	娑 So	媟 Sít	11 嫜 Chéung
妙 Míú	委 Wai	娣 T'ai	嫂 Sò	嫣 Ín
妣 Pí	6 姪 Chat	娛 Ü	媞 T'ai	嫠 Lí
妥 T'o	姨 Í	娩 Wán	婷 T'ing	嫚 Mán
妒 Tò	姸 Ín	娠 Yan	媛 Ün	嫫 Mò
妤 Ü	姦 Kán	8 婭 Á	媧 Wo	嫩 Nün
妊 Yam				

50 巾

巾 Kan
布 Pò
市 Shí
3
帆 Fán
4
帋 Chí
希 Hí
帊 P'á
5
帚 Chau
帘 Lím
帑 Nò
帑 T'ong
帕 P'á
帛 Pák
帖 T'íp
帙 Tít
6
[illegible] Shik
帥 Shui
帥 Sut
帝 Tai
7
帪 Chan
[illegible] Lí
師 Sz'
席 Tsik
帨 Tui

8
帳 Chéung
[illegible] Ch'éung
帲 P'ing
常 Shéung
帶 Tai
帷 Wai
9
幄 Ak
幅 Fuk
帽 Mò
幇 Pong
幃 Wai
10
幌 *Fong*
[illegible] Lím
11
幗 Kwok
幔 Mán
幕 Mok
幘 Tsik
12
幟 Ch'í
幢 Chong
幡 Fán
幣 Pai
幞 Puk
[illegible] T'ong

13
幨 Chím
幩 Fan
14
幬 Ch'au
幪 Mung
幫 Pong
幰 *Hin*

51 干

干 Kon
平 P'ing
3
幵 Kín
年 Nín
5
幸 Hang
幷 Ping
10
幹 Kon

52 幺

幺 Iú
幻 Wán
幼 Yau
6
幽 Yau
兹 Tsz'
9
幾 Kí
幾 Kí

英華分韻撮要

海上絲綢之路文獻集成　科技與文化編

61
心 忄 ⺗

恌	T'iú	悤	Ts'ung	悲	Pí	愞	No	愾	Hí / K'oi
恓	Ts'ai	悅	Üt	惜	Sik	惱	Nò	慊	Híp
恣	Ts'z'	患	Wán	悴	Sui	愛	Oi	愷	Hoi
恫	T'ung	悒	Yap	悳	Tak	愊	Pik	愮	Ió
恚	Wai	悠	Yau	惕	T'ik	惼	Pín	愧	Kw'ai
恁	Yam	8 惆	Ch'au	9 㥏	T'ín	想	Séung	慄	Lut
恩	Yan	悵	Chéung	悼	Tò	愁	Shau	慎	Shan
恙	Yéung	懲	Ch'ing	悽	Ts'ai	愀	Ts'au	慅	Sò
7 悝	Fúi	惛	Fan	情	Ts'ing	惺	Sing	愬	Sú
悔	Fúi	惚	Fat	悰	Tsung	惺	Sing	愫	Sú
悍	Hon	悱	Fí	惇	Tun	愢	Soi	態	T'ái
悈	Kái	悻	Hang	惟	Wai	惰	To	慆	T'ò
悁	Kün	悾	Hung	惠	Wai	愉	Ü	慈	Ts'z'
悃	Kw'an	㤿	Ím	惑	Wák	愚	Ü	愿	Ün
悋	Lun	惎	Kí	惻	Ch'ak	愈	Ü	慍	Wan
悞	'Ng	惧	Kü	惴	Ch'ui	愠	Wan	慍	Wan
悟	'Ng	惓	K'ün	愆	Hín	惲	Wan	慇	Yan
悖	Púi	悸	Kwai	愜	Híp	惶	Wong	慂	Yung
悉	Sik	惘	Mong	意	Í	愔	Yam	11 慞	Chéung
悛	Sün	悶	Mún	感	Kòm	惹	Yé	慴	Chíp
悚	Sung	惄	Nik	愍	Man	10 愴	Ch'ong	慳	Hán
悌	Tai	惡	Ok	愐	Mín	慉	Ch'uk	憙	Hí
悄	Ts'iú	惡	Ó	愕	Ngok	慌	Fong	慶	Hing

英華分韻撮要

64 手

64 手

64 手
65 支
66 攴攵

英華分韻撮要

英華分韻撮要

75 木

杻	Nau
杷	P'á
板	Pán
枇	P'í
杯	Púi
析	Sik
杙	Tak
枓	Tan
松	Ts'ung
柹	Ts'z'
東	Tung
枉	Wong
5	
查	Ch'á
柴	Ch'ái
柵	Ch'ák
枳	Chat
柘	Ché
枳	Chí
柂	Ch'í
柱	Ch'ü
柷	Chuk
枹	Fú
柎	Fú
枯	Fú
柙	Háp
枵	Hiú
染	Ím
枷	Ká
架	Ká
柬	Kán
枸	Kau
柩	Kau
柑	Kòm
柧	Kú
枴	Kwái
4	
柳	Lau
某	Mau
柅	Nik
柰	Noi
柯	O
柏	Pák
柄	Ping
枰	P'ing
枲	Sai
柢	Tai
柁	T'o
枱	T'oi
柝	T'ok
柒	Ts'at
柞	Tsok
枻	Yai
柚	Yau
柔	Yau
6	
桎	Chat
株	Chü
桁	Háng
核	Hat Wat
栲	Háu
校	Káu
校	Káu
栩	Hü
栘	Í
栭	Í
枅	Kai
格	Kák
根	Kan
桔	Kat
桕	K'au
桀	Kít
栱	Kung
桂	Kwai
桄	Kwong
栵	Lai
栗	Lut
案	On
栢	Pák
栻	Shik
桑	Song
栒	Sun
桃	T'ò
栖	Ts'ai
栽	Tsoi
桐	T'ung
桓	Ün
桅	Wai
7	
梔	Chí
棁	Chüt
梵	Fán
桴	Fú
械	Hái
梟	Hiú
梗	Kang
梂	K'au
桷	Kok
梏	Kuk
梁	Léung
梨	Lí
梩	Lí
桹	Long
杧	Mong
梅	Múi
梧	'Ng
梹	Pan
梆	Pong
棓	Púi
梖	Púi
槮	Sán
桬	Shá
梢	Sháu
梳	Sho
梭	So
梯	T'ai
梃	T'ing
條	T'iú
梌	T'ò

75 木

梓 Tsz'
桶 T'ung
梛 Yé
梲 Yui
8
棧 Chán
棖 Ch'án
棦 Chang
椆 Ch'au
棹 Cháu
棹 Chéuk
植 Chik
椎 Ch'ui
棼 Fan
棻 Fan
棑 Fí
椷 Hám
棄 Hí
棬 Hün
椅 í
棨 K'ai
棋 K'í
棘 Kik
椐 Kü

椇 Kü
棺 Kún
棍 Kwan
椁 Kwok
棱 Ling
棉 Mín
棒 Páng
棚 P'áng
森 Sham
棣 Tai
椓 Téuk
棠 T'ong
棲 Ts'ai
棷 Tsau
椒 Tsiú
棗 Tsò
棌 Ts'oi
棕 Tsung
棟 Tung
椀 ún
9
椹 Cham
楨 Ching
楚 Ch'o

楮 Ch'ü
椿 Ch'un
楅 Fuk
楓 Fung
椸 í
業 íp
楷 K'ái
椷 Kám
極 Kik
楝 Lín
楞 Ling
楣 Mí
楘 Muk
楠 Nám
楈 Shü
楒 Sz'
楪 Típ
楫 Tsíp
椶 Tsung
楯 T'un
楰 Ü
榆 Ü
椳 Úi

榞 Ün
椰 Yé
楊 Yéung
楹 Ying
10
榨 Chá
槎 Ch'á
槌 Ch'ui
榧 Fí
構 Kau
槁 Kò
榷 K'ok
榴 Lau
榔 Long
槓 Lung
榜 Pong
槃 P'ún
槊 Shok
樹 Shü
榱 Shui
榫 Sun
榻 T'áp
榭 Tsé
槍 Ts'éung

榛 Tsun
槐 Wái
榮 Wing
榕 Yung
11
樝 Chá
樜 Ché
樟 Chéung
樁 Chong
樞 Ch'ü
槿 Kan
樛 Kau
槪 K'oi
樓 Lau
樑 Léung
樂 Lok, Ngok
樂 Ngáu
模 Mò
㮿 Pat
標 Piú
樖 P'o
樨 Sai
槮 Sham
樗 Shü

英華分韻撮要

英華分韻撮要

80 毋	81 比	82 毛	83 氏	84 气
毌 Mò	比 Pí	毛 Mò	氏 Shí	气 Hí
毋 Mò	2 比 Pí	5 毡 Chín	1 民 Man	4 氛 Fan
3 每 Múi	5 毖 Pí	6 毨 Sín	氐 Tai	6 氣 Hí
4 毑 Ná	毗 P'í	7 毫 Hò	4 氓 Man	氤 Yan
毒 Tuk	13 毚 Ts'ám	毬 K'au		9 氳 Wan
9 毓 Yuk		8 毯 T'án		
		毳 Ts'ui		
		9 毼 Hot		
		毸 Soi		
		12 氄 Yung		
		13 氈 Chín		

85 水 氵 氺

水 Shui				
氹 T'am	沖 Ch'ung	5 治 Chí	泌 Pí	泱 Yéung
永 Wing	汾 Fan	沾 Chím	泙 P'ing	6 洽 Ap Háp
汁 Chap	沂 Í	沼 Chiú	波 Po	洲 Chau
氾 Fán	汲 K'ap	注 Chü	泊 Pok	洙 Chü
求 K'au	決 Küt	沸 Fai	泮 P'ún	洧 Fúi
汀 T'ing	汩 Kwat	沷 *Fát*	泄 Shíp Sít	洶 Hung
3 汊 Ch'á	汶 Man	泛 Fán	泄 Yai	洪 Hung
池 Ch'í	沕 Mat	沨 Fung	泝 Sò	洢 Í
汎 Fán	沔 Mín	法 Fát	泗 Sz'	洏 Í
汗 Hon	沐 Muk	況 Fong	泰 T'ái	洟 Í
汞 Hung	沒 Mút	河 Ho	沱 T'o	洎 Kí
江 Kong	汴 Pín	泔 Kòm	泚 Ts'ai	汧 Kín
汕 Shán	沛 P'úi	沽 Kú	沮 Tsü	洚 Kong
汋 Shéuk	沙 Shá	泂 Kwing	沮 Tsü	洫 Kwik
汛 Sun	沈 Sham	泐 Lik	泉 Ts'ün	洸 Kwong
汐 Tsik	沓 Táp	泪 Lui	泀 Tsz'	洛 Lok
汜 Ts'z'	沗 T'ím	泯 Man	沿 Ün	派 P'ái
汚 Ú	沁 Tsam	沬 Múi	沇 Ün	洒 Sai Shá
汙 Ú	沌 Tun	沫 Mút	泳 Wing	洗 Sai
汝 Ü	沍 Ú	泥 Nai	泣 Yap	洩 Sít
4 沈 Ch'am	汪 Wong	泥 Ní	泆 Yat	洵 Sun
沉 Ch'am	汭 Yui	泡 P'áu	油 Yau	洊 Tsín
沚 Chí	沃 Yuk	泡 P'ò	泅 Yau	津 Tsun

英華分韻撮要

85 水 氵 氺

洞	Tung
洳	Ü
洄	Úi
洹	Ún
活	Út
洤	Yam
洋	Yéung
7	
浸	Cham
浙	Chít
涌	Ch'ung
浮	Fau
浩	Hò
海	Hoi
涇	King
涓	Kün
流	Lau
浰	Lí
浪	Long
浼	Múi
涅	Níp
浂	Oi
涘	Tsz'
浜	*Ping*
浦	Pò
浡	Put
涔	Sham
涉	Shíp
涎	Sín
消	Siú
涕	T'ai
涂	T'ò
浸	Tsam
浹	Tsíp
浚	Tsun
浣	Ún
涊	Yan
浥	Yap
浴	Yuk
8	
涽	Fan
淝	*Fí*
涵	Hám
淹	Ím
淇	K'í
涸	K'ok
淢	Kwik
淋	Lam
涼	Léung
淩	Ling
淚	Lui
淥	Luk
淪	Lun
淰	Nam
淖	Náu
涯	Ngái
淆	Ngáu
深	Sham
淑	Shuk
淳	Shun
淅	Sik
淬	Sui
淂	Tak
淡	Tám
涿	Téuk
添	T'ím
淟	T'ín
淘	T'ò
淒	Ts'ai
淺	Ts'ín
淨	Tsing
清	Ts'ing
淙	Tsung
淞	Ts'ung
淄	Tsz'
淤	Ü
淵	Ün
淮	Wái
混	Wan
淫	Yam
液	Yat
9	
渥	Ak
渣	Chá
測	Ch'ak
湛	Chám
湜	Chik
渚	Chü
渢	*Fung*
渴	Hot
渰	Ím
湝	Kái
減	Kám
港	Kong
渠	K'ü
渹	Kwang
渦	Kwo
湄	Mí
湎	Mín
渺	Miú
湆	Nap *Yap*
湃	*Pái*
湴	Pán
湘	Séung
湑	Sü
湉	T'ím
渟	T'ing
渫	Típ
渡	Tò
湯	T'ong
湫	Ts'au
湊	Ts'au
湔	Tsín
湍	T'un
湖	Ú
渝	Ü
渨	Úi
湲	Ún

85 水 氵 氺

湲 Ün	滂 P'ong	漢 Hon	漿 Tséung	潾 Lun
渭 Wai	溲 Sau	漪 Í	漸 Tsím	潏 Lut
湱 Wák	溼 Shap	演 Ín	漕 Ts'ò	潖 P'á
温 Wan	滕 T'ang	漑 K'oi	漼 Ts'ui	澎 P'áng
渾 Wan	滇 Tín	滾 Kw'an	漬 Tsz'	潘 P'ün
湟 Wong	滌 Tik	漏 Lau	漙 T'ün	潑 P'át
湮 Yan	滔 T'ò	漓 Lí	滸 Ü	潸 Shán
游 Yau	滄 Ts'ong	漣 Lín	漁 Ü	潺 Shán
湧 Yung	溱 Tsun	漉 Luk	漥 Wá	澍 Shü
10 滁 Ch'ü	滋 Tsz'	漫 Mán	滺 Yau	澌 Sz'
準 Chun	滓 Tsz'	漫 Mán	漾 Yéung	潭 T'ám
溪 K'ai	源 Ün	漠 Mok	12 澄 Ch'ing	潛 Ts'ím
溝 Kau	溷 Wan	滿 Mún	澈 Ch'ít	潛 Ts'ím
澗 Kán	滑 Wat	滮 Piú	潮 Ch'iú	潨 Ts'ung
滚 Kw'an	溢 Yat	漂 P'iú	潴 Chü	潼 T'ung
溜 Lau	溽 Yuk	滲 Sam	潰 Fúi	潢 Wong
溧 Lut	溶 Yung	滲 Sham	澗 Kán	潝 Yap
溦 Mí	11 漚 Au	漱 Sau	潔 Kít	潤 Yun
溟 Ming	滯 Chai	漘 Shun	澆 Kiú	13 澤 Chák
滅 Mít	漅 Ch'áu	漩 Sün	潏 Kut	濁 Chuk
溺 Nik	漳 Chéung	漯 T'áp	潦 Lò	濆 Fan
溺 Niú	漲 Chéung	滴 Tik	澇 Lò	濆 P'an
溥 P'ò	滹 Fú	漆 Ts'at	潞 Lò	澮 Fúi

激 Kik
澧 Lai
濂 Lím
濃 Nung Yung
澳 ò
濇 Shik
澶 Shín
澠 Shing
澹 Tám
濈 Ts'ap
澡 Tsò
澦 ü
澣 Ón
濊 Wai
濟 Yai
澭 Yung
14
濯 Chok
濠 Hò
濫 Lám
濛 Mung
濔 Ní
濘 Ning
濱 Pan

濮 Puk
濕 Shap
濡 Sü
濤 T'ò
濟 Tsai
潛 Ts'ím
濬 Tsun
濩 ó
濡 ü
濰 Wai
15
瀨 Lai
瀏 Lau
濼 Lok
濾 Lü
瀌 Piú
瀑 Puk
瀉 Sé
瀋 Sham
濺 Tsán Tsin
瀆 Tuk
瀁 Yéung
16
瀚 Hon
瀝 Lik Lek

瀘 Lò
瀧 Shéung
瀟 Siú
瀛 Ying
17
瀾 Lán
瀲 Lím
瀸 Ts'ím
瀹 Yéuk
瀼 Yéung
18
灌 Kún
灉 Yung
19
[illegible] Lo
灑 Shá
灘 T' n
灘 T'án
灒 Tsán
21
灝 Hò
灞 Pá
22
灣 Wán
24
灨 Kòm

火 Fo
灰 Fúi
灯 Tang
3
灼 Chéuk
灸 Kau
灵 Ling
灺 Tsé
灶 Tsò
灾 Tsoi
災 Tsoi
4
炒 Ch'áu
炙 Chik
炊 Ch'ui
炕 Hong
炎 Ím
炉 Lò
炤 Chiú
炷 Chü
炬 Kü
炯 Kwing
炰 P'áu
炮 P'au
炳 Ping
炭 T'án

点 Tím
炱 T'oi
6
烝 Ching
烜 Hün
烘 Hung
烘 Nung
烟 Ín
烈 Lít
烙 Lok
烕 Mít
烚 Shap
烖 Tsoi
烏 Ó
7
焄 Fan
烽 Fung
焉 Ín
焉 Ín
烹 P'ang
倏 Shuk
8
焚 Fan
然 Ín
焜 Kwan
無 Mò

Radical	Strokes	Character	Reading
88 父		父	Fú
	4	爸	Pá
	6	爹	Té
	9	爺	Yé
89 爻		爻	Ngáu
	7	爽	Shong
	10	爾	í
90 爿		爿	Ch'ong
	4	牀	Ch'ong
	6	牂	Tsong
	13	牆	Ts'éung
91 片		片	P'ín
	4	版	Pán
	8	牌	P'ái
	9	牒	Típ
	11	牕	Ch'éung
		牖	Yau
	15	牘	Tuk
92 牙		牙	Ngá

101 用

用 Yung
甪 Lat
甫 Fú / Pò
甬 Yung
甯 Ning 7

102 田

田 T'ín
甲 Káp
申 Shan
由 Yau
男 Nám
甸 Tín
町 Ting
画 Wá
甿 Man 3
畀 Pí
甾 Tsz'
畎 Hün 4
界 Kái
畊 Kang
畋 T'ín
畏 Wai
畇 Wan
畛 Ch'an 5
畜 Ch'uk
畚 Fán
留 Lau
畝 Mau
畔 Pún
畟 Tsik

畦 Kw'ai 6
畧 Léuk
略 Léuk
畢 Pat
畣 Tòm
番 Fán / P'ún 7
異 í
畱 Lau
畬 Shé
畯 Tsun
畫 Wá
畫 Wák
畸 K'í 8
當 Tong
當 Tong
畽 Tung 9
畿 Kí 10
疇 Ch'au 14
疆 Kéung
疊 Tip 17

103 疋

疋 P'at
疎 Sho 7
疏 Sho
疐 Chí 9
疑 í

104 疒

疒 Nik
疓 Nái
疛 Nau
疔 Ting
疚 Kau 3
疝 Shán 4
疢 Ch'an
疥 Kái
疷 K'í
疤 Pá
疣 Yau
疫 Yik
痄 Chá 5
疹 Ch'an
症 Ching
疿 Fai
疳 Kòm
疴 K'o
痾 O
疲 P'í
病 Ping
疼 T'ang
疸 T'o
疾 Tsat

英華分韻撮要

112 石
113 示 礻

海上絲綢之路文獻集成 科技與文化编

118 竹 ⺮

笛 Tik
笥 Tsz'
6
策 Ch'ák
筑 Chuk
筏 Fát
筐 Hong Kw'ang
筓 Kai
筋 Kan
筇 Kung
筆 Pat
筍 Sun
等 Tang
答 Táp
筌 Ts'ün
筒 T'ung
7
筯 Chü
筵 Ín
筴 Káp
筥 Kü
筦 Kún
筠 Kwan
筤 Long
筮 Shai

筲 Sháu
筭 Sün
筩 T'ung
8
箏 Chang
箚 Cháp
箒 Chau
箜 Hong
箕 Kí
箝 K'ím
箇 Ko
管 Kún
箆 Pí
箔 Pok
箑 Sháp
算 Sün
箋 Tsín
9
箴 Cham
箸 Chü
範 Fán
篋 Háp
篌 Hau
箯 Pín
篇 P'ín

箳 Ping
箱 Séung
篆 Sün
箭 Tsín
節 Tsít
[illegible] Wo
篁 Wong
箬 Yéuk
10
篘 Ch'au
篪 Ch'í
篨 Ch'ü
篚 Fí
[illegible] Fú
篝 Kau
篙 Kò
篧 K'ok
篩 Shai
篹 Shán
篤 Tuk
11
簀 Chak
築 Chuk
簆 K'au
簋 Kwai

簕 Lak
簍 Lau
簏 Luk
篾 Mít
簰 P'ái
篳 Pat
篷 P'ung
篠 Siú
篼 Tau
篴 Tik
篸 Ts'ám
簇 Tsuk
簌 Ts'uk
篲 Wai
12
簠 Fú
簡 Kán
簬 Lò
簫 Siú
簨 Sun
簞 Tán
簦 Tang
簟 T'ím
簪 Tsám

簧 Wong
13
簷 Ím
[illegible] Kü
簻 Kwo
簾 Lím
簸 P'o
簿 Pò
簽 Ts'ím
14
籌 Ch'au
籃 Lám
籋 Níp
籊 Tik
籍 Tsik
15
籒 Chau
籓 Fán
籐 T'ang
16
籟 Lái
籚 Lò
籙 Luk
籠 Lung
籜 T'ok
籛 Tsín
17
籧 K'ü

120 糸

紲 Si	絹 Kün	緄 Kw'an	緍 Man	縟 Nau
紽 T'o	綑 Kw'an	綹 Lau	緜 Mín	縤 Sok
組 Tsò	綌 Kwik	綾 Ling	緬 Mín	縚 T'ò
紫 Tsz'	綁 Pong	綠 Luk	編 Pín	縐 Tsau
6 絢 Hün	綍 Püt	綸 Lun	緶 Pín	縗 Ts'ui
給 K'ap	綉 Sau	綿 Mín	緗 Séung	縉 Tsun
絞 Kán	綃 Siú	網 Mong	線 Sín	縓 Ün
絜 Kít	綏 Sui	綳 P'ang	緒 Sü	縣 Ün
結 Kít	綈 T'ai	綬 Shau	緦 Sz'	縕 Wan
絳 Kong	絛 T'ò	綫 Sín	締 T'ai	縈 Ying
絡 Lok	綄 Wán	綯 T'ò	緝 Ts'ap	縟 Yuk
絏 Sit	8 綻 Chán	緀 Ts'ai	緞 Tün	11 縶 Chap
絮 Sü	綢 Ch'au	緅 Tsau	緩 Ún	繁 Fán
絲 Sz'	綽 Ch'euk	綵 Ts'oi	緣 Ün	縫 Fung
絰 Tít	綴 Chui	綜 Tsung	緯 Wai	縭 Lí
絕 Tsüt	綴 Chüt	緇 Tsz'	10 縊 Ai	縷 Lü
統 T'ung	緋 Fí	維 Wai	縝 Ch'an	縲 Lui
絪 Yan	綺 Í	綰 Wán	緻 Chí	繂 Lut
絨 Yung	綮 K'ai	緎 Wik	縋 Chui	繃 Máng
7 絺 Hí	緊 Kan	緌 Yui	縛 Fok	繆 Mau
綆 Kang	綦 Kí	9 緙 Kák Kwák	縑 Kím	縻 Mí
絿 K'au	綱 Kong	緘 Kám	縞 Kò	縹 Piú
經 King	綣 Kün	練 Lín	縺 Lím	縮 Shuk

120 糸
121 缶
122 网 罒 ⺳

135 舌

舌 Shít
舍 Shé
4 舐 Shái
6 舒 Shü
10 舖 P'ò
館 Kún
舔 Lím

136 舛

舛 Ch'ün
6 舜 Shun
8 舞 Mò

137 舟

舟 Chau
舠 Tò
舡 Shün
4 舫 Fong
航 Hong
舥 Pá
般 Pán, Pún
5 舴 Chák
舸 Ho
舷 Ín
舶 Pák
舶 Pok
船 Shün
舵 T'o
7 艇 T'ing
8 [illegible] Lun
艋 Mang
9 艑 P'ín
艓 Típ
10 艘 Sau
艖 Ts'o
艙 Ts'ong
11 艛 Lau
[illegible] Ngò
艜 T'ái
艚 Ts'ò
12 艟 T'ung
13 艣 Lò
艤 Ngai
14 艦 Lám
艨 Mung
16 艫 Lò

138 艮

艮 Kan
艮 Ngan
良 Léung
11 艱 Kán

英華分韻撮要

140 艸 艹

茸	Yung	莎	So	萆	Pí	葍	Fuk	葫	Ò
7 莊	Chong	荳²	Tau	萉	Pí	葑	Fung	萸	Ü
莩	Fú	荻	Tik	萍	P'ing	萱	Hün	葳	Wai
莩	P'iú	荼	T'ò	菠	Po	葉	Íp	葦	Wai
莖	Hang	莠	Yau	菩	P'ò	葽	Íú	葯	Yéuk
荷	Ho	8 菡	Ám	菢²	Pò	葭	Ká	10 蒸	Ching
荷²	Ho	菖	Ch'éung	菶	Pung	葛	Kot	蓄	Ch'uk
莧²	Ín	萇	Ch'éung	菽	Shuk	葵	Kw'ai	蒿	Hò
莢	Káp	華	Fá	萃²	Sui	落	Lok	蒹	Kím
莒	Kü	菲	Fí	菼²	Tám	萬²	Mán	蓋	K'oi
莞	Kún	菅	Kán	萏²	Tám	萼	Ngok	蒯	Kwái
莨	Léung	萁	Kí	萄	T'ò	葩	Pá	蒥	Lau
莉²	Lí	菰	Kú	萋	Ts'ai	葆	Pò	蓏	Lo
莅²	Lí	菇	Kú	菁	Tsing	葡	P'ò	蓂	Ming
莫	Mo	菊	Kuk	菜	Ts'oi	葸	Sái	蒙	Mung
莫	Mok	菌	Kw'an	菹	Tsü	葚	Sham	蒲	P'ò
莓	Múi	菓	Kwo	菑	Tsz'	蒂	Tai	蓓	Pói
莪	Ngo	菱	Ling	華	Wá	葠	Ts'am	蒐	Sau
莆	P'ò	萊	Loi	萎	Wai	葺	Ts'ap	蓍	Shí
荸	Pút	菉	Luk	菀	Wat	塟	Tsong	蒔²	Shí
荽	Sai	萌	Mang	9 著	Chéuk	葬	Tsong	蒨²	Sín
莘	San	莽	Mong	著	Chü	葱	Ts'ung	蓑	So
莦	Shau	菴	Òm	葷	Fan	董	Tung	蓑	So

英華分韻撮要

140 艸 艹

140 艸 廾

蘄 K'í
藾 Lái
蘆 Lò
藺 Lun
藹 Oi
蘋 P'an
蘇 Sú
蘀 T'ok
藻 Tsò
蘈 T'úi
蘊 Wan
17
蘩 Fán
蘖 Ít
蘧 K'ü
蘭 Lán
蘞 Lím
蘢 Lung
蘚 Sín
蘨 Yau
蘡 Ying
19
蘸 Chám
蘿 Lo
蘼 Mí
21
虆 Lúi
虉 Yik
贛 Ngong

141 虍

虍 Fú
虎 Fú
虐 Yéuk
4
虓 Háu
虔 K'ín
5
處 Ch'ü
處 Ch'ü
6
虛 Hü
虜 Lò
7
號 Hò
號 Hò
虞 Ü
9
虢 Kwik
10
虥 Chán
虧 Fai
12
虢 Kwik

142 虫

虫 Ch'ung
虫 Fúi
虬 K'au
虱 Shat
3
虺 Fúi
虺 Wai
虹 Hung
虹 Kong
蚩 Ch'í
蚪 Fo
蚪 Tau
蚨 Fú
蚧 Kái
蚣 Kung
蚊 Man
蚍 P'í
蚌 P'ong
蚕 Ts'ám
蚤 Tsò
蚓 Yan
蚘 Yau
蚋 Yui
5
蚱 Chá
蚳 Ch'í
蛀 Chü
蚺 Ím Nám
蛄 Kú
蚿 Ín
蛉 Ling
蛇 Shé
蛋 Tán
蛆 Ts'ü
蚯 Yau
6
蛭 Chat
蛛 Chü
蛟 Káu
蛤 Kòp
蛩 K'ung
蛞 K'út
蛓 Tsz
蛙 Wá
蜇 Chít
蜍 Ch'ü
蜉 Fau
蜂 Fung
蛺 Híp
蜆 Hín

英華分韻撮要

142 虫

149 言

157 足

足 Tsuk
趵 P'áu
趾 Chí
趺 Fú
趷 Kat
跂 K'í
跁 P'á
5
跖 Chik
跗 Fú
距 K'ü
跛 Pai
跑 P'áu
跋 Pút
跚 Shán
跌 Tít
跎 T'o
6
跟 Kan
跲 Káp
跂 K'í
跨 Kwá
跪 Kwai
路 Lò
跣 Sín
跳 T'iú

跡 Tsik
跧 Ts'ün
7
跽 Kí
跼 Kuk
踉 Léung
踄 P'ò
踊 Yung
8
踔 Cháu
踦 Ch'í
踞 Kü
踡 K'ün
踧 Suk
踏 Táp
踢 T'ik
踖 Tsik
踐 Tsín
踪 Tsung
9
蹅 Chá
踹 Ch'ái
踵 Chung
踽 Kü
蹄 T'ai
蹀 Típ

踰 Ü
蹂 Yau
10
蹊 K'ai
蹇 Kín
𨃅 P'ong
𨂢 P'ún
蹣 P'ún
蹎 Tín
蹈 Tò
蹌 Ts'éung
蹐 Tsik
蹉 Ts'o
11
蹠 Chik
踳 Ch'un
蹊 Hí
蹘 Liú Mau
蹕 Pat
蹝 Sái
蹜 Suk
蹢 Tik
蹡 Ts'éung
蹟 Tsik
蹙 Ts'uk

蹤 Tsung
12
蹯 Fán
蹺 Hiú
蹻 Kéuk
蹻 Kiú
蹶 Küt
蹶 Kwai
䠨 Lóm Nám
蹩 P'ít
蹼 Puk
蹭 Sang T'sang
蹮 Sín
蹬 Tang
蹴 Ts'uk
蹲 Ts'ün
13
𨇁 Chím
躇 Ch'ü
躅 Chuk Nuk
躃 P'ik
𨇴 Tan
躁 Ts'ò
14
躊 Ch'au
躋 Tsai

躍 Yéuk
15
躑 Chák
躓 Chí
躔 Ch'ín
躕 Ch'ü
躒 Lik
躐 Líp
16
躪 Lun
躚 Ts'ín
17
躝 Lán
18
躡 Níp
躩 Fok

英華分韻撮要

161 辰	辰 Shan	辵 Ch'éuk			
	辱 Yuk	迂 Hü	迷 Mai	透 T'au	道 Tò
162 辵 辶	6 農 Nung	迄 Ngat	迺 Nái	逖 Tik	遒 Ts'au
		迅 Sun	迸 Ping	途 T'ò	遁 Tun
		迁 Ts'ín	送 Sung	造 Tsò	逾 Ü
		4 迍 Chun	逃 T'ò	造 Ts'ò	遇 Ü
		返 Fán	迹 Tsik	造 Ts'ò	違 Wai
		近 Kan	退 T'úi	速 Ts'uk	運 Wan
		迕 'Ng	迴 Úi	通 T'ung	遑 Wong
		迓 Ngá	逆 Yik	8 週 Chau	遊 Yau
		迋 Wong	7 這 Ché	逭 Kún	10 遣 Hín
		迎 Ying	逞 Ch'ing	⿺辶侖 Lun	遙 Iú
		5 迤 I	逐 Chuk	逮 Toi	遘 Kau
		迥 Kwing	逢 Fung	進 Tsun	遛 Lau
		迫 Pik	逕 Káng King	逶 Wai	遡 Sò
		述 Shut	逑 K'au	逸 Yat	遜 Sun
		迪 Tik	逛 Kwáng	9 遏 Át	遞 Tai
		迭 Tít	連 Lín	遄 Ch'ün	遝 Táp
		迢 T'iú	逋 Pò	遐 Há	遠 Ün
		迯 T'ò	逝 Shai	過 Kwo	11 遮 Ché
		迨 Toi	逍 Siú	逼 Pik	遲 Ch'í
		6 追 Chui	逡 Sun	遍 P'ín	遨 Ngò
		逅 Hau	逓 Tai	遂 Sui	適 Shik
		适 K'út	逗 Tau	達 Tát	遭 Tsò

海上絲綢之路文獻集成　科技與文化編

167 金

金	Kam
針	Cham
釗	Ch'iú
釘	Ting
3	
釵	Ch'ái
釧	Ch'ün
釬	Hon
釭	Kong
釣	Tiú
4	
鈪	Ák
鈒	Cháp
鈔	Ch'áu
鈇	Fú
釜	Fú
釿	*Kan*
鈐	K'ím
鈞	Kwan
鈉	*Náp* Nát
鈕	Nau
鈀	Pá
鈍	Tun
5	
鉦	Ching
鉏	Ch'o
鉤	Kau Ngau
鉗	K'ím
鉅	Kü
鈴	Ling
鉋	P'áu
鉑	Pok
鉢	Pút
鈸	Pút
鈿	T'ín
鉄	T'ít
鉈	T'o
鉛	Ün
鉞	Üt
6	
銖	Chü
銃	Ch'ung
銜	Hám
鉸	Káu
銎	K'ung
銘	Ming
銀	Ngan
銑	Sín
銓	Ts'ün
銅	T'ung
鉶	Ying
7	
鋤	Ch'o
鋒	Fung
鋧	Ín
銶	K'au
鋃	Long
鋩	Mong
鋂	Múi
鋪	P'ò
鎊	Pong
銹	Sau
銷	Siú
鋌	T'ing
鋟	Ts'am
銼	Ts'o
鋙	Ü
鋣	Yé
銳	Yui
鋈	Yuk
8	
錚	Chang
錐	Chui
錘	Ch'ui
錡	Í
錦	Kam
錤	*Kí*
鋼	Kong
鋸	Kü
錮	Kú
錄	Luk
錨	Náu
錫	Sik
錠	Ting
錢	Ts'ín
錯	Ts'o Ts'ò
錯	Ts'ok
錙	Tsz'
9	
鍼	Cham
鍾	Chung
鍵	Kín
鍊	Lín
鍪	Mau
鍮	T'au
鍱	Típ
鍍	Tò
鍫	Ts'iú
鍛	Tün
鍰	Wán
鍋	Wo
10	
鎮	Chan
鎚	Ch'ui
鍭	*Hau*
鎧	Hoi
鎞	Pai
鎛	Pok
鎩	Shái
鎖 鎻	So
鎗	Ts'éung
鎡	Tsz
鎰	Yat
鎔	Yung
11	
鏟	Ch'án
鏗	Hang
鏡	King
鏈	Lín
鏌	Mok
鏝	Mán
鏊	Ngò
鏖	ò
鏢	Piú

169 門

闐 T'ín
11
闚 Kw'ai
關 Kwán
12
闡 Chín
闊 Fúi
闞 Hòm
闟 K'ap
13
闢 P'ik
闥 T'át
闤 Wán

170 阜 阝

阜 阝 Fau
阡 Ts'ín
4
阨 Ak, Ák, Ngak
阯 Chí
防 Fong
阱 Tsing
阮 Ün
5
阿 Á
阿 O
阻 Cho
附 Fú
陂 Pi, Po
陁 Po
阽 Tím
陀 T'o
阼 Tsò
6
限 Hán
降 Hong
降 Kong
陔 Koi
陋 Lau
陌 Mak
7
陣 Chan
陟 Chik
除 Ch'ü
陜 Háp
陛 Pai
陝 Shím
陞 Shing
院 Ün
院 Ün
陘 Ying
8
陳 Ch'an
陳 Chan
陷 Hám
陵 Ling
陸 Luk
陴 P'í
陪 P'úi
陲 Shui
陶 T'ò
陬 Tsau
陰 Yam
9
隊 Chui
階 Kái
隆 Lung
隄 Tai
隋 Ts'ui
隊 Túi
隅 Ü
隈 Úi
隍 Wong
隂 Yam
陽 Yéung
陾 Ying
10
隘 Ái
隔 Kák
隙 Kwik
隕 Wan
11
障 Chéung
隙 Kwik
際 Tsai
12
隤 T'úi
13
險 Hím
隧 Sui
隨 Ts'ui
隩 Yuk
14
隲 Chat
隮 Tsai
隰 Tsáp
隱 Yan
15
隳 Fai
16
隲 Chat
隴 Lung

英華分韻撮要

179 韭
韭 Kau
韮 Kau [4]
韱 Ts'ím [8]

180 音
音 Yam
韵 Wan [4]
韶 Shiú [5]
韻 Wan [10]
響 Héung [13]

181 頁
頁 Íp
頃 K'ing
頂 Ting
項 Hong [3]
頄 K'au
順 Shun
須 Sü
湏 Sü
頏 *Hong*
頊 Huk
頎 K'í
頒 Pán
頌 Tsung
頓 Tun
頓 Tun
預 Ü
頑 Wán
領 Ling [5]
頗 P'o
頖 P'ún
頞 Át [6]
頦 Hoi
頤 Í
頡 K'ít
頟 Ngák
頣 Sun
頫 T'iú
頷 Hòm [7]
頰 Káp
頸 King
頼 Lái
頻 P'an
頭 T'au
頲 T'ing
頹 T'ôi
頺 T'úi
穎 Wing
顆 Fo [8]
額 Ngák [9]
顏 Ngán
顋 Soi
題 T'ai
顒 Yung
類 Lui [10]
顙 Song
顛 Tín
願 Ün
顣 Ts'uk [11]
顥 Hò [12]
顧 Kú
顫 Chín [13]
顯 Hín [14]
顰 P'an [15]
顱 Lò [16]
顴 K'ün

英華分韻撮要

195 魚

196 鳥

196 鳥

9
鶡 Hot
鶩 Muk
鶚 Ngok
鶖 Ts'au
鶘 Ú

10
鷃 Án
鶯 Ang
鶴 Hok
鷂 Iú
鷄 Kai
鶼 Kím
鷚 Lau
鷥 Sz'
鷀 Ts'z'
鶺 Tsik
鶬 Ts'ong
鶻 Wat
鷸 Yat
鷁 Yik

11
鷗 Au
鷓 Ché
鷙 Chí
鷟 Chik
鷖 I
鷂 Iú
鷔 Ngò
鵪 Ôm
鷟 Tsuk

12
鷴 Hán
鷮 Kiú
鷯 Liú
鷩 Pít
鷲 Tsau
鷦 Tsiú
鷸 Wat

13
鸇 Chín
鷺 Lò
鸒 Ü
鷹 Ying

14
鸑 Ngok

15
鸓 Lui

16
鸕 Lò

17
鸚 Ying

18
鸛 Kün
鸜 Kün

19
鸝 Li
鸞 Lün

197 鹵

鹵 Lò

7
鹻 Kán

9
鹹 Hám

13
鹽 Ím
鹼 Kán

198 鹿

鹿 Luk

4
麀 Yau
麃 Piú

5
麈 Chü

6
麋 Mí

7
麌 Ü

8
麒 K'í
麕 Kw'an
麗 Lai
麓 Luk
麑 Ngai

9
麚 Ká
麛 Ní

10
麝 Shé

11
麞 Chéung

12
麟 Lun
麢 Ling

22
麤 Ts'ò

214 龠	龠, Yéuk 5 龢 Wo 9 籲, Yéuk				

国家出版基金项目
NATIONAL PUBLICATION FOUNDATION

海上絲綢之路文獻集成

總主編　陳支平　陳春聲

科技與文化編 83

主編　王揚宗　葉農

海峽出版發行集團
THE STRAITS PUBLISHING & DISTRIBUTING GROUP
福建人民出版社

本册目次

英語集全六卷（卷一至卷三）

（*Ying Ü Tsap T'sün or the Chinese and English Instructor*）

〔清〕唐廷樞撰

《英語集全》六卷，清唐廷樞撰。唐廷樞（一八三二—一八九二），字景星，廣東香山（今屬珠海）人，清代洋務運動代表人物之一。此書係公認之中國首部漢英詞典，凡六卷，按類編排，計五十三門一百二十三類，收單字、詞彙、短語、句子等共計一萬四百二十條。各卷前有字音簡介，卷中詞條，右爲英文，左上爲中文釋義，左下爲漢字注音。據同治元年（一八六二）廣州緯經堂刻本影印。

全集語英

YING Ü TSAP T'SÜN

OR

THE CHINESE AND ENGLISH INSTRUCTOR

BY

T'ONG TING-KÜ

CANTON.
1862.

PREFACE.

This book, entitled the Ying ü tsap ts'ün ("English words collected complete"), is compiled in six volumes, and is bound in the octavo shape. It is arranged in the Chinese style under different heads, but in most instances they come in the alphabetical order. It is written by the author, a native of Canton province, in the Canton dialect, chiefly to suit the Canton people who have transactions, or are connected, with foreigners. The words are first given in Chinese; then, the pronunciation of such words, written in English; then, the meaning of those words in the English language: and lastly, the pronunciation of the English words written in Chinese, so that the book is not only useful for Chinese to learn English, but at the same time it will enable foreigners to learn Chinese. As the words are arranged under different headings, references can easily be made. The book also contains a copy of the Tariff, and many other useful tables, such as times and seasons, weights and measures, &c.

Canton, 21st April, 1862.

Sounds of the English vowels

a—as in hay.

á—as in marble.

e—as in he

é—as in hell.

i—as in hive.

í—as in his.

o—as in no.

ó—as in nor.

u—as in under.

ú—as in bull.

ü—as in the French u-e.

同治元年六月

英語集全

羅惇衍題

原夫五方土性毗陰毗陽剛柔異致生其間者嗜欲語言因之各别此必然之理也夫不通語言情何由達不識文字言何由通自来中外通商彼此無不達之隱必有人焉為之音釋文字以通語言亦

必然之勢也或曰通商不始於
國朝何前代無翻譯成書是又不
然稽之禮經王制所載象寄狄
鞮之職雖有明文然猶但指其
人而言未嘗著為成書也至龍
威秘書所紀外國方言文字詭

譌雜奇不一而足其見之說部如是則當時之漸有成書可知矣我粵自開闢招徠外國商人分部最多歷時亦久而語言之通以英國爲準前此非無英語撮要等書但擇焉

不精語焉不詳差之毫釐謬以千里凡有志講求者每苦無善本可守至遲之久而唐子景星釋音書始出唐子生長鐵城賦性靈敏少遊鏡澳從師習英國語言文字因留心時務立志輯

成一書以便通商之稽考但今門別類卷帙浩繁一時未能卒業迨壯遊閩浙見四方習英語者謬不勝指而執業請講解者户限為穿唐子厭其煩而懼其誤也於是決志取前未竟

緯經堂藏版

之書急續成之凡閱二年而脫稿標題曰華英音釋今將付剞劂抱卷質余余捧徹九龍灣竽十載地鄰香港一葦可航時有諸國使官頻來求書索畫者得以晤談於語言之間

聽聞已久頗知其梗概然無書稽考尚多未得其詳今細讀唐子所輯華英音釋分門別類訂謬指訛莫不條分縷晰至吹唇音捲舌音心爲分尤發前人所未發誠爲習

英語者之津梁也余嘉乎唐子立意之厚用力之苦取精之善均可不朽因為誌其緣起綴數語於簡端而歸之讀是書者幸加意焉吾見應用之無窮矣

旨

同治元年春三月既望翰生

弟張玉堂書於九龍官署

奉飛魚躍西樓

令使越裳獻雉西旅貢獒操
其土音而來者旋沐夫
王化而去與我内地民人初無交
共語言文字固不必相通也
若乃中外一家華英方互相
貿易則語音不同弗能達主

客之情書契互異何以核名
物之數唐子景星苦心考究
著華英音釋一編條分縷述
於發言成聲因聲成字之原
委疏通而證明之俾上智之
士一見了然中材者流諦觀

自得此何如之留心世務者
耶吾知體
國家柔遠之心在此編廣
聖世同文之治者亦即此編也行
見萬里流傳不脛而走其利
益於人者豈僅屬貿易一端

哉皆

同治元年清明節青溪外史吳湘

謹序於珠江旅舍

余幼時偶與二三友人到澳門一遊
將及澳見 官汛砲台房屋樓行
傾倒詰其故為番人滋事所致
及我澳是番人據台廟宇宏壯
可觀其砲台船隻堅固較與內
地不同心竊異之欲究其人從何所

來所能何為但語言不通字不
達欲究竟從其義先學其文字
便可談吐言語相通即往去請
西洋國博學者受之師從兩月一
長者問余所答者以敬長者向何
不學英語乎英國比諸西洋國

尤係其藝尤巧世人在本國貿易尤多余自能遂就學數年紅何其術深究之界張通曉音義自從洋務中人多未問字余見須攝巴輯此書以作開門通須之計將及半因見此書能張濟世

緘棄之旋遊閩江浙諸省至洋務中談在來問字者尤多因覩諸友不通英語吃虧者有之受人欺瞞者有之或毋不曉英語受人淩辱者有之故復將此書較正出也不過以濟世不過為洋務中人稍

為方便了此書係仿照本國書式分别以便查覽與别英語書不同且不但華人可强學英語即英人美人亦可學華語也像美國即花旗國其英國本屬同宗其分國以來歷及百載兩國

字話均屬和同無中所畫番字
不但英美兩國即歐羅巴所屬各國
如法蘭西國俄羅斯國普羅斯國
阿士地理亞國查文尼國意大利
國西班牙國西洋國荷蘭國黃
旗國等併美理加米國均係同字

同音獨其字辨有挑不同故其解法亦不同也外國人到我國貿易最大莫如英美兩國而別國人到來亦無一不曉英語是與外國人交易總以英語通行粤東通商百有餘載中國人與外國交易者甚

如廣東最多是以書係出廣東省城字音發準以便而通用書中註載一一不備觀者必以為瑣碎學話者宜擇其要而求其精庶泛應自能著著應手爾

羊城唐廷樞自題

讀法

大凡讀書。無論中外。皆同一理。若讀者不留意於文字。只見字讀字。當住而不住。不當住而住之。不但傍人不識其所云。卽自己亦不曉其所讀也。況中外文字。相去甚遠。有一漢字。而外國文字繙出數字。而亦有一外國文字。譯出漢文數字者。尤宜詳審。　今書中多有漢文一二字。而以漢文音英語。竟有譯出十餘字之多。若不設法分別。其話定有顛倒。其話顛倒。卽人不知其何所謂也。譬如漢文一字。外國文字有以三字讀者。若讀了上兩字畧住。卽將下一字牽搭下句而讀。上下語氣隔斷。不相貫注。則音韻不諧。人卽不解爲何音。善讀者使上下三字。一氣呵成。纍纍如貫珠。則音韻出。而文義顯矣。此亦如漢人讀書。當明句讀。不可有歇後語也。故擬將該句之傍畫一直線。其應相連之處便相連。其應分斷之處卽分斷。俾讀者易於審辨。宜相連讀者。則相連讀之。宜分斷讀者。則分斷讀之。音自正矣。

又該話之中。多有外國字音。只可以音達音。不可以字達音者。今擬將該字傍加一點。凡遇有點之字。只可將該字出口音畧畧說之。不可將該字全字讀出聲也。雖出聲亦無大碍。但到底不如不出聲爲尤妙尤正也。　又外國每有一字。係咬舌尖而說者。而中國字無此等字音。現擇其最近音之字。傍加三角。凡遇此等字樣。當說該字時。將舌尖伸出兩齒間。然後說。其字便得正音矣。此等字樣最難學曉。雖不曉亦無差幾何。但不若再加研究。更可精於斯語也。　又話中間有一字。係傍有兩企者。應將該字輕咬下唇而說。如花輝非科等字是也。　又外國說話之中。往往有一字係捲舌而說者。如北方人說兒字是捲舌音。今將該字傍加一圈。凡遇此等字樣。將舌尖捲頂上腭即說。其字便可得其正焉。此等字樣。捲舌而言。與不捲舌而言。其音雖屬所差無幾。但以外國文字論之。即所差甚大也。譬如一飯字。英語說⿰子盡士。⿰子盡字應捲舌而說。人身上之虱。英語亦說⿰子盡士。此⿰子盡字應照正字讀。毋庸捲舌而說。假使將食飯之⿰子盡字。不捲舌而說。豈不是食飯兩字。變了食虱兩字耶。且此⿰子盡字。

原是正舌音。今從捲舌頂上腭而說，猶如來利[illegible][illegible]鏬獵洛黎歷列等十字。本音係將舌尖頂上齒背而說。若十字中再加圈，即將舌尖捲上一度而說。其中畧爲分別耳。此等音更宜考清。

學者細研以上幾欵，果能分別，便與外國人所說無異也。

再書中所音多字本係平聲，而又圈平聲者，

不過分其上平下平而已。若該字本屬上平。而有圈聲。即讀下平。下平字若圈聲讀上平。餘外無切音無點無圈無三角無圈聲等字。即照正廣東省城土音讀之。毫無差錯矣。其字本有口字傍如吐叼喝咩嗶味等字。均按省城土音讀。正與加口之字不同也。

釋音之道。古人所難。而以唐音釋英音則尤難。茲所刊之書。其字甚繁。其音難叶。字音之訛。自知不免。竊願與一二善學話者。潛心而共商之爾。

切字論

外國字母共有二十六、其中响音者、陸啞音者、二十。而响音較啞音爲尤重。所書所言、若無响音。不獨不成字且不成音。彼啞音特助响音以成音耳。字母只有二十六。而千變萬化皆從此出。其所謂字母者、乃卽字辦也。漢字只有八辦。而外國字竟有二十六辦。

似漢之文字。比之外國文字。更易明晰。惟是漢文字辧。乃無音相合而成字。而外國字辧。本身有一定之音。因其音乃相合而成字。故中國言語之中。多有音而無字。惟外國字與音相連。有音必有字。聽一音可以一字相傳。其間或有其字。而該字無解法者。亦有之。切音之法。肇自西域。漢人師承西域。故切法中國與外國彼此均同一樣。漢文八辦變化無窮。與外國文字二十六辦變化無窮。其理本一。其所分別者。漢文有許多奧渺之字。見之不獨不解其字義。而亦不識其字何音。而外國多有奧渺之字。學者雖不識其解。而亦能知其音。故以外國文字音漢文猶易。而以漢文音外國文字較難。茲因以漢字音外國字。多有其音而無其字。不得不擇其最相近音之字。傍加一口。併將各字編列一定切法。俾觀者易於晰覽。則因音考字。因字考義。思過半矣。

英文字母

英字有大小之分別一節之中首一字則用大字所有人名地名船名等類首一字亦均用大字也

	A	B	C	D
正體大字	A	B	C	D
正體小字	a	b	c	d
長體大字	A	B	C	D
長體小字	a	b	c	d
八分字式	A	B	C	D
通心體	A	B	C	D
斜體大字	*A*	*B*	*C*	*D*
斜體小字	*a*	*b*	*c*	*d*
篆書	A	B	C	D
草書大字	*A*	*B*	*C*	*D*
草書小字	*a*	*b*	*c*	*d*
字母其音讀曰	⿰糹盐	鼻	四	賦
	⿰糹盐合音極　响音字	巴	卡合士	賦　去鼻音

英語集全　卷一　字母

E	F	G	H	I	J
e	f	g	h	i	j
E	F	G	H	I	J
e	f	g	h	i	j
E	F	G	H	I	J
E	F	G	H	I	J
E	*F*	*G*	*H*	*I*	*J*
e	*f*	*g*	*h*	*i*	*j*
E	F	G	H	I	J
E	*F*	*G*	*H*	*I*	*J*
e	*f*	*g*	*h*	*i*	*j*
意	咳乎	志	縊治	挨	祭
意合咳 响音字	富	志合牙	霞合屌	挨合衣 响音字	怍

K	L	M	N	O	P
k	l	m	n	o	p
K	L	M	N	O	P
k	l	m	n	o	p
K	L	M	N	O	P
K	L	M	N	O	P
K	*L*	*M*	*N*	*O*	*P*
k	*l*	*m*	*n*	*o*	*p*
K	L	M	N	O	P
K	*L*	*M*	*N*	*O*	*P*
k	*l*	*m*	*n*	*o*	*p*
契	哝厘	厭	燕	澳	披
其、	厘、	唔 切字用麼學	吾、 切字用拿字	澳呇阿 响音字	蒲、

Q	R	S	T	U	V
Q	R	S	T	U	V
q	r	s	t	u	v
Q	R	S	T	U	V
q	r	s	t	u	v
Q	R	S	T	U	V
Q	R	S	T	U	V
Q	R	S	T	U	V
q	r	s	t	u	v
Q	R	S	T	U	V
Q	R	S	T	U	V
q	r	s	t	u	v
橋	極	唆士、	地	吠	口維
橋、	兒 照正音讀	士、	地、	吠 又曰亞下平 响音字	口維 咬下唇

W w W w W W *W* *w* 𝔚 *W* *w* 嚐唉　和

X x X x X X *X* *x* 𝔛 *X* *x* 益士　沙

Y y Y y Y Y *Y* *y* 𝔜 *Y* *y* 壞　壞又曰夷　响音字

Z z Z z Z Z *Z* *z* 𝔷 *Z* *z* 嚹　嚹

切字之法。漢英相同。譬如字母第六字音富字。取富字與响音縊字亞字

切合作肺字。化字與响音意字切。便是非字去聲。與响音挨字衣字切。即

係快字。非字。與响音阿字切作科字。與响音吠字切作乖上字。與响音壞字切作快字。餘皆仿此。响音挨字與响音壞字同音。所以切字均同。

ka 契字 嫁字	*ma* 迷字 罵字	*pa* 敝字 罷字	*ta* 第字 打字去聲
ke 記字	*me* 未字	*pe* 鼻字	*te* 地
ki 界字 基字	*mi* 買字 未字平聲	*pi* 拜字 披字	*te* 大字 地字平聲
ko 告字 哥字	*mo* 冒字 麼字	*po* 報字 波字	*to* 道字 多字
ku 沽字	*mu* 模字上平	*pu* 鋪字	*tu* 都字
ky 界字	*my* 買字	*py* 拜字	*ty* 大字

Index

英語集全目錄

Vol. 1

卷之一

Vol 2

卷之二

卷之五 Vol. 5

英語集全卷一

羊城唐廷樞景星甫著

兄植茂枝　弟庚應星　參校

陳恕道逸溪　廖冠芳若谿　仝訂

切音撮要

書中所有此等字樣除字脚已切音者一概倣照

以下切法便無差矣

希　唏希這切　衣　⿰口衣衣這切

⿱竹厘　⿰口⿱竹厘⿱竹厘這切　利　唎利夜切

披　⿰口披披這切　厘　喱厘爺切

機　⿰口機機這切　尼　呢尼爺切

非　啡非這切　肥　⿰口肥肥爺切

⿰口天字亦係照上切法以新會縣土音讀天字便合此字音

爹 嗲 爹這切 你 ⿰口你 你野切

威 喴 威這切 卑 啤 卑這切

家 ⿰口家 家這切 加 咖 加這切

烟 ⿰口烟 以下同韻各字俱無廣東省城字音可切只作烟字照官話字音爲底切音便合餘皆倣此

仙 ⿰口仙 顛 ⿰口顛

殿 ⿰口殿 天 ⿰口天

嚤字照香山土音讀成字便合

片	[口片]	牽	[口牽]
憲	[口憲]	鞭	[口鞭]
便	[口便]	編	[口編]
面	[口面]	堅	[口堅]
綿	[口綿]	毡	[口毡]
件	[口件]	廷	[口廷]

箭　⿰口箭　山　⿰口山

難　⿰口難　間　⿰口間

番　噃　慳　⿰口慳

萬　⿰口萬　欄　⿰口欄

蘭　囒　曼　⿰口曼

恩　嗯

結　⿰口結　以下同韻各字併無一字可用廣東省城土音相切但學者出口便知該字應如何切法矣即將烟字先照正

切　⿰口切　音讀取其入聲將該入聲字爲底與上一字兩相切合便得其音矣

跌　⿰口跌　秩　⿰口秩

薛　⿰口薛　舌　咶

必　咇　別　⿰口別

撇　⿰口撇　列　⿰口列

歇	揭	節	折	發	滑
⿰口歇	⿰口揭	⿰口節	哳	噘	⿰口滑
筏	押	法	挖	鬱	
⿰口筏	⿰口押	⿰口法	⿰口挖	⿰口鬱	

剷　[口剷]以下同韻各字無字可切學者出口便知此等字應如何切法卽將烟字照正音讀先與唔字切後將該切音復與上一字相切可也

厭　嚈

占　呫　店　[口店]

兼　嗛　劍　[口劍]

謙　[口謙]　鉗　[口鉗]

鹹　[口鹹]　添　[口添]

閃　⿰口閃　心　吣

簾　⿰口簾

葉　⿰口葉　以下同類各字照廣東省城土音併無字底可切又無一字相同讀者應知該字如何切法矣

獵　⿰口獵　劫　⿰口劫

涉　⿰口涉　恊　⿰口恊

腊　⿰口腊　鴨　⿰口鴨

揘　喤　級　⿰口級

夾　唊　急　⿰口急

碟　⿰口碟　摺　⿰口習

吉　咭 其押切　壹　噎 夜押切

疋　⿰口疋 舖押切　弗　咈 花結切

歴　嚦 歴尺切　勒　嘞 勒尺切

拂　咈 拂尺切　匿　嚜 匿尺切

黑　嘿 黑尺切　戟　𠼗 戟尺切

麥　嘜 麻尺切　鈪　㗒 鈪尺切

域　啉 域尺切　北　吡 北尺切

得　𠰌 地尺切　律　嵂 律喝切

失　呹 失喝切　砯　啉 砯喝切

濶　𡀍 濶喝切　抹　唜 抹喝切

葛　噶 葛喝切　嫩 尼吉切　⿰口嫩 尼喝切

崩　嘣 捕廳切　興　⿰口興 夏廳切

⿱目目民　⿰口⿱目目民 亞廳切　靈　⿰口靈 利廳切

分　吩 花堅切　云　呍 華堅切

悶　⿰口悶 麻安切　般搬　⿰口般⿰口搬 布安切

番　噃 破安切　污　⿰口污 霞沽切

天　⿰口天 由沽切　菴　⿰口菴 極監切

暗　喑 極鑑切　高羔　嗃⿰口羔 冀蒿切

者　啫 智爺切　歪　⿰口歪 華哀切

坏　⿰口坏 花嬌切　科　⿰口科 花高切

埠　⿰口阜 火刀切　梯　⿰口梯 他禧切

維　⿰口維華衣切　活　⿰口活華豁切

保　⿰口保鼻收切　荅　嗒地濕切

那　哪尼柯切　力　叻利益切

劣　⿰口劣利潤切　哥冀柯切　潤花潤切

⿰扌盡利挨切　泵地菴切　呼霞沽切　咽夷結切

咩⿰貝子眉這切

兩字均係廣東俗字

埔字讀鋪字　號字讀蒿切

的字均讀入聲　林字讀上平

味字讀上平　霍縛同音

夫孚同音　咟純同音

薄膊同音　凸突同音

哪糯同音　詩[口梳]哈[口涉][口除]出口齒音要重

士厘　兩字相連若傍有點頭要快讀作沙字下平看

地厘　兩字相連若傍有點須要快讀作打字下平看

忌厘　兩字相連若傍有點須要快讀作加字下平看

尔仁　兩字相連若傍有點須要快讀作年字看

尔你　兩字均作尼字上平看

布厘　兩字相連若傍有點須要快讀作布字下平看

Teen muen. Astronomy

天文

亇士地老臘眉

一

詞	English	注音
天	Teen. Sky	士偕
天堂	Teen Tong - Heaven	唏墳
天氣	Teen he. Air	唻亞
天河	Teen ho. Milky way	美厘䩻威
天涯	Teen ngae. Horizon	河篕臣
雲	Wun - Cloud	咔篤
露	Lü - Dew	丁
霧	Mow - Fog	霍 花角切
雹	Pok - Hail	吩厘
電	Tin - Lightning	嚂寗

English	中文	讀音
Sin - Sleet	霰	士列
Fong - Hoarfrost	霜	呵亞科羅士
Ping - Ice	冰	挨士
Yat - Sun	日	新
Yat shit - Eclipse	日蝕	衣其獺士
Yuet shit - Eclipse of the moon	月蝕	衣其獺士阿乎地押△
Lui - Thunder	雷	敦打
Suit - Snow	雪	士嬲
[illegible] - Rainbow	虹	連報
Yat wan - Halo	日暈	蝦勞
Yuet - Moon	月	押
Ün yuet - Full moon	圓月	呼炉押

娥眉月	Ngo mei guet - New moon	鳥挒	鳥字上不
星宿	Sing suk - Constellation	干士爹麗純	
星	Sing - Star	士打	
金星	Kum sing - Venus	非拿士	
木星	Muk sing - Jupiter	租卑打	
火星	Fo sing - Mars	士百	
彗星	Wai sing - Comet	甘笈	
啟明星	Khae ming sing - Day star	低士打	
風	Fong - Wind	呍	
海風	Hoi fong - Sea breeze	思布簾士	
狂風	Kwong fong - Gale	鷄厘	
順風	Shun fong - Fair wind	啡亞呍	

逆風	Yik fong	Foul wind	埠厘呍
風靜	Fong tsing	Calm	監
雨	U	Rain	連
急雨	Kup-u	Shower	收亞
雨晴	U tsing	Rain ceased	連思士
洪水	Hong sui	Deluge	爹蔞柱
頂頭風	Ting tau fong	Head wind	吃呍
風颶	Fong kü	Tempest	噡啤士
大雨	Tai ü	Heavy rain	晞爬連
微雨	Mi-ü	Little rain	烈地厘連
水	Sui	Water	喎打
潮水	Chiu sui	Tide	太地

水大	Sui tai - High tide	蠏太地
滿流	Moon lau - Full tide	呼炉太地
攪流	Kau lau - Whirlpool	嗶厘鋪厘
地震	Te tsun - Earthquake	丫△隙
西	Sae - West	嘁士
北	Pak - North	糯△
水乾	Sui kon - Ebb tide	葉太地
半流	Poon lau - Half tide	蝦乎太地
龍上水	Lung seung sui - Water spout	蝸打士咆 咆字巴萎切
東	Tung - East	衣士
南	Nam - South	收△
東南	Tung nam - Southeast	收△衣士

東北 Tongpack - Northeast 糯△衣士

西北 Saipack - Northwest 糯△喊士

四邊 Se pien - Foursides 科亞晒士

北斗星 Pack Tauting - Charles wain 查厘士呸

西南 Sae nam - Southwest 收△喊士

中央 Chong yeong - Center 仙打

週圍 Chow wae - Allsides 阿厘晒士

水泡 Sui pho - Bubble 卜布厘 卜字布笠切合用

地理 Te-le - Geography 鵲忌黎咈

地氣	Te hi	Climate	冀頼茂
地球	Te-kow	Globe	故笠
天下	Teen-ha	World	喎里地
地土	Te tü	Earth	鴉△
北極	Pack-kik	North pole	哪△袍厘
南極	Nam-kik	South pole	收△袍厘
赤道	Tsik-to	Equator	衣嗌打
地	Te	Ground	忌哪
島	Too	Island	挨倫
地臂	Te pi	Peninsular	邊年蘇喇

半島

漢	粵音	English	英音
地頸（地峽）	Te-keng	Isthmus	衣士麻士
大山	Tai-san	Mountain	茂吾田
山頂	San-ting	Top of the hill	咑呵乎地𠻹哩
山谷	San-kook	Valley	嘁黎
危巖	Ngaengam	Precipice	庇唎屑卑士
穴	Uit	Cave	溪乎
地嘴（海角 三牛岬）	Te-tseu	Cape	𡍼
小山	Seu-san	Hill	𠻹哩
山脚	San-keuk	Foot of the hill	𠾍呵乎地𠻹哩
火烟山	Fo-in-san	Volcano	蝸厘嘅腦
峭壁	Chiu-pik	Cliff	忌利乎
壙	Kong	Mine	賣吾

金山	Kumsan - Goldmine	嘅厘賣吾
錫山	Seksan - Leadmine	咧賣吾
石山	Sekshan - Stonequarry	士道吾誇厘
平地	Pingte - Plain	舖禮吾
海	Hoi - Sea	思
灣	Wan - Harbour	蝦把
銀山	Ngunsan - Silvermine	思厘化賣吾
煤炭山	Mui tan san - Coalmine	高厘賣吾
沙漠	Samok - Desert	爹杀
大洋海	Tai yeong hoi - Ocean	澳純
海静	Hoi tshen - Bay	敝
灣頭	Wan tau - Anchorage	晏家黎柱

岸	Ngon - Shore	梳亞
河滘	Hó kau - Straight	士地麗地
運糧河	Wanleongho - Imperialcanal	刨丕啞咳厘哯呢厘
溪	Khai - Stream	士地廉
灘	Tahn - Rapids	朧必士
塘	Tong - Pond	嚕地
河	Hó - River	利化
十字河口	Sapchehóhau - Delta	爹厘打
河岸	Hó ngon - Bank	嘣忌
澗	Kan - Creek	冀瀝
池	Chi - Pool	捕厘
澤	Chak - Bog	嘩

石	Seak - Stone	士刃吾　廣東番語士端
紅石	Hoong seak - Redstone	啞士刃吾
坭	Nai - Mud	乜
沙	Sa - Sand	山
路	Loo - Footpath	澗鈀△
石路	Seak loo - Causeway	哥士唯
大石	Tai seak - Rock	洛
蠻石	Maan seak - Granite	忌欄咽　咽字鼻音呢吶切合
黃坭	Wong nai - Clay	嘰黎
塵	Chun - Dust	打士
大路	Tai loo - Road	勞地
火車路	Fo che loo - Railroad	爬勞地

馬車路	Máchélo – Carriage road	加黎柱勞地
石橋	Seakkeu – Stone bridge	士刀吾布烈柱
橋拱	Keukung – Arch	押柱
金	Kum – Metals	嚱嘶壓 此就五行言
水	Sui – Water	蝸打
土	Thü – Earth	丫公
橋	Keu – Bridge	布烈柱
木橋	Mokkeu. Wooden bridge	咶頓布烈柱
樹林	Süi lum – Forest	科喱士
木	Mok – Wood	活
火	Fó – Fire	快也
園	Un – Garden	加頓

田	Teen - Field	非厘地
泉水	Chuensui - Spring	士布零
淡水	Tamsui - Fresh water	平嚨蓍蝸打
清水	Chingsui - Clear water	冀蓮蝸打
黃坭水	Wongniesui - Muddy water	乜地蝸打
省	Sing - Province	鋪羅呧士
井	Tsing - Well	噦厘
水源	Suiuen - Fountain	坏吾田
鹹水	Hamsui - Salt water	梳厘蝸打
濁水	Chuksui - Dirty water	打地蝸打
國	Kwok - Country	芹地黎
府	Foo - Department County	地拍文 或曰 扣吾地

縣	Hien - District	地士地叻
邊塞	Pien-soi - Boundary	包吾打黎
內地	Noi te - Interior	烟⿰口弟厘呵（⿰口弟字他蘆切）
海邊	Hoi pien - Coast	⿰口羔士地
京城	King shing Capital	吸必打厘
城	Shing - City	薛地
省城	Sing shing - Provincial city	舖老⿰口丘奈厘薛地
府城	Foo shing - County town	扣吾地透吾
縣城	Un shing - District city	地士地叻薛地
埠頭	Fow tau - Port	啉
市	Se - Market	孖結
村	Chiin - Village	啡黎柱

街	Kai - Street	士地列
船澳	Sun o' - Dock	鐸
亞喇伯國	Ah la pak kwok - Arabia	亞禮卑亞
高麗國	Ko lai kwok - Corea	哥離亞
暹羅國	Chim lo kwok - Siam	晒唵
印度國	Yun tu kwok - Hindostan	亨都士丹
渡頭	Too tau - Wharf	蝸乎
墳墓	Fun moo - Grave	忌黎乎
中國	Chung kwok - China	欽拿
安南國	On nam kwok - Cochin china	羔箭欽拿
日本國	Yat pun kwok - Japan	輒哽
蒙古	Mung koo - Mongol	芒哥厘

英語集全　卷二　地理

華英全文

英吉利國	Ying keih lih kwŏk - England	英咭倫
大坭國	Taí naí kwŏk - Denmark	釘麥
峩羅斯國	Ngŏ lô sze kwŏk - Russia	𠱥蛇
白頭國	Pák tau kwŏk - Prussia	鋪𠱥蛇
大呂宋國	Taí lüi sung kwŏk - Spain	士便
那華國	Nó wah kwŏk - Norway	哪𠯆
化蘭西國	Fá lan sai kwŏk - France	佛蘭士
查文尼國	Sha mun ni kwŏk - Germany	渣文尼
何蘭國	Hò lan kwŏk - Holland	阿倫
西洋國	Sai yeung kwŏk - Portugal	播啁加爐
瑞典國	Súi tin kwŏk - Sweden	士𠯆顚
希獵國	Hé lip kwŏk - Greece	忌利士

土耳其國	Thoo ye kĭ kwŏk	Turkey	忒忌
亞非利加	Ahfeilĭkă	Africa	亞乎利加
化闌西京城	Hŏlahnsaikingsing	Paris	玻利士
何蘭京城	Hŏlahnkingsing	Hague	嚦嬌
舊金山	Kau kum shan	California	卡利科尼
新金山	Sun kum shan	Australia	阿士地厘利亞
花旗國	Fahkĭkwŏk	America	亞孖利加
英國京城	Yingkwŏkkingsing	London	論頓
西洋國京城	Saiyeungkwŏkkingsing	Lisbon	利士品
花旗大埠	Fahkĭtaifow	New York	鳥約
舊金山正埠	Kau kum shan ching fow	San Francisco	散化蘭思士古
新金山埠	Sun kum shan fow	Port Phillip	砵非獵

中文	English	譯音
噫	Kíp — Cape of Goodhope	噫阿平括哈 海角
南京	Nánking — Nanking	南京
廣州城	Kwongchowfoo — Canton	諫當
花地	Fá tí — Flower gardens	乎蔞亞加頓 又曰 花地
海珠	Hoichü — Dutch Folly	特杫科黎
西關	Saikwán — Western Suburbs	喊士頓十𠵱士 喰字畏遲切 𠵱字係急切
北京	Pikking — Peking	北京
蘇州	Sochow — Sochow	蘇州
十三行	Saphongkong — Canton factory	諫當咕多𠵱 多土下平
河南	Hoinam — Honam	河南
白鵝潭	Pak ngó tám — Macao Passage	嘿𠲖𠰉孖仕
觀音山	Koonyamshan — Koonyamhie	觀音希厘

Pak wan shan - White Cloud Hill - Wong poo - Wongpoo

白雲山　啞冀籆希厘　黃埔　仝音

San chau - Dane's island - Fu mun - Bogue

新洲　顛士挨倫　虎門　濕又曰卜加梯忌利士

O mun - Macao - Nam wan - Praia Grande

澳門　罵交　南灣　鋪鋒忌欄地

Ngi sz ting - Rua de Senado - Tai sam pa - Rua St. Paul

議事亭　路地善拿道　大三巴　路聖波厘

A ma kok - Barra - Kwan chap - Barrier

亞媽角　巴鋒　關閘　罷簾亞

Kow chau - Nine islands - Kam sing mun - Kumsing mun

九洲　乃吾挨倫　金星門　仝音

急水門	Kapshuimoon.	仝音	do.
香港	Hongkong.	仝音	Hongkong.
羣帶路	Kwuntailo.	域拖厘	Victoria
燈籠洲	Tanglungchau.	衣士培吾	Eastpoint.
西營盤	Saeyingpoon.	嗞士培吾	West Point
石排灣	Shekpaiwan.	亞巴顛	Aberdeen
赤柱	Chikchu.	士丹黎	Stanley
尖沙嘴	Tsimshatsui.	仝音	do.
昂船洲	Ngongshunchau.	士端吉打挨倫	Stonecutters' island.
鯉魚門	Leiumun.	俐門	Lyeemoon
汕頭	Santau.	沙頭	Swatow.
潮州	Chiuchau.	仝音	Chauchow.

Nàm o' - Namoa　　Hiá mún - Amoy

南澳　仝音　　廈門　亞梅

Pak kau shan. White Dog　　Fuh chau. Foochow

白狗山　啞鐸　　福州　仝音

Lo sing tap. Foochow anchorage　　Chau shan. Chusan

羅星塔　福州晏加黎杜　　舟山　仝音

Toi wan. Formosa　　Pang hú hoi. Formosa Strait

臺灣　貨麽沙　沙字下平　　澎湖海　貨麽沙士地列

Ning po - do.　　Se shan - Gutzlaff island

甯波　仝音　　佘山　吉士笠平挨倫

Ng sung kau - Woosung　　Sheung hoi - Shanghai

吳淞口　護淞　　上海　仝音

Chéungkong-Yangtsz river 長江　楊子簡化　化字下平	Tsunkong-Chinkeang 鎮江　仝音
Onhing-Ngauking 安慶　仝音	Kaukong-Kewkiang 九江　仝音
Honhau-Hankow 漢口　仝音	Wonghó-Yellow river 黃河　爺勞簡化
Tangchau-do. 登州　仝音	Taikúpautoi-Takuforts 大沽砲臺　大沽瀾　囒字花葛切
Tintsun-Teentsin 天津　仝音	Ngauchong-Newchwang 牛庄　仝音
Manlicheungshing-The Great wall 萬里長城　吔忌列喎喱	

Hakliungkong Amoorriver Wangpun-Kanagawa.

黑龍江　亞母篚化　橫濱　嚪拿交華

Cheungkei Nagasaki Liisung Luzon, Manila

長奇　拿加昔記　呂宋　呂宋又曰萬你鎅

Lauhau Loochoo islands Sanchaufu Singapore

琉球　魯租挨倫　新洲府　星加波

Malacca - do. Sanfau - Penang

馬力格　仝音　新埠　鼻能

Kalikutta - Calcutta Mangmai - Bombay

加利吉打　仝音　孟買　仝音

Maitilaisz. Madras.

馬地剌士　仝音

番人無閏月每逢第四年多一日名閏年

正英語凡有實字過于一數話尾必加一個S字其字音士譬如一年英語溫夜亞三年卽地厘夜亞士一日溫低兩日卽都低士一員銀溫打剌十員卽顚打剌士如此卽爲正話廣東番話無此分別也

時令 Se ling - Season 思臣

時候 Se hau - Time	太啪	廣東番語点
時辰 Se sun - Hour	歐也	
年 Neen - Year	夜啞	两字作爺字上平看
一百年 Yat pāk neen - One century	溫咄租黎	
一世 Yut sae - Generation	鄭拿黎纏	
一朝 Yat chiu - Dynasty	大拿士地	
三年 Sam neen - Three years	地厘夜啞士	
每年 Mui neen - Yearly or every year	夜啞黎	又曰 咴乎黎夜啞
閏年 Yun neen - Leap year	獵夜啞	
年頭 Neen tau - Beginning of the year	鼻堅寧呵乎地夜亞	

時令月與天文月二月字其話不同。

年尾	Neen mi	End of the year	嗳呵平地夜亞
今年	Kum neen	This year	地士夜亞
舊年	Kau neen	Last year	剌士夜亞
前年	Chin neen	Year before last	夜亞鼻科剌士
第二年	Tai yee neen	Next year	𡃁士夜啞
月	Uit	Month	蚊△
一月	Yat uit	One month	温蚊△　廣東英語温抪
六個月	Look ko uit	Six months	昔士蚊△士
半個月	Poon ko uit	Half month	蝦平蚊△
每月	Mui uit	Monthly	蚊△黎　又曰　呅平黎蚊△
英正月	Ying ching uit	January	鄭呋了黎　呋字飲遜切
二月	Yee uit	February	花佈縣了黎

三月	Sam üt - March	禡桎	
四月	Sz üt - April	繿莿炉	
五月	Ng üt - May	米	
六月	Look üt - June	噂	
七月	Tsat üt - July	租穡	
八月	Pat üt - August	惡加士	
九月	Kow üt - September	拾呫吧	吧字作巴字卞平
十月	Sup üt - October	惡叨吧	
十一月	Sup yat üt - November	腦嚐吧	
十二月	Sup yee üt - December	地嘫吧	
唐正月	Tong ching üt - First moon	花士𢬵	
二月	Yee üt - Second moon	昔近𢬵	

三月	Sam uit	- Third moon	撻厶掆
四月	Si uit	- Fourth moon	科△掆
五月	Ng uit	- Fifth moon	嗨厶掆
六月	Lok uit	- Sixth moon	昔士△掆
七月	Sat uit	- Seventh moon	些墳△掆
八月	Pat uit	- Eighth moon	啊△掆
九月	Kow uit	- Ninth moon	乃吾△掆
十月	Sup uit	- Tenth moon	嗹△掆
十一月	Sup yat uit	- Eleventh moon	衣喇墳掆
十二月	Sup ye uit	- Twelfth moon	叶咴利乎掆
閏月	Yun uit	- Intercalary month	烟他卡嚹黎蚊厶
本月	Poon uit	- This month	地士蚊厶

前月	Chin üt	Last month	鏬士蚊△
第二個月	Sae yee ko üt	Next month	匿士蚊△
春	Chune	Spring	士布靈
夏	Hā	Summer	心麻
秋	Tsau	Autumn	阿泵　泵字打林切
冬	Tung	Winter	呍打
新年	Sun neen	New year	鳴夜晒
立春	Lap chün	Vernal equinox	話拿厘意虧諾士
清明	Ching ming	Tomb festival	泵咩士地華厘　泵字田菴切
雨水	Ü süi	Rainy season	連尼思臣
端午	Tune ng	Dragon boat festival	地叻芹砵咩士地華厘
七月半	Tsat üt poon	Ghost festival	嘏士地咩士地華厘　嘏字無鼻音

割禾時候 Kot wo' sz hau - Harvest 蝦咈士

立秋 Lup Ts'au - Autumnal Equinox 啊泵拿厘意爵諾士

霜降 Seung kong - Fall 科厘

佳節 Kai tsit - Festival day 啡士啲華厘低

耶穌生日 或 外國冬至 Ye'so sang yut - Christmas 唭利士麻士

一個禮拜 Yat ko lai pai - Week 域

禮拜 Lai pai - Sunday 新低

禮拜一 Lai pai yat - Monday 蚊低

禮拜二 Lai pai yee - Tuesday 咧士低

禮拜三 Lai pai sam - Wednesday 嗌士低

禮拜四 Lai pai sz' - Thursday 打士低

中文	English (Cantonese romanization)	English	音
禮拜五	Laepaing	Friday	乎嚟低
禮拜六	Laepy luk	Saturday	余打低
两個禮拜	Leongkó laepy	Fortnight	闊乃地（闊字花開）
一日	Yat yat	One day	温低
每日	Múi yat	Every day; Daily	啖乎黎低　又曰　低黎
七日	Tsat yat	Seven days	些墳低士
今日	Kum yat	To day	都低
昨日	Chok yat	Yesterday	爺士打低
前日	Chin yat	Day before yesterday	低鼻科爺士打低
明日	Ming yat	To morrow	都麼勞
後日	Hoú yat	Day after tomorrow	低丫乎打都麼勞
日頭	Yat Tau	Day time	低太晤

好日 Hoˋ yat - Holliday 河利低	生日 Sang yat - Birth day 巴△低
早辰 Tsoˋ shán - Early 丫黎	昨日朝 Chók yutchew - Yesterday morning 爺士打低麼寧
今朝 Kumchew - This morning 地士麼寧	上午 Seong ng - Fore noon 科亞噸 噸字怒寬切
正午 Ching ng - Noon 噸	下午 Háng - Afternoon 丫乎打噸
晚間 Mán kan - Evening 衣乎寧	昨晚 Chók mán - Last evening 鑠士衣乎寧
今晚 Kum mán - This evening 地士衣乎寧	黃昏 Wong fun - Dusk 打士其

夜間 Ye kan — Night time 奶太唔（太唔作店唔兩字看）

昨夜 Tsok ye — Last night 鏬士奶

今夜 Kam ye — To night 都奶

明夜 Ming ye — To morrow night 都麽勞奶

半夜 Poon ye — Midnight 篾奶

天將曉 Tin tseung hiu — Dawn 噹

天光 Tin kwong — Day light 低罏地

日出 Yat chut — Sun rise 新罏士

日落 Yat lok — Sunset 新噝

一分 Yat fun — One minute 溫棉尼

五分（即一字位）Ng fun — Five minutes 快乎棉尼

一刻 Yat hak — One quarter 溫刮打

半點　蚪乎區也　*Pun tím_ Half hour*

三刻　地篚刮打士　*Sam hak_ Three quarters*

一點鐘久　温區也　*Yat tím chung kau_ 1 hour*

一個時辰　都區也　*Yat kó sz shan_ Two hours*

一點鐘　温澳冀洛　*Yat tím chung_ One o'clock*

六點鐘　昔士澳冀洛　*Luk tím chung_ Six o'clock*

九點半　蚪乎巴士奶　*Kau tím pun_ Half past nine*

十點三刻　地篚刮打巴士鳒　*Shap tím sam hak_ 3/4 past 10.*

現今　這士鬧　*Hin kum_ Just now.*

將來　咴啫　*Cheung loi_ Future*

前時　科麻黎　*Tsín sz_ Formerly*

古時　烟純佔　*Kú sz_ Ancient time*

Kum tso pat tim chung — Eight o'clock this morning

今早八點鐘　咽澳冀洛地士麼寧

Kum mán sz tim pún chung — Half past four this evening

今晚四點半鐘　蚪乎巴士科地士衣乎寧

Tsok yat yat tim yat hak — One quarter past one yesterday

昨日一點一刻　温刮打巴士温爺士打底

Tsok ye shap i tim sam hak — Three quarter past twelve last night

昨夜十二點三刻　地簾刮打巴士吐呔乎鏬士奶

Ming yat shap i tim chung — Twelve o'clock tomorrow

明日十二點鐘　吐呔乎澳冀洛都麼勞

Luk tim chung hin ng fan — Five minutes to six

六點鐘欠五分　快乎棉尼都昔士

Shap ng fan tok yat hak. Fifteen minutes to make one quarter.

十五分作一刻　咈乎顛棉尼米其溫刮打

Sz hak tok yat tim chung. Four quarters to make one hour.

四刻作一點鐘　科刮打士米其溫屘也

Leung tim chung tok yat kò sz shan. Two hours make one Chinese hour.

兩點鐘作一個時辰　都屘也米其溫釹拿屘也

Tsat yat tok yat kò lai pai. Seven days make one week.

七日作一個禮拜　些墳併士米其溫域

In January, March, May, July, August, October & December 31 days.

外國正月三月五月七月八月十月十二月每月三十一日

April, June, September & November 30 days, February 28 days.

四月六月九月十一月每月三十日惟係二月只有二十八日

The Chinese have two intercalary months in every 5 years

中國每逢五年有兩閏月

Foreigners have one leap year in every fourth year

外國每逢四年加一日即二月計二十九日

Vernal Equinox day (Lapchun) falls on the 4th Feby.

中國立春日即係外國二月初四日

The Middle of Spring (Chunfan) falls on the 20th March

春分日即係外國三月二十日

The 1st day of Summer (Lapha) falls on the 5th May

立夏日即係外國五月初五日

The summer solstice (Hachi) falls on the 21st June

夏至日即係外國六月二十一日

立秋日卽係外國八月初七日
Autumnal Equinox day (Laptsau) falls on 7th Aug.

秋分日卽係外國九月二十三日
The middle of Autumn (Tsaufan) falls on 23rd Sept.

立冬日卽係外國十一月初七日
The 1st day of Winter (Laptung) falls on 7th Novemb.

冬至日卽係外國十二月二十二日
The Winter Solstice (Tungchi) falls on the 22nd Dec.

外國冬卽耶蘇誕卽係中國冬至後三日
The foreign Tung or Christmas day falls on the 3rd day after Tungchi.

冬至後十日便係外國正月初一日
Ten days after the Tungchi is the Foreign New year's day

好天 Ho tin — Fine weather or Fineday 吩喊打又曰吩低

天陰 Tin yam — Dull weather or Dullday 打厘喊打又曰打厘低 打字下平

落雨天 Lok ü tin — Rainy weather or Rainyday 連尼喊打又曰連呢低

天旱 Tin hon — Drought 地洛地

落雪 Lok süt — Snowfall 士腦科厘

冷天 Lang tin — Cold weather 高厘喊打

熱天 Je-tin — Hot weather 喝嘁打

二八天 不冷不熱 Urh-pa-tin — Temperate weather 嗲巴列嘁抑

饑荒 Ki-fong — Famine 嚕棉

水氾濫 Shui-fan-lám — Flood or deluge 平律又曰爹資枤

亂世 Lün-shai — Time of war 店阿平窩

太平盛世 Tai-ping-shing-shai — Time of peace 店阿平[illegible]

Tae che – Ranks and Titles.

帝治 吮士晏太地厘士

宗室 Chong tat – Imperial family 奄披利唦厘嚕眉黎

太上皇 Thai seong wong – Retire Emperor 利太亞奄怕鑄

皇后 Wong how – Empress 奄怕囒士

皇叔 Wong sook – Emperor's uncle 奄怕鑄士英記厘 英字奄經切

皇妃 Wong fee – Emperor's concubine 奄怕鑄士干嬌排吾

皇帝 Wong tae – Emperor 奄怕鑄

太子 Thai tsz – Prince 鋪連士

皇太后 Wong thai how – Emperor's mother 奄怕鑄士孖打

皇親 Wong chun – Emperor's relation 奄怕鑄士籚黎純

王 Wong - King 京

親王 Chen wong - Hundred kings 乾地列京士

駙馬 Fo mah - Emperor's son in law 奄巴鑠士新烱羅

內閣 Noi kok - Inner Council 烱拿叩吾奈厘

內閣大學士 Noi kok tai hok se - The hai Chancellor of the Inner Council 蠏毡奈剌阿乎地烱拿叩吾奈厘

協辦大學士 Hip ban tai hok se - Joint adjutant high Chancellor 災吾抑柤頓蠏毡奈羅

王后 Wong how - Queen 權 權字詠爲切

公主 Kung chu - Princess 舖連些士

軍機 Kwan kee - General Council 氈拿鑪厘扣吾佘厘

軍機大臣 Kwan kee tai sun - The great minister of the Council 地記黎地面尔士打阿乎地扣吾佘厘

尚書 Sheung shü - Chancellor 千佘羅士

侍郎 Sz long - President 鋪哩思頓士

京堂 King tong - Vice presidents 壞士鋪哩思頓士

六部 Luk poo - The six supreme Boards 地昔士蘇鋪廉砵士

吏部 Le poo - Board of civil office 砵阿乎思華厘阿非士

戶部 Foo poo - Board of Revenue 砵阿乎哩溫鳥

禮部 Lee-poo - Board of Rites 砵阿乎蘆池

兵部 Ping-poo - Board of War ○ 砵阿乎和

刑部 Ying-poo - Board of Punishments 砵阿乎濆尔薯文

工部 Kung-poo - Board of Works 砵阿乎鏤士

五爵 Ng-chek - The five high Titles 地快乎蠏太地厘士

公 King - Duke 督

候 Haw - Marquis 孖居士

伯 Pak - Earl 丫厘

子 Tsz - Viscount 壞士扣吾

男 Nam - Baron 巴倫

朝臣 Chaou-chun - Court Officers 葛阿非沙士

宰相 Tsai-seang - Prime minister 鋪賴唔面尔士打

欽天監 Yum tin kahm - President of the Imperial Astronomical Board 鋪喱思頓阿平地奄披喇衣厘了士地老腦篾假砵

謀士 Mow-sze - Counsellor 扣吾佘羅

侍衛 Sze wai - Imperial body-guard 奄披喇衣厘砵帝革

校尉 Kow-wai - Master Controller 孖士打干地老鏬

丞相 Shing-seung - Minister of State 面尔士打阿平士弟地

主簿 Chü-poo - Keeper of Record 刦巴阿平利葛士

太監 Thai-kahm - Eunuch 腰匿士

郎中 Long-chong - Gentleman Usher 毡地厘文了佘

都察院 Too chat iin - Censorate 嚈梳黎

御史 Ngui sz - Censor 吣梳

理藩院尚書 Le fan iin seong shoo - President of the Colonial Office 舖𠺢思頓阿平地哥勞尔厘阿非士

學院 Hok iin - Literary Chancellor 列打鏮黎贊奈羅

主考 Chue haou - Chief Examiner 鐇乎益三𠮶拿

副主考 Foo chue haou - Assistant Examiner 啞思士頓益三𠮶拿

文官 Mun koon - Civil Officer 思華厘阿非沙

欽差 Yum chae - Imperial Commissioner 奄披利衣厘甘𠲖純拿

總督 Tsung tuk - Governor General 加墳拿毡拿𠺢厘

撫臺 加𪎭拿 Fu tai Governor

河督 加𪎭拿阿乎簏化士 化字下平 Ho tuh Governor of the rivers

海關 蘇巴連嚹頓阿乎卡士泵 Hoi kwan Superintendent of Customs

布政司 鋪勞吜蛇厘地嚦沙鎈 沙字下平 Pu ching sz Provincial Treasurer

按察司 質杜 On chat sz Judge

鹽運司 梳炉今眉臣拿 Im wan sz Salt Commissioner

督糧道 忌連今眉臣拿 Tuh leung to Grain Commr

道臺 烟嚹頓阿乎沙決 To tai Intendant of Circuit

知府 鋪簏咈 Chi fu Prefect

分府 濕鋪簏咈 Fan fu Sub-prefect

知縣	嘜這士地列	Che-uen.	Magistrate
分縣	濕嘜這士地列	Fan-uen.	Sub-magistrate
河政廳	罵連嘜這士地列	Ho-ching-ting.	Marine Magistrate
委員	地漂跌阿非沙 沙字下平	Wae-uen.	Deputed officers
司獄	祭鋍	Sz-yuk.	Jailer
差	布釐士	Chai.	Police
清書	[彳盧]打	Tsing-shu.	Writer
稿房	冀力	Ko-fong.	Clerk
殺手	益思嬌純拿	Shat-shau.	Executioner
外國文員	科倫思華厘阿非沙 沙字下平	Ngoi-kwok-man-uen.	Foreign civil officers

總督	Sungtuk-Governor	加墳拿	
經歷官	King likkün-Secretary	昔冀簾打黎	
按察	On-chát-Judge	質柱	
管庫	Kün-fú-Treasurer	地喱蛇鏬	
量地官	Leungtékün-Surveyor	沙威也毡拿厘	
刑訟司	Yingtsungsz-Magistrate	嘜這士地列	
監督官	Kámtukkün-Registrar	唎之士打毡拿厘	
船頭官	Shüntaukün-Harbour Master	虲巴孖士打	
總巡捕	Sungtsunpó-Superintendent of Police	蘇巴連天頓阿乎布簾士	
帮辦	Pongpán-Inspector	烟士碧多	
寫字	Sétsz-Clerk	冀力	

傳話 烟他布列打 　把衙 椏蛇

Chinwai. Interpreter 　*Pangai. Usher*

Kienkam. Jailer 　*Chai. Police*

監 祭鏤 　差 布釐士

Tsungli tungshang taichan. Superintendent of Trade

總理通商大臣 蘇巴連𠾼頓阿乎地例

領事官 干沙厘又曰干臣 　副領事 歪士干沙厘 沙字下平

Lingsz kun. Consul 　*Fulingsz. Vice Consul*

Fan yik. Interpreter 　*Tsunho chai. Water Police*

繙繹 烟他布列打 　巡河差 窩打布釐士

Mu kun. Military Officer

武官 眉列打黎阿非沙 沙字下平

天下兵馬大元帥　Teen hah ping mah tae üen sue · Commander in chief of national infantry and horse.　甘萬打烟趨乎阿乎坭絲咗厘烟噃地黎晏賀士

元帥　Ün sue - Generalissimo　毡拿鏬厘利思磨

副元帥　Foo ün sue - Field Martial　非厘孖佘厘

總領將軍　Chung ling cheong kwan - General and Commander in Chief　毡拿唎厘晏甘萬打烟趨乎

將軍　Cheong kwan - General　毡拿唎厘

副都統　Foo too tung - Lieut. General　唖乎天寧毡拿唎厘

軍師　Kwan sze - Military leader　尾列打黎列打

推官　Tui koon - Court martial　割孖佘厘

前部先鋒　Chien poo seen fung - Leader of the van　列打阿乎地嘅

錄事叅軍 Luk sze chahm kwan - Secretary in the Army 昔忌利打黎烟地了咩

騎都尉 Ke too wae - General controller of the Cavalry 毡拿喇厘干地老鋍阿平地卡花黎

侍衛步軍 She wae poo kwan - Commander of the Infantry body guard 甘萬打阿平地烟墳地黎砵低格

別駕 Pit ka - Aid-de-camp 繼地襟

中軍 Chung kwan - Military Secretary 眉利打黎昔忌利打黎

管理軍務糧餉 Koon le kwan mò leung heang - Commissary 甘尾佘黎

叅謀 Chahm mau - Adviser 押壞沙

叅將 Chahm tseung - Colonel 哥老咻厘 咻字囊爹切

協鎮	Hip-chun - Col. of a regiment	哥老吶厘阿乎嗌喱治文
遊府	Yau-fo - Lieutenant Colonel	喱乎天寧；哥老吶厘；吶字見上
守府	Shau-fo - Captain	噫頓
千總	Tsin-chung - Lieutenant	喱乎天寧
外委	Ngoi-wai - Sergeant	沙嘞
兵丁	Ping-ting - Soldier	騷厘者
執旗人	Chap-ke-yan - Standard bearer	士丹達啤鎅
三軍	Sam-kwan - Army	嚂眉；嚂字亞監切
水師	Sui-sze - Navy	呢肥
水師官	Sui-sze-koon - Naval officer	呢華厘阿非沙
水師提督	Sui-sze-tai-tuk - Admiral	押孖鎅厘

水師副將 Sui sz fo cheng - Commodore 甘帽多

水軍 Suikwan - Marines 罵連士

炮手 Phau sau - Gunner 根拿

功名 Kung ming - Titles or literary degree 太地厘士或列打鋍黎地忌利

狀元 Chong yuen - Chief of the literati 趨平阿平地列打麗大

榜眼 Pong ngan - Second of the literati 昔芹阿平地列打麗大

探花 Tahm fa - Third of the highest rank 迯阿平地攤咏士地忌利

翰林 Hon lam - Members of the Imperial Academy
晚巴士阿乎地奄披利衣厘繈契地迷

舉人 Kü yan - Second literary degree
昔芹列打鏈黎地忌利

秀才 Sau chy - First literary degree
花士列打鏈黎地忌利

監生 Kam sang - Under-graduate
嘜打忌麗咄
嘜字了根切　咄字做濶切

兵船上人 Ping suen seong yan - Men of a man of war
面阿乎繈萬阿乎蝙

中文	讀音 / English	英音
船主	Suen chü - Captain	唸頓
筏治仔	Mitchetsai - Midshipmen	筏涉文
醫生	E-sang - Surgeon	沙賤
水手頭	Suiseu tau - Boatswain	保士呟
做幔人	Chow e yun - Sailmaker	西厘迷加
兵	Ping - Pirates	舖盧鴨士
兵總	Ping chung - Lieutenant	喱平天寧
管銀	Kwun ngan - Purser	巴沙
帮醫生	Pong e sang - Assist. Surgeon	亞思士頓沙賤
一畫	Yat wark - Corporal	哥播鈀厘
管繩索人	Kwun shing sok yan - Ropemaker	笠迷加
大車	Tai chea - Chief Engineer	趨平燕煎你亞

Chinese	Romanization – English	Phonetic
二車	Ye ch'e - Second Engineer	昔芹燕毡尔咄
商船戶	Seong shuen hü - Mariners	罵連拿士
船主	Shuen chü - Captain	唫頓
大伙	Tai fo - Chief officer or Chief mate	趨乎阿非沙 又曰 趨乎箋
三伙	Sam fo - Third mate	撻箋
嘜魯水手頭	Mo loo sui sau tau - Serang	士𠾴
燒炭人	Sew tahn yan - Coalman or Fireman	快亞文
管倉	Koon chong - Supercargo	蘇巴卡槁
二伙	Ye fo - Second officer or 2nd mate	昔芹阿非沙 又曰 昔芹箋
水手頭	Sui sau tau - Boatswain	保士呧
水手	Sui sau - Seaman or Sailor	思文 又曰 西鏄

嚤嚕水手　Moluisiusau - Lascar　罅士加

管事　Koonsz - Steward　士刁啞

道巴時　Topashe - Topas　道巴士　此是船上做下流天之人如掃雞屎者是也

鋪戶　Pi-hü - Shop people　濕卑布厘

事頭　Sz-tau - Master or Shopkeeper　濕刦巴

掌櫃　Chongkwae - Accountant　亞交吾頓

木匠　Mokcheong - Carpenter　卡品打　品字白文切

事仔　Sz-tsae - Cabin boy　噫扁背　扁字白賢切

孖氈　Mahchin - Chinese Merchant　孖毡

帮掌櫃　Pongchongkwae - Assistant accountant　亞思士頓亞交吾頓

二車 Ye ch'e - Second Engineer 昔芹燕毡尔哑

商船戶 Seong chuen hu - Mariners 罵連拿士

船主 Suen chü - Captain 喼頓

大伙 Tai fo - Chief officer or Chief mate 趨乎阿非沙 又曰 趨乎篾

三伙 Sam fo - Third mate 撻篾

嚒魯水手頭 Mo lo sui sau tau - Serang 士嚨

燒炭人 Siu tahn yan - Coalman or Fireman 㹴亞文

管倉 Koon chong - Supercargo 蘇巴卡稿

二伙 Ye fo - Second officer or 2nd mate 昔芹阿非沙 又曰 昔芹篾

水手頭 Sui sau tau - Boatswain 保士呱

水手 Sui sau - Seamen or Sailors 思文 又曰 西鏬

嚤魯水手 Mo-lu-sui-sau - Lascar 鏬士加

管事 Koon-sz - Steward 士刁哂

道巴時 To-pa-sze - Topas 道巴士 此是船上做下流工夫之人如掃雞屎者是也

鋪戶 Po-hü - Shop people 濕卑布厘

事頭 Sz-tau - Master or Shopkeeper 濕刮巴

掌櫃 Cheong-kwai - Accountant 亞交吾頓

木匠 Mok-cheong - Carpenter 咔品打 品字白文切

事仔 Sz-tsai - Cabin boy 噏扁背 扁字白賢切

孖氈 Ma-chin : Chinese Merchant 孖毡

幫掌櫃 Pong-cheong-kwai : Assistant accountant 亞思士頓亞交吾頓

管店 Koon tiem - Shopman 濕文

客仔 Hak tsai - Customers 未士孫麻士

家人 Ka yun - Domestics 道咩士的士

事頭 Sz tau - Master 孖士打

當家 Tong kah - House manager 口士嗎呢喏

管酒 Koon tau - Butler 不鏻

火頭 Fo tau - Cook 曲

經紀 King kee - Broker 布碌架

主人婆 Chue yun po - Mistress 未士地哩士

管事 Koon sz - Steward 士丟活

工人 Kung yun - Workman 獲文

中文	英文	讀音
馬夫	Mahfoo - Horseman - Groom	賀士文
轎夫	Kewfoo - Chaircoolie	車亞箍厘
水夫	Suifoo - Watercarrier	喎打騎利亞
奶媽	Naimah - Nurse	拿士
事仔	Szetsae - Boy - Servant	沙墳又日杯
奴仔	Nutsae - Slave	士例平
馬車人	Mahcheayun - Carriagedriver	嘅黎渣地華
厨子	Chuitsz - Cook	曲
看門	Kwanmoon - Porter	波打
使媽	Szemah - Chambermaid	發把米咑
丫嬛	Awahn - Maid	米咑
看更	Hon kahn - Watchman	挖柱文

乳母・看病人

下女　家婢

小下女

花王 Fah wong - Gardener 加顛拿

行口人 Hong how yan - Hong people or People of a Mercantile house 康卑布厘

大班 Tai pan - Merchant 孖唓

買辦 Mai pahn - Comprador 甘布黎多 廣東番語曰咸不多

管倉 Koon chong - Storekeeper 士多亞刲巴

管店頭 Koon tim tau - Head coolie 吃箍厘

茶師 Chà see - Tea Inspector or Tea-taster 地啣士北惰 又曰 地梯士打

看銀 Hon ngan - Shroff 樹羅乎 廣州番語曰士笠

管店 Koon tim - House coolie 侯士箍厘

收租 Sau cho - Collector of rents 哥叻打阿乎嗹地

帶書人	Saisü yun - Messenger	咩臣者
士	Sz - Educated men	咽租溪跌文
先生	Singsang - Teacher	跌啫
書生	Süsang - Student	士都頓
牧師	Mokse - Bishop	卑濕
講經人	Kongkingyun - Preacher	鋪列啫
學生	Hoksang - Scholar or Pupil	士哥鏬 又曰 漂布壓
書童	Sütung - Studentboy	士都頓士啤
傳道人	Chuentauyun - Missionary	尾純拿黎
會史	Wuise - Deacon	地近

和尚 Wo shong - Priest 砵爹士鋪利士

道士 Tau sz - Tau priest 道鋪利士

信士 Sun sz - Convert 干讚

地理師 Te le see - Cosmographer 哥士毛忌鋪化

卜 Pook - Divines 地蚨吾士

看相先生 Hon seong sing shang - Physiognomist 非昔臘眉士

僧 Tsang - Buddhist priest 鋪利士

尼姑 Ne koo - Abess or Nun 嗰啤士 又曰 捹（捹字尔根切）

天文師 Teen mun see - Astronomer 丫士地老嘫麻

醫 E - Physician or Doctor 非思純 又曰 鐸打

星士 Sing sz - Astrologer 丫士地老老查

卦命先生 Kwa ming sing shang - Fortune-teller 科噂𠹭鏄

風水先生 Fong sue sin-sang – Geomancy 之澳文駛 駛字四溪切

農 Nung – Husbandry 蝦士賓地黎。

農夫 Nung-foo – Farmer 花麻

漁人 Ue-yan – Fisherman 非吵文 吵字作沙字下平看

打獵人 Tah leep yan – Hunter 痕打

工 Kung – Artificer 亞地非沙

牧童 Muk tung – Cow boy 叩杯

樵子 Tseu tsz – Woodcutter 活古打

割草人 Kot tsho yan – Grasscutter 架鎅士吉打

工匠	Kungcheong - Artist	丫地士	
行家	Hongkah - Fellowman	啡勞文	
紙遒花師傅	Chi tsongfah sze foo - Artificial flowerman	亞地非沙厘乎蔞亞文	
棚匠	Pangcheong - Awningmaker	阿寧米架	
剃頭佬	Theitau lo - Barber	巴把	
法帖師傅	Fahtip sze foo - Block letter printer	布叻列打鋪連打	叻字利尺切
徒弟	Tu tai - Apprentice	喋編地士	
軍器匠	Kwanhecheong - Armorer	灉磨鑥	
投貨人	Tau foh yan - Auctioneer	惡純尔亞	
麵包師傅	Meenpau sze foo - Baker	儆架	
竹籃師傅	Chuklam sze foo - Basketmaker	巴士結米架	
打鐵師傅	Tahtit sze foo - Blacksmith	布叻士篾	叻字利尺切

裝艇師傅 Chong ting see foo - Boat builder 砵卑厘打

做弓箭師傅 Chow kung cheen see foo - Bowmaker 僕米架

燒磚師傅 Sew chuen see foo - Brickmaker 布力米架

甲萬師傅 Kah man see foo - Cabinetmaker 嘅卑𠾍米架 𠾍字尔咽切

木匠 Muh cheong - Carpenter 咔賓打

雕匠 Teu cheong - Carver 咔嘩

釘部師傅 Teng poo see foo - Bookbinder 卜拜吾打

打銅師傅 Tah tung see foo - Brass smith 布鏤士𠯠△

宰猪人 Tsai chu yin - Butcher 砵查

碣布師傅 Keen poo see foo - Calenderer 卡連打鏬

挑担 Teu tam - Carrier 卡利亞 卡字黃跺切

打搼 Tah tam - Caulker 磪架

澆燭師傅　Kaushok-sefoo - Chandler　嗲打鏬

補鞾佬　Poohaelo - Cobbler　洑把

採煤人　Toimooyan - Collier　哥利亞

梳篦師傅　Sohbeesefoo - Combmaker　甘米架

蜜餞師傅　Matcheensefoo - Confectioner　幹拂純拿　拂字科尺切

箍桶佬　Kootungo - Cooper　箍把

織補師傅　Chikpoosefoo - Clothesmender　其老時晚打

壽板師傅　Sowpahnsefoo - Coffinmaker　哥吩米架

坭工　Naikung - Coolie　箍厘

執字人　Chupjeeyan - Compositor　甘波窃惰

承接人　Singtsipyan - Contractor　幹地吻打　吻字利尺切

皮匠　Peecheong - Currier or Tanner　卡利亞又曰呋拿

利器匠　Le he cheong - Cutler　吉鏬

染布師傅　Nguen fu see fo - Dyer　太也

捕雀人　Po cheok yan - Falconer　花厘吓拿　吓字鼓平切

獸醫者　Sow e chea - Farrier　花利亞

弦索手　Heen sok sow - Fiddler　咈鏬　咈字科咽切　鼓弓子

鑄手　Chue sow - Founder　坲吾打　鑄物師

蒸酒人　Tsing tsue yan - Distiller　地士地鏬

繡花師傅　Sow fah see fo - Embroiderer　攊布淚打鏬

做扇人　Tso seen yan - Fanmaker　噃米架

賣魚人　Mai u yan - Fishmonger　非殊芒咖

花王　Fah wong - Florist　乎羅唎士

皮草客　Pe tso hak - Furrier　花利亞　毛皮

中文	讀音	English	英音
吹玻璃師傅	Chuoy po le see foo	Glassblower	忌鏬士布老亞
鑲玻璃師傅	Seung po li see foo	Glazier	忌黎蛇
整鎗銃師傅	Ching cheung chung see foo	Gunsmith	根士篾△
採藥人	Tsoi yeuk yan	Herbalist	蝦巴利士
玉器人	Yook hi yan	Jeweler	蕉雌鏬
石器匠	Sek hi cheung	Lapicide	騾卑騮地
補花碗	Po fa woon	Glass mender	忌鏬士晚打（ガラス）
金匠	Kum cheung	Goldsmith	告厘士篾△
裝帽師傅	Chong mo see foo	Hatter	吃打　吃字氣尺切
店主	Tim chü	Innkeeper	烟刮巴
花梨匠	Fa le cheung	Joiner	災吾拿
畫工	Wah kung	Landscape painter	欄士喰編打

燒灰人 Sew fui yun — Lime burner 賴唔賓拿

坭水師傅 Nai sui see fo — Mason or Brick-layer 布吻例也

織蓆師傅 Chik tik see fo — Mat maker 嘜米架

賣牛乳人 Mai ngau yu yan — Milkman 咪厘其文

省鏡師傅 Sang king see fo — Mirror grinder 孖撈忌孻吾打

作樂師傅 Chok ngok see fo — Maker of musical instruments 米架阿乎𠺌昔加厘烱士地𠵴文

找換錢銀人 Tsau oon chen ngan yun — Money changer 蚊尼千查

八音仔 Pat yum tsai — Musicians 咪思純 𠺌字務朦切

搾油師傅 Chah yau see fo — Presser of Oil 舖𠸏沙阿乎愛厘

燒料師傅 Sew liu see fo — Ornamenter 阿尼效米架

賣鷄佬 Mai kai lo — Poulter 波厘打錄

油漆佬 Yau tsat lo — Painter 編打

漢字	粵音	English	英音
擘蔴根人	Mak mah kan yan	Picker of oakum	批架阿平屋卌
紙匠	Chi cheong	Paper maker	俳巴米架
販仔	Fahn tsai	Pedlar or Hawker	啤架
打錫師傅	Ta seak sze foo	Pewterer or Tin smith	天士㩆△
陶人	To yan	Potter	砵打
鑿石佬	Tsok seak lo	Stonecutter	士道吾吉打
寫像先生	Sea cheong sin sang	Portrait painter	婆地爾地編打
當鋪先生	Tong po sin sang	Pawnbroker	噃布磔架（噃字鋪去切）
筆匠	Pat tseong	Pencilmaker	噴佘厘米架
印字師傅	Yan tsze sze foo	Printer	鋪連打
採石人	Tsoi seak yan	Quarryman	誇黎蚊
絞纜師傅	Kau lahm sze foo	Ropemaker	笠米架

做馬鞍師傅 Choomahonseefoo - Saddler 杀地鎅

縫𢃇人 Fungleyun - Sailmaker 西厘米架

刻圖章師傅 Kuchtuchongseefoo - Sealmaker 思厘米架

忤作 Ngchok - Sexton 錫士頓

裝船師傅 Chongsuenseefoo - Shipwright 咇賴地

做鞋人 Choohaiyan - Shoemaker 蘇米架

做眼鏡佬 Choongaankenglo - Spectacle-maker 士北的翼厘米架

賣紙筆墨人 Maichechipatmakyan - Stationer 士低純拏

紡紗人 Fongshayan - Spinner 士邊拏

織蔴人 Chickmahyan - Hempspinner 嗛士邊拏

裁縫 Tsoifung - Tailor 梯鎅

補鑊佬 Poowoklo - Tinker イカケ師 廳架

金花匠　Kum fah cheong - Tinsel maker　天奈厘米架

刻書板匠　Kueh su pahn cheong - Typecutter　太鋪吉打

做遮師傅　Tso chea see foo - Umbrellamaker　菴布喱鎷米架

洗衣服人　Sae e fuk yan - Washerman or Doby　蝸哋文　又曰　刀做

修鐘錶師傅　Sow chong pew see foo - Watchmaker　挖杜米架

織布人　Chek po yan - Weaver　嚹華

僱工人　Koo kung yan - Workman　域文

商　Seong - Merchant　孖毡

賈　Koo - Trader　地厘打

販賣　Fahn mai - Vender　噒打

屋主　Uk chü - Landlord　囒哆　嘚字利唱切

漢字	粵音	English	英音
屋客	Uk hak	Tenant	吠寧
人客	Yan hak	Guest	㗎士
各國人	Kok kwok yan	People of different nations	卑布哩阿乎地化倫尼總（化字非霞切）
花旗人	Fa kí yan	American	亞孖利斤
西洋人	Sai yeung yan	Portuguese	播租機
唐人	Tong yan	Chinese	欽尼士 又曰 欽拿文
河蘭人	Hó lan yan	Dutch	得柱文
英人	Ying yan	English	嘆忌利署蚊
化蘭西人	Fá lan sai yan	French	法喇杉文
印度國人	Yan to kwok yan	Hindostanian	柰都士嗔年
日本人	Yat pún yan	Japanese	嘂哽尔士

嗎𧝑人 Mahlayyan - Malay 嗎禮文

西班牙人 Saipanngajuen - Spaniard 士嘥尔押

江湖子弟 Kongwoochetae - Traveller 啲嚦化鏬 化字非音切

戲子 Heiche - Player 舖麗也 俳優

矮仔 Aitsae - Dwarf 度蝸乎 セビク

花花公子 Fahfahkungche - Coxcomb 郭士琴 ダテシャ。鈫ちカウ人

呂宋人 Luisungyan - Manilaman 萬尔鏬文

進香人 Tsunheungyan - Pilgrim 披厘忌廉

弄法人 Lungfahtyan - Juggler 則鏬術士 手品師

山大佬 Santaiio - Giant 蘼仁 セタカ

遊民 You mun - Wonderer 溫打鏻。

乞兒 Hak ty ye - Beggar 吡架 吡字鼻尺切

酒肉之徒 Chau yok che tu - Debauchee 地喋池 喋字鼻區切

鹵莽 Lu mong - Bluff 不昔 粗魯 布鮮乎 粗鹵

扭皮條 Che pi tiu - Pimp 鞭蒲、迭女屋、亭主

啞人 Hyan - Dumbman 冧文

野仔 Yea tsai - Bastard 娼子 巴士達 私生子 ○

好訟之徒 Ho chung che tu - Pettifogger 咧地靁加

冇用人 Mo yung yan - Drone 𠯿尨語士

盲佬 Mang lo - Blindman 布薐吾文

聾人 Long yan - Deafman 爹乎文

跛脚	Pae kok	Lame man	例唔文
癲人	Tin yun	Madman	禨文
鬼	Kwai	Devil	爹平厘
惡人	Ok yun	Wicked man	域結文
海盜	Hoi to	Pirate	排律。
大賊	Tai tsak	Robber	笠巴　巴字下平
呆人	Ngoi yun	Fool	夫圍　夫字花孤切
妓婦	Kei fu	Prostitute or Whore	舖纙士地喲　又曰　何亞　○
陰魂	Yum wan	Ghost	高士
賊	Tsak	Thief	的乎
穿窬賊	Chün ü tsak	Burglar	北忌鏢　○

剪綹	Tseen law - Pickpocket	碧樸結
兇手	Hungsow - Murderer	孖打鏬
姦夫	Kaunfoo - Adulterer	啞打厘打鏬
賭博之徒	Too pok che too - Gambler	嗹布鏬
仇人	Sow yan - Enemy	嘜尔眉
監斃	Kaum tai - Jailbird	嚌厘巴
三隻手	Sam chek sow - Pilferer	啤厘花鏬
光棍	Kwong kwun - Swindler	士𠯿打鏬
淫婦	Yam foo - Adulteress	啞打厘打嘘士
爛仔	Lan tsai - Vagabond - Rogues	條　域架嘅
監犯	Kaum fan - Prisoner	鋪利純拿
欠債人	Him tsai yan - Debtor	跌多

中文	英文	譯音
家	Kah - family	嗜眉黎
宦家	Wahn kah - Noble family	腦布厘嗜眉黎
富翁	Foo yung - Richman	烈。枝文
好人	Hoo yun - Good man	豁文
勤力人	Kun lik yun - Industriousman	烟打士地利亞士文 又音 地利律文
有智之人	Yow chee chee yun - Man of knowledge	萬阿乎糯黎枝
富家	Foo kah - Rich family	烈。枝嗜眉黎
窮人	Kung yun - Poorman	鋪亞文
歹人	Tai yun - Badman	咇文
懶惰人	Lahn toh yun - Lazy man	禮細文
博學之人	Pok hok chee yun - Philosopher	非羅騷花 花字下平

恩公 Yun kung - Patron 批地郎	施主 See chü - Donor 刀那
濟人 Tsae yun - Almsgiver 嗐士基花 嗐字歐監切	英雄 Ying hung - Hero 希勞
君子 Kwan che - Perfectman 怕啡文 啡字花尺切	誠實人 Sing shat yun - Honest man. 安吶士交 吶字彌遮切
儉人 Kim yun - Economicalman 衣高攏覔其厘文	仙 Sin - Genii 毡尔挨
聖人 Sing yun - Sage 西治	賢人 Heen yun - Worthy 蝸底
能人 Ning yun - Ableman 繼布厘文	大力人 Tai lik yun - Strongman 士哋郎文

柔軟人 Yau yuen yan. Delicate man 爹利溪地文

大火氣人 Tai foh hi yan. Bad tempered man 咧啲把文

滋事人 Chee sze yan. Troublesome man 地笠布厘吟文

悖禮人 Poot lai yan. Saucy man 梳細文

人 Yan. Human being 僥文鼻烟

番人 Fahn yan. Foreigner 科倫拿

本地人 Poon tei yan. Native 坭地乎

男人 Nam yan. Man 萬 又曰文

女人 Nui yan. Woman 烏文

後生 How sang. Young man 央文

老大人 Lo tai yan. Old man 澳厘文

童子	Tongche - Lad.	咧	
女子	Niiche - Girl.	喙厘又呀厘	
閨女	Kwae nui - Virgin.	華毡	毡字下平
番頭婆	Fahn tow poh - Stepmother.	士嚟孖打	後母
接生婆	Chih sang poh - Midwife.	篾歪平	產婆
鰥	Kwan - Bachelor.	啉杜羅	
細蚊仔	Sai mun chae - Boy.	杯	
亞娘仔	Ah nong chae - Lady.	咧底	
老大婆	Lo tai poh - Old woman.	澳厘烏文	
媒人婆	Mui yun poh - Go-between.	告鼻豚	
有夫之婦	Yau foo che foo - Married woman.	咩烈烏文	
寡	Kwa - Widow.	鬱刀	鬱字雲結切

孤 Koo - Orphan 阿墳	獨 Tuk - Heirless 唏弧嚦士
五倫 Ng lun - The five relations 地快乎利嚟純	
君 Kwan - Prince 鋪嗹士	臣 Sun - Minister 𠮶尔士打
父 Fu - Father 花打	繼父 Kae fu - Step father 士喋花打
母 Mu - Mother 孖打	繼母 Kae mu - Step mother 士喋孖打
子 Tsze - Son 新	女 Nui - Girl 多打

子女 Chee nüi - Children 趣厘地倫

次子 Chü che - Second son 昔斤新

浪子 Long che - Prodigal son 敗蕩息子 布羅的加新

養子 Yeong che - Foster son 科士打新

兄 Hing - Elder brother 咾厘打布鎅打

弟 Tai - Younger brother 央加布鎅打 加字孤麻切

長子 Cheung che - Eldest son 咾厘𠯠士新

孻子 Lai che - Youngest son 央咖士新 咖字孤遮切

承繼子 Sing kay che - Adopted son 嗣子 嗌嗒跌新 嗒字地執切

孩提之童 Hai tay chee tong - Infant or Babe 烟墳 又曰 㗎啤

大哥 Tai kó - Eldest brother 咾厘𠯠士布鎅打

大姊 Tai che - Elder sister 咾厘打𨰻士打

妹 Muey - Younger sister 央咖勿士打

夫 Foo - Husband 蝦士品 品字下平

婦 Foo - Wife 歪乎

妾 Chip - Concubine 干樒拜吾

朋友 Pang yow - Friend 乎嗹

深交 Sum kaou - Intimate friend 烟地茂乎嗹

九族 Kow chük - The nine clanships 乃吾冀嗹士

祖宗 Tso chong - Ancestors 晏勿士打

高祖 Ko tsö - Greatgreatgrandfather 忌黎地忌黎地忌欄花打

高祖母 Ko tsö mu - Greatgreatgrandmother 忌黎地忌黎地忌欄孖打

曾祖 Tsang tsö - Great grandfather 忌黎地忌欄花打

漢字	讀音及英義	英音
曾祖母	Tsung tsó mú - Great grand mother	忌黎地忌欄孖打
祖母	Tsó mú - Grand mother	忌欄孖打
孫	Suen - Grandson	忌欖新
玄孫	Huin suen - Great great grandson	忌黎地忌黎地忌欄新
親誼	Tsun ye - Kindred or Relation	乾地列 又曰 利禮綿
媳婦	Suck fú - Daughter in law	多打爛羅
祖父	Tsó fú - Grand father	忌欄花打
養母	Yeung mú - Foster mother	科士打孖打
曾孫	Tsung suen - Great grandson	忌黎地忌欄新
子孫	Che suen - Descendants	地山頓士
孫媳婦	Suen suck fú - Grand. nú a fe.	忌欄新士歪孖

外父	Ngoi-foo – Father-in-law	花打烟羅 舅
配室	Pooi-sat – Betrothed wife	鼻地羅公歪乎
姊夫 アネムコ	Chee-foo – Brother-in-law	布鍊打烟羅
亞嫂 兄弟ノ妻	Ah-soo – Brother's wife	布鍊打士歪乎
姪婦 甥ノ妻	Tsit-fu – Nephew's wife	咪啱士歪乎
姪女婿 姪ノ夫	Tsit-nui-sai – Niece's husband	尔士蝦士品
外母 姑	Ngoi-mu – Mother-in-law	孖打烟羅
女婿 合	Nui-sai – Son-in-law	新烟羅
亞舅 妻ノ兄弟	Ah-kau – Wife's brother	歪乎士布鍊打
姪 オイ	Tsit – Nephew	咪啱 啱字科腰切
姪女 メイ	Tsit-nui – Niece	尔士
嫡堂兄弟 イトコ	Tik-tong-hing-tae – Cousins	卡臣

蘭兄弟　Lanhingtae. Brother by adoption　布囉打拜啞啲𠲍　㗎字地執切

伯母　Pak moo. Elder uncle's wife　咹厘打英忌厘士歪乎

嬸（審）　Sum. Uncle's wife　英忌厘士歪乎

外婆　Ngoi poh. Maternal grandmother　襪他拿厘忌欄孖打

舅母　Kow moo. Maternal uncle's wife　襪他拿厘英忌厘士歪乎

姑母　Koo moo. Aunt　晏

伯父　Pak foo. Elder uncle　咹厘打英忌厘　英字盧聲切

叔　Sook. Uncle　英忌厘

外公　Ngoi kung. Maternal grandfather　襪他拿厘忌欄花打

舅父　Kow foo. Maternal uncle　襪他拿厘英忌厘

表兄弟　Piu hing tae. Cousins　茄臣

老契　Lo khae. Sweetheart　士囒乞　囒字雲節切

契家婆 Khai ka po - Mistress 眉士地嗝士

人體 Yan thai - Body 砵帝

人氣 Yan hi - Breath 布嚟△

頭殻 Tau hock - Skull アタマ 士咕厘

頭頂 Tau teng - Crown of the head 卡流吾阿乎地吃

額角 Ngak kok - Temple コメカミ 啲布厘

頭 Tau - Head 吃 吃字氣尺切

頭腦 Tau nò - Brain 布黎吾

額頭 Ngak tau - Forehead 科亞吃

光頭 Kwong tau - Bald head バーヅ 波厘吃

中文	Pronunciation - English	讀音
眼	Ngán - Eye	挨
藍眼	Lahm ngán - Blue eyes	布路挨
眼眉	Ngán mé - Eye brows	挨布勞
瞳人	Tung yan - The pupil of the eye	漂布厘阿平地挨
眼黑睛	Ngán hak tsing - The iris of the eye	挨利士阿平地挨
眼揖毛 マツゲ	Ngán yup mo' - Eyelashes	唉嚇佘士
黑眼	Hack ngán - Black eyes	布叻挨
眼盖	Ngán koi - Eyelids	挨列士
眼睛	Ngán tsing - Eye ball	挨波厘
眼白睛	Ngán pak tsing - The white of the eye	嗹地阿平地挨
眼淚	Ngán loi - Tears	地亞士
靈眼	Ling ngán - Bright eyes	布儷地挨士

Pe - Nose	鼻	腦士
Pien pe - Flat nose	扁鼻	乎㗑腦士
Pe chü - Cartilage of the nose	鼻柱	卡地黎柱阿乎地腦士
Pe huet - Nose bleed	鼻血	腦士布列
Kow - Mouth	口	茂厶
Kow sui - Spit	口水	士必
Tai pe - Large nose	大鼻	鏬柱腦士
Pe leong - Bridge of the nose	鼻梁	布列柱阿乎地腦士
Pe hong - Nostril	鼻吼	那士地利士
Pe thai - Mucus	鼻涕	妙加士
Kow shun - Lips	口唇	獵士
Ping kow - Harelip	崩口	呢亞獵

漏口 Leukow - Hammering 士店麻夌

喉嚨 Haulung - Throat 地老地

喉欖 Haulahm - Adam's apple 亞湶士鴨布厘

咽喉 Et hau - Wind pipe 呸排鋪

脷 Le - Tongue 舌 丁

牙 Ngá - Teeth 地△

大牙 Taingá - Grinders 旣蘊吾打

門牙 Moonngá - Incisors teeth 烟思梳士地△

虎牙 Foongá - Canine teeth 契乃吾地△

牙肉 Ngáyuk - Gums 廿

廿字牙奄切

耳 Í - Ear 衣亞

耳吼 Í hong - Cavity of the ear 契非㡳阿乎地衣亞

漢字	譯音	粵音 - English
耳屎	沙嚕文	I'shi - Cerumen
面	輝士	Meen - Face
臉	戚	Lim - Cheek
輔頰	佐報吾	Fu kiaph - Jaw bone
鬚	卑日	So - Beard
胡連鬚	虛士加士	Woo lin so - Whisker
耳臘	衣也域士	I'lahp - Ear-wax
面色	甘舖吡純	Meen sik - Complexion
頷	千	Hom - Chin
頭髮	唏也	Tau fatt - Hair
八字鬚	孖士達遮士	Paht tsz soo - Mustache
拳骨	戚報五（ホホホネ）	Kuen kwut - Cheek bone

頸 Keng - Neck 喱

四枝 Se chee - The Four limbs 哋△科亞廉士

臑骨 Naou kwat - Shoulder bone 騷厘打報吾

手踭 Sau tsang - Elbow 啵厘保 ヒヂ

手腕 Sau wan - Wrist 利士地 テクビ

手背 Sau pooi - Back of the hand 壁阿乎地△啞 壁字鼻尺切

頸背 Keng pooi - Back of the neck 壁阿乎地△喱 壁字鼻尺切

肩頭 Kean tau - Shoulder 騷厘打

手臂 Sau pe - Arm ウデ 喑

手 Sau - Hand 嚓

手掌 Sau cheong - Palm of the hand 怕唔阿乎地△啞

手指 Sau che - Finger 分加 加字下平

中文	English (romanization – meaning)	讀音
指公頭 オヤユビ	Che koong tow – Thumb	[illegible]
中指	Chung che – Middle finger	篾地厘吩加
小指	Seu che – Little finger	列地厘吩加
手甲 ツメ	Sau kaap – Fingernails	吩加坭厘
核骨	Hith kwat – Ankle bone	嘜忌厘煲吾
脈	Muck – Pulse	鈀厘士
食指 ヒトサシユビ	Sik che – Fore finger	科吩加
無名指 クスリユビ	Mo ming che – Ring finger	綀吩加
手節	Sau tsit – Knuckles	匿忌厘士
指骨	Che kwat – Finger bones	吩加煲吾
脈筋	Muck kun – Arteries	亞的利士　的字梯蔗切
筋	Kun – Sinew	先烏士

肉筋	Yook-kun - Muscles	孖士忌厘士	
血筋	Hueit-kun - Veins	雲士	
肚臍	Too-chhe - Navel	坭華厘	
皮	Pee - Skin	士堅	
肉	Yook - Flesh	乎咥樹	
絡脈	Lok-muck - Blood vessels	布律哗佘厘士	
節	Tsit - Joints	唺吾士	
心胸	Sum-hong - Breast	布哩士	
背後	Pooi-how - Back	嚗	嚗字鼻尺切
骨	Kwut - Bone	煲吾	
血	Huit - Blood	布律	
骨髓	Kwut-chui - Marrow	孖勞	

髀骨 Pengkwut - Rib 獵士

脆骨 キンコツ Chuikwut - Cartilages 赤地麗者士

五腑 Ng-fu - Chest 車士

心 Sum - Heart 乞

肝 Kon - Liver 利華

䏚 Niaou - Loin 類吾士

背後骨 セボネ Poihowkwat - Backbone 嚕報吾 嚕字同上切

胸骨 Hungkwut - Sternum 士打稔

六臟 Lookchong - Abdomen 鴨刀文

衷心 Hongsum - Bosom 干純士

肺 Fae - Lung 靈士

胆 Tam - Gall bladder 歌厘布辣打

直腸 吻泵 Chick cheong - Rectum	腸 烟爹士太吾 Cheong - Intestine
肚 喉味厘士 Tho - Bowels	小肚 嗶黎 Seu tho - Belly
尾龍骨 錫林 Me loong kwat - Sacrum	脾 士鋪連 Pe - Spleen
下陰 鋪禮捵拍士 Hah yum - Privateparts	腎 竭坭 Shin - Kidney
大髀 太 Tai pe - Thigh	膝頭 你 Sut tau - Knee
膝盖骨 你攀 Sut koi kwat - Kneepan	波羅盖骨 吡厘非士（吡字皮遮切） Po lo koi kwat - Pelvis

中文	English	注音
脚	Keuh - Foot	閣　閣字科篩切
脚棍 スネ ハギ	Keuh kwan - Leg	叻
脚板 アシノウラ	Keuh pahn - Sole of the foot	掃厘阿乎地濶
脚脝 カカト	Keuh tang - Heel	希厘
脚指仔	Keuh che tsae - Little toe	列地厘叨
汗	Hon - Sweat	士雞
脚囊 フクラハギ	Keuh nong - Calf of the leg	朮乎阿乎地叻
脚眼 クルブシ	Keuh ngán - Ankle	嘜忌厘
脚背 アシノカフ	Keuh poo - Back of the foot	嘮阿乎地濶
脚指公	Keuh chi kong - Toe	叨
乳	Yue - Milk	咪厘其
精	Tsing - Essence	咴咣士

屎 Se - Night soil 奶地嘩厘 又曰薛

屎 Neu - Urine 吠連 吠字歆姑切

死屍 Se see - Corpse 哈士

死人骨 Se yun kwat - Skeleton 士啄厘頓

此二句須分先後講句語之中我字在先則用前一個挨字句語之中我字在後則用未字須分淸楚方成正語譬如我打爾則挨士地叻夭爾打我則夭士地叻未若說夭士地叻挨則不通也

我　Ngó I or Me　挨　又曰未

此二句亦如上分法

我的　Ngó tik- Mine or My　賣吾　又曰買

我們　Ngó moon- We or Us　唯　又曰丫士

唯字雲衣切

我自巳　Ngó chü che- Myself　買賒厘乎

我們的　Ngó moon tik- Our　歐亞士

我們衆人　Ngó moon chung yan- All of us　阿厘阿乎丫士

我們自巳的　Ngó moon chü kí tik- Ourselves　歐亞賒厘乎士

爾的　Ne tik- Your　呹亞

爾　Ne- You　呹

呹字飲姑切

爾們　Ne moon- You　呹

中文	English	音
爾們的	Re mon tich. Your	呠亞
爾自己	Re che ke. Yourself	呠亞賖厘平
爾們自己	Re mon che ke. Yourselves	呠亞賖厘平士
爾們衆人	Re mon chung yun. All of you	阿厘阿平呠
佢	Kii. Hee or Hiem	希 又曰 謙　此二句亦如我字句分法
	She or Her	詩 又曰 蝦　此二句指女人講亦是先後分法
他們	Tha mon. They or Them	黎 又曰 嗹　先後分
佢的	Kii tich. His or Hers	希士 又曰 蝦士　首句指男人講末句指女人講
佢們的	Kii te tich. Their	爹亞
佢自己	Kii che ke. Himself	謙賖厘平
佢們自己的	Kii te che ke tich. Themselves	嗹賖厘平士
他們衆人	Tha mon chung yun. All of them	阿厘阿平嗹

宮室 Kongsut - Edifice, Building 吔地非士，又曰卑厘丁

方丈 Fong cheong - Abbot 鴉波

社稷壇 Seachik tahn - Altar 阿厘打

望亭 Mong ting - Wayside Arbor 威嘅鴉波

橋鞏 Kiu kung - Arch 押柱

兵房 Ping fong - Barracks 巴啉士

社學 Sehok - Academy 嗌溪地迷

涼亭 Leong ting - Arbor 鴉波

軍器局 Kwan hei kuk - Arsenal 丫信奈厘

麵包爐 Min pau lo - Bakehouse 噭其後士

烟墪 Yin tun - Beacon 卑近

蒸酒房	Chang chau fong - Brewhouse	布料後士	橋	Kew - Bridge	布列枝
新娘房	Sun neong fong - Bridechamber	布礷地潛把	釣橋	Tew kew - Suspension bridge	沙士嗹純布列枝
娼寮	Cheong leu - Brothel	布羅爹厘	小室	Sew sut - Bungalow	崩加勞　加字卞平
驛	Yik - Caravansary	卡例雲沙黎	監牢	Kahm lo - Cell	喺厘
地牢	Te lo - Cellar	薛打	茶館	Chà kun - Coffee house	架啡後士
酒房	Chau fong - Butler's room	不鋍士廩	書院	Sü-ün - College	哥黎枝

禾田 Wo teen - Corn field 干非厘地

醫院 E-uin - Medical college 嗎地加厘哥黎枝 加字下平

園塚 Yuen chung - Cemetary 閃未爹黎

茅屋 Maou ook - Cottage 割低枝

大餐房 Tai chan fong - Dining room 大噲廩

會館 Oui koon - Exchange 益士干治

貢院 Kung iun - Imperial college 鴨披利啵厘哥黎枝

兵寨 Ping chai - Cantonment 啉當文

寺觀 Chee koon - Convent 干温士

公所 Kung so - Public office 吥布吻阿非士 吥字布急切

粧樓 Chong lau - Dressing room 地喱星廩

墟 Hoü - Fair 啡也 啡字科車切

田屋 Tien ouk - Farmhouse 嚼後士 嚼字科盬切

田 Tien - Field 非屋士

炮臺 P'áu t'oi - Fort 囉 科局切

廩 Lum - Granary 仝上

卡 Ká - Guardhouse 額後士

堂 Tong - Hall 賀屋

渡頭 Tò Tau - Ferry 花黎

田基 Tien kee - Field walk 非屋地𫘥

穀倉 Kouk ch'ong - Granary 忌欄拿黎

土庫 T'ou fú - Go-down 咭噹

墳 Fun - Grave 忌爐平

衙門 Ngang moon - Hermitage 蝦末弟杜

醫館	E-kwun - Hospital	賀士必打
育嬰堂	Yuk ying tong - Foundling Hospital	埌吾𠺘靈賀士必打
屋	Ook - House	後士　廣東番語口素
葵寮	Kwae liu - Hut	核
厨房	Chü fong - Kitchen, Cookroom	嵑剪　又曰　曲噒。
守舍	Sau sea - Lodge	咯林
巷	Hong - Lane	例吾
火藥局	Fo yeuk kuk - Magazine	𠿬打麥架仙　𠿬字怕歐切
衙門	Ngá moon - Magistrate's office	麥遮士地黎士阿非士
宅	Tsák - Mansion	萬純
市	Se - Market	孖結
苑	Yuen - Menagerie	晚坭者厘。

寺 The-Monastery 摩拿士爹黎

無嗣祠 Uüchechë-Orbate Temple 阿爾地嘧布屋

塔 Tahp-Pagoda 罷哥打

大樓或客廳 Tai lau-or Hak tang-Parlor 怕鑪

牌樓 Phy lau-Honorary portal 安糯鑄黎波打屋

監 Kahm Prison 碑利臣

庵 Um-Nunnery 喃拿黎

囿 Yau-Park 柏

宮殿 Kung tin-Palace 啤利士

較場 Kau cheong-Parade-ground 鈸例地晑郞

齋 Tsai-Retreat 利地利唻屋

閒居 Hahn kü-Retiring room 利太凌廩

書房	Sü fong - Reading room	列丁噜
内宮	Noi kung - Seraglio	四呦佬
馬房	Ma fong - Stable	士低布厘
街	Kai - Street	士地列
廟	Miu - Temple	漆布厘
營	Ying - Tents	呋士

書館	Sü kun - School	士箍厘
烽墩	Fong tun - Signal post	啫拿厘抱士
棧房	Chan fong - Store house	士多亞後士
圈	Kiuen - Sty	士大
祠堂	Chi tong - Ancestral Temple	晏縣士多士漆布厘
更樓	Kang lau - Watch tower	挖林偷亞

總督住家 Chung tok chü kah - Governor's house 加墳拿士後士

按察司衙門 On tsát sze ngá mun - Supreme Court 素布嚦葛

公庫 Kong foo - Treasury 地喱蘇黎

書信館 Sü sun koon - Post office 抱士阿非士

寫字樓 Sé che lau - Office 阿非士

藥房 Yeok fong - Dispensary 地士便沙黎

總督衙門 Chung tok ngá mun - Governor's office 加墳拿士阿非士

縣官衙門 Uen koon ngá mun - Magistrate's office 麥遮士地黎士阿非士

差館 Chhie koon - Police station 布利士士低純

公司會館 Kong see wui koon - Club House 卡笠後士

印字館 Yun che koon - Printing office 鋪練丁阿非士

書樓 Sü lau - Library 獵布嚦黎

Pu - Shop

舖 哈 哈字樹嚧切

投貨舖 Shau fo pu - Auction room 惡純𤸷

打鐵舖 Ta teet pu - Blacksmith's shop 布吻士米△哈

猪肉枱 Chü yuk toi - Butcher's stall 砵査士士多㕓

甲萬舖 Kap man pu - Cabinetmaker's shop 嘅卑嘶迷架哈 喱字尔咽切

木舖 Muk pu - Carpenter's shop 卡品打哈

剃頭舖 Thai tau pu - Barber's shop 巴把士哈

釘書舖 Ting shü pu - Bookbinder's shop 卜拜吾打哈

打銅舖 Ta tung pu - Brasssmith shop 布鏬士茂△哈

餅舖 Peng pu - Bake shop 戟哈

水貨舖 Shui fo pu - Chandler shop 餐地鏬哈

新衣舖 Sun i pú. Clothier shop 故老地亞哈

買辦館 Mypahnkoon. Comprador's shop 甘布黎多哈

藥材舖 Yeok choi pú. Drug shop 地叻哈

高樓館 Ko lau koon. Eating house 咽丁發士

扇舖 Seen pú. Fan shop 番哈

賭錢館 Tú chin koon. Gambling house 喇布凌發士

箍桶舖 Kú tung pú. Cooper's shop 箍把哈

古玩舖 Kú oon pú. Curiosity shop 橋利阿窃底哈

染房 Nim fong. Dyer's shop 大也哈

洋貨舖 Yeong fó pú. European chandler shop 吠笠便發地鋪哈

菓攤 Kó tahn. Fruit stall 弗劣士多厘 劣字利濶切

雜貨舖 Tsap fó pú. Grocery 故羅沙黎

中文	English	譯音
客店	Hak tim - Hotel, Tavern.	號爹厘、又合爹墳
玉器舖	Yuk hei pu - Jeweler's shop	招衣鎊哈
找錢枱	Chau chin toi - Money changer's table	蚊尔千𡍼士多匾
油漆舖	Yau tsat pu - Painter's shop	編打哈
豬欄	Chü lan - Pig shop	朼哈
雞鴨舖	Kai ap pu - Poulterer's shop	頗厘打鎊哈
酒店	Chau tim - Inn, Public house	烟、又合𠯈布吻後士、𠯈字布急切
錢銀舖	Chin ngan pu - Money changer's shop	蚊尔千嗟哈
鴉片舖	A pin pu - Opium shop	澳皮吟哈
當舖	Tong pu - Pawn shop	㠿哈
寫畫舖	Se wa pu - Portrait painter's shop	波地黎地編打哈
米舖	Mai pu - Rice shop	賴士哈

纜路 Lahm loo - Ropewalk 嗌鏤

皮雜舖 Pi haipú - Shoemaker's shop 蘇米加哈

打銀舖 Ta ngan pú - Silversmith shop 絲厘花士篾△哈

裁縫舖 Chúi hong pú - Tailor's shop 梯鏄哈

做遮舖 Chú chea pú - Umbrella's shop 巷布哩鏄哈

整錶舖 Ching peu pú - Watchmaker's shop 挖杜米架哈

鹹魚欄 Hâm yú lahn - Saltfish shop 梳厘非鼠哈

綢緞舖 Chhow tuen pú - Silk shop 絲厘其哈

書坊舖 Sú fong pú - Stationery 士低純ㅅ黎

茶舖 Chhá pú - Tea shop 𠯈哈

瓜菜攤 Kwá choi tahn - Vegetable stall 𠱥知低布厘士多厘

弩臺　播利士的布辣科呅　Nó toi - Balistic platform

窗壓　呠汈岀　Chhöng at - Bar window

柱墩　蔽士　Chü tun - Base

鐘樓　啤厘乎黎　Chung lau - Belfry

門閂或門插　煲厘地　Mun shon or Mun chhap - Bolt

掙角柱　布麗士　Chhang kok chü - Brace

青磚　布咖士　Tsing chün - Brick

天花板　思凌　Tin fa pán - Ceiling

柱　披鏍　Chü - Column, Pillar

簷口線　干你士　Sim hau sin - Cornice

天花板腳　干你上阿乎思凌　Tin fa pán keuk - Cornice of the ceiling

天井　葛嗒（嗒字夜壓切）　Tin cheng - Court yard

渠 Kü - Ditch, Drain 跌柱 又曰 地麗吾	鏤底頂 Lok tae ting - Dome 刀唔
門 Moon - Door 多亞	門樞 Moon kü - Doorpivot 多亞拔嘱士 嘱字非活切
大門 Tai moon - Maindoor 衙多亞	前門 Chin moon - Frontdoor 平論多亞
後門 Hau moon - Back door 噬多亞	門枋 Moon fong - Doorposts 多亞抱士
鋪窓板 Pü chéong pán - Doorshutters 多亞失打士	門斗 Moon tau - Doorsockets 多亞索傑士
簷口 Yim hau - Eaves 衣乎士	籬 Li - Fence 啉士

魚池 Yü chee - Fish pool 非鼠鋪厘

樓板 Lau pan - Floor 平羅亞

砌 Ch'ai - Foundation stone 坏吾低純士刀吾

腰線 Iu seen - Frieze 平利士

屋飛 Uk fee - Gable 鷄布厘

閘 Tsap - Gate 鷄地

旗杆 K'i kon - Flag staff 平吁士打平 吁字利錫切

墻腳 Ch'eung keuk - Foundation 坏吾低純

狗髀 Kau pei - Frame of a roof 平廉阿平貓路平

灶 Tsò - Furnace 花你士

捲耳 Küen í - Gable ear 鷄布厘衣亞

水漕 Sui tsò - Gutter 吉打

門較　Moontaau - Hinge　軒柱

矮仔　Ai tsai - King posts　京抱士

天籠子　Tien long chi - Lathing　例丁

閣　Kok - Loft　羅乎地

突鼓　Tut kui - Pannels　嘭呢厘士

牌樓　Pai lau - Pediments　披地文士

鈎　Ngau - Hook　哭

門鐶　Moonwan - Knocker　諾架

門楣　Moonmei - Lintel　練爹厘

墻腳線　Cheong keok seen - Skirtboard　毛厠砵

板帳　Pan cheong - Partition　柏地綸

水古　Sui koo - Plate　舖禮地

廊廡 Long mù - Porches 波者士

桷 Kok - Rafters 鏬平打士

瓦面 Ngá min - Roof 魯平

溝渠 Kau kü - Sewer 消亞

神龕 Shan hóm - Shrine 樹礁吾

天通 Tin tung - Skylight 士啓孻地

桁 Hang - Purlins 怕練士

正樑 Ching leung - Ridgetree 列杜地利

屏 Ping - Screen 士冀練

柱棟 Chü tung - Shaft 沙乎地

水圍 Sui wai - Sink 星

樓陣 Lau chan - Sleepers 士獵巴士

企柱	Ke chü	Stanchion, post	士丹轉 又曰 抱士
樓梯	Lau t'ai	Stairs	士爹亞士
青泥	Chak nai	Summer	深麻
扯陣	Ch'é chan	Tie-beam	太嗶 嗶字卑劍切
堦磚	Kai chün	Square tile	士𠵾亞太厘
牛柏葉	Ngau pak ip	Venetian	非你𠸎
水管	Sui koon	Waterspout	蝸打士噗
石級	Shek k'up	Stone steps	士刀吾士碟士
尖頂高鐘樓	Chim ting ko chung lau	Steeple	士碟布厘
瓦	Ngá	Tile	太𠺘
瓦筒	Ngá t'ung	Round tile	𠺘吾太厘
敵樓	Tik lau	Turret	他列士

墻	Tchiang - Wall	蝸厘	
籬	Fan - Wattle	挖地厘	
窓	Chiung - Window	𠯈刀	
天臺	Tien Toi - Veranda	𠲖蘭打	
吊橋	Tiu kiu - Drawbridge	地羅布列枝	
望樓	Mong lau - Tower	偷亞	

音樂 *Yeung ngok - Musical instruments* 紗昔卡厘爛士地魯文

琴 *Kam - Lute* 劣地

瑟 *Shat - Harp* 峽

鼓 *Kú - Drum* 地林

戰鼓 *Chin kú - Battle drum* 吵地厘地林

梆鼓 *Pong kú - Concert drum* 干失地地林

懷鼓 *Wái kú - Hollow drum* 乎咧地地林

靈鼓 *Ling kú - Tambourine* 嗦播連

腰鼓 *Iú kú - Waist drum* 維士地地林

鼗鼓 *Tó kú - Rattle drum* 咧地厘地林

羯鼓 *Kit kú - Hand tambourine* 慳地林

提鼓	Tao kú - Equestrian drum	衣茄士地連地林
蘇鼓	Sú kú - Soochow drum	蘇州地林
銅鼓	Tung kú - Drum gong	地林昂
更鑼	Kang ló - Watch gong	挖柱昂
鐘	Chung - Great bell	忌黎地啤厘
金錞	Kam shun - Sistrum bell	絲士地林啤厘
魚鼓	Ü kú - Fish tambourine	非署嗲播連
鑼	Ló - Gong	昂
蘇鑼	Sú ló - Soochow gong	蘇州昂
鈸	Pút - Cymbal	閃把厘
風鈴	Fung ling - Wind bell	嚶啤厘
磬	King - Sacred king	西其列京

天球 Tin kau - Pitch-note-king 必柱臘地京

方響 Fong heung - Oblong plate 鴨浪鋪黎地

晌碼 Heung má - Wind glasses 嘆加鏬佘士

甎 Yan - Musical cup 妙昔咔厘鴿

古缶 Kú fau - Sounding vase 梢吾丁維士

敔 Yü - Fiddle box 吩㖇厘薄士 吩字科烟切

拍板 Pak pán - Castanet board 溪士丹嚧砵

卜魚 Puk ü - Buddhist fish 不希士的非署

木魚 Muk ü - Wooden fish 㖙頓非署

銅線洋琴 Tung sin yeung kam - Copper wire harmonicon 給巴歪也蝦昌你提

箏 Chang - Seven stringed harmonicon 些墳士地凌蝦昌你提

三絃 Sam hin - Three stringed guitar 地利士地凌鷄打

琵琶 羅孥咈鷄打 孥字路寬切	Pí-pá - Balloon-shaped guitar	月琴 挒鷄打	Yüt-kam - Moon-guitar
角 地林必	Kok - Trumpet	銅角 布鑮陣地林必	Tung-kok - Brass-trumpet
喇叭 咧拿喱厘排蒲	Lá-pát - Tunnel-pipe	扎角 卡鑮利仁	Chát-kok - Clarion
號筒 地林堡吾地林必	Hò-t'ung - Trombone trumpet	畫角 歐亞看	Wá-kok - Horn-horn
响角 梢吾丁看	Heung-kok - Sounding horn	嗩吶 紒巴其鑮利匿地	Só-nát - Co-phe-clarinet
笳 平咧嬌列	Kà - Flageolet	响笛 平嚘嬌列地排蒲	Heung-tek - Flageolet-pipe

銀鷄 Ngan kai - Whistle 吁士地厘

海螺 Hoo lo - Conch 干杜

籥 Yeuk - Fife 咈平

風琴 Fung kam Organ - Seraphine 阿近 又 賒麗吩 吩字科賢切

二絃 Yee hin - Two stringed fiddle 都士地凌咈地厘 嘴字科咽切

四絃 Sz hin - Violin 歪澳連

竪笛 Shu tik - Clarinet 卡鏬簾嚯 嚯字呢咽切

橫笛 Wang tik - Flute 平劣地

簫 Siu - Double pandean pipe 嗒布厘片地仁排蒲

洋琴 Yeung kam: Harpsichord 紗苛薄士

啼琴 Tai kam - Bass fiddle 敝士咈地厘

笙 Sang - Reed organ 列地阿近

撥 Pút - Plectrum 蒲嘞地林。

碼 Mà - Bridge 布列柱。

餘弦 U hién - Cosine 過噝吾。

餘切線 U chhiân - Cotangent 告嚙㗎地。

套甲 Tò kap - Railplectrum 坭里蒲嘞地林。

絃線 Hîn sìn - String 士地凌。

餘割線 U kòt sìn - Cosecant 過絲晛地。

Moo pei - Armament.

武備 唵米文地

軍器 Kwan hi - Arms - Weapons 唵士 又曰 喊品	炮火 P'hau fo - Ammunition 唵妙尔純
軍衣 Kwan i - Uniform 夭尔科唔	盔 Kwae - Helmet 唏厘篾
甲 Kap - Armor 唵磨	箭 Tsin - Arrow 椏勞
箭袋 Tsin tai - Arrow bag 椏勞嚨	弓 Kung - Bow 煲
弓絃 Kung hin - Bowstring 煲士地凌	垜把 To pa - Target 他結

紅心	Hung sum - Bull's eye	布厘士挨
韛	Kau - Brass	布麗沙
大炮	Tai phau - Cannon	吮嚨　嚨字尼銀切
銅炮	Tung phau - Brass cannon	布鏬士吮嚨
一磅大炮	Yat pong tai phau - One pounder gun	温抛吾打根
三十二磅大炮	Sam sap yee pong tai phau - Thirty two pounder gun	㨟地都抛吾打根
極	Kik - Finger cots	吩加割士
炮	Phau - Gun	根　或讀天字
鐵炮	Tit phau - Iron cannon	挨因吮嚨
地雷炮	Ti lui phau - Pumper	嘭巴　嘭字布甘切
炮口	Phau hau - Calibre	渓箍巴

番人觀炮之大小以碼子而計其碼子一磅重其砲約一担大其碼子三十二磅其炮有三千二百斤大矣

炮架 Pau ka - Guncarriage 根騎黎柱

散碼 San ma - Grape-shot 嘅咧鋪唊 唊字梳喝切

火刚熗 Fo chap chang - Matchlock 嘜柱洛

鳥鎗 Niu chang - Fowlingpiece 坏凌卑士

手鎗 Shau chang - Revolver 利窩厘華

五口頭 Ng hau tau - Fivebarreled revolver 呋乎覇喇厘利窩厘華

炮碼 Pau ma - Cannon ball 嘅嚨波厘

鐵銃 Tit chung - Gingall 毡坐厘

鎗 Chang - Musket - Fusee 孖士結 又曰 啄思 啄字科屢切

對面笑 Tui min siu - Pistols 披士打

孖鎗 Ma chang - Doublebarreled gun 嗒布厘覇喇厘根

彈子 Tan tsz - Bullet 布列

聯彈	Lientán - Chainshot	千唉
火藥	Fó yeuk - Gunpowder	根拋打
本地火藥	Puntí fó yeuk - Chinese gun powder	欽尔士根拋打
鴨利尾	Ápli mé - Bayonet	啵因䧟
藥角	Yeuk kók - Powder horn	拋打看
火藥箱	Fó yeuk seung - Caisson	溪衣臣
鐵沙	Tit sá - Smallshot	士孖厘唉
來路火藥	Lói lo fó yeuk - European gunpowder	天笠邊根拋打
鎗頭	Chang tau - Butt end	不嘍地
鐵沙袋	Tit sá tói - Shot bag	唉地噼
鉛碼夾	Un má káp - Bullet mold	舖列昌厘
火藥桶	Fó yeuk túng - Gunpowder cask	根拋打𡃁士

中文	English	讀音
藥彈盒	Yeuk tan hop - Cartouche box	卡偷柱薄士
火藥煲	Fo yeuk po - Stinkpot	士丁啉
劍	Kim - Sword	咈地　咈字士挖切
劍頭	Kim tau - Hilt	希厘地
尖鋒	Tsim fong - Point of the sword	培吾地阿平地咈地
利劍	Li kim - Sharp sword	噝咈地
雙口劍	Sheung hau kim - Two edged sword	都咽截地咈地
彎劍	Wan kim - Cimeter	思未打
罵孻劍	Ma lai kim - Malay sword	罵孻咈地
劍殼	Kim hok - Sheath	詩Δ
大貨	Tai fo - Double sword	嗒布厘咈地
單刀	Tan to - Single sword	星記厘咈地

長刀	Cheong To - Long knife	郎乃乎
小刀	Seu To - Dagger	笛茄
刀肉	To yook - Blade	布黎地
扎	Tsat - Pike	排卡
三叉	Sam chá - Three pointed pike	地利培吾秋排卡
籐牌	Ting pay - Shield	詩厘地
短刀	Tün To - Short knife	呩乃乎
刀背	To pooe - Back of the sword	壁阿乎地呩地
長鎗	Cheong chang - Spear	士卑亞
竹扎	Chook tsat - Bamboo pike	嘜鋪排卡
手標	Shau peu - Dart	達地
燕尾牌	Yin me pay - Buckler	北鎊

鐵棍	Tit kwun - Iron rod	埃因洛地
花筒	Fá tung - Cartridge	卡地列杵
火枝	Fó chí - Flambeau	平鑽鏢
爆竹	Pauk chuk - Fire cracker	快也其嚦加士
手扣	Shau kau - Hand cuff	慳卡平
枷	Ká - Pillory	披羅黎
飛鉈	Fí t'hó - Sling	士凌
火箭	Fó tsin - Fire arrow	快也樫勞
火把	Fó pá - Torch	拖柱
鐵鍊	Tit lin - Chain	千
脚撩	Keuk liu - Fetter	呿打
水車	Shui ché - Fire engine	快也炯毡　毡字下平

英語集全卷二

羊城唐廷樞景星甫著
兄　植茂枝
弟　庚應星
參校
陳恕道逸溪
廖冠芳若谿
仝訂

書中所有此等字樣已詳載第一卷而畧撮其尤要者列於每卷之首以便

查覽

唏 希這切　⿰口衣 衣這切　⿰口簾 簾這切　唎 利夜切

⿰口披 披這切　⿰口厘 厘爺切　⿰口機 機這切　呢 尼爺切

啡 非這切　⿰口肥 肥爺切　嗲 爹這切　⿰口你 你野切

⿰口威 威這切　啤 卑這切　⿰口家 家這切　咖 加這切

⿰口烟⿰口仙⿰口顛⿰口煅⿰口天⿰口片噠⿰口憲⿰口鞭⿰口便⿰口編⿰口面⿰口堅⿰口綿⿰口件⿰口甸⿰口廷⿰口前⿰口山⿰口難

㘚噃𡃁噧𡅏𡅅𡃶嗯

以上同韻各字俱無廣東省城字音可切只作烟字照官話字音爲底切音便合餘皆倣此

𡂝㘍𡂰𡃎𡁻咶咇𠶙嘫咧㰦𡃷㗫呷㘉㕾哳𠿬𡅯𡂖

吃

以上同韻各字併無一字可以廣東省城土音相切但學者出口便知該字應如何切法矣卽將烟字先照正音讀取其入聲將該入聲字爲底與上一字兩相切合便得其音矣

噞噘咕咕嗛噞嗛嚸嚱㖭㖼吣嚵

以上同韻各字無字可切學者出口便知此等字應如何切法卽將烟字照正音讀先與唔字切後將該切音復與上一字相切可也

喋嚂喇哛嗋唶𠽄喤啜唊𠿽嚛嚅

以上同類各字照廣東省城土音併無字底可切又無一字相同讀者應知該字如何切法矣

咭 其押切　噎 夜押切　𠯿 鋪押切　咈 花結切

嚦 歷尺切　嘞 勒尺切　𠵨 拂尺切、　𠽌 匿尺切

嘿 黑尺切
[口戟] 戟尺切
嘜 麻尺切
[口鈪] 鈪尺切

[口域] 域尺切
[口北] 北尺切
嘚 地尺切
[口律] 律喝切

呹 失喝切
[口砵] 砵喝切
[口濶] 濶喝切
[口抹] 抹喝切

噶 葛喝切
[女敉] 尼吉切
[口嫐] 尼喝切
嘣 捕廳切

[口興] 夏廳切
[口異] 亞廳切
[口靈] 利廳切
吩 花堅切

呍 華堅切
[口悶] 麻安切
[口般][口搬] 布安切
噃 破安切

⿰口亏 霞沽切　呋 由沽切　⿰口菴 極監切　喑 極鑑切

嚆嗻 冀蒿切　嗜 智爺切　⿰口歪 華哀切　吥 花嬌切

⿰口科 花高切　唕 火刀切　⿰口梯 他禧切　⿰口維 華衣切

𠯿 華豁切　嗞 鼻刀切　嗒 地濕切　哪 尼柯切

叻 利盎切　嘮 利濶切　哥 冀柯切　濶 花濶切

𥢧 利挨切　泵 地菴切　呼 霞沽切　咽 夷結切

咩⿰貝子 眉這切 兩字均係廣東俗字

埔字讀鋪字　號字讀蒿切

的字均讀入聲　林字讀上平

味字讀上平　霍縛同音

夫孚同音　咂純同音

薄膊同音　凸突同音

哪糯 同音

詩嚧哈唦嚓 出口齒音要重

士厘 兩字相連若傍有點須要快讀作沙字下平看

地厘 兩字相連若傍有點須要快讀作打字下平看

忌厘 兩字相連若傍有點須要快讀作加字下平看

尔仁 兩字相連若傍有點須要快讀作年字看

尔你 兩字均作尼字上平看

布厘 兩字相連若傍有點須要快讀作布字下平看

舟楫類

Chauchiplui:- Ships and appendages

涉士嘜嗎嚏低喏士

兵船

Pengshün - Ships of war - Man-of-war

涉士阿乎喎　萬阿乎喎

頂大兵船

Ting taipengshün - Ship of the line

涉阿乎地嚧吾

三枝桅兵船

Samchi waipengshün - Frigate

乎叻鷄地

二枝桅兵船

I chi wai pengshün - Man-of-war brig

嚤阿乎喎布叻

水師火船

Shui sz foshün - Man-of-war steamer

嚤阿乎喎士呫麻

炮艇 Pau teng - Gun-boat 根砵

大三板 Tai sam pan - Jig - Launch - Pinnace 極 又曰 欄柱 又曰 鞭尼士

快船 Fai shün - Man-of-war tender 嗎阿乎禍呋打

水師坐駕 Shui sz tso ka - Flag ship 乎嗹涉

一桅三板 Yat wai sam pan - Cutter 吉打

船 Shün - Vessel 喴佘厘

八槳船 Pat tseung shün - Eight oared gig 縊地阿亞極

暗車火船 Am che fo shün - Screw steamer 士其料士店麻

明車火船 Paddle Wheel Steamer

商船 Sheung shün - Merchant vessel 孖毡喴佘厘

三枝桅船　Sam chi wai shün – Ship　涉

二枝桅船　I chi wai shün – Brig　布吻。

一桅三板　Yat wai sam pan – Cutter　吉打

火船　Fo shün – Steamer　士店麻

小艇　Siu ting – Boats　砵

輕船　Heng shün – Tender　呧打

三枝半桅船　Sam chi pun wai shün – Barque　百

枝半桅船　Chi pun wai shün – Schooner　士官拿

大三板　Tai sam pan – Longboat　郎砵

鰍船　Chau shün – Whaleship　回厘涉

押船　Ap shün – Convoy　幹喎　喎字華該切

帶水艇　Tai shui ting – Pilotboat　排力砵

唐船 Tong shün - Chinese vessels 鈫尔士嘁佘厘

天津船 Tin tsun shün - Northjunk 糯Δ征

福建艚 Fuh kin tso - Fuhkien junk 福建征

東路船 Tung lü shün - East coast junk 衣士高士征

西路船 Sai lü shün - West coast junk 嘁士高士征

海南船 Hoi nam shün - Hainan junk 海南征

貨船 Fo shün - Trading vessel 地啲丁嘁佘厘

米船 Mai shün - Rice boat 壚士砵

龍船 Lung shün - Dragon boat 地嚦根砵

渡船	T'o shün - Passage boat	巴西柱砵
快艇	Fài t'ing - Fast boats	花士砵
書信艇	Shü shun t'ing - Post boat	袍士砵
貨艇	Fò t'ing - Bumboat	嘣砵　嘣字布甘切
搬艇	Pún t'ing - Small cargo boat	士麽厘卡告砵
拖船	T'o shün - Tow boat	拖砵
橫水渡	Wang shui t'o - Ferry boat	花黎砵
便單	Pin tan - Mesan cargo boat	罵冧卡告砵
鹽船	Im shün - Salt boat	梳厘地砵
二水船	I shui shün - Cargo boat	卡告砵
蛋家艇	Tan ká t'ing - Tanka boat	蛋家砵
快蟹	Fài hái - Crab boat	其臘砵

巡船 Tsun shün - Cruizer 其路沙

花艇 Fá ting - Flower boat 乎簍亞舦

槎 Chá - Pleasure boat 鋪哩佘舦

漁船 Ü shün - Fishing boat 非成舦

西瓜扁 Sai kwá pín - Lighter 儘打

杉排 Ts'ám pái - Spar pile 士巴排厘

師船 Sz shün - Mandarin boat 萬打連舦

紫洞艇 Tsz tung ting - Lodging boat 洛正舦

三扒 Sám pái - Pullaway boat 鋪厘威舦

小料 Siú liú - Salt fish boat 梳厘非暑舦

竹排 Chuk pái - Raft 鏬平地

風球 Fung kau - Balloon 嗶瀾　瀾字利寬切

船上什物

Shün sheung shap mat — Ship's appendages　涉士鳴𠹌底啫士

錨	Nau — Anchor	唆加	
錨泡	Nau pau — Anchor-buoy	唆加啄	
頭枕	Tau chum — Apron	縊鋪郎	
船篷	Shün fung — Awning	阿㕭	
壓艙石	At chong shek — Ballast	巴𨋢士	
船尾棚	Shün mi pang — Binnacle	鞭坭其厘	
櫃陣	Kwai chan — Beam	布剃	布剃二字切合作一字切
船頭	Shün tau — Bow	褒	
旱旁	Hon fong — Bulwarks	布厘域士	
船尾房	Shün mi fong — Cabin	㗎𪄠	

錨纜 Nau lam : Cable 溪布厘

錨拮 Nau kat - Cat-heads 嘅吃

拮鷄 Kat kai - Davits 低咈士

櫃面 Kwai min - Decks 笛士

尾枕 Mi cham - Fashion-piece 花純弊士

旗 Ki - Flag 乎嚦

絞盤 Kau pun - Capstan 嘅士頓

鵝膝 Ngo so - Cut-water 吉蝎打

三星 Sam sing - Dead-eyes 嘀挨士

二層櫃 Yee tang kwai - 'tween-decks 吐呍笛士 呍字云堅切

破浪神 Po long shun - Figure-head 啡咖吃

隔水旁 Kak shui pong - Foot-waling 鬍威凌

水仙門	Shui sin mon - Gangway	鏡威	
大根	Tai kan - Gunwale	根威厘	
艙口	Tsong hau - Hatchway	吃柱威士	
大桅艙口	Tai wai tsong hau - Main-hatchway	面吃柱威	
柁牙	Thai nga - Helm	嗹	
大艙	Tai tsong - Mainhold	面蒿厘	
船梯	Shüen thai - Gangway-ladder	鏡威咧打	
艙口盖	Tsong hau koi - Hatches	吃啫士	
頭艙口	Tau tsong hau - Forehatchway	科吃柱威	
船尾艙口	Shüen mi tsong hau - Mizzen-hatchway	未臣吃柱威	
船艙	Shün tsong - Hold	蒿厘	
船頭艙	Shün tau tsong - Forehold	科蒿厘	

船尾艙 Shün mi tsong - After hold 椏乎地蒿厘

船殼 Shün hok - Hull 蝦厘

裡籠 Li lung - Kelson 騎厘臣

倒吊 To tiu - Martingal 孖丁鷄厘

槳耳 Tseung i - Oartie 阿亞太

扒 Pá - Paddle 嘰地厘士

沙漏 Shá lau - Hourglass 歐亞忌鏄士

底骨 Tai kwat - Keel 敧厘

將軍柱 Tseung kwan chü - Knightheads 乃地吃士

槳 Tseung - Oar 阿亞

槳脚 Tseung kiuk - Oar-foot 阿亞泡士地

柁鈎 Thai kau - Pindles 編地厘士

中文	讀音	English	譯音
欄河	Lan hó	Poop-railing	卜例凌
轆轤	Luk lò	Pully	鋪黎
曲爭	Kuk chang	Quarter pieces	刮打畀士
柁	T'hoi	Rudder	律打
櫓摔	Lü sat	Scull-pin	士加厘鞭
跳板	Tiú pán	Shore-board	梳砵
炮門	P'au mun	Port-holes	啉莔厘士
嘭	Pum	Pump	閘水之物　嘭　布甘切
彎柴	Wan ch'ai	Rib	獵士
櫓	Lü	Scull	士加厘
放水門	Fong shui mun	Scuppers	士鴿巴士
企柱	K'i chü	Stanchions	士丹全

頭鰲	士咕	Tau ngo' - Stem
桅夾	士鐸士	Wai kiph - Stocks
柁杠	地鑄	Thai kong - Tiller
風信旗	瞬打哄	Fung sun kei - Weather-vane
柁絞	虛厘	Thai kau - Wheel
尾鰲	士丹袍士	Mi ngo' - Sternpost
水櫃	廳	Shui kwai - Tank
尾當	地囒岑	Mi tong - Transoms
旁	威厘士	Pong - Wales
豬籠絞	哄地鑄士	Chü lung kau - Windlass

桅	Wai - Mast	孖士
頭桅	Tau wai - Foremast	科孖士
大桅	Tai wai - Mainmast	面孖士
三桅	Sam wai - Mizenmast	未臣孖士
頭䴵	Tau pat - Bowsprit	褒士皮列
頭䴵標	Tau pat piu - Jib-boom	接搬

三喘頭彌標	Sam chün tau pat piü	乎氌營接搬	Flying jib-boom
頭桅二喘	Tau wai' yee chün	科答孖士	Fore-topmast
頭桅三喘	Tau wai' sam chün	科答加倫孖士	Fore-top-gallant-mast
頭桅四喘	Tau wai' sz chün	科来也厘孖士	Fore-royal-mast
大桅二喘	Tai wai' yee chün	面答孖士	Main-topmast
大桅三喘	Tai wai' sam chün	面答加倫孖士	Main-top-gallant-mast

大桅四喘　Tai wai sz chün　面来耶厘孖士　Main-royal-mast

尾桅二喘　Mi wai gee chün　未臣答孖士　Mizen-top-mast

尾桅三喘　Mi wai sam chün　未臣答加倫孖士　Mizen top-gallant-mast

尾桅四喘　Mi wai sz chün　未臣来耶厘孖士　Mizen-royal-mast

桅帽　Wai mo　級　Cap

帆杠　Fan kong - Yards　噎士

噎字夜乞切

頭桅第一喘帆杠 Tau wai tai yat chün fan kong - Fore-yard 科噎

頭桅第二喘帆杠 Tau wai tai yee chün fan kong - Fore-top-sail-yard 科答西厘噎

頭桅三喘帆杠 Tau wai sam chün fan kong - Fore-top-gallant-yard 科答加倫噎

大桅第一喘帆杠 Tai wai tai yat chün fan kong - Main-yard 面噎

大桅二喘帆杠 Tai wai yee chün fan kong - Main-topsail-yard 面答西厘噎

大桅三喘帆杠 Tai wai sam chün fan kong - Main-top-gallant-yard 面答加倫噎

尾桅第一喘帆杠 末臣嘖
Mi' wai tai' yat chün fan kong - Mizen-yard

尾桅二喘帆杠 末臣答西厘嘖
Mi' wai yee chün fan kong - Mizen-topsail-yard

尾桅三喘帆杠 末臣答加倫嘖
Mi' wai sam chün fan kong - Mizen-top-gallant-yard

尾桅站帆杠 其羅士隻嘖
Mi' wai tik fan kong - Cross-jack-yard

尾押上帆杠 加乎
Mi' at sheung fan kong - The gaff

尾押下帆杠 士柄加嘞 嘞字布甘切
Mi' at ha' fan kong - Spanker boom

頭彌十字帆杠 *Tau pat shap tsz fan kong* - *Spritsail-yard* 士鋪列西釐噎

繩索 *Shing sok* - *Rigging* 瀝京士 京字下平

頭桅劄繩 *Tau wai tock shing* - *Fore shrouds* 科署簍士

頭桅第二端劄繩 *Tau wai tai ye chün tock shing* - *Foretopmastshrouds* 科答孖士署簍士

頭桅第三端劄繩 *Tau wai tai sam chün tock shing* - *Top-gallantshrouds* 答咖倫署簍士

大桅劄繩 *Tai wai tock shing* - *Main shrouds* 面署簍士

Tai wai yee chiin tap shing - Main topmast shrouds

大桅二喘劄繩　面答孖士暑簍士

Tai wai sam chiin tap shing - Maintopgallant shrouds

大桅三喘劄繩　面答咖倫暑簍士

Mi wai tap shing - Mizen shrouds

尾桅劄繩　未臣暑簍士

Mi wai yee chiin tap shing - Mizen topmast shrouds

尾桅二喘劄繩　未臣答孖士暑簍士

Mi wai sam chiin tap shing - Mizentopgallant shrouds

尾桅三喘劄繩　未臣答咖倫暑簍士

Wai hau tap shing - Backstay

桅後劄繩　吡士低

桅二喘後劄繩	Wai yee chuin hau tsap shing	Topmast backstay	答孖士毗士低
桅三喘後劄繩	Wai sam chuin hau tsap shing	Topgallant backstay	答咖倫毗士低
頭桅前劄繩	Tau wai tsin tsap shing	Forestay	科士低
頭桅二喘前劄繩	Tau wai yee chuin tsin tsap shing	Foretopmast-stay	科答孖士士低
帆杠繩	Faan kong shing	Lifts of the yards	篷平士阿平地哼
綳繩	Mang shing	Braces	布黎奈士

Lüi ye - *Leechlines*

繚絲 *Li lim* - *Halliards* 列柱盡吾士

哩纜 *Long shing* - *Sounding line or Sounding lead* 蝦列士

龍繩 *Sing kei sok* - *Signal halliards* 梢丁盡吾 孖 梢丁咧

昇旗索 *Li* - *Sail* 昔拿厘蝦列士

哩 *Tau wai tai li* - *Foresail* 西厘

頭桅大哩 科西厘

頭桅二幔 *Tau wai yee li* - *Fore-topsail* 科答西厘

頭桅三幔 *Tau wai sam li* - *Fore-top-gallant-sail* 科答加倫西厘

頭桅四幔 *Tau wai sy li* - *Fore-royal* 科來耶厘

大桅大幔 *Tai wai tai li* - *Mainsail* 面西厘

大桅二幔 *Tai wai yee li* - *Main-top-sail* 面答西厘

大桅三幔 *Tai wai sam li* - *Main-top-gallant-sail* 面答加倫西厘

Tái wai' sz li - Main-royal

大桅四哩　面来耶厘

Mi wai' yee li - Mizen-top-sail

尾桅二哩　末臣答西厘

Mi wai' sám li - Mizen-top-gallant-sail

尾桅三哩　末臣答加倫西厘

Mi wai' sz li - Mizen-royal

尾桅四哩　末臣来耶厘

Mi áát - Spanker

尾押　士病加

Tái chim to - Sid

大尖刀　接

Yee chim ta - Flying jib

二尖刀　乎盧英接

Chap fa - Studding sail or Stunsails

揷花　士笑丁西厘　叉口士敦西厘

Tau wai tau chim chap fa - Fore studding sail

頭桅頭喘揷花　科士笑丁西厘

Tau wai yee chim chap fa - Fore-top-mast-studding sail

頭桅二喘揷花　科荅孖士士笑丁西厘

Tau wai sam chim chap fa - Foretop-gallant-studding sail

頭桅三喘揷花　科荅加倫士笑丁西厘

Tau wai sz chim chap fa - Fore-royal studding sail

頭桅四喘揷花　科来耶厘士笑丁西厘

駛近岸 Shai kan ngon - Approaching the shore 鴨舖老程地㖔亞

拋錨 Pau nau - Cast anchor 朩士嘮加

絞錨 Kau nau - Weigh anchor - Get up anchor 威嘮加 又曰 啫鴨嘮加

開天遮 Hoi tin che - Raise the awning 黎士地阿寧

戽水 Foo shui - Bale out the water 敝厘歐地蝸打

落壓艙石 Lok at tsong sheak - Take in ballast 忒烟巴鏬士

起壓艙石 Hi' ai tong sak — Discharge ballast 地士义柱巴鏬士

搭客載貨 Tap hak tsai fo' — Carry passengers and cargo 騎黎巴臣啫士嘜卡高

燂船 Tam shün — Breaming a boat 布廉明縊砵

絞起帆杠 Kau hi' fan kong — Hoist up the yards 開士鴨地噎

洗船面 Sai shün min — Wash the deck. 蝸暑地笴

陞旗 Shing ki — Hoist up the flag 開士鴨地平嚦

打櫃蓋 Ting kwai hoi — Nailed the hatches 坭厘地吃啫士

開櫃蓋 Hoi kwai hoi — Take off hatches 忒阿乎吃啫士

扯哩 Che' li — Hoist up the sails 開士鴨地西厘士

掛哩 Kwa li — Bent the sails 嘜地西厘

減哩 Kam li — Take in sails 忒烟西厘

轉篷 Chün fung Wear sail 喊亞西厘

鈎篷	*Hau pung*	— *To beat in*	都必烟
揸生繚	*Chá sang liú*	— *Hold the leechline slack*	蒿厘地列柱𧕄吾士士嚦
掉三板	*Chau sám pán*	— *Pull the boat* — *Row the boat*	鋪厘地砵 又曰 老地砵
喙水	*Pum shui*	— *Pump the water*	喙地蝸打 喙字布廿切
揸柁	*Chá tái*	— *To steer*	士地亞
撓櫓	*Iú lo*	— *To scull*	士加厘

Touk lam - To splice a rope

續纜　士鋪簾士縊笏

Tseung shui kwai lok mun shui - Fill the water tank

將水櫃落滿水　非厘地蝸打釐

Hin shun - To track a boat

牽船　地嚨縊砵

Ap shun - To convoy a boat

押船　干哰縊砵

Hin lam - To track with ropes

牽纜　地嚨𠲜△笠士

Chang chuk ko - To use tracking poles

撐竹篙　吠士地嚨京袍厘士

起貨 Hi fo — Discharge cargo 地士义桂卡高

落貨 Lok fo — Take in cargo 忒烟卡高

遇風 Ngü fung — Met a strong gale 嚒繿士地郎鷄厘

一路順風 Yat lo shun fung — Fair wind the whole voyage 啡亞坛乪蒿厘哑繿杆

船炕淺 Shün kong tsin — The boat is grounded 地砵衣士忌郎跌

修整船 Sau tsing shün — To repair a ship 都㡛啵繿㳇

馬車	Mă chi - Carriage - Coach.	咔黎杜 又曰 稿杜
軸	Chuk - Axle tree	唉士厘地厘
伏兔	Fuk tü - Axle cheeks	益士厘乍士
馬含鐵	Mă hom tit - Bit	必
轡	Pi - Bridle	布賴地厘
過山兜	Kŏ shan tau - Mountain chair	茂吾田車亞
轊軸	Wai chau - Poles of the axle	袍厘士阿乎地嗌士厘
馬鈴	Mă ling - Horse bell	何尔士啤厘
輗	Ngai - Brace	布麗士
下澤車	Há chák kü - Cart	喀 喀字其押切
轎	Kiu - Sedan chair	四嗹車亞

花轎 Fà kew - Bridal sedan 布賴士四顛

鍬 Tseu - Scupper 其笠巴

火車 Fo ché - Fire engine 快也唳剪

馬車皮 Mà ché pí - Harness 罄呢士

馬甲 Mà kăh - Horse shoe 何士蘇

轎 Shin - Housings 後成士

轎杠 Kew kong - Sedan pole 四顛抱厘士

馬刨 Mà pau - Curry comb 卡利甘

馬肚帶 Mà too tai - Girth 加△

棺車 Kwan ché - Hearse 蝦士

馬籠頭 Mà long tow - Headstall 吃士多厘

轄 Hat - Linchpin 連杜邊

轂	Kuk - Nave	坭乎	
馬韁繩	Ma keong shing - Reins	連士	
女人馬鞍	Nü yan ma oan - Ladysaddle	禮㾂士咊地厘	
鑣連銜	Piu lin han - Snaffle	士呢乎厘	
轅	Yün - Thills	地厘士	
車輪	Ch'e lun - Wheels	嚧厘士	
絭	Kün - Noose	奴士	
馬鞍	Ma oan - Saddle	咊地厘	
馬韂	Ma kon - Saddle pat	咊地厘嘣	
馬踏鐙	Ma tap tang - Stirrups	士打笠	
大車	Tai ch'e - Waggon	喊近	
馬鞭	Ma pien - Whip	協	協字話刲切

拂塵 Futchun - Hairwhip 睎亞協

衡 Hang - Yoke 𦙶

器用 Hí yúng - Articles 㮴的忌厘

舖中傢伙 Pú chung kà fó - Shop furniture 啱扎尔啱

櫃圍	Kwae wae - Counter	溝吾打	店ニテ賣物ヲ見セル臺
橫櫃	Wáng kwae - Side counter	晒溝吾打	
錢櫃	Tsin kwae - Cash box	喙署膊士	
天平	Tin ping - Scales	士溪厘士	
碼子	Má tsz - Weights	維始	オモリ
秤	Ching - Steelyards	士地厘壹	
秤錘	Ching tó - Steelyard weight	士地厘壹維始	
厘戥	Lee ting - Hand scale	㨪士溪厘	

算盤 Suin poon - Counting board 滿吾丁撥

銀籮 Ngun lo - Money basket 蚊尼巴士結

鎖紙 Chui chi - Paper weight 嗷巴維始

信鋏 Sun kap - Letter clip 唎打冀獵

總簿 Chung poo - Ledger 唎啫

銀鎚 Ngun chui - Money box 蚊尼波亞

錢板 Tsin pan - Cash board 喙暑砵

銀袋 Ngun toi - Money bag 蚊尼吡

信箱 Sun seong - Letter box 唎打膊士

數簿 Soo poo - Account books 啊滿吾卜

日記簿 Yat ke poo - Journal, a diary 噂呢嗹又曰大亞黎。

銀印 Ngun yun - Money stamp or purse 蚊尼士啉又曰賓厮

Kà kü sup mut - House Furniture

家具什物　口士花尔啫

Tsŭk leem - Bamboo awning	竹簾	便布阿寧
Poo cheong - Cloth awning	布帳	龔羅△阿寧
Pi pá tung - Barrel	琵琶桶	巴鎶厘
Mien p'hoon - Washhandbasin	面盤	蝸暑慳敝臣
Hong - Basket	筐	巴士結
Hŏp lŏ - Covered basket	盒籮	級花巴士結
Soong lam - Market basket	餸籃	孖結巴士結
Chun kü lo - Peddling basket	趁墟籮	嘛地凌巴士結
Suck kăk - Partition basket	食格	怕地綫巴士結
Chi che lup - Refuse paper basket	字紙笠	利啉士跛巴巴士結　啉字科天切

十九　緯經堂板

藤籃	Teng lam - Rattan basket	啲吠巴士結
簏	Lo - Tray basket	地黎巴士結
担杆	Tam kon - Carrying beam	咔黎英煲厘
風箱	Fung seong - Bellows	啤勞士
書櫃	Sü kwae - Book case	卜溪士
箱	Seong - Box	博士
疎眼藤笠	So ngan teng lup - Open worked rattan basket	澳品域啲吡巴士結
洗身盤	Sae sun phoon - Bathing tub	做丁嗒
鐘仔	Chong chae - Hand bell	忻啤厘
條櫈	Tiu tang - Bench	嗄柱
書架	Sü ká - Book stand	卜士丹
漆箱	Tsat seong - Lacquered box	嚦未博士

嚦字利尺切 未字其查切

信箱 Sun seong - Letter box 唎打慱士

工夫箱 Kung foo seong - Work box 域博士

竹掃 Tsuk so - Bamboo broom 嗹埔布臨

擦 Tsart - Brush 布鏬暑

吊桶 Teu tong - Bucket 北傑

油瓶 Yau ping - Oil can 哀㕑唲

文具 Mun kui - Partition box 怕地純慱士

掃桿 So kon - Broom 布臨　臨字利甘切

禾稈掃 Wo kon so - Straw broom 士地羅布臨

衣服擦 Yi fuk tsart - Clothes brush 其咾素布鏬暑

雀籠 Cheuk loong - Bird cage 㗎溪杜

蠟燭枱 Lap chuk toi - Candlestick 唲地㕑士的

燈罩 Sing chau - Candle shade 哯地厘西地 此是獵獨燈罩

地氊 Ti chin - Carpet 咔必

架 Ká - Case 溪士

椅 Í - Chair 車也

馬极 Má chiáp - Campchair 噉車也

便壺 Pin hoo - Chamber pot 簽把啉

紙牌 Chí pháy - Cards 咭 咭字其押切

五味架 Ng mi ká - Castor 咔士多

香案 Heong on - Censers 𠰾沙

學士椅 Hok sz í - Easy chair 衣細車也

有手椅 Yau sau í - Arm chair 菴車也

洋枝燈 Yeung chí tang - Chandelier 嚵地利亞

鐵甲萬　Tit kap man - Iron chest　挨仁車士

茶箱　Ch'a seung - Tea chest　地車士

菜刀　Choi to - Chopper　揷把

柴刀　Chai to - Cleaver　其利化

屎片　Si pien - Clout　冀窶地

鷄籠　Kai long - Coop　箍蒲

衣服櫃　I fuk kwai - Chest of drawers　車士阿乎地羅亞士

快子　Fy che - Chop stick　揷士得

牛油銃　Ngau yau ch'ung - Churn　春

時辰鐘　Si shan chung - Clock　冀洛

架非磨　Ka fi mo - Coffee mill　𠺢非未厘

酒樽　Tsau chut - Cork　確

酒鑽	Tsau tsün - Corkscrew	確士其了
盖	Koi - Cover	給化
搖籃	Eu lám - Cradle	其麗地厘
椅墊	I tin - Cushion	箍純
白玻璃酒罇	Pat pó li tsau tsun - Decanter	地嘅打
謭布	Tsin po - Dishcloth	地樹其羅厶
交子床	Kau che chòng - Couch	吅杜
碗碟櫃	Un tip kwae - Cupboard	給砵
簾	Lim - Curtain	求頓
砧板	Cham pán - Chopping block	捕冰布洛
寫字箱	Sé tsz' sèung - Writing desk	賴丁叅士其
碟盖	Tip koi - Dish cover	地樹給化

中文	English	讀音
竹篸	Chuk shám. Dust basket	打士地巴士結
蛋架	Tan ká. Egg cupstand	嗌急士丹
脚踏櫈	Keuk tap tang. Footstool	潤士都厘 潤字科谿切
鐵鍋	Tit wo. Frying pan	乎儘盈班
勘盅	Hom chung. Gallipot	咖里砵
薑擦	Keung tat. Grater	記黎打
毛掃	Mo sò. Duster	打士打
火炉欄	Fo lo lan. Fender	嗱打
花盤	Fá pún. Flower pot	乎簍亞咻
風爐	Fung lo. Fogong or Furnace	霍干尼又曰花尔士
火爐	Fo lo. Grate or Stove	記黎地又曰士刀乎
鐵鈀	Tit pá. Grid iron	記列挨仁

中文	Romanization – English	音
蒲團	Pú tuen - Hassock	蚪索
火鍋	Fó wó - Heater	歇打
琵琶桶仔	Pí pá tung tsai - Keg	嘓 嘓字冀尺切
鎖匙	Só sí - Key	基
甖	Ang - Jar	揸
酒牌	Tsau pí - Wine label	歪吾禮啤厘
灰掃	Fui só - Hearth brush	蝦△布鑄薯
箍	Khoo - Hoops	哈 哈字合口音
茶煲	Chá pó - Kettle	囑地厘
柴花	Chái fá - Kindlings	乾地連士
埕	Ching - Jug	則
梯	Tai - Ladder	咧打

殼 Hok - Ladle 禮打厘

銅殼 Tung hok - Copper ladle 給巴禮打厘

木殼 Muk hok - Wooden ladle 嗚頓禮打厘

燈 Tang - Lamp 嚂

盔頭燈 Kw'ae tau tang - Helmet shaped lamp 咳厘嗘涉嚂

魚缸燈 U kong tang - Globular lamp 故立票鎅嚂

燈枱 Tang toi - Lamp stand 嚂士丹

燈筒 Tang tung - Lamp chimney 嚂签尼

燈罩 Tang t'au - Lamp shade 嚂西地

燈心 Tang sum - Lamp wick 嚂域

二盞頭 Ye chan tau - Lamp of 2 burners 嚂士呵乎都班拿

三盞頭 Sam chan tau. Lamp of three burners 嚂阿乎地厘班拿士

四盞頭 藍阿乎科班拿士 Se tsan tau - Lamp of 4 burners

燈草 鏬薯嚕域 Sing tsó - Rush lampwick

燈籠 嘴頓 Tang long - Lantern

鎖 洛 So - Lock

藤椅墊 車亞嘜 Tang i tin - Chair mat

蓆 嘜又曰嘜丁 Tsieh - Mat or Matting

米升 賴士咩奈 奈字沙茄切 Mai sing - Rice measure

磨 未㕲 Mo - Mill

布嚜 吔 吔字務鴿切 Po mach - Mop

舂砍 麽打 Chung kom - Mortar

茶布 嗵件 Chá poo - Napkin

盒籮鎖 嗵洛 Kop lo so - Padlock

中文	English	音
水斗	Shui tow - Waterbucket or Pail	蝸打扎傑、又曰 蝸打批厘、
水桶	Shui tung - Watercask - Watertub.	蝸打卡士、又曰 蝸打啫 啫守他恰切
鑊	Wŏh - Pan	班
胡椒罇	Hoo tsiu tsun - Pepper box	吡巴罇士、
春杵	Chung chü - Pestle	啤士地厘
八音琴	Pat yum kam - Piano	丕嗄臙
畫	Wá - Picture	碧睹
畫架	Wá kó - Picture frame	碧啫平廉。
照身鏡	Chewsunkiang - Pierglass	排也忌鏻士
烟筒	In tung - Pipe	排蒲
火筒	Fo tung - Fire pipe	煠也排蒲
火紙	Fo che - Touchpaper	喊柱畋巴

烟斗 Yin tou - Pipe stem 啡蒲士啲

銚缸 Tiu kong - Pitcher 撇查

書挾 Shü kap - Portfolio 砵坏寮 坏字科高切

風扇 Fung shin - Punkah 崩加

麵棍 Min kwan - Rolling pin 老霝邊

炉口氈 Lo hau chin - Rug 卟

風燈 Fung tang - Safe 西乎

沙漏 Sa lau - Filter 非厘打

鉸剪 Kau tsin - Scissor 絲梳

剪匣 Tsin hap - Scissor case 絲梳溪士

屏風 Ping fung - Screen 士巽連

圍屏 Wai ping - Folding screen 坏厘丁士巽連

烝籠 Ching lung - Steaming screen 士㖡明士忌嗹

漆托盤 Tsat t'ok p'oon - Lacquered server 嘞加沙化

大鉸剪 Tai kau chin - Shears 詩亞士

櫃架 Kwai ká - Shelf 嗦厘乎

鑊鏟 Wok ch'án - Rice shovel 嚧士騷華厘

鐵漏殼 Tit lau hok - Skimmer 士兼麻

托盤 Tok p'oon - Server 沙化

竹床 Chuk ch'ong - Bamboo settee 嘜鋪嗲地

梹榔鋏 Pun long chaph - Betelnut cutter 卑地㗎嗹詩亞士

鏟 Ch'án - Shovel 騷華厘

剗 Ch'án - Spade 士啤地

篩 Sai - Sieve 絲乎

油絡 Yau lok - Oil sling 哀厘士靈

線絡 Sin lok - Twine sling 杜歪吾士靈

燭剪 Chuk tsin - Snuffer 士拿化

睡椅 Sui i - Sofa 騷化

條枱 Teu toi - Side board 晒地啉

豉油架 Si yau ká - Soy stand 瑞士丹

烝箸 Ching chü - Steaming stick 士咭面士的

斗坐 Tau tso - Stool 士都厘

瓦皷 Ngá koo - Earthen stool 丫頓士都厘

竹櫈 Chuk tang - Bamboo stool 嘜埔士都厘

枱 Toi - Table 梯布厘

大餐枱 Tai chaán toi - Dining table 大寧梯布厘

圓枱	Uin toi - Round table	漏吾梯布厘
六仙枱	Look sin toi - Oblong table	嘔郎梯布厘
枱布	Toi po - Table cloth	梯布厘箕羅△
茶漏	Chá lau - Tea strainer	地士地咧拿
茶葉罇	Chá ip tsun - Tea canister	地嚫尔士打
哆𠯠架	Tó sí ká - Toast rack	明士叻
八仙枱	Pat sin toi - Square table	士哇亞梯布厘
紙牌枱	Chí pái toi - Card table	咭梯布厘
茶机	Chá kí - Tea poy	地杯
茶盤	Chá pún - Tea tray	地地黎
千里鏡	Tsin lí king - Telescope	爹咧士鴿
鐵鉗	Tit kím - Tongs	湯

鼠夾 Shü kap — Trap 地腊

食箱 Shik seong — Eating tray 咽丁地咧

窩籃 Wo lam — Trap basket 地咧巴士結

衣櫃 Í kwai — Trunk 地令其

皮櫃 Pi kwai — Leathertrunk 喱打地令其

木櫃 Muk kwai — Woodentrunk 㖸頓地令其

盤 Poon — Tub or Basin 嗒 乃曰 微臣

漏斗 Lau tau — Funnel 吞呢廬 ジヤウゴ

花瓶 Fa ping — Flower vase 乎𡀔啞章士

吊桶繩 Tiu tung shing — Well rope 喴厘笠

磨刀石 Mo to shek — Whetstone 滑士刀吾

痰吐 Tam tui — Cuspidor 朩士必惰

Tsz hi - Crockery - Porcelain
磁器　其洛加黎 又曰 播思連

Un - Bowl
碗　保厘

Tong un - Soup bowl
湯碗　濕保厘

Ngau yau pui - Butter cup
牛油杯　不打鴿

Ngau yü chung - Milk cup
牛乳盅　味厘其鴿

Ka fe hoo - Coffee pot
架啡壺　架非哮

Ngá hi - Earthen ware
瓦器　丫槙嘁亞

Ping poon - Dessert bowl
冰盤　爹失保厘

Pui - Cup
杯　鴿

Kat sz pui - Custard cup
吉士杯　朮士達鴿

Ka fe pui - Coffee cup
架啡杯　架非鴿

Tip - Dish or Plate
碟　地罅 又曰 鋪禮地

汁盅 Chup chong - Gravy dish 忌黎㗎地啫

漆碟 Tsát tip - Lacquered plate 嘞加鋪禮地

熱碟 Ngít tip - Hot plate 喝鋪禮地

碟仔 Típ tsai - Small plate 士嘜厘鋪禮地

凹兜 Kam tau - Platter 鋪咧打

局盅 Kuk chong - Covered teacup 給化地鴿

菓碟 Kó tip - Dessert plate 爹失鋪禮地

銀碟 Ngan tip - Silver plate 思厘化鋪禮地

大碟 Tai tip - Large plate 𨭉杜鋪禮地

蛋杯 Tán púi - Egg cup 益鴿

茶杯 Ch'á púi - Tea cup 地鴿

茶壺 Ch'á hoo - Tea pot 地哱

茶碟	Chá tip - Saucer	梳沙　沙字下平
湯挑	Tong tiu - Soup tureen	濕叮練。　濕字梳恰切
酒杯	Tsau púi - Wine cup	歪吾卜鈪　廣東省話歪吾字讀[illegible]字
酒壺	Tsau hú - Wine pot	歪吾哱
玻璃器	Pó lí hé - Glass ware	忌鏤士嘁亞
玻璃樽	Pó lí tsun - Bottle	砵地厘
空樽	Hung tsun - Empty bottle	厭底砵地厘
三鞭杯	Sam pin púi - Champagne glass	三鞭忌鏤士
紅酒杯	Hung tsau púi - Claret glass	冀鏤烈忌鏤士
洗手盅	Sai shau chung - Finger bowl	吩加保厘
水杯	Shui púi - Tumbler	泵布鏤

英語集全　卷二　器用

酒杯	Tsaupúi. Wine glass	歪吾忌鏤士
細酒杯	Sai tsaupúi. Small wine-glass.	士嗎厘歪吾忌鏤士
玻璃碟	Pó lí tip. Glass plate	忌鏤士鋪例地
刀叉器	Tò chá hí. Cuttery	吉地鏤黎
叉	Chá. Fork	霍
銀叉	Ngan chá. Silver fork	思厘化霍
大酒杯	Tai tsaupúi. Large wine-glass	鏤杜歪吾忌鏤士
鹽盅	Im chung. Salt cellar	梳厘縣鏤
果叉	Kwó chá. Dessert fork	爹失霍
大叉	Tai chá. Large fork	鏤杜霍

分叉 Fan chai – Carving fork 卡吩霍 霍字花角切

大餐叉 Tai tsan chai – Table fork 梯布厘霍

菓叉 Kwo chai – Dessert fork 爹失霍

細叉 Sai chai – Small fork 士麽厘霍

刀 Tô – Knife 乃乎

分刀 Fan tô – Carving knife 卡吩乃乎

大餐刀 Tai tsan tô – Table knife 梯布厘乃乎

菓刀 Kwo tô – Dessert knife 爹失乃乎

牛肉刀 Ngau yuk tô – Case knife 溪士乃乎

牛油刀 Ngau yau tô – Butter knife 不打乃乎

魚刀 U tô – Fish knife 非蕃乃乎

羹 Kang – Spoon 士搬

大羹 Tai kang - Gravy spoon 忌例肥士搬

大餐羹 Tai tsan kang - Table spoon 梯布厘士搬

糖羹 Tong kang - Sugar spoon 蘇加士搬 加字下平

茶羹 Chá kang - Tea spoon 地士搬

蛋羹 Tan kang - Egg spoon 嗌士搬

飯羹 Fan kang - Rice spoon 孻士士搬

鹽羹 Im kang - Salt spoon 疏炉士搬

湯壳 Tong kang - Soup ladle 嘞例地厘

五味架 Ng mi ká - Cruet stand 故魯啲士丹

𠺢啡漏 Ká fé lau - Coffee strainer 𠺢啡地例拿

酒漏 Tsau lau - Wine strainer 呍地例拿

酒牌 Tsau pai - Wine label 呍例佈厘

文房四寶

Wanfong sepo - The students apparatus. Stationery

地士都頓士鴨柏麗打士

易經	*Yik king - Book of changes*	卜阿乎𠽋嗜士
書經	*Shuking - Book of Records*	卜阿乎利嚕士
詩經	*Shiking - Book of Odes*	卜阿乎澳池
禮記	*Lai ki - Book of Rites*	卜阿乎𠺌池
春秋類	*Chun tsaulue - Spring and Autumn Annals*	士鋪𠺝嘜阿泵嘜呢厘士
孝經	*Hauking - Filial Duty*	非𡀔厘刁底
五經	*Ng king - The five classics*	地㗎乎其𠹭嗌士
四書	*Sz shü - The four books*	地科亞十士
樂類	*Ngok lue - Musical Works*	妙肯㗎厘域士
小學	*Siu hok - Normal education*	糯麻厘㗎租溪純

正史類	Ching sz' lui - National histories	埿純拿厘希士多厘士
紀事本末類	Kí sz' pún mut lui - Complete Records	甘鋪列地利嘚士
別史類	Pit sz' lui - Separate records	嘭巴例地利割士
傳	Chün - Memoirs	米摩士
史評類	Sz' ping lui - Criticisms on history	其列地思岑士安希士多厘
兵家類	Ping ká lui - Military authors	味簾打黎阿陀

編年類	Pín nín lui - Annals	嘜呢厘士
雜史類	Tsáp sz' lui - Mixed histories	墨薩希士多厘士
通典	Tung tín - Government economy	厥崙文地大嫐多黎
儒家類	Ü ká lui - Philosophical works	非羅掃啡加厘域
律例書	Lut lai shü - Book of laws	卜阿平羅士

Shü: - Medical Works	Suen fat - Arithmetic
醫書　嗘地泇厘域士	算法　亞利△未踢
Ngai shut lue - Book of Arts	Siu chüt - Light literature
藝術類　卜阿平押士	小說　嘞地列打厘喏
Shik ka lue: Buddhist category	Shi: Poetry
釋家類　啲布士的離丁	詩　啤地黎
Tsz - Odes	Kó - Song
詞　澳池	歌　鋑
Sam tsz king - Three letter classics	Tong shü - Chinese books
三字經　地利咧打卡鏤昔	唐書　敘尔士卜士
Fan shü: - Foreign books	Yat pun shü: - One volume
番書　科倫卜士	一本書　温啞林

十本書 Shap poon shu: - Ten volumes 噸啞林士

一章 Yat cheung - One chapter 温睃打

一節 Yat tsit - One verse 温華士

一篇 Yat pin - One page 温畝桂

畫 Wá - Picture 批啫

山水畫 Shan shui wá: - Landscape paintings 嗹士刼綿丁士

字典 Tsze tin - Dictionary 的純拏黎

數部 Sú po - Account book 啞畝吾地卜

日記部 Yat ki po - Diary - Journal - Daily accounts 大亞黎又曰嗻拏厘又曰低黎押畝吾士

總部 Tsung po - Ledger 唎啫

草部 Tso po - Waste book 威士地卜

廢紙 Fai chi - Waste paper 威士地啤巴

字册 Sz tsák - Copy book 給敂卜	法帖 Fát tip - Copy plates 給敂鋪禮地
簽字部 Tsim tsz po - Despatch book 地士叭柱卜	暫記部 Tsám kí po - Memorandum book 未麽欄𠺝卜
筆 Pat - Pencil - Pen 嘭奈厘 又曰 嘭	唐筆 Tong pat - Chinese pencil 欽尔士嘭奈厘
鵞毛 Ngó mo - Quill 駒厘	毛筆 Mo pat - Quill pen 駒厘嘭
鐵筆 Tít pat - Steel pen 士地厘嘭	金筆 Kam pat - Gold pen 高厘地嘭
筆筒 Pat tung - Pencil case 嘭奈厘溪士	筆干 Pat kon - Pen holder 嘭號厘打

鉛筆 Uinpat - Lead pencil 唎嚬佘厘

一枝筆 Yatchípat - One pencil 温嚬佘厘

一盒筆 Yathóppat - One box pens 温薄士嚬士

墨 Mak - Ink 營

墨水樽 Maksúitsun - Ink bottle 營其啉地厘

藍墨水 Lammaksúi - Blue ink 布路營

筆刀 Patto - Penknife 嚬乃乎

十二枝筆 Shapyeechípat - One dozen pens 温打臣嚬士

一扎筆 Yattsatpat - One bundle pencils 温賓地厘嚬佘厘士

唐人墨 Tongyanmak - Chinese ink 欽尒士營

黑墨水 Hakmaksúi - Black ink 伓嚦營

紅墨水 Hoongmaksúi - Red ink 唎地營

一刀紙沓話首句二十四張末句四百八十張

過紙墨水	Kó chí mak shui	Copying ink	給敝嘗嚐其
紙	Chí	Paper	敝巴
信紙	Sun chí	Note paper	腦地敝巴
一刀紙	Yat tò chí	One quire paper / one ream of paper	溫乖也敝巴 又 溫廉敝巴
紅紙	Hoong chí	Red paper	咧地敝巴
書夾	Shü kip	Portfolio	啵唎寮（唎字科髙切）

墨硯	Mak ngin	Ink stone	嚐士刀君
上白紙	Seong pák chí	Foolscap paper	夫厘士咇敝巴
棉紙	Mín chí	Blotting paper	布嘩丁敝巴
黃紙	Wong chí	Yellow paper	夜勞敝巴
色紙	Shik chí	Colored paper	未鏵地敝巴
信封	Shun fong	Envelope	燜嘁噔

- 文書筒 Mun shü tung - Official envelope 阿非余厘咽喊啦
- 中信封 Chung shun fung - Middle size envelope 篾地厘哂士咽喊啦
- 火漆片 Fó tsat phín - Wafer 威花 花字下平
- 字 Tsz - Character 卡嚟打
- 符 Fú - Charm 条
- 戶口册 Fú hau chák - Census 吣沙士
- 小信封 Siu shun fung - Small envelope 士嚒厘咽喊啦
- 火漆 Fó tsat - Sealing wax 思凌喊士 喊字雲尺切
- 抹紙膠 Mut chí káu - India rubber 烟地亞笠巴
- 帖 Típ - Card 咭地 咭字其押切
- 河海圖 Hó hoi tó - Chart 擦地
- 律例 Lut lai - Code - Law 告地、又曰羅

牌照	Pai chiu - License	嗑臣士
洋船牌	Yeung shün pai - Sailing letter	西凌咧打
憑單	Pang tan - Certificate	沙地非結
契	Kai - Deed	跌地
單	Tan - Bill	卑厘
起貨紙	Hei fo chi - Bill of lading	卑厘阿平例丁
船牌	Shün pai - Boat's register	砵嗻之士打
小販牌	Siu fan pai - Hawker's license	克加士嗑臣士
欠單	Him tan - Promissory note	鋪羅未梳黎腦地
地紙	Ti chi - Ground lease	忌喇地簏士
滙單	Ooi tan - Bill of exchange	卑厘阿平噝士千柱
燕梳紙	Yin so chi - Policy	破簏時

貨單　Fó tan - Invoice　烟哇士

放船紙　Fóng shün chí - Discharge　地士槎柱

炮火牌　Phau fó phé - Ammunition license　唵妙尔純盧臣士

通傳紙　Tong chün chí - Circular　沙橋鎊

文書　Mün shü - Official letter　阿非除厘唎打

信　Sun - Letter - note　唎打又曰腦地又丹切

什物單　Süp mat tan - Inventory　烟灣哆黎

長行牌又名出口牌　Chéung hang phé - Port clearance　哱其釐倫士

關照　書付　Kwán chiu - Pass　鈀士　税関手形

賣契　書付ヲウル　Mai kai - Bill of sale　卑厘阿平西厘

禀帖　Pun tip - Petition　必地純

師帖　Sü tip - Indenture　烟顛啫

合同契約 Hop tung - Agreement - Contract　嗌忌綿文 又 干地嘅

承業書 Shing ip shü - Letter of administration　啲打阿平啷面尕士地黎純

紙夾 Chi kap - Letter clip　啲打其黐

新聞紙 Sun man chi - Newspaper　鳥士敝巴

佈告編 Po ko pin - Advertisement　啡嗱地士文

市價單 Sz ka tan - Market price list　孖結舖磯士籠士地

囑書 Chuk shü - Will　嗡厘 嗡字雲衣切

婚姻帖 Fan yan tip - Marriage certificate　孖黎柱極的忌厘

紙針 Chi tsam - File　快厘

船頭紙 Shün tau chi - Shipping list　涉氷籠士

薦書 Tsin shü - Letter of recommendation　啲打阿平嚦甘嗵低純

京抄 King tsau - Peking Gazette　北京嫁嘛

長紅　Cheong hung - Public notice　吡布歷臘地士

招帖　Chew tip - Wanted notice.　嚀跌臘地士　嚀字和㚢切

賞帖　Seong tip - Notice of reward　臘地士阿乎簟挖

投貨紙　Tau fo chi - Auction bill　惡純皐厘

定單　Ting tan - Bargain　巴件

告示　Ko si - Proclamation　舖老其濂米純

票　Peu - Summons　必文

留人票　Lau yan peu - Capias　溪北亞士

拿人票　Na yan peu - Warrant of arrest　蝸倫阿乎亞哩士搋

抄家票　Tsau ka peu - Warrant of distress　蝸倫阿乎地士地哩士

規條　Kwai tiu - Rule. Regulation　路厘又曰嚦嬌例純

收單　Shau tan - Receipt　簾哱

Kwán tán - Custom house permit; Hí fo tán - Permit to discharge

關單　卡士泵口士怕葠　　起貨單　怕葠都地士义杜

Hí fo tán - Permit to load - Wan shui ím tán - Duty memo

下貨單　怕葠都勞　　完稅驗單　刁底未毛

Ho shau - Duty chop; Tsing shui shau tán - Lie-hold

號收　刁底揷　　清稅收單　嗱蒿厘

Hung tán - Grand chop; Kwan fo pai - Arms certificate

紅單　忌爛揷　　軍火牌　唏沙地非結

Ch'ün píu - Drawback; Shau shui tán - Duty receipt

存票　地羅吡（羅字上平）　　收稅單　刁底簾薛

Mín shui tán - Exemption certificate

免稅單　盎三純沙地非結

放行單　Fong hang tan.　Duty paid order.　刀低趷阿打

進口艙口單　即船中所載各貨總單　Yun hau tsong hau tan.　Import Manifest.　剖啉萬你啡士

出口艙口單　Chut hau tsong hau tan.　Export manifest.　益士啉萬你啡士

內地憑照　Noi ti pang chiu.　Inland pass.　烟㘓怕士

關卡查單　Kwan ka cha tan.　Barrier Certificate.　巴籬亞沙地非結

准單　Chun tan.　Release order.　籬。籬士阿打

農器 Nung hi - Implements of Agriculture 嘅蒲廬文士阿平縊忌籚卡厘啫

連筒（水槌）Lin tung - Aqueduct 縊嘅得地

笣 Siin - Round Osier basket 鍁吾澳絲亞巴士結

麥籠 Mak lung - Wheat basket 血地巴士結

曬槃 Shai pun - Sunning basket 新寧巴士結

簣 Kwai - Salt shout basket 捺厘士鍗簍地巴士結

犂轅 Lai iin - Beam of a plough 卑唔阿平縊鋪簍

耰 Yau - Beetle 卑地厘

水排 Shui pai - Water bellows 蝸打啤勞士

掃箒 So chau - Besom 卑岑

銍 Chat - Bill hook 卑厘哭

騶鐮 Ai lim - Crooked bill hook 其碌結卑厘哭

牛衣 Ngau i - Cow blanket 求布冷結

棒 Pang - Club 其笠

鍘 Chat - Chaff cutter 叉乎吉打

動釗 Tung chiu - Crow-bar 其羅巴

方杷 Fong pa - Square drag 士嗝厘地嚦

鍥 Kit - Hedge bill 吃枳卑厘

犂建 Lai kin - Bolt 𠵾厘地

戽斗 Hu tau - Irrigating buckets 噫嚦鴿丁𠯿結

犂刀 Lai to - Coulter-plough 哥厘打鋪嘍

水閘 Shui chap - Dam 嗱

撻打 Sat ta - Bush drag 𠹭嚅地嚦

嚦字利尺切

瓠種 U ching - Gourd-drill 割地地利厘

風櫃 Fung kwai - Fanning-mill 番寧未厘

連枷 Lin kiá - Flail 乎例衣厘

犂箭 Lai tsin - Fore-brace 科亞布黎士

穀匣 Kuk hán - Grain-bin 忌例吾便

鋤 Ch'ü - Hoe 蒿

箕 Ki - Winnowing fan 噗腦醬番

鐵搭 Tit táp - Iron-feeler 挨因非鑠

禾鈎 Wo kau - Rice-fluke 賴士乎料卡

杈 Ch'á - Fork 縛

鈀 Pá - Harrow 蝦勞

耰耝 Yau tsoü - Weeding hoe 噦丁蒿

木勺　嗰頓例地厘　Muk sheuk - Wooden ladle

杷　喱華鏬　Pá - Leveler

攢稻簟　地喱成磯　Tsün to tim - Threshing mat

鎯　礁鑼　Pong - Mallet

堈碓　士堅寧未厘　Kong tui - Stamping mill

礱　嗰頓未厘　Lung - Wooden mill

磨　士刀吾未厘　Mó - Stone mill

雀網　不爐　Cheuk mong - Bird net

鴉嘴鋤　碧咳士　A tsui ch'ó - Pick ax

犂　蒲嫂　Lai - Plough

犂梢　蒲嫂嗱地厘　Lai shau - Ploughhandle

犂鐃　蒲嫂賒亞　Lai tám - Ploughshare

杷 Pá - Rake 黎其

耘杷 Wan pá - Weeding rake 嚒丁黎其

抄竿 Chau kon - Reaping rod 獵冰洛地

輥軸 Kwan chau - Roller 老鋪

魚梁 U leung - Salmon-leap 沙厘門獵

刮板 Kwat pán - Scraper 士其例巴

拖杷 To pá - Harrow rake 蝦勞黎其

麥綍 Mak shing - Reaping basket 獵冰巴士結

麥笎 Mak hing - Grain-racks 忌例吾咇士

刈刀 Ngai tò - Bill-knife 碑厘乃平

案山子 On shán tsz - Scarecrow 士騎亞故羅

芒鐮 Mong lim - Scythe 晒△

簏	絲乎	Li - Sieve
艾	昔卡厘	Ngái - Sickle
鏟	士畈地	Chán - Spade
耕索	地例奈士	Kang soh - Traces
手車	吁厘巴勞	Shau chê - Wheelbarrow
颺扇	嘆臘榮嗎仙	Yeungshin - Winnowing machine
臿	梳華厘	Chih - Shovel
竇門	士料士	Tau mún - Sluice
積苫	士嚟	Sik chim - Stake
架槽	平例唔地蘋	Ká tò - Frame trough
犁槃	協布厘地籮	Lai pún - Whipple-tree
牛軛	旭	Ngau ák - Yoke

Kingyanhikü - Mechanical instruments

工人器具 嘐噠尔假厘厭鍗簏文士

釿	Kan - Adz	啷此	
鑕	Chat : Anvil	嗰華厘	
螺絲鑽	Lòng tsün - Auger	阿揸	
錐	Tsui - Awl	阿厘	
斧頭	Fú taû - Axe	嘫士	
拖線	Tò sin - Band	嘭地	
鑼引	Lò yan - Barber's call	巴把士哥厘	
魚筬	Ü kàp - Fish basket	非鼠巴士結	
斗角	Tau kok - Bevel	碑嗶厘	
燈吹	Tang chui - Blow pipe	布老排蒲	

鋏攝 Káp nip - Bodkin 薄見	彈弓 Tán kung - Cotton bow 割頓傢
顏色砵 Ngán shik put - Paint bowl 片地傢厘	油漆箱 Yau tsat siung - Paint box 片地薄士
磚刀 Chün tó - Brick-knife 布吻乃平	蔴薑掃 Má keung só - Hemp broom 嗛劣布林
銅絲擦 Tung sz' tsat - Brass wire brush 布鏬士歪也布鏬署	絲根 Sz' kan - Priming brush 布廉明布鏬署
小刪 Siú shán - Small priming brush 士麽厘布廉明布鏬署	漆刪 Tsat shán - Lacker priming brush 嚦加布廉明布鏬署
瑪瑙研 Má nó ngán - Agate burnisher 嗌鷄地巴尔沙	鍍金棒 Tú kam páng - Gold burnisher 挨仁巴尔沙

礪布石	Sóipòushek - Calendering stone	卡𡀔打凌士刀吾
光布	Kwóngpòu - Calendering roll	卡𡀔打凌老厘
字盤	Tsźpún - Case	溪士
銅板	Túngpán - Copper plate	給巴鈽倒地
繩鑽	Shingtsün - Centre-bit	咄打必
粉線	Fúnsín - Chalk line	戳蘿吾
墨斗線	Maktausín - Black measure line	布叻咩蛇蘿吾
埋板架	Máipánkái - Chase	砌士
鑿	Tsók - Chisel	痴余厘
石鑿	Shektsók - Stone chisel	士刀吾痴余厘
花鑿	Fátsók - Flower chisel	乎簍弧痴余厘
堦磚鑿	Káichüntsók - Tile chisel	太厘痴余厘

馬釘	Ma ting - iron clamps	挨仁其藍士
執字架	Chih tsz kia - Composing stick	甘保星士的
銅鍋	Tung wo - Copper crucible	給把其脣絲布厘
靛缸	Tien kang - Dyeing jars	乃營揸士
消塞	Siu sak - Ear brush	衣也布鑄暑
耳鉗	I kim - Ear-tweezer	衣也吐衣沙
規	Kwai - Compass	甘把士
鎔銀鍋	Yung ngan wo - Crucible	其脣絲布厘
砂盤	Sha pun - Sand dish	吔地暑
晒布棚	Shai pu pang - Dyeing yards	乃營啤士
耳挑	I tiu - Ear spoon	衣也士辦
眼砵	Ngan chü - Eye-pearls	挨杷厘士

銼 Só - File 吠厘

三角銼 Sam kok tsó - Three cornered file 地利幹拿吠厘

鼠尾銼 Shü mí tsó - Rat-tail file 唎地梯厘吠厘

放馬血刀 Fong má hüt to - Fleam 平簾

隔紙搇 Kăk chí kom - Bracket 平簏士咭

打錫爐 Tá sĕk lo - Tinman's furnace 天文士花呢士

夾板枋 Kăp pán fong - Splinters furniture 舖練打士花尔嗜

安字板 On tsz pán - Galley 啄黎

手鑽 Shau tsün - Gimblet 兼列

月鏟 Üt chán - Semicircle gouge 嘶末沙其厘過柱

蛾眉鑿 Ngó mí tsók - Elbow gouge 挨布樓過柱

魚叉 Ü tsá - Fish grains 非署恳例吾士

磨刀石 Mó tó seak - Grindstone 忌蘯吾士刀吾

交齒撇 Kau chi lit - Gauge 過柱

石鎚 Seak chui - Stonehammer 士刀吾嘁麻

鎚 Chui - Hammer 嘁麻

鞭鎚 Hái chui - Shoehammer 蘇嘁麻

打樁鎚 Tá chóng chui - Pilehammer 排厘嘁麻

打錫鎚 Tá sik chui - Tinmanshammer(-er) 天文士嘁麻

魚標 U piu - Harpoon 下搬

柯 O - Helve 晞厘乎

灰斗 Hui tau - Hod 喝

灰篸 Hui tsám - Baskethod 巴士結喝

鈎 Kau - Hook 㗎

墨升 Mak shing - Ink cup 鶯𨅓

墨𨏥 Mak luk - Ink roller 鶯老鑤

墨挑 Mak tiú - Ink shovel 鶯啉華厘

墨枱 Mak toi - Ink table 鶯梯布厘

瓦窑 Ngá iú - Pottery kiln 咻打黎乾

灰爐 Fúi lo - Lime kiln 嚹唔乾

劗刀 Tsám to - Bevelled knife 鼻啉列乃乎

刀剷 To chán - Drawing knife 地羅嚳乃乎

刮刀 Kwát to - Scraping knife 士其麗冰乃乎

鞵券 Hái kün - Last 鎊士地

錫車 Sek ché - Tinman's lathe 天文士黎

鉛間隔 Ün kán kák - Leads 唎士

動釗	Tung chiú - Lever	嚦華	
機	Ki - Loom	嚕唔	
間尺	Kan chik - Marking rule	麥京嚕厘	
灰坎	Fui hom - Lime mortar	嚧唔嘜打	
研色石	Ngin shik shik - Muller	孖鏬	
網	Mong - Net	嗱地	嗱字尼尺切
連環扣	Lin wan kau - Link	凌士	
木槌	Muk chui - Mallet	嘜唎	
錫模	Sik mú - Tin mold	天毛厘	
藥坎	Yeuk hom - Physic mortar	非昔嘜打	
釘	Ting - Nail	呢厘	
罟	Koo - Grapnel	咃嚦嗱地	

罾	Sung - Lifting net	利乎丁喱地　喱字尼尺切
油搾	Yau chá - Oil press	哀厘鋪噓士
糊盤	U pún - Paste board	批士地婆厘
裱床	Piú chong - Pasting table	批士丁梯布厘
掃金筆	So kam pat - Gilding pencil	基厘丁噔佘厘
鉋	Pau - Plane	鋪禮吾
倒鬚籠	To sü lung - Trap net	其嚹喱地
較色板	Kau shik pán - Pallet	啵唎地
漿糊掃	Tséung ú so - Paste brush	批士地布鎽暑
排筆	Pái pat - Spread pencil	士鋪唎噔佘厘
舂杵	Chung chü - Pestle	啵士地厘士
線鉋	Sin pau - Bead plane	別鋪禮吾

灣鉋 Wan pau - Gouge plane 過桂布禮吾

光鉋 Kwong pau - Smooth plane 士模△鋪禮吾 禮吾兩字作連字看

晾紙竹 Leung chi chuk - Paper pole 敝巴袍厘

攬盤 Kau pun - Bookbinders press 卜拜吾打士鋪嗹士

木尖 Muk tsim - Quoin 誃吾士

攐拊 Pit fu - Reel 簾厘

梛鉋 Lau pau - Sash plane 奈暑布禮吾

倒錫板 To sik pan - Casting plates 卡士丁布禮地

釣竿 Tiu kon - Fish pole 非暑袍厘

印字架 Yan chi ka - Printing press 鋪連丁鋪嗹士

大鉎 Tai to - Rasp 鏬士鋪

繅車 Soo ché - Cocoon reeler 角官簾鏬

絡梶 Lok ni - Horizontal reel 荷利孫打厘簾唎

銅片隔 Tung pin kak - Rule 路厘

大鋸 Tai kü - Great saw 忌黎地梳

手鋸 Shau kü - Hand saw 慳梳

錫剪 Sik tsin - Tinman's shears 天文士詩亞士

杼 Chü - Shuttle 失地厘

鉸釘 Kau ting - Rivet 簾鵲地

鋸 Kü - Saw 梳

小鋸 Siu kü - Small saw 士麼厘梳

攩網 Tong mong - Scoop 士篙鋪

木撞槌 Muk chong chui - Shooting stick 唊丁士的 唊字梳調切

漏珠 Lau chü - Seed pearls 絲乎柏厘士

箴　Shing - Slaie　士例

紡車　Fong ché - Spinning wheel　士邊寧玗厘

矩　Kü - Square　士喏亞　喏字故靴切

磨銀石　Mó ngan shek - Grindstone　嚧地仁士刀吾

斗刮　Tau kwát - Striker　士地嚧加

叮鐺　Ting tong - Ting tong　叮鐺

灰板　Fúi pán - Lime spatula　嚹唔士咇刁鎅

筟　Fú - Spool　士鋪厘

灰釗　Fúi chiú - Limestick　嚹唔士的

準　Chun - Straight-edge　士地黎地咽柱

字板枱　Sz' pán toi - Imposing table　劍保星梯布厘

灰匙　Fúi shí - Trowel　地嚄吱厘

漢語	粵音 - English	音譯
印字撿	Yan tsz kím - Tympan	添班
老鼠砧	Lò shü chàm - Vice	懷士、
纏車	Tsun chè - Winder	㖃打
千斤	Tsin kan - Wrench	囒杜
鉛活字	Un ut tsz - Type	太鋪
桔槔	Kat ko - Well sweep	喴厘士𠺘 （𠺘字話刦切）
鐵線	Tit sin - Iron wire	挨因壞也
螺絲伕	Lo sz ning - Screwdriver	士其料地蘆化

中文	粵音	English	讀音
爐炎之法 造玻璃	Kan ün	Annealing	啱尔凌
漂白	Piu pak	Bleaching	布列晴
彈棉花	Tan min fa	Bowing of cotton	保營阿乎割頓
鎔鑄	Yung chü	Casting	咭士叮
燋木之法 燒彎柴	Tsiu muk chi fat	Charring of timber	义凌阿乎添巴
安字	On tsz	Composing	甘煲成
傾礦法 鑄銀之	King kwong fat	Assaying	啄西營
錐鑽	Chui tsün	Boring	播凌
刮削	Kwat sëuk	Burnishing	擺尔成
粘貼之法 用膠粘	Chim tip chi fat	Cementing	思喃丁
撿篇法 釘書之	Kim pin fat	Collating	哥黎丁
執字	Chap tsz	Composing type	甘煲成太舖士

湛皮 以油抹皮 Chàm pí - Currying of leather 赤黎英阿乎喱打

交齒 合箱角之法 Kau chí - Dovetailing 刀乎梯凌

染色 Ngim shik - Dyeing 大營 大字讀乃字去鼻音

摺紙 Chip chí - Folding paper 啉厘丁敝巴

炕焙 打五金之法 Hong pui - Fritting 乎列丁

鑲金 Seung kam - Gilding 基厘丁

散字 將字板之字放回 Sán tsz' - Distributing types 地士地獵票丁太鋪士

描畫 Miú wák - Drawing 地羅營

雕刻 Tiú hak - Engraving 啁昆黎宏

煅煉 打鉄之法 Tün lín - Forging 科正

撥齒 造輪之法 Püt chí - Gearing 基凌

打箍 Tá kú - Hooping 胡兵 兵字下平

中文	粵音	English	譯音
合板（印字之法）	Hop pan	Imposing	淹保戍
銷鎔	Siu yung	Melting	咩厘丁
鬭榫（架木之法）	Tau sun	Mortising	麽地戍
油漆	Yau tsat	Painting	篇丁
鍍銀	Tu ngan	Plating	鋪黎丁
蟠紗（繼紗之法）	Pun sha	Reeling	釐凌
較漆	Kau tsat	Lackering	嘞加凌
甄陶	Yan to	Modeling	毛地凌
吹玻璃	Chui poli	Molding of glass	毛厘丁阿乎忌鏬士
畫像	Wa tseung	Painting of portraits	篇丁阿乎破地列士
印書	Yan shü	Printing	鋪鍊丁
鋸木	Kü muk	Sawing	梳營

漢字	讀音	English	英音
發灰	Fat fui	Slacking of lime	士嚦京阿乎爐唔
傾鍊 取足金銀之法	King lin	Smelting	士咩厘丁
紡線	Fong sin	Spinning	士邊寧
淹皮 製皮之法	Im pi	Tanning	吠寧
鑲線邊 木匠之法	Seung sin pin	Veneering	嚹尔淩。
織布	Chik pu	Weaving	嚨寧
剷磨 剷刀之法	Ch'an mo	Sharpening	嗄品寧
銲口	Hon hau	Soldering	騷厘打凌。
屈曲 屈竹木之法	Wat kuk	Steaming	士店明
硝皮 製皮草之法	Siu pi	Tawing	搯營
耕紗	Kang sha	Warping	嘩兵
車圓	Ch'e ün	Turning	吞寧

衣服 I fuk - Dress 地㗎士

帷裙	Wae kwan - Apron	嘢蒲倫
女人帽	Nü yan mo - Bonnet	啵眤（眤字彌呢切）
帽帶	Mo tai - Bonnet string	啵眤士地𠸏
帽盒	Mo hop - Band box	班朥士
包頭	Pau tau - Head band	吃班
洗身衫	Sai shan sam - Bathing dress	𠽤丁地㗎士
帽圈	Mo hün - Bonnet ring	啵眤𠸏
帽籠	Mo lung - Bonnet cylinder	啵眤哂連打
長帶	Cheung tai - Band	班
褲頭帶	Fu tau tai - Waist band	威士地班

靴	Hëu	Boots	砵士
緞靴	Tuen hëu	Satin boots	噼靛砵士
靴帶	Hëu tai	Bootstraps	砵士地囒
褲帶	Fu tai	Braces	布例賒士
鈕	Nau	Button	不頓
羅傘	Lo shan	Canopy	唲糯敏
皮靴	Pi hëu	Leather boots	哩打砵士
水靴	Sui hëu	Water boots	喎打砵士
牛頭褲	Ngau tau fu	Breeches	布列遮士
帶扣	Tai k'au	Buckle	北忌厘
鈕門	Nau mun	Button hole	不頓號厘
帽仔	Mo tsai	Cap	汲

中文	讀音	English	英音
帶扣	Tái kau	Clasps	其鏬士鋪
屐	Kek	Clogs	其洛士
長衫	Chéong sám	Long coat	郎高地
風領	Fung ling	Collar	哥鏬
衣服	I fuk	Clothes - Clothing	其老ㄙ士　又曰　其老丁
頸帶	King tái	Cravat	其禮滑
大褸	Tái lau	Cloak	其祿
大衫	Tái sám	Coat	高地
長袍	Chéong pó	Great coat	忌禮地高地
絨風領	Yung fung ling	Woolen collar	汚論哥鏬
掤胸	Mun hung	Corset	哥嚇
冕	Min	Crown	其漏吾

中文	Romanization	English	音
袖口	Tsau hau	Cuff	未乎
化蘭仁褲	Fa lan yan fú	Flannel drawers	化蘭呢匣地羅亞士
衣裳	I shéong	Dress	地喱佘士
毛扇	Mò shin	Feather fan	啡扎嗱
葵扇	Kwai shin	Leaf fan	利乎嗱
扇插	Shin cháp	Fan case	嗜溪士
長褲	Chéong fú	Drawers	地羅亞士
棉布褲	Min po fú	Cotton drawers	劄頓他羅亞士
扇	Shin	Fan	嗱
牙扇	Ngá shin	Ivory fan	挨華黎嗱
紙扇	Chí shin	Paper fan	啤巴嗱
扇盒	Shin hop	Fan box	嗜脯士

中文	Romanization - English	讀音
標袋	Piú tói - Fob	科恰　两字作科恰切
皮長袍	Pí chéung pò - Furlong gown	花郎交吾
襪帶	Mat tái - Garter	加打　廣東番語呀打
皮帶	Pí tái - Leather girdle	嚦打加地厘
手巾	Sau kan - Handkerchief	慳加趨乎
絲巾	Sz kan - Silk handkerchief	絲厘其慳加趨乎
皮衲	Pí náp - Fur jacket	花蔴結
脚嗌	Keuk máng - Gaiters	佳打士
帶	Tái - Girdle	加地厘　加字似牙字但要去鼻音
手笠	Sau leüh - Gloves	忌蔓乎士
夏布巾	Há po kan - Grasscloth handkerchief	忌鑄士其羅△慳加趨乎
帽	Mò - Hat	吃

雨帽	Ü mò - Rain hat	練°吪	
涼帽	Lëong mò - Summer hat	必蘇吪	
暖帽	Nün mò - Winter hat	吰打吪	
衫	Sam - Jacket	蒒結	
馬褂	Má kwá - Riding jacket	賴°丁蒒結	
衫襟	Sam kam - Lappet	嚹必	
氊帽	Chin mò - Felt hat	吠厘地吪	
草帽	Tsò mò - Straw hat	士地羅°吪	
紅帽	Hung mò - Red hat	㖠°吪	
夾衲	Kap náp - Jacket with lining	蒒結嚹△喇寃	嚹孚維啢切
包膝	Páu sat - Knee pads	尔嘅士	
套褲	Tò fú - Leggins	𠱁扎士	

頸巾	King kan - Neckcloth or neckkerchief	匿其羅△又曰匿加趨平
裙	Kwan - Petticoat	嘁地嘀地
辮線	Pin sin - Queuestrings	橋士地嚹
帶仔	Tái tsai - Ribbons or Tape	獵品士又曰梯蒲 首句是絲帶仔 末句是棉帶仔
千里馬	Chin li má - Sandals	山打壓士
縐紗帶	Chow shá tái - Crape sash	箕㑢鋪蹤暑
褲	Fú - Pantaloons	呢笫嚀士
袋	Tói - Pocket	膊結
蓑衣	Sói - Rain cloak	練其篠
袍	Pò - Robe	笠
草鞋	Tsò hái - Cord sandals	葛山打壓士
搭膊巾	Tap pok kan - Shawl	啉厘

繡花搭膊巾	Sau fá tap pok kan – Embroidered shawl	嘜布來打曉厘	
鞋	Hái – Shoes	蘇士	
女人鞋	Nüi yan hái – Lady's shoes	咧底士蘇士	
馬蹄袖	Má tai tsau – Horsehoof sleeves	賀貽士晞乎士簏乎士	
氈襪	Chin mát – Woolen stockings	嗚倫士鐸見士	
腰肚	Iu tú – Stomacher	士泵墨加	
汗衫	Hon sham – Shirt	唊	
木鞋	Muk hái – Wooden shoes	嗗顛蘇士	
鞋帶	Hái tái – Shoe strings	蘇士地嚦	
襪頭	Mát tau – Socks	索士	
絲襪	Sz mát – Silk stockings	絲厘其士鐸見士	
袈裟	Ká sá – Surplice	沙皮簏厘士	

十字帶 Sup tsz tai - Suspenders 沙士嘆打士

棉褲 Min fu - Cotton trousers 葛頓地褸沙士

綢褲 Chau fu - Silk trousers 絲厘其地褸沙士

障面紗 Cheung min sha - Veils 咈厘士

緊身 Kun shan - Sid waistcoat 太地威士噶地

一對鞋 Yat tui hai - One pair of shoes 溫啤亞阿乎蘇士

帽縫 Mo sui - Tassel 他余厘

縐紗褲 Chau sha fu - Crape trousers 其纈地褸沙士

頭帕 Tau pa - Turban 他品

背心 Pui sum - Vest or waistcoat 嘁士 又曰 維士噶地

荷包 Ho pau - Wallet or Purse 蝸咧 又曰 怕士

一對襪 Yat tui mat - One pair of stocking 溫啤亞阿乎士鐸京士

一套衣服	Yat to i-fuk. One suit of clothes	温雲地阿乎其老△士	
睡袍	Shui po' - Sleeping gown	士獵氷交吾	
一條褲	Yat tiu fu - One pair of trousers	温啤亞阿乎地簍沙士	
十二件汗衫	Sup i kin hon sam - One dozen of shirts	温打臣阿乎咲士	
睡房	Shui fong - Bed room	咇林	
床	Ch'ong - Bed	咇	
床鋪	Ch'ong p'u - Bedding	咇丁	
被面	P'i min - Bedcover	咇綸化	
蚊帳	Mun cheung - Bed curtain	咇朮頓	

褥仔	Yuk tsai - Matrass	嘜地喱士
被單	Pi tan - Sheet	哂地
長枕頭	Cheong chum tau - Bolster	煲厘士打
枕頭袋	Chum tau toi - Pillowcase	披勞溪士
衣服笠	I fuk lup - Clothes basket	其老仑士巴士結
蚊帳眉	Man cheung me - Curtain	赤頓
藤絲褥仔	Tang si yuk tsai - Rattan matrass	咧吠嘜地喱士
花被面	Fa pi min - Coverlet	給化列
枕頭	Chum tau - Pillow	披勞
氊	Chin - Blanket	布嚫結
搬床	Ngo chong - Cradle	其黎地厘
蚊帳鈎	Man cheung kau - Curtain hook	吠打哭

蚊拂	Mun fut - Mosketoe whip	孖士結都嗋（嗋字宏刼切）
厠椅	Chi-i - Night stool	乃地士都屋
梳粧樓	Sho chong lau - Dressing room	地哩星林
香包	Heong pau - Amulets	嗌苗咧士
朝珠	Chiu chü - Court beads	噶必士
脫靴板	Tüt hü pan - Boot jack	砵隻
便壺	Pin hoo - Chamber pot	簽巴砵
棉胎	Min tai - Cotton quilt	葛頓駒壓地
腳鈪	Keuk ak - Anklet	嘅忌咧士
香珠	Heong chü - Aromatic beads	啞老禨的必士
手鈪	Sau ak - Bracelet or Bangle	布咧士咧 久臼 巜忌厘

銀手鈪 Ngân sau ák - Silver bangle 絲厘化咏忌厘

玉手鈪 Yük sau ák - Jade bangle 祭地咏忌厘

牙擦 Ngá tsát - Tooth brush 都△布鏬礡

鞭杆 Pin kön - Cane 乾又溪吾

首飾箱 Sau shik siang - Basket 溪士啱

銀鍊 Ngân lin - Silver chain 絲厘化遷

金手鈪 Kum sau ák - Gold bangle 高厘咏忌厘

鬚擦 So tsát - Shaving brush 渺宏布鏬礡

髮擦 Fát tsát - Hair brush 唏也布鏬礡

帖盒 Tip hòp - Card box 咭嗙士 咭字英乞切

鍊 Lin - Chain 遷

金鍊 Kum lin - Gold chain 高厘遷

錶鍊 Peo lín - Watchchain 吪柱遷

梳 Só - Comb 甘 篦亦相同

玳瑁梳 Toi muí só - Tortoiseshellcomb 拖打士嘫厘甘

水粉 Suí fan - Cosmetic 哥士彔的

鏡粧 King chong - Dressing case 地嚦星䗯士

銀耳鐶 Ngan í wán - Silverearrings 絲厘化衣也靈士

衣架 Í ká - Clothes horse 其老△士何士

牙梳 Ngá só - Ivory comb 挨華㘓甘

木梳 Muk só - Wooden comb 㖿頓甘

梳頭枱 Só tau toi - Dressing table 地嚦星梯布厘

耳鐶 Í wán - Earrings 衣也靈士

金耳鐶 Kam í wán - Goldearrings 咼厘衣也靈士

鍍金耳鐶 To kum i wan - Goldwashed earrings 高厘蝸暑衣也靈

戒指 Kai chi - Finger ring 分架靈

銀戒指 Ngan kai chi - Silver ring 絲厘化靈

金戒指 Kum kai chi - Gold ring 高厘靈

釵 Chai - Hair pin 唏也鞭

銀釵 Ngan chai - Silver hair pin 絲厘化唏也鞭

金釵 Kum chai - Gold hair pin 高厘唏也鞭

刀仔 To tsai - Knife 乃乎

照面鏡 Chiu min keng - Looking glass 錄京忌鏬士

手鏡 Sau keng - Mirror 孖羅

頸鍊 Keng lin - Necklace 嚁例士

針 Chum - Needle 尒地厘

洋遮仔	Yeung chē tsai	Parasol	怕例梳厘
香油	Heung yau	Pomatum	煲孖泵
心口針	Sum hau chum	Breastpin	布哩士鞭
針箱	Chum sĕung	Pin box	鞭膊士
剃刀	Tai tō	Razor	禮梳
玫桂油	Mui kwai yau	Oil of roses	哀厘阿乎老奈士

香物	Heung mat	Perfumery	怕啉麻黎
大頭針	Tai tau chum	Pin	鞭
針筒	Chum tung	Pin case	鞭溪士
針氊	Chum chin	Pin cushion	鞭揃純
喝刀皮	Hot tō pí	Razor strop	禮梳士地笠
胭脂	Yin chí	Rouge	瀘柱

中文	粵音	English	音譯
鉸剪	Kaù tsìn	Scissor	絲沙
剃鬚箱	Tai sòu siang	Shaving case	西宏溪士
水泡	Sui pò	Sponge	士賓枝
針頂	Chum tíng	Thimble	点布厘
麻線	Má sín	Cotton thread	割頓地咧地
牙簽	Ngá tsím	Toothpick	都△北
利刮	Li kwát	Tongue scraper	丁士共俐巴
香梘	Heung kán	Perfumed soap	怕啉唔濕
襟頭符	Kam tau fòo	Talisman	他簾士文
線	Sín	Thread	地咧地
絲線	Sz sín	Silk thread	絲厘共地咧地
牙灰	Ngá fúi	Tooth powder	都△抛打

中文	English	讀音
牙灰盒	Ngá fui hop - Toothpowderbox	都△拋打牌士
鑷鉗	Nip kim - Tweezer	吐衣沙
布遮	Pú ché - Cotton umbrella	割頓庵布喱嘩
綢遮	Chau ché - Silk umbrella	絲厘其庵布喱嘩
雲肩	Wan kin - Vandyke	彎大其
面巾	Min kan - Towel	偷哝厘　廣東番語偷仁
遮	Ché - Umbrella	庵布喱嘩
紙遮	Chí ché - Paper umbrella	敝巴庵布喱嘩
口水肩	Hau sui kin - Bib	必布　布刦切
面盤架	Min pún ká - Washstand	喎暑士丹

食物

Shik mut - Articles of food

亞的忌厘士阿乎潤

糟魚解	Tsò-ü-kái - Anchovy sauce	嗳初肥梳士
平菓乾	Ping kwó kon - Dried apples	扡擸扡鴨布厘
烟肉	Ín yuk - Bacon	啵近
荳角	Tau kok - Beans	便士
麵料	Min liú - Batter	𠯿打
牛肉	Ngau yuk - Beef	卑乎
焓牛肉	Shap ngau yuk - Boiled beef	背厘地卑乎
燒牛肉	Shiu ngau yuk - Roasted beef	老士卑乎
捲筒牛肉	Kün tung ngau yuk - Rolled beef	老厘地卑乎
鹹牛肉	Hàm ngau yuk - Salt beef	梳厘地卑乎

鐵耙牛肉	Tit pa ngau yuk.	Beefsteak	卑平士的
燒雀仔	Shiu tseuk tsai.	Roasted bird	老士不
麵頭	Min tau -	Bread	布吶地
麥糠	Mak hong -	Bran	布爛
牛油	Ngau yau -	Butter	不打
餅	Peng -	Cake	戟
雀仔	Tseuk tsai.	Birds	不士
麵餅乾	Min ping kon -	Biscuit	卑士結
麥糠麵頭	Mak hong min tau -	Bran bread	布爛布吶地
湯	Tong -	Broth	㗎布羅△
椰菜	Ye tsoi -	Cabbage	汲[illegible]枝
酒餅	Tsau peng -	Winecake	歪吾戟

㓾鷄	Sin kai - Capon	溪品
塘蒿	Tong ho - Celery	舍鏴黎。
鷄項	Kai hong - Chicken	戚見
諸古聿	Chü ku lut - Chocolate	初高列 亦有同呌
韭菜	Kau tsoi - Cives	綠乎士
粥	Chuk - Congee	干志
紅蘿蔔	Hung lo pak - Carrots	未洛士 洛字利葛切
牛奶餅	Ngau nai peng - Cheese	痴士 唐話多有稱之時
裩骨鷄	Tsüi kwat kai - Boned chicken	煲吾嘔戚見
魚羹	U kang - Chowder	初打
㗎啡	Ka fi - Coffee	全呌 此是荳名番人作茶所用
牛乳油	Ngau yü yau - Cream	其廉

蟹肉湯	Hái yuk t'ong	Crab soup	其嚱濕
荳腐	Tau fü	Bean curd	便吉地
黃薑	Wong kéung	Curry	咔利
架利牛肉	Ká li ngau yuk	Curry beef	咔利卑乎
架喇鷄	Ká li kai	Curry fowl	咔利埠厘
架喇魚	Ká li ü	Curry fish	咔利非暑
架喇蝦	Ká li há	Curry shrimps	咔利暑廉士
架喇材料	Ká li ts'oi liú	Curry stuff	咔利士打乎
吉時	Kat shi	Custards	咔士達
吉烈	Kat lit	Cutlets	同料
吉烈鷄	Kat lit kai	Fowl cutlet	埠遞吉列士
鹿筋	Luk kan	Deer's sinews	地亞士先鳥士

鴨	Ap - Duck	特
燒鴨	Shiu ap - Roasted duck	老士特
鷄蛋	Kai tan - Egg	益
猪肶䏙	Chü pi chan - Fillet of pork	非列阿平朴
鮮魚	Sin ü - Fresh fish	平喱暑非暑
白鯧魚	Pak chong ü - Boiled fish	背厘地非暑
臘鴨	Lap ap - Dried duck	地爐地特士
調麵	Tiu min - Dough	荳
牛脚	Ngau kiuk - Cow's feet	扣士𠿬　𠿬字科咽切
魚	ü - Fish	非暑
鹹魚	Ham ü - Salt fish	梳厘地非暑
菓子	Kwo tsz - Fruit	平吩地

燂魚	Chiu ü	Fried fish	平蘿地非暑
鷄	Kai	Fowl	埠厘
佛囒哂鷄	Fatlansaikai	Fricassed fowl	平利朩薛埠厘
青蒜	Tsingsün	Garlic	加力
鵞	Ngó	Goose	故士
蛋青	Tántsing	Glair	忌嚦亞
麵粉	Mín fun	Flour	平籆亞
燒鷄	Shiúkai	Roasted fowl	老士埠厘
老鼠鷄	Lóshükai	Rabbit fowl	囃必埠厘
鵞頭龜	Ngótaukwai	Giblet pie	刦烈排
燒鵞	Shiúngó	Roasted goose	老士故士
汁	Chup	Gravy	忌麗咇

中文	英文	音譯
米糊	Mai ku - Rice gruel.	賴士故路嗻厘
吃食	Hat shik - Food	蚨暑
羊肉	Yeung yuk - Mutton	乜頓
羊手	Yeung sau - Mutton shoulder	乜頓騷厘打
蜜糖	Mat tong - Honey	怋尼
沙莉膏	Sa li ko - Pear jam	嘁啞咕
火腿	Fo tui - Ham	嗛
吃食牛肉	Hat shik ngau yuk - Kosher beef	蚨暑地卑乎
羊首	Yeung shau - Sheep's head	涉士吃
羊髀	Yeung pi - Mutton leg	乜頓叻
糖膏	Tong ko - Jam - Preserve	咕又曰鋪利沙乎
黃皮膏	Wong pi ko - Wongpi jam	黃皮咕

豬腳凍	Chü kiuk tung - Pig's foot jelly	吡士澗遮厘	
車厘	Chè li - Jellies	遮厘士	
豬油	Chü yau - Lard	辣	
粟	Suk - Maize	米士	
粟米	Suk mai - Indian meal	烟地人未厘	地人兩字作顛字看
瓜	Kwa - Melon	咩倫	
冬瓜	Tung kwa - Winter melon	呍打咩倫	
牛乳	Ngau yü - Milk	未厘其	
羊乳	Yeung yü - Goat milk	高士未厘其	
桔水糖	Kut shui tong - Molasses	磨鏴余士	
黃薑湯	Wong keung - Mulligatawny	嘪利計拖尼	
芥末	Kai mut - Mustard	孖士達	

鐵耙羊肉　乜頓士的
Tit pà yéung yuk - Mutton steak

蓮藕　咩林鼻啗劣地（劣字利濶切）
Lín ngau - Nelumbium root

荳蔻　匿覓
Tau kau - Nutmeg

生菜油　士嘭哀厘
Sáng ts'oi yau - Sweet oil

芝蔴　賒細文
Chì má - Sesamum

芝蔴油　賒細文唔哀厘
Chì má yau - Sesamum oil

葱頭　凍年士（嚷字腰根切）
Ts'ung tau - Onions

洋葱頭　挪啲嚷年士
Yéung ts'ung tau - Bombay onions

蠔　哀士打
Hò - Oyster

蠔麵鰮　哀士打排
Hò mín kwan - Oyster pie

牛肝　利化阿乎畀乎
Ngau kòn - Liver of beef

猪肝　利化阿乎柎
Chü kòn - Liver of pork

中文	Romanization - English	注音
班戟	Pán kik - Pan cake	同音 番餅也
鷓鴣	Chè kú - Partridge	鈀地列杜
菉荳	Luk tau - Green peas	忌綠披
猪仔	Chü tsai - Pig	北
猪脚	Chü kiuk - Pig's feet	北士啲 啲字利啲切
花椒	Fá tsiú - Cayenne	契唎
旱芹菜	Hon kan tsoi - Parsley	鈀士黎
麵食	Min shik - Pastry	柏士地黎
芽菜	Ngá tsoi - Pea sprout	卑士士鋪梛地
局猪仔	Kuk chü tsai - Baked pig	俶廿北
胡椒	Ho tsiú - Pepper	囉巴 囉字件汲切
酸菓	Siün kwó - Pickles	北巳忌厘士

中文	英語	音譯
白鴿	Pak kop - Pigeon	卑賤
燒白鴿	Shiu pak kop - Roasted pigeon	老士卑賤
白鴿蛋	Pak kop tan - Pigeon's eggs	卑賤盆
白鴿䶇	Pak kop kwai - Pigeon pie	卑賤排
波囉飯	Po lo fan - Pilau	排樓
豬排骨	Chü pai kwat - Pork chops	朴靴
煎豬肉	Tsin chü yuk - Fried pork	乎𧝞地朴
鹹豬肉	Ham chü yuk - Salt pork	梳厘地朴
燒肉	Shiu yuk - Roasted pork	老士朴
薯仔	Shü tsai - Potatoes	抱底刀士
局薯仔	Kuk shü tsai - Baked potatoes	𢿎結抱底刀士
紅薯	Hung shü - Sweet potatoes	士𠸎抱底刀士

布顛	Pò tin - Pudding	同呌	番餅食
麵頭布顛	Min tau pò tin - Bread pudding	布唎布顛	
提子布顛	Tai tsz pò tin - Raisin pudding	麗臣士布顛	
兔仔	Thò tsai - Rabbit	嚹必	
會兔仔	Ui thò tsai - Stewed rabbit	士刁嚹嚹必	
菩提子	Pu tai tsz - Raisins	麗臣士	
飯布顛	Fan pò tin - Rice pudding	賴士布顛	
飯	Fan - Rice	賴士	
糯米	Nò mai - Oldmani rice	澳厘嗎士賴士	
西米	Sai mai - Sago	西告	
鹽	Im - Salt	梳厘地	廣東番話沙夘
釀腸	Yeong chéung - Sausages	梳西遮士	

中文	粵音	English	英音
臘腸	Lap cheung	Dried sausages	地盡地梳西遮士
沙椎	Sa chui	Snipes	士揑士
湯	Tong	Soup	嗉
牛肉湯	Ngau yuk tong	Beef soup	卑孖嗉
羊肉湯	Yeung yuk tong	Mutton soup	乜頓嗉
雞湯	Kai tong	Fowl soup	埠厘嗉
水魚	Shui ü	Turtle	他地厘
水魚湯	Shui ü tong	Turtle soup	他地厘嗉
豬脷腳	Chü li kiuk	Souse	收士
豬尾龍	Chü mi lung	Spare rib	士啤也獵
豉油	Shi yau	Soy	嗦
糖	Tong	Sugar	蘇加

片糖 Pín tong - Sugar cake 蘇加戟

結糖 Kit tong - Black sugar 布叻蘇加

牛骨髓 Ngau kwat sui - Beef suet 卑乎雪地

芋頭 U tau - Taro 哋勞

三捻嗟 Sam nim tat - Carambolatart 卡藍波鏤嗟地

桃嗟 Tho tat - Peach tart 必杜嗟

二白糖 Yi pak tong - Common sugar 甘文蘇加

氷糖 Ping tong - Sugar candy 蘇加乾地

糖菓 Tong kwo - Sweetmeats 士鬖覓

嗟 Tat - Tart 同叫 麵食也

梅嗟 Mui tat - Plum tart 餔林嗟

哆啲 To si - Toast 叨土 烘脆之麵包也

牛脷	Ngau li	Beef's tongue	卑乎士丁
燒火鷄	Shiu fo kai	Roasted turkey	老士踢忌
鹿脯	Luk fu	Dried venison	地䢘地嗹尔臣
醋	Tsü	Vinegar	啞尔加
酵	Hau	Yeast	啱士地　啱字夜衣切
凍肉	Tung yuk	Cold meat	高厘篾
火鷄	Fo kai	Turkey	踢忌
牛仔肉	Ngau tsai yuk	Veal	嗹厘
粉絲	Fun sz	Vermicelli	華未睬厘
大薯	Tai shü	Yam	噞
蛋黃	Tan wong	Yolk	扡厘其
火食	Fo shik	Victuals, provision	域租厘士　又曰　鋪老嗹純

酒 Tsau - Spirits - Liquors 士卑烈士、又名吻卡

咗酒 Win tsau - Wine 歪吾、又曰云

啤酒 Pe tsau - Beer 卑亞、

平菓酒 Pingkwo'tsau - Cider 晒打

煎酒 Tsin tsau - Gin 煎

白酒 Pak tsau - Madeira 襪地亞鏬、

啞力酒 A lik tsau - Arrack 啞力咗

三鞭酒 Sampintsau - Champagne 三鞭

紅酒 Hong tsau - Claret 忌鏬列。

葡萄酒 Po to tsau - Grape wine 忌例鏬咗

砵酒 Puttsau - Port wine 砵咗

波打酒 Pó ta tsau - Porter 波打

罷爛地 Pó lán te - Brandy 同叫

車厘罷爛地 Ché le pá lán te - Cherry cordial 車厘哥蛇厘

車厘酒 Ché le tsau - Sherry 𠺝厘

啉酒 Lum tsau - Rum 啉

澳魯泵 O lu tom - Old tom 同叫

罷爛地酒水 Pá lán te tsau sui - Brandy and water 布爛地蝸打

梳打水 So ta sui - Soda water 梳打蝸打

檸檬水 Ning mung sui - Lemonade 嚨問坭

檸檬糖 Ning mung tong - Lemon syrup 嚨蚊四笠

燒酒 Shiu tsau - Samshu 𠵱蘇

雙烝 Seung tsing - Doubled distilled liquor 嗒布厘地士地厘𠵱蘇

雪梨酒 Süit li tsau - Pear shamshu 啤亞巨蘇

一杯酒 Yat pui tsau - One glass of wine 温昆嗙士呍

一罇酒 Yat tsun tsau - One bottle of wine 温砵地厘阿乎呍

一埕燒酒 Yat ching shiü tsau - One jar of shamshu 温揸阿乎巨蘇

茶 Ch'á - Tea 地

白毫 Pák hò - Pecco 嚦高

上香 Sheung heong - Orange Pecco 阿倫杜嚦高

紫毫 Chí ho - Inferior Pecco 燕非利亞嚦高

紅梅 Hong múi - Hung muey 同上

紅茶	Hung chá	Black tea	布嚦地
工夫茶	Kung fu chá	Congo	抗高（高字下平）
嫩裝工夫茶	Nün chong kung fu chá	Fine Congo	吩抗高
粗工夫茶	Tsò kung fu chá	Common Congo	甘文抗高
小種	Siu chung	Souchong	小種
包種	Pàu chung	Powchong	包種
烏龍	Wu lung	Oolung	烏龍
綠茶	Luh chá	Green tea	忌連地
珠茶	Chü chá	Gunpowder	根泡打
蝦目	Há muh	No. 1 Gunpowder	稔巴温根泡打
麻珠	Má chü	No. 2 Gunpowder	稔巴都根泡打
寶珠	Pò chü	No. 3 Gunpowder	稔巴地簏根泡打

芝珠	Chi chü - No 4 Gunpowder	稔巴科根泡打
元珠 即大珠	Un chü - Imperial	艷拔厘
熙春	Hi chun - Hyson	雜臣 雜字上平
付熙	Fu hi - Common Hyson	甘文雜臣
娥眉	Ngo mi - No 1 Young hyson	稔巴温央雜臣
雨前	Ü tsin - No 2 Young hyson	稔巴都央雜臣
付雨	Fu ü - No 3 Young hyson	稔巴地厘央雜臣
熙雨	Hi ü - No 4 Young hyson	稔巴科央雜臣
熙皮	Hi pi - Old Hyson	澳炣雜臣
珠蘭	Chü lan - Chulan	珠蘭
松蘿	Sung lo - Singlo	松羅
皮茶	Pi chá - Hyson skin	雜臣士堅

Kánpoì. Campoi.　　Tüinkai. Twankay

揀焙　揀焙　　屯溪　屯溪

Sungchai. Caper congo　　Fáhiung. Scented tea

松制　溪巴抗高　　花香　咖跌地

Tingsheung nünchong chá. Extra fine tea

頂上嫩裝茶　益士地鋪吩地

Tauchunchá. First crop tea

頭春茶　花士其笠地

Yíchunchá. Second crop tea

貳春茶　昔根其笠地

Samchunchá. Third crop tea

叁春茶　撻其笠地

山裡裝　根地厘嘣
San li chong - Country packed
土裝茶　埞地乎嘣
Tu chong cha. Native packed

茶辦　地乜士打
Cha' pan - Sea muster
大辦　乜士打車士
Tai pan - Muster chest

大箱　車士又曰鎅治車士
Tai seung - Chest
貳伍箱　蚧乎車士
Yi ng seung - Half chest

十斤箱　嚊𠯿地薄士
Shap kan seung - 10 catty box
斗箱　士啤也車士
Tau seung - Square chest

花箱　乎簍亞薄士
Fa seung - Flower box
五斤箱　快乎𠯿地薄士
Ng kan seung - 5 catty box

一個字號茶　温揷地
Yat ko tsz ho cha - One chop of tea

味 Mi - Taste 梯士地
好味 Ho mi - Good taste 嗝梯士地
鹹 Haam - Salt 梳厘地
甜 Tim - Sweet 士嘭 嘭字雲結切
辣 Lat - Hot 喝
臭 Chau - Bad smell Stinking 時士咩厘 又曰 士丁京

無味 Mo mi - No taste Tasteless 腦梯士地 又曰 梯士喱士
酸 Suen - Sour 收亞
苦 Fu - Bitter 必打
香 Heong - Fragrant 乎嚦忌倫地 又曰 嗝士咩厘
濃 Ying - Strong 士地郎

淡 Tam - Weak 域

熱 Nt - Hot 喝

乾 Kon - Dry 地礁

肥 Fi - Fat - Oily 發地 又曰 哀黎

冷 Lang - Cold 噶厘

涼 Leong - Cool 箍厘

濕 Shap - Wet 嗬地

瘦 Sau - Lean 連

草木 Tsò muk - Plants 舖爛池

樹皮	Shüpí - Bark	巴
柳絮	Lausui - Catkins	啱件
蘧	Ün - Leaf bud	簾平不
椏	Á - Crotch	龔洛柱
糠頭	Hong tau - Chaff	褸平
樹枝	Shüchí - Branches	布欄啫士
花蕾	Fá lui - Flower bud	平篗啞不
葩	Pá - Corol	哥勞厘
莖	King - Culm	未林
木碎	Muk sui - Chips of wood	妾士阿平嗝　咶字雲欄切

Pi - Chorion
粃　初利仁

San - Faggots
薪　嘜割士　嘜字花尺切

Pau - Gourd
匏　哥地　哥字讀鵞字但要去鼻音

Shü kau - Gum
樹膠　柎　柎字牙甘切

Yan - Kernel
仁　呑呢圍　呢字拿遮切

Ip - Leaves
葉　簾乎士

Kau - Capsule
梂　橋巴圍

Kwo - Fruit
菓　乎哰地

Tsiéchi - Graft
挨枝　忌鏄乎地

Kwo chup - Juice
菓汁　租士

Tsit - Knot
節　諾地　諾字尼喝切

Wat - Nut
核　嫐

寄生	Ki-shang	Parasite	怕例晒地
瓣	Fán	Petal	啤打厘士
蓬	Fung	Pith	披△
樹根	Shü-kan	Roots	吻池
花衣	Fá-i	Spathe	士緻△
花芳	Fá-lik	Spines	士拜吾士
蒂	Tai	Peduncle	披敦邑厘
蕊	Yui	Pistils	披士地厘士
筴	Kip	Pod	咻
樹液	Shü-yik	Sap	唦
穗	Sui	Spike	士拜其
芽	Ngá	Sprout	士鋪孿地

竹笋 Chuk sun - Bamboo shoots 嚶埔嗱士 嗱字梳瀾切

幹 Kon - Stem 士呫

樹身 Shue shan - Trunk 地令其

樹頭 Shue t'au - Stump 士泵蒲

梢 Shau - Twig 地域士

蔓 Man - Vines 歪吾士

木 Muk - Wood 咶 咶字雲瀾切

柴 Ch'ai - Fire wood 快也咶

喬木 Kiu muk - Forest trees 科喱士地篤士

影木 Ying muk - Ambrygua wood 嘛啉拿咶

檳榔樹 Pan long shü - Areca palm 弫簻加攀 攀字飽三切

槐樹 Wai shü - Ash tree 哝暑地簾

紫竹 Tsz chuk - Black bamboo 布嚦其嘜哺

湘妃竹 Seung fi chuk - Empress bamboo 唵舖嚦士嘜埔

黃楊木 Wong yeung muk - Box wood 薄士咶

桂樹 Kwai shü - Cassia tree 溪時亞地簾

丁香樹 Ting heung shü - Clove tree 其簍乎地簾

竹樹 Chuk shü - Bamboo 嘜埔

無節竹 Mò tsit chuk - Knotless bamboo 災吾嚦士嘜埔

榕樹 Yung shü - Banian fig 嘜尔仁咈 咈字非益切

樟木 Cheung muk - Camphor 嘭貨

玉桂 Yuk kwai - Cinnamon 仙呢文

櫻樹 Seung shü - Caipalon 嚙亞怕唔 嚙字其該切

棉樹 Mien shü: - Cotton plant 割頓鋪囒地

番利市錢 Fan li shi tsin - Cycas 晒加士

扁柏 Pin pák - Flat leaved cypress 平咧地篚乎晒鋪喱士

烏木 U muk - Ebony 嗎品尼

山羊角樹 Shan yeung kok shü: - Echites 意欽參士

古抱樹 Ku pò shü: - Erythrina 意篚地篚拏

木棉樹 Muk mien shü: - Cotton tree 割頓地篚

柏樹 Pak shü: - Cypress 晒鋪喱士

梧桐 Ng t'ung - Dryandra 地蘆嘍地鏄

酸枝 Suen chi - Ebony-like wood 嗎品尼纖共嵣

榆樹 Ü shü: - Elm 唹林

白飯子 Pák fán tsz - Eugenia 夭之尼亞

山介樹 Shan kái shü - Sagana 嘶咖鏬。 嘶字花尺切

松樹 Tsüng shü - Fir tree 花地籬。

鐵梨木 Tit lí muk - Ironwood 挨仁嗷亞嗝

桐油樹 Tung yau shü - Jatropha 際地老花

楓樹 Fung shü - Maple tree 米布厘地籬。

肥皂 Fí tsò - Mimosa 末肙沙

鱗甲 Lun kap - Mountain ebony 茂吾田嗚品尼

桑樹 Song shü - Mulberry tree 孖厘巴黎地籬。

橡樹 Tseung shü - Oak 屋

棕櫚 Tsung lü - Palm 怕唔

蘆兜樹 Lo tau shü - Pandanus 嘣噸孥士

楮樹 Chü shü - Paper tree 敝巴地籬。

杉 Chám - Pine 排唔
森木 Sham muk - Pride of India 鋪𧕴地阿乎烟地亞
沙籐 Shá tang - Rattans 囉吠
過山𧕴 Kwó shan lau - Robinia 老卑尼亞
花梨木 Fá li muk - Rose wood 老士喔
檀香樹 Tan hiung shü - Sandalwood tree 咄打厘啫地簾
蘇木 Sò muk - Sapan wood 唦囒唔
木患子 Muk wán tsz - Sapindus 唦邊打士
蘋婆樹 Pan pó shü - Sterculia 士打檐厘亞
柳樹 Lau shü - Sallow tree 他勞地簾
垂絲柳 Shui si lau - Tamarix 㗓麻吻士
羅漢松 Lo hon tsung - Taxus 𠹌沙士

漆樹	Tsat shü - Varnish tree	嘩尓暑地簾	
絲柳	Si lau - Weeping willows	喲泳嚨勞	喲字雲剌切
菓子	Kwo tsz - Fruit	乎劣地	
橡子	Tseung tsz - Acorn	縊干	
杏仁	Hang yan - Almonds	極厘門士	
黄梅	Wong mui - Apricot	縊鋪簾割	
楊柳	Yeung lau - Willows	嚨勞	嚨字雲衣切
石栗	Shak lut - Chesnutes	縊爵獖池	
平菓	Ping kwo - Apple	嗚蒲厘	
奈	Noi - Bullace	埔黎士	

肉荳蔻	Yuh tau kow - Cardamums	卡低文
風栗	Fung lut - Chestnut	車士嫩
椰子	Ye tsz - Cocoanut	郭髙嫩
白棗	Pak tsò - Dates	低池
山柚柑	Shan yau kòm - Euonymus	天安乃麻士
葡萄	Po tò - Grape	忌黎蒲
三捻或楊桃	Sàm nim or Yéung tò - Carram-bola	卡嗹保𨭆
佛手	Fat shau - Citron	薛地郎
番荔枝	Fán lai chí - Custardapple	卡士達嗚蒲厘
紅棗	Hung tò - Red dates	吻地低池
無花菓	Mò fá kwò - Fig	啡 非盎切
花生	Fá shang - Groundnut	忌簍吾嫩

花捻或鷄屎菓 瓜拔 Fá im or Kai shí kwó - Guava	棒子 奚士厘嫩 Pang tsz - Hog's-nut
枳椇 賀非尔亞 Chat kú - Hovenia	波羅密 隻平吩地 Pó ló mat - Jack fruit
山柰 溪唵蒲非厘亞 Shán naí - Kaempferia	檸檬 嗹文又曰孻咩 Ning múng - Lemon - Lime
荔枝 仝音 Laí chí - Lichi	黑葉荔枝 布嚦箟平荔枝 Hak ip laí chí - Black leaved Lichi
掛綠荔枝 忌連尔畧荔枝 Kwá luk laí chí - Greenish lichi	龍眼 仝音 Lung ngán - Longan
蘆橘 仝音 Lú kwat - Loquat	芒菓 仝音 Mong kwó - Mango

枸杞子 Kau ki tsz - Medlar　嚒地鉾

橄欖 Kòm làm - Olive　阿籬乎

橙 Cháng - Coolie orange　阿倫柱

硃砂桔 Chü shá kat - Mandarin orange　萬打連阿倫柱

柑 Kòm - Coolie mandarin orange　姑厘萬打連阿倫柱

金橘 Kam kwat - Kumkwat orange　甘橘阿倫柱

四季桔 Sz kwai kat - Nutmeg orange　匿擘阿倫柱

金錢桔 Kam tsín kat - Goldnutmeg orange　高厘地匿擘阿倫柱

甜橙 Tím cháng - Sweet orange　士嘭地阿倫柱　嘭字雲咽切

薄皮柑 Pok pí kòm - Thinskinned orange　[弘頁]士堅阿倫柱

四會柑 Sz wúi kòm - Darkskinned orange　得士堅阿倫柱　嘚字地客切

木瓜 Muk kwá - Papaw　敝波　又曰　敞敝也

中文	Romanization - English	音譯
桃	To - Peach	必柱
英桃	Ying to - Sweet peach	士嘭地必柱（嘭字雲咽切）
冷飯桃	Lang fan to - Bitter peach	必打必柱
沙梨	Sha li - Pear	啤亞
鷄心柿	Kai sum tsz - Persimmon	怕悶文
柿餅	Tsz peng - Dried persimmon	地賴地怕悶文
哈蜜桃	Ha mat to - Hami peach	嗱米必柱
鸚嘴桃	Ying tsui to - Pointed peach	培吾跌必柱
扁桃	Pin to - Flat peach	平咧地必柱
雪梨	Suet li - Shantung pear	山東啤亞
盒籮柿	Hap lo tsz - Large persimmon	鏄柱怕悶文
波羅	Po lo - Pine apple	排吾嗚布厘

松子	Sung tsz - Pine seeds	拼吾薛士
蕉	Tsiu - Plantain	鋪𡅏頓
梅	Mui - Plum	鋪林
紅梅	Hung mui - Red plum	唎地鋪林
酸梅	Suen mui - Sour plum	收亞鋪林
烏梅	U mui - Black plum	布嚦鋪林
杏	Hang - Darkred plum	嘚其唎地鋪林 嘚字拖客切
李	Li - Small yellow plum	士嚤厘夜嘮鋪林
紅心李	Hung sum li - Redheartplum	唎地乞地鋪林
南華李	Nam wa li - Nam wah plum	南華鋪林
青竹李	Tsing chuk li - Green plum	忌連鋪林
石榴	Shek lau - Pomegranate	播末忌𡅏吶

櫻子 Ying tsz - Prunus 舖𠲜拿士

桑麻柚 Sòng mà yau - Ribbed pumelo 獵必嘅眉勞

葡提子 Pú tai tsz - Raisins 黎臣士

楊梅 Yeung muì - Strawberry 士地羅巴黎

盒桃 Hop tò - Large walnuts 鏵柱蝸厘吶士

五穀類 Ng kuk lui - Grains 噫黎吾士

柚 Yau - Pumelo 嘅眉勞 嘅字布巷切

萬壽菓 Mán sau kó - Quince 檵士

白菓 Pák kwó - Salisburia seeds 賖篮厘士覇厘亞薛士

核桃 Hat tò - Walnuts 蝸厘吶士

黃皮 Wong pí - Wampee 同音

Tai mäk - Barley 大麥 巴黎

Wo - Corn. Growing grain 禾 干又曰忌老。營忌黎。吾

Suk mai - Maize 粟米 米士

Leung - Barbadoes millet 梁 巴微刃士未咧

Shu - Grand millet 黍 忌欄地未咧

To tsz - Paddie 稻子 嗷地

Sam kok mak - Buckwheat 三角麥 北嚕

Kuk - Grain. Paddy 穀 忌黎吾、又曰嗷底

Suk - Millet 粟 未咧

Tsik - Panicled millet 稷 嚩匿忌厘未咧

Shuk shu - Ez chin millet 蜀黍 四川未咧

I mai - Pearl barley 苡米 怕厘巴黎

米	Mai - Rice	𥗋士	
粘米	Chim mai - Common rice	甘文𥗋士	
紅米	Hung mai - Red rice	咧地𥗋士	
西谷米	Sai kuk mai - Sago	西高	
糯米	Nó mai - Glutinous rice	澳厘晚士𥗋士	
米糙	Mai tso - Unhulled rice	哴蝦厘地𥗋士	哴字歐根切
白米	Pak mai - White rice	哇地𥗋士	
麥	Mak - Wheat	嚰地或血地	嚰字華咽切

瓜菜類

Kwá tsoi lui - Vegetable　吪之低布厘

紫蘇	Tsz sú - Fragrant basil	乎例忌倫地敝時厘
蠶荳	Tsám tau - Beans	邊士

荳角 Tau kok - Long beans 郎邊士

紅荳 Hung tau - Red beans 吻地邊士

赤小荳 Chik siu tau - Small red beans 士嚜厘吻地邊士

刀荳 To tau - Swordbeans 嘶思科唔邊士

白菜 Pak tsoi - Brassica 布鏄思加

茨菇 Che kú - Caladium 卡咧地噃

白荳 Pak tau - Soy beans 瑞邊士

黑荳 Hak tau - Black beans 布㾖邊士

藊荳 Pin tau - Broad beans 布洛地邊士

蔞葉 Lau ip - Betel leaf 卑打厘簾平 打字下平

椰菜 Ye tsoi - Cabbage 咭敝柱

芫茜 Un sai - Caraway 卡咧維

哥字看上編絲法

紅蘿蔔 Hung lo pak - Carrot 卡啡	花椰菜 Fa ye tsoi - Cauliflower 哥籚平簍亞
辣椒 Lat tsiu - Cayenne pepper 揳嗯呅巴	塘蒿 Tong hó - Celery 賒籚黎
薤 Hoi - Chive 欽乎士	水芹 Shui kan - Cress 其喱士
黃瓜 Wong kwa - Cucumber 橋擒巴	苦瓜 Fu kwa - Eggplant - Brinjal 嗌鋪嚦地又曰布連佐屋
青蒜 Tsing suen - Garlic 呀叻或加叻	薑 Keung - Ginger 毡揸
瓠 Ü - Gourd - squash 哥地士瓜暑	絲瓜 Sz kwa - Snakegourd 士坭其哥地

葫蘆	Hoü lü - Bottle gourd	大キナフクベ 啉地厘哥地
蕹菜	Ang tsoi - Water green	蝸打忌連士
籐菜	Tang tsoi - Smooth leaved green	士務△簏平忌連士
豬乸菜	Chü na tsoi - Winter green	呍打忌連士
大荳芽菜	Tai tau nga tsoi - Bean sprout	邊士鋪簍地
生菜	Shang tsoi - Lettuce	咧刀士或咧地士
青菜	Tsing tsoi - Greens	忌連士
波菜	Pò tsoi - Winter greens	呍打哥士忌連士
金針菜	Kum cham tsoi - Narrow leaved green	呢勞簏平忌連士
鹹菜	Ham tsoi - Pickled greens	碧忌厘忌連士
細荳芽菜	Sai tau nga tsoi - Pea sprout	畢士鋪簍地
瓜	Kwa - Melon	咩倫

香信 Heong Sun - Small mushroom 士嗎厘孖暑廩

香瓜 Heong Kwa - Muskmelon 孖士其咩倫

芥蘭菜 Kai Lan Tsoi - Leaves mustard 哥士孖士達

洋葱頭 Yeung Tsung Tau - Bombay Onions 磅敝嗹尔仁士 或 命買嗹尔仁士

旱芹菜 Hon Kan Tsoi - Parsley 帕士黎

綠荳 Luk Tau - Greenpea 忌連卑士。

木耳 Muk i - Black mushrooms 布嚹孖暑廩

芥菜 Kai Tsoi - Mustard 孖士達

葱頭 Tsung Tau - Onions 嗹尔仁 嗹字歐根切

胡葱 Hoo Tsung - Small Onions 士嗎厘嗹尔仁士

荷蘭荳 Ho Lan Tau - Peas 卑士

青荳 Tsing Tau - Greenpeas 仝上

胡椒 Hoo tsiu - Black pepper 布嚦叱巴

荷蘭薯 Ho lan shü - Irish potato 抱低刃 或 挨㕭署抱低刃 抱字婆蒿切

番瓜 Fan kwa - Flat yellow pumpkin 乎咧地夜勞嘅堅

冬瓜 Tung kwa - Pumpkin 嘅堅 嘅字布菴切

猪仔菜 Chü tsai tsoi - Purslane 鈀士連

海菜 Hoi tsoi - Sea weed 思嚜

川椒 Chün tsiu - Chinese pepper 鈫尔士叱巴

番薯 Fan shü - Sweet potato 士嚜地抱低刃

菽 Shuk - Pulse 鈀厘士

南瓜 Nam kwa - Yellow pumpkin 夜勞嘅堅

韮菜 Kau tsoi - Scallions 士咔厘仁士 厘仁兩字作連字讀

紫菜 Tsz tsoi - Edible sea weed 咽低布厘思嚜

芝蔴 Chí má - Sesamum 賒西文

白莧菜 Pák hin tsoi - White spinage 㗂地士邊坭柱

馬齒莧 Má chí hin - Long leaved spinage 即僆乎士邊坭柱

矮瓜 Ai kwá - Reddish crooked gourd 唎°地暑其篠°結士瓜暑

蔛芋 Hong ü - Bottle gourd 啉地厘士瓜暑

蔗 Ché - Sugar cane 蘇加乾

苦菜 Fú tsoi - Sow thistle 收地士扸

紅莧菜 Hung hin tsoi - Red spinage 唎°地士邊坭柱

水瓜 Shui kwá - Long crooked gourd 即其篠°結士瓜暑

白瓜 Pák kwá - White cucumber 㗂地橋擒巴

節瓜 Tsit kwá - Hairy gourd 唏黎°士瓜暑

熱蔗 Yit ché - Hot sugar cane 喝地蘇加乾

中文	Romanization - English	譯音
芋頭	U tau - Taro	他勞
蘿蔔	Lo pák - Turnips	他捏士
菱角	Ling kok - Water caltrops	蝸打卡厘地笠士
蓮子	Lin tsz - Water lily seeds	蝸打簾厘薛
大薯	Tai shü - Yam	唫
番茄	Fán kwá - Tomatoes	道咪刃士
西瓜	Sai kwá - Watermelon	蝸打咩倫
馬蹄	Má tai - Water chestnut	蝸打車士嫐
蓮藕	Lin ngau - Water lily roots	蝸打簾厘哆地

花 Fa - Flowers 平簧亞士

銷塞花 Siusakfa - Acacia 綴溪時亞

百子蓮 Paktszlin - Agapanthus 亞計嘛打士

蘭花 Lanfa - Epidendrum 意披顛地林

吊蘭 Tiulan - Air plant 㕭也舖𠸎地

鴨腳花 Apkeukfa - Alpinia nutans 極厘邊尼亞奴頓士

杜鵑花 Tokünfa - Azalea Indica 隘沙簏亞烟地伽

春海棠 Chunhoitong - Begonia discolor 鼻干尔亞地士哥羅

茶花 Chafa - Camellia 㗎未厘亞

鷄爪蘭 Kaichaulan - Chloranthus inconspicuus 杜羅㦖打士烟干士卑橋士

菊花 Kukfa - Chrysanthemum sinense 杜簏㕭地毛咸仙晔士

鷄冠花 Kaikúnfá - Cockscomb 確士甘

淡竹葉 Tamchukíp - Commelina 擒未箇拿

瑞香 Suihiung - Daphne odora 爹墳阿多鏵

香葉 Heungíp - Cranes bill 冀黎吾士卑厘

洋葵 Yeungkwai - Holly leaved Geranium 蔴黎笪乎嫁爛尒暗

芙蓉 Fooyung - Hibiscus mutabilis 希卑士加士妙笰卑箇士

佛桑 Fatsóng - Double Hibiscus 嗒布厘希卑士加士

金銀花 Kumngunfá - Honeysuckle 痕尼苦其厘

玉綉球 Yuksaukau - Hoyacarnosa 蔴也卡𦡆沙

水蕉花 Shuitsíufá - Indian shot 烟地仁㖏　㖏字梳渴切

杜若 Tòyéuk - Iris 埃箇士

蝴蝶花 Wootípfá - Fleur-de-lis 平料亞地箇士

茉莉花	Mutlifá - White jasmine	嘡地、遮士、綿
指甲花	Chikápfá - Lawsonia purpurea	羅臣尔亞、顆巴利。亞、
百合花	Pakhopfá - White lily	嘡地箟厘
美人花	Meiyanfá - Lychnis coronata	吻尔士、哥郎。呢打
含笑花	Homsiúfá - Magnolia fuscata	麥臘利亞、花士、溪打
胭脂花	Inchifá - Marvel of Peru	孖華厘、阿平、卑魯、
素馨花	Súhingfá - Common white jasmine	甘蚊嘡地、遮士、綿
朱頂花	Chütingfá - Lilium concolor	箟厘喑、千哥鏬
玉簪花	Yuktsamfá - White daylily	嘡地、低箟厘
夜合花	Yehopfá - Magnolia pumila	嘜臘利亞、嘭未鏬
雀舌花	Tseuk shitfá - Malaxis	咩嚦思士、
萬壽菊	Manshaukuk - Marigold	咩哩。髙厘、

中文	Romanization / English	譯音
鷄芝拈	Kai chi nim - Melastoma	未鍼士刀麻
水仙花	Shui sin fa - Narcissus tazetta	拿思沙士打嚌打
夾竹桃	Kip chuk to - Oleander	阿篚㶾打
石仙桃	Shik sin to - Orchis	阿遲士
桃花	To fa - Peach flower	必杜平簍亞
牡丹花	Mau tan fa - Moutan paeony	牡丹㪚阿尼
九里香	Kau li heung - Murraya exotica	孖例也㕑騐地加
荷葉蓮	Ho yip lin - Indian cress	烟地仁其喱士
桂花	Kwai fa - White olive	㖑地阿厘平
風車花	Fung che fa - Passion flower	披臣平篚亞
芍藥花	Cheuk yeuk fa - Small paeony	士麽厘㪚阿尼
夜來香	Ye loi heung - Pergularia odoratissima	怕嫪鍼篚亞阿多剌𢳆思麻

剪邊蘿 Tsinpinlo - Chinese pink 釵尔士奔尛其

剪秋蘿 Tsintsaulo - Catchpink 傑地奔尛其

雁來紅 Ngánloihung - Plumbago 舖林敝鳥

紅梅花 Hungmuifá - Red double prunus 唎地咑有㕑舖路拿士

海棠花 Hoitongfá - Flowering pyrus 平簍亞凌披鑄士

月瑰 Ütkwai - Monthly rose 蚊Δ黎勞士

剪春蘿 Tsinchunlo - Early pink 梛黎奔尛其

海童花 Hoitungfá - Pittisporum tobira 必多士波林套卑鎊

蓮香花 Linheungfá - Primrose 舖廉勞士

白梅花 Pakmuifá - White prunus 啞地舖路拿士

玫瑰花 Muikwaifá - Rose 勞士

薔薇花 Tsimuifá - Cinnamon rose 仙坭文勞士

滿天星　思篦沙吻地打　Mim Tin sing - Serissafetida

向日葵　新平篾亞　Heung yat kwai - Sunflower

細葉玉簪　帖勞士　Sai yip yuk tsam - Tuberose

鷹爪　吠嗶厘亞　Ying chau - Uvaria

四時春　呿加勞時亞　Sz shi chun - Incarnea

堇花　歪澳列　Kan tsoi - Violet

蓮花　蝸打簏厘　Lin fa - Water Lily

草 Tso - Grass 忌鏬士

菖蒲 Ch'éung p'ú - Sweet flag 士𠻹地平嘅

錫葉 Sek ip - Actaea aspera 喫低亞極士啤鏬

黑骨芒 Hak kwat mong - Maidenhair 米頓嗁亞

紫菜 Tsz tsoi - Agar-agar 鈪加鈪加

草菰 Tsò kú - Agaricus-hirsutus 亞嗲籮咖士 又云 士赤吧士

老虎鬚 Lò fú sò - Quiqua 縊租加

霸王鞭 Pá wong pín - Aloes 亞老士

波羅麻 Pò lò má - Hemp aloes 嗛亞老士

老鼠艻 Lò shü lik - Argemone Mexicana 亞之門嚀思件拿

艾草 Ngái tsò - Mugwort 嘿嘸 嘸字雲葛切

蕒草	Long tào - Arundo	亞倫。刃
木耳	Muk-i - Boletus	報篚打士
海藻	Hoi tsò - Conferva	干花華
芭荳	Pà tau - Cróton tiglium	冀洛。頓地崑篚喑
鬧陽花	Naù yeung fà - Datura metel	㩳都鎍。嘅打厘
木賊	Muk tsák - Serangruch	士朮淩。鎍。哷
芒	Mong - Arundo	亞倫。刃
神僊掌	Shan sin cheung - Cactus	嘰打士
九里明	Kau li ming - Coreopsis	哥笠。思士
蒲公英	Pu kung ying - Dandelion	䏖地厘仁
無葉籐	Mo ip tang - Dodder	咹打 咹字打葛切
穀精	Kuk tsing - Eriocaulon	意篚。澳求倫

鳳尾草 Fungmeitso' - Ferns 翻士

石葦 Shikwai' - Ferns 翻士

芝栭 Chi-i' - Fungus 分加士 分字花經切

蔴 Ma' - Hemp 嘸

海帶 Hoitai' - Edible algae 咖地布厘𡃴厘計

萍 Ping - Duckweed 得嚙

蕨 Kuit - Edible ferns 咖地布厘翻士

狗脊 Kautsik - Unexpanded ferns 嗅益士嘣跌翻士 嗅字歐根切

乾草 Kontso' - Hay 奚

苧 Chü' - Hemp 仝上

燈心草 Tangsumtso' - Lampwick grass 嗹域忌鏬士

石耳 Shik-i - Lichens 𥗾箭

甘草	Kan tsáo - Liquorice	懨卡簾士
萬年松	Wan nien tsung - Lycopodium	簾告僕地暗
青苔	Tsing tái - Moss	麽黔士
阿芙蓉	O fu yung - Poppy	呸㪇　呸字布給切
狗尾草	Kau mi tsao - Pigeongrass	卑賤忌鏬士
莊	Tsung - Polygonum	播簾干稔
灰菰	Hui ku - Puffball	怕平波厘士
蒲草	Pu tsao - Matgrass	嚜忌鏬士
土菌	Tu kiun - Mushroom	孖暑嚒
蓖麻草	Pi ma tsao - Palmachriste	怕厘麻其簾士大
車前草	Che tsien tsao - Plantago	鏽欄低高
人葉	Jan ye - Polygonum	仝上

葦 *Wai' - Reed* 鏈暑		茅草 *Mau tso' - Couch grass* 求柱恳鏈士
顛茄 *Tin ke' - Solanum* 梳鏈稔		小薊 *Siu kai' - Thistle* 地士打
烟草 *Yin tso' - Tobacco* 都吡高		薑黃 *Keung wong - Turmeric* 他孖叻
蒲 *Pu' - Typha, reedmace* 泰化 又曰 烈冰士		薉 *Wai' - Weeds* 𠴆士

英語集全卷三

羊城唐廷樞景星甫著

兄　植茂枝　　陳恕道逸溪
參校　　　　　　　　　仝訂
弟　庚應星　　廖冠芳若谿

書中所有此等字樣已詳載第一卷而

畧撮其尤要者列於每卷之首以便

吠字亦係嚛乚切法以新會縣土音讀天字變合此字音嗶字以香山土音讀飲字便合

查覽

唏 希這切　哝 衣這切　噇 箽這切　唎 利夜切

[口披] 披這切　哩 厘爺切　嘰 機這切　呢 尼爺切

啡 非這切　[口肥] 肥爺切　嗲 爹這切　[口你] 你野切

[口威] 威這切　啤 卑這切　[口家] 家這切　[口圳] 圳這切

[口烟][口仙][口顛][口殿][口天][口片][口牽][口憲][口鞭][口便][口編][口面][口堅][口綿][口件][口甛][口廷][口嶺][口山][口難]

㘈噃嚁嚰嚂囒嘦嗯

以上同韻各字俱無廣東省城字音可切只作烟字照官話字音爲底切音便合餘皆倣此

嚌㖢𡃈𡄂𡅐咶咇㖼𡄸咧噈𡃶喝呷嚌㳒听𪡏𡅏㗘

咜

以上同韻各字併無一字可以廣東省城土音相切但學者出口便知該字應如何切法矣即將烟字先照正音讀取其入聲將該入聲字爲底與上一字兩相切合便得其音矣

⿰口創嚈呫⿰口店嗛⿰口劍⿰口謙⿰口甜⿰口鹹⿰口添⿰口悶吣⿰口簾

以上同韻各字無字可切學者出口便知此等字應如何切法卽將烟字照正音讀先與唔字切後將該切音復與上一字相切可也

⿰口葉⿰口獵⿰口刺⿰口步嗋⿰口腊⿰口鳴⿰口星⿰口級唊噫喋⿰口習

以上同類各字照廣東省城土音倂無字底可切又無一字相同讀者應知該字如何切法矣

咭 其押切　噎 夜押切　⿰口疋 鋪押切　⿰口花 花結切

嚦 歷尺切　嘞 勒尺切　⿰口拂 拂尺切　⿰口匿 匿尺切

嘿 黑尺切　⿰口戟 戟尺切　嘜 麻尺切　⿰口鈪 鈪尺切

⿰口域 域尺切　⿰口北 北尺切　嘚 地尺切　⿰口律 律喝切

呹 失喝切　⿰口砵 砵喝切　⿰口濶 濶喝切　⿰口抹 抹喝切

噶 葛喝切　⿰女敫 尼吉切　噭 尼喝切　嘣 捕廳切

⿰口興 夏廳切　⿰口罠 亞廳切　⿰口靈 利廳切　吩 花堅切

呍 華堅切　⿰口悶 麻安切　⿰口殷⿰口殷 布安切　噃 破安切

[口亏] 霞沽切　吠 由沽切　唵 椏監切　喑 椏鑑切

嗃[口羔] 冀蒿切　嗜 智爺切　啞 華哀切　吥 花嬌切

[口科] 花高切　啤 火刀切　[口弟] 他禧切　[口雅] 華衣切

咶 華豁切　[口保] 鼻收切　嗒 地濕切　哪 尼柯切

叻 利益切　唠 利濶切　哥 冀柯切　濶 花濶切

[犭盡] 利挨切　泵 地菴切　呼 霞沽切　咽 夷結切

咩⿰貝子　眉這切　兩字均係廣東俗字

埔字讀鋪字

號字讀蒿切

的字均讀入聲

林字讀上平

味字讀上平

霍縛　同音

夫孚　同音

⿰口巨純　同音

薄膊　同音

凸突　同音

哪糯　同音

詩[口流]哈[口步][口際]　出口齒音要重

士厘　兩字相連若傍有點須要快讀作沙字下平看

地厘　兩字相連若傍有點須要快讀作打字下平看

忌厘　兩字相連若傍有點須要快讀作加字下平看

尔仁　兩字相連若傍有點須要快讀作年字看

尔你　兩字均作尼字上平看

布厘　兩字相連若傍有點須要快讀作布字下平看

生物百體

Shang mut pak tai - Parts of animals

拍士阿乎晏亦麻厘士

魚鰾	Ü piú - Air-bladder	唭亞布喇打
虫鬚	Chung sü - Antennae	晏呔坭
鳥嘴	Niú tsui - Beak or Bill	必其 又曰 卑厘
獸穴	Shau üt - Burrow or Den	巴勞 又曰 嚫
介	Kái - Carapace	卡黎傚士
繭	Kin - Chrysalis	其嚦佘厘士
爪	Chau - Claw	其羅士
冠	Kün - Comb	甘 擸唔切
髻	Kai - Crest	䀹嚦士地
頂線	Ting sin - Crown-line	其簍吾𠵱吾

胡	Hou - Dewlap	刁臁
卵	Lun - Egg	嗌
蛻皮	Tüi pi - Exuviæ	嗌蘇委亞
翅	Chi - Fin	吩（吩字花奔切）
毛	Mo - Hair	唏亞
角	Kok - Horn	看
距	Kü - Dew-claw.	刁其羅
硬翼	Ngang yik - Elytra	意篷地鏁
毛羽	Mo ü - Feather	咈打
魚鰓	Üi - Gill	基厘或宜厘
後趾	Hau chi - Hallux	賀力士
蹄	Tai - Hoof	呼乎（呼字霞枯切）

騣 Tsung - Mane 米吾 或 綿

巢 Chau - Nest 呢士地

蟹鉗 Haikim - Pincers of crab 鞭沙士阿乎其蠟

象拔 Tsöungpat - Proboscis 鋪勞傒思士

魚子 U tsz - Roe 勞

龜殼 Kwaihok - Tortoise shell 掩打士[illegible]厘

距 Kü - Metatarsus 嘰低打沙士

尾鎗 Mitsöung - Ovipositor 阿非播䞶多

羽 U - Pinion 鞭尼仁 尼仁兩字作年讀

毛管 Mokün - Quill 駒厘

鱗 Lun - Scales 士溪厘士

殼 Hok - Shell [illegible]厘

蠔殼 Ho'hok - Oyster shell 哀士打哙厘

刺 Che - Spines 士拜吾士

斑點 Pan tim - Spots 士咇士

雞踼 Kai tik - Spur 士巴

蠆 Chai - Sting 士丁

尾 Mi - Tail 梯厘

象牙 Tsöung ngá - Tusks 他士其

下冠 Há kün - Wattles 喹地厘士

掌 Cheung - Web 和咇 和咇二字即將此切作乎讀

蜘蛛網 Chi chü mong - Spider's web 士拜打士和咇

翼 Yik - Wing 咏

子 Tsz - Young 央

聲音 Sing yam — Voices 𠺝余士

鳥鳴	Niú ming — The birds sing	不士聲	
鶴唳	Hok lui — Cranes cry	其黎吾士其孻	
雞啼	Kai tai — Hens cackle	嗹士嘅其㕑	
犬吠	Hiún fai — Dogs bark	鐸士白	
牛吼	Ngau hau — Cows bellow	求士啤勞	
馬嘶	Má sé — Horses neigh	賀余士尔	
龍吟	Lung yam — Dragons shout	地嚦根士侯㕑	
虎嘯	Fú siú — Tigers roar	太加士羅亞	
燕語	Ín yü — Swallows chatter	士嚩勞吻打	
鶯歌	Ang kó — Parrots sing	鈀洛士聲	

蟬噪 Shin tsó - Cicadas chirrup 晒溪打士槎立。

羊咩 Yéung mé - Sheep bleat 涉布列地

蛙鬧 Wá nau - Frog croak 平洛士其碌。

貓喊 Múi hám - Cats cry 嘛士其𡃁。

走獸 Tsau shau - Quadrupeds 刮地爵必士。

麞 Cheung - Antelope 嘜地笠

猿 Ün - Ape 葉

驢 Lü - Ass 椏士

熊 Hung - Bear 啤亞

狗母 Kau mú - Bitch 必拉

猪公 Chü kung - Boar 播亞

野猪	Yéchü - Wild boar	歪厘地播亞
水牛	Shuingau - Buffalo	不化勞
牛仔	Ngautsai - Calf	尗乎
貓	Mau - Cat	喝
馬仔	Mátsai - Colt	高厘地
鹿	Luk - Deer	地亞
麚	Ká - Buck	北
牛牯	Ngaukü - Bull	埔厘
駱駝	Lokto - Camel	啩咩厘
羚羊	Lingyeung - Chamois	吣妹士
黃牛	Wongngau - Cow	求
麝	Shé - Musk deer	孖士其地亞

黃麖 Wong king - Mouse deer	貌士地亞	金錢鹿 Kam tsin luk - Spotted deer	士嗘跌地亞
麀 Yau - Doe	道	狗 Kau - Dog	鏵
獴犬 Nung hün - Shaggy dog	錫鷄鏵	象 Tsëung - Elephant	㕭籬墳
麑 - Fawn	放 放字科子切	狐狸 Wú li - Fox	縛士
騸馬 Shin ma - Gelding	咖厘丁	烏猿 U ün - Gibbon	刦品
草羊 Tsò yëung - Goat	告地	貓仔 Miú tsai - Kitten	掲頓

首句是羊仔末句是綿羊仔

羊仔	Yéung tsai - Kid - Lamb	揭 又云 嚂
獅子	Sz tsz - Lion	𠿬仁
馬乸	Má ná - Mare	咩也
田鼠	Tin shü - Mole	毛厘
鼫鼠	Shik shü - Mouse	貌士
猩猩	Sing sing - Orang outang	澳吟歐釘
豹	Pau - Leopard	嚦拔
穿山甲	Chünshánkap - Manis	蔴尔士
土撥鼠	To put shü - Marmot	孖末
馬騮	Má lau - Monkey	孟記
騾	Lüi - Mule	苗厘
水獺	Shui chát - Otter	喝打 喝字歐葛切

海獺 Hoi chát - Sea otter 思喝打

豬仔 Chü tsai - Pig 碧

白鮔 Pak kéi - White porpoise 喹地破嘶士

老鼠 Lò shü - Rat 喇

犀牛 Sai ngau - Rhinoceros 賴腦沙勞士

芝蔴貂 Chi ma tiu - Fur seal 花思厘

閹牛 Im ngau - Ox 惡士

河豚 Hó tün - Porpoise 破嘶士

兔 Tó - Rabbit - Hare 嚇必 又曰 唏亞

渠鼠 Kü shü - Water rat 蝸打喇

海狗 Hoi kau - Seal 思厘

綿羊 Min yéung - Sheep 涉 樹刮切

猪乸	Chü ná - Sow	收
麋	Mí - Stag	士𠯈
白豹	Pák páu - Tapir	梯巴
麒麟	Kí lun - Unicorn	吠尔干
豺狼	Chái long - Wolf	嗚厘平、嗚字雲沽切
封牛	Fung ngau - Zebu	思表
鬆鼠	Sung shü - Squirrel	士嗙哩。
牡馬	Máu má - Stallion	士爹利仁、利仁兩字作連字讀
老虎	Lò fú - Tiger	太加
鼬鼠	Yau shü - Weasel	嘩奈厘、嘩字雲衣切
犛牛	Mau ngau - Yak	咴 夜尺切
馬	Má - Horse	賀士、

飛禽 Fi-kam - Birds 不士

中文	讀音 - English	音譯
梅花雀	Mui fá tséuk - Avadavat	亞非低咈
雀皇	Tséuk wong - Bird of para-dise	不地、阿平怕例。太士
制鷄	Tsai kai - Capon	溪品
金絲芙鵲	Kam sz fú tsz tséuk - Chaffinch	槎分杜
鷄公	Kai kung - Cock	確
山烏	Shan ú - Blackbird	布嚦不
時辰雀	Shi shan tséuk - Canary bird	吽呢黎。不
高髻冠	Ko kai kún - Cardinal	咔地呢厘
鷄仔	Kai tsai - Chicken	嘁件
絨毛鷄	Yung mo kai - Silken cock	絲釐件確

鸕鷀	Lo tsz - Fishing cormorant	非盛ホ麼倫地
鶴	Hok - Redheaded crane	叻吃跌其例吾
鴉鵲	A tsiuk - Crow	其勞
鶺鴒	Tsing kit - Blackcrane	布嚦其例吾
鴨公	Ap kung - Drake	地例其
鴛鴦	Un yeung - Mandarin duck	萬打連得
鸛	Kun - White crane	啞地其例五
白鸚哥	Pak ying ko - Cockatoo	其洛哥都
芒公	Mong kung - Crow pheasant	其勞非臣
白鴿	Pak kop - Dove	刀平
鴨	Ap - Duck	得　廣東番話云匿
水鴨	Shui ap - Wild duck	歪厘地得

神鷹 Shan ying - Eagle 衣忌厘	白鷹 Pak ying - Falcon 花厘干
黃雀 Wong tseuk - Finches 分遮士	魚鷹 U ying - Fish-hawk 非暑殼
京燕 King in - Fly catcher 乎蠅𠺝查	鷄 Kai - Fowl 坏厘
鵞公 Ngo kung - Gander 嚥打	杜鵑 Tu kiün - Goatsucker 高地昔加
鵞 Ngo - Goose 沽士	雁鵞 Ngan ngo - Wild goose 歪厘地沽士
了哥 Liu kó - Wattled grackle 挖地厘忌嘅其厘	水奴 Shui nú - Grebe 忌鱉

- 鷗 Au - Gull 家壓
- 鷹 Ying - Hawk 殼
- 蒼鷺 Tsonglo - Heron 希輪
- 鵲 Tseuk - Jay 躋
- 怪鴟 Kwai chi - Kite 楷地
- 山麻鵲 Shanmaitseuk - Woodlark 咶嚦
- 蠟嘴禾鵲 Lap Tsui Wo Tseuk - Hawfinch 侯分柱
- 雞乸 Kaina - Hen 啈
- 白勝雞 Pakshing kai - Jacana 躋溪拿
- 釣魚郎 Tiu ü long - Kingfisher 京非沙
- 百鴒 Pak ling - Singing lark 聲英嚦 嚦字利鉅切
- 四喜鵲 Sz hi tseuk - Magpie 嘜排

黃鶯	Wong ang - Mango bird	晚𪆷不
貓兒頭鷹	Miu-i-tau-ying - Owl	歐厘
禾鵲	Wo tseuk - Paddy bird	㗎底不
鸚鵡	Ying mou - Parrot	怕嚹
鷓鴣	Chè kú - Partridge	怕地列柱
孔雀	Hung tseuk - Peacock	卑確
塘鵞	Tong ngo - Pelican	㗎簾根
企鵞	Kéi ngo - Penguin	㘓權
山雞	Shan kai - Common pheasant	甘文非臣
白鷴	Pak hán - Silver pheasant	思厘化非臣
錦雞	Kam kai - Golden pheasant	高厘頓非臣
金錢雞	Kam tsin kai - Peacock-pheasant	卑確非臣

漢字	讀音 — 英文	譯音
鳳凰	Fung wong. – Phenix	非尼士
鷄項	Kai hong – Pullet	埔咧
天天雀	Tin tin tsëuk. – Rain-bringer	連吾嘏韃猹
桂林相思	Kwai lam sëung sz'. – Robin	笠鞭
秧鷄	Yeung kai. – Sandpiper	咄排巴
伯勞	Pak lo'. – Butcher bird	埔楂不
斑鳩	Pan kau – Pigeon	卑準
鵪鶉	Om shun – Quail	虧厘
八哥	Pat ko'. – Raven	黎墳
鵬	Pang – Roc	洛
鴆	Sham – Snake eater	士坭其嘞打
鷸	Kwat – Snipe	士乃蒲

麻雀	Ma tsiuk - Sparrow	士啤勞
鵁鶄	Kau tsing - Stork	士鐸
燕子	In tsz - Swallow	士蝸勞
巧婦鳥	Hau fu niu - Tailorbird	梯鏤不
畫眉	Wa mi - Thrush	地鏤暑
鳲鳩	Chi kau - Turtledove	他地厘刀乎
紅嘴	Hung tsui - Javasparrow	揸花士啤勞
胡燕	Woo in - Rockswallow	洛士蝸勞
天鵞	Tin ngo - Swan	士汪 汪字雲安切
小水鴨	Siu shui ap - Teal	地厘
火雞	Fo kai - Turkey	嘁記
鶺鴒	Tsik ling - Wagtail	嘁梯厘 嘁字雲尺切

藍相思	Lam deung sz - Warbler	嘩布鏬	
啄木鳥	Teuk muk niu - Woodpecker	咶啐㖁	
鷦鷯	Tsiu liu - Wren	嗹	
鱗介	Luntai - Reptiles	囉太厘士	
两頭蛇	Leung tau shé - Amphisbena	嘅非士卑拏	
蝮	Fuk - Adder	吔打	
烏蛇	U shé - Black snake	布嚦士唝	
蟒	Mong - Boa of Yunnan	報亞阿乎因難	
撲箕簸	Pok ki hap - Cobra di capello	高布鏬地契啤勞	
鱷魚	Ngok ü - Crocodile	其洛高大厘	

龍	Lung - Dragon	地嗯近	
蝦蟆	Hoi má - Striped frog	士地薘舖平洛	
蟾蛇	Shim shé - Common lizard	卄文利薩	
鯑	Tai - Newt	鳥地	
水蛇	Shui shé - Water snake	窩打士匿	
蝌蚪	Fo tau - Tadpole	嚙袍厘	
蛤乸	Kop ná - Frog	平洛	
雷公蛇	Lui kung shé - Gecko	屐高	
蛤蚧	Kop kai - Red spotted lizard	唎地士咈趺利薩	
南蛇	Nam shé - Large snake	罅柱士匿	
白花蛇	Pak fa shé - Spotted snake	士咈趺士匿	
蟾蜍	Shim chü - Toad	叨地	

龜	Kwai - Tortoise	拖多士
鼈	Pit - Turtle.	他地厘
魚	Ui - Fish	非暑
馬鰲	Ma tsai - Anchovy	晏初肥
紅帶魚	Hung tai ü - Bandfish	嗄地非暑
鯉魚	Li ü - Carp fish	唅非暑
玳瑁龜	Toi mui kwai - Shell tortoise	騐厘拖多士
脚魚	Keuk ü - Green turtle	忌連他地厘
鳳尾	Fung mi - Anchovy	晏初肥
嘉魚	Ka ü - Barbel	巴啤厘
黎猛	Lai mang - Dory	多黎

刀甲	To kap - Dragonet	地嚩。近嚦地、嚦字獨唱切
黃鱓	Wong shin - White eel	啞地衣厘
剝皮洋	Mok hi yeung - Filefish	怏厘非暑
破篷	Po pung - Flounder	乎漏吾打
石斑魚	Shik pan ü - Garoupa	嫁蔞。巴
金魚	Kam ü - Goldfish	告厘非暑
鱓	Shin - Eel	衣厘
血鱓	Hüt shin - Red eel	唎。地衣厘
虎魚	Fu ü - Fishing frog	非盛乎洛。
飛魚	Fi ü - Flying fish	乎蘆菸非暑
紅衫魚	Hung sham ü - Gilthead	基厘地吃
鱐白	So pak - Herring	蝦凌。

三黎 蝦凌。 *Sám lai - Herring*

沙錐 老遲 *Shá chui - Loche*

馬鮫郎 萬高非暑 *Má kau long - Mango fish*

石獅子 擪鷄沙 *Shek sz tsz - Moon-gazer*

青衣 怕洛地非暑 *Tsing i - Parrot fish*

頭鱸 怕柱 *Tau lü - Perch*

鯧魚 嘅平列。 嘅字蒲巷切 *Tsong ü - Pomfret*

張鶯 例。 *Cheung ang - Ray*

鰣魚 老嗜士 *Shé ü - Roache*

狗吐魚 沙厘門 *Kau tó ü - Salmon*

馬友魚 萬高非暑 *Má yau ü - Mango fish*

黃澤 蝦凌。又云沙顛 *Wong tsak - Herring sardine*

沙魚 Shá ü - Shark 嘁 嘁字樹客切

塘虱 Tong sat - Silure 晒魯啞

撻沙魚 Tát shá ü - Sole 唏厘

海牛 Hói ngau - Sunfish 地凌其非暑

海鰍 Hoi tsau - Whale 回厘 或 威厘

鰜魚 Lim ü - Silure 晒魯啞

沙鑽 Shá tsün - Smelt 士咩厘地

鱘龍魚 Tsam lung ü - Sturgeon 士打轉

鮫魚 Kau ü - Sunny 乔坭

蟹蚌類 Hai pong lui - Crustacea and Mollusca 其鏬士打佘亞嘜庚鏬士加

沙白	Sha pak - Clams	其嚧士	螺螄	Lo sy - Cockle	確忌厘
貝子	Pui tsz - Cowries	求厘士	蟹	Hai - Crab	其嚦
毛蟹	Mo hai - Hairycrab	唏黎其嚦	寄蟲	Ki chung - Hermitcrab	蝦笈地其嚦
肉蟹	Yuk hai - Ediblecrab	咽低布厘其嚦	蜘蛛蟹	Chi chu hai - Spidercrab	士拜打其嚦
龍蝦	Lung ha - Crayfish	其羅非暑	蝦姑	Ha ku - Crevette	其簏咈

墨魚	Mak ü - Cuttle fish	吉地厘非暑
石決明	Shik küt ming - Ear shell	衣也唸厘
大頭蝦	Tai tau hái - Lobster	笠士打
響螺	Heung lo - Murex	孖力士
沿歌麼	Ün ko mo - Nerita	拿籬打
蠔豉	Ho shi - Dried oyster	地爐°地哀士打
琵琶螺	Pi pá lo - Dolium shell	道利菴唸厘（利菴兩字作簾字看）
蜞蝒	Ki ní - Leech	烈柱
雲母殼	Wan mo hok - Mother of pearl shell	孖打阿平帕厘唸厘
沙蜆	Sha hin - Edible Mytilus	啁低布厘賣地鎅士
蠔	Ho - Oyster	哀士打
明蝦	Ming há - Prawn	鋪郞士

沙螺 Shá lò - Solen 梳倫

海膽 Hoi tám - Sea-urchin 思極錢

蜆 Hin - Bivalve shells 鼻嘁厘平蛤厘士

沙蝦 Shá há - Sea shrimps 思暑廉士

蛞蝓 Kut ü - Slug 士叻

田螺 Tin lò - Freshwater snail 乎喱暑窩打士𡍼厘

蝦虱 Há sat - Sea fleas 思乎篦士

水母 Shui mò - Sea-qualm 思刹林

蝦 Há - Shrimps 暑廉士

銀蝦 Ngan há - Crangons 其囒干士

蝸牛 Wò ngau - Landsnail 囒士𡍼厘

水泡 Shui pau - Sponge 士賓枝

海燕	Hoi in - Starfish	士打非暑
玳瑁蜆	Toi moi hin - Tellina	爹簻拿
昆蟲	Kwan chung - Insects	烟錫士
蟻	Ngai - Ant	晏地
飛蟻	Fi ngai - Winged ant	㗜結晏地
臭虫	Chau chung - Bed bug	吡地扎
戒指螺	Kai chi lo - Strombus	士地林巴士
白蟻	Pak ngai - White ant	嗟地晏地
飛鼠	Fi shü - Bat	吥
蜜蜂	Mat fung - Bee	啤

蜂王 Fung wong - Queen bee 權卑

豬仔虫 Chü tsai chung - Beetle 卑地厘

木虱 Muk shat - Bug 北士

狗毛虫 Kau mo chung - Hairy caterpillar 唏黎嗎打卑鉾

繭 Kān - Chrysalis of the silk 其簟佘厘士阿平地思厘其

黃砂蟮 Wong sha nai - Cockchafer 確槎花

窩蜜 Wo mat - Cells of a hive 啉厘士阿平綫雜平

蠹蟲 To chung - Bookworm 卜窩唔

蝴蝶 Wu tip - Butterfly 不打平蟻

蜈蚣或百足 Ng kung or Pak tuk - Centipede 啪地卑

蟬 Shim - Cicada 晒溪打

甴甲 Kai chat - Cockroach 確其勞柱

蟋蟀	Sik tut - Cricket	其叻𠺕
蜻蜓	Tsing ting - Dragonfly	地嗎近平聲
大屎烏蠅	Tai shi u ying - Dungfly	丁平聲
蚯蚓	Yau yan - Earthworm	了Δ窩唔
蜉蝣	Fau yau - Ephemera fly	意非沬鏄平聲
螢火	Ying fo - Firefly	怏也平聲
狗虱	Kau shat - Flea	平篚
烏蠅	U ying - Housefly	猴士平聲
螢蛆	Ying tsui - Glowworm	悒勞窩唔
蚋	Yui - Gnat	嚅　囉字彌尺切
草蜢	Tso mang - Grasshopper	悒鏄士哈吧
蠐螬	Tsai tso - Grub	悒笠士

馬蜂	Má fung - Horse fly	河士平狒
龍眼鷔	Lung ngan ngo - Lantern fly	囒頓平狒
螽斯	Chung sz - Locust	老加士地
虱蝨	Shat na - Louse	簍士
馬江蜋	Ma kong long - Praying mantis	鋪例英晚地士
燈蛾	Tang ngo - Candle moth	乾地厘麽
花金龜	Fá kam kwai - Lady bug	例低孖
鉗蟲	Kim chung - Sphinma	嘶卑士麻
琴勞	Kam lo - Longlegs	啷叻士
蛆	Tsui - Maggot	嚒割士
土狗	Tò kau - Molecricket	毛厘其叻結
蠶蛾	Tsam ngo - Silkworm moth	絲厘其窩唔麽

蚊	Man - Musketo	孖士結刃
蛀	Chü - Tinus	地拿士
坭龜	Naikwai - Seamaid	思士堀厘
地溥	Ti-po - Sowbug - Mud lice	收北 孖咑 乜蘆士
水蜘蛛	Shui chichü - Waterspider	窩打士拜打
黃蜂	Wongfung - Wasp	嘩士鏞
蟣	Ki - Nit	嚍 嚍字尼咽切
蠆尾虫	Chaimeichung - Scorpion	士哥比人 比人兩字作便字看
蠶	Tsam - Silkworm	絲厘其窩唔
蜘蛛	Chichü - Spider	士拜打
蚢蟲	Yauchung - Tapworm	帖窩唔
山龍虱	Shanlungshat - Waterbeetle	窩打卑地廚

米牛 Mai-ngau-Meesis 咩華厘

虫 Chung-Worm 窩唔

英語集全　卷三　[illegible]　十七　緯經堂藏

玉石類 Yuk shik lui - Minerals 面拿鑄厘士

白瑪瑙	Pák má nó - Agate	嗌鵝地
白礬	Pák fán - Alum	極林
藍寶石	Lam po shik - Amethyst	隘未地士地
陽起石	Yeung hi shik - Asbestos	嗌士啤士多士
琉璜	Lau wong - Brimstone	布簾士刀吾
粉石	Fan shik - Almagatholite	極厘嘐計多爐地
琥珀	Fú pák - Amber	唵巴
老坑石	Lo hang shik - Argillite	亞基攞地
硼砂	Pang shá - Borax	報嚦士
寒水石	Hon shui shik - Calcareous Spar	赤厘卡簾亞士士巴

火石粉	Fo shih fan - Chalk	翟	
煤炭	Mui tan - Coal	高厘	高字其蒿切
石花	Shih fa - Coral	嗝鑄厘	
紅瑪瑙	Hung ma nao - Cornelian	哥尔利仁	利仁两字作連字讀
鑽石	Tsun shih - Emery	衣麻黎	今多稱鑽石爲大亞門
玄明粉	Hiun ming fan - Glauber's salts	思羅巴士梳厘池	
翡翠玉	Fi tsui yuk - Chrysophrase	其簏掃蒲黎士	
珊瑚	Shan hu - Precious coral	鋪喱嗦士哥鑄厘	哥字其柯切
琅玕	Lang kan - Madrepore coral	米地簏波哥鑄厘	
金鋼石	Kam kong shih - Diamond	大亞門	
火石	Fo shih - Flint	平綀地	
花缸青	Fa kong tsing - Granite	思𡁲喱	喱字𠯠切切

石羔	Shih kò - Gypsum	接岺	
玉	Yuh - Jade	擠地	
碧犀	Pih sai - Clouded jade	冀簍跌擠地	
青碧	Tsing pih - Green jasper	忌連撦士巴	
不灰木	Pat fui muk - Sot	咇	
高嶺石	Ko ling shik - Kaolin	溪澳連	
青金	Tsing kam - Lapis lazuli	鏬衂士鏬嚇釐	
温石	Wan shik - Lava	鏬華	
灰	Fui - Lime	礌唔	
雲石	Wan shik - Marble	孖布厘	
金星石	Kam sing shik - Avalurnia	平壢險布厘買加	
千層紙	Tsin tsang che - Adiadonia	啉簉繿跌買加	啉字科高切

石腦油 Shik nò yau - Naphtha 啩打㘀

猫兒眼 Mau yi ngan - Opal 阿鈀厘

鵞卵石 Ngo lun shik - Pebbles 啤布厘士

石蟹 Shik hai - Petrified crabs 嘥地簾快地蟹嚇

白不子 Pak tun tsz - Petuntse 披敦治

礬石 Fan shik - Pudding stone 不丁士刀吾

赭石 Ché shik - Ochery 阿查黎

璞 Puk - Ore of gems 阿亞阿乎嚌士

石燕 Shik in - Petrified pecten 嘥地簾快地嗱顛

石蛇 Shik shé - Petrified orthocera 嘥地簾快地阿刀忌鎊

鹹砂 Ham sha - Potash 咻爹暑

浮石 Fau shik - Pumice 嘭朱士 嘭字布菴切

中文	English	音	中文	English	音
水晶	Shui' tsing - Crystalized quartz	其篤士打賴士刮池	墨晶	Mak tsing - Smoky quartz	士木鷄刮池
茶晶	Chá tsing - Seadstone	地士刀吾	紅晶	Hung tsing - Rose quartz	老士刮池
石春	Shik chun - Quartz pebbles	刮士叱布厘士	蠟石	Lap shik - Yellowish quartz	夜老衣暑刮池
紅寶石	Hung po' shik - Ruby	路徽	硵砂	Nau' sha - Sal ammoniac	沙厘唵嗎尔益（尔益兩字作匿字讀）
鹽	Im - Salt	梳厘地　廣東番話沙夘	硝	Siu - Saltpetre	梳厘卑打
紅泥石	Hung nai shik - Sandstone	吶士刀吾	滑石	Wat shik - Soapstone	濕士刀吾

青鹽 Tsing im - Soda 梳打	硫磺粉 Lau wong fan - Sulphur 沙厘花
竹簧 Chuk wong - Saltpeter 剃撒蛀	雲母石 Wan mü shik - Talc 托
礪石 Lai shik - Whetstone 㖸地士刀吾	奇石 Ki shik - Curious stone 橋簾亞士士刀吾
大石 Tai shik - Big stone 北士刀吾	一塊石 Yat fai shik - One slab of stone 温士嘅阿平士刀吾

Ng kam lui - Metals

五金類 嘅打厘士

砒霜又名信石 *Pi sŭng or Shun shik. Arsenic* 極啲罡

黑鉛 *Hak uin - Black lead* 布嘜喇

銅薄 *Tung pok - Brass leaf* 布鏤士笠平

硃砂 *Chu sha - Cinnabar* 仙拏巴

鐵屎 *Tit shi - Cinders* 仙打士

銅 *Tung - Copper* 給巴

自然銅 *Tsz in tung - Virgin copper* 嘩煎給巴

白銅 *Pak tung - White copper* 唓地給巴

青礬 *Tsing fan - Copperas* 給巴鏤士

黃金 *Wong kam - Gold* 告厘地　廣東番話金是敖炉告字音敖字敖字甚正獨有鼻音去了鼻音則敖字更佳矣

金砂	Kam shá - Gold dust	告釐地打士地
足金	Tsook kam - Genuine gold	啫奴煞告釐地
鉛	Un - Lead	咧
密佗僧	Mat to sang - Litharge	簾撻杜
石綠	Shik luk - Malachite	咩啲欽地
雄黃	Hung wong - Orpiment or Sardale	阿皂文 又曰乞多釐
金葉	Kam ip - Gold leaf	告釐地簾乎
鐵	Tit - Iron	挨仁
鉛粉	Un fan - White lead	嗌地咧
攝石	Ship shik - Loadstone	老地士刀吶
鉛丹	Un tan - Minium	咪尔啲
水銀	Shui ngan - Quicksilver	隙思釐花

中文	讀音	English	譯音
鐵銹	Tit sau	Rust	嚕士地
紋銀	Man ngan	Sycee	晒思
輕粉	Hing fan	Sublimate of mercury	什舖簾米地阿乎孖橋黎
鋼	Kong	Steel	士地厘
花錫	Fa sik	Block tin	布洛天
硍硃	Ngan chü	Vermilion	嗶未連
銀	Ngan	Silver	思厘花
大青	Tai tsing	Smalts	士嗎厘池
白鉛	Pak uen	Spelter	士啤厘打
錫	Sik	Tin	天
銅綠	Tung luk	Verdigris	嚊地忌簾士

銀両 Ngan leung - Money 蚊尔

一員銀 Yat un ngan - One dollar 温打鏬

半中員 Pun choong un - Half dollar 蝦乎打鏬

錢八銀 Tsin pat ngan - Quarter dollar 刮打打鏬 刮打鏬亦通

碎銀 Sui ngan - Broken silver 布碌近思厘花

一個先士 Yat ko sin sz - One cent 温喇地

半個先士 Pun ko sin sz - One farthing 温花仃

十個先士或一毫子 Shap ko sinse or Yat ho tsz - Ten cents or One dime 噸喇士 又 温大唔

十二個半先士 Shap yee ko pun sinse - Twelve cents and a half or One bit 吐咗炉乎喇士烟鑑蝦乎 金山稱温必

一個邊尼　Yat ko' pin nee - One penny　温嚬尔

一個司連　Yat ko' se ling - One shilling　温司連

一個大郎　Yat ko' tai long - One crown　温卡嚨吾

一個路卑　Yat ko' lo pee - One rupee　温路卑

六個邊尼　Luk ko' pin nee - Six pence　昔士嚬士　嚬字鼻銀切

一個中郎　Yat ko' chung long - Half crown　蝦平卡嚨吾　廣東番語音布部

一磅銀　Yat pong ngan - One pound　温抛吾

金錢　Kam tsin - Gold coin　告厘地嗌吾　嗌字其開切

二員四金仔　Yee uen se kum tsai - Ten shilling gold piece　嚬司連告厘卑士

四員八金仔　Se uen pat kum tsai - One sovereign　温梳華連

五員銀金仔
Ng un ngan kam tsai. - Five dollar gold piece
快乎打鎊告釐卑士

十員銀金仔
Shap un ngan kam tsai. - Ten dollar gold piece
嚬打鎊告釐卑士

二十員銀金仔
Ue shap un ngan kam tsai. - Twenty dollar gold piece
吐𠺝地打鎊告釐卑士

五十員銀金仔
Ng shap un ngan kam tsai. - Fifty dollar gold piece.
啡乎地打鎊告釐卑士
啡字花結切

一錠紋銀
Yat ting man ngan - One ingot of sycee
温𡁷割地阿乎𠻹思

五十員銀紙
Ng shap un ngan che - Fifty dollar note
啡乎地打鎊嫐地

五員銀紙　Nginngaunchi. 5$ note　快乎打鎊腦地
銀紙　Ngaunchi. Banknote　兵腦地

一隻寶　Yatchihpo. Onehoesycee　温蘇晒思
元寶　Unpo. Sycee　晒思

大銀又曰舊銀　Taingan or Kaungan. Spanish dollars　士𠼦你薯打鎊又曰福州打鎊

鷹銀又曰新銀又曰英洋　Yingngan or Sanngan or Yingyéung. Mexican dollar.　覓思根打鎊

四工銀又曰光洋　Szkungngan or Kwongyéung. Shanghai dollar　卡勞厘士打鎊又曰上海打鎊

英國銀又曰磅銀　Yingkwokngan or Pongngan. Sterling money　士打零蚊尼

拭杖銀 Sitcheung ngan — Bolivian dollars 播箆墳打鏵

樹錢 Shü tsin — Peruvian dollars 披魯墳打鏵

銅錢 Tung tsin — Copper Cash 給巴喙著

日本錢又曰東洋錢 Yat pun tsin or Tung yeung tsin — Japan Cash 集班給巴喙著

銅銀 Tung ngan — Copper dollar or Copper Coin 給巴打鏵又曰給巴該吾

僞銀 Ngai ngan — Counterfeit Coin 干打咈該吾

Table for converting dollars and cents into Sterling Taels &c.

兩員磅各伸

	一個先士 One cent = 伸	十個先士 Ten cents = 伸	半員 Half dollar = 伸	一員 One dollar = 伸	十員 Ten dollars = 伸
兩 T.					〧 7
錢 m.			〣 3	〧 7	〢 2
分 can.		〧 7	〦 6	〢 2	
厘 ca.	〧 7	〢 2			
毫 ho	〢 2				
員 $					
毫子 10¢			〥 5	十 10	
先士 ¢					
磅 £					〢 2
司連 s			〢 2	〤 4	〡 1
邊尼 d.	半 ½	〥 5	〡 1	〢 2	〨 8

英語集全　卷　二十五　緯綸堂梓

Table for converting sterling into dollars and taels &c.

圖橫推直看

One penny 一個邊尼伸	Six pence 一個昔士邊伸	One shilling 一個司連伸	Half crown 一個中郎伸	One crown 一個大郎伸	One pound 一磅銀伸
					〣 3
		〡 1	〤 4	〨 8	〤 4
〡 1	〨 8	〧 7	〣 3	〦 6	〥 5
〤 4	〦 6	〢 2	〢 2	〤 4	〦 6
〤 4	〤 4	〨 8			
				〡 1	〤 4
	〡 1	〢 2	〦 6	〢 2	〨 8
〢 2	〢 2	〤 4			
			〢 2	〥 5	〹 20
	〦 6	〡〢 12	〦 6		

Table for converting Taels &c. into dollars and sterling

両伸員磅圖

一毫 温毫 Yat ho. One ho'	一厘 温嗲暑 Yat le. One cash	一分 温壂打連 Yat fun. One candareen	一錢 温米士 Yat tsin. One mace	一両 温梯厘 Yat leong. One tael	一個路卑 Yat ko' li pe. One Rupee
				十 10	〣 3
			十 10		〡 1
		十 10			〦 6
	十 10				〨 8
				〡 1	
			〡 1	〣 3	〤 4
		一個四 1/4	〤 4	〩 9	〤 4
				〥 5	〡 1
			〧 7	九個半 9½	十 10

今將通商各口進出口貨物新定稅則開列於後

計開

進口貨物稅則（均係外國出產）　他利平阿平奄咈

Tsun hau fo mat shui tsik. Tariff of Imports

進口油蠟礬磺類　啖厘噉士　噉字華尺切

Tsun hau yau lap fan wong lui. Oil, Wax &c.

Lap — *Wax, Japan* — *T0.6.5. per picul*

蠟日本　噉士　每百觔陸錢伍分

Soo hop yau. — *Rose Malloes* — *T1.0.0. per picul*

蘇合油　老士咩嘮　每百觔壹両

Seu- Saltpetre			T0.5.0 per picul
硝只准按章程發賣	疏厘卑打		每百觔伍錢
Wong lap Yellow Beeswax			T1.0.0 per picul
黃蠟	耶勞卑士噈士		每百觔壹両
Lau wong Sulphur			T0.2.0 per picul
硫黃只准按章程發賣	沙厘吡		每百觔貳錢
Tsun hau hiang tsiu lui - Spices &c.			
進口香椒類	士拜士		
On sik hiang - Gum, Benjamin			T0.6.0 per picul
安息香	甘嗖治文		每百觔陸錢
On sik yau - Oil of Gum Benjamin			T0.6.0 per picul
安息油	甘嗖治文嗪厘		每百觔陸錢

Sam'hiang - Sandalwood

檀香　𠸄打啫　啫字上入

每百觔肆錢

T0.4.0 per picul

Pak hoo tsiu - White Pepper

白胡椒　啞地嗮巴　嗮字皮尺切　巴字下平

每百觔伍錢

T0.5.0 per picul

Hak hoo tsiu - Black Pepper

黑胡椒　布嚦嗮巴

每百觔叁錢陸分

T0.3.6 per picul

Chum hiang - Garroo wood

沉香　咖路啫

每百觔貳両

T2.0.0 per picul

Kong hiang - Laka wood

降香　叻加啫　加字下平

每百觔壹錢肆分伍釐

T0.1.4.5 per picul

Tsun hau yeuk tsoi lui - Drug or Medicine

進口藥材類　地力　又曰嘰地臣

阿魏	O ngae - Asafetido	亞西非地打		每百觔陸錢伍分 T 0.6.5 per picul
上冰片	Sheung ping pin - Camphor, clean	冀連嘟科	連字上平 科字下平	每觔壹兩叁錢 T 1.3.0 per catty
下冰片	Ha ping pin - Camphor, refuse	簏咇士嘟科	咇字花嬌切	每觔柒錢貳分 T 0.7.2 per catty
丁香	Ting heung - Cloves	其勞乎		每百觔伍錢 T 0.5.0 per picul
母丁香	Mu ting heung - Cloves mother	其勞乎嗎打		每百觔壹錢捌分 T 0.1.8 per picul
牛黃 印度	Ngau wong - Cow Bezoar	𤥕鼻梳	𤥕字上平	每觔壹兩伍錢 T 1.5.0 per catty

兒茶 *I chá - Cutch* 吉掛 每百觔壹錢八分 *Tl. 0.1.8 per picul*

梹榔膏 *Pinlongko - Gambier* 嘞比亞 比字下平 每百觔壹錢伍分 *Tl. 0.1.5 per picul*

梹榔 *Pinlong - Betelnut* 卑打居 每百觔壹錢伍分 *Tl. 0.1.5 per picul*

參 美國 *Sham - Ginseng, Am.* 箋仙 仙字下平 每百觔陸両 *Tl. 6.0.0 per picul*

揀淨參鬚參 美國 *Kientsing sham oi sham - Ginseng clarified* 其鏬利快箋仙 每百觔捌両 *Tl. 8.0.0 per picul*

乳香 *Yuhiang - Gum Olibanum* 甘阿簞哽稔 每百觔肆錢伍分 *Tl. 0.4.5 per picul*

Moutyeuh - Myrrh
沒藥 媽 媽字上平 每百觔肆錢伍分
T0.4.5 per picul

Tauhaufa - Mace
荳蔻花 即肉果花 迷士 每百觔壹兩
T1.0.0 per picul

Yuh kwo tauhau - Nutmegs
肉果荳蔻 匿墨 每百觔貳兩伍錢
T2.5.0 per picul

Pak tauhau - Cardamom, Superior
白荳蔻 紥拔篷阿卡低文 低字下平 每百觔壹兩
T1.0.0 per picul

Muhhiang - Putchuck
木香 不則 每百觔陸錢
T0.6.0 per picul

Sae koh - Rhinoceros horn
犀角 賴腦沙勞士看 腦字上平 每百觔貳兩
T2.0.0 per picul

水銀 Shuiyan — Quicksilver	隙思厘化	化字下平	Tl.2.0.0 per pic.	每百觔貳兩
洋藥 Yeung yeuk — Opium	澳皮暗	暗字下平	Tl.30.0.0 per pic.	每百觔叁拾兩
檳榔衣 Pan long i — Betelnut husk	卑打匿蝦士		Tl.0.0.7.5 per pic.	每百觔柒分伍厘
砂仁 Sa yan — Inferior Cardamom	燕非簾阿卡低文		Tl.0.5.0. per pic.	每百觔伍錢
肉桂 Yuk kwai — Cinnamon	仙尔文	尔字上平	Tl.1.5.0 per pic.	每百觔壹兩伍錢
虎骨 Fu kwat — Tiger's bone	泰加士搬	加字下平	Tl.1.5.5.0 per pic.	每百觔壹兩伍錢伍分

鹿角 Luk kok t— Deer horn　地亞看（地字上平）　每百觔貳錢伍分 Tl.0.2.5 per pic.

血竭 Hüt kit— Dragon's blood　地嚦根布律（嚦字利失切　根字下平）　每百觔肆錢伍分 Tl.0.4.5 per pic.

大楓子 Tai fung tsz— Lucraban seed　嚦卡鑄辦薛　每百觔叁分伍厘 Tl.0.0.35 per pic.

進口雜貨類 Tsun hau tsap fo lui. Sundries　新地篚士

火石 Fo shik— Flints　平連上（連字上平）　每百觔叁分 Tl.0.0.30 per pic.

雲母殼（即珠海殼） Wan mo hok— Mother-o-pearlshell.　孖打澳怕嚹凡（怕字上平）　每百觔貳錢 Tl.0.2.0 per pic.

Sung nau kau — Brass button　T0.0.5.5 per gross

銅鈕扣　布鏬士畢頓　每壹百肆拾肆粒伍分伍厘

Tat hi — Lacquered ware　T1.0.0. per pic.

漆器　嘜加嘁也　加字上平　每百觔壹両

Shing — Manila Cordage　T0.3.5 per pic.

繩呂宋　萬尔鏬哥抵治　哥字冀切柯　每百觔叁錢伍分

San — Umbrellas　T0.0.3.5 each

傘　菴布喱鏬　每柄叁分伍厘

Heung chaai — Fragrant wood　T0.4.5 per pic.

香柴　乎例忌倫啫又日吡跌啫　每百觔肆錢伍分

Mooi — Coal. Foreign　T0.0.5 per ton

煤外國　高厘　高字冀刀切　每噸十六担八十斤伍分

火絨　天打　打字下平　每百觔叁錢伍分

Ho yung – Tinder　Tl. 0.3.5 per pic.

進口醃臘海味類　地盧地飡士

Tsun hau im lap hoi mi lui – Dried meats

上燕窩　花士哥簏抵不士呢士　抵字下平　每觔伍錢伍分

Sheung in wo – 1st quality Birdsnest　Tl. 0.5.5 per catty

中燕窩　昔根哥簏抵不士呢士　根字下平　每觔肆錢伍分

Chung in wo – 2nd quality Birdsnest　Tl. 0.4.5 per catty

下燕窩　嘫糞達不士呢士　嘫字歐根切　每觔壹錢伍分

Ha in wo – Uncleaned Birdsnest　Tl. 0.1.5 per catty

黑海參　布嘫必桂地仟　每百觔壹両伍錢

Hak hoi sham – Black Bichodemar – Tl. 1.5.0 per pic.

Pak hoi sham - White Biche de mar T 0.3.5 per picul

白海參　啤必杜地孖　每百觔叁錢伍分

Pak ü chi - White Shark's fins T 1.5.0 per pic.

白魚翅　啤索士吩　吩字花堅切　每百觔壹両伍錢

Hak ü chi - Black Shark's fins T 0.5.0 per pic.

黑魚翅　布嚟索士吩　每百觔伍錢

Chai ü - Rock fish T 0.5.0 per pic.

柴魚　即乾魚　咕鏍非薯　每百觔伍錢

Ü tü - Fish maw T 1.0.0 per pic.

魚肚　非薯嘜　每百觔壹両

Hám ü - Salt fish T 0.1.8 per pic.

鹹魚　梳路非薯　每百觔壹錢捌分

魚皮 Ue pí - Fish-skin
非薯士堅
每百觔貳錢 T0.2.0 per picul.

海菜 Hoi tsoi - Agar-agar
亞加亞加 前加字上平 後加字下平
每百觔壹錢伍分 T0.1.5 per picul.

牛鹿筋 Ngauluk kan - Buffalo sinews - Deer sinews
巴化勞仙烏 尔也仙烏 烏字下平
每百觔伍錢伍分 T0.5.5 per picul.

蝦米 Há mae - Dried prawns
地礁舖郎 郎字利安切
每百觔叁錢陸分 T0.3.6 per picul.

淡菜 Tam tsoi - Mussels
孖時厘
每百觔貳錢 T0.2.0 per picul.

鯊魚皮 Shá ue pí - Shark's skin
索士堅
每百張貳両 T2.0.0 per 100

Tsunhaunganliukautsattsytaplui — Dyestuff

進口顏料膠漆紙劄類 大士得乎

呀嚈米 Ngailinmae — Cochineal 高遷尔厘	2.5.0.0 per picul	每百觔伍両
大青 Tai tsing — Smalts 士嚈厘士	11.5.0 per picul	每百觔壹両伍錢
蘇木 Sou muk — Sapanwood 唦嗹唔	10.1.0 per picul	每百觔壹錢
紫梗 Tsz kang — Sticklac 士得嚈	10.3.0 per picul	每百觔叁錢
水靛 Shui tin — Liquid Indigo 力決烟地高	10.1.8 per picul	每百觔壹錢捌分

Ü kau Isinglass Tl. 0.6.5 per picul.

魚膠 挨昇忌鏬士 每百觔陸錢伍分

Pí kau — Glue Tl. 0.1.5 per picul.

皮膠 故魯 魯字上平 每百觔壹錢伍分

Tang wong — Gambier Tl. 1.0.0. per picul.

籐黃 嗛比亞 比字下平 每百觔壹両

Kau pí — Mangrove Bark Tl. 0.0.3 per picul.

栲皮 萬故勞乎百 每百觔叁分

Tsun hau chuk muk tang ye lui — Wood, Canes &c

進口竹木籐椰類 嗝 乾士

Sha tang — Rattans Tl. 0.1.5 per picul.

沙籐 咧嚫 每百觔壹錢伍分

以下均係按英英兩國尺寸核計

烏木	Wood – Ebony	嘜品尼（品字下平）		每百觔壹錢伍分	T0.1.5 per picul
桅重木	Wai – Masts and Spars	孖士又曰士巴士	長不過肆拾尺	每根肆兩	T4.0.0 each
桅重木	Wai – Masts	孖士	長不過陸拾尺	每根陸兩	T6.0.0 each
桅重木	Wai – Masts	孖士	長過陸拾尺	每根拾兩	T10.0.0 each
桅輕木	Wai – Masts	孖士	長不過肆拾尺	每根貳兩	T2.0.0 each
桅輕木	Wai – Masts	孖士	長不過陸拾尺	每根肆兩伍錢	T4.50 each

桅 輕木　Wai — Masts　孖士　長過六十尺　每根陸兩伍錢　Tls.6.5.0 each

梁 重木　Leung — Beams　邊（邊字作斫劒切）　長不過貳拾陸尺四方不到壹尺大　每根壹錢伍分　Tls.0.1.5 each

板 重木　Pan — Hardwood Planks　乞啲舖吟士　長不過貳拾四尺寬壹尺厚三寸　每百片叁兩伍錢　Tls.3.5.0 per 100

板 重木　Pan — Hardwood Planks　乞啲舖吟士　長不過拾陸尺寬壹尺厚三寸　每百片貳兩　Tls.2.0.0 per 100

板 輕木　Pan — Softwood Planks　梳乎啲舖吟士　各樣每千尺柒錢　Tls.0.7.0 per 1000 sq.ft.

板 麻栗樹　Pan — Teak Planks　剔舖吟士　每尺叁分伍厘　Tls.0.0.3.5 per cubic ft.

紅木 唎嚈 Hung muk - Red wood 每百觔壹錢壹分伍厘 T0.1.1.5 per picul.

毛柿 卡媽根嚈 Mo tsz - Camagon wood 根字下平 每百觔叁分 T0.0.3 per picul.

呀囒治木 呀囒治嚈 Nga lan chi muk - Kranjee wood 長不過叁拾伍尺 寬一尺八寸厚壹尺 每根捌錢 T0.8.0. each

進口鏡鐘標玩類 其洛 嘫治 Tsun hau king chung piu wan lui - Clocks & watches. 嘫字華葛切

自鳴鐘 其洛 Tsz ming chung - Clocks 每值百両抽稅伍両 5 percent ad val.

時辰表 嘫治 Shi shan piu - Watches 每對壹両 T1.0.0 per pair.

珠邊時辰表　帕厘嚨治　每對肆兩伍錢
Chü pin shi shan piu - Pearl watches T 4.5.0 per pair

千里鏡　嗲嘘士鴿又曰士拜忌鏵士　每值百兩抽稅伍兩
Tsin li king - Telescopes. Spyglass. 5 per cent ad valorem

雙眼千里鏡　澳怕鏵忌鏵士　每值百兩抽稅伍兩
Sheung ngan tsin li king - Opera glasses. 5 per cent ad.

掛鏡　碌京忌鏵士　每值百兩抽稅伍兩
Kwa king - Looking Glass 5 per cent ad val.

照身鏡　孖羅　每值百兩抽稅伍兩
Chiu shan king - Mirrors 5 per cent ad val.

八音琴　廟昔加博士（廟字上平　加字下平）　每值百兩抽稅伍兩
Pat yam kam - Musical Boxes. 5 per cent ad val.

Tsun hau pu pat fa man lui. Cotton piece goods

進口布疋花幔類

割頓𠯿士嘜士（頓字下平）

Ma fan pu – Cănvas. — *Tl. 0.4.0 per piece*

蔴帆布　閒華士　長不過五十碼每疋肆錢

Min fan pu – Duck — *Tl. 0.4.0 per piece*

棉帆布　得　長不過五十碼每疋肆錢

Min fa – Cotton — *Tl. 0.3.5 per picul*

棉花　割頓　每百觔叁錢伍分

Un pu – Grey Shirting — *Tl. 0.0.8 per piece*

原布　忌例失丁（例字上平　丁字下平）　寬過叁拾四寸　長不過肆拾碼　每疋捌分

Pak pu – White Shirting — *Tl. 0.0.8 per piece*

白布　嗟失丁　寬過叁拾四寸　長不過肆拾碼　每疋捌分

Nó fa pú - Plain Shirting　Ta. 0.0.8 per piece

無花布　鋪連失丁　寬過叁拾四寸　長不過肆拾碼　每疋捌分

Tsé man pú - Twills　Ta. 0.0.8 per piece

斜紋布　英國　推厘士　寬過叁拾四寸　長不過肆拾碼　每疋捌分

Pú - Cotton goods　Ta. 0.0.2 per 10 yds.

布　割頓豁士　寬過叁拾四寸　長過肆拾碼　每拾碼貳分

Un shik tsé man pú - Drills　Ta. 0.1.0 per piece

原色斜紋布　美國　地簏厘　寬不過叁拾寸　長不過肆拾碼　每疋壹錢

Un shik tsé man pú - Drills　Ta. 0.0.7.5 per piece

原色斜紋布　美國　地簏厘　寬不過叁拾寸　長不過叁拾碼　每疋柒分伍厘

Pak yau tsé man pú - Jeans　Ta. 0.1.0 per piece

白幼斜紋布　美國　毡士　寬不過叁拾寸　長不過肆拾碼　每疋壹錢

Pak yau tsé man pú – Lonno　Tls. 0.7.5 per piece

白幼斜紋布　美國　毡[illegible]　寬不過叁拾寸　長不過叁拾碼　每疋柒分伍厘

Yeung kau pú or Yeung piu pú – T Cloth Tls 0.8 per piece

洋扣布又曰洋標布　地其雞△　寬不過叁拾肆寸　長不過肆拾捌碼　每疋捌分

Siu kau pú or Siu ün pú – T Cloth Tls 0.4 per piece

小扣布又曰小原布　地其雞△　寬不過叁拾肆寸　長不過貳拾四碼　每疋肆分

Shik pú – Dyed Cotton　Tls 0.1.5 per piece

色布無花　大割頓　寬不過叁拾陸寸　長不過肆拾碼　每疋壹錢伍分

Shik fá pú – Dyed figured Cotton Tls 0.1.5 per piece

色花布　大咈加割頓　咖孖下　寬不過叁拾陸寸　長不過肆拾碼　每疋壹錢伍分

Tsik fá pú – Fancy Cotton –　Tls 0.1.0 per piece

織花布　番西割頓　晒孖下　寬不過叁拾陸寸　長不過肆拾碼　每疋壹錢

Pak tai fa pu – White Brocades　T0.1.0 per piece

白提花布　啞布勞鷄　寬不過叁拾陸寸　長不過肆拾碼　每疋壹錢

Pak tim pu or Pak tsiu fa pu – White Spotted Shirting

白點布又曰白椒布　啞士啉跌失丁　寬不過叁拾陸寸　長不過肆拾碼　每疋壹錢

Yan fa pu – Printed Cotton　T0.0.7 per piece

印花布　鏽連跌割頓　寬不過叁拾壹寸　長不過叁拾碼　每疋柒分

Yan fa pu – Chintz　T0.0.7 per piece.

印花布　迁士　寬不過叁拾壹寸　長不過叁拾碼　每疋柒分

Yan fa pu – Furnitures　T0.0.7 per piece

印花布　花你啫　寬不過叁拾壹寸　長不過叁拾碼　每疋柒分

Ka sha pu – Cambrics　T0.0.7 per piece.

袈裟布　嘁布歷士　寬不過叁拾陸寸　長不過貳拾肆碼　每疋柒分

Kaishai-pu - Cambrics
袈裟布　嘞布歷士　寬不過肆拾陸寸　長不過貳拾碼　每疋叁分伍厘
T0.0.3.5 per pce

Yeung-sha-pu - Muslins
洋紗布　孖士連　寬不過肆拾陸寸　長不過貳拾肆碼　每疋柒分伍厘
T0.0.7.5 per pce

Yeung-sha-pu - Muslins
洋紗布　孖士連　寬不過肆拾陸寸　長不過貳拾碼　每疋叁分伍厘
T0.0.3.5 per pce

Tuen-pu - Damasks
緞布　打孖士　寬不過叁拾陸寸　長不過肆拾碼　每疋貳錢
T0.2.0 per pce

Lau-tiu-pu - Dimities
柳條布　店眉地　眉字上平　寬不過肆拾寸　長不過拾貳碼　每疋陸分伍厘
T0.0.6.5 per pce

Mo-pu - Ginghams
毛布　京甘　甘字下平　寬不過貳拾捌寸　長不過叁拾碼　每疋叁分伍厘
T0.0.3.5 per pce

絨綿布　烏倫安割頓默士嗜　長不過叁拾壹碼　每疋貳錢

Yung min pu. Woollen & Cotton Mixtures. 2 m. per pce.

羽紬類　鏽連鏬士打士　長不過叁拾壹碼　每疋貳錢

Ü chau lui. Plain Lustres　T0.2.0 per pce.

花羽紬　布勞鷄鏬士打士　長不過叁拾壹碼　每疋貳錢

Fá ü chau. Brocaded Lustres　T0.2.0 per pce.

棉線　割頓地唎　每百觔柒錢貳分

Min sin. Cotton Thread　T0.7.2 per picul.

棉紗　割頓嘫　嘫字夜咿切　每百觔柒錢

Min sha. Cotton Yarn　T0.7.0 per picul.

蔴布　細　吩連年　長不過五十碼　每疋伍錢

Sai ma pu. Fine Linen　T0.5.0 per pce.

Soó mà pú. Coarse Linen. T. 0.2.0 per piece

蔴布粗　哥士連年　長不過伍拾碼　每疋貳錢

Mà chuk pú. Linen & Cotton Mixtures T. 0.2.0 per piece

蔴竹布　連年晏割頓默士啫　長不過伍拾碼　每疋貳錢

Mien sz pú. Silk & Linen Mixtures T. 0.2.0 per piece

棉絲布　絲力晏連年默士啫　長不過伍拾碼　每疋貳錢

Wooi yung. Lustres T. 0.2.0 per piece

回絨　花士朏　朏字下平　長不過叁拾伍碼　每疋貳錢

U pú, or Ke pú. Bunting T. 0.2.0 per piece.

羽布又曰旗布　濱丁　寬不過貳拾肆寸　長不過肆拾碼　每疋貳錢

Tsun hau chau twan sz yung lui. Fabrics of Silk

進口綢緞絲絨類　輝布叻士阿平絲力

手帕 Shau-pah - Handkerchiefs 慳加趨乎 四方長濶不過壹碼 每拾貳条貳分伍厘 Tl.0.2.5 per doz.

眞金線 Chun-kum-sin - Real Gold thread 簾厘傚厘地咧 每觔壹両陸錢 Tl.1.6.0 per catty

假金線 Ka-kum-sin - Imitation Gold thread 剷眉低臣傚厘地咧 眉字上平 每觔叁分 Tl.0.0.3 per catty

眞銀線 Chun-ngan-sin - Real Silver thread 簾厘思厘化地咧 每觔壹両叁錢 Tl.1.3.0 per catty

假銀線 Ka-ngan-sin - Imitation Silver thread 剷眉低臣思厘化地咧 每觔叁分 Tl.0.0.3 per catty

哆囉呢 To-lo-ni - Spanish Stripes 士噸你薯士地囒 寬伍拾壹寸 長陸拾肆寸 每丈壹錢貳分 Tl.0.1.2 per chang

Pikhi - Long Ells　*Tl. 0.0.11.5 per chang*

嗶嘰　啷哝厘　寬叁拾壹寸　每丈肆分伍厘

U tüe - Dutch Camlets　*Tl. 0.1.0 per chang*

羽緞 嗬蘭國　实杜嗹列　寬叁拾叁寸　每丈壹錢

U sha - English Camlets　*Tl. 0.0.5 per chang*

羽紗 英國　英忌篋薯嗹列　寬叁拾壹寸　每丈伍分

U chau - Imitation Camlets, Bombazetts　*Tl. 0.0.3.5 per chang*

羽綢　創眉低純嗹列 又曰 班巴失　每丈叁分伍厘

Siu ni - Narrow Cloth　*Tl. 0.0.4 per chang*

小呢　呢嘮其羅△　每丈肆分

Fat lan yung - Flannel　*Tl. 0.0.4 per chang*

佛蘭絨　佛蘭拿　每丈肆分

番紀（小呢） Fan-sz ― Cassimeres 咭思眉也（眉字上平） 每丈肆分 Tl 0.0.4 per chang

絨線 Yung-sin ― Woollen yarn 烏倫嚒（嚒字夜開切） 每百觔叁両 Tl 3.0.0 per picul

洋氈 Yeung-tsin ― Blankets 布冷結 每對貳錢 Tl 0.2.0 per pair

花剪絨 Fa-tsin-yung ― Velveteens 嗶厘域顛 長不過叁拾肆碼 每疋壹錢伍分 Tl 0.1.5 per piece

羽綾 U-ling ― Lastings 鎅士丁（丁字下平） 寬叁拾壹寸 每丈伍分 Tl 0.0.5 per chang

小羽綾 Siu-u-ling ― Imitation lastings or Orleans 剷眉低純鎅士丁 各阿連 寬叁拾肆寸 每丈叁分伍厘 Tl 0.0.3.5 per chang

Hsiàtung yung - Inferior Woollen Tl. 1.0 per chang

下等絨 卽至粗絨　㘐非僮阿烏倫　每丈壹錢

Tsin yung - Velvet Tl. 1.8 per pce.

剪絨　嗶厘域 域字花結切　長不過叁拾肆碼　每疋壹錢捌分

Tsun hau tsau kwo shih mat lui - Fruits &c.

進口酒果食物類　平劣

Kan lam - Olives Tl. 0.1.8 per picul

橄欖 無論乾鮮　阿簏乎　每百觔壹錢捌分

Pi in - Foreign snuff Tl. 7.2.0 per pce.

鼻烟 外國　科倫上拿乎 拿字上平　每百觔柒兩貳錢

Tsun hau ng kum - Metals

進口五金　嚹多士 多字下平

生銅如銅磚之類　Sheng tung - Unmanufactured Copper　晏嚙烏拂啫給巴　嬲字巨根切　孖字花尺切　每百觔壹両　Tl.1.0. per picl.

熟銅　Shuk tung - Manufactured Copper　嚙烏拂啫給巴　巴字下平　每百觔壹両伍錢　Tl.1.50 per picl.

熟銅扁　Shuk tung pin - Copper sheets　給巴薛　每百觔壹両伍錢　Tl.1.50 per picl.

銅條　Tung tiu - Copper Rods　給巴啤士　啤字利渴切　每百觔壹両伍錢　Tl.1.50 per picl.

生鉄　Shang tit - Unmanufactured Iron　晏嚙烏拂啫埃仁　每百觔柒分伍厘　Tl.0.075 per picl.

鉄磚　Tit tsün - Iron Pigs　埃仁碧士　每百觔柒分伍厘　Tl.0.075 per picl.

Suk tit - Manufactured Iron	熟鉄	嗎鳥拂啫挨仁	Tō 1.2.5 per pic.	每百觔壹錢貳分伍厘
Tit pian - Iron sheets	鉄板	挨仁薛	Tō 1.2.5 per pic.	每百觔壹錢貳分伍厘
Tit tiu - Iron Bar	鉄條	挨仁巴	Tō 1.2.5 per pic.	每百觔壹錢貳分伍厘
Tit kü - Iron Hoops	鉄箍	挨仁哈	Tō 1.2.5 per pic.	每百觔壹錢貳分伍厘
Un tiu - Lead Pigs or Lead slaps	鉛條	唎碧士又曰唎士嚹	Tō 0.2.5 per pic.	每百觔貳錢伍分
Un pin - Lead sheets	鉛片	唎薛士	Tō 0.5.5 per pic.	每百觔伍錢伍分

鋼 Kong - Steel	士地厘	Tl 0.2.5 per pic.	每百觔貳錢伍分
錫 Sik - Tin	顛	Tl 1.2.5 per pic.	每百觔壹両貳錢伍分
馬口鉄 Ma hau tit - Tin Plates	顛鋪列	Tl 0.4.0 per pic.	每百觔肆錢
日本銅 Yat pun tung - Japan Copper	集班給巴	Tl 0.6.0 per pic.	每百觔陸錢
白鉛只准挨章程發賣 Pak iin - Spelter	士啤厘打	Tl 0.2.5 per pic.	每百觔貳錢伍分
黃銅釘 Wong tung ting - Copper Nails	給巴坭厘	Tl 0.9.0 per pic.	每百觔玖錢

黃皮銅 Wong pi tung_ Copper Sheathing 給巴詩丁 △丁字下平 每百觔玖錢 T0.9.0 per pic.

壓載鉄 Aát tsoi tit_ Iron Kentledge 挨仁啈地列枳 每百觔壹分 T0.0.1 per pic.

鉄絲 Tit sz_ Iron Wire 挨仁歪也 每百觔貳錢伍分 T0.2.5 per pic.

進口珍珠寶石類 Tsun hau tsun chü pò shik lui_ Jewellery 蕉華黎。

瑪瑙 Má nò_ Cornelian 過你連 每百塊叁錢 T0.3.0 per 100

瑪瑙珠 Má nò chü_ Cornelian Beads 過你連必士 每百觔柒両 T7.0.0 per pic.

玳瑁 Toi mooi Tortoise shell 拖打士賒厘 每斤貳錢伍分 Tls 0.2.5 per catty

玳瑁碎 Toi mooi sui Broken Tortoiseshell 布碌根拖打士賒厘 根字下平 每斤柒分貳厘 Tls 0.0.7.2 per catty

玻璃片 Po li pin Window glass 呅刀忌鉡士 刀字下平 每箱共壹百尺壹錢伍分 Tls 0.1.5 per box.

珊瑚 Shan hu Coral 哥鉡厘 每斤壹錢 Tls 0.1.0 per catty

進口纓皮牙角羽毛類 Tsun hau ying pi nga kok ü mo lui Skins 士堅士

牛角 Ngau kok Buffalo Horns 百化勞看 每百斤貳錢伍分 Tls 0.2.5 per picul.

生牛皮 Shung ngau pi. Cow Hides 百化勞雜地 又曰球雜地 球字上平 Tl. 0.5.0 per picul. 每百觔伍錢

熟牛皮 Suk ngau pi. Leather 㗂打 Tl. 0.4.2 per picul. 每百觔肆錢貳分

海龍皮 即海虎皮 Hoi lung pi. Sea Otter skin 思啣打士堅 啣字區葛切 Tl. 1.5.0 each 每張壹両伍錢

大狐狸皮 Tai ü li pi. Large Fox skin 罅治霍士士堅 Tl. 0.1.5 each 每張壹錢伍分

小狐狸皮 Siu ü li pi. Small Fox skin 士麽厘霍士士堅 Tl. 0.0.7.5 each 每張柒分伍厘

虎皮 Fu pi. Tiger skin 泰加士堅 加字下平 Tl. 0.1.5 each 每張壹錢伍分

Pau pí – Leopard skin　Tl. 0.1.5 each

豹皮　嘮弼士堅　每張壹錢伍分

Tiu pí – Marten skin　Tl. 0.1.5 each

貂皮　孖顛士堅　顛字下平　每張壹錢伍分

Tát pí – Land Otter skin　Tl. 2.0.0 per 100

獺皮　嘣咿打士堅　每百張貳両

Lok kün pí – Racoon skin　Tl. 2.0.0 per 100.

貉貛皮　貉貛士堅　每百張貳両

Hoi lo pí – Beaver skin　Tl. 5.0.0 per 100.

海騾皮　卑化士堅　每百張伍両

Fui shü pí – Squirrel skin　Tl. 0.5.0 per 100.

灰鼠皮　士誇鏵厘士堅　每百張伍錢

Ngan shü pi – White Squirrel Skin　T0.5.0 per 100
銀鼠皮　哦士誇鏍厘士堅　每百張伍錢

Tü pi – Rabbit skin　T0.5.0 per 100
兔皮　囒必士堅　每百張伍錢

I pi – Roe skin　T0.5.0 per 100
麂皮　刀士堅　每百張伍錢

Sai pi – Rhinoceros Hides　T0.4.2 per pic.
犀皮　毾腦沙嘮士雜地 字下平　每百觔肆錢貳分

Hoi ma nga – Seahorse Teeth　T2.0.0 per pic.
海馬牙　思賀士地　每百觔貳兩

Tseung nga – Elephants Teeth　T4.0.0 per pic.
象牙不碎的　咴厘墳士地　每百觔肆兩

Tseung ngá - Elephants Teeth broken T3,0,0 per picul.

象牙碎的　布碌根啲厘噸士地△　每百觔叁両

Tsui mo - Kingfishers' Feathers T0,4,0 per 100

翠毛　京飛蛇啡打　每百張肆錢

Kung tseuk mo - Peacocks' Feathers T0,4,0 per 100

孔雀毛　卑角士啡打　每百張肆錢

Tsut hau fo mat shui tsak

出口貨物稅則 均係中國出產

他箇乎呵乎益士砵

Tsut hau yau lap fan wong lui — Alum, Oil &c.

出口油蠟礬磺類

椏林嚎厘

Pak fan — Alum　Tl. 0.0.4.5 per picul.

白礬　椏林　每百觔肆分伍厘

Tsing fan — Green alum or Copperas　Tl. 0.1.0 per picul.

青礬　忌連椏林又曰給巴鏬士　吧鏬兩字俱係下平　每百觔壹錢

Pat kok yau — Aniseed Oil　Tl. 5.0.0 per picul.

八角油　嘜尔薛嚎厘　每百觔伍兩

Kwai pe yau — Cassia Oil　Tl. 9.0.0 per picul.

桂皮油　騎蛇嚎厘　騎字上平　每百觔玖兩

薄荷油	Pok ho yau — Peppermint Oil	嘜巴棉㖠厘　嘜字鋪𤕭切	T3.5.0 per pic.	每百觔叁兩伍錢
牛油	Ngau yau — Animal Tallow	𠺢尓蘇他勞	T0.2.0 per pic.	每百觔貳錢
柏油	Kau yau — Vegetable Tallow	嘩枝梯布他勞	T0.3.0 per pic.	每百觔叁錢
油	Yau — Oil	芝蔴油荳油棉油茶油桐油各等　㖠厘	T0.3.0 per pic.	每百觔叁錢
蓖蔴油	Pi ma yau — Castor Oil	卡士打㖠厘	T0.2.0 per pic.	每百觔貳錢
白蠟	Pak lap — White Wax	喴喊士	T1.5.0 per pic.	每百觔壹兩伍錢

Ch'ut hau heung liu tsiu ch'a lui — Teas, Spices.

出口香料椒茶類　地　士拜士

Chà yè — Tea　　T2.5.0 per pic.

茶葉　地　每百觔貳両伍錢

Pát kok — Aniseed Star　　T0.5.0 per pic.

八角　嗳尔薛士打　每百觔伍錢

Shê heung — Musk　　T0.9.0 per catty

麝香　孖士其　每觔玖錢

Pát kok cha — Aniseed broken　　T0.2.5 per pic.

八角渣　嗳尔薛布碌件　每百觔貳錢伍分

Sz shan heung — Joss sticks　　T0.2.0 per pic.

時辰香　即敬神香　助士得　每百觔貳錢

Siatikau yeuk tsoi lui ― Medicine

出口藥材類　嘜地臣

三奈 Samloi ― Capoor cutchery	契埔吉者黎。者字下平	每百觔叁錢	Tl0.30 per pic.
樟腦 Cheung no ― Camphor	嚕科　科字下平	每百觔柒錢伍分	Tl0.75 per pic.
信石 Sun shik ― Arsenic	亞仙匿	每百觔肆錢伍分	Tl0.45 per pic.
桂皮 Kwai pi ― Cassia Lignea	騎蛇力拿又曰騎蛇百	每百觔陸錢	Tl0.60 per pic.
桂子 Kwai tsz ― Cassia buds	騎蛇不	每百觔捌錢	Tl0.80 per pic.

土茯苓 Tu' fuk ling - China root	敘拿嘩	嘩字下入	每百觔壹錢叁分 T0.1.3 per pic.
澄茄 Ching ke' - Cubeb	橋必布	橋字上平	每百觔壹两伍錢 T1.5.0 per pic.
良薑 Leung keung - Galangal	嫁欄加厘	加字下平	每百觔壹錢 T0.1.0 per pic.
石黃 Shek wong - Hartall	乞多厘		每百觔叁錢伍分 T0.3.5 per pic.
大黃 Tai wong - Rhubarb	路拔	拔字巴合切	每百觔壹两貳錢伍分 T1.2.5 per pic.
姜黃 Keung wong - Tumeric	他孖力		每百觔壹錢 T0.1.0 per pic.

Sheung tang ko lae sham. 1st qu. Corean Ginseng.

上等高麗參　花士哥簞底高麗毡戍　每觔伍錢

Sheung tang yat pún sham - 1st qu. Japan Ginseng

上等日本參　花士哥簞底集㗎毡戍　每觔伍錢

Há tang ko lae sham - 2nd quality Corean Ginseng

下等高麗參　昔根哥簞底高麗毡戍　每觔叁錢伍分

Há tang yat pún sham. 2nd quality Japan Ginseng

下等日本參　昔根哥簞底集㗎毡戍　每觔叁錢伍分

Luk yung - Young Deer's Horns T 0.9.0 per pair

鹿茸嫩　㖞參士看　每對玖錢

Luk yung - Old Deer's Horns T 1.3.5 per pec.

鹿茸老　澳炉參士看　每百觔壹両叁錢伍分

牛黃中國	Ngau wong - Cow Bezoar	球鼻疏　球字上平	每觔叁錢陸分 Tl. 0.3.6 per catty
班貓	Pan mau - Cantharides	間打列士 △。	每百觔貳兩 Tl. 2.0.0 per picul.
桂枝	Kwai chi - Cassia twigs	騎蛇脫士　騎字上平	每百觔壹錢伍分 Tl. 0.1.5 per picul.
陳皮	Chan pi - Orange peel	阿倫治披厘	每百觔叁錢 Tl. 0.3.0 per picul.
柚皮上等	Yau pi - Pumelo peel, 1st qu.	嘅眉勞披厘	每百觔肆錢伍分 Tl. 0.4.5 per picul.
柚皮下等	Yau pi - Pumelo peel, 2nd qu.	嘅眉勞披厘	每百觔壹錢伍分 Tl. 0.1.5 per picul.

關東人參	Kwantung yan sham – Native Ginseng	埞地乎毡成（埞字上平）	每值百兩抽稅五兩	5 Percent
薄荷葉	Pok ho yip – Peppermint Leaf	嘞巴棉篷乎	每百觔壹錢	T 0.1.0 per pic.
甘草	Kom tso – Liquorice	力加篷士（加字下平）	每百觔壹錢叁分伍厘	T 0.1.3.5 per pic.
石羔	Shik ko – Gypsum	接苓	每百觔叁分	T 0.0.3 per pic.
五棓子	Ng pui tsz – Nutgalls	嗱哥厘	每百觔伍錢	T 0.5.0 per pic.
蜂蜜	Fung mat – Honey	恨尼（恨字上平）	每百觔玖錢	T 0.9.0 per pic.

Ts'ut hau tsáp fo lui — Sundries

出口雜貨類　新地厘士

Liú shau chuk — Glass Armlets Tl. 0.5.0 per pic.

料手鐲 即燒料鈪　忌鏤士暗列　每百觔伍錢

Chuk hí — Bamboo ware Tl. 0.7.5 per pic.

竹器　嘜捕嘁也　每百觔柒錢伍分

Ká shan hoo — False Coral Tl. 0.3.5 per pic.

假珊瑚　科厘士哥鏤厘　每百觔叁錢伍分

Kok shik pok chuk — Crackers, Fireworks Tl. 0.5.0 per pic.

各色爆竹　巽嚦加士 又曰 快也域　每百觔伍錢

Ü shin — Feather fans Tl. 0.7.5 per 100.

羽扇　咞打嗇△　每百柄柒錢伍分

Liu hi — Glass ware　10.5.0 per pic.

料器　忌鏬士嘁也　每百觔伍錢

Koh shih liu chü — Glass beads　10.5.0 per pic.

各色料珠　忌鏬士必士　每百觔伍錢

Yü chê — Paper umbrella　10.5.0 per 100.

雨遮即紙傘　跛巴菴布嚦鏬　每百柄伍錢

Yun shih — Marble slabs　10.2.0 per pic.

雲石　孖布士囄布字下平　每百觔貳錢

Fung tsz wa — Rice paper pictures　10.1.0 per 100.

蒲紙畫　薘士跛巴碧喈　每百張壹錢

Tsz shin — Paper fans　10.0.4.5 per 100

紙扇　跛巴歚　每百柄肆分伍厘

Tsun chu – False Pearls　Tls 2.0.0 per pic.

珍珠假　科厘士巴厘士　每百觔貳両

Kú wán – Curiosities　5 per cent ad val.

古玩　嬌篚阿思地　地字下平　每値百両抽稅五両

Kwae shin – Leaf Fans, trimmed　Tls 0.3.6 per 1000

葵扇細　篚乎畨　每千柄叁錢陸分

Kwae shin – Leaf Fans untrimmed　Tls 0.2.0 per 1000

葵扇粗　篚乎畨　每千柄貳錢

Lok to mo – Camel's hair　Tls 1.0.0 per pic.

駱駝毛　啲咩厘士唏也　咩字下平　每百觔壹両

Mien yeung mo – Wool　Tls 0.3.5 per pic.

棉羊毛　烏厘　烏字嘩姑切　每百觔叁錢伍分

Shan yeung mo_ Goats hair　*Tl. 0.1.8 per picul*

山羊毛　高士唏也　每百觔壹錢捌分

Tsin sui i_ Felt cuttings　*Tl. 0.1.0 per picl.*

氈碎　啡厘吉丁　丁字下平　每百觔壹錢

Tsz fa_ Artificial flowers　*Tl. 1.5.0 per picl.*

紙花　亞地非蛇乎嘍也　每百觔壹兩伍錢

Tu mui_ China Coal　*Tl. 0.0.4 per picl.*

土煤　欽拿高厘　高字冀蒿切　每百觔肆分

Tsut hau ngan liu kau tsat tsz tap lui_ Painters Store

出口顏料膠漆紙劄類　[illegible]打士士多

Tung pok_ Brass Foil　*Tl. 1.5.0 per picl.*

銅箔　[illegible]鏬士吙厘　吙字花衮切　每百觔壹兩伍錢

Hung tan - Red Lead　Tl 0.3.5 per picul.

紅丹　咧°列　每百觔叁錢伍分

Sik pok - Tin Foil　Tl 1.2.5 per pic.

錫箔　䕭吸厘　每百觔壹両貳錢伍分

Yan chü - Vermilion　Tl 2.5.0 per pic.

硍硃　話眉連　眉字上平　每百觔貳両伍錢

Yau tsat wa - Paintings　Tl 0.1.0 each

油漆畫　𦁛丁　丁字下平　每件壹錢

Un fan - White Lead　Tl 0.3.5 per pic.

鉛粉　哷列　每百觔叁錢伍分

Wong tan - Yellow Lead　Tl 0.3.5 per pic.

黃丹　𠲖嘮列　每百觔叁錢伍分

硃砂	仙你巴　巴字下平	每百觔柒錢伍分	Chü sha — Cinnabar　Tl. 0.7.5 per pic.
紙上等	花士哥簻底跛巴　底字下平	每百觔柒錢	Chi sheung tang — 1st quality paper　Tl. 0.7.0 per pic.
紙次等	昔根哥簻底跛巴	每百觔肆錢	Chi, tsz tang — 2nd quality paper　Tl. 0.4.0 per pic.
油紙	喉厘跛巴	每百觔肆錢伍分	Yau chi — Oiled Paper　Tl. 0.4.5 per pic.
墨	烟渋亞英	每百觔肆両	Mak — India Ink　Tl. 4.0.0 per pic.
漆	嘩你薯　又曰嚦加　加字下平	每百觔伍錢	Tsat — Varnish or Lacquer　Tl. 0.5.0 per pic.

Tsung – Coir　Tl. 0.1.0 per pic.

椶　䯃也　每百觔壹錢

Má – Hemp　Tl. 0.3.5 per pic.

蔴　謙　每百觔叁錢伍分

Tang tso – Lampwicks　Tl. 0.6.0 per pic.

燈草　欖域　每百觔陸錢

Luk kiau – Green Dye　Tl. 0.8.0 per catty

綠膠　忌連大　連字上平　每觔捌錢

Sok – Twine, Hemp, Canton　Tl. 0.1.5 per pic.

索 廣東　間當吐壞吾　吐壞吾三字作一字快讀　每百觔壹錢伍分

Sok – Twine, Hemp, Soochow　Tl. 0.5.0 per pic.

索 蘇州　蘇州吐壞吾　每百觔伍錢

Tsat luk - Green Paint　*Tl 0.45 per pic.*

漆綠　忌連編地　連字上平　每百觔肆錢伍分

Lai hok - Oyster-shell　*Tl 0.09 per pic.*

蠣殼　嚷士打蛇厘　每百觔玖分

Luk pei - Green Leather　*Tl 1.80 per pic.*

綠皮　忌連𠻗打　每百觔壹両捌錢

Tu tin - Dry Indigo　*Tl 1.00 per pic.*

土靛　地𡎺烟地高　高字下平　每百觔壹両

Hang sha - Manure Cakes　*Tl 0.09 per pic.*

坑砂　萬烏亞激　每百觔玖分

Tsu hau hi ming seung hop lui - Wares

出口器皿箱盒類　嘁也士

牛角器	Ngau kok hi. Horn ware	看嘁也	Tl.1.5.0 per pic.	每百觔壹両伍錢
牛骨器	Ngau kwat hi. Bone ware	嘣嘁也	Tl.1.5.0 per pic.	每百觔壹両伍錢
磁器 細	Sze tsz hi. Fine Chinaware	吩鈙拿嘁也　吩字花仙切	Tl.0.9.0 per pic.	每百觔玖錢
磁器 粗	Tsò tsz hi. Coarse Chinaware	哥士鈙拿嘁也	Tl.0.4.5 per pic.	每百觔肆錢伍分
紫黃銅器	Tsz wong tung hi. Copper ware	給巴嘁也	Tl.1.1.5 per pic.	每百觔壹両壹錢伍分
木器	Muk hi. Wood ware	嚅嘁也	Tl.1.1.5 per pic.	每百觔壹両壹錢伍分

Tseung ngà hí_ Ivory ware　T0.1.5 per catty

象牙器　挨華黎嘁也　每觔壹錢伍分

Tsat hí_ Lacquered ware　T1.0.0 per picl.

漆器　嗱加嘁也　加字下平　每百觔壹両

Wan mú hok hí_ Mother-o-Pearl ware　T0.1.0 per cat.

雲母殼器　孖打澳怕厘嘁也　△　每觔壹錢

Tang hí kok yeung_ Rattanware　T0.3.0 per picl.

籐器各樣　唎嘛嘁也　每百觔叁錢

Tán heung hí_ Sandalwood ware　T0.1.0 per catty

檀香器　山打㖨嘁也　每觔壹錢

Kam ngan hí_ Gold & silver ware　T10.0.0 per picl.

金銀器　傚厘晏思厘化嘁也　化字下平　每百觔拾両

玳瑁器 Toi mui hi'_ Tortoise shellware 拖打除厘嘁也 每斤貳錢 T0.2.0 per catty

皮箱皮櫃 Pi seung pi kwai_ Leather Trunks 嚨打地零 零字上平 每百斤壹兩伍錢 T1.5.0 per pic.

皮器 Pi hi'_ Leather ware 嚨打嘁也 每百斤壹兩伍錢 T1.5.0 per pic.

窰貨 Eu fo'_ Earthenware 椗頓嘁也 頓字下平 每百斤伍分 T0.0.5 per pic.

黃銅器 Wong tung hi'_ Brass ware 布鏮士嘁也 每百斤壹兩 T1.0.0 per pic.

銅鈕扣 Tung nau kau_ Brass buttons 布鏮士不頓 每百斤叁兩 T3.0.0 per pic.

Tung sz — Brass wire *Tl.1.1.5 per pic.*

銅絲　布鏬士歪也　每百觔壹両壹錢伍分

Sang tung — Copper Ore *Tl.0.5.0 per pic.*

生銅　給巴阿　巴字下平　每百觔伍錢

Kau tung phin — Old Copper sheathing *Tl.0.5.0 per pic.*

舊銅片　澳炉給巴詩丁　丁字下平　每百觔伍錢

Tsut hau tuk muk tang yé lui — Bamboo, Wood

出口竹木籐椰類　嗹埔嗗

Kok shik tuk kon — Canes *Tl.0.5.0 per 1000*

各色竹竿　乾士　每千根伍錢

Tang yuk — Split Rattan *Tl.0.2.5 per pic.*

籐肉　士鏑列咧嚛　每百觔貳錢伍分

Muk — Wood　T.0.0.3 each

木　椿梁舵柱　唻　每根叁分

Tsut hau i mo hue hai lui — Articles of Clothing

出口衣帽靴鞵類　亞得加士阿乎其勞丁　咖㖿吓秤

I fuk, po — Cotton Clothing　T.1.5.0 per pic.

衣服布　割頓其勞丁　每百觔壹両伍錢

I fuk, chau — Silk Clothing　T.10.0.0. per pic.

衣服綢　絲力其勞丁　每百觔拾両

Hue hai — Boots and shoes　T.3.0.0 per 100 pr.

靴鞵皮緞各色　砵士晏蘇士　每百雙叁両

Tso hai — Straw shoes　T.0.1.8 per 100 pr.

草鞵　士地羅蘇士　羅字上平　每百雙壹錢捌分

緞帽	絲力喼	Tün mo - Silk Caps	每百頂玖錢　Tl 0.9.0 per 100
氈帽	啡厘喼	Chin mo - Felt Caps	每百頂壹両貳錢伍分　Tl 1.2.5 per 100.
草帽緶	士地羅布列	Tsoo mo pin - Straw Braid	每百觔柒錢　Tl 0.7.0 per pic.

出口布疋花幔類

Tsat hau pu pat - Cloth　其羅

夏布細	吩忌鑤士其羅	Ha hai pu - Fine grass cloth	每百觔貳両伍錢　Tl 2.5.0 per pic.
夏布粗	哥士忌鑤士其羅	Soo hai pu - Coarse grass cloth	每百觔柒錢伍分　Tl 0.7.5 per pic.

Tu pu koh shik - Nankeen

土布各色 嘸堅

T1.5.0 per picul.

每百觔壹両伍錢

Kau min sü - Cotton Rags

舊棉絮 剳頓嚦士

T0.0.4.5 per picul.

每百觔肆分伍厘

Min pi tai - Cotton quilts

棉被胎 剳頓拘厘士

T2.7.5 per 100

每百件貳両柒錢伍分

Min fa - Cotton

棉花 剳頓

T0.3.5 per picul.

每百觔叁錢伍分

Tsoh chau tün yung lui - Silk piece goods

出口綢緞絲絨類 絲力卑士豁士

Hoo sz - Raw Silk

湖絲 羅絲力

T10.0.0 per picul.

每百觔拾両

Sz king - Thrown Silk　　Tl 10.0.0 per pic.

絲經　地亂絲力　亂字利官切　每百觔拾両

Ye tsáng-z - Wild raw silk　　Tl 2.5.0 per pic.

野蠶絲　歪厘羅絲力　每百觔貳両伍錢

Chow ling - Silk piece goods　　Tl 12.0.0 per pic.

綢綾　絲力卑士谿士　每百觔拾貳両

Chow - Pongee　　Tl 12.0.0 per pic.

綢　潘治　每百觔拾貳両

Tuàn - Satin　　Tl 12.0.0 per pic.

緞　嚹顚　顚字下平　每百觔拾貳両

Kiün - Lutestring　　Tl 12.0.0 per pic.

絹　嘞士地零　律字土入　每百觔拾貳両

Tsz-shá - Crape　Tl12.0.0 per picul.
縐紗　其獵　每百觔拾貳兩

Shá - Gauze　Tl12.0.0 per picul.
紗　鷥士　鷥字上平　每百觔拾貳兩

Ling - Damask Silk　Tl12.0.0 per picul.
綾　打孖士絲力　每百觔拾貳兩

Lo - Stripe Silk　Tl12.0.0 per picul.
羅　士地獵絲力　每百觔拾貳兩

Tsien-yung - Velvet　Tl12.0.0 per picul.
剪絨　威厘嚂　嚂字華給切　每百觔拾貳兩

Sau-fo - Embroidery　Tl12.0.0 per picul.
繡貨　嘞布來打黎　打字下平　每百觔拾貳兩

絲棉雜貨	絲力割頓默士啱	Sz min tsáp fo - Silk & Cotton Mixture Tl 5.5.0 per picul.	每百觔伍両伍錢
四川黃絲	四川爺㓻絲力	Sz chün wong sz - Szchün yellow Silk Tl 7.0.0 per picul.	每百觔柒両
同功絲	都片簻厘絲力	Tung kung sz - Dupion reeled Silk Tl 5.0.0 per picul.	每百觔伍両
川綢	四川潘治	Chün chau - Sz chün Pongee Tl 4.5.0 per picul.	每百觔肆両伍錢
山東繭	山東潘治	Shan tung kin - Shantung Pongee Tl 4.5.0 per picul.	每百觔肆両伍錢
緯線	絲力他沙　沙字下平	Wae sin - Silk Tassels Tl 10.0.0 per picul.	每百觔拾両

Sz tai lan kon kwae tai - Silk Ribbon T10. per pic.

絲帶欄干桂帶　絲力獵賓　賓字下平　每百觔拾両

Sz sin - Silk Thread T10.0.0 per pic.

絲線各色　絲力地咧△　每百觔拾両

Kok sang yung - Silk Floss T10.0.0 per pic.

各省絨　絲力乎羅士　每百觔拾両

Yung - Canton Silk Floss T4.3.0 per pic.

絨廣東土絲做成　問當絲力乎羅士　每百觔肆両叁錢

Ts'am kin - Cocoons T3.0.0 per pic.

蠶繭　角官　每百觔叁両

Lune sz tau - Refuse Silk, Waste do. T1.0.0 per pic.

亂絲頭　嚹嘶士絲力又日嘁士絲力　每百觔壹両

Tsat hau tsin yung tán tsik lüi — Carpeting &c.		
出口氊絨毯蓆類	卡必丁　嘜丁	兩丁字均下平
Tsik tsz — Mats		*T.0.2.0 per 100*
蓆子各樣	嘜士	每百張貳錢
Tí tsik — Matting		*T.0.2.0 per roll 40 yds*
地蓆	嘜丁	每捲肆拾碼貳錢
Pí tán — Rugs		*T.0.0.9 each*
皮毯	押士	每張九分
Tsin tán — Carpet		*T.3.5.0 per 100*
氊毯	卡必	每百疋叁兩伍錢
Tsat hau tong kó shik mat lüi — Preserves		
出口糖菓食物類	舖𠼮沙平	

Mit tsin – Preserves Tl 0.5.0 per picl.

蜜餞各色 鋪㗅沙平 每百觔伍錢

Tong kú – Sweetmeats Tl 0.5.0 per picl.

糖菓各色 士嚜𡂖 每百觔伍錢

Cheung yau – Soy Tl 0.4.0 per picl.

醬油 腮 每百觔肆錢

Pák tong – White Sugar Tl 0.2.0 per picl.

白糖 嗗蘇加 加字下平 每百觔貳錢

Tsik tong – Brown Sugar Tl 0.1.2 per picl.

赤糖 布郎蘇加 每百觔壹錢貳分

Ping tong – Sugar Candy Tl 0.2.5 per picl.

冰糖 蘇加嚪地 每百觔貳錢伍分

Yin sz — wong in shui in_ Tobacco T0.4.5 per pic.

煙絲各樣如黃煙水煙之類 都北高 槁猝 每百觔肆錢伍分

Yin ip — Tobacco leaf T0.1.5 per pic.

煙葉各樣 都北高簻平 每百觔壹錢伍分

Pi in — Snuff T0.5.0 per pic.

鼻烟中國 士拿平 拿字上平 每百觔捌錢

Tai tau tsoi_ Salted Turnips T0.1.5 per pic.

大頭菜 梳厘他聶 每百觔壹錢捌分

Fan sz — Vermicelli T0.1.8 per pic.

粉絲 話肩賒厘 肩字上平 每百觔壹錢捌分

Tsau — Samshoo T0.1.5 per pic.

酒 三蘇 每百觔壹錢伍分

海菜 Hoi tsoi – Seaweed 思嘭 每百觔壹錢伍分 T0.1.5 per pic.

火腿 Fo tui – Hams 嗛 每百觔伍錢伍分 T0.5.5 per pic.

皮蛋 Pi tan – Preserved Eggs 舖嚨沙平㗌 每仟個叁錢伍分 T0.3.5 per 1000.

欖仁 Lam yan – Olive seed 阿嚨平薛 每百觔叁錢 T0.3.0 per pic.

杏仁 Hang yan – Almonds 㮕厘文 每百觔肆錢伍分 T0.4.5 per pic.

香菌 Heung kwan – Mushroom 孖嗱林 林字上平 每百觔壹両伍錢 T1.5.0 per pic.

金針菜　地礚篦厘乎雙也　Kamchamtoi – Dried Lily Flowers　每百觔貳錢柒分　Tl. 0.2.7 per picul.

木耳　分加士 加字下平　Muhyi – Fungus　每百觔陸錢　Tl. 0.6.0 per picul.

桂圓　龍眼　Kwai ün – Lungngan　每百觔貳錢伍分　Tl. 0.2.5 per picul.

桂圓肉　龍眼乎嚟著　Kwai ün yuk – Lungngan flesh　每百觔叁錢伍分　Tl. 0.3.5 per picul.

荔支　荔支　Laichi – Lichees　每百觔貳錢　Tl. 0.2.0 per picul.

蓮子　篦厘蓙 又曰 勞打士匿 勞字上平　Lin tsz – Lilyseeds or Lotus nuts　每百觔伍錢　Tl. 0.5.0 per picul.

芝蔴　賒西文薛　Chi'ma - Sesamum seed　文字慕咸切
每百觔壹錢叁分伍釐　T0.1.3.5 per pic.

花生　忌郎匿　Fa'sang - Groundnuts
每百觔壹錢　T0.1.0 per pic.

花生餅　忌郎匿激　Fa'sang'ping - Groundnut cake
每百觔叁分　T0.0.3 per pic.

瓜子　咩倫薛　Kwa'tsz - Melonseeds
每百觔壹錢　T0.1.0 per pic.

荳　牛莊登州不准出口　Tau - Beans, Peas　邊士又曰披士
每百觔陸分　T0.0.6 per pic.

荳餅　牛莊登州不准出口　Tau'ping - Bean Cake　邊激
每百觔叁分伍釐　T0.0.3.5 per pic.

米穀	礌士 嘣底	每百觔壹錢	Mae, kuk – Rice, Paddy. Tl. 0.1.0 per pic.
蒜頭	加力	每百觔叁分伍厘	Suen tau – Garlic. Tl. 0.0.3.5 per pic.
栗子	車士圖	每百觔壹錢	Lut tsz – Chestnuts. Tl. 0.1.0 per pic.
黑棗	布嚦趺士	每百觔壹錢伍分	Hak tsó – Black Dates. Tl. 0.1.5 per pic.
紅棗	唎。趺士	每百觔玖分	Hung tsó – Red Dates. Tl. 0.0.9 per pic.
麥雜糧	嚿 又曰 眉列 眉字上平	每百觔壹錢	Mak – Wheat, Millet. Tl. 0.1.0 per pic.

Min sui fo mat. – Duty-Free Goods

免稅貨物　刁底乎簏齡士

Kam ngan. Gold & Silver. Yeung tsin. Foreign Coin

金銀　傚厘晏思厘化 吪字平　洋錢　科倫該吾

Min. Flour. Suk mae fun. Indian Meal.

麵　乎簍亞　粟米粉　烟顛眉厘 眉字上平

Min ping. Biscuit. Hang le. Personal Baggage

麵餅　卑上結　行李　巴臣拿碧計治

Suk yuk. Preserved meats. Suk tsoi. Preserved vegetable

熟肉　鋪簏沙乎筏　熟菜　鋪簏沙乎咜治低布 咘字平

Ngau yau. Butter. Ngau nai sou. Cheese.

牛油　不打　牛奶酥　痴士

香水　怕嚟麻黎（嚟字花嬌切）
Heung-sui. Perfumery

砂穀米　西高（高字下平）
Shá kuk mai - Sago

炭　叉高厘
Tán - Charcoal

柴　快也啹
Chai - Firewood

外國酒　科倫力加　又曰呧　又曰士啤列
Ngoi kwok tsau - Wine

外國紙　科倫跛巴（巴字下平）
Ngoi kwok chí - Foreign paper

外國筆　㖞
Ngoi kwok pat - Pen

外國墨　英
Ngoi kwok mak - Ink

外國氈　科倫卡必
Ngoi kwok chin - Carpet

外國毯　科倫力
Ngoi kwok tám - Foreign rug

外國碱　科倫嘶
Ngoi kwok kan - Soap

外國衣服　科倫故勞丁（丁字下平　勞字上平）
Ngoi kwok i fuk - Foreign clothing

外國蜜餞　Ngoi kwok mat tsin — Confectionary　干咈純拿黎

外國金銀首飾　Ngoi kwok kam ngan shau sik — Jewellery　蔗華鏍黎

外國攙銀器　Ngoi kwok cham ngan hi — Plated ware　舖例跌喴也

外國蠟燭　Ngoi kwok laâp chuk — Foreign Candles　科倫間地厘

外國煙絲　Ngoi kwok in sz — Foreign Tobacco　科倫都碧高　高字下平

外國煙葉　Ngoi kwok in ip — Foreign Tobacco leaf　科倫都碧高簏乎

Ngoi kwok ka yung tsap mat — Household stores

外國家用雜物　侯士蒿厘士多　侯字上平

Ngoi kwok shün yung tsap mat — Ship store

外國船用雜物　涉士多

Ngoi kwok tit to li hi — Cutlery

外國鉄刀利器　吉鎅黎

Ngoi kwok tsz yung yeuk liu — Foreign medicine

外國自用藥料　科倫嚱地臣

Ngoi kwok po li hi ming — Foreign glass ware

外國玻璃器皿　科倫忌鎅士嘁也

Wai kam fo mat - Contraband goods

違禁貨物　干地鏍嗹辭士

火藥　根泡打

Fo yeuk - Gunpowder

Tai tan tsz - Cannon shot

大彈子　嘓能哾　哾字樹葛切

Siu tan tsz - Shot

小彈子　哾

Pau - Gun, Cannon

炮　根又曰嘓能

Niu cheung or Yeung cheung - Fowling piece. Rifle

鳥鎗又曰洋鎗　坜零卑士又曰禮科又曰孖士結　科字下平

小鳥鎗 即手鎗　拔士打

Siu niu chung or Shau chung - Pistol

一切軍器　廟你純阿乎窩 又曰 嚕士

Yat tsit kwan hi - Munitions of War or Arms

食鹽　梳路

Shik yim - Salt

Mí lói shui lak koi fo ming muk. Unenumerated Goods

未載稅則各貨名目

啞嘸烏麻例跌啞得加　加字下平

Má nó shek - Agate　Chamheung - Aloes

瑪瑙石　亞鷄　沉香　椏勞士

Sun kon - Dried bamboo shoot.　Sò pá - Broom

筍干　地𥻘嚶鋪呋　跌字樹鬬切　掃把　布林

Sha yan hok - Cardamom husk　Fó shek fan - Chalk

砂仁殼　卡底文蚪士　火石粉　戳

Fat shau - Citron　Yé tsz - Coconut

佛手　薛地倫。　椰子　確高嫐　嫐字尼吉切

Yé í - Coconut husk　Yé hok - Coconut shell

椰衣　確高嫐蚪士　椰殼　確高嫐睇厘

珊瑚珠　哥鍊厘必士　Shan hoo chü. Coral beads

子花（即有子之棉花）　嚨其連剳頓（上連聲）　Tsz fa. Uncleaned cotton

棉條　剳頓挖丁（叮聲）　Min t'iu. Cotton wadding

日月殼　其藍䀹厘　Yat üt hok. Clam shell

石決明　衣也䀹厘　Shik küt ming. Earshell

甲片（即穿山甲之殼）　其洛高大厘士溪厘　Kaap p'in. Crocodile scale

蜜棗　鋪㘔沙乎跌士　Mut tso. Preserved Dates

鹿皮　地亞士堅　Luk p'i. Deer skin

血竭　地嚦根士布律（㖸聲）　Hüt küt. Dragon's blood

毛柹（木名）　科厘士嚛賓尼（嬪聲）　Mo tsz. False Ebony

鮑魚　䀹厘非嗇　又曰　地𡀔非蓍　又曰　碧其厘非蓍　Pau ü. Shellfish. Driedfish. Pickled fish

鰩魚 Yau ü - Flat fish 乎咧非薯

魚線 ü sin - Fish line 非薯纖吾

皮草 Pí tsò - Furs 花士

山羊皮 Shanyeung phí - Goatskin 高士士堅

羔皮 Ko pí - Lamb skin 嚂士堅

兔毛 Tú mo - Rabbits hair 囉必士唏呇

蔴布 Ma pò - Hemp cloth 嗹其羅△

猪鬃毛 Chü tsung mo - Hogs bristle 咘士布薩士打

羊角 Yeung kok - Goats horn 高士看

鐵器 Tit hí - Ironware 挨仁嘁也

玉石 Yuk shik - Jadestone 節士墻

菜油 Tsoi yau - Vegetable oil 嚊知𠲖㕭㗎哩

胡椒花 Hoo tsiu fa. Long pepper 郎嗽巴

呂宋板 Lü song pan. Manila planks 萬你鏬鋪冷士

新架波板 Sin ka po pan. Singapore planks 新架波鋪冷士

薯粉 Shü fan. Potatoes flour 煲低刀乎鑊亞

馬蹄粉 Ma tae fan. Water chestnut flour 窩打車士嗗乎鑊亞

洋藍 Yeung lam. Prussian blue 鋪鏬純布魯

紅米 Hung mai. Red rice 唎爐士

胭脂 Yin chi. Rouge 嘮柱

水粉 Shui fan. Cosmetics 高士未得

花米 Fa mai. Flower seeds 乎鑊亞蘚

菜米 Tsoi mai. Vegetable seed 嚌知紙布蘚

槐花米 Wai fa mai. Senna 嗹拿

Haitae-Shoe soles　Tsám tsz Silkworm eggs

鞋底　蘇騷厘　蠶子　絲力蜿盃　蜿字話菴切

Shépi-Snakeskin　Fó mue yeung Soft

蛇皮　士厝士堅　火煤絨　雪

Fúkwat-Tiger's bone　Síkhí-Tinware

虎骨　太加士搬　加字下平　錫器　彍喊也

Hímat-Toys　Má tae-Water chestnut

戲物　胎士　馬蹄即地栗　窩打車士厝

Súnchí-Sloe　Ching hòn muk-Sothern wood

酸枝　嘆賓泥　秤捍木　度毡咕　鏈字毡字下平地藹切

Heung muk-Sandalwood. Pak kwo-White nuts

香木即香柴　咄跌咕　白菓　𡎺厝士

桐油 Tung yau. Wood Oil 唔哀厘
寶砂 Pò shái. Borax 刮士

丁標 Ting piú. Red paint 唎編地
漆綠 Tsat luk. Green paint 忌連編地

龜板 Kwai pan. Tortoise shell 嗹拖打士賒厘
硍光片 Ngan kwong pin. Mirror 咩羅

栳栲子 Lo kau tsz. Wild nutmeg 歪厘嫐獸
松香 Tsung heung. Gum resin 甘勞仙 仙字下平

芥末子 Kai moot tsz. Mustard seed 孖士達薛
蛤蚧 Kop kai. Lizard 篧寶

艾片 Ngai pin. Imitation Malay Camphor 厭未低緬罵黎甘科

鴉片烟　Apüin in – Opium　澳譬吟

公烟又曰大土　Kung in or Tai-tü – Patna opium　八拿澳譬吟

白皮又曰小土　Pak phi or Shiu-tü – Malwa opium　麽厘華澳譬吟

沽又曰鑪　Kú or Lú – Benares　鼻拿厘士

金花　Kam fá – Turkey opium　忒忌澳譬吟

雲南白　Wan nam pak – Yunnan opium　雲南澳譬吟

西土	Saetu - Chinese opium	陝西澳譽吟
外國烟	Ngoi kwok in. Cigar	四加又曰蕃劣
呂宋烟	Lüsúng in - Manila Cigar	萬你鏬四加
孖姑烟	Ma kü in - Paper Cigar.	啲巴四加　巴字下平
烟餅	In ping - Tobacco	都碧告
鼻烟	Pi in - Snuff	士拿乎

生烟 Sang in — Tobacco, Chinese 都碧告

熟烟 Sook in — Prepared Tobacco 鋪、箆𠺝都碧告

黄烟 Wong in — Yellow Tobacco 爺勞都碧告

水烟 Shui in — Water Tobacco 窩打都碧告

漆器 Tsat hi — Lacker ware

工夫箱 Kung fu seung — Work box 域薄士、

紙箱 Chi seung — Paper box 𨀈巴薄士、

碟 Tip—Lacker plates 嗯加鋪列

棋盤板 Ki' puin pan—Chess board 車士砵

棋盤盒 Ki' puin hop—Chess box 車士薄士

棋子箱 Ki' tsz seung—Chessmen box 車士文薄士

棋盤枱 Ki' puin toi—Chess table 車士梯佈厘

紙牌箱 Chi' pai seung—Card box 咳薄士

紙牌筒 Chi' pai tung—Card case 咳溪士 咳字其乞切

信插筒 Sun chap tung—Letter case 咧打溪士

手笠箱 Shau lap seung—Glove box 忌簍乎薄士

手巾架 Shau kan ka—Towel stand 偷唛厘士丹

綳針筒 Mong tsam tung—Needle case [illegible]坭厘溪士 [illegible]字尔尺切

香船 Heung shün—Joss stick boat 菘士士得砵

中文	Romanization / English	譯音
刀釵籃	Tò chá lám - Fork basket	霍巴士結（霍字花角切）
茶盤	Chá pún - Tea tray	地地例
孖姑烟箱	Má koo in seong - Cigar box	四家薄士
八角碟	Pát kok tip - Octagon board	惡低趕砵
火漆印	Fó tsat yun - Wafer stamp	威花士站
繡巾盒	Sow kan hop - Embroidered handkerchief case	嚈布淚打慳加趨乎溪士
麵頭砵	Min tau poot - Bread basket	伯吻巴士結
茶船	Chá shün - Tea saucer	地梳沙
色筒	Shik tung - Dice case	大士溪士
火漆盒	Fó tsat hop - Wafer box	威化薄士
琺瑯箱	Fát long seong - Enamel box	意拿麻厘薄士

帖盒 Tip hop - Card case
咳溪士。咳字其乞切

攢盒 Tsan hop - Covered box
卡華列薄士

象牙器 Tseung ngá hi - Ivory ware
挨華黎嘁亞

鼻烟盒 Pí in hop - Snuff box
士拿平薄士

牙公仔 Ngá kung tsai - Ivory toys
挨華黎𠯿士

深地象牙扇 Shum tí tseung ngá sin - Deep carved ivory fan
磔卡平挨華黎畨

淺地象牙扇 Tsín tí tseung ngá sin - Shallow-carved ivory fan
喍嘮卡平挨華黎畨

雕花籃 Tiu fá lam - Carved flower basket
卡嚕乎簍亞巴士結

深地箱 Shum tei seung - Carved box 卡咈薄士

雕人物 Tew yan mat - Carved image 卡咈剅咪啫士

雕通花塔 Tew tung fa thop - Carved flower pagoda 卡咈乎篓嘞哥打

雕花牙船 Tew fa nga shün - Carved ivory boat 卡咈挨華黎砵

牙旦 Nga tan - Ivory ball 挨華黎玻厘

鞦韆公仔 Tsin tsau kung tsai - Swinging toys 士永㗅胎士

抛珠 Pau chü - Play ball 鋪例玻厘

仙梯 Sin tai - Ladder puzzle 咧打帕士厘

九子連環扣 Kau tsz lin wan kau - Playing bracelet 鋪黎㗅布例士列

牙棋子 Nga kí tsz - Ivory chessmen 挨華黎章士文

牙紙刀 Nga chi to - Ivory paper knife 挨華黎敝巴乃乎

雕花亭宇 Tiu fa ting ü - Fancy arbor in ivory 番西柾播烟挨華黎

絲法器 Sz fat ki - Silk goods 思厘其嘧士

圍裙帶 Wae kwan taì - Apronbands 縊鋪倫賒署

網帶 Mong taì - Silk cords 思厘其踪署

絲襪頭 Sz mat tau - Silk socks 思厘其索士

絲長襪 Sz cheung mat - Silk stockings 思厘其士鐸京士

絲扁 Sz pin - Silk plates 思厘其鋪刹士

絲繩 Sz sing - Silk cord 思厘其嘀士 嘀字其嘀切

絲線 Sz sin - Silk thread 思厘其地咧地

絲帶 Sz tai - Silk ribbon 思厘其獵品

隔絹巾 Kih kiuen kan - Checked silk handkerchief 尺思厘其慳加趨乎

順水魚 Shun shui ü - Fish lines or stripe satin 非士其儘吾士 又曰 士地賴鋪嶭顛

花綢巾 Fa chau kan - Figured pongee handkerchief 啡伽潘字慳加趨乎

扣花搭巾 Kau fa tah kan - Damask shawl 打孖士其梳厘

緯線 Wai sin - Boatling silk 嘢地零思厘其 嘢字尼結切

絲頸巾 Sz keng kan - Silk neckerchief 思厘其匿加趨乎

八絲巾 Pah sz kan - Satin handkerchief 嶭顛慳加趨乎

花八絲巾 Fá pat sz' kan - Figured satin handkerchief 啡加嗶顛慳加趨乎

花縐紗巾 Fá tsau shá kan - Figured crape handkerchief 啡加其例鋪慳加趨乎

素縐紗巾 Sú tsau shá kan - Plain crape handkerchief 鋪例吾其例鋪慳加趨乎

淡開隔巾 Tam hoi kak kan - Checked satin handkerchief 尺嗶顛慳加趨乎

素紗巾 Sú shá kan - Plain gauze handkerchief 鋪例吾鷰士慳加趨乎

夏布巾 Há po kan - Grass cloth handkerchief 忌鏬士其羅△慳加趨乎

繡花搭巾	Sau fa tap kan - Embroidered shawl	嘁布末打列梳厘	
絲法名	Sz fat ming - Names of silk	念士阿乎思厘其	
縐紗	Tsau sha - Crape	其獵	
絹	Küen - Lutestring	鏤士地零	
素薄絹	Sü pok küen - Plain lutestring	鋪例吾鏤士地零	
班絹	Pan küen - Mixed lutestring	壘薛鏤士地零	
彩絹	Tsoi küen - Flowered lutestring	平篾亞鏤士地零	
緞	Tün - Satin	嚹顛	
素緞	Sü tün - Plain satin	鋪例吾嚹顛	
閃緞	Shim tün - Changeable satin	川杜繿布厘嚹顛	

花柳條緞	Fá lau tiú tün	Flowered striped satin	平篓亞士地蘆鋪嚀顛
呀囒素緞	Ngá lán sü tün	Crimson satin	其簾臣嚀顛
花局緞	Fá kuk tün	Flowered satin	平篓亞嚀顛
線縐	Sin tsau	Camlets	啉列士
綢	Chau	Pongee	潘字
桂花綢	Kwai fá chau	Cassia flowered pongee	咔思亞平篓亞潘字
漢府緞	Hon fú tün	Mandarin satin	萬打連嚀顛
素線縐	Sü sin tsau	Plain camlets	鋪例吾啉列士
四川綢	Sz chün chau	Szchuen pongee	四川潘字
錦綢	Kam chau	Ornamented pongee	阿坭萬跌潘字

上原綢	Puh ün chau. Puh ün pongee	上原潘字
生綢	Shang chau. Stiff pongee	士地平潘字
熟綢	Suh chau. Soft pongee	梳平地潘字
紡綢	Fong chau. Reeled pongee	簾°哩潘字
薯莨綢	Shü leung chau. Mixed colored sendshaw	鏄°士赤鏄吡梳
黑膠綢	Hak kau chau. Black sendshaw	布嚟吡梳
百槐綢	Pak wai chau. Pak wai sendshaw	百槐吡梳
棉綢	Min chau. Cotton sendshaw	割頓吡梳
洸綢	Shen chau. Shen sendshaw	洸吡梳
羅	Lo. Law	羅
熟羅	Shuk lo. Soft law	梳平地羅
生羅	Shang lo. Stiff law	士地平羅

綾 Ling - Damask silk 抑孖士其思厘其

紗 Shá - Gauze 鵞士

春紗 Chun shá - Spring gauze 士鋪零鵞士

蚊帳紗 Man cheung shá - Curtain gauze 卡頓鵞士

剪絨 Tsin yung - Velvet 嘁厘嘜

杭綾 Hong ling - Hongchau damask silk 杭州抑孖士其思厘其

亮紗 Leung shá - Glazed gauze 忌例士鵞士

響雲紗 Heung wan shá - Watered gauze 喎打列鵞士

機紗 Ki shá - Coarse gauze 哥士鵞士

大花緞 Tai fá tün - Flowered damask 平孻亞抑孖士其

疋頭 *Pat tau* Piece goods 卑士豁士

絨又曰呢 *Yung or Ni* Woollens or Broadcloth 喴倫又曰布囒卡羅 △喴字華姑切 囒字利喝切

公司大呢 *Kung sz tai ni* Company's woollens 甘品尼士喴倫 品字下平

衣着大呢 *I cheuk tai ni* Fine Broadcloth 吩布囒卡羅 △

正衣着呢 *Ching i cheuk ni* Superfine cloth 蘇巴吩卡羅 △

冲衣着呢 *Chung i cheuk ni* Medium cloth 米店卡羅 △

大呢又曰哆囉呢又曰雜色呢　士嗹你著士地腊
Tai ni— To lo ni— Tsaphshik ni— Spanish stripe

常行大呢　嘥必卡羅△
Sheung hang tai ni— Habit cloth

小呢　呢嘮卡羅△
Siu ni— Narrow cloth

咈囒絨　乎欄呢厘
Fat lan yung— Flannel

硬板絨　花純
Ngan pan yung— Fustian

𠝹絨　士灣士當
Tsai yung— Swansdown

粗絨　烟非奄阿啢倫
Tso yung— Inferior woollen

長毛絨　花𠯿綈△
Cheung mo yung— Fur cloth

黑剪絨　布嚒嘁厘咈
Hak tsin yung— Black velvet

洋藍剪絨　布魯嘁厘咈
Yeung lam tsin yung— Blue velvet

Pat kí - Long-ells - Serge. Fá hung pat kí - Scarlet do

嗶嘰　郎咳厘又曰沙治　花紅嗶嘰　士加列郎咳厘

Tán in tsín pat kí - Single seal longells

單鉛錢嗶嘰　星加思厘郎咳厘　加字下平

Sheung in tsín pat kí - Double seal long-ells

雙鉛錢嗶嘰　荅布思厘郎咳厘　𣗳㖸哋䳒切

Ngó ló sz ngang pán yung - Russian Cloth

娥羅斯硬板絨　晒卑連卡鎼△

Ngó ló sz kí tau yung - Fine Russian Broadcloth

娥羅斯企頭絨　吩鎼純布啡卡鎼△

Che fá tün pú - Damask.

揸花緞布　打麻士

扭花絨緞布　Ché fá yung tün pú — Woollen Damask　啲倫打麻士

絨面棉布　Yung min min pú — Beaver's cloth　卑化士卡鏬△　化字下平

次絨面棉布　Tsz yung min min pú — Clothings　其篠京士　京字下平

打麻絨（即織絨類）　Tá ma yung — Dama cloth　打麻卡鏬△

白線地黑絨　Pak sin té hak yung — Satinets　嚹地踸士　匿字你歇切

絨棉布　Yung min pú — Woollen & Cotton Mixtures　啲倫鼽顛覓士喏

Chung wangyung - Imitation Swansdown

冲劏絨　厭未低純士灣士當

Shui shau yung - Unions. Ui twan - Dutch Camlets

水手絨 即粗絨　呅年　羽緞　得治嗹列

Ui shá - English Camlet. Ui twan - Bombazettes

羽紗　英忌利書嗹列　羽綢　班巴失

Siu ü sha - Imitation Camlets } Siu ü twan. Canton Cords

小羽紗 即羽紗仔　厭未低純嗹列　小羽緞　間當割士

Ü ling - Lasting. Siu ü ling. Imitation do.

羽綾　鏬士丁 丁字下平　小羽綾　厭未低純鏬士丁

Ü ling lui or Ü chau. Orleans. Ü tsé - Merinos

羽綾類 又曰 羽紬　阿連士　羽斜　罵連腦士 腦字

線緞布　Sin tün fu — Worsted and Cotton Mixture　呖士跌晏割頓乜士喏

緞面布　Tün min fu — Satin faced Russels

小羽紬　Siu ü chau — Plain Lustres　嚹頓輝士鏬蛇厘

扭花小羽紬　Chí fá siú ü chau — Brocaded Lustres　鋪連鏬士打

扭花羽綾　Chí fá ü ling — Brocaded Lastings　布勞鷄鏬士打

縐布　Tsau fu — Crapes Lustre　布勞鷄鏬士丁

其獵鏬士打

洋布 Yeung pu – Long cloth　郎其羅△

白布 Pak pu – White Shirting　哨失丁　丁字下平

赤布又曰原布 Chik pu or Uin pu – Grey Shirting　忌例失丁

英國斜紋布 Ying kwok ché man pu – English Drills　英忌利嗜推哩

花旗斜布 Fa kí ché pu – American Drills　咩𡃇根地𡃇哩

幼斜布 Yau ché pu – Jeans.　毡士

粗布 Tsò pu – Sheeting　薛丁

洋扣布又曰洋漂布又曰小原布　Yéung kau pú or Yéung piú pú or Shiú ün pú　T Cloth　地其羅△

藍洋布　Lám yéung pú　Gentian Shirting　吨純失丁

白提花布又曰白扭花布　Pak tae fá pú or Pak che fá pú　White Brocades　啪布勞鷄

色提花布又曰色扭花布　Shik tae fá pú or Shik che fá pú　Dyed Brocades　大布勞鷄

白椒地布又曰白桂花布　Pak tsiu ti pú or Pak kwai fá pú　White Spotted Shirting　啉士啉跌失丁

色椒地布又曰色桂花布　Shik tsiu ti pú or Shik kwai fá pú　Dyed Spotted do.　大士砵跌失丁

白花布　Pak fá pú — White Figured Shirting　嘮咈加失丁　加字下平

色布　Shik pú — Dyed Cotton　大剳頓

花布　Fá pú — Chintz　遷士

紅花布　Hung fá pú — Red Chintz　唎遷士

被單花布　Pí tán fá pú — Furniture Chintz　遷士花你嗜

手巾花布　Shau kan fá pú — Chintz Handkerchiefs.　遷士嘅加趣乎

洋紅花布　Yéung hung fá pú — Turkey Red Chintz　忒記唎遷士

洋紅素布　Yéung hung sú pú — Turkey Red Cloth.　忒記唎其羅△

Yan fá pú̄ - Printed Cotton
印花布　鏀連跌劄𠻼

Lau tiú pú̄ - Dimities
柳条布　店眉地 眉字上平

Ying kwok tsó pú̄ - English Sheeting
英國粗布　英忌利蓍薛丁

Tsó kau pú̄ - Domestics
粗扣布　道咩士得

Sai lau tiú pú̄ - Quilting
細柳條布　拘厘丁

Chuk pú̄ - Fine Linen
竹布　吩連年

Ká shá pú̄ - Cambrics
袈裟布　嗛布濺士

Hí ká shá pú̄ - Muslin
稀袈裟布　孖士連

Kí pún pú̄ - Checks
棋盤布 卽格布　尺士

Má ché pú̄ - Linendrill
蔴斜布　連年地𡏖厘

Má fan pú̄ - Canvass
蔴帆布　間華士

Min fan pú̄ - Duck
棉帆布　得

Kí pú — Bunting

旗布　賓丁　丁字下不

Yéung tung pú — Imitation China Cloth

洋通布　厭未低純敘拿其羅

Shau kan pú — or Shau pok — Handkerchiefs

手巾布　又曰手帕　慳加趣乎

Lam pú shau kan — Blue Handkerchiefs

藍布手巾　布魯慳加趣乎

Kú tung shau kan — Brown Handkerchiefs

古同手巾　布郎慳加趣乎

Tsáp shik shau kan — Assorted Handkerchiefs

雜色手巾　亞失跌慳加趣乎

土布 To' pú - Nankeens 難堅 難字上平

白扣布 Pakh kau pú - White do. 嚇難堅

赤扣布 印紫花布 Chih kau pú - Grey do. 忌例難堅

京青布 King tsing pú - Black do. 布嚦難堅

京藍布 King lám pú - Blue do. 布魯難堅

藍月布 Lám yüt pú - Light blue do. 遠地布魯難堅

夏布 Hiá pú - Grass cloth 忌鏬士其羅△

原色夏布 Ünshih hiá pú - Grey do. 忌例忌鏬士其羅△

色夏布 Shih hiá pú - Dyed grasscloth 大忌鏬士其羅△

羅布 Lo' pú - Curtain cloth 卡頓其羅△

国家出版基金项目
NATIONAL PUBLICATION FOUNDATION

海上絲綢之路文獻集成

總主編 陳支平 陳春聲

科技與文化編 84

主編 王揚宗 葉 農

海峽出版發行集團
THE STRAITS PUBLISHING & DISTRIBUTING GROUP
福建人民出版社

本册目次

英語集全六卷（卷四至卷六）

（*Ying Ü Tsap T'sün or the Chinese and English Instructor*）

〔清〕唐廷樞撰

英語集全卷四

羊城唐廷樞景星甫著

兄　植茂枝

弟　庚應星

參校

陳恕道逸溪

廖冠芳若谿

仝訂

書中所有此等字樣已詳載第一卷而

畧撮其尤要者列於每卷之首以便

⿰口天字亦係照上切法以新甯縣土音讀天字便合此字音⿰口牽字照香山土音讀欣字便合

查覽

唏 希這切
咴 衣這切
⿰口𢉖 𢉖這切
唎 利夜切

啵 披這切
喱 厘爺切
嘰 機這切
呢 尼爺切

啡 非這切
⿰口肥 肥爺切
嗲 爹這切
⿰口你 你野切

喴 威這切
啤 卑這切
嗧 家這切
咖 加這切

⿰口烟⿰口仙⿰口顛⿰口殿⿰口天⿰口片⿰口牽⿰口憲⿰口鞭⿰口便⿰口編⿰口面⿰口堅⿰口綿⿰口件⿰口毡⿰口廷⿰口箭⿰口山⿰口難

⿰口間噃⿰口慳⿰口萬⿰口闌囒⿰口晏嗯

以上同韻各字俱無廣東省城字音可切只作烟字照官話字音爲底切音復合餘皆倣此

⿰口結⿰口切⿰口跌⿰口秩⿰口薛咶咇⿰口別⿰口撇咧⿰口歇⿰口蔑⿰口揭⿰口甲⿰口節⿰口法⿰口折⿰口發⿰口鱉⿰口滑

咜

以上同韻各字併無一字可以廣東省城土音相切但學者出口便知該字應如何切法矣即將烟字先照正音讀取其入聲將該入聲字爲底與上一字兩相切合便得其音矣

喇嚈呫咕嗛噞嗛嚍喊㖭𡂿吣嗹

以上同韻各字無字可切學者出口便知此等字應如何切法卽將烟字照正音讀先與唔字切後將該切音復與上一字相切可也

喋嚪喇嗏嚡嘈嗎喤噭唊噫喋嘈

以上同類名字照廣東省城土音併無字底可切又無一字相同讀者應知該字如何切法矣

咭 其押切　噎 夜押切　哫 舖押切　咈 花結切

嚦 歷尺切　嘞 勒尺切　𠿕 拂尺切　𠿕 匿尺切

嘿 黑尺切　[口戟] 戟尺切　嘜 麻尺切　[口鈪] 鈪尺切

[口域] 域尺切　[口北] 北尺切　[口得] 地尺切　[口律] 律喝切

[口失] 失喝切　[口砵] 砵喝切　[口濶] 濶喝切　[口末] 抹喝切

噶 葛喝切　[口嫩] 尼吉切　[口嫩] 尼喝切　嘣 捕廳切

[口興] 夏廳切　[口亞] 亞廳切　[口靈] 利廳切　吩 花堅切

呍 華堅切　[口悶] 麻安切　[口般][口搬] 布安切　噃 破安切

吁 霞沽切
呋 由沽切
唵 極監切
⿰口暗 極鑑切

嗃⿰口羔 冀蒿切
啫 智爺切
啞 華哀切
吥 花嬌切

⿰口科 花高切
嗥 火刀切
⿰口梯 他禧切
⿰口雄 華衣切

⿰口活 華豁切
⿰口保 鼻收切
嗒 地濕切
哪 尼柯切

叻 利盍切
唠 利潤切
哥 冀柯切
潤 花潤切

⿰口盡 利挨切
泵 地菴切
呼 霞沽切
咽 夷結切

咩
𧵳眉這切
兩字均係廣東俗字

埔字讀鋪字
號字讀蒿切

的字均讀入聲
林字讀上平

味字讀上平
霍縛同音

夫孚同音
咂純同音

薄膊同音
凸突同音

哪糯 同音

詩⿰口梳哈唦嚓 出口齒音要重

士厘 兩字相連若傍有點須要快讀作沙字下平看

地厘 兩字相連若傍有點須要快讀作打字下平看

忌厘 兩字相連若傍有點須要快讀作加字下平看

尔仁 兩字相連若傍有點須要快讀作年字看

尔你 兩字均作尼字上平看

布厘 兩字相連若傍有點須要快讀作布字下平看

Shü-muk - Numbers

數目

稔把士

一	〡	Yat - 1 - One	溫	
二	〢	Í - 2 - Two	都	
三	〣	Sam - 3 - Three	地篚	
四	〤	Sz - 4 - Four	科	
五	〥	Ng - 5 - Five	快乎	廣東番語讀輝
六	〦	Luk - 6 - Six	昔士	
七	〧	Tsat - 7 - Seven	些墳	廣東番語讀心
八	〨	Pat - 8 - Eight	咽	
九	〩	Kau - 9 - Nine	乃吾	廣東番語讀呢
十	十	Shap - 10 - Ten	頓	

Shap yat - 11 Eleven

十一 咳哩墳、廣東番語說噫云

Shap sám - 13 Thirteen

十三 撻顛

Shap ng - 15 Fifteen

十五 啡平顛

Shap tsat - 17 Seventeen

十七 些墳顛 廣東番語說心顛

Shap kau - 19 Nineteen

十九 乃吾顛

I shap yat - 21 Twenty one

二十一 喘地溫

Shap i - 12 Twelve

十二 吐咳厘平、廣東番語說堆立

Shap sz - 14 Fourteen

十四 科顛

Shap luk - 16 Sixteen

十六 昔士顛

Shap pát - 18 Eighteen

十八 咽顛

I shap - 20 Twenty

二十 吐孋地 吐嚼两字作端字看

I shap i - 22 Twenty two

二十二 喘地都

二十三　Yee shap sam - 23. Twenty three　喘地地簾

二十四　Yee shap sz - 24. Twenty four　喘地科

二十五　Yee shap ng - 25. Twenty five　喘地快乎

二十六　Yee shap luk - 26. Twenty six　喘地昔士

二十七　Yee shap tsat - 27. Twenty seven　喘地些墳

二十八　Yee shap pat - 28. Twenty eight　喘地咽

二十九　Yee shap kau - 29. Twenty nine　喘地乃吾

三十　Sam shap - 30 Thirty　撻地

三十一　Sam shap yat - 31. Thirty one　撻地温

三十五　Sam shap ng - 35. Thirty five　撻地快乎

四十　Sz shap - 40 Forty　科地

四十九　Sz shap kau - 49 Forty nine　科地乃吾

五十[illegible]　Ng shap - 50 Fifty　唏平地

七十卄　Sat shap - 70 Seventy　些墳地

九十[illegible]　Kau shap - 90 Ninety　乃吾地 廣東番語曰堄地

六十卄　Luk shap - 60 Sixty　昔士地

八十計　Pat shap - 80 Eighty　啲地

九十九[illegible]　Kau shap kau - 99 Ninety nine　乃吾地乃吾

一百佰　Yat pak - 100 One hundred　温痕地列。 廣東番語說温痕頓

一百零一 一〇百　Yat pak ling yat - 101 One hundred and one　温痕地列。地嘜温

一百零二 一〇二百　Yat pak ling i - 102 One hundred and two　温痕地列。地嘜都

一百零五 Yat paak ling ng 105. One hundred and five 温痕地列嘍快乎

一百零十 Yat paak ling shap 110. One hundred and ten 温痕地列嘍顛

一百十一 Yat paak shap yat 111. One hundred and eleven 温痕地列嘍衣嚦墳

一百二十 Yat paak i shap 120. One hundred and twenty 温痕地列嘍嗡地

一百五十 Yat paak ng shap 150. One hundred and fifty 温痕地列嘍啡乎地

一百七十五 Yat paak tsat shap ng 175. One hundred and seventy five 温痕地列嘍些墳地快乎

二百　佰
Ye pák - 200 Two hundred
都痕地列

三百　佰
Sám pák - 300 Three hundred
地蘆痕地列

三百九十九　數
Sám pák káu shap káu - 399 - Three hundred and ninety nine
地蘆痕地列嘜乃吾地乃吾

四百　佰
Sz pák - 400 Four hundred
科痕地列

五百　佰
Ng pák - 500 Five hundred
快乎痕地列

五百五十五　數
Ng pák ng shap ng - 555 Five hundred and fifty five
快乎痕地列嘜咈乎地快乎

九百九十九　數
Káu pák káu shap káu - 999 Nine hundred and ninety nine
乃吾痕地列嘜乃吾地乃吾

一千　仟
Yat tsín - 1000 One thousand
溫挖臣

一千零一 Yat tsin ling yat - 1001 One thousand and one 温挖臣嘜温

一千零十 Yat tsin ling shap 1010 One thousand and ten 温挖臣嘜顚

一千一百 Yat tsin yat pak - 1100 One thousand and one hundred 温挖臣温痕地列。番人多有將千數說百數則如千一百能說十一百音衣唎墳痕地列

一千一百零一 Yat tsin yat pak ling yat 1101 One thousand and one hundred and one 温兜臣温痕地列嘜温

一千一百一十 Yat tsin yat pak yat shap - 1110 One thousand one hundred and ten 温兜臣温痕地列嘜顚

一千一百十一 Yat tsin yat pak shap yat 1111 One thousand one hundred and eleven 温兜臣温痕地列嘜衣唎墳

Kau tsin kau pak kau shap kau - 9999 Nine thousand nine hundred & ninety nine

九千九百九十九

乃吾兜臣乃吾痕地列嘜乃吾地乃吾

Yat man - 10,000 Ten thousands or One myriad

一萬

𠾴兜臣 又曰 温未列。番人不講未句一萬都是說十千二萬說二十千

Yat man yat tsin 11,000 Eleven thousands

一萬一千

衣嗹墳兜臣

Yat man ng tsin 15,000 Fifteen thousands

一萬五千

咈平𠾴兜臣

Yat man i tsin sam pak sz shap ng - 12345 Twelve thousands three hundred & forty five

一萬二千三百四十五

吐𠯿厘平兜臣地㕫痕地列嘜科地快平

Shap man - 100,000 One hundred thousands

十萬

温痕地列兜臣 又曰 温力

五十萬 Ng shap man - 500,000 Five hundred thousands 快乎痕地列兜臣

一百萬 Yat pak man - 1,000,000 One million 温末厘仁 厘仁兩字作連字看

五百萬 Ng pak man - 5,000,000 Five million 快乎未連

第一 Tai yat - No 1 First 花士 又曰 稔把温

第二 Tai i - No 2 Second 昔近 又曰 稔把都

第三 Tai sam - No 3 Third 攎地 又曰 稔把地簏

第四 Tai sz - No 4 Fourth 科 又曰 稔把科

第五 Tai ng - No 5 Fifth 啡 又曰 稔把快乎

第六 Tai luk - No 6 Sixth 昔士 又曰 稔把昔士

Tai tsat – No 7 Seventh
第七　些墳△又曰稔把些墳

Tai pat – No 8 Eighth
第八　咽△又曰稔把咽

Tai kau – No 9 Ninth
第九　乃五吾△又曰稔把乃五吾

Tai shap – No 10 Tenth
第十　嚬△又曰稔把嚬

Tai shap yat – No 11 Eleventh
第十一　衣喱墳△又曰稔把衣喱墳

Tai shap i – No 12 Twelfth
第十二　吐咏厘平△又曰稔把吐咏厘平

Tai shap sam – No 13 Thirteenth
第十三　撻顛△又曰稔把撻顛

Tai shap sz – No 14 Fourteenth
第十四　科顛△又曰稔把科顛

Tai shap ng – No 15 Fifteenth
第十五　啡乎顛△又曰稔把啡乎顛

Tai i shap – No 20 Twentieth
第二十　嚹地咏△又曰稔把嚹地

Tai i shap yat – Twenty first
第二十一　嚹地花士△又曰稔把嚹地溫

Tai i shap i – Twenty second
第二十二　嚹地荇近△又曰稔把嚹地都

Tai i shap sam. Twenty third. Tai i shap sz. Twenty fourth.

第二十三　嗡地撻Δ地　又曰　稔把嗡地地篚Δ。

第二十四　嗡地科Δ　又曰　稔把嗡地科

Tai i shap ng. Twenty fifth.

第二十五　嗡地啡Δ　又曰　稔把嗡地快平、首句加三角咬嘣尾末句加稔把二字餘皆倣此

一個　Yat kó - One whole　溫號厘溫、

一半　Yat pún - One half　溫蝦平、廣東番語溫哈

三分一　Sam fan yat - One third　溫撻Δ

四分一　Sz fan yat - One quarter　溫刮打

五分一　Ng fan yat - One fifth　溫啡Δ

八分一　Pát fan yat - One eighth　溫咽Δ

十分一　Shap fan yat - One tenth　溫顛Δ

一對　Yat tói - One pair　溫啵亞、

中文	粤音	English	譯音
十二個	Shap i ko	One dozen	温打臣
二十個	I shap ko	One score	温士哥亞
十二個打臣	Shap i ko ta shan	One gross	温邑羅士
一次	Yat chi	Once	温士
二次	I chi	Twice	吐懷士
三次	Sam chi	Thrice	地禮士
四次	Sz chi	Four times	科亞太啞士
一倍	Yat pui	One fold	温[口科]厘地 [口科]字花高切
二倍	I pui	Two folds	都[口科]厘士
十倍	Shap pui	Ten folds	噸[口科]厘士
一百倍	Yat pak pui	One hundred folds	温痕地列[口科]厘士

顏色名

Ngán shik ming - Names of colors　念士阿平朩鎅士

五色　Ng shik - Five primary colors　地快平鋪簸嘛黎朩鎅士

灰色　Fúi shik - Ash color　啞嗜朩鎅

猪肝色　Chü kon shik - Bister color　鼻士打朩鎅

黑色　Hak shik - Black　布嚦　嚦字利尺切

老藍　Lo lám - Blue black　布路布嚦

藍　Lám - Blue　布路

天青　Tín tsing - Azure blue.　陰蘇亞布路

元青　Ün tsing - Deep blue　嚟布路

玉藍　Yuk lám - Light azure blue　賴地陰蘇亞布路

欖色　Lám shik - Brown　布漏吾

鐵梭	Tit tsing - Rust brown	鏴士地布瀾吾
赤色	Chit shik - Carnation	卡呢純
呀嘯色	Ngá lán shik - Cochineal color	嘀鐵尔犀卡鏴
原色	Un shik - Yellowish gray	孩老衣署吕黎
綠色	Luk shik - Green	吕連
墨綠	Mak luk - Dark green	嗒吕連
金魚紅	Kam ü hung - Carmine	卡買吾
硃砂色	Chü shá shik - Cinnabar	仙挐巴
胭脂色	Yin chí shik - Crimson	吉臨臣
紫色	Tsz shik - Reddish gray	咧地署吕黎
青色	Tsing shik - Pea green	繙嘲炮吕連
檬綠	Mung luk - Blackish green	布嘲基署吕連

Tau tsing shik - Pea green
豆青色　披忌連

Yeung lam - Indigo
洋藍　烟地高

Tsz fan shik - Purple
紫粉色　柏布厘

Yeung tin - Prussian blue
洋靛　鋪鏻臣布路

Fan hung - Lake red
番紅　例其咧

Ngan hung shik - Rose red
銀紅色　勞士咧

Tsung luk - Leek green
葱綠　濾其忌連

Wong tan shik - Orange
黃丹色　阿倫枝朩鑄

Pu tsing shik - Red purple
蒲青色　挨利士柏布厘

Hung shik - Red
紅色　咧

Ku tung shik - Copper red
古銅色　給巴咧　給字其韓切

Tsz tan shik - Orange red
紫丹色　阿倫枝咧

桃紅色 Tò hung shik — Peach red 必柱咧

宮粉色 Kung fan shik — Light red 嚹地咧

花紅 Fá hung — Scarlet 士咔咧

鼻烟色 Pi in shik — Snuff color 士拿乎咔𠺢

硍硃色 Ngan chü shik — Vermilion red 嘩未利仁咧 利仁兩字作連字讀

雪白 Süt pák — Snow white 士嘮喴地

青蓮色 Tsing lin shik — Bright red 布㘓真咧

粉紅色 Fan hung shik — Lightish red 嚹地署咧

尾灰 Ngai fúi — Sepia 思必亞

銅綠 Tung luk — Verdigris green 嘩地忌利士忌連

白色 Pak shik — White 喴地

牙黃色 Nga wong shik — Ivory white 唉華黎喴地

黃色 Wong shik - Yellow 夜勞

碧色 Pik shik - Amber yellow 唵巴夜勞

粉黃 Fan wong - Lemon yellow 嚟文夜勞

坭黃 Nai wong - Ochre yellow 澳加夜勞

蛋黃色 Tan wong shik - Yolk yellow 旭卡夜勞

各樣色 Kok yeung shik - All sorts of colours 阿厘咈池阿乎卡鏬士

淺色 Tsin shik - Light color 嚦地卡鏬

深色 Sham shik - Dark color 得卡鏬 得字丝鋭切

濃色 Nung shik - Rich color 列枝卡鏬

淡色 Tam shik - Dull color 打厘卡鏬

老色 Lo shik - Mellow color 咩勞卡鏬

嫩色 Nuen shik - Soft color 梳乎地卡鏬

Kiu shik - Delicate color
嬌色　爹籬溪地朩鏄
Leng shik - Glistening color
靚色　邑籬士天笨朩鏄
Su shik - Plain color
素色　鋪例吾朩鏄

Shim shik - Changeable color
閃色　千桂縊布厘朩鏄
A shik - Cloudy color
啞色　卡簍底朩鏄
Tsap shik - Mixed color
雜色　嚜蒔朩鏄

坐向 Tso heung - Situation 薛租缢絁

在上	Tsoi sheung	Above	缢煲乎
上	Sheung	Up	鴨
中	Chung	Middle	篾地厘
右	Yau	Right	犨地
後	Hau	Back	啡
在下	Tsoi hà	Below	鼻勞
下	Ha	Down	噹
左	Tso	Left	喱乎地
前	Chin	Front	乎倫地
中間	Chung kan	Centre	嘸打

面前	Min chin	Before	鼻科
角頭	Kok tau	Corner	干拿
底	Tai	Bottom	砵泵
裡邊	Li pin	Inside	烟晒地
面上	Min sheung	Surface	沙輝士
此處	Chi chü	Here	希也
背後	Pui hau	Behind	鼻嘩吾
上面	Sheung min	Top	嗒
側邊	Chik pin	Side	晒地
外邊	Ngoi pin	Outside	歐晒地
在底	Tsoi tai	Under	嗹打　嗹字歐根切
那處	Na chü	There	爹也

樣子 Yeung tsz - Shape 涉 廣東番話花記

圓 Ün - Round 漏五

方 Fong - Square 士咕亞

日字樣 Yat tsz yeung - Oblong 鴨郎

蛋樣 Tan yeung - Oval 澳華厘

蛾眉樣 Ngo mi yeung - Newmoonshape 鳥喃涉

半邊 Pun pin - Semicircle 咽尾沙其厘

三角 Sam kok - Triangle 地礶鶯其厘

六角樣 Luk kok yeung - Hexagon 吃西干

八角 Pat kok - Octagon 惡低干

十角 Shap kok - Decangular 地嘅嬌鉢

十字	Shap-chü - Cross	其羅士
曲	Kük - Crooked	其祿結
斜	Che - Decline - Slope	地其嚧吾 又曰 士嗟
肥	Fi - Fat	發
尖	Tsim - Pointed	培吾跌
好樣	Ho yeung - Handsome shape	囉審涉
直	Tsik - Straight	士地黎地
豎直	Shü tsik - Perpendicular	怕騙地橋鎊
扁	Pin - Flat	平嘞地
瘦	Shau - Thin	[illegible]
葫蘆樣	Fu lo yeung - Bottle shape	砵地壢涉
醜樣	Tsau yeung - Ugly shape	益巳忌黎涉

廣東番話鏠治

士卄鏄

廣東番話亦有三等之分但更字俱說嘜字至字俱說稔巴溫則如長字說郞更長說嘜郞至長說稔巴溫郞短字說失更短說嘜失至短說稔巴溫失如此之分今番人亦有多號

大 Tai - Large 鏄杜	更大 Kantai - Larger 鏄揸	至大 Chi Tai - Largest 鏄啫士
細 Sai - Small 士嘜厘	更細 Kan sai - Smaller 士嘜鏄	至細 Chi sai - Smallest 士嘜嚦士
濶 Foot - Wide 歪地	更濶 Kanfoot - Wider 歪打	至濶 Chifoot - Widest 歪爹士
窄 Tsak - Narrow 呢嘮	更窄 Kan tsak - Narrower 呢嘮亞	至窄 Chi tsak - Narrowest 呢嘮咗士
長 Cheong - Long 郞	更長 Kancheong - Longer 郞伽	至長 Chicheong - Longest 郞嘰士
短 Tiin - Short 失	更短 Kan Tiin - Shorter 失打	至短 Chi Tiin - Shortest 失爹士

高 Kò. High. Tall 嚡 又曰 拖厘	更高 Kang kò. Higher 嚡亞	至高 Chi ko. Highest 嚡哝士
矮 Ai. Low 勞	更矮 Kang ai. Lower 勞亞	至矮 Chi ai. Lowest 勞哝士
厚 Hau. Thick 的ㄙ	更厚 Kang hau. Thicker 的ㄙ加	至厚 Chi hau. Thickest 的ㄙ幾士
薄 Pok. Thin 顛ㄙ	更薄 Kang pok. Thinner 顛拿	至薄 Chi pok. Thinnest 顛ㄙ呢士
重 Chung. Heavy 唏嘅	更重 Kang chung. Heavier 唏嘅亞	至重 Chi chung. Heaviest 唏嘅哝士
輕 Heng. Light 鑢地	更輕 Kang heng. Lighter 鑢打	至輕 Chi heng. Lightest 鑢爹士

幼細 Yau sai - Fine 快吾　　更幼 Kang yau - Finer 快拿　　至幼 Chi yau - Finest 快呢士

粗 Ts'o - Coarse 哥士　　更粗 Kang ts'o - More coarse 嘜亦哥士　　至粗 Chi ts'o - Very coarse 喴黎哥士

滑 Wat - Smooth 士務△　　更滑 Kang wat - Smoother 士務扎　　至滑 Chi wat - Smoothest 士務爹士

粗 Ts'o - Rough 鏬平　　更粗 Kang ts'o - More rough 嘜亞鏬平　　至粗 Chi ts'o - Most rough 冒士鏬平

硬 Ngang - Hard 乞　　更硬 Kang ngang - Harder 乞打　　至硬 Chi ngang - Hardest 乞爹士

軟 Yuen - Soft 梳乎地　　更軟 Kang yuen - Softer 梳乎打　　至軟 Chi yuen - Softest 梳乎爹士

深 Shum - Deep 碟	更深 Kangshum - Deeper 碟巴	至深 Chi shum - Deepest 碟啤士
淺 Tsin - Shallow 殺勞	更淺 Kangtsin - More shal-low 嗎亞殺勞	至淺 Chi tsin - Most shallow 冒士殺勞
遠 Uen - Far 花	更遠 Kanguen - Further 花打	至遠 Chi uen - Furthest 花爹士
近 Kun - Near 尓亞	更近 Kangkun - Nearer 尓鵶	至近 Chi kun - Nearest 尓嗶士
好 Ho - Good 骨	更好 Kangho - Better 嗶打	至好 Chiho - Best 嗶士
唔好 M-ho - ill - evil - bad 衣厘 衣烏 衣乎厘	更唔好 Kang m ho - Worse 蝸士	至唔好 Chim ho - Worst 蝸士地

一件 Yat kin - One piece 温卑士

一包 Yat paau - One bag 温吡

一扎 Yat chat - One bundle 温賓地厘

一箱 Yat cheong - One box 温薄士

一桶仔 Yat tung tsai - One cask 温卡士其

一罇 Yat tsun - One bottle 温咻地厘

一隻 Yat chek - One piece 温卑士

一小包 Yat siu paau - One package 温噼鴛枝

一綑 Yat kwan - One bale 温敝厘

一桶 Yat tung - One tub 温嗒

一埕 Yat ching - One jar 温揸

一杯 Yat pui - One glass 温忌鏬士

一羹　Yat king - One spoonful　温士搬夫厘

一籮　Yat lo - One basket　温巴士結

一塊玻璃　Yat fai po li - One pane of glass　温篇阿乎咫鏻士

一疋布　Yat pat poo - One piece of cloth　温畢士阿乎其羅

一行　Yat hong - One line　温纑吾

一副　Yat foo - One set　温噬

一對　Yat toi - One pair　温喴亞

一張紙　Yat cheong chi - One sheet of paper　温薛地阿乎㗂把

一單貨　Yat tan fo - One invoice of goods　温烟哑士阿乎嚡士

一車　Yat chè - One cartful　温咭夫厘

一步　Yat po - One pace　温士嗷士

一的　Yat tit - One bit　温必

Chik chün – Measure (Long)

尺寸　咩蛇

壹分　温分　Yat fan – One fan

壹寸　温烱治　Yat chün – One inch

壹尺　温闊　Yat chek – One foot

壹丈　温丈　Yat chéung – One chang

壹碼　温也　也字夜乞切　Yat má – One yard

中國尺拾分作壹寸

In the Chinese measurement there are 10 fans or parts to a inch

外國尺捌分作壹寸

In the foreign measurement there are 8 parts to a foot

The Chinese have ten inches to a foot

中國拾寸作壹尺

Foreigners have twelve inches to a foot

外國拾貳寸作壹尺

One inch Chinese = 1 41/100 inch English

中國壹寸即外國壹寸肆壹

1 English inch = .7092 of a Chinese inch

外國壹寸即中國柒分零玖貳

1 Chinese foot = 14 1/10 inches English

中國壹尺即外國拾肆寸壹

1 foot English = 8 51/100 Chinese inches

外國壹尺即中國捌寸伍分壹

外國叁尺作壹碼

3 Feet English make 1 yard

外國壹碼作中國貳尺伍寸伍分

1 Yard = 2 feet 5 inches and a half Chinese

中國伍尺作一弓步卽外國伍尺十寸半

5 Feet Chinese make 1 Kung pu (Bow) = 5 ft. 10½ in.

外國兩碼作一花泵卽中國伍尺壹寸

2 Yards make 1 Fathom = 5 feet 1 inch Chinese

中國拾尺作一丈卽外國拾壹尺七五

10 Feet Chinese make 1 Chang = 11 feet 9 in. English

外國伍碼半作一保厘卽中國壹丈四尺

5 yards and a half make 1 Pole = 1 Chang 4 ft. Ch.

40 Poles make 1 Furlong = 56 Chang 1 ft. Chinese

四拾個保厘作壹花郞卽中國伍拾陸丈壹尺

360 Kung-poo or 180 Chang make 1 Le = 705 yards

叁百陸拾弓步卽壹百八十丈作壹里卽外國柒百零伍碼

8 Furlongs make 1 Mile = 2½ Le

八個花郞作壹買卽中國貳里半

10 Le make 1 Tong-shun = 4 Miles.

拾里作壹塘汛卽外國肆買

Kanleung - Weight

斤両

Tsin - Mace　　Leung - Tael

錢　米士　　両　梯厘

Kan - Catty　　Tam - Picul -

觔　噼地　　担　碧其厘即碧古

16 drams make 1 ounce = 7 mace 5 candareen

外國拾陸個地藍作壹個安士即中國柒錢伍分

10 Mace make 1 Tael = 1⅓ ounce

中國拾錢作壹両即外國壹個安士零三分之一

16 ounces make 1 pound = 12 tael

外國拾陸個安士作壹磅即中國拾貳両

16 taels make 1 catty = 1⅓ pound

中國拾陸兩作壹觔卽外國壹磅零三分之一

14 pounds make 1 stone = 10½ catty.

外國拾肆磅作壹個士端卽中國拾觔零八兩

28 pounds make 1 quarter = 21 catties

外國貳拾捌磅作壹個刮打卽中國貳拾壹觔

4 quarters make 1 hundred weight = 84 catties

外國四個刮打作壹個痕頓威卽中國捌拾肆觔

100 catties make 1 picul = 133⅓ pounds

壹百觔卽壹担卽外國壹百叁拾叁磅零叁分之一

20 hundred weight make 1 ton = 16 picul 80 catties

外國貳拾個痕頓威作壹噸卽中國拾陸担八拾觔

Kam ngan ping tang - Scale and weights

金銀平戥　士溪厘晏威士　威字作華歇切

Ho - Ho　Li - Cash

毫　毫　厘　喙嗇

Fan Candareen　Tsin - Mace

分　哶打連　錢　迷士

Leung - Tael.

両　梯厘

10 to make 1 cash

十毫作一厘

10 cash make 1 candareen

十厘作一分

10 candareens make 1 mace

十分作一錢

10 mace make 1 tael

十錢作一両

1 Grain = 1 cash 7 143/1000 ho

外國所謂一個忌連卽中國壹厘柒毫壹肆叁

1 mace = 58 Grain

中國一錢卽外國伍拾捌個忌連

1 ounce = 437½ grains = 7 mace and 5 can.

外國所謂一個安士卽四百叁拾柒個半忌連卽中國柒錢伍分

1 tael = 580 Grains

中國壹両卽外國伍百捌拾個忌連

Sing tau - Dry measure.

升斗　地磕咩蛇

Cheuk - Cheuk　　Sing - Pint.

勺　勺　　升　派吾

Tau - Bucket　　Tam - Picul

斗　壁結　　担　碧其厘　其厘兩字作擸字下平看

10 Cheuks make 1 Pint

拾勺作壹升

10 Pints make 1 Bucket.

拾升作壹斗

10 Buckets make 1 Picul

拾斗作壹担

1 Pint English = 15 taels.

外國所謂壹個派吾即中國拾伍両

2 Pints make 1 quart = 1 catty 14 taels

兩個派吾作壹個刮即中國壹觔拾肆両

4 quarts make 1 gallon = 7½ catties or 7½ pints

肆個刮作壹個加倫即中國柒觔捌両或柒升半

2 Gallons make 1 Peck = 15 catties or 1½ bushel

兩個加倫作壹個噼即中國拾伍觔或壹斗伍升

4 Pecks make 1 Bushel = 60 catties or 6 bushels

肆個噼作壹個鋪蛇即中國陸拾觔或陸斗

8 Bushels make 1 Quarter = 480 piculs or 48 bush.

捌個鋪蛇作壹個刮打即中國肆百捌拾觔或肆拾捌斗

You tou tang fo ching fat = Wine measure

油酒等貨秤法　呍咩蛇

½ pint = 7½ taels

外國所謂合派吾卽中國柒両伍錢

1 pint = 15 taels

外國所謂壹個派吾卽中國拾伍両

1 quart = 1 catty & 14 taels

外國所謂壹個刮卽中國壹斤拾肆両

1 gallon = 7½ catties

外國所謂壹個加倫卽中國柒觔捌両

查外國商人來中國貿易最大莫如絲茶兩種惟係中國均以本國秤交貨照本國平碼收銀而該貨到外國則以磅秤沽之所收係屬紅毛銀在外國商人未有不曉其茶每百觔價銀若干兩即合外國每磅紅毛銀幾何惟係華商雖知外國每磅沽出紅毛銀若干亦多有未曉計合中國每百觔該若干兩甚至有華商附寄茶葉到外國售賣雖有外國行情單觀覽亦無從

推算其數誠爲可惜再中國買賣雖以銀兩爲準而外國交易則以紅毛銀爲率但係銀水上落不一而載貨船銀高低不同所以難於一一核計今按中平船銀銀水畧舉一二而言之諸君便能自己推算矣

計開

載腳　列小

英國商船載貨以五十尺方亭爲一噸
美國商船載貨以四十尺方亭爲一噸

茶葉每噸載脚銀叁磅即每担着銀貳員貳毛二

四磅　貳員九毛六

五磅　叁員七毛

六磅　肆員四毛四

七磅　五員一毛八

八磅　五員九毛二

九磅　陸員六毛六

拾磅　柒員四毛

茲將外國商人經手買賣茶葉費用等項開列

一看茶用　烟士、北丁布鎌。加黎。杜、　每兩伍厘

一買茶行用　甘未純　每兩叁分

一燕疏 即保票　燕蘇倫。士、　每兩叁分

一扣除斤両輕少　失嘜　每両貳分柒厘五

一沽茶經紀用　布碌　加黎柱　每両壹分

一沽茶行用　甘未純　每両貳分五

一外國貯棧保票　燕蘇倫士　每両貳厘五

共計每両應扣行用等費銀壹錢叁分

另每担茶葉應着船澳費棧租等項銀壹員九毛八

查外國買賣銀水時價不同有時每員洋錢只買得滙票銀四個司連有時買到五個司連之多但以常價計之均在四個半司連至四個司連九個邊尼左右

兹將買賣茶價按照每員洋錢値四個半司連之價開列於左

茶葉每百觔價銀拾両即係英國每磅邊尼柒個壹伍陸

拾壹両　柒個柒玖壹

拾貳両　捌佰肆貳柒

拾叁両　玖佰零陸叁

拾肆両　玖佰陸玖玖

拾伍両　拾佰零叁肆

拾陸両　拾佰零玖柒

拾柒両　拾壹佰陸零伍

拾捌両	拾貳佰貳肆
拾玖両	拾貳佰捌柒陸
貳拾両	拾叁佰伍壹叁
貳拾壹両	拾肆佰壹肆捌
貳拾貳両	拾肆佰柒捌肆
貳拾叁両	拾伍佰肆壹玖

貳拾肆両　拾陸個零伍伍

貳拾伍両　拾陸個陸玖

貳拾陸両　拾柒個叁弍陸

貳拾柒両　拾柒個玖陸弍

貳拾捌両　拾捌個伍玖捌

貳拾玖両　拾玖個弍叁叁

叁拾両	拾玖個捌陸捌
叁拾壹両	貳拾個伍零肆
叁拾貳両	貳拾壹個壹肆
叁拾叁両	貳拾壹個柒柒伍
叁拾肆両	貳拾貳個肆壹壹
叁拾伍両	貳拾叁個零肆柒

叁拾陸両　貳拾叁個陸捌叁

叁拾柒両　貳拾肆個叁壹捌

叁拾捌両　貳拾肆個玖伍伍

叁拾玖両　貳拾伍個伍捌玖

肆拾両　貳拾陸個弍弍伍

伍拾両　叁拾弍個伍捌弍

陸拾両　　叄拾捌個玖叄捌

所有前篇開列行用等費每両壹錢叄分已算在價內只有載脚未經附入倘係商人自己買茶則將行用一欵除出核計可也

謹按每員洋錢值　四個七司連　四個八司連　四個九司連分別開列

茶葉每担中國承本拾両　即合英國沽出每磅應着邊尼　柒個貳柒肆　柒個叄玖壹　柒個伍零玖

拾壹兩	柒佰玖貳壹	捌佰零伍	捌佰壹捌
拾貳兩	捌佰伍陸玖	捌佰柒壹	捌佰捌伍
拾叁兩	玖佰貳壹陸	玖佰叁陸玖	玖佰伍貳壹
拾肆兩	玖佰捌陸叁	拾佰零零貳捌	拾佰壹玖叁
拾伍兩	拾佰伍壹壹	拾佰陸捌柒	拾佰捌陸肆
拾陸兩	拾壹佰壹伍玖	拾壹佰叁肆陸	拾壹佰伍叁肆

拾柒兩	拾壹佰捌零陸	拾貳佰零零陸	拾貳佰貳壹貳
拾捌兩	拾貳佰肆伍肆	拾貳佰陸陸伍	拾貳佰捌柒陸
拾玖兩	拾叁佰壹零壹	拾叁佰叁貳肆	拾叁佰伍肆陸
貳拾兩	拾叁佰柒肆柒	拾叁佰玖捌叁	拾肆佰貳壹玖
貳拾壹兩	拾肆佰叁玖伍	拾肆佰陸肆貳	拾肆佰捌捌玖
貳拾貳兩	拾伍佰零肆貳	拾伍佰叁零壹	拾伍佰伍陸

貳拾叁両	拾伍佰陸玖	拾伍佰玖陸	拾陸佰貳叁壹
貳拾肆両	拾陸佰叁叁陸	拾陸佰陸貳	拾陸佰玖零貳
貳拾伍両	拾陸佰玖捌肆	拾柒佰貳柒玖	拾柒佰伍柒叁
貳拾陸両	拾柒佰陸叁壹	拾柒佰玖叁捌	拾捌佰貳肆肆
貳拾柒両	拾捌佰貳柒玖	拾捌佰伍玖柒	拾捌佰玖壹伍
貳拾捌両	拾捌佰玖貳陸	拾玖佰貳伍陸	拾玖佰伍捌陸

貳拾玖兩	拾玖佰伍柒肆	拾玖佰玖壹陸	貳拾佰貳伍陸
叁拾兩	貳拾佰貳貳壹	貳拾佰伍柒伍	貳拾佰玖貳捌
叁拾壹兩	貳拾佰捌陸玖	貳拾壹佰貳叁肆	貳拾壹佰伍玖玖
叁拾貳兩	貳拾壹佰伍壹陸	貳拾壹佰捌玖叁	貳拾貳佰貳柒
叁拾叁兩	貳拾貳佰壹陸肆	貳拾貳佰伍伍貳	貳拾貳佰玖肆
叁拾肆兩	貳拾貳佰捌壹壹	貳拾叁佰貳壹壹	貳拾叁佰陸壹壹

叁拾伍両	貳拾叁佰肆伍玖	貳拾叁佰捌柒	貳拾肆佰貳捌貳
叁拾陸両	貳拾肆佰壹零伍	貳拾肆佰伍叁	貳拾肆佰玖伍叁
叁拾柒両	貳拾肆佰柒伍叁	貳拾伍佰壹捌玖	貳拾伍佰陸貳肆
叁拾捌両	貳拾伍佰肆	貳拾伍佰捌肆捌	貳拾陸佰貳玖伍
叁拾玖両	貳拾陸佰零肆捌	貳拾陸佰伍零柒	貳拾陸佰玖陸
肆拾両	貳拾陸佰陸玖陸	貳拾柒佰壹陸陸	貳拾柒佰陸叁柒

伍拾両　叁拾叁佰壹柒叁拾叁佰柒伍捌叁拾肆佰叁肆陸

陸拾両　叁拾玖佰陸肆肆肆拾佰叁伍肆拾壹佰零伍陸

以上價值仿照前篇核計已將買賣行用保票等費算在價內

只有船銀未經附入

官訟 Kún tsúng — Law-suit 羅雪

原告 Ün ko — Plaintiff 舖連地(平)

事主 Sz chú — Prosecutor 破羅思嬌打

抱告 Pau ko — Attorney 啞叨尼

証人 Ching yan — Witness 鬱呢士

被告 Pi ko — Defendant 地吩頓

犯人 Fán yan — Prisoner 舖簾臣拿

大狀師 Tai chong sz — Barrister 巴簾士打

小狀師 Siú chong sz — Solicitor 疏簾思打

遞稟人 Tai pan yan — Petitioner 必地紹拿

保人 Pó yan — Security 四嬌簾低 低字下平

入呈　快壓縂甘鋪連　*Yap ché*　*Lodge a complaint*

駁呈　嘜沙縂甘鋪連　*Pok ché*　*Answer a complaint*

訴呈　快壓嘜極非低嘛　*Sú ché*　*File an affidavit*

出票　衣蘇縂渿交　*Chut piú*　*Issue a summons*

案件　溪士　*On kin*　*Case*

提案　地盡縂溪士　*Tai on*　*Try a case*

審訊　益三文　*Shum sun*　*Examine*

訊供　忒唦非頓士　*Sun kung*　*Take evidence*

審証人　益三文縂彎猊士　*Shum ching yan*　*Examine a witness*

判斷　地噺　*Pún tün*　*Decide*

押住　地天　*Ap chü*　*Detain*

收監　刎鋪籚臣　*Shau kám*　*Imprison*

保領 Pò'ling-To give bail　基乎踧屋

釋放 Shih'fong-Discharge.　地士义柱义日廬廬士

擬罪 Ni'tsue-Sentence　啲頓士义日干域

反案 Fán'on-Upset decision　鴨囉地地思純

上控 Sheung'hung-Appeal　嘭拔厘

遞和息 Tai'wo'sik-Withdraw a complaint　鬱△地羅縊甘鋪連

請抄家財票 Tsing chiu ka'tsoi piu-Take out a distress warrant　忒區縊地士地喱士窩倫

請拿人口票 Tsing na yan hau piu-Take out an arrest warrant　忒區縊亞喱士窩倫

請查封票 Tsing chá fung piu-Take out a search warrant　忒區縊失杜窩倫

查拿入官 Cha' na' yap kün — To seize and confiscate　都思士嘜干啡士雞

押候保領 Ap hau po' ling — Detain for bail　地天科跛厘

問究根由 Man kau kan yau — Enquire into the truth　啲乖也烟都地杜魯

度情推理 Tok tsing tui li — Give a careful consideration　基乎繿騎夫厘干思打例純（騎字上平）

從寬究治 Tsung fun kau chi — Give a minor punishment　基乎繿賁那賓你書文

按法嚴懲 On fat im ching — Give the full penalty of the law　基乎地夫厘嚫呢厘底阿乎地羅

哥羅必剪威
黎必
疏上孖鏬卑
剪孖士基列
巴士
米毡毡呹米
共士答
拜烟拜呹碌
思呹那吉巴
鏬咈
葛益士邊士
都乜治
呹彎治嘶治
溫卑士羅也

打官司實在唔好
Tá kung sz' shat tsoi m̀ hò.
It is a bad thing to go to law
咽衣士嗷黎吆都高都羅

咁小事准可看破
Kom siú sz' chun hò hon pó'.
Such trifles can very easily be looked over
失杜地𧾷乎士吽嗷黎衣沙黎鼻碌澳化

我勸你卽時罷手
Ngò hün ni tsik shí pá shau.
I recommend you to stop proceedings at once
挨𠺝廿葛呹都士答地舖勞思丁押溫士

到底終須無益
Tò tai chung sü mò yik.
You will get no benefit from it at last
呹嚹厘啫那便你咈乎林啁呷鏬士

衙門使費甚大
Ngà mún shí fai sham tai.
The court fees are very heavy
地葛非士亞嗷黎忌列

你要託狀師
Ní iu tok chong sz'.
You will have to engage a lawyer.
呹蚪乎都嚪雞柱繼羅也

又要一番俟候

You ca yat fan tsz hau — besides it takes up a great deal of your time

鼻哂士啲忒士鴨縊忌列地厘阿乎吠亞店吠𠴨吉店都拿打卑剪

我所說係金石之言

Ngo so shüt hai kam shik tsz ün — My words are as precious as gold and silver.

賣啫士亞𠺝士舖𠺝蛇𠺝士敖厘晏際地米託記稔巴溫杜魯

我也曾到衙門一次

Ngo ya tsang to nga mün yat tsz — I have been to court once

挨蚪乎便𠺝葛溫士米合高葛溫店

我眞見煩悶

Ngo chun kin fan mun — I was very much bothered

挨窩士蠘黎乜治波打米都乜治地笠

成日企前立後

Shing yat ki tin lap hau — You have to stand and wait there the whole day

吠蚪乎都士丹嘜威地參地啲厘低米其士丹米其𠸎極鏟爹

呢件事等我共你調停

Ni kin sz tang ngo kung ni tiu ting — I will get the matter arrang'd for you

挨𠺝厘啲地𠹌打亞連杜科吠米咩𠹌地列卑剪科吠

呼爻都希卑剪

係乜人同佢辦事

Hai mat yan tung kü' pán sz' — Who takes up the case for him

呼忒士鴨地雞士科謙

極鏵列卑剪呋託記末

你盡將始末說我知

Nei tsun tseung chi' mut shüt ngo chi' — Give me the particulars of the case

基乎末地巴地嬌鋳士阿乎地溪士

米沙比厚花臣都

我自曉打算

Ngo tsz' hiú tá' süen — I will know how to act

挨𠲥厘腦厚都𠺢

喝店呋咖地必地臣

你幾時入呈㗎

Nei kei shi yap ching ké' — When did you file the complaint

喧趺呋快厘地甘舖連

希合米記晏沙列必地臣

佢有駁呈冇呢

Kü' yau pok ching mó' ni' — Did he answer the complaint

趺希嘍沙地甘舖連

喝店米記地毡

幾時就審

Ki' shi tsau sham — When will the case come on

喧𠲥厘地溪士甘安

合米記地薑厚也治店

呢件案審過幾多堂

Ni kin on sham ko ki to tong

How many times has the case been brought up

厚呣你店士希士地士溪士便啼嗶鴨

希合日藝口素

佢有到案未有

Kü yau tò on mi yau – Did he appear before the Court

跌希鴨披也鼻科地葛

利士溪士拜晏拜米記地盡鑑堅

呢件案另日再審過

Ni kin on lang yat tsoi sham ko – The case has been post-poned

地溪士啼士便袍士搬

這士闆米記嚇地那都列

現在調停尚未遲

Hin tsoi tiu ting sheung mi chi – It is not too late to arrange it now.

啊衣士囝都列都亞連杜啊鬧

極鑄卑剪吠封米慘

你總交帶過我

Ni tsung kau tai kwo ngo – You leave it entirely to me

吠㠎平咽燕黍也黎都未

米郎吠米其甌鑄巴笠巴

我就同你辦到妥當去咯

Ngo tsau tung ni pan to to tong hü lok – I will put it straight for you

挨嚨厘砵咧士地列科吠

罪 Tsui. Crime 其嚧唔

謀反 Mau fan. High treason 嗨地篋臣

悞殺 Ng shat. Manslaughter 嘸士羅打

順姦 Shun kan. Adultery 隘打厘打黎

海面打刧 Hoi min ta kip. Piracy 排例西

明火打刧 Ming fo ta kip. Burglary 噢宦不忌鏬黎

謀殺 Mau shat. Murder 孖打

強姦 Keung kan. Rape 例鋪

雞姦 Kai kan. Unnatural crime 啞喃租鋂厘其嚧唔

截徑 Tsit king. Highway robbery 嗨威笠巴黎

撬墻偷盜 Chiu tseung tau to. Burglary 不忌鏬黎

搶 Chiang - Robbery 笠把黎

騙 Pin - Fraud. Cheat 乎嗶地 又曰 切汀

打架 Ta kà - Fighting 咈汀

假冒圖章 Ka mo tú chéung - Forgery 科作黎

誣告 Mò kò - Preferring a false charge 鏞箕花凌紐科厘士𠹌咁

窩賊 Wo tsák - Harbouring criminals 蝦巴凌其簾未拿厘

偷 Tau - Theft. Stealing 嗲乎地 又曰 士地凌

毆打 Au tá - Assault 亞梳厘地

辱罵 Yuk má - Abuse 藍票士

使銅銀 Shai tung ngan - Passing copper dollars 柏成級巴打鑄

接贓 Tsip tsong - Receiving stolen property 簏思吩士刀倫鈉笭巴仾

賭博 Tò pok - Gambling 嘅佈凌

刑法 Ung fatt — Punishments 賓尼暑文士

問死罪 Mun sy tsui — Sentence to death 啲頓士都爹△

問斬 Mun tsam — To be beheaded 都鼻鼻吃昳

問凌遲 Mun ling chi — To be cut in pieces 都鼻吉烟鼻佘士

問絞 Mun kau — To be strangled 都鼻士他令忌厘

問弔 Mun tiu — To be hanged 都鼻罅

Man kwan — To be transported
問軍　都鼻地囒士咊跌

Man tu — To be banished
問徒　都鼻巉尔暑

Ka ho — To put in the cangue
枷號　都咊烟地鏡漉

Ta pan tsz — To beat with a bamboo
打板子　都必嘥人緾嗅捕

Ta tang — To be flogged
打籐　都鼻孖咯

Tso kam — To be imprisoned
坐監　都鼻釗鋪箕臣

罰銀 Fat ngan — To pay a fine. 都敝險快吾

動刑 Tung ying — To put to the torture 都砵都地拖喈

夾棍 Kop kwan — To torture the ankles 都拖喈地瞿巳厘士

跪鍊 Kwai lin — To kneel on chains 都尔厘安千士

掌嘴 Chong tsui — To slap the face 都士臘地輝士

担坭 Tam nai — To work on the roads 都域安地老士

刺字 Tsik tsz — To brand 都布欄地

坐脚枷 Tsò kiuk kà — To put in the stocks 都砵烱士鑼士

磨風車 Mò fung ché — To work on the treadmill 都域安地地唎未厘

擘麻根 Mak má kan — To pick oakum 都扎屋甘

鎚石仔 Tsui shek tsai — To break stones 都布嚟士端士

嚴斥 Ym chik — To be reprimanded 都鼻喱鋪嫚啲

中文	粵音	English	切音
減少	Kám shiú	Abatement	繿斂地文
先交銀	Sin kaú ngan	Advance money	咿灣士蚊尼
折本	Chit pún	Bankruptcy	嘣其笠西
管數	Koon shü	Book-keeping	卜刧姈
貿易	Mau yik	Commerce	甘麻士
押船	Ap shün	Convoy	干啡
數目	Shü muk	Accounts	咿交吾士
投貨	Tau fó	Auction	惡純
送單	Sung tan	Send bill	叫地卑厘
典船	Tin shün	Bottomry	啉豖黎
犯禁貨	Fan kam fó	Contraband	干地鏄嚒
賒賬	Ché cheung	Credit	其列跌 (カケウリ)

水漬貨	Shui tsih fo – Damaged goods	啲米柱豁士
扣頭銀	Kau tau ngan – Discount	地士扣吾地
重稅	Chung shui – Heavy duty	唏嗱刁紙
定銀	Ting ngan – Earnest money	極呢士蚊尼
壟斷居奇	Lung tün kü ki – Forestalling	科士多凌
本錢	Pun tsin – Funds	分士、首布林嚎時
過期銀	Ko ki ngan – Demurrage	地孖黎柱
稅餉	Shui heung – Duty	刁紙
免稅	Mien shui – Free duty	乎簏刁紙
囤積居奇	Tün tsih kü ki – Engrossing	烟忌羅成
水脚銀	Shui keuk ngan – Freight	乎黎地
大數	Tai shu – Gross amount	忌羅士爈貌吾

實銀	Shih ngan	Net amount	嫐緇貌吾
賠補單	Pui pu tan	Bill of indemnity	卑厘阿乎烟啮尔唌
貨單	Fo tan	Invoice	烟唑士
獨市生意	Tuk shi shang i	Monopoly	㨆惱僕黎
搭船	Tap shün	Take passage	忒嗽西杜
紅牌	Hung pai	Passport	怕士咻
數尾	Shü mi	Balance	嗶倫士
利息	Li sik	Interest	烟打㖑士
驗貨牌照	Ngim fo pai chiu	License	嘘臣士
典屋	Tin uk	Mortgage	莫鷄杜
客位銀	Hak wai ngan	Passage money	嗽西杜蚊尼
信資	Sun tsz	Postage	褪士秖杜

過數　Kó shú - Posting of accounts　袍士丁阿乎㗎交吾士

時價　Shí ká - Price current　鋪燼士卞倫

加水　Ká shui - Percentage　怕嗞低栍

報貨單　Pò fó tán - Report of cargo　簾啉阿乎卞高

貨辦　Fó pán - Sample　吔鋪厘　又日乜士打

清數　Ching shú - Settled accounts　噝交吾嚹地厘

則例　Tsak lai - Tariff　篸簾乎

艙位紙　Ts'óng wai tsz - Passage ticket　啪西栍弍結

每員虧水三先士　Mui ün kwai shui sám sín sz - Three per cent discount　地簾怕嗞地士交吾地

每員加水一毫　Mui ün ká shui yat hò - Ten per cent premium　嘁怕嗞鋪簾眉吟

俗話	Sook wá - The vulgar language	嘩厘加嘞餙格	書脚所註俱是廣東番話
呢的係乜野	Nè tīk hai mat yé - What is that	你問他麽 那是甚麽 喝衣士撻	唱丁
莫出聲	Mot tut sheng - Be still	啤士地厘	糯米記内士
大聲講	Tai sheng kong - Speak louder	士化蔞打	仝上
企起身	Ki hi shan - Stand up	士丹鴨	仝上
靜靜坐落	Tsing tsing tsō lok - Sit still	靜々坐下 薛士地厘	仝上

粵語	官話	Romanization	English	譯音	下欄
來呢處	來這	Lei ni chui	Come here	鶴希也	仝上
你去邊處		Ni hui pin chui	Where are you going	靴亞極吠敖營	喝舖禮士吠歌
我有事		Ngo yau sz	I am busy	挨嚈卑晒	挨合吉卑剪
爲乜事	爲甚麼	Wai mat sz	What for	喝科	仝上
我唔話得過你知		Ngo m wa tuk kó ni chi	I cannot tell you	挨咔嫐爹厘吠	米糯卅托記吠
你係乜誰	你是誰	Ni hai mat shui	Who are you	呼亞吠　呼字霞沾刃	呼蚊吠

我唔識得你 Ngó m shik tuk ngéi - I dont know you
挨刀吾腦呅
米糯沙比呅

我有病 Ngó yau péng - I am sick
挨嗲昔
米合昔

你好呀 你可好 Néi hó á - Are you well
極呅喊厘
呅喊黎嚭

佢發了大財 Kü fat liú tai tsoi - He has made his fortune
希唏士米地希士科噂
希合米記都乜治蚊尼

唔好咁話 M hó kom wá - Dont say so
刀吾西騷
糯騷花臣托記

等一時間 等一等 Tang yat sí kán - Wait a little
威地縊烈地厘
威地失店

有乜新聞　甚麽新聞
Yau mat san man – What news?
嗚士　仝上

書信火船到了
Shü sun fo shün to liu – The mail steamer has arrived
米厘士店麻唏上啞儘乎　又曰　米厘士店麻合廿

你知得眞嘛
Ni chi tak chan mo – Are you sure?
極呋蘇亞　呋沙比杜魯

我唔係十分眞
Ngo m hai shap fan chan – I am not quite sure
挨嘅啱乖地蘇亞　挨糯沙比喊黎杜魯

佢在邊處　那裏
Kü tsoi pin chü – Where is he?
靴衣士希　喝舖禮士希吉

佢去了廣州城
Kü hü liu kwong chau shing – He has gone to Canton
希晰士干都啡當　希合告簡當

佢幾時番來
Küi ki shi fan loi - When is he coming back
喧衣士希付明吡
喎店希甘北

我唔知
Ngó m chí - I don't know
挨刀吾[illegible]
挨糯糯

乜誰話
Mat shui wá - Who says so
呼西騷
呼蚊托記

行開嘑
Hang hoi lá - Get out of the way
𠺝歐地阿乎地威
歌威

莫同我講
Mok tung ngó kong - Don't speak with me
刀吾士𠯿𠰲△未
糯士𠯿記未

我唔理
Ngó m li - I don't care
挨刀吾騎也
挨糯騎

你去問佢

Nei hui man kui - Go and ask him

高唦極士其謙

呅高極士記希

佢唔聽我講

Kui m ting ngo kong - He wont listen

希嚩簏臣沬　嚩字雲寬切

希糯希也汞士北記

我都無奈何

Ngo tu mo loi ho - I cannot help it

埃啉嫩啼厘鋪啊

米哪啉協

使人叫佢來

Shai yan kiu kui loi - Send for him

仙科謙

仙地文過歌林希

佢唔肯來

Kui m hang loi - He wont come

希嚩甘

希糯甘

佢必要來

Kui pit iu loi - He must come

希𠰻士甘

仝上

我要呢的
Ngo iu ni tik - I want this
挨灣地士△、
米灣治利士

你唔拈得
Ni m nim tuck - You cannot take it
吠㗭噭忒咽
吠糯咋忒記

乜誰彼主意你
Mat shui pei chü i ni - Who give you permission
呼基平士吠怕未啞
呼刼吠阿打

你要乜野
Ni iu mat ye - What do you want
渴都吠灣
喝吠灣治

我要你同我去
Ngo iu ni tung ngo hü - I want you to go with me
挨灣吠都告喴彌△未
米灣治吠𣊰即未

幫助我
Pong tso ngo - Help me
唏厘鋪未
米其協買

唔使	Mi shai - Never mind	呢花賣吾	仝上又曰孖時基
開門	Hoi mun - Open the door	澳賓地多亞	仝上
閂窓	San cheung - Shut the window	失地呍刀	仝上
揞張椅來	Tam cheung i loi - Bring a chair	布凌嗌車亞	布凌溫皋時車
拈過的去	Nim ko tik hui - Take this away	忒地士噞威	忒噞威
點火來	Tim fo loi - Bring a light	布凌嗌嚧地	仝上

拈口烟來　Nim hau in loi — Bring a cigar　布凌嗑四加　結治温阜時四加

你叫乜名　Ni kiu mat meng — What is your name　喝衣士吠亞念　喝吠念

你係邊處人　Ni hai pin chü yan — Where you belong　靴吠鼻郎　喝鋪禮士吠鼻郎

你幾多歲　Ni kei to sui — How old are you　口澳厘亞吠　口乜治澳炉

乜誰叫你來　Mat shui kiu ni loi — Who sends you here　呼啲士吠希也　呼蚊爹林旺甘

就咁咯　Tsau kom lok — That will do　撻嚨厘都　哳都

正係咁喀	Ching hai kom lok - That is right	撻衣士囉地	阿鏬列
唔係咁	M hai kom - It is not so	咽衣士嗱騷	嗱騷花臣
拈來呢處	Nim loi ni chü - Bring it here	布凌咽希也	布凌甘希也
佢打我	Kü ta ngo - He struck me	希士地力米	希乎洛米
唔怕	M pah - Don't be afraid	刀吾鼻纈乎黎地	哪咈
你唔好去	Ni m ho hü - You better not go	吠咇打嗷高	吠哪哥

Tim yeung ho – What shall I do

點樣好　喝咶厘挨都　厚吽都

Fai tik hi shan – Get up quick

快的起身　嗜鴨嘹　嗜鴨執執

Cheuk chaushane – Put on your jacket

着䘚衫　砵安呟亞隻劄　仝上

Cha kia fo – Arm yourself

揸傢伙　嗱呟亞蛉厘乎　仝上

Ni ha hü – Go just now

呢吓去　告遮士嘞　遮士嘞高

Ni ha to – Do it now

呢吓做　都吲嘞　遮士嘞米記

佢幾時就來	Kü kí shí tsau loi - When will he come	喧嚨厘希甘	喝店希甘
你幾時做得	Ni kí shí tso tuk - When can you do it	喧哖吠都咽	喝店吠哖米記
佢死了	Kü sz liu - He is dead	希衣士㗎	希合低
我肚餓	Ngo tò ngo - I am hungry	挨嘶與忌黎	仝上
去買的餅來	Hü mai tik peng loi - Go and buy some cakes	高咬拜深極士	哥米其拜深戟
你齊備唔曾	Ni tsai pi m tsang - Are you ready	㗎吠喱庶	吠喱庶

我眼瞓
Ngo ngan fun - I am sleepy
挨嘛士獵鼻
挨濟治士爨

我唔見了一個銀
Ngo 'm kin liu yat ko ngan - I have lost a dollar
挨蝦乎羅士溫打鎊
挨合魯士溫打鎊

去尋着佢
Hoi cham cheuk kü - Go and find it
高嘜快吾咽
高米記嗜地

我唔知在邊處
Ngo 'm chi tsoi pin chü - I don't know where it is
挨刀吾臘靴咽衣士
挨糯糯喝舖禮士合吉

佢識字嘅
Kü shik tsz mé - Can he read
咩希列。
希沙比烈

佢曉看銀嘅
Kü hiu hon ngan mé - Does he know shroffing
打士希臘暑羅吩。
希沙比米記沙笠卑剪

佢做了看銀十年
Küi tso liu hon ngan shap nin. He has been a shroff for ten years
希咘士便緇署羅乎科噸紇咖亞士
希合米記沙笠顛爺

你明日來
Ni ming yat loi - Come tomorrow
甘都嚜勞
吠甘都孖鎛

我彼聲氣你
Ngo pi sheng hi ni - I will give you an answer
挨雖厘堪乎吠嘍嘍沙
洣封吠嘍沙

你點得知
Ni tim tak chi - How do you know
口都吠嘛
口吠沙比

我見過
Ngo kin ko - I have seen it
挨蝦乎先啁
米合思

佢話乜野
Küi wa mat ye - What does he say
喝打士希西
喝丁希西

我耳聾 Ngo-i-lung - I am deaf 挨噸呢乎 米哪畊希也

洗手 Sai shau - Wash your hands. 蝸暑吠亞嚟士 仝上

唔好懶 M ho lan - Dont be lazy 刀吾鼻黎西 糯黎西

你去食飯 Ni hui shik fan - Go and eat your rice 高嘜咽吠亞鑪士 高咽地鑪士

彼過我 Pi ko ngo - Give it to me 基平咽都未 刼未

彼我看 Pi ngo hon - Let me see 咧未思 刼未思

試一試
Shi yat shi – Try again
地蘆嗌堅
未記地蘆

我放邊處好
Ngo fong pin shü ho – Where shall I put it
靴除厘挨砵啲
喝舖黎士砵地

隨你便
Chui ni pin – Take your choice
忒呋亞嚾士
呋舖簾士

莫留出
Mok lau chut – Don't spill it
刀吾士卑厘啲
哪氺只士卑厘

呢的係辛苦工夫
Ni tik hai san fu kung fu – This is hard work
地士衣士乞或
喊簾乞嘁

我唔曉得
Ngo m hiu tuk – I can't understand
挨間噹打士丹
挨橋嚓打士丹

你做乜唔早的來
Ni tsò mat 'm chò tik loi - Why don't you come sooner
嗟端呋卅孫拿
喎科呋糯甘孫

我今晚就去
Ngò kam màn tsau hüi - I will go this evening
挨嚨厘高地士衣乎宗
米哥利士衣乎宗

我割親手指
Ngò kòt ch'an shau chí - I have cut my finger
挨唏乎古賣分加
仝上

去叫醫生來
Hüi kiú-i shang loi - Go and call the Doctor
高嘤哥厘地鐸打
高哥林鐸打

呢的太大
Ni tik tái tái - This is too large
地士衣士都鏄柱
地士都鏄治

你唔見恥嘜
Ni 'm kin ch'au mò - Are you not ashamed
極呋啫極嘅
呋糯嘅

我都係咁想
Ngo tou hai kom seung - I think so too
埃丁共騷都、
仝上

我估係咁
Ngo ku hai kom - I suppose so
埃濕僕士騷、
仝上

你打理你自已事
Ni ta li ni tsz ki sz - Mind your own business
賣吾呋亞渔吾卑士呢士、
呋畝騎亞呋卑勇

我唔信
Ngo m shun - I don't believe
埃端鼻簾乎、
米哪鼻利乎

你遲吓就知
Ni chi ha tsau chi - You will know very soon
呋嗺厘惱𠺝黎孫。
𠺝黎孫呋沙比

你笑乜野
Ni siu mat ye - What are you laughing at
喝極呋𨱎分聊
喝呋𨱎乎

你唔好做成個樣子
Ni' 'm ho' tso' shing ko' yeung-tsz - Don't you behave so
刀吾呋鼻係乎騷
呋孖士糯米記騷花臣

未做得起
Mi tso tak hi - It is not yet finished
咽衣士嘜一吻尒暑
糯一非尒時

再做過
Tsoi' tso kwo' - Do it again
都咽繼堅
米記繼堅

佢係唔好人
Kü hai 'm ho yan - He is a bad man
希衣士隘唦萬
希糯嗇蚊

你在邊處打工
Ni tsoi' pin chü' ta kung - Where are you employed
靴極呋嗷鋪來
喝口士呋米記卑勇

你唔該咁樣做
Ni 'm koi kom yeung tso - You ought not to do so
呋活地嗷都都騷　祢字極葛切
仝上

今日十分熱
Kam yat shap fan it - It is very hot today
咽衣士噈黎喝都低
都低噈黎喝

我唔記得
Ngo 'm kí tak - I have forgotten
挨唏平科割頓
米合科割

佢幾時行船
Küi kí shí hang shün - When does he sail
喑打士希西厘
喝店希米記西厘

我食了藥
Ngo shik liú yeuk - I have taken physic
挨唏乎忒近非昔
挨合忒非昔

你食烟嘜
Ní shik in mó - Do you smoke
都吠士木
仝上

佢不過詐成個樣子
Küi pat kwo chá shing ko yeung tsz - He is only pretending
希衣士宛黎舖簏吠汀
仝上

佢有意做嘅
Küi yau í tso kó - He did it purposely
希哋咽泊保士黎
仝上

乜誰錯
Mat shui tsó - Who is wrong
呼衣士朗
呼文糯罷笠把

你好彼畨我
Ni ho péi fan ngo - You better give it back to me
吠哋打基乎咽呲都未
吠哋打剋呲未

執畨呢的野
Chap fan ni tik yé - Pick this up.
北地士鴨
仝上

我哋明日搬屋
Ngo té ming yat poon uk - We move tomorrow
㗎務乎都嘜勞
㗎都扒鏵未記
務乎

帮我叫十個挑工
Pong ngo kiu shap ko tiu kung - Get ten coolies for me
喈末𡃁𠹭厘士
郎未結治頼皁
時沽厘

Yat kò' yan iu ḱi to' tsin - How much does each man want

一個人要幾多錢

口乜柱打士咽柱嗎灣

溫敏灣治口乜治咖時

Mok tá lan nitik ye' - Don't break these things

莫打爛呢的野

刀吾布瀝地士丁士

糯米記布瀝地士丁

Ni kái ḱi to' tim chung - What time is it now

呢吓幾多點鐘

喝太唔衣士咽鬧

遮士嘱喝店

Ni tik hai matshui tso' ke' - Who made this

呢的係乜誰做嘅

呼米地地士

呼蚊米記

Tso' tuk shap fan ho' - It is very well made

做得十分好

喴衣士喊黎喊厘米地

地士米記喊黎黠

Ngo mi yau tom wá - I did not say so

我未有咁話

挨跌嚇西騷

挨糯托記騷

佢到得遲　希甘都例地
Kü to tak chi - He comes too late
希甘都列

佢常時在呢處（遠處）　希衣士阿分希也
Kü sheung shi tsoi ni chü - He is often here
希阿分士搭唏

佢就去了　希唏士遮士干
Kü tsau hü liu - He has just gone
希遮士闊高威

呢的說話唔係眞嘅　據士嗷地魯
Ni tik shüt wa m hai chan ke - That is not true
唎哪杜魯

係眞嘅　咽衣士地魯
Hai chan ke - It is true
杜魯

你叫佢囉　跌吠哥厘謙
Ni kiu kü lo - Did you call him
吠合哥林希

人人都知 Yan yan tu chi — Every body knows it 咑乎黎𠺝低𠼝士咽 極鎼蚊沙比

佢係老實人 Kü hai lo shat yan — He is an honest man 希衣士嘤安呢士𠺝 希晏尼士文

我敢保佢 Ngo kom po kü — I can secure him 挨㗎四橋謙 米㗎四嬌希

我意見唔係咁 Ngo i kin m hai kom — I don't mean so 挨端面騷 仝上

佢開了船 Kü hoi liu shuen — He has gone on board 希唏士干安𠺝 希哈高涉

佢埋了街 Kü mai liu kai — He has gone on shore 希唏士干安㩦亞 希哈高㩦

呢的係乜野做嘅

Ni tik hai mat ye tso ke. - What is this made of.

喎衣士地士米地阿乎

喎丁米記

你中意食菠蘿蜜唔呢

Ni chung i shik po lo mat m ni - Do you like Jackfruit

都呋嚧其隻乎唠

呋嚧其隻乎唠

聞吓呢的花

Man ha ni tik fa - Smell this flowers

士咩厘地士乎嘍哂

仝上

你識講番話嘸

Ni shik kong fan wa mo - Do you speak English

都呋士北烟忌籬暑

呋沙比英忌籬士

莫彼佢做濕

Mok pi kü tso shap - Don't let it get wet

端咧咽啫唬

糯米記唬

佢做乜咁想

Kü tso mat kom seung - What make him think so

喎米士謙丁其嚈

喎科希丁記梳

總冇此事　Chung mo tsz sz - There is no such thing　嗲衣士慉失柱丁　糯吉失治丁

莫摩　Mok mo - Dont touch it　端突柱㗎　糯米記突治

呢個時辰鐘唔行　Ni ko shi shan chung m hang - The clock has stopped　地其洛晞士士嘢　攞其洛哈士搭

我忘記上鐘鍊　Ngo mong ki sheung chung lin - I forgot to wind up the clock　挨科啙都歪吾鴨地其洛　米科結呍鴨其洛

呢個錶行得好準　Ni ko piu hang tak ho chun - This watch keeps good time　地士挖柱封嵡太唔　利士卑時挖治獲記稔巴温羅鏈巴

你在邊處買嘅　Ni tsoi pin chu mai ke - Where did you buy it　㗅𨅬吠拜咽　喎鍬膻士吠米記拜

M shai gé í – There is no doubt.

唔使思疑　爹衣士、惱荳地、　荳字將鉗字讀大鼻音更正　仝上

Ni tik shap fan yau yung – This is very useful

呢的十分有用　地士衣士、喊黎吠士呼厘、　仝上

Ut to ut ho – The more the better

愈多愈好　地嚒地必打　吉麽麽必打

Ni tik hai kwai kü kě – That is the custom

呢的係規矩嘅　撻衣士、地咔士琛、　梳花臣士吟

Yan yan tu tso tak – Any body can do it

人人都做得　嗳尔砵低咔都咽　極辨蚊作米記

Ni hiu yau shui mó – Can you swim

你曉游水嘜　啩吠士嗛、　嗛字雲兼切　仝上

佢浸死
Kui chum sz - He is drowned
希衣士地滷吾
仝上

咁樣唔做得
Kom yeung m too tak - That wont do
𠱷換都　換字雲音切
槐花臣糯咩

咁樣做得嚒
Kom yeung too tak mo - Will this do
嚟厘地士都
槐花臣咩都

放滿佢
Fong moon kui - Fill it up
非厘吥嗚
米其非厘嗚

必係咁
Pit hai kom - It must be so
咽孖士鼻騷
仝上

總唔係咁
Chung m hai kom. It cant be so
呢問鼻騷
仝上

是必眞嘅
Sz pit chan-ko – It must be true
嗰孖士鼻杜爾
仝上

必唔得眞
Pit m tak chan – It can't be true
咽閒鼻杜嚕
仝上

燒了佢
Siu liu kü – Burn it
寶咽
米記寶

呢的係你嘅嘢
Ni tik hai ni ke ye – These are yours
衣士地士呀亞士
地士鼻耶呀

呢的油唔燒得着火
Ni tik yau m siu tak cheuk fo – This oil will not burn
地士哀厘嘛寶
地士哀厘糯畔寶

呢的肉未熟
Ni tik yuk mi shuk – This meat is not done
地士篾衣士嘞
仝上

唔好再來	M ho tsoi loi - Don't come again	端甘鑑堅	仝上
你唔好咁做	Ni m ho kom too - Don't make it so	端米其啁騷	糯米訖騷
我脚痛	Ngo keuk tung - I have a pain in my foot	挨唏乎篇烟賁瀾	米瀾合吉篇
在呢處等我番來	Tsoi ni shü tang ngo fan loi - Stay here till I come back	士岻希也地厘挨甘啲	仝上
你在呢處幾久	Ni tsoi ni shü ki kau - How long have you been there	口郎唏乎吠便希也	吠士荅唏山 鄅店
你彼過乜誰	Ni pi ko matshui - Whom have you given it to	龕唏乎吠米墳咽緲	呼蚊吠封

你還要乜野

Ni wan iu mat ye - What more do you want

喎嘜都吠灣

口乜治嘜吠灣治

我去一個月就番

Ngo hü yat ko üt tsau fan - I will come back in a month

挨嚨厘甘吡烟温蚊△

温㑇驕挨甘吡

我要做好的

Ngo iu tso ho tik - I want it done well

挨灣咽整嘁厘

挨灣治米記嘁箇㗎

呢的有乜用處

Ni tik yau mat yung chü - What is this good for

喎衣士地士豁科

喎吠時

我每樣要的

Ngo mui yeung iu tik - I want some of each kind

挨灣乜阿乎咽枉皆吾

仝上

你要幾多

Ni iu ki to - How much do you want

口乜杜都吠灣

吠灣治口乜治

你用完未 Ni yung cue mei – Have you done with this	唏乎呋堅嚨△地士	呋哈米話分尔時
呢間房太窄 Ni kan fong tai chak – This room is too small	地士林衣士都士嗎厘	地士林都乜治士孖𨮁
借一個銀彼我 Tse yat ko ngan pi ngo – Lend me one dollar	𠯿未温打𨮁	仝上
冇野在呢處 Mo ye tsoi ni chü – There is nothing here	爹衣士拿丁希也	利士西吉拿丁
呢的事與你無干 Ni tik sz ü ni mo kon – This is nothing to you	地士衣士拿丁都呋	仝上
你做得濶過頭 Ni tso tak fut ko tau – You have made it too wide	呋唏乎米地咽都歪地	呋哈米記都乜治歪地

你有幾多子女

Ni yau ki to tsz nüi :: How many children have you

口𠰲尔𧾷厘地倫啼乎昄吚吉口乜治𠱓時差厘

真係出奇

Chan hai chut ki - It is very strange

咽衣士𠺝黎士地例吾桂威𥫗橋𥫗時

咁總唔做得

Kom tsung m tso tak - That will never do

撻𠸎厘呢花都梳花臣糯啱都

點樣好呢

Tim yeung ho ni - What shall I do

喎㖩厘挨都口花臣都

去請教佢

Hü ts'ing kau kü - Go and take his advice

高𡃁忒希士咿歪士

佢在邊處住

Kü tsoi pin chü chü - Where does he live

靴打士希𥫗乎喎舖𥫗時希士塔

佢也誰都唔怕
Kü nat shui too m pá. He cares for nobody
希騎亞士科惱𡃁低
希糯騎科㕭尔蚊

你更好想眞的
Ni kang ho seung chan tik. You better think over it
呅呶打丁其澳花咽
呅嚧必打𠇗記丁其

呢的唔係易事
Ni tik m hai i sz. That is no easy matter
地士衣士惱衣西𠾴打
地士糯衣西卑剪

你整壞了
Ni ching waí liú. You have spoiled it
呅唏乎士𡁻厘咽
呅哈𠇗記士拜林

佢日日都飲醉
Kü yat yat too yam tsui. He gets drunk every day
希𠯈士地淩其咏乎黎低
希𠶧乎黎低帖時

佢總冇中用
Kü tsung mo chung yung. He is fit for nothing
希衣士𠸄科拏丁
希糯𠰍都拏丁

Kü hai ning kon yan — He is an able man.

佢係能幹人　希衣士晏緇布厘文

Nei wai ho ma kü — Why do you abuse him?

你爲何罵佢　歪都呋緇標士謙　喎科呋緇標士希

Kü pit yau ho chü — He must have got advantage

佢必有好處　希孖士吻乎葛唧濟低杜　希合吉唧濟低治

Ming yat tsoi loi — Come again tomorrow.

明日再來　甘緇堅都麼嫎

Nei chun kü hü mo — Did you allow him to go

你准佢去麽　跌呋亞鑊謙都高　呋亞鑊希哥

Mok fan iu kü — Dont annoy him

莫煩擾佢　刀呑晏內謙　倁蟖禰辪　哪晏內希

若無回信不用回來　刀吾甘碧鬱兜晏沙　𣲷粹　濕㷄士那吉晏沙吠那甚北

Yeuk mo hüi sun pat yung hüi loi. Dont come back without an answer.

已經准了　咽晞士便嘅鋪魯乎阿乎　合米其鴨鋪魯乎

I king chun liu_ It has been approved of

佢睡着　希衣士極士獵　希合士獵

Kü shui cheuk_ He is asleep

我要洗身　挨灣都跋△　米灣治窩時

Ngo iu sai shan_ I want to bathe

我不能再容忍　挨間啤晏你歷　米那件啤晏你歷

Ngo pat nang tsoi yung yan_ I cant bear anymore

因爲你唔依期來　鼻哥士吠蚪乎嚁甘鋪笠巴店　嚁字尼喝切

Yan wai ni m i ki loi_ Because you have not come at the proper time

Ngo tak tsui nei — I beg your pardon

我得罪你　挨碧吠怕頓

Kü tik hang wai m ho — He behaves very bad

佢的行爲唔好　希鼻兮乎嘩黎吆

Nei ki shi hoi shau — When do you begin

你幾時開手　喧都吠鼻堅　喎店吠鼻堅

Nei wai ho m seung seun ngo — Why don't you believe me

你爲何唔相信我　歪端吠鼻簏乎未　喎科吠那鼻簏乎未

Ngo tung nei ta tu shap leung ngan — I bet you 10 ds

我同你打賭十両銀　埃吆吠嚫梯厘士

Ngo man kü che ko — I borrowed from him

我問佢借過　埃波勞乎林謙　米郎希波勞

若係打爛
Yeuk hai tá lan — If you break it
咽乎吠布瀝咽　濕煲士吠米其布瀝

你就要賠
Ni tsau iú puí — You have to pay for it
吠蚪乎都敝科咽　吠米其跛

佢好受私
Kü hó sau sz — He receives bribe
希簷思乎布䢕布　希䢕其士車士

拈你条數來
Nim ni tiú shü lói — Bring me your account
布凌未吠亞嘜交吾　布凌吠交吾打

擦凈我對鞋
Chát tsing ngó tüi hai — Brush my shoes.
布鋉著賣蘇士

我要造一間屋
Ngó iú tso yat kan uk — I want to build a house.
埃灣鄙皁厘縊厚士　米灣治皁厘温厚素

Ni tik hai ngo kói – That belongs to me

呢的係我嘅　撻鼻郎士都未　撻鼻郎末

Kúi ting liú tsan – He is betrothed

佢定了親　希衣士鼻地羅

Pong héi ni tik – Bind this up

綁起呢的　拜吾地士鴨　米其嗄地鴨

Ni mok pei káu ngáu tcok – Don't let the dog bite you

你莫被狗咬着　端咧地鐸拜地呋　呋碌思鐸那拜地呋

Mok mut liú ni tik tsz – Don't blot the paper

莫抹了呢的字　端布啲地跛巴　吧哰　吩字刹葛切

Kam yat hó tái fung – The wind blows hard to day

今日好大風　地呍布勞喊黎乞都佤

Kü kwa' hau tai shum — He boast too much

佢誇口太甚

希煲士都乜治

Kü tsun tai tam — He is very bold

佢眞大胆

希衣士喊黎煲厘

Tsik fun tsong — Thieves divide the booty

賊分贜

地平士地快地埔底

Kü sang hia yat ko nam tsz — She has born a sone

佢生下一個男子

書唏士般緇申

Ta tsun — Bend the knee

打㲃

嗹地你

Ta shui — Broken into pieces

打碎

布碌根都卑蚯士

根字下不

Shiu liu ni tik tsz chi — Burn this waste paper

燒了呢的字紙　賓地士威士跛巴

Ni yau sz cho mo — Have you any business to do.

你有事做麽　唎平呋晏你卑士呢士都都　呋合吉卑剪米其

Ki yau sz — He is busy

佢有事　希衣士卑西　西字下平　希吉卑剪

Hui mai tik kwo tsz — Go and buy some fruit

去買的菓子　哥晏拜深平劣

Ni kang ho suen kwo — You better calculate again

你更好算過　呋咇打卡厘橋黎地繼堅　橋字上平

Kiu kui hui loi — Call him back

叫佢回來　哥厘謙毗　哥林謙甘北

我唔同你去得　挨咩嗷哥鬱△呋 喔字尓喝切　米那件哥耶呋

Ngo m tung ni hui tak — I cannot go with you

小心　鼻騎夫　忒騎

Sui sam — Be careful

莫咁潦草　端鼻騷騎𠺢士

Mot hom lo too — Don't be so careless

擔上樓去　騎黎咽鳴士 奓多也

Tam shang lau hui — Carry it up stairs

呢的雕得甚好　啯衣士嘁黎嘁㕑卡𠯈

Ni tik tiu tak sham ho — It is very well carved

捉賊　嘱柼地地𠯈　地字上平

Tsok chak — Catch the thief

考究緣由
Hau kau ün yau - Enquire into the cause
嘜乖也烟都地哥士
碌思嘞簻臣

換轉頂小帽
Un chün ting shiü mo - Change a cap
迁治縊咧

你莫騙我
Ni mok pin ngo - Don't cheat me
噹切未　未字上平

說話話太多
Küo üa üa tai to - He chats too much
希𠺝士都乜治
希託記都乜治

任你揀一个
Yam ni kan yat ko - You may choose one
吠米粗士温

佢眞好禮義
Kü tsun ho lai yi - He is very civil
希衣士嘁黎思華厘

抹乾淨呢張枱　Mat kon tsing ni cheung toi.　Clean the table　糞連地梯布　連字上平

你眞聰明　Ni tsun tsung ming.　You are very clever　吜亞嘁黎糞𠼪化

收租　Shau tsò.　Collect rents　佪嚒嗹士

無人安慰佢　Mo yan on wai kü.　No body to comfort him　腦𠹌低都卄嘣謙　低字下平

將兩个比較　Cheung leung ko pi kau.　Compare the two　甘𠹌亞地𠲍

佢勢迫告退　Kü sai pik ko tui.　He is compelled to resign　㕑衣士甘𠹌厘都𠼪哂吾

我點樣酬荅你好
Ngo tim yéung chau tap ni ho. How shall I compensate you
厚噲厘埃甘嗹西地吠

佢來我處訴寃
Kü loi ngo chü sò ün. He complains to me
希甘舖連士都未

代我問候佢
Toi ngo man hau kü. Give my compliment
基乎謙買甘舖簾文
卦買甘舖簾文

佢已經招認了
Kü í king chiu ying liú. He has confessed it
希唏士干咄士

我特來賀喜
Ngo tak loi ho hí. I come to congratulate you
埃甘都干忌咧租列吠

我請你再想過
Ngo ts'ing ni tsoi séung kò. I beg you to consider again
埃碧吠都干思打繈堅

佢常常來
Küi shéung shéung lòi. He comes constantly
希甘干士頓黎

我必要同佢斟酌
Ngo pit iú tung küi tam tseuk. I must consult with him
埃孖士干沙厘轡△謙

裝得幾多
Tsong tak ki to. How much it contains
厚也治咽干天

佢藐視我
Küi miú shí ngo. He looks upon me with contempt
希碌士啣般未轡△干噤地

你應當知足
Ní ying tong chi chuk. You ought to be contented
吠活都鼻干天趺
活字歐葛切

佢發題壹百両銀
Küi fát tai yat pák léung ngan. He contributed 100 Ts.
希干地篚標温痕地列梯厘

Yeuk hai tak hán tsing kwo loi_Give us a call when convenient.

若係得閒請過來　甚乎極士繼哥厘喧千非作　各濕倭素那吉畢剪吠甘磔思末

Kü ho shau lung tsoi_He cooks very nice.

佢好手弄菜　希曲嘁黎奶士

Chau kwo ni fung shü_Copy this letter.

抄過呢封書　給做地士咧打

Ni tui kwo tseuk mo_Do you find correct

你對過着麽　都吠吩個麽　吠碌思極鏈罷笠巴

Ni mai liu kí to ngan_What you paid for it?

你買了幾多銀　喝吠跛科啣　厚乜治吠跛

Ni shik shü mo_Do you know how to count?

你識數麽　都吠腦厚都交吾　吠沙比米其干打

Koi hi loi. Cover it up.

蓋起來 給化呵嚕 未其給化鴨

Kü tsan tam siu. He is very coward.

佢眞胆小 希衣士嘰黎求活 求字上平

Ni ko pui lit lüi. This cup has a crack.

呢个杯裂了 地士急唏士繿冀嘰

Ngo shé loi tik. I got it on credit.

我賒來的 挨葛呵安其咧趺

Kü tsan tsan yan. He is very cruel.

佢眞殘忍 希衣士嘰黎故魯咾厘

Siu tsz tai huk. The child cry.

小子啼哭 地鈘厘其嚧

Ni tsun to kwae kai – You are very cunning

你眞多詭計　吠亞嘁黎根寧

Wong sin sang i ho kü – Doctor Wong cures him

黃先生醫好佢　鐸打黃橋亞謙　橋字上平

Ni chü kwai kü ü ho – What is the custom of this place

呢處規矩如何　喎士地卡士泵阿乎地士鋪例士　地士鋪例士喎吉岑

Ni hiu tiu mü mo – Do you know how to dance

你曉跳舞麼　都吠臘厚都喇士　吠沙比冄士

Ngo kin mo ngai him – I see no danger

我見無危險　埃思那顛啫

Kü tim kom kong kü – How dare he to resist

佢點敢抗拒　厚爹希都簷思士

佢失志
Kü' oat chi' — He looks daunted.
希碌士兜吾跌

你再莫來欺騙我
Nei' tsoi' mok loi' hi' pin' ngo — You better not deceive me.
呋吔打嫐地思乎未

佢唔肯來
Kü' m hang loi' — He decline to come.
希地其襛吾都甘

我必扣除你一員工銀
Ngo' pit' kau chü' nei' yat' ün kung ngan — I will deduct $1. from your pay.
挨嚨厘地得温打鍒乎林呋亞跛

莫躭擱佢
Mok tam kok kü' — Don't delay him
端地黎謙

一總付交清楚
Yat tsung fu' kau tsing tso' — It is all delivered
咧衣士阿厘地𥫣化

人烟稠密 Yan in chau mat. Den. of population. 嘧土不標倫純

你可倚賴我 Ni hó í lai ngo. You may depend upon me 呎米地嘣嗚般未

應該打賞佢 Ying koi tá sheung kü. He deserve a reward 希地沙乎簏活

我看小佢 Ngo hon shiu kü. I despise him. 挨地士拜士謙

我定必要 Ngo ting pit iu. I determine to have it 挨地他㮰都蚧乎啊 挨孖士灣治

有何分別 Yau ho fan pit. What is the difference? 喎衣士地地化倫士 化字下平 喎地化倫士

今日請過我處用晚飯

Kum yat tsing kwo ngo chü yung fan - Will you dine with me to day

嗹厘吠大吾𨟂△未都低

你一直回去麽

Ni yat chik hui hü mo - Do you go home direct

都吠哥龕大懸。

那件事已經洩漏

Na kin sz i king sit lau - That matter has been disclosed

撻嚈打唏士便地士其勞士

改裝出來

Koi tong chut loi - Come in disguise

甘烟地士佳士

佢苦楚

Kü fu tso - He is in distress

希衣士烟地士地喱士

呢隻船遇風

Ni chik shün yü fung - The ship met a distress

地涉嘰緇地士地喱士

Chiung loi fan leung pin — Divide this into two

將來分兩邊 斷

地快地士烟都都　米其地快都卑士

Ngo sat sz i — I doubt very much

我實思疑

挨斗地嘩黎也治

Ping yat yat tso lin — Soldiers drill every day

兵日日操練

騷喈地簏厘咳乎黎俋

Ni yam tsau tai to — You drink too much

你飲酒太多

呋地麥都也治

Kü í king yam tsui — He is drunk

佢已經飲醉

希衣士地凌　希吉帖時

Kon kü chut hü — Drive him out

趕佢出去

地𧈙平謙歐地

拿布去染　Na pu hü yim — Get the cloth dyed　嘀地士其羅∆大　大字上平

係我本分的事　Hai ngo pun fan tik sz — It is my duty　唎衣士買才底　撻鼻郎買才底

佢一日賺得幾多錢　Kü yat tsan tak ki to tsin — How much he earns a day　厚乜治希晏濕低

講甚容易　Kong shum yung i — It is easy to talk　唎衣士衣西都託　西字下平

我現今唔用得你　Ngo hin kam m yung tak ni — I can't employ you just now　挨閂嘥鏰來呅這士嘅

呢個係空樽　Ni ko hai hung tsun — It is an empty bottle.　撻衣士嘸底砵地厘

Kü yat kò yan hü – Engage a man to go

雇一個人去

嘸鷄杜繿萬都高　嗌治温卑士文哥

Kü í king tò tüt – He has escaped

佢已經逃脫

希喩士唛士刬　希合倫威

Néi kú mat ka tsín – What do you estimate

你估乜價錢

喎呋唛士地米地　喝鋪盡士呋丁其

Néi pít iú kín leung ngo – You must excuse me

你必要見諒我

呋孖士益士橋士未

Ngo mong kü kam yat tò – I expect him to day

我望佢今日到

挨益士北謙都低

Ch'ing néi kái ming kü chí – Please explain it to him

請你解明佢知

鋪簾士益士鋪連都謙

佢勒了我十個銀錢

Kü lak liu ngo shap ko ngan tsín. He has extorted $10 from me.

希噝士嗌士託噸打鏬乎林未　希合士車時米顛打鏬

佢生意倒了盆

Kü sang í to liu pún. He has failed in business.

希噝士輝厘烱畀士呢士

莫行咁快

Mok hang kom fai. Don't walk so fast

噹鏤騷花士

你俾个人情過我

Ni pi ko yan tsing kwo ngo. You do me a favor

吠都未䊀輝化　化字下平

你怕乜野

Ni pá mat yé. What have you to fear

喎虲平吠都非也　喎丁吠㖿

我眞見歡喜

Ngo tsun kin fun hí. I feel very glad

挨非厘喊黎忌咧　米喊黎忌咧

Ná sheung lai — Fetch it up
拿上來
咈杜呵鴨

Sü iú chí hau tò — It is necessary to know filial duty
須要知孝道
喇衣士呢賒沙黎都腦非厘厘刁底

Ní mò sü tam cheuk kü — You must find him
你務須尋着佢
呧孖士吩謙

Kí shí tsò tak ün — What time can you finish
幾時做得完
喝店啮呧吩你著

Ní ting man fong pau mó — Did you hear the gun fire
你聽聞放砲麼
跌呧希也地樹快也

Ní tui hai hop ní cheuk m' ní — Do the shoes fit you
呢對鞋合你着唔呢
都地蘇士嘞呧

定一个時辰
Fang yat ko shi-san — Fix a time
啲士滃店　店字上平

封起呢的信
Fung hi ni tik sun — Fold up the letter
啝厘鴨地唎打士　啝字花高切

你莫咁呆
Ni mok kom ngoi — Don't be so foolish
端鼻騷夫厘蓍

逼佢去
Pik kü hü — Force him to go
科士謙都高　米其科士希哥

莫忘記
Mok mong ki — Dont forget
端科嘅

你聽得乜好處
Ni tan tak mat ho chü — What have you gained by
喝蚪乎吠堅拜　喝丁吠堅

Ni yau kí to ho chü. What profit do you get.

你有幾多好處　喝舖勞咈都呋喲　厚乜治舖勞咈呋嗐

Tsò shan hí lôi. Get up early

早辰起來　嗡鳴梠黎

Pí tik ye kü shik. Give him something to eat

被的野佢食　基乎謙深丁都咽

Sang tak ho ko. He grows very tall

生得好高　啊忌勞嘁黎拖厘

Kwá hí cheung chong. Hang up the curtain

掛起帳帳　興鳴𨁂卡頓

Ngo leung yan ngau in seung yü. We happened to meet together.

我兩人偶然相遇　嚰𠹺賓都箯都咖打　賓字下平

我憎佢
Ngo tsang kü — I hate him
埃奚地諵　奚字上平

不用拘禮
Pat yung kü lai — Help yourself
囒呋睬厘平

你莫躲埋
Nï mok to mai — Don't hide yourself away
端雖地呋睬厘平繿威

僱一隻船
Kü yat chek shün — Hire a boat
雖也繿砵

我望佢來
Ngo mong kü loi — I hope he will come
挨哈希雖厘甘

你有傷着冇
Nï yau sheung cheuk mo — Did you hurt yourself
跌呋乞呋睬厘平

Ni i kin ü hò — What is your idea.

你意見如何　喝士呔亞挨地亞

Kü sèung shí sau yan tsit mo — He is very often ill used

佢常時受人折磨　希衣士嘁發阿墳衣厘呔士

Ngo tok kü i tsat king — I imagine he has left Peking

我度佢已出京　挨厭咩譠希唏士喱乎扎京

Ni tik tsoi noi m tsoi — So it is indeed

呢的在内唔在　衣士啊烟蕒魯跌　合米記千打烟西

Kwo in hò — Very good indeed

果然好　嘁黎豁烟跌

Chà man kü — Inquire of him

查問佢　烟唏也阿乎謙　米其烟晒希

你看佢幾高傲慢　思厚烟騷倫希衣士　呋䘵思希厚烟騷倫

Ni hón kü kí kò ngò mán – See how insolent he is.

你莫涉我的事　端呋烟打非也鬱△買卑士呢士

Ni mok sip ngo tik sz – Dont you interfere with me.

佢請我食飯　希烟歪末都顛拿

Kü tsing ngo shik fán – He invited me to dinner.

佢妬忌　書衣士遮鏬士

Kü tú kí – He is jealous.

佢同佢合夥　希災吾謙烟拍拿涉　希鄧希米其拍拿

Kü tung kü hop fo – He joined him in partnership.

佢跳落水　希砧烟都地窩打

Kü tiú lok shui – He jumped into the water.

Kü pí mà tēk chëuk — He has been kicked by the horse

佢被馬踢着　希啼士便戟拜地何士　地何士戟謙

Kü toi ngo shap fan ho — He treats me very kind

佢待我十分好　希地列未啉黎佳吾

Kü pí yan kwai loi kè — He has been kidnapped

佢被人拐來嘅　希啼士便揭嗶

Yan kü yap fong hü — Lead him into the room

引佢入房去　列謙烟都地林

Shün lau shui — The ship leaks

船漏水　地涉嚦士

Ai chü lan kon — Lean against the rail

挨住欄干　連纖堅士地例厘

我已經發了批
Ngo i king fát liú pae — I have given the leave
挨蚪乎基墳地簏士　米合刲簏士

你幾時得閒
Ni kí shí tak hán — When will you be at leisure
喧雌厘呋鼻咿喱蛇　喝店呋那吉卑剪

借本書我看
Tché pún shü ngo hón — Lend me that book to read
嗹未撻卜都列

佢眞隨便
Kü tsun tsui pín — He is very liberal
希衣士嘁黎獵巴鎅厘

莫說謊
Mok süt fong — Dont tell lie
端嘐襤

佢面目似你
Kü mín muk tsz ni — He looks like you
希碌士𧭈其呋　希粿時阿鎅閂呋

我在城裡住
Ngo tsoi shing li chü. I live inside the city
挨籠乎烟哂地薛低 △
低字下平

我在客寓寄宿
Ngo tsoi hak yü ki suk. I lodge in a hotel
挨嚕柱烟繦號喻厘
米士咨温卑士號爹厘

我失了一個戒指
Ngo shut liu yat ko kai chi. I have lost a ring
挨羅士繦凌
米合魯時温卑士凌

你眞僥倖
Ni tsun hiu hang. You are very lucky
呅亞嚱黎力記

卽時做便
Tsik shi tso pin. Make it ready at once
米其啊低嗶温士

佢幾時娶親
Kü ki shi tsü tsan. When is he going to marry
喧衣士希高曾御咩黎
喝店希米其咩黎

呢的係乜意思
Ni tik hai mat i sz — What is the meaning of this
咽衣士地面寧阿乎地士

我係咁意思
Ngo hai kom i sz — I mean so
挨面騷

我眞唔好記性
Ngo tsan m ho ki sing — I have a bad memory
挨蚶乎緇咇未麽黎

你冇提及呢件事麽
Ni yau tai kap ni kin sz mo — Did you mention it
跌呅喴純地曦打　呅合託記列卑剪

我不過請佢來
Ngo pat ko tsing kü loi — I merely ask him to come
樹未亞黎椏士謙都卅

點樣錯得
Tim yeung tso tak — How can it be a mistake
厚咁咽鼻緇未士踢　厚件米其未士得

Mok kwan lün — Don't mix it up

莫混亂

端覓士咽鴨　覓字上入

那米其覓時

Ni kan ük í tín liú — This house had been mortgaged

呢間屋已典了

地士厚士唏士便麽鷄杜

地士卑士厚素合吉麽鷄治

Sheung má — Mount the horse

上馬

謀五地何士　謀字上平

Kü chün sú — He is in mourning

佢穿素

希衣士烟嚩寕

Ni hau mat shui — Whom are you mourning for

你孝乜誰

龥亞旼嚩寕科

夫文旼𡁻

Kü pi yan mau shat — He has been murdered

佢被人謀殺

希唏士便孖打

深文基林謙

請問貴姓
Tsing man kwai sing — May I ask your surname
米唉極士吠亞沙念　喝吠沙念

唔係緊要
M hai kan iu — It is not necessary
咧衣士𠴕呢𠯎沙黎　嚨字尾喝切

依我吩咐
I ngó fan fú — Obey my order
澳跛買阿打

你為何不肯收
Ni wai hó pat hang shau — Why do you object to take it
歪揶吠嗚則忒咧　喲科吠那灣治

多謝你
To tsé ni — Much oblige you
乜杜鴨𠯎杜吠　揶乜治丁其吠

開閘
Hoi chaap — Open the gate
澳賓地鷄地　賓字下平

Shing tsz ki ooi — Take this opportunity

承此機會　忒地士鴨破尊你㡳

Ngo him ni ki to tsin — How much do I owe you

我欠你幾多錢　厚也杜都挨澳呟　米澳呟厚也治蚊尼

Shau shap ni tik shap mat — Pack up your things

收拾你的什物　噼鴨呟亞丁士

Ni kin tung mo — Do you feel pain

你見痛麽　都呟非厘篇

Yau kwo ni k'o cheung — Paint the window

油過呢個窓　篇地呍刀　刀字下平

Kü tsun pin sam — He is very partial

佢眞徧心　希衣士嚹黎怕蛇厘

Ni tun sai mi — You are very particular

你眞細微

呅亞喊黎怕地橋鉡　橋字上平

Chun ni kuo tsun kuo hui — Pass the bottle round

傳呢個樽過去

怕士地砵地厘漏吾

Mok tong fo sing — Don't be so passionate

莫咁火性

端鼻騷啵純喱　喱字拿結切

Na tik cheung wu lei ngo — Get me some paste

拿的漿糊來我

谿未深批士

Nim ni cheung chi lok pu — Paste this paper into the book

粘呢張紙落簿

批士地士蹴巴烱都地卜　米其批士地士蹴巴烟西卜

Kü tong liu yat ko shi shan piu — He has pawned a watch

佢當了一个時辰表

希晻士嚙繼挖杜　希合嚙溫臯士挖治

你支銀佢唔曾

Néi chi ngan küi m tsang - Did you pay him

跌吠踿謙　吠合踿希

去上餉 又曰 去完稅

Hüi seung heung - Hüi ün shui - Go and pay the duty

高𨳒踿地刁底△　哥米其踿刁底

或者佢唔來

Wák ché küi m loi - Perhaps he won't come

怕啪士希唊卄　啰字華音切

我不許你

Ngo pat hüi néi - I won't permit you

挨喚怕蔑吠

清楚 又曰 明白 又曰 易曉

Ching tso - Ming pak - I hiu - Plain

鋪連

佢時時戲耍

Küi shi shi hi shá - He plays all the time

希鋪黎阿厘地店

Sun ching ko hing — It is very pleasant

眞正高興　咽衣士　㘎黎鋪㘎臣

Ho mú chü chí — Not pleasant at all

毫無趣致　㘓鋪㘎臣押多

Ho lin küi kung yan — Pity the poor man

可憐佢窮人　必底地鋪亞文

Ngo m chi kok — I am not positive

我唔知確　挨㘓㘓破思地平　米那蘇亞

Yan yat tsin pún — Print one thousand copies

印一千本　鋪連溫兜臣給比士

Mok pí yan chí — Keep it private

莫被人知　刼㘓鋪㗂咈　那咧拿打文沙比

Ngó í king ying shing küi. I have promised him

我已經應承佢　挨啲乎鋪勞末士謙　米合鋪勞末士希

Mok fan hau. Mok shat sun. Don't break the promise

莫反口 又曰 莫失信　端布歷地鋪勞末士

Yau hó p'ang kü. What proof do you get

有何凴據　喝鋪魯乎呋嘀

Küi tsun shun sui. He is very prosperous

佢眞順遂　希衣士嚱黎鋪羅士巴鏍士

Pat yung seung tsang. No use to quarrel

不用相爭　腦呋士都誇鏍厘

Ngó m shan tak kom ko. I cannot reach so high

我唔伸得咁高　挨嘀嫐列杜騷難

佢唔講道理

Kü m̀h-kong tò lí. He won't come to reason.

希嗹甘都簾臣　希那託記簾臣

佢還認得你

Kü wán yìn tak ní. He still recognize you.

希士地厘歷確乃士吠　希沙比吠輝時

到衙門伸冤

Tò ngá mûn shan üín. Seek redress from the Court.

昔簾地喱士乎林地葛　哥葛啱治簾地喱士

佢不肯交出

Kü pat hang kàu chut. He refuses to give up.

希簾坏士都基乎鳴

我恨荅應錯了

Ngo han tap ying tò liú. I regret I have promised him.

挨簾忌咧挨蚪乎鋪勞未士謙

記得我的說話

Kí tak ngo tik shüt wá. Remember what I say.

簾面巴喝挨西

修整呢間屋
Sau ching ni kan uk. — *Repair this house*
簾皺亞地士厚士

人人都恭敬佢
Yan yan tò kung king kü. — *Every one respected him.*
唭乎黎溫趿嚊士北都謙　極鏵文趿希哩士北

出賞帖
Chut sheung tip. — *Reward*
阿化鑑簾嘧

佢騎一疋白馬
Kü ke yat pat pak má. — *He rides on a white horse*
希攝地安鑑嘈何士

佢搶了我把扇
Kü cheung liu ngo pa shin. — *He robbed me of my fan*
希笠未阿乎貫番　希士地林米番

搖船
Iu shün — *Row the boat*
勞地硃

我明日開行
Ngo ming yat hoi hang – I sail tomorrow
挨西厘都麽勞

你爲何咁憂愁
Ni wai ho kom yau shau – Why do you look so sad
歪呋篠騷𠺝
𠺝字時尺切

呢個對辦唔呢
Ni ko tui pan m ne – Is that the same as the other
衣士撻地閂極士地孖士打
撻極鏼閂孖士打

你尙唔知足麽
Ni sheung m chi tsuk mo – Are you not satisfied
亞呋嫐𠺝地士快
呋那𠺝地士快

刮淨佢
Kwat tsing kü – Scrape it clean
士其獵唎其連

用印
Yung yan – Put the seal
砵地思厘

你可担保佢麽
Ni ho tam pó kü mó — Can you ensure him
吽呋思嬌亞謙

你今早見佢麽
Ni kam tso kin kü mó — Did you see him this morning
跌呋思謙地士麽寧

捉住佢
Tsok chü kü — Seize hold of him
思士嵩厘阿乎謙　米其喘洽希

咁嘅價錢佢唔賣
Kom ké ka tsin kü ün mai — He won't sell at that price
希喚賒厘押撻舖蘯士　撻舖蘯時希那賒林

同佢算數
Tung kü sün sho — Settle the account with him
嚹地厘地押交吾士鬱△謙　嚹地交吾打郎希

佢食鴉片烟
Kü shik a pin in — He smokes opium
希士木澳譬吟

我用了壹百員銀

Ngó yung liú yat pak iün ngan. I have spent $100.

挨虾乎士嗹温痕地列打鎊　米合士便温痕頓打鑪

你做壞了

Ni tsò wái liú. You have spoiled it.

吙虾乎士嘛喱啢　吙合士嘛林

佢偷了乜野

Kü tau liú mat yé. What did he steal.

喝跌希士地厘　喝丁希士地林

出奇 又曰 古怪

Chut kí. Kú kwái. Strange. Curious

士地連杜 又曰 嬌厘時

你餐多少

Ni tsàm kí to. What do you embroide.

喝吠濟士共爐鋪

發誓說眞話

Fat shai süt chan wá. Swear to speak the truth.

士喊都士碧地地魯△　米共士喊託記杜魯

呢隻獸養熟唔曾

Ni' chik kam shau yeung shuk m' ts'ang - Is this a tame animal

衣士地士纈漆㜺你麻

係乜野味道

Hai' mat ye' mi' to' - What it taste like

喝呾梯士擸其

毫無味道

Ho' mo mi' to' - There is no taste in it

爹士腦梯士烟呾　那吉梯士

多謝你

To' tse' ni' - Thank you

丁其呋

由漢文繙譯英文

Yau hon man fan yik ying man - Translated from Chinese into English

地欄士列欽你士烟都英忌利著

你扭計

Ni' nau kai' - You have played a trick

呋蚧乎舖例纈地歷　呋合舖例地歷

Kü ni tsz lui to chi kei - He has got himself into trouble

佢呢次累倒自己　希晞士葛謙睁厘乎烟都地笠布

Ngo sun tak kü kwo - I can trust him

我信得佢過　挨咔地鏬士謙

Ngo kin pat on - I feel uneasy

我見不安　挨非厘嗹衣西　嗹字歐根切

Ni tik tsun yau yung - This is very useful

呢的眞有用　地士衣士𠲖黎呋士夫厘

Yau tak chi fu - Virtuous woman

有德之婦　嗶租士烏文

Kiu seng kü - to wake him up

叫醒佢　域謙嗚

Hang kai — Take a walk

行街　忒緦鏤　哥鏤記

Mok wai iñ tsz hat tsin ya — Don't say I have not forewarned you

莫謂言之不先也　端四挨虯孖喱嚩吠　喺字尼喝切　曦字華素切

Lun lau hon shau — Keep watch in turn

輪流看守　刲挖柑烟乔

Ching kwo ko — Get it weighed

秤過佢　嗌啊威　米其威

Ye shau — Wild animal

野獸　歪厘晏你麻

Ngo iu she yat fung sun — I want to write a letter

我要寫一封信　挨灣都撻地緇咧打　米灣治米其撻地溫卑士切

英語集全卷五

羊城唐廷樞景星甫著

兄　植茂枝　陳恕道逸溪　參校

弟　庚應星　廖冠芳若谿　仝訂

書中所有此等字樣已詳載第一卷而畧撮其尤要者列於每卷之首以便

查覽

唏 希這切　⿰口衣 衣這切　⿰口篁 篁這切　唎 利夜切

⿰口披 披這切　喱 厘爺切　⿰口機 機這切　呢 尼爺切

啡 非這切　⿰口肥 肥爺切　嗲 爹這切　⿰口你 你野切

⿰口威 威這切　啤 卑這切　㗎 家這切　咖 加這切

⿰口烟⿰口仙⿰口顛⿰口殿⿰口天⿰口片⿰口牽⿰口憲⿰口鞭⿰口便⿰口編⿰口面⿰口堅⿰口綿⿰口件⿰口甛⿰口廷⿰口箭⿰口山⿰口難

⿰口天字旁係嚴上切法以新會縣土音讀天字便合英字音嚀字照香山土音讀⿰口天字便合

㘈噃𡃑噧㘓囒嚥嗯

以上同韻各字俱無廣東省城字音可切只作烟字照官話字音爲底切音便合餘皆倣此

𡂙𠯗嘡嗽嚙咶咇𠲵嗷咧噦嚵𡁻𠻘㘉𡃁哳嚈𡅤啒

㗊

以上同韻各字倂無一字可以廣東省城土音相切但學者出口便知該字應如何切法矣卽將烟字先照正音讀取其入聲將該入聲字爲底與上一字兩相切合便得其音矣

唵嚈呫唸嗛噞嗛嘽嘁㖭嚪吣嗛

以上同韻各字無字可切學者出口便知此等字應如何切法即將烟字照正音讀先與唔字切後將該切音復與上一字相切可也

嚛儠喇嘭嗋唶嗚喤啜唊噫喋嚁

以上同類各字照廣東省城土音併無字底可切又無一字相同讀者應知該字如何切法矣

咭其押切　噎夜押切　𠰲舖押切　咈花結切

嚦歷尺切　嘞勒尺切　咈拂尺切　嘔匿尺切

嘿 黑尺切
[口戟] 戟尺切
嘜 麻尺切
[口鉇] 鉇尺切

[口域] 域尺切
[口北] 北尺切
[口得] 得尺切
[口律] 律喝切

呹 失喝切
[口砵] 砵喝切
[口濶] 濶喝切
[口抹] 抹喝切

噶 葛喝切
嬓 尼吉切
[口嬓] 尼喝切
嘣 捕廳切

[口興] 夏廳切
[口覓] 亞廳切
嚧 利廳切
吩 花堅切

呍 華堅切
[口閔] 麻安切
嘏嘏 布安切
嚼 破安切

吁霞沽切　呋由沽切　唵極監切　喑極鑑切

嗃⿰口羔冀蒿切　嗜智俞切　咥華哀切　吥花嬌切

㕮花高切　唣火刀切　⿰口梯他禧切　⿰口維華衣切

咶華豁切　⿰口保鼻收切　嗒地濕切　哪尼柯切

叻利益切　⿰口劣利潤切　哥冀柯切　潤花潤切

⿰犭盡利挨切　泵地菴切　呼霞沽切　咽夷結切

咩⿰貝子 眉這切 兩字均係廣東俗字

埔字讀鋪字　　號字讀蒿切

的字均讀入聲　　林字讀上平

味字讀上平　　霍縛 同音

夫孚 同音　　呃純 同音

薄膊 同音　　凸突 同音

哪嚅　同音

詩㖶哈唦嚓　出口齒音要重

士厘　兩字相連若傍有點須要快讀作沙字下平看

地厘　兩字相連若傍有點須要快讀作打字下平看

忌厘　兩字相連若傍有點須要快讀作加字下平看

尔仁　兩字相連若傍有點須要快讀作年字看

尔你　兩字均作尼字上平看

布厘　兩字相連若傍有點須要快讀作布字下平看

人事　Yan sz - Vesh ye.　華合士（字華合兩切）

丟棄	Tiu hi - Abandon	嗌噸頓	
羞愧	Shau kwei - Abash	嗌啤暑	
誘獲 カドワカス	Yau üe - Abduct	鳴得地	
助激 オダテル	Tsü kik - Abet	嗌咇地	
居住	Kü chü - Abide	嗌拜地	
本事 テナミ ハタラキ	Pun sz - Ability	嗌卑釐低	
能 アタフ	Nang - Able	嗌布厘	
消除 ノゾク	Siu chü - Abolish	嗌玻釐暑	
脫走	Tüt tsau - Abscond	鳴士干地	
不在	Pat tsoi - Absent	鳴臣地	

Kú hon - Absorb

涸乾 カハク ヒアガル 嗚曝

Pát tat - Abstract

拔出 ヒキヌク 嗚士地嘜

Fán shing - Abundant

繁盛 緼賓頓

Mú tai - Abyss

無底 ソコナシ(深サ) 緼敝士

Sing tò - Accession

陞座 啘賒啞

Tsé tò - Accommodate

借助 カス 用立テル 啘甘冒低地

Tsit kié - Abstain

節戒 戒メコラヘル 嗚士田

Hú shuit - Absurd

胡說 ムヤミナル語 嗚失

Maí li - Abuse

詈罵 緼票士

Tsip sow - Accept

接受 ウケトル 啘唦地

Mun lo - Access

門路 啘賒士

Tung hang - Accompany

同行 啘甘品呢

竣工 Tsun-kung - Accomplish. ⿰口晚廿布篳畧

積貯 Tsik chü - Accumulate. ⿰口晚橋苗俐地

精熟 Tsing shuk - Accustom. ⿰口晚咔士冧

相與 Seung-ü - Acquaintance ⿰口晚權頓士

行爲 Hang wai - Actions ⿰口晚哂士

實係 Shat hai - Actual ⿰口晚租厘

照依 Chiu-i - Accordance ⿰口晚哥頓士

告訟 Ko tsung - Accusation ⿰口晚橋西哂

招認 Chiu ying - Acknowledge ⿰口晚腦黎柱

釋放 Shik fong - Acquit ⿰口晚决

靈動 Ling tung - Active ⿰口晚地乎

俗話 Tsuk wá - Adage 繿底柱

加添 Ka tim - Add 咑

粘住 Nim chü - Adhere 咑希也

判斷 Pun tün - Adjudicate 咑租地溪地

任進 Yam tsun - Admit 咑咪

崇拜 Sung pái - Adore 嗌多亞

飄浮 Piu fau - Adrift 嗌地箽厘乎地

面講 Min kong - Address 咑地厘士

連住 Lin chü - Adjoin 咑炎吾

好看 Ho hon - Admirable 咑眉黎布厘

承繼 Shing kai - Adopt 嗌啪地

修飾 Sau shik - Adorn 嗌當 當字地平切

前行 Tsin hang - Advance 𠸎灣士

利益	Li-yik - Advantage	吔濟低杜	
遍傳	Pin-chuen - Advertise	吔華太士	
代訴	Toi-sú - Advocate	吔和溪地	
情愛	Tsing oi - Affection	亞啡啞	啡字花尺切
浮起	Fau hi - Afloat	𦇝平勞地	
驚怕	King pá - Afraid	𦇝平例地	
賭彩	Tú tsoi - Adventure	吔灣𠹭	
勸諫	Hün kán - Advise	吔壞士	
事情	Sz tsing - Affair	亞啡亞	
證實	Ching shat - Affirm	亞花唔	花唔兩字作花蕃切
步行	Pò hang - Afoot	𦇝瀾	瀾字花𪆟切
不竟	Pat king - Afterall	極乎打阿厘	

再覆	Tsái fuh	Again	亞堅
和合	Wo hih	Agree	纈忌釐
定準	Ting Tsun	Aim	厭
嗚呼	U hu	Alas	亞鏄士
活動	Hwoh tung	Alive	纈㺐
結親	Kih tsin	Alliance	亞纑仁士
弄壞	Lung wái	Aggravate	喴忌釐維地
幫助	Pong tsú	Aid	纈地
驚慌	King fong	Alarm	亞藍
相同	Seong tung	Alike	纈纑其
分憂	Fun yau	Allevate	啞纑嗱地
准做	Tsun tsú	Allow	亞纑

援助	Oon tsō - Ally	啞黎	
高聲	Kò sing - Aloud	亞簍地	
亦然	Yik-in - Also	阿噝	
爭論	Tsang luen - Altercation	阿厘打溪臣	
積壘	Tsik lui - Amass	鴨孖士	
耍跳	Sa tiu - Amble	𠻝布厘	
施捨	Sz' she - Alms	啱士	
也曾	Ya' shing - Already	阿厘咧秪	
更改	Kang koi - Alter	阿厘打	
雖亦	Suy-yik - Although	阿厘道	
好高	Ho' ko - Ambition	𠻝卑純	
伏兵	Fuk ping - Ambuscade	𠻝埔士溪地	

改過	Kai kuo	Amend	嗌晚地
戲耍	Hi shua	Amusement	嗌苗士文
煩擾	Fan yiao	Annoy	嗳內
答應	Tah ying	Answer	嗳沙
憂慮	Yau liu	Anxiety	嗳啢衣低
認錯	Yun tso	Apology	隘破勞寨
可愛	Ko-ai	Amiable	嗌買嗌布厘
傳報	Chuen pao	Announce	亞鬧吾士
除去	Chu tsiu	Annul	嗳拿厘
解毒	Kie tuh	Antidote	嗳地道地
冷淡	Lan tan	Apathy	隘怕低
顯然	Hien-jan	Apparent	嚐啤倫地

形貌 Ying maau - Appearance 鴨披倫士	息怒 Sik nú - Appease 鴨披士
接尾 Tsip mí - Appendage 鴨噸底柱	思食 Sz shik - Appetite 鴨披大地
稱讚 Ching tsán - Applaud 鴨鋪羅地	分任 Fan yam - Appoint 鴨啪吾地
曉得 Hiú tak - Apprehend 鴨鋪篚嚦地	行近 Hang kan - Approach 鴨鋪勞柱
准了 Tsun liú - Approved 鴨鋪魯乎	定意 Ting í - Arbitration 亞卑地例啞
興起 Hing hí - Arise 亞儘士	喚醒 Wún sing - Arouse 亞嘍士

整齊	Ching tsae - Arrange	亞連枉
上去	Seong hui - Ascend	亞[illegible]地
睡着	Shui tseok - Asleep	亞士獵
聚集	Tsui tsap - Assemble	亞嘥布厘
照派	Chiu pai - Assign	亞晒吾
相交	Seong kau - Associate	亞騷舌
捉拿	Tsok na - Arrest	亞喱士地
訪問	Fong mun - Ask	亞士其
擊打	Kik ta - Assail	亞西厘
允肯	Wan hang - Assent	亞[illegible]地
相帮	Seong pong - Assist	亞思士地
擅取	Sin tsui - Assume	亞蘇唔

必定	Pit ting - Assuredly	亞蘇列黎		驚奇	King ki - Astonish	嗌士當尼暑	
走錯	Tsau tso - Astray	嗌士地例		折斷	Chit tün - Asunder	亞新打	
贖罪	Suk tsui - Atone	嗌叨吾		聯合	Lün hop - Attach	唎嘶柱	
攻打	Kung ta - Attack	唎嘶	嘶字他尺切	試試	Shi shi - Attempt	唎嗲地	
侍奉	Shi fung - Attend	唎呋地		權能	Küen nang - Authority	阿多釐底	
乘機	Shing ki - Avail	嗌威厘		報仇	Po chau - Avenge	嗌嚩柱	

厭見	Im kín - Avert	縊鬱	
等待	Tang toi - Await	縊威地	
分判	Fun fún - Award	縊鑊地	
去了	Hoi liú - Away	縊威	
認保	Yan pó - Bail	敝屋	
會晏	Ui-in - Banquet	嘛抉	
避忌	Pi ki - Avoid	縊哱地	
醒起	Sing hi - Awake	縊威其	
預知	Ui chi - Aware	縊嚇蛩	
拙的	Chut tit - Awkward	惡晞	
火烘	Fo hung - Bake	敝其	
洗禮	Sai lai - Baptisme	唎地岑	

僅殼	Kan hau - Barely	啤亞黎	
洗身	Sai shan - Bathe	嗷△	
呌喊	Kiu ham - Bawl	啵厘	
忍耐	Yan noi - Bear with	啤亞嘩△	
責打	Tsak ta - Beat	必地	
因爲	Yan wai - Because	鼻哥士	
鄙陋	Pi lau - Base	嗷士	
打杖	Ta cheung - Battle	咇地厘	
容忍	Yung yan - Bear	啤亞	
生子	Sang tsz - Bear child	啤亞欽厘	
華美	Wa mi - Beautiful	標地夫厘	夫字花沽切
招手	Chiu shau - Beckon	吡近	

塵封	Tsʻin fung - Bedust	鼻打士地
相宜	Shong-i - Befit	鼻啡
乞	Kat - Beg	咪
開手	Hoi shau - Begin	鼻堅
束帶	Tsuk tai - Begirt	鼻吉地
代	Toi - Behalf	鼻蝦乎
遭着	Tsʻo chuck - Befall	鼻科厘
預先	U sin - Beforehand	鼻科[illegible]
得罪	Tak tsui - Beg pardon	咪柏頓
始初	Chʻi tsʻo - Beginning	鼻堅寧
快去	Faai hui - Begone	鼻干
行爲	Hang wai - Behave	鼻係乎

信	Sun - Believe	鼻簾乎
可愛	Hó oi - Beloved	鼻縷咈
有利	Yau li - Benefit	嚫尔咈
懇求	Hán kau - Beseech	鼻薛柱
除此	Chui tsz - Besides	鼻晒士
賞賜	Sheung tsz - Bestow	鼻士刀
屬	Shuk - Belong	鼻郎
彎曲	Wán kuk - Bend	𠺝地
遺下	Wai ha - Bequeathe	鼻騎△
圍着	Wai cheuk - Beset	鼻薛地
圍困	Wai kwan - Besiege	鼻薛柱
打賭	Tá tú - Bet	𠯿地

定親	Ting ts'an	Betrothe	鼻地羅
謹慎	Kan shun	Beware	鼻威亞
綁住	Pong chü	Bind	拜吾地
可責	Ho tsak	Blamable	布黎米布厘
放血	Fong huit	Bleed	布列地
抹字	Mut tsz	Blot out	布嘩地區地
哀哭	Oi huk	Bewail	鼻威厘
勾魂	Kau wan	Bewitch	鼻嚹柱
咬	Ngau	Bite	拜地
火焰	Fo yim	Blaze	布黎士
塗汚	Tou ü	Blot	佈嗶
吹	Chui	Blow	佈老

吹滅	Chui mit - Blow out	布咾區地	
含羞	Hom shau - Blush	布鏬暑	
誇口	Kwa hau - Boast	㗎士地	
大胆	Tai tam - Bold	㗎厘地	
粗鄙	Tsü pi - Boorish	布簏暑	
鑽眼	Tsün ngan - Bore a hole	玻亞縂蒿厘	
愚鈍	Ui tun - Blunt	布倫地	
投寓	Tau ü - Boarding	啵叮	
煑	Chü - Boil	啵厘	廣東番話拜林
閂	Shan - Bolt	保厘地	
贜物	Tsong mat - Booty	布底	
生出來	Shang tat lai - Borne	撇	

英語集全　卷五　八　事

緯經堂版

借來	Chê lài	Borrow	玻勞
撞着	Ching cheok	Bounce	包吾士
綁了	Pong liú	Bound	包吾地
無限	Mû hán	Boundless	包吾地嗹士
作揖	Tsok yap	Bow	啕（啕字布區切）
頓首	Tun shau	Bow to ground	啕都思蔞吾
刺字	Chi tsz	Brand	布蘭地
勇	Yung	Brave	布黎乎
吵鬧	Chaau naau	Brawl	布羅厘
絕交	Tsüt kaau	Breach of friendship	布列拴阿乎乎蘭涉
失信	Sat shun	Breach of promise	布列拴阿乎舖老尾士
打爛	Ta lán	Break	布加

折斷 Chit tün — Break asunder 布濿亞新打
簡截 Kan tsit — Brevity 布簾非底
簡潔 Kan kit — Briefly 布簾乎黎
爛了 Lan liu — Broken 布祿根
損傷 Sün seung — Bruise 布魯士
建造 Kin tso — Build 畢厘地

吹氣 Chui hi — Breathe 布厘△
賄賂 Kui lo — Bribe 布攋布
拈來 Nim loi — Bring 布凌
拈來了 Nim loi liu — Brought 布嘞地 廣東番話哈布凌
擦 Tsat — Brush 布鑄暑
燒 Siu — Burn 賔

磨光	Mo kwong - Burnish	巴尔暑
埋葬	Mai tong - Bury	啤黎
熱鬧	Yit nau - Bustle	巴士地厘
但係	Tan hai - But	不
千祈	Chin ki - By no means	拜腦面士
偶然	Ngau in - By chance	拜餐士
打開	Ta hoi - Burst	巴士地 又名 布濿溴賓
事情	Sz tsing - Business	卑士呢士 廣東番話卑剪
有事	Yau sz - Busy	卑西 廣東番話哈吉卑剪
買	Mai - Buy	拜
藉此	Tsik tsz - By means of	拜面士阿乎

推算	Tui suen	Calculate	咔厘橋黎地
揚聲	Yeong sheng	Call out	哥厘歐地
拜候	Pai hau	Call upon	哥厘鴫般
做得	Tso tak	Can	啩
來不得	Loi put tak	Cannot come	啩嘞甘
被擄	Pi lu	Captive	急地乎
叫	Kew	Call	哥厘　廣東番話歌林
想起來	Seong hi loi	Call to mind	哥厘都賣吾
來了	Loi liu	Came	鉀
不做得	Put tso tak	Cannot	啩嘞　廣東番話糯啩
去不得	Hui put tak	Cannot go	啩嘞告　廣東番話糯啩敖
小心	Siu sum	Take care	踢騎亞

照顧 Chiu kú - To care 騎亞

仔細 Tsz sai - Careful 騎亞乎厘

潦草 Lo tsó - Careless 騎亞喱士

鬧酒 Nau tsau - Carousal 咔簍佘厘

擔 Tam - Carry 騎黎

肩托 Kin tok - Carry on shoulder 騎黎安騷厘打

手攜 Shau huai - Carry in hand 騎黎烟慳

負 Fú - Carry on back 騎黎安吡

拿去 Ná hü - Carry away 騎黎嗌威

雕刻 Tiu hak - Carve 咔乎

鑄 Chü - Cast 咔士地

擲下 Chat há - Cast down 咔士當 當字作闔吾兩字看

丟去	Tiu hü - Cast away	卡士地嗌威
捉	Tsok - Catch	嘅柱
捉倒	Chok to - Caught	啷
打挣	Ta chang - Caulk	確
緣故	Uen ku - Cause	哥士
儆戒	King kai - Caution	哥哂
停止	Ting chi - Cease	思士
一定	Yat ting - Certain	沙頓
果然	Kwo in - Certainly	失頓黎
搦戰	Nik chin - Challenge	章連柱
無意	Mo-i - Chance	餐士
改轉	Koi chün - Change	吁柱

歌誦 Kó tsung - Chant 餐地

追趕 Chui kon - Chase 妻士

守貞 Shau ching - Chastity 妻士地黎

哄騙 Hung pin - Cheat 切

快活 Fai wut - Cheerful 痴亞乎厘

嚼 Tseuk - Chew 招

吩咐 Fan fú - Charge 搓柱

責打 Tsak tá - Chastise 車士太士

閒談 Han tam - Chat [口切]

寬慰 Fun wai - Cheer-up 痴亞鴨

撫養 Fú yeung - Cherish 車厘署

大概 Tai kói - Chiefly [扌痴]乎黎

挑選	Thiu-sün - Choose	吹士
揀擇	Kän tsák - Choose	粗士
原由	Yuen yau - Circumstances	沙甘士丹佘士
扒	Pá - Clamber	其嗹巴
乾净	Kon tsing - Clean	其連
聰明	Tsung ming - Clever	其嚟花
咽哽	Yan kang - Choke	觸
運動	Wan tung - Circulate	沙橋黎地
有禮義	Yau lai yí - Civil	思乎厘
拍手	Pák shau - Clap	其嚹
清净	Tsing tsing - Clear	其籬亞
揸拿	Chá ná - Clinch	其連柱

剪短	Tsin tuen - Clip	其獵	
緊密	Kun mat - Closely	其老士黎	
交合	Kau hop - Cohabit	告哈必	
聚集	Tsü tsap - Collect	個嚦地	
來	Loi - Come	甘	
令	Ling - Command	甘萬地	
塞住	Sak chü - Close up	其老士鴨	
同年	Tung nin - Coetaneous	該呧尔亞士	
膠粘	Kau nim - Cohere	告希亞	
相打	Seung ta - Combat	甘咇	
安慰	On wai - Comfort	甘[illegible]	
開手	Hoi shau - Commence	甘晚士	

註明	Chü ming - To comment	甘啲地
平常	Ping sheung - Common	甘文
通用	Tung yung - Commonsense	甘文天士
傳達	Chuen tat - Communicate	甘苗尼溪地
可憐	Ho lin - Compassionate	甘啤臣坭地
酬答	Chau tap - Compensate	甘𠾍西地
犯罪	Fan tsui - Commit crime	甘茂𠯿其纜唔
常規	Sheung kwai - Common custom	甘文㖸士泵 廣東番話吉岑
常時	Sheung shi - Commonly	甘文黎
比較	Pi kau - Compare	甘𠼻亞
強逼	Keung pik - Compel	甘𠼻厘
相爭	Sheung tang - Compete	甘𠼻

訴冤 Sú iün - Complain 甘鋪例吾

問候 Man hau - Compliments 甘鋪簾文士

雜會 Tsap ōi - Compound 甘抛吾地

明白 Ming - pak - Comprehend 甘鋪簾嗱地

算 Sün - Compute 甘漂地

允肯 Wan hang - Concede 幹薛

成了 Sing liú - Complete 甘鋪烈

遵依 Tsün i - Comply 甘鋪禮

泡製 Pau tsai - Compound medicine 甘抛吾嘜地臣

勉強 Min keung - Compulsion 甘怕厘啞

藏匿 Tsong nik - Conceal 幹思厘

起意 Hi i - Conceive 幹思乎

定意	Ting-i	Conclude	幹其魯地
依從	I tsung	Concur	幹卡
降臨	Kong lam	Condescend	幹地仙地
行爲	Hang wai	Conduct	幹得地
串合	Chuen hop	Confederate	幹啲打黎地　啲字花尺切
認罪	Ying tsoi	Confess	幹啡士
消化	Seu fa	Concocted	幹確跌
定了罪	Ting liu tsui	Condemn	幹嗻
情形	Tsing ying	Condition	幹地臣
下作	Ha tsok	Conduct, bad	吔幹得地
相談	Seung tam	Confer-with	幹花嚟△
拘困	Kui kwan	Confine	幹快吾

充公 Chung king - Confiscate 幹非士溪地

照樣 Chiu yeung - Conform 幹科唔

混亂 Kwan luen - Confuse 幹啄士（啄字花嬌切）

賀喜 Ho hi - Congratulate 幹忌咧租黎地

相連 Seung lin - Conjoin 幹災五

放縱 Fong tsung - Connive 幹乃平

交戰 Kau tsin - Conflict 幹平濂地

對質 Tui tsut - Confront 幹平倫地

凝了 Ying liu - Congeal 幹知厘

集會 Tsap wui - Congregate 幹忌簾鷄地

貫串 Kuen chuen - Connect 幹嚦地

打羸 Ta ying - Conquer 幹誇

善良	Sin leong - Conscientious	干呢㖑士
開光	Hoi kwong - Consecrate	干思其例地
允准	Wan chun - Consent	干嘶地
保全	Pò chuen - Conserve.	干沙乎
思想	Sz' seung - Consider	干思打
有打算	Yau tá suen - Considerate	干思打黎地
寬慰	Foon wai - Console	干璺厘
串同	Chuen t'ung - Conspire	干士拜亞
常常	Sheung sheung - Constant	干士頓地
設立	Tsit lap - Constitute	干士地啄
拘管	K'ui koon - Constraint	干士地例吾地
製作	Tsai tsok - Construct	干士地叻地

斟酌　Tsam cheok - Consult　干沙厘地

挨着　Ai cheok - Contact　干嗒地

暗想　Am sheung - Contemplate　干嚓鏽例地

争論　Tsang lun - Contend　干吠地

交鋒　Kau fung - Contest　干嗲士

時常　Si sheung - Continual　干天吠厘

燒毀　Siu wai - Consume　干蘇唔

裝載　Chong tsoi - Contain　干梯吾

藐視　Miu si - Contempt　干嚓地

知足　Chi tsuk - Content　干吠地

守節　Shau tsit - Continent　干地紆地

不絕　Put tsüt - Continue　干天吠　吠字夜沽切

中文	English	音
相反	Seung fan - Contrary	干地哩黎
計策	Kae tsak - Contrivance	干地攎墳士
管着	Koon cheok - Control	干地老厘
交談	Kow tam - Converse	干嘩士
定罪	Ting tsui - Convict	干域地
護送	Oo sung - Convoy	干啞
簽題	Tsim tai - Contribute	干地篚錢地
設計	Chit kae - Contrive	干地攎平
順便	Shun pin - Convenient	干非年地
運載	Wan tsoi - Convey	干威
辯倒	Pin to - Convince	干嗌士
煑	Chü - Cook	曲

抄寫	Tsau-sé - Copy	給敝
着	Cheuk - Correct	哥嚦地
改正	Koi ching - Correct, to	都哥嚦地
相符	Seung fú - Correspond	哥𠾴士嘭
可教	Hó kaú - Corrigible	哥𠾴知布厘
敗壞	Pái waí - Corrupt	哥笠地
使費	Shí fai - Cost	哥士地
數	Shú - Count	求吾地
偽做	Ngai tsú - Counterfeit	求吾打咈地
掩面	Im mín - Cover face	給花𠾴士
貪心	Tám sam - Covet	求咈
胆小	Tám siú - Coward	求活

裂了 Lit-liú - Crack 其嚦
懇求 Hau kau - Crave 其例乎

創造 Chong tsò - Create 其篋縊地
入信 Yap shun - Credible 其咧地佈喱

賒 Shé - Credit 其嚦跌
爬 Pá - Creep 其獵

俯伏 Pú-fuk - Crouch 其簍柱
稠密 Cháu-mat - Crowd 其簍地

殘忍 Tsán-yan - Cruel 其嚕咴喱
緝私 Tsap-sz - Cruise 其嚕士

壓破 Át-pò - Crush 其鏬者
啼哭 Tai-hük - Cry 其孻

漢語	English	注音
叫喊	Kiú-hám - cry out	其盧歐地
多計	To kai - cunning	根寧
醫治	I chí - cure	橋亞
咒罵	Chau má - curse	卡士
押任	Ap-yam - custody, keeping	卦烟卡士刃底
割	Kot - cut	吉
積壘	Tsik lui - cumulate	橋苗黎地
有醫	Yau í - curable	橋例布厘
捲起	Kiún-hí - curl	卡厘
截短	Tsit-tün - curtail	卡梯厘，又曰吉喉
規矩	Kwai-kü - custom	卡士仝，廣東話吉孝
斬	Cham - cut	吉

潮氣	Chiu hi	Damp	呫
搖弄	Eu lung	Dandle	顛地厘
靈動	Ling tung	Dapper	喋巴
黑暗	Hak om	Dark	嘚（嘚字地客切）
撞着	Chung cheuk	Dash against	爹暑綌堅士地
日工	Yat kung	Day labor	帝黎播
跳舞	Tiu mo	Dance	吽士
危險	Ngai him	Danger	顛啫
敢	Kom	Dare	爹亞
纖補	Chik pu	Darn	旦
刪去	Shan hui	Dash out	爹暑歐地
毫光	Ho kwong	Dazzling	爹士凌

Sz liù - Dead

死了　呲　廣東番話合睺

Kà kò - Dear

價高　地亞，又曰難鋪盡士。

Cheung sàn - Deathless

長生　爹△嚧士。

Tàng ngon - Debark

登岸　地百，又曰告梳亞。

Chim yuk - Debauch

玷辱　地保杉。

Fù chái - Debt, in

負債　[illegible]數地。

Mái mái - Deal

買賣　地厘。

Seung-oì - Dear

相愛　地亞，廣東番話音爹亞

Kom chí - Debar

禁止　地巴

Í lun - Debate

議論　地敝地。

Hü yeok - Debilitate

虛弱　地畢簾底地。

Pat chái - Decamp

拔寨　地啼

中文	Romanization	English	讀音
問斬	Man tsam	Decapitate	地給卑底地
詐偽	Chá ngae	Deceit	地薛
判斷	Pún tuan	Decide	地晒地
裝飾	Chong shik	Deck, to	笛
講明	Kong ming	Declare	地其嗹啞
斜了	Che liú	Decline	地其攎吾
過世	Kó sae	Decease	地思士
欺騙	Hí pín	Deceive	地思平
定案	Ting on	Decision	地思呃
高談	Kó tam	Declaim	地其咧唔
失足	Shat chuk	Declension	地其嚹呃
免見	Mín kín	Declineseeing	地其攎吾都思

煎欒 Tsin yeok - Decoct 地確地

裝扮 Chong pán - Decorate 地哥例地

引誘 Yan yau - Decoy 地駭

講醜 Kwong tau - Decry 地其嚧

推引 Chui wan - Deduce 地刁士

思想 Si heung - Deem 店

禮儀 Lae-i - Decorum 地哥林

慎重 Shun ching - Decorous 地哥鏤士

減少 Kam siú - Decrease 地其簾士 廣東番話米其嚟士

供奉 Kung fung - Dedicate 爹地溪地

扣除 Kau chü - Deduct 地得地

損壞 Sun wai - Deface 地狒士

Fi fong - Defamation
譭謗　地輝米啞

Ta pie - Defeated
打敗　地咈跌　咈字花結切

Fong shau - Defend
防守　地嚙地

Put chük - Deficient
不足　地非啞地

Kie ming - Define
解明　地快吾

Kwan pian - Defraud
棍騙　地平羅地

Kwai hung - Default
虧空　地科厘地

Fan kau - Defection
反教　地咈啞　咈字花尺切

Chi chi - Defer
遲延　地花

U wai - Defile
汚穢　地快厘

U yük - Deflower
汚辱　地平簍亞

Chi ng fai - Defray
支使費　地平黎

招敵 Cheu' tak - Defy 地快

降級 Kong kap - Degrade officially 地忌㑲地阿非哈黎

喪氣 Song hi' - Dejected 地嗱跌 嗱字志尺切

商量 Sheung leong - Deliberate 地簾巴黎地

好味 Hoó mi' - Delicious 地簾哙士

快暢 Fai cheong - Delightful 地蘯地呼厘 呼字花沽切

屈下 Kwat ha' - Degrade 地忌㑲地

等級 Tang kap - Degree 地忌簾

延遲 In chi' - Delay 地㑲

柔嫩 Yau yuen - Delicate 爹簾溪地

快活 Fai oot - Delight 地礚地

圖形 To' ying - Delineate 爹簾坭地

Hu' iin - Delirious
糊言　參篚釐亞士

Kau hüi' - Deliver back
交回　地篚花咪　咪字鼻尺切

Kau tuit - Deliverance
救出　地篚花倫士

Man to - Demand
問討　地嘪地

Ching ming - Demonstrate
證明　地嗎士地黎地

Chi shüit - Denote
指說　地嬲地

Fu kau - Deliver
付交　地篚花

Kiu sheung - Deliver up
繳上　地篚花鴨

Kü wak - Delude
蠱惑　地料地

Tsit fai' - Demolish
折毀　地摩厘暑

Hou-i - Demur
狐疑　地孖

Chau mat - Dense
稠密　顛士

不認	Puh-yan - Deny	地乃	
倚賴	I-lai - Depend	地嗡地	
干證	Kan-ching - Depone	地袍吾	
口供	Hau-kung - Deposition	地波思啞	
壓伏	Ât-fuk - Depress	地舖哩士	
差遣	Chai-hin - Depute	地標地	
離去	Li-hü - Depart	地拍	
悲哀	Pi-ai - Deplore	地舖羅亞	
寄貯	Ki-chü - Deposit	地破薛	
求赦	Kau-she - Deprecate	地舖嗹溪地	
奪去	Tüt-hü - Deprive	地舖𠻘乎	
攪亂	Kau-lün - Derange	地連杜	

戲笑	Hi shiu - Deride	地禮。地，	
說出	Shuit tcut - Describe	地士其禮。舖，	
應該	Ying koi - Deserve	地沙乎，	
願	Yuen - Desire	地晒亞，	
荒蕪	Fong mui - Desolate	爹騷黎地，	
全無忌憚	Chuen mo ki tan - Desperate	爹士巴。黎地，	
下臨	Ha lum - Descend	地屾地，	
逃捨	To shé - Desert, to	地失地，	
故意	Kú-í - Design	地晒吾，	
止息	Chí sik - Desist	地思士地，	
無望	Mú mong - Despair	地士啵亞 或曰 臘哈	
輕忽	Hing fat - Despise	地士拜士，	

命運	Ming wan	Destiny	爹士地尼
分撥	Fun puit	Detach	地⿰口截柱
查獲	Cha wok	Detect	地啺地，啺字他尺切
定志	Ting chi	Determine	地他綿
設計	Chit kai	Devise	地歪士
戒口	Kai hau	Diet, to	都大咽地
敗壞	Pie wai	Destroy	地士地來
強留	Keung low	Detain	地天 或曰 地梯吾
嚇退	Hak toi	Deter	地他
憎恨	Tsang han	Detest	地嗲士地，嗲字他賒切
死	Sz	Die	大 廣東番話讀底字
分別	Fun pit	Differ	啲花

不同 Puttung - Different 地花倫地。

宣佈 Suenpui - Diffuse 地吥士，吥字花天切

消食 Seuchik - Digest 大啫士

怠緩 Toi oon - Dilatory 地例多黎。

冲淡 Chungtam - Dilute 地料地，

減少 Kamsiu - Diminish 地面尔暑，

難 Nan - Difficulty 地啡加厘。

掘 Kwat - Dig 滴

尊敬 Tsunking - Dignified 滴尔快地，

勤工 Kankung - Diligent 地筐準地，準字著痕切

失光 Shat kwong - Dim 店

食大餐 Shik tai tsan - Dine 大吾，廣東番話乃吾

拂起 Fatchi - Dish up 碟鴨

汚穢 U wae - Dirty 打地

不許 Putchi - Disallow 地士亞簍

失信 Shatshun - Disappoint 地士鴨培吾

失次序 Shatchi'i tsu - Disarrange 地士亞連柱

不信 Putshun - Disbelieve 地士鼻簟乎

指引 Chiyan - Direct 大懣地

不和 Putwo - Disagree 地士鑑忌簟

不見了 Putkienliau - Disappear 地士鴨披亞

不合意 Puthoh-i - Disapprove 地士鴨舖魯乎

散兵 Sanping - Disband 地士啉

分給 Fankah - Disburse 地士巴士

發放	Fát fong - Discard.	地士咭　咭字其乞切
起貨	Hí fo - Discharge cargo	地士查柱卡告
操練	Tso lin - Discipline	地涉舖連
洩漏	Sit lau - Disclose	地士其老士
不安	Put on - Discomfort	地士甘噣
心不足	Sum put tsuk - Discontented	地士干吠秩
辭卻	Chí heuk - Discharge	地士查柱
釋放	Shik fong - Discharge	地士查柱
不招	Put chiú - Disclaim	地士其例唔
敗北	Pái pák - Discomfit	地士甘咈　咈字花結切
煩擾	Fán iú - Discommode	地士甘冒地
停止	Ting chí - Discontinue	地士干天天

Chá tout - Discover
查出 地士給花

Mú lae - Discourteous
無禮 地士哥嗜士

Sheung ngon - Disembark
上岸 地士嗍百

Kái kit - Disentangle
解結 地士蜖廰忌厘

Shut tsan - Disfigure
失眞 地士唊伽

Sau yuk - Disgraced
受辱 地士忌例士

Kong lun - Discourse
講論 地士哥士

Kái tüt - Discumber
解脫 地士甘吧

Mú sz' - Disengaged
無事 地士𠸎計杜

Pí tsín - Disesteem
鄙賤 地士咴士啲

Au tsut - Disgorge
嘔出 地士歌杜

Hoi tong - Disguise
改裝 地士佳士

廣東番話糯吉必簡

嫌氣 Him hei - Disgust 地士加士地

看輕 Hon hing - Dishonor 地士安拿

不中意 Pat chong i - Dislike 地士孻其，廣東音話[illegible]孻其

冷落 Lan lok - Dismal 地士咪厘

折梚 Tsit wan - Dismount 地士孖士

推拒 Tui kü - Dismiss 地士咪士

不忠厚 Pat chong hau - Dishonest 地士安呢士

離開 Li hoi - Disjoin 地士災吾

不忠 Pat chong - Disloyal 地士老耶厘

驚惶 King wong - Dismay 地士咩

凌刷 Ling tsʻi - Dismember 地士喃巴

革職 Kak tsik - Dismiss from office 地士咪士乎林阿非士

下馬 Hà má - Dismount 地士卯吾地

不孝 Pit háu - Disobedient 地士澳卑典地

不遵 Pit tsün - Disobey 地士澳敝

不照料 Pit chiú liú - Disoblige 地士鴨布蘆柱

雜亂 Tsap lün - Disorder 地士阿打

放肆 Fong sz' - Disorderly 地士阿打黎

不認 Pit yan - Disown 地士澳吾

不稱 Pit ching - Disparity 地士啵嚟底

寄付 Kí fú - Dispatch, to 地士嘰柱

消除 Siú chü' - Dispel 地士啵厘

布施 Pú shí - Dispense 地士嘭士

驅民 Kü man - Dispeople 地士卑布厘

分散 Fan sán - Disperse 地士怕士	搬亂 Pún lün - Displace 地士舖黎士
繁華 Fan wá - Display 地士舖黎	忤意 Ng-í - Displease 地士舖籬士
安放 On fong - Dispose 地士保士	性情 Sing tsing - Disposition 地士破思啞
不配 Pat pói - Disproportion 地士舖老波臣	争論 Tsang lun - Dispute 地士標地
不顧 Pat kú - Disregard 地士籬咭（咭字加察切）	不合口味 Pat hop hau mí - Disrelish 地士哩籬暑
不恭敬 Pat kung king - Disrespect 地士哩士批	寬大衣 Foon tai-í - Disrobe 地士啦

Sum put tsuk - Dissatis-fied
心不足
地士噼地士吷

Fa fai - Dissipate
花費
地士涉敏地

Ching tsau - Distil
烝酒
地士地厘

Sum tsap - Distracted
心雜
地士地嚦跌

Fan pai - Distribute
分派
地士地䈬標地

Lo'tung - Disturb
勞動
地士嗒　嗒字他恰切

Sui'kot - Dissect
碎割
地錫地　錫字沙尺切

Yung fa - Dissolve
鎔化
地梳厘平

Fan ming - Distinguish
分明
地士丁居暑

Fu'tso - Distress
苦楚
地士地喱士

Pat shun - Distrust
不信
地士地鎛士

Tsz sz - Disturbance
滋事
地士他嗔士

不睦	Pat luk - Dissension	地士天年
沬水	Mi shui - Dive	大平　廣東番話乃平
占卦	Tsim kwa - Divine	地歪吾
做	Tsò - Do	都　廣東番話叔
家務	Ka mú - Domestic affairs	道咩士得亞㖿亞士
思疑	Sz yí - Doubt	斗地
不用	Pat yung - Disuse	地士天士
分	Fan - Divide	地挾地
出妻	Tsut tsai - Divorce	地埚士
莫	Mok - Do not	都嘫　又曰端
做了	Tsò liú - Done	敦
無疑	Mú yí - Doubtless. Undoubtedly	斗地哩士　又曰膉斗地

牽　Hin – Drag after　地嚧極平打

拉　Lái – Drag – Draw　地嚧　又曰　地羅

汲水　Káp shui – Draw water　地羅蝸打

扯出　Ché tsut – Draw out　地羅歐地

執籌　Tsap chau – Draw lots　地羅吩士

縮　Suk – Draw in　地羅烟

引近　Yan kan – Draw near　地羅尓亞

彎弓　Wán kung – Draw a bow　地羅縊傒

拔釘　Pat ting – Draw nails　地羅哋哩士

寫畫　Sé wá – Drawing　地羅營

畏怕　Wai pá – Dread　地唎地

發夢　Fat mung – Dream　地鐮

穿衣	Chün-e - Dress.	地咧士	
漂流	Piu low - Drift	地箆乎地	
飲	Yam - Drink	地令其	
鞭馬	Pin mai - Drive	地蘆平	
放落去	Fong lok hü - Drop down	地笠當	
飲醉了	Yam tsui liu - Drunk	地凌其	俗話帖時
乾了	Kon liu - Dried	地鑪地	
教練	Kau lin - Drill	地箆厘	
滴	Tik - Drip	地獵	
趕逐	Kon tuk - Drive out	地蘆平歐地	
沉死	Chum sy - Drown	地漏吾	
乾	Kon - Dry	地蘆	

晒	Shai - Dry in sun	地爐㷔新	
焙	Pui - Dry at fire	地爐唎㹇亞	
欠	Him - Due	刁	
鈍	Tun - Dull	打厘	
催促	Tsui chuk - Dun, to	敦	
堅固	Kin ku - Durable	刁例布厘	
適值	Shik chik - During	刁凌	
孝順	Hau shun - Dutious	刁地亞士	
本分	Pun fan - Duty	刁底	
居住	Kü chü - Dwell	𠵱喊厘	
染	Yim - Dye	大	

惚忙 Sung mong	Eager	衣加
發奮 Fat fan	Earnest	晏吩士地
容易 Yung i	Easily	衣時黎
食 Shik	Eat	啢
慳儉 Han kim	Economical	衣哥腦沬加厘
成 Sing	Effect	咴呿地（呿字花尺切）
聽得 Teng tak	Earn	晏
自然 Tsz in	Ease	衣士
易 I	Easy	衣西
可食得 Ho shik tak	Eatable	咟低布厘
教訓 Kau fan	Educate	唎租溪地
功力 Kung lik	Efficacy	咴非溪西

趕出	Koi tsut	Eject	意蔫地
高興	Ko hing	Elate	意例地
選舉	Suen kü	Elect	意嚦地
佳	Kái	Elegant	咳簾根
舉	Kü	Elevate	咳簾維地
私逃	Sz to	Elope	意啦
有口才	Yau hau tsoi	Eloquent	咳老昆地
另外	Ling ngoi	Else	咳厘士
香奩	Heung lim	Embalm	噘巴唔
封江	Fung kong	Embargo	噘巴鴣
下船	Hái suen	Embark	噘百
裝飾	Chong shik	Embellish	噘啤簾暑

懷抱	Wai pò	Embrace	唵布例士
乘機	Shing kí	Embrace an opportunity	唵布黎士唌嗚𠯋尊你底
繡	Sau	Embroider	唵布來打
浮出	Fau chut	Emerge	意孖柱
過洋	Kwo yeung	Emigrate	唵米𠯋黎地
位尊	Wai tsuen	Eminent	唵米年地
窺探	Kwai tam	Emissary	唵未沙黎
感動	Kom tung	Emotion	意毛咗
用	Yung	Employ	唵舖來
事業	Sz yip	Employment	唵舖來文
放毒藥	Fong tuk yeuk	Empoison	唵培咗
委任	Wai yam	Empower	唵拋亞

空虛	Hung hü - Empty	嚈底	
效法	Hau fat - Emulate	嚈苗黎地	
立法	Lap fat - Enact laws	意嘧羅士	嘧字合手尺切
籠困	Lung kwan - Encage	嘲溪桂	
被鎖	Pi so - Enchained	烟妻吾	
交戰	Kau chin - Encounter	嘲扣吾打	
倒出	To tut - Empty out	嚈底歐地	
俾得	Pi tat - Enable	嘲坭布厘	
最得意	Tsui tak i - Enamour	意坭磨	
下營	Ha ying - Encamp	嘲蹦	
迷惑	Mai wat - Enchant	烟吁地	
鼓勵	Ku lai - Encourage	嘲求黎桂	

侵佔 Tsum chim - Encroach 嗯其老柱
完了 Uen liú - Ended 嗯跌
無終 Mú chung - Endless 嗯地哩士
容忍 Yung yan - Endure 嗯丢亞
虛弱 Hü yeok - Enfeeble 嗯非布厘
任用 Yam yung - Engage in 嗯鷄柱烟

完 Uen - End 嗯
試 Shi - Endeavor 嗯爹科
簽名 Tsim meng - Endorse 嗯多士
烈性 Lit sing - Energy 意拿濟
勒令 Lak ling - Enforce 嗯科士
託 Tok - Engage one to do 嗯鷄柱溫都都

有事 Yau sz - Engaged 烟鷄柱、廣東番話哈吉單剪

雕刻 Tiú hak - Engrave 烟忌例乎、

受享 Shau heung - Enjoy 烟災

做大 Tsò tai - Enlarge 烟鏤柱、

尊重 Tsün chung - Ennoble 烟腦布厘、

足 Tsuk - Enough 衣拿乎、廣東番話烟粒

束帶 Chuk tai - Engird 烟吉

加增 Ká tsang - Enhance 烟慳士、

歡喜 Foon hi - Enjoyment 烟災文

怨 Uen - Enmity 烟未底

格外 Kak ngoi - Enormous 意糯麻士

激怒 Kik nú - Enrage 烟例柱

做册	Tsou tsak - Enroll	啲老厘
爲奴	Wai nú - Enslave	啲士黎乎
入	Yap - Enter	啲打
欽待	Yam toi - Entertain	啲他呋
專心	Tsün sum - Enthusiastic	啲都佘士得
全	Tsün - Entirely	啲太也黎
安神	On shan - Enshrine	啲署盧吾
網住	Mong chü - Entangle	啲麗忌厘
出身	Tsut shan - Enter on life	啲打安盧乎
登位	Tang wai - Enthrone	啲地老吾
誘惑	Yau wak - Entice	啲太士
應得	Ying tak - Entitle	啲太地厘

落葬 Lor tong - Enterrd 咽喋	陷穽 Hám tsing - Entrape 咽地喱。	纏繞 Chin cui - Entorine 咽地歪吾、	妒娓 Tu ki - Envy 咽維	平肩 Ping kin - Egual 衣咓厘、	同樣遠 Tung yeong ün - Equidistant 衣咓地士、頓
口 Hau - Entrance 咽地、倫士。	懇求 Kan kau - Entreat 咽地、烈。	計算 Kai suen - Enumerate 咽奴麻黎。地、	別字 Pit tsz - Epithet 衣披跌	均分 Kwan fan - Equallydivide 衣㯕黎地歪地、	公義 Kung i - Equity 衣決底

两面話	Leung mien-wá - Equivocal	衣諾彌加厘
拔根	Pát kan - Eradicate	衣列地溪地
塗抹	Tú mut - Erase	意例士
竪立	Shü lap - Erect	意嚦地
錯過	Tso kó - Error	極羅
爬城	Pá shing - Escalade	咴士赤黎地
脫逃	Tüt tó - Escape	咴士溪鋪
護送	U sung - Escort	咴士割
尤宜	Yau í - Especial	咴士啤佘厘
探試	Tam shí - Essay	咴西
建立	Kin lap - Establish	咴士搭布靡署
估價	Kú ká - Estimate	咴士地咪地

中文	讀音 - 英文	譯音
永遠	Wing ün - Eternal	衣他吶厘
免	Mien - Evade	意威地
假借	Kai chi - Evasion	意威啞
平	Ping - Even	衣墳
口供	Hau kung - Evidence	咴曬頓士
顯然	Hin ün - Evident	咴非頓
惡	Oh - Evil	衣華厘
正當	Ching tong - Exact	益嗒地
荒唐	Fong tong - Exaggerate	益嗒揸黎地
好高	Hoo ko - Exalt	益梳厘地
查察	Chá tsát - Examine	益咗文
驗貨	Yim fo - Examine goods	益咗文豁士

考試	Hau sz - Examination, Literary	烈他哩黎益巳酉㖿哂	
越	Ut - Exceed	益薛	
佳妙	Kai miu - Excellent	益𠸎倫地	
除非	Chü fí - Except	益𠹭地	
太多	Thai tó - Excess	益𠸎士	
太甚	Thai sham - Excessive	益𠸎思乎	
找換	Chau ún - Exchange	益士吁柱	
惹	Yé - Excite	益晒地	
驚歎	King tán - Exclaim	益士其咧唔	
逐出去	Chuk chhut hü - Exclude	益士其魯地	
恕	Shü - Excuse	益士橋士	
見諒	Kin leong - Excuse	益士橋士𠲖	

成	Sing	Execute	益思橋地
學習	Hok tsap	Exercise	益沙晒士
出力	Tsut lik	Exert	益殺
陳設	Chun tsit	Exhibit	益士希必
開放	Hoi fong	Expound	益士班地
便宜	Pin i	Expedient	益士卑典地
法外	Fat ngoi	Exempt	益巳地
遊	Yau	Exercise, take	式益沙晒士
盡了	Tsun liu	Exhaust	益杭士地
在	Tsoi	Exist	益思士地
想望	Sheung mong	Expect	益士吡地
加緊	Ka kan	Expedite	益士卑太地

驅逐 Kü chük - Expel 益士敝厘

使用 Sz' yung - Expense 益士嗲士

使費大 Sz' fai tai - Expensive 益士嗲思平 各 都乜林益士嗲士

氣息 Hi sik - Expire 益士拜亞

解 Kai - Explain 益士舖例吾

詳解 Tseung kai - Explanation 益士舖例哌啞

功勳 Kung fan - Exploit 益士舖來地

擺出 Pai chut - Explore 益士煲士

字眼 Tsz' ngan - Expression 益士舖噸哦

特 Tik - Expressly 益士舖噸士黎

普及 Pu kap - Extend 益士呩地

啟期 Kai kei - Extend the time 益士呩地太唔

廣濶 Kwong fut - Extensive 益士吠思乎

盡除 Tsun chü - Extinct 益士丁地

剿滅 Tsiü mit - Extirpate 益士他敝地

拔出 Pat tsut - Extract 益士地嚦地

花費 Fa fai - Extravagant 益士地鎅輝根

救難 Kau nan - Extricate 益士地篚溪地

滅絕 Mit tsüt - Exterminate 益士他面尼地

滅息 Mit sik - Extinguish 益士丁居暑

勒索 Lak sok - Extort 益士撻地 又曰 士居士

出奇 Tsut kéi - Extraordinary 益士地黎阿𩔖拿黎

極 Kik - Extremely 益士地廉黎

親眼見 Tsan ngan kin - Eyewitness 挨𡀔呢士

喻言 Yü yuen - Fable 輝布厘

捷徑 Tsih king - Facilitate 啡思箆低地

實情 Shat tsing - Fact 啡士 嘜字花尺切

失 Shut - Fail 輝厘

公平 Kung ping - Fair 啡亞

忠厚 Chung hau - Faithful 輝△夫厘 大字花茄切

對面 Tui min - Face to face 輝士都輝士

向 Heung - Facing 輝成

磨鍊 Mo lin - Fag 啡

疲倦 Pe kuen - Faint 輝五地

信德 Shun tuk - Faith 輝△

無信 Moo shun - Faithless 輝△𠺢士

跌落 Tit lok - Fall 科厘，廣東番話科林

假 Ká - False 科厘士，

誣告 Mú kò - False accusation 科厘士、科厘士嘅檣西吔

名聲 Ming shing - Fame 輝唔

名聞 Ming mun - Famous 輝麻士，

殊異 Shü í - Far different 花地弗倫地，

跌下來 Tit há loi - Fall down 科厘當

大話 Tái wá - Falsehood 科厘士濶地，濶字何豁切

隱縮 Yan suk - Falter 科厘打

相厚 Seung hau - Familiar 啡未厘亞，

心躁 Sum tò - Fancy 噃西

水腳 Shü keuk - Fair 啡亞，又曰 啵西杜蚊尼

送別 Sung pit - Farewell 啡亞喊厘

雜語 Tsap yu - Farrago 花黎高

時興 Sz hing - Fashion 嘩呃　嘩字花亊切

快 Fai - Fast 花士地

齋戒 Tsai kai - Fast 花士地

定數 Ting sou - Fate 輝地

餞行酒 Tsin hang tsau - Farewell dinner 啡亞喊厘顛拿

且有 Tche yau - Furthermore 花打摩

時款 Sz fun - Fashionable 嘩呃坭布厘　廣東番話烏花臣

緊 Kan - Fast 花士地

關于命 Kwan ü ming - Fatal 輝打厘

測 Tsik - Fathom 啡泵

不可測 Pat hó tsik - Fathomless 啡泵嚟士

過處 Kó shü - Fault 科厘地

恩典 Yan tín - Favor 輝華

寵愛 Tsúng oi - Favorite 輝華列

無所怕 Mò sò pá - Fearless 非也嚟士 糯非也

規銀 Kwae ngan - Fee 非

困倦 Kwan kuen - Fatigued 肺得

無過 Mò kó - Faultless 科厘地嚟士

乞恩 Hat yan - Favor - beg 吡輝華

怕 Pá - Fear 非也

安 On - Feast 非士地

軟弱 Uen yeuk - Feeble 非布厘

養 Yeung - Feed 啡 唏字花緒切

覺 Hok - Feel 非厘

自盡 Chi tsun - Felo-de-se 非老地媳

狠惡 Hang ok - Ferocious 非老嚓士

取來 Tsui loi - Fetch 啩杜

僞的 Ngai tik - Fictitious 啡地嚓士

感恩 Kom yan - Feel obliged 非厘鴨布纖杜

仁慈 Yan tsz - Feeling 非零

羞愧 Sau chau - Feel ashamed 啡厘㘝咪啤

渡費 Too fai - Ferriage 花黎杜

少 Siu - Few 呀 呀字花𠺝切

猛 Mang - Fierce 非亞士

打架	Ta kia - Fight	快地	
形	Ying - Figure	啡茹	
孝	Hiau - Filial	非厘厘	
入滿	Yap mun - Fill	非厘	
承任	Shing yam - Fill an office	非厘嘍啊非士	
穢物	Wai mat - Filth	非厘△	
汚穢	U wai - Filthy	非厘紙	
終然	Chung-in - Finally	快拿黎	
尋	Tsam - Find	快吾地	
罰銀	Fat ngan - Fine	快吾	
完了	Un liu - Finish	吩尔署	吩字花壁切
可限	Ho han - Finite	非乃地	

中文	Romanization	English	音
放火	Fong fo	Set fire	噻快也
放炮	Fong pau	Fire gun	快也根士
堅固	Kin ku	Firm	花唔
執意	Chap i	Firm purpose	花唔柏保士
穩當	Wan tong	Firmly	花唔黎
昏迷	Fan mai	A fit	繿咈（咈字花結切）
合宜	Hop i	Fit	咈（咈字花結切）
定	Ting	Fix	咈士
定日期	Ting yat ki	Fix a day	咈士繿低
實價	Shat ka	Fixed price	咈士的鋪盧士
殘虐	Tsan yeuk	Flagrant	平黎忌倫地
展翅	Chin chi	Flap the wings	平嘛地永士

壓扁 At pien - Flatten 平叻頓

奉承 Fung shing - Flatter 平叻打

鋪擺 Pu pai - Flaunting 平漏吾丁

氣味 Hi mi - Flavor 平黎華

剝皮 Mok pi - Flay 平黎

飛去 Fi hü - Flee away 平簏蘊威

丟拋 Tiu pau - Fling 平靈

亂撞 Luen chong - Flirt 平律

浮水 Fau sui - Float 平老地

羣 Kwan - Flock 平洛

鞭撻 Pin tatt - Flog 平洛

茂盛 Mau shing - Flourish 平鏄厘暑

豐盛 Fung shing — Flourishing 平鑄簾成	流 Lau — Flow 平老
應答如流 Ying tap ü lau — Fluent 平路煞地	飛 Fi — Fly 平禮
仇敵 Shau tik — Foe 埠 科高切	封起 Fung hi — Fold up 埠厘地鴨
斂手 Lim shau — Fold hands 埠厘地嚳士	跟隨 Kan tsui — Follow 科勞
癡呆 Chi ngoi — Folly 科黎 又曰 大厘	疼愛 Tang oi — Fond 曉地，曉字花看切
太癡 Thai chi — Foolish 夫厘暑	因為 Yan wai — For 科

代我	Toi ngó — For me	科沬	
忍耐	Yan noi — Forbear	科啤亞	
用力	Yung lik — Force	科士	
先	Sin — Fore	科亞	
來路	Loi lú — Foreign	科倫	
先見	Sin kin — Foresee	科思	

永世	Wing sai — For ever	科吠華	
禁止	Kam chi — Forbid	科必	
強逼	Keung pik — Force	科士	
承上	Shing sheung — Foregoing, as the	哝上地科衞營	
先知	Sin chi — Foreknow	科膯	
先言	Sin ün — Foretold	科嗲厘	

中文	粵音	English	切音
罰	Fat	Forfeit	科啡　啡字花結切
冒字跡	Mo tsz chick	Forge	科杜
無記性	Mo ki sing	Forgetful	科嗜夫厘
赦了	Shé liú	Forgiven	科基墳
結子	Kit tsz	Formicide	科唔辭士
利害	Li hoi	Formidable	科篾低布厘
抵命	Taeming	Forfeiture	科啡希士攝平
忘記	Mong ki	Forget	科嗜
赦罪	She tsui	Forgive	科基平
格式	Kak shik	Form	科唔
從前	Tsung tsin	Formerly	科麻黎
姦情	Kan tsing	Fornication	科尔溪啞

捨棄	She ki - Forsake	科西其		就	Tsao - Forthwith	科△嘜△
將出	Cheong tsut - Forthcoming	科△甘明		防虞	Fong yue - Fortify	科坻快
福分	Fuk fan - Fortunate	科尊坭地		無彩數	Mo tsoi shu - Bad fortune	吧科尊
好彩	Ho tsoi - Good fortune	谷科尊		撫育	Fu yuk - Foster	科士打
濁	Chuk - Foul	埠厘		尋着	Tsam cheuk - Found	埠吾地
零碎	Ling sui - Fraction	乎嚇唔		脆	Tsui - Fragile	乎黎槧厘

Chai too' - Frame	製造	平例晤
Kwong pin - Fraud	誑騙	平羅地
Tsz chü - Free	自主	平簾
Tsui' pin yam - Freely drink	隨便飲	平簾黎地璽其
Sun sin - Fresh	新鮮	平壢著
King - Frighten	驚	平鑪頓
Kit yee - Fraternize	結義	平例打乃士
Tsau nau - Fray	吵鬧	平例
Kom sum - Freewill	甘心	平簾雕厘
Ping kit - Freeze	冰結	平簾士
Pang yau chi to - Friendship	朋友之道	平嗹涉
Yau - From	由	平林

冰死了 Pingszliu - Frozen to death 乎老臣都爹△

炒 Tsau - Fry 乎爐

依言 Iyuen - Fulfill 夫厘非厘 夫字花姑切

滿 Moon - Full 夫厘

長大 Cheung tai - Full grown 夫厘忌老吾

游戲 Yau hi - Fun 分

送葬 Sung tong - Funeral, Attend a 啡呋綸吓拿鏬厘

磨光 Mo kwong - Furbish 花卑暑

大怒 Tai nú - Furious 吓厘亞士 吓字花嬌切

狂猛 Kwong mang - Furiously 吓簾亞士黎

供足 Kung chuk - Furnish 花尼嗜

重有麼 Chung yau mo - Further what 喝花打△

喧嘩 Hwen wá - Gabble 嘅布厘

賺 Chàn - Gain 蟻吾、蟻字畧帶有鼻音讀此字須去鼻音乃正

賭錢 Tú tsín - Gamble 𠺢布厘

嗽口 Sau hau - Gargle 家忌厘

斬傷 Tsám sheung - Gash 𠺢暑

收集 Shau tsap - Gather 𠺢打

丈量 Cheung leung - Gauge 都鷄柱、鷄字讀蟻字但要去鼻音

跑 Páu - Gallop 𠺢立

一羣 Yat kwan - Gang 頸

粉飾 Fan shik - Garnish 家尔暑、家字讀呀字去鼻音

氣緊 Hí kan - Gasp 家士鋪

收拾 Shau shap - Gather up 𠺢打鴨

標緻 Piu chi - Gay 蟻 蟻字去聲鼻音

大概 Tai koi - Generally 嘽拿鍏黎。

雅 Ngá - Genteel 嘽地厘、

輕輕 Hing hing - Gently 嘽地黎

得 Tak - Get 咭

行開 Hang hoi - Get away 咭嗌威

注定眼 Chü ting ngán - Gaze 鷄士、鷄字同士

大量 Tai leung - Generous 嘽拿鷄士。

温和 Wan wo - Gentle 嘽地厘、

眞實 Tsun shat - Genuine 嘽烏然

起身 Hi shan - Get up 咭嗚

做起佢 Tsò hi kü - Get it finished. 咭呵吩不晷、吩字花笈切

脫手 Tüt shau - Got rid of 嗝列㷊阿乎

暈 Wan - Giddy 結疷

束綁 Chuk pong - Gird 家地，家字讀嘢字去鼻音

被 P'i - Give 基乎，廣東番話切

歡喜 Fún hi - Glad 忌喇

閃過 Shim kó - Glanced off 忌爛士阿乎

做便 Tsò pin - Get ready 嗝列疷

鋪金 P'ū kam - Gild 基厘地

札束 Chát chuk - Gird up 家地鴨　家字同上

交出 Kau ch'ut - Give up 基乎鴨

閃眼 Shim ngan - Glance 忌爛士

閃光 Shim kwong - Gleam 忌㷊

潛行	Tsimhang	Glide	忌蠶地
放光	Fongkwong	Glisten	忌簏臣
朦朧	Mungtung	Gloomy	忌魯迷
榮	Ying	Glory	忌老黎
飽飫	Pau ue	Glut	忌力地
嘬	Chut	Gnaw	糯
暗火	Om fo	Glimmering	忌廉麻凌
燦爛	Tsan lan	Glittering	忌列打淩
榮華	Ying wa	Glorious	忌老厘亞士
光潤	Kwong yun	Glossy	忌羅西
咬牙	Ngau nga	Gnash	呢暑
去	Hui	Go	高　鰲字去鼻音

中文	粵音	English	英音
落去	Lok hui	Go down	高當　當字作荳吾兩字看
去歸	Hui kwai	Go home	高龕
入去	Yap hui	Go in	高烟
出去	Tsut hui	Go out	高歐地
上樓	Sheung lau	Go upstairs	高鴨士爹亞士
落樓	Lok lau	Go downstairs	高當士爹亞士
開船	Hoi shün	Go on board	高安砵
埋街	Mai kai	Go ashore	高繿梳亞
去到	Hui to	Go to	高都
去拈來	Hui nim loi	Go and bring	高咹布夜
去作工	Hui chok kung	Go to work	高都域
臨去	Lam hui	Going	高營

往來	Wong loi - Go and come	高嘜甘
去了	Hui liu - Gone	岸 讀岸字須去鼻音 廣東番話合高
請了	Tsing liu - Good bye	豁拜
爽神	Song shun - Good health	豁唏厘△
好品性	Ho pun sing - Goodnatured	豁埿啫
善良	Sin leung - Good will	豁雕厘
閒談	Han tam - Gossip	歌涉
管	Koon - Govern	家墳
恩惠	Yan wai - Grace	忌咧士
謙卑	Him pi - Gracious	忌黎哙士
漸漸	Tsim tsim - Gradual	忌喇租咗厘
大哉	Tai tsoi - Grand	忌嚾地

中文	粵音	English	切音
威風	Wai fung	Grandeur	忌囒刀亞
揸住	Cha chü	Grasp	忌鏵士鋪
威嚴	Wai ngim	Gravity	忌例非底
大	Tai	Great	忌例地
憂愁	Yau sau	Grieve	忌廬乎
磨麪	Mo min	Grind flour	忌蘦吾地乎𠱡亞
允准	Wan tsun	Grant	忌欄地
感恩	Kom yan	Grateful	忌黎地夫厘
噬草	Shi tso	Graze	忌例士
重罪	Chung tsui	Great crime	忌例地其蘦唔
磨	Mo	Grind	忌蘦吾地
呻吟	Shan yam	Groan	忌勞吾

無根由 Mo kan yau - Groundless 忌籠吾地嚦士

生 Sang - Grow 忌爐

猜度 Chai tok - Guess 嫁士

有罪 Yau tsui - Guilty 基厘底

吞下 Tun hai - Gulp 家厘舖

不停杯 Put ting pui - Guzzle 家士厘 家字作呀字看俱去鼻音

一隊 Yat tui - Group 忌笠

保護 Po u - Guard 咭地

引導 Yan to - Guide 佳地

無罪 Mo tsui - Not guilty 嘞基厘底

滾出 Kwan chut - Gush out 呀暑歐地

慣 嘞必 Kwán - Habit 廣東番話古怪

落形容 嘿咕 Lók yìng yung - Haggard

半生熟 蝦乎敦 Poon sang shuk - Half done

傳落 噁當 Chuen lok - Hand down

拈弄 噁地厘 Nim lung - Handle

吊 興 Teu - Hang

削壞 嘿 Seok wai - Hack 嘿字氣尺切

招 兮厘 Chiu - Hail

呈上 噁鴨 Ching sheung - Hand up

揸手 昔噁 Chá shau - Shake hand

筆跡 噁爐叮 Pat tsik - Handwriting

掛起 興鴨 Kwa hi - Hang up

自縱 Chú-a - Independency 嚶謙畛厘平
喜 Hói - Happy 嚇啤
僅夠 Kun kau - Hardly enough 乞地黎烟拿平
無傷 Mü séong - Harmless 喊嚦士 又音 嚂喊
性急 Sing kap - Hasty temper 兮士底嗲巴
可惡 Hó-ù - Hateful 兮地夫厘

偶遇 Ngau ngü - Happened to meet 嚇賓都篾
竊賊 Ts'ò tsák - Housethieves 蝦波地平士
害 Hoi - Harm 喊
忙速 Mong chuk - Haste 兮士地
憎惡 Tsang ù - Hate 兮地
扯起 Ché hí - Haul up 賀厘鴨

有 Yau - Have 唏平 廣東番話哈吉	無 Mo - Have not 唏平嗷 廣東番話糯吉
見過 Kin kò - Having seen 唏云先 廣東番話哈思	醫病 I ping - Heal 希厘
壞身 Wai shan - Health injure 烟租亞唏厘△	精神 Tsing shan - Healthy 唏厘底△
堆積 Tui chek - Heap up 協鴨	聽 Ting - Hear 希亞
風聞 Fung man - Hearsay 希亞西	帮助 Pong tsò - Help 唏厘鋪
扶起 Foo hi - Help up 唏厘鋪鴨	無可奈何 Mò kò noi ho - Help it cannot 乾嗷唏厘鋪咽

從今以後	嚫士	Tsung kam i hau - Hence
世襲	啼𡍣地打黎	Sae tsap - Hereditary
砍	僥	Hom - Hew
阻	牽打	Tsó - Hinder
打着	歇	Tá cheuk - Hit
持住	蒿𡍣地	Chi chü - Hold
後來	希也極平打	Hau loi - Hereafter
向來	希也都科	Heung loi - Heretofore
躲匿	雖地	To nik - Hide
僱	雖亞	Kú - Hire
扯上	開士地	Ché sheung - Hoist
放手	吻高蒿𡍣地	Fong shau - Hold, let go.

孔 Kung - Hole 蒿屋

忠厚 Chung hau - Honest 安呢士

鈎任 Ngau chü - Hoot 哭

跳 Tiu - Hop 哈

有望 Yau mong - There is hope 爹亞衣士哈

關係 Kwan hai - Horrible 賀羅布屋

空 Hung - Hollow 賀勞

恭敬 Kung king - Honor 安拿

喝 Hot - Hoot 潤 潤字何豁切

望 Mong - Hope 哈

冇望 Mo mong - Hopeless 哈哩士 又日 臘哈

如何 U ho - How 侯

豈敢	Hi kom - How dare	㑲爹亞
幾多	Ki to - How many	侯嘛尒 又曰 侯乜柱
幾久	Ki kau - How long	侯郎
幾遠	Ki iin - How far	侯花
幾多歲	Ki to sui - How old	侯澳厘地
焉得	In tuk - How shall	侯𡁻厘 又曰 侯嘞
謙遜	Him shun - Humble	罏布厘
肚餓	To ngo - Hungry	杏忌黎
打獵	Ta lip - Hunt	痕地
忙急	Mong kip - Hurry	蝦黎
傷	Song - Hurt	核
農務	Nung mo - Husbandry	蝦士賓地黎

意見	I kin - Idea	挨地亞
倘若	Tong yeuk - If	衣乎
若不然	Yeok pat in - If it be not so	衣乎咽鼻嗷地騷
無知	Mu chi - Ignorant	益糯倫地
惡性	Ok sing - Ill-natured	衣厘㕧㖿
刻薄	Hak pok - Ill-treat	衣厘地列
懶惰	Lan to - Idle	挨地厘
若然係	Yeok in hai - If it be so	衣乎咽鼻騷
𪹷火	Nyi fo - Ignite	益㲽地
不爽	Pat song - Ill	衣厘
折磨	Chit mo - Ill-use	衣厘呋士　呋字飲沽切
不合法	Pat hop fat - Illegal	衣箆伽厘　廣東番話糯舖盎巴

看不出 Hon put tchut. Illegible 衣簏之布厘、廣東番話糯喃思

想度 Seong tok - Imagine 嚈咩甖

懷抱 Wai pò - Imbosom 嚈布苓

臨危 Lam ngai - Imminent 奄沬哷地、

長生不死 Cheong sang pat sí - Immortal 奄麽竏厘、廣東番話糯喃底

割分 Kot fan - Impart 奄拍

光照 Kwong chiú - Illumine 衣魯綿

築基圍 Chuk kí wai - Imbank 嚈嘛其、

效法 Háu fat - Imitate 嚈未底地、廣東番話米詔阿厘閂、

不正經 Pat ching king - Immoral 嚈麽鏬厘、

留名 Lau ming - Immortalize 嚈麽打鑑士、

執正 Tsap ching - Impartial 嚈怕哙厘、

急性	Kap sing - Impatient	厭皺啦地	
攔阻	Lan tso - Impede	厭撇	
不能透	Put nang tau - Impenetrable	厭嚩尔地黎布厘	
不全	Put tsun - Imperfect	厭怕咈地	咈字花尺切
不透濕	Put tau sap - Impervious	厭帕非亞士	
連累	Lin lui - Implicate	厭舖簏溪地	
懇求	Han kau - Implore	厭舖羅亞	
無禮	Mo lai - Impolite	厭破蘿地	
緊要	Kan iu - Important	厭破頓地	
欺押	Hi at - Impose	厭保士	
做不得	Tso tak tik - Impossible	厭破思布厘	
監禁	Kam kam - Imprison	厭舖簏臣	

Mi pit - Improbable
未必 嘸鋪老敝布厘。

Pi tik - In order to
俾得 烟阿打都

Ting put man - Inaudible
聽不聞 烟阿地布厘 廣東[illegible]

Put lau sum - Incautious
不留心 烟哥哙士

Ue hi - Incite
惹起 烟晒地

Pau fung - Inclose
包封 烟其老士

Put yi - Improper
不宜 嘸鋪笠巴。

Sum put tsoi - Inattentive
心不在 烟嗍呋地乎

Mo nang - Incapable
無能 烟溪敝布厘

Put hit - Incessant
不歇 烟蹂臣地

Sum heung - Incline
心向 烟其蘿吾

Tsoi noi - Include
在內 烟其劣地

煩勞 Fan lo - Incommode 烟甘毛地

無比 Mo pi - Incomparable 烟甘啵例布厘

不便 Pat pin - Inconvenient 烟干嗹吰地

不正 Pat ching - Incorrect 烟哥嚦地

加增 Ka tsang - Increase 烟其簏士

信不得 Sun pat tuk - Incredible 烟其咧地布厘 廣東番話格哰地鐸士

欠債 Him tsai - Indebted 烟嘫跌

非禮 Fi lai - Indecent 烟地臣地

不雅 Pat nga - Indecorous 烟地哥鑄士

果然 Kwo in - Indeed 烟跌

無了期 Mo liu ki - Indefinite time 烟爹分嘫太唔 嘫字尼結切

不受人氣 Pat sau yan hi - Independent 烟地嗱頓地

忿恨 Sunhàn - Indignant 烟得年地

引 Yan - Induce 烟刀士

不可見諒 Pat ho kin leong - Inaccessible 烟益士橋西布厘 廣東番話精 咋益士橋士

煽惑 Sin wák - Inflame 烟乎例唔

知會 Chi ói - Inform 烟科唔

居住 Kü chü - Inhabit 烟唏必

不清楚 Pat tsing tsó - Indistinctly 烟地士丁黎

勤力 Kan lik - Industrious 烟打士地篚厘亞士

下等 Ha tang - Inferior 烟非厘亞

加刑 Ka ying - Inflict 烟乎灑地

泡茶 Pau chá - Infusion of tea 烟昳臣阿乎地

產業 Chán yip - Inheritance 烟唏篚頓士

薄待客	Pok toi hak	Inhospitable	烟賀士必低布厘
損傷	Suen sheung	Injure	烟組亞
不可勝數	Pat ho sing sou	Innumerable	烟嗚孖例布厘
不穩	Pat wan	Insecure	烟西攩亞
不老實	Pat lo shut	Insincere	烟仙思亞
引誘	Yan yau	Insnare	烟士呢亞
狠毒	Hang tuk	Inhuman	烟僥文
無辜	Mo koo	Innocent	烟糯臣地
查問	Cha man	Inquire	烟嗺亞
不省	Pat sing	Insensible	烟啲思布厘
固請	Koo tsing	Insist	烟思士地
傲慢	Ngo man	Insolent	烟梳倫地

看	Hon - Inspect	烟士北地
代	Toi - Instead.	烟士跌
不彀	Pat kau - Insufficient	烟沙非臣地
廉	Lim - Integrity	烟踢忌簁厘底
酒過量	Tsau ko leung - Intemperate.	烟啄巴黎地
意思	I ü - Intention	烟吠臣
攤還	Tan wan - Instalment	烟士多厘文
教訓	Kau fan - Instruct	烟士地力地
欺負	Hi fu - Insult	烟沙厘地
膚哲	Yui chit - Intelligence	烟爹簁厘准士
意欲	I yuk - Intend	烟吠地
代求	Toi kau - Intercede.	烟他薛

涉事	Síp sz	Interfere	烟他非亞
阻住	Tsò chü	Interrupt	烟他笠地
深交	Sum kau	Intimacy	烟地咪西
醉酒	Tsui tsau	Intoxicated	烟托思溪跌　廣東番話咪記地凌其
圖謀	Tò mau	Intrigue	烟地簏孏
闖進	Mà tsun	Intrude	烟地劣地
傳話	Chün wá	Interpret	烟他鋪列地
會面	Wúi mín	Interview	烟他嘸　嘸字雲路切
強迫	Keung pik	Intimidate	烟地咪底
求情	Kau tsing	Intreat	烟地列
引荐	Yan tsin	Introduce	烟地老刁士
寄託	Kì tok	Intrust	烟地鏤士地

侵	Tsum - Invade	烟威地
看不見	Hon pat kin - Invisible	烟睢思布厘 廣東番話蕃啈思
請客	Tsing hak - Invite guest	烟歪地嫁士地
不齊整	Pat tsae ching - Irregular	衣喱嬌鏄
是	Si - Is	衣士
不是麼	Pat si mó - Is it not	衣士啊嘜
審究	Shum kau - Investigate	烟嘁士地鷄地
請	Tsing - Invite	烟歪地
干連	Kon lin - Involve	烟鍋厘乎
冲撞	Chung chong - Irritate	衣簾低地
是如此麼	Si yü tsz mó - Is it	衣士啊騷
發出	Fat tsut - Issue	衣蘇

妒嫉	Tò tsat	Jealous	遮鏬士
趣話	Tsui wá	Jest	遮士地
合理	Hop léi	Just	災吾
合掌	Hop cheung	Join hands	災吾嚱士
相合	Seung hop	Join together	災吾都嗲打
遠遊	Ün yau	Journey	災尼
嘲笑	Chiú siú	Jeer at	知亞啲
零碎工夫	Ling sui kung fú	Odd job	執
接連	Tsip lin	Join successively	災吾晉睇思乎黎
合伴	Hop pún	Join partnership	災吾拍拿涉
戲言	Hí ün	Joke	燭
喜歡	Hí fún	Joy	災

審判	Shum poon	Judge	質柱
有汁	Yau tsup	Juicy	租西　廣東番話哈古租士
跳	Tiu	Jump	砧鋪
僅可	Kan ho	Just do	遮士都　廣東番話孖勝基
義	Ue	Justice	遮士地士
突起	Tut hi	Jut out	質歐地
戲法	Hei fat	Juggling	則忌零
雜亂	Tsap luen	Jumble	砧布厘
公道	Kung to	Just	遮士地
猶如	Yau ue	Just like	遮士獵共
權宜	Kuen i	Justify	遮士地快

留下 Lau hái - Keep 刧

踢 Tik - Kick 㦸

殺死 Shat sz - Kill 嚟厘 廣東番話其林

發火 Fát fó - Kindle 乾地厘

嚟嘴 Tsit tsui - Kiss 嚟士

跪下 Kwai hái - Kneel down 尔厘當

靜靜 Tsing tsing - Keep silence 刧腮倫士

拐帶 Kwái tái - Kidnap 揭蛵

好心 Hò sum - Kind 楷吾地

仁慈 Yan tsz' - Kindness 楷吾呢士

打半膝 Tá poon sat - Knee, bend the 嚦地地尔

鎖眉頭 Sò mi tau - Knit eyebrows 唈挨布樓 唈字尼歙切

Kau - Knock
敲　諾

Kau tau - Knock head
叩頭　諾吃

Ta kit - Knot, tie a
打結　太縊嗷

Chi - Know
知　膩　廣東番話沙鼻

Ni shik ngo mi - Do you know me
你識我否　都呋膩未　廣東番話呋沙乃未 me

Kin shik - Knowledge
見識　糯黎柱

Kau mun - Knock the door
敲門　諾地多亞

Ta to kü - Knocked him down
打倒佢　諾謙當

Kai kit - Knot, untie a
解結　噉太縊嗷　噉字歐根切

Ngo shik ni - I know you
我識你　挨膩呋

Ngo pat shik kü - I don't know him
我不識佢　挨都嗷地膩謙

工夫	Kung fú - Labor	黎波	
勤勞	Kan lò - Laborious	黎波簾亞士	
哀痛	Ui tung - Lament	黎嗡地	
可憐	Hó lin - Lamentable	黎哂低布厘	
話	Wá - Language	囒歸杜	
收尾	Shau mí - Last	鏬士地	
畢竟	Pat king - Last, at	咧鏬士地	
遲	Chí - Late	黎地	
最遲	Tsui chí - Latest	黎爹士地	
笑	Sew - Laugh	鏬乎	
合法	Hop fat - Lawful	羅夫厘	
爭訟	Tsang tung - Lawsuit	羅雪	

放下 Fong hia - Lay down 黎當

排席 Pai tsih - Lay the table 黎地梯布厘

引 Yan - Lead 列地

挨 Ai - Learn 連

學 Hôh - Learn 論

離 Le - Leave 簏平

收藏 Shau tsong - Lay by 黎拜

懶惰 Lan to - Lazy 黎西

漏 Lau - Leak 瀝

跳 Tiau - Leap 獵

批 Pae - Leave 簏士

告辭 Kó tsé - Leave, take 忒簏平

遺下	Wai hai - Leave behind	篚乎鼻雜五地	剩下	Shing hà - Left over	喱乎地澳華
可讀	Hò' tuk - Legible	篚之布噻	清閑	Tsing hán - Leisure	喱除
借	Tsé - Lend	嗹地	助一臂之力	Tsò yat pi chi lik - Lend a hand	嗹地紇嚟地
除少	Chü siü - Lessen	喱臣	出賃	Chut yam - Let, to	都咧
放落	Fong lok - Let down	咧當	放入	Fong yap - Let in	咧烟
聽他做	Ting ta chü - Let him do it	咧謙都咽　廣東番話咧謙米認	莫動手	Mok tung shau - Let it alone	咧咽紇花五

剷平 Chok ping - Level 嚟乎咧

大量 Tai leong - Liberal 獵巴嚟咧

舐 Shit - Lick 𠺘

臥倒 Ngo to - Lie down 孻噹

抽起 Tsau hi - Lift 簾平地 廣東番話䂬記號

輕 Heng - Light 孻地

征糧 Ching leong - Levy taxes 嚟輝唛𠵱士

放 Fong - Liberate 獵巴黎地

大話 Tai wá - Lie 孻

命 Ming - Life 孻乎

光 Kwong - Light 孻地

點燈 Tim tang - Light the lamps 孻地地嚹士

似 Tsz - Like 鑑其 廣東番話極鋪閃

似足佢 Tsz chuk kü - Like him 鑑其謙

兼且 Kim ché - Likewise 鑑乘士

彈線 Tan sin - Line, strike a 士地鑑其綫鑑吾

消溶 Siu yung - Liquefy 簾駒呋

住 Chü - Live 簾乎

中意 Chung í - Like 鑑其

照樣做 Chiu yeung tsò - Make it like that 米其咽鑑其逹

界限 Kai han - Limit 簾蔑

逗遛 Tau lau - Linger 棟加 又曰 咮打

靜聽 Tsing ting - Listen 簾臣

糊口 Wú hau - Livelihood, a 嗌緍鑑乎簾潤 潤字何筆切

Chinese	Romanization / English	Chinese phonetic
在生之時	Tsoi sang chi shi. - Living, while	歪厘鈕宏
寄宿	Ki sük - Lodge	啤柱
高高	Ko ko - Lofty	囉乎底
冷淡	Lan tam - Lonely	老唔黎
壽	Shau - Longevity	鄰之非底
看	Hon - Look	祿
看一看	Hon yat hon - Look, take a	忒縊祿
俯	Fü - Look down	祿當
仰	Yeung - Look up	祿鴨
顧	Kü - Look back	祿[口北]
披覽	Pi lam - Look over	祿澳華
打點	Ta tim - Look after	祿椏乎打

鬆	Sung - Loose	魯士
失	Sat - Lose	羅士
費了心	Fai liu sum - Lose heart	羅士乞
失去	Sat hui - Lost	羅士地
開白鴿票	Hoi pak kop piu - Lotteries draw	地羅律犲厘士
愛	Oi - Love	漏乎
鬆了	Sung liu - Loosen	魯臣
失時了	Sat ui liu - Lose time	羅士太唔
缺本	Kit pun - Loss	羅士
可厭的	Ho im tik - Lothsome	老△岑
大聲	Tai sing - Loud	嘍地
可愛	Ho oi - Lovely	嘍乎黎

溺愛	Nik oi - Love sick	蔞乎昔	
忠	Chung - Loyal	淚也厘	
僥倖	Hiu hing - Lucky	叻鷄	
躲身	To sun - Lurk	叻	
思慾	Sz yuk - Lust	鏤士地	
光亮	Kwong leng - Lustre	鏤士打	
謙卑	Him pi - Lowly	老黎	
好造化	Ho tso fa - Luck	叻	
射光	She kwong - Luminous	魯沬尔亞士	
美味	Mi mi - Luscious	鏤除士	
貪淫	Tam yam - Lustful	鏤士地夫厘	

Súi cham lan. Macerate
水浸爛　嘜沙黎地

Shut fat - Magic
術法　米則

Tsou - Make
做　米其

Hün wo - Make peace
勸和　米其卑士

Pan sz - Manage
辦事　嗎呢柱

Hin in - Manifestly
顯然　嗎尔啡士地黎

Hau ki - Machine
巧機　咩仙

Yeung - Maintain
養　米吾天

Pú chong - Make the bed
鋪床　米其地叭

Kan hau - Malicious
奸巧　咩篱唋士

Tong ká - Manage a family
當家　嗎呢柱緩番未黎

Kü tsz - Manner
舉趾　嗎拿

字號	Tsz hó - Mark	麥		
婚姻	Fan yun - Marriage	咩梨桎		
嫁	Ká - Marry	咩梨		
嫁夫	Ká fu - Marry a husband	咩梨縊蝦士賓		
事情	Sz ching - Matter	嘜打		
可	Kó - May	米		
打指模	Tá tsz mo - Mark, make a	米其縊麥		
娶	Tsü - Marry	咩梨		
娶妻	Tsü tsai - Marry a wife	咩梨縊歪乎		
打醮	Tá tsiu - Mass	孖士		
怎麼事情	Tsam mo sz ching - What's the matter	喎士趾嘜打		
或者	Wak ché - May be	米卑		

食餐 Shik tsan - Meal, take 咪末厘、

方法 Fong fat - Means 面士、

量 Leang - Measure 咩奈

相逢 Seong fung - Meet 篾

憔悴 Tsiu sui - Melancholy 咩倫哥黎

奏 Tsau - Memorialize 未麼籬亞爐士。

賤 Tsin - Mean 面

意思 I sz' - Meaning 面寧

暗想 Om seong - Meditate 哦地低地。

迎接 Nging tsip - Meet, to go to 都告都篾

鎔 Yung - Melt 咩厘地、

記性 Ki sing - Memory 未麼黎。

補	Por - Mend.	哂地	
提及	Tai kap - Mention	哂純	
慈悲	Tsz pi - Merciful	孖想夫厘	
仁德	Yan tuck - Mercy	孖西	
不過	Pat ko - Merely	未亞黎	
功勞	Kung lo - Merit	咩列	
溫良	Wan leong - Mild	買厘地	
切碎	Tsit soi - Mince.	免士	
細微	Sai mi - Minute	買烏地	
誤想	Ng seong - Misapprehend	未士嗎鋪廛嗲	
陷害	Hom hoi - Mischief, do	都未士趙平	
數錯	Sü tso - Miscount	未士咁吾地	

禍 Wó - Misery 咪沙黎。

看差 Hon tshá - Misjudge 咪士質柱，

辦錯 Pân tsó - Mismanage 咪士喃坭柱，

失了 Shat liú - Missing 咪成

錯認 Tsó yam - Mistaken 咪士忒心近 廣東番話糯思巴笠巴

弄壞了 Lung wái liú - Misuse 咪士呋士，呋字飲沽切

不幸 Pat hing - Mishap 咪士嗘

引錯 Yan tsó - Mislead 咪士列，

安錯 On tsó - Misplace 咪士鋪例士，

錯 Tsó - Mistake 咪士楴

不會意 Pat ói í - Misunderstand 咪士嘆打士丹

混雜 Kwan tsap - Mix 墨士，

戲笑 Hei siu - Mock 莫

廉恥 Lim chi - Modest 咪蔘士地、咪字末喝切

霉爛 Mui lan - Mouldy 毛厘底

典 Tin - Mortgage 咪鷄柱

不動 Pat tung - Motionless 冒臣哩士

着孝 Tsok hau - Mourning 嗎寧

調勻 Tiu wan - Moderate 咪打黎地

濕潤 Sup yan - Moisten 妹臣

況且 Fong chi - Moreover 摩澳華

動靜 Tung ching - Motions 冒純

駕 Ka - Mount 郊吾地

憂悶 Yau mun - Mournful 嗎夫厘、夫字花沽切

可動	Hó tung	Movable	務乎縊布厘
刈	Í	Mow	冒
移開	I hoi	Move away	務乎縊威
奏樂	Tsau ngok	Music, play	鋪黎茵昔
何必	Hó pit	Must, why	唖孖士
樣子	Yeung tsz	Muster	孖士打
感動	Kom tung	Moved by	務乎拜
搬	Pún	Move	務乎
謀殺	Mau shat	Murder	孖打
必要	Pit iú	Must	孖士
切勿	Tsit mat	Must not	孖士嘞
含怨	Hom iün	Mutter	也打

打釘	Ta ting - Nail	坭厘	名	Ming - Name	念
姓	Sing - Surname	沙念	即是	Tsik sz - Namely	念黎
污穢	U wae - Nasty	拿士低	天性的	Tin sing tik - Natural	[口匿]租鑄厘　[口匿]字彌尺切
漂洋	Piu yong - Navigate	呢非雞地	畧同	Liok tung - Nearly alike	尔亞黎綜猪其
齊整	Tsae ching - Neat	[口匿]　[口匿]字彌粘切	需用	Sü yung - Necessary	呢睬沙黎
不倫	Pat lun - Need not	[口匿]嫐	急需	Kap sü - Needs	[口匿]底　[口匿]字仝上

怠慢	Toi main	Neglect	你唂嚟地
不相干	Patseongkon.	Nevermind	呢花買唔
時興	Si hing	Newfashioned	鳥花臣
花名	Faming	Nickname	匿念
不是	Pat sy	No	糯
聲	Shing	Noise	內士
總無	Tsung mo'	Never	呢花
新	Sun	New	鳥
得意	Tuck i'	Nice	乃士
挾	Kap	Nip	揑
不拘	Patkui'	No matter	糯襪打
嘈	Tso'	Noisy	內西

沒有 Mui yau - None 嚤 嚤字彌根切

不 Pat - Not 嗷

不然 Pat ü - Not so 嗷騷

無野 Mo ye - Nothing 糯丁

達知 Tat chi - Notify 腦地快

好多 Hoo to - Numerous 烏麻鑄士

糊說 Hú süit - Nonsense 嚷臣士，嚷字拿干切

莫 Mok - Not, do 都嗷

未曾 Mi tsang - Not yet 糯一

知覺 Chi kok - Notice, to 都腦地士

養 Yeong - Nourish 拿厘暑

發誓 Fát sai - Oath 澳𠆣

遵依 Tsün í - Obey 澳敝

措阻 Tsong tsó - Object 鴨隻地

供奉 Kung fung - Oblation 鴨例咭

多謝 Tó tsé - Obliged, much 乜杜鴨盧杜

不得已 Pat tak í - Obliged to do 鴨盧杜都都

照應 Chiú ying - Obliging 鴨盧靜

邪淫 Ché yam - Obscene 鴨仙

矇昧 Mung mui - Obscure 鴨士橋亞

知覺 Chi kok - Observe 鴨沙乎

妨碍 Fong ngoi - Obstacle 鴨士笛忌厘

固執 Kú tsap - Obstinate 鴨士地埞地

壅塞 Yung sak - Obstruct　鴨士地叻地

毋庸 Mü yung - Occasion, no　嗚惡溪啞

此回 Tsz hoi - Occasion, this　地士惡溪嗱

單 Tan - Odd　嗒　嗒字區割切

自然 Tsz in - Of course　阿乎哥士

見怪 Kin kwai - Offended at　阿嚐跌抑

得 Tuck - Obtain　鴨天

何故 Hoo kü - Occasion, what　喝惡溪啞

出奇 Tsat kei - Odd　嗒　嗒字區割切

之 Chi - Of　阿乎

冲撞 Chung chong - Offend,　阿嚐地

奉 Fung - Offer　阿花　花字下平

使眼色	Sz ngaan shik - Ogle	澳假厘
舊	Kau - Old	澳厘，廣東番話嗚盧
在	Tsoi - On	安
專爲	Chuen wai - On purpose	安柏保士
獨係	Tuk hai - Only	安黎
只好	Chi ho - Only good for	安黎谿科
嗚呼	U fú - Oh	澳
遺漏	Wai lau - Omit	澳茂
初到	Tsò tò - On arriving	安亞𠯿宏
而且	Í ché - On the contrary	安地干地嚩黎
不獨	Pat tuk - Only, not	噭安黎
開	Hoi - Open	澳賓

擘開 Mak hoi - Open, force 科士澳賓
開門 Hoi moon - Open the door 澳賓地多亞

當面 Tong min - Openly 澳賓黎
意見 I kin - Opinion 澳邊哖

機會 Ki ooi - Opportunity 鴨破尊尼低
抗拒 Kong kui - Oppose 鴨袍士

對面 Tui min - Opposite 鴨破薛
強壓 Keung aat - Oppress 鴨鋪嗹士

從欲 Tsung yuk - Option 鴨哂
抑或 Yik waak - Or 阿

是否 Shi fau - Or not, is it 衣士嗰阿嬲
擺好 Paai ho - Order, put in 咻咐阿打

吩咐 Fan fu — Order, to — 都阿打

平常 Ping cheung — Ordinary — 阿顛拿黎

正稿 Ching ko — Original copy — 阿篚毡拿厘厘給啤

粉飾 Fan shik — Ornament — 阿坭文地

其餘 Ki ü — Others, the — 地柯打士

應該 Ying koi — Ought — 嗝地　嗝字歐割切

規條 Kwai tiu — Orderly — 阿打黎

原本 Ün pún — Origin — 阿篚毡

本來 Pún loi — Originally — 阿篚毡拿黎

別個 Pit ko — Other — 柯打　廣東番話拿打

別樣 Pit yeung — Otherwise — 柯打歪士

外 Ngoi — Out — 嘔地

中文	粵音	英文	切音
出去	Tsut hü'	Out, gone	岸歐地
投得價高	Tau tuck kai ko'	Outbid	區必
大聲喊	Tai' shing ham'	Outcry	區地其禮
外面	Ngoi' min'	Outer	區打
逸犯	Yat fan'	Outlaw	區地羅
暴戾	Po' lui'	Outrageous	區地例啫士
亂	Lün'	Out of order	區地阿乎阿打
厭棄的	Im hi' tik	Outcast	區地卡士
勝過我	Shing kwo' ngo	Outdo me	區都未
極外	Kik ngoi'	Outermost	區打毛士
違禮	Wai lai	Outrage	區地例杜
外頭	Ngoi tau'	Outside	區晒

向外 Hëung ngoi - Outward 區地活

額外 Ngak ngoi - Overandabove 澳花嘍纏褒平

溢流 Yat lau - Over-run 澳花倫

勝了 Shing liu - Overcome 澳花甘

懸崖 Un ngai - Overhang 澳花興

載過度 Tsoi kwo tü - Overload 澳花老地

過於 Kwo ü - Over 澳花

太熟 T'hai shuk - Over-ripe 澳花蘆蔔

跌下水 Tit ha shui - Overboard 科厘澳花体

泛漲 Fan cheong - Overflow 澳花平勞

偷聽 T'au t'ing - Overhear 澳花希亞

管理 Kun li - Overlook 澳花碌

踰	Ue	Overpass	澳花帕士
照料	Chiú liú	Oversee	澳花思
睡遲了	Shui chi liu	Oversleep	澳花士獵
追到	Chui to	Overtake	澳花踢
欠	Him	Owe	澳
招頭	Chiu tau	Own	澳吾
剩	Shing	Overplus	澳花鋪鑄士
推倒	Tui to	Overset	澳花薛
蔭	Yam	Overshadow	澳花薛刀
傾覆	King fuk	Overwhelm	澳花嗛
自已	Tsz kí	Own	澳吾

輯和	Tsap wo	Pacify	啵思快
扒	Pá	Paddle	嘞地厘
十分痛	Shapfantung	Painful	篇夫厘
心跳	Sumtiu	Palpitate	嘞厘卑低地
比喻	Pí yü	Parable	嘞黎布厘
唔該	M koi	Pardon, beg	吡鈀頓
收拾	Shau shap	Pack	噼
痛	Tung	Pain	篇
油漆	Yau tsat	Paint	篇地
急喘	Kap chün	Pant	扳地
赦	Shé	Pardon	帕頓
分開	Fan hoi	Part, to	呸　呸字鋪乞切

丟却	Tiü keuk - Part with	旺地嘞△
細微	Sai mei - Particular	帕地橋鑄
放行	Fong hang - Pass, let	咧帕士
越	Yüt - Pass over	帕士澳花
搭船	Tap shuen - Passage, take	踢帕西枝
火性	Fo sing - Passionate	啵哂坭地
溺愛	Nik oi - Partial	帕哂厘
經過	King kó - Pass	帕士
轉過	Chuen kó - Pass around	帕士綴瀨吾地
穿	Chün - Pass through	帕士地魯
情	Tsing - Passion	啵哂
過了	Kó liü - Past	帕士地

裱紙　Piu chi - Paste　批士地
補綴　Pú chüt - Patch　嘜柱
巡更　Shun kang - Patrol, to　批地老厘
少歇　Siu hit - Pause　破士
支　Chi - Pay　徵
食半俸　Shik pun fung - Pay, half　蝦乎徵

拍　Pik - Pat　嘜
忍耐　Yan noi - Patience　批唔士
帮趁　Ping tan - Patronize　嘜地郎乃士
當　Tong - Pawn　噃　噃字播看切
罰俸　Fat fung - Pay, forfeit　科咈徵　咈字花結切
納糧　Nap leung - Pay taxes　徵踢余士

還債	Wan chai - Pay debts	啤啲士
代還	Toi wan - Pay for another	啤科嘍極打
拜客	Pai hak - Pay a visit	啤縊雖薛
安靖	On ching - Peaceful	卑士夫厘
竊看	Kwai hon - Peep	卑鋪
強做	Keong too - Peremptory	怕嗹多黎
上餉	Sheong heong - Pay duty	啤刁低
支工銀	Chi kung ngan - Pay wages	啤威啫士
平安	Ping on - Peace	卑士
剝皮	Mok pi - Peel, &c	披厘
覺	Kok - Perceive	怕思呼
成	Sing - Perfect	怕啡　啡字花尺切

不忠 Pat chung - Perfidious 怕非地亞士

做作 Tso tsok - Perform 怕科冧

亡殁 Mong mut - Perish 噭厘署

許 Hoi - Permit 怕茂

攪擾 Kau ui - Perplex 怕鋪力士

偏要做 Pin ui too - Persist 怕思士地

穿透 Chuen tau - Perforate 怕科黎地

或者 Wak che - Perhaps 怕嘆士

常在 Sheung tsoi - Permanent 怕沬哖地

容我 Yung ngo - Permit me 怕茂沬

有恆心 Yau hang sum - Perseverance 怕思非亞

親身去 Chun shun hui - Personally go in 傲烟怕臣

會面	Oe' muin	Personal interview	怕臣呢厘烟他嘶
勸	Hüin	Persuade	怕雪
忤逆	Ng yit	Perverse	怕華士
選擇	Suen tsak	Pick out	北區地
醃	Ien	Pickle, to	北其厘
砌起	Tsae' hi'	Pile up	排厘鴨
發汗	Fat hon	Perspire	怕士拜亞
拘執	Kü' tsap	Pertinacious	怕天坭哙士
一句話	Yat kü' wa'	Phrase	平黎士
刺牙	Tshe ngá	Pick teeth	北拁△
揷	Tsáp	Pierce	披亞士
引水	Yan shui'	Pilot, to	排律

捻	Nim	Pinch	鞭挃
丟下	Tiu há	Pitch down	必挃噹
可憐	Ho lin	Pity	必低
放上面	Fong sheung min	Placing on top	鋪黎士安搭
素	Sú	Plain	鋪黎吾
織	Chik	Plait	鋪黎地
搭棚	Táp pang	Pitch a shed	必挃繪啤
丟落水	Tiu lok shui	Pitch into the water	必挃烟地蝎打
放	Fong	Place, to	鋪黎士
平整	Ping ching	Plain	鋪黎吾（黎吾兩字作連字看）
明白	Ming pak	Plainly	鋪黎吾呢黎
打辮	Tá pin	Plait the cue	鋪黎地地橋

中文	讀音	English	英音
設計	Chit kae	Plan, to	鋪嘞
種樹	Chung shü	Plants, to	鋪嘞地
戲耍	Hei shá	Play	鋪黎
下棋	Há kí	Play chess	鋪黎車士
打牌	Tá pái	Play cards	鋪黎咭士
訴詞	Sú che	Plea	鋪僆
至好方法	Chi hó fong fát	Plan, the best	地啤士鋪嘞
鍍銀	Tò ngan	Plating	鋪黎丁
吹笛	Chui tek	Play flute	鋪黎乎劣
彈琴	Tán kam	Play lute	鋪黎劣
玩物	Uán mat	Plaything	鋪黎丁
高興	Kò hing	Pleasant	鋪嚦㕡

隨便 Chui pin - Please, as you 咳士吠鋪篚士	請坐 Ching tso - Please sit down 鋪篚士薛當
喜色 Hei shik - Pleased 鋪篚士	按當 On tong - Pledge 鋪咧柱
太多 Thai to - Plenty 鋪嚫地	柔軟 Yau iin - Pliable 鋪蘊瞼布厘
暗算 Am suen - Plots to 鋪嚹 利喝切	摘 Tsait - Pluck 鋪漉
拔起 Pat hi - Pluck up 鋪漉鴨	打刦 Ta kip - Plunder 鋪論打
跳落水 Tiu lok shui - Plunge 鋪論柱	削尖 Siok tsim - Point, cut to a 吉都鎰埳吾

指出 Chi tut - Point out 培吾歐地

撐船 Tsang shuen - Pole a boat 袍厘、縊㑳地

禮法 Lai fat - Politeness 破蘆地兜士

好排場 Hoo pai cheong - Pompous 噭巴士、噭字皮卷切

知確 Chi kok - Positive 破思地乎

推遲 Tui che - Postpone 袍士倓吾

落毒 Lok tuk - Poison 培臣

磨光 Mo kwong - Polish 波厘暑

有禮 Yau lai - Polite 破蘆地

窮 Kung - Poor 鋪亞

或可 Wak ko - Possibly 破思布黎

舂 Chung - Pound, to 拋吾地

中文	粵音	English	英音
斟出	Bim tout	Pour out	破亞歐地
練習	Lin tsap	Practice	鋪𠺝地士
祈禱	Ki to	Pray	鋪黎
先行	Sin hang	Precede	鋪黎時
忙速	Mong tsuk	Precipitate	鋪黎思卑低地
正正	Ching ching	Precisely	鋪黎晒士黎
權	Kün	Power	刨亞
稱讚	Ching tsan	Praise	鋪黎士
乞求	Hat kau	Pray	鋪黎
寶貝	Po pui	Precious	鋪嘢唦士
投崖	Tau ngai	Precipitate, to	都鋪黎思卑低地
無異	Mo i	Precisely alike	鋪黎晒士黎蘊㦲其

前定 Chi-ting - Predestine 鋪厘爹士顛

預備 Ü pi - Prepare 鋪厘啵亞

當面 Tong min - Presence of, in 烟鋪喱臣士阿乎

保存 Po' chuen - Preserve 鋪厘沙乎

保護平安 Po'-ü-ping on - Preserve the peace 鋪厘沙乎地卑士

擅 Tin - Presume 鋪厘蘇哂

悅意 Üt-í - Prefer 鋪厘花

開藥方 Hoi-yeuk fong - Prescription, give a 機乎縊鋪厘士其獅臣

目下 Muk hâ - Present, at 啊鋪喱臣

守節 Shau tsit - Preserve her virtue 鋪厘沙乎蝦嗶伹

逼 Pik - Press 鋪喱士

詐 Chá - Pretend 鋪厘吙地

送禮	Sung lae	Present	鋪𠼪臣地
幾好	Ki ho	Pretty well	鋪列地噠厘
攔阻	Lan tso	Prevent	鋪簾灣地
預先	Yü sin	Previously	鋪簾非亞士黎
爲首	Wai shau	Principal	鋪連涉布厘
印字	Yan chi	Print	鋪連地
引見	Yan kin	Present at Court	鋪簾噹地嗶葛
勝	Shing	Prevail	鋪簾威厘
免後患	Min hau wan	Prevent trouble	鋪簾灣地地笠布厘
刺	Tsz	Prick	鋪𠼪
理	Li	Principle	鋪連思布厘
私	Sz	Private	鋪𠿬咈

咈字花結切

私自	Sz tsz - Privately	鋪嚧咈黎
有可望	Yau hó mong - Probable	鋪笠敝布厘
儀仗	Ngí cheong - Procession	鋪老賒嗹
布告	Pò kò - Proclaim	鋪老其簾
生產	Sang chan - Produce	鋪老刀士
賺	Tsán - Profit	鋪羅咈
出恭	Tsut kung - Pray, go to	敖都鋪嗹廢　廣東番話哥薜
出於	Tsut ü - Proceed from	鋪老薜乎林
出會	Tsut oi - Procession to trade	都米其鋪老賒嗹
得到	Tuk tò - Procure	鋪老橋亞
事業	Sz yip - Profession	鋪老啡嗹
放蕩	Fong tong - Profligate	鋪老平箟鷄地

禁止 Kum chi - Prohibit 鋪老協必

應承 Ying shing - Promise 鋪老沬士

加級 Ka kap - Promote 鋪老肙地

調音 Tiu yam - Pronounce 鋪老嘞吾士

憑據 Pang kui - Proof 鋪谾乎

達意 Tat i - Propose 鋪老煲士

突出 Tut tut - Project 鋪老隻地

反口 Fan hau - Promise, break 布漉鋪老沬士

迅速 Sun tuk - Prompt 鋪林地

好口鉗 Ho hau kim - Pronunciation good 嚭鋪老嘞吾思臉呃

合式 Hop shik - Proper 鋪笠巴 廣東番話巴笠巴

告狀 Ko chong - Prosecute 鋪羅思橋地

勝意 Shing i — Prosperous 鋪羅士巴鏬士

護衛 U wai — Protect 鋪老陽地

不心服 Pat sam fuk — Protest 鋪老爹士

驕傲 Kiu ngo — Proud 鋪篗地

火食 Fo shik — Provision 鋪老嗹呃

激怒 Kik nü — Provoke 鋪老窩其

公 Kung — Public 不布滬

公議 Kung ngi — Public meeting 不布滬箴叮

頒行 Pan hang — Publish 不布簾署

吹嘘 Chui hü — Puff up 怕乎鴨

扯 Che — Pull 鋪厘

扯起 Che hi — Pull up 鋪厘鴨

Pat-chut - Pull out
拔出　鋪厘歐地

Nau-i - Pull ears
扭耳　鋪厘衣亞士

I-ki - Punctual
依期　烹租厘

Che fung sin - Pull the punka
扯風扇　鋪厘地烹加

Tsing - Pure
清　飄亞

Tak-i - Purposely
特意　怕僕士黎

Chit hai - Pull down
折毀　鋪厘當

Hon mak - Pulse, feel the
看脈　非厘地怕厘士

Chi tsui - Punish
治罪　賓尔署

Mai - Purchase
買　怕妻士

Chü i - Purpose
主意　怕僕士

Tsui kon - Pursue
追趕　怕蘇

推開 Tui hoi - Push away 鋪暑盌威

放在 Fong tsoi - Put 砵

安起 On hi - Putby 砵拜

擺好 Pai ho - Put in order 砵烟阿打

加些 Ka se - Put more 砵摩

穿衣 Chuen i - Put on clothes 砵安其老士

推倒 Tui to - Push down 鋪暑當

丟開 Tui hoi - Put away 砵盌威

放落 Fong lok - Put down 砵當

放入 Fong yap - Put into 砵烟都

戴帽 Tai mo - Put on cap 砵安波

救火 Kau fo - Put out fire 砵歐地快也

振怕	Chanpai	Quake	窺其
上等	Shang ting	Quality, best	嗶士哥簰底
辯嘴	Pin tsui	Quarrel	誇喱厘
解渴	Kai hot	Quench thirst	蝴杜打士地
快	Fai	Quick	隊
決定	Kuit ting	Quite certain	唪地沙頓
等	Ting	Quality	哥簰底
次等	Chi ting	Quality, second	背根哥簰底
滅火	Mit fo	Quench fire	蝴杜快也
問話	Man wa	Question	嚙士轉（嚙字啟覡切）
安靜	On ching	Quiet	唪咽
正是	Ching shy	Quite right	唪地攝地

鬬馬	Tow má	Race horse	黎士何士
詈罵	Le má	Rail at	例厘咧
興兵	Hing ping	Raise soldiers	例士騷厘喏士
遊	Yow	Ramble	嚹布厘
罕	Hóin	Rare	喱啞
汚淫	Ú yam	Ravish	喱嘛署
投標	Tau peew	Raffle	嗹乎厘
舉起	Kuí kí	Raise	例士
擡頭	Tuí tau	Raise the head	例士地吃
掠	Leok	Ransack	欄石
寧願	Ning yuen	Rather	嗹打
及	Kap	Reach to	列杜都

伸	Shun - Reach out	列杜歐地
讀	Tuk - Read	列
念經	Nim king - Read prayers	列舖唎亞士
齊備	Tsai pi - Ready	唎底
眞實	Chun shat - Real	箎厘
果然	Ko in - Really	箎黎
割禾	Kot wo - Reap	獵
道理	To li - Reason	箎臣
論理	Lun li - Reason, to	都箎臣
近理	Kan li - Reasonable	箎仲呢佈厘
責	Tsak - Rebuke	箎標其
退縮	Tui suk - Recede	箎薛

收 Shau - Receive 喱思乎

近來 Kan loi - Recently 喱臣地黎

認得 Yan tuck - Recognise 嚦確乃士

舉薦 Ku tsin - Recommend 嚦甘啢地

和好 Wo ho - Reconcile 嚦干啢厘

得還 Tuk wan - Recover 喱給花

接客 Tsip haak - Receive a guest 喱思乎嗌喙士

算 Suen - Reckon 嚦根

記着 Ki cheuk - Recollect 嚦佪瀝

酬答 Chau tap - Recompense 嚦甘哽士

記錄 Ki luk - Record 嚦割

贖罪 Shuk tsui - Redeem 喱店

伸冤 Sun iin - Redress, seek 昔箇地喱士

復立 Fuk lap - Re-establish 箇咗士搭布箇暑

回想 Hooi sheung - Reflect 箇平嚨地

感化 Kom fà - Reformed 箇科唔

償還 Tsang wán - Refund 箇分地

辭不得 Chü pat tuk - Refuse, cannot 啉嘞地箇嘞士

攬紗 Kàu sá - Reel 箇厘

鎔錬 Yung lin - Refine 箇快吾

反照 Fàn chiu - Reflection 箇平嚨啞

乘涼 Shing leung - Refresh 箇平嚟暑

不肯 Pat hang - Refuse 箇嘞士

鬭三板 Tau sám pán - Regatta 箇結打

託孤 Tok kü - Regency, appointa 嚦嗝吾繾嚨毡西

注册 Chü tsak - Register 列之士打

可惜 Ko sik - Regret 嚨忌嚟

登位 Tang wai - Reign 連

執轡 Tsap pi - Reins, hold the 萬厘地連士

丟棄 Tiu hi - Reject 嚨隻地

欣喜 Hon hi - Rejoice 嚨災士

鬧熱 Nau yit - Rejoicing 嚨災成

傳講 Chuen kong - Relate 嚨例地

舒懷 Shü wai - Relax 嚨嚛士

記得 Ki tuk - Remember 嚨嗰吧

怠緩 Toi foon - Remiss 嚨未士

Chinese	Pronunciation	English	Chinese phonetic
免了	Mín lìú	Remit	厘茂
搬遷	Pún tsín	Remove	厘務乎、廣東番話米記務乎
賃	Yam	Rent	嘞地
修整	Sau ching	Repair	厘啤亞
悔恨	Fòi han	Repent	厘嘭地
賠補	Púi pú	Replace	厘舖例士
諫	Kán	Remonstrate	厘門士地列地
做新	Y. man	Renew	厘鳥　廣東番話米記鳥
收租	Shau tsü	Rent, to collect	哥瀝嘞士
還銀	Wán ngan	Repay	厘啤
怨	Ün	Repine	厘排吾
答	Táp	Reply	厘舖儘

回音	Hwui yam - Reply, a	簾鋪嚧
鎮壓	Tsun ăt - Repress	簾鋪喱士
翻刻	Fan hik - Reprint	簾鋪連地
名聲	Ming shing - Reputation	簾標低呢
請	Tsing - Request	簾嗰士
結恨	Kit han - Resentful	簾𡵕地夫厘
禀報	Pun po' - Report	簾体
呵責	O tsik - Reprimand	喱鋪簾萬地
分妻	Fan tsai - Repudiate	簾標地噞地
失體面	Shut tae min - Reputation, Lose	羅士簾標低呢
救脫	Kau tüt - Rescue	喱士橋
留下	Lau hai - Reserve	簾沙乎

居住	Kü chü - Reside	厘哂地	
抗拒	Kong kü - Resist	厘思士地	
有體面	Yau tae min - Respectable	厘士啤咶布厘	
恭敬	Kung king - Respect	喱士啤	
在我身上	Tsoi ngo shan sheung - Rests on me	喱士安味	
拘束	Kü tsuk - Restrain	厘士地連	
辭職	Chü chik - Resign	厘哂吾	
立意	Lap-i - Resolve	厘梳厘乎	
請安	Ching on - Respects, pay	徵喱士啤	
安歇	On hit - Rest	喱士地	
交還	Kaau wan - Restore	厘士多	
忍氣	Yan hi - Restrain anger	厘士地連晏加	

撿束	Kim tsik - Restrict	簾士地嘅
零賣	Ling mai - Retail	簾梯厘
歸田	Kwai tin - Retirefromoffice	簾太亞乎淋阿非士
回來	Kwai loi - Return	簾吞又日甘哦
寄回音	Ki hoi yam - Returnanswer	簾吞嘍沙
報仇	Po chau - Revenge	簾嚀杜
復職	Fuk chik - Resumeduties	簾蘇唔刁地士
退	Tui - Retire	簾太亞
食言	Shit im - Retract	簾地嘅地
歸家	Kwai ka - Return home	簾吞龕
泄露	Sit lo - Reveal	簾嚨厘
倒轉	To chuen - Reverse	簾嗶士

修改 Sau koi - Revise 篱歪士

煑飯 Chü fán - Rice, cook 唻谷士

坐車 Tsó ché - Ride in carriage 嚧地烟騎黎枝

搖鐘 Iú chung - Ring the bell 令地啤厘

起倒 Hi tò - Rise and fall 嚧士晏科厘

燒 Siu - Roast 勞士地

給賞 Kap sheung - Reward 篱喎

騎馬 Ké má - Ride 纑地

甚着 Sham cheok - Right 嚧地

起身 Hi shan - Rise 嚧士

拚命 Ping ming - Risked his life 篱士其希士嚧乎

燒臘 Siu lap - Roast ment 勞士篾

搶 Cheung - Rob 笠

轉眼 Chuen ngan - Roll the eyes 老厘地挨士

掉 Tiu - Row 勞

間線 Kan sin - Rule lines 嚕厘嚧吾士

走 Tsau - Run 倫

趕去 Kon hü - Run after 倫椏乎打

捲起 Kuen hi - Roll up 勞厘鴨

觸起 Chuk hi - Rouse up 簩上鴨

摩 Mo - Rub 笠

謠言 Iu in - Rumor 嚕麽

走去 Tsau hü - Run away 倫嗌威

撞親 Chong chan - Rush against 嚕暑嗌嘶士

獻祭	Hin tsai - Sacrifice	石其糜狀士
舍生	Se sang - Sacrifice one's life	石其簾狀士温士禮乎
憂愁	Yau shau - Sad	嚹
配馬	Pui ma - Saddle the horse	嚹地厘地飼士
穩當	Wan tong - Safe	西乎
駛船	Shai shun - Sail, to	西厘
減悝	Kam li - Sail, take in	踢烟西厘
俸祿	Fung luk - Salary	賒鏄黎
寄賣	Ki mai - Sale, on	安西厘
發賣	Fat mai - Sale, for	科西厘
落鹽	Lok im - Salt, to	砵梳厘地
放炮慶賀	Fong pau hing ho - Salute	射咇

同 Tung - Same 閃

不相同 Pat sheung tung - Same, not all the 嘞阿厘地閃

照樣 Chiu yeung - Same as pattern 閃咳士啪頓

心足 Sam chuk - Satisfied 嚹地士洪

話 Wá - Say 西

洗砲 Shai pau - Salute gun 士溪厘乑

相同 Sheung tung - Same, all the 阿厘地閃

依舊 I kau - Same as before 閃咳士鼻科

對辦 Tsoi pán - Same as sample 閃咳士啷布厘

救 Kau - Save 西平

搭架 Táp ká - Scaffold, builder 士卑厘地縊士騎科厘地

罕有 Hon yau - Scarce 士卞士

鑲 Shéung - Scarf inite 士咔平煳都

撒開 Sán hoi - Scatter 士喝打

計策 Kai tsáik - Scheme 士兼

開館 Hoi kwoon - Schools, open a 澳寶綜士檳厘

責罵 Tsáik mái - Scold 士高厘地

燋 Tsiú - Scorch 士哥杜

磨淨 Mo tsing - Scour 士求亞

嚙 Mit - Scranch 士其嘣杜

刮 Kwát - Scrape 士其例鋪

抓 Cháu - Scratch 士其咧杜

潦草寫 Lò tsò sé - Scrawl 士其羅厘

狂呼 Kwong ü - Scream 士其廉

遮住	Chè chü - Screen	士其連。
搖櫓	Iu lü - Scull	士未厘、
搜	Sau. Search	沙杜、
請坐	Tsing tsò - Seat, place take	舖簾士踢薛
埋沒	Mai mut - Secreted	思其列畋
担保	Tam pò - Secure	思橋亞、
攘開	Pong nau - Shuffle	士未乎厘、
盖印	Koi yan - Seal	思厘、
追究	Chui kau - Search out	沙杜歐地、
密密	Mat mut - Secret	思其列。
安定	On ting - Secure	思橋亞、
見	Kin - See	思

見透	Kin tau - See through	思地魯	
捉拿	Tsok na - Seize	思士	
省察	Sing tsat - Self-examination	賒壓平益三面坭啞	
私心	Sz sam - Selfish	賒壓非暑	
寄	Ki - Send	噲地	
寄信	Ki shun - Send a letter	噲地縊咧打	
見過	Kin kwo - Seen	仙	廣東番話哈思
揀擇	Kan tsak - Select	思嗹地	
自足	Tsz tsuk - Self-satisfied	賒壓平薢地士怏	
賣	Mai - Sell	賒壓	廣東番話賒林
發回	Fat wui - Send back	噲地咣	
護送	U sung - Send in charge	噲地烟槎林	

英語集全 卷五

通情 Tung tsing - Sensible 嗹思布厘

分開 Fun hoi - Separate 晒巴黎地

起手做 Hi shau tsò - Set about 嗹縊咆地 咆字布歐切

擺開 Pai hoi - Set out 嗹歐地

新開張 Sun hoi cheong - Set up shop 嗹鳴颯

清數 Tsing shü - Settle accounts 嗹地厘𠺝叉吾亡

判斷 Pun tün - Sentence 嗹頓士

服侍 Fuk sz - Serve 沙乎

放火 Fong fó - Set fire 薛抰也

擺枱 Pai toi - Set the table 嗹𠯿梯布厘

定了 Ting liú - Settle 嗹地厘

嚴令 Im ling - Severe 四非亞

Chung sheong - Severe wound 重傷　叫非弗嗚　嗚字雲寬切	Fung - Sew 縫　消
Che yum - Shade, keep in the. 遮蔭　刼烟地西地	Tsun - Shake 震　西其
Chai shau - Shake hands 揸手　西其嚟士	Sau chi - Shame 羞恥　[illegible]
Chim li - Sharp 尖利　颯	Mo li - Sharpen 磨利　颯噴　廣東番話未記填
Po sui - Shatter 破碎　噼打	Tai - Shave 剃　西乎
Tsin mo - Shear 剪毛　思亞	Wun ngai - Shed teeth 換牙　嚙地

掩蔽 Im-pae - Shelter 睬厘打

打沉船 Ta-chan-shuen - Ship-wreck 涉嚦

燒鎗 Siu-cheung - Shoot a gun 嚀地縕吞（嚀字樹剔切）

喝 Hot - Shout 收地

俾佢看 Pi-kü-hon - Show him 騷謙

縮短 Suk-tuen - Shrink 暑凌其

照 Chiu - Shine 嗮吾

射箭 Se-tsin - Shoot arrow 嚀地喱勞

截短 Tsit-tuen - Shorten 吷頓 又曰 吉吷（吷字樹喝切）

推 Tui - Shove [口疏]乎

露出 Lú-tsat - Show out 騷歐地

看銀 Hon-ngan - Shroffing 暑羅宏（宏字夫營切）

閃避 Shun pi - Shun 紳

閂門 Shan moon - Shut the door 失地多亞

上鋪 Sheung pu - Shut the shop 失地拾

閉目 Pai muk - Shut the eyes 失地挨士

閂窓 Shan cheung - Shut the window 失地嘫刃

閂住佢 Shan chu kü - Shut him in 失謙烟

掩埋 Im mai - Shut up 失鴨

踢燕 Tek in - Shuttlecock, play 舖黎失地厘確

有病 Yau peng - Sick 昔

側立 Chak lap - Stand at the side 士丹啣地晒地

橫開 Wang hoi - Sideways at 澳賓啣晒地

歎息 Tan sik - Sigh 晒

識面 Shik min - Sight, know by　脳拜晒地

簽字 Chim chi - Sign　晒吾

扯號旗 Chi ho' ki - Signal flag, hoist　開士晋拿厘乎𠽌

罪孽 Tsui ngit - Sin　仙

老實 Lo shat - Sincere　仙思亞

唱歌 Cheung ko' - Sing song　星宋

打暗號 Ta' am ho' - Sign, make　米其晒吾

放號砲 Fong ho' pau - Signal gun, fire　快也晋拿厘根

默默無言 Mak mak mo' yin - Silent　晒倫地

自從 Chi ch'ung - Since　仙士

唱 Cheung - Sing　星

沉 Ch'um - Sink　星其

坐 Tso' - Sit 薛

描寫 Miu' sé' - Sketch 士嗰柱

撇 Pit - Skim 士劍

做鬆 Tso' sung - Slack 士嚹

背語 Pui' ü' - Slang 士啱

睡 Shui' - Sleep 士獵

入席 Yap chik - Sit at table 薛嗱梯布厘

巧手 Kau' shau - Skilful 士基厘大厘

剝皮 Mok' pei' - Skin 士堅

譏謗 Pi' pong - Slander 士嚹打

打嘴 Tá tsui' - Slap the face 士嚹坡輝士

安寢 On tsam - Sleep sweet 士嚟士獵

眼眼 Narn nin - Sleepy 士獵鼻

微傷 Mi deung - Slight wound 士蘆地喚 喚字雲寬切

打飛鉈 Ta fe to - Sling 士凌

走脫 Tsau tüit - Slip off 士獵阿平

慢 Man - Slow 士勞

刺痛 Tsi ting - Smarting 士襪丁

切片 Tsit pin - Slice 士蘆士

小過 Siu ko - Slight mistake 士蘆地未士踢

滑倒 Wat to - Slip down 士獵當

失言 Shit yeun - Slip of tongue 士獵阿乎士

掩飾工夫 Im shik kung fu - Slur over 士鏲演華

打碎 Ta sui - Smash 士咩習

聞 鼻聞非是耳聞 士咩厘
Man - Smell

食烟 士木其
Shik in - Smoke

走私 士墨忌厘
Tsau sz - Smuggle

奪去 士嘞栓
Tü hü - Snatch

打噴嚏 士尕士
Ta fan tai - Sneeze

剪燭花 士拿平地噉地厘
Tsin chuk fa - Snuff the candle

含笑 士買厘
Hom siu - Smile

油嘴 士務△丁
Yau tsui - Smooth tongued

設套 [illegible]縊士呢亞
Chit tò - Snare, set a

欺笑 士尓亞
Hi siu - Sneer

縮鼻烟 踢士拏平
Suk pi in - Snuff, take

如此 騷
Ü tsz - So

浸透 Cham tau - Soak 叔

哽咽 Ngáng it - Sob 爆

不醉 Pat tsúi - Sober 騷巴

賣完了 Maí ün liú - Sold 騷厚地

委求 Wai kau - Solicit 梳簏薛

實心 Shat sam - Solid 梳列

寂寞 Chik mok - Solitary 梳簏打黎

有些 Yau se - Some 心

有物 Yau mat - Something 心丁

有時 Yau shí - Sometimes 心太唔士 廣東番話心店

早 Tsò - Soon 孫

就係 Tsau hai - Soon, very 喊黎孫

早過你　Tsò kwò nì - Sooner than you　孫拿殿吠

安慰　On wai - Soothe　蘇△

憂愁　Yau sau - Sorrow　梳勞

原由　Uen yau - Source　梳士

饒恕　Uen shü - Spare　士啤亞

講　Kong - Speak　士北

早過頭　Tsò kwò tau - Too soon, To　都孫

巫術　Mo shut - Sorcery　梳沙黎

悔恨　Fui han - Sorry　梳黎

播種　Pò ching - Sow, to　騷

光閃　Kwong shim - Sparkling　士百其玲

對佢講　Tui kü kong - Speak to him　士北都謙

中文	粵音	English	注音
欵式	Fun shik	Specimen	士啤時文
不能言	Pat nong yuen	Speechless	士必杜嚦士
費	Fai	Spend	士鞭地
溢出來	Yut tout loi	Spill over	士卑嚦澳華
唾口水	To hau shui	Spit	士必
華美	Wa mi	Splendor	士鋪嘣多
謀想	Mau seung	Speculate	士吡嬌黎地
速	Chuk	Speedy	士必底
過一夜	Kwo yat ye	Spend a night	士鞭地縊乃地
紡紗	Fong sha	Spin	士鞭
惱恨	No han	Spite	士拜地
績纜	Tsik lam	Splice	士鋪厘士

裂開 Lit hoi - Split 士鋪列

做壞 Tso wai - Spoil 士嚒厘 廣東番話士林林

擺開 Pai hoi - Spread out 士鋪列地歐地

窺探 Kuei tam - Spy 士拜

勒詐 Lak tsa - Squeeze 士居士

搭戲棚 Tap hi pang - Stage, erect a 意嚦纖士低柱

破柴 Po chai - Split wood 士鋪列地話

有印迹 Yau yan tsik - Spotted 士咘跌

傳新聞 Chuen sun man - Spread news 士鋪列地烏士

交脚坐 Kau keuk tso - Squat 士刮

刺 Tsz - Stab 士嚓

失味 Shat mi - Stale 士低厘

打印　Ta yan - Stamp　士啪

頓足　Tun tsuk - Stamp the foot　士啪地濶　濶字花櫊切

企　Ki - Stand　士丹

企起身　Ki hi san - Stand up　士丹鴨

注視　Chü shi - Stare　士哆亞

突然而去　Tat in ye hü - Start off　士達阿乎

啟事　Kae sz - State　士低地

等一時　Ting yat shi - Stay a while　士低蠶壁壓

穩當　Wan tong - Steady　士咪底

偷　Tau - Steal　士地壓

熏蒸　Fun tsing - Steam　士店

把舵　Pa tai - Steer　士地亞

步	Pù - Step	士蝶
刻薄	Hik pok - Stingy	士顛治
搖動	Iu tung - Stir	士打
屈身	Wat shan - Stoop	士都鋪
停住	Ting chü - Stop	士咑
留住佢	Lau chü kü - Stop him	士咑謙
插	Chap - Stick in	士得烟
臭	Chau - Stinking	士丁京
攪起	Kau hi - Stir up	士打鴨
攔住	Lan chü - Stop	士咑
塞住	Sik chü - Stop up	士咑鴨
停工	Ting kung - Stopped work	士咑域

貯頓	Chü tun	Store up	士多亞鴨
直	Chik	Straight	士地黎地
絞	Kau	Strangle	士地哈忌厘
力	Lik	Strength	士地哈△
搠	Mom	Stretch on	士地咧杜安
打	Tai	Strike	士地璘其
壯	Chong	Stout	士斗地
出奇	Tsut kei	Strange	士地連杜
失羣	Shut kwan	Stray	士地黎
伸開	Shun hoi	Stretch	士地咧杜
嚴禁	Ngim kom	Strictly prohibit	士地溼黎鋪老惱必
剝	Mok	Strip	士地獵

漢	粵音	English	音
相爭	Sheung tsang	Strive	士地纜平
讀書	Tuk shü	Study	士突低
愚蠢	U chun	Stupid	士都必
降服	Hong fuk	Subdue	十刀
簽名	Tsim ming	Subscribe	十士其纜蒲
退消	Toi siu	Subside	十晒地
大力	Tai lik	Strong	士地郎
屈古樹	Wat kú shü	Stunted tree	士勢地地釐士
稱	Ching	Style	士大厘
投伏	Tau fuk	Submit	十篾
捐資	Kuen tsz	Subscription	十士其纜唔
堅質	Kin chat	Substantial	十士丹嗱厘

頂替	Tí'ng tae	Substitute	十士地嗲
這樣	Ché yeong	Such	失柱
忽然	Fat iu	Suddenly	失頓黎
容我	Yung ngó	Suffer me	沙花未
提起	Tae héi	Suggest	沙遮士地
合式	Hop shik	Suitable	雪低布壥
做得成	Tso' tuk'sing	Succeed	昔薛
啜	Chuet	Suck	昔
受苦	Shau fú	Suffer	沙花
哽死	Kang sz	Suffocate	沙科嫁地
合我意	Hop ngo-i	Suit me	雪未
出票	Tsut piú	Summons	心文

外面工夫 Ngoi min kung foo - Superficial work 蘇巴非唸屎域

司理 Sz li - Superintend 蘇巴連呋地

給與 Kop ü - Supply 濕鋪嚧

養 Yeung - Support 濕啉

估 Koo - Suppose 濕褒士

壓 Ait - Suppress 濕鋪嚦士

頂上紉 Ting sheung yau - Superfine 蘇巴快吾

信斜術 Shun tse shut - Superstitious 蘇巴士地嗦士

賠補 Pooi po - Supply loss 濕鋪𤘣羅士

扶起 Foo hi - Support up 濕啉鴨

設如 Chit ü - Supposing 濕褒成

眞 Chun - Sure 蘇亞

中文	Romanization	English	譯音
定必	Ting pit	Surely	蘇亞黎
餘剩	U shing	Surplus	沙鋪鋍士
投降	Tau hong	Surrender	沙囒打
探量	Tam leung	Survey	沙緋
拐	Kwai	Suspend	沙士囒
可疑	Ho yi	Suspicious	沙士卑唦士
面上	Min sheung	Surface	沙𡁷士
驚駭	King hai	Surprised	沙鋪𠺝士
圍住	Wai chü	Surround	沙濡吾
思疑	Sz yi	Suspect	沙士啤
罷職	Pa chit	Suspend from office	沙士囒乎林阿非士
搖擺	Iu pai	Swagger	士域咖

吞	Tun - Swallow	士蝸勞	
出汗	Chut hon - Sweat	士嗗	
腫起	Chung hi - Swell	士嘁厘	
誆騙	Hong pin - Swindle	士吃地厘	
失魂	Shat wan - Swooned	士嚩嚨	嚩字雲觀切　嚨字尼結切
憐惜	Lin sik - Sympathize	閃啤大士	
發誓	Fat shai - Swear	士嘁亞	
掃	So - Sweep	士嗡	嗡字雲叔切
游水	Yau shui - Swim	士嚈	嚈字雲兼切
打鞦韆	Ta tsin tsau - Swing	士汯	
舞劍	Mo kim - Swordexercise	唉地益沙厲士	

轉篷	Chuen fung	Tack, to	踢
疏縫	So fung	Tack together	踢都喙打
拈	Nim	Take	踢
攻破城	Kung p'o shing	Take a city	踢嗌薛呧
搶砲臺	Cheung p'au t'oi	Take a fort	踢嗌嚹（嚹字科喝切）
奪旗	Tüt k'i	Take a standard	踢嗌士呥達
拿了去	Na liu hü	Take away	踢嗌威
拈鬮	Nim kau	Take by lot	踢拜律
提理	T'ai li	Take care	踢騎亞
取下來	Ch'ü ha loi	Take down	踢噹
舒步	Shü pò	Take exercise	踢嗌沙晒士
拿住	Na chü	Take hold of	踢蒿厘阿乎

拜別	Pai pit	Take leave	踢簾乎
欺我	Hei ngo	Take me in	踢冧烟
服藥	Fuk yeuk	Take medicine	踢嘜地臣
拿出來	Na tcut loi	Take out	踢歐地
脫鞵	Tuit hai	Take off shoes	踢阿乎蘇士
除去帽	Chu hui mo	Take off cap	踢阿乎咖
拈起	Nim hei	Take up	踢鴨
拈上樓	Nim sheung lau	Take up stairs	踢鴨士爹亞士
才	Choi	Talent	𠹌倫地
講話	Kwong wa	Talk	托
長舌	Cheong sit	Talkative	托雞地乎
養善了	Yeong sin liu	Tame	梯唔

硝皮 Siu pi - Tan 呑

除皮 Chü pi - Tare, exclusive of 益士其魯思乎阿乎畛亞

無味道 Mo mi to - Tasteless 梯士嚟士

看茶 Hon chá - Tea, inspect 烟士吡地

炒茶 Tsau chá - Tea, to fire 快亞地

煲茶 Po chá - Tea, make 米其地

開桶眼 Hoi tung ngan - Tap 嗒

嘗味道 Sheung mi to - Taste 梯士

收錢糧 Shau tsin leung - Tax 嚗士

採茶 Tsoi chá - Tea, collect 歌嚦地

飲茶 Yam chá - Tea, drink 地凌其地

教訓 Kau fan - Teach 跌柱

可上手 Kó shéung shau - Teachable. 跌柱盜布厘

折開 Chit hoi - Tear open 嗲亞澳賓

流淚 Lau lui - Tears, shed 嚹地亞士

激惱 Kik nò - Tease 地士

話佢知 Wá kü chi - Tell him 嗲厘謙

好品性 Hò pan sing - Temper, good 諮嗱巴

撕爛 Sz lán - Tear 嗲亞

扯碎 Ché sui - Tear to pieces 嗲亞都卑余士

大哭起來 Tái hok héi lòi - Tears, burst into 巴士地爛都地亞士

話 Wá - Tell 嗲厘、廣東番話參林

性情 Sing tsing - Temper 嚓巴

不好品性 Pat hò pan sing - Temper, bad 㗎嚓巴

節用 Tsit yung - Temperate 嗲巴黎地	暫且 Tsam che - Temporary 嗲播囉黎
誘惑 Yau wak - Tempt 嗲地	脆 Chui - Tender 吠打
慈心 Tsz sam - Tender-hearted 吠打乞跌	限 Han - Termination 他面堀唦
試過 Shi ko - Test it 嗲士地啁	驗過 Ngim ko - Tested, has been 蝦士便嗲士跌
証任 Tsing shi - Testify 嗲士地快	過於 Kwo u - Than 囒△
不止 Pat chi - Than, more 噉囒△	多謝 To che - Thank 嗲其△

多謝你	Tó che ní - Thank you	噔其吠 廣東番話丁記夫
消	Siu - Thaw	多
差不多	Chá pat tó - Thereabouts	哆亞繈嘜士 嘜亨布歐切
其中	Kí chung - Therein	哆亞烟
以用	I yung - Therewith	哆亞囈
物件	Mat kín - Thing	丁士 廣東番話丁
感恩	Kom yan - Thankful	噔其夫屋
然後	Sin hau - Then	嘅
是以	Sz í - Therefore	哆亞科
於是	Ü sz - Thereupon	哆亞鴨搬
這個	Che kó - These	地士
想	Sheung - Think	丁其

估係咁 Kú hai kom - Think so　丁其騷

那幾個 Ná kí kó - Those　刀士

想像 Sheung cheung - Thought　托地

心不在 Sum pat tsoi - Thoughtless　托地喱士

穿針 Chuen cham - Thread a needle　地咧繿尔地厘

昌盛 Cheung shing - Thriving　地㩒宏　宏字夫罃切

通透 Tung tau - Thorough　地魯

雖然 Sui ín - Though　刀

掛念 Kwá nim - Thoughtful　托地夫厘

打禾 Tá wo - Thrash　地喱暑

嚇 Hák - Threaten　地咧頓

登基 Tang kí - Throne, ascend　咴啪地老吾

遙擲	Fing yung – Throw	地郎	
拋	Pau – Throw	地勞	
丟去	Tiu hui – Throw away	地勞嗌威	
插入	Chap yap – Thrust into	地鏬暑烟都	
消息	Siu shik – Tidings	太丁士	
扎住	Chat chu – Tie up	太鴨	
濕透	Shap tau – Thoroughly wet	嚕地曾	
擲下	Chak ha – Throw down	地勞當	
揪倒佢	Tsau to kui – Throw him down	地勞力謙當	
這樣	Che yeung – Thus	打士	
綁	Pong – Tie	太	
綁住佢	Pong chu kui – Tie him up	太謙鴨	

Ta shat kit — *Tie in a hard knot* 打實結　太烟縊乞嫪	*Kan* — *Tight* 緊　太地
Ting kí — *Time, fix a* 定期　嘜士縊太唔	*Tò kí* — *Time, in* 到期　熠太唔
Poon tsüi — *Tipsy* 半醉　帖西	*Kuen* — *Tired* 倦　太也
Tsuen ching — *Title* 尊稱　太地厘	*Fung tsiók* — *Title, confer a* 封爵　千花縊太地厘
Kung tung — *Together* 共同　都嗲打	*Túng hang* — *Together, walk* 同行　鏝都嗲打
Kung shik — *Together, eat* 共食　喲都嗲打	*Pái shan* — *Tombs, worship* 拜山　蝠涉都唔士

中文	Romanization	English	讀音
上面	Shang mien	Top	嗒　嗒字他鴿切
破爛	Po lan	Torn	拖吾
拷打	Kau ta	Torture	拖啫
亂丟	Luan tiu	Toss about	拖士縊咆地
共埋數	Kung mai su	Total up accounts	吻打厘鴨嚘求吾士
摩	Mo	Touch	凸杜　凸字他吉切
牽艇	Hin ting	Tow a boat	吻縊砵
向	Heung	Towards	偷活
跟尋	Kan tsam	Trace	地黎士
無踪	Mo tsung	Trace, no	腦地黎士
貿易	Mau yik	Trade	地黎地
買賣	Mai mai	Traffic	地鏵啡

養教	Yeung kau - Train up	地黎吾嗚	
安靖	On tsing - Tranquilize	地囒居鑪士	
變化	Pin fa - Transform	地囒士科唔	
傳遞	Chuen tae - Transmit	地囒士篾	
載運	Tsoi wan - Transport goods	地囒士砵嚳士	
遊學	Yau hok - Travel	地嘮華厘	
太平	Thaiping - Tranquility	地囒駒釐低	
交付	Kaufoo - Transfer	地囒士花	
繙譯	Fanyik - Translate	地囒士黎地	
揷秧	Chap yeong - Transplant rice	地囒士噃欄地鑪士	
充軍	Chung kwan - Transport	地囒士砵	
踏	Tap - Tread on	地吶地安	

欵待	Fún toi	Treat	地列
小過	Siú kwo	Trespass	地哩士巴士
弄計	Lung kai	Trick, play	鋪黎地吻
凱歌	Hoi ko	Triumphating	地蘊菴墳黍
勞動你	Lò tung ni	Trouble you	地笠布厘吠
果然	Kwo in	Truly	地魯黎
發振	Fát chun	Tremble	地嚨布厘
進貢	Tsun kung	Tribute, pay	緻地篦鋉地
削裁	Sük chói	Trim	地籬
煩悶	Fán mun	Trouble	地笠布厘
眞	Chun	True	地魯
吹角	Chüi kok	Trumpet, blow	布老地林必

信任 Shun yam - Trust 地鑄士

賒賬 She cheung - Trust 地鑄士

認眞 Yan chun - Truth 地魯△

審犯 Shamfán - Try a prisoner 地礶藴鋪簾臣拏

跌倒 Tít tò - Tumble down 泵布厘當

反轉 Fánchuen - Turn upside down 呑鴨哂當

恃賴 Chí lái - Trust 地鑄士地

我信在你 Ngó shun tsoi ní - I trust you 挨地鑄士呋

試 Si - Try 地蘿

想脫身 Sheung tüt shan - Try to get off 地蘿都喘阿乎

轉 Chuen - Turn 呑

倒側 Tò chik - Turn aside 呑藴哂地

回頭 Wui tau - Turn around 吞繿那地	逐出 Chuk tsut - Turn out 吞歐地
旋轉 Suen chuen - Turn round 吞漏吾地	扭匙 Nau shi - Turn the key 吞地基
輪流做 Lun lau tso - Turns, do it in 都啞烟吞士	返裏爲面 Fan li wai min - Turned inside out 吞烟晒地歐地
扭 Nau - Twist 吐雖士地	扭身 Nau shun - Twist the body 吐雖士地地啤低
絞纜 Kau lan - Twist rope 吐雖士地啦	奪去 Tuit hui - Twitch 吐嘭柱
暴虐 Po yeok - Tyrannical 太囒尔其厘	

不能　Pat ning - Unable　嚷繿布厘（嚷字歐根切）

不知何故　Pat chi ho ku - Unaccountably　嚷喚求吾低布黎

生面　Sang min - Unacquainted　嚷喚權跌

料想不到　Liu heung pat to - Unanticipated　嚷嘍地偲儆跌

鬆綁　Sung pong - Unbind　嚷拜吾地

無限　Mo han - Unbounded　嚷包吾跌

用不得　Yung pat tuk - Unable to use　嚷繿布厘都呋士

生手　Sang shau - Unaccustomed　嚷喚卡士淙

齋心　Tsai sum - Unanimous　嚷嘍尔麻士

不免得　Pat min tuk - Unavoidable　嚷繿啞低布厘

不能責罰　Pat ning chak fat - Unblamable　嚷布黎沐布厘

解鈕　Kai nau - Unbutton　嚷不頓

以下嚒字俱是歐根例則是不字解法不字番話音糯糯音嚒故以下數篇之話許多可以將嚒字抹了用糯字嚒字代之亦成話也

不歇	Pat hit	Unceasingly	嚒思成黎
未定	Mei ting	Uncertain	嚒沙頓
解鍊	Kai lin	Unchain	嚒千
無變	Mo pin	Unchangeable	嚒千炷繾布厘
非常	Fi sheung	Uncommon	嚒甘文
不理會	Pat li oi	Unconcerned	嚒千新
揭蓋	Kit koi	Uncover	嚒給化
躊躇	Chau chü	Undecided	嚒地晒跌
在底	Tsoi tai	Under	嚒打
在他手下	Tsoi tah shau ha	Under his control	嚒打希士千拋老厘
轉租別人	Chün chü pit yan	Underlet	嚒打咧
開地道	Hoi ti to	Undermine	嚒打買吾

曉得 Hiú tiet - Understand 嘜打士丹

任事 Tom Sz - Undertake 嘜打忒

不消化 Pat siú fá - Undigested 嘜大遮士跌

定然 Ting in - Undoubtedly 嘜斗跌黎

不孝 Pat háu - Unduteous 嘜刁地亞士

不安 Pat on - Uneasy 嘜衣西

無工夫做 Mó kung foo choc - Unemployed 嘜厭舖來

分不平 Fan pat ping - Unequal 嘜衣繶厘

不平 Pat ping - Uneven 嘜衣墳

不料 Pat liú - Unexpected 嘜益士咇跌

不公平 Pat kung ping - Unfair 嘜啡亞

無信 Mó shun - Unfaithful 嘜輝△夫厘

不時與	Pat shee ying - Unfashionable	嗹花啞坭布厘	
慘心	Tsam sam - Unfeeling	嗹非零	
未了	Mi liu - Unfinished	嗹吩尔畧	
不合用	Pat hop yung - Unfit	嗹啡	啡字花結切
攤開	Tan hoi - Unfold	嗹啲厘地	
不測	Pat tsik - Unforeseen	嗹科仙	
不好彩	Pat ho tsoi - Unfortunate	嗹科尊坭地	
無根本	Mo kan poon - Unfounded	嗹埠吾跌	
解帶	Hai tai - Ungird	嗹吉地	
忘恩	Mong yan - Ungrateful	嗹忌黎地夫厘	
不好身子	Pat ho shun tsz - Unhealthy	嗹唏厘紙	
無傷	Mo seong - Unhurt	嗹乞	

無懂要 Mo kau iu - Unimportant 嗹𠼻破頓地

無人住得 Mo yan chü tak - Uninhabitable 嗹烟哈必低布

相合 Seong hop - Unite 呋乃地

不公 Pat kung - Unjust 嗹遮士

不知 Pat chi - Unknown 嗹惱吾

無見識 Mo kin shik - Unlearned 嗹論嫩　嫩字𠼻結切

無人住 Mo yan chü - Uninhabited 嗹烟哈必跌

無心 Mo sam - Unintentional 嗹烟呋啱拿厘

協力 Hip lik - United strength 呋乃跌士地嘶△

不仁 Pat yan - Unkind 嗹楷吾

不合法 Pat hop fat - Unlawful 嗹羅夫厘

不合式 Pat hop shik - Unlike 嗹蘆其

無界限 Mo kai han - Unlimited 嘸廉箴跌

失時倒運 Shut shee to wan - Unluckily 嘸叻基黎

未還 Mi wan - Unpaid 嘸畋地

無人知覺 Mo yan chee kok - Unperceived 嘸怕思乎

未備 Mi pi - Unprepared 嘸舖箴嗳亞

未便 Mi pin - Unready 嘸咧低

開鎖 Hoi so - Unlock 嘸洛

未嫁 Mi kah - Unmarried 嘸咩烈

不可寬恕 Pat ho foon shü - Unpardonable 嘸怕頓坭布厘

無趣 Mo chü - Unpleasant 嘸舖嚟臣地

無益 Mo yik - Unprofitable 嘸舖老嘪低布厘

未報恩 Mi po yan - Unrequited 嘸簾鉠跌

未熟 Mi shok - Unripe 哴蘆舖

寬衣 Foon i - Unrobe 哴笠

不穩 Pat wun - Unsafe 哴西平

不滿意 Pat moon i - Unsatisfactory 哴嗲地士嘞多黎 ○ 嘞字花尺切

不知足 Pat chee chok - Unsatisfied 哴嗲地士快

未得定 Mi tuck ting - Unsettled 哴嗲地厘

沒手段 Mut shau tuen - Unskilful 哴士基厘夫厘

未賣了 Mi mai liu - Unsold 哴騷厘地

不可言傳 Pat ho yuen chuen - Unspeak-able 哴士咷鵝布厘

不穩當 Pat wun tong - Unsteady 哴士噠低

解結 Kai kit - Untie 哴太

未動着 Mi tung cheok - Untouched 哴吔柽

不眞 Pat tsun — Untrue 嚫地爵。

未倦 Mi kuen — Unwearied 嚫嘁列｡

不肯 Pat hang — Unwilling 嚫嚾零

不敢當 Pat kom tong — Unworthy 嚫蠑衹△

正直 Ching chik — Upright 鴨嚧地。、

向上 Heung sheung — Upward 鴨咶

未洗 Mi shai — Unwashed 嚫喎畧、

不爽 Pat song — Unwell 嚫喴厘、

不舍 Pat shé — Unwilling to spare 嚫嚾零都士啤亞、

坐上位 Tso sheung wai — Upperseat, take the 𠵱地鴨巴薛

放倒 Fong to — Upset 鴨嚹

追還 Tui wan — Urge the return 椏粹、地△簹呑。

催逼	Chui pik	Urge on	極柱安、
用	Yung	Use	吠士、
無用	Mo yung	Useless	吠士嚦士、
尊權	Tsuen kuen	Usurp authority	吠濕阿多釐狋△
極地	Kik ti	Utmost	咿毛士地、（咿字歐吉切）
總不肯	Tsung pat hang	Utterly refuse	咿打黎蘿咔賒士。
緊急	Kan kap	Urgent	極箭地、
有用	Yau yung	Useful	吠士夫厘、
平常	Ping sheung	Usual	吠蘇咳厘、
僭位	Tsim wai	Usurp a throne	吠濕繿其瀟吾、
竭力	Kit lik	Utmost strength	咿毛士地士地嚿△

空虛 Hung hü - Vacant 威近地

種痘 Chung tau - Vaccine 喊仙

解舘 Kai kun - Vacation 畏溪晒

徒然做 Tü in tso - Vainlabor 威吾棃波

貴重 Kwai chung - Valuable 喊魯絡布厘

値價 Chik hi - Value 喊炉

幾樣 Ki yeung - Various 威厘亞士

漆 Tsat - Varnish 嘩尔畧

發奮 Fat fan - Vehement 飛希文

敬畏 King wai - Venerate 嚕拏俐地

報仇 Po tau - Vengeance 嚕箭士

審擬 Sham í - Verdict 嘩得

吟詩	Ngam shi'	Verses, write	嚍地嗶佘士
十分好	Shapfanho'	Very good	喴黎谿
好好	Ho' ho'	Very well	喴黎喴厘
眞正	Tsanching	Very true	喴黎地嚕
相反	Seungfan	Vice versa	歪咈嗶沙
好精神	Ho' tsingshan	Vigorous	域咖嚕士
十分	Shapfan	Very	喴黎
好少	Ho' siu'	Very little	喴黎烈地厘
好心焦	Ho' sam tsiu'	Very sorry	喴黎梳黎
大不相同	Tai' pat seungtung	Very different	喴黎地平倫
左近	Tso' kan	Vicinity	嘩仙尔低
犯法	Fan fat	Violate laws	歪澳例地羅

德 Tuck - Virtue 嘩租	看得見 Hon tuck kin - Visible 嗹思布厘
拜見 Pai kin - Visit 嗹蒔	失接 Sut tsip - Visit, miss a 未士縊嗹蒔
回拜 Wui pai - Visit, return a 簟吞縊嗹蒔	朝見 Chiu kin - Visit the prince 嗹蒔地舖連士
拜客 Pai hak - Visit a friend 嗹蒔地縊平遮	接客 Tsih hak - Visitor, receive a 簟思平縊嗹蒔多
嘔 Au - Vomit 蛹笩	行船 Hang shuen - Voyage, go to a 高都縊喱喻柱
我選舉佢 Ngo suen kü kui - I vote for him 族嘞地科謙	

搖尾 Cu mí - Wag the tail 喴地梯厘。

等候 Tang hau - Wait 威地。

嗅醒 Hoan sing - Waken 威近

徘徊 Paí huí - Walk to and fro 鏝都嘜乎嘮。

要 Iú - Want 灣地。廣東番話灣治

暖 Nuen - Warm 嗎唔。

支工銀 Chi kung ngan - Wages, pay 敞威喏士。

服事 Fuk sz - Wait on 威地安

行 Hang - Walk 鏝

携手行 Hiuen shau hang - Walk hand in hand 鏝嚌烟嚌

打仗 Ta cheung - War 禍

勸諫 Hiuen kien - Warn 蝸吾。

中文	粵音	English	讀音
警戒	King kái	Warning	喎穵
淘沙	Tò shà	Wash sand	喎暑吣地
洗手	Sai shau	Wash hands	喎暑嘡士
虛費	Hü fai	Waste	威士地
搖旗	Iú kí	Wave a flag	威平緇平嚫
弱	Yeuk	Weak	域
洗	Sai	Wash	喎暑
鍍金	Tò kam	Washed gold	儆厘喎暑
洗衣服	Sai í fuk	Wash clothes	喎暑其老士
看守	Hon shau	Watch	嘩柱
這樣做	Ché yeung tso	Way, do it this	都咽地士威
軟弱	Ün yeuk	Weakly	域黎

穿衣	Chuen i - Wear	嘁亞、
困倦	Kwan kuen - Wearied	囉列。
耘草	Wan tso' - Weed	嚹 嚹字雲結切
秤	Ching - Weigh	威
爽快	Song fai' - Well	嘁厘、
做得好	To' tuk ho' - Well made	嘁厘、米地、
戴帽	Tai' mo' - Wear a cap	嘁亞、縊汲
織	Chik - Weave	囉平、囉字雲衣切
下淚	Ha' lui' - Weep	嗋 嗋字雲刼切
起錨	Hi' nau' - Weigh anchor	威嚶加
佳筆	Kai' pat - Well written	嘁厘、烈頓、
出名	Chut ming - Well known	嘁厘、惱吾、

濕　Sup - Wet;　喴	甚麼　Sum mo - What　喎
幾時　Ki chi - When　喧	何處　Ho chü - Where　喴啞
哪一個　Nai yat ko - Which　噅柱	等吓　Tang ha - Wait a while　威地、威嗟厘、
加鞭　Ka pin - Whip　啉　啉字重切	接耳　Chip yee - Whisper　虛士巴
口吹　Hau chui - Whistle　噓沙厘	誰人　Shui yan - Who　呼　呼字震咭切
是誰　Sz shui - Who is it　呼衣士㘃　呼字震咭切	一總　Yat chung - Whole　蒿厘

一生	Yat sang - Whole life	蒿厘禮乎
終日	Chung yat - Whole day	蒿厘低
爲何	Wai ho - Why	歪
濶	Foot - Wide	歪地
猖狂	Cheung kwong - Wild	歪厘地
主意	Chü í - Will	㘓厘
甘心	Kum sum - Willingly	㘓凌黎
揷翅	Chap chi - Wings tide	㘓宏十
斬眼	Cham ngan - Wink	宏
簸米	Pò mae - Winnow	吰孻
抹	Moot - Wipe	歪鋪
欲	Yuk - Wish	㘓暑

與　Ü - With　噅△

在外　Tsai ngoi - Without　噅△歐地、

禍　Wo - Wo　喎

言　Yuen - Word　咶

做工夫　Tso kung foo - Work　域

穿到破　Chuen to po - Worn out　喚歐地、喚字雲安切

退回　Tui ooi - Withdraw　噅△地羅、

証見　Ching kin - Witness　噅呢士、

出奇　Tsut ki - Wonderful　喚打夫厘、喚字雲安切 大字花沾切

失信　Shat shun - Word's breaking　布瀝希士咶

拌工　Poon kung - Work, contract　干地嚦域

拜　Pai - Worship　蝸涉

值得 Chick tück - Worth 蠕△

打傷 Tá sheung - Wound 唤地，唤字雲官切

纏住 Chin chü - Wrap around 嘩縊郎地

扭乾 Nau kon - Wring dry 凌地擼

錯 Cho - Wrong 郎

係 Hai - Yes 爺士

廢物 Fai mat - Worthless 蠕△蝍士

刨起 Pau hi - Wrinkle 囒鴨

扭援 Nau kat - Wrench 囒枯

寫字 Se tsz - Write 擼地

發酵 Fat kau - Yeast, fut 砵而士地 而字飲基切

未曾 Mi ching - Yet, not 嘁一 拿嘎切

英語集全卷六

羊城唐廷樞景星甫著

兄　植茂枝　參校　陳恕道逸溪

弟　庚應星　　　　廖冠芳若谿　仝訂

書中所有此等字樣已詳載第一卷而畧撮其尤要者列於每卷之首以便

⿰口天字亦係照上切法以新會縣土音讀天字便合此字音啈字照香山土音讀欣字便合

查覽

唏 希這切　⿰口衣 衣這切　⿰口⿱竹厘 ⿱竹厘這切　唎 利夜切

⿰口披 披這切　⿰口厘 厘爺切　⿰口機 機這切　呢 尼爺切

啡 非這切　⿰口肥 肥爺切　嗲 爹這切　⿰口你 你野切

⿰口威 威這切　啤 卑這切　⿰口家 家這切　咖 加這切

咽⿰口仙⿰口顛⿰口殿⿰口天⿰口片啈⿰口憲⿰口鞭⿰口便⿰口編⿰口面⿰口堅⿰口綿⿰口件⿰口甸⿰口廷⿰口箭⿰口山⿰口難

⿰口間噃⿰口堅噧⿰口闌囒⿰口曼嗯

以上同韻各字俱無廣東省城字音可切只作烟字照官話字音爲底切音便合餘皆倣此

⿰口結⿰口切⿰口跌⿰口秩⿰口薛咶咇⿰口別⿰口撒咧⿰口歇⿰口篾⿰口揭⿰口押⿰口節⿰口法⿰口析⿰口發⿰口鬱嗗

⿰口挖

以上同韻各字併無一字可以廣東省城土音相切但學者出口便知該字應如何切法矣卽將烟字先照正音讀取其入聲字爲底與上一字兩相切合便得其音矣

啣嚈呫⿰口店嗛⿰口劍⿰口謙⿰口甜⿰口鹹⿰口添⿰口閃吣⿰口簾

以上同韻各字無字可切學者出口便知此等字應如何切法卽將烟字照正音讀先與唔字切後將該切音復與上一字相切可也

⿰口葉⿰口獵喇⿰口涉嗋⿰口腊⿰口鴨⿰口蝗⿰口級唊喼⿰口碟⿰口習

以上同類各字照廣東省城土音併無字底可切又無一字相同讀者應知該字如何切法矣

咭 其押切　噎 夜押切　呢 舖押切　咈 花結切

嚦 歷尺切　嘞 勒尺切　咈 拂尺切　⿰口匿 匿尺切

嘿 黑尺切	⿰口域 域尺切	呹 失喝切	噶 葛喝切	⿰口興 夏廳切	呍 華堅切
⿰口戟 戟尺切	⿰口北 北尺切	⿰口砵 砵尺切	噭 尼吉切	⿰口豐 亞廳切	⿰口閉 麻安切
嘜 麻尺切	⿰口得 虵尺切	⿰口濶 濶喝切	⿰口敫 尼喝切	⿰口靈 利廳切	⿰口殷 ⿰口搬 布安切
⿰口鈪 鈪尺切	⿰口律 律尺切	⿰口末 抹喝切	嘣 捕廳切	吩 花堅切	噃 破安切

㖃 霞沽切　呋 由沽切　唵 極監切　喑 極鑑切

嗃噍 冀蒿切　啫 智爺切　喎 華哀切　吥 花嬌切

嘹 花高切　啤 火刀切　嗁 他禧切　囃 華衣切

咶 華豁切　𠹳 鼻夜切　嗒 地濕切　哪 尼柯切

叻 利盍切　嘮 利濶切　哥 冀柯切　濶 花濶切

嚧 利挨切　泵 地菴切　呼 霞沽切　咽 夷結切

咩嘢 眉這切 兩字均係廣東俗字

埔字讀鋪字

號字讀蒿切

的字均讀入聲

林字讀上平

味字讀上平

霍縛同音

夫孚同音

臣純同音

薄膊同音

凸突同音

哪糯 同音

詩⿰口梳哈⿰口涉⿰口祭 出口齒音要重

士厘 兩字相連若傍有點須要快讀作沙字下平看

地厘 兩字相連若傍有點須要快讀作打字下平看

忌厘 兩字相連若傍有點須要快讀作加字下平看

尔仁 兩字相連若傍有點須要快讀作年字看

尔你 兩字均作尼字上平看

布厘 兩字相連若傍有點須要快讀作布字下平看

呢個、是這個
個個、那個
呢的、這些
個的、那些
我哋、我們

句語 Kü yü – Phrases

乎黎奈士

疋頭問答門 Pat tau man tap mun – Dialogue on buying woollens

大亞洛安拜英烏倫士　烏字塞治切

尊駕好呀 Chün kà ho a – How do you do Sir

口都吠都沙

口地都沙

十分好有心 Shap fan ho yau sam – Very well thank you Sir

喊黎喊厘丁其吠沙

仝上

我想共你買的貨 Ngo sheung kung ni mai tik fo. I want to buy some things from you

挨灣都拜心丁士平林吺

挨灣治即吠拜深丁

好我十分歡喜 Hoo, ngo shap fan foon hi. Very good, I am very glad

喊黎喊厘挨唵喊黎忌咧

喊篚温挨喊篚忌咧

你到來帮襯我
Ni to loi pong chan ngo - You have come to patronize me
呋唏乎甘都嗽地即劣士未
仝上

你想買乜野貨呢
Ni seung mai mat ye fo ni - What things do you want
渴丁士都呋灣
喝丁呋灣治

我想要一疋絨
Ngo seung iu yat pat yung - I want a piece of woollen
挨灣温卑士烏倫
仝上

要乜野色的呢
Iu mat ye shik ni - What color do you want
喝未鏬都呋灣
呋灣治喝未鏬

你有邊樣色
Ni yau pin yeung shik - What colors have you
喝未鏬士唏乎呋
呋哈吉渴卡鏬

樣樣色都有
Yeung yeung shik to yau - I have all sorts of colors
挨唏乎阿厘呋士阿乎未鏬士
米哈吉極鏬未鏬

上半天
下半天
下午二點
朝早七八點
晏晝十點

係乜野貨呢
Hai mat ye fo ni. What kind of goods are these
喎楷吾阿乎嚐士噃低
喝歌僆低嚐士

係上好貨
Hai sheung ho fo. They are goods of the first quality
低呢嚐士阿乎地花士哥僆低
花士歌僆底嚐士

俾我睇吓
Pi ngo tai ha. Let me see them
咧未思
仝上

乜野價錢呢
Mat ye ka tsin ni. What is the price of this
喝衣士地舖嚧士阿乎地士
喝舖嚧士

四個銀錢一碼
Sz ko ngan tsin yat ma. Four dollars a yard
科打罅士纙噎
科打罅溫也

怕太貴過頭
Pa tai kwai kwo tau. I am afraid that is too much
挨喻纙乎黎地撻衣士都也枉
挨非撻士都也治

唔貴係老實價錢

M kwai, hai lo shat ka tsin. No, that is the lowest price.

惱撻衣士地咾打黎地鋪蘆士

糯撻巴笠巴鋪臻士

可以減低的價唔呢

Ho i kom tai tik ka m ne. Can you reduce the price a little

咁呋簾刁士地鋪蘆士噞列地厘

咁呋揸治嚟喱士

我怕唔減得幾多

Ngo pa m kom tak ki to. I fear I cannot reduce much

挨非亞挨咁斷簾刁士乜樁

挨非糯件揸治　都乜治喱士

你要幾多就賣呢

Ni iu ki to tsau mai ne. What will you sell it for then

喝嗱厘呋佘厘咁科

口乜治呋揸治

我至小要三個七毫五

Ngo chi siu iu sam ko tsat ho ng. $3.75 for the lowest

地簾些擠地快乎地簾士

地簾心地輝糯　喱士

好喇使人送到我屋喇

Ho la, shi yan sung to ngo uk la. Very well, send it to my house

喊簾喊厘咄咁吔買口士

喊簾溫呋唯地　買口素

呀吉吩布律
半鎊

這士闊哪吉

鼻哥素極鎊
文哪刲巴鎊
巴罷𧃍士

梳花臣哪咧
些林

呋吉吩加簾
高

嚉𠮶米吉深
吩連年

你有衣着大呢冇呢

Ni yau i chéuk tai ni mo ni. Have you any fine broadcloth?

唏乎呋嘎尔快吾布啤其羅

現下冇

Hin há mò. I have none just now.

埃唏乎嗱遮士闊

嗱字尔根切

因呢處人唔出得起價

Yan ni chü yan m chut tak hei ká. The people here would not pay what it cost me.

卑布厘希也呸嫐敵喝唎哥士未

所以難出手

Só í nan chut shau. Therefore it was difficult to get rid of them.

爹科咽蝎士地咈家厘鄙啫列阿乎店

你有紉細洋布冇呢

Ni yau ch'o sai yeung pò mò ni. Have you any fine calico?

唏乎呋嘚尔快吾家簾啇

冇我有的紉細竹布

Mò, ngo yau tik ch'o sai chuk pò. No, I have some fine linen.

糯埃唏乎心快吾連年

呸灣治嗱罷
儘士
呸些林騷七
治温也騷也
治温卑士
温卑士吉口
乜治也
米託記杜售
罷儘士
口花臣呸啡
撻治椕乜治
列鼻郎米布
林咖畤

你要乜野價錢呢
Ne iu mat ye ka tsin ni - What do you want for them
喝都呸灣科咽

你講斷嗎斷疋呢
Ne kwong tün ma tün pat ni - Do you go by so much a yard, or so much a piece
都呸高拜騷乜杜繿阿騷乜杜繿卑士

一疋有幾多嗎呢
Yat pat yau kei to ma ni - How many yards are there in each piece
口嗰尔吔士亞爹烟咽杜卑士

我開個老實價
Ngo hoi ko lo shat ka - I will tell you the true price
挨嚨厘呸地杜路鋪儘士

你點樣開得咁大價呢
Ne tim yeung hoi tak kom tai ka ni - How can you charge such a price
口咧呸夕杜失杜繿鋪儘士

我要咁多本來嘅
Ngo iu kom to pun loi ke - That is what I paid for it
撻衣士喎挨畋科咧

呅麽必打刲列地麽

呅麽必打些林列地麽接

威僮温都卑上支吉地地化倫士

米濟治掚厄這士闁

䊀花臣哪㗂

你莫來騙我嚇

Ni mok loi pin ngo 'la — Don't you deceive me

端呅地思乎未

你要添的價就好

Ni iu tim tik ka tsau ho — You should add a little to your price

呅𠯿打押𦂳列地厘都呅𠹌舖𠼻士

你要減的價就好

Ni iu kom tik ka tsau ho — You better abate a little from your price

呅𠯿打陰𢿭地𦂳列地厘乎林呅𠹌舖𠼻士

好喇等我地拗開佢喇

Hoh la tang ngo ti au hoi kü le — Well then, let us split the difference

威厘𪘲唎㭘士士舖列地地乎倫士

但我(係)要現銀

Tan ngo iu hin ngan — But I want ready cash

不挨嚮唎低㖨暑

咁總唔做得

Kom chung m tso tak — That will never do

撻𠸎厘呢花都

嗑把米跛呋

呋刲米漚皐
士利薛

刲未喱英其

喝店才記跌
呋咄米皐厘

米刲呋把尼

挨丁其呋跛
買墨思件打
鉡

我至少要一個月賬

Ngo cheih shiu yiu yat ko yuet cheung - I want one months credit at least

挨灣温蚊士其咧跌咿嚏士

你篤一条收單過(給)我唎

Ni hei yat tiu shau tan ko ngo le - You give me a receipt

呋基乎未緇嚏薛

俾筆墨過我唎

Pi pat mak ko ngo le - Give me pen and ink

基乎未啵嘜英

到期你使人送單來

To ki ni shai yan sung tan loi - You send the bill to me in due time

呋咄地皐厘都未烟刁太唔

我就俾銀你咯

Ngo tau pi ngan ni lok - And I will pay you

喈挨雖厘敝呋

我多謝你俾鷹銀過我

Ngo to che ni pi ying ngan ko ngo - Please pay me in Mexican dollars

舖嚏士敝未烟墨思堅打鉡士

嘛米跛吠英
慝利士捫尼
挨魯時都乜
治地士千
梳花臣米跛
吠溫合墨思
件打鎅
溫合英忌利
士捫尼
吠濘治拜燦
丁麽
挨濘治深丁
麽

M woo pi hung mo ngan kwo ni ché - No, I will pay you in Sterling money

唔我俾紅毛銀過你嘘　嗮挨嚨厘敝吠烟士打凌蚊尼

Ngo wá tak ngan shui to á - I have to make by the discount.

我話得銀水多啞　挨路士都乜柞拜地地士荅吾

Kom ngo pi yat pun ying ngan - Well I will pay you one half in Mexican Dollars

咁我俾一半鷹銀　喊厘挨嚨厘敝吠溫蝦乎墨思堅打鎅士

Yat pun hung mo ngan lá - And one half in Sterling

一半紅毛銀嗱　溫蝦乎烟士打凌

Ni wan iu mat ye fo m ní - Do you want any thing more

你還要乜野貨唔呢　都吠濘嘍呢丁嚒

Ngo seung iu ki yeung tim - I want several articles more

我想要幾樣添　挨濘舍乎喱厘椏的忌厘丁嚒

鼻哥素吠梳
乜治爹
米啉啡拜晏
尼麼這士閙
豁加古厘啡
些林接
米卑士豁士
稔巴温豁晏
士地郎
匿士店吠甘
郎米拜
啵薩温豁拜

但你佢的貨咁貴 Tan ni ko tik fo kom kwai - But your things are so dear 不吠亞丁士亞騷地亞

我買佢咁多就算咯 Ngo mai kui kom to tsau suen lo - I will not buy any more quantity 挨嚨厘噅拜嘜尔嘜遮士閙

好貨點得平呢 Ho fo tim tak peng ni - How can good things sell cheap 口哶豁丁士佘厘妾

我的疋頭好又結實 Ngo tik pat tau ho yau kit shat - My piece goods are good and strong 買卑士豁士亞豁嘜士地郎

第二時來帮襯我嘛 Tai i shi loi pong chan ngo ma - Come and patronize me another time 甘嘜嗷地郎乃士未嘜極打太唔

好咧請咧 Ho le tsing le - Well, good bye 噘厘豁拜

乘甘碌思
呀吉烏加古
甘
嚀甘威寠孫

Má tin yap hong mán tap mún - Brokers' conversation

孖氊入行問答門

布椽咖士干花西啞

Tái pán tsò shan á - Good morning Sir

大班早辰呀

谿嚒寧沙

Tsò shan tsing tsò lí - Good morning, please sit down

早辰請坐唎

谿嚒寧舖簾士薛當

Ngò loi tái há - I have come to see

我來睇吓

挨蝦平甘都思

Ní yau mat san fo tò mò - If you have any new goods arrived

你有乜新貨到冇

衣平呎唏平喽尔烏嗒士亞蠦平

Pat kau tsau yau tò lò - I expect some very soon

不久就有到咯

挨盆士呲深𡁷黎孫

英語集全 卷六 問答　六　孖氊問答

這士隔合吉喎加古

合吉科痕䞍皁時烏倫

䟃騷未乜沙

極鏄閃溫哥簅底

利士加古哪黔

嚒必打吠碌思罷鏄巴

現下有乜貨呢 Yin há yau mat fo ni' — What goods have you now
喎嗧士晞乎吠安嘫

有大呢四百疋 Yau tai ni sz pák pat — I have four hundred pieces of woollens
挨唏乎科嗔地列皁奈士烏倫

俾佢辦我睇吓 Pi' ki' pan ngo tai há' — Let me see the sample
咧未思地𠯗布厘

咁多都係一樣貨 Kom to to hai yat yeung fo' — They are all of the same quality
低亞阿厘阿乎地閃哥簅厘低

呢的貨唔好呀 Ni' tik fo m' ho' a' — These goods are bad
地士嗧士亞吔

你看眞的就好 Ni' hon chan tik tau ho' — You better examine them carefully
吠吔打㕸呾文店騎乎黎

利士這士鬧
些林喝罷擟
士

溫打鏄溫也
杜魯罷擟士

餉銀傳俗銀來

刁地合吉煙
西

呋米記跛刁
地

呼文跛行廿
未臣

拜也米記跛
阿乎哥士

呢的現下乜野行情
Ni tik hin há mat yé hong tsing. — What is the current price of this
喎衣士地未倫舖擟士阿乎地士

一個銀錢一嗎寔價
Yat ko ngan tsin yat má shat kai. — One dollar a yard is the fixed price
溫打鏄溫吖衣士地杜路舖擟士

餉銀在內唔呢
Heung ngan tsoi noi m ni. — Does that include the duty
打士撻烟其魯士地刁低

你出餉銀嚟
Ni tsut heung ngan lai. — You have to pay the duty
呋唏乎都徹地刁紙

乜誰出行用呢
Mat shui tsut hong yung ni. — Who pays the hong commission
呼徹士杭廿未臣　呼字霞姑切

買家出自然嘅
Mai ká tsut tsz in ké. — The buyer pays it of course
地拜也徹士阿乎哥士

米哪灣治梳乜治

利士加古哪晔些林

呋佈篚時

梳花臣米忒記温合

喝店呋甘結治加古

卡甘匿士域

Ngo m iú kom to — I dont want so much

我唔要咁多

挨端灣騷乜杜

Ni tik fo ok mai — These goods are troublesome to sell

呢的貨惡賣

地士割士亞地笠布厘岑都余厘

Yam chung ni — Do as you please

任從你

都呿士呋舖篚士

Kom ngo iú yat pun la — Well, I will take half

咁我要一半嚇

喊厘挨哪厘忒温蝦平

Ni kí shí loi tsat fo ni — When can you come to take the goods away

你幾時來出貨呢

喧晔呋甘都忒地帑士𠴲威

Tai i ko lai pai tsau loi — I will come next week

我第二個禮拜就來

挨喍厘咁匿士域

哪甘麽列
唔好再遲
Mh ho tsoi chi - Don't you come later
端呋甘黎打

米些林拿打文
唔係我就賣過別人
Mh hai ngo tsau mai kwo pit yan - Or else I will sell to another man
阿咊厘士挨嘴厘佘嗶都嗲啞打嘛

米沙比威簞温
我曉打算
Ngo hiu ta suen - I will take care of that
挨嘴厘忒騎阿乎唎

喝店呋鳥加古甘
你個的新貨一到
Ni ko tik san fo yat to - When your new goods have arrived
喧呋呃鳥豁士唏乎亞蘆乎

米丁其呋託記未
多煩你通知我
To fan ni tung chi ngo - Please let me know
鋪簞士咧未𠾍

米郎呋忒記桎鋍
我共你成埋買
Ngo kung ni sing mai mai - I will buy the whole from you
挨嘴厘拜地蒿厘乎林呋

威廬溫咋都

零星非總不賣

米哪遠其些 林列地列地

呅丁其喝店 涉咁廿

這士鬧米哪 咁託記呅

濕波素呅咄 匿士域

呅怕合士咁 咇比

好哩就咁話罅

Ho' le tsau kom wa' la - Very well, let it be so

喴籬喴厘咧咽鼻騷

我唔想零星發賣

Ngo' m seung ling sing fat mai - I don't wish to sell by retail

挨端唯暑都佘厘拜籬梯厘

你睇得船幾時到呢

Ni tai tak suen ki shi to' ni - When do you expect the ship arrived

喧呅益士吡𨑨涉士亞𡑰華厘

我呢吓唔話得過你知

Ngo' ni ha' m wa tak ko' ni chi - I cannot tell you just now

挨咁嚒爹厘呅遮士鬧

但你第二個禮拜入來

Tan ni tai i ko' lai pai yap loi - If you will call again next week

咽乎呅哥厘烟陰堅匿士域

你大約都知嘮

Ni tai yeuk too chi lok - You will likely know it then

呅唯厘𡑰其黎惱咽

呋騷未呋亞耶衣厘

鼻郎星加思厘

哪吉麽嗒布思厘

啉儘其都乜治甘文

Hò lok mok kwong kom to lok - Well. Let us stop talking

好咯莫講咁多咯

喊厘咧𠿪士士搭托京　件都糯托記梳乜治

Pi ni ko tik ye ki ngo tai ha - Show me some of your long-ell

俾你個的嘢𡃈我睇吓

騷未深阿乎呋亞郎㗎厘

Hai tan un tin ko che - They are only single seal

係單鉛錢個嘅

低亞擒黎星忌厘思厘

Ngo mo sheung un tin ko lok. I have no more double seals

我冇雙鉛錢個咯

挨唏乎惱嚒搭布厘思厘士

唔啱㗎

端低雪呋　呋糯儘記

M ngam me - Don't they suit you

M ngam tso yau sung - No, they are coarse and loose

唔啱粗又鬆

惱低亞哥士嘍路士

吠託詆湛罷
蘊士

米刲吠臛打
鏵刁地烟西

哪米哪咩嗲
時梳乜治

吠咩巴打地
耶利士加古

米吉深兼列

你還一個價錢嚟
Ni wán yat kò kà tsìn á - Will you make an offer for this...
嘩厘吠米其嘆阿花科店

我俾五個銀錢連餉
Ngò pí ng kò ngan tsin lin hëung - I will give you $5 - including the duty
挨嘩厘基乎吠快乎打鑄士烟其路丁地刁紙

唔得我唔話得咁多
M tak, ngò m wá tak kòm tò - No, I cannot come so much
嬲挨唑嚇路士驟乜杜

你肯俾茶換貨唔呢
Ni hang pí chá wún fò m ni - Will you barter tea for these goods
嘩厘吠巴打地科地士豁士

我明日話你知
Ngò ming yat wá ni chí - I will let you know tomorrow
挨嘩厘咧吠嬲都嘜嘮
米托記吠都孖鏈

我有的羽紗
Ngò yau tik ü shá - I have some camlets
挨唏乎深嘞列

呋紗治阿鏵
呸加古

菸列哪咩些
粘招多

你共我賣得唔呢
Ni kung ngo mai tak m ni – Can you sell them for me.
咁呋奈厘店科未
呋咩郎末来記奈林

呀你眞唔好彩咯
A ni chan m ho tsoi lok – You are very unfortunate.
澳呋嗚喊黎嗅科尊坭地
呋喊黎呢力

你畫地唔好貨揀埋
Ni wa ti m ho fo kan mai – You pick up all the worst goods
呋北鴨阿厘地蝸士嚞士

羽紗總唔賣得
U sha tsung m mai tak – Cannot sell at all
喇列士喚奈厘咧阿厘
喚字雲官切

冇人要
Mo yan iu – Nobody want them
懦咻低灣士店
糯蚊灣治

咁就敝鋪
Kom tsau fai pói – That is very bad
咧士嘁黎吔

聽歸

米封呋甘未臣

挨哪哪米灣治米記干打

試吓共我賣呀

Shi hà kung ngó mai á - Try and sell them for me

地儘嘜奈厘店科未　地儘郎未米記奈林

我出番行用過你

Ngó chut fan hong yung kó ni - I will pay you commission.

挨嚨厘敝呋甘未哐

你有幾多疋呢

Ni yau ki to pat ni - How many pieces have you.

口嘓尼卑佘士唏乎呋　呋吉口乜治卑時

我唔知我要數過

Ngó m chi ngó iú shó kó - I don't know I have to count them

挨端糯挨唏乎都求吾地店

乜野裝頭呢

Mat ye chong tau ni - How are they packed

口亞低嚇　喝花哐嚇

我俾個辦你呀

Ngó pi kó páan ni á - I will give you a sample

挨嚨厘碁乎呋縊叵布厘　米封呋温三布

行情 價值 日中相仰

昔士嗞地呂例失丁些林喝鋪儘士

蠻花臣鋪儘士台哥鴨

極鎊閃鋪儘士鎊士域

升結那哘些林

鎊士域合些林安黎科兜臣畢士

六斤原布賣乜價錢 *Luk kan ün po' mai mat ka' tsin* — *What is the price of 6 catties grey shirting*
喝衣士地鋪儘士阿乎昔士嗞地呂例失丁

壹両六錢五分銀 *Yat leung luk tsin ng fan ngan* — *One tael six mace five*
温梯厘昔士米士快乎

咁唔係起價囉 *Kom m hai hei ka' lo* — *Then the price has gone up*
練地鋪儘士哂士千鴨

都係先個禮拜一樣行情 *To hai sin ko lai pai' yat yeung hong tsing* — *The same price as last week*
地閃鋪儘士極士鎊士域

街上行情唔好 *Kai' sheung hong tsing m' ho'* — *The market is very dull*
地孖結衣士嗞黎打厘

前個禮拜不過賣出四千疋 *Tsin' ko lai pai' pat kwo' mai ch'ut sz' tsin pat* — *The deliveries last week were 4000 pcs.*
地地隆化厘士鎊士域蝸士科兜臣畢蛇士

你有重扣布冇呢　Ni yau chung kau pú mò ní_ Have you any heavy White
蚪乎吠晏尼唏肥地其羅△
吠合吉希肥地其羅△

有一百綑在棧房　Yau yat pák kwan tsoi tsán fong_ I have 100 bales in the Godown
挨蚪乎温痕地列踧厘士烟地告當
米吉温痕頓踧厘烟西告當

你去看過（睇）　Ni hü hon kwo_ You go and see them
吠哥晏思籬△
吠哥篠思

每綑有幾多疋　Mui kwan yau kí to pat_ How many pieces in a whole
厚萬尼卑蛇士烟咟柱踧厘
温踧厘吉厓乜泊卑時

你知到行情跌下來嘛　Ni chí tò hong tsing tít há loi lá_ Do you know that the price has come down
都吠腦地舖嚞士唏士十當△
睇沙比舖嚞士合哥當

我知得過你　Ngó chí tak kwo ní_ I know better than you
挨腦必打嚫吠△

呋灣治厚乜 治卑士

澧士闊孖結 哪啲些林

合吉舖簷士 哪啲些林

濕㑇素嚐失 丁些林接

呢的斜布係肆拾碼
Ni tik ché po hai sz shap má — This drill forty yards.
衣士地士地簏厘科地也士

抑係叁拾碼
Yik hai sam shap má — or thirty yards
阿撻地也士

你要幾多疋
Ni iu ki to pat — How many pieces do you want
厚啲尼卑虵士都呋灣

現吓街上冇價
Yin há kái sheung mo ká — The market is very dull; quotations
地孖結衣士喊黎打厘這士闊

有行無市
Yau hong mo shi — The price stands but nobody wants them
地舖簷士士丹不腦砵底灣士斂

白布若係着價
Pak po yeuk hai tseuk ka — If white shirtings sell cheap
衣乎嚼失丁些厘妾

我同你要的　Ngo tung ní iú tik　I will buy some from you
挨嚕厘拜深乎林呋
米咓呋忒記深

呢的白布係六十条紗線嘅　Ní tik pak po hai luk shap tiu shá sin ké　The white shirting is 60 reels
地士嚌失丁衣士昔士地簏厘

比佢還好有嗎　Pí kü wan ho yau mà　Have you not got any better than this
虲墳呋割嘐尼吣打爛地士
呋哪吉麼哋打地士

頂好貨難賣出手　Tsing hó fo nán mai tut shau　It is very hard to get rid of superior goods
咽衣士嘁黎乜都嚸列阿乎素披簏阿豁士
稔巴温豁士哪咔些林

呢的疋頭太粗　Ní tik pat tau tai tso　These piece goods are too common
地士卑士豁士衣士都甘文
地士卑士豁士都乜治甘文

米啼吠灣治
拜地
爺時吠合吉
米吉嘛捕
喝堅地
忌連地布力
地桱鏬合吉

Mái chá mán táp - Dialogue on Tea

賣茶問答

大亞洛安地

Ngo mán tak ni iu mái chá - I heard that you want to buy some tea

我聞得你要買茶　埃希也吠嚩都拜深地

Hai á, ni yau mo - Yes, have you any

係呀你有麽　爺士嘛乎吠嘍你

Ngo yau kí ko tsz ho - I have a few chops

我有幾個字號　挨蚆乎縊嘛捕

Mat yé chá ní - What kind of Tea

乜野茶呢　喝佳吾阿乎地

Luk chá hung chá tò yau - I have both green and black teas

綠茶紅茶都有　挨蚆乎傑㒼忌連地晏布嚦地

喝失布力地
米其辟鏵治車士阿合車士
地簾插鏵治車士
温插合車士
呋合仙地ㄦ沙

Hai mat ye hung chá - What kind of black tea
係也野紅茶
喝佳吾閘乎布瀝地

Nün chong kung fú chá - Fine Congo
嫩裝工夫茶
吩抗高

Hai chong tai sheung yik hai i ng sheung - Is it packed in chests or half chests
係裝大箱抑係二五箱
衣士啊烟鏵治車士阿虯乎車士

Sam ko tsz ho tai sheung - Three chops in large chests
三個字號大箱
地簾插士烟鏵治車士

Yat ko tsz ho i ng sheung - One chop in half chests
一個字號二五箱
温插烟虯乎車士

Nei sung liu chá pan loi m tang - Have you sent the tea muster
你送了茶辦來唔曾
虯乎呋𠸄烟地乜士打

犬合仙地士 孖鋅乜沙

喝舖例上呋 砵地

呋極士記地 杯希沙比

地士地那威 嚧豁

厚花臣呋託 記甘文

我送了小辦來 *Ngó sung liú shiú pán loi. I have sent in a small muster.* 挨蚪乎嗹烟士麼厘乜士打

放在何處 *Fong tsoi hó chü'. Where did you put it.* 靴跌呋砵呵

問你茶房就知 *Man ni chá fong tsau chí. Ask your teaboy, he knows.* 極士其呋弫地杯希𦡆

呢個茶不甚好 *Ní kó chá pat shum hó. This tea is not very good.* 地士地衣士嚩嘁黎豁

實係太粗 *Shat hai tai tsò. It is too common.* 咽衣士都甘文

你點樣話得粗 *Ní tim yeung wá tak tsò. How can you call it common.* 厚𠸎呋哥厘咽甘文

列地鼻郎衣
士其笠

吠灣治喝舖
㩐士

地士地鼻郎
吠

阿鼻郎地文

地士地鼻郎
地文

米米咩些林

呢的係頭春茶
Ni tik hai tau chun chá – This is first crop of tea
地士衣士花士其笠地

你要乜價錢
Nei iu mat ká tsín – What price do you want
喝舖㩐士都吠灣

呢個茶係你嘅
Ni ko chá hai ni ké – Does this tea belong to you
衣士地士地鼻郎都吠

抑係茶客嘅
Yik hai chá hak ké – or to some customer
阿都深地文

茶係人客嘅
Chá hai yan hak ké – The tea belongs to a customer
地地鼻郎士都繼地文

但我可賣得
Tán ngo hó mai tak – but I can sell it
不挨咩賒壓啊

那雞臣託記地文

不用同茶客商量

Pat yung tung ch'a hak sheung leung — without referring to the tea men

嚩兜簾花淩都地地文

地士揷地喝念

呢個茶係乜野大面呢

Ni ko ch'a hai mat ye tai min ni — What is the name of this chop

喲衣士地念阿乎地士揷

列揷哥林芸香

係芸香大面

Hai wan heung tai min — It is the Wan heung chop

啲衣士地芸香揷

厚乜治車士

有幾多箱

Yau ki to seung — How many chests

厚咩你車士

猻痕頓呵地車士

五百八十箱

Ng pak pat shap seung — Five hundred and eighty chests

快乎痕地列繈地車士

妖高仙地瀛也沙車士

你去送一個大辦來

Ni hü sung yat ko tai pan loi — Send me a muster chest

嘣未繈也士打車士

呋士咨失店
米刲呋阿化

呋阿化都列
地

米忒記都揷
布老波臣

玉峯揷米刲
呋撻地都梯
厘

合車士米刲
呋端地呵梯
厘

騙花臣米刲
呋撻地梯厘
剡揷

你等吓我俾一個盆子過你
Ni tang hai ngo pi yat ko pun tsz kwo ni
Wait a little — I will give you another.
威地鑑列地厘挨嚟厘基平呋晏阿化

你的盆子太低
Ni tik pun tsz tai tai
Your offer is too low
呋亞阿化衣士都勞

我兩個字號扯盆買
Ngo leung ko tsz ho ché pun mai
I will take the two chops in proportion
挨嚟厘忒地都揷士烟舖勞波純

玉峯字號我還你叁拾貳兩
Yuk fung tsz ho ngo wan ni sam shap i leung
I give you 32 taels for the Yuk fung chop
挨基平呋撻地都梯厘士科地玉峯揷

貳伍箱我出貳拾捌兩
I ng seung ngo chut i shap pat leung
25 and 28 taels for the half chests
挨基平呋端地呵梯厘士科地蚪平冲士

咁就每個字號算叁拾兩
Kom tsau mui ko tsz ho suen sam shap leung
that is 30 taels for each chop.
辣衣士撻地梯厘士科咧杠揷

嘫冧地卜

吠碌思列地 纚堅

思厚豁簻乎

落得簿唔呢

Lok tak pú m ne — Can I put into the book

咁挨硃烟都地卜

你更好添多壹両銀

Ni kang ho tim to yat leung ngan — You better give some taels more

吠叱打基乎温梯厘㷭

你再看過呢盤茶

Ni tsoi hon kwo ni pun cha — Look at the tea again

碌嗰地地纚堅

看吓幾好條索

Hon ha ki ho tiu sok — See how good leaves it has

思厚豁簻乎士嗰唏士

好水門

Ho shui mun — good water

豁窩打

好味口

Ho mi hau — Nice taste

乃士梯士

Ho lok ngo tim to ng tsin ngan kwo ni. Very well I give you 5 mace more

好咯，我添多伍錢銀過你

嗼哩挨基平 吠怏乎米士麼 嗼籃濕米刲 吠輝米士麼

Kom tsau lok pau lai. Very well, put in the book

咁就落簿𨮏

嘁簞嘁厘砵烟都地卜 孖時基砵地 卜

Ni ki shi kau cha lai. When are you going to send the tea

你幾時交茶來

喧亞吠高營都咄地地 喝店吠仙地 地甘

Tsui ni ki shi to ho. Any time you please

隨你幾時都好

曷你㡸吠𨧟簡士

Cha fat liu lai ni tsan lok. The tea is in your godown

茶發了來你棧咯

地地衣士烱吠亞告當 地合甘吠告 當

Ni ki shi kwo pong ni. When can you weigh it

你幾時過磅呢

喧咻吠嘁呵 喝店哗米記 㓕

我下午過磅

Ngo hà ng kwo pong - I will weigh it this afternoon

挨喴厘威咽地士磑乎打晙　晙字你官切

抆米記威地士阿乎打晙

你磅幾多箱

Ni pong kì to säng - How many chests do you weigh

厚喢尼車士都吠威

吠米記威厚乜治車士

毛重幾何

Mo chung kì ho - What is the gross weight

喝衣士地佪羅士威

厚乜治佪羅士威

幾多皮

Kì to pe - What is the tare

喝衣士地嗲也

厚乜治嗲

淨重幾多

Tsing chung kì to - What is the nett weight

喝衣士地嘞威　嘞字尼尺切

厚乜治匿

你算得幾多担

Ni sün tak kì to tam - How many piculs do you make

厚喢尼碧其厘士都吠米其

吠奓吾打厚乜治扎古

担八百斤

一斤八百大[illegible]

都孖鮮甘給治㘚尼
刦地士尺甘不多
曉錢有冇
同作去閒過
希跛吠
米合仙地乜沙車士
眯跛未喝阿佢

明日來收銀　Ming yut loi shau ngan — Come for the money tomorrow.　甘科地蚊尼都麽勞

俾呢張帋買辦（是行情）　Pi ni cheung chi mai pan — Give this check to the Comprador.　基乎地士尺都地甘布例多

佢就支銀你咯　Kü tseu chi ngan ni lok — He will pay you　希嗺厘玻吠

俾你的綠茶辦我看（睇）　Pi ni ti luk cha pan ngo hon — Show me your green tea muster　騷未吠亞忌連地乜士打

我已經送了大辦來　Ngo i king sung liu tai pan loi — I have sent a muster chest　挨剢乎咖地乜士打車士

你還乜野盆子過我　Ni wan mat ye pun tsz kwo ngo — What offer do you give?　喝阿化都吠基乎

高郞米米記
四嬌列揷地

𠺢鋪𠱁士地
文哪些林

𠵱士揷地吉
厚乜治問

青呵問

吉厚乜治失
根泡打

合吉地籮稔
巴極鎼咖打
喊地車士

你同我去寫了呢個茶

Ni tung ngo hüee lieu ni ko cha. Go and secure this chop tea for me.

高晏四嬌地揷地科未

咁嘅價錢茶客唔賣

Kom ke ka tsin cha hak m mai. The teamen cannot sell it at that price.

地地文換些厘呵㗎唎鋪𠱁士

呢個茶有幾多花色

Ni ko cha yau ki to fa shik. How many kinds of tea has this chop.

厚嘸你佳吾士阿乎地唏士地士揷

有捌個花色

Yau pat ko fa shik. It has eight kinds

咰唏士咽佳吾士

有幾多號珠茶

Yau ki to ho chü cha. How many sorts of Gunpowder

厚嘸你失士阿乎根泡打

有三號共八十箱

Yau sam ho kung pat shap seung. 3 sorts making 80 chests in all.

地籮稔巴士米京繿地車士烟阿厘

緯經堂板

豎花臣米丁
其地文哪些
杯
米忒記柾𨫼
央雜臣
吠刮喝舖𧀯
士
稔巴溫根泡
打咈乎地梯
厘
稔巴溫央雜
臣揸地𪐀梯
㳈

我獨係要頭號弍號
Ngo tuk hai iu tau ho i ho — I only want No. 1 and 2.
挨安黎灣稔巴士溫㕲都

咁樣我睇得茶客唔肯
Kom yeung ngo tai tak chá hak m hang — I think the teamen won't take it, they
挨丁其地地文換些厘啊咧威

雨前我盡要
Ü tsin ngo tsun iu — I will take all the young hyson.
挨𠹌厘忒阿厘地央雜臣

你出得乜野價呢
Ni tsut tak mat ye ká ni — What price do you give
喝舖𧀯士都吠基乎

頭號珠茶五十両
Tau ho chü chá ng shap leung — 57 taels for No. 1 gunpowder
咈乎地梯厘士科稔巴溫根泡打

頭號雨前叁拾伍両
Tau ho ü tsin sam shap ng leung — 35 taels for No. 1 young hyson
𧀯地快乎𪐀厘士科稔巴溫央雜臣

畀都孖鏬刮
厭晏沙

都低喝地合
些林

合吉厚乜治
地烟西孖結

吠丁其咧舖
嚧士米記高
鴨阿高當

米丁其咧舖
嚧士咔米記
士丹

這士闒英忌
倫些林喝舖
嚧士

我明日俾回話你
Ngò ming yat péi wui wá ni. I will let you know tomorrow
挨嗹厘咧吠腦都麼勞。

今日賣出多少茶呢
Kam yat mai ch'ut to shiú ch'á ni. What tea have been sold to day
喝地士蚪乎便騷厘都低

街上還存幾多茶呢
Kai sheung wán ch'ün kí to ch'á ni. How much tea is in the market
厚乜治地衣士烟地孖結

你睇行情起或跌呢
Ni tai hong tsing hí waak tít ni. Do you think the price will advance or fall back
都吠丁其地舖嚧士嗹厘咿灣士阿科厘北

我看呢個價錢企得住
Ngò hon ni ko ká ts'in k'í tak chü. I think the price will stand.
挨丁其地舖嚧士嗹厘士丹

紅毛現在賣乜價呢
Hung mò ín tsoi mai mat ká ni. What is the price in England just now.
喝衣士地舖嚧士烟英忌倫這士闒

米丁其匿士
店米厘士店
麻甘烟

孖結孖士高
當

呋合郎拿打
口素米記干
地力地

深店合吉

不過兩個弍司連
Pat kwo leung ko sz ling – Only 2 shillings and 2 pence.
安黎都司連答賓士 賓字下平

我睇得下次火船到時
Ngo tai tak ha tsz fo shün to shí – I think when the next mail come in
挨丁其嗌地匿士米厘甘烟

呢個價錢噲跌
Ni ko ka tsin wui tit – The market will go down
地孖結嗹厘高當

你有同人家包裝冇呢
Ni yau tung yan ka pau chong mo ni – Do you ever contract tea for anyone
都呋咗化干地力地科嘍你温

有時都有
Yau shí to yau – Sometimes I do.
深店士挨都

我要你同我包裝五千箱
Ngo iú ní tung ngo pau chong ng tsín tsáu – I want to contract 5000 chests
挨嚹呋都干地力快乎兜巨車士

嗚𠯿呅灣治釆記涉鴨

釆啡也哪吽鮳治騷隙

極鉾咖打吉厚也治地涉鴨

烟西根地黎這士闊哪吉都也治地

Nei kishi iu chà lok shün - When do you want the tea shipped off

你幾時要茶落船　喧都呅灣地地涉阿乎

Tai i ko üt ngo iu sam tsin sëung - I want 3,000 chests next month

第貳個月我要三千箱　挨灣地篚兜臣車士匿士抦

Ngo pà kom fai m chong tak hi - I am afraid I cant get them so quick

我怕咁快唔裝得起　挨厭繿乎列挨間啱斂騷隙

Ni pit iu kau ching mo yün chà kwo ngo - You must get me the Moyune tea

你必要交正婺源茶過我　呅孖士基乎未杜魯婺源地

Yat tsung yau ki to chà chut hau hü liu - How much tea has been shipped off altogether

一總有幾多茶出口去了　厚也治地希士便涉阿乎阿厘都咖打

Shan li in tsoi mi yau ki to chà - There is not much tea in the country yet now

山裡現在未有幾多茶　爹衣士嘞也治地烟地根地黎這士闊

吠行台吉小種

米這士鬧哪吉

米咁米記拜烟西根地黎

吠灣治厚乜治車士

小種些林妾

你棧有小種茶冇呢

Ni tsan yau shiu tsung cha mo ni - Have you any Souchong in your hong

蚆乎吠嘜尼小種烟吠亞行

我現今未有

Ngo hin kam mi yau - I have none just now

挨蚆乎寃這士鬧

寃字你根切

但我可以由山裡辦來

Tan ngo hó i yau shan li pan loi - but I can get it from the country

不挨咁㗎呵乎林地根地黎

你要辦多少箱

Ni iu pan to shiu sheung - How many chests do you want

厚咩尼車士都吠灣

小種着價唔呢

Shiu tsung tseuk ka m ni - Does Souchong sell cheap

扚士小種些厘妾

近日好市

Kan yat ho shi - The market is very high just now

𡁻孖結衣士𠺝黎雜這士鬧

因事

鼻哥素利士鎗吉都也治連

嘟吉乜治加打凌

𠮩花臣辟

嘘平地加地濕車士

口乜治搵北古

端地輝打鏄趼跛刀地

因今年雨水多

Yan kam nin ü shui to - For there is plenty rain this year

科爹衣士鋪嗹地連地〔〕畨亞

冇乜收成

Mo' mat shau shing - and very little gathering

喊黎列地㕑喙打淩

乜野裝頭呢

Ma tsé chong tau ni - How is it packed

口衣士𠺘辨

係五十斤箱

Hai ng shap kan sheung - In fifty catty boxes

烟哋平地嘱地箒佘士

幾多銀一擔呢

Ki to ngan yat tam ni - How much per picul

口乜柱温扎㞢厘

二十五員你出餉

I shap ng un ni chut sheung - $25 and you pay the duty

端地快平打鏄士嘜吠敝𨑨刀紙

米丁其哪都也治

米哪吉溫店跛梳也治

吔杜魯罷殱士

哪託記雞臣

我唔出得咁多 — Ngo m chut tak kom to — I cannot give so much.

挨吽嚤基乎騷也柱　米糯吽刲梳乜治

我想唔係貴 — Ngo sheung m hai kwai — I think it is not too much.

挨丁其咽衣士嚤都也柱

我地唔會買過呢個價錢 — Ngo ti m tang mai ko ni ko ka tsin — We have never paid such price before.

雕唏乎呢花敝地失杜舖殱士鼻科

呢的係實價 — Ni tik hai shat ka — That is the true price.

吔衣士地杜魯舖殱士

我冇錢賺嘅咯 — Ngo mo tsin tsan ke lok — I can make no profit of it.

挨啣米其嗱舖羅咈拜吔　米糯吽米記巴鎛咈

莫咁大話鎅 — Mok kom tai wa lai — Dont speak such nonsense.

端士北失杜雞臣士

呋灣治口乜治捕

挨灣治昔士捕

呋許記杜魯喝罷礚士呋咩坳

呋騷未乜沙繼堅

威簏豁地

鄧吉士咩厘

你要幾多個字號

Ni iú kí to kó tsz hò - How many chops do you want

口嗰尓緝士都呋灣

我要六個字號

Ngo iú luk kó tsz hò - I want six chops

挨灣昔士緝士

你話實出得乜野價錢

Ni wah shat chut tak mat ié ká tsín. - Tell me truly what you can give for it.

爹厘未杜路黎喝呋咩基乎科呵

俾個辦我睇吓添

Pi kó pan ngo tai há tim - Let me see your sample again

咧未思呋亞吀佈厘繼堅

係十分好茶

Hai shap fan hò chá - The tea is very good

地衣士喴黎嚭

但冇香味

Tan mò heung mí - But there is no fragrant smell

不爹衣士嗇乎黎忌倫士咩厘

灣治米記快也

都地籬唔米其嚀地

梳花臣地這士闍哪吉都也治

吠哪吽結治晏尓嚒椏鎒悶罷攎士

米合些林科捕

我睇日子久過頭

Ngo tai yat tsz kau kwo tau - I think it is too old

挨丁其咽衣士都澳厘

咪丁其都　也治澳炉

要用火焙過

Iu yung fo pui kwo - It wants firing

咽灣士快凌

等我地三兩句講埋佢

Tang ngo ti sam leung kui kong mai kü - Let us settle it in two or three words

咧極士嚀地厘烟都阿地籬嵣士

呢個字號茶現今好少

Ni ko tsz ho cha hin kam ho shiu - This kind of tea is very scarce now

地士楷吾阿乎地衣士喊黎士騎士闍

呢個價錢都冇買

Ni ko ka tsin to mo mai - You cannot get any more at this price

吠吽嗲啱嘍尓嘜唎地士舖攎士

我賣了四個字號過某某

Ngo mai liu sz ko tsz ho kwo mau mau - I have sold four chops to —

挨唏乎騷厘地科緋士都

希啡訴記呋

係口鋪巴文

你去問佢

Ni hui man kui - If you enquire of him -

咽乎呋嚙乖阿乎謙　呋米記燕乖㖏

佢是必話你知

Kui shai pit wa ni chi - He will tell you

希嚨厘爹厘呋

佢乜野價錢同我買

Kui mat ye ka tsin tung ngo mai - What he gave me for it

喝希基乎沬科咽　喝鋪𡀔士希郞米拜

你咁就知

Ni kom tsau chi - And you will find out

晏呋嚨厘快五歐地　梳花臣呋啡沙比

我係過交易佢人

Ngo hai ko kau ik ko yan - I am a shopper wanting to deal with

挨𡁻紕鋪笠巴噃都地厘嘭△

你幾時交得茶過我呢

Ni ki shi kau tak cha ko ngo ni - When can you let me have the tea.

喧啡呋唎沬唏乎地地△　喝店呋啡刬沬地

米灣治仙地涉
米昔士域咩結治列底
威嚧温呠哪米記布瀝布林未時
米灣治呠刲未深巴堅揤尼

两個月嘛
Leung ko ut ta - Say two months
西都蚊△士
都揤梳

两個月久過頭
Leung ko ut kau ko tau - Two months is too long a time
都蚊△士衣士都郎太唔
都揤都乜治郎店

因我要寄某某船
Yan ngo iu ki mau mau shün - For I want to send by the ship ——
科挨灣都咄拜地涉△

我六個禮拜辦齊備咯
Ngo luk ko lai pai paan tsai pi lok - I will get it ready in six weeks
挨嚨厘嚙咽咧低烟昔士域士

好唎莫失信嚅
Ho li mok shat sun po - Very well don't break your promise
喴嚧喴厘端布瀝呠亞餔羅未士

我要你交的定銀
Ngo iu ni kau tik ting ngan - I want you to give me earnest money
挨灣呠都基乎未深巴堅蚊尼

二十三

嗝米科結爹林吠

挨灣治深端地輝咖地薄時

吠孖士嘀治士地郎地薄士

甙騎吠刬極鏟閃乜沙

濕俟素吠嘛刬極鏟閂乜沙

Ng tsin iin tso tak mi ni - Will five thousand dollars do
五千員做得未呢
嗹厘快乎兜臣打鰈士都　輝兜臣亇嚩吽都

A ngo mong ki wa ni chi - O, I forget to tell you
㗎我忘記話你知
澳挨科嘞都爹厘吠

Ngo iu tik i shap ng kan siong - I want twenty five catty boxes
我要的二十五斤箱
挨灣深端地快乎㖿地薄佘士

Ni ko tik ch'a seung pit iu kin ku - Your must get strong tea boxes
你個的茶箱必要堅固
吠孖士嘀士地郎地薄佘士

Ni ta chü i chiu pan tsau hò - If you give the same for the sample
你打主意照辦就好
甙騎吠基乎地閃啵士地吐布厘

Ni hai m chiu pan kau - If you don't give according to sample
你係唔照辦交
衣乎吠端基乎碗哥丁都吐布厘

挨米託吉當
罷爐時

米合都地布
嚟加顛翁

我就劏價銀
Ngo tsau tot ka ngan - I will cut down the price
挨嗺厘吉當地舖礶士

呢的我曉得
Ni tik ngo hiu tak - I understand all these
挨嗹打士丹阿厘地士
米嗹打士丹極睇

你總唔使憂心
Ni tsung m shai yau sum - You have no reason to fear
呒唏乎惱溪呃都非也
呒糯溪呃米詛非也

我做了茶商十年
Ngo tso liu cha sheung shap nin - I have been a tea broker for ten years
挨唏乎便綠地布嚟加科顛翁亞士

我並未曾話辦得唔妥當嘅
Ngo ping mi tsang wa pan tak m to tong ke - I have never given any dissatisfaction to any one
挨唏乎呢花基墳嗳尔拗士嚟地士咪呃都嗳尔温
米糯吉温吉占米詛
糯巴笠巴卑剪

利士孖宯乜頓些林口乜治

乜頓叻些林都米士咽間打連溫咖地

涉乞些林口乜治

地簏米士溫卑士

Yuk toi man tap moon – On the butcher's stall

肉枱問答門

安地布查士士多厘

Kum chiu yeung yuk mai mat ye ka tsin – What is the price of mutton this morning

今朝羊肉賣乜野價錢

喎衣士地鋪擂士阿乎乜頓地士嚹宯

Yeung pi mai i tsin pat ngan yat kan – Mutton leg sells two mace and eight candareens a catty

羊肶賣二錢八銀一斤

乜頓叻賒厘士都米士咽啞打連士隘嚹地

Yeung tsin tui mai i tsin sz ngan yat kan – Mutton shoulder sells two mace four candareens a catty

羊前腿賣二錢四銀一斤

乜頓騷厘打賒厘士都米士科啞打連士隘嚹地

Yeung tau mai ki to tsin – How much for a sheep's head

羊頭賣幾多錢

口乜柱科綜涉吃

Sam tsin ngan yat ko – Three mace silver each

三錢銀一個

地簏米士思厘化咽柱

利士也頓都也治乞

呢的羊肉實

Ni tik yeung yuk shat - This mutton is too hard

地士也頓衣士都乞

口花臣乞

點樣實呢

Tim yeung shat ni - How can it be hard

口咩咽鼻乞

米利士孖寧基林涉

我今早就劏羊嘅

Ngo kam tso tsau tong yeung ke - I only killed the sheep this morning

挨安黎冀厘地涉地士嘜寧

米咩士咩厘

你講大話

Nei kong tai wa - You don't speak the truth

吠端士北地杜爵乙

吠糯托記杜魯

我聞得出

Ngo man tak chut - I can tell by the smell

挨咩爹厘拜地士咩厘

利士也頓合些休都爹

呢的羊肉賣了兩日

Ni tik yeung yuk mai liu leung yat - This mutton is two days old

地士也頓衣士都爹士澳厘

𣲷花臣呋拜深卑乎
杜魯威篁豁卑乎
呋哪阿墳思騎花臣豁卑乎
孖士基刦未𪢮咖地
𠻗騎米記威巴鏬巴
濕煲素呋哪威巴鏬巴

咁就買的牛肉嚇
Kom tsau mai tik ngau yuk há — Well, you better buy some beef
嘁厘呋𠺝打拜深卑乎

眞係好牛肉咯
Chan hai ho ngau yuk lok — Truly it is very nice beef
杜魯黎咽衣士嘁黎乃士卑乎

你冇幾何買得咁嘅牛肉
Ni mo ki ho mai tak kom ke ngau yuk — You seldom get such beef
呋除厘泵𠿪失杜卑乎

好哩秤十斤過我哩
Ho le ching shap kan kwo ngo le — Very well give me ten catties
嘁黎嘁厘基乎未顛喝地士

打主意要秤夠秤
Ta chü í iu ching kau ching — Take care you give good weight
𠻗騎呋基乎豁威地

你係唔秤夠秤
Ni hai m ching kau ching — If you give short weight
咽乎呋基乎呹威地

第二次我就唔同你交易

Tai' i chi' ngo' tsau' m' tung' ni' kau' yik. — I won't have any more to do with you

挨嗅唏乎嘜尒麽都都嚒△呋 米哪耶呋拜晏你麽

我點樣拈番去歸

Ngo' tim' yeung' nim fan' hui' kwai. — How shall I take it home.

口唸厘挨忒咽龕 口花臣忒記哥龕

叫一個姑簹仔呀

Kiu' yat ko' ku li tsai' a' — Get a market boy

嗐緺孖結杯 結治温孖結杯

邊處叫得到

Pin' chü' kiu' tak' to' — Where can I get one

靴哳挨哊温 喝舖黎時哳結温卑士

我同你叫一個

Ngo' tung' ni' kiu' yat' ko' — I will get one for you

挨嗹厘哊温科呋 米耶呋結治温卑士

佢要幾多錢

Kü' iü' ki' to' tsin — How much cash he wants

口乜桂喙暑希灣士 挨灣治口乜冷嘣時

俐士忒記都
乜治連

呋哪刲希罩
罩

米都乜治忒
騎利士忒記

賣鷄問答門

Mai kai man táp mun. - Dialogue on buying fowls

大亞洛安拜英坏㕓士

你有火鷄賣冇呢

Ni yau fo kai mai mò ni - Have you a turkey to sell

唏乎呋繿忒記都佘㕓　呋合吉忒記米記佘林

有我有好多隻

Yau, ngo yau ho tò chik - Yes I have several

爺士挨唏乎佘花㗂㕓

呢的火鷄瘦過頭

Ni tik fo kai shau ko tau - These turkeys are too thin

地士忒記士亞都顛

你唔俾野佢食

Ni m' pi yé kü shik - You have not fed them properly

呋唏乎嬲咈店舖笠巴黎

我用好多心機養呢的火鷄

Ngo yung ho to sum ki yéung ni tik fo kai - I have paid great care to these turkeys

挨唏乎㗎㤯黎地騎都地士忒記士

吠哪吽結治㢊必打利士　地篚路㐅温卑時　吠灣治梳乜治吠糧時哪㘝　都摑告米拜都路卑温卑時　濕煲素吠丁其都乜治

你唔買得倒好過呢的嘅略
Ni m mai tak to ho kwo ni tik kei lok — You cant get any better things than these
吠間睇嘜尓咇打忒記士嗽地士

你要幾多銀一隻呢
Ni iu ki to ngan yat chek ni — How much do you want for each
口乜杜都吠灣科咽枉　口乜治温卑士

三個路卑一隻
Sam ko lo pi yat chek — Three rupees each
地篚路卑士咽枉

你開咁大價都唔見唔好意思
Ni hoi kom tai ka to m kin m ho i sz — Are you not ashamed to demand such price
亞吠嬲亞罰都地嚾地失枉鋪𧸠士

我先两個月两個路卑買來嘅
Ngo sin leung ko ut leung ko lo pi mai loi kei — They sold me two rupees 2 months ago
弟哥上未都路卑士都蚊士㗎

你係嫌貴
Ni hai kim kwai — If you think that is too dear
咽乎吠丁其咧衣士㗎乜枉

吠刬輝路𠲜 都𠲜時

俾五個路𠲜兩隻𠳏

Pí ng kó lú pí léung chek lói – Give me 5 rupees for two

基平末咊乎路𠲜十科都

鄸咧都乜治

唔得咁都係貴

M tak, kom tò hai kwai – No, that is too much

𢜛咧衣士都乜㞘

你更好買一隻鵞

Nei kang hò mái yat chek ngó – You better buy a goose

吠𠺢打拜鎾姑士

吠嚒必打拜 溫姑士

㨘巴温發

眞係肥

Chan hai fí – They are very fat

第亞喊𠺢黎發

鄸米哪㦬其

唔做得我唔中意

M tò tak, ngó m chung i – No, I don't like them

𢜛挨端㦬其𠻗

吠㦬其温𠲜 時雞品

你中意劏雞唔呢

Nei chung i tong kai m ní – Do you like a capon

都吠㦬其鎾溪品

輝咖地科梯厘

吉梳乜治晞呢

呋米記威呋噻厘乎

呋都乜治根寧

呋砵都乜治別地烟西利士雞品

睇吓看知幾重　Tai ha chi ki chung — See what is the weight　思喝衣士地威地　倏思口乜治威

五斤四両　Ng-kan sz leung — Five catties and four taels　快乎喎地士嘍科梯厘士

有咁重　Yau kom chung — Does that weigh so much　打士咧威騷乜杜

你自已秤呀　Ni tsz ki ching á — You can weigh it yourself　呋咧威咽呋亞奈厘乎

你眞係鬼馬　Ni chan hai kwai má — You are very cunning　呋亞威黎根寧

你將呢隻劏雞揸滿穀　Ni tseung ni chek t'ong kai tsang moon kuk — You have stuck this capon full with food　呋唏乎士得地士溪品夫厘嘭△嘛地

亞喺二字如俗話亞乜之稱

合吉安黎都也治爹

口花臣爹

科打鑄溫北古

挨哪灣治溫北古

Mai mai tsap fo man tap mun. Dialogue on buying sundries

賣買雜貨問答門

大亞洛安拜英新地厘士

市頭

A ho ni yau tik sheung pak mai mo ni. I say, have you any good table rice?

亞哈你有的上白米冇呢

亞哈唏乎吠㗎尔谿梯布厘蠔士

Yau tsung hai kwai ti. Yes, but it is very dear

有總係貴啲

爺士不呧衣士嚇黎地亞

Tim yeung wai chi kwai ni. What do you mean by dear

點樣爲之貴呢

喝都吠面拜地亞

Sz ko ngan tsin yat tam. Four dollars a picul

四個銀錢一擔

科打鑄士緇北記厘

Ngo m iu yat tam. I don't want a picul

我唔要一擔

埃端灣緇北記厘

米灣治咈地磅

咧罷鎊巴布獇士

米灣治深鋪篚沙平深碧加

我要五十磅
Ngó iú ng shap pong
I want fifty pounds
挨灣咈乎地磅士

每磅三個先士
Mui pong sám kò sin sz'
Three cents a pound
地篚嗰士溫磅

係公道價錢唔呢
Hai kung to ká tsin m ní
Is that the proper price
衣士㗖鋪笠巴鋪獇士

我要的糖菓酸菓
Ngó iú tik tong kwo sün kwo
I want some preserves and pickles
挨灣深鋪篚沙平士嗳北記厘

我有濟南糖薑
Ngó yau tsai nam tong kéung
I have some Chynam preserved ginger
挨唏乎深濟南鋪篚沙乎煎喏

我正係要呢的
Ngó ching hai iú ní tik
That is what I want
唎衣士喝挨灣

昔士打鏬合温打臣
采刲吠昔士打鏬
吠仙地地簾打臣哥買口素
蘇加喝布䕶士

幾多銀一個打臣
Kí to ngan yat kó tá-sun. - How much a dozen
口也杜温打臣

六員半銀一個打臣
Luk ün pun ngan yat kó tá-sun. - Six dollars and a half a dozen
昔士打鏬士嗳繿蝦平繿打臣

我俾六個銀錢過你
Ngo pí luk kó ngan tsín kwo ní. - I will give you 6 dollars
挨嚨厘基平吠昔士打鏬士

使人送三個打臣到我屋
Shai yan sung sám kó tá-sun to ngo ük. - Send 3 dozen to my house
啤地簾打臣士都賣口士

糖也野價錢呢
Tong matye ká tsín ní. - What is the price of sugar
喝衣士地鋪䕶士阿平蘇加

你要邊等嘅呢
Ní iú pín tang ké ní. - What quality do you want
喝哥簾伲都吠灣

米灣治稔巴
温豁蘇加

蘇加噻地些
林對立仙士
温磅

米哪吉咩㒓
𠳥乎鑊也

米吉稔巴温
考拏乎鑊也

我要至好嘅糖
Ngo iu chi ho ke tong - I want the best sugar
挨灣地啤士蘇加

係要氷花唔係呢
Hai iu ping fa m hai ni - Do you mean sugar candy
都吠面蘇加乾地
吠灣治蘇加
噻地

氷花賣十二個先士一磅
Ping fa mai shap i ko sin sz yat pong - Sugar candy sells 12 cents a pound
蘇加乾地賒厘吐衣厘乎喻士温磅

我要的麵粉添
Ngo iu tik min fan tim - I want some flour too
挨灣深乎鑊亞都

我冇花旗麵
Ngo mo fa ki min - I have no American flour
挨唏乎𢙂亞孖簾件乎鑊亞

我有的好本地麵
Ngo yau tik ho pun ti min - I have some good China flour
挨唏乎深豁欽拿乎鑊亞

釆哪灣治
買威簏梳黎
嘁簏溫米哥 匿士多
碌思吽結治 啷吽
釆甘北

Ngo m iù kü' tik　I don't want them
我唔要佢的
挨端灣簾

Ngo' kín m hó' i' sz' — I am very sorry
我見唔好意思
挨㗎嘁黎梳黎

Ngo m shang yau tak fung — I cannot accommodate you with it
我唔曾有得奉
挨吽嚕噅甘胃低地吠嚩△咽 米糯吉封吠

Hó' lai tang ngo kwo' kák lei pú' — Very well, let me go to the next door
好喱等我過隔離舖
嘁簏嘁厘咧未哥都匿士多亞

Sz' há' hon chi mái tak tò m — and see whether I can get it
試吓看知買得倒唔
思嘁打挨吽啱咽

In hau' fan lòi — And I will come back
然後番來
挨嚨厘甘叱

同你買的野添

Tung nei mai tik ye tim. - to buy some more things for you

都拜深嗼丁士平林吠　郎吠拜深丁嗼

多謝你啱請喱

To che nei lok ching ke - Thank you, good bye

釘其吠豁拜

多煩你通知名我好落薄

To fan nei tung chi meng ngo hó lok pui. Please let me take your name.

鏽簏士咧末忒吠念

吠布簏時刲未念

尊駕在邊處住呢

Tsun kà tsoi pin shü chü ne - Where do you live sir.

嘭都吠簏平沙

喝西吠士咨

幾時我送單到你處呢

Ki shi ngo sung tan to nei chü ne - When shall I send the bill to you.

喧唥厘挨啪地地卑厘都吠

喝店米仙地卑厘

任你時時都好

Yam nei shi shi too ho - Any time you please

嘜尔太晒吠鏽簏士

租船問答

Soo shün man taăp — On chartering ships

對乂打凌涉士

我要租你呢隻船

Ngo' iu' too' ni' ni' chik shün — I want to charter your ship

挨灣都乂打呅亞涉

米灣治挓打呋涉

裝人去花旗金山

Chong yan hü' fa' ki kam shan — to carry passengers to California

都騎黎啤臣啫都加利科尼

𠲐記巴臣治哥加利科尼

好唎請坐噼

Ho' lé ts'ing tso' lai — Very well, please take a seat

嘁黎嘁厘舖㡳士𠯿繿薛

嘁㡳温舖㡳𠰻薛當

你日前租過船未呢

Ni yat ts'in too' kwo' shün mi' no' — Have you chartered any ships before

蚪乎呅乂打晏尼涉士鼻科

呋合𢮪打涉鼻科

租過幾隻咯

Too' kwo' ki chik lo' — Yes, several ships

爺士賒化鎒厘涉士

米合揸打坏涉鼻科

地士卑士洗吉燕疏
喝鋪禮士甘乎林
甘舌尼西
合布滲巴臣治
昔士地卑士文輝卑士鳥文
涉米記西厘厚乜治爹

呢隻船有保標冇呢
Ni chik shün yau po piu mo ni — Is this ship insured
衣士 地士 涉燕蘇

由那（邊）處來嘅呢
Yau na chü loi ké ni — Where did she come from
靴 跌 書 甘 乎林

係由舌尼金山來嘅
Hai yau shit ni kam shan loi ké — She came from Sydney
書 甘 乎林 舌尼

有客裝來冇呢
Yau hak chong loi mo ni — Had she any passenger
吃 書 爹尼 啤臣 啫士

六十位男客五位女客
Luk shap wai nam hak ng wai nü hak — Sixty males and five females
昔士地 米厘士 晏 啲非米厘士

行了幾多日船
Hang liu ki to yat shün — How many days was she at sea
厚 萬尼 低士 窩士 書 押 詩

㑇士卑士涉合吉厚乜治嚬
涉跛巳託記躍痕頓嚬
不涉咩忒記麽
咩忒記厚乜治巴臣治
咩忒記地籠痕頓
鳴西吠去疏乜治林

呢隻船有幾多噸
Ne chik shün yau kí to tan.
What is the tonnage of this ship
喝衣士地嚬堀柱阿乎地士涉

照船牌係五百噸
Chiu shün p'ai hai ng pak tan.
Her Register is 500 tons
夏咧知士打衣士怏乎痕地列噸士

但裝來不止咁多
Tan chong loi pat chí kom to.
But she can carry more than that
不書咩咩騎黎麽嘣𠹌

裝得幾多人客呢
Chong tak kí to yan hak ne.
How many passengers can they take
厚萬你啤臣啫士咩書忒

裝得三百位
Chong tak sam pak wai.
She can take 300.
書咩忒地籠痕地列

你何處有咁多地方呢
Ne ho chü yau kom to tí fong ne.
Where have you so many room
靴虯乎吠林科騷萬尼

都痕嘁咈乎
地砵地斷得

撻地卑士砵
地烟西溫卑
士厚素安得

端地卑士砵
地烟西急品

烟西急品吉
厚乜治卑士

林

合吉昔士卑
士林㕛黎科
卑士咩忒記
巴臣治

鼻西咩忒記
厚乜治卡古

二層艙載二百五十位

I tang shong tsoi i shak ngo hap wai — 250 on the tweendecks

都痕地列咈乎地安地杜呫得

船面木屋載三十位

Shün min muk ūk tsoi sam shap wai — 30 in the house on deck

撻地烟地厚士安得

船尾房載貳拾位

Shün mí fong tsoi í shap wai — 20 in the Cabin

端地烟地隐邊

邊字下平

船尾有幾多間房

Shün mí yau kí to kan fong — How many rooms have you in the Cabin.

厚萬你林士蚧乎吠烟地䂓便

有六個房總係四個用得

Yau luk ko fong tsung hai sz ko yung tak — 6 rooms but only 4 to spare.

昔士林士不安黎科都士㖿也

還載得多少貨呢

Wan tsoi tak to shiú fo ne — What cargo can she take besides

喎卞告咩詩忒鼻晒士

鼻哥素米灣
治篚乎歐林

砵地快也啉
窩打罩罩

厚花臣託記

米灣治顛兜
臣打鎊

涉嚨治快也
啉窩打

只裝貳百噸輕貨

Chi chong i pak ton hing fo. Only 200 tons light cargo

安黎都痕地列噸士轆地卡高稿

因我要留出地方

Yan ngo iu lau chut ti fong. For I have to leave room

科挨蚪乎都篚乎林

裝柴水火食

Chong chai shui fo shik. To put firewood, water and provisions

都砵快也啉窩打晏鋪勞嗡純

點樣商量呢

Tim yeong sheung leung ni. What are your terms

喎亞呋亞他唔士

我要銀壹萬員

Ngo iu ngan yat man uen. I want 10000 dollars

挨灣嚫兜臣打鎊士

船上包備柴水

Shün sheung pau pi chai shui. The ship provides wood and water

地涉鋪勞歪士快也啉晏窩打

呅吩罯嗜
喝科呅哪託記温卑士文疏乜治
哪米喈思都乜治拋笠
呅灣治都乜治
米安黎啱治撻地打鏬温卑上文
白上打鎼温咖卡高

Ni tsz' ki' pi' pan' fo shik — You find provisions

你自己備辦火食

呅吩鋪勞𠱸純士

Ni ho' pat cheuk ko' hak wai' kong ni' — Why dont you take so much as he had

你何不着個客位講呢

歪端呅咸騷乜治怕吃

M' ngo' kin' tai' fan mun' — No, I find it very troublesome

唔我見太繁悶

哪挨吩啊𠹭黎地笠布岑

Ni' iu' tak tai' to a' — I think you have asked too much

你要得太多呀

挨丁其呅唏乎極士其都乜治

Ngo' ti' pat kwo' shau sam shap un hak wai' — We only receive $30 for freight

我哋不過收叁拾員客位

𠱸安黎𨋢思乎撻地打鏬士怕乞

Luk un ngan yat tun' fo' che' — and $6 for a ton of cargo

六員銀壹噸貨嗜

昔士打鏬士科繈噸阿乎卡告

米丁其吠沿麽科簏士涉

籽士基啮沿列地麽

米哪吉都乜治聽士

米啡哪粒巴臣治

呵文跛乞㧊尼

我睇得呢隻船可以收多的

Ngo tai tak ni chek shün ho i shau to tik. I think you get more for this ship.

挨丁其吠嘀麽科地士涉

就係收多的

Tsau hai shau to tik. Even if I do get a little more

衣墳呵乎挨都嘀縊列地厘麽

我都唔係幾好這

Ngo to m hai ki ho che. I cannot be much better off

挨谿嘞鼻乜治必打阿乎

因我干己甚大

Yan ngo kon kei shan tai. For I have to run the risk

科挨蚪乎都倫地簏士其

恐怕人額不足

Hung pa yan ngak pat tsuk. Of being short of passengers

阿乎鼻英失阿乎嘅臣啫士

乜誰出船頭銀呢

Mat shui chut shün tau ngan ni. Who pays the head money?

呼跛士地乞蚊尼

阿乎可素厌米記跛

自然係你出嚟

Tsz in hai nei chut-lai. Of course you will have to pay

阿乎哥士厌噝厘虲乎都跛

米灣治弗鴨兵士

我要整床位

Ngo iu ching chong wai. I have to fit up the bunks

挨虲乎都咈鴨地兵士

米記砵地温卑士厚素安得

船面起一間木屋

Shün min hi yat kan muk uk. Build a house on deck

卑厘繈厚士安得

米記都卑士曲厚素

起兩個灶櫃

Hi leung ko tso kwai. Build two cooking galleys

卑厘都曲京嗲厘士

灣治拜都乜治嗃打卡士

又買許多水桶

Yau mai hü to shui tung. Get a large number of water casks

喼繈鏬治穩巴阿乎嗃打卡士

加古厚花序訊記

貨點樣商量呢

Fo tim yeung sheung leung ni. How about the cargo

厚繈煲地卡高　高字下平

合全點樣寫法

吠布凌甘郎西涉
米託記士地揮多砵地當西
厚花臣米記鑑地列搓打巴地
灣治跛温合押尼鼻科涉米記西厘
拿打合米記跛鼻科舺治卡古
科地爹米記涉鳴卡古

你裝到船邊
Ni chong to shün pin – You send them alongside the ship.
吠咄嘛繿郞西地涉

我叫放貨人放落艙去
Ngo kiu fong fo yan fong lok tsong hü – My stevedore take them into the hold.
買士地非多嘣厘士刀嘛烱地鵑厘

合全點樣寫法呢
Hop tsün tim yeung sé fat ne – What are the terms of the charterparty
喎亞地他唔士阿乎地爻打巴地

先交一半價船郎開行
Sin kau yat pun ka shün tsik hoi hang – Half the sum to be paid before the ship sail
蚪乎地深都鼻跛鼻科地涉告士都思

其餘一半交清起貨
Kʻi ü yat pun kau tsʻing hi fo – The other half to be paid before the discharge of the cargo.
地椏打蚪乎都鼻跛鼻科地地士爻杜阿乎地卡高

落貨四十日期
Lok fo sz shap yat kʻi – Forty days to load
科地佤士都勞

顯爹忒記區
卡古

起貨十日期

Hí fó shap yat kí — ten days to discharge the cargo

嘸低士都地士义治地卡高

過期一日補銀壹百員

Kwo k'í yat yat pò ngan yat pák ün — 100 dollars demurrage a day

溫痕地列打鎊士地孖黎柱縊低

Tso' shan kwong wá — Conversation in the morning

早辰講話　干嚀西呃烟地吆寧

Chong yat poon shui lái — Bring me a basin of water

拙一盤水来　布凌未縊敝臣阿乎蝸打　又曰　布凌温敝臣蝸打

Wai mat yé ni tik shui kom o tsu — Why is the water so dirty

為乜野呢的水咁污糟　歪衣士地士蝸打騷得地　又曰　喝料地士蝸打騷得地

Hoi' ün kó kü — Go and change it

去換過佢　高嘜遷柱咽　又曰　高米記遷治

Nim tik it shui lái — Bring me some hot water

拈的熱水来　布凌未深喝蝸打

Ngo iu t'hai' soo — I want to shave

我要剃鬚　挨嚀都西乎

叫剃頭佬来
Kiu thai tau lo loi
- Call the barber
歌厘抛巴巴　又曰　歌林巴巴

冲杯茶
Chung pui chà
- Make some tea
米其深地

我頂帽在邊處
Ngò ting mo tsoi pin chü
- Where is my hat
靴衣士買吃　又曰　喎鋪例士買吃合吉

擦浄我件衫
Tsʻàt tsing ngò kin sam
- Brush my coat
布鏄暑買膈地
嗃字其篙切

我呢吓要出街
Ngò ni hà iu chut kai
- I am going out
挨嘅傲英歐地　又曰　米高歐遮士閪

我就番来
Ngò tsau fàn loi
- I will come back soon
挨嗹厘甘吡孫　又曰　米甘比孫

Ninggi cheung shun hüi — chü: Send this letter to Mr —

拈呢張信去某某處

㖷地士唎打都未士△△

Ting hoi yam — Wait for an answer

等回音

威地科 嘍嘍沙 又曰 喏治晏沙

Tso pin kiu — Get my chair ready

做便轎

啱咑車唎底

Koon tim fan loi mei — Has the coolie come back

管店番来未

衣士地沽厘甘咙 又曰 沽厘合甘比

M tsang — Not yet

唔曾

嗷壹

Koon tim fan loi lok — The coolie has come back

管店番来咯

沽厘唏士甘咙

未士△△哪
吉口素
託其希哥北
欖堅

Misee — m tooi ka'

Mr. — is not at home.

未士某某唔在家

未士打△△衣士嘞押龕

Kiu kii tooi hii ko'

Tell him to go back again

吽佢再去過

嗲厘謙都高吡隘堅

Fai tik fan lai

Come back quick

快的番来

甘吡隙又日甘吡軌軌

Mok tang koon kow

Don't wait long

莫等咁久

端威地郎又日糯士嗒郎店

Koon tim kau liu shun ko kii

The cooly has given the letter to him

管店交了信過佢

地沽厘嗧士基墳地咧打都謙又日沽厘合刲咧打希

Kii tim wa'

What did he say

佢点話

喝跌希西又日喝希托記

希耶温毡地 又託其

騷米希口素

Kü chau pei hoi yam - He will send an answer just now

佢就俾囘音

希囉厘咖嘜嘜沙遮士閘 又曰 希咖地晏沙遮士閘

你見佢唔會

Ní kin kü m̀ tsang - Did you see him

跌吠思謙 又曰 吠哈思希

Kü tsoi chü tso mat ye. - What is he doing

佢在處做乜野

喝衣士希都熔 又曰 喝丁希都

Kü tung yan hak kong shuè wá. - He is talking with a gentleman

佢同人客講說話

希衣士托京嚨 △嗌哋地厘文

Chí chi kán uk kwo ngo. - Show me the house

指知間屋過我

騷未地口士

Nim ní ko tip yap hü. - Send this card in

拈呢個帖入去

咄地士咭烟

咭字其乞切

布凌温卑時車甘

米其阿賓吆你臣

砵列卑時鐸歐西

請人客入来
Tsing nan hak yap loi.
Ask the gentleman to step in.
啞士地呢地厘文都士嚛烟又日托記列毡地文甘烟西

拈一張椅来
Ni yat cheung i loi.
Bring a chair here.
布凌嗌車也希也

打開牛栢葉窗
Ta hoi ngau pak yip chéung.
Open the venetians.
澳賓地吆尔啲士

放的煤炭落火爐
Fong tik mui tan lok fo lo.
Put some coal into the fire.
砵深啹厘烟都地佚也
啹字其嵩切

趕隻狗出去
Kon chek kow chut hui.
Turn that dog out.
吞唎鍔歐地

吽外邊莫咁嘈
Kiu ngoi pin mok kom tsò.
Stop that noise outside.
士搭唎吶士歐嘶

早膳類
Tsò shin lūi — Of the breakfast table
阿乎地布瀝花士梯布厘

布歷花十合米其唎底
早茶便唔曾
Tsò chà pin m̀ tsang — Is breakfast ready
衣士布瀝花士唎底

布歷花士唎底
早茶便咯
Tsò chà pin lok — Breakfast is ready
布瀝花士衣士唎底

請呢位人客
Tsing ni wai yan hak — Invite that gentleman
烟歪地唎咕地厘文

甘忒布歷花士
來食朝飧
Loi shik chiu tsan — to come to breakfast
都甘都布瀝花士

忒其鴨地暑鴿化
揭起個碟蓋
Kit hi ko tip koi — Take off the dish cover
忒阿乎地地暑鴿化士

畧利士希列咧卑時毡地文

布凌咧益甘地士西

忒其利士卑時布列哥威

來其千治利士咖堅

俾呢個碟過呢位人客

Pe ne ko tip ko ne wai yan hak — Give the plate to that gentleman

基乎地士鋪列都咧啞地厘文

順順 又曰 小心

Shun shun — or — Siu sam — easy, easy — or — take care

衣西衣西 又曰忒騎

擰個的鷄蛋來

Ning ko tik kai tan loi — Bring the eggs home

布凌地益士希也

擰呢個碟開去

Ning ne ko tip hoi hui — Take the plate away

忒地士鋪列縊威

換轉呢条布仔

Un chün ne tiu pou tsai — Change the napkin

遷桂地士咖啞士

將呢個碟傳過去

Cheung ne ko tip chün ko hui — Pass this dish round

怕士地士地腎朗

咘𠲜喍喇呇西爹布

放盤喍喇在枱面

Fong pun kai le toi toi min — Put the curry on the table.

咘𠲜喍喇安𠲜梯布厘

㕭合米其哆晽

你有炕定多時唔曾

Ni yau hong ting to se m. tang — Did you prepare any toast

㗎乎㕭鋪蓮啵嘍尕叨士

𠮨未温鴿𠲜

俾一杯茶過我

Pi yat pooi chá ko ngo — Give me a cup of tea

基乎未䌤鴿阿乎𠲜

利士地都乜治士𠲜郞

呢的茶濃過頭

Ni tik chá yung kó tau — The tea is too strong

地士地衣士都士𠲜郞

砵𠲜嚒蝸打

冲的水添

Chung tik shui tim — Get some more water

啙深嚒蝸打

砵𠲜嚒𠲜烟西𠲜砵

放多的茶葉落茶壺

Fong to tik chá ip lok chá ú — Put more tea into the teapot

砵嚒𠲜烱都𠲜地砵

咸其末厘其
封咧卑士毡
地文

来鴨巴西咧
卑士

砵地深未厘
其烟西地

咸其威爹布
卡鏬

擰呢的牛乳過呢位人客

Ning ni tik ngau yü kò ni wai yan hak. - Pass the milk to that gentleman

帕士地未厘其都咧毡地厘文

邊位人客

Pin wai yan hak. - Which gentleman

[illegible]柱毡地厘文

我對面呢位

Ngo tui min ni wai. - The one opposite to me

地溫鴨波薛都未

冲的牛乳落茶處

Ch'ung tik ngau yü lok chà chü. - Put some milk into the tea

砵深未厘其烟都地地

收枱布

Shau toi pò. - Remove the table cloth

籃蕪乎地梯布厘其羅

擰洗手盅来

Ning sai shau chung lòi. - Bring the finger bowls

佈凌地吩加煲厘

都爹米其顛拿

米其温卑剪排

米其勞士温卑時雞品

Mon tai tsān mun — Enquire about dinner

問大餐門　嘜恠也濫唉顛拿　嘜字布歐切

Sz tau ni iu mat ye — Master what will you have

事頭你要乜野　孖士打喎雌厘呋啼乎　又曰　孖沙喎丁呋嚀治

Kam yat tso tai tsan — to make dinner to day

今日做大飡　都米其顛拿都低

Too yat pun pak kop min pau — Make me a pigeon pie

做一盤白鴿麵飽　米其米濫必剪排

Shiu yat chik sin kai — Roast a capon

燒一隻劏雞　老士濫溪賓

Too yat pun ka li — Make some curry

做一盤咖喱　米其深咖喱

喎丁米其喋
唎

哳結治暑蔴

孖結嗙吉些
栿

唔好做咁辣
M ho too kom lat
— Don't make it too hot.
端米其咽都喝 又曰 糯米記都喝

做乜野喫唎呢
Tso' mat ye' hak li' ne'
— What kind of curry Sir
喎楷吾阿乎喫唎沙

買得到蝦唔呢
Mai tak to ha' m ne'
— Can you get any shrimps
啃吙啹嘜尔暑蔴士

唔買得到
M mai tak to
— I cannot get it
挨啃嘛啫啹 又曰 糯件啫治

街市冇得買
Kai shi mo tak mai.
— There is none in the market
爹衣士梅烟地孖結 梅字尔機切

買啲好青菜
Mai tik ho tsing tsoi
— Get some good vegetables
啫深谿咃知低冇

打絲合吉哀
上打些林

拜温卑時黠
卑乎

託記谷文咪
其巴鯑巴

合吉地簁卑
時愁地文甘
慗拿

㳄未其士拜
林吻濕

街市有蠔買冇呢
Kai shi yau ho mai mi ni - Are there any oysters in the market
亞爹也嘜尔哀士打士州地孖結

買一塊好牛肉
Mai yat fai ho ngau yuk - Buy a piece of good beef
拜繿卑士阿乎豁卑乎

做的湯
Tso tik tong - Make some soup
米甘深濕

吩咐做厨佬做好的
Fan fu tso chü lo tso ho tik - Tell the cook to make it properly
嗲厘𠯿曲都米其咽巴笠巴黎

有三位人客来食大餐
Yau sam wai yan hak loi shik tai tsan - 3 gentlemen dine with me
地簁𠶧地厘文大吾嚒未

莫做壞呢盤湯
Mok tso wai ni pun tong - Dont spoil the soup
端士杯厘𠯿濕

𠯿地八打

𠰻治深喇敝治

啷米毖其呵𠸄

燂的蕉	Chau tik tsiu	Fry some plantains	乎𡃾深舖喇頓士
搽麵料	Chá min liú	Cover it with batter	鴿花咽嚕△叭打
買的耶菜	Mai tik yé tsoi	Get some cabbage	啫深級敝啫士
你要整熟佢唔呢	Ni iú ching shuk kü m ní	Do you want it cooked	都吠嚤咽曲（又）吠𡃾其米記杯林
唔使我中意生食	M ho, ngo chung í sang shik	No I rather eat raw	糯挨鏵打咽𠷈
弄一隻退骨雞	Lung yat chik tui kwat kai	Cook a boned chicken	曲繼報吾咸仔

其林利士卑出雜品

脌哪脌

孖士基都孖鏈脌都

劏呢隻劏鷄 Tong ni chek chü kai - Kill this chicken 其厘地士溪賓

擰去燒 Ning hü shiu - Get it roasted 嗝咽老士跌 又曰 米其老士

你要今日燒嚟 Ni iu kam yat shiu mé - Do you want it roasted to day 都吠嚀咽老士跌都低 又曰 吠嚀治米記老士都低

你做得唔呢 Ni tso tak m ni - Can you do so 啱吠都騷

我怕唔做得 Ngo pa m tso tak - I am afraid I can not 挨嘅隘乎黎地挨啱嚒 又曰 挨啡糯啱

好喱留番明日喱 Ho li lau fan ming yat li - Well, put it off till tomorrow 喊厘砵咽阿乎地厘都嚒嘮

Tiu hi kü　Hang it up
弔起佢　𠸎咽鴨

Tsò' sung kü　Make it tender
做鬆佢　米其咽厌打

Tsò' kat lit kai　Prepare fowl cutlets
做吉烈雞　舖篚啵坏厘吉烈士

Luk kan pò' nam tik　Boil the deer's sinew thoroughly
鹿筋煲腍的　杯厘地𡍲亚士先鳥士打畧黎

Shiu yat pi yeung yuk　Roast a leg of mutton
燒一髀羊肉　老士緼懸阿乎乜噸

Mok shiu shuk kò' tau　Don't overdo it
莫燒熟過頭　𠹭渙花都吶

米其坏疨吉列

爹仙烏米其谷巴鎊巴

𨚫呔𨚫乜拈

地墳合砵答
西爹布

小食門

Shiu shik moon – On tiffin

安地墳

小食放在枱面咯

Shiu shik fong tsoi toi min lok – Tiffin is on the table Sir

地墳衣士安地梯布厘沙

好喱我就來

Ho' lo ngo tsau lai – Very well. I will come presently

喊簾喊厘挨嚨厘甘遮士閙 又曰 吽都米甘遮士閙

有乜野呢

Yau mat ye ni – What have you got

喝啼乎呋剖 又曰 喝丁呋吉

一隻燒鷄

Yat chek siu kai – A roast fowl

鰠老士坏厘 又曰 温老士坏厘

有的凍肉

Yau tik tung yuk – Some cold meat

深嗃厘篼

擰一樽啤酒来

Ning yat tsun pé tsau loi. — Get a bottle of beer.

嗝溢啉地厘阿乎卑亞 又曰 嗝温砵地啤亞

冇啤酒咯

Mo' pé tsau lok. — There is no more beer.

麥衣士糯嘜啤亞 又曰 糯嘜啤亞

去某某處取的

Hoi: —— chü' lo' tik. — Go to —— and get some.

高都△△嘍嗝深

多煩俾一張信過我

To' fan pi yat cheung sun' kwo' ngo'. — Please give me a note.

舖箎厘士基乎未縊嗝地 又曰 舖箎厘士刦未温切

俾一杯水過我

Pi yat pui shui' kwo' ngo. — Give me a tumbler of water.

基乎未縊泵布鋍阿乎蝸打

刦未温泵布鋍蝸打

放埋呢個空樽

Fong mai ni ko' hung tsun. — Put this empty bottle away.

砵地士嘛低啉地厘縊咸

便旦預備　顛拿冽底

合砵答西爹布

極士其冽毡地文甘忒蒔

大餐門　阿乎地顛拿梯布厘

Tái tsan moon - Of the dinner table

大餐便咯　顛拿衣士冽底沙

Tái tsan pin lok - Dinner is ready Sir

放在枱面唔會　衣士咽安地梯布厘

Fong tsoi toi min m wooi - Set it on the table

扯風扇　埔厘地崩加

Ché fúng shin - Pull the punkah

莫扯咁大力　端埔厘騷乞

Mok ché kom tai lik - Dont pull so hard

請人客坐枱　烟歪地地嗞地厘文都忒希士薛

Tsing yan hak tso toi - Invite the gentlemen to take his seat

忒記威咧卑時濕杜連

結治羅士卑乎

布凌咧你暑梳士

利士卑乎哪粒快也

𠯈士卑士坏炒嘢兮罷鏬

搉開呢個湯兜 Ning hoi ni ko tong tau – Remove the soup tureen.

簻務乎地濕都連

搉燒牛肉来 Ning shiu ngau yuk loi – Bring the roast beef

布凌地老士卑乎

搉呢盅汁来 Ning ni chung chap loi – Bring that dish of sauce

布凌咧地暑阿乎梳士

呢的牛肉燒得生 Ni tik ngau yuk shiu tak shang – This beef is roasted rare

地士卑乎衣士老士跌哩亞

多煩你割開呢隻劏鷄 To faan ni kot hoi ni chek shin kai – Please carve that capon

𠽌簻士卡乎咧溪𠹌

呢隻鷄唔曾燒得透 Ni chek kai m tsang shiu tak tau – The fowl is not thoroughly done

地士坏厘衣士嗷多曾黎敦

託其谷支曆士店米其麽必打

阿賓温砵炉車厘

哪米其布力唎畢士角

哪米其昔唎砵炉

砵地咗烟西地啡打

呌做厨佬第二次燒好的　*Kiú tò chü lò tai yee tsz shü hò tik* - *Tell the cook to roast it better next time*　哆厘地曲都老士咽吆打匽士太唔

開一樽車厘酒　*Hoi yat tsun cho li tsau* - *Open a bottle of sherry*　澳賓縕砵地厘阿乎車厘

莫做爛呢個樽㮰　*Mok tso laan ni ko tsun chat* - *Don't break the cork*　端布濾地碓

莫摸呢個樽　*Mok yeung ni ko tsun* - *Don't shake the bottle*　端食地砵地厘

倒呢的酒落白酒樽　*To ni tik tsau lok pak tsau tsun* - *Pour the wine into the decanter*　埔𠯿地咗烟都地地啡打

呢個酒杯唔乾淨　*Ni ko tsau pui m kon tsing* - *This wine glass is not clean*　地士咗忌鑄士衣士嗷其連又曰地士咗忌鑄士糯記連

擦做净呢個酒杯　其連地士㕭思鎊士　又曰　米記記連咧㕭記鎊士

To tong ni ko tsau pui — Clean this wine glass

呢的喋咧真係好　地士喋咧衣士㘎嚧乃士

Ni tik ka li tun hai ho — This curry is very nice

合我口味　咽雪買梯士

Hop ngo hau mi — It suits my taste

呢個做廚佬真古怪　地曲衣士㘎嚧士地連柱

咑谷威嚧嬌厘時

Ni ko too chü lo tun koo kwai — The cook is very strange

有時佢做得幾好　希曲士㘎嚧㘎厘深太唔士　又曰　深店希曲㘎嚧嚮

You shi kui too tak kui ho — He cooks very well sometimes

有時佢做壞呢的菜　深太唔士希士㘎厘地地佘士

深店希米其上拜林咧丁

You shi kui too wai ni tik tsoi — Sometimes he spoils the dishes

喎科呋啷拜
深哀士打

掙字尔
根切

Tso mat ni m mai tik ho ngo shik - Why don't you get me some oysters

做乜你唔買的蠔我食

喹端呋嘶未深哀士打士

Kai shi m tak mai - There is none in the market

街市冇得買

嗲衣士掙𠻗地孖結 又曰 孖結糯吉奈林

Ni yau sang kwo mai to m tsang - Did you buy any fruits

你有生菓買到唔曾

跌呋拜嗖尔乎呖士 又曰 呋哈拜乎呖

Yau lok, ngo mai sam yeung - Yes, I have got three kinds

有咯我買三樣

爺士挨唏乎劄地箧楷吾士 又曰 爺時挨合拜地箧失

Ni wan yau mat ye tim - What have you got besides

你還有乜野添

喎唏乎呋劄鼻晒士 又曰 呋吉喎丁鼻晒

Yau yat ko to tsai tat - There is a peach tart

有一個桃仔噠

嗲衣士縊必杜噠 又曰 哈吉温必治噠

斾菱甘砵荅 西爹布

砵地啊卑哼 埠炉烟西西 孖

拿打丁哪灣 蛤

Neng lai fong tsoi toi min – Bring it on the table

捹来放在枱面

布麥咽安地梯布厘

Hoi yat tsun so ta shui – Open a bottle of soda water

開一樽梳打水

澳賓嗇咻地厘阿乎梳打蝸打

Shau mai ni tik ye – Put these things away

收埋呢的野

砵地士丁士嗇威

On ni chik kai tsoi sha fung tang chü – Put the fowl in the safe

安呢隻鷄在紗風燈處

砵地埠厘啲地西乎

Kʻi ü m shai lau fan – Don't keep the rest

其餘唔使留番

端刲地咻士

Pʻi ko kau shik – Give it to the dog

俾過狗食

基乎咽都地鐸 刉鐸燦燦

Yam chá mun - Of the tea table

飲茶門

阿乎地地梯布厘

Luk tim chung tò pin chá - Make the tea ready at 6 o'clock

六點鐘做便茶

米其地地咧底啊苛士澳其洛

普士其洛米其地

Kiú tò chü lò hong tik pán kik - Tell the cook to fry some pancakes

吽做厨佬炕的班㦸

哆厘地咁都乎鴜深班㦸

班㦸番餅也

Mok hong tsiú - Don't burn them

莫炕焦

端賓呩又曰糯米其賓

Kui sin húi tò tak shap fan m hò - He did very bad the last time

佢先回做得十分唔好

希跌喊嚏吆地罅士太唔

罅士店希米其捻巴温必

Ngo sheung chü kü tik yan kung lok - I wanted to cut his wages

我想着割佢人工咯

挨嚩跌都吉希士威啫士

米灣治吉希威治

擰呢個茶葉樽来

Ning ni ko cha yip tsun loi - Bring the tea canister here

布凌地地咁尔士打希也

揭開盖

Hoit kai koi - Take the lid off

忒地烈阿乎

忒其阿乎急化

呢的係乜野茶

Ni tik hai mat ye cha - What kind of tea is this

喎楷吾阿乎地衣壬地士 又曰 簻時地喎忿

喎失地

呢的係小種

Ni tik hai siu chung - This is souchong tea

地士衣士小種地

利士小種地

呢的茶十分唔好

Ni tik cha shap fun m ho - This tea is very bad

地士地衣士喊簻啦

利士地威簻必

我買呢的算至好嘅咯

Ngo mai ni tik suen chi ho ke lok - That is the best I can get

咧衣士地啤士𠼮畔嗒

米哪咁結治𠻹別打

吠託其杵魯

米其地蘊拜
踩谿地

你咁話係眞嘅
Ni kom wá hai tsun ké - Do you mean to say so
都吠面都西騷

我點敢講大話呢
Ngo tim kom kong tai wá ni - How dare I to tell a lie
厚奓挨都嗲𠪨繿譿 又曰 口艸未托記譿

試吓買的好茶
Shí hó mai tik hó chá - Try and get some good tea
地蘊嘜啱深谿地

我明日去問過
Ngo ming yat hü man kwo - I will inquire tomorrow
挨嚨厘啣怪也都嚒嫪 又曰 都孖鏬挨米記烟怪

我中意飲濃茶
Ngo chong í yam yung chá - I like strong tea
挨蘊其士地郞𠰷

亞娘仔中意飲淡茶
Á néung tsai chong í yam tam chá - Mrs. likes weak tea
未思士蘊其域𠰷

嚛啡是荳名番人取之炒焦磨粉冲作茶用

猪古聿是番人茶餅之類

放多的糖落茶處

Fong to tik tong lok chá chü

Put some more sugar into the tea

咘深嗞蘇加烟都地地

呢吓做的嚛啡

Ni há tsò tik ká fé

Make some coffee just now

米其深嚛啡遮士鬧

係冇嚛啡

Hai mò ká fé

If you have no coffee

衣乎吠啼乎糯嚛啡 又曰 濕傒素糯吉嚛啡

整的猪古聿

Ching tik chü koo lüt

Prepare a little chocolate

鋪箎啵也縊烈地厘猪古聿

搒過一隻茶碟

Pong kò yat chek chá tip

Bring another tea saucer

布淩啱椏打地梳沙

抽茶盤開去

Tsau chá pún hoi hüi

Remove the tea tray

箎務乎地地地黎

呋咩郎米結
治温卑士豁
杯

呋跛希口乜
治

希澐治咽打
鎊温捫

活孖歌割切

Tsing sz tsai - Of getting a boy

請事仔

阿乎嗝丁緇杯

你同我請得一個好事仔唔

咻呋啲未緇豁啉

Nei tung ngo tsing tak yat ko ho sz tsai m. Can you get me a good boy?

你俾幾多人工佢

厚乜杜都呋敝謙

Nei pi ki to yan kung kü - How much do you pay him

都係別人咁多

地閃喎極打鼻布厘敝孖極鎊閃拿打文

To hai pit yan kom to - The same what other people pay

佢要八個銀錢一個月

希嚹士咽打鎊士緇蚊△

Kü iu pat ko ngan tsin yat ko üt. He wants $8 a month

有六個佢都心足嘑

希活都鼻嚹地士怏嘭△昔士打鎊士

Yau luk ko kü to sum tsuk la - He ought to be satisfied with $6

鼻科店希士答喝西

希鼻科店士答郎未士△△

口郎店希士答咧西

希士答郎希咽顛捫

Kü sin yat too pin chü too kō. Where was he employed before

佢先日在邊處做過

靴蝸士希厭鋪来鼻科

Kü sin yat too Mi se — chü. He stopped with Mr. — before

佢先日在未士△△處

希士嗒嘭△未士△△鼻科

Kü too kü chü yau kü tou - How long did he stop with him

佢在佢處有幾久

厚郎跌希士嗒嘭△謙

Kü too kü chü yau nin pun. He stopped with him 18 months

佢在佢處有年半

希士嗒嘭△謙咽顛蚊△士

Wai mat ye kü m too - Why did he leave him

爲乜野佢唔做

喔跌希簏乎謙又日喝科希孺士嗒

Yan wai kü tak peng - Because he got sick

因爲佢得病

鼻哥士希割昔

蚊爹䟴郎希甘

米丁其希威篚士都必

哪希威篚士襪

合吉文郎希四嬌

米咁四嬌希

託其希米剋希昔士打罅

禮拜一共佢來
Laepai yat kung kü lai — *Bring him here on monday*
布淩呣希也安蚊低

我睇得佢愚蠢過頭
Ngo tai tak kü ngü chun kwo tau — *I think he is very stupid*
挨丁其希衣士喊篚士都必

唔係佢好跳蹋嘅（精靈）
M hai kü ho tiu tat ke — *No, he is very smart*
糯希衣士喊篚士襪

佢有人保冇呢
Kü yau yan po mo ni — *Has he found security*
咁希㹴吾四嬌篚底

我保得佢
Ngo po tak kü — *I can secure him*
挨咁四嬌謙

話佢知我俾六個銀錢
Wa kü chi ngo pi luk ko ngan tsin — *Tell him I will give him $6*
嗲厘謙挨嘥厘基乎謙昔士打罅士

濕煲素米碌
思希罷鏬巴

米刲希㾓

吠孖士士𠘻
烟西口素

我看過佢有用
Ngo hon ko k'ui yau yung — When I find him useful
喧挨快吾謙吠士夫厘

我就添多的
Ngo tsau tim to tik — I will give him more
挨嚨厘基乎謙嚒

你必要在行𠹌
Ni pit iu tsoi hong fan — You must sleep in the house
吠孖士士獵烟地厚士 Δ

你係要出街
Ni hai iu ch'ut kai — If you want to go out
衣乎吠𠿪都哥歐地　又曰　濕煲士吠𠿪治哥歐

你必要問過我
Ni pit iu man ko ngo — You must ask me
吠孖士極士共未

我幾時開手呢
Ngo kei shi hoi shau ne — When shall I begin
喧吟厘挨鼻堅　又曰　喝店未米記鼻堅

烏又息是減的意

姑厘合米其其連都爹

米丁其哀厘鄉嗱

晚頭吩咐 Man tau fan fu - Evening order 衣乎寧阿打士

剪吓呢枝燭 Tsin ha ni chi chuk - Snuff this candle 士拿乎地士啃地厘

吹息呢枝燈火 Chui sik ni chi tang fo - Put the light out 咘地嚇地歐地

呢盞燈唔乾淨 Ni tsan tang m kon cheng - This lamp is not clean 地士藍衣士嗷其連 又曰 地士畀士藍糯其連

管店今日就洗淨 Koon tim kam yat tsau sai cheng - The coolie has washed it clean to day 地姑厘啼士蝸暑咽其連都低

我睇得呢的油唔好 Ngo tai tak ni tik yau m ho - I think this oil is bad 挨丁其地哀厘衣士嘅

姑厘合失地
楚鏄呟刀

忒騎米其煲
炉利多

米其篚卑利
士卑上洛

希彎爹呇打
嗲米訖篚嚀
剹卑士洛

管店閂埋窻未
Koon tim saie mai cheong mei. Shut the cocké shut all the windows
唏士地姑厘失阿厘地呟刃士

至緊要上門插
Chi kan iu sheung moon chap. Take care to bolt the door
忒騎都煲厘地地多亞士

呢把鎖做壞咯
Ni pa so tso wai lok
This lock is spoiled
地士洛衣士士啉厘又日

叫打銅佬来
Kiu ta tung lo loi
Send for the Brazier
地士卑畤洛合米記士杯林
咇科地布鏄士士篋

整番呢把鎖
Ching fan ni pa so
Get this lock repaired
啫地士洛篚嗤啜也

佢要半個銀錢整呢把鎖
Kü iu pun ko ngan tsin ching ni pa so
He wants half a dollar to repair the lock
希彎士蝦孖緇打鏄都篚啾也地洛

吠麼必打米其拜溫烏卑時

米丁其吠刲米深捫尼

託其今不多跛吠溫打鏬

米彎深捫尼鼻西

米灣治捫尼都孖鏬益士遷時

Ni kang ho mai ko san ko' — *You better buy a new one*

你更好買過新個

吠咇打拜溫烏溫

To fan ni pi ti ngan ko ngo' — *Please give me some money*

多煩你俾的銀過我

鋪籬士棊乎米深蚊尼

Kiu mai pan chi yat ko ngan tsin ko ni' — *Tell the comprador to give you $1*

叫買辦支一個銀錢過你

嗲厘地甘布臘多都棊乎吠溫打鑪

Ngo ling ngoi iu ti ngan tim — *I want some money besides*

我另外要的銀添

挨嘩深蚊尼鼻晒士

Ni iu ngan tso mat ye' — *What do you want money for*

你要銀做乜野

喝都吠嘩蚊尼科 又曰 喝科吠嘩治捫尼

Ngo iu loi ming yat mai ye' — *I want it for to-morrow's ex-pense*

我要來明日買野

挨嘩咽科都嚒勞士益士嚩奈士

詑其嗶沙文御地希卑厘

你的野開得貴過頭

Ni tik ye hoi tak kwai ko tau — You charge too much for the things

呋孖柱都也柱科地丁士

我係咁多銀買嘅

Ngo hai kom to ngan mai ko — That is what I paid for it

唎衣士喝挨敝科咽孖日米刲梳乜治蚊尼米記拜

呢吓去瞓咯

Ni ha hü fan lok — Go to bed just now

哥都啲遮士閙孖日遮士閙哥士𤞥

明日早辰起身

Ming yat tso shan hi shan — Get up early tomorrow morning

啫鴨極黎都嚒㳾嚒寧

洗衣佬揩番我的衣服來未

Shai i lo tap fan ngo tik i fuk loi mi — Has the washerman brought my clothes

唏士地蝸畀文布嗶買其老△士

吽洗衣佬開單來

Kiu shai i lo hoi tan loi — Tell the washerman to send in his bill

𠯠厘地蝸畀文𠺢𠴱烟希士畀厘

Mae pan – Comprador

買辦

甘布黎多

廣東番話今不多

nì shün ching shü m tsang – Have you made up your accounts

你算清數唔曾

唏乎呋米地鴨呋亞鈪求唔士叉咨呋哈米記鳴交吾打

M tsang – Not yet

唔曾

嘞壹

Nì kei shí tsau pì tak kwò ngó – When can you let me have it

你幾時就俾得過我

喧哹呋咧未唏乎咽又日喎店呋哹㓥未

Chí leúng yat tìm – Two days more, or a few days more

遲兩日添

都低士嚒

Mì sz – – pì liúng ngan mì – Has Mr —— paid his money

未士某某俾了銀未

唏士未士△△敝希士蚊尼叉咨未士△△哈敝摺尼

希都孖鑄米其踱

希𠵉必打忒其都阜時沽厘耶希

磔思咧捫尼米其威

米𠻗治希跛地化倫士

佢明日就俾

Küi ming yat tsau pi — He will pay tomorrow

希嚹厘敂都嗎嘮

吩看銀去收銀

Küi hon ngan hüi shau ngan — Send the shroff for the money

咖地暑羅乎科地蚊尼　又曰　咖地素笠𠴕治捫尼

佢更好同兩個管店去

Küi kang hò tung leung kò kun tim hüi — He better take 2 coolies with him

希咙打忒都沽厘士嘭謙

要看佢兌過呢的銀

Iu hon küi tui kwò ni tik ngan — See that the money is weighed

思咧地蚊尼衣士威

若係唔得夠

Yeuk hai m tak kau — If there is any thing short

衣乎嗲衣士嗄尔丁失　又曰　濕𠻘士哈吉失

我要佢補足

Ngo iu küi pò tsuk — I will make him pay the difference

唉嚹厘米芸謙敂地地化倫士

砵地米干打

哪砵地口素干打

米哪吉抦尼跛利士卑厘

米刲吠温卑士則哥崩結治

支呢条單 Chí ni tiú tán

Pay this bill 敝地士卑厘

叫佢寫番条收單 Kiú kü sé fán tiú shau tán

Take his receipt or, tell him (Pay back on money) 武希士箭蒔

入我名下數 Yap ngó ming há shú

Put it in my own account 砵咽烟買澳吾嚱交吾

莫入公司數 Mok yap kung sz shú

Don't put it in the house account 端砵咽烟地厚士嚱交吾

我冇銀支呢条單 Ngó mò ngan chí ni tiú tán

I have no money to pay this bill 挨哰乎臘蛟尕都敝地士卑厘

我俾一張唎你去銀行收 Ngó péi yat cheung chik ní hü ngan hong shau

I will give you a check on the bank 挨嚀厘基乎吠繿唎安地嘣

米吽跛利士卑厘
哪跛這士闆
米灣治碌思干打
梳花巨米訴其希甘郁孖鎊

Ni tiu tan chi tak ngan mi - Can I pay this bill

呢条單支得銀未
吽挨敝地士鼻厘

Ni hai m chi tak - Don't pay it just now

呢吓唔支得
端敝咽遮士闆

Ngo iu hon ko shu - I want to examining accounts

我要看過數
挨噂都益三綿買嚙交吾

Kom ngo wa chi loi yan ming yat loi e - Shall I tell leave to come tomorrow

咁我話知来人明日来咹
唸厘挨𠺢厘咪鎊都甘都嚦嘮

To fan ni la - If you please

多煩你𠺝
衣乎呋𠹭篋士

Ni chung shu ki to - What is the total of your account to

你總數幾多
喝衣士地叨打厘阿乎呋亞嚙交吾廿又吹交吾打㮔鎊厚乜治

呋吉厚乜治
卑時阿打
米哪合米其
半打
呋孖士米其
快厚極鏄阿
打
呋哥鄖未士
△△米其祿
思干打

我呢吓唔知
Ngó ni hiú m chi — I don't know question
挨端膌遮士閙

着唔着
Cheuk m cheuk — Is it correct
衣士咽哥叻　又曰　把笭巴糯把笠巴

你有幾張啞叮紙
Ni yau ki cheung á tá chí — How many orders have you got
厚唔尔啞打士唏乎呋劄

我未有數過
Ngó mí yau shò kwo — I have not counted them
挨唏乎嗷求吾趺

你必要穿埋呢的啞叮紙
Ni pit iú chuen mai ni tik á tá chí — You must file all these orders
呋孖士㹹厘阿厘地士阿打士

你去同未士某某對過數
Ni hü tung mí sz' — tui kwo shò — Go over your accounts with Mr —
哥澳允呋亞嗁交吾嘭△未士△△

希託其希吉
都乜治卑剪
濕褒素希吉
店呋鄖希米
其
吉顛打鉡地
化倫士
呋干打𡃁吉
吻西

Küi wá küi ho to sz

佢話佢好多事

希西士希衣士喊簾畀西

He says he is very busy

Tang küi han tsau tüi

等佢閒就對（得）

都咽喧希唏士大唔

Do it when he has time

Ngo tüi kwo ni tiu shü lok

我對過呢條數咯

挨唏乎干澳化地士𠻺交吾士　又曰　米合錄思交吾打

I have gone over these accounts

Tüi kwo cheuk m ni

對過着唔呢

都呋快吾斂哥吵　又曰　呋錄思把笠巴

Do you find them correct

Tsang shap ko ngan tsin shü

掙十個銀錢數

爹衣士顛打鉡士地化倫士

There is ten dollars difference

Ni suen pún tsoi pin chü

你算盤在邊處

𠱂衣士呋亞求吾丁咻

Where is your counting board

傢思利士干打罷𨥙巴

鄀爹米其鼻堅鳥干打

呿䟁乎黎域米其𠹌地干打

呿孖士䅀思罷𨥙巴

小心算過呢条數

Siu sum suen kwo ni tiu shü - Examine those accounts again carefully

益三綿地士嘅交吾士隘堅騎乎黎

呢吓着略

Ni ha cheuk lok - It is all right now

衣士啊阿厘𠺝地鬧 又曰 遮士鬧阿𠺝

算清舊數

Suen ching kau shü - Square the old accounts

士茄地澳厘𠹌交吾打 又曰 非尔時澳爐交吾打

今日起過新數

Kam yat hi kwo san shü - Begin a fresh account today

鼻堅𠴰乎喱暑嘅交吾都㕸

你個個禮拜要算數

Ni ko ko lai pai iu suen shü - Make up your accounts every week

米其鴨呿亞嘅交吾㖇乎黎域

你該要清清楚楚

Ni koi iu ching ching tsor tsor - You ought to be very particular

呿𠰲地都鼻㖃箆怕地橋𠹌

𠰲字歐剳切

呋米其覓士呒干打

極鏟搦尼甘烟呅砵温西

搦尼斂拿打文砵拿打西

搦尼合結治梳也治忒其鳴合敵梳也治

呋啉沙比喝巴倫哹

極鏟搦尼砵地烟西地喱沙

你呢的數總倒亂

Ne ni tik shu tung to luen - You mix up your accounts

呅墨士鳴呅亞晚変吾士

来數上埋一邊

Loi shu sheung mai yat pin - Put all the receipts on one side

砵阿厘地窿蒔士安温晒

支數上過一邊

Chi shu sheung kwo yat pin - Put the payments on another side

砵地斂文士安嘜極打晒

將来數除去支數

Tseung loi shu chü hü chi shu - Deduct the payments from the receipts

地得地斂文士孖林地窿蒔士

你就知存數尾幾多

Ni tsau chi chuen shu mi ki to - You will know the balance in hand

呅雌厘腦地啤倫士烱幣

所有銀両放入銀倉

So yau ngan leung fong yap ngan chong - Put all the money into the treasury

砵阿厘地嗷尔烱都地地哹奈黎

看銀 Hon ngan — Shroff

暑羅孚 又曰 樹笠

看銀先生你看過呢的銀
Hon ngan sing sang nei hon kwo ni tik ngan — Shroff, examine these dollars
暑羅孚益三綿地士打鏬士

呢個唔好銀
Ni ko m ho ngan
This is a bad dollar
地士衣士盞𠾴打鏬 又曰 地士打鏬孺谿

爲乜野唔好呢
Wai mat ye m ho ni
Why is it bad
喴衣士咽𠾴 又曰 喝科孺谿

呢個係銅銀
Ni ko hai tung ngan
This is a copper dollar
地士衣士盞鴿巴打鏬

呢個銀擇使
Ni ko ngan chak shai
This dollar is not current
地士打鏬衣士嬲卡倫 又曰 地士打鏬孺喍怕士

爲乜擇使　*Wai mat chak shai.* — *Why is it not correct*

啞衣士咽嗷朩倫。又曰 喝科糯咁怕士

唐人稱爲鈎錢　*Tong yan ching wai kau tsin* — *Chinese call it Cowchin*

差尔士哥厘咽鈎錢 又曰 知拿蚊托記鈎錢

人哋唔肯使足一個銀錢　*Yan te-m hang shai chuk yat ko ngan tsin* — *People won't take it as a dollar*

畀布厘喚忒咽咳士温打鎼 喉字雲官切

要補幾多水　*Iu po ki to shui* — *What is the discount*

喝衣士地 地士求吾地 又曰 厚乜治失

十個先士水　*Shap ko sin sz shui* — *Ten per cent discount*

嚬怕咄地士求吾地

呢個銀錢乜野嫌呢　*Ni ko ngan tsin mat ye him ni* — *What is the objection of this dollar*

喝衣士地嘅隻呃阿乎地士打鎼

Ni ko ngan tsin chap ein — This dollar is leaden

呢個銀錢揷鉛　△地士打鏬衣士咧跌 又曰 地士打鏬哈吉列

Chik tak kei to — What is it worth

值得幾多　△喝衣士咽蠣 又曰 焞乜治佯啱治

Chik tak pat shap ko sin sz — It is worth eighty cents

值得八十個先士　△咽衣士蠣△晒地咖士 又曰 咿啱治繿地先士

Ni ko hai chuen tung m hai ni — This is pure copper dollar

呢個係全銅唔係呢　△衣士地士繿飄亞鴿巴打鏬 又曰 地士打鏬極厘鴿巴

Sam fan yee tung — Two thirds copper

三分二銅　△都撻士鴿巴

Ngoi pin hai ngan — The outside is silver

外邊係銀　△地歐晒衣士思厘化 又曰 歐西思厘化

中心係銅
Cheung sum hai tung
地烟晒衣士鴿巴 又曰 烟西鴿巴
The inside is copper.

呢個銀錢都係擇使
Ni ko ngan tsin too hai chak shai.
地士打鏬衣士阿厘騷嘅赤倫
This dollar is also returned.

佢俾火燒過
Kui pi fo shiu kwo.
咽唏士便貧地 又曰 哈米記貧
It has been burnt.

呢個銀錢滑面
Ni ko ngan tsin wat min.
地士衣士紕地烯士該吾 又曰 地士打鏬士毋輝士
This is a defaced coin.

要補五個先士水
Iu pu ng ko sin shi shui.
喊衣士快乎咣士地士求吾地 又曰 輝先士吠
It is five cents discount.

呢個銀錢低的
Ni ko ngan tsin tao tik.
地士打鏬唏士都乜仕啞夾
This dollar has too much alloy.

呢個銀唐人叫咸炭　Ni ko ngan tong yan kiu ham tan. — Chinese call this dollar Ham tan.　釵尔士哥厘地士打鎊咸炭

銀聲啞　Ngan sing a — It has a crack sound　咽啼士紐其嚦梢吾

係爐底銀鑄過　Hai lo tai ngan chu ko — It was coined from the bottom metal　咽嫐士啳吾乎林地砵泵喚打厘

呢個銀有幾成銀呢　Ni ko ngan yau ki sing ngan ni. — How much silver is in this dollar　厚也佳恩厘化衣士烟地士打鎊

有七成銀　Yau tsat sing ngan — Seventy per cent silver　賒坊地仟仙恩厘化

呢個銀錢輕得多　Ni ko ngan tsin hing tak to — This dollar is too much short　地士打鎊衣士都也枉失

Hing ki to — How much short

輕幾多 厚乜枉失

Hing shaph ko sin sé — Ten cents short

輕十個先士 噸晚士失

Wai mat iin ko — What is the reason

爲也緣故 喝衣士地篚臣 又曰 喝科

Ni tiu pin to liu — The border has been filed

呢条邊銼了 入ㄦ 地波打晞士便坱厘

Ni ko ngan hai tù chü — This dollar was coined by natives

呢個銀係土鑄 地士打鑄嗚士嗑吾拜坭地乎

Iu pú tik shui — It has a small deposit

要補的水 咽晞士縊士嗷厘地士坭吾

唐人敎得咁好 Tong yan kau tak kom ho - Can Chinaman imitate so good 咩鈫拿蚊𠛾決低𠰷騾豁（鈫拿文咁米其梳豁）

係嘅做得嘅 Hai ko tso tak ko - Yes. They can 爺士箒咩（爺士咁）

眞正做得好 Chan ching tso tak ho - It is very well done 咽衣士喴簾喴里敦（米其喴利士打鏢）

兌過呢的銀 Tui kwo ni tik ngan - Weigh these dollars 威地士打鏢士

看知幾重 Hon chi ki chung - See what is the weight 思喝衣士地威地 又曰 鎵思厚乜治威

呢的銀兌得 Ni tik ngan tui tak - Those dollars weigh 地士打鏢士威

𠵱平地深梯 厘地麗米士 深闊打連

口乜治打𡁷

冂花臣呋米 其乎打

深溫深

五十七兩三錢七分

Ng shap tsat leung sam tsin tsat fan — 57 taels 3 mace and 7 candareens

𠵱平地些墳㖣厘士地麗米士𡁷些墳咩打連士

咁申得幾多員呢

Kom sun tak ki to uen ni — How many dollars is that

厚禰尔打𡁷士衣士咧

八十員零十個先士

Pat shap uen ling shap ko sin sze — Eighty dollars and ten cents

衣地打𡁷士嘎𠸎曉士

你點樣算法

Ni tim yeung suen fat — How do you calculate

厚都吠𡁷厘橋黎地

七一七

Tsat yat tsat — 7.1.7

些墳溫些墳

俾呢的唔好銀過佢

Pi ni tik m ho ngan kwo kü — Give him these bad dollars

基平謙地士嘅打𡁷士

訡其希哥米其迂治

砵地打鋳烟西薄吋

砵地口素思厘

答西砵地口素嚧

啱治利士打鏄米其嘐士

Kiú kü hü wún kwo — Tell him to go and change them

叫佢去換過

嘐厘謙都哥嘍遷治店

Cheung ni tik ngan chong sëáng — Put these dollars in boxes

將呢的銀裝箱

砵利士打鏄士烟薄蛇士

Mui sëáng sám tsín ün — 3,000 dollars each box

每箱叁千員

地簾兜臣打鏄士烟咽杜薄士

Yung pún hong yan fung hau — Seal them up with the house seal

用本行印封口

思厘咽鬱地口士思厘

Sheung min sé pún hong tsz ho — Put the house mark on them

上面寫本行字號

砵地口士嚧安店

Cheung ni ün ngan na hü king kwo — Get this dollar tested.

將呢員銀拿去傾過

啱地士打鏄嘐士趺

銀

結治利士細思哥砵堪嘩炉

都爹椚尼孖結口花臣

Cheung ni tik ün po na' hüi pai shui' — Get sycee valued

將呢的元寶拿去批水

嗌地士晒思嘩炉

Kam yat ngan shui' ü ho' — What is the rate of exchange today

今日銀水如何

喝衣士地列阿乎益士趶治都低

Ün po mui' pak leung ka' shui' sz' leung — Sycee 4% premium

元寶每百両加水四両

晒思科怕仙鋪簏棉

Sai' sz' — mo' shui' — Small sycee par

細絲即小錠鈙銀無水

士麼炉晒思鈀

Pun yéung ngan ka' shui' shap ng' yün — Shanghai dollars 15% premium

本洋即四工銀加水十五員

上海打鏮士咈乎顛怕仙鋪簲棉

Tai' tiu mui' pak' pú shui' sam leung ng — [illegible] 3½% discount

大条每百補水叁両五

思運化巴地簏晏繼乎怕仙地士干

二水船係由行駁貨到洋船之小船此船名乃香港所用別處即不同如廣東省城係用西瓜扁上海係用烏蓬船但凡係此等駁貨小船外國人均呼為加古砵

管倉　哥當文
Koon chong — Godown man

亞蘇呢處有一張啞打紙　亞蘇希也衣士嘍啞咐
A soo ni chü yau yat cheung a tá chi — Ahsoo, here is an order

明日叫兩隻二水船　鞋也都未高砵士都嘜勞　又曰　都孖嘍嗑治都加高砵
Ming yat kiu léung chek yee shui shuen — Hire two cargo boats tomorrow

開去某某船　高嗡郎哂地涉
Hoi hü —— shuen — Go along to the ship

將呢張紙交過船主　基乎地士啞打都地急頓　又曰　剳急頓地士啞打
Cheung ni cheung chi kau kwo shuen chü — Give this order to the Captain.

佢就交五十箱丫片過你　希嚾厘基乎吠咈乎地車士阿乎澳皮暗
Kü tsau kau ng shap sëung a pin kwo ni — He will give you 50 Chests of Opium.

船在邊處抛呢
Shuen tsoi pin ch'ü p'aau ni — Where does the ship lie
靴打士地涉𠼻 又曰 喝舖黎士咧涉嘜加

掉三板人曉話你知
Chiu saam paan yan hiu wá ni chi — The boatman will tell you
地体交嚨厘嗲厘吠 又曰 砵蚊啡騷吠

若係船主唔在船
Yeuk hai shuen chü 'm tsoi shuen — If the captain is not on board
衣乎地急頓衣士嘜安砵 又曰 濕波素急頓糯吉涉

我點樣好呢
Ngo tim yeung ho ni — What shall I do
喝奈厘挨都 又曰 喝丁挨都

交過大伙
Kaau kwo taai fo — Give it to the chief mate
基乎咽都地𨂐乎篾

你番來時
Ni faan loi shi — When you come back
喧吠甘吡 又曰 喝店吠甘吡

呋哥砵△

Ni tau hoi hui — Show — You will go on board the

你就開去某某船

呋嗹厘哥安砵地△△

Hui lu oan tsin tam mui - and receive 3000 piculs rice

去起三千担米

篚偲乎地簾䇻臣北加厘嵇士又音𠯿治地簾䇻臣北古盧士

Yat tsin chat tit ton - 1000 bundles iron hooping

一千札鉄箍

温䇻臣賓地厘士挨仁昕兵　昕字號沽切

Ng shap kwan min fa - 50 bales cotton

五十綑棉花

咈乎地敝厘士剳頓

Pat shap kwan yeung sha - 80 bales cotton yarn

八十綑洋紗

咽地敝厘士剳頓恩　恩字夜慳切

Siu sam mok pi min fa ta shap shui - Take care don't let the cotton get wet

小心莫俾棉花打濕水

戒騎端咧地剳頓𠯿𠳝△

戒騎剳頓嘛
耕治滑

吸僱溫砵地盧士烟西哥當

極鋒列

起埋行来
Hoi mai hong loi. — Bring them ashore
布兩店繿梳亞 又日 啫治甘梳

放入棧房
Fong yap tsan fong — Put them into the packhouse
砵店烟都地咇口士 又日 砵烟西扎口素

我怕唔夠地方使
Ngo pa m kau ti fong shai — I am afraid there is no room
挨厭繿乎黎地爹衣士𠼮咻 又日 挨啡𤀹士古林

咁就將米放入貨倉
Kom tsau tseung mai fong yap fo tsong — Well, put the rice into the godown
喊厘砵地盧士烟都地哥當

好嘅
Ho li — All right, Sir
阿𠴂攞地沙

你戥過呢的米嘥
Ni tang kwo ni tik mai lo — Have you weighed the rice
唏乎既威地地盧士 又日 吠合米記威咧盧士

溫痕頓端地
加地溫北

啲𠹭威

哪爹也合吉
烟西

乇其未口乜
治𠹭威

哹字震沽切

Yat pau ki to
一包幾多
厚乜桂溫呲
How much one bag

Yat pau yat pak i shap kan
一包一百二十斤
溫呲威士溫痕地列嘜嘣地嘶地士
One bag weighs 120 catties

Hai ching chung m hai
係淨重唔係
衣士啲地嚹干地厎　嚹字邏尺切
Is that the net quantity?

M hai, hai lin pi
唔係係連皮
糯啯烟其劣士地嗲也
No. it includes the tare

Wa ngo chi ching ki to
話我知淨幾多
咧未𠼻地嚹威地
Let me know the nett weight

Kau sam pak chat tit ko ko mau mau
交三百札鉄箍過某某
地簻化地簻痕頓賓地厘士挨仁哹兵都
Deliver 300 bundles iron-hooping to ——

希孖士忒其阿鏵哥威都爹

嗚店呋米其地籮化咧加古

米其干打罷嘚巴咧爹厘

佢必要今日出清

Kü pit iü kam yat tsut ching - He must take them all away to day

希孖士忒店阿厘縊威都低

你出貨時

Ni tsut fo shi - When you deliver the goods

喳呋地笪花地豁士

數好的籌

Su ho tik chau - Count the tallies properly

求吾地嗲厘士鋪笠吧黎

若係少了

Yeuk hai siu liu - If there is any short

衣乎嗲衣士嘜尔吠 又曰 濕傑素合失

我要你填

Ngo iu ni tin - I will make you pay for it.

挨嗹厘米其呋敝科啲 又曰 挨嘐治呋敝

你做完時

Ni tso ün shi - When you have finished

喳呋唏乎吩尔暑 又曰 喝店呋米其吩尔時 吩字花坚切

哥林深交米其辟

哥林口乜治臭時

喝店希吩佽時

託其甘不多戚希

去叫打包佬

Hü' kiu' ta pau lo' — Go and get some packers

哥嘜啲深吡咖士

叫幾多個呢

Kiu' ki to ko' ni — How many shall I get

厚啲尔唸厘挨嗝

叫二十個快手嘅

Kiu' yi shap ko' fai shau ke' — Get twenty active men

嗝嗝地嚫地乎啲叉目嗝治嗝地嚫蚊

叫佢將呢的貨打包

Kiu' kü tsöng ni tik fo' ta pau — Let them pack up these goods

啲店吡鴨地士豁士

佢做完時

Kü tso' ün shi — When they have done

喧第啲乎敦

話賣辦支銀

Wa' mai' pan chi ngan — Tell comprador to pay them

嗲厘廿布黎多都敝店

呋孖士碌颯剌士沽厘

呋砵地壓極鏬北

砵地喝厘

米温臯時文鄉咁都

你要看好呢的坭工 Ni' iu hon ho' ni' tik nai kung — You must keep your eyes on the work 呋孖士𠝹呋挨士安地士沽厘士

你要號了呢的包頭 Ni' iu ho' liu ni' tik pau tau — You must mark all the bags 呋孖士麥阿厘地𠾴士

我號乜野字號 Ngo' ho' mat ye tsz ho' — What mark shall I take 喝麥唥厘挨式

號一個鼻字 Ho' yat ko' B tsz — Put a plain B 砵嗱鋪連鼻

號一個四字心 Ho' yat ko' C tsz sum — Put a ◇C 砵嗱大亞支四

我自己唔做得 Ngo tsz ki m tso' tak — I can't do it myself 挨擔都咽買唦喱乎

結洽深文米
其筯呋

武騎利士卑
時薄士

哪砵地鴨西
嘗

Kiu yan tu fong ni — Get some one to help you

叫人嚟帮你

嗝深溫都喺巫鋪呋

Iu kam yat tsò ün — You must finish them to-day

要今日做完

呋孖士吩尓暑店都低 又曰 呋孖士米訖吩尓時都低

Wàn iu sé hò sò m ni — Do you want them numbered

還要寫號數唔呢

都呋灣店稔巴 又曰 呋灣治砵地稔巴

Ngo tai tak m shai tò tsò tak lok — I think there is no occasion

我睇得唔使都做得咯

挨丁其爹衣士燸亞溪啶 又曰 未丁其燸溪啶

Ni ko seung iu tsai sai tik — Take care of this box

呢個箱要仔細的

武騎阿乎地士薄士

Mok fan tsün — Don't turn it upside down

莫返轉

端吞吶鴨晒嘗

呋孖士甙其哥呋聡乎

砵地温罷鎊巴舗例士

呋孖士結治温簏薛甘北

沽厘吽哥這士闆

米其洛鴨哥當

剳米基

你要親身押去

Ne iu chun shun aṫ hüi - You must go with it yourself

呋孖士高齡△咽呋奈匣乎

要放得妥當地方

Pü fong tak to tong ti fong - Put it in a proper place

砵咽烟縊鋪笠巴鋪黎士

你要有收單就好番來

Ne iu yau shau tan tsau ho fan lai - Get a receipt before you come away

蟛縊簏薛鼻科呋甘縊威

呢吓辭了呢的呢工路

Ni ha chi liu ni ti ni kung lo - Discharge the coolie now

地士孖梓地沽厘士闆

鎖好貨倉

Sö hò fo chong - Lock up the godown

洛鴨地咕當

揜条鎖匙来我

Ning tiu so shi lai ngo - Bring me the key

布凌米地基

哥休沽厘甘

乇其希米其
其連咧丁

式騎哪米其
笠都乞

米其哭咧忌
蟒士吃刀

管店

Koon tim — Coolie.

沽厘

Kiu koon tim lai — Call the coolie here

叫管店来

歌厘地沽厘希也

Kiu kü tso ching ni tik ye — Tell him to clean this thing

叫佢做净呢的野

哆厘謙都其連地士丁

Siu sum mok mut tak tai chung — Take care not to rub so hard

小心莫抹咁得大重

式騎嘜都笠騷乞

Tiu chuen ni cheung toi — Turn this table round.

調轉呢張枱

香地士梯布厘郎

Ngau chü po li cheung — Hook the glass window.

鈎住玻璃窗

哭地忌蟒士吃刀

To kwo tik mak shui — Put more fluid in it

倒過的墨水　砵深乎嚦暑英

Lok mak shui tsun chü — into the inkstand

落墨水樽處　烟都地英士丹

Wá mai pan chi — Tell the comprador

話買辦知　嗲厘地甘布黎多　又曰　托記今不多

Ngo iú kin kü — I want to see him

我要見佢　挨嚤都思謙　又曰　米嚤治思希

Mai pan chut liú kai — Comprador is gone out

買辦出了街　甘布黎多衣士干歐地

Kiú koi ko yan tang ha — Tell that man to wait

吽該個人等吓（咀）　嗲𡁻唎嚦都威吔

甘不多合干歐

託其唎畢士

哎米其士咨

必利士切哥
倓士阿非士

武深捫尼鄖
呋

米其跛倓士
低治

擗呢張信去書信館
Ning ni chéung sun hü shü sun kún — Take this letter to post-office.
武地士咧打都袍士阿非士

擗便的銀去 帶
Ning pin tik ngan hü — Take some money with you
武深蚊尼鬱△呋

支信資
Chi sun chü — To pay postage
都敝袍士低枉

要看佢鐵字
Iu hon kü tit tsz — See the despatch book signed
思地地士吣枉卜晒吾　又曰　呋碌思希米記晒吾咧卜

擗呢張信去某某船主
Ning ni chéung sun hü mau mau shün chü — Take this chit to Capt. ______
武地士切都急頓△△

佢在船上
Kü tsoi shün shéung — He is on board
希衣士安砵

計事乜不多 鍛砵雜也

吠哥△△碌 思希

來這士開合 思希哥叩上

你請一隻小艇 Ni ch'ing yat chek siu teng – Get a small boat 啱縊士噮厘砵 又曰 結治溫士孖鏬砵

咩買辦支艇錢 Kiu mai pan chi teng tsin – Tell comprador to pay the boathire 嘐厘甘布黎多都 觳拁砵輣也

佢若係唔在船處 Kü yeuk hai m tsoi shün ch'ü – If he is not on board 衣乎希衣士嗷安砵 又曰 濕傒炭素希糯吉涉

你去某某處就尋着佢咯 Nei hü mau mau ch'ü tsau tsam cheuk kü lok – You will find him at ___ 吠雌厘怏吾謙啣未士△△

我睇得佢唔在處 Ngo tai tak kü m tsoi ch'ü – I think he is not there. 埃丁其希衣士嗷嵾 又曰 挨丁其希糯吉

我就見佢經過 Ngo tsau kin kü king kwo – I saw him pass by just now 埃梳謙 㹨士拜遮士剻

來哪思吠郎 店

舖簷時薛當

Tám yau mun tap - On a visit

探友問答

安繼啡薛

Tsün ká ho á - How do you do Sir

尊駕好呀　厚都吠都沙

Ni ho á - How are you

你好呀　厚亞吠

Hü kau pat kin - I have not seen you long

許久不見　挨蚧乎嗷仙吠郎

Ki fu yan pat tak - I could not recognize you nearly

幾乎認不得　挨嚙嗷嘅確乃士吠你亞黎

Tsing tso lá - Please take a seat

請坐喇　舖簷士忒繼薛

米丁其呋這
士闊合米詑
耶乜治搁屎

近來恭喜發財呀

Kan loi kung hi fat tsoi a. — I hope you have made your fortune

挨哈呋蚪乎米地呋亞科遵

好話咯

Ho wá lok — Thank you

丁其呋

你杯獎我嗟

Ni 'pui tseung ngo che. — You are only flattering me

呋亞乎列打凌未

托你的福

Tok ni tik fuk — Owing — to your happiness

澳英都呋亞嘞卑呢士

還算平安

Wan süin ping on — Am well enough

嘁嚱厘烱粒乎

但冇乜好處

Tan mo mat ho chü — but nothing to boast of.

不嘁丁都僕士阿乎

吠花打孖打喊臚温

老大人老太太納福呀 So tai yan lo tai tai nap fuk a - Your father and mother are well I believe, 吠亞花打晏孖打亞喊厘挨鼻簾乎

不敢當 Pat kom tong - Thank you 丁共吠

吠口素槤鏮爻喊臚温

家父家母都還壯健 Ka fú ka mú to wan chong kín - My father and mother are strong & hearty 買花打晏孖打亞士地鄧晏乞底

府上各位都好呀 Fú shéung kok wai to hò a - Is your family all well 衣士吠亞番未黎阿厘喊厘

都好 To ho - All well 阿厘喊厘

米合哥臨厭店

兄弟一向出門 Hing tai yat hìng chut mún - I have been abroad for some time 挨歟乎便縫布律科深店

點店曬甘麻 思呧

總未有過來拜候

Tsung mi yau kwo loi pai hau – did not go(ing) pay my call

跌嘞基乎呧買哥厘

實在疏懶

Shat tsoi so lán – It was an omission on my part

咽窩士晏澳未鈍安買拍

兄弟爲口奔馳

Hing tai wai hau fan chi – I have been wandering about for my livelihood

挨蚪乎便搩打凌繿佈律科買礚乎籚活

總唔閒過去請安

Tsung m hán kwo hü tsing on – had no opportunity to call on you to pay my respec-t

谿嗷哥厘安呧都跛買籚士北

豈敢

Hi kom – How dare (I to expect such gift)

厚爹挨

都文極錦閘

彼此一樣

Pi tsz yat yéung – we are both alike

嗹亞僗△繿爐共

吠嗋治都乜
治贊士區西

哪吉乜治贊
士

遮士開都乜
治列

谿拜

Tai' ko' kan yat chut mun ho-o'- Have you been from home abroad.

大哥近日出門好啊　唦乎吠便鋪羅士巴鉼士繿布律。

Mo sham ho chü'- Nothing worth mentioning

無甚好處　嘅丁窩△哪純阿乎

Shat lai' ni'- I feel ashamed of myself

失禮你　挨非厘亞网阿乎買睞厘乎

Lo hing toi kwo' him che'- You speak too modestly

老兄臺過謙這　吠士㭉都末爹士黎

Tin shik i' man liu'- It is getting dark

天色已晚了　咽衣士嗋丁嘚　嘚字㘸魭切

Tai' ko' tsing tso'- I beg you good-by

大哥請坐　挨壁吠谿拜

朱攤治哥威

都爹合思輝時

呋咈忒記深丁厚啱米篓厘呋哥

呋士咨米喏治咧底坏地署

都卑士交米記地冹記溫忌鏵士呍

兄弟告辭咯

Hing tai ko chi lok. If you give me permission to leave

呵乎呋基乎未巴未純都籚乎

自己兄弟

Tsz ki hing tai. Since you and myself

仙士呋晏買貽厘乎

今日旣係會見面

Kam yat ki hai ui kin min. have met together to-day

蚪乎曦都咖打都低

點好空空俾你去呢

Tim ho hung hung pi ni hü ne. How can I allow you to go without taking something

厚咧挨弫篗呋都高鬱兜忒京淙丁

等我弄幾味粗菜

Tang ngo lung ki mi tso tsoi. Permit me to order a few dishes

怕茂未都阿打繼咻地蛇士

大家飲一杯

Tai ka yam yat pui. and let us have a glass of wine

晏咧㧡士蚪乎繼忌鏵士阿乎呍

米記託記
吠疏間
米哪咐米記
鏖啉士
不米記剋吠
𢫏笠
米哪蘊其

Chi' tam ha' — and a little chatting

敘談吓　晏緇列地厘吩丁

Tai ko' ki' in kom yau sam — Since you are so kind

大哥既然咁有心　仙士吠亞騷佳吾

Hing tai tün pat kom tui chü' — I don't think proper to refuse your invitation

兄弟斷不敢推辭　挨端丁其舖笠巴都鏖啉士吠亞烟非低純

Tsung ming pin shi' — and then I must accept it.

從命便是　晏爹亞科挨孖士嗌哋咽

Tan hai mo ku' kau' kiü' — but to give you unnecessary annoyance

但係無故攪擾　不都基乎吠痕呢賖沙黎亞内仁士

Hing tai shat kwo i' hü' — is not very civil

兄弟實過意不去　衣士嗷買𡂿署

安衆廿文顛拿
結治拿布喇毆

不成敬的意
Pat tsing king tik — It is not what can be termed respectful.
咽衣士嗷喝咔鼻他唔籃士北呼厘

不過便飯這
Pat kwo pin fan che — It is merely an ordinary meal.
不未也黎晏阿顛拿黎末厘

擺席 酒
Pai tsik — Get the table ready
啲地梯布厘喱底

上茶
Sheung tsa — Put the dishes on the table
砵地地賒士安地梯布厘

恕不安席
Shü pat on tsik — Excuse me (or not arranging the table myself)
嗌士嬌士未科嗷亞練精地梯布厘買賒厘乎

請坐
Tsing tso — Please take a seat
鋪籃士式縊㘉

𠯗地呍

啷吉乜治丁

𠴰布合吉都乜治嗧丁

都乜治丁其

都乜治呍

Chum chum — Fill up the glass

斟酒　非厘鴨地忌鏬士

Mi mat too í — I have very little to offer you

無乜菜　挨蚪乎嘁黎列地厘都阿化吠

So yám kí fuū í — You must drink freely

多飲幾杯　吠孖士地淩乎𪘲黎

Mun toi shing tsoon — The table is covered up with nice dishes.

滿臺盛饌　地梯布厘衣士給化鴨鬱乃士地蛇士

Shing wai tsz chí — I feel very thankful to you

承惠之至　挨非厘嘁黎丁其呼厘都吠

Tsau to lok — I have taken too much wine

酒多咯　挨蚪乎忒近都乜杜呍

吉帖西

咧地蘆士

哪一

忒忌哧忌鋅士麽

蘆士哪咧底

呋郎米忒記溜忌鋅士呩

Sooi lok — I am drunk

醉咯　挨嘶地凌　凌字利登切

Shik fan pá — Let us have rice

食飯罷　咧極士蚪乎蘆士

Ki shi yau loi — No, by no means

幾時有（又）來　哪拜腦面士

Tsoi yam ki púi — Have a few glasses more

再飲幾杯　蚪乎縂哧忌鋅士麽

Fan sheung mi ho — The rice is not ready yet

飯尚未好　地蘆士衣士嘶咧底一

Tsing chiú kon yat púi — A glass of wine with you please

請照（飲）乾一盃　縂忌鋅士阿乎呩鬱Δ呋鋪簾士

試記温忌鋛
士麽

米杜魯吉帖
酉

疏花臣

麽刖打鬱拜
晏拜地淩其

贓簾温

需治都北高

Tsoi king yat tsui – Another glass with respects

再敬一盃

晏極打忌鋛士鬱△簾士北

Chun ching tsau to loh – I am really drunk

眞正酒多囉

挨嚹簾嚹亞黎地淩

淩字利登切

Ki hai kom yeung – You are really so

旣係咁樣

啊乎吠亞簾黎騷

Ngo ti ting yat shi tsoi yam pa – Let us wait a while and then drink again

我哋停一時再飲罷

唎嗰士鬱繿歪喱晏連地淩繿堅

Ho lè – very well

好呀

嚇簾嚇喱

Chong in – Bring the tobacco here

裝烟

布淩地都北高希也

來記咴急豁
地
嚇哥拿扌西
薛當託記
合吉顛爺
合顛爺
嗬科呋吔甘
思末鼻科

冲幾杯好茶來
Chung ki pui ho cha loi. Make a few cups of good tea
米其繿啉急士阿乎豁地

我哋寬坐談談
Ngo ti fun tso tam tam. Let us sit and have a little talk
咧椏上燼士晏蚪乎繿列地厘託

久別至今
Kau pit chi kam. Since we saw each other
仙士嚨疏咧柱椏打

可有十年嚟
Ho yau shap nin mo. Could there be ten years
咔嚦鼻囒爺士

有十年咯
Yau shap nin lok. There have been ten years
爹蚪乎便囒爺士

向來爲也不到來增光呢
Heung loi wai mat pat to loi tang kwong ni. Why did you not favor me with your call before
歪咊呋嗷糊化末繿呋啞哥厘鼻科

合吉列地卑
剪

深店倫温威
深店倫拿吖
威

米哪咩思遮
乜治爺哈巴
士

米甘北合撈

米砵地罷笠
巴極銲丁

執執甘徠思
呋

Kan loi yau se tsuk sz. — I had some business lately

近來有些俗事

挨乞深卑士呢士列黎

Tung pan sai tsau (which mean) to run forward and backward

東奔西走

嗲柑米地夬都倫科啩晏北啩

Pat kok kwo liu kom to nin. — I did not notice that time has passed away so quick

不覺過了咁多年

挨趺嚩臘地士咧店喻士巴士繼威騷隙

Ut pun ts'oi to ka. — I only returned a fortnight ago

月半纔到家

挨安黎箽呑繼嚩乃地 嚩字花割切

On fong ho hang li. — Having my luggage stowed away

安放好行李

蚪吩買嫲雞喏士士刀繼威

Tsau loi pai hau lok. — I lose no time in giving my call.

就來拜候咯

挨羅士臘店烟基吩買哥厘

呅睹都乜治力

拿丁

鼻科店咧卑剪吽巴士

遭士闊都爺畫嘁黍谿

實在有心 Shat tsoi yau shum— You are very kind indeed 呅亞嘁黎間烟趺

呢幾年恭喜呀 Ní kí nín kung hí á— I hope you have been successful lately— 挨合呅蚪乎便昔睬呼厘列黎

冇乜相干 Mo mat seung kon— Not bad 嘞刖

初時生意還可以 Chó shí sang í wan hó í— The business was pretty well when I commenced 地卑士呢士嗡士鍋列地嘁厘啃挨甘㖞士

近呢兩年不甚好 Kan ní leung nín pat shum hó— but it has not been so good the last two years— 不啲㗎士嘁便騷㗎地鉀士都爺士

想老哥在府上享福 Sheung ló kó tsoi fú sheung heung fuk— I believe you have enjoyed yourself at home 挨鼻簾乎呅蚪乎嗡災呅睬厘乎啷龕

稱鋍臬剪吠　米記協未

米毡毡吠都　未輝化

鄎卡嘀治温　舖禮士

蛾簞温米㖸

喎店挨吉温　豁舖禮士

挨仙吠喏

Chü sz' wan iu tsoi pui — You must send me a small matter.

諸事還要栽培

吠孖士嗹扒未緇慳烟阿厘唛打士

Wan iu to ni ko yan tsing — I have to ask you to do me the favor.

還要討你個人情

挨蚪乎都椤士其吠都都未地輝華

Chui tsin yat ko ti fong — to look out a situation for me.

吹薦一個地方

都徐區緇薛租緇純科未

Ho, hing tai tsz in lau sham — very well, I will keep it in memory.

好兄弟自然留心

喊黎喊厘挨嚨厘刦唎烟未磨黎

Toi yau hop shik tik hui chü — When I do have a suitable berth

待有合式的去處

喧挨都蚪乎緇雪梯布厘巴

Ta fat yan loi tung sun — I will send you word.

打發人來通信

挨嚨厘咖吠活

㳇道士闘吉 鄱乜治澳炉

鄱高區

極鏵舖禮士 呹吉乎綀

澶士闘合吉 淈贊士

Kan loi hing tai yau liu nin ki — I am growing old

近來兄弟有了年紀

挨嚛古勞營澳厘

Pat tai chut mun — and seldom go abroad

不大出門

瞭厘泵高縊布律

Lo ko kau yau sz hoi — You have friends everywhere

老哥交遊四海

呹蚪乎乎綀士啉乎黎靴

Tsz in man fung king fuh — no doubt they respect you when they see you

自然聞風敬服

腦兜地咧簷士琑呹啱咧思呹

Hin tsoi yau ko ho ki ui — There is an opportunity just now

現在有箇好機會

爹衣士嘜鴨波尊你㩗這士闘

Sheung ying ming tsin kuh — I believe the various branches of business in the yamun

想刑名錢穀

挨鼻簷乎地㓒厘士布爛杜呵乎卑士呢士爾地衙門

埕鋪衙門卑剪

凡屬衙門裏的事情

阿厘卑士呢士干匿跌㘄△地衙門

Fan shuk ngá mún tik sz tsing - All business connected with the Yamun

吠沙比桱鎊

大哥處無有不悉

亞阿厘腦吾都吠

Tai kò chü' mò yau pat shik - are well known to you

米吉温申烟羅

兄弟有一位姑老爺

挨𧊅乎縊申烟羅

Hing tai yau yat wai ku lò ye - I have a brother-in-law

𠺝爹麽

差不多呢幾日

烏衣士縊㑥

烏字霞沽切

Chá' pat to ni' kí yat - Who is about

希哥揚州米記萬地連

要往揚州上任去

都士達科揚州都蒿厘燕阿非蛇厘啡㘎吾文

Iú wong Yeung chau shéung yam - to start for Yangchow to hold an official appointment

挨丁其希灣冶深文米記𠹭希

大緊還少些帮手

挨鼻簹乎希衣士咉阿乎㦧士

Tai kò wán shiú sé pong shau - I believe he is short of hands

㳺鄙喊簾溫

米哥訖記希
都麼鑄

威簾溫務乜
治丁其

䢐平打吠合
圖希

米鄭吠哥屈
希

像吾兒這樣才情
Tsiang ng ni chi yeung tsoi tsing. A man like you in ability.
緇萬蠻其吠烱緇卑簾低

甚屬合式
Shum shuk hop shik. as very fit indeed
衣士喊簾咈烟跌

我明日過去同佢商量
Ngo ming yat kwo hue tung kü sheung leung. I will see and speak to him the tomorrow.
挨嘣厘思晏士碧都謙都麼艻

甚好多謝多謝
Shum ho to tsé to tsé. Very good, thanks, many thanks
喊黎鎔丁士萬你丁士

待大哥見過之後
Toi tai ko kin kwo chi hau. After you have seen him
椏平打吠啼乎仙謙

大家一齊去會佢
Tai ka yat tsai hue ooi kü. We will go together to have an interview
嘣嘣厘哥都吻打都虯乎㚇烱打盯

稏錞列
忒温忌錞士㕭
米毡毡呋花士
米毡毡呋託記科未

好啱 Hó'ngám — All right 阿厘𡀔地

再斟酒 Tsoi chum tsau — Fill up the glass once more 非厘鴨地忌錞士温士廚

同老哥先道喜 Tung lò kò sin tò hei — Let me congratulate you the promotion 唎未干忌唎租列呋鼻科𡎬

豈敢 Hi kón — How can I deserve (such gift) 厚咩挨地沙乎

全靠洪福 Chün kau hung fuk — I dependentively upon your goodness 挨地𡂝燕太也黎鴨安呋亞豁呢士

望大哥處吹噓 Mong tai kò ch'ü ch'ui hui — I beg you will recommend me 挨嘚呋𠿬厘嚒甘棉未

唛吉臣烟粒

也治丁記

食飯罷唎　Shih fan pá lè — Will you order for the rice.　嗹厘呋阿打科地嗇士

酒彀了麽　Tsau kau lèaú mo — Have you wine enough　蚧乎呋呍烟粒乎

彀咯　Kau lok — Quite enough　乖地烟粒乎

未有茶　Mi yau tsá — I have nothing for you to eat　挨蚧乎嘜丁科呋嘟咽

不敢多敬　Pat kom to king — Therefore I wont force you　爹科挨換緬哩士呋

深領之至　Shum ling tsz chí — Many thanks to you　萬你丁士都呋

鋪簾士忒礁士

忒深麽礁士

合吉烟粹

薛當米記攎[illegible]

請食飯　Tsing shik fan — Help yourself to some rice　㗎厘鋪呋亞睒厘乎都渁礁士

再添飯　Tsoi tim fan — Have some more rice　鋪簾士忒渁麽礁士

飽咯　Pau lok — Quite full　乖地呼厘

倒茶裝烟　To chá chong in — Send the tea and tobacco round　㗎地地晏都北高漏吾

請寬坐　Tsing kún tsó — Let us retire from the table　㘓㮣士簾太也咽乎呋鋪簾士

請坐乘涼　Tsing tsó shing leung — Please take a seat and cool yourself　鋪簾士忒繿薛晏攎厘呋亞睒厘乎

米碌澳炉

吠趨炉地倫
合極鍔咩簹

Lo hing tí chut hü ní kí nin — During the number of years you have been away

老兄臺出去呢幾年　才淩地稔巴阿乎爹士吠唏乎便縱威

Hing tai nin kí sui pat tai — Though I am not much advanced in age

兄弟年紀雖不大　老挨嘣嘣乜治咿灣士烟縱柱

Pat kok lò liú — yet I look old

不覺老了　一挨碌澳炣

Lò kó kó nin kí sui yau — Although you are older in age

老哥哥年紀雖有　阿哩老吠亞澳炣烟縱柱

Kwai tai tò wan yeung tak ho — You still kept up your fresh countenance

貴體倒還養得好　吠士地厘𠯿嘣吠亞鈎吾夭牟士

Tsing man kok wai shai hing tò ün tsü liú ma — May I ask whether your children have been married.

請問各位世兄都完娶了麽　米挨榴士喊打阿厘吠亞趨厘地倫虯乎便吁列。

極鏬合咩厘

貢稔巴輝申
鏬士爺米記
咩厘

利士爺米央
多打合咩厘

厚乜治卑時
忌爛申旿吉

佢哋都完娶了

Kui ti to ün shü liü — They are all married

咧亞阿厘咩列

去年與第五小兒娶了媳婦

Hü nin ü tai ng shiu i chü liü sik fu — My fifth son married last year

買咈△申鏬士咩列鏬士爺

今年小女也出了門

Kom nin shiu nü ya chut liü mun — & my youngest daughter has been married this year

買央咈士多打咈士便咩列簡士爺

好恭喜

Ho kung hi — Very good, I am happy to hear

喊黎谿挨嘣嘞儆都希也

有幾多位令孫呢

Yau ki to wai ling sün ne — How many grandchildren have you

厚萬你忌爛趨厘地倫剉平吙

小孫有七八箇

Shiu sün yau chat pat ko — Seven eight of them

些墳咽阿平廉

安黎沙比哋
也盡士

Santong hai kiü shik fan — but they only understand how to eat

但總係曉食飯

咧安黎痕打士丹厚都哂

啡沙比域

Pat hiü pán sz' — they don't know how to work

不曉辦事

咧端腦厚都域

Siu wá ché — You are joking

笑話這

呋亞足京

京字下平

這士闆嘁筵
列

Kak há tai yé lok — It is very late just now

家

刻下太夜咯

咽衣士嘁黎列這士闆

米鸞治哥

Tsim ché ko chí — allow me to leave

暫且告辭

亞鸌米都躉乎

米記託記都
孖鋍

Ming yat tsoi tám — Have more chatting tomorrow

明日再談

蚪乎麼吻丁都麼勞

嘝鈽例士吠士笃

啷雑臣

So ko chün yü tsoi ho chü — Where do you lodge

老哥尊寓在何處　靴都吠律柱

Kiu yan tü ching li ho loi pa — Shall send for your luggage

叫人挑行李過來罷　晾厘挨咄科吠亞力雞柱

M lo — Oh, no

唔囉　澳哪

Chiü kia chü i king on tan ho — They have been put away at Mr. Chiü's.

趙家處已經安頓好　咧吔乎便砵鎡威唎未士打趙士

To tse fai sam — Thank you, don't trouble yourself

多謝費心　丁其吠端地笠布吠亞晾厘乎

Mok kom wá — Don't mention it

莫咁話　端面純啊

Tsing pien lé — Don't put yourself out of the way —

請便唎　端咈吠賒厘乎嘔阿乎哋威

Ming yat tsoi ui pá — I will see you again tomorrow —

明日再會罷　挨囉厘思吠繦堅都麽勞

Tsing lò — Good-by —

請囉　谿拜

百病類 Pak ping lui. Pathology 糯梳老志

小產 Siu chan. Abortion 綴播呃

膿瘡 Nung chong - Abscess 鴨睇士

瘧疾即發冷 Yeuk tsat - or Fat lang. Ague 綴嬌

眼瘼 Ngan mok - Albugo 椏厘鋪滈

發睛光 Fat tsing kwong - Gutta serena 吉打沙連拿

閉經 Pai king: Amenorrhea 綴免糯亥亞

水腫 Shui chung - Cellular dropsy 瀉路鎒地笠西

失音 Shat yam - Loss of the voice 羅士阿乎地啞士

胃腸小虫 Wai cheung siu chung - Worms in the bowels 窩唔士烟地包咴厘士

蠱脹	Kú chéung - Ascites or Dropsy of the belly	極哂爹士 又云 地笠西阿平地啤黎	
哮喘	Haú chün - Asthma	極士乜麻	
盲眼	Máng ngán - Blindness	布嚧吾呢士	
畏日眼	Wai yat ngán - Day blindness	低布嚧吾呢士	
畏夜眼	Wai yé ngán - Night blindness	乃地布嚧吾呢士	
鵞喉	Ngó hau - Bronchocele = Goitre	布郎初縣厘 又曰 該打	
魚口	Ü hau - Bubo	埔播	
火傷	Fó sheung - Burns	賓士	
乳癰	Ü yung - Cancer of the breast	嗹沙阿平地布喱士	
夜明珠	Yé ming chü - Carbuncle	咔賓啹厘	
綠水灌瞳人	Luk shui kún t'ung yan - Cataract	嘅打嘫地	

經水 Siung shui - Catamenia or Menses 噶打嚰尔亞 又曰 晚佘士

冷着 Lang tseuh - Catch cold 噶杜高厘

傷風 Shang fung - Catarrh 溪打

濕耳 Shap-i-i - Cerumen excessive 沙路蚊益贎思平

乾耳 Kon-i-i - Cerumen defective 沙路蚊地嘜地平

吐瀉 Tó sé - Cholera 初簾鏵

心腹絞痛 Sam fuk kau tung - Cholic 初力

癆症 Lo ching - Consumption or Inflammation of the lungs 幹深臣 又曰 烟平例咪純阿乎地靈士 靈字利登切

損傷 Sun sheung - Contusion or bruise 干都純 又曰 布路士

大便秘 Tai pin pai - Constipation 幹士地儆臣

瘟疫 Wan-yik - Contagious or Pestilence 干打鑽 又曰 啤士地倫士

手足瘛瘲 Shau tuk tsik tsung - Convulsions of the hands & feet 干嘩厘哂士阿平地㦖士嘜啲

癇 Hon - Convulsions 干嘩厘哂士

咳嗽 Kat sau - Cough 哥平

哮喉 Haau-hau - Croup or sore throat 其笠 又曰 梳亞地勞地

曲脊 Kuk tsik - Curvature of the spine 卡威喳阿平地士拜吾

皮病 Pi-ping - Cutaneous diseases 故灘尔亞士地思士

頭枯皮 Tau fu pi - Dandruff 嚬地㦖平

膀胱熱 Pong kwong it - Inflammation of the bladder 烟平黎米哂阿平地布喇打

耳聾 I lung — Deafness 爹乎呢士

乳牙 Yü ngá — Dentition [口殿]地哂

初起之病 Ch'o hí chí ping — Antecedence 縊橋地地恩士

跌出骨 Tít chüt kwat — Dislocation 地士老溪哂

痢症 Lí ching — Dysentery 地神打黎

顚毛反出 Kün mo fán chüt — Ectropium or turning out of the eyelids 益地嘮卑喑 又云 吞寧歐地阿乎地挨烈士

顛狂症 Tín kw'ong ching — Madness [口蔑]呢士

發尿淋 Fát niú lam — Diabetes 大亞鼻爹士

痼疾 Kú tsat — Chronic disease 其郎匿地恩士

啞 Á — Dumbness 冧呢士

耳痛 I tung — Earache 衣也益

腸熱 Chiung it. Enteritis or inflammation of the intestines
噫他筐地士 又曰 烟平倒咪啞阿平地烟爹士大吾士

顴毛倒挿 Kiun mo to chap. Entropium or turning in of the eyelashes
蠏地老卑暗 又云 吞寧烟阿平地挨壓唸士

發痒吊 Fat yeung tiu. Epilepsy
衣披嘔西

瘢疹 Pan chan. Eruptions
衣笠啞士

天泡瘡 Tin pau chong. Ignis sacer
益尔士西沙

失口 Shat hau. Fainting
煇吾叮

寒熱往來 Hon it wong loi. Intermittent fever
烟他篾頓非華

發冷發熱 Fat lang fat it. Remittent fever or fever and ague
篋篾頓非華 又云 非華晏緇嬌

發熱	Fát it - Fever	非華
白濁	Pak tuk - Gonorrhoea	幹糯亥亞
酒風脚	Tsau fung keuk - Gout	鈎地
肉芽	Yuk ngá - Granulations	忌孏奴例臣士
砂淋	Shá lam - Gravel = Stone	忌喱華厘，又云士刀吾
頭暈	Tau wan - Headache	乞滴
肝熱	Kon it - Inflammation of the Liver	烟平例米臣阿平地利華
跌打出腸	Tit tá chut chéung - Hernia	蝦尔亞
小腸氣	Siú chéung hí - Hernia	蝦尔亞
打咽	Tá it - Hiccup	嘿鵮
吐血	Tú hüt - Spitting of blood	士必吖阿乎布律

駝背 To pei - Hunchbacked
龕噬

不省人事 Patsing yanz - Idiotism.
挨地活地岑

卵脬水脹 Lun pau shui cheung - Dropsy of the scrotum
地笠西阿平地士其老㳒

生蛇皮 Shang she pi - Ichthyosis or scaly skin
益地澳思士 又云 士溪黎士堅

尿急症 Niu kap ching - Incontinence of urine
烟千天人士阿平呋𧸘吕

不消化 Pat siu fa - Indigestion
烟大遮唓

眼黑睛赤熱 Ngan hak tsing chik it - Inflammation of the iris
烟平例米哑阿平地㑄篚士

眼外睛赤熱 Ngan ngoi tsing chik it - Inflammation of the cornea
烟平例米哑阿平地哥尔哑

癩 Lai - Itch 咽杜	發黃症 Fat wong ching - Jaundice 尊地士
跛脚 Pai keuk - Lameness 例唔呢士 例唔佯廉字看	發瘋 Fat fung - Leprosy 嘞布羅西
白食 Pak shik - Leuce - Alphus or Lepra 料士 又云 楹厘花士 又云 筐鋪鋽	
流白帶 Lau pak tai - Leucorrhea 料哥亥亞	火疔瘡 Fo ting chong - Sideration sphacelus 纏吁悶布力士
爛眼邊 Lan ngan pin - Blear eyedness 布喱亞挨咽呢士	症[illegible] Ching shung - Loss of memory 羅士阿乎未痳黎
發酒顛 Fat tau tin - Mania a potu 喃尔亞播都	痳症 Ma ching - Measles 未亞士喱士

瘴癘 Cheung lai — Miasmatic contagion 未亞士嗲得干低治仁（治仁兩字作轉字看）

血山崩 Hüit shan pang — Menorrhagia 晚糯冷略

眼花 Ngàn fà — Muscae volitantes 孖士溪禍篚嚬爹士

筋病 Kan ping — Disease of the nerves 地思士阿乎地拿平士

牙痛 Ngà tung — Toothache 都△益

眼症 Ngàn ching — Ophthalmia 阿乎打厘未亞

近視眼 Kan shi ngàn — Near-sighted ness 尔亞厮趺呢士

新患眼 San wan ngan — Acute ophthalmia 縊橋地阿乎打厘未亞

遠年患眼 Un nin wan ngan — Chronic ophthalmia 忌郎匿阿乎打厘未亞

眼膠 Ngan kaau - Purulent ophthalmia 怕魯倫地阿乎打厘眉亞

色眼 Shik ngan - Gonorrhoeal ophthalmia 幹糯亥亞厘阿乎打厘眉亞

生耳聹 Shang i tsing - Otorrhoea or a discharge from ear 阿拖亥亞 又曰 縊地士槎桂平林衣亞

心跳 Sam tiu - Palpitation of the heart 怕厘卑低啞阿乎地乞

癱瘓 Tan un - Palsy 怕厘西

瘢症 Pan ching - Petechiae 披爹叙亞

痰 Tam - Phlegm 平力唔

痔瘡 Chi chong - Piles 排厘士

耳花 I fa - Polypus of the ear 波簷巴士阿平地衣亞

痛眼 Tung ngan - Sore eyes 梳亞挨士

鼻中瘜肉 Pi chung sik yuk - Nasal polypus 坭沙厘波簷巴士

疔 Ting - Pox 朴士

痘 Tau - Small pox 士麼厘朴士

水泡 Shui pau - Chicken pox 厰件朴士

熱痱 It fai - Prickly heat 鈽力黎歇

落胎 Lok toi - Prolapsus recti 鋪老厭沙士嚦大

喉嚨痛 Hau lung tung - Quinsy 權西

老肉扳睛 Lo yuk pan tsing - Excrescence upon the eye 益士其嚦臣士嗎般地挨

嗎字嗚波切

Fung shap - Rheumatism
風濕　蔘嘜地吟

Kum tsin sin - Ringworm
金錢癬　靈窩唔

Shang tsü - Scurvy
生疽　士卡肥

Lo lik - Scrofula
瘰癧　士忌羅乎啉鏬

Wan long - Sea sickness
暈浪　思昔呢士　喬思昔

Ping tung - Sickness
病痛　昔呢士

Yiu tai sin - Shingles
腰帶癬　勝忌厘士

To tung - Stomachache
肚痛　士泵墨益

Siu pin it tung - Strangury
小便熱痛　士地哈嬌黎

Yuk lau - Tumor
肉瘤　都磨

Nik shui - Suffocation by drowning
溺水　沙啤鷄呃拜地篾寧　啤字科高切

牙關緊閉	Nga kwan kan pai — Tetanus or lockjaw	地呹拿士 又云 洛夵
耳鳴	I ming — Ringing in the ears	靈英烟地衣亞士
頭暈眼花	Tau wan ngan fa — Vertigo or giddiness	嗶地髙 又云 結地呢士
瘡	Chong — Ulcers and sores	柸厘沙士 又云 梳亞士
種痘	Chung tau — Vaccination	域先呢唓
疳瘡	Kom chong — Venereal ulcers	呍尔喱厘柸厘沙士
楊梅瘡	Yeung mui chong — Venereal disease	呍尔喱厘地思士
雞眼	Kai ngan — Warts & corns	滑士 又音 干士
傷口	Sheung hau — Wound	啘士　啘字雲官切

脚痺　Keuk pi: - Numbness of the foot　士獵卑呢士阿乎地澗

口吃　Hau kat - Stammering or stuttering　士咕麻凌。又云士凸打凌。

凸眼珠　Tat ngan chü: - Projection of the cornea　鋪勞隻呃阿乎地哥尔亞

乾眼　Kon ngan - Dryness of the eye　地穢呢士阿乎地挨士

[illegible]

I chi' – Mode of curing

醫治　蟆地阿乎橋亞凌　橋字上平

Fong hiit. – Removing blood

放血　簷蟆吩布律　模字上平

San yü hüit – Removing of [illegible] blood

散瘀血　簷蟆吩唦嘛士布律　嘛字花嬌切

Lim hon – Restraining perspiration

斂汗　簷士地例寧怕士巴黎純

Lim hiit – Styptics

斂血　士大鋪得士

Chi' tung – Diminishing pain

止痛　地面你城編

止癢 Chi' yeung - Diminishing irritation　地面你城衣簞低純

殺蟲 Sat chung - Destroying worms　地士地來營嚛士　嚛字華巷切

解毒 Kae' tuk - Alteratives　阿厘打例地平

刀法 To fat - Cutting　吉丁　丁字下平

柔潤 Yau yun - Demulcents　地孖厘臣士

針法 Cham fat - Acupuncture　繼嬌崩喏

引血 Yan huit - Rubefacients　魯鼻輝成

去腐 Hui' fu - Escharotics　唉士丫嘮得

灸法 Chuk fat - Cautery　哥打黎

潤皮 Yun pi' - Fomentations　科面低純

Yeuk – Medicine

藥　[口蔑]地臣

洋參	Yeung sham – Ginseng	科倫煎成	大黃	Tai wong – Rhubarb	嚕白　白字作巴合切
黃連	Wong lin – Gentian	[口煎]純	樟腦	Chéung no – Camphor	咁科　科字下平
薄荷葉	Pok ho ip – Peppermint leaf	[口敝]巴棉[⺮厘]乎	巴豆	Pa tau – Croton	故勞頓
水銀	Shui ngan – Mercury	孖橋黎	胡麻	Hú mai – Linseed	連薛
硼沙	Pang shá – Borax	報力士	硝	Siú – Nitre	乃打

Kin kai nah - Cinchona　Kai nah - Quinine

金雞哪　善哥拿　　雞哪 即金雞哪霜　捐年

Kom tso - Liquorice　Mah to tang - Litharge

甘草　力加厘士 咖啰　　蜜佗僧　簾打杜

Tsui sin to - Stramonium

醉仙桃　士地鉾冒你暗

Yeuh ko - Ointment

藥膏　哀吾文

Tsung hiang ko - Resin ointment　A pien ko - Prepared opium

松香膏　簾仙哀吾文　　鴉片膏　鯆簾啵澳壁吟 啵字皮這切

I chá ko - Catechu ointment　Lau wong ko - Sulphur ointment

兒茶膏　吉杜哀吾文　　硫磺膏　沙厘化哀吾文

Yeuk ün - Pills

藥丸 披厘士

Pú hüt ün - Strengthening pills

補血丸 士地爛頓寧披厘士

Li shiú shui ün - Diuretic pills

利小水丸 汀簏得披厘士

Tsiú wong ün - Compound Rhubarb pills

椒磺丸 甘泡吾魯白披厘士

Tsing fán kéung mut ün - Tonic pills

青礬薑沒丸 吲匿披厘士

Sié ün - Purging pills

瀉丸 怕正披厘士 正字下平

Yeuk san - Powder
藥散　抛打

Pak fan san - Compound Alum powder
白礬散　甘抛吾極林抛打

Kwai pi san - Compound Cinnamon powder
桂皮散　甘抛吾仙尼文抛打

Cha lap san - Salap powder
渣臘散　渣臘抛打

Siu chung san - Diminishing swelling powder
銷瘇散　地面你城士嗽凌抛打

Pat tuk san - Attractive powder
拔毒散　阿厘打例地乎抛打

藥水　Yeuk shui — Infusions　烟蔴臣

黃連水　Wong lin shui — Compound gentian infusion　甘抛吾㕭純烟蔴臣

大黃水　Tai wong shui — Rhubarb mixture　魯白覔士啫

鉄水　Tit shui — Iron mixture　挨仁覔士啫

麥糠水　Mak hong shui — Decoction of Bran　地確純阿乎布爛

麥漿水　Mak cheung shui — Solution of Starch　蔬魯純阿乎士達柱

鉛水　Uen shui – Solution of Lead　蔬魯純阿平唎

磺强水　Wong keung shui – Sulphuric acid　沙厘化力緇薛

硝强水　Siu keung shui – Nitric acid　乃地力緇薛

鹽强水　Im keung shui – Muriatic acid　廟篚亞得緇薛

鐵粉　Tit fan – Iron filings　挨仁快凌士

元明粉　Un ming fan – Glauber salts　故羅巴巟炘

圖書在版編目（CIP）數據

海上絲綢之路文獻集成．科技與文化編．第十輯／王揚宗，葉農主編．-- 福州：福建人民出版社，2024.7. -- ISBN 978-7-211-09492-9

Ⅰ. K203

中國國家版本館CIP數據核字第2024YM4911號

海上絲綢之路文獻集成・科技與文化編（第十輯）

主　　編　王揚宗　葉　農
文化卷主編　葉　農
責任編輯　張輝蘭
助理編輯　李　科
美術編輯　白　玫
出版發行　福建人民出版社
電　　話　0591-87533169（發行部）
電子郵箱　fjpph7221@126.com
地　　址　福建省福州市東水路 76 號
經　　銷　福建新華發行（集團）有限責任公司
印刷裝訂　上海中華印刷有限公司
地　　址　上海市青浦區匯金路 889 號
電　　話　021-69213456
開　　本　787 毫米×1092 毫米　1/16
印　　張　290.5
版　　次　2024 年 7 月第 1 版第 1 次印刷
書　　號　ISBN 978-7-211-09492-9
定　　價　3600.00 元（共 9 册）